ALESSANDRO SPILBORGHS
Coordenador

2016

De acordo com o NOVO CPC
Já com a Lei 13.256/2016

VADE MECUM

TRIBUTÁRIO

Legislação selecionada para Prática Profissional, OAB e Concursos

Paula Tseng
Organizadora

EDITORA FOCO

2016 © Wander Garcia

Coordenador: Alessandro Spilborghs
Organização geral: Paula Tseng
Editor: Márcio Dompieri
Gerente Editorial: Paula Tseng
Equipe Editora Foco: Georgia Dias, Ivo Shigueru Tomita e Ladislau Lima
Revisora e analista de legislação: Érica Coutinho
Arte: R2 Editorial – Eric Tenan Barioni (Criação e *design* da capa);
Jovani Ribeiro (Projeto e produção gráfica); Danielle David (Coordenação da produção);
Ricardo Queiroz e Priscila Fosco (Diagramação).
Impressão miolo e capa: Edelbra

Dados Internacionais de Catalogação na Publicação (CIP)
(Câmara Brasileira do Livro, SP, Brasil)

Vade Mecum tributário / Alessandro Spilborghs, coordenador. -- Indaiatuba, SP : Editora Foco Jurídico, 2016. -- (Vade Mecum)

1. Direito - Brasil 2. Direito tributário 3. Direito tributário - Legislação - Brasil 4. Manuais, vade-mécuns etc. I. Spilborghs, Alessandro. II. Série.

ISBN: 978-85-8242-146-8

15-11306 CDU-34:336.2(81)

Índices para Catálogo Sistemático:
1. Brasil : Direito tributário 34:336.2(81)

Impresso no Brasil (03.2016)
Data de Fechamento (03.2016)

Atualizações e erratas: A presente obra é vendida como está. As atualizações voluntárias e erratas são disponibilizadas no site www.editorafoco.com.br, na seção Atualizações. Esforçamo-nos ao máximo para entregar ao leitor uma obra com a melhor qualidade possível e sem erros técnicos ou de conteúdo. No entanto, nem sempre isso ocorre, seja por motivo de alteração de *software*, interpretação ou falhas de diagramação e revisão. Sendo assim, disponibilizamos em nosso site a seção mencionada (Atualizações), na qual relataremos, com a devida correção, os erros encontrados na obra. Solicitamos, outrossim, que o leitor faça a gentileza de colaborar com a perfeição da obra, comunicando eventual erro encontrado por meio de mensagem para contato@editorafoco.com.br.

FSC www.fsc.org MISTO Papel produzido a partir de fontes responsáveis FSC® C116137

2016

Al. Júpiter, 542 – American Park Distrito Industrial
CEP 13347-653 – Indaiatuba – SP
E-mail: contato@editorafoco.com.br
www.editorafoco.com.br

APRESENTAÇÃO

Legislação selecionada para Prática Profissional, OAB e Concursos

Este *Vade Mecum* foi coordenado e organizado por profissionais com grande experiência acadêmica e profissional, que tomaram todo o cuidado para organizar, inserir remissões e criar índices com a maior pertinência possível, de modo a tornar o estudo e a pesquisa da legislação nacional produtiva e eficaz.

Tudo sem contar o enorme custo-benefício de juntar tanto conteúdo num volume apenas, reduzindo custos e gasto de papel, de modo a gerar para o consumidor economia, respeito ao meio ambiente e praticidade.

Pesquisando ou estudando pela obra o leitor certamente estará muito mais preparado para enfrentar os desafios profissionais e da vida acadêmica.

Esta coleção conta com 5 volumes para cada grande área do direito, mantida a uniformidade do projeto editorial. São elas: Constitucional e Administrativo, Civil e Empresarial, Penal, Tributário e Trabalho.

Cada obra vem ainda acompanhada de um *Vade Mecum* de Jurisprudência do STF e do STJ, série histórica das súmulas e decisões classificas.

Boa leitura e sucesso!

VADE MECUM DE LEGISLAÇÃO FOCO

ÍNDICE PRÁTICO

VADE MECUM
DE LEGISLAÇÃO
FOCO

CONSTITUIÇÃO, 1

CÓDIGOS

LEGISLAÇÃO COMPLEMENTAR SELECIONADA, 309

SÚMULAS, 791

ÍNDICE CRONOLÓGICO GERAL, 827

* Informamos que as normas com asteriscos estão parciais no produto.

** As Emendas Constitucionais alteradoras não constam na obra impressa, mas o conteúdo alterado foi processado no texto.

CONSTITUIÇÃO DA REPÚBLICA FEDERATIVA DO BRASIL

VADE MECUM DE LEGISLAÇÃO FOCO

ÍNDICE SISTEMÁTICO DA CONSTITUIÇÃO DA REPÚBLICA FEDERATIVA DO BRASIL

TÍTULO V – DA DEFESA DO ESTADO E DAS INSTITUIÇÕES DEMOCRÁTICAS

TÍTULO VI – DA TRIBUTAÇÃO E DO ORÇAMENTO

TÍTULO VII – DA ORDEM ECONÔMICA E FINANCEIRA

TÍTULO VIII – DA ORDEM SOCIAL

TÍTULO IX – DAS DISPOSIÇÕES CONSTITUCIONAIS GERAIS

ATO DAS DISPOSIÇÕES CONSTITUCIONAIS TRANSITÓRIAS

CONSTITUIÇÃO DA REPÚBLICA FEDERATIVA DO BRASIL

Promulgada em 05.10.1988

Preâmbulo

Nós, representantes do povo brasileiro, reunidos em Assembleia Nacional Constituinte para instituir um Estado Democrático, destinado a assegurar o exercício dos direitos sociais e individuais, a liberdade, a segurança, o bem-estar, o desenvolvimento, a igualdade e a justiça como valores supremos de uma sociedade fraterna, pluralista e sem preconceitos, fundada na harmonia social e comprometida, na ordem interna e internacional, com a solução pacífica das controvérsias, promulgamos, sob a proteção de Deus, a seguinte Constituição da República Federativa do Brasil.

Título I
Dos princípios fundamentais

Art. 1º A República Federativa do Brasil, formada pela união indissolúvel dos Estados e Municípios e do Distrito Federal, constitui-se em Estado Democrático de Direito e tem como fundamentos:

I – a soberania;

→ Arts. 5º, 13, 14, 20, 21, 27, § 4º, 34, 61, § 2º, e 84, da CF/1988.

→ v. Arts. 201, 210 e 211 do CPC/1973.

→ v. Arts. 236, § 2º e 960, do NCPC.

→ v. Arts. 780 a 790 do CPP.

→ v. Art. 1º da Lei 9.709/1998.

→ v. Resolução do STJ 9/2005.

II – a cidadania;

→ v. Arts. 5º, LXXVII e 205 da CF/1988.

→ v. Lei 9.265/1996 – Gratuidade dos atos necessários ao exercício da cidadania.

III – a dignidade da pessoa humana;

→ v. Súmulas Vinculantes 11, 14 do STF.

→ v. Arts. 34, VII, b, 226, § 7º, 227 e 230 da CF/1988.

→ v. Art. 350 do CP.

→ v. Art. 284 do CPP.

→ v. Art. 234, § 1º, do CPPM.

→ v. Lei 11.340/2006 – Lei Maria da Penha.

→ v. Art. 4º, *a*, da Lei 4.898/1965.

→ v. Decreto 678/1992 – Promulga a Convenção Americana sobre Direitos Humanos – Pacto de São José da Costa Rica.

→ v. Decreto 592/1992 – Pacto Internacional sobre Direitos Civis e Políticos.

→ v. ADIn 3.510 (*D.J.E.* 5.6.2008), o STF decidiu pela constitucionalidade do art. 5º da Lei 11.105/2005 – Lei de Biossegurança, sob a justificativa de que as pesquisas com células-tronco embrionárias não violam o princípio da dignidade da pessoa humana.

IV – os valores sociais do trabalho e da livre-iniciativa;

→ v. Art. 170 da CF/1988.

V – o pluralismo político.

→ v. Lei 9.096/1995 – Lei dos Partidos Políticos.

→ v. Lei 9.504/1997 – Estabelece normas para as eleições.

Parágrafo único. Todo o poder emana do povo, que o exerce por meio de representantes eleitos ou diretamente, nos termos desta Constituição.

Art. 2º São Poderes da União, independentes e harmônicos entre si, o Legislativo, o Executivo e o Judiciário.

→ v. Súmulas 638 e 649 do STF.

→ v. Arts. 34, V e VI, 60, § 4º, III, 68, 99, 105, I, *g*, da CF/1988.

Art. 3º Constituem objetivos fundamentais da República Federativa do Brasil:

I – construir uma sociedade livre, justa e solidária;

II – garantir o desenvolvimento nacional;

→ v. Arts. 23, parágrafo único, e 174 da CF/1988.

III – erradicar a pobreza e a marginalização e reduzir as desigualdades sociais e regionais;

→ v. Arts. 79 a 82 do ADCT.

→ v. LC 111/2001 – Fundo de Combate e Erradicação da Pobreza.

IV – promover o bem de todos, sem preconceitos de origem, raça, sexo, cor, idade e quaisquer outras formas de discriminação.

→ v. Lei 11.340/2011 – Lei Maria da Penha.

→ v. Lei 8.081/1990 – Crimes e penas aplicáveis aos atos discriminatórios ou de preconceito de raça, cor, religião, etnia ou procedência nacional, praticados pelos meios de comunicação ou por publicação de qualquer natureza.

→ v. Lei 7.716/1989 – Define os crimes resultantes de preconceito de raça ou de cor.

→ v. Decreto 7.388/2010 – Composição, estruturação, competências e funcionamento do Conselho Nacional de Combate à Discriminação – CNCD.

Art. 4º A República Federativa do Brasil rege-se nas suas relações internacionais pelos seguintes princípios:

I – independência nacional;

→ v. Arts. 91, 136 e 137 da CF/1988.

→ v. Lei 8.183/1991 – Organização e o funcionamento do Conselho de Defesa Nacional.

II – prevalência dos direitos humanos;

→ v. Decreto 678/1992 – Convenção Americana sobre Direitos Humanos – Pacto de São José da Costa Rica.

III – autodeterminação dos povos;

IV – não intervenção;

V – igualdade entre os Estados;

→ v. Decreto 3.810/2001 – Promulga o Acordo de Assistência Judiciária em Matéria Penal entre o Governo da República Federativa do Brasil e o Governo dos Estados Unidos da América.

VI – defesa da paz;

VII – solução pacífica dos conflitos;

VIII – repúdio ao terrorismo e ao racismo;

→ v. Decreto 6.5810/1969 – Convenção Internacional sobre a Eliminação de todas as formas de Discriminação Racial.

IX – cooperação entre os povos para o progresso da humanidade;

X – concessão de asilo político.

→ v. Arts. 28, 29 e 30 da Lei 6.815/1980.

→ v. Art. 3º, II, da Lei 9.474/1997.

Parágrafo único. A República Federativa do Brasil buscará a integração econômica, política, social e cultural dos povos da América Latina, visando à formação de uma comunidade latino-americana de nações.

→ v. Tratado de Assunção – Mercosul e o Tratado Constitutivo da União de Nações sul-americanas – Unasul.

Título II
Dos direitos e garantias fundamentais

Capítulo I
DOS DIREITOS E DEVERES INDIVIDUAIS E COLETIVOS

Art. 5º Todos são iguais perante a lei, sem distinção de qualquer natureza, garantindo-se aos brasileiros e aos estrangeiros residentes no País a inviolabilidade do direito à vida, à liberdade, à igualdade, à segurança e à propriedade, nos termos seguintes:

→ v. Súmula Vinculante 6 do STF.

→ v. Súmula 683 do STF.

→ v. Arts. 7º, XXX, 19, III, 37, XXI, 150, II, da CF/1988.

→ v. Lei 13.185/2015 – Lei do *Bullying*.

→ v. Art. 4º, I, do CDC.

→ v. Art. 125, I, do CPC/1973.

→ v. Art. 139, I, do NCPC.

→ v. Lei 13.146/2015 – Estatuto da Pessoa com Deficiência.

→ v. Lei 8.899/1994 – Concede passe livre às pessoas portadoras de deficiência no sistema de transporte coletivo interestadual.

→ v. Lei 1.060/1950 – Estabelece normas para a concessão de assistência judiciária aos necessitados.

I – homens e mulheres são iguais em direitos e obrigações, nos termos desta Constituição;

→ v. Art. 372 da CLT.

II – ninguém será obrigado a fazer ou deixar de fazer alguma coisa senão em virtude de lei;

→ v. Súmulas 636 e 686 do STF.

III – ninguém será submetido a tortura nem a tratamento desumano ou degradante;

→ v. Súmula Vinculante 11 do STF.

→ v. Art. 350 do CP.

→ v. Art. 284 do CPP.

→ v. Art. 234, § 1º, do CPPM.

→ *v.* Lei 13.185/2015 – Lei do *Bullying*

→ *v.* Lei 9.455/1997 – Define os crimes de tortura.

→ *v.* art. 4º, *a*, da Lei 4.898/1965.

IV – é livre a manifestação do pensamento, sendo vedado o anonimato;

→ *v.* Art. 220, § 1º, da CF/1988.

→ *v.* ADPF 130 (*D.J.E.* 6.11.2009), o STF decidiu que todo o conjunto de dispositivos da Lei de Imprensa – Lei 5.250/1967, não foi recepcionado pela CF/1988.

V – é assegurado o direito de resposta, proporcional ao agravo, além da indenização por dano material, moral ou à imagem;

→ *v.* Súmulas 37, 362 e 403 do STJ.

→ *v.* Lei 13.188/2015 – Dispõe sobre o direito de resposta ou retificação do ofendido em matéria divulgada, publicada ou transmitida por veículo de comunicação social.

→ *v.* Art. 6º da Lei 8.159/1991.

VI – é inviolável a liberdade de consciência e de crença, sendo assegurado o livre exercício dos cultos religiosos e garantida, na forma da lei, a proteção aos locais de culto e a suas liturgias;

→ *v.* Art. 198, I, da CF/1988.

→ *v.* Art. 208 do CP.

VII – é assegurada, nos termos da lei, a prestação de assistência religiosa nas entidades civis e militares de internação coletiva;

VIII – ninguém será privado de direitos por motivo de crença religiosa ou de convicção filosófica ou política, salvo se as invocar para eximir-se de obrigação legal a todos imposta e recusar-se a cumprir prestação alternativa, fixada em lei;

→ *v.* Art. 143 da CF/1988.

→ *v.* Art. 438 do CPP.

→ *v.* Lei 13.185/2015 – Lei do *Bullying*.

IX – é livre a expressão da atividade intelectual, artística, científica e de comunicação, independentemente de censura ou licença;

→ *v.* Art. 220 da CF/1988.

→ *v.* Lei 9.610/1998 – Direitos Autorais.

X – são invioláveis a intimidade, a vida privada, a honra e a imagem das pessoas, assegurado o direito a indenização pelo dano material ou moral decorrente de sua violação;

→ *v.* Súmula Vinculante 11 do STF.

→ *v.* Súmula 714 do STF.

→ *v.* Súmulas 227 e 403 do STJ.

→ *v.* Arts. 20 e 21 do CC.

→ *v.* Lei 13.185/2015 – *Lei do Bullying*.

→ *v.* art. 4º, *a*, da Lei 4.898/1965.

XI – a casa é asilo inviolável do indivíduo, ninguém nela podendo penetrar sem consentimento do morador, salvo em caso de flagrante delito ou desastre, ou para prestar socorro, ou, durante o dia, por determinação judicial;

→ *v.* Art. 150 do CP.

→ *v.* Art. 283, § 2º, 301 e ss. do CPP.

→ *v.* Art. 7º, II, da Lei 8.906/1994.

XII – é inviolável o sigilo da correspondência e das comunicações telegráficas, de dados e das comunicações telefônicas, salvo, no último caso, por ordem judicial, nas hipóteses e na forma que a lei estabelecer para fins de investigação criminal ou instrução processual penal;

→ *v.* Arts. 136, 139, iii da cf/1988.

→ *v.* Arts. 151 e 152 do CP.

→ *v.* LC 105/2001 – Sigilo das operações de instituições financeiras.

→ *v.* Decreto 3.724/2001 – Regulamenta o art. 6º da LC 105/2001, relativamente à requisição, acesso e uso, pela Secretaria da Receita Federal, de informações referentes a operações e serviços das instituições financeiras e das entidades a elas equiparadas.

→ *v.* Lei 9.296/1996 – Regulamenta o inciso XII, parte final, do art. 5º da CF/1988.

→ *v.* Lei 4.117/1962 – Código Brasileiro de Telecomunicações.

XIII – é livre o exercício de qualquer trabalho, ofício ou profissão, atendidas as qualificações profissionais que a lei estabelecer;

→ *v.* Arts. 7º, II, §§ 6º e 7º da Lei 8.906/1994.

XIV – é assegurado a todos o acesso à informação e resguardado o sigilo da fonte, quando necessário ao exercício profissional;

→ *v.* Art. 154 do CP.

→ *v.* Lei 12.527/2011 – Lei de Acesso à Informação.

→ *v.* Decreto 7.724/2012 – Regulamenta a Lei de Acesso à Informação.

XV – é livre a locomoção no território nacional em tempo de paz, podendo qualquer pessoa, nos termos da lei, nele entrar, permanecer ou dele sair com seus bens;

→ *v.* Arts. 137 e 139 da CF/1988.

XVI – todos podem reunir-se pacificamente, sem armas, em locais abertos ao público, independentemente de autorização, desde que não frustrem outra reunião anteriormente convocada para o mesmo local, sendo apenas exigido prévio aviso à autoridade competente;

→ *v.* Art. 139, IV, da CF/1988.

XVII – é plena a liberdade de associação para fins lícitos, vedada a de caráter paramilitar;

XVIII – a criação de associações e, na forma da lei, a de cooperativas independem de autorização, sendo vedada a interferência estatal em seu funcionamento;

XIX – as associações só poderão ser compulsoriamente dissolvidas ou ter suas atividades suspensas por decisão judicial, exigindo-se, no primeiro caso, o trânsito em julgado;

→ *v.* Art. 3º do Dec.-lei 41/1966.

XX – ninguém poderá ser compelido a associar-se ou a permanecer associado;

XXI – as entidades associativas, quando expressamente autorizadas, têm legitimidade para representar seus filiados judicial ou extrajudicialmente;

→ *v.* Súmula 629 do STF.

→ *v.* Art. 82, IV, do CDC.

→ *v.* Art. 6º do CPC/1973.

→ *v.* Art. 18 do NCPC.

→ *v.* Art. 5º, V, da Lei 7.347/1985.

XXII – é garantido o direito de propriedade;

→ *v.* Art. 1.228, § 1º, do CC.

XXIII – a propriedade atenderá a sua função social;

→ *v.* Arts. 182, § 2º, e 186 da CF/1988.

→ *v.* Art. 9º da Lei 8.629/1993.

→ *v.* Lei 4.132/1962 – Desapropriação por interesse social.

XXIV – a lei estabelecerá o procedimento para desapropriação por necessidade ou utilidade pública, ou por interesse social, mediante justa e prévia indenização em dinheiro, ressalvados os casos previstos nesta Constituição;

→ *v.* Súmulas 23, 111, 164, 345, 378, 416, 561, 618 e 652 do STF.

→ *v.* Súmulas 12, 56, 69, 70, 101, 113 e 114 do STJ.

→ *v.* Arts. 184 e 185 da CF/1988.

→ *v.* Art. 1.275, V, do CC.

→ *v.* Lei 4.132/1962 – Desapropriação por interesse social.

→ *v.* Decreto 3.365/1941 – Desapropriações por utilidade pública.

XXV – no caso de iminente perigo público, a autoridade competente poderá usar de propriedade particular, assegurada ao proprietário indenização ulterior, se houver dano;

→ *v.* Art. 22, III, da CF/1988.

XXVI – a pequena propriedade rural, assim definida em lei, desde que trabalhada pela família, não será objeto de penhora para pagamento de débitos decorrentes de sua atividade produtiva, dispondo a lei sobre os meios de financiar o seu desenvolvimento;

XXVII – aos autores pertence o direito exclusivo de utilização, publicação ou reprodução de suas obras, transmissível aos herdeiros pelo tempo que a lei fixar;

→ *v.* Lei 9.610/1998 – Direitos Autorais.

XXVIII – são assegurados, nos termos da lei:

a) a proteção às participações individuais em obras coletivas e à reprodução da imagem e voz humanas, inclusive nas atividades desportivas;

b) o direito de fiscalização do aproveitamento econômico das obras que criarem ou de que participarem aos criadores, aos intérpretes e às respectivas representações sindicais e associativas;

XXIX – a lei assegurará aos autores de inventos industriais privilégio temporário para sua utilização, bem como proteção às criações industriais, à propriedade das marcas, aos nomes de empresas e a outros signos distintivos, tendo em vista o interesse social e o desenvolvimento tecnológico e econômico do País;

→ *v.* Lei 9.279/1996 – Lei de Propriedade Industrial.

XXX – é garantido o direito de herança;

→ *v.* Art. 1.784 e ss. do CC.

→ *v.* Art. 987 e ss. do CPC/1973.

→ *v.* Arts. 615 e ss., do NCPC.

XXXI – a sucessão de bens de estrangeiros situados no País será regulada pela lei brasileira em benefício do cônjuge ou dos filhos brasileiros, sempre que não lhes seja mais favorável a lei pessoal do *de cujus*;

XXXII – o Estado promoverá, na forma da lei, a defesa do consumidor;

→ *v.* Lei 8.078/1990 – Proteção do consumidor.

→ *v.* Decreto 7.962/2013 – Regulamenta a Lei 8.078/1990, para dispor sobre a contratação no comércio eletrônico.

→ *v.* Art. 21 da Lei 7.347/1985.

XXXIII – todos têm direito a receber dos órgãos públicos informações de seu interesse particular, ou de interesse coletivo ou geral, que serão prestadas no prazo da lei, sob pena de responsabilidade, ressalvadas aquelas cujo sigilo seja imprescindível à segurança da sociedade e do Estado;

→ *v.* Súmula Vinculante 14 do STF.

→ *v.* Súmula 2 do STJ.

→ *v.* Lei 12.527/2011 – Lei de Acesso à Informação.

→ *v.* Decreto 7.724/2012 – Regulamenta a Lei de Acesso à Informação.

→ *v.* Arts. 6º, parágrafo único, e 7º, XIII e XIV, da Lei 8.906/1994.

XXXIV – são a todos assegurados, independentemente do pagamento de taxas:

a) o direito de petição aos Poderes Públicos em defesa de direitos ou contra ilegalidade ou abuso de poder;

→ *v.* Súmula Vinculante 21 do STF.

→ *v.* Súmula 373 do STJ.

→ *v.* Art. 5º, LV, da CF/1988.

b) a obtenção de certidões em repartições públicas, para defesa de direitos e esclarecimento de situações de interesse pessoal;

→ *v.* Lei 9.051/1995 – Expedição de certidões para a defesa de direitos e esclarecimentos de situações.

→ *v.* Art. 42 da Lei 9.784/1999.

→ *v.* Art. 116, V, *b*, da Lei 8.112/1990.

XXXV – a lei não excluirá da apreciação do Poder Judiciário lesão ou ameaça a direito;

→ *v.* Súmula Vinculante 28 do STF.

→ *v.* Súmula 202 do STJ.

→ *v.* Súmula 213 do TFR.

→ *v.* Art. 217, § 1º, da CF/1988.

XXXVI – a lei não prejudicará o direito adquirido, o ato jurídico perfeito e a coisa julgada;

→ *v.* Súmulas Vinculantes 1 e 9 do STF.

→ *v.* Súmulas 654, 667, 678 e 684 do STF.

→ *v.* Art. 467 do CPC/1973.

→ *v.* Art. 502 do NCPC.

→ *v.* Art. 6º da LINDB.

XXXVII – não haverá juízo ou tribunal de exceção;

→ *v.* Art. 5º, LIII, da CF/1988.

XXXVIII – é reconhecida a instituição do júri, com a organização que lhe der a lei, assegurados:

→ *v.* Súmula Vinculante 45 do STF.

→ *v.* Súmula 721 do STF.

→ *v.* Arts. 74, 406 a 497 do CPP.

a) a plenitude de defesa;

b) o sigilo das votações;

c) a soberania dos veredictos;

d) a competência para o julgamento dos crimes dolosos contra a vida;

XXXIX – não há crime sem lei anterior que o defina, nem pena sem prévia cominação legal;

→ *v.* Art. 1º do CP.

XL – a lei penal não retroagirá, salvo para beneficiar o réu;

XLI – a lei punirá qualquer discriminação atentatória dos direitos e liberdades fundamentais;

XLII – a prática do racismo constitui crime inafiançável e imprescritível, sujeito à pena de reclusão, nos termos da lei;

→ *v.* Lei 13.185/2015 – Lei do *Bullying*.

→ *v.* Lei 7.716/1989 – Define os crimes resultantes de preconceito de raça ou de cor.

XLIII – a lei considerará crimes inafiançáveis e insuscetíveis de graça ou anistia a prática da tortura, o tráfico ilícito de entorpecentes e drogas afins, o terrorismo e os definidos como crimes hediondos, por eles respondendo os mandantes, os executores e os que, podendo evitá-los, se omitirem;

→ *v.* Súmula 512 do STJ.

→ *v.* Lei 11.343/2006 – Lei de Drogas.

→ *v.* Lei 9.455/1997 – Crimes de Tortura.

→ *v.* Lei 8.072/1990 – Crimes Hediondos.

XLIV – constitui crime inafiançável e imprescritível a ação de grupos armados, civis ou militares, contra a ordem constitucional e o Estado Democrático;

XLV – nenhuma pena passará da pessoa do condenado, podendo a obrigação de reparar o dano e a decretação do perdimento de bens ser, nos termos da lei, estendidas aos sucessores e contra eles executadas, até o limite do valor do patrimônio transferido;

XLVI – a lei regulará a individualização da pena e adotará, entre outras, as seguintes:

→ *v.* Súmulas Vinculantes 9 e 26 do STF.

→ *v.* Arts. 33 e 59 do CP.

→ *v.* Lei 12.433/2011 – Remição de parte do tempo de execução da pena por estudo ou por trabalho.

→ *v.* Art. 2º da Lei 8.072/1990.

→ *v.* Arts. 58, 66, III, *b* e 127 da Lei 7.210/1984.

a) privação ou restrição da liberdade;

b) perda de bens;

→ *v.* Súmula 527 do STJ.

c) multa;

d) prestação social alternativa;

e) suspensão ou interdição de direitos;

XLVII – não haverá penas:

→ *v.* Súmula Vinculante 26 do STF.

→ *v.* Arts. 33 e 59 do CP.

→ *v.* Art. 2º da Lei 8.072/1990.

→ *v.* Art. 63, III, *b*, da Lei 7.210/1984.

a) de morte, salvo em caso de guerra declarada, nos termos do art. 84, XIX;

b) de caráter perpétuo;

c) de trabalhos forçados;

d) de banimento;

e) cruéis;

XLVIII – a pena será cumprida em estabelecimentos distintos, de acordo com a natureza do delito, a idade e o sexo do apenado;

XLIX – é assegurado aos presos o respeito à integridade física e moral;

→ *v.* Súmula Vinculante 11 do STF.

→ *v.* Art. 350 do CP.

→ *v.* Art. 284 do CPP.

→ *v.* Art. 234, § 1º, do CPPM.

→ *v.* Art. 4º, *a*, da Lei 4.898/1965.

L – às presidiárias serão asseguradas condições para que possam permanecer com seus filhos durante o período de amamentação;

→ *v.* Art. 9º do ECA.

LI – nenhum brasileiro será extraditado, salvo o naturalizado, em caso de crime comum, praticado antes da naturalização, ou de comprovado envolvimento em tráfico ilícito de entorpecentes e drogas afins, na forma da lei;

→ *v.* Art. 12, II, da CF/1988.

LII – não será concedida extradição de estrangeiro por crime político ou de opinião;

→ *v.* Art. 77, VII, da Lei 6.815/1980.

LIII – ninguém será processado nem sentenciado senão pela autoridade competente;

→ *v.* Art. 5º, XXXVII, da CF/1988.

→ *v.* Súmula 704 do STF.

→ *v.* Art. 399, § 2º, do CPP.

LIV – ninguém será privado da liberdade ou de seus bens sem o devido processo legal;

→ *v.* Súmulas Vinculantes 3, 5 e 14 do STF.

→ *v.* Súmula 704 do STF.

→ *v.* Súmula 265 do STJ.

→ *v.* Lei 9.784/1999 – Regula o processo administrativo no âmbito da Administração Pública Federal.

→ *v.* Arts. 6º, parágrafo único e 7º, XIII e XIV, da Lei 8.906/1994.

→ *v.* Art. 110 do ECA.

LV – aos litigantes, em processo judicial ou administrativo, e aos acusados em geral são assegurados o contraditório e ampla defesa, com os meios e recursos a ela inerentes;

→ *v.* Súmulas Vinculantes 3, 14, 21, 24 e 28 do STF.

→ *v.* Súmulas 701, 704, 705, 707, 708 e 712 do STF.

→ *v.* Súmulas 196, 265, 312 e 373 do STJ.

→ *v.* Art. 261 do CPP.

→ *v.* Art. 2º da Lei 9.784/1999.

→ *v.* Arts. 6º, parágrafo único e 7º, XIII e XIV, da Lei 8.906/1994.

LVI – são inadmissíveis, no processo, as provas obtidas por meios ilícitos;

→ *v.* Art. 157 do CPP.

LVII – ninguém será considerado culpado até o trânsito em julgado de sentença penal condenatória;

→ *v.* Súmula 9 do STJ.

→ *v.* Art. 8º, § 2º, do Pacto de São José da Costa Rica.

LVIII – o civilmente identificado não será submetido a identificação criminal, salvo nas hipóteses previstas em lei;

→ *v.* Lei 12.037/2009 – Identificação criminal do civilmente identificado.

→ *v.* Lei 12.654/2012 – Prevê a coleta de perfil genético como forma de identificação criminal.

LIX – será admitida ação privada nos crimes de ação pública, se esta não for intentada no prazo legal;

→ *v.* Art. 100, § 3º, do CP.

→ *v.* Art. 29 do CPP.

LX – a lei só poderá restringir a publicidade dos atos processuais quando a defesa da intimidade ou o interesse social o exigirem;

→ *v.* Art. 93, IX, da CF/1988.

→ *v.* Art. 155 do CPC/1973.

→ *v.* Art. 189 do NCPC.

→ *v.* Arts. 20 e 792 do CPP.

→ *v.* Art. 143 do ECA.

LXI – ninguém será preso senão em flagrante delito ou por ordem escrita e fundamentada de autoridade judiciária competente, salvo nos casos de transgressão militar ou crime propriamente militar, definidos em lei;

→ *v.* Súmula 9 do STJ.

→ *v.* Arts. 283 e 301 a 310 do CPP.

→ *v.* Decreto 1.001/1969 – Código Penal Militar.

→ *v.* Decreto 1.002/1969 – Código de Processo Penal Militar.

LXII – a prisão de qualquer pessoa e o local onde se encontre serão comunicados imediatamente ao juiz competente e à família do preso ou à pessoa por ele indicada;

→ *v.* Art. 306 do CPP.

LXIII – o preso será informado de seus direitos, entre os quais o de permanecer calado, sendo-lhe assegurada a assistência da família e de advogado;

→ *v.* Art. 289-A, § 4º, do CPP.

→ v. Resolução do CFOAB 2/2015 – Novo Código de Ética e Disciplina da OAB.

→ v. Provimento do CFOAB 166/2015 – Advocacia *Pro Bono*.

LXIV – o preso tem direito à identificação dos responsáveis por sua prisão ou por seu interrogatório policial;

LXV – a prisão ilegal será imediatamente relaxada pela autoridade judiciária;

→ v. Súmula 697 do STF.

→ v. Art. 310, I, do CPP.

LXVI – ninguém será levado à prisão ou nela mantido, quando a lei admitir a liberdade provisória, com ou sem fiança;

→ v. Art. 310, III e 321 a 350 do CPP.

LXVII – não haverá prisão civil por dívida, salvo a do responsável pelo inadimplemento voluntário e inescusável de obrigação alimentícia e a do depositário infiel;

→ v. Súmula Vinculante 25 do STF.

→ v. Súmulas 304, 309 e 419 do STJ.

→ v. Arts. 647 a 652 do CC.

→ v. Art. 733, § 1º, do CPC/1973.

→ v. Art. 528, § 3º, do NCPC.

→ v. Lei 5.478/1968 – Lei de Alimentos.

→ v. Art. 7º, § 7º, do Pacto de São José da Costa Rica.

→ v. Art. 11 do Pacto Internacional sobre Direitos Civis e Políticos.

LXVIII – conceder-se-á *habeas corpus* sempre que alguém sofrer ou se achar ameaçado de sofrer violência ou coação em sua liberdade de locomoção, por ilegalidade ou abuso de poder;

→ v. Súmulas 693 a 695 do STF.

→ v. Art. 654 do CPP.

→ v. Art. 1º, § 1º, da Lei 8.906/1994.

LXIX – conceder-se-á mandado de segurança para proteger direito líquido e certo, não amparado por *habeas corpus* ou *habeas data*, quando o responsável pela ilegalidade ou abuso de poder for autoridade pública ou agente de pessoa jurídica no exercício de atribuições do Poder Público;

→ v. Súmulas 267 a 271, 430, 510, 512, 622, 625, 627, 628, 631 e 632 do STF.

→ v. Lei 12.016/2009 – Mandado de Segurança.

LXX – o mandado de segurança coletivo pode ser impetrado por:

→ v. Súmula 630 do STF.

→ v. Lei 12.016/2009 – Mandado de Segurança.

a) partido político com representação no Congresso Nacional;

b) organização sindical, entidade de classe ou associação legalmente constituída e em funcionamento há pelo menos um ano, em defesa dos interesses de seus membros ou associados;

→ v. Súmula 629 do STF.

LXXI – conceder-se-á mandado de injunção sempre que a falta de norma regulamentadora torne inviável o exercício dos direitos e liberdades constitucionais e das prerrogativas inerentes à nacionalidade, à soberania e à cidadania;

→ v. Art. 24, parágrafo único, da Lei 8.038/1990.

LXXII – conceder-se-á *habeas data*:

→ v. Lei 12.528/2012 – Comissão Nacional da Verdade.

→ v. Lei 9.507/1997 – Regula o direito de acesso a informações e disciplina o rito processual do *habeas data*.

→ v. Decreto 7.919/2013 – Remaneja temporariamente cargos em comissão para atividades da Comissão Nacional da Verdade.

a) para assegurar o conhecimento de informações relativas à pessoa do impetrante, constantes de registros ou bancos de dados de entidades governamentais ou de caráter público;

→ v. Súmula 2 do STJ.

b) para a retificação de dados, quando não se prefira fazê-lo por processo sigiloso, judicial ou administrativo;

LXXIII – qualquer cidadão é parte legítima para propor ação popular que vise a anular ato lesivo ao patrimônio público ou de entidade de que o Estado participe, à moralidade administrativa, ao meio ambiente e ao patrimônio histórico e cultural, ficando o autor, salvo comprovada má-fé, isento de custas judiciais e do ônus da sucumbência;

→ v. Súmula 101 do STF.

→ v. Lei 4.717/1965 – Ação popular.

LXXIV – o Estado prestará assistência jurídica integral e gratuita aos que comprovarem insuficiência de recursos;

→ v. Súmula 110 do STJ.

→ v. Art. 134 da CF/1988.

→ v. Lei 1.060/1950 – Lei de Assistência Judiciária.

LXXV – o Estado indenizará o condenado por erro judiciário, assim como o que ficar preso além do tempo fixado na sentença;

→ v. Art. 37, § 6º, da CF/1988.

→ v. Art. 630 do CPP.

LXXVI – são gratuitos para os reconhecidamente pobres, na forma da lei:

→ v. Lei 9.265/1996 – Gratuidade dos atos necessários ao exercício da cidadania.

→ v. Lei 6.015/1973 – Registros Públicos.

a) o registro civil de nascimento;

b) a certidão de óbito;

LXXVII – são gratuitas as ações de *habeas corpus* e *habeas data*, e, na forma da lei, os atos necessários ao exercício da cidadania;

→ v. Lei 9.265/1996 – Gratuidade dos atos necessários ao exercício da cidadania.

LXXVIII – a todos, no âmbito judicial e administrativo, são assegurados a razoável duração do processo e os meios que garantam a celeridade da sua tramitação.

→ Inciso LXXVIII acrescentado pela EC 45/2004.

→ v. Art. 125, II, do CPC/1973.

→ v. Art. 139, II, do NCPC.

→ v. Lei 9.265/1996 – Gratuidade dos atos necessários ao exercício da cidadania.

→ v. Arts. 2º e 62 da Lei 9.099/1995.

→ v. Art. 8º, § 1º, do Pacto de São José da Costa Rica.

§ 1º As normas definidoras dos direitos e garantias fundamentais têm aplicação imediata.

§ 2º Os direitos e garantias expressos nesta Constituição não excluem outros decorrentes do regime e dos princípios por ela adotados, ou dos tratados internacionais em que a República Federativa do Brasil seja parte.

§ 3º Os tratados e convenções internacionais sobre direitos humanos que forem aprovados, em cada Casa do Congresso Nacional, em dois turnos, por três quintos dos votos dos respectivos membros, serão equivalentes às emendas constitucionais.

→ § 3º acrescentado pela EC 45/2004.

→ v. Lei 13.146/2015 – Estatuto da Pessoa com Deficiência.

→ v. Decreto Legislativo 186/2008 – Aprova o texto da Convenção sobre os Direitos das Pessoas com Deficiência e de seu Protocolo Facultativo.

→ v. Decreto 6.949/2009 – Promulga a Convenção Internacional sobre os Direitos das Pessoas com Deficiência e seu Protocolo Facultativo.

§ 4º O Brasil se submete à jurisdição de Tribunal Penal Internacional a cuja criação tenha manifestado adesão.

→ § 4º acrescentado pela EC 45/2004.

→ v. Decreto 4.388/2002 – Promulga o Estatuto de Roma do Tribunal Penal Internacional.

Capítulo II
DOS DIREITOS SOCIAIS

→ v. Lei 13.189/2015 – Institui o Programa de Proteção ao Emprego (PPE).

Art. 6º São direitos sociais a educação, a saúde, a alimentação, o trabalho, a moradia, o transporte, o lazer, a segurança, a previdência social, a proteção à maternidade e à infância, a assistência aos desamparados, na forma desta Constituição.

→ Artigo com redação alterada pela EC 90/2015.

→ v. Lei 11.888/2008 – Assegura às famílias de baixa renda assistência técnica pública e gratuita para o projeto e a construção de habitação de interesse social.

→ v. Lei 11.096/2005 – Institui o Programa Universidade para todos – PROUNI.

Art. 7º São direitos dos trabalhadores urbanos e rurais, além de outros que visem à melhoria de sua condição social:

I – relação de emprego protegida contra despedida arbitrária ou sem justa causa, nos termos de lei complementar, que preverá indenização compensatória, dentre outros direitos;

→ v. Art. 10 do ADCT.

II – seguro-desemprego, em caso de desemprego involuntário;

→ v. Lei 10.779/2003 – Concessão do benefício de seguro-desemprego, durante o período de defeso, ao pescador profissional que exerce a atividade pesqueira de forma artesanal.

→ v. Lei 8.900/1994 – Benefício do seguro-desemprego e altera a Lei 7.998/1990.

→ v. Lei 7.998/1990 – Regula o Programa do Seguro-Desemprego, o Abono Salarial, institui o Fundo de Amparo ao Trabalhador (FAT).

III – fundo de garantia do tempo de serviço;

→ v. Súmula 514 do STJ.

→ v. Lei 8.036/1990 – Fundo de Garantia do Tempo de Serviço.

→ v. Súmula 353 do STJ.

IV – salário mínimo, fixado em lei, nacionalmente unificado, capaz de atender a suas necessidades vitais básicas e às de sua família com moradia, alimentação, educação, saúde, lazer, vestuário, higiene, transporte e previdência social, com reajustes periódicos que lhe preservem o poder aquisitivo, sendo vedada sua vinculação para qualquer fim;

→ v. Súmulas Vinculantes 4, 6, 15 e 16 do STF.

→ v. Súmula 201 do STJ.

V – piso salarial proporcional à extensão e à complexidade do trabalho;

→ v. LC 103/2000 – Autoriza os Estados e o Distrito Federal a instituir o piso salarial.

VI – irredutibilidade do salário, salvo o disposto em convenção ou acordo coletivo;

VII – garantia de salário, nunca inferior ao mínimo, para os que percebem remuneração variável;

→ v. Lei 8.716/1993 – Garantia do salário mínimo.

VIII – décimo terceiro salário com base na remuneração integral ou no valor da aposentadoria;

→ v. Lei 4.090/1962 – Institui a Gratificação de Natal para os Trabalhadores.

IX – remuneração do trabalho noturno superior à do diurno;

→ v. Art. 73 da CLT.

X – proteção do salário na forma da lei, constituindo crime sua retenção dolosa;

XI – participação nos lucros, ou resultados, desvinculada da remuneração, e, excepcionalmente, participação na gestão da empresa, conforme definido em lei;

→ v. Art. 621 da CLT.

→ v. Lei 10.101/2000 – Participação dos trabalhadores nos lucros ou resultados da empresa.

XII – salário-família pago em razão do dependente do trabalhador de baixa renda nos termos da lei;

→ Inciso XII com redação alterada pela EC 20/1998.

→ v. Lei 8.213/1991 – Planos de Benefícios da Previdência Social.

→ v. Lei 4.266/1963 – Institui o salário família do trabalhador.

XIII – duração do trabalho normal não superior a oito horas diárias e quarenta e quatro semanais, facultada a compensação de horários e a redução da jornada, mediante acordo ou convenção coletiva de trabalho;

→ v. Arts. 58 e 58-A da CLT.

XIV – jornada de seis horas para o trabalho realizado em turnos ininterruptos de revezamento, salvo negociação coletiva;

→ v. Súmula 675 do STF.

→ v. Súmula 423 do TST.

XV – repouso semanal remunerado, preferencialmente aos domingos;

→ v. Arts. 67 e 68 da CLT.

XVI – remuneração do serviço extraordinário superior, no mínimo, em cinquenta por cento à do normal;

→ v. Art. 59 da CLT.

XVII – gozo de férias anuais remuneradas com, pelo menos, um terço a mais do que o salário normal;

→ v. Súmula 386 do STJ.

→ v. Arts. 129 a 146 da CLT.

XVIII – licença à gestante, sem prejuízo do emprego e do salário, com a duração de cento e vinte dias;

→ v. Lei 13.257/2016 – Marco Legal de Atenção à Primeira Infância (de zero a 6 anos).

→ v. Arts. 392 a 397 da CLT.

→ v. Lei 11.770/2008 – Programa Empresa Cidadã, destinado à prorrogação da licença-maternidade mediante concessão de incentivo fiscal.

→ v. ADIn 1.946-5 (*D.O.U.* 3.6.2003), o STF julgou a ação parcialmente procedente "para dar ao art. 14 da EC 20/1998, sem redução de texto, interpretação conforme a CF, para excluir sua aplicação ao salário da licença à gestante a que se refere o art. 7º, inciso XVIII da referida Carta".

XIX – licença-paternidade, nos termos fixados em lei;

→ v. Art. 208 da Lei 8.112/1990.

XX – proteção do mercado de trabalho da mulher, mediante incentivos específicos, nos termos da lei;

→ v. Arts. 372 a 377 da CLT.

→ v. Lei 13.189/2015 – Institui o Programa de Proteção ao Emprego (PPE).

→ v. Lei 9.029/1995 – Proíbe a exigência de atestados de gravidez e esterilização, e outras práticas discriminatórias, para efeitos admissionais ou de permanência da relação jurídica de trabalho.

XXI – aviso-prévio proporcional ao tempo de serviço, sendo no mínimo de trinta dias, nos termos da lei;

→ v. Arts. 391-A e 487 da CLT.

→ v. Lei 12.506/2011 – Aviso-prévio.

XXII – redução dos riscos inerentes ao trabalho, por meio de normas de saúde, higiene e segurança;

→ v. Arts. 154 a 188 da CLT.

XXIII – adicional de remuneração para as atividades penosas, insalubres ou perigosas, na forma da lei;

→ v. Súmula Vinculante 4 do STF.

→ v. Arts. 60 e 189 e ss. da CLT.

XXIV – aposentadoria;

→ v. LC 142/2013 – Regulamenta o § 1º do art. 201 da Constituição Federal, publicada em 9.5.2013, em vigor após decorridos 6 (seis) meses de sua publicação oficial.

→ v. Lei 8.213/1991 – Planos de Benefícios da Previdência Social.

→ v. Lei 8.212/1991 –Seguridade Social e Plano de Custeio.

→ v. Decreto 3.048/1999 – Regulamento da Previdência Social.

XXV – assistência gratuita aos filhos e dependentes desde o nascimento até 5 (cinco) anos de idade em creches e pré-escolas;

→ Inciso XXV com redação alterada pela EC 53/2006.

→ v. Art. 208, IV, da CF/1988.

XXVI – reconhecimento das convenções e acordos coletivos de trabalho;

→ v. Art. 611 da CLT.

XXVII – proteção em face de automação, na forma da lei;

XXVIII – seguro contra acidentes de trabalho, a cargo do empregador, sem excluir a indenização a que este está obrigado, quando incorrer em dolo ou culpa;

→ v. Súmulas Vinculantes 22 e 23 do STF.

→ v. Arts. 109, I, e 114 da CF/1988.

XXIX – ação, quanto aos créditos resultantes das relações de trabalho, com prazo prescricional de 5 (cinco) anos para os trabalhadores urbanos e rurais, até o limite de 2 (dois) anos após a extinção do contrato de trabalho;

→ *Caput* do inciso XXIX com redação alterada pela EC 28/2000.

→ v. Súmula 362 do TST.

→ v. Art. 11 da CLT.

a) (Revogada pela EC 28/2000);

b) (Revogada pela EC 28/2000).

XXX – proibição de diferença de salários, de exercício de funções e de critério de admissão por motivo de sexo, idade, cor ou estado civil;

→ v. Súmula 683 do STF.

→ v. Art. 5º, *caput*, da CF/1988.

→ v. Arts. 372 a 377 da CLT.

XXXI – proibição de qualquer discriminação no tocante a salário e critérios de admissão do trabalhador portador de deficiência;

→ v. Art. 2º, parágrafo único, III, da Lei 7.853/1989.

XXXII – proibição de distinção entre trabalho manual, técnico e intelectual ou entre os profissionais respectivos;

XXXIII – proibição de trabalho noturno, perigoso ou insalubre a menores de dezoito e de qualquer trabalho a menores de dezesseis anos, salvo na condição de aprendiz, a partir de quatorze anos;

→ Inciso XXXIII com redação alterada pela EC 20/1998.

→ v. Arts. 402, 403 e 428 a 433 da CLT.

→ v. Decreto 5.598/2005 – Regulamenta a contratação de aprendizes.

XXXIV – igualdade de direitos entre o trabalhador com vínculo empregatício permanente e o trabalhador avulso.

Parágrafo único. São assegurados à categoria dos trabalhadores domésticos os direitos previstos nos incisos IV, VI, VII, VIII, X, XIII, XV, XVI, XVII, XVIII, XIX, XXI, XXII, XXIV, XXVI, XXX, XXXI e XXXIII e, atendidas as condições estabelecidas em lei e observada a simplificação do cumprimento das obrigações tributárias, principais e acessórias, decorrentes da relação de trabalho e suas peculiaridades, os previstos nos incisos I, II, III, IX, XII, XXV e XXVIII, bem como a sua integração à previdência social.

→ Parágrafo único com redação alterada pela EC 72/2013.

→ v. LC 150/2015 – Lei do Trabalho Doméstico.

Art. 8º É livre a associação profissional ou sindical, observado o seguinte:

I – a lei não poderá exigir autorização do Estado para a fundação de sindicato, ressalvado o registro no órgão competente, vedadas ao Poder Público a interferência e a intervenção na organização sindical;

→ v. Súmula 677 do STF.

→ v. Súmula 4 do STJ.

→ v. Art. 511 e ss. da CLT.

II – é vedada a criação de mais de uma organização sindical, em qualquer grau, representativa de categoria profissional ou econômica, na mesma base territorial, que será definida pelos trabalhadores ou empregadores interessados, não podendo ser inferior à área de um Município;

→ v. Súmula 677 do STF.

III – ao sindicato cabe a defesa dos direitos e interesses coletivos ou individuais da categoria, inclusive em questões judiciais ou administrativas;

→ v. Súmulas 629 e 630 do STF

→ v. Art. 81, parágrafo único, II, do CDC.

IV – a assembleia geral fixará a contribuição que, em se tratando de categoria profissional, será descontada em folha, para custeio do sistema confederativo da representação sindical respectiva, independentemente da contribuição prevista em lei;

→ v. Súmula 666 do STF.

→ v. Súmula 396 do STJ.

→ v. Art. 578 da CLT.

V – ninguém será obrigado a filiar-se ou a manter-se filiado a sindicato;

VI – é obrigatória a participação dos sindicatos nas negociações coletivas de trabalho;

VII – o aposentado filiado tem direito a votar e ser votado nas organizações sindicais;

VIII – é vedada a dispensa do empregado sindicalizado a partir do registro da candidatura a cargo de direção ou representação sindical e, se eleito, ainda que suplente, até um ano após o final do mandato, salvo se cometer falta grave nos termos da lei.

→ v. Súmula 197 do STF.

→ v. Súmula 369 do TST.

→ v. Art. 543 da CLT.

Parágrafo único. As disposições deste artigo aplicam-se à organização de sindicatos rurais e de colônias de pescadores, atendidas as condições que a lei estabelecer.

→ v. Lei 11.699/2008 – Colônias, Federações e Confederação Nacional dos Pescadores.

Art. 9º É assegurado o direito de greve, competindo aos trabalhadores decidir sobre a oportunidade de exercê-lo e sobre os interesses que devam por meio dele defender.

→ v. Art. 114, II, da CF/1988.

→ v. Lei 7.783/1989 – Lei de Greve.

§ 1º A lei definirá os serviços ou atividades essenciais e disporá sobre o atendimento das necessidades inadiáveis da comunidade.

→ v. Art. 10 da Lei 7.783/1989.

§ 2º Os abusos cometidos sujeitam os responsáveis às penas da lei.

→ v. Art. 201 do CP.

Art. 10. É assegurada a participação dos trabalhadores e empregadores nos colegiados dos órgãos públicos em que seus interesses profissionais ou previdenciários sejam objeto de discussão e deliberação.

Art. 11. Nas empresas de mais de duzentos empregados, é assegurada a eleição de um representante destes com a finalidade exclusiva de promover-lhes o entendimento direto com os empregadores.

→ v. Art. 543 da CLT.

Capítulo III
DA NACIONALIDADE

Art. 12. São brasileiros:

I – natos:

a) os nascidos na República Federativa do Brasil, ainda que de pais estrangeiros, desde que estes não estejam a serviço de seu país;

b) os nascidos no estrangeiro, de pai brasileiro ou mãe brasileira, desde que qualquer deles esteja a serviço da República Federativa do Brasil;

c) os nascidos no estrangeiro de pai brasileiro ou de mãe brasileira, desde que sejam registrados em repartição brasileira competente ou venham a residir na República Federativa do Brasil e optem, em qualquer tempo, depois de atingida a maioridade, pela nacionalidade brasileira;

→ Alínea *c* com redação alterada pela EC 54/2007.

II – naturalizados:

→ v. Art. 111 e ss. da Lei 6.815/1980.

→ v. Art. 119 do Decreto 86.715/1981.

a) os que, na forma da lei, adquiram a nacionalidade brasileira, exigidas aos originários de países de língua portuguesa apenas residência por um ano ininterrupto e idoneidade moral;

b) os estrangeiros de qualquer nacionalidade residentes na República Federativa do Brasil há mais de quinze anos ininterruptos e sem condenação penal, desde que requeiram a nacionalidade brasileira.

→ Alínea *b* com redação alterada pela EC de Revisão 3/1994.

§ 1º Aos portugueses com residência permanente no País, se houver reciprocidade em favor de brasileiros, serão atribuídos os direitos inerentes ao brasileiro, salvo os casos previstos nesta Constituição.

→ § 1º com redação alterada pela EC de Revisão 3/1994.

§ 2º A lei não poderá estabelecer distinção entre brasileiros natos e naturalizados, salvo nos casos previstos nesta Constituição.

§ 3º São privativos de brasileiro nato os cargos:

I – de Presidente e Vice-Presidente da República;

II – de Presidente da Câmara dos Deputados;

III – de Presidente do Senado Federal;

IV – de Ministro do Supremo Tribunal Federal;

V – da carreira diplomática;

VI – de oficial das Forças Armadas;

VII – de Ministro de Estado da Defesa.

→ Inciso VII acrescentado pela EC 23/1999.

§ 4º Será declarada a perda da nacionalidade do brasileiro que:

I – tiver cancelada sua naturalização, por sentença judicial, em virtude de atividade nociva ao interesse nacional;

II – adquirir outra nacionalidade, salvo nos casos:

→ Inciso II com redação alterada pela EC de Revisão 3/1994.

→ v. Decreto 3453/2000 – Delega competência ao Ministro de Estado da Justiça para declarar a perda e a reaquisição da nacionalidade brasileira.

→ v. Lei 818/1949 – Regula a aquisição, a perda e a reaquisição da nacionalidade, e a perda dos direitos políticos.

a) de reconhecimento de nacionalidade originária pela lei estrangeira;

b) de imposição de naturalização, pela norma estrangeira, ao brasileiro residente em Estado estrangeiro, como condição para permanência em seu território ou para o exercício de direitos civis.

Art. 13. A língua portuguesa é o idioma oficial da República Federativa do Brasil.

→ v. Art. 224 da CF/1988.

→ v. Art. 157 do CPC/1973.

→ v. Art. 192, parágrafo único, do NCPC.

→ v. Decreto 6.583/2008 – Acordo Ortográfico da Língua Portuguesa, assinado em Lisboa, em 16 de dezembro de 1990.

§ 1º São símbolos da República Federativa do Brasil a bandeira, o hino, as armas e o selo nacionais.

→ v. Lei 5.700/1971 – Forma e a apresentação dos Símbolos Nacionais.

§ 2º Os Estados, o Distrito Federal e os Municípios poderão ter símbolos próprios.

Capítulo IV
DOS DIREITOS POLÍTICOS

Art. 14. A soberania popular será exercida pelo sufrágio universal e pelo voto direto e secreto, com valor igual para todos, e, nos termos da lei, mediante:

→ v. Lei 9.709/1998 – Regulamenta a execução do disposto nos incisos I, II e III, do art. 14 da CF/1988.

I – plebiscito;

→ v. Art. 49, XV, da CF/1988.

→ v. Art. 2º do ADCT.

→ v. EC 2/1992 – Plebiscito previsto no art. 2º do ADCT.

II – referendo;

→ v. Art. 49, XV, da CF/1988.

III – iniciativa popular.

→ v. Art. 61, § 2º, da CF/1988.

§ 1º O alistamento eleitoral e o voto são:

→ v. Art. 42 da Lei 4.737/1965.

I – obrigatórios para os maiores de dezoito anos;

II – facultativos para:

a) os analfabetos;

b) os maiores de setenta anos;

c) os maiores de dezesseis e menores de dezoito anos.

§ 2º Não podem alistar-se como eleitores os estrangeiros e, durante o período do serviço militar obrigatório, os conscritos.

§ 3º São condições de elegibilidade, na forma da lei:

I – a nacionalidade brasileira;

II – o pleno exercício dos direitos políticos;

III – o alistamento eleitoral;

IV – o domicílio eleitoral na circunscrição;

V – a filiação partidária;

→ v. Lei 9.096/1995 – Partidos políticos.

→ v. Art. 87 e ss. da Lei 4.737/1965.

VI – a idade mínima de:

a) trinta e cinco anos para Presidente e Vice-Presidente da República e Senador;

b) trinta anos para Governador e Vice-Governador de Estado e do Distrito Federal;

c) vinte e um anos para Deputado Federal, Deputado Estadual ou Distrital, Prefeito, Vice-Prefeito e juiz de paz;

d) dezoito anos para Vereador.

§ 4º São inelegíveis os inalistáveis e os analfabetos.

§ 5º O Presidente da República, os Governadores de Estado e do Distrito Federal, os Prefeitos e quem os houver sucedido ou substituído no curso dos mandatos poderão ser reeleitos para um único período subsequente.

→ § 5º com redação alterada pela EC 16/1997.

§ 6º Para concorrerem a outros cargos, o Presidente da República, os Governadores de Estado e do Distrito Federal e os Prefeitos devem renunciar aos respectivos mandatos até seis meses antes do pleito.

§ 7º São inelegíveis, no território de jurisdição do titular, o cônjuge e os parentes consanguíneos ou afins, até o segundo grau ou por adoção, do Presidente da República, de Governador de Estado ou Território, do Distrito Federal, de Prefeito ou de quem os haja substituído dentro dos seis meses anteriores ao pleito, salvo se já titular de mandato eletivo e candidato à reeleição.

→ v. Súmula Vinculante 18 do STF.

→ v. Súmula 6 do TSE.

§ 8º O militar alistável é elegível, atendidas as seguintes condições:

I – se contar menos de dez anos de serviço, deverá afastar-se da atividade;

II – se contar mais de dez anos de serviço, será agregado pela autoridade superior e, se eleito, passará automaticamente, no ato da diplomação, para a inatividade.

§ 9º Lei complementar estabelecerá outros casos de inelegibilidade e os prazos de sua cessação, a fim de proteger a probidade administrativa, a moralidade para o exercício do mandato, considerada a vida pregressa do candidato, e a normalidade e legitimidade das eleições contra a influência do poder econômico ou o abuso do exercício de função, cargo ou emprego na administração direta ou indireta.

→ § 9º com redação alterada pela EC de Revisão 4/1994.

→ v. Art. 37, § 4º, da CF/1988

→ v. LC 135/2010 – Lei Ficha Limpa.

→ v. LC 64/1990 – Lei das Inelegibilidades.

§ 10. O mandato eletivo poderá ser impugnado ante a Justiça Eleitoral no prazo de quinze dias contados da diplomação, instruída a ação com provas de abuso do poder econômico, corrupção ou fraude.

§ 11. A ação de impugnação de mandato tramitará em segredo de justiça, respondendo o autor, na forma da lei, se temerária ou de manifesta má-fé.

Art. 15. É vedada a cassação de direitos políticos, cuja perda ou suspensão só se dará nos casos de:

I – cancelamento da naturalização por sentença transitada em julgado;

II – incapacidade civil absoluta;

III – condenação criminal transitada em julgado, enquanto durarem seus efeitos;

→ v. Art. 92, I, do CP.

IV – recusa de cumprir obrigação a todos imposta ou prestação alternativa, nos termos do art. 5º, VIII;

→ v. Lei 8.239/1991 – Prestação de Serviço Alternativo ao Serviço Militar Obrigatório.

V – improbidade administrativa, nos termos do art. 37, § 4º.

→ v. Lei 8.429/1992 – Lei de Improbidade Administrativa.

Art. 16. A lei que alterar o processo eleitoral entrará em vigor na data de sua publicação, não se aplicando à eleição que ocorra até 1 (um) ano da data de sua vigência.

→ Artigo com redação alterada pela EC 4/1993.

→ v. Lei 9.504/1997 – Estabelece normas para as eleições.

Capítulo V
DOS PARTIDOS POLÍTICOS

Art. 17. É livre a criação, fusão, incorporação e extinção de partidos políticos, resguardados a soberania nacional, o regime democrático, o pluripartidarismo, os direitos fundamentais da pessoa humana e observados os seguintes preceitos:

→ v. Art. 2º da Lei 9.096/1995.

I – caráter nacional;

II – proibição de recebimento de recursos financeiros de entidade ou governo estrangeiros ou de subordinação a estes;

→ v. Art. 31, I, da Lei 9.096/1995.

III – prestação de contas à Justiça Eleitoral;

IV – funcionamento parlamentar de acordo com a lei.

§ 1º É assegurada aos partidos políticos autonomia para definir sua estrutura interna, organização e funcionamento e para adotar os critérios de escolha e o regime de suas coligações eleitorais, sem obrigatoriedade de vinculação entre as candidaturas em âmbito nacional, estadual, distrital ou municipal, devendo seus estatutos estabelecer normas de disciplina e fidelidade partidária.

→ § 1º com redação alterada pela EC 52/2006.

→ v. Art. 3º da Lei 9.096/1995.

→ v. Resolução do TSE 22.610/2007 – Infidelidade partidária.

→ v. ADIn 3.685-8 (*D.O.U.* 31.3.2006), o STF "julgou procedente a ação para fixar que o § 1º do art. 17 da Constituição, com a redação dada pela EC 52, de 8 de março de 2006, não se aplica às eleições de 2006".

§ 2º Os partidos políticos, após adquirirem personalidade jurídica, na forma da lei civil, registrarão seus estatutos no Tribunal Superior Eleitoral.

→ v. Art. 7º da Lei 9.096/1995.

§ 3º Os partidos políticos têm direito a recursos do fundo partidário e acesso gratuito ao rádio e à televisão, na forma da lei.

→ v. Art. 7º, § 2º, da Lei 9.096/1995.

→ v. Art. 240 e ss. da Lei 4.737/1965.

§ 4º É vedada a utilização pelos partidos políticos de organização paramilitar.

→ v. Art. 6º da Lei 9.096/1995.

Título III
Da organização do Estado

Capítulo I
DA ORGANIZAÇÃO POLÍTICO-ADMINISTRATIVA

Art. 18. A organização político-administrativa da República Federativa do Brasil compreende a União, os Estados, o Distrito Federal e os Municípios, todos autônomos, nos termos desta Constituição.

§ 1º Brasília é a Capital Federal.

§ 2º Os Territórios Federais integram a União, e sua criação, transformação em Estado ou reintegração ao Estado de origem serão reguladas em lei complementar.

§ 3º Os Estados podem incorporar-se entre si, subdividir-se ou desmembrar-se para se anexarem a outros, ou formarem novos Estados ou Territórios Federais, mediante aprovação da população diretamente interessada, através de plebiscito, e do Congresso Nacional, por lei complementar.

→ v. Art. 3º da Lei 9.709/1998.

§ 4º A criação, a incorporação, a fusão e o desmembramento de Municípios far-se-ão por lei estadual, dentro do período determinado por lei complementar federal, e dependerão de consulta prévia, mediante plebiscito, às populações dos Municípios envolvidos, após divulgação dos Estudos de Viabilidade Municipal, apresentados e publicados na forma da lei.

→ § 4º com redação alterada pela EC 15/1996.

→ v. Art. 96 do ADCT.

Art. 19. É vedado à União, aos Estados, ao Distrito Federal e aos Municípios:

I – estabelecer cultos religiosos ou igrejas, subvencioná-los, embaraçar-lhes o funcionamento ou manter com eles ou seus representantes relações de dependência ou aliança, ressalvada, na forma da lei, a colaboração de interesse público;

II – recusar fé aos documentos públicos;

III – criar distinções entre brasileiros ou preferências entre si.

Capítulo II
DA UNIÃO

Art. 20. São bens da União:

→ v. Dec.-lei 9.760/1946 – Bens imóveis da União.

I – os que atualmente lhe pertencem e os que lhe vierem a ser atribuídos;

→ v. Súmula 650 do STF.

II – as terras devolutas indispensáveis à defesa das fronteiras, das fortificações e construções militares, das vias federais de comunicação e à preservação ambiental, definidas em lei;

→ v. Súmula 477 do STF.

→ v. Art. 5º do Dec.-lei 9.760/1946.

III – os lagos, rios e quaisquer correntes de água em terrenos de seu domínio, ou que banhem mais de um Estado, sirvam de limites com outros países, ou se estendam a território estrangeiro ou dele provenham, bem como os terrenos marginais e as praias fluviais;

IV – as ilhas fluviais e lacustres nas zonas limítrofes com outros países; as praias marítimas; as ilhas oceânicas e as costeiras, excluídas, destas, as que contenham a sede de Municípios, exceto aquelas áreas afetadas ao serviço público e a unidade ambiental federal, e as referidas no art. 26, II;

→ Inciso IV com redação alterada pela EC 46/2005.

V – os recursos naturais da plataforma continental e da zona econômica exclusiva;

→ v. Arts. 6º e 11 da Lei 8.617/1993.

VI – o mar territorial;

→ v. Art. 1º da Lei 8.617/1993.

VII – os terrenos de marinha e seus acrescidos;

→ v. Súmula 496 do STJ.

→ v. Art. 2º do Dec.-lei 9.760/1946.

VIII – os potenciais de energia hidráulica;

IX – os recursos minerais, inclusive os do subsolo;

→ v. Art. 176, § 2º, da CF/1988.

X – as cavidades naturais subterrâneas e os sítios arqueológicos e pré-históricos;

XI – as terras tradicionalmente ocupadas pelos índios.

→ v. Súmula 650 do STF.

→ v. Art. 231 da CF/1988.

→ v. Decreto 1.775/1996 – Procedimento administrativo de demarcação das terras indígenas.

§ 1º É assegurada, nos termos da lei, aos Estados, ao Distrito Federal e aos Municípios, bem como a órgãos da administração direta da União, participação no resultado da exploração de petróleo ou gás natural, de recursos hídricos para fins de geração de energia elétrica e de outros recursos minerais no respectivo território, plataforma continental, mar territorial ou zona econômica exclusiva, ou compensação financeira por essa exploração.

§ 2º A faixa de até cento e cinquenta quilômetros de largura, ao longo das fronteiras terrestres, designada como faixa de fronteira, é considerada fundamental para defesa do território nacional, e sua ocupação e utilização serão reguladas em lei.

Art. 21. Compete à União:

I – manter relações com Estados estrangeiros e participar de organizações internacionais;

II – declarar a guerra e celebrar a paz;

III – assegurar a defesa nacional;

IV – permitir, nos casos previstos em lei complementar, que forças estrangeiras transitem pelo território nacional ou nele permaneçam temporariamente;

V – decretar o estado de sítio, o estado de defesa e a intervenção federal;

VI – autorizar e fiscalizar a produção e o comércio de material bélico;

VII – emitir moeda;

VIII – administrar as reservas cambiais do País e fiscalizar as operações de natureza financeira, especialmente as de crédito, câmbio e capitalização, bem como as de seguros e de previdência privada;

IX – elaborar e executar planos nacionais e regionais de ordenação do território e de desenvolvimento econômico e social;

→ *v.* Lei 9.491/1997 – Programa Nacional de Desestatização.

X – manter o serviço postal e o correio aéreo nacional;

→ *v.* Lei 6.538/1978 – Serviços postais.

XI – explorar, diretamente ou mediante autorização, concessão ou permissão, os serviços de telecomunicações, nos termos da lei, que disporá sobre a organização dos serviços, a criação de um órgão regulador e outros aspectos institucionais;

→ Inciso XI com redação alterada pela EC 8/1995.

→ *v.* Lei 4.117/1962 – Código Brasileiro de Telecomunicações.

→ *v.* Lei 9.295/1996 – Serviços de telecomunicações e sua organização e sobre o órgão regulador.

XII – explorar, diretamente ou mediante autorização, concessão ou permissão:

a) os serviços de radiodifusão sonora e de sons e imagens;

→ Alínea *a* com redação alterada pela EC 8/1995.

b) os serviços e instalações de energia elétrica e o aproveitamento energético dos cursos de água, em articulação com os Estados onde se situam os potenciais hidroenergéticos;

c) a navegação aérea, aeroespacial e a infraestrutura aeroportuária;

→ *v.* Lei 7.565/1986 – Código Brasileiro de Aeronáutica.

d) os serviços de transporte ferroviário e aquaviário entre portos brasileiros e fronteiras nacionais, ou que transponham os limites de Estado ou Território;

→ *v.* Lei 12.815/2013 – Exploração direta e indireta, pela União, de portos e instalações portuárias e sobre as atividades desempenhadas pelos operadores portuários.

→ *v.* Lei 9.432/1997 – Ordenação do transporte aquaviário.

e) os serviços de transporte rodoviário interestadual e internacional de passageiros;

→ *v.* Lei 9.277/1996 – Autoriza a União a delegar aos municípios, estados da Federação e ao Distrito Federal a administração e exploração de rodovias e portos federais.

f) os portos marítimos, fluviais e lacustres;

XIII – organizar e manter o Poder Judiciário, o Ministério Público do Distrito Federal e dos Territórios e a Defensoria Pública dos Territórios;

→ Inciso XIII com redação alterada pela EC 69/2012.

XIV – organizar e manter a polícia civil, a polícia militar e o corpo de bombeiros militar do Distrito Federal, bem como prestar assistência financeira ao Distrito Federal para a execução de serviços públicos, por meio de fundo próprio;

→ Inciso XIV com redação alterada pela EC 19/1998.

→ *v.* Súmula 647 do STF.

XV – organizar e manter os serviços oficiais de estatística, geografia, geologia e cartografia de âmbito nacional;

XVI – exercer a classificação, para efeito indicativo, de diversões públicas e de programas de rádio e televisão;

→ *v.* Art. 23 do ADCT.

XVII – conceder anistia;

XVIII – planejar e promover a defesa permanente contra as calamidades públicas, especialmente as secas e as inundações;

XIX – instituir sistema nacional de gerenciamento de recursos hídricos e definir critérios de outorga de direitos de seu uso;

→ *v.* Lei 9.433/1997 – Política Nacional de Recursos Hídricos.

XX – instituir diretrizes para o desenvolvimento urbano, inclusive habitação, saneamento básico e transportes urbanos;

→ *v.* Lei 12.587/2012 – Política Nacional de Mobilidade Urbana.

→ *v.* Lei 11.445/2007 – Diretrizes Nacionais para o Saneamento Básico.

XXI – estabelecer princípios e diretrizes para o sistema nacional de viação;

→ *v.* Lei 12.379/2011 – Sistema Nacional de Aviação.

XXII – executar os serviços de polícia marítima, aeroportuária e de fronteiras;

→ Inciso XXII com redação alterada pela EC 19/1998.

→ *v.* Decreto 1.265/1994 –Política Marítima Nacional – PMN.

XXIII – explorar os serviços e instalações nucleares de qualquer natureza e exercer monopólio estatal sobre a pesquisa, a lavra, o enriquecimento e reprocessamento, a industrialização e o comércio de minérios nucleares e seus derivados, atendidos os seguintes princípios e condições:

a) toda atividade nuclear em território nacional somente será admitida para fins pacíficos e mediante aprovação do Congresso Nacional;

b) sob regime de permissão, são autorizadas a comercialização e a utilização de radioisótopos para a pesquisa e usos médicos, agrícolas e industriais;

→ Alínea *b* com redação alterada pela EC 49/2006.

c) sob regime de permissão, são autorizadas a produção, comercialização e utilização de radioisótopos de meia-vida igual ou inferior a duas horas;

→ Alínea *c* acrescentada pela EC 49/2006.

d) a responsabilidade civil por danos nucleares independe da existência de culpa;

→ Alínea *d* acrescentada pela EC. 49/2006.

XXIV – organizar, manter e executar a inspeção do trabalho;

XXV – estabelecer as áreas e as condições para o exercício da atividade de garimpagem, em forma associativa.

→ *v.* Lei 11.685/2008 – Estatuto do Garimpeiro.

Art. 22. Compete privativamente à União legislar sobre:

→ *v.* Súmula Vinculante 46 do STF.

I – direito civil, comercial, penal, processual, eleitoral, agrário, marítimo, aeronáutico, espacial e do trabalho;

→ *v.* Súmula 722 do STF.

II – desapropriação;

→ *v.* Art. 1.275, V, do CC.

→ *v.* Dec.-lei 3.365/1941 – Desapropriações por utilidade pública.

→ *v.* Lei 4.132/1962 – Desapropriação por interesse social.

III – requisições civis e militares, em caso de iminente perigo e em tempo de guerra;

IV – águas, energia, informática, telecomunicações e radiodifusão;

→ *v.* Lei 9.295/1996 – Serviços de telecomunicações e sua organização e sobre o órgão regulador.

→ *v.* Lei 4.117/1962 – Código Brasileiro de Telecomunicações.

V – serviço postal;

→ *v.* Lei 6.538/1978 – Serviços postais.

VI – sistema monetário e de medidas, títulos e garantias dos metais;

VII – política de crédito, câmbio, seguros e transferência de valores;

→ *v.* Súmula Vinculante 32 do STF.

→ *v.* Lei 4.595/1964 – Política e as Instituições Monetárias, Bancárias e Creditícias, Cria o Conselho Monetário Nacional.

VIII – comércio exterior e interestadual;

IX – diretrizes da política nacional de transportes;

X – regime dos portos, navegação lacustre, fluvial, marítima, aérea e aeroespacial;

→ *v.* Lei 9.984/2000 – Criação da Agência Nacional de Águas – ANA.

→ *v.* Lei 9.277/1996 – Autoriza a União a delegar aos municípios, estados da Federação e ao Distrito Federal a administração e exploração de rodovias e portos federais.

XI – trânsito e transporte;

XII – jazidas, minas, outros recursos minerais e metalurgia;

XIII – nacionalidade, cidadania e naturalização;

→ *v.* Art. 12 da CF/1988.

XIV – populações indígenas;

→ *v.* Art. 231 da CF/1988.

→ *v.* Lei 6.001/1973 – Estatuto do Índio.

XV – emigração e imigração, entrada, extradição e expulsão de estrangeiros;

→ *v.* Súmula 1 do STF.

→ *v.* Decreto 4.975/2004 – Promulga o Acordo de Extradição entre os Estados Partes do Mercosul.

→ *v.* Lei 6.815/1980 – Estatuto do Estrangeiro.

XVI – organização do sistema nacional de emprego e condições para o exercício de profissões;

XVII – organização judiciária, do Ministério Público do Distrito Federal e dos Territórios e da Defensoria Pública dos Territórios, bem como organização administrativa destes;

→ Inciso XVII com redação alterada pela EC 69/2012.

→ *v.* Lei 11.697/2008 – Organização Judiciária dos Distrito Federal e dos Territórios.

XVIII – sistema estatístico, sistema cartográfico e de geologia nacionais;

XIX – sistemas de poupança, captação e garantia da poupança popular;

XX – sistemas de consórcios e sorteios;

→ v. Súmula Vinculante 2 do STF.

XXI – normas gerais de organização, efetivos, material bélico, garantias, convocação e mobilização das polícias militares e corpos de bombeiros militares;

XXII – competência da polícia federal e das polícias rodoviária e ferroviária federais;

XXIII – seguridade social;

→ v. Lei 8.212/1991 – Seguridade Social e Plano de Custeio.

XXIV – diretrizes e bases da educação nacional;

→ v. Lei 9.394/1996 – Diretrizes e Bases da Educação Nacional.

XXV – registros públicos;

→ v. Lei 6.015/1973 – Registros Públicos.

XXVI – atividades nucleares de qualquer natureza;

→ v. Lei 6.453/1977 – Responsabilidade civil por danos nucleares e a responsabilidade criminal por atos relacionados com atividades nucleares.

XXVII – normas gerais de licitação e contratação, em todas as modalidades, para as administrações públicas diretas, autárquicas e fundacionais da União, Estados, Distrito Federal e Municípios, obedecido o disposto no art. 37, XXI, e para as empresas públicas e sociedades de economia mista, nos termos do art. 173, § 1º, III;

→ Inciso XXVII com redação alterada pela EC 19/1998.

→ v. Lei 12.598/2012 – Estabelece normas especiais para as compras, as contratações e o desenvolvimento de produtos e de sistemas de defesa; dispõe sobre regras de incentivo à área estratégica de defesa.

→ v. Lei 8.666/1993 – Licitações e contratos.

XXVIII – defesa territorial, defesa aeroespacial, defesa marítima, defesa civil e mobilização nacional;

XXIX – propaganda comercial.

Parágrafo único. Lei complementar poderá autorizar os Estados a legislar sobre questões específicas das matérias relacionadas neste artigo.

Art. 23. É competência comum da União, dos Estados, do Distrito Federal e dos Municípios:

I – zelar pela guarda da Constituição, das leis e das instituições democráticas e conservar o patrimônio público;

II – cuidar da saúde e assistência pública, da proteção e garantia das pessoas portadoras de deficiência;

→ v. Art. 203, V, da CF/1988.

→ v. Lei 13.146/2015 – Estatuto da Pessoa com Deficiência.

→ v. Lei 10.098/2000 – Normas gerais e critérios básicos para a promoção da acessibilidade das pessoas portadoras de deficiência ou com mobilidade reduzida.

→ v. Lei 10.048/2000 – Dá prioridade de atendimento às pessoas que especifica.

→ v. Lei 7.853/1989 – Tutela dos direitos difusos ou coletivos dos portadores de deficiência sobre o apoio a essas pessoas e sua integração social.

III – proteger os documentos, as obras e outros bens de valor histórico, artístico e cultural, os monumentos, as paisagens naturais notáveis e os sítios arqueológicos;

→ v. LC 140/2011 – Fixa normas, nos termos dos incisos III, VI e VII do *caput* e do parágrafo único do art. 23 da CF/1988, para a cooperação entre a União, os Estados, o Distrito Federal e os Municípios.

IV – impedir a evasão, a destruição e a descaracterização de obras de arte e de outros bens de valor histórico, artístico e cultural;

V – proporcionar os meios de acesso à cultura, à educação, à ciência, à tecnologia, à pesquisa e à inovação;

→ Inciso V com redação alterada pela EC 85/2015.

→ v. Decreto 6.226/2007 – Institui o Programa Mais Cultura.

VI – proteger o meio ambiente e combater a poluição em qualquer de suas formas;

→ v. LC 140/2011 – Fixa normas, nos termos dos incisos III, VI e VII do *caput* e do parágrafo único do art. 23 da CF/1988, para a cooperação entre a União, os Estados, o Distrito Federal e os Municípios.

→ v. Lei 9.605/1998 – Lei de crimes ambientais.

→ v. Lei 6.938/1981 – Política Nacional do Meio Ambiente.

VII – preservar as florestas, a fauna e a flora;

→ v. LC 140/2011 – Fixa normas, nos termos dos incisos III, VI e VII do *caput* e do parágrafo único do art. 23 da CF/1988, para a cooperação entre a União, os Estados, o Distrito Federal e os Municípios.

→ v. Lei 12.651/2012 – Código Florestal.

→ v. Lei 5.197/1967 – Proteção à fauna.

VIII – fomentar a produção agropecuária e organizar o abastecimento alimentar;

IX – promover programas de construção de moradias e a melhoria das condições habitacionais e de saneamento básico;

→ v. Lei 11.977/2009 – Programa minha casa minha vida.

→ v. Lei 11.445/2007 – Diretrizes Nacionais para o saneamento básico.

X – combater as causas da pobreza e os fatores de marginalização, promovendo a integração social dos setores desfavorecidos;

→ v. LC 111/2001 – Fundo de Combate e Erradicação da Pobreza.

→ v. Arts. 79 a 82 do ADCT.

XI – registrar, acompanhar e fiscalizar as concessões de direitos de pesquisa e exploração de recursos hídricos e minerais em seus territórios;

XII – estabelecer e implantar política de educação para a segurança do trânsito.

Parágrafo único. Leis complementares fixarão normas para a cooperação entre a União e os Estados, o Distrito Federal e os Municípios, tendo em vista o equilíbrio do desenvolvimento e do bem-estar em âmbito nacional.

→ Parágrafo único com redação alterada pela EC 53/2006.

→ v. LC 140/2011 – Fixa normas, nos termos dos incisos III, VI e VII do *caput* e do parágrafo único do art. 23 da CF/1988, para a cooperação entre a União, os Estados, o Distrito Federal e os Municípios.

Art. 24. Compete à União, aos Estados e ao Distrito Federal legislar concorrentemente sobre:

I – direito tributário, financeiro, penitenciário, econômico e urbanístico;

II – orçamento;

→ v. Lei 4.320/1964 – Estatui Normas Gerais de Direito Financeiro para elaboração e controle dos orçamentos e balanços da União, dos Estados, dos Municípios e do Distrito Federal.

III – juntas comerciais;

IV – custas dos serviços forenses;

→ v. Súmula 178 do STJ.

V – produção e consumo;

VI – florestas, caça, pesca, fauna, conservação da natureza, defesa do solo e dos recursos naturais, proteção do meio ambiente e controle da poluição;

VII – proteção ao patrimônio histórico, cultural, artístico, turístico e paisagístico;

VIII – responsabilidade por dano ao meio ambiente, ao consumidor, a bens e direitos de valor artístico, estético, histórico, turístico e paisagístico;

→ v. Lei 8.078/1990 – Proteção do consumidor.

→ v. Lei 7.347/1985 – Lei de Ação Civil Pública.

→ v. Decreto 7.962/2013 – Regulamenta a Lei 8.078/1990, para dispor sobre a contratação no comércio eletrônico.

IX – educação, cultura, ensino, desporto, ciência, tecnologia, pesquisa, desenvolvimento e inovação;

→ Inciso IX com redação alterada pela EC 85/2015.

X – criação, funcionamento e processo do juizado de pequenas causas;

→ v. Lei 10.259/2001 – Juizados Especiais Cíveis e Criminais no âmbito da Justiça Federal.

→ v. Lei 9.099/1995 – Juizados Especiais Cíveis e Criminais.

XI – procedimentos em matéria processual;

XII – previdência social, proteção e defesa da saúde;

→ v. Lei 8.213/1991 – Planos de Benefícios da Previdência Social.

XIII – assistência jurídica e defensoria pública;

→ v. Art. 134 da CF/1988.

→ v. LC 80/1994 – Organiza a Defensoria Pública da União, do Distrito Federal e dos Territórios e prescreve normas gerais para sua organização nos Estados.

→ v. Lei 1.060/1950 – Lei de Assistência Judiciária.

XIV – proteção e integração social das pessoas portadoras de deficiência;

→ v. Lei 13.146/2015 – Estatuto da Pessoa com Deficiência.

→ v. Lei 7.853/1989 – Tutela dos direitos difusos ou coletivos dos portadores de deficiência sobre o apoio a essas pessoas e sua integração social.

XV – proteção à infância e à juventude;

→ v. Lei 8.069/1990 – Estatuto da Criança e do Adolescente.

XVI – organização, garantias, direitos e deveres das polícias civis.

§ 1º No âmbito da legislação concorrente, a competência da União limitar-se-á a estabelecer normas gerais.

§ 2º A competência da União para legislar sobre normas gerais não exclui a competência suplementar dos Estados.

§ 3º Inexistindo lei federal sobre normas gerais, os Estados exercerão a competência legislativa plena, para atender a suas peculiaridades.

§ 4º A superveniência de lei federal sobre normas gerais suspende a eficácia da lei estadual, no que lhe for contrário.

→ v. Art. 1º, § 3º da Lei 13.116/2015.

Capítulo III
DOS ESTADOS FEDERADOS

Art. 25. Os Estados organizam-se e regem-se pelas Constituições e leis que adotarem, observados os princípios desta Constituição.

→ v. Súmula 681 do STF.

§ 1º São reservadas aos Estados as competências que não lhes sejam vedadas por esta Constituição.

§ 2º Cabe aos Estados explorar diretamente, ou mediante concessão, os serviços locais de gás canalizado, na forma da lei, vedada a edição de medida provisória para a sua regulamentação.

→ § 2º com redação alterada pela EC 5/1995.

→ *V.* Lei 9.478/1997 – Política energética nacional, as atividades relativas ao monopólio do petróleo, institui o Conselho Nacional de Política Energética e a Agência Nacional do Petróleo.

§ 3º Os Estados poderão, mediante lei complementar, instituir regiões metropolitanas, aglomerações urbanas e microrregiões, constituídas por agrupamentos de municípios limítrofes, para integrar a organização, o planejamento e a execução de funções públicas de interesse comum.

Art. 26. Incluem-se entre os bens dos Estados:

→ *V.* Arts. 98 a 103 do CC.

I – as águas superficiais ou subterrâneas, fluentes, emergentes e em depósito, ressalvadas, neste caso, na forma da lei, as decorrentes de obras da União;

→ *V.* Lei 9.984/2000 – Criação da Agência Nacional de Águas – ANA.

→ *V.* Art. 29, II, do Decreto 24.643/1934.

II – as áreas, nas ilhas oceânicas e costeiras, que estiverem no seu domínio, excluídas aquelas sob domínio da União, Municípios ou terceiros;

III – as ilhas fluviais e lacustres não pertencentes à União;

IV – as terras devolutas não compreendidas entre as da União.

Art. 27. O número de Deputados à Assembleia Legislativa corresponderá ao triplo da representação do Estado na Câmara dos Deputados e, atingindo o número de trinta e seis, será acrescido de tantos quantos forem os Deputados Federais acima de doze.

§ 1º Será de quatro anos o mandato dos Deputados Estaduais, aplicando-se-lhes as regras desta Constituição sobre sistema eleitoral, inviolabilidade, imunidades, remuneração, perda de mandato, licença, impedimentos e incorporação às Forças Armadas.

§ 2º O subsídio dos Deputados Estaduais será fixado por lei de iniciativa da Assembleia Legislativa, na razão de, no máximo, setenta e cinco por cento daquele estabelecido, em espécie, para os Deputados Federais, observado o que dispõem os arts. 39, § 4º, 57, § 7º, 150, II, 153, III, e 153, § 2º, I.

→ § 2º com redação alterada pela EC 19/1998.

§ 3º Compete às Assembleias Legislativas dispor sobre seu regimento interno, polícia e serviços administrativos de sua secretaria, e prover os respectivos cargos.

§ 4º A lei disporá sobre a iniciativa popular no processo legislativo estadual.

Art. 28. A eleição do Governador e do Vice-Governador de Estado, para mandato de quatro anos, realizar-se-á no primeiro domingo de outubro, em primeiro turno, e no último domingo de outubro, em segundo turno, se houver, do ano anterior ao do término do mandato de seus antecessores, e a posse ocorrerá em primeiro de janeiro do ano subsequente, observado, quanto ao mais, o disposto no art. 77.

→ *Caput* com redação alterada pela EC 16/1997.

§ 1º Perderá o mandato o Governador que assumir outro cargo ou função na administração pública direta ou indireta, ressalvada a posse em virtude de concurso público e observado o disposto no art. 38, I, IV e V.

→ Anterior parágrafo único renumerado para § 1º pela EC 19/1998.

§ 2º Os subsídios do Governador, do Vice-Governador e dos Secretários de Estado serão fixados por lei de iniciativa da Assembleia Legislativa, observado o que dispõem os arts. 37, XI, 39, § 4º, 150, II, 153, III, e 153, § 2º, I.

→ § 2º acrescentado pela EC 19/1998.

Capítulo IV
DOS MUNICÍPIOS

Art. 29. O Município reger-se-á por lei orgânica, votada em dois turnos, com o interstício mínimo de dez dias, e aprovada por dois terços dos membros da Câmara Municipal, que a promulgará, atendidos os princípios estabelecidos nesta Constituição, na Constituição do respectivo Estado e os seguintes preceitos:

I – eleição do Prefeito, do Vice-Prefeito e dos Vereadores, para mandato de quatro anos, mediante pleito direto e simultâneo realizado em todo o País;

II – eleição do Prefeito e do Vice-Prefeito realizada no primeiro domingo de outubro do ano anterior ao término do mandato dos que devam suceder, aplicadas as regras do art. 77 no caso de Municípios com mais de duzentos mil eleitores;

→ Inciso II com redação alterada pela EC 16/1997.

III – posse do Prefeito e do Vice-Prefeito no dia 1º de janeiro do ano subsequente ao da eleição;

IV – para a composição das Câmaras Municipais, será observado o limite máximo de:

→ Inciso IV com redação alterada pela EC 58/2009 (*D.O.U.* 24.9.2009), em vigor na data de sua promulgação, produzindo efeitos a partir do processo eleitoral de 2008.

→ *v.* ADIn 4.307-2 (*D.O.U.* 27.11.2009), o STF deferiu medida cautelar com efeito *ex tunc*, para sustar os efeitos do inciso I do art. 3º da EC 58/2009, que deu nova redação ao inciso IV do art. 29 da CF/1988.

a) 9 (nove) Vereadores, nos Municípios de até 15.000 (quinze mil) habitantes;

b) 11 (onze) Vereadores, nos Municípios de mais de 15.000 (quinze mil) habitantes e de até 30.000 (trinta mil) habitantes;

c) 13 (treze) Vereadores, nos Municípios com mais de 30.000 (trinta mil) habitantes e de até 50.000 (cinquenta mil) habitantes;

d) 15 (quinze) Vereadores, nos Municípios de mais de 50.000 (cinquenta mil) habitantes e de até 80.000 (oitenta mil) habitantes;

e) 17 (dezessete) Vereadores, nos Municípios de mais de 80.000 (oitenta mil) habitantes e de até 120.000 (cento e vinte mil) habitantes;

f) 19 (dezenove) Vereadores, nos Municípios de mais de 120.000 (cento e vinte mil) habitantes e de até 160.000 (cento e sessenta mil) habitantes;

g) 21 (vinte e um) Vereadores, nos Municípios de mais de 160.000 (cento e sessenta mil) habitantes e de até 300.000 (trezentos mil) habitantes;

h) 23 (vinte e três) Vereadores, nos Municípios de mais de 300.000 (trezentos mil) habitantes e de até 450.000 (quatrocentos e cinquenta mil) habitantes;

i) 25 (vinte e cinco) Vereadores, nos Municípios de mais de 450.000 (quatrocentos e cinquenta mil) habitantes e de até 600.000 (seiscentos mil) habitantes;

j) 27 (vinte e sete) Vereadores, nos Municípios de mais de 600.000 (seiscentos mil) habitantes e de até 750.000 (setecentos e cinquenta mil) habitantes;

k) 29 (vinte e nove) Vereadores, nos Municípios de mais de 750.000 (setecentos e cinquenta mil) habitantes e de até 900.000 (novecentos mil) habitantes;

l) 31 (trinta e um) Vereadores, nos Municípios de mais de 900.000 (novecentos mil) habitantes e de até 1.050.000 (um milhão e cinquenta mil) habitantes;

m) 33 (trinta e três) Vereadores, nos Municípios de mais de 1.050.000 (um milhão e cinquenta mil) habitantes e de até 1.200.000 (um milhão e duzentos mil) habitantes;

n) 35 (trinta e cinco) Vereadores, nos Municípios de mais de 1.200.000 (um milhão e duzentos mil) habitantes e de até 1.350.000 (um milhão e trezentos e cinquenta mil) habitantes;

o) 37 (trinta e sete) Vereadores, nos Municípios de 1.350.000 (um milhão e trezentos e cinquenta mil) habitantes e de até 1.500.000 (um milhão e quinhentos mil) habitantes;

p) 39 (trinta e nove) Vereadores, nos Municípios de mais de 1.500.000 (um milhão e quinhentos mil) habitantes e de até 1.800.000 (um milhão e oitocentos mil) habitantes;

q) 41 (quarenta e um) Vereadores, nos Municípios de mais de 1.800.000 (um milhão e oitocentos mil) habitantes e de até 2.400.000 (dois milhões e quatrocentos mil) habitantes;

r) 43 (quarenta e três) Vereadores, nos Municípios de mais de 2.400.000 (dois milhões e quatrocentos mil) habitantes e de até 3.000.000 (três milhões) de habitantes;

s) 45 (quarenta e cinco) Vereadores, nos Municípios de mais de 3.000.000 (três milhões) de habitantes e de até 4.000.000 (quatro milhões) de habitantes;

t) 47 (quarenta e sete) Vereadores, nos Municípios de mais de 4.000.000 (quatro milhões) de habitantes e de até 5.000.000 (cinco milhões) de habitantes;

u) 49 (quarenta e nove) Vereadores, nos Municípios de mais de 5.000.000 (cinco milhões) de habitantes e de até 6.000.000 (seis milhões) de habitantes;

v) 51 (cinquenta e um) Vereadores, nos Municípios de mais de 6.000.000 (seis milhões) de habitantes e de até 7.000.000 (sete milhões) de habitantes;

w) 53 (cinquenta e três) Vereadores, nos Municípios de mais de 7.000.000 (sete milhões) de habitantes e de até 8.000.000 (oito milhões) de habitantes; e

x) 55 (cinquenta e cinco) Vereadores, nos Municípios de mais de 8.000.000 (oito milhões) de habitantes;

V – subsídios do Prefeito, do Vice-Prefeito e dos Secretários Municipais fixados por lei de iniciativa da Câmara Municipal, observado o que dispõem os arts. 37, XI, 39, § 4º, 150, II, 153, III, e 153, § 2º, I;

→ Inciso V com redação alterada pela EC 19/1998.

VI – o subsídio dos Vereadores será fixado pelas respectivas Câmaras Municipais em cada legislatura para a subsequente, observado o que dispõe esta Constituição, observados os critérios estabelecidos na respectiva Lei Orgânica e os seguintes limites máximos:

→ Inciso VI com redação alterada pela EC 25/2000.

a) em Municípios de até dez mil habitantes, o subsídio máximo dos Vereadores corresponderá a vinte por cento do subsídio dos Deputados Estaduais;

b) em Municípios de dez mil e um a cinquenta mil habitantes, o subsídio máximo dos Vereadores corresponderá a trinta por cento do subsídio dos Deputados Estaduais;

c) em Municípios de cinquenta mil e um a cem mil habitantes, o subsídio máximo dos Vereadores corresponderá a quarenta por cento do subsídio dos Deputados Estaduais;

d) em Municípios de cem mil e um a trezentos mil habitantes, o subsídio máximo dos Vereadores corresponderá a cinquenta por cento do subsídio dos Deputados Estaduais;

e) em Municípios de trezentos mil e um a quinhentos mil habitantes, o subsídio máximo dos Vereadores corresponderá a sessenta por cento do subsídio dos Deputados Estaduais;

f) em Municípios de mais de quinhentos mil habitantes, o subsídio máximo dos Vereadores corresponderá a setenta e cinco por cento do subsídio dos Deputados Estaduais;

VII – o total da despesa com a remuneração dos Vereadores não poderá ultrapassar o montante de cinco por cento da receita do município;

→ Inciso VII acrescentado pela EC 1/1992.

VIII – inviolabilidade dos Vereadores por suas opiniões, palavras e votos no exercício do mandato e na circunscrição do Município;

→ Inciso VIII renumerado pela EC 1/1992.

IX – proibições e incompatibilidades, no exercício da vereança, similares, no que couber, ao disposto nesta Constituição para os membros do Congresso Nacional e, na Constituição do respectivo Estado, para os membros da Assembleia Legislativa;

→ Anterior inciso VII renumerado para Inciso IX pela EC 1/1992.

X – julgamento do Prefeito perante o Tribunal de Justiça;

→ Inciso X renumerado pela EC 1/1992.

→ *v.* Súmulas 702 e 703 do STF.

→ *v.* Súmula 209 do STJ.

→ *v.* Art. 1º do Dec.-lei 201/1967.

XI – organização das funções legislativas e fiscalizadoras da Câmara Municipal;

→ Inciso XI renumerado pela EC 1/1992.

XII – cooperação das associações representativas no planejamento municipal;

→ Inciso XII renumerado pela EC 1/1992.

XIII – iniciativa popular de projetos de lei de interesse específico do Município, da cidade ou de bairros, através de manifestação de, pelo menos, cinco por cento do eleitorado;

→ Inciso XIII renumerado pela EC 1/1992.

XIV – perda do mandato do Prefeito, nos termos do art. 28, parágrafo único.

→ Inciso XII renumerado pela EC 1/1992.

Art. 29-A. O total da despesa do Poder Legislativo Municipal, incluídos os subsídios dos Vereadores e excluídos os gastos com inativos, não poderá ultrapassar os seguintes percentuais, relativos ao somatório da receita tributária e das transferências previstas no § 5º do art. 153 e nos arts. 158 e 159, efetivamente realizado no exercício anterior:

→ *Caput* acrescentado pela EC 25/2000.

I – 7% (sete por cento) para Municípios com população de até 100.000 (cem mil) habitantes;

→ Inciso I com redação alterada pela EC 58/2009.

II – 6% (seis por cento) para Municípios com população entre 100.000 (cem mil) e 300.000 (trezentos mil) habitantes;

→ Inciso II com redação alterada pela EC 58/2009.

III – 5% (cinco por cento) para Municípios com população entre 300.001 (trezentos mil e um) e 500.000 (quinhentos mil) habitantes;

→ Inciso III com redação alterada pela EC 58/2009.

IV – 4,5% (quatro inteiros e cinco décimos por cento) para Municípios com população entre 500.001 (quinhentos mil e um) e 3.000.000 (três milhões) de habitantes;

→ Inciso IV com redação alterada pela EC 58/2009.

V – 4% (quatro por cento) para Municípios com população entre 3.000.001 (três milhões e um) e 8.000.000 (oito milhões) de habitantes;

→ Inciso V acrescentado pela EC 58/2009.

VI – 3,5% (três inteiros e cinco décimos por cento) para Municípios com população acima de 8.000.001 (oito milhões e um) habitantes.

→ Inciso VI acrescentado pela EC 58/2009.

§ 1º A Câmara Municipal não gastará mais de setenta por cento de sua receita com folha de pagamento, incluído o gasto com o subsídio de seus Vereadores.

→ § 1º acrescentado pela EC 25/2000.

§ 2º Constitui crime de responsabilidade do Prefeito Municipal:

→ § 2º acrescentado pela EC 25/2000.

I – efetuar repasse que supere os limites definidos neste artigo;

II – não enviar o repasse até o dia vinte de cada mês; ou

III – enviá-lo a menor em relação à proporção fixada na Lei Orçamentária.

§ 3º Constitui crime de responsabilidade do Presidente da Câmara Municipal o desrespeito ao § 1º deste artigo.

→ § 3º acrescentado pela EC 25/2000.

Art. 30. Compete aos Municípios:

I – legislar sobre assuntos de interesse local;

→ *v.* Súmula 645 do STF.

II – suplementar a legislação federal e a estadual no que couber;

III – instituir e arrecadar os tributos de sua competência, bem como aplicar suas rendas, sem prejuízo da obrigatoriedade de prestar contas e publicar balancetes nos prazos fixados em lei;

→ *v.* Art. 156 da CF/1988.

IV – criar, organizar e suprimir distritos, observada a legislação estadual;

V – organizar e prestar, diretamente ou sob regime de concessão ou permissão, os serviços públicos de interesse local, incluído o de transporte coletivo, que tem caráter essencial;

VI – manter, com a cooperação técnica e financeira da União e do Estado, programas de educação infantil e de ensino fundamental;

→ Inciso VI com redação alterada pela EC 53/2006.

VII – prestar, com cooperação técnica e financeira da União e do Estado, serviços de atendimento à saúde da população;

VIII – promover, no que couber, adequado ordenamento territorial, mediante planejamento e controle do uso, do parcelamento e da ocupação do solo urbano;

→ *v.* Art. 182 da CF/1988.

→ *v.* Lei 12.587/2012 – Política Nacional de Mobilidade Urbana.

→ *v.* Lei 10.257/2001 – Estatuto da Cidade.

IX – promover a proteção do patrimônio histórico-cultural local, observada a legislação e a ação fiscalizadora federal e estadual.

Art. 31. A fiscalização do Município será exercida pelo Poder Legislativo Municipal, mediante controle externo, e pelos sistemas de controle interno do Poder Executivo Municipal, na forma da lei.

§ 1º O controle externo da Câmara Municipal será exercido com o auxílio dos Tribunais de Contas dos Estados ou do Município ou dos Conselhos ou Tribunais de Contas dos Municípios, onde houver.

§ 2º O parecer prévio, emitido pelo órgão competente sobre as contas que o Prefeito deve anualmente prestar, só deixará de prevalecer por decisão de dois terços dos membros da Câmara Municipal.

§ 3º As contas dos Municípios ficarão, durante sessenta dias, anualmente, à disposição de qualquer contribuinte, para exame e apreciação, o qual poderá questionar-lhes a legitimidade, nos termos da lei.

§ 4º É vedada a criação de Tribunais, Conselhos ou órgãos de Contas Municipais.

Capítulo V
DO DISTRITO FEDERAL E DOS TERRITÓRIOS

Seção I
Do Distrito Federal

Art. 32. O Distrito Federal, vedada sua divisão em Municípios, reger-se-á por lei orgânica, votada em dois turnos com interstício mínimo de dez dias, e aprovada por dois terços da Câmara Legislativa, que a promulgará, atendidos os princípios estabelecidos nesta Constituição.

§ 1º Ao Distrito Federal são atribuídas as competências legislativas reservadas aos Estados e Municípios.

→ *v.* Súmula 642 do STF.

§ 2º A eleição do Governador e do Vice-Governador, observadas as regras do art. 77, e dos Deputados Distritais coincidirá com a dos Governadores e Deputados Estaduais, para mandato de igual duração.

§ 3º Aos Deputados Distritais e à Câmara Legislativa aplica-se o disposto no art. 27.

§ 4º Lei federal disporá sobre a utilização, pelo Governo do Distrito Federal, das polícias civil e militar e do corpo de bombeiros militar.

→ *V.* Lei 7.479/1986 – Estatuto dos Bombeiros Militares do Corpo de Bombeiros do Distrito Federal.

→ *V.* Lei 6.450/1977 – Organização básica da Polícia Militar do Distrito Federal.

→ *V.* Dec.-lei 667/1969 – Reorganiza as Polícias Militares e os Corpos de Bombeiros Militares dos Estados, dos Território e do Distrito Federal.

Seção II
Dos Territórios

Art. 33. A lei disporá sobre a organização administrativa e judiciária dos Territórios.

→ *V.* Lei 11.697/2008 – Organização judiciária do Distrito Federal e dos Territórios.

§ 1º Os Territórios poderão ser divididos em Municípios, aos quais se aplicará, no que couber, o disposto no Capítulo IV deste Título.

§ 2º As contas do Governo do Território serão submetidas ao Congresso Nacional, com parecer prévio do Tribunal de Contas da União.

§ 3º Nos Territórios Federais com mais de cem mil habitantes, além do Governador nomeado na forma desta Constituição, haverá órgãos judiciários de primeira e segunda instância, membros do Ministério Público e defensores públicos federais; a lei disporá sobre as eleições para a Câmara Territorial e sua competência deliberativa.

Capítulo VI
DA INTERVENÇÃO

Art. 34. A União não intervirá nos Estados nem no Distrito Federal, exceto para:

I – manter a integridade nacional;

→ *V.* Art. 1º, *caput*, da CF/1988.

II – repelir invasão estrangeira ou de uma unidade da Federação em outra;

III – por termo a grave comprometimento da ordem pública;

IV – garantir o livre exercício de qualquer dos Poderes nas unidades da Federação;

→ *V.* Art. 36, I, da CF/1988.

V – reorganizar as finanças da unidade da Federação que:

→ *V.* Art. 10 da LC 63/1990.

a) suspender o pagamento da dívida fundada por mais de dois anos consecutivos, salvo motivo de força maior;

b) deixar de entregar aos Municípios receitas tributárias fixadas nesta Constituição, dentro dos prazos estabelecidos em lei;

VI – prover a execução de lei federal, ordem ou decisão judicial;

→ *V.* Súmula 637 do STF.

→ *V.* Art. 36, II, III, e § 3º da CF/1988.

VII – assegurar a observância dos seguintes princípios constitucionais:

→ *V.* Art. 36, III, e § 3º da CF/1988.

→ *V.* Lei 12.562/2011 – Processo e julgamento da representação interventiva perante o STF.

a) forma republicana, sistema representativo e regime democrático;

b) direitos da pessoa humana;

c) autonomia municipal;

d) prestação de contas da administração pública, direta e indireta;

e) aplicação do mínimo exigido da receita resultante de impostos estaduais, compreendida a proveniente de transferências, na manutenção e desenvolvimento do ensino e nas ações e serviços públicos de saúde.

→ Alínea *e* com redação alterada pela EC 29/2000.

Art. 35. O Estado não intervirá em seus Municípios, nem a União nos Municípios localizados em Território Federal, exceto quando:

I – deixar de ser paga, sem motivo de força maior, por dois anos consecutivos, a dívida fundada;

II – não forem prestadas contas devidas, na forma da lei;

III – não tiver sido aplicado o mínimo exigido da receita municipal na manutenção e desenvolvimento do ensino e nas ações e serviços públicos de saúde;

→ Inciso III com redação alterada pela EC 29/2000.

IV – o Tribunal de Justiça der provimento a representação para assegurar a observância de princípios indicados na Constituição Estadual, ou para prover a execução de lei, de ordem ou de decisão judicial.

Art. 36. A decretação da intervenção dependerá:

I – no caso do art. 34, IV, de solicitação do Poder Legislativo ou do Poder Executivo coacto ou impedido, ou de requisição do Supremo Tribunal Federal, se a coação for exercida contra o Poder Judiciário;

II – no caso de desobediência a ordem ou decisão judiciária, de requisição do Supremo Tribunal Federal, do Superior Tribunal de Justiça ou do Tribunal Superior Eleitoral;

III – de provimento, pelo Supremo Tribunal Federal, de representação do Procurador-Geral da República, na hipótese do art. 34, VII, e no caso de recusa a execução de lei federal.

→ Inciso III com redação alterada pela EC 45/2004.

→ *V.* Lei 12.562/2011 – Regulamenta o inciso III do art. 36 da CF/1988.

IV – *(Revogado pela EC 45/2004).*

§ 1º O decreto de intervenção, que especificará a amplitude, o prazo e as condições de execução e que, se couber, nomeará o interventor, será submetido à apreciação do Congresso Nacional ou da Assembleia Legislativa do Estado, no prazo de vinte e quatro horas.

§ 2º Se não estiver funcionando o Congresso Nacional ou a Assembleia Legislativa, far-se-á convocação extraordinária, no mesmo prazo de vinte e quatro horas.

§ 3º Nos casos do art. 34, VI e VII, ou do art. 35, IV, dispensada a apreciação pelo Congresso Nacional ou pela Assembleia Legislativa, o decreto limitar-se-á a suspender a execução do ato impugnado, se essa medida bastar ao restabelecimento da normalidade.

§ 4º Cessados os motivos da intervenção, as autoridades afastadas de seus cargos a estes voltarão, salvo impedimento legal.

Capítulo VII
DA ADMINISTRAÇÃO PÚBLICA

Seção I
Disposições gerais

Art. 37. A administração pública direta e indireta de qualquer dos Poderes da União, dos Estados, do Distrito Federal e dos Municípios obedecerá aos princípios de legalidade, impessoalidade, moralidade, publicidade e eficiência e, também, ao seguinte:

→ *Caput* com redação alterada pela EC 19/1998.

→ *V.* Súmulas 346 e 473 do STF.

→ *V.* Art. 19 do ADCT.

→ *V.* Lei 8.730/1993 – Estabelece a obrigatoriedade da declaração de bens e rendas para o exercício de cargos, empregos e funções nos Poderes Executivo, Legislativo e Judiciário.

→ *V.* Lei 8.727/1993 – Estabelece diretrizes para a consolidação e o reescalonamento, pela União, de dívidas internas das administrações direta e indireta dos Estados, do Distrito Federal e dos Municípios.

→ *V.* Lei 8.112/1990 – Regime jurídico dos servidores públicos civis da União, das autarquias e das fundações públicas federais.

I – os cargos, empregos e funções públicas são acessíveis aos brasileiros que preencham os requisitos estabelecidos em lei, assim como aos estrangeiros, na forma da lei;

→ Inciso I com redação alterada pela EC 19/1998.

→ *V.* Súmula Vinculante 44 do STF.

→ *V.* Súmulas 14, 16, 17, 683 e 686 do STF.

→ *V.* Súmula 266 do STJ.

II – a investidura em cargo ou emprego público depende de aprovação prévia em concurso público de provas ou de provas e títulos, de acordo com a natureza e a complexidade do cargo ou emprego, na forma prevista em lei, ressalvadas as nomeações para cargo em comissão declarado em lei de livre nomeação e exoneração;

→ Inciso II com redação alterada pela EC 19/1998.

→ *V.* Súmulas Vinculantes 13 e 43 do STF.

→ *V.* Súmula 685 do STF.

→ *V.* Súmula 266 do STJ.

→ *V.* Lei 9.962/2000 – Disciplina o regime de emprego público do pessoal da Administração federal direta, autárquica e fundacional.

→ *V.* Arts. 11 e 12 da Lei 8.112/1990.

III – o prazo de validade do concurso público será de até dois anos, prorrogável uma vez, por igual período;

→ *V.* Súmula 15 do STF.

→ *V.* Art. 12 da Lei 8.112/1990.

IV – durante o prazo improrrogável previsto no edital de convocação, aquele aprovado em concurso público de provas ou de provas e títulos será convocado com prioridade sobre novos concursados para assumir cargo ou emprego, na carreira;

→ *V.* Art. 12, § 2º, da Lei 8.112/1990.

V – as funções de confiança, exercidas exclusivamente por servidores ocupantes de cargo efetivo, e os cargos em comissão, a serem preenchidos por servidores de carreira nos casos, condições e percentuais mínimos previstos em lei, destinam-se apenas às atribuições de direção, chefia e assessoramento;

→ Inciso V com redação alterada pela EC 19/1998.

VI – é garantido ao servidor público civil o direito à livre associação sindical;

VII – o direito de greve será exercido nos termos e nos limites definidos em lei específica;

→ Inciso VII com redação alterada pela EC 19/1998.

VIII – a lei reservará percentual dos cargos e empregos públicos para as pessoas portadoras de deficiência e definirá os critérios de sua admissão;

→ *v.* Súmula 377 do STJ.

→ *v.* Lei 13.146/2015 – Estatuto da Pessoa com Deficiência.

→ *v.* Arts. 3º, 4º e 37 do Decreto 3.298/1999.

→ *v.* Art. 5º, § 2º, da Lei 8.112/1990.

→ *v.* Lei 7.853/1989 – Tutela dos direitos difusos ou coletivos dos portadores de deficiência sobre o apoio a essas pessoas e sua integração social.

IX – a lei estabelecerá os casos de contratação por tempo determinado para atender a necessidade temporária de excepcional interesse público;

→ *v.* Art. 30 da Lei 10.871/2004.

→ *v.* Lei 8.745/1993 – Contratação por tempo determinado para atender a necessidade temporária de excepcional interesse público.

X – a remuneração dos servidores públicos e o subsídio de que trata o § 4º do art. 39 somente poderão ser fixados ou alterados por lei específica, observada a iniciativa privativa em cada caso, assegurada revisão geral anual, sempre na mesma data e sem distinção de índices;

→ Inciso X com redação alterada pela EC 19/1998.

→ *v.* Súmula Vinculante 37 do STF.

→ *v.* Súmulas 339 e 672 do STF.

→ *v.* Lei 10.331/2001 – Regulamenta o inciso X do art. 39 da CF/1988.

→ *v.* Lei 7.706/1988 – Revisão dos vencimentos, salários, soldos e proventos dos servidores, civis e militares, da Administração Federal Direta, das autarquias, dos extintos Territórios Federais e das fundações públicas.

XI – a remuneração e o subsídio dos ocupantes de cargos, funções e empregos públicos da administração direta, autárquica e fundacional, dos membros de qualquer dos Poderes da União, dos Estados, do Distrito Federal e dos Municípios, dos detentores de mandato eletivo e dos demais agentes políticos e os proventos, pensões ou outra espécie remuneratória, percebidos cumulativamente ou não, incluídas as vantagens pessoais ou de qualquer outra natureza, não poderão exceder o subsídio mensal, em espécie, dos Ministros do Supremo Tribunal Federal, aplicando-se como limite, nos Municípios, o subsídio do Prefeito, e nos Estados e no Distrito Federal, o subsídio mensal do Governador no âmbito do Poder Executivo, o subsídio dos Deputados Estaduais e Distritais no âmbito do Poder Legislativo e o subsídio dos Desembargadores do Tribunal de Justiça, limitado a noventa inteiros e vinte e cinco centésimos por cento do subsídio mensal, em espécie, dos Ministros do Supremo Tribunal Federal, no âmbito do Poder Judiciário, aplicável este limite aos membros do Ministério Público, aos Procuradores e aos Defensores Públicos;

→ Inciso XI com redação alterada pela EC 41/2003.

→ *v.* Arts. 5º, § 8º, e 16 da Lei 12.618/2012.

→ *v.* Lei 8.852/1994 – Aplicação dos arts. 37, XI e XII, e 39, § 1º, da CF/1988.

→ *v.* Lei 8.448/1992 – Regulamenta os arts. 37, XI e 39, § 1º, da CF/1988.

→ *v.* Lei Delegada 13/1992 – Institui Gratificações de Atividade para os servidores civis do Poder Executivo.

→ *v.* ADIn 3.854-1 (*D.O.U.* 8.3.2007), o STF concedeu liminar "dando interpretação conforme a Constituição ao art. 37, XI, e § 12, da Constituição da República, o primeiro dispositivo, na redação da EC 41/2003, e o segundo, introduzido pela EC 47/2005, excluir a submissão dos membros da magistratura estadual ao subteto de remuneração".

XII – os vencimentos dos cargos do Poder Legislativo e do Poder Judiciário não poderão ser superiores aos pagos pelo Poder Executivo;

→ *v.* Lei 8.852/1994 – Aplicação dos arts. 37, XI e XII, e 39, § 1º, da CF/1988.

→ *v.* Art. 42 da Lei 8.112/1990.

XIII – é vedada a vinculação ou equiparação de quaisquer espécies remuneratórias para o efeito de remuneração de pessoal do serviço público;

→ Inciso XIII com redação alterada pela EC 19/1998.

XIV – os acréscimos pecuniários percebidos por servidor público não serão computados nem acumulados para fins de concessão de acréscimos ulteriores;

→ Inciso XIV com redação alterada pela EC 19/1998.

XV – o subsídio e os vencimentos dos ocupantes de cargos e empregos públicos são irredutíveis, ressalvado o disposto nos incisos XI e XIV deste artigo e nos arts. 39, § 4º, 150, II, 153, III, e 153, § 2º, I;

→ Inciso XV com redação alterada pela EC 19/1998.

XVI – é vedada a acumulação remunerada de cargos públicos, exceto, quando houver compatibilidade de horários, observado em qualquer caso o disposto no inciso XI:

→ *Caput* do inciso XVI com redação alterada pela EC 19/1998.

→ *v.* Arts. 118 a 120 da Lei 8.112/1990.

a) a de dois cargos de professor;

→ Alínea *a* com redação alterada pela EC 19/1998.

b) a de um cargo de professor com outro, técnico ou científico;

→ Alínea *b* com redação alterada pela EC 19/1998.

c) a de dois cargos ou empregos privativos de profissionais de saúde, com profissões regulamentadas;

→ Alínea *c* com redação alterada pela EC 34/2001.

XVII – a proibição de acumular estende-se a empregos e funções e abrange autarquias, fundações, empresas públicas, sociedades de economia mista, suas subsidiárias, e sociedades controladas, direta ou indiretamente, pelo poder público;

→ Inciso XVII com redação alterada pela EC 19/1998.

XVIII – a administração fazendária e seus servidores fiscais terão, dentro de suas áreas de competência e jurisdição, precedência sobre os demais setores administrativos, na forma da lei;

XIX – somente por lei específica poderá ser criada autarquia e autorizada a instituição de empresa pública, de sociedade de economia mista e de fundação, cabendo à lei complementar, neste último caso, definir as áreas de sua atuação;

→ Inciso XIX com redação alterada pela EC 19/1998.

XX – depende de autorização legislativa, em cada caso, a criação de subsidiárias das entidades mencionadas no inciso anterior, assim como a participação de qualquer delas em empresa privada;

XXI – ressalvados os casos especificados na legislação, as obras, serviços, compras e alienações serão contratados mediante processo de licitação pública que assegure igualdade de condições a todos os concorrentes, com cláusulas que estabeleçam obrigações de pagamento, mantidas as condições efetivas da proposta, nos termos da lei, o qual somente permitirá as exigências de qualificação técnica e econômica indispensáveis à garantia do cumprimento das obrigações.

→ *v.* Súmula 333 do STJ.

→ *v.* Arts. 1º, parágrafo único, 3º e 4º, parágrafo único, da Lei 8.666/1993.

XXII – as administrações tributárias da União, dos Estados, do Distrito Federal e dos Municípios, atividades essenciais ao funcionamento do Estado, exercidas por servidores de carreiras específicas, terão recursos prioritários para a realização de suas atividades e atuarão de forma integrada, inclusive com o compartilhamento de cadastros e de informações fiscais, na forma da lei ou convênio.

→ Inciso XXII acrescentado pela EC 42/2003.

§ 1º A publicidade dos atos, programas, obras, serviços e campanhas dos órgãos públicos deverá ter caráter educativo, informativo ou de orientação social, dela não podendo constar nomes, símbolos ou imagens que caracterizem promoção pessoal de autoridades ou servidores públicos.

→ *v.* Lei 8.389/1991 – Institui o Conselho de Comunicação Social.

→ *v.* Decreto 6.555/2008 – Ações de comunicação do Poder Executivo Federal.

§ 2º A não observância do disposto nos incisos II e III implicará a nulidade do ato e a punição da autoridade responsável, nos termos da lei.

→ *v.* Lei 8.429/1992 – Lei de Improbidade Administrativa.

→ *v.* Arts. 116 a 142 da Lei 8.112/1990.

§ 3º A lei disciplinará as formas de participação do usuário na administração pública direta e indireta, regulando especialmente:

→ § 3º com redação alterada pela EC 19/1998.

I – as reclamações relativas à prestação dos serviços públicos em geral, asseguradas a manutenção de serviços de atendimento ao usuário e a avaliação periódica, externa e interna, da qualidade dos serviços;

II – o acesso dos usuários a registros administrativos e a informações sobre atos de governo, observado o disposto no art. 5º, X e XXXIII;

→ *v.* Lei 12.527/2011 – Lei de Acesso à Informação.

→ *v.* Decreto 7.724/2012 – Regulamenta a Lei de Acesso à Informação.

III – a disciplina da representação contra o exercício negligente ou abusivo de cargo, emprego ou função na administração pública.

§ 4º Os atos de improbidade administrativa importarão a suspensão dos direitos políticos, a perda da função pública, a indisponibilidade dos bens e o ressarcimento ao erário, na forma e gradação previstas em lei, sem prejuízo da ação penal cabível.

→ *v.* Art. 15, V, da CF/1988.

→ *v.* Arts. 312 a 327 do CP.

→ *v.* Arts. 81 a 99 da Lei 8.666/1993.

→ *v.* Arts. 12 e 19 a 22 da Lei 8.429/1992.

→ *v.* Art. 3º da Lei 8.137/1990.

→ *v.* Arts. 127 a 142 da Lei 8.112/1990.

→ *v.* Lei 8.026/1990 – Aplicação da pena de demissão a funcionário público.

→ *v.* Dec.-lei 3.240/1941 – Sujeita a sequestro os bens de pessoas indiciadas por crimes de que resulta prejuízo para a fazenda pública.

§ 5º A lei estabelecerá os prazos de prescrição para ilícitos praticados por qualquer agente, servidor ou não, que causem prejuízos ao erário, ressalvadas as respectivas ações de ressarcimento.

→ *v.* Art. 23 da Lei 8.429/1992.

→ *v.* Art. 142 da Lei 8.112/1990.

§ 6º As pessoas jurídicas de direito público e as de direito privado prestadoras de serviços públicos responderão pelos danos que seus agentes, nessa qualidade, causarem a terceiros, assegurado o direito de regresso contra o responsável nos casos de dolo ou culpa.

→ *v.* Art. 43 do CC.

→ *v.* Lei 10.744/2003 – Assunção, pela União, de responsabilidades civis perante terceiros no caso de atentados terroristas.

→ *v.* Lei 6.453/1977 – Responsabilidade civil por danos nucleares e a responsabilidade criminal por atos relacionados com atividades nucleares.

§ 7º A lei disporá sobre os requisitos e as restrições ao ocupante de cargo ou emprego da administração direta e indireta que possibilite o acesso a informações privilegiadas.

→ § 7º acrescentado pela EC 19/1998.

§ 8º A autonomia gerencial, orçamentária e financeira dos órgãos e entidades da administração direta e indireta poderá ser ampliada mediante contrato, a ser firmado entre seus administradores e o poder público, que tenha por objeto a fixação de metas de desempenho para o órgão ou entidade, cabendo à lei dispor sobre:

→ § 8º acrescentado pela EC 19/1998.

I – o prazo de duração do contrato;

II – os controles e critérios de avaliação de desempenho, direitos, obrigações e responsabilidade dos dirigentes;

III – a remuneração do pessoal.

§ 9º O disposto no inciso XI aplica-se às empresas públicas e às sociedades de economia mista, e suas subsidiárias, que receberem recursos da União, dos Estados, do Distrito Federal ou dos Municípios para pagamento de despesas de pessoal ou de custeio em geral.

→ § 9º acrescentado pela EC 19/1998.

§ 10. É vedada a percepção simultânea de proventos de aposentadoria decorrentes do art. 40 ou dos arts. 42 e 142 com a remuneração de cargo, emprego ou função pública, ressalvados os cargos acumuláveis na forma desta Constituição, os cargos eletivos e os cargos em comissão declarados em lei de livre nomeação e exoneração.

→ § 10 acrescentado pela EC 20/1998.

§ 11. Não serão computadas, para efeito dos limites remuneratórios de que trata o inciso XI do *caput* deste artigo, as parcelas de caráter indenizatório previstas em lei.

→ § 11 acrescentado pela EC 47/2005 (*D.O.U.* 6.7.2005), em vigor na data de sua publicação, produzindo efeitos retroativos à data de vigência da EC 41/2003 (*D.O.U.* 31.12.2003).

§ 12. Para os fins do disposto no inciso XI do *caput* deste artigo, fica facultado aos Estados e ao Distrito Federal fixar, em seu âmbito, mediante emenda às respectivas Constituições e Lei Orgânica, como limite único, o subsídio mensal dos Desembargadores do respectivo Tribunal de Justiça, limitado a noventa inteiros e vinte e cinco centésimos por cento do subsídio mensal dos Ministros do Supremo Tribunal Federal, não se aplicando o disposto neste parágrafo aos subsídios dos Deputados Estaduais e Distritais e dos Vereadores.

→ § 12 acrescentado pela EC 47/2005 – Publicado *D.O.U.* 6.7.2005, em vigor na data de sua publicação, produzindo efeitos retroativos à data de vigência da EC 41/2003 – publicado *D.O.U.* 31.12.2003.

→ *v.* ADIn 3.854-1 (*D.O.U.* 8.3.2007), o STF concedeu liminar "dando interpretação conforme a Constituição ao art. 37, XI, e § 12, da Constituição da República, o primeiro dispositivo, na redação da EC 41/2003, e o segundo, introduzido pela EC 47/2005, excluir a submissão dos membros da magistratura estadual ao subteto de remuneração".

Art. 38. Ao servidor público da administração direta, autárquica e fundacional, no exercício de mandato eletivo, aplicam-se as seguintes disposições:

→ *Caput* com redação alterada pela EC 19/1998.

→ *v.* Lei 8.112/1990 – Regime jurídico dos servidores públicos civis da União, das autarquias e das fundações públicas federais.

I – tratando-se de mandato eletivo federal, estadual ou distrital, ficará afastado de seu cargo, emprego ou função;

II – investido no mandato de Prefeito, será afastado do cargo, emprego ou função, sendo-lhe facultado optar pela sua remuneração;

III – investido no mandato de Vereador, havendo compatibilidade de horários, perceberá as vantagens de seu cargo, emprego ou função, sem prejuízo da remuneração do cargo eletivo, e, não havendo compatibilidade, será aplicada a norma do inciso anterior;

IV – em qualquer caso que exija o afastamento para o exercício de mandato eletivo, seu tempo de serviço será contado para todos os efeitos legais, exceto para promoção por merecimento;

V – para efeito de benefício previdenciário, no caso de afastamento, os valores serão determinados como se no exercício estivesse.

Seção II
Dos servidores públicos

→ Rubrica alterada pela EC 18/1998.

Art. 39. A União, os Estados, o Distrito Federal e os Municípios instituirão conselho de política de administração e remuneração de pessoal, integrado por servidores designados pelos respectivos Poderes.

→ Artigo com redação alterada pela EC 19/1998.

→ *v.* Súmula 97 do STJ.

→ *v.* Art. 24 do ADCT.

→ *v.* Lei 8.448/1992 – Regulamenta os arts. 37, XI e 39, § 1º, da CF/1988.

→ *v.* Lei 8.112/1990 – Regime jurídico dos servidores públicos civis da União, das autarquias e das fundações públicas federais.

→ *v.* ADIn 2.135-4 (*D.O.U.* 14.8.2007), o STF, por maioria, deferiu a liminar, com efeitos *ex nunc*, para suspender a eficácia do art. 39, *caput*, da CF (redação alterada pela EC 19/1998), passando a vigorar a redação original: "Art. 39. A União, os Estados, o Distrito Federal e os Municípios instituirão, no âmbito de sua competência, regime jurídico único e planos de carreira para os servidores da administração pública direta, das autarquias e das fundações públicas."

§ 1º A fixação dos padrões de vencimento e dos demais componentes do sistema remuneratório observará:

→ *v.* Súmula Vinculante 4 do STF.

→ *v.* Lei 9.367/1996 – Fixa critérios para a progressiva unificação das tabelas de vencimentos dos servidores.

→ *v.* Lei 8.852/1994 – Aplicação dos arts. 37, XI e XII, e 39, § 1º, da CF/1988.

I – a natureza, o grau de responsabilidade e a complexidade dos cargos componentes de cada carreira;

II – os requisitos para a investidura;

III – as peculiaridades dos cargos.

§ 2º A União, os Estados e o Distrito Federal manterão escolas de governo para a formação e o aperfeiçoamento dos servidores públicos, constituindo-se a participação nos cursos um dos requisitos para a promoção na carreira, facultada, para isso, a celebração de convênios ou contratos entre os entes federados.

§ 3º Aplica-se aos servidores ocupantes de cargo público o disposto no art. 7º, IV, VII, VIII, IX, XII, XIII, XV, XVI, XVII, XVIII, XIX, XX, XXII e XXX, podendo a lei estabelecer requisitos diferenciados de admissão quando a natureza do cargo o exigir.

→ *v.* Súmulas Vinculantes 4 e 16 do STF.

→ *v.* Súmulas 14 e 683 do STF.

§ 4º O membro de Poder, o detentor de mandato eletivo, os Ministros de Estado e os Secretários Estaduais e Municipais serão remunerados exclusivamente por subsídio fixado em parcela única, vedado o acréscimo de qualquer gratificação, adicional, abono, prêmio, verba de representação ou outra espécie remuneratória, obedecido, em qualquer caso, o disposto no art. 37, X e XI.

→ *v.* Lei 11.144/2005 – Subsídio do Procurador-Geral da República.

§ 5º Lei da União, dos Estados, do Distrito Federal e dos Municípios poderá estabelecer a relação entre a maior e a menor remuneração dos servidores públicos, obedecido, em qualquer caso, o disposto no art. 37, XI.

§ 6º Os Poderes Executivo, Legislativo e Judiciário publicarão anualmente os valores do subsídio e da remuneração dos cargos e empregos públicos.

§ 7º Lei da União, dos Estados, do Distrito Federal e dos Municípios disciplinará a aplicação de recursos orçamentários provenientes da economia com despesas correntes em cada órgão, autarquia e fundação, para aplicação no desenvolvimento de programas de qualidade e produtividade, treinamento e desenvolvimento, modernização, reaparelhamento e racionalização do serviço público, inclusive sob a forma de adicional ou prêmio de produtividade.

§ 8º A remuneração dos servidores públicos organizados em carreira poderá ser fixada nos termos do § 4º.

Art. 40. Aos servidores titulares de cargos efetivos da União, dos Estados, do Distrito Federal e dos Municípios, incluídas suas autarquias e fundações, é assegurado regime de previdência de caráter contributivo e solidário, mediante contribuição do respectivo ente público, dos servidores ativos e inativos e dos pensionistas, observados critérios que preservem o equilíbrio financeiro e atuarial e o disposto neste artigo.

→ *Caput* com redação alterada pela EC 41/2003.

→ *v.* Arts. 37, § 10, 73, § 3º e 93, VI, da CF/1988.

§ 1º Os servidores abrangidos pelo regime de previdência de que trata este artigo serão aposentados, calculados os seus proventos a partir dos valores fixados na forma dos §§ 3º e 17:

→ *Caput* do § 1º com redação alterada pela EC 41/2003.

I – por invalidez permanente, sendo os proventos proporcionais ao tempo de contribuição, exceto se decorrente de acidente em serviço, moléstia profissional ou doença grave, contagiosa ou incurável, na forma da lei;

→ Inciso I com redação alterada pela EC 41/2003.

II – compulsoriamente, com proventos proporcionais ao tempo de contribuição, aos 70 (setenta) anos de idade, ou aos 75 (setenta e cinco) anos de idade, na forma de lei complementar;

→ Inciso II com redação alterada pela EC 88/2015.

→ *v.* Art. 100 do ADCT.

→ *v.* Súmula 36 do STF.

→ *v.* LC 152/2015 – Aposentadoria compulsória dos servidores públicos.

III – voluntariamente, desde que cumprido tempo mínimo de dez anos de efetivo exercício no serviço público e cinco anos no cargo efetivo em que se dará a aposentadoria, observadas as seguintes condições:

→ Inciso III acrescentado pela EC 20/1998.

a) sessenta anos de idade e trinta e cinco de contribuição, se homem, e cinquenta e cinco anos de idade e trinta de contribuição, se mulher;

→ *v.* Art. 17, § 2º, IV, da Lei 12.618/2012.

b) sessenta e cinco anos de idade, se homem, e sessenta anos de idade, se mulher, com proventos proporcionais ao tempo de contribuição.

§ 2º Os proventos de aposentadoria e as pensões, por ocasião de sua concessão, não poderão exceder a remuneração do respectivo servidor, no cargo efetivo em que se deu a aposentadoria ou que serviu de referência para a concessão da pensão.

→ § 2º com redação alterada pela EC 20/1998.

§ 3º Para o cálculo dos proventos de aposentadoria, por ocasião da sua concessão, serão consideradas as remunerações utilizadas como base para as contribuições do servidor aos regimes de previdência de que tratam este artigo e o art. 201, na forma da lei.

→ § 3º com redação alterada pela EC 41/2003.

→ *v.* Art. 1º da Lei 10.887/2004.

§ 4º É vedada a adoção de requisitos e critérios diferenciados para a concessão de aposentadoria aos abrangidos pelo regime de que trata este artigo, ressalvados, nos termos definidos em leis complementares, os casos de servidores:

→ § 4º com redação alterada pela EC 47/2005.

→ *v.* Súmula 680 do STF.

→ *v.* Art. 17, § 2º, III, da Lei 12.618/2012.

I – portadores de deficiência;

II – que exerçam atividades de risco;

III – cujas atividades sejam exercidas sob condições especiais que prejudiquem a saúde ou a integridade física.

→ *v.* Súmula Vinculante 33 do STF.

§ 5º Os requisitos de idade e de tempo de contribuição serão reduzidos em cinco anos, em relação ao disposto no § 1º, III, *a*, para o professor que comprove exclusivamente tempo de efetivo exercício das funções de magistério na educação infantil e no ensino fundamental e médio.

→ § 5º com redação alterada pela EC 20/1998.

→ *v.* Súmula 726 do STF.

→ *v.* Arts. 3º, § 3º, 17, § 2º, III, da Lei 12.618/2012.

§ 6º Ressalvadas as aposentadorias decorrentes dos cargos acumuláveis na forma desta Constituição, é vedada a percepção de mais de uma aposentadoria à conta do regime de previdência previsto neste artigo.

→ § 6º com redação alterada pela EC 20/1998.

§ 7º Lei disporá sobre a concessão do benefício de pensão por morte, que será igual:

→ § 7º com redação alterada pela EC 41/2003.

I – ao valor da totalidade dos proventos do servidor falecido, até o limite máximo estabelecido para os benefícios do regime geral de previdência social de que trata o art. 201, acrescido de setenta por cento da parcela excedente a este limite, caso aposentado à data do óbito; ou

II – ao valor da totalidade da remuneração do servidor no cargo efetivo em que se deu o falecimento, até o limite máximo estabelecido para os benefícios do regime geral de previdência social de que trata o art. 201, acrescido de setenta por cento da parcela excedente a este limite, caso em atividade na data do óbito.

§ 8º É assegurado o reajustamento dos benefícios para preservar-lhes, em caráter permanente, o valor real, conforme critérios estabelecidos em lei.

→ § 8º com redação alterada pela EC 41/2003.

→ *v.* Súmula Vinculante 20 do STF.

→ *v.* Art. 7º da EC 41/2003.

§ 9º O tempo de contribuição federal, estadual ou municipal será contado para efeito de aposentadoria e o tempo de serviço correspondente para efeito de disponibilidade.

→ § 9º acrescentado pela EC 20/1998.

§ 10. A lei não poderá estabelecer qualquer forma de contagem de tempo de contribuição fictício.

→ § 10 acrescentado pela EC 20/1998.

§ 11. Aplica-se o limite fixado no art. 37, XI, à soma total dos proventos de inatividade, inclusive quando decorrentes da acumulação de cargos ou empregos públicos, bem como de outras atividades sujeitas a contribuição para o regime geral de previdência social, e ao montante resultante da adição de proventos de inatividade com remuneração de cargo acumulável na forma desta Constituição, cargo em comissão declarado em lei de livre nomeação e exoneração, e de cargo eletivo.

→ § 11 acrescentado pela EC 20/1998.

§ 12. Além do disposto neste artigo, o regime de previdência dos servidores públicos titulares de cargo efetivo observará, no que couber, os requisitos e critérios fixados para o regime geral de previdência social.

→ § 12 acrescentado pela EC 20/1998.

§ 13. Ao servidor ocupante, exclusivamente, de cargo em comissão declarado em lei de livre nomeação e exoneração bem como de outro cargo temporário ou de emprego público, aplica-se o regime geral de previdência social.

→ § 13 acrescentado pela EC 20/1998.

§ 14. A União, os Estados, o Distrito Federal e os Municípios, desde que instituam regime de previdência complementar para os seus respectivos servidores titulares de cargo efetivo, poderão fixar, para o valor das aposentadorias e pensões a serem concedidas pelo regime de que trata este artigo, o limite máximo estabelecido para os benefícios do regime geral de previdência social de que trata o art. 201.

→ § 14 acrescentado pela EC 20/1998.

→ *v.* Arts. 1º e 27 da Lei 12.618/2012.

§ 15. O regime de previdência complementar de que trata o § 14 será instituído por lei de iniciativa do respectivo Poder Executivo, observado o disposto no art. 202 e seus parágrafos, no que couber, por intermédio de entidades fechadas de previdência complementar, de natureza pública, que oferecerão aos respectivos participantes planos de benefícios somente na modalidade de contribuição definida.

→ § 15 com redação alterada pela EC 41/2003.

→ *v.* Arts. 1º, 8º e 27 da Lei 12.618/2012.

§ 16. Somente mediante sua prévia e expressa opção, o disposto nos §§ 14 e 15 poderá ser aplicado ao servidor que tiver ingressado no serviço público até a data da publicação do ato de instituição do correspondente regime de previdência complementar.

→ § 16 acrescentado pela EC 20/1998.

→ *v.* Arts. 1º e 27 da Lei 12.618/2012.

§ 17. Todos os valores de remuneração considerados para o cálculo do benefício previsto no § 3º serão devidamente atualizados, na forma da lei.

→ § 17 acrescentado pela EC 41/2003.

§ 18. Incidirá contribuição sobre os proventos de aposentadorias e pensões concedidas pelo regime de que trata este artigo que superem o limite máximo estabelecido para os benefícios do regime geral de previdência social de que trata o art. 201, com percentual igual ao estabelecido para os servidores titulares de cargos efetivos.

→ § 18 acrescentado pela EC 41/2003.

§ 19. O servidor de que trata este artigo que tenha completado as exigências para aposentadoria voluntária estabelecidas no § 1º, III, *a*, e que opte por permanecer em atividade fará jus a um abono de permanência equivalente ao valor da sua contribuição previdenciária até completar as exigências para aposentadoria compulsória contidas no § 1º, II.

→ § 19 acrescentado pela EC 41/2003.

§ 20. Fica vedada a existência de mais de um regime próprio de previdência social para os servidores titulares de cargos efetivos, e de mais de uma unidade gestora do respectivo regime em cada ente estatal, ressalvado o disposto no art. 142, § 3º, X.

→ § 20 acrescentado pela EC 41/2003.

§ 21. A contribuição prevista no § 18 deste artigo incidirá apenas sobre as parcelas de proventos de aposentadoria e de pensão que superem o dobro do limite máximo estabelecido para os benefícios do regime geral de previdência social de que trata o art. 201 desta Constituição, quando o beneficiário, na forma da lei, for portador de doença incapacitante.

→ § 21 acrescentado pela EC 47/2005 (*D.O.U.* 6.7.2005), em vigor na data de sua publicação, produzindo efeitos retroativos à data da vigência da EC 41/2003 (*D.O.U.* 31.12.2003).

Art. 41. São estáveis após três anos de efetivo exercício os servidores nomeados para cargo de provimento efetivo em virtude de concurso público.

→ Artigo com redação alterada pela EC 19/1998.

§ 1º O servidor público estável só perderá o cargo:

→ *v.* Art. 247 da CF/1988.

I – em virtude de sentença judicial transitada em julgado;

→ *v.* Art. 22 da Lei 8.112/1990.

II – mediante processo administrativo em que lhe seja assegurada ampla defesa;

→ *v.* Súmulas 20 e 21 do STF.

→ *v.* Art. 5º, LV, da CF/1988.

→ *v.* Art. 22 da Lei 8.112/1990.

III – mediante procedimento de avaliação periódica de desempenho, na forma de lei complementar, assegurada ampla defesa.

§ 2º Invalidada por sentença judicial a demissão do servidor estável, será ele reintegrado, e o eventual ocupante da vaga, se estável, reconduzido ao cargo de origem, sem direito a indenização, aproveitado em outro cargo ou posto em disponibilidade com remuneração proporcional ao tempo de serviço.

→ *v.* Art. 28 da Lei 8.112/1990.

§ 3º Extinto o cargo ou declarada a sua desnecessidade, o servidor estável ficará em disponibilidade, com remuneração proporcional ao tempo de serviço, até seu adequado aproveitamento em outro cargo.

→ *v.* Súmulas 11 e 39 do STF.

→ *v.* Arts. 30 a 32 da Lei 8.112/1990.

§ 4º Como condição para a aquisição da estabilidade, é obrigatória a avaliação especial de desempenho por comissão instituída para essa finalidade.

Seção III
Dos militares dos Estados, do Distrito Federal e dos Territórios

→ Rubrica alterada pela EC 18/1998.

Art. 42. Os membros das Polícias Militares e Corpos de Bombeiros Militares, instituições organizadas com base na hierarquia e disciplina, são militares dos Estados, do Distrito Federal e dos Territórios.

→ *Caput* com redação alterada pela EC 18/1998.

→ *v.* MP 2.215-10/2001 – Reestruturação da remuneração dos militares das Forças Armadas.

§ 1º Aplicam-se aos militares dos Estados, do Distrito Federal e dos Territórios, além do que vier a ser fixado em lei, as disposições do art. 14, § 8º; do art. 40, § 9º; e do art. 142, §§ 2º e 3º, cabendo a lei estadual específica dispor sobre as matérias do art. 142, § 3º, inciso X, sendo as patentes dos oficiais conferidas pelos respectivos governadores.

→ § 1º com redação alterada pela EC 20/1998.

→ *v.* Súmula Vinculante 4 do STF.

§ 2º Aos pensionistas dos militares dos Estados, do Distrito Federal e dos Territórios aplica-se o que for fixado em lei específica do respectivo ente estatal.

→ § 2º com redação alterada pela EC 41/2003.

Seção IV
Das regiões

Art. 43. Para efeitos administrativos, a União poderá articular sua ação em um mesmo complexo geoeconômico e social, visando a seu desenvolvimento e à redução das desigualdades regionais.

§ 1º Lei complementar disporá sobre:

→ *v.* LC 129/2009 – Superintendência do Desenvolvimento do Centro-oeste – Sudeco.

→ *v.* LC 125/2007 – Superintendência do Desenvolvimento do Nordeste – Sudene.

→ *v.* LC 124/2007 – Superintendência do Desenvolvimento da Amazônia – Sudam.

→ *v.* LC 94/1998 – Programa Especial de Desenvolvimento do Entorno do Distrito Federal – Ride.

I – as condições para integração de regiões em desenvolvimento;

II – a composição dos organismos regionais que executarão, na forma da lei, os planos regionais, integrantes dos planos nacionais de desenvolvimento econômico e social, aprovados juntamente com estes.

§ 2º Os incentivos regionais compreenderão, além de outros, na forma da lei:

I – igualdade de tarifas, fretes, seguros e outros itens de custos e preços de responsabilidade do Poder Público;

II – juros favorecidos para financiamento de atividades prioritárias;

III – isenções, reduções ou diferimento temporário de tributos federais devidos por pessoas físicas ou jurídicas;

IV – prioridade para o aproveitamento econômico e social dos rios e das massas de água represadas ou represáveis nas regiões de baixa renda, sujeitas a secas periódicas.

§ 3º Nas áreas a que se refere o § 2º, IV, a União incentivará a recuperação de terras áridas e cooperará com os pequenos e médios proprietários rurais para o estabelecimento, em suas glebas, de fontes de água e de pequena irrigação.

Título IV
Da organização dos Poderes

→ Rubrica com redação alterada pela EC 80/2014.

Capítulo I
DO PODER LEGISLATIVO

Seção I
Do Congresso Nacional

Art. 44. O Poder Legislativo é exercido pelo Congresso Nacional, que se compõe da Câmara dos Deputados e do Senado Federal.

→ *v.* Arts. 2º, 59, 74, 85, II, da CF/1988.

Parágrafo único. Cada legislatura terá a duração de quatro anos.

Art. 45. A Câmara dos Deputados compõe-se de representantes do povo, eleitos, pelo sistema proporcional, em cada Estado, em cada Território e no Distrito Federal.

§ 1º O número total de Deputados, bem como a representação por Estado e pelo Distrito Federal, será estabelecido por lei complementar, proporcionalmente à população, procedendo-se aos ajustes necessários, no ano anterior às eleições, para que nenhuma daquelas unidades da Federação tenha menos de oito ou mais de setenta Deputados.

→ *v.* LC 78/1993 – Disciplina a fixação do número de Deputados.

§ 2º Cada Território elegerá quatro Deputados.

Art. 46. O Senado Federal compõe-se de representantes dos Estados e do Distrito Federal, eleitos segundo o princípio majoritário.

§ 1º Cada Estado e o Distrito Federal elegerão três Senadores, com mandato de oito anos.

§ 2º A representação de cada Estado e do Distrito Federal será renovada de quatro em quatro anos, alternadamente, por um e dois terços.

§ 3º Cada Senador será eleito com dois suplentes.

Art. 47. Salvo disposição constitucional em contrário, as deliberações de cada Casa e de suas Comissões serão tomadas por maioria dos votos, presente a maioria absoluta de seus membros.

Seção II
Das atribuições do Congresso Nacional

Art. 48. Cabe ao Congresso Nacional, com a sanção do Presidente da República, não exigida esta para o especificado nos arts. 49, 51 e 52, dispor sobre todas as matérias de competência da União, especialmente sobre:

I – sistema tributário, arrecadação e distribuição de rendas;

II – plano plurianual, diretrizes orçamentárias, orçamento anual, operações de crédito, dívida pública e emissões de curso forçado;

III – fixação e modificação do efetivo das Forças Armadas;

IV – planos e programas nacionais, regionais e setoriais de desenvolvimento;

V – limites do território nacional, espaço aéreo e marítimo e bens do domínio da União;

VI – incorporação, subdivisão ou desmembramento de áreas de Territórios ou Estados, ouvidas as respectivas Assembleias Legislativas;

VII – transferência temporária da sede do Governo Federal;

VIII – concessão de anistia;

IX – organização administrativa, judiciária, do Ministério Público e da Defensoria Pública da União e dos Territórios e organização judiciária e do Ministério Público do Distrito Federal;

→ Inciso IX com redação alterada pela EC 69/2012.

X – criação, transformação e extinção de cargos, empregos e funções públicas, observado o que estabelece o art. 84, VI, *b*;

→ Inciso X com redação alterada pela EC 32/2001.

XI – criação e extinção de Ministérios e órgãos da administração pública;

→ Inciso XI com redação alterada pela EC 32/2001.

XII – telecomunicações e radiodifusão;

→ *v.* Lei 9.472/1997 – Organização dos serviços de telecomunicações.

XIII – matéria financeira, cambial e monetária, instituições financeiras e suas operações;

XIV – moeda, seus limites de emissão, e montante da dívida mobiliária federal;

XV – fixação do subsídio dos Ministros do Supremo Tribunal Federal, observado o que dispõem os arts. 39, § 4º; 150, II; 153, III; e 153, § 2º, I.

→ Inciso XV com redação alterada pela EC 41/2003.

→ *v.* Lei 11.143/2005 – Subsídio de Ministro do STF.

Art. 49. É da competência exclusiva do Congresso Nacional:

I – resolver definitivamente sobre tratados, acordos ou atos internacionais que acarretem encargos ou compromissos gravosos ao patrimônio nacional;

II – autorizar o Presidente da República a declarar guerra, a celebrar a paz, a permitir que forças estrangeiras transitem pelo território nacional ou nele permaneçam temporariamente, ressalvados os casos previstos em lei complementar;

→ *v.* LC 97/1999 – Normas gerais para a organização, o preparo e o emprego das Forças Armadas.

→ *v.* LC 90/1997 – Determina os casos em que forças estrangeiras possam transitar pelo território nacional ou nele permanecer temporariamente.

→ *v.* Art. 6º, item 4, da Lei 1.079/1950.

III – autorizar o Presidente e o Vice-Presidente da República a se ausentarem do País, quando a ausência exceder a quinze dias;

IV – aprovar o estado de defesa e a intervenção federal, autorizar o estado de sítio, ou suspender qualquer uma dessas medidas;

V – sustar os atos normativos do Poder Executivo que exorbitem do poder regulamentar ou dos limites de delegação legislativa;

VI – mudar temporariamente sua sede;

VII – fixar idêntico subsídio para os Deputados Federais e os Senadores, observado o que dispõem os arts. 37, XI, 39, § 4º, 150, II, 153, III, e 153, § 2º, I;

→ Inciso VII com redação alterada pela EC 19/1998.

VIII – fixar os subsídios do Presidente e do Vice-Presidente da República e dos Ministros de Estado, observado o que dispõem os arts. 37, XI, 39, § 4º, 150, II, 153, III, e 153, § 2º, I;

→ Inciso VIII com redação alterada pela EC 19/1998.

IX – julgar anualmente as contas prestadas pelo Presidente da República e apreciar os relatórios sobre a execução dos planos de governo;

X – fiscalizar e controlar, diretamente, ou por qualquer de suas Casas, os atos do Poder Executivo, incluídos os da administração indireta;

XI – zelar pela preservação de sua competência legislativa em face da atribuição normativa dos outros Poderes;

XII – apreciar os atos de concessão e renovação de concessão de emissoras de rádio e televisão;

XIII – escolher dois terços dos membros do Tribunal de Contas da União;

XIV – aprovar iniciativas do Poder Executivo referentes a atividades nucleares;

XV – autorizar referendo e convocar plebiscito;

→ *v.* Art. 14, I e II, da CF/1988.

→ *v.* Arts. 1º a 12 da Lei 9.709/1998.

XVI – autorizar, em terras indígenas, a exploração e o aproveitamento de recursos hídricos e a pesquisa e lavra de riquezas minerais;

XVII – aprovar, previamente, a alienação ou concessão de terras públicas com área superior a dois mil e quinhentos hectares.

Art. 50. A Câmara dos Deputados e o Senado Federal, ou qualquer de suas Comissões, poderão convocar Ministro de Estado ou quaisquer titulares de órgãos diretamente subordinados à Presidência da República para prestarem, pessoalmente, informações sobre assunto previamente determinado, importando em crime de responsabilidade a ausência sem justificação adequada.

→ *Caput* com redação alterada pela EC de Revisão 2/1994.

§ 1º Os Ministros de Estado poderão comparecer ao Senado Federal, à Câmara dos Deputados, ou a qualquer de suas Comissões, por sua iniciativa e mediante entendimentos com a Mesa respectiva, para expor assunto de relevância de seu Ministério.

§ 2º As Mesas da Câmara dos Deputados e do Senado Federal poderão encaminhar pedidos escritos de informação a Ministros de Estado ou a qualquer das pessoas referidas no *caput* deste artigo, importando em crime de responsabilidade a recusa, ou o não atendimento, no prazo de trinta dias, bem como a prestação de informações falsas.

→ § 2º com redação alterada pela EC de Revisão 2/1994.

Seção III
Da Câmara dos Deputados

Art. 51. Compete privativamente à Câmara dos Deputados:

I – autorizar, por dois terços de seus membros, a instauração de processo contra o Presidente e o Vice-Presidente da República e os Ministros de Estado;

II – proceder à tomada de contas do Presidente da República, quando não apresentadas ao Congresso Nacional dentro de sessenta dias após a abertura da sessão legislativa;

III – elaborar seu regimento interno;

IV – dispor sobre sua organização, funcionamento, polícia, criação, transformação ou extinção dos cargos, empregos e funções de seus serviços, e a iniciativa de lei para fixação da respectiva remuneração, observados os parâmetros estabelecidos na lei de diretrizes orçamentárias;

→ Inciso IV com redação alterada pela EC 19/1998.

V – eleger membros do Conselho da República, nos termos do art. 89, VII.

Seção IV
Do Senado Federal

Art. 52. Compete privativamente ao Senado Federal:

→ *v.* Art. 100 do ADCT.

I – processar e julgar o Presidente e o Vice-Presidente da República nos crimes de responsabilidade, bem como os Ministros de Estado e os Comandantes da Marinha, do Exército e da Aeronáutica nos crimes da mesma natureza conexos com aqueles;

→ Inciso I com redação alterada pela EC 23/1999.

→ *v.* Lei 1.079/1950 – Crimes de responsabilidade.

II – processar e julgar os Ministros do Supremo Tribunal Federal, os membros do Conselho Nacional de Justiça e do Conselho Nacional do Ministério Público, o Procurador-Geral da República e o Advogado-Geral da União nos crimes de responsabilidade;

→ Inciso II com redação alterada pela EC 45/2004.

→ *v.* Lei 1.079/1950 – Crimes de responsabilidade.

III – aprovar previamente, por voto secreto, após arguição pública, a escolha de:

a) magistrados, nos casos estabelecidos nesta Constituição;

b) Ministros do Tribunal de Contas da União indicados pelo Presidente da República;

c) Governador de Território;

d) Presidente e Diretores do Banco Central;

e) Procurador-Geral da República;

f) titulares de outros cargos que a lei determinar;

IV – aprovar previamente, por voto secreto, após arguição em sessão secreta, a escolha dos chefes de missão diplomática de caráter permanente;

V – autorizar operações externas de natureza financeira, de interesse da União, dos Estados, do Distrito Federal, dos Territórios e dos Municípios;

VI – fixar, por proposta do Presidente da República, limites globais para o montante da dívida consolidada da União, dos Estados, do Distrito Federal e dos Municípios;

VII – dispor sobre limites globais e condições para as operações de crédito externo e interno da União, dos Estados, do Distrito Federal e dos Municípios, de suas autarquias e demais entidades controladas pelo Poder Público federal;

VIII – dispor sobre limites e condições para a concessão de garantia da União em operações de crédito externo e interno;

IX – estabelecer limites globais e condições para o montante da dívida mobiliária dos Estados, do Distrito Federal e dos Municípios;

X – suspender a execução, no todo ou em parte, de lei declarada inconstitucional por decisão definitiva do Supremo Tribunal Federal;

XI – aprovar, por maioria absoluta e por voto secreto, a exoneração, de ofício, do Procurador-Geral da República antes do término de seu mandato;

XII – elaborar seu regimento interno;

XIII – dispor sobre sua organização, funcionamento, polícia, criação, transformação ou extinção dos cargos, empregos e funções de seus serviços, e a iniciativa de lei para fixação da respectiva remuneração, observados os parâmetros estabelecidos na lei de diretrizes orçamentárias;

→ Inciso XIII com redação alterada pela EC 19/1998.

XIV – eleger membros do Conselho da República, nos termos do art. 89, VII;

XV – avaliar periodicamente a funcionalidade do Sistema Tributário Nacional, em sua estrutura e seus componentes, e o desempenho das administrações tributárias da União, dos Estados e do Distrito Federal e dos Municípios.

→ Inciso XV acrescentado pela EC 42/2003.

Parágrafo único. Nos casos previstos nos incisos I e II, funcionará como Presidente o do Supremo Tribunal Federal, limitando-se a condenação, que somente será proferida por dois terços dos votos do Senado Federal, à perda do cargo, com inabilitação, por oito anos, para o exercício de função pública, sem prejuízo das demais sanções judiciais cabíveis.

Seção V
Dos Deputados e dos Senadores

Art. 53. Os Deputados e Senadores são invioláveis, civil e penalmente, por quaisquer de suas opiniões, palavras e votos.

→ Artigo com redação alterada pela EC 35/2001.

→ *v.* Súmula 245 do STF.

→ *v.* Arts. 138 a 145 do CP.

§ 1º Os Deputados e Senadores, desde a expedição do diploma, serão submetidos a julgamento perante o Supremo Tribunal Federal.

§ 2º Desde a expedição do diploma, os membros do Congresso Nacional não poderão ser presos, salvo em flagrante de crime inafiançável. Nesse caso, os autos serão remetidos dentro de vinte e quatro horas à Casa respectiva, para que, pelo voto da maioria de seus membros, resolva sobre a prisão.

→ *v.* Art. 301 e ss. do CPP.

§ 3º Recebida a denúncia contra o Senador ou Deputado, por crime ocorrido após a diplomação, o Supremo Tribunal Federal dará ciência à Casa respectiva, que, por iniciativa de partido político nela representado e pelo voto da maioria de seus membros, poderá, até a decisão final, sustar o andamento da ação.

§ 4º O pedido de sustação será apreciado pela Casa respectiva no prazo improrrogável de quarenta e cinco dias do seu recebimento pela Mesa Diretora.

§ 5º A sustação do processo suspende a prescrição, enquanto durar o mandato.

§ 6º Os Deputados e Senadores não serão obrigados a testemunhar sobre informações recebidas ou prestadas em razão do exercício do mandato, nem sobre as pessoas que lhes confiaram ou deles receberam informações.

§ 7º A incorporação às Forças Armadas de Deputados e Senadores, embora militares e ainda que em tempo de guerra, dependerá de prévia licença da Casa respectiva.

§ 8º As imunidades de Deputados ou Senadores subsistirão durante o estado de sítio, só podendo ser suspensas mediante o voto de dois terços dos membros da Casa respectiva, nos casos de atos praticados fora do recinto do Congresso Nacional, que sejam incompatíveis com a execução da medida.

→ *v.* Art. 137 a 141 da CF/1988.

Art. 54. Os Deputados e Senadores não poderão:

I – desde a expedição do diploma:

a) firmar ou manter contrato com pessoa jurídica de direito público, autarquia, empresa pública, sociedade de economia mista ou empresa concessionária de serviço público, salvo quando o contrato obedecer a cláusulas uniformes;

b) aceitar ou exercer cargo, função ou emprego remunerado, inclusive os de que sejam demissíveis *ad nutum*, nas entidades constantes da alínea anterior;

II – desde a posse:

a) ser proprietários, controladores ou diretores de empresa que goze de favor decorrente de contrato com pessoa jurídica de direito público, ou nela exercer função remunerada;

b) ocupar cargo ou função de que sejam demissíveis *ad nutum*, nas entidades referidas no inciso I, *a*;

c) patrocinar causa em que seja interessada qualquer das entidades a que se refere o inciso I, *a*;

d) ser titulares de mais de um cargo ou mandato público eletivo.

Art. 55. Perderá o mandato o Deputado ou Senador:

I – que infringir qualquer das proibições estabelecidas no artigo anterior;

II – cujo procedimento for declarado incompatível com o decoro parlamentar;

III – que deixar de comparecer, em cada sessão legislativa, à terça parte das sessões ordinárias da Casa a que pertencer, salvo licença ou missão por esta autorizada;

IV – que perder ou tiver suspensos os direitos políticos;

V – quando o decretar a Justiça Eleitoral, nos casos previstos nesta Constituição;

VI – que sofrer condenação criminal em sentença transitada em julgado.

→ *v.* Art. 92, I, do CP.

§ 1º É incompatível com o decoro parlamentar, além dos casos definidos no regimento interno, o abuso das prerrogativas asseguradas a membro do Congresso Nacional ou a percepção de vantagens indevidas.

§ 2º Nos casos dos incisos I, II e VI, a perda do mandato será decidida pela Câmara dos Deputados ou pelo Senado Federal, por maioria absoluta, mediante provocação da respectiva Mesa ou de partido político representado no Congresso Nacional, assegurada ampla defesa.

→ § 2º com redação alterada pela EC 76/2013.

§ 3º Nos casos previstos nos incisos III a V, a perda será declarada pela Mesa da Casa respectiva, de ofício ou mediante provocação de qualquer de seus membros, ou de partido político representado no Congresso Nacional, assegurada ampla defesa.

§ 4º A renúncia de parlamentar submetido a processo que vise ou possa levar à perda do mandato, nos termos deste artigo, terá seus efeitos suspensos até as deliberações finais de que tratam os §§ 2º e 3º.

→ § 4º acrescentado pela EC de Revisão 6/1994.

Art. 56. Não perderá o mandato o Deputado ou Senador:

I – investido no cargo de Ministro de Estado, Governador de Território, Secretário de Estado, do Distrito Federal, de Território, de Prefeitura de Capital ou chefe de missão diplomática temporária;

II – licenciado pela respectiva Casa por motivo de doença, ou para tratar, sem remuneração, de interesse particular, desde que, neste caso, o afastamento não ultrapasse cento e vinte dias por sessão legislativa.

§ 1º O suplente será convocado nos casos de vaga, de investidura em funções previstas neste artigo ou de licença superior a cento e vinte dias.

§ 2º Ocorrendo vaga e não havendo suplente, far-se-á eleição para preenchê-la se faltarem mais de quinze meses para o término do mandato.

§ 3º Na hipótese do inciso I, o Deputado ou Senador poderá optar pela remuneração do mandato.

Seção VI
Das reuniões

Art. 57. O Congresso Nacional reunir-se-á, anualmente, na Capital Federal, de 2 de fevereiro a 17 de julho e de 1º de agosto a 22 de dezembro.

→ *Caput* com redação alterada pela EC 50/2006.

§ 1º As reuniões marcadas para essas datas serão transferidas para o primeiro dia útil subsequente, quando recaírem em sábados, domingos ou feriados.

§ 2º A sessão legislativa não será interrompida sem a aprovação do projeto de lei de diretrizes orçamentárias.

§ 3º Além de outros casos previstos nesta Constituição, a Câmara dos Deputados e o Senado Federal reunir-se-ão em sessão conjunta para:

I – inaugurar a sessão legislativa;

II – elaborar o regimento comum e regular a criação de serviços comuns às duas Casas;

III – receber o compromisso do Presidente e do Vice-Presidente da República;

IV – conhecer do veto e sobre ele deliberar.

§ 4º Cada uma das Casas reunir-se-á em sessões preparatórias, a partir de 1º de fevereiro, no primeiro ano da legislatura, para a posse de seus membros e eleição das respectivas Mesas, para mandato de 2 (dois) anos, vedada a recondução para o mesmo cargo na eleição imediatamente subsequente.

→ § 4º com redação alterada pela EC 50/2006.

§ 5º A Mesa do Congresso Nacional será presidida pelo Presidente do Senado Federal, e os demais cargos serão exercidos, alternadamente, pelos ocupantes de cargos equivalentes na Câmara dos Deputados e no Senado Federal.

§ 6º A convocação extraordinária do Congresso Nacional far-se-á:

→ *Caput* do § 6º com redação alterada pela EC 50/2006.

I – pelo Presidente do Senado Federal, em caso de decretação de estado de defesa ou de intervenção federal, de pedido de autorização para a decretação de estado de sítio e para o compromisso e a posse do Presidente e do Vice-Presidente da República;

II – pelo Presidente da República, pelos Presidentes da Câmara dos Deputados e do Senado Federal ou a requerimento da maioria dos membros de ambas as Casas, em caso de urgência ou interesse público relevante, em todas as hipóteses deste inciso com a aprovação da maioria absoluta de cada uma das Casas do Congresso Nacional.

→ Inciso II com redação alterada pela EC 50/2006.

§ 7º Na sessão legislativa extraordinária, o Congresso Nacional somente deliberará sobre a matéria para a qual foi convocado, ressalvada a hipótese do § 8º deste artigo, vedado o pagamento de parcela indenizatória, em razão da convocação.

→ § 7º com redação alterada pela EC 50/2006.

§ 8º Havendo medidas provisórias em vigor na data de convocação extraordinária do Congresso Nacional, serão elas automaticamente incluídas na pauta da convocação.

→ § 8º acrescentado pela EC 32/2001.

Seção VII
Das comissões

Art. 58. O Congresso Nacional e suas Casas terão comissões permanentes e temporárias, constituídas na forma e com as atribuições previstas no respectivo regimento ou no ato de que resultar sua criação.

§ 1º Na constituição das Mesas e de cada Comissão, é assegurada, tanto quanto possível, a representação proporcional dos partidos ou dos blocos parlamentares que participam da respectiva Casa.

§ 2º Às comissões, em razão da matéria de sua competência, cabe:

I – discutir e votar projeto de lei que dispensar, na forma do regimento, a competência do Plenário, salvo se houver recurso de um décimo dos membros da Casa;

II – realizar audiências públicas com entidades da sociedade civil;

III – convocar Ministro de Estado para prestar informações sobre assuntos inerentes a suas atribuições;

IV – receber petições, reclamações, representações ou queixas de qualquer pessoa contra atos ou omissões das autoridades ou entidades públicas;

V – solicitar depoimento de qualquer autoridade ou cidadão;

VI – apreciar programas de obras, planos nacionais, regionais e setoriais de desenvolvimento e sobre eles emitir parecer.

§ 3º As comissões parlamentares de inquérito, que terão poderes de investigação próprios das autoridades judiciais, além de outros previstos nos regimentos das respectivas Casas, serão criadas pela Câmara dos Deputados e pelo Senado Federal, em conjunto ou separadamente, mediante requerimento de um terço de seus membros, para a apuração de fato determinado e por prazo certo, sendo suas conclusões, se for o caso, encaminhadas ao Ministério Público, para que promova a responsabilidade civil ou criminal dos infratores.

→ *v.* Lei 10.001/2000 – Prioridade nos procedimentos a serem adotados pelo Ministério Público e por outros órgãos a respeito das conclusões das comissões parlamentares de inquérito.

→ *v.* Lei 1.579/1952 – Comissões Parlamentares de Inquérito.

§ 4º Durante o recesso, haverá uma Comissão representativa do Congresso Nacional, eleita por suas Casas na última sessão ordinária do período legislativo, com atribuições definidas no regimento comum, cuja composição reproduzirá, quanto possível, a proporcionalidade da representação partidária.

Seção VIII
Do processo legislativo

Subseção I
Disposição geral

Art. 59. O processo legislativo compreende a elaboração de:

I – emendas à Constituição;

II – leis complementares;

III – leis ordinárias;

IV – leis delegadas;

V – medidas provisórias;

→ *v.* Art. 73 do ADCT.

VI – decretos legislativos;

VII – resoluções.

Parágrafo único. Lei complementar disporá sobre a elaboração, redação, alteração e consolidação das leis.

→ *v.* LC 95/1998 – Elaboração, a redação, a alteração e a consolidação das leis.

Subseção II
Da Emenda à Constituição

Art. 60. A Constituição poderá ser emendada mediante proposta:

I – de um terço, no mínimo, dos membros da Câmara dos Deputados ou do Senado Federal;

II – do Presidente da República;

III – de mais da metade das Assembleias Legislativas das unidades da Federação, manifestando-se, cada uma delas, pela maioria relativa de seus membros.

§ 1º A Constituição não poderá ser emendada na vigência de intervenção federal, de estado de defesa ou de estado de sítio.

→ *v.* Arts. 34 a 36 e 136 a 141 da CF/1988.

§ 2º A proposta será discutida e votada em cada Casa do Congresso Nacional, em dois turnos, considerando-se aprovada se obtiver, em ambos, três quintos dos votos dos respectivos membros.

§ 3º A emenda à Constituição será promulgada pelas Mesas da Câmara dos Deputados e do Senado Federal, com o respectivo número de ordem.

§ 4º Não será objeto de deliberação a proposta de emenda tendente a abolir:

I – a forma federativa de Estado;

II – o voto direto, secreto, universal e periódico;

III – a separação dos Poderes;

IV – os direitos e garantias individuais.

§ 5º A matéria constante de proposta de emenda rejeitada ou havida por prejudicada não pode ser objeto de nova proposta na mesma sessão legislativa.

Subseção III
Das leis

Art. 61. A iniciativa das leis complementares e ordinárias cabe a qualquer membro ou Comissão da Câmara dos Deputados, do Senado Federal ou do Congresso Nacional, ao Presidente da República, ao Supremo Tribunal Federal, aos Tribunais Superiores, ao Procurador-Geral da República e aos cidadãos, na forma e nos casos previstos nesta Constituição.

→ *v.* Art. 14, III, da CF/1988.

→ *v.* Lei 9.709/1998 – Regulamenta a execução do disposto nos incisos I, II e III do art. 14 da CF/1988.

§ 1º São de iniciativa privativa do Presidente da República as leis que:

I – fixem ou modifiquem os efetivos das Forças Armadas;

II – disponham sobre:

a) criação de cargos, funções ou empregos públicos na administração direta e autárquica ou aumento de sua remuneração;

→ *v.* Súmulas 679 e 681 do STF.

b) organização administrativa e judiciária, matéria tributária e orçamentária, serviços públicos e pessoal da administração dos Territórios;

c) servidores públicos da União e Territórios, seu regime jurídico, provimento de cargos, estabilidade e aposentadoria;

→ Alínea *c* com redação alterada pela EC 18/1998.

d) organização do Ministério Público e da Defensoria Pública da União, bem como normas gerais para a organização do Ministério Público e da Defensoria Pública dos Estados, do Distrito Federal e dos Territórios;

e) criação e extinção de Ministérios e órgãos da administração pública, observado o disposto no art. 84, VI;

→ Alínea *e* com redação alterada pela EC 32/2001.

f) militares das Forças Armadas, seu regime jurídico, provimento de cargos, promoções, estabilidade, remuneração, reforma e transferência para a reserva.

→ Alínea *f* acrescentada pela EC 18/1998.

§ 2º A iniciativa popular pode ser exercida pela apresentação à Câmara dos Deputados de projeto de lei subscrito por, no mínimo, um por cento do eleitorado nacional, distribuído pelo menos por cinco Estados, com não menos de três décimos por cento dos eleitores de cada um deles.

Art. 62. Em caso de relevância e urgência, o Presidente da República poderá adotar medidas provisórias, com força de lei, devendo submetê-las de imediato ao Congresso Nacional.

→ Artigo com redação alterada pela EC 32/2001.

→ *v.* Súmula 651 do STF.

→ *v.* Art. 246 da CF/1988.

§ 1º É vedada a edição de medidas provisórias sobre matéria:

I – relativa a:

a) nacionalidade, cidadania, direitos políticos, partidos políticos e direito eleitoral;

b) direito penal, processual penal e processual civil;

c) organização do Poder Judiciário e do Ministério Público, a carreira e a garantia de seus membros;

d) planos plurianuais, diretrizes orçamentárias, orçamento e créditos adicionais e suplementares, ressalvado o previsto no art. 167, § 3º;

II – que vise a detenção ou sequestro de bens, de poupança popular ou qualquer outro ativo financeiro;

III – reservada a lei complementar;

IV – já disciplinada em projeto de lei aprovado pelo Congresso Nacional e pendente de sanção ou veto do Presidente da República.

§ 2º Medida provisória que implique instituição ou majoração de impostos, exceto os previstos nos arts. 153, I, II, IV, V, e 154, II, só produzirá efeitos no exercício financeiro seguinte se houver sido convertida em lei até o último dia daquele em que foi editada.

§ 3º As medidas provisórias, ressalvado o disposto nos §§ 11 e 12 perderão eficácia, desde a edição, se não forem convertidas em lei no prazo de sessenta dias, prorrogável, nos termos do § 7º, uma vez por igual período, devendo o Congresso Nacional disciplinar, por decreto legislativo, as relações jurídicas delas decorrentes.

§ 4º O prazo a que se refere o § 3º contar-se-á da publicação da medida provisória, suspendendo-se durante os períodos de recesso do Congresso Nacional.

§ 5º A deliberação de cada uma das Casas do Congresso Nacional sobre o mérito das medidas provisórias dependerá de juízo prévio sobre o atendimento de seus pressupostos constitucionais.

§ 6º Se a medida provisória não for apreciada em até quarenta e cinco dias contados de sua publicação, entrará em regime de urgência, subsequentemente, em cada uma das Casas do Congresso Nacional, ficando sobrestadas, até que se ultime a votação, todas as demais deliberações legislativas da Casa em que estiver tramitando.

§ 7º Prorrogar-se-á uma única vez por igual período a vigência de medida provisória que, no prazo de sessenta dias, contado de sua publicação, não tiver a sua votação encerrada nas duas Casas do Congresso Nacional.

§ 8º As medidas provisórias terão sua votação iniciada na Câmara dos Deputados.

§ 9º Caberá à comissão mista de Deputados e Senadores examinar as medidas provisórias e sobre elas emitir parecer, antes de serem apreciadas, em sessão separada, pelo plenário de cada uma das Casas do Congresso Nacional.

§ 10. É vedada a reedição, na mesma sessão legislativa, de medida provisória que tenha sido rejeitada ou que tenha perdido sua eficácia por decurso de prazo.

§ 11. Não editado o decreto legislativo a que se refere o § 3º até sessenta dias após a rejeição ou perda de eficácia de medida provisória, as relações jurídicas constituídas e decorrentes de atos praticados durante sua vigência conservar-se-ão por ela regidas.

§ 12. Aprovado projeto de lei de conversão alterando o texto original da medida provisória, esta manter-se-á integralmente em vigor até que seja sancionado ou vetado o projeto.

Art. 63. Não será admitido aumento da despesa prevista:

I – nos projetos de iniciativa exclusiva do Presidente da República, ressalvado o disposto no art. 166, §§ 3º e 4º;

II – nos projetos sobre organização dos serviços administrativos da Câmara dos Deputados, do Senado Federal, dos Tribunais Federais e do Ministério Público.

Art. 64. A discussão e votação dos projetos de lei de iniciativa do Presidente da República, do Supremo Tribunal Federal e dos Tribunais Superiores terão início na Câmara dos Deputados.

§ 1º O Presidente da República poderá solicitar urgência para apreciação de projetos de sua iniciativa.

§ 2º Se, no caso do § 1º, a Câmara dos Deputados e o Senado Federal não se manifestarem sobre a proposição, cada qual sucessivamente, em até quarenta e cinco dias, sobrestar-se-ão todas as demais deliberações legislativas da respectiva Casa, com exceção das que tenham prazo constitucional determinado, até que se ultime a votação.

→ § 2º com redação alterada pela EC 32/2001.

§ 3º A apreciação das emendas do Senado Federal pela Câmara dos Deputados far-se-á no prazo de dez dias, observado quanto ao mais o disposto no parágrafo anterior.

§ 4º Os prazos do § 2º não correm nos períodos de recesso do Congresso Nacional, nem se aplicam aos projetos de código.

Art. 65. O projeto de lei aprovado por uma Casa será revisto pela outra, em um só turno de discussão e votação, e enviado à sanção ou promulgação, se a Casa revisora o aprovar, ou arquivado, se o rejeitar.

Parágrafo único. Sendo o projeto emendado, voltará à Casa iniciadora.

Art. 66. A Casa na qual tenha sido concluída a votação enviará o projeto de lei ao Presidente da República, que, aquiescendo, o sancionará.

§ 1º Se o Presidente da República considerar o projeto, no todo ou em parte, inconstitucional ou contrário ao interesse público, vetá-lo-á total ou parcialmente, no prazo de quinze dias úteis, contados da data do recebimento, e comunicará, dentro de quarenta e oito horas, ao Presidente do Senado Federal os motivos do veto.

§ 2º O veto parcial somente abrangerá texto integral de artigo, de parágrafo, de inciso ou de alínea.

§ 3º Decorrido o prazo de quinze dias, o silêncio do Presidente da República importará sanção.

§ 4º O veto será apreciado em sessão conjunta, dentro de trinta dias a contar de seu recebimento, só podendo ser rejeitado pelo voto da maioria absoluta dos Deputados e Senadores.

→ § 4º com redação alterada pela EC 76/2013.

§ 5º Se o veto não for mantido, será o projeto enviado, para promulgação, ao Presidente da República.

§ 6º Esgotado sem deliberação o prazo estabelecido no § 4º, o veto será colocado na ordem do dia da sessão imediata, sobrestadas as demais proposições, até sua votação final.

→ § 6º com redação alterada pela EC 32/2001.

§ 7º Se a lei não for promulgada dentro de quarenta e oito horas pelo Presidente da República, nos casos dos §§ 3º e 5º, o Presidente do Senado a promulgará e, se este não fizer em igual prazo, caberá ao Vice-Presidente do Senado fazê-lo.

Art. 67. A matéria constante de projeto de lei rejeitado somente poderá constituir objeto de novo projeto, na mesma sessão legislativa, mediante proposta da maioria absoluta dos membros de qualquer das Casas do Congresso Nacional.

Art. 68. As leis delegadas serão elaboradas pelo Presidente da República, que deverá solicitar a delegação ao Congresso Nacional.

§ 1º Não serão objeto de delegação os atos de competência exclusiva do Congresso Nacional, os de competência privativa da Câmara dos Deputados ou do Senado Federal, a matéria reservada à lei complementar, nem a legislação sobre:

I – organização do Poder Judiciário e do Ministério Público, a carreira e a garantia de seus membros;

II – nacionalidade, cidadania, direitos individuais, políticos e eleitorais;

III – planos plurianuais, diretrizes orçamentárias e orçamentos.

§ 2º A delegação ao Presidente da República terá a forma de resolução do Congresso Nacional, que especificará seu conteúdo e os termos de seu exercício.

§ 3º Se a resolução determinar a apreciação do projeto pelo Congresso Nacional, este a fará em votação única, vedada qualquer emenda.

Art. 69. As leis complementares serão aprovadas por maioria absoluta.

Seção IX
Da fiscalização contábil, financeira e orçamentária

Art. 70. A fiscalização contábil, financeira, orçamentária, operacional e patrimonial da União e das entidades da administração direta e indireta, quanto à legalidade, legitimidade, economicidade, aplicação das subvenções e renúncia de receitas, será exercida pelo Congresso Nacional, mediante controle externo, e pelo sistema de controle interno de cada Poder.

Parágrafo único. Prestará contas qualquer pessoa física ou jurídica, pública ou privada, que utilize, arrecade, guarde, gerencie ou administre dinheiros, bens e valores públicos ou pelos quais a União responda, ou que, em nome desta, assuma obrigações de natureza pecuniária.

→ Parágrafo único com redação alterada pela EC 19/1998.

Art. 71. O controle externo, a cargo do Congresso Nacional, será exercido com o auxílio do Tribunal de Contas da União, ao qual compete:

→ v. Lei 8.443/1992 – Lei Orgânica do Tribunal de Contas da União.

→ v. Súmula 347 do STF.

I – apreciar as contas prestadas anualmente pelo Presidente da República, mediante parecer prévio que deverá ser elaborado em sessenta dias a contar de seu recebimento;

II – julgar as contas dos administradores e demais responsáveis por dinheiros, bens e valores públicos da administração direta e indireta, incluídas as fundações e sociedades instituídas e mantidas pelo Poder Público federal, e as contas daqueles que derem causa a perda, extravio ou outra irregularidade de que resulte prejuízo ao erário público;

III – apreciar, para fins de registro, a legalidade dos atos de admissão de pessoal, a qualquer título, na administração direta e indireta, incluídas as fundações instituídas e mantidas pelo Poder Público, excetuadas as nomeações para cargo de provimento em comissão, bem como a das concessões de aposentadorias, reformas e pensões, ressalvadas as melhorias posteriores que não alterem o fundamento legal do ato concessório;

→ v. Súmula Vinculante 3 do STF.

IV – realizar, por iniciativa própria, da Câmara dos Deputados, do Senado Federal, de Comissão técnica ou de inquérito, inspeções e auditorias de natureza contábil, financeira, orçamentária, operacional e patrimonial, nas unidades administrativas dos Poderes Legislativo, Executivo e Judiciário, e demais entidades referidas no inciso II;

V – fiscalizar as contas nacionais das empresas supranacionais de cujo capital social a União participe, de forma direta ou indireta, nos termos do tratado constitutivo;

VI – fiscalizar a aplicação de quaisquer recursos repassados pela União mediante convênio, acordo, ajuste ou outros instrumentos congêneres, a Estado, ao Distrito Federal ou a Município;

VII – prestar as informações solicitadas pelo Congresso Nacional, por qualquer de suas Casas, ou por qualquer das respectivas Comissões, sobre a fiscalização contábil, financeira, orçamentária, operacional e patrimonial e sobre resultados de auditorias e inspeções realizadas;

VIII – aplicar aos responsáveis, em caso de ilegalidade de despesa ou irregularidade de contas, as sanções previstas em lei, que estabelecerá, entre outras cominações, multa proporcional ao dano causado ao erário;

IX – assinar prazo para que o órgão ou entidade adote as providências necessárias ao exato cumprimento da lei, se verificada ilegalidade;

X – sustar, se não atendido, a execução do ato impugnado, comunicando a decisão à Câmara dos Deputados e ao Senado Federal;

XI – representar ao Poder competente sobre irregularidades ou abusos apurados.

§ 1º No caso de contrato, o ato de sustação será adotado diretamente pelo Congresso Nacional, que solicitará, de imediato, ao Poder Executivo as medidas cabíveis.

§ 2º Se o Congresso Nacional ou o Poder Executivo, no prazo de noventa dias, não efetivar as medidas previstas no parágrafo anterior, o Tribunal decidirá a respeito.

§ 3º As decisões do Tribunal de que resulte imputação de débito ou multa terão eficácia de título executivo.

§ 4º O Tribunal encaminhará ao Congresso Nacional, trimestral e anualmente, relatório de suas atividades.

Art. 72. A Comissão mista permanente a que se refere o art. 166, § 1º, diante de indícios de despesas não autorizadas, ainda que sob a forma de investimentos não programados ou de subsídios não aprovados, poderá solicitar à autoridade governamental responsável que, no prazo de cinco dias, preste os esclarecimentos necessários.

→ *v.* Art. 16, § 2º, do ADCT.

§ 1º Não prestados os esclarecimentos, ou considerados estes insuficientes, a Comissão solicitará ao Tribunal pronunciamento conclusivo sobre a matéria, no prazo de trinta dias.

§ 2º Entendendo o Tribunal irregular a despesa, a Comissão, se julgar que o gasto possa causar dano irreparável ou grave lesão à economia pública, proporá ao Congresso Nacional sua sustação.

Art. 73. O Tribunal de Contas da União, integrado por nove Ministros, tem sede no Distrito Federal, quadro próprio de pessoal e jurisdição em todo o território nacional, exercendo, no que couber, as atribuições previstas no art. 96.

§ 1º Os Ministros do Tribunal de Contas da União serão nomeados dentre brasileiros que satisfaçam os seguintes requisitos:

→ *v.* Arts. 49, XIII, e 84, XV, da CF/1988.

I – mais de trinta e cinco e menos de sessenta e cinco anos de idade;

II – idoneidade moral e reputação ilibada;

III – notórios conhecimentos jurídicos, contábeis, econômicos e financeiros ou de administração pública;

IV – mais de dez anos de exercício de função ou de efetiva atividade profissional que exija os conhecimentos mencionados no inciso anterior.

§ 2º Os Ministros do Tribunal de Contas da União serão escolhidos:

→ *v.* Súmula 653 do STF.

I – um terço pelo Presidente da República, com aprovação do Senado Federal, sendo dois alternadamente dentre auditores e membros do Ministério Público junto ao Tribunal, indicados em lista tríplice pelo Tribunal, segundo os critérios de antiguidade e merecimento;

II – dois terços pelo Congresso Nacional.

§ 3º Os Ministros do Tribunal de Contas da União terão as mesmas garantias, prerrogativas, impedimentos, vencimentos e vantagens dos Ministros do Superior Tribunal de Justiça, aplicando-se-lhes, quanto à aposentadoria e pensão, as normas constantes do art. 40.

→ § 3º com redação alterada pela EC 20/1998.

§ 4º O auditor, quando em substituição a Ministro, terá as mesmas garantias e impedimentos do titular e, quando no exercício das demais atribuições da judicatura, as de juiz de Tribunal Regional Federal.

→ *v.* Art. 4º, § 3º, da Lei 12.618/2012.

Art. 74. Os Poderes Legislativo, Executivo e Judiciário manterão, de forma integrada, sistema de controle interno com a finalidade de:

I – avaliar o cumprimento das metas previstas no plano plurianual, a execução dos programas de governo e dos orçamentos da União;

II – comprovar a legalidade e avaliar os resultados, quanto à eficácia e eficiência, da gestão orçamentária, financeira e patrimonial nos órgãos e entidades da administração federal, bem como da aplicação de recursos públicos por entidades de direito privado;

III – exercer o controle das operações de crédito, avais e garantias, bem como dos direitos e haveres da União;

IV – apoiar o controle externo no exercício de sua missão institucional.

§ 1º Os responsáveis pelo controle interno, ao tomarem conhecimento de qualquer irregularidade ou ilegalidade, dela darão ciência ao Tribunal de Contas da União, sob pena de responsabilidade solidária.

§ 2º Qualquer cidadão, partido político, associação ou sindicato é parte legítima para, na forma da lei, denunciar irregularidades ou ilegalidades perante o Tribunal de Contas da União.

→ *v.* Arts. 1º, XVI, e 53 da Lei 8.443/1992.

Art. 75. As normas estabelecidas nesta seção aplicam-se, no que couber, à organização, composição e fiscalização dos Tribunais de Contas dos Estados e do Distrito Federal, bem como dos Tribunais e Conselhos de Contas dos Municípios.

→ *v.* Súmula 653 do STF.

Parágrafo único. As Constituições estaduais disporão sobre os Tribunais de Contas respectivos, que serão integrados por sete Conselheiros.

Capítulo II
DO PODER EXECUTIVO

Seção I
Do Presidente e do Vice-Presidente da República

Art. 76. O Poder Executivo é exercido pelo Presidente da República, auxiliado pelos Ministros de Estado.

Art. 77. A eleição do Presidente e do Vice-Presidente da República realizar-se-á, simultaneamente, no primeiro domingo de outubro, em primeiro turno, e no último domingo de outubro, em segundo turno, se houver, do ano anterior ao do término do mandato presidencial vigente.

→ *Caput* com redação alterada pela EC 16/1997.

→ *v.* Arts. 28, 29, II e 32, § 2º, da CF/1988.

§ 1º A eleição do Presidente da República importará a do Vice-Presidente com ele registrado.

§ 2º Será considerado eleito Presidente o candidato que, registrado por partido político, obtiver a maioria absoluta de votos, não computados os em branco e os nulos.

§ 3º Se nenhum candidato alcançar maioria absoluta na primeira votação, far-se-á nova eleição em até vinte dias após a proclamação do resultado, concorrendo os dois candidatos mais votados e considerando-se eleito aquele que obtiver a maioria dos votos válidos.

§ 4º Se, antes de realizado o segundo turno, ocorrer morte, desistência ou impedimento legal de candidato, convocar-se-á, dentre os remanescentes, o de maior votação.

§ 5º Se, na hipótese dos parágrafos anteriores, remanescer, em segundo lugar, mais de um candidato com a mesma votação, qualificar-se-á o mais idoso.

Art. 78. O Presidente e o Vice-Presidente da República tomarão posse em sessão do Congresso Nacional, prestando o compromisso de manter, defender e cumprir a Constituição, observar as leis, promover o bem geral do povo brasileiro, sustentar a união, a integridade e a independência do Brasil.

Parágrafo único. Se, decorridos dez dias da data fixada para a posse, o Presidente ou o Vice-Presidente, salvo motivo de força maior, não tiver assumido o cargo, este será declarado vago.

Art. 79. Substituirá o Presidente, no caso de impedimento, e suceder-lhe-á, no de vaga, o Vice-Presidente.

Parágrafo único. O Vice-Presidente da República, além de outras atribuições que lhe forem conferidas por lei complementar, auxiliará o Presidente, sempre que por ele convocado para missões especiais.

Art. 80. Em caso de impedimento do Presidente e do Vice-Presidente, ou vacância dos respectivos cargos, serão sucessivamente chamados ao exercício da Presidência o Presidente da Câmara dos Deputados, o do Senado Federal e o do Supremo Tribunal Federal.

Art. 81. Vagando os cargos de Presidente e Vice-Presidente da República, far-se-á eleição noventa dias depois de aberta a última vaga.

§ 1º Ocorrendo a vacância nos últimos dois anos do período presidencial, a eleição para ambos os cargos será feita trinta dias depois da última vaga, pelo Congresso Nacional, na forma da lei.

§ 2º Em qualquer dos casos, os eleitos deverão completar o período de seus antecessores.

Art. 82. O mandato do Presidente da República é de quatro anos e terá início em primeiro de janeiro do ano seguinte ao da sua eleição.

→ Artigo com redação alterada pela EC 16/1997.

Art. 83. O Presidente e o Vice-Presidente da República não poderão, sem licença do Congresso Nacional, ausentar-se do País por período superior a quinze dias, sob pena de perda do cargo.

Seção II
Das atribuições do Presidente da República

Art. 84. Compete privativamente ao Presidente da República:

I – nomear e exonerar os Ministros de Estado;

II – exercer, com o auxílio dos Ministros de Estado, a direção superior da administração federal;

III – iniciar o processo legislativo, na forma e nos casos previstos nesta Constituição;

IV – sancionar, promulgar e fazer publicar as leis, bem como expedir decretos e regulamentos para sua fiel execução;

→ v. Art. 1º da LINDB.

V – vetar projetos de lei, total ou parcialmente;

→ v. Art. 66, §§ 1º a 7º, da CF/1988.

VI – dispor, mediante decreto, sobre:

→ Inciso VI com redação alterada pela EC 32/2001.

a) organização e funcionamento da administração federal, quando não implicar aumento de despesa nem criação ou extinção de órgãos públicos;

→ v. Lei 10.683/2003 – Organização da Presidência da República e dos Ministérios.

b) extinção de funções ou cargos públicos, quando vagos;

VII – manter relações com Estados estrangeiros e acreditar seus representantes diplomáticos;

VIII – celebrar tratados, convenções e atos internacionais, sujeitos a referendo do Congresso Nacional;

IX – decretar o estado de defesa e o estado de sítio;

X – decretar e executar a intervenção federal;

XI – remeter mensagem e plano de governo ao Congresso Nacional por ocasião da abertura da sessão legislativa, expondo a situação do País e solicitando as providências que julgar necessárias;

XII – conceder indulto e comutar penas, com audiência, se necessário, dos órgãos instituídos em lei;

→ v. Decreto 7.648/2011 – Concede indulto natalino e comutação de penas.

→ v. Decreto 1.860/1996 – Concede indulto especial condicional.

XIII – exercer o comando supremo das Forças Armadas, nomear os Comandantes da Marinha, do Exército e da Aeronáutica, promover seus oficiais-generais e nomeá-los para os cargos que lhes são privativos;

→ Inciso XIII com redação alterada pela EC 23/1999.

XIV – nomear, após aprovação pelo Senado Federal, os Ministros do Supremo Tribunal Federal e dos Tribunais Superiores, os Governadores de Territórios, o Procurador-Geral da República, o presidente e os diretores do Banco Central e outros servidores, quando determinado em lei;

XV – nomear, observado o disposto no art. 73, os Ministros do Tribunal de Contas da União;

XVI – nomear os magistrados, nos casos previstos nesta Constituição, e o Advogado-Geral da União;

XVII – nomear membros do Conselho da República, nos termos do art. 89, VII;

XVIII – convocar e presidir o Conselho da República e o Conselho de Defesa Nacional;

XIX – declarar guerra, no caso de agressão estrangeira, autorizado pelo Congresso Nacional ou referendado por ele, quando ocorrida no intervalo das sessões legislativas, e, nas mesmas condições, decretar, total ou parcialmente, a mobilização nacional;

→ v. Art. 5º, XLVII, *a*, da CF/1988.

→ v. Lei 11.631/2007 – Mobilização Nacional e cria o Sistema Nacional de Mobilização – SINAMOB.

XX – celebrar a paz, autorizado ou com o referendo do Congresso Nacional;

XXI – conferir condecorações e distinções honoríficas;

XXII – permitir, nos casos previstos em lei complementar, que forças estrangeiras transitem pelo território nacional ou nele permaneçam temporariamente;

→ v. LC 90/1997 – Determina os casos em que forças estrangeiras possam transitar pelo território nacional ou nele permanecer temporariamente.

→ v. Art. 6º, item 4, da Lei 1.079/1950.

XXIII – enviar ao Congresso Nacional o plano plurianual, o projeto de lei de diretrizes orçamentárias e as propostas de orçamento previstos nesta Constituição;

XXIV – prestar, anualmente, ao Congresso Nacional, dentro de sessenta dias após a abertura da sessão legislativa, as contas referentes ao exercício anterior;

XXV – prover e extinguir os cargos públicos federais, na forma da lei;

XXVI – editar medidas provisórias com força de lei, nos termos do art. 62;

XXVII – exercer outras atribuições previstas nesta Constituição.

Parágrafo único. O Presidente da República poderá delegar as atribuições mencionadas nos incisos VI, XII e XXV, primeira parte, aos Ministros de Estado, ao Procurador-Geral da República ou ao Advogado-Geral da União, que observarão os limites traçados nas respectivas delegações.

Seção III
Da responsabilidade do Presidente da República

Art. 85. São crimes de responsabilidade os atos do Presidente da República que atentem contra a Constituição Federal e, especialmente, contra:

→ v. Art. 2º da Lei 1.079/1950.

I – a existência da União;

→ v. Art. 5º da Lei 1.079/1950.

II – o livre exercício do Poder Legislativo, do Poder Judiciário, do Ministério Público e dos Poderes constitucionais das unidades da Federação;

→ v. Art. 6º da Lei 1.079/1950.

III – o exercício dos direitos políticos, individuais e sociais;

→ v. Art. 7º da Lei 1.079/1950.

IV – a segurança interna do País;

→ v. Art. 8º da Lei 1.079/1950.

V – a probidade na administração;

→ v. Art. 37, § 4º, da CF/1988.

→ v. Art. 9º da Lei 1.079/1950.

VI – a lei orçamentária;

→ v. Arts. 10 e 11 da Lei 1.079/1950.

VII – o cumprimento das leis e das decisões judiciais.

→ v. Art. 12 da Lei 1.079/1950.

Parágrafo único. Esses crimes serão definidos em lei especial, que estabelecerá as normas de processo e julgamento.

→ v. Súmula 722 do STF.

Art. 86. Admitida a acusação contra o Presidente da República, por dois terços da Câmara dos Deputados, será ele submetido a julgamento perante o Supremo Tribunal Federal, nas infrações penais comuns, ou perante o Senado Federal, nos crimes de responsabilidade.

§ 1º O Presidente ficará suspenso de suas funções:

I – nas infrações penais comuns, se recebida a denúncia ou queixa-crime pelo Supremo Tribunal Federal;

II – nos crimes de responsabilidade, após a instauração do processo pelo Senado Federal.

§ 2º Se, decorrido o prazo de cento e oitenta dias, o julgamento não estiver concluído, cessará o afastamento do Presidente, sem prejuízo do regular prosseguimento do processo.

§ 3º Enquanto não sobrevier sentença condenatória, nas infrações comuns, o Presidente da República não estará sujeito a prisão.

§ 4º O Presidente da República, na vigência de seu mandato, não pode ser responsabilizado por atos estranhos ao exercício de suas funções.

Seção IV
Dos Ministros de Estado

Art. 87. Os Ministros de Estado serão escolhidos dentre brasileiros maiores de vinte um anos e no exercício dos direitos políticos.

Parágrafo único. Compete ao Ministro de Estado, além de outras atribuições estabelecidas nesta Constituição e na lei:

I – exercer a orientação, coordenação e supervisão dos órgãos e entidades da administração federal na área de sua competência e referendar os atos e decretos assinados pelo Presidente da República;

II – expedir instruções para a execução das leis, decretos e regulamentos;

III – apresentar ao Presidente da República relatório anual de sua gestão no Ministério;

IV – praticar os atos pertinentes às atribuições que lhe forem outorgadas ou delegadas pelo Presidente da República.

Art. 88. A lei disporá sobre a criação e extinção de Ministérios e órgãos da administração pública.

→ Artigo com redação alterada pela EC 32/2001.

→ *v.* Lei 10.683/2003 – Organização da Presidência da República e dos Ministérios.

Seção V
Do Conselho da República e do Conselho de Defesa Nacional

Subseção I
Do Conselho da República

Art. 89. O Conselho da República é órgão superior de consulta do Presidente da República, e dele participam:

→ *v.* Lei 8.041/1990 – Organização e funcionamento do Conselho da República.

I – o Vice-Presidente da República;

II – o Presidente da Câmara dos Deputados;

III – o Presidente do Senado Federal;

IV – os líderes da maioria e da minoria na Câmara dos Deputados;

V – os líderes da maioria e da minoria no Senado Federal;

VI – o Ministro da Justiça;

VII – seis cidadãos brasileiros natos, com mais de trinta e cinco anos de idade, sendo dois nomeados pelo Presidente da República, dois eleitos pelo Senado Federal e dois eleitos pela Câmara dos Deputados, todos com mandato de três anos, vedada a recondução.

→ *v.* Arts. 51, V, 52, XIV e 84, XVII, da CF/1988.

Art. 90. Compete ao Conselho da República pronunciar-se sobre:

I – intervenção federal, estado de defesa e estado de sítio;

II – as questões relevantes para a estabilidade das instituições democráticas.

§ 1º O Presidente da República poderá convocar Ministro de Estado para participar da reunião do Conselho, quando constar da pauta questão relacionada com o respectivo Ministério.

§ 2º A lei regulará a organização e o funcionamento do Conselho da República.

→ *v.* Lei 8.041/1990 – Organização e funcionamento do Conselho da República.

Subseção II
Do Conselho de Defesa Nacional

Art. 91. O Conselho de Defesa Nacional é órgão de consulta do Presidente da República nos assuntos relacionados com a soberania nacional e a defesa do Estado democrático, e dele participam como membros natos:

I – o Vice-Presidente da República;

II – o Presidente da Câmara dos Deputados;

III – o Presidente do Senado Federal;

IV – o Ministro da Justiça;

V – o Ministro de Estado da Defesa;

→ Inciso V com redação alterada pela EC 23/1999.

VI – o Ministro das Relações Exteriores;

VII – o Ministro do Planejamento;

VIII – os Comandantes da Marinha, do Exército e da Aeronáutica.

→ Inciso VIII acrescentado pela EC 23/1999.

§ 1º Compete ao Conselho de Defesa Nacional:

I – opinar nas hipóteses de declaração de guerra e de celebração da paz, nos termos desta Constituição;

II – opinar sobre a decretação do estado de defesa, do estado de sítio e da intervenção federal;

III – propor os critérios e condições de utilização de áreas indispensáveis à segurança do território nacional e opinar sobre seu efetivo uso, especialmente na faixa de fronteira e nas relacionadas com a preservação e a exploração dos recursos naturais de qualquer tipo;

IV – estudar, propor e acompanhar o desenvolvimento de iniciativas necessárias a garantir a independência nacional e a defesa do Estado democrático.

§ 2º A lei regulará a organização e o funcionamento do Conselho de Defesa Nacional.

→ *v.* Lei 8.183/1991 – Organização e o funcionamento do Conselho de Defesa Nacional.

Capítulo III
DO PODER JUDICIÁRIO

Seção I
Disposições gerais

Art. 92. São órgãos do Poder Judiciário:

I – o Supremo Tribunal Federal;

→ *v.* Art. 102 da CF/1988.

I-A – o Conselho Nacional de Justiça;

→ Inciso I-A acrescentado pela EC 45/2004.

→ *v.* Art. 103-B da CF/1988.

→ *v.* Lei 11.364/2006 – Atividades de apoio ao Conselho Nacional de Justiça.

II – o Superior Tribunal de Justiça;

→ *v.* Art. 105 da CF/1988.

III – os Tribunais Regionais Federais e Juízes Federais;

→ *v.* Art. 108 da CF/1988.

IV – os Tribunais e Juízes do Trabalho;

→ *v.* Art. 114 da CF/1988.

V – os Tribunais e Juízes Eleitorais;

→ *v.* Art. 121 da CF/1988.

VI – os Tribunais e Juízes Militares;

→ *v.* Art. 124 da CF/1988.

VII – os Tribunais e Juízes dos Estados e do Distrito Federal e Territórios.

→ *v.* Art. 125 da CF/1988.

§ 1º O Supremo Tribunal Federal, o Conselho Nacional de Justiça e os Tribunais Superiores têm sede na Capital Federal.

→ § 1º acrescentado pela EC 45/2004.

§ 2º O Supremo Tribunal Federal e os Tribunais Superiores têm jurisdição em todo o território nacional.

→ § 2º acrescentado pela EC 45/2004.

Art. 93. Lei complementar, de iniciativa do Supremo Tribunal Federal, disporá sobre o Estatuto da Magistratura, observados os seguintes princípios:

→ *v.* LC 35/1979 – Lei Orgânica da Magistratura Nacional.

→ *v.* Súmula 731 do STF.

I – ingresso na carreira, cujo cargo inicial será o de juiz substituto, mediante concurso público de provas e títulos, com a participação da Ordem dos Advogados do Brasil em todas as fases, exigindo-se do bacharel em direito, no mínimo, 3 (três) anos de atividade jurídica e obedecendo-se, nas nomeações, à ordem de classificação;

→ Inciso I com redação alterada pela EC 45/2004.

II – promoção de entrância para entrância, alternadamente, por antiguidade e merecimento, atendidas as seguintes normas:

a) é obrigatória a promoção do juiz que figure por três vezes consecutivas ou cinco alternadas em lista de merecimento;

b) a promoção por merecimento pressupõe dois anos de exercício na respectiva entrância e integrar o juiz a primeira quinta parte da lista de antiguidade desta, salvo se não houver com tais requisitos quem aceite o lugar vago;

c) aferição do merecimento conforme o desempenho e pelos critérios objetivos de produtividade e presteza no exercício da jurisdição e pela frequência e aproveitamento em cursos oficiais ou reconhecidos de aperfeiçoamento;

→ Alínea *c* com redação alterada pela EC 45/2004.

d) na apuração de antiguidade, o tribunal somente poderá recusar o juiz mais antigo pelo voto fundamentado de dois terços de seus membros, conforme procedimento próprio, e assegurada ampla defesa, repetindo-se a votação até fixar-se a indicação;

→ Alínea *d* com redação alterada pela EC 45/2004.

e) não será promovido o juiz que, injustificadamente, retiver autos em seu poder além do prazo legal, não podendo devolvê-los ao cartório sem o devido despacho ou decisão;

→ Alínea *e* acrescentada pela EC 45/2004.

III – o acesso aos tribunais de segundo grau far-se-á por antiguidade e merecimento, alternadamente, apurados na última ou única entrância;

→ Inciso III com redação alterada pela EC 45/2004.

IV – previsão de cursos oficiais de preparação, aperfeiçoamento e promoção de magistrados, constituindo etapa obrigatória do processo de vitaliciamento a participação em curso oficial ou reconhecido por escola nacional de formação e aperfeiçoamento de magistrados;

→ Inciso IV com redação alterada pela EC 45/2004.

V – o subsídio dos Ministros dos Tribunais Superiores corresponderá a noventa e cinco por cento do subsídio mensal fixado para os Ministros do Supremo Tribunal Federal e os subsídios dos demais magistrados serão fixados em lei e escalonados, em nível federal e estadual, conforme as respectivas categorias da estrutura judiciária nacional, não podendo a diferença entre uma e outra ser superior a dez por cento ou inferior a cinco por cento, nem exceder a noventa e cinco por cento do subsídio mensal dos Ministros dos Tribunais Superiores, obedecido, em qualquer caso, o disposto nos arts. 37, XI, e 39, § 4º;

→ Inciso V com redação alterada pela EC 19/1998.

VI – a aposentadoria dos magistrados e a pensão de seus dependentes observarão o disposto no art. 40;

→ Inciso VI com redação alterada pela EC 20/1998.

VII – o juiz titular residirá na respectiva comarca, salvo autorização do tribunal;

→ Inciso VII com redação alterada pela EC 45/2004.

→ *v.* Resolução do CNJ 37/2007 – Obrigatoriedade de os Tribunais regulamentarem os casos excepcionais de Juízes residirem fora das respectivas comarcas.

VIII – o ato de remoção, disponibilidade e aposentadoria do magistrado, por interesse público, fundar-se-á em decisão por voto da maioria absoluta do respectivo tribunal ou do Conselho Nacional de Justiça, assegurada ampla defesa;

→ Inciso VIII com redação alterada pela EC 45/2004.

VIII-A – a remoção a pedido ou a permuta de magistrados de comarca de igual entrância atenderá, no que couber, ao disposto nas alíneas *a*, *b*, *c* e *e* do inciso II;

→ Inciso VIII-A acrescentado pela EC 45/2004.

→ *v.* Art. 95, II, da CF/1988.

IX – todos os julgamentos dos órgãos do Poder Judiciário serão públicos, e fundamentadas todas as decisões, sob pena de nulidade, podendo a lei limitar a presença, em determinados atos, às próprias partes e a seus advogados, ou somente a estes, em casos nos quais a preservação do direito à intimidade do interessado no sigilo não prejudique o interesse público à informação;

→ Inciso IX com redação alterada pela EC 45/2004.

→ *v.* Súmula 123 do STJ.

→ *v.* Art. 5º, XXXIII, da CF/1988.

→ *v.* Art. 459 do CPC/1973.

→ *v.* Art. 490 do NCPC.

X – as decisões administrativas dos tribunais serão motivadas e em sessão pública, sendo as disciplinares tomadas pelo voto da maioria absoluta de seus membros;

→ Inciso X com redação alterada pela EC 45/2004.

XI – nos tribunais com número superior a vinte e cinco julgadores, poderá ser constituído órgão especial, com o mínimo de onze e o máximo de vinte e cinco membros, para o exercício das atribuições administrativas e jurisdicionais delegadas da competência do tribunal pleno, provendo-se metade das vagas por antiguidade e a outra metade por eleição pelo tribunal pleno;

→ Inciso XI com redação alterada pela EC 45/2004.

XII – a atividade jurisdicional será ininterrupta, sendo vedado férias coletivas nos juízos e tribunais de segundo grau, funcionando, nos dias em que não houver expediente forense normal, juízes em plantão permanente;

→ Inciso XII acrescentado pela EC 45/2004.

XIII – o número de juízes na unidade jurisdicional será proporcional à efetiva demanda judicial e à respectiva população;

→ Inciso XIII acrescentado pela EC 45/2004.

XIV – os servidores receberão delegação para a prática de atos de administração e atos de mero expediente sem caráter decisório;

→ Inciso XIV acrescentado pela EC 45/2004.

XV – a distribuição de processos será imediata, em todos os graus de jurisdição.

→ Inciso XV acrescentado pela EC 45/2004.

Art. 94. Um quinto dos lugares dos Tribunais Regionais Federais, dos Tribunais dos Estados, e do Distrito Federal e Territórios será composto de membros, do Ministério Público, com mais de dez anos de carreira, e de advogados de notório saber jurídico e de reputação ilibada, com mais de dez anos de efetiva atividade profissional, indicados em lista sêxtupla pelos órgãos de representação das respectivas classes.

→ *v.* Arts. 104, parágrafo único, II e 115, I, da CF/1988.

Parágrafo único. Recebidas as indicações, o tribunal formará lista tríplice, enviando-a ao Poder Executivo, que, nos vinte dias subsequentes, escolherá um de seus integrantes para nomeação.

Art. 95. Os juízes gozam das seguintes garantias:

I – vitaliciedade, que, no primeiro grau, só será adquirida após dois anos de exercício, dependendo a perda do cargo, nesse período, de deliberação do tribunal a que o juiz estiver vinculado, e, nos demais casos, de sentença judicial transitada em julgado;

II – inamovibilidade, salvo por motivo de interesse público, na forma do art. 93, VIII;

III – irredutibilidade de subsídio, ressalvado o disposto nos arts. 37, X e XI, 39, § 4º, 150, II, 153, III, e 153, § 2º, I.

→ Inciso III com redação alterada pela EC 19/1998.

Parágrafo único. Aos juízes é vedado:

→ *Caput* do parágrafo único com redação alterada pela EC 45/2004.

I – exercer, ainda que em disponibilidade, outro cargo ou função, salvo uma de magistério;

II – receber, a qualquer título ou pretexto, custas ou participação em processo;

III – dedicar-se à atividade político-partidária;

→ *v.* Art. 16 da Lei 9.096/1995.

IV – receber, a qualquer título ou pretexto, auxílios ou contribuições de pessoas físicas, entidades públicas ou privadas, ressalvadas as exceções previstas em lei;

→ Inciso IV acrescentado pela EC 45/2004.

→ *v.* Art. 128, § 6º, da CF/1988.

V – exercer a advocacia no juízo ou tribunal do qual se afastou, antes de decorridos três anos do afastamento do cargo por aposentadoria ou exoneração.

→ Inciso V acrescentado EC 45/2004.

Art. 96. Compete privativamente:

I – aos tribunais:

a) eleger seus órgãos diretivos e elaborar seus regimentos internos, com observância das normas de processo e das garantias processuais das partes, dispondo sobre a competência e o funcionamento dos respectivos órgãos jurisdicionais e administrativos;

b) organizar suas secretarias e serviços auxiliares e os dos juízos que lhes forem vinculados, velando pelo exercício da atividade correicional respectiva;

c) prover, na forma prevista nesta Constituição, os cargos de juiz de carreira da respectiva jurisdição;

d) propor a criação de novas varas judiciárias;

e) prover, por concurso público de provas, ou provas e títulos, obedecido o disposto no art. 169, parágrafo único, os cargos necessários à administração da Justiça, exceto os de confiança assim definidos em lei;

f) conceder licença, férias e outros afastamentos a seus membros e aos juízes e servidores que lhes forem imediatamente vinculados;

II – ao Supremo Tribunal Federal, aos Tribunais Superiores e aos Tribunais de Justiça propor ao Poder Legislativo respectivo, observado o disposto no art. 169:

a) a alteração do número de membros dos tribunais inferiores;

b) a criação e a extinção de cargos e a remuneração dos seus serviços auxiliares e dos juízos que lhes forem vinculados, bem como a fixação do subsídio de seus membros e dos juízes, inclusive dos tribunais inferiores, onde houver;

→ Alínea *b* com redação alterada pela EC 41/2003.

c) a criação ou extinção dos tribunais inferiores;

d) a alteração da organização e da divisão judiciárias;

III – aos Tribunais de Justiça julgar os juízes estaduais e do Distrito Federal e Territórios, bem como os membros do Ministério Público, nos crimes comuns e de responsabilidade, ressalvada a competência da Justiça Eleitoral.

Art. 97. Somente pelo voto da maioria absoluta de seus membros ou dos membros do respectivo órgão especial poderão os tribunais declarar a inconstitucionalidade de lei ou ato normativo do Poder Público.

→ *v.* Súmula Vinculante 10 do STF.

→ *v.* Art. 480 do CPC/1973.

→ *v.* Art. 948 do NCPC.

Art. 98. A União, no Distrito Federal e nos Territórios, e os Estados criarão:

I – juizados especiais, providos por juízes togados, ou togados e leigos, competentes para a conciliação, o julgamento e a execução de causas cíveis de menor complexidade e infrações penais de menor potencial ofensivo, mediante os procedimentos oral e sumariíssimo, permitidos, nas hipóteses previstas em lei, a transação e o julgamento de recursos por turmas de juízes de primeiro grau;

→ *v.* Súmula Vinculante 27 do STF.

→ *v.* Súmula 376 do STJ.

→ *v.* Art. 109, I, da CF/1988

→ *v.* Lei 9.099/1995 – Juizados Especiais Cíveis e Criminais.

II – justiça de paz, remunerada, composta de cidadãos eleitos pelo voto direto, universal e secreto, com mandato de quatro anos e competência para, na forma da lei, celebrar casamentos, verificar, de ofício ou em face de impugnação apresentada, o processo de habilitação e exercer atribuições conciliatórias, sem caráter jurisdicional, além de outras previstas na legislação.

→ *v.* Art. 30 do ADCT.

§ 1º Lei federal disporá sobre a criação de juizados especiais no âmbito da Justiça Federal.

→ Anterior parágrafo único renumerado para § 1º pela EC 45/2004.

→ *v.* Lei 12.665/2012 – Criação de estrutura permanente para as Turmas Recursais dos Juizados Especiais Federais.

→ *v.* Lei 12.153/2009 – Juizados Especiais da Fazenda Pública no âmbito dos Estados, do Distrito Federal, dos Territórios e dos Municípios.

→ *v.* Lei 10.259/2001 – Juizados Especiais Cíveis e Criminais da Justiça Federal.

§ 2º As custas e emolumentos serão destinados exclusivamente ao custeio dos serviços afetos às atividades específicas da Justiça.

→ § 2º acrescentado pela EC 45/2004.

Art. 99. Ao Poder Judiciário é assegurada autonomia administrativa e financeira.

§ 1º Os tribunais elaborarão suas propostas orçamentárias dentro dos limites estipulados conjuntamente com os demais Poderes na lei de diretrizes orçamentárias.

§ 2º O encaminhamento da proposta, ouvidos os outros tribunais interessados, compete:

I – no âmbito da União, aos Presidentes do Supremo Tribunal Federal e dos Tribunais Superiores, com a aprovação dos respectivos tribunais;

II – no âmbito dos Estados e no do Distrito Federal e Territórios, aos Presidentes dos Tribunais de Justiça, com a aprovação dos respectivos tribunais.

§ 3º Se os órgãos referidos no § 2º não encaminharem as respectivas propostas orçamentárias dentro do prazo estabelecido na lei de diretrizes orçamentárias, o Poder Executivo considerará, para fins de consolidação da proposta orçamentária anual, os valores aprovados na lei orçamentária vigente, ajustados de acordo com os limites estipulados na forma do § 1º deste artigo.

→ § 3º acrescentado pela EC 45/2004.

§ 4º Se as propostas orçamentárias de que trata este artigo forem encaminhadas em desacordo com os limites estipulados na forma do § 1º, o Poder Executivo procederá aos ajustes necessários para fins de consolidação da proposta orçamentária anual.

→ § 4º acrescentado pela EC 45/2004.

§ 5º Durante a execução orçamentária do exercício, não poderá haver a realização de despesas ou a assunção de obrigações que extrapolem os limites estabelecidos na lei de diretrizes orçamentárias, exceto se previamente autorizadas, mediante abertura de créditos suplementares ou especiais.

→ § 5º acrescentado pela EC 45/2004.

Art. 100. Os pagamentos devidos pelas Fazendas Públicas Federal, Estaduais, Distrital e Municipais, em virtude de sentença judiciária, far-se-ão exclusivamente na ordem cronológica de apresentação dos precatórios e à conta dos créditos respectivos, proibida a designação de casos ou de pessoas nas dotações orçamentárias e nos créditos adicionais abertos para este fim.

→ Artigo com redação alterada pela EC 62/2009.

→ *v.* ADIs 4.357/DF (*D.J.E.* 26.9.2014) e 4.425/DF (*D.J.E.* 19.12.2013), o Plenário do STF, por maioria de votos, julgou parcialmente procedentes as ADIs.

→ *v.* Súmulas 655 e 733 do STF.

→ *v.* Súmula 339 do STJ.

→ *v.* Art. 97 do ADCT.

→ *v.* Arts. 730 e 731 do CPC/1973.

→ *v.* Art. 910 do NCPC.

§ 1º Os débitos de natureza alimentícia compreendem aqueles decorrentes de salários, vencimentos, proventos, pensões e suas complementações, benefícios previdenciários e indenizações por morte ou por invalidez, fundadas em responsabilidade civil, em virtude de sentença judicial transitada em julgado, e serão pagos com preferência sobre todos os demais débitos, exceto sobre aqueles referidos no § 2º deste artigo.

→ *v.* Súmula 144 do STJ.

§ 2º Os débitos de natureza alimentícia cujos titulares tenham 60 (sessenta) anos de idade ou mais na data de expedição do precatório, ou sejam portadores de doença grave, definidos na forma da lei, serão pagos com preferência sobre todos os demais débitos, até o valor equivalente ao triplo do fixado em lei para os fins do disposto no § 3º deste artigo, admitido o fracionamento para essa finalidade, sendo que o restante será pago na ordem cronológica de apresentação do precatório.

→ *v.* ADIs 4.357/DF (*D.J.E.* 26.9.2014) e 4.425/DF (*D.J.E.* 19.12.2013), o Plenário do STF, por maioria de votos, julgou parcialmente procedentes as ADIs, para declarar a inconstitucionalidade da "expressão 'na data de expedição do precatório', contida no art. 100, § 2º, da CF, com redação dada pela EC 62/2009, enquanto baliza temporal para a aplicação da preferência no pagamento de idosos, ultraja a isonomia (CF, art. 5º, *caput*) entre os cidadãos credores da Fazenda Pública, na medida em que discrimina, sem qualquer fundamento, aqueles que venham a alcançar a idade de sessenta anos não na data da expedição do precatório, mas sim posteriormente, enquanto pendente este e ainda não ocorrido o pagamento."

§ 3º O disposto no *caput* deste artigo relativamente à expedição de precatórios não se aplica aos pagamentos de obrigações definidas em leis como de pequeno valor que as Fazendas referidas devam fazer em virtude de sentença judicial transitada em julgado.

→ *v.* Arts. 78, 86 e 87 do ADCT.

→ *v.* Lei 10.099/2000 – Obrigações de Pequeno Valor para a Previdência Social.

→ *v.* Art. 17, § 1º, da Lei 10.259/2001.

→ *v.* Arts. 128 e 130 da Lei 8.213/1991.

§ 4º Para os fins do disposto no § 3º, poderão ser fixados, por leis próprias, valores distintos às entidades de direito público, segundo as diferentes capacidades econômicas, sendo o mínimo igual ao valor do maior benefício do regime geral de previdência social.

§ 5º É obrigatória a inclusão, no orçamento das entidades de direito público, de verba necessária ao pagamento de seus débitos, oriundos de sentenças transitadas em julgado, constantes de precatórios judiciários apresentados até 1º de julho, fazendo-se o pagamento até o final do exercício seguinte, quando terão seus valores atualizados monetariamente.

→ *v.* Súmula Vinculante 17 do STF.

§ 6º As dotações orçamentárias e os créditos abertos serão consignados diretamente ao Poder Judiciário, cabendo ao Presidente do Tribunal que proferir a decisão exequenda determinar o pagamento integral e autorizar, a requerimento do credor e exclusivamente para os casos de preterimento de seu direito de precedência ou de não alocação orçamentária do valor necessário à satisfação do seu débito, o sequestro da quantia respectiva.

§ 7º O Presidente do Tribunal competente que, por ato comissivo ou omissivo, retardar ou tentar frustrar a liquidação regular de precatórios incorrerá em crime de responsabilidade e responderá, também, perante o Conselho Nacional de Justiça.

§ 8º É vedada a expedição de precatórios complementares ou suplementares de valor pago, bem como o fracionamento, repartição ou quebra do valor da execução para fins de enquadramento de parcela do total ao que dispõe o § 3º deste artigo.

§ 9º No momento da expedição dos precatórios, independentemente de regulamentação, deles deverá ser abatido, a título de compensação, valor correspondente aos débitos líquidos e certos, inscritos ou não em dívida ativa e constituídos contra o credor original pela Fazenda Pública devedora, incluídas parcelas vincendas de parcelamentos, ressalvados aqueles cuja execução esteja suspensa em virtude de contestação administrativa ou judicial.

→ *v.* ADIs 4.357/DF (*D.J.E.* 26.9.2014) e 4.425/DF (*D.J.E.* 19.12.2013), o Plenário do STF, por maioria de votos, julgou parcialmente procedentes as ADIs, para declarar inconstitucional "A compensação dos débitos da Fazenda Pública inscritos em precatórios, previstos nos §§ 9º e 10 do art. 100 da Constituição Federal, incluídos pela EC 62/2009, embaraça a efetividade da jurisdição (CF, art. 5º, XXXV), desrespeita a coisa julgada material (CF, art. 5º, XXXVI), vulnera a Separação dos Poderes (CF, art. 2º) e ofende a isonomia entre o Poder Público e o particular (CF, art. 5º, *caput*), cânone essencial do Estado Democrático de Direito (CF, art. 1º, *caput*)."

§ 10. Antes da expedição dos precatórios, o Tribunal solicitará à Fazenda Pública devedora, para resposta em até 30 (trinta) dias, sob pena de perda do direito de abatimento, informação sobre os débitos que preencham as condições estabelecidas no § 9º, para os fins nele previstos.

→ *v.* ADIs 4.357/DF (*D.J.E.* 26.9.2014) e 4.425/DF (*D.J.E.* 19.12.2013), o Plenário do STF, por maioria de votos, julgou parcialmente procedentes as ADIs, para declarar inconstitucional "A compensação dos débitos da Fazenda Pública inscritos em precatórios, previstos nos §§ 9º e 10 do art. 100 da Constituição Federal, incluídos pela EC 62/2009, embaraça a efetividade da jurisdição (CF, art. 5º, XXXV), desrespeita a coisa julgada material (CF, art. 5º, XXXVI), vulnera a Separação dos Poderes (CF, art. 2º) e ofende a isonomia entre o Poder Público e o particular (CF, art. 5º, *caput*), cânone essencial do Estado Democrático de Direito (CF, art. 1º, *caput*)."

§ 11. É facultada ao credor, conforme estabelecido em lei da entidade federativa devedora, a entrega de créditos em precatórios para compra de imóveis públicos do respectivo ente federado.

§ 12. A partir da promulgação desta Emenda Constitucional, a atualização de valores de requisitórios, após sua expedição, até o efetivo pagamento, independentemente de sua natureza, será feita pelo índice oficial de remuneração básica da caderneta de poupança, e, para fins de compensação da mora, incidirão juros simples no mesmo percentual de juros incidentes sobre a caderneta de poupança, ficando excluída a incidência de juros compensatórios.

→ *v.* ADIs 4.357/DF (*D.J.E.* 26.9.2014) e 4.425/DF (*D.J.E.* 19.12.2013), o Plenário do STF, por maioria de votos, julgou nos seguintes termos – "Declaração de inconstitucionalidade parcial sem redução da expressão 'independentemente de sua natureza', contida no art. 100, § 12, da CF, incluído pela EC 62/2009, para determinar que, quanto aos precatórios de natureza tributária, sejam aplicados os mesmos juros de mora incidentes sobre todo e qualquer crédito tributário."

§ 13. O credor poderá ceder, total ou parcialmente, seus créditos em precatórios a terceiros, independentemente da concordância do devedor, não se aplicando ao cessionário o disposto nos §§ 2º e 3º.

§ 14. A cessão de precatórios somente produzirá efeitos após comunicação, por meio de petição protocolizada, ao tribunal de origem e à entidade devedora.

§ 15. Sem prejuízo do disposto neste artigo, lei complementar a esta Constituição Federal poderá estabelecer regime especial para pagamento de crédito de precatórios de Estados, Distrito Federal e Municípios, dispondo sobre vinculações à receita corrente líquida e forma e prazo de liquidação.

→ *v.* Art. 97 do ADCT.

→ *v.* ADIs 4.357/DF (*D.J.E.* 26.9.2014) e 4.425/DF (*D.J.E.* 19.12.2013), o Plenário do STF, por maioria de votos, julgou parcialmente procedentes as ADIs, para declarar inconstitucional "O regime 'especial' de pagamento de precatórios para Estados e Municípios criado pela EC 62/2009, ao veicular nova moratória na quitação dos débitos judiciais da Fazenda Pública e ao impor o contingenciamento de recursos para esse fim, viola a cláusula constitucional do Estado de Direito (CF, art. 1º, *caput*), o princípio da Separação de Poderes (CF, art. 2º), o postulado da isonomia (CF, art. 5º), a garantia do acesso à justiça e a efetividade da tutela jurisdicional (CF, art. 5º, XXXV), o direito adquirido e à coisa julgada (CF, art. 5º, XXXVI)."

§ 16. A seu critério exclusivo e na forma de lei, a União poderá assumir débitos, oriundos de precatórios, de Estados, Distrito Federal e Municípios, refinanciando-os diretamente.

Seção II
Do Supremo Tribunal Federal

Art. 101. O Supremo Tribunal Federal compõe-se de onze Ministros, escolhidos dentre cidadãos com mais de trinta e cinco e menos de sessenta e cinco anos de idade, de notável saber jurídico e reputação ilibada.

→ *v.* Lei 8.038/1990 – Institui normas procedimentais para os processos que especifica, perante o STJ e o STF.

Parágrafo único. Os Ministros do Supremo Tribunal Federal serão nomeados pelo Presidente da República, depois de aprovada a escolha pela maioria absoluta do Senado Federal.

Art. 102. Compete ao Supremo Tribunal Federal, precipuamente, a guarda da Constituição, cabendo-lhe:

I – processar e julgar, originariamente:

a) a ação direta de inconstitucionalidade de lei ou ato normativo federal ou estadual e a ação declaratória de constitucionalidade de lei ou ato normativo federal;

→ Alínea *a* com redação alterada pela EC 3/1993.

→ *v.* Súmula 642 do STF.

→ *v.* Art. 125, § 2º, da CF/1988.

→ *v.* Lei 9.868/1999 – Processo e julgamento da ADIn e ADC perante o STF.

b) nas infrações penais comuns, o Presidente da República, o Vice-Presidente, os membros do Congresso Nacional, seus próprios Ministros e o Procurador-Geral da República;

c) nas infrações penais comuns e nos crimes de responsabilidade, os Ministros de Estado e os Comandantes da Marinha, do Exército e da Aeronáutica, ressalvado o disposto no art. 52, I, os membros dos Tribunais Superiores, os do Tribunal de Contas da União e os chefes de missão diplomática de caráter permanente;

→ Alínea *c* com redação alterada pela EC 23/1999.

d) o *habeas corpus*, sendo paciente qualquer das pessoas referidas nas alíneas anteriores; o mandado de segurança e o *habeas data* contra atos do Presidente da República, das Mesas da Câmara dos Deputados e do Senado Federal, do Tribunal de Contas da União, do Procurador-Geral da República e do próprio Supremo Tribunal Federal;

→ *v.* Súmulas 510, 622, 624 e 692 do STF.

→ *v.* Art. 5º, LXIX da CF/1988.

e) o litígio entre Estado estrangeiro ou organismo internacional e a União, o Estado, o Distrito Federal ou o Território;

f) as causas e os conflitos entre a União e os Estados, a União e o Distrito Federal, ou entre uns e outros, inclusive as respectivas entidades da administração indireta;

→ *v.* Súmulas 503 e 517 do STF.

g) a extradição solicitada por Estado estrangeiro;

→ *v.* Súmulas 367, 421 e 692 do STF.

→ *v.* Art. 76 e ss. da Lei 6.815/1980.

h) (Revogada pela EC 45/2004).

i) o *habeas corpus*, quando o coator for Tribunal Superior ou quando o coator ou o paciente for autoridade ou funcionário cujos atos estejam sujeitos diretamente à jurisdição do Supremo Tribunal Federal, ou se trate de crime sujeito à mesma jurisdição em uma única instância;

→ Alínea *i* com redação alterada pela EC 22/1999.

→ *v.* Súmulas 208, 395, 606, 690 e 691, 693 a 695 do STF.

j) a revisão criminal e a ação rescisória de seus julgados;

→ *v.* Súmulas 249, 343 e 515 do STF.

l) a reclamação para a preservação de sua competência e garantia da autoridade de suas decisões;

→ *v.* Súmulas 368 e 734 do STF.

m) a execução de sentença nas causas de sua competência originária, facultada a delegação de atribuições para a prática de atos processuais;

n) a ação em que todos os membros da magistratura sejam direta ou indiretamente interessados, e aquela em que mais da metade dos membros do tribunal de origem estejam impedidos ou sejam direta ou indiretamente interessados;

→ *v.* Súmulas 623 e 731 do STF.

o) os conflitos de competência entre o Superior Tribunal de Justiça e quaisquer tribunais, entre Tribunais Superiores, ou entre estes e qualquer outro tribunal;

→ *v.* Arts. 115 e 118 do CPC/1973.

→ *v.* Arts. 66 e 953, do NCPC.

p) o pedido de medida cautelar das ações diretas de inconstitucionalidade;

q) o mandado de injunção, quando a elaboração da norma regulamentadora for atribuição do Presidente da República, do Congresso Nacional, da Câmara dos Deputados, do Senado Federal, das Mesas de uma dessas Casas Legislativas, do Tribunal de Contas da União, de um dos Tribunais Superiores, ou do próprio Supremo Tribunal Federal;

→ *v.* Art. 5º, LXXI, da CF/1988.

r) as ações contra o Conselho Nacional de Justiça e contra o Conselho Nacional do Ministério Público;

→ Alínea *r* acrescentada pela EC 45/2004.

→ *v.* Arts. 103-B e 130-A, da CF/1988.

II – julgar, em recurso ordinário:

→ *v.* Súmulas 272 e 299 do STF.

→ *v.* Arts. 539 e 540 do CPC/1973.

→ *v.* Arts. 1.027 e1.028, do NCPC.

a) o *habeas corpus*, o mandado de segurança, o *habeas data* e o mandado de injunção decididos em única instância pelos Tribunais Superiores, se denegatória a decisão;

→ *v.* Súmula 691 do STF.

b) o crime político;

III – julgar, mediante recurso extraordinário, as causas decididas em única ou última instância, quando a decisão recorrida:

→ *v.* Súmulas 279, 280 a 284, 286 a 289, 296, 356, 454, 456, 528, 634 a 638, 640 e 733 do STF.

a) contrariar dispositivo desta Constituição;

→ *v.* Súmula 735 do STF.

b) declarar a inconstitucionalidade de tratado ou lei federal;

c) julgar válida lei ou ato de governo local contestado em face desta Constituição;

d) julgar válida lei local contestada em face de lei federal.

→ Alínea *d* acrescentada pela EC 45/2004.

§ 1º A arguição de descumprimento de preceito fundamental, decorrente desta Constituição, será apreciada pelo Supremo Tribunal Federal, na forma da lei.

→ § 1º com redação alterada pela EC 3/1993.

→ *v.* Súmula 624 do STF.

→ *v.* Lei 9.882/1999 – Processo e julgamento da Arguição de Descumprimento de Preceito Fundamental.

§ 2º As decisões definitivas de mérito, proferidas pelo Supremo Tribunal Federal, nas ações diretas de inconstitucionalidade e nas ações declaratórias de constitucionalidade, produzirão eficácia contra todos e efeito vinculante, relativamente aos demais órgãos do Poder Judiciário e à administração pública direta e indireta, nas esferas federal, estadual e municipal.

→ § 2º com redação alterada pela EC 45/2004.

→ *v.* Art. 472 do CPC/1973.

→ *v.* Art. 506 do NCPC.

→ *v.* Arts. 27 e 28, parágrafo único, da Lei 9.868/1999.

§ 3º No recurso extraordinário o recorrente deverá demonstrar a repercussão geral das questões constitucionais discutidas no caso, nos termos da lei, a fim de que o Tribunal examine a admissão do recurso, somente podendo recusá-lo pela manifestação de dois terços de seus membros.

→ § 3º acrescentado pela EC 45/2004.

→ *v.* Arts. 543-A e 543-B do CPC/1973.

→ *v.* Arts. 1.035, 1.036, 1.039 e 1.040, do NCPC.

→ *v.* Arts. 322 a 329 do RISTF.

Art. 103. Podem propor a ação direta de inconstitucionalidade e a ação declaratória de constitucionalidade:

→ *Caput* com redação alterada pela EC 45/2004.

I – o Presidente da República;

II – a Mesa do Senado Federal;

III – a Mesa da Câmara dos Deputados;

IV – a Mesa de Assembleia Legislativa ou da Câmara Legislativa do Distrito Federal;

→ Inciso IV com redação alterada pela EC 45/2004.

V – o Governador de Estado ou do Distrito Federal;

→ Inciso V com redação alterada pela EC 45/2004.

VI – o Procurador-Geral da República;

VII – o Conselho Federal da Ordem dos Advogados do Brasil;

VIII – partido político com representação no Congresso Nacional;

IX – confederação sindical ou entidade de classe de âmbito nacional.

§ 1º O Procurador-Geral da República deverá ser previamente ouvido nas ações de inconstitucionalidade e em todos os processos de competência do Supremo Tribunal Federal.

§ 2º Declarada a inconstitucionalidade por omissão de medida para tornar efetiva norma constitucional, será dada ciência ao Poder competente para a adoção das providências necessárias e, em se tratando de órgão administrativo, para fazê-lo em trinta dias.

§ 3º Quando o Supremo Tribunal Federal apreciar a inconstitucionalidade, em tese, de norma legal ou ato normativo, citará, previamente, o Advogado-Geral da União, que defenderá o ato ou texto impugnado.

§ 4º *(Revogado pela EC 45/2004).*

Art. 103-A. O Supremo Tribunal Federal poderá, de ofício ou por provocação, mediante decisão de dois terços dos seus membros, após reiteradas decisões sobre matéria constitucional, aprovar súmula que, a partir de sua publicação na imprensa oficial, terá efeito vinculante em relação aos demais órgãos do Poder Judiciário e à administração pública direta e indireta, nas esferas federal, estadual e municipal, bem como proceder à sua revisão ou cancelamento, na forma estabelecida em lei.

→ Artigo acrescentado pela EC 45/2004.

→ *v.* Lei 11.417/2006 – Regulamenta o art. 103-A da CF/1988.

§ 1º A súmula terá por objetivo a validade, a interpretação e a eficácia de normas determinadas, acerca das quais haja controvérsia atual entre órgãos judiciários ou entre esses e a administração pública que acarrete grave insegurança jurídica e relevante multiplicação de processos sobre questão idêntica.

§ 2º Sem prejuízo do que vier a ser estabelecido em lei, a aprovação, revisão ou cancelamento de súmula poderá ser provocada por aqueles que podem propor a ação direta de inconstitucionalidade.

§ 3º Do ato administrativo ou decisão judicial que contrariar a súmula aplicável ou que indevidamente a aplicar, caberá reclamação ao Supremo Tribunal Federal que, julgando-a procedente, anulará o ato administrativo ou cassará a decisão judicial reclamada, e determinará que outra seja proferida com ou sem a aplicação da súmula, conforme o caso.

Art. 103-B. O Conselho Nacional de Justiça compõe-se de 15 (quinze) membros com mandato de 2 (dois) anos, admitida 1 (uma) recondução, sendo:

→ *Caput* com redação alterada pela EC 61/2009.

→ *v.* Lei 11.364/2006 – Atividades de apoio ao Conselho Nacional de Justiça.

I – o Presidente do Supremo Tribunal Federal;

→ Inciso I com redação alterada pela EC 61/2009.

II – um Ministro do Superior Tribunal de Justiça, indicado pelo respectivo tribunal;

→ Inciso II acrescentado pela EC 45/2004.

III – um Ministro do Tribunal Superior do Trabalho, indicado pelo respectivo tribunal;

→ Inciso III acrescentado pela EC 45/2004.

IV – um desembargador de Tribunal de Justiça, indicado pelo Supremo Tribunal Federal;

→ Inciso IV acrescentado pela EC 45/2004.

V – um juiz estadual, indicado pelo Supremo Tribunal Federal;

→ Inciso V acrescentado pela EC 45/2004.

VI – um juiz de Tribunal Regional Federal, indicado pelo Superior Tribunal de Justiça;

→ Inciso VI acrescentado pela EC 45/2004.

VII – um juiz federal, indicado pelo Superior Tribunal de Justiça;

→ Inciso VII acrescentado pela EC 45/2004.

VIII – um juiz de Tribunal Regional do Trabalho, indicado pelo Tribunal Superior do Trabalho;

→ Inciso VIII acrescentado pela EC 45/2004.

IX – um juiz do trabalho, indicado pelo Tribunal Superior do Trabalho;

→ Inciso IX acrescentado pela EC 45/2004.

X – um membro do Ministério Público da União, indicado pelo Procurador-Geral da República;

→ Inciso X acrescentado pela EC 45/2004.

XI – um membro do Ministério Público estadual, escolhido pelo Procurador-Geral da República dentre os nomes indicados pelo órgão competente de cada instituição estadual;

→ Inciso XI acrescentado pela EC 45/2004.

XII – dois advogados, indicados pelo Conselho Federal da Ordem dos Advogados do Brasil;

→ Inciso XII acrescentado pela EC 45/2004.

XIII – dois cidadãos, de notável saber jurídico e reputação ilibada, indicados um pela Câmara dos Deputados e outro pelo Senado Federal.

→ Inciso XIII acrescentado pela EC 45/2004.

§ 1º O Conselho será presidido pelo Presidente do Supremo Tribunal Federal e, nas suas ausências e impedimentos, pelo Vice-Presidente do Supremo Tribunal Federal.

→ § 1º com redação alterada pela EC 61/2009.

§ 2º Os demais membros do Conselho serão nomeados pelo Presidente da República, depois de aprovada a escolha pela maioria absoluta do Senado Federal.

→ § 2º com redação alterada pela EC 61/2009.

§ 3º Não efetuadas, no prazo legal, as indicações previstas neste artigo, caberá a escolha ao Supremo Tribunal Federal.

→ § 3º acrescentado pela EC 45/2004.

§ 4º Compete ao Conselho o controle da atuação administrativa e financeira do Poder Judiciário e do cumprimento dos deveres funcionais dos juízes, cabendo-lhe, além de outras atribuições que lhe forem conferidas pelo Estatuto da Magistratura:

→ § 4º acrescentado pela EC 45/2004.

I – zelar pela autonomia do Poder Judiciário e pelo cumprimento do Estatuto da Magistratura, podendo expedir atos regulamentares, no âmbito de sua competência, ou recomendar providências;

II – zelar pela observância do art. 37 e apreciar, de ofício ou mediante provocação, a legalidade dos atos administrativos praticados por membros ou órgãos do Poder Judiciário, podendo desconstituí-los, revê-los ou fixar prazo para que se adotem as providências necessárias ao exato cumprimento da lei, sem prejuízo da competência do Tribunal de Contas da União;

III – receber e conhecer das reclamações contra membros ou órgãos do Poder Judiciário, inclusive contra seus serviços auxiliares, serventias e órgãos prestadores de serviços notariais e de registro que atuem por delegação do poder público ou oficializados, sem prejuízo da competência disciplinar e correicional dos tribunais, podendo avocar processos disciplinares em curso e determinar a remoção, a disponibilidade ou a aposentadoria com subsídios ou proventos proporcionais ao tempo de serviço e aplicar outras sanções administrativas, assegurada ampla defesa;

IV – representar ao Ministério Público, no caso de crime contra a administração pública ou de abuso de autoridade;

V – rever, de ofício ou mediante provocação, os processos disciplinares de juízes e membros de tribunais julgados há menos de um ano;

VI – elaborar semestralmente relatório estatístico sobre processos e sentenças prolatadas, por unidade da Federação, nos diferentes órgãos do Poder Judiciário;

VII – elaborar relatório anual, propondo as providências que julgar necessárias, sobre a situação do Poder Judiciário no País e as atividades do Conselho, o qual deve integrar mensagem do Presidente do Supremo Tribunal Federal a ser remetida ao Congresso Nacional, por ocasião da abertura da sessão legislativa.

→ *v.* Art. 5º, § 1º, da Lei 11.364/2006.

§ 5º O Ministro do Superior Tribunal de Justiça exercerá a função de Ministro-Corregedor e ficará excluído da distribuição de processos no Tribunal, competindo-lhe, além das atribuições que lhe forem conferidas pelo Estatuto da Magistratura, as seguintes:

→ § 5º acrescentado pela EC 45/2004.

I – receber as reclamações e denúncias, de qualquer interessado, relativas aos magistrados e aos serviços judiciários;

II – exercer funções executivas do Conselho, de inspeção e de correição geral;

III – requisitar e designar magistrados, delegando-lhes atribuições, e requisitar servidores de juízos ou tribunais, inclusive nos Estados, Distrito Federal e Territórios.

§ 6º Junto ao Conselho oficiarão o Procurador-Geral da República e o Presidente do Conselho Federal da Ordem dos Advogados do Brasil.

→ § 6º acrescentado pela EC 45/2004.

§ 7º A União, inclusive no Distrito Federal e nos Territórios, criará ouvidorias de justiça, competentes para receber reclamações e denúncias de qualquer interessado contra membros ou órgãos do Poder Judiciário, ou contra seus serviços auxiliares, representando diretamente ao Conselho Nacional de Justiça.

→ § 7º acrescentado pela EC 45/2004.

Seção III
Do Superior Tribunal de Justiça

Art. 104. O Superior Tribunal de Justiça compõe-se de, no mínimo, trinta e três Ministros.

Parágrafo único. Os Ministros do Superior Tribunal de Justiça serão nomeados pelo Presidente da República, dentre brasileiros com mais de trinta e cinco e menos de sessenta e cinco anos, de notável saber jurídico e reputação ilibada, depois de aprovada a escolha pela maioria absoluta do Senado Federal, sendo:

→ *Caput* do parágrafo único com redação alterada pela EC 45/2004.

I – um terço dentre juízes dos Tribunais Regionais Federais e um terço dentre desembargadores dos Tribunais de Justiça, indicados em lista tríplice elaborada pelo próprio Tribunal;

II – um terço, em partes iguais, dentre advogados e membros do Ministério Público Federal, Estadual, do Distrito Federal e Territórios, alternadamente, indicados na forma do art. 94.

Art. 105. Compete ao Superior Tribunal de Justiça:

I – processar e julgar, originariamente:

a) nos crimes comuns, os Governadores dos Estados e do Distrito Federal, e, nestes e nos de responsabilidade, os desembargadores dos Tribunais de Justiça dos Estados e do Distrito Federal, os membros dos Tribunais de Contas dos Estados e do Distrito Federal, os dos Tribunais Regionais Federais, dos Tribunais Regionais Eleitorais e do Trabalho, os membros dos Conselhos ou Tribunais de Contas dos Municípios e os do Ministério Público da União que oficiem perante tribunais;

b) os mandados de segurança e os *habeas data* contra ato de Ministro de Estado, dos Comandantes da Marinha, do Exército e da Aeronáutica ou do próprio Tribunal;

→ Alínea *b* com redação alterada pela EC 23/1999.

→ *v.* Súmulas 41 e 177 do STJ.

→ *v.* Lei 9.507/1997 – Regula o direito de acesso a informações e disciplina o rito processual do *habeas data*.

→ *v.* Art. 21, VI, da LC 35/1979.

c) os *habeas corpus*, quando o coator ou paciente for qualquer das pessoas mencionadas na alínea *a*, ou quando o coator for tribunal sujeito à sua jurisdição, Ministro de Estado ou Comandante da Marinha, do Exército ou da Aeronáutica, ressalvada a competência da Justiça Eleitoral;

→ Alínea *c* com redação alterada pela EC 23/1999.

d) os conflitos de competência entre quaisquer tribunais, ressalvado o disposto no art. 102, I, *o*, bem como entre tribunal e juízes a ele não vinculados e entre juízes vinculados a tribunais diversos;

e) as revisões criminais e as ações rescisórias de seus julgados;

f) a reclamação para a preservação de sua competência e garantia da autoridade de suas decisões;

→ *v.* Arts. 187 e ss. do RISTJ.

g) os conflitos de atribuições entre autoridades administrativas e judiciárias da União, ou entre autoridades judiciárias de um Estado e administrativas de outro ou do Distrito Federal, ou entre as deste e da União;

h) o mandado de injunção, quando a elaboração da norma regulamentadora for atribuição de órgão, entidade ou autoridade federal, da administração direta ou indireta, excetuados os casos de competência do Supremo Tribunal Federal e dos órgãos da Justiça Militar, da Justiça Eleitoral, da Justiça do Trabalho e da Justiça Federal;

i) a homologação de sentenças estrangeiras e a concessão de *exequatur* às cartas rogatórias;

→ Alínea *i* acrescentada pela EC 45/2004.

→ *v.* Arts. 475-N, VI, 475-P, III, 483 e 484 do CPC/1973.

→ *v.* Arts. 515, VI, 516, III, 960, § 2º, 961 e 965, do NCPC.

→ *v.* Arts. 7º e 9º do CP.

→ *v.* Arts. 787 a 790 do CPP.

II – julgar, em recurso ordinário:

→ *v.* Arts. 539 e 540 do CPC/1973.

→ *v.* Arts. 1.027 e 1.028, do NCPC.

a) os *habeas corpus* decididos em única ou última instância pelos Tribunais Regionais Federais ou pelos Tribunais dos Estados, do Distrito Federal e Territórios, quando a decisão for denegatória;

b) os mandados de segurança decididos em única instância pelos Tribunais Regionais Federais ou pelos Tribunais dos Estados, do Distrito Federal e Territórios, quando denegatória a decisão;

c) as causas em que forem partes Estado estrangeiro ou organismo internacional, de um lado, e, do outro, Município ou pessoa residente ou domiciliada no País;

III – julgar, em recurso especial, as causas decididas, em única ou última instância, pelos Tribunais Regionais Federais ou pelos Tribunais dos Estados, do Distrito Federal e Territórios, quando a decisão recorrida:

→ *v.* Súmulas 5, 7, 86, 123, 203, 207 e 418 do STJ.

→ *v.* art. 257 do RISTJ.

a) contrariar tratado ou lei federal, ou negar-lhes vigência;

→ *v.* Súmula 518 do STJ.

b) julgar válido ato de governo local contestado em face de lei federal;

→ Alínea *b* com redação alterada pela EC 45/2004.

c) der a lei federal interpretação divergente da que lhe haja atribuído outro tribunal.

→ *v.* Súmula 13 do STJ.

Parágrafo único. Funcionarão junto ao Superior Tribunal de Justiça:

→ Parágrafo único com redação alterada pela EC 45/2004.

I – a escola nacional de formação e aperfeiçoamento de magistrados, cabendo-lhe, dentre outras funções, regulamentar os cursos oficiais para o ingresso e promoção na carreira;

II – o Conselho da Justiça Federal, cabendo-lhe exercer, na forma da lei, a supervisão administrativa e orçamentária da Justiça Federal de primeiro e segundo graus, como órgão central do sistema e com poderes correicionais, cujas decisões terão caráter vinculante.

→ *v.* Lei 11.798/2008 – Composição e a competência do Conselho da Justiça Federal.

Seção IV
Dos Tribunais Regionais Federais e dos Juízes Federais

Art. 106. São órgãos da Justiça Federal:

→ *v.* Lei 5.010/1966 – Organiza a Justiça Federal de primeira instância.

I – os Tribunais Regionais Federais;

→ *v.* EC 73/2013 – Cria os Tribunais Regionais Federais da 6ª, 7ª, 8ª e 9ª Regiões.

→ *v.* Art. 27, § 11, do ADCT.

II – os Juízes Federais.

Art. 107. Os Tribunais Regionais Federais compõem-se de, no mínimo, sete juízes, recrutados, quando possível, na respectiva região e nomeados pelo Presidente da República dentre brasileiros com mais de trinta e menos de sessenta e cinco anos, sendo:

→ *v.* Lei 7.727/1989 – Composição inicial dos Tribunais Regionais Federais.

I – um quinto dentre advogados com mais de dez anos de efetiva atividade profissional e membros do Ministério Público Federal com mais de dez anos de carreira;

II – os demais, mediante promoção de juízes federais com mais de cinco anos de exercício, por antiguidade e merecimento, alternadamente.

→ *v.* Art. 93, III, da CF/1988.

→ *v.* Art. 27, § 9º, do ADCT.

§ 1º A lei disciplinará a remoção ou permuta de juízes dos Tribunais Regionais Federais e determinará sua jurisdição e sede.

→ Anterior parágrafo único renumerado para § 1º pela EC 45/2004.

§ 2º Os Tribunais Regionais Federais instalarão a justiça itinerante, com a realização de audiências e demais funções da atividade jurisdicional, nos limites territoriais da respectiva jurisdição, servindo-se de equipamentos públicos e comunitários.

→ § 2º acrescentado pela EC 45/2004.

§ 3º Os Tribunais Regionais Federais poderão funcionar descentralizadamente, constituindo Câmaras regionais, a fim de assegurar o pleno acesso do jurisdicionado à justiça em todas as fases do processo.

→ § 3º acrescentado pela EC 45/2004.

Art. 108. Compete aos Tribunais Regionais Federais:

I – processar e julgar, originariamente:

a) os juízes federais da área de sua jurisdição, incluídos os da Justiça Militar e da Justiça do Trabalho, nos crimes comuns e de responsabilidade, e os membros do Ministério Público da União, ressalvada a competência da Justiça Eleitoral;

b) as revisões criminais e as ações rescisórias de julgados seus ou dos juízes federais da região;

c) os mandados de segurança e os *habeas data* contra ato do próprio Tribunal ou de juiz federal;

→ *v.* Lei 12.016/2009 – Mandado de Segurança.

→ *v.* Lei 9.507/1997 – Regula o direito de acesso a informações e disciplina o rito processual do *habeas data*.

d) os *habeas corpus*, quando a autoridade coatora for juiz federal;

e) os conflitos de competência entre juízes federais vinculados ao Tribunal;

II – julgar, em grau de recurso, as causas decididas pelos juízes federais e pelos juízes estaduais no exercício da competência federal da área de sua jurisdição.

→ *v.* Súmula 55 do STJ.

Art. 109. Aos juízes federais compete processar e julgar:

I – as causas em que a União, entidade autárquica ou empresa pública federal forem interessadas na condição de autoras, rés, assistentes ou oponentes, exceto as de falência, as de acidentes de trabalho e as sujeitas à Justiça Eleitoral e à Justiça do Trabalho;

→ *v.* Súmulas Vinculantes 22, 23, e 27 do STF.

→ *v.* Súmulas 15, 42, 66, 73, 82, 150, 173, 270, 324, 365, 374 e 489 do STJ.

→ *v.* Arts. 7º, XXVIII, e 114 da CF/1988.

II – as causas entre Estado estrangeiro ou organismo internacional e Município ou pessoa domiciliada ou residente no País;

III – as causas fundadas em tratado ou contrato da União com Estado estrangeiro ou organismo internacional;

IV – os crimes políticos e as infrações penais praticadas em detrimento de bens, serviços ou interesse da União ou de suas entidades autárquicas ou empresas públicas, excluídas as contravenções e ressalvada a competência da Justiça Militar e da Justiça Eleitoral;

→ *v.* Súmula Vinculante 36 do STF.

→ *v.* Súmulas 38, 62, 104, 147, 165 e 208 do STJ.

V – os crimes previstos em tratado ou convenção internacional, quando, iniciada a execução no País, o resultado tenha ou devesse ter ocorrido no estrangeiro, ou reciprocamente;

V-A – as causas relativas a direitos humanos a que se refere o § 5º deste artigo;

→ Inciso V-A acrescentado pela EC 45/2004.

VI – os crimes contra a organização do trabalho e, nos casos determinados por lei, contra o sistema financeiro e a ordem econômico-financeira;

VII – os *habeas corpus*, em matéria criminal de sua competência ou quando o constrangimento provier de autoridade cujos atos não estejam diretamente sujeitos a outra jurisdição;

VIII – os mandados de segurança e os *habeas data* contra ato de autoridade federal, excetuados os casos de competência dos tribunais federais;

IX – os crimes cometidos a bordo de navios ou aeronaves, ressalvada a competência da Justiça Militar;

X – os crimes de ingresso ou permanência irregular de estrangeiro, a execução de carta rogatória, após o *exequatur*, e de sentença estrangeira, após a homologação, as causas referentes à nacionalidade, inclusive a respectiva opção, e à naturalização;

→ *v.* Lei 6.815/1980 – Define a situação jurídica do estrangeiro no Brasil, cria o Conselho Nacional de Imigração.

XI – a disputa sobre direitos indígenas.

→ *v.* Súmula 140 do STJ.

§ 1º As causas em que a União for autora serão aforadas na seção judiciária onde tiver domicílio a outra parte.

§ 2º As causas intentadas contra a União poderão ser aforadas na seção judiciária em que for domiciliado o autor, naquela onde houver ocorrido o ato ou fato que deu origem à demanda ou onde esteja situada a coisa, ou, ainda, no Distrito Federal.

§ 3º Serão processadas e julgadas na justiça estadual, no foro do domicílio dos segurados ou beneficiários, as causas em que forem parte instituição de previdência social e segurado, sempre que a comarca não seja sede de vara do juízo federal, e, se verificada essa condição, a lei poderá permitir que outras causas sejam também processadas e julgadas pela justiça estadual.

→ *v.* Súmula 689 do STF.

→ *v.* Súmula 32 do STJ.

§ 4º Na hipótese do parágrafo anterior, o recurso cabível será sempre para o Tribunal Regional Federal na área de jurisdição do juiz de primeiro grau.

§ 5º Nas hipóteses de grave violação de direitos humanos, o Procurador-Geral da República, com a finalidade de assegurar o cumprimento de obrigações decorrentes de tratados internacionais de direitos humanos dos quais o Brasil seja parte, poderá suscitar, perante o Superior Tribunal de Justiça, em qualquer fase do inquérito ou processo, incidente de deslocamento de competência para a Justiça Federal.

→ § 5º acrescentado pela EC 45/2004.

Art. 110. Cada Estado, bem como o Distrito Federal, constituirá uma seção judiciária que terá por sede a respectiva Capital, e varas localizadas segundo o estabelecido em lei.

→ *v.* Lei 5.010/1966 – Organiza a Justiça Federal de primeira instância.

Parágrafo único. Nos Territórios Federais, a jurisdição e as atribuições cometidas aos juízes federais caberão aos juízes da justiça local, na forma da lei.

Seção V
Dos Tribunais e Juízes do Trabalho

Art. 111. São órgãos da Justiça do Trabalho:

→ *v.* Art. 743 e ss. da CLT.

→ *v.* Lei 7.701/1988 – Especialização de Turmas dos Tribunais do Trabalho em processos coletivos.

I – o Tribunal Superior do Trabalho;

II – os Tribunais Regionais do Trabalho;

III – Juízes do Trabalho.

→ Inciso III com redação alterada pela EC 24/1999.

§ 1º *(Revogado pela EC 45/2004).*

I – *(Revogado pela EC 24/1999);*

II – *(Revogado pela EC 24/1999).*

§ 2º *(Revogado pela EC 45/2004).*

§ 3º *(Revogado pela EC 45/2004).*

Art. 111-A. O Tribunal Superior do Trabalho compor-se-á de vinte e sete Ministros, escolhidos dentre brasileiros com mais de trinta e cinco e menos de sessenta e cinco anos, nomeados pelo Presidente da República após aprovação pela maioria absoluta do Senado Federal, sendo:

→ Artigo acrescentado pela EC 45/2004.

I – um quinto dentre advogados com mais de 10 (dez) anos de efetiva atividade profissional e membros do Ministério Público do Trabalho com mais de 10 (dez) anos de efetivo exercício, observado o disposto no art. 94;

II – os demais dentre juízes dos Tribunais Regionais do Trabalho, oriundos da magistratura da carreira, indicados pelo próprio Tribunal Superior.

§ 1º A lei disporá sobre a competência do Tribunal Superior do Trabalho.

§ 2º Funcionarão junto ao Tribunal Superior do Trabalho:

I – a Escola Nacional de Formação e Aperfeiçoamento de Magistrados do Trabalho, cabendo-lhe, dentre outras funções, regulamentar os cursos oficiais para o ingresso e promoção na carreira;

II – o Conselho Superior da Justiça do Trabalho, cabendo-lhe exercer, na forma da lei, a supervisão administrativa, orçamentária, financeira e patrimonial da Justiça do Trabalho de primeiro e segundo graus, como órgão central do sistema, cujas decisões terão efeito vinculante.

→ *v.* Art. 6º da EC 45/2004.

Art. 112. A lei criará varas da Justiça do Trabalho, podendo, nas comarcas não abrangidas por sua jurisdição, atribuí-la aos juízes de direito, com recurso para o respectivo Tribunal Regional do Trabalho.

→ Artigo com redação alterada pela EC 45/2004.

Art. 113. A lei disporá sobre a constituição, investidura, jurisdição, competência, garantias e condições de exercício dos órgãos da Justiça do Trabalho.

→ Artigo com redação alterada pela EC 24/1999.

→ *v.* Arts. 643 a 673 da CLT.

Art. 114. Compete à Justiça do Trabalho processar e julgar:

→ *Caput* com redação alterada pela EC 45/2004.

→ *v.* Súmulas Vinculantes 22 e 23 do STF.

→ *v.* Súmula 736 do STF.

→ *v.* Súmulas 97, 137, 349 e 367 do STJ.

→ *v.* Arts. 7º, XXVIII, e 109, I, da CF/1988.

I – as ações oriundas da relação de trabalho, abrangidos os entes de direito público externo e da administração pública direta e indireta da União, dos Estados, do Distrito Federal e dos Municípios;

→ Inciso I acrescentado pela EC 45/2004.

→ *v.* ADIn 3.395-6 (*D.J.U.* 4.2.2005), o STF concedeu liminar com efeito *ex tunc*, e decidiu que "o disposto no art. 114, I, da Constituição da República, não abrange as causas instauradas entre o Poder Público e servidor que lhe seja vinculado por relação jurídico-estatutária".

→ *v.* ADIn 3.684-0 (*D.J.U.* 3.8.2007), o STF, por unanimidade, deferiu a medida cautelar, "com efeito *ex tunc*. O disposto no art. 114, I, IV e IX, da Constituição da República, acrescidos pela EC 45, não atribui à Justiça do Trabalho competência para processar e julgar ações penais".

II – as ações que envolvam exercício do direito de greve;

→ Inciso II acrescentado pela EC 45/2004.

→ *v.* Art. 9º da CF/1988.

→ *v.* Lei 7.783/1989 – Lei de Greve.

III – as ações sobre representação sindical, entre sindicatos, entre sindicatos e trabalhadores, e entre sindicatos e empregadores;

→ Inciso III acrescentado pela EC 45/2004.

→ *v.* Lei 8.984/1995 – Estende a competência da Justiça do Trabalho.

IV – os mandados de segurança, *habeas corpus* e *habeas data*, quando o ato questionado envolver matéria sujeita à sua jurisdição;

→ Inciso IV acrescentado pela EC 45/2004.

→ *v.* Art. 5º, LXVIII, LXIX, LXXII, da CF/1988.

→ *v.* Lei 12.016/2009 – Mandado de Segurança.

→ *v.* Lei 9.507/1997 – Regula o direito de acesso a informações e disciplina o rito processual do *habeas data*.

→ *v.* ADIn 3.684-0 (*D.J.U.* 3.8.2007), o STF, por unanimidade, deferiu a medida cautelar, "com efeito *ex tunc*. O disposto no art. 114, I, IV e IX, da Constituição da República, acrescidos pela EC 45, não atribui à Justiça do Trabalho competência para processar e julgar ações penais".

V – os conflitos de competência entre órgãos com jurisdição trabalhista, ressalvado o disposto no art. 102, I, *o*;

→ Inciso V acrescentado pela EC 45/2004.

VI – as ações de indenização por dano moral ou patrimonial, decorrentes da relação de trabalho;

→ Inciso VI acrescentado pela EC 45/2004.

→ *v.* Arts. 7º, XXVIII, e 109, § 3º, da CF/1988.

VII – as ações relativas às penalidades administrativas impostas aos empregadores pelos órgãos de fiscalização das relações de trabalho;

→ Inciso VII acrescentado pela EC 45/2004.

VIII – a execução, de ofício, das contribuições sociais previstas no art. 195, I, *a*, e II, e seus acréscimos legais, decorrentes das sentenças que proferir;

→ Inciso VIII acrescentado pela EC 45/2004.

IX – outras controvérsias decorrentes da relação de trabalho, na forma da lei.

→ Inciso IX acrescentado pela EC 45/2004.

→ *v.* Súmula 736 do STF.

→ *v.* ADIn 3.684-0 (*D.J.U.* 3.8.2007), o STF, por unanimidade, deferiu a medida cautelar, "com efeito *ex tunc*. O disposto no art. 114, I, IV e IX, da Constituição da República, acrescidos pela EC 45, não atribui à Justiça do Trabalho competência para processar e julgar ações penais".

§ 1º Frustrada a negociação coletiva, as partes poderão eleger árbitros.

§ 2º Recusando-se qualquer das partes à negociação coletiva ou à arbitragem, é facultado às mesmas, de comum acordo, ajuizar dissídio coletivo de natureza econômica, podendo a Justiça do Trabalho decidir o conflito, respeitadas as disposições mínimas legais de proteção ao trabalho, bem como as convencionadas anteriormente.

→ § 2º com redação alterada pela EC 45/2004.

§ 3º Em caso de greve em atividade essencial, com possibilidade de lesão do interesse público, o Ministério Público do Trabalho poderá ajuizar dissídio coletivo, competindo à Justiça do Trabalho decidir o conflito.

→ § 3º com redação alterada pela EC 45/2004.

Art. 115. Os Tribunais Regionais do Trabalho compõem-se de, no mínimo, sete juízes, recrutados, quando possível, na respectiva região, e nomeados pelo Presidente da República dentre brasileiros com mais de trinta e menos de sessenta e cinco anos, sendo:

→ Artigo com redação alterada pela EC 45/2004.

→ *v.* Arts. 94 e 104 da CF/1988.

I – um quinto dentre advogados com mais de 10 (dez) anos de efetiva atividade profissional e membros do Ministério Público do Trabalho com mais de 10 (dez) anos de efetivo exercício, observado o disposto no art. 94;

II – os demais, mediante promoção de juízes do trabalho por antiguidade e merecimento, alternadamente.

§ 1º Os Tribunais Regionais do Trabalho instalarão a justiça itinerante, com a realização de audiências e demais funções de atividade jurisdicional, nos limites territoriais da respectiva jurisdição, servindo-se de equipamentos públicos e comunitários.

§ 2º Os Tribunais Regionais do Trabalho poderão funcionar descentralizadamente, constituindo Câmaras regionais, a fim de assegurar o pleno acesso do jurisdicionado à justiça em todas as fases do processo.

Art. 116. Nas Varas do Trabalho, a jurisdição será exercida por um juiz singular.

→ *Caput* com redação alterada pela EC 24/1999.

Parágrafo único. *(Revogado pela EC 24/1999).*

Art. 117. *(Revogado pela EC 24/1999).*

Seção VI
Dos Tribunais e Juízes Eleitorais

Art. 118. São órgãos da Justiça Eleitoral:

→ *v.* Lei 4.737/1965 – Código Eleitoral.

I – o Tribunal Superior Eleitoral;

→ *v.* Art. 22 da Lei 4.737/1965.

II – os Tribunais Regionais Eleitorais;

→ *v.* Art. 29 da Lei 4.737/1965.

III – os Juízes Eleitorais;

→ *v.* Art. 32 da Lei 4.737/1965.

IV – as Juntas Eleitorais.

→ *v.* Art. 36 da Lei 4.737/1965.

Art. 119. O Tribunal Superior Eleitoral compor-se-á, no mínimo, de sete membros, escolhidos:

I – mediante eleição, pelo voto secreto:

a) três juízes dentre os Ministros do Supremo Tribunal Federal;

b) dois juízes dentre os Ministros do Superior Tribunal de Justiça;

II – por nomeação do Presidente da República, dois juízes dentre seis advogados de notável saber jurídico e idoneidade moral, indicados pelo Supremo Tribunal Federal.

Parágrafo único. O Tribunal Superior Eleitoral elegerá seu Presidente e o Vice-Presidente dentre os Ministros do Supremo Tribunal Federal, e o Corregedor Eleitoral dentre os Ministros do Superior Tribunal de Justiça.

Art. 120. Haverá um Tribunal Regional Eleitoral na Capital de cada Estado e no Distrito Federal.

§ 1º Os Tribunais Regionais Eleitorais compor-se-ão:

I – mediante eleição, pelo voto secreto:

a) de dois juízes dentre os desembargadores do Tribunal de Justiça;

b) de dois juízes, dentre juízes de direito, escolhidos pelo Tribunal de Justiça;

II – de um juiz do Tribunal Regional Federal com sede na Capital do Estado ou no Distrito Federal, ou, não havendo, de juiz federal, escolhido, em qualquer caso, pelo Tribunal Regional Federal respectivo;

III – por nomeação, pelo Presidente da República, de dois juízes dentre seis advogados de notável saber jurídico e idoneidade moral, indicados pelo Tribunal de Justiça.

§ 2º O Tribunal Regional Eleitoral elegerá seu Presidente e o Vice-Presidente dentre os desembargadores.

Art. 121. Lei complementar disporá sobre a organização e competência dos tribunais, dos juízes de direito e das juntas eleitorais.

→ *v.* Súmula 368 do STJ.

§ 1º Os membros dos tribunais, os juízes de direito e os integrantes das juntas eleitorais, no exercício de suas funções, e no que lhes for aplicável, gozarão de plenas garantias e serão inamovíveis.

§ 2º Os juízes dos tribunais eleitorais, salvo motivo justificado, servirão por dois anos, no mínimo, e nunca por mais de dois biênios consecutivos, sendo os substitutos escolhidos na mesma ocasião e pelo mesmo processo, em número igual para cada categoria.

§ 3º São irrecorríveis as decisões do Tribunal Superior Eleitoral, salvo as que contrariarem esta Constituição e as denegatórias de *habeas corpus* ou mandado de segurança.

§ 4º Das decisões dos Tribunais Regionais Eleitorais somente caberá recurso quando:

I – forem proferidas contra disposição expressa desta Constituição ou de lei;

II – ocorrer divergência na interpretação de lei entre dois ou mais tribunais eleitorais;

III – versarem sobre inelegibilidade ou expedição de diplomas nas eleições federais ou estaduais;

IV – anularem diplomas ou decretarem a perda de mandatos eletivos federais ou estaduais;

V – denegarem *habeas corpus*, mandado de segurança, *habeas data* ou mandado de injunção.

Seção VII
Dos Tribunais e Juízes Militares

Art. 122. São órgãos da Justiça Militar:

I – o Superior Tribunal Militar;

II – os Tribunais e Juízes Militares instituídos por lei.

→ *v.* Lei 8.457/1992 – Organiza a Justiça Militar da União.

Art. 123. O Superior Tribunal Militar compor-se-á de quinze Ministros vitalícios, nomeados pelo Presidente da República, depois de aprovada a indicação pelo Senado Federal, sendo três dentre oficiais-generais da Marinha, quatro dentre oficiais-generais do Exército, três dentre oficiais-generais da Aeronáutica, todos da ativa e do posto mais elevado da carreira, e cinco dentre civis.

Parágrafo único. Os Ministros civis serão escolhidos pelo Presidente da República dentre brasileiros maiores de trinta e cinco anos, sendo:

I – três dentre advogados de notório saber jurídico e conduta ilibada, com mais de dez anos de efetiva atividade profissional;

II – dois, por escolha paritária, dentre juízes auditores e membros do Ministério Público da Justiça Militar.

Art. 124. À Justiça Militar compete processar e julgar os crimes militares definidos em lei.

→ *v.* Dec.-lei 1.001/1969 – Código Penal Militar.

→ *v.* Dec.-lei 1.002/1969 – Código de Processo Penal Militar.

Parágrafo único. A lei disporá sobre a organização, o funcionamento e a competência da Justiça Militar.

Seção VIII
Dos Tribunais e Juízes dos Estados

Art. 125. Os Estados organizarão sua Justiça, observados os princípios estabelecidos nesta Constituição.

§ 1º A competência dos tribunais será definida na Constituição do Estado, sendo a lei de organização judiciária de iniciativa do Tribunal de Justiça.

→ *v.* Súmula 721 do STF.

→ *v.* Art. 70 do ADCT.

§ 2º Cabe aos Estados a instituição de representação de inconstitucionalidade de leis ou atos normativos estaduais ou municipais em face da Constituição Estadual, vedada a atribuição da legitimação para agir a um único órgão.

§ 3º A lei estadual poderá criar, mediante proposta do Tribunal de Justiça, a Justiça Militar estadual, constituída, em primeiro grau, pelos juízes de direito e pelos Conselhos de Justiça e, em segundo grau, pelo próprio Tribunal de Justiça, ou por Tribunal de Justiça Militar nos Estados em que o efetivo militar seja superior a vinte mil integrantes.

→ § 3º com redação alterada pela EC 45/2004.

§ 4º Compete à Justiça Militar estadual processar e julgar os militares dos Estados, nos crimes militares definidos em lei e as ações judiciais contra atos disciplinares militares, ressalvada a competência do júri quando a vítima for civil, cabendo ao tribunal competente decidir sobre a perda do posto e da patente dos oficiais e da graduação das praças.

→ § 4º com redação alterada pela EC 45/2004.

→ *v.* Súmula 673 do STF.

→ *v.* Súmulas 53, 75, 78 e 90 do STJ.

→ *v.* Art. 9º, II, *a* e *c*, do CPM.

§ 5º Compete aos juízes de direito do juízo militar processar e julgar, singularmente, os crimes militares cometidos contra civis e as ações judiciais contra atos disciplinares militares, cabendo ao Conselho de Justiça, sob a presidência de juiz de direito, processar e julgar os demais crimes militares.

→ § 5º acrescentado pela EC 45/2004.

§ 6º O Tribunal de Justiça poderá funcionar descentralizadamente, constituindo Câmaras regionais, a fim de assegurar o pleno acesso do jurisdicionado à justiça em todas as fases do processo.

→ § 6º acrescentado pela EC 45/2004.

§ 7º O Tribunal de Justiça instalará a justiça itinerante, com a realização de audiências e demais funções da atividade jurisdicional, nos limites territoriais da respectiva jurisdição, servindo-se de equipamentos públicos e comunitários.

→ § 7º acrescentado pela EC 45/2004.

Art. 126. Para dirimir conflitos fundiários, o Tribunal de Justiça proporá a criação de varas especializadas, com competência exclusiva para questões agrárias.

→ *Caput* com redação alterada pela EC 45/2004.

Parágrafo único. Sempre que necessário à eficiente prestação jurisdicional, o juiz far-se-á presente no local do litígio.

Capítulo IV
DAS FUNÇÕES ESSENCIAIS À JUSTIÇA

→ Rubrica com redação alterada pela EC 80/2014.

Seção I
Do Ministério Público

Art. 127. O Ministério Público é instituição permanente, essencial à função jurisdicional do Estado, incumbindo-lhe a defesa da ordem jurídica, do regime democrático e dos interesses sociais e individuais indisponíveis.

→ *v.* LC 75/1993 – Organização, Atribuições e o Estatuto do Ministério Público da União.

→ *v.* Lei 8.625/1993 – Lei Orgânica Nacional do Ministério Público.

§ 1º São princípios institucionais do Ministério Público a unidade, a indivisibilidade e a independência funcional.

§ 2º Ao Ministério Público é assegurada autonomia funcional e administrativa, podendo, observado o disposto no art. 169, propor ao Poder Legislativo a criação e extinção de seus cargos e serviços auxiliares, provendo-os por concurso público de provas ou de provas e títulos, a política remuneratória e os planos de carreira; a lei disporá sobre sua organização e funcionamento.

→ § 2º com redação alterada pela EC 19/1998.

→ *v.* Lei 11.144/2005 – Subsídio do Procurador-Geral da República.

§ 3º O Ministério Público elaborará sua proposta orçamentária dentro dos limites estabelecidos na lei de diretrizes orçamentárias.

§ 4º Se o Ministério Público não encaminhar a respectiva proposta orçamentária dentro do prazo estabelecido na lei de diretrizes orçamentárias, o Poder Executivo considerará, para fins de consolidação da proposta orçamentária anual, os valores aprovados na lei orçamentária vigente, ajustados de acordo com os limites estipulados na forma do § 3º.

→ § 4º acrescentado pela EC 45/2004.

§ 5º Se a proposta orçamentária de que trata este artigo for encaminhada em desacordo com os limites estipulados na forma do § 3º, o Poder Executivo procederá aos ajustes necessários para fins de consolidação da proposta orçamentária anual.

→ § 5º acrescentado pela EC 45/2004.

§ 6º Durante a execução orçamentária do exercício, não poderá haver a realização de despesas ou a assunção de obrigações que extrapolem os limites estabelecidos na lei de diretrizes orçamentárias, exceto se previamente autorizadas, mediante a abertura de créditos suplementares ou especiais.

→ § 6º acrescentado pela EC 45/2004.

Art. 128. O Ministério Público abrange:

I – o Ministério Público da União, que compreende:

a) o Ministério Público Federal;

b) o Ministério Público do Trabalho;

c) o Ministério Público Militar;

d) o Ministério Público do Distrito Federal e Territórios;

II – os Ministérios Públicos dos Estados.

§ 1º O Ministério Público da União tem por chefe o Procurador-Geral da República, nomeado pelo Presidente da República dentre integrantes da carreira, maiores de trinta e cinco anos, após a aprovação de seu nome pela maioria absoluta dos membros do Senado Federal, para mandato de dois anos, permitida a recondução.

§ 2º A destituição do Procurador-Geral da República, por iniciativa do Presidente da República, deverá ser precedida de autorização da maioria absoluta do Senado Federal.

§ 3º Os Ministérios Públicos dos Estados e o do Distrito Federal e Territórios formarão lista tríplice dentre integrantes da carreira, na forma da lei respectiva, para escolha de seu Procurador-Geral, que será nomeado pelo Chefe do Poder Executivo, para mandato de dois anos, permitida uma recondução.

§ 4º Os Procuradores-Gerais nos Estados e no Distrito Federal e Territórios poderão ser destituídos por deliberação da maioria absoluta do Poder Legislativo, na forma da lei complementar respectiva.

§ 5º Leis complementares da União e dos Estados, cuja iniciativa é facultada aos respectivos Procuradores-Gerais, estabelecerão a organização, as atribuições e o estatuto de cada Ministério Público, observadas, relativamente a seus membros:

I – as seguintes garantias:

a) vitaliciedade, após dois anos de exercício, não podendo perder o cargo senão por sentença judicial transitada em julgado;

b) inamovibilidade, salvo por motivo de interesse público, mediante decisão do órgão colegiado competente do Ministério Público, pelo voto da maioria absoluta de seus membros, assegurada ampla defesa;

→ Alínea *b* com redação alterada pela EC 45/2004.

c) irredutibilidade de subsídio, fixado na forma do art. 39, § 4º, e ressalvado o disposto nos arts. 37, X e XI, 150, II, 153, III, 153, § 2º, I;

→ Alínea *c* com redação alterada pela EC 19/1998.

→ *v.* Lei 11.144/2005 – Subsídio do Procurador-Geral da República.

II – as seguintes vedações:

a) receber, a qualquer título e sob qualquer pretexto, honorários, percentagens ou custas processuais;

b) exercer a advocacia;

c) participar de sociedade comercial, na forma da lei;

d) exercer, ainda que em disponibilidade, qualquer outra função pública, salvo uma de magistério;

e) exercer atividade político-partidária;

→ Alínea *e* com redação alterada pela EC 45/2004.

→ *v.* Art. 16 da Lei 9.096/1995.

f) receber, a qualquer título ou pretexto, auxílios ou contribuições de pessoas físicas, entidades públicas ou privadas, ressalvadas as exceções previstas em lei.

→ Alínea *f* acrescentada pela EC 45/2004.

§ 6º Aplica-se aos membros do Ministério Público o disposto no art. 95, parágrafo único, V.

→ § 6º acrescentado pela EC 45/2004.

Art. 129. São funções institucionais do Ministério Público:

I – promover, privativamente, a ação penal pública, na forma da lei;

→ *v.* Súmula Vinculante 24 do STF.

→ *v.* Súmula 234 do STJ.

→ *v.* Art. 100, § 1º, do CP.

→ *v.* Art. 24 do CPP.

II – zelar pelo efetivo respeito dos Poderes Públicos e dos serviços de relevância pública aos direitos assegurados nesta Constituição, promovendo as medidas necessárias a sua garantia;

III – promover o inquérito civil e a ação civil pública, para a proteção do patrimônio público e social, do meio ambiente e de outros interesses difusos e coletivos;

→ *v.* Súmula 643 do STF.

→ *v.* Súmulas 329 e 470 do STJ.

→ *v.* Art. 1º da Lei 7.347/1985.

IV – promover a ação de inconstitucionalidade ou representação para fins de intervenção da União e dos Estados, nos casos previstos nesta Constituição;

→ *v.* Súmula 329 do STJ.

V – defender judicialmente os direitos e interesses das populações indígenas;

→ *v.* Súmula 140 do STJ.

→ *v.* Art. 231 da CF/1988.

VI – expedir notificações nos procedimentos administrativos de sua competência, requisitando informações e documentos para instruí-los, na forma da lei complementar respectiva;

→ *v.* Súmula 234 do STJ.

VII – exercer o controle externo da atividade policial, na forma da lei complementar mencionada no artigo anterior;

VIII – requisitar diligências investigatórias e a instauração de inquérito policial, indicados os fundamentos jurídicos de suas manifestações processuais;

IX – exercer outras funções que lhe forem conferidas, desde que compatíveis com sua finalidade, sendo-lhe vedada a representação judicial e a consultoria jurídica de entidades públicas.

§ 1º A legitimação do Ministério Público para as ações civis previstas neste artigo não impede a de terceiros, nas mesmas hipóteses, segundo o disposto nesta Constituição e na lei.

§ 2º As funções do Ministério Público só podem ser exercidas por integrantes da carreira, que deverão residir na comarca da respectiva lotação, salvo autorização do chefe da instituição.

→ § 2º com redação alterada pela EC 45/2004.

§ 3º O ingresso na carreira do Ministério Público far-se-á mediante concurso público de provas e títulos, assegurada a participação da Ordem dos Advogados do Brasil em sua realização, exigindo-se do bacharel em direito, no mínimo, 3 (três) anos de atividade jurídica e observando-se, nas nomeações, a ordem de classificação.

→ § 3º com redação alterada pela EC 45/2004.

§ 4º Aplica-se ao Ministério Público, no que couber, o disposto no art. 93.

→ § 4º com redação alterada pela EC 45/2004.

→ *v.* Súmula Vinculante 37 do STF.

§ 5º A distribuição de processos no Ministério Público será imediata.

→ § 5º acrescentado pela EC 45/2004.

Art. 130. Aos membros do Ministério Público junto aos Tribunais de Contas aplicam-se as disposições desta seção pertinentes a direitos, vedações e forma de investidura.

Art. 130-A. O Conselho Nacional do Ministério Público compõe-se de quatorze membros nomeados pelo Presidente da República, depois de aprovada a escolha pela maioria absoluta do Senado Federal, para um mandato de 2 (dois) anos, admitida uma recondução, sendo:

→ Artigo acrescentado pela EC 45/2004.

I – o Procurador-Geral da República, que o preside;

II – quatro membros do Ministério Público da União, assegurada a representação de cada uma de suas carreiras;

III – três membros do Ministério Público dos Estados;

IV – dois juízes, indicados um pelo Supremo Tribunal Federal e outro pelo Superior Tribunal de Justiça;

V – dois advogados, indicados pelo Conselho Federal da Ordem dos Advogados do Brasil;

VI – dois cidadãos de notável saber jurídico e reputação ilibada, indicados um pela Câmara dos Deputados e outro pelo Senado Federal.

§ 1º Os membros do Conselho oriundos do Ministério Público serão indicados pelos respectivos Ministérios Públicos, na forma da lei.

→ *v.* Lei 11.372/2006 – Forma de indicação dos membros do Conselho Nacional do Ministério Público oriundos do Ministério Público.

§ 2º Compete ao Conselho Nacional do Ministério Público o controle da atuação administrativa e financeira do Ministério Público e do cumprimento dos deveres funcionais de seus membros, cabendo-lhe:

I – zelar pela autonomia funcional e administrativa do Ministério Público, podendo expedir atos regulamentares, no âmbito de sua competência, ou recomendar providências;

II – zelar pela observância do art. 37 e apreciar, de ofício ou mediante provocação, a legalidade dos atos administrativos praticados por membros ou órgãos do Ministério Público da União e dos Estados, podendo desconstituí-los, revê-los ou fixar prazo para que se adotem as providências necessárias ao exato cumprimento da lei, sem prejuízo da competência dos Tribunais de Contas;

III – receber e conhecer das reclamações contra membros ou órgãos do Ministério Público da União ou dos Estados, inclusive contra seus serviços auxiliares, sem prejuízo da competência disciplinar e correicional da instituição, podendo avocar processos disciplinares em curso, determinar a remoção, a disponibilidade ou a aposentadoria com subsídios ou proventos proporcionais ao tempo de serviço e aplicar outras sanções administrativas, assegurada ampla defesa;

IV – rever, de ofício ou mediante provocação, os processos disciplinares de membros do Ministério Público da União ou dos Estados julgados há menos de 1 (um) ano;

V – elaborar relatório anual, propondo as providências que julgar necessárias sobre a situação do Ministério Público no País e as atividades do Conselho, o qual deve integrar a mensagem prevista no art. 84, XI.

§ 3º O Conselho escolherá, em votação secreta, um Corregedor nacional, dentre os membros do Ministério Público que o integram, vedada a recondução, competindo-lhe, além das atribuições que lhe forem conferidas pela lei, as seguintes:

I – receber reclamações e denúncias, de qualquer interessado, relativas aos membros do Ministério Público e dos seus serviços auxiliares;

II – exercer funções executivas do Conselho, de inspeção e correição geral;

III – requisitar e designar membros do Ministério Público, delegando-lhes atribuições, e requisitar servidores de órgãos do Ministério Público.

§ 4º O Presidente do Conselho Federal da Ordem dos Advogados do Brasil oficiará junto ao Conselho.

§ 5º Leis da União e dos Estados criarão ouvidorias do Ministério Público, competentes para receber reclamações e denúncias de qualquer interessado contra membros ou órgãos do Ministério Público, inclusive contra seus serviços auxiliares, representando diretamente ao Conselho Nacional do Ministério Público.

Seção II
Da Advocacia Pública

→ Rubrica alterada pela EC 19/1998.

Art. 131. A Advocacia-Geral da União é a instituição que, diretamente ou através de órgão vinculado, representa a União, judicial e extrajudicialmente, cabendo-lhe, nos termos da lei complementar que dispuser sobre sua organização e funcionamento, as atividades de consultoria e assessoramento jurídico do Poder Executivo.

→ *v.* LC 73/1993 – Lei Orgânica da Advocacia-Geral da União.

§ 1º A Advocacia-Geral da União tem por chefe o Advogado-Geral da União, de livre nomeação pelo Presidente da República dentre cidadãos maiores de trinta e cinco anos, de notável saber jurídico e reputação ilibada.

§ 2º O ingresso nas classes iniciais das carreiras da instituição de que trata este artigo far-se-á mediante concurso público de provas e títulos.

§ 3º Na execução da dívida ativa de natureza tributária, a representação da União cabe à Procuradoria-Geral da Fazenda Nacional, observado o disposto em lei.

→ *v.* Súmula 139 do STJ.

Art. 132. Os Procuradores dos Estados e do Distrito Federal, organizados em carreira, na qual o ingresso dependerá de concurso público de provas e títulos, com a participação da Ordem dos Advogados do Brasil em todas as suas fases, exercerão a representação judicial e a consultoria jurídica das respectivas unidades federadas.

→ Artigo com redação alterada pela EC 19/1998.

Parágrafo único. Aos procuradores referidos neste artigo é assegurada estabilidade após três anos de efetivo exercício, mediante avaliação de desempenho perante os órgãos próprios, após relatório circunstanciado das corregedorias.

Seção III
Da Advocacia

→ Rubrica com redação alterada pela EC 80/2014.

→ *v.* Resolução do CFOAB 2/2015 – Novo Código de Ética e Disciplina da OAB.

→ *v.* Provimento do CFOAB 166/2015 – Advocacia *Pro Bono*.

Art. 133. O advogado é indispensável à administração da justiça, sendo inviolável por seus atos e manifestações no exercício da profissão, nos limites da lei.

→ *v.* Súmula 345 do STJ.

→ *v.* Art. 5º, XIII, da CF/1988.

→ *v.* Art. 20, § 4º, do CPC/1973.

→ *v.* Art. 85, § 8º, do NCPC.

→ *v.* Lei 8.906/1994 – Estatuto da Advocacia e a Ordem dos Advogados do Brasil.

Seção IV
Da Defensoria Pública

→ Seção IV acrescentada pela EC 80/2014.

Art. 134. A Defensoria Pública é instituição permanente, essencial à função jurisdicional do Estado, incumbindo-lhe, como expressão e instrumento do regime democrático, fundamentalmente, a orientação jurídica, a promoção dos direitos humanos e a defesa, em todos os graus, judicial e extrajudicial, dos direitos individuais e coletivos, de forma integral e gratuita, aos necessitados, na forma do inciso LXXIV do art. 5º desta Constituição Federal.

→ *Caput* com redação alterada pela EC 80/2014.

→ *v.* Súmula 421 do STJ.

→ *v.* Art. 5º, II, da Lei 7.347/1985.

§ 1º Lei complementar organizará a Defensoria Pública da União e do Distrito Federal e dos Territórios e prescreverá normas gerais para sua organização nos Estados, em cargos de carreira, providos, na classe inicial, mediante concurso público de provas e títulos, assegurada a seus integrantes a garantia da inamovibilidade e vedado o exercício da advocacia fora das atribuições institucionais.

→ Anterior parágrafo único renumerado para § 1º pela EC 45/2004.

→ v. LC 80/1994 – Organiza a Defensoria Pública da União, do Distrito Federal e dos Territórios.

§ 2º Às Defensorias Públicas Estaduais são asseguradas autonomia funcional e administrativa e a iniciativa de sua proposta orçamentária dentro dos limites estabelecidos na lei de diretrizes orçamentárias e subordinação ao disposto no art. 99, § 2º.

→ § 2º acrescentado pela EC 45/2004.

§ 3º Aplica-se o disposto no § 2º às Defensorias Públicas da União e do Distrito Federal.

→ § 3º acrescentado pela EC 74/2013.

§ 4º São princípios institucionais da Defensoria Pública a unidade, a indivisibilidade e a independência funcional, aplicando-se também, no que couber, o disposto no art. 93 e no inciso II do art. 96 desta Constituição Federal.

→ § 4º acrescentado pela EC 80/2014.

Art. 135. Os servidores integrantes das carreiras disciplinadas nas Seções II e III deste Capítulo serão remunerados na forma do art. 39, § 4º.

→ Artigo com redação alterada pela EC 19/1998.

→ v. Art. 132 da CF/1988.

Título V
Da defesa do Estado e das instituições democráticas

Capítulo I
DO ESTADO DE DEFESA E DO ESTADO DE SÍTIO

Seção I
Do estado de defesa

Art. 136. O Presidente da República pode, ouvidos o Conselho da República e o Conselho de Defesa Nacional, decretar estado de defesa para preservar ou prontamente restabelecer, em locais restritos e determinados, a ordem pública ou a paz social ameaçadas por grave e iminente instabilidade institucional ou atingidas por calamidades de grandes proporções na natureza.

→ v. Arts. 89 a 91 da CF/1988.

→ v. Lei 8.183/1991 – Organização e o funcionamento do Conselho de Defesa Nacional.

→ v. Lei 8.041/1990 – Organização e funcionamento do Conselho da República.

§ 1º O decreto que instituir o estado de defesa determinará o tempo de sua duração, especificará as áreas a serem abrangidas e indicará, nos termos e limites da lei, as medidas coercitivas a vigorarem, dentre as seguintes:

I – restrições aos direitos de:

a) reunião, ainda que exercida no seio das associações;

b) sigilo de correspondência;

c) sigilo de comunicação telegráfica e telefônica;

II – ocupação e uso temporário de bens e serviços públicos, na hipótese de calamidade pública, respondendo a União pelos danos e custos decorrentes.

§ 2º O tempo de duração do estado de defesa não será superior a trinta dias, podendo ser prorrogado uma vez, por igual período, se persistirem as razões que justificaram a sua decretação.

§ 3º Na vigência do estado de defesa:

I – a prisão por crime contra o Estado, determinada pelo executor da medida, será por este comunicada imediatamente ao juiz competente, que a relaxará, se não for legal, facultado ao preso requerer exame de corpo de delito à autoridade policial;

II – a comunicação será acompanhada de declaração, pela autoridade, do estado físico e mental do detido no momento de sua autuação;

III – a prisão ou detenção de qualquer pessoa não poderá ser superior a dez dias, salvo quando autorizada pelo Poder Judiciário;

IV – é vedada a incomunicabilidade do preso.

§ 4º Decretado o estado de defesa ou sua prorrogação, o Presidente da República, dentro de vinte e quatro horas, submeterá o ato com a respectiva justificação ao Congresso Nacional, que decidirá por maioria absoluta.

§ 5º Se o Congresso Nacional estiver em recesso, será convocado, extraordinariamente, no prazo de cinco dias.

§ 6º O Congresso Nacional apreciará o decreto dentro de dez dias contados de seu recebimento, devendo continuar funcionando enquanto vigorar o estado de defesa.

§ 7º Rejeitado o decreto, cessa imediatamente o estado de defesa.

Seção II
Do estado de sítio

Art. 137. O Presidente da República pode, ouvidos o Conselho da República e o Conselho de Defesa Nacional, solicitar ao Congresso Nacional autorização para decretar o estado de sítio nos casos de:

I – comoção grave de repercussão nacional ou ocorrência de fatos que comprovem a ineficácia de medida tomada durante o estado de defesa;

II – declaração de estado de guerra ou resposta a agressão armada estrangeira.

Parágrafo único. O Presidente da República, ao solicitar autorização para decretar o estado de sítio ou sua prorrogação, relatará os motivos determinantes do pedido, devendo o Congresso Nacional decidir por maioria absoluta.

Art. 138. O decreto do estado de sítio indicará sua duração, as normas necessárias a sua execução e as garantias constitucionais que ficarão suspensas, e, depois de publicado, o Presidente da República designará o executor das medidas específicas e as áreas abrangidas.

§ 1º O estado de sítio, no caso do art. 137, I, não poderá ser decretado por mais de trinta dias, nem prorrogado, de cada vez, por prazo superior; no do inciso II, poderá ser decretado por todo o tempo que perdurar a guerra ou a agressão armada estrangeira.

§ 2º Solicitada autorização para decretar o estado de sítio durante o recesso parlamentar, o Presidente do Senado Federal, de imediato, convocará extraordinariamente o Congresso Nacional para se reunir dentro de cinco dias, a fim de apreciar o ato.

§ 3º O Congresso Nacional permanecerá em funcionamento até o término das medidas coercitivas.

Art. 139. Na vigência do estado de sítio decretado com fundamento no art. 137, I, só poderão ser tomadas contra as pessoas as seguintes medidas:

I – obrigação de permanência em localidade determinada;

II – detenção em edifício não destinado a acusados ou condenados por crimes comuns;

III – restrições relativas à inviolabilidade da correspondência, ao sigilo das comunicações, à prestação de informações e à liberdade de imprensa, radiodifusão e televisão, na forma da lei;

IV – suspensão da liberdade de reunião;

V – busca e apreensão em domicílio;

VI – intervenção nas empresas de serviços públicos;

VII – requisição de bens.

Parágrafo único. Não se inclui nas restrições do inciso III a difusão de pronunciamentos de parlamentares efetuados em suas Casas Legislativas, desde que liberada pela respectiva Mesa.

Seção III
Disposições gerais

Art. 140. A Mesa do Congresso Nacional, ouvidos os líderes partidários, designará Comissão composta de cinco de seus membros para acompanhar e fiscalizar a execução das medidas referentes ao estado de defesa e ao estado de sítio.

Art. 141. Cessado o estado de defesa ou o estado de sítio, cessarão também seus efeitos, sem prejuízo da responsabilidade pelos ilícitos cometidos por seus executores ou agentes.

Parágrafo único. Logo que cesse o estado de defesa ou o estado de sítio, as medidas aplicadas em sua vigência serão relatadas pelo Presidente da República, em mensagem ao Congresso Nacional, com especificação e justificação das providências adotadas, com relação nominal dos atingidos e indicação das restrições aplicadas.

Capítulo II
DAS FORÇAS ARMADAS

Art. 142. As Forças Armadas, constituídas pela Marinha, pelo Exército e pela Aeronáutica, são instituições nacionais permanentes e regulares, organizadas com base na hierarquia e na disciplina, sob a autoridade suprema do Presidente da República, e destinam-se à defesa da Pátria, à garantia dos poderes constitucionais e, por iniciativa de qualquer destes, da lei e da ordem.

→ v. Súmula Vinculante 36 do STF.

§ 1º Lei complementar estabelecerá as normas gerais a serem adotadas na organização, no preparo e no emprego das Forças Armadas.

§ 2º Não caberá *habeas corpus* em relação a punições disciplinares militares.

§ 3º Os membros das Forças Armadas são denominados militares, aplicando-se-lhes, além das que vierem a ser fixadas em lei, as seguintes disposições:

→ *Caput* do § 3º acrescentado pela EC 18/1998.

→ *v.* Arts. 42, 61, § 1º, I, da CF/1988.

→ *v.* LC 97/1999 – Normas gerais para a organização, o preparo e o emprego das Forças Armadas.

→ *v.* Lei 8.071/1990 – Efetivos do Exército em tempo de paz.

→ *v.* Dec.-lei 1.001/1969 – Código Penal Militar.

I – as patentes, com prerrogativas, direitos e deveres a elas inerentes, são conferidas pelo Presidente da República e asseguradas em plenitude aos oficiais da ativa, da reserva ou reformados, sendo-lhes privativos os títulos e postos militares e, juntamente com os demais membros, o uso dos uniformes das Forças Armadas;

→ Inciso I acrescentado pela EC 18/1998.

II – o militar em atividade que tomar posse em cargo ou emprego público civil permanente, ressalvada a hipótese prevista no art. 37, inciso XVI, alínea *c*, será transferido para a reserva, nos termos da lei;

→ Inciso II com redação alterada pela EC 77/2014.

III – o militar da ativa que, de acordo com a lei, tomar posse em cargo, emprego ou função pública civil temporária, não eletiva, ainda que da administração indireta, ressalvada a hipótese prevista no art. 37, inciso XVI, alínea *c*, ficará agregado ao respectivo quadro e somente poderá, enquanto permanecer nessa situação, ser promovido por antiguidade, contando-se-lhe o tempo de serviço apenas para aquela promoção e transferência para a reserva, sendo depois de dois anos de afastamento, contínuos ou não, transferido para a reserva, nos termos da lei;

→ Inciso III com redação alterada pela EC 77/2014.

IV – ao militar são proibidas a sindicalização e a greve;

→ Inciso IV acrescentado pela EC 18/1998.

V – o militar, enquanto em serviço ativo, não pode estar filiado a partidos políticos;

→ Inciso V acrescentado pela EC 18/1998.

→ *v.* Art. 16 da Lei 9.096/1995.

VI – o oficial só perderá o posto e a patente se for julgado indigno do oficialato ou com ele incompatível, por decisão de tribunal militar de caráter permanente, em tempo de paz, ou de tribunal especial, em tempo de guerra;

→ Inciso VI acrescentado pela EC 18/1998.

VII – o oficial condenado na justiça comum ou militar a pena privativa de liberdade superior a dois anos, por sentença transitada em julgado, será submetido ao julgamento previsto no inciso anterior;

→ Inciso VII acrescentado pela EC 18/1998.

VIII – aplica-se aos militares o disposto no art. 7º, incisos VIII, XII, XVII, XVIII, XIX e XXV, e no art. 37, incisos XI, XIII, XIV e XV, bem como, na forma da lei e com prevalência da atividade militar, no art. 37, inciso XVI, alínea *c*;

→ Inciso VIII com redação alterada pela EC 77/2014.

IX – *(Revogado pela EC 41/2003).*

X – a lei disporá sobre o ingresso nas Forças Armadas, os limites de idade, a estabilidade e outras condições de transferência do militar para a inatividade, os direitos, os deveres, a remuneração, as prerrogativas e outras situações especiais dos militares, consideradas as peculiaridades de suas atividades, inclusive aquelas cumpridas por força de compromissos internacionais e de guerra.

→ Inciso X acrescentado pela EC 18/1998.

→ *v.* Súmula Vinculante 4 do STF.

Art. 143. O serviço militar é obrigatório nos termos da lei.

→ *v.* Súmula Vinculante 6 do STF.

→ *v.* MP 2.215-10/2001 – Reestruturação da remuneração dos militares das Forças Armadas.

§ 1º Às Forças Armadas compete, na forma da lei, atribuir serviço alternativo aos que, em tempo de paz, após alistados, alegarem imperativo de consciência, entendendo-se como tal o decorrente de crença religiosa e de convicção filosófica ou política, para se eximirem de atividades de caráter essencialmente militar.

→ *v.* Art. 5º, VIII, da CF/1988.

→ *v.* Lei 8.239/1991 – Prestação de Serviço Alternativo ao Serviço Militar Obrigatório.

§ 2º As mulheres e os eclesiásticos ficam isentos do serviço militar obrigatório em tempo de paz, sujeitos, porém, a outros encargos que a lei lhes atribuir.

→ *v.* Art. 5º, VIII, da CF/1988.

→ *v.* Lei 8.239/1991 – Prestação de Serviço Alternativo ao Serviço Militar Obrigatório.

Capítulo III
DA SEGURANÇA PÚBLICA

Art. 144. A segurança pública, dever do Estado, direito e responsabilidade de todos, é exercida para a preservação da ordem pública e da incolumidade das pessoas e do patrimônio, através dos seguintes órgãos:

I – polícia federal;

II – polícia rodoviária federal;

III – polícia ferroviária federal;

IV – polícias civis;

V – polícias militares e corpos de bombeiros militares.

→ *v.* Dec.-lei 667/1969 – Reorganiza as Polícias Militares e os Corpos de Bombeiros Militares dos Estados, dos Território e do Distrito Federal.

§ 1º A polícia federal, instituída por lei como órgão permanente, organizado e mantido pela União e estruturado em carreira, destina-se a:

→ *Caput* do § 1º com redação alterada pela EC 19/1998.

I – apurar infrações penais contra a ordem política e social ou em detrimento de bens, serviços e interesses da União ou de suas entidades autárquicas e empresas públicas, assim como outras infrações cuja prática tenha repercussão interestadual ou internacional e exija repressão uniforme, segundo se dispuser em lei;

→ *v.* Lei 10.446/2002 – Infrações penais de repercussão interestadual ou internacional que exigem repressão uniforme, para os fins do disposto no inciso I do § 1º do art. 144 da CF/1988.

II – prevenir e reprimir o tráfico ilícito de entorpecentes e drogas afins, o contrabando e o descaminho, sem prejuízo da ação fazendária e de outros órgãos públicos nas respectivas áreas de competência;

→ *v.* Arts. 1º a 7º da Lei 11.343/2006.

→ *v.* Arts. 334 e 334-A do CP.

III – exercer as funções de polícia marítima, aeroportuária e de fronteiras;

→ Inciso III com redação alterada pela EC 19/1998.

IV – exercer, com exclusividade, as funções de polícia judiciária da União.

§ 2º A polícia rodoviária federal, órgão permanente, organizado e mantido pela União e estruturado em carreira, destina-se, na forma da lei, ao patrulhamento ostensivo das rodovias federais.

→ § 2º com redação alterada pela EC 19/1998.

§ 3º A polícia ferroviária federal, órgão permanente, organizado e mantido pela União e estruturado em carreira, destina-se, na forma da lei, ao patrulhamento ostensivo das ferrovias federais.

→ § 3º com redação alterada pela EC 19/1998.

§ 4º Às polícias civis, dirigidas por delegados de polícia de carreira, incumbem, ressalvada a competência da União, as funções de polícia judiciária e a apuração de infrações penais, exceto as militares.

§ 5º Às polícias militares cabem a polícia ostensiva e a preservação da ordem pública; aos corpos de bombeiros militares, além das atribuições definidas em lei, incumbe a execução de atividades de defesa civil.

§ 6º As polícias militares e corpos de bombeiros militares, forças auxiliares e reserva do Exército subordinam-se, juntamente com as polícias civis, aos Governadores dos Estados, do Distrito Federal e dos Territórios.

§ 7º A lei disciplinará a organização e o funcionamento dos órgãos responsáveis pela segurança pública, de maneira a garantir a eficiência de suas atividades.

§ 8º Os Municípios poderão constituir guardas municipais destinadas à proteção de seus bens, serviços e instalações, conforme dispuser a lei.

→ *v.* Lei 13.022/2014 – Estatuto Geral das Guardas Municipais.

§ 9º A remuneração dos servidores policiais integrantes dos órgãos relacionados neste artigo será fixada na forma do § 4º do art. 39.

→ § 9º acrescentado pela EC 19/1998.

§ 10. A segurança viária, exercida para a preservação da ordem pública e da incolumidade das pessoas e do seu patrimônio nas vias públicas:

→ § 10 acrescentado pela EC 82/2014.

I – compreende a educação, engenharia e fiscalização de trânsito, além de outras atividades previstas em lei, que assegurem ao cidadão o direito à mobilidade urbana eficiente; e

II – compete, no âmbito dos Estados, do Distrito Federal e dos Municípios, aos respectivos órgãos ou entidades executivos e seus agentes de trânsito, estruturados em Carreira, na forma da lei.

Título VI
Da tributação e do orçamento

Capítulo I
DO SISTEMA TRIBUTÁRIO NACIONAL

Seção I
Dos princípios gerais

Art. 145. A União, os Estados, o Distrito Federal e os Municípios poderão instituir os seguintes tributos:

→ *v.* Súmula 667 do STF.

I – impostos;

II – taxas, em razão do exercício do poder de polícia ou pela utilização, efetiva ou potencial, de serviços públicos específicos e divisíveis, prestados ao contribuinte ou postos a sua disposição;

→ *v.* Súmula Vinculante 19 do STF.

→ *v.* Súmulas 665 e 670 do STF.

→ *v.* Art. 77 e ss. do CTN.

→ *v.* Lei 7.940/1989 – Institui a Taxa de Fiscalização dos mercados de títulos e valores mobiliários.

III – contribuição de melhoria, decorrente de obras públicas.

§ 1º Sempre que possível, os impostos terão caráter pessoal e serão graduados segundo a capacidade econômica do contribuinte, facultado à administração tributária, especialmente para conferir efetividade a esses objetivos, identificar, respeitados os direitos individuais e nos termos da lei, o patrimônio, os rendimentos e as atividades econômicas do contribuinte.

→ *v.* Súmulas 656 e 668 do STF.

→ *v.* Lei 8.021/1990 – Identificação dos contribuintes para fins fiscais.

§ 2º As taxas não poderão ter base de cálculo própria de impostos.

→ *v.* Súmulas Vinculantes 19 e 29 do STF.

→ *v.* Súmulas 545, 595, 665 do STF.

Art. 146. Cabe à lei complementar:

I – dispor sobre conflitos de competência, em matéria tributária, entre a União, os Estados, o Distrito Federal e os Municípios;

→ *v.* Arts. 6º a 8º do CTN.

II – regular as limitações constitucionais ao poder de tributar;

→ *v.* Arts. 9º a 15 do CTN.

III – estabelecer normas gerais em matéria de legislação tributária, especialmente sobre:

→ *v.* Súmula Vinculante 8 do STF.

→ *v.* Art. 149 da CF/1988.

a) definição de tributos e de suas espécies, bem como, em relação aos impostos discriminados nesta Constituição, a dos respectivos fatos geradores, bases de cálculo e contribuintes;

b) obrigação, lançamento, crédito, prescrição e decadência tributários;

c) adequado tratamento tributário ao ato cooperativo praticado pelas sociedades cooperativas;

d) definição de tratamento diferenciado e favorecido para as microempresas e para as empresas de pequeno porte, inclusive regimes especiais ou simplificados no caso do imposto previsto no art. 155, II, das contribuições previstas no art. 195, I e §§ 12 e 13, e da contribuição a que se refere o art. 239.

→ Alínea *d* acrescentada pela EC 42/2003.

→ *v.* Art. 94 do ADCT.

Parágrafo único. A lei complementar de que trata o inciso III, *d*, também poderá instituir um regime único de arrecadação dos impostos e contribuições da União, dos Estados, do Distrito Federal e dos Municípios, observado que:

→ Parágrafo único acrescentado pela EC 42/2003.

I – será opcional para o contribuinte;

II – poderão ser estabelecidas condições de enquadramento diferenciadas por Estado;

III – o recolhimento será unificado e centralizado e a distribuição da parcela de recursos pertencentes aos respectivos entes federados será imediata, vedada qualquer retenção ou condicionamento;

IV – a arrecadação, a fiscalização e a cobrança poderão ser compartilhadas pelos entes federados, adotado cadastro nacional único de contribuintes.

Art. 146-A. Lei complementar poderá estabelecer critérios especiais de tributação, com o objetivo de prevenir desequilíbrios da concorrência, sem prejuízo da competência de a União, por lei, estabelecer normas de igual objetivo.

→ Artigo acrescentado pela EC 42/2003.

Art. 147. Competem à União, em Território Federal, os impostos estaduais e, se o Território não for dividido em Municípios, cumulativamente, os impostos municipais; ao Distrito Federal cabem os impostos municipais.

Art. 148. A União, mediante lei complementar, poderá instituir empréstimos compulsórios:

I – para atender a despesas extraordinárias, decorrentes de calamidade pública, de guerra externa ou sua iminência;

II – no caso de investimento público de caráter urgente e de relevante interesse nacional, observado o disposto no art. 150, III, *b*.

→ *v.* Art. 34, § 12, do ADCT.

Parágrafo único. A aplicação dos recursos provenientes de empréstimo compulsório será vinculada à despesa que fundamentou sua instituição.

Art. 149. Compete exclusivamente à União instituir contribuições sociais, de intervenção no domínio econômico e de interesse das categorias profissionais ou econômicas, como instrumento de sua atuação nas respectivas áreas, observado o disposto nos arts. 146, III, e 150, I e III, e sem prejuízo do previsto no art. 195, § 6º, relativamente às contribuições a que alude o dispositivo.

§ 1º Os Estados, o Distrito Federal e os Municípios instituirão contribuição, cobrada de seus servidores, para o custeio, em benefício destes, do regime previdenciário de que trata o art. 40, cuja alíquota não será inferior à da contribuição dos servidores titulares de cargos efetivos da União.

→ § 1º com redação alterada pela EC 41/2003.

§ 2º As contribuições sociais e de intervenção no domínio econômico de que trata o *caput* deste artigo:

→ *Caput* do § 2º acrescentado pela EC 33/2001.

I – não incidirão sobre as receitas decorrentes de exportação;

→ Inciso I acrescentado pela EC 33/2001.

II – incidirão também sobre a importação de produtos estrangeiros ou serviços;

→ Inciso II com redação alterada pela EC 42/2003.

III – poderão ter alíquotas:

→ Inciso III acrescentado pela EC 33/2001.

a) ad valorem, tendo por base o faturamento, a receita bruta ou o valor da operação e, no caso de importação, o valor aduaneiro;

b) específica, tendo por base a unidade de medida adotada.

§ 3º A pessoa natural destinatária das operações de importação poderá ser equiparada a pessoa jurídica, na forma da lei.

→ § 3º acrescentado pela EC 33/2001.

§ 4º A lei definirá as hipóteses em que as contribuições incidirão uma única vez.

→ § 4º acrescentado pela EC 33/2001.

Art. 149-A. Os Municípios e o Distrito Federal poderão instituir contribuição, na forma das respectivas leis, para o custeio do serviço de iluminação pública, observado o disposto no art. 150, I e III.

→ Artigo acrescentado pela EC 39/2002.

Parágrafo único. É facultada a cobrança da contribuição a que se refere o *caput*, na fatura de consumo de energia elétrica.

Seção II
Das limitações do poder de tributar

Art. 150. Sem prejuízo de outras garantias asseguradas ao contribuinte, é vedado à União, aos Estados, ao Distrito Federal e aos Municípios:

→ *v.* Art. 146 do CTN.

I – exigir ou aumentar tributo sem lei que o estabeleça;

→ *v.* Súmula 160 do STJ.

→ *v.* Art. 5º, II, da CF/1988.

→ *v.* Arts. 3º, 97, I e II, do CTN.

II – instituir tratamento desigual entre contribuintes que se encontrem em situação equivalente, proibida qualquer distinção em razão de ocupação profissional ou função por eles exercida, independentemente da denominação jurídica dos rendimentos, títulos ou direitos;

→ *v.* Súmula 658 do STF.

→ *v.* Art. 5º, I, da CF/1988.

III – cobrar tributos:

a) em relação a fatos geradores ocorridos antes do início da vigência da lei que os houver instituído ou aumentado;

→ *v.* Súmula 239 do STF.

→ *v.* Arts. 9º, II, e 106, do CTN.

b) no mesmo exercício financeiro em que haja sido publicada a lei que os instituiu ou aumentou;

→ *v.* Art. 195, § 6º, da CF/1988.

→ *v.* Súmula Vinculante 50 do STF

c) antes de decorridos noventa dias da data em que haja sido publicada a lei que os instituiu ou aumentou, observado o disposto na alínea *b*;

→ Alínea *c* acrescentada pela EC 42/2003.

→ *v.* Súmula Vinculante 50 do STF.

IV – utilizar tributo com efeito de confisco;

V – estabelecer limitações ao tráfego de pessoas ou bens, por meio de tributos interestaduais ou intermunicipais, ressalvada a cobrança de pedágio pela utilização de vias conservadas pelo Poder Público;

→ *v.* Art. 9º, III, do CTN

VI – instituir impostos sobre:

a) patrimônio, renda ou serviços, uns dos outros;

→ *v.* Art. 9º, IV, *a*, do CTN.

b) templos de qualquer culto;

→ *v.* Art. 9º, IV, *b*, do CTN.

c) patrimônio, renda ou serviços dos partidos políticos, inclusive suas fundações, das entidades sindicais dos trabalhadores, das instituições de educação e de assistência social, sem fins lucrativos, atendidos os requisitos da lei;

→ *v.* Súmulas 724 e 730 do STF.

→ *v.* Art. 9º, IV, *c*, do CTN.

d) livros, jornais, periódicos e o papel destinado a sua impressão.

→ *v.* Súmula 657 do STF.

→ *v.* Art. 9º, IV, *d*, do CTN.

e) fonogramas e videofonogramas musicais produzidos no Brasil contendo obras musicais ou literomusicais de autores brasileiros e/ou obras em geral interpretadas por artistas brasileiros bem como os suportes materiais ou arquivos digitais que os contenham, salvo na etapa de replicação industrial de mídias ópticas de leitura a *laser*.

→ Alínea *e* acrescentada pela EC 75/2013.

§ 1º A vedação do inciso III, *b*, não se aplica aos tributos previstos nos arts. 148, I, 153, I, II, IV e V; e 154, II; e a vedação do inciso III, *c*, não se aplica aos tributos previstos nos arts. 148, I, 153, I, II, III e V; e 154, II, nem à fixação da base de cálculo dos impostos previstos nos arts. 155, III, e 156, I.

→ § 1º com redação alterada pela EC 42/2003.

§ 2º A vedação do inciso VI, *a*, é extensiva às autarquias e às fundações instituídas e mantidas pelo Poder Público, no que se refere ao patrimônio, à renda e aos serviços, vinculados a suas finalidades essenciais ou às delas decorrentes.

§ 3º As vedações do inciso VI, *a*, e do parágrafo anterior não se aplicam ao patrimônio, à renda e aos serviços, relacionados com exploração de atividades econômicas regidas pelas normas aplicáveis a empreendimentos privados, ou em que haja contraprestação ou pagamento de preços ou tarifas pelo usuário, nem exonera o promitente comprador da obrigação de pagar imposto relativamente ao bem imóvel.

§ 4º As vedações expressas no inciso VI, alíneas *b* e *c*, compreendem somente o patrimônio, a renda e os serviços, relacionados com as finalidades essenciais das entidades nelas mencionadas.

§ 5º A lei determinará medidas para que os consumidores sejam esclarecidos acerca dos impostos que incidam sobre mercadorias e serviços.

→ *v.* Lei 8.078/1990 – Proteção do consumidor.

§ 6º Qualquer subsídio ou isenção, redução de base de cálculo, concessão de crédito presumido, anistia ou remissão, relativos a impostos, taxas ou contribuições, só poderá ser concedido mediante lei específica, federal, estadual ou municipal, que regule exclusivamente as matérias acima enumeradas ou o correspondente tributo ou contribuição, sem prejuízo do disposto no art. 155, § 2º, XII, *g*.

→ § 6º com redação alterada pela EC 3/1993.

→ *v.* LC 24/1975 – Convênios para a concessão de isenções do imposto sobre operações relativas à circulação de mercadorias

§ 7º A lei poderá atribuir a sujeito passivo de obrigação tributária a condição de responsável pelo pagamento de imposto ou contribuição, cujo fato gerador deva ocorrer posteriormente, assegurada a imediata e preferencial restituição da quantia paga, caso não se realize o fato gerador presumido.

→ § 7º acrescentado pela EC 3/1993.

Art. 151. É vedado à União:

→ *v.* Art. 41 do ADCT.

I – instituir tributo que não seja uniforme em todo o território nacional ou que implique distinção ou preferência em relação a Estado, ao Distrito Federal ou a Município, em detrimento de outro, admitida a concessão de incentivos fiscais destinados a promover o equilíbrio do desenvolvimento socioeconômico entre as diferentes regiões do País;

→ *v.* Art. 10 do CTN.

→ *v.* Lei 9.440/1997 – Estabelece incentivos fiscais para o desenvolvimento regional.

II – tributar a renda das obrigações da dívida pública dos Estados, do Distrito Federal e dos Municípios, bem como a remuneração e os proventos dos respectivos agentes públicos, em níveis superiores aos que fixar para suas obrigações e para seus agentes;

III – instituir isenções de tributos da competência dos Estados, do Distrito Federal ou dos Municípios.

→ *v.* Súmula 575 do STF.

→ *v.* Súmula 95 do STJ.

Art. 152. É vedado aos Estados, ao Distrito Federal e aos Municípios estabelecer diferença tributária entre bens e serviços, de qualquer natureza, em razão de sua procedência ou destino.

→ *v.* Art. 11 do CTN.

Seção III
Dos impostos da União

Art. 153. Compete à União instituir impostos sobre:

I – importação de produtos estrangeiros;

→ *v.* Lei 9.449/1997 – Reduz o imposto de importação para os produtos que especifica.

→ *v.* Lei 8.032/1992 – Isenção ou redução de impostos de importação.

→ *v.* Lei 7.810/1989 – Redução de impostos na importação.

II – exportação, para o exterior, de produtos nacionais ou nacionalizados;

III – renda e proventos de qualquer natureza;

→ *v.* Súmulas 125 e 215 do STJ.

→ *v.* Arts. 27, § 2º, 28, § 2º, 29, V e VI, 48, XV, 49, VII e VIII, 95, III, 128, § 5º, I, *c*, da CF/1988.

→ *v.* Art. 34, § 2º, I, do ADCT.

→ *v.* Lei 9.532/1997 – Altera a legislação tributária federal.

→ *v.* Lei 9.430/1996 – Legislação tributária federal, as contribuições para a seguridade social, o processo administrativo de consulta.

→ *v.* Lei 9.316/1996 – Altera a legislação do imposto de renda e da contribuição social sobre o lucro líquido.

→ *v.* Lei 8.981/1995 – Altera a legislação tributária Federal.

→ *v.* Lei 8.849/1994 – Altera a legislação do imposto sobre a renda e proventos de qualquer natureza.

→ *v.* Lei 8.848/1994 – Altera a legislação do imposto sobre a renda e proventos de qualquer natureza.

→ *v.* Lei 8.166/1991 – Não incidência do Imposto de Renda sobre lucros ou dividendos distribuídos a residentes ou domiciliados no exterior, doados a instituições sem fins lucrativos.

→ *v.* Lei 8.034/1990 – Altera a legislação do Imposto de Renda das pessoas jurídicas.

IV – produtos industrializados;

→ *v.* Art. 34, § 2º, I, do ADCT.

→ *v.* Lei 9.493/1997 – Concede isenção do IPI na aquisição de equipamentos, máquinas, aparelhos e instrumentos, dispõe sobre período de apuração e prazo de recolhimento do referido imposto para as microempresas e empresas de pequeno porte, e estabelece suspensão do IPI na saída de bebidas alcoólicas, acondicionadas para venda a granel, dos estabelecimentos produtores e dos estabelecimentos equiparados a industrial.

→ *v.* Lei 9.363/1996 – Instituição de crédito presumido do Imposto sobre Produtos Industrializados, para ressarcimento do valor do PIS/PASEP e COFINS nos casos que especifica.

→ *v.* Lei 8.003/1990 – Altera a legislação dos impostos de importação e sobre produtos industrializados.

V – operações de crédito, câmbio e seguro, ou relativas a títulos ou valores mobiliários;

→ *v.* Súmula Vinculante 32 do STF.

→ *v.* Súmula 664 do STF.

→ *v.* Lei 8.894/1994 – Imposto sobre Operações de Crédito, Câmbio e Seguro, ou relativas a Títulos e Valores Mobiliários.

→ *v.* Decreto 6.306/2007 – Regulamenta o Imposto sobre Operações de Crédito, Câmbio e Seguro, ou relativas a Títulos ou Valores Mobiliários – IOF.

VI – propriedade territorial rural;

→ *v.* Súmula 139 do STJ.

→ *v.* Lei 9.321/1996 – Dispensa a comprovação de regularidade do recolhimento do Imposto sobre a Propriedade Territorial Rural (ITR) para fins de financiamento ao amparo do Programa Nacional de Fortalecimento da Agricultura Familiar – PRONAF.

→ *v.* Lei 8.847/1994 – Imposto sobre a Propriedade Territorial Rural (ITR).

VII – grandes fortunas, nos termos de lei complementar.

§ 1º É facultado ao Poder Executivo, atendidas as condições e os limites estabelecidos em lei, alterar as alíquotas dos impostos enumerados nos incisos I, II, IV e V.

→ *v.* Lei 8.088/1990 – Atualização do Bônus do Tesouro Nacional e dos depósitos de poupança.

§ 2º O imposto previsto no inciso III:

I – será informado pelos critérios da generalidade, da universalidade e da progressividade, na forma da lei;

II – *(Revogado pela EC 20/1998).*

§ 3º O imposto previsto no inciso IV:

I – será seletivo, em função da essencialidade do produto;

II – será não cumulativo, compensando-se o que for devido em cada operação com o montante cobrado nas anteriores;

III – não incidirá sobre produtos industrializados destinados ao exterior.

IV – terá reduzido seu impacto sobre a aquisição de bens de capital pelo contribuinte do imposto, na forma da lei.

→ Inciso IV acrescentado pela EC 42/2003.

§ 4º O imposto previsto no inciso VI do *caput*:

→ § 4º com redação alterada pela EC 42/2003.

I – será progressivo e terá suas alíquotas fixadas de forma a desestimular a manutenção de propriedades improdutivas;

II – não incidirá sobre pequenas glebas rurais, definidas em lei, quando as explore o proprietário que não possua outro imóvel;

III – será fiscalizado e cobrado pelos Municípios que assim optarem, na forma da lei, desde que não implique redução do imposto ou qualquer outra forma de renúncia fiscal.

→ *v.* Lei 11.250/2005 – Regulamenta o inciso III do § 4º do art. 153 da CF/1988.

§ 5º O ouro, quando definido em lei como ativo financeiro ou instrumento cambial, sujeita-se exclusivamente à incidência do imposto de que trata o inciso V do *caput* deste artigo, devido na operação de origem; a alíquota mínima será de um por cento, assegurada a transferência do montante da arrecadação nos seguintes termos:

I – trinta por cento para o Estado, o Distrito Federal ou o Território, conforme a origem;

II – setenta por cento para o Município de origem.

Art. 154. A União poderá instituir:

I – mediante lei complementar, impostos não previstos no artigo anterior, desde que sejam não cumulativos e não tenham fato gerador ou base de cálculo próprios dos discriminados nesta Constituição;

→ v. Art. 195, § 4º, da CF/1988.

→ v. Art. 74, § 2º, do ADCT.

II – na iminência ou no caso de guerra externa, impostos extraordinários, compreendidos ou não em sua competência tributária, os quais serão suprimidos, gradativamente, cessadas as causas de sua criação.

Seção IV
Dos impostos dos Estados e do Distrito Federal

Art. 155. Compete aos Estados e ao Distrito Federal instituir impostos sobre:

→ *Caput* com redação alterada pela EC 3/1993.

I – transmissão *causa mortis* e doação, de quaisquer bens ou direitos;

II – operações relativas à circulação de mercadorias e sobre prestações de serviços de transporte interestadual e intermunicipal e de comunicação, ainda que as operações e as prestações se iniciem no exterior;

→ v. Súmula 662 do STF.

→ v. Súmulas 87, 94, 135 e 457 do STJ.

→ v. Art. 60, § 2º, do ADCT.

→ v. LC 87/1996 – Imposto dos Estados e do Distrito Federal sobre operações relativas à circulação de mercadorias e sobre prestações de serviços de transporte interestadual e intermunicipal e de comunicação – Lei Kandir.

→ v. LC 63/1990 – Critérios e prazos de crédito das parcelas do produto da arrecadação de impostos de competência dos Estados e de transferências por estes recebidos, pertencentes aos Municípios.

→ v. LC 24/1975 – Convênios para a concessão de isenções do imposto sobre operações relativas à circulação de mercadorias.

→ v. Art. 17 da Lei 11.494/2007.

III – propriedade de veículos automotores.

§ 1º O imposto previsto no inciso I:

→ *Caput* do § 1º com redação alterada pela EC 3/1993.

I – relativamente a bens imóveis e respectivos direitos, compete ao Estado da situação do bem, ou ao Distrito Federal;

II – relativamente a bens móveis, títulos e créditos, compete ao Estado onde se processar o inventário ou arrolamento, ou tiver domicílio o doador, ou ao Distrito Federal;

III – terá a competência para sua instituição regulada por lei complementar:

a) se o doador tiver domicílio ou residência no exterior;

b) se o *de cujus* possuía bens, era residente ou domiciliado ou teve o seu inventário processado no exterior;

IV – terá suas alíquotas máximas fixadas pelo Senado Federal.

§ 2º O imposto previsto no inciso II atenderá ao seguinte:

→ *Caput* do § 2º com redação alterada pela EC 3/1993.

I – será não cumulativo, compensando-se o que for devido em cada operação relativa à circulação de mercadorias ou prestação de serviços com o montante cobrado nas anteriores pelo mesmo ou outro Estado ou pelo Distrito Federal;

II – a isenção ou não incidência, salvo determinação em contrário da legislação:

a) não implicará crédito para compensação com o montante devido nas operações ou prestações seguintes;

b) acarretará a anulação do crédito relativo às operações anteriores;

III – poderá ser seletivo, em função da essencialidade das mercadorias e dos serviços;

IV – resolução do Senado Federal, de iniciativa do Presidente da República ou de um terço dos Senadores, aprovada pela maioria absoluta de seus membros, estabelecerá as alíquotas aplicáveis às operações e prestações, interestaduais e de exportação;

V – é facultado ao Senado Federal:

a) estabelecer alíquotas mínimas nas operações internas, mediante resolução de iniciativa de um terço e aprovada pela maioria absoluta de seus membros;

b) fixar alíquotas máximas nas mesmas operações para resolver conflito específico que envolva interesse de Estados, mediante resolução de iniciativa da maioria absoluta e aprovada por dois terços de seus membros;

VI – salvo deliberação em contrário dos Estados e do Distrito Federal, nos termos do disposto no inciso XII, *g*, as alíquotas internas, nas operações relativas à circulação de mercadorias e nas prestações de serviços, não poderão ser inferiores às previstas para as operações interestaduais;

VII – nas operações e prestações que destinem bens e serviços a consumidor final, contribuinte ou não do imposto, localizado em outro Estado, adotar-se-á a alíquota interestadual e caberá ao Estado de localização do destinatário o imposto correspondente à diferença entre a alíquota interna do Estado destinatário e a alíquota interestadual;

→ *Caput* do inciso VII com redação alterada pela EC 87/2015, em vigor na data de sua publicação, produzindo efeitos no ano subsequente e após 90 (noventa) dias da data de publicação da referida EC – *D.O.U.* de 17.4.2015.

a) (Revogada pela EC 87/2015, em vigor na data de sua publicação, produzindo efeitos no ano subsequente e após 90 (noventa) dias da data de publicação da referida EC – D.O.U. *de 17.4.2015*);

b) (Revogada pela EC 87/2015, em vigor na data de sua publicação, produzindo efeitos no ano subsequente e após 90 (noventa) dias da data de publicação da referida EC – D.O.U. *de 17.4.2015*);

→ **Anterior redação:** VII – em relação às operações e prestações que destinem bens e serviços a consumidor final localizado em outro Estado, adotar-se-á: *a)* a alíquota interestadual, quando o destinatário for contribuinte do imposto; *b)* a alíquota interna, quando o destinatário não for contribuinte dele;

VIII – a responsabilidade pelo recolhimento do imposto correspondente à diferença entre a alíquota interna e a interestadual de que trata o inciso VII será atribuída:

→ *Caput* com redação alterada pela EC 87/2015, em vigor na data de sua publicação, produzindo efeitos no ano subsequente e após 90 (noventa) dias da data de publicação da referida EC – *D.O.U.* de 17.4.2015.

a) ao destinatário, quando este for contribuinte do imposto;

→ Alínea *a* acrescentada pela EC 87/2015, em vigor na data de sua publicação, produzindo efeitos no ano subsequente e após 90 (noventa) dias da data de publicação da referida EC – *D.O.U.* de 17.4.2015.

b) ao remetente, quando o destinatário não for contribuinte do imposto;

→ Alínea *b* acrescentada pela EC 87/2015, em vigor na data de sua publicação, produzindo efeitos no ano subsequente e após 90 (noventa) dias da data de publicação da referida EC – *D.O.U.* de 17.4.2015.

→ **Anterior redação:** VIII – na hipótese da alínea a do inciso anterior, caberá ao Estado da localização do destinatário o imposto correspondente à diferença entre a alíquota interna e a interestadual;

IX – incidirá também:

a) sobre a entrada de bem ou mercadoria importados do exterior por pessoa física ou jurídica, ainda que não seja contribuinte habitual do imposto, qualquer que seja a sua finalidade, assim como sobre o serviço prestado no exterior, cabendo o imposto ao Estado onde estiver situado o domicílio ou o estabelecimento do destinatário da mercadoria, bem ou serviço;

→ Alínea *a* com redação alterada pela EC 33/2001.

→ v. Súmulas 660 e 661 do STF.

→ v. Súmulas 155 e 198 do STJ.

b) sobre o valor total da operação, quando mercadorias forem fornecidas com serviços não compreendidos na competência tributária dos Municípios;

X – não incidirá:

a) sobre operações que destinem mercadorias para o exterior, nem sobre serviços prestados a destinatários no exterior, assegurada a manutenção e o aproveitamento do montante do imposto cobrado nas operações e prestações anteriores;

→ Alínea *a* com redação alterada pela EC 42/2003.

b) sobre operações que destinem a outros Estados petróleo, inclusive lubrificantes, combustíveis líquidos e gasosos dele derivados, e energia elétrica;

c) sobre o ouro, nas hipóteses definidas no art. 153, § 5º;

→ v. Lei 7.766/1999 – Ouro, ativo financeiro e seu tratamento tributário.

d) nas prestações de serviço de comunicação nas modalidades de radiodifusão sonora e de sons e imagens de recepção livre e gratuita;

→ Alínea *d* acrescentada pela EC 42/2003.

XI – não compreenderá, em sua base de cálculo, o montante do imposto sobre produtos industrializados, quando a operação, realizada entre contribuintes e relativa a produto destinado à industrialização ou à comercialização, configure fato gerador dos dois impostos;

XII – cabe à lei complementar:

a) definir seus contribuintes;

b) dispor sobre substituição tributária;

c) disciplinar o regime de compensação do imposto;

d) fixar, para efeito de sua cobrança e definição do estabelecimento responsável, o local das operações relativas à circulação de mercadorias e das prestações de serviços;

e) excluir da incidência do imposto, nas exportações para o exterior, serviços e outros produtos além dos mencionados no inciso X, *a*;

f) prever casos de manutenção de crédito, relativamente à remessa para outro Estado e exportação para o exterior, de serviços e de mercadorias;

g) regular a forma como, mediante deliberação dos Estados e do Distrito Federal, isenções, incentivos e benefícios fiscais serão concedidos e revogados;

h) definir os combustíveis e lubrificantes sobre os quais o imposto incidirá uma única vez, qualquer que seja a sua finalidade, hipótese em que não se aplicará o disposto no inciso X, *b*;

→ Alínea *h* acrescentada pela EC 33/2001.

i) fixar a base de cálculo, de modo que o montante do imposto a integre, também na importação do exterior de bem, mercadoria ou serviço.

→ Alínea *i* acrescentada pela EC 33/2001.

§ 3º À exceção dos impostos de que tratam o inciso II do *caput* deste artigo e o art. 153, I e II, nenhum outro imposto poderá incidir sobre operações relativas a energia elétrica, serviços de telecomunicações, derivados de petróleo, combustíveis e minerais do País.

→ § 3º com redação alterada pela EC 33/2001.

→ *v.* Súmula 659 do STF.

§ 4º Na hipótese do inciso XII, *h*, observar-se-á o seguinte:

→ § 4º acrescentado pela EC 33/2001.

I – nas operações com os lubrificantes e combustíveis derivados de petróleo, o imposto caberá ao Estado onde ocorrer o consumo;

II – nas operações interestaduais, entre contribuintes, com gás natural e seus derivados, e lubrificantes e combustíveis não incluídos no inciso I deste parágrafo, o imposto será repartido entre os Estados de origem e de destino, mantendo-se a mesma proporcionalidade que ocorre nas operações com as demais mercadorias;

III – nas operações interestaduais com gás natural e seus derivados, e lubrificantes e combustíveis não incluídos no inciso I deste parágrafo, destinadas a não contribuinte, o imposto caberá ao Estado de origem;

IV – as alíquotas do imposto serão definidas mediante deliberação dos Estados e Distrito Federal, nos termos do § 2º, XII, *g*, observando-se o seguinte:

a) serão uniformes em todo o território nacional, podendo ser diferenciadas por produto;

b) poderão ser específicas, por unidade de medida adotada, ou *ad valorem*, incidindo sobre o valor da operação ou sobre o preço que o produto ou seu similar alcançaria em uma venda em condições de livre concorrência;

c) poderão ser reduzidas e restabelecidas, não se lhes aplicando o disposto no art. 150, III, *b*.

§ 5º As regras necessárias à aplicação do disposto no § 4º, inclusive as relativas à apuração e à destinação do imposto, serão estabelecidas mediante deliberação dos Estados e do Distrito Federal, nos termos do § 2º, XII, *g*.

→ § 5º acrescentado pela EC 33/2001.

§ 6º O imposto previsto no inciso III:

→ § 6º acrescentado pela EC 42/2003.

I – terá alíquotas mínimas fixadas pelo Senado Federal;

II – poderá ter alíquotas diferenciadas em função do tipo e utilização.

Seção V
Dos impostos dos Municípios

Art. 156. Compete aos Municípios instituir impostos sobre:

→ *v.* Art. 167, § 4º, da CF/1988.

I – propriedade predial e territorial urbana;

→ *v.* Súmula 539 do STF.

→ *v.* Arts. 182, §§ 2º e 4º, e 186, da CF/1988.

→ *v.* Arts. 32 a 34 do CTN.

II – transmissão *inter vivos*, a qualquer título, por ato oneroso, de bens imóveis, por natureza ou acessão física, e de direitos reais sobre imóveis, exceto os de garantia, bem como cessão de direitos a sua aquisição;

→ *v.* Súmula 656 do STF.

III – serviços de qualquer natureza, não compreendidos no art. 155, II, definidos em lei complementar;

→ Inciso III com redação alterada pela EC 3/1993.

→ *v.* Arts. 35 a 42 do CTN.

IV – *(Revogado pela EC 3/1993).*

§ 1º Sem prejuízo da progressividade no tempo a que se refere o art. 182, § 4º, inciso II, o imposto previsto no inciso I poderá:

→ § 1º com redação alterada pela EC 29/2000.

→ *v.* Súmula 589 do STF.

I – ser progressivo em razão do valor do imóvel; e

II – ter alíquotas diferentes de acordo com a localização e o uso do imóvel.

§ 2º O imposto previsto no inciso II:

I – não incide sobre a transmissão de bens ou direitos incorporados ao patrimônio de pessoa jurídica em realização de capital, nem sobre a transmissão de bens ou direitos decorrentes de fusão, incorporação, cisão ou extinção de pessoa jurídica, salvo se, nesses casos, a atividade preponderante do adquirente for a compra e venda desses bens ou direitos, locação de bens imóveis ou arrendamento mercantil;

II – compete ao Município da situação do bem.

§ 3º Em relação ao imposto previsto no inciso III do *caput* deste artigo, cabe à lei complementar:

→ *Caput* do § 3º com redação alterada pela EC 37/2002.

I – fixar as suas alíquotas máximas e mínimas;

→ Inciso I com redação alterada pela EC 37/2002.

II – excluir da sua incidência exportações de serviços para o exterior;

→ Inciso II com redação alterada pela EC 3/1993.

III – regular a forma e as condições como isenções, incentivos e benefícios fiscais serão concedidos e revogados.

→ Inciso III acrescentado pela EC 37/2002.

§ 4º *(Revogado pela EC 3/1993).*

Seção VI
Da repartição das receitas tributárias

Art. 157. Pertencem aos Estados e ao Distrito Federal:

→ *v.* Art. 167, § 4º, da CF/1988.

I – o produto da arrecadação do imposto da União sobre renda e proventos de qualquer natureza, incidente na fonte, sobre rendimentos pagos, a qualquer título, por eles, suas autarquias e pelas fundações que instituírem e mantiverem;

→ *v.* Súmula 447 do STJ.

→ *v.* Art. 159, § 1º, da CF/1988.

II – vinte por cento do produto da arrecadação do imposto que a União instituir no exercício da competência que lhe é atribuída pelo art. 154, I.

→ *v.* Art. 72, § 1º, do ADCT.

Art. 158. Pertencem aos Municípios:

I – o produto da arrecadação do imposto da União sobre renda e proventos de qualquer natureza, incidente na fonte, sobre rendimentos pagos, a qualquer título, por eles, suas autarquias e pelas fundações que instituírem e mantiverem;

II – cinquenta por cento do produto da arrecadação do imposto da União sobre a propriedade territorial rural, relativamente aos imóveis neles situados, cabendo a totalidade na hipótese da opção a que se refere o art. 153, § 4º, III;

→ Inciso II com redação alterada pela EC 42/2003.

→ *v.* Súmula 139 do STJ.

→ *v.* Decreto 7.827/2012 – Regulamenta os procedimentos de condicionamento e restabelecimento das transferências de recursos provenientes das receitas de que tratam o inciso II do *caput* do art. 158, as alíneas *a* e *b* do inciso I e o inciso II do *caput* do art. 159 da CF/1988.

III – cinquenta por cento do produto da arrecadação do imposto do Estado sobre a propriedade de veículos automotores licenciados em seus territórios;

→ *v.* Art. 1º da LC 63/1990.

IV – vinte e cinco por cento do produto da arrecadação do imposto do Estado sobre operações relativas à circulação de mercadorias e sobre prestações de serviços de transporte interestadual e intermunicipal e de comunicação.

→ *v.* Art. 60, § 2º, do ADCT.

→ *v.* Art. 17 da Lei 11.494/2007.

→ *v.* LC 63/1990 – Critérios e prazos de crédito das parcelas do produto da arrecadação de impostos de competência dos Estados e de transferências por estes recebidos, pertencentes aos Municípios.

Parágrafo único. As parcelas de receita pertencentes aos Municípios, mencionadas no inciso IV, serão creditadas conforme os seguintes critérios:

I – três quartos, no mínimo, na proporção do valor adicionado nas operações relativas à circulação de mercadorias e nas prestações de serviços, realizadas em seus territórios;

II – até um quarto, de acordo com o que dispuser lei estadual ou, no caso dos Territórios, lei federal.

Art. 159. A União entregará:

→ *v.* Art. 72, § 2º e 4º do ADCT.

→ *v.* LC 62/1989 – Estabelece normas sobre o cálculo, a entrega e o controle das liberações dos recursos dos Fundos de Participação.

I – do produto da arrecadação dos impostos sobre renda e proventos de qualquer natureza e sobre produtos industrializados, 49% (quarenta e nove por cento), na seguinte forma:

→ *Caput* do inciso I com redação alterada pela EC 84/2014, em vigor na data de sua publicação, com efeitos financeiros a partir de 1º de janeiro do exercício subsequente – *D.O.U.* de 3.12.2014.

→ *v.* Arts. 34, § 2º, II, e 60, § 2º, do ADCT.

→ *v.* Art. 17 da Lei 11.494/2007.

a) vinte um inteiros e cinco décimos por cento ao Fundo de Participação dos Estados e do Distrito Federal;

b) vinte e dois inteiros e cinco décimos por cento ao Fundo de Participação dos Municípios;

c) três por cento, para aplicação em programas de financiamento ao setor produtivo das Regiões Norte, Nordeste e Centro-Oeste, através de suas instituições financeiras de caráter regional, de acordo com os planos regionais de desenvolvimento, ficando assegurada ao semiárido do Nordeste a metade dos recursos destinados à Região, na forma que a lei estabelecer;

→ *v.* Lei 7.827/1989 – Fundo Constitucional de Financiamento do Norte – FNO, Fundo Constitucional de Financiamento do Nordeste – FNE e o Fundo Constitucional de Financiamento do Centro-Oeste – FCO.

d) um por cento ao Fundo de Participação dos Municípios, que será entregue no primeiro decêndio do mês de dezembro de cada ano;

→ Alínea *d* acrescentada pela EC 55/2007.

e) 1% (um por cento) ao Fundo de Participação dos Municípios, que será entregue no primeiro decêndio do mês de julho de cada ano;

→ Alínea *e* acrescentada pela EC 84/2014, em vigor na data de sua publicação, com efeitos financeiros a partir de 1º de janeiro do exercício subsequente – *D.O.U.* de 3.12.2014.

II – do produto da arrecadação do imposto sobre produtos industrializados, dez por cento aos Estados e ao Distrito Federal, proporcionalmente ao valor das respectivas exportações de produtos industrializados;

→ *v.* Lei 8.016/1990 – Entrega das quotas de participação dos Estados e do Distrito Federal na arrecadação do Imposto sobre Produtos Industrializados.

III – do produto da arrecadação da contribuição de intervenção no domínio econômico prevista no art. 177, § 4º, 29% (vinte e nove por cento) para os Estados e o Distrito Federal, distribuídos na forma da lei, observada a destinação a que se refere o inciso II, *c*, do referido parágrafo.

→ Inciso III com redação alterada pela EC 44/2004.

→ *v.* Lei 10.336/2001 – Contribuição de Intervenção no Domínio Econômico incidente sobre a importação e a comercialização de petróleo e seus derivados, gás natural e seus derivados, e álcool etílico combustível (CIDE).

§ 1º Para efeito de cálculo da entrega a ser efetuada de acordo com o previsto no inciso I, excluir-se-á a parcela da arrecadação do imposto de renda e proventos de qualquer natureza pertencentes aos Estados, ao Distrito Federal e aos Municípios, nos termos do disposto nos arts. 157, I, e 158, I.

§ 2º A nenhuma unidade federada poderá ser destinada parcela superior a vinte por cento do montante a que se refere o inciso II, devendo o eventual excedente ser distribuído entre os demais participantes, mantido, em relação a esses, o critério de partilha nele estabelecido.

§ 3º Os Estados entregarão aos respectivos Municípios vinte e cinco por cento dos recursos que receberem nos termos do inciso II, observados os critérios estabelecidos no art. 158, parágrafo único, I e II.

§ 4º Do montante de recursos de que trata o inciso III que cabe a cada Estado, vinte e cinco por cento serão destinados aos seus Municípios, na forma da lei a que se refere o mencionado inciso.

→ § 4º acrescentado pela EC 42/2003.

Art. 160. É vedada a retenção ou qualquer restrição à entrega e ao emprego dos recursos atribuídos, nesta seção, aos Estados, ao Distrito Federal e aos Municípios, neles compreendidos adicionais e acréscimos relativos a impostos.

Parágrafo único. A vedação prevista neste artigo não impede a União e os Estados de condicionarem a entrega de recursos:

→ Parágrafo único com redação alterada pela EC 29/2000.

I – ao pagamento de seus créditos, inclusive de suas autarquias;

II – ao cumprimento do disposto no art. 198, § 2º, incisos II e III.

Art. 161. Cabe à lei complementar:

I – definir valor adicionado para fins do disposto no art. 158, parágrafo único, I;

→ *v.* LC 63/1990 – Critérios e prazos de crédito das parcelas do produto da arrecadação de impostos de competência dos Estados e de transferências por estes recebidos, pertencentes aos Municípios.

II – estabelecer normas sobre a entrega dos recursos de que trata o art. 159, especialmente sobre os critérios de rateio dos fundos previstos em seu inciso I, objetivando promover o equilíbrio socioeconômico entre Estados e entre Municípios;

→ *v.* Art. 34, § 2º, do ADCT.

→ *v.* LC 62/1989 – Estabelece normas sobre o cálculo, a entrega e o controle das liberações dos recursos dos Fundos de Participação.

III – dispor sobre o acompanhamento, pelos beneficiários, do cálculo das quotas e da liberação das participações previstas nos arts. 157, 158 e 159.

→ *v.* LC 62/1989 – Estabelece normas sobre o cálculo, a entrega e o controle das liberações dos recursos dos Fundos de Participação.

Parágrafo único. O Tribunal de Contas da União efetuará o cálculo das quotas referentes aos fundos de participação a que alude o inciso II.

Art. 162. A União, os Estados, o Distrito Federal e os Municípios divulgarão, até o último dia do mês subsequente ao da arrecadação, os montantes de cada um dos tributos arrecadados, os recursos recebidos, os valores de origem tributária entregues e a entregar e a expressão numérica dos critérios de rateio.

Parágrafo único. Os dados divulgados pela União serão discriminados por Estado e por Município; os dos Estados, por Município.

Capítulo II
DAS FINANÇAS PÚBLICAS

Seção I
Normas gerais

Art. 163. Lei complementar disporá sobre:

→ *v.* Lei 4.320/1964 – Estatui Normas Gerais de Direito Financeiro para elaboração e controle dos orçamentos e balanços da União, dos Estados, dos Municípios e do Distrito Federal.

I – finanças públicas;

→ *v.* LC 101/2000 – Estabelece normas de finanças públicas voltadas para a responsabilidade na gestão fiscal.

II – dívida pública externa e interna, incluída a das autarquias, fundações e demais entidades controladas pelo Poder Público;

→ *v.* Lei 8.388/1991 – Estabelece diretrizes para que a União possa realizar a consolidação e o reescalonamento de dívidas das administrações direta e indireta dos Estados, do Distrito Federal e dos Municípios.

III – concessão de garantias pelas entidades públicas;

IV – emissão e resgate de títulos da dívida pública;

→ *v.* Art. 34, § 2º, I, do ADCT.

V – fiscalização financeira da administração pública direta e indireta;

→ Inciso V com redação alterada pela EC 40/2003.

VI – operações de câmbio realizadas por órgãos e entidades da União, dos Estados, do Distrito Federal e dos Municípios;

→ *v.* Lei 4.131/1962 – Disciplina a aplicação do capital estrangeiro e as remessas de valores para o exterior.

→ *v.* Lei 1.807/1953 – Operações de câmbio.

→ *v.* Dec.-lei 9.602/1946 – Operações de câmbio.

→ *v.* Dec.-lei 9.025/1946 – Operações de câmbio e retorno de capitais estrangeiros.

VII – compatibilização das funções das instituições oficiais de crédito da União, resguardadas as características e condições operacionais plenas das voltadas ao desenvolvimento regional.

Art. 164. A competência da União para emitir moeda será exercida exclusivamente pelo Banco Central.

→ *v.* Lei 4.595/1964 – Política e as Instituições Monetárias, Bancárias e Creditícias, cria o Conselho Monetário Nacional.

→ *v.* Lei 9.069/1995 – Plano Real, Sistema Monetário Nacional, regras e condições de emissão do Real e os critérios para conversão das obrigações para o Real.

§ 1º É vedado ao Banco Central conceder, direta ou indiretamente, empréstimos ao Tesouro Nacional e a qualquer órgão ou entidade que não seja instituição financeira.

§ 2º O Banco Central poderá comprar e vender títulos de emissão do Tesouro Nacional, com o objetivo de regular a oferta de moeda ou a taxa de juros.

§ 3º As disponibilidades de caixa da União serão depositadas no Banco Central; as dos Estados, do Distrito Federal, dos Municípios e dos órgãos ou entidades do Poder Público e das empresas por ele controladas, em instituições financeiras oficiais, ressalvados os casos previstos em lei.

Seção II
Dos orçamentos

Art. 165. Leis de iniciativa do Poder Executivo estabelecerão:

I – o plano plurianual;

II – as diretrizes orçamentárias;

III – os orçamentos anuais.

§ 1º A lei que instituir o plano plurianual estabelecerá, de forma regionalizada, as diretrizes, objetivos e metas da administração pública federal para as despesas de capital e outras delas decorrentes e para as relativas aos programas de duração continuada.

§ 2º A lei de diretrizes orçamentárias compreenderá as metas e prioridades da administração pública federal, incluindo as despesas de capital para o exercício financeiro subsequente, orientará a elaboração da lei orçamentária anual, disporá sobre as alterações na legislação tributária e estabelecerá a política de aplicação das agências financeiras oficiais de fomento.

§ 3º O Poder Executivo publicará, até trinta dias após o encerramento de cada bimestre, relatório resumido da execução orçamentária.

§ 4º Os planos e programas nacionais, regionais e setoriais previstos nesta Constituição serão elaborados em consonância com o plano plurianual e apreciados pelo Congresso Nacional.

→ *v.* Lei 9.491/1997 – Programa Nacional de Desestatização.

§ 5º A lei orçamentária anual compreenderá:

I – o orçamento fiscal referente aos Poderes da União, seus fundos, órgãos e entidades da administração direta e indireta, inclusive fundações instituídas e mantidas pelo Poder Público;

II – o orçamento de investimento das empresas em que a União, direta ou indiretamente, detenha a maioria do capital social com direito a voto;

III – o orçamento da seguridade social, abrangendo todas as entidades e órgãos a ela vinculados, da administração direta ou indireta, bem como os fundos e fundações instituídos e mantidos pelo Poder Público.

§ 6º O projeto de lei orçamentária será acompanhado de demonstrativo regionalizado do efeito, sobre as receitas e despesas, decorrente de isenções, anistias, remissões, subsídios e benefícios de natureza financeira, tributária e creditícia.

§ 7º Os orçamentos previstos no § 5º, I e II, deste artigo, compatibilizados com o plano plurianual, terão entre suas funções a de reduzir desigualdades inter-regionais, segundo critério populacional.

→ *v.* Art. 35 do ADCT.

§ 8º A lei orçamentária anual não conterá dispositivo estranho à previsão da receita e à fixação da despesa, não se incluindo na proibição a autorização para abertura de créditos suplementares e contratação de operações de crédito, ainda que por antecipação de receita, nos termos da lei.

§ 9º Cabe à lei complementar:

I – dispor sobre o exercício financeiro, a vigência, os prazos, a elaboração e a organização do plano plurianual, da lei de diretrizes orçamentárias e da lei orçamentária anual;

II – estabelecer normas de gestão financeira e patrimonial da administração direta e indireta, bem como condições para a instituição e funcionamento de fundos.

→ *v.* Art. 71, § 1º, do ADCT.

III – dispor sobre critérios para a execução equitativa, além de procedimentos que serão adotados quando houver impedimentos legais e técnicos, cumprimento de restos a pagar e limitação das programações de caráter obrigatório, para a realização do disposto no § 11 do art. 166.

→ Inciso III acrescentado pela EC 86/2015, em vigor na data de sua publicação e produzirá efeitos a partir da execução orçamentária do exercício de 2014 – publicação do *D.O.U.* de 18.3.2015.

Art. 166. Os projetos de lei relativos ao plano plurianual, às diretrizes orçamentárias, ao orçamento anual e aos créditos adicionais serão apreciados pelas duas Casas do Congresso Nacional, na forma do regimento comum.

§ 1º Caberá a uma Comissão mista permanente de Senadores e Deputados:

→ *v.* Resolução do Congresso Nacional 1/2006 – Comissão Mista Permanente.

I – examinar e emitir parecer sobre os projetos referidos neste artigo e sobre as contas apresentadas anualmente pelo Presidente da República;

II – examinar e emitir parecer sobre os planos e programas nacionais, regionais e setoriais previstos nesta Constituição e exercer o acompanhamento e a fiscalização orçamentária, sem prejuízo da atuação das demais comissões do Congresso Nacional e de suas Casas, criadas de acordo com o art. 58.

§ 2º As emendas serão apresentadas na Comissão mista, que sobre elas emitirá parecer, e apreciadas, na forma regimental, pelo Plenário das duas Casas do Congresso Nacional.

§ 3º As emendas ao projeto de lei do orçamento anual ou aos projetos que o modifiquem somente podem ser aprovadas caso:

I – sejam compatíveis com o plano plurianual e com a lei de diretrizes orçamentárias;

II – indiquem os recursos necessários, admitidos apenas os provenientes de anulação de despesa, excluídas as que incidam sobre:

a) dotações para pessoal e seus encargos;

b) serviço da dívida;

c) transferências tributárias constitucionais para Estados, Municípios e Distrito Federal; ou

III – sejam relacionadas:

a) com a correção de erros ou omissões; ou

b) com os dispositivos do texto do projeto de lei.

§ 4º As emendas ao projeto de lei de diretrizes orçamentárias não poderão ser aprovadas quando incompatíveis com o plano plurianual.

§ 5º O Presidente da República poderá enviar mensagem ao Congresso Nacional para propor modificação nos projetos a que se refere este artigo enquanto não iniciada a votação, na Comissão mista, da parte cuja alteração é proposta.

§ 6º Os projetos de lei do plano plurianual, das diretrizes orçamentárias e do orçamento anual serão enviados pelo Presidente da República ao Congresso Nacional, nos termos da lei complementar a que se refere o art. 165, § 9º.

§ 7º Aplicam-se aos projetos mencionados neste artigo, no que não contrariar o disposto nesta seção, as demais normas relativas ao processo legislativo.

§ 8º Os recursos que, em decorrência de veto, emenda ou rejeição do projeto de lei orçamentária anual, ficarem sem despesas correspondentes poderão ser utilizados, conforme o caso, mediante créditos especiais ou suplementares, com prévia e específica autorização legislativa.

§ 9º As emendas individuais ao projeto de lei orçamentária serão aprovadas no limite de 1,2% (um inteiro e dois décimos por cento) da receita corrente líquida prevista no projeto encaminhado pelo Poder Executivo, sendo que a metade deste percentual será destinada a ações e serviços públicos de saúde.

→ § 9º acrescentado pela EC 86/2015, em vigor na data de sua publicação e produzirá efeitos a partir da execução orçamentária do exercício de 2014 – publicação do *D.O.U.* de 18.3.2015.

§ 10. A execução do montante destinado a ações e serviços públicos de saúde previsto no § 9º, inclusive custeio, será computada para fins do cumprimento do inciso I do § 2º do art. 198, vedada a destinação para pagamento de pessoal ou encargos sociais.

→ § 10 acrescentado pela EC 86/2015, em vigor na data de sua publicação e produzirá efeitos a partir da execução orçamentária do exercício de 2014 – publicação do *D.O.U.* de 18.3.2015.

§ 11. É obrigatória a execução orçamentária e financeira das programações a que se refere o § 9º deste artigo, em montante correspondente a 1,2% (um inteiro e dois décimos por cento) da receita corrente líquida realizada no exercício anterior, conforme os critérios para a execução equitativa da programação definidos na lei complementar prevista no § 9º do art. 165.

→ § 11 acrescentado pela EC 86/2015, em vigor na data de sua publicação e produzirá efeitos a partir da execução orçamentária do exercício de 2014 – publicação do *D.O.U.* de 18.3.2015.

§ 12. As programações orçamentárias previstas no § 9º deste artigo não serão de execução obrigatória nos casos dos impedimentos de ordem técnica.

→ § 12 acrescentado pela EC 86/2015, em vigor na data de sua publicação e produzirá efeitos a partir da execução orçamentária do exercício de 2014 – publicação do *D.O.U.* de 18.3.2015.

§ 13. Quando a transferência obrigatória da União, para a execução da programação prevista no §11 deste artigo, for destinada a Estados, ao Distrito Federal e a Municípios, independerá da adimplência do ente federativo destinatário e não integrará a base de cálculo da receita corrente líquida para fins de aplicação dos limites de despesa de pessoal de que trata o *caput* do art. 169.

→ § 13 acrescentado pela EC 86/2015, em vigor na data de sua publicação e produzirá efeitos a partir da execução orçamentária do exercício de 2014 – publicação do *D.O.U.* de 18.3.2015.

§ 14. No caso de impedimento de ordem técnica, no empenho de despesa que integre a programação, na forma do § 11 deste artigo, serão adotadas as seguintes medidas:

→ § 14 acrescentado pela EC 86/2015, em vigor na data de sua publicação e produzirá efeitos a partir da execução orçamentária do exercício de 2014 – publicação do *D.O.U.* de 18.3.2015.

I – até 120 (cento e vinte) dias após a publicação da lei orçamentária, o Poder Executivo, o Poder Legislativo, o Poder Judiciário, o Ministério Público e a Defensoria Pública enviarão ao Poder Legislativo as justificativas do impedimento;

II – até 30 (trinta) dias após o término do prazo previsto no inciso I, o Poder Legislativo indicará ao Poder Executivo o remanejamento da programação cujo impedimento seja insuperável;

III – até 30 de setembro ou até 30 (trinta) dias após o prazo previsto no inciso II, o Poder Executivo encaminhará projeto de lei sobre o remanejamento da programação cujo impedimento seja insuperável;

IV – se, até 20 de novembro ou até 30 (trinta) dias após o término do prazo previsto no inciso III, o Congresso Nacional não deliberar sobre o projeto, o remanejamento será implementado por ato do Poder Executivo, nos termos previstos na lei orçamentária.

§ 15. Após o prazo previsto no inciso IV do § 14, as programações orçamentárias previstas no § 11 não serão de execução obrigatória nos casos dos impedimentos justificados na notificação prevista no inciso I do § 14.

→ § 15 acrescentado pela EC 86/2015, em vigor na data de sua publicação e produzirá efeitos a partir da execução orçamentária do exercício de 2014 – publicação do *D.O.U.* de 18.3.2015.

§ 16. Os restos a pagar poderão ser considerados para fins de cumprimento da execução financeira prevista no § 11 deste artigo, até o limite de 0,6% (seis décimos por cento) da receita corrente líquida realizada no exercício anterior.

→ § 16 acrescentado pela EC 86/2015, em vigor na data de sua publicação e produzirá efeitos a partir da execução orçamentária do exercício de 2014 – publicação do *D.O.U.* de 18.3.2015.

§ 17. Se for verificado que a reestimativa da receita e da despesa poderá resultar no não cumprimento da meta de resultado fiscal estabelecida na lei de diretrizes orçamentárias, o montante previsto no § 11 deste artigo poderá ser reduzido em até a mesma proporção da limitação incidente sobre o conjunto das despesas discricionárias.

→ § 17 acrescentado pela EC 86/2015, em vigor na data de sua publicação e produzirá efeitos a partir da execução orçamentária do exercício de 2014 – publicação do *D.O.U.* de 18.3.2015.

§ 18. Considera-se equitativa a execução das programações de caráter obrigatório que atenda de forma igualitária e impessoal às emendas apresentadas, independentemente da autoria.

→ § 18 acrescentado pela EC 86/2015, em vigor na data de sua publicação e produzirá efeitos a partir da execução orçamentária do exercício de 2014 – publicação do *D.O.U.* de 18.3.2015.

Art. 167. São vedados:

I – o início de programas ou projetos não incluídos na lei orçamentária anual;

II – a realização de despesas ou a assunção de obrigações diretas que excedam os créditos orçamentários ou adicionais;

III – a realização de operações de créditos que excedam o montante das despesas de capital, ressalvadas as autorizadas mediante créditos suplementares ou especiais com finalidade precisa, aprovados pelo Poder Legislativo por maioria absoluta;

→ v. Art. 37 do ADCT.

IV – a vinculação de receita de impostos a órgão, fundo ou despesa, ressalvadas a repartição do produto da arrecadação dos impostos a que se referem os arts. 158 e 159, a destinação de recursos para as ações e serviços públicos de saúde, para manutenção e desenvolvimento do ensino e para realização de atividades da administração tributária, como determinado, respectivamente, pelos arts. 198, § 2º, 212 e 37, XXII, e a prestação de garantias às operações de crédito por antecipação de receita, previstas no art. 165, § 8º, bem como o disposto no § 4º deste artigo;

→ Inciso IV com redação alterada pela EC 42/2003.

V – a abertura de crédito suplementar ou especial sem prévia autorização legislativa e sem indicação dos recursos correspondentes;

VI – a transposição, o remanejamento ou a transferência de recursos de uma categoria de programação para outra ou de um órgão para outro, sem prévia autorização legislativa;

VII – a concessão ou utilização de créditos ilimitados;

VIII – a utilização, sem autorização legislativa específica, de recursos dos orçamentos fiscal e da seguridade social para suprir necessidade ou cobrir déficit de empresas, fundações e fundos, inclusive dos mencionados no art. 165, § 5º;

IX – a instituição de fundos de qualquer natureza, sem prévia autorização legislativa;

X – a transferência voluntária de recursos e a concessão de empréstimos, inclusive por antecipação de receita, pelos Governos Federal e Estaduais e suas instituições financeiras, para pagamento de despesas com pessoal ativo, inativo e pensionista, dos Estados, do Distrito Federal e dos Municípios;

→ Inciso X acrescentado pela EC 19/1998.

XI – a utilização dos recursos provenientes das contribuições sociais de que trata o art. 195, I, *a*, e II, para a realização de despesas distintas do pagamento de benefícios do regime geral de previdência social de que trata o art. 201.

→ Inciso XI acrescentado pela EC 20/1998.

§ 1º Nenhum investimento cuja execução ultrapasse um exercício financeiro poderá ser iniciado sem prévia inclusão no plano plurianual, ou sem lei que autorize a inclusão, sob pena de crime de responsabilidade.

§ 2º Os créditos especiais e extraordinários terão vigência no exercício financeiro em que forem autorizados, salvo se o ato de autorização for promulgado nos últimos quatro meses daquele exercício, caso em que, reabertos nos limites de seus saldos, serão incorporados ao orçamento do exercício financeiro subsequente.

§ 3º A abertura de crédito extraordinário somente será admitida para atender a despesas imprevisíveis e urgentes, como as decorrentes de guerra, comoção interna ou calamidade pública, observado o disposto no art. 62.

§ 4º É permitida a vinculação de receitas próprias geradas pelos impostos a que se referem os arts. 155 e 156, e dos recursos de que tratam os arts. 157, 158 e 159, I, *a* e *b*, e II, para a prestação de garantia ou contragarantia à União e para pagamento de débitos para com esta.

→ § 4º acrescentado pela EC 3/1993.

§ 5º A transposição, o remanejamento ou a transferência de recursos de uma categoria de programação para outra poderão ser admitidos, no âmbito das atividades de ciência, tecnologia e inovação, com o objetivo de viabilizar os resultados de projetos restritos a essas funções, mediante ato do Poder Executivo, sem necessidade da prévia autorização legislativa prevista no inciso VI deste artigo.

→ § 5º acrescentado pela EC 85/2015.

Art. 168. Os recursos correspondentes às dotações orçamentárias, compreendidos os créditos suplementares e especiais, destinados aos órgãos dos Poderes Legislativo e Judiciário, do Ministério Público e da Defensoria Pública, ser-lhes-ão entregues até o dia 20 de cada mês, em duodécimos, na forma da lei complementar a que se refere o art. 165, § 9º.

→ Artigo com redação alterada pela EC 45/2004.

Art. 169. A despesa com pessoal ativo e inativo da União, dos Estados, do Distrito Federal e dos Municípios não poderá exceder os limites estabelecidos em lei complementar.

→ Artigo com redação alterada pela EC 19/1998.

→ v. LC 101/2000 – Estabelece normas de finanças públicas voltadas para a responsabilidade na gestão fiscal.

§ 1º A concessão de qualquer vantagem ou aumento de remuneração, a criação de cargos, empregos e funções ou alteração de estrutura de carreiras, bem como a admissão ou contratação de pessoal, a qualquer título, pelos órgãos e entidades da administração direta ou indireta, inclusive fundações instituídas e mantidas pelo poder público, só poderão ser feitas:

I – se houver prévia dotação orçamentária suficiente para atender às projeções de despesa de pessoal e aos acréscimos dela decorrentes;

II – se houver autorização específica na lei de diretrizes orçamentárias, ressalvadas as empresas públicas e as sociedades de economia mista.

§ 2º Decorrido o prazo estabelecido na lei complementar referida neste artigo para a adaptação aos parâmetros ali previstos, serão imediatamente suspensos todos os repasses de verbas federais ou estaduais aos Estados, ao Distrito Federal e aos Municípios que não observarem os referidos limites.

§ 3º Para o cumprimento dos limites estabelecidos com base neste artigo, durante o prazo fixado na lei complementar referida no *caput*, a União, os Estados, o Distrito Federal e os Municípios adotarão as seguintes providências:

I – redução em pelo menos vinte por cento das despesas com cargos em comissão e funções de confiança;

II – exoneração dos servidores não estáveis.

§ 4º Se as medidas adotadas com base no parágrafo anterior não forem suficientes para assegurar o cumprimento da determinação da lei complementar referida neste artigo, o servidor estável poderá perder o cargo, desde que ato normativo motivado de cada um dos Poderes especifique a atividade funcional, o órgão ou unidade administrativa objeto da redução de pessoal.

→ v. Lei 9.801/1999 – Normas gerais para perda de cargo público por excesso de despesa.

→ v. Art. 34 da Lei 8.112/1990.

§ 5º O servidor que perder o cargo na forma do parágrafo anterior fará jus a indenização correspondente a um mês de remuneração por ano de serviço.

§ 6º O cargo objeto da redução prevista nos parágrafos anteriores será considerado extinto, vedada a criação de cargo, emprego ou função com atribuições iguais ou assemelhadas pelo prazo de quatro anos.

§ 7º Lei federal disporá sobre as normas gerais a serem obedecidas na efetivação do disposto no § 4º.

→ v. Art. 247 da CF/1988.

Título VII
Da ordem econômica e financeira

Capítulo I
DOS PRINCÍPIOS GERAIS DA ATIVIDADE ECONÔMICA

→ v. Lei 13.189/2015 – Institui o Programa de Proteção ao Emprego (PPE).

Art. 170. A ordem econômica, fundada na valorização do trabalho humano e na livre-iniciativa, tem por fim assegurar a todos existência digna, conforme os ditames da justiça social, observados os seguintes princípios:

I – soberania nacional;

→ v. Art. 1º, I, da CF/1988.

II – propriedade privada;

→ v. Art. 5º, XXII, da CF/1988.

→ v. Arts. 1.228 a 1.368-A do CC.

III – função social da propriedade;

→ v. Lei 10.257/2001 – Estatuto da Cidade.

IV – livre concorrência;

→ v. Súmula Vinculante 49 do STF.

→ v. Súmula 646 do STF.

→ v. Lei 12.259/2011 – Estrutura o Sistema Brasileiro de Defesa da Concorrência.

V – defesa do consumidor;

→ v. Súmula 646 do STF.

→ v. Lei 12.259/2011 – Estrutura o Sistema Brasileiro de Defesa da Concorrência.

→ v. Lei 8.078/1990 – Proteção do consumidor.

→ v. Decreto 7.962/2013 – Regulamenta a Lei 8.078/1990, para dispor sobre a contratação no comércio eletrônico.

VI – defesa do meio ambiente, inclusive mediante tratamento diferenciado conforme o impacto ambiental dos produtos e serviços e de seus processos de elaboração e prestação;

→ Inciso VI com redação alterada pela EC 42/2003.

→ v. Art. 5º, LXXIII, da CF/1988.

→ v. Lei 7.347/1985 – Lei de Ação Civil Pública.

VII – redução das desigualdades regionais e sociais;

VIII – busca do pleno emprego;

→ v. Arts. 6º e 7º da CF/1988.

→ v. Art. 47 da Lei 11.101/2005.

IX – tratamento favorecido para as empresas de pequeno porte constituídas sob as leis brasileiras e que tenham sua sede e administração no País.

→ Inciso IX com redação alterada pela EC 6/1995.

→ v. LC 123/2006 – Institui o Estatuto Nacional da Microempresa e da Empresa de Pequeno Porte.

Parágrafo único. É assegurado a todos o livre exercício de qualquer atividade econômica, independentemente de autorização de órgãos públicos, salvo nos casos previstos em lei.

→ v. Súmula 646 do STF.

Art. 171. *(Revogado pela EC 6/1995).*

Art. 172. A lei disciplinará, com base no interesse nacional, os investimentos de capital estrangeiro, incentivará os reinvestimentos e regulará a remessa de lucros.

→ *v.* Lei 4.131/1962 – Disciplina a aplicação do capital estrangeiro e as remessas de valores para o exterior.

Art. 173. Ressalvados os casos previstos nesta Constituição, a exploração direta de atividade econômica pelo Estado só será permitida quando necessária aos imperativos da segurança nacional ou a relevante interesse coletivo, conforme definidos em lei.

§ 1º A lei estabelecerá o estatuto jurídico da empresa pública, da sociedade de economia mista e de suas subsidiárias que explorem atividade econômica de produção ou comercialização de bens ou de prestação de serviços, dispondo sobre:

→ § 1º com redação alterada pela EC 19/1998.

I – sua função social e formas de fiscalização pelo Estado e pela sociedade;

II – a sujeição ao regime jurídico próprio das empresas privadas, inclusive quanto aos direitos e obrigações civis, comerciais, trabalhistas e tributários;

III – licitação e contratação de obras, serviços, compras e alienações, observados os princípios da administração pública;

→ *v.* Art. 22, XXVII, da CF/1988.

IV – a constituição e o funcionamento dos conselhos de administração e fiscal, com a participação de acionistas minoritários;

V – os mandatos, a avaliação de desempenho e a responsabilidade dos administradores.

§ 2º As empresas públicas e as sociedades de economia mista não poderão gozar de privilégios fiscais não extensivos às do setor privado.

§ 3º A lei regulamentará as relações da empresa pública com o Estado e a sociedade.

§ 4º A lei reprimirá o abuso do poder econômico que vise à dominação dos mercados, à eliminação da concorrência e ao aumento arbitrário dos lucros.

→ *v.* Súmula Vinculante 49 do STF.

→ *v.* Súmula 646 do STF.

→ *v.* Lei 12.529/2011 – Estrutura o Sistema Brasileiro de Defesa da Concorrência.

→ *v.* Lei 8.176/1991 – Define crimes contra a ordem econômica e cria o Sistema de Estoques de Combustíveis.

→ *v.* Lei 8.137/1990 – Define crimes contra a ordem tributária, econômica e contra as relações de consumo.

§ 5º A lei, sem prejuízo da responsabilidade individual dos dirigentes da pessoa jurídica, estabelecerá a responsabilidade desta, sujeitando-a às punições compatíveis com sua natureza, nos atos praticados contra a ordem econômica e financeira e contra a economia popular.

Art. 174. Como agente normativo e regulador da atividade econômica, o Estado exercerá, na forma da lei, as funções de fiscalização, incentivo e planejamento, sendo este determinante para o setor público e indicativo para o setor privado.

§ 1º A lei estabelecerá as diretrizes e bases do planejamento do desenvolvimento nacional equilibrado, o qual incorporará e compatibilizará os planos nacionais e regionais de desenvolvimento.

§ 2º A lei apoiará e estimulará o cooperativismo e outras formas de associativismo.

→ *v.* Lei 9.867/1999 – Criação e o funcionamento de Cooperativas Sociais.

→ *v.* Lei 5.764/1971 – Define a Política Nacional de Cooperativismo.

§ 3º O Estado favorecerá a organização da atividade garimpeira em cooperativas, levando em conta a proteção do meio ambiente e a promoção econômico-social dos garimpeiros.

→ *v.* Lei 11.685/2008 – Estatuto do Garimpeiro.

→ *v.* Dec.-lei 1.985/1940 – Código de Minas.

§ 4º As cooperativas a que se refere o parágrafo anterior terão prioridade na autorização ou concessão para pesquisa e lavra dos recursos e jazidas de minerais garimpáveis, nas áreas onde estejam atuando, e naquelas fixadas de acordo com o art. 21, XXV, na forma da lei.

Art. 175. Incumbe ao Poder Público, na forma da lei, diretamente ou sob regime de concessão ou permissão, sempre através de licitação, a prestação de serviços públicos.

→ *v.* Súmula 407 do STJ.

→ *v.* Lei 9.427/1996 – Institui a Agência Nacional de Energia Elétrica – ANEEL.

→ *v.* Lei 8.987/1995 – Regime de concessão e permissão da prestação de serviços públicos.

→ *v.* Decreto 3.896/2001 – Regência dos serviços de telecomunicações,

→ *v.* Decreto 2.206/1997 – Aprova o Regulamento do serviço de TV a cabo.

Parágrafo único. A lei disporá sobre:

I – o regime das empresas concessionárias e permissionárias de serviços públicos, o caráter especial de seu contrato e de sua prorrogação, bem como as condições de caducidade, fiscalização e rescisão da concessão ou permissão;

II – os direitos dos usuários;

III – política tarifária;

IV – a obrigação de manter serviço adequado.

Art. 176. As jazidas, em lavra ou não, e demais recursos minerais e os potenciais de energia hidráulica constituem propriedade distinta da do solo, para efeito de exploração ou aproveitamento, e pertencem à União, garantida ao concessionário a propriedade do produto da lavra.

→ *v.* Dec.-lei 1.985/1940 – Código de Minas.

§ 1º A pesquisa e a lavra de recursos minerais e o aproveitamento dos potenciais a que se refere o *caput* deste artigo somente poderão ser efetuados mediante autorização ou concessão da União, no interesse nacional, por brasileiros ou empresa constituída sob as leis brasileiras e que tenham sua sede e administração no País, na forma da lei, que estabelecerá as condições específicas quando essas atividades se desenvolverem em faixa de fronteira ou terras indígenas.

→ § 1º com redação alterada pela EC 6/1995.

§ 2º É assegurada participação ao proprietário do solo nos resultados da lavra, na forma e no valor que dispuser a lei.

§ 3º A autorização de pesquisa será sempre por prazo determinado, e as autorizações e concessões previstas neste artigo não poderão ser cedidas ou transferidas, total ou parcialmente, sem prévia anuência do poder concedente.

§ 4º Não dependerá de autorização ou concessão o aproveitamento do potencial de energia renovável de capacidade reduzida.

Art. 177. Constituem monopólio da União:

I – a pesquisa e a lavra das jazidas de petróleo e gás natural e outros hidrocarbonetos fluidos;

→ *v.* Lei 12.276/2010 – Autoriza a União a ceder onerosamente à Petróleo Brasileiro S.A. – Petrobras o exercício das atividades de pesquisa e lavra de petróleo, de gás natural e de outros hidrocarbonetos fluidos.

II – a refinação do petróleo nacional ou estrangeiro;

→ *v.* Art. 45 do ADCT.

→ *v.* Art. 72 da Lei 9.478/1997.

III – a importação e exportação dos produtos e derivados básicos resultantes das atividades previstas nos incisos anteriores;

→ *v.* Lei 10.336/2001 – Contribuição de Intervenção no Domínio Econômico incidente sobre a importação e a comercialização de petróleo e seus derivados, gás natural e seus derivados, e álcool etílico combustível (Cide).

IV – o transporte marítimo do petróleo bruto de origem nacional ou de derivados básicos de petróleo produzidos no País, bem assim o transporte, por meio de conduto, de petróleo bruto, seus derivados e gás natural de qualquer origem;

→ *v.* Lei 11.909/2009 – Atividades relativas ao transporte de gás natural.

V – a pesquisa, a lavra, o enriquecimento, o reprocessamento, a industrialização e o comércio de minérios e minerais nucleares e seus derivados, com exceção dos radioisótopos cuja produção, comercialização e utilização poderão ser autorizadas sob regime de permissão, conforme as alíneas *b* e *c* do inciso XXIII do *caput* do art. 21 desta Constituição Federal.

→ Inciso V com redação alterada pela EC 49/2006.

§ 1º A União poderá contratar com empresas estatais ou privadas a realização das atividades previstas nos incisos I a IV deste artigo, observadas as condições estabelecidas em lei.

→ § 1º com redação alterada pela EC 9/1995.

§ 2º A lei a que se refere o § 1º disporá sobre:

→ § 2º acrescentado pela EC 9/1995.

I – a garantia do fornecimento dos derivados de petróleo em todo o território nacional;

II – as condições de contratação;

III – a estrutura e atribuições do órgão regulador do monopólio da União.

§ 3º A lei disporá sobre o transporte e a utilização de materiais radioativos no território nacional.

→ Anterior § 2º renumerado para § 3º pela EC 9/1995.

§ 4º A lei que instituir contribuição de intervenção no domínio econômico relativa às atividades de importação ou comercialização de petróleo e seus derivados, gás natural e seus derivados e álcool combustível deverá atender aos seguintes requisitos:

→ § 4º acrescentado pela EC 33/2001.

I – a alíquota da contribuição poderá ser:

a) diferenciada por produto ou uso;

b) reduzida e restabelecida por ato do Poder Executivo, não se lhe aplicando o disposto no art. 150, III, *b*;

II – os recursos arrecadados serão destinados:

a) ao pagamento de subsídios a preços ou transporte de álcool combustível, gás natural e seus derivados e derivados de petróleo;

b) ao financiamento de projetos ambientais relacionados com a indústria do petróleo e do gás;

c) ao financiamento de programas de infraestrutura de transportes.

Art. 178. A lei disporá sobre a ordenação dos transportes aéreo, aquático e terrestre, devendo, quanto à ordenação do transporte internacional, observar os acordos firmados pela União, atendido o princípio da reciprocidade.

→ Artigo com redação alterada pela EC 7/1995.

→ *v.* Lei 11.442/2007 – Transporte rodoviário de cargas por conta de terceiros e mediante remuneração.

→ *v.* Lei 7.565/1986 – Código Brasileiro de Aeronáutica.

→ v. Dec.-lei 116/1967 – Operações inerentes ao transporte de mercadorias por via d'água nos portos brasileiros, delimitando suas responsabilidades e tratando das faltas e avarias.

Parágrafo único. Na ordenação do transporte aquático, a lei estabelecerá as condições em que o transporte de mercadorias na cabotagem e a navegação interior poderão ser feitos por embarcações estrangeiras.

Art. 179. A União, os Estados, o Distrito Federal e os Municípios dispensarão às microempresas e às empresas de pequeno porte, assim definidas em lei, tratamento jurídico diferenciado, visando a incentivá-las pela simplificação de suas obrigações administrativas, tributárias, previdenciárias e creditícias, ou pela eliminação ou redução destas por meio de lei.

→ v. Art. 47, § 1º, do ADCT.

→ v. LC 123/2006 – Estatuto Nacional da Microempresa e da Empresa de Pequeno Porte.

Art. 180. A União, os Estados, o Distrito Federal e os Municípios promoverão e incentivarão o turismo como fator de desenvolvimento social e econômico.

Art. 181. O atendimento de requisição de documento ou informação de natureza comercial, feita por autoridade administrativa ou judiciária estrangeira, a pessoa física ou jurídica residente ou domiciliada no País dependerá de autorização do Poder competente.

Capítulo II
DA POLÍTICA URBANA

Art. 182. A política de desenvolvimento urbano, executada pelo Poder Público municipal, conforme diretrizes gerais fixadas em lei, tem por objetivo ordenar o pleno desenvolvimento das funções sociais da cidade e garantir o bem-estar de seus habitantes.

→ v. Art. 5º, XXII e XXIII, da CF/1988.

→ v. Lei 12.587/2012 – Política Nacional de Mobilidade Urbana.

→ v. Lei 10.257/2001 – Estatuto da Cidade.

§ 1º O plano diretor, aprovado pela Câmara Municipal, obrigatório para cidades com mais de vinte mil habitantes, é o instrumento básico da política de desenvolvimento e de expansão urbana.

§ 2º A propriedade urbana cumpre sua função social quando atende às exigências fundamentais de ordenação da cidade expressas no plano diretor.

→ v. Súmula 668 do STF.

§ 3º As desapropriações de imóveis urbanos serão feitas com prévia e justa indenização em dinheiro.

→ v. Súmulas 113 e 114 do STJ.

§ 4º É facultado ao Poder Público municipal, mediante lei específica para área incluída no plano diretor, exigir, nos termos da lei federal, do proprietário do solo urbano não edificado, subutilizado ou não utilizado, que promova seu adequado aproveitamento, sob pena, sucessivamente de:

→ v. Súmula 668 do STF.

I – parcelamento ou edificação compulsórios;

II – imposto sobre a propriedade predial e territorial urbana progressivo no tempo;

III – desapropriação com pagamento mediante títulos da dívida pública de emissão previamente aprovada pelo Senado Federal, com prazo de resgate de até dez anos, em parcelas anuais, iguais e sucessivas, assegurados o valor real da indenização e os juros legais.

Art. 183. Aquele que possuir como sua área urbana de até duzentos e cinquenta metros quadrados, por cinco anos, ininterruptamente e sem oposição, utilizando-a para sua moradia ou de sua família, adquirir-lhe-á o domínio, desde que não seja proprietário de outro imóvel urbano ou rural.

→ v. Art. 1.240 do CC.

→ v. Arts. 9º a 14 da Lei 10.257/2001.

→ v. Lei 5.709/1971 – Regula a Aquisição de Imóvel Rural por Estrangeiro Residente no País ou Pessoa Jurídica Estrangeira Autorizada a Funcionar no Brasil.

§ 1º O título de domínio e a concessão de uso serão conferidos ao homem ou à mulher, ou a ambos, independentemente do estado civil.

→ v. MP 2.220/2001 – Concessão de uso especial de que trata o § 1º do art. 183 da Constituição Federal.

§ 2º Esse direito não será reconhecido ao mesmo possuidor mais de uma vez.

§ 3º Os imóveis públicos não serão adquiridos por usucapião.

→ v. Art. 200 do Dec.-lei 9.760/1946.

Capítulo III
DA POLÍTICA AGRÍCOLA E FUNDIÁRIA E DA REFORMA AGRÁRIA

Art. 184. Compete à União desapropriar por interesse social, para fins de reforma agrária, o imóvel rural que não esteja cumprindo sua função social, mediante prévia e justa indenização em títulos da dívida agrária, com cláusula de preservação do valor real, resgatáveis no prazo de até vinte anos, a partir do segundo ano de sua emissão, e cuja utilização será definida em lei.

→ v. Lei 8.629/1993 – Regulamentação dos dispositivos constitucionais relativos à reforma agrária.

→ v. Lei 8.174/1991 – Política Agrícola.

→ v. Lei 4.504/1964 – Estatuto da Terra.

§ 1º As benfeitorias úteis e necessárias serão indenizadas em dinheiro.

§ 2º O decreto que declarar o imóvel como de interesse social, para fins de reforma agrária, autoriza a União a propor a ação de desapropriação.

§ 3º Cabe à lei complementar estabelecer procedimento contraditório especial, de rito sumário, para o processo judicial de desapropriação.

§ 4º O orçamento fixará anualmente o volume total de títulos da dívida agrária, assim como o montante de recursos para atender ao programa de reforma agrária no exercício.

§ 5º São isentas de impostos federais, estaduais e municipais as operações de transferência de imóveis desapropriados para fins de reforma agrária.

Art. 185. São insuscetíveis de desapropriação para fins de reforma agrária:

→ v. LC 76/1993 – Procedimento contraditório especial, de rito sumário, para o processo de desapropriação de imóvel rural, por interesse social, para fins de reforma agrária.

I – a pequena e média propriedade rural, assim definida em lei, desde que seu proprietário não possua outra;

II – a propriedade produtiva.

Parágrafo único. A lei garantirá tratamento especial à propriedade produtiva e fixará normas para o cumprimento dos requisitos relativos a sua função social.

Art. 186. A função social é cumprida quando a propriedade rural atende, simultaneamente, segundo critérios e graus de exigência estabelecidos em lei, aos seguintes requisitos:

→ v. Lei 8.629/1993 – Regulamentação dos dispositivos constitucionais relativos à reforma agrária.

I – aproveitamento racional e adequado;

II – utilização adequada dos recursos naturais disponíveis e preservação do meio ambiente;

III – observância das disposições que regulam as relações de trabalho;

IV – exploração que favoreça o bem-estar dos proprietários e dos trabalhadores.

Art. 187. A política agrícola será planejada e executada na forma da lei, com a participação efetiva do setor de produção, envolvendo produtores e trabalhadores rurais, bem como dos setores de comercialização, de armazenamento e de transportes, levando em conta, especialmente:

→ v. Lei 8.174/1991 – Política Agrícola.

I – os instrumentos creditícios e fiscais;

II – os preços compatíveis com os custos de produção e a garantia de comercialização;

III – o incentivo à pesquisa e à tecnologia;

IV – a assistência técnica e extensão rural;

V – o seguro agrícola;

VI – o cooperativismo;

VII – a eletrificação rural e irrigação;

VIII – a habitação para o trabalhador rural.

§ 1º Incluem-se no planejamento agrícola as atividades agroindustriais, agropecuárias, pesqueiras e florestais.

§ 2º Serão compatibilizadas as ações de política agrícola e de reforma agrária.

Art. 188. A destinação de terras públicas e devolutas será compatibilizada com a política agrícola e com o plano nacional de reforma agrária.

§ 1º A alienação ou a concessão, a qualquer título, de terras públicas com área superior a dois mil e quinhentos hectares a pessoa física ou jurídica, ainda que por interposta pessoa, dependerá de prévia aprovação do Congresso Nacional.

§ 2º Excetuam-se do disposto no parágrafo anterior as alienações ou as concessões de terras públicas para fins de reforma agrária.

Art. 189. Os beneficiários da distribuição de imóveis rurais pela reforma agrária receberão títulos de domínio ou de concessão de uso, inegociáveis pelo prazo de dez anos.

→ v. Lei 8.629/1993 – Regulamentação dos dispositivos constitucionais relativos à reforma agrária.

Parágrafo único. O título de domínio e a concessão de uso serão conferidos ao homem ou à mulher, ou a ambos, independentemente do estado civil, nos termos e condições previstos em lei.

Art. 190. A lei regulará e limitará a aquisição ou o arrendamento de propriedade rural por pessoa física ou jurídica estrangeira e estabelecerá os casos que dependerão de autorização do Congresso Nacional.

→ v. Lei 5.709/1971 – Regula a Aquisição de Imóvel Rural por Estrangeiro Residente no País ou Pessoa Jurídica Estrangeira Autorizada a Funcionar no Brasil.

Art. 191. Aquele que, não sendo proprietário de imóvel rural ou urbano, possua como seu, por cinco anos ininterruptos, sem oposição, área de terra, em zona rural, não superior a cinquenta hectares, tornando-a produtiva por seu trabalho ou de sua família, tendo nela sua moradia, adquirir-lhe-á a propriedade.

→ v. Art. 183 da CF/1988.

Parágrafo único. Os imóveis públicos não serão adquiridos por usucapião.

→ v. Art. 200 do Dec.-lei 7.960/1946.

Capítulo IV
DO SISTEMA FINANCEIRO NACIONAL

Art. 192. O sistema financeiro nacional, estruturado de forma a promover o desenvolvimento equilibrado do País e a servir aos interesses da coletividade, em todas as partes que o compõem, abrangendo as cooperativas de crédito, será regulado por leis complementares que disporão, inclusive, sobre a participação do capital estrangeiro nas instituições que o integram.

→ Artigo com redação alterada pela EC 40/2003.

→ v. Art. 52 do ADCT.

→ v. LC 105/2001 – Sigilo das operações de instituições financeiras.

→ v. Lei 4.595/1964 – Lei do Sistema Financeiro Nacional.

I a VIII – *(Revogados pela EC 40/2003).*

§§ 1º a 3º *(Revogados pela EC 40/2003).*

Título VIII
Da ordem social

Capítulo I
DISPOSIÇÃO GERAL

→ v. Lei 13.189/2015 – Institui o Programa de Proteção ao Emprego (PPE).

Art. 193. A ordem social tem como base o primado do trabalho, e como objetivo o bem-estar e a justiça sociais.

Capítulo II
DA SEGURIDADE SOCIAL

Seção I
Disposições gerais

Art. 194. A seguridade social compreende um conjunto integrado de ações de iniciativa dos Poderes Públicos e da sociedade, destinadas a assegurar os direitos relativos à saúde, à previdência e à assistência social.

→ v. Lei 8.742/1993 – Organização da Assistência Social.

→ v. Lei 8.213/1991 – Planos de Benefícios da Previdência Social.

→ v. Lei 8.212/1991 –Seguridade Social e Plano de Custeio.

→ v. Decreto 3.048/1999 – Regulamento da Previdência Social.

Parágrafo único. Compete ao Poder Público, nos termos da lei, organizar a seguridade social, com base nos seguintes objetivos:

I – universalidade da cobertura e do atendimento;

II – uniformidade e equivalência dos benefícios e serviços às populações urbanas e rurais;

III – seletividade e distributividade na prestação dos benefícios e serviços;

IV – irredutibilidade do valor dos benefícios;

V – equidade na forma de participação no custeio;

VI – diversidade da base de financiamento;

VII – caráter democrático e descentralizado da administração, mediante gestão quadripartite, com participação dos trabalhadores, dos empregadores, dos aposentados e do Governo nos órgãos colegiados.

→ Inciso VII com redação alterada pela EC 20/1998.

Art. 195. A seguridade social será financiada por toda a sociedade, de forma direta e indireta, nos termos da lei, mediante recursos provenientes dos orçamentos da União, dos Estados, do Distrito Federal e dos Municípios, e das seguintes contribuições sociais:

→ v. Súmulas 658 e 659 do STF.

→ v. LC 70/1991 – Institui contribuição para financiamento da Seguridade Social, eleva a alíquota da contribuição social sobre o lucro das instituições financeiras.

→ v. Lei 9.477/1997 – Institui o Fundo de Aposentadoria Programada Individual – FAPI e o Plano de Incentivo à Aposentadoria Programada Individual.

→ v. Lei 7.894/1989 – Contribuições para o Finsocial e PIS/Pasep.

→ v. Lei 7.689/1988 – Institui contribuição social sobre o lucro das pessoas jurídicas.

I – do empregador, da empresa e da entidade a ela equiparada na forma da lei, incidentes sobre:

→ Inciso I com redação alterada pela EC 20/1998.

→ v. Súmulas 688 do STF.

a) a folha de salários e demais rendimentos do trabalho pagos ou creditados, a qualquer título, à pessoa física que lhe preste serviço, mesmo sem vínculo empregatício;

→ v. Arts. 114, VIII, e 167, XI, da CF/1988.

b) a receita ou o faturamento;

c) o lucro;

II – do trabalhador e dos demais segurados da previdência social, não incidindo contribuição sobre aposentadoria e pensão concedidas pelo regime geral de previdência social de que trata o art. 201;

→ Inciso II com redação alterada pela EC 20/1998.

→ v. Arts. 114, VIII, e 167, XI, da CF/1988.

III – sobre a receita de concursos de prognósticos.

→ v. Art. 4º da Lei 7.856/1989.

IV – do importador de bens ou serviços do exterior, ou de quem a lei a ele equiparar.

→ Inciso IV acrescentado pela EC 42/2003.

§ 1º As receitas dos Estados, do Distrito Federal e dos Municípios destinadas à seguridade social constarão dos respectivos orçamentos, não integrando o orçamento da União.

§ 2º A proposta de orçamento da seguridade social será elaborada de forma integrada pelos órgãos responsáveis pela saúde, previdência social e assistência social, tendo em vista as metas e prioridades estabelecidas na lei de diretrizes orçamentárias, assegurada a cada área a gestão de seus recursos.

§ 3º A pessoa jurídica em débito com o sistema da seguridade social, como estabelecido em lei, não poderá contratar com o Poder Público nem dele receber benefícios ou incentivos fiscais ou creditícios.

→ v. Art. 5º da Lei 12.453/2011.

§ 4º A lei poderá instituir outras fontes destinadas a garantir a manutenção ou expansão da seguridade social, obedecido o disposto no art. 154, I.

§ 5º Nenhum benefício ou serviço da seguridade social poderá ser criado, majorado ou estendido sem a correspondente fonte de custeio total.

§ 6º As contribuições sociais de que trata este artigo só poderão ser exigidas após decorridos noventa dias da data da publicação da lei que as houver instituído ou modificado, não se lhes aplicando o disposto no art. 150, III, *b*.

→ v. Súmula 669 do STF.

→ v. Arts. 74, § 4º, e 90 do ADCT.

→ v. Lei 9.311/1996 – Institui a Contribuição Provisória sobre Movimentação ou Transmissão de Valores e de Créditos e Direitos de Natureza Financeira – CPMF.

§ 7º São isentas de contribuição para a seguridade social as entidades beneficentes de assistência social que atendam às exigências estabelecidas em lei.

→ v. Súmula 659 do STF.

→ v. Súmula 352 do STJ.

§ 8º O produtor, o parceiro, o meeiro e o arrendatário rurais e o pescador artesanal, bem como os respectivos cônjuges, que exerçam suas atividades em regime de economia familiar, sem empregados permanentes, contribuirão para a seguridade social mediante a aplicação de uma alíquota sobre o resultado da comercialização da produção e farão jus aos benefícios nos termos da lei.

→ § 8º com redação alterada pela EC 20/1998.

→ v. Súmula 272 do STJ.

§ 9º As contribuições sociais previstas no inciso I do *caput* deste artigo poderão ter alíquotas ou bases de cálculo diferenciadas, em razão da atividade econômica, da utilização intensiva de mão de obra, do porte da empresa ou da condição estrutural do mercado de trabalho.

→ § 9º com redação alterada pela EC 47/2005.

§ 10. A lei definirá os critérios de transferência de recursos para o sistema único de saúde e ações de assistência social da União para os Estados, o Distrito Federal e os Municípios, e dos Estados para os Municípios, observada a respectiva contrapartida de recursos.

→ § 10 acrescentado pela EC 20/1998.

§ 11. É vedada a concessão de remissão ou anistia das contribuições sociais de que tratam os incisos I, *a*, e II deste artigo, para débitos em montante superior ao fixado em lei complementar.

→ § 11 acrescentado pela EC 20/1998.

§ 12. A lei definirá os setores de atividade econômica para os quais as contribuições incidentes na forma dos incisos I, *b*; e IV do *caput*, serão não cumulativas.

→ § 12 acrescentado pela EC 42/2003.

§ 13. Aplica-se o disposto no § 12 inclusive na hipótese de substituição gradual, total ou parcial, da contribuição incidente na forma do inciso I, *a*, pela incidente sobre a receita ou o faturamento.

→ § 13 acrescentado pela EC 42/2003.

Seção II
Da saúde

Art. 196. A saúde é direito de todos e dever do Estado, garantido mediante políticas sociais e econômicas que visem à redução do risco de doença e de outros agravos e ao acesso universal e igualitário às ações e serviços para sua promoção, proteção e recuperação.

→ v. Art. 2º da Lei 12.858/2013.

→ v. Lei 9.961/2000 – Cria a Agência Nacional de Saúde Suplementar – ANS.

→ *V.* Lei 9.797/1999 – Obrigatoriedade da cirurgia plástica reparadora da mama pela rede de unidades integrantes do Sistema Único de Saúde – SUS nos casos de mutilação decorrentes de tratamento de câncer.

→ *V.* Lei 9.313/1996 – Distribuição gratuita de medicamentos aos portadores do HIV e doentes de AIDS.

→ *V.* Lei 9.273/1996 – Torna obrigatória a inclusão de dispositivo de segurança que impeça a reutilização das seringas descartáveis.

→ *V.* Lei 8.147/1990 – Alíquota do Finsocial.

Art. 197. São de relevância pública as ações e serviços de saúde, cabendo ao Poder Público dispor, nos termos da lei, sobre sua regulamentação, fiscalização e controle, devendo sua execução ser feita diretamente ou através de terceiros e, também, por pessoa física ou jurídica de direito privado.

→ *V.* Lei 8.080/1990 – Condições para a promoção, proteção e recuperação da saúde, a organização e o funcionamento dos serviços correspondentes.

Art. 198. As ações e serviços públicos de saúde integram uma rede regionalizada e hierarquizada e constituem um sistema único, organizado de acordo com as seguintes diretrizes:

I – descentralização, com direção única em cada esfera de governo;

II – atendimento integral, com prioridade para as atividades preventivas, sem prejuízo dos serviços assistenciais;

III – participação da comunidade.

§ 1º O sistema único de saúde será financiado, nos termos do art. 195, com recursos do orçamento da seguridade social, da União, dos Estados, do Distrito Federal e dos Municípios, além de outras fontes.

→ Anterior parágrafo único renumerado para § 1º pela EC 29/2000.

§ 2º A União, os Estados, o Distrito Federal e os Municípios aplicarão, anualmente, em ações e serviços públicos de saúde recursos mínimos derivados da aplicação de percentuais calculados sobre:

→ *Caput* do § 2º acrescentado pela EC 29/2000.

I – no caso da União, a receita corrente líquida do respectivo exercício financeiro, não podendo ser inferior a 15% (quinze por cento);

→ Inciso I com redação alterada pela EC 86/2015, em vigor na data de sua publicação e produzirá efeitos a partir da execução orçamentária do exercício de 2014 – publicação do *D.O.U.* de 18.3.2015.

II – no caso dos Estados e do Distrito Federal, o produto da arrecadação dos impostos a que se refere o art. 155 e dos recursos de que tratam os arts. 157 e 159, inciso I, alínea *a*, e inciso II, deduzidas as parcelas que forem transferidas aos respectivos Municípios;

→ Inciso II acrescentado pela EC 29/2000.

III – no caso dos Municípios e do Distrito Federal, o produto da arrecadação dos impostos a que se refere o art. 156 e dos recursos de que tratam os arts. 158 e 159, inciso I, alínea *b* e § 3º.

→ Inciso III acrescentado pela EC 29/2000.

→ **Anterior redação:** § 2º A União, os Estados, o Distrito Federal e os Municípios aplicarão, anualmente, em ações e serviços públicos de saúde recursos mínimos derivados da aplicação de percentuais calculados sobre: (§ 2º acrescentado pela EC 29/2000). I – no caso da União, na forma definida nos termos da lei complementar prevista no § 3º; II – no caso dos Estados e do Distrito Federal, o produto da arrecadação dos impostos a que se refere o art. 155 e dos recursos de que tratam os arts. 157 e 159, inciso I, alínea a, e inciso II, deduzidas as parcelas que forem transferidas aos respectivos Municípios; III – no caso dos Municípios e do Distrito Federal, o produto da arrecadação dos impostos a que se refere o art. 156 e dos recursos de que tratam os arts. 158 e 159, inciso I, alínea *b* e § 3º.

§ 3º Lei complementar, que será reavaliada pelo menos a cada 5 (cinco) anos, estabelecerá:

→ *Caput* do § 3º acrescentado pela EC 29/2000.

→ *V.* LC 141/2012 – Regulamenta o § 3º do art. 198 da CF/1988.

I – os percentuais de que tratam os incisos II e III do § 2º;

→ Inciso I com redação alterada pela EC 86/2015, em vigor na data de sua publicação e produzirá efeitos a partir da execução orçamentária do exercício de 2014 – publicação do *D.O.U.* de 18.3.2015.

II – os critérios de rateio dos recursos da União vinculados à saúde destinados aos Estados, ao Distrito Federal e aos Municípios, e dos Estados destinados a seus respectivos Municípios, objetivando a progressiva redução das disparidades regionais;

→ Inciso II acrescentado pela EC 29/2000.

III – as normas de fiscalização, avaliação e controle das despesas com saúde nas esferas federal, estadual, distrital e municipal;

→ Inciso III acrescentado pela EC 29/2000.

IV – *(Revogado pela EC 86/2015, em vigor na data de sua publicação e produzirá efeitos a partir da execução orçamentária do exercício de 2014 – publicação do* D.O.U. *de 18.3.2015).*

→ **Anterior redação:** § 3º Lei complementar, que será reavaliada pelo menos a cada 5 (cinco) anos, estabelecerá: (§ 3º acrescentado pela EC 29/2000). I – os percentuais de que trata o § 2º; II – os critérios de rateio dos recursos da União vinculados à saúde destinados aos Estados, ao Distrito Federal e aos Municípios, e dos Estados destinados a seus respectivos Municípios, objetivando a progressiva redução das disparidades regionais; III – as normas de fiscalização, avaliação e controle das despesas com saúde nas esferas federal, estadual, distrital e municipal; IV – as normas de cálculo do montante a ser aplicado pela União.

§ 4º Os gestores locais do sistema único de saúde poderão admitir agentes comunitários de saúde e agentes de combate às endemias por meio de processo seletivo público, de acordo com a natureza e complexidade de suas atribuições e requisitos específicos para sua atuação.

→ § 4º acrescentado pela EC 51/2006.

§ 5º Lei federal disporá sobre o regime jurídico, o piso salarial profissional nacional, as diretrizes para os Planos de Carreira e a regulamentação das atividades de agente comunitário de saúde e agente de combate às endemias, competindo à União, nos termos da lei, prestar assistência financeira complementar aos Estados, ao Distrito Federal e aos Municípios, para o cumprimento do referido piso salarial.

→ § 5º com redação alterada pela EC 63/2010.

→ *V.* Lei 11.350/2000 – Regulamenta o § 5º do art. 198 da CF/1988.

§ 6º Além das hipóteses previstas no § 1º do art. 41 e no § 4º do art. 169 da Constituição Federal, o servidor que exerça funções equivalentes às de agente comunitário de saúde ou de agente de combate às endemias poderá perder o cargo em caso de descumprimento dos requisitos específicos, fixados em lei, para o seu exercício.

→ § 6º acrescentado pela EC 51/2006.

Art. 199. A assistência à saúde é livre à iniciativa privada.

§ 1º As instituições privadas poderão participar de forma complementar do sistema único de saúde, segundo diretrizes deste, mediante contrato de direito público ou convênio, tendo preferência as entidades filantrópicas e as sem fins lucrativos.

§ 2º É vedada a destinação de recursos públicos para auxílios ou subvenções às instituições privadas com fins lucrativos.

§ 3º É vedada a participação direta ou indireta de empresas ou capitais estrangeiros na assistência à saúde no País, salvo nos casos previstos em lei.

§ 4º A lei disporá sobre as condições e os requisitos que facilitem a remoção de órgãos, tecidos ou substâncias humanas para fins de transplante, pesquisa e tratamento, bem como a coleta, processamento e transfusão de sangue e seus derivados, sendo vedado todo tipo de comercialização.

→ *V.* Lei 10.205/2001 – Regulamenta o § 4º do art. 199 da CF/1988.

→ *V.* Lei 9.434/1997 – Remoção de órgãos, tecidos e partes do corpo humano para fins de transplante e tratamento.

→ *V.* Lei 8.501/1992 – Utilização de cadáver não reclamado, para fins de estudos ou pesquisas científicas.

Art. 200. Ao sistema único de saúde compete, além de outras atribuições, nos termos da lei:

I – controlar e fiscalizar procedimentos, produtos e substâncias de interesse para a saúde e participar da produção de medicamentos, equipamentos, imunobiológicos, hemoderivados e outros insumos;

→ *V.* Lei 9.431/1997 – Obrigatoriedade da manutenção de programa de controle de infecções hospitalares pelos hospitais do País.

II – executar as ações de vigilância sanitária e epidemiológica, bem como as de saúde do trabalhador;

III – ordenar a formação de recursos humanos na área de saúde;

IV – participar da formulação da política e da execução das ações de saneamento básico;

V – incrementar, em sua área de atuação, o desenvolvimento científico e tecnológico e a inovação;

→ Inciso V com redação alterada pela EC 85/2015.

VI – fiscalizar e inspecionar alimentos, compreendido o controle de seu teor nutricional, bem como bebidas e águas para consumo humano;

→ *V.* Decreto 4.680/2003 – Regulamenta o direito à informação, assegurado pela Lei 8.078/1990, quanto aos alimentos e ingredientes alimentares destinados ao consumo humano ou animal que contenham ou sejam produzidos a partir de organismos geneticamente modificados.

VII – participar do controle e fiscalização da produção, transporte, guarda e utilização de substâncias e produtos psicoativos, tóxicos e radioativos;

→ *V.* Lei 7.802/1989 – Pesquisa, experimentação, produção, embalagem e rotulagem, transporte, armazenamento, comercialização, propaganda comercial, utilização, importação, exportação, destino final dos resíduos e embalagens, registro, classificação, controle, inspeção e fiscalização de agrotóxicos, seus componentes e afins.

VIII – colaborar na proteção do meio ambiente, nele compreendido o do trabalho.

Seção III
Da previdência social

Art. 201. A previdência social será organizada sob a forma de regime geral, de caráter contributivo e de filiação obrigatória, observados critérios que preservem o equilíbrio financeiro e atuarial, e atenderá, nos termos da lei, a:

→ *Caput* com redação alterada pela EC 20/1998.

→ *v.* Art. 167, XI, da CF/1988.

→ *v.* Lei 8.213/1991 – Planos de Benefícios da Previdência Social.

→ *v.* Decreto 3.048/1999 – Aprova o Regulamento da Previdência Social.

I – cobertura dos eventos de doença, invalidez, morte e idade avançada;

II – proteção à maternidade, especialmente à gestante;

III – proteção ao trabalhador em situação de desemprego involuntário;

→ *v.* Lei 10.779/2003 – Concessão do benefício de seguro-desemprego, durante o período de defeso, ao pescador profissional que exerce a atividade pesqueira de forma artesanal.

→ *v.* Lei 8.900/1994 – Benefício do seguro-desemprego e altera a Lei 7.998/1990.

→ *v.* Lei 7.998/1990 – Regula o Programa do Seguro-Desemprego, o Abono Salarial, institui o Fundo de Amparo ao Trabalhador (FAT).

IV – salário-família e auxílio-reclusão para os dependentes dos segurados de baixa renda;

V – pensão por morte do segurado, homem ou mulher, ao cônjuge ou companheiro e dependentes, observado o disposto no § 2º.

→ *v.* Súmula 336 do STJ.

§ 1º É vedada a adoção de requisitos e critérios diferenciados para a concessão de aposentadoria aos beneficiários do regime geral de previdência social, ressalvados os casos de atividades exercidas sob condições especiais que prejudiquem a saúde ou a integridade física e quando se tratar de segurados portadores de deficiência, nos termos definidos em lei complementar.

→ § 1º com redação alterada pela EC 47/2005, *D.O.U.* 6.7.2005, em vigor na data de sua publicação, produzindo efeitos retroativos à data de vigência da EC 41/2003, *D.O.U.* 31.12.2003.

→ *v.* LC 142/2013 – Regulamenta o § 1º do art. 201 da Constituição Federal, publicada em 9.5.2013, em vigor após decorridos 6 (seis) meses de sua publicação oficial.

§ 2º Nenhum benefício que substitua o salário de contribuição ou o rendimento do trabalho do segurado terá valor mensal inferior ao salário mínimo.

→ § 2º com redação alterada pela EC 20/1998.

§ 3º Todos os salários de contribuição considerados para o cálculo de benefício serão devidamente atualizados, na forma da lei.

→ § 3º com redação alterada pela EC 20/1998.

§ 4º É assegurado o reajustamento dos benefícios para preservar-lhes, em caráter permanente, o valor real, conforme critérios definidos em lei.

→ § 4º com redação alterada pela EC 20/1998.

→ *v.* Súmulas 688 do STF.

§ 5º É vedada a filiação ao regime geral de previdência social, na qualidade de segurado facultativo, de pessoa participante de regime próprio de previdência.

→ § 5º com redação alterada pela EC 20/1998.

§ 6º A gratificação natalina dos aposentados e pensionistas terá por base o valor dos proventos do mês de dezembro de cada ano.

→ § 6º com redação alterada pela EC 20/1998.

§ 7º É assegurada aposentadoria no regime geral de previdência social, nos termos da lei, obedecidas as seguintes condições:

→ § 7º com redação alterada pela EC 20/1998.

I – trinta e cinco anos de contribuição, se homem, e trinta anos de contribuição, se mulher;

II – sessenta e cinco anos de idade, se homem, e sessenta anos de idade, se mulher, reduzido em cinco anos o limite para os trabalhadores rurais de ambos os sexos e para os que exerçam suas atividades em regime de economia familiar, nestes incluídos o produtor rural, o garimpeiro e o pescador artesanal.

§ 8º Os requisitos a que se refere o inciso I do parágrafo anterior serão reduzidos em cinco anos, para o professor que comprove exclusivamente tempo de efetivo exercício das funções de magistério na educação infantil e no ensino fundamental e médio.

→ § 8º com redação alterada pela EC 20/1998.

§ 9º Para efeito de aposentadoria, é assegurada a contagem recíproca do tempo de contribuição na administração pública e na atividade privada, rural e urbana, hipótese em que os diversos regimes de previdência social se compensarão financeiramente, segundo critérios estabelecidos em lei.

→ § 9º com redação alterada pela EC 20/1998.

→ *v.* Arts. 3º, § 1º, e 22 da Lei 12.618/2012.

→ *v.* Lei 9.796/1999 – Compensação financeira entre o Regime Geral de Previdência Social e os regimes de previdência dos servidores da União, dos Estados, do Distrito Federal e dos Municípios, nos casos de contagem recíproca de tempo de contribuição para efeito de aposentadoria.

§ 10. Lei disciplinará a cobertura do risco de acidente do trabalho, a ser atendida concorrentemente pelo regime geral de previdência social e pelo setor privado.

→ § 10 com redação alterada pela EC 20/1998.

§ 11. Os ganhos habituais do empregado, a qualquer título, serão incorporados ao salário para efeito de contribuição previdenciária e consequente repercussão em benefícios, nos casos e na forma da lei.

→ § 11 com redação alterada pela EC 20/1998.

§ 12. Lei disporá sobre sistema especial de inclusão previdenciária para atender a trabalhadores de baixa renda e àqueles sem renda própria que se dediquem exclusivamente ao trabalho doméstico no âmbito de sua residência, desde que pertencentes a famílias de baixa renda, garantindo-lhes acesso a benefícios de valor igual a um salário mínimo.

→ § 12 com redação alterada pela EC 47/2005, *D.O.U.* 6.7.2005, em vigor na data de sua publicação, produzindo efeitos retroativos à data de vigência da EC 41/2003, *D.O.U.* 31.12.2003.

→ *v.* LC 150/2015 – Lei do Trabalho Doméstico.

§ 13. O sistema especial de inclusão previdenciária de que trata o § 12 deste artigo terá alíquotas e carências inferiores às vigentes para os demais segurados do regime geral de previdência social.

→ § 13 com redação alterada pela EC 47/2005, *D.O.U.* 6.7.2005, em vigor na data de sua publicação, produzindo efeitos retroativos à data de vigência da EC 41/2003, *D.O.U.* 31.12.2003.

Art. 202. O regime de previdência privada, de caráter complementar e organizado de forma autônoma em relação ao regime geral de previdência social, será facultativo, baseado na constituição de reservas que garantam o benefício contratado, e regulado por lei complementar.

→ Artigo com redação alterada pela EC 20/1998.

→ *v.* LC 109/2001 – Regime de Previdência Complementar.

→ *v.* Lei 11.053/2004 – Tributação dos planos de benefícios de caráter previdenciário.

→ *v.* Decreto 7.123/2010 – Conselho Nacional de Previdência Complementar – CNPC e Câmara de Recursos da Previdência Complementar – CRPC.

→ *v.* Decreto 4.942/2003 – Processo administrativo para apuração de responsabilidade por infração à legislação no âmbito do regime da previdência complementar.

§ 1º A lei complementar de que trata este artigo assegurará ao participante de planos de benefícios de entidades de previdência privada o pleno acesso às informações relativas à gestão de seus respectivos planos.

§ 2º As contribuições do empregador, os benefícios e as condições contratuais previstas nos estatutos, regulamentos e planos de benefícios das entidades de previdência privada não integram o contrato de trabalho dos participantes, assim como, à exceção dos benefícios concedidos, não integram a remuneração dos participantes, nos termos da lei.

§ 3º É vedado o aporte de recursos a entidade de previdência privada pela União, Estados, Distrito Federal e Municípios, suas autarquias, fundações, empresas públicas, sociedades de economia mista e outras entidades públicas, salvo na qualidade de patrocinador, situação na qual, em hipótese alguma, sua contribuição normal poderá exceder a do segurado.

→ *v.* Art. 10 da Lei 12.618/2012.

§ 4º Lei complementar disciplinará a relação entre a União, Estados, Distrito Federal ou Municípios, inclusive suas autarquias, fundações, sociedades de economia mista e empresas controladas direta ou indiretamente, enquanto patrocinadoras de entidades fechadas de previdência privada, e suas respectivas entidades fechadas de previdência privada.

→ *v.* LC 108/2001 – Relação entre a União, os Estados, o Distrito Federal e os Municípios, suas autarquias, fundações, sociedades de economia mista e outras entidades públicas e suas respectivas entidades fechadas de previdência complementar.

§ 5º A lei complementar de que trata o parágrafo anterior aplicar-se-á, no que couber, às empresas privadas permissionárias ou concessionárias de prestação de serviços públicos, quando patrocinadoras de entidades fechadas de previdência privada.

§ 6º A lei complementar a que se refere o § 4º deste artigo estabelecerá os requisitos para a designação dos membros das diretorias das entidades fechadas de previdência privada e disciplinará a inserção dos participantes nos colegiados e instâncias de decisão em que seus interesses sejam objeto de discussão e deliberação.

Seção IV
Da assistência social

Art. 203. A assistência social será prestada a quem dela necessitar, independentemente da contribuição à seguridade social, e tem por objetivos:

→ *v.* Lei 8.742/1993 – Organização da Assistência Social.

→ *v.* Art. 11 do ECA.

I – a proteção à família, à maternidade, à infância, à adolescência e à velhice;

II – o amparo às crianças e adolescentes carentes;

III – a promoção da integração ao mercado de trabalho;

IV – a habilitação e reabilitação das pessoas portadoras de deficiência e a promoção de sua integração à vida comunitária;

V – a garantia de um salário mínimo de benefício mensal à pessoa portadora de deficiência e ao idoso que comprovem não possuir meios de prover à própria manutenção ou de tê-la provida por sua família, conforme dispuser a lei.

Art. 204. As ações governamentais na área da assistência social serão realizadas com recursos do orçamento da seguridade social, previstos no art. 195, além de outras fontes, e organizadas com base nas seguintes diretrizes:

I – descentralização político-administrativa, cabendo a coordenação e as normas gerais à esfera federal e a coordenação e a execução dos respectivos programas às esferas estadual e municipal, bem como a entidades beneficentes e de assistência social;

II – participação da população, por meio de organizações representativas, na formulação das políticas e no controle das ações em todos os níveis.

Parágrafo único. É facultado aos Estados e ao Distrito Federal vincular a programa de apoio à inclusão e promoção social até cinco décimos por cento de sua receita tributária líquida, vedada a aplicação desses recursos no pagamento de:

→ Parágrafo único acrescentado pela EC 42/2003.

I – despesas com pessoal e encargos sociais;

II – serviço da dívida;

III – qualquer outra despesa corrente não vinculada diretamente aos investimentos ou ações apoiados.

Capítulo III
DA EDUCAÇÃO, DA CULTURA E DO DESPORTO

Seção I
Da educação

→ *v.* Lei 13.005/2014 – Aprova o Plano Nacional de Educação – PNE.

Art. 205. A educação, direito de todos e dever do Estado e da família, será promovida e incentivada com a colaboração da sociedade, visando ao pleno desenvolvimento da pessoa, seu preparo para o exercício da cidadania e sua qualificação para o trabalho.

→ *v.* Lei 9.394/1996 – Diretrizes e Bases da Educação Nacional.

→ *v.* Decreto 5.773/2006 – Exercício das funções de regulação, supervisão e avaliação de instituições de educação superior e cursos superiores de graduação e sequenciais no sistema federal de ensino.

Art. 206. O ensino será ministrado com base nos seguintes princípios:

I – igualdade de condições para o acesso e permanência na escola;

II – liberdade de aprender, ensinar, pesquisar e divulgar o pensamento, a arte e o saber;

III – pluralismo de ideias e de concepções pedagógicas, e coexistência de instituições públicas e privadas de ensino;

IV – gratuidade do ensino público em estabelecimentos oficiais;

→ *v.* Súmula Vinculante 12 do STF.

→ *v.* Art. 242 da CF/1988.

V – valorização dos profissionais da educação escolar, garantidos, na forma da lei, planos de carreira, com ingresso exclusivamente por concurso público de provas e títulos, aos das redes públicas;

→ Inciso V com redação alterada pela EC 53/2006.

→ *v.* Lei 9.424/1996 – Fundo de Manutenção e Desenvolvimento do Ensino Fundamental e de Valorização do Magistério.

VI – gestão democrática do ensino público, na forma da lei;

VII – garantia de padrão de qualidade.

VIII – piso salarial profissional nacional para os profissionais da educação escolar pública, nos termos de lei federal.

→ Inciso VIII acrescentado pela EC 53/2006.

Parágrafo único. A lei disporá sobre as categorias de trabalhadores considerados profissionais da educação básica e sobre a fixação de prazo para a elaboração ou adequação de seus planos de carreira, no âmbito da União, dos Estados, do Distrito Federal e dos Municípios.

→ Parágrafo único acrescentado pela EC 53/2006.

Art. 207. As universidades gozam de autonomia didático-científica, administrativa e de gestão financeira e patrimonial, e obedecerão ao princípio de indissociabilidade entre ensino, pesquisa e extensão.

§ 1º É facultado às universidades admitir professores, técnicos e cientistas estrangeiros, na forma da lei.

→ § 1º acrescentado pela EC 11/1996.

§ 2º O disposto neste artigo aplica-se às instituições de pesquisa científica e tecnológica.

→ § 2º acrescentado pela EC 11/1996.

Art. 208. O dever do Estado com a educação será efetivado mediante a garantia de:

I – educação básica obrigatória e gratuita dos 4 (quatro) aos 17 (dezessete) anos de idade, assegurada inclusive sua oferta gratuita para todos os que a ela não tiveram acesso na idade própria;

→ Inciso I com redação alterada pela EC 59/2009.

II – progressiva universalização do ensino médio gratuito;

→ Inciso II com redação alterada pela EC 14/1996.

III – atendimento educacional especializado aos portadores de deficiência, preferencialmente na rede regular de ensino;

→ *v.* Lei 13.146/2015 – Estatuto da Pessoa com Deficiência.

→ *v.* Lei 10.845/2004 – Institui o Programa de Complementação ao Atendimento Educacional Especializado às Pessoas Portadoras de Deficiência.

IV – educação infantil, em creche e pré-escola, às crianças até 5 (cinco) anos de idade;

→ Inciso IV com redação alterada pela EC 53/2006.

V – acesso aos níveis mais elevados do ensino, da pesquisa e da criação artística, segundo a capacidade de cada um;

VI – oferta de ensino noturno regular, adequado às condições do educando;

VII – atendimento ao educando, em todas as etapas da educação básica, por meio de programas suplementares de material didático-escolar, transporte, alimentação e assistência à saúde.

→ Inciso VII com redação alterada pela EC 59/2009.

§ 1º O acesso ao ensino obrigatório e gratuito é direito público subjetivo.

§ 2º O não oferecimento do ensino obrigatório pelo Poder Público, ou sua oferta irregular, importa responsabilidade da autoridade competente.

§ 3º Compete ao Poder Público recensear os educandos no ensino fundamental, fazer-lhes a chamada e zelar, junto aos pais ou responsáveis, pela frequência à escola.

Art. 209. O ensino é livre à iniciativa privada, atendidas as seguintes condições:

I – cumprimento das normas gerais da educação nacional;

II – autorização e avaliação de qualidade pelo Poder Público.

Art. 210. Serão fixados conteúdos mínimos para o ensino fundamental, de maneira a assegurar formação básica comum e respeito aos valores culturais e artísticos, nacionais e regionais.

§ 1º O ensino religioso, de matrícula facultativa, constituirá disciplina dos horários normais das escolas públicas de ensino fundamental.

§ 2º O ensino fundamental regular será ministrado em língua portuguesa, assegurada às comunidades indígenas também a utilização de suas línguas maternas e processos próprios de aprendizagem.

Art. 211. A União, os Estados, o Distrito Federal e os Municípios organizarão em regime de colaboração seus sistemas de ensino.

→ *v.* Art. 60, § 1º, do ADCT.

§ 1º A União organizará o sistema federal de ensino e o dos Territórios, financiará as instituições de ensino públicas federais e exercerá, em matéria educacional, função redistributiva e supletiva, de forma a garantir equalização de oportunidades educacionais e padrão mínimo de qualidade do ensino mediante assistência técnica e financeira aos Estados, ao Distrito Federal e aos Municípios.

→ § 1º com redação alterada pela EC 14/1996.

§ 2º Os Municípios atuarão prioritariamente no ensino fundamental e na educação infantil.

→ § 2º com redação alterada pela EC 14/1996.

§ 3º Os Estados e o Distrito Federal atuarão prioritariamente no ensino fundamental e médio.

→ § 3º acrescentado pela EC 14/1996.

§ 4º Na organização de seus sistemas de ensino, a União, os Estados, o Distrito Federal e os Municípios definirão formas de colaboração, de modo a assegurar a universalização do ensino obrigatório.

→ § 4º com redação alterada pela EC 59/2009.

§ 5º A educação básica pública atenderá prioritariamente ao ensino regular.

→ § 5º acrescentado pela EC 53/2006.

Art. 212. A União aplicará, anualmente, nunca menos de dezoito, e os Estados, o Distrito Federal e os Municípios vinte e cinco por cento, no mínimo, da receita resultante de impostos, compreendida a proveniente de transferências, na manutenção e desenvolvimento do ensino.

→ *v.* Lei 9.424/1996 – Fundo de Manutenção e Desenvolvimento do Ensino Fundamental e de Valorização do Magistério.

§ 1º A parcela da arrecadação de impostos transferida pela União aos Estados, ao Distrito Federal e aos Municípios, ou pelos Estados aos respectivos Municípios, não é considerada, para efeito do cálculo previsto neste artigo, receita do governo que a transferir.

§ 2º Para efeito do cumprimento do disposto no *caput* deste artigo, serão considerados os sistemas de ensino federal, estadual e municipal e os recursos aplicados na forma do art. 213.

§ 3º A distribuição dos recursos públicos assegurará prioridade ao atendimento das necessidades do ensino obrigatório, no que se refere a universalização, garantia de padrão de qualidade e equidade, nos termos do plano nacional de educação.

→ § 3º com redação alterada pela EC 59/2009.

§ 4º Os programas suplementares de alimentação e assistência à saúde previstos no art. 208, VII, serão financiados com recursos provenientes de contribuições sociais e outros recursos orçamentários.

§ 5º A educação básica pública terá como fonte adicional de financiamento a contribuição social do salário-educação, recolhida pelas empresas na forma da lei.

→ § 5º com redação alterada pela EC 53/2006.

→ *v.* Decreto 6.003/2006 – Regulamenta a arrecadação, a fiscalização e a cobrança da contribuição social do salário-educação.

→ *v.* Súmula 732 do STF.

§ 6º As cotas estaduais e municipais da arrecadação da contribuição social do salário-educação serão distribuídas proporcionalmente ao número de alunos matriculados na educação básica nas respectivas redes públicas de ensino.

→ § 6º acrescentado pela EC 53/2006.

Art. 213. Os recursos públicos serão destinados às escolas públicas, podendo ser dirigidos a escolas comunitárias, confessionais ou filantrópicas, definidas em lei, que:

→ *v.* Art. 61 do ADCT.

→ *v.* Lei 9.394/1996 – Diretrizes e Bases da Educação Nacional.

I – comprovem finalidade não lucrativa e apliquem seus excedentes financeiros em educação;

II – assegurem a destinação de seu patrimônio a outra escola comunitária, filantrópica ou confessional, ou ao Poder Público, no caso de encerramento de suas atividades.

§ 1º Os recursos de que trata este artigo poderão ser destinados a bolsas de estudo para o ensino fundamental e médio, na forma da lei, para os que demonstrarem insuficiência de recursos, quando houver falta de vagas e cursos regulares da rede pública na localidade da residência do educando, ficando o Poder Público obrigado a investir prioritariamente na expansão de sua rede na localidade.

§ 2º As atividades de pesquisa, de extensão e de estímulo e fomento à inovação realizadas por universidades e/ou por instituições de educação profissional e tecnológica poderão receber apoio financeiro do Poder Público.

→ § 2º com redação alterada pela EC 85/2015.

→ *v.* Lei 8.436/1992 – Institucionaliza o Programa de Crédito Educativo para estudantes carentes.

Art. 214. A lei estabelecerá o plano nacional de educação, de duração decenal, com o objetivo de articular o sistema nacional de educação em regime de colaboração e definir diretrizes, objetivos, metas e estratégias de implementação para assegurar a manutenção e desenvolvimento do ensino em seus diversos níveis, etapas e modalidades por meio de ações integradas dos poderes públicos das diferentes esferas federativas que conduzam a:

→ *Caput* com redação alterada pela EC 59/2009.

→ *v.* Lei 9.394/1996 – Diretrizes e Bases da Educação Nacional.

I – erradicação do analfabetismo;

II – universalização do atendimento escolar;

III – melhoria da qualidade do ensino;

IV – formação para o trabalho;

V – promoção humanística, científica e tecnológica do País;

VI – estabelecimento de meta de aplicação de recursos públicos em educação como proporção do produto interno bruto.

→ Inciso VI acrescentado pela EC 59/2009.

→ *v.* Art. 2º da Lei 12.858/2013.

Seção II
Da cultura

Art. 215. O Estado garantirá a todos o pleno exercício dos direitos culturais e acesso às fontes da cultura nacional, e apoiará e incentivará a valorização e a difusão das manifestações culturais.

→ *v.* Lei 13.018/2014 – Institui a Política Nacional de Cultura Viva.

→ *v.* Lei 12.840/2013 – Distinção dos bens de valor cultural, artístico ou histórico aos museus.

→ *v.* Lei 8.685/1993 – Cria mecanismos de fomento à atividade audiovisual.

→ *v.* Lei 8.313/1991 – Institui o Programa Nacional de Apoio à Cultura (PRONAC).

→ *v.* MP 2.228-1/2001 – Estabelece princípios gerais da Política Nacional do Cinema, cria o Conselho Superior do Cinema e a Agência Nacional do Cinema – ANCINE, institui o Programa de Apoio ao Desenvolvimento do Cinema Nacional – PRODECINE, autoriza a criação de Fundos de Financiamento da Indústria Cinematográfica Nacional – FUNCINES, altera a legislação sobre a Contribuição para o Desenvolvimento da Indústria Cinematográfica Nacional.

§ 1º O Estado protegerá as manifestações das culturas populares, indígenas e afro-brasileiras, e das de outros grupos participantes do processo civilizatório nacional.

§ 2º A lei disporá sobre a fixação de datas comemorativas de alta significação para os diferentes segmentos étnicos nacionais.

§ 3º A lei estabelecerá o Plano Nacional de Cultura, de duração plurianual, visando ao desenvolvimento cultural do País e à integração das ações do poder público que conduzem à:

→ § 3º acrescentado pela EC 48/2005.

I – defesa e valorização do patrimônio cultural brasileiro;

II – produção, promoção e difusão de bens culturais;

III – formação de pessoal qualificado para a gestão da cultura em suas múltiplas dimensões;

IV – democratização do acesso aos bens de cultura;

V – valorização da diversidade étnica e regional.

Art. 216. Constituem patrimônio cultural brasileiro os bens de natureza material e imaterial, tomados individualmente ou em conjunto, portadores de referência à identidade, à ação, à memória dos diferentes grupos formadores da sociedade brasileira, nos quais se incluem:

→ *v.* Lei 12.840/2013 – Distinção dos bens de valor cultural, artístico ou histórico aos museus.

→ *v.* Art. 1º do Dec.-lei 25/1937.

I – as formas de expressão;

II – os modos de criar, fazer e viver;

III – as criações científicas, artísticas e tecnológicas;

→ *v.* Lei 9.610/1998 – Direitos Autorais.

IV – as obras, objetos, documentos, edificações e demais espaços destinados às manifestações artístico-culturais;

V – os conjuntos urbanos e sítios de valor histórico, paisagístico, artístico, arqueológico, paleontológico, ecológico e científico.

§ 1º O Poder Público, com a colaboração da comunidade, promoverá e protegerá o patrimônio cultural brasileiro, por meio de inventários, registros, vigilância, tombamento e desapropriação, e de outras formas de acautelamento e preservação.

→ *v.* Lei 7.347/1985 – Ação Civil Pública.

→ *v.* Lei 8.394/1991 – Preservação, organização e proteção dos acervos documentais privados dos presidentes da República.

§ 2º Cabem à administração pública, na forma da lei, a gestão da documentação governamental e as providências para franquear sua consulta a quantos dela necessitem.

→ *v.* Lei 12.527/2011 – Lei de Acesso à Informação.

→ *v.* Lei 8.159/1991 – Política nacional de arquivos públicos e privados.

§ 3º A lei estabelecerá incentivos para a produção e o conhecimento de bens e valores culturais.

→ *v.* Lei 8.313/1991 – Institui o Programa Nacional de Apoio à Cultura (PRONAC).

→ *v.* Lei 8.685/1993 – Cria mecanismos de fomento à atividade audiovisual.

§ 4º Os danos e ameaças ao patrimônio cultural serão punidos, na forma da lei.

→ *v.* Art. 163, parágrafo único, III, do CP.

→ *v.* Art. 5º da Lei 3.924/1961.

§ 5º Ficam tombados todos os documentos e os sítios detentores de reminiscências históricas dos antigos quilombos.

§ 6º É facultado aos Estados e ao Distrito Federal vincular a fundo estadual de fomento à cultura até cinco décimos por cento de sua receita tributária líquida, para o financiamento de programas e projetos culturais, vedada a aplicação desses recursos no pagamento de:

→ § 6º acrescentado pela EC 42/2003.

I – despesas com pessoal e encargos sociais;

II – serviço da dívida;

III – qualquer outra despesa corrente não vinculada diretamente aos investimentos ou ações apoiados.

Art. 216-A. O Sistema Nacional de Cultura, organizado em regime de colaboração, de forma descentralizada e participativa, institui um processo de gestão e promoção conjunta de políticas públicas de cultura, democráticas e permanentes, pactuadas entre os entes da Federação e a sociedade, tendo por objetivo promover o desenvolvimento humano, social e econômico com pleno exercício dos direitos culturais.

→ Artigo acrescentado pela EC 71/2012.

§ 1º O Sistema Nacional de Cultura fundamenta-se na política nacional de cultura e nas suas diretrizes, estabelecidas no Plano Nacional de Cultura, e rege-se pelos seguintes princípios:

I – diversidade das expressões culturais;

II – universalização do acesso aos bens e serviços culturais;

III – fomento à produção, difusão e circulação de conhecimento e bens culturais;

IV – cooperação entre os entes federados, os agentes públicos e privados atuantes na área cultural;

V – integração e interação na execução das políticas, programas, projetos e ações desenvolvidas;

VI – complementaridade nos papéis dos agentes culturais;

VII – transversalidade das políticas culturais;

VIII – autonomia dos entes federados e das instituições da sociedade civil;

IX – transparência e compartilhamento das informações;

X – democratização dos processos decisórios com participação e controle social;

XI – descentralização articulada e pactuada da gestão, dos recursos e das ações;

XII – ampliação progressiva dos recursos contidos nos orçamentos públicos para a cultura.

§ 2º Constitui a estrutura do Sistema Nacional de Cultura, nas respectivas esferas da Federação:

I – órgãos gestores da cultura;

II – conselhos de política cultural;

III – conferências de cultura;

IV – comissões intergestores;

V – planos de cultura;

VI – sistemas de financiamento à cultura;

VII – sistemas de informações e indicadores culturais;

VIII – programas de formação na área da cultura; e

IX – sistemas setoriais de cultura.

§ 3º Lei federal disporá sobre a regulamentação do Sistema Nacional de Cultura, bem como de sua articulação com os demais sistemas nacionais ou políticas setoriais de governo.

→ *v.* Lei 12.343/2012 – Institui o Plano Nacional de Cultura – PNC, cria o Sistema Nacional de Informações e Indicadores Culturais – SNIIC.

§ 4º Os Estados, o Distrito Federal e os Municípios organizarão seus respectivos sistemas de cultura em leis próprias.

Seção III
Do desporto

Art. 217. É dever do Estado fomentar práticas desportivas formais e não formais, como direito de cada um, observados:

→ *v.* Lei 9.615/1998 – Institui normas gerais sobre desporto.

I – a autonomia das entidades desportivas dirigentes e associações, quanto a sua organização e funcionamento;

II – a destinação de recursos públicos para a promoção prioritária do desporto educacional e, em casos específicos, para a do desporto de alto rendimento;

III – o tratamento diferenciado para o desporto profissional e o não profissional;

IV – a proteção e o incentivo às manifestações desportivas de criação nacional.

§ 1º O Poder Judiciário só admitirá ações relativas à disciplina e às competições desportivas após esgotarem-se as instâncias da justiça desportiva, regulada em lei.

§ 2º A justiça desportiva terá o prazo máximo de sessenta dias, contados da instauração do processo, para proferir decisão final.

§ 3º O Poder Público incentivará o lazer, como forma de promoção social.

→ *v.* Lei 10.671/2003 – Estatuto do Torcedor.

→ *v.* Lei 11.771/2008 – Política Nacional de Turismo.

Capítulo IV
DA CIÊNCIA, TECNOLOGIA E INOVAÇÃO

→ Rubrica com redação alterada pela EC 85/2015.

Art. 218. O Estado promoverá e incentivará o desenvolvimento científico, a pesquisa, a capacitação científica e tecnológica e a inovação.

→ *Caput* com redação alterada pela EC 85/2015.

§ 1º A pesquisa científica básica e tecnológica receberá tratamento prioritário do Estado, tendo em vista o bem público e o progresso da ciência, tecnologia e inovação.

→ § 1º com redação alterada pela EC 85/2015.

§ 2º A pesquisa tecnológica voltar-se-á preponderantemente para a solução dos problemas brasileiros e para o desenvolvimento do sistema produtivo nacional e regional.

§ 3º O Estado apoiará a formação de recursos humanos nas áreas de ciência, pesquisa, tecnologia e inovação, inclusive por meio do apoio às atividades de extensão tecnológica, e concederá aos que delas se ocupem meios e condições especiais de trabalho.

→ § 3º com redação alterada pela EC 85/2015.

§ 4º A lei apoiará e estimulará as empresas que invistam em pesquisa, criação de tecnologia adequada ao País, formação e aperfeiçoamento de seus recursos humanos e que pratiquem sistemas de remuneração que assegurem ao empregado, desvinculada do salário, participação nos ganhos econômicos resultantes da produtividade de seu trabalho.

→ *v.* Lei 11.196/2005 – Institui o Regime Especial de Tributação para a Plataforma de Exportação de Serviços de Tecnologia da Informação – REPES, o Regime Especial de Aquisição de Bens de Capital para Empresas Exportadoras – RECAP e o Programa de Inclusão Digital; dispõe sobre incentivos fiscais para a inovação tecnológica.

→ *v.* Lei 9.257/1996 – Conselho Nacional de Ciência e Tecnologia.

→ *v.* Lei 8.248/1991 – Capacitação e competitividade do setor de informática e automação.

§ 5º É facultado aos Estados e ao Distrito Federal vincular parcela de sua receita orçamentária a entidades públicas de fomento ao ensino e à pesquisa científica e tecnológica.

§ 6º O Estado, na execução das atividades previstas no *caput*, estimulará a articulação entre entes, tanto públicos quanto privados, nas diversas esferas de governo.

→ § 6º acrescentado pela EC 85/2015.

§ 7º O Estado promoverá e incentivará a atuação no exterior das instituições públicas de ciência, tecnologia e inovação, com vistas à execução das atividades previstas no *caput*.

→ § 7º acrescentado pela EC 85/2015.

Art. 219. O mercado interno integra o patrimônio nacional e será incentivado de modo a viabilizar o desenvolvimento cultural e socioeconômico, o bem-estar da população e a autonomia tecnológica do País, nos termos de lei federal.

Parágrafo único. O Estado estimulará a formação e o fortalecimento da inovação nas empresas, bem como nos demais entes, públicos ou privados, a constituição e a manutenção de parques e polos tecnológicos e de demais ambientes promotores da inovação, a atuação dos inventores independentes e a criação, absorção, difusão e transferência de tecnologia.

→ Parágrafo único acrescentado pela EC 85/2015.

Art. 219-A. A União, os Estados, o Distrito Federal e os Municípios poderão firmar instrumentos de cooperação com órgãos e entidades públicos e com entidades privadas, inclusive para o compartilhamento de recursos humanos especializados e capacidade instalada, para a execução de projetos de pesquisa, de desenvolvimento científico e tecnológico e de inovação, mediante contrapartida financeira ou não financeira assumida pelo ente beneficiário, na forma da lei.

→ Artigo acrescentado pela EC 85/2015.

Art. 219-B. O Sistema Nacional de Ciência, Tecnologia e Inovação será organizado em regime de colaboração entre entes, tanto públicos quanto privados, com vistas a promover o desenvolvimento científico e tecnológico e a inovação.

→ Artigo acrescentado pela EC 85/2015.

§ 1º Lei federal disporá sobre as normas gerais do Sistema Nacional de Ciência, Tecnologia e Inovação.

§ 2º Os Estados, o Distrito Federal e os Municípios legislarão concorrentemente sobre suas peculiaridades.

Capítulo V
DA COMUNICAÇÃO SOCIAL

Art. 220. A manifestação do pensamento, a criação, a expressão e a informação, sob qualquer forma, processo ou veículo não sofrerão qualquer restrição, observado o disposto nesta Constituição.

→ *v.* Arts. 36, 37, 43 e 44 do CDC.

→ *v.* Art. 7º da Lei 9.610/1998.

→ *v.* Art. 45 da Lei 9.504/1997.

→ *v.* Art. 2º da Lei 8.389/1991.

→ *v.* Art. 1º da Lei 7.524/1986.

§ 1º Nenhuma lei conterá dispositivo que possa constituir embaraço à plena liberdade de informação jornalística em qualquer veículo de comunicação social, observado o disposto no art. 5º, IV, V, X, XIII e XIV.

§ 2º É vedada toda e qualquer censura de natureza política, ideológica e artística.

§ 3º Compete à lei federal:

I – regular as diversões e espetáculos públicos, cabendo ao Poder Público informar sobre a natureza deles, as faixas etárias a que não se recomendem, locais e horários em que sua apresentação se mostre inadequada;

→ *v.* Arts. 74 a 80 do ECA.

II – estabelecer os meios legais que garantam à pessoa e à família a possibilidade de se defenderem de programas ou programações de rádio e televisão que contrariem o disposto no art. 221, bem como da propaganda de produtos, práticas e serviços que possam ser nocivos à saúde e ao meio ambiente.

→ *v.* Arts. 9º e 10 do CDC.

§ 4º A propaganda comercial de tabaco, bebidas alcoólicas, agrotóxicos, medicamentos e terapias estará sujeita a restrições legais, nos termos do inciso II do parágrafo anterior, e conterá, sempre que necessário, advertência sobre os malefícios decorrentes de seu uso.

→ *v.* Lei 9.294/1996 – Restrições ao uso e à propaganda de produtos fumígeros, bebidas alcoólicas, medicamentos, terapias e defensivos agrícolas.

§ 5º Os meios de comunicação social não podem, direta ou indiretamente, ser objeto de monopólio ou oligopólio.

→ *v.* Art. 36, II e IV, da Lei 12.529/2011.

§ 6º A publicação de veículo impresso de comunicação independe de licença de autoridade.

→ *v.* Art. 114, parágrafo único, da Lei 6.015/1973.

Art. 221. A produção e a programação das emissoras de rádio e televisão atenderão aos seguintes princípios:

I – preferência a finalidades educativas, artísticas, culturais e informativas;

II – promoção da cultura nacional e regional e estímulo à produção independente que objetive sua divulgação;

III – regionalização da produção cultural, artística e jornalística, conforme percentuais estabelecidos em lei;

IV – respeito aos valores éticos e sociais da pessoa e da família.

→ *v.* Art. 8º, III, da Lei 11.340/2006.

Art. 222. A propriedade de empresa jornalística e de radiodifusão sonora e de sons e imagens é privativa de brasileiros natos ou naturalizados há mais de dez anos, ou de pessoas jurídicas constituídas sob as leis brasileiras e que tenham sede no País.

→ Artigo com redação alterada pela EC 36/2002.

§ 1º Em qualquer caso, pelo menos setenta por cento do capital total e do capital votante das empresas jornalísticas e de radiodifusão sonora e de sons e imagens deverá pertencer, direta ou indiretamente, a brasileiros natos ou naturalizados há mais de dez anos, que exercerão obrigatoriamente a gestão das atividades e estabelecerão o conteúdo da programação.

§ 2º A responsabilidade editorial e as atividades de seleção e direção da programação veiculada são privativas de brasileiros natos ou naturalizados há mais de dez anos, em qualquer meio de comunicação social.

§ 3º Os meios de comunicação social eletrônica, independentemente da tecnologia utilizada para a prestação do serviço, deverão observar os princípios enunciados no art. 221, na forma de lei específica, que também garantirá a prioridade de profissionais brasileiros na execução de produções nacionais.

§ 4º Lei disciplinará a participação de capital estrangeiro nas empresas de que trata o § 1º.

→ *v.* Lei 10.610/2002 – Participação de capital estrangeiro nas empresas jornalísticas e de radiodifusão sonora e de sons e imagens.

§ 5º As alterações de controle societário das empresas de que trata o § 1º serão comunicadas ao Congresso Nacional.

Art. 223. Compete ao Poder Executivo outorgar e renovar concessão, permissão e autorização para o serviço de radiodifusão sonora e de sons e imagens, observado o princípio da complementaridade dos sistemas privado, público e estatal.

§ 1º O Congresso Nacional apreciará o ato no prazo do art. 64, §§ 2º e 4º, a contar do recebimento da mensagem.

§ 2º A não renovação da concessão ou permissão dependerá de aprovação de, no mínimo, dois quintos do Congresso Nacional, em votação nominal.

§ 3º O ato de outorga ou renovação somente produzirá efeitos legais após deliberação do Congresso Nacional, na forma dos parágrafos anteriores.

§ 4º O cancelamento da concessão ou permissão, antes de vencido o prazo, depende de decisão judicial.

§ 5º O prazo da concessão ou permissão será de dez anos para as emissoras de rádio e de quinze para as de televisão.

→ *v.* Decreto 52.795/1963 – Regulamento dos Serviços de Radiodifusão.

Art. 224. Para os efeitos do disposto neste capítulo, o Congresso Nacional instituirá, como seu órgão auxiliar, o Conselho de Comunicação Social, na forma da lei.

→ *v.* Lei 8.389/1991 – Institui o Conselho de Comunicação Social.

→ *v.* Lei 6.650/1979 – Criação, na Presidência da República, da Secretaria de Comunicação Social.

→ *v.* Decreto 6.555/2008 – Ações de comunicação do Poder Executivo Federal.

Capítulo VI
DO MEIO AMBIENTE

Art. 225. Todos têm direito ao meio ambiente ecologicamente equilibrado, bem de uso comum do povo e essencial à sadia qualidade de vida, impondo-se ao Poder Público e à coletividade o dever de defendê-lo e preservá-lo para as presentes e futuras gerações.

→ *v.* Lei 12.651/2012 – Código Florestal.

→ *v.* Lei 11.284/2006 – Gestão de florestas públicas para a produção sustentável; institui, na estrutura do Ministério do Meio Ambiente, o Serviço Florestal Brasileiro – SFB; cria o Fundo Nacional de Desenvolvimento Florestal – FNDF.

→ *v.* Lei 7.797/1989 – Fundo Nacional de Meio Ambiente.

→ *v.* Lei 7.735/1989 – Instituto Brasileiro do Meio Ambiente e dos Recursos Naturais Renováveis.

→ *v.* Lei 6.938/1981 – Política Nacional do Meio Ambiente.

→ *v.* Decreto 4.339/2002 – Institui princípios e diretrizes para a implementação da Política Nacional da Biodiversidade.

§ 1º Para assegurar a efetividade desse direito, incumbe ao Poder Público:

I – preservar e restaurar os processos ecológicos essenciais e prover o manejo ecológico das espécies e ecossistemas;

→ *v.* Lei 9.985/2000 – Sistema Nacional de Unidades de Conservação da Natureza.

II – preservar a diversidade e a integridade do patrimônio genético do País e fiscalizar as entidades dedicadas à pesquisa e manipulação de material genético;

→ *v.* Lei 13.123/2015 – Regulamenta o patrimônio genético.

→ *v.* Lei 11.105/2005 – Regulamenta os incisos II, IV e V do § 1º do art. 225 da CF/1988.

III – definir, em todas as unidades da Federação, espaços territoriais e seus componentes a serem especialmente protegidos, sendo a alteração e a supressão permitidas somente através de lei, vedada qualquer utilização que comprometa a integridade dos atributos que justifiquem sua proteção;

→ *v.* Lei 9.985/2000 – Sistema Nacional de Unidades de Conservação da Natureza.

IV – exigir, na forma da lei, para instalação de obra ou atividade potencialmente causadora de significativa degradação do meio ambiente, estudo prévio de impacto ambiental, a que se dará publicidade;

→ *v.* Lei 11.105/2005 – Regulamenta os incisos II, IV e V do § 1º do art. 225 da CF/1988.

V – controlar a produção, a comercialização e o emprego de técnicas, métodos e substâncias que comportem risco para a vida, a qualidade de vida e o meio ambiente;

→ *v.* Lei 11.105/2005 – Regulamenta os incisos II, IV e V do § 1º do art. 225 da CF/1988.

VI – promover a educação ambiental em todos os níveis de ensino e a conscientização pública para a preservação do meio ambiente;

VII – proteger a fauna e a flora, vedadas, na forma da lei, as práticas que coloquem em risco sua função ecológica, provoquem a extinção de espécies ou submetam os animais a crueldade.

→ *v.* Lei 11.794/2008 – Procedimentos para o uso científico de animais.

→ *v.* Lei 9.985/2000 – Sistema Nacional de Unidades de Conservação da Natureza.

→ *v.* Art. 2º, I, da Lei 6.938/1981.

→ *v.* Art. 1º da Lei 5.197/1967.

§ 2º Aquele que explorar recursos minerais fica obrigado a recuperar o meio ambiente degradado, de acordo com solução técnica exigida pelo órgão público competente, na forma da lei.

§ 3º As condutas e atividades consideradas lesivas ao meio ambiente sujeitarão os infratores, pessoas físicas ou jurídicas, a sanções penais e administrativas, independentemente da obrigação de reparar os danos causados.

→ *v.* Lei 9.605/1998 – Lei de crimes ambientais.

→ *v.* Lei 7.347/1985 – Ação Civil Pública.

→ *v.* Art. 14, § 1º, da Lei 6.938/1981.

§ 4º A Floresta Amazônica brasileira, a Mata Atlântica, a Serra do Mar, o Pantanal Mato-Grossense e a Zona Costeira são patrimônio nacional, e sua utilização far-se-á, na forma da lei, dentro de condições que assegurem a preservação do meio ambiente, inclusive quanto ao uso dos recursos naturais.

→ *v.* Lei 13.123/2015 – Regulamenta o patrimônio genético.

§ 5º São indisponíveis as terras devolutas ou arrecadadas pelos Estados, por ações discriminatórias, necessárias à proteção dos ecossistemas naturais.

§ 6º As usinas que operem com reator nuclear deverão ter sua localização definida em lei federal, sem o que não poderão ser instaladas.

Capítulo VII
DA FAMÍLIA, DA CRIANÇA, DO ADOLESCENTE, DO JOVEM E DO IDOSO

→ Rubrica com redação alterada pela EC 65/2010.

→ *v.* Lei 13.185/2015 – Lei do *Bullying*.

→ *v.* 13.010/2014 – Lei da Palmada (Lei Menino Bernardo).

Art. 226. A família, base da sociedade, tem especial proteção do Estado.

→ *v.* Lei 9.263/1996 – Lei do planejamento familiar (Art. 226, § 7º, da CF/1988)

§ 1º O casamento é civil e gratuita a celebração.

→ *v.* Resolução do CNJ 175/2013 – Habilitação, celebração de casamento civil, ou de conversão de união estável em casamento, entre pessoas de mesmo sexo.

→ *v.* Arts. 1.533 a 1.542 do CC.

→ *v.* Art. 67 e ss. da Lei 6.015/1973.

§ 2º O casamento religioso tem efeito civil, nos termos da lei.

→ *v.* Lei 1.110/1950 – Reconhecimento dos efeitos civis ao casamento religioso.

§ 3º Para efeito da proteção do Estado, é reconhecida a união estável entre o homem e a mulher como entidade familiar, devendo a lei facilitar sua conversão em casamento.

→ *v.* Súmula 336 do STJ.

→ *v.* Arts. 1.723 a 1.727 do CC.

→ *v.* Lei 9.278/1996 – Regula o § 3º do art. 226 da CF/1988.

→ *v.* Lei 8.971/1994 – Regula o direito dos companheiros a alimentos e à sucessão.

→ *v.* Resolução do CNJ 175/2013 – Habilitação, celebração de casamento civil, ou de conversão de união estável em casamento, entre pessoas de mesmo sexo.

§ 4º Entende-se, também, como entidade familiar a comunidade formada por qualquer dos pais e seus descendentes

→ *v.* Súmula 364 do STJ.

→ *v.* Art. 25 do ECA.

§ 5º Os direitos e deveres referentes à sociedade conjugal são exercidos igualmente pelo homem e pela mulher.

→ *v.* Súmula 364 do STJ.

→ *v.* Art. 5º, I, da CF/1988.

→ *v.* Arts. 1.565 e 1.567 do CC.

§ 6º O casamento civil pode ser dissolvido pelo divórcio.

→ § 6º com redação alterada pela EC 66/2010.

→ *v.* Arts. 1.571, III, e 1.580 do CC.

§ 7º Fundado nos princípios da dignidade da pessoa humana e da paternidade responsável, o planejamento familiar é livre decisão do casal, competindo ao Estado propiciar recursos educacionais e científicos para o exercício desse direito, vedada qualquer forma coercitiva por parte de instituições oficiais ou privadas.

→ *v.* Lei 9.263/1996 – Lei do planejamento familiar (Art. 226, § 7º, da CF/1988).

§ 8º O Estado assegurará a assistência à família na pessoa de cada um dos que a integram, criando mecanismos para coibir a violência no âmbito de suas relações.

→ *v.* Lei 11.340/2006 – Lei Maria da Penha.

Art. 227. É dever da família, da sociedade e do Estado assegurar à criança, ao adolescente e ao jovem, com absoluta prioridade, o direito à vida, à saúde, à alimentação, à educação, ao lazer, à profissionalização, à cultura, à dignidade, ao respeito, à liberdade e à convivência familiar e comunitária, além de colocá-los a salvo de toda forma de negligência, discriminação, exploração, violência, crueldade e opressão.

→ *Caput* com redação alterada pela EC 65/2010.

→ *v.* Lei 13.257/2016 – Marco Legal de Atenção à Primeira Infância (de zero a 6 anos).

→ *v.* Lei 11.692/2008 – Programa Nacional de Inclusão de Jovens – Projovem.

§ 1º O Estado promoverá programas de assistência integral à saúde da criança, do adolescente e do jovem, admitida a participação de entidades não governamentais, mediante políticas específicas e obedecendo aos seguintes preceitos:

→ *Caput* do § 1º com redação alterada pela EC 65/2010.

→ *v.* Lei 8.642/1993 – Programa Nacional de Atenção Integral à Criança e ao Adolescente – PRONAICA.

I – aplicação de percentual dos recursos públicos destinados à saúde na assistência materno-infantil;

II – criação de programas de prevenção e atendimento especializado para as pessoas portadoras de deficiência física, sensorial ou mental, bem como de integração social do adolescente e do jovem portador de deficiência, mediante o treinamento para o trabalho e a convivência, e a facilitação do acesso aos bens e serviços coletivos, com a eliminação de obstáculos arquitetônicos e de todas as formas de discriminação.

→ Inciso II com redação alterada pela EC 65/2010.

→ *v.* Arts. 7º a 14 do ECA.

§ 2º A lei disporá sobre normas de construção dos logradouros e dos edifícios de uso público e de fabricação de veículos de transporte coletivo, a fim de garantir acesso adequado às pessoas portadoras de deficiência.

→ *v.* Lei 13.146/2015 – Estatuto da Pessoa com Deficiência.

→ *v.* Lei 7.853/1989 – Tutela dos direitos difusos ou coletivos dos portadores de deficiência sobre o apoio a essas pessoas e sua integração social.

§ 3º O direito a proteção especial abrangerá os seguintes aspectos:

I – idade mínima de quatorze anos para admissão ao trabalho, observado o disposto no art. 7º, XXXIII;

→ *v.* Arts. 402, 403, 428 a 433 da CLT.

II – garantia de direitos previdenciários e trabalhistas;

III – garantia de acesso do trabalhador adolescente e jovem à escola;

→ Inciso III com redação alterada pela EC 65/2010.

IV – garantia de pleno e formal conhecimento da atribuição de ato infracional, igualdade na relação processual e defesa técnica por profissional habilitado, segundo dispuser a legislação tutelar específica;

V – obediência aos princípios de brevidade, excepcionalidade e respeito à condição peculiar de pessoa em desenvolvimento, quando da aplicação de qualquer medida privativa da liberdade;

VI – estímulo do Poder Público, através de assistência jurídica, incentivos fiscais e subsídios, nos termos da lei, ao acolhimento, sob a forma de guarda, de criança ou adolescente órfão ou abandonado;

→ *v.* Arts. 33 a 35 do ECA.

VII – programas de prevenção e atendimento especializado à criança, ao adolescente e ao jovem dependente de entorpecentes e drogas afins.

→ Inciso VII com redação alterada pela EC 65/2010.

§ 4º A lei punirá severamente o abuso, a violência e a exploração sexual da criança e do adolescente.

→ *v.* Arts. 217-A a 218-B do CP.

→ *v.* Arts. 225 e ss. do ECA.

§ 5º A adoção será assistida pelo Poder Público, na forma da lei, que estabelecerá casos e condições de sua efetivação por parte de estrangeiros.

→ *v.* Arts. 39 a 52-D do ECA.

§ 6º Os filhos, havidos ou não da relação do casamento, ou por adoção, terão os mesmos direitos e qualificações, proibidas quaisquer designações discriminatórias relativas à filiação.

§ 7º No atendimento dos direitos da criança e do adolescente levar-se-á em consideração o disposto no art. 204.

§ 8º A lei estabelecerá:

→ § 8º acrescentado pela EC 65/2010.

I – o estatuto da juventude, destinado a regular os direitos dos jovens;

→ *v.* Lei 12.852/2013 – Estatuto da Juventude.

II – o plano nacional de juventude, de duração decenal, visando à articulação das várias esferas do poder público para a execução de políticas públicas.

Art. 228. São penalmente inimputáveis os menores de dezoito anos, sujeitos às normas da legislação especial.

→ *v.* Art. 27 do CP.

→ *v.* Art. 104 do ECA.

Art. 229. Os pais têm o dever de assistir, criar e educar os filhos menores, e os filhos maiores têm o dever de ajudar e amparar os pais na velhice, carência ou enfermidade.

→ *v.* Art. 1.566, IV, do CC.

→ *v.* Art. 133 do CP.

→ *v.* Lei 11.804/2008 – Alimentos gravídicos.

→ *v.* Art. 22 do ECA.

→ *v.* Lei 11.698/2008 – Guarda compartilhada.

Art. 230. A família, a sociedade e o Estado têm o dever de amparar as pessoas idosas, assegurando sua participação na comunidade, defendendo sua dignidade e bem-estar e garantindo-lhes o direito à vida.

→ *v.* Lei 10.741/2003 – Estatuto do Idoso.

→ *v.* Lei 8.842/1994 – Política Nacional do Idoso, cria o Conselho Nacional do Idoso.

§ 1º Os programas de amparo aos idosos serão executados preferencialmente em seus lares.

§ 2º Aos maiores de sessenta e cinco anos é garantida a gratuidade dos transportes coletivos urbanos.

→ *v.* Art. 39 do Estatuto do Idoso.

Capítulo VIII
DOS ÍNDIOS

Art. 231. São reconhecidos aos índios sua organização social, costumes, línguas, crenças e tradições, e os direitos originários sobre as terras que tradicionalmente ocupam, competindo à União demarcá-las, proteger e fazer respeitar todos os seus bens.

→ *v.* Lei 6.001/1973 – Estatuto do Índio.

→ *v.* Convenção 169 da OIT – Povos indígenas e tribais.

§ 1º São terras tradicionalmente ocupadas pelos índios as por eles habitadas em caráter permanente, as utilizadas para suas atividades produtivas, as imprescindíveis à preservação dos recursos ambientais necessários a seu bem-estar e as necessárias a sua reprodução física e cultural, segundo seus usos, costumes e tradições.

§ 2º As terras tradicionalmente ocupadas pelos índios destinam-se a sua posse permanente, cabendo-lhes o usufruto exclusivo das riquezas do solo, dos rios e dos lagos nelas existentes.

§ 3º O aproveitamento dos recursos hídricos, incluídos os potenciais energéticos, a pesquisa e a lavra das riquezas minerais em terras indígenas só podem ser efetivados com autorização do Congresso Nacional, ouvidas as comunidades afetadas, ficando-lhes assegurada participação nos resultados da lavra, na forma da lei.

§ 4º As terras de que trata este artigo são inalienáveis e indisponíveis, e os direitos sobre elas, imprescritíveis.

§ 5º É vedada a remoção dos grupos indígenas de suas terras, salvo, *ad referendum* do Congresso Nacional, em caso de catástrofe ou epidemia que ponha em risco sua população, ou no interesse da soberania do País, após deliberação do Congresso Nacional, garantido, em qualquer hipótese, o retorno imediato logo que cesse o risco.

§ 6º São nulos e extintos, não produzindo efeitos jurídicos, os atos que tenham por objeto a ocupação, o domínio e a posse das terras a que se refere este artigo, ou a exploração das riquezas naturais do solo, dos rios e dos lagos nelas existentes, ressalvado relevante interesse público da União, segundo o que dispuser lei complementar, não gerando a nulidade e a extinção direito a indenização ou a ações contra a União, salvo, na forma da lei, quanto às benfeitorias derivadas da ocupação de boa-fé.

§ 7º Não se aplica às terras indígenas o disposto no art. 174, §§ 3º e 4º.

Art. 232. Os índios, suas comunidades e organizações são partes legítimas para ingressar em juízo em defesa de seus direitos e interesses, intervindo o Ministério Público em todos os atos do processo.

Título IX
Das disposições constitucionais gerais

Art. 233. *(Revogado pela EC 28/2000).*

Art. 234. É vedado à União, direta ou indiretamente, assumir, em decorrência da criação de Estado, encargos referentes a despesas com pessoal inativo e com encargos e amortizações da dívida interna ou externa da administração pública, inclusive da indireta.

→ *v.* Art. 13, §§ 6º e 7º, do ADCT.

Art. 235. Nos dez primeiros anos da criação de Estado, serão observadas as seguintes normas básicas:

I – a Assembleia Legislativa será composta de dezessete Deputados se a população do Estado for inferior a seiscentos mil habitantes, e de vinte e quatro, se igual ou superior a esse número, até um milhão e quinhentos mil;

II – o Governo terá no máximo dez Secretarias;

III – o Tribunal de Contas terá três membros, nomeados, pelo Governador eleito, dentre brasileiros de comprovada idoneidade e notório saber;

IV – o Tribunal de Justiça terá sete Desembargadores;

V – os primeiros Desembargadores serão nomeados pelo Governador eleito, escolhidos da seguinte forma:

a) cinco dentre os magistrados com mais de trinta e cinco anos de idade, em exercício na área do novo Estado ou do Estado originário;

b) dois dentre promotores, nas mesmas condições, e advogados de comprovada idoneidade e saber jurídico, com dez anos, no mínimo, de exercício profissional, obedecido o procedimento fixado na Constituição;

VI – no caso de Estado proveniente de Território Federal, os cinco primeiros Desembargadores poderão ser escolhidos dentre juízes de direito de qualquer parte do País;

VII – em cada Comarca, o primeiro Juiz de Direito, o primeiro Promotor de Justiça e o primeiro Defensor Público serão nomeados pelo Governador eleito após concurso público de provas e títulos;

VIII – até a promulgação da Constituição Estadual, responderão pela Procuradoria-Geral, pela Advocacia-Geral e pela Defensoria-Geral do Estado advogados de notório saber, com trinta e cinco anos de idade, no mínimo, nomeados pelo Governador eleito e demissíveis *ad nutum*;

IX – se o novo Estado for resultado de transformação de Território Federal, a transferência de encargos financeiros da União para pagamento dos servidores optantes que pertenciam à Administração Federal ocorrerá da seguinte forma:

a) no sexto ano de instalação, o Estado assumirá vinte por cento dos encargos financeiros para fazer face ao pagamento dos servidores públicos, ficando ainda o restante sob a responsabilidade da União;

b) no sétimo ano, os encargos do Estado serão acrescidos de trinta por cento e, no oitavo, dos restantes cinquenta por cento;

X – as nomeações que se seguirem às primeiras, para os cargos mencionados neste artigo, serão disciplinadas na Constituição Estadual;

XI – as despesas orçamentárias com pessoal não poderão ultrapassar cinquenta por cento da receita do Estado.

Art. 236. Os serviços notariais e de registro são exercidos em caráter privado, por delegação do Poder Público.

→ *v.* Lei 8.935/1994 – Serviços notariais e de registro – Lei dos cartórios.

§ 1º Lei regulará as atividades, disciplinará a responsabilidade civil e criminal dos notários, dos oficiais de registro e de seus prepostos, e definirá a fiscalização de seus atos pelo Poder Judiciário.

§ 2º Lei federal estabelecerá normas gerais para fixação de emolumentos relativos aos atos praticados pelos serviços notariais e de registro.

→ *v.* Lei 10.169/2000 – Emolumentos relativos aos atos praticados pelos serviços notariais e de registro.

§ 3º O ingresso na atividade notarial e de registro depende de concurso público de provas e títulos, não se permitindo que qualquer serventia fique vaga, sem abertura de concurso de provimento ou de remoção, por mais de seis meses.

Art. 237. A fiscalização e o controle sobre o comércio exterior, essenciais à defesa dos interesses fazendários nacionais, serão exercidos pelo Ministério da Fazenda.

Art. 238. A lei ordenará a venda e revenda de combustíveis de petróleo, álcool carburante e outros combustíveis derivados de matérias-primas renováveis, respeitados os princípios desta Constituição.

→ *v.* Lei 9.478/1997 – Política energética nacional, as atividades relativas ao monopólio do petróleo, institui o Conselho Nacional de Política Energética e a Agência Nacional do Petróleo.

Art. 239. A arrecadação decorrente das contribuições para o Programa de Integração Social, criado pela Lei Complementar 7, de 7 de setembro de 1970, e para o Programa de Formação do Patrimônio do Servidor Público, criado pela Lei Complementar 8, de 3 de dezembro de 1970, passa, a partir da promulgação desta Constituição, a financiar, nos termos que a lei dispuser, o programa do seguro-desemprego e o abono de que trata o § 3º deste artigo.

→ *v.* Art. 72, §§ 2º e 3º, do ADCT.

→ *v.* Lei 9.715/1998 – Programa de Integração Social e de Formação do Patrimônio do Servidor Público PIS/PASEP.

→ *v.* Lei 7.998/1990 – Regula o Programa do Seguro-Desemprego, o Abono Salarial, institui o Fundo de Amparo ao Trabalhador (FAT).

§ 1º Dos recursos mencionados no *caput* deste artigo, pelo menos quarenta por cento serão destinados a financiar programas de desenvolvimento econômico, através do Banco Nacional de Desenvolvimento Econômico e Social, com critérios de remuneração que lhes preservem o valor.

§ 2º Os patrimônios acumulados do Programa de Integração Social e do Programa de Formação do Patrimônio do Servidor Público são preservados, mantendo-se os critérios de saque nas situações previstas nas leis específicas, com exceção da retirada por motivo de casamento, ficando vedada a distribuição da arrecadação de que trata o *caput* deste artigo, para depósito nas contas individuais dos participantes.

§ 3º Aos empregados que percebam de empregadores que contribuem para o Programa de Integração Social ou para o Programa de Formação do Patrimônio do Servidor Público, até dois salários mínimos de remuneração mensal, é assegurado o pagamento de um salário mínimo anual, computado neste valor o rendimento das contas individuais, no caso daqueles que já participavam dos referidos programas, até a data da promulgação desta Constituição.

→ *v.* Lei 7.859/1989 – Regula a concessão e o pagamento do abono previsto no § 3º do art. 239 da Constituição Federal.

§ 4º O financiamento do seguro-desemprego receberá uma contribuição adicional da empresa cujo índice de rotatividade da força de trabalho superar o índice médio da rotatividade do setor, na forma estabelecida por lei.

Art. 240. Ficam ressalvadas do disposto no art. 195 as atuais contribuições compulsórias dos empregadores sobre a folha de salários, destinadas às entidades privadas de serviço social e de formação profissional vinculadas ao sistema sindical.

→ *V.* Súmula 499 do STJ.

Art. 241. A União, os Estados, o Distrito Federal e os Municípios disciplinarão por meio de lei os consórcios públicos e os convênios de cooperação entre os entes federados, autorizando a gestão associada de serviços públicos, bem como a transferência total ou parcial de encargos, serviços, pessoal e bens essenciais à continuidade dos serviços transferidos.

→ Artigo com redação alterada pela EC 19/1998.

Art. 242. O princípio do art. 206, IV, não se aplica às instituições educacionais oficiais criadas por lei estadual ou municipal e existentes na data da promulgação desta Constituição, que não sejam total ou preponderantemente mantidas com recursos públicos.

§ 1º O ensino da História do Brasil levará em conta as contribuições das diferentes culturas e etnias para a formação do povo brasileiro.

§ 2º O Colégio Pedro II, localizado na cidade do Rio de Janeiro, será mantido na órbita federal.

Art. 243. As propriedades rurais e urbanas de qualquer região do País onde forem localizadas culturas ilegais de plantas psicotrópicas ou a exploração de trabalho escravo na forma da lei serão expropriadas e destinadas à reforma agrária e a programas de habitação popular, sem qualquer indenização ao proprietário e sem prejuízo de outras sanções previstas em lei, observado, no que couber, o disposto no art. 5º.

→ Artigo com redação alterada pela EC 81/2014.

→ *V.* Art. 32, § 4º, da Lei 11.343/2006.

→ *V.* Lei 8.257/1991 – Expropriação das glebas nas quais se localizem culturas ilegais de plantas psicotrópicas.

→ *V.* Decreto 577/1992 – Expropriação das glebas, onde forem encontradas culturas ilegais de plantas psicotrópicas.

Parágrafo único. Todo e qualquer bem de valor econômico apreendido em decorrência do tráfico ilícito de entorpecentes e drogas afins e da exploração de trabalho escravo será confiscado e reverterá a fundo especial com destinação específica, na forma da lei.

Art. 244. A lei disporá sobre a adaptação dos logradouros, dos edifícios de uso público e dos veículos de transporte coletivo atualmente existentes a fim de garantir acesso adequado às pessoas portadoras de deficiência, conforme o disposto no art. 227, § 2º.

→ *V.* Lei 13.146/2015 – Estatuto da Pessoa com Deficiência.

→ *V.* Lei 8.899/1994 – Concede passe livre às pessoas portadoras de deficiência no sistema de transporte coletivo interestadual.

→ *V.* Lei 7.853/1989 – Tutela dos direitos difusos ou coletivos dos portadores de deficiência sobre o apoio a essas pessoas e sua integração social.

Art. 245. A lei disporá sobre as hipóteses e condições em que o Poder Público dará assistência aos herdeiros e dependentes carentes de pessoas vitimadas por crime doloso, sem prejuízo da responsabilidade civil do autor do ilícito.

→ *V.* LC 79/1994 – Fundo Penitenciário Nacional – FUNPEN.

Art. 246. É vedada a adoção de medida provisória na regulamentação de artigo da Constituição cuja redação tenha sido alterada por meio de emenda promulgada entre 1º de janeiro de 1995 até a promulgação desta emenda, inclusive.

→ Artigo com redação alterada pela EC 32/2001.

→ *V.* Art. 62 da CF/1988.

Art. 247. As leis previstas no inciso III do § 1º do art. 41 e no § 7º do art. 169 estabelecerão critérios e garantias especiais para a perda do cargo pelo servidor público estável que, em decorrência das atribuições de seu cargo efetivo, desenvolva atividades exclusivas de Estado.

→ Artigo acrescentado pela EC 19/1998.

Parágrafo único. Na hipótese de insuficiência de desempenho, a perda do cargo somente ocorrerá mediante processo administrativo em que lhe sejam assegurados o contraditório e a ampla defesa.

Art. 248. Os benefícios pagos, a qualquer título, pelo órgão responsável pelo regime geral de previdência social, ainda que à conta do Tesouro Nacional, e os não sujeitos ao limite máximo de valor fixado para os benefícios concedidos por esse regime observarão os limites fixados no art. 37, XI.

→ Artigo acrescentado pela EC 20/1998.

Art. 249. Com o objetivo de assegurar recursos para o pagamento de proventos de aposentadoria e pensões concedidas aos respectivos servidores e seus dependentes, em adição aos recursos dos respectivos tesouros, a União, os Estados, o Distrito Federal e os Municípios poderão constituir fundos integrados pelos recursos provenientes de contribuições e por bens, direitos e ativos de qualquer natureza, mediante lei que disporá sobre a natureza e administração desses fundos.

→ Artigo acrescentado pela EC 20/1998.

→ *V.* LC 101/2000 – Normas de finanças públicas voltadas para a responsabilidade na gestão fiscal.

→ *V.* Lei 9.717/1998 – Regras gerais para a organização e o funcionamento dos regimes próprios de previdência social dos servidores públicos da União, dos Estados, do Distrito Federal e dos Municípios, dos militares dos Estados e do Distrito Federal.

Art. 250. Com o objetivo de assegurar recursos para o pagamento dos benefícios concedidos pelo regime geral de previdência social, em adição aos recursos de sua arrecadação, a União poderá constituir fundo integrado por bens, direitos e ativos de qualquer natureza, mediante lei que disporá sobre a natureza e administração desse fundo.

→ Artigo acrescentado pela EC 20/1998.

Brasília, 5 de outubro de 1988.

Ulysses Guimarães, *Presidente*

Ato das Disposições Constitucionais Transitórias

Art. 1º O Presidente da República, o Presidente do Supremo Tribunal Federal e os membros do Congresso Nacional prestarão o compromisso de manter, defender e cumprir a Constituição, no ato e na data de sua promulgação.

Art. 2º No dia 7 de setembro de 1993 o eleitorado definirá, através de plebiscito, a forma (república ou monarquia constitucional) e o sistema de governo (parlamentarismo ou presidencialismo) que devem vigorar no País.

→ *V.* Lei 8.624/1993 – Regulamenta o art. 2º do ADCT.

→ A data do plebiscito foi alterada, pela EC 2/1992, para 21.4.1993.

§ 1º Será assegurada gratuidade na livre divulgação dessas formas e sistemas, através dos meios de comunicação de massa cessionários de serviço público.

§ 2º O Tribunal Superior Eleitoral, promulgada a Constituição, expedirá as normas regulamentadoras deste artigo.

Art. 3º A revisão constitucional será realizada após cinco anos, contados da promulgação da Constituição, pelo voto da maioria absoluta dos membros do Congresso Nacional, em sessão unicameral.

Art. 4º O mandato do atual Presidente da República terminará em 15 de março de 1990.

§ 1º A primeira eleição para Presidente da República após a promulgação da Constituição será realizada no dia 15 de novembro de 1989, não se lhe aplicando o disposto no art. 16 da Constituição.

§ 2º É assegurada a irredutibilidade da atual representação dos Estados e do Distrito Federal na Câmara dos Deputados.

§ 3º Os mandatos dos Governadores e dos Vice-Governadores eleitos em 15 de novembro de 1986 terminarão em 15 de março de 1991.

§ 4º Os mandatos dos atuais Prefeitos, Vice-Prefeitos e Vereadores terminarão no dia 1º de janeiro de 1989, com a posse dos eleitos.

Art. 5º Não se aplicam às eleições previstas para 15 de novembro de 1988 o disposto no art. 16 e as regras do art. 77 da Constituição.

§ 1º Para as eleições de 15 de novembro de 1988 será exigido domicílio eleitoral na circunscrição pelo menos durante os quatro meses anteriores ao pleito, podendo os candidatos que preencham este requisito, atendidas as demais exigências da lei, ter seu registro efetivado pela Justiça Eleitoral após a promulgação da Constituição.

§ 2º Na ausência de norma legal específica, caberá ao Tribunal Superior Eleitoral editar as normas necessárias à realização das eleições de 1988, respeitada a legislação vigente.

§ 3º Os atuais parlamentares federais e estaduais eleitos Vice-Prefeitos, se convocados a exercer a função de Prefeito, não perderão o mandato parlamentar.

§ 4º O número de vereadores por município será fixado, para a representação a ser eleita em 1988, pelo respectivo Tribunal Regional Eleitoral, respeitados os limites estipulados no art. 29, IV, da Constituição.

§ 5º Para as eleições de 15 de novembro de 1988, ressalvados os que já exercem mandato eletivo, são inelegíveis para qualquer cargo, no território de jurisdição do titular, o cônjuge e os parentes por consanguinidade ou afinidade, até o segundo grau, ou por adoção, do Presidente da República, do Governador do Estado, do Governador do Distrito Federal e do Prefeito que tenham exercido mais da metade do mandato.

Art. 6º Nos seis meses posteriores à promulgação da Constituição, parlamentares federais, reunidos em número não inferior a trinta, poderão requerer ao Tribunal Superior Eleitoral o registro de novo partido político, juntando ao requerimento o manifesto, o estatuto e o programa devidamente assinados pelos requerentes.

§ 1º O registro provisório, que será concedido de plano pelo Tribunal Superior Eleitoral, nos termos deste artigo, defere ao novo partido todos os direitos, deveres e prerrogativas dos atuais, entre eles o de participar, sob legenda própria, das eleições que vierem a ser realizadas nos doze meses seguintes a sua formação.

§ 2º O novo partido perderá automaticamente seu registro provisório se, no prazo de vinte e quatro meses, contados de sua formação, não obtiver registro definitivo no Tribunal Superior Eleitoral, na forma que a lei dispuser.

Art. 7º O Brasil propugnará pela formação de um tribunal internacional dos direitos humanos.

Art. 8º É concedida anistia aos que, no período de 18 de setembro de 1946 até a data da promulgação da Constituição, foram atingidos, em decorrência de motivação exclusivamente política, por atos de exceção, institucionais ou complementares, aos que foram abrangidos pelo Decreto Legislativo 18, de 15 de dezembro de 1961, e aos atingidos pelo Dec.-lei 864, de 12 de setembro de 1969, asseguradas as promoções, na inatividade, ao cargo, emprego, posto ou graduação a que teriam direito se estivessem em serviço ativo, obedecidos os prazos de permanência em atividade previstos nas leis e regulamentos vigentes, respeitadas as características e peculiaridades das carreiras dos servidores públicos civis e militares e observados os respectivos regimes jurídicos.

→ *v.* Súmula 674 do STF.

→ *v.* Lei 10.559/2002 – Regulamenta o art. 8º do ADCT.

→ *v.* Lei 6.683/1979 – Concede anistia.

§ 1º O disposto neste artigo somente gerará efeitos financeiros a partir da promulgação da Constituição, vedada a remuneração de qualquer espécie em caráter retroativo.

§ 2º Ficam assegurados os benefícios estabelecidos neste artigo aos trabalhadores do setor privado, dirigentes e representantes sindicais que, por motivos exclusivamente políticos, tenham sido punidos, demitidos ou compelidos ao afastamento das atividades remuneradas que exerciam, bem como aos que foram impedidos de exercer atividades profissionais em virtude de pressões ostensivas ou expedientes oficiais sigilosos.

§ 3º Aos cidadãos que foram impedidos de exercer, na vida civil, atividade profissional específica, em decorrência das Portarias Reservadas do Ministério da Aeronáutica n. S-50-GM5, de 19 de junho de 1964, e n. S-285-GM5 será concedida reparação de natureza econômica, na forma que dispuser lei de iniciativa do Congresso Nacional e a entrar em vigor no prazo de doze meses a contar da promulgação da Constituição.

§ 4º Aos que, por força de atos institucionais, tenham exercido gratuitamente mandato eletivo de vereador serão computados, para efeito de aposentadoria no serviço público e previdência social, os respectivos períodos.

§ 5º A anistia concedida nos termos deste artigo aplica-se aos servidores públicos civis e aos empregados em todos os níveis de governo ou em suas fundações, empresas públicas ou empresas mistas sob controle estatal, exceto nos Ministérios militares, que tenham sido punidos ou demitidos por atividades profissionais interrompidas em virtude de decisão de seus trabalhadores, bem como em decorrência do Dec.-lei 1.632, de 4 de agosto de 1978, ou por motivos exclusivamente políticos, assegurada a readmissão dos que foram atingidos a partir de 1979, observado o disposto no § 1º.

→ O Dec.-lei 1.632/1978 foi revogado pela Lei 7.783/1989.

Art. 9º Os que, por motivos exclusivamente políticos, foram cassados ou tiveram seus direitos políticos suspensos no período de 15 de julho a 31 de dezembro de 1969, por ato do então Presidente da República, poderão requerer ao Supremo Tribunal Federal o reconhecimento dos direitos e vantagens interrompidos pelos atos punitivos, desde que comprovem terem sido estes eivados de vício grave.

Parágrafo único. O Supremo Tribunal Federal proferirá a decisão no prazo de cento e vinte dias, a contar do pedido do interessado.

Art. 10. Até que seja promulgada a Lei Complementar a que se refere o art. 7º, I, da Constituição:

I – fica limitada a proteção nele referida ao aumento, para quatro vezes, da porcentagem prevista no art. 6º, *caput* e § 1º, da Lei 5.107, de 13 de setembro de 1966;

→ A Lei 5.107/1966 foi revogada pela Lei 7.839/1989, que foi revogada pela Lei 8.036/1990.

II – fica vedada a dispensa arbitrária ou sem justa causa:

a) do empregado eleito para cargo de direção de comissões internas de prevenção de acidentes, desde o registro de sua candidatura até um ano após o final de seu mandato;

→ *v.* Súmula 676 do STF.

b) da empregada gestante, desde a confirmação da gravidez até cinco meses após o parto.

→ *v.* Lei 13.257/2016 – Marco Legal de Atenção à Primeira Infância (de zero a 6 anos).

→ *v.* LC 146/2014 – Estende a estabilidade provisória prevista na alínea *b* do inciso II do art. 10 do Ato das Disposições Constitucionais Transitórias à trabalhadora gestante, nos casos de morte desta, a quem detiver a guarda de seu filho.

§ 1º Até que a lei venha a disciplinar o disposto no art. 7º, XIX, da Constituição, o prazo da licença-paternidade a que se refere o inciso é de cinco dias.

§ 2º Até ulterior disposição legal, a cobrança das contribuições para o custeio das atividades dos sindicatos rurais será feita juntamente com a do imposto territorial rural, pelo mesmo órgão arrecadador.

§ 3º Na primeira comprovação do cumprimento das obrigações trabalhistas pelo empregador rural, na forma do art. 233, após a promulgação da Constituição, será certificada perante a Justiça do Trabalho a regularidade do contrato e das atualizações das obrigações trabalhistas de todo o período.

→ Art. 233 foi revogado pela EC 28/2000.

Art. 11. Cada Assembleia Legislativa, com poderes constituintes, elaborará a Constituição do Estado, no prazo de um ano, contado da promulgação da Constituição Federal, obedecidos os princípios desta.

Parágrafo único. Promulgada a Constituição do Estado, caberá à Câmara Municipal, no prazo de seis meses, votar a Lei Orgânica respectiva, em dois turnos de discussão e votação, respeitado o disposto na Constituição Federal e na Constituição Estadual.

Art. 12. Será criada, dentro de noventa dias da promulgação da Constituição, Comissão de Estudos Territoriais, com dez membros indicados pelo Congresso Nacional e cinco pelo Poder Executivo, com a finalidade de apresentar estudos sobre o território nacional e anteprojetos relativos a novas unidades territoriais, notadamente na Amazônia Legal e em áreas pendentes de solução.

§ 1º No prazo de um ano, a Comissão submeterá ao Congresso Nacional os resultados de seus estudos para, nos termos da Constituição, serem apreciados nos doze meses subsequentes, extinguindo-se logo após.

§ 2º Os Estados e os Municípios deverão no prazo de três anos, a contar da promulgação da Constituição, promover, mediante acordo ou arbitramento, a demarcação de suas linhas divisórias atualmente litigiosas, podendo para isso fazer alterações e compensações de área que atendam aos acidentes naturais, critérios históricos, conveniências administrativas e comodidade das populações limítrofes.

§ 3º Havendo solicitação dos Estados e Municípios interessados, a União poderá encarregar-se dos trabalhos demarcatórios.

§ 4º Se, decorrido o prazo de três anos, a contar da promulgação da Constituição, os trabalhos demarcatórios não tiverem sido concluídos, caberá à União determinar os limites das áreas litigiosas.

§ 5º Ficam reconhecidos e homologados os atuais limites do Estado do Acre com os Estados do Amazonas e de Rondônia, conforme levantamentos cartográficos e geodésicos realizados pela Comissão Tripartite integrada por representantes dos Estados e dos serviços técnico-especializados do Instituto Brasileiro de Geografia e Estatística.

Art. 13. É criado o Estado do Tocantins, pelo desmembramento da área descrita neste artigo, dando-se sua instalação no quadragésimo sexto dia após a eleição prevista no § 3º, mas não antes de 1º de janeiro de 1989.

§ 1º O Estado do Tocantins integra a Região Norte e limita-se com o Estado de Goiás pelas divisas norte dos Municípios de São Miguel do Araguaia, Porangatu, Formoso, Minaçu, Cavalcante, Monte Alegre de Goiás e Campos Belos, conservando a leste, norte e oeste as divisas atuais de Goiás com os Estados da Bahia, Piauí, Maranhão, Pará e Mato Grosso.

§ 2º O Poder Executivo designará uma das cidades do Estado para sua Capital provisória até a aprovação da sede definitiva do governo pela Assembleia Constituinte.

§ 3º O Governador, o Vice-Governador, os Senadores, os Deputados Federais e os Deputados Estaduais serão eleitos, em um único turno, até setenta e cinco dias após a promulgação da Constituição, mas não antes de 15 de novembro de 1988, a critério do Tribunal Superior Eleitoral, obedecidas, entre outras, as seguintes normas:

I – o prazo de filiação partidária dos candidatos será encerrado setenta e cinco dias antes da data das eleições;

II – as datas das convenções regionais partidárias destinadas a deliberar sobre coligações e escolha de candidatos, de apresentação de requerimento de registro dos candidatos escolhidos e dos demais procedimentos legais serão fixadas, em calendário especial, pela Justiça Eleitoral;

III – são inelegíveis os ocupantes de cargos estaduais ou municipais que não se tenham deles afastado, em caráter definitivo, setenta e cinco dias antes da data das eleições previstas neste parágrafo;

IV – ficam mantidos os atuais diretórios regionais dos partidos políticos do Estado de Goiás, cabendo às comissões executivas nacionais designar comissões provisórias no Estado do Tocantins, nos termos e para os fins previstos na lei.

§ 4º Os mandatos do Governador, do Vice-Governador, dos Deputados Federais e Estaduais eleitos na forma do parágrafo anterior extinguir-se-ão concomitantemente aos das demais unidades da Federação; o mandato do Senador eleito menos votado extinguir-se-á nessa mesma oportunidade, e os dos outros dois, juntamente com os dos Senadores eleitos em 1986, nos demais Estados.

§ 5º A Assembleia Estadual Constituinte será instalada no quadragésimo sexto dia da eleição de seus integrantes, mas não antes de 1º de janeiro de 1989, sob a presidência do Presidente do Tribunal Regional Eleitoral do Estado de Goiás, e dará posse, na mesma data, ao Governador e ao Vice-Governador eleitos.

§ 6º Aplicam-se à criação e instalação do Estado do Tocantins, no que couber, as normas legais disciplinadoras da divisão do Estado de Mato Grosso, observado o disposto no art. 234 da Constituição.

§ 7º Fica o Estado de Goiás liberado dos débitos e encargos decorrentes de empreendimentos no território do novo Estado, e autorizada a União, a seu critério, a assumir os referidos débitos.

Art. 14. Os Territórios Federais de Roraima e do Amapá são transformados em Estados Federados, mantidos seus atuais limites geográficos.

§ 1º A instalação dos Estados dar-se-á com a posse dos governadores eleitos em 1990.

§ 2º Aplicam-se à transformação e instalação dos Estados de Roraima e Amapá as normas e critérios seguidos na criação do Estado de Rondônia, respeitado o disposto na Constituição e neste Ato.

§ 3º O Presidente da República, até quarenta e cinco dias após a promulgação da Constituição, encaminhará à apreciação do Senado Federal os nomes dos governadores dos Estados de Roraima e do Amapá que exercerão o Poder Executivo até a instalação dos novos Estados com a posse dos governadores eleitos.

§ 4º Enquanto não concretizada a transformação em Estados, nos termos deste artigo, os Territórios Federais de Roraima e do Amapá serão beneficiados pela transferência de recursos prevista nos arts. 159, I, *a*, da Constituição, e 34, § 2º, II, deste Ato.

Art. 15. Fica extinto o Território Federal de Fernando de Noronha, sendo sua área reincorporada ao Estado de Pernambuco.

Art. 16. Até que se efetive o disposto no art. 32, § 2º, da Constituição, caberá ao Presidente da República, com a aprovação do Senado Federal, indicar o Governador e o Vice-Governador do Distrito Federal.

§ 1º A competência da Câmara Legislativa do Distrito Federal, até que se instale, será exercida pelo Senado Federal.

§ 2º A fiscalização contábil, financeira, orçamentária, operacional e patrimonial do Distrito Federal, enquanto não for instalada a Câmara Legislativa, será exercida pelo Senado Federal, mediante controle externo, com o auxílio do Tribunal de Contas do Distrito Federal, observado o disposto no art. 72 da Constituição.

§ 3º Incluem-se entre os bens do Distrito Federal aqueles que lhe vierem a ser atribuídos pela União na forma da lei.

Art. 17. Os vencimentos, a remuneração, as vantagens e os adicionais, bem como os proventos de aposentadoria que estejam sendo percebidos em desacordo com a Constituição serão imediatamente reduzidos aos limites dela decorrentes, não se admitindo, neste caso, invocação de direito adquirido ou percepção de excesso a qualquer título.

→ *v.* Art. 37 da CF/1988.

→ *v.* Art. 9º da EC 41/2003.

§ 1º É assegurado o exercício cumulativo de dois cargos ou empregos privativos de médico que estejam sendo exercidos por médico militar na administração pública direta ou indireta.

§ 2º É assegurado o exercício cumulativo de dois cargos ou empregos privativos de profissionais de saúde que estejam sendo exercidos na administração pública direta ou indireta.

Art. 18. Ficam extintos os efeitos jurídicos de qualquer ato legislativo ou administrativo, lavrado a partir da instalação da Assembleia Nacional Constituinte, que tenha por objeto a concessão de estabilidade a servidor admitido sem concurso público, da administração direta ou indireta, inclusive das fundações instituídas e mantidas pelo Poder Público.

Art. 19. Os servidores públicos civis da União, dos Estados, do Distrito Federal e dos Municípios, da administração direta, autárquica e das fundações públicas, em exercício na data da promulgação da Constituição, há pelo menos cinco anos continuados, e que não tenham sido admitidos na forma regulada no art. 37, da Constituição, são considerados estáveis no serviço público.

§ 1º O tempo de serviço dos servidores referidos neste artigo será contado como título quando se submeterem a concurso para fins de efetivação, na forma da lei.

§ 2º O disposto neste artigo não se aplica aos ocupantes de cargos, funções e empregos de confiança ou em comissão, nem aos que a lei declare de livre exoneração, cujo tempo de serviço não será computado para os fins do *caput* deste artigo, exceto se se tratar de servidor.

§ 3º O disposto neste artigo não se aplica aos professores de nível superior, nos termos da lei.

Art. 20. Dentro de cento e oitenta dias, proceder-se-á à revisão dos direitos dos servidores públicos inativos e pensionistas e à atualização dos proventos e pensões a eles devidos, a fim de ajustá-los ao disposto na Constituição.

Art. 21. Os juízes togados de investidura limitada no tempo, admitidos mediante concurso público de provas e títulos e que estejam em exercício na data da promulgação da Constituição, adquirem estabilidade, observado o estágio probatório, e passam a compor quadro em extinção, mantidas as competências, prerrogativas e restrições da legislação a que se achavam submetidos, salvo as inerentes à transitoriedade da investidura.

Parágrafo único. A aposentadoria dos juízes de que trata este artigo regular-se-á pelas normas fixadas para os demais juízes estaduais.

Art. 22. É assegurado aos defensores públicos investidos na função até a data de instalação da Assembleia Nacional Constituinte o direito de opção pela carreira, com a observância das garantias e vedações previstas no art. 134, parágrafo único, da Constituição.

→ O parágrafo único do art. 134 foi renumerado para § 1º pela EC 45/2004.

Art. 23. Até que se edite a regulamentação do art. 21, XVI, da Constituição, os atuais ocupantes do cargo de censor federal continuarão exercendo funções com este compatíveis, no Departamento de Polícia Federal, observadas as disposições constitucionais.

Parágrafo único. A lei referida disporá sobre o aproveitamento dos Censores Federais, nos termos deste artigo.

Art. 24. A União, os Estados, o Distrito Federal e os Municípios editarão leis que estabeleçam critérios para a compatibilização de seus quadros de pessoal ao disposto no art. 39 da Constituição e à reforma administrativa dela decorrente, no prazo de dezoito meses, contados da sua promulgação.

Art. 25. Ficam revogados, a partir de cento e oitenta dias da promulgação da Constituição, sujeito este prazo a prorrogação por lei, todos os dispositivos legais que atribuam ou deleguem a órgão do Poder Executivo competência assinalada pela Constituição ao Congresso Nacional, especialmente no que tange a:

I – ação normativa;

II – alocação ou transferência de recursos de qualquer espécie.

§ 1º Os decretos-leis em tramitação no Congresso Nacional e por este não apreciados até a promulgação da Constituição terão seus efeitos regulados da seguinte forma:

I – se editados até 2 de setembro de 1988, serão apreciados pelo Congresso Nacional no prazo de até cento e oitenta dias a contar da promulgação da Constituição, não computado o recesso parlamentar;

II – decorrido o prazo definido no inciso anterior, e não havendo apreciação, os decretos-leis ali mencionados serão considerados rejeitados;

III – nas hipóteses definidas nos incisos I e II, terão plena validade os atos praticados na vigência dos respectivos decretos-leis, podendo o Congresso Nacional, se necessário, legislar sobre os efeitos deles remanescentes.

§ 2º Os decretos-leis editados entre 3 de setembro de 1988 e a promulgação da Constituição serão convertidos, nesta data, em medidas provisórias, aplicando-se-lhes as regras estabelecidas no art. 62, parágrafo único.

→ *v.* Art. 62, § 3º, da CF/1988.

→ *v.* EC 32/2001, que alterou o citado art. 62.

→ *v.* Lei 7.763/1989 – Prorroga o prazo de dispositivos legais que menciona, com base no art. 25 do ADCT.

Art. 26. No prazo de um ano a contar da promulgação da Constituição, o Congresso Nacional promoverá, através de Comissão mista, exame analítico e pericial dos atos e fatos geradores do endividamento externo brasileiro.

§ 1º A Comissão terá a força legal de Comissão parlamentar de inquérito para os fins de requisição e convocação, e atuará com o auxílio do Tribunal de Contas da União.

§ 2º Apurada irregularidade, o Congresso Nacional proporá ao Poder Executivo a declaração de nulidade do ato e encaminhará o processo ao Ministério Público Federal, que formalizará, no prazo de sessenta dias, a ação cabível.

Art. 27. O Superior Tribunal de Justiça será instalado sob a Presidência do Supremo Tribunal Federal.

§ 1º Até que se instale o Superior Tribunal de Justiça, o Supremo Tribunal Federal exercerá as atribuições e competências definidas na ordem constitucional precedente.

§ 2º A composição inicial do Superior Tribunal de Justiça far-se-á:

I – pelo aproveitamento dos Ministros do Tribunal Federal de Recursos;

II – pela nomeação dos Ministros que sejam necessários para completar o número estabelecido na Constituição.

§ 3º Para os efeitos do disposto na Constituição, os atuais Ministros do Tribunal Federal de Recursos serão considerados pertencentes à classe de que provieram, quando de sua nomeação.

§ 4º Instalado o Tribunal, os Ministros aposentados do Tribunal Federal de Recursos tornar-se-ão, automaticamente, Ministros aposentados do Superior Tribunal de Justiça.

§ 5º Os Ministros a que se refere o § 2º, II, serão indicados em lista tríplice pelo Tribunal Federal de Recursos, observado o disposto no art. 104, parágrafo único, da Constituição.

§ 6º Ficam criados cinco Tribunais Regionais Federais, a serem instalados no prazo de seis meses a contar da promulgação da Constituição, com a jurisdição e sede que lhes fixar o Tribunal Federal de Recursos, tendo em conta o número de processos e sua localização geográfica.

→ *v.* Lei 9.967/2000 – Reestruturações dos Tribunais Regionais Federais das cinco Regiões.

§ 7º Até que se instalem os Tribunais Regionais Federais, o Tribunal Federal de Recursos exercerá a competência a eles atribuída em todo o território nacional, cabendo-lhe promover sua instalação e indicar os candidatos a todos os cargos da composição inicial, mediante lista tríplice, podendo desta constar juízes federais de qualquer região, observado o disposto no § 9º.

§ 8º É vedado, a partir da promulgação da Constituição, o provimento de vagas de Ministros do Tribunal Federal de Recursos.

§ 9º Quando não houver juiz federal que conte o tempo mínimo previsto no art. 107, II, da Constituição, a promoção poderá contemplar juiz com menos de cinco anos no exercício do cargo.

§ 10. Compete à Justiça Federal julgar as ações nela propostas até a data da promulgação da Constituição, e aos Tribunais Regionais Federais bem como ao Superior Tribunal de Justiça julgar as ações rescisórias das decisões até então proferidas pela Justiça Federal, inclusive daquelas cuja matéria tenha passado à competência de outro ramo do Judiciário.

→ *v.* Súmula 38 do STJ.

§ 11. São criados, ainda, os seguintes Tribunais Regionais Federais: o da 6ª Região, com sede em Curitiba, Estado do Paraná, e jurisdição nos Estados do Paraná, Santa Catarina e Mato Grosso do Sul; o da 7ª Região, com sede em Belo Horizonte, Estado de Minas Gerais, e jurisdição no Estado de Minas Gerais; o da 8ª Região, com sede em Salvador, Estado da Bahia, e jurisdição nos Estados da Bahia e Sergipe; e o da 9ª Região, com sede em Manaus, Estado do Amazonas, e jurisdição nos Estados do Amazonas, Acre, Rondônia e Roraima.

→ § 11 acrescentado pela EC 73/2013.

→ *v.* ADIn 5.017 (publicação no *D.J.* de 1.8.2013), o STF, em Medida Cautelar, concede liminar suspendendo os efeitos da Emenda Constitucional 73/2013.

Art. 28. Os juízes federais de que trata o art. 123, § 2º, da Constituição de 1967, com a redação dada pela Emenda Constitucional n. 7, de 1977, ficam investidos na titularidade de varas na Seção Judiciária para a qual tenham sido nomeados ou designados; na inexistência de vagas, proceder-se-á ao desdobramento das varas existentes.

Parágrafo único. Para efeito de promoção por antiguidade, o tempo de serviço desses juízes será computado a partir do dia de sua posse.

Art. 29. Enquanto não aprovadas as leis complementares relativas ao Ministério Público e à Advocacia-Geral da União, o Ministério Público Federal, a Procuradoria-Geral da Fazenda Nacional, as Consultorias Jurídicas dos Ministérios, as Procuradorias e Departamentos Jurídicos de autarquias federais com representação própria e os membros das Procuradorias das Universidades fundacionais públicas continuarão a exercer suas atividades na área das respectivas atribuições.

→ *v.* Arts. 128 e 131 da CF/1988.

→ *v.* LC 75/1993 – Organização, as atribuições e o Estatuto do Ministério Público da União.

→ *v.* LC 73/1993 – Lei Orgânica da Advocacia-Geral da União.

§ 1º O Presidente da República, no prazo de cento e vinte dias, encaminhará ao Congresso Nacional projeto de lei complementar dispondo sobre a organização e o funcionamento da Advocacia-Geral da União.

§ 2º Aos atuais Procuradores da República, nos termos da Lei Complementar, será facultada a opção, de forma irretratável, entre as carreiras do Ministério Público Federal e da Advocacia-Geral da União.

§ 3º Poderá optar pelo regime anterior, no que respeita às garantias e vantagens, o membro do Ministério Público admitido antes da promulgação da Constituição, observando-se, quanto às vedações, a situação jurídica na data desta.

§ 4º Os atuais integrantes do quadro suplementar dos Ministérios Públicos do Trabalho e Militar que tenham adquirido estabilidade nessas funções passam a integrar o quadro da respectiva carreira.

§ 5º Cabe à atual Procuradoria-Geral da Fazenda Nacional, diretamente ou por delegação, que pode ser ao Ministério Público Estadual, representar judicialmente a União nas causas de natureza fiscal, na área da respectiva competência, até a promulgação das Leis Complementares previstas neste artigo.

Art. 30. A legislação que criar a justiça de paz manterá os atuais juízes de paz até a posse dos novos titulares, assegurando-lhes os direitos e atribuições conferidos a estes, e designará o dia para a eleição prevista no art. 98, II, da Constituição.

Art. 31. Serão estatizadas as serventias do foro judicial, assim definidas em lei, respeitados os direitos dos atuais titulares.

Art. 32. O disposto no art. 236 não se aplica aos serviços notariais e de registro que já tenham sido oficializados pelo Poder Público, respeitando-se o direito de seus servidores.

→ *v.* Lei 8.935/1994 – Serviços notariais e de registro. (Lei dos cartórios).

Art. 33. Ressalvados os créditos de natureza alimentar, o valor dos precatórios judiciais pendentes de pagamento na data da promulgação da Constituição, incluído o remanescente de juros e correção monetária, poderá ser pago em moeda corrente, com atualização, em prestações anuais, iguais e sucessivas, no prazo máximo de oito anos, a partir de 1º de julho de 1989, por decisão editada pelo Poder Executivo até cento e oitenta dias da promulgação da Constituição.

→ *v.* Súmula 144 do STJ.

→ *v.* Art. 100 da CF/1988.

→ *v.* Arts. 78, 86 e 87 do ADCT.

→ *v.* EC 62/2009.

Parágrafo único. Poderão as entidades devedoras, para o cumprimento do disposto neste artigo, emitir, em cada ano, no exato montante do dispêndio, títulos de dívida pública não computáveis para efeito do limite global de endividamento.

Art. 34. O sistema tributário nacional entrará em vigor a partir do primeiro dia do quinto mês seguinte ao da promulgação da Constituição, mantido, até então, o da Constituição de 1967, com redação dada pela Emenda n. 1, de 1969, e pelas posteriores.

§ 1º Entrarão em vigor com a promulgação da Constituição os arts. 148, 149, 150, 154, I, 156, III, e 159, I, *c*, revogadas as disposições em contrário da Constituição de 1967 e das Emendas que a modificaram, especialmente de seu art. 25, III.

§ 2º O Fundo de Participação dos Estados e do Distrito Federal e o Fundo de Participação dos Municípios obedecerão às seguintes determinações:

I – a partir da promulgação da Constituição, os percentuais serão, respectivamente, de dezoito por cento e de vinte por cento, calculados sobre o produto da arrecadação dos impostos referidos no art. 153, III e IV, mantidos os atuais critérios de rateio até a entrada em vigor da lei complementar a que se refere o art. 161, II;

II – o percentual relativo ao Fundo de Participação dos Estados e do Distrito Federal será acrescido de um ponto percentual no exercício financeiro de 1989 e, a partir de 1990, inclusive, à razão de meio ponto por exercício, até 1992, inclusive, atingindo em 1993 o percentual estabelecido no art. 159, I, *a*;

III – o percentual relativo ao Fundo de Participação dos Municípios, a partir de 1989, inclusive, será elevado à razão de meio ponto percentual por exercício financeiro, até atingir o estabelecido no art. 159, I, *b*.

§ 3º Promulgada a Constituição, a União, os Estados, o Distrito Federal e os Municípios poderão editar as leis necessárias à aplicação do sistema tributário nacional nela previsto.

§ 4º As leis editadas nos termos do parágrafo anterior produzirão efeitos a partir da entrada em vigor do sistema tributário nacional previsto na Constituição.

§ 5º Vigente o novo sistema tributário nacional, fica assegurada a aplicação da legislação anterior, no que não seja incompatível com ele e com a legislação referida nos §§ 3º e 4º.

→ *v.* Súmula 198 do STJ.

§ 6º Até 31 de dezembro de 1989, o disposto no art. 150, III, *b*, não se aplica aos impostos de que tratam os arts. 155, I, *a* e *b*, e 156, II e III, que podem ser cobrados trinta dias após a publicação da lei que os tenha instituído ou aumentado.

→ Com o advento da EC 3/1993, a referência diz respeito ao art. 155, I e II.

§ 7º Até que sejam fixadas em lei complementar, as alíquotas máximas do imposto municipal sobre vendas a varejo de combustíveis líquidos e gasosos não excederão a três por cento.

§ 8º Se, no prazo de sessenta dias contados da promulgação da Constituição, não for editada a lei complementar necessária à instituição do imposto de que trata o art. 155, I, *b*, os Estados e o Distrito Federal, mediante convênio celebrado nos termos da Lei Complementar 24, de 7 de janeiro de 1975, fixarão normas para regular provisoriamente a matéria.

→ Com o advento da EC 3/1993, a referência diz respeito ao art. 155, I e II.

→ *v.* Súmula 144 do STJ.

→ *v.* LC 87/1996 – Imposto dos Estados e do Distrito Federal sobre operações relativas à circulação de mercadorias e sobre prestações de serviços de transporte interestadual e intermunicipal e de comunicação – Lei Kandir.

§ 9º Até que lei complementar disponha sobre a matéria, as empresas distribuidoras de energia elétrica, na condição de contribuintes ou de substitutos tributários, serão as responsáveis, por ocasião da saída do produto de seus estabelecimentos, ainda que destinado a outra unidade da Federação, pelo pagamento do imposto sobre operações relativas à circulação de mercadorias incidente sobre energia elétrica, desde a produção ou importação até a última operação, calculado o imposto sobre o preço então praticado na operação final e assegurado seu recolhimento ao Estado ou ao Distrito Federal, conforme o local onde deva ocorrer essa operação.

§ 10. Enquanto não entrar em vigor a lei prevista no art. 159, I, *c*, cuja promulgação se fará até 31 de dezembro de 1989, é assegurada a aplicação dos recursos previstos naquele dispositivo da seguinte maneira:

→ *v.* Lei 7.827/1989 – Institui o Fundo Constitucional de Financiamento do Norte – FNO, o Fundo Constitucional de Financiamento do Nordeste – FNE e o Fundo Constitucional de Financiamento do Centro-Oeste – FCO.

I – seis décimos por cento na Região Norte, através do Banco da Amazônia S.A.;

II – um inteiro e oito décimos por cento na Região Nordeste, através do Banco do Nordeste do Brasil S.A.;

III – seis décimos por cento na Região Centro-Oeste, através do Banco do Brasil S.A.

§ 11. Fica criado, nos termos da lei, o Banco de Desenvolvimento do Centro-Oeste, para dar cumprimento, na referida região, ao que determinam os arts. 159, I, *c*, e 192, § 2º, da Constituição.

→ O § 2º do art. 192 foi revogado pela EC 40/2003.

§ 12. A urgência prevista no art. 148, II, não prejudica a cobrança do empréstimo compulsório instituído, em benefício das Centrais Elétricas Brasileiras S.A. (Eletrobrás), pela Lei 4.156, de 28 de novembro de 1962, com as alterações posteriores.

Art. 35. O disposto no art. 165, § 7º, será cumprido de forma progressiva, no prazo de até dez anos, distribuindo-se os recursos entre as regiões macroeconômicas em razão proporcional à população, a partir da situação verificada no biênio 1986-1987.

§ 1º Para aplicação dos critérios de que trata este artigo, excluem-se das despesas totais as relativas:

I – aos projetos considerados prioritários no plano plurianual;

II – à segurança e defesa nacional;

III – à manutenção dos órgãos federais no Distrito Federal;

IV – ao Congresso Nacional, ao Tribunal de Contas da União e ao Poder Judiciário;

V – ao serviço da dívida da administração direta e indireta da União, inclusive fundações instituídas e mantidas pelo Poder Público federal.

§ 2º Até a entrada em vigor da Lei Complementar a que se refere o art. 165, § 9º, I e II, serão obedecidas as seguintes normas:

I – o projeto do plano plurianual, para vigência até o final do primeiro exercício financeiro do mandato presidencial subsequente, será encaminhado até quatro meses antes do encerramento do primeiro exercício financeiro e devolvido para sanção até o encerramento da sessão legislativa;

II – o projeto de lei de diretrizes orçamentárias será encaminhado até oito meses e meio antes do encerramento do exercício financeiro e devolvido para sanção até o encerramento do primeiro período da sessão legislativa;

III – o projeto de lei orçamentária da União será encaminhado até quatro meses antes do encerramento do exercício financeiro e devolvido para sanção até o encerramento da sessão legislativa.

Art. 36. Os fundos existentes na data da promulgação da Constituição, excetuados os resultantes de isenções fiscais que passem a integrar patrimônio privado e os que interessem à defesa nacional, extinguir-se-ão, se não forem ratificados pelo Congresso Nacional no prazo de dois anos.

Art. 37. A adaptação ao que estabelece o art. 167, III, deverá processar-se no prazo de cinco anos, reduzindo-se o excesso à base de, pelo menos, um quinto por ano.

Art. 38. Até a promulgação da lei complementar referida no art. 169, a União, os Estados, o Distrito Federal e os Municípios não poderão despender com pessoal mais do que sessenta e cinco por cento do valor das respectivas receitas correntes.

→ *v.* LC 101/2000 – Estabelece normas de finanças públicas voltadas para a responsabilidade na gestão fiscal.

Parágrafo único. A União, os Estados, o Distrito Federal e os Municípios, quando a respectiva despesa de pessoal exceder o limite previsto neste artigo, deverão retornar àquele limite, reduzindo o percentual excedente à razão de um quinto por ano.

Art. 39. Para efeito do cumprimento das disposições constitucionais que impliquem variações de despesas e receitas da União, após a promulgação da Constituição, o Poder Executivo deverá elaborar e o Poder Legislativo apreciar projeto de revisão da lei orçamentária referente ao exercício financeiro de 1989.

Parágrafo único. O Congresso Nacional deverá votar no prazo de doze meses a Lei Complementar prevista no art. 161, II.

Art. 40. É mantida a Zona Franca de Manaus, com suas características de área livre de comércio, de exportação e importação, e de incentivos fiscais, pelo prazo de vinte e cinco anos, a partir da promulgação da Constituição.

→ Referido prazo foi acrescido de mais 10 (dez) anos.

→ *v.* Art. 92 do ADCT.

→ *v.* Art. 94 do Decreto 7.212/2010.

Parágrafo único. Somente por lei federal podem ser modificados os critérios que disciplinaram ou venham a disciplinar a aprovação dos projetos na Zona Franca de Manaus.

Art. 41. Os Poderes Executivos da União, dos Estados, do Distrito Federal e dos Municípios reavaliarão todos os incentivos fiscais de natureza setorial ora em vigor, propondo aos Poderes Legislativos respectivos as medidas cabíveis.

→ *v.* Arts. 151, I, 155, XII, *g*, e 195, § 3º, da CF/1988.

§ 1º Considerar-se-ão revogados após dois anos, a partir da data da promulgação da Constituição, os incentivos que não forem confirmados por lei.

§ 2º A revogação não prejudicará os direitos que já tiverem sido adquiridos, àquela data, em relação a incentivos concedidos sob condição e com prazo certo.

§ 3º Os incentivos concedidos por convênio entre Estados, celebrados nos termos do art. 23, § 6º, da Constituição de 1967, com a redação da Emenda n. 1, de 17 de outubro de 1969, também deverão ser reavaliados e reconfirmados nos prazos deste artigo.

Art. 42. Durante 40 (quarenta) anos, a União aplicará dos recursos destinados à irrigação:

→ *Caput* com redação alterada pela EC 89/2015.

I – 20% (vinte por cento) na Região Centro-Oeste;

→ Inciso I com redação alterada pela EC 89/2015.

II – 50% (cinquenta por cento) na Região Nordeste, preferencialmente no Semiárido.

→ Inciso II com redação alterada pela EC 89/2015.

Parágrafo único. Dos percentuais previstos nos incisos I e II do *caput*, no mínimo 50% (cinquenta por cento) serão destinados a projetos de irrigação que beneficiem agricultores familiares que atendam aos requisitos previstos em legislação específica.

→ Parágrafo único acrescentado pela EC 89/2015.

Art. 43. Na data da promulgação da lei que disciplinar a pesquisa e a lavra de recursos e jazidas minerais, ou no prazo de um ano, a contar da promulgação da Constituição, tornar-se-ão sem efeito as autorizações, concessões e demais títulos atributivos de direitos minerários, caso os trabalhos de pesquisa ou de lavra não hajam sido comprovadamente iniciados nos prazos legais ou estejam inativos.

→ *V.* Lei 7.886/1989 – Regulamenta o art. 43 do ADCT.

Art. 44. As atuais empresas brasileiras titulares de autorização de pesquisa, concessão de lavra de recursos minerais e de aproveitamento dos potenciais de energia hidráulica em vigor terão quatro anos, a partir da promulgação da Constituição, para cumprir os requisitos do art. 176, § 1°.

§ 1° Ressalvadas as disposições de interesse nacional previstas no texto constitucional, as empresas brasileiras ficarão dispensadas do cumprimento do disposto no art. 176, § 1°, desde que, no prazo de até quatro anos da data da promulgação da Constituição, tenham o produto de sua lavra e beneficiamento destinado a industrialização no território nacional, em seus próprios estabelecimentos ou em empresa industrial controladora ou controlada.

§ 2° Ficarão também dispensadas do cumprimento do disposto no art. 176, § 1°, as empresas brasileiras titulares de concessão de energia hidráulica para uso em seu processo de industrialização.

§ 3° As empresas brasileiras referidas no § 1°, somente poderão ter autorizações de pesquisa e concessões de lavra ou potenciais de energia hidráulica, desde que a energia e o produto da lavra sejam utilizados nos respectivos processos industriais.

Art. 45. Ficam excluídas do monopólio estabelecido pelo art. 177, II, da Constituição as refinarias em funcionamento no País amparadas pelo art. 43 e nas condições do art. 45 da Lei 2.004, de 3 de outubro de 1953.

→ A Lei 2.004/1953 foi revogada pela Lei 9.478/1997.

Parágrafo único. Ficam ressalvados da vedação do art. 177, § 1°, os contratos de risco feitos com a Petróleo Brasileiro S.A. (Petrobrás), para pesquisa de petróleo, que estejam em vigor na data da promulgação da Constituição.

Art. 46. São sujeitos à correção monetária desde o vencimento, até seu efetivo pagamento, sem interrupção ou suspensão, os créditos junto a entidades submetidas aos regimes de intervenção ou liquidação extrajudicial, mesmo quando esses regimes sejam convertidos em falência.

Parágrafo único. O disposto neste artigo aplica-se também:

I – às operações realizadas posteriormente à decretação dos regimes referidos no *caput* deste artigo;

II – às operações de empréstimo, financiamento, refinanciamento, assistência financeira de liquidez, cessão ou sub-rogação de créditos ou cédulas hipotecárias, efetivação de garantia de depósitos do público ou de compra de obrigações passivas, inclusive as realizadas com recursos de fundos que tenham essas destinações;

III – aos créditos anteriores à promulgação da Constituição;

IV – aos créditos das entidades da administração pública anteriores à promulgação da Constituição, não liquidados até 1° de janeiro de 1988.

Art. 47. Na liquidação dos débitos, inclusive suas renegociações e composições posteriores, ainda que ajuizados, decorrentes de quaisquer empréstimos concedidos por bancos e por instituições financeiras, não existirá correção monetária desde que o empréstimo tenha sido concedido:

I – aos micro e pequenos empresários ou seus estabelecimentos no período de 28 de fevereiro de 1986 a 28 de fevereiro de 1987;

II – aos mini, pequenos e médios produtores rurais no período de 28 de fevereiro de 1986 a 31 de dezembro de 1987, desde que relativos a crédito rural.

§ 1° Consideram-se, para efeito deste artigo, microempresas as pessoas jurídicas e as firmas individuais com receitas anuais de até dez mil Obrigações do Tesouro Nacional, e pequenas empresas as pessoas jurídicas e as firmas individuais com receita anual de até vinte e cinco mil Obrigações do Tesouro Nacional.

→ *V.* Art. 179 da CF/1988.

→ *V.* LC 123/2006 – Institui o Estatuto Nacional da Microempresa e da Empresa de Pequeno Porte.

§ 2° A classificação de mini, pequeno e médio produtor rural será feita obedecendo-se às normas de crédito rural vigentes à época do contrato.

§ 3° A isenção da correção monetária a que se refere este artigo só será concedida nos seguintes casos:

I – se a liquidação do débito inicial, acrescido de juros legais e taxas judiciais, vier a ser efetivada no prazo de noventa dias, a contar da data da promulgação da Constituição;

II – se a aplicação dos recursos não contrariar a finalidade do financiamento, cabendo o ônus da prova à instituição credora;

III – se não for demonstrado pela instituição credora que o mutuário dispõe de meios para o pagamento de seu débito, excluído desta demonstração seu estabelecimento, a casa de moradia e os instrumentos de trabalho e produção;

IV – se o financiamento inicial não ultrapassar o limite de cinco mil Obrigações do Tesouro Nacional;

V – se o beneficiário não for proprietário de mais de cinco módulos rurais.

§ 4° Os benefícios de que trata este artigo não se estendem aos débitos já quitados e aos devedores que sejam constituintes.

§ 5° No caso de operações com prazos de vencimento posteriores à data-limite de liquidação da dívida, havendo interesse do mutuário, os bancos e as instituições financeiras promoverão, por instrumento próprio, alteração nas condições contratuais originais de forma a ajustá-las ao presente benefício.

§ 6° A concessão do presente benefício por bancos comerciais privados em nenhuma hipótese acarretará ônus para o Poder Público, ainda que através de refinanciamento e repasse de recursos pelo Banco Central.

§ 7° No caso de repasse a agentes financeiros oficiais ou cooperativas de crédito, o ônus recairá sobre a fonte de recursos originária.

Art. 48. O Congresso Nacional, dentro de cento e vinte dias da promulgação da Constituição, elaborará código de defesa do consumidor.

→ *V.* Lei 8.078/1990 – Código de Defesa do Consumidor.

Art. 49. A lei disporá sobre o instituto da enfiteuse em imóveis urbanos, sendo facultada aos foreiros, no caso de sua extinção, a remição dos aforamentos mediante aquisição do domínio direto, na conformidade do que dispuserem os respectivos contratos.

→ *V.* Art. 2.038 do CC.

§ 1° Quando não existir cláusula contratual, serão adotados os critérios e bases hoje vigentes na legislação especial dos imóveis da União.

§ 2° Os direitos dos atuais ocupantes inscritos ficam assegurados pela aplicação de outra modalidade de contrato.

§ 3° A enfiteuse continuará sendo aplicada aos terrenos de marinha e seus acrescidos, situados na faixa de segurança, a partir da orla marítima.

§ 4° Remido o foro, o antigo titular do domínio direto deverá, no prazo de noventa dias, sob pena de responsabilidade, confiar à guarda do registro de imóveis competente toda a documentação a ele relativa.

Art. 50. Lei agrícola a ser promulgada no prazo de um ano disporá, nos termos da Constituição, sobre os objetivos e instrumentos de política agrícola, prioridades, planejamento de safras, comercialização, abastecimento interno, mercado externo e instituição de crédito fundiário.

→ *V.* Lei 8.171/1991 – Política Agrícola.

Art. 51. Serão revistos pelo Congresso Nacional, através de Comissão mista, nos três anos a contar da data da promulgação da Constituição, todas as doações, vendas e concessões de terras públicas com área superior a três mil hectares, realizadas no período de 1° de janeiro de 1962 a 31 de dezembro de 1987.

§ 1° No tocante às vendas, a revisão será feita com base exclusivamente no critério de legalidade da operação.

§ 2° No caso de concessões e doações, a revisão obedecerá aos critérios de legalidade e de conveniência do interesse público.

§ 3° Nas hipóteses previstas nos parágrafos anteriores, comprovada a ilegalidade, ou havendo interesse público, as terras reverterão ao patrimônio da União, dos Estados, do Distrito Federal ou dos Municípios.

Art. 52. Até que sejam fixadas as condições do art. 192, são vedados:

→ *Caput* com redação alterada pela EC 40/2003.

I – a instalação, no País, de novas agências de instituições financeiras domiciliadas no exterior;

II – o aumento do percentual de participação, no capital de instituições financeiras com sede no País, de pessoas físicas ou jurídicas residentes ou domiciliadas no exterior.

Parágrafo único. A vedação a que se refere este artigo não se aplica às autorizações resultantes de acordos internacionais, de reciprocidade, ou de interesse do Governo brasileiro.

Art. 53. Ao ex-combatente que tenha efetivamente participado de operações bélicas durante a Segunda Guerra Mundial, nos termos da Lei 5.315, de 12 de setembro de 1967, serão assegurados os seguintes direitos:

→ *v.* Lei 8.059/1990 – Pensão especial devida aos ex-combatentes da Segunda Guerra Mundial e a seus dependentes.

I – aproveitamento no serviço público, sem a exigência de concurso com estabilidade;

II – pensão especial correspondente à deixada por segundo-tenente das Forças Armadas, que poderá ser requerida a qualquer tempo, sendo inacumulável com quaisquer rendimentos recebidos dos cofres públicos, exceto os benefícios previdenciários, ressalvado o direito de opção;

III – em caso de morte, pensão à viúva ou companheira ou dependente, de forma proporcional, de valor igual à do inciso anterior;

IV – assistência médica, hospitalar e educacional gratuita, extensiva aos dependentes;

V – aposentadoria com proventos integrais aos vinte e cinco anos de serviço efetivo, em qualquer regime jurídico;

VI – prioridade na aquisição da casa própria, para os que não a possuam ou para suas viúvas ou companheiras.

Parágrafo único. A concessão da pensão especial do inciso II substitui, para todos os efeitos legais, qualquer outra pensão já concedida ao ex-combatente.

Art. 54. Os seringueiros recrutados nos termos do Dec.-lei 5.813, de 14 de setembro de 1943, e amparados pelo Dec.-lei 9.882, de 16 de setembro de 1946, receberão, quando carentes, pensão mensal vitalícia no valor de dois salários mínimos.

→ *v.* Lei 7.986/1989 – Regulamenta a concessão do benefício previsto no art. 54 do ADCT.

§ 1º O benefício é estendido aos seringueiros que, atendendo a apelo do Governo brasileiro, contribuíram para o esforço de guerra, trabalhando na produção de borracha, na Região Amazônica, durante a Segunda Guerra Mundial.

§ 2º Os benefícios estabelecidos neste artigo são transferíveis aos dependentes reconhecidamente carentes.

§ 3º A concessão do benefício far-se-á conforme lei a ser proposta pelo Poder Executivo dentro de cento e cinquenta dias da promulgação da Constituição.

Art. 54-A. Os seringueiros de que trata o art. 54 deste Ato das Disposições Constitucionais Transitórias receberão indenização, em parcela única, no valor de R$ 25.000,00 (vinte e cinco mil reais).

→ Artigo acrescentado pela EC 78/2014.

Art. 55. Até que seja aprovada a lei de diretrizes orçamentárias, trinta por cento, no mínimo, do orçamento da seguridade social, excluído o seguro-desemprego, serão destinados ao setor de saúde.

Art. 56. Até que a lei disponha sobre o art. 195, I, a arrecadação decorrente de, no mínimo, cinco dos seis décimos percentuais correspondentes à alíquota da contribuição de que trata o Dec.-lei 1.940, de 25 de maio de 1982, alterada pelo Dec.-lei 2.049, de 1º de agosto de 1983, pelo Decreto 91.236, de 8 de maio de 1985, e pela Lei 7.611, de 8 de julho de 1987, passa a integrar a receita da seguridade social, ressalvados, exclusivamente no exercício de 1988, os compromissos assumidos com programas e projetos em andamento.

→ *v.* Súmula 658 do STF.

→ *v.* Lei 7.689/1988 – Institui contribuição social sobre o lucro das pessoas jurídicas.

Art. 57. Os débitos dos Estados e dos Municípios relativos às contribuições previdenciárias até 30 de junho de 1988 serão liquidados, com correção monetária, em cento e vinte parcelas mensais, dispensados os juros e multas sobre eles incidentes, desde que os devedores requeiram o parcelamento e iniciem seu pagamento no prazo de cento e oitenta dias a contar da promulgação da Constituição.

§ 1º O montante a ser pago em cada um dos dois primeiros anos não será inferior a cinco por cento do total do débito consolidado e atualizado, sendo o restante dividido em parcelas mensais de igual valor.

§ 2º A liquidação poderá incluir pagamentos na forma de cessão de bens e prestação de serviços, nos termos da Lei 7.578, de 23 de dezembro de 1986.

§ 3º Em garantia do cumprimento do parcelamento, os Estados e os Municípios consignarão, anualmente, nos respectivos orçamentos as dotações necessárias ao pagamento de seus débitos.

§ 4º Descumprida qualquer das condições estabelecidas para concessão do parcelamento, o débito será considerado vencido em sua totalidade, sobre ele incidindo juros de mora; nesta hipótese, parcela dos recursos correspondentes aos Fundos de Participação, destinada aos Estados e Municípios devedores, será bloqueada e repassada à previdência social para pagamento de seus débitos.

Art. 58. Os benefícios de prestação continuada, mantidos pela previdência social na data da promulgação da Constituição, terão seus valores revistos, a fim de que seja restabelecido o poder aquisitivo, expresso em número de salários mínimos, que tinham na data de sua concessão, obedecendo-se a esse critério de atualização até a implantação do plano de custeio e benefícios referidos no artigo seguinte.

→ *v.* Súmula 687 do STF.

Parágrafo único. As prestações mensais dos benefícios atualizadas de acordo com este artigo serão devidas e pagas a partir do sétimo mês a contar da promulgação da Constituição.

Art. 59. Os projetos de lei relativos à organização da seguridade social e aos planos de custeio e de benefício serão apresentados no prazo máximo de seis meses da promulgação da Constituição ao Congresso Nacional, que terá seis meses para apreciá-los.

Parágrafo único. Aprovados pelo Congresso Nacional, os planos serão implantados progressivamente nos dezoito meses seguintes.

Art. 60. Até o 14º (décimo quarto) ano a partir da promulgação desta Emenda Constitucional, os Estados, o Distrito Federal e os Municípios destinarão parte dos recursos a que se refere o *caput* do art. 212 da Constituição Federal à manutenção e desenvolvimento da educação básica e à remuneração condigna dos trabalhadores da educação, respeitadas as seguintes disposições:

→ Artigo com redação alterada pela EC 53/2006.

I – a distribuição dos recursos e de responsabilidades entre o Distrito Federal, os Estados e seus Municípios é assegurada mediante a criação, no âmbito de cada Estado e do Distrito Federal, de um Fundo de Manutenção e Desenvolvimento da Educação Básica e de Valorização dos Profissionais da Educação – FUNDEB, de natureza contábil;

II – os Fundos referidos no inciso I do *caput* deste artigo serão constituídos por 20% (vinte por cento) dos recursos a que se referem os incisos I, II e III do art. 155; o inciso II do *caput* do art. 157; os incisos II, III e IV do *caput* do art. 158; e as alíneas *a* e *b* do inciso I e o inciso II do *caput* do art. 159, todos da Constituição Federal, e distribuídos entre cada Estado e seus Municípios, proporcionalmente ao número de alunos das diversas etapas e modalidades da educação básica presencial, matriculados nas respectivas redes, nos respectivos âmbitos de atuação prioritária estabelecidos nos §§ 2º e 3º do art. 211 da Constituição Federal;

III – observadas as garantias estabelecidas nos incisos I, II, III e IV do *caput* do art. 208 da Constituição Federal e as metas de universalização da educação básica estabelecidas no Plano Nacional de Educação, a lei disporá sobre:

→ *v.* Lei 11.738/2008 – Piso salarial profissional nacional para os profissionais do magistério público da educação básica.

→ *v.* Lei 9.424/1996 – Fundo de Manutenção e Desenvolvimento do Ensino Fundamental e de Valorização do Magistério.

a) a organização dos Fundos, a distribuição proporcional de seus recursos, as diferenças e as ponderações quanto ao valor anual por aluno entre etapas e modalidades da educação básica e tipos de estabelecimento de ensino;

b) a forma de cálculo do valor anual mínimo por aluno;

c) os percentuais máximos de apropriação dos recursos dos Fundos pelas diversas etapas e modalidades da educação básica, observados os arts. 208 e 214 da Constituição Federal, bem como as metas do Plano Nacional de Educação;

d) a fiscalização e o controle dos Fundos;

e) prazo para fixar, em lei específica, piso salarial profissional nacional para os profissionais do magistério público da educação básica;

IV – os recursos recebidos à conta dos Fundos instituídos nos termos do inciso I do *caput* deste artigo serão aplicados pelos Estados e Municípios exclusivamente nos respectivos âmbitos de atuação prioritária, conforme estabelecido nos §§ 2º e 3º do art. 211 da Constituição Federal;

V – a União complementará os recursos dos Fundos a que se refere o inciso II do *caput* deste artigo sempre que, no Distrito Federal e em cada Estado, o valor por aluno não alcançar o mínimo definido nacionalmente, fixado em observância ao disposto no inciso VII do *caput* deste artigo, vedada a utilização dos recursos a que se refere o § 5º do art. 212 da Constituição Federal;

VI – até 10% (dez por cento) da complementação da União prevista no inciso V do *caput* deste artigo poderá ser distribuída para os Fundos por meio de programas direcionados para a melhoria da qualidade da educação, na forma da lei a que se refere o inciso III do *caput* deste artigo;

VII – a complementação da União de que trata o inciso V do *caput* deste artigo será de, no mínimo:

a) R$ 2.000.000.000,00 (dois bilhões de reais), no primeiro ano de vigência dos Fundos;

b) R$ 3.000.000.000,00 (três bilhões de reais), no segundo ano de vigência dos Fundos;

c) R$ 4.500.000.000,00 (quatro bilhões e quinhentos milhões de reais), no terceiro ano de vigência dos Fundos;

d) 10% (dez por cento) do total dos recursos a que se refere o inciso II do *caput* deste artigo, a partir do quarto ano de vigência dos Fundos;

VIII – a vinculação de recursos à manutenção e desenvolvimento do ensino estabelecida no art. 212 da Constituição Federal suportará, no máximo, 30% (trinta por cento) da complementação da União, considerando-se para os fins deste inciso os valores previstos no inciso VII do *caput* deste artigo;

IX – os valores a que se referem as alíneas *a*, *b*, e *c* do inciso VII do *caput* deste artigo serão atualizados, anualmente, a partir da promulgação desta Emenda Constitucional, de forma a preservar, em caráter permanente, o valor real da complementação da União;

X – aplica-se à complementação da União o disposto no art. 160 da Constituição Federal;

XI – o não cumprimento do disposto nos incisos V e VII do *caput* deste artigo importará crime de responsabilidade da autoridade competente;

XII – proporção não inferior a 60% (sessenta por cento) de cada Fundo referido no inciso I do *caput* deste artigo será destinada ao pagamento dos profissionais do magistério da educação básica em efetivo exercício.

§ 1º A União, os Estados, o Distrito Federal e os Municípios deverão assegurar, no financiamento da educação básica, a melhoria da qualidade de ensino, de forma a garantir padrão mínimo definido nacionalmente.

§ 2º O valor por aluno do ensino fundamental, no Fundo de cada Estado e do Distrito Federal, não poderá ser inferior ao praticado no âmbito do Fundo de Manutenção e Desenvolvimento do Ensino Fundamental e de Valorização do Magistério – FUNDEF, no ano anterior à vigência desta Emenda Constitucional.

§ 3º O valor anual mínimo por aluno do ensino fundamental, no âmbito do Fundo de Manutenção e Desenvolvimento da Educação Básica e de Valorização dos Profissionais da Educação – FUNDEB, não poderá ser inferior ao valor mínimo fixado nacionalmente no ano anterior ao da vigência desta Emenda Constitucional.

§ 4º Para efeito de distribuição de recursos dos Fundos a que se refere o inciso I do *caput* deste artigo, levar-se-á em conta a totalidade das matrículas no ensino fundamental e considerar-se-á para a educação infantil, para o ensino médio e para a educação de jovens e adultos 1/3 (um terço) das matrículas no primeiro ano, 2/3 (dois terços) no segundo ano e sua totalidade a partir do terceiro ano.

§ 5º A porcentagem dos recursos de constituição dos Fundos, conforme o inciso II do *caput* deste artigo, será alcançada gradativamente nos primeiros 3 (três) anos de vigência dos Fundos, da seguinte forma:

I – no caso dos impostos e transferências constantes do inciso II do *caput* do art. 155; do inciso IV do *caput* do art. 158; e das alíneas *a* e *b* do inciso I e do inciso II do *caput* do art. 159 da Constituição Federal:

a) 16,66% (dezesseis inteiros e sessenta e seis centésimos por cento), no primeiro ano;

b) 18,33% (dezoito inteiros e trinta e três centésimos por cento), no segundo ano;

c) 20% (vinte por cento), a partir do terceiro ano;

II – no caso dos impostos e transferências constantes dos incisos I e III do *caput* do art. 155; do inciso II do *caput* do art. 157; e dos incisos II e III do *caput* do art. 158 da Constituição Federal:

a) 6,66% (seis inteiros e sessenta e seis centésimos por cento), no primeiro ano;

b) 13,33% (treze inteiros e trinta e três centésimos por cento), no segundo ano;

c) 20% (vinte por cento), a partir do terceiro ano.

§§ 6º e 7º (*Revogados pela EC 53/2006*).

Art. 61. As entidades educacionais a que se refere o art. 213, bem como as fundações de ensino e pesquisa cuja criação tenha sido autorizada por lei, que preencham os requisitos dos incisos I e II do referido artigo e que, nos últimos três anos, tenham recebido recursos públicos, poderão continuar a recebê-los, salvo disposição legal em contrário.

Art. 62. A lei criará o Serviço Nacional de Aprendizagem Rural (SENAR) nos moldes da legislação relativa ao Serviço Nacional de Aprendizagem Industrial (SENAI) e ao Serviço Nacional de Aprendizagem do Comércio (SENAC), sem prejuízo das atribuições dos órgãos públicos que atuam na área.

→ *v.* Lei 8.315/1991 – Serviço Nacional de Aprendizagem Rural (Senar).

Art. 63. É criada uma Comissão composta de nove membros, sendo três do Poder Legislativo, três do Poder Judiciário e três do Poder Executivo, para promover as comemorações do centenário da proclamação da República e da promulgação da primeira Constituição republicana do país, podendo, a seu critério, desdobrar-se em tantas subcomissões quantas forem necessárias.

Parágrafo único. No desenvolvimento de suas atribuições, a Comissão promoverá estudos, debates e avaliações sobre a evolução política, social, econômica e cultural do País, podendo articular-se com os governos estaduais e municipais e com instituições públicas e privadas que desejem participar dos eventos.

Art. 64. A Imprensa Nacional e demais gráficas da União, dos Estados, do Distrito Federal e dos Municípios, da administração direta ou indireta, inclusive fundações instituídas e mantidas pelo Poder Público, promoverão edição popular do texto integral da Constituição, que será posta à disposição das escolas e dos cartórios, dos sindicatos, dos quartéis, das igrejas e de outras instituições representativas da comunidade, gratuitamente, de modo que cada cidadão brasileiro possa receber do Estado um exemplar da Constituição do Brasil.

Art. 65. O Poder Legislativo regulamentará, no prazo de doze meses, o art. 220, § 4º.

→ *v.* Lei 9.294/1996 – Restrições ao uso e à propaganda de produtos fumígeros, bebidas alcoólicas, medicamentos, terapias e defensivos agrícolas.

Art. 66. São mantidas as concessões de serviços públicos de telecomunicações atualmente em vigor, nos termos da lei.

→ *v.* Art. 21, XI e XII, da CF/1988.

→ *v.* Lei 9.472/1997 – Organização dos serviços de telecomunicações – ANATEL.

Art. 67. A União concluirá a demarcação das terras indígenas no prazo de cinco anos a partir da promulgação da Constituição.

→ *v.* Arts. 231 e 232 da CF/1988.

→ *v.* Decreto 1.775/1996 – Procedimento administrativo de demarcação das terras indígenas.

Art. 68. Aos remanescentes das comunidades dos quilombos que estejam ocupando suas terras é reconhecida a propriedade definitiva, devendo o Estado emitir-lhes os títulos respectivos.

→ *v.* Decreto 4.887/2003 – Procedimento para identificação, reconhecimento, delimitação, demarcação e titulação das terras ocupadas por remanescentes das comunidades dos quilombos.

Art. 69. Será permitido aos Estados manter consultorias jurídicas separadas de suas Procuradorias-Gerais ou Advocacias-Gerais, desde que, na data da promulgação da Constituição, tenham órgãos distintos para as respectivas funções.

Art. 70. Fica mantida a atual competência dos tribunais estaduais até que a mesma seja definida na Constituição do Estado, nos termos do art. 125, § 1º, da Constituição.

→ *v.* Art. 4º da EC 45/2004, que extinguiu os Tribunais de Alçada.

Art. 71. É instituído, nos exercícios financeiros de 1994 e 1995, bem assim nos períodos de 1º de janeiro de 1996 a 30 de junho de 1997 e 1º de julho de 1997 a 31 de dezembro de 1999, o Fundo Social de Emergência, com o objetivo de saneamento financeiro da Fazenda Pública Federal e de estabilização econômica, cujos recursos serão aplicados prioritariamente no custeio das ações dos sistemas de saúde e educação, incluindo a complementação de recursos de que trata o § 3º do art. 60 do Ato das Disposições Constitucionais Transitórias, benefícios previdenciários e auxílios assistenciais de prestação continuada, inclusive liquidação de passivo previdenciário, e despesas orçamentárias associadas a programas de relevante interesse econômico e social.

→ *Caput* com redação alterada pela EC 17/1997.

§ 1º Ao Fundo criado por este artigo não se aplica o disposto na parte final do inciso II do § 9º do art. 165 da Constituição.

→ § 1º acrescentado pela EC 10/1996.

§ 2º O Fundo criado por este artigo passa a ser denominado Fundo de Estabilização Fiscal a partir do início do exercício financeiro de 1996.

→ § 2º acrescentado pela EC 10/1996.

§ 3º O Poder Executivo publicará demonstrativo da execução orçamentária, de periodicidade bimestral, no qual se discriminarão as fontes e usos do Fundo criado por este artigo.

→ § 3º acrescentado pela EC 10/1996.

Art. 72. Integram o Fundo Social de Emergência:

→ *Caput* acrescentado pela EC de Revisão 1/1994.

I – o produto da arrecadação do imposto sobre renda e proventos de qualquer natureza incidente na fonte sobre pagamentos efetuados, a qualquer título, pela União, inclusive suas autarquias e fundações;

→ Inciso I acrescentado pela EC de Revisão 1/1994.

II – a parcela do produto da arrecadação do imposto sobre renda e proventos de qualquer natureza e do imposto sobre operações de crédito, câmbio e seguro, ou relativas a títulos e valores mobiliários, decorrente das alterações produzidas pela Lei 8.894, de 21 de junho de 1994, e pelas Leis 8.849 e 8.848, ambas de 28 de janeiro de 1994, e modificações posteriores;

→ Inciso II com redação alterada pela EC 10/1996.

III – a parcela do produto da arrecadação resultante da elevação da alíquota da contribuição social sobre o lucro dos contribuintes a que se refere o § 1º do art. 22 da Lei 8.212, de 24 de julho de 1991, a qual, nos exercícios financeiros de 1994 e 1995, bem assim no período de 1º de janeiro de 1996 a 30 de junho de 1997, passa a ser de trinta por cento, sujeita a alteração por lei ordinária, mantidas as demais normas da Lei 7.689, de 15 de dezembro de 1988;

→ Inciso III com redação alterada pela EC 10/1996.

IV – vinte por cento do produto da arrecadação de todos os impostos e contribuições da União, já instituídos ou a serem criados, excetuado o previsto nos incisos I, II e III, observado o disposto nos §§ 3º e 4º;

→ Inciso IV com redação alterada pela EC 10/1996.

V – a parcela do produto da arrecadação da contribuição de que trata a Lei Complementar n. 7, de 7 de setembro de 1970, devida pelas pessoas jurídicas a que se refere o inciso III deste artigo, a qual será calculada, nos exercícios financeiros de 1994 a 1995, bem assim nos períodos de 1º de janeiro de 1996 a 30 de junho de 1997 e de 1º de julho de 1997 a 31 de dezembro de 1999, mediante a aplicação da alíquota de setenta e cinco centésimos por cento, sujeita a alteração por lei ordinária posterior, sobre a receita bruta operacional, como definida na legislação do imposto sobre renda e proventos de qualquer natureza;

→ Inciso V com redação alterada pela EC 17/1997.

VI – outras receitas previstas em lei específica.

→ Inciso VI acrescentado pela EC de Revisão 1/1994.

§ 1º As alíquotas e a base de cálculo previstas nos incisos III e V aplicar-se-ão a partir do primeiro dia do mês seguinte aos noventa dias posteriores à promulgação desta Emenda.

→ § 1º acrescentado pela EC de Revisão 1/1994.

§ 2º As parcelas de que tratam os incisos I, II, III e V serão previamente deduzidas da base de cálculo de qualquer vinculação ou participação constitucional ou legal, não se lhes aplicando o disposto nos arts. 159, 212 e 239 da Constituição.

→ § 2º com redação alterada pela EC 10/1996.

§ 3º A parcela de que trata o inciso IV será previamente deduzida da base de cálculo das vinculações ou participações constitucionais previstas nos arts. 153, § 5º, 157, II, 212 e 239 da Constituição.

→ § 3º com redação alterada pela EC 10/1996.

§ 4º O disposto no parágrafo anterior não se aplica aos recursos previstos nos arts. 158, II, e 159 da Constituição.

→ § 4º com redação alterada pela EC 10/1996.

§ 5º A parcela dos recursos provenientes do imposto sobre renda e proventos de qualquer natureza, destinada ao Fundo Social de Emergência, nos termos do inciso II deste artigo, não poderá exceder a cinco inteiros e seis décimos por cento do total do produto da sua arrecadação.

→ § 5º com redação alterada pela EC 10/1996.

Art. 73. Na regulação do Fundo Social de Emergência não poderá ser utilizado o instrumento previsto no inciso V do art. 59 da Constituição.

→ Artigo acrescentado pela EC de Revisão 1/1994.

Art. 74. A União poderá instituir contribuição provisória sobre movimentação ou transmissão de valores e de créditos e direitos de natureza financeira.

→ Artigo acrescentado pela EC 12/1996.

→ *V.* Art. 90 do ADCT.

→ *V.* Lei 9.311/1996 – Institui a Contribuição Provisória sobre Movimentação ou Transmissão de Valores e de Créditos e Direitos de Natureza Financeira – CPMF.

§ 1º A alíquota da contribuição de que trata este artigo não excederá a vinte e cinco centésimos por cento, facultado ao Poder Executivo reduzi-la ou restabelecê-la, total ou parcialmente, nas condições e limites fixados em lei.

§ 2º À contribuição de que trata este artigo não se aplica o disposto nos arts. 153, § 5º, e 154, I, da Constituição.

§ 3º O produto da arrecadação da contribuição de que trata este artigo será destinado integralmente ao Fundo Nacional de Saúde, para financiamento das ações e serviços de saúde.

§ 4º A contribuição de que trata este artigo terá sua exigibilidade subordinada ao disposto no art. 195, § 6º, da Constituição, e não poderá ser cobrada por prazo superior a dois anos.

Art. 75. É prorrogada, por trinta e seis meses, a cobrança da contribuição provisória sobre movimentação ou transmissão de valores e de créditos e direitos de natureza financeira de que trata o art. 74, instituída pela Lei 9.311, de 24 de outubro de 1996, modificada pela Lei 9.539, de 12 de dezembro de 1997, cuja vigência é também prorrogada por idêntico prazo.

→ Artigo acrescentado pela EC 21/1999.

§ 1º Observado o disposto no § 6º do art. 195 da Constituição Federal, a alíquota da contribuição será de trinta e oito centésimos por cento, nos primeiros doze meses, e de trinta centésimos, nos meses subsequentes, facultado ao Poder Executivo reduzi-la total ou parcialmente, nos limites aqui definidos.

§ 2º O resultado do aumento da arrecadação, decorrente da alteração da alíquota, nos exercícios financeiros de 1999, 2000 e 2001, será destinado ao custeio da previdência social.

§ 3º É a União autorizada a emitir títulos da dívida pública interna, cujos recursos serão destinados ao custeio da saúde e da previdência social, em montante equivalente ao produto da arrecadação da contribuição, prevista e não realizada em 1999.

→ *v.* ADIn 2.031 (*D.O.U.* 5.11.2003), o STF julgou parcialmente procedente o pedido para declarar a inconstitucionalidade do § 3º do art. 75 do ADCT, incluído pela EC 21/1999.

Art. 76. São desvinculados de órgão, fundo ou despesa, até 31 de dezembro de 2015, 20% (vinte por cento) da arrecadação da União de impostos, contribuições sociais e de intervenção no domínio econômico, já instituídos ou que vierem a ser criados até a referida data, seus adicionais e respectivos acréscimos legais.

→ Artigo com redação alterada pela EC 68/2011.

§ 1º O disposto no *caput* não reduzirá a base de cálculo das transferências a Estados, Distrito Federal e Municípios, na forma do § 5º do art. 153, do inciso I do art. 157, dos incisos I e II do art. 158 e das alíneas *a*, *b* e *d* do inciso I e do inciso II do art. 159 da Constituição Federal, nem a base de cálculo das destinações a que se refere a alínea *c* do inciso I do art. 159 da Constituição Federal.

§ 2º Excetua-se da desvinculação de que trata o *caput* a arrecadação da contribuição social do salário educação a que se refere o § 5º do art. 212 da Constituição Federal.

§ 3º Para efeito do cálculo dos recursos para manutenção e desenvolvimento do ensino de que trata o art. 212 da Constituição Federal, o percentual referido no *caput* será nulo.

Art. 77. Até o exercício financeiro de 2004, os recursos mínimos aplicados nas ações e serviços públicos de saúde serão equivalentes:

→ Artigo acrescentado pela EC 29/2000.

I – no caso da União:

a) no ano 2000, o montante empenhado em ações e serviços públicos de saúde no exercício financeiro de 1999 acrescido de, no mínimo, cinco por cento;

b) do ano 2001 ao ano 2004, o valor apurado no ano anterior, corrigido pela variação nominal do Produto Interno Bruto – PIB;

II – no caso dos Estados e do Distrito Federal, doze por cento do produto da arrecadação dos impostos a que se refere o art. 155 e dos recursos de que tratam os arts. 157 e 159, inciso I, alínea *a*, e inciso II, deduzidas as parcelas que forem transferidas aos respectivos Municípios; e

III – no caso dos Municípios e do Distrito Federal, quinze por cento do produto da arrecadação dos impostos a que se refere o art. 156 e dos recursos de que tratam os arts. 158 e 159, inciso I, alínea *b* e § 3º.

§ 1º Os Estados, o Distrito Federal e os Municípios que apliquem percentuais inferiores aos fixados nos incisos II e III deverão elevá-los gradualmente, até o exercício financeiro de 2004, reduzida a diferença à razão de, pelo menos, um quinto por ano, sendo que, a partir de 2000, a aplicação será de pelo menos sete por cento.

§ 2º Dos recursos da União apurados nos termos deste artigo, quinze por cento, no mínimo, serão aplicados nos Municípios, segundo o critério populacional, em ações e serviços básicos de saúde, na forma da lei.

§ 3º Os recursos dos Estados, do Distrito Federal e dos Municípios destinados às ações e serviços públicos de saúde e os transferidos pela União para a mesma finalidade serão aplicados por meio de Fundo de Saúde que será acompanhado e fiscalizado por Conselho de Saúde, sem prejuízo do disposto no art. 74 da Constituição Federal.

§ 4º Na ausência da lei complementar a que se refere o art. 198, § 3º, a partir do exercício financeiro de 2005, aplicar-se-á à União, aos Estados, ao Distrito Federal e aos Municípios o disposto neste artigo.

Art. 78. Ressalvados os créditos definidos em lei como de pequeno valor, os de natureza alimentícia, os de que trata o art. 33 deste Ato das Disposições Constitucionais Transitórias e suas complementações e os que já tiverem os seus respectivos recursos liberados ou depositados em juízo, os precatórios pendentes na data de promulgação desta Emenda e os que decorram de ações iniciais ajuizadas até 31 de dezembro de 1999 serão liquidados pelo seu valor real, em moeda corrente, acrescido de juros legais, em prestações anuais, iguais e sucessivas, no prazo máximo de dez anos, permitida a cessão dos créditos.

→ Artigo acrescentado pela EC 30/2000.

→ *v.* Art. 100 da CF/1988.

→ *v.* Arts. 33, 86, 87 e 97 do ADCT.

→ *v.* ADIns 2.356 e 2.362 (*D.O.U.* 7.12.2010), o STF deferiu a cautelar para suspender a eficácia do art. 2º da EC 30/2000, que introduziu o art. 78 no ADCT.

§ 1º É permitida a decomposição de parcelas, a critério do credor.

§ 2º As prestações anuais a que se refere o *caput* deste artigo terão, se não liquidadas até o final do exercício a que se referem, poder liberatório do pagamento de tributos da entidade devedora.

§ 3º O prazo referido no *caput* deste artigo fica reduzido para dois anos, nos casos de precatórios judiciais originários de desapropriação de imóvel residencial do credor, desde que comprovadamente único à época da imissão na posse.

§ 4º O Presidente do Tribunal competente deverá, vencido o prazo ou em caso de omissão no orçamento, ou preterição ao direito de precedência, a requerimento do credor, requisitar ou determinar o sequestro de recursos financeiros da entidade executada, suficientes à satisfação da prestação.

Art. 79. É instituído, para vigorar até o ano de 2010, no âmbito do Poder Executivo Federal, o Fundo de Combate e Erradicação da Pobreza, a ser regulado por lei complementar com o objetivo de viabilizar a todos os brasileiros acesso a níveis dignos de subsistência, cujos recursos serão aplicados em ações suplementares de nutrição, habitação, educação, saúde, reforço de renda familiar e outros programas de relevante interesse social voltados para melhoria da qualidade de vida.

→ Artigo acrescentado pela EC 31/2000.

→ *v.* Art. 1º da EC 67/2010.

Parágrafo único. O Fundo previsto neste artigo terá Conselho Consultivo e de Acompanhamento que conte com a participação de representantes da sociedade civil, nos termos da lei.

Art. 80. Compõem o Fundo de Combate e Erradicação da Pobreza:

→ Artigo acrescentado pela EC 31/2000.

I – a parcela do produto da arrecadação correspondente a um adicional de oito centésimos por cento, aplicável de 18 de junho de 2000 a 17 de junho de 2002, na alíquota da contribuição social de que trata o art. 75 do Ato das Disposições Constitucionais Transitórias;

II – a parcela do produto da arrecadação correspondente a um adicional de cinco pontos percentuais na alíquota do Imposto sobre Produtos Industrializados – IPI, ou do imposto que vier a substituí-lo, incidente sobre produtos supérfluos e aplicável até a extinção do Fundo;

III – o produto da arrecadação do imposto de que trata o art. 153, inciso VII, da Constituição;

IV – dotações orçamentárias;

V – doações, de qualquer natureza, de pessoas físicas ou jurídicas do País ou do exterior;

VI – outras receitas, a serem definidas na regulamentação do referido Fundo.

§ 1º Aos recursos integrantes do Fundo de que trata este artigo não se aplica o disposto nos arts. 159 e 167, inciso IV, da Constituição, assim como qualquer desvinculação de recursos orçamentários.

§ 2º A arrecadação decorrente do disposto no inciso I deste artigo, no período compreendido entre 18 de junho de 2000 e o início da vigência da lei complementar a que se refere o art. 79, será integralmente repassada ao Fundo, preservado o seu valor real, em títulos públicos federais, progressivamente resgatáveis após 18 de junho de 2002, na forma da lei.

Art. 81. É instituído Fundo constituído pelos recursos recebidos pela União em decorrência da desestatização de sociedades de economia mista ou empresas públicas por ela controladas, direta ou indiretamente, quando a operação envolver a alienação do respectivo controle acionário a pessoa ou entidade não integrante da Administração Pública, ou de participação societária remanescente após a alienação, cujos rendimentos, gerados a partir de 18 de junho de 2002, reverterão ao Fundo de Combate e Erradicação da Pobreza.

→ Artigo acrescentado pela EC 31/2000.

§ 1º Caso o montante anual previsto nos rendimentos transferidos ao Fundo de Combate e Erradicação da Pobreza, na forma deste artigo, não alcance o valor de quatro bilhões de reais, far-se-á complementação na forma do art. 80, inciso IV, do Ato das Disposições Constitucionais Transitórias.

§ 2º Sem prejuízo do disposto no § 1º, o Poder Executivo poderá destinar ao Fundo a que se refere este artigo outras receitas decorrentes da alienação de bens da União.

§ 3º A constituição do Fundo a que se refere o *caput*, a transferência de recursos ao Fundo de Combate e Erradicação da Pobreza e as demais disposições referentes ao § 1º deste artigo serão disciplinadas em lei, não se aplicando o disposto no art. 165, § 9º, inciso II, da Constituição.

Art. 82. Os Estados, o Distrito Federal e os Municípios devem instituir Fundos de Combate à Pobreza, com os recursos de que trata este artigo e outros que vierem a destinar, devendo os referidos Fundos ser geridos por entidades que contem com a participação da sociedade civil.

→ *Caput* acrescentado pela EC 31/2000.

§ 1º Para o financiamento dos Fundos Estaduais e Distrital, poderá ser criado adicional de até dois pontos percentuais na alíquota do Imposto sobre Circulação de Mercadorias e Serviços – ICMS, sobre os produtos e serviços supérfluos e nas condições definidas na lei complementar de que trata o art. 155, § 2º, XII, da Constituição, não se aplicando, sobre este percentual, o disposto no art. 158, IV, da Constituição.

→ § 1º com redação alterada pela EC 42/2003.

§ 2º Para o financiamento dos Fundos Municipais, poderá ser criado adicional de até meio ponto percentual na alíquota do Imposto sobre Serviços ou do imposto que vier a substituí-lo, sobre serviços supérfluos.

→ § 2º acrescentado pela EC 31/2000.

Art. 83. Lei federal definirá os produtos e serviços supérfluos a que se referem os arts. 80, II, e 82, § 2º.

→ Artigo com redação alterada pela EC 42/2003.

Art. 84. A contribuição provisória sobre movimentação ou transmissão de valores e de créditos e direitos de natureza financeira, prevista nos arts. 74, 75 e 80, I, deste Ato das Disposições Constitucionais Transitórias, será cobrada até 31 de dezembro de 2004.

→ Artigo acrescentado pela EC 37/2002.

§ 1º Fica prorrogada, até a data referida no *caput* deste artigo, a vigência da Lei 9.311, de 24 de outubro de 1996, e suas alterações.

§ 2º Do produto da arrecadação da contribuição social de que trata este artigo será destinada a parcela correspondente à alíquota de:

I – vinte centésimos por cento ao Fundo Nacional de Saúde, para financiamento das ações e serviços de saúde;

II – dez centésimos por cento ao custeio da previdência social;

III – oito centésimos por cento ao Fundo de Combate e Erradicação da Pobreza, de que tratam os arts. 80 e 81 deste Ato das Disposições Constitucionais Transitórias.

§ 3º A alíquota da contribuição de que trata este artigo será de:

I – trinta e oito centésimos por cento, nos exercícios financeiros de 2002 e 2003;

II – *(Revogado pela EC 42/2003).*

Art. 85. A contribuição a que se refere o art. 84 deste Ato das Disposições Constitucionais Transitórias não incidirá, a partir do trigésimo dia da data de publicação desta Emenda Constitucional, nos lançamentos:

→ Artigo acrescentado pela EC 37/2002.

I – em contas-correntes de depósito especialmente abertas e exclusivamente utilizadas para operações de:

→ *v.* Arts 74, 75 e 90 do ADCT.

→ *v.* Art. 2º da Lei 10.892/2004.

a) câmaras e prestadoras de serviços de compensação e de liquidação de que trata o parágrafo único do art. 2º da Lei 10.214, de 27 de março de 2001;

b) companhias securitizadoras de que trata a Lei 9.514, de 20 de novembro de 1997;

c) sociedades anônimas que tenham por objeto exclusivo a aquisição de créditos oriundos de operações praticadas no mercado financeiro;

II – em contas-correntes de depósito, relativos a:

a) operações de compra e venda de ações, realizadas em recintos ou sistemas de negociação de bolsas de valores e no mercado de balcão organizado;

b) contratos referenciados em ações ou índices de ações, em suas diversas modalidades, negociados em bolsas de valores, de mercadorias e de futuros;

III – em contas de investidores estrangeiros, relativos a entradas no País e a remessas para o exterior de recursos financeiros empregados, exclusivamente, em operações e contratos referidos no inciso II deste artigo.

§ 1º O Poder Executivo disciplinará o disposto neste artigo no prazo de trinta dias da data de publicação desta Emenda Constitucional.

§ 2º O disposto no inciso I deste artigo aplica-se somente às operações relacionadas em ato do Poder Executivo, dentre aquelas que constituam o objeto social das referidas entidades.

§ 3º O disposto no inciso II deste artigo aplica-se somente a operações e contratos efetuados por intermédio de instituições financeiras, sociedades corretoras de títulos e valores mobiliários, sociedades distribuidoras de títulos e valores mobiliários e sociedades corretoras de mercadorias.

Art. 86. Serão pagos conforme disposto no art. 100 da Constituição Federal, não se lhes aplicando a regra de parcelamento estabelecida no *caput* do art. 78 deste Ato das Disposições Constitucionais Transitórias, os débitos da Fazenda Federal, Estadual, Distrital ou Municipal oriundos de sentenças transitadas em julgado, que preencham, cumulativamente, as seguintes condições:

→ Artigo acrescentado pela EC 37/2002.

I – ter sido objeto de emissão de precatórios judiciários;

II – ter sido definidos como de pequeno valor pela lei de que trata o § 3º do art. 100 da Constituição Federal ou pelo art. 87 deste Ato das Disposições Constitucionais Transitórias;

III – estar, total ou parcialmente, pendentes de pagamento na data da publicação desta Emenda Constitucional.

§ 1º Os débitos a que se refere o *caput* deste artigo, ou os respectivos saldos, serão pagos na ordem cronológica de apresentação dos respectivos precatórios, com precedência sobre os de maior valor.

§ 2º Os débitos a que se refere o *caput* deste artigo, se ainda não tiverem sido objeto de pagamento parcial, nos termos do art. 78 deste Ato das Disposições Constitucionais Transitórias, poderão ser pagos em duas parcelas anuais, se assim dispuser a lei.

§ 3º Observada a ordem cronológica de sua apresentação, os débitos de natureza alimentícia previstos neste artigo terão precedência para pagamento sobre todos os demais.

Art. 87. Para efeito do que dispõem o § 3º do art. 100 da Constituição Federal e o art. 78 deste Ato das Disposições Constitucionais Transitórias serão considerados de pequeno valor, até que se dê a publicação oficial das respectivas leis definidoras pelos entes da Federação, observado o disposto no § 4º do art. 100 da Constituição Federal, os débitos ou obrigações consignados em precatório judiciário, que tenham valor igual ou inferior a:

→ Artigo acrescentado pela EC 37/2002.

I – quarenta salários mínimos, perante a Fazenda dos Estados e do Distrito Federal;

II – trinta salários mínimos, perante a Fazenda dos Municípios.

Parágrafo único. Se o valor da execução ultrapassar o estabelecido neste artigo, o pagamento far-se-á, sempre, por meio de precatório, sendo facultada à parte exequente a renúncia ao crédito do valor excedente, para que possa optar pelo pagamento do saldo sem o precatório, da forma prevista no § 3º do art. 100.

Art. 88. Enquanto lei complementar não disciplinar o disposto nos incisos I e III do § 3º do art. 156 da Constituição Federal, o imposto a que se refere o inciso III do *caput* do mesmo artigo:

→ Artigo acrescentado pela EC 37/2002.

I – terá alíquota mínima de dois por cento, exceto para os serviços a que se referem os itens 32, 33 e 34 da Lista de Serviços anexa ao Decreto-lei 406, de 31 de dezembro de 1968;

II – não será objeto de concessão de isenções, incentivos e benefícios fiscais, que resulte, direta ou indiretamente, na redução da alíquota mínima estabelecida no inciso I.

Art. 89. Os integrantes da carreira policial militar e os servidores municipais do ex-Território Federal de Rondônia que, comprovadamente, se encontravam no exercício regular de suas funções prestando serviço àquele ex-Território na data em que foi transformado em Estado, bem como os servidores e os policiais militares alcançados pelo disposto no art. 36 da Lei Complementar 41, de 22 de dezembro de 1981, e aqueles admitidos regularmente nos quadros do Estado de Rondônia até a data de posse do primeiro Governador eleito, em 15 de março de 1987, constituirão, mediante opção, quadro em extinção da administração federal, assegurados os direitos e as vantagens a eles inerentes, vedado o pagamento, a qualquer título, de diferenças remuneratórias.

→ Artigo com redação alterada pela EC 60/2009.

§ 1º Os membros da Polícia Militar continuarão prestando serviços ao Estado de Rondônia, na condição de cedidos, submetidos às corporações da Polícia Militar, observadas as atribuições de função compatíveis com o grau hierárquico.

§ 2º Os servidores a que se refere o *caput* continuarão prestando serviços ao Estado de Rondônia na condição de cedidos, até seu aproveitamento em órgão ou entidade da administração federal direta, autárquica ou fundacional.

Art. 90. O prazo previsto no *caput* do art. 84 deste Ato das Disposições Constitucionais Transitórias fica prorrogado até 31 de dezembro de 2007.

→ Artigo acrescentado pela EC 42/2003.

→ *v.* Arts. 74 e 75 do ADCT.

→ *v.* Lei 9.311/1996 – Institui a Contribuição Provisória sobre Movimentação ou Transmissão de Valores e de Créditos e Direitos de Natureza Financeira – CPMF.

§ 1º Fica prorrogada, até a data referida no *caput* deste artigo, a vigência da Lei 9.311, de 24 de outubro de 1996, e suas alterações.

§ 2º Até a data referida no *caput* deste artigo, a alíquota da contribuição de que trata o art. 84 deste Ato das Disposições Constitucionais Transitórias será de trinta e oito centésimos por cento.

Art. 91. A União entregará aos Estados e ao Distrito Federal o montante definido em lei complementar, de acordo com critérios, prazos e condições nela determinados, podendo considerar as exportações para o exterior de produtos primários e semielaborados, a relação entre as exportações e as importações, os créditos decorrentes de aquisições destinadas ao ativo permanente e a efetiva manutenção e aproveitamento do crédito do imposto a que se refere o art. 155, § 2º, X, *a*.

→ Artigo acrescentado pela EC 42/2003.

§ 1º Do montante de recursos que cabe a cada Estado, setenta e cinco por cento pertencem ao próprio Estado, e vinte e cinco por cento, aos seus Municípios, distribuídos segundo os critérios a que se refere o art. 158, parágrafo único, da Constituição.

§ 2º A entrega de recursos prevista neste artigo perdurará, conforme definido em lei complementar, até que o imposto a que se refere o art. 155, II, tenha o produto de sua arrecadação destinado predominantemente, em proporção não inferior a oitenta por cento, ao Estado onde ocorrer o consumo das mercadorias, bens ou serviços.

§ 3º Enquanto não for editada a lei complementar de que trata o *caput*, em substituição ao sistema de entrega de recursos nele previsto, permanecerá vigente o sistema de entrega de recursos previsto no art. 31 e Anexo da Lei Complementar n. 87, de 13 de setembro de 1996, com a redação dada pela Lei Complementar n. 115, de 26 de dezembro de 2002.

§ 4º Os Estados e o Distrito Federal deverão apresentar à União, nos termos das instruções baixadas pelo Ministério da Fazenda, as informações relativas ao imposto de que trata o art. 155, II, declaradas pelos contribuintes que realizarem operações ou prestações com destino ao exterior.

Art. 92. São acrescidos dez anos ao prazo fixado no art. 40 deste Ato das Disposições Constitucionais Transitórias.

→ Artigo acrescentado pela EC 42/2003.

→ *v.* Art. 94 do Decreto 7.212/2010.

Art. 92-A. São acrescidos 50 (cinquenta) anos ao prazo fixado pelo art. 92 deste Ato das Disposições Constitucionais Transitórias.

→ Artigo acrescentado pela EC 83/2014.

Art. 93. A vigência do disposto no art. 159, III, e § 4º, iniciará somente após a edição da lei de que trata o referido inciso III.

→ Artigo acrescentado pela EC 42/2003.

Art. 94. Os regimes especiais de tributação para microempresas e empresas de pequeno porte próprios da União, dos Estados, do Distrito Federal e dos Municípios cessarão a partir da entrada em vigor do regime previsto no art. 146, III, *d*, da Constituição.

→ Artigo acrescentado pela EC 42/2003.

Art. 95. Os nascidos no estrangeiro entre 7 de junho de 1994 e a data da promulgação desta Emenda Constitucional, filhos de pai brasileiro ou mãe brasileira, poderão ser registrados em repartição diplomática ou consular brasileira competente ou em ofício de registro, se vierem a residir na República Federativa do Brasil.

→ Artigo acrescentado pela EC 54/2007.

→ *v.* Art. 12, I, *c*, da CF/1988.

Art. 96. Ficam convalidados os atos de criação, fusão, incorporação e desmembramento de Municípios, cuja lei tenha sido publicada até 31 de dezembro de 2006, atendidos os requisitos estabelecidos na legislação do respectivo Estado à época de sua criação.

→ Artigo acrescentado pela EC 57/2008

Art. 97. Até que seja editada a lei complementar de que trata o § 15 do art. 100 da Constituição Federal, os Estados, o Distrito Federal e os Municípios que, na data de publicação desta Emenda Constitucional, estejam em mora na quitação de precatórios vencidos, relativos às suas administrações direta e indireta, inclusive os emitidos durante o período de vigência do regime especial instituído por este artigo, farão esses pagamentos de acordo com as normas a seguir estabelecidas, sendo inaplicável o disposto no art. 100 desta Constituição Federal, exceto em seus §§ 2º, 3º, 9º, 10, 11, 12, 13 e 14, e sem prejuízo dos acordos de juízos conciliatórios já formalizados na data de promulgação desta Emenda Constitucional.

→ Artigo acrescentado pela EC 62/2009.

→ *v.* ADIs 4.357/DF (*D.J.E.* 26.9.2014) e 4.425/DF (*D.J.E.* 19.12.2013), o Plenário do STF, por maioria de votos, julgou parcialmente procedentes as ADIs, para declarar inconstitucional "O regime 'especial' de pagamento de precatórios para Estados e Municípios criado pela

EC 62/2009, ao veicular nova moratória na quitação dos débitos judiciais da Fazenda Pública e ao impor o contingenciamento de recursos para esse fim, viola a cláusula constitucional do Estado de Direito (CF, art. 1º, *caput*), o princípio da Separação de Poderes (CF, art. 2º), o postulado da isonomia (CF, art. 5º), a garantia do acesso à justiça e a efetividade da tutela jurisdicional (CF, art. 5º, XXXV), o direito adquirido e à coisa julgada (CF, art. 5º, XXXVI)."

→ *v.* Art. 100 da CF/1988.

§ 1º Os Estados, o Distrito Federal e os Municípios sujeitos ao regime especial de que trata este artigo optarão, por meio de ato do Poder Executivo:

I – pelo depósito em conta especial do valor referido pelo § 2º deste artigo; ou

II – pela adoção do regime especial pelo prazo de até 15 (quinze) anos, caso em que o percentual a ser depositado na conta especial a que se refere o § 2º deste artigo corresponderá, anualmente, ao saldo total dos precatórios devidos, acrescido do índice oficial de remuneração básica da caderneta de poupança e de juros simples no mesmo percentual de juros incidentes sobre a caderneta de poupança para fins de compensação da mora, excluída a incidência de juros compensatórios, diminuído das amortizações e dividido pelo número de anos restantes no regime especial de pagamento.

§ 2º Para saldar os precatórios, vencidos e a vencer, pelo regime especial, os Estados, o Distrito Federal e os Municípios devedores depositarão mensalmente, em conta especial criada para tal fim, 1/12 (um doze avos) do valor calculado percentualmente sobre as respectivas receitas correntes líquidas, apuradas no segundo mês anterior ao mês de pagamento, sendo que esse percentual, calculado no momento de opção pelo regime e mantido fixo até o final do prazo a que se refere o § 14 deste artigo, será:

I – para os Estados e para o Distrito Federal:

a) de, no mínimo, 1,5% (um inteiro e cinco décimos por cento), para os Estados das regiões Norte, Nordeste e Centro-Oeste, além do Distrito Federal, ou cujo estoque de precatórios pendentes das suas administrações direta e indireta corresponder a até 35% (trinta e cinco por cento) do total da receita corrente líquida;

b) de, no mínimo, 2% (dois por cento), para os Estados das regiões Sul e Sudeste, cujo estoque de precatórios pendentes das suas administrações direta e indireta corresponder a mais de 35% (trinta e cinco por cento) da receita corrente líquida;

II – para Municípios:

a) de, no mínimo, 1% (um por cento), para Municípios das regiões Norte, Nordeste e Centro-Oeste, ou cujo estoque de precatórios pendentes das suas administrações direta e indireta corresponder a até 35% (trinta e cinco por cento) da receita corrente líquida;

b) de, no mínimo, 1,5% (um inteiro e cinco décimos por cento), para Municípios das regiões Sul e Sudeste, cujo estoque de precatórios pendentes das suas administrações direta e indireta corresponder a mais de 35 % (trinta e cinco por cento) da receita corrente líquida.

§ 3º Entende-se como receita corrente líquida, para os fins de que trata este artigo, o somatório das receitas tributárias, patrimoniais, industriais, agropecuárias, de contribuições e de serviços, transferências correntes e outras receitas correntes, incluindo as oriundas do § 1º do art. 20 da Constituição Federal, verificado no período compreendido pelo mês de referência e os 11 (onze) meses anteriores, excluídas as duplicidades, e deduzidas:

I – nos Estados, as parcelas entregues aos Municípios por determinação constitucional;

II – nos Estados, no Distrito Federal e nos Municípios, a contribuição dos servidores para custeio do seu sistema de previdência e assistência social e as receitas provenientes da compensação financeira referida no § 9º do art. 201 da Constituição Federal.

§ 4º As contas especiais de que tratam os §§ 1º e 2º serão administradas pelo Tribunal de Justiça local, para pagamento de precatórios expedidos pelos tribunais.

§ 5º Os recursos depositados nas contas especiais de que tratam os §§ 1º e 2º deste artigo não poderão retornar para Estados, Distrito Federal e Municípios devedores.

§ 6º Pelo menos 50% (cinquenta por cento) dos recursos de que tratam os §§ 1º e 2º deste artigo serão utilizados para pagamento de precatórios em ordem cronológica de apresentação, respeitadas as preferências definidas no § 1º, para os requisitórios do mesmo ano e no § 2º do art. 100, para requisitórios de todos os anos.

§ 7º Nos casos em que não se possa estabelecer a precedência cronológica entre 2 (dois) precatórios, pagar-se-á primeiramente o precatório de menor valor.

§ 8º A aplicação dos recursos restantes dependerá de opção a ser exercida por Estados, Distrito Federal e Municípios devedores, por ato do Poder Executivo, obedecendo à seguinte forma, que poderá ser aplicada isoladamente ou simultaneamente:

I – destinados ao pagamento dos precatórios por meio do leilão;

II – destinados a pagamento a vista de precatórios não quitados na forma do § 6º e do inciso I, em ordem única e crescente de valor por precatório;

III – destinados a pagamento por acordo direto com os credores, na forma estabelecida por lei própria da entidade devedora, que poderá prever criação e forma de funcionamento de câmara de conciliação.

§ 9º Os leilões de que trata o inciso I do § 8º deste artigo:

I – serão realizados por meio de sistema eletrônico administrado por entidade autorizada pela Comissão de Valores Mobiliários ou pelo Banco Central do Brasil;

II – admitirão a habilitação de precatórios, ou parcela de cada precatório indicada pelo seu detentor, em relação aos quais não esteja pendente, no âmbito do Poder Judiciário, recurso ou impugnação de qualquer natureza, permitida por iniciativa do Poder Executivo a compensação com débitos líquidos e certos, inscritos ou não em dívida ativa e constituídos contra devedor originário pela Fazenda Pública devedora até a data da expedição do precatório, ressalvados aqueles cuja exigibilidade esteja suspensa nos termos da legislação, ou que já tenham sido objeto de abatimento nos termos do § 9º do art. 100 da Constituição Federal;

III – ocorrerão por meio de oferta pública a todos os credores habilitados pelo respectivo ente federativo devedor;

IV – considerarão automaticamente habilitado o credor que satisfaça o que consta no inciso II;

V – serão realizados tantas vezes quanto necessário em função do valor disponível;

VI – a competição por parcela do valor total ocorrerá a critério do credor, com deságio sobre o valor desta;

VII – ocorrerão na modalidade deságio, associado ao maior volume ofertado cumulado ou não com o maior percentual de deságio, pelo maior percentual de deságio, podendo ser fixado valor máximo por credor, ou por outro critério a ser definido em edital;

VIII – o mecanismo de formação de preço constará nos editais publicados para cada leilão;

IX – a quitação parcial dos precatórios será homologada pelo respectivo Tribunal que o expediu.

§ 10. No caso de não liberação tempestiva dos recursos de que tratam o inciso II do § 1º e os §§ 2º e 6º deste artigo:

I – haverá o sequestro de quantia nas contas de Estados, Distrito Federal e Municípios devedores, por ordem do Presidente do Tribunal referido no § 4º, até o limite do valor não liberado;

II – constituir-se-á, alternativamente, por ordem do Presidente do Tribunal requerido, em favor dos credores de precatórios, contra Estados, Distrito Federal e Municípios devedores, direito líquido e certo, autoaplicável e independentemente de regulamentação, à compensação automática com débitos líquidos lançados por esta contra aqueles, e, havendo saldo em favor do credor, o valor terá automaticamente poder liberatório do pagamento de tributos de Estados, Distrito Federal e Municípios devedores, até onde se compensarem;

III – o chefe do Poder Executivo responderá na forma da legislação de responsabilidade fiscal e de improbidade administrativa;

IV – enquanto perdurar a omissão, a entidade devedora:

a) não poderá contrair empréstimo externo ou interno;

b) ficará impedida de receber transferências voluntárias;

V – a União reterá os repasses relativos ao Fundo de Participação dos Estados e do Distrito Federal e ao Fundo de Participação dos Municípios, e os depositará nas contas especiais referidas no § 1º, devendo sua utilização obedecer ao que prescreve o § 5º, ambos deste artigo.

§ 11. No caso de precatórios relativos a diversos credores, em litisconsórcio, admite-se o desmembramento do valor, realizado pelo Tribunal de origem do precatório, por credor, e, por este, a habilitação do valor total a que tem direito, não se aplicando, neste caso, a regra do § 3º do art. 100 da Constituição Federal.

§ 12. Se a lei a que se refere o § 4º do art. 100 não estiver publicada em até 180 (cento e oitenta) dias, contados da data de publicação desta Emenda Constitucional, será considerado, para os fins referidos, em relação a Estados, Distrito Federal e Municípios devedores, omissos na regulamentação, o valor de:

I – 40 (quarenta) salários mínimos para Estados e para o Distrito Federal;

II – 30 (trinta) salários mínimos para Municípios.

§ 13. Enquanto Estados, Distrito Federal e Municípios devedores estiverem realizando pagamentos de precatórios pelo regime especial, não poderão sofrer sequestro de valores, exceto no caso de não liberação tempestiva dos recursos de que tratam o inciso II do § 1º e o § 2º deste artigo.

§ 14. O regime especial de pagamento de precatório previsto no inciso I do § 1º vigorará enquanto o valor dos precatórios devidos for superior ao valor dos recursos vinculados, nos termos do § 2º, ambos deste artigo, ou pelo prazo fixo de até 15 (quinze) anos, no caso da opção prevista no inciso II do § 1º.

§ 15. Os precatórios parcelados na forma do art. 33 ou do art. 78 deste Ato das Disposições Constitucionais Transitórias e ainda pendentes de pagamento ingressarão no regime especial com o valor atualizado das parcelas não pagas relativas a cada precatório, bem como o saldo dos acordos judiciais e extrajudiciais.

§ 16. A partir da promulgação desta Emenda Constitucional, a atualização de valores de requisitórios, até o efetivo pagamento, independentemente de sua natureza, será feita pelo índice oficial de remuneração básica da caderneta de poupança, e, para fins de compensação da mora, incidirão juros simples no mesmo percentual de juros incidentes sobre a caderneta de poupança, ficando excluída a incidência de juros compensatórios.

§ 17. O valor que exceder o limite previsto no § 2º do art. 100 da Constituição Federal será pago, durante a vigência do regime especial, na forma prevista nos §§ 6º e 7º ou nos incisos I, II e III do § 8º deste artigo, devendo os valores dispendidos para o atendimento do disposto no § 2º do art. 100 da Constituição Federal serem computados para efeito do § 6º deste artigo.

§ 18. Durante a vigência do regime especial a que se refere este artigo, gozarão também da preferência a que se refere o § 6º os titulares originais de precatórios que tenham completado 60 (sessenta) anos de idade até a data da promulgação desta Emenda Constitucional.

Art. 98. O número de defensores públicos na unidade jurisdicional será proporcional à efetiva demanda pelo serviço da Defensoria Pública e à respectiva população.

→ Artigo acrescentado pela EC 80/2014.

§ 1º No prazo de 8 (oito) anos, a União, os Estados e o Distrito Federal deverão contar com defensores públicos em todas as unidades jurisdicionais, observado o disposto no *caput* deste artigo.

§ 2º Durante o decurso do prazo previsto no § 1º deste artigo, a lotação dos defensores públicos ocorrerá, prioritariamente, atendendo as regiões com maiores índices de exclusão social e adensamento populacional.

Art. 99. Para efeito do disposto no inciso VII do § 2º do art. 155, no caso de operações e prestações que destinem bens e serviços a consumidor final não contribuinte localizado em outro Estado, o imposto correspondente à diferença entre a alíquota interna e a interestadual será partilhado entre os Estados de origem e de destino, na seguinte proporção:

→ Artigo acrescentado pela EC 87/2015, em vigor na data de sua publicação, produzindo efeitos no ano subsequente e após 90 (noventa) dias da data de publicação da referida EC – *D.O.U.* de 17.4.2015.

I – para o ano de 2015: 20% (vinte por cento) para o Estado de destino e 80% (oitenta por cento) para o Estado de origem;

II – para o ano de 2016: 40% (quarenta por cento) para o Estado de destino e 60% (sessenta por cento) para o Estado de origem;

III – para o ano de 2017: 60% (sessenta por cento) para o Estado de destino e 40% (quarenta por cento) para o Estado de origem;

IV – para o ano de 2018: 80% (oitenta por cento) para o Estado de destino e 20% (vinte por cento) para o Estado de origem;

V – a partir do ano de 2019: 100% (cem por cento) para o Estado de destino.

Art. 100. Até que entre em vigor a lei complementar de que trata o inciso II do § 1º do art. 40 da Constituição Federal, os Ministros do Supremo Tribunal Federal, dos Tribunais Superiores e do Tribunal de Contas da União aposentar-se-ão, compulsoriamente, aos 75 (setenta e cinco) anos de idade, nas condições do art. 52 da Constituição Federal.

→ Artigo acrescentado pela EC 88/2015.

→ *V.* ADIn 5.316-1 (*D.O.U.* de 9.6.2015), o STF, na medida cautelar, decidiu que, preliminarmente, por maioria e nos termos do voto do Relator, assentou a admissibilidade da cumulação da ação direta de inconstitucionalidade com ação declaratória de constitucionalidade, (...). No mérito, o Tribunal, por maioria e nos termos do voto do Relator, deferiu a medida cautelar para: 1) suspender a aplicação da expressão "nas condições do art. 52 da Constituição Federal" contida no art. 100 do ADCT, introduzido pela EC 88/2015, por vulnerar as condições materiais necessárias ao exercício imparcial e independente da função jurisdicional, ultrajando a separação dos Poderes, cláusula pétrea inscrita no art. 60, § 4º, III, da CRFB; 2) fixar a interpretação, quanto à parte remanescente da EC 88/2015, de que o art. 100 do ADCT não pode ser estendido a outros agentes públicos até que seja editada a lei complementar a que alude o art. 40, § 1º, II, da CRFB, a qual, quanto à magistratura, é a lei complementar de iniciativa do Supremo Tribunal Federal nos termos do art. 93 da CRFB; 3) suspender a tramitação de todos os processos que envolvam a aplicação a magistrados do art. 40, § 1º, II da CRFB e do art. 100 do ADCT, até o julgamento definitivo da presente demanda, e 4) declarar sem efeito todo e qualquer pronunciamento judicial ou administrativo que afaste, amplie ou reduza a literalidade do comando previsto no art. 100 do ADCT e, com base neste fundamento, assegure a qualquer outro agente público o exercício das funções relativas a cargo efetivo após ter completado setenta anos de idade. (...)".

Brasília, 5 de outubro de 1988.
Ulysses Guimarães

EMENDAS À CONSTITUIÇÃO DA REPÚBLICA FEDERATIVA DO BRASIL SELECIONADAS

VADE MECUM DE LEGISLAÇÃO FOCO

EMENDAS À CONSTITUIÇÃO DA REPÚBLICA FEDERATIVA DO BRASIL SELECIONADAS**

EMENDAS CONSTITUCIONAIS

EMENDA CONSTITUCIONAL N. 2, DE 25 DE AGOSTO DE 1992

Dispõe sobre o plebiscito previsto no art. 2º do Ato das Disposições Constitucionais Transitórias.

As Mesas da Câmara dos Deputados e do Senado Federal, nos termos do § 3º do artigo 60 da Constituição Federal, promulgam a seguinte Emenda ao texto constitucional:

Artigo único. O plebiscito de que trata o artigo 2º do Ato das Disposições Constitucionais Transitórias realizar-se-á no dia 21 de abril de 1993.

§ 1º A forma e o sistema de governo definidos pelo plebiscito terão vigência em 1º de janeiro de 1995.

§ 2º A lei poderá dispor sobre a realização do plebiscito, inclusive sobre a gratuidade da livre divulgação das formas e sistemas de governo, através dos meios de comunicação de massa concessionários ou permissionários de serviço público, assegurada igualdade de tempo e paridade de horários.

§ 3º A norma constante do parágrafo anterior não exclui a competência do Tribunal Superior Eleitoral para expedir instruções necessárias à realização da consulta plebiscitária.

Brasília, 25 de agosto de 1992.

Mesa da Câmara dos Deputados:
Ibsen Pinheiro
Presidente

Mesa do Senado Federal:
Mauro Benevides
Presidente

(Publicação no *D.O.U.* de 1.9.1992)

EMENDA CONSTITUCIONAL N. 3, DE 17 DE MARÇO DE 1993

Altera dispositivos da Constituição Federal.

As Mesas da Câmara dos Deputados e do Senado Federal, nos termos do § 3º do art. 60 da Constituição Federal, promulgam a seguinte Emenda ao texto constitucional:

(...)

Art. 2º A União poderá instituir, nos termos de lei complementar, com vigência até 31 de dezembro de 1994, imposto sobre movimentação ou transmissão de valores e de créditos e direitos de natureza financeira.

§ 1º A alíquota do imposto de que trata este artigo não excederá a vinte e cinco centésimos por cento, facultado ao Poder Executivo reduzi-la ou restabelecê-la, total ou parcialmente, nas condições e limites fixados em lei.

§ 2º Ao imposto de que trata este artigo não se aplica o art. 150, III, *b*, e VI, nem o disposto no § 5º do artigo 153 da Constituição.

§ 3º O produto da arrecadação do imposto de que trata este artigo não se encontra sujeito a qualquer modalidade de repartição com outra entidade federada.

§ 4º *(Revogado pela EC de Revisão 1/1994).*

Art. 3º A eliminação do adicional ao Imposto sobre a Renda, de competência dos Estados, decorrente desta Emenda Constitucional, somente produzirá efeitos a partir de 1º de janeiro de 1996, reduzindo-se a correspondente alíquota, pelo menos, a dois e meio por cento no exercício financeiro de 1995.

Art. 4º A eliminação do imposto sobre vendas a varejo de combustíveis líquidos e gasosos, de competência dos Municípios, decorrente desta Emenda Constitucional, somente produzirá efeitos a partir de 1º de janeiro de 1996, reduzindo-se a correspondente alíquota, pelo menos, a um e meio por cento no exercício financeiro de 1995.

Art. 5º Até 31 de dezembro de 1999, os Estados, o Distrito Federal e os Municípios somente poderão emitir títulos da dívida pública no montante necessário ao refinanciamento do principal devidamente atualizado de suas obrigações, representadas por essa espécie de títulos, ressalvado o disposto no art. 33, parágrafo único, do Ato das Disposições Constitucionais Transitórias.

Art. 6º Revogam-se o inciso IV e o § 4º do art. 156 da Constituição Federal.

Brasília, 17 de março de 1993.

Mesa da Câmara dos Deputados:
Inocêncio Oliveira
Presidente

Mesa do Senado Federal:
Senador Humberto Lucena
Presidente

(Publicação no *D.O.U.* de 18.3.1993)

EMENDA CONSTITUCIONAL N. 8, DE 15 DE AGOSTO DE 1995

Altera o inciso XI e a alínea a do inciso XII do art. 21 da Constituição Federal.

As Mesas da Câmara dos Deputados e do Senado Federal, nos termos do § 3º do art. 60 da Constituição Federal, promulgam a seguinte Emenda ao texto constitucional:

(...)

Art. 2º É vedada a adoção de medida provisória para regulamentar o disposto no inciso XI do art. 21 com a redação dada por esta emenda constitucional.

Brasília, 15 de agosto de 1995.

Mesa da Câmara dos Deputados:
Luís Eduardo
Presidente

Mesa do Senado Federal:
José Sarney
Presidente

(Publicação no *D.O.U.* de 16.8.1995)

EMENDA CONSTITUCIONAL N. 9, DE 9 DE NOVEMBRO DE 1995

Dá nova redação ao art. 177 da Constituição Federal, alterando e inserindo parágrafos.

As mesas da Câmara dos Deputados e do Senado Federal, nos termos do § 3º do art. 60 da Constituição Federal, promulgam a seguinte Emenda ao texto constitucional:

(...)

Art. 3º É vedada a edição de medida provisória para a regulamentação da matéria prevista nos incisos I a IV dos §§ 1º e 2º do art. 177 da Constituição Federal.

Brasília, 9 de novembro de 1995.

Mesa da Câmara dos Deputados:
Luís Eduardo
Presidente

Mesa do Senado Federal:
José Sarney
Presidente

(Publicação no *D.O.U.* de 10.11.1995)

EMENDA CONSTITUCIONAL N. 17, DE 22 DE NOVEMBRO DE 1997

Altera dispositivos dos arts. 71 e 72 do Ato das Disposições Constitucionais Transitórias, introduzidos pela Emenda Constitucional de Revisão n. 1, de 1994.

As Mesas da Câmara dos Deputados e do Senado Federal, nos termos do § 3º do art. 60 da Constituição Federal, promulgam a seguinte Emenda ao texto constitucional:

(...)

Art. 3º A União repassará aos Municípios, do produto da arrecadação do Imposto sobre a Renda e Proventos de Qualquer Natureza, tal como considerado na constituição dos fundos de que trata o art. 159, I, da Constituição, excluída a parcela referida no art. 72, I, do Ato das Disposições Constitucionais Transitórias, os seguintes percentuais:

** As Emendas Constitucionais alteradoras, incluindo as EC de Revisão, não constam na obra impressa, pois o conteúdo alterado já foi processado nas respectivas normas.

I – um inteiro e cinquenta e seis centésimos por cento, no período de 1º de julho de 1997 a 31 de dezembro de 1997;

II – um inteiro e oitocentos e setenta e cinco milésimos por cento, no período de 1º de janeiro de 1998 a 31 de dezembro de 1998;

III – dois inteiros e cinco décimos por cento, no período de 1º de janeiro de 1999 a 31 de dezembro de 1999.

Parágrafo único. O repasse dos recursos de que trata este artigo obedecerá à mesma periodicidade e aos mesmos critérios de repartição e normas adotadas no Fundo de Participação dos Municípios, observado o disposto no art. 160 da Constituição.

Art. 4º Os efeitos do disposto nos arts. 71 e 72 do Ato das Disposições Constitucionais Transitórias, com a redação dada pelos arts. 1º e 2º desta Emenda, são retroativos a 1º de julho de 1997.

Parágrafo único. As parcelas de recursos destinados ao Fundo de Estabilização Fiscal e entregues na forma do art. 159, I, da Constituição, no período compreendido entre 1º de julho de 1997 e a data de promulgação desta Emenda, serão deduzidas das cotas subsequentes, limitada a dedução a um décimo do valor total entregue em cada mês.

Art. 5º Observado o disposto no artigo anterior, a União aplicará as disposições do art. 3º desta Emenda retroativamente a 1º de julho de 1997.

Art. 6º Esta Emenda Constitucional entra em vigor na data de sua publicação.

Brasília, 22 de novembro de 1997.

Mesa da Câmara dos Deputados:
Michel Temer
Presidente

Mesa do Senado Federal:
Antonio Carlos Magalhães
Presidente

(Publicação no *D.O.U.* de 25.11.1997)

EMENDA CONSTITUCIONAL N. 19, DE 4 DE JUNHO DE 1998

Modifica o regime e dispõe sobre princípios e normas da Administração Pública, servidores e agentes políticos, controle de despesas e finanças públicas e custeio de atividades a cargo do Distrito Federal, e dá outras providências.

As Mesas da Câmara dos Deputados e do Senado Federal, nos termos do § 3º do art. 60 da Constituição Federal, promulgam esta Emenda ao texto constitucional:

(...)

Art. 25. Até a instituição do fundo a que se refere o inciso XIV do art. 21 da Constituição Federal, compete à União manter os atuais compromissos financeiros com a prestação de serviços públicos do Distrito Federal.

Art. 26. No prazo de dois anos da promulgação desta Emenda, as entidades da administração indireta terão seus estatutos revistos quanto à respectiva natureza jurídica, tendo em conta a finalidade e as competências efetivamente executadas.

Art. 27. O Congresso Nacional, dentro de cento e vinte dias da promulgação desta Emenda, elaborará lei de defesa do usuário de serviços públicos.

Art. 28. É assegurado o prazo de dois anos de efetivo exercício para aquisição da estabilidade aos atuais servidores em estágio probatório, sem prejuízo da avaliação a que se refere o § 4º do art. 41 da Constituição Federal.

Art. 29. Os subsídios, vencimentos, remuneração, proventos da aposentadoria e pensões e quaisquer outras espécies remuneratórias adequar-se-ão, a partir da promulgação desta Emenda, aos limites decorrentes da Constituição Federal, não se admitindo a percepção de excesso a qualquer título.

Art. 30. O projeto de lei complementar a que se refere o art. 163 da Constituição Federal será apresentado pelo Poder Executivo ao Congresso Nacional no prazo máximo de cento e oitenta dias da promulgação desta Emenda.

Art. 31. Os servidores públicos federais da administração direta e indireta, os servidores municipais e os integrantes da carreira policial militar dos ex-Territórios Federais do Amapá e de Roraima que comprovadamente encontravam-se no exercício regular de suas funções prestando serviços àqueles ex-Territórios na data em que foram transformados em Estados, os servidores e os policiais militares admitidos regularmente pelos governos dos Estados do Amapá e de Roraima no período entre a transformação e a efetiva instalação desses Estados em outubro de 1993 e, ainda, os servidores nesses Estados com vínculo funcional já reconhecido pela União integrarão, mediante opção, quadro em extinção da administração federal.

→ Artigo com redação alterada pela EC 79/2014.

§ 1º O enquadramento referido no *caput* para os servidores ou para os policiais militares admitidos regularmente entre a transformação e a instalação dos Estados em outubro de 1993 deverá dar-se no cargo em que foram originariamente admitidos ou em cargo equivalente.

§ 2º Os integrantes da carreira policial militar a que se refere o *caput* continuarão prestando serviços aos respectivos Estados, na condição de cedidos, submetidos às disposições estatutárias a que estão sujeitas as corporações das respectivas Polícias Militares, observados as atribuições de função compatíveis com seu grau hierárquico e o direito às devidas promoções.

§ 3º Os servidores a que se refere o *caput* continuarão prestando serviços aos respectivos Estados e a seus Municípios, na condição de cedidos, até seu aproveitamento em órgão ou entidade da administração federal direta, autárquica ou fundacional.

(...)

Art. 33. Consideram-se servidores não estáveis, para os fins do art. 169, § 3º, II, da Constituição Federal aqueles admitidos na administração direta, autárquica e fundacional sem concurso público de provas ou de provas e títulos após o dia 5 de outubro de 1983.

Art. 34. Esta Emenda Constitucional entra em vigor na data de sua promulgação.

Brasília, 4 de junho de 1998.

Mesa da Câmara dos Deputados:
Michel Temer
Presidente

Mesa do Senado Federal:
Antonio Carlos Magalhães
Presidente

(Publicação no *D.O.U.* de 5.6.1998)

EMENDA CONSTITUCIONAL N. 20, DE 15 DE DEZEMBRO DE 1998

→ *v.* Súmula Vinculante 34 do STF.

Modifica o sistema de previdência social, estabelece normas de transição e dá outras providências.

As Mesas da Câmara dos Deputados e do Senado Federal, nos termos do § 3º do art. 60 da Constituição Federal, promulgam a seguinte emenda ao texto constitucional:

(...)

Art. 3º É assegurada a concessão de aposentadoria e pensão, a qualquer tempo, aos servidores públicos e aos segurados do regime geral de previdência social, bem como aos seus dependentes, que, até a data da publicação desta Emenda, tenham cumprido os requisitos para a obtenção destes benefícios, com base nos critérios da legislação então vigente.

§ 1º O servidor de que trata este artigo, que tenha completado as exigências para aposentadoria integral e que opte por permanecer em atividade fará jus à isenção da contribuição previdenciária até completar as exigências para aposentadoria contidas no art. 40, § 1º, III, *a*, da Constituição Federal.

§ 2º Os proventos da aposentadoria a ser concedida aos servidores públicos referidos no *caput*, em termos integrais ou proporcionais ao tempo de serviço já exercido até a data de publicação desta Emenda, bem como as pensões de seus dependentes, serão calculados de acordo com a legislação em vigor à época em que foram atendidas as prescrições nela estabelecidas para a concessão destes benefícios ou nas condições da legislação vigente.

§ 3º São mantidos todos os direitos e garantias assegurados nas disposições constitucionais vigentes à data de publicação desta Emenda aos servidores e militares, inativos e pensionistas, aos anistiados e aos ex-combatentes, assim como àqueles que já cumpriram, até aquela data, os requisitos para usufruírem tais direitos, observado o disposto no art. 37, XI, da Constituição Federal.

Art. 4º Observado o disposto no art. 40, § 10, da Constituição Federal, o tempo de serviço considerado pela legislação vigente para efeito de aposentadoria, cumprido até que a lei discipline a matéria, será contado como tempo de contribuição.

Art. 5º O disposto no art. 202, § 3º, da Constituição Federal, quanto à exigência de paridade entre a contribuição da patrocinadora e a contribuição do segurado, terá vigência no prazo de dois anos a partir da publicação desta Emenda, ou, caso ocorra antes, na data de publicação da lei complementar a que se refere o § 4º do mesmo artigo.

Art. 6º As entidades fechadas de previdência privada patrocinadas por entidades públicas, inclusive empresas públicas e sociedades de economia mista, deverão rever, no prazo de dois anos, a contar da publicação desta Emenda, seus planos de benefícios e serviços, de modo a ajustá-los atuarialmente a seus ativos, sob pena de intervenção, sendo seus dirigentes e os de suas respectivas patrocinadoras responsáveis civil e criminalmente pelo descumprimento do disposto neste artigo.

Art. 7º Os projetos das leis complementares previstas no art. 202 da Constituição Federal deverão ser apresentados ao Congresso Nacional no prazo máximo de noventa dias após a publicação desta Emenda.

Art. 8º *(Revogado pela EC 41/2003).*

Art. 9º Observado o disposto no art. 4º desta Emenda e ressalvado o direito de opção à aposentadoria pelas normas por ela estabelecidas para o regime geral de previdência social, é assegurado o direito à aposentadoria ao segurado que se tenha filiado ao regime geral de previdência social, até a data de publicação desta Emenda, quando, cumulativamente, atender aos seguintes requisitos:

I – contar com cinquenta e três anos de idade, se homem, e quarenta e oito anos de idade, se mulher; e

II – contar tempo de contribuição igual, no mínimo, à soma de:

a) trinta e cinco anos, se homem, e trinta anos, se mulher; e

b) um período adicional de contribuição equivalente a vinte por cento do tempo que, na data da publicação desta Emenda, faltaria para atingir o limite de tempo constante da alínea anterior.

§ 1º O segurado de que trata este artigo, desde que atendido o disposto no inciso I do *caput*, e observado o disposto no art. 4º desta Emenda, pode aposentar-se com valores proporcionais ao tempo de contribuição, quando atendidas as seguintes condições:

I – contar tempo de contribuição igual, no mínimo, à soma de:

a) trinta anos, se homem, e vinte e cinco anos, se mulher; e

b) um período adicional de contribuição equivalente a quarenta por cento do tempo que, na data da publicação desta Emenda, faltaria para atingir o limite de tempo constante da alínea anterior;

II – o valor da aposentadoria proporcional será equivalente a setenta por cento do valor da aposentadoria a que se refere o *caput*, acrescido de cinco por cento por ano de contribuição que supere a soma a que se refere o inciso anterior, até o limite de cem por cento.

§ 2º O professor que, até a data da publicação desta Emenda, tenha exercido atividade de magistério e que opte por aposentar-se na forma do disposto no *caput*, terá o tempo de serviço exercido até a publicação desta Emenda contado com o acréscimo de dezessete por cento, se homem, e de vinte por cento, se mulher, desde que se aposente, exclusivamente, com tempo de efetivo exercício de atividade de magistério.

Art. 10. *(Revogado pela EC 41/2003).*

Art. 11. A vedação prevista no art. 37, § 10, da Constituição Federal, não se aplica aos membros de poder e aos inativos, servidores e militares, que, até a publicação desta Emenda, tenham ingressado novamente no serviço público por concurso público de provas ou de provas e títulos, e pelas demais formas previstas na Constituição Federal, sendo-lhes proibida a percepção de mais de uma aposentadoria pelo regime de previdência a que se refere o art. 40 da Constituição Federal, aplicando-se-lhes, em qualquer hipótese, o limite de que trata o § 11 deste mesmo artigo.

Art. 12. Até que produzam efeitos as leis que irão dispor sobre as contribuições de que trata o art. 195 da Constituição Federal, são exigíveis as estabelecidas em lei, destinadas ao custeio da seguridade social e dos diversos regimes previdenciários.

Art. 13. Até que a lei discipline o acesso ao salário-família e auxílio-reclusão para os servidores, segurados e seus dependentes, esses benefícios serão concedidos apenas àqueles que tenham renda bruta mensal igual ou inferior a R$ 360,00 (trezentos e sessenta reais), que, até a publicação da lei, serão corrigidos pelos mesmos índices aplicados aos benefícios do regime geral de previdência social.

Art. 14. O limite máximo para o valor dos benefícios do regime geral de previdência social de que trata o art. 201 da Constituição Federal é fixado em R$ 1.200,00 (um mil e duzentos reais), devendo, a partir da data da publicação desta Emenda, ser reajustado de forma a preservar, em caráter permanente, seu valor real, atualizado pelos mesmos índices aplicados aos benefícios do regime geral de previdência social.

→ *v.* ADIn 1.946-5, o STF decidiu o seguinte – "O Tribunal, por unanimidade, julgou parcialmente procedente o pedido formulado na inicial da ação para dar ao art. 14 da EC 20/1998, sem redução de texto, interpretação conforme a Constituição Federal, para excluir sua aplicação ao salário da licença à gestante a que se refere o art. 7º, inciso XVIII da referida Carta" – Publicado no *D.O.U.* 3.6.2003.

Art. 15. Até que a lei complementar a que se refere o art. 201, § 1º, da Constituição Federal, seja publicada, permanece em vigor o disposto nos arts. 57 e 58 da Lei 8.213, de 24 de julho de 1991, na redação vigente à data da publicação desta Emenda.

Art. 16. Esta Emenda Constitucional entra em vigor na data de sua publicação.

Art. 17. Revoga-se o inciso II do § 2º do art. 153 da Constituição Federal.

Brasília, 15 de dezembro de 1998.

Mesa da Câmara dos Deputados:
Michel Temer
Presidente

Mesa do Senado Federal:
Antonio Carlos Magalhães
Presidente

(Publicação no *D.O.U.* de 16.12.1998)

EMENDA CONSTITUCIONAL N. 24, DE 9 DE DEZEMBRO DE 1999

Altera dispositivos da Constituição Federal pertinentes à representação classista na Justiça do Trabalho.

As Mesas da Câmara dos Deputados e do Senado Federal, nos termos do § 3º do art. 60 da Constituição Federal, promulgam a seguinte Emenda ao texto constitucional:

(...)

Art. 2º É assegurado o cumprimento dos mandatos dos atuais ministros classistas temporários do Tribunal Superior do Trabalho e dos atuais juízes classistas temporários dos Tribunais Regionais do Trabalho e das Juntas de Conciliação e Julgamento.

Art. 3º Esta Emenda Constitucional entra em vigor na data de sua publicação.

Art. 4º Revoga-se o art. 117 da Constituição Federal.

Brasília, 9 de dezembro de 1999.

Mesa da Câmara dos Deputados:
Michel Temer
Presidente

Mesa do Senado Federal:
Antonio Carlos Magalhães
Presidente

(Publicação no *D.O.U.* de 10.12.1999)

EMENDA CONSTITUCIONAL N. 32, DE 11 DE SETEMBRO DE 2001

Altera dispositivos dos arts. 48, 57, 61, 62, 64, 66, 84, 88 e 246 da Constituição Federal, e dá outras providências.

As Mesas da Câmara dos Deputados e do Senado Federal, nos termos do § 3º do art. 60 da Constituição Federal, promulgam a seguinte Emenda ao texto constitucional:

(...)

Art. 2º As medidas provisórias editadas em data anterior à da publicação desta emenda continuam em vigor até que medida provisória ulterior as revogue explicitamente ou até deliberação definitiva do Congresso Nacional.

Art. 3º Esta Emenda Constitucional entra em vigor na data de sua publicação.

Brasília, 11 de setembro de 2001.

Mesa da Câmara dos Deputados:
Aécio Neves
Presidente

Mesa do Senado Federal:
Edison Lobão
Presidente Interino

(Publicação no *D.O.U.* de 12.9.2001)

EMENDA CONSTITUCIONAL N. 33, DE 11 DE DEZEMBRO DE 2001

Altera os arts. 149, 155 e 177 da Constituição Federal.

As Mesas da Câmara dos Deputados e do Senado Federal, nos termos do § 3º do art. 60 da Constituição Federal, promulgam a seguinte Emenda ao texto constitucional:

(...)

Art. 4º Enquanto não entrar em vigor a lei complementar de que trata o art. 155, § 2º, XII, *h*, da Constituição Federal, os Estados e o Distrito Federal, mediante convênio celebrado nos termos do § 2º, XII, *g*, do mesmo artigo, fixarão normas para regular provisoriamente a matéria.

Art. 5º Esta Emenda Constitucional entra em vigor na data de sua promulgação.

Brasília, 11 de dezembro de 2001.

Mesa da Câmara dos Deputados:
Aécio Neves
Presidente

Mesa do Senado Federal:
Ramez Tebet
Presidente

(Publicação no *D.O.U.* de 12.12.2001)

EMENDA CONSTITUCIONAL N. 41, DE 19 DE DEZEMBRO DE 2003

Modifica os arts. 37, 40, 42, 48, 96, 149 e 201 da Constituição Federal, revoga o inciso IX do § 3º do art. 142 da Constituição Federal e dispositivos da Emenda Constitucional n. 20, de 15 de dezembro de 1998, e dá outras providências.

→ *V.* Súmula Vinculante 34 do STF.

As Mesas da Câmara dos Deputados e do Senado Federal, nos termos do § 3º do art. 60 da Constituição Federal, promulgam a seguinte Emenda ao texto constitucional:

(...)

Art. 2º Observado o disposto no art. 4º da Emenda Constitucional n. 20, de 15 de dezembro de 1998, é assegurado o direito de opção pela aposentadoria voluntária com proventos calculados de acordo com o art. 40, §§ 3º e 17, da Constituição Federal, àquele que tenha ingressado regularmente em cargo efetivo na Administração Pública direta, autárquica e fundacional, até a data de publicação daquela Emenda, quando o servidor, cumulativamente:

→ *V.* Art. 3º da EC 47/2005.

I – tiver cinquenta e três anos de idade, se homem, e quarenta e oito anos de idade, se mulher;

II – tiver cinco anos de efetivo exercício no cargo em que se der a aposentadoria;

III – contar tempo de contribuição igual, no mínimo, à soma de:

a) trinta e cinco anos, se homem, e trinta anos, se mulher; e

b) um período adicional de contribuição equivalente a vinte por cento do tempo que, na data de publicação daquela Emenda, faltaria para atingir o limite de tempo constante da alínea *a* deste inciso.

§ 1º O servidor de que trata este artigo que cumprir as exigências para aposentadoria na forma do *caput* terá os seus proventos de inatividade reduzidos para cada ano antecipado em relação aos limites de idade estabelecidos pelo art. 40, § 1º, III, *a*, e § 5º da Constituição Federal, na seguinte proporção:

I – três inteiros e cinco décimos por cento, para aquele que completar as exigências para aposentadoria na forma do *caput* até 31 de dezembro de 2005;

II – cinco por cento, para aquele que completar as exigências para aposentadoria na forma do *caput* a partir de 1º de janeiro de 2006.

§ 2º Aplica-se ao magistrado e ao membro do Ministério Público e de Tribunal de Contas o disposto neste artigo.

§ 3º Na aplicação do disposto no § 2º deste artigo, o magistrado ou o membro do Ministério Público ou de Tribunal de Contas, se homem, terá o tempo de serviço exercido até a data de publicação da Emenda Constitucional n. 20, de 15 de dezembro de 1998, contado com acréscimo de dezessete por cento, observado o disposto no § 1º deste artigo.

§ 4º O professor, servidor da União, dos Estados, do Distrito Federal e dos Municípios, incluídas suas autarquias e fundações, que, até a data de publicação da Emenda Constitucional n. 20, de 15 de dezembro de 1998, tenha ingressado, regularmente, em cargo efetivo de magistério e que opte por aposentar-se na forma do disposto no *caput*, terá o tempo de serviço exercido até a publicação daquela Emenda contado com o acréscimo de dezessete por cento, se homem, e de vinte por cento, se mulher, desde que se aposente, exclusivamente, com tempo de efetivo exercício nas funções de magistério, observado o disposto no § 1º.

§ 5º O servidor de que trata este artigo, que tenha completado as exigências para aposentadoria voluntária estabelecidas no *caput*, e que opte por permanecer em atividade, fará jus a um abono de permanência equivalente ao valor da sua contribuição previdenciária até completar as exigências para aposentadoria compulsória contidas no art. 40, § 1º, II, da Constituição Federal.

§ 6º Às aposentadorias concedidas de acordo com este artigo aplica-se o disposto no art. 40, § 8º, da Constituição Federal.

Art. 3º É assegurada a concessão, a qualquer tempo, de aposentadoria aos servidores públicos, bem como pensão aos seus dependentes, que, até a data de publicação desta Emenda tenham cumprido todos os requisitos para obtenção desses benefícios, com base nos critérios da legislação então vigente.

§ 1º O servidor de que trata este artigo que opte por permanecer em atividade tendo completado as exigências para aposentadoria voluntária e que conte com, no mínimo, vinte e cinco anos de contribuição, se mulher, ou trinta anos de contribuição, se homem, fará jus a um abono de permanência equivalente ao valor da sua contribuição previdenciária até completar as exigências para aposentadoria compulsória contidas no art. 40, § 1º, II, da Constituição Federal.

§ 2º Os proventos da aposentadoria a ser concedida aos servidores públicos referidos no *caput*, em termos integrais ou proporcionais ao tempo de contribuição já exercido até a data de publicação desta Emenda, bem como as pensões de seus dependentes, serão calculados de acordo com a legislação em vigor à época em que foram atendidos os requisitos nela estabelecidos para a concessão desses benefícios ou nas condições da legislação vigente.

Art. 4º Os servidores inativos e os pensionistas da União, dos Estados, do Distrito Federal e dos Municípios, incluídas suas autarquias e fundações, em gozo de benefícios na data de publicação desta Emenda, bem como os alcançados pelo disposto no seu art. 3º, contribuirão para o custeio do regime de que trata o art. 40 da Constituição Federal com percentual igual ao estabelecido para os servidores titulares de cargos efetivos.

Parágrafo único. A contribuição previdenciária a que se refere o *caput* incidirá apenas sobre a parcela dos proventos e das pensões que supere:

I – cinquenta por cento do limite máximo estabelecido para os benefícios do regime geral de previdência social de que trata o art. 201 da Constituição Federal, para os servidores inativos e os pensionistas dos Estados, do Distrito Federal e dos Municípios;

→ *V.* ADIns 3.105-8 e 3.128-7 (*D.O.U.* 27.8.2004), o STF julgou inconstitucionais as expressões "cinquenta por cento do" e "sessenta por cento do", contidas nos incs. I e II do parágrafo único do art. 4º da EC 41/2003.

II – sessenta por cento do limite máximo estabelecido para os benefícios do regime geral de previdência social de que trata o art. 201 da Constituição Federal, para os servidores inativos e os pensionistas da União.

→ *V.* ADIns 3.105-8 e 3.128-7 (*D.O.U.* 27.8.2004), o STF julgou inconstitucionais as expressões "cinquenta por cento do" e "sessenta por cento do", contidas nos incs. I e II do parágrafo único do art. 4º da EC 41/2003.

Art. 5º O limite máximo para o valor dos benefícios do regime geral de previdência social de que trata o art. 201 da Constituição Federal é fixado em R$ 2.400,00 (dois mil e quatrocentos reais), devendo, a partir da data de publicação desta Emenda, ser reajustado de forma a preservar, em caráter permanente, seu valor real, atualizado pelos mesmos índices aplicados aos benefícios do regime geral de previdência social.

Art. 6º Ressalvado o direito de opção à aposentadoria pelas normas estabelecidas pelo art. 40 da Constituição Federal ou pelas regras estabelecidas pelo art. 2º desta Emenda, o servidor da União, dos Estados, do Distrito Federal e dos Municípios, incluídas suas autarquias e fundações, que tenha ingressado no serviço público até a data de publicação desta Emenda poderá aposentar-se com proventos integrais, que corresponderão à totalidade da remuneração do servidor no cargo efetivo em que se der a aposentadoria, na forma da lei, quando, observadas as reduções de idade e tempo de contribuição contidas no § 5º do art. 40 da Constituição Federal, vier a preencher, cumulativamente, as seguintes condições:

→ *V.* Arts. 2º e 3º da EC 47/2005.

I – sessenta anos de idade, se homem, e cinquenta e cinco anos de idade, se mulher;

II – trinta e cinco anos de contribuição, se homem, e trinta anos de contribuição, se mulher;

III – vinte anos de efetivo exercício no serviço público; e

IV – dez anos de carreira e cinco anos de efetivo exercício no cargo em que se der a aposentadoria.

Parágrafo único. *(Revogado pela EC 47/2005, em vigor na data de sua publicação, produzindo efeitos retroativos à data de vigência da EC 41/2003.)*

Art. 6º-A. O servidor da União, dos Estados, do Distrito Federal e dos Municípios, incluídas suas autarquias e fundações, que tenha ingressado no serviço público até a data de publicação desta Emenda Constitucional e que tenha se aposentado ou venha a se aposentar por invalidez permanente, com fundamento no inciso I do § 1º do art. 40 da Constituição Federal, tem direito a proventos de aposentadoria calculados com base na remuneração do cargo efetivo em que se der a aposentadoria, na forma da lei, não sendo aplicáveis as disposições constantes dos §§ 3º, 8º e 17 do art. 40 da Constituição Federal.

→ Artigo acrescentado pela EC 70/2012.

Parágrafo único. Aplica-se ao valor dos proventos de aposentadorias concedidas com base no *caput* o disposto no art. 7º desta Emenda Constitucional, observando-se igual critério de revisão às pensões derivadas dos proventos desses servidores.

Art. 7º Observado o disposto no art. 37, XI, da Constituição Federal, os proventos de aposentadoria dos servidores públicos titulares de cargo efetivo e as pensões dos seus dependentes pagos pela União, Estados, Distrito Federal e Municípios, incluídas suas autarquias e fundações, em fruição na data de publicação desta Emenda, bem como os proventos de aposentadoria dos servidores e as pensões dos dependentes abrangidos pelo art. 3º desta Emenda, serão revistos na mesma proporção e na mesma data, sempre que se modificar a remuneração dos servidores em atividade, sendo também estendidos aos aposentados e pensionistas quaisquer benefícios ou vantagens posteriormente concedidos aos servidores em atividade, inclusive quando decorrentes da transformação ou reclassificação do cargo ou função em que se deu a aposentadoria ou que serviu de referência para a concessão da pensão, na forma da lei.

Art. 8º Até que seja fixado o valor do subsídio de que trata o art. 37, XI, da Constituição Federal, será considerado, para os fins do limite fixado naquele inciso, o valor da maior remuneração atribuída por lei na data de publicação desta Emenda a Ministro do Supremo Tribunal Federal, a título de vencimento, de representação mensal e da parcela recebida em razão de tempo de serviço, aplicando-se como limite, nos Municípios, o subsídio do Prefeito, e nos Estados e no Distrito Federal, o subsídio mensal do Governador no âmbito do Poder Executivo, o subsídio dos Deputados Estaduais e Distritais no âmbito do Poder Legislativo e o subsídio dos Desembargadores do Tribunal de Justiça, limitado a noventa inteiros e vinte e cinco centésimos por cento da maior remuneração mensal de Ministro do Supremo Tribunal Federal a que se refere este artigo, no âmbito do Poder Judiciário, aplicável este limite aos membros do Ministério Público, aos Procuradores e aos Defensores Públicos.

Art. 9º Aplica-se o disposto no art. 17 do Ato das Disposições Constitucionais Transitórias aos vencimentos, remunerações e subsídios dos ocupantes de cargos, funções e empregos públicos da administração direta, autárquica e fundacional, dos membros de qualquer dos Poderes da União, dos Estados, do Distrito Federal e dos Municípios, dos detentores de mandato eletivo e dos demais agentes políticos e os proventos, pensões ou outra espécie remuneratória percebidos cumulativamente ou não, incluídas as vantagens pessoais ou de qualquer outra natureza.

Art. 10. Revogam-se o inciso IX do § 3º do art. 142 da Constituição Federal, bem como os arts. 8º e 10 da Emenda Constitucional n. 20, de 15 de dezembro de 1998.

Art. 11. Esta Emenda Constitucional entra em vigor na data de sua publicação.

Brasília, 19 de dezembro de 2003.

Mesa da Câmara dos Deputados:
João Paulo Cunha
Presidente

Mesa do Senado Federal:
José Sarney
Presidente

(Publicação no *D.O.U.* de 31.12.2003)

EMENDA CONSTITUCIONAL N. 42, DE 19 DE DEZEMBRO DE 2003

Altera o Sistema Tributário Nacional e dá outras providências.

→ v. Súmula Vinculante 50 do STF.

As Mesas da Câmara dos Deputados e do Senado Federal, nos termos do § 3º do art. 60 da Constituição Federal, promulgam a seguinte Emenda ao texto constitucional:

(...)

Art. 4º Os adicionais criados pelos Estados e pelo Distrito Federal até a data da promulgação desta Emenda, naquilo em que estiverem em desacordo com o previsto nesta Emenda, na Emenda Constitucional n. 31, de 14 de dezembro de 2000, ou na lei complementar de que trata o art. 155, § 2º, XII, da Constituição, terão vigência, no máximo, até o prazo previsto no art. 79 do Ato das Disposições Constitucionais Transitórias.

Art. 5º O Poder Executivo, em até sessenta dias contados da data da promulgação desta Emenda, encaminhará ao Congresso Nacional projeto de lei, sob o regime de urgência constitucional, que disciplinará os benefícios fiscais para a capacitação do setor de tecnologia da informação, que vigerão até 2019 nas condições que estiverem em vigor no ato da aprovação desta Emenda.

Art. 6º Fica revogado o inciso II do § 3º do art. 84 do Ato das Disposições Constitucionais Transitórias.

Brasília, 19 de dezembro de 2003.

Mesa da Câmara dos Deputados:
João Paulo Cunha
Presidente

Mesa do Senado Federal:
José Sarney
Presidente

(Publicação no *D.O.U.* de 31.12.2003)

EMENDA CONSTITUCIONAL N. 45, DE 8 DE DEZEMBRO DE 2004

Altera dispositivos dos arts. 5º, 36, 52, 92, 93, 95, 98, 99, 102, 103, 104, 105, 107, 109, 111, 112, 114, 115, 125, 126, 127, 128, 129, 134 e 168 da Constituição Federal, e acrescenta os arts. 103-A, 103-B, 111-A e 130-A, e dá outras providências.

As Mesas da Câmara dos Deputados e do Senado Federal, nos termos do § 3º do art. 60 da Constituição Federal, promulgam a seguinte Emenda ao texto constitucional:

(...)

Art. 3º A lei criará o Fundo de Garantia das Execuções Trabalhistas, integrado pelas multas decorrentes de condenações trabalhistas e administrativas oriundas da fiscalização do trabalho, além de outras receitas.

Art. 4º Ficam extintos os tribunais de Alçada, onde houver, passando os seus membros a integrar os Tribunais de Justiça dos respectivos Estados, respeitadas a antiguidade e classe de origem.

Parágrafo único. No prazo de 180 (cento e oitenta) dias, contado da promulgação desta Emenda, os Tribunais de Justiça, por ato administrativo, promoverão a integração dos membros dos tribunais extintos em seus quadros, fixando-lhes a competência e remetendo, em igual prazo, ao Poder Legislativo, proposta de alteração da organização e da divisão judiciária correspondentes, assegurados os direitos dos inativos e pensionistas e o aproveitamento dos servidores no Poder Judiciário estadual.

Art. 5º O Conselho Nacional de Justiça e o Conselho Nacional do Ministério Público serão instalados no prazo de 180 (cento e oitenta) dias a contar da promulgação desta Emenda, devendo a indicação ou escolha de seus membros ser efetuada até 30 (trinta) dias antes do termo final.

§ 1º Não efetuadas as indicações e escolha dos nomes para os Conselhos Nacional de Justiça e do Ministério Público dentro do prazo fixado no *caput* deste artigo, caberá, respectivamente, ao Supremo Tribunal Federal e ao Ministério Público da União realizá-las.

§ 2º Até que entre em vigor o Estatuto da Magistratura, o Conselho Nacional de Justiça, mediante resolução, disciplinará seu funcionamento e definirá as atribuições do Ministro-Corregedor.

Art. 6º O Conselho Superior da Justiça do Trabalho será instalado no prazo de 180 (cento e oitenta) dias, cabendo ao Tribunal Superior do Trabalho regulamentar seu funcionamento por resolução, enquanto não promulgada a lei a que se refere o art. 111-A, § 2º, II.

Art. 7º O Congresso Nacional instalará, imediatamente após a promulgação desta Emenda Constitucional, comissão especial mista, destinada a elaborar, em 180 (cento e oitenta) dias, os projetos de lei necessários à regulamentação da matéria nela tratada, bem como promover alterações na legislação federal objetivando tornar mais amplo o acesso à Justiça e mais célere a prestação jurisdicional.

Art. 8º As atuais súmulas do Supremo Tribunal Federal somente produzirão efeito vinculante após sua confirmação por dois terços de seus integrantes e publicação na imprensa oficial.

Art. 9º São revogados o inciso IV do art. 36; a alínea *h* do inciso I do art. 102; o § 4º do art. 103; e os §§ 1º a 3º do art. 111.

Art. 10. Esta Emenda Constitucional entra em vigor na data de sua publicação.

Brasília, 8 de dezembro de 2004.

Mesa da Câmara dos Deputados:
João Paulo Cunha
Presidente

Mesa do Senado Federal:
José Sarney
Presidente

(Publicação no *D.O.U.* de 31.12.2004)

EMENDA CONSTITUCIONAL N. 47, DE 5 DE JULHO DE 2005

Altera os arts. 37, 40, 195 e 201 da Constituição Federal, para dispor sobre a previdência social, e dá outras providências.

→ v. Súmula Vinculante 34 do STF.

As Mesas da Câmara dos Deputados e do Senado Federal, nos termos do § 3º do art. 60 da Constituição Federal, promulgam a seguinte Emenda ao texto constitucional:

(...)

Art. 2º Aplica-se aos proventos de aposentadorias dos servidores públicos que se aposentarem na forma do *caput* do art. 6º da Emenda Constitucional n. 41, de 2003, o disposto no art. 7º da mesma Emenda.

Art. 3º Ressalvado o direito de opção à aposentadoria pelas normas estabelecidas pelo art. 40 da Constituição Federal ou pelas regras estabelecidas pelos arts. 2º e 6º da Emenda Constitucional n. 41, de 2003, o servidor da União, dos Estados, do Distrito Federal e dos Municípios, incluídas suas autarquias e fundações, que tenha ingressado no serviço público até 16 de dezembro de 1998 poderá aposentar-se com proventos integrais, desde que preencha, cumulativamente, as seguintes condições:

I – trinta e cinco anos de contribuição, se homem, e trinta anos de contribuição, se mulher;

II – vinte e cinco anos de efetivo exercício no serviço público, quinze anos de carreira e cinco anos no cargo em que se der a aposentadoria;

III – idade mínima resultante da redução, relativamente aos limites do art. 40, § 1º, inciso III, alínea *a*, da Constituição Federal, de um ano de idade para cada ano de contribuição que exceder a condição prevista no inciso I do *caput* deste artigo.

Parágrafo único. Aplica-se ao valor dos proventos de aposentadorias concedidas com base neste artigo o disposto no art. 7º da Emenda Constitucional n. 41, de 2003, observando-se igual critério de revisão às pensões derivadas dos proventos de servidores falecidos que tenham se aposentado em conformidade com este artigo.

Art. 4º Enquanto não editada a lei a que se refere o § 11 do art. 37 da Constituição Federal, não será computada, para efeito dos limites remuneratórios de que trata o inciso XI do *caput* do mesmo artigo, qualquer parcela de caráter indenizatório, assim definida pela legislação em vigor na data de publicação da Emenda Constitucional n. 41, de 2003.

Art. 5º Revoga-se o parágrafo único do art. 6º da Emenda Constitucional n. 41, de 19 de dezembro de 2003.

Art. 6º Esta Emenda Constitucional entra em vigor na data de sua publicação, com efeitos retroativos à data de vigência da Emenda Constitucional n. 41, de 2003.

Brasília, 5 de julho de 2005.

Mesa da Câmara dos Deputados:
Severino Cavalcanti
Presidente

Mesa do Senado Federal:
Renan Calheiros
Presidente

(Publicação no *D.O.U.* de 6.7.2005)

EMENDA CONSTITUCIONAL N. 51, DE 14 DE FEVEREIRO DE 2006

Acrescenta os §§ 4º, 5º e 6º ao art. 198 da Constituição Federal.

As Mesas da Câmara dos Deputados e do Senado Federal, nos termos do art. 60 da Constituição Federal, promulgam a seguinte Emenda ao texto constitucional:

(...)

Art. 2º Após a promulgação da presente Emenda Constitucional, os agentes comunitários de saúde e os agentes de combate às endemias somente poderão ser contratados diretamente pelos Estados, pelo Distrito Federal ou pelos Municípios na forma do § 4º do art. 198 da Constituição Federal, observado o limite de gasto estabelecido na Lei Complementar de que trata o art. 169 da Constituição Federal.

Parágrafo único. Os profissionais que, na data de promulgação desta Emenda e a qualquer título, desempenharem as atividades de agente comunitário de saúde ou de agente de combate às endemias, na forma da lei, ficam dispensados de se submeter ao processo seletivo público a que se refere o § 4º do art. 198 da Constituição Federal, desde que tenham sido contratados a partir de anterior processo de Seleção Pública efetuado por órgãos ou entes da administração direta ou indireta de Estado, Distrito Federal ou Município ou por outras instituições com a efetiva supervisão e autorização da administração direta dos entes da federação.

→ *V.* Lei 11.350/2006 – Regulamenta o § 5º do art. 198 da CF/1988, dispõe sobre o aproveitamento de pessoal amparado pelo parágrafo único do art. 2º da EC 51/2006.

Art. 3º Esta Emenda Constitucional entra em vigor na data da sua publicação.

Brasília, 14 de fevereiro de 2006.

Mesa da Câmara dos Deputados:
Aldo Rebelo
Presidente

Mesa do Senado Federal:
Renan Calheiros
Presidente

(Publicação no *D.O.U.* de 15.2.2006)

EMENDA CONSTITUCIONAL N. 55, DE 20 DE SETEMBRO DE 2007

Altera o art. 159 da Constituição Federal, aumentando a entrega de recursos pela União ao Fundo de Participação dos Municípios.

As Mesas da Câmara dos Deputados e do Senado Federal, nos termos do § 3º do art. 60 da Constituição Federal, promulgam a seguinte Emenda ao texto constitucional:

(...)

Art. 2º No exercício de 2007, as alterações do art. 159 da Constituição Federal previstas nesta Emenda Constitucional somente se aplicam sobre a arrecadação dos impostos sobre renda e proventos de qualquer natureza e sobre produtos industrializados realizada a partir de 1º de setembro de 2007.

Art. 3º Esta Emenda Constitucional entra em vigor na data de sua publicação.

Mesa da Câmara dos Deputados:
Arlindo Chinaglia
Presidente

Mesa do Senado Federal:
Renan Calheiros
Presidente

(Publicação no *D.O.U.* de 21.9.2007)

EMENDA CONSTITUCIONAL N. 59, DE 11 DE NOVEMBRO DE 2009

Acrescenta § 3º ao art. 76 do Ato das Disposições Constitucionais Transitórias para reduzir, anualmente, a partir do exercício de 2009, o percentual da Desvinculação das Receitas da União incidente sobre os recursos destinados à manutenção e desenvolvimento do ensino de que trata o art. 212 da Constituição Federal, dá nova redação aos incisos I e VII do art. 208, de forma a prever a obrigatoriedade do ensino de quatro a dezessete anos e ampliar a abrangência dos programas suplementares para todas as etapas da educação básica, e dá nova redação ao § 4º do art. 211 e ao § 3º do art. 212 e ao caput do art. 214, com a inserção neste dispositivo de inciso VI.

As Mesas da Câmara dos Deputados e do Senado Federal, nos termos do § 3º do art. 60 da Constituição Federal, promulgam a seguinte Emenda ao texto constitucional:

(...)

Art. 6º O disposto no inciso I do art. 208 da Constituição Federal deverá ser implementado progressivamente, até 2016, nos termos do Plano Nacional de Educação, com apoio técnico e financeiro da União.

Art. 7º Esta Emenda Constitucional entra em vigor na data da sua publicação.

Brasília, em 11 de novembro de 2009.

Mesa da Câmara dos Deputados:
Michel Temer
Presidente

Mesa do Senado Federal:
José Sarney
Presidente

(Publicação no *D.O.U.* de 12.11.2009)

EMENDA CONSTITUCIONAL N. 62, DE 9 DE DEZEMBRO DE 2009

Altera o art. 100 da Constituição Federal e acrescenta o art. 97 ao Ato das Disposições Constitucionais Transitórias, instituindo regime especial de pagamento de precatórios pelos Estados, Distrito Federal e Municípios.

→ *V.* ADIs 4.357/DF (*D.J.E.* 26.9.2014) e 4.425/DF (*D.J.E.* 19.12.2013), o Plenário do STF, por maioria de votos, julgou parcialmente procedentes as ADIs, para declarar a inconstitucionalidade de parte da EC 62/2009.

As Mesas da Câmara dos Deputados e do Senado Federal, nos termos do § 3º do art. 60 da Constituição Federal, promulgam a seguinte Emenda ao texto constitucional:

(...)

Art. 3º A implantação do regime de pagamento criado pelo art. 97 do Ato das Disposições Constitucionais Transitórias deverá ocorrer no prazo de até 90 (noventa dias), contados da data da publicação desta Emenda Constitucional.

Art. 4º A entidade federativa voltará a observar somente o disposto no art. 100 da Constituição Federal:

I – no caso de opção pelo sistema previsto no inciso I do § 1º do art. 97 do Ato das Disposições Constitucionais Transitórias, quando o valor dos precatórios devidos for inferior ao dos recursos destinados ao seu pagamento;

II – no caso de opção pelo sistema previsto no inciso II do § 1º do art. 97 do Ato das Disposições Constitucionais Transitórias, ao final do prazo.

Art. 5º Ficam convalidadas todas as cessões de precatórios efetuadas antes da promulgação desta Emenda Constitucional, independentemente da concordância da entidade devedora.

Art. 6º Ficam também convalidadas todas as compensações de precatórios com tributos vencidos até 31 de outubro de 2009 da entidade devedora, efetuadas na forma do disposto no § 2º do art. 78 do ADCT, realizadas antes da promulgação desta Emenda Constitucional.

Art. 7º Esta Emenda Constitucional entra em vigor na data de sua publicação.

Brasília, 9 de dezembro de 2009.

Mesa da Câmara dos Deputados:
Michel Temer
Presidente

Mesa do Senado Federal:
Marconi Perillo
1º Vice-Presidente no exercício da presidência

(Publicação no *D.O.U.* de 10.12.2009)

EMENDA CONSTITUCIONAL N. 67, DE 22 DE DEZEMBRO DE 2010

Prorroga, por tempo indeterminado, o prazo de vigência do Fundo de Combate e Erradicação da Pobreza.

As Mesas da Câmara dos Deputados e do Senado Federal, nos termos do § 3º do art. 60 da Constituição Federal, promulgam a seguinte Emenda ao texto constitucional:

Art. 1º Prorrogam-se, por tempo indeterminado, o prazo de vigência do Fundo de Combate e Erradicação da Pobreza a que se refere o *caput* do art. 79 do Ato das Disposições Constitucionais Transitórias e, igualmente, o prazo de vigência da Lei Complementar 111, de 6 de julho de 2001, que "Dispõe sobre o Fundo de Combate e Erradicação da Pobreza, na forma prevista nos arts. 79, 80 e 81 do Ato das Disposições Constitucionais Transitórias".

Art. 2º Esta Emenda Constitucional entra em vigor na data de sua publicação.

Brasília, 22 de dezembro de 2010.

Mesa da Câmara dos Deputados:
Marco Maia
Presidente

Mesa do Senado Federal:
José Sarney
Presidente

(Publicação no *D.O.U.* de 23.12.2010)

EMENDA CONSTTUCIONAL N. 69, DE 29 DE MARÇO DE 2012

Altera os arts. 21, 22 e 48 da Constituição Federal, para transferir da União para o Distrito Federal as atribuições de organizar e manter a Defensoria Pública do Distrito Federal.

As Mesas da Câmara dos Deputados e do Senado Federal, nos termos do art. 60 da Constituição Federal, promulgam a seguinte Emenda ao texto constitucional:

(...)

Art. 2º Sem prejuízo dos preceitos estabelecidos na Lei Orgânica do Distrito Federal, aplicam-se à Defensoria Pública do Distrito Federal os mesmos princípios e regras que, nos termos da Constituição Federal, regem as Defensorias Públicas dos Estados.

Art. 3º O Congresso Nacional e a Câmara Legislativa do Distrito Federal, imediatamente após a promulgação desta Emenda Constitucional e de acordo com suas competências, instalarão comissões especiais destinadas a elaborar, em 60 (sessenta) dias, os projetos de lei necessários à adequação da legislação infraconstitucional à matéria nela tratada.

Art. 4º Esta Emenda Constitucional entra em vigor na data de sua publicação, produzindo efeitos quanto ao disposto no art. 1º após decorridos 120 (cento e vinte) dias de sua publicação oficial.

Brasília, 29 de março de 2012.

Mesa da Câmara dos Deputados:
Marco Maia
Presidente

Mesa do Senado Federal:
José Sarney
Presidente

(Publicação no *D.O.U.* de 30.3.2012)

EMENDA CONSTITUCIONAL N. 70, DE 29 DE MARÇO DE 2012

Acrescenta art. 6º-A à Emenda Constitucional 41, de 2003, para estabelecer critérios para o cálculo e a correção dos proventos da aposentadoria por invalidez dos servidores públicos que ingressaram no serviço público até a data da publicação daquela Emenda Constitucional.

As Mesas da Câmara dos Deputados e do Senado Federal, nos termos do § 3º do art. 60 da Constituição Federal, promulgam a seguinte Emenda ao texto constitucional:

(...)

Art. 2º A União, os Estados, o Distrito Federal e os Municípios, assim como as respectivas autarquias e fundações, procederão, no prazo de 180 (cento e oitenta) dias da entrada em vigor desta Emenda Constitucional, à revisão das aposentadorias, e das pensões delas decorrentes, concedidas a partir de 1º de janeiro de 2004, com base na redação dada ao § 1º do art. 40 da Constituição Federal pela Emenda Constitucional 20, de 15 de dezembro de 1998, com efeitos financeiros a partir da data de promulgação desta Emenda Constitucional.

Art. 3º Esta Emenda Constitucional entra em vigor na data de sua publicação.

Brasília, 29 de março de 2012.

Mesa da Câmara dos Deputados:
Marco Maia
Presidente

Mesa do Senado Federal:
José Sarney
Presidente

(Publicação no *D.O.U.* de 30.3.2012)

EMENDA CONSTITUCIONAL N. 73, DE 7 DE JUNHO DE 2013

Cria os Tribunais Regionais Federais da 6ª, 7ª, 8ª e 9ª Regiões.

→ *v.* ADIn 5.017 (publicação no *D.J.* de 1.8.2013), o STF, em Medida Cautelar, concede liminar suspendendo os efeitos da Emenda Constitucional 73/2013.

As Mesas da Câmara dos Deputados e do Senado Federal, nos termos do § 3º do art. 60, da Constituição Federal, promulgam a seguinte Emenda ao texto constitucional:

(...)

Art. 2º Os Tribunais Regionais Federais da 6ª, 7ª, 8ª e 9ª Regiões deverão ser instalados no prazo de 6 (seis) meses, a contar da promulgação desta Emenda Constitucional.

Art. 3º Esta Emenda Constitucional entra em vigor na data de sua publicação.

Brasília, 6 de junho de 2013.

Mesa da Câmara dos Deputados:
André Vargas
1º Vice-Presidente no exercício da presidência

Mesa do Senado Federal:
Romero Jucá
2º Vice-Presidente no exercício da presidência

(Publicação no *D.O.U.* de 7.6.2013)

EMENDA CONSTITUCIONAL N. 78, DE 14 DE MAIO 2014

Acrescenta art. 54-A ao Ato das Disposições Constitucionais Transitórias, para dispor sobre indenização devida aos seringueiros de que trata o art. 54 desse Ato.

As Mesas da Câmara dos Deputados e do Senado Federal, nos termos do § 3º do art. 60 da Constituição Federal, promulgam a seguinte Emenda ao texto constitucional:

Art. 1º O Ato das Disposições Constitucionais Transitórias passa a vigorar acrescido do seguinte art. 54-A:

→ Alteração efetuada no ADCT.

Art. 2º A indenização de que trata o art. 54-A do Ato das Disposições Constitucionais Transitórias somente se estende aos dependentes dos seringueiros que, na data de entrada em vigor desta Emenda Constitucional, detenham a condição de dependentes na forma do § 2º do art. 54 do Ato das Disposições Constitucionais Transitórias, devendo o valor de R$ 25.000,00 (vinte e cinco mil reais) ser rateado entre os pensionistas na proporção de sua cota-parte na pensão.

Art. 3º Esta Emenda Constitucional entra em vigor no exercício financeiro seguinte ao de sua publicação.

Brasília, em 14 de maio de 2014.

Mesa da Câmara dos Deputados:
Henrique Eduardo Alves
Presidente

Mesa do Senado Federal:
Renan Calheiros
Presidente

(Publicação no *D.O.U.* de 15.5.2014)

EMENDA CONSTITUCIONAL N. 79, DE 27 DE MAIO DE 2014

Altera o art. 31 da Emenda Constitucional 19, de 4 de junho de 1998, para prever a inclusão, em quadro em extinção da Administração Federal, de servidores e policiais militares admitidos pelos Estados do Amapá e de Roraima, na fase de instalação dessas unidades federadas, e dá outras providências.

As Mesas da Câmara dos Deputados e do Senado Federal, nos termos do § 3º do art. 60 da Constituição Federal, promulgam a seguinte Emenda ao texto constitucional:

Art. 1º O art. 31 da Emenda Constitucional 19, de 4 de junho de 1998, passa a vigorar com a seguinte redação:

→ Alterações efetuadas na referida EC.

Art. 2º Para fins do enquadramento disposto no *caput* do art. 31 da Emenda Constitucional 19, de 4 de junho de 1998, e no *caput* do art. 89 do Ato das Disposições Constitucionais Transitórias, é reconhecido o vínculo funcional, com a União, dos servidores regularmente admitidos nos quadros dos Municípios integrantes dos ex-Territórios do Amapá, de Roraima e de Rondônia em efetivo exercíciona data de transformação desses ex-Territórios em Estados.

Art. 3º Os servidores dos ex-Territórios do Amapá, de Roraima e de Rondônia incorporados a quadro em extinção da União serão enquadrados em cargos de atribuições equivalentes ou assemelhadas, integrantes de planos de cargos e carreiras da União, no nível de progressão alcançado, assegurados os direitos, vantagens e padrões remuneratórios a eles inerentes.

Art. 4º Cabe à União, no prazo máximo de 180 (cento e oitenta) dias, contado a partir da data de publicação desta Emenda Constitucional, regulamentar o enquadramento de servidores estabelecido no art. 31 da Emenda Constitucional 19, de 4 de junho de 1998, e no art. 89 do Ato das Disposições Constitucionais Transitórias.

Parágrafo único. No caso de a União não regulamentar o enquadramento previsto no *caput*, o optante tem direito ao pagamento retroativo das diferenças remuneratórias desde a data do encerramento do prazo para a regulamentação referida neste artigo.

Art. 5º A opção para incorporação em quadro em extinção da União, conforme disposto no art. 31 da Emenda Constitucional 19, de 4 de junho de 1998, e no art. 89 do Ato das Disposições Constitucionais Transitórias, deverá ser formalizada pelos servidores e policiais militares interessados perante a administração, no prazo máximo de 180 (cento e oitenta) dias, contado a partir da regulamentação prevista no art. 4º.

Art. 6º Os servidores admitidos regularmente que comprovadamente se encontravam no exercício de funções policiais nas Secretarias de Segurança Pública dos ex-Territórios do Amapá, de Roraima e de Rondônia na data em que foram transformados em Estados serão enquadrados no quadro da Polícia Civil dos ex-Territórios, no prazo de 180 (cento e oitenta) dias, assegurados os direitos, vantagens e padrões remuneratórios a eles inerentes.

Art. 7º Aos servidores admitidos regularmente pela União nas Carreiras do Grupo Tributação, Arrecadação e Fiscalização de que trata a Lei 6.550, de 5 de julho de 1978, cedidos aos Estados do Amapá, de Roraima e de Rondônia são assegurados os mesmos direitos remuneratórios auferidos pelos integrantes das Carreiras correspondentes do Grupo Tributação, Arrecadação e Fiscalização da União de que trata a Lei 5.645, de 10 de dezembro de 1970.

Art. 8º Os proventos das aposentadorias, pensões, reformas e reservas remuneradas, originadas no período de outubro de 1988 a outubro de 1993, passam a ser mantidos pela União a partir da data de publicação desta Emenda Constitucional, vedado o pagamento, a qualquer título, de valores referentes a períodos anteriores a sua publicação.

Art. 9º É vedado o pagamento, a qualquer título, em virtude das alterações promovidas por esta Emenda Constitucional, de remunerações, proventos, pensões ou indenizações referentes a períodos anteriores à data do enquadramento, salvo o disposto no parágrafo único do art. 4º.

Art. 10. Esta Emenda Constitucional entra em vigor na data de sua publicação.

Brasília, em 27 de maio de 2014.

Mesa da Câmara dos Deputados:
Deputado Henrique Eduardo Alves
Presidente

Mesa do Senado Federal:
Senador Renan Calheiros
Presidente

(Publicação no *D.O.U.* de 28.5.2014)

EMENDA CONSTITUCIONAL N. 80, DE 4 DE JUNHO DE 2014

Altera o Capítulo IV – Das Funções Essenciais à Justiça, do Título IV – Da Organização dos Poderes, e acrescenta artigo ao Ato das Disposições Constitucionais Transitórias da Constituição Federal.

As Mesas da Câmara dos Deputados e do Senado Federal, nos termos do § 3º do art. 60 da Constituição Federal, promulgam a seguinte Emenda ao texto constitucional:

Art. 1º O Capítulo IV – Das Funções Essenciais à Justiça, do Título IV – Da Organização dos Poderes, passa a vigorar com as seguintes alterações:

→ Alterações efetuadas na CF/1988.

Art. 2º O Ato das Disposições Constitucionais Transitórias passa a vigorar acrescido do seguinte art. 98:

→ Alterações efetuadas no ADCT.

Art. 3º Esta Emenda Constitucional entra em vigor na data de sua publicação.

Brasília, em 4 de junho de 2014.

Mesa da Câmara dos Deputados:
Henrique Eduardo Alves
Presidente

Mesa do Senado Federal:
Renan Calheiros
Presidente

(Publicação no *D.O.U.* de 5.6.2014)

EMENDA CONSTITUCIONAL N. 84, DE 2 DE DEZEMBRO DE 2014

Altera o art. 159 da Constituição Federal para aumentar a entrega de recursos pela União para o Fundo de Participação dos Municípios.

As Mesas da Câmara dos Deputados e do Senado Federal, nos termos do § 3º do art. 60 da Constituição Federal, promulgam a seguinte Emenda ao texto constitucional:

Art. 1º O art. 159 da Constituição Federal passa a vigorar com a seguinte redação:

→ Alterações efetuadas na CF/1988.

Art. 2º Para os fins do disposto na alínea *e* do inciso I do *caput* do art. 159 da Constituição Federal, a União entregará ao Fundo de Participação dos Municípios o percentual de 0,5% (cinco décimos por cento) do produto da arrecadação dos impostos sobre renda e proventos de qualquer natureza e sobre produtos industrializados no primeiro exercício em que esta Emenda Constitucional gerar efeitos financeiros, acrescentando-se 0,5% (cinco décimos por cento) a cada exercício, até que se alcance o percentual de 1% (um por cento).

Art. 3º Esta Emenda Constitucional entra em vigor na data de sua publicação, com efeitos financeiros a partir de 1º de janeiro do exercício subsequente.

Brasília, em 2 de dezembro de 2014.

Mesa da Câmara dos Deputados:
Henrique Eduardo Alves
Presidente

Mesa do Senado Federal:
Renan Calheiros
Presidente

(Publicação no *D.O.U.* de 3.12.2014)

EMENDA CONSTITUCIONAL N. 86, DE 17 DE MARÇO DE 2015

Altera os arts. 165, 166 e 198 da Constituição Federal, para tornar obrigatória a execução da programação orçamentária que especifica.

As Mesas da Câmara dos Deputados e do Senado Federal, nos termos do § 3º do art. 60 da Constituição Federal, promulgam a seguinte Emenda ao texto constitucional:

Art. 1º Os arts. 165, 166 e 198 da Constituição Federal passam a vigorar com as seguintes alterações:

→ Alterações efetuadas na CF/1988.

Art. 2º O disposto no inciso I do § 2º do art. 198 da Constituição Federal será cumprido progressivamente, garantidos, no mínimo:

I – 13,2% (treze inteiros e dois décimos por cento) da receita corrente líquida no primeiro exercício financeiro subsequente ao da promulgação desta Emenda Constitucional;

II – 13,7% (treze inteiros e sete décimos por cento) da receita corrente líquida no segundo exercício financeiro subsequente ao da promulgação desta Emenda Constitucional;

III – 14,1% (quatorze inteiros e um décimo por cento) da receita corrente líquida no terceiro exercício financeiro subsequente ao da promulgação desta Emenda Constitucional;

IV – 14,5% (quatorze inteiros e cinco décimos por cento) da receita corrente líquida no quarto exercício financeiro subsequente ao da promulgação desta Emenda Constitucional;

V – 15% (quinze por cento) da receita corrente líquida no quinto exercício financeiro subsequente ao da promulgação desta Emenda Constitucional.

Art. 3º As despesas com ações e serviços públicos de saúde custeados com a parcela da União oriunda da participação no resultado ou da compensação financeira pela exploração de petróleo e gás natural, de que trata o § 1º do art. 20 da Constituição Federal, serão computadas para fins de cumprimento do disposto no inciso I do § 2º do art. 198 da Constituição Federal.

Art. 4º Esta Emenda Constitucional entra em vigor na data de sua publicação e produzirá efeitos a partir da execução orçamentária do exercício de 2014.

Art. 5º Fica revogado o inciso IV do § 3º do art. 198 da Constituição Federal.

Brasília, em 17 de março de 2015.

Mesa da Câmara dos Deputados:
Eduardo Cunha
Presidente

Mesa do Senado Federal:
Renan Calheiros
Presidente

EMENDA CONSTITUCIONAL N. 87, DE 16 DE ABRIL DE 2015

Altera o § 2º do art. 155 da Constituição Federal e inclui o art. 99 no Ato das Disposições Constitucionais Transitórias, para tratar da sistemática de cobrança do imposto sobre operações relativas à circulação de mercadorias e sobre prestações de serviços de transporte interestadual e intermunicipal e de comunicação incidente sobre as operações e prestações que destinem bens e serviços a consumidor final, contribuinte ou não do imposto, localizado em outro Estado.

As Mesas da Câmara dos Deputados e do Senado Federal, nos termos do § 3º do art. 60 da Constituição Federal, promulgam a seguinte Emenda ao texto constitucional:

Art. 1º Os incisos VII e VIII do § 2º do art. 155 da Constituição Federal passam a vigorar com as seguintes alterações:

→ Alterações efetuadas na CF/1988.

Art. 2º O Ato das Disposições Constitucionais Transitórias passa a vigorar acrescido do seguinte art. 99:

→ Alterações efetuadas no ADCT.

Art. 3º Esta Emenda Constitucional entra em vigor na data de sua publicação, produzindo efeitos no ano subsequente e após 90 (noventa) dias desta.

Brasília, em 16 de abril de 2015

Mesa da Câmara dos Deputados:

Eduardo Cunha

Presidente

Mesa do Senado Federal:

Renan Calheiros

Presidente

(Publicação no *D.O.U.* de 17.4.2015)

EMENDA CONSTITUCIONAL N. 88, DE 7 DE MAIO DE 2015

Altera o art. 40 da Constituição Federal, relativamente ao limite de idade para a aposentadoria compulsória do servidor público em geral, e acrescenta dispositivo ao Ato das Disposições Constitucionais Transitórias.

→ v. ADIn 5.316-1 (*D.O.U.* de 9.6.2015), o STF, na medida cautelar, decidiu que, preliminarmente, por maioria e nos termos do voto do Relator, assentou a admissibilidade da cumulação da ação direta de inconstitucionalidade com ação declaratória de constitucionalidade, (...). No mérito, o Tribunal, por maioria e nos termos do voto do Relator, deferiu a medida cautelar para: 1) suspender a aplicação da expressão "nas condições do art. 52 da Constituição Federal" contida no art. 100 do ADCT, introduzido pela EC 88/2015, por vulnerar as condições materiais necessárias ao exercício imparcial e independente da função jurisdicional, ultrajando a separação dos Poderes, cláusula pétrea inscrita no art. 60, § 4º, III, da CRFB; 2) fixar a interpretação, quanto à parte remanescente da EC 88/2015, de que o art. 100 do ADCT não pode ser estendido a outros agentes públicos até que seja editada a lei complementar a que alude o art. 40, § 1º, II, da CRFB, a qual, quanto à magistratura, é a lei complementar de iniciativa do Supremo Tribunal Federal nos termos do art. 93 da CRFB; 3) suspender a tramitação de todos os processos que envolvam a aplicação a magistrados do art. 40, § 1º, II da CRFB e do art. 100 do ADCT, até o julgamento definitivo da presente demanda, e 4) declarar sem efeito todo e qualquer pronunciamento judicial ou administrativo que afaste, amplie ou reduza a literalidade do comando previsto no art. 100 do ADCT e, com base neste fundamento, assegure a qualquer outro agente público o exercício das funções relativas a cargo efetivo após ter completado setenta anos de idade. (...)".

As Mesas da Câmara dos Deputados e do Senado Federal, nos termos do § 3º do art. 60 da Constituição Federal, promulgam a seguinte Emenda ao texto constitucional:

Art. 1º O art. 40 da Constituição Federal passa a vigorar com a seguinte alteração:

→ Alteração efetuada na CF/1988.

Art. 2º O Ato das Disposições Constitucionais Transitórias passa a vigorar acrescido do seguinte art. 100:

→ Alteração efetuada no ADCT.

Art. 3º Esta Emenda Constitucional entra em vigor na data de sua publicação.

Brasília, em 7 de maio de 2015.

Mesa da Câmara dos Deputados:
Eduardo Cunha
Presidente

Mesa do Senado Federal:
Renan Calheiros
Presidente

(Publicação no *D.O.U.* de 8.5.2015)

EMENDA CONSTITUCIONAL N. 90, DE 15 DE SETEMBRO DE 2015

Dá nova redação ao art. 6º da Constituição Federal, para introduzir o transporte como direito social.

As Mesas da Câmara dos Deputados e do Senado Federal, nos termos do art. 60 da Constituição Federal, promulgam a seguinte Emenda ao texto constitucional:

Artigo único. O art. 6º da Constituição Federal de 1988 passa a vigorar com a seguinte redação:

"Art. 6º São direitos sociais a educação, a saúde, a alimentação, o trabalho, a moradia, o transporte, o lazer, a segurança, a previdência social, a proteção à maternidade e à infância, a assistência aos desamparados, na forma desta Constituição."

Brasília, em 15 de setembro de 2015.

Mesa da Câmara dos Deputados:
Eduardo Cunha
Presidente

Mesa do Senado Federal:
Renan Calheiros
Presidente

(Publicação no *D.O.U.* de 16.9.2015)

EMENDA CONSTITUCIONAL N. 91, DE 18 DE FEVEREIRO DE 2016

Altera a Constituição Federal para estabelecer a possibilidade, excepcional e em período determinado, de desfiliação partidária, sem prejuízo do mandato.

As Mesas da Câmara dos Deputados e do Senado Federal, nos termos do § 3º do art. 60 da Constituição Federal, promulgam a seguinte Emenda ao texto constitucional:

Art. 1º É facultado ao detentor de mandato eletivo desligar-se do partido pelo qual foi eleito nos trinta dias seguintes à promulgação desta Emenda Constitucional, sem prejuízo do mandato, não sendo essa desfiliação considerada para fins de distribuição dos recursos do Fundo Partidário e de acesso gratuito ao tempo de rádio e televisão.

Art. 2º Esta Emenda Constitucional entra em vigor na data de sua publicação.

Brasília, em 18 de fevereiro de 2016.

Mesa da Câmara dos Deputados:
Eduardo Cunha
Presidente

Mesa do Senado Federal:

Renan Calheiros
Presidente

ÍNDICE REMISSIVO DA CONSTITUIÇÃO DA REPÚBLICA FEDERATIVA DO BRASIL e ADCT

CÓDIGO TRIBUTÁRIO NACIONAL

VADE MECUM
DE LEGISLAÇÃO FOCO

ÍNDICE SISTEMÁTICO DO CÓDIGO TRIBUTÁRIO NACIONAL

LEI 5.172, DE 25 DE OUTUBRO DE 1966

Livro II – NORMAS GERAIS DE DIREITO TRIBUTÁRIO

TÍTULO I – LEGISLAÇÃO TRIBUTÁRIA

TÍTULO II – OBRIGAÇÃO TRIBUTÁRIA

TÍTULO III – CRÉDITO TRIBUTÁRIO

TÍTULO IV – ADMINISTRAÇÃO TRIBUTÁRIA

DISPOSIÇÕES FINAIS E TRANSITÓRIAS

CÓDIGO TRIBUTÁRIO NACIONAL

LEI 5.172,
DE 25 DE OUTUBRO DE 1966

Dispõe sobre o Sistema Tributário Nacional e institui normas gerais de direito tributário aplicáveis à União, Estados e Municípios.

→ *v.* Lei 13.140/2015 – Lei de mediação e autocomposição de conflitos

O Presidente da República:

Faço saber que o Congresso Nacional decreta e eu sanciono a seguinte Lei:

Disposição preliminar

Art. 1º Esta Lei regula, com fundamento na Emenda Constitucional 18, de 1º de dezembro de 1965, o sistema tributário nacional e estabelece, com fundamento no artigo 5º, XV, *b*, da Constituição Federal, as normas gerais de direito tributário aplicáveis à União, aos Estados, ao Distrito Federal e aos Municípios, sem prejuízo da respectiva legislação complementar, supletiva ou regulamentar.

→ O Art. 1º faz menção à Constituição Federal de 1946.

→ *v.* Arts. 145 a 162 da CF/1988.

→ *v.* Lei 13.105/2015 – Institui o Novo Código de Processo Civil, em vigor após decorrido 1 (um) ano da data de sua publicação oficial (Art. 1.045 do NCPC) – *D.O.U.* de 17.3.2015.

LIVRO PRIMEIRO
Sistema tributário nacional

Título I
Disposições gerais

Art. 2º O sistema tributário nacional é regido pelo disposto na Emenda Constitucional 18, de 1º de dezembro de 1965, em leis complementares, em resoluções do Senado Federal e, nos limites das respectivas competências, em leis federais, nas Constituições e em leis estaduais, e em leis municipais.

→ O Art. 2º faz menção à Constituição Federal de 1946.

→ *v.* Art. 155, § 1º, IV, § 2º, IV e V, e § 6º, I, da CF/1988.

→ *v.* Art. 39 do CTN.

Art. 3º Tributo é toda prestação pecuniária compulsória, em moeda ou cujo valor nela se possa exprimir, que não constitua sanção de ato ilícito, instituída em lei e cobrada mediante atividade administrativa plenamente vinculada.

→ *v.* Súmulas 323 e 545 do STF.

→ *v.* Art. 15, I e II da MP 2.215-10/2001.

Art. 4º A natureza jurídica específica do tributo é determinada pelo fato gerador da respectiva obrigação, sendo irrelevantes para qualificá-la:

I – a denominação e demais características formais adotadas pela lei;

→ *v.* Art. 97, I e III, do CTN.

II – a destinação legal do produto da sua arrecadação.

→ *v.* Súmulas 80 e 124 do STJ.

Art. 5º Os tributos são impostos, taxas e contribuições de melhoria.

→ *v.* Arts. 145, 148, 149, 149-A, 154 e 195 da CF/1988.

Título II
Competência tributária

Capítulo I
DISPOSIÇÕES GERAIS

Art. 6º A atribuição constitucional de competência tributária compreende a competência legislativa plena, ressalvadas as limitações contidas na Constituição Federal, nas Constituições dos Estados e nas Leis Orgânicas do Distrito Federal e dos Municípios, e observado o disposto nesta Lei.

→ *v.* Súmula 69 do STF.

→ *v.* Arts. 146 e 150 da CF/1988.

Parágrafo único. Os tributos cuja receita seja distribuída, no todo ou em parte, a outras pessoas jurídicas de direito público pertencerá à competência legislativa daquela a que tenham sido atribuídos.

→ *v.* Arts. 157 a 162 da CF/1988.

Art. 7º A competência tributária é indelegável, salvo atribuição das funções de arrecadar ou fiscalizar tributos, ou de executar leis, serviços, atos ou decisões administrativas em matéria tributária, conferida por uma pessoa jurídica de direito público a outra, nos termos do § 3º do artigo 18 da Constituição.

→ O Art. 7º faz menção à Constituição Federal de 1946.

→ *v.* Art. 119 do CTN.

→ *v.* Lei 6.496/1977 – Institui a "Anotação de Responsabilidade Técnica" na prestação de serviços de engenharia, de arquitetura e agronomia; autoriza a criação, pelo Conselho Federal de Engenharia, Arquitetura e Agronomia - CONFEA, de uma Mútua de Assistência Profissional. E dá outras providências.

→ *v.* Lei 9.933/1999 – Dispõe sobre as competências do Conmetro e do Inmetro, institui a Taxa de Serviços Metrológicos, e dá outras providências.

§ 1º A atribuição compreende as garantias e os privilégios processuais que competem à pessoa jurídica de direito público que a conferir.

§ 2º A atribuição pode ser revogada, a qualquer tempo, por ato unilateral da pessoa jurídica de direito público que a tenha conferido.

§ 3º Não constitui delegação de competência o cometimento, a pessoas de direito privado, do encargo ou da função de arrecadar tributos.

Art. 8º O não exercício da competência tributária não a defere a pessoa jurídica de direito público diversa daquela a que a Constituição a tenha atribuído.

Capítulo II
LIMITAÇÕES DA COMPETÊNCIA TRIBUTÁRIA

Seção I
Disposições gerais

Art. 9º É vedado à União, aos Estados, ao Distrito Federal e aos Municípios:

I – instituir ou majorar tributos sem que a lei o estabeleça, ressalvado, quanto à majoração, o disposto nos arts. 21, 26 e 65;

→ *v.* Art. 150 da CF/1988.

→ *v.* Art. 97, I e II, do CTN.

II – cobrar imposto sobre o patrimônio e a renda com base em lei posterior à data inicial do exercício financeiro a que corresponda;

→ *v.* Súmula 669 do STF.

→ *v.* Art. 150, III, da CF/1988.

→ *v.* Lei 8.981/1995 – Altera a legislação tributária e dá outras providências.

III – estabelecer limitações ao tráfego, no território nacional, de pessoas ou mercadorias, por meio de tributos interestaduais ou intermunicipais;

→ *v.* Arts. 5º, XV, e 150, V, da CF/1988.

IV – cobrar imposto sobre:

→ *v.* Art. 150, VI, da CF/1988.

a) o patrimônio, a renda ou os serviços uns dos outros;

→ *v.* Art. 150, §§ 2º e 3º, da CF/1988.

b) templos de qualquer culto;

c) o patrimônio, a renda ou serviços dos partidos políticos, inclusive suas fundações, das entidades sindicais dos trabalhadores, das instituições de educação e de assistência social, sem fins lucrativos, observados os requisitos fixados na Seção II deste Capítulo;

→ Alínea *c* com redação alterada pela LC 104/2001.

d) papel destinado exclusivamente à impressão de jornais, periódicos e livros.

→ *v.* Súmula 657 do STF.

§ 1º O disposto no inciso IV não exclui a atribuição, por lei, às entidades nele referidas, da condição de responsáveis pelos tributos que lhes caiba reter na fonte, e não as dispensa da prática de atos, previstos em lei, assecuratórios do cumprimento de obrigações tributárias por terceiros.

→ *v.* Arts. 12, 13, parágrafo único, 14, § 1º, e 128, do CTN.

§ 2º O disposto na alínea *a* do inciso IV aplica-se, exclusivamente, aos serviços próprios das pessoas jurídicas de direito público a que se refere este artigo, e inerentes aos seus objetivos.

Art. 10. É vedado à União instituir tributo que não seja uniforme em todo o território nacional, ou que importe distinção ou preferência em favor de determinado Estado ou Município.

→ *v.* Art. 151, I, da CF/1988.

Art. 11. É vedado aos Estados, ao Distrito Federal e aos Municípios estabelecer diferença tributária entre bens de qualquer natureza, em razão da sua procedência ou do seu destino.

→ *v.* Súmula 591 do STF.

→ *v.* Art. 152 da CF/1988.

Seção II
Disposições especiais

Art. 12. O disposto na alínea *a* do inciso IV do artigo 9º, observado o disposto nos seus §§ 1º e 2º, é extensivo às autarquias criadas pela União, pelos Estados, pelo Distrito Federal, ou pelos Municípios, tão somente no que se refere ao patrimônio, à renda ou aos serviços vinculados às suas finalidades essenciais, ou delas decorrentes.

→ *v.* Súmulas 73, 74, 336, 583 e 724 do STF.

→ *v.* Art. 150, §§ 2º a 4º, da CF/1988.

Art. 13. O disposto na alínea *a* do inciso IV do artigo 9º não se aplica aos serviços públicos concedidos, cujo tratamento tributário é estabelecido pelo poder concedente, no que se refere aos tributos de sua competência, ressalvado o que dispõe o parágrafo único.

Parágrafo único. Mediante lei especial e tendo em vista o interesse comum, a União pode instituir isenção de tributos federais, estaduais e municipais para os serviços públicos que conceder, observado o disposto no § 1º do artigo 9º.

→ *v.* Súmulas 77, 78, 79 e 81 do STF.

→ *v.* Art. 150, § 6º, da CF/1988.

Art. 14. O disposto na alínea *c* do inciso IV do artigo 9º é subordinado à observância dos seguintes requisitos pelas entidades nele referidas:

I – não distribuírem qualquer parcela de seu patrimônio ou de suas rendas, a qualquer título;

→ Inciso I com redação alterada pela LC 104/2001.

II – aplicarem integralmente, no País, os seus recursos na manutenção dos seus objetivos institucionais;

III – manterem escrituração de suas receitas e despesas em livros revestidos de formalidades capazes de assegurar sua exatidão.

§ 1º Na falta de cumprimento do disposto neste artigo, ou no § 1º do artigo 9º, a autoridade competente pode suspender a aplicação do benefício.

§ 2º Os serviços a que se refere a alínea *c* do inciso IV do artigo 9º são exclusivamente, os diretamente relacionados com os objetivos institucionais das entidades de que trata este artigo, previstos nos respectivos estatutos ou atos constitutivos.

→ *v.* Súmula 5 do TRF da 2ª Região.

→ *v.* Art. 150, § 4º, da CF/1988.

Art. 15. Somente a União, nos seguintes casos excepcionais, pode instituir empréstimos compulsórios:

→ *v.* Art. 148 do STF.

I – guerra externa, ou sua iminência;

II – calamidade pública que exija auxílio federal impossível de atender com os recursos orçamentários disponíveis;

III – conjuntura que exija a absorção temporária de poder aquisitivo.

Parágrafo único. A lei fixará obrigatoriamente o prazo do empréstimo e as condições de seu resgate, observando, no que for aplicável, o disposto nesta Lei.

Título III
Impostos
Capítulo I
DISPOSIÇÕES GERAIS

Art. 16. Imposto é o tributo cuja obrigação tem por fato gerador uma situação independente de qualquer atividade estatal específica, relativa ao contribuinte.

→ *v.* Art. 167, IV, da CF/1988.

Art. 17. Os impostos componentes do sistema tributário nacional são exclusivamente os que constam deste Título, com as competências e limitações nele previstas.

→ *v.* Arts. 145, I, 146, III, e 154, I, da CF/1988.

Art. 18. Compete:

I – à União, instituir, nos Territórios Federais, os impostos atribuídos aos Estados e, se aqueles não forem divididos em Municípios, cumulativamente, os atribuídos a estes;

II – ao Distrito Federal e aos Estados não divididos em Municípios instituir, cumulativamente, os impostos atribuídos aos Estados e aos Municípios.

Capítulo II
IMPOSTOS SOBRE O COMÉRCIO EXTERIOR
Seção I
Impostos sobre a importação

Art. 19. O imposto, de competência da União, sobre a importação de produtos estrangeiros tem como fato gerador a entrada destes no território nacional.

→ *v.* art. 155, § 2º, IX, *a*, da CF/1988.

→ *v.* Lei 8.032/1990 – Dispõe sobre a isenção ou redução de impostos de importação, e dá outras providências.

→ *v.* Lei 9.019/1995 – Dispõe sobre a aplicação dos direitos previstos no Acordo Antidumping e no Acordo de Subsídios e Direitos Compensatórios, e dá outras providências.

→ *v.* Dec.-lei 37/1966 – Regulamenta a administração das atividades aduaneiras, e a fiscalização, o controle e a tributação das operações de comércio exterior.

→ *v.* Decreto 6.759/2009 – Regulamenta a administração das atividades aduaneiras, e a fiscalização, o controle e a tributação das operações de comércio exterior.

Art. 20. A base de cálculo do imposto é:

I – quando a alíquota seja específica, a unidade de medida adotada pela lei tributária;

II – quando a alíquota seja *ad valorem*, o preço normal que o produto, ou seu similar, alcançaria, ao tempo da importação, em uma venda em condições de livre concorrência, para entrega no porto ou lugar de entrada do produto no País;

→ *v.* Súmula 124 do STJ.

→ *v.* Súmula 97 do TFR.

→ *v.* Art. 2º, § 2º, do Dec.-lei 37/1966.

→ *v.* Art. 76 do Decreto 6.759/2009.

III – quando se trate de produto apreendido ou abandonado, levado a leilão, o preço da arrematação.

Art. 21. O Poder Executivo pode, nas condições e nos limites estabelecidos em lei, alterar as alíquotas ou as bases de cálculo do imposto, a fim de ajustá-lo aos objetivos da política cambial e do comércio exterior.

→ *v.* Lei 3.244/1957 que dispõe sobre a reforma da tarifa das alfândegas, e dá outras providências.

→ *v.* Art. 153, § 1º, da CF/1988.

→ *v.* Art. 98 do CTN.

Art. 22. Contribuinte do imposto é:

I – o importador ou quem a lei a ele equiparar;

→ *v.* Súmula 192 do TFR.

→ *v.* Arts. 31 e 32 do Dec.-lei 37/1966.

II – o arrematante de produtos apreendidos ou abandonados.

→ *v.* Art. 71, III, do Dec. 6.759/2009.

Seção II
Imposto sobre a exportação

Art. 23. O imposto, de competência da União, sobre a exportação, para o estrangeiro, de produtos nacionais ou nacionalizados tem como fato gerador a saída destes do território nacional.

→ *v.* Art. 153, II, da CF/1988.

→ *v.* Dec.-lei 1.578/1977 – Dispõe sobre o imposto sobre a exportação, e dá outras providências.

Art. 24. A base de cálculo do imposto é:

→ *v.* Art. 2º do Dec.-lei 1.578/1977.

I – quando a alíquota seja específica, a unidade de medida adotada pela lei tributária;

II – quando a alíquota seja *ad valorem*, o preço normal que o produto, ou seu similar, alcançaria, ao tempo da exportação, em uma venda em condições de livre concorrência.

Parágrafo único. Para os efeitos do inciso II, considera-se a entrega como efetuada no porto ou lugar da saída do produto, deduzidos os tributos diretamente incidentes sobre a operação de exportação e, nas vendas efetuadas a prazo superior aos correntes no mercado internacional, o custo do financiamento.

Art. 25. A lei pode adotar como base de cálculo a parcela do valor ou do preço, referidos no artigo anterior, excedente de valor básico, fixado de acordo com os critérios e dentro dos limites por ela estabelecidos.

Art. 26. O Poder Executivo pode, nas condições e nos limites estabelecidos em lei, alterar as alíquotas ou as bases de cálculo do imposto, a fim de ajustá-lo aos objetivos da política cambial e do comércio exterior.

→ *v.* Art. 153, § 1º, da CF/1988.

Art. 27. Contribuinte do imposto é o exportador ou quem a lei a ele equiparar.

→ *v.* Art. 5º do Dec.-lei 1.578/1977.

Art. 28. A receita líquida do imposto destina-se à formação de reservas monetárias, na forma da lei.

→ *v.* Art. 167, IV, da CF/1988.

→ *v.* Art. 9º do Dec.-lei 1.578/1977.

Capítulo III
IMPOSTOS SOBRE O PATRIMÔNIO E A RENDA

Seção I
Imposto sobre a propriedade territorial rural

Art. 29. O imposto, de competência da União, sobre a propriedade territorial rural, tem como fato gerador a propriedade, o domínio útil ou a posse de imóvel por natureza, como definido na lei civil, localização fora da zona urbana do Município.

→ *v.* Art. 153, VI, e § 4º da CF/1988.

→ *v.* Lei 9.393/1966 – Dispõe sobre o Imposto sobre a Propriedade Territorial Rural – ITR, sobre pagamento da dívida representada por Títulos da Dívida Agrária e dá outras providências.

→ *v.* Dec. 4.382/2002 – Regulamenta a tributação, fiscalização, arrecadação e administração do Imposto sobre a Propriedade Territorial Rural – ITR.

Art. 30. A base do cálculo do imposto é o valor fundiário.

→ *v.* Súmulas 41 e 45 do CARF.

→ *v.* Arts. 1º e 10 da Lei 9.393/1966.

Art. 31. Contribuinte do imposto é o proprietário do imóvel, o titular de seu domínio útil, ou o seu possuidor a qualquer título.

Seção II
Imposto sobre a propriedade predial e territorial urbana

Art. 32. O imposto, de competência dos Municípios, sobre a propriedade predial e territorial urbana tem como fato gerador a propriedade, o domínio útil ou a posse de bem imóvel por natureza ou por acessão física, como definido na lei civil, localizado na zona urbana do Município.

→ *v.* Art. 156, I, da CF/1988.

→ *v.* Arts. 14 e 15 do Dec.-lei 57/1966.

§ 1º Para os efeitos deste imposto, entende-se como zona urbana a definida em lei municipal, observado o requisito mínimo da existência de melhoramentos indicados em pelo menos 2 (dois) dos incisos seguintes, construídos ou mantidos pelo Poder Público:

I – meio-fio ou calçamento, com canalização de águas pluviais;

II – abastecimento de água;

III – sistema de esgotos sanitários;

IV – rede de iluminação pública, com ou sem posteamento para distribuição domiciliar;

V – escola primária ou posto de saúde a uma distância máxima de 3 (três) quilômetros do imóvel considerado.

§ 2º A lei municipal pode considerar urbanas as áreas urbanizáveis, ou de expansão urbana, constantes de loteamentos aprovados pelos órgãos competentes, destinados à habitação, à indústria ou ao comércio, mesmo que localizados fora das zonas definidas nos termos do parágrafo anterior.

Art. 33. A base do cálculo do imposto é o valor venal do imóvel.

→ *v.* Súmula 160 do STJ.

Parágrafo único. Na determinação da base de cálculo, não se considera o valor dos bens móveis mantidos, em caráter permanente ou temporário, no imóvel, para efeito de sua utilização, exploração, aformoseamento ou comodidade.

Art. 34. Contribuinte do imposto é o proprietário do imóvel, o titular do seu domínio útil, ou o seu possuidor a qualquer título.

→ *v.* Súmulas 583 e 589 do STF.

→ *v.* Súmula 399 do STJ.

Seção III
Imposto sobre a transmissão de bens imóveis e de direitos a eles relativos

→ *v.* Arts. 155, I, e 156, II, da CF/1988.

→ *v.* Arts, 659, § 2º e 662, NCPC.

Art. 35. O imposto, de competência dos Estados, sobre a transmissão de bens imóveis e de direitos a eles relativos tem como fato gerador:

→ *v.* Súmulas 108 e 326 do STF.

I – a transmissão, a qualquer título, da propriedade ou do domínio útil de bens imóveis, por natureza ou por acessão física, como definidos na lei civil;

→ *v.* Súmulas 82, 326 e 328 do STF.

→ *v.* Art. 184, § 5º, da CF/1988.

→ *v.* Art. 1.245 do CC.

II – a transmissão, a qualquer título, de direitos reais sobre imóveis, exceto os direitos reais de garantia;

→ *v.* Art. 1.225 do CC.

III – a cessão de direitos relativos às transmissões referidas nos incisos I e II.

Parágrafo único. Nas transmissões *causa mortis*, ocorrem tantos fatos geradores distintos quantos sejam os herdeiros ou legatários.

→ *v.* Súmulas 111 e 590 do STF.

Art. 36. Ressalvado o disposto no artigo seguinte, o imposto não incide sobre a transmissão dos bens ou direitos referidos no artigo anterior:

→ *v.* Súmulas 75 e 110 do STF.

→ *v.* Art. 156, § 2º, I, da CF/1988.

I – quando efetuada para sua incorporação ao patrimônio de pessoa jurídica em pagamento de capital nela subscrito;

II – quando decorrente da incorporação ou da fusão de uma pessoa jurídica por outra ou com outra.

Parágrafo único. O imposto não incide sobre a transmissão aos mesmos alienantes, dos bens e direitos adquiridos na forma do inciso I deste artigo, em decorrência da sua desincorporação do patrimônio da pessoa jurídica a que foram conferidos.

Art. 37. O disposto no artigo anterior não se aplica quando a pessoa jurídica adquirente tenha como atividade preponderante a venda ou locação de propriedade imobiliária ou a cessão de direitos relativos à sua aquisição.

§ 1º Considera-se caracterizada a atividade preponderante referida neste artigo quando mais de 50% (cinquenta por cento) da receita operacional da pessoa jurídica adquirente, nos 2 (dois) anos anteriores e nos 2 (dois) anos subsequentes à aquisição, decorrer de transações mencionadas neste artigo.

§ 2º Se a pessoa jurídica adquirente iniciar suas atividades após a aquisição, ou menos de 2 (dois) anos antes dela, apurar-se-á a preponderância referida no parágrafo anterior levando em conta os 3 (três) primeiros anos seguintes à data da aquisição.

§ 3º Verificada a preponderância referida neste artigo, tornar-se-á devido o imposto, nos termos da lei vigente à data da aquisição, sobre o valor do bem ou direito nessa data.

§ 4º O disposto neste artigo não se aplica à transmissão de bens ou direitos, quando realizada em conjunto com a da totalidade do patrimônio da pessoa jurídica alienante.

Art. 38. A base de cálculo do imposto é o valor venal dos bens ou direitos transmitidos.

→ *v.* Súmula 113 do STF.

Art. 39. A alíquota do imposto não excederá os limites fixados em resolução do Senado Federal, que distinguirá, para efeito de aplicação de alíquota mais baixa, as transmissões que atendam à política nacional de habitação.

→ *v.* Súmula 112 do STF.

→ *v.* Arts. 145, § 1º, e 156, § 1º, IV, da CF/1988.

→ *v.* Art. 8º do Ato Complementar 27/1966.

→ *v.* Resolução 9/1992 do Senado Federal.

Art. 40. O montante do imposto é dedutível do devido à União, a título do imposto de que trata o artigo 43, sobre o provento decorrente da mesma transmissão.

Art. 41. O imposto compete ao Estado da situação do imóvel transmitido, ou sobre que versarem os direitos cedidos, mesmo que a mutação patrimonial decorra de sucessão aberta no estrangeiro.

Art. 42. Contribuinte do imposto é qualquer das partes na operação tributada, como dispuser a lei.

→ *v.* Súmula 75 do STF.

Seção IV
Imposto sobre a renda e proventos de qualquer natureza

→ *v.* Art. 153, III, da CF/1988.

→ *v.* Lei 7.713/1988 – Altera a legislação do imposto de renda e dá outras providências (IRPF).

→ *v.* Lei 9.250/1995 – Altera a legislação do imposto de renda das pessoas físicas e dá outras providências (IRPF).

→ *v.* Lei 8.981/1995 – Altera a legislação tributária Federal e dá outras providências (IRPJ).

→ *v.* Lei 9.430/1996 – Dispõe sobre a legislação tributária federal, as contribuições para a seguridade social, o processo administrativo de consulta e dá outras providências (IRPJ).

→ Decreto 3.000/1996 – Regulamenta a tributação, fiscalização, arrecadação e administração do Imposto sobre a Renda e Proventos de Qualquer Natureza.

Art. 43. O imposto, de competência da União, sobre a renda e proventos de qualquer natureza, tem como fato gerador a aquisição da disponibilidade econômica ou jurídica:

→ *v.* Súmulas 584 e 586 do STF.

→ *v.* Súmulas 125, 136, 138, 184, 215, 386, 463 e 498 do STJ.

→ *v.* Súmulas 38 e 43 do CARF.

→ *v.* Art. 153, § 2º, CF/1988.

→ v. Art. 9º, parágrafo único, da Lei 10.599/2002.

→ v. Dec.-lei 5.844/1943 – Dispõe sobre a cobrança e fiscalização do imposto de renda.

→ v. Lei 8.514/1992 – Altera a legislação do Imposto de Renda e dá outras providências.

→ v. Lei 8.687/1993 – Retira da incidência do Imposto de Renda benefícios percebidos por deficientes mentais.

→ v. Lei 9.249/1995 – Altera a legislação do imposto de renda das pessoas jurídicas, bem como da contribuição social sobre o lucro líquido, e dá outras providências.

→ v. Dec. 542/1992 – Define bens de pequeno valor, para efeito da não incidência do imposto de renda sobre ganhos de capital e dá outras providências.

I – de renda, assim entendido o produto do capital, do trabalho ou da combinação de ambos;

→ v. Súmula 93 do STF.

II – de proventos de qualquer natureza, assim entendidos os acréscimos patrimoniais não compreendidos no inciso anterior.

→ v. Súmula 262 do STJ.

→ v. Art. 23 da Lei 9.250/1995.

→ v. Art. 23, § 1º, da Lei 9.532/1997.

→ v. Art. 39 da Lei 11.196/2005.

§ 1º A incidência do imposto independe da denominação da receita ou do rendimento, da localização, condição jurídica ou nacionalidade da fonte, da origem e da forma de percepção.

→ § 1º acrescentado pela LC 104/2001

→ v. Art. 3º, § 4º, da Lei 7.713/1988.

→ v. Art. 25 da Lei 9.249/1995.

§ 2º Na hipótese de receita ou de rendimento oriundos do exterior, a lei estabelecerá as condições e o momento em que se dará sua disponibilidade, para fins de incidência do imposto referido neste artigo.

→ § 2º acrescentado pela LC 104/2001.

→ v. Súmula 586 do STF.

→ v. Súmula 39 do CARF.

→ v. Art. 25, § 6º, da Lei 9.249/1995.

Art. 44. A base de cálculo do imposto é o montante, real, arbitrado ou presumido, da renda ou dos proventos tributáveis.

→ v. Súmula 584 do STF.

→ v. Súmula 2 do CARF.

→ v. Art. 3º da Lei 7.713/1988.

→ v. Art. 4º da Lei 12.794/2013.

Art. 45. Contribuinte do imposto é o titular da disponibilidade a que se refere o artigo 43, sem prejuízo de atribuir a lei essa condição ao possuidor, a qualquer título, dos bens produtores de renda ou dos proventos tributáveis.

Parágrafo único. A lei pode atribuir à fonte pagadora da renda ou dos proventos tributáveis a condição de responsável pelo imposto cuja retenção e recolhimento lhe caibam.

→ v. Súmula 94 do STF.

→ v. Súmulas 394 e 447 do STJ.

→ v. Art. 46 da Lei 8.514/1992.

→ v. Art. 64 da Lei 9.430/1996.

→ v. Art. 1º da Lei 12.402/2011.

Capítulo IV
IMPOSTOS SOBRE A PRODUÇÃO E A CIRCULAÇÃO

Seção I
Imposto sobre produtos industrializados

→ v. Art. 153, IV, §§ 1º e 4º, da CF/1988.

→ v. Lei 4.502/1964 – Dispõe sobre o Imposto de Consumo e reorganiza a Diretoria de Rendas Internas.

→ v. Lei 8.989/1995 – Dispõe sobre a Isenção do Imposto sobre Produtos Industrializados – IPI, na aquisição de automóveis para utilização no transporte autônomo de passageiros, bem como por pessoas portadoras de deficiência física, e dá outras providências.

→ v. Lei 9.493/1997 – Concede isenção do Imposto sobre Produtos Industrializados – IPI na aquisição de equipamentos, máquinas, aparelhos e instrumentos, dispõe sobre período de apuração e prazo de recolhimento do referido imposto para as microempresas e empresas de pequeno porte, e estabelece suspensão do IPI na saída de bebidas alcoólicas, acondicionadas para venda a granel, dos estabelecimentos e dos estabelecimentos equiparados a industrial.

→ v. Decreto 7.212/2010 – Regulamenta a cobrança, fiscalização, arrecadação e administração do Imposto sobre Produtos Industrializados – IPI.

Art. 46. O imposto, de competência da União, sobre produtos industrializados tem como fato gerador:

→ v. Art. 36 do Decreto 7.212/2010.

I – o seu desembaraço aduaneiro, quando de procedência estrangeira;

→ v. Art. 2º, § 2º, da Lei 4.502/1964.

→ v. Art. 3º do Dec.-lei 2.434/1988.

II – a sua saída dos estabelecimentos a que se refere o parágrafo único do artigo 51;

→ v. Súmula 536 do STF.

III – a sua arrematação, quando apreendido ou abandonado e levado a leilão.

Parágrafo único. Para os efeitos deste imposto, considera-se industrializado o produto que tenha sido submetido a qualquer operação que lhe modifique a natureza ou a finalidade, ou o aperfeiçoe para o consumo.

→ v. Súmula 591 do STF.

→ v. Art. 3º do Dec. 7.212/2010.

Art. 47. A base de cálculo do imposto é:

→ v. Arts. 13 e 14 da Lei 4.502/1964.

I – no caso do inciso I do artigo anterior, o preço normal, como definido no inciso II do artigo 20, acrescido do montante:

a) do Imposto sobre a Importação;

b) das taxas exigidas para entrada do produto no País;

c) dos encargos cambiais efetivamente pagos pelo importador ou dele exigíveis;

II – no caso do inciso II do artigo anterior:

a) o valor da operação de que decorrer a saída da mercadoria;

b) na falta do valor a que se refere a alínea anterior, o preço corrente da mercadoria, ou sua similar, no mercado atacadista da praça do remetente;

III – no caso do inciso III do artigo anterior, o preço da arrematação.

Art. 48. O imposto é seletivo em função da essencialidade dos produtos.

→ v. Art. 153, § 1º, I, da CF/1988.

→ v. Art. 69 do Dec. 7.212/2010.

Art. 49. O imposto é não cumulativo, dispondo a lei de forma que o montante devido resulte da diferença a maior, em determinado período, entre o imposto referente aos produtos saídos do estabelecimento e o pago relativamente aos produtos nele entrados.

→ v. Art. 153, § 3º, II, da CF/1988.

→ v. Lei 9.363/1996 – Dispõe sobre a instituição de crédito presumido do Imposto sobre Produtos Industrializados, para ressarcimento do valor de PIS/PASEP e COFINS nos casos que especifica, e dá outras providências.

Parágrafo único. O saldo verificado, em determinado período, em favor do contribuinte, transfere-se para o período ou períodos seguintes.

Art. 50. Os produtos sujeitos ao imposto, quando remetidos de um para outro Estado, ou do ou para o Distrito Federal, serão acompanhados de nota fiscal de modelo especial, emitida em séries próprias e contendo, além dos elementos necessários ao controle fiscal, os dados indispensáveis à elaboração da estatística do comércio por cabotagem e demais vias internas.

→ v. Súmula 95 do STJ.

Art. 51. Contribuinte do imposto é:

→ v. Art. 24 do Decreto 7.212/2010.

I – o importador ou quem a lei a ele equiparar;

II – o industrial ou quem a lei a ele equiparar;

→ v. Súmula 591 do STF.

III – o comerciante de produtos sujeitos ao imposto, que os forneça aos contribuintes definidos no inciso anterior;

IV – o arrematante de produtos apreendidos ou abandonados, levados a leilão.

Parágrafo único. Para os efeitos deste imposto, considera-se contribuinte autônomo qualquer estabelecimento de importador, industrial, comerciante ou arrematante.

→ v. Art. 4º da Lei 4.502/1964.

→ v. Art. 24 do Decreto 7.212/2010.

Seção II
Imposto estadual sobre operações relativas à circulação de mercadorias

→ v. Art. 155, II, e § 2º da CF/1988.

→ v. LC 87/1996 – Dispõe sobre o imposto dos Estados e do Distrito Federal sobre operações relativas à circulação de mercadorias e sobre prestações de serviços de transporte interestadual e intermunicipal e de comunicação, e dá outras providências. (Lei Kandir)

→ v. Dec.-lei 406/1968 – Estabelece normas gerais de direito financeiro, aplicáveis aos impostos sobre operações relativas à circulação de mercadorias e sobre serviços de qualquer natureza, e dá outras providências.

Arts. 52 a 58. *(Revogados pelo Dec.-lei 406/1968).*

Seção III
Imposto municipal sobre operações relativas à circulação de mercadorias

Arts. 59 a 62. *(Revogados pelo Ato Complementar 31/1966).*

Seção IV
Imposto sobre operações de crédito, câmbio e seguro, e sobre operações relativas a títulos e valores mobiliários

→ v. Lei 5.143/1966 – Institui o Imposto sobre Operações Financeiras, regula a respectiva cobrança, dispõe sobre a aplicação das reservas monetárias oriundas de sua receita, e dá outras providências.

→ v. Lei 8.894/1994 – Dispõe sobre o Imposto sobre Operações de Crédito, Câmbio e Seguro, ou relativas a Títulos e Valores Mobiliários, e dá outras providências.

→ v. Lei 8.033/1990 – Altera, mediante conversão em lei das Medidas Provisórias ns. 160, de 15 de março de 1990, e 171, de 17 de março de 1990, a legislação do Imposto sobre Operações Financeiras, instituindo incidências de caráter transitório sobre os atos que menciona, e dá outras providências.

→ v. Lei 7.766/1989 – Dispõe sobre o ouro, ativo financeiro, e sobre seu tratamento tributário.

→ v. Dec.-lei 1.783/1980 – Dispõe sobre o Imposto sobre Operações de Crédito, Câmbio e Seguro, e sobre Operações relativas a Títulos e Valores Mobiliários.

→ v. Decreto 6.306/2007 – Regulamenta o Imposto sobre Operações de Crédito, Câmbio e Seguro, ou relativas a Títulos ou Valores Mobiliários – IOF.

Art. 63. O imposto, de competência da União, sobre operações de crédito, câmbio e seguro, e sobre operações relativas a títulos e valores mobiliários tem como fato gerador:

→ v. Art. 153, V, e §§ 1º e 5º da CF/1988.

→ v. Arts. 1º e 2º do Decreto 6.306/2007.

I – quanto às operações de crédito, a sua efetivação pela entrega total ou parcial do montante ou do valor que constitua o objeto da obrigação, ou sua colocação à disposição do interessado;

→ v. Art. 58 da Lei 9.532/1997.

→ v. Art. 3º do Decreto 6.306/2007.

II – quanto às operações de câmbio, a sua efetivação pela entrega de moeda nacional ou estrangeira, ou de documento que a represente, ou sua colocação à disposição do interessado, em montante equivalente à moeda estrangeira ou nacional entregue ou posta à disposição por este;

→ v. Art. 1º, IV, do Dec.-lei 1.783/1980.

→ v. Art. 5º da Lei 8.894/1994.

→ v. Art. 11 do Decreto 6.307/2007.

III – quanto às operações de seguro, a sua efetivação pela emissão da apólice ou do documento equivalente, ou recebimento do prêmio, na forma da lei aplicável;

→ v. Art. 1º, III, do Dec.-lei 1.783/1980.

→ v. Art. 18 do Decreto 6.306/2007.

IV – quanto às operações relativas a títulos e valores mobiliários, a emissão, transmissão, pagamento ou resgate destes, na forma da lei aplicável.

→ v. Art. 1º da Lei 8.033/1990.

Parágrafo único. A incidência definida no inciso I exclui a definida no inciso IV, e reciprocamente, quanto à emissão, ao pagamento ou resgate do título representativo de uma mesma operação de crédito.

Art. 64. A base de cálculo do imposto é:

I – quanto às operações de crédito, o montante da obrigação, compreendendo o principal e os juros;

→ v. Art. 1º da Lei 8.894/1994.

II – quanto às operações de câmbio, o respectivo montante em moeda nacional, recebido, entregue ou posto à disposição;

→ v. Art. 5º da Lei 8.894/1994.

III – quanto às operações de seguro, o montante do prêmio;

→ v. Art. 1º, II e III, do Dec.-lei 1.783/1980.

IV – quanto às operações relativas a títulos e valores mobiliários:

a) na emissão, o valor nominal mais o ágio, se houver;

b) na transmissão, o preço ou o valor nominal ou o valor da cotação em Bolsa, como determinar a lei;

c) no pagamento ou resgate, o preço.

→ v. Art. 2º, II, da Lei 8.894/1994.

Art. 65. O Poder Executivo pode, nas condições e nos limites estabelecidos em lei, alterar as alíquotas ou as bases de cálculo do imposto, a fim de ajustá-lo aos objetivos da política monetária.

→ v. Art. 153, § 1º, da CF/1988.

→ v. Art. 10 da Lei 5.143/1966.

→ v. Art. 5º, parágrafo único, da Lei 8.894/1994.

→ v. Art. 15 da Lei 9.718/1998.

Art. 66. Contribuinte do imposto é qualquer das partes na operação tributada, como dispuser a lei.

→ v. Arts. 4º e 5º da Lei 5.143/1966.

→ v. Art. 3º da Lei 8.884/1994.

→ v. Arts. 4º e 5º do Decreto 6.306/2007.

Art. 67. A receita líquida do imposto destina-se à formação de reservas monetárias, na forma da lei.

→ v. Art. 167, IV, da CF/1988.

Seção V
Imposto sobre serviços de transportes e comunicações

→ v. Art. 155, II, e § 2º, da CF/1988.

→ v. Dec.-lei 1.438/1975 – Altera o Decreto-lei n. 284, de 28 de fevereiro de 1967, estende a incidência do imposto sobre os serviços de transporte rodoviário de passageiros ao transporte rodoviário de cargas e dá outras providências.

→ v. Lei 7.450/1985 – Altera a legislação tributária federal e dá outras providências.

Art. 68. O imposto, de competência da União, sobre serviços de transportes e comunicações tem como fato gerador:

I – a prestação do serviço de transporte, por qualquer via, de pessoas, bens, mercadorias ou valores, salvo quando o trajeto se contenha inteiramente no território de um mesmo Município;

II – a prestação do serviço de comunicações, assim se entendendo a transmissão e o recebimento, por qualquer processo, de mensagens escritas, faladas ou visuais, salvo quando os pontos de transmissão e de recebimento se situem no território de um mesmo Município e a mensagem em curso não possa ser captada fora deste território.

Art. 69. A base de cálculo do imposto é o preço do serviço.

Art. 70. Contribuinte do imposto é o prestador do serviço.

Seção VI
Imposto sobre serviços de qualquer natureza

→ v. Art. 156, III, e § 3º, da CF/1988.

→ v. LC 116/2003 – Dispõe sobre o Imposto Sobre Serviços de Qualquer Natureza, de competência dos Municípios e do Distrito Federal, e dá outras providências.

Arts. 71 a 73. *(Revogados pelo Dec.-lei 406/1968).*

Capítulo V
IMPOSTOS ESPECIAIS

Seção I
Imposto sobre operações relativas a combustíveis, lubrificantes, energia elétrica e minerais do País

→ v. Art. 155, § 3º, da CF/1988.

→ v. Dec.-lei 406/1968 que Estabelece normas gerais de direito financeiro, aplicáveis aos impostos sobre operações relativas à circulação de mercadorias e sobre serviços de qualquer natureza, e dá outras providências.

Art. 74. O imposto, de competência da União, sobre operações relativas a combustíveis, lubrificantes, energia elétrica e minerais do País tem como fato gerador:

I – a produção, como definida no artigo 46 e seu parágrafo único;

II – a importação, como definida no artigo 19;

III – a circulação, como definida no artigo 52;

IV – a distribuição, assim entendida a colocação do produto no estabelecimento consumidor ou em local de venda ao público;

V – o consumo, assim entendida a venda do produto ao público.

§ 1º Para os efeitos deste imposto a energia elétrica considera-se produto industrializado.

§ 2º O imposto incide, uma só vez sobre uma das operações previstas em cada inciso deste artigo, como dispuser a lei, e exclui quaisquer outros tributos, sejam quais forem sua natureza ou competência, incidentes sobre aquelas operações.

Art. 75. A lei observará o disposto neste Título relativamente:

I – ao Imposto sobre Produtos Industrializados, quando a incidência seja sobre a produção ou sobre o consumo;

II – ao Imposto sobre a Importação, quando a incidência seja sobre essa operação;

III – ao Imposto sobre Operações Relativas à Circulação de Mercadorias, quando a incidência seja sobre a distribuição.

Seção II
Impostos extraordinários

Art. 76. Na iminência ou no caso de guerra externa, a União pode instituir, temporariamente, impostos extraordinários compreendidos ou não entre os referidos nesta Lei, suprimidos, gradativamente, no prazo máximo de 5 (cinco) anos, contados da celebração da paz.

→ v. Art. 154, II, da CF/1988.

Título IV
Taxas

Art. 77. As taxas cobradas pela União, pelos Estados, pelo Distrito Federal ou pelos Municípios, no âmbito de suas respectivas atribuições, têm como fato gerador o exercício regular do poder de polícia, ou a utilização, efetiva ou potencial, de serviço público específico e divisível, prestado ao contribuinte ou posto à sua disposição.

→ v. Súmula Vinculante 19 do STF.

→ v. Súmula 545 do STF.

→ v. Súmulas 80 e 124 do STJ.

→ v. Art. 145, II, e § 2º, da CF/1988.

Parágrafo único. A taxa não pode ter base de cálculo ou fato gerador idênticos aos que correspondam a imposto nem ser calculada em função do capital das empresas.

→ Parágrafo único com redação alterada pelo Ato Complementar 34/1967.

→ v. Súmula Vinculante 29 do STF.

→ v. Súmulas 126, 127, 135, 136, 138, 140 e 595 do STF.

Art. 78. Considera-se poder de polícia atividade da administração pública que, limitando ou disciplinando direito, interesse ou liberdade, regula a prática de ato ou abstenção de fato, em razão de interesse público concernente à segurança, à higiene, à ordem, aos costumes, à disciplina da produção e do mercado, ao exercício de atividades econômicas dependentes de concessão ou autorização do Poder Público, à tranquilidade pública ou ao respeito à propriedade e aos direitos individuais ou coletivos.

→ Artigo com redação alterada pelo Ato Complementar 31/1966.

Parágrafo único. Considera-se regular o exercício do poder de polícia quando desempenhado pelo órgão competente nos limites da lei aplicável, com observância do processo legal e, tratando-se de atividade que a lei tenha como discricionária, sem abuso ou desvio de poder.

→ v. Art. 51, § 1º, do CDC.

→ v. Lei 4.898/1965 que Regula o Direito de Representação e o processo de Responsabilidade Administrativa Civil e Penal, nos casos de abuso de autoridade.

Art. 79. Os serviços públicos a que se refere o art. 77 consideram-se:

I – utilizados pelo contribuinte:

a) efetivamente, quando por ele usufruídos a qualquer título;

b) potencialmente, quando, sendo de utilização compulsória, sejam postos à sua disposição mediante atividade administrativa em efetivo funcionamento;

II – específicos, quando possam ser destacados em unidades autônomas de intervenção, de utilidade, ou de necessidades públicas;

III – divisíveis, quando suscetíveis de utilização, separadamente, por parte de cada um dos seus usuários.

Art. 80. Para efeito de instituição e cobrança de taxas, consideram-se compreendidas no âmbito das atribuições da União, dos Estados, do Distrito Federal ou dos Municípios aquelas que, segundo a Constituição Federal, as Constituições dos Estados, as Leis Orgânicas do Distrito Federal e dos Municípios e a legislação com elas compatível, competem a cada uma dessas pessoas de direito público.

Título V
Contribuição de melhoria

→ v. Art. 145, III, da CF/1988.

→ v. Dec.-lei 195/1967 que dispõe sobre a cobrança da Contribuição de Melhoria.

Art. 81. A contribuição de melhoria cobrada pela União, pelos Estados, pelo Distrito Federal ou pelos Municípios, no âmbito de suas respectivas atribuições, é instituída para fazer face ao custo de obras públicas de que decorra valorização imobiliária, tendo como limite total a despesa realizada e como limite individual o acréscimo de valor que da obra resultar para cada imóvel beneficiado.

→ v. Art. 1º do Dec.-lei 195/1967.

Art. 82. A lei relativa à contribuição de melhoria observará os seguintes requisitos mínimos:

→ v. Art. 10 do Dec.-lei 195/1967.

I – publicação prévia dos seguintes elementos:

a) memorial descritivo do projeto;

b) orçamento do custo da obra;

c) determinação da parcela do custo da obra a ser financiada pela contribuição;

d) delimitação da zona beneficiada;

e) determinação do fator de absorção do benefício da valorização para toda a zona ou para cada uma das áreas diferenciadas, nela contidas;

II – fixação de prazo não inferior a 30 (trinta) dias, para impugnação pelos interessados, de qualquer dos elementos referidos no inciso anterior;

III – regulamentação do processo administrativo de instrução e julgamento da impugnação a que se refere o inciso anterior, sem prejuízo da sua apreciação judicial.

§ 1º A contribuição relativa a cada imóvel será determinada pelo rateio da parcela do custo da obra a que se refere a alínea *c*, do inciso I, pelos imóveis situados na zona beneficiada em função dos respectivos fatores individuais de valorização.

§ 2º Por ocasião do respectivo lançamento, cada contribuinte deverá ser notificado do montante da contribuição, da forma e dos prazos de seu pagamento e dos elementos que integram o respectivo cálculo.

Título VI
Distribuições de receitas tributárias

→ v. Arts. 157 e 158 da CF/1988.

Capítulo I
DISPOSIÇÕES GERAIS

Art. 83. Sem prejuízo das demais disposições deste Título, os Estados e Municípios que celebrem com a União convênios destinados a assegurar ampla e eficiente coordenação dos respectivos programas de investimentos e serviços públicos, especialmente no campo da política tributária, poderão participar de até 10% (dez por cento) da arrecadação efetuada, nos respectivos territórios, proveniente do imposto referido no artigo 43, incidente sobre o rendimento das pessoas físicas, e no artigo 46, excluído o incidente sobre o fumo e bebidas alcoólicas.

Parágrafo único. O processo das distribuições previstas neste artigo será regulado nos convênios nele referidos.

Art. 84. A lei federal pode cometer aos Estados, ao Distrito Federal ou aos Municípios o encargo de arrecadar os impostos de competência da União cujo produto lhes seja distribuído no todo ou em parte.

Parágrafo único. O disposto neste artigo, aplica-se à arrecadação dos impostos de competência dos Estados, cujo produto estes venham a distribuir, no todo ou em parte, aos respectivos Municípios.

Capítulo II
IMPOSTO SOBRE A PROPRIEDADE TERRITORIAL RURAL E SOBRE A RENDA E PROVENTOS DE QUALQUER NATUREZA

Art. 85. Serão distribuídos pela União:

I – aos Municípios da localização dos imóveis, o produto da arrecadação do imposto a que se refere o artigo 29;

II – aos Estados, ao Distrito Federal e aos Municípios, o produto da arrecadação, na fonte, do imposto a que se refere o artigo 43, incidente sobre a renda das obrigações de sua dívida pública e sobre os proventos dos seus servidores e dos de suas autarquias.

§ 1º Independentemente de ordem das autoridades superiores e sob pena de demissão, as autoridades arrecadadoras dos impostos a que se refere este artigo farão entrega, aos Estados, ao Distrito Federal e aos Municípios, das importâncias recebidas, à medida que forem sendo arrecadadas, em prazo não superior a 30 (trinta) dias, a contar da data de cada recolhimento.

§ 2º A lei poderá autorizar os Estados, o Distrito Federal e os Municípios a incorporar definitivamente à sua receita o produto da arrecadação do imposto a que se refere o inciso II, estipulando as obrigações acessórias a serem cumpridas por aqueles no interesse da arrecadação, pela União, do imposto a ela devido pelos titulares da renda ou dos proventos tributados.

§ 3º A lei poderá dispor que uma parcela, não superior a 20% (vinte por cento), do imposto de que trata o inciso I seja destinada ao custeio do respectivo serviço de lançamento e arrecadação.

→ Resolução do SF 337/1983, suspendeu a execução deste dispositivo por inconstitucionalidade.

Capítulo III
FUNDOS DE PARTICIPAÇÃO DOS ESTADOS E DOS MUNICÍPIOS

→ v. LC 62/1989 – Estabelece normas sobre o cálculo, a entrega e o controle das liberações dos recursos dos Fundos de Participação e dá outras providências.

→ v. LC 63/1990 – Dispõe sobre critérios e prazos de crédito das parcelas do produto da arrecadação de impostos de competência dos Estados e de transferências por estes recebidos, pertencentes aos Municípios, e dá outras providências.

Seção I
Constituição dos Fundos

Arts. 86 e 87. *(Revogados pela LC 143/2013, produzindo efeitos financeiros no primeiro mês que se iniciar após 60 (sessenta) dias da data de sua publicação* – D.O.U. *18.7.2013).*

Seção II
Critério de distribuição do Fundo de Participação dos Estados

Arts. 88 e 89. *(Revogados pela LC 143/2013, produzindo efeitos financeiros no primeiro mês que se iniciar após 60 (sessenta) dias da data de sua publicação* - D.O.U. *18.7.2013).*

Art. 90. O fator representativo do inverso da renda *per capita*, a que se refere o inciso II do artigo 88, será estabelecido da seguinte forma:

Inverso do índice relativo à renda per capita da entidade participante:

	Fator
Até 0,0045	0,4
Acima de 0,0045 até 0,0055	0,5
Acima de 0,0055 até 0,0065	0,6
Acima de 0,0065 até 0,0075	0,7
Acima de 0,0075 até 0,0085	0,8
Acima de 0,0085 até 0,0095	0,9
Acima de 0,0095 até 0,0110	1,0
Acima de 0,0110 até 0,0130	1,2
Acima de 0,0130 até 0,0150	1,4
Acima de 0,0150 até 0,0170	1,6
Acima de 0,0170 até 0,0190	1,8
Acima de 0,0190 até 0,0220	2,0
Acima de 0,220	2,5

Parágrafo único. Para os efeitos deste artigo, determina-se o índice relativo à renda *per capita* de cada entidade participante, tomando-se como 100 (cem) a renda *per capita* média do País.

Seção III
Critério de distribuição do Fundo de Participação dos Municípios

→ *v.* LC 91/1997 – Dispõe sobre a fixação dos coeficientes do Fundo de Participação dos Municípios.

→ *v.* LC 106/2001 – Dá nova redação aos §§ 1º e 2º do art. 2º da Lei Complementar n. 91, de 22 de dezembro de 1997, que dispõe sobre a fixação dos coeficientes de distribuição dos recursos do Fundo de Participação dos Municípios.

→ *v.* Dec.-lei 1.881/1981 – Altera a Lei n. 5.172, de 25 de outubro de 1966, cria a Reserva do Fundo de Participação dos Municípios – FPM a dá outras providências.

Art. 91. Do Fundo de Participação dos Municípios a que se refere o art. 86, serão atribuídos:

→ *Caput* com redação alterada pelo Ato Complementar 35/1967.

I – 10% (dez por cento) aos Municípios das Capitais dos Estados;

II – 90% (noventa por cento) aos demais Municípios do País.

§ 1º A parcela de que trata o inciso I será distribuída proporcionalmente a um coeficiente individual de participação, resultante do produto dos seguintes fatores:

→ § 1º com redação alterada pelo Ato Complementar 35/1967.

a) fator representativo da população, assim estabelecido:

Percentual da população de cada Município em relação à do conjunto das Capitais:

	Fator
Até 2%	2
Mais de 2% até 5%:	
Pelos primeiros 2%	2
Cada 0,5% ou fração excedente, mais	0,5
Mais de 5%	5

b) fator representativo do inverso da renda *per capita* do respectivo Estado, de conformidade com o disposto no art. 90.

§ 2º A distribuição da parcela a que se refere o item II deste artigo, deduzido o percentual referido no artigo 3º do Decreto-lei que estabelece a redação deste parágrafo, far-se-á atribuindo-se a cada Município um coeficiente individual de participação determinado na forma seguinte:

→ § 2º com redação alterada pelo Dec.-lei 1.881/1981.

→ *v.* Art. 1º da LC 91/1997.

Categoria do Município, segundo seu número de habitantes:

Coeficiente	
a) Até 16.980	
Pelos primeiros 10.188	0,6
Para cada 3.396 ou fração excedente, mais	0,2
b) Acima de 16.980 até 50.940	
Pelos primeiros 16.980	1,0
Para cada 6.792 ou fração excedente, mais	0,2
c) Acima de 50.940 até 101.880	
Pelos primeiros 50.940	2,0
Para cada 10.188 ou fração excedente, mais	0,2
d) Acima de 101.880 até 156.216	
Pelos primeiros 101.880	3,0
Para cada 13.584 ou fração excedente, mais	0,2
e) Acima de 156.216	4,0

§ 3º Para os efeitos deste artigo, consideram-se os Municípios regularmente instalados, fazendo-se a revisão das quotas anualmente, a partir de 1989, com base em dados oficiais de população produzidos pela Fundação Instituto Brasileiro de Geografia e Estatística – IBGE.

→ § 3º com redação alterada pela LC 59/1988.

§§ 4º e 5º (*Revogados pela LC 91/1997*).

Seção IV
Cálculo e pagamento das quotas estaduais e municipais

Art. 92. O Tribunal de Contas da União comunicará ao Banco do Brasil S.A., conforme os prazos a seguir especificados, os coeficientes individuais de participação nos fundos previstos no art. 159, inciso I, alíneas *a*, *b* e *d*, da Constituição Federal que prevalecerão no exercício subsequente:

→ Artigo com redação alterada pela LC 143/2013, produzindo efeitos financeiros no primeiro mês que se iniciar após 60 (sessenta) dias da data de sua publicação - *D.O.U. 18.7.2013.*

I – até o último dia útil do mês de março de cada exercício financeiro, para cada Estado e para o Distrito Federal;

II – até o último dia útil de cada exercício financeiro, para cada Município.

Parágrafo único. Far-se-á nova comunicação sempre que houver, transcorrido o prazo fixado no inciso I do *caput*, a criação de novo Estado a ser implantado no exercício subsequente.

Art. 93. *(Revogado pela LC 143/2013, produzindo efeitos financeiros no primeiro mês que se iniciar após 60 (sessenta) dias da data de sua publicação - D.O.U. 18.7.2013).*

Seção V
Comprovação da aplicação das quotas estaduais e municipais

Art. 94. *(Revogado pela LC 143/2013, produzindo efeitos financeiros no primeiro mês que se iniciar após 60 (sessenta) dias da data de sua publicação – D.O.U. 18.7.2013).*

Capítulo IV
IMPOSTO SOBRE OPERAÇÕES RELATIVAS A COMBUSTÍVEIS, LUBRIFICANTES, ENERGIA ELÉTRICA E MINERAIS DO PAÍS

Art. 95. *(Revogado pela LC 143/2013, produzindo efeitos financeiros no primeiro mês que se iniciar após 60 (sessenta) dias da data de sua publicação – D.O.U. 18.7.2013).*

LIVRO SEGUNDO
Normas Gerais De Direito Tributário

Título I
Legislação tributária

Capítulo I
DISPOSIÇÕES GERAIS

Seção I
Disposição preliminar

Art. 96. A expressão "legislação tributária" compreende as leis, os tratados e as convenções internacionais, os decretos e as normas complementares que versem, no todo ou em parte, sobre tributos e relações jurídicas a eles pertinentes.

→ *v.* Art. 146, III, da CF/1988.

→ *v.* Arts. 100, 146 e 194 do CTN.

Seção II
Leis, tratados e convenções internacionais e decretos

Art. 97. Somente a lei pode estabelecer:

→ *v.* Súmula 651 do STF.

→ *v.* Arts. 150, I, 153, § 1º, e 177, § 4º, da CF/1988.

I – a instituição de tributos, ou a sua extinção;

→ *v.* Súmula 574 do STF.

→ *v.* Súmula 185 do STJ.

II – a majoração de tributos, ou sua redução, ressalvado o disposto nos artigos 21, 26, 39, 57 e 65;

→ *v.* Súmula 95 do STJ.

III – a definição do fato gerador da obrigação tributária principal, ressalvado o disposto no inciso I do § 3º do artigo 52, e do seu sujeito passivo;

→ *v.* Art. 150, III, da CF/1988.

→ *v.* Arts. 114 a 118 do CTN.

IV – a fixação da alíquota do tributo e da sua base de cálculo, ressalvado o disposto nos artigos 21, 26, 39, 57 e 65;

→ *v.* Súmulas 112, 117, 569 e 582 do STF.

→ *v.* Súmulas 80, 95, 124 e 351, do STJ.

V – a cominação de penalidades para as ações ou omissões contrárias a seus dispositivos, ou para outras infrações nela definidas;

→ v. Art. 161 do CTN.

→ v. Art. 2º da Lei 8.022/1990.

VI – as hipóteses de exclusão, suspensão e extinção de créditos tributários, ou de dispensa ou redução de penalidades.

→ v. Arts. 139 a 141 e 151 a 185-A, do CTN.

§ 1º Equipara-se à majoração do tributo a modificação de sua base de cálculo, que importe em torná-lo mais oneroso.

→ v. Súmula 160 do STJ.

§ 2º Não constitui majoração de tributo, para os fins do disposto no inciso II deste artigo, a atualização do valor monetário da respectiva base de cálculo.

→ v. Súmula 667 do STF.

→ v. Súmulas 160 do STJ.

Art. 98. Os tratados e as convenções internacionais revogam ou modificam a legislação tributária interna, e serão observados pela que lhes sobrevenha.

→ v. Art. 84, VIII, da CF/1988.

→ v. Súmulas 20 e 71 do STJ.

Art. 99. O conteúdo e o alcance dos decretos restringem-se aos das leis em função das quais sejam expedidos, determinados com a observância das regras de interpretação estabelecidas nesta Lei.

→ v. Art. 84, IV, da CF/1988.

Seção III
Normas complementares

Art. 100. São normas complementares das leis, dos tratados e das convenções internacionais e dos decretos:

→ v. Art. 96 do CTN.

I – os atos normativos expedidos pelas autoridades administrativas;

→ v. Art. 19, § 4º, da Lei 10.522/2002.

II – as decisões dos órgãos singulares ou coletivos de jurisdição administrativa, a que a lei atribua eficácia normativa;

III – as práticas reiteradamente observadas pelas autoridades administrativas;

IV – os convênios que entre si celebrem a União, os Estados, o Distrito Federal e os Municípios.

→ v. Art. 153, § 2º, XII, *g*, da CF/1988.

Parágrafo único. A observância das normas referidas neste artigo exclui a imposição de penalidades, a cobrança de juros de mora e a atualização do valor monetário da base de cálculo do tributo.

Capítulo II
VIGÊNCIA DA LEGISLAÇÃO TRIBUTÁRIA

Art. 101. A vigência, no espaço e no tempo, da legislação tributária rege-se pelas disposições legais aplicáveis às normas jurídicas em geral, ressalvado o previsto neste Capítulo.

→ v. Art. 144 do CTN.

→ v. Arts. 1º, 2º e 6º do Dec.-lei 4.657/1943.

Art. 102. A legislação tributária dos Estados, do Distrito Federal e dos Municípios vigora, no País, fora dos respectivos territórios, nos limites em que lhe reconheçam extraterritorialidade os convênios de que participem, ou do que disponham esta ou outras leis de normas gerais expedidas pela União.

Art. 103. Salvo disposição em contrário, entram em vigor:

I – os atos administrativos a que se refere o inciso I do artigo 100, na data da sua publicação;

II – as decisões a que se refere o inciso II do artigo 100, quanto a seus efeitos normativos, 30 (trinta) dias após a data da sua publicação;

III – os convênios a que se refere o inciso IV do artigo 100 na data neles prevista.

Art. 104. Entram em vigor no primeiro dia do exercício seguinte àquele em que ocorra a sua publicação os dispositivos de lei, referentes a impostos sobre o patrimônio ou a renda:

→ v. Súmulas 669 e 584 do STF.

→ v. Arts. 150, III, *b*, 150, III, *c*, e 195, § 6º, da CF/1988.

I – que instituem ou majoram tais impostos;

II – que definem novas hipóteses de incidência;

→ v. Súmula 570 do STF.

III – que extinguem ou reduzem isenções, salvo se a lei dispuser de maneira mais favorável ao contribuinte, e observado o disposto no artigo 178.

→ v. Súmula 615 do STF.

Capítulo III
APLICAÇÃO DA LEGISLAÇÃO TRIBUTÁRIA

Art. 105. A legislação tributária aplica-se imediatamente aos fatos geradores futuros e aos pendentes, assim entendidos aqueles cuja ocorrência tenha tido início mas não esteja completa nos termos do artigo 116.

→ v. Súmula 669 do STF.

→ v. art. 150, III, a, da CF/1988.

→ v. Art. 144 do CTN.

Art. 106. A lei aplica-se a ato ou fato pretérito:

I – em qualquer caso, quando seja expressamente interpretativa, excluída a aplicação de penalidade à infração dos dispositivos interpretados;

→ v. Art. 3º da LC 118/2005.

II – tratando-se de ato não definitivamente julgado:

→ v. Art. 44 da Lei 9.430/1996.

a) quando deixe de defini-lo como infração;

b) quando deixe de tratá-lo como contrário a qualquer exigência de ação ou omissão, desde que não tenha sido fraudulento e não tenha implicado em falta de pagamento de tributo;

c) quando lhe comine penalidade menos severa que a prevista na lei vigente ao tempo da sua prática.

→ v. Súmula 448 do STJ.

→ v. Art. 35 da Lei 8.212/1991.

Capítulo IV
INTERPRETAÇÃO E INTEGRAÇÃO DA LEGISLAÇÃO TRIBUTÁRIA

Art. 107. A legislação tributária será interpretada conforme o disposto neste Capítulo.

Art. 108. Na ausência de disposição expressa, a autoridade competente para aplicar a legislação tributária utilizará sucessivamente, na ordem indicada:

→ v. Art. 126 do CPC/1973.

→ v. Art. 140 do NCPC.

I – a analogia;

→ v. Súmula 464 do STJ.

II – os princípios gerais de direito tributário;

III – os princípios gerais de direito público;

IV – a equidade.

§ 1º O emprego da analogia não poderá resultar na exigência de tributo não previsto em lei.

→ v. Arts. 97, I, e 178 do CTN.

→ v. Art. 4º do Dec.-lei 4.657/1942.

§ 2º O emprego da equidade não poderá resultar na dispensa do pagamento de tributo devido.

→ v. Súmula 95 do STJ.

→ v. Art. 172, IV, do CTN.

Art. 109. Os princípios gerais de direito privado utilizam-se para pesquisa da definição, do conteúdo e do alcance de seus institutos, conceitos e formas, mas não para definição dos respectivos efeitos tributários.

Art. 110. A lei tributária não pode alterar a definição, o conteúdo e o alcance de institutos, conceitos e formas de direito privado, utilizados, expressa ou implicitamente, pela Constituição Federal, pelas Constituições dos Estados, ou pelas Leis Orgânicas do Distrito Federal ou dos Municípios, para definir ou limitar competências tributárias.

→ v. Súmula 573 do STF.

Art. 111. Interpreta-se literalmente a legislação tributária que disponha sobre:

I – suspensão ou exclusão do crédito tributário;

→ v. Arts. 151 e 175 do CTN.

II – outorga de isenção;

→ v. Súmula 100 do STJ.

→ v. Art. 176 do CTN.

III – dispensa do cumprimento de obrigações tributárias acessórias.

→ v. Arts. 9º, § 1º, e 175, parágrafo único, do CTN.

Art. 112. A lei tributária que define infrações, ou lhe comina penalidades, interpreta-se da maneira mais favorável ao acusado, em caso de dúvida quanto:

I – à capitulação legal do fato;

II – à natureza ou às circunstâncias materiais do fato, ou à natureza ou extensão dos seus efeitos;

III – à autoria, imputabilidade, ou punibilidade;

IV – à natureza da penalidade aplicável, ou à sua graduação.

Título II
Obrigação tributária

Capítulo I
DISPOSIÇÕES GERAIS

Art. 113. A obrigação tributária é principal ou acessória.

§ 1º A obrigação principal surge com a ocorrência do fato gerador, tem por objeto o pagamento de tributo ou penalidade pecuniária e extingue-se juntamente com o crédito dela decorrente.

§ 2º A obrigação acessória decorre da legislação tributária e tem por objeto as prestações, positivas ou negativas, nela previstas no interesse da arrecadação ou da fiscalização dos tributos.

→ v. Arts. 96 a 100, 128 a 138, e 195, parágrafo único, do CTN.

§ 3º A obrigação acessória, pelo simples fato da sua inobservância, converte-se em obrigação principal relativamente à penalidade pecuniária.

Capítulo II
FATO GERADOR

Art. 114. Fato gerador da obrigação principal é a situação definida em lei como necessária e suficiente à sua ocorrência.

→ v. Art. 150, § 7º, da CF/1988.

→ v. Arts. 4º e 105 do CTN.

Art. 115. Fato gerador da obrigação acessória é qualquer situação que, na forma da legislação aplicável, impõe a prática ou a abstenção de ato que não configure obrigação principal.

→ v. Art. 113, § 2º, do CTN.

Art. 116. Salvo disposição de lei em contrário, considera-se ocorrido o fato gerador e existentes os seus efeitos:

I – tratando-se de situação de fato, desde o momento em que se verifiquem as circunstâncias materiais necessárias a que produza os efeitos que normalmente lhe são próprios;

II – tratando-se de situação jurídica, desde o momento em que esteja definitivamente constituída, nos termos de direito aplicável.

→ v. Art. 144 do CTN.

Parágrafo único. A autoridade administrativa poderá desconsiderar atos ou negócios jurídicos praticados com a finalidade de dissimular a ocorrência do fato gerador do tributo ou a natureza dos elementos constitutivos da obrigação tributária, observados os procedimentos a serem estabelecidos em lei ordinária.

→ Parágrafo único acrescentado pela LC 104/2001.

→ v. Arts. 71 a 73 da Lei 4.502/1964.

→ v. Art. 129 da Lei 11.196/2005.

Art. 117. Para os efeitos do inciso II do artigo anterior e salvo disposição de lei em contrário, os atos ou negócios jurídicos condicionais reputam-se perfeitos e acabados:

→ v. Arts. 121 a 128 do CC.

I – sendo suspensiva a condição, desde o momento de seu implemento;

→ v. Art. 125 do CC.

II – sendo resolutória a condição, desde o momento da prática do ato ou da celebração do negócio.

→ v. Art. 127 do CC.

Art. 118. A definição legal do fato gerador é interpretada abstraindo-se:

I – da validade jurídica dos atos efetivamente praticados pelos contribuintes, responsáveis, ou terceiros, bem como da natureza do seu objeto ou dos seus efeitos;

II – dos efeitos dos fatos efetivamente ocorridos.

Capítulo III
SUJEITO ATIVO

Art. 119. Sujeito ativo da obrigação é a pessoa jurídica de direito público titular da competência para exigir o seu cumprimento.

→ v. Súmulas 447 e 197 do STJ.

→ v. Arts. 153 a 156 e 195 da CF/1988.

Art. 120. Salvo disposição de lei em contrário, a pessoa jurídica de direito público, que se constituir pelo desmembramento territorial de outra, sub-roga-se nos direitos desta, cuja legislação tributária aplicará até que entre em vigor a sua própria.

Capítulo IV
SUJEITO PASSIVO

Seção I
Disposições gerais

Art. 121. Sujeito passivo da obrigação principal é a pessoa obrigada ao pagamento de tributo ou penalidade pecuniária.

Parágrafo único. O sujeito passivo da obrigação principal diz-se:

I – contribuinte, quando tenha relação pessoal e direta com a situação que constitua o respectivo fato gerador;

→ v. Art. 4º da LC 87/1996.

→ v. Art. 5º da LC 116/2003.

II – responsável, quando, sem revestir a condição de contribuinte, sua obrigação decorra de disposição expressa de lei.

→ v. Art. 150, § 7º, da CF/1988.

→ v. Art. 128 e seguintes do CTN

Art. 122. Sujeito passivo da obrigação acessória é a pessoa obrigada às prestações que constituam o seu objeto.

→ v. Súmula 192 do TFR.

Art. 123. Salvo disposições de lei em contrário, as convenções particulares, relativas à responsabilidade pelo pagamento de tributos, não podem ser opostas à Fazenda Pública, para modificar a definição legal do sujeito passivo das obrigações tributárias correspondentes.

Seção II
Solidariedade

→ v. Arts. 275 a 285 do CC.

→ v. Art. 30, IX, da Lei 8.212/1991.

Art. 124. São solidariamente obrigadas:

I – as pessoas que tenham interesse comum na situação que constitua o fato gerador da obrigação principal;

II – as pessoas expressamente designadas por lei.

→ v. Art. 8º do Dec.-lei 1.736/1979.

→ v. Art. 71 da Lei 8.666/1993.

Parágrafo único. A solidariedade referida neste artigo não comporta benefício de ordem.

→ v. Art. 30, VI, da Lei 8.212/1991.

Art. 125. Salvo disposição de lei em contrário, são os seguintes os efeitos da solidariedade:

I – o pagamento efetuado por um dos obrigados aproveita aos demais;

→ v. Art. 156, I, do CTN.

II – a isenção ou remissão de crédito exonera todos os obrigados, salvo se outorgada pessoalmente a um deles, subsistindo, nesse caso, a solidariedade quanto aos demais pelo saldo;

→ v. Art. 176 do CTN.

III – a interrupção da prescrição, em favor ou contra um dos obrigados, favorece ou prejudica aos demais.

→ v. Arts. 174 e 176 do CTN.

Seção III
Capacidade tributária

Art. 126. A capacidade tributária passiva independe:

I – da capacidade civil das pessoas naturais;

→ v. Arts. 2º a 5º do CC.

II – de achar-se a pessoa natural sujeita a medidas que importem privação ou limitação do exercício de atividades civis, comerciais ou profissionais, ou da administração direta de seus bens ou negócios;

III – de estar a pessoa jurídica regularmente constituída, bastando que configure uma unidade econômica ou profissional.

→ v. Arts. 110 e 134, VII, do CTN.

Seção IV
Domicílio tributário

Art. 127. Na falta de eleição, pelo contribuinte ou responsável, de domicílio tributário, na forma da legislação aplicável, considera-se como tal:

I – quanto às pessoas naturais, a sua residência habitual, ou, sendo esta incerta ou desconhecida, o centro habitual de sua atividade;

→ v. Arts. 70 e 71 do CC.

→ v. Art. 113, § 2º, do CTN.

II – quanto às pessoas jurídicas de direito privado ou às firmas individuais, o lugar da sua sede, ou, em relação aos atos ou fatos que derem origem à obrigação, o de cada estabelecimento;

→ v. Súmulas 58 e 435 do STJ.

III – quanto às pessoas jurídicas de direito público, qualquer de suas repartições no território da entidade tributante.

→ v. Art. 109, §§ 1º a 5º, da CF/1988.

§ 1º Quando não couber a aplicação das regras fixadas em qualquer dos incisos deste artigo, considerar-se-á como domicílio tributário do contribuinte ou responsável o lugar da situação dos bens ou da ocorrência dos atos ou fatos que deram origem à obrigação.

§ 2º A autoridade administrativa pode recusar o domicílio eleito, quando impossibilite ou dificulte a arrecadação ou a fiscalização do tributo, aplicando-se então a regra do parágrafo anterior.

Capítulo V
RESPONSABILIDADE TRIBUTÁRIA

Seção I
Disposição geral

Art. 128. Sem prejuízo do disposto neste Capítulo, a lei pode atribuir de modo expresso a responsabilidade pelo crédito tributário a terceira pessoa, vinculada ao fato gerador da respectiva obrigação, excluindo a responsabilidade do contribuinte ou atribuindo-a a este em caráter supletivo do cumprimento total ou parcial da referida obrigação.

→ v. Art. 150, § 7º, da CF/1988.

→ v. Arts. 45, parágrafo único, 121, II, 134, do CTN.

Seção II
Responsabilidade dos sucessores

Art. 129. O disposto nesta Seção aplica-se por igual aos créditos tributários definitivamente constituídos ou em curso de constituição à data dos atos nela referidos, e aos constituídos posteriormente aos mesmos atos, desde que relativos a obrigações tributárias surgidas até a referida data.

→ v. Arts. 45, parágrafo único, 121, II, 134, do CTN.

Art. 130. Os créditos tributários relativos a impostos cujo fato gerador seja a propriedade, o domínio útil ou a posse de bens imóveis, e bem assim os relativos a taxas pela prestação de serviços referentes a tais bens, ou a contribuições de melhoria, sub-rogam-se na pessoa dos respectivos adquirentes, salvo quando conste do título a prova de sua quitação.

→ v. Arts. 1.238 a 1.259 do CC.

Parágrafo único. No caso de arrematação em hasta pública, a sub-rogação ocorre sobre o respectivo preço.

Art. 131. São pessoalmente responsáveis:

→ v. Art. 141, II, e § 1º, da Lei 11.101/2005.

I – o adquirente ou remitente, pelos tributos relativos aos bens adquiridos ou remidos;

→ Inciso I com redação alterada pelo Dec.-lei 28/1966.

II – o sucessor a qualquer título e o cônjuge meeiro, pelos tributos devidos pelo *de cujus* até a data da partilha ou adjudicação, limitada esta responsabilidade ao montante do quinhão, do legado ou da meação;

III – o espólio, pelos tributos devidos pelo *de cujus* até a data da abertura da sucessão.

→ v. Art. 12, V, do CPC/1973.

→ v. Art. 75, VII, do NCPC.

Art. 132. A pessoa jurídica de direito privado que resultar de fusão, transformação ou incorporação de outra ou em outra é responsável pelos tributos devidos até a data do ato pelas pessoas jurídicas de direito privado fusionadas, transformadas ou incorporadas.

→ v. Arts. 1.113, 1.119 e 1.116 do CC.

→ v. Art. 5º do Dec.-lei 1.598/1977.

→ v. Art. 207 do Decreto 3.000/1999.

Parágrafo único. O disposto neste artigo aplica-se aos casos de extinção de pessoas jurídicas de direito privado, quando a exploração da respectiva atividade seja continuada por qualquer sócio remanescente, ou seu espólio, sob a mesma ou outra razão social, ou sob firma individual.

Art. 133. A pessoa natural ou jurídica de direito privado que adquirir de outra, por qualquer título, fundo de comércio ou estabelecimento comercial, industrial ou profissional, e continuar a respectiva exploração, sob a mesma ou outra razão social ou sob firma ou nome individual, responde pelos tributos, relativos ao fundo ou estabelecimento adquirido, devidos até a data do ato:

→ v. Lei 11.101/2005 – Regula a recuperação judicial, a extrajudicial e a falência do empresário e da sociedade empresária.

I – integralmente, se o alienante cessar a exploração do comércio, indústria ou atividade;

II – subsidiariamente com o alienante, se este prosseguir na exploração ou iniciar dentro de 6 (seis) meses, a contar da data da alienação, nova atividade no mesmo ou em outro ramo de comércio, indústria ou profissão.

§ 1º O disposto no *caput* deste artigo não se aplica na hipótese de alienação judicial:

→ § 1º acrescentado pela LC 118/2005.

I – em processo de falência;

II – de filial ou unidade produtiva isolada, em processo de recuperação judicial.

§ 2º Não se aplica o disposto no § 1º deste artigo quando o adquirente for:

→ § 2º acrescentado pela LC 118/2005.

I – sócio da sociedade falida ou em recuperação judicial, ou sociedade controlada pelo devedor falido ou em recuperação judicial;

II – parente, em linha reta ou colateral até o 4º (quarto) grau, consanguíneo ou afim, do devedor falido ou em recuperação judicial ou de qualquer de seus sócios; ou

III – identificado como agente do falido ou do devedor em recuperação judicial com o objetivo de fraudar a sucessão tributária.

§ 3º Em processo da falência, o produto da alienação judicial de empresa, filial ou unidade produtiva isolada permanecerá em conta de depósito à disposição do juízo de falência pelo prazo de 1 (um) ano, contado da data de alienação, somente podendo ser utilizado para o pagamento de créditos extraconcursais ou de créditos que preferem ao tributário.

→ § 3º acrescentado pela LC 118/2005.

Seção III
Responsabilidade de terceiros

Art. 134. Nos casos de impossibilidade de exigência do cumprimento da obrigação principal pelo contribuinte, respondem solidariamente com este nos atos em que intervierem ou pelas omissões de que forem responsáveis:

I – os pais, pelos tributos devidos por seus filhos menores;

II – os tutores e curadores, pelos tributos devidos por seus tutelados ou curatelados;

III – os administradores de bens de terceiros, pelos tributos devidos por estes;

→ v. Arts. 861 a 875 do CC.

IV – o inventariante, pelos tributos devidos pelo espólio;

→ v. Art. 131, III, do CTN.

V – o síndico e o comissário, pelos tributos devidos pela massa falida ou pelo concordatário;

→ v. Art. 33 da Lei 11.101/2005.

VI – os tabeliães, escrivães e demais serventuários de ofício, pelos tributos devidos sobre os atos praticados por eles, ou perante eles, em razão do seu ofício;

VII – os sócios, no caso de liquidação de sociedade de pessoas.

→ v. Art. 4º, § 1º, da Lei 6.830/1980.

Parágrafo único. O disposto neste artigo só se aplica, em matéria de penalidades, às de caráter moratório.

Art. 135. São pessoalmente responsáveis pelos créditos correspondentes a obrigações tributárias resultantes de atos praticados com excesso de poderes ou infração de lei, contrato social ou estatutos:

I – as pessoas referidas no artigo anterior;

II – os mandatários, prepostos e empregados;

III – os diretores, gerentes ou representantes de pessoas jurídicas de direito privado.

→ v. Súmula 430 do STJ.

→ v. Art. 158 da Lei 6.404/1976.

Seção IV
Responsabilidade por infrações

→ v. Súmula 70 do STF.

→ v. Dec.-lei 1.455/1976 – Dispõe sobre bagagem de passageiro procedente do exterior, disciplina o regime de entreposto aduaneiro, estabelece normas sobre mercadorias estrangeiras apreendidas e dá outras providências.

→ v. Art. 2º-D, parágrafo único, do Dec.-lei 1.593/1977.

Art. 136. Salvo disposição de lei em contrário, a responsabilidade por infrações da legislação tributária independe da intenção do agente ou do responsável e da efetividade, natureza e extensão dos efeitos do ato.

→ v. Súmula 509 do STJ.

Art. 137. A responsabilidade é pessoal ao agente:

I – quanto às infrações conceituadas por lei como crimes ou contravenções, salvo quando praticadas no exercício regular de administração, mandato, função, cargo ou emprego, ou no cumprimento de ordem expressa emitida por quem de direito;

→ v. Art. 2º da Lei 9.476/1997.

II – quanto às infrações em cuja definição o dolo específico do agente seja elementar;

III – quanto às infrações que decorram direta e exclusivamente de dolo específico:

a) das pessoas referidas no artigo 134, contra aquelas por quem respondem;

b) dos mandatários, prepostos ou empregados, contra seus mandantes, preponentes ou empregadores;

c) dos diretores, gerentes ou representantes de pessoas jurídicas de direito privado, contra estas.

Art. 138. A responsabilidade é excluída pela denúncia espontânea da infração, acompanhada, se for o caso, do pagamento do tributo devido e dos juros de mora, ou do depósito da importância arbitrada pela autoridade administrativa, quando o montante do tributo dependa de apuração.

→ v. Súmula 360 do STJ.

→ v. Súmula 49 do CARF.

Parágrafo único. Não se considera espontânea a denúncia apresentada após o início de qualquer procedimento administrativo ou medida de fiscalização, relacionados com a infração.

→ v. Art. 7º do Dec. 70.235/1972 – Dispõe sobre o processo administrativo fiscal, e dá outras providências.

→ v. Art. 196 do CTN.

Título III
Crédito tributário

Capítulo I
DISPOSIÇÕES GERAIS

Art. 139. O crédito tributário decorre da obrigação principal e tem a mesma natureza desta.

→ *v.* Arts. 113 e 142 do CTN.

Art. 140. As circunstâncias que modificam o crédito tributário, sua extensão ou seus efeitos, ou as garantias ou os privilégios a ele atribuídos, ou que excluem sua exigibilidade, não afetam a obrigação tributária que lhe deu origem.

→ *v.* Arts. 113, § 1º, 151, 156 e 176 do CTN.

Art. 141. O crédito tributário regularmente constituído somente se modifica ou extingue, ou tem sua exigibilidade suspensa ou excluída, nos casos previstos nesta Lei, fora dos quais não podem ser dispensadas, sob pena de responsabilidade funcional na forma da lei, a sua efetivação ou as respectivas garantias.

→ *v.* Art. 201 do CTN.

Capítulo II
CONSTITUIÇÃO DO CRÉDITO TRIBUTÁRIO

Seção I
Lançamento

Art. 142. Compete privativamente à autoridade administrativa constituir o crédito tributário pelo lançamento, assim entendido o procedimento administrativo tendente a verificar a ocorrência do fato gerador da obrigação correspondente, determinar a matéria tributável, calcular o montante do tributo devido, identificar o sujeito passivo e, sendo caso, propor a aplicação da penalidade cabível.

→ *v.* Súmula Vinculante 24 do STF.

→ *v.* Súmulas 436 e 397 do STJ.

→ *v.* Art. 33, § 7º, da Lei 8.212/1991.

→ *v.* Art. 74 da Lei 9.430/1996.

→ *v.* Art. 879, § 1º, da CLT.

→ *v.* Art. 9º, § 1º, do Decreto 70.235/1972.

Parágrafo único. A atividade administrativa de lançamento é vinculada e obrigatória, sob pena de responsabilidade funcional.

→ *v.* Arts. 3º e 100 do CTN.

→ *v.* Art. 316, § 1º, do CP.

→ *v.* Art. 2º da Lei 6.830/1980.

Art. 143. Salvo disposição de lei em contrário, quando o valor tributário esteja expresso em moeda estrangeira, no lançamento far-se-á sua conversão em moeda nacional ao câmbio do dia da ocorrência do fato gerador da obrigação.

→ *v.* Art. 106 do CTN.

Art. 144. O lançamento reporta-se à data da ocorrência do fato gerador da obrigação e rege-se pela lei então vigente, ainda que posteriormente modificada ou revogada.

§ 1º Aplica-se ao lançamento a legislação que, posteriormente à ocorrência do fato gerador da obrigação, tenha instituído novos critérios de apuração ou processos de fiscalização, ampliado os poderes de investigação das autoridades administrativas, ou outorgado ao crédito maiores garantias ou privilégios, exceto, neste último caso, para o efeito de atribuir responsabilidade tributária a terceiros.

→ *v.* Art. 150, III, a, da CF/1988.

§ 2º O disposto neste artigo não se aplica aos impostos lançados por períodos certos de tempo, desde que a respectiva lei fixe expressamente a data em que o fato gerador se considera ocorrido.

Art. 145. O lançamento regularmente notificado ao sujeito passivo só pode ser alterado em virtude de:

→ *v.* Art. 168 do CTN.

I – impugnação do sujeito passivo;

→ *v.* Art. 150, III, do CTN.

→ *v.* Art. 14 do Decreto 70.235/1972.

II – recurso de ofício;

→ *v.* Art. 27 da Lei 10.522/2002.

→ *v.* Art. 34 do Decreto 70.235/1972.

III – iniciativa de ofício da autoridade administrativa, nos casos previstos no artigo 149.

Art. 146. A modificação introduzida, de ofício ou em consequência de decisão administrativa ou judicial, nos critérios jurídicos adotados pela autoridade administrativa no exercício do lançamento somente pode ser efetivada, em relação a um mesmo sujeito passivo, quanto a fato gerador ocorrido posteriormente à sua introdução.

→ *v.* Súmula 21 do CARF.

Seção II
Modalidades de lançamento

Art. 147. O lançamento é efetuado com base na declaração do sujeito passivo ou de terceiro, quando um ou outro, na forma da legislação tributária, presta à autoridade administrativa informações sobre matéria de fato, indispensáveis à sua efetivação.

→ *v.* Súmula 436 do STJ.

§ 1º A retificação da declaração por iniciativa do próprio declarante, quando vise a reduzir ou a excluir tributo, só é admissível mediante comprovação do erro em que se funde, e antes de notificado o lançamento.

§ 2º Os erros contidos na declaração e apuráveis pelo seu exame serão retificados de ofício pela autoridade administrativa a que competir a revisão daquela.

Art. 148. Quando o cálculo do tributo tenha por base, ou tome em consideração, o valor ou o preço de bens, direitos, serviços ou atos jurídicos, a autoridade lançadora, mediante processo regular, arbitrará aquele valor ou preço, sempre que sejam omissos ou não mereçam fé as declarações ou os esclarecimentos prestados, ou os documentos expedidos pelo sujeito passivo, ou pelo terceiro legalmente obrigado, ressalvada, em caso de contestação, avaliação contraditória, administrativa ou judicial.

→ *v.* Súmula 431 do STJ.

Art. 149. O lançamento é efetuado e revisto de ofício pela autoridade administrativa nos seguintes casos:

→ *v.* Art. 145 do CTN.

I – quando a lei assim o determine;

II – quando a declaração não seja prestada, por quem de direito, no prazo e na forma da legislação tributária;

III – quando a pessoa legalmente obrigada, embora tenha prestado declaração nos termos do inciso anterior, deixe de atender, no prazo e na forma da legislação tributária, a pedido de esclarecimento formulado pela autoridade administrativa, recuse-se a prestá-lo ou não o preste satisfatoriamente, a juízo daquela autoridade;

IV – quando se comprove falsidade, erro ou omissão quanto a qualquer elemento definido na legislação tributária como sendo de declaração obrigatória;

→ *v.* Art. 146 do CTN.

V – quando se comprove omissão ou inexatidão, por parte da pessoa legalmente obrigada, no exercício da atividade a que se refere o artigo seguinte;

VI – quando se comprove ação ou omissão do sujeito passivo, ou de terceiro legalmente obrigado, que dê lugar à aplicação de penalidade pecuniária;

VII – quando se comprove que o sujeito passivo, ou terceiro em benefício daquele, agiu com dolo, fraude ou simulação;

→ *v.* Arts. 116, parágrafo único, e 185 do CTN.

→ *v.* Arts. 145 a 150, 158 a 165 e 167 do CC.

VIII – quando deva ser apreciado fato não conhecido ou não provado por ocasião do lançamento anterior;

IX – quando se comprove que, no lançamento anterior, ocorreu fraude ou falta funcional da autoridade que o efetuou, ou omissão, pela mesma autoridade, de ato ou formalidade especial.

Parágrafo único. A revisão do lançamento só pode ser iniciada enquanto não extinto o direito da Fazenda Pública.

→ *v.* Arts. 150, § 4º, e 173 do CTN.

Art. 150. O lançamento por homologação, que ocorre quanto aos tributos cuja legislação atribua ao sujeito passivo o dever de antecipar o pagamento sem prévio exame da autoridade administrativa, opera-se pelo ato em que a referida autoridade, tomando conhecimento da atividade assim exercida pelo obrigado, expressamente a homologa.

→ *v.* Art. 10 da Lei 9.393/1996.

§ 1º O pagamento antecipado pelo obrigado nos termos deste artigo extingue o crédito, sob condição resolutória da ulterior homologação do lançamento.

§ 2º Não influem sobre a obrigação tributária quaisquer atos anteriores à homologação, praticados pelo sujeito passivo ou por terceiro, visando à extinção total ou parcial do crédito.

§ 3º Os atos a que se refere o parágrafo anterior serão, porém, considerados na apuração do saldo porventura devido e, sendo o caso, na imposição de penalidade, ou sua graduação.

§ 4º Se a lei não fixar prazo à homologação, será ele de 5 (cinco) anos, a contar da ocorrência do fato gerador; expirado esse prazo sem que a Fazenda Pública se tenha pronunciado, considera-se homologado o lançamento e definitivamente extinto o crédito, salvo se comprovada a ocorrência de dolo, fraude ou simulação.

→ *v.* Art. 24 da Lei 11.457/2007.

Capítulo III
SUSPENSÃO DO CRÉDITO TRIBUTÁRIO

Seção I
Disposições gerais

Art. 151. Suspendem a exigibilidade do crédito tributário:

→ *v.* Arts. 139 e 141 do CTN.

→ *v.* Art. 63 da Lei 9.430/1996.

I – moratória;

II – o depósito do seu montante integral;

→ *v.* Súmula Vinculante 28 do STF.

→ *v.* Súmulas 112, 118, 271, 373 e 437 do STJ.

→ *v.* Súmula 17 do CARF.

→ *v.* Art. 43, § 1º, do Dec. 70.235/1972.

→ *v.* Art. 38 da Lei 6.380/1980.

→ v. Lei 11.429/2006 – Dispõe sobre os depósitos judiciais de tributos, no âmbito dos Estados e do Distrito Federal; revoga a Lei 10.482, de 3 de julho de 2002; e dá outras providências.

III – as reclamações e os recursos, nos termos das leis reguladoras do processo tributário administrativo;

→ *v.* Súmula 373 do STJ.

IV – a concessão de medida liminar em mandado de segurança;

→ *v.* Súmulas 212 e 213 do STJ.

→ *v.* Súmula 48 do CARF.

→ *v.* Lei 12.016/2009 – Disciplina o mandado de segurança individual e coletivo e dá outras providências.

V – a concessão de medida liminar ou de tutela antecipada, em outras espécies de ação judicial;

→ Inciso V acrescentado pela LC 104/2001.

→ *v.* Decreto 2.346/1997 – Consolida normas de procedimentos a serem observadas pela Administração Pública Federal em razão de decisões judiciais, regulamenta os dispositivos legais que menciona, e dá outras providências.

VI – o parcelamento.

→ Inciso VI acrescentado pela LC 104/2001.

→ *v.* Arts. 155-A, 205 e 206 do CTN.

Parágrafo único. O disposto neste artigo não dispensa o cumprimento das obrigações acessórias dependentes da obrigação principal cujo crédito seja suspenso, ou dela consequentes.

→ *v.* Arts. 113, §§ 2º e 3º e 175, parágrafo único, do CTN.

Seção II
Moratória

Art. 152. A moratória somente pode ser concedida:

I – em caráter geral:

a) pela pessoa jurídica de direito público competente para instituir o tributo a que se refira;

b) pela União, quanto a tributos de competência dos Estados, do Distrito Federal ou dos Municípios, quando simultaneamente concedida quanto aos tributos de competência federal e às obrigações de direito privado;

II – em caráter individual, por despacho da autoridade administrativa, desde que autorizada por lei nas condições do inciso anterior.

Parágrafo único. A lei concessiva de moratória pode circunscrever expressamente a sua aplicabilidade a determinada região do território da pessoa jurídica de direito público que a expedir, ou a determinada classe ou categoria de sujeitos passivos.

Art. 153. A lei que conceda moratória em caráter geral ou autorize sua concessão em caráter individual especificará, sem prejuízo de outros requisitos:

I – o prazo de duração do favor;

II – as condições da concessão do favor em caráter individual;

III – sendo caso:

a) os tributos a que se aplica;

b) o número de prestações e seus vencimentos, dentro do prazo a que se refere o inciso I, podendo atribuir a fixação de uns e de outros à autoridade administrativa, para cada caso de concessão em caráter individual;

c) as garantias que devem ser fornecidas pelo beneficiado no caso de concessão em caráter individual.

Art. 154. Salvo disposição de lei em contrário, a moratória somente abrange os créditos definitivamente constituídos à data da lei ou do despacho que a conceder, ou cujo lançamento já tenha sido iniciado àquela data por ato regularmente notificado ao sujeito passivo.

→ *v.* Art. 142 do CTN.

Parágrafo único. A moratória não aproveita aos casos de dolo, fraude ou simulação do sujeito passivo ou do terceiro em benefício daquele.

Art. 155. A concessão da moratória em caráter individual não gera direito adquirido e será revogado de ofício, sempre que se apure que o beneficiado não satisfazia ou deixou de satisfazer as condições ou não cumprira ou deixou de cumprir os requisitos para a concessão do favor, cobrando-se o crédito acrescido de juros de mora:

→ *v.* Súmula 473 do STF.

→ *v.* Art. 179, § 2º, do CTN.

I – com imposição da penalidade cabível, nos casos de dolo ou simulação do beneficiado, ou de terceiro em benefício daquele;

II – sem imposição de penalidade, nos demais casos.

Parágrafo único. No caso do inciso I deste artigo, o tempo decorrido entre a concessão da moratória e sua revogação não se computa para efeito da prescrição do direito à cobrança do crédito; no caso do inciso II deste artigo, a revogação só pode ocorrer antes de prescrito o referido direito.

Art. 155-A. O parcelamento será concedido na forma e condição estabelecidas em lei específica.

→ *Caput* acrescentado pela LC 104/2001.

→ v. Lei 10.684/2003 – Altera a legislação tributária, dispõe sobre parcelamento de débitos junto à Secretaria da Receita Federal, à Procuradoria-Geral da Fazenda Nacional e ao Instituto Nacional do Seguro Social e dá outras providências.

→ *v.* Lei 9.639/1998 – Dispõe sobre amortização e parcelamento de dívidas oriundas de contribuições sociais e outras importâncias devidas ao Instituto Nacional do Seguro Social – INSS, altera dispositivos das Leis 8.212 e 8.213, ambas de 24 de julho de 1991, e dá outras providências.

→ v. Lei 12.810/2013 - Dispõe sobre o parcelamento de débitos com a Fazenda Nacional relativos às contribuições previdenciárias de responsabilidade dos Estados, do Distrito Federal e dos Municípios e dá outras providências.

§ 1º Salvo disposição de lei em contrário, o parcelamento do crédito tributário não exclui a incidência de juros e multas.

→ § 1º acrescentado pela LC 104/2001.

→ *v.* Art. 138 do CTN.

§ 2º Aplicam-se, subsidiariamente, ao parcelamento as disposições desta Lei, relativas à moratória.

→ § 2º acrescentado pela LC 104/2001.

§ 3º Lei específica disporá sobre as condições de parcelamento dos créditos tributários do devedor em recuperação judicial.

→ § 3º acrescentado pela LC 118/2005.

§ 4º A inexistência da lei específica a que se refere o § 3º deste artigo importa na aplicação das leis gerais de parcelamento do ente da Federação ao devedor em recuperação judicial, não podendo, neste caso, ser o prazo de parcelamento inferior ao concedido pela lei federal específica.

→ § 4º acrescentado pela LC 118/2005.

→ *v.* Art. 10 da Lei 10.522/2002.

Capítulo IV
EXTINÇÃO DO CRÉDITO TRIBUTÁRIO

Seção I
Modalidades de extinção

Art. 156. Extinguem o crédito tributário:

→ *v.* Art. 141 do CTN.

I – o pagamento;

→ *v.* Arts. 157 a 164 do CTN.

II – a compensação;

→ *v.* Art. 170 do CTN.

III – a transação;

→ *v.* Art. 171 do CTN.

IV – a remissão;

→ *v.* Art. 150, § 6º, da CF/1988.

→ *v.* Arts. 172 e 180 do CTN.

V – a prescrição e a decadência;

→ *v.* Súmula Vinculante 8 do STF.

→ *v.* Arts. 173, *caput*, e parágrafo único, e 174 do CTN.

VI – a conversão de depósito em renda;

→ *v.* Art. 151, II, do CTN.

VII – o pagamento antecipado e a homologação do lançamento nos termos do disposto no artigo 150 e seus §§ 1º e 4º;

VIII – a consignação em pagamento, nos termos do disposto no § 2º do artigo 164;

IX – a decisão administrativa irreformável, assim entendida a definitiva na órbita administrativa, que não mais possa ser objeto de ação anulatória;

X – a decisão judicial passada em julgado;

→ *v.* Art. 467 do CPC/1973.

→ *v.* Art. 502 do NCPC.

→ *v.* Art. 5º, XXXVI, da CF/1988.

XI – a dação em pagamento em bens imóveis, na forma e condições estabelecidas em lei.

→ Inciso XI acrescentado pela LC 104/2001.

→ *V.* Art. 4º da Lei 13.259/2016.

Parágrafo único. A lei disporá quanto aos efeitos da extinção total ou parcial do crédito sobre a ulterior verificação da irregularidade da sua constituição, observado o disposto nos artigos 144 e 149.

→ *V.* Arts. 360 a 367 e 381 a 384 do CC.

Seção II
Pagamento

Art. 157. A imposição de penalidade não ilide o pagamento integral do crédito tributário.

→ *V.* Súmula 560 do STF.

Art. 158. O pagamento de um crédito não importa em presunção de pagamento:

→ v. Decreto 99.476/1990 – Simplifica o cumprimento de exigência de prova de quitação de tributos e contribuições federais e outras imposições pecuniárias compulsórias.

I – quando parcial, das prestações em que se decomponha;

II – quando total, de outros créditos referentes ao mesmo ou a outros tributos.

Art. 159. Quando a legislação tributária não dispuser a respeito, o pagamento é efetuado na repartição competente do domicílio do sujeito passivo.

Art. 160. Quando a legislação tributária não fixar o tempo do pagamento, o vencimento do crédito ocorre 30 (trinta) dias depois da data em que se considera o sujeito passivo notificado do lançamento.

→ *V.* Arts. 35, I, e 43 do CTN.

Parágrafo único. A legislação tributária pode conceder desconto pela antecipação do pagamento, nas condições que estabeleça.

Art. 161. O crédito não integralmente pago no vencimento é acrescido de juros de mora, seja qual for o motivo determinante da falta, sem prejuízo da imposição das penalidades cabíveis e da aplicação de quaisquer medidas de garantia previstas nesta Lei ou em lei tributária.

→ *V.* Súmula 209 do TFR.

→ *V.* Súmula 5 do CARF.

→ *V.* Arts. 44, I e II, e 61 da Lei 9.430/1996.

§ 1º Se a lei não dispuser de modo diverso, os juros de mora são calculados à taxa de 1% (um por cento) ao mês.

→ *V.* Art. 401 do CC.

→ *V.* Art. 84 da Lei 8.981/1995.

→ *V.* Art. 61 da Lei 9.430/1996.

§ 2º O disposto neste artigo não se aplica na pendência de consulta formulada pelo devedor dentro do prazo legal para pagamento do crédito.

Art. 162. O pagamento é efetuado:

I – em moeda corrente, cheque ou vale postal;

→ *V.* Art. 3º do CTN.

II – nos casos previstos em lei, em estampilha, em papel selado, ou por processo mecânico.

§ 1º A legislação tributária pode determinar as garantias exigidas para o pagamento por cheque ou vale postal, desde que não o torne impossível ou mais oneroso que o pagamento em moeda corrente.

§ 2º O crédito pago por cheque somente se considera extinto com o resgate deste pelo sacado.

§ 3º O crédito pagável em estampilha considera-se extinto com a inutilização regular daquela, ressalvado o disposto no artigo 150.

§ 4º A perda ou destruição da estampilha, ou o erro no pagamento por esta modalidade, não dão direito à restituição, salvo nos casos expressamente previstos na legislação tributária, ou naqueles em que o erro seja imputável à autoridade administrativa.

§ 5º O pagamento em papel selado ou por processo mecânico equipara-se ao pagamento em estampilha.

Art. 163. Existindo simultaneamente dois ou mais débitos vencidos do mesmo sujeito passivo para com a mesma pessoa jurídica de direito público, relativos ao mesmo ou a diferentes tributos ou provenientes de penalidade pecuniária ou juros de mora, a autoridade administrativa competente para receber o pagamento determinará a respectiva imputação, obedecidas as seguintes regras, na ordem em que enumeradas:

→ *V.* Súmula 464 do STJ.

→ *V.* Art. 187, parágrafo único, do CTN.

→ *V.* Arts. 352 a 355 do CC.

I – em primeiro lugar, aos débitos por obrigação própria, e em segundo lugar aos decorrentes de responsabilidade tributária;

II – primeiramente, às contribuições de melhoria, depois às taxas e por fim aos impostos;

III – na ordem crescente dos prazos de prescrição;

IV – na ordem decrescente dos montantes.

Art. 164. A importância do crédito tributário pode ser consignada judicialmente pelo sujeito passivo, nos casos:

I – de recusa de recebimento, ou subordinação deste ao pagamento de outro tributo ou de penalidade, ou ao cumprimento de obrigação acessória;

→ *V.* Art. 113, § 2º, do CTN.

II – de subordinação do recebimento ao cumprimento de exigências administrativas sem fundamento legal;

III – de exigência, por mais de uma pessoa jurídica de direito público, de tributo idêntico sobre um mesmo fato gerador.

→ *V.* Art. 895 do CPC/1973.

→ *V.* Art. 547 do NCPC.

§ 1º A consignação só pode versar sobre o crédito que o consignante se propõe pagar.

§ 2º Julgada procedente a consignação, o pagamento se reputa efetuado e a importância consignada é convertida em renda; julgada improcedente a consignação no todo ou em parte, cobra-se o crédito acrescido de juros de mora, sem prejuízo das penalidades cabíveis.

Seção III
Pagamento indevido

Art. 165. O sujeito passivo tem direito, independentemente de prévio protesto, à restituição total ou parcial do tributo, seja qual for a modalidade do seu pagamento, ressalvado o disposto no § 4º do artigo 162, nos seguintes casos:

→ *V.* Súmula 162 do STJ.

→ *V.* Art. 121 do CTN.

I – cobrança ou pagamento espontâneo de tributo indevido ou maior que o devido em face da legislação tributária aplicável, ou da natureza ou circunstâncias materiais do fato gerador efetivamente ocorrido;

→ *V.* Súmula 461 do STJ.

II – erro na *edificação* do sujeito passivo, na determinação da alíquota aplicável, no cálculo do montante do débito ou na elaboração ou conferência de qualquer documento relativo ao pagamento;

III – reforma, anulação, revogação ou rescisão de decisão condenatória.

Art. 166. A restituição de tributos que comportem, por sua natureza, transferência do respectivo encargo financeiro somente será feita a quem prove haver assumido o referido encargo, ou, no caso de tê-lo transferido a terceiro, estar por este expressamente autorizado a recebê-la.

→ *V.* Súmulas 71 e 546 do STF.

Art. 167. A restituição total ou parcial do tributo dá lugar à restituição, na mesma proporção, dos juros de mora e das penalidades pecuniárias, salvo as referentes a infrações de caráter formal não prejudicadas pela causa da restituição.

→ *V.* Súmula 162 do STJ.

Parágrafo único. A restituição vence juros não capitalizáveis, a partir do trânsito em julgado da decisão definitiva que a determinar.

→ *V.* Súmula 188 do STJ.

→ *V.* Art. 150, § 4º, do CTN.

Art. 168. O direito de pleitear a restituição extingue-se com o decurso do prazo de 5 (cinco) anos, contados:

→ *V.* Súmula 150 do STF.

→ *V.* Súmula 412 do STJ.

I – nas hipóteses dos incisos I e II do artigo 165, da data da extinção do crédito tributário;

→ *V.* Art. 3º da LC 118/2005

II – na hipótese do inciso III do artigo 165, da data em que se tornar definitiva a decisão administrativa ou passar em julgado a decisão judicial que tenha reformado, anulado, revogado ou rescindido a decisão condenatória.

→ *V.* Súmula 473 do STF.

Art. 169. Prescreve em 2 (dois) anos a ação anulatória da decisão administrativa que denegar a restituição.

Parágrafo único. O prazo de prescrição é interrompido pelo início da ação judicial, recomeçando o seu curso, por metade, a partir da data da intimação validamente feita ao representante judicial da Fazenda Pública interessada.

Seção IV
Demais modalidades de extinção

Art. 170. A lei pode, nas condições e sob as garantias que estipular, ou cuja estipulação em cada caso atribuir à autoridade administrativa, autorizar a compensação de créditos tributários com créditos líquidos e certos, vencidos ou vincendos, do sujeito passivo contra a Fazenda Pública.

→ *V.* Súmula 212 do STJ.

→ *V.* Art. 78, § 2º, do ADCT.

→ *V.* Arts. 368 a 180 do CC.

→ *V.* Arts. 73 e 74 da Lei 9.430/1996.

CTN

→ v. Art. 268 do Decreto 7.212/2010.

→ v. Decreto 2.138/1997 – Dispõe sobre a compensação de créditos tributários com créditos do sujeito passivo decorrentes de restituição ou ressarcimento de tributos ou contribuições, a ser efetuada pela Secretaria da Receita Federal.

Parágrafo único. Sendo vincendo o crédito do sujeito passivo, a lei determinará, para os efeitos deste artigo, a apuração do seu montante, não podendo, porém, cominar redução maior que a correspondente ao juro de 1% (um por cento) ao mês pelo tempo a decorrer entre a data da compensação e a do vencimento.

Art. 170-A. É vedada a compensação mediante o aproveitamento de tributo, objeto de contestação judicial pelo sujeito passivo, antes do trânsito em julgado da respectiva decisão judicial.

→ Artigo acrescentado pela LC 104/2001.

→ v. Art. 74, § 12, da Lei 9.430/1996.

Art. 171. A lei pode facultar, nas condições que estabeleça, aos sujeitos ativo e passivo da obrigação tributária celebrar transação que, mediante concessões mútuas, importe em *determinação* de litígio e consequente extinção de crédito tributário.

Parágrafo único. A lei indicará a autoridade competente para autorizar a transação em cada caso.

Art. 172. A lei pode autorizar a autoridade administrativa a conceder, por despacho fundamentado, remissão total ou parcial do crédito tributário, atendendo:

→ v. Art. 150, § 6º, da CF/1988.

→ v. Arts. 156, IV, e 180 do CTN.

I – à situação econômica do sujeito passivo;

II – ao erro ou ignorância escusáveis do sujeito passivo, quanto a matéria de fato;

III – à diminuta importância do crédito tributário;

IV – a considerações de equidade, em relação com as características pessoais ou materiais do caso;

V – a condições peculiares a determinada região do território da entidade tributante.

Parágrafo único. O despacho referido neste artigo não gera direito adquirido, aplicando-se, quando cabível, o disposto no artigo 155.

Art. 173. O direito de a Fazenda Pública constituir o crédito tributário extingue-se após 5 (cinco) anos, contados:

→ v. Súmula Vinculante 8 do STF.

→ v. Art. 40 da Lei 6.830/1980.

I – do primeiro dia do exercício seguinte àquele em que o lançamento poderia ter sido efetuado;

II – da data em que se tornar definitiva a decisão que houver anulado, por vício formal, o lançamento anteriormente efetuado.

→ v. Art. 42 do Decreto 70.235/1972.

Parágrafo único. O direito a que se refere este artigo extingue-se definitivamente com o decurso do prazo nele previsto, contado da data em que tenha sido iniciada a constituição do crédito tributário pela notificação, ao sujeito passivo, de qualquer medida preparatória indispensável ao lançamento.

→ v. Súmula 210 do STJ.

Art. 174. A ação para a cobrança do crédito tributário prescreve em 5 (cinco) anos, contados da data da sua constituição definitiva.

→ v. Súmulas 210 e 314 do STJ.

→ v. Súmula 153 do TFR.

→ v. Lei 9.783/1999 – Estabelece prazo de prescrição para o exercício de ação punitiva pela Administração Pública Federal, direta e indireta, e dá outras providências.

→ v. Dec.-lei 4.597/1942 - Dispõe sobre a prescrição das ações contra a Fazenda Pública e dá outras providências.

Parágrafo único. A prescrição se interrompe:

→ v. Art. 2º, § 3º, da Lei 6.830/1980.

I – pelo despacho do juiz que ordenar a citação em execução fiscal;

→ Inciso I com redação alterada pela LC 118/2005.

→ v. Art. 8º, § 2º, da Lei 6.830/1980.

II – pelo protesto judicial;

→ v. Art. 860 do CPC/1973.

III – por qualquer ato judicial que constitua em mora o devedor;

→ v. Súmula 414 do STJ.

IV – por qualquer ato inequívoco ainda que extrajudicial, que importe em reconhecimento do débito pelo devedor.

→ v. Art. 138 do CTN.

Capítulo V
EXCLUSÃO DO CRÉDITO TRIBUTÁRIO

Seção I
Disposições gerais

Art. 175. Excluem o crédito tributário:

I – a isenção;

→ v. Art. 111, II, do CTN.

II – a anistia.

Parágrafo único. A exclusão do crédito tributário não dispensa o cumprimento das obrigações acessórias, dependentes da obrigação principal cujo crédito seja excluído, ou dela consequente.

Seção II
Isenção

Art. 176. A isenção, ainda quando prevista em contrato, é sempre decorrente de lei que especifique as condições e requisitos exigidos para a sua concessão, os tributos a que se aplica e, sendo caso, o prazo de sua duração.

Parágrafo único. A isenção pode ser restrita a determinada região do território da entidade tributante, em função de condições a ela peculiares.

→ v. Art. 151, I, da CF/1988.

Art. 177. Salvo disposição de lei em contrário, a isenção não é extensiva:

I – às taxas e às contribuições de melhoria;

II – aos tributos instituídos posteriormente à sua concessão.

Art. 178. A isenção, salvo se concedida por prazo certo e em função de determinadas condições, pode ser revogada ou modificada por lei, a qualquer tempo, observado o disposto no inciso III do art. 104.

→ Artigo com redação alterada pela LC 24/1975.

→ v. Súmula 544 do STF.

→ v. Art. 104, III, do CTN.

Art. 179. A isenção, quando não concedida em caráter geral, é efetivada, em cada caso, por despacho da autoridade administrativa, em requerimento com o qual o interessado faça prova do preenchimento das condições e do cumprimento dos requisitos previstos em lei ou contrato para sua concessão.

→ v. Art. 72 da Lei 8.383/1991.

§ 1º Tratando-se de tributo lançado por período certo de tempo, o despacho referido neste artigo será renovado antes da expiração de cada período, cessando automaticamente os seus efeitos a partir do primeiro dia do período para o qual o interessado deixar de promover a continuidade do reconhecimento da isenção.

§ 2º O despacho referido neste artigo não gera direito adquirido, aplicando-se, quando cabível, o disposto no artigo 155.

→ v. Súmulas 543 e 544 do STF.

Seção III
Anistia

Art. 180. A anistia abrange exclusivamente as infrações cometidas anteriormente à vigência da lei que a concede, não se aplicando:

I – aos atos qualificados em lei como crimes ou contravenções e aos que, mesmo sem essa qualificação, sejam praticados com dolo, fraude ou simulação pelo sujeito passivo ou por terceiro em benefício daquele;

II – salvo disposição em contrário, às infrações resultantes de conluio entre duas ou mais pessoas naturais ou jurídicas.

Art. 181. A anistia pode ser concedida:

I – em caráter geral;

II – limitadamente:

a) às infrações da legislação relativa a determinado tributo;

b) às infrações punidas com penalidades pecuniárias até determinado montante, conjugadas ou não com penalidades de outra natureza;

c) a determinada região do território da entidade tributante, em função de condições a ela peculiares;

d) sob condição do pagamento de tributo no prazo fixado pela lei que a conceder, ou cuja fixação seja atribuída pela mesma lei à autoridade administrativa.

Art. 182. A anistia, quando não concedida em caráter geral, é efetivada, em cada caso, por despacho da autoridade administrativa, em requerimento com o qual o interessado faça prova do preenchimento das condições e do cumprimento dos requisitos previstos em lei para sua concessão.

Parágrafo único. O despacho referido neste artigo não gera direito adquirido, aplicando-se, quando cabível, o disposto no artigo 155.

Capítulo VI
GARANTIAS E PRIVILÉGIOS DO CRÉDITO TRIBUTÁRIO

Seção I
Disposições gerais

Art. 183. A enumeração das garantias atribuídas neste Capítulo ao crédito tributário não exclui outras que sejam expressamente previstas em lei, em função da natureza ou das características do tributo a que se refiram.

→ v. Arts. 63 e 64 da Lei 9.532/1997.

→ v. Lei 8.397/1992 – Institui medida cautelar fiscal e dá outras providências.

Parágrafo único. A natureza das garantias atribuídas ao crédito tributário não altera a natureza deste nem a da obrigação tributária a que corresponda.

Art. 184. Sem prejuízo dos privilégios especiais sobre determinados bens, que sejam previstos em lei, responde pelo pagamento do crédito tributário a totalidade dos bens e das rendas, de qualquer origem ou natureza, do sujeito passivo, seu espólio ou sua massa falida, inclusive os gravados por ônus real ou cláusula de inalienabilidade ou impenhorabilidade, seja qual for a data da constituição do ônus ou da cláusula, excetuados unicamente os bens e rendas que a lei declare absolutamente impenhoráveis.

→ *v.* Súmula 205 do STJ.

→ *v.* Art. 649, I, do CPC/1973.

→ *v.* Art. 833, I, do NCPC.

→ *v.* Arts. 10 e 30 da Lei 6.830/1980.

→ *v.* Art. 1º da Lei 8.009/1990.

Art. 185. Presume-se fraudulenta a alienação ou oneração de bens ou rendas, ou seu começo, por sujeito passivo em débito para com a Fazenda Pública, por crédito tributário regularmente inscrito como dívida ativa.

→ Artigo com redação alterada pela LC 118/2005.

Parágrafo único. O disposto neste artigo não se aplica na hipótese de terem sido reservados, pelo devedor, bens ou rendas suficientes ao total pagamento da dívida inscrita.

Art. 185-A. Na hipótese de o devedor tributário, devidamente citado, não pagar nem apresentar bens à penhora no prazo legal e não forem encontrados bens penhoráveis, o juiz determinará a indisponibilidade de seus bens e direitos, comunicando a decisão, preferencialmente por meio eletrônico, aos órgãos e entidades que promovem registros de transferência de bens, especialmente ao registro público de imóveis e às autoridades supervisoras do mercado bancário e do mercado de capitais, a fim de que, no âmbito de suas atribuições, façam cumprir a ordem judicial.

→ Artigo acrescentado pela LC 118/2005.

→ *v.* Art. 655-A, § 2º, do CPC/1973.

→ *v.* Art. 854, § 3º, *caput* e I, do NCPC.

§ 1º A indisponibilidade de que trata o *caput* deste artigo limitar-se-á ao valor total exigível, devendo o juiz determinar o imediato levantamento da indisponibilidade dos bens ou valores que excederem esse limite.

§ 2º Os órgãos e entidades aos quais se fizer a comunicação de que trata o *caput* deste artigo enviarão imediatamente ao juízo a relação discriminada dos bens e direitos cuja indisponibilidade houverem promovido.

Seção II
Preferências

Art. 186. O crédito tributário prefere a qualquer outro, seja qual for sua natureza ou o tempo de sua constituição, ressalvados os créditos decorrentes da legislação do trabalho ou do acidente de trabalho.

→ Artigo com redação alterada pela LC 118/2005.

Parágrafo único. Na falência:

→ Parágrafo único acrescentado pela LC 118/2005.

→ *v.* Súmulas 192 e 562 do STF.

I – o crédito tributário não prefere aos créditos extraconcursais ou às importâncias passíveis de restituição, nos termos da lei falimentar, nem aos créditos com garantia real, no limite do valor do bem gravado;

→ *v.* Arts. 83 e 84 da Lei 11.101/2005.

→ Súmula 417 do STF.

II – a lei poderá estabelecer limites e condições para a preferência dos créditos decorrentes da legislação do trabalho; e

→ *v.* Art. 83, I, da Lei 11.101/2005.

III – a multa tributária prefere apenas aos créditos subordinados.

→ *v.* Súmula 270 do STJ.

Art. 187. A cobrança judicial do crédito tributário não é sujeita a concurso de credores ou habilitação em falência, recuperação judicial, concordata, inventário ou arrolamento.

→ *Caput* com redação alterada pela LC 118/2005.

→ *v.* Súmula 44 do TFR.

→ *v.* Arts, 659, § 2º e 662, NCPC.

Parágrafo único. O concurso de preferência somente se verifica entre pessoas jurídicas de direito público, na seguinte ordem:

→ *v.* Súmula 563 do STF.

→ *v.* Súmula 497 do STJ.

I – União;

→ *v.* Art. 29, parágrafo único, I, da Lei 6.830/1980.

II – Estados, Distrito Federal e Territórios, conjuntamente e *pro rata*;

→ *v.* Art. 29, parágrafo único, II, da Lei 6.830/1980.

III – Municípios, conjuntamente e *pro rata*.

→ *v.* Art. 29, parágrafo único, III, da Lei 6.830/1980.

Art. 188. São extraconcursais os créditos tributários decorrentes de fatos geradores ocorridos no curso do processo de falência.

→ *Caput* com redação alterada pela LC 118/2005.

→ *v.* Art. 84 da Lei 11.101/2005.

§ 1º Contestado o crédito tributário, o juiz remeterá as partes ao processo competente, mandando reservar bens suficientes à extinção total do crédito e seus acrescidos, se a massa não puder efetuar a garantia da instância por outra forma, ouvido, quanto à natureza e valor dos bens reservados, o representante da Fazenda Pública interessada.

§ 2º O disposto neste artigo aplica-se aos processos de concordata.

Art. 189. São pagos preferencialmente a quaisquer créditos habilitados em inventário ou arrolamento, ou a outros encargos do monte, os créditos tributários vencidos ou vincendos, a cargo do *de cujus* ou de seu espólio, exigíveis no decurso do processo de inventário ou arrolamento.

→ *v.* Arts, 659, § 2º e 662, NCPC.

Parágrafo único. Contestado o crédito tributário, proceder-se-á na forma do disposto no § 1º do artigo anterior.

Art. 190. São pagos preferencialmente a quaisquer outros os créditos tributários vencidos ou vincendos, a cargo de pessoas jurídicas de direito privado em liquidação judicial ou voluntária, exigíveis no decurso da liquidação.

Art. 191. A extinção das obrigações do falido requer prova de quitação de todos os tributos.

→ Artigo com redação alterada pela LC 118/2005.

Art. 191-A. A concessão de recuperação judicial depende da apresentação da prova de quitação de todos os tributos, observado o disposto nos arts. 151, 205 e 206 desta Lei.

→ Artigo acrescentado pela LC 118/2005.

→ *v.* Art. 155-A, § 3º, do CTN.

Art. 192. Nenhuma sentença de julgamento de partilha ou adjudicação será proferida sem prova da quitação de todos os tributos relativos aos bens do espólio, ou às suas rendas.

Art. 193. Salvo quando expressamente autorizado por lei, nenhum departamento da administração pública da União, dos Estados, do Distrito Federal ou dos Municípios, ou sua autarquia, celebrará contrato ou aceitará proposta em concorrência pública sem que o contratante ou proponente faça prova da quitação de todos os tributos devidos à Fazenda Pública interessada, relativos à atividade em cujo exercício contrata ou concorre.

Título IV
Administração tributária

→ *v.* Lei 11.457/2007 – Dispõe sobre a Administração Tributária Federal e dá outras providências.

Capítulo I
FISCALIZAÇÃO

Art. 194. A legislação tributária, observado o disposto nesta Lei, regulará, em caráter geral, ou especificamente em função da natureza do tributo de que se tratar, a competência e os poderes das autoridades administrativas em matéria de fiscalização da sua aplicação.

→ *v.* Art. 145, § 1º, da CF/1988.

→ *v.* Arts. 96 e 142 do CTN.

Parágrafo único. A legislação a que se refere este artigo aplica-se às pessoas naturais ou jurídicas, contribuintes ou não, inclusive às que gozem de imunidade tributária ou de isenção de caráter pessoal.

→ *v.* Art. 150, III, da CF/1988.

→ v. Arts. 176 a 179 do CTN.

Art. 195. Para os efeitos da legislação tributária, não têm aplicação quaisquer disposições legais excludentes ou limitativas do direito de examinar mercadorias, livros, arquivos, documentos, papéis e efeitos comerciais ou fiscais, dos comerciantes, industriais ou produtores, ou da obrigação destes de exibi-los.

→ *v.* Súmula 439 do STF.

→ *v.* Art. 200 do CTN.

Parágrafo único. Os livros obrigatórios de escrituração comercial e fiscal e os comprovantes dos lançamentos neles efetuados serão conservados até que ocorra a prescrição dos créditos tributários decorrentes das operações a que se refiram.

→ *v.* Art. 1.179 do CC.

→ *v.* Art. 176 da Lei 6.404/1976.

→ *v.* Arts. 10, III, 14, § 2º, 29, VIII, e 56, § 2º, IV, da LC 123/2006.

→ *v.* Dec.-lei 486/1969 – Dispõe sobre escrituração e livros mercantis e dá outras providências.

Art. 196. A autoridade administrativa que proceder ou presidir a quaisquer diligências de fiscalização lavrará os termos necessários para que se documente o início do procedimento, na forma da legislação aplicável, que fixará prazo máximo para a conclusão daquelas.

→ *v.* Art. 142 do CTN.

→ *v.* Art. 7º do Decreto 70.235/1972.

Parágrafo único. Os termos a que se refere este artigo serão lavrados, sempre que possível, em um dos livros fiscais exibidos; quando lavrados em separado deles se entregará, à pessoa sujeita à fiscalização, cópia autenticada pela autoridade a que se refere este artigo.

Art. 197. Mediante intimação escrita, são obrigados a prestar à autoridade administrativa todas as informações de que disponham com relação aos bens, negócios ou atividades de terceiros:

I – os tabeliães, escrivães e demais serventuários de ofício;

II – os bancos, casas bancárias, Caixas Econômicas e demais instituições financeiras;

→ v. Art. 5º, X e XII, da CF/1988.

→ v. LC 105/2001 – Dispõe sobre o sigilo das operações de instituições financeiras e dá outras providências.

III – as empresas de administração de bens;

IV – os corretores, leiloeiros e despachantes oficiais;

V – os inventariantes;

VI – os síndicos, comissários e liquidatários;

VII – quaisquer outras entidades ou pessoas que a lei designe, em razão de seu cargo, ofício, função, ministério, atividade ou profissão.

Parágrafo único. A obrigação prevista neste artigo não abrange a prestação de informações quanto a fatos sobre os quais o informante esteja legalmente obrigado a observar segredo em razão de cargo, ofício, função, ministério, atividade ou profissão.

Art. 198. Sem prejuízo do disposto na legislação criminal, é vedada a divulgação, por parte da Fazenda Pública ou de seus servidores, de informação obtida em razão do ofício sobre a situação econômica ou financeira do sujeito passivo ou de terceiros e sobre a natureza e o estado de seus negócios ou atividades.

→ Artigo com redação alterada pela LC 104/2001.

→ v. Lei 13.140/2015 – Lei de mediação e autocomposição de conflitos.

→ v. Lei 10.522/2002 – Dispõe sobre o Cadastro Informativo dos créditos não quitados de órgãos e entidades federais e dá outras providências.

§ 1º Excetuam-se do disposto neste artigo, além dos casos previstos no art. 199, os seguintes:

I – requisição de autoridade judiciária no interesse da justiça;

→ v. Art. 58, § 1º, da CF/1988.

II – solicitações de autoridade administrativa no interesse da Administração Pública, desde que seja comprovada a instauração regular de processo administrativo, no órgão ou na entidade respectiva, com o objetivo de investigar o sujeito passivo a que se refere a informação, por prática de infração administrativa.

§ 2º O intercâmbio de informação sigilosa, no âmbito da Administração Pública, será realizado mediante processo regularmente instaurado, e a entrega será feita pessoalmente à autoridade solicitante, mediante recibo, que formalize a transferência e assegure a preservação do sigilo.

§ 3º Não é vedada a divulgação de informações relativas a:

I – representações fiscais para fins penais;

II – inscrições na Dívida Ativa da Fazenda Pública;

III – parcelamento ou moratória.

Art. 199. A Fazenda Pública da União e as dos Estados, do Distrito Federal e dos Municípios prestar-se-ão mutuamente assistência para a fiscalização dos tributos respectivos e permuta de informações, na forma estabelecida, em caráter geral ou específico, por lei ou convênio.

→ v. Art. 37, XXII, da CF/1988.

→ v. Art. 938 do Decreto 3.000/1999.

Parágrafo único. A Fazenda Pública da União, na forma estabelecida em tratados, acordos ou convênios, poderá permutar informações com Estados estrangeiros no interesse da arrecadação e da fiscalização de tributos.

→ Parágrafo único acrescentado pela LC 104/2001.

Art. 200. As autoridades administrativas federais poderão requisitar o auxílio da força pública federal, estadual ou municipal, e reciprocamente, quando vítimas de embaraço ou desacato no exercício de suas funções, ou quando necessário à efetivação de medida prevista na legislação tributária, ainda que não se configure fato definido em lei como crime ou contravenção.

→ v. Art. 5º, X, da CF/1988.

→ v. Art. 29, II, da LC 123/2006.

→ v. Lei 8.137/1990 – Define crimes contra a ordem tributária, econômica e contra as relações de consumo, e dá outras providências.

Capítulo II
DÍVIDA ATIVA

Art. 201. Constitui dívida ativa tributária a proveniente de crédito dessa natureza, regularmente inscrita na repartição administrativa competente, depois de esgotado o prazo fixado, para pagamento, pela lei ou por decisão final proferida em processo regular.

→ v. Art. 12 da LC 73/1993.

→ v. Art. 2º, § 3º, da Lei 6.830/1980.

Parágrafo único. A fluência de juros de mora não exclui, para os efeitos deste artigo, a liquidez do crédito.

→ v. Súmula 400 do STJ.

Art. 202. O termo de inscrição da dívida ativa, autenticado pela autoridade competente, indicará obrigatoriamente:

→ v. Súmula 392 do STJ.

→ v. Art. 2º, § 5º, da Lei 6.830/1980.

I – o nome do devedor e, sendo caso, o dos corresponsáveis, bem como, sempre que possível, o domicílio ou a residência de um e de outros;

→ v. Art. 128 do CTN.

II – a quantia devida e a maneira de calcular os juros de mora acrescidos;

III – a origem e a natureza do crédito, mencionada especificamente a disposição da lei em que seja fundado;

→ v. Art. 113, § 1º, do CTN.

IV – a data em que foi inscrita;

V – sendo caso, o número do processo administrativo de que se originar o crédito.

Parágrafo único. A certidão conterá, além dos requisitos deste artigo, a indicação do livro e da folha da inscrição.

Art. 203. A omissão de quaisquer dos requisitos previstos no artigo anterior, ou o erro a eles relativo, são causas de nulidade da inscrição e do processo de cobrança dela decorrente, mas a nulidade poderá ser sanada até a decisão de primeira instância, mediante substituição da certidão nula, devolvido ao sujeito passivo, acusado ou interessado o prazo para defesa, que somente poderá versar sobre a parte modificada.

→ v. Súmula 392 do STJ.

→ v. Art. 2º, § 8º, da Lei 6.830/1980.

Art. 204. A dívida regularmente inscrita goza da presunção de certeza e liquidez e tem o efeito de prova pré-constituída.

→ v. Art. 3º da Lei 6.830/1980.

Parágrafo único. A presunção a que se refere este artigo é relativa e pode ser ilidida por prova inequívoca, a cargo do sujeito passivo ou do terceiro a que aproveite.

→ v. Súmula 159 do STF.

→ v. Art. 940 do CC.

Capítulo III
CERTIDÕES NEGATIVAS

→ v. Art. 195, § 3º, da CF/1988.

→ v. Arts. 130, 191-A, 192 e 193 do CTN.

→ v. Art. 47 da Lei 8.212/1991.

→ v. Art. 27 da Lei 8.666/1993.

→ v. Art. 60 da Lei 9.069/1995.

→ v. Arts. 52, II, e 57 da Lei 11.101/2005.

→ v. Dec.-lei 1.715/1979 – Regula a expedição de certidão de quitação de tributos federais e extingue a declaração de devedor remisso.

Art. 205. A lei poderá exigir que a prova da quitação de determinado tributo, quando exigível, seja feita por certidão negativa, expedida à vista de requerimento do interessado, que contenha todas as informações necessárias à identificação de sua pessoa, domicílio fiscal e ramo de negócio ou atividade e indique o período a que se refere o pedido.

Parágrafo único. A certidão negativa será sempre expedida nos termos em que tenha sido requerida e será fornecida dentro de 10 (dez) dias da data da entrada do requerimento na repartição.

Art. 206. Tem os mesmos efeitos previstos no artigo anterior a certidão de que conste a existência de créditos não vencidos, em curso de cobrança executiva em que tenha sido efetivada a penhora, ou cuja exigibilidade esteja suspensa.

→ v. Súmula 446 do STJ.

→ v. Art. 151 do CTN.

Art. 207. Independentemente de disposição legal permissiva, será dispensada a prova de quitação de tributos, ou o seu suprimento, quando se tratar de prática de ato indispensável para evitar a caducidade de direito, respondendo, porém, todos os participantes no ato pelo tributo porventura devido, juros de mora e penalidades cabíveis, exceto as relativas a infrações cuja responsabilidade seja pessoal ao infrator.

Art. 208. A certidão negativa expedida com dolo ou fraude, que contenha erro contra a Fazenda Pública, responsabiliza pessoalmente o funcionário que a expedir, pelo crédito tributário e juros de mora acrescidos.

Parágrafo único. O disposto neste artigo não exclui a responsabilidade criminal e funcional que no caso couber.

Disposições Finais e Transitórias

Art. 209. A expressão "Fazenda Pública", quando empregada nesta Lei sem qualificação, abrange a Fazenda Pública da União, dos Estados, do Distrito Federal e dos Municípios.

Art. 210. Os prazos fixados nesta Lei ou na legislação tributária serão contínuos, excluindo-se na sua contagem o dia de início e incluindo-se o de vencimento.

Parágrafo único. Os prazos só se iniciam ou vencem em dia de expediente normal na repartição em que corra o processo ou deva ser praticado o ato.

Art. 211. Incumbe ao Conselho Técnico de Economia e Finanças, do Ministério da Fazenda, prestar assistência técnica aos governos estaduais e municipais, com o objetivo de assegurar a uniforme aplicação da presente Lei.

Art. 212. Os Poderes Executivos federal, estaduais e municipais expedirão, por decreto, dentro de 90 (noventa) dias da entrada em vigor desta Lei, a consolidação, em texto único, da legislação vigente, relativa a cada um dos tributos, repetindo-se esta providência até o dia 31 de janeiro de cada ano.

Art. 213. Os Estados pertencentes a uma mesma região geoeconômica celebrarão entre si convênios para o estabelecimento de alíquota uniforme para o imposto a que se refere o artigo 52.

Parágrafo único. Os Municípios de um mesmo Estado procederão igualmente, no que se refere à fixação da alíquota de que trata o artigo 60.

Art. 214. O Poder Executivo promoverá a realização de convênios com os Estados, para excluir ou limitar a incidência do Imposto sobre Operações Relativas à Circulação de Mercadorias, no caso de exportação para o Exterior.

Art. 215. A lei estadual pode autorizar o Poder Executivo a reajustar, no exercício de 1967, a alíquota de imposto a que se refere o artigo 52, dentro de limites e segundo critérios por ela estabelecidos.

Art. 216. O Poder Executivo proporá as medidas legislativas adequadas a possibilitar, sem compressão dos investimentos previstos na proposta orçamentária de 1967, o cumprimento do disposto no artigo 21 da Emenda Constitucional 18, de 1965.

Art. 217. As disposições desta Lei, notadamente as dos arts. 17, 74, § 2º, e 77, parágrafo único, bem como a do art. 54 da Lei 5.025, de 10 de junho de 1966, não excluem a incidência e a exigibilidade:

→ Artigo acrescentado pelo Dec.-lei 27/1966.

I – da "contribuição sindical", denominação que passa a ter o Imposto Sindical de que tratam os arts. 578 e seguintes da Consolidação das Leis do Trabalho, sem prejuízo do disposto no art. 16 da Lei 4.589, de 11 de dezembro de 1964;

→ Inciso I acrescentado pelo Dec.-lei 27/1966.

II – (*Revogado pelo Ato Complementar 27/1966*).

III – da contribuição destinada a constituir "Fundo de Assistência" e "Previdência do Trabalhador Rural", de que trata o art. 158 da Lei 4.214, de 2 de março de 1963;

→ Inciso III acrescentado pelo Dec.-lei 27/1966.

IV – da contribuição destinada ao Fundo de Garantia do Tempo de Serviço, criada pelo art. 2º da Lei 5.107, de 13 de setembro de 1966;

→ Inciso IV acrescentado pelo Dec.-lei 27/1966.

V – das contribuições enumeradas no § 2º do art. 34 da Lei 4.863, de 29 de novembro de 1965, com as alterações decorrentes do disposto nos arts. 22 e 23 da Lei 5.107, de 13 de setembro de 1966, e outras de fins sociais criadas por lei.

→ Inciso V acrescentado pelo Dec.-lei 27/1966.

→ *v.* Lei 8.036/1990 – Dispõe sobre o Fundo de Garantia do Tempo de Serviço, e dá outras providências.

Art. 218. Esta Lei entrará em vigor, em todo o território nacional, no dia 1º de janeiro de 1967, revogadas as disposições em contrário, especialmente a Lei 854, de 10 de outubro de 1949.

→ Anterior art. 217 renumerado para art. 218 pelo Dec.-lei 27/1966.

Brasília, 25 de outubro de 1966; 145º da Independência e 78º da República.

H. Castello Branco

(Publicação no *D.O.U.* de 27.10.1966; retificação 31.10.1966)

ÍNDICE REMISSIVO DO CÓDIGO TRIBUTÁRIO NACIONAL

CÓDIGO DE PROCESSO CIVIL DE 1973

VADE MECUM
DE LEGISLAÇÃO
FOCO

ÍNDICE SISTEMÁTICO DO CÓDIGO DE PROCESSO CIVIL DE 1973

TÍTULO X – DOS RECURSOS

Livro II – DO PROCESSO DE EXECUÇÃO

TÍTULO I – DA EXECUÇÃO EM GERAL

TÍTULO II – DAS DIVERSAS ESPÉCIES DE EXECUÇÃO

TÍTULO III – DOS EMBARGOS DO DEVEDOR

TÍTULO IV – DA EXECUÇÃO POR QUANTIA CERTA CONTRA DEVEDOR INSOLVENTE

TÍTULO V – DA REMIÇÃO

TÍTULO VI – DA SUSPENSÃO E DA EXTINÇÃO DO PROCESSO DE EXECUÇÃO

Livro III - DO PROCESSO CAUTELAR

TÍTULO ÚNICO – DAS MEDIDAS CAUTELARES

Livro IV
DOS PROCEDIMENTOS ESPECIAIS

TÍTULO I – DOS PROCEDIMENTOS ESPECIAIS DE JURISDIÇÃO CONTENCIOSA

TÍTULO II – DOS PROCEDIMENTOS ESPECIAIS DE JURISDIÇÃO VOLUNTÁRIA

Livro V – DAS DISPOSIÇÕES FINAIS E TRANSITÓRIAS

EXPOSIÇÃO DE MOTIVOS DO CÓDIGO DE PROCESSO CIVIL DE 1973

→ O texto da Exposição de Motivos do CPC, elaborado por Alfredo Buzaid, Ministro da Justiça à época da promulgação desta lei adjetiva, faz menção à dispositivos que foram alterados ou revogados ao longo de sua vigência.

Excelentíssimos Senhores Membros do Congresso Nacional:

Nos termos do art. 56 da Constituição, tenho a honra de submeter à elevada deliberação de Vossas Excelências, acompanhado de Exposição de Motivos do Senhor Ministro de Estado da Justiça, o anexo projeto de lei de "Código de Processo Civil".

Brasília, 2 de agosto de 1972.

Emílio G. Médici

GM/473-B

Brasília, 31 de julho de 1972.

Excelentíssimo Senhor Presidente da República

"Convien decidersi a una riforma fondamentale o rinunciare alla speranza di un serio progresso" *(Chiovenda, La riforma del procedimento civile,* Roma, 1911, p. 4*)*.

Tenho a honra de apresentar à alta consideração de Vossa Excelência o projeto de Código de Processo Civil.

Capítulo I
REVISÃO OU CÓDIGO NOVO?

1. As palavras do insigne mestre italiano, que servem de epígrafe a esta Exposição de Motivos, constituem grave advertência ao legislador que aspira a reformar o Código de Processo Civil. Foi sob a inspiração e também sob o temor desse conselho que empreendemos a tarefa de redigir o projeto, a fim de pôr o sistema processual civil brasileiro em consonância com o progresso científico dos tempos atuais.

Ao iniciarmos os estudos depararam-se nas duas sugestões: rever o Código vigente ou elaborar Código novo. A primeira linha a vantagem de não interromper a continuidade legislativa. O plano de trabalho, bem que compreendendo a quase totalidade dos preceitos legais, cingir-se-ia a manter tudo quanto estava conforme com os enunciados da ciência, emendando o que fosse necessário, preenchendo lacunas e suprimindo o supérfluo, que retarda o andamento dos feitos.

Mas a pouco e pouco nos convencemos de que era mais difícil corrigir o Código velho que escrever um novo. A emenda ao Código atual requeria um concerto de opiniões, precisamente nos pontos em que a fidelidade aos princípios não tolera transigências. E quando a dissensão é insuperável, a tendência é de resolvê-la mediante concessões, que não raro sacrificam a verdade científica a meras razões de oportunidade. O grande mal das reformas parciais é o de transformar o Código em mosaico, com coloridos diversos que traduzem as mais variadas direções. Dessas várias reformas tem experiência o país; mas, como observou LOPES DA COSTA, umas foram para melhor; mas em outras saiu a emenda pior que o soneto.[1]

Depois de demorada reflexão, verificamos que o problema era muito mais amplo, grave e profundo, atingindo a substância das instituições, a disposição ordenada das matérias e a íntima correlação entre a função do processo civil e a estrutura orgânica do Poder Judiciário. Justamente por isso a nossa tarefa não se limitou à mera revisão. Impunha-se refazer o Código em suas linhas fundamentais, dando-lhe novo plano de acordo com as conquistas modernas e as experiências dos povos cultos. Nossa preocupação foi a de realizar um trabalho unitário, assim no plano dos princípios, como no de suas aplicações práticas.

2. Propondo uma reforma total, pode parecer que queremos deitar abaixo as instituições do Código vigente, substituindo-as por outras inteiramente novas. Não. Introduzimos modificações substanciais, a fim de simplificar a estrutura do Código, facilitar-lhe o manejo, racionalizar-lhe o sistema e torná-lo um instrumento dúctil para a administração da justiça.

Bem presentes em nosso espírito estiveram as recomendações de NICETO ALCALÁ-ZAMORA Y CASTILLO, que classificou os princípios em duas espécies: "Suponiendo que se trate de sustitución plena de un código por otro, la primera questión que se plantea es la de si debe hacerse tabla rasa del pasado o si, por el contrario, conviene aprovechar, y en qué escala, elementos del texto precedente. Entran aqui en juego dos contrapuestos principios de técnica legislativa, que bien cabría denominar de conservación y de innovación, pero lo fundamental no son los nombres que reciban, sino el criterio conforme a cual funcionen. Como es natural, no se puede sentar de una vez para todas una pauta absoluta, y muchísimo menos proporciones o porcentajes, porque el predominio de uno de esos principios sobre el otro, dependrá de las deficiencias que presente el código de cuya derogación se trate, apreciadas por la persona o comisión llamadas a reformarlo. Cabría, sin embargo, aconsejar que el principio de conservación sirva para hacer menos perturbador el cambio y el de innovación para remediar los males advertidos durante la vigencia del ordenamiento anterior. Nada más dañino que alterar por completo la estructura y redacción de un código, si sus fallas e inconvenientes subsisten o se agravan en el que venga a reemplazarlo. El reformador no debe olvidar nunca que 'por muy viejo que sea un edificio siempre de su derribo se obtienen materiales para construcciones futuras'; y si, verbigracia, en el código antiguo existe una buena distribución de materiales o cuenta con preceptos de correcta formulación jurídica y gramatical, seria absurdo llevar el prurito innovador hasta prescindir por completo da aquélla e de éstos, suponiendo que al huir del precedente nacional quepa también escapar de los modelos extranjeros y con olvido de que la asimilación por jueces, abogados, secretarios etc., de un nuevo código civil, penal o mercantil es mucho más rápida y sencilia que la de nuevas leyes procesales, que son vividas a diario por las profesiones forenses y no meramente invocadas o aplicadas".[2]

Entram em jogo dois princípios antagônicos de técnica legislativa: o da *conservação* e o da *inovação*. Ambos se harmonizam, porque, se o primeiro torna menos perturbadora a mudança, o segundo remedeia os males observados durante a aplicação do Código. O reformador não deve olvidar que, por mais velho que seja um edifício, sempre se obtêm, quando demolido, materiais para construções futuras.

Capítulo II
DO SISTEMA DO CÓDIGO DE PROCESSO CIVIL VIGENTE

3. No Código de Processo Civil vigente podem distinguir-se quatro partes fundamentais. A primeira se ocupa com o chamado processo de conhecimento (arts. 1° a 297). A segunda, a maior de todas, abrange numerosos procedimentos especiais (arts. 298 a 781). A terceira é dedicada aos recursos e processos de competência originária dos tribunais (arts. 782 a 881). A quarta e última tem por objeto o processo de execução (arts. 882 a 1.030).

O processo de conhecimento, elaborou-o o legislador segundo os princípios modernos da ciência do processo. Serviram-lhe de paradigma os Códigos da Áustria, da Alemanha e de Portugal; nesses diplomas, bem como nos trabalhos preparatórios de revisão legislativa feitos na Itália, foi o legislador brasileiro buscar a soma de experiências e encontrar os altos horizontes, que a ciência pudera dilatar, a fim de construir uma sistemática de fecundos resultados práticos.[3]

---

1 LOPES DA COSTA. *Direito processual civil brasileiro.* 2. ed., vol. 1, 1959. pág. 29.

2 NICETO ALCALÁ-ZAMORA Y CASTILLO. *Principios técnicos y políticos de una reforma procesal.* Honduras, 1950. pág. 7 e ss.

3 ALFREDO BUZAID. Ensaio para uma revisão do sistema de recursos no Código de Processo Civil brasileiro. *Revista da Faculdade de Direito,* vol. 52. pág. 181 e ss.; JOSÉ FREDERICO MARQUES. *Instituições de direito processual civil,* vol. 1. pág. 66 e ss.; Alcides de Mendonça Lima. A recorribilidade dos despachos interlocutórios no Código de Processo Civil brasileiro. *Estudios jurídicos en memoria de Eduardo Couture.* Montevideo, 1957. pág. 483 e ss.

4. O legislador brasileiro não foi, porém, feliz nas outras partes. Manteve injustificavelmente uma série exaustiva de ações especiais, minuciosamente reguladas em cerca de quinhentos artigos, que compreendem quase a metade do Código.[4] Vergando ao peso da tradição, conservou as linhas básicas dos recursos que herdamos de Portugal, com as distinções sutis que os tornam de trato difícil. O processo de execução, que produz o sistema do direito anterior, não avançou senão algumas tímidas inovações.

Os princípios informativos do Código, embora louváveis do ponto de vista dogmático, não lograram plena efetivação. A extensão territorial do país, as promoções dos magistrados de entrância para entrância, o surto do progresso que deu lugar à formação de um grande parque industrial e o aumento da densidade demográfica vieram criar considerável embaraço à aplicação dos princípios da oralidade e da identidade da pessoa física do juiz, consagrados em termos rígidos no sistema do Código. Os inconvenientes resultavam não do sistema, mas de sua adaptação às nossas condições geográficas, a cujo respeito falharam as previsões do legislador. Não se duvidava, pois, da excelência do princípio da oralidade, mas se apontavam os males de uma aplicação irrestrita e incondicional à realidade brasileira.

Malgrado esses defeitos e outros que serão adiante indicados, reconhecemos que o Código de Processo Civil representa um assinalado esforço para adequar o direito brasileiro à nova orientação legislativa dos povos civilizados.

Capítulo III
DO MÉTODO DA REFORMA

I – *Os Modelos do Projeto*

5. Na elaboração do projeto tomamos por modelo os monumentos legislativos mais notáveis do nosso tempo. Não se veja nessa confissão mero espírito de mimetismo, que se compraz antes em repetir do que em criar, nem desapreço aos méritos de nosso desenvolvimento cultural. Um Código de Processo é uma instituição eminentemente técnica. E a técnica não é apanágio de um povo, senão conquista de valor universal.

O processo civil é um instrumento que o Estado põe à disposição dos litigantes, a fim de administrar justiça. Não se destina a simples definição de direitos na luta privada entre os contendores. Atua, como já observara BETTI, não no interesse de uma ou de outra parte, mas por meio do interesse de ambos. O interesse das partes não é senão um meio, que serve para conseguir a finalidade do processo na medida em que dá lugar àquele impulso destinado a satisfazer o interesse público da atuação da lei na composição dos conflitos. A aspiração de cada uma das partes é a de ter razão: a finalidade do processo é a de dar razão a quem efetivamente a tem. Ora, dar razão a quem a tem é, na realidade, não um interesse privado das partes, mas um interesse público de toda sociedade.[5]

Assim entendido, o processo civil é preordenado a assegurar a observância da lei; há de ter, pois, tantos atos quantos sejam necessários para alcançar essa finalidade. Diversamente de outros ramos da ciência jurídica, que traduzem a índole do povo através de longa tradição, o processo civil deve ser dotado exclusivamente de meios racionais, tendentes a obter a atuação do direito. As duas exigências que concorrem para aperfeiçoá-lo são a rapidez e a justiça. Força é, portanto, estruturá-lo de tal modo que ele se torne efetivamente apto a administrar, sem delongas, a justiça.

As nações mais adiantadas não se pejaram de exaltar os méritos dos Códigos de outros países. Na França, tão ciosa de sua elevada cultura, TISSIER reconheceu que o Código de Processo Civil da Áustria é "la meilleure procédure civile du continent".[6]

II – *Da Terminologia do Projeto*

6. Fiel a essa orientação, esforça-se o projeto por aplicar os princípios da técnica legislativa, um dos quais é o rigor da terminologia na linguagem jurídica.

Haja vista, por exemplo, o vocábulo "lide". No Código de Processo Civil vigente ora significa processo (art. 96), ora o mérito da causa (arts. 287, 684, IV, e 687, § 2º). O projeto só usa a palavra "lide" para designar o mérito da causa. Lide é, consoante a lição de CARNELUTTI, o conflito de interesses qualificado pela pretensão de um dos litigantes e pela resistência do outro. O julgamento desse conflito de pretensões, mediante o qual o juiz, acolhendo ou rejeitando o pedido, dá razão a uma das partes e nega-a à outra, constitui uma sentença definitiva de mérito. A lide é, portanto, o objeto principal do processo e nela se exprimem as aspirações em conflito de ambos os litigantes.[7]

Outra expressão, que o projeto eliminou, é instância. Dela se serve o Código de Processo Civil vigente para designar o instituto da suspensão, da absolvição e da cessação do processo (arts. 196-207). Todavia, a palavra é equívoca. Nas fontes romanas significa atividade, empenho, diligência e pedido.[8] Também exprime o exercício da ação desde a litiscontestação até a sentença.[9] Para PEREIRA E SOUSA e RAMALHO, a instância é o tempo dentro do qual se trata e determina a causa com a decisão final.[10] JOÃO MENDES JÚNIOR define-a como a existência fluente do litígio.[11] JOÃO MONTEIRO distingue-lhe duas acepções: legítima discussão da causa até a sentença passada em julgado e grau de jurisdição.[12] No antigo direito português se dizia que com a apelação ou o agravo começava nova instância.[13] Mas, como já adverte JOÃO MENDES JÚNIOR,[14] não se deve confundir instância com grau de jurisdição, porque pode dar-se o caso de dois graus de jurisdição funcionando em uma só e mesma instância; assim a execução é uma outra instância no mesmo primeiro grau de jurisdição.[15] Finalmente, para MACHADO GUIMARÃES, ELIÉZER ROSA, JOSÉ ALBERTO DOS REIS e BARBOSA MAGALHÃES, instância significa processo, entendido como relação jurídica.[16]

Bastam estas considerações para se ver que a palavra *instância* é uma fonte de dúvidas e equívocos. O projeto a substitui por *processo* e, assim, no Capítulo VI do Livro I e Capítulo VI do Livro II, fala de *Formação, Suspensão* e *Extinção do Processo*, empregando este vocábulo porque ele traduz, com todo o rigor científico, o fenômeno jurídico que o Código define.

7. Ainda quanto à linguagem, cabe-nos explicar a denominação do Livro III. Empregamos aí a expressão *processo cautelar*. Cautelar não figura, nos nossos dicionários, como adjetivo, mas tão só como verbo, já em desuso. O projeto o adotou, porém, como adjetivo, a fim de qualificar um tipo de processo autônomo. Na tradição de nosso direito processual era a função cautelar distribuída, por três espécies de processos, designados por preparatórios, preventivos e incidentes.[17] O projeto, reconhecendo-lhe caráter autônomo, reuniu os vários procedimentos preparatórios, preventivos e incidentes sob fórmula geral, não tendo encontrado melhor vocábulo que o adjetivo cautelar para designar a função que exercem. A expressão processo cautelar tem a virtude de abranger todas as medidas preventivas, conservatórias e incidentes que o projeto ordena no Livro III, e, pelo vigor e amplitude do seu significado, traduz melhor que qualquer outra palavra a tutela legal.

---

4 O Prof. Hugo Alsina não escondeu a sua perplexidade, ao verificar que o Código regulou sessenta e um processos especiais, malgrado o confessado propósito de instituir um tipo único para as ações (HUGO ALSINA. El nuevo régimen procesal en el Brasil. *Revista Forense*, vol. 81. pág. 314).

5 BETTI. *Diritto processuale civile*. pág. 5.

6 TISSIER. *Le centenaire du Code de Procédure Civile*, 1906. pág. 43.

7 CARNELUTTI. *Sistema*, vol. 1. pág. 40; BETTI. *Diritto processuale civile*. pág. 445.

8 MATOS PEIXOTO. *Recurso extraordinário*. pág. 196; D. 22-1-33, pr.; D. 13-7-43, I.

9 PEREIRA. *Elucidarium*. pág. 536: *Instantia dicitur tempus exercendi iudicii, videlicet e litiscontestatione ad sententiam usque*. (Cf. também MANUEL DE ALMEIDA e SOUZA. *Segundas linhas*, nota 228.)

10 PEREIRA e SOUSA. *Primeiras linhas*, § 103; Ramalho, *Praxe*, § 122.

11 JOÃO MENDES JÚNIOR. *Direito judiciário*. pág. 241.

12 JOÃO MONTEIRO. *Processo civil*, § 78, nota 2.

13 Ord. Afons. III, 23, 3; Man. III, 18, I; Fil. III, 27, pr.

14 JOÃO MENDES JÚNIOR. *Direito judiciário*. pág. 482 e ss.

15 PEREIRA e SOUSA. *Primeiras linhas*, nota 780; MANUEL DE ALMEIDA E SOUZA. *Execução*, Cap. V, art. I; RAMALHO. *Praxe*, § 123; LIEBMAN. *Processo de execução*. pág. 83.

16 MACHADO GUIMARÃES. *A instância e a relação processual*. pág. 69; ELIÉZER ROSA. *Dicionário de processo civil*. pág. 238; JOSÉ ALBERTO DOS REIS, *Comentários ao Código de Processo Civil*, vol. 3. pág. 20 e ss.; BARBOSA MAGALHÃES, *Estudo sobre o novo Código de Processo Civil*. pág. 239 e ss.

17 Assim o Código de Processo do Estado de São Paulo (Título do Livro III); do Distrito Federal (Livro III, Título I); do Paraná (Lei 1.915, de 23 de fevereiro de 1920), Parte Especial, Título II; da Bahia com o título "Dos processos preventivos, assecuratórios e preparatórios" (Livro I, Título II, Capítulo V, Seção XVII); do Rio Grande do Sul (Parte segunda, Título IV); de Minas Gerais (Livro II, Título I).

As razões de nossa preferência por essa expressão se fundam também no precedente legislativo português, cujo Código de Processo Civil a consagrou (arts. 381 e ss.) e no uso corrente da doutrina nacional e portuguesa.[18] No direito italiano, argentino e uruguaio também a doutrina manifestou o seu assentimento à expressão processo cautelar.[19]

III – *Das Definições Legais*

8. À força de ser repetido, passou à categoria de adágio jurídico o conselho das fontes romanas, segundo o qual *omnis definitio injure civile periculosa est* (D. 50.17.202). Sem discutir o valor dessa recomendação, de cujo acerto não pomos dúvida, ousamos, contudo, em vários lugares do projeto, desatendê-la, formulando algumas definições, que reputamos estritamente necessárias.

O Código de Processo Civil vigente alude à conexão, ora para autorizar a reunião de ações (art. 116), ora para considerá-la critério de determinação da competência (art. 133, IV), ora como fundamento de prorrogação da competência (art. 148). Notando a falta de um conceito legal de conexão, o Professor FRANCISCO MORATO aconselhou que o legislador a definisse. PEDRO BATISTA MARTINS, autor do projeto do Código de Processo Civil atual, não lhe acolheu a sugestão. "O conceito de conexão", escrevia, "não pode ser realmente fixado em princípios apriorísticos e abstratos. Defini-lo seria um erro de consequências incalculáveis, porque bem poderia acontecer que a experiência viesse a apresentar novas figuras de conexão que se não pudessem ajustar às categorias discriminadas na lei".[20]

Os argumentos expedidos por este eminente escritor não procedem. A conexão pode e deve ser conceituada pelo legislador, precisamente para eliminar as vacilações da doutrina e da jurisprudência. O ideal é que a lei seja sempre clara e explícita. Adotando esta orientação, o projeto define não só a conexão (art. 108) como a continência (art. 109).

9. Também por falta de definição legal, o conceito de litispendência andou de envolta com o de prevenção de jurisdição. Sustentaram alguns escritores que a litispendência tem por efeito obstar a que, perante o mesmo juiz, seja reproduzida ação idêntica à anterior. A litispendência distingue-se da prevenção, porque esta tende a impedir que a mesma ação, iniciada perante juiz competente, seja renovada perante outro juiz, embora de igual competência. Assim a litispendência e a prevenção têm de comum que, em ambas, se dá o concurso de duas ações idênticas; e diferem entre si em que na litispendência há um só juiz, e na prevenção, mais de um.[21]

Para CARVALHO SANTOS, no entanto, há litispendência quando duas demandas são formuladas sobre o mesmo objeto, entre as mesmas partes, mas perante dois juízos diferentes.[22] LIEBMAN,[23] com observar que nenhuma dessas restrições se justifica, ressalta ainda que a doutrina portuguesa não apresentava ideias suficientemente claras acerca da litispendência e da prevenção.[24] Na doutrina estrangeira, nomeadamente alemã e italiana, a litispendência indica a existência de uma ação, produzindo a plenitude de seus efeitos, isto é, a situação jurídica em que se encontra uma causa submetida ao conhecimento do Poder Judiciário.[25]

A fim de dirimir as incertezas acima apontadas, o projeto formulou a definição de identificação de ações (art. 305, § 2º [atualmente previsto no § 2º do art. 301 do CPC]) e, em seguida, a de litispendência (art. 305, § 3º [atualmente previsto no § 3º do art. 301 do CPC]).

10. Para arrematar esta ordem de considerações, convém lembrar o conceito de coisa julgada. A atual Lei de Introdução ao Código Civil [atual Lei de Introdução às normas do Direito Brasileiro, após alteração da ementa pela Lei 12.376/2010] prescreve, no art. 6º, § 3º: "Chama-se coisa julgada ou caso julgado a decisão judicial de que já não caiba recurso". Esta disposição, que reproduz o art. 3º, da antiga Lei de Introdução, não está, porém, isenta de críticas. Senão, vejamos. O Projeto do Código Civil falava de recurso ordinário,[26] inspirando-se, por certo, na lição de PAULA BATISTA e de RAMALHO.[27] O Senado eliminou-lhe, entretanto, o epíteto.[28]

O direito brasileiro não distingue, para efeito de coisa julgada, recurso ordinário e recurso extraordinário. Uma sentença, enquanto pode ser modificada ou revogada mediante recurso, não passa em julgado; ou, em outras palavras, uma sentença passa em julgado quando não está mais sujeita a nenhum recurso.[29] Apesar da clareza destas ideias, reinam discrepâncias acerca da condição da sentença sujeita a recurso extraordinário, cujos reflexos repercutem substancialmente na doutrina geral da execução.

O projeto tentou solucionar esses problemas, perfilhando conceito de coisa julgada elaborado por LIEBMAN e seguido por vários autores nacionais.[30]

Capítulo IV
DO PLANO DA REFORMA

I – *Da Distribuição da Matéria*

11. O projeto está dividido em cinco livros. O primeiro se ocupa com o processo de conhecimento; o segundo, com o processo de execução; o terceiro, com o processo cautelar; o quarto, com os procedimentos especiais; e o quinto, com as disposições gerais e transitórias.

A matéria dos três primeiros livros corresponde à função jurisdicional de conhecimento, de execução e cautelar. A dogmática do processo civil moderno sanciona esta classificação.[31] O processo cautelar foi regulado no Livro III, porque é um *tertium genus*, que contém a um tempo as funções do processo de conhecimento e de execução.[32] O seu elemento específico é a prevenção.[33] O quarto livro abrange procedimentos especiais, distribuídos em dois títulos: os de jurisdição contenciosa e os de jurisdição voluntária. Estará certa a colocação dos procedimentos de jurisdição voluntária no Livro IV? O tema tem sido objeto de larga controvérsia. No direito alemão constitui objeto de lei especial *(Gesetz uber die Angelegenheiten der freiwilligen Gerichtsbarkeit*,[34] de 17 de maio de 1898), modificada por leis posteriores. Mas nem a lei alemã abrange toda a jurisdição voluntária, nem o Código de Processo Civil se absteve completamente de tratar dela.[35] Na Áustria, a lei de 1º de agosto de 1895, denominada *Jurisdiktionsnorm*, dedica o Capítulo III aos negócios não contenciosos (§§ 105 – 122), mas de modo também incompleto.

---

18 PONTES DE MIRANDA. *Comentários ao Código de Processo Civil*. 2. ed., vol. 7, pág. 293; LOPES DA COSTA, *Medidas preventivas*, 2. ed. pág. 17; JOSÉ ALBERTO DOS REIS. *A figura do processo cautelar*. pág. 9.

19 CALAMANDREI. *Introduzione allo studio sistematico dei provvedimenti cautelari, passim*; CARNELUTTI. *Diritto e processo*. pág. 353; LIEBMAN. *Manuale*, vol. 1. pág. 91; COUTURE. *Fundamentos del derecho procesal civil*. pág. 321.

20 PEDRO BATISTA MARTINS. *Comentários ao Código de Processo Civil*. Forense, vol. 2. pág. 45 e ss.

21 GUSMÃO. *Processo civil e comercial*. 4. ed., vol. 1, pág. 441. No mesmo sentido: João Monteiro. *Processo civil e comercial*, § 110, notas 6 e 8.

22 CARVALHO SANTOS. *Código de Processo Civil interpretado*. obs. n. 5 ao art. 182.

23 LIEBMAN. In: CHIOVENDA. *Instituições de direito processual civil*, vol. 2. pág. 386. No mesmo sentido: JOSÉ FREDERICO MARQUES. *Instituições de direito processual civil*, vol. 3. pág. 212 e ss.; MOACYR AMARAL SANTOS. *Primeiras linhas de direito processual civil*, vol. 2. pág. 145.

24 PEREIRA E SOUSA. *Primeiras linhas*, nota 291; MANUEL DE ALMEIDA E SOUZA. *Segundas linhas*, nota 291.

25 CHIOVENDA. *Saggi*, vol. 1. pág. 298; GOLDSCHMIDT, *Zivilprozessrecht*, § 55; Rosenberg, *Lehrbuch*, § 96; REDENTI. *Profili*. pág. 337; ZANZUCCHI. *Diritto processuale civile*, vol. 1. pág. 334.

26 *Trabalhos*, vol. 3. pág. 26, e vol. 4. pág. 27; RUY BARBOSA. *Parecer*. Rio, 1902. pág. 22.

27 PAULA BATISTA. *Teoria e prática do processo*, § 182; RAMALHO. *Praxe*, § 227.

28 BEVILÁQUA. *Código Civil*. obs. 6 ao art. 3º.

29 LUÍS EULÁLIO de BUENO VIDIGAL. Execução de sentença na pendência de recursos de revista e extraordinário. *Revista dos Tribunais*, vol. 321. pág. 11 e ss.

30 LIEBMAN. *Eficácia e autoridade da sentença*. págs. 153 e ss.; J. FREDERICO MARQUES. *Instituições de direito processual civil*, vol. 5. pág. 35; PEDRO BATISTA MARTINS. *Comentários ao Código de Processo Civil*. Forense, vol. 3. págs. 304 e ss.; MOACYR AMARAL SANTOS. *Primeiras linhas de direito processual civil*, vol. 3. págs. 58 e ss.

31 CARNELUTTI. *Diritto e processo*. pág. 353; LIEBMAN. *Manuale di diritto processuale civile*. Milão, 1957, vol. 1. pág. 31 e ss.; ROSENBERG. *Lehrbuch*. 8. ed. pág. 3; NICETO ALCALÁ-ZAMORA Y CASTILLO. *Principios técnicos y políticos de una reforma procesal*. Honduras, 1950. pág. 10.

32 CARNELUTTI. *Diritto e processo*. pág. 365.

33 NICETO ALCALÁ-ZAMORA Y CASTILLO, op. cit., pág. 11. Os autores alemães tratam geralmente das medidas cautelares no processo de execução (LENT-JAUERNIG, *Zwangsvolsstreckungs und Konkursrecht*. 9. ed., 1963. pág. 104).

34 Texto da lei em Schlegelberger. *Gesetz über die Angelegenheiten der freiwilligen Gerichtsbarkeit*, 1952, vol. 1. pág. 22 e ss.

35 NICETO ALCALÁ-ZAMORA Y CASTILLO. Premisas para determinar la índole de la llamada jurisdicción voluntaria. *Studi in onore di Redenti*, vol. 1. pág. 9.

12. Os autores, que trataram *ex professo* da matéria, reconhecem que a sistematização dos procedimentos de jurisdição voluntária está ainda por se fazer.[36] LOPES DA COSTA, em monografia fundamental sobre o tema, diz que "sobre ela não temos lei especial. Dela, o Código de Processo Civil trata de envolta com outros procedimentos especiais, de jurisdição contenciosa. Salvo a coisa julgada (art. 288), não diz quais as normas gerais do processo que não se aplicam à jurisdição voluntária".[37]

O voto de NICETO ALCALÁ-ZAMORA Y CASTILLO é de considerá-la objeto de lei especial, como na Alemanha; não sendo possível substituir a intervenção do juiz por notários, deveria figurar como apêndice ao Código de Processo Civil, com numeração própria.[38]

JOSÉ FREDERICO MARQUES, que escreveu também uma obra clássica sobre o tema, afirma que "a administração pública dos interesses privados, nem mesmo quando se realiza através da jurisdição voluntária, está afeta, no que diz com a sua regulamentação, às leis processuais. Cabe ao Direito Processual apenas a forma e o *modus faciendi* dos atos forenses da atividade de jurisdição voluntária".[39]

No projeto figura a jurisdição voluntária como título especial no Livro IV, porque, por larga tradição, em tais casos sempre coube ao juiz a função de administrar os interesses privados.

II – *Do Processo Oral*

13. O projeto manteve, quanto ao processo oral, o sistema vigente, mitigando-lhe o rigor, a fim de atender a peculiaridades da extensão territorial do país. O ideal seria atingir a oralidade em toda a sua pureza. Os elementos que a caracterizam são: *a*) a identidade da pessoa física do juiz, de modo que este dirija o processo desde o seu início até o julgamento; *b*) a concentração, isto é, que em uma ou em poucas audiências próximas se realize a produção das provas; *c*) a irrecorribilidade das decisões interlocutórias, evitando a cisão do processo ou a sua interrupção contínua, mediante recursos, que devolvem ao Tribunal o julgamento da decisão impugnada.[40]

Falando de processo oral em sua pureza, cumpre esclarecer que se trata de um tipo ideal, resultante da experiência legislativa de vários povos e condensado pela doutrina em alguns princípios. Mas, na realidade, há diversos tipos de processo oral, dos quais dois são os mais importantes: o austríaco e o alemão. Entre estes, a diferença, que sobreleva notar, concerne ao princípio da concentração.[41]

Ocorre, porém, que o projeto, por amor aos princípios, não deve sacrificar as condições próprias da realidade nacional. O Código de Processo Civil se destina a servir ao Brasil. Atendendo a estas ponderações, julgamos de bom aviso limitar o sistema de processo oral, não só no que toca ao princípio da identidade da pessoa física do juiz, como também quanto à irrecorribilidade das decisões interlocutórias.

O Brasil não poderia consagrar uma aplicação rígida e inflexível de princípio da identidade, sobretudo porque, quando o juiz é promovido para comarca distante, tem grande dificuldade para retornar ao juízo de origem e concluir as audiências iniciadas. O projeto preservou o princípio da identidade física do juiz, salvo nos casos de remoção, promoção ou aposentadoria (art. 137 [atualmente previsto no art. 132 do CPC]). A exceção aberta à regra geral confirma-lhe a eficácia e o valor científico. "O que importa", diz CHIOVENDA, "é que a oralidade e a concentração sejam observadas rigorosamente como regra".[42]

15. Outro ponto é o da irrecorribilidade, em separado, das decisões interlocutórias. A aplicação deste princípio entre nós provou que os litigantes, impacientes de qualquer demora no julgamento do recurso, acabaram por engendrar esdrúxulas formas de impugnação. Podem ser lembradas, a título de exemplo, a correição parcial e o mandado de segurança. Não sendo possível modificar a natureza das coisas, o projeto preferiu admitir agravo de instrumento de todas as decisões interlocutórias. É mais uma exceção. O projeto a introduziu para ser fiel à realidade da prática nacional.

Finalmente, em alguns processos, especialmente naqueles em que toda prova é produzida em audiência, a oralidade se ostenta em sua plenitude.[43] Em outros se torna menos evidente, como nos casos em que a audiência é suprimida em virtude da antecipação do julgamento do mérito (art. 334 atualmente previsto no art. 330 do CPC). Os articulados, nestes casos, lhe esgotam toda a discussão. Pareceu-nos, então, supérfluo manter a audiência tão só para o debate oral. Não cremos, pois, que o projeto mereça, nesse ponto, qualquer censura por condensar, em vez de dilatar, a discussão e o julgamento do mérito.

→ Consta conforme publicação oficial.

III – *Das Inovações*

16. O projeto contém numerosas inovações. Não sendo possível, nos estreitos limites desta Exposição de Motivos, esmiudar as particularidades de cada uma, cingimo-nos a indicar as mais evidentes e persuasivas. O projeto enfrenta desassombradamente todos os problemas, tomando posição em face das controvérsias doutrinárias. Não foi seu intuito, porém, fazer obra acadêmica, antes solucionar com nitidez "los problemas que la realidad social, económica, cultural y social presenta al legislador".[44]

a) Das inovações constantes do Livro I

17. Posto que o processo civil seja, de sua índole, eminentemente dialético, é reprovável que as partes se sirvam dele, faltando ao dever, da verdade, agindo com deslealdade e empregando artifícios fraudulentos; porque tal conduta não se compadece com a dignidade de um instrumento que o Estado põe à disposição dos contendores para atuação do direito e realização da justiça. Tendo em conta estas razões ético-jurídicas, definiu o projeto como dever das partes: *a)* expor os fatos em juízo conforme a verdade; *b)* proceder com lealdade e boa-fé; *c)* não formular pretensões, nem alegar defesa, cientes de que são destituídas de fundamento; *d)* não produzir provas, nem praticar atos inúteis ou desnecessários à declaração ou defesa do direito (art. 17 [atualmente previsto no art. 14 do CPC]). E, em seguida, dispôs que "responde por perdas e danos todo aquele que pleitear de má-fé como autor, réu ou interveniente" (art. 19 [atualmente previsto no art. 16 do CPC]). No art. 20 [atualmente previsto no art. 16 do CPC, com redação a alterada pela Lei 6.771/1980], prescreveu: "Reputar-se-á litigante de má-fé aquele que: *a)* deduzir pretensão ou defesa, cuja falta de fundamento não possa razoavelmente desconhecer; *b)* alterar intencionalmente a verdade dos fatos; *c)* omitir intencionalmente fatos essenciais ao julgamento da causa; *d)* usar do processo com o intuito de conseguir objetivo ilegal; *e)* opuser resistência injustificada ao andamento do processo; *f)* proceder de modo temerário em qualquer incidente ou ato do processo; *g)* provocar incidentes manifestamente infundados".

O projeto adota o princípio do sucumbimento, pelo qual o vencido responde por custas e honorários advocatícios em benefício do vencedor (art. 23). "O fundamento desta condenação", como escreveu CHIOVENDA, "é o fato objetivo da derrota; e a justificação deste instituto está em que a atuação da lei não deve representar uma diminuição patrimonial para a parte a cujo favor se efetiva; por ser interesse do Estado que o emprego do processo não se resolva em prejuízo de quem tem razão e por ser, de outro turno, que os direitos tenham um valor tanto quanto possível nítido e constante".[45]

No capítulo "Da Intervenção de Terceiros", foi incluído o instituto do Chamamento ao Processo, à semelhança do Código de Processo Civil português (art. 330). O projeto admite o chamamento do devedor na ação intentada contra o fiador: dos outros fiadores, quando a ação for proposta contra um deles; e de todos os devedores solidários, quando o credor exigir de um ou de alguns deles, parcial ou totalmente, a dívida comum (art. 82 [atualmente prevista no art. 77 do CPC, com a redação alterada pela Lei 5.925/1973]). A vantagem deste instituto está em que a sentença, julgando procedente a ação, condenará os devedores, valendo como título executivo em favor do que satisfez a dívida, para exigi-la, por inteiro, do devedor principal, ou de cada um dos codevedores, a sua quota, na proporção que lhe tocar (art. 85 [atualmente previsto no art. 80 do CPC]).

O Ministério Público é considerado em sua dupla função de órgão agente e de órgão interveniente (art. 86 [atualmente previsto no art. 81 do CPC]). Quando exerce a ação civil nos casos prescritos em lei, competem-lhe os mesmos poderes e ônus das partes.

A competência é regulada no plano interno e internacional. Distribuiu-se a competência interna em razão do valor e da matéria (arts. 96 e ss. [atualmente prevista nos arts. 91 e seguintes do CPC]), da função (arts. 98 e ss. [atualmente prevista nos arts. 93 e seguintes do CPC]) e do território (arts. 99 e ss. [atualmente prevista nos arts. 94 e seguintes do CPC]).

36 FAZZALLARI. *La giurisdizione volontaria*. pág. 41.

37 LOPES DA COSTA. *A administração pública e a ordem jurídica privada*. pág. 1.

38 NICETO ALCALÁ-ZAMORA Y CASTILLO. *Principios técnicos y políticos de una reforma procesal*. pág. 11.

39 JOSÉ FREDERICO MARQUES. *Ensaio sobre a jurisdição voluntária*. 2. ed. pág. 109.

40 CHIOVENDA. *La riforma del procedimento civile*, separata. Roma, 1911. pág. 10 e ss.

41 CHIOVENDA. *La riforma*... cit. págs. 15 e ss.

42 CHIOVENDA. *La riforma*... cit. pág. 22.

43 CHIOVENDA. *La riforma*. cit., pág. 22.

44 COUTURE. *Proyecto de Código de Procedimiento Civil*. Montevideo, 1945. pág. 31.

45 CHIOVENDA. *Instituições de direito processual civil*. tradução brasileira, com notas de LIEBMAN, vol. 3. pág. 285.

18. O projeto consagra o princípio dispositivo (art. 266), mas reforça a autoridade do Poder Judiciário, armando-o de poderes para prevenir ou reprimir qualquer ato atentatório à dignidade da justiça (art. 130, III [atualmente prevista no art. 125, III, do CPC]). Este fenômeno ocorre mais frequentemente no processo de execução que no processo de conhecimento. É que o processo de conhecimento se desenvolve num sistema de igualdade entre as partes, segundo o qual ambas procuram alcançar uma sentença de mérito. Na execução, ao contrário, há desigualdade entre o exequente e o executado. O exequente tem posição de preeminência; o executado, estado de sujeição. Graças a essa situação de primado que a lei atribui ao exequente, realizam-se atos de execução forçada contra o devedor, que não pode impedi-los, nem subtrair-se a seus efeitos. A execução se presta, contudo, a manobras protelatórias, que arrastam os processos por anos, sem que o Poder Judiciário possa adimplir a prestação jurisdicional.

Para coibir abusos, considerou o projeto atentatório à dignidade da justiça o ato do executado: *a)* que frauda a execução; *b)* que se opõe maliciosamente à execução, empregando ardis e meios artificiosos; *c)* que resiste injustificadamente às ordens judiciais, a ponto de o juiz precisar requisitar a intervenção da força policial; *d)* que não indica ao juiz onde se encontram os bens sujeitos à execução (art. 612 [atualmente previstos nos incisos do art. 600 do CPC, com a redação alterada pela Lei 5.925/1973]). Se o executado, advertido pelo juiz, persevera na prática de qualquer desses atos, a sanção que o projeto lhe impõe é a de perder o direito de falar no processo (art. 613).

19. Modificação substancial no procedimento consta do Título VII, Capítulos IV e V. Findo o prazo para resposta do réu, sobem os autos à conclusão do juiz para diversas providências. Se o réu, reconhecendo o fato em que se funda a ação, outro lhe opuser impeditivo, modificativo, ou extintivo do direito do autor, este será ouvido no prazo de 10 (dez) dias, facultando-lhe o juiz a produção de prova documental (art. 330 [atualmente previsto no art. 326 do CPC]). Se o réu também alegar qualquer das matérias enumeradas no art. 305, o autor será ouvido no prazo de 10 (dez) dias. Verificando-se a existência de irregularidade ou de nulidade, o juiz mandará supri-la (art. 331 [atualmente previsto no art. 337 do CPC]). Se o réu não contestar a ação, reputar-se-ão verdadeiros os fatos afirmados pelo autor (art. 323). A revelia não produz, contudo, este efeito: *a)* se, havendo pluralidade de réus, algum deles contestar a ação; *b)* se o litígio versar sobre direitos indisponíveis; *c)* se a petição inicial não estiver instruída com instrumento público, que a lei considere indispensável à prova do ato (art. 324). E, finalmente, se o réu contestar o direito que constitui fundamento do pedido, o autor poderá requerer que o juiz profira sentença incidente, quando a declaração da existência ou da inexistência do direito depender, no todo ou em parte, do julgamento da lide (arts. 5º, 329 e 474).

Cumpridas as providências preliminares ou não havendo necessidade delas, o juiz profere julgamento conforme o estado do processo. Esta atribuição lhe permite, logo após os articulados, ou extinguir o processo ocorrendo qualquer das hipóteses previstas nos arts. 271 e 273, II, III, IV e V; ou decidir imediatamente a causa, quando ocorrer a revelia ou quando a questão de mérito for unicamente de direito, ou, sendo de direito e de fato, não houver necessidade de produzir provas em audiência (arts. 333 e 334 [atualmente prevista no art. 329 do CPC]). O que o processo ganha em condensação e celeridade, bem podem avaliar os que lidam no foro. Suprime-se a audiência, porque nela nada há de particular a discutir. Assim, não se pratica ato inútil. De outra parte, não sofre o processo paralisação, dormindo meses nas estantes dos cartórios, enquanto aguarda uma audiência, cuja realização nenhum proveito trará ao esclarecimento da causa, porque esta já se acha amplamente discutida na inicial e na resposta do réu.

Com a adoção desta nova técnica, bem se vê quanto ficou simplificado o sistema do processo civil.

20. A doutrina das provas sofreu importantes modificações. O art. 336 declara que "todos os meios legais, bem como os moralmente legítimos, ainda que não especificados neste Código, serão hábeis para provar a verdade dos fatos, em que se fundam a ação ou a defesa" [atualmente previsto no art. 332 do CPC]. Mas não é só. Permite o projeto que o juiz, em falta de normas jurídicas particulares, aplique as regras da experiência comum, subministradas pela observação do que ordinariamente acontece (art. 339 [atualmente previsto no art. 335 do CPC]).

Passa depois à disciplina particular das várias espécies de provas. Trata, em seções distintas, do depoimento pessoal e da confissão (arts. 346 e ss. [atualmente prevista nos arts. 349 e seguintes do CPC]). Disciplina com rigor a exibição de documento ou coisa, considerando em particular os motivos de escusa (art. 367 [atualmente prevista nos arts. 355 e seguintes do CPC]). Dispõe sobre a força probante dos documentos (arts. 368 e ss. [atualmente prevista nos arts. 354 e seguintes do CPC]), a arguição de falsidade (arts. 394 e ss. [atualmente prevista nos arts. 390 e seguintes do CPC]) e a oportunidade da produção da prova documental (arts. 400 e ss. [atualmente prevista no art. 396 do CPC]). E confere ao juiz o poder de inspeção direta e pessoal (arts. 444 e ss. [atualmente prevista nos arts. 440 e seguintes do CPC]).

b) Das inovações constantes do Livro II

21. Dentre as inovações constantes do Livro II, duas merecem especial relevo. A primeira respeitante à unidade do processo de execução; a segunda, à criação do instituto da insolvência civil.

O direito luso-brasileiro conhece dois meios de realizar a função executiva: *a)* pela *parata executio*; *b)* pela ação executiva. Esta se funda em título extrajudicial; aquela, em sentença condenatória.

Mas, como observa LIEBMAN, diferentes foram os resultados da evolução histórica nos países do continente europeu. O direito costumeiro francês reafirmou energicamente a equivalência das sentenças e dos instrumentos públicos (*lettres obligatoires faites par devant notaire ou passées sous Seel Royal*); e reconheceu a ambos a *exécution parée*. Este princípio foi acolhido pelas Ordenações reais e, depois, pelo *Code de Procédure Civile* napoleônico, de 1806, do qual passou para a maior parte das legislações modernas.[46] Adotaram, nos nossos dias, o sistema unificado os Códigos de Processo Civil da Itália (art. 474), da Alemanha (§§ 704 e 794), de Portugal (art. 46) e a Lei de Execução da Áustria (§ 1º).

O projeto segue esta orientação porque, na verdade, a ação executiva nada mais é do que uma espécie da execução geral; e assim parece aconselhável reunir os títulos executivos judiciais e extrajudiciais. Sob o aspecto prático são evidentes as vantagens que resultam dessa unificação, pois o projeto suprime a ação executiva e o executivo fiscal como ações autônomas.

22. O projeto distingue execução contra devedor solvente e execução contra o devedor insolvente. Enquanto o devedor possui bens livres e desembaraçados, o credor obtém a satisfação do seu direito em execução singular. Pela penhora adquire o credor um direito real sobre os bens penhorados, a exemplo do que dispõe o § 804 do Código de Processo alemão. Quando, porém, as dívidas excedem às importâncias dos bens do devedor, dar-se-á insolvência civil. A declaração de insolvência produz o vencimento antecipado das dívidas, a arrecadação dos bens do devedor e a execução por concurso universal (art. 763 [atualmente prevista no art. 751 do CPC]).

Neste sistema, o devedor civil se equipara ao comerciante. Se este tem direito à extinção das obrigações, decorrido o prazo de 5 (cinco) anos contados do encerramento da falência (Dec.-lei 7.661, art. 135, III [atualmente prevista no art. 158, III, da Lei 11.101/2005]), nenhuma razão justifica que o devedor civil continue sujeito aos longos prazos prescricionais, em cujo decurso fica praticamente inabilitado para a prática, em seu próprio nome, dos atos da vida civil.

Escrevendo sobre este tema, em 1952, formulamos votos no sentido de se instituir o concurso universal de credores, estendendo-se ao devedor civil os benefícios que a Lei de Falências concede ao comerciante.[47]

c) Das inovações constantes do Livro III

23. O Livro III, relativo ao processo cautelar, se divide em dois capítulos. O primeiro contém disposições gerais sobre medidas inominadas e o procedimento que deve ser observado assim em relação a estas como aos procedimentos cautelares específicos regulados no capítulo seguinte.

O projeto disciplina os seguintes procedimentos cautelares específicos: o arresto, o sequestro, a caução, a busca e apreensão, a produção antecipada de provas, os alimentos provisionais, o arrolamento de bens, o atentado, a posse em nome do nascituro, protestos, notificações e interpelações, justificação, nunciação de obra nova e outras medidas, como obras de conservação em coisa litigiosa, entrega de objeto e bens de uso pessoal da mulher e dos filhos, a posse provisória, a guarda e a educação dos filhos, o depósito de menor e o afastamento temporário de um dos cônjuges da morada do casal.

d) Das inovações constantes do Livro IV

24. O Livro IV está dividido em dois títulos: *a)* procedimentos de jurisdição contenciosa; *b)* procedimentos de jurisdição voluntária.

O primeiro abrange as ações de consignação, de depósito, de anulação e substituição de títulos ao portador, de prestação de contas, de usucapião de terras particulares, de divisão e

46 LIEBMAN. *Processo de execução*. n. 6, nota 10.

47 ALFREDO BUZAID. *Do concurso de credores no processo de execução*, pág. 358 e ss.

demarcação de terras, de inventário e partilha, de embargos de terceiros, de habilitação e de restauração de autos, bem como as ações possessórias e o juízo arbitral.

O segundo contém regras gerais sobre a jurisdição voluntária e procedimentos especiais. O art. 1.119 do projeto dispõe: "Quando este Código não estabelecer procedimento especial, regem a jurisdição voluntária as disposições constantes deste Capítulo" [atualmente prevista no art. 1.103 do CPC]. O projeto simplificou a matéria, porque submeteu às regras enunciadas na seção geral vários institutos que no Código de Processo Civil vigente são regulamentados em particular. O projeto só disciplinou, pois, de modo autônomo, os procedimentos que, por suas peculiaridades, demandavam tratamento especial. Eles ficaram reduzidos a nove e são: 1. das vendas judiciais; 2. do desquite por mútuo consentimento; 3. dos testamentos e codicilos; 4. da herança jacente; 5. dos bens dos ausentes; 6. das coisas vagas; 7. da curatela dos interditos; 8. das disposições comuns à tutela e curatela; e 9. da organização e fiscalização das fundações.

Notar-se-á, por outro lado, que o projeto não incluiu alguns procedimentos especiais que constam do Código de Processo Civil vigente, como, por exemplo, Averbações e Retificações do Registro Civil, Habilitação para o Casamento, Casamento em Iminente Risco de Vida, Bem de Família, Registro Torrens, Nulidade de Patente de Invenção e de Marca de indústria e Comércio, Loteamento e Venda de Imóveis a Prestações, Despejo, Locação Comercial regida pelo Dec. 24.150 [revogado pela Lei 8.245/1991, que dispõe sobrea Locação de Imóveis], Dissolução e Liquidação de Sociedades e outros. A exclusão foi intencional. No regime jurídico atual figuram tais institutos, ao mesmo tempo, em vários diplomas legais, onde têm regulamentação paralela. Essa fragmentação não se coaduna com a boa técnica legislativa, que recomenda, tanto quanto possível, tratamento unitário. O Código Civil e algumas leis extravagantes os disciplinam, estabelecendo regras de direito material. Por que então dividi-los, regulamentando-os parte no Código de Processo Civil e parte em leis especiais? Parece mais lógico incluir os procedimentos desses institutos em suas respectivas leis especiais, onde serão exauridos completa e satisfatoriamente.

e) Das inovações constantes do Livro V

25. O Livro V reúne disposições gerais e transitórias. Destas, ressaem duas inovações que devem ser postas em relevo.

Uma entende com o sistema de recursos. Declara o projeto que o novo sistema se aplica a todas as leis especiais, como as que regulam o mandado de segurança, a desapropriação, a ação popular e outras. O seu objetivo é implantar a harmonia no sistema jurídico nacional.

Outra concerne à incineração de autos arquivados. O foro está abarrotado de processos, cuja conservação é tão dispendiosa quanto desnecessária. A cremação não causa dano às partes, porque lhes foi ressalvado o direito de requerer o desentranhamento dos documentos e de microfilmar os autos. Nos processos onde há documentos de valor histórico, a autoridade competente os recolherá ao Arquivo Público.

Capítulo V
DOS RECURSOS

26. Não poderíamos encerrar esta Exposição de Motivos sem uma análise aprofundada do sistema de recursos, a fim de justificar a inovação preconizada pelo projeto. O direito brasileiro se ressente, entre outros, de dois defeitos fundamentais: *a)* sob o aspecto terminológico, o emprego de uma expressão única para designar institutos diferentes; *b)* sob o aspecto sistemático, uma quantidade excessiva de meios de impugnar as decisões.

O rigor da ciência jurídica depende substancialmente da pureza da linguagem não devendo designar com um nome comum institutos diversos, nem institutos iguais com nomes diferentes. O direito brasileiro, ao nomear os recursos, não observou essa exigência da técnica jurídica. Sob o nome comum de agravo de petição, reúne cinco recursos, cujas condições de admissibilidade são essencialmente diversas. Assim é que cabe: *a)* da decisão que põe termo ao processo, sem entrar no julgamento do mérito (Código de Processo Civil, art. 846); *b)* da decisão terminativa da instância e da sentença proferida sobre o pedido das partes (Dec.-lei 960, de 17 de novembro de 1938, art. 45); *c)* da decisão de mérito proferida em ações de acidente de trabalho e de alimentos (Lei 5.316, de 14 de novembro de 1967, art. 15, § 2º [revogada pela Lei 6.367/1976], e Lei 5.478, de 25 de julho de 1968, art. 14); *d)* nos casos expressamente indicados na Lei de Falências (Dec.-lei 7.661, de 21 de junho de 1945, arts. 18, § 3º; 19; 69, § 4º; 77, § 4º; 79, § 2º; 97; 137, § 4º, e 155, § 3º [revogada pela Lei 11.101/2005]); e *e)* da decisão que nega ou concede mandado de segurança (Lei 1.533, de 31 de dezembro de 1951, art. 12 [Revogada pela Lei 12.016/2009]).

27. Admitindo agravo de petição, quer de decisão terminativa, quer de decisão definitiva, quer de outras providências jurisdicionais de índole diversa, o legislador brasileiro abandonou a ideia de uniformidade. Ora, o sistema de recursos deve fundar-se, antes de mais nada, em um critério, qualquer que seja, contanto que seja um critério. O legislador poderá reduzir a uma denominação única todos os recursos, chamando-os simplesmente apelação, ou atendendo à natureza do provimento jurisdicional, conceder a apelação de sentença definitiva de mérito e agravo das demais decisões.

O legislador brasileiro não abraçou, porém, nenhum critério. Divorciado de qualquer preocupação científica ou sistemática, preferiu, em cada lei, as soluções puramente empíricas.

28. Sob o aspecto sistemático, o legislador mantém uma variedade considerável de recursos. Os autores nacionais não escondem a sua perplexidade diante de tamanha confusão legislativa e chegaram ao ponto de propor reformas substanciais, consideradas inadiáveis.[48] E. D. MONIZ DE ARAGÃO, animado do propósito de colaborar na tarefa de revisão legislativa, apresenta, num substancioso estudo, as linhas fundamentais de uma nova sistemática de recursos.[49]

Era indispensável apontar essa ausência de unidade, especialmente porque várias leis extravagantes serão atingidas pela reforma do Código, devendo submeter-se às normas que regem o novo sistema de recursos. Não se justificava que, tratando-se de ações, gozassem de um tratamento especial, com recursos próprios, diferentes daqueles aplicados às ações em geral. Na tarefa de uniformizar a teoria geral dos recursos, foi preciso não só refundi-los, atendendo a razões práticas, mas até suprimir alguns, cuja manutenção não mais se explica à luz da ciência. O projeto aboliu os agravos de petição e no auto do processo.

29. Duas razões principais nos levaram a eliminar o agravo de petição. A primeira é que deixou de ser um recurso próprio e específico, passando a recurso de conteúdo genérico e variável. Basta esta única circunstância para se ver que ele não deve subsistir no sistema geral, pelo menos com a função que atualmente exerce. Carecendo de precisão terminológica e de individuação científica, aplica-se indiferentemente a uma pluralidade de decisões, constituindo por isso fonte de graves incertezas.

A segunda razão é que o Código vigente admitiu apelação de sentença definitiva (art. 820 atualmente prevista nos arts. 513 e seguintes do CPC) e agravo de petição, de decisão terminativa (art. 846). O elemento que aproxima e, ao mesmo tempo, exclui os dois recursos é o mérito da causa. Quando o juiz o decide, cabe apelação; quando põe termo ao processo sem decidi-lo, cabe agravo de petição.[50]

O critério é lógico, mas não prático. Definir o que seja o mérito é um dos problemas mais árduos da ciência do processo e tendo o Código adotado um critério distintivo entre esses dois recursos, de índole eminentemente conceitual, manteve dúvidas que não foram dissipadas ao longo de trinta anos de sua aplicação.[51] Ainda não se tranquilizaram as opiniões, na doutrina e na jurisprudência, acerca do recurso hábil para impugnar as decisões que resolvem a questão de carência de ação, de legitimidade ad causam e de prescrição do direito.[52]

30. O projeto também aboliu o agravo no auto do processo. Uma das características do processo oral e concentrado é a irrecorribilidade em separado das decisões interlocutórias.[53] Esse é o sistema adotado por algumas legislações.[54]

48 E. D. MONIZ DE ARAGÃO. *Estudo sobre os embargos de nulidade e infringentes do julgado*. Curitiba, 1959. pág. 127; COSTA CARVALHO. *Direito judiciário civil*. 3. ed., vol. 4. pág. 39; CHRYSSOLITO DE GUSMÃO. *Direito judiciário e direito constitucional*. pág. 38; ALCIDES DE MENDONÇA LIMA. *Estudios en honor de Couture*. pág. 495; JOSÉ FREDERICO MARQUES. *Instituições*, vol. 4. pág. 13.

49 MONIZ DE ARAGÃO. *Dos recursos cíveis*. pág. 11 e ss.

50 LIEBMAN, nota in Chiovenda, *Instituições*, v. 3, pág. 295.

51 Alfredo Buzaid, *Do agravo de petição*, 2. ed., pág. 115 e ss.; E. D. MONIZ DE ARAGÃO. *Estudos sobre os embargos de nulidade e infringentes do julgado*. Curitiba, 1959. pág. 130.

52 ALFREDO BUZAID; *Do agravo de petição*; 2; ed. págs. 134 e ss.

53 CHIOVENDA. *Instituições*, vol. 3. pág. 81; *Saggi*, vol. 2. pág. 32.

54 Código de Processo Civil da Alemanha, § 511; da Áustria, § 462; da Hungria, § 479; da Basiléia, § 221; de Lucerna, § 443.

Assim, também, o entendimento da doutrina nacional.[55] De todas as figuras de agravo que herdamos de Portugal, aquela cuja índole se amolda ao princípio da irrecorribilidade em separado das interlocutórias é o agravo no auto do processo.[56]

Coube ao eminente processualista MACHADO GUIMARÃES, o mérito de haver sugerido a revivescência desse recurso, por entender que ele se harmonizava com o processo oral e concentrado.[57] Foi provavelmente sob a influência dessas ideias que MONIZ DE ARAGÃO conservou no projeto que escreveu, ao lado do agravo de instrumento, o agravo no auto do processo.[58]

Embora reconheçamos que esse recurso se ajuste aos princípios fundamentais que estruturam o Código, pareceu-nos melhor conceder, para os casos que ele especifica, o agravo de instrumento, que apresenta sobre o agravo no auto do processo algumas vantagens dignas de realce.

Nenhuma dessas figuras de agravo suspende o andamento do processo principal. O agravo no auto do processo, ínsito no bojo dos autos, aguarda a ascensão da causa do Tribunal, onde será conhecido como preliminar, no julgamento da apelação (Código de Processo Civil, art. 877 [atualmente prevista no art. 593 do CPC, na modalidade de agravo retido]). Só então é que se separará o gravame. O agravo de instrumento, sem interromper a marcha do processo, assegura, todavia, a verificação da decisão impugnada antes que o juiz profira sentença definitiva. O Tribunal corrigirá os erros cometidos pelo juiz, em cada oportunidade, sem embaraçar o andamento da ação.

31. Convém, ainda, tecer alguns comentários sobre a nomenclatura do Código vigente.

Os recursos de agravo de instrumento e no auto do processo (arts. 842 e 851) se fundam num critério meramente casuístico, que não exaure a totalidade dos casos que se apresentam na vida cotidiana dos tribunais. Daí a razão por que o dinamismo da vida judiciária teve de suprir as lacunas da ordem jurídica positiva, concedendo dois sucedâneos de recurso, a saber, a correição parcial e o mandado de segurança.

A experiência demonstrou que esses dois remédios foram úteis corrigindo injustiças ou ilegalidades flagrantes, mas representavam uma grave deformação no sistema, pelo uso de expedientes estranhos ao quadro de recursos.

É certo que, para obviar aos inconvenientes da interposição errônea de um recurso por outro, o Código vigente admite o seu conhecimento pela instância superior e ordena a remessa à câmara ou turma, desde que não esteja viciado por má-fé ou erro grosseiro (art. 810). O Código consagrou, nesse preceito legal, a teoria do "recurso indiferente" (Sowohl-s-auch-Theorie), como ensinam os autores alemães.[59]

Esta solução não serviu, porém, para melhorar o sistema, porque a frequência com que os recursos, erroneamente interpostos, não são conhecidos pelo Tribunal evidenciou que a aplicação do art. 810 tem valor limitadíssimo.

32. Por outro lado, o enunciado de algumas disposições gerais (Livro VII, Título I) denota imprecisão e ambiguidade justamente nos pontos em que a lei deveria ser exata e explícita. Haja vista, por exemplo, o art. 814, assim no que concerne à parte, como ao Ministério Público e ainda o art. 815, ao conceder recurso ao terceiro prejudicado.

O pressuposto do recurso é o estado de sucumbimento, cuja medida é dada pela existência de um prejuízo. Ora, esta ideia não aparece claramente no referido título, que sempre fala de parte, sem aludir, uma vez sequer, à circunstância de ser "vencida". O réu pode sofrer prejuízo, ainda quando o juiz lhe dá ganho de causa. É o que ocorre, quando o magistrado declara o autor carecedor da ação, ao invés de julgar improcedente a ação.[60]

Mas não é só. Prescreve o Código que compete ao órgão do Ministério Público o direito de recorrer "quando expresso em lei" (art. 814). O Ministério Público oficia, no processo civil, ora como parte, ora como fiscal da lei. A locução empregada pelo referido preceito, sem qualquer individuação, assim no Código como em Lei especial, deu lugar a fundas divergências, que era preciso afastar a bem da segurança dos negócios jurídicos e da missão atribuída ao Ministério Público.[61]

Em relação ao terceiro, o Código diz simplesmente que ele "poderá recorrer" (art. 815), deixando de mencionar os pressupostos de sua admissibilidade; a doutrina, diante de regra tão extensa, construiu duas soluções distintas: uma que permite o recurso como intervenção *ad coadjuvandum*[62] e outra, *ad infringendum*.[63]

33. Diversamente do Código vigente, o projeto simplifica o sistema de recursos. Concede apelação só de sentença; de todas as decisões interlocutórias, agravo de instrumento. Esta solução atende plenamente aos princípios fundamentais do Código, sem sacrificar o andamento da causa e sem retardar injustificavelmente a resolução de questões incidentes, muitas das quais são de importância decisiva para a apreciação do mérito. O critério que distingue os dois recursos é simples. Se o juiz põe termo ao processo, cabe apelação. Não importa indagar se decidiu ou não o mérito. A condição do recurso é que tenha havido julgamento final no processo. Cabe agravo de instrumento de toda a decisão, proferida no curso do processo, pela qual o juiz resolve questão incidente.

34. No sistema do projeto, o recurso extraordinário sobe por instrumento. Na verdade, partindo-se da ideia de que compete aos Tribunais estaduais e ao Tribunal Federal de Recursos o julgamento das causas em segundo grau de jurisdição, daí se segue que, perante a sua justiça, hão de exaurir-se os recursos ordinários conferidos pelo Código de Processo Civil. Ora, depois que a ação percorre os dois graus de jurisdição, é de se supor que a causa tenha sido amplamente apreciada, sob o duplo aspecto de fato e de direito; e, se apesar disso, a parte vencida ainda não se sente convencida e pretende interpor recurso extraordinário, é verdadeiramente paradoxal que o vencedor tenha de extrair carta de sentença, às suas expensas, para executar o julgado, só porque o recurso foi admitido pelo Presidente do Tribunal. Esta solução do direito vigente encerra uma inversão na ordem das coisas, impondo que o vencedor suporte ainda um ônus, depois de ter sido decretada a procedência do seu pedido. Mais lógico seria que o recurso extraordinário se processasse em separado, com a trasladação das peças por conta do recorrente.

Capítulo VI
DO PROCEDIMENTO SUMARÍSSIMO

37. No antigo direito luso-brasileiro, o procedimento era ordinário, sumário, sumaríssimo e executivo (cf. NEVES DE CASTRO, Manual do processo civil ordinário, 2ª ed., n. 2, nota 5; PEREIRA E SOUSA, Primeiras linhas sobre o processo civil, § 7º; CORREIA TELLES, Doutrina das ações, § 15; PAULA BATISTA, Processo civil, § 75; RAMALHO, Praxe, § 298; GUSMÃO, Processo civil e comercial, Cap. 17). A virtude do procedimento sumaríssimo está em que ele se desenvolve *simpliciter et de plano ac sine strepitu*. O que o caracteriza é a simplificação de atos, de modo que as demandas sejam processadas e decididas em curto espaço de tempo e com o mínimo de despesas.

A Constituição vigente estabelece que "para as causas ou litígios, que a lei definirá, poderão ser instituídos processos e julgamento de rito sumaríssimo, observados os critérios de descentralização, de economia e de comodidade das partes" (art. 112, parágrafo único [dispositivo alterado pela EC 7/1977]). Em cumprimento ao disposto neste preceito constitucional, dedica o projeto um capítulo ao procedimento sumaríssimo, cuja disciplina atendeu a dois critérios: *a)* o do valor das causas; *b)* o da matéria. Assim, obedecerão a esse tipo de procedimento os pleitos cujo valor não exceder 50 (cinquenta) vezes o maior salário mínimo vigente no País e também as causas, qualquer que seja o valor, enumeradas no art. 279.

→ Consta conforme publicação oficial.

55 FRANCISCO MORATO. A oralidade. *Revista Forense*, vol. 74. pág. 145; LUÍS MACHADO GUIMARÃES. O processo oral e o processo escrito. *Revista Forense*, vol. 74. pág. 166; ALCIDES DE MENDONÇA LIMA. *Estudios en honor de Couture*. pág. 483.

56 LIEBMAN. *Instituições*, vol. 3, pág. 295; E. D. MONIZ DE ARAGÃO. *Estudo* cit., pág. 129; ELIÉZER ROSA. *Dicionário*, verbete "Agravo no auto do processo"; JOSÉ OLYMPIO DE CASTRO FILHO. Agravo no auto do processo. *Revista Forense*, vol. 151. pág. 185; ALFREDO BUZAID. Agravio nel auto del proceso. *Revista de Derecho Procesal*, 1951, vol. 1, pág. 153 e ss.

57 ELIÉZER ROSA. *Revista Forense*, vol. 124. pág. 348.

58 MONIZ DE ARAGÃO, op. cit., pág. 30.

59 GOLDSCHMIDT. *Zivilprozessrecht*, § 64.

60 GOLDSCHMIDT, op. cit., § 64.

61 MONIZ DE ARAGÃO. *Estudo* cit., pág. 28; JOSÉ FREDERICO MARQUES. *Instituições*, vol. 4. pág. 81.

62 LIEBMAN. *Instituições*, vol. 3. pág. 387.

63 PEDRO LINS PALMEIRA. *Da intervenção de terceiros*. pág. 125; E. D. MONIZ DE ARAGÃO é partidário de um conceito amplo (*Estudo*, pág. 29).

Capítulo VII
CONCLUSÃO

38. Estas são, Senhor Presidente, as linhas fundamentais do Projeto de Código de Processo Civil. Pela sua leitura, ver-se-á que foram cumpridas as recomendações constantes da mensagem enviada ao Congresso, da qual peço vênia para transcrever o seguinte passo: "Na reforma das leis processuais, cujos projetos se encontram em vias de encaminhamento à consideração do Congresso Nacional, cuida-se, por isso, de modo todo especial, em conferir aos órgãos jurisdicionais os meios de que necessitam para que a prestação da justiça se efetue com a presteza indispensável à eficaz atuação do direito. Cogita-se, pois, de racionalizar o procedimento, assim na ordem civil como na penal, simplificando-lhe os termos de tal sorte que os trâmites processuais levem à prestação da sentença com economia de tempo e despesas para os litigantes. Evitar-se-á, assim, o retardamento na decisão das causas ou na execução dos direitos já reconhecidos em juízo. No tutelar-se por essa forma o interesse das partes e a dignidade da justiça, seguir-se-á, aliás, o caminho facultado pela Constituição vigente, quando no art. 112, parágrafo único, dispõe: 'Para as causas ou litígios, que a lei definirá, poderão ser instituídos processos e julgamento de rito sumaríssimo, observados os critérios de descentralização, de economia e de comodidade das partes" (*Diário do Congresso Nacional*, ano XXVII, n. I, p. 5).

Aproveito a oportunidade para renovar a Vossa Excelência protestos do mais profundo respeito.

Alfredo Buzaid

Ministro da Justiça

CÓDIGO DE PROCESSO CIVIL DE 1973

LEI 5.869,
DE 11 DE JANEIRO DE 1973

Institui o Código de Processo Civil.

→ *v.* Lei 13.105/2015 – Institui o Novo Código de Processo Civil, em vigor após decorrido 1 (um) ano da data de sua publicação oficial (Art. 1.045 do NCPC) – *D.O.U.* de 17.3.2015.

→ *v.* Lei 13.146/2015 – Estatuto da Pessoa com Deficiência.

O Presidente da República:

Faço saber que o Congresso Nacional decreta e eu sanciono a seguinte Lei:

LIVRO I
Do processo de conhecimento

Título I
Da jurisdição e da ação

Capítulo I
DA JURISDIÇÃO

Art. 1º A jurisdição civil, contenciosa e voluntária, é exercida pelos juízes, em todo o território nacional, conforme as disposições que este Código estabelece.

→ *v.* Arts. 5º, XXXV, XXXVII, LIII, LIV, 52, I e II, 71 e 93, IX, da CF/1988.

→ *v.* Arts. 1.103 a 1.210 do CPC.

→ *v.* Art. 4º da Lei 12.529/2011.

→ *v.* Lei 9.307/1996 – Dispõe sobre a arbitragem.

Art. 2º Nenhum juiz prestará a tutela jurisdicional senão quando a parte ou o interessado a requerer, nos casos e formas legais.

→ *v.* Art. 129, III, da CF/1988.

→ *v.* Arts. 81, 116. 262, 989, 1.129, 1.142 e 1.160 do CPC.

→ *v.* Art. 878 da CLT.

→ *v.* Art. 5º, I, da Lei 7.347/1985.

Capítulo II
DA AÇÃO

Art. 3º Para propor ou contestar ação é necessário ter interesse e legitimidade.

→ *v.* Súmula 77 do STJ.

→ *v.* Arts. 263, 267, VI, § 3º, 284, 295 do CPC.

Art. 4º O interesse do autor pode limitar-se à declaração:

→ *v.* Súmula 258 do STF.

→ *v.* Súmulas 181 e 242 do STJ.

→ *v.* Art. 5º, XXXV, da CF/1988.

I – da existência ou da inexistência de relação jurídica;

II – da autenticidade ou falsidade de documento.

Parágrafo único. É admissível a ação declaratória, ainda que tenha ocorrido a violação do direito.

→ *v.* Súmulas 287 e 461 do STJ.

Art. 5º Se, no curso do processo, se tornar litigiosa relação jurídica de cuja existência ou inexistência depender o julgamento da lide, qualquer das partes poderá requerer que o juiz a declare por sentença.

→ Artigo com redação alterada pela Lei 5.925/1973.

→ *v.* Arts. 325 e 470 do CPC.

Art. 6º Ninguém poderá pleitear, em nome próprio, direito alheio, salvo quando autorizado por lei.

→ *v.* Súmulas 286 do TST.

→ *v.* Arts. 127 e 129, IX, da CF/1988.

→ *v.* Art. 1.199 do CC/2002.

→ *v.* Arts. 81 e 82 do CDC.

→ *v.* Art. 132 da Lei 11.101/2005.

→ *v.* Art. 5º, I, da Lei 7.347/1985.

Título II
Das partes e dos procuradores

Capítulo I
DA CAPACIDADE PROCESSUAL

→ *v.* Lei 13.146/2015 – Estatuto da Pessoa com Deficiência.

Art. 7º Toda pessoa que se acha no exercício dos seus direitos tem capacidade para estar em juízo.

→ *v.* Art. 129, III, da CF/1988.

→ *v.* Arts. 2º e 5º do CC/2002.

→ *v.* Arts. 12, 36, 267, VI e 295, II, do CPC.

→ *v.* Art. 210 do ECA.

→ *v.* Art. 5º da Lei 7.347/1985.

→ *v.* Art. 8º da Lei 9.099/1995.

Art. 8º Os incapazes serão representados ou assistidos por seus pais, tutores ou curadores, na forma da lei civil.

→ *v.* Arts. 3º e 4º do CC/2002.

→ *v.* Art.82, I, do CPC.

→ *v.* Art.21 do ECA.

Art. 9º O juiz dará curador especial:

→ *v.* Arts. 1.778 e 1.779 do CC/2002.

→ *v.* Art. 4º, XVI, da LC 80/1994.

→ *v.* Art. 148, parágrafo único, *f*, do ECA.

I – ao incapaz, se não tiver representante legal, ou se os interesses deste colidirem com os daquele;

→ *v.* Art. 3º do CC/2002.

II – ao réu preso, bem como ao revel citado por edital ou com hora certa.

→ *v.* Arts. 221, III, e 231 do CPC.

Parágrafo único. Nas comarcas onde houver representante judicial de incapazes ou de ausentes, a este competirá a função de curador especial.

→ *v.* Art. 4º, XVI, da LC 80/1994.

Art. 10. O cônjuge somente necessitará do consentimento do outro para propor ações que versem sobre direitos reais imobiliários.

→ *Caput* com redação alterada pela Lei 8.952/1994.

→ *v.* Art. 5º, I, da CF/1988.

→ *v.* Art. 1.647 do CC/2002.

→ *v.* Art. 11, parágrafo único, do CPC.

§ 1º Ambos os cônjuges serão necessariamente citados para as ações:

→ Anterior parágrafo único renumerado pela Lei 8.952/1994.

I – que versem sobre direitos reais imobiliários;

→ Inciso I com redação alterada pela Lei 8.952/1994.

→ *v.* Art. 47 do CPC.

II – resultantes de fatos que digam respeito a ambos os cônjuges ou de atos praticados por eles;

→ Inciso II com redação alterada pela Lei 5.925/1973.

III – fundadas em dívidas contraídas pelo marido a bem da família, mas cuja execução tenha de recair sobre o produto do trabalho da mulher ou os seus bens reservados;

→ Inciso III com redação alterada pela Lei 5.925/1973.

→ *v.* Arts. 1.643 e 1.644 do CC/2002.

IV – que tenham por objeto o reconhecimento, a constituição ou a extinção de ônus sobre imóveis de um ou de ambos os cônjuges.

→ Inciso IV com redação alterada pela Lei 5.925/1973.

§ 2º Nas ações possessórias, a participação do cônjuge do autor ou do réu somente é indispensável nos casos de composse ou de ato por ambos praticado.

→ § 2º acrescentado pela Lei 8.952/1994.

Art. 11. A autorização do marido e a outorga da mulher podem suprir-se judicialmente, quando um cônjuge a recuse ao outro sem justo motivo, ou lhe seja impossível dá-la.

→ *v.* Art. 1.648 do CC/2002.

Parágrafo único. A falta, não suprida pelo juiz, da autorização ou da outorga, quando necessária, invalida o processo.

→ *v.* Arts. 13 e 267, IV, do CPC.

Art. 12. Serão representados em juízo, ativa e passivamente:

I – a União, os Estados, o Distrito Federal e os Territórios, por seus procuradores;

→ *v.* Dec.-lei 200/1967 – Dispõe sobre a organização da Administração Federal, estabelece diretrizes para a Reforma Administrativa.

→ *v.* Art. 102, I, da CF/1988.

II – o Município, por seu Prefeito ou procurador;

III – a massa falida, pelo síndico;

→ v. Art. 766, II, do CPC.

→ v. Art. 22, III, *n*, da Lei 11.101/2005.

IV – a herança jacente ou vacante, por seu curador;

→ v. Arts. 1.819 a 1.826 do CC/2002.

→ v. Art. 1.144, I, do CPC.

V – o espólio, pelo inventariante;

→ v. Art. 991, I, do CPC.

VI – as pessoas jurídicas, por quem os respectivos estatutos designarem, ou, não os designando, por seus diretores;

→ v. Art. 44 do CC/2002.

VII – as sociedades sem personalidade jurídica, pela pessoa a quem couber a administração dos seus bens;

VIII – a pessoa jurídica estrangeira, pelo gerente, representante ou administrador de sua filial, agência ou sucursal aberta ou instalada no Brasil (art. 88, parágrafo único);

→ v. Art. 11 da LINDB.

IX – o condomínio, pelo administrador ou pelo síndico.

→ v. Art. 1.314 do CC/2002.

§ 1º Quando o inventariante for dativo, todos os herdeiros e sucessores do falecido serão autores ou réus nas ações em que o espólio for parte.

→ v. Art. 47 do CPC.

§ 2º As sociedades sem personalidade jurídica, quando demandadas, não poderão opor a irregularidade de sua constituição.

→ v. Art. 45 do CC/2002.

→ v. Art. 82. III, do CDC.

§ 3º O gerente da filial ou agência presume-se autorizado, pela pessoa jurídica estrangeira, a receber citação inicial para o processo de conhecimento, de execução, cautelar e especial.

Art. 13. Verificando a incapacidade processual ou a irregularidade da representação das partes, o juiz, suspendendo o processo, marcará prazo razoável para ser sanado o defeito. Não sendo cumprido o despacho dentro do prazo, se a providência couber:

→ v. Arts. 236, § 2º, e 266 do CPC.

I – ao autor, o juiz decretará a nulidade do processo;

II – ao réu, reputar-se-á revel;

III – ao terceiro, será excluído do processo.

Capítulo II
DOS DEVERES DAS PARTES E DOS SEUS PROCURADORES

Seção I
Dos deveres

→ v. Resolução do CFOAB 2/2015 – Novo Código de Ética e Disciplina da OAB.

→ v. Provimento do CFOAB 166/2015 – Advocacia *Pro Bono*.

Art. 14. São deveres das partes e de todos aqueles que de qualquer forma participam do processo:

→ *Caput* com redação alterada pela Lei 10.358/2001.

I – expor os fatos em juízo conforme a verdade;

→ v. Art. 406 do CPC.

II – proceder com lealdade e boa-fé;

→ v. Art. 5º, LXXIII, da CF/1988.

III – não formular pretensões, nem alegar defesa, cientes de que são destituídas de fundamento;

IV – não produzir provas, nem praticar atos inúteis ou desnecessários à declaração ou defesa do direito;

V – cumprir com exatidão os provimentos mandamentais e não criar embaraços à efetivação de provimentos judiciais, de natureza antecipatória ou final.

→ Inciso V acrescentado pela Lei 10.358/2001.

Parágrafo único. Ressalvados os advogados que se sujeitam exclusivamente aos estatutos da OAB, a violação do disposto no inciso V deste artigo constitui ato atentatório ao exercício da jurisdição, podendo o juiz, sem prejuízo das sanções criminais, civis e processuais cabíveis, aplicar ao responsável multa em montante a ser fixado de acordo com a gravidade da conduta e não superior a 20% (vinte por cento) do valor da causa; não sendo paga no prazo estabelecido, contado do trânsito em julgado da decisão final da causa, a multa será inscrita sempre como dívida ativa da União ou do Estado.

→ Parágrafo único acrescentado pela Lei 10.358/2001.

→ v. ADIn 2.652-6, o STF decidiu: "(...), sem redução de texto, emprestar à expressão 'ressalvados os advogados que se sujeitam exclusivamente aos estatutos da OAB', contida no parágrafo único do art. 14 do CPC, com a redação imprimida pela Lei 10.358/2001, interpretação conforme a Carta, a abranger advogados do setor privado e do setor público" – publicado *D.O.U.* 20.5.2003.

→ v. Arts. 16 a 18 do CPC.

→ v. Arts. 31 a 33 da Lei 8.906/1994.

Art. 15. É defeso às partes e seus advogados empregar expressões injuriosas nos escritos apresentados no processo, cabendo ao juiz, de ofício ou a requerimento do ofendido, mandar riscá-las.

→ v. Art. 161 do CPC.

→ v. Arts. 138 a 140 do CP.

Parágrafo único. Quando as expressões injuriosas forem proferidas em defesa oral, o juiz advertirá o advogado que não as use, sob pena de lhe ser cassada a palavra.

Seção II
Da responsabilidade das partes por dano processual

Art. 16. Responde por perdas e danos aquele que pleitear de má-fé como autor, réu ou interveniente.

→ v. Arts. 186, 927 e 940 do CC/2002.

→ v. Art. 18, § 2º, do CPC.

Art. 17. Reputa-se litigante de má-fé aquele que:

→ *Caput* com redação alterada pela Lei 6.771/1980.

I – deduzir pretensão ou defesa contra texto expresso de lei ou fato incontroverso;

→ Inciso I com redação alterada pela Lei 6.771/1980.

→ v. Art. 334, II e III, do CPC.

II – alterar a verdade dos fatos;

→ Inciso II com redação alterada pela Lei 6.771/1980.

III – usar do processo para conseguir objetivo ilegal;

→ Inciso III com redação alterada pela Lei 6.771/1980.

→ v. Arts. 129 e 485, III, do CPC.

IV – opuser resistência injustificada ao andamento do processo;

→ Inciso IV com redação alterada pela Lei 6.771/1980.

→ v. Arts. 593, 600 e 881 do CPC.

V – proceder de modo temerário em qualquer incidente ou ato do processo;

→ Inciso V com redação alterada pela Lei 6.771/1980.

VI – provocar incidentes manifestamente infundados;

→ Inciso VI com redação alterada pela Lei 6.771/1980.

VII – interpuser recurso com intuito manifestamente protelatório.

→ Inciso VII acrescentado pela Lei 9.668/1998.

→ v. Art. 5º, LV, da CF/1988.

→ v. Art. 538, parágrafo único, do CPC.

Art. 18. O juiz ou tribunal, de ofício ou a requerimento, condenará o litigante de má-fé a pagar multa não excedente a 1% (um por cento) sobre o valor da causa e a indenizar a parte contrária dos prejuízos que esta sofreu, mais os honorários advocatícios e todas as despesas que efetuou.

→ *Caput* com redação alterada pela Lei 9.668/1998.

→ v. Arts. 14, V, e parágrafo único, e 20 do CPC.

→ v. Súmula Vinculante 47 do STF.

§ 1º Quando forem dois ou mais os litigantes de má-fé, o juiz condenará cada um na proporção do seu respectivo interesse na causa, ou solidariamente aqueles que se coligaram para lesar a parte contrária.

§ 2º O valor da indenização será desde logo fixado pelo juiz, em quantia não superior a 20% (vinte por cento) sobre o valor da causa, ou liquidado por arbitramento.

→ § 2º com redação alterada pela Lei 8.952/1994.

Seção III
Das despesas e das multas

→ v. Súmulas 517 e 519 do STJ.

Art. 19. Salvo as disposições concernentes à justiça gratuita, cabe às partes prover as despesas dos atos que realizam ou requerem no processo, antecipando-lhes o pagamento desde o início até sentença final; e bem ainda, na execução, até a plena satisfação do direito declarado pela sentença.

→ v. Art. 5º, LVI, da CF/1988.

→ v. Súmula 178 do STJ.

→ v. Súmula 79 do JEF.

→ v. Art. 3º da Lei 1.060/1950.

§ 1º O pagamento de que trata este artigo será feito por ocasião de cada ato processual.

§ 2º Compete ao autor adiantar as despesas relativas a atos, cuja realização o juiz determinar de ofício ou a requerimento do Ministério Público.

→ v. Arts. 81 a 83 do CPC.

Art. 20. A sentença condenará o vencido a pagar ao vencedor as despesas que antecipou e os honorários advocatícios. Essa verba honorária será devida, também, nos casos em que o advogado funcionar em causa própria.

→ *Caput* com redação alterada pela Lei 6.355/1976.

→ v. Súmula Vinculante 47 do STF.

→ v. Súmula 616 do STF.

→ v. Art. 500 do CPC.

→ v. Arts. 22 e 35 da Lei 8.906/1994.

→ v. Lei 6.899/1982 – Determina a aplicação da correção monetária nos débitos oriundos de decisão judicial e dá outras providências.

§ 1º O juiz, ao decidir qualquer incidente ou recurso, condenará nas despesas o vencido.

→ § 1º com redação alterada pela Lei 5.925/1973.

§ 2º As despesas abrangem não só as custas dos atos do processo, como também a indenização de viagem, diária de testemunha e remuneração do assistente técnico.

→ § 2º com redação alterada pela Lei 5.925/1973.

§ 3º Os honorários serão fixados entre o mínimo de 10% (dez por cento) e o máximo de 20% (vinte por cento) sobre o valor da condenação, atendidos:

→ § 3º com redação alterada pela Lei 5.925/1973.

a) o grau de zelo do profissional;

b) o lugar de prestação do serviço;

c) a natureza e importância da causa, o trabalho realizado pelo advogado e o tempo exigido para o seu serviço.

→ *V.* Súmulas 234 e 236 do STF.

→ *V.* Súmulas 110, 111 e 345 do STJ.

§ 4º Nas causas de pequeno valor, nas de valor inestimável, naquelas em que não houver condenação ou for vencida a Fazenda Pública, e nas execuções, embargadas ou não, os honorários serão fixados consoante apreciação equitativa do juiz, atendidas as normas das alíneas *a*, *b* e *c* do parágrafo anterior.

→ § 4º com redação alterada pela Lei 8.952/1994.

§ 5º Nas ações de indenização por ato ilícito contra pessoa, o valor da condenação será a soma das prestações vencidas com o capital necessário a produzir a renda correspondente às prestações vincendas (art. 602), podendo estas ser pagas, também mensalmente, na forma do § 2º do referido art. 602, inclusive em consignação na folha de pagamentos do devedor.

→ § 5º acrescentado pela Lei 6.745/1979.

Art. 21. Se cada litigante for em parte vencedor e vencido, serão recíproca e proporcionalmente distribuídos e compensados entre eles os honorários e as despesas.

→ *V.* Art. 500 do CPC.

Parágrafo único. Se um litigante decair de parte mínima do pedido, o outro responderá, por inteiro, pelas despesas e honorários.

Art. 22. O réu que, por não arguir na sua resposta fato impeditivo, modificativo ou extintivo do direito do autor, dilatar o julgamento da lide, será condenado nas custas a partir do saneamento do processo e perderá, ainda que vencedor na causa, o direito a haver do vencido honorários advocatícios.

→ Artigo com redação alterada pela Lei 5.925/1973.

→ *V.* Art. 193 do CC/2002.

→ *V.* Art. 219, § 5º, do CPC.

Art. 23. Concorrendo diversos autores ou diversos réus, os vencidos respondem pelas despesas e honorários em proporção.

Art. 24. Nos procedimentos de jurisdição voluntária, as despesas serão adiantadas pelo requerente, mas rateadas entre os interessados.

→ *V.* Arts. 1.103 a 1.210 do CPC.

Art. 25. Nos juízos divisórios, não havendo litígio, os interessados pagarão as despesas proporcionalmente aos seus quinhões.

→ *V.* Art. 946, II, do CPC.

Art. 26. Se o processo terminar por desistência ou reconhecimento do pedido, as despesas e os honorários serão pagos pela parte que desistiu ou reconheceu.

→ *V.* Arts. 267, VIII, e 269, V, do CPC.

§ 1º Sendo parcial a desistência ou o reconhecimento, a responsabilidade pelas despesas e honorários será proporcional à parte de que se desistiu ou que se reconheceu.

§ 2º Havendo transação e nada tendo as partes disposto quanto às despesas, estas serão divididas igualmente.

Art. 27. As despesas dos atos processuais, efetuados a requerimento do Ministério Público ou da Fazenda Pública, serão pagas a final pelo vencido.

→ *V.* Arts. 19 e 27 do CPC.

Art. 28. Quando, a requerimento do réu, o juiz declarar extinto o processo sem julgar o mérito (art. 267, § 2º), o autor não poderá intentar de novo a ação, sem pagar ou depositar em cartório as despesas e os honorários, em que foi condenado.

Art. 29. As despesas dos atos, que forem adiados ou tiverem de repetir-se, ficarão a cargo da parte, do serventuário, do órgão do Ministério Público ou do juiz que, sem justo motivo, houver dado causa ao adiamento ou à repetição.

Art. 30. Quem receber custas indevidas ou excessivas é obrigado a restituí-las, incorrendo em multa equivalente ao dobro de seu valor.

→ *V.* Art. 35 do CPC.

Art. 31. As despesas dos atos manifestamente protelatórios, impertinentes ou supérfluos serão pagas pela parte que os tiver promovido ou praticado, quando impugnados pela outra.

Art. 32. Se o assistido ficar vencido, o assistente será condenado nas custas em proporção à atividade que houver exercido no processo.

→ *V.* Arts. 50 a 55 do CPC.

Art. 33. Cada parte pagará a remuneração do assistente técnico que houver indicado; a do perito será paga pela parte que houver requerido o exame, ou pelo autor, quando requerido por ambas as partes ou determinado de ofício pelo juiz.

→ *V.* Art. 3º, VI, da Lei 1.060/1950.

Parágrafo único. O juiz poderá determinar que a parte responsável pelo pagamento dos honorários do perito deposite em juízo o valor correspondente a essa remuneração. O numerário, recolhido em depósito bancário à ordem do juízo e com correção monetária, será entregue ao perito após a apresentação do laudo, facultada a sua liberação parcial, quando necessária.

→ Parágrafo único acrescentado pela Lei 8.952/1994.

→ *V.* Súmulas 190 e 232 do STJ.

→ *V.* Art. 3º, V, da Lei 1.060/1950.

Art. 34. Aplicam-se à reconvenção, à oposição, à ação declaratória incidental e aos procedimentos de jurisdição voluntária, no que couber, as disposições constantes desta seção.

→ Artigo com redação alterada pela Lei 5.925/1973.

Art. 35. As sanções impostas às partes em consequência de má-fé serão contadas como custas e reverterão em benefício da parte contrária; as impostas aos serventuários pertencerão ao Estado.

Capítulo III
DOS PROCURADORES

Art. 36. A parte será representada em juízo por advogado legalmente habilitado. Ser-lhe-á lícito, no entanto, postular em causa própria, quando tiver habilitação legal ou, não a tendo, no caso de falta de advogado no lugar ou recusa ou impedimento dos que houver.

→ *V.* Súmulas 5 e 343 do STJ.

→ *V.* Arts. 5º, XXXIV e LV, 129, III, da CF/1988.

→ *V.* Art. 5º da Lei 7.347/1985.

→ *V.* Art. 82 do CDC.

→ *V.* Art. 210 do ECA.

→ *V.* Arts. 9º e 41, § 2º, da Lei 9.099/1995.

→ *V.* Arts. 1º e 3º, § 2º, da Lei 8.906/1994.

§§ 1º e 2º (*Revogados pela Lei 9.649/1998*).

Art. 37. Sem instrumento de mandato, o advogado não será admitido a procurar em juízo. Poderá, todavia, em nome da parte, intentar ação, a fim de evitar decadência ou prescrição, bem como intervir, no processo, para praticar atos reputados urgentes. Nestes casos, o advogado se obrigará, independentemente de caução, a exibir o instrumento de mandato no prazo de 15 (quinze) dias, prorrogável até outros 15 (quinze), por despacho do juiz.

Parágrafo único. Os atos, não ratificados no prazo, serão havidos por inexistentes, respondendo o advogado por despesas e perdas e danos.

Art. 38. A procuração geral para o foro, conferida por instrumento público, ou particular assinado pela parte, habilita o advogado a praticar todos os atos do processo, salvo para receber a citação inicial, confessar, reconhecer a procedência do pedido, transigir, desistir, renunciar ao direito sobre que se funda a ação, receber, dar quitação e firmar compromisso.

→ *Caput* com redação alterada pela Lei 8.952/1994.

Parágrafo único. A procuração pode ser assinada digitalmente com base em certificado emitido por Autoridade Certificadora credenciada, na forma da lei específica.

→ Parágrafo único acrescentado pela Lei 11.419/2006.

Art. 39. Compete ao advogado, ou à parte quando postular em causa própria:

I – declarar, na petição inicial ou na contestação, o endereço em que receberá intimação;

II – comunicar ao escrivão do processo qualquer mudança de endereço.

Parágrafo único. Se o advogado não cumprir o disposto no n. I deste artigo, o juiz, antes de determinar a citação do réu, mandará que se supra a omissão no prazo de 48 (quarenta e oito) horas, sob pena de indeferimento da petição; se infringir o previsto no n. II, reputar-se-ão válidas as intimações enviadas, em carta registrada, para o endereço constante dos autos.

Art. 40. O advogado tem direito de:

→ *V.* Art. 7º da Lei 8.906/1994;

I – examinar, em cartório de justiça e secretaria de tribunal, autos de qualquer processo, salvo o disposto no art. 155;

II – requerer, como procurador, vista dos autos de qualquer processo pelo prazo de 5 (cinco) dias;

III – retirar os autos do cartório ou secretaria, pelo prazo legal, sempre que lhe competir falar neles por determinação do juiz, nos casos previstos em lei.

§ 1º Ao receber os autos, o advogado assinará carga no livro competente.

§ 2º Sendo comum às partes o prazo, só em conjunto ou mediante prévio ajuste por petição nos autos, poderão os seus procuradores retirar os autos, ressalvada a obtenção de cópias para a qual cada procurador poderá retirá-los pelo prazo de 1 (uma) hora independentemente de ajuste.

→ § 2º com redação alterada pela Lei 11.969/2009.

Capítulo IV
DA SUBSTITUIÇÃO DAS PARTES E DOS PROCURADORES

Art. 41. Só é permitida, no curso do processo, a substituição voluntária das partes nos casos expressos em lei.

→ *V.* Art. 6º do CPC.

Art. 42. A alienação da coisa ou do direito litigioso, a título particular, por ato entre vivos, não altera a legitimidade das partes.

→ *V.* Art. 593 do CPC.

§ 1º O adquirente ou o cessionário não poderá ingressar em juízo, substituindo o alienante, ou o cedente, sem que o consinta a parte contrária.

§ 2º O adquirente ou o cessionário poderá, no entanto, intervir no processo, assistindo o alienante ou o cedente.

§ 3º A sentença, proferida entre as partes originárias, estende os seus efeitos ao adquirente ou ao cessionário.

Art. 43. Ocorrendo a morte de qualquer das partes, dar-se-á a substituição pelo seu espólio ou pelos seus sucessores, observado o disposto no art. 265.

Art. 44. A parte, que revogar o mandato outorgado ao seu advogado, no mesmo ato constituirá outro que assuma o patrocínio da causa.

→ *V.* Arts.37, 38 e 42 da Lei 8.906/1994.

Art. 45. O advogado poderá, a qualquer tempo, renunciar ao mandato, provando que cientificou o mandante a fim de que este nomeie substituto. Durante os 10 (dez) dias seguintes, o advogado continuará a representar o mandante, desde que necessário para lhe evitar prejuízo.

→ Artigo com redação alterada pela Lei 8.952/1994.

→ *V.* Art. 682, I, do CC/2002.

Capítulo V
DO LITISCONSÓRCIO E DA ASSISTÊNCIA

Seção I
Do litisconsórcio

Art. 46. Duas ou mais pessoas podem litigar, no mesmo processo, em conjunto, ativa ou passivamente, quando:

I – entre elas houver comunhão de direitos ou de obrigações relativamente à lide;

II – os direitos ou as obrigações derivarem do mesmo fundamento de fato ou de direito;

III – entre as causas houver conexão pelo objeto ou pela causa de pedir;

IV – ocorrer afinidade de questões por um ponto comum de fato ou de direito.

Parágrafo único. O juiz poderá limitar o litisconsórcio facultativo quanto ao número de litigantes, quando este comprometer a rápida solução do litígio ou dificultar a defesa. O pedido de limitação interrompe o prazo para a resposta, que recomeça da intimação da decisão.

→ Parágrafo único acrescentado pela Lei 8.952/1994.

→ *V.* Art. 125 do CPC.

Art. 47. Há litisconsórcio necessário, quando, por disposição de lei ou pela natureza da relação jurídica, o juiz tiver de decidir a lide de modo uniforme para todas as partes; caso em que a eficácia da sentença dependerá da citação de todos os litisconsortes no processo.

Parágrafo único. O juiz ordenará ao autor que promova a citação de todos os litisconsortes necessários, dentro do prazo que assinar, sob pena de declarar extinto o processo.

Art. 48. Salvo disposição em contrário, os litisconsortes serão considerados, em suas relações com a parte adversa, como litigantes distintos; os atos e as omissões de um não prejudicarão nem beneficiarão os outros.

→ *V.* Art. 509 do CPC.

Art. 49. Cada litisconsorte tem o direito de promover o andamento do processo e todos devem ser intimados dos respectivos atos.

Seção II
Da assistência

Art. 50. Pendendo uma causa entre duas ou mais pessoas, o terceiro, que tiver interesse jurídico em que a sentença seja favorável a uma delas, poderá intervir no processo para assisti-la.

→ *V.* Art. 776 do CC/2002.

Parágrafo único. A assistência tem lugar em qualquer dos tipos de procedimento e em todos os graus da jurisdição; mas o assistente recebe o processo no estado em que se encontra.

Art. 51. Não havendo impugnação dentro de 5 (cinco) dias, o pedido do assistente será deferido. Se qualquer das partes alegar, no entanto, que falece ao assistente interesse jurídico para intervir a bem do assistido, o juiz:

I – determinará, sem suspensão do processo, o desentranhamento da petição e da impugnação, a fim de serem autuadas em apenso;

II – autorizará a produção de provas;

III – decidirá, dentro de 5 (cinco) dias, o incidente.

Art. 52. O assistente atuará como auxiliar da parte principal, exercerá os mesmos poderes e sujeitar-se-á aos mesmos ônus processuais que o assistido.

Parágrafo único. Sendo revel o assistido, o assistente será considerado seu gestor de negócios.

Art. 53. A assistência não obsta a que a parte principal reconheça a procedência do pedido, desista da ação ou transija sobre direitos controvertidos; casos em que, terminando o processo, cessa a intervenção do assistente.

→ *V.* Art. 1.055 do CPC.

Art. 54. Considera-se litisconsorte da parte principal o assistente, toda vez que a sentença houver de influir na relação jurídica entre ele e o adversário do assistido.

Parágrafo único. Aplica-se ao assistente litisconsorcial, quanto ao pedido de intervenção, sua impugnação e julgamento do incidente, o disposto no art. 51.

Art. 55. Transitada em julgado a sentença, na causa em que interveio o assistente, este não poderá, em processo posterior, discutir a justiça da decisão, salvo se alegar e provar que:

→ *V.* Arts. 469 e 472 do CPC.

I – pelo estado em que recebera o processo, ou pelas declarações e atos do assistido, fora impedido de produzir provas suscetíveis de influir na sentença;

II – desconhecia a existência de alegações ou de provas, de que o assistido, por dolo ou culpa, não se valeu.

Capítulo VI
DA INTERVENÇÃO DE TERCEIROS

Seção I
Da oposição

Art. 56. Quem pretender, no todo ou em parte, a coisa ou o direito sobre que controvertem autor e réu, poderá, até ser proferida a sentença, oferecer oposição contra ambos.

Art. 57. O opoente deduzirá o seu pedido, observando os requisitos exigidos para a propositura da ação (arts. 282 e 283). Distribuída a oposição por dependência, serão os opostos citados, na pessoa dos seus respectivos advogados, para contestar o pedido no prazo comum de 15 (quinze) dias.

Parágrafo único. Se o processo principal correr à revelia do réu, este será citado na forma estabelecida no Título V, Capítulo IV, Seção III, deste Livro.

Art. 58. Se um dos opostos reconhecer a procedência do pedido, contra o outro prosseguirá o opoente.

Art. 59. A oposição, oferecida antes da audiência, será apensada aos autos principais e correrá simultaneamente com a ação, sendo ambas julgadas pela mesma sentença.

Art. 60. Oferecida depois de iniciada a audiência, seguirá a oposição o procedimento ordinário, sendo julgada sem prejuízo da causa principal. Poderá o juiz, todavia, sobrestar no andamento do processo, por prazo nunca superior a 90 (noventa) dias, a fim de julgá-la conjuntamente com a oposição.

Art. 61. Cabendo ao juiz decidir simultaneamente a ação e a oposição, desta conhecerá em primeiro lugar.

Seção II
Da nomeação à autoria

Art. 62. Aquele que detiver a coisa em nome alheio, sendo-lhe demandada em nome próprio, deverá nomear à autoria o proprietário ou o possuidor.

Art. 63. Aplica-se também o disposto no artigo antecedente à ação de indenização, intentada pelo proprietário ou pelo titular de um direito sobre a coisa, toda vez que o responsável pelos prejuízos alegar que praticou o ato por ordem, ou em cumprimento de instruções de terceiro.

→ *V.* Arts. 932, III e 1.178 do CC/2002.

Art. 64. Em ambos os casos, o réu requererá a nomeação no prazo para a defesa; o juiz, ao deferir o pedido, suspenderá o processo e mandará ouvir o autor no prazo de 5 (cinco) dias.

Art. 65. Aceitando o nomeado, ao autor incumbirá promover-lhe a citação; recusando-o, ficará sem efeito a nomeação.

Art. 66. Se o nomeado reconhecer a qualidade que lhe é atribuída, contra ele correrá o processo; se a negar, o processo continuará contra o nomeante.

Art. 67. Quando o autor recusar o nomeado, ou quando este negar a qualidade que lhe é atribuída, assinar-se-á ao nomeante novo prazo para contestar.

Art. 68. Presume-se aceita a nomeação se:

I – o autor nada requereu, no prazo em que, a seu respeito, lhe competia manifestar-se;

II – o nomeado não comparecer, ou, comparecendo, nada alegar.

Art. 69. Responderá por perdas e danos aquele a quem incumbia a nomeação:

→ *v.* Art. 186 do CC/2002.

I – deixando de nomear à autoria, quando lhe competir;

II – nomeando pessoa diversa daquela em cujo nome detém a coisa demandada.

Seção III
Da denunciação da lide

Art. 70. A denunciação da lide é obrigatória:

I – ao alienante, na ação em que terceiro reivindica a coisa, cujo domínio foi transferido à parte, a fim de que esta possa exercer o direito que da evicção lhe resulta;

→ *v.* Arts. 447 a 457 do CC/2002.

→ *v.* Art. 280 do CPC.

II – ao proprietário ou ao possuidor indireto quando, por força de obrigação ou direito, em casos como o do usufrutuário, do credor pignoratício, do locatário, o réu, citado em nome próprio, exerça a posse direta da coisa demandada;

→ *v.* Art. 566 do CC/2002.

→ *v.* Art. 22, I, da Lei 8.245/1991.

III – àquele que estiver obrigado, pela lei ou pelo contrato, a indenizar, em ação regressiva, o prejuízo do que perder a demanda.

→ *v.* Súmula 537 do STJ.

→ *v.* Art. 101, II, do CDC.

Art. 71. A citação do denunciado será requerida, juntamente com a do réu, se o denunciante for o autor; e, no prazo para contestar, se o denunciante for o réu.

Art. 72. Ordenada a citação, ficará suspenso o processo.

§ 1º A citação do alienante, do proprietário, do possuidor indireto ou do responsável pela indenização far-se-á:

a) quando residir na mesma comarca, dentro de 10 (dez) dias;

b) quando residir em outra comarca, ou em lugar incerto, dentro de 30 (trinta) dias.

§ 2º Não se procedendo à citação no prazo marcado, a ação prosseguirá unicamente em relação ao denunciante.

Art. 73. Para os fins do disposto no art. 70, o denunciado, por sua vez, intimará do litígio o alienante, o proprietário, o possuidor indireto ou o responsável pela indenização e, assim, sucessivamente, observando-se, quanto aos prazos, o disposto no artigo antecedente.

→ *v.* Art. 231, § 1º, do CPC.

→ *v.* Art. 456 do CC/2002.

Art. 74. Feita a denunciação pelo autor, o denunciado, comparecendo, assumirá a posição de litisconsorte do denunciante e poderá aditar a petição inicial, procedendo-se em seguida à citação do réu.

Art. 75. Feita a denunciação pelo réu:

I – se o denunciado a aceitar e contestar o pedido, o processo prosseguirá entre o autor, de um lado, e de outro, como litisconsortes, o denunciante e o denunciado;

II – se o denunciado for revel, ou comparecer apenas para negar a qualidade que lhe foi atribuída, cumprirá ao denunciante prosseguir na defesa até final;

III – se o denunciado confessar os fatos alegados pelo autor, poderá o denunciante prosseguir na defesa.

Art. 76. A sentença, que julgar procedente a ação, declarará, conforme o caso, o direito do evicto, ou a responsabilidade por perdas e danos, valendo como título executivo.

→ *v.* Art. 256 do CC/2002.

→ *v.* Art. 101, II, do CDC.

Seção IV
Do chamamento ao processo

Art. 77. É admissível o chamamento ao processo:

→ Artigo com redação alterada pela Lei 5.925/1973.

→ *v.* Arts. 275 e 283 do CC/2002.

I – do devedor, na ação em que o fiador for réu;

II – dos outros fiadores, quando para a ação for citado apenas um deles;

III – de todos os devedores solidários, quando o credor exigir de um ou de alguns deles, parcial ou totalmente, a dívida comum.

Art. 78. Para que o juiz declare, na mesma sentença, as responsabilidades dos obrigados, a que se refere o artigo antecedente, o réu requererá, no prazo para contestar, a citação do chamado.

Art. 79. O juiz suspenderá o processo, mandando observar, quanto à citação e aos prazos, o disposto nos arts. 72 e 74.

Art. 80. A sentença, que julgar procedente a ação, condenando os devedores, valerá como título executivo, em favor do que satisfizer a dívida, para exigi-la, por inteiro, do devedor principal, ou de cada um dos codevedores a sua cota, na proporção que lhes tocar.

→ *v.* Art. 475-N, I, do CPC.

Título III
Do Ministério Público

Art. 81. O Ministério Público exercerá o direito de ação nos casos previstos em lei, cabendo-lhe, no processo, os mesmos poderes e ônus que às partes.

→ *v.* Arts. 127, § 1º, e 129, da CF/1988.

→ *v.* Arts. 22, 28, § 1º, 50, 65, parágrafo único, 166, 553, parágrafo único, 1.037, 1.497, § 1º, 1.549, 1.637, 1.692, 1.768, III, e 1.769, do CC/2002.

→ *v.* Arts. 116, 486, 487, III, 796 a 812, 914, I, 988, VIII, 1.112, II, 1.142, 1.194 e 1.218, VII, do CPC.

→ *v.* Arts. 51, § 4º, e 82 do CDC.

→ *v.* Art. 5º da Lei 7.347/1985.

Art. 82. Compete ao Ministério Público intervir:

I – nas causas em que há interesses de incapazes;

→ *v.* Arts. 3º e 4º, do CC/2002.

→ *v.* Art. 218 do CPC.

II – nas causas concernentes ao estado da pessoa, pátrio poder, tutela, curatela, interdição, casamento, declaração de ausência e disposições de última vontade;

III – nas ações que envolvam litígios coletivos pela posse da terra rural e nas demais causas em que há interesse público evidenciado pela natureza da lide ou qualidade da parte.

→ Inciso III com redação alterada pela Lei 9.415/1996.

→ *v.* Art. 226, § 3º, da CF/1988.

→ *v.* Art. 1.723 do CC/2002.

→ *v.* Art. 12, parágrafo único, da Lei 12.016/2009.

Art. 83. Intervindo como fiscal da lei, o Ministério Público:

I – terá vista dos autos depois das partes, sendo intimado de todos os atos do processo;

II – poderá juntar documentos e certidões, produzir prova em audiência e requerer medidas ou diligências necessárias ao descobrimento da verdade.

→ *v.* Art. 197 do CPC.

Art. 84. Quando a lei considerar obrigatória a intervenção do Ministério Público, a parte promover-lhe-á a intimação sob pena de nulidade do processo.

Art. 85. O órgão do Ministério Público será civilmente responsável quando, no exercício de suas funções, proceder com dolo ou fraude.

Título IV
Dos órgãos judiciários e dos auxiliares da justiça

Capítulo I
DA COMPETÊNCIA

→ *v.* Arts. 24 a 26 do Decreto 70.235/1972.

Art. 86. As causas cíveis serão processadas e decididas, ou simplesmente decididas, pelos órgãos jurisdicionais, nos limites de sua competência, ressalvada às partes a faculdade de instituírem juízo arbitral.

→ *v.* Súmulas 58, 100 e 394.

→ *v.* Art. 5º, XXXV, da CF/1988.

→ *v.* Lei 9.307/1996 – Arbitragem.

Art. 87. Determina-se a competência no momento em que a ação é proposta. São irrelevantes as modificações do estado de fato ou de direito ocorridas posteriormente, salvo quando suprimirem o órgão judiciário ou alterarem a competência em razão da matéria ou da hierarquia.

→ *v.* Art. 263 do CPC.

Capítulo II
DA COMPETÊNCIA INTERNACIONAL

Art. 88. É competente a autoridade judiciária brasileira quando:

→ *v.* Arts. 7º e 17 da LINDB.

I – o réu, qualquer que seja a sua nacionalidade, estiver domiciliado no Brasil;

II – no Brasil tiver de ser cumprida a obrigação;

III – a ação se originar de fato ocorrido ou de ato praticado no Brasil.

Parágrafo único. Para o fim do disposto no n. I, reputa-se domiciliada no Brasil a pessoa jurídica estrangeira que aqui tiver agência, filial ou sucursal.

Art. 89. Compete à autoridade judiciária brasileira, com exclusão de qualquer outra:

I – conhecer de ações relativas a imóveis situados no Brasil;

II – proceder a inventário e partilha de bens, situados no Brasil, ainda que o autor da herança seja estrangeiro e tenha residido fora do território nacional.

Art. 90. A ação intentada perante tribunal estrangeiro não induz litispendência, nem obsta a que a autoridade judiciária brasileira conheça da mesma causa e das que lhe são conexas.

→ *v.* Art. 105, I, *l*, da CF/1988.

Capítulo III
DA COMPETÊNCIA INTERNA

Seção I
Da competência em razão do valor e da matéria

Art. 91. Regem a competência em razão do valor e da matéria as normas de organização judiciária, ressalvados os casos expressos neste Código.

→ *v.* Súmulas 503 e 508 do STF.

→ *v.* Súmulas 41, 147, 177, 236 e 363 do STJ.

Art. 92. Compete, porém, exclusivamente ao juiz de direito processar e julgar:

→ *v.* Arts. 24, X, e 98, I, da CF/1988.

I – o processo de insolvência;

II – as ações concernentes ao estado e à capacidade da pessoa.

Seção II
Da competência funcional

Art. 93. Regem a competência dos tribunais as normas da Constituição da República e de organização judiciária. A competência funcional dos juízes de primeiro grau é disciplinada neste Código.

→ *v.* Súmulas 367 e 428 do STJ.

→ *v.* Art. 475-P do CPC.

→ *v.* Art. 25 do Decreto 70.235/1972.

Seção III
Da competência territorial

→ *v.* Art. 24 do Decreto 70.235/1972.

Art. 94. A ação fundada em direito pessoal e a ação fundada em direito real sobre bens móveis serão propostas, em regra, no foro do domicílio do réu.

→ *v.* Art. 12 da LINDB.

→ *v.* Arts. 127 e 159 do CTN.

§ 1º Tendo mais de um domicílio, o réu será demandado no foro de qualquer deles.

§ 2º Sendo incerto ou desconhecido o domicílio do réu, ele será demandado onde for encontrado ou no foro do domicílio do autor.

§ 3º Quando o réu não tiver domicílio nem residência no Brasil, a ação será proposta no foro do domicílio do autor. Se este também residir fora do Brasil, a ação será proposta em qualquer foro.

§ 4º Havendo dois ou mais réus, com diferentes domicílios, serão demandados no foro de qualquer deles, à escolha do autor.

Art. 95. Nas ações fundadas em direito real sobre imóveis é competente o foro da situação da coisa. Pode o autor, entretanto, optar pelo foro do domicílio ou de eleição, não recaindo o litígio sobre direito de propriedade, vizinhança, servidão, posse, divisão e demarcação de terras e nunciação de obra nova.

→ *v.* Súmula 218 do STF.

→ *v.* Súmulas 11 e 238 do STJ.

→ *v.* Art. 500 do CC/2002.

→ *v.* Art. 107 do CPC.

Art. 96. O foro do domicílio do autor da herança, no Brasil, é o competente para o inventário, a partilha, a arrecadação, o cumprimento de disposições de última vontade e todas as ações em que o espólio for réu, ainda que o óbito tenha ocorrido no estrangeiro.

→ *v.* Art. 73 do CC/2002.

Parágrafo único. É, porém, competente o foro:

I – da situação dos bens, se o autor da herança não possuía domicílio certo;

II – do lugar em que ocorreu o óbito, se o autor da herança não tinha domicílio certo e possuía bens em lugares diferentes.

Art. 97. As ações em que o ausente for réu correm no foro de seu último domicílio, que é também o competente para a arrecadação, o inventário, a partilha e o cumprimento de disposições testamentárias.

Art. 98. A ação em que o incapaz for réu se processará no foro do domicílio de seu representante.

→ *v.* Arts. 3º e 4º do CC/2002.

Art. 99. O foro da Capital do Estado ou do Território é competente:

I – para as causas em que a União for autora, ré ou interveniente;

→ *v.* Art. 109, § 1º, da CF/1988.

II – para as causas em que o Território for autor, réu ou interveniente.

→ *v.* Art. 110, parágrafo único, da CF/1988.

Parágrafo único. Correndo o processo perante outro juiz, serão os autos remetidos ao juiz competente da Capital do Estado ou Território, tanto que neles intervenha uma das entidades mencionadas neste artigo.

Excetuam-se:

I – o processo de insolvência;

II – os casos previstos em lei.

Art. 100. É competente o foro:

I – da residência da mulher, para a ação de separação dos cônjuges e a conversão desta em divórcio, e para a anulação de casamento;

→ Inciso I com redação alterada pela Lei 6.515/1977.

→ *v.* Arts. 5º, I, e 226, da CF/1988.

II – do domicílio ou da residência do alimentando, para a ação em que se pedem alimentos;

→ *v.* Art. 26 da Lei 5.478/1968.

III – do domicílio do devedor, para a ação de anulação de títulos extraviados ou destruídos;

→ *v.* Art. 907 do CPC.

IV – do lugar:

a) onde está a sede, para a ação em que for ré a pessoa jurídica;

b) onde se acha a agência ou sucursal, quanto às obrigações que ela contraiu;

c) onde exerce a sua atividade principal, para a ação em que for ré a sociedade, que carece de personalidade jurídica;

d) onde a obrigação deve ser satisfeita, para a ação em que se lhe exigir o cumprimento;

V – do lugar do ato ou fato:

a) para a ação de reparação do dano;

b) para a ação em que for réu o administrador ou gestor de negócios alheios.

Parágrafo único. Nas ações de reparação do dano sofrido em razão de delito ou acidente de veículos, será competente o foro do domicílio do autor ou do local do fato.

Art. 101. *(Revogado pela Lei 9.307/1996).*

Seção IV
Das modificações da competência

Art. 102. A competência, em razão do valor e do território, poderá modificar-se pela conexão ou continência, observado o disposto nos artigos seguintes.

→ *v.* Arts. 253, 104 e 105 do CPC.

Art. 103. Reputam-se conexas duas ou mais ações, quando lhes for comum o objeto ou a causa de pedir.

→ *v.* Súmula 383 do STJ.

Art. 104. Dá-se a continência entre duas ou mais ações sempre que há identidade quanto às partes e à causa de pedir, mas o objeto de uma, por ser mais amplo, abrange o das outras.

Art. 105. Havendo conexão ou continência, o juiz, de ofício ou a requerimento de qualquer das partes, pode ordenar a reunião de ações propostas em separado, a fim de que sejam decididas simultaneamente.

Art. 106. Correndo em separado ações conexas perante juízes que têm a mesma competência territorial, considera-se prevento aquele que despachou em primeiro lugar.

Art. 107. Se o imóvel se achar situado em mais de um Estado ou comarca, determinar-se-á o foro pela prevenção, estendendo-se a competência sobre a totalidade do imóvel.

Art. 108. A ação acessória será proposta perante o juiz competente para a ação principal.

Art. 109. O juiz da causa principal é também competente para a reconvenção, a ação declaratória incidente, as ações de garantia e outras que respeitam ao terceiro interveniente.

Art. 110. Se o conhecimento da lide depender necessariamente da verificação da existência de fato delituoso, pode o juiz mandar sobrestar no andamento do processo até que se pronuncie a justiça criminal.

Parágrafo único. Se a ação penal não for exercida dentro de 30 (trinta) dias, contados da intimação do despacho de sobrestamento, cessará o efeito deste, decidindo o juiz cível a questão prejudicial.

Art. 111. A competência em razão da matéria e da hierarquia é inderrogável por convenção das partes; mas estas podem modificar a competência em razão do valor e do território, elegendo foro onde serão propostas as ações oriundas de direitos e obrigações.

§ 1º O acordo, porém, só produz efeito, quando constar de contrato escrito e aludir expressamente a determinado negócio jurídico.

§ 2º O foro contratual obriga os herdeiros e sucessores das partes.

Seção V
Da declaração de incompetência

Art. 112. Argui-se, por meio de exceção, a incompetência relativa.

Parágrafo único. A nulidade da cláusula de eleição de foro, em contrato de adesão, pode ser declarada de ofício pelo juiz, que declinará de competência para o juízo de domicílio do réu.

→ Parágrafo único acrescentado pela Lei 11.280/2006.

→ *v.* Súmula 33 do STJ.

Art. 113. A incompetência absoluta deve ser declarada de ofício e pode ser alegada, em qualquer tempo e grau de jurisdição, independentemente de exceção.

§ 1º Não sendo, porém, deduzida no prazo da contestação, ou na primeira oportunidade em que lhe couber falar nos autos, a parte responderá integralmente pelas custas.

§ 2º Declarada a incompetência absoluta, somente os atos decisórios serão nulos, remetendo-se os autos ao juiz competente.

→ *v.* Súmula 59 do STJ.

Art. 114. Prorrogar-se-á a competência se dela o juiz não declinar na forma do parágrafo único do art. 112 desta Lei ou o réu não opuser exceção declinatória nos casos e prazos legais.

→ Artigo com redação alterada pela Lei 11.280/2006.

Art. 115. Há conflito de competência:

I – quando dois ou mais juízes se declaram competentes;

II – quando dois ou mais juízes se consideram incompetentes;

III – quando entre dois ou mais juízes surge controvérsia acerca da reunião ou separação de processos.

Art. 116. O conflito pode ser suscitado por qualquer das partes, pelo Ministério Público ou pelo juiz.

Parágrafo único. O Ministério Público será ouvido em todos os conflitos de competência; mas terá qualidade de parte naqueles que suscitar.

Art. 117. Não pode suscitar conflito a parte que, no processo, ofereceu exceção de incompetência.

Parágrafo único. O conflito de competência não obsta, porém, a que a parte, que o não suscitou, ofereça exceção declinatória do foro.

Art. 118. O conflito será suscitado ao presidente do tribunal:

I – pelo juiz, por ofício;

II – pela parte e pelo Ministério Público, por petição.

Parágrafo único. O ofício e a petição serão instruídos com os documentos necessários à prova do conflito.

Art. 119. Após a distribuição, o relator mandará ouvir os juízes em conflito, ou apenas o suscitado, se um deles for suscitante; dentro do prazo assinado pelo relator, caberá ao juiz ou juízes prestar as informações.

Art. 120. Poderá o relator, de ofício, ou a requerimento de qualquer das partes, determinar, quando o conflito for positivo, seja sobrestado o processo, mas, neste caso, bem como no de conflito negativo, designará um dos juízes para resolver, em caráter provisório, as medidas urgentes.

Parágrafo único. Havendo jurisprudência dominante do tribunal sobre a questão suscitada, o relator poderá decidir de plano o conflito de competência, cabendo agravo, no prazo de 5 (cinco) dias contado da intimação da decisão às partes, para o órgão recursal competente.

→ Parágrafo único acrescentado pela Lei 9.756/1998.

Art. 121. Decorrido o prazo, com informações ou sem elas, será ouvido, em 5 (cinco) dias, o Ministério Público; em seguida o relator apresentará o conflito em sessão de julgamento.

Art. 122. Ao decidir o conflito, o tribunal declarará qual o juiz competente, pronunciando-se também sobre a validade dos atos do juiz incompetente.

Parágrafo único. Os autos do processo, em que se manifestou o conflito, serão remetidos ao juiz declarado competente.

Art. 123. No conflito entre turmas, seções, câmaras, Conselho Superior da Magistratura, juízes de segundo grau e desembargadores, observar-se-á o que dispuser a respeito o regimento interno do tribunal.

Art. 124. Os regimentos internos dos tribunais regularão o processo e julgamento do conflito de atribuições entre autoridade judiciária e autoridade administrativa.

Capítulo IV
DO JUIZ

Seção I
Dos poderes, dos deveres e da responsabilidade do juiz

Art. 125. O juiz dirigirá o processo conforme as disposições deste Código, competindo-lhe:

I – assegurar às partes igualdade de tratamento;

→ *v.* Art. 5º, *caput*, e, I, da CF/1988.

II – velar pela rápida solução do litígio;

III – prevenir ou reprimir qualquer ato contrário à dignidade da justiça;

IV – tentar, a qualquer tempo, conciliar as partes.

→ Inciso IV acrescentado pela Lei 8.952/1994.

Art. 126. O juiz não se exime de sentenciar ou despachar alegando lacuna ou obscuridade da lei. No julgamento da lide caber-lhe-á aplicar as normas legais; não as havendo, recorrerá à analogia, aos costumes e aos princípios gerais de direito.

→ Artigo com redação alterada pela Lei 5.925/1973.

→ *v.* Arts. 4º e 5º da LINDB.

→ *v.* Art. 108 do CTN.

Art. 127. O juiz só decidirá por equidade nos casos previstos em lei.

Art. 128. O juiz decidirá a lide nos limites em que foi proposta, sendo-lhe defeso conhecer de questões, não suscitadas, a cujo respeito a lei exige a iniciativa da parte.

Art. 129. Convencendo-se, pelas circunstâncias da causa, de que autor e réu se serviram do processo para praticar ato simulado ou conseguir fim proibido por lei, o juiz proferirá sentença que obste aos objetivos das partes.

Art. 130. Caberá ao juiz, de ofício ou a requerimento da parte, determinar as provas necessárias à instrução do processo, indeferindo as diligências inúteis ou meramente protelatórias.

Art. 131. O juiz apreciará livremente a prova, atendendo aos fatos e circunstâncias constantes dos autos, ainda que não alegados pelas partes; mas deverá indicar, na sentença, os motivos que lhe formaram o convencimento.

→ Artigo com redação alterada pela Lei 5.925/1973.

→ *v.* Art. 93, IX, da CF/1988.

→ *v.* Art. 458 do CPC.

Art. 132. O juiz, titular ou substituto, que concluir a audiência julgará a lide, salvo se estiver convocado, licenciado, afastado por qualquer motivo, promovido ou aposentado, casos em que passará os autos ao seu sucessor.

→ Artigo com redação alterada pela Lei 8.637/1993.

Parágrafo único. Em qualquer hipótese, o juiz que proferir a sentença, se entender necessário, poderá mandar repetir as provas já produzidas.

Art. 133. Responderá por perdas e danos o juiz, quando:

I – no exercício de suas funções, proceder com dolo ou fraude;

II – recusar, omitir ou retardar, sem justo motivo, providência que deva ordenar de ofício, ou a requerimento da parte.

Parágrafo único. Reputar-se-ão verificadas as hipóteses previstas no n. II só depois que a parte, por intermédio do escrivão, requerer ao juiz que determine a providência e este não lhe atender o pedido dentro de 10 (dez) dias.

Seção II
Dos impedimentos e da suspeição

Art. 134. É defeso ao juiz exercer as suas funções no processo contencioso ou voluntário:

I – de que for parte;

II – em que interveio como mandatário da parte, oficiou como perito, funcionou como órgão do Ministério Público, ou prestou depoimento como testemunha;

III – que conheceu em primeiro grau de jurisdição, tendo-lhe proferido sentença ou decisão;

IV – quando nele estiver postulando, como advogado da parte, o seu cônjuge ou qualquer parente seu, consanguíneo ou afim, em linha reta; ou na linha colateral até o segundo grau;

V – quando cônjuge, parente, consanguíneo ou afim, de alguma das partes, em linha reta ou, na colateral, até o terceiro grau;

VI – quando for órgão de direção ou de administração de pessoa jurídica, parte na causa.

Parágrafo único. No caso do n. IV, o impedimento só se verifica quando o advogado já estava exercendo o patrocínio da causa; é, porém, vedado ao advogado pleitear no processo, a fim de criar o impedimento do juiz.

Art. 135. Reputa-se fundada a suspeição de parcialidade do juiz, quando:

I – amigo íntimo ou inimigo capital de qualquer das partes;

II – alguma das partes for credora ou devedora do juiz, de seu cônjuge ou de parentes destes, em linha reta ou na colateral até o terceiro grau;

III – herdeiro presuntivo, donatário ou empregador de alguma das partes;

IV – receber dádivas antes ou depois de iniciado o processo; aconselhar alguma das partes acerca do objeto da causa, ou subministrar meios para atender às despesas do litígio;

V – interessado no julgamento da causa em favor de uma das partes.

Parágrafo único. Poderá ainda o juiz declarar-se suspeito por motivo íntimo.

Art. 136. Quando dois ou mais juízes forem parentes, consanguíneos ou afins, em linha reta e no segundo grau na linha colateral, o primeiro, que conhecer da causa no tribunal, impede que o outro participe do julgamento; caso em que o segundo se escusará, remetendo o processo ao seu substituto legal.

Art. 137. Aplicam-se os motivos de impedimento e suspeição aos juízes de todos os tribunais. O juiz que violar o dever de abstenção, ou não se declarar suspeito, poderá ser recusado por qualquer das partes (art. 304).

Art. 138. Aplicam-se também os motivos de impedimento e de suspeição:

I – ao órgão do Ministério Público, quando não for parte, e, sendo parte, nos casos previstos nos ns. I a IV do art. 135;

II – ao serventuário de justiça;

III – ao perito;

→ Inciso III com redação alterada pela Lei 8.455/1992.

IV – ao intérprete.

§ 1º A parte interessada deverá arguir o impedimento ou a suspeição, em petição fundamentada e devidamente instruída, na primeira oportunidade em que lhe couber falar nos autos; o juiz mandará processar o incidente em separado e sem suspensão da causa, ouvindo o arguido no prazo de 5 (cinco) dias, facultando a prova quando necessária e julgando o pedido.

§ 2º Nos tribunais caberá ao relator processar e julgar o incidente.

Capítulo V
DOS AUXILIARES DA JUSTIÇA

Art. 139. São auxiliares do juízo, além de outros, cujas atribuições são determinadas pelas normas de organização judiciária, o escrivão, o oficial de justiça, o perito, o depositário, o administrador e o intérprete.

Seção I
Do serventuário e do oficial de justiça

Art. 140. Em cada juízo haverá um ou mais ofícios de justiça, cujas atribuições são determinadas pelas normas de organização judiciária.

Art. 141. Incumbe ao escrivão:

I – redigir, em forma legal, os ofícios, mandados, cartas precatórias e mais atos que pertencem ao seu ofício;

II – executar as ordens judiciais, promovendo citações e intimações, bem como praticando todos os demais atos, que lhe forem atribuídos pelas normas de organização judiciária;

III – comparecer às audiências, ou, não podendo fazê-lo, designar para substituí-lo escrevente juramentado, de preferência datilógrafo ou taquígrafo;

IV – ter, sob sua guarda e responsabilidade, os autos, não permitindo que saiam de cartório, exceto:

a) quando tenham de subir à conclusão do juiz;

b) com vista aos procuradores, ao Ministério Público ou à Fazenda Pública;

c) quando devam ser remetidos ao contador ou ao partidor;

d) quando, modificando-se a competência, forem transferidos a outro juízo;

V – dar, independentemente de despacho, certidão de qualquer ato ou termo do processo, observado o disposto no art. 155.

Art. 142. No impedimento do escrivão, o juiz convocar-lhe-á o substituto, e, não o havendo, nomeará pessoa idônea para o ato.

Art. 143. Incumbe ao oficial de justiça:

I – fazer pessoalmente as citações, prisões, penhoras, arrestos e mais diligências próprias do seu ofício, certificando no mandado o ocorrido, com menção de lugar, dia e hora. A diligência, sempre que possível, realizar-se-á na presença de duas testemunhas;

II – executar as ordens do juiz a que estiver subordinado;

III – entregar, em cartório, o mandado, logo depois de cumprido;

IV – estar presente às audiências e coadjuvar o juiz na manutenção da ordem.

V – efetuar avaliações.

→ Inciso V acrescentado pela Lei 11.382/2006.

Art. 144. O escrivão e o oficial de justiça são civilmente responsáveis:

I – quando, sem justo motivo, se recusarem a cumprir, dentro do prazo, os atos que lhes impõe a lei, ou os que o juiz, a que estão subordinados, lhes comete;

II – quando praticarem ato nulo com dolo ou culpa.

Seção II
Do perito

Art. 145. Quando a prova do fato depender de conhecimento técnico ou científico, o juiz será assistido por perito, segundo o disposto no art. 421.

§ 1º Os peritos serão escolhidos entre profissionais de nível universitário, devidamente inscritos no órgão de classe competente, respeitado o disposto no Capítulo VI, seção VII, deste Código.

→ § 1º acrescentado pela Lei 7.270/1984.

§ 2º Os peritos comprovarão sua especialidade na matéria sobre que deverão opinar, mediante certidão do órgão profissional em que estiverem inscritos.

→ § 2º acrescentado pela Lei 7.270/1984.

§ 3º Nas localidades onde não houver profissionais qualificados que preencham os requisitos dos parágrafos anteriores, a indicação dos peritos será de livre escolha do juiz.

→ § 3º acrescentado pela Lei 7.270/1984.

Art. 146. O perito tem o dever de cumprir o ofício, no prazo que lhe assina a lei, empregando toda a sua diligência; pode, todavia, escusar-se do encargo alegando motivo legítimo.

Parágrafo único. A escusa será apresentada dentro de 5 (cinco) dias, contados da intimação ou do impedimento superveniente, sob pena de se reputar renunciado o direito a alegá-la (art. 423).

→ Parágrafo único com redação alterada pela Lei 8.455/1992.

Art. 147. O perito que, por dolo ou culpa, prestar informações inverídicas, responderá pelos prejuízos que causar à parte, ficará inabilitado, por 2 (dois) anos, a funcionar em outras perícias e incorrerá na sanção que a lei penal estabelecer.

Seção III
Do depositário e do administrador

Art. 148. A guarda e conservação de bens penhorados, arrestados, sequestrados ou arrecadados serão confiadas a depositário ou a administrador, não dispondo a lei de outro modo.

→ v. Súmula Vinculante 25 do STF.

→ v. Art. 5º, LXVII, da CF/1988.

Art. 149. O depositário ou o administrador perceberá, por seu trabalho, remuneração que o juiz fixará, atendendo à situação dos bens, ao tempo do serviço e às dificuldades de sua execução.

Parágrafo único. O juiz poderá nomear, por indicação do depositário ou do administrador, um ou mais prepostos.

Art. 150. O depositário ou o administrador responde pelos prejuízos que, por dolo ou culpa, causar à parte, perdendo a remuneração que lhe for arbitrada; mas tem o direito a haver o que legitimamente despendeu no exercício do encargo.

Seção IV
Do intérprete

Art. 151. O juiz nomeará intérprete toda vez que o repute necessário para:

I – analisar documento de entendimento duvidoso, redigido em língua estrangeira;

II – verter em português as declarações das partes e das testemunhas que não conhecerem o idioma nacional;

III – traduzir a linguagem mímica dos surdos-mudos, que não puderem transmitir a sua vontade por escrito.

Art. 152. Não pode ser intérprete quem:

I – não tiver a livre administração dos seus bens;

II – for arrolado como testemunha ou serve como perito no processo;

III – estiver inabilitado ao exercício da profissão por sentença penal condenatória, enquanto durar o seu efeito.

Art. 153. O intérprete, oficial ou não, é obrigado a prestar o seu ofício, aplicando-se-lhe o disposto nos arts. 146 e 147.

Título V
Dos atos processuais

Capítulo I
DA FORMA DOS ATOS PROCESSUAIS

Seção I
Dos atos em geral

Art. 154. Os atos e termos processuais não dependem de forma determinada senão quando a lei expressamente a exigir, reputando-se válidos os que, realizados de outro modo, lhe preencham a finalidade essencial.

Parágrafo único. Os tribunais, no âmbito da respectiva jurisdição, poderão disciplinar a prática e a comunicação oficial dos atos processuais por meios eletrônicos, atendidos os requisitos de autenticidade, integridade, validade jurídica e interoperabilidade da Infraestrutura de Chaves Públicas Brasileira – ICP-Brasil.

→ Parágrafo único com redação alterada pela Lei 11.280/2006.

§ 2º Todos os atos e termos do processo podem ser produzidos, transmitidos, armazenados e assinados por meio eletrônico, na forma da lei.

→ § 2º acrescentado pela Lei 11.419/2006

→ Consta conforme publicação oficial.

Art. 155. Os atos processuais são públicos. Correm, todavia, em segredo de justiça os processos:

→ *v.* Art. 5º, LX, da CF/1988.

I – em que o exigir o interesse público;

II – que dizem respeito a casamento, filiação, separação dos cônjuges, conversão desta em divórcio, alimentos e guarda de menores.

→ Inciso II com redação alterada pela Lei 6.515/1977.

Parágrafo único. O direito de consultar os autos e de pedir certidões de seus atos é restrito às partes e a seus procuradores. O terceiro, que demonstrar interesse jurídico, pode requerer ao juiz certidão do dispositivo da sentença, bem como de inventário e partilha resultante do desquite.

Art. 156. Em todos os atos e termos do processo é obrigatório o uso do vernáculo.

Art. 157. Só poderá ser junto aos autos documento redigido em língua estrangeira, quando acompanhado de versão em vernáculo, firmada por tradutor juramentado.

Seção II
Dos atos da parte

Art. 158. Os atos das partes, consistentes em declarações unilaterais ou bilaterais de vontade, produzem imediatamente a constituição, a modificação ou a extinção de direitos processuais.

Parágrafo único. A desistência da ação só produzirá efeito depois de homologada por sentença.

Art. 159. Salvo no Distrito Federal e nas Capitais dos Estados, todas as petições e documentos que instruírem o processo, não constantes de registro público, serão sempre acompanhados de cópia, datada e assinada por quem os oferecer.

§ 1º Depois de conferir a cópia, o escrivão ou chefe da secretaria irá formando autos suplementares, dos quais constará a reprodução de todos os atos e termos do processo original.

§ 2º Os autos suplementares só sairão de cartório para conclusão ao juiz, na falta dos autos originais.

Art. 160. Poderão as partes exigir recibo de petições, arrazoados, papéis e documentos que entregarem em cartório.

Art. 161. É defeso lançar, nos autos, cotas marginais ou interlineares; o juiz mandará riscá-las, impondo a quem as escrever multa correspondente à metade do salário mínimo vigente na sede do juízo.

Seção III
Dos atos do juiz

Art. 162. Os atos do juiz consistirão em sentenças, decisões interlocutórias e despachos.

§ 1º Sentença é o ato do juiz que implica alguma das situações previstas nos arts. 267 e 269 desta Lei.

→ § 1º com redação alterada pela Lei 11.232/2005.

§ 2º Decisão interlocutória é o ato pelo qual o juiz, no curso do processo, resolve questão incidente.

§ 3º São despachos todos os demais atos do juiz praticados no processo, de ofício ou a requerimento da parte, a cujo respeito a lei não estabelece outra forma.

§ 4º Os atos meramente ordinatórios, como a juntada e a vista obrigatória, independem de despacho, devendo ser praticados de ofício pelo servidor e revistos pelo juiz quando necessário.

→ § 4º acrescentado pela Lei 8.952/1994.

Art. 163. Recebe a denominação de acórdão o julgamento proferido pelos tribunais.

Art. 164. Os despachos, decisões, sentenças e acórdãos serão redigidos, datados e assinados pelos juízes. Quando forem proferidos, verbalmente, o taquígrafo ou o datilógrafo os registrará, submetendo-os aos juízes para revisão e assinatura.

Parágrafo único. A assinatura dos juízes, em todos os graus de jurisdição, pode ser feita eletronicamente, na forma da lei.

→ Parágrafo único acrescentado pela Lei 11.419/2006.

Art. 165. As sentenças e acórdãos serão proferidos com observância do disposto no art. 458; as demais decisões serão fundamentadas, ainda que de modo conciso.

→ *v.* Art. 93, IX, da CF/1988.

→ *v.* Art. 458 do CPC.

Seção IV
Dos atos do escrivão ou do chefe de secretaria

Art. 166. Ao receber a petição inicial de qualquer processo, o escrivão a autuará, mencionando o juízo, a natureza do feito, o número de seu registro, os nomes das partes e a data do seu início; e procederá do mesmo modo quanto aos volumes que se forem formando.

Art. 167. O escrivão numerará e rubricará todas as folhas dos autos, procedendo da mesma forma quanto aos suplementares.

Parágrafo único. Às partes, aos advogados, aos órgãos do Ministério Público, aos peritos e às testemunhas é facultado rubricar as folhas correspondentes aos atos em que intervieram.

Art. 168. Os termos de juntada, vista, conclusão e outros semelhantes constarão de notas datadas e rubricadas pelo escrivão.

Art. 169. Os atos e termos do processo serão datilografados ou escritos com tinta escura e indelével, assinando-os as pessoas que neles intervieram. Quando estas não puderem ou não quiserem firmá-los, o escrivão certificará, nos autos, a ocorrência.

§ 1º É vedado usar abreviaturas.

→ Anterior parágrafo único renumerado para § 1º pela Lei 11.419/2006.

§ 2º Quando se tratar de processo total ou parcialmente eletrônico, os atos processuais praticados na presença do juiz poderão ser produzidos e armazenados de modo integralmente digital em arquivo eletrônico inviolável, na forma da lei, mediante registro em termo que será assinado digitalmente pelo juiz e pelo escrivão ou chefe de secretaria, bem como pelos advogados das partes.

→ § 2º acrescentado pela Lei 11.419/2006.

§ 3º No caso do § 2º deste artigo, eventuais contradições na transcrição deverão ser suscitadas oralmente no momento da realização do ato, sob pena de preclusão, devendo o juiz decidir de plano, registrando-se a alegação e a decisão no termo.

→ § 3º acrescentado pela Lei 11.419/2006.

Art. 170. É lícito o uso da taquigrafia, da estenotipia, ou de outro método idôneo, em qualquer juízo ou tribunal.

→ Artigo com redação alterada pela Lei 8.952/1994.

Art. 171. Não se admitem, nos atos e termos, espaços em branco, bem como entrelinhas, emendas ou rasuras, salvo se aqueles forem inutilizados e estas expressamente ressalvadas.

Capítulo II
DO TEMPO E DO LUGAR DOS ATOS PROCESSUAIS

Seção I
Do tempo

Art. 172. Os atos processuais realizar-se-ão em dias úteis, das seis às vinte horas.

→ Artigo com redação alterada pela Lei 8.952/1994.

§ 1º Serão, todavia, concluídos, depois das 20 (vinte) horas, os atos iniciados antes, quando o adiamento prejudicar a diligência ou causar grave dano.

§ 2º A citação e a penhora poderão, em casos excepcionais, e mediante autorização expressa do juiz, realizar-se em domingos e feriados, ou nos dias úteis, fora do horário estabelecido neste artigo, observado o disposto no art. 5º, inciso XI, da Constituição Federal.

§ 3º Quando o ato tiver que ser praticado em determinado prazo, por meio de petição, esta deverá ser apresentada no protocolo, dentro do horário de expediente, nos termos da lei de organização judiciária local.

Art. 173. Durante as férias e nos feriados não se praticarão atos processuais. Excetuam-se:

I – a produção antecipada de provas (art. 846);

II – a citação, a fim de evitar o perecimento de direito; e bem assim o arresto, o sequestro, a penhora, a arrecadação, a busca e apreensão, o depósito, a prisão, a separação de corpos, a abertura de testamento, os embargos de terceiro, a nunciação de obra nova e outros atos análogos.

Parágrafo único. O prazo para a resposta do réu só começará a correr no primeiro dia útil seguinte ao feriado ou às férias.

Art. 174. Processam-se durante as férias e não se suspendem pela superveniência delas:

I – os atos de jurisdição voluntária bem como os necessários à conservação de direitos, quando possam ser prejudicados pelo adiamento;

II – as causas de alimentos provisionais, de dação ou remoção de tutores e curadores, bem como as mencionadas no art. 275;

III – todas as causas que a lei federal determinar.

Art. 175. São feriados, para efeito forense, os domingos e os dias declarados por lei.

Seção II
Do lugar

Art. 176. Os atos processuais realizam-se de ordinário na sede do juízo. Podem, todavia, efetuar-se em outro lugar, em razão de deferência, de interesse da justiça, ou de obstáculo arguido pelo interessado e acolhido pelo juiz.

Capítulo III
DOS PRAZOS

→ *v.* Art. 5º do Decreto 70.235/1972.

Seção I
Das disposições gerais

Art. 177. Os atos processuais realizar-se-ão nos prazos prescritos em lei. Quando esta for omissa, o juiz determinará os prazos, tendo em conta a complexidade da causa.

Art. 178. O prazo, estabelecido pela lei ou pelo juiz, é contínuo, não se interrompendo nos feriados.

Art. 179. A superveniência de férias suspenderá o curso do prazo; o que lhe sobejar recomeçará a correr do primeiro dia útil seguinte ao termo das férias.

Art. 180. Suspende-se também o curso do prazo por obstáculo criado pela parte ou ocorrendo qualquer das hipóteses do art. 265, ns. I e III; casos em que o prazo será restituído por tempo igual ao que faltava para a sua complementação.

→ *v.* Súmula 173 do STF.

→ *v.* Art. 265, I, do CPC.

Art. 181. Podem as partes, de comum acordo, reduzir ou prorrogar o prazo dilatório; a convenção, porém, só tem eficácia se, requerida antes do vencimento do prazo, se fundar em motivo legítimo.

§ 1º O juiz fixará o dia do vencimento do prazo da prorrogação.

§ 2º As custas acrescidas ficarão a cargo da parte em favor de quem foi concedida a prorrogação.

Art. 182. É defeso às partes, ainda que todas estejam de acordo, reduzir ou prorrogar os prazos peremptórios. O juiz poderá, nas comarcas onde for difícil o transporte, prorrogar quaisquer prazos, mas nunca por mais de 60 (sessenta) dias.

Parágrafo único. Em caso de calamidade pública, poderá ser excedido o limite previsto neste artigo para a prorrogação de prazos.

Art. 183. Decorrido o prazo, extingue-se, independentemente de declaração judicial, o direito de praticar o ato, ficando salvo, porém, à parte provar que o não realizou por justa causa.

§ 1º Reputa-se justa causa o evento imprevisto, alheio à vontade da parte, e que a impediu de praticar o ato por si ou por mandatário.

§ 2º Verificada a justa causa o juiz permitirá à parte a prática do ato no prazo que lhe assinar.

Art. 184. Salvo disposição em contrário, computar-se-ão os prazos, excluindo o dia do começo e incluindo o do vencimento.

→ *Caput* com redação alterada pela Lei 5.925/1973.

§ 1º Considera-se prorrogado o prazo até o primeiro dia útil se o vencimento cair em feriado ou em dia em que:

→ § 1º com redação alterada pela Lei 5.925/1973.

I – for determinado o fechamento do fórum;

II – o expediente forense for encerrado antes da hora normal.

§ 2º Os prazos somente começam a correr do primeiro dia útil após a intimação (art. 240 e parágrafo único).

→ § 2º com redação alterada pela Lei 8.079/1990.

→ *v.* Súmula 310 do STF.

→ *v.* Súmula 1 do TST.

→ *v.* Art. 132 do CC/2002.

→ *v.* Art. 210 do CTN.

Art. 185. Não havendo preceito legal nem assinação pelo juiz, será de 5 (cinco) dias o prazo para a prática de ato processual a cargo da parte.

Art. 186. A parte poderá renunciar ao prazo estabelecido exclusivamente em seu favor.

Art. 187. Em qualquer grau de jurisdição, havendo motivo justificado, pode o juiz exceder, por igual tempo, os prazos que este Código lhe assina.

Art. 188. Computar-se-á em quádruplo o prazo para contestar e em dobro para recorrer quando a parte for a Fazenda Pública ou o Ministério Público.

→ *v.* Art. 5º, § 5º, da Lei 1.060/1950.

→ *v.* Art. 10 da Lei 9.469/1997.

→ *v.* Arts. 730 e 1.002 do CPC.

→ *v.* Arts. 17, *caput*, e 24, II, *b*, e parágrafo único, da Lei 6.830/1980.

→ *v.* Súmula 483 do STJ.

Art. 189. O juiz proferirá:

I – os despachos de expediente, no prazo de 2 (dois) dias;

II – as decisões, no prazo de 10 (dez) dias.

Art. 190. Incumbirá ao serventuário remeter os autos conclusos no prazo de 24 (vinte e quatro) horas e executar os atos processuais no prazo de 48 (quarenta e oito) horas, contados:

I – da data em que houver concluído o ato processual anterior, se lhe foi imposto pela lei;

II – da data em que tiver ciência da ordem, quando determinada pelo juiz.

Parágrafo único. Ao receber os autos, certificará o serventuário o dia e a hora em que ficou ciente da ordem, referida no n. II.

Art. 191. Quando os litisconsortes tiverem diferentes procuradores, ser-lhes-ão contados em dobro os prazos para contestar, para recorrer e, de modo geral, para falar nos autos.

→ *v.* Arts. 738, § 3º, 1.102-B e 1.102-C do CPC.

Art. 192. Quando a lei não marcar outro prazo, as intimações somente obrigarão a comparecimento depois de decorridas 24 (vinte e quatro) horas.

Seção II
Da verificação dos prazos e das penalidades

Art. 193. Compete ao juiz verificar se o serventuário excedeu, sem motivo legítimo, os prazos que este Código estabelece.

Art. 194. Apurada a falta, o juiz mandará instaurar procedimento administrativo, na forma da Lei de Organização Judiciária.

Art. 195. O advogado deve restituir os autos no prazo legal. Não o fazendo, mandará o juiz, de ofício, riscar o que neles houver escrito e desentranhar as alegações e documentos que apresentar.

Art. 196. É lícito a qualquer interessado cobrar os autos ao advogado que exceder o prazo legal. Se, intimado, não os devolver dentro em 24 (vinte e quatro) horas, perderá o direito à vista fora de cartório e incorrerá em multa, correspondente à metade do salário mínimo vigente na sede do juízo.

Parágrafo único. Apurada a falta, o juiz comunicará o fato à seção local da Ordem dos Advogados do Brasil, para o procedimento disciplinar e imposição da multa.

Art. 197. Aplicam-se ao órgão do Ministério Público e ao representante da Fazenda Pública as disposições constantes dos arts. 195 e 196.

Art. 198. Qualquer das partes ou o órgão do Ministério Público poderá representar ao Presidente do Tribunal de Justiça contra o juiz que excedeu os prazos previstos em lei. Distribuída a representação ao órgão competente, instaurar-se-á procedimento para apuração da responsabilidade. O relator, conforme as circunstâncias, poderá avocar os autos em que ocorreu excesso de prazo, designando outro juiz para decidir a causa.

Art. 199. A disposição do artigo anterior aplicar-se-á aos tribunais superiores, na forma que dispuser o seu regimento interno.

Capítulo IV
DAS COMUNICAÇÕES DOS ATOS

Seção I
Das disposições gerais

Art. 200. Os atos processuais serão cumpridos por ordem judicial ou requisitados por carta, conforme hajam de realizar-se dentro ou fora dos limites territoriais da comarca.

Art. 201. Expedir-se-á carta de ordem se o juiz for subordinado ao tribunal de que ela emanar; carta rogatória, quando dirigida à autoridade judiciária estrangeira; e carta precatória, nos demais casos.

Seção II
Das cartas

Art. 202. São requisitos essenciais da carta de ordem, da carta precatória e da carta rogatória:

I – a indicação dos juízes de origem e de cumprimento do ato;

II – o inteiro teor da petição, do despacho judicial e do instrumento do mandato conferido ao advogado;

III – a menção do ato processual, que lhe constitui o objeto;

IV – o encerramento com a assinatura do juiz.

§ 1º O juiz mandará trasladar, na carta, quaisquer outras peças, bem como instruí-la com mapa, desenho ou gráfico, sempre que estes documentos devam ser examinados, na diligência, pelas partes, peritos ou testemunhas.

§ 2º Quando o objeto da carta for exame pericial sobre documento, este será remetido em original, ficando nos autos reprodução fotográfica.

§ 3º A carta de ordem, carta precatória ou carta rogatória pode ser expedida por meio eletrônico, situação em que a assinatura do juiz deverá ser eletrônica, na forma da lei.

→ § 3º acrescentado pela Lei 11.419/2006.

Art. 203. Em todas as cartas declarará o juiz o prazo dentro do qual deverão ser cumpridas, atendendo à facilidade das comunicações e à natureza da diligência.

Art. 204. A carta tem caráter itinerante; antes ou depois de lhe ser ordenado o cumprimento, poderá ser apresentada a juízo diverso do que dela consta, a fim de se praticar o ato.

Art. 205. Havendo urgência, transmitir-se-ão a carta de ordem e a carta precatória por telegrama, radiograma ou telefone.

Art. 206. A carta de ordem e a carta precatória, por telegrama ou radiograma, conterão, em resumo substancial, os requisitos mencionados no art. 202, bem como a declaração, pela agência expedidora, de estar reconhecida a assinatura do juiz.

Art. 207. O secretário do tribunal ou o escrivão do juízo deprecante transmitirá, pelo telefone, a carta de ordem, ou a carta precatória ao juízo, em que houver de cumprir-se o ato, por intermédio do escrivão do primeiro ofício da primeira vara, se houver na comarca mais de um ofício ou de uma vara, observando, quanto aos requisitos, o disposto no artigo antecedente.

§ 1º O escrivão, no mesmo dia ou no dia útil imediato, telefonará ao secretário do tribunal ou ao escrivão do juízo deprecante, lendo-lhe os termos da carta e solicitando-lhe que lha confirme.

§ 2º Sendo confirmada, o escrivão submeterá a carta a despacho.

Art. 208. Executar-se-ão, de ofício, os atos requisitados por telegrama, radiograma ou telefone. A parte depositará, contudo, na secretaria do tribunal ou no cartório do juízo deprecante, a importância correspondente às despesas que serão feitas no juízo em que houver de praticar-se o ato.

Art. 209. O juiz recusará cumprimento à carta precatória, devolvendo-a com despacho motivado:

I – quando não estiver revestida dos requisitos legais;

II – quando carecer de competência, em razão da matéria ou da hierarquia;

III – quando tiver dúvida acerca de sua autenticidade.

Art. 210. A carta rogatória obedecerá, quanto à sua admissibilidade e modo de seu cumprimento, ao disposto na convenção internacional; à falta desta, será remetida à autoridade judiciária estrangeira, por via diplomática, depois de traduzida para a língua do país em que há de praticar-se o ato.

→ v. Art. 7º do CDC.

Art. 211. A concessão de exequibilidade às cartas rogatórias das justiças estrangeiras obedecerá ao disposto no Regimento Interno do Supremo Tribunal Federal.

Art. 212. Cumprida a carta, será devolvida ao juízo de origem, no prazo de 10 (dez) dias, independentemente de traslado, pagas as custas pela parte.

Seção III
Das citações

Art. 213. Citação é o ato pelo qual se chama a juízo o réu ou o interessado a fim de se defender.

→ Artigo com redação alterada pela Lei 5.925/1973.

Art. 214. Para a validade do processo, é indispensável a citação inicial do réu.

→ Artigo com redação alterada pela Lei 5.925/1973.

§ 1º O comparecimento espontâneo do réu supre, entretanto, a falta de citação.

§ 2º Comparecendo o réu apenas para arguir a nulidade e sendo esta decretada, considerar-se-á feita a citação na data em que ele ou seu advogado for intimado da decisão.

Art. 215. Far-se-á a citação pessoalmente ao réu, ao seu representante legal ou ao procurador legalmente autorizado.

§ 1º Estando o réu ausente, a citação far-se-á na pessoa de seu mandatário, administrador, feitor ou gerente, quando a ação se originar de atos por eles praticados.

§ 2º O locador que se ausentar do Brasil sem cientificar o locatário de que deixou na localidade, onde estiver situado o imóvel, procurador com poderes para receber citação, será citado na pessoa do administrador do imóvel encarregado do recebimento dos aluguéis.

Art. 216. A citação efetuar-se-á em qualquer lugar em que se encontre o réu.

Parágrafo único. O militar, em serviço ativo, será citado na unidade em que estiver servindo se não for conhecida a sua residência ou nela não for encontrado.

Art. 217. Não se fará, porém, a citação, salvo para evitar o perecimento do direito:

I – a quem estiver assistindo a qualquer ato de culto religioso;

→ Anterior inciso II renumerado para inciso I pela Lei 8.952/1994.

II – ao cônjuge ou a qualquer parente do morto, consanguíneo ou afim, em linha reta, ou na linha colateral em segundo grau, no dia do falecimento e nos 7 (sete) dias seguintes;

→ Anterior inciso III renumerado para inciso II pela Lei 8.952/1994.

III – aos noivos, nos três primeiros dias de bodas;

→ Anterior inciso IV renumerado para inciso III pela Lei 8.952/1994.

IV – aos doentes, enquanto grave o seu estado.

→ Anterior inciso V renumerado para inciso IV pela Lei 8.952/1994.

Art. 218. Também não se fará citação, quando se verificar que o réu é demente ou está impossibilitado de recebê-la.

§ 1º O oficial de justiça passará certidão, descrevendo minuciosamente a ocorrência. O juiz nomeará um médico, a fim de examinar o citando. O laudo será apresentado em 5 (cinco) dias.

§ 2º Reconhecida a impossibilidade, o juiz dará ao citando um curador, observando, quanto à sua escolha, a preferência estabelecida na lei civil. A nomeação é restrita à causa.

§ 3º A citação será feita na pessoa do curador, a quem incumbirá a defesa do réu.

Art. 219. A citação válida torna prevento o juízo, induz litispendência e faz litigiosa a coisa; e, ainda quando ordenada por juiz incompetente, constitui em mora o devedor e interrompe a prescrição.

→ *Caput* com redação alterada pela Lei 5.925/1973.

→ *v.* Súmula 230 do STF.

→ *v.* Súmulas 277, 380 e 412 do STJ.

→ *v.* Art. 202 do CC/2002.

§ 1º A interrupção da prescrição retroagirá à data da propositura da ação.

→ § 1º com redação alterada pela Lei 8.952/1994.

→ *v.* Súmulas 149 e 150 do STF.

→ *v.* Súmulas 106, 119, 405, 409 e 414 do STJ.

→ *v.* Art. 8º, § 2º, Lei 6.830/1980.

§ 2º Incumbe à parte promover a citação do réu nos 10 (dez) dias subsequentes ao despacho que a ordenar, não ficando prejudicada pela demora imputável exclusivamente ao serviço judiciário.

→ § 2º com redação alterada pela Lei 8.952/1994.

§ 3º Não sendo citado o réu, o juiz prorrogará o prazo até o máximo de 90 (noventa) dias.

→ § 3º com redação alterada pela Lei 8.952/1994.

§ 4º Não se efetuando a citação nos prazos mencionados nos parágrafos antecedentes, haver-se-á por não interrompida a prescrição.

→ § 4º com redação alterada pela Lei 5.925/1973.

→ *v.* Art. 125, III, do CTN.

§ 5º O juiz pronunciará, de ofício, a prescrição.

→ § 5º com redação alterada pela Lei 11.280/2006.

→ *v.* Art. 40, § 4º, da Lei 6.830/1980.

→ *v.* Súmula 409 do STJ.

§ 6º Passada em julgado a sentença, a que se refere o parágrafo anterior, o escrivão comunicará ao réu o resultado do julgamento.

→ § 6º com redação alterada pela Lei 5.925/1973.

Art. 220. O disposto no artigo anterior aplica-se a todos os prazos extintivos previstos na lei.

Art. 221. A citação far-se-á:

I – pelo correio;

II – por oficial de justiça;

III – por edital;

IV – por meio eletrônico, conforme regulado em lei própria.

→ Inciso IV acrescentado pela Lei 11.419/2006.

Art. 222. A citação será feita pelo correio, para qualquer comarca do País, exceto:

→ Artigo com redação alterada pela Lei 8.710/1993.

a) nas ações de estado;

b) quando for ré pessoa incapaz;

c) quando for ré pessoa de direito público;

d) nos processos de execução;

e) quando o réu residir em local não atendido pela entrega domiciliar de correspondência;

f) quando o autor a requerer de outra forma.

Art. 223. Deferida a citação pelo correio, o escrivão ou chefe da secretaria remeterá ao citando cópias da petição inicial e do despacho do juiz, expressamente consignada em seu inteiro teor a advertência a que se refere o art. 285, segunda parte, comunicando, ainda, o prazo para a resposta e o juízo e cartório, com o respectivo endereço.

→ Artigo com redação alterada pela Lei 8.710/1993.

Parágrafo único. A carta será registrada para entrega ao citando, exigindo-lhe o carteiro, ao fazer a entrega, que assine o recibo. Sendo o réu pessoa jurídica, será válida a entrega a pessoa com poderes de gerência geral ou de administração.

Art. 224. Far-se-á a citação por meio de oficial de justiça nos casos ressalvados no art. 222, ou quando frustrada a citação pelo correio.

→ Artigo com redação alterada pela Lei 8.710/1993.

Art. 225. O mandado, que o oficial de justiça tiver de cumprir, deverá conter:

→ Artigo com redação alterada pela Lei 5.925/1973.

I – os nomes do autor e do réu, bem como os respectivos domicílios ou residências;

II – o fim da citação, com todas as especificações constantes da petição inicial, bem como a advertência a que se refere o art. 285, segunda parte, se o litígio versar sobre direitos disponíveis;

III – a cominação, se houver;

IV – o dia, hora e lugar do comparecimento;

V – a cópia do despacho;

VI – o prazo para defesa;

VII – a assinatura do escrivão e a declaração de que o subscreve por ordem do juiz.

Parágrafo único. O mandado poderá ser em breve relatório, quando o autor entregar em cartório, com a petição inicial, tantas cópias desta quantos forem os réus; caso em que as cópias depois de conferidas com o original, farão parte integrante do mandado.

Art. 226. Incumbe ao oficial de justiça procurar o réu e, onde o encontrar, citá-lo:

I – lendo-lhe o mandado e entregando-lhe a contrafé;

II – portando por fé se recebeu ou recusou a contrafé;

III – obtendo a nota de ciente, ou certificando que o réu não a apôs no mandado.

Art. 227. Quando, por três vezes, o oficial de justiça houver procurado o réu em seu domicílio ou residência, sem o encontrar, deverá, havendo suspeita de ocultação, intimar a qualquer pessoa da família, ou em sua falta a qualquer vizinho, que, no dia imediato, voltará, a fim de efetuar a citação, na hora que designar.

Art. 228. No dia e hora designados, o oficial de justiça, independentemente de novo despacho, comparecerá ao domicílio ou residência do citando, a fim de realizar a diligência.

§ 1º Se o citando não estiver presente, o oficial de justiça procurará informar-se das razões da ausência, dando por feita a citação, ainda que o citando se tenha ocultado em outra comarca.

§ 2º Da certidão da ocorrência, o oficial de justiça deixará contrafé com pessoa da família ou com qualquer vizinho, conforme o caso, declarando-lhe o nome.

Art. 229. Feita a citação com hora certa, o escrivão enviará ao réu carta, telegrama ou radiograma, dando-lhe de tudo ciência.

Art. 230. Nas comarcas contíguas, de fácil comunicação, e nas que se situem na mesma região metropolitana, o oficial de justiça poderá efetuar citações ou intimações em qualquer delas.

→ Artigo com redação alterada pela Lei 8.710/1993.

Art. 231. Far-se-á a citação por edital:

I – quando desconhecido ou incerto o réu;

II – quando ignorado, incerto ou inacessível o lugar em que se encontrar;

III – nos casos expressos em lei.

§ 1º Considera-se inacessível, para efeito de citação por edital, o país que recusar o cumprimento de carta rogatória.

§ 2º No caso de ser inacessível o lugar em que se encontrar o réu, a notícia de sua citação será divulgada também pelo rádio, se na comarca houver emissora de radiodifusão.

Art. 232. São requisitos da citação por edital:

→ *Caput* com redação alterada pela Lei 5.925/1973.

I – a afirmação do autor, ou a certidão do oficial, quanto às circunstâncias previstas nos ns. I e II do artigo antecedente;

II – a afixação do edital, na sede do juízo, certificada pelo escrivão;

III – a publicação do edital no prazo máximo de 15 (quinze) dias, uma vez no órgão oficial e pelo menos duas vezes em jornal local, onde houver;

IV – a determinação, pelo juiz, do prazo, que variará entre 20 (vinte) e 60 (sessenta) dias, correndo da data da primeira publicação;

V – a advertência a que se refere o art. 285, segunda parte, se o litígio versar sobre direitos disponíveis.

§ 1º Juntar-se-á aos autos um exemplar de cada publicação, bem como do anúncio, de que trata o n. II deste artigo.

→ Anterior parágrafo único renumerado para § 1º pela Lei 7.359/1985.

§ 2º A publicação do edital será feita apenas no órgão oficial quando a parte for beneficiária da Assistência Judiciária.

→ § 2º acrescentado pela Lei 7.359/1985.

Art. 233. A parte que requerer a citação por edital, alegando dolosamente os requisitos do art. 231, I e II, incorrerá em multa de cinco vezes o salário mínimo vigente na sede do juízo.

Parágrafo único. A multa reverterá em benefício do citando.

Seção IV
Das intimações

→ *v.* Art. 23 do Decreto 70.235/1972.

Art. 234. Intimação é o ato pelo qual se dá ciência a alguém dos atos e termos do processo, para que faça ou deixe de fazer alguma coisa.

Art. 235. As intimações efetuam-se de ofício, em processos pendentes, salvo disposição em contrário.

Art. 236. No Distrito Federal e nas Capitais dos Estados e dos Territórios, consideram-se feitas as intimações pela só publicação dos atos no órgão oficial.

§ 1º É indispensável, sob pena de nulidade, que da publicação constem os nomes das partes e de seus advogados, suficientes para sua identificação.

§ 2º A intimação do Ministério Público, em qualquer caso, será feita pessoalmente.

Art. 237. Nas demais comarcas aplicar-se-á o disposto no artigo antecedente, se houver órgão de publicação dos atos oficiais; não o havendo, competirá ao escrivão intimar, de todos os atos do processo, os advogados das partes:

I – pessoalmente, tendo domicílio na sede do juízo;

II – por carta registrada, com aviso de recebimento, quando domiciliado fora do juízo.

Parágrafo único. As intimações podem ser feitas de forma eletrônica, conforme regulado em lei própria.

→ Parágrafo único acrescentado pela Lei 11.419/2006.

→ *v.* Lei 11.419/2006 – Dispõe sobre a informatização do processo judicial; altera a Lei n. 5.869, de 11 de janeiro de 1973 – Código de Processo Civil; e dá outras providências.

Art. 238. Não dispondo a lei de outro modo, as intimações serão feitas às partes, aos seus representantes legais e aos advogados pelo correio ou, se presentes em cartório, diretamente pelo escrivão ou chefe de secretaria.

→ *Caput* com redação alterada pela Lei 8.710/1993.

Parágrafo único. Presumem-se válidas as comunicações e intimações dirigidas ao endereço residencial ou profissional declinado na inicial, contestação ou embargos, cumprindo às partes atualizar o respectivo endereço sempre que houver modificação temporária ou definitiva.

→ Parágrafo único acrescentado pela Lei 11.382/2006.

Art. 239. Far-se-á a intimação por meio de oficial de justiça quando frustrada a realização pelo correio.

→ *Caput* com redação alterada pela Lei 8.710/1993.

Parágrafo único. A certidão de intimação deve conter:

→ *Caput* do parágrafo único com redação alterada pela Lei 8.710/1993.

I – a indicação do lugar e a descrição da pessoa intimada, mencionando, quando possível, o número de sua carteira de identidade e o órgão que a expediu;

II – a declaração de entrega da contrafé;

III – a nota de ciente ou certidão de que o interessado não a apôs no mandado.

→ Inciso III com redação alterada pela Lei 8.952/1994.

→ Consta conforme publicação oficial "interessado". Contudo, o correto seja "intimado".

Art. 240. Salvo disposição em contrário, os prazos para as partes, para a Fazenda Pública e para o Ministério Público contar-se-ão da intimação.

Parágrafo único. As intimações consideram-se realizadas no primeiro dia útil seguinte, se tiverem ocorrido em dia que não tenha havido expediente forense.

→ Parágrafo único acrescentado pela Lei 8.079/1990.

Art. 241. Começa a correr o prazo:

I – quando a citação ou intimação for pelo correio, da data de juntada aos autos do aviso de recebimento;

→ Inciso I com redação alterada pela Lei 8.710/1993.

II – quando a citação ou intimação for por oficial de justiça, da data de juntada aos autos do mandado cumprido;

→ Inciso II com redação alterada pela Lei 8.710/1993.

III – quando houver vários réus, da data de juntada aos autos do último aviso de recebimento ou mandado citatório cumprido;

→ Inciso III com redação alterada pela Lei 8.710/1993.

IV – quando o ato se realizar em cumprimento de carta de ordem, precatória ou rogatória, da data de sua juntada aos autos devidamente cumprida;

→ Inciso IV com redação alterada pela Lei 8.710/1993.

V – quando a citação for por edital, finda a dilação assinada pelo juiz.

→ Inciso V com redação alterada pela Lei 8.710/1993.

Art. 242. O prazo para a interposição de recurso conta-se da data, em que os advogados são intimados da decisão, da sentença ou do acórdão.

§ 1º Reputam-se intimados na audiência, quando nesta é publicada a decisão ou a sentença.

§ 2º Havendo antecipação da audiência, o juiz, de ofício ou a requerimento da parte, mandará intimar pessoalmente os advogados para ciência da nova designação.

→ Anterior § 3º renumerado para § 2º pela Lei 8.952/1994.

Capítulo V
DAS NULIDADES

→ *v.* Arts. 59 a 61 do Decreto 70.235/1972.

Art. 243. Quando a lei prescrever determinada forma, sob pena de nulidade, a decretação desta não pode ser requerida pela parte que lhe deu causa.

Art. 244. Quando a lei prescrever determinada forma, sem cominação de nulidade, o juiz considerará válido o ato se, realizado de outro modo, lhe alcançar a finalidade.

Art. 245. A nulidade dos atos deve ser alegada na primeira oportunidade em que couber à parte falar nos autos, sob pena de preclusão.

Parágrafo único. Não se aplica esta disposição às nulidades que o juiz deva decretar de ofício, nem prevalece a preclusão, provando a parte legítimo impedimento.

Art. 246. É nulo o processo, quando o Ministério Público não for intimado a acompanhar o feito em que deva intervir.

Parágrafo único. Se o processo tiver corrido, sem conhecimento do Ministério Público, o juiz o anulará a partir do momento em que o órgão devia ter sido intimado.

Art. 247. As citações e as intimações serão nulas, quando feitas sem observância das prescrições legais.

Art. 248. Anulado o ato, reputam-se de nenhum efeito todos os subsequentes, que dele dependam; todavia, a nulidade de uma parte do ato não prejudicará as outras, que dela sejam independentes.

Art. 249. O juiz, ao pronunciar a nulidade, declarará que atos são atingidos, ordenando as providências necessárias, a fim de que sejam repetidos, ou retificados.

§ 1º O ato não se repetirá nem se lhe suprirá a falta quando não prejudicar a parte.

§ 2º Quando puder decidir do mérito a favor da parte a quem aproveite a declaração da nulidade, o juiz não a pronunciará nem mandará repetir o ato, ou suprir-lhe a falta.

Art. 250. O erro de forma do processo acarreta unicamente a anulação dos atos que não possam ser aproveitados, devendo praticar-se os que forem necessários, a fim de se observarem, quanto possível, as prescrições legais.

Parágrafo único. Dar-se-á o aproveitamento dos atos praticados, desde que não resulte prejuízo à defesa.

Capítulo VI
DE OUTROS ATOS PROCESSUAIS

Seção I
Da distribuição e do registro

Art. 251. Todos os processos estão sujeitos a registro, devendo ser distribuídos onde houver mais de um juiz ou mais de um escrivão.

Art. 252. Será alternada a distribuição entre juízes e escrivães, obedecendo a rigorosa igualdade.

Art. 253. Distribuir-se-ão por dependência as causas de qualquer natureza:

→ *Caput* com redação alterada pela Lei 10.358/2001.

I – quando se relacionarem, por conexão ou continência, com outra já ajuizada;

→ Inciso I acrescentado pela Lei 10.358/2001.

II – quando, tendo sido extinto o processo, sem julgamento de mérito, for reiterado o pedido, ainda que em litisconsórcio com outros autores ou que sejam parcialmente alterados os réus da demanda;

→ Inciso II com redação alterada pela Lei 11.280/2006.

III – quando houver ajuizamento de ações idênticas, ao juízo prevento.

→ Inciso III acrescentado pela Lei 11.280/2006.

Parágrafo único. Havendo reconvenção ou intervenção de terceiro, o juiz, de ofício, mandará proceder à respectiva anotação pelo distribuidor.

Art. 254. É defeso distribuir a petição não acompanhada do instrumento do mandato, salvo:

I – se o requerente postular em causa própria;

II – se a procuração estiver junta aos autos principais;

III – no caso previsto no art. 37.

Art. 255. O juiz, de ofício ou a requerimento do interessado, corrigirá o erro ou a falta de distribuição, compensando-a.

Art. 256. A distribuição poderá ser fiscalizada pela parte ou por seu procurador.

Art. 257. Será cancelada a distribuição do feito que, em 30 (trinta) dias, não for preparado no cartório em que deu entrada.

Seção II
Do valor da causa

Art. 258. A toda causa será atribuído um valor certo, ainda que não tenha conteúdo econômico imediato.

Art. 259. O valor da causa constará sempre da petição inicial e será:

I – na ação de cobrança de dívida, a soma do principal, da pena e dos juros vencidos até a propositura da ação;

II – havendo cumulação de pedidos, a quantia correspondente à soma dos valores de todos eles;

III – sendo alternativos os pedidos, o de maior valor;

IV – se houver também pedido subsidiário, o valor do pedido principal;

V – quando o litígio tiver por objeto a existência, validade, cumprimento, modificação ou rescisão de negócio jurídico, o valor do contrato;

VI – na ação de alimentos, a soma de doze prestações mensais, pedidas pelo autor;

VII – na ação de divisão, de demarcação e de reivindicação, a estimativa oficial para lançamento do imposto.

Art. 260. Quando se pedirem prestações vencidas e vincendas, tomar-se-á em consideração o valor de umas e outras. O valor das prestações vincendas será igual a uma prestação anual, se a obrigação for por tempo indeterminado, ou por tempo superior a 1 (um) ano; se, por tempo inferior, será igual à soma das prestações.

Art. 261. O réu poderá impugnar, no prazo da contestação, o valor atribuído à causa pelo autor. A impugnação será autuada em apenso, ouvindo-se o autor no prazo de 5 (cinco) dias. Em seguida o juiz, sem suspender o processo, servindo-se, quando necessário, do auxílio de perito, determinará, no prazo de 10 (dez) dias, o valor da causa.

Parágrafo único. Não havendo impugnação, presume-se aceito o valor atribuído à causa na petição inicial.

Título VI
Da formação, da suspensão e da extinção do processo

Capítulo I
DA FORMAÇÃO DO PROCESSO

Art. 262. O processo civil começa por iniciativa da parte, mas se desenvolve por impulso oficial.

Art. 263. Considera-se proposta a ação, tanto que a petição inicial seja despachada pelo juiz, ou simplesmente distribuída, onde houver mais de uma vara. A propositura da ação, todavia, só produz, quanto ao réu, os efeitos mencionados no art. 219 depois que for validamente citado.

Art. 264. Feita a citação, é defeso ao autor modificar o pedido ou a causa de pedir, sem o consentimento do réu, mantendo-se as mesmas partes, salvo as substituições permitidas por lei.

→ Artigo com redação alterada pela Lei 5.925/1973.

→ *v.* Arts. 267, § 4º, 294 e 301, I, do CPC.

Parágrafo único. A alteração do pedido ou da causa de pedir em nenhuma hipótese será permitida após o saneamento do processo.

→ *v.* Art. 2º, § 8º, da Lei 6.830/1980.

Capítulo II
DA SUSPENSÃO DO PROCESSO

Art. 265. Suspende-se o processo:

→ *v.* Art. 807, parágrafo único, do CPC.

I – pela morte ou perda da capacidade processual de qualquer das partes, de seu representante legal ou de seu procurador;

II – pela convenção das partes;

→ *v.* Art. 791, II, do CPC.

III – quando for oposta exceção de incompetência do juízo, da câmara ou do tribunal, bem como de suspeição ou impedimento do juiz;

IV – quando a sentença de mérito:

a) depender do julgamento de outra causa, ou da declaração da existência ou inexistência da relação jurídica, que constitua o objeto principal de outro processo pendente;

b) não puder ser proferida senão depois de verificado determinado fato, ou de produzida certa prova, requisitada a outro juízo;

c) tiver por pressuposto o julgamento de questão de estado, requerido como declaração incidente;

V – por motivo de força maior;

VI – nos demais casos, que este Código regula.

→ *V.* Art. 43 do CPC.

§ 1º No caso de morte ou perda da capacidade processual de qualquer das partes, ou de seu representante legal, provado o falecimento ou a incapacidade, o juiz suspenderá o processo, salvo se já tiver iniciado a audiência de instrução e julgamento; caso em que:

a) o advogado continuará no processo até o encerramento da audiência;

b) o processo só se suspenderá a partir da publicação da sentença ou do acórdão.

§ 2º No caso de morte do procurador de qualquer das partes, ainda que iniciada a audiência de instrução e julgamento, o juiz marcará, a fim de que a parte constitua novo mandatário, o prazo de 20 (vinte) dias, findo o qual extinguirá o processo sem julgamento do mérito, se o autor não nomear novo mandatário, ou mandará prosseguir no processo, à revelia do réu, tendo falecido o advogado deste.

§ 3º A suspensão do processo por convenção das partes, de que trata o n. II, nunca poderá exceder 6 (seis) meses; findo o prazo, o escrivão fará os autos conclusos ao juiz, que ordenará o prosseguimento do processo.

§ 4º No caso do n. III, a exceção, em primeiro grau da jurisdição, será processada na forma do disposto neste Livro, Título VIII, Capítulo II, Seção III; e, no tribunal, consoante lhe estabelecer o regimento interno.

§ 5º Nos casos enumerados nas letras *a*, *b* e *c* do n. IV, o período de suspensão nunca poderá exceder 1 (um) ano. Findo este prazo, o juiz mandará prosseguir no processo.

Art. 266. Durante a suspensão é defeso praticar qualquer ato processual; poderá o juiz, todavia, determinar a realização de atos urgentes, a fim de evitar dano irreparável.

→ *V.* Arts. 162, § 2º, e 522, do CPC.

Capítulo III
DA EXTINÇÃO DO PROCESSO

Art. 267. Extingue-se o processo, sem resolução de mérito:

→ *Caput* com redação alterada pela Lei 11.232/2005.

I – quando o juiz indeferir a petição inicial;

→ *V.* Art. 295 do CPC.

II – quando ficar parado durante mais de 1 (um) ano por negligência das partes;

III – quando, por não promover os atos e diligências que lhe competir, o autor abandonar a causa por mais de 30 (trinta) dias;

→ *V.* Art. 268, parágrafo único, do CPC.

→ *V.* Súmula 240 do STJ.

IV – quando se verificar a ausência de pressupostos de constituição e de desenvolvimento válido e regular do processo;

→ *V.* Súmula 631 do STF.

V – quando o juiz acolher a alegação de perempção, litispendência ou de coisa julgada;

→ *V.* Art. 5º, XXXVI, da CF/1988.

VI – quando não concorrer qualquer das condições da ação, como a possibilidade jurídica, a legitimidade das partes e o interesse processual;

→ *V.* Art. 3º do CPC.

VII – pela convenção de arbitragem;

→ Inciso VII com redação alterada pela Lei 9.307/1996.

→ *V.* Art. 3º da Lei 9.307/1996.

VIII – quando o autor desistir da ação;

IX – quando a ação for considerada intransmissível por disposição legal;

→ *V.* Art. 43 do CPC.

→ *V.* Art. 20, § 3º, do CPC.

X – quando ocorrer confusão entre autor e réu;

XI – nos demais casos prescritos neste Código.

→ *V.* Art. 265, § 2º, CPC.

§ 1º O juiz ordenará, nos casos dos ns. II e III, o arquivamento dos autos, declarando a extinção do processo, se a parte, intimada pessoalmente, não suprir a falta em 48 (quarenta e oito) horas.

§ 2º No caso do parágrafo anterior, quanto ao n. II, as partes pagarão proporcionalmente as custas e, quanto ao n. III, o autor será condenado ao pagamento das despesas e honorários de advogado (art. 28).

§ 3º O juiz conhecerá de ofício, em qualquer tempo e grau de jurisdição, enquanto não proferida a sentença de mérito, da matéria constante dos ns. IV, V e VI; todavia, o réu que a não alegar, na primeira oportunidade em que lhe caiba falar nos autos, responderá pelas custas de retardamento.

§ 4º Depois de decorrido o prazo para a resposta, o autor não poderá, sem o consentimento do réu, desistir da ação.

Art. 268. Salvo o disposto no art. 267, V, a extinção do processo não obsta a que o autor intente de novo a ação. A petição inicial, todavia, não será despachada sem a prova do pagamento ou do depósito das custas e dos honorários de advogado.

→ *V.* Art. 810 do CPC.

Parágrafo único. Se o autor der causa, por três vezes, à extinção do processo pelo fundamento previsto no n. III do artigo anterior, não poderá intentar nova ação contra o réu com o mesmo objeto, ficando-lhe ressalvada, entretanto, a possibilidade de alegar em defesa o seu direito.

Art. 269. Haverá resolução de mérito:

→ *Caput* com redação alterada pela Lei 11.232/2005.

→ *V.* Arts. 162, § 1º, 329 e 513, do CPC.

I – quando o juiz acolher ou rejeitar o pedido do autor;

→ Inciso I com redação alterada pela Lei 5.925/1973.

→ *V.* Art. 330, I, do CPC.

II – quando o réu reconhecer a procedência do pedido;

→ Inciso II com redação alterada pela Lei 5.925/1973.

III – quando as partes transigirem;

→ Inciso III com redação alterada pela Lei 5.925/1973.

IV – quando o juiz pronunciar a decadência ou a prescrição;

→ Inciso IV com redação alterada pela Lei 5.925/1973.

→ *V.* Arts. 173, *caput*, e parágrafo único, e 174 do CTN.

→ *V.* Art. 40, § 4º, da Lei 6.830/1980.

→ *V.* Lei 9.783/1999 que Estabelece prazo de prescrição para o exercício de ação punitiva pela Administração Pública Federal, direta e indireta, e dá outras providências

V – quando o autor renunciar ao direito sobre que se funda a ação.

→ Inciso V com redação alterada pela Lei 5.925/1973.

Título VII
Do processo e do procedimento

Capítulo I
DAS DISPOSIÇÕES GERAIS

Art. 270. Este Código regula o processo de conhecimento (Livro I), de execução (Livro II), cautelar (Livro III) e os procedimentos especiais (Livro IV).

Art. 271. Aplica-se a todas as causas o procedimento comum, salvo disposição em contrário deste Código ou de lei especial.

Art. 272. O procedimento comum é ordinário ou sumário.

→ Artigo com redação alterada pela Lei 8.952/1994.

Parágrafo único. O procedimento especial e o procedimento sumário regem-se pelas disposições que lhes são próprias, aplicando-se-lhes, subsidiariamente, as disposições gerais do procedimento ordinário.

Art. 273. O juiz poderá, a requerimento da parte, antecipar, total ou parcialmente, os efeitos da tutela pretendida no pedido inicial, desde que, existindo prova inequívoca, se convença da verossimilhança da alegação e:

→ *Caput* com redação alterada pela Lei 8.952/1994.

→ *V.* Art. 513 do CPC.

→ *V.* Art. 769 da CLT.

→ *V.* Art. 151, V, do CTN.

→ *V.* Lei 9.494/1997 – Disciplina a aplicação da tutela antecipada contra a Fazenda Pública.

I – haja fundado receio de dano irreparável ou de difícil reparação; ou

II – fique caracterizado o abuso de direito de defesa ou o manifesto propósito protelatório do réu.

→ *V.* Art. 17, IV e VI, do CPC.

§ 1º Na decisão que antecipar a tutela, o juiz indicará, de modo claro e preciso, as razões do seu convencimento.

→ § 1º com redação alterada pela Lei 8.952/1994.

§ 2º Não se concederá a antecipação da tutela quando houver perigo de irreversibilidade do provimento antecipado.

→ § 2º com redação alterada pela Lei 8.952/1994.

§ 3º A efetivação da tutela antecipada observará, no que couber e conforme sua natureza, as normas previstas nos arts. 588, 461, §§ 4º e 5º, e 461-A.

→ § 3º com redação alterada pela Lei 10.444/2002.

→ O Art. 588 foi revogado pela Lei 11.232/2005.

§ 4º A tutela antecipada poderá ser revogada ou modificada a qualquer tempo, em decisão fundamentada.

→ § 4º com redação alterada pela Lei 8.952/1994.

§ 5º Concedida ou não a antecipação da tutela, prosseguirá o processo até final julgamento.

→ § 5º com redação alterada pela Lei 8.952/1994.

§ 6º A tutela antecipada também poderá ser concedida quando um ou mais dos pedidos cumulados, ou parcela deles, mostrar-se incontroverso.

→ § 6º acrescentado pela Lei 10.444/2002.

§ 7º Se o autor, a título de antecipação de tutela, requerer providência de natureza cautelar, poderá o juiz, quando presentes os respectivos pressupostos, deferir a medida cautelar em caráter incidental do processo ajuizado.

→ § 7º acrescentado pela Lei 10.444/2002.

Capítulo II
DO PROCEDIMENTO ORDINÁRIO

Art. 274. O procedimento ordinário reger-se-á segundo as disposições dos Livros I e II deste Código.

Capítulo III
DO PROCEDIMENTO SUMÁRIO

Art. 275. Observar-se-á o procedimento sumário:

→ *Caput* com redação alterada pela Lei 9.245/1995.

I – nas causas cujo valor não exceda a sessenta vezes o valor do salário mínimo;

→ Inciso I com redação alterada pela Lei 10.444/2002.

II – nas causas, qualquer que seja o valor:

→ *Caput* do inciso II com redação alterada pela Lei 9.245/1995.

→ *v.* Art. 3º da Lei 9.099/1995.

a) de arrendamento rural e de parceria agrícola;

→ Alínea *a* com redação alterada pela Lei 9.245/1995.

b) de cobrança ao condômino de quaisquer quantias devidas ao condomínio;

→ Alínea *b* com redação alterada pela Lei 9.245/1995.

c) de ressarcimento por danos em prédio urbano ou rústico;

→ Alínea *c* com redação alterada pela Lei 9.245/1995.

d) de ressarcimento por danos causados em acidente de veículo de via terrestre;

→ Alínea *d* com redação alterada pela Lei 9.245/1995.

e) de cobrança de seguro, relativamente aos danos causados em acidente de veículo, ressalvados os casos de processo de execução;

→ Alínea *e* com redação alterada pela Lei 9.245/1995.

f) de cobrança de honorários dos profissionais liberais, ressalvado o disposto em legislação especial;

→ Alínea *f* com redação alterada pela Lei 9.245/1995.

g) que versem sobre revogação de doação;

→ Alínea *g* acrescentada pela Lei 12.122/2009.

h) nos demais casos previstos em lei.

→ Alínea *h* acrescentada pela Lei 12.122/2009.

→ *v.* Art. 68 da Lei 8.245/1991.

→ *v.* Art. 110, § 3º, da Lei 6.015/1973.

Parágrafo único. Este procedimento não será observado nas ações relativas ao estado e à capacidade das pessoas.

→ Parágrafo único com redação alterada pela Lei 9.245/1995.

Art. 276. Na petição inicial, o autor apresentará o rol de testemunhas e, se requerer perícia, formulará quesitos, podendo indicar assistente técnico.

→ Artigo com redação alterada pela Lei 9.245/1995.

Art. 277. O juiz designará a audiência de conciliação a ser realizada no prazo de 30 (trinta) dias, citando-se o réu com a antecedência mínima de 10 (dez) dias e sob a advertência prevista no § 2º deste artigo, determinando o comparecimento das partes. Sendo ré a Fazenda Pública, os prazos contar-se-ão em dobro.

→ Artigo com redação alterada pela Lei 9.245/1995 (retificado no *D.O.U.* de 4.1.1996).

§ 1º A conciliação será reduzida a termo e homologada por sentença, podendo o juiz ser auxiliado por conciliador.

§ 2º Deixando injustificadamente o réu de comparecer à audiência, reputar-se-ão verdadeiros os fatos alegados na petição inicial (art. 319), salvo se o contrário resultar da prova dos autos, proferindo o juiz, desde logo, a sentença.

§ 3º As partes comparecerão pessoalmente à audiência, podendo fazer-se representar por preposto com poderes para transigir.

§ 4º O juiz, na audiência, decidirá de plano a impugnação ao valor da causa ou a controvérsia sobre a natureza da demanda, determinando, se for o caso, a conversão do procedimento sumário em ordinário.

§ 5º A conversão também ocorrerá quando houver necessidade de prova técnica de maior complexidade.

Art. 278. Não obtida a conciliação, oferecerá o réu, na própria audiência, resposta escrita ou oral, acompanhada de documentos e rol de testemunhas e, se requerer perícia, formulará seus quesitos desde logo, podendo indicar assistente técnico.

→ Artigo com redação alterada pela Lei 9.245/1995.

§ 1º É lícito ao réu, na contestação, formular pedido em seu favor, desde que fundado nos mesmos fatos referidos na inicial.

§ 2º Havendo necessidade de produção de prova oral e não ocorrendo qualquer das hipóteses previstas nos arts. 329 e 330, I e II, será designada audiência de instrução e julgamento para data próxima, não excedente de 30 (trinta) dias, salvo se houver determinação de perícia.

→ *v.* Art. 433 do CPC.

Art. 279. Os atos probatórios realizados em audiência poderão ser documentados mediante taquigrafia, estenotipia ou outro método hábil de documentação, fazendo-se a respectiva transcrição se a determinar o juiz.

→ Artigo com redação alterada pela Lei 9.245/1995.

Parágrafo único. Nas comarcas ou varas em que não for possível a taquigrafia, a estenotipia ou outro método de documentação, os depoimentos serão reduzidos a termo, do qual constará apenas o essencial.

Art. 280. No procedimento sumário não são admissíveis a ação declaratória incidental e a intervenção de terceiros, salvo a assistência, o recurso de terceiro prejudicado e a intervenção fundada em contrato de seguro.

→ Artigo com redação alterada pela Lei 10.444/2002.

→ *v.* Art. 10 da Lei 9.099/1995.

Art. 281. Findos a instrução e os debates orais, o juiz proferirá sentença na própria audiência ou no prazo de 10 (dez) dias.

→ Artigo com redação alterada pela Lei 9.245/1995.

Título VIII
Do procedimento ordinário

Capítulo I
DA PETIÇÃO INICIAL

Seção I
Dos requisitos da petição inicial

Art. 282. A petição inicial indicará:

→ *v.* Arts. 57, 936 e 967 do CPC.

I – o juiz ou tribunal, a que é dirigida;

II – os nomes, prenomes, estado civil, profissão, domicílio e residência do autor e do réu;

III – o fato e os fundamentos jurídicos do pedido;

IV – o pedido, com as suas especificações;

V – o valor da causa;

VI – as provas com que o autor pretende demonstrar a verdade dos fatos alegados;

VII – o requerimento para a citação do réu.

→ *v.* Art. 614 do CPC.

Art. 283. A petição inicial será instruída com os documentos indispensáveis à propositura da ação.

Art. 284. Verificando o juiz que a petição inicial não preenche os requisitos exigidos nos arts. 282 e 283, ou que apresenta defeitos e irregularidades capazes de dificultar o julgamento de mérito, determinará que o autor a emende, ou a complete, no prazo de 10 (dez) dias.

Parágrafo único. Se o autor não cumprir a diligência, o juiz indeferirá a petição inicial.

Art. 285. Estando em termos a petição inicial, o juiz a despachará, ordenando a citação do réu, para responder; do mandado constará que, não sendo contestada a ação, se presumirão aceitos pelo réu, como verdadeiros, os fatos articulados pelo autor.

→ Artigo com redação alterada pela Lei 5.925/1973.

Art. 285-A. Quando a matéria controvertida for unicamente de direito e no juízo já houver sido proferida sentença de total improcedência em outros casos idênticos, poderá ser dispensada a citação e proferida sentença, reproduzindo-se o teor da anteriormente prolatada.

→ Artigo acrescentado pela Lei 11.277/2006.

§ 1º Se o autor apelar, é facultado ao juiz decidir, no prazo de 5 (cinco) dias, não manter a sentença e determinar o prosseguimento da ação.

→ *v.* Art. 513 do CPC.

§ 2º Caso seja mantida a sentença, será ordenada a citação do réu para responder ao recurso.

Art. 285-B. Nos litígios que tenham por objeto obrigações decorrentes de empréstimo, financiamento ou arrendamento mercantil, o autor deverá discriminar na petição inicial, dentre as obrigações contratuais, aquelas que pretende controverter, quantificando o valor incontroverso.

→ *Caput* acrescentado pela Lei 12.810/2013.

§ 1º O valor incontroverso deverá continuar sendo pago no tempo e modo contratados.

→ Anterior parágrafo único renumerado para § 1º pela Lei 12.873/2013.

§ 2º O devedor ou arrendatário não se exime da obrigação de pagamento dos tributos, multas e taxas incidentes sobre os bens vinculados e de outros encargos previstos em contrato, exceto se a obrigação de pagar não for de sua responsabilidade, conforme contrato, ou for objeto de suspensão em medida liminar, em medida cautelar ou antecipação dos efeitos da tutela.

→ § 2º acrescentado pela Lei 12.873/2013.

Seção II
Do pedido

Art. 286. O pedido deve ser certo ou determinado. É lícito, porém, formular pedido genérico:

→ Artigo com redação alterada pela Lei 5.925/1973 – Retifica dispositivos do CPC.

I – nas ações universais, se não puder o autor individuar na petição os bens demandados;

II – quando não for possível determinar, de modo definitivo, as consequências do ato ou do fato ilícito;

III – quando a determinação do valor da condenação depender de ato que deva ser praticado pelo réu.

Art. 287. Se o autor pedir que seja imposta ao réu a abstenção da prática de algum ato, tolerar alguma atividade, prestar ato ou entregar coisa, poderá requerer cominação de pena pecuniária para o caso de descumprimento da sentença ou da decisão antecipatória de tutela (arts. 461, § 4º, e 461-A).

→ Artigo com redação alterada pela Lei 10.444/2002.

→ *V.* Súmula 500 do STF.

Art. 288. O pedido será alternativo, quando, pela natureza da obrigação, o devedor puder cumprir a prestação de mais de um modo.

→ *V.* Art. 259, III, do CPC.

Parágrafo único. Quando, pela lei ou pelo contrato, a escolha couber ao devedor, o juiz lhe assegurará o direito de cumprir a prestação de um ou de outro modo, ainda que o autor não tenha formulado pedido alternativo.

Art. 289. É lícito formular mais de um pedido em ordem sucessiva, a fim de que o juiz conheça do posterior, em não podendo acolher o anterior.

Art. 290. Quando a obrigação consistir em prestações periódicas, considerar-se-ão elas incluídas no pedido, independentemente de declaração expressa do autor; se o devedor, no curso do processo, deixar de pagá-las ou de consigná-las, a sentença as incluirá na condenação, enquanto durar a obrigação.

Art. 291. Na obrigação indivisível com pluralidade de credores, aquele que não participou do processo receberá a sua parte, deduzidas as despesas na proporção de seu crédito.

Art. 292. É permitida a cumulação, num único processo, contra o mesmo réu, de vários pedidos, ainda que entre eles não haja conexão.

§ 1º São requisitos de admissibilidade da cumulação:

I – que os pedidos sejam compatíveis entre si;

II – que seja competente para conhecer deles o mesmo juízo;

III – que seja adequado para todos os pedidos o tipo de procedimento.

§ 2º Quando, para cada pedido, corresponder tipo diverso de procedimento, admitir-se-á a cumulação, se o autor empregar o procedimento ordinário.

Art. 293. Os pedidos são interpretados restritivamente, compreendendo-se, entretanto, no principal os juros legais.

→ *V.* Súmula 254 do STF.

→ *V.* Súmula 271 do STJ.

→ *V.* Art. 128 do CPC.

Art. 294. Antes da citação, o autor poderá aditar o pedido, correndo à sua conta as custas acrescidas em razão dessa iniciativa.

→ Artigo com redação alterada pela Lei 8.718/1993.

→ *V.* Art. 264, parágrafo único, do CPC.

Seção III
Do indeferimento da petição inicial

Art. 295. A petição inicial será indeferida:

→ Artigo com redação alterada pela Lei 5.925/1973.

I – quando for inepta;

II – quando a parte for manifestamente ilegítima;

III – quando o autor carecer de interesse processual;

IV – quando o juiz verificar, desde logo, a decadência ou a prescrição (art. 219, § 5º);

V – quando o tipo de procedimento, escolhido pelo autor, não corresponder à natureza da causa, ou ao valor da ação; caso em que só não será indeferida, se puder adaptar-se ao tipo de procedimento legal;

VI – quando não atendidas as prescrições dos arts. 39, parágrafo único, primeira parte, e 284.

Parágrafo único. Considera-se inepta a petição inicial quando:

I – lhe faltar pedido ou causa de pedir;

II – da narração dos fatos não decorrer logicamente a conclusão;

III – o pedido for juridicamente impossível;

IV – contiver pedidos incompatíveis entre si.

Art. 296. Indeferida a petição inicial, o autor poderá apelar, facultado ao juiz, no prazo de 48 (quarenta e oito) horas, reformar sua decisão.

→ Artigo com redação alterada pela Lei 8.952/1994.

→ *V.* Art. 198, VII, do ECA.

Parágrafo único. Não sendo reformada a decisão, os autos serão imediatamente encaminhados ao tribunal competente.

Capítulo II
DA RESPOSTA DO RÉU

Seção I
Das disposições gerais

Art. 297. O réu poderá oferecer, no prazo de 15 (quinze) dias, em petição escrita, dirigida ao juiz da causa, contestação, exceção e reconvenção.

→ *V.* Arts. 62, 70, 77, 261 e 269, II, do CPC.

→ *V.* Arts. 14 a 22 do Decreto 70.235/1972.

Art. 298. Quando forem citados para a ação vários réus, o prazo para responder ser-lhes-á comum, salvo o disposto no art. 191.

Parágrafo único. Se o autor desistir da ação quanto a algum réu ainda não citado, o prazo para a resposta correrá da intimação do despacho que deferir a desistência.

Art. 299. A contestação e a reconvenção serão oferecidas simultaneamente, em peças autônomas; a exceção será processada em apenso aos autos principais.

Seção II
Da contestação

Art. 300. Compete ao réu alegar, na contestação, toda a matéria de defesa, expondo as razões de fato e de direito, com que impugna o pedido do autor e especificando as provas que pretende produzir.

Art. 301. Compete-lhe, porém, antes de discutir o mérito, alegar:

→ *Caput* com redação alterada pela Lei 5.925/1973.

I – inexistência ou nulidade da citação;

→ Inciso I com redação alterada pela Lei 5.925/1973.

→ *V.* Arts. 214, § 1º, 247 e 285-A, do CPC.

II – incompetência absoluta;

→ Inciso II com redação alterada pela Lei 5.925/1973.

→ *V.* Arts. 112 a 114 do CPC.

III – inépcia da petição inicial;

→ Inciso III com redação alterada pela Lei 5.925/1973.

→ *V.* Art. 295, parágrafo único, do CPC.

IV – perempção;

→ Inciso IV com redação alterada pela Lei 5.925/1973.

→ *V.* Art. 268, parágrafo único, do CPC.

V – litispendência;

→ Inciso V com redação alterada pela Lei 5.925/1973.

→ *V.* Arts. 219 e 301, § 1º, do CPC.

VI – coisa julgada;

→ Inciso VI com redação alterada pela Lei 5.925/1973.

→ *V.* Art. 5º, XXXVI, da CF/1988.

→ *V.* Art. 485, IV, do CPC.

VII – conexão;

→ Inciso VII com redação alterada pela Lei 5.925/1973.

→ *V.* Arts. 102 e 103 do CPC.

VIII – incapacidade da parte, defeito de representação ou falta de autorização;

→ Inciso VIII com redação alterada pela Lei 5.925/1973.

→ *V.* Arts. 7º a 12 do CPC.

IX – convenção de arbitragem;

→ Inciso IX com redação alterada pela Lei 9.307/1996.

→ *V.* Art. 3º da Lei 9.307/1996.

X – carência de ação;

→ Inciso X com redação alterada pela Lei 5.925/1973.

XI – falta de caução ou de outra prestação, que a lei exige como preliminar.

→ Inciso XI com redação alterada pela Lei 5.925/1973.

→ *V.* Art. 835 do CPC.

§ 1º Verifica-se a litispendência ou a coisa julgada, quando se reproduz ação anteriormente ajuizada.

→ § 1º com redação alterada pela Lei 5.925/1973.

§ 2º Uma ação é idêntica à outra quando tem as mesmas partes, a mesma causa de pedir e o mesmo pedido.

→ § 2º com redação alterada pela Lei 5.925/1973.

§ 3º Há litispendência, quando se repete ação, que está em curso; há coisa julgada, quando se repete ação que já foi decidida por sentença, de que não caiba recurso.

→ § 3º com redação alterada pela Lei 5.925/1973.

§ 4º Com exceção do compromisso arbitral, o juiz conhecerá de ofício da matéria enumerada neste artigo.

→ § 4º com redação alterada pela Lei 5.925/1973.

→ v. Lei 9.307/1996 – Arbitragem.

Art. 302. Cabe também ao réu manifestar-se precisamente sobre os fatos narrados na petição inicial. Presumem-se verdadeiros os fatos não impugnados, salvo:

I – se não for admissível, a seu respeito, a confissão;

II – se a petição inicial não estiver acompanhada do instrumento público que a lei considerar da substância do ato;

III – se estiverem em contradição com a defesa, considerada em seu conjunto.

Parágrafo único. Esta regra, quanto ao ônus da impugnação especificada dos fatos, não se aplica ao advogado dativo, ao curador especial e ao órgão do Ministério Público.

Art. 303. Depois da contestação, só é lícito deduzir novas alegações quando:

I – relativas a direito superveniente;

II – competir ao juiz conhecer delas de ofício;

III – por expressa autorização legal, puderem ser formuladas em qualquer tempo e juízo.

Seção III
Das exceções

Art. 304. É lícito a qualquer das partes arguir, por meio de exceção, a incompetência (art. 112), o impedimento (art. 134) ou a suspeição (art. 135).

Art. 305. Este direito pode ser exercido em qualquer tempo, ou grau de jurisdição, cabendo à parte oferecer exceção, no prazo de 15 (quinze) dias, contado do fato que ocasionou a incompetência, o impedimento ou a suspeição.

Parágrafo único. Na exceção de incompetência (art. 112 desta Lei), a petição pode ser protocolizada no juízo de domicílio do réu, com requerimento de sua imediata remessa ao juízo que determinou a citação.

→ Parágrafo único acrescentado pela Lei 11.280/2006.

Art. 306. Recebida a exceção, o processo ficará suspenso (art. 265, III), até que seja definitivamente julgada.

Subseção I
Da incompetência

Art. 307. O excipiente arguirá a incompetência em petição fundamentada e devidamente instruída, indicando o juízo para o qual declina.

→ v. Súmula 33 do STJ.

→ v. Art. 265, III, e § 4º, do CPC.

Art. 308. Conclusos os autos, o juiz mandará processar a exceção, ouvindo o excepto dentro em 10 (dez) dias e decidindo em igual prazo.

→ v. Art. 162, § 2º, do CPC.

Art. 309. Havendo necessidade de prova testemunhal, o juiz designará audiência de instrução, decidindo dentro de 10 (dez) dias.

→ Artigo com redação alterada pela Lei 5.925/1973.

Art. 310. O juiz indeferirá a petição inicial da exceção, quando manifestamente improcedente.

→ Artigo com redação alterada pela Lei 5.925/1973.

Art. 311. Julgada procedente a exceção, os autos serão remetidos ao juiz competente.

Subseção II
Do impedimento e da suspeição

Art. 312. A parte oferecerá a exceção de impedimento ou de suspeição, especificando o motivo da recusa (arts. 134 e 135). A petição, dirigida ao juiz da causa, poderá ser instruída com documentos em que o excipiente fundar a alegação e conterá o rol de testemunhas.

→ v. Arts. 134, 135 e 485, II, do CPC.

Art. 313. Despachando a petição, o juiz, se reconhecer o impedimento ou a suspeição, ordenará a remessa dos autos ao seu substituto legal; em caso contrário, dentro de 10 (dez) dias, dará as suas razões, acompanhadas de documentos e de rol de testemunhas, se houver, ordenando a remessa dos autos ao tribunal.

→ v. Art. 414, § 1º, do CPC.

Art. 314. Verificando que a exceção não tem fundamento legal, o tribunal determinará o seu arquivamento; no caso contrário, condenará o juiz nas custas, mandando remeter os autos ao seu substituto legal.

Seção IV
Da reconvenção

Art. 315. O réu pode reconvir ao autor no mesmo processo, toda vez que a reconvenção seja conexa com a ação principal ou com o fundamento da defesa.

→ v. Súmula 258 do STF.

→ v. Súmula 292 do STJ.

→ v. Arts. 109, 297 e 299 do CPC.

→ v. Art. 31 da Lei 9.099/1995.

→ v. Art. 36 da Lei 6.515/1977.

Parágrafo único. Não pode o réu, em seu próprio nome, reconvir ao autor, quando este demandar em nome de outrem.

→ Anterior § 1º renumerado para parágrafo único pela Lei 9.245/1995.

→ v. Art. 6º do CPC.

§ 2º *(Revogado pela Lei 9.245/1995).*

Art. 316. Oferecida a reconvenção, o autor reconvindo será intimado, na pessoa do seu procurador, para contestá-la no prazo de 15 (quinze) dias.

→ v. Arts. 188 e 191 do CPC.

Art. 317. A desistência da ação, ou a existência de qualquer causa que a extinga, não obsta ao prosseguimento da reconvenção.

→ v. Art. 267, § 4º, do CPC.

Art. 318. Julgar-se-ão na mesma sentença a ação e a reconvenção.

Capítulo III
DA REVELIA

Art. 319. Se o réu não contestar a ação, reputar-se-ão verdadeiros os fatos afirmados pelo autor.

→ v. Arts. 277, § 2º, e 330, II, do CPC.

Art. 320. A revelia não induz, contudo, o efeito mencionado no artigo antecedente:

→ v. Art. 334, IV, do CPC.

I – se, havendo pluralidade de réus, algum deles contestar a ação;

II – se o litígio versar sobre direitos indisponíveis;

→ v. Art. 351 do CPC.

III – se a petição inicial não estiver acompanhada do instrumento público, que a lei considere indispensável à prova do ato.

→ v. Arts. 283 e 284 do CPC.

Art. 321. Ainda que ocorra revelia, o autor não poderá alterar o pedido, ou a causa de pedir, nem demandar declaração incidente, salvo promovendo nova citação do réu, a quem será assegurado o direito de responder no prazo de 15 (quinze) dias.

Art. 322. Contra o revel que não tenha patrono nos autos, correrão os prazos independentemente de intimação, a partir da publicação de cada ato decisório.

→ Artigo com redação alterada pela Lei 11.280/2006.

Parágrafo único. O revel poderá intervir no processo em qualquer fase, recebendo-o no estado em que se encontrar.

→ v. Súmula 231 do STF.

Capítulo IV
DAS PROVIDÊNCIAS PRELIMINARES

Art. 323. Findo o prazo para a resposta do réu, o escrivão fará a conclusão dos autos. O juiz, no prazo de 10 (dez) dias, determinará, conforme o caso, as providências preliminares, que constam das seções deste Capítulo.

Seção I
Do efeito da revelia

Art. 324. Se o réu não contestar a ação, o juiz, verificando que não ocorreu o efeito da revelia, mandará que o autor especifique as provas que pretenda produzir na audiência.

→ Artigo com redação alterada pela Lei 5.925/1973.

Seção II
Da declaração incidente

Art. 325. Contestando o réu o direito que constitui fundamento do pedido, o autor poderá requerer, no prazo de 10 (dez) dias, que sobre ele o juiz profira sentença incidente, se da declaração da existência ou da inexistência do direito depender, no todo ou em parte, o julgamento da lide (art. 5º).

→ v. Art. 470 do CPC.

Seção III
Dos fatos impeditivos, modificativos ou extintivos do pedido

Art. 326. Se o réu, reconhecendo o fato em que se fundou a ação, outro lhe opuser impeditivo, modificativo ou extintivo do direito do autor, este será ouvido no prazo de 10 (dez) dias, facultando-lhe o juiz a produção de prova documental.

→ v. Súmula 237 do STF.

→ v. Arts. 476, 477 e 741, IV, do CC/2002.

Seção IV
Das alegações do réu

Art. 327. Se o réu alegar qualquer das matérias enumeradas no art. 301, o juiz mandará ouvir o autor no prazo de 10 (dez) dias, permitindo-lhe a produção de prova documental. Verificando a existência de irregularidades ou de nulidades sanáveis, o juiz mandará supri-las, fixando à parte prazo nunca superior a 30 (trinta) dias.

→ v. Arts. 243 a 250 do CPC.

Art. 328. Cumpridas as providências preliminares, ou não havendo necessidade delas, o juiz proferirá julgamento conforme o estado do processo, observando o que dispõe o capítulo seguinte.

Capítulo V
DO JULGAMENTO CONFORME O ESTADO DO PROCESSO

Seção I
Da extinção do processo

Art. 329. Ocorrendo qualquer das hipóteses previstas nos arts. 267 e 269, ns. II a V, o juiz declarará extinto o processo.

Seção II
Do julgamento antecipado da lide

Art. 330. O juiz conhecerá diretamente do pedido, proferindo sentença:

→ Artigo redação alterada pela Lei 5.925/1973.

→ *V.* Arts. 267 e 269, II, III e V, do CPC.

I – quando a questão de mérito for unicamente de direito, ou, sendo de direito e de fato, não houver necessidade de produzir prova em audiência;

→ *V.* Art. 334 do CPC.

II – quando ocorrer a revelia (art. 319).

Seção III
Da audiência preliminar

→ Rubrica com redação alterada pela Lei 10.444/2002.

Art. 331. Se não ocorrer qualquer das hipóteses previstas nas seções precedentes, e versar a causa sobre direitos que admitam transação, o juiz designará audiência preliminar, a realizar-se no prazo de 30 (trinta) dias, para a qual serão as partes intimadas a comparecer, podendo fazer-se representar por procurador ou preposto, com poderes para transigir.

→ *Caput* com redação alterada pela Lei 10.444/2002.

→ *V.* Súmula 424 do STF.

→ *V.* Art. 93, IX, da CF/1988.

§ 1º Obtida a conciliação, será reduzida a termo e homologada por sentença.

→ § 1º acrescentado pela Lei 8.952/1994.

§ 2º Se, por qualquer motivo, não for obtida a conciliação, o juiz fixará os pontos controvertidos, decidirá as questões processuais pendentes e determinará as provas a serem produzidas, designando audiência de instrução e julgamento, se necessário.

→ § 2º acrescentado pela Lei 8.952/1994.

→ *V.* Arts. 145 a 147, 342 e 343, 407, 420 a 437 e 444 do CPC.

§ 3º Se o direito em litígio não admitir transação, ou se as circunstâncias da causa evidenciarem ser improvável sua obtenção, o juiz poderá, desde logo, sanear o processo e ordenar a produção da prova, nos termos do § 2º.

→ § 3º acrescentado pela Lei 10.444/2002.

Capítulo VI
DAS PROVAS

Seção I
Das disposições gerais

Art. 332. Todos os meios legais, bem como os moralmente legítimos, ainda que não especificados neste Código, são hábeis para provar a verdade dos fatos, em que se funda a ação ou a defesa.

→ *V.* Súmula 301 do STJ.

→ *V.* Art. 5º, LVI, da CF/1988.

Art. 333. O ônus da prova incumbe:

→ *V.* Arts. 130, 300, 331. § 1º, e 1.107 do CPC.

→ *V.* Arts. 38 e 51, VI, do CDC.

I – ao autor, quanto ao fato constitutivo do seu direito;

→ *V.* Art. 389 do CPC.

II – ao réu, quanto à existência de fato impeditivo, modificativo ou extintivo do direito do autor.

→ *V.* Art. 297 do CPC.

Parágrafo único. É nula a convenção que distribui de maneira diversa o ônus da prova quando:

I – recair sobre direito indisponível da parte;

→ *V.* Art. 841 do CC/2002.

II – tornar excessivamente difícil a uma parte o exercício do direito.

Art. 334. Não dependem de prova os fatos:

I – notórios;

II – afirmados por uma parte e confessados pela parte contrária;

→ *V.* Arts. 348 a 350 do CPC.

III – admitidos, no processo, como incontroversos;

→ *V.* Art. 302, *caput*, do CPC.

IV – em cujo favor milita presunção legal de existência ou de veracidade.

→ *V.* Art. 319 do CPC.

Art. 335. Em falta de normas jurídicas particulares, o juiz aplicará as regras de experiência comum subministradas pela observação do que ordinariamente acontece e ainda as regras de experiência técnica, ressalvado, quanto a esta, o exame pericial.

→ *V.* Art. 126 do CPC.

Art. 336. Salvo disposição especial em contrário, as provas devem ser produzidas em audiência.

→ v. Arts. 282, VI, 300, 410 e 452 do CPC.

Parágrafo único. Quando a parte, ou a testemunha, por enfermidade, ou por outro motivo relevante, estiver impossibilitada de comparecer à audiência, mas não de prestar depoimento, o juiz designará, conforme as circunstâncias, dia, hora e lugar para inquiri-la.

→ *V.* Arts. 442 e 443 do CPC.

Art. 337. A parte, que alegar direito municipal, estadual, estrangeiro ou consuetudinário, provar-lhe-á o teor e a vigência, se assim o determinar o juiz.

→ *V.* Art. 14 da LINDB.

Art. 338. A carta precatória e a carta rogatória suspenderão o processo, no caso previsto na alínea *b* do inciso IV do art. 265 desta Lei, quando, tendo sido requeridas antes da decisão de saneamento, a prova nelas solicitada apresentar-se imprescindível.

→ *Caput* com redação alterada pela Lei 11.280/2006.

→ *V.* Arts. 265, IV, *b*, e 331, § 3º, do CPC.

Parágrafo único. A carta precatória e a carta rogatória, não devolvidas dentro do prazo ou concedidas sem efeito suspensivo, poderão ser juntas aos autos até o julgamento final.

→ *V.* Art. 265, § 5º, do CPC.

Art. 339. Ninguém se exime do dever de colaborar com o Poder Judiciário para o descobrimento da verdade.

→ *V.* Art. 1.066, § 4º, do CPC.

Art. 340. Além dos deveres enumerados no art. 14, compete à parte:

I – comparecer em juízo, respondendo ao que lhe for interrogado;

→ *V.* Art. 14 do CPC.

II – submeter-se à inspeção judicial, que for julgada necessária;

→ *V.* Arts. 440 a 443 do CPC.

III – praticar o ato que lhe for determinado.

→ *V.* Art. 5º, II, da CF/1988.

→ *V.* Arts. 125, 130 e 363 do CPC.

Art. 341. Compete ao terceiro, em relação a qualquer pleito:

I – informar ao juiz os fatos e as circunstâncias, de que tenha conhecimento;

II – exibir coisa ou documento, que esteja em seu poder.

→ *V.* Arts. 355 a 363 do CPC.

Seção II
Do depoimento pessoal

Art. 342. O juiz pode, de ofício, em qualquer estado do processo, determinar o comparecimento pessoal das partes, a fim de interrogá-las sobre os fatos da causa.

→ *V.* Súmula 74 do TST.

→ *V.* Art. 847 do CPC.

Art. 343. Quando o juiz não o determinar de ofício, compete a cada parte requerer o depoimento pessoal da outra, a fim de interrogá-la na audiência de instrução e julgamento.

→ *V.* Art. 661 do CC/2002.

§ 1º A parte será intimada pessoalmente, constando do mandado que se presumirão confessados os fatos contra ela alegados, caso não compareça ou, comparecendo, se recuse a depor.

§ 2º Se a parte intimada não comparecer, ou comparecendo, se recusar a depor, o juiz lhe aplicará a pena de confissão.

→ *V.* Arts. 18, § 1º, e 51, I, da Lei 9.099/1995.

Art. 344. A parte será interrogada na forma prescrita para a inquirição de testemunhas.

→ *V.* Art. 413 do CPC.

Parágrafo único. É defeso, a quem ainda não depôs, assistir ao interrogatório da outra parte.

Art. 345. Quando a parte, sem motivo justificado, deixar de responder ao que lhe for perguntado, ou empregar evasivas, o juiz, apreciando as demais circunstâncias e elementos de prova, declarará, na sentença, se houve recusa de depor.

Art. 346. A parte responderá pessoalmente sobre os fatos articulados, não podendo servir-se de escritos adrede preparados; o juiz lhe permitirá, todavia, a consulta a notas breves, desde que objetivem completar esclarecimentos.

→ *V.* Art. 151, II e III, do CPC.

Art. 347. A parte não é obrigada a depor de fatos:

→ *V.* Art. 229 do CC/2002.

I – criminosos ou torpes, que lhe forem imputados;

II – a cujo respeito, por estado ou profissão, deva guardar sigilo.

Parágrafo único. Esta disposição não se aplica às ações de filiação, de desquite e de anulação de casamento.

Seção III
Da confissão

Art. 348. Há confissão, quando a parte admite a verdade de um fato, contrário ao seu interesse e favorável ao adversário. A confissão é judicial ou extrajudicial.

→ *V.* Arts. 167, § 1º, 212, I, e 269, II, do CC/2002.

Art. 349. A confissão judicial pode ser espontânea ou provocada. Da confissão espontânea, tanto que requerida pela parte, se lavrará o respectivo termo nos autos; a confissão provocada constará do depoimento pessoal prestado pela parte.

Parágrafo único. A confissão espontânea pode ser feita pela própria parte, ou por mandatário com poderes especiais.

Art. 350. A confissão judicial faz prova contra o confitente, não prejudicando, todavia, os litisconsortes.

→ V. Arts. 48, 53, 58 e 75, III, do CPC.

Parágrafo único. Nas ações que versarem sobre bens imóveis ou direitos sobre imóveis alheios, a confissão de um cônjuge não valerá sem a do outro.

→ V. Art. 1.647, I, do CC/2002.

Art. 351. Não vale como confissão a admissão, em juízo, de fatos relativos a direitos indisponíveis.

→ V. Arts. 213 e 1.602 do CC/2002.

Art. 352. A confissão, quando emanar de erro, dolo ou coação, pode ser revogada:

→ V. Art. 214 do CC/2002.

I – por ação anulatória, se pendente o processo em que foi feita;

→ V. Arts. 166 a 184 do CC/2002.

II – por ação rescisória, depois de transitada em julgado a sentença, da qual constituir o único fundamento.

→ V. Art. 485, VIII, do CPC.

Parágrafo único. Cabe ao confitente o direito de propor a ação, nos casos de que trata este artigo; mas, uma vez iniciada, passa aos seus herdeiros.

Art. 353. A confissão extrajudicial, feita por escrito à parte ou a quem a represente, tem a mesma eficácia probatória da judicial; feita a terceiro, ou contida em testamento, será livremente apreciada pelo juiz.

Parágrafo único. Todavia, quando feita verbalmente, só terá eficácia nos casos em que a lei não exija prova literal.

→ V. Arts. 104 e 107 do CC/2002.

Art. 354. A confissão é, de regra, indivisível, não podendo a parte, que a quiser invocar como prova, aceitá-la no tópico que a beneficiar e rejeitá-la no que lhe for desfavorável. Cindir-se-á, todavia, quando o confitente lhe aduzir fatos novos, suscetíveis de constituir fundamento de defesa de direito material ou de reconvenção.

Seção IV
Da exibição de documento ou coisa

Art. 355. O juiz pode ordenar que a parte exiba documento ou coisa, que se ache em seu poder.

→ V. Súmulas 260 e 390 do STF.

→ V. Arts. 341, II, 844 e 855 do CPC.

→ V. Art. 1.191 do CC/202.

Art. 356. O pedido formulado pela parte conterá:

→ V. Art. 273, § 7º, do CPC.

I – a individuação, tão completa quanto possível, do documento ou da coisa;

II – a finalidade da prova, indicando os fatos que se relacionam com o documento ou a coisa;

III – as circunstâncias em que se funda o requerente para afirmar que o documento ou a coisa existe e se acha em poder da parte contrária.

Art. 357. O requerido dará a sua resposta nos 5 (cinco) dias subsequentes à sua intimação. Se afirmar que não possui o documento ou a coisa, o juiz permitirá que o requerente prove, por qualquer meio, que a declaração não corresponde à verdade.

Art. 358. O juiz não admitirá a recusa:

I – se o requerido tiver obrigação legal de exibir;

→ V. Art. 5º, II, da CF/1988.

→ V. Art. 195 do CTN.

II – se o requerido aludiu ao documento ou à coisa no processo, com o intuito de constituir prova;

III – se o documento, por seu conteúdo, for comum às partes.

Art. 359. Ao decidir o pedido, o juiz admitirá como verdadeiros os fatos que, por meio do documento ou da coisa, a parte pretendia provar:

I – se o requerido não efetuar a exibição, nem fizer qualquer declaração no prazo do art. 357;

II – se a recusa for havida por ilegítima.

Art. 360. Quando o documento ou a coisa estiver em poder de terceiro, o juiz mandará citá-lo para responder no prazo de 10 (dez) dias.

Art. 361. Se o terceiro negar a obrigação de exibir, ou a posse do documento ou da coisa, o juiz designará audiência especial, tomando-lhe o depoimento, bem como o das partes e, se necessário, de testemunhas; em seguida proferirá a sentença.

Art. 362. Se o terceiro, sem justo motivo, se recusar a efetuar a exibição, o juiz lhe ordenará que proceda ao respectivo depósito em cartório ou noutro lugar designado, no prazo de 5 (cinco) dias, impondo ao requerente que o embolse das despesas que tiver; se o terceiro descumprir a ordem, o juiz expedirá mandado de apreensão, requisitando, se necessário, força policial, tudo sem prejuízo da responsabilidade por crime de desobediência.

→ V. Súmula 372 do STJ.

Art. 363. A parte e o terceiro se escusam de exibir, em juízo, o documento ou a coisa:

→ Artigo com redação alterada pela Lei 5.925/1973 – Retifica dispositivos do CPC.

→ V. Art. 359 do CPC.

I – se concernente a negócios da própria vida da família;

II – se a sua apresentação puder violar dever de honra;

III – se a publicidade do documento redundar em desonra à parte ou ao terceiro, bem como a seus parentes consanguíneos ou afins até o terceiro grau; ou lhes representar perigo de ação penal;

IV – se a exibição acarretar a divulgação de fatos, a cujo respeito, por estado ou profissão, devam guardar segredo;

→ V. Art. 5º, XIV, da CF/1988.

→ V. Art. 34, VII, da Lei 8.906/1994.

V – se subsistirem outros motivos graves que, segundo o prudente arbítrio do juiz, justifiquem a recusa da exibição.

Parágrafo único. Se os motivos de que tratam os ns. I a V disserem respeito só a uma parte do conteúdo do documento, da outra se extrairá uma suma para ser apresentada em juízo.

Seção V
Da prova documental

Subseção I
Da força probante dos documentos

Art. 364. O documento público faz prova não só da sua formação, mas também dos fatos que o escrivão, o tabelião, ou o funcionário declarar que ocorreram em sua presença.

Art. 365. Fazem a mesma prova que os originais:

I – as certidões textuais de qualquer peça dos autos, do protocolo das audiências, ou de outro livro a cargo do escrivão, sendo extraídas por ele ou sob sua vigilância e por ele subscritas;

II – os traslados e as certidões extraídas por oficial público, de instrumentos ou documentos lançados em suas notas;

III – as reproduções dos documentos públicos, desde que autenticadas por oficial público ou conferidas em cartório, com os respectivos originais.

IV – as cópias reprográficas de peças do próprio processo judicial declaradas autênticas pelo próprio advogado sob sua responsabilidade pessoal, se não lhes for impugnada a autenticidade.

→ Inciso IV acrescentado pela Lei 11.382/2006.

V – os extratos digitais de bancos de dados, públicos e privados, desde que atestado pelo seu emitente, sob as penas da lei, que as informações conferem com o que consta na origem;

→ Inciso V acrescentado pela Lei 11.419/2006.

VI – as reproduções digitalizadas de qualquer documento, público ou particular, quando juntados aos autos pelos órgãos da Justiça e seus auxiliares, pelo Ministério Público e seus auxiliares, pelas procuradorias, pelas repartições públicas em geral e por advogados públicos ou privados, ressalvada a alegação motivada e fundamentada de adulteração antes ou durante o processo de digitalização.

→ Inciso VI acrescentado pela Lei 11.419/2006.

§ 1º Os originais dos documentos digitalizados, mencionados no inciso VI do *caput* deste artigo, deverão ser preservados pelo seu detentor até o final do prazo para interposição de ação rescisória.

→ § 1º acrescentado pela Lei 11.419/2006.

§ 2º Tratando-se de cópia digital de título executivo extrajudicial ou outro documento relevante à instrução do processo, o juiz poderá determinar o seu depósito em cartório ou secretaria.

→ § 2º acrescentado pela Lei 11.419/2006.

Art. 366. Quando a lei exigir, como da substância do ato, o instrumento público, nenhuma outra prova, por mais especial que seja, pode suprir-lhe a falta.

→ V. Arts 167 e 228 da Lei 6.015/1973.

Art. 367. O documento, feito por oficial público incompetente, ou sem a observância das formalidades legais, sendo subscrito pelas partes, tem a mesma eficácia probatória do documento particular.

Art. 368. As declarações constantes do documento particular, escrito e assinado, ou somente assinado, presumem-se verdadeiras em relação ao signatário.

Parágrafo único. Quando, todavia, contiver declaração de ciência, relativa a determinado fato, o documento particular prova a declaração, mas não o fato declarado, competindo ao interessado em sua veracidade o ônus de provar o fato.

Art. 369. Reputa-se autêntico o documento, quando o tabelião reconhecer a firma do signatário, declarando que foi aposta em sua presença.

→ *v.* Súmula 132 do STJ.

Art. 370. A data do documento particular, quando a seu respeito surgir dúvida ou impugnação entre os litigantes, provar-se-á por todos os meios de direito. Mas, em relação a terceiros, considerar-se-á datado o documento particular:

→ *v.* Art. 221 do CC/2002.

→ *v.* Art. 219 da Lei 6.015/1973.

I – no dia em que foi registrado;

II – desde a morte de algum dos signatários;

III – a partir da impossibilidade física, que sobreveio a qualquer dos signatários;

IV – da sua apresentação em repartição pública ou em juízo;

V – do ato ou fato que estabeleça, de modo certo, a anterioridade da formação do documento.

Art. 371. Reputa-se autor do documento particular:

I – aquele que o fez e o assinou;

II – aquele, por conta de quem foi feito, estando assinado;

III – aquele que, mandando compô-lo, não o firmou, porque, conforme a experiência comum, não se costuma assinar, como livros comerciais e assentos domésticos.

Art. 372. Compete à parte, contra quem foi produzido documento particular, alegar, no prazo estabelecido no art. 390, se lhe admite ou não a autenticidade da assinatura e a veracidade do contexto; presumindo-se, com o silêncio, que o tem por verdadeiro.

Parágrafo único. Cessa, todavia, a eficácia da admissão expressa ou tácita, se o documento houver sido obtido por erro, dolo ou coação.

→ *v.* Art. 171, II, do CC/2002.

Art. 373. Ressalvado o disposto no parágrafo único do artigo anterior, o documento particular, de cuja autenticidade se não duvida, prova que o seu autor fez a declaração, que lhe é atribuída.

Parágrafo único. O documento particular, admitido expressa ou tacitamente, é indivisível, sendo defeso à parte, que pretende utilizar-se dele, aceitar os fatos que lhe são favoráveis e recusar os que são contrários ao seu interesse, salvo se provar que estes se não verificaram.

Art. 374. O telegrama, o radiograma ou qualquer outro meio de transmissão tem a mesma força probatória do documento particular, se o original constante da estação expedidora foi assinado pelo remetente.

Parágrafo único. A firma do remetente poderá ser reconhecida pelo tabelião, declarando-se essa circunstância no original depositado na estação expedidora.

Art. 375. O telegrama ou o radiograma presume-se conforme com o original, provando a data de sua expedição e do recebimento pelo destinatário.

→ Artigo com redação alterada pela Lei 5.925/1973.

Art. 376. As cartas, bem como os registros domésticos, provam contra quem os escreveu quando:

I – enunciam o recebimento de um crédito;

II – contêm anotação, que visa a suprir a falta de título em favor de quem é apontado como credor;

III – expressam conhecimento de fatos para os quais não se exija determinada prova.

Art. 377. A nota escrita pelo credor em qualquer parte de documento representativo de obrigação, ainda que não assinada, faz prova em benefício do devedor.

→ *v.* Art. 112 do CC/2002.

Parágrafo único. Aplica-se esta regra tanto para o documento, que o credor conservar em seu poder, como para aquele que se achar em poder do devedor.

Art. 378. Os livros comerciais provam contra o seu autor. É lícito ao comerciante, todavia, demonstrar, por todos os meios permitidos em direito, que os lançamentos não correspondem à verdade dos fatos.

Art. 379. Os livros comerciais, que preencham os requisitos exigidos por lei, provam também a favor do seu autor no litígio entre comerciantes.

Art. 380. A escrituração contábil é indivisível; se dos fatos que resultam dos lançamentos, uns são favoráveis ao interesse de seu autor e outros lhe são contrários, ambos serão considerados em conjunto como unidade.

Art. 381. O juiz pode ordenar, a requerimento da parte, a exibição integral dos livros comerciais e dos documentos do arquivo:

→ *v.* Art. 148 do CTN.

→ *v.* Art. 1º, I, da Lei 8.137/1990.

→ *v.* Art. 105 da Lei 6.404/1976.

I – na liquidação de sociedade;

II – na sucessão por morte de sócio;

III – quando e como determinar a lei.

Art. 382. O juiz pode, de ofício, ordenar à parte a exibição parcial dos livros e documentos, extraindo-se deles a suma que interessar ao litígio, bem como reproduções autenticadas.

→ *v.* Súmula 260 do STF.

Art. 383. Qualquer reprodução mecânica, como a fotográfica, cinematográfica, fonográfica ou de outra espécie, faz prova dos fatos ou das coisas representadas, se aquele contra quem foi produzida lhe admitir a conformidade.

→ *v.* Lei 5.433/1968 – Regula a microfilmagem de documentos oficiais.

Parágrafo único. Impugnada a autenticidade da reprodução mecânica, o juiz ordenará a realização de exame pericial.

Art. 384. As reproduções fotográficas ou obtidas por outros processos de repetição, dos documentos particulares, valem como certidões, sempre que o escrivão portar por fé a sua conformidade com o original.

Art. 385. A cópia de documento particular tem o mesmo valor probante que o original, cabendo ao escrivão, intimadas as partes, proceder à conferência e certificar a conformidade entre a cópia e o original.

§ 1º Quando se tratar de fotografia, esta terá de ser acompanhada do respectivo negativo.

§ 2º Se a prova for uma fotografia publicada em jornal, exigir-se-ão o original e o negativo.

Art. 386. O juiz apreciará livremente a fé que deva merecer o documento, quando em ponto substancial e sem ressalva contiver entrelinha, emenda, borrão ou cancelamento.

Art. 387. Cessa a fé do documento, público ou particular, sendo-lhe declarada judicialmente a falsidade.

Parágrafo único. A falsidade consiste:

I – em formar documento não verdadeiro;

II – em alterar documento verdadeiro.

Art. 388. Cessa a fé do documento particular quando:

I – lhe for contestada a assinatura e enquanto não se lhe comprovar a veracidade;

II – assinado em branco, for abusivamente preenchido.

Parágrafo único. Dar-se-á abuso quando aquele, que recebeu documento assinado, com texto não escrito no todo ou em parte, o formar ou o completar, por si ou por meio de outrem, violando o pacto feito com o signatário.

Art. 389. Incumbe o ônus da prova quando:

I – se tratar de falsidade de documento, à parte que a arguir;

II – se tratar de contestação de assinatura, à parte que produziu o documento.

Subseção II
Da arguição de falsidade

Art. 390. O incidente de falsidade tem lugar em qualquer tempo e grau de jurisdição, incumbindo à parte, contra quem foi produzido o documento, suscitá-lo na contestação ou no prazo de 10 (dez) dias, contados da intimação da sua juntada aos autos.

→ *v.* Art. 171, II, do CC/2002.

Art. 391. Quando o documento for oferecido antes de encerrada a instrução, a parte o arguirá de falso, em petição dirigida ao juiz da causa, expondo os motivos em que funda a sua pretensão e os meios com que provará o alegado.

Art. 392. Intimada a parte, que produziu o documento, a responder no prazo de 10 (dez) dias, o juiz ordenará o exame pericial.

Parágrafo único. Não se procederá ao exame pericial, se a parte, que produziu o documento, concordar em retirá-lo e a parte contrária não se opuser ao desentranhamento.

Art. 393. Depois de encerrada a instrução, o incidente de falsidade correrá em apenso aos autos principais; no tribunal processar-se-á perante o relator, observando-se o disposto no artigo antecedente.

Art. 394. Logo que for suscitado o incidente de falsidade, o juiz suspenderá o processo principal.

Art. 395. A sentença, que resolver o incidente, declarará a falsidade ou autenticidade do documento.

Subseção III
Da produção da prova documental

→ *v.* Arts. 283, 297, 327, 396 e 397 do CPC.

→ *v.* Lei 11.419/2006 – Informatização do processo judicial.

Art. 396. Compete à parte instruir a petição inicial (art. 283), ou a resposta (art. 297), com os documentos destinados a provar-lhe as alegações.

→ *V.* Art. 157 do CPC.

Art. 397. É lícito às partes, em qualquer tempo, juntar aos autos documentos novos, quando destinados a fazer prova de fatos ocorridos depois dos articulados, ou para contrapô-los aos que foram produzidos nos autos.

Art. 398. Sempre que uma das partes requerer a juntada de documento aos autos, o juiz ouvirá, a seu respeito, a outra, no prazo de 5 (cinco) dias.

Art. 399. O juiz requisitará às repartições públicas em qualquer tempo ou grau de jurisdição:

I – as certidões necessárias à prova das alegações das partes;

→ *V.* Art. 5º, XXXIV, *b*, da CF/1988.

II – os procedimentos administrativos nas causas em que forem interessados a União, o Estado, o Município, ou as respectivas entidades da administração indireta.

→ *V.* Decreto 70.235/2972 – Dispõe sobre o processo administrativo fiscal.

§ 1º Recebidos os autos, o juiz mandará extrair, no prazo máximo e improrrogável de 30 (trinta) dias, certidões ou reproduções fotográficas das peças indicadas pelas partes ou de ofício; findo o prazo, devolverá os autos à repartição de origem.

→ Anterior parágrafo único renumerado para § 1º pela Lei 11.419/2006.

§ 2º As repartições públicas poderão fornecer todos os documentos em meio eletrônico conforme disposto em lei, certificando, pelo mesmo meio, que se trata de extrato fiel do que consta em seu banco de dados ou do documento digitalizado.

→ § 2º acrescentado pela Lei 11.419/2006.

Seção VI
Da prova testemunhal

Subseção I
Da admissibilidade e do valor da prova testemunhal

Art. 400. A prova testemunhal é sempre admissível, não dispondo a lei de modo diverso. O juiz indeferirá a inquirição de testemunhas sobre fatos:

I – já provados por documento ou confissão da parte;

II – que só por documento ou por exame pericial puderem ser provados.

Art. 401. A prova exclusivamente testemunhal só se admite nos contratos cujo valor não exceda o décuplo do maior salário mínimo vigente no país, ao tempo em que foram celebrados.

→ *V.* Art. 227 do CC/2002.

Art. 402. Qualquer que seja o valor do contrato, é admissível a prova testemunhal, quando:

I – houver começo de prova por escrito, reputando-se tal o documento emanado da parte contra quem se pretende utilizar o documento como prova;

II – o credor não pode ou não podia, moral ou materialmente, obter a prova escrita da obrigação, em casos como o de parentesco, depósito necessário ou hospedagem em hotel.

Art. 403. As normas estabelecidas nos dois artigos antecedentes aplicam-se ao pagamento e à remissão da dívida.

Art. 404. É lícito à parte inocente provar com testemunhas:

I – nos contratos simulados, a divergência entre a vontade real e a vontade declarada;

II – nos contratos em geral, os vícios do consentimento.

→ *V.* Arts. 138 a 155, 166, VII, e 167 do CC/2002.

Art. 405. Podem depor como testemunhas todas as pessoas, exceto as incapazes, impedidas ou suspeitas.

→ Artigo com redação alterada pela Lei 5.925/1973.

§ 1º São incapazes:

I – o interdito por demência;

II – o que, acometido por enfermidade, ou debilidade mental, ao tempo em que ocorreram os fatos, não podia discerni-los; ou, ao tempo em que deve depor, não está habilitado a transmitir as percepções;

→ *V.* Art. 3º do CC/2002.

III – o menor de 16 (dezesseis) anos;

IV – o cego e o surdo, quando a ciência do fato depender dos sentidos que lhes faltam.

→ *V.* Art. 151, III, do CPC.

§ 2º São impedidos:

I – o cônjuge, bem como o ascendente e o descendente em qualquer grau, ou colateral, até o terceiro grau, de alguma das partes por consanguinidade ou afinidade, salvo se o exigir o interesse público, ou, tratando-se de causa relativa ao estado da pessoa, não se puder obter de outro modo a prova, que o juiz repute necessária ao julgamento do mérito;

II – o que é parte na causa;

III – o que intervém em nome de uma parte, como o tutor na causa do menor, o representante legal da pessoa jurídica, o juiz, o advogado e outros, que assistam ou tenham assistido as partes.

§ 3º São suspeitos:

→ *V.* Art. 414, § 1º, do CPC

I – o condenado por crime de falso testemunho, havendo transitado em julgado a sentença;

II – o que, por seus costumes, não for digno de fé;

III – o inimigo capital da parte, ou seu amigo íntimo;

IV – o que tiver interesse no litígio.

→ *V.* Art. 414, *caput*, do CPC.

§ 4º Sendo estritamente necessário, o juiz ouvirá testemunhas impedidas ou suspeitas; mas os seus depoimentos serão prestados independentemente de compromisso (art. 415) e o juiz lhes atribuirá o valor que possam merecer.

Art. 406. A testemunha não é obrigada a depor de fatos:

→ *V.* Art. 229 do CC/2002.

I – que lhe acarretem grave dano, bem como ao seu cônjuge e aos seus parentes consanguíneos ou afins, em linha reta, ou na colateral em segundo grau;

II – a cujo respeito, por estado ou profissão, deva guardar sigilo.

Subseção II
Da produção da prova testemunhal

Art. 407. Incumbe às partes, no prazo que o juiz fixará ao designar a data da audiência, depositar em cartório o rol de testemunhas, precisando-lhes o nome, profissão, residência e o local de trabalho; omitindo-se o juiz, o rol será apresentado até 10 (dez) dias antes da audiência.

→ *Caput* com redação alterada pela Lei 10.358/2001.

Parágrafo único. É lícito a cada parte oferecer, no máximo, dez testemunhas; quando qualquer das partes oferecer mais de três testemunhas para a prova de cada fato, o juiz poderá dispensar as restantes.

Art. 408. Depois de apresentado o rol, de que trata o artigo antecedente, a parte só pode substituir a testemunha:

I – que falecer;

II – que, por enfermidade, não estiver em condições de depor;

III – que, tendo mudado de residência, não for encontrada pelo oficial de justiça.

Art. 409. Quando for arrolado como testemunha o juiz da causa, este:

I – declarar-se-á impedido, se tiver conhecimento de fatos, que possam influir na decisão; caso em que será defeso à parte, que o incluiu no rol, desistir de seu depoimento;

II – se nada souber, mandará excluir o seu nome.

Art. 410. As testemunhas depõem, na audiência de instrução, perante o juiz da causa, exceto:

I – as que prestam depoimento antecipadamente;

II – as que são inquiridas por carta;

III – as que, por doença, ou outro motivo relevante, estão impossibilitadas de comparecer em juízo (art. 336, parágrafo único);

IV – as designadas no artigo seguinte.

Art. 411. São inquiridos em sua residência, ou onde exercem a sua função:

I – o Presidente e o Vice-Presidente da República;

II – o Presidente do Senado e o da Câmara dos Deputados;

III – os Ministros de Estado;

IV – os ministros do Supremo Tribunal Federal, do Superior Tribunal de Justiça, do Superior Tribunal Militar, do Tribunal Superior Eleitoral, do Tribunal Superior do Trabalho e do Tribunal de Contas da União;

→ Inciso IV com redação alterada pela Lei 11.382/2006.

V – o Procurador-Geral da República;

VI – os Senadores e Deputados Federais;

VII – os Governadores dos Estados, dos Territórios e do Distrito Federal;

VIII – os Deputados Estaduais;

IX – os Desembargadores dos Tribunais de Justiça, os juízes dos Tribunais de Alçada, os juízes dos Tribunais Regionais do Trabalho e dos Tribunais Regionais Eleitorais e os Conselheiros dos Tribunais de Contas dos Estados e do Distrito Federal;

→ *V.* Art. 33, I, da LC 35/1979.

→ *V.* Art. 40, I, Lei 8.625/1993.

X – o embaixador de país que, por lei ou tratado, concede idêntica prerrogativa ao agente diplomático do Brasil.

Parágrafo único. O juiz solicitará à autoridade que designe dia, hora e local a fim de ser inquirida, remetendo-lhe cópia da petição inicial ou da defesa oferecida pela parte, que a arrolou como testemunha.

Art. 412. A testemunha é intimada a comparecer à audiência, constando do mandado dia, hora e local, bem como os nomes das partes e a natureza da causa. Se a testemunha deixar de comparecer, sem motivo justificado, será conduzida, respondendo pelas despesas do adiamento.

→ *Caput* com redação alterada pela Lei 5.925/1973.

§ 1º A parte pode comprometer-se a levar à audiência a testemunha, independentemente de intimação; presumindo-se, caso não compareça, que desistiu de ouvi-la.

→ § 1º com redação alterada pela Lei 5.925/1973.

§ 2º Quando figurar no rol de testemunhas funcionário público ou militar, o juiz o requisitará ao chefe da repartição ou ao comando do corpo em que servir.

→ § 2º com redação alterada pela Lei 5.925/1973.

§ 3º A intimação poderá ser feita pelo correio, sob registro ou com entrega em mão própria, quando a testemunha tiver residência certa.

→ § 3º acrescentado pela Lei 8.710/1993.

Art. 413. O juiz inquirirá as testemunhas separada e sucessivamente; primeiro as do autor e depois as do réu, providenciando de modo que uma não ouça o depoimento das outras.

Art. 414. Antes de depor, a testemunha será qualificada, declarando o nome por inteiro, a profissão, a residência e o estado civil, bem como se tem relações de parentesco com a parte, ou interesse no objeto do processo.

§ 1º É lícito à parte contraditar a testemunha, arguindo-lhe a incapacidade, o impedimento ou a suspeição. Se a testemunha negar os fatos que lhe são imputados, a parte poderá provar a contradita com documentos ou com testemunhas, até três, apresentadas no ato e inquiridas em separado. Sendo provados ou confessados os fatos, o juiz dispensará a testemunha, ou lhe tomará o depoimento, observando o disposto no art. 405, § 4º.

§ 2º A testemunha pode requerer ao juiz que a escuse de depor, alegando os motivos de que trata o art. 406; ouvidas as partes, o juiz decidirá de plano.

Art. 415. Ao início da inquirição, a testemunha prestará o compromisso de dizer a verdade do que souber e lhe for perguntado.

Parágrafo único. O juiz advertirá à testemunha que incorre em sanção penal quem faz afirmação falsa, cala ou oculta a verdade.

Art. 416. O juiz interrogará a testemunha sobre os fatos articulados, cabendo, primeiro à parte, que a arrolou, e depois à parte contrária, formular perguntas tendentes a esclarecer ou completar o depoimento.

§ 1º As partes devem tratar as testemunhas com urbanidade, não lhes fazendo perguntas ou considerações impertinentes, capciosas ou vexatórias.

§ 2º As perguntas que o juiz indeferir serão obrigatoriamente transcritas no termo se a parte o requerer.

→ § 2º com redação alterada pela Lei 7.005/1982.

Art. 417. O depoimento, datilografado ou registrado por taquigrafia, estenotipia ou outro método idôneo de documentação, será assinado pelo juiz, pelo depoente e pelos procuradores, facultando-se às partes a sua gravação.

→ *Caput* com redação alterada pela Lei 8.952/1994.

§ 1º O depoimento será passado para a versão datilográfica quando houver recurso da sentença ou noutros casos, quando o juiz o determinar, de ofício ou a requerimento da parte.

→ § 1º acrescentado pela Lei 11.419/2006.

§ 2º Tratando-se de processo eletrônico, observar-se-á o disposto nos §§ 2º e 3º do art. 169 desta Lei.

→ § 2º acrescentado pela Lei 11.419/2006.

Art. 418. O juiz pode ordenar, de ofício ou a requerimento da parte:

→ *V.* Art. 130 do CPC.

I – a inquirição de testemunhas referidas nas declarações da parte ou das testemunhas;

II – a acareação de duas ou mais testemunhas ou de alguma delas com a parte, quando, sobre fato determinado, que possa influir na decisão da causa, divergirem as suas declarações.

Art. 419. A testemunha pode requerer ao juiz o pagamento da despesa que efetuou para comparecimento à audiência, devendo a parte pagá-la logo que arbitrada, ou depositá-la em cartório dentro de 3 (três) dias.

Parágrafo único. O depoimento prestado em juízo é considerado serviço público. A testemunha, quando sujeita ao regime da legislação trabalhista, não sofre, por comparecer à audiência, perda de salário nem desconto no tempo de serviço.

Seção VII
Da prova pericial

Art. 420. A prova pericial consiste em exame, vistoria ou avaliação.

→ *V.* Art. 231 do CC/2002.

→ *V.* Arts. 145 e 850 do CPC.

→ *V.* Art. 3º, VI, da Lei 1.060/1950.

Parágrafo único. O juiz indeferirá a perícia quando:

I – a prova do fato não depender do conhecimento especial de técnico;

II – for desnecessária em vista de outras provas produzidas;

III – a verificação for impraticável.

Art. 421. O juiz nomeará o perito, fixando de imediato o prazo para a entrega do laudo.

→ *Caput* com redação alterada pela Lei 8.455/1992.

§ 1º Incumbe às partes, dentro em 5 (cinco) dias, contados da intimação do despacho de nomeação do perito:

I – indicar o assistente técnico;

II – apresentar quesitos.

§ 2º Quando a natureza do fato o permitir, a perícia poderá consistir apenas na inquirição pelo juiz do perito e dos assistentes, por ocasião da audiência de instrução e julgamento a respeito das coisas que houverem informalmente examinado ou avaliado.

→ § 2º com redação alterada pela Lei 8.455/1992.

Art. 422. O perito cumprirá escrupulosamente o encargo que lhe foi cometido, independentemente de termo de compromisso. Os assistentes técnicos são de confiança da parte, não sujeitos a impedimento ou suspeição.

→ Artigo com redação alterada pela Lei 8.455/1992.

Art. 423. O perito pode escusar-se (art. 146), ou ser recusado por impedimento ou suspeição (art. 138, III); ao aceitar a escusa ou ao julgar procedente a impugnação, o juiz nomeará novo perito.

→ Artigo com redação alterada pela Lei 8.455/1992.

Art. 424. O perito pode ser substituído quando:

→ *Caput* com redação alterada pela Lei 8.455/1992.

I – carecer de conhecimento técnico ou científico;

II – sem motivo legítimo, deixar de cumprir o encargo no prazo que lhe foi assinado.

→ Inciso II com redação alterada pela Lei 8.455/1992.

Parágrafo único. No caso previsto no inciso II, o juiz comunicará a ocorrência à corporação profissional respectiva, podendo, ainda, impor multa ao perito, fixada tendo em vista o valor da causa e o possível prejuízo decorrente do atraso no processo.

→ Parágrafo único com redação alterada pela Lei 8.455/1992.

Art. 425. Poderão as partes apresentar, durante a diligência, quesitos suplementares. Da juntada dos quesitos aos autos dará o escrivão ciência à parte contrária.

Art. 426. Compete ao juiz:

I – indeferir quesitos impertinentes;

II – formular os que entender necessários ao esclarecimento da causa.

Art. 427. O juiz poderá dispensar prova pericial quando as partes, na inicial e na contestação, apresentarem sobre as questões de fato pareceres técnicos ou documentos elucidativos que considerar suficientes.

→ Artigo com redação alterada pela Lei 8.455/1992.

Art. 428. Quando a prova tiver de realizar-se por carta, poderá proceder-se à nomeação de perito e indicação de assistentes técnicos no juízo, ao qual se requisitar a perícia.

Art. 429. Para o desempenho de sua função, podem o perito e os assistentes técnicos utilizar-se de todos os meios necessários, ouvindo testemunhas, obtendo informações, solicitando documentos que estejam em poder de parte ou em repartições públicas, bem como instruir o laudo com plantas, desenhos, fotografias e outras quaisquer peças.

Arts. 430 e 431. *(Revogados pela Lei 8.455/1992).*

Art. 431-A. As partes terão ciência da data e local designados pelo juiz ou indicados pelo perito para ter início a produção da prova.

→ Artigo acrescentado pela Lei 10.358/2001.

Art. 431-B. Tratando-se de perícia complexa, que abranja mais de uma área de conhecimento especializado, o juiz poderá nomear mais de um perito e a parte indicar mais de um assistente técnico.

→ Artigo acrescentado pela Lei 10.358/2001.

Art. 432. Se o perito, por motivo justificado, não puder apresentar o laudo dentro do prazo, o juiz conceder-lhe-á, por uma vez, prorrogação, segundo o seu prudente arbítrio.

Parágrafo único. *(Revogado pela Lei 8.455/1992).*

Art. 433. O perito apresentará o laudo em cartório, no prazo fixado pelo juiz, pelo menos 20 (vinte) dias antes da audiência de instrução e julgamento.

→ *Caput* com redação alterada pela Lei 8.455/1992.

Parágrafo único. Os assistentes técnicos oferecerão seus pareceres no prazo comum de 10 (dez) dias, após intimadas as partes da apresentação do laudo.

→ Parágrafo único com redação alterada pela Lei 10.358/2001.

Art. 434. Quando o exame tiver por objeto a autenticidade ou a falsidade de documento, ou for de natureza médico-legal, o perito será escolhido, de preferência, entre os técnicos dos estabelecimentos oficiais especializados. O juiz autorizará a remessa dos autos, bem como do material sujeito a exame, ao diretor do estabelecimento.

→ *Caput* com redação alterada pela Lei 8.952/1994.

Parágrafo único. Quando o exame tiver por objeto a autenticidade da letra e firma, o perito poderá requisitar, para efeito de comparação, documentos existentes em repartições públicas; na falta destes, poderá requerer ao juiz que a pessoa, a quem se atribuir a autoria do documento, lance em folha de papel por cópia, ou sob ditado, dizeres diferentes, para fins de comparação.

Art. 435. A parte, que desejar esclarecimento do perito e do assistente técnico, requererá ao juiz que mande intimá-lo a comparecer à audiência, formulando desde logo as perguntas, sob forma de quesitos.

Parágrafo único. O perito e o assistente técnico só estarão obrigados a prestar os esclarecimentos a que se refere este artigo, quando intimados 5 (cinco) dias antes da audiência.

Art. 436. O juiz não está adstrito ao laudo pericial, podendo formar a sua convicção com outros elementos ou fatos provados nos autos.

Art. 437. O juiz poderá determinar, de ofício ou a requerimento da parte, a realização de nova perícia, quando a matéria não lhe parecer suficientemente esclarecida.

Art. 438. A segunda perícia tem por objeto os mesmos fatos sobre que recaiu a primeira e destina-se a corrigir eventual omissão ou inexatidão dos resultados a que esta conduziu.

Art. 439. A segunda perícia rege-se pelas disposições estabelecidas para a primeira.

Parágrafo único. A segunda perícia não substitui a primeira, cabendo ao juiz apreciar livremente o valor de uma e outra.

Seção VIII
Da inspeção judicial

Art. 440. O juiz, de ofício ou a requerimento da parte, pode, em qualquer fase do processo, inspecionar pessoas ou coisas, a fim de se esclarecer sobre fato, que interesse à decisão da causa.

→ *V.* Art. 355 do CPC.

→ *V.* Art. 13, VI, *c*, da Lei 12.529/2011.

→ *V.* Art. 159, § 1º, do CPP.

Art. 441. Ao realizar a inspeção direta, o juiz poderá ser assistido de um ou mais peritos.

Art. 442. O juiz irá ao local, onde se encontre a pessoa ou coisa, quando:

I – julgar necessário para a melhor verificação ou interpretação dos fatos que deva observar;

II – a coisa não puder ser apresentada em juízo, sem consideráveis despesas ou graves dificuldades;

III – determinar a reconstituição dos fatos.

Parágrafo único. As partes têm sempre direito a assistir à inspeção, prestando esclarecimentos e fazendo observações que reputem de interesse para a causa.

Art. 443. Concluída a diligência, o juiz mandará lavrar auto circunstanciado, mencionando nele tudo quanto for útil ao julgamento da causa.

→ Artigo com redação alterada pela Lei 5.925/1973.

Parágrafo único. O auto poderá ser instruído com desenho, gráfico ou fotografia.

Capítulo VII
DA AUDIÊNCIA

Seção I
Das disposições gerais

Art. 444. A audiência será pública; nos casos de que trata o art. 155, realizar-se-á a portas fechadas.

→ *V.* Arts. 155 e 332 do CPC.

Art. 445. O juiz exerce o poder de polícia, competindo-lhe:

I – manter a ordem e o decoro na audiência;

II – ordenar que se retirem da sala da audiência os que se comportarem inconvenientemente;

III – requisitar, quando necessário, a força policial.

Art. 446. Compete ao juiz em especial:

I – dirigir os trabalhos da audiência;

II – proceder direta e pessoalmente à colheita das provas;

III – exortar os advogados e o órgão do Ministério Público a que discutam a causa com elevação e urbanidade.

Parágrafo único. Enquanto depuserem as partes, o perito, os assistentes técnicos e as testemunhas, os advogados não podem intervir ou apartear, sem licença do juiz.

→ *V.* Art. 143 do CPC.

Seção II
Da conciliação

Art. 447. Quando o litígio versar sobre direitos patrimoniais de caráter privado, o juiz, de ofício, determinará o comparecimento das partes ao início da audiência de instrução e julgamento.

→ *V.* Arts. 125, IV, e 842 do CPC.

Parágrafo único. Em causas relativas à família, terá lugar igualmente a conciliação, nos casos e para os fins em que a lei consente a transação.

→ *V.* Art. 3º, § 2º, da Lei 6.515/1977.

Art. 448. Antes de iniciar a instrução, o juiz tentará conciliar as partes. Chegando a acordo, o juiz mandará tomá-lo por termo.

Art. 449. O termo de conciliação, assinado pelas partes e homologado pelo juiz, terá valor de sentença.

→ *V.* Art. 269, III, do CPC.

Seção III
Da instrução e julgamento

Art. 450. No dia e hora designados, o juiz declarará aberta a audiência, mandando apregoar as partes e os seus respectivos advogados.

Art. 451. Ao iniciar a instrução, o juiz, ouvidas as partes, fixará os pontos controvertidos sobre que incidirá a prova.

Art. 452. As provas serão produzidas na audiência nesta ordem:

I – o perito e os assistentes técnicos responderão aos quesitos de esclarecimentos, requeridos no prazo e na forma do art. 435;

II – o juiz tomará os depoimentos pessoais, primeiro do autor e depois do réu;

III – finalmente, serão inquiridas as testemunhas arroladas pelo autor e pelo réu.

Art. 453. A audiência poderá ser adiada:

I – por convenção das partes, caso em que só será admissível uma vez;

II – se não puderem comparecer, por motivo justificado, o perito, as partes, as testemunhas ou os advogados.

§ 1º Incumbe ao advogado provar o impedimento até a abertura da audiência; não o fazendo, o juiz procederá à instrução.

§ 2º Pode ser dispensada pelo juiz a produção das provas requeridas pela parte cujo advogado não compareceu à audiência.

§ 3º Quem der causa ao adiamento responderá pelas despesas acrescidas.

Art. 454. Finda a instrução, o juiz dará a palavra ao advogado do autor e ao do réu, bem como ao órgão do Ministério Público, sucessivamente, pelo prazo de 20 (vinte) minutos para cada um, prorrogável por 10 (dez), a critério do juiz.

→ *V.* Arts. 132, 397 e 418 do CPC.

§ 1º Havendo litisconsorte ou terceiro, o prazo, que formará com o da prorrogação um só todo, dividir-se-á entre os do mesmo grupo, se não convencionarem de modo diverso.

§ 2º No caso previsto no art. 56, o opoente sustentará as suas razões em primeiro lugar, seguindo-se-lhe os opostos, cada qual pelo prazo de 20 (vinte) minutos.

→ *V.* Art. 61 do CPC.

§ 3º Quando a causa apresentar questões complexas de fato ou de direito, o debate oral poderá ser substituído por memoriais, caso em que o juiz designará dia e hora para o seu oferecimento.

Art. 455. A audiência é una e contínua. Não sendo possível concluir, num só dia, a instrução, o debate e o julgamento, o juiz marcará o seu prosseguimento para dia próximo.

Art. 456. Encerrado o debate ou oferecidos os memoriais, o juiz proferirá a sentença desde logo ou no prazo de 10 (dez) dias.

→ Artigo com redação alterada pela Lei 5.925/1973.

Art. 457. O escrivão lavrará, sob ditado do juiz, termo que conterá, em resumo, o ocorrido na audiência, bem como, por extenso, os despachos e a sentença, se esta for proferida no ato.

→ *V.* Art. 170 do CPC.

§ 1º Quando o termo for datilografado, o juiz lhe rubricará as folhas, ordenando que sejam encadernadas em volume próprio.

§ 2º Subscreverão o termo o juiz, os advogados, o órgão do Ministério Público e o escrivão.

§ 3º O escrivão trasladará para os autos cópia autêntica do termo de audiência.

§ 4º Tratando-se de processo eletrônico, observar-se-á o disposto nos §§ 2º e 3º do art. 169 desta Lei.

→ § 4º acrescentado pela Lei 11.419/2006.

Capítulo VIII
DA SENTENÇA E DA COISA JULGADA

Seção I
Dos requisitos e dos efeitos da sentença

Art. 458. São requisitos essenciais da sentença:

→ *v.* Art. 93, IX, da CF/1988.

→ *v.* Art. 99 da Lei 11.101/2005.

I – o relatório, que conterá os nomes das partes, a suma do pedido e da resposta do réu, bem como o registro das principais ocorrências havidas no andamento do processo;

II – os fundamentos, em que o juiz analisará as questões de fato e de direito;

III – o dispositivo, em que o juiz resolverá as questões, que as partes lhe submeterem.

Art. 459. O juiz proferirá a sentença, acolhendo ou rejeitando, no todo ou em parte, o pedido formulado pelo autor. Nos casos de extinção do processo sem julgamento do mérito, o juiz decidirá em forma concisa.

→ *v.* Art. 269, I, do CPC.

→ *v.* Súmula 318 do STJ.

Parágrafo único. Quando o autor tiver formulado pedido certo, é vedado ao juiz proferir sentença ilíquida.

Art. 460. É defeso ao juiz proferir sentença, a favor do autor, de natureza diversa da pedida, bem como condenar o réu em quantidade superior ou em objeto diverso do que lhe foi demandado.

→ *v.* Art. 128 do CPC.

Parágrafo único. A sentença deve ser certa, ainda quando decida relação jurídica condicional.

→ Parágrafo único acrescentado pela Lei 8.952/1994.

Art. 461. Na ação que tenha por objeto o cumprimento de obrigação de fazer ou não fazer, o juiz concederá a tutela específica da obrigação ou, se procedente o pedido, determinará providências que assegurem o resultado prático equivalente ao do adimplemento.

→ *Caput* com redação alterada pela Lei 8.952/1994.

→ *v.* Súmula 410 do STJ.

→ *v.* Arts. 247 a 249 do CC/2002.

→ *v.* Art. 84 do CDC.

→ *v.* Art. 7º da Lei 9.307/1996.

→ *v.* Art. 11 da Lei 7.347/1985.

→ *v.* Art. 213 do ECA.

→ *v.* Art. 52, V, da Lei 9.099/1995.

§ 1º A obrigação somente se converterá em perdas e danos se o autor o requerer ou se impossível a tutela específica ou a obtenção do resultado prático correspondente.

→ § 1º acrescentado pela Lei 8.952/1994.

§ 2º A indenização por perdas e danos dar-se-á sem prejuízo da multa (art. 287).

→ § 2º acrescentado pela Lei 8.952/1994.

§ 3º Sendo relevante o fundamento da demanda e havendo justificado receio de ineficácia do provimento final, é lícito ao juiz conceder a tutela liminarmente ou mediante justificação prévia, citado o réu. A medida liminar poderá ser revogada ou modificada, a qualquer tempo, em decisão fundamentada.

→ § 3º acrescentado pela Lei 8.952/1994.

§ 4º O juiz poderá, na hipótese do parágrafo anterior ou na sentença, impor multa diária ao réu, independentemente de pedido do autor, se for suficiente ou compatível com a obrigação, fixando-lhe prazo razoável para o cumprimento do preceito.

→ § 4º acrescentado pela Lei 8.952/1994.

§ 5º Para a efetivação da tutela específica ou a obtenção do resultado prático equivalente, poderá o juiz, de ofício ou a requerimento, determinar as medidas necessárias, tais como a imposição de multa por tempo de atraso, busca e apreensão, remoção de pessoas e coisas, desfazimento de obras e impedimento de atividade nociva, se necessário com requisição de força policial.

→ § 5º com redação alterada pela Lei 10.444/2002.

§ 6º O juiz poderá, de ofício, modificar o valor ou a periodicidade da multa, caso verifique que se tornou insuficiente ou excessiva.

→ § 6º acrescentado pela Lei 10.444/2002.

Art. 461-A. Na ação que tenha por objeto a entrega de coisa, o juiz, ao conceder a tutela específica, fixará o prazo para o cumprimento da obrigação.

→ Artigo acrescentado pela Lei 10.444/2002.

→ *v.* Art. 475-I do CPC.

§ 1º Tratando-se de entrega de coisa determinada pelo gênero e quantidade, o credor a individualizará na petição inicial, se lhe couber a escolha; cabendo ao devedor escolher, este a entregará individualizada, no prazo fixado pelo juiz.

§ 2º Não cumprida a obrigação no prazo estabelecido, expedir-se-á em favor do credor mandado de busca e apreensão ou de imissão na posse, conforme se tratar de coisa móvel ou imóvel.

§ 3º Aplica-se à ação prevista neste artigo o disposto nos §§ 1º a 6º do art. 461.

Art. 462. Se, depois da propositura da ação, algum fato constitutivo, modificativo ou extintivo do direito influir no julgamento da lide, caberá ao juiz tomá-lo em consideração, de ofício ou a requerimento da parte, no momento de proferir a sentença.

→ Artigo com redação alterada pela Lei 5.925/1973.

→ *v.* Súmula 394 do TST.

→ *v.* Art. 106, II, do CTN.

Art. 463. Publicada a sentença, o juiz só poderá alterá-la:

→ *Caput* com redação alterada pela Lei 11.232/2005.

I – para lhe corrigir, de ofício ou a requerimento da parte, inexatidões materiais, ou lhe retificar erros de cálculo;

II – por meio de embargos de declaração.

→ *v.* Art. 535 do CPC.

Arts. 464 e 465. *(Revogados pela Lei 8.950/1994).*

Art. 466. A sentença que condenar o réu no pagamento de uma prestação, consistente em dinheiro ou em coisa, valerá como título constitutivo de hipoteca judiciária, cuja inscrição será ordenada pelo juiz na forma prescrita na Lei de Registros Públicos.

→ *v.* Art. 167, I, *2*, da Lei 6.015/1975.

Parágrafo único. A sentença condenatória produz a hipoteca judiciária:

I – embora a condenação seja genérica;

II – pendente arresto de bens do devedor;

III – ainda quando o credor possa promover a execução provisória da sentença.

Art. 466-A. Condenado o devedor a emitir declaração de vontade, a sentença, uma vez transitada em julgado, produzirá todos os efeitos da declaração não emitida.

→ Artigo acrescentado pela Lei 11.232/2005.

Art. 466-B. Se aquele que se comprometeu a concluir um contrato não cumprir a obrigação, a outra parte, sendo isso possível e não excluído pelo título, poderá obter uma sentença que produza o mesmo efeito do contrato a ser firmado.

→ Artigo acrescentado pela Lei 11.232/2005.

→ *v.* Art. 553 do CC/2002.

Art. 466-C. Tratando-se de contrato que tenha por objeto a transferência da propriedade de coisa determinada, ou de outro direito, a ação não será acolhida se a parte que a intentou não cumprir a sua prestação, nem a oferecer, nos casos e formas legais, salvo se ainda não exigível.

→ Artigo acrescentado pela Lei 11.232/2005.

Seção II
Da coisa julgada

Art. 467. Denomina-se coisa julgada material a eficácia, que torna imutável e indiscutível a sentença, não mais sujeita a recurso ordinário ou extraordinário.

→ *v.* Súmula 423 do STF.

→ *v.* Art. 5º, XXXVI, da CF/1988.

→ *v.* Art. 6º, § 3º, da LINDB.

→ *v.* Art. 103 do CDC.

Art. 468. A sentença, que julgar total ou parcialmente a lide, tem força de lei nos limites da lide e das questões decididas.

Art. 469. Não fazem coisa julgada:

→ *v.* Súmula 239 do STF.

I – os motivos, ainda que importantes para determinar o alcance da parte dispositiva da sentença;

II – a verdade dos fatos, estabelecida como fundamento da sentença;

III – a apreciação da questão prejudicial, decidida incidentemente no processo.

Art. 470. Faz, todavia, coisa julgada a resolução da questão prejudicial, se a parte o requerer (arts. 5º e 325), o juiz for competente em razão da matéria e constituir pressuposto necessário para o julgamento da lide.

Art. 471. Nenhum juiz decidirá novamente as questões já decididas, relativas à mesma lide, salvo:

→ *v.* Art. 301, §§ 1º a 3º.

I – se, tratando-se de relação jurídica continuativa, sobreveio modificação no estado de fato ou de direito; caso em que poderá a parte pedir a revisão do que foi estatuído na sentença;

→ *v.* Art. 15 da Lei 5.478/1968.

II – nos demais casos prescritos em lei.

Art. 472. A sentença faz coisa julgada às partes entre as quais é dada, não beneficiando, nem prejudicando terceiros. Nas causas relativas ao estado de pessoa, se houverem sido citados no processo, em litisconsórcio necessário, todos os interessados, a sentença produz coisa julgada em relação a terceiros.

→ *v.* Art. 219 do CPC.

→ *v.* Art. 103 do CDC.

Art. 473. É defeso à parte discutir, no curso do processo, as questões já decididas, a cujo respeito se operou a preclusão.

Art. 474. Passada em julgado a sentença de mérito, reputar-se-ão deduzidas e repelidas todas as alegações e defesas, que a parte poderia opor assim ao acolhimento como à rejeição do pedido.

Art. 475. Está sujeita ao duplo grau de jurisdição, não produzindo efeito senão depois de confirmada pelo tribunal, a sentença:

→ Artigo com redação alterada pela Lei 10.352/2001.

→ *v.* Súmula 620 do STF.

→ *v.* Art. 13 da Lei 10.259/2001.

→ *v.* Art. 19 da Lei 4.717/1965.

→ *v.* Art. 14, § 3º, da Lei 12.016/2009.

I – proferida contra a União, o Estado, o Distrito Federal, o Município, e as respectivas autarquias e fundações de direito público;

II – que julgar procedentes, no todo ou em parte, os embargos à execução de dívida ativa da Fazenda Pública (art. 585, VI).

§ 1º Nos casos previstos neste artigo, o juiz ordenará a remessa dos autos ao tribunal, haja ou não apelação; não o fazendo, deverá o presidente do tribunal avocá-los.

§ 2º Não se aplica o disposto neste artigo sempre que a condenação, ou o direito controvertido, for de valor certo não excedente a sessenta salários mínimos, bem como no caso de procedência dos embargos do devedor na execução de dívida ativa do mesmo valor.

→ *v.* Art. 3º da Lei 9.099/1995.

→ *v.* Arts. 3º e 10 da Lei 10.259/2001.

→ *v.* Lei 12.153/2009 – Dispõe sobre os Juizados Especiais da Fazenda Pública no âmbito dos Estados, do Distrito Federal, dos Territórios e dos Municípios.

§ 3º Também não se aplica o disposto neste artigo quando a sentença estiver fundada em jurisprudência do plenário do Supremo Tribunal Federal ou em súmula deste Tribunal ou do tribunal superior competente.

→ *v.* Art. 103-A da CF/1988.

Capítulo IX
DA LIQUIDAÇÃO DE SENTENÇA

→ Capítulo IX acrescentado pela Lei 11.232/2005.

→ Alterações pela Lei 11.232/2005 estão consolidadas no CPC, republicação no *D.O.U.* de 27.7.2006.

Art. 475-A. Quando a sentença não determinar o valor devido, procede-se à sua liquidação.

→ Artigo acrescentado pela Lei 11.232/2005.

→ *v.* Súmulas 344 e 453 do STJ.

§ 1º Do requerimento de liquidação de sentença será a parte intimada, na pessoa de seu advogado.

→ *v.* Art. 98 do CDC.

→ *v.* Art. 6º, § 2º, da Lei 11.101/2005.

§ 2º A liquidação poderá ser requerida na pendência de recurso, processando-se em autos apartados, no juízo de origem, cumprindo ao liquidante instruir o pedido com cópias das peças processuais pertinentes.

→ *v.* Súmula 118 do STJ.

§ 3º Nos processos sob procedimento comum sumário, referidos no art. 275, inciso II, alíneas *d* e *e* desta Lei, é defesa a sentença ilíquida, cumprindo ao juiz, se for o caso, fixar de plano, a seu prudente critério, o valor devido.

Art. 475-B. Quando a determinação do valor da condenação depender apenas de cálculo aritmético, o credor requererá o cumprimento da sentença, na forma do art. 475-J desta Lei, instruindo o pedido com a memória discriminada e atualizada do cálculo.

→ Artigo acrescentado pela Lei 11.232/2005.

§ 1º Quando a elaboração da memória do cálculo depender de dados existentes em poder do devedor ou de terceiro, o juiz, a requerimento do credor, poderá requisitá-los, fixando prazo de até 30 (trinta) dias para o cumprimento da diligência.

§ 2º Se os dados não forem, injustificadamente, apresentados pelo devedor, reputar-se-ão corretos os cálculos apresentados pelo credor, e, se não o forem pelo terceiro, configurar-se-á a situação prevista no art. 362.

§ 3º Poderá o juiz valer-se do contador do juízo, quando a memória apresentada pelo credor aparentemente exceder os limites da decisão exequenda e, ainda, nos casos de assistência judiciária.

§ 4º Se o credor não concordar com os cálculos feitos nos termos do § 3º deste artigo, far-se-á a execução pelo valor originariamente pretendido, mas a penhora terá por base o valor encontrado pelo contador.

Art. 475-C. Far-se-á a liquidação por arbitramento quando:

→ Artigo acrescentado pela Lei 11.232/2005.

→ *v.* Súmula 148 do STJ.

I – determinado pela sentença ou convencionado pelas partes;

II – o exigir a natureza do objeto da liquidação.

Art. 475-D. Requerida a liquidação por arbitramento, o juiz nomeará o perito e fixará o prazo para a entrega do laudo.

→ Artigo acrescentado pela Lei 11.232/2005.

Parágrafo único. Apresentado o laudo, sobre o qual poderão as partes manifestar-se no prazo de 10 (dez) dias, o juiz proferirá decisão ou designará, se necessário, audiência.

Art. 475-E. Far-se-á a liquidação por artigos, quando, para determinar o valor da condenação, houver necessidade de alegar e provar fato novo.

→ Artigo acrescentado pela Lei 11.232/2005.

Art. 475-F. Na liquidação por artigos, observar-se-á, no que couber, o procedimento comum (art. 272).

→ Artigo acrescentado pela Lei 11.232/2005.

Art. 475-G. É defeso, na liquidação, discutir de novo a lide ou modificar a sentença que a julgou.

→ Artigo acrescentado pela Lei 11.232/2005.

Art. 475-H. Da decisão de liquidação caberá agravo de instrumento.

→ Artigo acrescentado pela Lei 11.232/2005.

→ *v.* Súmula 118 do STJ.

→ *v.* Art. 522 do CPC.

Capítulo X
DO CUMPRIMENTO DA SENTENÇA

→ Capítulo X acrescentado pela Lei 11.232/2005.

→ Alterações pela Lei 11.232/2005 estão consolidadas no CPC, republicação no *D.O.U.* de 27.7.2006.

Art. 475-I. O cumprimento da sentença far-se-á conforme os arts. 461 e 461-A desta Lei ou, tratando-se de obrigação por quantia certa, por execução, nos termos dos demais artigos deste Capítulo.

→ Artigo acrescentado pela Lei 11.232/2005.

§ 1º É definitiva a execução da sentença transitada em julgado e provisória quando se tratar de sentença impugnada mediante recurso ao qual não foi atribuído efeito suspensivo.

§ 2º Quando na sentença houver uma parte líquida e outra ilíquida, ao credor é lícito promover simultaneamente a execução daquela e, em autos apartados, a liquidação desta.

Art. 475-J. Caso o devedor, condenado ao pagamento de quantia certa ou já fixada em liquidação, não o efetue no prazo de 15 (quinze) dias, o montante da condenação será acrescido de multa no percentual de 10% (dez por cento) e, a requerimento do credor e observado o disposto no art. 614, inciso II, desta Lei, expedir-se-á mandado de penhora e avaliação.

→ Artigo acrescentado pela Lei 11.232/2005.

§ 1º Do auto de penhora e de avaliação será de imediato intimado o executado, na pessoa de seu advogado (arts. 236 e 237), ou, na falta deste, o seu representante legal, ou pessoalmente, por mandado ou pelo correio, podendo oferecer impugnação, querendo, no prazo de 15 (quinze) dias.

→ *v.* Art. 681 do CPC.

§ 2º Caso o oficial de justiça não possa proceder à avaliação, por depender de conhecimentos especializados, o juiz, de imediato, nomeará avaliador, assinando-lhe breve prazo para a entrega do laudo.

§ 3º O exequente poderá, em seu requerimento, indicar desde logo os bens a serem penhorados.

§ 4º Efetuado o pagamento parcial no prazo previsto no *caput* deste artigo, a multa de 10% (dez por cento) incidirá sobre o restante.

§ 5º Não sendo requerida a execução no prazo de 6 (seis) meses, o juiz mandará arquivar os autos, sem prejuízo de seu desarquivamento a pedido da parte.

Art. 475-L. A impugnação somente poderá versar sobre:

→ Artigo acrescentado pela Lei 11.232/2005.

I – falta ou nulidade da citação, se o processo correu à revelia;

II – inexigibilidade do título;

III – penhora incorreta ou avaliação errônea;

IV – ilegitimidade das partes;

V – excesso de execução;

VI – qualquer causa impeditiva, modificativa ou extintiva da obrigação, como pagamento, novação, compensação, transação ou prescrição, desde que superveniente à sentença.

→ *v.* Súmula 393 do STJ.

§ 1º Para efeito do disposto no inciso II do *caput* deste artigo, considera-se também inexigível o título judicial fundado em lei ou ato normativo declarados inconstitucionais pelo Supremo Tribunal Federal, ou fundado em aplicação ou interpretação da lei ou ato normativo tidas pelo Supremo Tribunal Federal como incompatíveis com a Constituição Federal.

§ 2º Quando o executado alegar que o exequente, em excesso de execução, pleiteia quantia superior à resultante da sentença, cumprir-lhe-á declarar de imediato o valor que entende correto, sob pena de rejeição liminar dessa impugnação.

Art. 475-M. A impugnação não terá efeito suspensivo, podendo o juiz atribuir-lhe tal efeito desde que relevantes seus fundamentos e o prosseguimento da execução seja manifestamente suscetível de causar ao executado grave dano de difícil ou incerta reparação.

→ Artigo acrescentado pela Lei 11.232/2005.

§ 1º Ainda que atribuído efeito suspensivo à impugnação, é lícito ao exequente requerer o prosseguimento da execução, oferecendo e prestando caução suficiente e idônea, arbitrada pelo juiz e prestada nos próprios autos.

§ 2º Deferido efeito suspensivo, a impugnação será instruída e decidida nos próprios autos e, caso contrário, em autos apartados.

§ 3º A decisão que resolver a impugnação é recorrível mediante agravo de instrumento, salvo quando importar extinção da execução, caso em que caberá apelação.

Art. 475-N. São títulos executivos judiciais:

→ Artigo acrescentado pela Lei 11.232/2005.

→ *V.* Art. 475-J do CPC.

I – a sentença proferida no processo civil que reconheça a existência de obrigação de fazer, não fazer, entregar coisa ou pagar quantia;

II – a sentença penal condenatória transitada em julgado;

→ *V.* Art. 91, I, do CP.

→ *V.* Art. 387, IV, do CPP.

III – a sentença homologatória de conciliação ou de transação, ainda que inclua matéria não posta em juízo;

IV – a sentença arbitral;

→ *V.* Art. 33, § 3º, da Lei 9.307/1996.

V – o acordo extrajudicial, de qualquer natureza, homologado judicialmente;

→ *V.* Art. 585, VIII, do CPC.

→ *V.* Art. 57 da Lei 9.099/1995.

→ *V.* Art. 5º, § 6º, da Lei 7.347/1985.

VI – a sentença estrangeira, homologada pelo Superior Tribunal de Justiça;

VII – o formal e a certidão de partilha, exclusivamente em relação ao inventariante, aos herdeiros e aos sucessores a título singular ou universal.

Parágrafo único. Nos casos dos incisos II, IV e VI, o mandado inicial (art. 475-J) incluirá a ordem de citação do devedor, no juízo cível, para liquidação ou execução, conforme o caso.

Art. 475-O. A execução provisória da sentença far-se-á, no que couber, do mesmo modo que a definitiva, observadas as seguintes normas:

→ *Caput* acrescentado pela Lei 11.232/2005.

I – corre por iniciativa, conta e responsabilidade do exequente, que se obriga, se a sentença for reformada, a reparar os danos que o executado haja sofrido;

→ Inciso I acrescentado pela Lei 11.232/2005.

→ *V.* Arts. 402 a 405 do CC/2002.

II – fica sem efeito, sobrevindo acórdão que modifique ou anule a sentença objeto da execução, restituindo-se as partes ao estado anterior e liquidados eventuais prejuízos nos mesmos autos, por arbitramento;

→ Inciso II acrescentado pela Lei 11.232/2005.

III – o levantamento de depósito em dinheiro e a prática de atos que importem alienação de propriedade ou dos quais possa resultar grave dano ao executado dependem de caução suficiente e idônea, arbitrada de plano pelo juiz e prestada nos próprios autos.

→ Inciso III acrescentado pela Lei 11.232/2005.

§ 1º No caso do inciso II do *caput* deste artigo, se a sentença provisória for modificada ou anulada apenas em parte, somente nesta ficará sem efeito a execução.

→ § 1º acrescentado pela Lei 11.232/2005 (retificação no *D.O.U.* de 26.6.2006).

§ 2º A caução a que se refere o inciso III do *caput* deste artigo poderá ser dispensada:

→ *Caput* do § 2º acrescentado pela Lei 11.232/2005.

I – quando, nos casos de crédito de natureza alimentar ou decorrente de ato ilícito, até o limite de sessenta vezes o valor do salário mínimo, o exequente demonstrar situação de necessidade;

→ Inciso I acrescentado pela Lei 11.232/2005.

II – nos casos de execução provisória em que penda agravo perante o Supremo Tribunal Federal ou o Superior Tribunal de Justiça (art. 544), salvo quando da dispensa possa manifestamente resultar risco de grave dano, de difícil ou incerta reparação.

→ Inciso II com redação alterada pela Lei 12.322/2010.

§ 3º Ao requerer a execução provisória, o exequente instruirá a petição com cópias autenticadas das seguintes peças do processo, podendo o advogado declarar a autenticidade, sob sua responsabilidade pessoal:

→ *Caput* do § 3º com redação alterada pela Lei 12.322/2010.

I – sentença ou acórdão exequendo;

→ Inciso I acrescentado pela Lei 11.232/2005.

II – certidão de interposição do recurso não dotado de efeito suspensivo;

→ Inciso II acrescentado pela Lei 11.232/2005.

III – procurações outorgadas pelas partes;

→ Inciso III acrescentado pela Lei 11.232/2005.

IV – decisão de habilitação, se for o caso;

→ Inciso IV acrescentado pela Lei 11.232/2005.

V – facultativamente, outras peças processuais que o exequente considere necessárias.

→ Inciso V acrescentado pela Lei 11.232/2005.

Art. 475-P. O cumprimento da sentença efetuar-se-á perante:

→ Artigo acrescentado pela Lei 11.232/2005.

I – os tribunais, nas causas de sua competência originária;

II – o juízo que processou a causa no primeiro grau de jurisdição;

III – o juízo cível competente, quando se tratar de sentença penal condenatória, de sentença arbitral ou de sentença estrangeira.

Parágrafo único. No caso do inciso II do *caput* deste artigo, o exequente poderá optar pelo juízo do local onde se encontram bens sujeitos à expropriação ou pelo do atual domicílio do executado, casos em que a remessa dos autos do processo será solicitada ao juízo de origem.

→ *V.* Art. 575 do CPC.

Art. 475-Q. Quando a indenização por ato ilícito incluir prestação de alimentos, o juiz, quanto a esta parte, poderá ordenar ao devedor constituição de capital, cuja renda assegure o pagamento do valor mensal da pensão.

→ Artigo acrescentado pela Lei 11.232/2005.

§ 1º Este capital, representado por imóveis, títulos da dívida pública ou aplicações financeiras em banco oficial, será inalienável e impenhorável enquanto durar a obrigação do devedor.

§ 2º O juiz poderá substituir a constituição do capital pela inclusão do beneficiário da prestação em folha de pagamento de entidade de direito público ou de empresa de direito privado de notória capacidade econômica, ou, a requerimento do devedor, por fiança bancária ou garantia real, em valor a ser arbitrado de imediato pelo juiz.

§ 3º Se sobrevier modificação nas condições econômicas, poderá a parte requerer, conforme as circunstâncias, redução ou aumento da prestação.

§ 4º Os alimentos podem ser fixados tomando por base o salário mínimo.

§ 5º Cessada a obrigação de prestar alimentos, o juiz mandará liberar o capital, cessar o desconto em folha ou cancelar as garantias prestadas.

Art. 475-R. Aplicam-se subsidiariamente ao cumprimento da sentença, no que couber, as normas que regem o processo de execução de título extrajudicial.

→ Artigo acrescentado pela Lei 11.232/2005.

Título IX
Do processo nos tribunais

Capítulo I
DA UNIFORMIZAÇÃO DA JURISPRUDÊNCIA

→ *V.* Lei 11.417/2006 – Regulamenta o art. 103-A da Constituição Federal e altera a Lei 9.784, de 29 de janeiro de 1999, disciplinando a edição, a revisão e o cancelamento de enunciado de súmula vinculante pelo Supremo Tribunal Federal, e dá outras providências.

Art. 476. Compete a qualquer juiz, ao dar o voto na turma, câmara, ou grupo de câmaras, solicitar o pronunciamento prévio do tribunal acerca da interpretação do direito quando:

I – verificar que, a seu respeito, ocorre divergência;

II – no julgamento recorrido a interpretação for diversa da que lhe haja dado outra turma, câmara, grupo de câmaras ou câmaras cíveis reunidas.

Parágrafo único. A parte poderá, ao arrazoar o recurso ou em petição avulsa, requerer, fundamentadamente, que o julgamento obedeça ao disposto neste artigo.

Art. 477. Reconhecida a divergência, será lavrado o acórdão, indo os autos ao presidente do tribunal para designar a sessão de julgamento. A secretaria distribuirá a todos os juízes cópia do acórdão.

Art. 478. O tribunal, reconhecendo a divergência, dará a interpretação a ser observada, cabendo a cada juiz emitir o seu voto em exposição fundamentada.

→ *V.* Súmula 513 do STF.

Parágrafo único. Em qualquer caso, será ouvido o chefe do Ministério Público que funciona perante o tribunal.

Art. 479. O julgamento, tomado pelo voto da maioria absoluta dos membros que integram o tribunal, será objeto de súmula e constituirá precedente na uniformização da jurisprudência.

→ *V.* Art. 103-A da CF/1988.

Parágrafo único. Os regimentos internos disporão sobre a publicação no órgão oficial das súmulas de jurisprudência predominante.

Capítulo II
DA DECLARAÇÃO DE INCONSTITUCIONALIDADE

→ *V.* Arts. 52, X, 97, 102, I, *a*, e III, 103, 125 e 129, § 2º, da CF/1988.

→ *V.* Lei 9.868/1999 – Dispõe sobre o processo e julgamento da ação direta de inconstitucionalidade e da ação declaratória de constitucionalidade perante o Supremo Tribunal Federal.

Art. 480. Arguida a inconstitucionalidade de lei ou de ato normativo do poder público, o relator, ouvido o Ministério Público, submeterá a questão à turma ou câmara, a que tocar o conhecimento do processo.

Art. 481. Se a alegação for rejeitada, prosseguirá o julgamento; se for acolhida, será lavrado o acórdão, a fim de ser submetida a questão ao tribunal pleno.

Parágrafo único. Os órgãos fracionários dos tribunais não submeterão ao plenário, ou ao órgão especial, a arguição de inconstitucionalidade, quando já houver pronunciamento destes ou do plenário do Supremo Tribunal Federal sobre a questão.

→ Parágrafo único acrescentado pela Lei 9.756/1998.

→ *V.* Art. 97 da CF/1988.

Art. 482. Remetida a cópia do acórdão a todos os juízes, o presidente do tribunal designará a sessão de julgamento.

§ 1º O Ministério Público e as pessoas jurídicas de direito público responsáveis pela edição do ato questionado, se assim o requererem, poderão manifestar-se no incidente de inconstitucionalidade, observados os prazos e condições fixados no Regimento Interno do Tribunal.

→ § 1º acrescentado pela Lei 9.868/1999.

§ 2º Os titulares do direito de propositura referidos no art. 103 da Constituição poderão manifestar-se, por escrito, sobre a questão constitucional objeto de apreciação pelo órgão especial ou pelo Pleno do Tribunal, no prazo fixado em Regimento, sendo-lhes assegurado o direito de apresentar memoriais ou de pedir a juntada de documentos.

→ § 2º acrescentado pela Lei 9.868/1999.

§ 3º O relator, considerando a relevância da matéria e a representatividade dos postulantes, poderá admitir, por despacho irrecorrível, a manifestação de outros órgãos ou entidades.

→ § 3º acrescentado pela Lei 9.868/1999.

Capítulo III
DA HOMOLOGAÇÃO DE SENTENÇA ESTRANGEIRA

Art. 483. A sentença proferida por tribunal estrangeiro não terá eficácia no Brasil senão depois de homologada pelo Supremo Tribunal Federal.

→ *V.* EC 45/2004 alterou a competência prevista no art. 105, I, *i*, da CF.

→ *V.* Art. 105, I, *i*, da CF/1988.

→ *V.* Art. 88 do CPC.

→ *V.* Art. 38 da Lei 9.307/1996.

Parágrafo único. A homologação obedecerá ao que dispuser o regimento interno do Supremo Tribunal Federal.

Art. 484. A execução far-se-á por carta de sentença extraída dos autos da homologação e obedecerá às regras estabelecidas para a execução da sentença nacional da mesma natureza.

→ *V.* Súmula 381 do STF.

→ *V.* Art. 109, X, da CF/1988.

Capítulo IV
DA AÇÃO RESCISÓRIA

Art. 485. A sentença de mérito, transitada em julgado, pode ser rescindida quando:

→ *V.* Súmula 514 do STF.

→ *V.* Arts. 162 e 163 do CPC.

→ *V.* Art. 836 da CLT.

→ *V.* Art. 59 da Lei 9.099/1995.

I – se verificar que foi dada por prevaricação, concussão ou corrupção do juiz;

→ *V.* Arts. 316, 317 e 319 do CP.

II – proferida por juiz impedido ou absolutamente incompetente;

III – resultar de dolo da parte vencedora em detrimento da parte vencida, ou de colusão entre as partes, a fim de fraudar a lei;

→ *V.* Arts. 166, VI, e 167 do CC/2002.

IV – ofender a coisa julgada;

V – violar literal disposição de lei;

→ *V.* Súmula 343 do STF.

VI – se fundar em prova, cuja falsidade tenha sido apurada em processo criminal ou seja provada na própria ação rescisória;

VII – depois da sentença, o autor obtiver documento novo, cuja existência ignorava, ou de que não pôde fazer uso, capaz, por si só, de lhe assegurar pronunciamento favorável;

VIII – houver fundamento para invalidar confissão, desistência ou transação, em que se baseou a sentença;

IX – fundada em erro de fato, resultante de atos ou de documentos da causa.

§ 1º Há erro, quando a sentença admitir um fato inexistente, ou quando considerar inexistente um fato efetivamente ocorrido.

§ 2º É indispensável, num como noutro caso, que não tenha havido controvérsia, nem pronunciamento judicial sobre o fato.

Art. 486. Os atos judiciais, que não dependem de sentença, ou em que esta for meramente homologatória, podem ser rescindidos, como os atos jurídicos em geral, nos termos da lei civil.

Art. 487. Tem legitimidade para propor a ação:

I – quem foi parte no processo ou o seu sucessor a título universal ou singular;

II – o terceiro juridicamente interessado;

III – o Ministério Público:

→ *V.* Art. 81 do CPC.

→ *V.* Arts. 127 e 129 do CPC.

→ *V.* Art. 92 do CDC.

→ *V.* Art. 5º, I, da Lei 7.347/1985.

a) se não foi ouvido no processo, em que lhe era obrigatória a intervenção;

b) quando a sentença é o efeito de colusão das partes, a fim de fraudar a lei.

Art. 488. A petição inicial será elaborada com observância dos requisitos essenciais do art. 282, devendo o autor:

I – cumular ao pedido de rescisão, se for o caso, o de novo julgamento da causa;

II – depositar a importância de 5% (cinco por cento) sobre o valor da causa, a título de multa, caso a ação seja, por unanimidade de votos, declarada inadmissível, ou improcedente.

Parágrafo único. Não se aplica o disposto no n. II à União, ao Estado, ao Município e ao Ministério Público.

Art. 489. O ajuizamento da ação rescisória não impede o cumprimento da sentença ou acórdão rescindendo, ressalvada a concessão, caso imprescindíveis e sob os pressupostos previstos em lei, de medidas de natureza cautelar ou antecipatória de tutela.

→ Artigo com redação alterada pela Lei 11.280/2006.

Art. 490. Será indeferida a petição inicial:

I – nos casos previstos no art. 295;

II – quando não efetuado o depósito, exigido pelo art. 488, II.

Art. 491. O relator mandará citar o réu, assinando-lhe prazo nunca inferior a 15 (quinze) dias nem superior a 30 (trinta) para responder aos termos da ação. Findo o prazo com ou sem resposta, observar-se-á no que couber o disposto no Livro I, Título VIII, Capítulos IV e V.

Art. 492. Se os fatos alegados pelas partes dependerem de prova, o relator delegará a competência ao juiz de direito da comarca onde deva ser produzida, fixando prazo de 45 (quarenta e cinco) a 90 (noventa) dias para a devolução dos autos.

Art. 493. Concluída a instrução, será aberta vista, sucessivamente, ao autor e ao réu, pelo prazo de 10 (dez) dias, para razões finais. Em seguida, os autos subirão ao relator, procedendo-se ao julgamento:

I – no Supremo Tribunal Federal e no Superior Tribunal de Justiça, na forma dos seus regimentos internos;

→ Inciso I com redação alterada pela Lei 11.382/2006.

II – nos Estados, conforme dispuser a norma de Organização Judiciária.

Art. 494. Julgando procedente a ação, o tribunal rescindirá a sentença, proferirá, se for o caso, novo julgamento e determinará a restituição do depósito; declarando inadmissível ou improcedente a ação, a importância do depósito reverterá a favor do réu, sem prejuízo do disposto no art. 20.

Art. 495. O direito de propor ação rescisória se extingue em 2 (dois) anos, contados do trânsito em julgado da decisão.

Título X
Dos recursos

Capítulo I
DAS DISPOSIÇÕES GERAIS

Art. 496. São cabíveis os seguintes recursos:

→ *Caput* com redação alterada pela Lei 8.038/1990.

→ *V.* Art. 5º, LV, da CF/1988.

I – apelação;

→ Inciso I com redação alterada pela Lei 8.038/1990.

→ *V.* Arts. 513 a 521 do CPC.

II – agravo;

→ Inciso II com redação alterada pela Lei 8.950/1994.

→ *V.* Arts. 522 a 529, 544 e 545 do CPC.

III – embargos infringentes;

→ Inciso III com redação alterada pela Lei 8.038/1990.

→ *V.* Arts. 530 a 534 do CPC.

IV – embargos de declaração;

→ Inciso IV com redação alterada pela Lei 8.038/1990.

→ *V.* Arts. 535 a 538 do CPC.

V – recurso ordinário;

→ Inciso V com redação alterada pela Lei 8.038/1990.

→ *V.* Arts. 539 e 540 do CPC.

VI – recurso especial;

→ Inciso VI acrescentado pela Lei 8.038/1990.

→ *V.* Arts. 541 a 543 do CPC.

VII – recurso extraordinário;

→ Inciso VII acrescentado pela Lei 8.038/1990.

→ *V.* Arts. 541 a 543 do CPC.

VIII – embargos de divergência em recurso especial e em recurso extraordinário.

→ Inciso VIII acrescentado pela Lei 8.950/1994.

→ *V.* Súmulas 158, 168, 315, 316 e 420 do STJ.

Art. 497. O recurso extraordinário e o recurso especial não impedem a execução da sentença; a interposição do agravo de instrumento não obsta o andamento do processo, ressalvado o disposto no art. 558 desta Lei.

→ Artigo com redação alterada pela Lei 8.038/1990.

Art. 498. Quando o dispositivo do acórdão contiver julgamento por maioria de votos e julgamento unânime, e forem interpostos embargos infringentes, o prazo para recurso extraordinário ou recurso especial, relativamente ao julgamento unânime, ficará sobrestado até a intimação da decisão nos embargos.

→ Artigo com redação alterada pela Lei 10.352/2001.

Parágrafo único. Quando não forem interpostos embargos infringentes, o prazo relativo à parte unânime da decisão terá como dia de início aquele em que transitar em julgado a decisão por maioria de votos.

Art. 499. O recurso pode ser interposto pela parte vencida, pelo terceiro prejudicado e pelo Ministério Público.

→ *V.* Súmulas 202 e 226 do STJ.

§ 1º Cumpre ao terceiro demonstrar o nexo de interdependência entre o seu interesse de intervir e a relação jurídica submetida à apreciação judicial.

§ 2º O Ministério Público tem legitimidade para recorrer assim no processo em que é parte, como naqueles em que oficiou como fiscal da lei.

Art. 500. Cada parte interporá o recurso, independentemente, no prazo e observadas as exigências legais. Sendo, porém, vencidos autor e réu, ao recurso interposto por qualquer deles poderá aderir a outra parte. O recurso adesivo fica subordinado ao recurso principal e se rege pelas disposições seguintes:

→ *Caput* com redação alterada pela Lei 5.925/1973.

I – será interposto perante a autoridade competente para admitir o recurso principal, no prazo de que a parte dispõe para responder;

→ Inciso I com redação alterada pela Lei 8.950/1994.

II – será admissível na apelação, nos embargos infringentes, no recurso extraordinário e no recurso especial;

→ Inciso II com redação alterada pela Lei 8.038/1990.

III – não será conhecido, se houver desistência do recurso principal, ou se for ele declarado inadmissível ou deserto.

→ Inciso III com redação alterada pela Lei 5.925/1973.

Parágrafo único. Ao recurso adesivo se aplicam as mesmas regras do recurso independente, quanto às condições de admissibilidade, preparo e julgamento no tribunal superior.

→ Parágrafo único com redação alterada pela Lei 5.925/1973.

Art. 501. O recorrente poderá, a qualquer tempo, sem a anuência do recorrido ou dos litisconsortes, desistir do recurso.

Art. 502. A renúncia ao direito de recorrer independe da aceitação da outra parte.

Art. 503. A parte, que aceitar expressa ou tacitamente a sentença ou a decisão, não poderá recorrer.

→ *V.* Art. 38 da Lei 6.830/1980.

Parágrafo único. Considera-se aceitação tácita a prática, sem reserva alguma, de um ato incompatível com a vontade de recorrer.

Art. 504. Dos despachos não cabe recurso.

→ Artigo com redação alterada pela Lei 11.276/2006.

Art. 505. A sentença pode ser impugnada no todo ou em parte.

Art. 506. O prazo para a interposição do recurso, aplicável em todos os casos o disposto no art. 184 e seus parágrafos, contar-se-á da data:

→ *V.* Súmula 310 do STF.

→ *V.* Art. 184 do CPC.

I – da leitura da sentença em audiência;

II – da intimação às partes, quando a sentença não for proferida em audiência;

III – da publicação do dispositivo do acórdão no órgão oficial.

→ Inciso III com redação alterada pela Lei 11.276/2006.

Parágrafo único. No prazo para a interposição do recurso, a petição será protocolada em cartório ou segundo a norma de organização judiciária, ressalvado o disposto no § 2º do art. 525 desta Lei.

→ Parágrafo único com redação alterada pela Lei 11.276/2006.

Art. 507. Se, durante o prazo para a interposição do recurso, sobrevier o falecimento da parte ou de seu advogado, ou ocorrer motivo de força maior, que suspenda o curso do processo, será tal prazo restituído em proveito da parte, do herdeiro ou do sucessor, contra quem começará a correr novamente depois da intimação.

Art. 508. Na apelação, nos embargos infringentes, no recurso ordinário, no recurso especial, no recurso extraordinário e nos embargos de divergência, o prazo para interpor e para responder é de 15 (quinze) dias.

→ *Caput* com redação alterada pela Lei 8.950/1994.

→ v. Súmula 728 do STF.

→ *V.* Súmula 218 do STJ.

Parágrafo único. *(Revogado pela Lei 6.314/1975).*

Art. 509. O recurso interposto por um dos litisconsortes a todos aproveita, salvo se distintos ou opostos os seus interesses.

Parágrafo único. Havendo solidariedade passiva, o recurso interposto por um devedor aproveitará aos outros, quando as defesas opostas ao credor lhes forem comuns.

Art. 510. Transitado em julgado o acórdão, o escrivão, ou secretário, independentemente de despacho, providenciará a baixa dos autos ao juízo de origem, no prazo de 5 (cinco) dias.

Art. 511. No ato de interposição do recurso, o recorrente comprovará, quando exigido pela legislação pertinente, o respectivo preparo, inclusive porte de remessa e de retorno, sob pena de deserção.

→ Artigo com redação alterada pela Lei 9.756/1998.

§ 1º São dispensados de preparo os recursos interpostos pelo Ministério Público, pela União, pelos Estados e Municípios e respectivas autarquias, e pelos que gozam de isenção legal.

→ *V.* Súmulas 484 e 485 do STJ.

§ 2º A insuficiência no valor do preparo implicará deserção, se o recorrente, intimado, não vier a supri-lo no prazo de 5 (cinco) dias.

Art. 512. O julgamento proferido pelo tribunal substituirá a sentença ou a decisão recorrida no que tiver sido objeto de recurso.

Capítulo II
DA APELAÇÃO

Art. 513. Da sentença caberá apelação (arts. 267 e 269).

→ *V.* Arts. 162, § 1º, 267 e 269, do CPC.

Art. 514. A apelação, interposta por petição dirigida ao juiz, conterá:

I – os nomes e a qualificação das partes;

II – os fundamentos de fato e de direito;

III – o pedido de nova decisão.

Parágrafo único. *(Revogado pela Lei 8.950/1994).*

Art. 515. A apelação devolverá ao tribunal o conhecimento da matéria impugnada.

§ 1º Serão, porém, objeto de apreciação e julgamento pelo tribunal todas as questões suscitadas e discutidas no processo, ainda que a sentença não as tenha julgado por inteiro.

§ 2º Quando o pedido ou a defesa tiver mais de um fundamento e o juiz acolher apenas um deles, a apelação devolverá ao tribunal o conhecimento dos demais.

§ 3º Nos casos de extinção do processo sem julgamento do mérito (art. 267), o tribunal pode julgar desde logo a lide, se a causa versar questão exclusivamente de direito e estiver em condições de imediato julgamento.

→ § 3º acrescentado pela Lei 10.352/2001.

§ 4º Constatando a ocorrência de nulidade sanável, o tribunal poderá determinar a realização ou renovação do ato processual, intimadas as partes; cumprida a diligência, sempre que possível prosseguirá o julgamento da apelação.

→ § 4º acrescentado pela Lei 11.276/2006.

Art. 516. Ficam também submetidas ao tribunal as questões anteriores à sentença, ainda não decididas.

→ Artigo com redação alterada pela Lei 8.950/1994.

Art. 517. As questões de fato, não propostas no juízo inferior, poderão ser suscitadas na apelação, se a parte provar que deixou de fazê-lo por motivo de força maior.

Art. 518. Interposta a apelação, o juiz, declarando os efeitos em que a recebe, mandará dar vista ao apelado para responder.

→ *Caput* com redação alterada pela Lei 8.950/1994.

§ 1º O juiz não receberá o recurso de apelação quando a sentença estiver em conformidade com súmula do Superior Tribunal de Justiça ou do Supremo Tribunal Federal.

→ § 1º acrescentado pela Lei 11.276/2006.

§ 2º Apresentada a resposta, é facultado ao juiz, em 5 (cinco) dias, o reexame dos pressupostos de admissibilidade do recurso.

→ § 2º acrescentado pela Lei 11.276/2006.

Art. 519. Provando o apelante justo impedimento, o juiz relevará a pena de deserção, fixando-lhe prazo para efetuar o preparo.

→ Artigo com redação alterada pela Lei 8.950/1994.

Parágrafo único. A decisão referida neste artigo será irrecorrível, cabendo ao tribunal apreciar-lhe a legitimidade.

Art. 520. A apelação será recebida em seu efeito devolutivo e suspensivo. Será, no entanto, recebida só no efeito devolutivo, quando interposta de sentença que:

→ *Caput* com redação alterada pela Lei 5.925/1973.

→ *V.* Art. 1.184 do CPC.

→ *V.* Art. 90 do CDC.

I – homologar a divisão ou a demarcação;

→ Inciso I com redação alterada pela Lei 5.925/1973.

→ *V.* Arts. 949 e 974, § 1º, do CPC.

II – condenar à prestação de alimentos;

→ Inciso II com redação alterada pela Lei 5.925/1973.

→ *V.* Arts. 852 a 854 do CPC.

III – *(Revogado pela Lei 11.232/2005).*

IV – decidir o processo cautelar;

→ Inciso IV com redação alterada pela Lei 5.925/1973.

→ *V.* Art. 7º, III, da Lei 12.016/2009.

V – rejeitar liminarmente embargos à execução ou julgá-los improcedentes;

→ Inciso V com redação alterada pela Lei 8.950/1994.

→ *V.* Súmulas 317 e 331 do STJ.

VI – julgar procedente o pedido de instituição de arbitragem;

→ Inciso VI acrescentado pela Lei 9.307/1996.

VII – confirmar a antecipação dos efeitos da tutela.

→ Inciso VII acrescentado pela Lei 10.352/2001.

Art. 521. Recebida a apelação em ambos os efeitos, o juiz não poderá inovar no processo; recebida só no efeito devolutivo, o apelado poderá promover, desde logo, a execução provisória da sentença, extraindo a respectiva carta.

→ *V.* Art. 14 da Lei 7.347/1985.

Capítulo III
DO AGRAVO

→ Rubrica do Capítulo III com redação alterada pela Lei 9.139/1995.

Art. 522. Das decisões interlocutórias caberá agravo, no prazo de 10 (dez) dias, na forma retida, salvo quando se tratar de decisão suscetível de causar à parte lesão grave e de difícil reparação, bem como nos casos de inadmissão da apelação e nos relativos aos efeitos em que a apelação é recebida, quando será admitida a sua interposição por instrumento.

→ *Caput* com redação alterada pela Lei 11.187/2005.

→ *V.* Súmula 255 do STJ.

→ *V.* Art. 162, § 2º, do CPC.

→ *V.* Art. 7º, § 1º, da Lei 12.016/2009.

→ *V.* Art. 100 da Lei 11.101/2005.

Parágrafo único. O agravo retido independe de preparo.

→ Parágrafo único com redação alterada pela Lei 9.139/1995.

Art. 523. Na modalidade de agravo retido o agravante requererá que o tribunal dele conheça, preliminarmente, por ocasião do julgamento da apelação.

→ *Caput* com redação alterada pela Lei 9.139/1995.

§ 1º Não se conhecerá do agravo se a parte não requerer expressamente, nas razões ou na resposta da apelação, sua apreciação pelo Tribunal.

→ § 1º com redação alterada pela Lei 9.139/1995.

§ 2º Interposto o agravo, e ouvido o agravado no prazo de 10 (dez) dias, o juiz poderá reformar sua decisão.

→ § 2º com redação alterada pela Lei 10.352/2001.

§ 3º Das decisões interlocutórias proferidas na audiência de instrução e julgamento caberá agravo na forma retida, devendo ser interposto oral e imediatamente, bem como constar do respectivo termo (art. 457), nele expostas sucintamente as razões do agravante.

→ § 3º com redação alterada pela Lei 11.187/2005.

§ 4º *(Revogado pela Lei 11.187/2005).*

Art. 524. O agravo de instrumento será dirigido diretamente ao tribunal competente, através de petição com os seguintes requisitos:

→ Artigo com redação alterada pela Lei 9.139/1995.

I – a exposição do fato e do direito;

II – as razões do pedido de reforma da decisão;

→ *V.* Súmula 182 do STJ.

III – o nome e o endereço completo dos advogados, constantes do processo.

Art. 525. A petição de agravo de instrumento será instruída:

→ Artigo com redação alterada pela Lei 9.139/1995.

I – obrigatoriamente, com cópias da decisão agravada, da certidão da respectiva intimação e das procurações outorgadas aos advogados do agravante e do agravado;

→ *V.* Súmula 288 do STF.

II – facultativamente, com outras peças que o agravante entender úteis.

§ 1º Acompanhará a petição o comprovante do pagamento das respectivas custas e do porte de retorno, quando devidos, conforme tabela que será publicada pelos tribunais.

§ 2º No prazo do recurso, a petição será protocolada no tribunal, ou postada no correio sob registro com aviso de recebimento, ou, ainda, interposta por outra forma prevista na lei local.

Art. 526. O agravante, no prazo de 3 (três) dias, requererá juntada, aos autos do processo, de cópia da petição do agravo de instrumento e do comprovante de sua interposição, assim como a relação dos documentos que instruíram o recurso.

→ *Caput* com redação alterada pela Lei 9.139/1995.

Parágrafo único. O não cumprimento do disposto neste artigo, desde que arguido e provado pelo agravado, importa inadmissibilidade do agravo.

→ Parágrafo único acrescentado pela Lei 10.352/2001.

Art. 527. Recebido o agravo de instrumento no tribunal, e distribuído *incontinenti*, o relator:

→ *Caput* com redação alterada pela Lei 10.352/2001.

I – negar-lhe-á seguimento, liminarmente, nos casos do art. 557;

→ Inciso I com redação alterada pela Lei 10.352/2001.

II – converterá o agravo de instrumento em agravo retido, salvo quando se tratar de decisão suscetível de causar à parte lesão grave e de difícil reparação, bem como nos casos de inadmissão da apelação e nos relativos aos efeitos em que a apelação é recebida, mandando remeter os autos ao juiz da causa;

→ Inciso II com redação alterada pela Lei 11.187/2005.

III – poderá atribuir efeito suspensivo ao recurso (art. 558), ou deferir, em antecipação de tutela, total ou parcialmente, a pretensão recursal, comunicando ao juiz sua decisão;

→ Inciso III com redação alterada pela Lei 10.352/2001.

IV – poderá requisitar informações ao juiz da causa, que as prestará no prazo de 10 (dez) dias;

→ Inciso IV com redação alterada pela Lei 10.352/2001.

V – mandará intimar o agravado, na mesma oportunidade, por ofício dirigido ao seu advogado, sob registro e com aviso de recebimento, para que responda no prazo de 10 (dez) dias (art. 525, § 2º), facultando-lhe juntar a documentação que entender conveniente, sendo que, nas comarcas sede de tribunal e naquelas em que o expediente forense for divulgado no diário oficial, a intimação far-se-á mediante publicação no órgão oficial;

→ Inciso V com redação alterada pela Lei 11.187/2005.

VI – ultimadas as providências referidas nos incisos III a V do *caput* deste artigo, mandará ouvir o Ministério Público, se for o caso, para que se pronuncie no prazo de 10 (dez) dias.

→ Inciso VI com redação alterada pela Lei 11.187/2005.

Parágrafo único. A decisão liminar, proferida nos casos dos incisos II e III do *caput* deste artigo, somente é passível de reforma no momento do julgamento do agravo, salvo se o próprio relator a reconsiderar.

→ Parágrafo único com redação alterada pela Lei 11.187/2005.

Art. 528. Em prazo não superior a 30 (trinta) dias da intimação do agravado, o relator pedirá dia para julgamento.

→ Artigo com redação alterada pela Lei 9.139/1995.

→ *V.* Súmula 640 do STF.

Art. 529. Se o juiz comunicar que reformou inteiramente a decisão, o relator considerará prejudicado o agravo.

→ Artigo com redação alterada pela Lei 9.139/1995.

Capítulo IV
DOS EMBARGOS INFRINGENTES

→ v. Súmula 390 do STJ.

Art. 530. Cabem embargos infringentes quando o acórdão não unânime houver reformado, em grau de apelação, a sentença de mérito, ou houver julgado procedente ação rescisória. Se o desacordo for parcial, os embargos serão restritos à matéria objeto da divergência.

→ Artigo com redação alterada pela Lei 10.352/2001.

→ v. Súmulas 293, 353 e 597 do STF.

→ v. Súmulas 88, 169, 207, 255 e 390 do STJ.

→ v. Art. 25 da Lei 11.101/2005.

Art. 531. Interpostos os embargos, abrir-se-á vista ao recorrido para contrarrazões; após, o relator do acórdão embargado apreciará a admissibilidade do recurso.

→ *Caput* com redação alterada pela Lei 10.352/2001.

Parágrafo único. *(Revogado pela Lei 8.950/1994).*

Art. 532. Da decisão que não admitir os embargos caberá agravo, em 5 (cinco) dias, para o órgão competente para o julgamento do recurso.

→ Artigo com redação alterada pela Lei 8.950/1994.

Art. 533. Admitidos os embargos, serão processados e julgados conforme dispuser o regimento do tribunal.

→ Artigo com redação alterada pela Lei 10.352/2001.

Art. 534. Caso a norma regimental determine a escolha de novo relator, esta recairá, se possível, em juiz que não haja participado do julgamento anterior.

→ Artigo com redação alterada pela Lei 10.352/2001.

Capítulo V
DOS EMBARGOS DE DECLARAÇÃO

Art. 535. Cabem embargos de declaração quando:

→ Artigo com redação alterada pela Lei 8.950/1994.

→ v. Súmula 418 do STJ.

I – houver, na sentença ou no acórdão, obscuridade ou contradição;

II – for omitido ponto sobre o qual devia pronunciar-se o juiz ou tribunal.

Art. 536. Os embargos serão opostos, no prazo de 5 (cinco) dias, em petição dirigida ao juiz ou relator, com indicação do ponto obscuro, contraditório ou omisso, não estando sujeitos a preparo.

→ Artigo com redação alterada pela Lei 8.950/1994.

Art. 537. O juiz julgará os embargos em 5 (cinco) dias; nos tribunais, o relator apresentará os embargos em mesa na sessão subsequente, proferindo voto.

→ Artigo com redação alterada pela Lei 8.950/1994.

Art. 538. Os embargos de declaração interrompem o prazo para a interposição de outros recursos, por qualquer das partes.

→ Artigo com redação alterada pela Lei 8.950/1994.

Parágrafo único. Quando manifestamente protelatórios os embargos, o juiz ou tribunal, declarando que o são, condenará o embargante a pagar ao embargado multa não excedente de 1% (um por cento) sobre o valor da causa. Na reiteração de embargos protelatórios, a multa é elevada a até 10% (dez por cento), ficando condicionada a interposição de qualquer outro recurso ao depósito do valor respectivo.

→ v. Súmula 98 do STJ.

Capítulo VI
DOS RECURSOS PARA O SUPREMO TRIBUNAL FEDERAL E O SUPERIOR TRIBUNAL DE JUSTIÇA

→ Rubrica do Capítulo VI com redação alterada pela Lei 8.950/1994.

→ v. Arts. 101 a 105 da CF/1988.

Seção I
Dos recursos ordinários

→ Rubrica da Seção I com redação alterada pela Lei 8.950/1994.

Art. 539. Serão julgados em recurso ordinário:

→ Artigo com redação alterada pela Lei 8.950/1994.

I – pelo Supremo Tribunal Federal, os mandados de segurança, os *habeas data* e os mandados de injunção decididos em única instância pelos Tribunais Superiores, quando denegatória a decisão;

II – pelo Superior Tribunal de Justiça:

a) os mandados de segurança decididos em única instância pelos Tribunais Regionais Federais ou pelos Tribunais dos Estados e do Distrito Federal e Territórios, quando denegatória a decisão;

b) as causas em que forem partes, de um lado, Estado estrangeiro ou organismo internacional e, do outro, Município ou pessoa residente ou domiciliada no País.

Parágrafo único. Nas causas referidas no inciso II, alínea *b*, caberá agravo das decisões interlocutórias.

Art. 540. Aos recursos mencionados no artigo anterior aplica-se, quanto aos requisitos de admissibilidade e ao procedimento no juízo de origem, o disposto nos Capítulos II e III deste Título, observando-se, no Supremo Tribunal Federal e no Superior Tribunal de Justiça, o disposto nos seus regimentos internos.

→ Artigo com redação alterada pela Lei 8.950/1994.

Seção II
Do recurso extraordinário e do recurso especial

→ Rubrica da Seção II com redação alterada pela Lei 8.950/1994.

Art. 541. O recurso extraordinário e o recurso especial, nos casos previstos na Constituição Federal, serão interpostos perante o presidente ou o vice-presidente do tribunal recorrido, em petições distintas, que conterão:

→ *Caput* com redação alterada pela Lei 8.950/1994.

→ v. Súmula 640 do STF.

I – a exposição do fato e do direito;

II – a demonstração do cabimento do recurso interposto;

III – as razões do pedido de reforma da decisão recorrida.

Parágrafo único. Quando o recurso fundar-se em dissídio jurisprudencial, o recorrente fará a prova da divergência mediante certidão, cópia autenticada ou pela citação do repositório de jurisprudência, oficial ou credenciado, inclusive em mídia eletrônica, em que tiver sido publicada a decisão divergente, ou ainda pela reprodução de julgado disponível na internet, com indicação da respectiva fonte, mencionando, em qualquer caso, as circunstâncias que identifiquem ou assemelhem os casos confrontados.

→ Parágrafo único com redação alterada pela Lei 11.341/2006.

Art. 542. Recebida a petição pela secretaria do tribunal, será intimado o recorrido, abrindo-se-lhe vista, para apresentar contrarrazões.

→ *Caput* com redação alterada pela Lei 10.352/2001.

§ 1º Findo esse prazo, serão os autos conclusos para a admissão ou não do recurso, no prazo de 15 (quinze) dias, em decisão fundamentada.

→ § 1º com redação alterada pela Lei 8.950/1994.

§ 2º Os recursos extraordinário e especial serão recebidos no efeito devolutivo.

→ § 2º com redação alterada pela Lei 8.950/1994.

§ 3º O recurso extraordinário, ou o recurso especial, quando interpostos contra decisão interlocutória em processo de conhecimento, cautelar, ou embargos à execução ficará retido nos autos e somente será processado se o reiterar a parte, no prazo para a interposição do recurso contra a decisão final, ou para as contrarrazões.

→ § 3º acrescentado pela Lei 9.756/1998.

Art. 543. Admitidos ambos os recursos, os autos serão remetidos ao Superior Tribunal de Justiça.

→ Artigo com redação alterada pela Lei 8.950/1994.

§ 1º Concluído o julgamento do recurso especial, serão os autos remetidos ao Supremo Tribunal Federal, para apreciação do recurso extraordinário, se este não estiver prejudicado.

§ 2º Na hipótese de o relator do recurso especial considerar que o recurso extraordinário é prejudicial àquele, em decisão irrecorrível sobrestará o seu julgamento e remeterá os autos ao Supremo Tribunal Federal, para o julgamento do recurso extraordinário.

§ 3º No caso do parágrafo anterior, se o relator do recurso extraordinário, em decisão irrecorrível, não o considerar prejudicial, devolverá os autos ao Superior Tribunal de Justiça, para o julgamento do recurso especial.

Art. 543-A. O Supremo Tribunal Federal, em decisão irrecorrível, não conhecerá do recurso extraordinário, quando a questão constitucional nele versada não oferecer repercussão geral, nos termos deste artigo.

→ Artigo acrescentado pela Lei 11.418/2006.

§ 1º Para efeito da repercussão geral, será considerada a existência, ou não, de questões relevantes do ponto de vista econômico, político, social ou jurídico, que ultrapassem os interesses subjetivos da causa.

§ 2º O recorrente deverá demonstrar, em preliminar do recurso, para apreciação exclusiva do Supremo Tribunal Federal, a existência da repercussão geral.

§ 3º Haverá repercussão geral sempre que o recurso impugnar decisão contrária a súmula ou jurisprudência dominante do Tribunal.

§ 4º Se a Turma decidir pela existência da repercussão geral por, no mínimo, 4 (quatro) votos, ficará dispensada a remessa do recurso ao Plenário.

§ 5º Negada a existência da repercussão geral, a decisão valerá para todos os recursos sobre matéria idêntica, que serão indeferidos liminarmente, salvo revisão da tese, tudo nos termos do Regimento Interno do Supremo Tribunal Federal.

§ 6º O Relator poderá admitir, na análise da repercussão geral, a manifestação de terceiros, subscrita por procurador habilitado, nos termos do Regimento Interno do Supremo Tribunal Federal.

§ 7º A Súmula da decisão sobre a repercussão geral constará de ata, que será publicada no *Diário Oficial* e valerá como acórdão.

Art. 543-B. Quando houver multiplicidade de recursos com fundamento em idêntica controvérsia, a análise da repercussão geral será processada nos termos do Regimento Interno do Supremo Tribunal Federal, observado o disposto neste artigo.

→ Artigo acrescentado pela Lei 11.418/2006.

§ 1º Caberá ao Tribunal de origem selecionar um ou mais recursos representativos da controvérsia e encaminhá-los ao Supremo Tribunal Federal, sobrestando os demais até o pronunciamento definitivo da Corte.

§ 2º Negada a existência de repercussão geral, os recursos sobrestados considerar-se-ão automaticamente não admitidos.

§ 3º Julgado o mérito do recurso extraordinário, os recursos sobrestados serão apreciados pelos Tribunais, Turmas de Uniformização ou Turmas Recursais, que poderão declará-los prejudicados ou retratar-se.

§ 4º Mantida a decisão e admitido o recurso, poderá o Supremo Tribunal Federal, nos termos do Regimento Interno, cassar ou reformar, liminarmente, o acórdão contrário à orientação firmada.

§ 5º O Regimento Interno do Supremo Tribunal Federal disporá sobre as atribuições dos Ministros, das Turmas e de outros órgãos, na análise da repercussão geral.

Art. 543-C. Quando houver multiplicidade de recursos com fundamento em idêntica questão de direito, o recurso especial será processado nos termos deste artigo.

→ Artigo acrescentado pela Lei 11.672/2008.

› v. Súmulas 505, 506, 507, 508, 509, 510, 511, 512, 514 e 515 do STJ.

§ 1º Caberá ao presidente do tribunal de origem admitir um ou mais recursos representativos da controvérsia, os quais serão encaminhados ao Superior Tribunal de Justiça, ficando suspensos os demais recursos especiais até o pronunciamento definitivo do Superior Tribunal de Justiça.

§ 2º Não adotada a providência descrita no § 1º deste artigo, o relator no Superior Tribunal de Justiça, ao identificar que sobre a controvérsia já existe jurisprudência dominante ou que a matéria já está afeta ao colegiado, poderá determinar a suspensão, nos tribunais de segunda instância, dos recursos nos quais a controvérsia esteja estabelecida.

§ 3º O relator poderá solicitar informações, a serem prestadas no prazo de 15 (quinze) dias, aos tribunais federais ou estaduais a respeito da controvérsia.

§ 4º O relator, conforme dispuser o regimento interno do Superior Tribunal de Justiça e considerando a relevância da matéria, poderá admitir manifestação de pessoas, órgãos ou entidades com interesse na controvérsia.

§ 5º Recebidas as informações e, se for o caso, após cumprido o disposto no § 4º deste artigo, terá vista o Ministério Público pelo prazo de 15 (quinze) dias.

§ 6º Transcorrido o prazo para o Ministério Público e remetida cópia do relatório aos demais Ministros, o processo será incluído em pauta na seção ou na Corte Especial, devendo ser julgado com preferência sobre os demais feitos, ressalvados os que envolvam réu preso e os pedidos de *habeas corpus*.

§ 7º Publicado o acórdão do Superior Tribunal de Justiça, os recursos especiais sobrestados na origem:

I – terão seguimento denegado na hipótese de o acórdão recorrido coincidir com a orientação do Superior Tribunal de Justiça; ou

II – serão novamente examinados pelo tribunal de origem na hipótese de o acórdão recorrido divergir da orientação do Superior Tribunal de Justiça.

§ 8º Na hipótese prevista no inciso II do § 7º deste artigo, mantida a decisão divergente pelo tribunal de origem, far-se-á o exame de admissibilidade do recurso especial.

§ 9º O Superior Tribunal de Justiça e os tribunais de segunda instância regulamentarão, no âmbito de suas competências, os procedimentos relativos ao processamento e julgamento do recurso especial nos casos previstos neste artigo.

Art. 544. Não admitido o recurso extraordinário ou o recurso especial, caberá agravo nos próprios autos, no prazo de 10 (dez) dias.

→ *Caput* com redação alterada pela Lei 12.322/2010.

§ 1º O agravante deverá interpor um agravo para cada recurso não admitido.

→ § 1º com redação alterada pela Lei 12.322/2010.

§ 2º A petição de agravo será dirigida à presidência do tribunal de origem, não dependendo do pagamento de custas e despesas postais. O agravado será intimado, de imediato, para no prazo de 10 (dez) dias oferecer resposta, podendo instruí-la com cópias das peças que entender conveniente. Em seguida, subirá o agravo ao tribunal superior, onde será processado na forma regimental.

→ § 2º com redação alterada pela Lei 10.352/2001.

§ 3º O agravado será intimado, de imediato, para no prazo de 10 (dez) dias oferecer resposta. Em seguida, os autos serão remetidos à superior instância, observando-se o disposto no art. 543 deste Código e, no que couber, na Lei 11.672, de 8 de maio de 2008.

→ § 3º com redação alterada pela Lei 12.322/2010.

§ 4º No Supremo Tribunal Federal e no Superior Tribunal de Justiça, o julgamento do agravo obedecerá ao disposto no respectivo regimento interno, podendo o relator:

→ § 4º com redação alterada pela Lei 12.322/2010.

I – não conhecer do agravo manifestamente inadmissível ou que não tenha atacado especificamente os fundamentos da decisão agravada;

II – conhecer do agravo para:

a) negar-lhe provimento, se correta a decisão que não admitiu o recurso;

b) negar seguimento ao recurso manifestamente inadmissível, prejudicado ou em confronto com súmula ou jurisprudência dominante no tribunal;

c) dar provimento ao recurso, se o acórdão recorrido estiver em confronto com súmula ou jurisprudência dominante no tribunal.

Art. 545. Da decisão do relator que não conhecer do agravo, negar-lhe provimento ou decidir, desde logo, o recurso não admitido na origem, caberá agravo, no prazo de 5 (cinco) dias, ao órgão competente, observado o disposto nos §§ 1º e 2º do art. 557.

→ Artigo com redação alterada pela Lei 12.322/2010.

Art. 546. É embargável a decisão da turma que:

→ Artigo com redação alterada pela Lei 8.950/1994.

I – em recurso especial, divergir do julgamento de outra turma, da seção ou do órgão especial;

II – em recurso extraordinário, divergir do julgamento da outra turma ou do plenário.

Parágrafo único. Observar-se-á, no recurso de embargos, o procedimento estabelecido no regimento interno.

Capítulo VII
DA ORDEM DOS PROCESSOS NO TRIBUNAL

Art. 547. Os autos remetidos ao tribunal serão registrados no protocolo no dia de sua entrada, cabendo à secretaria verificar-lhes a numeração das folhas e ordená-los para distribuição.

Parágrafo único. Os serviços de protocolo poderão, a critério do tribunal, ser descentralizados, mediante delegação a ofícios de justiça de primeiro grau.

→ Parágrafo único acrescentado pela Lei 10.352/2001.

Art. 548. Far-se-á a distribuição de acordo com o regimento interno do tribunal, observando-se os princípios da publicidade, da alternatividade e do sorteio.

Art. 549. Distribuídos, os autos subirão, no prazo de 48 (quarenta e oito) horas, à conclusão do relator, que, depois de estudá-los, os restituirá à secretaria com o seu "visto".

Parágrafo único. O relator fará nos autos uma exposição dos pontos controvertidos sobre que versar o recurso.

Art. 550. Os recursos interpostos nas causas de procedimento sumário deverão ser julgados no tribunal, dentro de 40 (quarenta) dias.

→ *v.* Art. 3º da Lei 9.245/1995 – Altera dispositivos do CPC, relativos ao procedimento sumaríssimo.

Art. 551. Tratando-se de apelação, de embargos infringentes e de ação rescisória, os autos serão conclusos ao revisor.

§ 1º Será revisor o juiz que se seguir ao relator na ordem descendente de antiguidade.

§ 2º O revisor aporá nos autos o seu "visto", cabendo-lhe pedir dia para julgamento.

§ 3º Nos recursos interpostos nas causas de procedimentos sumários, de despejo e nos casos de indeferimento liminar da petição inicial, não haverá revisor.

→ § 3º com redação alterada pela Lei 8.950/1994.

Art. 552. Os autos serão, em seguida, apresentados ao presidente, que designará dia para julgamento, mandando publicar a pauta no órgão oficial.

§ 1º Entre a data da publicação da pauta e a sessão de julgamento mediará, pelo menos, o espaço de 48 (quarenta e oito) horas.

→ *v.* Súmula 117 do STJ.

§ 2º Afixar-se-á a pauta na entrada da sala em que se realizar a sessão de julgamento.

§ 3º Salvo caso de força maior, participará do julgamento do recurso o juiz que houver lançado o "visto" nos autos.

Art. 553. Nos embargos infringentes e na ação rescisória, devolvidos os autos pelo relator, a secretaria do tribunal expedirá cópias autenticadas do relatório e as distribuirá entre os juízes que compuserem o tribunal competente para o julgamento.

Art. 554. Na sessão de julgamento, depois de feita a exposição da causa pelo relator, o presidente, se o recurso não for de embargos declaratórios ou de agravo de instrumento, dará a palavra, sucessivamente, ao recorrente e ao recorrido, pelo prazo improrrogável de 15 (quinze) minutos para cada um, a fim de sustentarem as razões do recurso.

Art. 555. No julgamento de apelação ou de agravo, a decisão será tomada, na câmara ou turma, pelo voto de três juízes.

→ *Caput* com redação alterada pela Lei 10.352/2001.

§ 1º Ocorrendo relevante questão de direito, que faça conveniente prevenir ou compor divergência entre câmaras ou turmas do tribunal, poderá o relator propor seja o recurso julgado pelo órgão colegiado que o regimento indicar; reconhecendo o interesse público na assunção de competência, esse órgão colegiado julgará o recurso.

→ § 1º com redação alterada pela Lei 10.352/2001.

§ 2º Não se considerando habilitado a proferir imediatamente seu voto, a qualquer juiz é facultado pedir vista do processo, devendo devolvê-lo no prazo de 10 (dez) dias, contados da data em que o recebeu; o julgamento prosseguirá na primeira sessão ordinária subsequente à devolução, dispensada nova publicação em pauta.

→ § 2º com redação alterada pela Lei 11.280/2006.

§ 3º No caso do § 2º deste artigo, não devolvidos os autos no prazo, nem solicitada expressamente sua prorrogação pelo juiz, o presidente do órgão julgador requisitará o processo e reabrirá o julgamento na sessão ordinária subsequente, com publicação em pauta.

→ § 3º acrescentado pela Lei 11.280/2006.

Art. 556. Proferidos os votos, o presidente anunciará o resultado do julgamento, designando para redigir o acórdão o relator, ou, se este for vencido, o autor do primeiro voto vencedor.

Parágrafo único. Os votos, acórdãos e demais atos processuais podem ser registrados em arquivo eletrônico inviolável e assinados eletronicamente, na forma da lei, devendo ser impressos para juntada aos autos do processo quando este não for eletrônico.

→ Parágrafo único acrescentado pela Lei 11.419/2006.

Art. 557. O relator negará seguimento a recurso manifestamente inadmissível, improcedente, prejudicado ou em confronto com súmula ou com jurisprudência dominante do respectivo tribunal, do Supremo Tribunal Federal, ou de Tribunal Superior.

→ Artigo com redação alterada pela Lei 9.756/1998.

→ *V.* Súmula 253 do STJ.

§ 1º-A. Se a decisão recorrida estiver em manifesto confronto com súmula ou com jurisprudência dominante do Supremo Tribunal Federal, ou de Tribunal Superior, o relator poderá dar provimento ao recurso.

§ 1º Da decisão caberá agravo, no prazo de 5 (cinco) dias, ao órgão competente para o julgamento do recurso, e, se não houver retratação, o relator apresentará o processo em mesa, proferindo voto; provido o agravo, o recurso terá seguimento.

§ 2º Quando manifestamente inadmissível ou infundado o agravo, o tribunal condenará o agravante a pagar ao agravado multa entre 1% (um por cento) e 10% (dez por cento) do valor corrigido da causa, ficando a interposição de qualquer outro recurso condicionada ao depósito do respectivo valor.

Art. 558. O relator poderá, a requerimento do agravante, nos casos de prisão civil, adjudicação, remição de bens, levantamento de dinheiro sem caução idônea e em outros casos dos quais possa resultar lesão grave e de difícil reparação, sendo relevante a fundamentação, suspender o cumprimento da decisão até o pronunciamento definitivo da turma ou câmara.

→ Artigo com redação alterada pela Lei 9.139/1995.

Parágrafo único. Aplicar-se-á o disposto neste artigo às hipóteses do art. 520.

Art. 559. A apelação não será incluída em pauta antes do agravo de instrumento interposto no mesmo processo.

Parágrafo único. Se ambos os recursos houverem de ser julgados na mesma sessão, terá precedência o agravo.

Art. 560. Qualquer questão preliminar suscitada no julgamento será decidida antes do mérito, deste não se conhecendo se incompatível com a decisão daquela.

→ Artigo com redação alterada pela Lei 5.925/1973.

Parágrafo único. Versando a preliminar sobre nulidade suprível, o tribunal, havendo necessidade, converterá o julgamento em diligência, ordenando a remessa dos autos ao juiz, a fim de ser sanado o vício.

Art. 561. Rejeitada a preliminar, ou se com ela for compatível a apreciação do mérito, seguir-se-ão a discussão e julgamento da matéria principal, pronunciando-se sobre esta os juízes vencidos na preliminar.

Art. 562. Preferirá aos demais o recurso cujo julgamento tenha sido iniciado.

Art. 563. Todo acórdão conterá ementa.

→ Artigo com redação alterada pela Lei 8.950/1994.

Art. 564. Lavrado o acórdão, serão as suas conclusões publicadas no órgão oficial dentro de 10 (dez) dias.

Art. 565. Desejando proferir sustentação oral, poderão os advogados requerer que na sessão imediata seja o feito julgado em primeiro lugar, sem prejuízo das preferências legais.

Parágrafo único. Se tiverem subscrito o requerimento os advogados de todos os interessados, a preferência será concedida para a própria sessão.

LIVRO II
Do processo de execução

Título I
Da execução em geral

Capítulo I
DAS PARTES

→ *V.* Lei 6.830/1980 – Dispõe sobre a cobrança judicial da Dívida Ativa da Fazenda Pública, e dá outras providências.

Art. 566. Podem promover a execução forçada:

I – o credor a quem a lei confere título executivo;

→ *V.* Art. 585 do CPC.

II – o Ministério Público, nos casos prescritos em lei.

→ *V.* Art. 81 do CPC.

Art. 567. Podem também promover a execução, ou nela prosseguir:

I – o espólio, os herdeiros ou os sucessores do credor, sempre que, por morte deste, lhes for transmitido o direito resultante do título executivo;

→ *V.* Arts. 42, § 1º, e 1.061 do CPC.

II – o cessionário, quando o direito resultante do título executivo lhe foi transferido por ato entre vivos;

→ *V.* Arts. 1.495 e 1.498 do CC/2002.

III – o sub-rogado, nos casos de sub-rogação legal ou convencional.

Art. 568. São sujeitos passivos na execução:

→ Artigo com redação alterada pela Lei 5.925/1973.

I – o devedor, reconhecido como tal no título executivo;

II – o espólio, os herdeiros ou os sucessores do devedor;

III – o novo devedor, que assumiu, com o consentimento do credor, a obrigação resultante do título executivo;

IV – o fiador judicial;

→ *V.* Súmula 268 do STJ.

V – o responsável tributário, assim definido na legislação própria.

Art. 569. O credor tem a faculdade de desistir de toda a execução ou de apenas algumas medidas executivas.

Parágrafo único. Na desistência da execução, observar-se-á o seguinte:

→ Parágrafo único acrescentado pela Lei 8.953/1994.

a) serão extintos os embargos que versarem apenas sobre questões processuais, pagando o credor as custas e os honorários advocatícios;

b) nos demais casos, a extinção dependerá da concordância do embargante.

Art. 570. *(Revogado pela Lei 11.232/2005).*

Art. 571. Nas obrigações alternativas, quando a escolha couber ao devedor, este será citado para exercer a opção e realizar a prestação dentro em 10 (dez) dias, se outro prazo não lhe foi determinado em lei, no contrato, ou na sentença.

§ 1º Devolver-se-á ao credor a opção, se o devedor não a exercitou no prazo marcado.

§ 2º Se a escolha couber ao credor, este a indicará na petição inicial da execução.

Art. 572. Quando o juiz decidir relação jurídica sujeita a condição ou termo, o credor não poderá executar a sentença sem provar que se realizou a condição ou que ocorreu o termo.

→ *V.* Arts. 121 a 137 do CC/2002.

CPC DE 1973

Art. 573. É lícito ao credor, sendo o mesmo o devedor, cumular várias execuções, ainda que fundadas em títulos diferentes, desde que para todas elas sejam competente o juiz e idêntica a forma do processo.

Art. 574. O credor ressarcirá ao devedor os danos que este sofreu, quando a sentença, passada em julgado, declarar inexistente, no todo ou em parte, a obrigação, que deu lugar à execução.

Capítulo II
DA COMPETÊNCIA

Art. 575. A execução, fundada em título judicial, processar-se-á perante:

I – os tribunais superiores, nas causas de sua competência originária;

II – o juízo que decidiu a causa no primeiro grau de jurisdição;

III – *(Revogado pela Lei 10.358/2001).*

IV – o juízo cível competente, quando o título executivo for sentença penal condenatória ou sentença arbitral.

→ Inciso IV com redação alterada pela Lei 10.358/2001.

Art. 576. A execução, fundada em título extrajudicial, será processada perante o juízo competente, na conformidade do disposto no Livro I, Título IV, Capítulos II e III.

Art. 577. Não dispondo a lei de modo diverso, o juiz determinará os atos executivos e os oficiais de justiça os cumprirão.

Art. 578. A execução fiscal (art. 585, VI) será proposta no foro do domicílio do réu; se não o tiver, no de sua residência ou no lugar onde for encontrado.

→ *v.* Súmula 58 do STJ.

→ *v.* Art. 127 do CTN.

→ *v.* Art. 5º, I, da Lei 6.830/1980.

Parágrafo único. Na execução fiscal, a Fazenda Pública poderá escolher o foro de qualquer um dos devedores, quando houver mais de um, ou o foro de qualquer dos domicílios do réu; a ação poderá ainda ser proposta no foro do lugar em que se praticou o ato ou ocorreu o fato que deu origem à dívida, embora nele não mais resida o réu, ou, ainda, no foro da situação dos bens, quando a dívida deles se originar.

Art. 579. Sempre que, para efetivar a execução, for necessário o emprego da força policial, o juiz a requisitará.

Capítulo III
DOS REQUISITOS NECESSÁRIOS PARA REALIZAR QUALQUER EXECUÇÃO

Seção I
Do inadimplemento do devedor

Art. 580. A execução pode ser instaurada caso o devedor não satisfaça a obrigação certa, líquida e exigível, consubstanciada em título executivo.

→ *Caput* com redação alterada pela Lei 11.382/2006.

Parágrafo único. *(Revogado pela Lei 11.382/2006).*

Art. 581. O credor não poderá iniciar a execução, ou nela prosseguir, se o devedor cumprir a obrigação; mas poderá recusar o recebimento da prestação, estabelecida no título executivo, se ela não corresponder ao direito ou à obrigação; caso em que requererá ao juiz a execução, ressalvado ao devedor o direito de embargá-la.

Art. 582. Em todos os casos em que é defeso a um contraente, antes de cumprida a sua obrigação, exigir o implemento da do outro, não se procederá à execução, se o devedor se propõe satisfazer a prestação, com meios considerados idôneos pelo juiz, mediante a execução da contraprestação pelo credor, e este, sem justo motivo, recusar a oferta.

Parágrafo único. O devedor poderá, entretanto, exonerar-se da obrigação, depositando em juízo a prestação ou a coisa; caso em que o juiz suspenderá a execução, não permitindo que o credor a receba, sem cumprir a contraprestação, que lhe tocar.

Seção II
Do título executivo

Art. 583. *(Revogado pela Lei 11.382/2006).*

Art. 584. *(Revogado pela Lei 11.232/2005).*

Art. 585. São títulos executivos extrajudiciais:

→ *Caput* com redação alterada pela Lei 5.925/1973.

→ *v.* Súmula 27 do STJ.

I – a letra de câmbio, a nota promissória, a duplicata, a debênture e o cheque;

→ Inciso I com redação alterada pela Lei 8.953/1994.

→ *v.* Súmula 600 do STF.

→ *v.* Súmula 258 do STJ.

→ *v.* Decreto 2.044/1908 – Define a letra de câmbio e a nota promissória e regula as Operações Cambiais.

→ *v.* Decreto 57.595/1966 – Promulga as Convenções para adoção de uma Lei uniforme em matéria de cheques.

→ *v.* Lei 5.474/1968 – Dispõe sobre as Duplicatas.

→ *v.* Lei 7.357/1985 - Dispõe sobre o cheque.

II – a escritura pública ou outro documento público assinado pelo devedor; o documento particular assinado pelo devedor e por duas testemunhas; o instrumento de transação referendado pelo Ministério Público, pela Defensoria Pública ou pelos advogados dos transatores;

→ Inciso II com redação alterada pela Lei 8.953/1994.

→ *v.* Súmula 300 do STJ.

→ *v.* Art. 221 do CC/2002.

→ *v.* Art. 5º, § 6º, da Lei 7.347/1980.

→ *v.* Art. 57, parágrafo único, da Lei 9.099/1995.

→ *v.* Art. 94 da Lei 11.101/2005.

III – os contratos garantidos por hipoteca, penhor, anticrese e caução, bem como os de seguro de vida;

→ Inciso III com redação alterada pela Lei 11.382/2006.

→ *v.* Art. 1.424 do CC/2002.

IV – o crédito decorrente de foro e laudêmio;

→ Inciso IV com redação alterada pela Lei 11.382/2006.

→ *v.* Art. 2.038 do CC/2002.

V – o crédito, documentalmente comprovado, decorrente de aluguel de imóvel, bem como de encargos acessórios, tais como taxas e despesas de condomínio;

→ Inciso V com redação alterada pela Lei 11.382/2006.

VI – o crédito de serventuário de justiça, de perito, de intérprete, ou de tradutor, quando as custas, emolumentos ou honorários forem aprovados por decisão judicial;

→ Inciso VI com redação alterada pela Lei 11.382/2006.

VII – a certidão de dívida ativa da Fazenda Pública da União, dos Estados, do Distrito Federal, dos Territórios e dos Municípios, correspondente aos créditos inscritos na forma da lei;

→ Inciso VII com redação alterada pela Lei 11.382/2006.

→ *v.* Art. 202 do CTN.

→ *v.* Art. 2º da Lei 6.830/1980.

VIII – todos os demais títulos a que, por disposição expressa, a lei atribuir força executiva.

→ Inciso VIII acrescentado pela Lei 11.382/2006.

→ *v.* Art. 211 do ECA.

→ *v.* Art. 24 da Lei 8.906/1994.

→ *v.* Art. 2º, III, da Lei 5.741/1971.

→ *v.* Art. 10 da MP 2.200-2/2001.

§ 1º A propositura de qualquer ação relativa ao débito constante do título executivo não inibe o credor de promover-lhe a execução.

→ § 1º com redação alterada pela Lei 8.953/1994.

→ *v.* Art. 169 do CTN.

§ 2º Não dependem de homologação pelo Supremo Tribunal Federal, para serem executados, os títulos executivos extrajudiciais, oriundos de país estrangeiro. O título, para ter eficácia executiva, há de satisfazer aos requisitos de formação exigidos pela lei do lugar de sua celebração e indicar o Brasil como o lugar de cumprimento da obrigação.

→ § 2º com redação alterada pela Lei 5.925/1973.

Art. 586. A execução para cobrança de crédito fundar-se-á sempre em título de obrigação certa, líquida e exigível.

→ *Caput* com redação alterada pela Lei 11.382/2006.

→ *v.* Súmulas 258 e 392 do STJ.

§§ 1º e 2º *(Revogados pela Lei 11.382/2006).*

Art. 587. É definitiva a execução fundada em título extrajudicial; é provisória enquanto pendente apelação da sentença de improcedência dos embargos do executado, quando recebidos com efeito suspensivo (art. 739).

→ Artigo com redação alterada pela Lei 11.382/2006.

→ *v.* Súmula 317 do STJ.

→ *v.* Art. 730 do CPC.

Arts. 588 a 590. *(Revogados pela Lei 11.232/2005).*

Capítulo IV
DA RESPONSABILIDADE PATRIMONIAL

Art. 591. O devedor responde, para o cumprimento de suas obrigações, com todos os seus bens presentes e futuros, salvo as restrições estabelecidas em lei.

→ *v.* Art. 646 do CPC.

Art. 592. Ficam sujeitos à execução os bens:

I – do sucessor a título singular, tratando-se de execução fundada em direito real ou obrigação reipersecutória;

→ Inciso I com redação alterada pela Lei 11.382/2006.

II – do sócio, nos termos da lei;

→ *v.* Art. 596 do CPC.

III – do devedor, quando em poder de terceiros;

→ *v.* Art. 1.046 do CPC.

IV – do cônjuge, nos casos em que os seus bens próprios, reservados ou de sua meação respondem pela dívida;

V – alienados ou gravados com ônus real em fraude de execução.

→ V. Arts. 158 e 171, II, do CC/2002.

→ V. Art. 129 da Lei 11.101/2005.

Art. 593. Considera-se em fraude de execução a alienação ou oneração de bens:

→ V. Arts. 158, 171, II, do CC/2002.

→ V. Art. 179 do CP.

I – quando sobre eles pender ação fundada em direito real;

II – quando, ao tempo da alienação ou oneração, corria contra o devedor demanda capaz de reduzi-lo à insolvência;

→ V. Súmula 375 do STJ.

III – nos demais casos expressos em lei.

→ V. Art. 185 do CTN.

Art. 594. O credor, que estiver, por direito de retenção, na posse de coisa pertencente ao devedor, não poderá promover a execução sobre outros bens senão depois de excutida a coisa que se achar em seu poder.

→ V. Arts. 1.219, 1.423, 1.433, II, 1.455, parágrafo único e 1.507, § 2º, do CC/2002.

→ V. Art. 35 da Lei 8.245/1991.

Art. 595. O fiador, quando executado, poderá nomear à penhora bens livres e desembargados do devedor. Os bens do fiador ficarão, porém, sujeitos à execução, se os do devedor forem insuficientes à satisfação do direito do credor.

→ V. Súmula 268 do STJ.

→ V. Arts. 818 e 827 do CC/2002.

Parágrafo único. O fiador, que pagar a dívida, poderá executar o afiançado nos autos do mesmo processo.

Art. 596. Os bens particulares dos sócios não respondem pelas dívidas da sociedade senão nos casos previstos em lei; o sócio, demandado pelo pagamento da dívida, tem direito a exigir que sejam primeiro excutidos os bens da sociedade.

→ V. Art. 592, II, do CPC.

§ 1º Cumpre ao sócio, que alegar o benefício deste artigo, nomear bens da sociedade, sitos na mesma comarca, livres e desembargados, quantos bastem para pagar o débito.

§ 2º Aplica-se aos casos deste artigo o disposto no parágrafo único do artigo anterior.

Art. 597. O espólio responde pelas dívidas do falecido; mas, feita a partilha, cada herdeiro responde por elas na proporção da parte que na herança lhe coube.

→ V. Art. 1.791 do CC/2002.

Capítulo V
DAS DISPOSIÇÕES GERAIS

Art. 598. Aplicam-se subsidiariamente à execução as disposições que regem o processo de conhecimento.

Art. 599. O juiz pode, em qualquer momento do processo:

→ Artigo com redação alterada pela Lei 5.925/1973.

I – ordenar o comparecimento das partes;

II – advertir ao devedor que o seu procedimento constitui ato atentatório à dignidade da justiça.

Art. 600. Considera-se atentatório à dignidade da Justiça o ato do executado que:

→ *Caput* com redação alterada pela Lei 11.382/2006.

I – frauda a execução;

→ Inciso I com redação alterada pela Lei 5.925/1973.

II – se opõe maliciosamente à execução, empregando ardis e meios artificiosos;

→ Inciso II com redação alterada pela Lei 5.925/1973.

III – resiste injustificadamente às ordens judiciais;

→ Inciso III com redação alterada pela Lei 5.925/1973.

IV – intimado, não indica ao juiz, em 5 (cinco) dias, quais são e onde se encontram os bens sujeitos à penhora e seus respectivos valores.

→ Inciso IV com redação alterada pela Lei 11.382/2006.

Art. 601. Nos casos previstos no artigo anterior, o devedor incidirá em multa fixada pelo juiz, em montante não superior a 20% (vinte por cento) do valor atualizado do débito em execução, sem prejuízo de outras sanções de natureza processual ou material, multa essa que reverterá em proveito do credor, exigível na própria execução.

→ *Caput* com redação alterada pela Lei 8.953/1994.

Parágrafo único. O juiz relevará a pena, se o devedor se comprometer a não mais praticar qualquer dos atos definidos no artigo antecedente e der fiador idôneo, que responda ao credor pela dívida principal, juros, despesas e honorários advocatícios.

→ Parágrafo único com redação alterada pela Lei 5.925/1973.

Art. 602. *(Revogado pela Lei 11.232/2005).*

Capítulo VI
DA LIQUIDAÇÃO DA SENTENÇA

Arts. 603 a 611. *(Revogados pela Lei 11.232/2005).*

Título II
Das diversas espécies de execução

Capítulo I
DAS DISPOSIÇÕES GERAIS

Art. 612. Ressalvado o caso de insolvência do devedor, em que tem lugar o concurso universal (art. 751, III), realiza-se a execução no interesse do credor, que adquire, pela penhora, o direito de preferência sobre os bens penhorados.

Art. 613. Recaindo mais de uma penhora sobre os mesmos bens, cada credor conservará o seu título de preferência.

→ V. Arts. 711 e 712 do CPC.

Art. 614. Cumpre ao credor, ao requerer a execução, pedir a citação do devedor e instruir a petição inicial:

I – com o título executivo extrajudicial;

→ Inciso I com redação alterada pela Lei 11.382/2006.

II – com o demonstrativo do débito atualizado até a data da propositura da ação, quando se tratar de execução por quantia certa.

→ Inciso II com redação alterada pela Lei 8.953/1994.

III – com a prova de que se verificou a condição, ou ocorreu o termo (art. 572).

→ Inciso III acrescentado pela Lei 8.953/1994.

Art. 615. Cumpre ainda ao credor:

I – indicar a espécie de execução que prefere, quando por mais de um modo pode ser efetuada;

→ V. Art. 620 do CPC.

II – requerer a intimação do credor pignoratício, hipotecário, ou anticrético, ou usufrutuário, quando a penhora recair sobre bens gravados por penhor, hipoteca, anticrese ou usufruto;

→ V. Art. 619 do CPC.

III – pleitear medidas acautelatórias urgentes;

IV – provar que adimpliu a contraprestação, que lhe corresponde, ou que lhe assegura o cumprimento, se o executado não for obrigado a satisfazer a sua prestação senão mediante a contraprestação do credor.

→ V. Art. 476 do CC/2002.

Art. 615-A. O exequente poderá, no ato da distribuição, obter certidão comprobatória do ajuizamento da execução, com identificação das partes e valor da causa, para fins de averbação no registro de imóveis, registro de veículos ou registro de outros bens sujeitos à penhora ou arresto.

→ Artigo acrescentado pela Lei 11.382/2006.

§ 1º O exequente deverá comunicar ao juízo as averbações efetivadas, no prazo de 10 (dez) dias de sua concretização.

§ 2º Formalizada penhora sobre bens suficientes para cobrir o valor da dívida, será determinado o cancelamento das averbações de que trata este artigo relativas àqueles que não tenham sido penhorados.

§ 3º Presume-se em fraude à execução a alienação ou oneração de bens efetuada após a averbação (art. 593).

§ 4º O exequente que promover averbação manifestamente indevida indenizará a parte contrária, nos termos do § 2º do art. 18 desta Lei, processando-se o incidente em autos apartados.

§ 5º Os tribunais poderão expedir instruções sobre o cumprimento deste artigo.

Art. 616. Verificando o juiz que a petição inicial está incompleta, ou não se acha acompanhada dos documentos indispensáveis à propositura da execução, determinará que o credor a corrija, no prazo de 10 (dez) dias, sob pena de ser indeferida.

→ V. Art. 284 do CPC.

Art. 617. A propositura da execução, deferida pelo juiz, interrompe a prescrição, mas a citação do devedor deve ser feita com observância do disposto no art. 219.

→ V. Súmula Vinculante 8 do STF.

→ V. Súmula 150 do STF.

→ V. Súmula 85 do STJ.

Art. 618. É nula a execução:

→ V. Arts. 173, *caput*, e parágrafo único, e 174 do CTN.

I – se o título executivo extrajudicial não corresponder a obrigação certa, líquida e exigível (art. 586);

→ Inciso I com redação alterada pela Lei 11.382/2006.

II – se o devedor não for regularmente citado;

III – se instaurada antes de se verificar a condição ou de ocorrido o termo, nos casos do art. 572.

Art. 619. A alienação de bem aforado ou gravado por penhor, hipoteca, anticrese ou usufruto será ineficaz em relação ao senhorio direto, ou ao credor pignoratício, hipotecário, anticrético, ou usufrutuário, que não houver sido intimado.

→ V. Art. 615, II, do CPC.

Art. 620. Quando por vários meios o credor puder promover a execução, o juiz mandará que se faça pelo modo menos gravoso para o devedor.

→ V. Súmula 417 do STJ.

Capítulo II
DA EXECUÇÃO PARA A ENTREGA DE COISA

Seção I
Da entrega de coisa certa

Art. 621. O devedor de obrigação de entrega de coisa certa, constante de título executivo extrajudicial, será citado para, dentro de 10 (dez) dias, satisfazer a obrigação ou, seguro o juízo (art. 737, II), apresentar embargos.

→ Artigo com redação alterada pela Lei 10.444/2002.

→ v. Art. 52 da Lei 9.099/1995.

→ v. Art. 35, I, do CDC.

Parágrafo único. O juiz, ao despachar a inicial, poderá fixar multa por dia de atraso no cumprimento da obrigação, ficando o respectivo valor sujeito a alteração, caso se revele insuficiente ou excessivo.

Art. 622. O devedor poderá depositar a coisa, em vez de entregá-la, quando quiser opor embargos.

→ Artigo com redação alterada pela Lei 5.925/1973.

Art. 623. Depositada a coisa, o exequente não poderá levantá-la antes do julgamento dos embargos.

→ Artigo com redação alterada pela Lei 8.953/1994.

Art. 624. Se o executado entregar a coisa, lavrar-se-á o respectivo termo e dar-se-á por finda a execução, salvo se esta tiver de prosseguir para o pagamento de frutos ou ressarcimento de prejuízos.

→ Artigo com redação alterada pela Lei 10.444/2002.

Art. 625. Não sendo a coisa entregue ou depositada, nem admitidos embargos suspensivos da execução, expedir-se-á, em favor do credor, mandado de imissão na posse ou do busca e apreensão, conforme se tratar de imóvel ou de móvel.

→ Artigo com redação alterada pela Lei 5.925/1973.

→ v. Arts. 621 e 622 do CPC.

Art. 626. Alienada a coisa quando já litigiosa, expedir-se-á mandado contra o terceiro adquirente, que somente será ouvido depois de depositá-la.

→ v. Art. 1.046 do CPC.

Art. 627. O credor tem direito a receber, além de perdas e danos, o valor da coisa, quando esta não lhe for entregue, se deteriorou, não for encontrada ou não for reclamada do poder de terceiro adquirente.

§ 1º Não constando do título o valor da coisa, ou sendo impossível a sua avaliação, o exequente far-lhe-á a estimativa, sujeitando-se ao arbitramento judicial.

→ § 1º com redação alterada pela Lei 10.444/2002.

§ 2º Serão apurados em liquidação o valor da coisa e os prejuízos.

→ § 2º com redação alterada pela Lei 10.444/2002.

Art. 628. Havendo benfeitorias indenizáveis feitas na coisa pelo devedor ou por terceiros, de cujo poder ela houver sido tirada, a liquidação prévia é obrigatória. Se houver saldo em favor do devedor, o credor o depositará ao requerer a entrega da coisa; se houver saldo em favor do credor, este poderá cobrá-lo nos autos do mesmo processo.

→ v. Arts. 242 e 1.219 a 1.222 do CC/2002.

Seção II
Da entrega de coisa incerta

Art. 629. Quando a execução recair sobre coisas determinadas pelo gênero e quantidade, o devedor será citado para entregá-las individualizadas, se lhe couber a escolha; mas se essa couber ao credor, este a indicará na petição inicial.

→ v. Arts. 243 a 246 do CC/2002.

Art. 630. Qualquer das partes poderá, em 48 (quarenta e oito) horas, impugnar a escolha feita pela outra, e o juiz decidirá de plano, ou, se necessário, ouvindo perito de sua nomeação.

Art. 631. Aplicar-se-á à execução para entrega de coisa incerta o estatuído na seção anterior.

Capítulo III
DA EXECUÇÃO DAS OBRIGAÇÕES DE FAZER E DE NÃO FAZER

Seção I
Da obrigação de fazer

Art. 632. Quando o objeto da execução for obrigação de fazer, o devedor será citado para satisfazê-la no prazo que o juiz lhe assinar, se outro não estiver determinado no título executivo.

→ Artigo com redação alterada pela Lei 8.953/1994.

→ v. Súmula 410 do STJ.

→ v. Arts. 644 e 645 do CPC.

→ v. Arts. 3º, 11 e 12 da Lei 7.347/1985.

Art. 633. Se, no prazo fixado, o devedor não satisfizer a obrigação, é lícito ao credor, nos próprios autos do processo, requerer que ela seja executada à custa do devedor, ou haver perdas e danos; caso em que ela se converte em indenização.

→ v. Art. 249 do CC/2002.

→ v. Arts. 35 e 84 do CDC.

Parágrafo único. O valor das perdas e danos será apurado em liquidação, seguindo-se a execução para cobrança de quantia certa.

Art. 634. Se o fato puder ser prestado por terceiro, é lícito ao juiz, a requerimento do exequente, decidir que aquele o realize à custa do executado.

→ Artigo com redação alterada pela Lei 11.382/2006.

Parágrafo único. O exequente adiantará as quantias previstas na proposta que, ouvidas as partes, o juiz houver aprovado.

Art. 635. Prestado o fato, o juiz ouvirá as partes no prazo de 10 (dez) dias; não havendo impugnação, dará por cumprida a obrigação; em caso contrário, decidirá a impugnação.

Art. 636. Se o contratante não prestar o fato no prazo, ou se o praticar de modo incompleto ou defeituoso, poderá o credor requerer ao juiz, no prazo de 10 (dez) dias, que o autorize a concluí-lo, ou a repará-lo, por conta do contratante.

Parágrafo único. Ouvido o contratante no prazo de 5 (cinco) dias, o juiz mandará avaliar o custo das despesas necessárias e condenará o contratante a pagá-lo.

Art. 637. Se o credor quiser executar, ou mandar executar, sob sua direção e vigilância, as obras e trabalhos necessários à prestação do fato, terá preferência, em igualdade de condições de oferta, ao terceiro.

Parágrafo único. O direito de preferência será exercido no prazo de 5 (cinco) dias, contados da apresentação da proposta pelo terceiro (art. 634, parágrafo único).

→ Parágrafo único com redação alterada pela Lei 11.382/2006.

Art. 638. Nas obrigações de fazer, quando for convencionado que o devedor a faça pessoalmente, o credor poderá requerer ao juiz que lhe assine prazo para cumpri-la.

Parágrafo único. Havendo recusa ou mora do devedor, a obrigação pessoal do devedor converter-se-á em perdas e danos, aplicando-se outrossim o disposto no art. 633.

Arts. 639 a 641. *(Revogados pela Lei 11.232/2005).*

Seção II
Da obrigação de não fazer

Art. 642. Se o devedor praticou o ato, a cuja abstenção estava obrigado pela lei ou pelo contrato, o credor requererá ao juiz que lhe assine prazo para desfazê-lo.

Art. 643. Havendo recusa ou mora do devedor, o credor requererá ao juiz que mande desfazer o ato à sua custa, respondendo o devedor por perdas e danos.

Parágrafo único. Não sendo possível desfazer-se o ato, a obrigação resolve-se em perdas e danos.

Seção III
Das disposições comuns às seções precedentes

Art. 644. A sentença relativa a obrigação de fazer ou não fazer cumpre-se de acordo com o art. 461, observando-se, subsidiariamente, o disposto neste Capítulo.

→ Artigo com redação alterada pela Lei 10.444/2002.

Art. 645. Na execução de obrigação de fazer ou não fazer, fundada em título extrajudicial, o juiz, ao despachar a inicial, fixará multa por dia de atraso no cumprimento da obrigação e a data a partir da qual será devida.

→ Artigo com redação alterada pela Lei 8.953/1994.

→ v. Art. 461 do CPC.

Parágrafo único. Se o valor da multa estiver previsto no título, o juiz poderá reduzi-lo, se excessivo.

Capítulo IV
DA EXECUÇÃO POR QUANTIA CERTA CONTRA DEVEDOR SOLVENTE

Seção I
Da penhora, da avaliação e da expropriação de bens

→ Rubrica da Seção I com redação alterada pela Lei 11.382/2006.

Subseção I
Das disposições gerais

Art. 646. A execução por quantia certa tem por objeto expropriar bens do devedor, a fim de satisfazer o direito do credor (art. 591).

→ v. Arts. 620 e 659 do CPC.

Art. 647. A expropriação consiste:

I – na adjudicação em favor do exequente ou das pessoas indicadas no § 2º do art. 685-A desta Lei;

→ Inciso I com redação alterada pela Lei 11.382/2006.

II – na alienação por iniciativa particular;

→ Inciso II com redação alterada pela Lei 11.382/2006.

→ *V.* Art. 685-C do CPC.

III – na alienação em hasta pública;

→ Inciso III com redação alterada pela Lei 11.382/2006.

→ *V.* Art. 686 do CPC.

IV – no usufruto de bem móvel ou imóvel.

→ Inciso IV acrescentado pela Lei 11.382/2006.

→ *V.* Arts. 1.390 e seguintes do CC/2002.

→ *V.* Arts. 716 a 724 do CPC.

Art. 648. Não estão sujeitos à execução os bens que a lei considera impenhoráveis ou inalienáveis.

→ *V.* Arts. 1.711 a 1.722 do CC/2002.

Art. 649. São absolutamente impenhoráveis:

→ *V.* Súmulas 205 e 364 do STJ.

→ *V.* Lei 8.009/1990 – Dispõe sobre a impenhorabilidade do bem de família.

I – os bens inalienáveis e os declarados, por ato voluntário, não sujeitos à execução;

II – os móveis, pertences e utilidades domésticas que guarnecem a residência do executado, salvo os de elevado valor ou que ultrapassem as necessidades comuns correspondentes a um médio padrão de vida;

→ Inciso II com redação alterada pela Lei 11.382/2006.

III – os vestuários, bem como os pertences de uso pessoal do executado, salvo se de elevado valor;

→ Inciso III com redação alterada pela Lei 11.382/2006.

IV – os vencimentos, subsídios, soldos, salários, remunerações, proventos de aposentadoria, pensões, pecúlios e montepios; as quantias recebidas por liberalidade de terceiro e destinadas ao sustento do devedor e sua família, os ganhos de trabalhador autônomo e os honorários de profissional liberal, observado o disposto no § 3º deste artigo;

→ Inciso IV com redação alterada pela Lei 11.382/2006.

V – os livros, as máquinas, as ferramentas, os utensílios, os instrumentos ou outros bens móveis necessários ou úteis ao exercício de qualquer profissão;

→ Inciso V com redação alterada pela Lei 11.382/2006.

→ *V.* Súmula 451 do STJ.

VI – o seguro de vida;

→ Inciso VI com redação alterada pela Lei 11.382/2006.

→ *V.* Art. 5º, parágrafo único, do Dec.-lei 911/1969.

VII – os materiais necessários para obras em andamento, salvo se essas forem penhoradas;

→ Inciso VII com redação alterada pela Lei 11.382/2006.

VIII – a pequena propriedade rural, assim definida em lei, desde que trabalhada pela família;

→ Inciso VIII com redação alterada pela Lei 11.382/2006.

→ *V.* Art. 5º, XXVI, da CF/1988.

→ *V.* Art. 5º, parágrafo único, do Dec.-lei 911/1969.

IX – os recursos públicos recebidos por instituições privadas para aplicação compulsória em educação, saúde ou assistência social;

→ Inciso IX com redação alterada pela Lei 11.382/2006.

X – até o limite de 40 (quarenta) salários mínimos, a quantia depositada em caderneta de poupança.

→ Inciso X com redação alterada pela Lei 11.382/2006.

XI – os recursos públicos do fundo partidário recebidos, nos termos da lei, por partido político.

→ Inciso XI acrescentado pela Lei 11.694/2008.

§ 1º A impenhorabilidade não é oponível à cobrança do crédito concedido para a aquisição do próprio bem.

→ § 1º acrescentado pela Lei 11.382/2006.

§ 2º O disposto no inciso IV do *caput* deste artigo não se aplica no caso de penhora para pagamento de prestação alimentícia.

→ § 2º acrescentado pela Lei 11.382/2006.

§ 3º *(Vetado).*

→ § 3º acrescentado pela Lei 11.382/2006.

Art. 650. Podem ser penhorados, à falta de outros bens, os frutos e rendimentos dos bens inalienáveis, salvo se destinados à satisfação de prestação alimentícia.

→ Artigo com redação alterada pela Lei 11.382/2006.

Parágrafo único. *(Vetado).*

Art. 651. Antes de adjudicados ou alienados os bens, pode o executado, a todo tempo, remir a execução, pagando ou consignando a importância atualizada da dívida, mais juros, custas e honorários advocatícios.

→ Artigo com redação alterada pela Lei 11.382/2006.

→ *V.* Arts. 304 e 305 do CC/2002.

→ *V.* Art. 19, I e II, da Lei 6.830/1980.

Subseção II
Da citação do devedor e da indicação de bens

→ Rubrica da Subseção II com redação alterada pela Lei 11.382/2006.

Art. 652. O executado será citado para, no prazo de 3 (três) dias, efetuar o pagamento da dívida.

→ Artigo com redação alterada pela Lei 11.382/2006.

→ *V.* Art. 8º da Lei 6.830/1980.

§ 1º Não efetuado o pagamento, munido da segunda via do mandado, o oficial de justiça procederá de imediato à penhora de bens e a sua avaliação, lavrando-se o respectivo auto e de tais atos intimando, na mesma oportunidade, o executado.

§ 2º O credor poderá, na inicial da execução, indicar bens a serem penhorados (art. 655).

§ 3º O juiz poderá, de ofício ou a requerimento do exequente, determinar, a qualquer tempo, a intimação do executado para indicar bens passíveis de penhora.

§ 4º A intimação do executado far-se-á na pessoa de seu advogado; não o tendo, será intimado pessoalmente.

§ 5º Se não localizar o executado para intimá-lo da penhora, o oficial certificará detalhadamente as diligências realizadas, caso em que o juiz poderá dispensar a intimação ou determinará novas diligências.

Art. 652-A. Ao despachar a inicial, o juiz fixará, de plano, os honorários de advogado a serem pagos pelo executado (art. 20, § 4º).

→ Artigo acrescentado pela Lei 11.382/2006.

Parágrafo único. No caso de integral pagamento no prazo de 3 (três) dias, a verba honorária será reduzida pela metade.

Art. 653. O oficial de justiça, não encontrando o devedor, arrestar-lhe-á tantos bens quantos bastem para garantir a execução.

Parágrafo único. Nos 10 (dez) dias seguintes à efetivação do arresto, o oficial de justiça procurará o devedor 3 (três) vezes em dias distintos; não o encontrando, certificará o ocorrido.

Art. 654. Compete ao credor, dentro de 10 (dez) dias, contados da data em que foi intimado do arresto a que se refere o parágrafo único do artigo anterior, requerer a citação por edital do devedor. Findo o prazo do edital, terá o devedor o prazo a que se refere o art. 652, convertendo-se o arresto em penhora em caso de não pagamento.

Art. 655. A penhora observará, preferencialmente, a seguinte ordem:

→ Artigo com redação alterada pela Lei 11.382/2006.

→ *V.* Súmula 417 do STJ.

→ *V.* Art. 11 da Lei 6.830/1980.

I – dinheiro, em espécie ou em depósito ou aplicação em instituição financeira;

→ *V.* Súmula 328 do STJ.

II – veículos de via terrestre;

III – bens móveis em geral;

IV – bens imóveis;

V – navios e aeronaves;

VI – ações e quotas de sociedades empresárias;

VII – percentual do faturamento de empresa devedora;

VIII – pedras e metais preciosos;

IX – títulos da dívida pública da União, Estados e Distrito Federal com cotação em mercado;

X – títulos e valores mobiliários com cotação em mercado;

XI – outros direitos.

§ 1º Na execução de crédito com garantia hipotecária, pignoratícia ou anticrética, a penhora recairá, preferencialmente, sobre a coisa dada em garantia; se a coisa pertencer a terceiro garantidor, será também esse intimado da penhora.

→ *V.* Súmula 451 do STJ.

§ 2º Recaindo a penhora em bens imóveis, será intimado também o cônjuge do executado.

→ *V.* Súmula 134 do STJ.

Art. 655-A. Para possibilitar a penhora de dinheiro em depósito ou aplicação financeira, o juiz, a requerimento do exequente, requisitará à autoridade supervisora do sistema bancário, preferencialmente por meio eletrônico, informações sobre a existência de ativos em nome do executado, podendo no mesmo ato determinar sua indisponibilidade, até o valor indicado na execução.

→ *Caput* acrescentado pela Lei 11.382/2006.

§ 1º As informações limitar-se-ão à existência ou não de depósito ou aplicação até o valor indicado na execução.

→ § 1º acrescentado pela Lei 11.382/2006.

§ 2º Compete ao executado comprovar que as quantias depositadas em conta corrente referem-se à hipótese do inciso IV do *caput* do art. 649 desta Lei ou que estão revestidas de outra forma de impenhorabilidade.

→ § 2º acrescentado pela Lei 11.382/2006.

§ 3º Na penhora de percentual do faturamento da empresa executada, será nomeado depositário, com a atribuição de submeter à aprovação judicial a forma de efetivação da constrição, bem como de prestar contas mensalmente, entregando ao exequente as quantias recebidas, a fim de serem imputadas no pagamento da dívida.

→ § 3º acrescentado pela Lei 11.382/2006.

§ 4º Quando se tratar de execução contra partido político, o juiz, a requerimento do exequente, requisitará à autoridade supervisora do sistema bancário, nos termos do que estabelece o *caput* deste artigo, informações sobre a existência de ativos tão somente em nome do órgão partidário que tenha contraído a dívida executada ou que tenha dado causa a violação de direito ou ao dano, ao qual cabe exclusivamente a responsabilidade pelos atos praticados, de acordo com o disposto no art. 15-A da Lei 9.096, de 19 de setembro de 1995.

→ § 4º acrescentado pela Lei 11.694/2008.

Art. 655-B. Tratando-se de penhora em bem indivisível, a meação do cônjuge alheio à execução recairá sobre o produto da alienação do bem.

→ Artigo acrescentado pela Lei 11.382/2006.

→ *V.* Súmula 134 do STJ.

Art. 656. A parte poderá requerer a substituição da penhora:

→ Artigo com redação alterada pela Lei 11.382/2006.

→ *V.* Súmula 406 do STJ.

I – se não obedecer à ordem legal;

II – se não incidir sobre os bens designados em lei, contrato ou ato judicial para o pagamento;

III – se, havendo bens no foro da execução, outros houverem sido penhorados;

IV – se, havendo bens livres, a penhora houver recaído sobre bens já penhorados ou objeto de gravame;

V – se incidir sobre bens de baixa liquidez;

VI – se fracassar a tentativa de alienação judicial do bem; ou

VII – se o devedor não indicar o valor dos bens ou omitir qualquer das indicações a que se referem os incisos I a IV do parágrafo único do art. 668 desta Lei.

§ 1º É dever do executado (art. 600), no prazo fixado pelo juiz, indicar onde se encontram os bens sujeitos à execução, exibir a prova de sua propriedade e, se for o caso, certidão negativa de ônus, bem como abster-se de qualquer atitude que dificulte ou embarace a realização da penhora (art. 14, parágrafo único).

§ 2º A penhora pode ser substituída por fiança bancária ou seguro garantia judicial, em valor não inferior ao do débito constante da inicial, mais 30% (trinta por cento).

§ 3º O executado somente poderá oferecer bem imóvel em substituição caso o requeira com a expressa anuência do cônjuge.

Art. 657. Ouvida em 3 (três) dias a parte contrária, se os bens inicialmente penhorados (art. 652) forem substituídos por outros, lavrar-se-á o respectivo termo.

→ Artigo com redação alterada pela Lei 11.382/2006.

Parágrafo único. O juiz decidirá de plano quaisquer questões suscitadas.

Art. 658. Se o devedor não tiver bens no foro da causa, far-se-á a execução por carta, penhorando-se, avaliando-se e alienando-se os bens no foro da situação (art. 747).

→ *V.* Súmula 46 do STJ.

Subseção III
Da penhora e do depósito

Art. 659. A penhora deverá incidir em tantos bens quantos bastem para o pagamento do principal atualizado, juros, custas e honorários advocatícios.

→ *Caput* com redação alterada pela Lei 11.382/2006.

§ 1º Efetuar-se-á a penhora onde quer que se encontrem os bens, ainda que sob a posse, detenção ou guarda de terceiros.

→ § 1º com redação alterada pela Lei 11.382/2006.

§ 2º Não se levará a efeito a penhora, quando evidente que o produto da execução dos bens encontrados será totalmente absorvido pelo pagamento das custas da execução.

§ 3º No caso do parágrafo anterior e bem assim quando não encontrar quaisquer bens penhoráveis, o oficial descreverá na certidão os que guarnecem a residência ou o estabelecimento do devedor.

§ 4º A penhora de bens imóveis realizar-se-á mediante auto ou termo de penhora, cabendo ao exequente, sem prejuízo da imediata intimação do executado (art. 652, § 4º), providenciar, para presunção absoluta de conhecimento por terceiros, a respectiva averbação no ofício imobiliário, mediante a apresentação de certidão de inteiro teor do ato, independentemente de mandado judicial.

→ § 4º com redação alterada pela Lei 11.382/2006.

→ *V.* Súmula 375 do STJ.

§ 5º Nos casos do § 4º, quando apresentada certidão da respectiva matrícula, a penhora de imóveis, independentemente de onde se localizem, será realizada por termo nos autos, do qual será intimado o executado, pessoalmente ou na pessoa de seu advogado, e por este ato constituído depositário.

→ § 5º acrescentado pela Lei 10.444/2002.

§ 6º Obedecidas as normas de segurança que forem instituídas, sob critérios uniformes, pelos Tribunais, a penhora de numerário e as averbações de penhoras de bens imóveis e móveis podem ser realizadas por meios eletrônicos.

→ § 6º acrescentado pela Lei 11.382/2006.

Art. 660. Se o devedor fechar as portas da casa, a fim de obstar a penhora dos bens, o oficial de justiça comunicará o fato ao juiz, solicitando-lhe ordem de arrombamento.

Art. 661. Deferido o pedido mencionado no artigo antecedente, 2 (dois) oficiais de justiça cumprirão o mandado, arrombando portas, móveis e gavetas, onde presumirem que se achem os bens, e lavrando de tudo auto circunstanciado, que será assinado por 2 (duas) testemunhas, presentes à diligência.

Art. 662. Sempre que necessário, o juiz requisitará força policial, a fim de auxiliar os oficiais de justiça na penhora dos bens e na prisão de quem resistir à ordem.

→ *V.* Art. 825, parágrafo único, do CPC.

Art. 663. Os oficiais de justiça lavrarão em duplicata o auto de resistência, entregando uma via ao escrivão do processo para ser junta aos autos e a outra à autoridade policial, a quem entregarão o preso.

Parágrafo único. Do auto de resistência constará o rol de testemunhas, com a sua qualificação.

Art. 664. Considerar-se-á feita a penhora mediante a apreensão e o depósito dos bens, lavrando-se um só auto se as diligências forem concluídas no mesmo dia.

Parágrafo único. Havendo mais de uma penhora, lavrar-se-á para cada qual um auto.

Art. 665. O auto de penhora conterá:

I – a indicação do dia, mês, ano e lugar em que foi feita;

II – os nomes do credor e do devedor;

III – a descrição dos bens penhorados, com os seus característicos;

IV – a nomeação do depositário dos bens.

→ *V.* Súmula 319 do STJ.

→ *V.* Art. 149 do CPC.

Art. 666. Os bens penhorados serão preferencialmente depositados:

→ *Caput* com redação alterada pela Lei 11.382/2006.

→ *V.* Art. 32 da Lei 6.830/1980.

I – no Banco do Brasil, na Caixa Econômica Federal, ou em um banco, de que o Estado-Membro da União possua mais de metade do capital social integralizado; ou, em falta de tais estabelecimentos de crédito, ou agências suas no lugar, em qualquer estabelecimento de crédito, designado pelo juiz, as quantias em dinheiro, as pedras e os metais preciosos, bem como os papéis de crédito;

II – em poder do depositário judicial, os móveis e os imóveis urbanos;

III – em mãos de depositário particular, os demais bens.

→ Inciso III com redação alterada pela Lei 11.382/2006.

§ 1º Com a expressa anuência do exequente ou nos casos de difícil remoção, os bens poderão ser depositados em poder do executado.

→ § 1º acrescentado pela Lei 11.382/2006.

§ 2º As joias, pedras e objetos preciosos deverão ser depositados com registro do valor estimado de resgate.

→ § 2º acrescentado pela Lei 11.382/2006.

§ 3º A prisão de depositário judicial infiel será decretada no próprio processo, independentemente de ação de depósito.

→ § 3º acrescentado pela Lei 11.382/2006.

Art. 667. Não se procede à segunda penhora, salvo se:

I – a primeira for anulada;

II – executados os bens, o produto da alienação não bastar para o pagamento do credor;

III – o credor desistir da primeira penhora, por serem litigiosos os bens, ou por estarem penhorados, arrestados ou onerados.

Art. 668. O executado pode, no prazo de 10 (dez) dias após intimado da penhora, requerer a substituição do bem penhorado, desde que comprove cabalmente que a substituição não trará prejuízo algum ao exequente e será menos onerosa para ele devedor (art. 17, incisos IV e VI, e art. 620).

→ Artigo com redação alterada pela Lei 11.382/2006.

→ *V.* Art. 15, I, da Lei 6.830/1980.

Parágrafo único. Na hipótese prevista neste artigo, ao executado incumbe:

I – quanto aos bens imóveis, indicar as respectivas matrículas e registros, situá-los e mencionar as divisas e confrontações;

II – quanto aos móveis, particularizar o estado e o lugar em que se encontram;

III – quanto aos semoventes, especificá-los, indicando o número de cabeças e o imóvel em que se encontram;

IV – quanto aos créditos, identificar o devedor e qualificá-lo, descrevendo a origem da dívida, o título que a representa e a data do vencimento; e

V – atribuir valor aos bens indicados à penhora.

Art. 669. *(Revogado pela Lei 11.382/2006).*

Art. 670. O juiz autorizará a alienação antecipada dos bens penhorados quando:

I – sujeitos a deterioração ou depreciação;

II – houver manifesta vantagem.

Parágrafo único. Quando uma das partes requerer a alienação antecipada dos bens penhorados, o juiz ouvirá sempre a outra antes de decidir.

Subseção IV
Da penhora de créditos e de outros direitos patrimoniais

Art. 671. Quando a penhora recair em crédito do devedor, o oficial de justiça o penhorará. Enquanto não ocorrer a hipótese prevista no artigo seguinte, considerar-se-á feita a penhora pela intimação:

→ Artigo com redação alterada pela Lei 5.925/1973.

I – ao terceiro devedor para que não pague ao seu credor;

II – ao credor do terceiro para que não pratique ato de disposição do crédito.

Art. 672. A penhora de crédito, representado por letra de câmbio, nota promissória, duplicata, cheque ou outros títulos, far-se-á pela apreensão do documento, esteja ou não em poder do devedor.

§ 1º Se o título não for apreendido, mas o terceiro confessar a dívida, será havido como depositário da importância.

§ 2º O terceiro só se exonerará da obrigação, depositando em juízo a importância da dívida.

§ 3º Se o terceiro negar o débito em conluio com o devedor, a quitação, que este lhe der, considerar-se-á em fraude de execução.

§ 4º A requerimento do credor, o juiz determinará o comparecimento, em audiência especialmente designada, do devedor e do terceiro, a fim de lhes tomar os depoimentos.

Art. 673. Feita a penhora em direito e ação do devedor, e não tendo este oferecido embargos, ou sendo estes rejeitados, o credor fica sub-rogado nos direitos do devedor até a concorrência do seu crédito.

§ 1º O credor pode preferir, em vez da sub-rogação, a alienação judicial do direito penhorado, caso em que declarará a sua vontade no prazo de 10 (dez) dias contados da realização da penhora.

§ 2º A sub-rogação não impede ao sub-rogado, se não receber o crédito do devedor, de prosseguir na execução, nos mesmos autos, penhorando outros bens do devedor.

Art. 674. Quando o direito estiver sendo pleiteado em juízo, averbar-se-á no rosto dos autos a penhora, que recair nele e na ação que lhe corresponder, a fim de se efetivar nos bens, que forem adjudicados ou vierem a caber ao devedor.

Art. 675. Quando a penhora recair sobre dívidas de dinheiro a juros, de direito a rendas, ou de prestações periódicas, o credor poderá levantar os juros, os rendimentos ou as prestações à medida que forem sendo depositadas, abatendo-se do crédito as importâncias recebidas, conforme as regras da imputação em pagamento.

Art. 676. Recaindo a penhora sobre direito, que tenha por objeto prestação ou restituição de coisa determinada, o devedor será intimado para, no vencimento, depositá-la, correndo sobre ela a execução.

Subseção V
Da penhora, do depósito e da administração de empresa e de outros estabelecimentos

Art. 677. Quando a penhora recair em estabelecimento comercial, industrial ou agrícola, bem como em semoventes, plantações ou edifício em construção, o juiz nomeará um depositário, determinando-lhe que apresente em 10 (dez) dias a forma de administração.

§ 1º Ouvidas as partes, o juiz decidirá.

§ 2º É lícito, porém, às partes ajustarem a forma de administração, escolhendo o depositário; caso em que o juiz homologará por despacho a indicação.

Art. 678. A penhora de empresa, que funcione mediante concessão ou autorização, far-se-á, conforme o valor do crédito, sobre a renda, sobre determinados bens, ou sobre todo o patrimônio, nomeando o juiz como depositário, de preferência, um dos seus diretores.

Parágrafo único. Quando a penhora recair sobre a renda ou sobre determinados bens, o depositário apresentará a forma de administração e o esquema de pagamento observando-se, quanto ao mais, o disposto nos arts. 716 a 720; recaindo, porém, sobre todo o patrimônio, prosseguirá a execução os seus ulteriores termos, ouvindo-se, antes da arrematação ou da adjudicação, o poder público, que houver outorgado a concessão.

Art. 679. A penhora sobre navio ou aeronave não obsta a que continue navegando ou operando até a alienação; mas o juiz, ao conceder a autorização para navegar ou operar, não permitirá que saia do porto ou aeroporto antes que o devedor faça o seguro usual contra riscos.

Subseção VI
Da avaliação

Art. 680. A avaliação será feita pelo oficial de justiça (art. 652), ressalvada a aceitação do valor estimado pelo executado (art. 668, parágrafo único, inciso V); caso sejam necessários conhecimentos especializados, o juiz nomeará avaliador, fixando-lhe prazo não superior a 10 (dez) dias para entrega do laudo.

→ Artigo com redação alterada pela Lei 11.382/2006.

→ *v.* Art. 13 da Lei 6.830/1980.

Art. 681. O laudo da avaliação integrará o auto de penhora ou, em caso de perícia (art. 680), será apresentado no prazo fixado pelo juiz, devendo conter:

→ *Caput* com redação alterada pela Lei 11.382/2006.

I – a descrição dos bens, com os seus característicos, e a indicação do estado em que se encontram;

II – o valor dos bens.

→ *v.* Art. 1.004 do CPC.

Parágrafo único. Quando o imóvel for suscetível de cômoda divisão, o avaliador, tendo em conta o crédito reclamado, o avaliará em partes, sugerindo os possíveis desmembramentos.

→ Parágrafo único com redação alterada pela Lei 11.382/2006.

Art. 682. O valor dos títulos da dívida pública, das ações das sociedades e dos títulos de crédito negociáveis em bolsa será o da cotação oficial do dia, provada por certidão ou publicação no órgão oficial.

Art. 683. É admitida nova avaliação quando:

→ Artigo com redação alterada pela Lei 11.382/2006.

I – qualquer das partes arguir, fundamentadamente, a ocorrência de erro na avaliação ou dolo do avaliador;

II – se verificar, posteriormente à avaliação, que houve majoração ou diminuição no valor do bem; ou

III – houver fundada dúvida sobre o valor atribuído ao bem (art. 668, parágrafo único, inciso V).

Art. 684. Não se procederá à avaliação se:

I – o exequente aceitar a estimativa feita pelo executado (art. 668, parágrafo único, inciso V);

→ Inciso I com redação alterada pela Lei 11.382/2006.

II – se tratar de títulos ou de mercadorias, que tenham cotação em bolsa, comprovada por certidão ou publicação oficial;

III – *(Revogado pela Lei 11.382/2006).*

Art. 685. Após a avaliação, poderá mandar o juiz, a requerimento do interessado e ouvida a parte contrária:

I – reduzir a penhora aos bens suficientes, ou transferi-la para outros, que bastem à execução, se o valor dos penhorados for consideravelmente superior ao crédito do exequente e acessórios;

II – ampliar a penhora, ou transferi-la para outros bens mais valiosos, se o valor dos penhorados for inferior ao referido crédito.

Parágrafo único. Uma vez cumpridas essas providências, o juiz dará início aos atos de expropriação de bens.

→ Parágrafo único com redação alterada pela Lei 11.382/2006.

Subseção VI-A
Da adjudicação

→ Subseção VI-A acrescentada pela Lei 11.382/2006.

Art. 685-A. É lícito ao exequente, oferecendo preço não inferior ao da avaliação, requerer lhe sejam adjudicados os bens penhorados.

→ Artigo acrescentado pela Lei 11.382/2006.

§ 1º Se o valor do crédito for inferior ao dos bens, o adjudicante depositará de imediato a diferença, ficando esta à disposição do executado; se superior, a execução prosseguirá pelo saldo remanescente.

§ 2º Idêntico direito pode ser exercido pelo credor com garantia real, pelos credores concorrentes que hajam penhorado o mesmo bem, pelo cônjuge, pelos descendentes ou ascendentes do executado.

§ 3º Havendo mais de um pretendente, proceder-se-á entre eles à licitação; em igualdade de oferta, terá preferência o cônjuge, descendente ou ascendente, nessa ordem.

§ 4º No caso de penhora de quota, procedida por exequente alheio à sociedade, esta será intimada, assegurando preferência aos sócios.

§ 5º Decididas eventuais questões, o juiz mandará lavrar o auto de adjudicação.

Art. 685-B. A adjudicação considera-se perfeita e acabada com a lavratura e assinatura do auto pelo juiz, pelo adjudicante, pelo escrivão e, se for presente, pelo executado, expedindo-se a respectiva carta, se bem imóvel, ou mandado de entrega ao adjudicante, se bem móvel.

→ Artigo acrescentado pela Lei 11.382/2006.

Parágrafo único. A carta de adjudicação conterá a descrição do imóvel, com remissão a sua matrícula e registros, a cópia do auto de adjudicação e a prova de quitação do imposto de transmissão.

Subseção VI-B
Da alienação por iniciativa particular

→ Subseção VI-B acrescentada pela Lei 11.382/2006.

Art. 685-C. Não realizada a adjudicação dos bens penhorados, o exequente poderá requerer sejam eles alienados por sua própria iniciativa ou por intermédio de corretor credenciado perante a autoridade judiciária.

→ Artigo acrescentado pela Lei 11.382/2006.

§ 1º O juiz fixará o prazo em que a alienação deve ser efetivada, a forma de publicidade, o preço mínimo (art. 680), as condições de pagamento e as garantias, bem como, se for o caso, a comissão de corretagem.

§ 2º A alienação será formalizada por termo nos autos, assinado pelo juiz, pelo exequente, pelo adquirente e, se for presente, pelo executado, expedindo-se carta de alienação do imóvel para o devido registro imobiliário, ou, se bem móvel, mandado de entrega ao adquirente.

§ 3º Os Tribunais poderão expedir provimentos detalhando o procedimento da alienação prevista neste artigo, inclusive com o concurso de meios eletrônicos, e dispondo sobre o credenciamento dos corretores, os quais deverão estar em exercício profissional por não menos de 5 (cinco) anos.

Subseção VII
Da alienação em hasta pública

→ Subseção VII com redação alterada pela Lei 11.382/2006.

Art. 686. Não requerida a adjudicação e não realizada a alienação particular do bem penhorado, será expedido o edital de hasta pública, que conterá:

→ *Caput* com redação alterada pela Lei 11.382/2006.

→ *V.* Art. 22 da Lei 6.830/1980.

I – a descrição do bem penhorado, com suas características e, tratando-se de imóvel, a situação e divisas, com remissão à matrícula e aos registros;

→ Inciso I com redação alterada pela Lei 11.382/2006.

II – o valor do bem;

III – o lugar onde estiverem os móveis, veículos e semoventes; e, sendo direito e ação, os autos do processo, em que foram penhorados;

IV – o dia e a hora de realização da praça, se bem imóvel, ou o local, dia e hora de realização do leilão, se bem móvel;

→ Inciso IV com redação alterada pela Lei 11.382/2006.

V – menção da existência de ônus, recurso ou causa pendente sobre os bens a serem arrematados;

→ Inciso V com redação alterada pela Lei 8.953/1994.

VI – a comunicação de que, se o bem não alcançar lanço superior à importância da avaliação, seguir-se-á, em dia e hora que forem desde logo designados entre os 10 (dez) e os 20 (vinte) dias seguintes, a sua alienação pelo maior lanço (art. 692).

→ Inciso VI com redação alterada pela Lei 8.953/1994.

→ *V.* Súmula 128 do STJ.

§ 1º No caso do art. 684, n. II, constará do edital o valor da última cotação anterior à expedição deste.

→ § 1º com redação alterada pela Lei 5.925/1973.

§ 2º A praça realizar-se-á no átrio do edifício do fórum; o leilão, onde estiverem os bens, ou no lugar designado pelo juiz.

→ § 2º com redação alterada pela Lei 5.925/1973.

§ 3º Quando o valor dos bens penhorados não exceder 60 (sessenta) vezes o valor do salário mínimo vigente na data da avaliação, será dispensada a publicação de editais; nesse caso, o preço da arrematação não será inferior ao da avaliação.

→ § 3º com redação alterada pela Lei 11.382/2006.

Art. 687. O edital será fixado no local do costume e publicado, em resumo, com antecedência mínima de 5 (cinco) dias, pelo menos uma vez em jornal de ampla circulação local.

→ *Caput* com redação alterada pela Lei 8.953/1994.

§ 1º A publicação do edital será feita no órgão oficial, quando o credor for beneficiário da justiça gratuita.

→ § 1º com redação alterada pela Lei 8.953/1994.

§ 2º Atendendo ao valor dos bens e às condições da comarca, o juiz poderá alterar a forma e a frequência da publicidade na imprensa, mandar divulgar avisos em emissora local e adotar outras providências tendentes a mais ampla publicidade da alienação, inclusive recorrendo a meios eletrônicos de divulgação.

→ § 2º com redação alterada pela Lei 11.382/2006.

§ 3º Os editais de praça serão divulgados pela imprensa preferencialmente na seção ou local reservado à publicidade de negócios imobiliários.

→ § 3º com redação alterada pela Lei 8.953/1994.

§ 4º O juiz poderá determinar a reunião de publicações em listas referentes a mais de uma execução.

→ § 4º acrescentado pela Lei 8.953/1994.

§ 5º O executado terá ciência do dia, hora e local da alienação judicial por intermédio de seu advogado ou, se não tiver procurador constituído nos autos, por meio de mandado, carta registrada, edital ou outro meio idôneo.

→ § 5º com redação alterada pela Lei 11.382/2006.

→ *V.* Súmula 121 do STJ.

Art. 688. Não se realizando, por motivo justo, a praça ou o leilão, o juiz mandará publicar pela imprensa local e no órgão oficial a transferência.

Parágrafo único. O escrivão, o porteiro ou o leiloeiro, que culposamente der causa à transferência, responde pelas despesas da nova publicação, podendo o juiz aplicar-lhe a pena de suspensão por 5 (cinco) a 30 (trinta) dias.

Art. 689. Sobrevindo a noite, prosseguirá a praça ou leilão no dia útil imediato, à mesma hora em que teve início, independentemente de novo edital.

Art. 689-A. O procedimento previsto nos arts. 686 a 689 poderá ser substituído, a requerimento do exequente, por alienação realizada por meio da rede mundial de computadores, com uso de páginas virtuais criadas pelos Tribunais ou por entidades públicas ou privadas em convênio com eles firmado.

→ Artigo acrescentado pela Lei 11.382/2006.

Parágrafo único. O Conselho da Justiça Federal e os Tribunais de Justiça, no âmbito das suas respectivas competências, regulamentarão esta modalidade de alienação, atendendo aos requisitos de ampla publicidade, autenticidade e segurança, com observância das regras estabelecidas na legislação sobre certificação digital.

Art. 690. A arrematação far-se-á mediante o pagamento imediato do preço pelo arrematante ou, no prazo de até 15 (quinze) dias, mediante caução.

→ Artigo com redação alterada pela Lei 11.382/2006.

§ 1º Tratando-se de bem imóvel, quem estiver interessado em adquiri-lo em prestações poderá apresentar por escrito sua proposta, nunca inferior à avaliação, com oferta de pelo menos 30% (trinta por cento) à vista, sendo o restante garantido por hipoteca sobre o próprio imóvel.

I a III – (*Revogados pela Lei 11.382/2006*).

§ 2º As propostas para aquisição em prestações, que serão juntadas aos autos, indicarão o prazo, a modalidade e as condições de pagamento do saldo.

§ 3º O juiz decidirá por ocasião da praça, dando o bem por arrematado pelo apresentante do melhor lanço ou proposta mais conveniente.

§ 4º No caso de arrematação a prazo, os pagamentos feitos pelo arrematante pertencerão ao exequente até o limite de seu crédito, e os subsequentes ao executado.

Art. 690-A. É admitido a lançar todo aquele que estiver na livre administração de seus bens, com exceção:

→ Artigo acrescentado pela Lei 11.382/2006.

I – dos tutores, curadores, testamenteiros, administradores, síndicos ou liquidantes, quanto aos bens confiados a sua guarda e responsabilidade;

→ *V.* Art. 1.753 do CC/2002.

II – dos mandatários, quanto aos bens de cuja administração ou alienação estejam encarregados;

III – do juiz, membro do Ministério Público e da Defensoria Pública, escrivão e demais servidores e auxiliares da Justiça.

Parágrafo único. O exequente, se vier a arrematar os bens, não estará obrigado a exibir o preço; mas, se o valor dos bens exceder o seu crédito, depositará, dentro de 3 (três) dias, a diferença, sob pena de ser tornada sem efeito a arrematação e, neste caso, os bens serão levados a nova praça ou leilão à custa do exequente.

Art. 691. Se a praça ou o leilão for de diversos bens e houver mais de um lançador, será preferido aquele que se propuser a arrematá-los englobadamente, oferecendo para os que não tiverem licitante preço igual ao da avaliação e para os demais o de maior lanço.

→ *V.* Art. 23, § 1º, da Lei 6.830/1980.

Art. 692. Não será aceito lanço que, em segunda praça ou leilão, ofereça preço vil.

→ Artigo com redação alterada pela Lei 8.953/1994.

Parágrafo único. Será suspensa a arrematação logo que o produto da alienação dos bens bastar para o pagamento do credor.

Art. 693. A arrematação constará de auto que será lavrado de imediato, nele mencionadas as condições pelas quais foi alienado o bem.

→ Artigo com redação alterada pela Lei 11.382/2006.

Parágrafo único. A ordem de entrega do bem móvel ou a carta de arrematação do bem imóvel será expedida depois de efetuado o depósito ou prestadas as garantias pelo arrematante.

Art. 694. Assinado o auto pelo juiz, pelo arrematante e pelo serventuário da justiça ou leiloeiro, a arrematação considerar-se-á perfeita, acabada e irretratável, ainda que venham a ser julgados procedentes os embargos do executado.

→ Artigo com redação alterada pela Lei 11.382/2006.

§ 1º A arrematação poderá, no entanto, ser tornada sem efeito:

I – por vício de nulidade;

II – se não for pago o preço ou se não for prestada a caução;

III – quando o arrematante provar, nos 5 (cinco) dias seguintes, a existência de ônus real ou de gravame (art. 686, inciso V) não mencionado no edital;

IV – a requerimento do arrematante, na hipótese de embargos à arrematação (art. 746, §§ 1º e 2º);

V – quando realizada por preço vil (art. 692);

VI – nos casos previstos neste Código (art. 698).

§ 2º No caso de procedência dos embargos, o executado terá direito a haver do exequente o valor por este recebido como produto da arrematação; caso inferior ao valor do bem, haverá do exequente também a diferença.

Art. 695. Se o arrematante ou seu fiador não pagar o preço no prazo estabelecido, o juiz impor-lhe-á, em favor do exequente, a perda da caução, voltando os bens a nova praça ou leilão, dos quais não serão admitidos a participar o arrematante e o fiador remissos.

→ *Caput* com redação alterada pela Lei 11.382/2006.

§§ 1º a 3º *(Revogados pela Lei 11.382/2006)*.

Art. 696. O fiador do arrematante, que pagar o valor do lanço e a multa, poderá requerer que a arrematação lhe seja transferida.

Art. 697. *(Revogado pela Lei 11.382/2006).*

Art. 698. Não se efetuará a adjudicação ou alienação de bem do executado sem que da execução seja cientificado, por qualquer modo idôneo e com pelo menos 10 (dez) dias de antecedência, o senhorio direto, o credor com garantia real ou com penhora anteriormente averbada, que não seja de qualquer modo parte na execução.

→ Artigo com redação alterada pela Lei 11.382/2006.

→ *v.* Art. 1.501 do CC/2002.

→ *v.* Art. 251, II, da Lei 6.015/1973.

Arts. 699 e 700. *(Revogados pela Lei 11.382/2006).*

Art. 701. Quando o imóvel de incapaz não alcançar em praça pelo menos 80% (oitenta por cento) do valor da avaliação, o juiz o confiará à guarda e administração de depositário idôneo, adiando a alienação por prazo não superior a 1 (um) ano.

§ 1º Se, durante o adiamento, algum pretendente assegurar, mediante caução idônea, o preço da avaliação, o juiz ordenará a alienação em praça.

§ 2º Se o pretendente à arrematação se arrepender, o juiz lhe imporá a multa de 20% (vinte por cento) sobre o valor da avaliação, em benefício do incapaz, valendo a decisão como título executivo.

§ 3º Sem prejuízo do disposto nos dois parágrafos antecedentes, o juiz poderá autorizar a locação do imóvel no prazo do adiamento.

§ 4º Findo o prazo do adiamento, o imóvel será alienado, na forma prevista no art. 686, VI.

Art. 702. Quando o imóvel admitir cômoda divisão, o juiz, a requerimento do devedor, ordenará a alienação judicial de parte dele, desde que suficiente para pagar o credor.

Parágrafo único. Não havendo lançador, far-se-á a alienação do imóvel em sua integridade.

Art. 703. A carta de arrematação conterá:

→ *Caput* com redação alterada pela Lei 5.925/1973.

I – a descrição do imóvel, com remissão à sua matrícula e registros;

→ Inciso I com redação alterada pela Lei 11.382/2006.

II – a cópia do auto de arrematação; e

→ Inciso II com redação alterada pela Lei 11.382/2006.

III – a prova de quitação do imposto de transmissão.

→ Inciso III com redação alterada pela Lei 11.382/2006.

IV – *(Revogado pela Lei 11.382/2006).*

Art. 704. Ressalvados os casos de alienação de bens imóveis e aqueles de atribuição de corretores da Bolsa de Valores, todos os demais bens serão alienados em leilão público.

→ Artigo com redação alterada pela Lei 11.382/2006.

Art. 705. Cumpre ao leiloeiro:

I – publicar o edital, anunciando a alienação;

II – realizar o leilão onde se encontrem os bens, ou no lugar designado pelo juiz;

III – expor aos pretendentes os bens ou as amostras das mercadorias;

IV – receber do arrematante a comissão estabelecida em lei ou arbitrada pelo juiz;

V – receber e depositar, dentro em 24 (vinte e quatro) horas, à ordem do juízo, o produto da alienação;

VI – prestar contas nas 48 (quarenta e oito) horas subsequentes ao depósito.

Art. 706. O leiloeiro público será indicado pelo exequente.

→ Artigo com redação alterada pela Lei 11.382/2006.

Art. 707. Efetuado o leilão, lavrar-se-á o auto, que poderá abranger bens penhorados em mais de uma execução, expedindo-se, se necessário, ordem judicial de entrega ao arrematante.

→ Artigo com redação alterada pela Lei 11.382/2006.

→ *v.* Art. 703 do CPC.

Seção II
Do pagamento ao credor

Subseção I
Das disposições gerais

Art. 708. O pagamento ao credor far-se-á:

I – pela entrega do dinheiro;

II – pela adjudicação dos bens penhorados;

III – pelo usufruto de bem imóvel ou de empresa.

Subseção II
Da entrega do dinheiro

Art. 709. O juiz autorizará que o credor levante, até a satisfação integral de seu crédito, o dinheiro depositado para segurar o juízo ou o produto dos bens alienados quando:

→ *v.* Art. 675 do CPC.

I – a execução for movida só a benefício do credor singular, a quem, por força da penhora, cabe o direito de preferência sobre os bens penhorados e alienados;

II – não houver sobre os bens alienados qualquer outro privilégio ou preferência, instituído anteriormente à penhora.

Parágrafo único. Ao receber o mandado de levantamento, o credor dará ao devedor, por termo nos autos, quitação da quantia paga.

Art. 710. Estando o credor pago do principal, juros, custas e honorários, a importância que sobejar será restituída ao devedor.

Art. 711. Concorrendo vários credores, o dinheiro ser-lhes-á distribuído e entregue consoante a ordem das respectivas prelações; não havendo título legal à preferência, receberá em primeiro lugar o credor que promoveu a execução, cabendo aos demais concorrentes direito sobre a importância restante, observada a anterioridade de cada penhora.

→ *v.* Art. 99 do CDC.

→ *v.* Art. 24, *caput*, da Lei 8.906/1994.

→ *v.* Súmula 478 do STJ.

Art. 712. Os credores formularão as suas pretensões, requerendo as provas que irão produzir em audiência; mas a disputa entre eles versará unicamente sobre o direito de preferência e a anterioridade da penhora.

Art. 713. Findo o debate, o juiz decidirá.

→ Artigo com redação alterada pela Lei 11.382/2006.

Subseção III
Da adjudicação de imóvel

→ Subseção III revogada pela Lei 11.382/2006.

Arts. 714 e 715. *(Revogados pela Lei 11.382/2006).*

Subseção IV
Do usufruto de móvel ou imóvel

→ Subseção IV com redação alterada pela Lei 11.382/2006.

Art. 716. O juiz pode conceder ao exequente o usufruto de móvel ou imóvel, quando o reputar menos gravoso ao executado e eficiente para o recebimento do crédito.

→ Artigo com redação alterada pela Lei 11.382/2006.

Art. 717. Decretado o usufruto, perde o executado o gozo do móvel ou imóvel, até que o exequente seja pago do principal, juros, custas e honorários advocatícios.

→ Artigo com redação alterada pela Lei 11.382/2006.

Art. 718. O usufruto tem eficácia, assim em relação ao executado como a terceiros, a partir da publicação da decisão que o conceda.

→ Artigo com redação alterada pela Lei 11.382/2006.

Art. 719. Na sentença, o juiz nomeará administrador que será investido de todos os poderes que concernem ao usufrutuário.

→ *v.* Art. 1.394 do CC/2002.

Parágrafo único. Pode ser administrador:

I – o credor, consentindo o devedor;

II – o devedor, consentindo o credor.

Art. 720. Quando o usufruto recair sobre o quinhão do condômino na copropriedade, o administrador exercerá os direitos que cabiam ao executado.

→ Artigo com redação alterada pela Lei 11.382/2006.

Art. 721. É lícito ao credor, antes da realização da praça, requerer lhe seja atribuído, em pagamento do crédito, o usufruto do imóvel penhorado.

Art. 722. Ouvido o executado, o juiz nomeará perito para avaliar os frutos e rendimentos do bem e calcular o tempo necessário para o pagamento da dívida.

→ Artigo com redação alterada pela Lei 11.382/2006.

I e II – *(Revogados pela Lei 11.382/2006).*

§ 1º Após a manifestação das partes sobre o laudo, proferirá o juiz decisão; caso deferido o usufruto de imóvel, ordenará a expedição de carta para averbação no respectivo registro.

§ 2º Constarão da carta a identificação do imóvel e cópias do laudo e da decisão.

§ 3º *(Revogado pela Lei 11.382/2006)*

Art. 723. Se o imóvel estiver arrendado, o inquilino pagará o aluguel diretamente ao usufrutuário, salvo se houver administrador.

Art. 724. O exequente usufrutuário poderá celebrar locação do móvel ou imóvel, ouvido o executado.

→ Artigo com redação alterada pela Lei 11.382/2006.

Parágrafo único. Havendo discordância, o juiz decidirá a melhor forma de exercício do usufruto.

Arts. 725 a 729. *(Revogados pela Lei 11.382/2006).*

Seção III
Da execução contra a Fazenda Pública

Art. 730. Na execução por quantia certa contra a Fazenda Pública, citar-se-á a devedora para opor embargos em 10 (dez) dias; se esta não os opuser, no prazo legal, observar-se-ão as seguintes regras:

→ *v.* Súmula 339 do STJ.

→ *v.* Art. 1º-B da Lei 9.494/1997 que alterou o prazo para 30 (trinta) dias.

→ *v.* Art. 130 da Lei 8.213/1991 – Planos de Benefícios da Previdência Social.

I – o juiz requisitará o pagamento por intermédio do presidente do tribunal competente;

II – far-se-á o pagamento na ordem de apresentação do precatório e à conta do respectivo crédito.

Art. 731. Se o credor for preterido no seu direito de preferência, o presidente do tribunal, que expediu a ordem, poderá, depois de ouvido o chefe do Ministério Público, ordenar o sequestro da quantia necessária para satisfazer o débito.

Capítulo V
DA EXECUÇÃO DE PRESTAÇÃO ALIMENTÍCIA

→ *v.* Lei 5.478/1968 – Dispõe sobre ação de alimentos e dá outras providências.

→ *v.* Lei 11.804/2008 – Disciplina o direito a alimentos gravídicos e a forma como ele será exercido e dá outras providências.

Art. 732. A execução de sentença, que condena ao pagamento de prestação alimentícia, far-se-á conforme o disposto no Capítulo IV deste Título.

→ *v.* Art. 1.684 do CC/2002.

Parágrafo único. Recaindo a penhora em dinheiro, o oferecimento de embargos não obsta a que o exequente levante mensalmente a importância da prestação.

Art. 733. Na execução de sentença ou de decisão, que fixa os alimentos provisionais, o juiz mandará citar o devedor para, em 3 (três) dias, efetuar o pagamento, provar que o fez ou justificar a impossibilidade de efetuá-lo.

→ *v.* Arts. 852 a 854 do CPC.

→ *v.* Arts. 16 a 18 da Lei 5.478/1968.

§ 1º Se o devedor não pagar, nem se escusar, o juiz decretar-lhe-á a prisão pelo prazo de 1 (um) a 3 (três) meses.

→ *v.* Súmula 309 do STJ.

→ *v.* Art. 5º, LXVII, da CF/1988.

§ 2º O cumprimento da pena não exime o devedor do pagamento das prestações vencidas e vincendas.

→ § 2º com redação alterada pela Lei 6.515/1977.

§ 3º Paga a prestação alimentícia, o juiz suspenderá o cumprimento da ordem de prisão.

→ *v.* Art. 569 do CPC.

Art. 734. Quando o devedor for funcionário público, militar, diretor ou gerente de empresa, bem como empregado sujeito à legislação do trabalho, o juiz mandará descontar em folha de pagamento a importância da prestação alimentícia.

Parágrafo único. A comunicação será feita à autoridade, à empresa ou ao empregador por ofício, de que constarão os nomes do credor, do devedor, a importância da prestação e o tempo de sua duração.

Art. 735. Se o devedor não pagar os alimentos provisionais a que foi condenado, pode o credor promover a execução da sentença, observando-se o procedimento estabelecido no Capítulo IV deste Título.

Título III
Dos embargos do devedor

Capítulo I
DAS DISPOSIÇÕES GERAIS

Art. 736. O executado, independentemente de penhora, depósito ou caução, poderá opor-se à execução por meio de embargos.

→ *Caput* com redação alterada pela Lei 11.382/2006.

→ *v.* Arts. 741 a 745 do CPC.

Parágrafo único. Os embargos à execução serão distribuídos por dependência, autuados em apartado e instruídos com cópias das peças processuais relevantes, que poderão ser declaradas autênticas pelo advogado, sob sua responsabilidade pessoal.

→ Parágrafo único com redação alterada pela Lei 12.322/2010.

→ *v.* Súmula 393 do STJ.

Art. 737. *(Revogado pela Lei 11.382/2006).*

Art. 738. Os embargos serão oferecidos no prazo de 15 (quinze) dias, contados da data da juntada aos autos do mandado de citação.

→ Artigo com redação alterada pela Lei 11.382/2006.

→ *v.* Art. 16 da Lei 6.830/1980.

I a IV – *(Revogados pela Lei 11.382/2006).*

§ 1º Quando houver mais de um executado, o prazo para cada um deles embargar conta-se a partir da juntada do respectivo mandado citatório, salvo tratando-se de cônjuges.

§ 2º Nas execuções por carta precatória, a citação do executado será imediatamente comunicada pelo juiz deprecado ao juiz deprecante, inclusive por meios eletrônicos, contando-se o prazo para embargos a partir da juntada aos autos de tal comunicação.

§ 3º Aos embargos do executado não se aplica o disposto no art. 191 desta Lei.

→ *v.* Art. 5º, § 5º, da Lei 1.060/1950.

Art. 739. O juiz rejeitará liminarmente os embargos:

I – quando intempestivos;

→ Inciso I com redação alterada pela Lei 11.382/2006.

→ *v.* Art. 521, V, do CPC.

II – quando inepta a petição (art. 295); ou

→ Inciso II com redação alterada pela Lei 11.382/2006

III – quando manifestamente protelatórios.

→ Inciso III com redação alterada pela Lei 11.382/2006.

§§ 1º a 3º *(Revogados pela Lei 11.382/2006).*

Art. 739-A. Os embargos do executado não terão efeito suspensivo.

→ Artigo acrescentado pela Lei 11.382/2006.

§ 1º O juiz poderá, a requerimento do embargante, atribuir efeito suspensivo aos embargos quando, sendo relevantes seus fundamentos, o prosseguimento da execução manifestamente possa causar ao executado grave dano de difícil ou incerta reparação, e desde que a execução já esteja garantida por penhora, depósito ou caução suficientes.

§ 2º A decisão relativa aos efeitos dos embargos poderá, a requerimento da parte, ser modificada ou revogada a qualquer tempo, em decisão fundamentada, cessando as circunstâncias que a motivaram.

§ 3º Quando o efeito suspensivo atribuído aos embargos disser respeito apenas a parte do objeto da execução, essa prosseguirá quanto à parte restante.

§ 4º A concessão de efeito suspensivo aos embargos oferecidos por um dos executados não suspenderá a execução contra os que não embargaram, quando o respectivo fundamento disser respeito exclusivamente ao embargante.

§ 5º Quando o excesso de execução for fundamento dos embargos, o embargante deverá declarar na petição inicial o valor que entende correto, apresentando memória do cálculo, sob pena de rejeição liminar dos embargos ou de não conhecimento desse fundamento.

§ 6º A concessão de efeito suspensivo não impedirá a efetivação dos atos de penhora e de avaliação dos bens.

Art. 739-B. A cobrança de multa ou de indenizações decorrentes de litigância de má-fé (arts. 17 e 18) será promovida no próprio processo de execução, em autos apensos, operando-se por compensação ou por execução.

→ Artigo acrescentado pela Lei 11.382/2006.

Art. 740. Recebidos os embargos, será o exequente ouvido no prazo de 15 (quinze) dias; a seguir, o juiz julgará imediatamente o pedido (art. 330) ou designará audiência de conciliação, instrução e julgamento, proferindo sentença no prazo de 10 (dez) dias.

→ Artigo com redação alterada pela Lei 11.382/2006.

→ *V.* Art. 17 da Lei 6.830/1980.

Parágrafo único. No caso de embargos manifestamente protelatórios, o juiz imporá, em favor do exequente, multa ao embargante em valor não superior a 20% (vinte por cento) do valor em execução.

Capítulo II
DOS EMBARGOS À EXECUÇÃO CONTRA A FAZENDA PÚBLICA

→ Rubrica do Capítulo II com redação alterada pela Lei 11.232/2005.

Art. 741. Na execução contra a Fazenda Pública, os embargos só poderão versar sobre:

→ *Caput* com redação alterada pela Lei 11.232/2005.

→ *V.* Súmulas 345 e 394 do STJ.

→ *V.* Art. 33 da Lei 9.307/1996.

I – falta ou nulidade da citação, se o processo correu à revelia;

→ Inciso I com redação alterada pela Lei 11.232/2005.

II – inexigibilidade do título;

III – ilegitimidade das partes;

IV – cumulação indevida de execuções;

V – excesso de execução;

→ Inciso V com redação alterada pela Lei 11.232/2005.

VI – qualquer causa impeditiva, modificativa ou extintiva da obrigação, como pagamento, novação, compensação, transação ou prescrição, desde que superveniente à sentença;

→ Inciso VI com redação alterada pela Lei 11.232/2005.

VII – incompetência do juízo da execução, bem como suspeição ou impedimento do juiz.

Parágrafo único. Para efeito do disposto no inciso II do *caput* deste artigo, considera-se também inexigível o título judicial fundado em lei ou ato normativo declarados inconstitucionais pelo Supremo Tribunal Federal, ou fundado em aplicação ou interpretação da lei ou ato normativo tidas pelo Supremo Tribunal Federal como incompatíveis com a Constituição Federal.

→ Parágrafo único com redação alterada pela Lei 11.232/2005.

→ *V.* Súmula 741 do STJ.

Art. 742. Será oferecida, juntamente com os embargos, a exceção de incompetência do juízo, bem como a de suspeição ou de impedimento do juiz.

→ *V.* Art. 16, § 3º, da Lei 6.830/1980.

Art. 743. Há excesso de execução:

I – quando o credor pleiteia quantia superior à do título;

II – quando recai sobre coisa diversa daquela declarada no título;

III – quando se de modo diferente do que foi determinado na sentença;

IV – quando o credor, sem cumprir a prestação que lhe corresponde, exige o adimplemento da do devedor (art. 582);

V – se o credor não provar que a condição se realizou.

Capítulo III
DOS EMBARGOS À EXECUÇÃO

→ Rubrica com redação alterada pela Lei 11.382/2006.

Art. 744. *(Revogado pela Lei 11.382/2006).*

Art. 745. Nos embargos, poderá o executado alegar:

→ Artigo com redação alterada pela Lei 11.382/2006.

→ *V.* Art. 736 do CPC.

I – nulidade da execução, por não ser executivo o título apresentado;

→ *V.* Art. 585 do CPC.

II – penhora incorreta ou avaliação errônea;

III – excesso de execução ou cumulação indevida de execuções;

IV – retenção por benfeitorias necessárias ou úteis, nos casos de título para entrega de coisa certa (art. 621);

→ *V.* Súmula 335 do STJ.

V – qualquer matéria que lhe seria lícito deduzir como defesa em processo de conhecimento.

§ 1º Nos embargos de retenção por benfeitorias, poderá o exequente requerer a compensação de seu valor com o dos frutos ou danos considerados devidos pelo executado, cumprindo ao juiz, para a apuração dos respectivos valores, nomear perito, fixando-lhe breve prazo para entrega do laudo.

§ 2º O exequente poderá, a qualquer tempo, ser imitido na posse da coisa, prestando caução ou depositando o valor devido pelas benfeitorias ou resultante da compensação.

Art. 745-A. No prazo para embargos, reconhecendo o crédito do exequente e comprovando o depósito de 30% (trinta por cento) do valor em execução, inclusive custas e honorários de advogado, poderá o executado requerer seja admitido a pagar o restante em até 6 (seis) parcelas mensais, acrescidas de correção monetária e juros de 1% (um por cento) ao mês.

→ Artigo acrescentado pela Lei 11.382/2006.

§ 1º Sendo a proposta deferida pelo juiz, o exequente levantará a quantia depositada e serão suspensos os atos executivos; caso indeferida, seguir-se-ão os atos executivos, mantido o depósito.

§ 2º O não pagamento de qualquer das prestações implicará, de pleno direito, o vencimento das subsequentes e o prosseguimento do processo, com o imediato início dos atos executivos, imposta ao executado multa de 10% (dez por cento) sobre o valor das prestações não pagas e vedada a oposição de embargos.

Art. 746. É lícito ao executado, no prazo de 5 (cinco) dias, contados da adjudicação, alienação ou arrematação, oferecer embargos fundados em nulidade da execução, ou em causa extintiva da obrigação, desde que superveniente à penhora, aplicando-se, no que couber, o disposto neste Capítulo.

→ Artigo com redação alterada pela Lei 11.382/2006.

→ *V.* Súmula 331 do STJ.

§ 1º Oferecidos embargos, poderá o adquirente desistir da aquisição.

§ 2º No caso do § 1º deste artigo, o juiz deferirá de plano o requerimento, com a imediata liberação do depósito feito pelo adquirente (art. 694, § 1º, inciso IV).

§ 3º Caso os embargos sejam declarados manifestamente protelatórios, o juiz imporá multa ao embargante, não superior a 20% (vinte por cento) do valor da execução, em favor de quem desistiu da aquisição.

Capítulo IV
DOS EMBARGOS NA EXECUÇÃO POR CARTA

→ Capítulo V renumerado para capítulo IV pela Lei 11.382/2006.

Art. 747. Na execução por carta, os embargos serão oferecidos no juízo deprecante ou no juízo deprecado, mas a competência para julgá-los é do juízo deprecante, salvo se versarem unicamente vícios ou defeitos da penhora, avaliação ou alienação dos bens.

→ Artigo com redação alterada pela Lei 8.953/1994.

→ *V.* Súmula 46 do STJ.

→ *V.* Arts. 575, 576 e 658 do CPC.

Título IV
Da execução por quantia certa contra devedor insolvente

Capítulo I
DA INSOLVÊNCIA

Art. 748. Dá-se a insolvência toda vez que as dívidas excederem à importância dos bens do devedor.

→ *V.* Art. 955 do CC/2002.

→ *V.* Arts. 92, I, e 991, VIII, do CPC.

Art. 749. Se o devedor for casado e o outro cônjuge, assumindo a responsabilidade por dívidas, não possuir bens próprios que bastem ao pagamento de todos os credores, poderá ser declarada, nos autos do mesmo processo, a insolvência de ambos.

Art. 750. Presume-se a insolvência quando:

I – o devedor não possuir outros bens livres e desembaraçados para nomear à penhora;

II – forem arrestados bens do devedor, com fundamento no art. 813, I, II e III.

Art. 751. A declaração de insolvência do devedor produz:

I – o vencimento antecipado das suas dívidas;

→ *V.* Art. 77 da Lei 11.101/2005.

II – a arrecadação de todos os seus bens suscetíveis de penhora, quer os atuais, quer os adquiridos no curso do processo;

→ *V.* Art. 108 da Lei 11.101/2005.

III – a execução por concurso universal dos seus credores.

→ V. Arts. 612 e 777 do CPC.

Art. 752. Declarada a insolvência, o devedor perde o direito de administrar os seus bens e de dispor deles, até a liquidação total da massa.

→ V. Arts. 102 a 104 da Lei 11.101/2005.

Art. 753. A declaração de insolvência pode ser requerida:

→ V. Art. 97 da Lei 11.101/2005.

I – por qualquer credor quirografário;

II – pelo devedor;

III – pelo inventariante do espólio do devedor.

Capítulo II
DA INSOLVÊNCIA REQUERIDA PELO CREDOR

Art. 754. O credor requererá a declaração de insolvência do devedor, instruindo o pedido com título executivo judicial ou extrajudicial (art. 586).

Art. 755. O devedor será citado para, no prazo de 10 (dez) dias, opor embargos; se os não oferecer, o juiz proferirá, em 10 (dez) dias, a sentença.

Art. 756. Nos embargos pode o devedor alegar:

I – que não paga por ocorrer alguma das causas enumeradas nos arts. 741, 742 e 745, conforme o pedido de insolvência se funde em título judicial ou extrajudicial;

II – que o seu ativo é superior ao passivo.

Art. 757. O devedor ilidirá o pedido de insolvência se, no prazo para opor embargos, depositar a importância do crédito, para lhe discutir a legitimidade ou o valor.

Art. 758. Não havendo provas a produzir, o juiz dará a sentença em 10 (dez) dias; havendo-as, designará audiência de instrução e julgamento.

Capítulo III
DA INSOLVÊNCIA REQUERIDA PELO DEVEDOR OU PELO SEU ESPÓLIO

Art. 759. É lícito ao devedor ou ao seu espólio, a todo tempo, requerer a declaração de insolvência.

Art. 760. A petição, dirigida ao juiz da comarca em que o devedor tem o seu domicílio, conterá:

I – a relação nominal de todos os credores, com a indicação do domicílio de cada um, bem como da importância e da natureza dos respectivos créditos;

II – a individuação de todos os bens, com a estimativa do valor de cada um;

III – o relatório do estado patrimonial, com a exposição das causas que determinaram a insolvência.

Capítulo IV
DA DECLARAÇÃO JUDICIAL DE INSOLVÊNCIA

Art. 761. Na sentença, que declarar a insolvência, o juiz:

→ V. Art. 99 da Lei 11.101/2005.

I – nomeará, dentre os maiores credores, um administrador da massa;

II – mandará expedir edital, convocando os credores para que apresentem, no prazo de 20 (vinte) dias, a declaração do crédito, acompanhada do respectivo título.

Art. 762. Ao juízo da insolvência concorrerão todos os credores do devedor comum.

→ V. Art. 115 da Lei 11.101/2005.

§ 1º As execuções movidas por credores individuais serão remetidas ao juízo da insolvência.

§ 2º Havendo, em alguma execução, dia designado para a praça ou o leilão, far-se-á a arrematação, entrando para a massa o produto dos bens.

Capítulo V
DAS ATRIBUIÇÕES DO ADMINISTRADOR

Art. 763. A massa dos bens do devedor insolvente ficará sob a custódia e responsabilidade de um administrador, que exercerá as suas atribuições, sob a direção e superintendência do juiz.

Art. 764. Nomeado o administrador, o escrivão o intimará a assinar, dentro de 24 (vinte e quatro) horas, termo de compromisso de desempenhar bem e fielmente o cargo.

Art. 765. Ao assinar o termo, o administrador entregará a declaração de crédito, acompanhada do título executivo. Não o tendo em seu poder, juntá-lo-á no prazo fixado pelo art. 761, II.

Art. 766. Cumpre ao administrador:

I – arrecadar todos os bens do devedor, onde quer que estejam, requerendo para esse fim as medidas judiciais necessárias;

II – representar a massa, ativa e passivamente, contratando advogado, cujos honorários serão previamente ajustados e submetidos à aprovação judicial;

III – praticar todos os atos conservatórios de direitos e de ações, bem como promover a cobrança das dívidas ativas;

IV – alienar em praça ou em leilão, com autorização judicial, os bens da massa.

Art. 767. O administrador terá direito a uma remuneração, que o juiz arbitrará, atendendo à sua diligência, ao trabalho, à responsabilidade da função e à importância da massa.

→ V. Art. 24 da Lei 11.101/2005.

Capítulo VI
DA VERIFICAÇÃO E DA CLASSIFICAÇÃO DOS CRÉDITOS

Art. 768. Findo o prazo, a que se refere o n. II do art. 761, o escrivão, dentro de 5 (cinco) dias, ordenará todas as declarações, autuando cada uma com o seu respectivo título. Em seguida intimará, por edital, todos os credores para, no prazo de 20 (vinte) dias, que lhes é comum, alegarem as suas preferências, bem como a nulidade, simulação, fraude, ou falsidade de dívidas e contratos.

Parágrafo único. No prazo, a que se refere este artigo, o devedor poderá impugnar quaisquer créditos.

Art. 769. Não havendo impugnações, o escrivão remeterá os autos ao contador, que organizará o quadro geral dos credores, observando, quanto à classificação dos créditos e dos títulos legais de preferência, o que dispõe a lei civil.

Parágrafo único. Se concorrerem aos bens apenas credores quirografários, o contador organizará o quadro, relacionando-os em ordem alfabética.

Art. 770. Se, quando for organizado o quadro geral dos credores, os bens da massa já tiverem sido alienados, o contador indicará a percentagem, que caberá a cada credor no rateio.

Art. 771. Ouvidos todos os interessados, no prazo de 10 (dez) dias, sobre o quadro geral dos credores, o juiz proferirá sentença.

Art. 772. Havendo impugnação pelo credor ou pelo devedor, o juiz deferirá, quando necessário, a produção de provas e em seguida proferirá sentença.

§ 1º Se for necessária prova oral, o juiz designará audiência de instrução e julgamento.

§ 2º Transitada em julgado a sentença, observar-se-á o que dispõem os três artigos antecedentes.

Art. 773. Se os bens não foram alienados antes da organização do quadro geral, o juiz determinará alienação em praça ou em leilão, destinando-se o produto ao pagamento dos credores.

Capítulo VII
DO SALDO DEVEDOR

Art. 774. Liquidada a massa sem que tenha sido efetuado o pagamento integral a todos os credores, o devedor insolvente continua obrigado pelo saldo.

Art. 775. Pelo pagamento dos saldos respondem os bens penhoráveis que o devedor adquirir, até que se lhe declare a extinção das obrigações.

Art. 776. Os bens do devedor poderão ser arrecadados nos autos do mesmo processo, a requerimento de qualquer credor incluído no quadro geral, a que se refere o art. 769, procedendo-se à sua alienação e à distribuição do respectivo produto aos credores, na proporção dos seus saldos.

Capítulo VIII
DA EXTINÇÃO DAS OBRIGAÇÕES

Art. 777. A prescrição das obrigações, interrompida com a instauração do concurso universal de credores, recomeça a correr no dia em que passar em julgado a sentença que encerrar o processo de insolvência.

→ V. Art. 202 do CC/2002.

Art. 778. Consideram-se extintas todas as obrigações do devedor, decorrido o prazo de 5 (cinco) anos, contados da data do encerramento do processo de insolvência.

Art. 779. É lícito ao devedor requerer ao juízo da insolvência a extinção das obrigações; o juiz mandará publicar edital, com prazo de 30 (trinta) dias, no órgão oficial e em outro jornal de grande circulação.

Art. 780. No prazo, estabelecido no artigo antecedente, qualquer credor poderá opor-se ao pedido, alegando que:

I – não transcorreram 5 (cinco) anos da data do encerramento da insolvência;

II – o devedor adquiriu bens, sujeitos à arrecadação (art. 776).

Art. 781. Ouvido o devedor no prazo de 10 (dez) dias, o juiz proferirá sentença; havendo provas a produzir, o juiz designará audiência de instrução e julgamento.

Art. 782. A sentença, que declarar extintas as obrigações, será publicada por edital, ficando o devedor habilitado a praticar todos os atos da vida civil.

Capítulo IX
DAS DISPOSIÇÕES GERAIS

Art. 783. O devedor insolvente poderá, depois da aprovação do quadro a que se refere o art. 769, acordar com os seus credores, propondo-lhes a forma de pagamento. Ouvidos os credores, se não houver oposição, o juiz aprovará a proposta por sentença.

Art. 784. Ao credor retardatário é assegurado o direito de disputar, por ação direta, antes do rateio final, a prelação ou a cota proporcional ao seu crédito.

Art. 785. O devedor, que caiu em estado de insolvência sem culpa sua, pode requerer ao juiz, se a massa o comportar, que lhe arbitre uma pensão, até a alienação dos bens. Ouvidos os credores, o juiz decidirá.

Art. 786. As disposições deste Título aplicam-se às sociedades civis, qualquer que seja a sua forma.

Art. 786-A. Os editais referidos neste Título também serão publicados, quando for o caso, nos órgãos oficiais dos Estados em que o devedor tenha filiais ou representantes.

→ Artigo acrescentado pela Lei 9.462/1997.

Título V
Da remição

Arts. 787 a 790. *(Revogados pela Lei 11.382/2006).*

Título VI
Da suspensão e da extinção do processo de execução

Capítulo I
DA SUSPENSÃO

Art. 791. Suspende-se a execução:

→ V. Art. 40 da Lei 6.830/1980.

I – no todo ou em parte, quando recebidos com efeito suspensivo os embargos à execução (art. 739-A);

→ Inciso I com redação alterada pela Lei 11.382/2006.

II – nas hipóteses previstas no art. 265, ns. I a III;

III – quando o devedor não possuir bens penhoráveis.

Art. 792. Convindo as partes, o juiz declarará suspensa a execução durante o prazo concedido pelo credor, para que o devedor cumpra voluntariamente a obrigação.

Parágrafo único. Findo o prazo sem cumprimento da obrigação, o processo retomará o seu curso.

→ Parágrafo único acrescentado pela Lei 8.953/1994.

Art. 793. Suspensa a execução, é defeso praticar quaisquer atos processuais. O juiz poderá, entretanto, ordenar providências cautelares urgentes.

→ Artigo com redação alterada pela Lei 5.925/1973.

→ V. Art. 266 do CPC.

Capítulo II
DA EXTINÇÃO

→ V. Art. 156 do CTN.

Art. 794. Extingue-se a execução quando:

I – o devedor satisfaz a obrigação;

→ V. Art. 624 do CPC.

II – o devedor obtém, por transação ou por qualquer outro meio, a remissão total da dívida;

→ V. Arts. 385 a 388 e 840 a 850 do CC/2002.

→ V. Art. 269, III, do CPC.

III – o credor renunciar ao crédito.

Art. 795. A extinção só produz efeito quando declarada por sentença.

LIVRO III
Do processo cautelar

Título único
Das medidas cautelares

→ V. Lei 8.367/1992 – Institui medida cautelar fiscal e dá outras providências.

Capítulo I
DAS DISPOSIÇÕES GERAIS

Art. 796. O procedimento cautelar pode ser instaurado antes ou no curso do processo principal e deste é sempre dependente.

→ V. Art. 102, I, *p*, da CF/1988.

→ V. Art. 7º, § 1º, da Lei 6.515/1977.

Art. 797. Só em casos excepcionais, expressamente autorizados por lei, determinará o juiz medidas cautelares sem a audiência das partes.

Art. 798. Além dos procedimentos cautelares específicos, que este Código regula no Capítulo II deste Livro, poderá o juiz determinar as medidas provisórias que julgar adequadas, quando houver fundado receio de que uma parte, antes do julgamento da lide, cause ao direito da outra lesão grave e de difícil reparação.

→ V. Art. 273 do CPC.

Art. 799. No caso do artigo anterior, poderá o juiz, para evitar o dano, autorizar ou vedar a prática de determinados atos, ordenar a guarda judicial de pessoas e depósito de bens e impor a prestação de caução.

Art. 800. As medidas cautelares serão requeridas ao juiz da causa; e, quando preparatórias, ao juiz competente para conhecer da ação principal.

Parágrafo único. Interposto o recurso, a medida cautelar será requerida diretamente ao tribunal.

→ Parágrafo único com redação alterada pela Lei 8.952/1994.

→ V. Súmulas 634 e 635 do STF.

Art. 801. O requerente pleiteará a medida cautelar em petição escrita, que indicará:

I – a autoridade judiciária, a que for dirigida;

II – o nome, o estado civil, a profissão e a residência do requerente e do requerido;

III – a lide e seu fundamento;

IV – a exposição sumária do direito ameaçado e o receio da lesão;

V – as provas que serão produzidas.

Parágrafo único. Não se exigirá o requisito do n. III senão quando a medida cautelar for requerida em procedimento preparatório.

Art. 802. O requerido será citado, qualquer que seja o procedimento cautelar para, no prazo de 5 (cinco) dias, contestar o pedido, indicando as provas que pretende produzir.

Parágrafo único. Conta-se o prazo, da juntada aos autos do mandado:

I – de citação devidamente cumprido;

II – da execução da medida cautelar, quando concedida liminarmente ou após justificação prévia.

Art. 803. Não sendo contestado o pedido, presumir-se-ão aceitos pelo requerido, como verdadeiros, os fatos alegados pelo requerente (arts. 285 e 319); caso em que o juiz decidirá dentro em 5 (cinco) dias.

→ Artigo com redação alterada pela Lei 5.925/1973.

Parágrafo único. Se o requerido contestar no prazo legal, o juiz designará audiência de instrução e julgamento, havendo prova a ser nela produzida.

Art. 804. É lícito ao juiz conceder liminarmente ou após justificação prévia a medida cautelar, sem ouvir o réu, quando verificar que este, sendo citado, poderá torná-la ineficaz, caso em que poderá determinar que o requerente preste caução real ou fidejussória de ressarcir os danos que o requerido possa vir a sofrer.

→ Artigo com redação alterada pela Lei 5.925/1973.

Art. 805. A medida cautelar poderá ser substituída, de ofício ou a requerimento de qualquer das partes, pela prestação de caução ou outra garantia menos gravosa para o requerido, sempre que adequada e suficiente para evitar a lesão ou repará-la integralmente.

→ Artigo com redação alterada pela Lei 8.952/1994.

Art. 806. Cabe à parte propor a ação, no prazo de 30 (trinta) dias, contados da data da efetivação da medida cautelar, quando esta for concedida em procedimento preparatório.

Art. 807. As medidas cautelares conservam a sua eficácia no prazo do artigo antecedente e na pendência do processo principal; mas podem, a qualquer tempo, ser revogadas ou modificadas.

Parágrafo único. Salvo decisão judicial em contrário, a medida cautelar conservará a eficácia durante o período de suspensão do processo.

Art. 808. Cessa a eficácia da medida cautelar:

I – se a parte não intentar a ação no prazo estabelecido no art. 806;

II – se não for executada dentro de 30 (trinta) dias;

III – se o juiz declarar extinto o processo principal, com ou sem julgamento do mérito.

Parágrafo único. Se por qualquer motivo cessar a medida, é defeso à parte repetir o pedido, salvo por novo fundamento.

Art. 809. Os autos do procedimento cautelar serão apensados aos do processo principal.

Art. 810. O indeferimento da medida não obsta a que a parte intente a ação, nem influi no julgamento desta, salvo se o juiz, no procedimento cautelar, acolher a alegação de decadência ou de prescrição do direito do autor.

Art. 811. Sem prejuízo do disposto no art. 16, o requerente do procedimento cautelar responde ao requerido pelo prejuízo que lhe causar a execução da medida:

I – se a sentença no processo principal lhe for desfavorável;

II – se, obtida liminarmente a medida no caso do art. 804 deste Código, não promover a citação do requerido dentro em 5 (cinco) dias;

III – se ocorrer a cessação da eficácia da medida, em qualquer dos casos previstos no art. 808 deste Código;

IV – se o juiz acolher, no procedimento cautelar, a alegação de decadência ou prescrição do direito do autor (art. 810).

Parágrafo único. A indenização será liquidada nos autos do procedimento cautelar.

Art. 812. Aos procedimentos cautelares específicos, regulados no Capítulo seguinte, aplicam-se as disposições gerais deste Capítulo.

Capítulo II
DOS PROCEDIMENTOS CAUTELARES ESPECÍFICOS

Seção I
Do arresto

→ *v.* Arts. 7º, III, e 14 da Lei 6.830/1980.

Art. 813. O arresto tem lugar:

I – quando o devedor sem domicílio certo intenta ausentar-se ou alienar os bens que possui, ou deixa de pagar a obrigação no prazo estipulado;

II – quando o devedor, que tem domicílio:

a) se ausenta ou tenta ausentar-se furtivamente;

b) caindo em insolvência, aliena ou tenta alienar bens que possui; contrai ou tenta contrair dívidas extraordinárias; põe ou tenta pôr os seus bens em nome de terceiros; ou comete outro qualquer artifício fraudulento, a fim de frustrar a execução ou lesar credores;

→ *v.* Arts. 158 a 165 do CC/2002.

III – quando o devedor, que possui bens de raiz, intenta aliená-los, hipotecá-los ou dá-los em anticrese, sem ficar com algum ou alguns, livres e desembargados, equivalentes às dívidas;

IV – nos demais casos expressos em lei.

Art. 814. Para a concessão do arresto é essencial:

› *Caput* com redação alterada pela Lei 5.925/1973.

I – prova literal da dívida líquida e certa;

→ Inciso I com redação alterada pela Lei 5.925/1973.

II – prova documental ou justificação de algum dos casos mencionados no artigo antecedente.

→ Inciso II com redação alterada pela Lei 5.925/1973.

Parágrafo único. Equipara-se à prova literal da dívida líquida e certa, para efeito de concessão de arresto, a sentença, líquida ou ilíquida, pendente de recurso, condenando o devedor ao pagamento de dinheiro ou de prestação que em dinheiro possa converter-se.

→ Parágrafo único com redação alterada pela Lei 10.444/2002.

Art. 815. A justificação prévia, quando ao juiz parecer indispensável, far-se-á em segredo e de plano, reduzindo-se a termo o depoimento das testemunhas.

Art. 816. O juiz concederá o arresto independentemente de justificação prévia:

I – quando for requerido pela União, Estado ou Município, nos casos previstos em lei;

II – se o credor prestar caução (art. 804).

Art. 817. Ressalvado o disposto no art. 810, a sentença proferida no arresto não faz coisa julgada na ação principal.

Art. 818. Julgada procedente a ação principal, o arresto se resolve em penhora.

Art. 819. Ficará suspensa a execução do arresto se o devedor:

I – tanto que intimado, pagar ou depositar em juízo a importância da dívida, mais os honorários de advogado que o juiz arbitrar, e custas;

II – der fiador idôneo, ou prestar caução para garantir a dívida, honorários do advogado do requerente e custas.

Art. 820. Cessa o arresto:

→ *v.* Art. 808 do CPC.

I – pelo pagamento;

→ *v.* Arts. 304 a 359 do CC/2002.

→ *v.* Arts. 156, I, e 157 a 163 do CTN.

II – pela novação;

→ *v.* Arts. 360 a 367 do CC/2002.

III – pela transação.

→ *v.* Arts. 840 a 850 do CC/2002.

Art. 821. Aplicam-se ao arresto as disposições referentes à penhora, não alteradas na presente Seção.

Seção II
Do sequestro

Art. 822. O juiz, a requerimento da parte, pode decretar o sequestro:

I – de bens móveis, semoventes ou imóveis, quando lhes for disputada a propriedade ou a posse, havendo fundado receio de rixas ou danificações;

II – dos frutos e rendimentos do imóvel reivindicando, se o réu, depois de condenado por sentença ainda sujeita a recurso, os dissipar;

III – dos bens do casal, nas ações de desquite e de anulação de casamento, se o cônjuge os estiver dilapidando;

→ *v.* Art. 39 da Lei 6.515/1977 – Lei do Divórcio.

IV – nos demais casos expressos em lei.

→ *v.* Art. 919 do CPC.

Art. 823. Aplica-se ao sequestro, no que couber, o que este Código estatui acerca do arresto.

→ *v.* Arts. 646 a 679 do CPC.

Art. 824. Incumbe ao juiz nomear o depositário dos bens sequestrados. A escolha poderá, todavia, recair:

I – em pessoa indicada, de comum acordo, pelas partes;

II – em uma das partes, desde que ofereça maiores garantias e preste caução idônea.

Art. 825. A entrega dos bens ao depositário far-se-á logo depois que este assinar o compromisso.

Parágrafo único. Se houver resistência, o depositário solicitará ao juiz a requisição de força policial.

Seção III
Da caução

Art. 826. A caução pode ser real ou fidejussória.

→ *v.* Art. 940, § 1º, do CPC.

→ *v.* Arts. 1.280 e 1.281 do CC/2002.

Art. 827. Quando a lei não determinar a espécie de caução, esta poderá ser prestada mediante depósito em dinheiro, papéis de crédito, títulos da União ou dos Estados, pedras e metais preciosos, hipoteca, penhor e fiança.

Art. 828. A caução pode ser prestada pelo interessado ou por terceiro.

Art. 829. Aquele que for obrigado a dar caução requererá a citação da pessoa a favor de quem tiver de ser prestada, indicando na petição inicial:

I – o valor a caucionar;

II – o modo pelo qual a caução vai ser prestada;

III – a estimativa dos bens;

IV – a prova da suficiência da caução ou da idoneidade do fiador.

Art. 830. Aquele em cujo favor há de ser dada a caução requererá a citação do obrigado para que a preste, sob pena de incorrer na sanção que a lei ou o contrato cominar para a falta.

Art. 831. O requerido será citado para, no prazo de 5 (cinco) dias, aceitar a caução (art. 829), prestá-la (art. 830), ou contestar o pedido.

Art. 832. O juiz proferirá imediatamente a sentença:

I – se o requerido não contestar;

II – se a caução oferecida ou prestada for aceita;

III – se a matéria for somente de direito ou, sendo de direito e de fato, já não houver necessidade de outra prova.

Art. 833. Contestado o pedido, o juiz designará audiência de instrução e julgamento, salvo o disposto no n. III do artigo anterior.

Art. 834. Julgando procedente o pedido, o juiz determinará a caução e assinará o prazo em que deve ser prestada, cumprindo-se as diligências que forem determinadas.

Parágrafo único. Se o requerido não cumprir a sentença no prazo estabelecido, o juiz declarará:

I – no caso do art. 829, não prestada a caução;

II – no caso do art. 830, efetivada a sanção que cominou.

Art. 835. O autor, nacional ou estrangeiro, que residir fora do Brasil ou dele se ausentar na pendência da demanda, prestará, nas ações que intentar, caução suficiente às custas e honorários de advogado da parte contrária, se não tiver no Brasil bens imóveis que lhes assegurem o pagamento.

→ *v.* Art. 97, § 2º, da Lei 11.101/2005.

Art. 836. Não se exigirá, porém, a caução, de que trata o artigo antecedente:

I – na execução fundada em título extrajudicial;

II – na reconvenção.

Art. 837. Verificando-se no curso do processo que se desfalcou a garantia, poderá o interessado exigir reforço da caução. Na petição inicial, o requerente justificará o pedido, indicando a depreciação do bem dado em garantia e a importância do reforço que pretende obter.

Art. 838. Julgando procedente o pedido, o juiz assinará prazo para que o obrigado reforce a caução. Não sendo cumprida a sentença, cessarão os efeitos da caução prestada, presumindo-se que o autor tenha desistido da ação ou o recorrente desistido do recurso.

Seção IV
Da busca e apreensão

Art. 839. O juiz pode decretar a busca e apreensão de pessoas ou de coisas.

Art. 840. Na petição inicial exporá o requerente as razões justificativas da medida e da ciência de estar a pessoa ou a coisa no lugar designado.

Art. 841. A justificação prévia far-se-á em segredo de justiça, se for indispensável. Provado quanto baste o alegado, expedir-se-á o mandado que conterá:

I – a indicação da casa ou do lugar em que deve efetuar-se a diligência;

II – a descrição da pessoa ou da coisa procurada e o destino a lhe dar;

III – a assinatura do juiz, de quem emanar a ordem.

Art. 842. O mandado será cumprido por dois oficiais de justiça, um dos quais o lerá ao morador, intimando-o a abrir as portas.

§ 1º Não atendidos, os oficiais de justiça arrombarão as portas externas, bem como as internas e quaisquer móveis onde presumam que esteja oculta a pessoa ou a coisa procurada.

§ 2º Os oficiais de justiça far-se-ão acompanhar de duas testemunhas.

§ 3º Tratando-se de direito autoral ou direito conexo do artista, intérprete ou executante, produtores de fonogramas e organismos de radiodifusão, o juiz designará, para acompanharem os oficiais de justiça, dois peritos, aos quais incumbirá confirmar a ocorrência da violação, antes de ser efetivada a apreensão.

Art. 843. Finda a diligência, lavrarão os oficiais de justiça auto circunstanciado, assinando-o com as testemunhas.

Seção V
Da exibição

Art. 844. Tem lugar, como procedimento preparatório, a exibição judicial:

I – de coisa móvel em poder de outrem e que o requerente repute sua ou tenha interesse em conhecer;

II – de documento próprio ou comum, em poder de cointeressado, sócio, condômino, credor ou devedor; ou em poder de terceiro que o tenha em sua guarda, como inventariante, testamenteiro, depositário ou administrador de bens alheios;

III – da escrituração comercial por inteiro, balanços e documentos de arquivo, nos casos expressos em lei.

Art. 845. Observar-se-á, quanto ao procedimento, no que couber, o disposto nos arts. 355 a 363, e 381 e 382.

→ v. Súmula 372 do STJ.

Seção VI
Da produção antecipada de provas

Art. 846. A produção antecipada da prova pode consistir em interrogatório da parte, inquirição de testemunhas e exame pericial.

→ v. Art. 420 do CPC.

Art. 847. Far-se-á o interrogatório da parte ou a inquirição das testemunhas antes da propositura da ação, ou na pendência desta, mas antes da audiência de instrução:

I – se tiver de ausentar-se;

II – se por motivo de idade ou de moléstia grave, houver justo receio de que ao tempo da prova já não exista, ou esteja impossibilitada de depor.

Art. 848. O requerente justificará sumariamente a necessidade da antecipação e mencionará com precisão os fatos sobre que há de recair a prova.

Parágrafo único. Tratando-se de inquirição de testemunha, serão intimados os interessados a comparecer à audiência em que prestará o depoimento.

Art. 849. Havendo fundado receio de que venha a tornar-se impossível ou muito difícil a verificação de certos fatos na pendência da ação, é admissível o exame pericial.

Art. 850. A prova pericial realizar-se-á conforme o disposto nos arts. 420 a 439.

Art. 851. Tomado o depoimento ou feito exame pericial, os autos permanecerão em cartório, sendo lícito aos interessados solicitar as certidões que quiserem.

Seção VII
Dos alimentos provisionais

→ v. Lei 11.804/2008 – Disciplina o direito a alimentos gravídicos e a forma como ele será exercido.

→ v. Arts. 732 a 735.

Art. 852. É lícito pedir alimentos provisionais:

I – nas ações de desquite e de anulação de casamento, desde que estejam separados os cônjuges;

→ v. Art. 4º da Lei 5.478/1968.

→ v. Art. 23 da Lei 6.515/1977.

II – nas ações de alimentos, desde o despacho da petição inicial;

III – nos demais casos expressos em lei.

→ v. Súmula 149 do STF.

→ v. Art. 7º da Lei 8.560/1992.

Parágrafo único. No caso previsto no n. I deste artigo, a prestação alimentícia devida ao requerente abrange, além do que necessitar para sustento, habitação e vestuário, as despesas para custear a demanda.

Art. 853. Ainda que a causa principal penda de julgamento no tribunal, processar-se-á no primeiro grau de jurisdição o pedido de alimentos provisionais.

Art. 854. Na petição inicial, exporá o requerente as suas necessidades e as possibilidades do alimentante.

Parágrafo único. O requerente poderá pedir que o juiz, ao despachar a petição inicial e sem audiência do requerido, lhe arbitre desde logo uma mensalidade para mantença.

Seção VIII
Do arrolamento de bens

Art. 855. Procede-se ao arrolamento sempre que há fundado receio de extravio ou de dissipação de bens.

Art. 856. Pode requerer o arrolamento todo aquele que tem interesse na conservação dos bens.

§ 1º O interesse do requerente pode resultar de direito já constituído ou que deva ser declarado em ação própria.

§ 2º Aos credores só é permitido requerer arrolamento nos casos em que tenha lugar a arrecadação de herança.

Art. 857. Na petição inicial exporá o requerente:

I – o seu direito aos bens;

II – os fatos em que funda o receio de extravio ou de dissipação dos bens.

Art. 858. Produzidas as provas em justificação prévia, o juiz, convencendo-se de que o interesse do requerente corre sério risco, deferirá a medida, nomeando depositário dos bens.

Parágrafo único. O possuidor ou detentor dos bens será ouvido se a audiência não comprometer a finalidade da medida.

Art. 859. O depositário lavrará auto, descrevendo minuciosamente todos os bens e registrando quaisquer ocorrências que tenham interesse para a sua conservação.

Art. 860. Não sendo possível efetuar desde logo o arrolamento ou concluí-lo no dia em que foi iniciado, apor-se-ão selos nas portas da casa ou nos móveis em que estejam os bens, continuando-se a diligência no dia que for designado.

Seção IX
Da justificação

Art. 861. Quem pretender justificar a existência de algum fato ou relação jurídica, seja para simples documento e sem caráter contencioso, seja para servir de prova em processo regular, exporá, em petição circunstanciada, a sua intenção.

→ v. Súmula 32 do STJ.

Art. 862. Salvo nos casos expressos em lei, é essencial a citação dos interessados.

→ v. Art. 214 do CPC.

Parágrafo único. Se o interessado não puder ser citado pessoalmente, intervirá no processo o Ministério Público.

Art. 863. A justificação consistirá na inquirição de testemunhas sobre os fatos alegados, sendo facultado ao requerente juntar documentos.

Art. 864. Ao interessado é lícito contraditar as testemunhas, reinquiri-las e manifestar-se sobre os documentos, dos quais terá vista em cartório por 24 (vinte e quatro) horas.

Art. 865. No processo de justificação não se admite defesa nem recurso.

Art. 866. A justificação será afinal julgada por sentença e os autos serão entregues ao requerente independentemente de traslado, decorridas 48 (quarenta e oito) horas da decisão.

Parágrafo único. O juiz não se pronunciará sobre o mérito da prova, limitando-se a verificar se foram observadas as formalidades legais.

Seção X
Dos protestos, notificações e interpelações

Art. 867. Todo aquele que desejar prevenir responsabilidade, prover a conservação e ressalva de seus direitos ou manifestar qualquer intenção de modo formal, poderá fazer por escrito o seu protesto, em petição dirigida ao juiz, e requerer que do mesmo se intime a quem de direito.

Art. 868. Na petição o requerente exporá os fatos e os fundamentos do protesto.

Art. 869. O juiz indeferirá o pedido, quando o requerente não houver demonstrado legítimo interesse e o protesto, dando causa a dúvidas e incertezas, possa impedir a formação de contrato ou a realização de negócio lícito.

Art. 870. Far-se-á a intimação por editais:

I – se o protesto for para conhecimento do público em geral, nos casos previstos em lei, ou quando a publicidade seja essencial para que o protesto, notificação ou interpelação atinja seus fins;

II – se o citando for desconhecido, incerto ou estiver em lugar ignorado ou de difícil acesso;

III – se a demora da intimação pessoal puder prejudicar os efeitos da interpelação ou do protesto.

Parágrafo único. Quando se tratar de protesto contra a alienação de bens, pode o juiz ouvir, em 3 (três) dias, aquele contra quem foi dirigido, desde que lhe pareça haver no pedido ato emulativo, tentativa de extorsão, ou qualquer outro fim ilícito, decidindo em seguida sobre o pedido de publicação de editais.

Art. 871. O protesto ou interpelação não admite defesa nem contraprotesto nos autos; mas o requerido pode contraprotestar em processo distinto.

Art. 872. Feita a intimação, ordenará o juiz que, pagas as custas, e decorridas 48 (quarenta e oito) horas, sejam os autos entregues à parte independentemente de traslado.

Art. 873. Nos casos previstos em lei processar-se-á a notificação ou interpelação na conformidade dos artigos antecedentes.

Seção XI
Da homologação do penhor legal

Art. 874. Tomado o penhor legal nos casos previstos em lei, requererá o credor, ato contínuo, a homologação. Na petição inicial, instruída com a conta pormenorizada das despesas, a tabela dos preços e a relação dos objetos retidos, pedirá a citação do devedor para, em 24 (vinte e quatro) horas, pagar ou alegar defesa.

Parágrafo único. Estando suficientemente provado o pedido nos termos deste artigo, o juiz poderá homologar de plano o penhor legal.

Art. 875. A defesa só pode consistir em:

I – nulidade do processo;

II – extinção da obrigação;

III – não estar a dívida compreendida entre as previstas em lei ou não estarem os bens sujeitos a penhor legal.

Art. 876. Em seguida, o juiz decidirá; homologando o penhor, serão os autos entregues ao requerente 48 (quarenta e oito) horas depois, independentemente de traslado, salvo se, dentro desse prazo, a parte houver pedido certidão; não sendo homologado, o objeto será entregue ao réu, ressalvado ao autor o direito de cobrar a conta por ação ordinária.

Seção XII
Da posse em nome do nascituro

Art. 877. A mulher que, para garantia dos direitos do filho nascituro, quiser provar seu estado de gravidez, requererá ao juiz que, ouvido o órgão do Ministério Público, mande examiná-la por um médico de sua nomeação.

§ 1º O requerimento será instruído com a certidão de óbito da pessoa, de quem o nascituro é sucessor.

§ 2º Será dispensado o exame se os herdeiros do falecido aceitarem a declaração da requerente.

§ 3º Em caso algum a falta do exame prejudicará os direitos do nascituro.

Art. 878. Apresentado o laudo que reconheça a gravidez, o juiz, por sentença, declarará a requerente investida na posse dos direitos que assistam ao nascituro.

Parágrafo único. Se à requerente não couber o exercício do pátrio poder, o juiz nomeará curador ao nascituro.

Seção XIII
Do atentado

Art. 879. Comete atentado a parte que no curso do processo:

I – viola penhora, arresto, sequestro ou imissão na posse;

→ *V.* Arts. 625 e 664 do CPC.

II – prossegue em obra embargada;

→ *V.* Arts. 934, 935, parágrafo único, 936, I, 937 e 938, CPC.

III – pratica outra qualquer inovação ilegal no estado de fato.

Art. 880. A petição inicial será autuada em separado, observando-se, quanto ao procedimento, o disposto nos arts. 802 e 803.

Parágrafo único. A ação de atentado será processada e julgada pelo juiz que conheceu originariamente da causa principal, ainda que esta se encontre no tribunal.

Art. 881. A sentença, que julgar procedente a ação, ordenará o restabelecimento do estado anterior, a suspensão da causa principal e a proibição de o réu falar nos autos até a purgação do atentado.

Parágrafo único. A sentença poderá condenar o réu a ressarcir à parte lesada as perdas e danos que sofreu em consequência do atentado.

Seção XIV
Do protesto e da apreensão de títulos

Art. 882. O protesto de títulos e contas judicialmente verificadas far-se-á nos casos e com observância da lei especial.

→ *V.* Art. 93, I, e § 3º da Lei 11.101/2005.

→ *V.* Arts. 48 a 54 da Lei 7.357/1985.

→ *V.* Arts. 13 e 14 da Lei 5.474/1968.

Art. 883. O oficial intimará do protesto o devedor, por carta registrada ou entregando-lhe em mãos o aviso.

Parágrafo único. Far-se-á, todavia, por edital a intimação:

I – se o devedor não for encontrado na comarca;

II – quando se tratar de pessoa desconhecida ou incerta.

Art. 884. Se o oficial opuser dúvidas ou dificuldades à tomada do protesto ou à entrega do respectivo instrumento, poderá a parte reclamar ao juiz. Ouvido o oficial, o juiz proferirá sentença, que será transcrita no instrumento.

Art. 885. O juiz poderá ordenar a apreensão de título não restituído ou sonegado pelo emitente, sacado ou aceitante; mas só decretará a prisão de quem o recebeu para firmar aceite ou efetuar pagamento, se o portador provar, com justificação ou por documento, a entrega do título e a recusa da devolução.

→ *V.* Arts. 28 a 33 do Decreto 2.044/1908.

Parágrafo único. O juiz mandará processar de plano o pedido, ouvirá depoimentos se for necessário e, estando provada a alegação, ordenará a prisão.

Art. 886. Cessará a prisão:

I – se o devedor restituir o título, ou pagar o seu valor e as despesas feitas, ou o exibir para ser levado a depósito;

II – quando o requerente desistir;

III – não sendo iniciada a ação penal dentro do prazo da lei;

IV – não sendo proferido o julgado dentro de 90 (noventa) dias da data da execução do mandado.

Art. 887. Havendo contestação do crédito, o depósito das importâncias referido no artigo precedente não será levantado antes de passada em julgado a sentença.

Seção XV
De outras medidas provisionais

Art. 888. O juiz poderá ordenar ou autorizar, na pendência da ação principal ou antes de sua propositura:

I – obras de conservação em coisa litigiosa ou judicialmente apreendida;

II – a entrega de bens de uso pessoal do cônjuge e dos filhos;

III – a posse provisória dos filhos, nos casos de separação judicial ou anulação de casamento;

IV – o afastamento do menor autorizado a contrair casamento contra a vontade dos pais;

V – o depósito de menores ou incapazes castigados imoderadamente por seus pais, tutores ou curadores, ou por eles induzidos à prática de atos contrários à lei ou à moral;

VI – o afastamento temporário de um dos cônjuges da morada do casal;

VII – a guarda e a educação dos filhos, regulado o direito de visita que, no interesse da criança ou do adolescente, pode, a critério do juiz, ser extensivo a cada um dos avós;

→ Inciso VII com redação alterada pela Lei 12.398/2011.

VIII – a interdição ou a demolição de prédio para resguardar a saúde, a segurança ou outro interesse público.

Art. 889. Na aplicação das medidas enumeradas no artigo antecedente observar-se-á o procedimento estabelecido nos arts. 801 a 803.

Parágrafo único. Em caso de urgência, o juiz poderá autorizar ou ordenar as medidas, sem audiência do requerido.

LIVRO IV
Dos procedimentos especiais

Título I
Dos procedimentos especiais de jurisdição contenciosa

Capítulo I
DA AÇÃO DE CONSIGNAÇÃO EM PAGAMENTO

Art. 890. Nos casos previstos em lei, poderá o devedor ou terceiro requerer, com efeito de pagamento, a consignação da quantia ou da coisa devida.

→ *V.* Arts. 334 a 345 do CC/2002.

→ *V.* Arts. 156, VIII e 164 do CTN.

§ 1º Tratando-se de obrigação em dinheiro, poderá o devedor ou terceiro optar pelo depósito da quantia devida, em estabelecimento bancário oficial, onde houver, situado no lugar do pagamento, em conta com correção monetária, cientificando-se o credor por carta com aviso de recepção, assinado o prazo de 10 (dez) dias para a manifestação de recusa.

→ § 1º acrescentado pela Lei 8.951/1994.

§ 2º Decorrido o prazo referido no parágrafo anterior, sem a manifestação de recusa, reputar-se-á o devedor liberado da obrigação, ficando à disposição do credor a quantia depositada.

→ § 2º acrescentado pela Lei 8.951/1994.

§ 3º Ocorrendo a recusa, manifestada por escrito ao estabelecimento bancário, o devedor ou terceiro poderá propor, dentro de 30 (trinta) dias, a ação de consignação, instruindo a inicial com a prova do depósito e da recusa.

→ § 3º acrescentado pela Lei 8.951/1994.

§ 4º Não proposta a ação no prazo do parágrafo anterior, ficará sem efeito o depósito, podendo levantá-lo o depositante.

→ § 4º acrescentado pela Lei 8.951/1994.

Art. 891. Requerer-se-á a consignação no lugar do pagamento, cessando para o devedor, tanto que se efetue o depósito, os juros e os riscos, salvo se for julgada improcedente.

Parágrafo único. Quando a coisa devida for corpo que deva ser entregue no lugar em que está, poderá o devedor requerer a consignação no foro em que ela se encontra.

Art. 892. Tratando-se de prestações periódicas, uma vez consignada a primeira, pode o devedor continuar a consignar, no mesmo processo e sem mais formalidades, as que se forem vencendo, desde que os depósitos sejam efetuados até 5 (cinco) dias, contados da data do vencimento.

→ *v.* Art. 67, III, da Lei 8.245/1991.

Art. 893. O autor, na petição inicial, requererá:

→ Artigo com redação alterada pela Lei 8.951/1994.

I – o depósito da quantia ou da coisa devida, a ser efetivado no prazo de 5 (cinco) dias contados do deferimento, ressalvada a hipótese do § 3º do art. 890;

II – a citação do réu para levantar o depósito ou oferecer resposta.

Art. 894. Se o objeto da prestação for coisa indeterminada e a escolha couber ao credor, será este citado para exercer o direito dentro de 5 (cinco) dias, se outro prazo não constar de lei ou do contrato, ou para aceitar que o devedor o faça, devendo o juiz, ao despachar a petição inicial, fixar lugar, dia e hora em que se fará a entrega, sob pena de depósito.

Art. 895. Se ocorrer dúvida sobre quem deva legitimamente receber o pagamento, o autor requererá o depósito e a citação dos que o disputam para provarem o seu direito.

Art. 896. Na contestação, o réu poderá alegar que:

→ Artigo com redação alterada pela Lei 8.951/1994.

I – não houve recusa ou mora em receber a quantia ou coisa devida;

II – foi justa a recusa;

III – o depósito não se efetuou no prazo ou no lugar do pagamento;

IV – o depósito não é integral.

Parágrafo único. No caso do inciso IV, a alegação será admissível se o réu indicar o montante que entende devido.

Art. 897. Não oferecida a contestação, e ocorrentes os efeitos da revelia, o juiz julgará procedente o pedido, declarará extinta a obrigação e condenará o réu nas custas e honorários advocatícios.

→ *Caput* com redação alterada pela Lei 8.951/1994.

Parágrafo único. Proceder-se-á do mesmo modo se o credor receber e der quitação.

Art. 898. Quando a consignação se fundar em dúvida sobre quem deva legitimamente receber, não comparecendo nenhum pretendente, converter-se-á o depósito em arrecadação de bens de ausentes; comparecendo apenas um, o juiz decidirá de plano; comparecendo mais de um, o juiz declarará efetuado o depósito e extinta a obrigação, continuando o processo a correr unicamente entre os credores; caso em que se observará o procedimento ordinário.

Art. 899. Quando na contestação o réu alegar que o depósito não é integral, é lícito ao autor completá-lo, dentro em 10 (dez) dias, salvo se corresponder a prestação, cujo inadimplemento acarrete a rescisão do contrato.

§ 1º Alegada a insuficiência do depósito, poderá o réu levantar, desde logo, a quantia ou a coisa depositada, com a consequente liberação parcial do autor, prosseguindo o processo quanto à parcela controvertida.

→ § 1º acrescentado pela Lei 8.951/1994.

§ 2º A sentença que concluir pela insuficiência do depósito determinará, sempre que possível, o montante devido, e, neste caso, valerá como título executivo, facultado ao credor promover-lhe a execução nos mesmos autos.

→ § 2º acrescentado pela Lei 8.951/1994.

Art. 900. Aplica-se o procedimento estabelecido neste Capítulo, no que couber, ao resgate do aforamento.

→ Artigo com redação alterada pela Lei 5.925/1973.

Capítulo II
DA AÇÃO DE DEPÓSITO

Art. 901. Esta ação tem por fim exigir a restituição da coisa depositada.

→ Artigo com redação alterada pela Lei 5.925/1973.

→ *v.* Arts. 373, II, e 627 a 652 do CC/2002.

→ *v.* Art. 173, II, do CPC.

→ *v.* Art. 4º do Dec.-lei 911/1969.

Art. 902. Na petição inicial instruída com a prova literal do depósito e a estimativa do valor da coisa, se não constar do contrato, o autor pedirá a citação do réu para no prazo de 5 (cinco) dias:

→ Artigo com redação alterada pela Lei 5.925/1973.

I – entregar a coisa, depositá-la em juízo ou consignar-lhe o equivalente em dinheiro;

II – contestar a ação.

§ 1º Do pedido poderá constar, ainda, a cominação da pena de prisão até 1 (um) ano, que o juiz decretará na forma do art. 904, parágrafo único.

→ *v.* Súmula Vinculante 25 do STF.

→ *v.* Súmulas 304, 305 e 419 do STJ.

→ *v.* Decreto 678/1992 – Promulga a Convenção Americana sobre Direitos Humanos (Pacto de São José da Costa Rica), de 22 de novembro de 1969.

§ 2º O réu poderá alegar, além da nulidade ou falsidade do título e da extinção das obrigações, as defesas previstas na lei civil.

Art. 903. Se o réu contestar a ação, observar-se-á o procedimento ordinário.

Art. 904. Julgada procedente a ação, ordenará o juiz a expedição de mandado para a entrega, em 24 (vinte e quatro) horas, da coisa ou do equivalente em dinheiro.

Parágrafo único. Não sendo cumprido o mandado, o juiz decretará a prisão do depositário infiel.

Art. 905. Sem prejuízo do depósito ou da prisão do réu, é lícito ao autor promover a busca e apreensão da coisa. Se esta for encontrada ou entregue voluntariamente pelo réu, cessará a prisão e será devolvido o equivalente em dinheiro.

Art. 906. Quando não receber a coisa ou o equivalente em dinheiro, poderá o autor prosseguir nos próprios autos para haver o que lhe for reconhecido na sentença, observando-se o procedimento da execução por quantia certa.

Capítulo III
DA AÇÃO DE ANULAÇÃO E SUBSTITUIÇÃO DE TÍTULOS AO PORTADOR

→ *v.* Arts. 904 a 909 do CC/2002.

Art. 907. Aquele que tiver perdido título ao portador ou dele houver sido injustamente desapossado poderá:

→ *v.* Art. 98 da Lei 6.404/1976.

→ *v.* Art. 24, parágrafo único, da Lei 7.357/1985.

I – reivindicá-lo da pessoa que o detiver;

II – requerer-lhe a anulação e substituição por outro.

Art. 908. No caso do n. II do artigo antecedente, exporá o autor, na petição inicial, a quantidade, espécie, valor nominal do título e atributos que o individualizem, a época e o lugar em que o adquiriu, as circunstâncias em que o perdeu e quando recebeu os últimos juros e dividendos, requerendo:

I – a citação do detentor e, por edital, de terceiros interessados para contestarem o pedido;

II – a intimação do devedor, para que deposite em juízo o capital, bem como juros ou dividendos vencidos ou vincendos;

III – a intimação da Bolsa de Valores, para conhecimento de seus membros, a fim de que estes não negociem os títulos.

Art. 909. Justificado quanto baste o alegado, ordenará o juiz a citação do réu e o cumprimento das providências enumeradas nos ns. II e III do artigo anterior.

Parágrafo único. A citação abrangerá também terceiros interessados, para responderem à ação.

Art. 910. Só se admitirá a contestação quando acompanhada do título reclamado.

Parágrafo único. Recebida a contestação do réu, observar-se-á o procedimento ordinário.

Art. 911. Julgada procedente a ação, o juiz declarará caduco o título reclamado e ordenará ao devedor que lavre outro em substituição, dentro do prazo que a sentença lhe assinar.

Art. 912. Ocorrendo destruição parcial, o portador, exibindo o que restar do título, pedirá a citação do devedor para em 10 (dez) dias substituí-lo ou contestar a ação.

Parágrafo único. Não havendo contestação, o juiz proferirá desde logo a sentença; em caso contrário, observar-se-á o procedimento ordinário.

Art. 913. Comprado o título em bolsa ou leilão público, o dono que pretender a restituição é obrigado a indenizar ao adquirente o preço que este pagou, ressalvado o direito de reavê-lo do vendedor.

Capítulo IV
DA AÇÃO DE PRESTAÇÃO DE CONTAS

Art. 914. A ação de prestação de contas competirá a quem tiver:

→ v. Súmulas 259 e 477 do STJ.

I – o direito de exigi-las;

II – a obrigação de prestá-las.

Art. 915. Aquele que pretender exigir a prestação de contas requererá a citação do réu para, no prazo de 5 (cinco) dias, as apresentar ou contestar a ação.

§ 1º Prestadas as contas, terá o autor 5 (cinco) dias para dizer sobre elas; havendo necessidade de produzir provas, o juiz designará audiência de instrução e julgamento; em caso contrário, proferirá desde logo a sentença.

§ 2º Se o réu não contestar a ação ou não negar a obrigação de prestar contas, observar-se-á o disposto no art. 330; a sentença, que julgar procedente a ação, condenará o réu a prestar as contas no prazo de 48 (quarenta e oito) horas, sob pena de não lhe ser lícito impugnar as que o autor apresentar.

§ 3º Se o réu apresentar as contas dentro do prazo estabelecido no parágrafo anterior, seguir-se-á o procedimento do § 1º deste artigo; em caso contrário, apresentá-las-á o autor dentro em 10 (dez) dias, sendo as contas julgadas segundo o prudente arbítrio do juiz, que poderá determinar, se necessário, a realização do exame pericial contábil.

Art. 916. Aquele que estiver obrigado a prestar contas requererá a citação do réu para, no prazo de 5 (cinco) dias, aceitá-las ou contestar a ação.

§ 1º Se o réu não contestar a ação ou se declarar que aceita as contas oferecidas, serão estas julgadas dentro de 10 (dez) dias.

§ 2º Se o réu contestar a ação ou impugnar as contas e houver necessidade de produzir provas, o juiz designará audiência de instrução e julgamento.

Art. 917. As contas assim do autor como do réu serão apresentadas em forma mercantil, especificando-se as receitas e a aplicação das despesas, bem como o respectivo saldo; e serão instruídas com os documentos justificativos.

Art. 918. O saldo credor declarado na sentença poderá ser cobrado em execução forçada.

Art. 919. As contas do inventariante, do tutor, do curador, do depositário e de outro qualquer administrador serão prestadas em apenso aos autos do processo em que tiver sido nomeado. Sendo condenado a pagar o saldo e não o fazendo no prazo legal, o juiz poderá destituí-lo, sequestrar os bens sob sua guarda e glosar o prêmio ou gratificação a que teria direito.

→ v. Art. 822, IV, do CPC.

Capítulo V
DAS AÇÕES POSSESSÓRIAS
Seção I
Das disposições gerais

Art. 920. A propositura de uma ação possessória em vez de outra não obstará a que o juiz conheça do pedido e outorgue a proteção legal correspondente àquela, cujos requisitos estejam provados.

→ v. Arts. 1.196 a 1.124 do CC/2002.

Art. 921. É lícito ao autor cumular ao pedido possessório o de:

I – condenação em perdas e danos;

→ v. Arts. 402 a 405 do CC/2002.

II – cominação de pena para caso de nova turbação ou esbulho;

→ v. Art. 1.210 do CC/2002.

III – desfazimento de construção ou plantação feita em detrimento de sua posse.

Art. 922. É lícito ao réu, na contestação, alegando que foi o ofendido em sua posse, demandar a proteção possessória e a indenização pelos prejuízos resultantes da turbação ou do esbulho cometido pelo autor.

Art. 923. Na pendência do processo possessório é defeso, assim ao autor como ao réu, intentar ação de reconhecimento do domínio.

→ Artigo com redação alterada pela Lei 6.820/1980.

→ v. Súmula 487 do STF.

Art. 924. Regem o procedimento de manutenção e de reintegração de posse as normas da seção seguinte, quando intentado dentro de ano e dia da turbação ou do esbulho; passado esse prazo, será ordinário, não perdendo, contudo, o caráter possessório.

Art. 925. Se o réu provar, em qualquer tempo, que o autor provisoriamente mantido ou reintegrado na posse carece de idoneidade financeira para, no caso de decair da ação, responder por perdas e danos, o juiz assinar-lhe-á o prazo de 5 (cinco) dias para requerer caução sob pena de ser depositada a coisa litigiosa.

Seção II
Da manutenção e da reintegração de posse

Art. 926. O possuidor tem direito a ser mantido na posse em caso de turbação e reintegrado no de esbulho.

→ v. Art. 1.210 do CC/2002.

Art. 927. Incumbe ao autor provar:

I – a sua posse;

→ v. Art. 1.196 do CC/2002.

II – a turbação ou o esbulho praticado pelo réu;

III – a data da turbação ou do esbulho;

IV – a continuação da posse, embora turbada, na ação de manutenção; a perda da posse, na ação de reintegração.

Art. 928. Estando a petição inicial devidamente instruída, o juiz deferirá, sem ouvir o réu, a expedição do mandado liminar de manutenção ou de reintegração; no caso contrário, determinará que o autor justifique previamente o alegado, citando-se o réu para comparecer à audiência que for designada.

→ v. Súmula 262 do STF.

→ v. Art. 804 do CPC.

Parágrafo único. Contra as pessoas jurídicas de direito público não será deferida a manutenção ou a reintegração liminar sem prévia audiência dos respectivos representantes judiciais.

Art. 929. Julgada procedente a justificação, o juiz fará logo expedir mandado de manutenção ou de reintegração.

Art. 930. Concedido ou não o mandado liminar de manutenção ou de reintegração, o autor promoverá, nos 5 (cinco) dias subsequentes, a citação do réu para contestar a ação.

Parágrafo único. Quando for ordenada a justificação prévia (art. 928), o prazo para contestar contar-se-á da intimação do despacho que deferir ou não a medida liminar.

Art. 931. Aplica-se, quanto ao mais, o procedimento ordinário.

Seção III
Do interdito proibitório

Art. 932. O possuidor direto ou indireto, que tenha justo receio de ser molestado na posse, poderá impetrar ao juiz que o segure da turbação ou esbulho iminente, mediante mandado proibitório, em que se comine ao réu determinada pena pecuniária, caso transgrida o preceito.

Art. 933. Aplica-se ao interdito proibitório o disposto na seção anterior.

Capítulo VI
DA AÇÃO DE NUNCIAÇÃO DE OBRA NOVA

Art. 934. Compete esta ação:

→ v. Arts. 1.277, 1.299 a 1.313, do CC/2002.

I – ao proprietário ou possuidor, a fim de impedir que a edificação de obra nova em imóvel vizinho lhe prejudique o prédio, suas servidões ou fins a que é destinado;

II – ao condômino, para impedir que o coproprietário execute alguma obra com prejuízo ou alteração da coisa comum;

III – ao Município, a fim de impedir que o particular construa em contravenção da lei, do regulamento ou de postura.

Art. 935. Ao prejudicado também é lícito, se o caso for urgente, fazer o embargo extrajudicial, notificando verbalmente, perante duas testemunhas, o proprietário ou, em sua falta, o construtor, para não continuar a obra.

Parágrafo único. Dentro de 3 (três) dias requererá o nunciante a ratificação em juízo, sob pena de cessar o efeito do embargo.

Art. 936. Na petição inicial, elaborada com observância dos requisitos do art. 282, requererá o nunciante:

I – o embargo para que fique suspensa a obra e se mande afinal reconstituir, modificar ou demolir o que estiver feito em seu detrimento;

II – a cominação de pena para o caso de inobservância do preceito;

III – a condenação em perdas e danos.

Parágrafo único. Tratando-se de demolição, colheita, corte de madeiras, extração de minérios e obras semelhantes, pode incluir-se o pedido de apreensão e depósito dos materiais e produtos já retirados.

Art. 937. É lícito ao juiz conceder o embargo liminarmente ou após justificação prévia.

Art. 938. Deferido o embargo, o oficial de justiça, encarregado de seu cumprimento, lavrará auto circunstanciado, descrevendo o estado em que se encontra a obra; e, ato contínuo, intimará o construtor e os operários a que não continuem a obra sob pena de desobediência e citará o proprietário a contestar em 5 (cinco) dias a ação.

Art. 939. Aplica-se a esta ação o disposto no art. 803.

Art. 940. O nunciado poderá, a qualquer tempo e em qualquer grau de jurisdição, requerer o prosseguimento da obra, desde que preste caução e demonstre prejuízo resultante da suspensão dela.

→ *V.* Art. 826 do CPC.

§ 1º A caução será prestada no juízo de origem, embora a causa se encontre no tribunal.

§ 2º Em nenhuma hipótese terá lugar o prosseguimento, tratando-se de obra nova levantada contra determinação de regulamentos administrativos.

Capítulo VII
DA AÇÃO DE USUCAPIÃO DE TERRAS PARTICULARES

→ *V.* Arts. 183 e 191 da CF/1988.

→ *V.* Lei 10.257/2001 – Estatuto da Cidade.

→ *V.* Lei 6.969/1981 – Usucapião especial de imóveis rurais.

Art. 941. Compete a ação de usucapião ao possuidor para que se lhe declare, nos termos da lei, o domínio do imóvel ou a servidão predial.

Art. 942. O autor, expondo na petição inicial o fundamento do pedido e juntando planta do imóvel, requererá a citação daquele em cujo nome estiver registrado o imóvel usucapiendo, bem como dos confinantes e, por edital, dos réus em lugar incerto e dos eventuais interessados, observado quanto ao prazo o disposto no inciso IV do art. 232.

→ Artigo com redação alterada pela Lei 8.951/1994.

→ *V.* Súmulas 262 e 391 do STF.

Art. 943. Serão intimados por via postal, para que manifestem interesse na causa, os representantes da Fazenda Pública da União, dos Estados, do Distrito Federal, dos Territórios e dos Municípios.

→ Artigo com redação alterada pela Lei 8.951/1994.

Art. 944. Intervirá obrigatoriamente em todos os atos do processo o Ministério Público.

→ *V.* Súmula 99 do STJ.

Art. 945. A sentença, que julgar procedente a ação, será transcrita, mediante mandado, no registro de imóveis, satisfeitas as obrigações fiscais.

→ *V.* Art. 226 da Lei 6.015/1973.

Capítulo VIII
DA AÇÃO DE DIVISÃO E DA DEMARCAÇÃO DE TERRAS PARTICULARES

Seção I
Das disposições gerais

Art. 946. Cabe:

I – a ação de demarcação ao proprietário para obrigar o seu confinante a estremar os respectivos prédios, fixando-se novos limites entre eles ou aviventando-se os já apagados;

→ *V.* Arts. 1.297 e 1.298 do CC/2002.

→ *V.* Art. 950 do CPC.

II – a ação de divisão, ao condômino para obrigar os demais consortes, a partilhar a coisa comum.

→ *V.* Art. 1.320 do CC/2002.

Art. 947. É lícita a cumulação destas ações; caso em que deverá processar-se primeiramente a demarcação total ou parcial da coisa comum, citando-se os confinantes e condôminos.

Art. 948. Fixados os marcos da linha de demarcação, os confinantes considerar-se-ão terceiros quanto ao processo divisório; fica-lhes, porém, ressalvado o direito de vindicarem os terrenos de que se julguem despojados por invasão das linhas limítrofes constitutivas do perímetro ou a reclamarem uma indenização pecuniária correspondente ao seu valor.

Art. 949. Serão citados para a ação todos os condôminos, se ainda não transitou em julgado a sentença homologatória da divisão; e todos os quinhoeiros dos terrenos vindicados, se proposta posteriormente.

→ Artigo com redação alterada pela Lei 5.925/1973.

Parágrafo único. Neste último caso, a sentença que julga procedente a ação, condenando a restituir os terrenos ou a pagar a indenização, valerá como título executivo em favor dos quinhoeiros para haverem dos outros condôminos, que forem parte na divisão, ou de seus sucessores por título universal, na proporção que lhes tocar, a composição pecuniária do desfalque sofrido.

Seção II
Da demarcação

→ *V.* Lei 6.383/1976 – Dispõe sobre o Processo Discriminatório de Terras Devolutas da União, e dá outras providências.

Art. 950. Na petição inicial, instruída com os títulos da propriedade, designar-se-á o imóvel pela situação e denominação, descrever-se-ão os limites por constituir, aviventar ou renovar e nomear-se-ão todos os confinantes da linha demarcanda.

Art. 951. O autor pode requerer a demarcação com queixa de esbulho ou turbação, formulando também o pedido de restituição do terreno invadido com os rendimentos que deu, ou a indenização dos danos pela usurpação verificada.

Art. 952. Qualquer condômino é parte legítima para promover a demarcação do imóvel comum, citando-se os demais como litisconsortes.

Art. 953. Os réus que residirem na comarca serão citados pessoalmente; os demais, por edital.

Art. 954. Feitas as citações, terão os réus o prazo comum de 20 (vinte) dias para contestar.

Art. 955. Havendo contestação, observar-se-á o procedimento ordinário; não havendo, aplica-se o disposto no art. 330, n. II.

Art. 956. Em qualquer dos casos do artigo anterior, o juiz, antes de proferir a sentença definitiva, nomeará dois arbitradores e um agrimensor para levantarem o traçado da linha demarcanda.

Art. 957. Concluídos os estudos, apresentarão os arbitradores minucioso laudo sobre o traçado da linha demarcanda, tendo em conta os títulos, marcos, rumos, a fama da vizinhança, as informações de antigos moradores do lugar e outros elementos que coligirem.

Parágrafo único. Ao laudo anexará o agrimensor a planta da região e o memorial das operações de campo, os quais serão juntos aos autos, podendo as partes, no prazo comum de 10 (dez) dias, alegar o que julgarem conveniente.

Art. 958. A sentença, que julgar procedente a ação, determinará o traçado da linha demarcanda.

Art. 959. Tanto que passe em julgado a sentença, o agrimensor efetuará a demarcação, colocando os marcos necessários. Todas as operações serão consignadas em planta e memorial descritivo com as referências convenientes para a identificação, em qualquer tempo, dos pontos assinalados.

Art. 960. Nos trabalhos de campo observar-se-ão as seguintes regras:

I – a declinação magnética da agulha será determinada na estação inicial;

II – empregar-se-ão os instrumentos aconselhados pela técnica;

III – quando se utilizarem fitas metálicas ou correntes, as medidas serão tomadas horizontalmente, em lances determinados pelo declive, de 20 (vinte) metros no máximo;

IV – as estações serão marcadas por pequenas estacas, fortemente cravadas, colocando-se ao lado estacas maiores, numeradas;

V – quando as estações não tiverem afastamento superior a 50 (cinquenta) metros, as visadas serão feitas sobre balizas com o diâmetro máximo de 12 (doze) milímetros;

VI – tomar-ser-ão por aneroides ou por cotas obtidas mediante levantamento taqueométrico as altitudes dos pontos mais acidentados.

Art. 961. A planta será orientada segundo o meridiano do marco primordial, determinada a declinação magnética e conterá:

I – as altitudes relativas de cada estação do instrumento e a conformação altimétrica ou orográfica aproximativa dos terrenos;

II – as construções existentes, com indicação dos seus fins, bem como os marcos, valos, cercas, muros divisórios e outros quaisquer vestígios que possam servir ou tenham servido de base à demarcação;

III – as águas principais, determinando-se, quanto possível, os volumes, de modo que se lhes possa calcular o valor mecânico;

IV – a indicação, por cores convencionais, das culturas existentes, pastos, campos, matas, capoeiras e divisas do imóvel.

Parágrafo único. As escalas das plantas podem variar entre os limites de 1 (um) para 500 (quinhentos) a 1 (um) para 5.000 (cinco mil) conforme a extensão das propriedades rurais, sendo admissível a de 1 (um) para 10.000 (dez mil) nas propriedades de mais de 5 (cinco) quilômetros quadrados.

Art. 962. Acompanharão as plantas as cadernetas de operações de campo e o memorial descritivo, que conterá:

I – o ponto de partida, os rumos seguidos e a aviventação dos antigos com os respectivos cálculos;

II – os acidentes encontrados, as cercas, valos, marcos antigos, córregos, rios, lagoas e outros;

III – a indicação minuciosa dos novos marcos cravados, das culturas existentes e sua produção anual;

IV – a composição geológica dos terrenos, bem como a qualidade e extensão dos campos, matas e capoeiras;

V – as vias de comunicação;

VI – as distâncias à estação da estrada de ferro, ao porto de embarque e ao mercado mais próximo;

VII – a indicação de tudo o mais que for útil para o levantamento da linha ou para a identificação da linha já levantada.

Art. 963. É obrigatória a colocação de marcos assim na estação inicial – marco primordial – como nos vértices dos ângulos, salvo se algum destes últimos pontos for assinalado por acidentes naturais de difícil remoção ou destruição.

Art. 964. A linha será percorrida pelos arbitradores, que examinarão os marcos e rumos, consignando em relatório escrito a exatidão do memorial e planta apresentados pelo agrimensor ou as divergências porventura encontradas.

Art. 965. Junto aos autos o relatório dos arbitradores, determinará o juiz que as partes se manifestem sobre ele no prazo comum de 10 (dez) dias. Em seguida, executadas as correções e retificações que ao juiz pareçam necessárias, lavrar-se-á o auto de demarcação em que os limites demarcandos serão minuciosamente descritos de acordo com o memorial e a planta.

Art. 966. Assinado o auto pelo juiz, arbitradores e agrimensor, será proferida a sentença homologatória da demarcação.

Seção III
Da divisão

Art. 967. A petição inicial, elaborada com observância dos requisitos do art. 282 e instruída com os títulos de domínio do promovente, conterá:

→ V. Art. 1.320 do CC/2002.

I – a indicação da origem da comunhão e a denominação, situação, limites e característicos do imóvel;

II – o nome, o estado civil, a profissão e a residência de todos os condôminos, especificando-se os estabelecidos no imóvel com benfeitorias e culturas;

III – as benfeitorias comuns.

Art. 968. Feitas as citações como preceitua o art. 953, prosseguir-se-á na forma dos arts. 954 e 955.

Art. 969. Prestado o compromisso pelos arbitradores e agrimensor, terão início, pela medição do imóvel, as operações de divisão.

Art. 970. Todos os condôminos serão intimados a apresentar, dentro em 10 (dez) dias, os seus títulos, se ainda não o tiverem feito; e a formular os seus pedidos sobre a constituição dos quinhões.

Art. 971. O juiz ouvirá as partes no prazo comum de 10 (dez) dias.

Parágrafo único. Não havendo impugnação, o juiz determinará a divisão geodésica do imóvel; se houver, proferirá, no prazo de 10 (dez) dias, decisão sobre os pedidos e os títulos que devam ser atendidos na formação dos quinhões.

Art. 972. A medição será efetuada na forma dos arts. 960 a 963.

Art. 973. Se qualquer linha do perímetro atingir benfeitorias permanentes dos confinantes, feitas há mais de 1 (um) ano, serão elas respeitadas, bem como os terrenos onde estiverem, os quais não se computarão na área dividenda.

Parágrafo único. Consideram-se benfeitorias, para os efeitos deste artigo, as edificações, muros, cercas, culturas e pastos fechados, não abandonados há mais de 2 (dois) anos.

→ V. Arts. 96 e 97 do CC/2002.

Art. 974. É lícito aos confinantes do imóvel dividendo demandar a restituição dos terrenos que lhes tenham sido usurpados.

→ Artigo com redação alterada pela Lei 5.925/1973.

§ 1º Serão citados para a ação todos os condôminos, se ainda não transitou em julgado a sentença homologatória da divisão; e todos os quinhoeiros dos terrenos vindicados, se proposta posteriormente.

§ 2º Neste último caso terão os quinhoeiros o direito, pela mesma sentença que os obrigar à restituição, a haver dos outros condôminos do processo divisório, ou de seus sucessores a título universal, a composição pecuniária proporcional ao desfalque sofrido.

Art. 975. Concluídos os trabalhos de campo, levantará o agrimensor a planta do imóvel e organizará o memorial descritivo das operações, observado o disposto nos arts. 961 a 963.

§ 1º A planta assinalará também:

I – as povoações e vias de comunicação existentes no imóvel;

II – as construções e benfeitorias, com a indicação dos seus fins, proprietários e ocupantes;

III – as águas principais que banham o imóvel;

IV – a composição geológica, qualidade e vestimenta dos terrenos, bem como o valor destes e das culturas.

§ 2º O memorial descritivo indicará mais:

I – a composição geológica, a qualidade e o valor dos terrenos, bem como a cultura e o destino a que melhor possam adaptar-se;

II – as águas que banham o imóvel, determinando-lhes, tanto quanto possível, o volume, de modo que se lhes possa calcular o valor mecânico;

III – a qualidade e a extensão aproximada de campos e matas;

IV – as indústrias exploradas e as suscetíveis de exploração;

V – as construções, benfeitorias e culturas existentes, mencionando-se os respectivos proprietários e ocupantes;

VI – as vias de comunicação estabelecidas e as que devam ser abertas;

VII – a distância aproximada à estação de transporte de mais fácil acesso;

VIII – quaisquer outras informações que possam concorrer para facilitar a partilha.

Art. 976. Durante os trabalhos de campo procederão os arbitradores ao exame, classificação e avaliação das terras, culturas, edifícios e outras benfeitorias, entregando o laudo ao agrimensor.

Art. 977. O agrimensor avaliará o imóvel no seu todo, se os arbitradores reconhecerem que a homogeneidade das terras não determina variedade de preços; ou o classificará em áreas, se houver diversidade de valores.

Art. 978. Em seguida os arbitradores e o agrimensor proporão, em laudo fundamentado, a forma da divisão, devendo consultar, quanto possível, a comodidade das partes, respeitar, para adjudicação a cada condômino, a preferência dos terrenos contíguos às suas residências e benfeitorias e evitar o retalhamento dos quinhões em glebas separadas.

§ 1º O cálculo será precedido do histórico das diversas transmissões efetuadas a partir do ato ou fato gerador da comunhão, atualizando-se os valores primitivos.

§ 2º Seguir-se-ão, em títulos distintos, as contas de cada condômino, mencionadas todas as aquisições e alterações em ordem cronológica, bem como as respectivas datas e as folhas dos autos onde se encontrem os documentos correspondentes.

§ 3º O plano de divisão será também consignado em um esquema gráfico.

Art. 979. Ouvidas as partes, no prazo comum de 10 (dez) dias, sobre o cálculo e o plano da divisão, deliberará o juiz a partilha. Em cumprimento desta decisão, procederá o agrimensor, assistido pelos arbitradores, à demarcação dos quinhões, observando, além do disposto nos arts. 963 e 964, as seguintes regras:

I – as benfeitorias comuns, que não comportarem divisão cômoda, serão adjudicadas a um dos condôminos mediante compensação;

II – instituir-se-ão as servidões que forem indispensáveis, em favor de uns quinhões sobre os outros, incluindo o respectivo valor no orçamento para que, não se tratando de servidões naturais, seja compensado o condômino aquinhoado com o prédio serviente;

III – as benfeitorias particulares dos condôminos, que excederem a área a que têm direito, serão adjudicadas ao quinhoeiro vizinho mediante reposição;

IV – se outra coisa não acordarem as partes, as compensações e reposições serão feitas em dinheiro.

Art. 980. Terminados os trabalhos e desenhados na planta os quinhões e as servidões aparentes, organizará o agrimensor o memorial descritivo. Em seguida, cumprido o disposto no art. 965, o escrivão lavrará o auto de divisão, seguido de uma folha de pagamento para cada condômino. Assinado o auto pelo juiz, agrimensor e arbitradores, será proferida sentença homologatória da divisão.

→ Artigo com redação alterada pela Lei 5.925/1973.

§ 1º O auto conterá:

I – a confinação e a extensão superficial do imóvel;

II – a classificação das terras com o cálculo das áreas de cada consorte e a respectiva avaliação, ou a avaliação do imóvel na sua integridade, quando a homogeneidade das terras não determinar diversidade de valores;

III – o valor e a quantidade geométrica que couber a cada condômino, declarando-se as reduções e compensações resultantes da diversidade de valores das glebas componentes de cada quinhão.

§ 2º Cada folha de pagamento conterá:

I – a descrição das linhas divisórias do quinhão, mencionadas as confinantes;

II – a relação das benfeitorias e culturas do próprio quinhoeiro e das que lhe foram adjudicadas por serem comuns ou mediante compensação;

III – a declaração das servidões instituídas, especificados os lugares, a extensão e modo de exercício.

Art. 981. Aplica-se às divisões o disposto nos arts. 952 a 955.

→ Artigo com redação alterada pela Lei 5.925/1973.

Capítulo IX
DO INVENTÁRIO E DA PARTILHA

→ *v.* Art. 5º, XXVII e XXX da CF/1988.

→ *v.* Lei 11.441/2007 – Possibilita inventário, partilha, separação consensual e divórcio consensual por via administrativa.

Seção I
Das disposições gerais

Art. 982. Havendo testamento ou interessado incapaz, proceder-se-á ao inventário judicial; se todos forem capazes e concordes, poderá fazer-se o inventário e a partilha por escritura pública, a qual constituirá título hábil para o registro imobiliário.

→ *Caput* com redação alterada pela Lei 11.441/2007.

§ 1º O tabelião somente lavrará a escritura pública se todas as partes interessadas estiverem assistidas por advogado comum ou advogados de cada uma delas ou por defensor público, cuja qualificação e assinatura constarão do ato notarial.

→ § 1º acrescentado pela Lei 11.965/2009.

§ 2º A escritura e demais atos notariais serão gratuitos àqueles que se declararem pobres sob as penas da lei.

→ § 2º acrescentado pela Lei 11.965/2009.

Art. 983. O processo de inventário e partilha deve ser aberto dentro de 60 (sessenta) dias a contar da abertura da sucessão, ultimando-se nos 12 (doze) meses subsequentes, podendo o juiz prorrogar tais prazos, de ofício ou a requerimento de parte.

→ *Caput* com redação alterada pela Lei 11.441/2007.

→ *v.* Súmula 542 do STF.

→ *v.* Art. 1.796 do CC/2002.

Parágrafo único. *(Revogado pela Lei 11.441/2007).*

Art. 984. O juiz decidirá todas as questões de direito e também as questões de fato, quando este se achar provado por documento, só remetendo para os meios ordinários as que demandarem alta indagação ou dependerem de outras provas.

Art. 985. Até que o inventariante preste o compromisso (art. 990, parágrafo único), continuará o espólio na posse do administrador provisório.

Art. 986. O administrador provisório representa ativa e passivamente o espólio, é obrigado a trazer ao acervo os frutos que desde a abertura da sucessão percebeu, tem direito ao reembolso das despesas necessárias e úteis que fez e responde pelo dano a que, por dolo ou culpa, der causa.

Seção II
Da legitimidade para requerer o inventário

Art. 987. A quem estiver na posse e administração do espólio incumbe, no prazo estabelecido no art. 983, requerer o inventário e a partilha.

Parágrafo único. O requerimento será instruído com a certidão de óbito do autor da herança.

Art. 988. Tem, contudo, legitimidade concorrente:

I – o cônjuge supérstite;

II – o herdeiro;

III – o legatário;

IV – o testamenteiro;

V – o cessionário do herdeiro ou do legatário;

VI – o credor do herdeiro, do legatário ou do autor da herança;

VII – o síndico da falência do herdeiro, do legatário, do autor da herança ou do cônjuge supérstite;

VIII – o Ministério Público, havendo herdeiros incapazes;

IX – a Fazenda Pública, quando tiver interesse.

Art. 989. O juiz determinará, de ofício, que se inicie o inventário, se nenhuma das pessoas mencionadas nos artigos antecedentes o requerer no prazo legal.

Seção III
Do inventariante e das primeiras declarações

Art. 990. O juiz nomeará inventariante:

I – o cônjuge ou companheiro sobrevivente, desde que estivesse convivendo com o outro ao tempo da morte deste;

→ Inciso I com redação alterada pela Lei 12.195/2010.

II – o herdeiro que se achar na posse e administração do espólio, se não houver cônjuge ou companheiro sobrevivente ou estes não puderem ser nomeados;

→ Inciso II com redação alterada pela Lei 12.195/2010.

III – qualquer herdeiro, nenhum estando na posse e administração do espólio;

IV – o testamenteiro, se lhe foi confiada a administração do espólio ou toda a herança estiver distribuída em legados;

V – o inventariante judicial, se houver;

VI – pessoa estranha idônea, onde não houver inventariante judicial.

Parágrafo único. O inventariante, intimado da nomeação, prestará, dentro de 5 (cinco) dias, o compromisso de bem e fielmente desempenhar o cargo.

Art. 991. Incumbe ao inventariante:

→ *v.* Art. 131, II e III, do CTN.

I – representar o espólio ativa e passivamente, em juízo ou fora dele, observando-se, quanto ao dativo, o disposto no art. 12, § 1º;

II – administrar o espólio, velando-lhe os bens com a mesma diligência como se seus fossem;

III – prestar as primeiras e últimas declarações pessoalmente ou por procurador com poderes especiais;

IV – exibir em cartório, a qualquer tempo, para exame das partes, os documentos relativos ao espólio;

V – juntar aos autos certidão do testamento, se houver;

VI – trazer à colação os bens recebidos pelo herdeiro ausente, renunciante ou excluído;

VII – prestar contas de sua gestão ao deixar o cargo ou sempre que o juiz lhe determinar;

VIII – requerer a declaração de insolvência (art. 748).

Art. 992. Incumbe ainda ao inventariante, ouvidos os interessados e com autorização do juiz:

I – alienar bens de qualquer espécie;

II – transigir em juízo ou fora dele;

→ *v.* Arts. 840 a 850 do CC/2002.

III – pagar dívidas do espólio;

IV – fazer as despesas necessárias com a conservação e o melhoramento dos bens do espólio.

Art. 993. Dentro de 20 (vinte) dias, contados da data em que prestou o compromisso, fará o inventariante as primeiras declarações, das quais se lavrará termo circunstanciado. No termo, assinado pelo juiz, escrivão e inventariante, serão exarados:

→ Artigo com redação alterada pela Lei 5.925/1973.

I – o nome, estado, idade e domicílio do autor da herança, dia e lugar em que faleceu e bem ainda se deixou testamento;

II – o nome, estado, idade e residência dos herdeiros e, havendo cônjuge supérstite, o regime de bens do casamento;

III – a qualidade dos herdeiros e o grau de seu parentesco com o inventariado;

IV – a relação completa e individuada de todos os bens do espólio e dos alheios que nele forem encontrados, descrevendo-se:

a) os imóveis, com as suas especificações, nomeadamente local em que se encontram, extensão da área, limites, confrontações, benfeitorias, origem dos títulos, números das transcrições aquisitivas e ônus que os gravam;

b) os móveis, com os sinais característicos;

c) os semoventes, seu número, espécies, marcas e sinais distintivos;

d) o dinheiro, as joias, os objetos de ouro e prata, e as pedras preciosas, declarando-se-lhes especificadamente a qualidade, o peso e a importância;

e) os títulos da dívida pública, bem como as ações, cotas e títulos de sociedade, mencionando-se-lhes o número, o valor e a data;

f) as dívidas ativas e passivas, indicando-se-lhes as datas, títulos, origem da obrigação, bem como os nomes dos credores e dos devedores;

g) direitos e ações;

h) o valor corrente de cada um dos bens do espólio.

Parágrafo único. O juiz determinará que se proceda:

I – ao balanço do estabelecimento, se o autor da herança era comerciante em nome individual;

II – a apuração de haveres, se o autor da herança era sócio de sociedade que não anônima.

→ *v.* Súmula 265 do STF.

Art. 994. Só se pode arguir de sonegação ao inventariante depois de encerrada a descrição dos bens, com a declaração, por ele feita, de não existirem outros por inventariar.

→ *v.* Art. 1.996 do CC/2002.

Art. 995. O inventariante será removido:

I – se não prestar, no prazo legal, as primeiras e as últimas declarações;

II – se não der ao inventário andamento regular, suscitando dúvidas infundadas ou praticando atos meramente protelatórios;

III – se, por culpa sua, se deteriorarem, forem dilapidados ou sofrerem dano bens do espólio;

IV – se não defender o espólio nas ações em que for citado, deixar de cobrar dívidas ativas ou não promover as medidas necessárias para evitar o perecimento de direitos;

V – se não prestar contas ou as que prestar não forem julgadas boas;

VI – se sonegar, ocultar ou desviar bens do espólio.

Art. 996. Requerida a remoção com fundamento em qualquer dos números do artigo antecedente, será intimado o inventariante para, no prazo de 5 (cinco) dias, defender-se e produzir provas.

Parágrafo único. O incidente da remoção correrá em apenso aos autos do inventário.

Art. 997. Decorrido o prazo com a defesa do inventariante ou sem ela, o juiz decidirá. Se remover o inventariante, nomeará outro, observada a ordem estabelecida no art. 990.

Art. 998. O inventariante removido entregará imediatamente ao substituto os bens do espólio; deixando de fazê-lo, será compelido mediante mandado de busca e apreensão, ou de imissão na posse, conforme se tratar de bem móvel ou imóvel.

Seção IV
Das citações e das impugnações

Art. 999. Feitas as primeiras declarações, o juiz mandará citar, para os termos do inventário e partilha, o cônjuge, os herdeiros, os legatários, a Fazenda Pública, o Ministério Público, se houver herdeiro incapaz ou ausente, e o testamenteiro, se o finado deixou testamento.

→ Artigo com redação alterada pela Lei 5.925/1973.

§ 1º Citar-se-ão, conforme o disposto nos arts. 224 a 230, somente as pessoas domiciliadas na comarca por onde corre o inventário ou que aí foram encontradas; e por edital, com prazo de 20 (vinte) a 60 (sessenta) dias, todas as demais, residentes, assim no Brasil como no estrangeiro.

§ 2º Das primeiras declarações extrair-se-ão tantas cópias quantas forem as partes.

§ 3º O oficial de justiça, ao proceder à citação, entregará um exemplar a cada parte.

§ 4º Incumbe ao escrivão remeter cópias à Fazenda Pública, ao Ministério Público, ao testamenteiro se houver, e ao advogado, se a parte já estiver representada nos autos.

Art. 1.000. Concluídas as citações, abrir-se-á vista às partes, em cartório e pelo prazo comum de 10 (dez) dias, para dizerem sobre as primeiras declarações. Cabe à parte:

I – arguir erros e omissões;

II – reclamar contra a nomeação do inventariante;

III – contestar a qualidade de quem foi incluído no título de herdeiro.

Parágrafo único. Julgando procedente a impugnação referida no n. I, o juiz mandará retificar as primeiras declarações. Se acolher o pedido, de que trata o n. II, nomeará outro inventariante, observada a preferência legal. Verificando que a disputa sobre a qualidade de herdeiro, a que alude o n. III, constitui matéria de alta indagação, remeterá a parte para os meios ordinários e sobrestará, até o julgamento da ação, na entrega do quinhão que na partilha couber ao herdeiro admitido.

Art. 1.001. Aquele que se julgar preterido poderá demandar a sua admissão no inventário, requerendo-o antes da partilha. Ouvidas as partes no prazo de 10 (dez) dias, o juiz decidirá. Se não acolher o pedido, remeterá o requerente para os meios ordinários, mandando reservar, em poder do inventariante, o quinhão do herdeiro excluído, até que se decida o litígio.

Art. 1.002. A Fazenda Pública, no prazo de 20 (vinte) dias, após a vista de que trata o art. 1.000, informará ao juízo, de acordo com os dados que constam de seu cadastro imobiliário, o valor dos bens de raiz descritos nas primeiras declarações.

→ Artigo com redação alterada pela Lei 5.925/1973.

Seção V
Da avaliação e do cálculo do imposto

Art. 1.003. Findo o prazo do art. 1.000, sem impugnação ou decidida a que houver sido oposta, o juiz nomeará um perito para avaliar os bens do espólio, se não houver na comarca avaliador judicial.

Parágrafo único. No caso previsto no art. 993, parágrafo único, o juiz nomeará um contador para levantar o balanço ou apurar os haveres.

Art. 1.004. Ao avaliar os bens do espólio, observará o perito, no que for aplicável, o disposto nos arts. 681 a 683.

Art. 1.005. O herdeiro que requerer, durante a avaliação, a presença do juiz e do escrivão, pagará as despesas da diligência.

Art. 1.006. Não se expedirá carta precatória para a avaliação de bens situados fora da comarca por onde corre o inventário, se eles forem de pequeno valor ou perfeitamente conhecidos do perito nomeado.

Art. 1.007. Sendo capazes todas as partes, não se procederá à avaliação, se a Fazenda Pública, intimada na forma do art. 237, n. I, concordar expressamente com o valor atribuído, nas primeiras declarações, aos bens do espólio.

→ Artigo com redação alterada pela Lei 5.925/1973.

Art. 1.008. Se os herdeiros concordarem com o valor dos bens declarados pela Fazenda Pública, a avaliação cingir-se-á aos demais.

→ Artigo com redação alterada pela Lei 5.925/1973.

Art. 1.009. Entregue o laudo de avaliação, o juiz mandará que sobre ele se manifestem as partes no prazo de 10 (dez) dias, que correrá em cartório.

§ 1º Versando a impugnação sobre o valor dado pelo perito, o juiz a decidirá de plano, à vista do que constar dos autos.

§ 2º Julgando procedente a impugnação, determinará o juiz que o perito retifique a avaliação, observando os fundamentos da decisão.

Art. 1.010. O juiz mandará repetir a avaliação:

I – quando viciada por erro ou dolo do perito;

II – quando se verificar, posteriormente à avaliação, que os bens apresentam defeito que lhes diminui o valor.

Art. 1.011. Aceito o laudo ou resolvidas as impugnações suscitadas a seu respeito lavrar-se-á em seguida o termo de últimas declarações, no qual o inventariante poderá emendar, aditar ou completar as primeiras.

Art. 1.012. Ouvidas as partes sobre as últimas declarações no prazo comum de 10 (dez) dias, proceder-se-á ao cálculo do imposto.

Art. 1.013. Feito o cálculo, sobre ele serão ouvidas todas as partes no prazo comum de 5 (cinco) dias, que correrá em cartório e, em seguida, a Fazenda Pública.

§ 1º Se houver impugnação julgada procedente, ordenará o juiz novamente a remessa dos autos ao contador, determinando as alterações que devam ser feitas no cálculo.

§ 2º Cumprido o despacho, o juiz julgará o cálculo do imposto.

Seção VI
Das colações

Art. 1.014. No prazo estabelecido no art. 1.000, o herdeiro obrigado à colação conferirá por termo nos autos os bens que recebeu ou, se já os não possuir, trar-lhes-á o valor.

Parágrafo único. Os bens que devem ser conferidos na partilha, assim como as acessões e benfeitorias que o donatário fez, calcular-se-ão pelo valor que tiverem ao tempo da abertura da sucessão.

Art. 1.015. O herdeiro que renunciou à herança ou o que dela foi excluído não se exime, pelo fato da renúncia ou da exclusão, de conferir, para o efeito de repor a parte inoficiosa, as liberalidades que houve do doador.

§ 1º É lícito ao donatário escolher, dos bens doados, tantos quantos bastem para perfazer a legítima e a metade disponível, entrando na partilha o excedente para ser dividido entre os demais herdeiros.

§ 2º Se a parte inoficiosa da doação recair sobre bem imóvel, que não comporte divisão cômoda, o juiz determinará que sobre ela se proceda entre os herdeiros à licitação; o donatário poderá concorrer na licitação e, em igualdade de condições, preferirá aos herdeiros.

Art. 1.016. Se o herdeiro negar o recebimento dos bens ou a obrigação de os conferir, o juiz, ouvidas as partes no prazo comum de 5 (cinco) dias, decidirá à vista das alegações e provas produzidas.

§ 1º Declarada improcedente a oposição, se o herdeiro, no prazo improrrogável de 5 (cinco) dias, não proceder à conferência, o juiz mandará sequestrar-lhe, para serem inventariados e partilhados, os bens sujeitos à colação, ou imputar ao seu quinhão hereditário o valor deles, se já os não possuir.

§ 2º Se a matéria for de alta indagação, o juiz remeterá as partes para os meios ordinários, não podendo o herdeiro receber o seu quinhão hereditário, enquanto pender a demanda, sem prestar caução correspondente ao valor dos bens sobre que versar a conferência.

Seção VII
Do pagamento das dívidas

Art. 1.017. Antes da partilha, poderão os credores do espólio requerer ao juízo do inventário o pagamento das dívidas vencidas e exigíveis.

→ *v.* Arts. 1.997 a 2.001 do CC/2002.

→ *v.* Art. 992 do CPC.

→ *v.* Art. 4º da Lei 6.830/1980.

§ 1º A petição, acompanhada de prova literal da dívida, será distribuída por dependência e autuada em apenso aos autos do processo de inventário.

§ 2º Concordando as partes com o pedido, o juiz, ao declarar habilitado o credor, mandará que se faça a separação de dinheiro ou, em sua falta, de bens suficientes para o seu pagamento.

§ 3º Separados os bens, tantos quantos forem necessários para o pagamento dos credores habilitados, o juiz mandará aliená-los em praça ou leilão, observadas, no que forem aplicáveis, as regras do Livro II, Título II, Capítulo IV, Seção I, Subseção VII e Seção II, Subseções I e II.

→ *v.* Art. 1.022 do CPC.

§ 4º Se o credor requerer que, em vez de dinheiro, lhe sejam adjudicados, para o seu pagamento, os bens já reservados, o juiz deferir-lhe-á o pedido, concordando todas as partes.

Art. 1.018. Não havendo concordância de todas as partes sobre o pedido de pagamento feito pelo credor, será ele remetido para os meios ordinários.

Parágrafo único. O juiz mandará, porém, reservar em poder do inventariante bens suficientes para pagar o credor, quando a dívida constar de documento que comprove suficientemente a obrigação e a impugnação não se fundar em quitação.

Art. 1.019. O credor de dívida líquida e certa, ainda não vencida, pode requerer habilitação no inventário. Concordando as partes com o pedido, o juiz, ao julgar habilitado o crédito, mandará que se faça separação de bens para o futuro pagamento.

Art. 1.020. O legatário é parte legítima para manifestar-se sobre as dívidas do espólio:

→ *v.* Arts. 1.912 a 1.922 do CC/2002.

I – quando toda a herança for dividida em legados;

II – quando o reconhecimento das dívidas importar redução dos legados.

Art. 1.021. Sem prejuízo do disposto no art. 674, é lícito aos herdeiros, ao separarem bens para o pagamento de dívidas, autorizar que o inventariante os nomeie à penhora no processo em que o espólio for executado.

Seção VIII
Da partilha

Art. 1.022. Cumprido o disposto no art. 1.017, § 3º, o juiz facultará às partes que, no prazo comum de 10 (dez) dias, formulem o pedido de quinhão; em seguida proferirá, no prazo de 10 (dez) dias, o despacho de deliberação da partilha, resolvendo os pedidos das partes e designando os bens que devam constituir quinhão de cada herdeiro e legatário.

→ *v.* Arts. 2.013 a 2.021 do CC/2002.

Art. 1.023. O partidor organizará o esboço da partilha de acordo com a decisão, observando nos pagamentos a seguinte ordem:

I – dívidas atendidas;

II – meação do cônjuge;

III – meação disponível;

IV – quinhões hereditários, a começar pelo coerdeiro mais velho.

Art. 1.024. Feito o esboço, dirão sobre ele as partes no prazo comum de 5 (cinco) dias. Resolvidas as reclamações, será a partilha lançada nos autos.

Art. 1.025. A partilha constará:

I – de um auto de orçamento, que mencionará:

a) os nomes do autor da herança, do inventariante, do cônjuge supérstite, dos herdeiros, dos legatários e dos credores admitidos;

b) o ativo, o passivo e o líquido partível, com as necessárias especificações;

c) o valor de cada quinhão;

II – de uma folha de pagamento para cada parte, declarando a cota a pagar-lhe, a razão do pagamento, a relação dos bens que lhe compõem o quinhão, as características que os individualizam e os ônus que os gravam.

Parágrafo único. O auto e cada uma das folhas serão assinados pelo juiz e pelo escrivão.

Art. 1.026. Pago o imposto de transmissão a título de morte, e junta aos autos certidão ou informação negativa de dívida para com a Fazenda Pública, o juiz julgará por sentença a partilha.

→ *v.* Art. 192 do CTN.

Art. 1.027. Passada em julgado a sentença mencionada no artigo antecedente, receberá o herdeiro os bens que lhe tocarem e um formal de partilha, do qual constarão as seguintes peças:

I – termo de inventariante e título de herdeiros;

II – avaliação dos bens que constituíram o quinhão do herdeiro;

III – pagamento do quinhão hereditário;

IV – quitação dos impostos;

V – sentença.

Parágrafo único. O formal de partilha poderá ser substituído por certidão do pagamento do quinhão hereditário, quando este não exceder cinco vezes o salário mínimo vigente na sede do juízo; caso em que se transcreverá nela a sentença de partilha transitada em julgado.

Art. 1.028. A partilha, ainda depois de passar em julgado a sentença (art. 1.026), pode ser emendada nos mesmos autos do inventário, convindo todas as partes, quando tenha havido erro de fato na descrição dos bens; o juiz, de ofício ou a requerimento da parte, poderá, a qualquer tempo, corrigir-lhe as inexatidões materiais.

Art. 1.029. A partilha amigável, lavrada em instrumento público, reduzida a termo nos autos do inventário ou constante de escrito particular homologado pelo juiz, pode ser anulada, por dolo, coação, erro essencial ou intervenção de incapaz.

→ Artigo com redação alterada pela Lei 5.925/1973.

Parágrafo único. O direito de propor ação anulatória de partilha amigável prescreve em 1 (um) ano, contado este prazo:

→ *v.* Art. 2.027 do CC/2002.

I – no caso de coação, do dia em que ela cessou;

II – no de erro ou dolo, do dia em que se realizou o ato;

III – quanto ao incapaz, do dia em que cessar a incapacidade.

Art. 1.030. É rescindível a partilha julgada por sentença:

I – nos casos mencionados no artigo antecedente;

II – se feita com preterição de formalidades legais;

III – se preteriu herdeiro ou incluiu quem não o seja.

Seção IX
Do arrolamento

Art. 1.031. A partilha amigável, celebrada entre partes capazes, nos termos do art. 2.015 da Lei 10.406, de 10 de janeiro de 2002 – Código Civil, será homologada de plano pelo juiz, mediante a prova da quitação dos tributos relativos aos bens do espólio e às suas rendas, com observância dos arts. 1.032 a 1.035 desta Lei.

→ *Caput* com redação alterada pela Lei 11.441/2007.

→ *v.* Art. 2.015 do CC/2002.

§ 1º O disposto neste artigo aplica-se, também, ao pedido de adjudicação, quando houver herdeiro único.

→ Anterior parágrafo único renumerado para § 1º pela Lei 9.280/1996.

§ 2º Transitada em julgado a sentença de homologação de partilha ou adjudicação, o respectivo formal, bem como os alvarás referentes aos bens por ele abrangidos, só serão expedidos e entregues às partes após a comprovação, verificada pela Fazenda Pública, do pagamento de todos os tributos.

→ § 2º acrescentado pela Lei 9.280/1996.

Art. 1.032. Na petição de inventário, que se processará na forma de arrolamento sumário, independentemente da lavratura de termos de qualquer espécie, os herdeiros:

→ Artigo com redação alterada pela Lei 7.019/1982.

I – requererão ao juiz a nomeação do inventariante que designarem;

II – declararão os títulos dos herdeiros e os bens do espólio, observado o disposto no art. 993 desta Lei;

III – atribuirão o valor dos bens do espólio, para fins de partilha.

Art. 1.033. Ressalvada a hipótese prevista no parágrafo único do art. 1.035 desta Lei, não se procederá à avaliação dos bens do espólio para qualquer finalidade.

→ Artigo com redação alterada pela Lei 7.019/1982.

Art. 1.034. No arrolamento, não serão conhecidas ou apreciadas questões relativas ao lançamento, ao pagamento ou à quitação de taxas judiciárias e de tributos incidentes sobre a transmissão da propriedade dos bens do espólio.

→ Artigo com redação alterada pela Lei 7.019/1982.

§ 1º A taxa judiciária, se devida, será calculada com base no valor atribuído pelos herdeiros, cabendo ao fisco, se apurar em processo administrativo valor diverso do estimado, exigir a eventual diferença pelos meios adequados ao lançamento de créditos tributários em geral.

§ 2º O imposto de transmissão será objeto de lançamento administrativo, conforme dispuser a legislação tributária, não ficando as autoridades fazendárias adstritas aos valores dos bens do espólio atribuídos pelos herdeiros.

Art. 1.035. A existência de credores do espólio não impedirá a homologação da partilha ou da adjudicação, se forem reservados bens suficientes para o pagamento da dívida.

→ Artigo com redação alterada pela Lei 7.019/1982.

Parágrafo único. A reserva de bens será realizada pelo valor estimado pelas partes, salvo se o credor, regularmente notificado, impugnar a estimativa, caso em que se promoverá a avaliação dos bens a serem reservados.

Art. 1.036. Quando o valor dos bens do espólio for igual ou inferior a 2.000 (duas mil) Obrigações Reajustáveis do Tesouro Nacional – ORTN, o inventário processar-se-á na forma de arrolamento, cabendo ao inventariante nomeado, independentemente da assinatura de termo de compromisso, apresentar, com suas declarações, a atribuição do valor dos bens do espólio e o plano da partilha.

→ Artigo com redação alterada pela Lei 7.019/1982.

§ 1º Se qualquer das partes ou o Ministério Público impugnar a estimativa, o juiz nomeará um avaliador que oferecerá laudo em 10 (dez) dias.

§ 2º Apresentado o laudo, o juiz, em audiência que designar, deliberará sobre a partilha, decidindo de plano todas as reclamações e mandando pagar as dívidas não impugnadas.

§ 3º Lavrar-se-á de tudo um só termo, assinado pelo juiz e pelas partes presentes.

§ 4º Aplicam-se a esta espécie de arrolamento, no que couberem, as disposições do art. 1.034 e seus parágrafos, relativamente ao lançamento, ao pagamento e à quitação da taxa judiciária e do imposto sobre a transmissão da propriedade dos bens do espólio.

§ 5º Provada a quitação dos tributos relativos aos bens do espólio e às suas rendas, o juiz julgará a partilha.

Art. 1.037. Independerá de inventário ou arrolamento o pagamento dos valores previstos na Lei 6.858, de 24 de novembro de 1980.

→ Artigo com redação alterada pela Lei 7.019/1982.

→ V. Lei 6.858/1980 – Dispõe sobre o Pagamento, aos Dependentes ou Sucessores, de Valores Não Recebidos em Vida pelos Respectivos Titulares.

Art. 1.038. Aplicam-se subsidiariamente a esta seção as disposições das seções antecedentes, bem como as da seção subsequente.

→ Artigo com redação alterada pela Lei 7.019/1982.

Seção X
Das disposições comuns às seções precedentes

Art. 1.039. Cessa a eficácia das medidas cautelares previstas nas várias seções deste Capítulo:

I – se a ação não for proposta em 30 (trinta) dias, contados da data em que da decisão foi intimado o impugnante (art. 1.000, parágrafo único), o herdeiro excluído (art. 1.001) ou o credor não admitido (art. 1.018);

II – se o juiz declarar extinto o processo de inventário com ou sem julgamento do mérito.

Art. 1.040. Ficam sujeitos à sobrepartilha os bens:

I – sonegados;

II – da herança que se descobrirem depois da partilha;

III – litigiosos, assim como os de liquidação difícil ou morosa;

IV – situados em lugar remoto da sede do juízo onde se processa o inventário.

Parágrafo único. Os bens mencionados nos ns. III e IV deste artigo serão reservados à sobrepartilha sob a guarda e administração do mesmo ou de diverso inventariante, a aprazimento da maioria dos herdeiros.

Art. 1.041. Observar-se-á na sobrepartilha dos bens o processo de inventário e partilha.

Parágrafo único. A sobrepartilha correrá nos autos do inventário do autor da herança.

Art. 1.042. O juiz dará curador especial:

→ V. Art. 1.692 do CC/2002.

→ V. Art. 9º do CPC.

I – ao ausente, se o não tiver;

II – ao incapaz, se concorrer na partilha com o seu representante.

Art. 1.043. Falecendo o cônjuge meeiro supérstite antes da partilha dos bens do pré-morto, as duas heranças serão cumulativamente inventariadas e partilhadas, se os herdeiros de ambos forem os mesmos.

§ 1º Haverá um só inventariante para os dois inventários.

§ 2º O segundo inventário será distribuído por dependência, processando-se em apenso ao primeiro.

Art. 1.044. Ocorrendo a morte de algum herdeiro na pendência do inventário em que foi admitido e não possuindo outros bens além do seu quinhão na herança, poderá este ser partilhado juntamente com os bens do monte.

Art. 1.045. Nos casos previstos nos dois artigos antecedentes prevalecerão as primeiras declarações, assim como o laudo de avaliação, salvo se se alterou o valor dos bens.

Parágrafo único. No inventário a que se proceder por morte do cônjuge herdeiro supérstite, é lícito, independentemente de sobrepartilha, descrever e partilhar bens omitidos no inventário do cônjuge pré-morto.

Capítulo X
DOS EMBARGOS DE TERCEIRO

Art. 1.046. Quem, não sendo parte no processo, sofrer turbação ou esbulho na posse de seus bens por ato de apreensão judicial, em casos como o de penhora, depósito, arresto, sequestro, alienação judicial, arrecadação, arrolamento, inventário, partilha, poderá requerer lhes sejam manutenidos ou restituídos por meio de embargos.

→ V. Súmula 621 do STF.

→ V. Súmulas 84, 134, 195 e 303 do STJ.

§ 1º Os embargos podem ser de terceiro senhor e possuidor, ou apenas possuidor.

§ 2º Equipara-se a terceiro a parte que, posto figure no processo, defende bens que, pelo título de sua aquisição ou pela qualidade em que os possuir, não podem ser atingidos pela apreensão judicial.

§ 3º Considera-se também terceiro o cônjuge quando defende a posse de bens dotais, próprios, reservados ou de sua meação.

Art. 1.047. Admitem-se ainda embargos de terceiro:

I – para a defesa da posse, quando nas ações de divisão ou de demarcação, for o imóvel sujeito a atos materiais, preparatórios ou definitivos, da partilha ou da fixação de rumos;

II – para o credor com garantia real obstar alienação judicial do objeto da hipoteca, penhor ou anticrese.

Art. 1.048. Os embargos podem ser opostos a qualquer tempo no processo de conhecimento enquanto não transitada em julgado a sentença, e, no processo de execução, até 5 (cinco) dias depois da arrematação, adjudicação ou remição, mas sempre antes da assinatura da respectiva carta.

Art. 1.049. Os embargos serão distribuídos por dependência e correrão em autos distintos perante o mesmo juiz que ordenou a apreensão.

Art. 1.050. O embargante, em petição elaborada com observância do disposto no art. 282, fará a prova sumária de sua posse e a qualidade de terceiro, oferecendo documentos e rol de testemunhas.

§ 1º É facultada a prova da posse em audiência preliminar designada pelo juiz.

§ 2º O possuidor direto pode alegar, com a sua posse, domínio alheio.

§ 3º A citação será pessoal, se o embargado não tiver procurador constituído nos autos da ação principal.

→ § 3º acrescentado pela Lei 12.125/2009.

Art. 1.051. Julgando suficientemente provada a posse, o juiz deferirá liminarmente os embargos e ordenará a expedição de mandado de manutenção ou de restituição em favor do embargante, que só receberá os bens depois de prestar caução de os devolver com seus rendimentos, caso sejam a final declarados improcedentes.

Art. 1.052. Quando os embargos versarem sobre todos os bens, determinará o juiz a suspensão do curso do processo principal; versando sobre alguns deles, prosseguirá o processo principal somente quanto aos bens não embargados.

Art. 1.053. Os embargos poderão ser contestados no prazo de 10 (dez) dias, findo o qual proceder-se-á de acordo com o disposto no art. 803.

Art. 1.054. Contra os embargos do credor com garantia real, somente poderá o embargado alegar que:

I – o devedor comum é insolvente;

II – o título é nulo ou não obriga a terceiro;

III – outra é a coisa dada em garantia.

Capítulo XI
DA HABILITAÇÃO

Art. 1.055. A habilitação tem lugar quando, por falecimento de qualquer das partes, os interessados houverem de suceder-lhe no processo.

Art. 1.056. A habilitação pode ser requerida:

I – pela parte, em relação aos sucessores do falecido;

II – pelos sucessores do falecido, em relação à parte.

Art. 1.057. Recebida a petição inicial, ordenará o juiz a citação dos requeridos para contestar a ação no prazo de 5 (cinco) dias.

→ V. Art. 1.164 do CPC.

Parágrafo único. A citação será pessoal, se a parte não tiver procurador constituído na causa.

Art. 1.058. Findo o prazo da contestação, observar-se-á o disposto nos arts. 802 e 803.

Art. 1.059. Achando-se a causa no tribunal, a habilitação processar-se-á perante o relator e será julgada conforme o disposto no regimento interno.

Art. 1.060. Proceder-se-á à habilitação nos autos da causa principal e independentemente de sentença quando:

I – promovida pelo cônjuge e herdeiros necessários, desde que provem por documento o óbito do falecido e a sua qualidade;

II – em outra causa, sentença passada em julgado houver atribuído ao habilitando a qualidade de herdeiro ou sucessor;

III – o herdeiro for incluído sem qualquer oposição no inventário;

IV – estiver declarada a ausência ou determinada a arrecadação da herança jacente;

V – oferecidos os artigos de habilitação, a parte reconhecer a procedência do pedido e não houver oposição de terceiros.

Art. 1.061. Falecendo o alienante ou o cedente, poderá o adquirente ou o cessionário prosseguir na causa juntando aos autos o respectivo título e provando a sua identidade.

→ Artigo com redação alterada pela Lei 5.925/1973.

Art. 1.062. Passada em julgado a sentença de habilitação, ou admitida a habilitação, nos casos em que independer de sentença, a causa principal retomará o seu curso.

Capítulo XII
DA RESTAURAÇÃO DE AUTOS

Art. 1.063. Verificado o desaparecimento dos autos, pode qualquer das partes promover-lhes a restauração.

→ *v.* Art. 47 d Lei 6.515/1977.

Parágrafo único. Havendo autos suplementares, nestes prosseguirá o processo.

Art. 1.064. Na petição inicial declarará a parte o estado da causa ao tempo do desaparecimento dos autos, oferecendo:

I – certidões dos atos constantes do protocolo de audiências do cartório por onde haja corrido o processo;

II – cópia dos requerimentos que dirigiu ao juiz;

III – quaisquer outros documentos que facilitem a restauração.

Art. 1.065. A parte contrária será citada para contestar o pedido no prazo de 5 (cinco) dias, cabendo-lhe exibir as cópias, contrafés e mais reproduções dos atos e documentos que estiverem em seu poder.

§ 1º Se a parte concordar com a restauração, lavrar-se-á o respectivo auto que, assinado pelas partes e homologado pelo juiz, suprirá o processo desaparecido.

§ 2º Se a parte não contestar ou se a concordância for parcial, observar-se-á o disposto no art. 803.

Art. 1.066. Se o desaparecimento dos autos tiver ocorrido depois da produção das provas em audiência, o juiz mandará repeti-las.

§ 1º Serão reinquiridas as mesmas testemunhas; mas se estas tiverem falecido ou se acharem impossibilitadas de depor e não houver meio de comprovar de outra forma o depoimento, poderão ser substituídas.

§ 2º Não havendo certidão ou cópia do laudo, far-se-á nova perícia, sempre que for possível e de preferência pelo mesmo perito.

§ 3º Não havendo certidão de documentos, estes serão reconstituídos mediante cópias e, na falta, pelos meios ordinários de prova.

§ 4º Os serventuários e auxiliares da justiça não podem eximir-se de depor como testemunhas a respeito de atos que tenham praticado ou assistido.

§ 5º Se o juiz houver proferido sentença da qual possua cópia, esta será junta aos autos e terá a mesma autoridade da original.

Art. 1.067. Julgada a restauração, seguirá o processo os seus termos.

§ 1º Aparecendo os autos originais, nestes se prosseguirá sendo-lhes apensados os autos da restauração.

§ 2º Os autos suplementares serão restituídos ao cartório, deles se extraindo certidões de todos os atos e termos a fim de completar os autos originais.

Art. 1.068. Se o desaparecimento dos autos tiver ocorrido no tribunal, a ação será distribuída, sempre que possível, ao relator do processo.

§ 1º A restauração far-se-á no juízo de origem quanto aos atos que neste se tenham realizado.

§ 2º Remetidos os autos ao tribunal, aí se completará a restauração e se procederá ao julgamento.

Art. 1.069. Quem houver dado causa ao desaparecimento dos autos responderá pelas custas da restauração e honorários de advogado, sem prejuízo da responsabilidade civil ou penal em que incorrer.

Capítulo XIII
DAS VENDAS A CRÉDITO COM RESERVA DE DOMÍNIO

Art. 1.070. Nas vendas a crédito com reserva de domínio, quando as prestações estiverem representadas por título executivo, o credor poderá cobrá-las, observando-se o disposto no Livro II, Título II, Capítulo IV.

§ 1º Efetuada a penhora da coisa vendida, é lícito a qualquer das partes, no curso do processo, requerer-lhe a alienação judicial em leilão.

§ 2º O produto do leilão será depositado, sub-rogando-se nele a penhora.

Art. 1.071. Ocorrendo mora do comprador, provada com o protesto do título, o vendedor poderá requerer, liminarmente e sem audiência do comprador, a apreensão e depósito da coisa vendida.

§ 1º Ao deferir o pedido, nomeará o juiz perito, que procederá à vistoria da coisa e arbitramento do seu valor, descrevendo-lhe o estado e individuando-a com todos os característicos.

§ 2º Feito o depósito, será citado o comprador para, dentro em 5 (cinco) dias, contestar a ação. Neste prazo poderá o comprador, que houver pago mais de 40% (quarenta por cento) do preço, requerer ao juiz que lhe conceda 30 (trinta) dias para reaver a coisa, liquidando as prestações vencidas, juros, honorários e custas.

§ 3º Se o réu não contestar, deixar de pedir a concessão do prazo ou não efetuar o pagamento referido no parágrafo anterior, poderá o autor, mediante a apresentação dos títulos vencidos e vincendos, requerer a reintegração imediata na posse da coisa depositada; caso em que, descontada do valor arbitrado a importância da dívida acrescida das despesas judiciais e extrajudiciais, o autor restituirá ao réu o saldo, depositando-o em pagamento.

§ 4º Se a ação for contestada, observar-se-á o procedimento ordinário, sem prejuízo da reintegração liminar.

Capítulo XIV
DO JUÍZO ARBITRAL

→ *v.* Lei 9.307/1996 – Arbitragem.

Seção I
Do Compromisso

Arts. 1.072 a 1.077. *(Revogados pela Lei 9.307/1996).*

Seção II
Dos árbitros

Arts. 1.078 a 1.084. *(Revogados pela Lei 9.307/1996).*

Seção III
Do procedimento

Arts. 1.085 a 1.097. *(Revogados pela Lei 9.307/1996).*

Seção IV
Da homologação do laudo

Arts. 1.098 a 1.102. *(Revogados pela Lei 9.307/1996).*

Capítulo XV
DA AÇÃO MONITÓRIA

→ Capítulo XV acrescentado pela Lei 9.079/1995.

Art. 1.102-A. A ação monitória compete a quem pretender, com base em prova escrita sem eficácia de título executivo, pagamento de soma em dinheiro, entrega de coisa fungível ou de determinado bem móvel.

→ Artigo acrescentado pela Lei 9.079/1995.

→ *v.* Súmulas 282, 247, 299, 339 e 384 do STJ.

Art. 1.102-B. Estando a petição inicial devidamente instruída, o juiz deferirá de plano a expedição do mandado de pagamento ou de entrega da coisa no prazo de 15 (quinze) dias.

→ Artigo acrescentado pela Lei 9.079/1995.

Art. 1.102-C. No prazo previsto no art. 1.102-B, poderá o réu oferecer embargos, que suspenderão a eficácia do mandado inicial. Se os embargos não forem opostos, constituir-se-á, de pleno direito, o título executivo judicial, convertendo-se o mandado inicial em mandado executivo e prosseguindo-se na forma do Livro I, Título VIII, Capítulo X, desta Lei.

→ *Caput* com redação alterada pela Lei 11.232/2005.

§ 1º Cumprindo o réu o mandado, ficará isento de custas e honorários advocatícios.

→ § 1º acrescentado pela Lei 9.079/1995.

§ 2º Os embargos independem de prévia segurança do juízo e serão processados nos próprios autos, pelo procedimento ordinário.

→ § 2º acrescentado pela Lei 9.079/1995.

→ *v.* Súmula 292 do STJ.

→ *v.* Art. 300 do CPC.

§ 3º Rejeitados os embargos, constituir-se-á, de pleno direito, o título executivo judicial, intimando-se o devedor e prosseguindo-se na forma prevista no Livro I, Título VIII, Capítulo X, desta Lei.

→ § 3º com redação alterada pela Lei 11.232/2005.

Título II
Dos procedimentos especiais de jurisdição voluntária

Capítulo I
DAS DISPOSIÇÕES GERAIS

Art. 1.103. Quando este Código não estabelecer procedimento especial, regem a jurisdição voluntária as disposições constantes deste Capítulo.

Art. 1.104. O procedimento terá início por provocação do interessado ou do Ministério Público, cabendo-lhes formular o pedido em requerimento dirigido ao juiz, devidamente instruído com os documentos necessários e com a indicação da providência judicial.

Art. 1.105. Serão citados, sob pena de nulidade, todos os interessados, bem como o Ministério Público.

Art. 1.106. O prazo para responder é de 10 (dez) dias.

Art. 1.107. Os interessados podem produzir as provas destinadas a demonstrar as suas alegações; mas ao juiz é lícito investigar livremente os fatos e ordenar de ofício a realização de quaisquer provas.

Art. 1.108. A Fazenda Pública será sempre ouvida nos casos em que tiver interesse.

Art. 1.109. O juiz decidirá o pedido no prazo de 10 (dez) dias; não é, porém, obrigado a observar critério de legalidade estrita, podendo adotar em cada caso a solução que reputar mais conveniente ou oportuna.

Art. 1.110. Da sentença caberá apelação.

Art. 1.111. A sentença poderá ser modificada, sem prejuízo dos efeitos já produzidos, se ocorrerem circunstâncias supervenientes.

Art. 1.112. Processar-se-á na forma estabelecida neste Capítulo o pedido de:

I – emancipação;

→ v. Art. 5º, parágrafo único, do CC/2002.

→ v. Arts. 89 a 91 da Lei 6.015/1973.

II – sub-rogação;

→ v. Arts. 346 a 351 do CC/2002.

III – alienação, arrendamento ou oneração de bens dotais de menores, de órfãos e de interditos;

→ v. Arts. 1.113 a 1.119 do CPC.

IV – alienação, locação e administração da coisa comum;

V – alienação de quinhão em coisa comum;

VI – extinção de usufruto e de fideicomisso.

Capítulo II
DAS ALIENAÇÕES JUDICIAIS

Art. 1.113. Nos casos expressos em lei e sempre que os bens depositados judicialmente forem de fácil deterioração, estiverem avariados ou exigirem grandes despesas para a sua guarda, o juiz, de ofício ou a requerimento do depositário ou de qualquer das partes, mandará aliená-los em leilão.

→ v. Art. 21 da Lei 6.830/1980.

→ v. Dec.-lei 911/1969 – Estabelece normas de processo sobre alienação fiduciária.

§ 1º Poderá o juiz autorizar, da mesma forma, a alienação de semoventes e outros bens de guarda dispendiosa; mas não o fará se alguma das partes se obrigar a satisfazer ou garantir as despesas de conservação.

§ 2º Quando uma das partes requerer a alienação judicial, o juiz ouvirá sempre a outra antes de decidir.

§ 3º Far-se-á a alienação independentemente de leilão, se todos os interessados forem capazes e nisso convierem expressamente.

Art. 1.114. Os bens serão avaliados por um perito nomeado pelo juiz quando:

I – não o hajam sido anteriormente;

II – tenham sofrido alteração em seu valor.

Art. 1.115. A alienação será feita pelo maior lanço oferecido, ainda que seja inferior ao valor da avaliação.

Art. 1.116. Efetuada a alienação e deduzidas as despesas, depositar-se-á o preço, ficando nele sub-rogados os ônus ou responsabilidades a que estiverem sujeitos os bens.

→ Artigo com redação alterada pela Lei 5.925/1973.

Parágrafo único. Não sendo caso de se levantar o depósito antes de 30 (trinta) dias, inclusive na ação ou na execução, o juiz determinará a aplicação do produto da alienação ou do depósito, em obrigações ou títulos da dívida pública da União ou dos Estados.

Art. 1.117. Também serão alienados em leilão, procedendo-se como nos artigos antecedentes:

I – o imóvel que, na partilha, não couber no quinhão de um só herdeiro ou não admitir divisão cômoda, salvo se adjudicado a um ou mais herdeiros acordes;

→ v. Art. 2.019 do CC/2002.

II – a coisa comum indivisível ou que, pela divisão, se tornar imprópria ao seu destino, verificada previamente a existência de desacordo quanto à adjudicação a um dos condôminos;

→ v. Art. 519 do CC/2002.

III – os bens móveis e imóveis de órfãos nos casos em que a lei o permite e mediante autorização do juiz.

→ v. Art. 1.750 do CC/2002.

Art. 1.118. Na alienação judicial de coisa comum, será preferido:

I – em condições iguais, o condômino ao estranho;

II – entre os condôminos, o que tiver benfeitorias de maior valor;

III – o condômino proprietário de quinhão maior, se não houver benfeitorias.

Art. 1.119. Verificada a alienação de coisa comum sem observância das preferências legais, o condômino prejudicado poderá requerer, antes da assinatura da carta, o depósito do preço e adjudicação da coisa.

Parágrafo único. Serão citados o adquirente e os demais condôminos para dizerem de seu direito, observando-se, quanto ao procedimento, o disposto no art. 803.

Capítulo III
DA SEPARAÇÃO CONSENSUAL

→ v. E.C. 66/2010 – Dá nova redação ao § 6º do art. 226 da CF, que dispõe sobre a dissolubilidade do casamento civil pelo divórcio, suprimindo o requisito de prévia separação judicial por mais de 1 (um) ano ou de comprovada separação de fato por mais de 2 (dois) anos.

Art. 1.120. A separação consensual será requerida em petição assinada por ambos os cônjuges.

→ v. Art. 4º da Lei 6.515/1977.

§ 1º Se os cônjuges não puderem ou não souberem escrever, é lícito que outrem assine a petição a rogo deles.

§ 2º As assinaturas, quando não lançadas na presença do juiz, serão reconhecidas por tabelião.

Art. 1.121. A petição, instruída com a certidão de casamento e o contrato antenupcial se houver, conterá:

I – a descrição dos bens do casal e a respectiva partilha;

II – o acordo relativo à guarda dos filhos menores e ao regime de visitas;

→ Inciso II com redação alterada pela Lei 11.112/2005.

III – o valor da contribuição para criar e educar os filhos;

IV – a pensão alimentícia do marido à mulher, se esta não possuir bens suficientes para se manter.

→ v. Súmulas 226 e 379 do STF.

→ v. Súmula 336 do STJ.

→ v. Arts. 19 a 23 da Lei 6.515/1977.

§ 1º Se os cônjuges não acordarem sobre a partilha dos bens, far-se-á esta, depois de homologada a separação consensual, na forma estabelecida neste Livro, Título I, Capítulo IX.

→ Anterior parágrafo único renumerado para § 1º pela Lei 11.112/2005.

§ 2º Entende-se por regime de visitas a forma pela qual os cônjuges ajustarão a permanência dos filhos em companhia daquele que não ficar com sua guarda, compreendendo encontros periódicos regularmente estabelecidos, repartição das férias escolares e dias festivos.

→ § 2º acrescentado pela Lei 11.112/2005.

Art. 1.122. Apresentada a petição ao juiz, este verificará se ela preenche os requisitos exigidos nos dois artigos antecedentes; em seguida, ouvirá os cônjuges sobre os motivos da separação consensual, esclarecendo-lhes as consequências da manifestação de vontade.

§ 1º Convencendo-se o juiz de que ambos, livremente e sem hesitações, desejam a separação consensual, mandará reduzir a termo as declarações e, depois de ouvir o Ministério Público no prazo de 5 (cinco) dias, a homologará; em caso contrário, marcar-lhes-á dia e hora, com 15 (quinze) a 30 (trinta) dias de intervalo, para que voltem, a fim de ratificar o pedido de separação consensual.

§ 2º Se qualquer dos cônjuges não comparecer à audiência designada ou não ratificar o pedido, o juiz mandará autuar a petição e documentos e arquivar o processo.

Art. 1.123. É lícito às partes, a qualquer tempo, no curso da separação judicial, lhe requererem a conversão em separação consensual; caso em que será observado o disposto no art. 1.121 e primeira parte do § 1º do artigo antecedente.

Art. 1.124. Homologada a separação consensual, averbar-se-á a sentença no registro civil e, havendo bens imóveis, na circunscrição onde se acham registrados.

Art. 1.124-A. A separação consensual e o divórcio consensual, não havendo filhos menores ou incapazes do casal e observados os requisitos legais quanto aos prazos, poderão ser realizados por escritura pública, da qual constarão as disposições relativas à descrição e à partilha dos bens comuns e à pensão alimentícia e, ainda, ao acordo quanto à retomada pelo cônjuge de seu nome de solteiro ou à manutenção do nome adotado quando se deu o casamento.

→ *Caput* acrescentado pela Lei 11.441/2007.

§ 1º A escritura não depende de homologação judicial e constitui título hábil para o registro civil e o registro de imóveis.

→ § 1º acrescentado pela Lei 11.441/2007.

§ 2º O tabelião somente lavrará a escritura se os contratantes estiverem assistidos por advogado comum ou advogados de cada um deles ou por defensor público, cuja qualificação e assinatura constarão do ato notarial.

→ § 2º com redação alterada pela Lei 11.965/2009.

§ 3º A escritura e demais atos notariais serão gratuitos àqueles que se declararem pobres sob as penas da lei.

→ § 3º acrescentado pela Lei 11.441/2007.

Capítulo IV
DOS TESTAMENTOS E CODICILO

Seção I
Da abertura, do registro e do cumprimento

Art. 1.125. Ao receber testamento cerrado, o juiz, após verificar se está intacto, o abrirá e mandará que o escrivão o leia em presença de quem o entregou.

→ *v.* Arts. 1.868 a 1.875 do CC/2002.

Parágrafo único. Lavrar-se-á em seguida o ato de abertura que, rubricado pelo juiz e assinado pelo apresentante, mencionará:

I – a data e o lugar em que o testamento foi aberto;

II – o nome do apresentante e como houve ele o testamento;

III – a data e o lugar do falecimento do testador;

IV – qualquer circunstância digna de nota, encontrada no invólucro ou no interior do testamento.

Art. 1.126. Conclusos os autos, o juiz, ouvido o órgão do Ministério Público, mandará registrar, arquivar e cumprir o testamento, se lhe não achar vício externo, que o torne suspeito de nulidade ou falsidade.

Parágrafo único. O testamento será registrado e arquivado no cartório a que tocar, dele remetendo o escrivão uma cópia, no prazo de 8 (oito) dias, à repartição fiscal.

Art. 1.127. Feito o registro, o escrivão intimará o testamenteiro nomeado a assinar, no prazo de 5 (cinco) dias, o termo da testamentaria; se não houver testamenteiro nomeado, estiver ele ausente ou não aceitar o encargo, o escrivão certificará a ocorrência e fará os autos conclusos; caso em que o juiz nomeará testamenteiro dativo, observando-se a preferência legal.

Parágrafo único. Assinado o termo de aceitação da testamentaria, o escrivão extrairá cópia autêntica do testamento para ser juntada aos autos de inventário ou de arrecadação da herança.

Art. 1.128. Quando o testamento for público, qualquer interessado, exibindo-lhe o traslado ou certidão, poderá requerer ao juiz que ordene o seu cumprimento.

Parágrafo único. O juiz mandará processá-lo conforme o disposto nos arts. 1.125 e 1.126.

Art. 1.129. O juiz, de ofício ou a requerimento de qualquer interessado, ordenará ao detentor de testamento que o exiba em juízo para os fins legais, se ele, após a morte do testador, não se tiver antecipado em fazê-lo.

→ Artigo com redação alterada pela Lei 5.925/1973.

Parágrafo único. Não sendo cumprida a ordem, proceder-se-á à busca e apreensão do testamento, de conformidade com o disposto nos arts. 839 a 843.

Seção II
Da confirmação do testamento particular

→ *v.* Arts. 1.876 a 1.880 do CC/2002.

Art. 1.130. O herdeiro, o legatário ou o testamenteiro poderá requerer, depois da morte do testador, a publicação em juízo do testamento particular, inquirindo-se as testemunhas que lhe ouviram a leitura e, depois disso, o assinaram.

Parágrafo único. A petição será instruída com a cédula do testamento particular.

Art. 1.131. Serão intimados para a inquirição:

I – aqueles a quem caberia a sucessão legítima;

II – o testamenteiro, os herdeiros e os legatários que não tiverem requerido a publicação;

III – o Ministério Público.

Parágrafo único. As pessoas, que não forem encontradas na comarca, serão intimadas por edital.

Art. 1.132. Inquiridas as testemunhas, poderão os interessados, no prazo comum de 5 (cinco) dias, manifestar-se sobre o testamento.

Art. 1.133. Se pelo menos três testemunhas contestes reconhecerem que é autêntico o testamento, o juiz, ouvido o órgão do Ministério Público, o confirmará, observando-se quanto ao mais o disposto nos arts. 1.126 e 1.127.

Seção III
Do testamento militar, marítimo, nuncupativo e do codicilo

→ *v.* Arts. 1.888 a 1.896 do CC/2002.

Art. 1.134. As disposições da seção precedente aplicam-se:

I – ao testamento marítimo;

II – ao testamento militar;

III – ao testamento nuncupativo;

IV – ao codicilo.

Seção IV
Da execução dos testamentos

Art. 1.135. O testamenteiro deverá cumprir as disposições testamentárias no prazo legal, se outro não tiver sido assinado pelo testador e prestar contas, no juízo do inventário, do que recebeu e despendeu.

→ *v.* Arts. 1.980 a 1.983 do CC/2002.

Parágrafo único. Será ineficaz a disposição testamentária que eximir o testamenteiro da obrigação de prestar contas.

Art. 1.136. Se dentro de 3 (três) meses, contados do registro do testamento, não estiver inscrita a hipoteca legal da mulher casada, do menor e do interdito instituídos herdeiros ou legatários, o testamenteiro requerer-lhe-á a inscrição, sem a qual não se haverão por cumpridas as disposições do testamento.

Art. 1.137. Incumbe ao testamenteiro:

I – cumprir as obrigações do testamento;

II – propugnar a validade do testamento;

III – defender a posse dos bens da herança;

IV – requerer ao juiz que lhe conceda os meios necessários para cumprir as disposições testamentárias.

Art. 1.138. O testamenteiro tem direito a um prêmio que, se o testador não houver fixado, o juiz arbitrará, levando em conta o valor da herança e o trabalho de execução do testamento.

§ 1º O prêmio, que não excederá 5% (cinco por cento), será calculado sobre a herança líquida e deduzido somente da metade disponível quando houver herdeiros necessários, e de todo o acervo líquido nos demais casos.

§ 2º Sendo o testamenteiro casado, sob o regime de comunhão de bens, com herdeiro ou legatário do testador, não terá direito ao prêmio; ser-lhe-á lícito, porém, preferir o prêmio à herança ou legado.

Art. 1.139. Não se efetuará o pagamento do prêmio mediante adjudicação de bens do espólio, salvo se o testamenteiro for meeiro.

Art. 1.140. O testamenteiro será removido e perderá o prêmio se:

I – lhe forem glosadas as despesas por ilegais ou em discordância com o testamento;

II – não cumprir as disposições testamentárias.

Art. 1.141. O testamenteiro, que quiser demitir-se do encargo, poderá requerer ao juiz a escusa, alegando causa legítima. Ouvidos os interessados e o órgão do Ministério Público, o juiz decidirá.

Capítulo V
DA HERANÇA JACENTE

→ *v.* Arts. 1.819 a 1.823 do CC/2002.

Art. 1.142. Nos casos em que a lei civil considere jacente a herança, o juiz, em cuja comarca tiver domicílio o falecido, procederá sem perda de tempo à arrecadação de todos os seus bens.

Art. 1.143. A herança jacente ficará sob a guarda, conservação e administração de um curador até a respectiva entrega ao sucessor legalmente habilitado, ou até a declaração de vacância; caso em que será incorporada ao domínio da União, do Estado ou do Distrito Federal.

→ *v.* Art. 1.822 do CC/2002.

Art. 1.144. Incumbe ao curador:

I – representar a herança em juízo ou fora dele, com assistência do órgão do Ministério Público;

II – ter em boa guarda e conservação os bens arrecadados e promover a arrecadação de outros porventura existentes;

III – executar as medidas conservatórias dos direitos da herança;

IV – apresentar mensalmente ao juiz um balancete da receita e da despesa;

V – prestar contas a final de sua gestão.

Parágrafo único. Aplica-se ao curador o disposto nos arts. 148 a 150.

Art. 1.145. Comparecendo à residência do morto, acompanhado do escrivão e do curador, o juiz mandará arrolar os bens e descrevê-los em auto circunstanciado.

§ 1º Não estando ainda nomeado o curador, o juiz designará um depositário e lhe entregará os bens, mediante simples termo nos autos, depois de compromissado.

§ 2º O órgão do Ministério Público e o representante da Fazenda Pública serão intimados a assistir à arrecadação, que se realizará, porém, estejam presentes ou não.

Art. 1.146. Quando a arrecadação não terminar no mesmo dia, o juiz procederá à aposição de selos, que serão levantados à medida que se efetuar o arrolamento, mencionando-se o estado em que foram encontrados os bens.

Art. 1.147. O juiz examinará reservadamente os papéis, cartas missivas e os livros domésticos; verificando que não apresentam interesse, mandará empacotá-los e lacrá-los para serem assim entregues aos sucessores do falecido, ou queimados quando os bens forem declarados vacantes.

Art. 1.148. Não podendo comparecer imediatamente por motivo justo ou por estarem os bens em lugar muito distante, o juiz requisitará à autoridade policial que proceda à arrecadação e ao arrolamento dos bens.

Parágrafo único. Duas testemunhas assistirão às diligências e, havendo necessidade de apor selos, estes só poderão ser abertos pelo juiz.

Art. 1.149. Se constar ao juiz a existência de bens em outra comarca, mandará expedir carta precatória a fim de serem arrecadados.

Art. 1.150. Durante a arrecadação o juiz inquirirá os moradores da casa e da vizinhança sobre a qualificação do falecido, o paradeiro de seus sucessores e a existência de outros bens, lavrando-se de tudo um auto de inquirição e informaçao.

Art. 1.151. Não se fará a arrecadação ou suspender-se-á esta quando iniciada, se se apresentar para reclamar os bens o cônjuge, herdeiro ou testamenteiro notoriamente reconhecido e não houver oposição motivada do curador, de qualquer interessado, do órgão do Ministério Público ou do representante da Fazenda Pública.

Art. 1.152. Ultimada a arrecadação, o juiz mandará expedir edital, que será estampado três vezes, com intervalo de 30 (trinta) dias para cada um, no órgão oficial e na imprensa da comarca, para que venham a habilitar-se os sucessores do finado no prazo de 6 (seis) meses contados da primeira publicação.

§ 1º Verificada a existência de sucessor ou testamenteiro em lugar certo, far-se-á a sua citação, sem prejuízo do edital.

§ 2º Quando o finado for estrangeiro, será também comunicado o fato à autoridade consular.

Art. 1.153. Julgada a habilitação do herdeiro, reconhecida a qualidade do testamenteiro ou provada a identidade do cônjuge, a arrecadação converter-se-á em inventário.

Art. 1.154. Os credores da herança poderão habilitar-se como nos inventários ou propor a ação de cobrança.

Art. 1.155. O juiz poderá autorizar a alienação:

I – de bens móveis, se forem de conservação difícil ou dispendiosa;

II – de semoventes, quando não empregados na exploração de alguma indústria;

III – de títulos e papéis de crédito, havendo fundado receio de depreciação;

IV – de ações de sociedade quando, reclamada a integralização, não dispuser a herança de dinheiro para o pagamento;

V – de bens imóveis:

a) se ameaçarem ruína, não convindo a reparação;

b) se estiverem hipotecados e vencer-se a dívida, não havendo dinheiro para o pagamento.

Parágrafo único. Não se procederá, entretanto, à venda se a Fazenda Pública ou o habilitando adiantar a importância para as despesas.

Art. 1.156. Os bens com valor de afeição, como retratos, objetos de uso pessoal, livros e obras de arte, só serão alienados depois de declarada a vacância da herança.

Art. 1.157. Passado 1 (um) ano da primeira publicação do edital (art. 1.152) e não havendo herdeiro habilitado nem habilitação pendente, será a herança declarada vacante.

Parágrafo único. Pendendo habilitação, a vacância será declarada pela mesma sentença que a julgar improcedente. Sendo diversas as habilitações, aguardar-se-á o julgamento da última.

Art. 1.158. Transitada em julgado a sentença que declarou a vacância, o cônjuge, os herdeiros e os credores só poderão reclamar o seu direito por ação direta.

Capítulo VI
DOS BENS DOS AUSENTES

→ *v.* Arts. 22 a 39 do CC/2002.

Art. 1.159. Desaparecendo alguém do seu domicílio sem deixar representante a quem caiba administrar-lhe os bens, ou deixando mandatário que não queira ou não possa continuar a exercer o mandato, declarar-se-á a sua ausência.

→ *v.* Lei 9.140/1995 – Reconhece como mortas pessoas desaparecidas em razão de participação, ou acusação de participação, em atividades políticas, no período de 2 de setembro de 1961 a 15 de agosto de 1979.

Art. 1.160. O juiz mandará arrecadar os bens do ausente e nomear-lhe-á curador na forma estabelecida no Capítulo antecedente.

Art. 1.161. Feita a arrecadação, o juiz mandará publicar editais durante 1 (um) ano, reproduzidos de dois em dois meses, anunciando a arrecadação e chamando o ausente a entrar na posse de seus bens.

Art. 1.162. Cessa a curadoria:

I – pelo comparecimento do ausente, do seu procurador ou de quem o represente;

II – pela certeza da morte do ausente;

III – pela sucessão provisória.

Art. 1.163. Passado um ano da publicação do primeiro edital sem que se saiba do ausente e não tendo comparecido seu procurador ou representante, poderão os interessados requerer que se abra provisoriamente a sucessão.

§ 1º Consideram-se para este efeito interessados:

I – o cônjuge não separado judicialmente;

II – os herdeiros presumidos legítimos e os testamentários;

III – os que tiverem sobre os bens do ausente direito subordinado à condição de morte;

IV – os credores de obrigações vencidas e não pagas.

§ 2º Findo o prazo deste artigo e não havendo absolutamente interessados na sucessão provisória, cumpre ao órgão do Ministério Público requerê-la.

Art. 1.164. O interessado, ao requerer a abertura da sucessão provisória, pedirá a citação pessoal dos herdeiros presentes e do curador e, por editais, a dos ausentes para oferecerem artigos de habilitação.

Parágrafo único. A habilitação dos herdeiros obedecerá ao processo do art. 1.057.

Art. 1.165. A sentença que determinar a abertura da sucessão provisória só produzirá efeito 6 (seis) meses depois de publicada pela imprensa; mas, logo que passe em julgado, se procederá à abertura do testamento, se houver, e ao inventário e partilha dos bens, como se o ausente fosse falecido.

→ *v.* Art. 104, parágrafo único, da Lei 6.015/1973.

Parágrafo único. Se dentro em 30 (trinta) dias não comparecer interessado ou herdeiro, que requeira o inventário, a herança será considerada jacente.

Art. 1.166. Cumpre aos herdeiros, imitidos na posse dos bens do ausente, prestar caução de os restituir.

Art. 1.167. A sucessão provisória cessará pelo comparecimento do ausente e converter-se-á em definitiva:

I – quando houver certeza da morte do ausente;

II – 10 (dez) anos depois de passada em julgado a sentença de abertura da sucessão provisória;

III – quando o ausente contar 80 (oitenta) anos de idade e houverem decorrido 5 (cinco) anos das últimas notícias suas.

Art. 1.168. Regressando o ausente nos 10 (doz) anos seguintes à abertura da sucessão definitiva ou algum dos seus descendentes ou ascendentes, aquele ou estes só poderão requerer ao juiz a entrega dos bens existentes no estado em que se acharem, os sub-rogados em seu lugar ou o preço que os herdeiros e demais interessados houverem recebido pelos alienados depois daquele tempo.

Art. 1.169. Serão citados para lhe contestarem o pedido os sucessores provisórios ou definitivos, o órgão do Ministério Público e o representante da Fazenda Pública.

Parágrafo único. Havendo contestação, seguir-se-á o procedimento ordinário.

Capítulo VII
DAS COISAS VAGAS

→ *v.* Arts. 1.233 a 1.237 do CC/2002.

Art. 1.170. Aquele que achar coisa alheia perdida, não lhe conhecendo o dono ou legítimo possuidor, a entregará à autoridade judiciária ou policial, que a arrecadará, mandando lavrar o respectivo auto, dele constando a sua descrição e as declarações do inventor.

Parágrafo único. A coisa, com o auto, será logo remetida ao juiz competente, quando a entrega tiver sido feita à autoridade policial ou a outro juiz.

Art. 1.171. Depositada a coisa, o juiz mandará publicar edital, por duas vezes, no órgão oficial, com intervalo de 10 (dez) dias, para que o dono ou legítimo possuidor a reclame.

§ 1º O edital conterá a descrição da coisa e as circunstâncias em que foi encontrada.

§ 2º Tratando-se de coisa de pequeno valor, o edital será apenas afixado no átrio do edifício do fórum.

Art. 1.172. Comparecendo o dono ou o legítimo possuidor dentro do prazo do edital e provando o seu direito, o juiz, ouvido o órgão do Ministério Público e o representante da Fazenda Pública, mandará entregar-lhe a coisa.

Art. 1.173. Se não for reclamada, será a coisa avaliada e alienada em hasta pública e, deduzidas do preço as despesas e a recompensa do inventor, o saldo pertencerá, na forma da lei, à União, ao Estado ou ao Distrito Federal.

Art. 1.174. Se o dono preferir abandonar a coisa, poderá o inventor requerer que lhe seja adjudicada.

Art. 1.175. O procedimento estabelecido neste Capítulo aplica-se aos objetos deixados nos hotéis, oficinas e outros estabelecimentos, não sendo reclamados dentro de 1 (um) mês.

Art. 1.176. Havendo fundada suspeita de que a coisa foi criminosamente subtraída, a autoridade policial converterá a arrecadação em inquérito; caso em que competirá ao juiz criminal mandar entregar a coisa a quem provar que é o dono ou legítimo possuidor.

Capítulo VIII
DA CURATELA DOS INTERDITOS

→ *v.* Arts. 1.779 a 1.783 do CC/2002.

Art. 1.177. A interdição pode ser promovida:

I – pelo pai, mãe ou tutor;

II – pelo cônjuge ou algum parente próximo;

III – pelo órgão do Ministério Público.

Art. 1.178. O órgão do Ministério Público só requererá a interdição:

I – no caso de anomalia psíquica;

II – se não existir ou não promover a interdição alguma das pessoas designadas no artigo antecedente, ns. I e II;

III – se, existindo, forem menores ou incapazes.

Art. 1.179. Quando a interdição for requerida pelo órgão do Ministério Público, o juiz nomeará ao interditando curador à lide (art. 9º).

Art. 1.180. Na petição inicial, o interessado provará a sua legitimidade, especificará os fatos que revelam a anomalia psíquica e assinalará a incapacidade do interditando para reger a sua pessoa e administrar os seus bens.

Art. 1.181. O interditando será citado para, em dia designado, comparecer perante o juiz, que o examinará, interrogando-o minuciosamente acerca de sua vida, negócios, bens e do mais que lhe parecer necessário para ajuizar do seu estado mental, reduzidas a auto as perguntas e respostas.

Art. 1.182. Dentro do prazo de 5 (cinco) dias contados da audiência de interrogatório, poderá o interditando impugnar o pedido.

§ 1º Representará o interditando nos autos do procedimento o órgão do Ministério Público ou, quando for este o requerente, o curador à lide.

§ 2º Poderá o interditando constituir advogado para defender-se.

§ 3º Qualquer parente sucessível poderá constituir-lhe advogado com os poderes judiciais que teria se nomeado pelo interditando, respondendo pelos honorários.

Art. 1.183. Decorrido o prazo a que se refere o artigo antecedente, o juiz nomeará perito para proceder ao exame do interditando. Apresentado o laudo, o juiz designará audiência de instrução e julgamento.

Parágrafo único. Decretando a interdição, o juiz nomeará curador ao interdito.

Art. 1.184. A sentença de interdição produz efeito desde logo, embora sujeita a apelação. Será inscrita no Registro de Pessoas Naturais e publicada pela imprensa local e pelo órgão oficial por três vezes, com intervalo de 10 (dez) dias, constando do edital os nomes do interdito e do curador, a causa da interdição e os limites da curatela.

Art. 1.185. Obedecerá às disposições dos artigos antecedentes, no que for aplicável, a interdição do pródigo, a do surdo-mudo sem educação que o habilite a enunciar precisamente a sua vontade e a dos viciados pelo uso de substâncias entorpecentes quando acometidos de perturbações mentais.

Art. 1.186. Levantar-se-á a interdição, cessando a causa que a determinou.

§ 1º O pedido de levantamento poderá ser feito pelo interditado e será apensado aos autos da interdição. O juiz nomeará perito para proceder ao exame de sanidade no interditado e após a apresentação do laudo designará audiência de instrução e julgamento.

§ 2º Acolhido o pedido, o juiz decretará o levantamento da interdição e mandará publicar a sentença, após o trânsito em julgado, pela imprensa local e órgão oficial por três vezes, com intervalo de 10 (dez) dias, seguindo-se a averbação no Registro de Pessoas Naturais.

Capítulo IX
DAS DISPOSIÇÕES COMUNS À TUTELA E À CURATELA

Seção I
Da nomeação do tutor ou curador

Art. 1.187. O tutor ou curador será intimado a prestar compromisso no prazo de 5 (cinco) dias contados:

I – da nomeação feita na conformidade da lei civil;

II – da intimação do despacho que mandar cumprir o testamento ou o instrumento público que o houver instituído.

Art. 1.188. Prestado o compromisso por termo em livro próprio rubricado pelo juiz, o tutor ou curador, antes de entrar em exercício, requererá, dentro em 10 (dez) dias, a especialização em hipoteca legal de imóveis necessários para acautelar os bens que serão confiados à sua administração.

Parágrafo único. Incumbe ao órgão do Ministério Público promover a especialização de hipoteca legal, se o tutor ou curador não a tiver requerido no prazo assinado neste artigo.

Art. 1.189. Enquanto não for julgada a especialização, incumbirá ao órgão do Ministério Público reger a pessoa do incapaz e administrar-lhe os bens.

Art. 1.190. Se o tutor ou curador for de reconhecida idoneidade, poderá o juiz admitir que entre em exercício, prestando depois a garantia, ou dispensando-a desde logo.

Art. 1.191. Ressalvado o disposto no artigo antecedente, a nomeação ficará sem efeito se o tutor ou curador não puder garantir a sua gestão.

Art. 1.192. O tutor ou curador poderá eximir-se do encargo, apresentando escusa ao juiz no prazo de 5 (cinco) dias. Contar-se-á o prazo:

→ *v.* Art. 1.738 do CC/2002.

I – antes de aceitar o encargo, da intimação para prestar compromisso;

II – depois de entrar em exercício, do dia em que sobrevier o motivo da escusa.

Parágrafo único. Não sendo requerida a escusa no prazo estabelecido neste artigo, reputar-se-á renunciado o direito de alegá-la.

Art. 1.193. O juiz decidirá de plano o pedido de escusa. Se não a admitir, exercerá o nomeado a tutela ou curatela enquanto não for dispensado por sentença transitada em julgado.

Seção II
Da remoção e dispensa de tutor ou curador

Art. 1.194. Incumbe ao órgão do Ministério Público, ou a quem tenha legítimo interesse, requerer, nos casos previstos na lei civil, a remoção do tutor ou curador.

→ *v.* Arts. 1.735 e 1.766 do CC/2002.

→ *v.* Art. 201, III, do ECA.

Art. 1.195. O tutor ou curador será citado para contestar a arguição no prazo de 5 (cinco) dias.

Art. 1.196. Findo o prazo, observar-se-á o disposto no art. 803.

Art. 1.197. Em caso de extrema gravidade, poderá o juiz suspender do exercício de suas funções o tutor ou curador, nomeando-lhe interinamente substituto.

Art. 1.198. Cessando as funções do tutor ou curador pelo decurso do prazo em que era obrigado a servir, ser-lhe-á lícito requerer a exoneração do encargo; não o fazendo dentro dos 10 (dez) dias seguintes à expiração do termo, entender-se-á reconduzido, salvo se o juiz o dispensar.

Capítulo X
DA ORGANIZAÇÃO E DA FISCALIZAÇÃO DAS FUNDAÇÕES

→ *v.* Arts. 62 a 69 do CC/2002.

Art. 1.199. O instituidor, ao criar a fundação, elaborará o seu estatuto ou designará quem o faça.

Art. 1.200. O interessado submeterá o estatuto ao órgão do Ministério Público, que verificará se foram observadas as bases da fundação e se os bens são suficientes ao fim a que ela se destina.

Art. 1.201. Autuado o pedido, o órgão do Ministério Público, no prazo de 15 (quinze) dias, aprovará o estatuto, indicará as modificações que entender necessárias ou lhe denegará a aprovação.

§ 1° Nos dois últimos casos, pode o interessado, em petição motivada, requerer ao juiz o suprimento da aprovação.

§ 2° O juiz, antes de suprir a aprovação, poderá mandar fazer no estatuto modificações a fim de adaptá-lo ao objetivo do instituidor.

Art. 1.202. Incumbirá ao órgão do Ministério Público elaborar o estatuto e submetê-lo à aprovação do juiz:

I – quando o instituidor não o fizer nem nomear quem o faça;

II – quando a pessoa encarregada não cumprir o encargo no prazo assinado pelo instituidor ou, não havendo prazo, dentro em 6 (seis) meses.

Art. 1.203. A alteração do estatuto ficará sujeita à aprovação do órgão do Ministério Público. Sendo-lhe denegada, observar-se-á o disposto no art. 1.201, §§ 1° e 2°.

Parágrafo único. Quando a reforma não houver sido deliberada por votação unânime, os administradores, ao submeterem ao órgão do Ministério Público o estatuto, pedirão que se dê ciência à minoria vencida para impugná-la no prazo de 10 (dez) dias.

Art. 1.204. Qualquer interessado ou o órgão do Ministério Público promoverá a extinção da fundação quando:

I – se tornar ilícito o seu objeto;

II – for impossível a sua manutenção;

III – se vencer o prazo de sua existência.

Capítulo XI
DA ESPECIALIZAÇÃO DA HIPOTECA LEGAL

Art. 1.205. O pedido para especialização da hipoteca legal declarará a estimativa da responsabilidade e será instruído com a prova do domínio dos bens, livres de ônus, dados em garantia.

Art. 1.206. O arbitramento do valor da responsabilidade e a avaliação dos bens far-se-á por perito nomeado pelo juiz.

§ 1° O valor da responsabilidade será calculado de acordo com a importância dos bens e dos saldos prováveis dos rendimentos que devem ficar em poder dos tutores e curadores durante a administração, não se computando, porém, o preço do imóvel.

§ 2° Será dispensado o arbitramento do valor da responsabilidade nas hipotecas legais em favor:

I – da mulher casada, para garantia do dote, caso em que o valor será o da estimação, constante da escritura antenupcial;

→ *v.* Art. 226, § 5°, da CF/1988.

II – da Fazenda Pública, nas cauções prestadas pelos responsáveis, caso em que será o valor caucionado.

§ 3° Dispensa-se a avaliação, quando estiverem mencionados na escritura os bens do marido, que devam garantir o dote.

Art. 1.207. Sobre o laudo manifestar-se-ão os interessados no prazo comum de 5 (cinco) dias. Em seguida, o juiz homologará ou corrigirá o arbitramento e a avaliação; e achando livres e suficientes os bens designados, julgará por sentença a especialização, mandando que se proceda à inscrição da hipoteca.

Parágrafo único. Da sentença constarão expressamente o valor da hipoteca e os bens do responsável, com a especificação do nome, situação e característicos.

Art. 1.208. Sendo insuficientes os bens oferecidos para a hipoteca legal em favor do menor, do interdito ou de mulher casada e não havendo reforço mediante caução real ou fidejussória, ordenará o juiz a avaliação de outros bens; tendo-os, proceder-se-á como nos artigos antecedentes; não os tendo, será julgada improcedente a especialização.

Art. 1.209. Nos demais casos de especialização, prevalece a hipoteca legal dos bens oferecidos, ainda que inferiores ao valor da responsabilidade, ficando salvo aos interessados completar a garantia pelos meios regulares.

Art. 1.210. Não dependerá de intervenção judicial a especialização de hipoteca legal sempre que o interessado, capaz de contratar, a convencionar, por escritura pública, com o responsável.

LIVRO V
Das disposições finais e transitórias

Art. 1.211. Este Código regerá o processo civil em todo o território brasileiro. Ao entrar em vigor, suas disposições aplicar-se-ão desde logo aos processos pendentes.

Art. 1.211-A. Os procedimentos judiciais em que figure como parte ou interessado pessoa com idade igual ou superior a 60 (sessenta) anos, ou portadora de doença grave, terão prioridade de tramitação em todas as instâncias.

→ Artigo com redação alterada pela Lei 12.008/2009.

Parágrafo único. *(Vetado).*

Art. 1.211-B. A pessoa interessada na obtenção do benefício, juntando prova de sua condição, deverá requerê-lo à autoridade judiciária competente para decidir o feito, que determinará ao cartório do juízo as providências a serem cumpridas.

→ Artigo com redação alterada pela Lei 12.008/2009.

§ 1° Deferida a prioridade, os autos receberão identificação própria que evidencie o regime de tramitação prioritária.

§ 2° *(Vetado).*

§ 3° *(Vetado).*

Art. 1.211-C. Concedida a prioridade, essa não cessará com a morte do beneficiado, estendendo-se em favor do cônjuge supérstite, companheiro ou companheira, em união estável.

→ Artigo com redação alterada pela Lei 12.008/2009.

Art. 1.212. A cobrança da dívida ativa da União incumbe aos seus procuradores e, quando a ação for proposta em foro diferente do Distrito Federal ou das Capitais dos Estados ou Territórios, também aos membros do Ministério Público Estadual e dos Territórios, dentro dos limites territoriais fixados pela organização judiciária local.

→ *v.* Art. 578 do CPC.

→ *v.* Art. 1° da Lei 6.830/1980.

Parágrafo único. As petições, arrazoados ou atos processuais praticados pelos representantes da União perante as justiças dos Estados, do Distrito Federal e dos Territórios, não estão sujeitos a selos, emolumentos, taxas ou contribuições de qualquer natureza.

Art. 1.213. As cartas precatórias citatórias, probatórias, executórias e cautelares, expedidas pela Justiça Federal, poderão ser cumpridas nas comarcas do interior pela Justiça Estadual.

Art. 1.214. Adaptar-se-ão às disposições deste Código as resoluções sobre organização judiciária e os regimentos internos dos tribunais.

Art. 1.215. Os autos poderão ser eliminados por incineração, destruição mecânica ou por outro meio adequado, findo o prazo de 5 (cinco) anos, contado da data do arquivamento, publicando-se previamente no órgão oficial e em jornal local, onde houver, aviso aos interessados, com o prazo de 30 (trinta) dias.

→ Artigo com redação alterada pela Lei 5.925/1973.

→ *v.* Lei 6.246/1975 – Suspende a vigência do art. 1.215 do CPC.

§ 1° É lícito, porém, às partes e interessados requerer, às suas expensas, o desentranhamento dos documentos que juntaram aos autos, ou a microfilmagem total ou parcial do feito.

§ 2° Se, a juízo da autoridade competente, houver, nos autos, documentos de valor histórico, serão eles recolhidos ao Arquivo Público.

Art. 1.216. O órgão oficial da União e os dos Estados publicarão gratuitamente, no dia seguinte ao da entrega dos originais, os despachos, intimações, atas das sessões dos tribunais e notas de expediente dos cartórios.

→ *v.* Art. 2°, § 3°, do Decreto 4.521/2002.

Art. 1.217. Ficam mantidos os recursos dos processos regulados em leis especiais e as disposições que lhes regem o procedimento constantes do Dec.-lei 1.608, de 18 de setembro de 1939, até que seja publicada a lei que os adaptará ao sistema deste Código.

Art. 1.218. Continuam em vigor até serem incorporados nas leis especiais os procedimentos regulados pelo Dec.-lei 1.608, de 18 de setembro de 1939, concernentes:

I – ao loteamento e venda de imóveis a prestações (arts. 345 a 349);

II – ao despejo (arts. 350 a 353);

→ *v.* Arts. 59 a 66 da Lei 8.245/1991.

III – à renovação de contrato de locação de imóveis destinados a fins comerciais (arts. 354 a 365);

→ *v.* Arts. 71 a 75 da Lei 8.245/1991.

IV – ao Registro Torrens (arts. 457 a 464);

→ v. Arts. 277 a 288 da Lei 6.015/1973.

V – às averbações ou retificações do registro civil (arts. 595 a 599);

→ v. Arts. 97 a 105 da Lei 6.015/1973.

VI – ao bem de família (arts. 647 a 651);

→ v. Arts. 260 a 265 da Lei 6.015/1973.

VII – à dissolução e liquidação das sociedades (arts. 655 a 674);

VIII – aos protestos formados a bordo (arts. 725 a 729);

→ Inciso VIII acrescentado pela Lei 6.780/1980.

IX – à habilitação para casamento (arts. 742 a 745);

→ Inciso VIII renumerado para IX pela Lei 6.780/1980.

→ v. Arts. 67 a 69 da Lei 6.015/1973.

X – ao dinheiro a risco (arts. 754 e 755);

→ Inciso IX renumerado para X pela Lei 6.780/1980.

XI – à vistoria de fazendas avariadas (art. 756);

→ Inciso X renumerado para XI pela Lei 6.780/1980.

XII – à apreensão de embarcações (arts. 757 a 761);

→ Inciso XI renumerado para XII pela Lei 6.780/1980.

XIII – à avaria a cargo do segurador (arts. 762 a 764);

→ Inciso XII renumerado para XIII pela Lei 6.780/1980.

XIV – às avarias (arts. 765 a 768);

→ Inciso XIII renumerado para XVI pela Lei 6.780/1980.

XV – *(Revogado pela Lei 7.542/1986)*;

XVI – às arribadas forçadas (arts. 772 a 775).

→ Inciso XV renumerado para XVI pela Lei 6.780/1980.

Art. 1.219. Em todos os casos em que houver recolhimento de importância em dinheiro, esta será depositada em nome da parte ou do interessado, em conta especial, movimentada por ordem do juiz.

→ Artigo acrescentado pela Lei 5.925/1973.

Art. 1.220. Este Código entrará em vigor no dia 1º de janeiro de 1974, revogadas as disposições em contrário.

→ Anterior art. 1.219 renumerado para art. 1.220 pela Lei 5.925/1973.

Brasília, 11 de janeiro de 1973; 152º da Independência e 85º da República.

Emílio G. Médici

Alfredo Buzaid

(Publicação no *D.O.U.* 17.1.1973)

ÍNDICE REMISSIVO DO CÓDIGO DE PROCESSO CIVIL DE 1973

A

H

I

J

L

M

N

O

P

NOVO CÓDIGO DE PROCESSO CIVIL

VADE MECUM DE LEGISLAÇÃO FOCO

ÍNDICE SISTEMÁTICO DO NOVO CÓDIGO DE PROCESSO CIVIL

LEI 13.105, DE 16 DE MARÇO DE 2015

PARTE GERAL

LIVRO I - DAS NORMAS PROCESSUAIS CIVIS

TÍTULO ÚNICO – DAS NORMAS FUNDAMENTAIS E DA APLICAÇÃO DAS NORMAS PROCESSUAIS

LIVRO II - DA FUNÇÃO JURISDICIONAL

TÍTULO I – DA JURISDIÇÃO E DA AÇÃO

TÍTULO II – DOS LIMITES DA JURISDIÇÃO NACIONAL E DA COOPERAÇÃO INTERNACIONAL

TÍTULO III – DA COMPETÊNCIA INTERNA

LIVRO III - DOS SUJEITOS DO PROCESSO

TÍTULO I – DAS PARTES E DOS PROCURADORES

TÍTULO II – DO LITISCONSÓRCIO

TÍTULO III – DA INTERVENÇÃO DE TERCEIROS

TÍTULO IV – DO JUIZ E DOS AUXILIARES DA JUSTIÇA

TÍTULO II – DO CUMPRIMENTO DA SENTENÇA

TÍTULO III – DOS PROCEDIMENTOS ESPECIAIS

LIVRO II - DO PROCESSO DE EXECUÇÃO

TÍTULO I – DA EXECUÇÃO EM GERAL

TÍTULO II – DAS DIVERSAS ESPÉCIES DE EXECUÇÃO

EXPOSIÇÃO DE MOTIVOS DO NOVO CÓDIGO DE PROCESSO CIVIL

Brasília, 8 de junho de 2010.

Excelentíssimo Senhor Presidente do Senado Federal, Senador José Sarney.

Honrados pela nobre designação com que fomos distinguidos, submetemos à elevada apreciação de Vossa Excelência o Anteprojeto de Código de Processo Civil.

EXPOSIÇÃO DE MOTIVOS[NE1-NE2]

Um sistema processual civil que não proporcione à sociedade o reconhecimento e a realização[1] dos direitos, ameaçados ou violados, que têm cada um dos jurisdicionados, não se harmoniza com as garantias constitucionais[2] de um Estado Democrático de Direito.[3]

Sendo ineficiente o sistema processual, todo o ordenamento jurídico passa a carecer de real efetividade. De fato, as normas de direito material se transformam em pura ilusão, sem a garantia de sua correlata realização, no mundo empírico, por meio do processo.[4]

Não há fórmulas mágicas. O Código vigente, de 1973, operou satisfatoriamente durante duas décadas. A partir dos anos noventa, entretanto, sucessivas reformas, a grande maioria delas lideradas pelos Ministros Athos Gusmão Carneiro e Sálvio de Figueiredo Teixeira, introduziram no Código revogado significativas alterações, com o objetivo de adaptar as normas processuais a mudanças na sociedade e ao funcionamento das instituições.

A expressiva maioria dessas alterações, como, por exemplo, em 1.994, a inclusão no sistema do instituto da **antecipação de tutela**; em 1.995, a alteração do regime do **agravo**; e, mais recentemente, as leis que alteraram a execução, foram bem recebidas pela comunidade jurídica e geraram resultados positivos, no plano da operatividade do sistema.

O enfraquecimento da coesão entre as normas processuais foi uma consequência natural do método consistente em se incluírem, aos poucos, alterações no CPC, comprometendo a sua forma sistemática. A complexidade resultante desse processo confunde-se, até certo ponto, com essa desorganizaçao, comprometendo a celeridade e gerando questões evitáveis (pontos que geram polêmica e atraem atenção dos magistrados) que subtraem indevidamente a atenção do operador do direito.

Nessa dimensão, a preocupação em se preservar a forma sistemática das normas processuais, longe de ser meramente acadêmica, atende, sobretudo, a uma necessidade de caráter pragmático: obter-se um grau mais intenso de funcionalidade.

Sem prejuízo da manutenção e do aperfeiçoamento dos institutos introduzidos no sistema pelas reformas ocorridas nos anos de 1.992 até hoje, criou-se um Código novo, que não significa, todavia, uma ruptura com o passado, mas um passo à frente. Assim, além de conservados os institutos cujos resultados foram positivos, incluíram-se no sistema outros tantos que visam a atribuir-lhe alto grau de eficiência.

Há mudanças necessárias, porque reclamadas pela comunidade jurídica, e correspondentes a queixas recorrentes dos jurisdicionados e dos operadores do Direito, ouvidas em todo país. Na elaboração deste Anteprojeto de Código de Processo Civil, essa foi uma das linhas principais de trabalho: resolver **problemas**. Deixar de ver o processo como teoria descomprometida de sua natureza fundamental de **método** de resolução de conflitos, por meio do qual se realizam **valores constitucionais**.[5]

Assim, e por isso, um dos métodos de trabalho da Comissão foi o de resolver problemas, sobre cuja existência há praticamente unanimidade na comunidade jurídica. Isso ocorreu, por exemplo, no que diz respeito à complexidade do sistema recursal existente na lei revogada. Se o sistema recursal, que havia no Código revogado em sua versão originária, era consideravelmente mais simples que o anterior, depois das sucessivas reformas pontuais que ocorreram, se tornou, inegavelmente, muito mais complexo.

Não se deixou de lado, é claro, a necessidade de se construir um Código coerente e harmônico *interna corporis*, mas não se cultivou a obsessão em elaborar uma obra magistral, estética e tecnicamente perfeita, em detrimento de sua funcionalidade.

De fato, essa é uma preocupação presente, mas que já não ocupa o primeiro lugar na postura intelectual do processualista contemporâneo.

A coerência substancial há de ser vista como objetivo fundamental, todavia, e mantida em termos absolutos, no que tange à Constituição

---

Nota da Editora 1: É importante informar ao leitor que a presente Exposição de Motivos foi elaborada de acordo com a primeira redação do Projeto de Lei do Senado 166, em 8 de junho de 2010. Desde a apresentação até a publicação da Lei 13.105, em 16 de março de 2015, que instituiu o Novo Código de Processo Civil, ocorreram inúmeras alterações materiais e redacionais ao texto original, razão pela qual certas transcrições ou menções a artigos nesta exposição poderão não corresponder ao texto final promulgado.

Nota da Editora 2: Exposição de motivos extraída do endereço eletrônico do Senado Federal. Disponível em: [http://www.senado.gov.br/atividade/materia/detalhes.asp?p_cod_mate=116731].

1 Essencial que se faça menção a *efetiva* satisfação, pois, a partir da dita terceira fase metodológica do direito processual civil, o processo passou a ser visto como instrumento, que deve ser idôneo para o reconhecimento e a adequada concretização de direitos.

2 Isto é, aquelas que regem, eminentemente, as relações das partes entre si, entre elas e o juiz e, também, entre elas e terceiros, de que são exemplos a imparcialidade do juiz, o contraditório, a demanda, como ensinam CAPPELLETTI e VIGORITI (I diritti costituzionali delle parti nel processo civile italiano. *Rivista di diritto processuale*, II serie, v. 26, p. 604-650, Padova, Cedam, 1971, p. 605).

3 Os princípios e garantias processuais inseridos no ordenamento constitucional, por conta desse movimento de "constitucionalização do processo", não se limitam, no dizer de LUIGI PAOLO COMOGLIO, a "reforçar do exterior uma mera 'reserva legislativa' para a regulamentação desse método [em referência ao processo como método institucional de resolução de conflitos sociais], mas impõem a esse último, e à sua disciplina, algumas condições mínimas de legalidade e retidão, cuja eficácia é potencialmente operante em qualquer fase (ou momento nevrálgico) do processo" (Giurisdizione e processo nel quadro delle garanzie costituzionali. *Studi in onore di Luigi Montesano*, v. II, p. 87-127, Padova, Cedam, 1997, p. 92).

4 É o que explica, com a clareza que lhe é peculiar, BARBOSA MOREIRA: "Querer que o processo seja efetivo é querer que desempenhe com eficiência o papel que lhe compete na economia do ordenamento jurídico. Visto que esse papel é instrumental em relação ao direito substantivo, também se costuma falar da instrumentalidade do processo. Uma noção conecta-se com a outra e por assim dizer a implica. Qualquer instrumento será bom na medida em que sirva de modo prestimoso à consecução dos fins da obra a que se ordena; em outras palavras, na medida em que seja efetivo. Vale dizer: será efetivo o processo que constitua instrumento eficiente de realização do direito material" (Por um processo socialmente efetivo. *Revista de Processo*. São Paulo, v. 27, n.105, p. 183-190, jan./mar. 2002, p. 181).

5 SÁLVIO DE FIGUEIREDO TEIXEIRA, em texto emblemático sobre a nova ordem trazida pela Constituição Federal de 1988, disse, acertadamente, que, apesar de suas vicissitudes, "nenhum texto constitucional valorizou tanto a 'Justiça', tomada aqui a palavra não no seu conceito clássico de 'vontade constante e perpétua de dar a cada um o que é seu', mas como conjunto de instituições voltadas para a realização da paz social" (O aprimoramento do processo civil como garantia da cidadania. In: FIGUEIREDO TEIXEIRA, Sálvio. *As garantias do cidadão na Justiça*. São Paulo: Saraiva, 1993. p. 79-92, p. 80).

Federal da República. Afinal, é na lei ordinária e em outras normas de escalão inferior que se explicita a promessa de realização dos valores encampados pelos princípios constitucionais.

O novo Código de Processo Civil tem o potencial de gerar um processo mais célere, mais justo,[6] porque mais rente às necessidades sociais[7] e muito menos complexo.[8]

A simplificação do sistema, além de proporcionar-lhe coesão mais visível, permite ao juiz centrar sua atenção, de modo mais intenso, no mérito da causa.

Com evidente redução da complexidade inerente ao processo de criação de um novo Código de Processo Civil, poder-se-ia dizer que os trabalhos da Comissão se orientaram precipuamente por cinco objetivos: 1) estabelecer expressa e implicitamente verdadeira sintonia fina com a Constituição Federal; 2) criar condições para que o juiz possa proferir decisão de forma mais rente à realidade fática subjacente à causa; 3) simplificar, resolvendo problemas e reduzindo a complexidade de subsistemas, como, por exemplo, o recursal; 4) dar todo o rendimento possível a cada processo em si mesmo considerado; e, 5) finalmente, sendo talvez este último objetivo parcialmente alcançado pela realização daqueles mencionados antes, imprimir maior grau de organicidade ao sistema, dando-lhe, assim, mais coesão.

Esta Exposição de Motivos obedece à ordem dos objetivos acima alistados.

1) A necessidade de que fique evidente a *harmonia da lei ordinária em relação à* ***Constituição Federal da República***[9] fez com que se incluíssem no Código, expressamente, **princípios constitucionais**, na sua versão processual. Por outro lado, muitas **regras** foram concebidas, dando concreção a princípios constitucionais, como, por exemplo, as que preveem um procedimento, com *contraditório* e produção de provas, prévio à decisão que desconsidera da pessoa jurídica, em sua versão tradicional, ou "às avessas"[10].

Está expressamente formulada a regra no sentido de que o fato de o juiz estar diante de matéria de ordem pública não dispensa a obediência ao princípio do **contraditório**.

Como regra, o depósito da quantia relativa às multas, cuja função processual seja levar ao cumprimento da obrigação *in natura*, ou da ordem judicial, deve ser feito logo que estas incidem.

Não podem, todavia, ser levantadas, a não ser quando haja trânsito em julgado ou quando esteja pendente agravo de decisão denegatória de seguimento a recurso especial ou extraordinário.

Trata-se de uma forma de tornar o processo mais eficiente e efetivo, o que significa, indubitavelmente, aproximá-lo da Constituição Federal, em cujas entrelinhas se lê que o processo deve assegurar o cumprimento da lei material.

Prestigiando o princípio constitucional da **publicidade** das decisões, previu-se a regra inafastável de que à data de julgamento de todo recurso deve-se dar publicidade (todos os recursos devem constar em pauta), para que as partes tenham oportunidade de tomar providências que entendam necessárias ou, pura e simplesmente, possam assistir ao julgamento.

Levou-se em conta o princípio da *razoável duração do processo*.[11] Afinal a ausência de celeridade, sob certo ângulo,[12] é ausência de justiça. A simplificação do sistema recursal, de que trataremos separadamente, leva a um processo mais ágil.

Criou-se o incidente de julgamento conjunto de demandas repetitivas, a que adiante se fará referência.

Por enquanto, é oportuno ressaltar que levam a um processo **mais célere** as medidas cujo objetivo seja o julgamento conjunto de demandas que gravitam em torno da mesma questão de direito, por dois ângulos: *a*) o relativo àqueles processos, em si mesmos considerados, que, serão decididos conjuntamente; *b*) no que concerne à atenuação do excesso de carga de trabalho do Poder Judiciário – já que o tempo usado para decidir aqueles processos poderá ser mais eficazmente aproveitado em todos os outros, em cujo trâmite serão evidentemente menores os ditos "tempos mortos" (períodos em que nada acontece no processo).

Por outro lado, haver, indefinidamente, **posicionamentos diferentes** e incompatíveis, nos Tribunais, a respeito da **mesma norma jurídica**, leva a que jurisdicionados que estejam em situações idênticas, tenham de submeter-se a regras de conduta diferentes, ditadas por decisões judiciais emanadas de tribunais diversos.

Esse fenômeno fragmenta o sistema, gera intranquilidade e, por vezes, verdadeira perplexidade na sociedade.

Prestigiou-se, seguindo-se direção já abertamente seguida pelo ordenamento jurídico brasileiro, expressado na criação da Súmula Vinculante do Supremo Tribunal Federal (STF) e do regime de julgamento conjunto de recursos especiais e extraordinários repetitivos (que foi mantido e aperfeiçoado) tendência a criar estímulos para que a jurisprudência se uniformize, à luz do que venham a decidir tribunais superiores e até de segundo grau, e se estabilize.

Essa é a função e a razão de ser dos tribunais superiores: proferir decisões que **moldem** o ordenamento jurídico, objetivamente considerado. A função paradigmática que devem desempenhar é inerente ao sistema.

Por isso é que esses princípios foram expressamente formulados. Veja-se, por exemplo, o que diz o novo Código, no Livro IV: "A jurisprudência do STF e dos Tribunais Superiores deve nortear

---

6 Atentando para a advertência, acertada, de que não o processo, além de produzir um resultado justo, precisa ser justo em si mesmo, e portanto, na sua realização, devem ser observados aqueles *standards* previstos na Constituição Federal, que constituem desdobramento da garantia do *due process of law* (DINAMARCO, Cândido. *Instituições de direito processual civil*, v. 1. 6.a ed. São Paulo: Malheiros, 2009).

7 Lembrando, com BARBOSA MOREIRA, que "não se promove uma sociedade mais justa, ao menos primariamente, por obra do aparelho judicial. É todo o edifício, desde as fundações, que para tanto precisa ser revisto e reformado. Pelo prisma jurídico, a tarefa básica inscreve-se no plano do direito material" (*Por um processo socialmente efetivo*, p. 181)

8 Trata-se, portanto, de mais um passo decisivo para afastar os obstáculos para o acesso à Justiça, a que comumente se alude, isto é, a duração do processo, seu alto custo e a excessiva formalidade.

9 Hoje, costuma-se dizer que o processo civil **constitucionalizou-se**. Fala-se em modelo constitucional do processo, expressão inspirada na obra de Italo Andolina e Giuseppe Vignera, *Il modello costituzionale del processo civile italiano: corso di lezioni* (Turim, Giapicchelli, 1990). O processo há de ser examinado, estudado e compreendido à luz da Constituição e de forma a dar o maior rendimento possível aos seus princípios fundamentais.

10 O Novo CPC prevê expressamente que, antecedida de contraditório e produção de provas, haja decisão sobre a desconsideração da pessoa jurídica, com o redirecionamento da ação, na dimensão de sua patrimonialidade, e também sobre a consideração dita inversa, nos casos em que se abusa da sociedade, para usá-la indevidamente com o fito de camuflar o patrimônio pessoal do sócio. Essa alteração está de acordo com o pensamento que, entre nós, ganhou projeção ímpar na obra de J. LAMARTINE CORRÊA DE OLIVEIRA. Com efeito, há três décadas, o brilhante civilista já advertia ser essencial o predomínio da realidade sobre a aparência, quando *"em verdade* [é] *uma outra pessoa que está a agir, utilizando a pessoa jurídica como escudo, e se é essa utilização da pessoa jurídica, fora de sua função, que está tornando possível o resultado contrário à lei, ao contrato, ou às coordenadas axiológicas"* (*A dupla crise da pessoa jurídica*. São Paulo: Saraiva, 1979, p. 613).

11 Que, antes de ser expressamente incorporado à Constituição Federal em vigor (art. 5º, inciso LXXVIII), já havia sido contemplado em outros instrumentos normativos estrangeiros (veja-se, por exemplo, o art. 111, da Constituição da Itália) e convenções internacionais (Convenção Europeia e Pacto de San Jose da Costa Rica). Trata-se, portanto, de tendência mundial.

12 Afinal, a celeridade não é um valor que deva ser perseguido a qualquer custo. "Para muita gente, na matéria, a rapidez constitui o valor por excelência, quiçá o único. Seria fácil invocar aqui um rol de citações de autores famosos, apostados em estigmatizar a morosidade processual. Não deixam de ter razão, sem que isso implique – nem mesmo, quero crer, no pensamento desses próprios autores – hierarquização rígida que não reconheça como imprescindível, aqui e ali, ceder o passo a outros valores. Se uma justiça lenta demais é decerto uma justiça má, daí não se segue que uma justiça muito rápida seja necessariamente uma justiça boa. O que todos devemos querer é que a prestação jurisdicional venha ser melhor do que é. Se para torná-la melhor é preciso acelerá-la, muito bem: não, contudo, a qualquer preço" (BARBOSA MOREIRA, José Carlos. O futuro da justiça: alguns mitos. *Revista de Processo*, v. 102, p. 228-237, abr.-jun. 2001, p. 232).

as decisões de todos os Tribunais e Juízos singulares do país, de modo a concretizar plenamente os princípios da legalidade e da isonomia".

Evidentemente, porém, para que tenha eficácia a recomendação no sentido de que seja a jurisprudência do STF e dos Tribunais superiores, efetivamente, norte para os demais órgãos integrantes do Poder Judiciário, é necessário que aqueles Tribunais mantenham jurisprudência razoavelmente estável.

A segurança jurídica fica comprometida com a brusca e integral alteração do entendimento dos tribunais sobre questões de direito.[13]

Encampou-se, por isso, expressamente princípio no sentido de que, uma vez firmada jurisprudência em certo sentido, esta deve, como norma, ser mantida, salvo se houver relevantes razões recomendando sua alteração.

Trata-se, na verdade, de um outro viés do princípio da segurança jurídica,[14] que recomendaria que a jurisprudência, uma vez pacificada ou sumulada, tendesse a ser mais estável.[15]

De fato, a alteração do entendimento a respeito de uma tese jurídica ou do sentido de um texto de lei pode levar ao legítimo desejo de que as situações anteriormente decididas, com base no entendimento superado, sejam redecididas à luz da nova compreensão. Isto porque a alteração da jurisprudência, diferentemente da alteração da lei, produz efeitos equivalentes aos *ex tunc*. Desde que, é claro, não haja regra em sentido inverso.

Diz, expressa e explicitamente, o novo Código que: "A mudança de entendimento sedimentado observará a necessidade de fundamentação adequada e específica, considerando o imperativo de estabilidade das relações jurídicas";

E, ainda, com o objetivo de prestigiar a segurança jurídica, formulou-se o seguinte princípio: "Na hipótese de alteração da jurisprudência dominante do STF e dos Tribunais superiores, ou oriunda de julgamentos de casos repetitivos, pode haver **modulação** dos efeitos da alteração no interesse social e no da segurança jurídica" (grifos nossos).

Esse princípio tem relevantes consequências práticas, como, por exemplo, a não rescindibilidade de sentenças transitadas em julgado baseadas na orientação abandonada pelo Tribunal. Também em nome da segurança jurídica, reduziu-se para um ano, como regra geral, o prazo decadencial dentro do qual pode ser proposta a ação rescisória.

Mas talvez as alterações mais expressivas do sistema processual ligadas ao objetivo de harmonizá-lo com o espírito da Constituição Federal, sejam as que dizem respeito a regras que induzem à uniformidade e à estabilidade da jurisprudência.

O novo Código prestigia o princípio da segurança jurídica, obviamente de índole constitucional, pois que se hospeda nas dobras do Estado Democrático de Direito e visa a proteger e a preservar as justas expectativas das pessoas.

Todas as normas jurídicas devem tender a dar efetividade às garantias constitucionais, tornando "segura" a vida dos jurisdicionados, de modo a que estes sejam poupados de "surpresas", podendo sempre prever, em alto grau, as consequências jurídicas de sua conduta.

Se, por um lado, o princípio do livre convencimento motivado é garantia de julgamentos independentes e justos, e neste sentido mereceu ser prestigiado pelo novo Código, por outro, compreendido em seu mais estendido alcance, acaba por conduzir a distorções do princípio da legalidade e à própria ideia, antes mencionada, de Estado Democrático de Direito. A dispersão excessiva da jurisprudência produz intranquilidade social e descrédito do Poder Judiciário.

Se todos têm que agir em conformidade com a lei, ter-se-ia, *ipso facto*, respeitada a isonomia. Essa relação de causalidade, todavia, fica comprometida como decorrência do desvirtuamento da liberdade que tem o juiz de decidir com base em seu entendimento sobre o sentido real da norma.

A tendência à diminuição[16] do número[17] de recursos que devem ser apreciados pelos Tribunais de segundo grau e superiores é resultado inexorável da jurisprudência mais uniforme e estável.[17]

Proporcionar legislativamente melhores condições para operacionalizar formas de uniformização do entendimento dos Tribunais brasileiros acerca de teses jurídicas é concretizar, na vida da sociedade brasileira, o princípio constitucional da isonomia.

Criaram-se figuras, no novo CPC, para evitar a dispersão[18] excessiva da jurisprudência. Com isso, haverá condições de se atenuar o assoberbamento de trabalho no Poder Judiciário, sem comprometer a qualidade da prestação jurisdicional.

Dentre esses instrumentos, está a complementação e o reforço da eficiência do regime de julgamento de recursos repetitivos, que agora abrange a possibilidade de suspensão do procedimento das demais ações, tanto no juízo de primeiro grau, quanto dos demais recursos extraordinários ou especiais, que estejam tramitando nos tribunais superiores, aguardando julgamento, desatreladamente dos afetados.

---

13 Os ingleses dizem que os jurisdicionados não podem ser tratados "como cães, que só descobrem que algo é proibido quando o bastão toca seus focinhos" (BENTHAM citado por R. C. CAENEGEM, Judges, Legislators & Professors, p. 161).

14 "O homem necessita de segurança para conduzir, planificar e conformar autônoma e responsavelmente a sua vida. Por isso, desde cedo se consideravam os princípios da segurança jurídica e da proteção à confiança como elementos constitutivos do Estado de Direito. Esses dois princípios – segurança jurídica e proteção da confiança – andam estreitamente associados, a ponto de alguns autores considerarem o princípio da confiança como um subprincípio ou como uma dimensão específica da segurança jurídica. Em geral, considera-se que a segurança jurídica está conexionada com elementos objetivos da ordem jurídica – garantia de estabilidade jurídica, segurança de orientação e realização do direito – enquanto a proteção da confiança se prende mais com os componentes subjetivos da segurança, designadamente a calculabilidade e previsibilidade dos indivíduos em relação aos efeitos dos actos". (JOSÉ JOAQUIM GOMES CANOTILHO. Direito constitucional e teoria da constituição. Almedina, Coimbra, 2000, p. 256).

15 Os alemães usam a expressão princípio da "proteção", acima referida por Canotilho. (ROBERT ALEXY e RALF DREIER, Precedent in the Federal Republic of Germany, *in* Interpreting Precedents, A Comparative Study, Coordenação NEIL MACCORMICK e ROBERT SUMMERS, Dartmouth Publishing Company, p. 19).

16 Comentando os principais vetores da reforma sofrida no processo civil alemão na última década, BARBOSA MOREIRA alude ao problema causado pelo excesso de recursos no processo civil: "Pôr na primeira instância o centro de gravidade do processo é diretriz política muito prestigiada em tempos modernos, e numerosas iniciativas reformadoras levam-na em conta. A rigor, o ideal seria que os litígios fossem resolvidos em termos finais mediante um único julgamento. Razões conhecidas induzem as leis processuais a abrirem a porta a reexames. A multiplicação desmedida dos meios tendentes a propiciá-los, entretanto, acarreta o prolongamento indesejável do feito, aumenta-lhe o custo, favorece a chicana e, em muitos casos, gera para os tribunais superiores excessiva carga de trabalho. Convém, pois, envidar esforços para que as partes se deem por satisfeitas com a sentença e se abstenham de impugná-la" (Breve notícia sobre a reforma do processo civil alemão. *Revista de Processo*. São Paulo, v. 28, n. 111, p. 103-112, jul./set. 2003, p. 105).

17 O número de recursos previstos na legislação processual civil é objeto de reflexão e crítica, há muitos anos, na doutrina brasileira. EGAS MONIZ DE ARAGÃO, por exemplo, em emblemático trabalho sobre o tema, já indagou de forma contundente: "há demasiados recursos no ordenamento jurídico brasileiro? Deve-se restringir seu cabimento? São eles responsáveis pela morosidade no funcionamento do Poder Judiciário?" Respondendo tais indagações, o autor conclui que há três recursos que "atendem aos interesses da brevidade e certeza, interesses que devem ser ponderados – como na fórmula da composição dos medicamentos – para dar adequado remédio às necessidades do processo judicial": a apelação, o agravo e o extraordinário, isto é, recurso especial e recurso extraordinário (Demasiados recursos?. *Revista de Processo*. São Paulo, v. 31, n. 136, p. 9-31, jun. 2006, p. 18)

18 A preocupação com essa possibilidade não é recente. ALFREDO BUZAID já aludia a ela, advertindo que há uma grande diferença entre as decisões adaptadas ao contexto histórico em que proferidas e aquelas que prestigiam interpretações contraditórias da mesma disposição legal, apesar de iguais as situações concretas em que proferidas. Nesse sentido: "Na verdade, não repugna ao jurista que os tribunais, num louvável esforço de adaptação, sujeitem a mesma regra a entendimento diverso, desde que se alterem as condições econômicas, políticas e sociais; mas repugna-lhe que sobre a mesma regra jurídica deem os tribunais interpretação diversa e até contraditória, quando as condições em que ela foi editada continuam as mesmas. O dissídio resultante de tal exegese debilita a autoridade do Poder Judiciário, ao mesmo passo que causa profunda decepção às partes que postulam perante os tribunais" (Uniformização de Jurisprudência. *Revista da Associação dos Juízes do Rio Grande do Sul*, 34/139, jul. 1985).

Com os mesmos objetivos, criou-se, com inspiração no direito alemão,[19] o já referido incidente de Resolução de Demandas Repetitivas, que consiste na identificação de processos que contenham a mesma questão de direito, que estejam ainda no primeiro grau de jurisdição, para decisão conjunta.[20]

O incidente de resolução de demandas repetitivas é admissível quando identificada, em primeiro grau, controvérsia com potencial de gerar multiplicação expressiva de demandas e o correlato risco da coexistência de decisões conflitantes.

É instaurado perante o Tribunal local, por iniciativa do juiz, do MP, das partes, da Defensoria Pública ou pelo próprio Relator. O juízo de admissibilidade e de mérito caberão ao tribunal pleno ou ao órgão especial, onde houver, e a extensão da eficácia da decisão acerca da tese jurídica limita-se à área de competência territorial do tribunal, salvo decisão em contrário do STF ou dos Tribunais superiores, pleiteada pelas partes, interessados, MP ou Defensoria Pública. Há a possibilidade de intervenção de *amici curiae*.

O incidente deve ser julgado no prazo de seis meses, tendo preferência sobre os demais feitos, salvo os que envolvam réu preso ou pedido de *habeas corpus*.

O recurso especial e o recurso extraordinário, eventualmente interpostos da decisão do incidente, têm efeito suspensivo e se considera presumida a repercussão geral, de questão constitucional eventualmente discutida.

Enfim, não observada a tese firmada, caberá reclamação ao tribunal competente.

As hipóteses de cabimento dos embargos de divergência agora se baseiam exclusivamente na existência de *teses contrapostas*, não importando o veículo que as tenha levado ao Supremo Tribunal Federal ou ao Superior Tribunal de Justiça. Assim, são possíveis de confronto teses contidas em recursos e ações, sejam as decisões de mérito ou relativas ao juízo de admissibilidade.

Está-se, aqui, diante de poderoso instrumento, agora tornado ainda mais eficiente, cuja finalidade é a de uniformizar a jurisprudência dos Tribunais superiores, *interna corporis*.

Sem que a jurisprudência desses Tribunais esteja internamente uniformizada, é posto abaixo o edifício cuja base é o respeito aos precedentes dos Tribunais superiores.

2) Pretendeu-se converter o processo em instrumento incluído no **contexto social** em que produzirá efeito o seu resultado. Deu-se ênfase à possibilidade de as partes porem fim ao conflito pela via da mediação ou da conciliação.[21] Entendeu-se que a *satisfação efetiva* das partes pode dar-se de modo mais intenso se a solução é por elas criada e não imposta pelo juiz.

Como regra, deve realizar-se audiência em que, ainda antes de ser apresentada contestação, se tentará fazer com que autor e réu cheguem a acordo. Dessa audiência, poderão participar conciliador e mediador e o réu deve comparecer, sob pena de se qualificar sua ausência injustificada como ato atentatório à dignidade da justiça. Não se chegando a acordo, terá início o prazo para a contestação.

Por outro lado, e ainda levando em conta a qualidade da satisfação das partes com a solução dada ao litígio, previu-se a possibilidade da presença do *amicus curiae*, cuja manifestação, com certeza tem aptidão de proporcionar ao juiz condições de proferir decisão mais próxima às reais necessidades das partes e mais rente à realidade do país.[22]

Criou-se regra no sentido de que a intervenção pode ser pleiteada pelo *amicus curiae* ou solicitada de ofício, como decorrência das peculiaridades da causa, em todos os graus de jurisdição.

Entendeu-se que os requisitos que impõem a manifestação do *amicus curiae* no processo, se existem, estarão presentes desde o primeiro grau de jurisdição, não se justificando que a possibilidade de sua intervenção ocorra só nos Tribunais Superiores. Evidentemente, todas as decisões devem ter a qualidade que possa proporcionar a presença do *amicus curiae*, não só a última delas.

Com objetivo semelhante, permite-se no novo CPC que os Tribunais Superiores apreciem o mérito de alguns recursos que veiculam questões relevantes, cuja solução é necessária para o aprimoramento do Direito, ainda que não estejam preenchidos requisitos de admissibilidade considerados menos importantes. Trata-se de regra afeiçoada à processualística contemporânea, que privilegia o conteúdo em detrimento da forma, em consonância com o princípio da instrumentalidade.

3) Com a finalidade de *simplificação*, criou-se,[23] *v.g.*, a possibilidade de o réu formular pedido independentemente do expediente formal da reconvenção, que desapareceu. Extinguiram-se muitos incidentes: passa a ser matéria alegável em preliminar de contestação a incorreção do valor da causa e a indevida concessão do benefício da justiça gratuita, bem como as duas espécies de incompetência. Não há mais a ação declaratória incidental nem a ação declaratória incidental de falsidade de documento, bem como o incidente de exibição de documentos. As formas de intervenção de terceiro foram modificadas e parcialmente fundidas: criou-se um só instituto, que abrange as hipóteses de denunciação da lide e de chamamento ao processo. Deve ser utilizado quando

19 No direito alemão a figura se chama *Musterverfahren* e gera decisão que serve de modelo (*Muster*) para a resolução de uma quantidade expressiva de processos em que as partes estejam na mesma situação, não se tratando necessariamente, do mesmo autor nem do mesmo réu (RALF-THOMAS WITTMANN. Il "contenzioso di massa" in Germania, *in* GIORGETTI ALESSANDRO e VALERIO VALLEFUOCO, Il Contenzioso di massa in Italia, in Europa e nel mondo, Milão, Giuffrè, 2008, p. 178).

20 Tais medidas refletem, sem dúvida, a tendência de coletivização do processo, assim explicada por RODOLFO DE CAMARGO MANCUSO: "Desde o último quartel do século passado, foi tomando vulto o fenômeno da 'coletivização' dos conflitos, à medida que, paralelamente, se foi reconhecendo a inaptidão do processo civil clássico para instrumentalizar essas megacontrovérsias, próprias de uma conflitiva sociedade de massas. Isso explica a proliferação de ações de cunho coletivo, tanto na Constituição Federal (arts. 5.º, XXI; LXX, 'b'; LXXIII; 129, III) como na legislação processual extravagante, empolgando segmentos sociais de largo espectro: consumidores, infância e juventude; deficientes físicos; investidores no mercado de capitais; idosos; torcedores de modalidades desportivas, etc. Logo se tornou evidente (e premente) a necessidade da oferta de novos instrumentos capazes de recepcionar esses conflitos assim potencializado, seja em função do número expressivo (ou mesmo indeterminado) dos sujeitos concernentes, seja em função da indivisibilidade do objeto litigioso, que o torna insuscetível de partição e fruição por um titular exclusivo" (*A resolução de conflitos e a função judicial no Contemporâneo Estado de Direito*. São Paulo: Revista dos Tribunais, 2009, p. 379-380).

21 A criação de condições para realização da transação é uma das tendências observadas no movimento de reforma que inspirou o processo civil alemão. Com efeito, explica BARBOSA MOREIRA que "já anteriormente, por força de uma lei de 1999, os órgãos legislativos dos 'Lander' tinham sido autorizados, sob determinadas circunstâncias, a exigirem, como requisito de admissibilidade da ação, que se realizasse prévia tentativa de conciliação extrajudicial. Doravante, nos termos do art. 278, deve o tribunal, em princípio, levar a efeito a tentativa, ordenando o comparecimento pessoal de ambas as partes. O órgão judicial discutirá com elas a situação, poderá formular-lhes perguntas e fazer-lhes observações. Os litigantes serão ouvidos pessoalmente e terá cada qual a oportunidade de expor sua versão do litígio..." (*Breves notícias sobre a reforma do processo civil alemão*, p. 106).

22 Predomina na doutrina a opinião de que a origem do *amicus curiae* está na Inglaterra, no processo penal, embora haja autores que afirmem haver figura assemelhada já no direito romano (CÁSSIO SCARPINELLA BUENO, *Amicus curiae no processo civil brasileiro*, Ed. Saraiva, 2006, p. 88). Historicamente, sempre atuou ao lado do juiz, e sempre foi a discricionariedade deste que determinou a intervenção desta figura, fixando os limites de sua atuação. Do direito inglês, migrou para o direito americano, em que é, atualmente, figura de relevo digno de nota (CÁSSIO SCARPINELLA BUENO, ob.cit. p. 94 e seguintes).

23 Tal possibilidade, rigorosamente, já existia no CPC de 1973, especificamente no procedimento comum sumário (art. 278, parágrafo 1º) e em alguns procedimentos especiais disciplinados no Livro IV, como, por exemplo, as ações possessórias (art. 922), daí porque se afirmava, em relação a estes, que uma de suas características peculiares era, justamente, a natureza dúplice da ação. Contudo, no Novo Código, o que era excepcional se tornará regra geral, em evidente benefício da economia processual e da ideia de efetividade da tutela jurisdicional.

o chamado puder ser réu em ação regressiva; quando um dos devedores solidários saldar a dívida, aos demais; quando houver obrigação, por lei ou por contrato, de reparar ou garantir a reparação de dano, àquele que tem essa obrigação. A sentença dirá se terá havido a hipótese de ação regressiva, ou decidirá quanto à obrigação comum. Muitos[24] procedimentos especiais[25] foram extintos. Foram mantidos a ação de consignação em pagamento, a ação de prestação de contas, a ação de divisão e demarcação de terras particulares, inventário e partilha, embargos de terceiro, habilitação, restauração de autos, homologação de penhor legal e ações possessórias.

Extinguiram-se também as ações cautelares nominadas. Adotou-se a regra no sentido de que basta à parte a demonstração do *fumus boni iuris* e do perigo de ineficácia da prestação jurisdicional para que a providência pleiteada deva ser deferida. Disciplina-se também a tutela sumária que visa a proteger o direito evidente, independentemente de *periculum in mora*.

O Novo CPC agora deixa clara a possibilidade de concessão de tutela de urgência e de tutela à evidência. Considerou-se conveniente esclarecer de forma expressa que a resposta do Poder Judiciário deve ser rápida não só em situações em que a urgência decorre do risco de eficácia do processo e do eventual perecimento do próprio direito. Também em hipóteses em que as alegações da parte se revelam de juridicidade ostensiva deve a tutela ser antecipadamente (total ou parcialmente) concedida, independentemente de *periculum in mora*, por não haver razão relevante para a espera, até porque, via de regra, a demora do processo gera agravamento do dano.

Ambas essas espécies de tutela vêm disciplinadas na Parte Geral, tendo também desaparecido o livro das Ações Cautelares.

A tutela de urgência e da evidência podem ser requeridas **antes** ou **no curso** do procedimento em que se pleiteia a providência principal.

Não tendo havido resistência à liminar concedida, o juiz, depois da efetivação da medida, extinguirá o processo, conservando-se a eficácia da medida concedida, sem que a situação fique protegida pela coisa julgada.

Impugnada a medida, o pedido principal deve ser apresentado **nos mesmos autos** em que tiver sido formulado o pedido de urgência.

As opções procedimentais acima descritas exemplificam sobremaneira a concessão da tutela cautelar ou antecipatória, do ponto de vista procedimental.

Além de a incompetência, absoluta e relativa, poderem ser levantadas pelo réu em preliminar de contestação, o que também significa uma maior simplificação do sistema, a incompetência absoluta não é, no Novo CPC, hipótese de cabimento de ação rescisória.

Cria-se a faculdade de o advogado promover, pelo correio, a intimação do advogado da outra parte. Também as testemunhas devem comparecer espontaneamente, sendo excepcionalmente intimadas por carta com aviso de recebimento.

A extinção do procedimento especial "ação de usucapião" levou à criação do procedimento edital, como forma de comunicação dos atos processuais, por meio do qual, em ações deste tipo, devem-se provocar todos os interessados a intervir, se houver interesse.

O prazo para todos os recursos, com exceção dos embargos de declaração, foi uniformizado: quinze dias.

O recurso de apelação continua sendo interposto no 1º grau de jurisdição, tendo-lhe sido, todavia, retirado o juízo de admissibilidade, que é exercido apenas no 2º grau de jurisdição. Com isso, suprime-se um novo foco desnecessário de recorribilidade.

Na execução, se eliminou a distinção entre praça e leilão, assim como a necessidade de duas hastas públicas. Desde a primeira, pode o bem ser alienado por valor inferior ao da avaliação, desde que não se trate de preço vil.

Foram extintos os embargos à arrematação, tornando-se a ação anulatória o único meio de que o interessado pode valer-se para impugná-la.

Bastante simplificado foi o sistema recursal. Essa simplificação, todavia, em momento algum significou restrição ao direito de defesa. Em vez disso deu, de acordo com o objetivo tratado no item seguinte, maior rendimento a cada processo individualmente considerado.

Desapareceu o agravo retido, tendo, correlatamente, sido alterado o regime das preclusões.[26] Todas as decisões anteriores à sentença podem ser impugnadas na apelação. Ressalte-se que, na verdade, o que se modificou, nesse particular, foi exclusivamente o momento da impugnação, pois essas decisões, de que se recorria, no sistema anterior, por meio de agravo retido, só eram mesmo alteradas ou mantidas quando o agravo era julgado, como preliminar de apelação. Com o novo regime, o momento de julgamento será o mesmo; não o da impugnação.

O agravo de instrumento ficou mantido para as hipóteses de concessão, ou não, de tutela de urgência; para as interlocutórias de mérito, para as interlocutórias proferidas na execução (e no cumprimento de sentença) e para todos os demais casos a respeito dos quais houver previsão legal expressa.

Previu-se a sustentação oral em agravo de instrumento de decisão de mérito, procurando-se, com isso, alcançar resultado do processo mais rente à realidade dos fatos.

Uma das grandes alterações havidas no sistema recursal foi a supressão dos embargos infringentes.[27] Há muito, doutrina da melhor qualidade vem propugnando pela necessidade de que sejam extintos.[28] Em contrapartida a essa extinção, o relator terá o dever de declarar o voto vencido, sendo este considerado como parte integrante do acórdão, inclusive para fins de prequestionamento.

Significativas foram as alterações, no que tange aos recursos para o STJ e para o STF. O Novo Código contém regra expressa, que leva ao aproveitamento do processo, de forma plena,

---

24 EGAS MONIZ DE ARAGÃO, comentando a transição do Código de 1939 para o Código de 1973, já chamava a atenção para a necessidade de refletir sobre o grande número de procedimentos especiais que havia no primeiro e foi mantido, no segundo diploma. Nesse sentido: "Ninguém jamais se preocupou em investigar se é necessário ou dispensável, se é conveniente ou inconveniente oferecer aos litigantes essa pletora de procedimentos especiais; ninguém jamais se preocupou em verificar se a existência desses inúmeros procedimentos constitui obstáculo à 'efetividade do processo', valor tão decantado na atualidade; ninguém jamais se preocupou em pesquisar se a existência de tais e tantos procedimentos constitui estorvo ao bom andamento dos trabalhos forenses e se a sua substituição por outros e novos meios de resolver os mesmos problemas poderá trazer melhores resultados. Diante desse quadro é de indagar: será possível atingir os resultados verdadeiramente aspirados pela revisão do Código sem remodelar o sistema no que tange aos procedimentos especiais?" (Reforma processual: 10 anos. *Revista do Instituto dos Advogados do Paraná.* Curitiba, n. 33, p. 201-215, dez. 2004, p. 205).

25 Ainda na vigência do Código de 1973, já não se podia afirmar que a maior parte desses procedimentos era efetivamente especial. As características que, no passado, serviram para lhes qualificar desse modo, após as inúmeras alterações promovidas pela atividade de reforma da legislação processual, deixaram de lhes ser exclusivas. Vários aspectos que, antes, somente se viam nos procedimentos ditos especiais, passaram, com o tempo, a se observar também no procedimento comum. Exemplo disso é o sincretismo processual, que passou a marcar o procedimento comum desde que admitida a concessão de tutela de urgência em favor do autor, nos termos do art. 273.

26 Essa alteração contempla uma das duas soluções que a doutrina processualista colocava em relação ao problema da recorribilidade das decisões interlocutórias. Nesse sentido: *"Duas teses podem ser adotadas com vistas ao controle das decisões proferidas pelo juiz no decorrer do processo em primeira instância: ou, a) não se proporciona recurso algum e os litigantes poderão impugná-las somente com o recurso cabível contra o julgamento final, normalmente a apelação, caso estes em que não incidirá preclusão sobre tais questões, ou, b) é proporcionado recurso contra as decisões interlocutórias (tanto faz que o recurso suba incontinente ao órgão superior ou permaneça retido nos autos do processo) e ficarão preclusas as questões nelas solucionadas caso o interessado não recorra"* (ARAGÃO, E. M. *Reforma processual: 10* anos, p. 210-211).

27 Essa trajetória, como lembra BARBOSA MOREIRA, foi, no curso das décadas, *"complexa e sinuosa"* (Novas vicissitudes dos embargos infringentes, *Revista de Processo.* São Paulo, v. 28, n. 109, p. 113-123, jul-ago. 2004, p. 113).

28 Nesse sentido, "A existência de um voto vencido não basta por si só para justificar a criação de tal recurso; porque, por tal razão, se devia admitir um segundo recurso de embargos toda vez que houvesse mais de um voto vencido; desta forma poderia arrastar-se a verificação por largo tempo, vindo o ideal de justiça a ser sacrificado pelo desejo de aperfeiçoar a decisão" (ALFREDO BUZAID, Ensaio para uma revisão do sistema de recursos no Código de Processo Civil. *Estudos de direito.* São Paulo: Saraiva, 1972, v. 1, p. 111).

devendo ser decididas todas as razões que podem levar ao provimento ou ao improvimento do recurso. Sendo, por exemplo, o recurso extraordinário provido para acolher uma causa de pedir, ou *a*) examinam-se todas as outras, ou, *b*) remetem-se os autos para o Tribunal de segundo grau, para que decida as demais, ou, *c*) remetem-se os autos para o primeiro grau, caso haja necessidade de produção de provas, para a decisão das demais; e, pode-se também, *d*) remeter os autos ao STJ, caso as causas de pedir restantes constituam-se em questões de direito federal.

Com os mesmos objetivos, consistentes em simplificar o processo, dando-lhe, simultaneamente, o maior rendimento possível, criou-se a regra de que não há mais extinção do processo, por decisão de inadmissão de recurso, caso o tribunal destinatário entenda que a competência seria de outro tribunal. Há, isto sim, em todas as instâncias, inclusive no plano de STJ e STF, **a remessa dos autos ao tribunal competente.**

Há dispositivo expresso determinando que, se os embargos de declaração são interpostos com o objetivo de prequestionar a matéria objeto do recurso principal, e não são admitidos, considera-se o prequestionamento como havido, salvo, é claro, se se tratar de recurso que pretenda a inclusão, no acórdão, da descrição de fatos.

Vê-se, pois, que as alterações do sistema recursal a que se está, aqui, aludindo, proporcionaram simplificação e levaram a efeito um outro objetivo, de que abaixo se tratará: obter-se o maior rendimento possível de cada processo.

4) O novo sistema permite que cada processo *tenha maior rendimento possível*. Assim, e por isso, estendeu-se a autoridade da coisa julgada às questões prejudiciais.

Com o objetivo de se dar maior **rendimento** a cada processo, individualmente considerado, e, atendendo a críticas tradicionais da doutrina,[29] deixou, a possibilidade jurídica do pedido, de ser condição da ação. A sentença que, à luz da lei revogada seria de carência da ação, à luz do Novo CPC é de improcedência e resolve definitivamente a controvérsia.

Criaram-se mecanismos para que, sendo a ação proposta com base em várias causas de pedir e sendo só uma levada em conta na decisão do 1º e do 2º graus, repetindo-se as decisões de procedência, caso o tribunal superior inverta a situação, retorne o processo ao 2º grau, para que as demais sejam apreciadas, até que, afinal, sejam todas decididas e seja, **efetivamente, posto fim à controvérsia**.

O mesmo ocorre se se tratar de ação julgada improcedente em 1º e em 2º graus, como resultado de acolhimento de uma razão de defesa, quando haja mais de uma.

Também visando a essa finalidade, o novo Código de Processo Civil criou, inspirado no sistema italiano[30] e francês[31], a estabilização de tutela, a que já se referiu no item anterior, que permite a manutenção da eficácia da medida de urgência, ou antecipatória de tutela, até que seja eventualmente impugnada pela parte contrária.

As partes podem, até a sentença, modificar pedido e causa de pedir, desde que não haja ofensa ao contraditório. De cada processo, por esse método, se obtém tudo o que seja possível.

Na mesma linha, tem o juiz o poder de adaptar o procedimento às peculiaridades da causa.[32]

Com a mesma finalidade, criou-se a regra, a que já se referiu, no sentido de que, entendendo o Superior Tribunal de Justiça que a questão veiculada no recurso especial seja constitucional, deve remeter o recurso do Supremo Tribunal Federal; do mesmo modo, deve o Supremo Tribunal Federal remeter o recurso ao Superior Tribunal de Justiça, se considerar que não se trata de ofensa direta à Constituição Federal, por decisão irrecorrível.

5) A Comissão trabalhou sempre tendo como **pano de fundo** um objetivo genérico, que foi de imprimir organicidade às regras do processo civil brasileiro, dando maior coesão ao sistema.

O Novo CPC conta, agora, com uma Parte Geral,[33] atendendo às críticas de parte ponderável da doutrina brasileira. Neste Livro I, são mencionados princípios constitucionais de especial importância para todo o processo civil, bem como regras gerais, que dizem respeito a todos os demais Livros. A Parte Geral desempenha o papel de chamar para si a solução de questões difíceis relativas às demais partes do Código, já que contém regras e princípios gerais a respeito do funcionamento do sistema.

O conteúdo da Parte Geral (Livro I) consiste no seguinte: princípios e garantias fundamentais do processo civil; aplicabilidade das normas processuais; limites da jurisdição brasileira; competência interna; normas de cooperação internacional e nacional; partes; litisconsórcio; procuradores; juiz e auxiliares da justiça; Ministério Público; atos processuais; provas; tutela de urgência e tutela da evidência; formação, suspensão e extinção do processo. O Livro II, diz respeito ao processo de conhecimento, incluindo cumprimento de sentença e procedimentos especiais, contenciosos ou não. O Livro III trata do processo de execução, e o Livro IV disciplina os processos nos Tribunais e os meios de impugnação das decisões judiciais. Por fim, há as disposições finais e transitórias.

O objetivo de organizar internamente as regras e harmonizá-las entre si foi o que inspirou, por exemplo, a reunião das hipóteses em que os Tribunais ou juízes podem voltar atrás, mesmo depois de terem proferido decisão de mérito: havendo embargos de declaração, erro material, sendo proferida decisão pelo STF ou pelo STJ com base nos artigos 543-B e 543-C do Código anterior.

Organizaram-se em dois dispositivos as causas que levam à extinção do processo, por indeferimento da inicial, sem ou com julgamento de mérito, incluindo-se neste grupo o que constava do art. 285-A do Código anterior.

Unificou-se o critério relativo ao fenômeno que gera a prevenção: o despacho que ordena a citação. A ação, por seu turno, considera-se proposta assim que protocolada a inicial.

Tendo desaparecido o Livro do Processo Cautelar e as cautelares em espécie, acabaram sobrando medidas que, em consonância com parte expressiva da doutrina brasileira, embora estivessem formalmente inseridas no Livro III, de cautelares, nada tinham. Foram, então, realocadas, junto aos procedimentos especiais.

Criou-se um livro novo, a que já se fez menção, para os processos nos Tribunais, que abrange os meios de impugnação às decisões judiciais – recursos e ações impugnativas autônomas – e institutos como, por exemplo, a homologação de sentença estrangeira.

Também com o objetivo de desfazer "nós" do sistema, deixaram-se claras as hipóteses de cabimento de ação rescisória e de ação anulatória, eliminando-se dúvidas, com soluções como, por exemplo, a de deixar sentenças homologatórias como categoria de pronunciamento impugnável pela ação anulatória, ainda que se trate de decisão de mérito, isto é, que homologa transação, reconhecimento jurídico do pedido ou renúncia à pretensão.

---

29 CÂNDIDO DINAMARCO lembra que o próprio LIEBMAN, após formular tal condição da ação em aula inaugural em Turim, renunciou a ela depois que *"a lei italiana passou a admitir o divórcio, sendo este o exemplo mais expressivo de impossibilidade jurídica que vinha sendo utilizado em seus escritos"* (*Instituições de direito processual civil*. v. II, 6.ª ed. São Paulo: Malheiros, 2009, p. 309).

30 Tratam da matéria, por exemplo, COMOGLIO, Luigi; FERRI, Corrado; TARUFFO, Michele. *Lezioni sul processo civile*. 4. ed. Bologna: Il Mulino, 2006. t. I e II; PICARDI, Nicola. *Codice di procedura civile*. 4. ed. Milão: Giuffrè, 2008. t. II; GIOLA, Valerio de; RASCHELLÀ, Anna Maria. *I provvedimento d'urgenza ex art. 700 Cod. Proc. Civ.* 2. ed. Experta, 2006.

31 É conhecida a figura do *référré* francês, que consiste numa forma sumária de prestação de tutela, que gera decisão provisória, não depende necessariamente de um processo principal, não transita em julgado, mas pode prolongar a sua eficácia no tempo. Vejam-se arts. 488 e 489 do *Nouveau Code de Procédure Civile* francês.

32 No processo civil inglês, há regra expressa a respeito dos *"case management powers"*. CPR 1.4. Na doutrina, v. NEIL ANDREWS, O moderno processo civil, São Paulo, Ed. RT, 2009, item 3.14, p. 74. Nestas regras de gestão de processos, inspirou-se a Comissão autora do Anteprojeto.

33 Para EGAS MONIZ DE ARAGÃO, a ausência de uma parte geral, no Código de 1973, ao tempo em que promulgado, era compatível com a ausência de sistematização, no plano doutrinário, de uma teoria geral do processo. E advertiu o autor: *"não se recomendaria que o legislador precedesse aos doutrinadores, aconselhando a prudência que se aguarde o desenvolvimento do assunto por estes para, colhendo-lhes os frutos, atuar aquele"* (*Comentários ao Código de Processo Civil*: v. II. 7.a Ed. Rio de Janeiro: Forense, 1991, p. 8). O profundo amadurecimento do tema que hoje se observa na doutrina processualista brasileiro justifica, nessa oportunidade, a sistematização da teoria geral do processo, no novo CPC.

Com clareza e com base em doutrina autorizada,[34] disciplinou-se o litisconsórcio, separando-se, com a nitidez possível, o necessário do unitário.

Inverteram-se os termos **sucessão** e **substituição**, acolhendo-se crítica antiga e correta da doutrina.[35]

Nos momentos adequados, utilizou-se a expressão *convenção de arbitragem*, que abrange a cláusula arbitral e o compromisso arbitral, imprimindo-se, assim, o mesmo regime jurídico a ambos os fenômenos.[36]

Em conclusão, como se frisou no início desta exposição de motivos, elaborar-se um Código novo não significa "deitar abaixo as instituições do Código vigente, substituindo-as por outras, inteiramente novas".[37]

Nas alterações das leis, com exceção daquelas feitas imediatamente após períodos históricos que se pretendem deixar definitivamente para trás, não se deve fazer "taboa rasa" das conquistas alcançadas. Razão alguma há para que não se conserve ou aproveite o que há de bom no sistema que se pretende reformar.

Assim procedeu a Comissão de Juristas que reformou o sistema processual: criou saudável equilíbrio entre conservação e inovação, sem que tenha havido drástica ruptura com o presente ou com o passado.

Foram criados institutos inspirados no direito estrangeiro, como se mencionou ao longo desta Exposição de Motivos, já que, a época em que vivemos é de interpenetração das civilizações. O Novo CPC é fruto de reflexões da Comissão que o elaborou, que culminaram em escolhas racionais de caminhos considerados adequados, à luz dos cinco critérios acima referidos, à obtenção de uma sentença que resolva o conflito, com respeito aos direitos fundamentais e no menor tempo possível, realizando o interesse público da atuação da lei material.

Em suma, para a elaboração do Novo CPC, identificaram-se os avanços incorporados ao sistema processual preexistente, que deveriam ser conservados. Estes foram organizados e se deram alguns passos à frente, para deixar expressa a adequação das novas regras à Constituição Federal da República, com um sistema mais coeso, mais ágil e capaz de gerar um processo civil mais célere e mais justo.

A Comissão de Juristas

COMPOSIÇÃO DA COMISSÃO

Presidente: Luiz Fux.

Relatora-Geral: Teresa Arruda Alvim Wambier.

Membros: Adroaldo Furtado Fabrício, Benedito Cerezzo Pereira Filho, Bruno Dantas, Elpídio Donizetti Nunes, Humberto Theodoro Junior, Jansen Fialho de Almeida, José Miguel Garcia Medina, José Roberto dos Santos Bedaque, Marcus Vinicius Furtado Coelho, Paulo Cezar Pinheiro Carneiro.

Secretários da Comissão: Verônica Maia Baraviera (Designada através do Ato 503/2009, da Presidência do Senado Federal); Gláucio Ribeiro de Pinho (Designada através do Ato 167/2010, da Presidência do Senado Federal).

34 CÂNDIDO DINAMARCO, por exemplo, sob a égide do Código de 1973, teceu críticas à redação do art. 47, por entender que "esse mal redigido dispositivo dá a impressão, absolutamente falsa, de que o litisconsórcio unitário seria modalidade do necessário" (*Instituições de direito processual civil*, v. II, p. 359). No entanto, explica, com inequívoca clareza, o processualista: "Os dois conceitos não se confundem nem se colocam em relação de gênero a espécie. A unitariedade não é espécie da necessariedade. Diz respeito ao 'regime de tratamento' dos litisconsortes, enquanto esta é a exigência de 'formação' do litisconsórcio".

35 "O Código de Processo Civil dá a falsa ideia de que a troca de um sujeito pelo outro na condição de parte seja um fenômeno de substituição processual: o vocábulo 'substituição' e a forma verbal'substituindo' são empregadas na rubrica em que se situa o art. 48 e em seu § 10. Essa impressão é falsa porque 'substituição processual' é a participação de um sujeito no processo, como autor ou réu, sem ser titular do interesse em conflito (art. 6º). Essa locução não expressa um movimento de entrada e saída. Tal movimento é, em direito, 'sucessão' – no caso, sucessão processual" (DINAMARCO, C. *Instituições de direito processual civil*, v. II, p. 281).

36 Sobre o tema da arbitragem, veja-se: CARMONA, Carlos Alberto. *Arbitragem e Processo um comentário à lei nº 9.307/96*. 3. ed. São Paulo: Atlas, 2009.

37 ALFREDO BUZAID, Exposição de motivos, Lei 5.869, de 11 de janeiro de 1973.

LEI 13.105, DE 16 DE MARÇO DE 2015

Código de Processo Civil.

→ *v.* Lei 13.146/2015 – Estatuto da Pessoa com Deficiência.

A Presidenta da República:

Faço saber que o Congresso Nacional decreta e eu sanciono a seguinte lei:

PARTE GERAL

LIVRO I
Das normas processuais civis

Título Único
Das normas fundamentais e da aplicação das normas processuais

Capítulo I
DAS NORMAS FUNDAMENTAIS DO PROCESSO CIVIL

Art. 1º O processo civil será ordenado, disciplinado e interpretado conforme os valores e as normas fundamentais estabelecidos na Constituição da República Federativa do Brasil, observando-se as disposições deste Código.

→ *v.* Art. 5º, §§ 1º, 2º e 3º, da CF/1988.

→ *v.* Convenção Americana sobre Direitos Humanos (Dec. 678/1992).

→ *v.* Arts. 13 e 16 do NCPC.

Art. 2º O processo começa por iniciativa da parte e se desenvolve por impulso oficial, salvo as exceções previstas em lei.

→ *v.* Art. 878 da CLT.

→ *v.* Arts. 141, 177, 492, 720, 730, 738 do NCPC.

Art. 3º Não se excluirá da apreciação jurisdicional ameaça ou lesão a direito.

→ *v.* Art. 5º, XXXV, da CF/1988.

§ 1º É permitida a arbitragem, na forma da lei.

→ *v.* Lei 9.307/1996 – Dispõe sobre a arbitragem.

→ *v.* Arts. 337, X, 359, 485, VII, 1.012, IV, 1.015, III, do NCPC.

§ 2º O Estado promoverá, sempre que possível, a solução consensual dos conflitos.

→ *v.* Arts. 165 e ss., 359 e 694 do NCPC.

§ 3º A conciliação, a mediação e outros métodos de solução consensual de conflitos deverão ser estimulados por juízes, advogados, defensores públicos e membros do Ministério Público, inclusive no curso do processo judicial.

→ *v.* Art. 139, V do NCPC.

→ *v.* Lei 13.140/2015 – Lei de Mediação.

Art. 4º As partes têm o direito de obter em prazo razoável a solução integral do mérito, incluída a atividade satisfativa.

→ *v.* Art. 5º, LXXVIII, da CF/1988.

→ *v.* Art. 8º, 1, da Convenção Americana sobre Direitos Humanos.

→ *v.* Arts. 2º, 80, IV, 113, § 1º, 139, II e 370 do NCPC.

Art. 5º Aquele que de qualquer forma participa do processo deve comportar-se de acordo com a boa-fé.

→ *v.* Art. 422 do Código Civil.

→ *v.* Arts. 80, 139, II, 322, § 2º, 435, parágrafo único e 489, § 3º, do NCPC.

Art. 6º Todos os sujeitos do processo devem cooperar entre si para que se obtenha, em tempo razoável, decisão de mérito justa e efetiva.

→ *v.* Art. 5º, LXXVIII, da CF/1988.

→ *v.* Arts. 77 e 357, § 3º, do NCPC.

Art. 7º É assegurada às partes paridade de tratamento em relação ao exercício de direitos e faculdades processuais, aos meios de defesa, aos ônus, aos deveres e à aplicação de sanções processuais, competindo ao juiz zelar pelo efetivo contraditório.

→ *v.* Art. 5º, *caput*, I, LIV e LV, da CF/1988.

→ *v.* Art. 8º, 2, da Convenção Americana sobre Direitos Humanos.

→ *v.* Arts. 10, 115, 139, II e VI, 229, 329, II, 372, 435, parágrafo único, 437, § 1º, 493, parágrafo único, 503, § 1º, II e 962, § 2º, do NCPC.

Art. 8º Ao aplicar o ordenamento jurídico, o juiz atenderá aos fins sociais e às exigências do bem comum, resguardando e promovendo a dignidade da pessoa humana e observando a proporcionalidade, a razoabilidade, a legalidade, a publicidade e a eficiência.

→ *v.* Arts. 1º, III, 5º, *caput*, II e LIV, e 37, *caput*, e 93, IX, da CF/1988.

→ *v.* Art. 5º da LINDB.

→ *v.* Art. 2º da Lei 8.112/1999.

→ *v.* Art. 140 do NCPC.

Art. 9º Não se proferirá decisão contra uma das partes sem que ela seja previamente ouvida.

→ *v.* Art. 5º, LIV e LV, da CF/1988.

→ *v.* Art. 8º, 2, da Convenção Americana sobre Direitos Humanos.

→ *v.* Arts. 7º, 10, 115, 139, VI, 229, 329, II, 372, 435, parágrafo único, 437, § 1º, 493, parágrafo único, 503, § 1º, II, e 962, § 2º, do NCPC.

Parágrafo único. O disposto no *caput* não se aplica:

I – à tutela provisória de urgência;

→ *v.* Arts. 300 e ss. do NCPC.

II – às hipóteses de tutela da evidência previstas no art. 311, incisos II e III;

III – à decisão prevista no art. 701.

Art. 10. O juiz não pode decidir, em grau algum de jurisdição, com base em fundamento a respeito do qual não se tenha dado às partes oportunidade de se manifestar, ainda que se trate de matéria sobre a qual deva decidir de ofício.

→ *v.* Art. 5º, LIV e LV, da CF/1988.

→ *v.* Art. 8º, 2, da Convenção Americana sobre Direitos Humanos.

→ *v.* Arts. 7º, 9º, 115, 139, VI, 329, II, 372, 435, parágrafo único, 437, § 1º, 493, parágrafo único, 437, § 1º, 493, parágrafo único, e 503, § 1º, do NCPC.

Art. 11. Todos os julgamentos dos órgãos do Poder Judiciário serão públicos, e fundamentadas todas as decisões, sob pena de nulidade.

→ *v.* Arts. 5º, LX, e 93, IX, da CF/1988.

→ *v.* Arts. 73, § 2º, 107, I, 152, V, 189, 195, 294, 368, 370, parágrafo único, 426 e 489 do NCPC.

Parágrafo único. Nos casos de segredo de justiça, pode ser autorizada a presença somente das partes, de seus advogados, de defensores públicos ou do Ministério Público.

Art. 12. Os juízes e os tribunais atenderão, preferencialmente, à ordem cronológica de conclusão para proferir sentença ou acórdão.

→ *Caput* com redação alterada pela Lei 13.256/2016, em vigor no início da vigência da Lei 13.105/2015 – Novo CPC (*v.* art. 4º da Lei 13.256/2016).

→ *v.* Art. 37 da CF/1988.

→ *v.* art. 4º do NCPC

→ **Anterior redação: Art. 12.** Os juízes e os tribunais deverão obedecer à ordem cronológica de conclusão para proferir sentença ou acórdão.

§ 1º A lista de processos aptos a julgamento deverá estar permanentemente à disposição para consulta pública em cartório e na rede mundial de computadores.

§ 2º Estão excluídos da regra do *caput*:

I – as sentenças proferidas em audiência, homologatórias de acordo ou de improcedência liminar do pedido;

→ *v.* Arts. 200, 332, 334, § 11, 487, II, 657, 659, 714, § 1º, 725, VIII, 731, 732 e 932, I, do NCPC.

II – o julgamento de processos em bloco para aplicação de tese jurídica firmada em julgamento de casos repetitivos;

→ *v.* Art. 928 do NCPC.

III – o julgamento de recursos repetitivos ou de incidente de resolução de demandas repetitivas;

→ *v.* Arts. 976 e ss. e 1.036 e ss. do NCPC.

IV – as decisões proferidas com base nos arts. 485 e 932;

V – o julgamento de embargos de declaração;

→ v. Arts. 1.022 e ss. do NCPC.

VI – o julgamento de agravo interno;

→ v. Art. 1.021 do NCPC.

VII – as preferências legais e as metas estabelecidas pelo Conselho Nacional de Justiça;

→ v. Arts. 5º, *caput* e I, e 103-B, § 4º, da CF/1988.

→ v. Art. 20 da Lei 12.016/2009.

→ v. Arts. 153, 936, 980, 1.035, § 9º, 1.037, § 4º, 1.038, § 3º e 1.048 do NCPC.

VIII – os processos criminais, nos órgãos jurisdicionais que tenham competência penal;

IX – a causa que exija urgência no julgamento, assim reconhecida por decisão fundamentada.

§ 3º Após elaboração de lista própria, respeitar-se-á a ordem cronológica das conclusões entre as preferências legais.

→ v. Arts. 208 e 228 do NCPC.

§ 4º Após a inclusão do processo na lista de que trata o § 1º, o requerimento formulado pela parte não altera a ordem cronológica para a decisão, exceto quando implicar a reabertura da instrução ou a conversão do julgamento em diligência.

§ 5º Decidido o requerimento previsto no § 4º, o processo retornará à mesma posição em que anteriormente se encontrava na lista.

§ 6º Ocupará o primeiro lugar na lista prevista no § 1º ou, conforme o caso, no § 3º, o processo que:

I – tiver sua sentença ou acórdão anulado, salvo quando houver necessidade de realização de diligência ou de complementação da instrução;

II – se enquadrar na hipótese do art. 1.040, inciso II.

Capítulo II
DA APLICAÇÃO DAS NORMAS PROCESSUAIS

Art. 13. A jurisdição civil será regida pelas normas processuais brasileiras, ressalvadas as disposições específicas previstas em tratados, convenções ou acordos internacionais de que o Brasil seja parte.

→ v. Art. 5º, §§ 1º, 2º e 3º, da CF/1988.

→ v. Convenção Americana sobre Direitos Humanos (Dec. 678/1992).

→ v. Arts. 1º e 16 do NCPC.

Art. 14. A norma processual não retroagirá e será aplicável imediatamente aos processos em curso, respeitados os atos processuais praticados e as situações jurídicas consolidadas sob a vigência da norma revogada.

→ v. Art. 5º, XXXVI, da CF/1988.

→ v. Art. 6º da LINDB.

→ v. Arts. 13 e 16 do NCPC.

Art. 15. Na ausência de normas que regulem processos eleitorais, trabalhistas ou administrativos, as disposições deste Código lhes serão aplicadas supletiva e subsidiariamente.

→ v. Art. 769 da CLT.

LIVRO II
Da função jurisdicional

Título I
Da jurisdição e da ação

Art. 16. A jurisdição civil é exercida pelos juízes e pelos tribunais em todo o território nacional, conforme as disposições deste Código.

→ v. Arts. 5º, XXXV, XXXVII, LIII, LIV da CF/1988.

→ v. Arts. 1º, 13 e 719 do NCPC.

Art. 17. Para postular em juízo é necessário ter interesse e legitimidade.

→ v. Arts. 337, XI, 339, 485, VI, 525, § 1º, II, 535, II, 616 e 967 do NCPC.

Art. 18. Ninguém poderá pleitear direito alheio em nome próprio, salvo quando autorizado pelo ordenamento jurídico.

→ v. Arts. 5º, XXI e LXX, 103, 127 e 129, IX, da CF/1988.

→ v. Art. 68 do CPP.

→ v. Art. 35, § 1º, da Lei 818/1949.

→ v. Lei 4.717/1965 – Ação Popular.

→ v. Lei 7.347/1985 – Lei da Ação Civil Pública.

→ v. Arts. 81 e 82 do CDC.

→ v. Lei 8.906/1994 – Estatuto da OAB.

→ v. Art. 132 da Lei 11.101/2005.

→ v. Súmulas 365, 629 e 630 do STF.

→ v. Súmula 286 do TST.

→ v. Arts. 121, parágrafo único e 343, § 5º, do NCPC.

Parágrafo único. Havendo substituição processual, o substituído poderá intervir como assistente litisconsorcial.

→ v. Arts. 87, parágrafo único, 109, § 2º, 113 e ss. e 124 do NCPC.

Art. 19. O interesse do autor pode limitar-se à declaração:

→ v. Súmula 258 do STF.

→ v. Súmulas 181 e 242 do STJ.

I – da existência, da inexistência ou do modo de ser de uma relação jurídica;

→ v. Art. 784, § 1º, do NCPC.

II – da autenticidade ou da falsidade de documento.

→ v. Arts. 427 e 430 do NCPC.

Art. 20. É admissível a ação meramente declaratória, ainda que tenha ocorrido a violação do direito.

→ v. Súmula 258 do STF.

→ v. Súmula 461 do STJ.

Título II
Dos limites da jurisdição nacional e da cooperação internacional

Capítulo I
DOS LIMITES DA JURISDIÇÃO NACIONAL

→ v. Decreto 18.871//1929 – Promulga a Convenção de direito internacional privado, de Havana.

→ v. Decreto 2.095/1996 – Promulga o Protocolo de Buenos Aires sobre Jurisdição Internacional em Matéria Contratual, concluído em Buenos Aires, em 5 de agosto de 1994.

→ v. Decreto 3.413/2000 – Promulga a Convenção sobre os Aspectos Civis do Sequestro Internacional de Crianças, concluída na cidade de Haia, em 25 de outubro de 1980.

Art. 21. Compete à autoridade judiciária brasileira processar e julgar as ações em que:

→ v. Art. 5º, LIII, LIV e LV da CF/1988.

→ v. Arts. 7º, 11 e 17 da LINDB.

I – o réu, qualquer que seja a sua nacionalidade, estiver domiciliado no Brasil;

→ v. Arts. 70 a 78 do CC/2002.

II – no Brasil tiver de ser cumprida a obrigação;

III – o fundamento seja fato ocorrido ou ato praticado no Brasil.

Parágrafo único. Para o fim do disposto no inciso I, considera-se domiciliada no Brasil a pessoa jurídica estrangeira que nele tiver agência, filial ou sucursal.

Art. 22. Compete, ainda, à autoridade judiciária brasileira processar e julgar as ações:

I – de alimentos, quando:

→ v. Art. 1.694 e ss. do CC/2002.

→ v. Lei 5.478/1968 – Dispõe sobre ação de alimentos e dá outras providências.

a) o credor tiver domicílio ou residência no Brasil;

b) o réu mantiver vínculos no Brasil, tais como posse ou propriedade de bens, recebimento de renda ou obtenção de benefícios econômicos;

II – decorrentes de relações de consumo, quando o consumidor tiver domicílio ou residência no Brasil;

→ v. Arts. 3º e 101, I do CDC.

III – em que as partes, expressa ou tacitamente, se submeterem à jurisdição nacional.

Art. 23. Compete à autoridade judiciária brasileira, com exclusão de qualquer outra:

→ v. Art. 964 do NCPC.

I – conhecer de ações relativas a imóveis situados no Brasil;

→ v. Arts. 1.225 e ss. do CC/2002.

→ v. Art. 47 do NCPC.

II – em matéria de sucessão hereditária, proceder à confirmação de testamento particular e ao inventário e à partilha de bens situados no Brasil, ainda que o autor da herança seja de nacionalidade estrangeira ou tenha domicílio fora do território nacional;

→ v. Art. 5º, XXI da CF/1988.

→ v. Arts. 1.857 a 1859 do CC/2002.

→ v. Arts. 48 e 961, § 5º, do NCPC.

III – em divórcio, separação judicial ou dissolução de união estável, proceder à partilha de bens situados no Brasil, ainda que o titular seja de nacionalidade estrangeira ou tenha domicílio fora do território nacional.

→ v. Arts. 1.571 a 1.582 do CC/2002.

→ v. Art. 53, I, do NCPC.

Art. 24. A ação proposta perante tribunal estrangeiro não induz litispendência e não obsta a que a autoridade judiciária brasileira conheça da mesma causa e das que lhe são conexas, ressalvadas as disposições em contrário de tratados internacionais e acordos bilaterais em vigor no Brasil.

→ v. Art. 55, 57 e 337, § 1º, do NCPC.

Parágrafo único. A pendência de causa perante a jurisdição brasileira não impede a homologação de sentença judicial estrangeira quando exigida para produzir efeitos no Brasil.

→ v. Art. 960 e ss. do NCPC.

Art. 25. Não compete à autoridade judiciária brasileira o processamento e o julgamento da ação quando houver cláusula de eleição de foro exclusivo estrangeiro em contrato internacional, arguida pelo réu na contestação.

→ v. Art. 63 , 64, 337, II e 340 do NCPC.

§ 1º Não se aplica o disposto no *caput* às hipóteses de competência internacional exclusiva previstas neste Capítulo.

§ 2º Aplica-se à hipótese do caput o art. 63, §§ 1º a 4º.

Capítulo II
DA COOPERAÇÃO INTERNACIONAL

→ v. Convenção Americana sobre Direitos Humanos.

→ v. Decreto 3.413/2000 – Promulga a Convenção sobre os Aspectos Civis do Sequestro Internacional de Crianças, concluída na cidade de Haia, em 25 de outubro de 1980.

→ v. Decreto 2.428/1997 – Promulga a Convenção Interamericana sobre Obrigação Alimentar, concluída em Montevidéu, em 15 de julho de 1989.

Seção I
Disposições Gerais

Art. 26. A cooperação jurídica internacional será regida por tratado de que o Brasil faz parte e observará:

I – o respeito às garantias do devido processo legal no Estado requerente;

→ v. Art. 5º, LIV da CF/1988.

II – a igualdade de tratamento entre nacionais e estrangeiros, residentes ou não no Brasil, em relação ao acesso à justiça e à tramitação dos processos, assegurando-se assistência judiciária aos necessitados;

→ v. Art. 5º, *caput*, XXXV e LXXIV da CF/1988.

III – a publicidade processual, exceto nas hipóteses de sigilo previstas na legislação brasileira ou na do Estado requerente;

→ v. Art. 93, IX da CF/1988.

→ v. Art. 189 do NCPC.

IV – a existência de autoridade central para recepção e transmissão dos pedidos de cooperação;

V – a espontaneidade na transmissão de informações a autoridades estrangeiras.

§ 1º Na ausência de tratado, a cooperação jurídica internacional poderá realizar-se com base em reciprocidade, manifestada por via diplomática.

→ v. Arts. 41, parágrafo único, e 961, § 4º, do NCPC.

§ 2º Não se exigirá a reciprocidade referida no § 1º para homologação de sentença estrangeira.

→ v. Art. 960 e ss. do NCPC.

§ 3º Na cooperação jurídica internacional não será admitida a prática de atos que contrariem ou que produzam resultados incompatíveis com as normas fundamentais que regem o Estado brasileiro.

→ v. Art. 39 do NCPC.

§ 4º O Ministério da Justiça exercerá as funções de autoridade central na ausência de designação específica.

→ v. Decreto 6.061/2007 – Aprova a Estrutura Regimental e o Quadro Demonstrativo dos Cargos em Comissão e das Funções Gratificadas do Ministério da Justiça.

Art. 27. A cooperação jurídica internacional terá por objeto:

I – citação, intimação e notificação judicial e extrajudicial;

II – colheita de provas e obtenção de informações;

III – homologação e cumprimento de decisão;

IV – concessão de medida judicial de urgência;

V – assistência jurídica internacional;

VI – qualquer outra medida judicial ou extrajudicial não proibida pela lei brasileira.

→ v. Arts. 30, 35, 960 e 961 do NCPC.

Seção II
Do auxílio direto

→ v. Decreto 166/1991 – Promulga o Convênio de Cooperação Judiciária em Matéria Civil, entre o Governo da República Federativa do Brasil e o Reino da Espanha.

→ v. Decreto 1.476/1995 – Promulga o Tratado Relativo à Cooperação Judiciária e ao Reconhecimento e Execução de Sentenças em Matéria Civil, entre a República Federativa do Brasil e a República Italiana, de 17 de outubro de 1989.

→ v. Decreto 1.850/1996 – Promulga o Acordo de Cooperação Judiciária em Matéria Civil, Comercial, Trabalhista e Administrativa, entre o Governo da República Federativa do Brasil e o Governo da República Oriental do Uruguai, de 28 de dezembro de 1992.

Art. 28. Cabe auxílio direto quando a medida não decorrer diretamente de decisão de autoridade jurisdicional estrangeira a ser submetida a juízo de delibação no Brasil.

Art. 29. A solicitação de auxílio direto será encaminhada pelo órgão estrangeiro interessado à autoridade central, cabendo ao Estado requerente assegurar a autenticidade e a clareza do pedido.

→ v. Arts. 26, § 4º, e 41 do NCPC.

Art. 30. Além dos casos previstos em tratados de que o Brasil faz parte, o auxílio direto terá os seguintes objetos:

I – obtenção e prestação de informações sobre o ordenamento jurídico e sobre processos administrativos ou jurisdicionais findos ou em curso;

→ v. Art. 32 do NCPC.

II – colheita de provas, salvo se a medida for adotada em processo, em curso no estrangeiro, de competência exclusiva de autoridade judiciária brasileira;

→ v. Arts. 23 e 35 do NCPC.

III – qualquer outra medida judicial ou extrajudicial não proibida pela lei brasileira.

Art. 31. A autoridade central brasileira comunicar-se-á diretamente com suas congêneres e, se necessário, com outros órgãos estrangeiros responsáveis pela tramitação e pela execução de pedidos de cooperação enviados e recebidos pelo Estado brasileiro, respeitadas disposições específicas constantes de tratado.

Art. 32. No caso de auxílio direto para a prática de atos que, segundo a lei brasileira, não necessitem de prestação jurisdicional, a autoridade central adotará as providências necessárias para seu cumprimento.

Art. 33. Recebido o pedido de auxílio direto passivo, a autoridade central o encaminhará à Advocacia-Geral da União, que requererá em juízo a medida solicitada.

→ v. Arts. 21 e 22 do NCPC.

Parágrafo único. O Ministério Público requererá em juízo a medida solicitada quando for autoridade central.

→ v. Arts. 26, § 4º, do NCPC.

→ v. Decreto 56.826/1965 – Promulga a Convenção sobre a prestação de alimentos no estrangeiro.

→ v. Decreto 1.320/1994 – Promulga o Tratado de Auxílio Mútuo em Matéria Penal, entre o Governo da República Federativa do Brasil e o Governo da República Portuguesa, de 7.5.91.

→ v. Decreto 6.747/2009 – Promulga o Tratado de Assistência Mútua em Matéria Penal entre o Governo da República Federativa do Brasil e o Governo do Canadá, celebrado em Brasília, em 27 de janeiro de 1995.

Art. 34. Compete ao juízo federal do lugar em que deva ser executada a medida apreciar pedido de auxílio direto passivo que demande prestação de atividade jurisdicional.

→ v. Art. 109, I e X da CF/1988.

Seção III
Da carta rogatória

→ v. Decreto 1.899/1996 – Promulga a Convenção Interamericana sobre Cartas Rogatórias, de 30 de janeiro de 1975.

Art. 35. (*Vetado*).

Art. 36. O procedimento da carta rogatória perante o Superior Tribunal de Justiça é de jurisdição contenciosa e deve assegurar às partes as garantias do devido processo legal.

→ v. Resolução 9/2005 do STJ – Dispõe, em caráter transitório, sobre competência acrescida ao Superior Tribunal de Justiça pela Emenda Constitucional 45/2004.

§ 1º A defesa restringir-se-á à discussão quanto ao atendimento dos requisitos para que o pronunciamento judicial estrangeiro produza efeitos no Brasil.

→ v. Arts. 39, 963 e 964 do NCPC.

§ 2º Em qualquer hipótese, é vedada a revisão do mérito do pronunciamento judicial estrangeiro pela autoridade judiciária brasileira.

Seção IV
Disposições comuns às seções anteriores

Art. 37. O pedido de cooperação jurídica internacional oriundo de autoridade brasileira competente será encaminhado à autoridade central para posterior envio ao Estado requerido para lhe dar andamento.

→ v. Art. 26, § 4º, do NCPC.

Art. 38. O pedido de cooperação oriundo de autoridade brasileira competente e os documentos anexos que o instruem serão encaminhados à autoridade central, acompanhados de tradução para a língua oficial do Estado requerido.

Art. 39. O pedido passivo de cooperação jurídica internacional será recusado se configurar manifesta ofensa à ordem pública.

→ v. Art. 26, I e § 3º e 963, VI do NCPC.

Art. 40. A cooperação jurídica internacional para execução de decisão estrangeira dar-se-á por meio de carta rogatória ou de ação de homologação de sentença estrangeira, de acordo com o art. 960.

Art. 41. Considera-se autêntico o documento que instruir pedido de cooperação jurídica internacional, inclusive tradução para a língua portuguesa, quando encaminhado ao Estado brasileiro por meio de autoridade central ou por via diplomática, dispensando-se ajuramentação, autenticação ou qualquer procedimento de legalização.

→ v. Decreto 2.067/1996 – Promulga o Protocolo de Cooperação e Assistência Jurisdicional em Matéria Civil, Comercial, Trabalhista e Administrativa.

Parágrafo único. O disposto no *caput* não impede, quando necessária, a aplicação pelo Estado brasileiro do princípio da reciprocidade de tratamento.

→ *v.* Art. 26, § 1º, do NCPC.

Título III
Da competência interna

Capítulo I
DA COMPETÊNCIA

Seção I
Disposições Gerais

→ *v.* Súmulas 6, 218, 235, 248, 249, 297, 330, 398, 443, 437, 498, 503, 504, 508, 511, 515, 521, 526 e 557 do STF.

→ *v.* Súmulas 1, 4, 10, 32, 34, 58, 66, 137, 173 e 383 do STJ.

Art. 42. As causas cíveis serão processadas e decididas pelo juiz nos limites de sua competência, ressalvado às partes o direito de instituir juízo arbitral, na forma da lei.

→ *v.* Lei 9.307/1996 – Arbitragem.

→ *v.* Art. 93 do CDC.

→ *v.* Art. 80 do Estatuto do Idoso.

→ *v.* Art. 2º da Lei 7.347/1985

→ *v.* Art. 24 da Lei 9.099/1995.

Art. 43. Determina-se a competência no momento do registro ou da distribuição da petição inicial, sendo irrelevantes as modificações do estado de fato ou de direito ocorridas posteriormente, salvo quando suprimirem órgão judiciário ou alterarem a competência absoluta.

→ *v.* Art. 312 e 516, parágrafo único, do NCPC.

Art. 44. Obedecidos os limites estabelecidos pela Constituição Federal, a competência é determinada pelas normas previstas neste Código ou em legislação especial, pelas normas de organização judiciária e, ainda, no que couber, pelas constituições dos Estados.

Art. 45. Tramitando o processo perante outro juízo, os autos serão remetidos ao juízo federal competente se nele intervier a União, suas empresas públicas, entidades autárquicas e fundações, ou conselho de fiscalização de atividade profissional, na qualidade de parte ou de terceiro interveniente, exceto as ações:

→ *v.* Súmula 66 do STJ.

→ *v.* Art. 109, I da CF/1988.

→ *v.* Lei 5.010/1966 – Organiza a Justiça Federal de primeira instância, e dá outras providências.

→ *v.* Art. 5º da Lei 9.469/1997.

→ *v.* Lei 8.906/1994 – Dispõe sobre o Estatuto da Advocacia e a Ordem dos Advogados do Brasil (OAB).

→ *v.* Lei 3.268/1957 – Dispõe sôbre os Conselhos de Medicina, e dá outras providências.

→ *v.* Lei 5.194/1966 – Regula o exercício das profissões de Engenheiro, Arquiteto e Engenheiro-Agrônomo, e dá outras providências.

I – de recuperação judicial, falência, insolvência civil e acidente de trabalho;

→ *v.* Art. 109, I, parte final e § 3º da CF/1988.

II – sujeitas à justiça eleitoral e à justiça do trabalho.

→ *v.* Art. 109, I, parte final da CF/1988.

§ 1º Os autos não serão remetidos se houver pedido cuja apreciação seja de competência do juízo perante o qual foi proposta a ação.

§ 2º Na hipótese do § 1º, o juiz, ao não admitir a cumulação de pedidos em razão da incompetência para apreciar qualquer deles, não examinará o mérito daquele em que exista interesse da União, de suas entidades autárquicas ou de suas empresas públicas.

→ *v.* Súmula 150 do STJ.

§ 3º O juízo federal restituirá os autos ao juízo estadual sem suscitar conflito se o ente federal cuja presença ensejou a remessa for excluído do processo.

→ *v.* Súmula 224 do STJ.

Art. 46. A ação fundada em direito pessoal ou em direito real sobre bens móveis será proposta, em regra, no foro de domicílio do réu.

→ *v.* Arts. 70 a 78 do CC/2002.

→ *v.* Art. 12 da LINDB.

→ *v.* Arts. 127 e 159 do CTN.

→ *v.* Art. 100, I do CDC.

→ *v.* Arts. 62 e 63 do NCPC.

§ 1º Tendo mais de um domicílio, o réu será demandado no foro de qualquer deles.

§ 2º Sendo incerto ou desconhecido o domicílio do réu, ele poderá ser demandado onde for encontrado ou no foro de domicílio do autor.

§ 3º Quando o réu não tiver domicílio ou residência no Brasil, a ação será proposta no foro de domicílio do autor, e, se este também residir fora do Brasil, a ação será proposta em qualquer foro.

→ *v.* Arts. 26 e ss. do NCPC.

§ 4º Havendo 2 (dois) ou mais réus com diferentes domicílios, serão demandados no foro de qualquer deles, à escolha do autor.

§ 5º A execução fiscal será proposta no foro de domicílio do réu, no de sua residência ou no do lugar onde for encontrado.

→ *v.* Súmula 58 do STJ.

Art. 47. Para as ações fundadas em direito real sobre imóveis é competente o foro de situação da coisa.

→ *v.* Arts. 62 63, 569 a 573 do NCPC.

§ 1º O autor pode optar pelo foro de domicílio do réu ou pelo foro de eleição se o litígio não recair sobre direito de propriedade, vizinhança, servidão, divisão e demarcação de terras e de nunciação de obra nova.

→ *v.* Súmula 218 do STF.

→ *v.* Súmulas 11 e 238 do STJ.

→ *v.* Art. 500 do CC/2002.

→ *v.* Art. 934 do CPC/1973.

§ 2º A ação possessória imobiliária será proposta no foro de situação da coisa, cujo juízo tem competência absoluta.

→ *v.* Arts 62, 63 e 554 e ss. do NCPC.

Art. 48. O foro de domicílio do autor da herança, no Brasil, é o competente para o inventário, a partilha, a arrecadação, o cumprimento de disposições de última vontade, a impugnação ou anulação de partilha extrajudicial e para todas as ações em que o espólio for réu, ainda que o óbito tenha ocorrido no estrangeiro.

→ *v.* Arts. 70 a 78 do CC/2002.

→ *v.* Art. 23, II, 627 a 690 e 752 a 754 do NCPC.

Parágrafo único. Se o autor da herança não possuía domicílio certo, é competente:

I – o foro de situação dos bens imóveis;

II – havendo bens imóveis em foros diferentes, qualquer destes;

III – não havendo bens imóveis, o foro do local de qualquer dos bens do espólio.

Art. 49. A ação em que o ausente for réu será proposta no foro de seu último domicílio, também competente para a arrecadação, o inventário, a partilha e o cumprimento de disposições testamentárias.

→ *v.* Arts. 22 e ss do CC/2002.

→ *v.* Arts. 610 e ss., 744 e 745 do NCPC.

Art. 50. A ação em que o incapaz for réu será proposta no foro de domicílio de seu representante ou assistente.

→ *v.* Arts. 3º e 4º do CC/2002.

Art. 51. É competente o foro de domicílio do réu para as causas em que seja autora a União.

Parágrafo único. Se a União for a demandada, a ação poderá ser proposta no foro de domicílio do autor, no de ocorrência do ato ou fato que originou a demanda, no de situação da coisa ou no Distrito Federal.

→ *v.* Súmula 206 do STJ.

→ *v.* Art. 109, § 1º, da CF/1988.

Art. 52. É competente o foro de domicílio do réu para as causas em que seja autor Estado ou o Distrito Federal.

Parágrafo único. Se Estado ou o Distrito Federal for o demandado, a ação poderá ser proposta no foro de domicílio do autor, no de ocorrência do ato ou fato que originou a demanda, no de situação da coisa ou na capital do respectivo ente federado.

Art. 53. É competente o foro:

I – para a ação de divórcio, separação, anulação de casamento e reconhecimento ou dissolução de união estável:

a) de domicílio do guardião de filho incapaz;

b) do último domicílio do casal, caso não haja filho incapaz;

c) de domicílio do réu, se nenhuma das partes residir no antigo domicílio do casal;

→ *v.* Arts. 5º, I, e 226, da CF/1988.

II – de domicílio ou residência do alimentando, para a ação em que se pedem alimentos;

→ *v.* Art. 26 da Lei 5.478/1968.

→ *v.* Arts. 189, II, 215, II, 292, III, e 528 a 533 do NCPC.

III – do lugar:

a) onde está a sede, para a ação em que for ré pessoa jurídica;

→ *v.* Art. 75 do CC/2002.

b) onde se acha agência ou sucursal, quanto às obrigações que a pessoa jurídica contraiu;

c) onde exerce suas atividades, para a ação em que for ré sociedade ou associação sem personalidade jurídica;

→ *v.* Art. 75, IX, do NCPC.

d) onde a obrigação deve ser satisfeita, para a ação em que se lhe exigir o cumprimento;

→ *v.* Art. 540 do NCPC.

e) de residência do idoso, para a causa que verse sobre direito previsto no respectivo estatuto;

→ *v.* Art. 80 do Estatuto do Idoso.

f) da sede da serventia notarial ou de registro, para a ação de reparação de dano por ato praticado em razão do ofício;

→ *v.* Art. 57, § 3º, da Lei 6.015/1973.

→ *v.* Arts. 22 a 24 da Lei 8.935/1994.

IV – do lugar do ato ou fato para a ação:

a) de reparação de dano;

→ *v.* Art. 4º da Lei 9.099/1995.

b) em que for réu administrador ou gestor de negócios alheios;

→ *v.* Art. 665 do CC/2002.

V – de domicílio do autor ou do local do fato, para a ação de reparação de dano sofrido em razão de delito ou acidente de veículos, inclusive aeronaves.

Seção II
Da modificação da competência

Art. 54. A competência relativa poderá modificar-se pela conexão ou pela continência, observado o disposto nesta Seção.

→ *v.* Arts. 24, 65, 152, IV, *d* e 337, VIII, do NCPC.

Art. 55. Reputam-se conexas 2 (duas) ou mais ações quando lhes for comum o pedido ou a causa de pedir.

→ *v.* Súmula 383 do STJ.

§ 1º Os processos de ações conexas serão reunidos para decisão conjunta, salvo se um deles já houver sido sentenciado.

→ *v.* Súmula 235 do STJ.

§ 2º Aplica-se o disposto no *caput*:

I – à execução de título extrajudicial e à ação de conhecimento relativa ao mesmo ato jurídico;

II – às execuções fundadas no mesmo título executivo.

§ 3º Serão reunidos para julgamento conjunto os processos que possam gerar risco de prolação de decisões conflitantes ou contraditórias caso decididos separadamente, mesmo sem conexão entre eles.

Art. 56. Dá-se a continência entre 2 (duas) ou mais ações quando houver identidade quanto às partes e à causa de pedir, mas o pedido de uma, por ser mais amplo, abrange o das demais.

→ *v.* Art. 337, VIII, do NCPC.

Art. 57. Quando houver continência e a ação continente tiver sido proposta anteriormente, no processo relativo à ação contida será proferida sentença sem resolução de mérito, caso contrário, as ações serão necessariamente reunidas.

→ *v.* Súmula 489 do STJ.

Art. 58. A reunião das ações propostas em separado far-se-á no juízo prevento, onde serão decididas simultaneamente.

→ *v.* Art. 59 do NCPC.

Art. 59. O registro ou a distribuição da petição inicial torna prevento o juízo.

→ *v.* Art. 2º, parágrafo único, da Lei 7.347/1985.

→ *v.* Art. 240 do NCPC.

Art. 60. Se o imóvel se achar situado em mais de um Estado, comarca, seção ou subseção judiciária, a competência territorial do juízo prevento estender-se-á sobre a totalidade do imóvel.

→ *v.* Art. 47, §§ 1º e 2º do NCPC.

Art. 61. A ação acessória será proposta no juízo competente para a ação principal.

→ *v.* Art. 299 do NCPC.

Art. 62. A competência determinada em razão da matéria, da pessoa ou da função é inderrogável por convenção das partes.

→ *v.* Art. 781 do NCPC.

Art. 63. As partes podem modificar a competência em razão do valor e do território, elegendo foro onde será proposta ação oriunda de direitos e obrigações.

§ 1º A eleição de foro só produz efeito quando constar de instrumento escrito e aludir expressamente a determinado negócio jurídico.

→ *v.* Súmula 335 do STF.

§ 2º O foro contratual obriga os herdeiros e sucessores das partes.

§ 3º Antes da citação, a cláusula de eleição de foro, se abusiva, pode ser reputada ineficaz de ofício pelo juiz, que determinará a remessa dos autos ao juízo do foro de domicílio do réu.

§ 4º Citado, incumbe ao réu alegar a abusividade da cláusula de eleição de foro na contestação, sob pena de preclusão.

→ *v.* Art. 337, II do NCPC.

Seção III
Da incompetência

Art. 64. A incompetência, absoluta ou relativa, será alegada como questão preliminar de contestação.

→ *v.* Súmula 33 do STJ.

→ *v.* Art. 337, II do NCPC.

§ 1º A incompetência absoluta pode ser alegada em qualquer tempo e grau de jurisdição e deve ser declarada de ofício.

→ *v.* Art. 337, § 5º do NCPC.

§ 2º Após manifestação da parte contrária, o juiz decidirá imediatamente a alegação de incompetência.

§ 3º Caso a alegação de incompetência seja acolhida, os autos serão remetidos ao juízo competente.

§ 4º Salvo decisão judicial em sentido contrário, conservar-se-ão os efeitos de decisão proferida pelo juízo incompetente até que outra seja proferida, se for o caso, pelo juízo competente.

→ *v.* Art. 278 do NCPC.

Art. 65. Prorrogar-se-á a competência relativa se o réu não alegar a incompetência em preliminar de contestação.

→ *v.* Art. 335 do NCPC.

Parágrafo único. A incompetência relativa pode ser alegada pelo Ministério Público nas causas em que atuar.

Art. 66. Há conflito de competência quando:

I – 2 (dois) ou mais juízes se declaram competentes;

II – 2 (dois) ou mais juízes se consideram incompetentes, atribuindo um ao outro a competência;

III – entre 2 (dois) ou mais juízes surge controvérsia acerca da reunião ou separação de processos.

Parágrafo único. O juiz que não acolher a competência declinada deverá suscitar o conflito, salvo se a atribuir a outro juízo.

Capítulo II
DA COOPERAÇÃO NACIONAL

Art. 67. Aos órgãos do Poder Judiciário, estadual ou federal, especializado ou comum, em todas as instâncias e graus de jurisdição, inclusive aos tribunais superiores, incumbe o dever de recíproca cooperação, por meio de seus magistrados e servidores.

Art. 68. Os juízos poderão formular entre si pedido de cooperação para prática de qualquer ato processual.

Art. 69. O pedido de cooperação jurisdicional deve ser prontamente atendido, prescinde de forma específica e pode ser executado como:

I – auxílio direto;

II – reunião ou apensamento de processos;

III – prestação de informações;

IV – atos concertados entre os juízes cooperantes.

§ 1º As cartas de ordem, precatória e arbitral seguirão o regime previsto neste Código.

→ *v.* Art. 227, § 1º, do RISTJ.

§ 2º Os atos concertados entre os juízes cooperantes poderão consistir, além de outros, no estabelecimento de procedimento para:

I – a prática de citação, intimação ou notificação de ato;

II – a obtenção e apresentação de provas e a coleta de depoimentos;

III – a efetivação de tutela provisória;

IV – a efetivação de medidas e providências para recuperação e preservação de empresas;

V – a facilitação de habilitação de créditos na falência e na recuperação judicial;

VI – a centralização de processos repetitivos;

VII – a execução de decisão jurisdicional.

§ 3º O pedido de cooperação judiciária pode ser realizado entre órgãos jurisdicionais de diferentes ramos do Poder Judiciário.

LIVRO III
Dos sujeitos do processo

Título I
Das partes e dos procuradores

Capítulo I
DA CAPACIDADE PROCESSUAL

Art. 70. Toda pessoa que se encontre no exercício de seus direitos tem capacidade para estar em juízo.

→ *v.* Arts. 2º e 5º do CC/2002.

→ *v.* Art. 210 do ECA.

→ *v.* Art. 8º, § 2º, da Lei 9.099/1995.

Art. 71. O incapaz será representado ou assistido por seus pais, por tutor ou por curador, na forma da lei.

→ *v.* Arts. 178, II e 721 do NCPC.

Art. 72. O juiz nomeará curador especial ao:

→ *v.* Arts. 1.767 e ss. do CC/2002.

→ *v.* Art. 148, parágrafo único, *f*, do ECA.

I – incapaz, se não tiver representante legal ou se os interesses deste colidirem com os daquele, enquanto durar a incapacidade;

→ *v.* Art. 3º do CC/2002.

II – réu preso revel, bem como ao réu revel citado por edital ou com hora certa, enquanto não for constituído advogado.

→ *v.* Súmula 196 do STJ.

→ *v.* Arts. 246, IV, e 256 do NCPC.

Parágrafo único. A curatela especial será exercida pela Defensoria Pública, nos termos da lei.

→ *v.* Art. 4º, XVI, da LC 80/1994.

Art. 73. O cônjuge necessitará do consentimento do outro para propor ação que verse sobre direito real imobiliário, salvo quando casados sob o regime de separação absoluta de bens.

→ *v.* Arts. 5º, I, e 226, § 5º, da CF/1988.

→ *v.* Art. 1.647 do CC/2002.

→ *v.* Art. 3º da Lei 8.245/1991.

→ *v.* Art. 337, IX do NCPC.

§ 1º Ambos os cônjuges serão necessariamente citados para a ação:

I – que verse sobre direito real imobiliário, salvo quando casados sob o regime de separação absoluta de bens;

→ *v.* Art. 114 do NCPC.

II – resultante de fato que diga respeito a ambos os cônjuges ou de ato praticado por eles;

III – fundada em dívida contraída por um dos cônjuges a bem da família;

→ *v.* Arts. 1.643 e 1.644 do CC/2002.

IV – que tenha por objeto o reconhecimento, a constituição ou a extinção de ônus sobre imóvel de um ou de ambos os cônjuges.

§ 2º Nas ações possessórias, a participação do cônjuge do autor ou do réu somente é indispensável nas hipóteses de composse ou de ato por ambos praticado.

→ *v.* Art. 1.199 do CC/2002.

§ 3º Aplica-se o disposto neste artigo à união estável comprovada nos autos.

→ *v.* Art. 1.723 e ss. do CC/2002.

Art. 74. O consentimento previsto no art. 73 pode ser suprido judicialmente quando for negado por um dos cônjuges sem justo motivo, ou quando lhe seja impossível concedê-lo.

→ *v.* Art. 226, § 5º, da CF/1988.

→ *v.* Art. 1.648 do CC/2002.

Parágrafo único. A falta de consentimento, quando necessário e não suprido pelo juiz, invalida o processo.

→ *v.* Arts. 76, 337, IX e 485, IV, do NCPC.

Art. 75. Serão representados em juízo, ativa e passivamente:

I – a União, pela Advocacia-Geral da União, diretamente ou mediante órgão vinculado;

→ *v.* Arts. 131 e 132 da CF/1988.

→ *v.* LC 73/1993 – Institui a Lei Orgânica da Advocacia-Geral da União.

→ *v.* Art. 242, § 3º do NCPC.

II – o Estado e o Distrito Federal, por seus procuradores;

III – o Município, por seu prefeito ou procurador;

→ *v.* Art. 132 da CF/1988.

→ *v.* Art. 242, § 3º do NCPC.

IV – a autarquia e a fundação de direito público, por quem a lei do ente federado designar;

→ *v.* Súmula 644 do STF.

→ *v.* Lei 10.480/2002 – Dispõe sobre o Quadro de Pessoal da Advocacia-Geral da União, a criação da Gratificação de Desempenho de Atividade de Apoio Técnico-Administrativo na AGU – GDAA, cria a Procuradoria-Geral Federal.

→ *v.* Art. 242, § 3º do NCPC.

V – a massa falida, pelo administrador judicial;

→ *v.* Art. 22, III, *n*, da Lei 11.101/2005.

VI – a herança jacente ou vacante, por seu curador;

→ *v.* Arts. 1.819 a 1.823 do CC/2002.

→ *v.* Art. 739, § 1º, do NCPC.

VII – o espólio, pelo inventariante;

→ *v.* Art. 616 do NCPC.

VIII – a pessoa jurídica, por quem os respectivos atos constitutivos designarem ou, não havendo essa designação, por seus diretores;

IX – a sociedade e a associação irregulares e outros entes organizados sem personalidade jurídica, pela pessoa a quem couber a administração de seus bens;

X – a pessoa jurídica estrangeira, pelo gerente, representante ou administrador de sua filial, agência ou sucursal aberta ou instalada no Brasil;

XI – o condomínio, pelo administrador ou síndico.

→ *v.* Art. 1.314 do CC/2002.

→ *v.* Art. 22, § 1º, da Lei 4.591/1964.

§ 1º Quando o inventariante for dativo, os sucessores do falecido serão intimados no processo no qual o espólio seja parte.

§ 2º A sociedade ou associação sem personalidade jurídica não poderá opor a irregularidade de sua constituição quando demandada.

→ *v.* Art. 47 do CC/2002.

→ *v.* Art. 82, III, do CDC.

§ 3º O gerente de filial ou agência presume-se autorizado pela pessoa jurídica estrangeira a receber citação para qualquer processo.

§ 4º Os Estados e o Distrito Federal poderão ajustar compromisso recíproco para prática de ato processual por seus procuradores em favor de outro ente federado, mediante convênio firmado pelas respectivas procuradorias.

Art. 76. Verificada a incapacidade processual ou a irregularidade da representação da parte, o juiz suspenderá o processo e designará prazo razoável para que seja sanado o vício.

→ *v.* Súmula 115 do STJ.

→ *v.* Arts. 314 e 337, IX, do NCPC.

§ 1º Descumprida a determinação, caso o processo esteja na instância originária:

I – o processo será extinto, se a providência couber ao autor;

→ *v.* Art. 485, IV do NCPC.

II – o réu será considerado revel, se a providência lhe couber;

→ *v.* Art. 344 do NCPC.

III – o terceiro será considerado revel ou excluído do processo, dependendo do polo em que se encontre.

→ *v.* Arts. 344 e 485, VI do NCPC.

§ 2º Descumprida a determinação em fase recursal perante tribunal de justiça, tribunal regional federal ou tribunal superior, o relator:

I – não conhecerá do recurso, se a providência couber ao recorrente;

II – determinará o desentranhamento das contrarrazões, se a providência couber ao recorrido.

Capítulo II
DOS DEVERES DAS PARTES E DE SEUS PROCURADORES

Seção I
Dos deveres

→ *v.* Resolução do CFOAB 2/2015 – Novo Código de Ética e Disciplina da OAB.

→ *v.* Provimento do CFOAB 166/2015 – Advocacia *Pro Bono*.

Art. 77. Além de outros previstos neste Código, são deveres das partes, de seus procuradores e de todos aqueles que de qualquer forma participem do processo:

→ *v.* Arts. 5º e 6º do NCPC.

I – expor os fatos em juízo conforme a verdade;

→ *v.* Art. 448 do NCPC.

II – não formular pretensão ou de apresentar defesa quando cientes de que são destituídas de fundamento;

→ *v.* Art. 5º, XXXV e LV da CF/1988.

III – não produzir provas e não praticar atos inúteis ou desnecessários à declaração ou à defesa do direito;

IV – cumprir com exatidão as decisões jurisdicionais, de natureza provisória ou final, e não criar embaraços à sua efetivação;

V – declinar, no primeiro momento que lhes couber falar nos autos, o endereço residencial ou profissional onde receberão intimações, atualizando essa informação sempre que ocorrer qualquer modificação temporária ou definitiva;

VI – não praticar inovação ilegal no estado de fato de bem ou direito litigioso.

§ 1º Nas hipóteses dos incisos IV e VI, o juiz advertirá qualquer das pessoas mencionadas no *caput* de que sua conduta poderá ser punida como ato atentatório à dignidade da justiça.

→ *v.* Arts. 31 a 33 da Lei 8.906/1994.

§ 2º A violação ao disposto nos incisos IV e VI constitui ato atentatório à dignidade da justiça, devendo o juiz, sem prejuízo das sanções criminais, civis e processuais cabíveis, aplicar ao responsável multa de até vinte por cento do valor da causa, de acordo com a gravidade da conduta.

→ *v.* Art. 330 do CP.

→ *v.* Arts. 186 e 927 do CC/2002.

→ *v.* Arts. 79 e 80 do NCPC.

§ 3º Não sendo paga no prazo a ser fixado pelo juiz, a multa prevista no § 2º será inscrita como dívida ativa da União ou do Estado após o trânsito em julgado da decisão que a fixou, e sua execução observará o procedimento da execução fiscal, revertendo-se aos fundos previstos no art. 97.

→ *v.* Lei 6.830/1980 – Dispõe sobre a cobrança judicial da Dívida Ativa da Fazenda Pública, e dá outras providências.

§ 4º A multa estabelecida no § 2º poderá ser fixada independentemente da incidência das previstas nos arts. 523, § 1º, e 536, § 1º.

§ 5º Quando o valor da causa for irrisório ou inestimável, a multa prevista no § 2º poderá ser fixada em até 10 (dez) vezes o valor do salário mínimo.

→ *v.* Arts. 291 e ss. do NCPC.

§ 6º Aos advogados públicos ou privados e aos membros da Defensoria Pública e do Ministério Público não se aplica o disposto nos §§ 2º a 5º, devendo eventual responsabilidade disciplinar ser apurada pelo respectivo órgão de classe ou corregedoria, ao qual o juiz oficiará.

§ 7º Reconhecida violação ao disposto no inciso VI, o juiz determinará o restabelecimento do estado anterior, podendo, ainda, proibir a parte de falar nos autos até a purgação do atentado, sem prejuízo da aplicação do § 2º.

→ v. Art. 5º, LV, da CF/1988.

§ 8º O representante judicial da parte não pode ser compelido a cumprir decisão em seu lugar.

→ v. Arts. 2º, § 3º e 7º, § 2º da Lei 8.906/1994.

Art. 78. É vedado às partes, a seus procuradores, aos juízes, aos membros do Ministério Público e da Defensoria Pública e a qualquer pessoa que participe do processo empregar expressões ofensivas nos escritos apresentados.

→ v. Arts. 138 a 140 do CP.

→ v. Art. 7º, § 2º, da Lei 8.906/1994.

→ v. Art. 202 do NCPC.

§ 1º Quando expressões ou condutas ofensivas forem manifestadas oral ou presencialmente, o juiz advertirá o ofensor de que não as deve usar ou repetir, sob pena de lhe ser cassada a palavra.

→ v. Art. 5º, LV, da CF/1988.

§ 2º De ofício ou a requerimento do ofendido, o juiz determinará que as expressões ofensivas sejam riscadas e, a requerimento do ofendido, determinará a expedição de certidão com inteiro teor das expressões ofensivas e a colocará à disposição da parte interessada.

→ v. Art. 202 do NCPC.

Seção II
Da responsabilidade das partes por dano processual

Art. 79. Responde por perdas e danos aquele que litigar de má-fé como autor, réu ou interveniente.

→ v. Arts. 186 e 927 do CC/2002.

→ v. Arts. 302 e 776 do NCPC

Art. 80. Considera-se litigante de má-fé aquele que:

I – deduzir pretensão ou defesa contra texto expresso de lei ou fato incontroverso;

→ v. Art. 374, III, do NCPC.

II – alterar a verdade dos fatos;

III – usar do processo para conseguir objetivo ilegal;

→ v. Art. 142 do NCPC.

IV – opuser resistência injustificada ao andamento do processo;

V – proceder de modo temerário em qualquer incidente ou ato do processo;

→ v. Art. 774 do NCPC.

VI – provocar incidente manifestamente infundado;

VII – interpuser recurso com intuito manifestamente protelatório.

→ v. Súmula 98 do STJ.

Art. 81. De ofício ou a requerimento, o juiz condenará o litigante de má-fé a pagar multa, que deverá ser superior a um por cento e inferior a dez por cento do valor corrigido da causa, a indenizar a parte contrária pelos prejuízos que esta sofreu e a arcar com os honorários advocatícios e com todas as despesas que efetuou.

→ v. Art. 32 da Lei 8.906/1994.

→ v. Art. 17 da Lei 7.347/1985.

§ 1º Quando forem 2 (dois) ou mais os litigantes de má-fé, o juiz condenará cada um na proporção de seu respectivo interesse na causa ou solidariamente aqueles que se coligaram para lesar a parte contrária.

§ 2º Quando o valor da causa for irrisório ou inestimável, a multa poderá ser fixada em até 10 (dez) vezes o valor do salário mínimo.

→ v. Arts. 291 e 718 do NCPC.

§ 3º O valor da indenização será fixado pelo juiz ou, caso não seja possível mensurá-lo, liquidado por arbitramento ou pelo procedimento comum, nos próprios autos.

Seção III
Das despesas, dos honorários advocatícios e das multas

→ v. Resolução do CFOAB 2/2015 – Novo Código de Ética e Disciplina da OAB.

→ v. Provimento do CFOAB 166/2015 – Advocacia *Pro Bono*.

Art. 82. Salvo as disposições concernentes à gratuidade da justiça, incumbe às partes prover as despesas dos atos que realizarem ou requererem no processo, antecipando-lhes o pagamento, desde o início até a sentença final ou, na execução, até a plena satisfação do direito reconhecido no título.

→ v. Súmula 236 e 667 do STF.

→ v. Súmula 178 do STJ.

→ v. Súmula Vinculante 28 do STF.

→ v. Lei 1.060/1950 (e art. 1.069, III do NCPC).

→ v. Art. 30 do Dec.-lei 3.365/1941.

→ v. Lei 9.289/1996 – Dispõe sobre as custas devidas à União, na Justiça Federal de primeiro e segundo graus e dá outras providências.

→ v. Arts. 12 e 13 da Lei 4.717/1965.

→ v. Arts. 54 e 55 da Lei 9.099/1995.

→ v. Art. 5º, II, da Lei 11.101/2005.

→ v. Arts. 98 e ss. do NCPC.

§ 1º Incumbe ao autor adiantar as despesas relativas a ato cuja realização o juiz determinar de ofício ou a requerimento do Ministério Público, quando sua intervenção ocorrer como fiscal da ordem jurídica.

§ 2º A sentença condenará o vencido a pagar ao vencedor as despesas que antecipou.

→ v. Art. 128 da Lei 8.213/1991.

→ v. Arts. 85 do NCPC.

Art. 83. O autor, brasileiro ou estrangeiro, que residir fora do Brasil ou deixar de residir no país ao longo da tramitação de processo, prestará caução suficiente ao pagamento das custas e dos honorários de advogado da parte contrária nas ações que propuser, se não tiver no Brasil bens imóveis que lhes assegurem o pagamento.

§ 1º Não se exigirá a caução de que trata o *caput*:

I – quando houver dispensa prevista em acordo ou tratado internacional de que o Brasil faz parte;

II – na execução fundada em título extrajudicial e no cumprimento de sentença;

III – na reconvenção.

§ 2º Verificando-se no trâmite do processo que se desfalcou a garantia, poderá o interessado exigir reforço da caução, justificando seu pedido com a indicação da depreciação do bem dado em garantia e a importância do reforço que pretende obter.

Art. 84. As despesas abrangem as custas dos atos do processo, a indenização de viagem, a remuneração do assistente técnico e a diária de testemunha.

→ v. Art. 462 do NCPC.

Art. 85. A sentença condenará o vencido a pagar honorários ao advogado do vencedor.

→ v. Súmula Vinculante 47 do STF.

→ v. Súmulas 115, 185, 234, 256, 257, 378, 389, 450, 472, 512 e 616, 617, 633 do STF.

→ v. Súmulas 14, 29, 105, 110, 111, 131, 141, 201, 303, 306, 345, 421, 453 e 462 do STJ.

§ 1º São devidos honorários advocatícios na reconvenção, no cumprimento de sentença, provisório ou definitivo, na execução, resistida ou não, e nos recursos interpostos, cumulativamente.

→ v. Súmula 234 do STF.

→ v. Arts. 85, § 11, 343, 523 e 771 do NCPC.

§ 2º Os honorários serão fixados entre o mínimo de dez e o máximo de vinte por cento sobre o valor da condenação, do proveito econômico obtido ou, não sendo possível mensurá-lo, sobre o valor atualizado da causa, atendidos:

→ v. Súmula 185 do STF.

→ v. Súmula 111 do STJ.

→ v. Arts. 291 e ss. do NCPC.

I – o grau de zelo do profissional;

II – o lugar de prestação do serviço;

III – a natureza e a importância da causa;

IV – o trabalho realizado pelo advogado e o tempo exigido para o seu serviço.

§ 3º Nas causas em que a Fazenda Pública for parte, a fixação dos honorários observará os critérios estabelecidos nos incisos I a IV do § 2º e os seguintes percentuais:

I – mínimo de dez e máximo de vinte por cento sobre o valor da condenação ou do proveito econômico obtido até 200 (duzentos) salários mínimos;

II – mínimo de oito e máximo de dez por cento sobre o valor da condenação ou do proveito econômico obtido acima de 200 (duzentos) salários mínimos até 2.000 (dois mil) salários mínimos;

III – mínimo de cinco e máximo de oito por cento sobre o valor da condenação ou do proveito econômico obtido acima de 2.000 (dois mil) salários mínimos até 20.000 (vinte mil) salários mínimos;

IV – mínimo de três e máximo de cinco por cento sobre o valor da condenação ou do proveito econômico obtido acima de 20.000 (vinte mil) salários mínimos até 100.000 (cem mil) salários mínimos;

V – mínimo de um e máximo de três por cento sobre o valor da condenação ou do proveito econômico obtido acima de 100.000 (cem mil) salários mínimos.

§ 4º Em qualquer das hipóteses do § 3º:

I – os percentuais previstos nos incisos I a V devem ser aplicados desde logo, quando for líquida a sentença;

II – não sendo líquida a sentença, a definição do percentual, nos termos previstos nos incisos I a V, somente ocorrerá quando liquidado o julgado;

III – não havendo condenação principal ou não sendo possível mensurar o proveito econômico obtido, a condenação em honorários dar-se-á sobre o valor atualizado da causa;

IV – será considerado o salário mínimo vigente quando prolatada sentença líquida ou o que estiver em vigor na data da decisão de liquidação.

§ 5º Quando, conforme o caso, a condenação contra a Fazenda Pública ou o benefício econômico obtido pelo vencedor ou o valor da causa for superior ao valor previsto no inciso I do § 3º, a fixação do percentual de honorários deve observar a faixa inicial e, naquilo que a exceder, a faixa subsequente, e assim sucessivamente.

§ 6º Os limites e critérios previstos nos §§ 2º e 3º aplicam-se independentemente de qual seja o conteúdo da decisão, inclusive aos casos de improcedência ou de sentença sem resolução de mérito.

§ 7º Não serão devidos honorários no cumprimento de sentença contra a Fazenda Pública que enseje expedição de precatório, desde que não tenha sido impugnada.

→ *V.* Súmula 345 do STJ.

§ 8º Nas causas em que for inestimável ou irrisório o proveito econômico ou, ainda, quando o valor da causa for muito baixo, o juiz fixará o valor dos honorários por apreciação equitativa, observando o disposto nos incisos do § 2º.

→ *V.* Art. 11 da Lei 1.060/1950.

→ *V.* Arts. 291 e ss. do NCPC.

§ 9º Na ação de indenização por ato ilícito contra pessoa, o percentual de honorários incidirá sobre a soma das prestações vencidas acrescida de 12 (doze) prestações vincendas.

§ 10. Nos casos de perda do objeto, os honorários serão devidos por quem deu causa ao processo.

§ 11. O tribunal, ao julgar recurso, majorará os honorários fixados anteriormente levando em conta o trabalho adicional realizado em grau recursal, observando, conforme o caso, o disposto nos §§ 2º a 6º, sendo vedado ao tribunal, no cômputo geral da fixação de honorários devidos ao advogado do vencedor, ultrapassar os respectivos limites estabelecidos nos §§ 2º e 3º para a fase de conhecimento.

§ 12. Os honorários referidos no § 11 são cumuláveis com multas e outras sanções processuais, inclusive as previstas no art. 77.

→ *V.* Arts. 81, 202, 234, § 2º, 258 e 334, § 8º do NCPC.

§ 13. As verbas de sucumbência arbitradas em embargos à execução rejeitados ou julgados improcedentes e em fase de cumprimento de sentença serão acrescidas no valor do débito principal, para todos os efeitos legais.

→ *V.* Arts. 513 e 914 do NCPC.

§ 14. Os honorários constituem direito do advogado e têm natureza alimentar, com os mesmos privilégios dos créditos oriundos da legislação do trabalho, sendo vedada a compensação em caso de sucumbência parcial.

→ *V.* Art. 23 da Lei 8.906/1994.

→ *V.* Resolução do CFOAB 2/2015 – Novo Código de Ética e Disciplina da OAB.

→ *V.* Provimento do CFOAB 166/2015 – Advocacia *Pro Bono*.

§ 15. O advogado pode requerer que o pagamento dos honorários que lhe caibam seja efetuado em favor da sociedade de advogados que integra na qualidade de sócio, aplicando-se à hipótese o disposto no § 14.

§ 16. Quando os honorários forem fixados em quantia certa, os juros moratórios incidirão a partir da data do trânsito em julgado da decisão.

§ 17. Os honorários serão devidos quando o advogado atuar em causa própria.

§ 18. Caso a decisão transitada em julgado seja omissa quanto ao direito aos honorários ou ao seu valor, é cabível ação autônoma para sua definição e cobrança.

§ 19. Os advogados públicos perceberão honorários de sucumbência, nos termos da lei.

→ *V.* Súmula 421 do STJ.

Art. 86. Se cada litigante for, em parte, vencedor e vencido, serão proporcionalmente distribuídas entre eles as despesas.

→ *V.* Art. 94 do NCPC.

Parágrafo único. Se um litigante sucumbir em parte mínima do pedido, o outro responderá, por inteiro, pelas despesas e pelos honorários.

→ *V.* Súmulas 306 e 326 do STJ.

Art. 87. Concorrendo diversos autores ou diversos réus, os vencidos respondem proporcionalmente pelas despesas e pelos honorários.

→ *V.* Art. 257 do CC/2002.

§ 1º A sentença deverá distribuir entre os litisconsortes, de forma expressa, a responsabilidade proporcional pelo pagamento das verbas previstas no *caput*.

§ 2º Se a distribuição de que trata o § 1º não for feita, os vencidos responderão solidariamente pelas despesas e pelos honorários.

Art. 88. Nos procedimentos de jurisdição voluntária, as despesas serão adiantadas pelo requerente e rateadas entre os interessados.

→ *V.* Art. 719 e ss. do NCPC.

Art. 89. Nos juízos divisórios, não havendo litígio, os interessados pagarão as despesas proporcionalmente a seus quinhões.

→ *V.* Art. 1.320 do CC/2002.

→ *V.* Art. 14, § 4º, da Lei 9.289/1996.

Art. 90. Proferida sentença com fundamento em desistência, em renúncia ou em reconhecimento do pedido, as despesas e os honorários serão pagos pela parte que desistiu, renunciou ou reconheceu.

→ *V.* Arts. 485, VIII, e 487, III, *c*, do NCPC.

§ 1º Sendo parcial a desistência, a renúncia ou o reconhecimento, a responsabilidade pelas despesas e pelos honorários será proporcional à parcela reconhecida, à qual se renunciou ou da qual se desistiu.

§ 2º Havendo transação e nada tendo as partes disposto quanto às despesas, estas serão divididas igualmente.

§ 3º Se a transação ocorrer antes da sentença, as partes ficam dispensadas do pagamento das custas processuais remanescentes, se houver.

§ 4º Se o réu reconhecer a procedência do pedido e, simultaneamente, cumprir integralmente a prestação reconhecida, os honorários serão reduzidos pela metade.

Art. 91. As despesas dos atos processuais praticados a requerimento da Fazenda Pública, do Ministério Público ou da Defensoria Pública serão pagas ao final pelo vencido.

→ *V.* Súmulas 190, 232 e 483 do STJ.

→ *V.* Art. 39 da Lei 6.830/1980.

§ 1º As perícias requeridas pela Fazenda Pública, pelo Ministério Público ou pela Defensoria Pública poderão ser realizadas por entidade pública ou, havendo previsão orçamentária, ter os valores adiantados por aquele que requerer a prova.

§ 2º Não havendo previsão orçamentária no exercício financeiro para adiantamento dos honorários periciais, eles serão pagos no exercício seguinte ou ao final, pelo vencido, caso o processo se encerre antes do adiantamento a ser feito pelo ente público.

Art. 92. Quando, a requerimento do réu, o juiz proferir sentença sem resolver o mérito, o autor não poderá propor novamente a ação sem pagar ou depositar em cartório as despesas e os honorários a que foi condenado.

→ *V.* Arts. 485 e 486, § 2º, do NCPC.

Art. 93. As despesas de atos adiados ou cuja repetição for necessária ficarão a cargo da parte, do auxiliar da justiça, do órgão do Ministério Público ou da Defensoria Pública ou do juiz que, sem justo motivo, houver dado causa ao adiamento ou à repetição.

→ *V.* Arts. 143 e 362, § 2º, do NCPC.

Art. 94. Se o assistido for vencido, o assistente será condenado ao pagamento das custas em proporção à atividade que houver exercido no processo.

Art. 95. Cada parte adiantará a remuneração do assistente técnico que houver indicado, sendo a do perito adiantada pela parte que houver requerido a perícia ou rateada quando a perícia for determinada de ofício ou requerida por ambas as partes.

→ *V.* Súmula 232 do STJ.

→ *V.* Art. 10 da Lei 9.289/1996.

§ 1º O juiz poderá determinar que a parte responsável pelo pagamento dos honorários do perito deposite em juízo o valor correspondente.

§ 2º A quantia recolhida em depósito bancário à ordem do juízo será corrigida monetariamente e paga de acordo com o art. 465, § 4º.

§ 3º Quando o pagamento da perícia for de responsabilidade de beneficiário de gratuidade da justiça, ela poderá ser:

I – custeada com recursos alocados no orçamento do ente público e realizada por servidor do Poder Judiciário ou por órgão público conveniado;

II – paga com recursos alocados no orçamento da União, do Estado ou do Distrito Federal, no caso de ser realizada por particular, hipótese em que o valor será fixado conforme tabela do tribunal respectivo ou, em caso de sua omissão, do Conselho Nacional de Justiça.

§ 4º Na hipótese do § 3º, o juiz, após o trânsito em julgado da decisão final, oficiará a Fazenda Pública para que promova, contra quem tiver sido condenado ao pagamento das despesas processuais, a execução dos valores gastos com a perícia particular ou com a utilização de servidor público ou da estrutura de órgão público, observando-se, caso o responsável pelo pagamento das despesas seja beneficiário de gratuidade da justiça, o disposto no art. 98, § 2º.

§ 5º Para fins de aplicação do § 3º, é vedada a utilização de recursos do fundo de custeio da Defensoria Pública.

Art. 96. O valor das sanções impostas ao litigante de má-fé reverterá em benefício da parte contrária, e o valor das sanções impostas aos serventuários pertencerá ao Estado ou à União.

Art. 97. A União e os Estados podem criar fundos de modernização do Poder Judiciário, aos quais serão revertidos os valores das sanções pecuniárias processuais destinadas à União e aos Estados, e outras verbas previstas em lei.

Seção IV
Da gratuidade da justiça

→ v. Lei 1.060/1950 e art. 1.072, III do NCPC.

→ v. Resolução do CFOAB 2/2015 – Novo Código de Ética e Disciplina da OAB.

→ v. Provimento do CFOAB 166/2015 – Advocacia *Pro Bono*.

Art. 98. A pessoa natural ou jurídica, brasileira ou estrangeira, com insuficiência de recursos para pagar as custas, as despesas processuais e os honorários advocatícios tem direito à gratuidade da justiça, na forma da lei.

→ v. Súmula 481/STJ.

→ v. Arts. 62 e 63 do RISTF.

→ v. Arts. 114 a 116 do RISTJ.

§ 1º A gratuidade da justiça compreende:

I – as taxas ou as custas judiciais;

II – os selos postais;

III – as despesas com publicação na imprensa oficial, dispensando-se a publicação em outros meios;

IV – a indenização devida à testemunha que, quando empregada, receberá do empregador salário integral, como se em serviço estivesse;

V – as despesas com a realização de exame de código genético – DNA e de outros exames considerados essenciais;

→ v. Art. 129, parágrafo único, da Lei 8.213/1991.

VI – os honorários do advogado e do perito e a remuneração do intérprete ou do tradutor nomeado para apresentação de versão em português de documento redigido em língua estrangeira;

VII – o custo com a elaboração de memória de cálculo, quando exigida para instauração da execução;

VIII – os depósitos previstos em lei para interposição de recurso, para propositura de ação e para a prática de outros atos processuais inerentes ao exercício da ampla defesa e do contraditório;

IX – os emolumentos devidos a notários ou registradores em decorrência da prática de registro, averbação ou qualquer outro ato notarial necessário à efetivação de decisão judicial ou à continuidade de processo judicial no qual o benefício tenha sido concedido.

→ v. Lei 6.515/1977 – Regula os casos de dissolução da sociedade conjugal e do casamento, seus efeitos e respectivos processos.

§ 2º A concessão de gratuidade não afasta a responsabilidade do beneficiário pelas despesas processuais e pelos honorários advocatícios decorrentes de sua sucumbência.

→ v. Art. 85 do NCPC.

§ 3º Vencido o beneficiário, as obrigações decorrentes de sua sucumbência ficarão sob condição suspensiva de exigibilidade e somente poderão ser executadas se, nos 5 (cinco) anos subsequentes ao trânsito em julgado da decisão que as certificou, o credor demonstrar que deixou de existir a situação de insuficiência de recursos que justificou a concessão de gratuidade, extinguindo-se, passado esse prazo, tais obrigações do beneficiário.

§ 4º A concessão de gratuidade não afasta o dever de o beneficiário pagar, ao final, as multas processuais que lhe sejam impostas.

§ 5º A gratuidade poderá ser concedida em relação a algum ou a todos os atos processuais, ou consistir na redução percentual de despesas processuais que o beneficiário tiver de adiantar no curso do procedimento.

§ 6º Conforme o caso, o juiz poderá conceder direito ao parcelamento de despesas processuais que o beneficiário tiver de adiantar no curso do procedimento.

§ 7º Aplica-se o disposto no art. 95, §§ 3º a 5º, ao custeio dos emolumentos previstos no § 1º, inciso IX, do presente artigo, observada a tabela e as condições da lei estadual ou distrital respectiva.

§ 8º Na hipótese do § 1º, inciso IX, havendo dúvida fundada quanto ao preenchimento atual dos pressupostos para a concessão de gratuidade, o notário ou registrador, após praticar o ato, pode requerer, ao juízo competente para decidir questões notariais ou registrais, a revogação total ou parcial do benefício ou a sua substituição pelo parcelamento de que trata o § 6º deste artigo, caso em que o beneficiário será citado para, em 15 (quinze) dias, manifestar-se sobre esse requerimento.

Art. 99. O pedido de gratuidade da justiça pode ser formulado na petição inicial, na contestação, na petição para ingresso de terceiro no processo ou em recurso.

→ v. Provimento do CFOAB 166/2015 – Advocacia *Pro Bono*.

§ 1º Se superveniente à primeira manifestação da parte na instância, o pedido poderá ser formulado por petição simples, nos autos do próprio processo, e não suspenderá seu curso.

→ v. Arts. 319 e 337 do NCPC.

§ 2º O juiz somente poderá indeferir o pedido se houver nos autos elementos que evidenciem a falta dos pressupostos legais para a concessão de gratuidade, devendo, antes de indeferir o pedido, determinar à parte a comprovação do preenchimento dos referidos pressupostos.

§ 3º Presume-se verdadeira a alegação de insuficiência deduzida exclusivamente por pessoa natural.

§ 4º A assistência do requerente por advogado particular não impede a concessão de gratuidade da justiça.

§ 5º Na hipótese do § 4º, o recurso que verse exclusivamente sobre valor de honorários de sucumbência fixados em favor do advogado de beneficiário estará sujeito a preparo, salvo se o próprio advogado demonstrar que tem direito à gratuidade.

§ 6º O direito à gratuidade da justiça é pessoal, não se estendendo a litisconsorte ou a sucessor do beneficiário, salvo requerimento e deferimento expressos.

§ 7º Requerida a concessão de gratuidade da justiça em recurso, o recorrente estará dispensado de comprovar o recolhimento do preparo, incumbindo ao relator, neste caso, apreciar o requerimento e, se indeferi-lo, fixar prazo para realização do recolhimento.

Art. 100. Deferido o pedido, a parte contrária poderá oferecer impugnação na contestação, na réplica, nas contrarrazões de recurso ou, nos casos de pedido superveniente ou formulado por terceiro, por meio de petição simples, a ser apresentada no prazo de 15 (quinze) dias, nos autos do próprio processo, sem suspensão de seu curso.

→ v. Arts. 337, XIII, 350 e 351 do NCPC.

Parágrafo único. Revogado o benefício, a parte arcará com as despesas processuais que tiver deixado de adiantar e pagará, em caso de má-fé, até o décuplo de seu valor a título de multa, que será revertida em benefício da Fazenda Pública estadual ou federal e poderá ser inscrita em dívida ativa.

Art. 101. Contra a decisão que indeferir a gratuidade ou a que acolher pedido de sua revogação caberá agravo de instrumento, exceto quando a questão for resolvida na sentença, contra a qual caberá apelação.

→ v. Art. 1.015, V, do NCPC.

§ 1º O recorrente estará dispensado do recolhimento de custas até decisão do relator sobre a questão, preliminarmente ao julgamento do recurso.

§ 2º Confirmada a denegação ou a revogação da gratuidade, o relator ou o órgão colegiado determinará ao recorrente o recolhimento das custas processuais, no prazo de 5 (cinco) dias, sob pena de não conhecimento do recurso.

Art. 102. Sobrevindo o trânsito em julgado de decisão que revoga a gratuidade, a parte deverá efetuar o recolhimento de todas as despesas de cujo adiantamento foi dispensada, inclusive as relativas ao recurso interposto, se houver, no prazo fixado pelo juiz, sem prejuízo de aplicação das sanções previstas em lei.

Parágrafo único. Não efetuado o recolhimento, o processo será extinto sem resolução de mérito, tratando-se do autor, e, nos demais casos, não poderá ser deferida a realização de nenhum ato ou diligência requerida pela parte enquanto não efetuado o depósito.

→ v. Art. 485, IV do NCPC.

Capítulo III
DOS PROCURADORES

→ v. Provimento do CFOAB 166/2015 – Advocacia *Pro Bono*.

Art. 103. A parte será representada em juízo por advogado regularmente inscrito na Ordem dos Advogados do Brasil.

→ v. Súmula 644 do STF.

→ v. Súmulas 115 do STJ.

→ v. Arts. 5º, LV, e 133, da CF/1988.

→ v. Art. 791 da CLT.

→ v. Arts. 1º, 3º, § 2º, 5º, § 1º e 7º, da Lei 8.906/1994.

→ v. Art. 2º da Lei 5.478/1968.

Parágrafo único. É lícito à parte postular em causa própria quando tiver habilitação legal.

Art. 104. O advogado não será admitido a postular em juízo sem procuração, salvo para evitar preclusão, decadência ou prescrição, ou para praticar ato considerado urgente.

→ v. Art. 5º, § 1º da Lei 8.906/1994.

→ v. Art. 2º da Lei 11.419/2006.

→ v. Art. 16 da Lei 1.060/1950.

§ 1º Nas hipóteses previstas no *caput*, o advogado deverá, independentemente de caução, exibir a procuração no prazo de 15 (quinze) dias, prorrogável por igual período por despacho do juiz.

§ 2º O ato não ratificado será considerado ineficaz relativamente àquele em cujo nome foi praticado, respondendo o advogado pelas despesas e por perdas e danos.

Art. 105. A procuração geral para o foro, outorgada por instrumento público ou particular assinado pela parte, habilita o advogado a praticar todos os atos do processo, exceto receber citação, confessar, reconhecer a procedência do pedido, transigir, desistir, renunciar ao direito sobre o qual se funda a ação, receber, dar quitação, firmar compromisso e assinar declaração de hipossuficiência econômica, que devem constar de cláusula específica.

→ *v.* Art. 5º, § 2º, da Lei 8.906/1994.

§ 1º A procuração pode ser assinada digitalmente, na forma da lei.

→ *v.* Art. 1º, § 2º, da Lei 11.419/2006.

§ 2º A procuração deverá conter o nome do advogado, seu número de inscrição na Ordem dos Advogados do Brasil e endereço completo.

§ 3º Se o outorgado integrar sociedade de advogados, a procuração também deverá conter o nome dessa, seu número de registro na Ordem dos Advogados do Brasil e endereço completo.

§ 4º Salvo disposição expressa em sentido contrário constante do próprio instrumento, a procuração outorgada na fase de conhecimento é eficaz para todas as fases do processo, inclusive para o cumprimento de sentença.

Art. 106. Quando postular em causa própria, incumbe ao advogado:

I – declarar, na petição inicial ou na contestação, o endereço, seu número de inscrição na Ordem dos Advogados do Brasil e o nome da sociedade de advogados da qual participa, para o recebimento de intimações;

II – comunicar ao juízo qualquer mudança de endereço.

§ 1º Se o advogado descumprir o disposto no inciso I, o juiz ordenará que se supra a omissão, no prazo de 5 (cinco) dias, antes de determinar a citação do réu, sob pena de indeferimento da petição.

§ 2º Se o advogado infringir o previsto no inciso II, serão consideradas válidas as intimações enviadas por carta registrada ou meio eletrônico ao endereço constante dos autos.

Art. 107. O advogado tem direito a:

→ *v.* Art. 6º da Lei 9.028/1995.

I – examinar, em cartório de fórum e secretaria de tribunal, mesmo sem procuração, autos de qualquer processo, independentemente da fase de tramitação, assegurados a obtenção de cópias e o registro de anotações, salvo na hipótese de segredo de justiça, nas quais apenas o advogado constituído terá acesso aos autos;

→ *v.* Art. 7º, XIII, da Lei 8.906/1994.

II – requerer, como procurador, vista dos autos de qualquer processo, pelo prazo de 5 (cinco) dias;

→ *v.* Art. 7º, XV, da Lei 8.906/1994.

III – retirar os autos do cartório ou da secretaria, pelo prazo legal, sempre que neles lhe couber falar por determinação do juiz, nos casos previstos em lei.

§ 1º Ao receber os autos, o advogado assinará carga em livro ou documento próprio.

§ 2º Sendo o prazo comum às partes, os procuradores poderão retirar os autos somente em conjunto ou mediante prévio ajuste, por petição nos autos.

§ 3º Na hipótese do § 2º, é lícito ao procurador retirar os autos para obtenção de cópias, pelo prazo de 2 (duas) a 6 (seis) horas, independentemente de ajuste e sem prejuízo da continuidade do prazo.

§ 4º O procurador perderá no mesmo processo o direito a que se refere o § 3º se não devolver os autos tempestivamente, salvo se o prazo for prorrogado pelo juiz.

Capítulo IV
DA SUCESSÃO DAS PARTES E DOS PROCURADORES

Art. 108. No curso do processo, somente é lícita a sucessão voluntária das partes nos casos expressos em lei.

→ *v.* Arts. 682, 687 e 688 do CC/2002.

→ *v.* Arts. 329, II, e 779, do NCPC.

Art. 109. A alienação da coisa ou do direito litigioso por ato entre vivos, a título particular, não altera a legitimidade das partes.

§ 1º O adquirente ou cessionário não poderá ingressar em juízo, sucedendo o alienante ou cedente, sem que o consinta a parte contrária.

→ *v.* Art. 286 do CC/2002.

§ 2º O adquirente ou cessionário poderá intervir no processo como assistente litisconsorcial do alienante ou cedente.

→ *v.* Art. 124 do NCPC.

§ 3º Estendem-se os efeitos da sentença proferida entre as partes originárias ao adquirente ou cessionário.

Art. 110. Ocorrendo a morte de qualquer das partes, dar-se-á a sucessão pelo seu espólio ou pelos seus sucessores, observado o disposto no art. 313, §§ 1º e 2º.

→ *v.* Arts. 221 e 618, I, do NCPC.

Art. 111. A parte que revogar o mandato outorgado a seu advogado constituirá, no mesmo ato, outro que assuma o patrocínio da causa.

→ *v.* Art. 687 do CC/2002.

→ *v.* Art. 42 da Lei 8.906/1994.

Parágrafo único. Não sendo constituído novo procurador no prazo de 15 (quinze) dias, observar-se-á o disposto no art. 76.

Art. 112. O advogado poderá renunciar ao mandato a qualquer tempo, provando, na forma prevista neste Código, que comunicou a renúncia ao mandante, a fim de que este nomeie sucessor.

→ *v.* Art. 688 do CC/2002.

§ 1º Durante os 10 (dez) dias seguintes, o advogado continuará a representar o mandante, desde que necessário para lhe evitar prejuízo.

→ *v.* Art. 5º, § 3º, da Lei 8.906/1994.

§ 2º Dispensa-se a comunicação referida no *caput* quando a procuração tiver sido outorgada a vários advogados e a parte continuar representada por outro, apesar da renúncia.

Título II
Do litisconsórcio

Art. 113. Duas ou mais pessoas podem litigar, no mesmo processo, em conjunto, ativa ou passivamente, quando:

→ *v.* Súmulas 631 e 641 do STF.

→ *v.* Art. 5º, § 2º, da Lei 7.347/1985.

→ *v.* Art. 6º, § 5º, da Lei 4.717/1965.

→ *v.* Art. 10, § 2º, da Lei 12.016/2009.

→ *v.* Art. 132, § 2º, do RISTF.

I – entre elas houver comunhão de direitos ou de obrigações relativamente à lide;

II – entre as causas houver conexão pelo pedido ou pela causa de pedir;

III – ocorrer afinidade de questões por ponto comum de fato ou de direito.

§ 1º O juiz poderá limitar o litisconsórcio facultativo quanto ao número de litigantes na fase de conhecimento, na liquidação de sentença ou na execução, quando este comprometer a rápida solução do litígio ou dificultar a defesa ou o cumprimento da sentença.

§ 2º O requerimento de limitação interrompe o prazo para manifestação ou resposta, que recomeçará da intimação da decisão que o solucionar.

→ *v.* Art. 336 do NCPC.

Art. 114. O litisconsórcio será necessário por disposição de lei ou quando, pela natureza da relação jurídica controvertida, a eficácia da sentença depender da citação de todos que devam ser litisconsortes.

Art. 115. A sentença de mérito, quando proferida sem a integração do contraditório, será:

→ *v.* Art. 487 do NCPC.

I – nula, se a decisão deveria ser uniforme em relação a todos que deveriam ter integrado o processo;

II – ineficaz, nos outros casos, apenas para os que não foram citados.

Parágrafo único. Nos casos de litisconsórcio passivo necessário, o juiz determinará ao autor que requeira a citação de todos que devam ser litisconsortes, dentro do prazo que assinar, sob pena de extinção do processo.

→ *v.* Súmula 631 do STF.

Art. 116. O litisconsórcio será unitário quando, pela natureza da relação jurídica, o juiz tiver de decidir o mérito de modo uniforme para todos os litisconsortes.

Art. 117. Os litisconsortes serão considerados, em suas relações com a parte adversa, como litigantes distintos, exceto no litisconsórcio unitário, caso em que os atos e as omissões de um não prejudicarão os outros, mas os poderão beneficiar.

→ *v.* Art. 1.005 do NCPC.

Art. 118. Cada litisconsorte tem o direito de promover o andamento do processo, e todos devem ser intimados dos respectivos atos.

Título III
Da intervenção de terceiros

Capítulo I
DA ASSISTÊNCIA

Seção I
Disposições comuns

Art. 119. Pendendo causa entre 2 (duas) ou mais pessoas, o terceiro juridicamente interessado em que a sentença seja favorável a uma delas poderá intervir no processo para assisti-la.

→ *v.* Art. 5º, *caput*, da Lei 9.469/1997.

→ *v.* Súmula 218 do STF.

→ *v.* Arts. 665 e 861 a 875, do CC/2002.

→ *v.* Arts. 90 e 94 do CDC.

→ *v.* Art. 6º da Lei 4.717/1965.

→ *v.* Art. 10 da Lei 9.099/1995.

Parágrafo único. A assistência será admitida em qualquer procedimento e em todos os graus de jurisdição, recebendo o assistente o processo no estado em que se encontre.

→ *v.* Art. 94 do NCPC.

Art. 120. Não havendo impugnação no prazo de 15 (quinze) dias, o pedido do assistente será deferido, salvo se for caso de rejeição liminar.

Parágrafo único. Se qualquer parte alegar que falta ao requerente interesse jurídico para intervir, o juiz decidirá o incidente, sem suspensão do processo.

→ *v.* Art. 1.015, IX do NCPC.

Seção II
Da assistência simples

Art. 121. O assistente simples atuará como auxiliar da parte principal, exercerá os mesmos poderes e sujeitar-se-á aos mesmos ônus processuais que o assistido.

Parágrafo único. Sendo revel ou, de qualquer outro modo, omisso o assistido, o assistente será considerado seu substituto processual.

Art. 122. A assistência simples não obsta a que a parte principal reconheça a procedência do pedido, desista da ação, renuncie ao direito sobre o que se funda a ação ou transija sobre direitos controvertidos.

Art. 123. Transitada em julgado a sentença no processo em que interveio o assistente, este não poderá, em processo posterior, discutir a justiça da decisão, salvo se alegar e provar que:

→ *v.* Art. 502 do NCPC.

I – pelo estado em que recebeu o processo ou pelas declarações e pelos atos do assistido, foi impedido de produzir provas suscetíveis de influir na sentença;

II – desconhecia a existência de alegações ou de provas das quais o assistido, por dolo ou culpa, não se valeu.

Seção III
Da assistência litisconsorcial

Art. 124. Considera-se litisconsorte da parte principal o assistente sempre que a sentença influir na relação jurídica entre ele e o adversário do assistido.

→ *v.* Art. 229 do NCPC.

Capítulo II
DA DENUNCIAÇÃO DA LIDE

Art. 125. É admissível a denunciação da lide, promovida por qualquer das partes:

I – ao alienante imediato, no processo relativo à coisa cujo domínio foi transferido ao denunciante, a fim de que possa exercer os direitos que da evicção lhe resultam;

→ *v.* Arts. 447 a 457 do CC/2002.

→ *v.* Art. 10 da Lei 9.099/1995.

II – àquele que estiver obrigado, por lei ou pelo contrato, a indenizar, em ação regressiva, o prejuízo de quem for vencido no processo.

→ *v.* Súmula 188 do STF.

→ *v.* Súmula 150 do STJ.

→ *v.* Art. 88 e 101, II, do CDC.

§ 1º O direito regressivo será exercido por ação autônoma quando a denunciação da lide for indeferida, deixar de ser promovida ou não for permitida.

→ *v.* Art. 88 do CDC.

§ 2º Admite-se uma única denunciação sucessiva, promovida pelo denunciado, contra seu antecessor imediato na cadeia dominial ou quem seja responsável por indenizá-lo, não podendo o denunciado sucessivo promover nova denunciação, hipótese em que eventual direito de regresso será exercido por ação autônoma.

Art. 126. A citação do denunciado será requerida na petição inicial, se o denunciante for autor, ou na contestação, se o denunciante for réu, devendo ser realizada na forma e nos prazos previstos no art. 131.

→ *v.* Arts. 319 e 336 do NCPC.

Art. 127. Feita a denunciação pelo autor, o denunciado poderá assumir a posição de litisconsorte do denunciante e acrescentar novos argumentos à petição inicial, procedendo-se em seguida à citação do réu.

Art. 128. Feita a denunciação pelo réu:

I – se o denunciado contestar o pedido formulado pelo autor, o processo prosseguirá tendo, na ação principal, em litisconsórcio, denunciante e denunciado;

→ *v.* Art. 336 do NCPC.

II – se o denunciado for revel, o denunciante pode deixar de prosseguir com sua defesa, eventualmente oferecida, e abster-se de recorrer, restringindo sua atuação à ação regressiva;

→ *v.* Art. 344 do NCPC.

III – se o denunciado confessar os fatos alegados pelo autor na ação principal, o denunciante poderá prosseguir com sua defesa ou, aderindo a tal reconhecimento, pedir apenas a procedência da ação de regresso.

→ *v.* Art. 389 do NCPC.

Parágrafo único. Procedente o pedido da ação principal, pode o autor, se for o caso, requerer o cumprimento da sentença também contra o denunciado, nos limites da condenação deste na ação regressiva.

Art. 129. Se o denunciante for vencido na ação principal, o juiz passará ao julgamento da denunciação da lide.

Parágrafo único. Se o denunciante for vencedor, a ação de denunciação não terá o seu pedido examinado, sem prejuízo da condenação do denunciante ao pagamento das verbas de sucumbência em favor do denunciado.

Capítulo III
DO CHAMAMENTO AO PROCESSO

Art. 130. É admissível o chamamento ao processo, requerido pelo réu:

→ *v.* Art. 10 da Lei 9.099/1995.

I – do afiançado, na ação em que o fiador for réu;

→ *v.* Art. 818 e 827 do CC/2002.

II – dos demais fiadores, na ação proposta contra um ou alguns deles;

III – dos demais devedores solidários, quando o credor exigir de um ou de alguns o pagamento da dívida comum.

→ *v.* Art. 101, II, do CDC.

Art. 131. A citação daqueles que devam figurar em litisconsórcio passivo será requerida pelo réu na contestação e deve ser promovida no prazo de 30 (trinta) dias, sob pena de ficar sem efeito o chamamento.

Parágrafo único. Se o chamado residir em outra comarca, seção ou subseção judiciárias, ou em lugar incerto, o prazo será de 2 (dois) meses.

Art. 132. A sentença de procedência valerá como título executivo em favor do réu que satisfizer a dívida, a fim de que possa exigi-la, por inteiro, do devedor principal, ou, de cada um dos codevedores, a sua quota, na proporção que lhes tocar.

→ *v.* Arts. 402 a 405 do CC/2002.

Capítulo IV
DO INCIDENTE DE DESCONSIDERAÇÃO DA PERSONALIDADE JURÍDICA

Art. 133. O incidente de desconsideração da personalidade jurídica será instaurado a pedido da parte ou do Ministério Público, quando lhe couber intervir no processo.

→ *v.* Súmula 435 do STJ.

→ *v.* Art. 50 do CC/2002.

→ *v.* Art. 28 do CDC.

→ *v.* Art. 116, parágrafo único, do CTN.

→ *v.* Art. 4º da Lei 9.605/1990.

→ *v.* Art. 34, parágrafo único da Lei 12.529/2011.

→ *v.* Arts. 795, § 4º e 1.062, do NCPC.

§ 1º O pedido de desconsideração da personalidade jurídica observará os pressupostos previstos em lei.

§ 2º Aplica-se o disposto neste Capítulo à hipótese de desconsideração inversa da personalidade jurídica.

Art. 134. O incidente de desconsideração é cabível em todas as fases do processo de conhecimento, no cumprimento de sentença e na execução fundada em título executivo extrajudicial.

→ *v.* Arts. 513, 771 e 932, VI, do NCPC.

§ 1º A instauração do incidente será imediatamente comunicada ao distribuidor para as anotações devidas.

§ 2º Dispensa-se a instauração do incidente se a desconsideração da personalidade jurídica for requerida na petição inicial, hipótese em que será citado o sócio ou a pessoa jurídica.

§ 3º A instauração do incidente suspenderá o processo, salvo na hipótese do § 2º.

→ v. Art. 313, VII do NCPC.

§ 4º O requerimento deve demonstrar o preenchimento dos pressupostos legais específicos para desconsideração da personalidade jurídica.

→ v. Art. 373 do NCPC.

Art. 135. Instaurado o incidente, o sócio ou a pessoa jurídica será citado para manifestar-se e requerer as provas cabíveis no prazo de 15 (quinze) dias.

→ v. Arts. 9º, 238 e 674, § 2º, III, do NCPC.

Art. 136. Concluída a instrução, se necessária, o incidente será resolvido por decisão interlocutória.

→ v. Arts. 203, § 2º e 1.015, IV, do NCPC.

Parágrafo único. Se a decisão for proferida pelo relator, cabe agravo interno.

→ v. Art. 1.021 do NCPC.

Art. 137. Acolhido o pedido de desconsideração, a alienação ou a oneração de bens, havida em fraude de execução, será ineficaz em relação ao requerente.

→ v. Arts. 790, II e 792, § 3º, do NCPC.

Capítulo V
DO *AMICUS CURIAE*

→ v. Art. 31 da Lei 6.385/1976.

→ v. Art. 7º, § 2º da Lei 9.868/1999.

→ v. Art. 118 da Lei 12.529/2011.

→ v. Art. 3º, § 2º, da Lei 11.418/2006.

→ v. Resolução do CFOAB 2/2015 – Novo Código de Ética e Disciplina da OAB.

Art. 138. O juiz ou o relator, considerando a relevância da matéria, a especificidade do tema objeto da demanda ou a repercussão social da controvérsia, poderá, por decisão irrecorrível, de ofício ou a requerimento das partes ou de quem pretenda manifestar-se, solicitar ou admitir a participação de pessoa natural ou jurídica, órgão ou entidade especializada, com representatividade adequada, no prazo de 15 (quinze) dias de sua intimação.

§ 1º A intervenção de que trata o *caput* não implica alteração de competência nem autoriza a interposição de recursos, ressalvadas a oposição de embargos de declaração e a hipótese do § 3º.

→ v. Arts. 109, I e 114 da CF/1998.

§ 2º Caberá ao juiz ou ao relator, na decisão que solicitar ou admitir a intervenção, definir os poderes do *amicus curiae*.

→ v. Art. 1.015, IX do NCPC.

§ 3º O *amicus curiae* pode recorrer da decisão que julgar o incidente de resolução de demandas repetitivas.

→ v. Arts. 976 e ss. do NCPC.

Título IV
Do juiz e dos auxiliares da justiça

Capítulo I
DOS PODERES, DOS DEVERES E DA RESPONSABILIDADE DO JUIZ

Art. 139. O juiz dirigirá o processo conforme as disposições deste Código, incumbindo-lhe:

I – assegurar às partes igualdade de tratamento;

→ v. Art. 5º, II, da CF/1988.

→ v. Art. 35, IV, da LC 35/1979.

→ v. Art. 9º do Código de Ética da Magistratura.

II – velar pela duração razoável do processo;

→ v. Art. 5º, LXXVIII da CF/1988.

III – prevenir ou reprimir qualquer ato contrário à dignidade da justiça e indeferir postulações meramente protelatórias;

IV – determinar todas as medidas indutivas, coercitivas, mandamentais ou sub-rogatórias necessárias para assegurar o cumprimento de ordem judicial, inclusive nas ações que tenham por objeto prestação pecuniária;

→ v. Art. 77, § 2º do NCPC.

V – promover, a qualquer tempo, a autocomposição, preferencialmente com auxílio de conciliadores e mediadores judiciais;

→ v. Art. 334 do NCPC.

VI – dilatar os prazos processuais e alterar a ordem de produção dos meios de prova, adequando-os às necessidades do conflito de modo a conferir maior efetividade à tutela do direito;

VII – exercer o poder de polícia, requisitando, quando necessário, força policial, além da segurança interna dos fóruns e tribunais;

VIII – determinar, a qualquer tempo, o comparecimento pessoal das partes, para inquiri-las sobre os fatos da causa, hipótese em que não incidirá a pena de confesso;

→ v. Art. 385, § 1º do NCPC.

IX – determinar o suprimento de pressupostos processuais e o saneamento de outros vícios processuais;

→ v. Art. 352 do NCPC.

X – quando se deparar com diversas demandas individuais repetitivas, oficiar o Ministério Público, a Defensoria Pública e, na medida do possível, outros legitimados a que se referem o art. 5º da Lei 7.347, de 24 de julho de 1985, e o art. 82 da Lei 8.078, de 11 de setembro de 1990, para, se for o caso, promover a propositura da ação coletiva respectiva.

Parágrafo único. A dilação de prazos prevista no inciso VI somente pode ser determinada antes de encerrado o prazo regular.

Art. 140. O juiz não se exime de decidir sob a alegação de lacuna ou obscuridade do ordenamento jurídico.

→ v. Arts. 4º e 5º, da LINDB.

Parágrafo único. O juiz só decidirá por equidade nos casos previstos em lei.

→ v. Art. 6º da Lei 9.099/1995.

Art. 141. O juiz decidirá o mérito nos limites propostos pelas partes, sendo-lhe vedado conhecer de questões não suscitadas a cujo respeito a lei exige iniciativa da parte.

→ v. Art. 487, I do NCPC.

Art. 142. Convencendo-se, pelas circunstâncias, de que autor e réu se serviram do processo para praticar ato simulado ou conseguir fim vedado por lei, o juiz proferirá decisão que impeça os objetivos das partes, aplicando, de ofício, as penalidades da litigância de má-fé.

→ v. Arts. 80, III e 81 do NCPC.

Art. 143. O juiz responderá, civil e regressivamente, por perdas e danos quando:

→ v. Arts. 186, 402 a 405 e 927 do CC/2002.

→ v. Art. 319 do CP.

I – no exercício de suas funções, proceder com dolo ou fraude;

II – recusar, omitir ou retardar, sem justo motivo, providência que deva ordenar de ofício ou a requerimento da parte.

Parágrafo único. As hipóteses previstas no inciso II somente serão verificadas depois que a parte requerer ao juiz que determine a providência e o requerimento não for apreciado no prazo de 10 (dez) dias.

Capítulo II
DOS IMPEDIMENTOS E DA SUSPEIÇÃO

Art. 144. Há impedimento do juiz, sendo-lhe vedado exercer suas funções no processo:

→ v. Art. 277 do RISTF.

→ v. Art. 272 do RISTJ.

→ v. Art. 14 da Lei 9.307/1996.

→ v. Art. 966, II, do NCPC.

I – em que interveio como mandatário da parte, oficiou como perito, funcionou como membro do Ministério Público ou prestou depoimento como testemunha;

II – de que conheceu em outro grau de jurisdição, tendo proferido decisão;

→ v. Súmulas 72 e 252 do STF.

III – quando nele estiver postulando, como defensor público, advogado ou membro do Ministério Público, seu cônjuge ou companheiro, ou qualquer parente, consanguíneo ou afim, em linha reta ou colateral, até o terceiro grau, inclusive;

IV – quando for parte no processo ele próprio, seu cônjuge ou companheiro, ou parente, consanguíneo ou afim, em linha reta ou colateral, até o terceiro grau, inclusive;

→ v. Art. 1.595 do CC/2002.

V – quando for sócio ou membro de direção ou de administração de pessoa jurídica parte no processo;

→ v. Art. 95, parágrafo único, I, da CF/1988.

→ v. Arts. 26, § 1º e 36, I e II da LC 35/1979.

VI – quando for herdeiro presuntivo, donatário ou empregador de qualquer das partes;

VII – em que figure como parte instituição de ensino com a qual tenha relação de emprego ou decorrente de contrato de prestação de serviços;

VIII – em que figure como parte cliente do escritório de advocacia de seu cônjuge, companheiro ou parente, consanguíneo ou afim, em linha reta ou colateral, até o terceiro grau, inclusive, mesmo que patrocinado por advogado de outro escritório;

IX – quando promover ação contra a parte ou seu advogado.

§ 1º Na hipótese do inciso III, o impedimento só se verifica quando o defensor público, o advogado ou o membro do Ministério Público já integrava o processo antes do início da atividade judicante do juiz.

§ 2º É vedada a criação de fato superveniente a fim de caracterizar impedimento do juiz.

→ v. Art. 5º do NCPC.

§ 3º O impedimento previsto no inciso III também se verifica no caso de mandato conferido a membro de escritório de advocacia que tenha em seus quadros advogado que individualmente ostente a condição nele prevista, mesmo que não intervenha diretamente no processo.

Art. 145. Há suspeição do juiz:

→ *v.* Art. 277 do RISTF.

→ *v.* Art. 272 do RISTJ.

→ *v.* Art. 36, III, da LC 35/1979.

I – amigo íntimo ou inimigo de qualquer das partes ou de seus advogados;

II – que receber presentes de pessoas que tiverem interesse na causa antes ou depois de iniciado o processo, que aconselhar alguma das partes acerca do objeto da causa ou que subministrar meios para atender às despesas do litígio;

III – quando qualquer das partes for sua credora ou devedora, de seu cônjuge ou companheiro ou de parentes destes, em linha reta até o terceiro grau, inclusive;

IV – interessado no julgamento do processo em favor de qualquer das partes.

§ 1º Poderá o juiz declarar-se suspeito por motivo de foro íntimo, sem necessidade de declarar suas razões.

§ 2º Será ilegítima a alegação de suspeição quando:

I – houver sido provocada por quem a alega;

II – a parte que a alega houver praticado ato que signifique manifesta aceitação do arguido.

→ *v.* Art. 5º do NCPC.

Art. 146. No prazo de 15 (quinze) dias, a contar do conhecimento do fato, a parte alegará o impedimento ou a suspeição, em petição específica dirigida ao juiz do processo, na qual indicará o fundamento da recusa, podendo instruí-la com documentos em que se fundar a alegação e com rol de testemunhas.

§ 1º Se reconhecer o impedimento ou a suspeição ao receber a petição, o juiz ordenará imediatamente a remessa dos autos a seu substituto legal, caso contrário, determinará a autuação em apartado da petição e, no prazo de 15 (quinze) dias, apresentará suas razões, acompanhadas de documentos e de rol de testemunhas, se houver, ordenando a remessa do incidente ao tribunal.

→ *v.* Art. 313, III do NCPC.

§ 2º Distribuído o incidente, o relator deverá declarar os seus efeitos, sendo que, se o incidente for recebido:

I – sem efeito suspensivo, o processo voltará a correr;

II – com efeito suspensivo, o processo permanecerá suspenso até o julgamento do incidente.

§ 3º Enquanto não for declarado o efeito em que é recebido o incidente ou quando este for recebido com efeito suspensivo, a tutela de urgência será requerida ao substituto legal.

→ *v.* Art. 313, III, do NCPC.

§ 4º Verificando que a alegação de impedimento ou de suspeição é improcedente, o tribunal rejeitá-la-á.

§ 5º Acolhida a alegação, tratando-se de impedimento ou de manifesta suspeição, o tribunal condenará o juiz nas custas e remeterá os autos ao seu substituto legal, podendo o juiz recorrer da decisão.

§ 6º Reconhecido o impedimento ou a suspeição, o tribunal fixará o momento a partir do qual o juiz não poderia ter atuado.

§ 7º O tribunal decretará a nulidade dos atos do juiz, se praticados quando já presente o motivo de impedimento ou de suspeição.

Art. 147. Quando 2 (dois) ou mais juízes forem parentes, consanguíneos ou afins, em linha reta ou colateral, até o terceiro grau, inclusive, o primeiro que conhecer do processo impede que o outro nele atue, caso em que o segundo se escusará, remetendo os autos ao seu substituto legal.

→ *v.* Art. 128, *caput* e parágrafo único da LC 35/1979.

Art. 148. Aplicam-se os motivos de impedimento e de suspeição:

I – ao membro do Ministério Público;

II – aos auxiliares da justiça;

→ *v.* Art. 149 do NCPC.

III – aos demais sujeitos imparciais do processo.

→ *v.* Arts. 149 e ss. 466 do NCPC.

§ 1º A parte interessada deverá arguir o impedimento ou a suspeição, em petição fundamentada e devidamente instruída, na primeira oportunidade em que lhe couber falar nos autos.

→ *v.* Art. 465, § 1º, I, do NCPC.

§ 2º O juiz mandará processar o incidente em separado e sem suspensão do processo, ouvindo o arguido no prazo de 15 (quinze) dias e facultando a produção de prova, quando necessária.

§ 3º Nos tribunais, a arguição a que se refere o § 1º será disciplinada pelo regimento interno.

§ 4º O disposto nos §§ 1º e 2º não se aplica à arguição de impedimento ou de suspeição de testemunha.

→ *v.* Arts. 447, §§ 2º e 3º e 457 do NCPC.

Capítulo III
DOS AUXILIARES DA JUSTIÇA

→ *v.* Arts. 35 a 44 da Lei 5.010/1966.

Art. 149. São auxiliares da Justiça, além de outros cujas atribuições sejam determinadas pelas normas de organização judiciária, o escrivão, o chefe de secretaria, o oficial de justiça, o perito, o depositário, o administrador, o intérprete, o tradutor, o mediador, o conciliador judicial, o partidor, o distribuidor, o contabilista e o regulador de avarias.

Seção I
Do escrivão, do chefe de secretaria e do oficial de justiça

Art. 150. Em cada juízo haverá um ou mais ofícios de justiça, cujas atribuições serão determinadas pelas normas de organização judiciária.

Art. 151. Em cada comarca, seção ou subseção judiciária haverá, no mínimo, tantos oficiais de justiça quantos sejam os juízos.

Art. 152. Incumbe ao escrivão ou ao chefe de secretaria:

I – redigir, na forma legal, os ofícios, os mandados, as cartas precatórias e os demais atos que pertençam ao seu ofício;

II – efetivar as ordens judiciais, realizar citações e intimações, bem como praticar todos os demais atos que lhe forem atribuídos pelas normas de organização judiciária;

III – comparecer às audiências ou, não podendo fazê-lo, designar servidor para substituí-lo;

IV – manter sob sua guarda e responsabilidade os autos, não permitindo que saiam do cartório, exceto:

a) quando tenham de seguir à conclusão do juiz;

b) com vista a procurador, à Defensoria Pública, ao Ministério Público ou à Fazenda Pública;

→ *v.* Art. 7º, XV e XVI, Lei 8.906/1994.

c) quando devam ser remetidos ao contabilista ou ao partidor;

d) quando forem remetidos a outro juízo em razão da modificação da competência;

V – fornecer certidão de qualquer ato ou termo do processo, independentemente de despacho, observadas as disposições referentes ao segredo de justiça;

VI – praticar, de ofício, os atos meramente ordinatórios.

§ 1º O juiz titular editará ato a fim de regulamentar a atribuição prevista no inciso VI.

§ 2º No impedimento do escrivão ou chefe de secretaria, o juiz convocará substituto e, não o havendo, nomeará pessoa idônea para o ato.

Art. 153. O escrivão ou o chefe de secretaria atenderá, preferencialmente, à ordem cronológica de recebimento para publicação e efetivação dos pronunciamentos judiciais.

→ *Caput* com redação alterada pela Lei 13.256/2016, em vigor no início da vigência da Lei 13.105/2015 – Novo CPC (*v.* art. 4º da Lei 13.256/2016).

→ *v.* Art. 12 do NCPC.

→ **Anterior redação: Art. 153.** O escrivão ou chefe de secretaria deverá obedecer à ordem cronológica de recebimento para publicação e efetivação dos pronunciamentos judiciais.

§ 1º A lista de processos recebidos deverá ser disponibilizada, de forma permanente, para consulta pública.

§ 2º Estão excluídos da regra do *caput*:

I – os atos urgentes, assim reconhecidos pelo juiz no pronunciamento judicial a ser efetivado;

II – as preferências legais.

§ 3º Após elaboração de lista própria, respeitar-se-ão a ordem cronológica de recebimento entre os atos urgentes e as preferências legais.

§ 4º A parte que se considerar preterida na ordem cronológica poderá reclamar, nos próprios autos, ao juiz do processo, que requisitará informações ao servidor, a serem prestadas no prazo de 2 (dois) dias.

§ 5º Constatada a preterição, o juiz determinará o imediato cumprimento do ato e a instauração de processo administrativo disciplinar contra o servidor.

Art. 154. Incumbe ao oficial de justiça:

→ *v.* Art. 44 da Lei 5.010/1966.

→ *v.* Art. 37 da Lei 6.830/1980.

I – fazer pessoalmente citações, prisões, penhoras, arrestos e demais diligências próprias do seu ofício, sempre que possível na presença de 2 (duas) testemunhas, certificando no mandado o ocorrido, com menção ao lugar, ao dia e à hora;

II – executar as ordens do juiz a que estiver subordinado;

III – entregar o mandado em cartório após seu cumprimento;

IV – auxiliar o juiz na manutenção da ordem;

V – efetuar avaliações, quando for o caso;

VI – certificar, em mandado, proposta de autocomposição apresentada por qualquer das partes, na ocasião de realização de ato de comunicação que lhe couber.

Parágrafo único. Certificada a proposta de autocomposição prevista no inciso VI, o juiz ordenará a intimação da parte contrária para manifestar-se, no prazo de 5 (cinco) dias, sem prejuízo do andamento regular do processo, entendendo-se o silêncio como recusa.

Art. 155. O escrivão, o chefe de secretaria e o oficial de justiça são responsáveis, civil e regressivamente, quando:

I – sem justo motivo, se recusarem a cumprir no prazo os atos impostos pela lei ou pelo juiz a que estão subordinados;

II – praticarem ato nulo com dolo ou culpa.

Seção II
Do perito

Art. 156. O juiz será assistido por perito quando a prova do fato depender de conhecimento técnico ou científico.

→ *v.* Arts. 464 e ss. do NCPC.

§ 1º Os peritos serão nomeados entre os profissionais legalmente habilitados e os órgãos técnicos ou científicos devidamente inscritos em cadastro mantido pelo tribunal ao qual o juiz está vinculado.

§ 2º Para formação do cadastro, os tribunais devem realizar consulta pública, por meio de divulgação na rede mundial de computadores ou em jornais de grande circulação, além de consulta direta a universidades, a conselhos de classe, ao Ministério Público, à Defensoria Pública e à Ordem dos Advogados do Brasil, para a indicação de profissionais ou de órgãos técnicos interessados.

§ 3º Os tribunais realizarão avaliações e reavaliações periódicas para manutenção do cadastro, considerando a formação profissional, a atualização do conhecimento e a experiência dos peritos interessados.

§ 4º Para verificação de eventual impedimento ou motivo de suspeição, nos termos dos arts. 148 e 467, o órgão técnico ou científico nomeado para realização da perícia informará ao juiz os nomes e os dados de qualificação dos profissionais que participarão da atividade.

§ 5º Na localidade onde não houver inscrito no cadastro disponibilizado pelo tribunal, a nomeação do perito é de livre escolha pelo juiz e deverá recair sobre profissional ou órgão técnico ou científico comprovadamente detentor do conhecimento necessário à realização da perícia.

Art. 157. O perito tem o dever de cumprir o ofício no prazo que lhe designar o juiz, empregando toda sua diligência, podendo escusar-se do encargo alegando motivo legítimo.

→ *v.* Súmula 232 do STJ.

→ *v.* Art. 13 da Lei 6.830/1980.

→ *v.* Art. 14 do Dec.-lei 3.365/1941.

→ *v.* Arts. 148, III, 152 e 464, do NCPC.

§ 1º A escusa será apresentada no prazo de 15 (quinze) dias, contado da intimação, da suspeição ou do impedimento supervenientes, sob pena de renúncia ao direito a alegá-la.

§ 2º Será organizada lista de peritos na vara ou na secretaria, com disponibilização dos documentos exigidos para habilitação à consulta de interessados, para que a nomeação seja distribuída de modo equitativo, observadas a capacidade técnica e a área de conhecimento.

Art. 158. O perito que, por dolo ou culpa, prestar informações inverídicas responderá pelos prejuízos que causar à parte e ficará inabilitado para atuar em outras perícias no prazo de 2 (dois) a 5 (cinco) anos, independentemente das demais sanções previstas em lei, devendo o juiz comunicar o fato ao respectivo órgão de classe para adoção das medidas que entender cabíveis.

→ *v.* Arts. 186 e 927 do CC/2002.

→ *v.* Art. 342 do CP.

Seção III
Do depositário e do administrador

Art. 159. A guarda e a conservação de bens penhorados, arrestados, sequestrados ou arrecadados serão confiadas a depositário ou a administrador, não dispondo a lei de outro modo.

→ *v.* Súmulas 179, 271 e 319 do STJ.

Art. 160. Por seu trabalho o depositário ou o administrador perceberá remuneração que o juiz fixará levando em conta a situação dos bens, ao tempo do serviço e às dificuldades de sua execução.

Parágrafo único. O juiz poderá nomear um ou mais prepostos por indicação do depositário ou do administrador.

Art. 161. O depositário ou o administrador responde pelos prejuízos que, por dolo ou culpa, causar à parte, perdendo a remuneração que lhe foi arbitrada, mas tem o direito a haver o que legitimamente despendeu no exercício do encargo.

→ *v.* Art. 168, § 1º, II, do CP.

Parágrafo único. O depositário infiel responde civilmente pelos prejuízos causados, sem prejuízo de sua responsabilidade penal e da imposição de sanção por ato atentatório à dignidade da justiça.

→ *v.* Súmula Vinculante 25 do STF.

→ *v.* Art. 186 e 927 do CC/2002.

→ *v.* Art. 5º, LXVII, da CF/1988.

→ *v.* Art. 7º, 7 da Convenção Americana sobre Direitos Humanos.

Seção IV
Do intérprete e do tradutor

Art. 162. O juiz nomeará intérprete ou tradutor quando necessário para:

I – traduzir documento redigido em língua estrangeira;

II – verter para o português as declarações das partes e das testemunhas que não conhecerem o idioma nacional;

III – realizar a interpretação simultânea dos depoimentos das partes e testemunhas com deficiência auditiva que se comuniquem por meio da Língua Brasileira de Sinais, ou equivalente, quando assim for solicitado.

Art. 163. Não pode ser intérprete ou tradutor quem:

I – não tiver a livre administração de seus bens;

II – for arrolado como testemunha ou atuar como perito no processo;

III – estiver inabilitado para o exercício da profissão por sentença penal condenatória, enquanto durarem seus efeitos.

Art. 164. O intérprete ou tradutor, oficial ou não, é obrigado a desempenhar seu ofício, aplicando-se-lhe o disposto nos arts. 157 e 158.

Seção V
Dos conciliadores e mediadores judiciais

→ *v.* Lei 9.099/1995 – Dispõe sobre os Juizados Especiais Cíveis e Criminais e dá outras providências.

→ *v.* Lei 10.529/2001 – Dispõe sobre a instituição dos Juizados Especiais Cíveis e Criminais no âmbito da Justiça Federal.

→ *v.* Lei 12.153/2009 – Dispõe sobre os Juizados Especiais da Fazenda Pública no âmbito dos Estados, do Distrito Federal, dos Territórios e dos Municípios.

→ *v.* Lei 13.140/2015 – Lei de Mediação.

Art. 165. Os tribunais criarão centros judiciários de solução consensual de conflitos, responsáveis pela realização de sessões e audiências de conciliação e mediação, e pelo desenvolvimento de programas destinados a auxiliar, orientar e estimular a autocomposição.

→ *v.* Art. 7º da Lei 9.099/1995.

§ 1º A composição e a organização dos centros serão definidas pelo respectivo tribunal, observadas as normas do Conselho Nacional de Justiça.

→ *v.* Art. 103-B da CF/1998.

→ *v.* Resolução CNJ 2/2005 – Regimento interno do CNJ.

→ *v.* Resolução CNJ 125/2010 – Dispõe sobre a Política Judiciária Nacional de tratamento adequado dos conflitos de interesses no âmbito do Poder Judiciário e dá outras providências.

§ 2º O conciliador, que atuará preferencialmente nos casos em que não houver vínculo anterior entre as partes, poderá sugerir soluções para o litígio, sendo vedada a utilização de qualquer tipo de constrangimento ou intimidação para que as partes conciliem.

→ *v.* Art. 18 da Lei 10.529/2001.

→ *v.* Art. 15 da Lei 12.153/2009.

§ 3º O mediador, que atuará preferencialmente nos casos em que houver vínculo anterior entre as partes, auxiliará aos interessados a compreender as questões e os interesses em conflito, de modo que eles possam, pelo restabelecimento da comunicação, identificar, por si próprios, soluções consensuais que gerem benefícios mútuos.

Art. 166. A conciliação e a mediação são informadas pelos princípios da independência, da imparcialidade, da autonomia da vontade, da confidencialidade, da oralidade, da informalidade e da decisão informada.

→ *v.* Art. 35 da LC 35/1979.

→ *v.* Art. 2º da Lei 9.099/1995.

§ 1º A confidencialidade estende-se a todas as informações produzidas no curso do procedimento, cujo teor não poderá ser utilizado para fim diverso daquele previsto por expressa deliberação das partes.

§ 2º Em razão do dever de sigilo, inerente às suas funções, o conciliador e o mediador, assim como os membros de suas equipes, não poderão divulgar ou depor acerca de fatos ou elementos oriundos da conciliação ou da mediação.

§ 3º Admite-se a aplicação de técnicas negociais, com o objetivo de proporcionar ambiente favorável à autocomposição.

§ 4º A mediação e a conciliação serão regidas conforme a livre autonomia dos interessados, inclusive no que diz respeito à definição das regras procedimentais.

Art. 167. Os conciliadores, os mediadores e as câmaras privadas de conciliação e mediação serão inscritos em cadastro nacional e em cadastro de tribunal de justiça ou de tribunal regional federal, que manterá registro de profissionais habilitados, com indicação de sua área profissional.

§ 1º Preenchendo o requisito da capacitação mínima, por meio de curso realizado por entidade credenciada, conforme parâmetro curricular definido pelo Conselho Nacional de Justiça em conjunto com o Ministério da Justiça, o conciliador ou o mediador, com o respectivo certificado, poderá requerer sua inscrição no cadastro nacional e no cadastro de tribunal de justiça ou de tribunal regional federal.

§ 2º Efetivado o registro, que poderá ser precedido de concurso público, o tribunal remeterá ao diretor do foro da comarca, seção ou subseção judiciária onde atuará o conciliador ou o mediador os dados necessários para que seu nome passe a constar da respectiva lista, a ser observada na distribuição alternada e aleatória, respeitado o princípio da igualdade dentro da mesma área de atuação profissional.

→ *v.* Art. 37, II, da CF/1988.

§ 3º Do credenciamento das câmaras e do cadastro de conciliadores e mediadores constarão todos os dados relevantes para a sua atuação, tais como o número de processos de que participou, o sucesso ou insucesso da atividade, a matéria sobre a qual versou a controvérsia, bem como outros dados que o tribunal julgar relevantes.

§ 4º Os dados colhidos na forma do § 3º serão classificados sistematicamente pelo tribunal, que os publicará, ao menos anualmente, para conhecimento da população e para fins estatísticos e de avaliação da conciliação, da mediação, das câmaras privadas de conciliação e de mediação, dos conciliadores e dos mediadores.

§ 5º Os conciliadores e mediadores judiciais cadastrados na forma do *caput*, se advogados, estarão impedidos de exercer a advocacia nos juízos em que desempenhem suas funções.

→ *v.* Art. 7º, parágrafo único, da Lei 9.099/1995.

→ *v.* Art. 15, § 2º, da Lei 12.153/2009.

→ *v.* Art. 30 da Lei 8.906/1994.

§ 6º O tribunal poderá optar pela criação de quadro próprio de conciliadores e mediadores, a ser preenchido por concurso público de provas e títulos, observadas as disposições deste Capítulo.

→ *v.* Art. 169 do NCPC.

Art. 168. As partes podem escolher, de comum acordo, o conciliador, o mediador ou a câmara privada de conciliação e de mediação.

§ 1º O conciliador ou mediador escolhido pelas partes poderá ou não estar cadastrado no tribunal.

§ 2º Inexistindo acordo quanto à escolha do mediador ou conciliador, haverá distribuição entre aqueles cadastrados no registro do tribunal, observada a respectiva formação.

§ 3º Sempre que recomendável, haverá a designação de mais de um mediador ou conciliador.

Art. 169. Ressalvada a hipótese do art. 167, § 6º, o conciliador e o mediador receberão pelo seu trabalho remuneração prevista em tabela fixada pelo tribunal, conforme parâmetros estabelecidos pelo Conselho Nacional de Justiça.

§ 1º A mediação e a conciliação podem ser realizadas como trabalho voluntário, observada a legislação pertinente e a regulamentação do tribunal.

§ 2º Os tribunais determinarão o percentual de audiências não remuneradas que deverão ser suportadas pelas câmaras privadas de conciliação e mediação, com o fim de atender aos processos em que deferida gratuidade da justiça, como contrapartida de seu credenciamento.

Art. 170. No caso de impedimento, o conciliador ou mediador o comunicará imediatamente, de preferência por meio eletrônico, e devolverá os autos ao juiz do processo ou ao coordenador do centro judiciário de solução de conflitos, devendo este realizar nova distribuição.

→ *v.* Arts. 144 e 148 do NCPC.

Parágrafo único. Se a causa de impedimento for apurada quando já iniciado o procedimento, a atividade será interrompida, lavrando-se ata com relatório do ocorrido e solicitação de distribuição para novo conciliador ou mediador.

Art. 171. No caso de impossibilidade temporária do exercício da função, o conciliador ou mediador informará o fato ao centro, preferencialmente por meio eletrônico, para que, durante o período em que perdurar a impossibilidade, não haja novas distribuições.

Art. 172. O conciliador e o mediador ficam impedidos, pelo prazo de 1 (um) ano, contado do término da última audiência em que atuaram, de assessorar, representar ou patrocinar qualquer das partes.

Art. 173. Será excluído do cadastro de conciliadores e mediadores aquele que:

I – agir com dolo ou culpa na condução da conciliação ou da mediação sob sua responsabilidade ou violar qualquer dos deveres decorrentes do art. 166, §§ 1º e 2º;

II – atuar em procedimento de mediação ou conciliação, apesar de impedido ou suspeito.

§ 1º Os casos previstos neste artigo serão apurados em processo administrativo.

§ 2º O juiz do processo ou o juiz coordenador do centro de conciliação e mediação, se houver, verificando atuação inadequada do mediador ou conciliador, poderá afastá-lo de suas atividades por até 180 (cento e oitenta) dias, por decisão fundamentada, informando o fato imediatamente ao tribunal para instauração do respectivo processo administrativo.

Art. 174. A União, os Estados, o Distrito Federal e os Municípios criarão câmaras de mediação e conciliação, com atribuições relacionadas à solução consensual de conflitos no âmbito administrativo, tais como:

→ *v.* Lei 13.140/2015 – Lei de Mediação.

→ *v.* Resolução CNJ 125/2010 – Dispõe sobre a Política Judiciária Nacional de tratamento adequado dos conflitos de interesses no âmbito do Poder Judiciário e dá outras providências.

→ *v.* Arts. 2º, II, *c*, 6, do Decreto 7.392/2010.

I – dirimir conflitos envolvendo órgãos e entidades da administração pública;

II – avaliar a admissibilidade dos pedidos de resolução de conflitos, por meio de conciliação, no âmbito da administração pública;

III – promover, quando couber, a celebração de termo de ajustamento de conduta.

→ *v.* Art. 5º da Lei 7.347/1985.

Art. 175. As disposições desta Seção não excluem outras formas de conciliação e mediação extrajudiciais vinculadas a órgãos institucionais ou realizadas por intermédio de profissionais independentes, que poderão ser regulamentadas por lei específica.

Parágrafo único. Os dispositivos desta Seção aplicam-se, no que couber, às câmaras privadas de conciliação e mediação.

Título V
Do Ministério Público

→ *v.* Lei 8.625/1993 – Lei Orgânica Nacional do Ministério Público.

→ *v.* LC 75/1993 – Estatuto do Ministério Público da União.

Art. 176. O Ministério Público atuará na defesa da ordem jurídica, do regime democrático e dos interesses e direitos sociais e individuais indisponíveis.

→ *v.* Art. 127 da CF/1988.

→ *v.* Arts. 22, 28, § 1º, 50, 65, parágrafo único, 166, 553, parágrafo único, 1.037, 1.497, § 1º, 1.549, 1.637, 1.692, 1.768, III, e 1.769, do CC/2002.

→ *v.* Arts. 51, § 4º, e 82, I, do CDC.

→ *v.* Art. 5º, I, da Lei 7.347/1985.

Art. 177. O Ministério Público exercerá o direito de ação em conformidade com suas atribuições constitucionais.

→ *v.* Art. 129 da CF/1988.

Art. 178. O Ministério Público será intimado para, no prazo de 30 (trinta) dias, intervir como fiscal da ordem jurídica nas hipóteses previstas em lei ou na Constituição Federal e nos processos que envolvam:

I – interesse público ou social;

II – interesse de incapaz;

→ *v.* Arts. 3º e 4º, do CC/2002.

III – litígios coletivos pela posse de terra rural ou urbana.

Parágrafo único. A participação da Fazenda Pública não configura, por si só, hipótese de intervenção do Ministério Público.

Art. 179. Nos casos de intervenção como fiscal da ordem jurídica, o Ministério Público:

I – terá vista dos autos depois das partes, sendo intimado de todos os atos do processo;

II – poderá produzir provas, requerer as medidas processuais pertinentes e recorrer.

Art. 180. O Ministério Público gozará de prazo em dobro para manifestar-se nos autos, que terá início a partir de sua intimação pessoal, nos termos do art. 183, § 1º.

→ *v.* Art. 41, IV, da Lei 8.625/1993.

§ 1º Findo o prazo para manifestação do Ministério Público sem o oferecimento de parecer, o juiz requisitará os autos e dará andamento ao processo.

§ 2º Não se aplica o benefício da contagem em dobro quando a lei estabelecer, de forma expressa, prazo próprio para o Ministério Público.

→ *v.* Art. 198, II, do ECA.

Art. 181. O membro do Ministério Público será civil e regressivamente responsável quando agir com dolo ou fraude no exercício de suas funções.

→ *v.* Arts. 186 e 927 do CC/2002.

→ *v.* Art. 125, II do NCPC.

Título VI
Da Advocacia Pública

→ V. Arts. 131 e 132 da CF/1988.

Art. 182. Incumbe à Advocacia Pública, na forma da lei, defender e promover os interesses públicos da União, dos Estados, do Distrito Federal e dos Municípios, por meio da representação judicial, em todos os âmbitos federativos, das pessoas jurídicas de direito público que integram a administração direta e indireta.

→ V. Arts. 186 e 927 do CC/2002.

→ V. Art. 125, II do NCPC.

Art. 183. A União, os Estados, o Distrito Federal, os Municípios e suas respectivas autarquias e fundações de direito público gozarão de prazo em dobro para todas as suas manifestações processuais, cuja contagem terá início a partir da intimação pessoal.

§ 1° A intimação pessoal far-se-á por carga, remessa ou meio eletrônico.

→ V. Art. 5°, § 6° da Lei 11.419/2006.

§ 2° Não se aplica o benefício da contagem em dobro quando a lei estabelecer, de forma expressa, prazo próprio para o ente público.

Art. 184. O membro da Advocacia Pública será civil e regressivamente responsável quando agir com dolo ou fraude no exercício de suas funções.

→ V. Art. 9° da Lei 10.259/2001.

→ V. Art. 7° da Lei 12.153/2009.

Título VII
Da Defensoria Pública

→ V. Art. 134 da CF/1988.

→ V. LC 80/1994 – Organiza a Defensoria Pública da União, do Distrito Federal e dos Territórios e prescreve normas gerais para sua organização nos Estados.

Art. 185. A Defensoria Pública exercerá a orientação jurídica, a promoção dos direitos humanos e a defesa dos direitos individuais e coletivos dos necessitados, em todos os graus, de forma integral e gratuita.

→ V. Art. 5°, II da Lei 7.347/1985.

Art. 186. A Defensoria Pública gozará de prazo em dobro para todas as suas manifestações processuais.

→ V. Arts. 44, I, 88, I, e 128, I, da LC 80/1994.

§ 1° O prazo tem início com a intimação pessoal do defensor público, nos termos do art. 183, § 1°.

→ V. Arts. 44, I, 88, I, e 128, I, da LC 80/1994.

§ 2° A requerimento da Defensoria Pública, o juiz determinará a intimação pessoal da parte patrocinada quando o ato processual depender de providência ou informação que somente por ela possa ser realizada ou prestada.

§ 3° O disposto no *caput* aplica-se aos escritórios de prática jurídica das faculdades de Direito reconhecidas na forma da lei e às entidades que prestam assistência jurídica gratuita em razão de convênios firmados com a Defensoria Pública.

§ 4° Não se aplica o benefício da contagem em dobro quando a lei estabelecer, de forma expressa, prazo próprio para a Defensoria Pública.

Art. 187. O membro da Defensoria Pública será civil e regressivamente responsável quando agir com dolo ou fraude no exercício de suas funções.

→ V. Arts. 186 e 927 do CC/2002.

→ V. Art. 125, II do NCPC.

LIVRO IV
Dos atos processuais

Título I
Da forma, do tempo e do lugar dos atos processuais

Capítulo I
DA FORMA DOS ATOS PROCESSUAIS

Seção I
Dos atos em geral

Art. 188. Os atos e os termos processuais independem de forma determinada, salvo quando a lei expressamente a exigir, considerando-se válidos os que, realizados de outro modo, lhe preencham a finalidade essencial.

→ V. MP 2.220/2001-2 – Institui a Infraestrutura de Chaves Públicas Brasileira – ICP – Brasil, transforma o Instituto Nacional de Tecnologia da Informação em autarquia, e dá outras providências.

Art. 189. Os atos processuais são públicos, todavia tramitam em segredo de justiça os processos:

→ V. Art. 5°, LX, da CF/1988.

I – em que o exija o interesse público ou social;

→ V. Art. 5°, XXXIII, da CF/1988.

II – que versem sobre casamento, separação de corpos, divórcio, separação, união estável, filiação, alimentos e guarda de crianças e adolescentes;

→ V. Art. 226, § 6° da CF/1988.

→ V. Arts. 1.511 e ss. do CC/2002.

→ V. Arts. 1.579 e ss. do CC/2002.

→ V. Arts. 1.723 e ss. do CC/2002.

→ V. Arts. 1.596 e ss. do CC/2002.

→ V. Arts. 1.694 e ss. do CC/2002.

→ V. Arts. 1.583 e ss. do CC/2002.

III – em que constem dados protegidos pelo direito constitucional à intimidade;

→ V. Art. 5°, X e LX, da CF/1988.

IV – que versem sobre arbitragem, inclusive sobre cumprimento de carta arbitral, desde que a confidencialidade estipulada na arbitragem seja comprovada perante o juízo.

→ V. Lei 9.307/1996 – Dispõe sobre Arbitragem.

§ 1° O direito de consultar os autos de processo que tramite em segredo de justiça e de pedir certidões de seus atos é restrito às partes e aos seus procuradores.

§ 2° O terceiro que demonstrar interesse jurídico pode requerer ao juiz certidão do dispositivo da sentença, bem como de inventário e de partilha resultantes de divórcio ou separação.

Art. 190. Versando o processo sobre direitos que admitam autocomposição, é lícito às partes plenamente capazes estipular mudanças no procedimento para ajustá-lo às especificidades da causa e convencionar sobre os seus ônus, poderes, faculdades e deveres processuais, antes ou durante o processo.

Parágrafo único. De ofício ou a requerimento, o juiz controlará a validade das convenções previstas neste artigo, recusando-lhes aplicação somente nos casos de nulidade ou de inserção abusiva em contrato de adesão ou em que alguma parte se encontre em manifesta situação de vulnerabilidade.

Art. 191. De comum acordo, o juiz e as partes podem fixar calendário para a prática dos atos processuais, quando for o caso.

§ 1° O calendário vincula as partes e o juiz, e os prazos nele previstos somente serão modificados em casos excepcionais, devidamente justificados.

§ 2° Dispensa-se a intimação das partes para a prática de ato processual ou a realização de audiência cujas datas tiverem sido designadas no calendário.

Art. 192. Em todos os atos e termos do processo é obrigatório o uso da língua portuguesa.

Parágrafo único. O documento redigido em língua estrangeira somente poderá ser juntado aos autos quando acompanhado de versão para a língua portuguesa tramitada por via diplomática ou pela autoridade central, ou firmada por tradutor juramentado.

Seção II
Da prática eletrônica de atos processuais

→ V. Lei 11.419/2006 – Dispõe sobre a informatização do processo judicial e dá outras providências.

Art. 193. Os atos processuais podem ser total ou parcialmente digitais, de forma a permitir que sejam produzidos, comunicados, armazenados e validados por meio eletrônico, na forma da lei.

Parágrafo único. O disposto nesta Seção aplica-se, no que for cabível, à prática de atos notariais e de registro.

→ V. Lei 6.015/1973 – Dispõe sobre os registros públicos, e dá outras providências.

Art. 194. Os sistemas de automação processual respeitarão a publicidade dos atos, o acesso e a participação das partes e de seus procuradores, inclusive nas audiências e sessões de julgamento, observadas as garantias da disponibilidade, independência da plataforma computacional, acessibilidade e interoperabilidade dos sistemas, serviços, dados e informações que o Poder Judiciário administre no exercício de suas funções.

Art. 195. O registro de ato processual eletrônico deverá ser feito em padrões abertos, que atenderão aos requisitos de autenticidade, integridade, temporalidade, não repúdio, conservação e, nos casos que tramitem em segredo de justiça, confidencialidade, observada a infraestrutura de chaves públicas unificada nacionalmente, nos termos da lei.

Art. 196. Compete ao Conselho Nacional de Justiça e, supletivamente, aos tribunais, regulamentar a prática e a comunicação oficial de atos processuais por meio eletrônico e velar pela compatibilidade dos sistemas, disciplinando a incorporação progressiva de novos avanços tecnológicos e editando, para esse fim, os atos que forem necessários, respeitadas as normas fundamentais deste Código.

→ V. Resolução 185/2013 do CNJ – Institui o Sistema Processo Judicial Eletrônico – PJe como sistema de processamento de informações e prática de atos processuais e estabelece os parâmetros para sua implementação e funcionamento.

Art. 197. Os tribunais divulgarão as informações constantes de seu sistema de automação em página própria na rede mundial de computadores, gozando a divulgação de presunção de veracidade e confiabilidade.

Parágrafo único. Nos casos de problema técnico do sistema e de erro ou omissão do auxiliar da justiça responsável pelo registro dos andamentos, poderá ser configurada a justa causa prevista no art. 223, *caput* e § 1º.

→ v. Art. 10, § 2º, da Lei 11.419/2006.

Art. 198. As unidades do Poder Judiciário deverão manter gratuitamente, à disposição dos interessados, equipamentos necessários à prática de atos processuais e à consulta e ao acesso ao sistema e aos documentos dele constantes.

Parágrafo único. Será admitida a prática de atos por meio não eletrônico no local onde não estiverem disponibilizados os equipamentos previstos no *caput*.

Art. 199. As unidades do Poder Judiciário assegurarão às pessoas com deficiência acessibilidade aos seus sítios na rede mundial de computadores, ao meio eletrônico de prática de atos judiciais, à comunicação eletrônica dos atos processuais e à assinatura eletrônica.

Seção III
Dos atos das partes

Art. 200. Os atos das partes consistentes em declarações unilaterais ou bilaterais de vontade produzem imediatamente a constituição, modificação ou extinção de direitos processuais.

Parágrafo único. A desistência da ação só produzirá efeitos após homologação judicial.

→ v. Art. 485, VIII do NCPC.

Art. 201. As partes poderão exigir recibo de petições, arrazoados, papéis e documentos que entregarem em cartório.

Art. 202. É vedado lançar nos autos cotas marginais ou interlineares, as quais o juiz mandará riscar, impondo a quem as escrever multa correspondente à metade do salário mínimo.

Seção IV
Dos pronunciamentos do juiz

Art. 203. Os pronunciamentos do juiz consistirão em sentenças, decisões interlocutórias e despachos.

§ 1º Ressalvadas as disposições expressas dos procedimentos especiais, sentença é o pronunciamento por meio do qual o juiz, com fundamento nos arts. 485 e 487, põe fim à fase cognitiva do procedimento comum, bem como extingue a execução.

§ 2º Decisão interlocutória é todo pronunciamento judicial de natureza decisória que não se enquadre no § 1º.

§ 3º São despachos todos os demais pronunciamentos do juiz praticados no processo, de ofício ou a requerimento da parte.

§ 4º Os atos meramente ordinatórios, como a juntada e a vista obrigatória, independem de despacho, devendo ser praticados de ofício pelo servidor e revistos pelo juiz quando necessário.

Art. 204. Acórdão é o julgamento colegiado proferido pelos tribunais.

Art. 205. Os despachos, as decisões, as sentenças e os acórdãos serão redigidos, datados e assinados pelos juízes.

§ 1º Quando os pronunciamentos previstos no *caput* forem proferidos oralmente, o servidor os documentará, submetendo-os aos juízes para revisão e assinatura.

§ 2º A assinatura dos juízes, em todos os graus de jurisdição, pode ser feita eletronicamente, na forma da lei.

→ v. Art. 1º, § 2º, da Lei 11.419/2006.

§ 3º Os despachos, as decisões interlocutórias, o dispositivo das sentenças e a ementa dos acórdãos serão publicados no Diário de Justiça Eletrônico.

Seção V
Dos atos do escrivão ou do chefe de secretaria

Art. 206. Ao receber a petição inicial de processo, o escrivão ou o chefe de secretaria a autuará, mencionando o juízo, a natureza do processo, o número de seu registro, os nomes das partes e a data de seu início, e procederá do mesmo modo em relação aos volumes em formação.

Art. 207. O escrivão ou o chefe de secretaria numerará e rubricará todas as folhas dos autos.

Parágrafo único. À parte, ao procurador, ao membro do Ministério Público, ao defensor público e aos auxiliares da justiça é facultado rubricar as folhas correspondentes aos atos em que intervierem.

Art. 208. Os termos de juntada, vista, conclusão e outros semelhantes constarão de notas datadas e rubricadas pelo escrivão ou pelo chefe de secretaria.

Art. 209. Os atos e os termos do processo serão assinados pelas pessoas que neles intervierem, todavia, quando essas não puderem ou não quiserem firmá-los, o escrivão ou o chefe de secretaria certificará a ocorrência.

§ 1º Quando se tratar de processo total ou parcialmente documentado em autos eletrônicos, os atos processuais praticados na presença do juiz poderão ser produzidos e armazenados de modo integralmente digital em arquivo eletrônico inviolável, na forma da lei, mediante registro em termo, que será assinado digitalmente pelo juiz e pelo escrivão ou chefe de secretaria, bem como pelos advogados das partes.

→ v. Lei 11.419/2006 – Dispõe sobre a informatização do processo judicial.

§ 2º Na hipótese do § 1º, eventuais contradições na transcrição deverão ser suscitadas oralmente no momento de realização do ato, sob pena de preclusão, devendo o juiz decidir de plano e ordenar o registro, no termo, da alegação e da decisão.

Art. 210. É lícito o uso da taquigrafia, da estenotipia ou de outro método idôneo em qualquer juízo ou tribunal.

→ v. Art. 405, § 1º, do CPP.

Art. 211. Não se admitem nos atos e termos processuais espaços em branco, salvo os que forem inutilizados, assim como entrelinhas, emendas ou rasuras, exceto quando expressamente ressalvadas.

Capítulo II
DO TEMPO E DO LUGAR DOS ATOS PROCESSUAIS

Seção I
Do tempo

Art. 212. Os atos processuais serão realizados em dias úteis, das 6 (seis) às 20 (vinte) horas.

→ v. Art. 12 da Lei 9.099/1995.

→ v. Art. 216 do NCPC.

§ 1º Serão concluídos após as 20 (vinte) horas os atos iniciados antes, quando o adiamento prejudicar a diligência ou causar grave dano.

§ 2º Independentemente de autorização judicial, as citações, intimações e penhoras poderão realizar-se no período de férias forenses, onde as houver, e nos feriados ou dias úteis fora do horário estabelecido neste artigo, observado o disposto no art. 5º, inciso XI, da Constituição Federal.

§ 3º Quando o ato tiver de ser praticado por meio de petição em autos não eletrônicos, essa deverá ser protocolada no horário de funcionamento do fórum ou tribunal, conforme o disposto na lei de organização judiciária local.

→ v. Art. 1.007, § 4º do NCPC.

Art. 213. A prática eletrônica de ato processual pode ocorrer em qualquer horário até as 24 (vinte e quatro) horas do último dia do prazo.

→ v. Lei 11.419/2006 – Dispõe sobre a informatização do processo judicial.

Parágrafo único. O horário vigente no juízo perante o qual o ato deve ser praticado será considerado para fins de atendimento do prazo.

Art. 214. Durante as férias forenses e nos feriados, não se praticarão atos processuais, excetuando-se:

→ v. Art. 93, XII, da CF/1998.

→ v. Art. 66, § 1º da LC 35/1979.

→ v. Art. 62 da Lei 5.010/1966.

I – os atos previstos no art. 212, § 2º;

II – a tutela de urgência.

→ v. Art. 300 do NCPC.

Art. 215. Processam-se durante as férias forenses, onde as houver, e não se suspendem pela superveniência delas:

I – os procedimentos de jurisdição voluntária e os necessários à conservação de direitos, quando puderem ser prejudicados pelo adiamento;

→ v. Art. 719 e ss. do NCPC.

II – a ação de alimentos e os processos de nomeação ou remoção de tutor e curador;

III – os processos que a lei determinar.

→ v. Art. 39 do Dec.-lei 3.365/1941 – Dispõe sobre desapropriações por utilidade pública.

→ v. Art. 58, I, da Lei 8.245/1991.

→ v. Art. 2º, § 1º, da LC 76/1993.

Art. 216. Além dos declarados em lei, são feriados, para efeito forense, os sábados, os domingos e os dias em que não haja expediente forense.

→ v. Art. 62 da Lei 5.010/1966.

→ v. Lei 662/1949 – Declara Feriados Nacionais os Dias 1º de Janeiro, 1º de Maio, 7 de Setembro, 15 de Novembro e 25 de Dezembro.

→ v. Lei 6.802/1980 – Declara Feriado Nacional o Dia 12 de outubro, Consagrado a Nossa Senhora Aparecida, Padroeira do Brasil.

→ v. Lei 9.093/1995 – Dispõe sobre feriados.

Seção II
Do lugar

Art. 217. Os atos processuais realizar-se-ão ordinariamente na sede do juízo, ou, excepcionalmente, em outro lugar em razão de deferência, de interesse da justiça, da natureza do ato ou de obstáculo arguido pelo interessado e acolhido pelo juiz.

→ *v.* Arts. 449, parágrafo único, 454 e 751, § 1º do NCPC.

Capítulo III
DOS PRAZOS

Seção I
Disposições Gerais

Art. 218. Os atos processuais serão realizados nos prazos prescritos em lei.

§ 1º Quando a lei for omissa, o juiz determinará os prazos em consideração à complexidade do ato.

§ 2º Quando a lei ou o juiz não determinar prazo, as intimações somente obrigarão a comparecimento após decorridas 48 (quarenta e oito) horas.

§ 3º Inexistindo preceito legal ou prazo determinado pelo juiz, será de 5 (cinco) dias o prazo para a prática de ato processual a cargo da parte.

§ 4º Será considerado tempestivo o ato praticado antes do termo inicial do prazo.

→ *v.* Art. 277 do NCPC.

Art. 219. Na contagem de prazo em dias, estabelecido por lei ou pelo juiz, computar-se-ão somente os úteis.

Parágrafo único. O disposto neste artigo aplica-se somente aos prazos processuais.

→ *v.* Art. 132 do CC/2002.

Art. 220. Suspende-se o curso do prazo processual nos dias compreendidos entre 20 de dezembro e 20 de janeiro, inclusive.

→ *v.* Art. 39 do Decreto-lei 3.365/1941.

→ *v.* Art. 62, I da Lei 5.010/1966.

→ *v.* Art. 66, § 1º, da LC 35/1979.

→ *v.* Art. 58, I, da Lei 8.245/1991.

→ *v.* Art. 313, VIII do NCPC.

§ 1º Ressalvadas as férias individuais e os feriados instituídos por lei, os juízes, os membros do Ministério Público, da Defensoria Pública e da Advocacia Pública e os auxiliares da Justiça exercerão suas atribuições durante o período previsto no *caput*.

§ 2º Durante a suspensão do prazo, não se realizarão audiências nem sessões de julgamento.

Art. 221. Suspende-se o curso do prazo por obstáculo criado em detrimento da parte ou ocorrendo qualquer das hipóteses do art. 313, devendo o prazo ser restituído por tempo igual ao que faltava para sua complementação.

→ *v.* Súmula 173 do STF.

Parágrafo único. Suspendem-se os prazos durante a execução de programa instituído pelo Poder Judiciário para promover a autocomposição, incumbindo aos tribunais especificar, com antecedência, a duração dos trabalhos.

→ *v.* Arts. 3º, § 3º, e 166 do NCPC.

Art. 222. Na comarca, seção ou subseção judiciária onde for difícil o transporte, o juiz poderá prorrogar os prazos por até 2 (dois) meses.

§ 1º Ao juiz é vedado reduzir prazos peremptórios sem anuência das partes.

§ 2º Havendo calamidade pública, o limite previsto no *caput* para prorrogação de prazos poderá ser excedido.

Art. 223. Decorrido o prazo, extingue-se o direito de praticar ou de emendar o ato processual, independentemente de declaração judicial, ficando assegurado, porém, à parte provar que não o realizou por justa causa.

→ *v.* Súmula 117 do STJ.

§ 1º Considera-se justa causa o evento alheio à vontade da parte e que a impediu de praticar o ato por si ou por mandatário.

§ 2º Verificada a justa causa, o juiz permitirá à parte a prática do ato no prazo que lhe assinar.

Art. 224. Salvo disposição em contrário, os prazos serão contados excluindo o dia do começo e incluindo o dia do vencimento.

→ *v.* Súmula 310 do STF.

→ *v.* Súmula 1 do TST.

→ *v.* Art. 5º do Decreto 70.235/1972.

→ *v.* Art. 132 do CC/2002.

→ *v.* Art. 210 do CTN.

§ 1º Os dias do começo e do vencimento do prazo serão protraídos para o primeiro dia útil seguinte, se coincidirem com dia em que o expediente forense for encerrado antes ou iniciado depois da hora normal ou houver indisponibilidade da comunicação eletrônica.

§ 2º Considera-se como data de publicação o primeiro dia útil seguinte ao da disponibilização da informação no Diário da Justiça eletrônico.

→ *v.* Art. 4º, § 3º da Lei 11.419/2006.

§ 3º A contagem do prazo terá início no primeiro dia útil que seguir ao da publicação.

→ *v.* Art. 4º, § 4º, da Lei 11.419/2006.

Art. 225. A parte poderá renunciar ao prazo estabelecido exclusivamente em seu favor, desde que o faça de maneira expressa.

Art. 226. O juiz proferirá:

→ *v.* Arts. 203 e 235 do NCPC.

I – os despachos no prazo de 5 (cinco) dias;

II – as decisões interlocutórias no prazo de 10 (dez) dias;

III – as sentenças no prazo de 30 (trinta) dias.

Art. 227. Em qualquer grau de jurisdição, havendo motivo justificado, pode o juiz exceder, por igual tempo, os prazos a que está submetido.

Art. 228. Incumbirá ao serventuário remeter os autos conclusos no prazo de 1 (um) dia e executar os atos processuais no prazo de 5 (cinco) dias, contado da data em que:

→ *v.* Art. 233 do NCPC.

I – houver concluído o ato processual anterior, se lhe foi imposto pela lei;

II – tiver ciência da ordem, quando determinada pelo juiz.

§ 1º Ao receber os autos, o serventuário certificará o dia e a hora em que teve ciência da ordem referida no inciso II.

§ 2º Nos processos em autos eletrônicos, a juntada de petições ou de manifestações em geral ocorrerá de forma automática, independentemente de ato de serventuário da justiça.

→ *v.* Lei 11.419/2006 – Dispõe sobre a informatização do processo judicial.

Art. 229. Os litisconsortes que tiverem diferentes procuradores, de escritórios de advocacia distintos, terão prazos contados em dobro para todas as suas manifestações, em qualquer juízo ou tribunal, independentemente de requerimento.

→ *v.* Súmula 641 do STF.

→ *v.* Art. 915, § 3º do NCPC.

§ 1º Cessa a contagem do prazo em dobro se, havendo apenas 2 (dois) réus, é oferecida defesa por apenas um deles.

→ *v.* Art. 346, parágrafo único, do NCPC.

§ 2º Não se aplica o disposto no *caput* aos processos em autos eletrônicos.

Art. 230. O prazo para a parte, o procurador, a Advocacia Pública, a Defensoria Pública e o Ministério Público será contado da citação, da intimação ou da notificação.

Art. 231. Salvo disposição em sentido diverso, considera-se dia do começo do prazo:

→ *v.* Arts. 180, *caput*, 183, § 1º e 186, § 1º, do NCPC.

I – a data de juntada aos autos do aviso de recebimento, quando a citação ou a intimação for pelo correio;

→ *v.* Arts. 247 e 258 do NCPC.

II – a data de juntada aos autos do mandado cumprido, quando a citação ou a intimação for por oficial de justiça;

→ *v.* Arts. 249 a 255 do NCPC.

III – a data de ocorrência da citação ou da intimação, quando ela se der por ato do escrivão ou do chefe de secretaria;

IV – o dia útil seguinte ao fim da dilação assinada pelo juiz, quando a citação ou a intimação for por edital;

→ *v.* Arts. 256 a 259 do NCPC.

V – o dia útil seguinte à consulta ao teor da citação ou da intimação ou ao término do prazo para que a consulta se dê, quando a citação ou a intimação for eletrônica;

→ *v.* Arts. 5º e 6º da Lei 11.419/2006.

VI – a data de juntada do comunicado de que trata o art. 232 ou, não havendo esse, a data de juntada da carta aos autos de origem devidamente cumprida, quando a citação ou a intimação se realizar em cumprimento de carta;

VII – a data de publicação, quando a intimação se der pelo Diário da Justiça impresso ou eletrônico;

→ *v.* Arts. 224, §§ 2º e 3º do NCPC.

VIII – o dia da carga, quando a intimação se der por meio da retirada dos autos, em carga, do cartório ou da secretaria.

§ 1º Quando houver mais de um réu, o dia do começo do prazo para contestar corresponderá à última das datas a que se referem os incisos I a VI do *caput*.

→ *v.* Art. 915, § 1º do NCPC.

§ 2º Havendo mais de um intimado, o prazo para cada um é contado individualmente.

§ 3º Quando o ato tiver de ser praticado diretamente pela parte ou por quem, de qualquer forma, participe do processo, sem a intermediação de representante judicial, o dia do começo do prazo para cumprimento da determinação judicial corresponderá à data em que se der a comunicação.

§ 4º Aplica-se o disposto no inciso II do *caput* à citação com hora certa.

→ v. Arts. 252 a 254 do NCPC.

Art. 232. Nos atos de comunicação por carta precatória, rogatória ou de ordem, a realização da citação ou da intimação será imediatamente informada, por meio eletrônico, pelo juiz deprecado ao juiz deprecante.

Seção II
Da verificação dos prazos e das penalidades

Art. 233. Incumbe ao juiz verificar se o serventuário excedeu, sem motivo legítimo, os prazos estabelecidos em lei.

→ v. Art. 35, III, da LC 35/1979.

→ v. Art. 228 do NCPC.

§ 1º Constatada a falta, o juiz ordenará a instauração de processo administrativo, na forma da lei.

§ 2º Qualquer das partes, o Ministério Público ou a Defensoria Pública poderá representar ao juiz contra o serventuário que injustificadamente exceder os prazos previstos em lei.

Art. 234. Os advogados públicos ou privados, o defensor público e o membro do Ministério Público devem restituir os autos no prazo do ato a ser praticado.

§ 1º É lícito a qualquer interessado exigir os autos do advogado que exceder prazo legal.

§ 2º Se, intimado, o advogado não devolver os autos no prazo de 3 (três) dias, perderá o direito à vista fora de cartório e incorrerá em multa correspondente à metade do salário mínimo.

§ 3º Verificada a falta, o juiz comunicará o fato à seção local da Ordem dos Advogados do Brasil para procedimento disciplinar e imposição de multa.

→ v. Arts. 7º, § 1º, 34, XXII e 37, I e § 1º da Lei 8.906/1994 – Estatuto da OAB.

→ v. Art. 356 do Código Penal.

§ 4º Se a situação envolver membro do Ministério Público, da Defensoria Pública ou da Advocacia Pública, a multa, se for o caso, será aplicada ao agente público responsável pelo ato.

§ 5º Verificada a falta, o juiz comunicará o fato ao órgão competente responsável pela instauração de procedimento disciplinar contra o membro que atuou no feito.

→ v. Arts. 180, *caput*; 183, § 1º e 186, § 1º, do NCPC.

Art. 235. Qualquer parte, o Ministério Público ou a Defensoria Pública poderá representar ao corregedor do tribunal ou ao Conselho Nacional de Justiça contra juiz ou relator que injustificadamente exceder os prazos previstos em lei, regulamento ou regimento interno.

→ v. Art. 226 do NCPC.

§ 1º Distribuída a representação ao órgão competente e ouvido previamente o juiz, não sendo caso de arquivamento liminar, será instaurado procedimento para apuração da responsabilidade, com intimação do representado por meio eletrônico para, querendo, apresentar justificativa no prazo de 15 (quinze) dias.

§ 2º Sem prejuízo das sanções administrativas cabíveis, em até 48 (quarenta e oito) horas após a apresentação ou não da justificativa de que trata o § 1º, se for o caso, o corregedor do tribunal ou o relator no Conselho Nacional de Justiça determinará a intimação do representado por meio eletrônico para que, em 10 (dez) dias, pratique o ato.

§ 3º Mantida a inércia, os autos serão remetidos ao substituto legal do juiz ou do relator contra o qual se representou para decisão em 10 (dez) dias.

Título II
Da comunicação dos atos processuais

Capítulo I
DISPOSIÇÕES GERAIS

Art. 236. Os atos processuais serão cumpridos por ordem judicial.

§ 1º Será expedida carta para a prática de atos fora dos limites territoriais do tribunal, da comarca, da seção ou da subseção judiciárias, ressalvadas as hipóteses previstas em lei.

→ v. Arts. 247, 255, 273, II e 782, § 1º, do NCPC.

§ 2º O tribunal poderá expedir carta para juízo a ele vinculado, se o ato houver de se realizar fora dos limites territoriais do local de sua sede.

§ 3º Admite-se a prática de atos processuais por meio de videoconferência ou outro recurso tecnológico de transmissão de sons e imagens em tempo real.

→ v. Arts. 385, § 3º, 453, § 1º, 461, § 2º e 937, § 4º, do NCPC.

→ v. Lei 11.900/2009 – Prevê a possibilidade de realização de interrogatório e outros atos processuais por sistema de videoconferência, e dá outras providências.

Art. 237. Será expedida carta:

I – de ordem, pelo tribunal, na hipótese do § 2º do art. 236;

II – rogatória, para que órgão jurisdicional estrangeiro pratique ato de cooperação jurídica internacional, relativo a processo em curso perante órgão jurisdicional brasileiro;

→ v. Arts. 35 e 36 do NCPC.

III – precatória, para que órgão jurisdicional brasileiro pratique ou determine o cumprimento, na área de sua competência territorial, de ato relativo a pedido de cooperação judiciária formulado por órgão jurisdicional de competência territorial diversa;

IV – arbitral, para que órgão do Poder Judiciário pratique ou determine o cumprimento, na área de sua competência territorial, de ato objeto de pedido de cooperação judiciária formulado por juízo arbitral, inclusive os que importem efetivação de tutela provisória.

→ v. Art. 22, §§ 2º e 4º, da Lei 9.307/1996.

Parágrafo único. Se o ato relativo a processo em curso na justiça federal ou em tribunal superior houver de ser praticado em local onde não haja vara federal, a carta poderá ser dirigida ao juízo estadual da respectiva comarca.

→ v. Art. 109, § 3º da CF/1988.

→ v. Art. 15 da Lei 5.010/1966.

→ v. Art.. 13, § 2º da Lei 9.099/1995.

Capítulo II
DA CITAÇÃO

Art. 238. Citação é o ato pelo qual são convocados o réu, o executado ou o interessado para integrar a relação processual.

→ v. Arts. 126, 127, 256, 329, 525, I, 829 e 915, do NCPC.

Art. 239. Para a validade do processo é indispensável a citação do réu ou do executado, ressalvadas as hipóteses de indeferimento da petição inicial ou de improcedência liminar do pedido.

→ v. Arts. 330 e 332 do NCPC.

§ 1º O comparecimento espontâneo do réu ou do executado supre a falta ou a nulidade da citação, fluindo a partir desta data o prazo para apresentação de contestação ou de embargos à execução.

→ v. Arts. 231, VIII, 280, 336 e 915 do NCPC.

§ 2º Rejeitada a alegação de nulidade, tratando-se de processo de:

I – conhecimento, o réu será considerado revel;

II – execução, o feito terá seguimento.

Art. 240. A citação válida, ainda quando ordenada por juízo incompetente, induz litispendência, torna litigiosa a coisa e constitui em mora o devedor, ressalvado o disposto nos arts. 397 e 398 da Lei 10.406, de 10 de janeiro de 2002 (Código Civil).

→ v. Súmulas 150 e 163 do STF.

→ v. Súmulas 204, 277 e 380 do STJ.

→ v. Art. 312 do NCPC.

§ 1º A interrupção da prescrição, operada pelo despacho que ordena a citação, ainda que proferido por juízo incompetente, retroagirá à data de propositura da ação.

→ v. Súmulas 106, 119, 277, 380, 405, 409 e 414 do STJ.

→ v. Art. 202 do CC/2002.

→ v. Art. 174, parágrafo único, I, do CTN.

→ v. Art. 8º, § 2º, Lei 6.830/1980.

§ 2º Incumbe ao autor adotar, no prazo de 10 (dez) dias, as providências necessárias para viabilizar a citação, sob pena de não se aplicar o disposto no § 1º.

§ 3º A parte não será prejudicada pela demora imputável exclusivamente ao serviço judiciário.

→ v. Súmula 106 do STJ.

§ 4º O efeito retroativo a que se refere o § 1º aplica-se à decadência e aos demais prazos extintivos previstos em lei.

→ v. Art. 23 da Lei 12.016/2009.

Art. 241. Transitada em julgado a sentença de mérito proferida em favor do réu antes da citação, incumbe ao escrivão ou ao chefe de secretaria comunicar-lhe o resultado do julgamento.

→ v. Arts. 269, 330 e 332 do NCPC.

Art. 242. A citação será pessoal, podendo, no entanto, ser feita na pessoa do representante legal ou do procurador do réu, do executado ou do interessado.

→ v. Arts. 75, § 3º, 105 e 248, §§ 2º e 4º do NCPC.

§ 1º Na ausência do citando, a citação será feita na pessoa de seu mandatário, administrador, preposto ou gerente, quando a ação se originar de atos por eles praticados.

→ v. Art. 119 da Lei 6.404/1976.

§ 2º O locador que se ausentar do Brasil sem cientificar o locatário de que deixou, na localidade onde estiver situado o imóvel, procurador com poderes para receber citação será citado na pessoa do administrador do imóvel encarregado do recebimento dos aluguéis, que será considerado habilitado para representar o locador em juízo.

→ v. Art. 58, IV, da Lei 8.245/1991.

§ 3º A citação da União, dos Estados, do Distrito Federal, dos Municípios e de suas respectivas autarquias e fundações de direito público será realizada perante o órgão de Advocacia Pública responsável por sua representação judicial.

→ v. Art. 35 da LC 73/1993.

→ v. Art. 75, I, II e III do NCPC.

Art. 243. A citação poderá ser feita em qualquer lugar em que se encontre o réu, o executado ou o interessado.

Parágrafo único. O militar em serviço ativo será citado na unidade em que estiver servindo, se não for conhecida sua residência ou nela não for encontrado.

Art. 244. Não se fará a citação, salvo para evitar o perecimento do direito:

I – de quem estiver participando de ato de culto religioso;

II – de cônjuge, de companheiro ou de qualquer parente do morto, consanguíneo ou afim, em linha reta ou na linha colateral em segundo grau, no dia do falecimento e nos 7 (sete) dias seguintes;

→ *v.* Art. 1.592 do CC/2002.

III – de noivos, nos 3 (três) primeiros dias seguintes ao casamento;

IV – de doente, enquanto grave o seu estado.

Art. 245. Não se fará citação quando se verificar que o citando é mentalmente incapaz ou está impossibilitado de recebê-la.

→ *v.* Arts. 3º, II e III, e 4º, II e III, do CC/2002.

→ *v.* Arts. 71 e 247, II do NCPC.

§ 1º O oficial de justiça descreverá e certificará minuciosamente a ocorrência.

§ 2º Para examinar o citando, o juiz nomeará médico, que apresentará laudo no prazo de 5 (cinco) dias.

§ 3º Dispensa-se a nomeação de que trata o § 2º se pessoa da família apresentar declaração do médico do citando que ateste a incapacidade deste.

§ 4º Reconhecida a impossibilidade, o juiz nomeará curador ao citando, observando, quanto à sua escolha, a preferência estabelecida em lei e restringindo a nomeação à causa.

→ *v.* Art. 1.775 do CC/2002.

→ *v.* Arts. 72, I e 178, II do NCPC.

§ 5º A citação será feita na pessoa do curador, a quem incumbirá a defesa dos interesses do citando.

→ *v.* Art. 18 da Lei 9.099/1995.

→ *v.* Art. 8º da Lei 6.830/1980.

Art. 246. A citação será feita:

I – pelo correio;

→ *v.* Art. 58, IV, da Lei 8.245/1991.

→ *v.* Súmula 429 do STJ.

→ *v.* Arts. 247 e 248 do NCPC.

II – por oficial de justiça;

→ *v.* Arts. 249 a 255 do NCPC.

III – pelo escrivão ou chefe de secretaria, se o citando comparecer em cartório;

IV – por edital;

→ *v.* Súmula 282 do STJ.

→ *v.* Arts. 256 a 259 do NCPC.

V – por meio eletrônico, conforme regulado em lei.

→ *v.* Arts. 6º e 9º, § 1º, da Lei 11.419/2006.

§ 1º Com exceção das microempresas e das empresas de pequeno porte, as empresas públicas e privadas são obrigadas a manter cadastro nos sistemas de processo em autos eletrônicos, para efeito de recebimento de citações e intimações, as quais serão efetuadas preferencialmente por esse meio.

§ 2º O disposto no § 1º aplica-se à União, aos Estados, ao Distrito Federal, aos Municípios e às entidades da administração indireta.

§ 3º Na ação de usucapião de imóvel, os confinantes serão citados pessoalmente, exceto quando tiver por objeto unidade autônoma de prédio em condomínio, caso em que tal citação é dispensada.

→ *v.* Súmulas 263 e 391 do STF.

→ *v.* Arts. 115, II e 259, I do NCPC.

Art. 247. A citação será feita pelo correio para qualquer comarca do país, exceto:

I – nas ações de estado, observado o disposto no art. 695, § 3º;

II – quando o citando for incapaz;

→ *v.* Art. 245, II do NCPC.

III – quando o citando for pessoa de direito público;

IV – quando o citando residir em local não atendido pela entrega domiciliar de correspondência;

V – quando o autor, justificadamente, a requerer de outra forma.

Art. 248. Deferida a citação pelo correio, o escrivão ou o chefe de secretaria remeterá ao citando cópias da petição inicial e do despacho do juiz e comunicará o prazo para resposta, o endereço do juízo e o respectivo cartório.

§ 1º A carta será registrada para entrega ao citando, exigindo-lhe o carteiro, ao fazer a entrega, que assine o recibo.

→ *v.* Súmula 429 do STJ.

§ 2º Sendo o citando pessoa jurídica, será válida a entrega do mandado a pessoa com poderes de gerência geral ou de administração, ou, ainda, a funcionário responsável pelo recebimento de correspondências.

→ *v.* Art. 18, II da Lei 9.099/1995.

§ 3º Da carta de citação no processo de conhecimento constarão os requisitos do art. 250.

§ 4º Nos condomínios edilícios ou nos loteamentos com controle de acesso, será válida a entrega do mandado a funcionário da portaria responsável pelo recebimento de correspondência, que, entretanto, poderá recusar o recebimento, se declarar, por escrito, sob as penas da lei, que o destinatário da correspondência está ausente.

Art. 249. A citação será feita por meio de oficial de justiça nas hipóteses previstas neste Código ou em lei, ou quando frustrada a citação pelo correio.

Art. 250. O mandado que o oficial de justiça tiver de cumprir conterá:

I – os nomes do autor e do citando e seus respectivos domicílios ou residências;

II – a finalidade da citação, com todas as especificações constantes da petição inicial, bem como a menção do prazo para contestar, sob pena de revelia, ou para embargar a execução;

III – a aplicação de sanção para o caso de descumprimento da ordem, se houver;

IV – se for o caso, a intimação do citando para comparecer, acompanhado de advogado ou de defensor público, à audiência de conciliação ou de mediação, com a menção do dia, da hora e do lugar do comparecimento;

→ *v.* Art. 334 do NCPC.

→ *v.* Lei 13.140/2015 – Lei de Mediação.

V – a cópia da petição inicial, do despacho ou da decisão que deferir tutela provisória;

VI – a assinatura do escrivão ou do chefe de secretaria e a declaração de que o subscreve por ordem do juiz.

Art. 251. Incumbe ao oficial de justiça procurar o citando e, onde o encontrar, citá-lo:

→ *v.* Arts. 242 e 243 do NCPC.

I – lendo-lhe o mandado e entregando-lhe a contrafé;

II – portando por fé se recebeu ou recusou a contrafé;

III – obtendo a nota de ciente ou certificando que o citando não a apôs no mandado.

Art. 252. Quando, por 2 (duas) vezes, o oficial de justiça houver procurado o citando em seu domicílio ou residência sem o encontrar, deverá, havendo suspeita de ocultação, intimar qualquer pessoa da família ou, em sua falta, qualquer vizinho de que, no dia útil imediato, voltará a fim de efetuar a citação, na hora que designar.

→ *v.* Súmula 196 do STJ.

→ *v.* Art. 829, § 1º do NCPC.

Parágrafo único. Nos condomínios edilícios ou nos loteamentos com controle de acesso, será válida a intimação a que se refere o *caput* feita a funcionário da portaria responsável pelo recebimento de correspondência.

Art. 253. No dia e na hora designados, o oficial de justiça, independentemente de novo despacho, comparecerá ao domicílio ou à residência do citando a fim de realizar a diligência.

§ 1º Se o citando não estiver presente, o oficial de justiça procurará informar-se das razões da ausência, dando por feita a citação, ainda que o citando se tenha ocultado em outra comarca, seção ou subseção judiciárias.

§ 2º A citação com hora certa será efetivada mesmo que a pessoa da família ou o vizinho que houver sido intimado, esteja ausente, ou se, embora presente, a pessoa da família ou o vizinho se recusar a receber o mandado.

§ 3º Da certidão da ocorrência, o oficial de justiça deixará contrafé com qualquer pessoa da família ou vizinho, conforme o caso, declarando-lhe o nome.

§ 4º O oficial de justiça fará constar do mandado a advertência de que será nomeado curador especial se houver revelia.

→ *v.* Art. 72, II do NCPC.

Art. 254. Feita a citação com hora certa, o escrivão ou chefe de secretaria enviará ao réu, executado ou interessado, no prazo de 10 (dez) dias, contado da data da juntada do mandado aos autos, carta, telegrama ou correspondência eletrônica, dando-lhe de tudo ciência.

→ *v.* Art. 231, § 4º do NCPC.

Art. 255. Nas comarcas contíguas de fácil comunicação e nas que se situem na mesma região metropolitana, o oficial de justiça poderá efetuar, em qualquer delas, citações, intimações, notificações, penhoras e quaisquer outros atos executivos.

→ *v.* Arts. 260 e 782, § 1º, do NCPC.

Art. 256. A citação por edital será feita:

I – quando desconhecido ou incerto o citando;

II – quando ignorado, incerto ou inacessível o lugar em que se encontrar o citando;

III – nos casos expressos em lei.

→ *v.* Art. 259 do NCPC.

§ 1º Considera-se inacessível, para efeito de citação por edital, o país que recusar o cumprimento de carta rogatória.

§ 2º No caso de ser inacessível o lugar em que se encontrar o réu, a notícia de sua citação será divulgada também pelo rádio, se na comarca houver emissora de radiodifusão.

§ 3º O réu será considerado em local ignorado ou incerto se infrutíferas as tentativas de sua localização, inclusive mediante requisição pelo juízo de informações sobre seu endereço nos cadastros de órgãos públicos ou de concessionárias de serviços públicos.

Art. 257. São requisitos da citação por edital:

→ *v.* Súmulas 282 e 414 do STJ.

I – a afirmação do autor ou a certidão do oficial informando a presença das circunstâncias autorizadoras;

II – a publicação do edital na rede mundial de computadores, no sítio do respectivo tribunal e na plataforma de editais do Conselho Nacional de Justiça, que deve ser certificada nos autos;

III – a determinação, pelo juiz, do prazo, que variará entre 20 (vinte) e 60 (sessenta) dias, fluindo da data da publicação única ou, havendo mais de uma, da primeira;

IV – a advertência de que será nomeado curador especial em caso de revelia.

Parágrafo único. O juiz poderá determinar que a publicação do edital seja feita também em jornal local de ampla circulação ou por outros meios, considerando as peculiaridades da comarca, da seção ou da subseção judiciárias.

Art. 258. A parte que requerer a citação por edital, alegando dolosamente a ocorrência das circunstâncias autorizadoras para sua realização, incorrerá em multa de 5 (cinco) vezes o salário mínimo.

Parágrafo único. A multa reverterá em benefício do citando.

Art. 259. Serão publicados editais:

I – na ação de usucapião de imóvel;

II – na ação de recuperação ou substituição de título ao portador;

III – em qualquer ação em que seja necessária, por determinação legal, a provocação, para participação no processo, de interessados incertos ou desconhecidos.

Capítulo III
DAS CARTAS

Art. 260. São requisitos das cartas de ordem, precatória e rogatória:

→ *v.* Art. 42 da Lei 5.010/1966.

I – a indicação dos juízes de origem e de cumprimento do ato;

II – o inteiro teor da petição, do despacho judicial e do instrumento do mandato conferido ao advogado;

III – a menção do ato processual que lhe constitui o objeto;

IV – o encerramento com a assinatura do juiz.

§ 1º O juiz mandará trasladar para a carta quaisquer outras peças, bem como instruí-la com mapa, desenho ou gráfico, sempre que esses documentos devam ser examinados, na diligência, pelas partes, pelos peritos ou pelas testemunhas.

§ 2º Quando o objeto da carta for exame pericial sobre documento, este será remetido em original, ficando nos autos reprodução fotográfica.

→ *v.* Art. 464 do NCPC.

§ 3º A carta arbitral atenderá, no que couber, aos requisitos a que se refere o *caput* e será instruída com a convenção de arbitragem e com as provas da nomeação do árbitro e de sua aceitação da função.

Art. 261. Em todas as cartas o juiz fixará o prazo para cumprimento, atendendo à facilidade das comunicações e à natureza da diligência.

§ 1º As partes deverão ser intimadas pelo juiz do ato de expedição da carta.

§ 2º Expedida a carta, as partes acompanharão o cumprimento da diligência perante o juízo destinatário, ao qual compete a prática dos atos de comunicação.

§ 3º A parte a quem interessar o cumprimento da diligência cooperará para que o prazo a que se refere o *caput* seja cumprido.

Art. 262. A carta tem caráter itinerante, podendo, antes ou depois de lhe ser ordenado o cumprimento, ser encaminhada a juízo diverso do que dela consta, a fim de se praticar o ato.

Parágrafo único. O encaminhamento da carta a outro juízo será imediatamente comunicado ao órgão expedidor, que intimará as partes.

Art. 263. As cartas deverão, preferencialmente, ser expedidas por meio eletrônico, caso em que a assinatura do juiz deverá ser eletrônica, na forma da lei.

→ *v.* Art. 7º da Lei 11.419/2006.

Art. 264. A carta de ordem e a carta precatória por meio eletrônico, por telefone ou por telegrama conterão, em resumo substancial, os requisitos mencionados no art. 250, especialmente no que se refere à aferição da autenticidade.

Art. 265. O secretário do tribunal, o escrivão ou o chefe de secretaria do juízo deprecante transmitirá, por telefone, a carta de ordem ou a carta precatória ao juízo em que houver de se cumprir o ato, por intermédio do escrivão do primeiro ofício da primeira vara, se houver na comarca mais de um ofício ou de uma vara, observando-se, quanto aos requisitos, o disposto no art. 264.

§ 1º O escrivão ou o chefe de secretaria, no mesmo dia ou no dia útil imediato, telefonará ou enviará mensagem eletrônica ao secretário do tribunal, ao escrivão ou ao chefe de secretaria do juízo deprecante, lendo-lhe os termos da carta e solicitando-lhe que os confirme.

§ 2º Sendo confirmada, o escrivão ou o chefe de secretaria submeterá a carta a despacho.

Art. 266. Serão praticados de ofício os atos requisitados por meio eletrônico e de telegrama, devendo a parte depositar, contudo, na secretaria do tribunal ou no cartório do juízo deprecante, a importância correspondente às despesas que serão feitas no juízo em que houver de praticar-se o ato.

Art. 267. O juiz recusará cumprimento a carta precatória ou arbitral, devolvendo-a com decisão motivada quando:

I – a carta não estiver revestida dos requisitos legais;

II – faltar ao juiz competência em razão da matéria ou da hierarquia;

III – o juiz tiver dúvida acerca de sua autenticidade.

Parágrafo único. No caso de incompetência em razão da matéria ou da hierarquia, o juiz deprecado, conforme o ato a ser praticado, poderá remeter a carta ao juiz ou ao tribunal competente.

Art. 268. Cumprida a carta, será devolvida ao juízo de origem no prazo de 10 (dez) dias, independentemente de traslado, pagas as custas pela parte.

Capítulo IV
DAS INTIMAÇÕES

Art. 269. Intimação é o ato pelo qual se dá ciência a alguém dos atos e dos termos do processo.

§ 1º É facultado aos advogados promover a intimação do advogado da outra parte por meio do correio, juntando aos autos, a seguir, cópia do ofício de intimação e do aviso de recebimento.

§ 2º O ofício de intimação deverá ser instruído com cópia do despacho, da decisão ou da sentença.

§ 3º A intimação da União, dos Estados, do Distrito Federal, dos Municípios e de suas respectivas autarquias e fundações de direito público será realizada perante o órgão de Advocacia Pública responsável por sua representação judicial.

→ *v.* Súmulas 310 do STF.

Art. 270. As intimações realizam-se, sempre que possível, por meio eletrônico, na forma da lei.

→ *v.* Arts. 5º e 9º da Lei 11.419/2006.

Parágrafo único. Aplica-se ao Ministério Público, à Defensoria Pública e à Advocacia Pública o disposto no § 1º do art. 246.

Art. 271. O juiz determinará de ofício as intimações em processos pendentes, salvo disposição em contrário.

Art. 272. Quando não realizadas por meio eletrônico, consideram-se feitas as intimações pela publicação dos atos no órgão oficial.

→ *v.* Art. 82 do RISTF.

→ *v.* Art. 88 do RISTJ.

→ *v.* Resolução 404/2009 do STF – Dispõe sobre as intimações das decisões proferidas no âmbito do Supremo Tribunal Federal em processos físicos ou eletrônicos e dá outras providências.

§ 1º Os advogados poderão requerer que, na intimação a eles dirigida, figure apenas o nome da sociedade a que pertençam, desde que devidamente registrada na Ordem dos Advogados do Brasil.

§ 2º Sob pena de nulidade, é indispensável que da publicação constem os nomes das partes e de seus advogados, com o respectivo número de inscrição na Ordem dos Advogados do Brasil, ou, se assim requerido, da sociedade de advogados.

§ 3º A grafia dos nomes das partes não deve conter abreviaturas.

§ 4º A grafia dos nomes dos advogados deve corresponder ao nome completo e ser a mesma que constar da procuração ou que estiver registrada na Ordem dos Advogados do Brasil.

§ 5º Constando dos autos pedido expresso para que as comunicações dos atos processuais sejam feitas em nome dos advogados indicados, o seu desatendimento implicará nulidade.

§ 6º A retirada dos autos do cartório ou da secretaria em carga pelo advogado, por pessoa credenciada a pedido do advogado ou da sociedade de advogados, pela Advocacia Pública, pela Defensoria Pública ou pelo Ministério Público implicará intimação de qualquer decisão contida no processo retirado, ainda que pendente de publicação.

§ 7º O advogado e a sociedade de advogados deverão requerer o respectivo credenciamento para a retirada de autos por preposto.

§ 8º A parte arguirá a nulidade da intimação em capítulo preliminar do próprio ato que lhe caiba praticar, o qual será tido por tempestivo se o vício for reconhecido.

§ 9º Não sendo possível a prática imediata do ato diante da necessidade de acesso prévio aos autos, a parte limitar-se-á a arguir a nulidade da intimação, caso em que o prazo será contado da intimação da decisão que a reconheça.

Art. 273. Se inviável a intimação por meio eletrônico e não houver na localidade publicação em órgão oficial, incumbirá ao escrivão ou chefe de secretaria intimar de todos os atos do processo os advogados das partes:

→ *v.* Art. 23 do Decreto 70.235/1972.

→ *v.* Art. 6º, § 2º, da Lei 9.028/1995.

I – pessoalmente, se tiverem domicílio na sede do juízo;

II – por carta registrada, com aviso de recebimento, quando forem domiciliados fora do juízo.

Art. 274. Não dispondo a lei de outro modo, as intimações serão feitas às partes, aos seus representantes legais, aos advogados e aos demais sujeitos do processo pelo correio ou, se presentes em cartório, diretamente pelo escrivão ou chefe de secretaria.

Parágrafo único. Presumem-se válidas as intimações dirigidas ao endereço constante dos autos, ainda que não recebidas pessoalmente pelo interessado, se a modificação temporária ou definitiva não tiver sido devidamente comunicada ao juízo, fluindo os prazos a partir da juntada aos autos do comprovante de entrega da correspondência no primitivo endereço.

Art. 275. A intimação será feita por oficial de justiça quando frustrada a realização por meio eletrônico ou pelo correio.

§ 1º A certidão de intimação deve conter:

I – a indicação do lugar e a descrição da pessoa intimada, mencionando, quando possível, o número de seu documento de identidade e o órgão que oa expediu;

II – a declaração de entrega da contrafé;

III – a nota de ciente ou a certidão de que o interessado não a apôs no mandado.

§ 2º Caso necessário, a intimação poderá ser efetuada com hora certa ou por edital.

→ *v.* Arts. 253 e 258 do NCPC.

Título III
Das nulidades

Art. 276. Quando a lei prescrever determinada forma sob pena de nulidade, a decretação desta não pode ser requerida pela parte que lhe deu causa.

→ *v.* Art. 5º, LIV da CF/1988.

→ *v.* Arts. 166 a 184 do CC/2002.

→ *v.* Arts. 59 a 61 do Decreto 70.235/1972.

Art. 277. Quando a lei prescrever determinada forma, o juiz considerará válido o ato se, realizado de outro modo, lhe alcançar a finalidade.

Art. 278. A nulidade dos atos deve ser alegada na primeira oportunidade em que couber à parte falar nos autos, sob pena de preclusão.

Parágrafo único. Não se aplica o disposto no *caput* às nulidades que o juiz deva decretar de ofício, nem prevalece a preclusão provando a parte legítimo impedimento.

Art. 279. É nulo o processo quando o membro do Ministério Público não for intimado a acompanhar o feito em que deva intervir.

§ 1º Se o processo tiver tramitado sem conhecimento do membro do Ministério Público, o juiz invalidará os atos praticados a partir do momento em que ele deveria ter sido intimado.

§ 2º A nulidade só pode ser decretada após a intimação do Ministério Público, que se manifestará sobre a existência ou a inexistência de prejuízo.

→ *v.* Súmula 189 do STJ.

Art. 280. As citações e as intimações serão nulas quando feitas sem observância das prescrições legais.

Art. 281. Anulado o ato, consideram-se de nenhum efeito todos os subsequentes que dele dependam, todavia, a nulidade de uma parte do ato não prejudicará as outras que dela sejam independentes.

Art. 282. Ao pronunciar a nulidade, o juiz declarará que atos são atingidos e ordenará as providências necessárias a fim de que sejam repetidos ou retificados.

§ 1º O ato não será repetido nem sua falta será suprida quando não prejudicar a parte.

§ 2º Quando puder decidir o mérito a favor da parte a quem aproveite a decretação da nulidade, o juiz não a pronunciará nem mandará repetir o ato ou suprir-lhe a falta.

Art. 283. O erro de forma do processo acarreta unicamente a anulação dos atos que não possam ser aproveitados, devendo ser praticados os que forem necessários a fim de se observarem as prescrições legais.

Parágrafo único. Dar-se-á o aproveitamento dos atos praticados desde que não resulte prejuízo à defesa de qualquer parte.

Título IV
Da distribuição e do registro

Art. 284. Todos os processos estão sujeitos a registro, devendo ser distribuídos onde houver mais de um juiz.

Art. 285. A distribuição, que poderá ser eletrônica, será alternada e aleatória, obedecendo-se rigorosa igualdade.

→ *v.* Art. 10 da Lei 11.419/2006.

Parágrafo único. A lista de distribuição deverá ser publicada no Diário de Justiça.

Art. 286. Serão distribuídas por dependência as causas de qualquer natureza:

I – quando se relacionarem, por conexão ou continência, com outra já ajuizada;

→ *v.* Arts. 55 e 56 do NCPC.

II – quando, tendo sido extinto o processo sem resolução de mérito, for reiterado o pedido, ainda que em litisconsórcio com outros autores ou que sejam parcialmente alterados os réus da demanda;

→ *v.* Arts. 485 e 486 do NCPC.

III – quando houver ajuizamento de ações nos termos do art. 55, § 3º, ao juízo prevento.

→ *v.* Arts. 337, § 2º e 985, I do NCPC.

Parágrafo único. Havendo intervenção de terceiro, reconvenção ou outra hipótese de ampliação objetiva do processo, o juiz, de ofício, mandará proceder à respectiva anotação pelo distribuidor.

→ *v.* Súmula 235 do STJ.

→ *v.* Arts. 119 e ss, 343 e ss e 503, § 1º do NCPC.

Art. 287. A petição inicial deve vir acompanhada de procuração, que conterá os endereços do advogado, eletrônico e não eletrônico.

Parágrafo único. Dispensa-se a juntada da procuração:

I – no caso previsto no art. 104;

II – se a parte estiver representada pela Defensoria Pública;

III – se a representação decorrer diretamente de norma prevista na Constituição Federal ou em lei.

→ *v.* Súmula 644 do STF.

→ *v.* Art. 9º da Lei 9.469 /1997.

Art. 288. O juiz, de ofício ou a requerimento do interessado, corrigirá o erro ou compensará a falta de distribuição.

Art. 289. A distribuição poderá ser fiscalizada pela parte, por seu procurador, pelo Ministério Público e pela Defensoria Pública.

Art. 290. Será cancelada a distribuição do feito se a parte, intimada na pessoa de seu advogado, não realizar o pagamento das custas e despesas de ingresso em 15 (quinze) dias.

Título V
Do valor da causa

Art. 291. A toda causa será atribuído valor certo, ainda que não tenha conteúdo econômico imediatamente aferível.

→ *v.* Súmulas 449 e 667 do STF.

→ *v.* Súmula 14 do STJ.

→ *v.* Art. 3º, I, da Lei 9.099/1995.

→ *v.* Art. 3º da Lei 10.259/2001.

→ *v.* Art. 2º, *caput*, da Lei 12.153/2009.

Art. 292. O valor da causa constará da petição inicial ou da reconvenção e será:

→ *v.* Arts. 319, V e 343 do NCPC.

I – na ação de cobrança de dívida, a soma monetariamente corrigida do principal, dos juros de mora vencidos e de outras penalidades, se houver, até a data de propositura da ação;

II – na ação que tiver por objeto a existência, a validade, o cumprimento, a modificação, a resolução, a resilição ou a rescisão de ato jurídico, o valor do ato ou o de sua parte controvertida;

III – na ação de alimentos, a soma de 12 (doze) prestações mensais pedidas pelo autor;

→ *v.* Art. 58, III da Lei 8.245/1991.

→ *v.* Lei 5.478/1968 – Dispõe sobre ação de alimentos e dá outras providências.

IV – na ação de divisão, de demarcação e de reivindicação, o valor de avaliação da área ou do bem objeto do pedido;

→ *v.* Art. 569 do NCPC.

V – na ação indenizatória, inclusive a fundada em dano moral, o valor pretendido;

VI – na ação em que há cumulação de pedidos, a quantia correspondente à soma dos valores de todos eles;

→ *v.* Art. 327 do NCPC.

VII – na ação em que os pedidos são alternativos, o de maior valor;

→ *v.* Art. 325 do NCPC.

VIII – na ação em que houver pedido subsidiário, o valor do pedido principal.

→ *v.* Art. 326 do NCPC.

§ 1º Quando se pedirem prestações vencidas e vincendas, considerar-se-á o valor de umas e outras.

§ 2º O valor das prestações vincendas será igual a uma prestação anual, se a obrigação for por tempo indeterminado ou por tempo superior a 1 (um) ano, e, se por tempo inferior, será igual à soma das prestações.

→ *v.* Art. 58, III, da Lei 8.245/1991.

→ *v.* Art. 292, III do NCPC.

§ 3º O juiz corrigirá, de ofício e por arbitramento, o valor da causa quando verificar que não corresponde ao conteúdo patrimonial em discussão ou ao proveito econômico perseguido pelo autor, caso em que se procederá ao recolhimento das custas correspondentes.

Art. 293. O réu poderá impugnar, em preliminar da contestação, o valor atribuído à causa pelo autor, sob pena de preclusão, e o juiz decidirá a respeito, impondo, se for o caso, a complementação das custas.

LIVRO V
Da tutela provisória

Título I
Disposições Gerais

Art. 294. A tutela provisória pode fundamentar-se em urgência ou evidência.

→ *v.* Art. 84, §§ 3º e 5º, do CDC.

→ *v.* Súmula 212 do STJ.

→ *v.* Arts. 10, 12-F e 21 da Lei 9.868/1999.

→ *v.* Art. 5º da Lei 9.882/1999.

→ *v.* Art. 1º da Lei 9.494/1997 – Disciplina a aplicação da tutela antecipada contra a Fazenda Pública e Lei 8.076/1990 – Estabelece hipóteses nas quais fica suspensa a concessão de medidas liminares.

→ *v.* Lei 8.367/1992 – Institui medida cautelar fiscal e dá outras providências.

Parágrafo único. A tutela provisória de urgência, cautelar ou antecipada, pode ser concedida em caráter antecedente ou incidental.

Art. 295. A tutela provisória requerida em caráter incidental independe do pagamento de custas.

Art. 296. A tutela provisória conserva sua eficácia na pendência do processo, mas pode, a qualquer tempo, ser revogada ou modificada.

Parágrafo único. Salvo decisão judicial em contrário, a tutela provisória conservará a eficácia durante o período de suspensão do processo.

→ *v.* Arts. 313 e 314 do NCPC.

Art. 297. O juiz poderá determinar as medidas que considerar adequadas para efetivação da tutela provisória.

Parágrafo único. A efetivação da tutela provisória observará as normas referentes ao cumprimento provisório da sentença, no que couber.

→ *v.* Art. 520 do NCPC.

Art. 298. Na decisão que conceder, negar, modificar ou revogar a tutela provisória, o juiz motivará seu convencimento de modo claro e preciso.

→ *v.* Art. 1.015, I do NCPC.

Art. 299. A tutela provisória será requerida ao juízo da causa e, quando antecedente, ao juízo competente para conhecer do pedido principal.

Parágrafo único. Ressalvada disposição especial, na ação de competência originária de tribunal e nos recursos a tutela provisória será requerida ao órgão jurisdicional competente para apreciar o mérito.

Título II
Da tutela de urgência

Capítulo I
DISPOSIÇÕES GERAIS

Art. 300. A tutela de urgência será concedida quando houver elementos que evidenciem a probabilidade do direito e o perigo de dano ou o risco ao resultado útil do processo.

→ *v.* Súmula 729 do STF.

→ *v.* Súmulas 405, 414 e 418 do TST.

§ 1º Para a concessão da tutela de urgência, o juiz pode, conforme o caso, exigir caução real ou fidejussória idônea para ressarcir os danos que a outra parte possa vir a sofrer, podendo a caução ser dispensada se a parte economicamente hipossuficiente não puder oferecê-la.

§ 2º A tutela de urgência pode ser concedida liminarmente ou após justificação prévia.

§ 3º A tutela de urgência de natureza antecipada não será concedida quando houver perigo de irreversibilidade dos efeitos da decisão.

→ *v.* Art. 1º da Lei 9.494/1997.

→ *v.* Lei 8.076/1990 – Estabelece hipóteses nas quais fica suspensa a concessão de medidas liminares.

Art. 301. A tutela de urgência de natureza cautelar pode ser efetivada mediante arresto, sequestro, arrolamento de bens, registro de protesto contra alienação de bem e qualquer outra medida idônea para asseguração do direito.

Art. 302. Independentemente da reparação por dano processual, a parte responde pelo prejuízo que a efetivação da tutela de urgência causar à parte adversa, se:

I – a sentença lhe for desfavorável;

II – obtida liminarmente a tutela em caráter antecedente, não fornecer os meios necessários para a citação do requerido no prazo de 5 (cinco) dias;

→ *v.* Arts. 238 e ss. do NCPC.

III – ocorrer a cessação da eficácia da medida em qualquer hipótese legal;

IV – o juiz acolher a alegação de decadência ou prescrição da pretensão do autor.

Parágrafo único. A indenização será liquidada nos autos em que a medida tiver sido concedida, sempre que possível.

Capítulo II
DO PROCEDIMENTO DA TUTELA ANTECIPADA REQUERIDA EM CARÁTER ANTECEDENTE

Art. 303. Nos casos em que a urgência for contemporânea à propositura da ação, a petição inicial pode limitar-se ao requerimento da tutela antecipada e à indicação do pedido de tutela final, com a exposição da lide, do direito que se busca realizar e do perigo de dano ou do risco ao resultado útil do processo.

→ *v.* Art. 319 do NCPC.

§ 1º Concedida a tutela antecipada a que se refere o *caput* deste artigo:

I – o autor deverá aditar a petição inicial, com a complementação de sua argumentação, a juntada de novos documentos e a confirmação do pedido de tutela final, em 15 (quinze) dias ou em outro prazo maior que o juiz fixar;

→ *v.* Art. 321 do NCPC.

II – o réu será citado e intimado para a audiência de conciliação ou de mediação na forma do art. 334;

→ *v.* Arts. 238 e 269 do NCPC.

→ *v.* Lei 13.140/2015 – Lei de Mediação.

III – não havendo autocomposição, o prazo para contestação será contado na forma do art. 335.

§ 2º Não realizado o aditamento a que se refere o inciso I do § 1º deste artigo, o processo será extinto sem resolução do mérito.

→ *v.* Art. 485, I, III e X do NCPC.

§ 3º O aditamento a que se refere o inciso I do § 1º deste artigo dar-se-á nos mesmos autos, sem incidência de novas custas processuais.

§ 4º Na petição inicial a que se refere o *caput* deste artigo, o autor terá de indicar o valor da causa, que deve levar em consideração o pedido de tutela final.

→ *v.* Arts. 291 e ss. do NCPC.

§ 5º O autor indicará na petição inicial, ainda, que pretende valer-se do benefício previsto no *caput* deste artigo.

→ *v.* Art. 319 do NCPC.

§ 6º Caso entenda que não há elementos para a concessão de tutela antecipada, o órgão jurisdicional determinará a emenda da petição inicial em até 5 (cinco) dias, sob pena de ser indeferida e de o processo ser extinto sem resolução de mérito.

→ *v.* Arts. 6º, 321 e 485, I do NCPC.

Art. 304. A tutela antecipada, concedida nos termos do art. 303, torna-se estável se da decisão que a conceder não for interposto o respectivo recurso.

§ 1º No caso previsto no *caput*, o processo será extinto.

→ *v.* Art. 487, I e III, *a*, do NCPC.

§ 2º Qualquer das partes poderá demandar a outra com o intuito de rever, reformar ou invalidar a tutela antecipada estabilizada nos termos do *caput*.

§ 3º A tutela antecipada conservará seus efeitos enquanto não revista, reformada ou invalidada por decisão de mérito proferida na ação de que trata o § 2º.

§ 4º Qualquer das partes poderá requerer o desarquivamento dos autos em que foi concedida a medida, para instruir a petição inicial da ação a que se refere o § 2º, prevento o juízo em que a tutela antecipada foi concedida.

§ 5º O direito de rever, reformar ou invalidar a tutela antecipada, previsto no § 2º deste artigo, extingue-se após 2 (dois) anos, contados da ciência da decisão que extinguiu o processo, nos termos do § 1º.

§ 6º A decisão que concede a tutela não fará coisa julgada, mas a estabilidade dos respectivos efeitos só será afastada por decisão que a revir, reformar ou invalidar, proferida em ação ajuizada por uma das partes, nos termos do § 2º deste artigo.

Capítulo III
DO PROCEDIMENTO DA TUTELA CAUTELAR REQUERIDA EM CARÁTER ANTECEDENTE

Art. 305. A petição inicial da ação que visa à prestação de tutela cautelar em caráter antecedente indicará a lide e seu fundamento, a exposição sumária do direito que se objetiva assegurar e o perigo de dano ou o risco ao resultado útil do processo.

→ *v.* Art. 319 do NCPC.

Parágrafo único. Caso entenda que o pedido a que se refere o *caput* tem natureza antecipada, o juiz observará o disposto no art. 303.

Art. 306. O réu será citado para, no prazo de 5 (cinco) dias, contestar o pedido e indicar as provas que pretende produzir.

→ *v.* Art. 335 do NCPC.

Art. 307. Não sendo contestado o pedido, os fatos alegados pelo autor presumir-se-ão aceitos pelo réu como ocorridos, caso em que o juiz decidirá dentro de 5 (cinco) dias.

→ *v.* Art. 344 do NCPC.

Parágrafo único. Contestado o pedido no prazo legal, observar-se-á o procedimento comum.

→ *v.* Art. 318 do NCPC.

Art. 308. Efetivada a tutela cautelar, o pedido principal terá de ser formulado pelo autor no prazo de 30 (trinta) dias, caso em que será apresentado nos mesmos autos em que deduzido o pedido de tutela cautelar, não dependendo do adiantamento de novas custas processuais.

§ 1º O pedido principal pode ser formulado conjuntamente com o pedido de tutela cautelar.

§ 2º A causa de pedir poderá ser aditada no momento de formulação do pedido principal.

→ *v.* Art. 321 do NCPC.

§ 3º Apresentado o pedido principal, as partes serão intimadas para a audiência de conciliação ou de mediação, na forma do art. 334, por seus advogados ou pessoalmente, sem necessidade de nova citação do réu.

→ *v.* Lei 13.140/2015 – Lei de Mediação.

§ 4º Não havendo autocomposição, o prazo para contestação será contado na forma do art. 335.

Art. 309. Cessa a eficácia da tutela concedida em caráter antecedente, se:

I – o autor não deduzir o pedido principal no prazo legal;

II – não for efetivada dentro de 30 (trinta) dias;

III – o juiz julgar improcedente o pedido principal formulado pelo autor ou extinguir o processo sem resolução de mérito.

Parágrafo único. Se por qualquer motivo cessar a eficácia da tutela cautelar, é vedado à parte renovar o pedido, salvo sob novo fundamento.

→ *v.* Art. 502 do NCPC.

Art. 310. O indeferimento da tutela cautelar não obsta a que a parte formule o pedido principal, nem influi no julgamento desse, salvo se o motivo do indeferimento for o reconhecimento de decadência ou de prescrição.

→ *v.* Art. 487, II do NCPC.

Título III
Da tutela da evidência

Art. 311. A tutela da evidência será concedida, independentemente da demonstração de perigo de dano ou de risco ao resultado útil do processo, quando:

→ *v.* Art. 1º da Lei 9.494/1997.

→ *v.* Lei 8.076/1990 – Estabelece hipóteses nas quais fica suspensa a concessão de medidas liminares.

I – ficar caracterizado o abuso do direito de defesa ou o manifesto propósito protelatório da parte;

II – as alegações de fato puderem ser comprovadas apenas documentalmente e houver tese firmada em julgamento de casos repetitivos ou em súmula vinculante;

→ *v.* Arts. 1.032 e ss. do NCPC.

→ *v.* Lei 11.417/2006 – Dispõe sobre a edição, a revisão e o cancelamento de enunciado de súmula vinculante pelo Supremo Tribunal Federal, e dá outras providências.

III – se tratar de pedido reipersecutório fundado em prova documental adequada do contrato de depósito, caso em que será decretada a ordem de entrega do objeto custodiado, sob cominação de multa;

IV – a petição inicial for instruída com prova documental suficiente dos fatos constitutivos do direito do autor, a que o réu não oponha prova capaz de gerar dúvida razoável.

Parágrafo único. Nas hipóteses dos incisos II e III, o juiz poderá decidir liminarmente.

LIVRO VI
Da formação, da suspensão e da extinção do processo

Título I
Da formação do processo

Art. 312. Considera-se proposta a ação quando a petição inicial for protocolada, todavia, a propositura da ação só produz quanto ao réu os efeitos mencionados no art. 240 depois que for validamente citado.

→ *v.* Súmula 309 do STJ.

Título II
Da suspensão do processo

Art. 313. Suspende-se o processo:

I – pela morte ou pela perda da capacidade processual de qualquer das partes, de seu representante legal ou de seu procurador;

→ *v.* Art. 687 do NCPC.

II – pela convenção das partes;

III – pela arguição de impedimento ou de suspeição;

→ *v.* Arts. 144 e 145 do NCPC.

IV – pela admissão de incidente de resolução de demandas repetitivas;

→ *v.* Art. 976 do NCPC.

V – quando a sentença de mérito:

→ *v.* Art. 487 do NCPC.

a) depender do julgamento de outra causa ou da declaração de existência ou de inexistência de relação jurídica que constitua o objeto principal de outro processo pendente;

b) tiver de ser proferida somente após a verificação de determinado fato ou a produção de certa prova, requisitada a outro juízo;

VI – por motivo de força maior;

VII – quando se discutir em juízo questão decorrente de acidentes e fatos da navegação de competência do Tribunal Marítimo;

VIII – nos demais casos que este Código regula.

→ *v.* Art. 134, § 3º, do NCPC.

§ 1º Na hipótese do inciso I, o juiz suspenderá o processo, nos termos do art. 689.

§ 2º Não ajuizada ação de habilitação, ao tomar conhecimento da morte, o juiz determinará a suspensão do processo e observará o seguinte:

→ *v.* Art. 687 do NCPC.

I – falecido o réu, ordenará a intimação do autor para que promova a citação do respectivo espólio, de quem for o sucessor ou, se for o caso, dos herdeiros, no prazo que designar, de no mínimo 2 (dois) e no máximo 6 (seis) meses;

II – falecido o autor e sendo transmissível o direito em litígio, determinará a intimação de seu espólio, de quem for o sucessor ou, se for o caso, dos herdeiros, pelos meios de divulgação que reputar mais adequados, para que manifestem interesse na sucessão processual e promovam a respectiva habilitação no prazo designado, sob pena de extinção do processo sem resolução de mérito.

§ 3º No caso de morte do procurador de qualquer das partes, ainda que iniciada a audiência de instrução e julgamento, o juiz determinará que a parte constitua novo mandatário, no prazo de 15 (quinze) dias, ao final do qual extinguirá o processo sem resolução de mérito, se o autor não nomear novo mandatário, ou ordenará o prosseguimento do processo à revelia do réu, se falecido o procurador deste.

§ 4º O prazo de suspensão do processo nunca poderá exceder 1 (um) ano nas hipóteses do inciso V e 6 (seis) meses naquela prevista no inciso II.

§ 5º O juiz determinará o prosseguimento do processo assim que esgotados os prazos previstos no § 4º.

Art. 314. Durante a suspensão é vedado praticar qualquer ato processual, podendo o juiz, todavia, determinar a realização de atos urgentes a fim de evitar dano irreparável, salvo no caso de arguição de impedimento e de suspeição.

→ *v.* Arts. 144 e 145 do NCPC.

Art. 315. Se o conhecimento do mérito depender de verificação da existência de fato delituoso, o juiz pode determinar a suspensão do processo até que se pronuncie a justiça criminal.

§ 1º Se a ação penal não for proposta no prazo de 3 (três) meses, contado da intimação do ato de suspensão, cessará o efeito desse, incumbindo ao juiz cível examinar incidentemente a questão prévia.

§ 2º Proposta a ação penal, o processo ficará suspenso pelo prazo máximo de 1 (um) ano, ao final do qual aplicar-se-á o disposto na parte final do § 1º.

Título III
Da extinção do processo

Art. 316. A extinção do processo dar-se-á por sentença.

→ *v.* Arts. 485 e 487 do NCPC.

Art. 317. Antes de proferir decisão sem resolução de mérito, o juiz deverá conceder à parte oportunidade para, se possível, corrigir o vício.

PARTE ESPECIAL

LIVRO I
Do processo de conhecimento e do cumprimento de sentença

Título I
Do procedimento comum

Capítulo I
DISPOSIÇÕES GERAIS

Art. 318. Aplica-se a todas as causas o procedimento comum, salvo disposição em contrário deste Código ou de lei.

→ *v.* Art. 24, XI, da CF/1988.

Parágrafo único. O procedimento comum aplica-se subsidiariamente aos demais procedimentos especiais e ao processo de execução.

Capítulo II
DA PETIÇÃO INICIAL

Seção I
Dos requisitos da petição inicial

Art. 319. A petição inicial indicará:

→ *v.* Art. 2º da Lei 5.741/1971.

→ *v.* Art. 37 da Lei 9.307/1996.

→ *v.* Art. 14 da Lei 9.099/1995.

→ *v.* Art. 2º-A da Lei 9.494/1997.

→ *v.* Arts. 106 e 287 do NCPC.

I – o juízo a que é dirigida;

II – os nomes, os prenomes, o estado civil, a existência de união estável, a profissão, o número de inscrição no Cadastro de Pessoas Físicas ou no Cadastro Nacional da Pessoa Jurídica, o endereço eletrônico, o domicílio e a residência do autor e do réu;

→ *v.* Art. 246, § 1º, do NCPC.

III – o fato e os fundamentos jurídicos do pedido;

IV – o pedido com as suas especificações;

V – o valor da causa;

→ *v.* Art. 58, III, da Lei 8.245/1991.

→ *v.* Arts. 291 e ss. e 303, § 4º, do NCPC.

VI – as provas com que o autor pretende demonstrar a verdade dos fatos alegados;

VII – a opção do autor pela realização ou não de audiência de conciliação ou de mediação.

→ *v.* Arts. 334, §§ 4º e 5º, do NCPC.

→ v. Lei 13.140/2015 – Lei de Mediação.

§ 1º Caso não disponha das informações previstas no inciso II, poderá o autor, na petição inicial, requerer ao juiz diligências necessárias a sua obtenção.

§ 2º A petição inicial não será indeferida se, a despeito da falta de informações a que se refere o inciso II, for possível a citação do réu.

§ 3º A petição inicial não será indeferida, pelo não atendimento ao disposto no inciso II deste artigo se a obtenção de tais informações tornar impossível ou excessivamente oneroso o acesso à justiça.

Art. 320. A petição inicial será instruída com os documentos indispensáveis à propositura da ação.

→ *v.* Art. 46 da Lei 6.766/1979.

→ *v.* Arts. 434, 435, 439, 550, § 1º, 677, 720, 767, 953, e 977, parágrafo único, do NCPC.

Art. 321. O juiz, ao verificar que a petição inicial não preenche os requisitos dos arts. 319 e 320 ou que apresenta defeitos e irregularidades capazes de dificultar o julgamento de mérito, determinará que o autor, no prazo de 15 (quinze) dias, a emende ou a complete, indicando com precisão o que deve ser corrigido ou completado.

→ *v.* Art. 106 da Lei 11.101/2005.

→ *v.* Art. 216-A, § 10º, da Lei 6.015/1975.

→ *v.* Arts. 6º, 76, 106, § 1º, 139, IX, 303, § 6º, 700, § 5º e 801 do NCPC.

Parágrafo único. Se o autor não cumprir a diligência, o juiz indeferirá a petição inicial.

→ *v.* Art. 330 do NCPC.

Seção II
Do pedido

Art. 322. O pedido deve ser certo.

→ *v.* Súmulas 254 e 412 do STF.

→ *v.* Súmulas 318 e 326 do STJ.

§ 1º Compreendem-se no principal os juros legais, a correção monetária e as verbas de sucumbência, inclusive os honorários advocatícios.

→ *v.* Arts. 389, 404 e 406 do CC/2002.

→ *v.* Súmula 254 do STF

→ *v.* Súmula 453 do STJ.

§ 2º A interpretação do pedido considerará o conjunto da postulação e observará o princípio da boa-fé.

→ *v.* Art. 5º do NCPC.

Art. 323. Na ação que tiver por objeto cumprimento de obrigação em prestações sucessivas, essas serão consideradas incluídas no pedido, independentemente de declaração expressa do autor, e serão incluídas na condenação, enquanto durar a obrigação, se o devedor, no curso do processo, deixar de pagá-las ou de consigná-las.

→ *v.* Art. 541 do NCPC.

Art. 324. O pedido deve ser determinado.

§ 1º É lícito, porém, formular pedido genérico:

I – nas ações universais, se o autor não puder individuar os bens demandados;

II – quando não for possível determinar, desde logo, as consequências do ato ou do fato;

III – quando a determinação do objeto ou do valor da condenação depender de ato que deva ser praticado pelo réu.

→ *v.* Art. 14, § 2º, da Lei 9.099/1995.

→ *v.* Arts. 509 e ss. do NCPC.

§ 2º O disposto neste artigo aplica-se à reconvenção.

→ *v.* Arts. 343 e ss. do NCPC.

Art. 325. O pedido será alternativo quando, pela natureza da obrigação, o devedor puder cumprir a prestação de mais de um modo.

Parágrafo único. Quando, pela lei ou pelo contrato, a escolha couber ao devedor, o juiz lhe assegurará o direito de cumprir a prestação de um ou de outro modo, ainda que o autor não tenha formulado pedido alternativo.

→ *v.* Arts. 252 e ss. do CC/2002.

→ *v.* Art. 543 do NCPC.

Art. 326. É lícito formular mais de um pedido em ordem subsidiária, a fim de que o juiz conheça do posterior, quando não acolher o anterior.

Parágrafo único. É lícito formular mais de um pedido, alternativamente, para que o juiz acolha um deles.

→ *v.* Arts. 547 e 548 do NCPC.

Art. 327. É lícita a cumulação, em um único processo, contra o mesmo réu, de vários pedidos, ainda que entre eles não haja conexão.

§ 1º São requisitos de admissibilidade da cumulação que:

I – os pedidos sejam compatíveis entre si;

→ *v.* Súmula 387 do STJ.

II – seja competente para conhecer deles o mesmo juízo;

→ *v.* Súmula 170 do STJ.

III – seja adequado para todos os pedidos o tipo de procedimento.

§ 2º Quando, para cada pedido, corresponder tipo diverso de procedimento, será admitida a cumulação se o autor empregar o procedimento comum, sem prejuízo do emprego das técnicas processuais diferenciadas previstas nos procedimentos especiais a que se sujeitam um ou mais pedidos cumulados, que não forem incompatíveis com as disposições sobre o procedimento comum.

§ 3º O inciso I do § 1º não se aplica às cumulações de pedidos de que trata o art. 326.

Art. 328. Na obrigação indivisível com pluralidade de credores, aquele que não participou do processo receberá sua parte, deduzidas as despesas na proporção de seu crédito.

→ *v.* Arts. 257 e ss. do CC/2002.

Art. 329. O autor poderá:

I – até a citação, aditar ou alterar o pedido ou a causa de pedir, independentemente de consentimento do réu;

NOVO CPC

II – até o saneamento do processo, aditar ou alterar o pedido e a causa de pedir, com consentimento do réu, assegurado o contraditório mediante a possibilidade de manifestação deste no prazo mínimo de 15 (quinze) dias, facultado o requerimento de prova suplementar.

→ v. Art. 2º, § 8º, da Lei 6.830/1980.

Parágrafo único. Aplica-se o disposto neste artigo à reconvenção e à respectiva causa de pedir.

→ v. Arts. 343 e ss. do NCPC.

Seção III
Do indeferimento da petição inicial

Art. 330. A petição inicial será indeferida quando:

→ v. Art. 10 da Lei 12.016/2009.

→ v. Art. 17, § 8º, da Lei 8.429/1992.

I – for inepta;

II – a parte for manifestamente ilegítima;

III – o autor carecer de interesse processual;

IV – não atendidas as prescrições dos arts. 106 e 321.

§ 1º Considera-se inepta a petição inicial quando:

I – lhe faltar pedido ou causa de pedir;

II – o pedido for indeterminado, ressalvadas as hipóteses legais em que se permite o pedido genérico;

III – da narração dos fatos não decorrer logicamente a conclusão;

IV – contiver pedidos incompatíveis entre si.

§ 2º Nas ações que tenham por objeto a revisão de obrigação decorrente de empréstimo, de financiamento ou de alienação de bens, o autor terá de, sob pena de inépcia, discriminar na petição inicial, dentre as obrigações contratuais, aquelas que pretende controverter, além de quantificar o valor incontroverso do débito.

§ 3º Na hipótese do § 2º, o valor incontroverso deverá continuar a ser pago no tempo e modo contratados.

Art. 331. Indeferida a petição inicial, o autor poderá apelar, facultado ao juiz, no prazo de 5 (cinco) dias, retratar-se.

→ v. Art. 198, VII, do ECA.

→ v. Arts. 332, §§ 3º e 4º, e 485, § 7º, do NCPC.

§ 1º Se não houver retratação, o juiz mandará citar o réu para responder ao recurso.

§ 2º Sendo a sentença reformada pelo tribunal, o prazo para a contestação começará a correr da intimação do retorno dos autos, observado o disposto no art. 334.

§ 3º Não interposta a apelação, o réu será intimado do trânsito em julgado da sentença.

Capítulo III
DA IMPROCEDÊNCIA LIMINAR DO PEDIDO

Art. 332. Nas causas que dispensem a fase instrutória, o juiz, independentemente da citação do réu, julgará liminarmente improcedente o pedido que contrariar:

→ v. Art. 17, § 8º, da Lei 8.429/1992.

I – enunciado de súmula do Supremo Tribunal Federal ou do Superior Tribunal de Justiça;

II – acórdão proferido pelo Supremo Tribunal Federal ou pelo Superior Tribunal de Justiça em julgamento de recursos repetitivos;

III – entendimento firmado em incidente de resolução de demandas repetitivas ou de assunção de competência;

IV – enunciado de súmula de tribunal de justiça sobre direito local.

§ 1º O juiz também poderá julgar liminarmente improcedente o pedido se verificar, desde logo, a ocorrência de decadência ou de prescrição.

→ v. Arts. 10, 302, IV, 310, 487, II e parágrafo único, e 1.013, § 4º, do NCPC.

§ 2º Não interposta a apelação, o réu será intimado do trânsito em julgado da sentença, nos termos do art. 241.

§ 3º Interposta a apelação, o juiz poderá retratar-se em 5 (cinco) dias.

→ v. Art. 331 do NCPC.

§ 4º Se houver retratação, o juiz determinará o prosseguimento do processo, com a citação do réu, e, se não houver retratação, determinará a citação do réu para apresentar contrarrazões, no prazo de 15 (quinze) dias.

Capítulo IV
DA CONVERSÃO DA AÇÃO INDIVIDUAL EM AÇÃO COLETIVA

Art. 333. (*Vetado*).

Capítulo V
DA AUDIÊNCIA DE CONCILIAÇÃO OU DE MEDIAÇÃO

→ v. Lei 13.140/2015 – Lei de Mediação.

Art. 334. Se a petição inicial preencher os requisitos essenciais e não for o caso de improcedência liminar do pedido, o juiz designará audiência de conciliação ou de mediação com antecedência mínima de 30 (trinta) dias, devendo ser citado o réu com pelo menos 20 (vinte) dias de antecedência.

→ v. Arts. 3º, §§ 2º e 3º e 165 a 175, e 694, do NCPC.

→ v. Resolução 125 do CNJ – Dispõe sobre a Política Judiciária Nacional de tratamento adequado dos conflitos de interesses no âmbito do Poder Judiciário.

§ 1º O conciliador ou mediador, onde houver, atuará necessariamente na audiência de conciliação ou de mediação, observando o disposto neste Código, bem como as disposições da lei de organização judiciária.

§ 2º Poderá haver mais de uma sessão destinada à conciliação e à mediação, não podendo exceder a 2 (dois) meses da data de realização da primeira sessão, desde que necessárias à composição das partes.

§ 3º A intimação do autor para a audiência será feita na pessoa de seu advogado.

→ v. Art. 250, IV, do NCPC.

§ 4º A audiência não será realizada:

I – se ambas as partes manifestarem, expressamente, desinteresse na composição consensual;

II – quando não se admitir a autocomposição.

§ 5º O autor deverá indicar, na petição inicial, seu desinteresse na autocomposição, e o réu deverá fazê-lo, por petição, apresentada com 10 (dez) dias de antecedência, contados da data da audiência.

§ 6º Havendo litisconsórcio, o desinteresse na realização da audiência deve ser manifestado por todos os litisconsortes.

§ 7º A audiência de conciliação ou de mediação pode realizar-se por meio eletrônico, nos termos da lei.

§ 8º O não comparecimento injustificado do autor ou do réu à audiência de conciliação é considerado ato atentatório à dignidade da justiça e será sancionado com multa de até dois por cento da vantagem econômica pretendida ou do valor da causa, revertida em favor da União ou do Estado.

§ 9º As partes devem estar acompanhadas por seus advogados ou defensores públicos.

§ 10. A parte poderá constituir representante, por meio de procuração específica, com poderes para negociar e transigir.

→ v. Art. 661 do CC/2002.

§ 11. A autocomposição obtida será reduzida a termo e homologada por sentença.

→ v. Art. 487, III, do NCPC.

§ 12. A pauta das audiências de conciliação ou de mediação será organizada de modo a respeitar o intervalo mínimo de 20 (vinte) minutos entre o início de uma e o início da seguinte.

Capítulo VI
DA CONTESTAÇÃO

Art. 335. O réu poderá oferecer contestação, por petição, no prazo de 15 (quinze) dias, cujo termo inicial será a data:

I – da audiência de conciliação ou de mediação, ou da última sessão de conciliação, quando qualquer parte não comparecer ou, comparecendo, não houver autocomposição;

II – do protocolo do pedido de cancelamento da audiência de conciliação ou de mediação apresentado pelo réu, quando ocorrer a hipótese do art. 334, § 4º, inciso I;

III – prevista no art. 231, de acordo com o modo como foi feita a citação, nos demais casos.

§ 1º No caso de litisconsórcio passivo, ocorrendo a hipótese do art. 334, § 6º, o termo inicial previsto no inciso II será, para cada um dos réus, a data de apresentação de seu respectivo pedido de cancelamento da audiência.

§ 2º Quando ocorrer a hipótese do art. 334, § 4º, inciso II, havendo litisconsórcio passivo e o autor desistir da ação em relação a réu ainda não citado, o prazo para resposta correrá da data de intimação da decisão que homologar a desistência.

Art. 336. Incumbe ao réu alegar, na contestação, toda a matéria de defesa, expondo as razões de fato e de direito com que impugna o pedido do autor e especificando as provas que pretende produzir.

→ v. Arts. 155, IV, 434, 435, 544 e 556 do NCPC.

Art. 337. Incumbe ao réu, antes de discutir o mérito, alegar:

I – inexistência ou nulidade da citação;

→ v. Arts. 238 e ss. do NCPC.

II – incompetência absoluta e relativa;

→ v. Arts. 64 e ss. do NCPC.

III – incorreção do valor da causa;

→ v. Arts. 291 e ss. do NCPC.

IV – inépcia da petição inicial;

→ v. Art. 330, I, do NCPC.

V – perempção;

→ v. Art. 486, § 3º, do NCPC.

VI – litispendência;

VII – coisa julgada;

VIII – conexão;

→ v. Art. 55 do NCPC.

IX – incapacidade da parte, defeito de representação ou falta de autorização;

→ v. Art. 76 do NCPC.

X – convenção de arbitragem;

→ v. Art. 3º da Lei 9.307/1996.

XI – ausência de legitimidade ou de interesse processual;

XII – falta de caução ou de outra prestação que a lei exige como preliminar;

→ v. Art. 83 do NCPC.

XIII – indevida concessão do benefício de gratuidade de justiça.

→ v. Art. 1º e ss. da Lei 1.060/1950.

→ v. Arts. 99 a 102, e 1.072, III, do NCPC.

§ 1º Verifica-se a litispendência ou a coisa julgada quando se reproduz ação anteriormente ajuizada.

§ 2º Uma ação é idêntica a outra quando possui as mesmas partes, a mesma causa de pedir e o mesmo pedido.

§ 3º Há litispendência quando se repete ação que está em curso.

§ 4º Há coisa julgada quando se repete ação que já foi decidida por decisão transitada em julgado.

§ 5º Excetuadas a convenção de arbitragem e a incompetência relativa, o juiz conhecerá de ofício das matérias enumeradas neste artigo.

§ 6º A ausência de alegação da existência de convenção de arbitragem, na forma prevista neste Capítulo, implica aceitação da jurisdição estatal e renúncia ao juízo arbitral.

Art. 338. Alegando o réu, na contestação, ser parte ilegítima ou não ser o responsável pelo prejuízo invocado, o juiz facultará ao autor, em 15 (quinze) dias, a alteração da petição inicial para substituição do réu.

Parágrafo único. Realizada a substituição, o autor reembolsará as despesas e pagará os honorários ao procurador do réu excluído, que serão fixados entre três e cinco por cento do valor da causa ou, sendo este irrisório, nos termos do art. 85, § 8º.

Art. 339. Quando alegar sua ilegitimidade, incumbe ao réu indicar o sujeito passivo da relação jurídica discutida sempre que tiver conhecimento, sob pena de arcar com as despesas processuais e de indenizar o autor pelos prejuízos decorrentes da falta de indicação.

§ 1º O autor, ao aceitar a indicação, procederá, no prazo de 15 (quinze) dias, à alteração da petição inicial para a substituição do réu, observando-se, ainda, o parágrafo único do art. 338.

§ 2º No prazo de 15 (quinze) dias, o autor pode optar por alterar a petição inicial para incluir, como litisconsorte passivo, o sujeito indicado pelo réu.

Art. 340. Havendo alegação de incompetência relativa ou absoluta, a contestação poderá ser protocolada no foro de domicílio do réu, fato que será imediatamente comunicado ao juiz da causa, preferencialmente por meio eletrônico.

→ v. Arts. 64 e ss. do NCPC.

§ 1º A contestação será submetida a livre distribuição ou, se o réu houver sido citado por meio de carta precatória, juntada aos autos dessa carta, seguindo-se a sua imediata remessa para o juízo da causa.

§ 2º Reconhecida a competência do foro indicado pelo réu, o juízo para o qual for distribuída a contestação ou a carta precatória será considerado prevento.

§ 3º Alegada a incompetência nos termos do *caput*, será suspensa a realização da audiência de conciliação ou de mediação, se tiver sido designada.

§ 4º Definida a competência, o juízo competente designará nova data para a audiência de conciliação ou de mediação.

→ v. Arts. 334 e ss. do NCPC.

Art. 341. Incumbe também ao réu manifestar-se precisamente sobre as alegações de fato constantes da petição inicial, presumindo-se verdadeiras as não impugnadas, salvo se:

I – não for admissível, a seu respeito, a confissão;

→ v. Art. 213 do CC/2002.

→ v. Art. 391 do NCPC.

II – a petição inicial não estiver acompanhada de instrumento que a lei considerar da substância do ato;

→ v. Art. 108 do CC/2002.

→ v. Art. 406 do NCPC.

III – estiverem em contradição com a defesa, considerada em seu conjunto.

Parágrafo único. O ônus da impugnação especificada dos fatos não se aplica ao defensor público, ao advogado dativo e ao curador especial.

→ v. Arts. 72, 185 e 186 do NCPC.

Art. 342. Depois da contestação, só é lícito ao réu deduzir novas alegações quando:

I – relativas a direito ou a fato superveniente;

II – competir ao juiz conhecer delas de ofício;

III – por expressa autorização legal, puderem ser formuladas em qualquer tempo e grau de jurisdição.

Capítulo VII
DA RECONVENÇÃO

Art. 343. Na contestação, é lícito ao réu propor reconvenção para manifestar pretensão própria, conexa com a ação principal ou com o fundamento da defesa.

→ v. Súmula 237 e 258 do STF.

→ v. Súmula 292 do STJ.

→ v. Art. 31 da Lei 9.099/1995.

→ v. Art. 36 da Lei 6.515/1977.

→ v. Art. 16, § 3º, da Lei 6.830/1980.

§ 1º Proposta a reconvenção, o autor será intimado, na pessoa de seu advogado, para apresentar resposta no prazo de 15 (quinze) dias.

§ 2º A desistência da ação ou a ocorrência de causa extintiva que impeça o exame de seu mérito não obsta ao prosseguimento do processo quanto à reconvenção.

→ v. Súmula 240 do STJ.

§ 3º A reconvenção pode ser proposta contra o autor e terceiro.

§ 4º A reconvenção pode ser proposta pelo réu em litisconsórcio com terceiro.

§ 5º Se o autor for substituto processual, o reconvinte deverá afirmar ser titular de direito em face do substituído, e a reconvenção deverá ser proposta em face do autor, também na qualidade de substituto processual.

§ 6º O réu pode propor reconvenção independentemente de oferecer contestação.

Capítulo VIII
DA REVELIA

Art. 344. Se o réu não contestar a ação, será considerado revel e presumir-se-ão verdadeiras as alegações de fato formuladas pelo autor.

→ v. Art. 20 da Lei 9.099/1995.

→ v. Arts. 72, II, 503, § 1º, II 525, § 1º, I, e 963, II, do NCPC.

Art. 345. A revelia não produz o efeito mencionado no art. 344 se:

I – havendo pluralidade de réus, algum deles contestar a ação;

II – o litígio versar sobre direitos indisponíveis;

→ v. Art. 213 do CC/2002.

→ v. Art. 392 do NCPC.

III – a petição inicial não estiver acompanhada de instrumento que a lei considere indispensável à prova do ato;

→ v. Art. 108 do CC/2002.

→ v. Arts. 341 e 406 do NCPC.

IV – as alegações de fato formuladas pelo autor forem inverossímeis ou estiverem em contradição com prova constante dos autos.

Art. 346. Os prazos contra o revel que não tenha patrono nos autos fluirão da data de publicação do ato decisório no órgão oficial.

→ v. Súmula 196 do STJ.

→ v. Arts. 357, II, 513, § 2º, IV, e 889, parágrafo único, do NCPC.

Parágrafo único. O revel poderá intervir no processo em qualquer fase, recebendo-o no estado em que se encontrar.

→ v. Súmula 231 do STF.

→ v. Art. 349 do NCPC.

Capítulo IX
DAS PROVIDÊNCIAS PRELIMINARES E DO SANEAMENTO

Art. 347. Findo o prazo para a contestação, o juiz tomará, conforme o caso, as providências preliminares constantes das seções deste Capítulo.

Seção I
Da não incidência dos efeitos da revelia

Art. 348. Se o réu não contestar a ação, o juiz, verificando a inocorrência do efeito da revelia previsto no art. 344, ordenará que o autor especifique as provas que pretenda produzir, se ainda não as tiver indicado.

Art. 349. Ao réu revel será lícita a produção de provas, contrapostas às alegações do autor, desde que se faça representar nos autos a tempo de praticar os atos processuais indispensáveis a essa produção.

→ v. Art. 346, parágrafo único, do NCPC.

Seção II
Do fato impeditivo, modificativo ou extintivo do direito do autor

Art. 350. Se o réu alegar fato impeditivo, modificativo ou extintivo do direito do autor, este será ouvido no prazo de 15 (quinze) dias, permitindo-lhe o juiz a produção de prova.

Seção III
Das alegações do réu

Art. 351. Se o réu alegar qualquer das matérias enumeradas no art. 337, o juiz determinará a oitiva do autor no prazo de 15 (quinze) dias, permitindo-lhe a produção de prova.

Art. 352. Verificando a existência de irregularidades ou de vícios sanáveis, o juiz determinará sua correção em prazo nunca superior a 30 (trinta) dias.

Art. 353. Cumpridas as providências preliminares ou não havendo necessidade delas, o juiz proferirá julgamento conforme o estado do processo, observando o que dispõe o Capítulo X.

Capítulo X
DO JULGAMENTO CONFORME O ESTADO DO PROCESSO

Seção I
Da extinção do processo

Art. 354. Ocorrendo qualquer das hipóteses previstas nos arts. 485 e 487, incisos II e III, o juiz proferirá sentença.

Parágrafo único. A decisão a que se refere o *caput* pode dizer respeito a apenas parcela do processo, caso em que será impugnável por agravo de instrumento.

→ v. Arts. 90, § 1º, 356, 966, § 3º, 1.015 a 1.020, do NCPC.

Seção II
Do julgamento antecipado do mérito

Art. 355. O juiz julgará antecipadamente o pedido, proferindo sentença com resolução de mérito, quando:

I – não houver necessidade de produção de outras provas;

→ v. Art. 37 da Lei 6.515/1977.

→ v. Art. 87, § 3º, da Lei 11.101/2005.

II – o réu for revel, ocorrer o efeito previsto no art. 344 e não houver requerimento de prova, na forma do art. 349.

→ v. Arts. 344 a 346 do NCPC.

Seção III
Do julgamento antecipado parcial do mérito

Art. 356. O juiz decidirá parcialmente o mérito quando um ou mais dos pedidos formulados ou parcela deles:

→ v. Arts. 354, parágrafo único, e 966, § 3º, do NCPC.

I – mostrar-se incontroverso;

→ v. Arts. 374, II e III, do NCPC.

II – estiver em condições de imediato julgamento, nos termos do art. 355.

§ 1º A decisão que julgar parcialmente o mérito poderá reconhecer a existência de obrigação líquida ou ilíquida.

§ 2º A parte poderá liquidar ou executar, desde logo, a obrigação reconhecida na decisão que julgar parcialmente o mérito, independentemente de caução, ainda que haja recurso contra essa interposto.

§ 3º Na hipótese do § 2º, se houver trânsito em julgado da decisão, a execução será definitiva.

§ 4º A liquidação e o cumprimento da decisão que julgar parcialmente o mérito poderão ser processados em autos suplementares, a requerimento da parte ou a critério do juiz.

→ v. Art. 509, § 1º, do NCPC.

§ 5º A decisão proferida com base neste artigo é impugnável por agravo de instrumento.

→ v. Arts. 1.015 a 1.020 do NCPC.

Seção IV
Do saneamento e da organização do processo

Art. 357. Não ocorrendo nenhuma das hipóteses deste Capítulo, deverá o juiz, em decisão de saneamento e de organização do processo:

I – resolver as questões processuais pendentes, se houver;

II – delimitar as questões de fato sobre as quais recairá a atividade probatória, especificando os meios de prova admitidos;

III – definir a distribuição do ônus da prova, observado o art. 373;

IV – delimitar as questões de direito relevantes para a decisão do mérito;

V – designar, se necessário, audiência de instrução e julgamento.

§ 1º Realizado o saneamento, as partes têm o direito de pedir esclarecimentos ou solicitar ajustes, no prazo comum de 5 (cinco) dias, findo o qual a decisão se torna estável.

§ 2º As partes podem apresentar ao juiz, para homologação, delimitação consensual das questões de fato e de direito a que se referem os incisos II e IV, a qual, se homologada, vincula as partes e o juiz.

→ v. Arts. 190 e 191 do NCPC.

§ 3º Se a causa apresentar complexidade em matéria de fato ou de direito, deverá o juiz designar audiência para que o saneamento seja feito em cooperação com as partes, oportunidade em que o juiz, se for o caso, convidará as partes a integrar ou esclarecer suas alegações.

→ v. Art. 6º do NCPC.

§ 4º Caso tenha sido determinada a produção de prova testemunhal, o juiz fixará prazo comum não superior a 15 (quinze) dias para que as partes apresentem rol de testemunhas.

§ 5º Na hipótese do § 3º, as partes devem levar, para a audiência prevista, o respectivo rol de testemunhas.

§ 6º O número de testemunhas arroladas não pode ser superior a 10 (dez), sendo 3 (três), no máximo, para a prova de cada fato.

§ 7º O juiz poderá limitar o número de testemunhas levando em conta a complexidade da causa e dos fatos individualmente considerados.

§ 8º Caso tenha sido determinada a produção de prova pericial, o juiz deve observar o disposto no art. 465 e, se possível, estabelecer, desde logo, calendário para sua realização.

§ 9º As pautas deverão ser preparadas com intervalo mínimo de 1 (uma) hora entre as audiências.

Capítulo XI
DA AUDIÊNCIA DE INSTRUÇÃO E JULGAMENTO

Art. 358. No dia e na hora designados, o juiz declarará aberta a audiência de instrução e julgamento e mandará apregoar as partes e os respectivos advogados, bem como outras pessoas que dela devam participar.

Art. 359. Instalada a audiência, o juiz tentará conciliar as partes, independentemente do emprego anterior de outros métodos de solução consensual de conflitos, como a mediação e a arbitragem.

→ v. Arts. 139, V, 165 a 175 do NCPC.

Art. 360. O juiz exerce o poder de polícia, incumbindo-lhe:

I – manter a ordem e o decoro na audiência;

II – ordenar que se retirem da sala de audiência os que se comportarem inconvenientemente;

→ v. Art. 459, § 2º, do NCPC.

III – requisitar, quando necessário, força policial;

→ v. Art. 139, VII, do NCPC.

IV – tratar com urbanidade as partes, os advogados, os membros do Ministério Público e da Defensoria Pública e qualquer pessoa que participe do processo;

→ v. Art. 78 do NCPC.

V – registrar em ata, com exatidão, todos os requerimentos apresentados em audiência.

Art. 361. As provas orais serão produzidas em audiência, ouvindo-se nesta ordem, preferencialmente:

→ v. Art. 139, VI, do NCPC.

I – o perito e os assistentes técnicos, que responderão aos quesitos de esclarecimentos requeridos no prazo e na forma do art. 477, caso não respondidos anteriormente por escrito;

II – o autor e, em seguida, o réu, que prestarão depoimentos pessoais;

III – as testemunhas arroladas pelo autor e pelo réu, que serão inquiridas.

→ v. Art. 434, parágrafo único, do NCPC.

Parágrafo único. Enquanto depuserem o perito, os assistentes técnicos, as partes e as testemunhas, não poderão os advogados e o Ministério Público intervir ou apartear, sem licença do juiz.

Art. 362. A audiência poderá ser adiada:

I – por convenção das partes;

II – se não puder comparecer, por motivo justificado, qualquer pessoa que dela deva necessariamente participar;

III – por atraso injustificado de seu início em tempo superior a 30 (trinta) minutos do horário marcado.

§ 1º O impedimento deverá ser comprovado até a abertura da audiência, e, não o sendo, o juiz procederá à instrução.

§ 2º O juiz poderá dispensar a produção das provas requeridas pela parte cujo advogado ou defensor público não tenha comparecido à audiência, aplicando-se a mesma regra ao Ministério Público.

§ 3º Quem der causa ao adiamento responderá pelas despesas acrescidas.

Art. 363. Havendo antecipação ou adiamento da audiência, o juiz, de ofício ou a requerimento da parte, determinará a intimação dos advogados ou da sociedade de advogados para ciência da nova designação.

Art. 364. Finda a instrução, o juiz dará a palavra ao advogado do autor e do réu, bem como ao membro do Ministério Público, se for o caso de sua intervenção, sucessivamente, pelo prazo de 20 (vinte) minutos para cada um, prorrogável por 10 (dez) minutos, a critério do juiz.

§ 1º Havendo litisconsorte ou terceiro interveniente, o prazo, que formará com o da prorrogação um só todo, dividir-se-á entre os do mesmo grupo, se não convencionarem de modo diverso.

§ 2º Quando a causa apresentar questões complexas de fato ou de direito, o debate oral poderá ser substituído por razões finais escritas, que serão apresentadas pelo autor e pelo réu, bem como pelo Ministério Público, se for o caso de sua intervenção, em prazos sucessivos de 15 (quinze) dias, assegurada vista dos autos.

→ *v.* Art. 139, VI, do NCPC.

Art. 365. A audiência é una e contínua, podendo ser excepcional e justificadamente cindida na ausência de perito ou de testemunha, desde que haja concordância das partes.

Parágrafo único. Diante da impossibilidade de realização da instrução, do debate e do julgamento no mesmo dia, o juiz marcará seu prosseguimento para a data mais próxima possível, em pauta preferencial.

Art. 366. Encerrado o debate ou oferecidas as razões finais, o juiz proferirá sentença em audiência ou no prazo de 30 (trinta) dias.

→ *v.* Art. 226, III, do NCPC.

Art. 367. O servidor lavrará, sob ditado do juiz, termo que conterá, em resumo, o ocorrido na audiência, bem como, por extenso, os despachos, as decisões e a sentença, se proferida no ato.

§ 1º Quando o termo não for registrado em meio eletrônico, o juiz rubricar-lhe-á as folhas, que serão encadernadas em volume próprio.

§ 2º Subscreverão o termo o juiz, os advogados, o membro do Ministério Público e o escrivão ou chefe de secretaria, dispensadas as partes, exceto quando houver ato de disposição para cuja prática os advogados não tenham poderes.

§ 3º O escrivão ou chefe de secretaria trasladará para os autos cópia autêntica do termo de audiência.

§ 4º Tratando-se de autos eletrônicos, observar-se-á o disposto neste Código, em legislação específica e nas normas internas dos tribunais.

§ 5º A audiência poderá ser integralmente gravada em imagem e em áudio, em meio digital ou analógico, desde que assegure o rápido acesso das partes e dos órgãos julgadores, observada a legislação específica.

§ 6º A gravação a que se refere o § 5º também pode ser realizada diretamente por qualquer das partes, independentemente de autorização judicial.

Art. 368. A audiência será pública, ressalvadas as exceções legais.

→ *v.* Arts. 11 e 189 do NCPC.

Capítulo XII
DAS PROVAS

Seção I
Disposições Gerais

Art. 369. As partes têm o direito de empregar todos os meios legais, bem como os moralmente legítimos, ainda que não especificados neste Código, para provar a verdade dos fatos em que se funda o pedido ou a defesa e influir eficazmente na convicção do juiz.

→ *v.* Art. 5º, LVI, da CF/1988.

→ *v.* Arts. 212 a 232 do CC/2002.

→ *v.* Art. 155 do CPP.

→ *v.* Arts. 5º, 32 a 37 da Lei 9.099/1995.

Art. 370. Caberá ao juiz, de ofício ou a requerimento da parte, determinar as provas necessárias ao julgamento do mérito.

Parágrafo único. O juiz indeferirá, em decisão fundamentada, as diligências inúteis ou meramente protelatórias.

→ *v.* Art. 139, III, do NCPC.

Art. 371. O juiz apreciará a prova constante dos autos, independentemente do sujeito que a tiver promovido, e indicará na decisão as razões da formação de seu convencimento.

→ *v.* Arts. 11 e 489, § 1º, do NCPC.

Art. 372. O juiz poderá admitir a utilização de prova produzida em outro processo, atribuindo-lhe o valor que considerar adequado, observado o contraditório.

Art. 373. O ônus da prova incumbe:

I – ao autor, quanto ao fato constitutivo de seu direito;

II – ao réu, quanto à existência de fato impeditivo, modificativo ou extintivo do direito do autor.

§ 1º Nos casos previstos em lei ou diante de peculiaridades da causa relacionadas à impossibilidade ou à excessiva dificuldade de cumprir o encargo nos termos do caput ou à maior facilidade de obtenção da prova do fato contrário, poderá o juiz atribuir o ônus da prova de modo diverso, desde que o faça por decisão fundamentada, caso em que deverá dar à parte a oportunidade de se desincumbir do ônus que lhe foi atribuído.

→ *v.* Arts. 6º, VIII, e 51, VI, do CDC.

→ *v.* Art. 927, parágrafo único, do CC/2002.

§ 2º A decisão prevista no § 1º deste artigo não pode gerar situação em que a desincumbência do encargo pela parte seja impossível ou excessivamente difícil.

§ 3º A distribuição diversa do ônus da prova também pode ocorrer por convenção das partes, salvo quando:

I – recair sobre direito indisponível da parte;

→ *v.* Art. 841 do CC/2002.

→ *v.* Art. 190 do NCPC.

II – tornar excessivamente difícil a uma parte o exercício do direito.

→ *v.* Art. 190, parágrafo único, do NCPC.

§ 4º A convenção de que trata o § 3º pode ser celebrada antes ou durante o processo.

Art. 374. Não dependem de prova os fatos:

→ *v.* Súmula 403 do STJ.

I – notórios;

II – afirmados por uma parte e confessados pela parte contrária;

III – admitidos no processo como incontroversos;

IV – em cujo favor milita presunção legal de existência ou de veracidade.

→ *v.* Súmula 301 do STJ.

→ *v.* Arts. 231 e 231 do CC/2002.

Art. 375. O juiz aplicará as regras de experiência comum subministradas pela observação do que ordinariamente acontece e, ainda, as regras de experiência técnica, ressalvado, quanto a estas, o exame pericial.

Art. 376. A parte que alegar direito municipal, estadual, estrangeiro ou consuetudinário provar-lhe-á o teor e a vigência, se assim o juiz determinar.

→ *v.* Art. 14 da LINDB.

Art. 377. A carta precatória, a carta rogatória e o auxílio direto suspenderão o julgamento da causa no caso previsto no art. 313, inciso V, alínea *b*, quando, tendo sido requeridos antes da decisão de saneamento, a prova neles solicitada for imprescindível.

Parágrafo único. A carta precatória e a carta rogatória não devolvidas no prazo ou concedidas sem efeito suspensivo poderão ser juntadas aos autos a qualquer momento.

→ *v.* Arts. 69 e 260 a 268 do NCPC.

Art. 378. Ninguém se exime do dever de colaborar com o Poder Judiciário para o descobrimento da verdade.

→ *v.* Art. 6º do NCPC.

Art. 379. Preservado o direito de não produzir prova contra si própria, incumbe à parte:

→ *v.* Art. 5º, LXIII, da CF/1988.

→ *v.* Arts. 231 e 232 do CC/2002.

I – comparecer em juízo, respondendo ao que lhe for interrogado;

II – colaborar com o juízo na realização de inspeção judicial que for considerada necessária;

III – praticar o ato que lhe for determinado.

→ *v.* Art. 5º, II, da CF/1988.

Art. 380. Incumbe ao terceiro, em relação a qualquer causa:

I – informar ao juiz os fatos e as circunstâncias de que tenha conhecimento;

II – exibir coisa ou documento que esteja em seu poder.

Parágrafo único. Poderá o juiz, em caso de descumprimento, determinar, além da imposição de multa, outras medidas indutivas, coercitivas, mandamentais ou sub-rogatórias.

→ *v.* Art. 77, I e IV, do NCPC.

Seção II
Da produção antecipada da prova

Art. 381. A produção antecipada da prova será admitida nos casos em que:

I – haja fundado receio de que venha a tornar-se impossível ou muito difícil a verificação de certos fatos na pendência da ação;

II – a prova a ser produzida seja suscetível de viabilizar a autocomposição ou outro meio adequado de solução de conflito;

III – o prévio conhecimento dos fatos possa justificar ou evitar o ajuizamento de ação.

→ *v.* Súmula 455 do STF.

§ 1º O arrolamento de bens observará o disposto nesta Seção quando tiver por finalidade apenas a realização de documentação e não a prática de atos de apreensão.

§ 2º A produção antecipada da prova é da competência do juízo do foro onde esta deva ser produzida ou do foro de domicílio do réu.

§ 3º A produção antecipada da prova não previne a competência do juízo para a ação que venha a ser proposta.

§ 4º O juízo estadual tem competência para produção antecipada de prova requerida em face da União, de entidade autárquica ou de empresa pública federal se, na localidade, não houver vara federal.

→ *v.* Art. 109, § 3º, da CF/1988.

§ 5º Aplica-se o disposto nesta Seção àquele que pretender justificar a existência de algum fato ou relação jurídica para simples documento e sem caráter contencioso, que exporá, em petição circunstanciada, a sua intenção.

→ *v.* Súmula 32 do STJ.

→ *v.* Arts. 46, § 3º, 69, § 2º, 89, e 113 da Lei 6.015/1973.

Art. 382. Na petição, o requerente apresentará as razões que justificam a necessidade de antecipação da prova e mencionará com precisão os fatos sobre os quais a prova há de recair.

§ 1º O juiz determinará, de ofício ou a requerimento da parte, a citação de interessados na produção da prova ou no fato a ser provado, salvo se inexistente caráter contencioso.

§ 2º O juiz não se pronunciará sobre a ocorrência ou a inocorrência do fato, nem sobre as respectivas consequências jurídicas.

§ 3º Os interessados poderão requerer a produção de qualquer prova no mesmo procedimento, desde que relacionada ao mesmo fato, salvo se a sua produção conjunta acarretar excessiva demora.

§ 4º Neste procedimento, não se admitirá defesa ou recurso, salvo contra decisão que indeferir totalmente a produção da prova pleiteada pelo requerente originário.

Art. 383. Os autos permanecerão em cartório durante 1 (um) mês para extração de cópias e certidões pelos interessados.

Parágrafo único. Findo o prazo, os autos serão entregues ao promovente da medida.

→ *v.* Art. 112 da Lei 6.015/1973.

Seção III
Da ata notarial

→ *v.* Lei 8.935/1994 – Regulamenta o art. 236 da Constituição Federal, dispondo sobre serviços notariais e de registro (Lei dos cartórios).

Art. 384. A existência e o modo de existir de algum fato podem ser atestados ou documentados, a requerimento do interessado, mediante ata lavrada por tabelião.

Parágrafo único. Dados representados por imagem ou som gravados em arquivos eletrônicos poderão constar da ata notarial.

Seção IV
Do depoimento pessoal

Art. 385. Cabe à parte requerer o depoimento pessoal da outra parte, a fim de que esta seja interrogada na audiência de instrução e julgamento, sem prejuízo do poder do juiz de ordená-lo de ofício.

§ 1º Se a parte, pessoalmente intimada para prestar depoimento pessoal e advertida da pena de confesso, não comparecer ou, comparecendo, se recusar a depor, o juiz aplicar-lhe-á a pena.

→ *v.* Súmula 74 do TST.

§ 2º É vedado a quem ainda não depôs assistir ao interrogatório da outra parte.

§ 3º O depoimento pessoal da parte que residir em comarca, seção ou subseção judiciária diversa daquela onde tramita o processo poderá ser colhido por meio de videoconferência ou outro recurso tecnológico de transmissão de sons e imagens em tempo real, o que poderá ocorrer, inclusive, durante a realização da audiência de instrução e julgamento.

→ *v.* Arts. 236, § 3º, 453, § 1º, 461, § 2º, 937, § 4º, do NCPC.

Art. 386. Quando a parte, sem motivo justificado, deixar de responder ao que lhe for perguntado ou empregar evasivas, o juiz, apreciando as demais circunstâncias e os elementos de prova, declarará, na sentença, se houve recusa de depor.

Art. 387. A parte responderá pessoalmente sobre os fatos articulados, não podendo servir-se de escritos anteriormente preparados, permitindo-lhe o juiz, todavia, a consulta a notas breves, desde que objetivem completar esclarecimentos.

Art. 388. A parte não é obrigada a depor sobre fatos:

I – criminosos ou torpes que lhe forem imputados;

II – a cujo respeito, por estado ou profissão, deva guardar sigilo;

III – acerca dos quais não possa responder sem desonra própria, de seu cônjuge, de seu companheiro ou de parente em grau sucessível;

IV – que coloquem em perigo a vida do depoente ou das pessoas referidas no inciso III.

Parágrafo único. Esta disposição não se aplica às ações de estado e de família.

Seção V
Da confissão

Art. 389. Há confissão, judicial ou extrajudicial, quando a parte admite a verdade de fato contrário ao seu interesse e favorável ao do adversário.

→ *v.* Arts. 167, § 1º, II, e 212, I, do CC/2002.

Art. 390. A confissão judicial pode ser espontânea ou provocada.

§ 1º A confissão espontânea pode ser feita pela própria parte ou por representante com poder especial.

§ 2º A confissão provocada constará do termo de depoimento pessoal.

→ *v.* Art. 385 do NCPC.

Art. 391. A confissão judicial faz prova contra o confitente, não prejudicando, todavia, os litisconsortes.

Parágrafo único. Nas ações que versarem sobre bens imóveis ou direitos reais sobre imóveis alheios, a confissão de um cônjuge ou companheiro não valerá sem a do outro, salvo se o regime de casamento for o de separação absoluta de bens.

→ *v.* Art. 1.647, I, do CC/2002.

Art. 392. Não vale como confissão a admissão, em juízo, de fatos relativos a direitos indisponíveis.

→ *v.* Art. 213 do CC/2002.

§ 1º A confissão será ineficaz se feita por quem não for capaz de dispor do direito a que se referem os fatos confessados.

§ 2º A confissão feita por um representante somente é eficaz nos limites em que este pode vincular o representado.

→ *v.* Art. 1.602 do CC/2002.

Art. 393. A confissão é irrevogável, mas pode ser anulada se decorreu de erro de fato ou de coação.

→ *v.* Art. 214 do CC/2002.

→ *v.* Art. 966, § 4º, do NCPC.

Parágrafo único. A legitimidade para a ação prevista no *caput* é exclusiva do confitente e pode ser transferida a seus herdeiros se ele falecer após a propositura.

Art. 394. A confissão extrajudicial, quando feita oralmente, só terá eficácia nos casos em que a lei não exija prova literal.

Art. 395. A confissão é, em regra, indivisível, não podendo a parte que a quiser invocar como prova aceitá-la no tópico que a beneficiar e rejeitá-la no que lhe for desfavorável, porém cindir-se-á quando o confitente a ela aduzir fatos novos, capazes de constituir fundamento de defesa de direito material ou de reconvenção.

Seção VI
Da exibição de documento ou coisa

Art. 396. O juiz pode ordenar que a parte exiba documento ou coisa que se encontre em seu poder.

→ *v.* Súmulas 260 e 390 do STF.

→ *v.* Súmula 372 do STJ.

→ *v.* Art. 1.191 do CC/2002.

→ *v.* Art. 41, parágrafo único, da Lei 6.830/1980.

Art. 397. O pedido formulado pela parte conterá:

I – a individuação, tão completa quanto possível, do documento ou da coisa;

II – a finalidade da prova, indicando os fatos que se relacionam com o documento ou com a coisa;

III – as circunstâncias em que se funda o requerente para afirmar que o documento ou a coisa existe e se acha em poder da parte contrária.

Art. 398. O requerido dará sua resposta nos 5 (cinco) dias subsequentes à sua intimação.

Parágrafo único. Se o requerido afirmar que não possui o documento ou a coisa, o juiz permitirá que o requerente prove, por qualquer meio, que a declaração não corresponde à verdade.

Art. 399. O juiz não admitirá a recusa se:

I – o requerido tiver obrigação legal de exibir;

→ *v.* Art. 5º, II, da CF/1988.

→ *v.* Art. 195 do CTN.

II – o requerido tiver aludido ao documento ou à coisa, no processo, com o intuito de constituir prova;

III – o documento, por seu conteúdo, for comum às partes.

Art. 400. Ao decidir o pedido, o juiz admitirá como verdadeiros os fatos que, por meio do documento ou da coisa, a parte pretendia provar se:

I – o requerido não efetuar a exibição nem fizer nenhuma declaração no prazo do art. 398;

II – a recusa for havida por ilegítima.

Parágrafo único. Sendo necessário, o juiz pode adotar medidas indutivas, coercitivas, mandamentais ou sub-rogatórias para que o documento seja exibido.

→ v. Súmula 372 do STJ.

Art. 401. Quando o documento ou a coisa estiver em poder de terceiro, o juiz ordenará sua citação para responder no prazo de 15 (quinze) dias.

Art. 402. Se o terceiro negar a obrigação de exibir ou a posse do documento ou da coisa, o juiz designará audiência especial, tomando-lhe o depoimento, bem como o das partes e, se necessário, o de testemunhas, e em seguida proferirá decisão.

Art. 403. Se o terceiro, sem justo motivo, se recusar a efetuar a exibição, o juiz ordenar-lhe-á que proceda ao respectivo depósito em cartório ou em outro lugar designado, no prazo de 5 (cinco) dias, impondo ao requerente que o ressarça pelas despesas que tiver.

Parágrafo único. Se o terceiro descumprir a ordem, o juiz expedirá mandado de apreensão, requisitando, se necessário, força policial, sem prejuízo da responsabilidade por crime de desobediência, pagamento de multa e outras medidas indutivas, coercitivas, mandamentais ou sub-rogatórias necessárias para assegurar a efetivação da decisão.

Art. 404. A parte e o terceiro se escusam de exibir, em juízo, o documento ou a coisa se:

I – concernente a negócios da própria vida da família;

II – sua apresentação puder violar dever de honra;

III – sua publicidade redundar em desonra à parte ou ao terceiro, bem como a seus parentes consanguíneos ou afins até o terceiro grau, ou lhes representar perigo de ação penal;

IV – sua exibição acarretar a divulgação de fatos a cujo respeito, por estado ou profissão, devam guardar segredo;

→ v. Art. 5º, XIV, da CF/1988.

→ v. Art. 34, VII, da Lei 8.906/1994.

V – subsistirem outros motivos graves que, segundo o prudente arbítrio do juiz, justifiquem a recusa da exibição;

VI – houver disposição legal que justifique a recusa da exibição.

Parágrafo único. Se os motivos de que tratam os incisos I a VI do *caput* disserem respeito a apenas uma parcela do documento, a parte ou o terceiro exibirá a outra em cartório, para dela ser extraída cópia reprográfica, de tudo sendo lavrado auto circunstanciado.

Seção VII
Da prova documental

Subseção I
Da força probante dos documentos

Art. 405. O documento público faz prova não só da sua formação, mas também dos fatos que o escrivão, o chefe de secretaria, o tabelião ou o servidor declarar que ocorreram em sua presença.

Art. 406. Quando a lei exigir instrumento público como da substância do ato, nenhuma outra prova, por mais especial que seja, pode suprir-lhe a falta.

→ v. Arts. 108 e 215 do CC/2002.

Art. 407. O documento feito por oficial público incompetente ou sem a observância das formalidades legais, sendo subscrito pelas partes, tem a mesma eficácia probatória do documento particular.

Art. 408. As declarações constantes do documento particular escrito e assinado ou somente assinado presumem-se verdadeiras em relação ao signatário.

→ v. Art. 219 do CC/2002.

Parágrafo único. Quando, todavia, contiver declaração de ciência de determinado fato, o documento particular prova a ciência, mas não o fato em si, incumbindo o ônus de prová-lo ao interessado em sua veracidade.

Art. 409. A data do documento particular, quando a seu respeito surgir dúvida ou impugnação entre os litigantes, provar-se-á por todos os meios de direito.

Parágrafo único. Em relação a terceiros, considerar-se-á datado o documento particular:

I – no dia em que foi registrado;

II – desde a morte de algum dos signatários;

III – a partir da impossibilidade física que sobreveio a qualquer dos signatários;

IV – da sua apresentação em repartição pública ou em juízo;

V – do ato ou do fato que estabeleça, de modo certo, a anterioridade da formação do documento.

Art. 410. Considera-se autor do documento particular:

I – aquele que o fez e o assinou;

II – aquele por conta de quem ele foi feito, estando assinado;

III – aquele que, mandando compô-lo, não o firmou porque, conforme a experiência comum, não se costuma assinar, como livros empresariais e assentos domésticos.

Art. 411. Considera-se autêntico o documento quando:

I – o tabelião reconhecer a firma do signatário;

II – a autoria estiver identificada por qualquer outro meio legal de certificação, inclusive eletrônico, nos termos da lei;

III – não houver impugnação da parte contra quem foi produzido o documento.

Art. 412. O documento particular de cuja autenticidade não se duvida prova que o seu autor fez a declaração que lhe é atribuída.

Parágrafo único. O documento particular admitido expressa ou tacitamente é indivisível, sendo vedado à parte que pretende utilizar-se dele aceitar os fatos que lhe são favoráveis e recusar os que são contrários ao seu interesse, salvo se provar que estes não ocorreram.

Art. 413. O telegrama, o radiograma ou qualquer outro meio de transmissão tem a mesma força probatória do documento particular se o original constante da estação expedidora tiver sido assinado pelo remetente.

Parágrafo único. A firma do remetente poderá ser reconhecida pelo tabelião, declarando-se essa circunstância no original depositado na estação expedidora.

Art. 414. O telegrama ou o radiograma presume-se conforme com o original, provando as datas de sua expedição e de seu recebimento pelo destinatário.

Art. 415. As cartas e os registros domésticos provam contra quem os escreveu quando:

I – enunciam o recebimento de um crédito;

II – contêm anotação que visa a suprir a falta de título em favor de quem é apontado como credor;

III – expressam conhecimento de fatos para os quais não se exija determinada prova.

Art. 416. A nota escrita pelo credor em qualquer parte de documento representativo de obrigação, ainda que não assinada, faz prova em benefício do devedor.

Parágrafo único. Aplica-se essa regra tanto para o documento que o credor conservar em seu poder quanto para aquele que se achar em poder do devedor ou de terceiro.

Art. 417. Os livros empresariais provam contra seu autor, sendo lícito ao empresário, todavia, demonstrar, por todos os meios permitidos em direito, que os lançamentos não correspondem à verdade dos fatos.

Art. 418. Os livros empresariais que preencham os requisitos exigidos por lei provam a favor do seu autor no litígio entre empresários.

Art. 419. A escrituração contábil é indivisível, e, se dos fatos que resultam dos lançamentos, uns são favoráveis ao interesse de seu autor e outros lhe são contrários, ambos serão considerados em conjunto, como unidade.

Art. 420. O juiz pode ordenar, a requerimento da parte, a exibição integral dos livros empresariais e dos documentos do arquivo:

→ v. Súmula 260 do STF.

→ v. Art. 194 do CTN.

→ v. Art. 1º, I, da Lei 8.137/1990.

→ v. Art. 105 da Lei 6.404/1976.

I – na liquidação de sociedade;

II – na sucessão por morte de sócio;

III – quando e como determinar a lei.

Art. 421. O juiz pode, de ofício, ordenar à parte a exibição parcial dos livros e dos documentos, extraindo-se deles a suma que interessar ao litígio, bem como reproduções autenticadas.

Art. 422. Qualquer reprodução mecânica, como a fotográfica, a cinematográfica, a fonográfica ou de outra espécie, tem aptidão para fazer prova dos fatos ou das coisas representadas, se a sua conformidade com o documento original não for impugnada por aquele contra quem foi produzida.

→ v. Lei 5.433/1968 – Regula a microfilmagem de documentos oficiais.

§ 1º As fotografias digitais e as extraídas da rede mundial de computadores fazem prova das imagens que reproduzem, devendo, se impugnadas, ser apresentada a respectiva autenticação eletrônica ou, não sendo possível, realizada perícia.

→ V. Lei 12.960/2014 – Estabelece princípios, garantias, direitos e deveres para o uso da Internet no Brasil (Marco Civil da Internet).

§ 2º Se se tratar de fotografia publicada em jornal ou revista, será exigido um exemplar original do periódico, caso impugnada a veracidade pela outra parte.

§ 3º Aplica-se o disposto neste artigo à forma impressa de mensagem eletrônica.

Art. 423. As reproduções dos documentos particulares, fotográficas ou obtidas por outros processos de repetição, valem como certidões sempre que o escrivão ou o chefe de secretaria certificar sua conformidade com o original.

Art. 424. A cópia de documento particular tem o mesmo valor probante que o original, cabendo ao escrivão, intimadas as partes, proceder à conferência e certificar a conformidade entre a cópia e o original.

Art. 425. Fazem a mesma prova que os originais:

I – as certidões textuais de qualquer peça dos autos, do protocolo das audiências ou de outro livro a cargo do escrivão ou do chefe de secretaria, se extraídas por ele ou sob sua vigilância e por ele subscritas;

II – os traslados e as certidões extraídas por oficial público de instrumentos ou documentos lançados em suas notas;

III – as reproduções dos documentos públicos, desde que autenticadas por oficial público ou conferidas em cartório com os respectivos originais;

IV – as cópias reprográficas de peças do próprio processo judicial declaradas autênticas pelo advogado, sob sua responsabilidade pessoal, se não lhes for impugnada a autenticidade;

V – os extratos digitais de bancos de dados públicos e privados, desde que atestado pelo seu emitente, sob as penas da lei, que as informações conferem com o que consta na origem;

VI – as reproduções digitalizadas de qualquer documento público ou particular, quando juntadas aos autos pelos órgãos da justiça e seus auxiliares, pelo Ministério Público e seus auxiliares, pela Defensoria Pública e seus auxiliares, pelas procuradorias, pelas repartições públicas em geral e por advogados, ressalvada a alegação motivada e fundamentada de adulteração.

§ 1º Os originais dos documentos digitalizados mencionados no inciso VI deverão ser preservados pelo seu detentor até o final do prazo para propositura de ação rescisória.

§ 2º Tratando-se de cópia digital de título executivo extrajudicial ou de documento relevante à instrução do processo, o juiz poderá determinar seu depósito em cartório ou secretaria.

Art. 426. O juiz apreciará fundamentadamente a fé que deva merecer o documento, quando em ponto substancial e sem ressalva contiver entrelinha, emenda, borrão ou cancelamento.

→ V. Art. 489, § 1º, NCPC.

Art. 427. Cessa a fé do documento público ou particular sendo-lhe declarada judicialmente a falsidade.

Parágrafo único. A falsidade consiste em:

I – formar documento não verdadeiro;

II – alterar documento verdadeiro.

Art. 428. Cessa a fé do documento particular quando:

I – for impugnada sua autenticidade e enquanto não se comprovar sua veracidade;

II – assinado em branco, for impugnado seu conteúdo, por preenchimento abusivo.

Parágrafo único. Dar-se-á abuso quando aquele que recebeu documento assinado com texto não escrito no todo ou em parte formá-lo ou completá-lo por si ou por meio de outrem, violando o pacto feito com o signatário.

Art. 429. Incumbe o ônus da prova quando:

I – se tratar de falsidade de documento ou de preenchimento abusivo, à parte que a arguir;

II – se tratar de impugnação da autenticidade, à parte que produziu o documento.

Subseção II
Da arguição de falsidade

Art. 430. A falsidade deve ser suscitada na contestação, na réplica ou no prazo de 15 (quinze) dias, contado a partir da intimação da juntada do documento aos autos.

Parágrafo único. Uma vez arguida, a falsidade será resolvida como questão incidental, salvo se a parte requerer que o juiz a decida como questão principal, nos termos do inciso II do art. 19.

Art. 431. A parte arguirá a falsidade expondo os motivos em que funda a sua pretensão e os meios com que provará o alegado.

Art. 432. Depois de ouvida a outra parte no prazo de 15 (quinze) dias, será realizado o exame pericial.

Parágrafo único. Não se procederá ao exame pericial se a parte que produziu o documento concordar em retirá-lo.

Art. 433. A declaração sobre a falsidade do documento, quando suscitada como questão principal, constará da parte dispositiva da sentença e sobre ela incidirá também a autoridade da coisa julgada.

→ V. Arts. 19, II, e 503, § 1º, do NCPC.

Subseção III
Da produção da prova documental

Art. 434. Incumbe à parte instruir a petição inicial ou a contestação com os documentos destinados a provar suas alegações.

→ V. Arts. 320 e 336 do NCPC.

Parágrafo único. Quando o documento consistir em reprodução cinematográfica ou fonográfica, a parte deverá trazê-lo nos termos do *caput*, mas sua exposição será realizada em audiência, intimando-se previamente as partes.

→ V. Art. 361 do NCPC.

Art. 435. É lícito às partes, em qualquer tempo, juntar aos autos documentos novos, quando destinados a fazer prova de fatos ocorridos depois dos articulados ou para contrapô-los aos que foram produzidos nos autos.

Parágrafo único. Admite-se também a juntada posterior de documentos formados após a petição inicial ou a contestação, bem como dos que se tornaram conhecidos, acessíveis ou disponíveis após esses atos, cabendo à parte que os produzir comprovar o motivo que a impediu de juntá-los anteriormente e incumbindo ao juiz, em qualquer caso, avaliar a conduta da parte de acordo com o art. 5º.

→ V. Art. 1.014 do NCPC.

Art. 436. A parte, intimada a falar sobre documento constante dos autos, poderá:

I – impugnar a admissibilidade da prova documental;

II – impugnar sua autenticidade;

III – suscitar sua falsidade, com ou sem deflagração do incidente de arguição de falsidade;

IV – manifestar-se sobre seu conteúdo.

Parágrafo único. Nas hipóteses dos incisos II e III, a impugnação deverá basear-se em argumentação específica, não se admitindo alegação genérica de falsidade.

Art. 437. O réu manifestar-se-á na contestação sobre os documentos anexados à inicial, e o autor manifestar-se-á na réplica sobre os documentos anexados à contestação.

§ 1º Sempre que uma das partes requerer a juntada de documento aos autos, o juiz ouvirá, a seu respeito, a outra parte, que disporá do prazo de 15 (quinze) dias para adotar qualquer das posturas indicadas no art. 436.

§ 2º Poderá o juiz, a requerimento da parte, dilatar o prazo para manifestação sobre a prova documental produzida, levando em consideração a quantidade e a complexidade da documentação.

→ V. Art. 139, VI, do NCPC.

Art. 438. O juiz requisitará às repartições públicas, em qualquer tempo ou grau de jurisdição:

I – as certidões necessárias à prova das alegações das partes;

→ V. Art. 5º, XXXIV, *b*, da CF/1988.

II – os procedimentos administrativos nas causas em que forem interessados a União, os Estados, o Distrito Federal, os Municípios ou entidades da administração indireta.

→ V. Art. 41, parágrafo único, da Lei 6.830/1980.

→ V. Decreto 70.235/1972 – Dispõe sobre o processo administrativo fiscal.

§ 1º Recebidos os autos, o juiz mandará extrair, no prazo máximo e improrrogável de 1 (um) mês, certidões ou reproduções fotográficas das peças que indicar e das que forem indicadas pelas partes, e, em seguida, devolverá os autos à repartição de origem.

§ 2º As repartições públicas poderão fornecer todos os documentos em meio eletrônico, conforme disposto em lei, certificando, pelo mesmo meio, que se trata de extrato fiel do que consta em seu banco de dados ou no documento digitalizado.

Seção VIII
Dos documentos eletrônicos

Art. 439. A utilização de documentos eletrônicos no processo convencional dependerá de sua conversão à forma impressa e da verificação de sua autenticidade, na forma da lei.

Art. 440. O juiz apreciará o valor probante do documento eletrônico não convertido, assegurado às partes o acesso ao seu teor.

Art. 441. Serão admitidos documentos eletrônicos produzidos e conservados com a observância da legislação específica.

→ V. Art. 11 da Lei 11.419/2006.

Seção IX
Da prova testemunhal

Subseção I
Da admissibilidade e do valor da prova testemunhal

Art. 442. A prova testemunhal é sempre admissível, não dispondo a lei de modo diverso.

→ *V.* Art. 1.543 e parágrafo único, do CC/2002.

Art. 443. O juiz indeferirá a inquirição de testemunhas sobre fatos:

I – já provados por documento ou confissão da parte;

II – que só por documento ou por exame pericial puderem ser provados.

Art. 444. Nos casos em que a lei exigir prova escrita da obrigação, é admissível a prova testemunhal quando houver começo de prova por escrito, emanado da parte contra a qual se pretende produzir a prova.

→ *V.* Súmula 149 do STJ.

Art. 445. Também se admite a prova testemunhal quando o credor não pode ou não podia, moral ou materialmente, obter a prova escrita da obrigação, em casos como o de parentesco, de depósito necessário ou de hospedagem em hotel ou em razão das práticas comerciais do local onde contraída a obrigação.

Art. 446. É lícito à parte provar com testemunhas:

I – nos contratos simulados, a divergência entre a vontade real e a vontade declarada;

II – nos contratos em geral, os vícios de consentimento.

→ *V.* Arts. 138 a 155, 166, VII, e 167 do CC/2002.

Art. 447. Podem depor como testemunhas todas as pessoas, exceto as incapazes, impedidas ou suspeitas.

→ *V.* Art. 228 do CC/2002.

§ 1º São incapazes:

I – o interdito por enfermidade ou deficiência mental;

II – o que, acometido por enfermidade ou retardamento mental, ao tempo em que ocorreram os fatos, não podia discerni-los, ou, ao tempo em que deve depor, não está habilitado a transmitir as percepções;

→ *V.* Art. 3º do CC/2002.

III – o que tiver menos de 16 (dezesseis) anos;

IV – o cego e o surdo, quando a ciência do fato depender dos sentidos que lhes faltam.

§ 2º São impedidos:

I – o cônjuge, o companheiro, o ascendente e o descendente em qualquer grau e o colateral, até o terceiro grau, de alguma das partes, por consanguinidade ou afinidade, salvo se o exigir o interesse público ou, tratando-se de causa relativa ao estado da pessoa, não se puder obter de outro modo a prova que o juiz repute necessária ao julgamento do mérito;

II – o que é parte na causa;

III – o que intervém em nome de uma parte, como o tutor, o representante legal da pessoa jurídica, o juiz, o advogado e outros que assistam ou tenham assistido as partes.

§ 3º São suspeitos:

I – o inimigo da parte ou o seu amigo íntimo;

II – o que tiver interesse no litígio.

§ 4º Sendo necessário, pode o juiz admitir o depoimento das testemunhas menores, impedidas ou suspeitas.

§ 5º Os depoimentos referidos no § 4º serão prestados independentemente de compromisso, e o juiz lhes atribuirá o valor que possam merecer.

Art. 448. A testemunha não é obrigada a depor sobre fatos:

I – que lhe acarretem grave dano, bem como ao seu cônjuge ou companheiro e aos seus parentes consanguíneos ou afins, em linha reta ou colateral, até o terceiro grau;

II – a cujo respeito, por estado ou profissão, deva guardar sigilo.

→ *V.* Art. 7º, XX, da Lei 8.906/1994.

Art. 449. Salvo disposição especial em contrário, as testemunhas devem ser ouvidas na sede do juízo.

→ *V.* Art. 454 do NCPC.

Parágrafo único. Quando a parte ou a testemunha, por enfermidade ou por outro motivo relevante, estiver impossibilitada de comparecer, mas não de prestar depoimento, o juiz designará, conforme as circunstâncias, dia, hora e lugar para inquiri-la.

Subseção II
Da produção da prova testemunhal

Art. 450. O rol de testemunhas conterá, sempre que possível, o nome, a profissão, o estado civil, a idade, o número de inscrição no Cadastro de Pessoas Físicas, o número de registro de identidade e o endereço completo da residência e do local de trabalho.

Art. 451. Depois de apresentado o rol de que tratam os §§ 4º e 5º do art. 357, a parte só pode substituir a testemunha:

I – que falecer;

II – que, por enfermidade, não estiver em condições de depor;

III – que, tendo mudado de residência ou de local de trabalho, não for encontrada.

Art. 452. Quando for arrolado como testemunha, o juiz da causa:

I – declarar-se-á impedido, se tiver conhecimento de fatos que possam influir na decisão, caso em que será vedado à parte que o incluiu no rol desistir de seu depoimento;

→ *V.* Art. 144, I, do NCPC.

II – se nada souber, mandará excluir o seu nome.

Art. 453. As testemunhas depõem, na audiência de instrução e julgamento, perante o juiz da causa, exceto:

I – as que prestam depoimento antecipadamente;

→ *V.* Arts. 381 a 383 do NCPC.

II – as que são inquiridas por carta.

→ *V.* Arts. 260 e ss. do NCPC.

§ 1º A oitiva de testemunha que residir em comarca, seção ou subseção judiciária diversa daquela onde tramita o processo poderá ser realizada por meio de videoconferência ou outro recurso tecnológico de transmissão e recepção de sons e imagens em tempo real, o que poderá ocorrer, inclusive, durante a audiência de instrução e julgamento.

→ *V.* Arts. 236, § 3º, 385, § 3º, 461, § 2º, e 937, § 4º, do NCPC.

§ 2º Os juízos deverão manter equipamento para a transmissão e recepção de sons e imagens a que se refere o § 1º.

Art. 454. São inquiridos em sua residência ou onde exercem sua função:

→ *V.* Art. 33, I, da LC 35/1979.

→ *V.* Art. 40, I, Lei 8.625/1993.

I – o presidente e o vice-presidente da República;

II – os ministros de Estado;

III – os ministros do Supremo Tribunal Federal, os conselheiros do Conselho Nacional de Justiça e os ministros do Superior Tribunal de Justiça, do Superior Tribunal Militar, do Tribunal Superior Eleitoral, do Tribunal Superior do Trabalho e do Tribunal de Contas da União;

IV – o procurador-geral da República e os conselheiros do Conselho Nacional do Ministério Público;

V – o advogado-geral da União, o procurador-geral do Estado, o procurador-geral do Município, o defensor público-geral federal e o defensor público-geral do Estado;

VI – os senadores e os deputados federais;

VII – os governadores dos Estados e do Distrito Federal;

VIII – o prefeito;

IX – os deputados estaduais e distritais;

X – os desembargadores dos Tribunais de Justiça, dos Tribunais Regionais Federais, dos Tribunais Regionais do Trabalho e dos Tribunais Regionais Eleitorais e os conselheiros dos Tribunais de Contas dos Estados e do Distrito Federal;

XI – o procurador-geral de justiça;

XII – o embaixador de país que, por lei ou tratado, concede idêntica prerrogativa a agente diplomático do Brasil.

§ 1º O juiz solicitará à autoridade que indique dia, hora e local a fim de ser inquirida, remetendo-lhe cópia da petição inicial ou da defesa oferecida pela parte que a arrolou como testemunha.

§ 2º Passado 1 (um) mês sem manifestação da autoridade, o juiz designará dia, hora e local para o depoimento, preferencialmente na sede do juízo.

§ 3º O juiz também designará dia, hora e local para o depoimento, quando a autoridade não comparecer, injustificadamente, à sessão agendada para a colheita de seu testemunho no dia, hora e local por ela mesma indicados.

Art. 455. Cabe ao advogado da parte informar ou intimar a testemunha por ele arrolada do dia, da hora e do local da audiência designada, dispensando-se a intimação do juízo.

§ 1º A intimação deverá ser realizada por carta com aviso de recebimento, cumprindo ao advogado juntar aos autos, com antecedência de pelo menos 3 (três) dias da data da audiência, cópia da correspondência de intimação e do comprovante de recebimento.

§ 2º A parte pode comprometer-se a levar a testemunha à audiência, independentemente da intimação de que trata o § 1º, presumindo-se, caso a testemunha não compareça, que a parte desistiu de sua inquirição.

§ 3º A inércia na realização da intimação a que se refere o § 1º importa desistência da inquirição da testemunha.

§ 4º A intimação será feita pela via judicial quando:

I – for frustrada a intimação prevista no § 1º deste artigo;

II – sua necessidade for devidamente demonstrada pela parte ao juiz;

III – figurar no rol de testemunhas servidor público ou militar, hipótese em que o juiz o requisitará ao chefe da repartição ou ao comando do corpo em que servir;

IV – a testemunha houver sido arrolada pelo Ministério Público ou pela Defensoria Pública;

V – a testemunha for uma daquelas previstas no art. 454.

§ 5º A testemunha que, intimada na forma do § 1º ou do § 4º, deixar de comparecer sem motivo justificado será conduzida e responderá pelas despesas do adiamento.

Art. 456. O juiz inquirirá as testemunhas separada e sucessivamente, primeiro as do autor e depois as do réu, e providenciará para que uma não ouça o depoimento das outras.

Parágrafo único. O juiz poderá alterar a ordem estabelecida no *caput* se as partes concordarem.

→ *v.* Art. 139, VI, do NCPC.

Art. 457. Antes de depor, a testemunha será qualificada, declarará ou confirmará seus dados e informará se tem relações de parentesco com a parte ou interesse no objeto do processo.

§ 1º É lícito à parte contraditar a testemunha, arguindo-lhe a incapacidade, o impedimento ou a suspeição, bem como, caso a testemunha negue os fatos que lhe são imputados, provar a contradita com documentos ou com testemunhas, até 3 (três), apresentadas no ato e inquiridas em separado.

§ 2º Sendo provados ou confessados os fatos a que se refere o § 1º, o juiz dispensará a testemunha ou lhe tomará o depoimento como informante.

§ 3º A testemunha pode requerer ao juiz que a escuse de depor, alegando os motivos previstos neste Código, decidindo o juiz de plano após ouvidas as partes.

→ *v.* Art. 388 do NCPC.

Art. 458. Ao início da inquirição, a testemunha prestará o compromisso de dizer a verdade do que souber e lhe for perguntado.

Parágrafo único. O juiz advertirá à testemunha que incorre em sanção penal quem faz afirmação falsa, cala ou oculta a verdade.

→ *v.* Art. 342 do CP.

Art. 459. As perguntas serão formuladas pelas partes diretamente à testemunha, começando pela que a arrolou, não admitindo o juiz aquelas que puderem induzir a resposta, não tiverem relação com as questões de fato objeto da atividade probatória ou importarem repetição de outra já respondida.

→ *v.* Art. 212 do CPP.

§ 1º O juiz poderá inquirir a testemunha tanto antes quanto depois da inquirição feita pelas partes.

§ 2º As testemunhas devem ser tratadas com urbanidade, não se lhes fazendo perguntas ou considerações impertinentes, capciosas ou vexatórias.

§ 3º As perguntas que o juiz indeferir serão transcritas no termo, se a parte o requerer.

Art. 460. O depoimento poderá ser documentado por meio de gravação.

§ 1º Quando digitado ou registrado por taquigrafia, estenotipia ou outro método idôneo de documentação, o depoimento será assinado pelo juiz, pelo depoente e pelos procuradores.

§ 2º Se houver recurso em processo em autos não eletrônicos, o depoimento somente será digitado quando for impossível o envio de sua documentação eletrônica.

§ 3º Tratando-se de autos eletrônicos, observar-se-á o disposto neste Código e na legislação específica sobre a prática eletrônica de atos processuais.

→ *v.* Lei 11.419/2006 – Dispõe sobre a informatização do processo judicial.

Art. 461. O juiz pode ordenar, de ofício ou a requerimento da parte:

→ *v.* Art.370 do NCPC.

I – a inquirição de testemunhas referidas nas declarações da parte ou das testemunhas;

II – a acareação de 2 (duas) ou mais testemunhas ou de alguma delas com a parte, quando, sobre fato determinado que possa influir na decisão da causa, divergirem as suas declarações.

§ 1º Os acareados serão reperguntados para que expliquem os pontos de divergência, reduzindo-se a termo o ato de acareação.

§ 2º A acareação pode ser realizada por videoconferência ou por outro recurso tecnológico de transmissão de sons e imagens em tempo real.

→ *v.* Arts. 236, § 3º, 385, § 3º, 453, § 1º, 937, § 4º, do NCPC.

Art. 462. A testemunha pode requerer ao juiz o pagamento da despesa que efetuou para comparecimento à audiência, devendo a parte pagá-la logo que arbitrada ou depositá-la em cartório dentro de 3 (três) dias.

Art. 463. O depoimento prestado em juízo é considerado serviço público.

Parágrafo único. A testemunha, quando sujeita ao regime da legislação trabalhista, não sofre, por comparecer à audiência, perda de salário nem desconto no tempo de serviço.

Seção X
Da prova pericial

Art. 464. A prova pericial consiste em exame, vistoria ou avaliação.

→ *v.* Art. 231 do CC/2002.

→ *v.* Art. 3º, VI, da Lei 1.060/1950.

→ *v.* Arts. 422, § 1º e 872, do NCPC.

§ 1º O juiz indeferirá a perícia quando:

I – a prova do fato não depender de conhecimento especial de técnico;

II – for desnecessária em vista de outras provas produzidas;

III – a verificação for impraticável.

§ 2º De ofício ou a requerimento das partes, o juiz poderá, em substituição à perícia, determinar a produção de prova técnica simplificada, quando o ponto controvertido for de menor complexidade.

§ 3º A prova técnica simplificada consistirá apenas na inquirição de especialista, pelo juiz, sobre ponto controvertido da causa que demande especial conhecimento científico ou técnico.

→ *v.* Art. 35 da Lei 9.099/1995.

§ 4º Durante a arguição, o especialista, que deverá ter formação acadêmica específica na área objeto de seu depoimento, poderá valer-se de qualquer recurso tecnológico de transmissão de sons e imagens com o fim de esclarecer os pontos controvertidos da causa.

Art. 465. O juiz nomeará perito especializado no objeto da perícia e fixará de imediato o prazo para a entrega do laudo.

→ *v.* Art. 10 da Lei 12.153/2009.

→ *v.* Art. 12 da Lei 10.259/2001.

→ *v.* Arts. 156, 157, 579 a 587, 595 a 597, 604, III, e 756, § 2º, do NCPC.

§ 1º Incumbe às partes, dentro de 15 (quinze) dias contados da intimação do despacho de nomeação do perito:

→ *v.* Art. 163, II, do NCPC.

I – arguir o impedimento ou a suspeição do perito, se for o caso;

II – indicar assistente técnico;

III – apresentar quesitos.

§ 2º Ciente da nomeação, o perito apresentará em 5 (cinco) dias:

I – proposta de honorários;

II – currículo, com comprovação de especialização;

III – contatos profissionais, em especial o endereço eletrônico, para onde serão dirigidas as intimações pessoais.

§ 3º As partes serão intimadas da proposta de honorários para, querendo, manifestar-se no prazo comum de 5 (cinco) dias, após o que o juiz arbitrará o valor, intimando-se as partes para os fins do art. 95.

→ *v.* Arts. 91, § 1º e 95, do NCPC.

§ 4º O juiz poderá autorizar o pagamento de até cinquenta por cento dos honorários arbitrados a favor do perito no início dos trabalhos, devendo o remanescente ser pago apenas ao final, depois de entregue o laudo e prestados todos os esclarecimentos necessários.

§ 5º Quando a perícia for inconclusiva ou deficiente, o juiz poderá reduzir a remuneração inicialmente arbitrada para o trabalho.

§ 6º Quando tiver de realizar-se por carta, poder-se-á proceder à nomeação de perito e à indicação de assistentes técnicos no juízo ao qual se requisitar a perícia.

Art. 466. O perito cumprirá escrupulosamente o encargo que lhe foi cometido, independentemente de termo de compromisso.

§ 1º Os assistentes técnicos são de confiança da parte e não estão sujeitos a impedimento ou suspeição.

→ *v.* Art. 95 do NCPC.

§ 2º O perito deve assegurar aos assistentes das partes o acesso e o acompanhamento das diligências e dos exames que realizar, com prévia comunicação, comprovada nos autos, com antecedência mínima de 5 (cinco) dias.

Art. 467. O perito pode escusar-se ou ser recusado por impedimento ou suspeição.

→ *v.* Art. 163, II, do NCPC.

Parágrafo único. O juiz, ao aceitar a escusa ou ao julgar procedente a impugnação, nomeará novo perito.

→ *v.* Art. 148 e §§ do NCPC.

Art. 468. O perito pode ser substituído quando:

I – faltar-lhe conhecimento técnico ou científico;

II – sem motivo legítimo, deixar de cumprir o encargo no prazo que lhe foi assinado.

§ 1º No caso previsto no inciso II, o juiz comunicará a ocorrência à corporação profissional respectiva, podendo, ainda, impor multa ao perito, fixada tendo em vista o valor da causa e o possível prejuízo decorrente do atraso no processo.

§ 2º O perito substituído restituirá, no prazo de 15 (quinze) dias, os valores recebidos pelo trabalho não realizado, sob pena de ficar impedido de atuar como perito judicial pelo prazo de 5 (cinco) anos.

§ 3º Não ocorrendo a restituição voluntária de que trata o § 2º, a parte que tiver realizado o adiantamento dos honorários poderá promover execução contra o perito, na forma dos arts. 513 e seguintes deste Código, com fundamento na decisão que determinar a devolução do numerário.

Art. 469. As partes poderão apresentar quesitos suplementares durante a diligência, que poderão ser respondidos pelo perito previamente ou na audiência de instrução e julgamento.

Parágrafo único. O escrivão dará à parte contrária ciência da juntada dos quesitos aos autos.

Art. 470. Incumbe ao juiz:

I – indeferir quesitos impertinentes;

II – formular os quesitos que entender necessários ao esclarecimento da causa.

→ *v.* Art. 370, parágrafo único, do NCPC.

Art. 471. As partes podem, de comum acordo, escolher o perito, indicando-o mediante requerimento, desde que:

I – sejam plenamente capazes;

II – a causa possa ser resolvida por autocomposição.

→ *v.* Art. 190 do NCPC.

§ 1º As partes, ao escolher o perito, já devem indicar os respectivos assistentes técnicos para acompanhar a realização da perícia, que se realizará em data e local previamente anunciados.

§ 2º O perito e os assistentes técnicos devem entregar, respectivamente, laudo e pareceres em prazo fixado pelo juiz.

§ 3º A perícia consensual substitui, para todos os efeitos, a que seria realizada por perito nomeado pelo juiz.

Art. 472. O juiz poderá dispensar prova pericial quando as partes, na inicial e na contestação, apresentarem, sobre as questões de fato, pareceres técnicos ou documentos elucidativos que considerar suficientes.

→ *v.* Art. 370, parágrafo único, do NCPC.

Art. 473. O laudo pericial deverá conter:

I – a exposição do objeto da perícia;

II – a análise técnica ou científica realizada pelo perito;

III – a indicação do método utilizado, esclarecendo-o e demonstrando ser predominantemente aceito pelos especialistas da área do conhecimento da qual se originou;

IV – resposta conclusiva a todos os quesitos apresentados pelo juiz, pelas partes e pelo órgão do Ministério Público.

§ 1º No laudo, o perito deve apresentar sua fundamentação em linguagem simples e com coerência lógica, indicando como alcançou suas conclusões.

§ 2º É vedado ao perito ultrapassar os limites de sua designação, bem como emitir opiniões pessoais que excedam o exame técnico ou científico do objeto da perícia.

§ 3º Para o desempenho de sua função, o perito e os assistentes técnicos podem valer-se de todos os meios necessários, ouvindo testemunhas, obtendo informações, solicitando documentos que estejam em poder da parte, de terceiros ou em repartições públicas, bem como instruir o laudo com planilhas, mapas, plantas, desenhos, fotografias ou outros elementos necessários ao esclarecimento do objeto da perícia.

Art. 474. As partes terão ciência da data e do local designados pelo juiz ou indicados pelo perito para ter início a produção da prova.

Art. 475. Tratando-se de perícia complexa que abranja mais de uma área de conhecimento especializado, o juiz poderá nomear mais de um perito, e a parte, indicar mais de um assistente técnico.

Art. 476. Se o perito, por motivo justificado, não puder apresentar o laudo dentro do prazo, o juiz poderá conceder-lhe, por uma vez, prorrogação pela metade do prazo originalmente fixado.

Art. 477. O perito protocolará o laudo em juízo, no prazo fixado pelo juiz, pelo menos 20 (vinte) dias antes da audiência de instrução e julgamento.

§ 1º As partes serão intimadas para, querendo, manifestar-se sobre o laudo do perito do juízo no prazo comum de 15 (quinze) dias, podendo o assistente técnico de cada uma das partes, em igual prazo, apresentar seu respectivo parecer.

§ 2º O perito do juízo tem o dever de, no prazo de 15 (quinze) dias, esclarecer ponto:

I – sobre o qual exista divergência ou dúvida de qualquer das partes, do juiz ou do órgão do Ministério Público;

II – divergente apresentado no parecer do assistente técnico da parte.

§ 3º Se ainda houver necessidade de esclarecimentos, a parte requererá ao juiz que mande intimar o perito ou o assistente técnico a comparecer à audiência de instrução e julgamento, formulando, desde logo, as perguntas, sob forma de quesitos.

→ *v.* Arts. 361, I, e 365, do NCPC.

§ 4º O perito ou o assistente técnico será intimado por meio eletrônico, com pelo menos 10 (dez) dias de antecedência da audiência.

Art. 478. Quando o exame tiver por objeto a autenticidade ou a falsidade de documento ou for de natureza médico-legal, o perito será escolhido, de preferência, entre os técnicos dos estabelecimentos oficiais especializados, a cujos diretores o juiz autorizará a remessa dos autos, bem como do material sujeito a exame.

→ *v.* Arts. 430 a 433, 753 e §§, e 756 e §§, do NCPC.

§ 1º Nas hipóteses de gratuidade de justiça, os órgãos e as repartições oficiais deverão cumprir a determinação judicial com preferência, no prazo estabelecido.

→ *v.* Art. 95, §§ 3º a 5º, do NCPC.

§ 2º A prorrogação do prazo referido no § 1º pode ser requerida motivadamente.

§ 3º Quando o exame tiver por objeto a autenticidade da letra e da firma, o perito poderá requisitar, para efeito de comparação, documentos existentes em repartições públicas e, na falta destes, poderá requerer ao juiz que a pessoa a quem se atribuir a autoria do documento lance em folha de papel, por cópia ou sob ditado, dizeres diferentes, para fins de comparação.

Art. 479. O juiz apreciará a prova pericial de acordo com o disposto no art. 371, indicando na sentença os motivos que o levaram a considerar ou a deixar de considerar as conclusões do laudo, levando em conta o método utilizado pelo perito.

Art. 480. O juiz determinará, de ofício ou a requerimento da parte, a realização de nova perícia quando a matéria não estiver suficientemente esclarecida.

→ *v.* Art. 715, § 2º, do NCPC.

§ 1º A segunda perícia tem por objeto os mesmos fatos sobre os quais recaiu a primeira e destina-se a corrigir eventual omissão ou inexatidão dos resultados a que esta conduziu.

§ 2º A segunda perícia rege-se pelas disposições estabelecidas para a primeira.

§ 3º A segunda perícia não substitui a primeira, cabendo ao juiz apreciar o valor de uma e de outra.

Seção XI
Da inspeção judicial

Art. 481. O juiz, de ofício ou a requerimento da parte, pode, em qualquer fase do processo, inspecionar pessoas ou coisas, a fim de se esclarecer sobre fato que interesse à decisão da causa.

→ *v.* Art. 35, parágrafo único, da Lei 9.099/1995.

Art. 482. Ao realizar a inspeção, o juiz poderá ser assistido por um ou mais peritos.

Art. 483. O juiz irá ao local onde se encontre a pessoa ou a coisa quando:

I – julgar necessário para a melhor verificação ou interpretação dos fatos que deva observar;

II – a coisa não puder ser apresentada em juízo sem consideráveis despesas ou graves dificuldades;

III – determinar a reconstituição dos fatos.

Parágrafo único. As partes têm sempre direito a assistir à inspeção, prestando esclarecimentos e fazendo observações que considerem de interesse para a causa.

Art. 484. Concluída a diligência, o juiz mandará lavrar auto circunstanciado, mencionando nele tudo quanto for útil ao julgamento da causa.

Parágrafo único. O auto poderá ser instruído com desenho, gráfico ou fotografia.

Capítulo XIII
DA SENTENÇA E DA COISA JULGADA

Seção I
Disposições Gerais

Art. 485. O juiz não resolverá o mérito quando:

I – indeferir a petição inicial;

→ *v.* Art. 330 do NCPC.

II – o processo ficar parado durante mais de 1 (um) ano por negligência das partes;

III – por não promover os atos e as diligências que lhe incumbir, o autor abandonar a causa por mais de 30 (trinta) dias;

→ *v.* Súmula 631 do STF.

→ *v.* Súmula 240 do STJ.

IV – verificar a ausência de pressupostos de constituição e de desenvolvimento válido e regular do processo;

V – reconhecer a existência de perempção, de litispendência ou de coisa julgada;

→ v. Art. 5º, XXXVI, da CF/1988.

→ v. Art. 337, §§ 1º a 4º, do NCPC.

VI – verificar ausência de legitimidade ou de interesse processual;

→ v. Arts. 17 e 18 do NCPC.

VII – acolher a alegação de existência de convenção de arbitragem ou quando o juízo arbitral reconhecer sua competência;

→ v. Art. 3º e 8º, da Lei 9.307/1996.

VIII – homologar a desistência da ação;

→ v. Art. 200, parágrafo único, do NCPC.

IX – em caso de morte da parte, a ação for considerada intransmissível por disposição legal; e

X – nos demais casos prescritos neste Código.

§ 1º Nas hipóteses descritas nos incisos II e III, a parte será intimada pessoalmente para suprir a falta no prazo de 5 (cinco) dias.

§ 2º No caso do § 1º, quanto ao inciso II, as partes pagarão proporcionalmente as custas, e, quanto ao inciso III, o autor será condenado ao pagamento das despesas e dos honorários de advogado.

§ 3º O juiz conhecerá de ofício da matéria constante dos incisos IV, V, VI e IX, em qualquer tempo e grau de jurisdição, enquanto não ocorrer o trânsito em julgado.

→ v. Art. 10 do NCPC.

§ 4º Oferecida a contestação, o autor não poderá, sem o consentimento do réu, desistir da ação.

§ 5º A desistência da ação pode ser apresentada até a sentença.

§ 6º Oferecida a contestação, a extinção do processo por abandono da causa pelo autor depende de requerimento do réu.

§ 7º Interposta a apelação em qualquer dos casos de que tratam os incisos deste artigo, o juiz terá 5 (cinco) dias para retratar-se.

→ v. Art. 198, VII, do ECA.

→ v. Arts. 331, 332, §§ 3º e 4º, e 485, § 7º, do NCPC.

Art. 486. O pronunciamento judicial que não resolve o mérito não obsta a que a parte proponha de novo a ação.

§ 1º No caso de extinção em razão de litispendência e nos casos dos incisos I, IV, VI e VII do art. 485, a propositura da nova ação depende da correção do vício que levou à sentença sem resolução do mérito.

§ 2º A petição inicial, todavia, não será despachada sem a prova do pagamento ou do depósito das custas e dos honorários de advogado.

§ 3º Se o autor der causa, por 3 (três) vezes, a sentença fundada em abandono da causa, não poderá propor nova ação contra o réu com o mesmo objeto, ficando-lhe ressalvada, entretanto, a possibilidade de alegar em defesa o seu direito.

Art. 487. Haverá resolução de mérito quando o juiz:

I – acolher ou rejeitar o pedido formulado na ação ou na reconvenção;

II – decidir, de ofício ou a requerimento, sobre a ocorrência de decadência ou prescrição;

→ v. Arts. 302, IV, 310, e 332, § 1º, do NCPC.

III – homologar:

a) o reconhecimento da procedência do pedido formulado na ação ou na reconvenção;

b) a transação;

c) a renúncia à pretensão formulada na ação ou na reconvenção.

Parágrafo único. Ressalvada a hipótese do § 1º do art. 332, a prescrição e a decadência não serão reconhecidas sem que antes seja dada às partes oportunidade de manifestar-se.

→ v. Art. 10 do NCPC.

Art. 488. Desde que possível, o juiz resolverá o mérito sempre que a decisão for favorável à parte a quem aproveitaria eventual pronunciamento nos termos do art. 485.

→ v. Art. 282, § 2º, do NCPC.

Seção II
Dos elementos e dos efeitos da sentença

Art. 489. São elementos essenciais da sentença:

→ v. Art. 93, IX, da CF/1988.

→ v. Art. 99 da Lei 11.101/2005.

→ v. Art. 38 da Lei 9.099/1995.

I – o relatório, que conterá os nomes das partes, a identificação do caso, com a suma do pedido e da contestação, e o registro das principais ocorrências havidas no andamento do processo;

II – os fundamentos, em que o juiz analisará as questões de fato e de direito;

III – o dispositivo, em que o juiz resolverá as questões principais que as partes lhe submeterem.

§ 1º Não se considera fundamentada qualquer decisão judicial, seja ela interlocutória, sentença ou acórdão, que:

I – se limitar à indicação, à reprodução ou à paráfrase de ato normativo, sem explicar sua relação com a causa ou a questão decidida;

II – empregar conceitos jurídicos indeterminados, sem explicar o motivo concreto de sua incidência no caso;

III – invocar motivos que se prestariam a justificar qualquer outra decisão;

IV – não enfrentar todos os argumentos deduzidos no processo capazes de, em tese, infirmar a conclusão adotada pelo julgador;

V – se limitar a invocar precedente ou enunciado de súmula, sem identificar seus fundamentos determinantes nem demonstrar que o caso sob julgamento se ajusta àqueles fundamentos;

VI – deixar de seguir enunciado de súmula, jurisprudência ou precedente invocado pela parte, sem demonstrar a existência de distinção no caso em julgamento ou a superação do entendimento.

§ 2º No caso de colisão entre normas, o juiz deve justificar o objeto e os critérios gerais da ponderação efetuada, enunciando as razões que autorizam a interferência na norma afastada e as premissas fáticas que fundamentam a conclusão.

§ 3º A decisão judicial deve ser interpretada a partir da conjugação de todos os seus elementos e em conformidade com o princípio da boa-fé.

→ v. Art. 5º do NCPC.

Art. 490. O juiz resolverá o mérito acolhendo ou rejeitando, no todo ou em parte, os pedidos formulados pelas partes.

→ v. Art. 487 do NCPC.

Art. 491. Na ação relativa à obrigação de pagar quantia, ainda que formulado pedido genérico, a decisão definirá desde logo a extensão da obrigação, o índice de correção monetária, a taxa de juros, o termo inicial de ambos e a periodicidade da capitalização dos juros, se for o caso, salvo quando:

I – não for possível determinar, de modo definitivo, o montante devido;

II – a apuração do valor devido depender da produção de prova de realização demorada ou excessivamente dispendiosa, assim reconhecida na sentença.

→ v. Art. 38, parágrafo único, da Lei 9.099/1995.

§ 1º Nos casos previstos neste artigo, seguir-se-á a apuração do valor devido por liquidação.

→ v. Arts. 509 e ss. do NCPC.

§ 2º O disposto no *caput* também se aplica quando o acórdão alterar a sentença.

Art. 492. É vedado ao juiz proferir decisão de natureza diversa da pedida, bem como condenar a parte em quantidade superior ou em objeto diverso do que lhe foi demandado.

→ v. Arts. 2º e 141 do NCPC.

Parágrafo único. A decisão deve ser certa, ainda que resolva relação jurídica condicional.

Art. 493. Se, depois da propositura da ação, algum fato constitutivo, modificativo ou extintivo do direito influir no julgamento do mérito, caberá ao juiz tomá-lo em consideração, de ofício ou a requerimento da parte, no momento de proferir a decisão.

→ v. Súmula 394 do TST.

Parágrafo único. Se constatar de ofício o fato novo, o juiz ouvirá as partes sobre ele antes de decidir.

→ v. Art. 10 do NCPC.

Art. 494. Publicada a sentença, o juiz só poderá alterá-la:

I – para corrigir-lhe, de ofício ou a requerimento da parte, inexatidões materiais ou erros de cálculo;

II – por meio de embargos de declaração.

→ v. Art. 1.022 do NCPC.

Art. 495. A decisão que condenar o réu ao pagamento de prestação consistente em dinheiro e a que determinar a conversão de prestação de fazer, de não fazer ou de dar coisa em prestação pecuniária valerão como título constitutivo de hipoteca judiciária.

→ v. Art. 167, I, *2*, da Lei 6.015/1975.

→ v. Arts. 1.473 e ss. do CC/2002.

§ 1º A decisão produz a hipoteca judiciária:

I – embora a condenação seja genérica;

II – ainda que o credor possa promover o cumprimento provisório da sentença ou esteja pendente arresto sobre bem do devedor;

III – mesmo que impugnada por recurso dotado de efeito suspensivo.

§ 2º A hipoteca judiciária poderá ser realizada mediante apresentação de cópia da sentença perante o cartório de registro imobiliário, independentemente de ordem judicial, de declaração expressa do juiz ou de demonstração de urgência.

§ 3º No prazo de até 15 (quinze) dias da data de realização da hipoteca, a parte informá-la-á ao juízo da causa, que determinará a intimação da outra parte para que tome ciência do ato.

§ 4º A hipoteca judiciária, uma vez constituída, implicará, para o credor hipotecário, o direito de preferência, quanto ao pagamento, em relação a outros credores, observada a prioridade no registro.

§ 5º Sobrevindo a reforma ou a invalidação da decisão que impôs o pagamento de quantia, a parte responderá, independentemente de culpa, pelos danos que a outra parte tiver sofrido em razão da constituição da garantia, devendo o valor da indenização ser liquidado e executado nos próprios autos.

Seção III
Da remessa necessária

Art. 496. Está sujeita ao duplo grau de jurisdição, não produzindo efeito senão depois de confirmada pelo tribunal, a sentença:

→ v. Súmula 620 do STF.

→ v. Súmulas 45, 253, 325, 390 e 490 do STJ.

→ v. Art. 13 da Lei 10.259/2001.

→ v. Art. 11 da Lei 12.153/2009.

→ v. Art. 19 da Lei 4.717/1965.

→ v. Art. 14, § 3º, da Lei 12.016/2009.

→ v. Art. 28, § 1º, do Dec.-lei 3.365/1941.

I – proferida contra a União, os Estados, o Distrito Federal, os Municípios e suas respectivas autarquias e fundações de direito público;

II – que julgar procedentes, no todo ou em parte, os embargos à execução fiscal.

§ 1º Nos casos previstos neste artigo, não interposta a apelação no prazo legal, o juiz ordenará a remessa dos autos ao tribunal, e, se não o fizer, o presidente do respectivo tribunal avocá-los-á.

§ 2º Em qualquer dos casos referidos no § 1º, o tribunal julgará a remessa necessária.

§ 3º Não se aplica o disposto neste artigo quando a condenação ou o proveito econômico obtido na causa for de valor certo e líquido inferior a:

I – 1.000 (mil) salários mínimos para a União e as respectivas autarquias e fundações de direito público;

II – 500 (quinhentos) salários mínimos para os Estados, o Distrito Federal, as respectivas autarquias e fundações de direito público e os Municípios que constituam capitais dos Estados;

III – 100 (cem) salários mínimos para todos os demais Municípios e respectivas autarquias e fundações de direito público.

§ 4º Também não se aplica o disposto neste artigo quando a sentença estiver fundada em:

I – súmula de tribunal superior;

II – acórdão proferido pelo Supremo Tribunal Federal ou pelo Superior Tribunal de Justiça em julgamento de recursos repetitivos;

→ v. Arts. 1.036 e ss. do NCPC.

III – entendimento firmado em incidente de resolução de demandas repetitivas ou de assunção de competência;

→ v. Arts. 976 e ss. do NCPC.

→ v. Arts. 947 e ss. do NCPC.

IV – entendimento coincidente com orientação vinculante firmada no âmbito administrativo do próprio ente público, consolidada em manifestação, parecer ou súmula administrativa.

Seção IV
Do julgamento das ações relativas às prestações de fazer, de não fazer e de entregar coisa

Art. 497. Na ação que tenha por objeto a prestação de fazer ou de não fazer, o juiz, se procedente o pedido, concederá a tutela específica ou determinará providências que assegurem a obtenção de tutela pelo resultado prático equivalente.

→ v. Súmula 410 do STJ.

→ v. Arts. 247 a 249 do CC/2002.

→ v. Art. 84 do CDC.

→ v. Art. 213 do ECA.

→ v. Art. 52, V, da Lei 9.099/1995.

→ v. Art. 11 da Lei 7.347/1985.

Parágrafo único. Para a concessão da tutela específica destinada a inibir a prática, a reiteração ou a continuação de um ilícito, ou a sua remoção, é irrelevante a demonstração da ocorrência de dano ou da existência de culpa ou dolo.

Art. 498. Na ação que tenha por objeto a entrega de coisa, o juiz, ao conceder a tutela específica, fixará o prazo para o cumprimento da obrigação.

→ v. Art. 311, III, do NCPC.

Parágrafo único. Tratando-se de entrega de coisa determinada pelo gênero e pela quantidade, o autor individualizá-la-á na petição inicial, se lhe couber a escolha, ou, se a escolha couber ao réu, este a entregará individualizada, no prazo fixado pelo juiz.

Art. 499. A obrigação somente será convertida em perdas e danos se o autor o requerer ou se impossível a tutela específica ou a obtenção de tutela pelo resultado prático equivalente.

Art. 500. A indenização por perdas e danos dar-se-á sem prejuízo da multa fixada periodicamente para compelir o réu ao cumprimento específico da obrigação.

Art. 501. Na ação que tenha por objeto a emissão de declaração de vontade, a sentença que julgar procedente o pedido, uma vez transitada em julgado, produzirá todos os efeitos da declaração não emitida.

→ v. Art. 16 do Dec.-Lei 58/1937.

Seção V
Da coisa julgada

Art. 502. Denomina-se coisa julgada material a autoridade que torna imutável e indiscutível a decisão de mérito não mais sujeita a recurso.

→ v. Súmula 423 do STF.

→ v. Art. 5º, XXXVI, da CF/1988.

→ v. Art. 6º, § 3º, da LINDB.

→ v. Art. 103 do CDC.

→ v. Art. 16 da Lei 7.347/1985.

→ v. Art. 337, §§ 1º a 4º, do NCPC.

Art. 503. A decisão que julgar total ou parcialmente o mérito tem força de lei nos limites da questão principal expressamente decidida.

§ 1º O disposto no *caput* aplica-se à resolução de questão prejudicial, decidida expressa e incidentemente no processo, se:

→ v. Art. 1.054 do NCPC.

I – dessa resolução depender o julgamento do mérito;

II – a seu respeito tiver havido contraditório prévio e efetivo, não se aplicando no caso de revelia;

III – o juízo tiver competência em razão da matéria e da pessoa para resolvê-la como questão principal.

§ 2º A hipótese do § 1º não se aplica se no processo houver restrições probatórias ou limitações à cognição que impeçam o aprofundamento da análise da questão prejudicial.

Art. 504. Não fazem coisa julgada:

→ v. Súmulas 239 e 304 do STF.

→ v. Súmula 344 do STJ.

I – os motivos, ainda que importantes para determinar o alcance da parte dispositiva da sentença;

II – a verdade dos fatos, estabelecida como fundamento da sentença.

Art. 505. Nenhum juiz decidirá novamente as questões já decididas relativas à mesma lide, salvo:

I – se, tratando-se de relação jurídica de trato continuado, sobreveio modificação no estado de fato ou de direito, caso em que poderá a parte pedir a revisão do que foi estatuído na sentença;

→ v. Art. 15 da Lei 5.478/1968.

II – nos demais casos prescritos em lei.

→ v. Arts. 304, § 6º, e 310, do NCPC.

Art. 506. A sentença faz coisa julgada às partes entre as quais é dada, não prejudicando terceiros.

→ v. Art. 103 do CDC.

→ v. Art. 16 da Lei 7.347/1985.

Art. 507. É vedado à parte discutir no curso do processo as questões já decididas a cujo respeito se operou a preclusão.

→ v. Arts. 63, § 4º, 209, § 2º, 278, 293 e 1.009, § 1º, do NCPC.

Art. 508. Transitada em julgado a decisão de mérito, considerar-se-ão deduzidas e repelidas todas as alegações e as defesas que a parte poderia opor tanto ao acolhimento quanto à rejeição do pedido.

Capítulo XIV
DA LIQUIDAÇÃO DE SENTENÇA

Art. 509. Quando a sentença condenar ao pagamento de quantia ilíquida, proceder-se-á à sua liquidação, a requerimento do credor ou do devedor:

→ v. Súmulas 344 e 453 do STJ.

→ v. Art. 234, § 1º, do NCPC.

I – por arbitramento, quando determinado pela sentença, convencionado pelas partes ou exigido pela natureza do objeto da liquidação;

II – pelo procedimento comum, quando houver necessidade de alegar e provar fato novo.

§ 1º Quando na sentença houver uma parte líquida e outra ilíquida, ao credor é lícito promover simultaneamente a execução daquela e, em autos apartados, a liquidação desta.

§ 2º Quando a apuração do valor depender apenas de cálculo aritmético, o credor poderá promover, desde logo, o cumprimento da sentença.

§ 3º O Conselho Nacional de Justiça desenvolverá e colocará à disposição dos interessados programa de atualização financeira.

§ 4º Na liquidação é vedado discutir de novo a lide ou modificar a sentença que a julgou.

Art. 510. Na liquidação por arbitramento, o juiz intimará as partes para a apresentação de pareceres ou documentos elucidativos, no prazo que fixar, e caso não possa decidir de plano, nomeará perito, observando-se, no que couber, o procedimento da prova pericial.

→ *v.* Arts 464 a 480 do NCPC.

Art. 511. Na liquidação pelo procedimento comum, o juiz determinará a intimação do requerido, na pessoa de seu advogado ou da sociedade de advogados a que estiver vinculado, para, querendo, apresentar contestação no prazo de 15 (quinze) dias, observando-se, a seguir, no que couber, o disposto no Livro I da Parte Especial deste Código.

Art. 512. A liquidação poderá ser realizada na pendência de recurso, processando-se em autos apartados no juízo de origem, cumprindo ao liquidante instruir o pedido com cópias das peças processuais pertinentes.

TÍTULO II
Do cumprimento da sentença

Capítulo I
DISPOSIÇÕES GERAIS

Art. 513. O cumprimento da sentença será feito segundo as regras deste Título, observando-se, no que couber e conforme a natureza da obrigação, o disposto no Livro II da Parte Especial deste Código.

§ 1º O cumprimento da sentença que reconhece o dever de pagar quantia, provisório ou definitivo, far-se-á a requerimento do exequente.

§ 2º O devedor será intimado para cumprir a sentença:

I - pelo Diário da Justiça, na pessoa de seu advogado constituído nos autos;

II - por carta com aviso de recebimento, quando representado pela Defensoria Pública ou quando não tiver procurador constituído nos autos, ressalvada a hipótese do inciso IV;

→ *v.* Súmula 410 do STJ.

III - por meio eletrônico, quando, no caso do § 1º do art. 246, não tiver procurador constituído nos autos;

IV - por edital, quando, citado na forma do art. 256, tiver sido revel na fase de conhecimento.

→ *v.* Art. 346 do NCPC.

§ 3º Na hipótese do § 2º, incisos II e III, considera-se realizada a intimação quando o devedor houver mudado de endereço sem prévia comunicação ao juízo, observado o disposto no parágrafo único do art. 274.

§ 4º Se o requerimento a que alude o § 1º for formulado após 1 (um) ano do trânsito em julgado da sentença, a intimação será feita na pessoa do devedor, por meio de carta com aviso de recebimento encaminhada ao endereço constante dos autos, observado o disposto no parágrafo único do art. 274 e no § 3º deste artigo.

§ 5º O cumprimento da sentença não poderá ser promovido em face do fiador, do coobrigado ou do corresponsável que não tiver participado da fase de conhecimento.

Art. 514. Quando o juiz decidir relação jurídica sujeita a condição ou termo, o cumprimento da sentença dependerá de demonstração de que se realizou a condição ou de que ocorreu o termo.

→ *v.* Art. 798, I, *c*, do NCPC.

Art. 515. São títulos executivos judiciais, cujo cumprimento dar-se-á de acordo com os artigos previstos neste Título:

I - as decisões proferidas no processo civil que reconheçam a exigibilidade de obrigação de pagar quantia, de fazer, de não fazer ou de entregar coisa;

II - a decisão homologatória de autocomposição judicial;

→ *v.* Arts. 22, parágrafo único, e 74, da Lei 9.099/1995.

→ *v.* Arts. 3º, §§ 2º e 3º, 334, § 11, e 487, III, do NCPC.

III - a decisão homologatória de autocomposição extrajudicial de qualquer natureza;

→ *v.* Art. 57, *caput*, da Lei 9.099/1995.

IV - o formal e a certidão de partilha, exclusivamente em relação ao inventariante, aos herdeiros e aos sucessores a título singular ou universal;

→ *v.* Art. 655 e parágrafo único, do NCPC.

V - o crédito de auxiliar da justiça, quando as custas, emolumentos ou honorários tiverem sido aprovados por decisão judicial;

VI - a sentença penal condenatória transitada em julgado;

→ *v.* Art. 387 do CPP.

VII - a sentença arbitral;

→ *v.* Art. 31 da Lei 9.307/1996.

VIII - a sentença estrangeira homologada pelo Superior Tribunal de Justiça;

→ *v.* Art. 105, I, *i*, da CF/1988.

→ *v.* Arts. 960 a 965 do NCPC.

IX - a decisão interlocutória estrangeira, após a concessão do *exequatur* à carta rogatória pelo Superior Tribunal de Justiça;

→ *v.* Arts. 35 e 960, § 1º, do NCPC.

X - (*Vetado*).

§ 1º Nos casos dos incisos VI a IX, o devedor será citado no juízo cível para o cumprimento da sentença ou para a liquidação no prazo de 15 (quinze) dias.

§ 2º A autocomposição judicial pode envolver sujeito estranho ao processo e versar sobre relação jurídica que não tenha sido deduzida em juízo.

Art. 516. O cumprimento da sentença efetuar-se-á perante:

I - os tribunais, nas causas de sua competência originária;

II - o juízo que decidiu a causa no primeiro grau de jurisdição;

III - o juízo cível competente, quando se tratar de sentença penal condenatória, de sentença arbitral, de sentença estrangeira ou de acórdão proferido pelo Tribunal Marítimo.

Parágrafo único. Nas hipóteses dos incisos II e III, o exequente poderá optar pelo juízo do atual domicílio do executado, pelo juízo do local onde se encontrem os bens sujeitos à execução ou pelo juízo do local onde deva ser executada a obrigação de fazer ou de não fazer, casos em que a remessa dos autos do processo será solicitada ao juízo de origem.

→ *v.* Art. 54 do NCPC.

Art. 517. A decisão judicial transitada em julgado poderá ser levada a protesto, nos termos da lei, depois de transcorrido o prazo para pagamento voluntário previsto no art. 523.

→ *v.* Lei 9.492/1997 – Regulamenta os serviços concernentes ao protesto de títulos e outros documentos de dívida.

§ 1º Para efetivar o protesto, incumbe ao exequente apresentar certidão de teor da decisão.

§ 2º A certidão de teor da decisão deverá ser fornecida no prazo de 3 (três) dias e indicará o nome e a qualificação do exequente e do executado, o número do processo, o valor da dívida e a data de decurso do prazo para pagamento voluntário.

§ 3º O executado que tiver proposto ação rescisória para impugnar a decisão exequenda pode requerer, a suas expensas e sob sua responsabilidade, a anotação da propositura da ação à margem do título protestado.

→ *v.* Arts. 966 a 975 do NCPC.

§ 4º A requerimento do executado, o protesto será cancelado por determinação do juiz, mediante ofício a ser expedido ao cartório, no prazo de 3 (três) dias, contado da data de protocolo do requerimento, desde que comprovada a satisfação integral da obrigação.

→ *v.* Art. 26 da Lei 9.492/1997.

Art. 518. Todas as questões relativas à validade do procedimento de cumprimento da sentença e dos atos executivos subsequentes poderão ser arguidas pelo executado nos próprios autos e nestes serão decididas pelo juiz.

→ *v.* Art. 277 do NCPC.

Art. 519. Aplicam-se as disposições relativas ao cumprimento da sentença, provisório ou definitivo, e à liquidação, no que couber, às decisões que concederem tutela provisória.

→ *v.* Arts. 294 a 311 do NCPC.

Capítulo II
DO CUMPRIMENTO PROVISÓRIO DA SENTENÇA QUE RECONHECE A EXIGIBILIDADE DE OBRIGAÇÃO DE PAGAR QUANTIA CERTA

Art. 520. O cumprimento provisório da sentença impugnada por recurso desprovido de efeito suspensivo será realizado da mesma forma que o cumprimento definitivo, sujeitando-se ao seguinte regime:

→ *v.* Art. 14, § 3º, da Lei 12.016/2009.

→ *v.* Art. 14 da Lei 7.347/1985.

→ *v.* Art. 58, V, da Lei 8.245/1991.

→ *v.* Art. 43 da Lei 9.099/1995.

→ *v.* Arts. 702, § 4º, 995, 1.012, § 1º, e 1.026, do NCPC.

I - corre por iniciativa e responsabilidade do exequente, que se obriga, se a sentença for reformada, a reparar os danos que o executado haja sofrido;

→ *v.* Arts. 402 a 405 do CC/2002.

II - fica sem efeito, sobrevindo decisão que modifique ou anule a sentença objeto da execução, restituindo-se as partes ao estado anterior e liquidando-se eventuais prejuízos nos mesmos autos;

III - se a sentença objeto de cumprimento provisório for modificada ou anulada apenas em parte, somente nesta ficará sem efeito a execução;

IV - o levantamento de depósito em dinheiro e a prática de atos que importem transferência de posse ou alienação de propriedade ou de outro direito real, ou dos quais possa resultar grave dano ao executado, dependem de caução suficiente e idônea, arbitrada de plano pelo juiz e prestada nos próprios autos.

§ 1º No cumprimento provisório da sentença, o executado poderá apresentar impugnação, se quiser, nos termos do art. 525.

§ 2º A multa e os honorários a que se refere o § 1º do art. 523 são devidos no cumprimento provisório de sentença condenatória ao pagamento de quantia certa.

§ 3º Se o executado comparecer tempestivamente e depositar o valor, com a finalidade de isentar-se da multa, o ato não será havido como incompatível com o recurso por ele interposto.

→ *v.* Art. 1.000 do NCPC.

§ 4º A restituição ao estado anterior a que se refere o inciso II não implica o desfazimento da transferência de posse ou da alienação de propriedade ou de outro direito real eventualmente já realizada, ressalvado, sempre, o direito à reparação dos prejuízos causados ao executado.

§ 5º Ao cumprimento provisório de sentença que reconheça obrigação de fazer, de não fazer ou de dar coisa aplica-se, no que couber, o disposto neste Capítulo.

→ *v.* Arts. 536 a 538 do NCPC.

Art. 521. A caução prevista no inciso IV do art. 520 poderá ser dispensada nos casos em que:

I – o crédito for de natureza alimentar, independentemente de sua origem;

II – o credor demonstrar situação de necessidade;

III – pender o agravo do art. 1.042;

→ Inciso III com redação alterada pela Lei 13.256/2016, em vigor no início da vigência da Lei 13.105/2015 – Novo CPC (*v.* art. 4º da Lei 13.256/2016).

→ **Anterior redação:** III – pender o agravo fundado nos incisos II e III do art. 1.042; (...).

IV – a sentença a ser provisoriamente cumprida estiver em consonância com súmula da jurisprudência do Supremo Tribunal Federal ou do Superior Tribunal de Justiça ou em conformidade com acórdão proferido no julgamento de casos repetitivos.

Parágrafo único. A exigência de caução será mantida quando da dispensa possa resultar manifesto risco de grave dano de difícil ou incerta reparação.

Art. 522. O cumprimento provisório da sentença será requerido por petição dirigida ao juízo competente.

Parágrafo único. Não sendo eletrônicos os autos, a petição será acompanhada de cópias das seguintes peças do processo, cuja autenticidade poderá ser certificada pelo próprio advogado, sob sua responsabilidade pessoal:

I – decisão exequenda;

II – certidão de interposição do recurso não dotado de efeito suspensivo;

→ *v.* Arts. 995, 1.012, § 1º, e 1.026, do NCPC.

III – procurações outorgadas pelas partes;

IV – decisão de habilitação, se for o caso;

→ *v.* Arts. 995, 1.012, § 1º, e 1.026, do NCPC.

V – facultativamente, outras peças processuais consideradas necessárias para demonstrar a existência do crédito.

Capítulo III
DO CUMPRIMENTO DEFINITIVO DA SENTENÇA QUE RECONHECE A EXIGIBILIDADE DE OBRIGAÇÃO DE PAGAR QUANTIA CERTA

Art. 523. No caso de condenação em quantia certa, ou já fixada em liquidação, e no caso de decisão sobre parcela incontroversa, o cumprimento definitivo da sentença far-se-á a requerimento do exequente, sendo o executado intimado para pagar o débito, no prazo de 15 (quinze) dias, acrescido de custas, se houver.

§ 1º Não ocorrendo pagamento voluntário no prazo do *caput*, o débito será acrescido de multa de dez por cento e, também, de honorários de advogado de dez por cento.

§ 2º Efetuado o pagamento parcial no prazo previsto no *caput*, a multa e os honorários previstos no § 1º incidirão sobre o restante.

§ 3º Não efetuado tempestivamente o pagamento voluntário, será expedido, desde logo, mandado de penhora e avaliação, seguindo-se os atos de expropriação.

Art. 524. O requerimento previsto no art. 523 será instruído com demonstrativo discriminado e atualizado do crédito, devendo a petição conter:

I – o nome completo, o número de inscrição no Cadastro de Pessoas Físicas ou no Cadastro Nacional da Pessoa Jurídica do exequente e do executado, observado o disposto no art. 319, §§ 1º a 3º;

II – o índice de correção monetária adotado;

III – os juros aplicados e as respectivas taxas;

IV – o termo inicial e o termo final dos juros e da correção monetária utilizados;

V – a periodicidade da capitalização dos juros, se for o caso;

VI – especificação dos eventuais descontos obrigatórios realizados;

VII – indicação dos bens passíveis de penhora, sempre que possível.

§ 1º Quando o valor apontado no demonstrativo aparentemente exceder os limites da condenação, a execução será iniciada pelo valor pretendido, mas a penhora terá por base a importância que o juiz entender adequada.

§ 2º Para a verificação dos cálculos, o juiz poderá valer-se de contabilista do juízo, que terá o prazo máximo de 30 (trinta) dias para efetuá-la, exceto se outro lhe for determinado.

§ 3º Quando a elaboração do demonstrativo depender de dados em poder de terceiros ou do executado, o juiz poderá requisitá-los, sob cominação do crime de desobediência.

→ *v.* Arts. 401 a 403 do NCPC.

§ 4º Quando a complementação do demonstrativo depender de dados adicionais em poder do executado, o juiz poderá, a requerimento do exequente, requisitá-los, fixando prazo de até 30 (trinta) dias para o cumprimento da diligência.

§ 5º Se os dados adicionais a que se refere o § 4º não forem apresentados pelo executado, sem justificativa, no prazo designado, reputar-se-ão corretos os cálculos apresentados pelo exequente apenas com base nos dados de que dispõe.

→ *v.* Arts. 396 a 400 do NCPC.

Art. 525. Transcorrido o prazo previsto no art. 523 sem o pagamento voluntário, inicia-se o prazo de 15 (quinze) dias para que o executado, independentemente de penhora ou nova intimação, apresente, nos próprios autos, sua impugnação.

§ 1º Na impugnação, o executado poderá alegar:

I – falta ou nulidade da citação se, na fase de conhecimento, o processo correu à revelia;

II – ilegitimidade de parte;

III – inexequibilidade do título ou inexigibilidade da obrigação;

IV – penhora incorreta ou avaliação errônea;

→ *v.* Art. 831 e seguintes do NCPC.

V – excesso de execução ou cumulação indevida de execuções;

→ *v.* Arts. 917, § 2º e 780 do NCPC.

VI – incompetência absoluta ou relativa do juízo da execução;

→ *v.* Art. 516 do NCPC.

VII – qualquer causa modificativa ou extintiva da obrigação, como pagamento, novação, compensação, transação ou prescrição, desde que supervenientes à sentença.

§ 2º A alegação de impedimento ou suspeição observará o disposto nos arts. 146 e 148.

§ 3º Aplica-se à impugnação o disposto no art. 229.

§ 4º Quando o executado alegar que o exequente, em excesso de execução, pleiteia quantia superior à resultante da sentença, cumprir-lhe-á declarar de imediato o valor que entende correto, apresentando demonstrativo discriminado e atualizado de seu cálculo.

§ 5º Na hipótese do § 4º, não apontado o valor correto ou não apresentado o demonstrativo, a impugnação será liminarmente rejeitada, se o excesso de execução for o seu único fundamento, ou, se houver outro, a impugnação será processada, mas o juiz não examinará a alegação de excesso de execução.

→ *v.* Art. 917, § 2º, do NCPC.

§ 6º A apresentação de impugnação não impede a prática dos atos executivos, inclusive os de expropriação, podendo o juiz, a requerimento do executado e desde que garantido o juízo com penhora, caução ou depósito suficientes, atribuir-lhe efeito suspensivo, se seus fundamentos forem relevantes e se o prosseguimento da execução for manifestamente suscetível de causar ao executado grave dano de difícil ou incerta reparação.

§ 7º A concessão de efeito suspensivo a que se refere o § 6º não impedirá a efetivação dos atos de substituição, de reforço ou de redução da penhora e de avaliação dos bens.

§ 8º Quando o efeito suspensivo atribuído à impugnação disser respeito apenas a parte do objeto da execução, esta prosseguirá quanto à parte restante.

§ 9º A concessão de efeito suspensivo à impugnação deduzida por um dos executados não suspenderá a execução contra os que não impugnaram, quando o respectivo fundamento disser respeito exclusivamente ao impugnante.

§ 10. Ainda que atribuído efeito suspensivo à impugnação, é lícito ao exequente requerer o prosseguimento da execução, oferecendo e prestando, nos próprios autos, caução suficiente e idônea a ser arbitrada pelo juiz.

§ 11. As questões relativas a fato superveniente ao término do prazo para apresentação da impugnação, assim como aquelas relativas à validade e à adequação da penhora, da avaliação e dos atos executivos subsequentes, podem ser arguidas por simples petição, tendo o executado, em qualquer dos casos, o prazo de 15 (quinze) dias para formular esta arguição, contado da comprovada ciência do fato ou da intimação do ato.

§ 12. Para efeito do disposto no inciso III do § 1º deste artigo, considera-se também inexigível a obrigação reconhecida em título executivo judicial fundado em lei ou ato normativo considerado inconstitucional pelo Supremo Tribunal Federal, ou fundado em aplicação ou interpretação da lei ou do ato normativo tido pelo Supremo Tribunal Federal como incompatível com a Constituição Federal, em controle de constitucionalidade concentrado ou difuso.

§ 13. No caso do § 12, os efeitos da decisão do Supremo Tribunal Federal poderão ser modulados no tempo, em atenção à segurança jurídica.

→ v. Arts. 11, § 1º, e 27, da Lei 9.868/1999.

§ 14. A decisão do Supremo Tribunal Federal referida no § 12 deve ser anterior ao trânsito em julgado da decisão exequenda.

→ v. Art. 1.057 do NCPC.

§ 15. Se a decisão referida no § 12 for proferida após o trânsito em julgado da decisão exequenda, caberá ação rescisória, cujo prazo será contado do trânsito em julgado da decisão proferida pelo Supremo Tribunal Federal.

→ v. Art. 1.057 do NCPC.

Art. 526. É lícito ao réu, antes de ser intimado para o cumprimento da sentença, comparecer em juízo e oferecer em pagamento o valor que entender devido, apresentando memória discriminada do cálculo.

§ 1º O autor será ouvido no prazo de 5 (cinco) dias, podendo impugnar o valor depositado, sem prejuízo do levantamento do depósito a título de parcela incontroversa.

§ 2º Concluindo o juiz pela insuficiência do depósito, sobre a diferença incidirão multa de dez por cento e honorários advocatícios, também fixados em dez por cento, seguindo-se a execução com penhora e atos subsequentes.

§ 3º Se o autor não se opuser, o juiz declarará satisfeita a obrigação e extinguirá o processo.

Art. 527. Aplicam-se as disposições deste Capítulo ao cumprimento provisório da sentença, no que couber.

→ v. Arts. 520 a 522 do NCPC.

Capítulo IV
DO CUMPRIMENTO DE SENTENÇA QUE RECONHEÇA A EXIGIBILIDADE DE OBRIGAÇÃO DE PRESTAR ALIMENTOS

→ v. Arts. 1.694 a 1.710 do CC/2002.

→ v. Lei 5.478/1968 – Dispõe sobre ação de alimentos e dá outras providências.

→ v. Lei 11.804/2008 – Disciplina o direito a alimentos gravídicos e a forma como ele será exercido e dá outras providências.

Art. 528. No cumprimento de sentença que condene ao pagamento de prestação alimentícia ou de decisão interlocutória que fixe alimentos, o juiz, a requerimento do exequente, mandará intimar o executado pessoalmente para, em 3 (três) dias, pagar o débito, provar que o fez ou justificar a impossibilidade de efetuá-lo.

§ 1º Caso o executado, no prazo referido no *caput*, não efetue o pagamento, não prove que o efetuou ou não apresente justificativa da impossibilidade de efetuá-lo, o juiz mandará protestar o pronunciamento judicial, aplicando-se, no que couber, o disposto no art. 517.

§ 2º Somente a comprovação de fato que gere a impossibilidade absoluta de pagar justificará o inadimplemento.

§ 3º Se o executado não pagar ou se a justificativa apresentada não for aceita, o juiz, além de mandar protestar o pronunciamento judicial na forma do § 1º, decretar-lhe-á a prisão pelo prazo de 1 (um) a 3 (três) meses.

→ v. Art. 5º, LXVII, da CF/1988.

§ 4º A prisão será cumprida em regime fechado, devendo o preso ficar separado dos presos comuns.

§ 5º O cumprimento da pena não exime o executado do pagamento das prestações vencidas e vincendas.

§ 6º Paga a prestação alimentícia, o juiz suspenderá o cumprimento da ordem de prisão.

§ 7º O débito alimentar que autoriza a prisão civil do alimentante é o que compreende até as 3 (três) prestações anteriores ao ajuizamento da execução e as que se vencerem no curso do processo.

→ v. Súmula 309 do STJ.

§ 8º O exequente pode optar por promover o cumprimento da sentença ou decisão desde logo, nos termos do disposto neste Livro, Título II, Capítulo III, caso em que não será admissível a prisão do executado, e, recaindo a penhora em dinheiro, a concessão de efeito suspensivo à impugnação não obsta a que o exequente levante mensalmente a importância da prestação.

§ 9º Além das opções previstas no art. 516, parágrafo único, o exequente pode promover o cumprimento da sentença ou decisão que condena ao pagamento de prestação alimentícia no juízo de seu domicílio.

Art. 529. Quando o executado for funcionário público, militar, diretor ou gerente de empresa ou empregado sujeito à legislação do trabalho, o exequente poderá requerer o desconto em folha de pagamento da importância da prestação alimentícia.

§ 1º Ao proferir a decisão, o juiz oficiará à autoridade, à empresa ou ao empregador, determinando, sob pena de crime de desobediência, o desconto a partir da primeira remuneração posterior do executado, a contar do protocolo do ofício.

§ 2º O ofício conterá o nome e o número de inscrição no Cadastro de Pessoas Físicas do exequente e do executado, a importância a ser descontada mensalmente, o tempo de sua duração e a conta na qual deve ser feito o depósito.

§ 3º Sem prejuízo do pagamento dos alimentos vincendos, o débito objeto de execução pode ser descontado dos rendimentos ou rendas do executado, de forma parcelada, nos termos do *caput* deste artigo, contanto que, somado à parcela devida, não ultrapasse cinquenta por cento de seus ganhos líquidos.

→ v. Art. 833, § 2º, do NCPC.

Art. 530. Não cumprida a obrigação, observar-se-á o disposto nos arts. 831 e seguintes.

Art. 531. O disposto neste Capítulo aplica-se aos alimentos definitivos ou provisórios.

§ 1º A execução dos alimentos provisórios, bem como a dos alimentos fixados em sentença ainda não transitada em julgado, se processa em autos apartados.

§ 2º O cumprimento definitivo da obrigação de prestar alimentos será processado nos mesmos autos em que tenha sido proferida a sentença.

→ v. Art. 516, II, do NCPC.

Art. 532. Verificada a conduta procrastinatória do executado, o juiz deverá, se for o caso, dar ciência ao Ministério Público dos indícios da prática do crime de abandono material.

→ v. Art. 244 do CP.

Art. 533. Quando a indenização por ato ilícito incluir prestação de alimentos, caberá ao executado, a requerimento do exequente, constituir capital cuja renda assegure o pagamento do valor mensal da pensão.

§ 1º O capital a que se refere o *caput*, representado por imóveis ou por direitos reais sobre imóveis suscetíveis de alienação, títulos da dívida pública ou aplicações financeiras em banco oficial, será inalienável e impenhorável enquanto durar a obrigação do executado, além de constituir-se em patrimônio de afetação.

§ 2º O juiz poderá substituir a constituição do capital pela inclusão do exequente em folha de pagamento de pessoa jurídica de notória capacidade econômica ou, a requerimento do executado, por fiança bancária ou garantia real, em valor a ser arbitrado de imediato pelo juiz.

§ 3º Se sobrevier modificação nas condições econômicas, poderá a parte requerer, conforme as circunstâncias, redução ou aumento da prestação.

§ 4º A prestação alimentícia poderá ser fixada tomando por base o salário mínimo.

→ v. Súmula Vinculante 4 do STF.

→ v. Súmula 490 do STF.

→ v. Art. 7º, IV, da CF/1988.

§ 5º Finda a obrigação de prestar alimentos, o juiz mandará liberar o capital, cessar o desconto em folha ou cancelar as garantias prestadas.

Capítulo V
DO CUMPRIMENTO DE SENTENÇA QUE RECONHEÇA A EXIGIBILIDADE DE OBRIGAÇÃO DE PAGAR QUANTIA CERTA PELA FAZENDA PÚBLICA

Art. 534. No cumprimento de sentença que impuser à Fazenda Pública o dever de pagar quantia certa, o exequente apresentará demonstrativo discriminado e atualizado do crédito contendo:

I – o nome completo e o número de inscrição no Cadastro de Pessoas Físicas ou no Cadastro Nacional da Pessoa Jurídica do exequente;

II – o índice de correção monetária adotado;

III – os juros aplicados e as respectivas taxas;

IV – o termo inicial e o termo final dos juros e da correção monetária utilizados;

→ v. Art. 1º-F da Lei 9.494/1997.

→ v. ADI n. 4.357/DF e ADI n. 4.425/DF, STF.

V – a periodicidade da capitalização dos juros, se for o caso;

VI – a especificação dos eventuais descontos obrigatórios realizados.

§ 1º Havendo pluralidade de exequentes, cada um deverá apresentar o seu próprio demonstrativo, aplicando-se à hipótese, se for o caso, o disposto nos §§ 1º e 2º do art. 113.

§ 2º A multa prevista no § 1º do art. 523 não se aplica à Fazenda Pública.

Art. 535. A Fazenda Pública será intimada na pessoa de seu representante judicial, por carga, remessa ou meio eletrônico, para, querendo, no prazo de 30 (trinta) dias e nos próprios autos, impugnar a execução, podendo arguir:

I – falta ou nulidade da citação se, na fase de conhecimento, o processo correu à revelia;

II – ilegitimidade de parte;

III – inexequibilidade do título ou inexigibilidade da obrigação;

IV – excesso de execução ou cumulação indevida de execuções;

V – incompetência absoluta ou relativa do juízo da execução;

VI – qualquer causa modificativa ou extintiva da obrigação, como pagamento, novação, compensação, transação ou prescrição, desde que supervenientes ao trânsito em julgado da sentença.

§ 1º A alegação de impedimento ou suspeição observará o disposto nos arts. 146 e 148.

§ 2º Quando se alegar que o exequente, em excesso de execução, pleiteia quantia superior à resultante do título, cumprirá à executada declarar de imediato o valor que entende correto, sob pena de não conhecimento da arguição.

→ *v.* Art. 917, § 2º, do NCPC.

§ 3º Não impugnada a execução ou rejeitadas as arguições da executada:

I – expedir-se-á, por intermédio do presidente do tribunal competente, precatório em favor do exequente, observando-se o disposto na Constituição Federal;

→ *v.* Art. 100 da CF/1988.

→ *v.* Art. 1º-E da Lei 9.494/1997.

II – por ordem do juiz, dirigida à autoridade na pessoa de quem o ente público foi citado para o processo, o pagamento de obrigação de pequeno valor será realizado no prazo de 2 (dois) meses contado da entrega da requisição, mediante depósito na agência de banco oficial mais próxima da residência do exequente.

→ *v.* Art. 17 da Lei 10.259/2001.

→ *v.* Art. 13 da Lei 12.153/2009.

§ 4º Tratando-se de impugnação parcial, a parte não questionada pela executada será, desde logo, objeto de cumprimento.

§ 5º Para efeito do disposto no inciso III do *caput* deste artigo, considera-se também inexigível a obrigação reconhecida em título executivo judicial fundado em lei ou ato normativo considerado inconstitucional pelo Supremo Tribunal Federal, ou fundado em aplicação ou interpretação da lei ou do ato normativo tido pelo Supremo Tribunal Federal como incompatível com a Constituição Federal, em controle de constitucionalidade concentrado ou difuso.

§ 6º No caso do § 5º, os efeitos da decisão do Supremo Tribunal Federal poderão ser modulados no tempo, de modo a favorecer a segurança jurídica.

→ *v.* Arts. 11, § 1º, e 27, da Lei 9.868/1999.

§ 7º A decisão do Supremo Tribunal Federal referida no § 5º deve ter sido proferida antes do trânsito em julgado da decisão exequenda.

→ *v.* Art. 1.057 do NCPC.

§ 8º Se a decisão referida no § 5º for proferida após o trânsito em julgado da decisão exequenda, caberá ação rescisória, cujo prazo será contado do trânsito em julgado da decisão proferida pelo Supremo Tribunal Federal.

→ *v.* Art. 1.057 do NCPC.

Capítulo VI
DO CUMPRIMENTO DE SENTENÇA QUE RECONHEÇA A EXIGIBILIDADE DE OBRIGAÇÃO DE FAZER, DE NÃO FAZER OU DE ENTREGAR COISA

Seção I
Do cumprimento de sentença que reconheça a exigibilidade de obrigação de fazer ou de não fazer

Art. 536. No cumprimento de sentença que reconheça a exigibilidade de obrigação de fazer ou de não fazer, o juiz poderá, de ofício ou a requerimento, para a efetivação da tutela específica ou a obtenção de tutela pelo resultado prático equivalente, determinar as medidas necessárias à satisfação do exequente.

§ 1º Para atender ao disposto no *caput*, o juiz poderá determinar, entre outras medidas, a imposição de multa, a busca e apreensão, a remoção de pessoas e coisas, o desfazimento de obras e o impedimento de atividade nociva, podendo, caso necessário, requisitar o auxílio de força policial.

§ 2º O mandado de busca e apreensão de pessoas e coisas será cumprido por 2 (dois) oficiais de justiça, observando-se o disposto no art. 846, §§ 1º a 4º, se houver necessidade de arrombamento.

§ 3º O executado incidirá nas penas de litigância de má-fé quando injustificadamente descumprir a ordem judicial, sem prejuízo de sua responsabilização por crime de desobediência.

→ *v.* Art. 81 do NCPC.

§ 4º No cumprimento de sentença que reconheça a exigibilidade de obrigação de fazer ou de não fazer, aplica-se o art. 525, no que couber.

§ 5º O disposto neste artigo aplica-se, no que couber, ao cumprimento de sentença que reconheça deveres de fazer e de não fazer de natureza não obrigacional.

Art. 537. A multa independe de requerimento da parte e poderá ser aplicada na fase de conhecimento, em tutela provisória ou na sentença, ou na fase de execução, desde que seja suficiente e compatível com a obrigação e que se determine prazo razoável para cumprimento do preceito.

§ 1º O juiz poderá, de ofício ou a requerimento, modificar o valor ou a periodicidade da multa vincenda ou excluí-la, caso verifique que:

I – se tornou insuficiente ou excessiva;

II – o obrigado demonstrou cumprimento parcial superveniente da obrigação ou justa causa para o descumprimento.

§ 2º O valor da multa será devido ao exequente.

§ 3º A decisão que fixa a multa é passível de cumprimento provisório, devendo ser depositada em juízo, permitido o levantamento do valor após o trânsito em julgado da sentença favorável à parte.

→ § 3º com redação alterada pela Lei 13.256/2016, em vigor no início da vigência da Lei 13.105/2015 – Novo CPC (*v.* art. 4º da Lei 13.256/2016).

→ *v.* Arts. 520 a 522 do NCPC.

→ **Anterior redação:** § 3º A decisão que fixa a multa é passível de cumprimento provisório, devendo ser depositada em juízo, permitido o levantamento do valor após o trânsito em julgado da sentença favorável à parte ou na pendência do agravo fundado nos incisos II ou III do art. 1.042.

§ 4º A multa será devida desde o dia em que se configurar o descumprimento da decisão e incidirá enquanto não for cumprida a decisão que a tiver cominado.

→ *v.* Súmula 410 do STJ.

§ 5º O disposto neste artigo aplica-se, no que couber, ao cumprimento de sentença que reconheça deveres de fazer e de não fazer de natureza não obrigacional.

Seção II
Do cumprimento de sentença que reconheça a exigibilidade de obrigação de entregar coisa

Art. 538. Não cumprida a obrigação de entregar coisa no prazo estabelecido na sentença, será expedido mandado de busca e apreensão ou de imissão na posse em favor do credor, conforme se tratar de coisa móvel ou imóvel.

§ 1º A existência de benfeitorias deve ser alegada na fase de conhecimento, em contestação, de forma discriminada e com atribuição, sempre que possível e justificadamente, do respectivo valor.

→ *v.* Arts. 96, 97 e 1.219 a 1.222 do CC/2002.

§ 2º O direito de retenção por benfeitorias deve ser exercido na contestação, na fase de conhecimento.

§ 3º Aplicam-se ao procedimento previsto neste artigo, no que couber, as disposições sobre o cumprimento de obrigação de fazer ou de não fazer.

Título III
Dos procedimentos especiais

Capítulo I
DA AÇÃO DE CONSIGNAÇÃO EM PAGAMENTO

Art. 539. Nos casos previstos em lei, poderá o devedor ou terceiro requerer, com efeito de pagamento, a consignação da quantia ou da coisa devida.

→ *v.* Arts. 334 a 345 do CC/2002.

→ *v.* Arts. 156, VIII e 164 do CTN.

→ *v.* Art. 67 da Lei 8.245/1991.

§ 1º Tratando-se de obrigação em dinheiro, poderá o valor ser depositado em estabelecimento bancário, oficial onde houver, situado no lugar do pagamento, cientificando-se o credor por carta com aviso de recebimento, assinado o prazo de 10 (dez) dias para a manifestação de recusa.

→ *v.* Resolução Banco Central (BACEN) 2.814/2001 – Dispõe sobre procedimentos a serem observados pelas instituições financeiras no acolhimento de depósitos de consignação em pagamento extrajudicial.

→ *v.* Art. 38, § 1º, da Lei 6.766/1976.

§ 2º Decorrido o prazo do § 1º, contado do retorno do aviso de recebimento, sem a manifestação de recusa, considerar-se-á o devedor liberado da obrigação, ficando à disposição do credor a quantia depositada.

§ 3º Ocorrendo a recusa, manifestada por escrito ao estabelecimento bancário, poderá ser proposta, dentro de 1 (um) mês, a ação de consignação, instruindo-se a inicial com a prova do depósito e da recusa.

§ 4º Não proposta a ação no prazo do § 3º, ficará sem efeito o depósito, podendo levantá-lo o depositante.

Art. 540. Requerer-se-á a consignação no lugar do pagamento, cessando para o devedor, à data do depósito, os juros e os riscos, salvo se a demanda for julgada improcedente.

Art. 541. Tratando-se de prestações sucessivas, consignada uma delas, pode o devedor continuar a depositar, no mesmo processo e sem mais formalidades, as que se forem vencendo, desde que o faça em até 5 (cinco) dias contados da data do respectivo vencimento.

→ *v.* Art. 67, III, da Lei 8.245/1991.

Art. 542. Na petição inicial, o autor requererá:

I – o depósito da quantia ou da coisa devida, a ser efetivado no prazo de 5 (cinco) dias contados do deferimento, ressalvada a hipótese do art. 539, § 3º;

II – a citação do réu para levantar o depósito ou oferecer contestação.

Parágrafo único. Não realizado o depósito no prazo do inciso I, o processo será extinto sem resolução do mérito.

Art. 543. Se o objeto da prestação for coisa indeterminada e a escolha couber ao credor, será este citado para exercer o direito dentro de 5 (cinco) dias, se outro prazo não constar de lei ou do contrato, ou para aceitar que o devedor a faça, devendo o juiz, ao despachar a petição inicial, fixar lugar, dia e hora em que se fará a entrega, sob pena de depósito.

→ *v.* Arts. 252 e 342 do CC/20002.

Art. 544. Na contestação, o réu poderá alegar que:

I – não houve recusa ou mora em receber a quantia ou a coisa devida;

II – foi justa a recusa;

III – o depósito não se efetuou no prazo ou no lugar do pagamento;

IV – o depósito não é integral.

Parágrafo único. No caso do inciso IV, a alegação somente será admissível se o réu indicar o montante que entende devido.

Art. 545. Alegada a insuficiência do depósito, é lícito ao autor completá-lo, em 10 (dez) dias, salvo se corresponder a prestação cujo inadimplemento acarrete a rescisão do contrato.

§ 1º No caso do *caput*, poderá o réu levantar, desde logo, a quantia ou a coisa depositada, com a consequente liberação parcial do autor, prosseguindo o processo quanto à parcela controvertida.

§ 2º A sentença que concluir pela insuficiência do depósito determinará, sempre que possível, o montante devido e valerá como título executivo, facultado ao credor promover-lhe o cumprimento nos mesmos autos, após liquidação, se necessária.

Art. 546. Julgado procedente o pedido, o juiz declarará extinta a obrigação e condenará o réu ao pagamento de custas e honorários advocatícios.

Parágrafo único. Proceder-se-á do mesmo modo se o credor receber e der quitação.

Art. 547. Se ocorrer dúvida sobre quem deva legitimamente receber o pagamento, o autor requererá o depósito e a citação dos possíveis titulares do crédito para provarem o seu direito.

→ *v.* Art. 326 do NCPC.

Art. 548. No caso do art. 547:

I – não comparecendo pretendente algum, converter-se-á o depósito em arrecadação de coisas vagas;

II – comparecendo apenas um, o juiz decidirá de plano;

III – comparecendo mais de um, o juiz declarará efetuado o depósito e extinta a obrigação, continuando o processo a correr unicamente entre os presuntivos credores, observado o procedimento comum.

Art. 549. Aplica-se o procedimento estabelecido neste Capítulo, no que couber, ao resgate do aforamento.

Capítulo II
DA AÇÃO DE EXIGIR CONTAS

Art. 550. Aquele que afirmar ser titular do direito de exigir contas requererá a citação do réu para que as preste ou ofereça contestação no prazo de 15 (quinze) dias.

→ *v.* Súmulas 259 e 477 do STJ.

§ 1º Na petição inicial, o autor especificará, detalhadamente, as razões pelas quais exige as contas, instruindo-a com documentos comprobatórios dessa necessidade, se existirem.

§ 2º Prestadas as contas, o autor terá 15 (quinze) dias para se manifestar, prosseguindo-se o processo na forma do Capítulo X do Título I deste Livro.

§ 3º A impugnação das contas apresentadas pelo réu deverá ser fundamentada e específica, com referência expressa ao lançamento questionado.

§ 4º Se o réu não contestar o pedido, observar-se-á o disposto no art. 355.

§ 5º A decisão que julgar procedente o pedido condenará o réu a prestar as contas no prazo de 15 (quinze) dias, sob pena de não lhe ser lícito impugnar as que o autor apresentar.

§ 6º Se o réu apresentar as contas no prazo previsto no § 5º, seguir-se-á o procedimento do § 2º, caso contrário, o autor apresentá-las-á no prazo de 15 (quinze) dias, podendo o juiz determinar a realização de exame pericial, se necessário.

Art. 551. As contas do réu serão apresentadas na forma adequada, especificando-se as receitas, a aplicação das despesas e os investimentos, se houver.

§ 1º Havendo impugnação específica e fundamentada pelo autor, o juiz estabelecerá prazo razoável para que o réu apresente os documentos justificativos dos lançamentos individualmente impugnados.

§ 2º As contas do autor, para os fins do art. 550, § 5º, serão apresentadas na forma adequada, já instruídas com os documentos justificativos, especificando-se as receitas, a aplicação das despesas e os investimentos, se houver, bem como o respectivo saldo.

Art. 552. A sentença apurará o saldo e constituirá título executivo judicial.

Art. 553. As contas do inventariante, do tutor, do curador, do depositário e de qualquer outro administrador serão prestadas em apenso aos autos do processo em que tiver sido nomeado.

Parágrafo único. Se qualquer dos referidos no *caput* for condenado a pagar o saldo e não o fizer no prazo legal, o juiz poderá destituí-lo, sequestrar os bens sob sua guarda, glosar o prêmio ou a gratificação a que teria direito e determinar as medidas executivas necessárias à recomposição do prejuízo.

Capítulo III
DAS AÇÕES POSSESSÓRIAS

Seção I
Disposições Gerais

Art. 554. A propositura de uma ação possessória em vez de outra não obstará a que o juiz conheça do pedido e outorgue a proteção legal correspondente àquela cujos pressupostos estejam provados.

§ 1º No caso de ação possessória em que figure no polo passivo grande número de pessoas, serão feitas a citação pessoal dos ocupantes que forem encontrados no local e a citação por edital dos demais, determinando-se, ainda, a intimação do Ministério Público e, se envolver pessoas em situação de hipossuficiência econômica, da Defensoria Pública.

§ 2º Para fim da citação pessoal prevista no § 1º, o oficial de justiça procurará os ocupantes no local por uma vez, citando-se por edital os que não forem encontrados.

§ 3º O juiz deverá determinar que se dê ampla publicidade da existência da ação prevista no § 1º e dos respectivos prazos processuais, podendo, para tanto, valer-se de anúncios em jornal ou rádio locais, da publicação de cartazes na região do conflito e de outros meios.

Art. 555. É lícito ao autor cumular ao pedido possessório o de:

I – condenação em perdas e danos;

→ *v.* Arts. 402 a 405 do CC/2002.

II – indenização dos frutos.

→ *v.* Arts. 1.214 a 1.216 do CC/2002.

Parágrafo único. Pode o autor requerer, ainda, imposição de medida necessária e adequada para:

I – evitar nova turbação ou esbulho;

II – cumprir-se a tutela provisória ou final.

Art. 556. É lícito ao réu, na contestação, alegando que foi o ofendido em sua posse, demandar a proteção possessória e a indenização pelos prejuízos resultantes da turbação ou do esbulho cometido pelo autor.

Art. 557. Na pendência de ação possessória é vedado, tanto ao autor quanto ao réu, propor ação de reconhecimento do domínio, exceto se a pretensão for deduzida em face de terceira pessoa.

→ *v.* Súmula 487 do STF.

Parágrafo único. Não obsta à manutenção ou à reintegração de posse a alegação de propriedade ou de outro direito sobre a coisa.

Art. 558. Regem o procedimento de manutenção e de reintegração de posse as normas da Seção II deste Capítulo quando a ação for proposta dentro de ano e dia da turbação ou do esbulho afirmado na petição inicial.

Parágrafo único. Passado o prazo referido no *caput*, será comum o procedimento, não perdendo, contudo, o caráter possessório.

Art. 559. Se o réu provar, em qualquer tempo, que o autor provisoriamente mantido ou reintegrado na posse carece de idoneidade financeira para, no caso de sucumbência, responder por perdas e danos, o juiz designar-lhe-á o prazo de 5 (cinco) dias para requerer caução, real ou fidejussória, sob pena de ser depositada a coisa litigiosa, ressalvada a impossibilidade da parte economicamente hipossuficiente.

Seção II
Da manutenção e da reintegração de posse

Art. 560. O possuidor tem direito a ser mantido na posse em caso de turbação e reintegrado em caso de esbulho.

→ *V.* Arts. 1.197 e 1.210 do CC/2002.

Art. 561. Incumbe ao autor provar:

I – a sua posse;

→ *V.* Súmula 415 do STF.

→ *V.* Arts. 1.196 a 1.124 do CC/2002.

II – a turbação ou o esbulho praticado pelo réu;

III – a data da turbação ou do esbulho;

IV – a continuação da posse, embora turbada, na ação de manutenção, ou a perda da posse, na ação de reintegração.

Art. 562. Estando a petição inicial devidamente instruída, o juiz deferirá, sem ouvir o réu, a expedição do mandado liminar de manutenção ou de reintegração, caso contrário, determinará que o autor justifique previamente o alegado, citando-se o réu para comparecer à audiência que for designada.

→ *V.* Súmula 262 do STF.

Parágrafo único. Contra as pessoas jurídicas de direito público não será deferida a manutenção ou a reintegração liminar sem prévia audiência dos respectivos representantes judiciais.

Art. 563. Considerada suficiente a justificação, o juiz fará logo expedir mandado de manutenção ou de reintegração.

Art. 564. Concedido ou não o mandado liminar de manutenção ou de reintegração, o autor promoverá, nos 5 (cinco) dias subsequentes, a citação do réu para, querendo, contestar a ação no prazo de 15 (quinze) dias.

→ *V.* Art. 1.212 do CC/2002.

Parágrafo único. Quando for ordenada a justificação prévia, o prazo para contestar será contado da intimação da decisão que deferir ou não a medida liminar.

Art. 565. No litígio coletivo pela posse de imóvel, quando o esbulho ou a turbação afirmado na petição inicial houver ocorrido há mais de ano e dia, o juiz, antes de apreciar o pedido de concessão da medida liminar, deverá designar audiência de mediação, a realizar-se em até 30 (trinta) dias, que observará o disposto nos §§ 2º e 4º.

§ 1º Concedida a liminar, se essa não for executada no prazo de 1 (um) ano, a contar da data de distribuição, caberá ao juiz designar audiência de mediação, nos termos dos §§ 2º a 4º deste artigo.

§ 2º O Ministério Público será intimado para comparecer à audiência, e a Defensoria Pública será intimada sempre que houver parte beneficiária de gratuidade da justiça.

§ 3º O juiz poderá comparecer à área objeto do litígio quando sua presença se fizer necessária à efetivação da tutela jurisdicional.

§ 4º Os órgãos responsáveis pela política agrária e pela política urbana da União, de Estado ou do Distrito Federal e de Município onde se situe a área objeto do litígio poderão ser intimados para a audiência, a fim de se manifestarem sobre seu interesse no processo e sobre a existência de possibilidade de solução para o conflito possessório.

§ 5º Aplica-se o disposto neste artigo ao litígio sobre propriedade de imóvel.

→ *V.* Art. 5º, XXIII, da CF/1988.

→ *V.* Art. 1.228, § 1º, do CC/20002.

Art. 566. Aplica-se, quanto ao mais, o procedimento comum.

→ *V.* Arts. 318 e ss. do NCPC.

Seção III
Do interdito proibitório

Art. 567. O possuidor direto ou indireto que tenha justo receio de ser molestado na posse poderá requerer ao juiz que o segure da turbação ou esbulho iminente, mediante mandado proibitório em que se comine ao réu determinada pena pecuniária caso transgrida o preceito.

→ *V.* Súmula 228 do STJ.

Art. 568. Aplica-se ao interdito proibitório o disposto na Seção II deste Capítulo.

Capítulo IV
DA AÇÃO DE DIVISÃO E DA DEMARCAÇÃO DE TERRAS PARTICULARES

Seção I
Disposições Gerais

Art. 569. Cabe:

I – ao proprietário a ação de demarcação, para obrigar o seu confinante a estremar os respectivos prédios, fixando-se novos limites entre eles ou aviventando-se os já apagados;

→ *V.* Arts. 1.297 e 1.298 do CC/2002.

II – ao condômino a ação de divisão, para obrigar os demais consortes a estremar os quinhões.

→ *V.* Art. 1.320 do CC/2002.

Art. 570. É lícita a cumulação dessas ações, caso em que deverá processar-se primeiramente a demarcação total ou parcial da coisa comum, citando-se os confinantes e os condôminos.

Art. 571. A demarcação e a divisão poderão ser realizadas por escritura pública, desde que maiores, capazes e concordes todos os interessados, observando-se, no que couber, os dispositivos deste Capítulo.

→ *V.* Art. 214 da Lei 6.015/1973.

→ *V.* Lei 6.766/1976 – Dispõe sobre o parcelamento do solo urbano.

→ *V.* Arts. 610, § 1º, 659 e 733 do NCPC.

Art. 572. Fixados os marcos da linha de demarcação, os confinantes considerar-se-ão terceiros quanto ao processo divisório, ficando-lhes, porém, ressalvado o direito de vindicar os terrenos de que se julguem despojados por invasão das linhas limítrofes constitutivas do perímetro ou de reclamar indenização correspondente ao seu valor.

§ 1º No caso do *caput*, serão citados para a ação todos os condôminos, se a sentença homologatória da divisão ainda não houver transitado em julgado, e todos os quinhoeiros dos terrenos vindicados, se a ação for proposta posteriormente.

§ 2º Neste último caso, a sentença que julga procedente a ação, condenando a restituir os terrenos ou a pagar a indenização, valerá como título executivo em favor dos quinhoeiros para haverem dos outros condôminos que forem parte na divisão ou de seus sucessores a título universal, na proporção que lhes tocar, a composição pecuniária do desfalque sofrido.

Art. 573. Tratando-se de imóvel georreferenciado, com averbação no registro de imóveis, pode o juiz dispensar a realização de prova pericial.

→ *V.* art. 176, § 3º, da Lei 6.015/1973.

→ *V.* Art. 10 do Dec.-Lei 4.449/2002.

Seção II
Da demarcação

→ *V.* Lei 6.383/1976 – Dispõe sobre o Processo Discriminatório de Terras Devolutas da União, e dá outras providências.

Art. 574. Na petição inicial, instruída com os títulos da propriedade, designar-se-á o imóvel pela situação e pela denominação, descrever-se-ão os limites por constituir, aviventar ou renovar e nomear-se-ão todos os confinantes da linha demarcanda.

Art. 575. Qualquer condômino é parte legítima para promover a demarcação do imóvel comum, requerendo a intimação dos demais para, querendo, intervir no processo.

Art. 576. A citação dos réus será feita por correio, observado o disposto no art. 247.

Parágrafo único. Será publicado edital, nos termos do inciso III do art. 259.

Art. 577. Feitas as citações, terão os réus o prazo comum de 15 (quinze) dias para contestar.

Art. 578. Após o prazo de resposta do reu, observar-se-á o procedimento comum.

Art. 579. Antes de proferir a sentença, o juiz nomeará um ou mais peritos para levantar o traçado da linha demarcanda.

Art. 580. Concluídos os estudos, os peritos apresentarão minucioso laudo sobre o traçado da linha demarcanda, considerando os títulos, os marcos, os rumos, a fama da vizinhança, as informações de antigos moradores do lugar e outros elementos que coligirem.

Art. 581. A sentença que julgar procedente o pedido determinará o traçado da linha demarcanda.

Parágrafo único. A sentença proferida na ação demarcatória determinará a restituição da área invadida, se houver, declarando o domínio ou a posse do prejudicado, ou ambos.

Art. 582. Transitada em julgado a sentença, o perito efetuará a demarcação e colocará os marcos necessários.

Parágrafo único. Todas as operações serão consignadas em planta e memorial descritivo com as referências convenientes para a identificação, em qualquer tempo, dos pontos assinalados, observada a legislação especial que dispõe sobre a identificação do imóvel rural.

→ v. Art. 176, § 3º, da Lei 6.015/1973.

→ v. Art. 10 do Dec.-Lei 4.449/2002.

Art. 583. As plantas serão acompanhadas das cadernetas de operações de campo e do memorial descritivo, que conterá:

I – o ponto de partida, os rumos seguidos e a aviventação dos antigos com os respectivos cálculos;

II – os acidentes encontrados, as cercas, os valos, os marcos antigos, os córregos, os rios, as lagoas e outros;

III – a indicação minuciosa dos novos marcos cravados, dos antigos aproveitados, das culturas existentes e da sua produção anual;

IV – a composição geológica dos terrenos, bem como a qualidade e a extensão dos campos, das matas e das capoeiras;

V – as vias de comunicação;

VI – as distâncias a pontos de referência, tais como rodovias federais e estaduais, ferrovias, portos, aglomerações urbanas e polos comerciais;

VII – a indicação de tudo o mais que for útil para o levantamento da linha ou para a identificação da linha já levantada.

Art. 584. É obrigatória a colocação de marcos tanto na estação inicial, dita marco primordial, quanto nos vértices dos ângulos, salvo se algum desses últimos pontos for assinalado por acidentes naturais de difícil remoção ou destruição.

Art. 585. A linha será percorrida pelos peritos, que examinarão os marcos e os rumos, consignando em relatório escrito a exatidão do memorial e da planta apresentados pelo agrimensor ou as divergências porventura encontradas.

Art. 586. Juntado aos autos o relatório dos peritos, o juiz determinará que as partes se manifestem sobre ele no prazo comum de 15 (quinze) dias.

Parágrafo único. Executadas as correções e as retificações que o juiz determinar, lavrar-se-á, em seguida, o auto de demarcação em que os limites demarcandos serão minuciosamente descritos de acordo com o memorial e a planta.

Art. 587. Assinado o auto pelo juiz e pelos peritos, será proferida a sentença homologatória da demarcação.

Seção III
Da divisão

Art. 588. A petição inicial será instruída com os títulos de domínio do promovente e conterá:

→ v. Arts. 1.320 a 1.322 do CC/2002.

I – a indicação da origem da comunhão e a denominação, a situação, os limites e as características do imóvel;

II – o nome, o estado civil, a profissão e a residência de todos os condôminos, especificando-se os estabelecidos no imóvel com benfeitorias e culturas;

III – as benfeitorias comuns.

Art. 589. Feitas as citações como preceitua o art. 576, prosseguir-se-á na forma dos arts. 577 e 578.

Art. 590. O juiz nomeará um ou mais peritos para promover a medição do imóvel e as operações de divisão, observada a legislação especial que dispõe sobre a identificação do imóvel rural.

Parágrafo único. O perito deverá indicar as vias de comunicação existentes, as construções e as benfeitorias, com a indicação dos seus valores e dos respectivos proprietários e ocupantes, as águas principais que banham o imóvel e quaisquer outras informações que possam concorrer para facilitar a partilha.

Art. 591. Todos os condôminos serão intimados a apresentar, dentro de 10 (dez) dias, os seus títulos, se ainda não o tiverem feito, e a formular os seus pedidos sobre a constituição dos quinhões.

Art. 592. O juiz ouvirá as partes no prazo comum de 15 (quinze) dias.

§ 1º Não havendo impugnação, o juiz determinará a divisão geodésica do imóvel.

§ 2º Havendo impugnação, o juiz proferirá, no prazo de 10 (dez) dias, decisão sobre os pedidos e os títulos que devam ser atendidos na formação dos quinhões.

Art. 593. Se qualquer linha do perímetro atingir benfeitorias permanentes dos confinantes feitas há mais de 1 (um) ano, serão elas respeitadas, bem como os terrenos onde estiverem, os quais não se computarão na área dividenda.

Art. 594. Os confinantes do imóvel dividendo podem demandar a restituição dos terrenos que lhes tenham sido usurpados.

§ 1º Serão citados para a ação todos os condôminos, se a sentença homologatória da divisão ainda não houver transitado em julgado, e todos os quinhoeiros dos terrenos vindicados, se a ação for proposta posteriormente.

§ 2º Nesse último caso terão os quinhoeiros o direito, pela mesma sentença que os obrigar à restituição, a haver dos outros condôminos do processo divisório ou de seus sucessores a título universal a composição pecuniária proporcional ao desfalque sofrido.

Art. 595. Os peritos proporão, em laudo fundamentado, a forma da divisão, devendo consultar, quanto possível, a comodidade das partes, respeitar, para adjudicação a cada condômino, a preferência dos terrenos contíguos às suas residências e benfeitorias e evitar o retalhamento dos quinhões em glebas separadas.

Art. 596. Ouvidas as partes, no prazo comum de 15 (quinze) dias, sobre o cálculo e o plano da divisão, o juiz deliberará a partilha.

Parágrafo único. Em cumprimento dessa decisão, o perito procederá à demarcação dos quinhões, observando, além do disposto nos arts. 584 e 585, as seguintes regras:

I – as benfeitorias comuns que não comportarem divisão cômoda serão adjudicadas a um dos condôminos mediante compensação;

II – instituir-se-ão as servidões que forem indispensáveis em favor de uns quinhões sobre os outros, incluindo o respectivo valor no orçamento para que, não se tratando de servidões naturais, seja compensado o condômino aquinhoado com o prédio serviente;

III – as benfeitorias particulares dos condôminos que excederem à área a que têm direito serão adjudicadas ao quinhoeiro vizinho mediante reposição;

IV – se outra coisa não acordarem as partes, as compensações e as reposições serão feitas em dinheiro.

Art. 597. Terminados os trabalhos e desenhados na planta os quinhões e as servidões aparentes, o perito organizará o memorial descritivo.

§ 1º Cumprido o disposto no art. 586, o escrivão, em seguida, lavrará o auto de divisão, acompanhado de uma folha de pagamento para cada condômino.

§ 2º Assinado o auto pelo juiz e pelo perito, será proferida sentença homologatória da divisão.

§ 3º O auto conterá:

I – a confinação e a extensão superficial do imóvel;

II – a classificação das terras com o cálculo das áreas de cada consorte e com a respectiva avaliação ou, quando a homogeneidade das terras não determinar diversidade de valores, a avaliação do imóvel na sua integridade;

III – o valor e a quantidade geométrica que couber a cada condômino, declarando-se as reduções e as compensações resultantes da diversidade de valores das glebas componentes de cada quinhão.

§ 4º Cada folha de pagamento conterá:

I – a descrição das linhas divisórias do quinhão, mencionadas as confinantes;

II – a relação das benfeitorias e das culturas do próprio quinhoeiro e das que lhe foram adjudicadas por serem comuns ou mediante compensação;

III – a declaração das servidões instituídas, especificados os lugares, a extensão e o modo de exercício.

Art. 598. Aplica-se às divisões o disposto nos arts. 575 a 578.

Capítulo V
DA AÇÃO DE DISSOLUÇÃO PARCIAL DE SOCIEDADE

Art. 599. A ação de dissolução parcial de sociedade pode ter por objeto:

I – a resolução da sociedade empresária contratual ou simples em relação ao sócio falecido, excluído ou que exerceu o direito de retirada ou recesso; e

II – a apuração dos haveres do sócio falecido, excluído ou que exerceu o direito de retirada ou recesso; ou

III – somente a resolução ou a apuração de haveres.

→ v. Arts. 1.077 e 1.028 a 1.030 do CC/2002.

→ v. Art. 1º, III, do Dec.-lei 368/1968.

§ 1º A petição inicial será necessariamente instruída com o contrato social consolidado.

§ 2º A ação de dissolução parcial de sociedade pode ter também por objeto a sociedade anônima de capital fechado quando demonstrado, por acionista ou acionistas que representem cinco por cento ou mais do capital social, que não pode preencher o seu fim.

Art. 600. A ação pode ser proposta:

I – pelo espólio do sócio falecido, quando a totalidade dos sucessores não ingressar na sociedade;

II – pelos sucessores, após concluída a partilha do sócio falecido;

III – pela sociedade, se os sócios sobreviventes não admitirem o ingresso do espólio ou dos sucessores do falecido na sociedade, quando esse direito decorrer do contrato social;

IV – pelo sócio que exerceu o direito de retirada ou recesso, se não tiver sido providenciada, pelos demais sócios, a alteração contratual consensual formalizando o desligamento, depois de transcorridos 10 (dez) dias do exercício do direito;

V – pela sociedade, nos casos em que a lei não autoriza a exclusão extrajudicial; ou

VI – pelo sócio excluído.

Parágrafo único. O cônjuge ou companheiro do sócio cujo casamento, união estável ou convivência terminou poderá requerer a apuração de seus haveres na sociedade, que serão pagos à conta da quota social titulada por este sócio.

Art. 601. Os sócios e a sociedade serão citados para, no prazo de 15 (quinze) dias, concordar com o pedido ou apresentar contestação.

Parágrafo único. A sociedade não será citada se todos os seus sócios o forem, mas ficará sujeita aos efeitos da decisão e à coisa julgada.

Art. 602. A sociedade poderá formular pedido de indenização compensável com o valor dos haveres a apurar.

Art. 603. Havendo manifestação expressa e unânime pela concordância da dissolução, o juiz a decretará, passando-se imediatamente à fase de liquidação.

§ 1º Na hipótese prevista no *caput*, não haverá condenação em honorários advocatícios de nenhuma das partes, e as custas serão rateadas segundo a participação das partes no capital social.

§ 2º Havendo contestação, observar-se-á o procedimento comum, mas a liquidação da sentença seguirá o disposto neste Capítulo.

Art. 604. Para apuração dos haveres, o juiz:

I – fixará a data da resolução da sociedade;

II – definirá o critério de apuração dos haveres à vista do disposto no contrato social; e

III – nomeará o perito.

§ 1º O juiz determinará à sociedade ou aos sócios que nela permanecerem que depositem em juízo a parte incontroversa dos haveres devidos.

§ 2º O depósito poderá ser, desde logo, levantando pelo ex-sócio, pelo espólio ou pelos sucessores.

§ 3º Se o contrato social estabelecer o pagamento dos haveres, será observado o que nele se dispôs no depósito judicial da parte incontroversa.

Art. 605. A data da resolução da sociedade será:

I – no caso de falecimento do sócio, a do óbito;

II – na retirada imotivada, o sexagésimo dia seguinte ao do recebimento, pela sociedade, da notificação do sócio retirante;

III – no recesso, o dia do recebimento, pela sociedade, da notificação do sócio dissidente;

IV – na retirada por justa causa de sociedade por prazo determinado e na exclusão judicial de sócio, a do trânsito em julgado da decisão que dissolver a sociedade; e

V – na exclusão extrajudicial, a data da assembleia ou da reunião de sócios que a tiver deliberado.

→ *v.* Art. 1.032 do CC/2002.

Art. 606. Em caso de omissão do contrato social, o juiz definirá, como critério de apuração de haveres, o valor patrimonial apurado em balanço de determinação, tomando-se por referência a data da resolução e avaliando-se bens e direitos do ativo, tangíveis e intangíveis, a preço de saída, além do passivo também a ser apurado de igual forma.

→ *v.* Art. 1.031 do CC/2002.

Parágrafo único. Em todos os casos em que seja necessária a realização de perícia, a nomeação do perito recairá preferencialmente sobre especialista em avaliação de sociedades.

Art. 607. A data da resolução e o critério de apuração de haveres podem ser revistos pelo juiz, a pedido da parte, a qualquer tempo antes do início da perícia.

Art. 608. Até a data da resolução, integram o valor devido ao ex-sócio, ao espólio ou aos sucessores a participação nos lucros ou os juros sobre o capital próprio declarados pela sociedade e, se for o caso, a remuneração como administrador.

Parágrafo único. Após a data da resolução, o ex-sócio, o espólio ou os sucessores terão direito apenas à correção monetária dos valores apurados e aos juros contratuais ou legais.

Art. 609. Uma vez apurados, os haveres do sócio retirante serão pagos conforme disciplinar o contrato social e, no silêncio deste, nos termos do § 2º do art. 1.031 da Lei 10.406, de 10 de janeiro de 2002 (Código Civil).

→ *v.* Arts. 1.003 e 1.031 do CC/2002.

→ *v.* Súmula 265 do STF.

Capítulo VI
DO INVENTÁRIO E DA PARTILHA

→ *v.* Art. 5º, XXVII e XXX da CF/1988.

→ *v.* Art. 1.784 e ss. do CC/2002.

Seção I
Disposições Gerais

Art. 610. Havendo testamento ou interessado incapaz, proceder-se-á ao inventário judicial.

§ 1º Se todos forem capazes e concordes, o inventário e a partilha poderão ser feitos por escritura pública, a qual constituirá documento hábil para qualquer ato de registro, bem como para levantamento de importância depositada em instituições financeiras.

§ 2º O tabelião somente lavrará a escritura pública se todas as partes interessadas estiverem assistidas por advogado ou por defensor público, cuja qualificação e assinatura constarão do ato notarial.

→ *v.* Resolução CNJ 35/2007 – Disciplina a realização de inventários, partilhas, separações e divórcios consensuais por escritura pública.

→ *v.* Provimento CFOAB 118/2007 – Disciplina as atividades profissionais dos advogados na realização de inventários, partilhas, separações e divórcios consensuais por escritura pública.

Art. 611. O processo de inventário e de partilha deve ser instaurado dentro de 2 (dois) meses, a contar da abertura da sucessão, ultimando-se nos 12 (doze) meses subsequentes, podendo o juiz prorrogar esses prazos, de ofício ou a requerimento de parte.

→ *v.* Súmula 542 do STF.

→ *v.* Art. 1.796 do CC/2012.

Art. 612. O juiz decidirá todas as questões de direito desde que os fatos relevantes estejam provados por documento, só remetendo para as vias ordinárias as questões que dependerem de outras provas.

Art. 613. Até que o inventariante preste o compromisso, continuará o espólio na posse do administrador provisório.

→ *v.* Art. 1.797 do CC/2002

→ *v.* Arts. 159 a 161 do NCPC.

Art. 614. O administrador provisório representa ativa e passivamente o espólio, é obrigado a trazer ao acervo os frutos que desde a abertura da sucessão percebeu, tem direito ao reembolso das despesas necessárias e úteis que fez e responde pelo dano a que, por dolo ou culpa, der causa.

→ *v.* Arts. 75, VII e § 1º, e 159 a 161, do NCPC.

Seção II
Da legitimidade para requerer o inventário

Art. 615. O requerimento de inventário e de partilha incumbe a quem estiver na posse e na administração do espólio, no prazo estabelecido no art. 611.

Parágrafo único. O requerimento será instruído com a certidão de óbito do autor da herança.

→ *v.* Art. 1.785 do CC/2002

→ *v.* Arts. 23, II e 48, do NCPC.

Art. 616. Têm, contudo, legitimidade concorrente:

I – o cônjuge ou companheiro supérstite;

II – o herdeiro;

III – o legatário;

IV – o testamenteiro;

V – o cessionário do herdeiro ou do legatário;

VI – o credor do herdeiro, do legatário ou do autor da herança;

VII – o Ministério Público, havendo herdeiros incapazes;

VIII – a Fazenda Pública, quando tiver interesse;

IX – o administrador judicial da falência do herdeiro, do legatário, do autor da herança ou do cônjuge ou companheiro supérstite.

Seção III
Do inventariante e das primeiras declarações

Art. 617. O juiz nomeará inventariante na seguinte ordem:

I – o cônjuge ou companheiro sobrevivente, desde que estivesse convivendo com o outro ao tempo da morte deste;

II – o herdeiro que se achar na posse e na administração do espólio, se não houver cônjuge ou companheiro sobrevivente ou se estes não puderem ser nomeados;

III – qualquer herdeiro, quando nenhum deles estiver na posse e na administração do espólio;

IV – o herdeiro menor, por seu representante legal;

V – o testamenteiro, se lhe tiver sido confiada a administração do espólio ou se toda a herança estiver distribuída em legados;

VI – o cessionário do herdeiro ou do legatário;

VII – o inventariante judicial, se houver;

VIII – pessoa estranha idônea, quando não houver inventariante judicial.

Parágrafo único. O inventariante, intimado da nomeação, prestará, dentro de 5 (cinco) dias, o compromisso de bem e fielmente desempenhar a função.

Art. 618. Incumbe ao inventariante:

I – representar o espólio ativa e passivamente, em juízo ou fora dele, observando-se, quanto ao dativo, o disposto no art. 75, § 1º;

→ *v.* Art. 75, VII, do NCPC.

II – administrar o espólio, velando-lhe os bens com a mesma diligência que teria se seus fossem;

→ *v.* Art. 1.991 do CC/2002

III – prestar as primeiras e as últimas declarações pessoalmente ou por procurador com poderes especiais;

→ *v.* Arts. 620 e 636 do NCPC.

IV – exibir em cartório, a qualquer tempo, para exame das partes, os documentos relativos ao espólio;

V – juntar aos autos certidão do testamento, se houver;

VI – trazer à colação os bens recebidos pelo herdeiro ausente, renunciante ou excluído;

VII – prestar contas de sua gestão ao deixar o cargo ou sempre que o juiz lhe determinar;

VIII – requerer a declaração de insolvência.

→ *v.* Art. 1.052 do NCPC.

Art. 619. Incumbe ainda ao inventariante, ouvidos os interessados e com autorização do juiz:

I – alienar bens de qualquer espécie;

II – transigir em juízo ou fora dele;

→ *v.* Arts. 840 a 850 do CC/2002.

III – pagar dívidas do espólio;

IV – fazer as despesas necessárias para a conservação e o melhoramento dos bens do espólio.

Art. 620. Dentro de 20 (vinte) dias contados da data em que prestou o compromisso, o inventariante fará as primeiras declarações, das quais se lavrará termo circunstanciado, assinado pelo juiz, pelo escrivão e pelo inventariante, no qual serão exarados:

I – o nome, o estado, a idade e o domicílio do autor da herança, o dia e o lugar em que faleceu e se deixou testamento;

II – o nome, o estado, a idade, o endereço eletrônico e a residência dos herdeiros e, havendo cônjuge ou companheiro supérstite, além dos respectivos dados pessoais, o regime de bens do casamento ou da união estável;

III – a qualidade dos herdeiros e o grau de parentesco com o inventariado;

IV – a relação completa e individualizada de todos os bens do espólio, inclusive aqueles que devem ser conferidos à colação, e dos bens alheios que nele forem encontrados, descrevendo-se:

a) os imóveis, com as suas especificações, nomeadamente local em que se encontram, extensão da área, limites, confrontações, benfeitorias, origem dos títulos, números das matrículas e ônus que os gravam;

b) os móveis, com os sinais característicos;

c) os semoventes, seu número, suas espécies, suas marcas e seus sinais distintivos;

d) o dinheiro, as joias, os objetos de ouro e prata e as pedras preciosas, declarando-se-lhes especificadamente a qualidade, o peso e a importância;

e) os títulos da dívida pública, bem como as ações, as quotas e os títulos de sociedade, mencionando-se-lhes o número, o valor e a data;

f) as dívidas ativas e passivas, indicando-se-lhes as datas, os títulos, a origem da obrigação e os nomes dos credores e dos devedores;

g) direitos e ações;

h) o valor corrente de cada um dos bens do espólio.

§ 1º O juiz determinará que se proceda:

I – ao balanço do estabelecimento, se o autor da herança era empresário individual;

II – à apuração de haveres, se o autor da herança era sócio de sociedade que não anônima.

→ *v.* Art. 1.028 CC/2002.

→ *v.* Art. 599, II, do NCPC.

§ 2º As declarações podem ser prestadas mediante petição, firmada por procurador com poderes especiais, à qual o termo se reportará.

Art. 621. Só se pode arguir sonegação ao inventariante depois de encerrada a descrição dos bens, com a declaração, por ele feita, de não existirem outros por inventariar.

→ *v.* Art. 1.996 do CC/2002.

Art. 622. O inventariante será removido de ofício ou a requerimento:

I – se não prestar, no prazo legal, as primeiras ou as últimas declarações;

→ *v.* Arts. 620 e 636 do NCPC.

II – se não der ao inventário andamento regular, se suscitar dúvidas infundadas ou se praticar atos meramente protelatórios;

III – se, por culpa sua, bens do espólio se deteriorarem, forem dilapidados ou sofrerem dano;

IV – se não defender o espólio nas ações em que for citado, se deixar de cobrar dívidas ativas ou se não promover as medidas necessárias para evitar o perecimento de direitos;

V – se não prestar contas ou se as que prestar não forem julgadas boas;

→ *v.* Art. 553 do NCPC.

VI – se sonegar, ocultar ou desviar bens do espólio.

→ *v.* Arts. 1.992 a 1.996 do CC/2002.

Art. 623. Requerida a remoção com fundamento em qualquer dos incisos do art. 622, será intimado o inventariante para, no prazo de 15 (quinze) dias, defender-se e produzir provas.

Parágrafo único. O incidente da remoção correrá em apenso aos autos do inventário.

Art. 624. Decorrido o prazo, com a defesa do inventariante ou sem ela, o juiz decidirá.

Parágrafo único. Se remover o inventariante, o juiz nomeará outro, observada a ordem estabelecida no art. 617.

Art. 625. O inventariante removido entregará imediatamente ao substituto os bens do espólio e, caso deixe de fazê-lo, será compelido mediante mandado de busca e apreensão ou de imissão na posse, conforme se tratar de bem móvel ou imóvel, sem prejuízo da multa a ser fixada pelo juiz em montante não superior a três por cento do valor dos bens inventariados.

→ *v.* Art. 553 do NCPC.

Seção IV
Das citações e das impugnações

Art. 626. Feitas as primeiras declarações, o juiz mandará citar, para os termos do inventário e da partilha, o cônjuge, o companheiro, os herdeiros e os legatários e intimar a Fazenda Pública, o Ministério Público, se houver herdeiro incapaz ou ausente, e o testamenteiro, se houver testamento.

→ *v.* Art. 671 do NCPC.

§ 1º O cônjuge ou o companheiro, os herdeiros e os legatários serão citados pelo correio, observado o disposto no art. 247, sendo, ainda, publicado edital, nos termos do inciso III do art. 259.

§ 2º Das primeiras declarações extrair-se-ão tantas cópias quantas forem as partes.

§ 3º A citação será acompanhada de cópia das primeiras declarações.

§ 4º Incumbe ao escrivão remeter cópias à Fazenda Pública, ao Ministério Público, ao testamenteiro, se houver, e ao advogado, se a parte já estiver representada nos autos.

Art. 627. Concluídas as citações, abrir-se-á vista às partes, em cartório e pelo prazo comum de 15 (quinze) dias, para que se manifestem sobre as primeiras declarações, incumbindo às partes:

I – arguir erros, omissões e sonegação de bens;

II – reclamar contra a nomeação de inventariante;

III – contestar a qualidade de quem foi incluído no título de herdeiro.

§ 1º Julgando procedente a impugnação referida no inciso I, o juiz mandará retificar as primeiras declarações.

§ 2º Se acolher o pedido de que trata o inciso II, o juiz nomeará outro inventariante, observada a preferência legal.

§ 3º Verificando que a disputa sobre a qualidade de herdeiro a que alude o inciso III demanda produção de provas que não a documental, o juiz remeterá a parte às vias ordinárias e sobrestará, até o julgamento da ação, a entrega do quinhão que na partilha couber ao herdeiro admitido.

Art. 628. Aquele que se julgar preterido poderá demandar sua admissão no inventário, requerendo-a antes da partilha.

§ 1º Ouvidas as partes no prazo de 15 (quinze) dias, o juiz decidirá.

§ 2º Se para solução da questão for necessária a produção de provas que não a documental, o juiz remeterá o requerente às vias ordinárias, mandando reservar, em poder do inventariante, o quinhão do herdeiro excluído até que se decida o litígio.

Art. 629. A Fazenda Pública, no prazo de 15 (quinze) dias, após a vista de que trata o art. 627, informará ao juízo, de acordo com os dados que constam de seu cadastro imobiliário, o valor dos bens de raiz descritos nas primeiras declarações.

Seção V
Da avaliação e do cálculo do imposto

Art. 630. Findo o prazo previsto no art. 627 sem impugnação ou decidida a impugnação que houver sido oposta, o juiz nomeará, se for o caso, perito para avaliar os bens do espólio, se não houver na comarca avaliador judicial.

Parágrafo único. Na hipótese prevista no art. 620, § 1º, o juiz nomeará perito para avaliação das quotas sociais ou apuração dos haveres.

Art. 631. Ao avaliar os bens do espólio, o perito observará, no que for aplicável, o disposto nos arts. 872 e 873.

Art. 632. Não se expedirá carta precatória para a avaliação de bens situados fora da comarca onde corre o inventário se eles forem de pequeno valor ou perfeitamente conhecidos do perito nomeado.

Art. 633. Sendo capazes todas as partes, não se procederá à avaliação se a Fazenda Pública, intimada pessoalmente, concordar de forma expressa com o valor atribuído, nas primeiras declarações, aos bens do espólio.

Art. 634. Se os herdeiros concordarem com o valor dos bens declarados pela Fazenda Pública, a avaliação cingir-se-á aos demais.

Art. 635. Entregue o laudo de avaliação, o juiz mandará que as partes se manifestem no prazo de 15 (quinze) dias, que correrá em cartório.

§ 1º Versando a impugnação sobre o valor dado pelo perito, o juiz a decidirá de plano, à vista do que constar dos autos.

§ 2º Julgando procedente a impugnação, o juiz determinará que o perito retifique a avaliação, observando os fundamentos da decisão.

Art. 636. Aceito o laudo ou resolvidas as impugnações suscitadas a seu respeito, lavrar-se-á em seguida o termo de últimas declarações, no qual o inventariante poderá emendar, aditar ou completar as primeiras.

Art. 637. Ouvidas as partes sobre as últimas declarações no prazo comum de 15 (quinze) dias, proceder-se-á ao cálculo do tributo.

Art. 638. Feito o cálculo, sobre ele serão ouvidas todas as partes no prazo comum de 5 (cinco) dias, que correrá em cartório, e, em seguida, a Fazenda Pública.

§ 1º Se acolher eventual impugnação, o juiz ordenará nova remessa dos autos ao contabilista, determinando as alterações que devam ser feitas no cálculo.

§ 2º Cumprido o despacho, o juiz julgará o cálculo do tributo.

→ *v.* Súmulas 11, 112, 113, 114, 115, 116, 331 e 590 do STF.

Seção VI
Das colações

Art. 639. No prazo estabelecido no art. 627, o herdeiro obrigado à colação conferirá por termo nos autos ou por petição à qual o termo se reportará os bens que recebeu ou, se já não os possuir, trar-lhes-á o valor.

→ *v.* Arts. 2002 a 2004 do CC/2002.

Parágrafo único. Os bens a serem conferidos na partilha, assim como as acessões e as benfeitorias que o donatário fez, calcular-se-ão pelo valor que tiverem ao tempo da abertura da sucessão.

Art. 640. O herdeiro que renunciou à herança ou o que dela foi excluído não se exime, pelo fato da renúncia ou da exclusão, de conferir, para o efeito de repor a parte inoficiosa, as liberalidades que obteve do doador.

→ *v.* Arts. 2.007 a 2.008 do CC/2002

§ 1º É lícito ao donatário escolher, dentre os bens doados, tantos quantos bastem para perfazer a legítima e a metade disponível, entrando na partilha o excedente para ser dividido entre os demais herdeiros.

§ 2º Se a parte inoficiosa da doação recair sobre bem imóvel que não comporte divisão cômoda, o juiz determinará que sobre ela se proceda a licitação entre os herdeiros.

§ 3º O donatário poderá concorrer na licitação referida no § 2º e, em igualdade de condições, terá preferência sobre os herdeiros.

Art. 641. Se o herdeiro negar o recebimento dos bens ou a obrigação de os conferir, o juiz, ouvidas as partes no prazo comum de 15 (quinze) dias, decidirá à vista das alegações e das provas produzidas.

§ 1º Declarada improcedente a oposição, se o herdeiro, no prazo improrrogável de 15 (quinze) dias, não proceder à conferência, o juiz mandará sequestrar-lhe, para serem inventariados e partilhados, os bens sujeitos à colação ou imputar ao seu quinhão hereditário o valor deles, se já não os possuir.

§ 2º Se a matéria exigir dilação probatória diversa da documental, o juiz remeterá as partes às vias ordinárias, não podendo o herdeiro receber o seu quinhão hereditário, enquanto pender a demanda, sem prestar caução correspondente ao valor dos bens sobre os quais versar a conferência.

Seção VII
Do pagamento das dívidas

Art. 642. Antes da partilha, poderão os credores do espólio requerer ao juízo do inventário o pagamento das dívidas vencidas e exigíveis.

→ *v.* Arts. 1.997 a 2.001 do CC/2002.

→ *v.* Arts. 131, II e III, e 187 a 189, do CTN.

→ *v.* Art. 4º, III e VI, da Lei 6.830/1980.

§ 1º A petição, acompanhada de prova literal da dívida, será distribuída por dependência e autuada em apenso aos autos do processo de inventário.

§ 2º Concordando as partes com o pedido, o juiz, ao declarar habilitado o credor, mandará que se faça a separação de dinheiro ou, em sua falta, de bens suficientes para o pagamento.

§ 3º Separados os bens, tantos quantos forem necessários para o pagamento dos credores habilitados, o juiz mandará aliená-los, observando-se as disposições deste Código relativas à expropriação.

→ *v.* Arts. 876 e ss. do NCPC.

§ 4º Se o credor requerer que, em vez de dinheiro, lhe sejam adjudicados, para o seu pagamento, os bens já reservados, o juiz deferir-lhe-á o pedido, concordando todas as partes.

§ 5º Os donatários serão chamados a pronunciar-se sobre a aprovação das dívidas, sempre que haja possibilidade de resultar delas a redução das liberalidades.

Art. 643. Não havendo concordância de todas as partes sobre o pedido de pagamento feito pelo credor, será o pedido remetido às vias ordinárias.

Parágrafo único. O juiz mandará, porém, reservar, em poder do inventariante, bens suficientes para pagar o credor quando a dívida constar de documento que comprove suficientemente a obrigação e a impugnação não se fundar em quitação.

Art. 644. O credor de dívida líquida e certa, ainda não vencida, pode requerer habilitação no inventário.

Parágrafo único. Concordando as partes com o pedido referido no *caput*, o juiz, ao julgar habilitado o crédito, mandará que se faça separação de bens para o futuro pagamento.

Art. 645. O legatário é parte legítima para manifestar-se sobre as dívidas do espólio:

→ *v.* Arts. 1.912 a 1.922 do CC/2002.

I – quando toda a herança for dividida em legados;

II – quando o reconhecimento das dívidas importar redução dos legados.

Art. 646. Sem prejuízo do disposto no art. 860, é lícito aos herdeiros, ao separarem bens para o pagamento de dívidas, autorizar que o inventariante os indique à penhora no processo em que o espólio for executado.

Seção VIII
Da partilha

Art. 647. Cumprido o disposto no art. 642, § 3º, o juiz facultará às partes que, no prazo comum de 15 (quinze) dias, formulem o pedido de quinhão e, em seguida, proferirá a decisão de deliberação da partilha, resolvendo os pedidos das partes e designando os bens que devam constituir quinhão de cada herdeiro o legatário.

→ *v.* Arts. 1.787, 2.013 a 2.021, do CC/2002.

→ *v.* Art. 10, § 2º, da LINDB.

Parágrafo único. O juiz poderá, em decisão fundamentada, deferir antecipadamente a qualquer dos herdeiros o exercício dos direitos de usar e de fruir de determinado bem, com a condição de que, ao término do inventário, tal bem integre a cota desse herdeiro, cabendo a este, desde o deferimento, todos os ônus e bônus decorrentes do exercício daqueles direitos.

Art. 648. Na partilha, serão observadas as seguintes regras:

I – a máxima igualdade possível quanto ao valor, à natureza e à qualidade dos bens;

→ *v.* Art. 2.017 do CC/2002.

II – a prevenção de litígios futuros;

III – a máxima comodidade dos coerdeiros, do cônjuge ou do companheiro, se for o caso.

Art. 649. Os bens insuscetíveis de divisão cômoda que não couberem na parte do cônjuge ou companheiro supérstite ou no quinhão de um só herdeiro serão licitados entre os interessados ou vendidos judicialmente, partilhando-se o valor apurado, salvo se houver acordo para que sejam adjudicados a todos.

→ *v.* Art. 2.019 do CC/2002.

Art. 650. Se um dos interessados for nascituro, o quinhão que lhe caberá será reservado em poder do inventariante até o seu nascimento.

Art. 651. O partidor organizará o esboço da partilha de acordo com a decisão judicial, observando nos pagamentos a seguinte ordem:

I – dívidas atendidas;

II – meação do cônjuge;

III – meação disponível;

IV – quinhões hereditários, a começar pelo coerdeiro mais velho.

Art. 652. Feito o esboço, as partes manifestar-se-ão sobre esse no prazo comum de 15 (quinze) dias, e, resolvidas as reclamações, a partilha será lançada nos autos.

Art. 653. A partilha constará:

I – de auto de orçamento, que mencionará:

a) os nomes do autor da herança, do inventariante, do cônjuge ou companheiro supérstite, dos herdeiros, dos legatários e dos credores admitidos;

b) o ativo, o passivo e o líquido partível, com as necessárias especificações;

c) o valor de cada quinhão;

II – de folha de pagamento para cada parte, declarando a quota a pagar-lhe, a razão do pagamento e a relação dos bens que lhe compõem o quinhão, as características que os individualizam e os ônus que os gravam.

Parágrafo único. O auto e cada uma das folhas serão assinados pelo juiz e pelo escrivão.

Art. 654. Pago o imposto de transmissão a título de morte e juntada aos autos certidão ou informação negativa de dívida para com a Fazenda Pública, o juiz julgará por sentença a partilha.

→ *v.* Art. 192 do CTN.

Parágrafo único. A existência de dívida para com a Fazenda Pública não impedirá o julgamento da partilha, desde que o seu pagamento esteja devidamente garantido.

Art. 655. Transitada em julgado a sentença mencionada no art. 654, receberá o herdeiro os bens que lhe tocarem e um formal de partilha, do qual constarão as seguintes peças:

I – termo de inventariante e título de herdeiros;

II – avaliação dos bens que constituíram o quinhão do herdeiro;

III – pagamento do quinhão hereditário;

IV – quitação dos impostos;

V – sentença.

Parágrafo único. O formal de partilha poderá ser substituído por certidão de pagamento do quinhão hereditário quando esse não exceder a 5 (cinco) vezes o salário mínimo, caso em que se transcreverá nela a sentença de partilha transitada em julgado.

→ *v.* Art. 515, IV, do NCPC.

Art. 656. A partilha, mesmo depois de transitada em julgado a sentença, pode ser emendada nos mesmos autos do inventário, convindo todas as partes, quando tenha havido erro de fato na descrição dos bens, podendo o juiz, de ofício ou a requerimento da parte, a qualquer tempo, corrigir-lhe as inexatidões materiais.

Art. 657. A partilha amigável, lavrada em instrumento público, reduzida a termo nos autos do inventário ou constante de escrito particular homologado pelo juiz, pode ser anulada por dolo, coação, erro essencial ou intervenção de incapaz, observado o disposto no § 4º do art. 966.

Parágrafo único. O direito à anulação de partilha amigável extingue-se em 1 (um) ano, contado esse prazo:

→ *v.* Arts 171 e. 2.027, parágrafo único, do CC/2002.

I – no caso de coação, do dia em que ela cessou;

II – no caso de erro ou dolo, do dia em que se realizou o ato;

III – quanto ao incapaz, do dia em que cessar a incapacidade.

Art. 658. É rescindível a partilha julgada por sentença:

I – nos casos mencionados no art. 657;

II – se feita com preterição de formalidades legais;

III – se preteriu herdeiro ou incluiu quem não o seja.

Seção IX
Do arrolamento

Art. 659. A partilha amigável, celebrada entre partes capazes, nos termos da lei, será homologada de plano pelo juiz, com observância dos arts. 660 a 663.

→ *v.* Art. 2.015 do CC/2002.

→ *v.* Resolução CNJ 35/2007 – Disciplina a realização de inventários, partilhas, separações e divórcios consensuais por escritura pública.

→ *v.* Provimento CFOAB 118/2007 – Disciplina as atividades profissionais dos advogados na realização de inventários, partilhas, separações e divórcios consensuais por escritura pública.

§ 1º O disposto neste artigo aplica-se, também, ao pedido de adjudicação, quando houver herdeiro único.

§ 2º Transitada em julgado a sentença de homologação de partilha ou de adjudicação, será lavrado o formal de partilha ou elaborada a carta de adjudicação e, em seguida, serão expedidos os alvarás referentes aos bens e às rendas por ele abrangidos, intimando-se o fisco para lançamento administrativo do imposto de transmissão e de outros tributos porventura incidentes, conforme dispuser a legislação tributária, nos termos do § 2º do art. 662.

Art. 660. Na petição de inventário, que se processará na forma de arrolamento sumário, independentemente da lavratura de termos de qualquer espécie, os herdeiros:

I – requererão ao juiz a nomeação do inventariante que designarem;

II – declararão os títulos dos herdeiros e os bens do espólio, observado o disposto no art. 630;

III – atribuirão valor aos bens do espólio, para fins de partilha.

Art. 661. Ressalvada a hipótese prevista no parágrafo único do art. 663, não se procederá à avaliação dos bens do espólio para nenhuma finalidade.

Art. 662. No arrolamento, não serão conhecidas ou apreciadas questões relativas ao lançamento, ao pagamento ou à quitação de taxas judiciárias e de tributos incidentes sobre a transmissão da propriedade dos bens do espólio.

§ 1º A taxa judiciária, se devida, será calculada com base no valor atribuído pelos herdeiros, cabendo ao fisco, se apurar em processo administrativo valor diverso do estimado, exigir a eventual diferença pelos meios adequados ao lançamento de créditos tributários em geral.

§ 2º O imposto de transmissão será objeto de lançamento administrativo, conforme dispuser a legislação tributária, não ficando as autoridades fazendárias adstritas aos valores dos bens do espólio atribuídos pelos herdeiros.

Art. 663. A existência de credores do espólio não impedirá a homologação da partilha ou da adjudicação, se forem reservados bens suficientes para o pagamento da dívida.

Parágrafo único. A reserva de bens será realizada pelo valor estimado pelas partes, salvo se o credor, regularmente notificado, impugnar a estimativa, caso em que se promoverá a avaliação dos bens a serem reservados.

Art. 664. Quando o valor dos bens do espólio for igual ou inferior a 1.000 (mil) salários mínimos, o inventário processar-se-á na forma de arrolamento, cabendo ao inventariante nomeado, independentemente de assinatura de termo de compromisso, apresentar, com suas declarações, a atribuição de valor aos bens do espólio e o plano da partilha.

§ 1º Se qualquer das partes ou o Ministério Público impugnar a estimativa, o juiz nomeará avaliador, que oferecerá laudo em 10 (dez) dias.

§ 2º Apresentado o laudo, o juiz, em audiência que designar, deliberará sobre a partilha, decidindo de plano todas as reclamações e mandando pagar as dívidas não impugnadas.

§ 3º Lavrar-se-á de tudo um só termo, assinado pelo juiz, pelo inventariante e pelas partes presentes ou por seus advogados.

§ 4º Aplicam-se a essa espécie de arrolamento, no que couber, as disposições do art. 672, relativamente ao lançamento, ao pagamento e à quitação da taxa judiciária e do imposto sobre a transmissão da propriedade dos bens do espólio.

§ 5º Provada a quitação dos tributos relativos aos bens do espólio e às suas rendas, o juiz julgará a partilha.

Art. 665. O inventário processar-se-á também na forma do art. 664, ainda que haja interessado incapaz, desde que concordem todas as partes e o Ministério Público.

Art. 666. Independerá de inventário ou de arrolamento o pagamento dos valores previstos na Lei 6.858, de 24 de novembro de 1980.

→ *v.* Lei 6.858/1980 – Dispõe sobre o Pagamento, aos Dependentes ou Sucessores, de Valores Não Recebidos em Vida pelos Respectivos Titulares.

Art. 667. Aplicam-se subsidiariamente a esta Seção as disposições das Seções VII e VIII deste Capítulo.

Seção X
Disposições comuns a todas as seções

Art. 668. Cessa a eficácia da tutela provisória prevista nas Seções deste Capítulo:

I – se a ação não for proposta em 30 (trinta) dias contados da data em que da decisão foi intimado o impugnante, o herdeiro excluído ou o credor não admitido;

II – se o juiz extinguir o processo de inventário com ou sem resolução de mérito.

Art. 669. São sujeitos à sobrepartilha os bens:

I – sonegados;

II – da herança descobertos após a partilha;

→ *v.* Art. 2.022 do CC/2002.

NOVO CPC

III – litigiosos, assim como os de liquidação difícil ou morosa;

IV – situados em lugar remoto da sede do juízo onde se processa o inventário.

→ v. Art. 2.021 do CC/2002.

Parágrafo único. Os bens mencionados nos incisos III e IV serão reservados à sobrepartilha sob a guarda e a administração do mesmo ou de diverso inventariante, a consentimento da maioria dos herdeiros.

Art. 670. Na sobrepartilha dos bens, observar-se-á o processo de inventário e de partilha.

Parágrafo único. A sobrepartilha correrá nos autos do inventário do autor da herança.

Art. 671. O juiz nomeará curador especial:

I – ao ausente, se não o tiver;

II – ao incapaz, se concorrer na partilha com o seu representante, desde que exista colisão de interesses.

→ v. Art. 72, I, do NCPC.

Art. 672. É lícita a cumulação de inventários para a partilha de heranças de pessoas diversas quando houver:

I – identidade de pessoas entre as quais devam ser repartidos os bens;

II – heranças deixadas pelos dois cônjuges ou companheiros;

III – dependência de uma das partilhas em relação à outra.

Parágrafo único. No caso previsto no inciso III, se a dependência for parcial, por haver outros bens, o juiz pode ordenar a tramitação separada, se melhor convier ao interesse das partes ou à celeridade processual.

Art. 673. No caso previsto no art. 672, inciso II, prevalecerão as primeiras declarações, assim como o laudo de avaliação, salvo se alterado o valor dos bens.

Capítulo VII
DOS EMBARGOS DE TERCEIRO

Art. 674. Quem, não sendo parte no processo, sofrer constrição ou ameaça de constrição sobre bens que possua ou sobre os quais tenha direito incompatível com o ato constritivo, poderá requerer seu desfazimento ou sua inibição por meio de embargos de terceiro.

§ 1º Os embargos podem ser de terceiro proprietário, inclusive fiduciário, ou possuidor.

→ v. Súmula 621 do STF.

→ v. Súmula 84 do STJ.

§ 2º Considera-se terceiro, para ajuizamento dos embargos:

I – o cônjuge ou companheiro, quando defende a posse de bens próprios ou de sua meação, ressalvado o disposto no art. 843;

→ v. Súmula 134 do STJ.

II – o adquirente de bens cuja constrição decorreu de decisão que declara a ineficácia da alienação realizada em fraude à execução;

→ v. Art. 792 do NCPC.

III – quem sofre constrição judicial de seus bens por força de desconsideração da personalidade jurídica, de cujo incidente não fez parte;

→ v. Arts. 133 a 137 do NCPC.

IV – o credor com garantia real para obstar expropriação judicial do objeto de direito real de garantia, caso não tenha sido intimado, nos termos legais dos atos expropriatórios respectivos.

→ v. Arts. 799, I e 835, § 3º, do NCPC.

Art. 675. Os embargos podem ser opostos a qualquer tempo no processo de conhecimento enquanto não transitada em julgado a sentença, e, no cumprimento de sentença ou no processo de execução, até 5 (cinco) dias depois da adjudicação, da alienação por iniciativa particular ou da arrematação, mas sempre antes da assinatura da respectiva carta.

Parágrafo único. Caso identifique a existência de terceiro titular de interesse em embargar o ato, o juiz mandará intimá-lo pessoalmente.

→ v. Arts. 792, § 4º e 799, I a VII, do NCPC.

Art. 676. Os embargos serão distribuídos por dependência ao juízo que ordenou a constrição e autuados em apartado.

Parágrafo único. Nos casos de ato de constrição realizado por carta, os embargos serão oferecidos no juízo deprecado, salvo se indicado pelo juízo deprecante o bem constrito ou se já devolvida a carta.

→ v. Súmula 46 do STJ.

Art. 677. Na petição inicial, o embargante fará a prova sumária de sua posse ou de seu domínio e da qualidade de terceiro, oferecendo documentos e rol de testemunhas.

§ 1º É facultada a prova da posse em audiência preliminar designada pelo juiz.

§ 2º O possuidor direto pode alegar, além da sua posse, o domínio alheio.

→ v. Art. 1.197 do CC/2002.

§ 3º A citação será pessoal, se o embargado não tiver procurador constituído nos autos da ação principal.

§ 4º Será legitimado passivo o sujeito a quem o ato de constrição aproveita, assim como o será seu adversário no processo principal quando for sua a indicação do bem para a constrição judicial.

Art. 678. A decisão que reconhecer suficientemente provado o domínio ou a posse determinará a suspensão das medidas constritivas sobre os bens litigiosos objeto dos embargos, bem como a manutenção ou a reintegração provisória da posse, se o embargante a houver requerido.

Parágrafo único. O juiz poderá condicionar a ordem de manutenção ou de reintegração provisória de posse à prestação de caução pelo requerente, ressalvada a impossibilidade da parte economicamente hipossuficiente.

Art. 679. Os embargos poderão ser contestados no prazo de 15 (quinze) dias, findo o qual se seguirá o procedimento comum.

→ v. Arts. 318 e ss. do NCPC.

Art. 680. Contra os embargos do credor com garantia real, o embargado somente poderá alegar que:

→ v. Arts. 799, I e 835, § 3º, do NCPC.

I – o devedor comum é insolvente;

II – o título é nulo ou não obriga a terceiro;

III – outra é a coisa dada em garantia.

Art. 681. Acolhido o pedido inicial, o ato de constrição judicial indevida será cancelado, com o reconhecimento do domínio, da manutenção da posse ou da reintegração definitiva do bem ou do direito ao embargante.

→ v. Súmulas 95 e 303 do STJ.

Capítulo VIII
DA OPOSIÇÃO

Art. 682. Quem pretender, no todo ou em parte, a coisa ou o direito sobre que controvertem autor e réu poderá, até ser proferida a sentença, oferecer oposição contra ambos.

Art. 683. O opoente deduzirá o pedido em observação aos requisitos exigidos para propositura da ação.

Parágrafo único. Distribuída a oposição por dependência, serão os opostos citados, na pessoa de seus respectivos advogados, para contestar o pedido no prazo comum de 15 (quinze) dias.

Art. 684. Se um dos opostos reconhecer a procedência do pedido, contra o outro prosseguirá o opoente.

Art. 685. Admitido o processamento, a oposição será apensada aos autos e tramitará simultaneamente à ação originária, sendo ambas julgadas pela mesma sentença.

Parágrafo único. Se a oposição for proposta após o início da audiência de instrução, o juiz suspenderá o curso do processo ao fim da produção das provas, salvo se concluir que a unidade da instrução atende melhor ao princípio da duração razoável do processo.

→ v. Art. 5º, LXXVIII da CF/1988.

→ v. Art. 4º do NCPC.

Art. 686. Cabendo ao juiz decidir simultaneamente a ação originária e a oposição, desta conhecerá em primeiro lugar.

Capítulo IX
DA HABILITAÇÃO

Art. 687. A habilitação ocorre quando, por falecimento de qualquer das partes, os interessados houverem de suceder-lhe no processo.

Art. 688. A habilitação pode ser requerida:

I – pela parte, em relação aos sucessores do falecido;

II – pelos sucessores do falecido, em relação à parte.

Art. 689. Proceder-se-á à habilitação nos autos do processo principal, na instância em que estiver, suspendendo-se, a partir de então, o processo.

→ v. Art. 313, § 2º, do NCPC.

Art. 690. Recebida a petição, o juiz ordenará a citação dos requeridos para se pronunciarem no prazo de 5 (cinco) dias.

Parágrafo único. A citação será pessoal, se a parte não tiver procurador constituído nos autos.

Art. 691. O juiz decidirá o pedido de habilitação imediatamente, salvo se este for impugnado e houver necessidade de dilação probatória diversa da documental, caso em que determinará que o pedido seja autuado em apartado e disporá sobre a instrução.

Art. 692. Transitada em julgado a sentença de habilitação, o processo principal retomará o seu curso, e cópia da sentença será juntada aos autos respectivos.

Capítulo X
DAS AÇÕES DE FAMÍLIA

Art. 693. As normas deste Capítulo aplicam-se aos processos contenciosos de divórcio, separação, reconhecimento e extinção de união estável, guarda, visitação e filiação.

Parágrafo único. A ação de alimentos e a que versar sobre interesse de criança ou de adolescente observarão o procedimento previsto em legislação específica, aplicando-se, no que couber, as disposições deste Capítulo.

→ *V.* Lei 5.478/1968 – Dispõe sobre a ação de alimentos.

→ *V.* Lei 8.069/1990 – Estatuto da Criança e do Adolescente.

Art. 694. Nas ações de família, todos os esforços serão empreendidos para a solução consensual da controvérsia, devendo o juiz dispor do auxílio de profissionais de outras áreas de conhecimento para a mediação e conciliação.

Parágrafo único. A requerimento das partes, o juiz pode determinar a suspensão do processo enquanto os litigantes se submetem a mediação extrajudicial ou a atendimento multidisciplinar.

→ *V.* Arts. 3º, §§ 2º e 3º e 165 a 175, do NCPC..

→ *V.* Resolução do CNJ 125/2010 – Dispõe sobre a Política Judiciária Nacional de tratamento adequado dos conflitos de interesses no âmbito do Poder Judiciário.

→ *V.* Lei 13.140/2015 – Lei de Mediação.

Art. 695. Recebida a petição inicial, e, se for o caso, tomadas as providências referentes à tutela provisória, o juiz ordenará a citação do réu para comparecer à audiência de mediação e conciliação, observado o disposto no art. 694.

§ 1º O mandado de citação conterá apenas os dados necessários à audiência e deverá estar desacompanhado de cópia da petição inicial, assegurado ao réu o direito de examinar seu conteúdo a qualquer tempo.

§ 2º A citação ocorrerá com antecedência mínima de 15 (quinze) dias da data designada para a audiência.

§ 3º A citação será feita na pessoa do réu.

§ 4º Na audiência, as partes deverão estar acompanhadas de seus advogados ou de defensores públicos.

→ *V.* Art. 334, § 9º, do NCPC.

Art. 696. A audiência de mediação e conciliação poderá dividir-se em tantas sessões quantas sejam necessárias para viabilizar a solução consensual, sem prejuízo de providências jurisdicionais para evitar o perecimento do direito.

Art. 697. Não realizado o acordo, passarão a incidir, a partir de então, as normas do procedimento comum, observado o art. 335.

Art. 698. Nas ações de família, o Ministério Público somente intervirá quando houver interesse de incapaz e deverá ser ouvido previamente à homologação de acordo.

Art. 699. Quando o processo envolver discussão sobre fato relacionado a abuso ou a alienação parental, o juiz, ao tomar o depoimento do incapaz, deverá estar acompanhado por especialista.

Capítulo XI
DA AÇÃO MONITÓRIA

Art. 700. A ação monitória pode ser proposta por aquele que afirmar, com base em prova escrita sem eficácia de título executivo, ter direito de exigir do devedor capaz:

I – o pagamento de quantia em dinheiro;

→ *V.* Súmulas 247, 299, 384, 503, 504 e 531 do STJ.

II – a entrega de coisa fungível ou infungível ou de bem móvel ou imóvel;

III – o adimplemento de obrigação de fazer ou de não fazer.

§ 1º A prova escrita pode consistir em prova oral documentada, produzida antecipadamente nos termos do art. 381.

§ 2º Na petição inicial, incumbe ao autor explicitar, conforme o caso:

I – a importância devida, instruindo-a com memória de cálculo;

II – o valor atual da coisa reclamada;

III – o conteúdo patrimonial em discussão ou o proveito econômico perseguido.

§ 3º O valor da causa deverá corresponder à importância prevista no § 2º, incisos I a III.

→ *V.* Art. 292 do NCPC.

§ 4º Além das hipóteses do art. 330, a petição inicial será indeferida quando não atendido o disposto no § 2º deste artigo.

§ 5º Havendo dúvida quanto à idoneidade de prova documental apresentada pelo autor, o juiz intimá-lo-á para, querendo, emendar a petição inicial, adaptando-a ao procedimento comum.

→ *V.* Art. 6º do NCPC.

§ 6º É admissível ação monitória em face da Fazenda Pública.

→ *V.* Súmula 339 do STJ.

§ 7º Na ação monitória, admite-se citação por qualquer dos meios permitidos para o procedimento comum.

→ *V.* Súmula 282 do STJ.

→ *V.* Art. 246 do NCPC.

Art. 701. Sendo evidente o direito do autor, o juiz deferirá a expedição de mandado de pagamento, de entrega de coisa ou para execução de obrigação de fazer ou de não fazer, concedendo ao réu prazo de 15 (quinze) dias para o cumprimento e o pagamento de honorários advocatícios de cinco por cento do valor atribuído à causa.

§ 1º O réu será isento do pagamento de custas processuais se cumprir o mandado no prazo.

§ 2º Constituir-se-á de pleno direito o título executivo judicial, independentemente de qualquer formalidade, se não realizado o pagamento e não apresentados os embargos previstos no art. 702, observando-se, no que couber, o Título II do Livro I da Parte Especial.

§ 3º É cabível ação rescisória da decisão prevista no *caput* quando ocorrer a hipótese do § 2º.

→ *V.* Arts. 966 e ss. do NCPC.

§ 4º Sendo a ré Fazenda Pública, não apresentados os embargos previstos no art. 702, aplicar-se-á o disposto no art. 496, observando-se, a seguir, no que couber, o Título II do Livro I da Parte Especial.

§ 5º Aplica-se à ação monitória, no que couber, o art. 916.

Art. 702. Independentemente de prévia segurança do juízo, o réu poderá opor, nos próprios autos, no prazo previsto no art. 701, embargos à ação monitória.

§ 1º Os embargos podem se fundar em matéria passível de alegação como defesa no procedimento comum.

§ 2º Quando o réu alegar que o autor pleiteia quantia superior à devida, cumprir-lhe-á declarar de imediato o valor que entende correto, apresentando demonstrativo discriminado e atualizado da dívida.

§ 3º Não apontado o valor correto ou não apresentado o demonstrativo, os embargos serão liminarmente rejeitados, se esse for o seu único fundamento, e, se houver outro fundamento, os embargos serão processados, mas o juiz deixará de examinar a alegação de excesso.

§ 4º A oposição dos embargos suspende a eficácia da decisão referida no *caput* do art. 701 até o julgamento em primeiro grau.

→ *V.* Art. 1.012, § 1º, do NCPC.

§ 5º O autor será intimado para responder aos embargos no prazo de 15 (quinze) dias.

§ 6º Na ação monitória admite-se a reconvenção, sendo vedado o oferecimento de reconvenção à reconvenção.

→ *V.* Súmula 292 do STJ.

§ 7º A critério do juiz, os embargos serão autuados em apartado, se parciais, constituindo-se de pleno direito o título executivo judicial em relação à parcela incontroversa.

§ 8º Rejeitados os embargos, constituir-se-á de pleno direito o título executivo judicial, prosseguindo-se o processo em observância ao disposto no Título II do Livro I da Parte Especial, no que for cabível.

§ 9º Cabe apelação contra a sentença que acolhe ou rejeita os embargos.

→ *V.* Arts. 1.009 e ss. do NCPC.

§ 10. O juiz condenará o autor de ação monitória proposta indevidamente e de má-fé ao pagamento, em favor do réu, de multa de até dez por cento sobre o valor da causa.

→ *V.* Arts. 79 a 81 do NCPC.

§ 11. O juiz condenará o réu que de má-fé opuser embargos à ação monitória ao pagamento de multa de até dez por cento sobre o valor atribuído à causa, em favor do autor.

Capítulo XII
DA HOMOLOGAÇÃO DO PENHOR LEGAL

Art. 703. Tomado o penhor legal nos casos previstos em lei, requererá o credor, ato contínuo, a homologação.

§ 1º Na petição inicial, instruída com o contrato de locação ou a conta pormenorizada das despesas, a tabela dos preços e a relação dos objetos retidos, o credor pedirá a citação do devedor para pagar ou contestar na audiência preliminar que for designada.

→ *V.* Arts. 1.467 a 1.472 do CC/2002.

§ 2º A homologação do penhor legal poderá ser promovida pela via extrajudicial mediante requerimento, que conterá os requisitos previstos no § 1º deste artigo, do credor a notário de sua livre escolha.

§ 3º Recebido o requerimento, o notário promoverá a notificação extrajudicial do devedor para, no prazo de 5 (cinco) dias, pagar o débito ou impugnar sua cobrança, alegando por escrito uma das causas previstas no art. 704, hipótese em que o procedimento será encaminhado ao juízo competente para decisão.

§ 4º Transcorrido o prazo sem manifestação do devedor, o notário formalizará a homologação do penhor legal por escritura pública.

Art. 704. A defesa só pode consistir em:

I – nulidade do processo;

II – extinção da obrigação;

III – não estar a dívida compreendida entre as previstas em lei ou não estarem os bens sujeitos a penhor legal;

IV – alegação de haver sido ofertada caução idônea, rejeitada pelo credor.

Art. 705. A partir da audiência preliminar, observar-se-á o procedimento comum.

→ *V.* Arts. 318 e ss. do NCPC.

Art. 706. Homologado judicialmente o penhor legal, consolidar-se-á a posse do autor sobre o objeto.

§ 1º Negada a homologação, o objeto será entregue ao réu, ressalvado ao autor o direito de cobrar a dívida pelo procedimento comum, salvo se acolhida a alegação de extinção da obrigação.

§ 2º Contra a sentença caberá apelação, e, na pendência de recurso, poderá o relator ordenar que a coisa permaneça depositada ou em poder do autor.

Capítulo XIII
DA REGULAÇÃO DE AVARIA GROSSA

Art. 707. Quando inexistir consenso acerca da nomeação de um regulador de avarias, o juiz de direito da comarca do primeiro porto onde o navio houver chegado, provocado por qualquer parte interessada, nomeará um de notório conhecimento.

Art. 708. O regulador declarará justificadamente se os danos são passíveis de rateio na forma de avaria grossa e exigirá das partes envolvidas a apresentação de garantias idôneas para que possam ser liberadas as cargas aos consignatários.

§ 1º A parte que não concordar com o regulador quanto à declaração de abertura da avaria grossa deverá justificar suas razões ao juiz, que decidirá no prazo de 10 (dez) dias.

§ 2º Se o consignatário não apresentar garantia idônea a critério do regulador, este fixará o valor da contribuição provisória com base nos fatos narrados e nos documentos que instruírem a petição inicial, que deverá ser caucionado sob a forma de depósito judicial ou de garantia bancária.

§ 3º Recusando-se o consignatário a prestar caução, o regulador requererá ao juiz a alienação judicial de sua carga na forma dos arts. 879 a 903.

§ 4º É permitido o levantamento, por alvará, das quantias necessárias ao pagamento das despesas da alienação a serem arcadas pelo consignatário, mantendo-se o saldo remanescente em depósito judicial até o encerramento da regulação.

Art. 709. As partes deverão apresentar nos autos os documentos necessários à regulação da avaria grossa em prazo razoável a ser fixado pelo regulador.

Art. 710. O regulador apresentará o regulamento da avaria grossa no prazo de até 12 (doze) meses, contado da data da entrega dos documentos nos autos pelas partes, podendo o prazo ser estendido a critério do juiz.

§ 1º Oferecido o regulamento da avaria grossa, dele terão vista as partes pelo prazo comum de 15 (quinze) dias, e, não havendo impugnação, o regulamento será homologado por sentença.

§ 2º Havendo impugnação ao regulamento, o juiz decidirá no prazo de 10 (dez) dias, após a oitiva do regulador.

Art. 711. Aplicam-se ao regulador de avarias os arts. 156 a 158, no que couber.

Capítulo XIV
DA RESTAURAÇÃO DE AUTOS

Art. 712. Verificado o desaparecimento dos autos, eletrônicos ou não, pode o juiz, de ofício, qualquer das partes ou o Ministério Público, se for o caso, promover-lhes a restauração.

→ *V.* Art. 47 da Lei 6.515/1977.

Parágrafo único. Havendo autos suplementares, nesses prosseguirá o processo.

Art. 713. Na petição inicial, declarará a parte o estado do processo ao tempo do desaparecimento dos autos, oferecendo:

I – certidões dos atos constantes do protocolo de audiências do cartório por onde haja corrido o processo;

II – cópia das peças que tenha em seu poder;

III – qualquer outro documento que facilite a restauração.

Art. 714. A parte contrária será citada para contestar o pedido no prazo de 5 (cinco) dias, cabendo-lhe exibir as cópias, as contrafés e as reproduções dos atos e dos documentos que estiverem em seu poder.

§ 1º Se a parte concordar com a restauração, lavrar-se-á o auto que, assinado pelas partes e homologado pelo juiz, suprirá o processo desaparecido.

§ 2º Se a parte não contestar ou se a concordância for parcial, observar-se-á o procedimento comum.

Art. 715. Se a perda dos autos tiver ocorrido depois da produção das provas em audiência, o juiz, se necessário, mandará repeti-las.

§ 1º Serão reinquiridas as mesmas testemunhas, que, em caso de impossibilidade, poderão ser substituídas de ofício ou a requerimento.

§ 2º Não havendo certidão ou cópia do laudo, far-se-á nova perícia, sempre que possível pelo mesmo perito.

§ 3º Não havendo certidão de documentos, esses serão reconstituídos mediante cópias ou, na falta dessas, pelos meios ordinários de prova.

§ 4º Os serventuários e os auxiliares da justiça não podem eximir-se de depor como testemunhas a respeito de atos que tenham praticado ou assistido.

§ 5º Se o juiz houver proferido sentença da qual ele próprio ou o escrivão possua cópia, esta será juntada aos autos e terá a mesma autoridade da original.

Art. 716. Julgada a restauração, seguirá o processo os seus termos.

Parágrafo único. Aparecendo os autos originais, neles se prosseguirá, sendo-lhes apensados os autos da restauração.

Art. 717. Se o desaparecimento dos autos tiver ocorrido no tribunal, o processo de restauração será distribuído, sempre que possível, ao relator do processo.

§ 1º A restauração far-se-á no juízo de origem quanto aos atos nele realizados.

§ 2º Remetidos os autos ao tribunal, nele completar-se-á a restauração e proceder-se-á ao julgamento.

Art. 718. Quem houver dado causa ao desaparecimento dos autos responderá pelas custas da restauração e pelos honorários de advogado, sem prejuízo da responsabilidade civil ou penal em que incorrer.

Capítulo XV
DOS PROCEDIMENTOS DE JURISDIÇÃO VOLUNTÁRIA

Seção I
Disposições Gerais

Art. 719. Quando este Código não estabelecer procedimento especial, regem os procedimentos de jurisdição voluntária as disposições constantes desta Seção.

Art. 720. O procedimento terá início por provocação do interessado, do Ministério Público ou da Defensoria Pública, cabendo-lhes formular o pedido devidamente instruído com os documentos necessários e com a indicação da providência judicial.

Art. 721. Serão citados todos os interessados, bem como intimado o Ministério Público, nos casos do art. 178, para que se manifestem, querendo, no prazo de 15 (quinze) dias.

Art. 722. A Fazenda Pública será sempre ouvida nos casos em que tiver interesse.

Art. 723. O juiz decidirá o pedido no prazo de 10 (dez) dias.

Parágrafo único. O juiz não é obrigado a observar critério de legalidade estrita, podendo adotar em cada caso a solução que considerar mais conveniente ou oportuna.

→ *V.* Art. 6º da Lei 9.099/1995.

Art. 724. Da sentença caberá apelação.

→ *V.* Arts. 1.009 e ss. do NCPC.

Art. 725. Processar-se-á na forma estabelecida nesta Seção o pedido de:

I – emancipação;

→ *V.* Art. 5º, parágrafo único, do CC/2002.

→ *V.* Arts. 90 a 95 da Lei 6.015/1973.

II – sub-rogação;

III – alienação, arrendamento ou oneração de bens de crianças ou adolescentes, de órfãos e de interditos;

→ *V.* Arts. 1.748 a 1.750 do CC/2002

IV – alienação, locação e administração da coisa comum;

→ *V.* Art. 1.320 do CC/2002.

V – alienação de quinhão em coisa comum;

→ *V.* Art. 1.320 do CC/2002.

VI – extinção de usufruto, quando não decorrer da morte do usufrutuário, do termo da sua duração ou da consolidação, e de fideicomisso, quando decorrer de renúncia ou quando ocorrer antes do evento que caracterizar a condição resolutória;

VII – expedição de alvará judicial;

→ *V.* Lei 6.858/1980 – Dispõe sobre o Pagamento, aos Dependentes ou Sucessores, de Valores Não Recebidos em Vida pelos Respectivos Titulares.

VIII – homologação de autocomposição extrajudicial, de qualquer natureza ou valor.

→ v. Art. 57, *caput*, da Lei 9.099/1995.

→ v. Art. 515, III, do NCPC.

Parágrafo único. As normas desta Seção aplicam-se, no que couber, aos procedimentos regulados nas seções seguintes.

Seção II
Da notificação e da interpelação

Art. 726. Quem tiver interesse em manifestar formalmente sua vontade a outrem sobre assunto juridicamente relevante poderá notificar pessoas participantes da mesma relação jurídica para dar-lhes ciência de seu propósito.

§ 1° Se a pretensão for a de dar conhecimento geral ao público, mediante edital, o juiz só a deferirá se a tiver por fundada e necessária ao resguardo de direito.

§ 2° Aplica-se o disposto nesta Seção, no que couber, ao protesto judicial.

Art. 727. Também poderá o interessado interpelar o requerido, no caso do art. 726, para que faça ou deixe de fazer o que o requerente entenda ser de seu direito.

Art. 728. O requerido será previamente ouvido antes do deferimento da notificação ou do respectivo edital:

I – se houver suspeita de que o requerente, por meio da notificação ou do edital, pretende alcançar fim ilícito;

II – se tiver sido requerida a averbação da notificação em registro público.

Art. 729. Deferida e realizada a notificação ou interpelação, os autos serão entregues ao requerente.

→ v. Súmula 76 do STJ.

→ v. Art. 32 da Lei 6.766/1976.

→ v. Art. 31 do Dec.-Lei 70/1966.

→ v. Art. 1° do Dec.-Lei 745/1969.

Seção III
Da alienação judicial

Art. 730. Nos casos expressos em lei, não havendo acordo entre os interessados sobre o modo como se deve realizar a alienação do bem, o juiz, de ofício ou a requerimento dos interessados ou do depositário, mandará aliená-lo em leilão, observando-se o disposto na Seção I deste Capítulo e, no que couber, o disposto nos arts. 879 a 903.

→ v. Art. 2.019 do CC/2002.

Seção IV
Do divórcio e da separação consensuais, da extinção consensual de união estável e da alteração do regime de bens do matrimônio

→ v. EC. 66/2010 – Dá nova redação ao § 6° do art. 226 da CF, que dispõe sobre a dissolubilidade do casamento civil pelo divórcio, suprimindo o requisito de prévia separação judicial por mais de 1 (um) ano ou de comprovada separação de fato por mais de 2 (dois) anos.

→ v. Arts. 1.571 a 1.582 do CC/2002.

Art. 731. A homologação do divórcio ou da separação consensuais, observados os requisitos legais, poderá ser requerida em petição assinada por ambos os cônjuges, da qual constarão:

→ v. Arts. 19 a 23 da Lei 6.515/1977.

I – as disposições relativas à descrição e à partilha dos bens comuns;

II – as disposições relativas à pensão alimentícia entre os cônjuges;

→ v. Súmulas 226 e 379 do STF.

→ v. Súmula 336 do STJ.

→ v. Art. 4° da Lei 6.515/1976.

III – o acordo relativo à guarda dos filhos incapazes e ao regime de visitas; e

→ v. Arts. 1.583 a 1.590 do CC.

→ v. Arts. 9° e 15 da Lei 6.515/1976.

IV – o valor da contribuição para criar e educar os filhos.

→ v. Arts. 1.694 a 1.710 do CC.

→ v. Art. 20 da Lei 6.515/1976.

Parágrafo único. Se os cônjuges não acordarem sobre a partilha dos bens, far-se-á esta depois de homologado o divórcio, na forma estabelecida nos arts. 647 a 658.

→ v. Súmula 197 do STJ.

Art. 732. As disposições relativas ao processo de homologação judicial de divórcio ou de separação consensuais aplicam-se, no que couber, ao processo de homologação da extinção consensual de união estável.

Art. 733. O divórcio consensual, a separação consensual e a extinção consensual de união estável, não havendo nascituro ou filhos incapazes e observados os requisitos legais, poderão ser realizados por escritura pública, da qual constarão as disposições de que trata o art. 731.

→ v. Resolução CNJ 35/2007 – Disciplina a realização de inventários, partilhas, separações e divórcios consensuais por escritura pública.

→ v. Provimento CFOAB 118/2007 – Disciplina as atividades profissionais dos advogados na realização de inventários, partilhas, separações e divórcios consensuais por escritura pública.

§ 1° A escritura não depende de homologação judicial e constitui título hábil para qualquer ato de registro, bem como para levantamento de importância depositada em instituições financeiras.

§ 2° O tabelião somente lavrará a escritura se os interessados estiverem assistidos por advogado ou por defensor público, cuja qualificação e assinatura constarão do ato notarial.

Art. 734. A alteração do regime de bens do casamento, observados os requisitos legais, poderá ser requerida, motivadamente, em petição assinada por ambos os cônjuges, na qual serão expostas as razões que justificam a alteração, ressalvados os direitos de terceiros.

→ v. Art. 1.639, § 2°, do CC/2002.

§ 1° Ao receber a petição inicial, o juiz determinará a intimação do Ministério Público e a publicação de edital que divulgue a pretendida alteração de bens, somente podendo decidir depois de decorrido o prazo de 30 (trinta) dias da publicação do edital.

§ 2° Os cônjuges, na petição inicial ou em petição avulsa, podem propor ao juiz meio alternativo de divulgação da alteração do regime de bens, a fim de resguardar direitos de terceiros.

§ 3° Após o trânsito em julgado da sentença, serão expedidos mandados de averbação aos cartórios de registro civil e de imóveis e, caso qualquer dos cônjuges seja empresário, ao Registro Público de Empresas Mercantis e Atividades Afins.

Seção V
Dos testamentos e dos codicilos

Art. 735. Recebendo testamento cerrado, o juiz, se não achar vício externo que o torne suspeito de nulidade ou falsidade, o abrirá e mandará que o escrivão o leia em presença do apresentante.

→ v. Arts. 1.868 a 1.875 do CC/2002.

§ 1° Do termo de abertura constarão o nome do apresentante e como ele obteve o testamento, a data e o lugar do falecimento do testador, com as respectivas provas, e qualquer circunstância digna de nota.

§ 2° Depois de ouvido o Ministério Público, não havendo dúvidas a serem esclarecidas, o juiz mandará registrar, arquivar e cumprir o testamento.

→ v. Art. 1.875 do CC/2002.

§ 3° Feito o registro, será intimado o testamenteiro para assinar o termo da testamentária.

§ 4° Se não houver testamenteiro nomeado ou se ele estiver ausente ou não aceitar o encargo, o juiz nomeará testamenteiro dativo, observando-se a preferência legal.

§ 5° O testamenteiro deverá cumprir as disposições testamentárias e prestar contas em juízo do que recebeu e despendeu, observando-se o disposto em lei.

→ v. Art. 1.980 do CC/2002.

Art. 736. Qualquer interessado, exibindo o traslado ou a certidão de testamento público, poderá requerer ao juiz que ordene o seu cumprimento, observando-se, no que couber, o disposto nos parágrafos do art. 735.

→ v. Arts. 1.864 a 1.867 do CC/2002.

Art. 737. A publicação do testamento particular poderá ser requerida, depois da morte do testador, pelo herdeiro, pelo legatário ou pelo testamenteiro, bem como pelo terceiro detentor do testamento, se impossibilitado de entregá-lo a algum dos outros legitimados para requerê-la.

→ v. Arts. 1.876 a 1.880 do CC/2002.

§ 1° Serão intimados os herdeiros que não tiverem requerido a publicação do testamento.

§ 2° Verificando a presença dos requisitos da lei, ouvido o Ministério Público, o juiz confirmará o testamento.

§ 3° Aplica-se o disposto neste artigo ao codicilo e aos testamentos marítimo, aeronáutico, militar e nuncupativo.

→ v. Arts. 1.888 a 1.896 do CC/2002.

§ 4° Observar-se-á, no cumprimento do testamento, o disposto nos parágrafos do art. 735.

Seção VI
Da herança jacente

Art. 738. Nos casos em que a lei considere jacente a herança, o juiz em cuja comarca tiver domicílio o falecido procederá imediatamente à arrecadação dos respectivos bens.

→ v. Arts. 1.819 a 1.823 do CC/2002.

Art. 739. A herança jacente ficará sob a guarda, a conservação e a administração de um curador até a respectiva entrega ao sucessor legalmente habilitado ou até a declaração de vacância.

§ 1° Incumbe ao curador:

I – representar a herança em juízo ou fora dele, com intervenção do Ministério Público;

→ *v.* Art. 75, VI, do NCPC.

II – ter em boa guarda e conservação os bens arrecadados e promover a arrecadação de outros porventura existentes;

III – executar as medidas conservatórias dos direitos da herança;

IV – apresentar mensalmente ao juiz balancete da receita e da despesa;

V – prestar contas ao final de sua gestão.

§ 2º Aplica-se ao curador o disposto nos arts. 159 a 161.

Art. 740. O juiz ordenará que o oficial de justiça, acompanhado do escrivão ou do chefe de secretaria e do curador, arrole os bens e descreva-os em auto circunstanciado.

§ 1º Não podendo comparecer ao local, o juiz requisitará à autoridade policial que proceda à arrecadação e ao arrolamento dos bens, com 2 (duas) testemunhas, que assistirão às diligências.

§ 2º Não estando ainda nomeado o curador, o juiz designará depositário e lhe entregará os bens, mediante simples termo nos autos, depois de compromissado.

→ *v.* Arts. 159 a 161 do NCPC.

§ 3º Durante a arrecadação, o juiz ou a autoridade policial inquirirá os moradores da casa e da vizinhança sobre a qualificação do falecido, o paradeiro de seus sucessores e a existência de outros bens, lavrando-se de tudo auto de inquirição e informação.

§ 4º O juiz examinará reservadamente os papéis, as cartas missivas e os livros domésticos e, verificando que não apresentam interesse, mandará empacotá-los e lacrá-los para serem assim entregues aos sucessores do falecido ou queimados quando os bens forem declarados vacantes.

§ 5º Se constar ao juiz a existência de bens em outra comarca, mandará expedir carta precatória a fim de serem arrecadados.

§ 6º Não se fará a arrecadação, ou essa será suspensa, quando, iniciada, apresentarem-se para reclamar os bens o cônjuge ou companheiro, o herdeiro ou o testamenteiro notoriamente reconhecido e não houver oposição motivada do curador, de qualquer interessado, do Ministério Público ou do representante da Fazenda Pública.

Art. 741. Ultimada a arrecadação, o juiz mandará expedir edital, que será publicado na rede mundial de computadores, no sítio do tribunal a que estiver vinculado o juízo e na plataforma de editais do Conselho Nacional de Justiça, onde permanecerá por 3 (três) meses, ou, não havendo sítio, no órgão oficial e na imprensa da comarca, por 3 (três) vezes com intervalos de 1 (um) mês, para que os sucessores do falecido venham a habilitar-se no prazo de 6 (seis) meses contado da primeira publicação.

§ 1º Verificada a existência de sucessor ou de testamenteiro em lugar certo, far-se-á a sua citação, sem prejuízo do edital.

§ 2º Quando o falecido for estrangeiro, será também comunicado o fato à autoridade consular.

§ 3º Julgada a habilitação do herdeiro, reconhecida a qualidade do testamenteiro ou provada a identidade do cônjuge ou companheiro, a arrecadação converter-se-á em inventário.

§ 4º Os credores da herança poderão habilitar-se como nos inventários ou propor a ação de cobrança.

Art. 742. O juiz poderá autorizar a alienação:

I – de bens móveis, se forem de conservação difícil ou dispendiosa;

II – de semoventes, quando não empregados na exploração de alguma indústria;

III – de títulos e papéis de crédito, havendo fundado receio de depreciação;

IV – de ações de sociedade quando, reclamada a integralização, não dispuser a herança de dinheiro para o pagamento;

V – de bens imóveis:

a) se ameaçarem ruína, não convindo a reparação;

b) se estiverem hipotecados e vencer-se a dívida, não havendo dinheiro para o pagamento.

§ 1º Não se procederá, entretanto, à venda se a Fazenda Pública ou o habilitando adiantar a importância para as despesas.

§ 2º Os bens com valor de afeição, como retratos, objetos de uso pessoal, livros e obras de arte, só serão alienados depois de declarada a vacância da herança.

Art. 743. Passado 1 (um) ano da primeira publicação do edital e não havendo herdeiro habilitado nem habilitação pendente, será a herança declarada vacante.

→ *v.* Art. 1.820 do CC/2002.

§ 1º Pendendo habilitação, a vacância será declarada pela mesma sentença que a julgar improcedente, aguardando-se, no caso de serem diversas as habilitações, o julgamento da última.

§ 2º Transitada em julgado a sentença que declarou a vacância, o cônjuge, o companheiro, os herdeiros e os credores só poderão reclamar o seu direito por ação direta.

→ *v.* Art. 1.822 do CC/2002.

Seção VII
Dos bens dos ausentes

Art. 744. Declarada a ausência nos casos previstos em lei, o juiz mandará arrecadar os bens do ausente e nomear-lhes-á curador na forma estabelecida na Seção VI, observando-se o disposto em lei.

→ *v.* Arts. 22 a 39 do CC/2002.

→ *v.* Lei 9.140/1995 – Reconhece como mortas pessoas desaparecidas em razão de participação, ou acusação de participação, em atividades políticas, no período de 2 de setembro de 1961 a 15 de agosto de 1979.

Art. 745. Feita a arrecadação, o juiz mandará publicar editais na rede mundial de computadores, no sítio do tribunal a que estiver vinculado e na plataforma de editais do Conselho Nacional de Justiça, onde permanecerá por 1 (um) ano, ou, não havendo sítio, no órgão oficial e na imprensa da comarca, durante 1 (um) ano, reproduzida de 2 (dois) em 2 (dois) meses, anunciando a arrecadação e chamando o ausente a entrar na posse de seus bens.

§ 1º Findo o prazo previsto no edital, poderão os interessados requerer a abertura da sucessão provisória, observando-se o disposto em lei.

§ 2º O interessado, ao requerer a abertura da sucessão provisória, pedirá a citação pessoal dos herdeiros presentes e do curador e, por editais, a dos ausentes para requererem habilitação, na forma dos arts. 689 a 692.

§ 3º Presentes os requisitos legais, poderá ser requerida a conversão da sucessão provisória em definitiva.

→ *v.* Art. 37 do CC/2002

→ *v.* Art. 105, parágrafo único, da Lei 6.015/1973

§ 4º Regressando o ausente ou algum de seus descendentes ou ascendentes para requerer ao juiz a entrega de bens, serão citados para contestar o pedido os sucessores provisórios ou definitivos, o Ministério Público e o representante da Fazenda Pública, seguindo-se o procedimento comum.

→ *v.* Art. 36 do CC/2002.

Seção VIII
Das coisas vagas

Art. 746. Recebendo do descobridor coisa alheia perdida, o juiz mandará lavrar o respectivo auto, do qual constará a descrição do bem e as declarações do descobridor.

§ 1º Recebida a coisa por autoridade policial, esta a remeterá em seguida ao juízo competente.

§ 2º Depositada a coisa, o juiz mandará publicar edital na rede mundial de computadores, no sítio do tribunal a que estiver vinculado e na plataforma de editais do Conselho Nacional de Justiça ou, não havendo sítio, no órgão oficial e na imprensa da comarca, para que o dono ou o legítimo possuidor a reclame, salvo se se tratar de coisa de pequeno valor e não for possível a publicação no sítio do tribunal, caso em que o edital será apenas afixado no átrio do edifício do fórum.

§ 3º Observar-se-á, quanto ao mais, o disposto em lei.

→ *v.* Arts. 1.233 a 1.237 do CC/2002.

Seção IX
Da interdição

Art. 747. A interdição pode ser promovida:

I – pelo cônjuge ou companheiro;

II – pelos parentes ou tutores;

III – pelo representante da entidade em que se encontra abrigado o interditando;

IV – pelo Ministério Público.

Parágrafo único. A legitimidade deverá ser comprovada por documentação que acompanhe a petição inicial.

Art. 748. O Ministério Público só promoverá interdição em caso de doença mental grave:

I – se as pessoas designadas nos incisos I, II e III do art. 747 não existirem ou não promoverem a interdição;

II – se, existindo, forem incapazes as pessoas mencionadas nos incisos I e II do art. 747.

Art. 749. Incumbe ao autor, na petição inicial, especificar os fatos que demonstram a incapacidade do interditando para administrar seus bens e, se for o caso, para praticar atos da vida civil, bem como o momento em que a incapacidade se revelou.

Parágrafo único. Justificada a urgência, o juiz pode nomear curador provisório ao interditando para a prática de determinados atos.

Art. 750. O requerente deverá juntar laudo médico para fazer prova de suas alegações ou informar a impossibilidade de fazê-lo.

NOVO CPC

Art. 751. O interditando será citado para, em dia designado, comparecer perante o juiz, que o entrevistará minuciosamente acerca de sua vida, negócios, bens, vontades, preferências e laços familiares e afetivos e sobre o que mais lhe parecer necessário para convencimento quanto à sua capacidade para praticar atos da vida civil, devendo ser reduzidas a termo as perguntas e respostas.

§ 1º Não podendo o interditando deslocar-se, o juiz o ouvirá no local onde estiver.

§ 2º A entrevista poderá ser acompanhada por especialista.

§ 3º Durante a entrevista, é assegurado o emprego de recursos tecnológicos capazes de permitir ou de auxiliar o interditando a expressar suas vontades e preferências e a responder às perguntas formuladas.

§ 4º A critério do juiz, poderá ser requisitada a oitiva de parentes e de pessoas próximas.

Art. 752. Dentro do prazo de 15 (quinze) dias contado da entrevista, o interditando poderá impugnar o pedido.

§ 1º O Ministério Público intervirá como fiscal da ordem jurídica.

§ 2º O interditando poderá constituir advogado, e, caso não o faça, deverá ser nomeado curador especial.

→ *v.* Art. 72 do NCPC.

§ 3º Caso o interditando não constitua advogado, o seu cônjuge, companheiro ou qualquer parente sucessível poderá intervir como assistente.

Art. 753. Decorrido o prazo previsto no art. 752, o juiz determinará a produção de prova pericial para avaliação da capacidade do interditando para praticar atos da vida civil.

§ 1º A perícia pode ser realizada por equipe composta por expertos com formação multidisciplinar.

§ 2º O laudo pericial indicará especificadamente, se for o caso, os atos para os quais haverá necessidade de curatela.

Art. 754. Apresentado o laudo, produzidas as demais provas e ouvidos os interessados, o juiz proferirá sentença.

Art. 755. Na sentença que decretar a interdição, o juiz:

I – nomeará curador, que poderá ser o requerente da interdição, e fixará os limites da curatela, segundo o estado e o desenvolvimento mental do interdito;

→ *v.* Art. 1.782 do CC/2002.

II – considerará as características pessoais do interdito, observando suas potencialidades, habilidades, vontades e preferências.

§ 1º A curatela deve ser atribuída a quem melhor possa atender aos interesses do curatelado.

→ *v.* Arts. 1.775 do CC/2002.

§ 2º Havendo, ao tempo da interdição, pessoa incapaz sob a guarda e a responsabilidade do interdito, o juiz atribuirá a curatela a quem melhor puder atender aos interesses do interdito e do incapaz.

§ 3º A sentença de interdição será inscrita no registro de pessoas naturais e imediatamente publicada na rede mundial de computadores, no sítio do tribunal a que estiver vinculado o juízo e na plataforma de editais do Conselho Nacional de Justiça, onde permanecerá por 6 (seis) meses, na imprensa local, 1 (uma) vez, e no órgão oficial, por 3 (três) vezes, com intervalo de 10 (dez) dias, constando do edital os nomes do interdito e do curador, a causa da interdição, os limites da curatela e, não sendo total a interdição, os atos que o interdito poderá praticar autonomamente.

→ *v.* Art. 9º, III, do CC/2002.

→ *v.* Arts. 29, V, 92, 93, 104 e 107 da Lei 6.015/1973.

Art. 756. Levantar-se-á a curatela quando cessar a causa que a determinou.

§ 1º O pedido de levantamento da curatela poderá ser feito pelo interdito, pelo curador ou pelo Ministério Público e será apensado aos autos da interdição.

§ 2º O juiz nomeará perito ou equipe multidisciplinar para proceder ao exame do interdito e designará audiência de instrução e julgamento após a apresentação do laudo.

§ 3º Acolhido o pedido, o juiz decretará o levantamento da interdição e determinará a publicação da sentença, após o trânsito em julgado, na forma do art. 755, § 3º, ou, não sendo possível, na imprensa local e no órgão oficial, por 3 (três) vezes, com intervalo de 10 (dez) dias, seguindo-se a averbação no registro de pessoas naturais.

§ 4º A interdição poderá ser levantada parcialmente quando demonstrada a capacidade do interdito para praticar alguns atos da vida civil.

Art. 757. A autoridade do curador estende-se à pessoa e aos bens do incapaz que se encontrar sob a guarda e a responsabilidade do curatelado ao tempo da interdição, salvo se o juiz considerar outra solução como mais conveniente aos interesses do incapaz.

Art. 758. O curador deverá buscar tratamento e apoio apropriados à conquista da autonomia pelo interdito.

→ *v.* Art. 1.776 do CC/2002.

Seção X
Disposições comuns à tutela e à curatela

Art. 759. O tutor ou o curador será intimado a prestar compromisso no prazo de 5 (cinco) dias contado da:

I – nomeação feita em conformidade com a lei;

II – intimação do despacho que mandar cumprir o testamento ou o instrumento público que o houver instituído.

§ 1º O tutor ou o curador prestará o compromisso por termo em livro rubricado pelo juiz.

§ 2º Prestado o compromisso, o tutor ou o curador assume a administração dos bens do tutelado ou do interditado.

Art. 760. O tutor ou o curador poderá eximir-se do encargo apresentando escusa ao juiz no prazo de 5 (cinco) dias contado:

→ *v.* Art. 1.738 do CC/2002.

I – antes de aceitar o encargo, da intimação para prestar compromisso;

II – depois de entrar em exercício, do dia em que sobrevier o motivo da escusa.

§ 1º Não sendo requerida a escusa no prazo estabelecido neste artigo, considerar-se-á renunciado o direito de alegá-la.

§ 2º O juiz decidirá de plano o pedido de escusa, e, não o admitindo, exercerá o nomeado a tutela ou a curatela enquanto não for dispensado por sentença transitada em julgado.

→ *v.* Art. 1.739 do CC/2002.

Art. 761. Incumbe ao Ministério Público ou a quem tenha legítimo interesse requerer, nos casos previstos em lei, a remoção do tutor ou do curador.

→ *v.* Arts. 1.735 e 1.766 do CC/2002.

→ *v.* Art. 201, III e IV, do ECA.

Parágrafo único. O tutor ou o curador será citado para contestar a arguição no prazo de 5 (cinco) dias, findo o qual observar-se-á o procedimento comum.

Art. 762. Em caso de extrema gravidade, o juiz poderá suspender o tutor ou o curador do exercício de suas funções, nomeando substituto interino.

Art. 763. Cessando as funções do tutor ou do curador pelo decurso do prazo em que era obrigado a servir, ser-lhe-á lícito requerer a exoneração do encargo.

§ 1º Caso o tutor ou o curador não requeira a exoneração do encargo dentro dos 10 (dez) dias seguintes à expiração do termo, entender-se-á reconduzido, salvo se o juiz o dispensar.

§ 2º Cessada a tutela ou a curatela, é indispensável a prestação de contas pelo tutor ou pelo curador, na forma da lei civil.

Seção XI
Da organização e da fiscalização das fundações

Art. 764. O juiz decidirá sobre a aprovação do estatuto das fundações e de suas alterações sempre que o requeira o interessado, quando:

I – ela for negada previamente pelo Ministério Público ou por este forem exigidas modificações com as quais o interessado não concorde;

II – o interessado discordar do estatuto elaborado pelo Ministério Público.

→ *v.* Arts. 66 a 68 do CC/2002.

§ 1º O estatuto das fundações deve observar o disposto na Lei 10.406, de 10 de janeiro de 2002 (Código Civil).

§ 2º Antes de suprir a aprovação, o juiz poderá mandar fazer no estatuto modificações a fim de adaptá-lo ao objetivo do instituidor.

Art. 765. Qualquer interessado ou o Ministério Público promoverá em juízo a extinção da fundação quando:

I – se tornar ilícito o seu objeto;

II – for impossível a sua manutenção;

III – vencer o prazo de sua existência.

→ *v.* Art. 69 do CC/2002.

Seção XII
Da ratificação dos protestos marítimos e dos processos testemunháveis formados a bordo

Art. 766. Todos os protestos e os processos testemunháveis formados a bordo e lançados no livro Diário da Navegação deverão ser apresentados pelo comandante ao juiz de direito do primeiro porto, nas primeiras 24 (vinte e quatro) horas de chegada da embarcação, para sua ratificação judicial.

Art. 767. A petição inicial conterá a transcrição dos termos lançados no livro Diário da Navegação e deverá ser instruída com cópias das páginas que contenham os termos que serão ratificados, dos documentos de identificação do comandante e das testemunhas arroladas, do rol de tripulantes, do documento de registro da embarcação e, quando for o caso, do manifesto das cargas sinistradas e a qualificação de seus consignatários, traduzidos, quando for o caso, de forma livre para o português.

Art. 768. A petição inicial deverá ser distribuída com urgência e encaminhada ao juiz, que ouvirá, sob compromisso a ser prestado no mesmo dia, o comandante e as testemunhas em número mínimo de 2 (duas) e máximo de 4 (quatro), que deverão comparecer ao ato independentemente de intimação.

§ 1º Tratando-se de estrangeiros que não dominem a língua portuguesa, o autor deverá fazer-se acompanhar por tradutor, que prestará compromisso em audiência.

§ 2º Caso o autor não se faça acompanhar por tradutor, o juiz deverá nomear outro que preste compromisso em audiência.

Art. 769. Aberta a audiência, o juiz mandará apregoar os consignatários das cargas indicados na petição inicial e outros eventuais interessados, nomeando para os ausentes curador para o ato.

Art. 770. Inquiridos o comandante e as testemunhas, o juiz, convencido da veracidade dos termos lançados no Diário da Navegação, em audiência, ratificará por sentença o protesto ou o processo testemunhável lavrado a bordo, dispensado o relatório.

Parágrafo único. Independentemente do trânsito em julgado, o juiz determinará a entrega dos autos ao autor ou ao seu advogado, mediante a apresentação de traslado.

LIVRO II
Do processo de execução

Título I
Da execução em geral

Capítulo I
DISPOSIÇÕES GERAIS

Art. 771. Este Livro regula o procedimento da execução fundada em título extrajudicial, e suas disposições aplicam-se, também, no que couber, aos procedimentos especiais de execução, aos atos executivos realizados no procedimento de cumprimento de sentença, bem como aos efeitos de atos ou fatos processuais a que a lei atribuir força executiva.

Parágrafo único. Aplicam-se subsidiariamente à execução as disposições do Livro I da Parte Especial.

Art. 772. O juiz pode, em qualquer momento do processo:

I – ordenar o comparecimento das partes;

II – advertir o executado de que seu procedimento constitui ato atentatório à dignidade da justiça;

III – determinar que sujeitos indicados pelo exequente forneçam informações em geral relacionadas ao objeto da execução, tais como documentos e dados que tenham em seu poder, assinando-lhes prazo razoável.

Art. 773. O juiz poderá, de ofício ou a requerimento, determinar as medidas necessárias ao cumprimento da ordem de entrega de documentos e dados.

Parágrafo único. Quando, em decorrência do disposto neste artigo, o juízo receber dados sigilosos para os fins da execução, o juiz adotará as medidas necessárias para assegurar a confidencialidade.

Art. 774. Considera-se atentatória à dignidade da justiça a conduta comissiva ou omissiva do executado que:

I – frauda a execução;

→ *V.* Arts. 792 e 856, § 3º do NCPC.

II – se opõe maliciosamente à execução, empregando ardis e meios artificiosos;

III – dificulta ou embaraça a realização da penhora;

IV – resiste injustificadamente às ordens judiciais;

V – intimado, não indica ao juiz quais são e onde estão os bens sujeitos à penhora e os respectivos valores, nem exibe prova de sua propriedade e, se for o caso, certidão negativa de ônus.

→ *V.* Art. 835 do NCPC.

Parágrafo único. Nos casos previstos neste artigo, o juiz fixará multa em montante não superior a vinte por cento do valor atualizado do débito em execução, a qual será revertida em proveito do exequente, exigível nos próprios autos do processo, sem prejuízo de outras sanções de natureza processual ou material.

→ *V.* Arts. 77 a 81 do NCPC.

Art. 775. O exequente tem o direito de desistir de toda a execução ou de apenas alguma medida executiva.

→ *V.* Arts. 105 e 200, parágrafo único do NCPC.

Parágrafo único. Na desistência da execução, observar-se-á o seguinte:

I – serão extintos a impugnação e os embargos que versarem apenas sobre questões processuais, pagando o exequente as custas processuais e os honorários advocatícios;

→ *V.* Arts. 525, 535 e 914 do NCPC.

II – nos demais casos, a extinção dependerá da concordância do impugnante ou do embargante.

Art. 776. O exequente ressarcirá ao executado os danos que este sofreu, quando a sentença, transitada em julgado, declarar inexistente, no todo ou em parte, a obrigação que ensejou a execução.

Art. 777. A cobrança de multas ou de indenizações decorrentes de litigância de má-fé ou de prática de ato atentatório à dignidade da justiça será promovida nos próprios autos do processo.

→ *V.* Arts. 79 a 81 do NCPC.

Capítulo II
DAS PARTES

Art. 778. Pode promover a execução forçada o credor a quem a lei confere título executivo.

→ *V.* Arts. 97 a 100 do CDC.

→ *V.* Art. 15 da Lei 7.347/1985.

→ *V.* Arts. 16 e 17 da Lei 4.717/1965.

→ *V.* Arts. 515 e 784 do NCPC.

§ 1º Podem promover a execução forçada ou nela prosseguir, em sucessão ao exequente originário:

I – o Ministério Público, nos casos previstos em lei;

→ *V.* Art. 176 do NCPC.

II – o espólio, os herdeiros ou os sucessores do credor, sempre que, por morte deste, lhes for transmitido o direito resultante do título executivo;

→ *V.* Arts. 75, VII, 110; 485, IX e 687 a 692 do NCPC.

III – o cessionário, quando o direito resultante do título executivo lhe for transferido por ato entre vivos;

→ *V.* Arts. 286 a 298 do CC/2002.

→ *V.* Art. 109 do NCPC.

IV – o sub-rogado, nos casos de sub-rogação legal ou convencional.

→ *V.* Arts. 346 a 351 e 831 do CC/2002.

→ *V.* Art. 857 do NCPC.

§ 2º A sucessão prevista no § 1º independe de consentimento do executado.

Art. 779. A execução pode ser promovida contra:

I – o devedor, reconhecido como tal no título executivo;

→ *V.* Art. 789 do NCPC.

II – o espólio, os herdeiros ou os sucessores do devedor;

→ *V.* Arts. 75, VII, 515, IV e 687 a 692 do NCPC.

III – o novo devedor que assumiu, com o consentimento do credor, a obrigação resultante do título executivo;

→ *V.* Arts. 299 a 303 do CC/2002.

→ *V.* Art. 109 do NCPC.

IV – o fiador do débito constante em título extrajudicial;

→ *V.* Art. 794 do NCPC.

→ *V.* Súmulas 214 e 268 do STJ.

V – o responsável titular do bem vinculado por garantia real ao pagamento do débito;

→ *V.* Art. 835, § 3º do NCPC.

VI – o responsável tributário, assim definido em lei.

→ *V.* Arts. 121 e 128 a 138 do CTN.

Art. 780. O exequente pode cumular várias execuções, ainda que fundadas em títulos diferentes, quando o executado for o mesmo e desde que para todas elas seja competente o mesmo juízo e idêntico o procedimento.

→ *V.* Súmula 27 do STJ.

→ *V.* Arts. 292, VI, 327, 525, § 1º, V, 535, IV e 917, III do NCPC.

Capítulo III
DA COMPETÊNCIA

Art. 781. A execução fundada em título extrajudicial será processada perante o juízo competente, observando-se o seguinte:

→ *V.* Art. 98, § 2º do CDC.

→ *V.* Súmulas 58 e 66 STJ.

→ *V.* Art. 46, § 5º do NCPC.

I – a execução poderá ser proposta no foro de domicílio do executado, de eleição constante do título ou, ainda, de situação dos bens a ela sujeitos;

→ v. Arts. 70 a 78 do CC/2002.

→ v. Art. 63 do NCPC.

II – tendo mais de um domicílio, o executado poderá ser demandado no foro de qualquer deles;

III – sendo incerto ou desconhecido o domicílio do executado, a execução poderá ser proposta no lugar onde for encontrado ou no foro de domicílio do exequente;

IV – havendo mais de um devedor, com diferentes domicílios, a execução será proposta no foro de qualquer deles, à escolha do exequente;

V – a execução poderá ser proposta no foro do lugar em que se praticou o ato ou em que ocorreu o fato que deu origem ao título, mesmo que nele não mais resida o executado.

Art. 782. Não dispondo a lei de modo diverso, o juiz determinará os atos executivos, e o oficial de justiça os cumprirá.

→ v. Arts. 154 e 155 do NCPC.

§ 1º O oficial de justiça poderá cumprir os atos executivos determinados pelo juiz também nas comarcas contíguas, de fácil comunicação, e nas que se situem na mesma região metropolitana.

→ v. Art. 255 do NCPC.

§ 2º Sempre que, para efetivar a execução, for necessário o emprego de força policial, o juiz a requisitará.

→ v. Arts. 846, § 2º, do NCPC.

§ 3º A requerimento da parte, o juiz pode determinar a inclusão do nome do executado em cadastros de inadimplentes.

§ 4º A inscrição será cancelada imediatamente se for efetuado o pagamento, se for garantida a execução ou se a execução for extinta por qualquer outro motivo.

§ 5º O disposto nos §§ 3º e 4º aplica-se à execução definitiva de título judicial.

Capítulo IV
DOS REQUISITOS NECESSÁRIOS PARA REALIZAR QUALQUER EXECUÇÃO

Seção I
Do título executivo

Art. 783. A execução para cobrança de crédito fundar-se-á sempre em título de obrigação certa, líquida e exigível.

→ v. Arts. 786 e 803, I do NCPC.

Art. 784. São títulos executivos extrajudiciais:

→ v. Súmula 27 do STJ.

I – a letra de câmbio, a nota promissória, a duplicata, a debênture e o cheque;

→ v. Súmulas 387 e 600 do STF.

→ v. Súmulas 248 e 258 do STJ.

→ v. Arts. 52 a 74 da Lei 6.404/1976.

→ v. Lei 5.474/1968 – Dispõe sobre as Duplicatas.

→ v. Lei 7.357/1985 – Dispõe sobre o cheque.

→ v. Decreto 2.044/1908 – Define a letra de câmbio e a nota promissória e regula as Operações Cambiais.

→ v. Decreto 57.595/1966 – Lei uniforme em matéria de cheque.

→ v. Decreto 57.663/1966 – Lei uniforme sobre letras de câmbio e notas promissórias.

II – a escritura pública ou outro documento público assinado pelo devedor;

→ v. Art. 215 do CC/2002.

III – o documento particular assinado pelo devedor e por 2 (duas) testemunhas;

→ v. Súmulas 233, 286 e 300 do STJ.

IV – o instrumento de transação referendado pelo Ministério Público, pela Defensoria Pública, pela Advocacia Pública, pelos advogados dos transatores ou por conciliador ou mediador credenciado por tribunal;

→ v. Arts. 165 a 175 do NCPC.

→ v. Art. 5º, § 6º, da Lei 7.347/1985.

→ v. Art. 211 do ECA.

→ v. Art. 57, parágrafo único, da Lei 9.099/1995.

→ v. Art. 13 da Lei 10.741/2003.

V – o contrato garantido por hipoteca, penhor, anticrese ou outro direito real de garantia e aquele garantido por caução;

→ v. Art. 1.424 do CC/2002.

→ v. Arts. 9º a 28 do Dec.-lei 70/1966.

→ v. Lei 492/1937 – Regula o penhor rural e a cédula pignoratícia.

VI – o contrato de seguro de vida em caso de morte;

→ v. Arts. 789 a 802 do CC/2002.

→ v. Dec.-lei 5.384/1943 – Beneficiários do seguro de vida.

VII – o crédito decorrente de foro e laudêmio;

→ v. Art. 2.038 do CC/2002.

VIII – o crédito, documentalmente comprovado, decorrente de aluguel de imóvel, bem como de encargos acessórios, tais como taxas e despesas de condomínio;

→ v. Lei 8.245/1991 – Dispõe sobre as locações dos imóveis urbanos e os procedimentos a elas pertinentes.

IX – a certidão de dívida ativa da Fazenda Pública da União, dos Estados, do Distrito Federal e dos Municípios, correspondente aos créditos inscritos na forma da lei;

→ v. Súmula 392 do STJ.

→ v. Arts. 201 a 204 do CTN.

→ v. Arts. 2º e 3º da Lei 6.830/1980.

X – o crédito referente às contribuições ordinárias ou extraordinárias de condomínio edilício, previstas na respectiva convenção ou aprovadas em assembleia geral, desde que documentalmente comprovadas;

→ v. Arts. 1.334, I e 1.336, I e § 1º do CC/2002.

XI – a certidão expedida por serventia notarial ou de registro relativa a valores de emolumentos e demais despesas devidas pelos atos por ela praticados, fixados nas tabelas estabelecidas em lei;

XII – todos os demais títulos aos quais, por disposição expressa, a lei atribuir força executiva.

→ v. Súmula 93 do STJ.

→ v. Art. 107, I da Lei 6.404/1976.

→ v. Art. 24 da Lei 8.906/1994.

→ v. Arts. 20 e 28 da Lei 10.931/2004.

→ v. Art. 142 da Lei 11.101/2005.

→ v. Dec.-lei 167/1967 – Dispõe sobre títulos de crédito rural.

→ v. Dec.-lei 413/1969 – Dispõe sobre títulos de crédito industrial.

§ 1º A propositura de qualquer ação relativa a débito constante de título executivo não inibe o credor de promover-lhe a execução.

→ v. Art. 49, § 1º da Lei 11.101/2005.

§ 2º Os títulos executivos extrajudiciais oriundos de país estrangeiro não dependem de homologação para serem executados.

§ 3º O título estrangeiro só terá eficácia executiva quando satisfeitos os requisitos de formação exigidos pela lei do lugar de sua celebração e quando o Brasil for indicado como o lugar de cumprimento da obrigação.

→ v. Art. 21, II do NCPC.

Art. 785. A existência de título executivo extrajudicial não impede a parte de optar pelo processo de conhecimento, a fim de obter título executivo judicial.

→ v. Art. 485, VI do NCPC.

Seção II
Da exigibilidade da obrigação

Art. 786. A execução pode ser instaurada caso o devedor não satisfaça a obrigação certa, líquida e exigível consubstanciada em título executivo.

→ v. Arts. 783 e 803, I do NCPC.

Parágrafo único. A necessidade de simples operações aritméticas para apurar o crédito exequendo não retira a liquidez da obrigação constante do título.

Art. 787. Se o devedor não for obrigado a satisfazer sua prestação senão mediante a contraprestação do credor, este deverá provar que a adimpliu ao requerer a execução, sob pena de extinção do processo.

→ v. Arts. 476 e 477 do CC/2002.

→ v. Arts. 798, I, *d*, e 917, § 2º, IV do NCPC.

Parágrafo único. O executado poderá eximir-se da obrigação, depositando em juízo a prestação ou a coisa, caso em que o juiz não permitirá que o credor a receba sem cumprir a contraprestação que lhe tocar.

Art. 788. O credor não poderá iniciar a execução ou nela prosseguir se o devedor cumprir a obrigação, mas poderá recusar o recebimento da prestação se ela não corresponder ao direito ou à obrigação estabelecidos no título executivo, caso em que poderá requerer a execução forçada, ressalvado ao devedor o direito de embargá-la.

→ v. Art. 914 do NCPC.

→ v. Art. 313 do CC/2002.

Capítulo V
DA RESPONSABILIDADE PATRIMONIAL

Art. 789. O devedor responde com todos os seus bens presentes e futuros para o cumprimento de suas obrigações, salvo as restrições estabelecidas em lei.

→ v. Art. 824 do NCPC.

Art. 790. São sujeitos à execução os bens:

→ v. Art. 779 do NCPC.

I – do sucessor a título singular, tratando-se de execução fundada em direito real ou obrigação reipersecutória;

II – do sócio, nos termos da lei;

→ v. Art. 795 do NCPC.

III – do devedor, ainda que em poder de terceiros;

→ v. Art. 674 do NCPC.

IV – do cônjuge ou companheiro, nos casos em que seus bens próprios ou de sua meação respondem pela dívida;

→ v. Arts. 1.639 e ss. do CC/2002.

→ v. Súmula 251 do STJ.

V – alienados ou gravados com ônus real em fraude à execução;

→ *v.* Art. 792 do NCPC.

VI – cuja alienação ou gravação com ônus real tenha sido anulada em razão do reconhecimento, em ação autônoma, de fraude contra credores;

→ *v.* Arts. 158 a 165 e 171, II, do CC/2002.

→ *v.* Art. 129 da Lei 11.101/2005.

VII – do responsável, nos casos de desconsideração da personalidade jurídica.

→ *v.* Art. 50 do CC/2002.

→ *v.* Art. 28 do CDC.

→ *v.* Arts. 133 a 137 do NCPC.

Art. 791. Se a execução tiver por objeto obrigação de que seja sujeito passivo o proprietário de terreno submetido ao regime do direito de superfície, ou o superficiário, responderá pela dívida, exclusivamente, o direito real do qual é titular o executado, recaindo a penhora ou outros atos de constrição exclusivamente sobre o terreno, no primeiro caso, ou sobre a construção ou a plantação, no segundo caso.

→ *v.* Arts. 1.369 a 1.377 do CC/2002.

§ 1º Os atos de constrição a que se refere o *caput* serão averbados separadamente na matrícula do imóvel, com a identificação do executado, do valor do crédito e do objeto sobre o qual recai o gravame, devendo o oficial destacar o bem que responde pela dívida, se o terreno, a construção ou a plantação, de modo a assegurar a publicidade da responsabilidade patrimonial de cada um deles pelas dívidas e pelas obrigações que a eles estão vinculadas.

§ 2º Aplica-se, no que couber, o disposto neste artigo à enfiteuse, à concessão de uso especial para fins de moradia e à concessão de direito real de uso.

→ *v.* Arts. 1.225, XI e XII, e 2.038 do CC/2002.

Art. 792. A alienação ou a oneração de bem é considerada fraude à execução:

→ *v.* Art. 179 do CP.

→ *v.* Art. 216 da Lei 6.015/1973.

→ *v.* Arts. 54, parágrafo único e 55 da Lei 13.097/2015.

→ *v.* Arts. 774, I, 808 e 856, § 3º do NCPC.

I – quando sobre o bem pender ação fundada em direito real ou com pretensão reipersecutória, desde que a pendência do processo tenha sido averbada no respectivo registro público, se houver;

II – quando tiver sido averbada, no registro do bem, a pendência do processo de execução, na forma do art. 828;

III – quando tiver sido averbado, no registro do bem, hipoteca judiciária ou outro ato de constrição judicial originário do processo onde foi arguida a fraude;

→ *v.* Art. 240 da Lei 6.015/1973.

→ *v.* Art. 844 do NCPC.

IV – quando, ao tempo da alienação ou da oneração, tramitava contra o devedor ação capaz de reduzi-lo à insolvência;

→ *v.* Súmula 375 do STJ.

V – nos demais casos expressos em lei.

→ *v.* Art. 185 do CTN.

§ 1º A alienação em fraude à execução é ineficaz em relação ao exequente.

§ 2º No caso de aquisição de bem não sujeito a registro, o terceiro adquirente tem o ônus de provar que adotou as cautelas necessárias para a aquisição, mediante a exibição das certidões pertinentes, obtidas no domicílio do vendedor e no local onde se encontra o bem.

§ 3º Nos casos de desconsideração da personalidade jurídica, a fraude à execução verifica-se a partir da citação da parte cuja personalidade se pretende desconsiderar.

→ *v.* Arts. 135 e 137 do NCPC.

§ 4º Antes de declarar a fraude à execução, o juiz deverá intimar o terceiro adquirente, que, se quiser, poderá opor embargos de terceiro, no prazo de 15 (quinze) dias.

→ *v.* Art. 674 do NCPC.

Art. 793. O exequente que estiver, por direito de retenção, na posse de coisa pertencente ao devedor não poderá promover a execução sobre outros bens senão depois de excutida a coisa que se achar em seu poder.

→ *v.* Arts. 578, 644, 681, 708, 1.219, 1.220, 1.423, 1.433, II, e 1.507, § 2º, do CC/2002.

→ *v.* Art. 35 da Lei 8.245/1991.

→ *v.* Art. 116, I da Lei 11.101/2005.

Art. 794. O fiador, quando executado, tem o direito de exigir que primeiro sejam executados os bens do devedor situados na mesma comarca, livres e desembargados, indicando-os pormenorizadamente à penhora.

→ *v.* Arts. 827 e 828 do CC/2002.

§ 1º Os bens do fiador ficarão sujeitos à execução se os do devedor, situados na mesma comarca que os seus, forem insuficientes à satisfação do direito do credor.

§ 2º O fiador que pagar a dívida poderá executar o afiançado nos autos do mesmo processo.

§ 3º O disposto no *caput* não se aplica se o fiador houver renunciado ao benefício de ordem.

Art. 795. Os bens particulares dos sócios não respondem pelas dívidas da sociedade, senão nos casos previstos em lei.

→ *v.* Arts. 134, VII e 135, I, do CTN.

→ *v.* Art. 790, II, do NCPC.

§ 1º O sócio réu, quando responsável pelo pagamento da dívida da sociedade, tem o direito de exigir que primeiro sejam excutidos os bens da sociedade.

→ *v.* Arts. 1.023 e 1.024 do CC/2002.

§ 2º Incumbe ao sócio que alegar o benefício do § 1º nomear quantos bens da sociedade situados na mesma comarca, livres e desembargados, bastem para pagar o débito.

§ 3º O sócio que pagar a dívida poderá executar a sociedade nos autos do mesmo processo.

§ 4º Para a desconsideração da personalidade jurídica é obrigatória a observância do incidente previsto neste Código.

→ *v.* Arts. 133 a 137 do NCPC.

Art. 796. O espólio responde pelas dívidas do falecido, mas, feita a partilha, cada herdeiro responde por elas dentro das forças da herança e na proporção da parte que lhe coube.

→ *v.* Arts. 1.792, 1.821 e 1.997 do CC/2002.

Título II
Das diversas espécies de execução

Capítulo I
DISPOSIÇÕES GERAIS

Art. 797. Ressalvado o caso de insolvência do devedor, em que tem lugar o concurso universal, realiza-se a execução no interesse do exequente que adquire, pela penhora, o direito de preferência sobre os bens penhorados.

→ *v.* Arts. 905, I, 908 e 909 do NCPC.

Parágrafo único. Recaindo mais de uma penhora sobre o mesmo bem, cada exequente conservará o seu título de preferência.

→ *v.* Art. 187, parágrafo único do CTN.

→ *v.* Súmula 244 do TFR.

→ *v.* Art. 908 do NCPC.

Art. 798. Ao propor a execução, incumbe ao exequente:

I – instruir a petição inicial com:

→ *v.* Arts. 319 a 321 e 771, parágrafo único, do NCPC.

a) o título executivo extrajudicial;

→ *v.* Art. 784 do NCPC.

b) o demonstrativo do débito atualizado até a data de propositura da ação, quando se tratar de execução por quantia certa;

c) a prova de que se verificou a condição ou ocorreu o termo, se for o caso;

→ *v.* Arts. 121 a 131 e 135 do CC/2002.

→ *v.* Arts. 514, 803, III, e 917, § 2º, V, do NCPC.

d) a prova, se for o caso, de que adimpliu a contraprestação que lhe corresponde ou que lhe assegura o cumprimento, se o executado não for obrigado a satisfazer a sua prestação senão mediante a contraprestação do exequente;

→ *v.* Art. 787 do NCPC.

II – indicar:

a) a espécie de execução de sua preferência, quando por mais de um modo puder ser realizada;

→ *v.* Art. 805 do NCPC.

b) os nomes completos do exequente e do executado e seus números de inscrição no Cadastro de Pessoas Físicas ou no Cadastro Nacional da Pessoa Jurídica;

→ *v.* Art. 319, II do NCPC.

c) os bens suscetíveis de penhora, sempre que possível.

→ *v.* Art. 829, § 2º do NCPC.

Parágrafo único. O demonstrativo do débito deverá conter:

I – o índice de correção monetária adotado;

→ *v.* Súmula 288 do STJ.

→ *v.* Lei 6.899/1981 e Decreto 86.649/1981.

II – a taxa de juros aplicada;

→ *v.* Súmulas 596 e 648 do STF.

→ *v.* Súmulas 176, 283, 296, 379, 382 e 472 do STJ.

→ *v.* Art. 405 do CC/2002.

→ *v.* Art. 161, § 2º do CTN.

→ *v.* Art. 1º do Decreto 22.626/1933.

→ *v.* Art. 13 da Lei 9.065/1995.

III – os termos inicial e final de incidência do índice de correção monetária e da taxa de juros utilizados;

→ *v.* Arts. 406 e 407 do CC/2002.

IV – a periodicidade da capitalização dos juros, se for o caso;

→ *v.* Súmula 121 do STF.

→ *v.* Súmula 93 do STJ.

→ *v.* Art. 4º do Decreto 22.626/1933.

V – a especificação de desconto obrigatório realizado.

Art. 799. Incumbe ainda ao exequente:

→ *v.* Arts. 804 e 889 do NCPC.

I – requerer a intimação do credor pignoratício, hipotecário, anticrético ou fiduciário, quando a penhora recair sobre bens gravados por penhor, hipoteca, anticrese ou alienação fiduciária;

II – requerer a intimação do titular de usufruto, uso ou habitação, quando a penhora recair sobre bem gravado por usufruto, uso ou habitação;

III – requerer a intimação do promitente comprador, quando a penhora recair sobre bem em relação ao qual haja promessa de compra e venda registrada;

IV – requerer a intimação do promitente vendedor, quando a penhora recair sobre direito aquisitivo derivado de promessa de compra e venda registrada;

V – requerer a intimação do superficiário, enfiteuta ou concessionário, em caso de direito de superfície, enfiteuse, concessão de uso especial para fins de moradia ou concessão de direito real de uso, quando a penhora recair sobre imóvel submetido ao regime do direito de superfície, enfiteuse ou concessão;

VI – requerer a intimação do proprietário de terreno com regime de direito de superfície, enfiteuse, concessão de uso especial para fins de moradia ou concessão de direito real de uso, quando a penhora recair sobre direitos do superficiário, do enfiteuta ou do concessionário;

VII – requerer a intimação da sociedade, no caso de penhora de quota social ou de ação de sociedade anônima fechada, para o fim previsto no art. 876, § 7º;

VIII – pleitear, se for o caso, medidas urgentes;

→ *v.* Arts. 300 a 302 do NCPC.

IX – proceder à averbação em registro público do ato de propositura da execução e dos atos de constrição realizados, para conhecimento de terceiros.

→ *v.* Arts. 792, II e III, 828 e 844 do NCPC.

Art. 800. Nas obrigações alternativas, quando a escolha couber ao devedor, esse será citado para exercer a opção e realizar a prestação dentro de 10 (dez) dias, se outro prazo não lhe foi determinado em lei ou em contrato.

→ *v.* Arts. 252 a 256 do CC/2002.

→ *v.* Art. 325 do NCPC.

§ 1º Devolver-se-á ao credor a opção, se o devedor não a exercer no prazo determinado.

§ 2º A escolha será indicada na petição inicial da execução quando couber ao credor exercê-la.

Art. 801. Verificando que a petição inicial está incompleta ou que não está acompanhada dos documentos indispensáveis à propositura da execução, o juiz determinará que o exequente a corrija, no prazo de 15 (quinze) dias, sob pena de indeferimento.

→ *v.* Art. 321 do NCPC.

Art. 802. Na execução, o despacho que ordena a citação, desde que realizada em observância ao disposto no § 2º do art. 240, interrompe a prescrição, ainda que proferido por juízo incompetente.

→ *v.* Súmula 150 do STF.

→ *v.* Art. 312 do NCPC.

Parágrafo único. A interrupção da prescrição retroagirá à data de propositura da ação.

Art. 803. É nula a execução se:

I – o título executivo extrajudicial não corresponder a obrigação certa, líquida e exigível;

→ *v.* Arts. 783 e 786 do NCPC.

II – o executado não for regularmente citado;

→ *v.* Art. 239 do NCPC.

III – for instaurada antes de se verificar a condição ou de ocorrer o termo.

→ *v.* Arts. 121 a 131 e 135 do CC/2002.

→ *v.* Arts. 514, 798, I, c, e 917, § 2º, V, do NCPC.

Parágrafo único. A nulidade de que cuida este artigo será pronunciada pelo juiz, de ofício ou a requerimento da parte, independentemente de embargos à execução.

Art. 804. A alienação de bem gravado por penhor, hipoteca ou anticrese será ineficaz em relação ao credor pignoratício, hipotecário ou anticrético não intimado.

→ *v.* Art. 1.501 do CC/2002.

→ *v.* Arts. 799, I a VI e 889, I a VII, do NCPC.

§ 1º A alienação de bem objeto de promessa de compra e venda ou de cessão registrada será ineficaz em relação ao promitente comprador ou ao cessionário não intimado.

§ 2º A alienação de bem sobre o qual tenha sido instituído direito de superfície, seja do solo, da plantação ou da construção, será ineficaz em relação ao concedente ou ao concessionário não intimado.

§ 3º A alienação de direito aquisitivo de bem objeto de promessa de venda, de promessa de cessão ou de alienação fiduciária será ineficaz em relação ao promitente vendedor, ao promitente cedente ou ao proprietário fiduciário não intimado.

§ 4º A alienação de imóvel sobre o qual tenha sido instituída enfiteuse, concessão de uso especial para fins de moradia ou concessão de direito real de uso, será ineficaz em relação ao enfiteuta ou ao concessionário não intimado.

§ 5º A alienação de direitos do enfiteuta, do concessionário de direito real de uso ou do concessionário de uso especial para fins de moradia será ineficaz em relação ao proprietário do respectivo imóvel não intimado.

§ 6º A alienação de bem sobre o qual tenha sido instituído usufruto, uso ou habitação será ineficaz em relação ao titular desses direitos reais não intimado.

Art. 805. Quando por vários meios o exequente puder promover a execução, o juiz mandará que se faça pelo modo menos gravoso para o executado.

→ *v.* Súmula 417 do STJ.

→ *v.* Arts. 798, II, a, 829, § 2º, 847 e 867 do NCPC.

Parágrafo único. Ao executado que alegar ser a medida executiva mais gravosa incumbe indicar outros meios mais eficazes e menos onerosos, sob pena de manutenção dos atos executivos já determinados.

Capítulo II
DA EXECUÇÃO PARA A ENTREGA DE COISA

Seção I
Da entrega de coisa certa

Art. 806. O devedor de obrigação de entrega de coisa certa, constante de título executivo extrajudicial, será citado para, em 15 (quinze) dias, satisfazer a obrigação.

→ *v.* Art. 35, I, do CDC.

→ *v.* Arts. 233 a 242 do CC/2002.

→ *v.* Art. 231 do NCPC.

§ 1º Ao despachar a inicial, o juiz poderá fixar multa por dia de atraso no cumprimento da obrigação, ficando o respectivo valor sujeito a alteração, caso se revele insuficiente ou excessivo.

→ *v.* Art. 52, V da Lei 9.099/1995.

§ 2º Do mandado de citação constará ordem para imissão na posse ou busca e apreensão, conforme se tratar de bem imóvel ou móvel, cujo cumprimento se dará de imediato, se o executado não satisfizer a obrigação no prazo que lhe foi designado.

Art. 807. Se o executado entregar a coisa, será lavrado o termo respectivo e considerada satisfeita a obrigação, prosseguindo-se a execução para o pagamento de frutos ou o ressarcimento de prejuízos, se houver.

→ *v.* Arts. 924, II e 925 do NCPC.

Art. 808. Alienada a coisa quando já litigiosa, será expedido mandado contra o terceiro adquirente, que somente será ouvido após depositá-la.

→ *v.* Arts. 109, 240, 674 e 792 do NCPC.

Art. 809. O exequente tem direito a receber, além de perdas e danos, o valor da coisa, quando essa se deteriorar, não lhe for entregue, não for encontrada ou não for reclamada do poder de terceiro adquirente.

§ 1º Não constando do título o valor da coisa e sendo impossível sua avaliação, o exequente apresentará estimativa, sujeitando-a ao arbitramento judicial.

§ 2º Serão apurados em liquidação o valor da coisa e os prejuízos.

Art. 810. Havendo benfeitorias indenizáveis feitas na coisa pelo executado ou por terceiros de cujo poder ela houver sido tirada, a liquidação prévia é obrigatória.

Parágrafo único. Havendo saldo:

I – em favor do executado ou de terceiros, o exequente o depositará ao requerer a entrega da coisa;

II – em favor do exequente, esse poderá cobrá-lo nos autos do mesmo processo.

→ *v.* Arts. 96, 242 e 1.219 a 1.222 do CC/2002.

Seção II
Da entrega de coisa incerta

Art. 811. Quando a execução recair sobre coisa determinada pelo gênero e pela quantidade, o executado será citado para entregá-la individualizada, se lhe couber a escolha.

Parágrafo único. Se a escolha couber ao exequente, esse deverá indicá-la na petição inicial.

→ *v.* Arts. 243 a 246 do CC/2002.

→ *v.* Art. 15 da Lei 8.929/1994 – Cédula de produto rural.

Art. 812. Qualquer das partes poderá, no prazo de 15 (quinze) dias, impugnar a escolha feita pela outra, e o juiz decidirá de plano ou, se necessário, ouvindo perito de sua nomeação.

Art. 813. Aplicar-se-ão à execução para entrega de coisa incerta, no que couber, as disposições da Seção I deste Capítulo.

Capítulo III
DA EXECUÇÃO DAS OBRIGAÇÕES DE FAZER OU DE NÃO FAZER

Seção I
Disposições comuns

Art. 814. Na execução de obrigação de fazer ou de não fazer fundada em título extrajudicial, ao despachar a inicial, o juiz fixará multa por período de atraso no cumprimento da obrigação e a data a partir da qual será devida.

Parágrafo único. Se o valor da multa estiver previsto no título e for excessivo, o juiz poderá reduzi-lo.

→ *v.* Arts. 498 e 536, § 1º do NCPC.

Seção II
Da obrigação de fazer

Art. 815. Quando o objeto da execução for obrigação de fazer, o executado será citado para satisfazê-la no prazo que o juiz lhe designar, se outro não estiver determinado no título executivo.

→ *v.* Súmula 410 do STJ.

→ *v.* Arts. 247 a 249 do CC/2002.

Art. 816. Se o executado não satisfizer a obrigação no prazo designado, é lícito ao exequente, nos próprios autos do processo, requerer a satisfação da obrigação à custa do executado ou perdas e danos, hipótese em que se converterá em indenização.

→ *v.* Art. 249 do CC/2002.

→ *v.* Arts. 35 e 84 do CDC.

→ *v.* Art. 820 do NCPC.

Parágrafo único. O valor das perdas e danos será apurado em liquidação, seguindo-se a execução para cobrança de quantia certa.

→ *v.* Arts. 509 a 512 e 824 e ss. do NCPC.

Art. 817. Se a obrigação puder ser satisfeita por terceiro, é lícito ao juiz autorizar, a requerimento do exequente, que aquele a satisfaça à custa do executado.

Parágrafo único. O exequente adiantará as quantias previstas na proposta que, ouvidas as partes, o juiz houver aprovado.

→ *v.* Art. 819 do NCPC.

Art. 818. Realizada a prestação, o juiz ouvirá as partes no prazo de 10 (dez) dias e, não havendo impugnação, considerará satisfeita a obrigação.

→ *v.* Art. 924, II do NCPC.

Parágrafo único. Caso haja impugnação, o juiz a decidirá.

Art. 819. Se o terceiro contratado não realizar a prestação no prazo ou se o fizer de modo incompleto ou defeituoso, poderá o exequente requerer ao juiz, no prazo de 15 (quinze) dias, que o autorize a concluí-la ou a repará-la à custa do contratante.

Parágrafo único. Ouvido o contratante no prazo de 15 (quinze) dias, o juiz mandará avaliar o custo das despesas necessárias e o condenará a pagá-lo.

Art. 820. Se o exequente quiser executar ou mandar executar, sob sua direção e vigilância, as obras e os trabalhos necessários à realização da prestação, terá preferência, em igualdade de condições de oferta, em relação ao terceiro.

Parágrafo único. O direito de preferência deverá ser exercido no prazo de 5 (cinco) dias, após aprovada a proposta do terceiro.

Art. 821. Na obrigação de fazer, quando se convencionar que o executado a satisfaça pessoalmente, o exequente poderá requerer ao juiz que lhe assine prazo para cumpri-la.

Parágrafo único. Havendo recusa ou mora do executado, sua obrigação pessoal será convertida em perdas e danos, caso em que se observará o procedimento de execução por quantia certa.

→ *v.* Art. 247 do CC/2002.

Seção III
Da obrigação de não fazer

Art. 822. Se o executado praticou ato a cuja abstenção estava obrigado por lei ou por contrato, o exequente requererá ao juiz que assine prazo ao executado para desfazê-lo.

→ *v.* Art. 251 do CC/2002.

Art. 823. Havendo recusa ou mora do executado, o exequente requererá ao juiz que mande desfazer o ato à custa daquele, que responderá por perdas e danos.

Parágrafo único. Não sendo possível desfazer-se o ato, a obrigação resolve-se em perdas e danos, caso em que, após a liquidação, se observará o procedimento de execução por quantia certa.

→ *v.* Arts. 509 a 512 e 824 e ss. do NCPC.

Capítulo IV
DA EXECUÇÃO POR QUANTIA CERTA

Seção I
Disposições Gerais

Art. 824. A execução por quantia certa realiza-se pela expropriação de bens do executado, ressalvadas as execuções especiais.

→ *v.* Arts. 31 a 38 do Dec.-lei 70/1966.

→ *v.* Lei 6.830/1980.

→ *v.* Arts. 789 a 791 e 910 a 913 do NCPC.

Art. 825. A expropriação consiste em:

I – adjudicação;

→ *v.* Arts. 876 a 878 do NCPC.

II – alienação;

→ *v.* Arts. 879 a 903 do NCPC.

III – apropriação de frutos e rendimentos de empresa ou de estabelecimentos e de outros bens.

→ *v.* Arts. 867 a 869 do NCPC.

Art. 826. Antes de adjudicados ou alienados os bens, o executado pode, a todo tempo, remir a execução, pagando ou consignando a importância atualizada da dívida, acrescida de juros, custas e honorários advocatícios.

→ *v.* Arts. 304 e 305 do CC/2002.

→ *v.* Art. 19, I e II, da Lei 6.830/1980.

→ *v.* Arts. 902, 903 e 924, II do NCPC.

Seção II
Da citação do devedor e do arresto

Art. 827. Ao despachar a inicial, o juiz fixará, de plano, os honorários advocatícios de dez por cento, a serem pagos pelo executado.

→ *v.* Art. 85 do NCPC.

§ 1º No caso de integral pagamento no prazo de 3 (três) dias, o valor dos honorários advocatícios será reduzido pela metade.

§ 2º O valor dos honorários poderá ser elevado até vinte por cento, quando rejeitados os embargos à execução, podendo a majoração, caso não opostos os embargos, ocorrer ao final do procedimento executivo, levando-se em conta o trabalho realizado pelo advogado do exequente.

Art. 828. O exequente poderá obter certidão de que a execução foi admitida pelo juiz, com identificação das partes e do valor da causa, para fins de averbação no registro de imóveis, de veículos ou de outros bens sujeitos a penhora, arresto ou indisponibilidade.

→ *v.* Arts. 54, 56 e 57 da Lei 13.097/2015.

→ *v.* Arts. 792, II e III, 799, IX e 844 do NCPC.

§ 1º No prazo de 10 (dez) dias de sua concretização, o exequente deverá comunicar ao juízo as averbações efetivadas.

§ 2º Formalizada penhora sobre bens suficientes para cobrir o valor da dívida, o exequente providenciará, no prazo de 10 (dez) dias, o cancelamento das averbações relativas àqueles não penhorados.

§ 3º O juiz determinará o cancelamento das averbações, de ofício ou a requerimento, caso o exequente não o faça no prazo.

§ 4º Presume-se em fraude à execução a alienação ou a oneração de bens efetuada após a averbação.

→ *v.* Art. 792, II do NCPC.

§ 5º O exequente que promover averbação manifestamente indevida ou não cancelar as averbações nos termos do § 2º indenizará a parte contrária, processando-se o incidente em autos apartados.

Art. 829. O executado será citado para pagar a dívida no prazo de 3 (três) dias, contado da citação.

§ 1º Do mandado de citação constarão, também, a ordem de penhora e a avaliação a serem cumpridas pelo oficial de justiça tão logo verificado o não pagamento no prazo assinalado, de tudo lavrando-se auto, com intimação do executado.

§ 2º A penhora recairá sobre os bens indicados pelo exequente, salvo se outros forem indicados pelo executado e aceitos pelo juiz, mediante demonstração de que a constrição proposta lhe será menos onerosa e não trará prejuízo ao exequente.

→ *v.* Arts. 798, II, *c*, 805 e 847 do NCPC.

Art. 830. Se o oficial de justiça não encontrar o executado, arrestar-lhe-á tantos bens quantos bastem para garantir a execução.

§ 1º Nos 10 (dez) dias seguintes à efetivação do arresto, o oficial de justiça procurará o executado 2 (duas) vezes em dias distintos e, havendo suspeita de ocultação, realizará a citação com hora certa, certificando pormenorizadamente o ocorrido.

→ *v.* Arts. 252 a 254 do NCPC.

§ 2º Incumbe ao exequente requerer a citação por edital, uma vez frustradas a pessoal e a com hora certa.

→ *V.* Súmula 196 do STJ.

→ *V.* Arts. 256 a 258 do NCPC.

§ 3º Aperfeiçoada a citação e transcorrido o prazo de pagamento, o arresto converter-se-á em penhora, independentemente de termo.

Seção III
Da Penhora, do Depósito e da Avaliação

Subseção I
Do objeto da penhora

Art. 831. A penhora deverá recair sobre tantos bens quantos bastem para o pagamento do principal atualizado, dos juros, das custas e dos honorários advocatícios.

→ *V.* Súmula 44 do TFR.

→ *V.* Arts. 212, § 2º, 838 e 921, III, do NCPC.

Art. 832. Não estão sujeitos à execução os bens que a lei considera impenhoráveis ou inalienáveis.

→ *V.* Súmulas 205, 449 e 486 do STJ.

→ *V.* Arts. 1.711 a 1.722 do CC/2002.

→ *V.* Lei 8.009/1990 – Dispõe sobre a impenhorabilidade do bem de família.

Art. 833. São impenhoráveis:

→ *V.* Súmulas 205 e 364 do STJ.

→ *V.* Art. 69 do Dec.-lei 167/1967.

→ *V.* Art. 57 do Dec.-lei 413/1969.

→ *V.* Art. 5º, parágrafo único, do Dec.-lei 911/1969.

→ *V.* Art. 10 da Lei 6.830/1980.

→ *V.* Art. 108, § 4º da Lei 11.101/2005.

→ *V.* Lei 4.673/1965 – Aplica aos bens penhorados em execuções fiscais as normas de impenhorabilidade do art. 942 do Código do Processo Civil.

I – os bens inalienáveis e os declarados, por ato voluntário, não sujeitos à execução;

→ *V.* Art. 1.911 do CC/2002.

II – os móveis, os pertences e as utilidades domésticas que guarnecem a residência do executado, salvo os de elevado valor ou os que ultrapassem as necessidades comuns correspondentes a um médio padrão de vida;

III – os vestuários, bem como os pertences de uso pessoal do executado, salvo se de elevado valor;

IV – os vencimentos, os subsídios, os soldos, os salários, as remunerações, os proventos de aposentadoria, as pensões, os pecúlios e os montepios, bem como as quantias recebidas por liberalidade de terceiro e destinadas ao sustento do devedor e de sua família, os ganhos de trabalhador autônomo e os honorários de profissional liberal, ressalvado o § 2º;

→ *V.* Art. 114 da Lei 8.213/1991.

V – os livros, as máquinas, as ferramentas, os utensílios, os instrumentos ou outros bens móveis necessários ou úteis ao exercício da profissão do executado;

→ *V.* Súmula 451 do STJ.

→ *V.* Art. 5º, parágrafo único, do Dec.-lei 911/1969.

VI – o seguro de vida;

VII – os materiais necessários para obras em andamento, salvo se essas forem penhoradas;

VIII – a pequena propriedade rural, assim definida em lei, desde que trabalhada pela família;

→ *V.* Art. 5º, XXVI, da CF/1988.

→ *V.* Art. 4º, § 2º da Lei 8.009/1990.

IX – os recursos públicos recebidos por instituições privadas para aplicação compulsória em educação, saúde ou assistência social;

X – a quantia depositada em caderneta de poupança, até o limite de 40 (quarenta) salários mínimos;

XI – os recursos públicos do fundo partidário recebidos por partido político, nos termos da lei;

→ *V.* Arts. 38 a 44 da Lei 9.096/1995.

→ *V.* Art. 854, § 9º do NCPC.

XII – os créditos oriundos de alienação de unidades imobiliárias, sob regime de incorporação imobiliária, vinculados à execução da obra.

→ *V.* Arts. 28 e ss. da Lei 4.591/1964.

§ 1º A impenhorabilidade não é oponível à execução de dívida relativa ao próprio bem, inclusive àquela contraída para sua aquisição.

§ 2º O disposto nos incisos IV e X do *caput* não se aplica à hipótese de penhora para pagamento de prestação alimentícia, independentemente de sua origem, bem como às importâncias excedentes a 50 (cinquenta) salários mínimos mensais, devendo a constrição observar o disposto no art. 528, § 8º, e no art. 529, § 3º.

→ *V.* Arts. 911 a 913 do NCPC.

§ 3º Incluem-se na impenhorabilidade prevista no inciso V do *caput* os equipamentos, os implementos e as máquinas agrícolas pertencentes a pessoa física ou a empresa individual produtora rural, exceto quando tais bens tenham sido objeto de financiamento e estejam vinculados em garantia a negócio jurídico ou quando respondam por dívida de natureza alimentar, trabalhista ou previdenciária.

Art. 834. Podem ser penhorados, à falta de outros bens, os frutos e os rendimentos dos bens inalienáveis.

Art. 835. A penhora observará, preferencialmente, a seguinte ordem:

→ *V.* Art. 11 da Lei 6.830/1980.

I – dinheiro, em espécie ou em depósito ou aplicação em instituição financeira;

→ *V.* Súmulas 328 e 417 do STJ.

→ *V.* Art. 854 do NCPC.

II – títulos da dívida pública da União, dos Estados e do Distrito Federal com cotação em mercado;

III – títulos e valores mobiliários com cotação em mercado;

IV – veículos de via terrestre;

V – bens imóveis;

→ *V.* Arts. 79 a 81 do CC/2002.

VI – bens móveis em geral;

→ *V.* Arts. 82 a 84 do CC/2002.

VII – semoventes;

→ *V.* Art. 862 do NCPC.

VIII – navios e aeronaves;

→ *V.* Art. 155 da Lei 7.565/1986.

→ *V.* Art. 864 do NCPC.

IX – ações e quotas de sociedades simples e empresárias;

→ *V.* Art. 860 do NCPC.

→ *V.* Súmula 451 do STJ.

X – percentual do faturamento de empresa devedora;

→ *V.* Art. 866 do NCPC.

XI – pedras e metais preciosos;

→ *V.* Art. 840, § 3º do NCPC.

XII – direitos aquisitivos derivados de promessa de compra e venda e de alienação fiduciária em garantia;

XIII – outros direitos.

→ *V.* Arts. 855 a 860 e 867 a 869 do NCPC.

§ 1º É prioritária a penhora em dinheiro, podendo o juiz, nas demais hipóteses, alterar a ordem prevista no *caput* de acordo com as circunstâncias do caso concreto.

→ *V.* Súmula 417 do STJ.

§ 2º Para fins de substituição da penhora, equiparam-se a dinheiro a fiança bancária e o seguro garantia judicial, desde que em valor não inferior ao do débito constante da inicial, acrescido de trinta por cento.

→ *V.* Art. 9º, II e § 3º, da Lei 6.830/1980.

→ *V.* Art. 848, parágrafo único, do NCPC.

§ 3º Na execução de crédito com garantia real, a penhora recairá sobre a coisa dada em garantia, e, se a coisa pertencer a terceiro garantidor, este também será intimado da penhora.

→ *V.* Arts. 674, § 2º, IV e 779, V, do NCPC.

Art. 836. Não se levará a efeito a penhora quando ficar evidente que o produto da execução dos bens encontrados será totalmente absorvido pelo pagamento das custas da execução.

§ 1º Quando não encontrar bens penhoráveis, independentemente de determinação judicial expressa, o oficial de justiça descreverá na certidão os bens que guarnecem a residência ou o estabelecimento do executado, quando este for pessoa jurídica.

→ *V.* Art. 921, III, do NCPC.

§ 2º Elaborada a lista, o executado ou seu representante legal será nomeado depositário provisório de tais bens até ulterior determinação do juiz.

→ *V.* Art. 839 do NCPC.

Subseção II
Da documentação da penhora, de seu registro e do depósito

Art. 837. Obedecidas as normas de segurança instituídas sob critérios uniformes pelo Conselho Nacional de Justiça, a penhora de dinheiro e as averbações de penhoras de bens imóveis e móveis podem ser realizadas por meio eletrônico.

→ *V.* Arts. 193 e 854 do NCPC.

Art. 838. A penhora será realizada mediante auto ou termo, que conterá:

→ *V.* Arts. 154, I, 845, § 1º e 872 do NCPC.

I – a indicação do dia, do mês, do ano e do lugar em que foi feita;

II – os nomes do exequente e do executado;

III – a descrição dos bens penhorados, com as suas características;

IV – a nomeação do depositário dos bens.

→ *V.* Súmula 319 do STJ.

→ *V.* Art. 862 do NCPC.

Art. 839. Considerar-se-á feita a penhora mediante a apreensão e o depósito dos bens, lavrando-se um só auto se as diligências forem concluídas no mesmo dia.

Parágrafo único. Havendo mais de uma penhora, serão lavrados autos individuais.

Art. 840. Serão preferencialmente depositados:

→ v. Art. 32 da Lei 6.830/1980.

→ v. Arts. 856, § 1º, 866, § 2º e 868 do NCPC.

I – as quantias em dinheiro, os papéis de crédito e as pedras e os metais preciosos, no Banco do Brasil, na Caixa Econômica Federal ou em banco do qual o Estado ou o Distrito Federal possua mais da metade do capital social integralizado, ou, na falta desses estabelecimentos, em qualquer instituição de crédito designada pelo juiz;

→ v. Arts. 35, § 2º e 38, § 1º, da Lei 6.766/1979.

→ v. Dec.-lei 1.737/1979.

→ v. Súmula 257 do TFR.

II – os móveis, os semoventes, os imóveis urbanos e os direitos aquisitivos sobre imóveis urbanos, em poder do depositário judicial;

→ v. Art. 862 do NCPC.

III – os imóveis rurais, os direitos aquisitivos sobre imóveis rurais, as máquinas, os utensílios e os instrumentos necessários ou úteis à atividade agrícola, mediante caução idônea, em poder do executado.

§ 1º No caso do inciso II do *caput*, se não houver depositário judicial, os bens ficarão em poder do exequente.

§ 2º Os bens poderão ser depositados em poder do executado nos casos de difícil remoção ou quando anuir o exequente.

§ 3º As joias, as pedras e os objetos preciosos deverão ser depositados com registro do valor estimado de resgate.

Art. 841. Formalizada a penhora por qualquer dos meios legais, dela será imediatamente intimado o executado.

§ 1º A intimação da penhora será feita ao advogado do executado ou à sociedade de advogados a que aquele pertença.

→ v. Arts. 269 a 275 do NCPC.

§ 2º Se não houver constituído advogado nos autos, o executado será intimado pessoalmente, de preferência por via postal.

§ 3º O disposto no § 1º não se aplica aos casos de penhora realizada na presença do executado, que se reputa intimado.

§ 4º Considera-se realizada a intimação a que se refere o § 2º quando o executado houver mudado de endereço sem prévia comunicação ao juízo, observado o disposto no parágrafo único do art. 274.

Art. 842. Recaindo a penhora sobre bem imóvel ou direito real sobre imóvel, será intimado também o cônjuge do executado, salvo se forem casados em regime de separação absoluta de bens.

→ v. Arts. 1.641, 1.687 e 1.688 do CC/2002.

Art. 843. Tratando-se de penhora de bem indivisível, o equivalente à quota-parte do coproprietário ou do cônjuge alheio à execução recairá sobre o produto da alienação do bem.

§ 1º É reservada ao coproprietário ou ao cônjuge não executado a preferência na arrematação do bem em igualdade de condições.

§ 2º Não será levada a efeito expropriação por preço inferior ao da avaliação na qual o valor auferido seja incapaz de garantir, ao coproprietário ou ao cônjuge alheio à execução, o correspondente à sua quota-parte calculado sobre o valor da avaliação.

Art. 844. Para presunção absoluta de conhecimento por terceiros, cabe ao exequente providenciar a averbação do arresto ou da penhora no registro competente, mediante apresentação de cópia do auto ou do termo, independentemente de mandado judicial.

→ v. Súmula 375 do STJ.

→ v. Art. 167, I-5, da Lei 6.015/1973.

→ v. Arts. 792, III e 799, IX, do NCPC.

Subseção III
Do lugar de realização da penhora

Art. 845. Efetuar-se-á a penhora onde se encontrem os bens, ainda que sob a posse, a detenção ou a guarda de terceiros.

§ 1º A penhora de imóveis, independentemente de onde se localizem, quando apresentada certidão da respectiva matrícula, e a penhora de veículos automotores, quando apresentada certidão que ateste a sua existência, serão realizadas por termo nos autos.

§ 2º Se o executado não tiver bens no foro do processo, não sendo possível a realização da penhora nos termos do § 1º, a execução será feita por carta, penhorando-se, avaliando-se e alienando-se os bens no foro da situação.

→ v. Súmula 46 do STJ.

→ v. Súmulas 32 e 33 do TFR.

→ v. Arts. 260 a 268 e 914, § 2º, do NCPC.

Art. 846. Se o executado fechar as portas da casa a fim de obstar a penhora dos bens, o oficial de justiça comunicará o fato ao juiz, solicitando-lhe ordem de arrombamento.

§ 1º Deferido o pedido, 2 (dois) oficiais de justiça cumprirão o mandado, arrombando cômodos e móveis em que se presuma estarem os bens, e lavrarão de tudo auto circunstanciado, que será assinado por 2 (duas) testemunhas presentes à diligência.

§ 2º Sempre que necessário, o juiz requisitará força policial, a fim de auxiliar os oficiais de justiça na penhora dos bens.

→ v. Art. 782, § 2º, do NCPC.

§ 3º Os oficiais de justiça lavrarão em duplicata o auto da ocorrência, entregando uma via ao escrivão ou ao chefe de secretaria, para ser juntada aos autos, e a outra à autoridade policial a quem couber a apuração criminal dos eventuais delitos de desobediência ou de resistência.

→ v. Arts. 329 e 330 do CP.

§ 4º Do auto da ocorrência constará o rol de testemunhas, com a respectiva qualificação.

Subseção IV
Das modificações da penhora

Art. 847. O executado pode, no prazo de 10 (dez) dias contado da intimação da penhora, requerer a substituição do bem penhorado, desde que comprove que lhe será menos onerosa e não trará prejuízo ao exequente.

→ v. Art. 15, I, da Lei 6.830/1980.

→ v. Art. 805 do NCPC.

§ 1º O juiz só autorizará a substituição se o executado:

I – comprovar as respectivas matrículas e os registros por certidão do correspondente ofício, quanto aos bens imóveis;

II – descrever os bens móveis, com todas as suas propriedades e características, bem como o estado deles e o lugar onde se encontram;

III – descrever os semoventes, com indicação de espécie, de número, de marca ou sinal e do local onde se encontram;

IV – identificar os créditos, indicando quem seja o devedor, qual a origem da dívida, o título que a representa e a data do vencimento; e

V – atribuir, em qualquer caso, valor aos bens indicados à penhora, além de especificar os ônus e os encargos a que estejam sujeitos.

§ 2º Requerida a substituição do bem penhorado, o executado deve indicar onde se encontram os bens sujeitos à execução, exibir a prova de sua propriedade e a certidão negativa ou positiva de ônus, bem como abster-se de qualquer atitude que dificulte ou embarace a realização da penhora.

→ v. Art. 774 do NCPC.

§ 3º O executado somente poderá oferecer bem imóvel em substituição caso o requeira com a expressa anuência do cônjuge, salvo se o regime for o de separação absoluta de bens.

→ v. Arts. 1.641, 1.687 e 1.688 do CC/2002.

§ 4º O juiz intimará o exequente para manifestar-se sobre o requerimento de substituição do bem penhorado.

Art. 848. As partes poderão requerer a substituição da penhora se:

→ v. Súmula 406 do STJ.

I – ela não obedecer à ordem legal;

→ v. Art. 11 da Lei 6.830/1980.

→ v. Art. 835 do NCPC.

II – ela não incidir sobre os bens designados em lei, contrato ou ato judicial para o pagamento;

III – havendo bens no foro da execução, outros tiverem sido penhorados;

IV – havendo bens livres, ela tiver recaído sobre bens já penhorados ou objeto de gravame;

V – ela incidir sobre bens de baixa liquidez;

VI – fracassar a tentativa de alienação judicial do bem; ou

VII – o executado não indicar o valor dos bens ou omitir qualquer das indicações previstas em lei.

Parágrafo único. A penhora pode ser substituída por fiança bancária ou por seguro garantia judicial, em valor não inferior ao do débito constante da inicial, acrescido de trinta por cento.

→ v. Art. 15, I, da Lei 6.830/1980.

→ v. Art. 835, § 2º, do NCPC.

Art. 849. Sempre que ocorrer a substituição dos bens inicialmente penhorados, será lavrado novo termo.

→ v. Art. 838 do NCPC.

Art. 850. Será admitida a redução ou a ampliação da penhora, bem como sua transferência para outros bens, se, no curso do processo, o valor de mercado dos bens penhorados sofrer alteração significativa.

→ v. Art. 15, II, da Lei 6.830/1980.

Art. 851. Não se procede à segunda penhora, salvo se:

I – a primeira for anulada;

II – executados os bens, o produto da alienação não bastar para o pagamento do exequente;

→ v. Súmula 224 do TFR.

→ v. Art. 872, II, do NCPC.

III – o exequente desistir da primeira penhora, por serem litigiosos os bens ou por estarem submetidos a constrição judicial.

Art. 852. O juiz determinará a alienação antecipada dos bens penhorados quando:

→ v. Art. 730 do NCPC.

I – se tratar de veículos automotores, de pedras e metais preciosos e de outros bens móveis sujeitos à depreciação ou à deterioração;

II – houver manifesta vantagem.

Art. 853. Quando uma das partes requerer alguma das medidas previstas nesta Subseção, o juiz ouvirá sempre a outra, no prazo de 3 (três) dias, antes de decidir.

Parágrafo único. O juiz decidirá de plano qualquer questão suscitada.

Subseção V
Da penhora de dinheiro em depósito ou em aplicação financeira

Art. 854. Para possibilitar a penhora de dinheiro em depósito ou em aplicação financeira, o juiz, a requerimento do exequente, sem dar ciência prévia do ato ao executado, determinará às instituições financeiras, por meio de sistema eletrônico gerido pela autoridade supervisora do sistema financeiro nacional, que torne indisponíveis ativos financeiros existentes em nome do executado, limitando-se a indisponibilidade ao valor indicado na execução.

→ v. Art. 837 do NCPC.

§ 1º No prazo de 24 (vinte e quatro) horas a contar da resposta, de ofício, o juiz determinará o cancelamento de eventual indisponibilidade excessiva, o que deverá ser cumprido pela instituição financeira em igual prazo.

§ 2º Tornados indisponíveis os ativos financeiros do executado, este será intimado na pessoa de seu advogado ou, não o tendo, pessoalmente.

§ 3º Incumbe ao executado, no prazo de 5 (cinco) dias, comprovar que:

I – as quantias tornadas indisponíveis são impenhoráveis;

→ v. Art. 833 do NCPC.

II – ainda remanesce indisponibilidade excessiva de ativos financeiros.

§ 4º Acolhida qualquer das arguições dos incisos I e II do § 3º, o juiz determinará o cancelamento de eventual indisponibilidade irregular ou excessiva, a ser cumprido pela instituição financeira em 24 (vinte e quatro) horas.

§ 5º Rejeitada ou não apresentada a manifestação do executado, converter-se-á a indisponibilidade em penhora, sem necessidade de lavratura de termo, devendo o juiz da execução determinar à instituição financeira depositária que, no prazo de 24 (vinte e quatro) horas, transfira o montante indisponível para conta vinculada ao juízo da execução.

§ 6º Realizado o pagamento da dívida por outro meio, o juiz determinará, imediatamente, por sistema eletrônico gerido pela autoridade supervisora do sistema financeiro nacional, a notificação da instituição financeira para que, em até 24 (vinte e quatro) horas, cancele a indisponibilidade.

§ 7º As transmissões das ordens de indisponibilidade, de seu cancelamento e de determinação de penhora previstas neste artigo far-se-ão por meio de sistema eletrônico gerido pela autoridade supervisora do sistema financeiro nacional.

§ 8º A instituição financeira será responsável pelos prejuízos causados ao executado em decorrência da indisponibilidade de ativos financeiros em valor superior ao indicado na execução ou pelo juiz, bem como na hipótese de não cancelamento da indisponibilidade no prazo de 24 (vinte e quatro) horas, quando assim determinar o juiz.

§ 9º Quando se tratar de execução contra partido político, o juiz, a requerimento do exequente, determinará às instituições financeiras, por meio de sistema eletrônico gerido por autoridade supervisora do sistema bancário, que tornem indisponíveis ativos financeiros somente em nome do órgão partidário que tenha contraído a dívida executada ou que tenha dado causa à violação de direito ou ao dano, ao qual cabe exclusivamente a responsabilidade pelos atos praticados, na forma da lei.

→ v. Art. 15-A da Lei 9.096/1995.

Subseção VI
Da penhora de créditos

Art. 855. Quando recair em crédito do executado, enquanto não ocorrer a hipótese prevista no art. 856, considerar-se-á feita a penhora pela intimação:

I – ao terceiro devedor para que não pague ao executado, seu credor;

→ v. Art. 312 do CC/2002.

II – ao executado, credor do terceiro, para que não pratique ato de disposição do crédito.

Art. 856. A penhora de crédito representado por letra de câmbio, nota promissória, duplicata, cheque ou outros títulos far-se-á pela apreensão do documento, esteja ou não este em poder do executado.

§ 1º Se o título não for apreendido, mas o terceiro confessar a dívida, será este tido como depositário da importância.

§ 2º O terceiro só se exonerará da obrigação depositando em juízo a importância da dívida.

→ v. Art. 312 do CC/2002.

§ 3º Se o terceiro negar o débito em conluio com o executado, a quitação que este lhe der caracterizará fraude à execução.

→ v. Art. 792 do NCPC.

§ 4º A requerimento do exequente, o juiz determinará o comparecimento, em audiência especialmente designada, do executado e do terceiro, a fim de lhes tomar os depoimentos.

Art. 857. Feita a penhora em direito e ação do executado, e não tendo ele oferecido embargos ou sendo estes rejeitados, o exequente ficará sub-rogado nos direitos do executado até a concorrência de seu crédito.

→ v. Art. 349 do CC/2002.

→ v. Art. 915 do NCPC.

§ 1º O exequente pode preferir, em vez da sub-rogação, a alienação judicial do direito penhorado, caso em que declarará sua vontade no prazo de 10 (dez) dias contado da realização da penhora.

→ v. Art. 730 do NCPC.

§ 2º A sub-rogação não impede o sub-rogado, se não receber o crédito do executado, de prosseguir na execução, nos mesmos autos, penhorando outros bens.

Art. 858. Quando a penhora recair sobre dívidas de dinheiro a juros, de direito a rendas ou de prestações periódicas, o exequente poderá levantar os juros, os rendimentos ou as prestações à medida que forem sendo depositados, abatendo-se do crédito as importâncias recebidas, conforme as regras de imputação do pagamento.

→ v. Arts. 352 a 355 do CC/2002.

Art. 859. Recaindo a penhora sobre direito a prestação ou a restituição de coisa determinada, o executado será intimado para, no vencimento, depositá-la, correndo sobre ela a execução.

Art. 860. Quando o direito estiver sendo pleiteado em juízo, a penhora que recair sobre ele será averbada, com destaque, nos autos pertinentes ao direito e na ação correspondente à penhora, a fim de que esta seja efetivada nos bens que forem adjudicados ou que vierem a caber ao executado.

→ v. Art. 642 do NCPC.

Subseção VII
Da penhora das quotas ou das ações de sociedades personificadas

Art. 861. Penhoradas as quotas ou as ações de sócio em sociedade simples ou empresária, o juiz assinará prazo razoável, não superior a 3 (três) meses, para que a sociedade:

→ v. Art. 43, § 2º, da Lei 6.404/1976.

I – apresente balanço especial, na forma da lei;

II – ofereça as quotas ou as ações aos demais sócios, observado o direito de preferência legal ou contratual;

III – não havendo interesse dos sócios na aquisição das ações, proceda à liquidação das quotas ou das ações, depositando em juízo o valor apurado, em dinheiro.

§ 1º Para evitar a liquidação das quotas ou das ações, a sociedade poderá adquiri-las sem redução do capital social e com utilização de reservas, para manutenção em tesouraria.

§ 2º O disposto no *caput* e no § 1º não se aplica à sociedade anônima de capital aberto, cujas ações serão adjudicadas ao exequente ou alienadas em bolsa de valores, conforme o caso.

→ v. Arts. 871, III, 876 a 878, 881, § 2º, e 886, parágrafo único, do NCPC.

§ 3º Para os fins da liquidação de que trata o inciso III do *caput*, o juiz poderá, a requerimento do exequente ou da sociedade, nomear administrador, que deverá submeter à aprovação judicial a forma de liquidação.

§ 4º O prazo previsto no *caput* poderá ser ampliado pelo juiz, se o pagamento das quotas ou das ações liquidadas:

I – superar o valor do saldo de lucros ou reservas, exceto a legal, e sem diminuição do capital social, ou por doação; ou

II – colocar em risco a estabilidade financeira da sociedade simples ou empresária.

§ 5º Caso não haja interesse dos demais sócios no exercício de direito de preferência, não ocorra a aquisição das quotas ou das ações pela sociedade e a liquidação do inciso III do *caput* seja excessivamente onerosa para a sociedade, o juiz poderá determinar o leilão judicial das quotas ou das ações.

Subseção VIII
Da penhora de empresa, de outros estabelecimentos e de semoventes

Art. 862. Quando a penhora recair em estabelecimento comercial, industrial ou agrícola, bem como em semoventes, plantações ou edifícios em construção, o juiz nomeará administrador-depositário, determinando-lhe que apresente em 10 (dez) dias o plano de administração.

→ *v.* Art. 825, III, do NCPC.

§ 1° Ouvidas as partes, o juiz decidirá.

§ 2° É lícito às partes ajustar a forma de administração e escolher o depositário, hipótese em que o juiz homologará por despacho a indicação.

§ 3° Em relação aos edifícios em construção sob regime de incorporação imobiliária, a penhora somente poderá recair sobre as unidades imobiliárias ainda não comercializadas pelo incorporador.

§ 4° Sendo necessário afastar o incorporador da administração da incorporação, será ela exercida pela comissão de representantes dos adquirentes ou, se se tratar de construção financiada, por empresa ou profissional indicado pela instituição fornecedora dos recursos para a obra, devendo ser ouvida, neste último caso, a comissão de representantes dos adquirentes.

Art. 863. A penhora de empresa que funcione mediante concessão ou autorização far-se-á, conforme o valor do crédito, sobre a renda, sobre determinados bens ou sobre todo o patrimônio, e o juiz nomeará como depositário, de preferência, um de seus diretores.

§ 1° Quando a penhora recair sobre a renda ou sobre determinados bens, o administrador-depositário apresentará a forma de administração e o esquema de pagamento, observando-se, quanto ao mais, o disposto em relação ao regime de penhora de frutos e rendimentos de coisa móvel e imóvel.

→ *v.* Arts. 867 a 869 do NCPC.

§ 2° Recaindo a penhora sobre todo o patrimônio, prosseguirá a execução em seus ulteriores termos, ouvindo-se, antes da arrematação ou da adjudicação, o ente público que houver outorgado a concessão.

Art. 864. A penhora de navio ou de aeronave não obsta que continuem navegando ou operando até a alienação, mas o juiz, ao conceder a autorização para tanto, não permitirá que saiam do porto ou do aeroporto antes que o executado faça o seguro usual contra riscos.

→ *v.* Art. 155 da Lei 7.565/1986.

Art. 865. A penhora de que trata esta Subseção somente será determinada se não houver outro meio eficaz para a efetivação do crédito.

→ *v.* Art. 805 do NCPC.

Subseção IX
Da penhora de percentual de faturamento de empresa

Art. 866. Se o executado não tiver outros bens penhoráveis ou se, tendo-os, esses forem de difícil alienação ou insuficientes para saldar o crédito executado, o juiz poderá ordenar a penhora de percentual de faturamento de empresa.

§ 1° O juiz fixará percentual que propicie a satisfação do crédito exequendo em tempo razoável, mas que não torne inviável o exercício da atividade empresarial.

§ 2° O juiz nomeará administrador-depositário, o qual submeterá à aprovação judicial a forma de sua atuação e prestará contas mensalmente, entregando em juízo as quantias recebidas, com os respectivos balancetes mensais, a fim de serem imputadas no pagamento da dívida.

→ *v.* Arts. 352 a 355 do CC/2002.

§ 3° Na penhora de percentual de faturamento de empresa, observar-se-á, no que couber, o disposto quanto ao regime de penhora de frutos e rendimentos de coisa móvel e imóvel.

Subseção X
Da penhora de frutos e rendimentos de coisa móvel ou imóvel

Art. 867. O juiz pode ordenar a penhora de frutos e rendimentos de coisa móvel ou imóvel quando a considerar mais eficiente para o recebimento do crédito e menos gravosa ao executado.

→ *v.* Art. 805 do NCPC.

Art. 868. Ordenada a penhora de frutos e rendimentos, o juiz nomeará administrador-depositário, que será investido de todos os poderes que concernem à administração do bem e à fruição de seus frutos e utilidades, perdendo o executado o direito de gozo do bem, até que o exequente seja pago do principal, dos juros, das custas e dos honorários advocatícios.

§ 1° A medida terá eficácia em relação a terceiros a partir da publicação da decisão que a conceda ou de sua averbação no ofício imobiliário, em caso de imóveis.

§ 2° O exequente providenciará a averbação no ofício imobiliário mediante a apresentação de certidão de inteiro teor do ato, independentemente de mandado judicial.

Art. 869. O juiz poderá nomear administrador-depositário o exequente ou o executado, ouvida a parte contrária, e, não havendo acordo, nomeará profissional qualificado para o desempenho da função.

§ 1° O administrador submeterá à aprovação judicial a forma de administração e a de prestar contas periodicamente.

§ 2° Havendo discordância entre as partes ou entre essas e o administrador, o juiz decidirá a melhor forma de administração do bem.

§ 3° Se o imóvel estiver arrendado, o inquilino pagará o aluguel diretamente ao exequente, salvo se houver administrador.

§ 4° O exequente ou o administrador poderá celebrar locação do móvel ou do imóvel, ouvido o executado.

§ 5° As quantias recebidas pelo administrador serão entregues ao exequente, a fim de serem imputadas ao pagamento da dívida.

→ *v.* Arts. 352 a 355 do CC/2002.

§ 6° O exequente dará ao executado, por termo nos autos, quitação das quantias recebidas.

Subseção XI
Da avaliação

Art. 870. A avaliação será feita pelo oficial de justiça.

→ *v.* Art. 154, V, do NCPC.

Parágrafo único. Se forem necessários conhecimentos especializados e o valor da execução o comportar, o juiz nomeará avaliador, fixando-lhe prazo não superior a 10 (dez) dias para entrega do laudo.

→ *v.* Art. 13 da Lei 6.830/1980.

Art. 871. Não se procederá à avaliação quando:

I – uma das partes aceitar a estimativa feita pela outra;

→ *v.* Art. 1.484 do CC/2002.

II – se tratar de títulos ou de mercadorias que tenham cotação em bolsa, comprovada por certidão ou publicação no órgão oficial;

III – se tratar de títulos da dívida pública, de ações de sociedades e de títulos de crédito negociáveis em bolsa, cujo valor será o da cotação oficial do dia, comprovada por certidão ou publicação no órgão oficial;

→ *v.* Arts. 861, § 2°, 881, § 2° e 886, parágrafo único, do NCPC.

IV – se tratar de veículos automotores ou de outros bens cujo preço médio de mercado possa ser conhecido por meio de pesquisas realizadas por órgãos oficiais ou de anúncios de venda divulgados em meios de comunicação, caso em que caberá a quem fizer a nomeação o encargo de comprovar a cotação de mercado.

Parágrafo único. Ocorrendo a hipótese do inciso I deste artigo, a avaliação poderá ser realizada quando houver fundada dúvida do juiz quanto ao real valor do bem.

Art. 872. A avaliação realizada pelo oficial de justiça constará de vistoria e de laudo anexados ao auto de penhora ou, em caso de perícia realizada por avaliador, de laudo apresentado no prazo fixado pelo juiz, devendo-se, em qualquer hipótese, especificar:

I – os bens, com as suas características, e o estado em que se encontram;

II – o valor dos bens.

§ 1° Quando o imóvel for suscetível de cômoda divisão, a avaliação, tendo em conta o crédito reclamado, será realizada em partes, sugerindo-se, com a apresentação de memorial descritivo, os possíveis desmembramentos para alienação.

→ *v.* Art. 893 do NCPC.

§ 2° Realizada a avaliação e, sendo o caso, apresentada a proposta de desmembramento, as partes serão ouvidas no prazo de 5 (cinco) dias.

Art. 873. É admitida nova avaliação quando:

I – qualquer das partes arguir, fundamentadamente, a ocorrência de erro na avaliação ou dolo do avaliador;

II – se verificar, posteriormente à avaliação, que houve majoração ou diminuição no valor do bem;

III – o juiz tiver fundada dúvida sobre o valor atribuído ao bem na primeira avaliação.

→ *v.* Arts. 847, § 1°, V e 878 do NCPC.

Parágrafo único. Aplica-se o art. 480 à nova avaliação prevista no inciso III do *caput* deste artigo.

Art. 874. Após a avaliação, o juiz poderá, a requerimento do interessado e ouvida a parte contrária, mandar:

I – reduzir a penhora aos bens suficientes ou transferi-la para outros, se o valor dos bens penhorados for consideravelmente superior ao crédito do exequente e dos acessórios;

II – ampliar a penhora ou transferi-la para outros bens mais valiosos, se o valor dos bens penhorados for inferior ao crédito do exequente.

→ v. Art. 851, II do NCPC.

Art. 875. Realizadas a penhora e a avaliação, o juiz dará início aos atos de expropriação do bem.

Seção IV
Da expropriação de bens

Subseção I
Da adjudicação

Art. 876. É lícito ao exequente, oferecendo preço não inferior ao da avaliação, requerer que lhe sejam adjudicados os bens penhorados.

§ 1º Requerida a adjudicação, o executado será intimado do pedido:

I – pelo Diário da Justiça, na pessoa de seu advogado constituído nos autos;

II – por carta com aviso de recebimento, quando representado pela Defensoria Pública ou quando não tiver procurador constituído nos autos;

III – por meio eletrônico, quando, sendo o caso do § 1º do art. 246, não tiver procurador constituído nos autos.

§ 2º Considera-se realizada a intimação quando o executado houver mudado de endereço sem prévia comunicação ao juízo, observado o disposto no art. 274, parágrafo único.

§ 3º Se o executado, citado por edital, não tiver procurador constituído nos autos, é dispensável a intimação prevista no § 1º.

→ v. Art. 346 do NCPC.

§ 4º Se o valor do crédito for:

I – inferior ao dos bens, o requerente da adjudicação depositará de imediato a diferença, que ficará à disposição do executado;

II – superior ao dos bens, a execução prosseguirá pelo saldo remanescente.

§ 5º Idêntico direito pode ser exercido por aqueles indicados no art. 889, incisos II a VIII, pelos credores concorrentes que hajam penhorado o mesmo bem, pelo cônjuge, pelo companheiro, pelos descendentes ou pelos ascendentes do executado.

§ 6º Se houver mais de um pretendente, proceder-se-á a licitação entre eles, tendo preferência, em caso de igualdade de oferta, o cônjuge, o companheiro, o descendente ou o ascendente, nessa ordem.

§ 7º No caso de penhora de quota social ou de ação de sociedade anônima fechada realizada em favor de exequente alheio à sociedade, esta será intimada, ficando responsável por informar aos sócios a ocorrência da penhora, assegurando-se a estes a preferência.

→ v. Arts. 799, VII, e 861 do NCPC.

Art. 877. Transcorrido o prazo de 5 (cinco) dias, contado da última intimação, e decididas eventuais questões, o juiz ordenará a lavratura do auto de adjudicação.

§ 1º Considera-se perfeita e acabada a adjudicação com a lavratura e a assinatura do auto pelo juiz, pelo adjudicatário, pelo escrivão ou chefe de secretaria, e, se estiver presente, pelo executado, expedindo-se:

I – a carta de adjudicação e o mandado de imissão na posse, quando se tratar de bem imóvel;

II – a ordem de entrega ao adjudicatário, quando se tratar de bem móvel.

§ 2º A carta de adjudicação conterá a descrição do imóvel, com remissão à sua matrícula e aos seus registros, a cópia do auto de adjudicação e a prova de quitação do imposto de transmissão.

§ 3º No caso de penhora de bem hipotecado, o executado poderá remi-lo até a assinatura do auto de adjudicação, oferecendo preço igual ao da avaliação, se não tiver havido licitantes, ou ao do maior lance oferecido.

§ 4º Na hipótese de falência ou de insolvência do devedor hipotecário, o direito de remição previsto no § 3º será deferido à massa ou aos credores em concurso, não podendo o exequente recusar o preço da avaliação do imóvel.

Art. 878. Frustradas as tentativas de alienação do bem, será reaberta oportunidade para requerimento de adjudicação, caso em que também se poderá pleitear a realização de nova avaliação.

→ v. Art. 921, IV, do NCPC.

Subseção II
Da alienação

Art. 879. A alienação far-se-á:

I – por iniciativa particular;

II – em leilão judicial eletrônico ou presencial.

Art. 880. Não efetivada a adjudicação, o exequente poderá requerer a alienação por sua própria iniciativa ou por intermédio de corretor ou leiloeiro público credenciado perante o órgão judiciário.

§ 1º O juiz fixará o prazo em que a alienação deve ser efetivada, a forma de publicidade, o preço mínimo, as condições de pagamento, as garantias e, se for o caso, a comissão de corretagem.

→ v. Art. 870 do NCPC.

§ 2º A alienação será formalizada por termo nos autos, com a assinatura do juiz, do exequente, do adquirente e, se estiver presente, do executado, expedindo-se:

I – a carta de alienação e o mandado de imissão na posse, quando se tratar de bem imóvel;

II – a ordem de entrega ao adquirente, quando se tratar de bem móvel.

§ 3º Os tribunais poderão editar disposições complementares sobre o procedimento da alienação prevista neste artigo, admitindo, quando for o caso, o concurso de meios eletrônicos, e dispor sobre o credenciamento dos corretores e leiloeiros públicos, os quais deverão estar em exercício profissional por não menos que 3 (três) anos.

§ 4º Nas localidades em que não houver corretor ou leiloeiro público credenciado nos termos do § 3º, a indicação será de livre escolha do exequente.

Art. 881. A alienação far-se-á em leilão judicial se não efetivada a adjudicação ou a alienação por iniciativa particular.

§ 1º O leilão do bem penhorado será realizado por leiloeiro público.

→ v. Decreto 21.981/1932 – Regula a profissão de leiloeiro.

§ 2º Ressalvados os casos de alienação a cargo de corretores de bolsa de valores, todos os demais bens serão alienados em leilão público.

→ v. Arts. 860, § 2º, 871, II e III, e 886, parágrafo único, do NCPC.

Art. 882. Não sendo possível a sua realização por meio eletrônico, o leilão será presencial.

§ 1º A alienação judicial por meio eletrônico será realizada, observando-se as garantias processuais das partes, de acordo com regulamentação específica do Conselho Nacional de Justiça.

§ 2º A alienação judicial por meio eletrônico deverá atender aos requisitos de ampla publicidade, autenticidade e segurança, com observância das regras estabelecidas na legislação sobre certificação digital.

→ v. Medida Provisória 2.200/2001 – Institui a Infraestrutura de Chaves Públicas Brasileira.

→ v. Lei 11.419/2006 – Dispõe sobre a informatização do processo judicial.

§ 3º O leilão presencial será realizado no local designado pelo juiz.

Art. 883. Caberá ao juiz a designação do leiloeiro público, que poderá ser indicado pelo exequente.

Art. 884. Incumbe ao leiloeiro público:

I – publicar o edital, anunciando a alienação;

II – realizar o leilão onde se encontrem os bens ou no lugar designado pelo juiz;

III – expor aos pretendentes os bens ou as amostras das mercadorias;

IV – receber e depositar, dentro de 1 (um) dia, à ordem do juiz, o produto da alienação;

V – prestar contas nos 2 (dois) dias subsequentes ao depósito.

Parágrafo único. O leiloeiro tem o direito de receber do arrematante a comissão estabelecida em lei ou arbitrada pelo juiz.

→ v. Art. 23, § 2º da Lei 6.830/1980.

Art. 885. O juiz da execução estabelecerá o preço mínimo, as condições de pagamento e as garantias que poderão ser prestadas pelo arrematante.

→ v. Art. 892 do NCPC.

Art. 886. O leilão será precedido de publicação de edital, que conterá:

→ v. Art. 22 da Lei 6.830/1980.

→ v. Art. 894, § 2º do NCPC.

I – a descrição do bem penhorado, com suas características, e, tratando-se de imóvel, sua situação e suas divisas, com remissão à matrícula e aos registros;

II – o valor pelo qual o bem foi avaliado, o preço mínimo pelo qual poderá ser alienado, as condições de pagamento e, se for o caso, a comissão do leiloeiro designado;

III – o lugar onde estiverem os móveis, os veículos e os semoventes e, tratando-se de créditos ou direitos, a identificação dos autos do processo em que foram penhorados;

IV – o sítio, na rede mundial de computadores, e o período em que se realizará o leilão, salvo se este se der de modo presencial, hipótese em que serão indicados o local, o dia e a hora de sua realização;

V – a indicação de local, dia e hora de segundo leilão presencial, para a hipótese de não haver interessado no primeiro;

→ v. Súmula 128 do STJ.

VI – menção da existência de ônus, recurso ou processo pendente sobre os bens a serem leiloados.

→ v. Art. 908, § 1º do NCPC.

→ v. Art. 130, parágrafo único, do CTN.

Parágrafo único. No caso de títulos da dívida pública e de títulos negociados em bolsa, constará do edital o valor da última cotação.

→ V. Arts. 861, § 2º, 871, II e III, e 881, § 2º, do NCPC.

Art. 887. O leiloeiro público designado adotará providências para a ampla divulgação da alienação.

§ 1º A publicação do edital deverá ocorrer pelo menos 5 (cinco) dias antes da data marcada para o leilão.

§ 2º O edital será publicado na rede mundial de computadores, em sítio designado pelo juízo da execução, e conterá descrição detalhada e, sempre que possível, ilustrada dos bens, informando expressamente se o leilão se realizará de forma eletrônica ou presencial.

→ V. Art. 882 do NCPC.

§ 3º Não sendo possível a publicação na rede mundial de computadores ou considerando o juiz, em atenção às condições da sede do juízo, que esse modo de divulgação é insuficiente ou inadequado, o edital será afixado em local de costume e publicado, em resumo, pelo menos uma vez em jornal de ampla circulação local.

§ 4º Atendendo ao valor dos bens e às condições da sede do juízo, o juiz poderá alterar a forma e a frequência da publicidade na imprensa, mandar publicar o edital em local de ampla circulação de pessoas e divulgar avisos em emissora de rádio ou televisão local, bem como em sítios distintos do indicado no § 2º.

§ 5º Os editais de leilão de imóveis e de veículos automotores serão publicados pela imprensa ou por outros meios de divulgação, preferencialmente na seção ou no local reservados à publicidade dos respectivos negócios.

§ 6º O juiz poderá determinar a reunião de publicações em listas referentes a mais de uma execução.

Art. 888. Não se realizando o leilão por qualquer motivo, o juiz mandará publicar a transferência, observando-se o disposto no art. 887.

Parágrafo único. O escrivão, o chefe de secretaria ou o leiloeiro que culposamente der causa à transferência responde pelas despesas da nova publicação, podendo o juiz aplicar-lhe a pena de suspensão por 5 (cinco) dias a 3 (três) meses, em procedimento administrativo regular.

Art. 889. Serão cientificados da alienação judicial, com pelo menos 5 (cinco) dias de antecedência:

→ V. Arts. 799, I a VII e 804 do NCPC.

I – o executado, por meio de seu advogado ou, se não tiver procurador constituído nos autos, por carta registrada, mandado, edital ou outro meio idôneo;

→ V. Súmula 121 do STJ.

II – o coproprietário de bem indivisível do qual tenha sido penhorada fração ideal;

III – o titular de usufruto, uso, habitação, enfiteuse, direito de superfície, concessão de uso especial para fins de moradia ou concessão de direito real de uso, quando a penhora recair sobre bem gravado com tais direitos reais;

IV – o proprietário do terreno submetido ao regime de direito de superfície, enfiteuse, concessão de uso especial para fins de moradia ou concessão de direito real de uso, quando a penhora recair sobre tais direitos reais;

V – o credor pignoratício, hipotecário, anticrético, fiduciário ou com penhora anteriormente averbada, quando a penhora recair sobre bens com tais gravames, caso não seja o credor, de qualquer modo, parte na execução;

→ V. Art. 1.501 do CC/2002.

VI – o promitente comprador, quando a penhora recair sobre bem em relação ao qual haja promessa de compra e venda registrada;

VII – o promitente vendedor, quando a penhora recair sobre direito aquisitivo derivado de promessa de compra e venda registrada;

VIII – a União, o Estado e o Município, no caso de alienação de bem tombado.

→ V. Art. 892, § 3º, do NCPC.

Parágrafo único. Se o executado for revel e não tiver advogado constituído, não constando dos autos seu endereço atual ou, ainda, não sendo ele encontrado no endereço constante do processo, a intimação considerar-se-á feita por meio do próprio edital de leilão.

→ V. Art. 346 do NCPC.

Art. 890. Pode oferecer lance quem estiver na livre administração de seus bens, com exceção:

I – dos tutores, dos curadores, dos testamenteiros, dos administradores ou dos liquidantes, quanto aos bens confiados à sua guarda e à sua responsabilidade;

→ V. Art. 1.753 do CC/2002.

II – dos mandatários, quanto aos bens de cuja administração ou alienação estejam encarregados;

III – do juiz, do membro do Ministério Público e da Defensoria Pública, do escrivão, do chefe de secretaria e dos demais servidores e auxiliares da justiça, em relação aos bens e direitos objeto de alienação na localidade onde servirem ou a que se estender a sua autoridade;

IV – dos servidores públicos em geral, quanto aos bens ou aos direitos da pessoa jurídica a que servirem ou que estejam sob sua administração direta ou indireta;

V – dos leiloeiros e seus prepostos, quanto aos bens de cuja venda estejam encarregados;

VI – dos advogados de qualquer das partes.

Art. 891. Não será aceito lance que ofereça preço vil.

Parágrafo único. Considera-se vil o preço inferior ao mínimo estipulado pelo juiz e constante do edital, e, não tendo sido fixado preço mínimo, considera-se vil o preço inferior a cinquenta por cento do valor da avaliação.

→ V. Arts. 870, 883 e 884, II, do NCPC.

Art. 892. Salvo pronunciamento judicial em sentido diverso, o pagamento deverá ser realizado de imediato pelo arrematante, por depósito judicial ou por meio eletrônico.

→ V. Art. 886, II, do NCPC.

§ 1º Se o exequente arrematar os bens e for o único credor, não estará obrigado a exibir o preço, mas, se o valor dos bens exceder ao seu crédito, depositará, dentro de 3 (três) dias, a diferença, sob pena de tornar-se sem efeito a arrematação, e, nesse caso, realizar-se-á novo leilão, à custa do exequente.

§ 2º Se houver mais de um pretendente, proceder-se-á entre eles à licitação, e, no caso de igualdade de oferta, terá preferência o cônjuge, o companheiro, o descendente ou o ascendente do executado, nessa ordem.

§ 3º No caso de leilão de bem tombado, a União, os Estados e os Municípios terão, nessa ordem, o direito de preferência na arrematação, em igualdade de oferta.

→ V. Art. 889, VIII, do NCPC.

Art. 893. Se o leilão for de diversos bens e houver mais de um lançador, terá preferência aquele que se propuser a arrematá-los todos, em conjunto, oferecendo, para os bens que não tiverem lance, preço igual ao da avaliação e, para os demais, preço igual ao do maior lance que, na tentativa de arrematação individualizada, tenha sido oferecido para eles.

→ V. Art. 23, § 1º, da Lei 6.830/1980.

Art. 894. Quando o imóvel admitir cômoda divisão, o juiz, a requerimento do executado, ordenará a alienação judicial de parte dele, desde que suficiente para o pagamento do exequente e para a satisfação das despesas da execução.

→ V. Art. 872, § 1º, do NCPC.

§ 1º Não havendo lançador, far-se-á a alienação do imóvel em sua integridade.

§ 2º A alienação por partes deverá ser requerida a tempo de permitir a avaliação das glebas destacadas e sua inclusão no edital, e, nesse caso, caberá ao executado instruir o requerimento com planta e memorial descritivo subscritos por profissional habilitado.

Art. 895. O interessado em adquirir o bem penhorado em prestações poderá apresentar, por escrito:

I – até o início do primeiro leilão, proposta de aquisição do bem por valor não inferior ao da avaliação;

→ V. Art. 870 do NCPC.

II – até o início do segundo leilão, proposta de aquisição do bem por valor que não seja considerado vil.

→ V. Art. 891 do NCPC.

§ 1º A proposta conterá, em qualquer hipótese, oferta de pagamento de pelo menos vinte e cinco por cento do valor do lance à vista e o restante parcelado em até 30 (trinta) meses, garantido por caução idônea, quando se tratar de móveis, e por hipoteca do próprio bem, quando se tratar de imóveis.

§ 2º As propostas para aquisição em prestações indicarão o prazo, a modalidade, o indexador de correção monetária e as condições de pagamento do saldo.

§ 3º (*Vetado*).

§ 4º No caso de atraso no pagamento de qualquer das prestações, incidirá multa de dez por cento sobre a soma da parcela inadimplida com as parcelas vincendas.

§ 5º O inadimplemento autoriza o exequente a pedir a resolução da arrematação ou promover, em face do arrematante, a execução do valor devido, devendo ambos os pedidos ser formulados nos autos da execução em que se deu a arrematação.

→ V. Art. 903, § 1º, III, do NCPC.

§ 6º A apresentação da proposta prevista neste artigo não suspende o leilão.

§ 7º A proposta de pagamento do lance à vista sempre prevalecerá sobre as propostas de pagamento parcelado.

§ 8º Havendo mais de uma proposta de pagamento parcelado:

I – em diferentes condições, o juiz decidirá pela mais vantajosa, assim compreendida, sempre, a de maior valor;

II – em iguais condições, o juiz decidirá pela formulada em primeiro lugar.

§ 9º No caso de arrematação a prazo, os pagamentos feitos pelo arrematante pertencerão ao exequente até o limite de seu crédito, e os subsequentes, ao executado.

→ *v.* Art. 130, parágrafo único, do CTN.

→ *v.* Art. 908, § 1º, do NCPC.

Art. 896. Quando o imóvel de incapaz não alcançar em leilão pelo menos oitenta por cento do valor da avaliação, o juiz o confiará à guarda e à administração de depositário idôneo, adiando a alienação por prazo não superior a 1 (um) ano.

§ 1º Se, durante o adiamento, algum pretendente assegurar, mediante caução idônea, o preço da avaliação, o juiz ordenará a alienação em leilão.

§ 2º Se o pretendente à arrematação se arrepender, o juiz impor-lhe-á multa de vinte por cento sobre o valor da avaliação, em benefício do incapaz, valendo a decisão como título executivo.

→ *v.* Art. 784, XII, do NCPC.

§ 3º Sem prejuízo do disposto nos §§ 1º e 2º, o juiz poderá autorizar a locação do imóvel no prazo do adiamento.

§ 4º Findo o prazo do adiamento, o imóvel será submetido a novo leilão.

Art. 897. Se o arrematante ou seu fiador não pagar o preço no prazo estabelecido, o juiz impor-lhe-á, em favor do exequente, a perda da caução, voltando os bens a novo leilão, do qual não serão admitidos a participar o arrematante e o fiador remissos.

→ *v.* Art. 903, § 1º, III, do NCPC.

Art. 898. O fiador do arrematante que pagar o valor do lance e a multa poderá requerer que a arrematação lhe seja transferida.

Art. 899. Será suspensa a arrematação logo que o produto da alienação dos bens for suficiente para o pagamento do credor e para a satisfação das despesas da execução.

Art. 900. O leilão prosseguirá no dia útil imediato, à mesma hora em que teve início, independentemente de novo edital, se for ultrapassado o horário de expediente forense.

→ *v.* Art. 212 do NCPC.

Art. 901. A arrematação constará de auto que será lavrado de imediato e poderá abranger bens penhorados em mais de uma execução, nele mencionadas as condições nas quais foi alienado o bem.

§ 1º A ordem de entrega do bem móvel ou a carta de arrematação do bem imóvel, com o respectivo mandado de imissão na posse, será expedida depois de efetuado o depósito ou prestadas as garantias pelo arrematante, bem como realizado o pagamento da comissão do leiloeiro e das demais despesas da execução.

→ *v.* Arts. 826 e 903, § 3º, do NCPC.

§ 2º A carta de arrematação conterá a descrição do imóvel, com remissão à sua matrícula ou individuação e aos seus registros, a cópia do auto de arrematação e a prova de pagamento do imposto de transmissão, além da indicação da existência de eventual ônus real ou gravame.

Art. 902. No caso de leilão de bem hipotecado, o executado poderá remi-lo até a assinatura do auto de arrematação, oferecendo preço igual ao do maior lance oferecido.

→ *v.* Art. 825 do NCPC.

Parágrafo único. No caso de falência, ou insolvência, do devedor hipotecário, o direito de remição previsto no *caput* defere-se à massa, ou aos credores em concurso, não podendo o exequente recusar o preço da avaliação do imóvel.

Art. 903. Qualquer que seja a modalidade de leilão, assinado o auto pelo juiz, pelo arrematante e pelo leiloeiro, a arrematação será considerada perfeita, acabada e irretratável, ainda que venham a ser julgados procedentes os embargos do executado ou a ação autônoma de que trata o § 4º deste artigo, assegurada a possibilidade de reparação pelos prejuízos sofridos.

§ 1º Ressalvadas outras situações previstas neste Código, a arrematação poderá, no entanto, ser:

I – invalidada, quando realizada por preço vil ou com outro vício;

→ *v.* Art. 891 do NCPC.

II – considerada ineficaz, se não observado o disposto no art. 804;

III – resolvida, se não for pago o preço ou se não for prestada a caução.

→ *v.* Arts. 892, 895, § 5º, e 897 do NCPC.

§ 2º O juiz decidirá acerca das situações referidas no § 1º, se for provocado em até 10 (dez) dias após o aperfeiçoamento da arrematação.

§ 3º Passado o prazo previsto no § 2º sem que tenha havido alegação de qualquer das situações previstas no § 1º, será expedida a carta de arrematação e, conforme o caso, a ordem de entrega ou mandado de imissão na posse.

§ 4º Após a expedição da carta de arrematação ou da ordem de entrega, a invalidação da arrematação poderá ser pleiteada por ação autônoma, em cujo processo o arrematante figurará como litisconsorte necessário.

§ 5º O arrematante poderá desistir da arrematação, sendo-lhe imediatamente devolvido o depósito que tiver feito:

I – se provar, nos 10 (dez) dias seguintes, a existência de ônus real ou gravame não mencionado no edital;

II – se, antes de expedida a carta de arrematação ou a ordem de entrega, o executado alegar alguma das situações previstas no § 1º;

III – uma vez citado para responder a ação autônoma de que trata o § 4º deste artigo, desde que apresente a desistência no prazo de que dispõe para responder a essa ação.

§ 6º Considera-se ato atentatório à dignidade da justiça a suscitação infundada de vício com o objetivo de ensejar a desistência do arrematante, devendo o suscitante ser condenado, sem prejuízo da responsabilidade por perdas e danos, ao pagamento de multa, a ser fixada pelo juiz e devida ao exequente, em montante não superior a vinte por cento do valor atualizado do bem.

→ *v.* Art. 774 do NCPC.

Seção V
Da satisfação do crédito

Art. 904. A satisfação do crédito exequendo far-se-á:

I – pela entrega do dinheiro;

II – pela adjudicação dos bens penhorados.

Art. 905. O juiz autorizará que o exequente levante, até a satisfação integral de seu crédito, o dinheiro depositado para segurar o juízo ou o produto dos bens alienados, bem como do faturamento de empresa ou de outros frutos e rendimentos de coisas ou empresas penhoradas, quando:

→ *v.* Arts. 858 e 866 a 869 do NCPC.

I – a execução for movida só a benefício do exequente singular, a quem, por força da penhora, cabe o direito de preferência sobre os bens penhorados e alienados;

→ *v.* Arts. 797 e 908 do NCPC.

II – não houver sobre os bens alienados outros privilégios ou preferências instituídos anteriormente à penhora.

Parágrafo único. Durante o plantão judiciário, veda-se a concessão de pedidos de levantamento de importância em dinheiro ou valores ou de liberação de bens apreendidos.

Art. 906. Ao receber o mandado de levantamento, o exequente dará ao executado, por termo nos autos, quitação da quantia paga.

Parágrafo único. A expedição de mandado de levantamento poderá ser substituída pela transferência eletrônica do valor depositado em conta vinculada ao juízo para outra indicada pelo exequente.

Art. 907. Pago ao exequente o principal, os juros, as custas e os honorários, a importância que sobrar será restituída ao executado.

→ *v.* Art. 924, II, do NCPC.

Art. 908. Havendo pluralidade de credores ou exequentes, o dinheiro lhes será distribuído e entregue consoante a ordem das respectivas preferências.

→ *v.* Súmula 244 do TFR.

→ *v.* Súmula 478 do STJ.

→ *v.* Arts. 956 a 965 do CC/2002.

→ *v.* Art. 99 do CDC.

→ *v.* Art. 24, *caput*, da Lei 8.906/1994.

→ *v.* Art. 187, parágrafo único, do CTN.

→ *v.* Art. 797 do NCPC.

§ 1º No caso de adjudicação ou alienação, os créditos que recaem sobre o bem, inclusive os de natureza *propter rem*, sub-rogam-se sobre o respectivo preço, observada a ordem de preferência.

→ *v.* Art. 130, parágrafo único, do CTN.

§ 2º Não havendo título legal à preferência, o dinheiro será distribuído entre os concorrentes, observando-se a anterioridade de cada penhora.

Art. 909. Os exequentes formularão as suas pretensões, que versarão unicamente sobre o direito de preferência e a anterioridade da penhora, e, apresentadas as razões, o juiz decidirá.

Capítulo V
DA EXECUÇÃO CONTRA A FAZENDA PÚBLICA

Art. 910. Na execução fundada em título extrajudicial, a Fazenda Pública será citada para opor embargos em 30 (trinta) dias.

→ *v.* Súmulas 144 e 339 do STJ.

→ *v.* Art. 100 da CF/1988.

→ *v.* Arts. 78, 86, 87 e 97 do ADCT.

→ *v.* Arts. 100 e 101 do CC/2002.

→ *v.* Arts. 128 e 130 da Lei 8.213/1991.

→ *v.* Art. 17, § 1º, da Lei 10.259/2001.

→ *v.* Art. 13 da Lei 12.153/2009.

→ *v.* Art. 247, III do NCPC.

§ 1º Não opostos embargos ou transitada em julgado a decisão que os rejeitar, expedir-se-á precatório ou requisição de pequeno valor em favor do exequente, observando-se o disposto no art. 100 da Constituição Federal.

§ 2º Nos embargos, a Fazenda Pública poderá alegar qualquer matéria que lhe seria lícito deduzir como defesa no processo de conhecimento.

→ *v.* Arts. 914 a 920 do NCPC.

§ 3º Aplica-se a este Capítulo, no que couber, o disposto nos artigos 534 e 535.

Capítulo VI
DA EXECUÇÃO DE ALIMENTOS

→ *v.* Arts. 1.694 a 1.710 do CC/2002.

→ *v.* Art. 244 do CP.

→ *v.* Lei 5.478/1968 – Dispõe sobre ação de alimentos.

→ *v.* Lei 11.804/2008 – Disciplina o direito a alimentos gravídicos.

Art. 911. Na execução fundada em título executivo extrajudicial que contenha obrigação alimentar, o juiz mandará citar o executado para, em 3 (três) dias, efetuar o pagamento das parcelas anteriores ao início da execução e das que se vencerem no seu curso, provar que o fez ou justificar a impossibilidade de fazê-lo.

→ *v.* Súmula 309 do STJ.

→ *v.* Art. 5º, LXVII, da CF/1988.

Parágrafo único. Aplicam-se, no que couber, os §§ 2º a 7º do art. 528.

Art. 912. Quando o executado for funcionário público, militar, diretor ou gerente de empresa, bem como empregado sujeito à legislação do trabalho, o exequente poderá requerer o desconto em folha de pagamento de pessoal da importância da prestação alimentícia.

→ *v.* Art. 462 da CLT.

→ *v.* Art. 115, IV, da Lei 8.213/1991.

→ *v.* Arts. 528, § 8º, 529, § 3º, e 833, § 2º, do NCPC.

§ 1º Ao despachar a inicial, o juiz oficiará à autoridade, à empresa ou ao empregador, determinando, sob pena de crime de desobediência, o desconto a partir da primeira remuneração posterior do executado, a contar do protocolo do ofício.

→ *v.* Art. 22, parágrafo único, da Lei 5.478/1968.

§ 2º O ofício conterá os nomes e o número de inscrição no Cadastro de Pessoas Físicas do exequente e do executado, a importância a ser descontada mensalmente, a conta na qual deve ser feito o depósito e, se for o caso, o tempo de sua duração.

Art. 913. Não requerida a execução nos termos deste Capítulo, observar-se-á o disposto no art. 824 e seguintes, com a ressalva de que, recaindo a penhora em dinheiro, a concessão de efeito suspensivo aos embargos à execução não obsta a que o exequente levante mensalmente a importância da prestação.

→ *v.* Arts. 528, § 8º, e 919, § 1º, do NCPC.

Título III
Dos embargos à execução

Art. 914. O executado, independentemente de penhora, depósito ou caução, poderá se opor à execução por meio de embargos.

→ *v.* Art. 910, § 2º, do NCPC.

§ 1º Os embargos à execução serão distribuídos por dependência, autuados em apartado e instruídos com cópias das peças processuais relevantes, que poderão ser declaradas autênticas pelo próprio advogado, sob sua responsabilidade pessoal.

§ 2º Na execução por carta, os embargos serão oferecidos no juízo deprecante ou no juízo deprecado, mas a competência para julgá-los é do juízo deprecante, salvo se versarem unicamente sobre vícios ou defeitos da penhora, da avaliação ou da alienação dos bens efetuadas no juízo deprecado.

→ *v.* Art. 20 da Lei 6.830/1980.

→ *v.* Súmula 46 do STJ.

→ *v.* Súmulas 32 e 33 do TFR.

→ *v.* Arts. 260 a 268, 676 e 845, § 2º, do NCPC.

Art. 915. Os embargos serão oferecidos no prazo de 15 (quinze) dias, contado, conforme o caso, na forma do art. 231.

→ *v.* Art. 910, § 2º, do NCPC.

§ 1º Quando houver mais de um executado, o prazo para cada um deles embargar conta-se a partir da juntada do respectivo comprovante da citação, salvo no caso de cônjuges ou de companheiros, quando será contado a partir da juntada do último.

§ 2º Nas execuções por carta, o prazo para embargos será contado:

→ *v.* Art. 845, § 2º, do NCPC.

I – da juntada, na carta, da certificação da citação, quando versarem unicamente sobre vícios ou defeitos da penhora, da avaliação ou da alienação dos bens;

II – da juntada, nos autos de origem, do comunicado de que trata o § 4º deste artigo, ou, não havendo este, da juntada da carta devidamente cumprida, quando versarem sobre questões diversas da prevista no inciso I deste parágrafo.

§ 3º Em relação ao prazo para oferecimento dos embargos à execução, não se aplica o disposto no art. 229.

§ 4º Nos atos de comunicação por carta precatória, rogatória ou de ordem, a realização da citação será imediatamente informada, por meio eletrônico, pelo juiz deprecado ao juiz deprecante.

→ *v.* Art. 232 do NCPC.

Art. 916. No prazo para embargos, reconhecendo o crédito do exequente e comprovando o depósito de trinta por cento do valor em execução, acrescido de custas e de honorários de advogado, o executado poderá requerer que lhe seja permitido pagar o restante em até 6 (seis) parcelas mensais, acrescidas de correção monetária e de juros de um por cento ao mês.

§ 1º O exequente será intimado para manifestar-se sobre o preenchimento dos pressupostos do *caput*, e o juiz decidirá o requerimento em 5 (cinco) dias.

§ 2º Enquanto não apreciado o requerimento, o executado terá de depositar as parcelas vincendas, facultado ao exequente seu levantamento.

§ 3º Deferida a proposta, o exequente levantará a quantia depositada, e serão suspensos os atos executivos.

§ 4º Indeferida a proposta, seguir-se-ão os atos executivos, mantido o depósito, que será convertido em penhora.

§ 5º O não pagamento de qualquer das prestações acarretará cumulativamente:

I – o vencimento das prestações subsequentes e o prosseguimento do processo, com o imediato reinício dos atos executivos;

II – a imposição ao executado de multa de dez por cento sobre o valor das prestações não pagas.

§ 6º A opção pelo parcelamento de que trata este artigo importa renúncia ao direito de opor embargos.

§ 7º O disposto neste artigo não se aplica ao cumprimento da sentença.

→ *v.* Arts. 513 e ss. do NCPC.

Art. 917. Nos embargos à execução, o executado poderá alegar:

I – inexequibilidade do título ou inexigibilidade da obrigação;

→ *v.* Arts. 783 e 803, I, do NCPC.

II – penhora incorreta ou avaliação errônea;

→ *v.* Arts. 831 e 833 do NCPC.

III – excesso de execução ou cumulação indevida de execuções;

→ *v.* Art. 780 do NCPC.

IV – retenção por benfeitorias necessárias ou úteis, nos casos de execução para entrega de coisa certa;

→ *v.* Arts. 806 e ss. do NCPC.

V – incompetência absoluta ou relativa do juízo da execução;

→ *v.* Arts. 46, § 5º, 62, 63 e 781 do NCPC.

VI – qualquer matéria que lhe seria lícito deduzir como defesa em processo de conhecimento.

→ *v.* Art. 910, § 2º, do NCPC.

§ 1º A incorreção da penhora ou da avaliação poderá ser impugnada por simples petição, no prazo de 15 (quinze) dias, contado da ciência do ato.

§ 2º Há excesso de execução quando:

I – o exequente pleiteia quantia superior à do título;

II – ela recai sobre coisa diversa daquela declarada no título;

III – ela se processa de modo diferente do que foi determinado no título;

IV – o exequente, sem cumprir a prestação que lhe corresponde, exige o adimplemento da prestação do executado;

→ *v.* Arts. 476 e 477 do CC/2002.

→ *v.* Arts. 787 e 798, I, *d*, do NCPC.

V – o exequente não prova que a condição se realizou.

→ *v.* Arts. 121 a 131 e 135 do CC/2002.

→ *v.* Arts. 798, I, *c*, e 803, III, do NCPC.

§ 3º Quando alegar que o exequente, em excesso de execução, pleiteia quantia superior à do título, o embargante declarará na petição inicial o valor que entende correto, apresentando demonstrativo discriminado e atualizado de seu cálculo.

§ 4º Não apontado o valor correto ou não apresentado o demonstrativo, os embargos à execução:

I – serão liminarmente rejeitados, sem resolução de mérito, se o excesso de execução for o seu único fundamento;

II – serão processados, se houver outro fundamento, mas o juiz não examinará a alegação de excesso de execução.

§ 5º Nos embargos de retenção por benfeitorias, o exequente poderá requerer a compensação de seu valor com o dos frutos ou dos danos considerados devidos pelo executado, cumprindo ao juiz, para a apuração dos respectivos valores, nomear perito, observando-se, então, o art. 464.

→ *v.* Arts. 96 e 97 do CC/2002.

§ 6º O exequente poderá a qualquer tempo ser imitido na posse da coisa, prestando caução ou depositando o valor devido pelas benfeitorias ou resultante da compensação.

§ 7º A arguição de impedimento e suspeição observará o disposto nos arts. 146 e 148.

Art. 918. O juiz rejeitará liminarmente os embargos:

→ *v.* Art. 1.012, § 1º, III, do NCPC.

I – quando intempestivos;

II – nos casos de indeferimento da petição inicial e de improcedência liminar do pedido;

→ *v.* Arts. 330 a 332 do NCPC.

III – manifestamente protelatórios.

Parágrafo único. Considera-se conduta atentatória à dignidade da justiça o oferecimento de embargos manifestamente protelatórios.

→ *v.* Art. 774 do NCPC.

Art. 919. Os embargos à execução não terão efeito suspensivo.

§ 1º O juiz poderá, a requerimento do embargante, atribuir efeito suspensivo aos embargos quando verificados os requisitos para a concessão da tutela provisória, e desde que a execução já esteja garantida por penhora, depósito ou caução suficientes.

→ *v.* Arts. 300, 311 e 921, II, do NCPC.

§ 2º Cessando as circunstâncias que a motivaram, a decisão relativa aos efeitos dos embargos poderá, a requerimento da parte, ser modificada ou revogada a qualquer tempo, em decisão fundamentada.

§ 3º Quando o efeito suspensivo atribuído aos embargos disser respeito apenas a parte do objeto da execução, esta prosseguirá quanto à parte restante.

§ 4º A concessão de efeito suspensivo aos embargos oferecidos por um dos executados não suspenderá a execução contra os que não embargaram, quando o respectivo fundamento disser respeito exclusivamente ao embargante.

§ 5º A concessão de efeito suspensivo não impedirá a efetivação dos atos de substituição, de reforço ou de redução da penhora e de avaliação dos bens.

Art. 920. Recebidos os embargos:

I – o exequente será ouvido no prazo de 15 (quinze) dias;

II – a seguir, o juiz julgará imediatamente o pedido ou designará audiência;

III – encerrada a instrução, o juiz proferirá sentença.

→ *v.* Art. 17 da Lei 6.830/1980.

→ *v.* Art. 1.012, § 1º, III, do NCPC.

Título IV
Da suspensão e da extinção do processo de execução

Capítulo I
DA SUSPENSÃO DO PROCESSO DE EXECUÇÃO

Art. 921. Suspende-se a execução:

I – nas hipóteses dos arts. 313 e 315, no que couber;

II – no todo ou em parte, quando recebidos com efeito suspensivo os embargos à execução;

→ *v.* Art. 919, § 1º, do NCPC.

III – quando o executado não possuir bens penhoráveis;

→ *v.* Art. 40 da Lei 6.830/1980.

IV – se a alienação dos bens penhorados não se realizar por falta de licitantes e o exequente, em 15 (quinze) dias, não requerer a adjudicação nem indicar outros bens penhoráveis;

→ *v.* Súmula 224 do TFR.

→ *v.* Art. 878 do NCPC.

V – quando concedido o parcelamento de que trata o art. 916.

§ 1º Na hipótese do inciso III, o juiz suspenderá a execução pelo prazo de 1 (um) ano, durante o qual se suspenderá a prescrição.

§ 2º Decorrido o prazo máximo de 1 (um) ano sem que seja localizado o executado ou que sejam encontrados bens penhoráveis, o juiz ordenará o arquivamento dos autos.

§ 3º Os autos serão desarquivados para prosseguimento da execução se a qualquer tempo forem encontrados bens penhoráveis.

§ 4º Decorrido o prazo de que trata o § 1º sem manifestação do exequente, começa a correr o prazo de prescrição intercorrente.

→ *v.* Súmula 150 do STF.

→ *v.* Súmula 314 do STJ.

§ 5º O juiz, depois de ouvidas as partes, no prazo de 15 (quinze) dias, poderá, de ofício, reconhecer a prescrição de que trata o § 4º e extinguir o processo.

Art. 922. Convindo as partes, o juiz declarará suspensa a execução durante o prazo concedido pelo exequente para que o executado cumpra voluntariamente a obrigação.

→ *v.* Art. 313, II, do NCPC.

Parágrafo único. Findo o prazo sem cumprimento da obrigação, o processo retomará o seu curso.

Art. 923. Suspensa a execução, não serão praticados atos processuais, podendo o juiz, entretanto, salvo no caso de arguição de impedimento ou de suspeição, ordenar providências urgentes.

→ *v.* Art. 314 do NCPC.

Capítulo II
DA EXTINÇÃO DO PROCESSO DE EXECUÇÃO

Art. 924. Extingue-se a execução quando:

I – a petição inicial for indeferida;

→ *v.* Arts. 330, 331, 798 e 799 do NCPC.

II – a obrigação for satisfeita;

→ *v.* Arts. 304 a 307 do CC/2002.

→ *v.* Arts. 807, 818, 828 e 907 do NCPC.

III – o executado obtiver, por qualquer outro meio, a extinção total da dívida;

→ *v.* Arts. 385 a 388 e 840 a 850 do CC/2002.

→ *v.* Art. 487, III, *b*, do NCPC.

IV – o exequente renunciar ao crédito;

→ *v.* Art. 487, III, *c*, do NCPC.

V – ocorrer a prescrição intercorrente.

→ *v.* Súmula 150 do STF.

→ *v.* Súmula 314 do STJ.

→ *v.* Art. 40 da Lei 6.830/1980.

→ *v.* Arts. 921, §§ 1º a 5º, e 1.056 do NCPC.

Art. 925. A extinção só produz efeito quando declarada por sentença.

→ *v.* Arts. 203, § 1º e 494 do NCPC.

LIVRO III
Dos processos nos tribunais e dos meios de impugnação das decisões judiciais

Título I
Da ordem dos processos e dos processos de competência originária dos tribunais

Capítulo I
DISPOSIÇÕES GERAIS

→ *v.* Art. 103-A da CF/1988.

→ *v.* Lei 11.417/2006 – Disciplina a edição, a revisão e o cancelamento de enunciado de súmula vinculante pelo Supremo Tribunal Federal.

Art. 926. Os tribunais devem uniformizar sua jurisprudência e mantê-la estável, íntegra e coerente.

→ *v.* Art. 489, VI, do NCPC.

§ 1º Na forma estabelecida e segundo os pressupostos fixados no regimento interno, os tribunais editarão enunciados de súmula correspondentes a sua jurisprudência dominante.

→ *v.* Arts. 102 e 354-A do RISTF.

→ *v.* Arts. 122 e ss. do RISTJ.

→ *v.* Resolução STF 381/2008 – Estabelece procedimentos para a edição, a revisão e o cancelamento de súmulas vinculantes.

→ *v.* Resolução STF 388/2008 – Disciplina o processamento de proposta de edição, revisão e cancelamento de súmulas e dá providências correlatas.

§ 2º Ao editar enunciados de súmula, os tribunais devem ater-se às circunstâncias fáticas dos precedentes que motivaram sua criação.

Art. 927. Os juízes e os tribunais observarão:

I – as decisões do Supremo Tribunal Federal em controle concentrado de constitucionalidade;

→ *v.* Art. 102, § 2º, da CF/1988.

→ *v.* Lei 9.868/1999 – Dispõe sobre o processo e julgamento da ação direta de inconstitucionalidade e da ação declaratória de constitucionalidade perante o Supremo Tribunal Federal.

→ *v.* Lei 9.882/1999 – Dispõe sobre o processo e julgamento da arguição de descumprimento de preceito fundamental, nos termos do § 1º do art. 102 da Constituição Federal.

→ *v.* Arts. 525, § 12, e 988, III, do NCPC.

II – os enunciados de súmula vinculante;

→ *v.* Arts. 311, II, e 988, IV, do NCPC.

III – os acórdãos em incidente de assunção de competência ou de resolução de demandas repetitivas e em julgamento de recursos extraordinário e especial repetitivos;

→ *v.* Arts. 311, II, 332, II e III, 496, § 4º, III, 521, IV, 932, IV e V, 947, 955, parágrafo único, II, 976, 988, IV, 1.022, parágrafo único, I, 1.032 e seguintes, do NCPC.

IV – os enunciados das súmulas do Supremo Tribunal Federal em matéria constitucional e do Superior Tribunal de Justiça em matéria infraconstitucional;

→ *v.* Arts. 332, I, 496, § 4º, 521, IV, 932, IV e V, 955, parágrafo único, I, 988, IV, e 1.032, § 3º, I, do NCPC.

V – a orientação do plenário ou do órgão especial aos quais estiverem vinculados.

§ 1º Os juízes e os tribunais observarão o disposto no art. 10 e no art. 489, § 1º, quando decidirem com fundamento neste artigo.

§ 2º A alteração de tese jurídica adotada em enunciado de súmula ou em julgamento de casos repetitivos poderá ser precedida de audiências públicas e da participação de pessoas, órgãos ou entidades que possam contribuir para a rediscussão da tese.

→ *v.* Art. 138 do NCPC.

§ 3º Na hipótese de alteração de jurisprudência dominante do Supremo Tribunal Federal e dos tribunais superiores ou daquela oriunda de julgamento de casos repetitivos, pode haver modulação dos efeitos da alteração no interesse social e no da segurança jurídica.

→ *v.* Art. 27 da Lei 9.868/1999.

→ *v.* Art. 11 da Lei 9.882/1999.

§ 4º A modificação de enunciado de súmula, de jurisprudência pacificada ou de tese adotada em julgamento de casos repetitivos observará a necessidade de fundamentação adequada e específica, considerando os princípios da segurança jurídica, da proteção da confiança e da isonomia.

→ *v.* Art. 5º da CF/1988.

§ 5º Os tribunais darão publicidade a seus precedentes, organizando-os por questão jurídica decidida e divulgando-os, preferencialmente, na rede mundial de computadores.

→ *v.* Art. 93, IX, da CF/1988.

Art. 928. Para os fins deste Código, considera-se julgamento de casos repetitivos a decisão proferida em:

I – incidente de resolução de demandas repetitivas;

→ *v.* Art. 976 do NCPC.

II – recursos especial e extraordinário repetitivos.

→ *v.* Art. 1.036 do NCPC.

Parágrafo único. O julgamento de casos repetitivos tem por objeto questão de direito material ou processual.

Capítulo II
DA ORDEM DOS PROCESSOS NO TRIBUNAL

Art. 929. Os autos serão registrados no protocolo do tribunal no dia de sua entrada, cabendo à secretaria ordená-los, com imediata distribuição.

Parágrafo único. A critério do tribunal, os serviços de protocolo poderão ser descentralizados, mediante delegação a ofícios de justiça de primeiro grau.

Art. 930. Far-se-á a distribuição de acordo com o regimento interno do tribunal, observando-se a alternatividade, o sorteio eletrônico e a publicidade.

Parágrafo único. O primeiro recurso protocolado no tribunal tornará prevento o relator para eventual recurso subsequente interposto no mesmo processo ou em processo conexo.

→ *v.* Arts. 1.012, § 3º, I, 1.029, § 5º, I, e 1.037, § 3º, do NCPC.

Art. 931. Distribuídos, os autos serão imediatamente conclusos ao relator, que, em 30 (trinta) dias, depois de elaborar o voto, restituí-los-á, com relatório, à secretaria.

Art. 932. Incumbe ao relator:

I – dirigir e ordenar o processo no tribunal, inclusive em relação à produção de prova, bem como, quando for o caso, homologar autocomposição das partes;

II – apreciar o pedido de tutela provisória nos recursos e nos processos de competência originária do tribunal;

→ *v.* Arts. 1.012, § 3º, II, 1.019, I, e 1.029, § 5º, II, do NCPC.

III – não conhecer de recurso inadmissível, prejudicado ou que não tenha impugnado especificamente os fundamentos da decisão recorrida;

→ *v.* Súmula 288 do STF.

IV – negar provimento a recurso que for contrário a:

a) súmula do Supremo Tribunal Federal, do Superior Tribunal de Justiça ou do próprio tribunal;

→ *v.* Art. 926, § 1º, do NCPC.

b) acórdão proferido pelo Supremo Tribunal Federal ou pelo Superior Tribunal de Justiça em julgamento de recursos repetitivos;

→ *v.* Art. 1.036 do NCPC.

c) entendimento firmado em incidente de resolução de demandas repetitivas ou de assunção de competência;

→ *v.* Arts. 947 e 976 do NCPC.

V – depois de facultada a apresentação de contrarrazões, dar provimento ao recurso se a decisão recorrida for contrária a:

a) súmula do Supremo Tribunal Federal, do Superior Tribunal de Justiça ou do próprio tribunal;

b) acórdão proferido pelo Supremo Tribunal Federal ou pelo Superior Tribunal de Justiça em julgamento de recursos repetitivos;

c) entendimento firmado em incidente de resolução de demandas repetitivas ou de assunção de competência;

VI – decidir o incidente de desconsideração da personalidade jurídica, quando este for instaurado originariamente perante o tribunal;

→ *v.* Arts. 133 e ss. do NCPC.

VII – determinar a intimação do Ministério Público, quando for o caso;

→ *v.* Art. 178 do NCPC.

VIII – exercer outras atribuições estabelecidas no regimento interno do tribunal.

Parágrafo único. Antes de considerar inadmissível o recurso, o relator concederá o prazo de 5 (cinco) dias ao recorrente para que seja sanado vício ou complementada a documentação exigível.

Art. 933. Se o relator constatar a ocorrência de fato superveniente à decisão recorrida ou a existência de questão apreciável de ofício ainda não examinada que devam ser considerados no julgamento do recurso, intimará as partes para que se manifestem no prazo de 5 (cinco) dias.

§ 1º Se a constatação ocorrer durante a sessão de julgamento, esse será imediatamente suspenso a fim de que as partes se manifestem especificamente.

§ 2º Se a constatação se der em vista dos autos, deverá o juiz que a solicitou encaminhá-los ao relator, que tomará as providências previstas no *caput* e, em seguida, solicitará a inclusão do feito em pauta para prosseguimento do julgamento, com submissão integral da nova questão aos julgadores.

Art. 934. Em seguida, os autos serão apresentados ao presidente, que designará dia para julgamento, ordenando, em todas as hipóteses previstas neste Livro, a publicação da pauta no órgão oficial.

Art. 935. Entre a data de publicação da pauta e a da sessão de julgamento decorrerá, pelo menos, o prazo de 5 (cinco) dias, incluindo-se em nova pauta os processos que não tenham sido julgados, salvo aqueles cujo julgamento tiver sido expressamente adiado para a primeira sessão seguinte.

§ 1º Às partes será permitida vista dos autos em cartório após a publicação da pauta de julgamento.

§ 2º Afixar-se-á a pauta na entrada da sala em que se realizar a sessão de julgamento.

Art. 936. Ressalvadas as preferências legais e regimentais, os recursos, a remessa necessária e os processos de competência originária serão julgados na seguinte ordem:

→ *v.* Art. 12 do NCPC.

I – aqueles nos quais houver sustentação oral, observada a ordem dos requerimentos;

II – os requerimentos de preferência apresentados até o início da sessão de julgamento;

III – aqueles cujo julgamento tenha iniciado em sessão anterior; e,

IV – os demais casos.

Art. 937. Na sessão de julgamento, depois da exposição da causa pelo relator, o presidente dará a palavra, sucessivamente, ao recorrente, ao recorrido e, nos casos de sua intervenção, ao membro do Ministério Público, pelo prazo improrrogável de 15 (quinze) minutos para cada um, a fim de sustentarem suas razões, nas seguintes hipóteses, nos termos da parte final do *caput* do art. 1.021:

I – no recurso de apelação;

II – no recurso ordinário;

III – no recurso especial;

IV – no recurso extraordinário;

V – nos embargos de divergência;

VI – na ação rescisória, no mandado de segurança e na reclamação;

VII – (*Vetado*).

VIII – no agravo de instrumento interposto contra decisões interlocutórias que versem sobre tutelas provisórias de urgência ou da evidência;

IX – em outras hipóteses previstas em lei ou no regimento interno do tribunal.

§ 1º A sustentação oral no incidente de resolução de demandas repetitivas observará o disposto no art. 984, no que couber.

§ 2º O procurador que desejar proferir sustentação oral poderá requerer, até o início da sessão, que o processo seja julgado em primeiro lugar, sem prejuízo das preferências legais.

§ 3º Nos processos de competência originária previstos no inciso VI, caberá sustentação oral no agravo interno interposto contra decisão de relator que o extinga.

§ 4º É permitido ao advogado com domicílio profissional em cidade diversa daquela onde está sediado o tribunal realizar sustentação oral por meio de videoconferência ou outro recurso tecnológico de transmissão de sons e imagens em tempo real, desde que o requeira até o dia anterior ao da sessão.

Art. 938. A questão preliminar suscitada no julgamento será decidida antes do mérito, deste não se conhecendo caso seja incompatível com a decisão.

§ 1º Constatada a ocorrência de vício sanável, inclusive aquele que possa ser conhecido de ofício, o relator determinará a realização ou a renovação do ato processual, no próprio tribunal ou em primeiro grau de jurisdição, intimadas as partes.

§ 2º Cumprida a diligência de que trata o § 1º, o relator, sempre que possível, prosseguirá no julgamento do recurso.

§ 3º Reconhecida a necessidade de produção de prova, o relator converterá o julgamento em diligência, que se realizará no tribunal ou em primeiro grau de jurisdição, decidindo-se o recurso após a conclusão da instrução.

§ 4º Quando não determinadas pelo relator, as providências indicadas nos §§ 1º e 3º poderão ser determinadas pelo órgão competente para julgamento do recurso.

Art. 939. Se a preliminar for rejeitada ou se a apreciação do mérito for com ela compatível, seguir-se-ão a discussão e o julgamento da matéria principal, sobre a qual deverão se pronunciar os juízes vencidos na preliminar.

Art. 940. O relator ou outro juiz que não se considerar habilitado a proferir imediatamente seu voto poderá solicitar vista pelo prazo máximo de 10 (dez) dias, após o qual o recurso será reincluído em pauta para julgamento na sessão seguinte à data da devolução.

→ v. Art. 121 da LC 35/1979.

§ 1º Se os autos não forem devolvidos tempestivamente ou se não for solicitada pelo juiz prorrogação de prazo de no máximo mais 10 (dez) dias, o presidente do órgão fracionário os requisitará para julgamento do recurso na sessão ordinária subsequente, com publicação da pauta em que for incluído.

§ 2º Quando requisitar os autos na forma do § 1º, se aquele que fez o pedido de vista ainda não se sentir habilitado a votar, o presidente convocará substituto para proferir voto, na forma estabelecida no regimento interno do tribunal.

Art. 941. Proferidos os votos, o presidente anunciará o resultado do julgamento, designando para redigir o acórdão o relator ou, se vencido este, o autor do primeiro voto vencedor.

§ 1º O voto poderá ser alterado até o momento da proclamação do resultado pelo presidente, salvo aquele já proferido por juiz afastado ou substituído.

§ 2º No julgamento de apelação ou de agravo de instrumento, a decisão será tomada, no órgão colegiado, pelo voto de 3 (três) juízes.

§ 3º O voto vencido será necessariamente declarado e considerado parte integrante do acórdão para todos os fins legais, inclusive de pré-questionamento.

Art. 942. Quando o resultado da apelação for não unânime, o julgamento terá prosseguimento em sessão a ser designada com a presença de outros julgadores, que serão convocados nos termos previamente definidos no regimento interno, em número suficiente para garantir a possibilidade de inversão do resultado inicial, assegurado às partes e a eventuais terceiros o direito de sustentar oralmente suas razões perante os novos julgadores.

§ 1º Sendo possível, o prosseguimento do julgamento dar-se-á na mesma sessão, colhendo-se os votos de outros julgadores que porventura componham o órgão colegiado.

§ 2º Os julgadores que já tiverem votado poderão rever seus votos por ocasião do prosseguimento do julgamento.

§ 3º A técnica de julgamento prevista neste artigo aplica-se, igualmente, ao julgamento não unânime proferido em:

I – ação rescisória, quando o resultado for a rescisão da sentença, devendo, nesse caso, seu prosseguimento ocorrer em órgão de maior composição previsto no regimento interno;

II – agravo de instrumento, quando houver reforma da decisão que julgar parcialmente o mérito.

§ 4º Não se aplica o disposto neste artigo ao julgamento:

I – do incidente de assunção de competência e ao de resolução de demandas repetitivas;

II – da remessa necessária;

III – não unânime proferido, nos tribunais, pelo plenário ou pela corte especial.

Art. 943. Os votos, os acórdãos e os demais atos processuais podem ser registrados em documento eletrônico inviolável e assinados eletronicamente, na forma da lei, devendo ser impressos para juntada aos autos do processo quando este não for eletrônico.

§ 1º Todo acórdão conterá ementa.

§ 2º Lavrado o acórdão, sua ementa será publicada no órgão oficial no prazo de 10 (dez) dias.

Art. 944. Não publicado o acórdão no prazo de 30 (trinta) dias, contado da data da sessão de julgamento, as notas taquigráficas o substituirão, para todos os fins legais, independentemente de revisão.

Parágrafo único. No caso do *caput*, o presidente do tribunal lavrará, de imediato, as conclusões e a ementa e mandará publicar o acórdão.

Art. 945. (*Revogado pela Lei 13.256/2016, em vigor no início da vigência da Lei 13.105/2015 – Novo CPC* (v. *art. 4º da Lei 13.256/2016*)).

→ **Anterior redação: Art. 945.** A critério do órgão julgador, o julgamento dos recursos e dos processos de competência originária que não admitem sustentação oral poderá realizar-se por meio eletrônico. § 1º O relator cientificará as partes, pelo Diário da Justiça, de que o julgamento se fará por meio eletrônico. § 2º Qualquer das partes poderá, no prazo de 5 (cinco) dias, apresentar memoriais ou discordância do julgamento por meio eletrônico. § 3º A discordância não necessita de motivação, sendo apta a determinar o julgamento em sessão presencial. § 4º Caso surja alguma divergência entre os integrantes do órgão julgador durante o julgamento eletrônico, este ficará imediatamente suspenso, devendo a causa ser apreciada em sessão presencial.

Art. 946. O agravo de instrumento será julgado antes da apelação interposta no mesmo processo.

Parágrafo único. Se ambos os recursos de que trata o *caput* houverem de ser julgados na mesma sessão, terá precedência o agravo de instrumento.

Capítulo III
DO INCIDENTE DE ASSUNÇÃO DE COMPETÊNCIA

Art. 947. É admissível a assunção de competência quando o julgamento de recurso, de remessa necessária ou de processo de competência originária envolver relevante questão de direito, com grande repercussão social, sem repetição em múltiplos processos.

§ 1º Ocorrendo a hipótese de assunção de competência, o relator proporá, de ofício ou a requerimento da parte, do Ministério Público ou da Defensoria Pública, que seja o recurso, a remessa necessária ou o processo de competência originária julgado pelo órgão colegiado que o regimento indicar.

§ 2º O órgão colegiado julgará o recurso, a remessa necessária ou o processo de competência originária se reconhecer interesse público na assunção de competência.

§ 3º O acórdão proferido em assunção de competência vinculará todos os juízes e órgãos fracionários, exceto se houver revisão de tese.

§ 4º Aplica-se o disposto neste artigo quando ocorrer relevante questão de direito a respeito da qual seja conveniente a prevenção ou a composição de divergência entre câmaras ou turmas do tribunal.

Capítulo IV
DO INCIDENTE DE ARGUIÇÃO DE INCONSTITUCIONALIDADE

→ *v.* Arts. 52, X, 97, 102, I, *a*, e III, 103, 125 e, da CF/1988.

→ *v.* Lei 9.868/1999 – Dispõe sobre o processo e julgamento da ação direta de inconstitucionalidade e da ação declaratória de constitucionalidade perante o Supremo Tribunal Federal.

Art. 948. Arguida, em controle difuso, a inconstitucionalidade de lei ou de ato normativo do poder público, o relator, após ouvir o Ministério Público e as partes, submeterá a questão à turma ou à câmara à qual competir o conhecimento do processo.

Art. 949. Se a arguição for:

I – rejeitada, prosseguirá o julgamento;

II – acolhida, a questão será submetida ao plenário do tribunal ou ao seu órgão especial, onde houver.

Parágrafo único. Os órgãos fracionários dos tribunais não submeterão ao plenário ou ao órgão especial a arguição de inconstitucionalidade quando já houver pronunciamento destes ou do plenário do Supremo Tribunal Federal sobre a questão.

Art. 950. Remetida cópia do acórdão a todos os juízes, o presidente do tribunal designará a sessão de julgamento.

§ 1º As pessoas jurídicas de direito público responsáveis pela edição do ato questionado poderão manifestar-se no incidente de inconstitucionalidade se assim o requererem, observados os prazos e as condições previstos no regimento interno do tribunal.

§ 2º A parte legitimada à propositura das ações previstas no art. 103 da Constituição Federal poderá manifestar-se, por escrito, sobre a questão constitucional objeto de apreciação, no prazo previsto pelo regimento interno, sendo-lhe assegurado o direito de apresentar memoriais ou de requerer a juntada de documentos.

§ 3º Considerando a relevância da matéria e a representatividade dos postulantes, o relator poderá admitir, por despacho irrecorrível, a manifestação de outros órgãos ou entidades.

→ *v.* Art. 138 do NCPC.

Capítulo V
DO CONFLITO DE COMPETÊNCIA

→ *v.* Art. 66 do NCPC.

Art. 951. O conflito de competência pode ser suscitado por qualquer das partes, pelo Ministério Público ou pelo juiz.

Parágrafo único. O Ministério Público somente será ouvido nos conflitos de competência relativos aos processos previstos no art. 178, mas terá qualidade de parte nos conflitos que suscitar.

Art. 952. Não pode suscitar conflito a parte que, no processo, arguiu incompetência relativa.

Parágrafo único. O conflito de competência não obsta, porém, a que a parte que não o arguiu suscite a incompetência.

Art. 953. O conflito será suscitado ao tribunal:

→ *v.* Súmula 59 do STJ.

I – pelo juiz, por ofício;

II – pela parte e pelo Ministério Público, por petição.

Parágrafo único. O ofício e a petição serão instruídos com os documentos necessários à prova do conflito.

Art. 954. Após a distribuição, o relator determinará a oitiva dos juízes em conflito ou, se um deles for suscitante, apenas do suscitado.

Parágrafo único. No prazo designado pelo relator, incumbirá ao juiz ou aos juízes prestar as informações.

Art. 955. O relator poderá, de ofício ou a requerimento de qualquer das partes, determinar, quando o conflito for positivo, o sobrestamento do processo e, nesse caso, bem como no de conflito negativo, designará um dos juízes para resolver, em caráter provisório, as medidas urgentes.

→ *v.* Arts. 313, VII, e 314 do NCPC.

Parágrafo único. O relator poderá julgar de plano o conflito de competência quando sua decisão se fundar em:

I – súmula do Supremo Tribunal Federal, do Superior Tribunal de Justiça ou do próprio tribunal;

II – tese firmada em julgamento de casos repetitivos ou em incidente de assunção de competência.

Art. 956. Decorrido o prazo designado pelo relator, será ouvido o Ministério Público, no prazo de 5 (cinco) dias, ainda que as informações não tenham sido prestadas, e, em seguida, o conflito irá a julgamento.

→ *v.* Art. 178 do NCPC.

Art. 957. Ao decidir o conflito, o tribunal declarará qual o juízo competente, pronunciando-se também sobre a validade dos atos do juízo incompetente.

→ *v.* Arts. 64, §§ 3º e 4º, e 282 do NCPC.

Parágrafo único. Os autos do processo em que se manifestou o conflito serão remetidos ao juiz declarado competente.

Art. 958. No conflito que envolva órgãos fracionários dos tribunais, desembargadores e juízes em exercício no tribunal, observar-se-á o que dispuser o regimento interno do tribunal.

→ *v.* Art. 24 da Lei 8.038/1990.

→ *v.* Arts. 163 e ss. do RISTF.

→ *v.* Arts. 193 e ss. do RISTJ.

Art. 959. O regimento interno do tribunal regulará o processo e o julgamento do conflito de atribuições entre autoridade judiciária e autoridade administrativa.

→ *v.* Art. 105, I, *g*, da CF/1988.

Capítulo VI
DA HOMOLOGAÇÃO DE DECISÃO ESTRANGEIRA E DA CONCESSÃO DO *EXEQUATUR* À CARTA ROGATÓRIA

→ *v.* Art. 105, I, *i*, da CF/1988.

→ *v.* Art. 109, X, da CF/1988.

→ *v.* Art. 15 do LINDB.

→ *v.* Arts. 36 e 38 da Lei 9.307/1996.

→ *v.* Resolução STJ 9/2005.

→ *v.* Arts. 24, parágrafo único, 26 e ss. e 40 do NCPC.

Art. 960. A homologação de decisão estrangeira será requerida por ação de homologação de decisão estrangeira, salvo disposição especial em sentido contrário prevista em tratado.

§ 1º A decisão interlocutória estrangeira poderá ser executada no Brasil por meio de carta rogatória.

§ 2º A homologação obedecerá ao que dispuserem os tratados em vigor no Brasil e o Regimento Interno do Superior Tribunal de Justiça.

§ 3º A homologação de decisão arbitral estrangeira obedecerá ao disposto em tratado e em lei, aplicando-se, subsidiariamente, as disposições deste Capítulo.

Art. 961. A decisão estrangeira somente terá eficácia no Brasil após a homologação de sentença estrangeira ou a concessão do *exequatur* às cartas rogatórias, salvo disposição em sentido contrário de lei ou tratado.

→ *v.* EC 45/2004 alterou a competência prevista no art. 105, I, *i*, da CF.

§ 1º É passível de homologação a decisão judicial definitiva, bem como a decisão não judicial que, pela lei brasileira, teria natureza jurisdicional.

§ 2º A decisão estrangeira poderá ser homologada parcialmente.

§ 3º A autoridade judiciária brasileira poderá deferir pedidos de urgência e realizar atos de execução provisória no processo de homologação de decisão estrangeira.

§ 4º Haverá homologação de decisão estrangeira para fins de execução fiscal quando prevista em tratado ou em promessa de reciprocidade apresentada à autoridade brasileira.

§ 5º A sentença estrangeira de divórcio consensual produz efeitos no Brasil, independentemente de homologação pelo Superior Tribunal de Justiça.

§ 6º Na hipótese do § 5º, competirá a qualquer juiz examinar a validade da decisão, em caráter principal ou incidental, quando essa questão for suscitada em processo de sua competência.

Art. 962. É passível de execução a decisão estrangeira concessiva de medida de urgência.

§ 1º A execução no Brasil de decisão interlocutória estrangeira concessiva de medida de urgência dar-se-á por carta rogatória.

§ 2º A medida de urgência concedida sem audiência do réu poderá ser executada, desde que garantido o contraditório em momento posterior.

§ 3º O juízo sobre a urgência da medida compete exclusivamente à autoridade jurisdicional prolatora da decisão estrangeira.

§ 4º Quando dispensada a homologação para que a sentença estrangeira produza efeitos no Brasil, a decisão concessiva de medida de urgência dependerá, para produzir efeitos, de ter sua validade expressamente reconhecida pelo juiz competente para dar-lhe cumprimento, dispensada a homologação pelo Superior Tribunal de Justiça.

Art. 963. Constituem requisitos indispensáveis à homologação da decisão:

I – ser proferida por autoridade competente;

II – ser precedida de citação regular, ainda que verificada a revelia;

III – ser eficaz no país em que foi proferida;

IV – não ofender a coisa julgada brasileira;

V – estar acompanhada de tradução oficial, salvo disposição que a dispense prevista em tratado;

VI – não conter manifesta ofensa à ordem pública.

Parágrafo único. Para a concessão do *exequatur* às cartas rogatórias, observar-se-ão os pressupostos previstos no caput deste artigo e no art. 962, § 2º.

Art. 964. Não será homologada a decisão estrangeira na hipótese de competência exclusiva da autoridade judiciária brasileira.

Parágrafo único. O dispositivo também se aplica à concessão do *exequatur* à carta rogatória.

→ *V.* Art. 23 do NCPC.

Art. 965. O cumprimento de decisão estrangeira far-se-á perante o juízo federal competente, a requerimento da parte, conforme as normas estabelecidas para o cumprimento de decisão nacional.

Parágrafo único. O pedido de execução deverá ser instruído com cópia autenticada da decisão homologatória ou do *exequatur*, conforme o caso.

Capítulo VII
DA AÇÃO RESCISÓRIA

→ *V.* Súmula 514 do STF.

→ *V.* Súmula 401 do STJ.

→ *V.* Súmula 100 do TST.

→ *V.* Art. 836 da CLT.

→ *V.* Art. 59 da Lei 9.099/1995.

→ *V.* Arts. 701, § 3º, e 937 do NCPC.

Art. 966. A decisão de mérito, transitada em julgado, pode ser rescindida quando:

I – se verificar que foi proferida por força de prevaricação, concussão ou corrupção do juiz;

→ *V.* Arts. 316, 317 e 319 do CP.

II – for proferida por juiz impedido ou por juízo absolutamente incompetente;

→ *V.* Arts. 62, 64 e 144 do NCPC.

III – resultar de dolo ou coação da parte vencedora em detrimento da parte vencida ou, ainda, de simulação ou colusão entre as partes, a fim de fraudar a lei;

→ *V.* Arts. 145, 151 e 167 do CC/2002.

→ *V.* Art. 142 do NCPC.

IV – ofender a coisa julgada;

→ *V.* Art. 502 e seguintes do NCPC.

V – violar manifestamente norma jurídica;

→ *V.* Súmula 343 do STF.

VI – for fundada em prova cuja falsidade tenha sido apurada em processo criminal ou venha a ser demonstrada na própria ação rescisória;

→ *V.* Arts. 19, 427 e 478 do NCPC.

VII – obtiver o autor, posteriormente ao trânsito em julgado, prova nova cuja existência ignorava ou de que não pôde fazer uso, capaz, por si só, de lhe assegurar pronunciamento favorável;

VIII – for fundada em erro de fato verificável do exame dos autos.

§ 1º Há erro de fato quando a decisão rescindenda admitir fato inexistente ou quando considerar inexistente fato efetivamente ocorrido, sendo indispensável, em ambos os casos, que o fato não represente ponto controvertido sobre o qual o juiz deveria ter se pronunciado.

→ *V.* Art. 138 do CC/2002.

§ 2º Nas hipóteses previstas nos incisos do *caput*, será rescindível a decisão transitada em julgado que, embora não seja de mérito, impeça:

I – nova propositura da demanda; ou

II – admissibilidade do recurso correspondente.

§ 3º A ação rescisória pode ter por objeto apenas 1 (um) capítulo da decisão.

§ 4º Os atos de disposição de direitos, praticados pelas partes ou por outros participantes do processo e homologados pelo juízo, bem como os atos homologatórios praticados no curso da execução, estão sujeitos à anulação, nos termos da lei.

→ *V.* Arts. 166 e ss. do CC/2002.

§ 5º Cabe ação rescisória, com fundamento no inciso V do *caput* deste artigo, contra decisão baseada em enunciado de súmula ou acórdão proferido em julgamento de casos repetitivos que não tenha considerado a existência de distinção entre a questão discutida no processo e o padrão decisório que lhe deu fundamento.

→ § 5º acrescentado pela Lei 13.256/2016, em vigor no início da vigência da Lei 13.105/2015 – Novo CPC (*v.* art. 4º da Lei 13.256/2016).

§ 6º Quando a ação rescisória fundar-se na hipótese do § 5º deste artigo, caberá ao autor, sob pena de inépcia, demonstrar, fundamentadamente, tratar-se de situação particularizada por hipótese fática distinta ou de questão jurídica não examinada, a impor outra solução jurídica.

→ § 6º acrescentado pela Lei 13.256/2016, em vigor no início da vigência da Lei 13.105/2015 – Novo CPC (*v.* art. 4º da Lei 13.256/2016).

Art. 967. Têm legitimidade para propor a ação rescisória:

I – quem foi parte no processo ou o seu sucessor a título universal ou singular;

→ *V.* Arts. 108 e ss. do NCPC.

II – o terceiro juridicamente interessado;

→ *V.* Arts. 119 e seguintes e 996 do NCPC.

III – o Ministério Público:

→ *V.* Arts. 127 e 129 da CF/1988.

a) se não foi ouvido no processo em que lhe era obrigatória a intervenção;

→ *V.* Art. 178 do NCPC.

b) quando a decisão rescindenda é o efeito de simulação ou de colusão das partes, a fim de fraudar a lei;

→ *V.* Art. 167 do CC/2002.

→ *V.* Art. 142 do NCPC.

c) em outros casos em que se imponha sua atuação;

IV – aquele que não foi ouvido no processo em que lhe era obrigatória a intervenção.

→ *V.* Art. 135 do NCPC.

Parágrafo único. Nas hipóteses do art. 178, o Ministério Público será intimado para intervir como fiscal da ordem jurídica quando não for parte.

Art. 968. A petição inicial será elaborada com observância dos requisitos essenciais do art. 319, devendo o autor:

I – cumular ao pedido de rescisão, se for o caso, o de novo julgamento do processo;

II – depositar a importância de cinco por cento sobre o valor da causa, que se converterá em multa caso a ação seja, por unanimidade de votos, declarada inadmissível ou improcedente.

→ *V.* Art. 836 da CLT.

→ *V.* Súmula 175 do STJ.

→ *V.* Súmula 129 do TFR.

→ *V.* Arts. 96 e 974 do NCPC.

§ 1º Não se aplica o disposto no inciso II à União, aos Estados, ao Distrito Federal, aos Municípios, às suas respectivas autarquias e fundações de direito público, ao Ministério Público, à Defensoria Pública e aos que tenham obtido o benefício de gratuidade da justiça.

→ *V.* Arts. 98 e ss. do NCPC.

§ 2º O depósito previsto no inciso II do *caput* deste artigo não será superior a 1.000 (mil) salários mínimos.

§ 3º Além dos casos previstos no art. 330, a petição inicial será indeferida quando não efetuado o depósito exigido pelo inciso II do *caput* deste artigo.

§ 4º Aplica-se à ação rescisória o disposto no art. 332.

§ 5º Reconhecida a incompetência do tribunal para julgar a ação rescisória, o autor será intimado para emendar a petição inicial, a fim de adequar o objeto da ação rescisória, quando a decisão apontada como rescindenda:

I – não tiver apreciado o mérito e não se enquadrar na situação prevista no § 2º do art. 966;

II – tiver sido substituída por decisão posterior.

→ *V.* Art. 1.008 do NCPC.

§ 6º Na hipótese do § 5º, após a emenda da petição inicial, será permitido ao réu complementar os fundamentos de defesa, e, em seguida, os autos serão remetidos ao tribunal competente.

Art. 969. A propositura da ação rescisória não impede o cumprimento da decisão rescindenda, ressalvada a concessão de tutela provisória.

→ *V.* Arts. 294 e ss. e 517, § 3º, do NCPC.

Art. 970. O relator ordenará a citação do réu, designando-lhe prazo nunca inferior a 15 (quinze) dias nem superior a 30 (trinta) dias para, querendo, apresentar resposta, ao fim do qual, com ou sem contestação, observar-se-á, no que couber, o procedimento comum.

→ *V.* Art. 318 do NCPC.

Art. 971. Na ação rescisória, devolvidos os autos pelo relator, a secretaria do tribunal expedirá cópias do relatório e as distribuirá entre os juízes que compuserem o órgão competente para o julgamento.

Parágrafo único. A escolha de relator recairá, sempre que possível, em juiz que não haja participado do julgamento rescindendo.

→ *V.* Súmula 252 do STF.

Art. 972. Se os fatos alegados pelas partes dependerem de prova, o relator poderá delegar a competência ao órgão que proferiu a decisão rescindenda, fixando prazo de 1 (um) a 3 (três) meses para a devolução dos autos.

→ *V.* Arts. 67 e ss. do NCPC.

Art. 973. Concluída a instrução, será aberta vista ao autor e ao réu para razões finais, sucessivamente, pelo prazo de 10 (dez) dias.

Parágrafo único. Em seguida, os autos serão conclusos ao relator, procedendo-se ao julgamento pelo órgão competente.

→ *V.* Art. 101, § 3º, da LC 35/1979.

→ *V.* Súmulas 249 e 515 do STF

Art. 974. Julgando procedente o pedido, o tribunal rescindirá a decisão, proferirá, se for o caso, novo julgamento e determinará a restituição do depósito a que se refere o inciso II do art. 968.

Parágrafo único. Considerando, por unanimidade, inadmissível ou improcedente o pedido, o tribunal determinará a reversão, em favor do réu, da importância do depósito, sem prejuízo do disposto no § 2º do art. 82.

Art. 975. O direito à rescisão se extingue em 2 (dois) anos contados do trânsito em julgado da última decisão proferida no processo.

→ *v.* Súmula 514 do STF.

→ *v.* Súmula 401 do STJ.

→ *v.* Súmula 100 do TST.

→ *v.* Art. 425, § 1º, do NCPC.

§ 1º Prorroga-se até o primeiro dia útil imediatamente subsequente o prazo a que se refere o *caput*, quando expirar durante férias forenses, recesso, feriados ou em dia em que não houver expediente forense.

→ *v.* Arts. 214, 215 e 216 do NCPC.

§ 2º Se fundada a ação no inciso VII do art. 966, o termo inicial do prazo será a data de descoberta da prova nova, observado o prazo máximo de 5 (cinco) anos, contado do trânsito em julgado da última decisão proferida no processo.

§ 3º Nas hipóteses de simulação ou de colusão das partes, o prazo começa a contar, para o terceiro prejudicado e para o Ministério Público, que não interveio no processo, a partir do momento em que têm ciência da simulação ou da colusão.

→ *v.* Art. 167 do CC/2002.

→ *v.* Art. 142 do NCPC.

Capítulo VIII
DO INCIDENTE DE RESOLUÇÃO DE DEMANDAS REPETITIVAS

→ *v.* Arts. 12, 138, 139, X, 311, II, 313, 332, II e III, 964, § 4º, II e III, 521, IV, 927, III, 928, 932, IV e V, 937, § 1º, 955, parágrafo único, II, 988, IV, 1.022 e 1.036, § 4º do NCPC.

Art. 976. É cabível a instauração do incidente de resolução de demandas repetitivas quando houver, simultaneamente:

I – efetiva repetição de processos que contenham controvérsia sobre a mesma questão unicamente de direito;

II – risco de ofensa à isonomia e à segurança jurídica.

§ 1º A desistência ou o abandono do processo não impede o exame de mérito do incidente.

→ *v.* Arts. 200, 785 e 998 do NCPC.

§ 2º Se não for o requerente, o Ministério Público intervirá obrigatoriamente no incidente e deverá assumir sua titularidade em caso de desistência ou de abandono.

→ *v.* Art. 176 do NCPC.

§ 3º A inadmissão do incidente de resolução de demandas repetitivas por ausência de qualquer de seus pressupostos de admissibilidade não impede que, uma vez satisfeito o requisito, seja o incidente novamente suscitado.

→ *v.* Arts. 139, IX, 152 e 486 do NCPC.

§ 4º É incabível o incidente de resolução de demandas repetitivas quando um dos tribunais superiores, no âmbito de sua respectiva competência, já tiver afetado recurso para definição de tese sobre questão de direito material ou processual repetitiva.

§ 5º Não serão exigidas custas processuais no incidente de resolução de demandas repetitivas.

→ *v.* Art. 82 do NCPC.

Art. 977. O pedido de instauração do incidente será dirigido ao presidente de tribunal:

I – pelo juiz ou relator, por ofício;

II – pelas partes, por petição;

III – pelo Ministério Público ou pela Defensoria Pública, por petição.

Parágrafo único. O ofício ou a petição será instruído com os documentos necessários à demonstração do preenchimento dos pressupostos para a instauração do incidente.

Art. 978. O julgamento do incidente caberá ao órgão indicado pelo regimento interno dentre aqueles responsáveis pela uniformização de jurisprudência do tribunal.

Parágrafo único. O órgão colegiado incumbido de julgar o incidente e de fixar a tese jurídica julgará igualmente o recurso, a remessa necessária ou o processo de competência originária de onde se originou o incidente.

Art. 979. A instauração e o julgamento do incidente serão sucedidos da mais ampla e específica divulgação e publicidade, por meio de registro eletrônico no Conselho Nacional de Justiça.

§ 1º Os tribunais manterão banco eletrônico de dados atualizados com informações específicas sobre questões de direito submetidas ao incidente, comunicando-o imediatamente ao Conselho Nacional de Justiça para inclusão no cadastro.

§ 2º Para possibilitar a identificação dos processos abrangidos pela decisão do incidente, o registro eletrônico das teses jurídicas constantes do cadastro conterá, no mínimo, os fundamentos determinantes da decisão e os dispositivos normativos a ela relacionados.

§ 3º Aplica-se o disposto neste artigo ao julgamento de recursos repetitivos e da repercussão geral em recurso extraordinário.

Art. 980. O incidente será julgado no prazo de 1 (um) ano e terá preferência sobre os demais feitos, ressalvados os que envolvam réu preso e os pedidos de *habeas corpus*.

Parágrafo único. Superado o prazo previsto no *caput*, cessa a suspensão dos processos prevista no art. 982, salvo decisão fundamentada do relator em sentido contrário.

→ *v.* Art. 313 do NCPC.

Art. 981. Após a distribuição, o órgão colegiado competente para julgar o incidente procederá ao seu juízo de admissibilidade, considerando a presença dos pressupostos do art. 976.

Art. 982. Admitido o incidente, o relator:

I – suspenderá os processos pendentes, individuais ou coletivos, que tramitam no Estado ou na região, conforme o caso;

→ *v.* Art. 313 do NCPC.

II – poderá requisitar informações a órgãos em cujo juízo tramita processo no qual se discute o objeto do incidente, que as prestarão no prazo de 15 (quinze) dias;

III – intimará o Ministério Público para, querendo, manifestar-se no prazo de 15 (quinze) dias.

§ 1º A suspensão será comunicada aos órgãos jurisdicionais competentes.

§ 2º Durante a suspensão, o pedido de tutela de urgência deverá ser dirigido ao juízo onde tramita o processo suspenso.

→ *v.* Art. 294 do NCPC.

§ 3º Visando à garantia da segurança jurídica, qualquer legitimado mencionado no art. 977, incisos II e III, poderá requerer, ao tribunal competente para conhecer do recurso extraordinário ou especial, a suspensão de todos os processos individuais ou coletivos em curso no território nacional que versem sobre a questão objeto do incidente já instaurado.

§ 4º Independentemente dos limites da competência territorial, a parte no processo em curso no qual se discuta a mesma questão objeto do incidente é legitimada para requerer a providência prevista no § 3º deste artigo.

§ 5º Cessa a suspensão a que se refere o inciso I do *caput* deste artigo se não for interposto recurso especial ou recurso extraordinário contra a decisão proferida no incidente.

Art. 983. O relator ouvirá as partes e os demais interessados, inclusive pessoas, órgãos e entidades com interesse na controvérsia, que, no prazo comum de 15 (quinze) dias, poderão requerer a juntada de documentos, bem como as diligências necessárias para a elucidação da questão de direito controvertida, e, em seguida, manifestar-se-á o Ministério Público, no mesmo prazo.

§ 1º Para instruir o incidente, o relator poderá designar data para, em audiência pública, ouvir depoimentos de pessoas com experiência e conhecimento na matéria.

§ 2º Concluídas as diligências, o relator solicitará dia para o julgamento do incidente.

Art. 984. No julgamento do incidente, observar-se-á a seguinte ordem:

I – o relator fará a exposição do objeto do incidente;

II – poderão sustentar suas razões, sucessivamente:

a) o autor e o réu do processo originário e o Ministério Público, pelo prazo de 30 (trinta) minutos;

b) os demais interessados, no prazo de 30 (trinta) minutos, divididos entre todos, sendo exigida a inscrição com 2 (dois) dias de antecedência.

§ 1º Considerando o número de inscritos, o prazo poderá ser ampliado.

§ 2º O conteúdo do acórdão abrangerá a análise de todos os fundamentos suscitados concernentes à tese jurídica discutida, sejam favoráveis ou contrários.

→ *v.* Art. 489, § 1º, do NCPC.

Art. 985. Julgado o incidente, a tese jurídica será aplicada:

→ *v.* Art. 927, III, do NCPC.

I – a todos os processos individuais ou coletivos que versem sobre idêntica questão de direito e que tramitem na área de jurisdição do respectivo tribunal, inclusive àqueles que tramitem nos juizados especiais do respectivo Estado ou região;

→ *v.* Art. 496, § 4º, do NCPC.

II – aos casos futuros que versem idêntica questão de direito e que venham a tramitar no território de competência do tribunal, salvo revisão na forma do art. 986.

→ *v.* Arts. 311 e 332, I, do NCPC.

§ 1º Não observada a tese adotada no incidente, caberá reclamação.

→ *v.* Art. 988, IV, do NCPC.

§ 2º Se o incidente tiver por objeto questão relativa a prestação de serviço concedido, permitido ou autorizado, o resultado do julgamento será comunicado ao órgão, ao ente ou à agência reguladora competente para fiscalização da efetiva aplicação, por parte dos entes sujeitos a regulação, da tese adotada.

→ *v.* Art. 1.040, IV, do NCPC.

Art. 986. A revisão da tese jurídica firmada no incidente far-se-á pelo mesmo tribunal, de ofício ou mediante requerimento dos legitimados mencionados no art. 977, inciso III.

→ *v.* Art. 927, §§ 2º, 3º e 4º, do NCPC.

Art. 987. Do julgamento do mérito do incidente caberá recurso extraordinário ou especial, conforme o caso.

§ 1º O recurso tem efeito suspensivo, presumindo-se a repercussão geral de questão constitucional eventualmente discutida.

→ *v.* Art. 1.035 do NCPC.

§ 2º Apreciado o mérito do recurso, a tese jurídica adotada pelo Supremo Tribunal Federal ou pelo Superior Tribunal de Justiça será aplicada no território nacional a todos os processos individuais ou coletivos que versem sobre idêntica questão de direito.

Capítulo IX
DA RECLAMAÇÃO

→ *v.* Súmula 734 STF.

→ *v.* Arts. 102, I, *l*, § 2º, 103-A, § 3º, e 105, I, *f*, da CF/1988.

→ *v.* Arts. 156 e ss. do RISTF.

→ *v.* Arts. 187 e ss. do RISTJ.

→ *v.* Lei 9.868/1999 – Dispõe sobre o processo e julgamento da ação direta de inconstitucionalidade e da ação declaratória de constitucionalidade perante o Supremo Tribunal Federal.

→ *v.* Lei 9.882/1999 – Dispõe sobre o processo e julgamento da arguição de descumprimento de preceito fundamental, nos termos do § 1o do art. 102 da Constituição Federal.

→ *v.* Lei 11.417/2006 – Disciplina a edição, a revisão e o cancelamento de enunciado de súmula vinculante pelo Supremo Tribunal Federal.

Art. 988. Caberá reclamação da parte interessada ou do Ministério Público para:

I – preservar a competência do tribunal;

II – garantir a autoridade das decisões do tribunal;

→ *v.* Art. 927 do NCPC.

III – garantir a observância de enunciado de súmula vinculante e de decisão do Supremo Tribunal Federal em controle concentrado de constitucionalidade;

→ Inciso III com redação alterada pela Lei 13.256/2016, em vigor no início da vigência da Lei 13.105/2015 – Novo CPC (*v.* art. 4º da Lei 13.256/2016).

→ *v.* Art. 927 do NCPC.

→ **Anterior redação:** III – garantir a observância de decisão do Supremo Tribunal Federal em controle concentrado de constitucionalidade; (...).

IV – garantir a observância de acórdão proferido em julgamento de incidente de resolução de demandas repetitivas ou de incidente de assunção de competência;

→ Inciso IV com redação alterada pela Lei 13.256/2016, em vigor no início da vigência da Lei 13.105/2015 – Novo CPC (*v.* art. 4º da Lei 13.256/2016).

→ *v.* Arts. 928, 947, 976 e 1.036 do NCPC.

→ **Anterior redação:** IV – garantir a observância de enunciado de súmula vinculante e de precedente proferido em julgamento de casos repetitivos ou em incidente de assunção de competência. (...).

§ 1º A reclamação pode ser proposta perante qualquer tribunal, e seu julgamento compete ao órgão jurisdicional cuja competência se busca preservar ou cuja autoridade se pretenda garantir.

§ 2º A reclamação deverá ser instruída com prova documental e dirigida ao presidente do tribunal.

§ 3º Assim que recebida, a reclamação será autuada e distribuída ao relator do processo principal, sempre que possível.

§ 4º As hipóteses dos incisos III e IV compreendem a aplicação indevida da tese jurídica e sua não aplicação aos casos que a ela correspondam.

§ 5º É inadmissível a reclamação:

→ *Caput* do § 5º com redação alterada pela Lei 13.256/2016, em vigor no início da vigência da Lei 13.105/2015 – Novo CPC (*v.* art. 4º da Lei 13.256/2016).

I – proposta após o trânsito em julgado da decisão reclamada;

→ Inciso I acrescentado pela Lei 13.256/2016, em vigor no início da vigência da Lei 13.105/2015 – Novo CPC (*v.* art. 4º da Lei 13.256/2016).

II – proposta para garantir a observância de acórdão de recurso extraordinário com repercussão geral reconhecida ou de acórdão proferido em julgamento de recursos extraordinário ou especial repetitivos, quando não esgotadas as instâncias ordinárias.

→ Inciso II acrescentado pela Lei 13.256/2016, em vigor no início da vigência da Lei 13.105/2015 – Novo CPC (*v.* art. 4º da Lei 13.256/2016).

→ *v.* Súmula 734 STF.

→ **Anterior redação:** § 5º É inadmissível a reclamação proposta após o trânsito em julgado da decisão (...).

§ 6º A inadmissibilidade ou o julgamento do recurso interposto contra a decisão proferida pelo órgão reclamado não prejudica a reclamação.

Art. 989. Ao despachar a reclamação, o relator:

I – requisitará informações da autoridade a quem for imputada a prática do ato impugnado, que as prestará no prazo de 10 (dez) dias;

II – se necessário, ordenará a suspensão do processo ou do ato impugnado para evitar dano irreparável;

→ *v.* Art. 294 do NCPC.

III – determinará a citação do beneficiário da decisão impugnada, que terá prazo de 15 (quinze) dias para apresentar a sua contestação.

Art. 990. Qualquer interessado poderá impugnar o pedido do reclamante.

Art. 991. Na reclamação que não houver formulado, o Ministério Público terá vista do processo por 5 (cinco) dias, após o decurso do prazo para informações e para o oferecimento da contestação pelo beneficiário do ato impugnado.

Art. 992. Julgando procedente a reclamação, o tribunal cassará a decisão exorbitante de seu julgado ou determinará medida adequada à solução da controvérsia.

Art. 993. O presidente do tribunal determinará o imediato cumprimento da decisão, lavrando-se o acórdão posteriormente.

Título II
Dos recursos

→ *v.* Art. 5º, LV, § 2º, da CF/1988.

→ *v.* Art. 25 da Convenção Americana sobre Direitos Humanos.

Capítulo I
DISPOSIÇÕES GERAIS

Art. 994. São cabíveis os seguintes recursos:

I – apelação;

→ *v.* Arts. 1.009 e ss. do NCPC.

II – agravo de instrumento;

→ *v.* Arts. 1.015 e ss. do NCPC.

III – agravo interno;

→ *v.* Art. 1.021 do NCPC.

IV – embargos de declaração;

→ *v.* Arts. 1.022 e ss. do NCPC.

V – recurso ordinário;

→ *v.* Arts. 1.027 e ss. do NCPC.

VI – recurso especial;

→ *v.* Arts. 1.029 e ss. do NCPC.

VII – recurso extraordinário;

→ *v.* Arts. 1.029 e ss. do NCPC.

VIII – agravo em recurso especial ou extraordinário;

→ *v.* Art. 1.042 do NCPC.

IX – embargos de divergência.

→ *v.* Súmulas 158, 168, 315, 316 e 420 do STJ.

→ *v.* Arts. 1.043 e 1044 do NCPC.

Art. 995. Os recursos não impedem a eficácia da decisão, salvo disposição legal ou decisão judicial em sentido diverso.

Parágrafo único. A eficácia da decisão recorrida poderá ser suspensa por decisão do relator, se da imediata produção de seus efeitos houver risco de dano grave, de difícil ou impossível reparação, e ficar demonstrada a probabilidade de provimento do recurso.

Art. 996. O recurso pode ser interposto pela parte vencida, pelo terceiro prejudicado e pelo Ministério Público, como parte ou como fiscal da ordem jurídica.

→ *v.* Súmulas 99, 202 e 226 do STJ.

Parágrafo único. Cumpre ao terceiro demonstrar a possibilidade de a decisão sobre a relação jurídica submetida à apreciação judicial atingir direito de que se afirme titular ou que possa discutir em juízo como substituto processual.

Art. 997. Cada parte interporá o recurso independentemente, no prazo e com observância das exigências legais.

§ 1º Sendo vencidos autor e réu, ao recurso interposto por qualquer deles poderá aderir o outro.

§ 2º O recurso adesivo fica subordinado ao recurso independente, sendo-lhe aplicáveis as mesmas regras deste quanto aos requisitos de admissibilidade e julgamento no tribunal, salvo disposição legal diversa, observado, ainda, o seguinte:

I – será dirigido ao órgão perante o qual o recurso independente fora interposto, no prazo de que a parte dispõe para responder;

II – será admissível na apelação, no recurso extraordinário e no recurso especial;

III – não será conhecido, se houver desistência do recurso principal ou se for ele considerado inadmissível.

Art. 998. O recorrente poderá, a qualquer tempo, sem a anuência do recorrido ou dos litisconsortes, desistir do recurso.

Parágrafo único. A desistência do recurso não impede a análise de questão cuja repercussão geral já tenha sido reconhecida e daquela objeto de julgamento de recursos extraordinários ou especiais repetitivos.

Art. 999. A renúncia ao direito de recorrer independe da aceitação da outra parte.

→ *v.* Art. 200 do NCPC.

Art. 1.000. A parte que aceitar expressa ou tacitamente a decisão não poderá recorrer.

Parágrafo único. Considera-se aceitação tácita a prática, sem nenhuma reserva, de ato incompatível com a vontade de recorrer.

Art. 1.001. Dos despachos não cabe recurso.

Art. 1.002. A decisão pode ser impugnada no todo ou em parte.

Art. 1.003. O prazo para interposição de recurso conta-se da data em que os advogados, a sociedade de advogados, a Advocacia Pública, a Defensoria Pública ou o Ministério Público são intimados da decisão.

→ *v.* Arts. 231, 270, 272 e 274 do NCPC.

§ 1º Os sujeitos previstos no *caput* considerar-se-ão intimados em audiência quando nesta for proferida a decisão.

§ 2º Aplica-se o disposto no art. 231, incisos I a VI, ao prazo de interposição de recurso pelo réu contra decisão proferida anteriormente à citação.

§ 3º No prazo para interposição de recurso, a petição será protocolada em cartório ou conforme as normas de organização judiciária, ressalvado o disposto em regra especial.

§ 4º Para aferição da tempestividade do recurso remetido pelo correio, será considerada como data de interposição a data de postagem.

§ 5º Excetuados os embargos de declaração, o prazo para interpor os recursos e para responder-lhes é de 15 (quinze) dias.

→ *v.* Arts. 180, 183, 186 e 229 do NCPC.

§ 6º O recorrente comprovará a ocorrência de feriado local no ato de interposição do recurso.

Art. 1.004. Se, durante o prazo para a interposição do recurso, sobrevier o falecimento da parte ou de seu advogado ou ocorrer motivo de força maior que suspenda o curso do processo, será tal prazo restituído em proveito da parte, do herdeiro ou do sucessor, contra quem começará a correr novamente depois da intimação.

→ *v.* Arts. 110 e 313 do NCPC.

Art. 1.005. O recurso interposto por um dos litisconsortes a todos aproveita, salvo se distintos ou opostos os seus interesses.

Parágrafo único. Havendo solidariedade passiva, o recurso interposto por um devedor aproveitará aos outros quando as defesas opostas ao credor lhes forem comuns.

Art. 1.006. Certificado o trânsito em julgado, com menção expressa da data de sua ocorrência, o escrivão ou o chefe de secretaria, independentemente de despacho, providenciará a baixa dos autos ao juízo de origem, no prazo de 5 (cinco) dias.

Art. 1.007. No ato de interposição do recurso, o recorrente comprovará, quando exigido pela legislação pertinente, o respectivo preparo, inclusive porte de remessa e de retorno, sob pena de deserção.

§ 1º São dispensados de preparo, inclusive porte de remessa e de retorno, os recursos interpostos pelo Ministério Público, pela União, pelo Distrito Federal, pelos Estados, pelos Municípios, e respectivas autarquias, e pelos que gozam de isenção legal.

§ 2º A insuficiência no valor do preparo, inclusive porte de remessa e de retorno, implicará deserção se o recorrente, intimado na pessoa de seu advogado, não vier a supri-lo no prazo de 5 (cinco) dias.

§ 3º É dispensado o recolhimento do porte de remessa e de retorno no processo em autos eletrônicos.

§ 4º O recorrente que não comprovar, no ato de interposição do recurso, o recolhimento do preparo, inclusive porte de remessa e de retorno, será intimado, na pessoa de seu advogado, para realizar o recolhimento em dobro, sob pena de deserção.

§ 5º É vedada a complementação se houver insuficiência parcial do preparo, inclusive porte de remessa e de retorno, no recolhimento realizado na forma do § 4º.

§ 6º Provando o recorrente justo impedimento, o relator relevará a pena de deserção, por decisão irrecorrível, fixando-lhe prazo de 5 (cinco) dias para efetuar o preparo.

§ 7º O equívoco no preenchimento da guia de custas não implicará a aplicação da pena de deserção, cabendo ao relator, na hipótese de dúvida quanto ao recolhimento, intimar o recorrente para sanar o vício no prazo de 5 (cinco) dias.

Art. 1.008. O julgamento proferido pelo tribunal substituirá a decisão impugnada no que tiver sido objeto de recurso.

Capítulo II
DA APELAÇÃO

Art. 1.009. Da sentença cabe apelação.

→ *v.* Arts. 203, 316 e 485 e ss. do NCPC.

§ 1º As questões resolvidas na fase de conhecimento, se a decisão a seu respeito não comportar agravo de instrumento, não são cobertas pela preclusão e devem ser suscitadas em preliminar de apelação, eventualmente interposta contra a decisão final, ou nas contrarrazões.

§ 2º Se as questões referidas no § 1º forem suscitadas em contrarrazões, o recorrente será intimado para, em 15 (quinze) dias, manifestar-se a respeito delas.

§ 3º O disposto no *caput* deste artigo aplica-se mesmo quando as questões mencionadas no art. 1.015 integrarem capítulo da sentença.

Art. 1.010. A apelação, interposta por petição dirigida ao juízo de primeiro grau, conterá:

I – os nomes e a qualificação das partes;

II – a exposição do fato e do direito;

III – as razões do pedido de reforma ou de decretação de nulidade;

IV – o pedido de nova decisão.

§ 1º O apelado será intimado para apresentar contrarrazões no prazo de 15 (quinze) dias.

§ 2º Se o apelado interpuser apelação adesiva, o juiz intimará o apelante para apresentar contrarrazões.

§ 3º Após as formalidades previstas nos §§ 1º e 2º, os autos serão remetidos ao tribunal pelo juiz, independentemente de juízo de admissibilidade.

Art. 1.011. Recebido o recurso de apelação no tribunal e distribuído imediatamente, o relator:

I – decidi-lo-á monocraticamente apenas nas hipóteses do art. 932, incisos III a V;

II – se não for o caso de decisão monocrática, elaborará seu voto para julgamento do recurso pelo órgão colegiado.

Art. 1.012. A apelação terá efeito suspensivo.

→ *v.* Art. 995 do NCPC.

§ 1º Além de outras hipóteses previstas em lei, começa a produzir efeitos imediatamente após a sua publicação a sentença que:

I – homologa divisão ou demarcação de terras;

II – condena a pagar alimentos;

III – extingue sem resolução do mérito ou julga improcedentes os embargos do executado;

→ *v.* Súmulas 317e 331 do STJ.

IV – julga procedente o pedido de instituição de arbitragem;

V – confirma, concede ou revoga tutela provisória;

VI – decreta a interdição.

§ 2º Nos casos do § 1º, o apelado poderá promover o pedido de cumprimento provisório depois de publicada a sentença.

§ 3º O pedido de concessão de efeito suspensivo nas hipóteses do § 1º poderá ser formulado por requerimento dirigido ao:

I – tribunal, no período compreendido entre a interposição da apelação e sua distribuição, ficando o relator designado para seu exame prevento para julgá-la;

II – relator, se já distribuída a apelação.

§ 4º Nas hipóteses do § 1º, a eficácia da sentença poderá ser suspensa pelo relator se o apelante demonstrar a probabilidade de provimento do recurso ou se, sendo relevante a fundamentação, houver risco de dano grave ou de difícil reparação.

→ *v.* Art. 294 do NCPC.

Art. 1.013. A apelação devolverá ao tribunal o conhecimento da matéria impugnada.

→ *v.* Arts. 141 e 492 do NCPC.

§ 1º Serão, porém, objeto de apreciação e julgamento pelo tribunal todas as questões suscitadas e discutidas no processo, ainda que não tenham sido solucionadas, desde que relativas ao capítulo impugnado.

§ 2º Quando o pedido ou a defesa tiver mais de um fundamento e o juiz acolher apenas um deles, a apelação devolverá ao tribunal o conhecimento dos demais.

§ 3º Se o processo estiver em condições de imediato julgamento, o tribunal deve decidir desde logo o mérito quando:

I – reformar sentença fundada no art. 485;

II – decretar a nulidade da sentença por não ser ela congruente com os limites do pedido ou da causa de pedir;

→ *v.* Art. 492 do NCPC.

III – constatar a omissão no exame de um dos pedidos, hipótese em que poderá julgá-lo;

IV – decretar a nulidade de sentença por falta de fundamentação.

→ *V.* Art. 489, § 1º, do NCPC.

§ 4º Quando reformar sentença que reconheça a decadência ou a prescrição, o tribunal, se possível, julgará o mérito, examinando as demais questões, sem determinar o retorno do processo ao juízo de primeiro grau.

→ *V.* Arts. 332, § 1º, e 487, II, do NCPC.

§ 5º O capítulo da sentença que confirma, concede ou revoga a tutela provisória é impugnável na apelação.

Art. 1.014. As questões de fato não propostas no juízo inferior poderão ser suscitadas na apelação, se a parte provar que deixou de fazê-lo por motivo de força maior.

Capítulo III
DO AGRAVO DE INSTRUMENTO

Art. 1.015. Cabe agravo de instrumento contra as decisões interlocutórias que versarem sobre:

→ *V.* Súmula 255 do STJ.

→ *V.* Art. 7º, § 1º, da Lei 12.016/2009.

→ *V.* Art. 100 da Lei 11.101/2005.

→ *V.* Art. 203 do NCPC.

I – tutelas provisórias;

II – mérito do processo;

III – rejeição da alegação de convenção de arbitragem;

IV – incidente de desconsideração da personalidade jurídica;

V – rejeição do pedido de gratuidade da justiça ou acolhimento do pedido de sua revogação;

VI – exibição ou posse de documento ou coisa;

VII – exclusão de litisconsorte;

VIII – rejeição do pedido de limitação do litisconsórcio;

IX – admissão ou inadmissão de intervenção de terceiros;

X – concessão, modificação ou revogação do efeito suspensivo aos embargos à execução;

XI – redistribuição do ônus da prova nos termos do art. 373, § 1º;

XII – (*Vetado*).

XIII – outros casos expressamente referidos em lei.

Parágrafo único. Também caberá agravo de instrumento contra decisões interlocutórias proferidas na fase de liquidação de sentença ou de cumprimento de sentença, no processo de execução e no processo de inventário.

Art. 1.016. O agravo de instrumento será dirigido diretamente ao tribunal competente, por meio de petição com os seguintes requisitos:

→ *V.* Art. 1.003, § 4º, do NCPC.

I – os nomes das partes;

II – a exposição do fato e do direito;

III – as razões do pedido de reforma ou de invalidação da decisão e o próprio pedido;

IV – o nome e o endereço completo dos advogados constantes do processo.

Art. 1.017. A petição de agravo de instrumento será instruída:

I – obrigatoriamente, com cópias da petição inicial, da contestação, da petição que ensejou a decisão agravada, da própria decisão agravada, da certidão da respectiva intimação ou outro documento oficial que comprove a tempestividade e das procurações outorgadas aos advogados do agravante e do agravado;

→ *V.* Súmula 235 do TFR.

II – com declaração de inexistência de qualquer dos documentos referidos no inciso I, feita pelo advogado do agravante, sob pena de sua responsabilidade pessoal;

III – facultativamente, com outras peças que o agravante reputar úteis.

§ 1º Acompanhará a petição o comprovante do pagamento das respectivas custas e do porte de retorno, quando devidos, conforme tabela publicada pelos tribunais.

→ *V.* Art. 1.007 do NCPC.

§ 2º No prazo do recurso, o agravo será interposto por:

I – protocolo realizado diretamente no tribunal competente para julgá-lo;

II – protocolo realizado na própria comarca, seção ou subseção judiciárias;

III – postagem, sob registro, com aviso de recebimento;

→ *V.* Art. 1.003, § 4º, do NCPC.

IV – transmissão de dados tipo fac-símile, nos termos da lei;

→ *V.* Lei 9.800/1999 – Permite às partes a utilização de sistema de transmissão de dados para a prática de atos processuais.

V – outra forma prevista em lei.

§ 3º Na falta da cópia de qualquer peça ou no caso de algum outro vício que comprometa a admissibilidade do agravo de instrumento, deve o relator aplicar o disposto no art. 932, parágrafo único.

§ 4º Se o recurso for interposto por sistema de transmissão de dados tipo fac-símile ou similar, as peças devem ser juntadas no momento de protocolo da petição original.

§ 5º Sendo eletrônicos os autos do processo, dispensam-se as peças referidas nos incisos I e II do *caput*, facultando-se ao agravante anexar outros documentos que entender úteis para a compreensão da controvérsia.

Art. 1.018. O agravante poderá requerer a juntada, aos autos do processo, de cópia da petição do agravo de instrumento, do comprovante de sua interposição e da relação dos documentos que instruíram o recurso.

§ 1º Se o juiz comunicar que reformou inteiramente a decisão, o relator considerará prejudicado o agravo de instrumento.

§ 2º Não sendo eletrônicos os autos, o agravante tomará a providência prevista no *caput*, no prazo de 3 (três) dias a contar da interposição do agravo de instrumento.

§ 3º O descumprimento da exigência de que trata o § 2º, desde que arguido e provado pelo agravado, importa inadmissibilidade do agravo de instrumento.

→ *V.* Súmula 221 do TFR.

Art. 1.019. Recebido o agravo de instrumento no tribunal e distribuído imediatamente, se não for o caso de aplicação do art. 932, incisos III e IV, o relator, no prazo de 5 (cinco) dias:

I – poderá atribuir efeito suspensivo ao recurso ou deferir, em antecipação de tutela, total ou parcialmente, a pretensão recursal, comunicando ao juiz sua decisão;

→ *V.* Art. 995 do NCPC.

II – ordenará a intimação do agravado pessoalmente, por carta com aviso de recebimento, quando não tiver procurador constituído, ou pelo Diário da Justiça ou por carta com aviso de recebimento dirigida ao seu advogado, para que responda no prazo de 15 (quinze) dias, facultando-lhe juntar a documentação que entender necessária ao julgamento do recurso;

III – determinará a intimação do Ministério Público, preferencialmente por meio eletrônico, quando for o caso de sua intervenção, para que se manifeste no prazo de 15 (quinze) dias.

→ *V.* Art. 178 do NCPC.

Art. 1.020. O relator solicitará dia para julgamento em prazo não superior a 1 (um) mês da intimação do agravado.

Capítulo IV
DO AGRAVO INTERNO

Art. 1.021. Contra decisão proferida pelo relator caberá agravo interno para o respectivo órgão colegiado, observadas, quanto ao processamento, as regras do regimento interno do tribunal.

→ *V.* Arts. 317 e ss. do RISTF.

→ *V.* Arts. 258 e 259 do RISTJ.

§ 1º Na petição de agravo interno, o recorrente impugnará especificadamente os fundamentos da decisão agravada.

§ 2º O agravo será dirigido ao relator, que intimará o agravado para manifestar-se sobre o recurso no prazo de 15 (quinze) dias, ao final do qual, não havendo retratação, o relator levá-lo-á a julgamento pelo órgão colegiado, com inclusão em pauta.

§ 3º É vedado ao relator limitar-se à reprodução dos fundamentos da decisão agravada para julgar improcedente o agravo interno.

→ *V.* Art. 489, § 1º, do NCPC.

§ 4º Quando o agravo interno for declarado manifestamente inadmissível ou improcedente em votação unânime, o órgão colegiado, em decisão fundamentada, condenará o agravante a pagar ao agravado multa fixada entre um e cinco por cento do valor atualizado da causa.

→ *V.* Art. 80 do NCPC.

§ 5º A interposição de qualquer outro recurso está condicionada ao depósito prévio do valor da multa prevista no § 4º, à exceção da Fazenda Pública e do beneficiário de gratuidade da justiça, que farão o pagamento ao final.

→ *V.* Arts. 98 e ss. do NCPC.

Capítulo V
DOS EMBARGOS DE DECLARAÇÃO

Art. 1.022. Cabem embargos de declaração contra qualquer decisão judicial para:

→ *V.* Art. 494, II, do NCPC.

I – esclarecer obscuridade ou eliminar contradição;

II – suprir omissão de ponto ou questão sobre o qual devia se pronunciar o juiz de ofício ou a requerimento;

III – corrigir erro material.

Parágrafo único. Considera-se omissa a decisão que:

I – deixe de se manifestar sobre tese firmada em julgamento de casos repetitivos ou em incidente de assunção de competência aplicável ao caso sob julgamento;

II – incorra em qualquer das condutas descritas no art. 489, § 1º.

Art. 1.023. Os embargos serão opostos, no prazo de 5 (cinco) dias, em petição dirigida ao juiz, com indicação do erro, obscuridade, contradição ou omissão, e não se sujeitam a preparo.

§ 1º Aplica-se aos embargos de declaração o art. 229.

§ 2º O juiz intimará o embargado para, querendo, manifestar-se, no prazo de 5 (cinco) dias, sobre os embargos opostos, caso seu eventual acolhimento implique a modificação da decisão embargada.

Art. 1.024. O juiz julgará os embargos em 5 (cinco) dias.

§ 1º Nos tribunais, o relator apresentará os embargos em mesa na sessão subsequente, proferindo voto, e, não havendo julgamento nessa sessão, será o recurso incluído em pauta automaticamente.

→ *v.* Art. 935 do NCPC.

§ 2º Quando os embargos de declaração forem opostos contra decisão de relator ou outra decisão unipessoal proferida em tribunal, o órgão prolator da decisão embargada decidi-los-á monocraticamente.

§ 3º O órgão julgador conhecerá dos embargos de declaração como agravo interno se entender ser este o recurso cabível, desde que determine previamente a intimação do recorrente para, no prazo de 5 (cinco) dias, complementar as razões recursais, de modo a ajustá-las às exigências do art. 1.021, § 1º.

§ 4º Caso o acolhimento dos embargos de declaração implique modificação da decisão embargada, o embargado que já tiver interposto outro recurso contra a decisão originária tem o direito de complementar ou alterar suas razões, nos exatos limites da modificação, no prazo de 15 (quinze) dias, contado da intimação da decisão dos embargos de declaração.

§ 5º Se os embargos de declaração forem rejeitados ou não alterarem a conclusão do julgamento anterior, o recurso interposto pela outra parte antes da publicação do julgamento dos embargos de declaração será processado e julgado independentemente de ratificação.

Art. 1.025. Consideram-se incluídos no acórdão os elementos que o embargante suscitou, para fins de pré-questionamento, ainda que os embargos de declaração sejam inadmitidos ou rejeitados, caso o tribunal superior considere existentes erro, omissão, contradição ou obscuridade.

→ *v.* Súmulas 282 e 356 do STF.

→ *v.* Súmula 211 do STJ.

Art. 1.026. Os embargos de declaração não possuem efeito suspensivo e interrompem o prazo para a interposição de recurso.

→ *v.* Art. 995 do NCPC.

§ 1º A eficácia da decisão monocrática ou colegiada poderá ser suspensa pelo respectivo juiz ou relator se demonstrada a probabilidade de provimento do recurso ou, sendo relevante a fundamentação, se houver risco de dano grave ou de difícil reparação.

§ 2º Quando manifestamente protelatórios os embargos de declaração, o juiz ou o tribunal, em decisão fundamentada, condenará o embargante a pagar ao embargado multa não excedente a dois por cento sobre o valor atualizado da causa.

§ 3º Na reiteração de embargos de declaração manifestamente protelatórios, a multa será elevada a até dez por cento sobre o valor atualizado da causa, e a interposição de qualquer recurso ficará condicionada ao depósito prévio do valor da multa, à exceção da Fazenda Pública e do beneficiário de gratuidade da justiça, que a recolherão ao final.

→ *v.* Súmula 98 do STJ.

→ *v.* Arts. 98 e ss. do NCPC.

§ 4º Não serão admitidos novos embargos de declaração se os 2 (dois) anteriores houverem sido considerados protelatórios.

Capítulo VI
DOS RECURSOS PARA O SUPREMO TRIBUNAL FEDERAL E PARA O SUPERIOR TRIBUNAL DE JUSTIÇA

→ *v.* Arts. 101 a 105 da CF/1988.

Seção I
Do recurso ordinário

→ *v.* Arts. 307 e ss. do RISTF.

→ *v.* Arts. 244 e ss. do RISTJ.

Art. 1.027. Serão julgados em recurso ordinário:

I – pelo Supremo Tribunal Federal, os mandados de segurança, os *habeas data* e os mandados de injunção decididos em única instância pelos tribunais superiores, quando denegatória a decisão;

II – pelo Superior Tribunal de Justiça:

a) os mandados de segurança decididos em única instância pelos tribunais regionais federais ou pelos tribunais de justiça dos Estados e do Distrito Federal e Territórios, quando denegatória a decisão;

b) os processos em que forem partes, de um lado, Estado estrangeiro ou organismo internacional e, de outro, Município ou pessoa residente ou domiciliada no País.

§ 1º Nos processos referidos no inciso II, alínea *b*, contra as decisões interlocutórias caberá agravo de instrumento dirigido ao Superior Tribunal de Justiça, nas hipóteses do art. 1.015.

§ 2º Aplica-se ao recurso ordinário o disposto nos arts. 1.013, § 3º, e 1.029, § 5º.

Art. 1.028. Ao recurso mencionado no art. 1.027, inciso II, alínea *b*, aplicam-se, quanto aos requisitos de admissibilidade e ao procedimento, as disposições relativas à apelação e o Regimento Interno do Superior Tribunal de Justiça.

§ 1º Na hipótese do art. 1.027, § 1º, aplicam-se as disposições relativas ao agravo de instrumento e o Regimento Interno do Superior Tribunal de Justiça.

§ 2º O recurso previsto no art. 1.027, incisos I e II, alínea *a*, deve ser interposto perante o tribunal de origem, cabendo ao seu presidente ou vice-presidente determinar a intimação do recorrido para, em 15 (quinze) dias, apresentar as contrarrazões.

§ 3º Findo o prazo referido no § 2º, os autos serão remetidos ao respectivo tribunal superior, independentemente de juízo de admissibilidade.

Seção II
Do recurso extraordinário e do recurso especial

Subseção I
Disposições Gerais

→ *v.* Arts. 102, III, e 105, III, da CF/1988.

→ *v.* Arts. 321 a 329 do RISTF.

→ *v.* Arts. 255 a 257 do RISTJ.

Art. 1.029. O recurso extraordinário e o recurso especial, nos casos previstos na Constituição Federal, serão interpostos perante o presidente ou o vice-presidente do tribunal recorrido, em petições distintas que conterão:

I – a exposição do fato e do direito;

II – a demonstração do cabimento do recurso interposto;

III – as razões do pedido de reforma ou de invalidação da decisão recorrida.

§ 1º Quando o recurso fundar-se em dissídio jurisprudencial, o recorrente fará a prova da divergência com a certidão, cópia ou citação do repositório de jurisprudência, oficial ou credenciado, inclusive em mídia eletrônica, em que houver sido publicado o acórdão divergente, ou ainda com a reprodução de julgado disponível na rede mundial de computadores, com indicação da respectiva fonte, devendo-se, em qualquer caso, mencionar as circunstâncias que identifiquem ou assemelhem os casos confrontados.

§ 2º (*Revogado pela Lei 13.256/2016, em vigor no início da vigência da Lei 13.105/2015 – Novo CPC* (*v.* art. 4º da Lei 13.256/2016)).

→ **Anterior redação:** § 2º Quando o recurso estiver fundado em dissídio jurisprudencial, é vedado ao tribunal inadmiti-lo com base em fundamento genérico de que as circunstâncias fáticas são diferentes, sem demonstrar a existência da distinção. (...).

§ 3º O Supremo Tribunal Federal ou o Superior Tribunal de Justiça poderá desconsiderar vício formal de recurso tempestivo ou determinar sua correção, desde que não o repute grave.

§ 4º Quando, por ocasião do processamento do incidente de resolução de demandas repetitivas, o presidente do Supremo Tribunal Federal ou do Superior Tribunal de Justiça receber requerimento de suspensão de processos em que se discuta questão federal constitucional ou infraconstitucional, poderá, considerando razões de segurança jurídica ou de excepcional interesse social, estender a suspensão a todo o território nacional, até ulterior decisão do recurso extraordinário ou do recurso especial a ser interposto.

→ *v.* Arts. 976 e ss. do NCPC.

§ 5º O pedido de concessão de efeito suspensivo a recurso extraordinário ou a recurso especial poderá ser formulado por requerimento dirigido:

I – ao tribunal superior respectivo, no período compreendido entre a publicação da decisão de admissão do recurso e sua distribuição, ficando o relator designado para seu exame prevento para julgá-lo;

→ Inciso I com redação alterada pela Lei 13.256/2016, em vigor no início da vigência da Lei 13.105/2015 – Novo CPC (*v.* art. 4º da Lei 13.256/2016).

→ **Anterior redação:** I – ao tribunal superior respectivo, no período compreendido entre a interposição do recurso e sua distribuição, ficando o relator designado para seu exame prevento para julgá-lo; (...).

II – ao relator, se já distribuído o recurso;

III – ao presidente ou ao vice-presidente do tribunal recorrido, no período compreendido entre a interposição do recurso e a publicação da decisão de admissão do recurso, assim como no caso de o recurso ter sido sobrestado, nos termos do art. 1.037.

→ Inciso III com redação alterada pela Lei 13.256/2016, em vigor no início da vigência da Lei 13.105/2015 – Novo CPC (*v.* art. 4º da Lei 13.256/2016).

→ **Anterior redação:** III – ao presidente ou vice-presidente do tribunal local, no caso de o recurso ter sido sobrestado, nos termos do art. 1.037.

Art. 1.030. Recebida a petição do recurso pela secretaria do tribunal, o recorrido será intimado para apresentar contrarrazões no prazo de 15 (quinze) dias, findo o qual os autos serão conclusos ao presidente ou ao vice-presidente do tribunal recorrido, que deverá:

→ Artigo com redação alterada pela Lei 13.256/2016, em vigor no início da vigência da Lei 13.105/2015 – Novo CPC (*v.* art. 4º da Lei 13.256/2016).

I – negar seguimento:

a) a recurso extraordinário que discuta questão constitucional à qual o Supremo Tribunal Federal não tenha reconhecido a existência de repercussão geral ou a recurso extraordinário interposto contra acórdão que esteja em conformidade com entendimento do Supremo Tribunal Federal exarado no regime de repercussão geral;

b) a recurso extraordinário ou a recurso especial interposto contra acórdão que esteja em conformidade com entendimento do Supremo Tribunal Federal ou do Superior Tribunal de Justiça, respectivamente, exarado no regime de julgamento de recursos repetitivos;

II – encaminhar o processo ao órgão julgador para realização do juízo de retratação, se o acórdão recorrido divergir do entendimento do Supremo Tribunal Federal ou do Superior Tribunal de Justiça exarado, conforme o caso, nos regimes de repercussão geral ou de recursos repetitivos;

III – sobrestar o recurso que versar sobre controvérsia de caráter repetitivo ainda não decidida pelo Supremo Tribunal Federal ou pelo Superior Tribunal de Justiça, conforme se trate de matéria constitucional ou infraconstitucional;

IV – selecionar o recurso como representativo de controvérsia constitucional ou infraconstitucional, nos termos do § 6º do art. 1.036;

V – realizar o juízo de admissibilidade e, se positivo, remeter o feito ao Supremo Tribunal Federal ou ao Superior Tribunal de Justiça, desde que:

a) o recurso ainda não tenha sido submetido ao regime de repercussão geral ou de julgamento de recursos repetitivos;

b) o recurso tenha sido selecionado como representativo da controvérsia; ou

c) o tribunal recorrido tenha refutado o juízo de retratação § 1º Da decisão de inadmissibilidade proferida com fundamento no inciso V caberá agravo ao tribunal superior, nos termos do art. 1.042.

§ 2º Da decisão proferida com fundamento nos incisos I e III caberá agravo interno, nos termos do art. 1.021.

→ **Anterior redação: Art. 1.030.** Recebida a petição do recurso pela secretaria do tribunal, o recorrido será intimado para apresentar contrarrazões no prazo de 15 (quinze) dias, findo o qual os autos serão remetidos ao respectivo tribunal superior. **Parágrafo único.** A remessa de que trata o caput dar-se-á independentemente de juízo de admissibilidade.

Art. 1.031. Na hipótese de interposição conjunta de recurso extraordinário e recurso especial, os autos serão remetidos ao Superior Tribunal de Justiça.

§ 1º Concluído o julgamento do recurso especial, os autos serão remetidos ao Supremo Tribunal Federal para apreciação do recurso extraordinário, se este não estiver prejudicado.

§ 2º Se o relator do recurso especial considerar prejudicial o recurso extraordinário, em decisão irrecorrível, sobrestará o julgamento e remeterá os autos ao Supremo Tribunal Federal.

§ 3º Na hipótese do § 2º, se o relator do recurso extraordinário, em decisão irrecorrível, rejeitar a prejudicialidade, devolverá os autos ao Superior Tribunal de Justiça para o julgamento do recurso especial.

Art. 1.032. Se o relator, no Superior Tribunal de Justiça, entender que o recurso especial versa sobre questão constitucional, deverá conceder prazo de 15 (quinze) dias para que o recorrente demonstre a existência de repercussão geral e se manifeste sobre a questão constitucional.

Parágrafo único. Cumprida a diligência de que trata o *caput*, o relator remeterá o recurso ao Supremo Tribunal Federal, que, em juízo de admissibilidade, poderá devolvê-lo ao Superior Tribunal de Justiça.

Art. 1.033. Se o Supremo Tribunal Federal considerar como reflexa a ofensa à Constituição afirmada no recurso extraordinário, por pressupor a revisão da interpretação de lei federal ou de tratado, remetê-lo-á ao Superior Tribunal de Justiça para julgamento como recurso especial.

Art. 1.034. Admitido o recurso extraordinário ou o recurso especial, o Supremo Tribunal Federal ou o Superior Tribunal de Justiça julgará o processo, aplicando o direito.

→ *v.* Súmulas 456 do STF.

Parágrafo único. Admitido o recurso extraordinário ou o recurso especial por um fundamento, devolve-se ao tribunal superior o conhecimento dos demais fundamentos para a solução do capítulo impugnado.

Art. 1.035. O Supremo Tribunal Federal, em decisão irrecorrível, não conhecerá do recurso extraordinário quando a questão constitucional nele versada não tiver repercussão geral, nos termos deste artigo.

§ 1º Para efeito de repercussão geral, será considerada a existência ou não de questões relevantes do ponto de vista econômico, político, social ou jurídico que ultrapassem os interesses subjetivos do processo.

§ 2º O recorrente deverá demonstrar a existência de repercussão geral para apreciação exclusiva pelo Supremo Tribunal Federal.

§ 3º Haverá repercussão geral sempre que o recurso impugnar acórdão que:

I – contrarie súmula ou jurisprudência dominante do Supremo Tribunal Federal;

→ *v.* Súmulas 286 do STF.

II – (*Revogado pela Lei 13.256/2016, em vigor no início da vigência da Lei 13.105/2015 – Novo CPC* (v. *art. 4º da Lei 13.256/2016*)).

→ **Anterior redação:** II – tenha sido proferido em julgamento de casos repetitivos; (...)

III – tenha reconhecido a inconstitucionalidade de tratado ou de lei federal, nos termos do art. 97 da Constituição Federal.

§ 4º O relator poderá admitir, na análise da repercussão geral, a manifestação de terceiros, subscrita por procurador habilitado, nos termos do Regimento Interno do Supremo Tribunal Federal.

§ 5º Reconhecida a repercussão geral, o relator no Supremo Tribunal Federal determinará a suspensão do processamento de todos os processos pendentes, individuais ou coletivos, que versem sobre a questão e tramitem no território nacional.

→ *v.* Art. 313 do NCPC.

§ 6º O interessado pode requerer, ao presidente ou ao vice-presidente do tribunal de origem, que exclua da decisão de sobrestamento e inadmita o recurso extraordinário que tenha sido interposto intempestivamente, tendo o recorrente o prazo de 5 (cinco) dias para manifestar-se sobre esse requerimento.

§ 7º Da decisão que indeferir o requerimento referido no § 6º ou que aplicar entendimento firmado em regime de repercussão geral ou em julgamento de recursos repetitivos caberá agravo interno.

→ § 7º com redação alterada pela Lei 13.256/2016, em vigor no início da vigência da Lei 13.105/2015 – Novo CPC (*v.* art. 4º da Lei 13.256/2016).

→ **Anterior redação:** § 7º Da decisão que indeferir o requerimento referido no § 6º caberá agravo, nos termos do art. 1.042.

§ 8º Negada a repercussão geral, o presidente ou o vice-presidente do tribunal de origem negará seguimento aos recursos extraordinários sobrestados na origem que versem sobre matéria idêntica.

§ 9º O recurso que tiver a repercussão geral reconhecida deverá ser julgado no prazo de 1 (um) ano e terá preferência sobre os demais feitos, ressalvados os que envolvam réu preso e os pedidos de *habeas corpus*.

§ 10. (*Revogado pela Lei 13.256/2016, em vigor no início da vigência da Lei 13.105/2015 – Novo CPC* (v. *art. 4º da Lei 13.256/2016*)).

→ **Anterior redação:** § 10. Não ocorrendo o julgamento no prazo de 1 (um) ano a contar do reconhecimento da repercussão geral, cessa, em todo o território nacional, a suspensão dos processos, que retomarão seu curso normal.

§ 11. A súmula da decisão sobre a repercussão geral constará de ata, que será publicada no diário oficial e valerá como acórdão.

Subseção II
Do julgamento dos recursos extraordinário e especial repetitivos

Art. 1.036. Sempre que houver multiplicidade de recursos extraordinários ou especiais com fundamento em idêntica questão de direito, haverá afetação para julgamento de acordo com as disposições desta Subseção, observado o disposto no Regimento Interno do Supremo Tribunal Federal e no do Superior Tribunal de Justiça.

→ *V.* Arts. 321 e ss. do RISTF.

→ *V.* Arts. 255 e ss. do RISTJ.

§ 1º O presidente ou o vice-presidente de tribunal de justiça ou de tribunal regional federal selecionará 2 (dois) ou mais recursos representativos da controvérsia, que serão encaminhados ao Supremo Tribunal Federal ou ao Superior Tribunal de Justiça para fins de afetação, determinando a suspensão do trâmite de todos os processos pendentes, individuais ou coletivos, que tramitem no Estado ou na região, conforme o caso.

→ *V.* Art. 311 do NCPC.

§ 2º O interessado pode requerer, ao presidente ou ao vice-presidente, que exclua da decisão de sobrestamento e inadmita o recurso especial ou o recurso extraordinário que tenha sido interposto intempestivamente, tendo o recorrente o prazo de 5 (cinco) dias para manifestar-se sobre esse requerimento.

§ 3º Da decisão que indeferir o requerimento referido no § 2º caberá apenas agravo interno.

→ § 3º com redação alterada pela Lei 13.256/2016, em vigor no início da vigência da Lei 13.105/2015 – Novo CPC (*v.* art. 4º da Lei 13.256/2016).

→ **Anterior redação:** § 3º Da decisão que indeferir este requerimento caberá agravo, nos termos do art. 1.042.

§ 4º A escolha feita pelo presidente ou vice-presidente do tribunal de justiça ou do tribunal regional federal não vinculará o relator no tribunal superior, que poderá selecionar outros recursos representativos da controvérsia.

§ 5º O relator em tribunal superior também poderá selecionar 2 (dois) ou mais recursos representativos da controvérsia para julgamento da questão de direito independentemente da iniciativa do presidente ou do vice-presidente do tribunal de origem.

§ 6º Somente podem ser selecionados recursos admissíveis que contenham abrangente argumentação e discussão a respeito da questão a ser decidida.

Art. 1.037. Selecionados os recursos, o relator, no tribunal superior, constatando a presença do pressuposto do *caput* do art. 1.036, proferirá decisão de afetação, na qual:

I – identificará com precisão a questão a ser submetida a julgamento;

II – determinará a suspensão do processamento de todos os processos pendentes, individuais ou coletivos, que versem sobre a questão e tramitem no território nacional;

→ *V.* Art. 313 do NCPC.

III – poderá requisitar aos presidentes ou aos vice-presidentes dos tribunais de justiça ou dos tribunais regionais federais a remessa de um recurso representativo da controvérsia.

§ 1º Se, após receber os recursos selecionados pelo presidente ou pelo vice-presidente de tribunal de justiça ou de tribunal regional federal, não se proceder à afetação, o relator, no tribunal superior, comunicará o fato ao presidente ou ao vice-presidente que os houver enviado, para que seja revogada a decisão de suspensão referida no art. 1.036, § 1º.

§ 2º (*Revogado pela Lei 13.256/2016, em vigor no início da vigência da Lei 13.105/2015 – Novo CPC* (v. *art. 4º da Lei 13.256/2016*)).

→ **Anterior redação:** § 2º É vedado ao órgão colegiado decidir, para os fins do art. 1.040, questão não delimitada na decisão a que se refere o inciso I do *caput*.

§ 3º Havendo mais de uma afetação, será prevento o relator que primeiro tiver proferido a decisão a que se refere o inciso I do *caput*.

§ 4º Os recursos afetados deverão ser julgados no prazo de 1 (um) ano e terão preferência sobre os demais feitos, ressalvados os que envolvam réu preso e os pedidos de *habeas corpus*.

§ 5º (*Revogado pela Lei 13.256/2016, em vigor no início da vigência da Lei 13.105/2015 – Novo CPC* (v. *art. 4º da Lei 13.256/2016*)).

→ **Anterior redação:** § 5º Não ocorrendo o julgamento no prazo de 1 (um) ano a contar da publicação da decisão de que trata o inciso I do *caput*, cessam automaticamente, em todo o território nacional, a afetação e a suspensão dos processos, que retomarão seu curso normal.

§ 6º Ocorrendo a hipótese do § 5º, é permitido a outro relator do respectivo tribunal superior afetar 2 (dois) ou mais recursos representativos da controvérsia na forma do art. 1.036.

§ 7º Quando os recursos requisitados na forma do inciso III do *caput* contiverem outras questões além daquela que é objeto da afetação, caberá ao tribunal decidir esta em primeiro lugar e depois as demais, em acórdão específico para cada processo.

§ 8º As partes deverão ser intimadas da decisão de suspensão de seu processo, a ser proferida pelo respectivo juiz ou relator quando informado da decisão a que se refere o inciso II do *caput*.

§ 9º Demonstrando distinção entre a questão a ser decidida no processo e aquela a ser julgada no recurso especial ou extraordinário afetado, a parte poderá requerer o prosseguimento do seu processo.

§ 10. O requerimento a que se refere o § 9º será dirigido:

I – ao juiz, se o processo sobrestado estiver em primeiro grau;

II – ao relator, se o processo sobrestado estiver no tribunal de origem;

III – ao relator do acórdão recorrido, se for sobrestado recurso especial ou recurso extraordinário no tribunal de origem;

IV – ao relator, no tribunal superior, de recurso especial ou de recurso extraordinário cujo processamento houver sido sobrestado.

§ 11. A outra parte deverá ser ouvida sobre o requerimento a que se refere o § 9º, no prazo de 5 (cinco) dias.

§ 12. Reconhecida a distinção no caso:

I – dos incisos I, II e IV do § 10, o próprio juiz ou relator dará prosseguimento ao processo;

II – do inciso III do § 10, o relator comunicará a decisão ao presidente ou ao vice-presidente que houver determinado o sobrestamento, para que o recurso especial ou o recurso extraordinário seja encaminhado ao respectivo tribunal superior, na forma do art. 1.030, parágrafo único.

§ 13. Da decisão que resolver o requerimento a que se refere o § 9º caberá:

I – agravo de instrumento, se o processo estiver em primeiro grau;

II – agravo interno, se a decisão for de relator.

Art. 1.038. O relator poderá:

I – solicitar ou admitir manifestação de pessoas, órgãos ou entidades com interesse na controvérsia, considerando a relevância da matéria e consoante dispuser o regimento interno;

→ *V.* Art. 178 do NCPC.

II – fixar data para, em audiência pública, ouvir depoimentos de pessoas com experiência e conhecimento na matéria, com a finalidade de instruir o procedimento;

III – requisitar informações aos tribunais inferiores a respeito da controvérsia e, cumprida a diligência, intimará o Ministério Público para manifestar-se.

§ 1º No caso do inciso III, os prazos respectivos são de 15 (quinze) dias, e os atos serão praticados, sempre que possível, por meio eletrônico.

§ 2º Transcorrido o prazo para o Ministério Público e remetida cópia do relatório aos demais ministros, haverá inclusão em pauta, devendo ocorrer o julgamento com preferência sobre os demais feitos, ressalvados os que envolvam réu preso e os pedidos de *habeas corpus*.

§ 3º O conteúdo do acórdão abrangerá a análise dos fundamentos relevantes da tese jurídica discutida.

→ § 3º com redação alterada pela Lei 13.256/2016, em vigor no início da vigência da Lei 13.105/2015 – Novo CPC (*v.* art. 4º da Lei 13.256/2016).

→ **Anterior redação:** § 3º O conteúdo do acórdão abrangerá a análise de todos os fundamentos da tese jurídica discutida, favoráveis ou contrários.

Art. 1.039. Decididos os recursos afetados, os órgãos colegiados declararão prejudicados os demais recursos versando sobre idêntica controvérsia ou os decidirão aplicando a tese firmada.

Parágrafo único. Negada a existência de repercussão geral no recurso extraordinário afetado, serão considerados automaticamente inadmitidos os recursos extraordinários cujo processamento tenha sido sobrestado.

Art. 1.040. Publicado o acórdão paradigma:

I – o presidente ou o vice-presidente do tribunal de origem negará seguimento aos recursos especiais ou extraordinários sobrestados na origem, se o acórdão recorrido coincidir com a orientação do tribunal superior;

II – o órgão que proferiu o acórdão recorrido, na origem, reexaminará o processo de competência originária, a remessa necessária ou o recurso anteriormente julgado, se o acórdão recorrido contrariar a orientação do tribunal superior;

III – os processos suspensos em primeiro e segundo graus de jurisdição retomarão o curso para julgamento e aplicação da tese firmada pelo tribunal superior;

IV – se os recursos versarem sobre questão relativa a prestação de serviço público objeto de concessão, permissão ou autorização, o resultado do julgamento será comunicado ao órgão, ao ente ou à agência reguladora competente para fiscalização da efetiva aplicação, por parte dos entes sujeitos a regulação, da tese adotada.

→ *V.* Arts. 489, § 1º, e 927 do NCPC.

§ 1º A parte poderá desistir da ação em curso no primeiro grau de jurisdição, antes de proferida a sentença, se a questão nela discutida for idêntica à resolvida pelo recurso representativo da controvérsia.

§ 2º Se a desistência ocorrer antes de oferecida contestação, a parte ficará isenta do pagamento de custas e de honorários de sucumbência.

→ *v.* Art. 90 do NCPC.

§ 3º A desistência apresentada nos termos do § 1º independe de consentimento do réu, ainda que apresentada contestação.

Art. 1.041. Mantido o acórdão divergente pelo tribunal de origem, o recurso especial ou extraordinário será remetido ao respectivo tribunal superior, na forma do art. 1.036, § 1º.

§ 1º Realizado o juízo de retratação, com alteração do acórdão divergente, o tribunal de origem, se for o caso, decidirá as demais questões ainda não decididas cujo enfrentamento se tornou necessário em decorrência da alteração.

§ 2º Quando ocorrer a hipótese do inciso II do *caput* do art. 1.040 e o recurso versar sobre outras questões, caberá ao presidente ou ao vice-presidente do tribunal recorrido, depois do reexame pelo órgão de origem e independentemente de ratificação do recurso, sendo positivo o juízo de admissibilidade, determinar a remessa do recurso ao tribunal superior para julgamento das demais questões.

→ § 2º com redação alterada pela Lei 13.256/2016, em vigor no início da vigência da Lei 13.105/2015 – Novo CPC (*v.* art. 4º da Lei 13.256/2016).

→ **Anterior redação:** § 2º Quando ocorrer a hipótese do inciso II do *caput* do art. 1.040 e o recurso versar sobre outras questões, caberá ao presidente do tribunal, depois do reexame pelo órgão de origem e independentemente de ratificação do recurso ou de juízo de admissibilidade, determinar a remessa do recurso ao tribunal superior para julgamento das demais questões.

Seção III
Do agravo em recurso especial e em recurso extraordinário

→ *v.* Art. 253 do RISTJ.

Art. 1.042. Cabe agravo contra decisão do presidente ou do vice-presidente do tribunal recorrido que inadmitir recurso extraordinário ou recurso especial, salvo quando fundada na aplicação de entendimento firmado em regime de repercussão geral ou em julgamento de recursos repetitivos.

→ *Caput* com redação alterada pela Lei 13.256/2016, em vigor no início da vigência da Lei 13.105/2015 – Novo CPC (*v.* art. 4º da Lei 13.256/2016).

→ **Anterior redação: Art. 1.042.** Cabe agravo contra decisão de presidente ou de vice-presidente do tribunal que: (...).

I – (*Revogado pela Lei 13.256/2016, em vigor no início da vigência da Lei 13.105/2015 – Novo CPC* (v. *art. 4º da Lei 13.256/2016*)).

→ **Anterior redação:** I – indeferir pedido formulado com base no art. 1.035, § 6º, ou no art. 1.036, § 2º, de inadmissão de recurso especial ou extraordinário intempestivo (...).

II – (*Revogado pela Lei 13.256/2016, em vigor no início da vigência da Lei 13.105/2015 – Novo CPC* (v. *art. 4º da Lei 13.256/2016*)).

→ **Anterior redação:** II – inadmitir, com base no art. 1.040, inciso I, recurso especial ou extraordinário sob o fundamento de que o acórdão recorrido coincide com a orientação do tribunal superior; (...).

III – (*Revogado pela Lei 13.256/2016, em vigor no início da vigência da Lei 13.105/2015 – Novo CPC* (v. *art. 4º da Lei 13.256/2016*)).

→ **Anterior redação:** III – inadmitir recurso extraordinário, com base no art. 1.035, § 8º, ou no art. 1.039, parágrafo único, sob o fundamento de que o Supremo Tribunal Federal reconheceu a inexistência de repercussão geral da questão constitucional discutida. (...).

§ 1º (*Revogado pela Lei 13.256/2016, em vigor no início da vigência da Lei 13.105/2015 – Novo CPC* (v. *art. 4º da Lei 13.256/2016*)).

→ **Anterior redação:** § 1º Sob pena de não conhecimento do agravo, incumbirá ao agravante demonstrar, de forma expressa:

I – (*Revogado pela Lei 13.256/2016, em vigor no início da vigência da Lei 13.105/2015 – Novo CPC* (v. *art. 4º da Lei 13.256/2016*)).

→ **Anterior redação:** I – a intempestividade do recurso especial ou extraordinário sobrestado, quando o recurso fundar-se na hipótese do inciso I do caput deste artigo; (...).

II – (*Revogado pela Lei 13.256/2016, em vigor no início da vigência da Lei 13.105/2015 – Novo CPC* (v. *art. 4º da Lei 13.256/2016*)).

→ **Anterior redação:** II – a existência de distinção entre o caso em análise e o precedente invocado, quando a inadmissão do recurso: (...).

a) (*Revogada pela Lei 13.256/2016, em vigor no início da vigência da Lei 13.105/2015 – Novo CPC* (v. *art. 4º da Lei 13.256/2016*)).

→ **Anterior redação:** *a)* especial ou extraordinário fundar-se em entendimento firmado em julgamento de recurso repetitivo por tribunal superior; (...).

b) (*Revogada pela Lei 13.256/2016, em vigor no início da vigência da Lei 13.105/2015 – Novo CPC* (v. *art. 4º da Lei 13.256/2016*)).

→ **Anterior redação:** *b)* extraordinário fundar-se em decisão anterior do Supremo Tribunal Federal de inexistência de repercussão geral da questão constitucional discutida. (...).

§ 2º A petição de agravo será dirigida ao presidente ou ao vice-presidente do tribunal de origem e independe do pagamento de custas e despesas postais, aplicando-se a ela o regime de repercussão geral e de recursos repetitivos, inclusive quanto à possibilidade de sobrestamento e do juízo de retratação.

→ § 2º com redação alterada pela Lei 13.256/2016, em vigor no início da vigência da Lei 13.105/2015 – Novo CPC (*v.* art. 4º da Lei 13.256/2016).

→ *v.* Súmula 286 do STF.

→ *v.* Súmula 83 do STJ.

→ **Anterior redação:** § 2º A petição de agravo será dirigida ao presidente ou vice-presidente do tribunal de origem e independe do pagamento de custas e despesas postais. (...).

§ 3º O agravado será intimado, de imediato, para oferecer resposta no prazo de 15 (quinze) dias.

§ 4º Após o prazo de resposta, não havendo retratação, o agravo será remetido ao tribunal superior competente.

§ 5º O agravo poderá ser julgado, conforme o caso, conjuntamente com o recurso especial ou extraordinário, assegurada, neste caso, sustentação oral, observando-se, ainda, o disposto no regimento interno do tribunal respectivo.

§ 6º Na hipótese de interposição conjunta de recursos extraordinário e especial, o agravante deverá interpor um agravo para cada recurso não admitido.

§ 7º Havendo apenas um agravo, o recurso será remetido ao tribunal competente, e, havendo interposição conjunta, os autos serão remetidos ao Superior Tribunal de Justiça.

→ *v.* Art. 1.031 do NCPC.

§ 8º Concluído o julgamento do agravo pelo Superior Tribunal de Justiça e, se for o caso, do recurso especial, independentemente de pedido, os autos serão remetidos ao Supremo Tribunal Federal para apreciação do agravo a ele dirigido, salvo se estiver prejudicado.

→ *v.* Art. 1.031, § 1º, do NCPC.

Seção IV
Dos embargos de divergência

→ *v.* Súmulas 158, 168, 169 e 316 do STJ.

→ *v.* Arts. 330 a 336 do RISTF.

→ *v.* Arts. 266 e 267 do RISTJ.

Art. 1.043. É embargável o acórdão de órgão fracionário que:

I – em recurso extraordinário ou em recurso especial, divergir do julgamento de qualquer outro órgão do mesmo tribunal, sendo os acórdãos, embargado e paradigma, de mérito;

II – (*Revogado pela Lei 13.256/2016, em vigor no início da vigência da Lei 13.105/2015 – Novo CPC* (v. *art. 4º da Lei 13.256/2016*)).

→ **Anterior redação:** II – em recurso extraordinário ou em recurso especial, divergir do julgamento de qualquer outro órgão do mesmo tribunal, sendo os acórdãos, embargado e paradigma, relativos ao juízo de admissibilidade; (...).

III – em recurso extraordinário ou em recurso especial, divergir do julgamento de qualquer outro órgão do mesmo tribunal, sendo um acórdão de mérito e outro que não tenha conhecido do recurso, embora tenha apreciado a controvérsia;

IV – (*Revogado pela Lei 13.256/2016, em vigor no início da vigência da Lei 13.105/2015 – Novo CPC* (v. *art. 4º da Lei 13.256/2016*)).

→ **Anterior redação:** IV – nos processos de competência originária, divergir do julgamento de qualquer outro órgão do mesmo tribunal.

§ 1º Poderão ser confrontadas teses jurídicas contidas em julgamentos de recursos e de ações de competência originária.

§ 2º A divergência que autoriza a interposição de embargos de divergência pode verificar-se na aplicação do direito material ou do direito processual.

§ 3º Cabem embargos de divergência quando o acórdão paradigma for da mesma turma que proferiu a decisão embargada, desde que sua composição tenha sofrido alteração em mais da metade de seus membros.

§ 4º O recorrente provará a divergência com certidão, cópia ou citação de repositório oficial ou credenciado de jurisprudência, inclusive em mídia eletrônica, onde foi publicado o acórdão divergente, ou com a reprodução de julgado disponível na rede mundial de computadores, indicando a respectiva fonte, e mencionará as circunstâncias que identificam ou assemelham os casos confrontados.

→ *v.* Art. 1.029, § 1º, do NCPC.

§ 5º (*Revogado pela Lei 13.256/2016, em vigor no início da vigência da Lei 13.105/2015 – Novo CPC* (v. *art. 4º da Lei 13.256/2016*)).

→ **Anterior redação:** § 5º É vedado ao tribunal inadmitir o recurso com base em fundamento genérico de que as circunstâncias fáticas são diferentes, sem demonstrar a existência da distinção.

Art. 1.044. No recurso de embargos de divergência, será observado o procedimento estabelecido no regimento interno do respectivo tribunal superior.

§ 1° A interposição de embargos de divergência no Superior Tribunal de Justiça interrompe o prazo para interposição de recurso extraordinário por qualquer das partes.

§ 2° Se os embargos de divergência forem desprovidos ou não alterarem a conclusão do julgamento anterior, o recurso extraordinário interposto pela outra parte antes da publicação do julgamento dos embargos de divergência será processado e julgado independentemente de ratificação.

→ *v.* Art. 1.024, § 5°, do NCPC.

LIVRO COMPLEMENTAR
Disposições Finais e Transitórias

Art. 1.045. Este Código entra em vigor após decorrido 1 (um) ano da data de sua publicação oficial.

Art. 1.046. Ao entrar em vigor este Código, suas disposições se aplicarão desde logo aos processos pendentes, ficando revogada a Lei 5.869, de 11 de janeiro de 1973.

§ 1° As disposições da Lei 5.869, de 11 de janeiro de 1973, relativas ao procedimento sumário e aos procedimentos especiais que forem revogadas aplicar-se-ão às ações propostas e não sentenciadas até o início da vigência deste Código.

§ 2° Permanecem em vigor as disposições especiais dos procedimentos regulados em outras leis, aos quais se aplicará supletivamente este Código.

§ 3° Os processos mencionados no art. 1.218 da Lei 5.869, de 11 de janeiro de 1973, cujo procedimento ainda não tenha sido incorporado por lei submetem-se ao procedimento comum previsto neste Código.

§ 4° As remissões a disposições do Código de Processo Civil revogado, existentes em outras leis, passam a referir-se às que lhes são correspondentes neste Código.

§ 5° A primeira lista de processos para julgamento em ordem cronológica observará a antiguidade da distribuição entre os já conclusos na data da entrada em vigor deste Código.

Art. 1.047. As disposições de direito probatório adotadas neste Código aplicam-se apenas às provas requeridas ou determinadas de ofício a partir da data de início de sua vigência.

Art. 1.048. Terão prioridade de tramitação, em qualquer juízo ou tribunal, os procedimentos judiciais:

I – em que figure como parte ou interessado pessoa com idade igual ou superior a 60 (sessenta) anos ou portadora de doença grave, assim compreendida qualquer das enumeradas no art. 6°, inciso XIV, da Lei 7.713, de 22 de dezembro de 1988;

II – regulados pela Lei 8.069, de 13 de julho de 1990 (Estatuto da Criança e do Adolescente).

§ 1° A pessoa interessada na obtenção do benefício, juntando prova de sua condição, deverá requerê-lo à autoridade judiciária competente para decidir o feito, que determinará ao cartório do juízo as providências a serem cumpridas.

§ 2° Deferida a prioridade, os autos receberão identificação própria que evidencie o regime de tramitação prioritária.

§ 3° Concedida a prioridade, essa não cessará com a morte do beneficiado, estendendo-se em favor do cônjuge supérstite ou do companheiro em união estável.

§ 4° A tramitação prioritária independe de deferimento pelo órgão jurisdicional e deverá ser imediatamente concedida diante da prova da condição de beneficiário.

Art. 1.049. Sempre que a lei remeter a procedimento previsto na lei processual sem especificá-lo, será observado o procedimento comum previsto neste Código.

Parágrafo único. Na hipótese de a lei remeter ao procedimento sumário, será observado o procedimento comum previsto neste Código, com as modificações previstas na própria lei especial, se houver.

Art. 1.050. A União, os Estados, o Distrito Federal, os Municípios, suas respectivas entidades da administração indireta, o Ministério Público, a Defensoria Pública e a Advocacia Pública, no prazo de 30 (trinta) dias a contar da data da entrada em vigor deste Código, deverão se cadastrar perante a administração do tribunal no qual atuem para cumprimento do disposto nos arts. 246, § 2°, e 270, parágrafo único.

Art. 1.051. As empresas públicas e privadas devem cumprir o disposto no art. 246, § 1°, no prazo de 30 (trinta) dias, a contar da data de inscrição do ato constitutivo da pessoa jurídica, perante o juízo onde tenham sede ou filial.

Parágrafo único. O disposto no *caput* não se aplica às microempresas e às empresas de pequeno porte.

Art. 1.052. Até a edição de lei específica, as execuções contra devedor insolvente, em curso ou que venham a ser propostas, permanecem reguladas pelo Livro II, Título IV, da Lei 5.869, de 11 de janeiro de 1973.

Art. 1.053. Os atos processuais praticados por meio eletrônico até a transição definitiva para certificação digital ficam convalidados, ainda que não tenham observado os requisitos mínimos estabelecidos por este Código, desde que tenham atingido sua finalidade e não tenha havido prejuízo à defesa de qualquer das partes.

Art. 1.054. O disposto no art. 503, § 1°, somente se aplica aos processos iniciados após a vigência deste Código, aplicando-se aos anteriores o disposto nos arts. 5°, 325 e 470 da Lei 5.869, de 11 de janeiro de 1973.

Art. 1.055. (*Vetado*).

Art. 1.056. Considerar-se-á como termo inicial do prazo da prescrição prevista no art. 924, inciso V, inclusive para as execuções em curso, a data de vigência deste Código.

Art. 1.057. O disposto no art. 525, §§ 14 e 15, e no art. 535, §§ 7° e 8°, aplica-se às decisões transitadas em julgado após a entrada em vigor deste Código, e, às decisões transitadas em julgado anteriormente, aplica-se o disposto no art. 475-L, § 1°, e no art. 741, parágrafo único, da Lei 5.869, de 11 de janeiro de 1973.

Art. 1.058. Em todos os casos em que houver recolhimento de importância em dinheiro, esta será depositada em nome da parte ou do interessado, em conta especial movimentada por ordem do juiz, nos termos do art. 840, inciso I.

Art. 1.059. À tutela provisória requerida contra a Fazenda Pública aplica-se o disposto nos arts. 1° a 4° da Lei 8.437, de 30 de junho de 1992, e no art. 7°, § 2°, da Lei 12.016, de 7 de agosto de 2009.

Art. 1.060. O inciso II do art. 14 da Lei 9.289, de 4 de julho de 1996, passa a vigorar com a seguinte redação:

"Art. 14. (...)

(...)

II – aquele que recorrer da sentença adiantará a outra metade das custas, comprovando o adiantamento no ato de interposição do recurso, sob pena de deserção, observado o disposto nos §§ 1° a 7° do art. 1.007 do Código de Processo Civil;

(...)"

Art. 1.061. O § 3° do art. 33 da Lei 9.307, de 23 de setembro de 1996 (Lei de Arbitragem), passa a vigorar com a seguinte redação:

"Art. 33. (...)

(...)

§ 3° A decretação da nulidade da sentença arbitral também poderá ser requerida na impugnação ao cumprimento da sentença, nos termos dos arts. 525 e seguintes do Código de Processo Civil, se houver execução judicial."

Art. 1.062. O incidente de desconsideração da personalidade jurídica aplica-se ao processo de competência dos juizados especiais.

Art. 1.063. Até a edição de lei específica, os juizados especiais cíveis previstos na Lei 9.099, de 26 de setembro de 1995, continuam competentes para o processamento e julgamento das causas previstas no art. 275, inciso II, da Lei 5.869, de 11 de janeiro de 1973.

Art. 1.064. O *caput* do art. 48 da Lei 9.099, de 26 de setembro de 1995, passa a vigorar com a seguinte redação:

"Art. 48. Caberão embargos de declaração contra sentença ou acórdão nos casos previstos no Código de Processo Civil.

(...)"

Art. 1.065. O art. 50 da Lei 9.099, de 26 de setembro de 1995, passa a vigorar com a seguinte redação:

"Art. 50. Os embargos de declaração interrompem o prazo para a interposição de recurso."

Art. 1.066. O art. 83 da Lei 9.099, de 26 de setembro de 1995, passam a vigorar com a seguinte redação:

"Art. 83. Cabem embargos de declaração quando, em sentença ou acórdão, houver obscuridade, contradição ou omissão.

(...)

§ 2° Os embargos de declaração interrompem o prazo para a interposição de recurso.

(...)"

Art. 1.067. O art. 275 da Lei 4.737, de 15 de julho de 1965 (Código Eleitoral), passa a vigorar com a seguinte redação:

"Art. 275. São admissíveis embargos de declaração nas hipóteses previstas no Código de Processo Civil.

§ 1º Os embargos de declaração serão opostos no prazo de 3 (três) dias, contado da data de publicação da decisão embargada, em petição dirigida ao juiz ou relator, com a indicação do ponto que lhes deu causa.

§ 2º Os embargos de declaração não estão sujeitos a preparo.

§ 3º O juiz julgará os embargos em 5 (cinco) dias.

§ 4º Nos tribunais:

I – o relator apresentará os embargos em mesa na sessão subsequente, proferindo voto;

II – não havendo julgamento na sessão referida no inciso I, será o recurso incluído em pauta;

III – vencido o relator, outro será designado para lavrar o acórdão.

§ 5º Os embargos de declaração interrompem o prazo para a interposição de recurso.

§ 6º Quando manifestamente protelatórios os embargos de declaração, o juiz ou o tribunal, em decisão fundamentada, condenará o embargante a pagar ao embargado multa não excedente a 2 (dois) salários mínimos.

§ 7º Na reiteração de embargos de declaração manifestamente protelatórios, a multa será elevada a até 10 (dez) salários mínimos."

Art. 1.068. O art. 274 e o *caput* do art. 2.027 da Lei 10.406, de 10 de janeiro de 2002 (Código Civil), passam a vigorar com a seguinte redação:

"Art. 274. O julgamento contrário a um dos credores solidários não atinge os demais, mas o julgamento favorável aproveita-lhes, sem prejuízo de exceção pessoal que o devedor tenha direito de invocar em relação a qualquer deles."

"Art. 2.027. A partilha é anulável pelos vícios e defeitos que invalidam, em geral, os negócios jurídicos.

(...)"

Art. 1.069. O Conselho Nacional de Justiça promoverá, periodicamente, pesquisas estatísticas para avaliação da efetividade das normas previstas neste Código.

Art. 1.070. É de 15 (quinze) dias o prazo para a interposição de qualquer agravo, previsto em lei ou em regimento interno de tribunal, contra decisão de relator ou outra decisão unipessoal proferida em tribunal.

Art. 1.071. O Capítulo III do Título V da Lei 6.015, de 31 de dezembro de 1973 (Lei de Registros Públicos), passa a vigorar acrescida do seguinte art. 216-A:

"Art. 216-A. Sem prejuízo da via jurisdicional, é admitido o pedido de reconhecimento extrajudicial de usucapião, que será processado diretamente perante o cartório do registro de imóveis da comarca em que estiver situado o imóvel usucapiendo, a requerimento do interessado, representado por advogado, instruído com:

I – ata notarial lavrada pelo tabelião, atestando o tempo de posse do requerente e seus antecessores, conforme o caso e suas circunstâncias;

II – planta e memorial descritivo assinado por profissional legalmente habilitado, com prova de anotação de responsabilidade técnica no respectivo conselho de fiscalização profissional, e pelos titulares de direitos reais e de outros direitos registrados ou averbados na matrícula do imóvel usucapiendo e na matrícula dos imóveis confinantes;

III – certidões negativas dos distribuidores da comarca da situação do imóvel e do domicílio do requerente;

IV – justo título ou quaisquer outros documentos que demonstrem a origem, a continuidade, a natureza e o tempo da posse, tais como o pagamento dos impostos e das taxas que incidirem sobre o imóvel.

§ 1º O pedido será autuado pelo registrador, prorrogando-se o prazo da prenotação até o acolhimento ou a rejeição do pedido.

§ 2º Se a planta não contiver a assinatura de qualquer um dos titulares de direitos reais e de outros direitos registrados ou averbados na matrícula do imóvel usucapiendo e na matrícula dos imóveis confinantes, esse será notificado pelo registrador competente, pessoalmente ou pelo correio com aviso de recebimento, para manifestar seu consentimento expresso em 15 (quinze) dias, interpretado o seu silêncio como discordância.

§ 3º O oficial de registro de imóveis dará ciência à União, ao Estado, ao Distrito Federal e ao Município, pessoalmente, por intermédio do oficial de registro de títulos e documentos, ou pelo correio com aviso de recebimento, para que se manifestem, em 15 (quinze) dias, sobre o pedido.

§ 4º O oficial de registro de imóveis promoverá a publicação de edital em jornal de grande circulação, onde houver, para a ciência de terceiros eventualmente interessados, que poderão se manifestar em 15 (quinze) dias.

§ 5º Para a elucidação de qualquer ponto de dúvida, poderão ser solicitadas ou realizadas diligências pelo oficial de registro de imóveis.

§ 6º Transcorrido o prazo de que trata o § 4º deste artigo, sem pendência de diligências na forma do § 5º deste artigo e achando-se em ordem a documentação, com inclusão da concordância expressa dos titulares de direitos reais e de outros direitos registrados ou averbados na matrícula do imóvel usucapiendo e na matrícula dos imóveis confinantes, o oficial de registro de imóveis registrará a aquisição do imóvel com as descrições apresentadas, sendo permitida a abertura de matrícula, se for o caso.

§ 7º Em qualquer caso, é lícito ao interessado suscitar o procedimento de dúvida, nos termos desta Lei.

§ 8º Ao final das diligências, se a documentação não estiver em ordem, o oficial de registro de imóveis rejeitará o pedido.

§ 9º A rejeição do pedido extrajudicial não impede o ajuizamento de ação de usucapião.

§ 10. Em caso de impugnação do pedido de reconhecimento extrajudicial de usucapião, apresentada por qualquer um dos titulares de direito reais e de outros direitos registrados ou averbados na matrícula do imóvel usucapiendo e na matrícula dos imóveis confinantes, por algum dos entes públicos ou por algum terceiro interessado, o oficial de registro de imóveis remeterá os autos ao juízo competente da comarca da situação do imóvel, cabendo ao requerente emendar a petição inicial para adequá-la ao procedimento comum."

Art. 1.072. Revogam-se:

I – o art. 22 do Decreto-Lei 25, de 30 de novembro de 1937;

II – os arts. 227, *caput*, 229, 230, 456, 1.482, 1.483 e 1.768 a 1.773 da Lei 10.406, de 10 de janeiro de 2002 (Código Civil);

III – os arts. 2º, 3º, 4º, 6º, 7º, 11, 12 e 17 da Lei 1.060, de 5 de fevereiro de 1950;

IV – os arts. 13 a 18, 26 a 29 e 38 da Lei 8.038, de 28 de maio de 1990;

V – os arts. 16 a 18 da Lei 5.478, de 25 de julho de 1968; e

VI – o art. 98, § 4º, da Lei 12.529, de 30 de novembro de 2011.

Brasília, 16 de março de 2015; 194º da Independência e 127º da República.

Dilma Rousseff

José Eduardo Cardozo

Jaques Wagner

Joaquim Vieira Ferreira Levy

Luís Inácio Lucena Adams

(Publicação no *D.O.U.* de 17.3.2015)

ÍNDICE REMISSIVO DO NOVO CÓDIGO DE PROCESSO CIVIL

A

LEGISLAÇÃO COMPLEMENTAR SELECIONADA

VADE MECUM DE LEGISLAÇÃO FOCO

LEGISLAÇÃO COMPLEMENTAR SELECIONADA

DECRETO-LEI 4.597, DE 19 DE AGOSTO DE 1942

Dispõe sobre a prescrição das ações contra a Fazenda Pública e dá outras providências.

O Presidente da República, usando da atribuição que lhe confere o art. 180 da Constituição, decreta:

→ A ementa do Dec.-lei 4.597/1942 faz menção à Constituição Federal de 1937.

Art. 1º Salvo o caso do foro do contrato, compete, à justiça de cada Estado e à do Distrito Federal, processar e julgar as causas em que for interessado, como autor, réu assistente ou opoente, respectivamente, o mesmo Estado ou seus Municípios, e o Distrito Federal.

Parágrafo único. O disposto neste artigo não se aplica às causas já ajuizadas.

Art. 2º O Dec. 20.910, de 6 de janeiro de 1932, que regula a prescrição quinquenal, abrange as dívidas passivas das autarquias, ou entidades e órgãos paraestatais, criados por lei e mantidos mediante impostos, taxas ou quaisquer contribuições exigidas em virtude de lei federal, estadual ou municipal, bem como a todo o qualquer direito e ação contra os mesmos.

→ *v.* Arts. 156, V, e 174 do CTN.

Art. 3º A prescrição das dívidas, direitos e ações a que se refere o Dec. 20.910, de 6 de janeiro de 1932, somente pode ser interrompida uma vez, e recomeça a correr, pela metade do prazo, da data do ato que a interrompeu, ou do último do processo para a interrompeu; consumar-se-á a prescrição no curso da lide sempre que a partir do último ato ou termo da mesma, inclusive da sentença nela proferida, embora passada em julgado, decorrer o prazo de dois anos e meio.

Art. 4º As disposições do artigo anterior aplicam-se desde logo a todas as dívidas, direitos e ações a que se referem, ainda não extintos por qualquer causa, ajuizados ou não, devendo a prescrição ser alegada e decretada em qualquer tempo e instância, inclusive nas execuções de sentença.

Art. 5º Este Decreto-lei entrará em vigor na data de sua publicação, revogadas as disposições em contrário.

Rio de Janeiro, 19 de agosto de 1942; 121º da Independência e 54º da República.

Getúlio Vargas

(Publicação no *D.O.U.* 20.8.1942)

DECRETO-LEI 4.657, DE 4 DE SETEMBRO DE 1942

Lei de Introdução às normas do Direito Brasileiro.

→ Ementa com redação alterada pela Lei 12.376/2010.

O Presidente da República, usando da atribuição que lhe confere o art. 180 da Constituição, decreta:

Art. 1º Salvo disposição contrária, a lei começa a vigorar em todo o país 45 (quarenta e cinco) dias depois de oficialmente publicada.

→ *v.* Art. 8º da LC 95/1998.

§ 1º Nos Estados estrangeiros, a obrigatoriedade da lei brasileira, quando admitida, se inicia 3 (três) meses depois de oficialmente publicada.

§ 2º *(Revogado pela Lei 12.036/2009).*

§ 3º Se, antes de entrar a lei em vigor, ocorrer nova publicação de seu texto, destinada a correção, o prazo deste artigo e dos parágrafos anteriores começará a correr da nova publicação.

§ 4º As correções a texto de lei já em vigor consideram-se lei nova.

Art. 2º Não se destinando à vigência temporária, a lei terá vigor até que outra a modifique ou revogue.

→ *v.* Art. 3º do CP.

§ 1º A lei posterior revoga a anterior quando expressamente o declare, quando seja com ela incompatível ou quando regule inteiramente a matéria de que tratava a lei anterior.

→ *v.* Art. 9º da LC 95/1998.

§ 2º A lei nova, que estabeleça disposições gerais ou especiais a par das já existentes, não revoga nem modifica a lei anterior.

§ 3º Salvo disposição em contrário, a lei revogada não se restaura por ter a lei revogadora perdido a vigência.

Art. 3º Ninguém se escusa de cumprir a lei, alegando que não a conhece.

→ *v.* Art. 21 do CP.

→ *v.* Art. 18 da LC 95/1998.

Art. 4º Quando a lei for omissa, o juiz decidirá o caso de acordo com a analogia, os costumes e os princípios gerais de direito.

→ *v.* Art. 3º do CPP.

Art. 5º Na aplicação da lei, o juiz atenderá aos fins sociais a que ela se dirige e às exigências do bem comum.

→ *v.* Art. 6º da Lei 9.099/1995.

Art. 6º A lei em vigor terá efeito imediato e geral, respeitados o ato jurídico perfeito, o direito adquirido e a coisa julgada.

→ *Caput* com redação alterada pela Lei 3.238/1957.

→ *v.* Art. 5º, XXXVI, da CF/1988.

§ 1º Reputa-se ato jurídico perfeito o já consumado segundo a lei vigente ao tempo em que se efetuou.

→ § 1º acrescentado pela Lei 3.238/1957.

→ *v.* Súmula Vinculante 1 do STF.

→ *v.* Art. 5º, XL, da CF/1988.

§ 2º Consideram-se adquiridos assim os direitos que o seu titular, ou alguém por ele, possa exercer, como aqueles cujo começo do exercício tenha termo pré-fixo, ou condição preestabelecida inalterável, a arbítrio de outrem.

→ § 2º acrescentado pela Lei 3.238/1957.

→ *v.* Arts. 115 a 120 do CC.

§ 3º Chama-se coisa julgada ou caso julgado a decisão judicial de que já não caiba recurso.

→ § 3º acrescentado pela Lei 3.238/1957.

→ *v.* Arts. 467 a 475 do CPC/1973.

→ *v.* Arts. 496, e 502 a 508, do NCPC.

Art. 7º A lei do país em que for domiciliada a pessoa determina as regras sobre o começo e o fim da personalidade, o nome, a capacidade e os direitos de família.

→ *v.* Arts. 1º a 10, 16, 70 a 78, e 1.511 a 1.783, do CC.

→ *v.* Arts. 50 a 66, e 77 a 94, da Lei 6.015/1973.

§ 1º Realizando-se o casamento no Brasil, será aplicada a lei brasileira quanto aos impedimentos dirimentes e às formalidades da celebração.

→ *v.* Arts. 1.517, 1.521, I a VII, 1.523 e 1.533 a 1.570 do CC.

→ *v.* Arts. 8º e 9º da Lei 1.110/1950.

§ 2º O casamento de estrangeiros poderá celebrar-se perante autoridades diplomáticas ou consulares do país de ambos os nubentes.

→ § 2º com redação alterada pela Lei 3.238/1957.

→ *v.* Art. 1.544 do CC.

§ 3º Tendo os nubentes domicílio diverso, regerá os casos de invalidade do matrimônio a lei do primeiro domicílio conjugal.

→ *v.* Arts. 1.548 a 1.564 do CC.

§ 4º O regime de bens, legal ou convencional, obedece à lei do país em que tiverem os nubentes domicílio, e, se este for diverso, à do primeiro domicílio conjugal.

→ *v.* Arts. 1.639, 1.640 e 1.653 do CC.

§ 5º O estrangeiro casado, que se naturalizar brasileiro, pode, mediante expressa anuência de seu cônjuge, requerer ao juiz, no ato de entrega do decreto de naturalização, se apostile ao mesmo a adoção do regime de comunhão parcial de bens, respeitados os direitos de terceiros e dada esta adoção ao competente registro.

→ § 5º com redação alterada pela Lei 6.515/1977.

→ *v.* Art. 12 da CF/1988.

→ *v.* Arts. 1.639, § 2º, 1.658 a 1.666 do CC.

§ 6º O divórcio realizado no estrangeiro, se um ou ambos os cônjuges forem brasileiros, só será reconhecido no Brasil depois de 1 (um) ano da data da sentença, salvo se houver sido antecedida de separação judicial por igual prazo, caso em que a homologação produzirá efeito imediato, obedecidas as condições estabelecidas para a eficácia das sentenças estrangeiras no país. O Superior Tribunal de Justiça, na forma de seu regimento interno, poderá reexaminar, a requerimento do interessado, decisões já proferidas em pedidos de homologação de sentenças estrangeiras de divórcio de brasileiros, a fim de que passem a produzir todos os efeitos legais.

→ § 6º com redação alterada pela Lei 12.036/2009.

→ v. Art. 105, I, *i*, CF/1988 (EC 45/2004 alterou a competência para homologação de sentença estrangeira).

→ v. Art. 483, parágrafo único, do CPC/1973.

→ v. Art. 960, § 2º, do NCPC.

§ 7º Salvo o caso de abandono, o domicílio do chefe da família estende-se ao outro cônjuge e aos filhos não emancipados, e o do tutor ou curador aos incapazes sob sua guarda.

§ 8º Quando a pessoa não tiver domicílio, considerar-se-á domiciliada no lugar de sua residência ou naquele em que se encontre.

Art. 8º Para qualificar os bens e regular as relações a eles concernentes, aplicar-se-á a lei do país em que estiverem situados.

§ 1º Aplicar-se-á a lei do país em que for domiciliado o proprietário, quanto aos bens móveis que ele trouxer ou se destinarem a transporte para outros lugares.

§ 2º O penhor regula-se pela lei do domicílio que tiver a pessoa, em cuja posse se encontre a coisa apenhada.

→ v. Arts. 1.431 a 1.472 do CC.

Art. 9º Para qualificar e reger as obrigações, aplicar-se-á a lei do país em que se constituírem.

§ 1º Destinando-se a obrigação a ser executada no Brasil e dependendo de forma essencial, será esta observada, admitidas as peculiaridades da lei estrangeira quanto aos requisitos extrínsecos do ato.

§ 2º A obrigação resultante do contrato reputa-se constituída no lugar em que residir o proponente.

→ v. Art. 435 do CC.

Art. 10. A sucessão por morte ou por ausência obedece à lei do país em que era domiciliado o defunto ou o desaparecido, qualquer que seja a natureza e a situação dos bens.

→ v. Arts. 6º, 7º, 26 a 36, 37 a 39, 1.784 a 1.990 do CC.

§ 1º A sucessão de bens de estrangeiros, situados no país, será regulada pela lei brasileira em benefício do cônjuge ou dos filhos brasileiros, ou de quem os represente, sempre que não lhes seja mais favorável a lei pessoal do *de cujus*.

→ § 1º com redação alterada pela Lei 9.047/1995.

→ v. Art. 5º, XXXI, da CF/1988.

→ v. Arts. 1.829, I e II, 1.830 a 1.832, 1.837, 1.838, 1.851 a 1.856 do CC.

→ v. Art. 17 do Decreto 3.200/1941.

§ 2º A lei do domicílio do herdeiro ou legatário regula a capacidade para suceder.

→ v. Art. 5º, XXX e XXXI, da CF/1988.

→ v. Arts. 1.787, e 1.798 a 1.803, do CC.

→ v. Arts. 89, 96, e 982 do CPC/1973.

→ v. Arts. 23, 48 e 610, do NCPC.

Art. 11. As organizações destinadas a fins de interesse coletivo, como as sociedades e as fundações, obedecem à lei do Estado em que se constituírem.

→ v. Arts. 44, II e III, 62 a 69, 981 a 1.141 do CC.

→ v. Art. 12, § 3º, do CPC/1973.

→ v. Art. 75, § 3º, do NCPC.

→ v. Decreto 2.427/1997 - Promulga a Convenção Interamericana sobre Personalidade e Capacidade de Pessoas Jurídicas no Direito Internacional Privado, concluída em La Paz, em 24 de maio de 1984.

§ 1º Não poderão, entretanto, ter no Brasil filiais, agências ou estabelecimentos antes de serem os atos constitutivos aprovados pelo Governo brasileiro, ficando sujeitas à lei brasileira.

→ v. Art. 170, parágrafo único, da CF/1988.

→ v. Art. 88, parágrafo único, do CPC/1973.

→ v. Art. 21, parágrafo único, do NCPC.

§ 2º Os Governos estrangeiros, bem como as organizações de qualquer natureza, que eles tenham constituído, dirijam ou hajam investido de funções públicas, não poderão adquirir no Brasil bens imóveis ou suscetíveis de desapropriação.

§ 3º Os Governos estrangeiros podem adquirir a propriedade dos prédios necessários à sede dos representantes diplomáticos ou dos agentes consulares.

Art. 12. É competente a autoridade judiciária brasileira, quando for o réu domiciliado no Brasil ou aqui tiver de ser cumprida a obrigação.

→ v. Arts. 88 a 90 do CPC/1973.

→ v. Arts. 21, 23 e 24, do NCPC.

§ 1º Só à autoridade judiciária brasileira compete conhecer das ações relativas a imóveis situados no Brasil.

→ v. Art. 89, I, do CPC/1973.

→ v. Art. 23, I, do NCPC.

§ 2º A autoridade judiciária brasileira cumprirá, concedido o *exequatur* e segundo a forma estabelecida pela lei brasileira, as diligências deprecadas por autoridade estrangeira competente, observando a lei desta, quanto ao objeto das diligências.

→ v. Arts. 105, I, *i*, e 109, X, da CF/1988.

→ v. Arts. 88, 89, 94, § 3º, 95, 202, § 3º, 211, 212, 231, § 1º, 338, do CPC/1973.

→ v. Arts. 21, 23, 46, § 3º, 47, 256, § 1º, 263, 268, 377 e 960, do NCPC.

→ v. Art. 15 da LINDB.

Art. 13. A prova dos fatos ocorridos em país estrangeiro rege-se pela lei que nele vigorar, quanto ao ônus e aos meios de produzir-se, não admitindo os tribunais brasileiros provas que a lei brasileira desconheça.

→ v. Arts. 332 a 334 do CPC/1973.

→ v. Arts. 369, 371 e 373, do NCPC.

Art. 14. Não conhecendo a lei estrangeira, poderá o juiz exigir de quem a invoca prova do texto e da vigência.

Art. 15. Será executada no Brasil a sentença proferida no estrangeiro, que reúna os seguintes requisitos:

a) haver sido proferida por juiz competente;

b) terem sido as partes citadas ou haver-se legalmente verificado a revelia;

c) ter passado em julgado e estar revestida das formalidades necessárias para a execução no lugar em que foi proferida;

d) estar traduzida por intérprete autorizado;

→ v. Art. 215, §§ 3º e 4º, do CC.

→ v. Arts. 157 do CPC/1973.

→ v. Art. 192, parágrafo único, do NCPC.

→ v. Arts. 129, 6, e 130, da Lei 6.015/1973.

e) ter sido homologada pelo Supremo Tribunal Federal.

→ Pela EC 45/2004 a competência para homologação de sentença estrangeira é do STJ.

→ v. Art. 105, I, *i*, da CF/1988.

Parágrafo único. *(Revogado pela Lei 12.036/2009).*

Art. 16. Quando, nos termos dos artigos precedentes, se houver de aplicar a lei estrangeira, ter-se-á em vista a disposição desta, sem considerar-se qualquer remissão por ela feita a outra lei.

Art. 17. As leis, atos e sentenças de outro país, bem como quaisquer declarações de vontade, não terão eficácia no Brasil, quando ofenderem a soberania nacional, a ordem pública e os bons costumes.

Art. 18. Tratando-se de brasileiros, são competentes as autoridades consulares brasileiras para lhes celebrar o casamento e os mais atos de Registro Civil e de tabelionato, inclusive o registro de nascimento e de óbito dos filhos de brasileiro ou brasileira nascidos no país da sede do Consulado.

→ *Caput* com redação alterada pela Lei 3.238/1957.

→ v. Art. 12, I, *a*, *b* e *c*, da CF/1988.

→ v. Art. 32 da Lei 6.015/1973.

→ v. Decreto 360/1935 – Aprova a Consolidação das Leis, decretos, circulares e decisões referentes ao exercício das funções consulares brasileiras.

§ 1º As autoridades consulares brasileiras também poderão celebrar a separação consensual e o divórcio consensual de brasileiros, não havendo filhos menores ou incapazes do casal e observados os requisitos legais quanto aos prazos, devendo constar da respectiva escritura pública as disposições relativas à descrição e à partilha dos bens comuns e à pensão alimentícia e, ainda, ao acordo quanto à retomada pelo cônjuge de seu nome de solteiro ou à manutenção do nome adotado quando se deu o casamento.

→ § 1º acrescentado pela Lei 12.874/2013, em vigor após decorridos 120 (cento e vinte) dias de sua publicação – *D.O.U.* 30.10.2013.

§ 2º É indispensável a assistência de advogado, devidamente constituído, que se dará mediante a subscrição de petição, juntamente com ambas as partes, ou com apenas uma delas, caso a outra constitua advogado próprio, não se fazendo necessário que a assinatura do advogado conste da escritura pública.

→ § 2º acrescentado pela Lei 12.874/2013, em vigor após decorridos 120 (cento e vinte) dias de sua publicação – *D.O.U.* 30.10.2013.

Art. 19. Reputam-se válidos todos os atos indicados no artigo anterior e celebrados pelos cônsules brasileiros na vigência do Dec.-lei 4.657, de 4 de setembro de 1942, desde que satisfaçam todos os requisitos legais.

→ Artigo acrescentado pela Lei 3.238/1957.

Parágrafo único. No caso em que a celebração desses atos tiver sido recusada pelas autoridades consulares, com fundamento no art. 18 do mesmo Decreto-lei, ao interessado é facultado renovar o pedido dentre em 90 (noventa) dias contados da data da publicação desta Lei.

Rio de Janeiro, 4 de setembro de 1942; 121º da Independência e 54º da República.

Getúlio Vargas

(Publicação no *D.O.U.* de 9.9.1942; retificado em 8.10.1942 e 17.6.1943)

LEI 810, DE 6 DE SETEMBRO DE 1949

Define o ano civil.

O Presidente da República:

Faço saber que o Congresso Nacional decreta e eu sanciono a seguinte Lei:

Art. 1º Considera-se ano o período de 12 (doze) meses contado do dia do início ao dia e mês correspondentes do ano seguinte.

Art. 2º Considera-se mês o período de tempo contado do dia do início ao dia correspondente do mês seguinte.

Art. 3º Quando no ano ou mês do vencimento não houver o dia correspondente ao do início do prazo, este findará no primeiro dia subsequente.

Art. 4º Revogam-se as disposições em contrário.

Rio de Janeiro, 6 de setembro de 1949; 128º da Independência e 61º da República.

Eurico G. Dutra

(Publicação no *D.O.U.* de 16.9.1949)

LEI 1.079, DE 10 DE ABRIL DE 1950

Define os crimes de responsabilidade e regula o respectivo processo de julgamento.

O Presidente da República:

Faço saber que o Congresso Nacional decreta e eu sanciono a seguinte Lei:

PARTE PRIMEIRA Do Presidente da República e Ministros de Estado

→ *v.* Súmulas 396 e 451 do STF.

→ *v.* Dec.-lei 201/1967 – Responsabilidade dos prefeitos e vereadores.

Art. 1º São crimes de responsabilidade os que esta Lei especifica.

Art. 2º Os crimes definidos nesta Lei, ainda quando simplesmente tentados, são passíveis da pena de perda do cargo, com inabilitação, até 5 (cinco) anos, para o exercício de qualquer função pública, imposta pelo Senado Federal nos processos contra o Presidente da República ou ministros de Estado, contra os ministros do Supremo Tribunal Federal ou contra o procurador-geral da República.

→ *v.* Art. 85 da CF/1988.

Art. 3º A imposição da pena referida no artigo anterior não exclui o processo e julgamento do acusado por crime comum, na justiça ordinária, nos termos das leis de processo penal.

Art. 4º São crimes de responsabilidade os atos do Presidente da República que atentarem contra a Constituição Federal, e, especialmente, contra:

I – a existência da União;

II – o livre exercício do poder Legislativo, do Poder Judiciário e dos poderes constitucionais dos Estados;

III – o exercício dos direitos políticos, individuais e sociais;

IV – a segurança interna do País;

V – a probidade na administração;

VI – a lei orçamentária;

VII – a guarda e o legal emprego dos dinheiros públicos;

VIII – o cumprimento das decisões judiciárias (Constituição, art. 89).

→ A referência é à Constituição de 1946.

→ *v.* Art. 85 da CF/1988.

Título I

Capítulo I
DOS CRIMES CONTRA A EXISTÊNCIA DA UNIÃO

Art. 5º São crimes de responsabilidade contra a existência política da União:

→ *v.* Art. 85, I, da CF/1988.

1) entreter, direta ou indiretamente, inteligência com governo estrangeiro, provocando-o a fazer guerra ou cometer hostilidade contra a República, prometer-lhe assistência ou favor, ou dar-lhe qualquer auxílio nos preparativos ou planos de guerra contra a República;

2) tentar, diretamente, e por fatos, submeter a União ou algum dos Estados ou Territórios a domínio estrangeiro, ou dela separar qualquer Estado ou porção do território nacional;

3) cometer ato de hostilidade contra nação estrangeira, expondo a República ao perigo da guerra, ou comprometendo-lhe a neutralidade;

4) revelar negócios políticos ou militares, que devam ser mantidos secretos a bem da defesa da segurança externa ou dos interesses da Nação;

5) auxiliar, por qualquer modo, nação inimiga a fazer a guerra ou a cometer hostilidade contra a República;

6) celebrar tratados, convenções ou ajustes que comprometam a dignidade da Nação;

7) violar a imunidade dos embaixadores ou ministros estrangeiros acreditados no País;

8) declarar a guerra, salvo os casos de invasão ou agressão estrangeira, ou fazer a paz, sem autorização do Congresso Nacional;

9) não empregar contra o inimigo os meios de defesa de que poderia dispor;

10) permitir o Presidente da República, durante as sessões legislativas e sem autorização do Congresso Nacional, que forças estrangeiras transitem pelo território do País, ou, por motivo de guerra, nele permaneçam temporariamente;

11) violar tratados legitimamente feitos com nações estrangeiras.

Capítulo II
DOS CRIMES CONTRA O LIVRE EXERCÍCIO DOS PODERES CONSTITUCIONAIS

Art. 6º São crimes de responsabilidade contra o livre exercício dos Poderes Legislativo e Judiciário e dos poderes constitucionais dos Estados:

→ *v.* Arts. 49, II, e 85, II, da CF/1988.

1) tentar dissolver o Congresso Nacional, impedir a reunião ou tentar impedir por qualquer modo o funcionamento de qualquer de suas Câmaras;

2) usar de violência ou ameaça contra algum representante da nação para afastá-lo da Câmara a que pertença ou para coagi-lo no modo de exercer o seu mandato bem como conseguir ou tentar conseguir o mesmo objetivo mediante suborno ou outras formas de corrupção;

3) violar as imunidades asseguradas aos membros do Congresso Nacional, das Assembleias Legislativas dos Estados, da Câmara dos Vereadores do Distrito Federal e das Câmaras Municipais;

4) permitir que força estrangeira transite pelo território do país ou nele permaneça quando a isso se oponha o Congresso Nacional;

→ *v.* Art. 84, XXII, da CF/1988.

5) opor-se diretamente e por fatos ao livre exercício do Poder Judiciário, ou obstar, por meios violentos, ao efeito dos seus atos, mandados ou sentenças;

6) usar de violência ou ameaça, para constranger juiz, ou jurado, a proferir ou deixar de proferir despacho, sentença ou voto, ou a fazer ou deixar de fazer ato do seu ofício;

7) praticar contra os poderes estaduais ou municipais ato definido como crime neste artigo;

8) intervir em negócios peculiares aos Estados ou aos Municípios com desobediência às normas constitucionais.

Capítulo III
DOS CRIMES CONTRA O EXERCÍCIO DOS DIREITOS POLÍTICOS, INDIVIDUAIS E SOCIAIS

Art. 7º São crimes de responsabilidade contra o livre exercício dos direitos políticos, individuais e sociais:

→ *v.* Art. 85, III, da CF/1988.

1) impedir por violência, ameaça ou corrupção, o livre exercício do voto;

2) obstar ao livre exercício das funções dos mesários eleitorais;

3) violar o escrutínio de seção eleitoral ou inquinar de nulidade o seu resultado pela subtração, desvio ou inutilização do respectivo material;

4) utilizar o poder federal para impedir a livre execução da lei eleitoral;

5) servir-se das autoridades sob sua subordinação imediata para praticar abuso do poder, ou tolerar que essas autoridades o pratiquem sem repressão sua;

6) subverter ou tentar subverter por meios violentos a ordem política e social;

7) incitar militares à desobediência à lei ou infração à disciplina;

8) provocar animosidade entre as classes armadas ou contra elas, ou delas contra as instituições civis;

9) violar patentemente qualquer direito ou garantia individual constante do art. 141, e bem assim os direitos sociais assegurados no art. 157 da Constituição;

→ v. A referência é à Constituição de 1946.

→ v. Arts. 5º, 7º, e 201 da CF/1988.

10) tomar ou autorizar, durante o estado de sítio, medidas de repressão que excedam os limites estabelecidos na Constituição.

Capítulo IV
DOS CRIMES CONTRA A SEGURANÇA INTERNA DO PAÍS

Art. 8º São crimes contra a segurança interna do país:

→ v. Art. 85, IV, da CF/1988.

1) tentar mudar por violência a forma de governo da República;

2) tentar mudar por violência a Constituição Federal ou de algum dos Estados, ou lei da União, de Estado ou Município;

3) decretar o estado de sítio, estando reunido o Congresso Nacional, ou no recesso deste, não havendo comoção interna grave nem fatos que evidenciem estar a mesma a irromper ou não ocorrendo guerra externa;

4) praticar ou concorrer para que se perpetre qualquer dos crimes contra a segurança interna, definidos na legislação penal;

5) não dar as providências de sua competência para impedir ou frustrar a execução desses crimes;

6) ausentar-se do País sem autorização do Congresso Nacional;

7) permitir, de forma expressa ou tácita, a infração de lei federal de ordem pública;

8) deixar de tomar, nos prazos fixados, as providências determinadas por lei ou tratado federal e necessárias à sua execução e cumprimento.

Capítulo V
DOS CRIMES CONTRA A PROBIDADE NA ADMINISTRAÇÃO

Art. 9º São crimes de responsabilidade contra a probidade na administração:

→ v. Arts. 37, § 4º, e 84, V, da CF/1988.

→ v. Lei 8.429/1992 – Lei de Improbidade Administrativa.

1) omitir ou retardar dolosamente a publicação das leis e resoluções do Poder Legislativo ou dos atos do Poder Executivo;

2) não prestar ao Congresso Nacional, dentro de 60 (sessenta) dias após a abertura da sessão legislativa, as contas relativas ao exercício anterior;

3) não tornar efetiva a responsabilidade dos seus subordinados, quando manifesta em delitos funcionais ou na prática de atos contrários à Constituição;

4) expedir ordens ou fazer requisição de forma contrária às disposições expressas da Constituição;

5) infringir, no provimento dos cargos públicos, as normas legais;

6) usar de violência ou ameaça contra funcionário público para coagi-lo a proceder ilegalmente, bem como utilizar-se de suborno ou de qualquer outra forma de corrupção para o mesmo fim;

7) proceder de modo incompatível com a dignidade, a honra e o decoro do cargo.

Capítulo VI
DOS CRIMES CONTRA A LEI ORÇAMENTÁRIA

→ v. Art. 85, VI, da CF/1988.

Art. 10. São crimes de responsabilidade contra a lei orçamentária:

1) não apresentar ao Congresso Nacional a proposta do orçamento da República dentro dos primeiros dois meses de cada sessão legislativa;

2) exceder ou transportar, sem autorização legal, as verbas do orçamento;

3) realizar o estorno de verbas;

4) infringir, patentemente, e de qualquer modo, dispositivo da lei orçamentária;

5) deixar de ordenar a redução do montante da dívida consolidada, nos prazos estabelecidos em lei, quando o montante ultrapassar o valor resultante da aplicação do limite máximo fixado pelo Senado Federal;

→ Item 5 acrescentado pela Lei 10.028/2000.

→ v. Art. 52, VI, da CF/1988.

6) ordenar ou autorizar a abertura de crédito em desacordo com os limites estabelecidos pelo Senado Federal, sem fundamento na lei orçamentária ou na de crédito adicional ou com inobservância de prescrição legal;

→ Item 6 acrescentado pela Lei 10.028/2000.

→ v. Arts. 98, § 5º, 165, § 8º, 167, V, § 3º, da CF/1988.

7) deixar de promover ou ordenar na forma de lei, o cancelamento, a amortização ou a constituição de reserva para anular os efeitos da operação de crédito realizada com inobservância de limite, condição ou montante estabelecido em lei;

→ Item 7 acrescentado pela Lei 10.028/2000.

→ v. Art. 99, § 5º, da CF/1988.

8) deixar de promover ou de ordenar a liquidação integral de operação de crédito por antecipação de receita orçamentária, inclusive os respectivos juros e demais encargos, até o encerramento do exercício financeiro;

→ Item 8 acrescentado pela Lei 10.028/2000.

9) ordenar ou autorizar, em desacordo com a lei, a realização de operação de crédito com qualquer um dos demais entes da Federação, inclusive suas entidades de administração indireta, ainda que na forma de novação, refinanciamento ou postergação de dívida contraída anteriormente;

→ Item 9 acrescentado pela Lei 10.028/2000.

10) captar recursos a título de antecipação de receita de tributo ou contribuição cujo fato gerador ainda não tenha ocorrido;

→ Item 10 acrescentado pela Lei 10.028/2000.

11) ordenar ou autorizar a destinação de recursos provenientes da emissão de títulos para finalidade diversa da prevista na lei que a autorizou;

→ Item 11 acrescentado pela Lei 10.028/2000.

12) realizar ou receber transferência voluntária em desacordo com limite ou condição estabelecida em lei.

→ Item 12 acrescentado pela Lei 10.028/2000.

Capítulo VII
DOS CRIMES CONTRA A GUARDA E LEGAL EMPREGO DOS DINHEIROS PÚBLICOS

Art. 11. São crimes de responsabilidade contra a guarda e o legal emprego dos dinheiros públicos:

1) ordenar despesas não autorizadas por lei ou sem observância das prescrições legais relativas às mesmas;

2) abrir crédito sem fundamento em lei ou sem as formalidades legais;

3) contrair empréstimo, emitir moeda corrente ou apólices, ou efetuar operação de crédito sem autorização legal;

4) alienar imóveis nacionais ou empenhar rendas públicas sem autorização em lei;

5) negligenciar a arrecadação das rendas, impostos e taxas, bem como a conservação do patrimônio nacional.

Capítulo VIII
DOS CRIMES CONTRA O CUMPRIMENTO DAS DECISÕES JUDICIÁRIAS

Art. 12. São crimes de responsabilidade contra as decisões judiciárias:

→ v. Art. 85, VII, da CF/1988.

1) impedir, por qualquer meio, o efeito dos atos, mandados ou decisões do Poder Judiciário;

2) recusar o cumprimento das decisões do Poder Judiciário no que depender do exercício das funções do Poder Executivo;

3) deixar de atender a requisição de intervenção federal do Supremo Tribunal Federal ou do Tribunal Superior Eleitoral;

4) impedir ou frustrar pagamento determinado por sentença judiciária.

Título II
Dos Ministros de Estado

→ v. Arts. 87 e 88 da CF/1988.

Art. 13. São crimes de responsabilidade dos ministros de Estado:

1) os atos definidos nesta Lei, quando por eles praticados ou ordenados;

2) os atos previstos nesta Lei, que os ministros assinarem com o Presidente da República ou por ordem deste praticarem;

3) a falta de comparecimento sem justificação, perante a Câmara dos Deputados ou o Senado Federal, ou qualquer das suas comissões, quando uma ou outra casa do Congresso os convocar para, pessoalmente, prestarem informações acerca de assunto previamente determinado;

4) não prestarem dentro em 30 (trinta) dias e sem motivo justo, a qualquer das Câmaras do Congresso Nacional, as informações que ela lhes solicitar por escrito, ou prestarem-nas com falsidade.

PARTE SEGUNDA
Processo e julgamento

Título único
Do Presidente da República e Ministros de Estado

Capítulo I
DA DENÚNCIA

Art. 14. É permitido a qualquer cidadão denunciar o Presidente da República ou ministro de Estado, por crime de responsabilidade, perante a Câmara dos Deputados.

→ *v.* Súmula 14 do STF.

Art. 15. A denúncia só poderá ser recebida enquanto o denunciado não tiver, por qualquer motivo, deixado definitivamente o cargo.

Art. 16. A denúncia assinada pelo denunciante e com a firma reconhecida, deve ser acompanhada dos documentos que a comprovem, ou da declaração de impossibilidade de apresentá-los, com a indicação do local onde possam ser encontrados. Nos crimes de que haja prova testemunhal, a denúncia deverá conter o rol das testemunhas, em número de cinco no mínimo.

Art. 17. No processo de crime de responsabilidade, servirá de escrivão um funcionário da secretaria da Câmara dos Deputados, ou do Senado, conforme se achar o mesmo em uma ou outra casa do Congresso Nacional.

Art. 18. As testemunhas arroladas no processo deverão comparecer para prestar o seu depoimento, e a mesa da Câmara dos Deputados ou do Senado, por ordem de quem serão notificadas, tomará as providências legais que se tornarem necessárias para compeli-las à obediência.

Capítulo II
DA ACUSAÇÃO

→ *v.* Arts. 52, I, 86, e 102, II, *b*, da CF/1988.

Art. 19. Recebida a denúncia, será lida no expediente da sessão seguinte e despachada a uma comissão especial eleita, da qual participem, observada a respectiva proporção, representantes de todos os partidos para opinar sobre a mesma.

Art. 20. A comissão a que alude o artigo anterior se reunirá dentro de 48 (quarenta e oito) horas e, depois de eleger seu presidente e relator, emitirá parecer, dentro do prazo de 10 (dez) dias, sobre se a denúncia deve ser ou não julgada objeto de deliberação. Dentro desse período poderá a comissão proceder as diligências que julgar necessárias ao esclarecimento da denúncia.

§ 1º O parecer da comissão especial será lido no expediente da sessão da Câmara dos Deputados e publicado integralmente no Diário do Congresso Nacional e em avulsos, juntamente com a denúncia, devendo as publicações ser distribuídas a todos os deputados.

§ 2º Quarenta e oito horas após a publicação oficial do parecer da comissão especial, será o mesmo incluído, em primeiro lugar, na ordem do dia da Câmara dos Deputados, para uma discussão única.

Art. 21. Cinco representantes de cada partido poderão falar, durante uma hora, sobre o parecer, ressalvado ao relator da comissão especial o direito de responder a cada um.

Art. 22. Encerrada a discussão do parecer, e submetido o mesmo a votação nominal, será a denúncia, com os documentos que a instruam, arquivada, se não for considerada objeto de deliberação. No caso contrário, será remetida por cópia autêntica ao denunciado, que terá o prazo de 20 (vinte) dias para contestá-la e indicar os meios de prova com que pretenda demonstrar a verdade do alegado.

§ 1º Findo esse prazo e com ou sem a contestação, a comissão especial determinará as diligências requeridas, ou que julgar convenientes, e realizará as sessões necessárias para a tomada do depoimento das testemunhas de ambas as partes, podendo ouvir o denunciante e o denunciado, que poderá assistir pessoalmente, ou por seu procurador, a todas as audiências e diligências realizadas pela comissão, interrogando e contestando as testemunhas e requerendo a reinquirição ou acareação das mesmas.

§ 2º Findas essas diligências, a comissão especial proferirá, no prazo de 10 (dez) dias, parecer sobre a procedência ou improcedência da denúncia.

§ 3º Publicado e distribuído esse parecer na forma do § 1º do art. 20, será o mesmo incluído na ordem do dia da sessão imediata para ser submetido a duas discussões, com o interregno de 48 (quarenta e oito) horas entre uma e outra.

§ 4º Nas discussões do parecer sobre a procedência ou improcedência da denúncia, cada representante de partido poderá falar uma só vez e durante uma hora, ficando as questões de ordem subordinadas ao disposto no § 2º do art. 20.

Art. 23. Encerrada a discussão do parecer, será o mesmo submetido a votação nominal, não sendo permitida, então, questões de ordem, nem encaminhamento de votação.

§ 1º Se da aprovação do parecer resultar a procedência da denúncia, considerar-se-á decretada a acusação pela Câmara dos Deputados.

§ 2º Decretada a acusação, será o denunciado intimado imediatamente pela mesa da Câmara dos Deputados, por intermédio do 1º secretário.

§ 3º Se o denunciado estiver ausente do Distrito Federal, a sua intimação será solicitada pela mesa da Câmara dos Deputados, ao presidente do Tribunal de Justiça do Estado em que ele se encontrar.

§ 4º A Câmara dos Deputados elegerá uma comissão de três membros para acompanhar o julgamento do acusado.

§ 5º São efeitos imediatos ao decreto da acusação do Presidente da República, ou de ministro de Estado, a suspensão do exercício das funções do acusado e da metade do subsídio ou do vencimento, até sentença final.

§ 6º Conforme se trate da acusação de crime comum ou de responsabilidade, o processo será enviado ao Supremo Tribunal Federal ou ao Senado Federal.

Capítulo III
DO JULGAMENTO

→ *v.* Art. 52, parágrafo único, da CF/1988.

Art. 24. Recebido no Senado o decreto de acusação com o processo enviado pela Câmara dos Deputados e apresentado o libelo pela comissão acusadora, remeterá o presidente cópia de tudo ao acusado, que, na mesma ocasião e nos termos dos §§ 2º e 3º do art. 23, será notificado para comparecer em dia prefixado perante o Senado.

Parágrafo único. Ao presidente do Supremo Tribunal Federal enviar-se-á o processo em original, com a comunicação do dia designado para o julgamento.

Art. 25. O acusado comparecerá, por si ou pelos seus advogados, podendo, ainda, oferecer novos meios de prova.

Art. 26. No caso de revelia, marcará o presidente novo dia para o julgamento e nomeará para a defesa do acusado um advogado, a quem se facultará o exame de todas as peças de acusação.

Art. 27. No dia aprazado para o julgamento, presentes o acusado, seus advogados, ou o defensor nomeado a sua revelia, e a comissão acusadora, o presidente do Supremo Tribunal Federal, abrindo a sessão, mandará ler o processo preparatório, o libelo e os artigos de defesa; em seguida inquirirá as testemunhas, que deverão depor publicamente e fora da presença umas das outras.

Art. 28. Qualquer membro da comissão acusadora ou do Senado, e bem assim o acusado ou seus advogados poderão requerer que se façam às testemunhas perguntas que julgarem necessárias.

Parágrafo único. A comissão acusadora, ou o acusado ou seus advogados, poderão contestar ou arguir as testemunhas sem contudo interrompê-las o requerer a acareação.

Art. 29. Realizar-se-á a seguir o debate verbal entre a comissão acusadora e o acusado ou os seus advogados pelo prazo que o presidente fixar e que não poderá exceder de 2 (duas) horas.

Art. 30. Findos os debates orais e retiradas as partes, abrir-se-á discussão sobre o objeto da acusação.

Art. 31. Encerrada a discussão o presidente do Supremo Tribunal Federal fará relatório resumido da denúncia e das provas da acusação e da defesa e submeterá à votação nominal dos senadores o julgamento.

Art. 32. Se o julgamento for absolutório produzirá, desde logo, todos os efeitos a favor do acusado.

Art. 33. No caso de condenação, o Senado por iniciativa do presidente fixará o prazo de inabilitação do condenado para o exercício de qualquer função pública; e no caso de haver crime comum deliberará ainda sobre se o presidente o deverá submeter à justiça ordinária, independentemente da ação de qualquer interessado.

Art. 34. Proferida a sentença condenatória, o acusado estará, *ipso facto*, destituído do cargo.

Art. 35. A resolução do Senado constará da sentença que será lavrada, nos autos do processo, pelo presidente do Supremo Tribunal

Federal, assinada pelos senadores que funcionarem como juízes, transcrita na ata da sessão e, dentro desta, publicada no *Diário Oficial* e no *Diário do Congresso Nacional*.

Art. 36. Não pode interferir, em nenhuma fase do processo de responsabilidade do Presidente da República ou dos Ministros de Estado, o deputado ou senador:

a) que tiver parentesco consanguíneo ou afim, com o acusado, em linha reta; em linha colateral, os irmãos, cunhados, enquanto durar o cunhadio, e os primos coirmãos;

b) que, como testemunha do processo, tiver deposto de ciência própria.

Art. 37. O Congresso Nacional deverá ser convocado, extraordinariamente, pelo terço de uma de suas câmaras, caso a sessão legislativa se encerre sem que se tenha ultimado o julgamento do Presidente da República, ou de ministro de Estado, bem como no caso de ser necessário o início imediato do processo.

Art. 38. No processo e julgamento do Presidente da República e dos ministros de Estado, serão subsidiários desta lei naquilo em que lhes forem aplicáveis, assim os regimentos internos da Câmara dos Deputados e do Senado Federal, como o Código de Processo Penal.

PARTE TERCEIRA

Título I

Capítulo I

DOS MINISTROS DO SUPREMO TRIBUNAL FEDERAL

➜ *V.* Arts. 101 a 103-B da CF/1988.

Art. 39. São crimes de responsabilidade dos ministros do Supremo Tribunal Federal:

1) alterar, por qualquer forma, exceto por via de recurso, a decisão ou voto já proferido em sessão do tribunal;

2) proferir julgamento, quando, por lei, seja suspeito na causa;

3) exercer atividade político-partidária;

4) ser patentemente desidioso no cumprimento dos deveres do cargo;

5) proceder de modo incompatível com a honra, dignidade e decoro de suas funções.

Art. 39-A. Constituem, também, crimes de responsabilidade do Presidente do Supremo Tribunal Federal ou de seu substituto quando no exercício da Presidência, as condutas previstas no art. 10 desta Lei, quando por eles ordenadas ou praticadas.

➜ Artigo acrescentado pela Lei 10.028/2000.

Parágrafo único. O disposto neste artigo aplica-se aos Presidentes, e respectivos substitutos quando no exercício da Presidência, dos Tribunais Superiores, dos Tribunais de Contas, dos Tribunais Regionais Federais, do Trabalho e Eleitorais, dos Tribunais de Justiça e de Alçada dos Estados e do Distrito Federal, e aos Juízes Diretores de Foro ou função equivalente no primeiro grau de jurisdição.

➜ A partir da Constituição de 1946, a nomenclatura Tribunal de Apelação passou a ser Tribunal de Justiça.

Capítulo II

DO PROCURADOR-GERAL DA REPÚBLICA

Art. 40. São crimes de responsabilidade do procurador-geral da República:

1) emitir parecer, quando, por lei, seja suspeito na causa;

2) recusar-se à prática de ato que lhe incumba;

3) ser patentemente desidioso no cumprimento de suas atribuições;

4) proceder de modo incompatível com a dignidade e o decoro do cargo.

Art. 40-A. Constituem, também, crimes do Procurador-Geral da República, ou de seu substituto quando no exercício da chefia do Ministério Público da União, as condutas previstas no art. 10 desta Lei, quando por eles ordenadas ou praticadas.

➜ Artigo acrescentado pela Lei 10.028/2000.

Parágrafo único. O disposto neste artigo aplica-se:

I – ao Advogado-Geral da União;

II – aos Procuradores-Gerais do Trabalho, Eleitoral e Militar, aos Procuradores-Gerais de Justiça dos Estados e do Distrito Federal, aos Procuradores-Gerais dos Estados e do Distrito Federal, e aos membros do Ministério Público da União e dos Estados, da Advocacia-Geral da União, das Procuradorias dos Estados e do Distrito Federal, quando no exercício de função de chefia das unidades regionais ou locais das respectivas instituições.

Título II

Do processo e julgamento

Capítulo I

DA DENÚNCIA

➜ *V.* Art. 52, II, da CF/1988.

Art. 41. É permitido a todo cidadão denunciar, perante o Senado Federal, os ministros do Supremo Tribunal Federal e o procurador-geral da República, pelos crimes de responsabilidade que cometerem (arts. 39 e 40).

Art. 41-A. Respeitada a prerrogativa de foro que assiste às autoridades a que se referem o parágrafo único do art. 39-A e o inciso II do parágrafo único do art. 40-A, as ações penais contra elas ajuizadas pela prática dos crimes de responsabilidade previstos no art. 10 desta Lei serão processadas e julgadas de acordo com o rito instituído pela Lei 8.038, de 28 de maio de 1990, permitido, a todo cidadão, o oferecimento da denúncia.

➜ Artigo acrescentado pela Lei 10.028/2000.

Art. 42. A denúncia só poderá ser recebida se o denunciado não tiver, por qualquer motivo, deixado definitivamente o cargo.

Art. 43. A denúncia, assinada pelo denunciante com a firma reconhecida, deve ser acompanhada dos documentos que a comprovem ou da declaração de impossibilidade de apresentá-los, com a indicação do local onde possam ser encontrados. Nos crimes de que haja prova testemunhal, a denúncia deverá conter o rol das testemunhas, em número de cinco, no mínimo.

Art. 44. Recebida a denúncia pela mesa do Senado, será lida no expediente da sessão seguinte e despachada a uma comissão especial, eleita para opinar sobre a mesma.

Art. 45. A comissão a que alude o artigo anterior, reunir-se-á dentro de 48 (quarenta e oito) horas e, depois de eleger o seu presidente e relator, emitirá parecer no prazo de 10 (dez) dias sobre se a denúncia deve ser, ou não, julgada objeto de deliberação. Dentro desse período poderá a comissão proceder às diligências que julgar necessárias.

Art. 46. O parecer da comissão, com a denúncia e os documentos que a instruírem será lido no expediente de sessão do Senado, publicado no *Diário do Congresso Nacional* e em avulsos, que deverão ser distribuídos entre os senadores, e dado para ordem do dia da sessão seguinte.

Art. 47. O parecer será submetido a uma só discussão, e a votação nominal, considerando-se aprovado se reunir a maioria simples de votos.

Art. 48. Se o Senado resolver que a denúncia não deve constituir objeto de deliberação, serão os papéis arquivados.

Art. 49. Se a denúncia for considerada objeto de deliberação, a mesa remeterá cópia de tudo ao denunciado, para responder à acusação no prazo de 10 (dez) dias.

Art. 50. Se o denunciado estiver fora do Distrito Federal, a cópia lhe será entregue pelo presidente do Tribunal de Justiça do Estado em que se achar. Caso se ache fora do País ou em lugar incerto e não sabido, o que será verificado pelo 1º secretário do Senado, a intimação far-se-á por edital, publicado no *Diário do Congresso Nacional*, com a antecedência de 60 (sessenta) dias, aos quais se acrescerá, em comparecendo o denunciado, o prazo do art. 49.

Art. 51. Findo o prazo para a resposta do denunciado, seja esta recebida, ou não, a comissão dará parecer, dentro de 10 (dez) dias, sobre a procedência ou improcedência da acusação.

Art. 52. Perante a comissão, o denunciante e o denunciado poderão comparecer pessoalmente ou por procurador, assistir a todos os atos e diligências por ela praticados, inquirir, reinquirir, contestar testemunhas e requerer a sua acareação. Para esse efeito, a comissão dará aos interessados conhecimento das suas reuniões e das diligências a que deva proceder, com a indicação de lugar, dia e hora.

Art. 53. Findas as diligências, a comissão emitirá sobre elas o seu parecer, que será publicado e distribuído, com todas as peças que o instruírem, e dado para ordem do dia 48 (quarenta e oito) horas, no mínimo, depois da distribuição.

Art. 54. Esse parecer terá uma só discussão e considerar-se-á aprovado se, em votação nominal, reunir a maioria simples dos votos.

Art. 55. Se o Senado entender que não procede a acusação, serão os papéis arquivados. Caso decida o contrário, a mesa dará imediato conhecimento dessa decisão ao Supremo Tribunal Federal, ao Presidente da República, ao denunciante e ao denunciado.

Art. 56. Se o denunciado não estiver no Distrito Federal, a decisão ser-lhe-á comunicada à requisição da mesa, pelo presidente do Tribunal de Justiça do Estado onde se achar. Se estiver fora do País ou em lugar incerto e não sabido, o que será verificado pelo 1º secretário do Senado, far-se-á a intimação mediante edital pelo *Diário do Congresso Nacional*, com a antecedência de 60 (sessenta) dias.

Art. 57. A decisão produzirá desde a data da sua intimação os seguintes efeitos contra o denunciado:

a) ficar suspenso do exercício das suas funções até sentença final;

b) ficar sujeito à acusação criminal;

c) perder, até sentença final, 1/3 (um terço) dos vencimentos, que lhe será pago no caso de absolvição.

Capítulo II
DA ACUSAÇÃO E DA DEFESA

Art. 58. Intimado o denunciante ou o seu procurador da decisão a que aludem os três últimos artigos, ser-lhe-á dada vista do processo, na secretaria do Senado, para, dentro de 48 (quarenta e oito) horas, oferecer o libelo acusatório e o rol das testemunhas. Em seguida abrir-se-á vista ao denunciado ou ao seu defensor, pelo mesmo prazo para oferecer a contrariedade e o rol das testemunhas.

Art. 59. Decorridos esses prazos, com o libelo e a contrariedade ou sem eles, serão os autos remetidos, em original, ao presidente do Supremo Tribunal Federal, ou ao seu substituto legal, quando seja ele o denunciado, comunicando-se-lhe o dia designado para o julgamento e convidando-o para presidir a sessão.

Art. 60. O denunciante e o acusado serão notificados pela forma estabelecida no art. 56, para assistirem ao julgamento, devendo as testemunhas ser, por um magistrado, intimadas a comparecer à requisição da mesa.

Parágrafo único. Entre a notificação e o julgamento deverá mediar o prazo mínimo de 10 (dez) dias.

Art. 61. No dia e hora marcados para o julgamento, o Senado reunir-se-á, sob a presidência do presidente do Supremo Tribunal Federal ou do seu substituto legal. Verificada a presença de número legal de senadores, será aberta a sessão e feita a chamada das partes, acusador e acusado, que poderão comparecer pessoalmente ou pelos seus procuradores.

Art. 62. A revelia do acusador não importará transferência do julgamento, nem perempção da acusação.

§ 1º A revelia do acusado determinará o adiamento do julgamento, para o qual o presidente designará novo dia, nomeando um advogado para defender o revel.

§ 2º Ao defensor nomeado será facultado o exame de todas as peças do processo.

Art. 63. No dia definitivamente aprazado para o julgamento, verificado o número legal de senadores, será aberta a sessão e facultado o ingresso às partes ou aos seus procuradores. Serão juízes todos os senadores presentes, com exceção dos impedidos nos termos do art. 36.

Parágrafo único. O impedimento poderá ser oposto pelo acusador ou pelo acusado e invocado por qualquer senador.

Art. 64. Constituído o Senado em tribunal de julgamento, o presidente mandará ler o processo e, em seguida, inquirirá publicamente as testemunhas, fora da presença umas das outras.

Art. 65. O acusador e o acusado, ou os seus procuradores, poderão reinquirir as testemunhas, contestá-las sem interrompê-las e requerer a sua acareação. Qualquer senador poderá requerer sejam feitas as perguntas que julgar necessárias.

Art. 66. Finda a inquirição, haverá debate oral, facultadas a réplica e a tréplica entre o acusador e o acusado, pelo prazo que o presidente determinar.

Parágrafo único. Ultimado o debate, retirar-se-ão as partes do recinto da sessão e abrir-se-á uma discussão única entre os senadores sobre o objeto da acusação.

Art. 67. Encerrada a discussão, fará o presidente um relatório resumido dos fundamentos da acusação e da defesa, bem como das respectivas provas, submetendo em seguida o caso a julgamento.

Capítulo III
DA SENTENÇA

Art. 68. O julgamento será feito, em votação nominal pelos senadores desimpedidos que responderão "sim" ou "não" à seguinte pergunta enunciada pelo presidente: "Cometeu o acusado F o crime que lhe é imputado e deve ser condenado à perda do seu cargo?"

Parágrafo único. Se a resposta afirmativa obtiver, pelo menos, 2/3 (dois terços) dos votos dos senadores presentes, o presidente fará nova consulta ao plenário sobre o tempo não excedente de 5 (cinco) anos, durante o qual o condenado deverá ficar inabilitado para o exercício de qualquer função pública.

Art. 69. De acordo com a decisão do Senado, o presidente lavrará, nos autos, a sentença que será assinada por ele e pelos senadores, que tiverem tomado parte no julgamento, e transcrita na ata.

Art. 70. No caso de condenação, fica o acusado desde logo destituído do seu cargo. Se a sentença for absolutória, produzirá a imediata reabilitação do acusado, que voltará ao exercício do cargo, com direito à parte dos vencimentos de que tenha sido privado.

Art. 71. Da sentença, dar-se-á imediato conhecimento ao Presidente da República, ao Supremo Tribunal Federal e ao acusado.

Art. 72. Se no dia do encerramento do Congresso Nacional não estiver concluído o processo ou julgamento de ministro do Supremo Tribunal Federal ou do procurador-geral da República, deverá ele ser convocado extraordinariamente pelo terço do Senado Federal.

Art. 73. No processo e julgamento de ministro do Supremo Tribunal, ou do procurador-geral da República, serão subsidiários desta lei, naquilo em que lhes forem aplicáveis, o Regimento Interno do Senado Federal e o Código de Processo Penal.

PARTE QUARTA

Título Único

Capítulo I
DOS GOVERNADORES E SECRETÁRIOS DOS ESTADOS

Art. 74. Constituem crimes de responsabilidade dos governadores dos Estados ou dos seus secretários, quando por eles praticados, os atos definidos como crime nesta Lei.

→ *v.* Art. 87 do CPP.

→ *v.* Lei 7.106/1983 – Crimes de responsabilidade do Governador do Distrito Federal, dos Governadores dos Territórios Federais e de seus respectivos Secretários.

Capítulo II
DA DENÚNCIA, ACUSAÇÃO E JULGAMENTO

Art. 75. É permitido a todo cidadão denunciar o governador perante a Assembleia Legislativa, por crime de responsabilidade.

Art. 76. A denúncia, assinada pelo denunciante e com a firma reconhecida, deve ser acompanhada dos documentos que a comprovem, ou da declaração de impossibilidade de apresentá-los, com a indicação do local em que possam ser encontrados. Nos crimes de que houver prova testemunhal, conterá o rol das testemunhas, em número de cinco pelo menos.

Parágrafo único. Não será recebida a denúncia depois que o governador, por qualquer motivo, houver deixado definitivamente o cargo.

Art. 77. Apresentada a denúncia e julgada objeto de deliberação, se a Assembleia Legislativa, por maioria absoluta, decretar a procedência da acusação, será o governador imediatamente suspenso de suas funções.

Art. 78. O governador será julgado, nos crimes de responsabilidade, pela forma que determinar a Constituição do Estado e não poderá ser condenado, senão à perda do cargo, com inabilitação, até 5 (cinco) anos, para o exercício de qualquer função pública, sem prejuízo da ação da justiça comum.

§ 1º Quando o tribunal de julgamento for de jurisdição mista, serão iguais, pelo número, os representantes dos órgãos que o integrarem, excluído o presidente, que será o presidente do Tribunal de Justiça.

§ 2º Em qualquer hipótese, só poderá ser decretada a condenação pelo voto de 2/3 (dois terços) dos membros de que se compuser o tribunal de julgamento.

§ 3º Nos Estados, onde as Constituições não determinarem o processo nos crimes de responsabilidade dos governadores, aplicar-se-á o disposto nesta lei, devendo, porém, o julgamento ser proferido por um tribunal composto de cinco membros do Legislativo e de cinco desembargadores, sob a presidência do Tribunal de Justiça local, que terá direito de voto no caso de empate. A escolha desse tribunal será feita: a dos membros do Legislativo, mediante eleição pela Assembleia; a dos desembargadores, mediante sorteio.

§ 4º Esses atos deverão ser executados dentro em 5 (cinco) dias contados da data em que a Assembleia enviar ao presidente do Tribunal de Justiça os autos do processo, depois de decretada a procedência da acusação.

Art. 79. No processo e julgamento do governador serão subsidiários desta lei naquilo em que lhe forem aplicáveis, assim o regimento interno da Assembleia Legislativa e do Tribunal de Justiça, como o Código de Processo Penal.

Parágrafo único. Os secretários de Estado, nos crimes conexos com os dos governadores, serão sujeitos ao mesmo processo e julgamento.

Disposições Gerais

Art. 80. Nos crimes de responsabilidade do Presidente da República e dos ministros de Estado, a Câmara dos Deputados é tribunal de pronúncia e o Senado Federal, tribunal de julgamento; nos crimes de responsabilidade dos ministros do Supremo Tribunal Federal e do procurador-geral da República, o Senado Federal é, simultaneamente, tribunal de pronúncia e julgamento.

Parágrafo único. O Senado Federal, na apuração e julgamento dos crimes de responsabilidade, funciona sob a presidência do presidente do Supremo Tribunal, e só proferirá sentença condenatória pelo voto de 2/3 (dois terços) dos seus membros.

Art. 81. A declaração de procedência da acusação nos crimes de responsabilidade só poderá ser decretada pela maioria absoluta da Câmara que a proferir.

Art. 82. Não poderá exceder de 120 (cento e vinte) dias, contados da data da declaração da procedência da acusação, o prazo para o processo e julgamento dos crimes definidos nesta Lei.

Art. 83. Esta Lei entrará em vigor na data da sua publicação, revogadas as disposições em contrário.

Rio de Janeiro, 10 de abril de 1950; 129º da Independência e 62º da República.

Eurico G. Dutra

(Publicação no *D.O.U.* de 12.4.1950)

LEI 1.521,
DE 26 DE DEZEMBRO DE 1951

Altera dispositivos da legislação vigente sobre crimes contra a economia popular.

O Presidente da República:

Faço saber que o Congresso Nacional decreta e eu sanciono a seguinte Lei:

Art. 1º Serão punidos, na forma desta Lei, os crimes e as contravenções contra a economia popular. Esta Lei regulará o seu julgamento.

Art. 2º São crimes desta natureza:

I – recusar individualmente em estabelecimento comercial a prestação de serviços essenciais à subsistência; sonegar mercadoria ou recusar vendê-la a quem esteja em condições de comprar a pronto pagamento;

II – favorecer ou preferir comprador ou freguês em detrimento de outro, ressalvados os sistemas de entrega ao consumo por intermédio de distribuidores ou revendedores;

III – expor à venda ou vender mercadoria ou produto alimentício, cujo fabrico haja desatendido a determinações oficiais, quanto ao peso e composição;

IV – negar ou deixar o fornecedor de serviços essenciais de entregar ao freguês a nota relativa à prestação de serviço, desde que a importância exceda de 15 (quinze) cruzeiros, e com a indicação do preço, do nome e endereço do estabelecimento, do nome da firma ou responsável, da data e do local da transação e do nome e residência do freguês;

V – misturar gêneros e mercadorias de espécies diferentes, expô-los à venda ou vendê-los, como puros; misturar gêneros e mercadorias de qualidades desiguais para expô-los à venda ou vendê-lo por preço marcado para os de mais alto custo;

VI – transgredir tabelas oficiais de gêneros e mercadorias, ou de serviços essenciais, bem como expor à venda ou oferecer ao público ou vender tais gêneros, mercadorias ou serviços, por preço superior ao tabelado, assim como não manter afixadas, em lugar visível e de fácil leitura, as tabelas de preços aprovadas pelos órgãos competentes;

VII – negar ou deixar o vendedor de fornecer nota ou caderno de venda de gêneros de primeira necessidade, seja à vista ou a prazo, e cuja a importância exceda de dez cruzeiros, ou de especificar na nota ou caderno – que serão isentos de selo – o preço da mercadoria vendida, o nome e o endereço do estabelecimento, a firma ou o responsável, a data e local da transação e o nome e residência do freguês;

VIII – celebrar ajuste para impor determinado preço de revenda ou exigir do comprador que não compre de outro vendedor;

IX – obter ou tentar obter ganhos ilícitos em detrimento do povo ou de número indeterminado de pessoas mediante especulações ou processos fraudulentos ("bola de neve", "cadeias", "pichardismo" e quaisquer outros equivalentes);

X – violar contrato de venda a prestações, fraudando sorteios ou deixando de entregar a coisa vendida, sem devolução das prestações pagas, ou descontar destas, nas vendas com reserva de domínio, quando o contrato for rescindido por culpa do comprador, quantia maior do que a correspondente à depreciação do objeto;

XI – fraudar pesos ou medidas padronizados em lei ou regulamentos; possuí-los ou detê-los, para efeitos de comércio, sabendo estarem fraudados.

Pena – detenção, de 6 (seis) meses a 2 (dois) anos, e multa de dois mil a cinquenta mil cruzeiros.

Parágrafo único. Na configuração dos crimes previstos nesta Lei, bem como na de qualquer outro de defesa da economia popular, sua guarda e seu emprego considerar-se-ão como de primeira necessidade ou necessários ao consumo do povo, os gêneros, artigos, mercadorias e qualquer outra espécie de coisas ou bens indispensáveis à subsistência do indivíduo em condições higiênicas e ao exercício normal de suas atividades. Estão compreendidos nesta definição os artigos destinados à alimentação, ao vestuário e à iluminação, os terapêuticos ou sanitários, o combustível, a habitação e os materiais de construção.

Art. 3º São também crimes desta natureza:

I – destruir ou inutilizar, intencionalmente e sem autorização legal, com o fim de determinar alta de preços, em proveito próprio ou de terceiro, matérias-primas ou produtos necessários ao consumo do povo;

II – abandonar ou fazer abandonar lavoura ou plantações, suspender ou fazer suspender a atividade de fábricas, usinas ou quaisquer estabelecimentos de produção, ou meios de transporte, mediante indenização paga pela desistência da competição;

III – promover ou participar de consórcio, convênio, ajuste, aliança ou fusão de capitais, com o fim de impedir ou dificultar, para o efeito de aumento arbitrário de lucros, a concorrência em matéria de produção, transportes ou comércio;

IV – reter ou açambarcar matérias-primas, meios de produção ou produtos necessários ao consumo do povo, com o fim de dominar o mercado em qualquer ponto do País e provocar a alta dos preços;

V – vender mercadorias abaixo do preço de custo com o fim de impedir a concorrência;

VI – provocar a alta ou baixa de preços de mercadorias, títulos públicos, valores ou salários por meio de notícias falsas, operações fictícias ou qualquer outro artifício;

VII – dar indicações ou fazer afirmações falsas em prospectos ou anúncios, para fim de substituição, compra ou venda de títulos, ações ou quotas;

VIII – exercer funções de direção, administração ou gerência de mais de uma empresa ou sociedade do mesmo ramo de indústria ou comércio com o fim de impedir ou dificultar a concorrência;

IX – gerir fraudulenta ou temerariamente bancos ou estabelecimentos bancários, ou de capitalização; sociedades de seguros, pecúlios ou pensões vitalícias; sociedades para empréstimos ou financiamento de construções e de vendas de imóveis a prestações, com ou sem sorteio ou preferência por meio de pontos ou quotas; caixas econômicas; caixas Raiffeisen; caixas mútuas de beneficência, socorros ou empréstimos; caixas de pecúlios, pensão e aposentadoria; caixas construtoras; cooperativas; sociedades de economia coletiva, levando-as à falência ou à insolvência, ou não cumprindo qualquer das cláusulas contratuais com prejuízo dos interessados;

X – fraudar de qualquer modo escriturações, lançamentos, registros, relatórios, pareceres e outras informações devidas a sócios de sociedades civis ou comerciais, em que o capital seja fracionado em ações, ou quotas de valor nominativo igual ou inferior a um mil cruzeiros com o fim de sonegar lucros, dividendos, percentagens, rateios ou bonificações, ou de desfalcar ou desviar fundos de reserva ou reservas técnicas.

Pena – detenção, de 2 (dois) anos a 10 (dez) anos, e multa de vinte mil a cem mil cruzeiros.

Art. 4º Constitui crime da mesma natureza a usura pecuniária ou real, assim se considerando:

a) cobrar juros, comissões ou descontos percentuais, sobre dívidas em dinheiro, superiores à taxa permitida por lei; cobrar ágio superior à taxa oficial de câmbio, sobre quantia permutada por moeda estrangeira; ou, ainda, emprestar sob penhor que seja privativo de instituição oficial de crédito;

→ *v.* Art. 10 da Lei 1.807/1953.

b) obter, ou estipular, em qualquer contrato, abusando da premente necessidade, inexperiência ou leviandade de outra parte, lucro patrimonial que exceda o quinto do valor corrente ou justo da prestação feita ou prometida.

Pena – detenção, de 6 (seis) meses a 2 (dois) anos, e multa de cinco mil a vinte mil cruzeiros.

§ 1º Nas mesmas penas incorrerão os procuradores, mandatários ou mediadores que intervierem na operação usurária, bem como os cessionários de crédito usurário que, cientes de sua natureza ilícita, o fizerem valer em sucessiva transmissão ou execução judicial.

§ 2º São circunstâncias agravantes do crime de usura:

I – ser cometido em época de grave crise econômica;

II – ocasionar grave dano individual;

III – dissimular-se a natureza usurária do contrato;

IV – quando cometido:

a) por militar, funcionário público, ministro de culto religioso; por pessoa cuja condição econômico-social seja manifestamente superior à da vítima;

b) em detrimento de operário ou de agricultor; de menor de 18 (dezoito) anos ou de deficiente mental, interditado ou não.

§ 3º A estipulação de juros ou lucros usurários será nula, devendo o juiz ajustá-los à medida legal, ou, caso já tenha sido cumprida, ordenar a restituição da quantia para em excesso, com os juros legais a contar da data do pagamento indevido.

→ § 3º com eficácia suspensa pela MP 2.172-32/2001.

Art. 5º Nos crimes definidos nesta lei, haverá suspensão da pena e livramento condicional em todos os casos permitidos pela legislação comum. Será a fiança concedida nos termos da legislação em vigor, devendo ser arbitrada dentro dos limites de cinco mil cruzeiros a cinquenta mil cruzeiros, nas hipóteses do artigo 2º, e dentro dos limites de dez mil cruzeiros a cem mil cruzeiros nos demais casos, reduzida a metade dentro desses limites, quando o infrator for empregado do estabelecimento comercial ou industrial, ou não ocupe cargo ou posto de direção dos negócios.

→ Artigo com redação alterada pela Lei 3.290/1957.

Art. 6º Verificado qualquer crime contra a economia popular ou contra a saúde pública (Capítulo III do Título VIII do Código Penal) e atendendo à gravidade do fato, sua repercussão e efeitos, o juiz, na sentença, declarará a interdição de direito, determinada no art. 69, IV, do Código Penal, de 6 (seis) meses a 1 (um) ano, assim como, mediante representação da autoridade policial, poderá decretar, dentro de 48 (quarenta e oito) horas, a suspensão provisória, pelo prazo de 15 (quinze) dias, do exercício da profissão ou atividade do infrator.

→ A referência é anterior à reforma do CP pela Lei 7.209/1984.

→ *v.* Art. 47 do CP.

Art. 7º Os juízes recorrerão de ofício sempre que absolverem os acusados em processo por crime contra a economia popular ou contra a saúde pública, ou quando determinarem o arquivamento dos autos do respectivo inquérito policial.

Art. 8º Nos crimes contra a saúde pública, os exames periciais serão realizados, no Distrito Federal, pelas repartições da Secretaria-Geral da Saúde e Assistência e da Secretaria da Agricultura, Indústria e Comércio da Prefeitura ou pelo Gabinete de Exames Periciais do Departamento de Segurança Pública e nos Estados e Territórios pelos serviços congêneres, valendo qualquer dos laudos como corpo de delito.

Art. 9º *(Revogado pela Lei 6.649/1979).*

Art. 10. Terá forma sumária, nos termos do Capítulo V, Título II, Livro II, do Código de Processo Penal, o processo das contravenções e dos crimes contra a economia popular, não submetidos ao julgamento pelo júri.

§ 1º Os atos policiais (inquérito ou processo iniciado por portaria) deverão terminar no prazo de 10 (dez) dias.

§ 2º O prazo para oferecimento da denúncia será de 2 (dois) dias, esteja ou não o réu preso.

§ 3º A sentença do juiz será proferida dentro do prazo de 30 (trinta) dias contados do recebimento dos autos da autoridade policial (art. 536 do Código de Processo Penal).

§ 4º A retardação injustificada, pura e simples, dos prazos indicados nos parágrafos anteriores, importa em crime de prevaricação (art. 319 do Código Penal).

Art. 11. No Distrito Federal, o processo das infrações penais relativas à economia popular caberá, indistintamente, a todas as varas criminais com exceção das 1ª e 20ª, observadas as disposições quanto aos crimes da competência do júri de que trata o art. 12.

Arts. 12 a 32. *(Referidos artigos são inaplicáveis por força da Emenda Constitucional 1/1969, tratavam do Tribunal do Juri para crimes contra a economia popular).*

Art. 33. Esta Lei entrará em vigor 60 (sessenta) dias depois de sua publicação, aplicando-se aos processos iniciados na sua vigência.

Art. 34. Revogam-se as disposições em contrário.

Rio de Janeiro, 26 de dezembro de 1951; 130º da Independência e 63º da República.

Getúlio Vargas

(Publicação no *D.O.U.* de 27.12.1951)

LEI 4.320, DE 17 DE MARÇO DE 1964

Estatui Normas Gerais de Direito Financeiro para elaboração e controle dos orçamentos e balanços da União, dos Estados, dos Municípios e do Distrito Federal.

Faço saber que o Congresso Nacional decreta e eu sanciono a seguinte Lei:

DISPOSIÇÃO PRELIMINAR

Art. 1º Esta Lei estatui normas gerais de direito financeiro para elaboração e controle dos orçamentos e balanços da União, dos Estados, dos Municípios e do Distrito Federal, de acordo com o disposto no art. 5º, XV, *b*, da Constituição Federal.

→ O Art. 1º faz menção à Constituição Federal de 1946.

→ Art. 1º do CTN.

Título I
Da Lei de Orçamento

Capítulo I
DISPOSIÇÕES GERAIS

Art. 2º A Lei de Orçamento conterá a discriminação da receita e despesa de forma a evidenciar a política econômico-financeira e o programa de trabalho do Governo, obedecidos os princípios de unidade universalidade e anualidade.

→ *v.* Art. 24, I, da CF/1988.

§ 1º Integrarão a Lei de Orçamento:

I – sumário geral da receita por fontes e da despesa por funções do Governo;

II – quadro demonstrativo da receita e despesa segundo as categorias econômicas, na forma do Anexo 1;

III – quadro discriminativo da receita por fontes e respectiva legislação;

IV – quadro das dotações por órgãos do Governo e da Administração.

§ 2º Acompanharão a Lei de Orçamento:

I – quadros demonstrativos da receita e planos de aplicação dos fundos especiais;

II – quadros demonstrativos da despesa, na forma dos Anexos 6 a 9;

III – quadro demonstrativo do programa anual de trabalho do Governo, em termos de realização de obras e de prestação de serviços.

Art. 3º A Lei de Orçamento compreenderá todas as receitas, inclusive as de operações de crédito autorizadas em lei.

Parágrafo único. Não se consideram para os fins deste artigo as operações de crédito por antecipação da receita, as emissões de papel-moeda e outras entradas compensatórias, no ativo e passivo financeiros.

Art. 4º A Lei do Orçamento compreenderá todas as despesas próprias dos órgãos do Governo e da Administração centralizada, ou que, por intermédio deles se devam realizar, observado o disposto no artigo 2º.

Art. 5º A Lei de Orçamento não consignará dotações globais destinadas a atender indiferentemente a despesas de pessoal, material, serviços de terceiros, transferências ou quaisquer outras, ressalvado o disposto no artigo 20 e seu parágrafo único.

Art. 6º Todas as receitas e despesas constarão da Lei de Orçamento pelos seus totais, vedadas quaisquer deduções.

§ 1º As cotas de receitas que uma entidade pública deva transferir a outra incluir-se-ão, como despesa, no orçamento da entidade obrigada à transferência e, como receita, no orçamento da que as deva receber.

§ 2º Para cumprimento do disposto no parágrafo anterior, o cálculo das cotas terá por base os dados apurados no balanço do exercício anterior àquele em que se elaborar a proposta orçamentária do Governo obrigado a transferência.

Art. 7º A Lei de Orçamento poderá conter autorização ao Executivo para:

I – abrir créditos suplementares até determinada importância obedecidas as disposições do artigo 43;

II – realizar em qualquer mês do exercício financeiro, operações de crédito por antecipação da receita, para atender a insuficiências de caixa.

§ 1º Em casos de *deficit*, a Lei de Orçamento indicará as fontes de recursos que o Poder Executivo fica autorizado a utilizar para atender a sua cobertura.

§ 2º O produto estimado de operações de crédito e de alienação de bens imóveis somente se incluirá na receita quando umas e outras forem especificamente autorizadas pelo Poder Legislativo em forma que juridicamente possibilite ao Poder Executivo realizá-las no exercício.

§ 3º A autorização legislativa a que se refere o parágrafo anterior, no tocante a operações de crédito, poderá constar da própria Lei de Orçamento.

Art. 8º A discriminação da receita geral e da despesa de cada órgão do Governo ou unidade administrativa, a que se refere o artigo 2º, § 1º, III e IV, obedecerá à forma do Anexo 2.

§ 1º Os itens da discriminação da receita e da despesa, mencionados nos artigos 11, § 4º, e 13, serão identificados por números de código decimal, na forma dos Anexos 3 e 4.

§ 2º Completarão os números do código decimal referido no parágrafo anterior os algarismos caracterizadores da classificação funcional da despesa, conforme estabelece o Anexo 5.

§ 3º O código geral estabelecido nesta Lei não prejudicará a adoção de códigos locais.

Capítulo II
DA RECEITA

Art. 9º Tributo e a receita derivada instituída pelas entidades de direito público, compreendendo os impostos, as taxas e contribuições, nos termos da Constituição e das leis vigentes em matéria financeira, destinando-se o seu produto ao custeio de atividades gerais ou específicas exercidas por essas entidades.

Art. 10. *(Vetado).*

Art. 11. A receita classificar-se-á nas seguintes categorias econômicas: Receitas Correntes e Receitas de Capital.

→ Artigo com redação alterada pelo Dec.-lei 1.939/1982.

§ 1º São Receitas Correntes as receitas tributária, de contribuições, patrimonial, agropecuária, industrial, de serviços e outras e, ainda, as provenientes de recursos financeiros recebidos de outras pessoas de direito público ou privado, quando destinadas a atender despesas classificáveis em Despesas Correntes.

§ 2º São Receitas de Capital as provenientes da realização de recursos financeiros oriundos de constituição de dívidas; da conversão, em espécie, de bens e direitos; os recursos recebidos de outras pessoas de direito público ou privado, destinados a atender despesas classificáveis em Despesas de Capital e, ainda, o *superavit* do Orçamento Corrente.

§ 3º O *superavit* do Orçamento Corrente resultante do balanceamento dos totais das receitas e despesas correntes, apurado na demonstração a que se refere o Anexo 1, não constituirá item de receita orçamentária.

§ 4º A classificação da receita obedecerá ao seguinte esquema:

RECEITAS CORRENTES

RECEITA TRIBUTÁRIA

Impostos.

Taxas.

Contribuições de Melhoria.

RECEITA DE CONTRIBUIÇÕES

RECEITA PATRIMONIAL

RECEITA AGROPECUÁRIA

RECEITA INDUSTRIAL

RECEITA DE SERVIÇOS

TRANSFERÊNCIAS CORRENTES

OUTRAS RECEITAS CORRENTES

RECEITAS DE CAPITAL

OPERAÇÕES DE CRÉDITO

ALIENAÇÃO DE BENS

AMORTIZAÇÃO DE EMPRÉSTIMOS

TRANSFERÊNCIAS DE CAPITAL

OUTRAS RECEITAS DE CAPITAL

Capítulo III
DA DESPESA

Art. 12. A despesa será classificada nas seguintes categorias econômicas:

→ *v.* § 1º do art. 3º do Dec.-lei nº 1.805/1980.

DESPESAS CORRENTES

Despesas de Custeio.

Transferências Correntes.

DESPESAS DE CAPITAL

Investimentos.

Inversões Financeiras.

Transferências de Capital.

§ 1º Classificam-se como Despesas de Custeio as dotações para manutenção de serviços anteriormente criados, inclusive as destinadas a atender a obras de conservação e adaptação de bens imóveis.

§ 2º Classificam-se como Transferências Correntes as dotações para despesas as quais não corresponda contraprestação direta em bens ou serviços, inclusive para contribuições e subvenções destinadas a atender à manifestação de outras entidades de direito público ou privado.

§ 3º Consideram-se subvenções, para os efeitos desta Lei, as transferências destinadas a cobrir despesas de custeio das entidades beneficiadas, distinguindo-se como:

I – subvenções sociais, as que se destinem a instituições públicas ou privadas de caráter assistencial ou cultural, sem finalidade lucrativa;

II – subvenções econômicas, as que se destinem a empresas públicas ou privadas de caráter industrial, comercial, agrícola ou pastoril.

§ 4º Classificam-se como investimentos as dotações para o planejamento e a execução de obras, inclusive as destinadas à aquisição de imóveis considerados necessários à realização destas últimas, bem como para os programas especiais de trabalho, aquisição de instalações, equipamentos e material permanente e constituição ou aumento do capital de empresas que não sejam de caráter comercial ou financeiro.

§ 5º Classificam-se como Inversões Financeiras as dotações destinadas a:

I – aquisição de imóveis, ou de bens de capital já em utilização;

II – aquisição de títulos representativos do capital de empresas ou entidades de qualquer espécie, já constituídas, quando a operação não importe aumento do capital;

III – constituição ou aumento do capital de entidades ou empresas que visem a objetivos comerciais ou financeiros, inclusive operações bancárias ou de seguros.

§ 6º São Transferências de Capital as dotações para investimentos ou inversões financeiras que outras pessoas de direito público ou privado devam realizar, independentemente de contraprestação direta em bens ou serviços, constituindo essas transferências auxílios ou contribuições, segundo derivem diretamente da Lei de Orçamento ou de lei especialmente anterior, bem como as dotações para amortização da dívida pública.

Art. 13. Observadas as categorias econômicas do art. 12, a discriminação ou especificação da despesa por elementos, em cada unidade administrativa ou órgão de governo, obedecerá ao seguinte esquema:

DESPESAS CORRENTES

Despesas de Custeio

Pessoal Civil.

Pessoal Militar.

Material de Consumo.

Serviços de Terceiros.

Encargos Diversos.

TRANSFERÊNCIAS CORRENTES

Subvenções Sociais.

Subvenções Econômicas.

Inativos.

Pensionistas.

Salário-Família e Abono Familiar.

Juros da Dívida Pública.

Contribuições de Previdência Social.

Diversas Transferências Correntes.

DESPESAS DE CAPITAL

INVESTIMENTOS

Obras Públicas.

Serviços em Regime de Programação Especial.

Equipamentos e Instalações.

Material Permanente.

Participação em Constituição ou Aumento de Capital de Empresas ou Entidades Industriais ou Agrícolas.

INVERSÕES FINANCEIRAS

Aquisição de Imóveis.

Participação em Constituição ou Aumento de Capital de Empresas ou Entidades Comerciais ou Financeiras.

Aquisição de Títulos Representativos de Capital de Empresa em Funcionamento.

Constituição de Fundos Rotativos.

Concessão de Empréstimos.

Diversas Inversões Financeiras.

TRANSFERÊNCIAS DE CAPITAL

Amortização da Dívida Pública.

Auxílios para Obras Públicas.

Auxílios para Equipamentos e Instalações.

Auxílios para Inversões Financeiras.

Outras Contribuições.

Art. 14. Constitui unidade orçamentária o agrupamento de serviços subordinados ao mesmo órgão ou repartição a que serão consignadas dotações próprias.

Parágrafo único. Em casos excepcionais, serão consignadas dotações a unidades administrativas subordinadas ao mesmo órgão.

Art. 15. Na Lei de Orçamento a discriminação da despesa far-se-á no mínimo por elementos.

§ 1º Entende-se por elementos o desdobramento da despesa com pessoal, material, serviços, obras e outros meios de que se serve a administração pública para consecução dos seus fins.

§ 2º Para efeito de classificação da despesa, considera-se material permanente o de duração superior a 2 (dois) anos.

Seção I
Das despesas correntes

Subseção Única
Das transferências correntes

I) Das subvenções sociais

Art. 16. Fundamentalmente e nos limites das possibilidades financeiras a concessão de subvenções sociais visará a prestação de serviços essenciais de assistência social, médica e educacional, sempre que a suplementação de recursos de origem privada aplicados a esses objetivos, revelar-se mais econômica.

Parágrafo único. O valor das subvenções, sempre que possível, será calculado com base em unidades de serviços efetivamente prestados ou postos à disposição dos interessados obedecidos os padrões mínimos de eficiência previamente fixados.

Art. 17. Somente à instituição cujas condições de funcionamento forem julgadas satisfatórias pelos órgãos oficiais de fiscalização serão concedidas subvenções.

II) Das subvenções econômicas

Art. 18. A cobertura dos *deficit* de manutenção das empresas públicas, de natureza autárquica ou não, far-se-á mediante subvenções econômicas expressamente incluídas nas despesas correntes do orçamento da União, do Estado, do Município ou do Distrito Federal.

Parágrafo único. Consideram-se, igualmente, como subvenções econômicas:

a) as dotações destinadas a cobrir a diferença entre os preços de mercado e os preços de revenda, pelo Governo, de gêneros alimentícios ou outros materiais;

b) as dotações destinadas ao pagamento de bonificações a produtores de determinados gêneros ou materiais.

Art. 19. A Lei de Orçamento não consignará ajuda financeira, a qualquer título, a empresa de fins lucrativos, salvo quando se tratar de subvenções cuja concessão tenha sido expressamente autorizada em lei especial.

Seção II
Das despesas de capital

Subseção Primeira
Dos investimentos

Art. 20. Os investimentos serão discriminados na Lei de Orçamento segundo os projetos de obras e de outras aplicações.

Parágrafo único. Os programas especiais de trabalho que, por sua natureza, não possam cumprir-se subordinadamente às normas gerais de execução da despesa poderão ser custeados por dotações globais, classificadas entre as Despesas de Capital.

Subseção Segunda
Das transferências de capital

Art. 21. A Lei de Orçamento não consignará auxílio para investimentos que se devam incorporar ao patrimônio das empresas privadas de fins lucrativos.

Parágrafo único. O disposto neste artigo aplica-se às transferências de capital à conta de fundos especiais ou dotações sob regime excepcional de aplicação.

Título II
Da proposta orçamentária

Capítulo I
CONTEÚDO E FORMA DA PROPOSTA ORÇAMENTÁRIA

Art. 22. A proposta orçamentária que o Poder Executivo encaminhará ao Poder Legislativo nos prazos estabelecidos nas Constituições e nas Leis Orgânicas dos Municípios, compor-se-á:

I – mensagem, que conterá: exposição circunstanciada da situação econômico-financeira, documentada com demonstração da dívida fundada e flutuante, saldos de créditos especiais, restos a pagar e outros compromissos financeiros exigíveis; exposição e justificação da política econômico-financeira do Governo; justificação da receita e despesa, particularmente no tocante ao orçamento de capital;

II – projeto de Lei de Orçamento;

III – tabelas explicativas, das quais, além das estimativas de receita e despesa, constarão, em colunas distintas e para fins de comparação:

a) a receita arrecadada nos três últimos exercícios anteriores àquele em que se elaborou a proposta;

b) a receita prevista para o exercício em que se elabora a proposta;

c) a receita prevista para o exercício a que se refere a proposta;

d) a despesa realizada no exercício imediatamente anterior;

e) a despesa fixada para o exercício em que se elabora a proposta; e

f) a despesa prevista para o exercício a que se refere a proposta;

IV – especificação dos programas especiais de trabalho custeados por dotações globais, em termos de metas visadas, decompostas em estimativa do custo das obras a realizar e dos serviços a prestar, acompanhadas de justificação econômica, financeira, social e administrativa.

Parágrafo único. Constará da proposta orçamentária, para cada unidade administrativa, descrição sucinta de suas principais finalidades, com indicação da respectiva legislação.

Capítulo II
DA ELABORAÇÃO DA PROPOSTA ORÇAMENTÁRIA

Seção Primeira
Das previsões plurienais

→ Consta conforme publicação oficial.

Art. 23. As receitas e despesas de capital serão objeto de um Quadro de Recursos de Aplicação de Capital, aprovado por decreto do Poder Executivo, abrangendo, no mínimo um triênio.

Parágrafo único. O Quadro de Recursos e de Aplicação de Capital será anualmente reajustado acrescentando-se-lhe as previsões de mais 1 (um) ano, de modo a assegurar a projeção contínua dos períodos.

Art. 24. O Quadro de Recursos e de Aplicação de Capital abrangerá:

I – as despesas e, como couber, também as receitas previstas em planos especiais aprovados em lei e destinados a atender a regiões ou a setores da administração ou da economia;

II – as despesas à conta de fundos especiais e, como couber, as receitas que os constituam;

III – em anexos, as despesas de capital das entidades referidas no Título X desta Lei, com indicação das respectivas receitas, para as quais forem previstas transferências de capital.

Art. 25. Os programas constantes do Quadro de Recursos e de Aplicação de Capital sempre que possível serão correlacionados a metas objetivas em termos de realização de obras e de prestação de serviços.

Parágrafo único. Consideram-se metas os resultados que se pretendem obter com a realização de cada programa.

Art. 26. A proposta orçamentária conterá o programa anual atualizado dos investimentos, inversões financeiras e transferências previstos no Quadro de Recursos e de Aplicação de Capital.

Seção Segunda
Das previsões anuais

Art. 27. As propostas parciais de orçamento guardarão estrita conformidade com a política econômico-financeira, o programa anual de trabalho do Governo e, quando fixado, o limite global máximo para o orçamento de cada unidade administrativa.

Art. 28. As propostas parciais das unidades administrativas, organizadas em formulário próprio, serão acompanhadas de:

I – tabelas explicativas da despesa, sob a forma estabelecida no artigo 22, III, *d*, *e* e *f*;

II – justificação pormenorizada de cada dotação solicitada, com a indicação dos atos de aprovação de projetos e orçamentos de obras públicas, para cujo início ou prosseguimento ela se destina.

Art. 29. Caberá aos órgãos de contabilidade ou de arrecadação organizar demonstrações mensais da receita arrecadada, segundo as rubricas, para servirem de base a estimativa da receita, na proposta orçamentária.

Parágrafo único. Quando houver órgão central de orçamento, essas demonstrações ser-lhe-ão remetidas mensalmente.

Art. 30. A estimativa da receita terá por base as demonstrações a que se refere o artigo anterior à arrecadação dos três últimos exercícios, pelo menos bem como as circunstâncias de ordem conjuntural e outras, que possam afetar a produtividade de cada fonte de receita.

Art. 31. As propostas orçamentárias parciais serão revistas e coordenadas na proposta geral, considerando-se a receita estimada e as novas circunstâncias.

Título III
Da elaboração da lei de orçamento

Art. 32. Se não receber a proposta orçamentária no prazo fixado nas Constituições ou nas Leis Orgânicas dos Municípios, o Poder Legislativo considerará como proposta a Lei de Orçamento vigente.

Art. 33. Não se admitirão emendas ao projeto de Lei de Orçamento que visem a:

a) alterar a dotação solicitada para despesa de custeio, salvo quando provada, nesse ponto, a inexatidão da proposta;

b) conceder dotação para o início de obra cujo projeto não esteja aprovado pelos órgãos competentes;

c) conceder dotação para instalação ou funcionamento de serviço que não esteja anteriormente criado;

d) conceder dotação superior aos quantitativos previamente fixados em resolução do Poder Legislativo para concessão de auxílios e subvenções.

Título IV
Do exercício financeiro

Art. 34. O exercício financeiro coincidirá com o ano civil.

Art. 35. Pertencem ao exercício financeiro:

I – as receitas nele arrecadadas;

II – as despesas nele legalmente empenhadas.

Art. 36. Consideram-se Restos a Pagar as despesas empenhadas mas não pagas até o dia 31 de dezembro distinguindo-se as processadas das não processadas.

Parágrafo único. Os empenhos que sorvem a conta de créditos com vigência plurienal, que não tenham sido liquidados, só serão computados como Restos a Pagar no último ano de vigência do crédito.

→ Consta conforme publicação oficial.

Art. 37. As despesas de exercícios encerrados, para as quais o orçamento respectivo consignava crédito próprio, com saldo suficiente para atendê-las, que não se tenham processado na época própria, bem como os Restos a Pagar com prescrição interrompida e os compromissos reconhecidos após o encerramento do exercício correspondente poderão ser pagos à conta de dotação específica consignada no orçamento, discriminada por elementos, obedecida, sempre que possível, a ordem cronológica.

Art. 38. Reverte à dotação a importância de despesa anulada no exercício, quando a anulação ocorrer após o encerramento deste considerar-se-á receita do ano em que se efetivar.

Art. 39. Os créditos da Fazenda Pública, de natureza tributária ou não tributária, serão escriturados como receita do exercício em que forem arrecadados, nas respectivas rubricas orçamentárias.

→ Artigo com redação alterada pelo Dec.-lei 1.735/1979.

§ 1º Os créditos de que trata este artigo, exigíveis pelo transcurso do prazo para pagamento, serão inscritos, na forma da legislação própria, como Dívida Ativa, em registro próprio, após apurada a sua liquidez e certeza, e a respectiva receita será escriturada a esse título.

§ 2º Dívida Ativa Tributária é o crédito da Fazenda Pública dessa natureza, proveniente de obrigação legal relativa a tributos e respectivos adicionais e multas, e Dívida Ativa não - Tributária são os demais créditos da Fazenda Pública, tais como os provenientes de empréstimos compulsórios, contribuições estabelecidas em lei, multas de qualquer origem ou natureza, exceto as tributárias, foros, laudêmios, aluguéis ou taxas de ocupação, custas processuais, preços de serviços prestados por estabelecimentos públicos, indenizações, reposições, restituições, alcances dos responsáveis definitivamente julgados, bem assim os créditos decorrentes de obrigações em moeda estrangeira, de sub-rogação de hipoteca, fiança, aval ou outra garantia, de contratos em geral ou de outras obrigações legais.

→ *v.* Art. 202 do CTN.

→ *v.* Art. 2º da Lei 6.830/1980.

§ 3º O valor do crédito da Fazenda Nacional em moeda estrangeira será convertido ao correspondente valor na moeda nacional à taxa cambial oficial, para compra, na data da notificação ou intimação do devedor, pela autoridade administrativa, ou, à sua falta, na data da inscrição da Dívida Ativa, incidindo, a partir da conversão, a atualização monetária e os juros de mora, de acordo com preceitos legais pertinentes aos débitos tributários.

§ 4º A receita da Dívida Ativa abrange os créditos mencionados nos parágrafos anteriores, bem como os valores correspondentes à respectiva atualização monetária, à multa e juros de mora e ao encargo de que tratam o art. 1º do Decreto-lei 1.025, de 21 de outubro de 1969, e o art. 3º do Decreto-lei 1.645, de 11 de dezembro de 1978.

§ 5º A Dívida Ativa da União será apurada e inscrita na Procuradoria da Fazenda Nacional.

Título V
Dos créditos adicionais

Art. 40. São créditos adicionais, as autorizações de despesa não computadas ou insuficientemente dotadas na Lei de Orçamento.

Art. 41. Os créditos adicionais classificam-se em:

I – suplementares, os destinados a reforço de dotação orçamentária;

II – especiais, os destinados a despesas para as quais não haja dotação orçamentária específica;

III – extraordinários, os destinados a despesas urgentes e imprevistas, em caso de guerra, comoção intestina ou calamidade pública.

Art. 42. Os créditos suplementares e especiais serão autorizados por lei e abertos por decreto executivo.

Art. 43. A abertura dos créditos suplementares e especiais depende da existência de recursos disponíveis para ocorrer a despesa e será precedida de exposição justificativa.

§ 1º Consideram-se recursos para o fim deste artigo, desde que não comprometidos:

I – o *superavit* financeiro apurado em balanço patrimonial do exercício anterior;

II – os provenientes de excesso de arrecadação;

III – os resultantes de anulação parcial ou total de dotações orçamentárias ou de créditos adicionais, autorizados em lei;

IV – o produto de operações de crédito autorizadas, em forma que juridicamente possibilite ao Poder Executivo realizá-las.

§ 2º Entende-se por *superavit* financeiro a diferença positiva entre o ativo financeiro e o passivo financeiro, conjugando-se, ainda, os saldos dos créditos adicionais transferidos e as operações de crédito a eles vinculadas.

§ 3º Entende-se por excesso de arrecadação, para os fins deste artigo, o saldo positivo das diferenças acumuladas mês a mês entre a arrecadação prevista e a realizada, considerando-se, ainda, a tendência do exercício.

§ 4º Para o fim de apurar os recursos utilizáveis, provenientes de excesso de arrecadação, deduzir-se-á a importância dos créditos extraordinários abertos no exercício.

Art. 44. Os créditos extraordinários serão abertos por decreto do Poder Executivo, que deles dará imediato conhecimento ao Poder Legislativo.

Art. 45. Os créditos adicionais terão vigência adstrita ao exercício financeiro em que forem abertos, salvo expressa disposição legal em contrário, quanto aos especiais e extraordinários.

Art. 46. O ato que abrir crédito adicional indicará a importância, a espécie do mesmo e a classificação da despesa, até onde for possível.

Título VI
Da execução do orçamento

Capítulo I
DA PROGRAMAÇÃO DA DESPESA

Art. 47. Imediatamente após a promulgação da Lei de Orçamento e com base nos limites nela fixados, o Poder Executivo aprovará um quadro de cotas trimestrais da despesa que cada unidade orçamentária fica autorizada a utilizar.

Art. 48. A fixação das cotas a que se refere o artigo anterior atenderá aos seguintes objetivos:

a) assegurar às unidades orçamentárias, em tempo útil a soma de recursos necessários e suficientes a melhor execução do seu programa anual de trabalho;

b) manter, durante o exercício, na medida do possível o equilíbrio entre a receita arrecadada e a despesa realizada, de modo a reduzir ao mínimo eventuais insuficiências de tesouraria.

Art. 49. A programação da despesa orçamentária, para efeito do disposto no artigo anterior, levará em conta os créditos adicionais e as operações extraorçamentárias.

Art. 50. As cotas trimestrais poderão ser alteradas durante o exercício, observados o limite da dotação e o comportamento da execução orçamentária.

Capítulo II
DA RECEITA

Art. 51. Nenhum tributo será exigido ou aumentado sem que a lei o estabeleça, nenhum será cobrado em cada exercício sem prévia autorização orçamentária, ressalvados a tarifa aduaneira e o imposto lançado por motivo de guerra.

Art. 52. São objeto de lançamento os impostos diretos e quaisquer outras rendas com vencimento determinado em lei, regulamento ou contrato.

Art. 53. O lançamento da receita, o ato da repartição competente, que verifica a procedência do crédito fiscal e a pessoa que lhe é devedora e inscreve o débito desta.

Art. 54. Não será admitida a compensação da observação de recolher rendas ou receitas com direito creditório contra a Fazenda Pública.

Art. 55. Os agentes da arrecadação devem fornecer recibos das importâncias que arrecadarem.

§ 1º Os recibos devem conter o nome da pessoa que paga a soma arrecadada, proveniência e classificação, bem como a data e assinatura do agente arrecadador.

§ 2º Os recibos serão fornecidos em uma única via.

Art. 56. O recolhimento de todas as receitas far-se-á em estrita observância ao princípio de unidade de tesouraria, vedada qualquer fragmentação para criação de caixas especiais.

Art. 57. Ressalvado o disposto no parágrafo único do artigo 3º desta Lei serão classificadas como receita orçamentária, sob as rubricas próprias, todas as receitas arrecadadas, inclusive as provenientes de operações de crédito, ainda que não previstas no Orçamento.

Capítulo III
DA DESPESA

Art. 58. O empenho de despesa é o ato emanado de autoridade competente que cria para o Estado obrigação de pagamento pendente ou não de implemento de condição.

Art. 59. O empenho da despesa não poderá exceder o limite dos créditos concedidos.

→ Artigo com redação alterada pela Lei 6.397/1976.

§ 1º Ressalvado o disposto no art. 67 da Constituição Federal, é vedado aos Municípios empenhar, no último mês do mandato do prefeito, mais do que o duodécimo da despesa prevista no Orçamento vigente.

§ 2º Fica, também, vedado aos Municípios, no mesmo período, assumir, por qualquer forma, compromissos financeiros para execução depois do término do mandato do prefeito.

§ 3º As disposições dos parágrafos anteriores não se aplicam nos casos comprovados de calamidade pública.

§ 4º Reputam-se nulos e de nenhum efeito os empenhos e atos praticados em desacordo com o disposto nos parágrafos 1º e 2º deste artigo, sem prejuízo da responsabilidade do prefeito nos termos do art. 1º, V, do Decreto-lei 201, de 27 de fevereiro de 1967.

Art. 60. É vedada a realização de despesa sem prévio empenho.

§ 1º Em casos especiais previstos na legislação específica será dispensada a emissão da nota de empenho.

§ 2º Será feito por estimativa o empenho da despesa cujo montante não se possa determinar.

§ 3º É permitido o empenho global de despesas contratuais e outras, sujeitas a parcelamento.

Art. 61. Para cada empenho será extraído um documento denominado "nota de empenho" que indicará o nome do credor, a representação e a importância da despesa bem como a dedução desta do saldo da dotação própria.

Art. 62. O pagamento da despesa só será efetuado quando ordenado após sua regular liquidação.

Art. 63. A liquidação da despesa consiste na verificação do direito adquirido pelo credor tendo por base os títulos e documentos comprobatórios do respectivo crédito.

§ 1º Essa verificação tem por fim apurar:

I – a origem e o objeto do que se deve pagar;

II – a importância exata a pagar;

→ *v.* § 4º do art. 13 da Lei 12.712/2012.

→ *v.* Art. 1º da Lei 12.793/2013.

III – a quem se deve pagar a importância, para extinguir a obrigação.

§ 2º A liquidação da despesa por fornecimentos feitos ou serviços prestados terá por base:

I – o contrato, ajuste ou acordo respectivo;

II – a nota de empenho;

III – os comprovantes da entrega de material ou da prestação efetiva do serviço.

Art. 64. A ordem de pagamento é o despacho exarado por autoridade competente, determinando que a despesa seja paga.

Parágrafo único. A ordem de pagamento só poderá ser exarada em documentos processados pelos serviços de contabilidade.

Art. 65. O pagamento da despesa será efetuado por tesouraria ou pagadoria regularmente instituídos por estabelecimentos bancários credenciados e, em casos excepcionais, por meio de adiantamento.

Art. 66. As dotações atribuídas às diversas unidades orçamentárias poderão quando expressamente determinado na Lei de Orçamento ser movimentadas por órgãos centrais de administração geral.

Parágrafo único. É permitida a redistribuição de parcelas das dotações de pessoal, de uma para outra unidade orçamentária, quando considerada indispensável à movimentação de pessoal dentro das tabelas ou quadros comuns às unidades interessadas, a que se realize em obediência à legislação específica.

Art. 67. Os pagamentos devidos pela Fazenda Pública, em virtude de sentença judiciária, far-se-ão na ordem de apresentação dos precatórios e à conta dos créditos respectivos, sendo proibida a designação de casos ou de pessoas nas dotações orçamentárias e nos créditos adicionais abertos para esse fim.

Art. 68. O regime de adiantamento é aplicável aos casos de despesas expressamente definidos em lei e consiste na entrega de numerário a servidor, sempre precedida de empenho na dotação própria para o fim de realizar despesas, que não possam subordinar-se ao processo normal de aplicação.

Art. 69. Não se fará adiantamento a servidor em alcance nem a responsável por dois adiantamentos.

Art. 70. A aquisição de material, o fornecimento e a adjudicação de obras e serviços serão regulados em lei, respeitado o princípio da concorrência.

Título VII
Dos fundos especiais

Art. 71. Constitui fundo especial o produto de receitas especificadas que por lei se vinculam à realização de determinados objetivos ou serviços, facultada a adoção de normas peculiares de aplicação.

→ *v.* Instrução Normativa RFB 1.143/2011 – Dispõe sobre os fundos públicos inscritos no Cadastro Nacional da Pessoa Jurídica (CNPJ) como órgãos públicos.

Art. 72. A aplicação das receitas orçamentárias vinculadas a fundos especiais far-se-á através de dotação consignada na Lei de Orçamento ou em créditos adicionais.

→ Consta conforme publicação oficial.

Art. 73. Salvo determinação em contrário da lei que o instituiu, o saldo positivo do fundo especial apurado em balanço será transferido para o exercício seguinte, a crédito do mesmo fundo.

Art. 74. A lei que instituir fundo especial poderá determinar normas peculiares de controle, prestação e tomada de contas, sem de qualquer modo, elidir a competência específica do Tribunal de Contas ou órgão equivalente.

Título VIII
Do controle da execução orçamentária

Capítulo I
DISPOSIÇÕES GERAIS

Art. 75. O controle da execução orçamentária compreenderá:

I – a legalidade dos atos de que resultem a arrecadação da receita ou a realização da despesa, o nascimento ou a extinção de direitos e obrigações;

II – a fidelidade funcional dos agentes da administração, responsáveis por bens e valores públicos;

III – o cumprimento do programa de trabalho expresso em termos monetários e em termos de realização de obras e prestação de serviços.

Capítulo II
DO CONTROLE INTERNO

Art. 76. O Poder Executivo exercerá os três tipos de controle a que se refere o artigo 75, sem prejuízo das atribuições do Tribunal de Contas ou órgão equivalente.

Art. 77. A verificação da legalidade dos atos de execução orçamentária será prévia, concomitante e subsequente.

Art. 78. Além da prestação ou tomada de contas anual, quando instituída em lei, ou por fim de gestão, poderá haver, a qualquer tempo, levantamento, prestação ou tomada de contas de todos os responsáveis por bens ou valores públicos.

Art. 79. Ao órgão incumbido da elaboração da proposta orçamentária ou a outro indicado na legislação, caberá o controle estabelecido no inciso III do artigo 75.

Parágrafo único. Esse controle far-se-á, quando for o caso, em termos de unidades de medida, previamente estabelecidos para cada atividade.

Art. 80. Compete aos serviços de contabilidade ou órgãos equivalentes verificar a exata observância dos limites das cotas trimestrais atribuídas a cada unidade orçamentária, dentro do sistema que for instituído para esse fim.

Capítulo III
DO CONTROLE EXTERNO

Art. 81. O controle da execução orçamentária, pelo Poder Legislativo, terá por objetivo verificar a probidade da administração, a guarda e legal emprego dos dinheiros públicos e o cumprimento da Lei de Orçamento.

Art. 82. O Poder Executivo, anualmente, prestará contas ao Poder Legislativo, no prazo estabelecido nas Constituições ou nas Leis Orgânicas dos Municípios.

§ 1º As contas do Poder Executivo serão submetidas ao Poder Legislativo, com Parecer prévio do Tribunal de Contas ou órgão equivalente.

§ 2º Quando, no Município não houver Tribunal de Contas ou órgão equivalente, a Câmara de Vereadores poderá designar peritos contadores para verificarem as contas do prefeito e sobre elas emitirem parecer.

Título IX
Da contabilidade

Capítulo I
DISPOSIÇÕES GERAIS

Art. 83. A contabilidade evidenciará perante a Fazenda Pública a situação de todos quantos, de qualquer modo, arrecadem receitas, efetuem despesas, administrem ou guardem bens a ela pertencentes ou confiados.

Art. 84. Ressalvada a competência do Tribunal de Contas ou órgão equivalente, a tomada de contas dos agentes responsáveis por bens ou dinheiros públicos será realizada ou superintendida pelos serviços de contabilidade.

Art. 85. Os serviços de contabilidade serão organizados de forma a permitirem o acompanhamento da execução orçamentária, o conhecimento da composição patrimonial, a determinação dos custos dos serviços industriais, o levantamento dos balanços gerais, a análise e a interpretação dos resultados econômicos e financeiros.

Art. 86. A escrituração sintética das operações financeiras e patrimoniais efetuar-se-á pelo método das partidas dobradas.

Art. 87. Haverá controle contábil dos direitos e obrigações oriundos de ajustes ou contratos em que a administração pública for parte.

Art. 88. Os débitos e créditos serão escriturados com individuação do devedor ou do credor e especificação da natureza, importância e data do vencimento, quando fixada.

Art. 89. A contabilidade evidenciará os fatos ligados à administração orçamentária, financeira patrimonial e industrial.

Capítulo II
DA CONTABILIDADE ORÇAMENTÁRIA E FINANCEIRA

Art. 90. A contabilidade deverá evidenciar, em seus registros, o montante dos créditos orçamentários vigentes, a despesa empenhada e a despesa realizada, à conta dos mesmos créditos, e às dotações disponíveis.

Art. 91. O registro contábil da receita e da despesa far-se-á de acordo com as especificações constantes da Lei de Orçamento e dos créditos adicionais.

Art. 92. A dívida flutuante compreende:

I – os restos a pagar, excluídos os serviços da dívida;

II – os serviços da dívida a pagar;

III – os depósitos;

IV – os débitos de tesouraria.

Parágrafo único. O registro dos restos a pagar far-se-á por exercício e por credor distinguindo-se as despesas processadas das não processadas.

Art. 93. Todas as operações de que resultem débitos e créditos de natureza financeira, não compreendidas na execução orçamentária, serão também objeto de registro, individuação e controle contábil.

Capítulo III
DA CONTABILIDADE PATRIMONIAL E INDUSTRIAL

Art. 94. Haverá registros analíticos de todos os bens de caráter permanente, com indicação dos elementos necessários para a perfeita caracterização de cada um deles e dos agentes responsáveis pela sua guarda e administração.

Art. 95. A contabilidade manterá registros sintéticos dos bens móveis e imóveis.

Art. 96. O levantamento geral dos bens móveis e imóveis terá por base o inventário analítico de cada unidade administrativa e os elementos da escrituração sintética na contabilidade.

Art. 97. Para fins orçamentários e determinação dos devedores, ter-se-á o registro contábil das receitas patrimoniais, fiscalizando-se sua efetivação.

Art. 98. A dívida fundada compreende os compromissos de exigibilidade superior a 12 (doze) meses, contraídos para atender a desequilíbrio orçamentário ou a financeiro de obras e serviços públicos.

Parágrafo único. A dívida fundada será escriturada com individuação e especificações que permitem verificar, a qualquer momento, a posição dos empréstimos, bem como os respectivos serviços de amortização e juros.

Art. 99. Os serviços públicos industriais, ainda que não organizados como empresa pública ou autárquica, manterão contabilidade especial para determinação dos custos, ingressos e resultados, sem prejuízo da escrituração patrimonial e financeiro comum.

Art. 100. As alterações da situação líquida patrimonial, que abrangem os resultados da execução orçamentária, bem como as variações independentes dessa execução e as superveniências e insubsistência ativas e passivas, constituirão elementos da conta patrimonial.

Capítulo IV
DOS BALANÇOS

Art. 101. Os resultados gerais do exercício serão demonstrados no Balanço Orçamentário, no Balanço Financeiro, no Balanço Patrimonial, na Demonstração das Variações Patrimoniais, segundo os Anexos 12, 13, 14 e 15 e os quadros demonstrativos constantes dos Anexos 1, 6, 7, 8, 9, 10, 11, 16 e 17.

Art. 102. O Balanço Orçamentário demonstrará as receitas e despesas previstas em confronto com as realizadas.

Art. 103. O Balanço Financeiro demonstrará a receita e a despesa orçamentárias bem como os recebimentos e os pagamentos de natureza extraorçamentária, conjugados com os saldos em espécie provenientes do exercício anterior, e os que se transferem para o exercício seguinte.

Parágrafo único. Os Restos a Pagar do exercício serão computados na receita extraorçamentária para compensar sua inclusão na despesa orçamentária.

Art. 104. A Demonstração das Variações Patrimoniais evidenciará as alterações verificadas no patrimônio, resultantes ou independentes da execução orçamentária, e indicará o resultado patrimonial do exercício.

Art. 105. O Balanço Patrimonial demonstrará:

I – o Ativo Financeiro;

II – o Ativo Permanente;

III – o Passivo Financeiro;

IV – o Passivo Permanente;

V – o Saldo Patrimonial;

VI – as Contas de Compensação.

§ 1º O Ativo Financeiro compreenderá os créditos e valores realizáveis independentemente de autorização orçamentária e os valores numerários.

§ 2º O Ativo Permanente compreenderá os bens, créditos e valores, cuja mobilização ou alienação dependa de autorização legislativa.

§ 3º O Passivo Financeiro compreenderá as dívidas fundadas e outras, cujo pagamento independa de autorização orçamentária.

§ 4º O Passivo Permanente compreenderá as dívidas fundadas e outras que dependam de autorização legislativa para amortização ou resgate.

§ 5º Nas contas de compensação serão registrados os bens, valores, obrigações, e situações não compreendidas nos parágrafos anteriores e que, imediata ou indiretamente, possam vir a afetar o patrimônio.

Art. 106. A avaliação dos elementos patrimoniais obedecerá as normas seguintes:

I – os débitos e créditos, bem como os títulos de renda, pelo seu valor nominal, feita a conversão, quando em moeda estrangeira, à taxa de câmbio vigente na data do balanço;

II – os bens móveis e imóveis, pelo valor de aquisição ou pelo custo de produção ou de construção;

III – os bens de almoxarifado, pelo preço médio ponderado das compras.

§ 1º Os valores em espécie, assim como os débitos e créditos, quando em moeda estrangeira, deverão figurar ao lado das correspondentes importâncias em moeda nacional.

§ 2º As variações resultantes da conversão dos débitos, créditos e valores em espécie serão levadas à conta patrimonial.

§ 3º Poderão ser feitas reavaliações dos bens móveis e imóveis.

Título X
Das autarquias e outras entidades

Art. 107. As entidades autárquicas ou paraestatais, inclusive de previdência social ou investidas de delegação para arrecadação de contribuições para fiscais da União, dos Estados, dos Municípios e do Distrito Federal terão seus orçamentos aprovados por decreto do Poder Executivo, salvo se disposição legal expressa determinar que o sejam pelo Poder Legislativo.

Parágrafo único. Compreendem-se nesta disposição as empresas com autonomia financeira e administrativa cujo capital pertencer, integralmente, ao Poder Público.

Art. 108. Os orçamentos das entidades referidas no artigo anterior vincular-se-ão ao orçamento da União, dos Estados, dos Municípios e do Distrito Federal, pela inclusão:

I – como receita, salvo disposição legal em contrário, de saldo positivo previsto entre os totais das receitas e despesas;

II – como subvenção econômica, na receita do orçamento da beneficiária, salvo disposição legal em contrário, do saldo negativo previsto entre os totais das receitas e despesas.

§ 1º Os investimentos ou inversões financeiras da União, dos Estados, dos Municípios e do Distrito Federal, realizados por intermédio das entidades aludidas no artigo anterior, serão classificados como receita de capital destas e despesa de transferência de capital daqueles.

§ 2º As previsões para depreciação serão computadas para efeito de apuração do saldo líquido das mencionadas entidades.

Art. 109. Os orçamentos e balanços das entidades compreendidas no artigo 107 serão publicados como complemento dos orçamentos e balanços da União, dos Estados, dos Municípios e do Distrito Federal a que estejam vinculados.

Art. 110. Os orçamentos e balanços das entidades já referidas, obedecerão aos padrões e normas instituídas por esta Lei, ajustados às respectivas peculiaridades.

Parágrafo único. Dentro do prazo que a legislação fixar, os balanços serão remetidos ao órgão central de contabilidade da União, dos Estados, dos Municípios e do Distrito Federal, para fins de incorporação dos resultados, salvo disposição legal em contrário.

Título XI
Disposições finais

Art. 111. O Conselho Técnico de Economia e Finanças do Ministério da Fazenda, além de outras apurações, para fins estatísticos, de interesse nacional, organizará e publicará o balanço consolidado das contas da União, Estados, Municípios e Distrito Federal, suas autarquias e outras entidades, bem como um quadro estruturalmente idêntico, baseado em dados orçamentários.

§ 1º Os quadros referidos neste artigo terão a estrutura do Anexo 1.

§ 2º O quadro baseado nos orçamentos será publicado até o último dia do primeiro semestre do próprio exercício e o baseado nos balanços, até o último dia do segundo semestre do exercício imediato àquele a que se referirem.

Art. 112. Para cumprimento do disposto no artigo precedente, a União, os Estados, os Municípios e o Distrito Federal remeterão ao mencionado órgão, até 30 de abril, os orçamentos do exercício, e até 30 de junho, os balanços do exercício anterior.

Parágrafo único. O pagamento, pela União, de auxílio ou contribuição a Estados, Municípios ou Distrito Federal, cuja concessão não decorra de imperativo constitucional, dependerá de prova do atendimento ao que se determina neste artigo.

Art. 113. Para fiel e uniforme aplicação das presentes normas, o Conselho Técnico de Economia e Finanças do Ministério da Fazenda atenderá a consultas, coligirá elementos, promoverá o intercâmbio de dados informativos, expedirá recomendações técnicas, quando solicitadas, e atualizará sempre que julgar conveniente, os anexos que integram a presente Lei.

Parágrafo único. Para os fins previstos neste artigo, poderão ser promovidas, quando necessário, conferências ou reuniões técnicas, com a participação de representantes das entidades abrangidas por estas normas.

Art. 114. Os efeitos desta Lei são contados a partir de 1º de janeiro de 1964 para o fim da elaboração dos orçamentos e a partir de 1º de janeiro de 1965, quanto às demais atividades estatuídas.

→ Artigo com redação alterada pela Lei 4.489/1964.

Art. 115. Revogam-se as disposições em contrário.

→ Deixamos de publicar os anexos a esta Lei.

Brasília, 17 de março de 1964; 143º da Independência e 76º da República.

João Goulart

(Publicação no *D.O.U.* 23.3.1964; retificações 9.4.1964 e 3.6.1964)

LEI 4.729,
DE 14 DE JULHO DE 1965

Define o crime de sonegação fiscal e dá outras providências.

O Presidente da República:

Faço saber que o Congresso Nacional decreta e eu sanciono a seguinte Lei:

Art. 1º Constitui crime de sonegação fiscal:

I – prestar declaração falsa ou omitir, total ou parcialmente, informação que deva ser produzida a agentes das pessoas jurídicas de direito público interno, com a intenção de eximir-se, total ou parcialmente, do pagamento de tributos, taxas e quaisquer adicionais devidos por lei;

II – inserir elementos inexatos ou omitir rendimentos ou operações de qualquer natureza em documentos ou livros exigidos pelas leis fiscais, com a intenção de exonerar-se do pagamento de tributos devidos à Fazenda Pública;

III – alterar faturas e quaisquer documentos relativos a operações mercantis com o propósito de fraudar a Fazenda Pública;

IV – fornecer ou emitir documentos graciosos ou alterar despesas, majorando-as, com o objetivo de obter dedução de tributos devidos à Fazenda Pública, sem prejuízo das sanções administrativas cabíveis;

V – exigir, pagar ou receber, para si ou para o contribuinte beneficiário da paga, qualquer percentagem sobre a parcela dedutível ou deduzida do Imposto sobre a Renda como incentivo fiscal.

Pena – detenção, de 6 (seis) meses a 2 (dois) anos, e multa de duas a cinco vezes o valor do tributo.

→ Inciso V acrescentado pela Lei 5.569/1969.

→ *V.* Súmula 609 do STF.

§ 1º Quando se tratar de criminoso primário, a pena será reduzida à multa de dez vezes o valor do tributo.

§ 2º Se o agente cometer o crime prevalecendo-se do cargo público que exerce, a pena será aumentada da sexta parte.

§ 3º O funcionário público com atribuições de verificação, lançamento ou fiscalização de tributos, que concorrer para a prática do crime de sonegação fiscal, será punido com a pena deste artigo, aumentada da terça parte, com a abertura obrigatória do competente processo administrativo.

Art. 2º *(Revogado pela Lei 8.383/1991).*

Art. 3º Somente os atos definidos nesta Lei poderão constituir crime de sonegação fiscal.

Art. 4º A multa aplicada nos termos desta Lei será computada e recolhida, integralmente, como receita pública extraordinária.

Art. 5º No art. 334, do Código Penal, substituam-se os §§ 1º e 2º pelos seguintes:

→ Alterações efetuadas no CP.

Art. 6º Quando se tratar de pessoa jurídica, a responsabilidade penal pelas infrações previstas nesta Lei será de todos os que, direta ou indiretamente ligados à mesma, de modo permanente ou eventual, tenham praticado ou concorrido para a prática da sonegação fiscal.

Art. 7º As autoridades administrativas que tiverem conhecimento de crime previsto nesta Lei, inclusive em autos e papéis que conhecerem, sob pena de responsabilidade, remeterão ao Ministério Público os elementos comprobatórios da infração, para instrução do procedimento criminal cabível.

§ 1º Se os elementos comprobatórios forem suficientes, o Ministério Público oferecerá, desde logo, denúncia.

§ 2º Sendo necessários esclarecimentos, documentos ou diligências complementares, o Ministério Público os requisitará, na forma estabelecida no Código de Processo Penal.

Art. 8º Em tudo o mais em que couber e não contrariar os arts. 1º a 7º desta Lei, aplicar-se-ão o Código Penal e o Código de Processo Penal.

Art. 9º *(Revogado pela Lei 8.021/1990).*

Art. 10. O Poder Executivo procederá às alterações do Regulamento do Imposto de Renda decorrentes das modificações constantes desta Lei.

Art. 11. Esta Lei entrará em vigor 60 (sessenta) dias após sua publicação.

Art. 12. Revogam-se as disposições em contrário.

Brasília, em 14 de julho de 1965; 144º da Independência e 77º da República.

H. Castello Branco

(Publicação no *D.O.U.* 19.7.1965)

LEI 5.143, DE 20 DE OUTUBRO DE 1966

Institui o Imposto sobre Operações Financeiras, regula a respectiva cobrança, dispõe sobre a aplicação das reservas monetárias oriundas de sua receita, e dá outras providências.

O Presidente da República:

Faço saber que o Congresso Nacional decreta e eu sanciono a seguinte Lei:

Art. 1º O Imposto sobre Operações Financeiras incide nas operações de crédito e seguro, realizadas por instituições financeiras e seguradoras, e tem como fato gerador:

I – no caso de operações de crédito, a entrega do respectivo valor ou sua colocação à disposição do interessado;

II – no caso de operações de seguro, o recebimento do prêmio.

Art. 2º Constituirá a base do imposto:

I – nas operações de crédito, o valor global dos saldos das operações de empréstimo, de abertura de crédito, e de desconto de títulos, apurados mensalmente;

II – nas operações de seguro, o valor global dos prêmios recebidos em cada mês.

Art. 3º O imposto será cobrado com as seguintes alíquotas:

I – empréstimos sob qualquer modalidade, as aberturas de crédito, e os descontos de títulos – 0,3%;

II – seguro de vida e congêneres e de acidentes pessoais e do trabalho – 1,0%;

III – seguros de bens, valores, coisas e outros não especificados, excluídos o resseguro, o seguro de crédito a exportação e o de transporte de mercadorias em viagens internacionais: – 2,0%.

Art. 4º São contribuintes do imposto os tomadores de crédito e os segurados:

→ *Caput* om redação alterada pelo Dec.-lei 914/1969.

I – no caso do inciso I do artigo 1º, a instituição financeira, referida no artigo 17 da Lei 4.595, de 31 de dezembro de 1964, que realiza a operação como supridora de valores ou crédito, ou efetua o desconto;

II – no caso do inciso II do artigo 1º o segurador.

Art. 5º São responsáveis pela cobrança do imposto e pelo seu recolhimento ao Banco Central do Brasil, ou a quem este determinar, nos prazos fixados pelo Conselho Monetário Nacional:

→ *Caput* com redação alterada pelo Dec.-lei 914/1969.

I – Nas operações de crédito, as instituições financeiras a que se refere o artigo 17 da Lei 4.595, de 31 de dezembro de 1964;

→ Inciso I acrescentado pelo Dec.-lei 914/1969

II – Nas operações de seguro, o segurador ou as instituições financeiras a quem este encarregar da cobrança dos prêmios.

→ Inciso II acrescentado pelo Dec.-lei 914/1969.

Art. 6º Sem prejuízo da pena criminal que couber serão punidos com:

I – multa de 30 a 100% do valor do imposto devido, a falta de recolhimento do imposto no prazo fixado;

II – multa de valor equivalente a 500 (quinhentas) Obrigações do Tesouro Nacional – OTN: a falsificação ou adulteração de guia, livro ou outro papel necessário ao registro ou ao recolhimento do imposto ou a coautoria na prática de qualquer dessas infrações;

→ Inciso II com redação alterada pelo Dec.-lei 2.391/1987.

III – multa de valor equivalente a 350 (trezentos e cinquenta) Obrigações do Tesouro Nacional – OTN: o embaraço ou impedimento da ação fiscalizadora ou a recusa de exibição de livros, guias ou outro papel necessário ao registro ou ao recolhimento do imposto, quando solicitado pela fiscalização;

→ Inciso III com redação alterada pelo Dec.-lei 2.391/1987.

IV – multa de valor equivalente a 20 (vinte) Obrigações do Tesouro nacional – OTN: qualquer outra infração prevista no Regulamento.

→ *Caput* do inciso IV com redação alterada pelo Dec.-lei 2.391/1987.

Parágrafo único. Na hipótese do inciso III será imposta cumulativamente a penalidade que couber, se for apurada a prática de outra infração.

Art. 7º A instituição financeira ou seguradora, que, antes de qualquer procedimento fiscal, recolher espontaneamente o imposto fora do prazo previsto, ficará sujeita à multa de 20% (vinte por cento) do imposto, a qual será incluída na mesma guia correspondente ao tributo, sem necessidade de autorização ou despacho.

→ Artigo com redação alterada pelo Dec.-lei 914/1969.

Parágrafo único. O pagamento do imposto, sem a multa a que se refere este artigo, importará na aplicação das penalidades do artigo 6º.

Art. 8º A fiscalização da aplicação desta lei caberá ao Banco Central da República do Brasil, que poderá delegá-la, no todo ou em parte, ao Departamento Nacional de Seguros Privados e Capitalização do Ministério da Indústria e do Comércio, no que respeita às operações previstas nos incisos II e III do artigo 3º, ou a outros órgãos ou autoridades em todo o País ou apenas em certas regiões, segundo entenda conveniente.

Art. 9º O Conselho Monetário Nacional baixará normas para execução do presente Decreto-lei, estabelecendo inclusive o processo fiscal aplicável às controvérsias a respeito do imposto.

→ *Caput* com redação alterada pelo Dec.-lei 914/1969.

§ 1º Enquanto não for expedida a regulamentação de que trata este artigo, aplicar-se-ão as normas de processo fiscal relativas ao Imposto sobre Produtos Industrializados.

→ § 1º acrescentado pelo Dec.-lei 914/1969.

§ 2º O julgamento dos processos contraditórios caberá:

→ § 2º acrescentado pelo Dec.-lei 914/1969.

I - em primeira instância, ao órgão ou autoridade que o Conselho Monetário Nacional designar;

II – em segunda instância, ao Terceiro Conselho de Contribuintes.

Art. 10. O Conselho Monetário nacional poderá desdobrar as hipóteses de incidência modificar ou eliminar as alíquotas e alterar as bases de cálculo do imposto, observado no caso de aumento, o limite máximo do dobro daquela que resultar das normas desta lei.

Art. 11. Do produto da arrecadação do imposto será destacada uma parcela, não superior a 2%, destinada às despesas de custeio do Banco Central da República do Brasil na substituição da taxa de fiscalização referida no § 1º do artigo 16 da Lei 4.595, de 31 de dezembro de 1964, que fica extinta.

Art. 12. A receita líquida do imposto se destinará à formação de reservas monetárias, as quais serão aplicadas pelo Banco Central do Brasil na intervenção nos mercados de câmbio e de títulos, na assistência a instituições financeiras, particularmente ao Banco Nacional do Desenvolvimento Econômico, e em outros fins, conforme estabelecer o Conselho Monetário Nacional.

→ *Caput* com redação alterada pelo Dec.-lei 1.342/1974.

§ 1º Em casos excepcionais, visando a assegurar a normalidade dos mercados financeiro e de capitais ou a resguardar os legítimos interesses de depositantes, investidores e demais credores acionistas e sócios minoritários, poderá o Conselho Monetário Nacional autorizar o Banco Central do Brasil a aplicar recursos das reservas monetárias:

→ § 1º acrescentado pelo Dec.-lei 1.342/1974.

a) na recomposição do patrimônio de instituições financeiras e de sociedades integrantes do sistema de distribuição no mercado de capitais, referidas nos incisos I, III e IV do artigo 5º da Lei 4.728, de 14 de julho de 1965, com o saneamento de seus ativos e passivos;

b) no pagamento total ou parcial do passivo de qualquer das instituições ou sociedades referidas na alínea precedente, mediante as competentes cessões e transferências dos correspondentes créditos, direitos e ações, a serem efetivadas pelos respectivos titulares ao Banco Central do Brasil, caso decretada a intervenção na instituição ou sociedade ou a sua liquidação extrajudicial, nos termos da legislação vigente.

LEGISLAÇÃO

§ 2º Na hipótese da alínea a do parágrafo anterior, poderá o Banco Central do Brasil deixar de decretar a intervenção na instituição ou sociedade, ou a sua liquidação extrajudicial, se entender que as providências a serem adotadas possam conduzir à completa normalização da situação da empresa.

→ § 2º acrescentado pelo Dec.-lei 1.342/1974.

Art. 13. As vinculações da receita do Imposto do Selo, de que tratam o artigo 4º da Lei 3.519, de 30 de dezembro de 1958, e o artigo 6º da Lei 3.736, de 22 de março de 1960, passarão a ser feitas com base na arrecadação do Imposto sobre Produtos Industrializados correspondente à posição 24.02 da Tabela anexa à Lei 4.502, de 30 de novembro de 1964.

Art. 14. Os casos omissos nesta lei serão resolvidos pelo Conselho Monetário Nacional.

Art. 15. São revogadas as leis relativas ao Imposto do Selo e as disposições em contrário, e o art. 11 da Lei 1.002 de 24 de dezembro de 1949, observado o seguinte:

I – aplicar-se-á a legislação vigente à época em que se constituiu a obrigação tributária, no caso de exigência do imposto cujo fato gerador tenha ocorrido até 31 de dezembro de 1966;

II – a complementação periódica do Imposto do Selo deixará de ser obrigatória a partir de 1º de janeiro de 1967, ainda que a ocorrência do respectivo fato gerador seja anterior à vigência desta lei;

III – as sanções previstas na Lei 4.505, de 30 de novembro de 1964, regulamentada pelo Decreto 55.852, de 22 de março de 1965, aplicam-se às infrações das respectivas normas ocorridas durante a sua vigência, ainda que se relacionem com hipóteses de incidência que esta lei revoga.

Art. 16. A partir da data da publicação desta Lei, o Ministro da Fazenda, por proposta do Conselho Monetário Nacional poderá reduzir ou suprimir o Imposto do Selo sobre operações de câmbio.

Art. 17. O Conselho Monetário Nacional poderá permitir que a assinatura no cheque seja impressa, por processo mecânico, atendidas as cautelas que estabelecer.

Art. 18. Esta Lei entrará em vigor no dia 1º de janeiro de 1967, salvo quanto aos artigos 16 e 17, que vigorarão a partir da data de sua publicação.

Brasília, em 20 de outubro de 1965; 145º da Independência e 78º da República.

H. Castello Branco

(Publicação no *D.O.U.* de 24.10.1966)

DECRETO-LEI 37, DE 18 DE NOVEMBRO DE 1966

Dispõe sobre o Imposto de Importação, reorganiza os serviços aduaneiros e dá outras providências.

O Presidente da República, usando da atribuição que lhe confere o artigo 31, parágrafo único, do Ato Institucional 2, de 27 de outubro de 1965, decreta:

Título I
Imposto de Importação

Capítulo I
INCIDÊNCIA

Art. 1º O Imposto sobre a Importação incide sobre mercadoria estrangeira e tem como fato gerador sua entrada no Território Nacional.

→ *Caput* com redação alterada pelo Dec.-lei 2.472/1988.

§ 1º Para fins de incidência do imposto, considerar-se-á também estrangeira a mercadoria nacional ou nacionalizada exportada, que retornar ao País, salvo se:

→ § 1º acrescentado pelo Dec.-lei 2.472/1988.

a) enviada em consignação e não vendida no prazo autorizado;

b) devolvida por motivo de defeito técnico, para reparo ou substituição;

c) por motivo de modificações na sistemática de importação por parte do país importador;

d) por motivo de guerra ou calamidade pública;

e) por outros fatores alheios à vontade do exportador.

§ 2º Para efeito de ocorrência do fato gerador, considerar-se-á entrada no Território Nacional a mercadoria que constar como tendo sido importada e cuja falta venha a ser apurada pela autoridade aduaneira.

Anterior parágrafo único renumerado para § 2º pelo Dec.-lei 2.472/1988.

§ 3º Para fins de aplicação do disposto no § 2º deste artigo, o regulamento poderá estabelecer percentuais de tolerância para a falta apurada na importação de granéis que, por sua natureza ou condições de manuseio na descarga, estejam sujeitos à quebra ou decréscimo de quantidade ou peso.

→ § 3º acrescentado pelo Dec.-lei 2.472/1988.

§ 4º O imposto não incide sobre mercadoria estrangeira:

→ § 4º acrescentado pela Lei 10.833/2003.

I – destruída sob controle aduaneiro, sem ônus para a Fazenda Nacional, antes de desembaraçada;

→ Inciso I com redação alterada pela Lei 12.350/2010.

II – em trânsito aduaneiro de passagem, acidentalmente destruída; ou

→ Inciso II acrescentado pela Lei 10.833/2003.

III – que tenha sido objeto de pena de perdimento, exceto na hipótese em que não seja localizada, tenha sido consumida ou revendida.

→ Inciso III acrescentado pela Lei 10.833/2003.

Capítulo II
BASE DE CÁLCULO

Art. 2º A base de cálculo do imposto é:

→ Artigo com redação alterada pelo Dec.-lei 2.472/1988.

I – quando a alíquota for específica, a quantidade de mercadoria, expressa na unidade de medida indicada na tarifa;

II – quando a alíquota for *ad valorem*, o valor aduaneiro apurado segundo as normas do art. 7º do Acordo Geral sobre Tarifas Aduaneiras e Comércio - GATT.

Arts. 3º a 6º *(Revogados pelo Dec-lei 2.472/1988).*

Art. 7º *(Revogado pelo Dec.-lei 730/1969).*

Capítulo III
ISENÇÕES E REDUÇÕES

Seção I
Disposições gerais

Art. 8º O tratamento aduaneiro decorrente de ato internacional, aplica-se exclusivamente a mercadoria originária do país beneficiário.

Art. 9º Respeitados os critérios decorrentes do ato internacional de que o Brasil participe, entender-se-á por país de origem da mercadoria aquele onde houver sido produzida ou, no caso de mercadoria resultante de material ou mão de obra de mais de um país, aquele onde houver recebido transformação substancial.

Art. 10. Aos produtos isentos do imposto de importação, na forma prevista neste capítulo, poderá ser concedida isenção ou redução de imposto sobre produtos industrializados, nos termos, limites e condições previstos neste artigo e em regulamento a ser baixado pelo Poder Executivo.

→ Artigo com redação alterada pela Lei 5.444/1968.

§ 1º As importações destinadas à União, Estados, Municípios e Distrito Federal, bem como às Autarquias e demais entidades de direito público interno, ficam também sujeitas às normas previstas neste artigo.

§ 2º O Poder Executivo, em relação a empresas produtoras de bens industriais, poderá condicionar a isenção ou redução a exportações compensatórias.

§ 3º As disposições deste artigo aplicam-se aos casos previstos em leis específicas que autorizam a isenção do imposto sobre produtos industrializados nas importações de equipamento para setores de produção determinados, dependendo de lei prévia a ampliação de período e das condições e espécies das isenções.

Art. 11. Quando a isenção ou redução for vinculada à qualidade do importador, a transferência de propriedade ou uso, a qualquer título, dos bens obriga, na forma do regulamento, ao prévio recolhimento dos tributos e gravames cambiais, inclusive quando tenham sido dispensados apenas estes gravames.

Parágrafo único. O disposto neste artigo não se aplica aos bens transferidos a qualquer título:

I – a pessoa ou entidades que gozem de igual tratamento fiscal, mediante prévia decisão da autoridade aduaneira;

II – após o decurso do prazo de 5 (cinco) anos da data da outorga da isenção ou redução.

Art. 12. A isenção ou redução, quando vinculada à destinação dos bens, ficará condicionada ao cumprimento das exigências regulamentares, e, quando for o caso, à comprovação posterior do seu efetivo emprego nas finalidades que motivarem a concessão.

Seção II
Bagagem

Art. 13. É concedida isenção do imposto de importação, nos termos e condições estabelecidos no regulamento, à bagagem constituída de:

→ Artigo com redação alterada pelo Dec.-lei 1.123/1970.

I – roupas e objetos de uso ou consumo pessoal do passageiro, necessários a sua estada no exterior;

II – objetos de qualquer natureza, nos limites de quantidade e/ou valor estabelecidos por ato do Ministro da Fazenda;

III – outros bens de propriedade de:

a) funcionários da carreira diplomática, quando removidos para a Secretaria de Estado das Relações Exteriores, e os que a eles se assemelharem, pelas funções permanentes de caráter diplomático, ao serem dispensados de função exercida no exterior e cujo término importe em seu regresso ao país;

b) servidores públicos civis e militares, servidores de autarquias, empresas públicas e sociedades de economia mista, que regressarem ao país, quando dispensados de qualquer função oficial, de caráter permanente, exercida no exterior por mais de 2 (dois) anos ininterruptamente;

c) brasileiros que regressarem ao País, depois de servirem por mais de 2 (dois) anos ininterruptos em organismo internacional, de que o Brasil faça parte;

d) estrangeiros radicados no Brasil há mais de 5 (cinco) anos, nas mesmas condições da alínea anterior;

e) pessoas a que se referem as alíneas anteriores, falecidas no período do desempenho de suas funções no exterior;

f) brasileiros radicados no exterior por mais de 5 (cinco) anos ininterruptamente, que transfiram seu domicílio para o País;

g) estrangeiros que transfiram seu domicílio para o país.

h) cientistas, engenheiros e técnicos brasileiros e estrangeiros, radicados no exterior.

§ 1º O regulamento disporá sobre o tratamento fiscal a ser dispensado à bagagem do tripulante, aplicando-lhe, no que couber, o disposto neste artigo.

§ 2º A isenção a que aludem as alíneas *f* e *g* só se aplicará aos casos de primeira transferência de domicílio ou, em hipótese de outras transferências, se decorridos 5 (cinco) anos do retorno da pessoa ao exterior.

§ 3º Para os efeitos fiscais deste artigo, considera-se função oficial permanente, no exterior, a estabelecida regularmente, exercida em terra e que não se extinga com a dispensa do respectivo servidor.

§ 4º A isenção de que trata a alínea *h* só será reconhecida quando ocorrerem cumulativamente as seguintes condições:

I – que a especialização técnica do interessado esteja enquadrada em Resolução baixada pelo Conselho Nacional de Pesquisas, antes da sua chegada ao País;

II – que o regresso tenha decorrido de convite do Conselho Nacional de Pesquisas;

III – que o interessado se comprometa, perante o Conselho Nacional de Pesquisas a exercer sua profissão no Brasil durante o prazo mínimo de 5 (cinco) anos, a partir da data do desembaraço dos bens;

§ 5º Os prazos referido nas alíneas *b* e *c* doInciso III deste artigo, poderão ser relevados, em caráter excepcional pelo Ministro da Fazenda, por proposta do Ministro a que o servidor estiver subordinado, atendidas as seguintes condições cumulativas;

I – designação para função permanente no exterior por prazo superior a 2 (dois) anos;

II – regresso ao País antes de decorrido o prazo previsto na alínea anterior, por motivo de interesse nacional;

III – que a interrupção da função tenha se dado, no mínimo, após 1 (ano) ano de permanência no exterior.

Seção III
Bens de interesse para o desenvolvimento econômico

Art. 14. Poderá ser concedida isenção do imposto de importação, nos termos e condições estabelecidas no regulamento:

I – Aos bens de capital destinados à implantação, ampliação e reaparelhamento de empreendimentos de fundamental interesse para o desenvolvimento econômico do país;

II – aos bens importados para construção, execução, exploração, conservação e ampliação dos serviços públicos explorados diretamente pelo Poder Público, empresas públicas, sociedades de economia mista e empresas concessionárias ou permissionárias;

III – aos bens destinados a complementar equipamentos, veículos, embarcações, semelhantes fabricados no país, quando a importação for processada por fabricantes com plano de industrialização e programa de nacionalização, aproveitados pelos órgãos competentes;

IV – as máquinas, aparelhos, partes, peças complementares e semelhantes, destinados à fabricação de equipamentos no país por empresas que hajam vencido concorrência internacional referente a projeto de desenvolvimento de atividades básicas.

§ 1º Na concessão a que se refere oInciso I serão consideradas as peculiaridades regionais e observados os critérios de prioridade setorial estabelecidos por órgãos federais de investimento ou planejamento econômico.

§ 2º Compreendem-se, exclusivamente, na isenção doInciso I os bens indicados em projetos que forem analisados e aprovados por órgãos governamentais de investimento ou planejamento.

§ 3º Na concepção prevista noInciso II, exigir-se-á a apresentação de projetos e programas aprovados pelo órgão a que estiver técnica e normativamente subordinada a atividade correspondente.

§ 4º O direito à isenção prevista neste artigo será declarado em resolução do Conselho de Política Aduaneira, nos termos do artigo 27 da Lei 3.244, de 14 de agosto de 1957.

Seção IV
Isenções diversas

Art.15. É concedida isenção do imposto de importação nos termos, limites e condições estabelecidos no regulamento:

I – à União, Estados, Distrito Federal e Municípios;

II – às autarquias e demais entidades de direito público interno;

III – às instituições científicas, educacionais e de assistência social;

IV – às missões diplomáticas e repartições consulares de caráter permanente, e a seus integrantes;

V – às representações de órgãos internacionais e regionais de caráter permanente, de que o Brasil seja membro, e a seus funcionários, peritos, técnicos e consultores estrangeiros, que gozarão do tratamento aduaneiro outorgado ao corpo diplomático quanto às suas bagagens, automóveis, móveis e bens de consumo, enquanto exercerem suas funções de caráter permanente;

VI – às amostras comerciais e às remessas postais internacionais, sem valor comercial;

VII – aos materiais de reposição e conserto para uso de embarcações ou aeronaves, estrangeiras;

VIII – às sementes, espécies vegetais para plantio e animais reprodutores;

IX – aos aparelhos, motores, reatores, peças e acessórios de aeronaves importados por estabelecimento com oficina especializada, comprovadamente destinados à manutenção, revisão e reparo de aeronaves ou de seus componentes, bem como aos equipamentos, aparelhos, instrumentos, máquinas, ferramentas e materiais específicos indispensáveis à execução dos respectivos serviços;

→ Inciso IX com redação alterada pelo Dec.-lei 1.639/1978.

X – (*Revogado pelo Dec.-lei 2.433/1988*).

XI – às aeronaves, suas partes, peças e demais materiais de manutenção e reparo, aparelhos e materiais de radiocomunicação, equipamentos de terra e equipamentos para treinamento de pessoal e segurança de voo, materiais destinados às oficinas de manutenção e de reparo de aeronave nos aeroportos, bases e hangares, importados por empresas nacionais concessionárias de linhas regulares, de transporte aéreo, por aeroclubes, considerados de utilidade pública, com funcionamento regular, e por empresas que explorem serviços de táxis-aéreos;

XII – às aeronaves, equipamentos e material técnico, destinados a operações de aerolevantamento e importados por empresas de capital exclusivamente nacional que explorem atividades pertinentes, conforme previstas na legislação específica sobre aerolevantamento.

→ Inciso XII com redação alterada pelo Dec.-lei 1.639/1978.

Art. 16. Somente podem importar papel com isenção de tributos as pessoas naturais ou jurídicas responsáveis pela exploração da indústria de livro ou de jornal, ou de outra publicação periódica que não contenha, exclusivamente, matéria de propaganda comercial, na forma e mediante o preenchimento dos requisitos indicados no regulamento.

§ 1º As empresas estabelecidas no país, como representantes de fábrica de papel com sede no exterior, dependerão de autorização do Ministro da Fazenda, renovável em cada exercício e cassável a seu juízo, para também realizarem a importação, deste que o papel se destine ao uso exclusivo das pessoas a que se refere este artigo.

→ § 1º com redação alterada pelo Dec.-lei 751/1969.

§ 2º As gráficas que imprimirem publicações das pessoas de que trata este artigo estão igualmente obrigadas ao cumprimento das exigências do regulamento.

§ 3º Não se incluem nas disposições deste artigo catálogos, listas de preços e publicações semelhantes, jornais ou revistas de propaganda de sociedades, comerciais ou não.

§ 4º Poderá ser autorizada a venda de aparas e de bobinas impróprias para impressão, quando destinadas à utilização como matéria-prima.

§ 5º A Secretaria da Receita Federal baixará as normas da escrituração especial a que ficam obrigadas as empresas mencionadas neste artigo, registrando quantidade, origem e destino do papel adquirido ou importado.

→ § 5º acrescentado pelo Dec.-lei 751/1969.

Seção V
Similaridade

Art. 17. A isenção do imposto de importação sòmente beneficia produto sem similar nacional, em condições de substituir o importado.

Parágrafo único. Excluem-se do disposto neste artigo:

I – Os casos previstos no artigo 13 e nosIncisos IV a VIII do artigo 15 deste Decreto-lei e no artigo 4º da Lei 3.244, de 14 de agosto de 1957;

II – as partes, pecas, acessórios, ferramentas e utensílios:

a) que, em quantidade normal, acompanham o aparelho, instrumento, máquina ou equipamento;

b) destinados, exclusivamente, na forma do regulamento, ao reparo ou manutenção de aparelho, instrumento, máquina ou equipamento de procedência estrangeira, instalado ou em funcionamento no país.

III – Os casos de importações resultando de concorrência com financiamento internacional superior a 15 (quinze) anos, em que tiver sido assegurada a participação da indústria nacional com uma margem de proteção não inferior a 15% (quinze por cento) sobre o preço CIF, porto de desembarque brasileiro, de equipamento estrangeiro oferecido de acordo com as normas que regulam a matéria.

IV – (*Revogado pelo Dec.-lei 2.433/1988*).

V – bens doados, destinados a fins culturais, científicos e assistenciais, desde que os beneficiários sejam entidades sem fins lucrativos.

→ Inciso V acrescentado pela Lei 10.833/2003.

Art. 18. O Conselho de Política Aduaneira formulará critérios, gerais ou específicos, para julgamento da similaridade, à vista das condições de oferta do produto nacional, e observadas as seguintes normas básicas:

I – Preço não superior ao custo de importação em cruzeiros do similar estrangeiro, calculado com base no preço normal, acrescido dos tributos que incidem sobre a importação, e de outros encargos de efetivo equivalente;

II – prazo de entrega normal ou corrente para o mesmo tipo de mercadoria;

III – qualidade equivalente e especificações adequadas.

§ 1º Ao formular critérios de similaridade, o Conselho de Política Aduaneira considerará a orientação de órgãos governamentais incumbidos da política relativa a produtos ou a setores de produção.

§ 2º Quando se tratar de projeto de interesse econômico fundamental, financiado por entidade internacional de crédito, poderão ser consideradas, para efeito de aplicação do disposto neste artigo, as condições especiais que regulerem a participação da indústria nacional no fornecimento de bens.

§ 3º Não será aplicável o conceito de similaridade quando importar em fracionamento de peça ou máquina, com prejuízo da garantia de bom funcionamento ou com retardamento substancial no prazo de entrega ou montagem.

Art. 19. A apuração da similaridade deverá ser feita pelo Conselho de Política Aduaneira, diretamente ou em colaboração com outros órgãos governamentais ou entidades de classe, antes da importação.

Parágrafo único. Os critérios de similaridade fixados na forma estabelecida neste Decreto-Lei e seu regulamento serão observados pela Carteira de Comércio Exterior, quando do exame dos pedidos de importação.

Art. 20. Independem de apuração, para serem considerados similares, os produtos naturais ou com beneficiamento primário, as matérias-primas e os bens de consumo, de notória produção no país.

Art. 21. No caso das disposições da Tarifa Aduaneira que condicionam a incidência do imposto ou o nível de alíquota à exigência de similar registrado, o Conselho de Política Aduaneira publicará a relação dos produtos com similar nacional.

Capítulo IV
CÁLCULO E RECOLHIMENTO DO IMPOSTO

Art. 22. O imposto será calculado pela aplicação, das alíquotas previstas na Tarifa Aduaneira, sobre a base de cálculo definida no Capítulo II deste título.

Art. 23. Quando se tratar de mercadoria despachada para consumo, considera-se ocorrido o fato gerador na data do registro, na repartição aduaneira, da declaração a que se refere o artigo 44.

Parágrafo único. A mercadoria ficará sujeita aos tributos vigorantes na data em que a autoridade aduaneira efetuar o correspondente lançamento de ofício no caso de:

→ Parágrafo único com redação alterada pela Lei 12.350/2010.

I – falta, na hipótese a que se refere o § 2º do art. 1º; e

II – introdução no País sem o registro de declaração de importação, a que se refere oInciso III do § 4º do art. 1º.

Art. 24. Para efeito de cálculo do imposto, os valores expressos em moeda estrangeira serão convertidos em moeda nacional à taxa de câmbio vigente no momento da ocorrência do fato gerador.

Parágrafo único. A taxa a que se refere este artigo será a estabelecida para venda da moeda respectiva no último dia útil de cada semana, para vigência na semana subsequente.

→ Parágrafo único com redação alterada pela Lei 7.683/1988.

Art. 25. Na ocorrência de dano casual ou de acidente, o valor aduaneiro da mercadoria será reduzido proporcionalmente ao prejuízo, para efeito de cálculo dos tributos devidos, observado o disposto no art. 60.

→ Caput com redação alterada pela Lei 12.350/2010.

Parágrafo único. Quando a alíquota for específica, o montante do imposto será reduzido proporcionalmente ao valor do prejuízo apurado.

Art. 26. Na transferência de propriedade ou uso de bens prevista no art.11, os tributos e gravames cambiais dispensados quando da importação, serão reajustados pela aplicação dos índices de correção monetária fixados pelo Conselho Nacional de Economia e das taxas de depreciação estabelecidas no regulamento.

Art. 27. O recolhimento do imposto será realizado na forma e momento indicados no regulamento.

Capítulo V
RESTITUIÇÃO

Art. 28. Conceder-se-á restituição do imposto, na forma do regulamento:

I – quando apurado excesso no pagamento, decorrente de erro de cálculo ou de aplicação de alíquota;

II – quando houver dano ou avaria, perda ou extravio.

§ 1º A restituição de tributos independe da iniciativa do contribuinte, podendo processar-se de ofício, como estabelecer o regulamento, sempre que se apurar excesso de pagamento na conformidade deste artigo.

§ 2º As reclamações do importador quanto a erro ou engano, nas declarações, sobre quantidade ou qualidade da mercadoria, ou no caso doInciso II deste artigo, deverão ser apresentadas antes de sua saída de recintos aduaneiros.

Art. 29. A restituição será efetuada, mediante anulação contábil da respectiva receita, pela autoridade incumbida de promover a cobrança originária, a qual, ao reconhecer o direito creditório contra a Fazenda Nacional, autorizará a entrega da importância considerada indevida.

§ 1º Quando a importância a ser restituída for superior a Cr$ 5.000.000 (cinco milhões de cruzeiros) o chefe da repartição aduaneira recorrerá de ofício para o Diretor do Departamento de Rendas Aduaneiras.

§ 2º Nos casos de que trata o parágrafo anterior, a importância da restituição será classificada em conta de responsáveis, a débito dos beneficiários, até que seja anotada a decisão do Diretor do Departamento de Rendas Aduaneiras.

Art. 30. Na restituição de depósitos, que também poderá processar-se de ofício, a importância da correção monetária, de que trata o art. 7º, § 3º, da Lei 4.357, de 16 de julho de 1964, obedecerá igualmente ao que dispõe o artigo anterior.

Capítulo VI
CONTRIBUINTES E RESPONSÁVEIS

Art. 31. É contribuinte do imposto:

→ Artigo com redação alterada pelo Dec.-lei 2.472/1988.

I – o importador, assim considerada qualquer pessoa que promova a entrada de mercadoria estrangeira no Território Nacional;

II – o destinatário de remessa postal internacional indicado pelo respectivo remetente;

III – o adquirente de mercadoria entrepostada.

Art. 32. É responsável pelo imposto:

→ *Caput* com redação alterada pelo Dec.-lei 2.472/1988.

I – o transportador, quando transportar mercadoria procedente do exterior ou sob controle aduaneiro, inclusive em percurso interno;

→ Inciso I acrescentado pelo Dec.-lei 2.472/1988.

LEGISLAÇÃO

II – o depositário, assim considerada qualquer pessoa incumbida da custódia de mercadoria sob controle aduaneiro.

→ Inciso II acrescentado pelo Dec.-lei 2.472/1988.

Parágrafo único. É responsável solidário:

→ Parágrafo único com redação alterada pela MP 2.158-35/2001.

I – o adquirente ou cessionário de mercadoria beneficiada com isenção ou redução do imposto;

→ Inciso I com redação alterada pela MP 2.158-35/2001.

II – o representante, no País, do transportador estrangeiro;

→ Inciso II com redação alterada pela MP 2.158-35/2001.

III – o adquirente de mercadoria de procedência estrangeira, no caso de importação realizada por sua conta e ordem, por intermédio de pessoa jurídica importadora.

→ Inciso III com redação alterada pela MP 2.158-35/2001.

a) o adquirente ou cessionário de mercadoria beneficiada com isenção ou redução de imposto;

→ Alínea *a* com eficácia suspensa pela MP 2.158-35/2001.

b) o representante, no País, de transportador estrangeiro;

→ Alínea *b* com eficácia suspensa pela MP 2.158-35/2001.

c) o adquirente de mercadoria de procedência estrangeira, no caso de importação realizada por sua conta e ordem, por intermédio de pessoa jurídica importadora;

→ Alínea *c* acrescentada pela Lei 11.281/2006.

d) o encomendante predeterminado que adquire mercadoria de procedência estrangeira de pessoa jurídica importadora.

→ Alínea *d* acrescentada pela Lei 11.281/2006.

Título II
Controle aduaneiro

Capítulo I
JURISDIÇÃO DOS SERVIÇOS ADUANEIROS

Art. 33. A jurisdição dos serviços aduaneiros se estende por todo o território aduaneiro, e abrange:

I – zona primária - compreendendo as faixas internas de portos e aeroportos, recintos alfandegados e locais habilitados nas fronteiras terrestres, bem como outras áreas nos quais se efetuem operações de carga e descarga de mercadoria, ou embarque e desembarque de passageiros, procedentes do exterior ou a ele destinados;

II – zona secundária - compreendendo a parte restante do território nacional, nela incluídos as águas territoriais e o espaço aéreo correspondente.

Parágrafo único. Para efeito de adoção de medidas de controle fiscal, poderão ser demarcadas, na orla marítima e na faixa de fronteira, zonas de vigilância aduaneira, nas quais a existência e a circulação de mercadoria estarão sujeitas às cautelas fiscais, proibições e restrições que forem prescritas no regulamento.

Art. 34. O regulamento disporá sobre:

I – registro de pessoas que cruzem as fronteiras;

II – apresentação de mercadorias às autoridades aduaneiras da jurisdição dos portos, aeroportos e outros locais de entrada e saída do território aduaneiro;

III – controle de veículos, mercadorias, animais e pessoas, na zona primária e na zona de vigilância aduaneira;

IV – apuração de infrações por descumprimento de medidas de controle estabelecidas pela legislação aduaneira.

Art. 35. Em tudo o que interessar à fiscalização aduaneira, na zona primária, a autoridade aduaneira tem precedência sobre as demais que ali exercem suas atribuições.

Art. 36. A fiscalização aduaneira poderá ser ininterrupta, em horários determinados, ou eventual, nos portos, aeroportos, pontos de fronteira e recintos alfandegados.

→ Caput com redação alterada pela Lei 10.833/2003.

§ 1º A administração aduaneira determinará os horários e as condições de realização dos serviços aduaneiros, nos locais referidos no *caput*.

→ § 1º com redação alterada pela Lei 10.833/2003.

§ 2º O atendimento em dias e horas fora do expediente normal da repartição aduaneira é considerado serviço extraordinário, caso em que os interessados deverão, na forma estabelecida em regulamento, ressarcir a Administração das despesas decorrentes dos serviços a eles efetivamente prestados, como tais também compreendida a remuneração dos funcionários.

→ § 2º acrescentado pelo Dec.-lei 2.472/1988.

Capítulo II
NORMAS GERAIS DO CONTROLE ADUANEIRO DOS VEÍCULOS

Art. 37. O transportador deve prestar à Secretaria da Receita Federal, na forma e no prazo por ela estabelecidos, as informações sobre as cargas transportadas, bem como sobre a chegada de veículo procedente do exterior ou a ele destinado.

→ Artigo com redação alterada pela Lei 10.833/2003.

§ 1º O agente de carga, assim considerada qualquer pessoa que, em nome do importador ou do exportador, contrate o transporte de mercadoria, consolide ou desconsolide cargas e preste serviços conexos, e o operador portuário, também devem prestar as informações sobre as operações que executem e respectivas cargas.

§ 2º Não poderá ser efetuada qualquer operação de carga ou descarga, em embarcações, enquanto não forem prestadas as informações referidas neste artigo.

§ 3º A Secretaria da Receita Federal fica dispensada de participar da visita a embarcações prevista no art. 32 da Lei 5.025, de 10 de junho de 1966.

§ 4º A autoridade aduaneira poderá proceder às buscas em veículos necessárias para prevenir e reprimir a ocorrência de infração à legislação, inclusive em momento anterior à prestação das informações referidas no *caput*.

Art. 38. O regulamento estabelecerá as normas de disciplina aduaneira a que ficam obrigados os veículos, seus tripulantes e passageiros na zona primária, ou quando sujeitos à fiscalização.

Art. 39. A mercadoria procedente do exterior e transportada por qualquer via será registrada em manifesto ou outras declarações de efeito equivalente, para apresentação à autoridade aduaneira, como dispuser o regulamento.

§ 1º O manifesto será submetido a conferência final para apuração de responsabilidade por eventuais diferenças quanto a falta ou acréscimo de mercadoria.

§ 2º O veículo responde pelos débitos fiscais, inclusive os decorrentes de multas aplicadas aos transportadores da carga ou a seus condutores.

§ 3º O veículo poderá ser liberado, antes da conferência final do manifesto, mediante termo de responsabilidade firmado pelo representante do transportador, no País, quanto aos tributos, multas e demais obrigações que venham a ser apuradas.

→ § 3º com redação alterada pelo Dec.-lei 2.472/1988.

Art. 40. A autoridade aduaneira disciplinará o funcionamento de lojas, bares e semelhantes, instalados em embarcações, aeronaves e outros veículos empregados no transporte internacional, de modo a impedir a venda de produtos com descumprimento da legislação aduaneira.

Art. 41. Para efeitos fiscais, os transportadores respondem pelo conteúdo dos volumes, quando:

I – ficar apurado ter havido, após o embarque, substituição de mercadoria;

II – houver falta de mercadoria em volume descarregado com indícios de violação;

III – o volume for descarregado com peso ou dimensão inferior ao manifesto ou documento de efeito equivalente, ou ainda do conhecimento de carga.

Art. 42. A autoridade aduaneira poderá impedir a saída, da zona primária, de veículo que não haja satisfeito as exigências legais ou regulamentares.

Art. 43. O disposto neste Capítulo se aplica igualmente aos veículos militares utilizados no transporte de mercadoria.

Capítulo III
NORMAS GERAIS DE CONTROLE ADUANEIRO DAS MERCADORIAS

Seção I
Despacho aduaneiro

→ Rubrica com redação alterada pelo Dec-lei 2.472/1988.

Art. 44. Toda mercadoria procedente do exterior por qualquer via, destinada a consumo ou a outro regime, sujeita ou não ao pagamento do imposto, deverá ser submetida a despacho aduaneiro, que será processado com base em declaração apresentada à repartição aduaneira no prazo e na forma prescritos em regulamento.

→ Artigo com redação alterada pelo Dec-,lei 2.472/1988.

Art. 45. As declarações do importador subsistem para quaisquer efeitos fiscais, ainda quando o despacho seja interrompido e a mercadoria abandonada.

→ Artigo com redação alterada pelo Dec-lei 2.472/1988.

Art. 46. Além da declaração de que trata o art. 44 deste Decreto-Lei e de outros documentos previstos em leis ou regulamentos, serão exigidas, para o processamento do despacho aduaneiro, a prova de posse ou propriedade da mercadoria e a fatura comercial, com as exceções que estabelecer o regulamento.

→ Artigo com redação alterada pelo Dec.-lei 2.472/1988.

§ 1º O conhecimento aéreo poderá equiparar-se à fatura comercial, se contiver as indicações de quantidade, espécie e valor das mercadorias que lhe correspondam.

§ 2º O regulamento disporá sobre dispensa de visto consular na fatura.

Art. 47. Quando exigível depósito ou pagamento de quaisquer ônus financeiros ou cambiais, a tramitação do despacho aduaneiro ficará sujeita à prévia satisfação da mencionada exigência.

→ Artigo com redação alterada pelo Dec.-lei 2.472/1988.

Art. 48. Na hipótese de mercadoria, cuja importação esteja sujeita a restrições especiais distintas das de natureza cambial, que chegar ao País com inobservância das formalidades pertinentes, a autoridade aduaneira procederá de acordo com as leis e regulamentos que hajam estabelecido as referidas restrições.

→ Artigo com redação alterada pelo Dec.-lei 2.472/1988.

Art. 49. O despacho aduaneiro poderá ser efetuado em zona primária ou em outros locais admitidos pela autoridade aduaneira.

→ Artigo com redação alterada pelo Dec.-lei 2.472/1988.

Art. 50. A verificação de mercadoria, na conferência aduaneira ou em outra ocasião, será realizada por Auditor-Fiscal da Receita Federal do Brasil ou, sob a sua supervisão, por Analista-Tributário, na presença do viajante, do importador, do exportador ou de seus representantes, podendo ser adotados critérios de seleção e amostragem, de conformidade com o estabelecido pela Secretaria da Receita Federal do Brasil.

→ *Caput* com redação alterada pela Lei 12.350/2010.

§ 1º Na hipótese de mercadoria depositada em recinto alfandegado, a verificação poderá ser realizada na presença do depositário ou de seus prepostos, dispensada a exigência da presença do importador ou do exportador.

§ 1º acrescentado pela Lei 10.833/2003.

§ 2º A verificação de bagagem ou de outra mercadoria que esteja sob a responsabilidade do transportador poderá ser realizada na presença deste ou de seus prepostos, dispensada a exigência da presença do viajante, do importador ou do exportador.

→ § 2º acrescentado pela Lei 10.833/2003.

§ 3º Nas hipóteses dos §§ 1º e 2º, o depositário e o transportador, ou seus prepostos, representam o viajante, o importador ou o exportador, para efeitos de identificação, quantificação e descrição da mercadoria verificada.

→ § 3º acrescentado pela Lei 10.833/2003.

Art. 51. Concluída a conferência aduaneira, sem exigência fiscal relativamente a valor aduaneiro, classificação ou outros elementos do despacho, a mercadoria será desembaraçada e posta à disposição do importador.

→ Artigo com redação alterada pelo Dec.-lei 2.472/1988.

§ 1º Se, no curso da conferência aduaneira, houver exigência fiscal na forma deste artigo, a mercadoria poderá ser desembaraçada, desde que, na forma do regulamento, sejam adotadas as indispensáveis cautelas fiscais.

§ 2º O regulamento disporá sobre os casos em que a mercadoria poderá ser posta à disposição do importador antecipadamente ao desembaraço.

Art. 52. O regulamento poderá estabelecer procedimentos para simplificação do despacho aduaneiro.

→ Artigo com redação alterada pelo Dec.-lei 2.472/1988.

Parágrafo único. A utilização dos procedimentos de que trata este artigo constituirá tratamento especial que poderá ser extinto, cassado ou suspenso, por conveniência administrativa ou por inobservância das regras estabelecidas.

Art. 53. O Ministro da Fazenda poderá autorizar a adoção, em casos determinados, de procedimentos especiais com relação à mercadoria introduzida no País sob fundada suspeita de ilegalidade, com o fim específico de facilitar a identificação de eventuais responsáveis.

→ Artigo com redação alterada pelo Dec.-lei 2.472/1988.

Seção II
Conclusão do despacho

Art. 54. A apuração da regularidade do pagamento do imposto e demais gravames devidos à Fazenda Nacional ou do benefício fiscal aplicado, e da exatidão das informações prestadas pelo importador será realizada na forma que estabelecer o regulamento e processada no prazo de 5 (cinco) anos, contado do registro da declaração de que trata o art. 44 deste Decreto-Lei.

→ Artigo com redação alterada pelo Dec.-lei 2.472/1988.

Capítulo IV
NORMAS ESPECIAIS DE CONTROLE ADUANEIRO DAS MERCADORIAS

Seção I
Mercadoria proveniente de naufrágio e outros acidentes

Art. 55. A mercadoria lançada às costas e praias interiores, por força de naufrágio das embarcações ou de medidas de segurança de sua navegação, e a que seja recolhida em águas territoriais, deverá ser encaminhada à repartição aduaneira mais próxima.

§ 1º Aplica-se a norma deste artigo, no que couber:

a) à mercadoria lançada ao solo ou às águas territoriais, por aeronaves, ou nestas recolhida, em virtude de sinistro ou pouso de emergência;

b) a eventos semelhantes, nos transportes terrestres.

§ 2º A disposição deste artigo alcança apenas o veículo em viagem internacional, salvo quanto à mercadoria estrangeira sob regime de trânsito aduaneiro.

Art. 56. A repartição aduaneira fará notificar o proprietário da mercadoria para despachá-la no prazo de 60 (sessenta) dias, sob pena de ser havida como abandonada.

Parágrafo único. A questão suscitada quanto à entrega dos salvados não modifica a figura de abandono em que incorrer a mercadoria, na forma deste artigo, salvo se proposta perante a autoridade judicial.

Art. 57. A pessoa que entregar mercadoria nas condições deste Capítulo fará jus a uma gratificação equivalente a 10% (dez por cento) do valor da venda em hasta pública.

Seção II
Mercadoria abandonada

Art. 58. Considera-se abandonada a mercadoria que permanecer nos recintos aduaneiros além dos prazos e nas condições a seguir indicadas:

I – 30 (trinta) dias após a descarga, ou a arrematação sem que tenha sido iniciado seu despacho;

II – 15 (quinze) dias da data da interrupção do despacho por ação ou omissão do importador ou seu representante;

III – 60 (sessenta) dias da data da notificação a que se refere o art. 56, nos casos previstos no art. 55;

IV – 30 (trinta) dias após esgotar-se o prazo fixado para permanência em entreposto aduaneiro.

§ 1º A mercadoria cujo despacho não for iniciado dentro dos prazos fixados neste artigo será obrigatoriamente indicada à repartição aduaneira pelo depositário.

§ 2º Não se aplica a disposição deste artigo às remessas postais internacionais e à mercadoria apreendida.

Art. 59. Aquele que abandonar mercadoria depois de haver iniciado seu despacho fica obrigado ao pagamento da diferença entre o valor da arrematação e o dos gravames que seriam devidos se a mercadoria fosse regularmente despachada para consumo.

Parágrafo único. Ocorrendo saldo, será ele entregue a quem de direito, feitas as provas necessárias.

Seção III
Mercadoria avariada e extraviada

Art. 60. Considerar-se-á, para efeitos fiscais:

I – dano ou avaria - qualquer prejuízo que sofrer a mercadoria ou seu envoltório;

II – extravio - toda e qualquer falta de mercadoria, ressalvados os casos de erro inequívoco ou comprovado de expedição.

→ Inciso II com redação alterada pela Lei 12.350/2010.

§ 1º Os créditos relativos aos tributos e direitos correspondentes às mercadorias extraviadas na importação serão exigidos do responsável mediante lançamento de ofício.

→ § 1º acrescentado pela Lei 12.350/2010.

§ 2º Para os efeitos do disposto no § 1º, considera-se responsável:

→ § 2º acrescentado pela Lei 12.350/2010.

I – o transportador, quando constatado o extravio até a conclusão da descarga da mercadoria no local ou recinto alfandegado, observado o disposto no art. 41; ou

II – o depositário, quando o extravio for constatado em mercadoria sob sua custódia, em momento posterior ao referido noInciso I.

§ 3º Fica dispensado o lançamento de ofício de que trata o § 1º na hipótese de o importador ou de o responsável assumir espontaneamente o pagamento dos tributos.

→ § 3º acrescentado pela Lei 12.350/2010.

Seção IV
Remessas postais internacionais

Art. 61. As normas deste Decreto-Lei aplicam-se, no que couber, às remessas postais internacionais sujeitas a controle aduaneiro, ressalvado o disposto nos atos internacionais pertinentes.

Seção V
Cabotagem

Art. 62. O regulamento disporá sobre as cautelas fiscais a serem adotadas no transporte por cabotagem, assim entendido o efetuado entre portos e aeroportos nacionais.

Capítulo V
LEILÕES

Arts. 63 a 70. (*Revogados pela Lei 12.350/2010*).

Título III
Regimes aduaneiros especiais

Capítulo I
DISPOSIÇÕES GERAIS

Art. 71. Poderá ser concedida suspensão do imposto incidente na importação de mercadoria despachada sob regime aduaneiro especial, na forma e nas condições previstas em regulamento, por prazo não superior a 1 (um) ano, ressalvado o disposto no § 3º, deste artigo.

→ Artigo com redação alterada pelo Dec.-lei 2.472/1988.

§ 1º O prazo estabelecido neste artigo poderá ser prorrogado, a juízo da autoridade aduaneira, por período não superior, no total, a 5 (cinco) anos.

§ 2º A título excepcional, em casos devidamente justificados, a critério do Ministro da Fazenda, o prazo de que trata este artigo poderá ser prorrogado por período superior a 5 (cinco) anos.

§ 3º Quando o regime aduaneiro especial for aplicado à mercadoria vinculada a contrato de prestação de serviços por prazo certo, de relevante interesse nacional, nos termos e condições previstos em regulamento, o prazo de que trata este artigo será o previsto no contrato, prorrogável na mesma medida deste.

§ 4º A autoridade aduaneira, na forma e nas condições prescritas em regulamento, poderá delimitar áreas destinadas a atividades econômicas vinculadas a regime aduaneiro especial, em que se suspendam os efeitos fiscais destas decorrentes, pendentes sobre as mercadorias de que forem objeto.

§ 5º O despacho aduaneiro de mercadoria sob regime aduaneiro especial obedecerá, no que couber, às disposições contidas nos artigos 44 a 53 deste Decreto-Lei.

§ 6º Não será desembaraçada para reexportação a mercadoria sujeita à multa, enquanto não for efetuado o pagamento desta.

Art. 72. Ressalvado o disposto no Capítulo V deste Título, as obrigações fiscais relativas à mercadoria sujeita a regime aduaneiro especial serão constituídas em termo de responsabilidade.

→ Artigo com redação alterada pelo Dec.-lei 2.472/1988.

§ 1º No caso deste artigo, a autoridade aduaneira poderá exigir garantia real ou pessoal.

§ 2º O termo de responsabilidade é título representativo de direito líquido e certo da Fazenda Nacional com relação às obrigações fiscais nele constituídas.

§ 3º O termo de responsabilidade não formalizado por quantia certa será liquidado à vista dos elementos constantes do despacho aduaneiro a que estiver vinculado.

§ 4º Aplicam-se as disposições deste artigo e seus parágrafos, no que couber, ao termo de responsabilidade para cumprimento de formalidade ou apresentação de documento.

Capítulo II
TRÂNSITO ADUANEIRO

Art. 73. O regime de trânsito é o que permite o transporte de mercadoria, sob controle aduaneiro, de um ponto a outro do território aduaneiro, com suspensão de tributos.

Parágrafo único. Aplica-se, igualmente, o regime de trânsito ao transporte de mercadoria destinada ao exterior.

Art. 74. O termo de responsabilidade para garantia de transporte de mercadoria conterá os registros necessários a assegurar a eventual liquidação e cobrança de tributos e gravames cambiais.

§ 1º A mercadoria cuja chegada ao destino não for comprovada ficará sujeita aos tributos vigorantes na data da assinatura do termo de responsabilidade.

§ 2º Considerada a natureza do meio de transporte utilizado, o regulamento poderá estabelecer outras medidas de segurança julgadas úteis a permitir, no ponto de destino ou de saída do território aduaneiro, a identificação da mercadoria.

§ 3º É facultado à autoridade aduaneira exigir que o despacho de trânsito seja efetuado com os requisitos exigidos no despacho de importação para consumo.

Capítulo III
IMPORTAÇÕES VINCULADAS À EXPORTAÇÃO

Art. 75. Poderá ser concedida, na forma e condições do regulamento, suspensão dos tributos que incidem sobre a importação de bens que devam permanecer no país durante prazo fixado.

§ 1º A aplicação do regime de admissão temporária ficará sujeita ao cumprimento das seguintes condições básicas:

I – garantia de tributos e gravames devidos, mediante depósito ou termo de responsabilidade;

II – utilização dos bens dentro do prazo da concessão e exclusivamente nos fins previstos;

III – identificação dos bens.

§ 2º A admissão temporária de automóveis, motocicletas e outros veículos será concedida na forma deste artigo ou de atos internacionais subscritos pelo Governo brasileiro e, no caso de aeronave, na conformidade, ainda, de normas fixadas pelo Ministério da Aeronáutica.

§ 3º A disposição do parágrafo anterior somente se aplica aos bens de pessoa que entrar no país em caráter temporário.

§ 4º A Secretaria da Receita Federal do Brasil disporá sobre os casos em que poderá ser dispensada a garantia a que se refere oInciso I do § 1º.

→ § 4º acrescentado pela Lei 12.350/2010.

Art. 76. O Departamento de Rendas Aduaneiras poderá disciplinar, com a adoção das cautelas que forem necessárias a entrada dos bens a que se refere o § 2º do artigo anterior, quando importados por brasileiro domiciliado ou residente no exterior, que entre no país em viagem temporária.

Art. 77. Os bens importados sob o regime de admissão temporária poderão ser despachados, posteriormente, para consumo, mediante cumprimento prévio das exigências legais e regulamentares.

Art. 78. Poderá ser concedida, nos termos e condições estabelecidas no regulamento:

I – restituição, total ou parcial, dos tributos que hajam incidido sobre a importação de mercadoria exportada após beneficiamento, ou utilizada na fabricação, complementação ou acondicionamento de outra exportada;

II – suspensão do pagamento dos tributos sobre a importação de mercadoria a ser exportada após beneficiamento, ou destinada à fabricação, complementação ou acondicionamento de outra a ser exportada;

III – isenção dos tributos que incidirem sobre importação de mercadoria, em quantidade e qualidade equivalentes à utilizada no beneficiamento, fabricação, complementação ou acondicionamento de produto exportado.

§ 1º A restituição de que trata este artigo poderá ser feita mediante crédito da importância correspondente, a ser ressarcida em importação posterior.

§ 2º (*Revogado pela Lei 12.350/2010*).

§ 3º Aplicam-se a este artigo, no que couber, as disposições do § 1º do art. 75.

Capítulo IV
ENTREPOSTO ADUANEIRO

Arts. 79 a 88. (*Revogados pelo Dec.-lei 1.455/1976*).

Capítulo V
ENTREPOSTO INDUSTRIAL

Art. 89. O regime de entreposto industrial permite, a empresa que importe mercadoria na conformidade dos regimes previstos no art. 78, transformá-la, sob controle aduaneiro, em produtos destinados a exportação e, se for o caso, também ao mercado interno.

Art. 90. A aplicação do regime de entreposto industrial será autorizada pelo Ministro da Fazenda, observadas as seguintes condições básicas, conforme dispuser o regulamento:

I – prazo da concessão;

II – quantidade máxima de mercadoria importada a ser depositada no entreposto e prazo de sua utilização;

III – percentagem mínima da produção total a ser obrigatoriamente exportada.

§ 1º O regime de entreposto industrial será aplicado a título precário, podendo ser cancelado a qualquer tempo, no caso de descumprimento das normas legais e regulamentares.

§ 2º Findo o prazo do regime de entreposto industrial, serão cobrados os tributos devidos por mercadoria ainda depositada.

§ 3º O regulamento disporá sobre as medidas de controle fiscal a serem adotadas pelo Departamento de Rendas Aduaneiras.

§ 4º Aplicam-se a este capítulo, no que couber, as disposições dos Capítulos III e IV.

Art. 91. No caso de despacho para consumo dos produtos resultantes de transformação ou elaboração, o imposto será cobrado segundo a espécie e quantidade das matérias-primas e componentes utilizados naqueles produtos.

LEGISLAÇÃO

Capítulo VI
EXPORTAÇÃO TEMPORÁRIA

Art. 92. Poderá ser autorizada, nos termos do regulamento, a exportação de mercadoria que deva permanecer no exterior por prazo fixado, não superior a 1 (um) ano, ressalvado o disposto no § 3º deste artigo.

→ Artigo com redação alterada pelo Dec.-lei 2.472/1988.

§ 1º O prazo estabelecido neste artigo poderá ser prorrogado, a juízo da autoridade aduaneira, por período não superior, no total, a 2 (dois) anos.

§ 2º A título excepcional, em casos devidamente justificados, a critério do Ministro da Fazenda, o prazo de que trata este artigo poderá ser prorrogado por período superior a 2 (dois) anos.

§ 3º Quando o regime aduaneiro especial for aplicado à mercadoria vinculada a contrato de prestação de serviços por prazo certo, nos termos e condições previstos em regulamento, o prazo de que trata este artigo será o previsto no contrato, prorrogável na mesma medida deste.

§ 4º A reimportação de mercadoria exportada na forma deste artigo não constitui fato gerador do imposto.

Capítulo VII
OUTROS REGIMES

→ Rubrica com redação alterada pelo Dec.-lei 2.472/1988.

Art. 93. O regulamento poderá instituir outros regimes aduaneiros especiais, além dos expressamente previstos neste Título, destinados a atender a situações econômicas peculiares, estabelecendo termos, prazos e condições para a sua aplicação.

→ Artigo com redação alterada pelo Dec.-lei 2.472/1988.

Título IV
Infrações e Penalidades

Capítulo I
INFRAÇÕES

Art. 94. Constitui infração toda ação ou omissão, voluntária ou involuntária, que importe inobservância, por parte da pessoa natural ou jurídica, de norma estabelecida neste Decreto-Lei, no seu regulamento ou em ato administrativo de caráter normativo destinado a completá-los.

§ 1º O regulamento e demais atos administrativos não poderão estabelecer ou disciplinar obrigação, nem definir infração ou cominar penalidade que não estejam autorizadas ou previstas em lei.

§ 2º Salvo disposição expressa em contrário, a responsabilidade por infração independe da intenção do agente ou do responsável e da efetividade, natureza e extensão dos efeitos do ato.

Art. 95. Respondem pela infração:

I – conjunta ou isoladamente, quem quer que, de qualquer forma, concorra para sua prática, ou dela se beneficie;

II – conjunta ou isoladamente, o proprietário e o consignatário do veículo, quanto à que decorrer do exercício de atividade própria do veículo, ou de ação ou omissão de seus tripulantes;

III – o comandante ou condutor de veículo nos casos dolnciso anterior, quando o veículo proceder do exterior sem estar consignada a pessoa natural ou jurídica estabelecida no ponto de destino;

IV – a pessoa natural ou jurídica, em razão do despacho que promover, de qualquer mercadoria.

V – conjunta ou isoladamente, o adquirente de mercadoria de procedência estrangeira, no caso da importação realizada por sua conta e ordem, por intermédio de pessoa jurídica importadora.

→ Inciso V acrescentado pela MP 2.158-35/2001.

VI – conjunta ou isoladamente, o encomendante predeterminado que adquire mercadoria de procedência estrangeira de pessoa jurídica importadora.

→ Inciso VI acrescentado pela Lei 11.281/2006.

Capítulo II
PENALIDADES

Seção I
Espécies de penalidades

Art. 96. As infrações estão sujeitas às seguintes penas, aplicáveis separada ou cumulativamente:

I – perda do veículo transportador;

II – perda da mercadoria;

III – multa;

IV – proibição de transacionar com repartição pública ou autárquica federal, empresa pública e sociedade de economia mista.

Seção II
Aplicação e graduação das penalidades

Art. 97. Compete à autoridade julgadora:

I – determinar a pena ou as penas aplicáveis ao infrator ou a quem deva responder pela infração, nos termos da lei;

II – fixar a quantidade da pena, respeitados os limites legais.

Art. 98. Quando a pena de multa for expressa em faixa variável de quantidade, o chefe da repartição aduaneira imporá a pena mínima prevista para a infração, só a majorando em razão de circunstância que demonstre a existência de artifício doloso na prática da infração, ou que importe agravar suas consequências ou retardar seu conhecimento pela autoridade fazendária.

Art. 99. Apurando-se, no mesmo processo, a prática de duas ou mais infrações pela mesma pessoa natural ou jurídica, aplicam-se cumulativamente, no grau correspondente, quando for o caso, as penas a elas cominadas, se as infrações não forem idênticas.

§ 1º Quando se tratar de infração continuada em relação à qual tenham sido lavrados diversos autos ou representações, serão eles reunidos em um só processo, para imposição da pena.

§ 2º Não se considera infração continuada a repetição de falta já arrolada em processo fiscal de cuja instauração o infrator tenha sido intimado.

Art. 100. Se do processo se apurar responsabilidade de duas ou mais pessoas, será imposta a cada uma delas a pena relativa à infração que houver cometido.

Art. 101. Não será aplicada penalidade - enquanto prevalecer o entendimento - a quem proceder ou pagar o imposto:

I – de acordo com interpretação fiscal constante de decisão irrecorrível de última instância administrativa, proferida em processo fiscal inclusive de consulta, seja o interessado parte ou não;

II – de acordo com interpretação fiscal constante de decisão de primeira instância proferida em processo fiscal, inclusive de consulta, em que o interessado for parte;

III – de acordo com interpretação fiscal constante de circular, instrução, portaria, ordem de serviço e outros atos interpretativos baixados pela autoridade fazendária competente.

Art. 102. A denúncia espontânea da infração, acompanhada, se for o caso, do pagamento do imposto e dos acréscimos, excluirá a imposição da correspondente penalidade.

→ Artigo com redação alterada pelo Dec.-lei 2.472/1988.

§ 1º Não se considera espontânea a denúncia apresentada:

→ § 1º com redação alterada pelo Dec.-lei 2.472/1988.

a) no curso do despacho aduaneiro, até o desembaraço da mercadoria;

b) após o início de qualquer outro procedimento fiscal, mediante ato de ofício, escrito, praticado por servidor competente, tendente a apurar a infração.

§ 2º A denúncia espontânea exclui a aplicação de penalidades de natureza tributária ou administrativa, com exceção das penalidades aplicáveis na hipótese de mercadoria sujeita a pena de perdimento.

§ 2º com redação alterada pela Lei 12.350/2010.

Art. 103. A aplicação da penalidade fiscal, e seu cumprimento, não elidem, em caso algum, o pagamento dos tributos devidos e a regularização cambial nem prejudicam a aplicação das penas cominadas para o mesmo fato pela legislação criminal e especial.

Seção III
Perda do veículo

Art. 104. Aplica-se a pena de perda do veículo nos seguintes casos:

I – quando o veículo transportador estiver em situação ilegal, quanto às normas que o habilitem a exercer a navegação ou o transporte internacional correspondente à sua espécie;

II – quando o veículo transportador efetuar operação de descarga de mercadoria estrangeira ou a carga de mercadoria nacional ou nacionalizada fora do porto, aeroporto ou outro local para isso habilitado;

III – quando a embarcação atracar a navio ou quando qualquer veículo, na zona primária, se colocar nas proximidades de outro, vindo um deles do exterior ou a eles destinado, de modo a tornar possível o transbordo de pessoa ou carga, sem observância das normas legais e regulamentares;

IV – quando a embarcação navegar dentro do porto, sem trazer escrito, em tipo destacado e em local visível do casco, seu nome de registro;

V – quando o veículo conduzir mercadoria sujeita à pena de perda, se pertencente ao responsável por infração punível com aquela sanção;

VI – quando o veículo terrestre utilizado no trânsito de mercadoria estrangeira desviar-se de sua rota legal, sem motivo justificado:

Parágrafo único. Aplicam-se cumulativamente:

→ Parágrafo único com redação alterada pela Lei 10.833/2003.

I – no caso doInciso II do *caput*, a pena de perdimento da mercadoria;

II – no caso doInciso III do *caput*, a multa de R$ 200,00 (duzentos reais) por passageiro ou tripulante conduzido pelo veículo que efetuar a operação proibida, além do perdimento da mercadoria que transportar.

Seção IV
Perda da mercadoria

Art. 105. Aplica-se a pena de perda da mercadoria:

I – em operação de carga já carregada, em qualquer veículo ou dele descarregada ou em descarga, sem ordem, despacho ou licença, por escrito da autoridade aduaneira ou não cumprimento de outra formalidade especial estabelecida em texto normativo;

II – incluída em listas de sobressalentes e previsões de bordo quando em desacordo, quantitativo ou qualificativo, com as necessidades do serviço e do custeio do veículo e da manutenção de sua tripulação e passageiros;

III – oculta, a bordo do veículo ou na zona primária, qualquer que seja o processo utilizado;

IV – existente a bordo do veículo, sem registro um manifesto, em documento de efeito equivalente ou em outras declarações;

V – nacional ou nacionalizada em grande quantidade ou de vultoso valor, encontrada na zona de vigilância aduaneira, em circunstâncias que tornem evidente destinar-se a exportação clandestina;

VI – estrangeira ou nacional, na importação ou na exportação, se qualquer documento necessário ao seu embarque ou desembaraço tiver sido falsificado ou adulterado;

VII – nas condições doInciso anterior possuída a qualquer título ou para qualquer fim;

VIII – estrangeira que apresente característica essencial falsificada ou adulterada, que impeça ou dificulte sua identificação, ainda que a falsificação ou a adulteração não influa no seu tratamento tributário ou cambial;

IX – estrangeira, encontrada ao abandono, desacompanhada de prova de pagamento dos tributos aduaneiros, salvo as do art. 58;

X – estrangeira, exposta à venda, depositada ou em circulação comercial no país, se não for feita prova de sua importação regular;

XI – estrangeira, já desembaraçada e cujos tributos aduaneiros tenham sido pagos apenas em parte, mediante artifício doloso;

XII – estrangeira, chegada ao país com falsa declaração de conteúdo;

XIII – transferida a terceiro, sem o pagamento dos tributos aduaneiros e outros gravames, quando desembaraçada nos termos doInciso III do art.13;

XIV – encontrada em poder de pessoa natural ou jurídica não habilitada, tratando-se de papel com linha ou marca d'água, inclusive aparas;

XV – constante de remessa postal internacional com falsa declaração de conteúdo;

XVI – fracionada em duas ou mais remessas postais ou encomendas aéreas internacionais visando a elidir, no todo ou em parte, o pagamento dos tributos aduaneiros ou quaisquer normas estabelecidas para o controle das importações ou, ainda, a beneficiar-se de regime de tributação simplificada;

→ Inciso XVI com redação alterada pelo Dec.-lei 1.804/1980.

XVII – estrangeira, em trânsito no território aduaneiro, quando o veículo terrestre que a conduzir, desviar-se de sua rota legal, sem motivo justificado;

XVIII – estrangeira, acondicionada sob fundo falso, ou de qualquer modo oculta;

XIX – estrangeira, atentatória à moral, aos bons costumes, à saúde ou ordem públicas.

Seção V
Multas

Art. 106. Aplicam-se as seguintes multas, proporcionais ao valor do imposto incidente sobre a importação da mercadoria ou o que incidiria se não houvesse isenção ou redução:

I – de 100% (cem por cento):

a) pelo não emprego dos bens de qualquer natureza nos fins ou atividades para que foram importados com isenção de tributos;

b) pelo desvio, por qualquer forma, dos bens importados com isenção ou redução de tributos;

c) pelo uso de falsidade nas provas exigidas para obtenção dos benefícios e estímulos previstos neste Decreto;

d) pela não apresentação de mercadoria depositada em entreposto aduaneiro;

II – de 50% (cinquenta por cento):

a) pela transferência, a terceiro, à qualquer título, dos bens importados com isenção de tributos, sem prévia autorização da repartição aduaneira, ressalvado o caso previsto noInciso XIII do art.105;

b) pelo não retorno ao exterior, no prazo fixado, dos bens importados sob regime de admissão temporária;

c) pela importação, como bagagem de mercadoria que, por sua quantidade e características, revele finalidade comercial;

d) pelo extravio ou falta de mercadoria, inclusive apurado em ato de vistoria aduaneira;

III – de 20% (vinte por cento):

a) (*Revogada pela Lei 10.833/2003*);

b) pela chegada ao país de bagagem e bens de passageiro fora dos prazos regulamentares, quando se tratar de mercadoria sujeita a tributação;

IV – de 10% (dez por cento):

a) (*Revogada pela Lei 10.833/2003*);

b) pela apresentação de fatura comercial sem o visto consular, quando exige essa formalidade;

c) pela comprovação, fora do prazo, da chegada da mercadoria no destino, nos casos de reexportação e trânsito;

V – (*Revogado pela Lei 10.833/2003*).

§ 1º No caso de papel com linhas ou marcas d›água, as multas previstas nosIncisos I e II serão de 150% e 75%, respectivamente, adotando-se, para calculá-las, a maior alíquota do imposto taxada para papel, similar, destinado a impressão, sem aquelas características.

→ § 1º acrescentado pelo Dec.-lei 751/1969.

§ 2º Aplicam-se as multas, calculadas pela forma referida no parágrafo anterior, de 75% e 20%, respectivamente, também nos seguintes casos:

→ § 2º acrescentado pelo Dec.-lei 751/1969.

a) venda não faturada de sobra de papel não impresso (mantas, aparas de bobinas e restos de bobinas);

b) venda de sobra de papel não impresso, mantas, aparas de bobinas e restos de bobinas, salvo a editoras ou, como matéria-prima a fábricas.

Art. 107. Aplicam-se ainda as seguintes multas:

→ Artigo com redação alterada pela Lei 10.833/2003.

I – de R$ 50.000,00 (cinquenta mil reais), por contêiner ou qualquer veículo contendo mercadoria, inclusive a granel, ingressado em local ou recinto sob controle aduaneiro, que não seja localizado;

II – de R$ 15.000,00 (quinze mil reais), por contêiner ou veículo contendo mercadoria, inclusive a granel, no regime de trânsito aduaneiro, que não seja localizado;

III – de R$ 10.000,00 (dez mil reais), por desacato à autoridade aduaneira;

IV – de R$ 5.000,00 (cinco mil reais):

a) por ponto percentual que ultrapasse a margem de 5% (cinco por cento), na diferença de peso apurada em relação ao manifesto de carga a granel apresentado pelo transportador marítimo, fluvial ou lacustre;

b) por mês-calendário, a quem não apresentar à fiscalização os documentos relativos à operação que realizar ou em que intervier, bem como outros documentos exigidos pela Secretaria da Receita Federal, ou não mantiver os correspondentes arquivos em boa guarda e ordem;

c) a quem, por qualquer meio ou forma, omissiva ou comissiva, embaraçar, dificultar ou impedir ação de fiscalização aduaneira, inclusive no caso de não apresentação de resposta, no prazo estipulado, a intimação em procedimento fiscal;

d) a quem promover a saída de veículo de local ou recinto sob controle aduaneiro, sem autorização prévia da autoridade aduaneira;

e) por deixar de prestar informação sobre veículo ou carga nele transportada, ou sobre as operações que execute, na forma e no prazo estabelecidos pela Secretaria da Receita Federal, aplicada à empresa de transporte internacional, inclusive a prestadora de serviços de transporte internacional expresso porta-a-porta, ou ao agente de carga; e

f) por deixar de prestar informação sobre carga armazenada, ou sob sua responsabilidade, ou sobre as operações que execute, na forma e no prazo estabelecidos pela Secretaria da Receita Federal, aplicada ao depositário ou ao operador portuário;

V – de R$ 3.000,00 (três mil reais), ao transportador de carga ou de passageiro, pelo descumprimento de exigência estabelecida para a circulação de veículos e mercadorias em zona de vigilância aduaneira;

VI – de R$ 2.000,00 (dois mil reais), no caso de violação de volume ou unidade de carga que contenha mercadoria sob controle aduaneiro, ou de dispositivo de segurança;

VII – de R$ 1.000,00 (mil reais):

a) por volume depositado em local ou recinto sob controle aduaneiro, que não seja localizado;

b) pela importação de mercadoria estrangeira atentatória à moral, aos bons costumes, à saúde ou à ordem pública, sem prejuízo da aplicação da pena prevista noInciso XIX do art. 105;

c) pela substituição do veículo transportador, em operação de trânsito aduaneiro, sem autorização prévia da autoridade aduaneira;

d) por dia, pelo descumprimento de condição estabelecida pela administração aduaneira para a prestação de serviços relacionados com o despacho aduaneiro;

e) por dia, pelo descumprimento de requisito, condição ou norma operacional para habilitar-se ou utilizar regime aduaneiro especial ou aplicado em áreas especiais, ou para habilitar-se ou manter recintos nos quais tais regimes sejam aplicados;

f) por dia, pelo descumprimento de requisito, condição ou norma operacional para executar atividades de movimentação e armazenagem de mercadorias sob controle aduaneiro, e serviços conexos; e

g) por dia, pelo descumprimento de condição estabelecida para utilização de procedimento aduaneiro simplificado;

VIII – de R$ 500,00 (quinhentos reais):

a) por ingresso de pessoa em local ou recinto sob controle aduaneiro sem a regular autorização, aplicada ao administrador do local ou recinto;

b) por tonelada de carga a granel depositada em local ou recinto sob controle aduaneiro, que não seja localizada;

c) por dia de atraso ou fração, no caso de veículo que, em operação de trânsito aduaneiro, chegar ao destino fora do prazo estabelecido, sem motivo justificado;

d) por erro ou omissão de informação em declaração relativa ao controle de papel imune; e

e) pela não apresentação do romaneio de carga (*packing-list*) nos documentos de instrução da declaração aduaneira;

IX – de R$ 300,00 (trezentos reais), por volume de mercadoria, em regime de trânsito aduaneiro, que não seja localizado no veículo transportador, limitada ao valor de R$ 15.000,00 (quinze mil reais);

X – de R$ 200,00 (duzentos reais):

a) por tonelada de carga a granel em regime de trânsito aduaneiro que não seja localizada no veículo transportador, limitada ao valor de R$ 15.000,00 (quinze mil reais);

b) para a pessoa que ingressar em local ou recinto sob controle aduaneiro sem a regular autorização; e

c) pela apresentação de fatura comercial em desacordo com uma ou mais de uma das indicações estabelecidas no regulamento; e

XI – de R$ 100,00 (cem reais):

a) por volume de carga não manifestada pelo transportador, sem prejuízo da aplicação da pena prevista noInciso IV do art. 105; e

b) por ponto percentual que ultrapasse a margem de 5% (cinco por cento), na diferença de peso apurada em relação ao manifesto de carga a granel apresentado pelo transportador rodoviário ou ferroviário.

§ 1º O recolhimento das multas previstas nas alíneas *e*, *f* e *g* doInciso VII não garante o direito a regular operação do regime ou do recinto, nem a execução da atividade, do serviço ou do procedimento concedidos a título precário.

§ 2º As multas previstas neste artigo não prejudicam a exigência dos impostos incidentes, a aplicação de outras penalidades cabíveis e a representação fiscal para fins penais, quando for o caso.

Art. 108. Aplica-se a multa de 50% (cinquenta por cento) da diferença de imposto apurada em razão de declaração indevida de mercadoria, ou atribuição de valor ou quantidade diferente do real, quando a diferença do imposto for superior a 10% (dez por cento) quanto ao preço e a 5% (cinco por cento) quanto a quantidade ou peso em relação ao declarado pelo importador.

Parágrafo único. Será de 100% (cem por cento) a multa relativa a falsa declaração correspondente ao valor, à natureza e à quantidade.

Art. 109. (*Revogado pela Lei 10.833/2003*).

Art. 110. Todos os valores expressos em cruzeiros, nesta Lei, serão atualizados anualmente, segundo os índices de correção monetária fixados pelo Conselho Nacional de Economia.

Art. 111. Somente quando procedendo do exterior ou a ele se destinar, é alcançado pelas normas das Seções III, IV e V deste Capítulo, o veículo assim designado e suas operações ali indicadas.

Parágrafo único. Excluem-se da regra deste artigo os casos dosIncisos V e VI do art.104.

Art. 112. No caso de extravio ou falta de mercadoria previsto na alínea *d* doInciso II do art.106, os tributos e multa serão calculados sobre o valor que constar do manifesto ou outros documentos ou sobre o valor da mercadoria contida em volume idêntico ao do manifesto, quando forem incompletas as declarações relativas ao não descarregado.

Parágrafo único. Se à declaração corresponder mais de uma alíquota da Tarifa Aduaneira, sendo impossível precisar a competente, por ser genérica a declaração, o cálculo se fará pela alíquota mais elevada.

Art. 113. No que couber, aplicam-se as disposições deste Capítulo a qualquer meio de transporte vindo do exterior ou a ele destinado, bem como a seu proprietário, condutor ou responsável, documentação, carga, tripulantes e passageiros.

Art. 114. No caso de o responsável pela infração conformar-se com o procedimento fiscal, poderão ser recolhidas, no prazo de 10 (dez) dias, independentemente do processo, as multas cominadas nosIncisos III e V do art.106 bem como no art.108.

Parágrafo único. Não efetuado o pagamento do débito no prazo fixado, será instaurado processo fiscal, na forma do art.118.

Art. 115. Ao funcionário que houver apontado a infração serão adjudicados 40% (quarenta por cento) da multa aplicada, exceto nos casos dosIncisos IV e V do art.106, quando o produto dela será integralmente recolhido ao Tesouro Nacional, observado o que dispõe o art. 23 da Lei 4.863, de 29 de novembro de 1965.

§ 1º Quando a infração for apurada mediante denúncia, metade da quota-parte atribuída aos funcionários caberá ao denunciante.

§ 2º Exclui-se da regra deste artigo a infração prevista noInciso I do art.107.

Seção VI
Proibição de Transacionar

Art. 116. O devedor, inclusive o fiador, declarado remisso, é proibido de transacionar, a qualquer título, com repartição pública ou autárquica federal, empresa pública e sociedade de economia mista.

§ 1º A declaração da remissão será feita pelo órgão aduaneiro local, após decorridos 30 (trinta) dias da data em que se tornar irrecorrível, na esfera administrativa, a decisão condenatória, desde que o devedor não tenha feito prova de pagamento da dívida ou de ter iniciado, perante a autoridade judicial, ação anulatória de ato administrativo, com o depósito da importância em litígio, em dinheiro ou em títulos da dívida pública federal, na repartição competente de seu domicílio fiscal.

§ 2º No caso do parágrafo anterior, o chefe da repartição fará a declaração nos 15 (quinze) dias seguintes ao término do prazo ali marcado, publicando a decisão no órgão oficial, ou, na sua falta, comunicando-a, para o mesmo fim, ao Departamento de Rendas Aduaneiras, sem prejuízo da sua afixação em lugar visível do prédio da repartição.

Art. 117. No caso de reincidência na fraude punida no parágrafo único do art.108 e no inciso II do art. 60 da Lei 3.244, de 14 de agosto de 1957, com a redação que lhe dá o art.169 deste Decreto-Lei, o Diretor do Departamento de Rendas Aduaneiras:

I – suspenderá, pelo prazo de 1 (um) a 5 (cinco) anos, a aceitação, por repartição aduaneira, de declaração apresentada pelo infrator;

II – aplicará a proibição de transacionar à firma ou sociedade estrangeira que, de qualquer modo, concorrer para a prática do ato.

Título V
Processo fiscal

Capítulo I
DISPOSIÇÕES GERAIS

Art. 118. A infração será apurada mediante processo fiscal, que terá por base a representação ou auto lavrado pelo Agente Fiscal do Imposto Aduaneiro ou Guarda Aduaneiro, observadas, quanto a este, as restrições do regulamento.

Parágrafo único. O regulamento definirá os casos em que o processo fiscal terá por base a representação.

Art. 119. São anuláveis:

I – o auto, a representação ou o termo:

a) que não contenha elementos suficientes para determinar a infração e o infrator, ressalvados, quanto à identificação deste, nos casos de abandono da mercadoria pelo próprio infrator;

b) lavrado por funcionário diferente do indicado no art.118;

II – a decisão ou o despacho proferido por autoridade incompetente, ou com preterição do direito de defesa.

Parágrafo único. A nulidade é sanável pela repetição do ato ou suprida pela sua retificação ou complementação, nos termos do regulamento.

Art. 120. A nulidade de qualquer ato não prejudicará senão os posteriores que dele dependam diretamente ou dele sejam consequência.

Art. 121. Nas fases de defesa, recurso e pedido de reconsideração, dar-se-á vista do processo ao sujeito passivo de procedimento fiscal.

Art. 122. Compete o preparo do processo fiscal à repartição aduaneira com jurisdição no local onde se formalizar o procedimento.

Art. 123. O responsável pela infração será intimado a apresentar defesa no prazo de 30 (trinta) dias da ciência do procedimento fiscal, prorrogável por mais 10 (dez) dias, por motivo imperioso, alegado pelo interessado.

Parágrafo único. Se o término do prazo cair em dia em que não haja expediente normal na repartição, considerar-se-á prorrogado o prazo até o primeiro dia útil seguinte.

Art. 124. A intimação a que se refere o artigo anterior ou para satisfazer qualquer exigência, obedecerá a uma das seguintes formas, como estabelecer o regulamento:

I – pessoalmente;

II – através do Correio, pelo sistema denominado "AR" (Aviso de Recebimento);

III – mediante publicação no *Diário Oficial da União* ou do Estado em que estiver localizada a repartição ou em jornal local de grande circulação;

IV – por edital afixado na portaria da repartição.

§ 1º Omitida a data no recibo «AR» a que se refere oInciso II deste artigo, dar-se-á por feita a intimação 15 (quinze) dias depois da entrada da carta de notificação no Correio.

§ 2º O regulamento estabelecerá os prazos, não afixados neste Decreto-Lei, para qualquer diligência.

Art. 125. A competência para julgamento do processo fiscal será estabelecida no regulamento.

Art. 126. As inexatidões materiais, devidas a lapso manifesto, e os erros de escrita ou cálculo, existentes na decisão, poderão ser corrigidos por despacho de ofício ou por provocação do interessado ou funcionário.

Art. 127. Proferida a decisão, dela serão cientificadas as partes, na forma do **art. 124**.

Capítulo II
PEDIDO DE RECONSIDERAÇÃO E RECURSO

Art. 128. Da decisão caberá:

I – em primeira ou segunda instância, pedido de reconsideração apresentado no prazo de 30 (trinta) dias, que fluirá simultaneamente com o da interposição do recurso, quando for o caso;

II – recurso:

a) voluntário, em igual prazo, mediante prévio depósito do valor em litígio ou prestação de fiança idônea, para o Conselho Superior de Tarifa;

b) de ofício, na própria decisão ou posteriormente em novo despacho, quando o litígio, de valor superior a Cr$ 500.000 (quinhentos mil cruzeiros), for decidido a favor da parte, total ou parcialmente.

Parágrafo único. No caso de restituição de tributo, o recurso será interposto para o Diretor do Departamento de Rendas Aduaneiras, impondo-se o de ofício quando o litígio for de valor superior a Cr$ 5.000.000 (cinco milhões de cruzeiros).

Art. 129. O recurso terá efeito suspensivo se voluntário, ou sem ele no de ofício.

§ 1º No caso de apreensão julgada improcedente, a devolução da coisa de valor superior a Cr$ 500.000 (quinhentos mil cruzeiros), antes do julgamento do recurso de ofício, dependerá de prévia observância da norma prevista no § 2º do art. 71.

§ 2º Não interposto o recurso do ofício cabível, cumpre ao funcionário autor do procedimento fiscal representar à autoridade prolatora da decisão, propondo a medida.

Art. 130. Ressalvados os casos de ausência de depósito ou fiança, compete à instância superior julgar da perempção do recurso.

Capítulo III
DISPOSIÇÕES ESPECIAIS

Art. 131. Na ocorrência de fato punível com a perda do veículo ou da mercadoria, proceder-se-á, de pleno, à apreciação.

§ 1º A coisa apreendida será recolhida à repartição aduaneira, ou à ordem de sua chefia, a depósito alfandegado ou a outro local, onde permanecerá até que a decisão do processo fiscal lhe dê o destino competente.

§ 2º O regulamento disporá sobre as cautelas e providências que a autoridade aduaneira poderá adotar na ocorrência de apreensão, mencionando os casos em que se admite o depósito e quais as obrigações do depositário.

§ 3º A perícia que se impuser, para qualquer fim, em mercadoria apreendida, será feita no próprio depósito da repartição aduaneira, quando solicitada ou determinada pela autoridade competente.

Art. 132. Na apuração de infração verificada no serviço de remessas postais internacionais serão observadas, além das normas deste Decreto-Lei e do seu regulamento, a legislação especial pertinente à espécie.

Art. 133. Será considerada inexistente a denúncia que não determine de modo preciso a infração e o infrator ou que não identifique o denunciante pelo nome e endereço.

Art. 134. A autoridade julgadora poderá, de pleno, em despacho fundamentado, sustar o prosseguimento do processo que se origine de representação ou auto lavrado com apoio em erro de fato.

§ 1º No caso deste artigo, a autoridade cientificará o autor do feito e relacionará os despachos proferidos, submetendo-os, trimestralmente, ao Departamento de Rendas Aduaneiras, que, se discordar da orientação adotada, determinará o prosseguimento do processo.

§ 2º Se não cumprido o disposto no parágrafo anterior, o funcionário que firmar o auto ou a representação requererá à autoridade para que proceda na forma ali determinada.

Art. 135. Considera-se findo o processo fiscal de que não caiba recurso na via administrativa.

Art. 136. Sem prejuízo do disposto no art. 114, a apuração das infrações de que tratam as alíneas *a* e *b* doInciso IV e oInciso V do art. 106, não interromperá o despacho da mercadoria, nem impedirá seu final desembaraço.

Parágrafo único. O regulamento estabelecerá as cautelas a serem observadas no caso de desembaraço previsto neste artigo.

Título VI
Decadência e prescrição

→ Rubrica com redação alterada pelo Dec.-lei 2.472/1988.

Capítulo Único
DISPOSIÇÕES GERAIS

Art. 137. (*Revogado pela Lei 10.833/2003*).

Art. 138. O direito de exigir o tributo extingue-se em 5 (cinco) anos, a contar do primeiro dia do exercício seguinte àquele em que poderia ter sido lançado.

→ Artigo com redação alterada pelo Dec.-lei 2.472/1988.

Parágrafo único. Tratando-se de exigência de diferença de tributo, contar-se-á o prazo a partir do pagamento efetuado.

Art. 139. No mesmo prazo do artigo anterior se extingue o direito de impor penalidade, a contar da data da infração.

Art. 140. Prescreve em 5 (cinco) anos, a contar de sua constituição definitiva, a cobrança do crédito tributário.

→ Artigo com redação alterada pelo Dec.-lei 2.472/1988.

Art. 141. O prazo a que se refere o artigo anterior não corre:

→ Artigo com redação alterada pelo Dec.-lei 2.472/1988.

I – enquanto o processo de cobrança depender de exigência a ser satisfeita pelo contribuinte;

II – até que a autoridade aduaneira seja diretamente informada pelo Juízo de Direito, Tribunal ou órgão do Ministério Público, da revogação de ordem ou decisão judicial que haja suspenso, anulado ou modificado exigência, inclusive no caso de sobrestamento do processo.

Título VII
Organização aduaneira

Capítulo I
DEPARTAMENTO DE RENDAS ADUANEIRAS

Art. 142. A Diretoria das Rendas Aduaneiras fica transformada no Departamento de Rendas Aduaneiras.

Art. 143. Ao Departamento de Rendas Aduaneiras compete:

I – dirigir, superintender, controlar, orientar e executar, em todo o território aduaneiro, os serviços de aplicação das leis fiscais relativas aos tributos federais que incidem sobre importação e exportação de mercadoria;

II – exercer, na esfera de sua competência, as demais atribuições que lhe forem outorgadas pela legislação de câmbio e comércio exterior;

III – promover o controle e a fiscalização da cobrança dos tributos incluídos no âmbito de sua competência;

LEGISLAÇÃO

IV – executar ou promover a execução dos serviços de análises, exames e pesquisas químicas e tecnológicas, indispensáveis à identificação e classificação de mercadorias, para efeitos fiscais;

V – dirigir, controlar, orientar e executar os serviços de prevenção e repressão das fraudes aduaneiras, elaborando os respectivos planos;

VI – interpretar as leis e regulamentos relacionados com a matéria de suas atribuições e decidir os casos omissos;

VII – instaurar e preparar processos relativos às infrações aduaneiras;

VIII – julgar os processos fiscais sobre matéria de suas atribuições, inclusive os de consulta quanto a tributos que incidam sobre mercadoria importada, os de restituição de tributos aduaneiros, os de reconhecimento de danos ou avarias ou extravio demercadorias, os de infração de obrigações acessórias e sobre outras matérias que venham a ser incluídas na sua competência;

IX – expedir atos de designação e dispensa de chefes das repartições subordinadas, de despachantes aduaneiros e corretores de navios, seus ajudantes e prepostos;

X – rever e adotar modelos de formulários para uso das repartições aduaneiras;

XI – disciplinar o tratamento aduaneiro aplicando à navegação, inclusive área, e ao tráfego de veículo através da fronteira, bem como em relação à respectiva tripulação, carga e passageiros;

XII – estabelecer rota para o veículo terrestre utilizado no trânsito ou reexportação de mercadoria estrangeira destinada ao exterior;

XIII – dirigir, superintender, controlar, orientar e executar, em porto não organizado e em outras áreas em situação semelhante, o serviço de capatazia.

Art. 144. O Departamento de Rendas Aduaneiras contará, para o exercício de suas atribuições, com órgãos regionais de supervisão e controle e com órgãos locais de execução, vigilância e fiscalização.

Art. 145. Fica o Poder Executivo autorizado a instalar Alfândegas, Postos Aduaneiros e outras repartições nos locais onde essa medida se impuser, bem como a extinguir as repartições aduaneiras cuja manutenção não mais se justifique.

Parágrafo único. As atuais Mesas de Rendas, Agências Aduaneiras, Registros Fiscais e Postos Fiscais serão, se justificada sua manutenção, transformados em Alfândegas, Postos Aduaneiros ou outras repartições.

Art. 146. O Laboratório Nacional de Análises passa a integrar o Departamento de Rendas Aduaneiras.

Art. 147. A estrutura, competência, denominação, sede e jurisdição dos órgãos do Departamento de Rendas Aduaneiras serão fixados no Regimento a ser baixado pelo Poder Executivo.

Capítulo II
CONSELHO DE POLÍTICA ADUANEIRA

Art. 148. São membros do Conselho de Política Aduaneira o Diretor do Departamento de Rendas Aduaneiras, do Ministério da Fazenda, e o Chefe da Divisão de Política Comercial, do Ministério das Relações Exteriores, ampliando-se para mais 2 (dois) membros a representação governamental a que se refere a alínea *b* do art. 24 da Lei 3.244, de 14 de agosto de 1957.

Art. 149. Fica ampliada para 2 (dois) membros efetivos a representação das Confederações Nacionais dos Trabalhadores.

Art. 150. O art. 29 da Lei 3.244, de 14 de agosto de 1957, mantido seu parágrafo único, passa a vigorar com a seguinte redação:

"O Presidente, demais membros e o Secretário-Executivo, do Conselho de Política Aduaneira, perceberão, por sessão realizada, até o máximo de 12 (doze) por mês, gratificação correspondente a 30% (trinta por cento) da importância fixada para o Nível 1 da escala de vencimentos dos servidores públicos civis do Poder Executivo."

Art. 151. São restabelecidas as condições para o provimento do cargo em comissão de membro-presidente do Conselho de Política Aduaneira, de que tratam a alínea *a* do art. 24, e seu § 1º, da Lei 3.244, de 14 de agosto de 1957, e restaurada a equivalência dos símbolos do cargo fixados no art. 28 da mesma Lei.

Art. 152. Além do pessoal de sua lotação, o Conselho de Política Aduaneira poderá contar com outros servidores que forem postos à sua disposição pelo Ministro da Fazenda ou Diretor-Geral da Fazenda Nacional.

Art. 153. Aos servidores em exercício no Conselho de Política Aduaneira poderá ser concedida a gratificação prevista no inciso IV do art. 145 da Lei 1.711, de 28 de outubro de 1952.

→ A Lei 1.711/1952 foi revogada pela Lei 8.112/1990.

Art. 154. O Conselho de Política Aduaneira promoverá a conversão da nomenclatura da Tarifa Aduaneira à Nomenclatura Aduaneira de Bruxelas, podendo, para tal fim:

I – alterar a numeração das notas tarifárias, introduzir notas interpretativas e regras gerais de classificação;

II – reclassificar as posições entre os capítulos o reajustar a respectiva linguagem;

III – alterar o sistema de desdobramento das posições, a fim de melhor atender aos objetivos fiscais e estatísticos da nomenclatura.

Parágrafo único. As eventuais alterações de alíquota, decorrentes da adoção de nova nomenclatura, serão processadas pelo Conselho de Política Aduaneira, dentro dos limites máximo e mínimo previstos no art. 3º da Lei 3.244, de 14 de agosto de 1957.

Capítulo III
COMITÊ BRASILEIRO DE NOMENCLATURA

Art. 155. A nomenclatura a que se refere o artigo anterior passará a constituir a Nomenclatura Brasileira de Mercadorias e será adotada:

I – nas operações de exportação e importação;

II – no comércio de cabotagem por vias internas;

III – na cobrança dos impostos de exportação, importação e sobre produtos industrializados;

IV – nos demais casos previstos em lei, decreto ou em resoluções da Junta Nacional de Estatística.

Art. 156. É criado o Comitê Brasileiro de Nomenclatura, com as seguintes atribuições:

I – manter a Nomenclatura Brasileira de Mercadorias permanentemente atualizada;

II – propor aos órgãos interessados na aplicação da Nomenclatura Brasileira de Mercadorias medidas relacionadas com a atualização, aperfeiçoamento e harmonização dos desdobramentos de suas posições, de modo a melhor ajustá-los às suas finalidades estatísticas ou de controle fiscal;

III – difundir o conhecimento da Nomenclatura Brasileira de Mercadorias, inclusive mediante a publicação de seu índice, e propor as medidas necessárias à sua aplicação uniforme;

IV – promover a divulgação das Notas Explicativas da Nomenclatura Aduaneira de Bruxelas e recomendar normas, critérios ou notas complementares de interpretação;

V – prestar assistência técnica aos órgãos diretamente interessados na aplicação da Nomenclatura Brasileira de Mercadorias;

VI – administrar o Fundo de Administração da Nomenclatura Brasileira de Mercadorias;

VII – estabelecer critérios e normas de classificação, para aplicação uniforme da Nomenclatura Brasileira de Mercadorias (NBM).

→ Inciso VII acrescentado pelo Dec.-lei 1.154/1971.

Art. 157. O Comitê Brasileiro de Nomenclatura, funcionará sob a presidência do Secretário Executivo do Conselho de Política Aduaneira, e será integrado por 6 (seis) membros especializados em nomenclatura, designados pelo Ministro da Fazenda, dentre funcionários de órgãos diretamente ligados à aplicação da Nomenclatura Brasileira de Mercadorias (NBM).

→ Caput com redação alterada pelo Dec.-lei 1.154/1971.

§ 1º O Comitê disporá de uma Secretaria dirigida por um Secretário-Executivo e integrada por funcionários do Ministério da Fazenda, postos à sua disposição por solicitação do respectivo Presidente.

§ 2º O Comitê poderá dispor de um Corpo Consultivo constituído de técnicos indicados pelo Plenário e credenciado pelo Presidente, com a finalidade de prestar assistência especializada nos diferentes setores da nomenclatura.

Art. 158. O Fundo de Administração da Nomenclatura Brasileira de Mercadorias destina-se ao custeio dos trabalhos de documentação, divulgação, análises e pesquisas necessárias ao cumprimento das atribuições do Comitê Brasileiro de Nomenclatura e será constituído:

I – pelas dotações orçamentárias e créditos especiais que lhe forem destinados;

II – pelo produto da venda ou assinatura de publicações editadas pelo Comitê;

III – por dotações recebidas de instituições nacionais ou internacionais.

§ 1º O Fundo será utilizado de conformidade com o plano de aplicação aprovado pelo Ministro da Fazenda.

§ 2º O Presidente do Comitê poderá firmar, com órgãos da administração federal, órgãos e entidades internacionais, convênio para a execução dos seus serviços, inclusive publicação e divulgação de atos e trabalhos, mediante utilização dos recursos do Fundo.

§ 3º Até 28 (vinte e oito) de fevereiro de cada ano o Presidente encaminhará ao Ministério da Fazenda e ao Tribunal de Contas a prestação de contas relativas ao exercício anterior, acompanhada do pronunciamento do Comitê.

Art. 159. A organização e o funcionamento do Comitê serão estabelecidos em regimento a ser expedido pelo Poder Executivo.

Título VIII
Disposições finais e transitórias

Art. 160. As entidades de direito público e as pessoas jurídicas de direito privado, que gozem de isenção de tributos, ficam obrigadas a dar preferência à compra do produto nacional, salvo prova de recusa ou incapacidade do fornecimento, em condições satisfatórias, conforme definido noslncisos I e II do art. 18.

Art. 161. A isenção prevista noslncisos IV e V do art.15, para a importação de automóvel, poderá ser substituída pelo direito de aquisição, em idênticas condições, de veículo de produção nacional, com isenção do imposto sobre produtos industrializados, aplicando-se, quanto ao ressarcimento, pelo produtor, do tributo relativo às matérias-primas e produtos intermediários, a norma do § 1° do art. 7° da Lei 4.502, de 30 de novembro de 1964.

Parágrafo único. O imposto sobre produtos industrializados será cobrado na forma do art. 26, se a propriedade ou uso do automóvel for transferido, antes do prazo de 1 (um) ano, a pessoa que não goza do mesmo tratamento fiscal.

Art. 162. Serão destinados ao Conselho de Política Aduaneira 5% (cinco por cento) dos recursos correspondentes ao Fundo de Reaparelhamento das Repartições Aduaneiras previsto no § 1° do art. 66 da Lei 3.244, de 14 de agosto de 1957, para atender a despesas de funcionamento e reaparelhamento, inclusive quanto a encargos de material e de prestação de serviços técnicos e administrativos, publicações de trabalhos e divulgação de seus atos, e diligências e estudos necessários ao exercício de suas atribuições.

Art. 163. A taxa de despacho aduaneiro a que se refere o art. 66, da Lei 3.244, de 14 de agosto de 1957, será extinta a partir de 1° de janeiro de 1968, destinando-se, a contar daquela data, 25% (vinte e cinco por cento) da arrecadação do imposto de importação às aplicações previstas no § 1° daquele artigo.

Art. 164. A isenção do imposto de importação prevista neste Decreto-Lei implica na isenção da taxa de despacho aduaneiro.

Parágrafo único. Nos demais casos, somente haverá isenção da taxa quando expressamente prevista.

Art. 165. O eventual desembaraço de mercadoria objeto de apreensão anulada por decisão judicial não transitada em julgado ou cujo processo fiscal se interrompa por igual motivo, dependerá, sempre, de prévia fiança idônea ou depósito do valor das multas e das despesas de regularização cambial emitidas pela autoridade aduaneira, além do pagamento dos tributos devidos.

Parágrafo único. O depósito será convertido aos títulos próprios, de acordo com a solução final da lide, de que não caiba recurso com efeito suspensivo.

Art. 166. O cargo em comissão de Diretor do Departamento de Rendas Aduaneiras e as funções gratificadas de chefia e assessoramento das repartições aduaneiras serão exercidas, privativamente, por Agentes Fiscais de Imposto Aduaneiro, desde que sejam de natureza fiscal ou técnica e guardem correlação com as atribuições da série de classes.

Art. 167. A bagagem poderá ser classificada por capítulos, para aplicação de alíquota média, conforme dispuser o regulamento.

Art. 168. Reduzido o que couber ao preparador, ao escrivão do processo e classificadores, nos termos do art.124 da Lei 2.924, de 5 de janeiro de 1915, o saldo do produto da arrematação da mercadoria apreendida será adjudicado ao apreensor.

Parágrafo único. O denunciante participará do saldo a que se refere este artigo, em igualdade de condições com o apreensor.

Art. 169. Constituem infrações administrativas ao controle das importações:

→ Caput com redação alterada pela Lei 6.562/1978.

I – importar mercadorias do exterior:

→ Inciso I com redação alterada pela Lei 6.562/1978.

a) sem Guia de Importação ou documento equivalente, que implique a falta de depósito ou a falta de pagamento de quaisquer ônus financeiros ou cambiais:

Pena: multa de 100% (cem por cento) do valor da mercadoria.

b) sem Guia de Importação ou documento equivalente, que não implique a falta de depósito ou a falta de pagamento de quaisquer ônus financeiros ou cambiais:

Pena: multa de 30% (trinta por cento) do valor da mercadoria.

II – subfaturar ou superfaturar o preço ou valor da mercadoria:

→ Inciso II com redação alterada pela Lei 6.562/1978.

Pena: multa de 100% (cem por cento) da diferença.

III – descumprir outros requisitos de controle da importação, constantes ou não de Guia de Importação ou de documento equivalente:

→ Inciso III acrescentado pela Lei 6.562/1978.

a) embarque da mercadoria após vencido o prazo de validade da Guia de Importação respectiva ou do documento equivalente:

1 – até 20 (vinte) dias:

Pena: multa de 10% (dez por cento) do valor da mercadoria.

2 – de mais de 20 (vinte) até 40 (quarenta) dias:

Pena: multa de 20% (vinte por cento) do valor da mercadoria.

b) embarque da mercadoria antes de emitida a Guia de Importação ou documento equivalente:

Pena: multa de 30% (trinta por cento) do valor da mercadoria.

c) não apresentação ao órgão competente de relação discriminatória do material importado ou fazê-la fora do prazo, no caso de Guia de Importação ou de documento equivalente expedidos sob tal cláusula:

Pena: alternativamente, como abaixo indicado, consoante ocorra, respectivamente, uma das figuras dolnciso I:

1 – no caso da alínea *a*: multa de 100% (cem por cento) do valor da mercadoria;

2 – no caso da alínea *b*: multa de 30% (trinta por cento) do valor da mercadoria.

d) não compreendidos nas alíneas anteriores:

Pena: multa de 20% (vinte por cento) do valor da mercadoria.

§ 1° Após o vencimento dos prazos indicados nolnciso III, alínea *a*, do *caput* deste artigo, a importação será considerada como tendo sido realizada sem Guia de Importação ou documento equivalente.

→ § 1° com redação alterada pela Lei 10.833/2003.

§ 2° As multas previstas neste artigo não poderão ser:

→ § 2° com redação alterada pela Lei 10.833/2003.

I – inferiores a R$ 500,00 (quinhentos reais);

II – superiores a R$ 5.000,00 (cinco mil reais) nas hipóteses previstas nas alíneas *a*, *b* e *c*, item 2, dolnciso III do *caput* deste artigo.

§ 3° Os limites de valor, a que se refere o parágrafo anterior, serão atualizados anualmente pelo Secretário da Receita Federal, de acordo com o índice de correção das Obrigações Reajustáveis do Tesouro Nacional, desprezadas, para o limite mínimo, as frações de Cr$ 100,00 (cem cruzeiros) e para o limite máximo as frações de Cr$ 1.000,00 (hum mil cruzeiros).

→ § 3° com redação alterada pela Lei 6.562/1978.

§ 4° Salvo no caso dolnciso II do *caput* deste artigo, na ocorrência simultânea de mais de uma infração, será punida apenas aquela a que for cominada a penalidade mais grave.

→ § 4° com redação alterada pela Lei 6.562/1978.

§ 5° A aplicação das penas previstas neste artigo:

→ § 5° acrescentado pela Lei 6.562/1978.

I – não exclui o pagamento dos tributos devidos, nem a imposição de outras penas, inclusive criminais, previstas em legislação específica;

II – não prejudicada a imunidade e, salvo disposição expressa em contrário, a isenção de impostos, de que goze a importação, em virtude de lei ou de outro ato específico baixado pelo órgão competente;

III – não elide o depósito ou o pagamento de quaisquer ônus financeiros ou cambiais, quando a importação estiver sujeita ao cumprimento de tais requisitos.

§ 6° Para efeito do disposto neste artigo, o valor da mercadoria será aquele obtido segundo a aplicação da legislação relativa à base de cálculo do Imposto sobre a Importação.

→ § 6° acrescentado pela Lei 6.562/1978.

§ 7° Não constituirão infrações:

→ § 7° acrescentado pela Lei 6.562/1978.

I – a diferença, para mais ou para menos, não superior a 10% (dez por cento) quanto ao preço, e a 5% (cinco por cento) quanto à quantidade ou ao peso, desde que não ocorram concomitantemente;

II – nos casos dolnciso III do *caput* deste artigo, se alterados pelo órgão competente os dados constantes da Guia de Importação ou de documento equivalente;

III – a importação de máquinas e equipamentos declaradamente originários de determinado país, constituindo um todo integrado, embora contenham partes ou componentes produzidos em outros países que não o indicado na Guia de Importação.

Art. 170. Constitui infração cambial, punível com a multa de 30% (trinta por cento) do valor, a inobservância dos prazos regulamentares para a chegada, ao ponto de destino, da bagagem e bens dos passageiros, salvo quanto a objetos e roupas de uso pessoal, usados.

Art. 171. A mercadoria estrangeira importada a título de bagagem, e que, por suas características e quantidades, não mereça tal conceito, fica sujeita ao regime da importação comum.

Art. 172. Independem de licença ou de cumprimento de qualquer outra exigência relativa a controle cambial:

I - a bagagem a que se apliquem as disposições constantes do artigo 13 e seus parágrafos;

II - a importação de que tratam osIncisos IV, V e VII do art. 15.

Art. 173. Serão reunidas num só documento a atual nota de importação, a guia de importação a que se refere o Decreto 42.914, de 27 de dezembro de 1957, e a guia de recolhimento do imposto sobre produtos industrializados.

Art. 174. Dentro de 2 (dois) anos, a partir da publicação deste Decreto-Lei, ficará revogada toda e qualquer isenção ou redução do imposto concedida por leis anteriores.

Parágrafo único. Não estão compreendidas na revogação prevista neste artigo as isenções ou reduções:

I - que beneficiem nominalmente entidades não industriais prestadoras de serviço público ou de assistência social, centros de pesquisas científicas e museus de arte;

II - que beneficiem nominalmente entidades por prazo fixado em lei, vedada a prorrogação;

III - prevista na legislação específica de órgãos federais incumbidos por lei da execução de programas regionais de desenvolvimento econômico, da execução da política e programas de energia nuclear, de energia elétrica, petróleo e carvão;

IV - previstas nas Leis 1.815, de 13 de fevereiro de 1953, 2.004, de 3 de outubro de 1953, 3.890-A, de 25 de abril de 1961, 4.287, de 3 de dezembro de 1963, e 5.174, de 27 de outubro de 1966;

→ Inciso IV com redação alterada pelo Dec.-lei 164/1967.

→ A Lei 2.004/1953 foi revogada pela Lei 9.478/1997.

V - previstas na Lei 3.244, de 14 de agosto de 1957, não especificamente modificadas ou revogadas por este Decreto-Lei.

Art. 175. Fica o Poder Executivo autorizado a abrir um crédito especial de Cr$ 3.000.000.000 (três bilhões de cruzeiros) destinado a atender, nos exercícios de 1967 a 1969, às despesas indispensáveis ao reaparelhamento e à reestruturação do Conselho de Política Aduaneira e do Departamento de Rendas Aduaneiras, inclusive as decorrentes do provimento das funções gratificadas de chefia, assessoramento e de secretariado, a serem criadas.

Parágrafo único. O crédito especial de que trata este artigo será automaticamente registrado pelo Tribunal de Contas e distribuído ao Tesouro Nacional.

Art. 176. O Poder Executivo regulamentará as disposições deste Decreto-Lei dentro do prazo de 180 (cento e oitenta) dias, a contar da data de sua publicação.

Art. 177. Ficam revogadas, a partir de 30 (trinta) dias da publicação do regulamento a que se refere o artigo anterior, as seguintes disposições legais e regulamentares: Nova Consolidação das Leis das Alfândegas e Mesas de Rendas; Decretos 12.328, de 27 de dezembro de 1916, 19.909, de 23 de abril e 1931; artigos 96 a 101 do Decreto 24.036, de 26 de março de 1934; Decretos-Leis 300, de 24 de fevereiro de 1938, 8.644, de 11 de janeiro de 1946, 9.179, de 15 de abril de 1946, e 9.763, de 6 de setembro de 1946; art. 7º da Lei 2.145, de 29 de dezembro de 1953; artigos 5º e seu parágrafo único, 6º e seus §§ 7º, 8º e seu parágrafo único, 9º, 10, 12, 13, 14, 17, 33, 34 e 35, da Lei 3.244, de 14 de agosto de 1957, e art.15 da Lei 4.131, de 3 de setembro e 1962.

Parágrafo único. O art. 11 da Lei 3.244, de 14 de agosto de 1957 ficará revogado a partir da vigência da nomenclatura a que se refere o art.154 deste Decreto-Lei.

Art. 178. Este Decreto-Lei entrará em vigor em 1 de janeiro de 1967, salvo quanto às disposições que dependam de regulamentação, cuja vigência será fixada no regulamento.

Brasília, 18 de novembro de 1966; 145º da Independência e 78º da República.

H. Castello Branco

(Publicação no *D.O.U.* de 21.11.1966)

DECRETO-LEI 57,
DE 18 DE NOVEMBRO DE 1966

Altera dispositivos sobre lançamento e cobrança do Imposto sobre a Propriedade Territorial Rural, institui normas sobre arrecadação da Dívida Ativa correspondente, e dá outras providências.

O Presidente da República, no uso das atribuições que lhe são conferidas pelo artigo 31, Parágrafo Único, do Ato Institucional 2, de 27 de outubro de 1965, e pelo artigo 2º do Ato Complementar 23, de 20 de outubro 1996, decreta:

Art. 1º Os débitos dos contribuintes, relativos ao Imposto sobre a Propriedade Territorial Rural (ITR), Taxas de Serviços Cadastrais e respectivas multas, não liquidadas em cada exercício, serão inscritos como dívida ativa, acrescidos da multa de 20% (vinte por cento).

Art. 2º A dívida ativa, de que trata o artigo anterior, enquanto não liquidada, estará sujeita à multa de 20% (por cento) por exercício, devido a partir de primeiro de janeiro de cada ano, sempre sobre o montante do débito de 31 de dezembro do ano anterior.

§ 1º Os débitos em dívida ativa, na data de primeiro de janeiro de cada exercício subsequente, estarão sujeitos aos juros de mora de 12% a.a. (doze por cento ao ano) e mais correção monetária, aplicados sobre o total da dívida em 31 de dezembro do exercício anterior.

§ 2º O Conselho Nacional de Economia fixará os índices de correção monetária, específicos para o previsto no parágrafo anterior.

Art. 3º Enquanto não for iniciada a cobrança judicial, os débitos inscritos em dívida ativa poderão ser incluídos na guia de arrecadação do ITR dos exercícios subsequentes, para sua liquidação conjunta.

Parágrafo único. Ressalvada a hipótese prevista neste artigo, não será permitido o pagamento dos tributos referentes a um exercício, sem que o contribuinte comprove a liquidação dos débitos do exercício anterior ou o competente depósito judicial das quantias devidas.

Art. 4º Do produto do ITR e seus acrescidos, cabe ao Instituto Brasileiro de Reforma Agrária (IBRA) a parcela de 20% (vinte por cento) para custeio do respectivo serviço de lançamento e arrecadação.

→ Suspensa a execução pela RSF 337/1983.

Art. 5º A taxa de serviços cadastrais cobrada pelo IBRA, pela emissão do Certificado de Cadastro, incide sobre todos os imóveis rurais, ainda que isentos do ITR.

§ 1º (*Revogado pela Lei 5.868/1972*).

§ 2º (*Revogado pela Lei 5.868/1972*).

Art. 6º As isenções concedidas pelo art. 66 da Lei 4.504, de 30 de novembro de 1964, não se referem ao ITR e à Taxa de Serviços Cadastrais.

Art. 7º (*Revogado pela Lei 5.868/1972*).

Art. 8º Para fins de cadastramento e do lançamento do ITR, a área destinada a exploração mineral, em um imóvel rural, será considerada como inaproveitável, desde que seja comprovado que a mencionada destinação impede a exploração da mesma em atividades agrícolas, pecuária ou agroindustrial e que sejam satisfeitas as exigências estabelecidas na regulamentação deste Decreto-Lei.

Art. 9º Para fins de cadastramento e lançamento do ITR, as empresas industriais situadas em imóvel rural poderão incluir como inaproveitáveis as áreas ocupadas por suas instalações e as não cultivadas necessárias ao seu funcionamento, desde que feita a comprovação, junto ao IBRA, na forma do disposto na regulamentação deste Decreto-Lei.

Art. 10. As notificações de lançamento e de cobrança do ITR e da Taxa de Cadastro considerar-se-ão feitas aos contribuintes, pela só publicação dos respectivos editais, no *Diário Oficial* da União e sua afixação na sede das Prefeituras em cujos municípios se localizam os imóveis, devendo os Prefeitos promoverem a mais ampla divulgação desses editais.

Parágrafo único. Até que sejam instalados os equipamentos próprios de computação do IBRA, que permitam a programação das emissões na forma estabelecida noInciso IV do artigo 48 da Lei 4.504, de 30 de novembro de 1964, o período de emissão de Guias será de 1º de abril a 31 de julho de cada exercício.

Art. 11. (*Revogado pela Lei 5.868/1972*).

Art. 12. Os tabeliães e oficiais do Registro de Imóvel franquearão seus livros, registros e demais papéis ao IBRA, por seus representantes devidamente credenciados, para a obtenção de elementos necessários ao Cadastro de Imóveis Rurais.

Art. 13. As terras de empresas organizadas como pessoa jurídica, pública ou privada, somente poderão ser consideradas como terras racionalmente aproveitadas, para os fins de aplicação do § 7º do art. 50 da Lei 4.504, de 30 de novembro de 1964, quando satisfaçam, comprovadamente, junto ao IBRA, as exigências da referida lei e estejam classificadas como empresas de capital aberto, na forma do disposto no art. 59 da Lei 4.728 de 14 de julho de 1965.

Art. 14. (*Revogado pela Lei 5.868/1972*).

Art. 15. O disposto no art. 32 da Lei 5.172, de 25 de outubro de 1966, não abrange o imóvel de que, comprovadamente, seja utilizado em exploração extrativa vegetal, agrícola, pecuária ou agroindustrial, incidindo assim, sobre o mesmo, o ITR e demais tributos com o mesmo cobrados.

→ Revogação suspensa pela RSF 9/2005.

Art. 16. Os loteamentos das áreas situadas fora da zona urbana, referidos no parágrafo 2º do art. 32 da Lei 5.172 de 25 de outubro de 1966, só serão permitidos quando atendido o disposto no art. 61 da Lei 4.504, de 30 de novembro de 1964.

Art. 17. O Poder Executivo baixará dentro do prazo de 30 dias, regulamento sobre a aplicação deste Decreto-Lei.

Art. 18. O presente Decreto-Lei entra em vigor, na data de sua publicação, revogadas as disposições em contrário.

Brasília, 18 de novembro de 1966; 145º da Independência e 78º da República.

H. Castello Branco

(Publicação no *D.O.U.* de 21.11.1966)

DECRETO-LEI 195, DE 24 DE FEVEREIRO DE 1967

Dispõe sobre a cobrança da Contribuição de Melhoria.

O Presidente da República:

Usando das atribuições que lhe confere o § 2º do art. 9º do Ato Institucional 4, de 7 de dezembro de 1966,

Resolve baixar o seguinte Decreto-Lei:

Art. 1º A Contribuição de Melhoria, prevista na Constituição Federal tem como fato gerador o acréscimo do valor do imóvel localizado nas áreas beneficiadas direta ou indiretamente por obras públicas.

Art. 2º Será devida a Contribuição de Melhoria, no caso de valorização de imóveis de propriedade privada, em virtude de qualquer das seguintes obras públicas:

I – abertura, alargamento, pavimentação, iluminação, arborização, esgotos pluviais e outros melhoramentos de praças e vias públicas;

II – construção e ampliação de parques, campos de desportos, pontes, túneis e viadutos;

III – construção ou ampliação de sistemas de trânsito rápido inclusive todas as obras e edificações necessárias ao funcionamento do sistema;

IV – serviços e obras de abastecimento de água potável, esgotos, instalações de redes elétricas, telefônicas, transportes e comunicações em geral ou de suprimento de gás, funiculares, ascensores e instalações de comodidade pública;

V – proteção contra secas, inundações, erosão, ressacas, e de saneamento de drenagem em geral, diques, cais, desobstrução de barras, portos e canais, retificação e regularização de cursos d'água e irrigação;

VI – construção de estradas de ferro e construção, pavimentação e melhoramento de estradas de rodagem;

VII – construção de aeródromos e aeroportos e seus acessos;

VIII – aterros e realizações de embelezamento em geral, inclusive desapropriações em desenvolvimento de plano de aspecto paisagístico.

Art. 3º A Contribuição de Melhoria a ser exigida pela União, Estado, Distrito Federal e Municípios para fazer face ao custo das obras públicas, será cobrada pela Unidade Administrativa que as realizar, adotando-se como critério o benefício resultante da obra, calculado através de índices cadastrais das respectivas zonas de influência, a serem fixados em regulamentação deste Decreto-lei.

§ 1º A apuração, dependendo da natureza das obras, far-se-á levando em conta a situação do imóvel na zona de influência, sua testada, área, finalidade de exploração econômica e outros elementos a serem considerados, isolada ou conjuntamente.

§ 2º A determinação da Contribuição de Melhoria far-se-á rateando, proporcionalmente, o custo parcial ou total das obras, entre todos os imóveis incluídos nas respectivas zonas de influência.

§ 3º A Contribuição de Melhoria será cobrada dos proprietários de imóveis do domínio privado, situados nas áreas direta e indiretamente beneficiadas pela obra.

§ 4º Reputam-se feitas pela União as obras executadas pelos Territórios.

Art. 4º A cobrança da Contribuição de Melhoria terá como limite o custo das obras, computadas as despesas de estudos, projetos, fiscalização, desapropriações, administração, execução e financiamento, inclusive prêmios de reembolso e outras de praxe em financiamento ou empréstimos e terá a sua expressão monetária atualizada na época do lançamento mediante aplicação de coeficientes de correção monetária.

§ 1º Serão incluídos nos orçamentos de custo das obras, todos os investimentos necessários para que os benefícios delas decorrentes sejam integralmente alcançados pelos imóveis situados nas respectivas zonas de influência.

§ 2º A percentagem do custo real a ser cobrada mediante Contribuição de Melhoria será fixada tendo em vista a natureza da obra, os benefícios para os usuários, as atividades econômicas predominantes e o nível de desenvolvimento da região.

Art. 5º Para cobrança da Contribuição de Melhoria, a Administração competente deverá publicar o Edital, contendo, entre outros, os seguintes elementos:

I – Delimitação das áreas direta e indiretamente beneficiadas e a relação dos imóveis nelas compreendidos;

II – memorial descritivo do projeto;

III – orçamento total ou parcial do custo das obras;

IV – determinação da parcela do custo das obras a ser ressarcida pela contribuição, com o correspondente plano de rateio entre os imóveis beneficiados.

Parágrafo único. O disposto neste artigo aplica-se, também, aos casos de cobrança da Contribuição de Melhoria por obras públicas em execução, constantes de projetos ainda não concluídos.

Art. 6º Os proprietários de imóveis situados nas zonas beneficiadas pelas obras públicas têm o prazo de 30 (trinta) dias, a começar da data da publicação do Edital referido no artigo 5º, para a impugnação de qualquer dos elementos dele constantes, cabendo ao impugnante o ônus da prova.

Art. 7º A impugnação deverá ser dirigida à Administração competente, através de petição, que servirá para o início do processo administrativo conforme venha a ser regulamentado por decreto federal.

Art. 8º Responde pelo pagamento da Contribuição de Melhoria o proprietário do imóvel ao tempo do seu lançamento, e esta responsabilidade se transmite aos adquirentes e sucessores, a qualquer título, do domínio do imóvel.

§ 1º No caso de enfiteuse, responde pela Contribuição de Melhoria o enfiteuta.

§ 2º No imóvel locado é lícito ao locador exigir aumento de aluguel correspondente a 10% (dez por cento) ao ano da Contribuição de Melhoria efetivamente paga.

§ 3º É nula a cláusula do contrato de locação que atribua ao locatário o pagamento, no todo ou em parte, da Contribuição de Melhoria lançada sobre o imóvel.

§ 4º Os bens indivisos, serão considerados como pertencentes a um só proprietário e àquele que for lançado terá direito de exigir dos condôminos as parcelas que lhes couberem.

Art. 9º Executada a obra de melhoramento na sua totalidade ou em parte suficiente para beneficiar determinados imóveis, de modo a justificar o início da cobrança da Contribuição de Melhoria, proceder-se-á ao lançamento referente a esses imóveis depois de publicado o respectivo demonstrativo de custos.

Art. 10. O órgão encarregado do lançamento deverá escriturar, em registro próprio, o débito da Contribuição de Melhoria correspondente a cada imóvel, notificando o proprietário, diretamente ou por edital, do:

I – valor da Contribuição de Melhoria lançada;

II – prazo para o seu pagamento, suas prestações e vencimentos;

III – prazo para a impugnação;

IV – local do pagamento.

Parágrafo único. Dentro do prazo que lhe for concedido na notificação do lançamento, que não será inferior a 30 (trinta) dias, a contribuinte poderá reclamar, ao órgão lançador, contra:

I – o erro na localização e dimensões do imóvel;

II – o cálculo dos índices atribuídos;

III – o valor da contribuição;

IV – o número de prestações.

Art. 11. Os requerimentos de impugnação de reclamação, como também quaisquer recursos administrativos não suspendem o início ou prosseguimento das obras e nem terão efeito de obstar a administração a pratica dos atos necessários ao lançamento e cobrança da contribuição de melhoria.

Art. 12. A Contribuição de Melhoria será paga pelo contribuinte da forma que a sua parcela anual não exceda a 3% (três por cento) do maior valor fiscal do seu imóvel, atualizado à época da cobrança.

§ 1º O ato da autoridade que determinar o lançamento poderá fixar descontos para o pagamento à vista, ou em prazos menores que o lançado.

§ 2º As prestações da Contribuição de Melhoria serão corrigidas monetariamente, de acordo com os coeficientes aplicáveis na correção dos débitos fiscais.

§ 3º O atraso no pagamento das prestações fixadas no lançamento sujeitará o contribuinte à multa de mora de 12% (doze por cento), ao ano.

§ 4º É lícito ao contribuinte, liquidar a Contribuição de Melhoria com títulos da dívida pública, emitidos especialmente para financiamento da obra pela qual foi lançado; neste caso, o pagamento será feito pelo valor nominal do título, se o preço do mercado for inferior.

§ 5º No caso do serviço público concedido, o poder concedente poderá lançar e arrecadar a contribuição.

§ 6º Mediante convênio, a União poderá legar aos Estados e Municípios, ou ao Distrito Federal, o lançamento e a arrecadação da Contribuição de Melhoria devida por obra pública federal, fixando a percentagem na receita, que caberá ao Estado ou Município que arrecadar a Contribuição.

§ 7º Nas obras federais, quando, por circunstâncias da área ser lançada ou da natureza da obra, o montante previsto na arrecadação da Contribuição de Melhoria não compensar o lançamento pela União, ou por seus órgãos, o lançamento poderá ser delegado aos municípios interessados e neste caso:

a) caberão aos Municípios o lançamento, arrecadação e as receitas apuradas; e

b) o órgão federal delegante se limitará a fixar os índices e critérios para o lançamento.

Art. 13. A cobrança da Contribuição de Melhorias, resultante de obras executadas pela União, situadas em áreas urbanas de um único Município, poderá ser efetuada pelo órgão arrecadador municipal, em convênio com o órgão federal que houver realizado as referidas obras.

Art. 14. A conservação, a operação e a manutenção das obras referidas no artigo anterior, depois de concluídas constituem encargos do Município em que estiverem situadas.

Art. 15. Os encargos de conservação, operação e manutenção das obras de drenagem e irrigação, não abrangidas pelo art. 13 e implantadas através da Contribuição de Melhorias, serão custeados pelos seus usuários.

Art. 16. Do produto de arrecadação de Contribuição de Melhorias, nas áreas prioritários para a Reforma Agrária, cobrado pela União e prevista como integrante do Fundo Nacional de Reforma Agrária (art. 28, I, da Lei 4.504, de 30.11.1964), o Instituto Brasileiro de Reforma Agrária, destinará importância idêntica a recolhida, para ser aplicada em novas obras e projetos de Reforma Agrária pelo mesmo órgão que realizou as obras públicas do que decorreu a contribuição.

Art. 17. Para efeito do imposto sobre a renda, devido, sobre a valorização imobiliária resultante de obra pública, deduzir-se-á a importância que o contribuinte houver pagado, o título de Contribuição de Melhorias.

Art. 18. A dívida fiscal oriunda da Contribuição de Melhoria, terá preferência sobre outras dívidas fiscais quanto ao imóvel beneficiado.

Art. 19. Fica revogada a Lei número 854, de 10 de outubro de 1949, e demais disposições legais em contrário.

Art. 20. Dentro de 90 (noventa) dias o Poder Executivo baixará decreto regulamentando o presente decreto-lei, que entra em vigor na data de sua publicação.

Brasília, 24 de fevereiro de 1967; 146º da Independência e 79º da República.

H. Castello Branco

(Publicação no *D.O.U.* 25.2.1967)

LEI 5.474,
DE 18 DE JULHO DE 1968

Dispõe sobre as duplicatas e dá outras providências.

O Presidente da República:

Faço saber que o Congresso Nacional decreta e eu sanciono a seguinte Lei:

Capítulo I
DA FATURA E DA DUPLICATA

Art. 1º Em todo o contrato de compra e venda mercantil entre partes domiciliadas no território brasileiro, com prazo não inferior a 30 (trinta) dias, contado da data da entrega ou despacho das mercadorias, o vendedor extrairá a respectiva fatura para apresentação ao comprador.

§ 1º A fatura discriminará as mercadorias vendidas ou, quando convier ao vendedor, indicará somente os números e valores das notas parciais expedidas por ocasião das vendas, despachos ou entregas das mercadorias.

§ 2º *(Revogado pelo Dec.-lei 436/1969).*

Art. 2º No ato da emissão da fatura, dela poderá ser extraída uma duplicata para circulação como efeito comercial, não sendo admitida qualquer outra espécie de título de crédito para documentar o saque do vendedor pela importância faturada ao comprador.

§ 1º A duplicata conterá:

I – a denominação "duplicata", a data de sua emissão e o número de ordem;

II – o número da fatura;

III – a data certa do vencimento ou a declaração de ser a duplicata à vista;

IV – o nome e domicílio do vendedor e do comprador;

V – a importância a pagar, em algarismos e por extenso;

VI – a praça de pagamento;

VII – a cláusula à ordem;

VIII – a declaração do reconhecimento de sua exatidão e da obrigação de pagá-la, a ser assinada pelo comprador, como aceite cambial;

IX – a assinatura do emitente.

§ 2º Uma só duplicata não pode corresponder a mais de uma fatura.

§ 3º Nos casos de venda para pagamento em parcelas, poderá ser emitida duplicata única, em que se discriminarão todas as prestações e seus vencimentos, ou série de duplicatas, uma para cada prestação, distinguindo-se a numeração a que se refere o item I do § 1º deste artigo, pelo acréscimo de letra do alfabeto, em sequência.

Art. 3º A duplicata indicará sempre o valor total da fatura, ainda que o comprador tenha direito a qualquer rebate, mencionando o vendedor o valor líquido que o comprador deverá reconhecer como obrigação de pagar.

§ 1º Não se incluirão no valor total da duplicata os abatimentos de preços das mercadorias feitos pelo vendedor até o ato do faturamento, desde que constem da fatura.

§ 2º A venda mercantil para pagamento contra a entrega da mercadoria ou do conhecimento de transporte, sejam ou não da mesma praça vendedor e comprador, ou para pagamento em prazo inferior a 30 (trinta) dias, contado da entrega ou despacho das mercadorias, poderá representar-se, também, por duplicata, em que se declarará que o pagamento será feito nessas condições.

Art. 4º Nas vendas realizadas por consignatários ou comissários e faturadas em nome e por conta do consignante ou comitente, caberá àqueles cumprir os dispositivos desta Lei.

Art. 5º Quando a mercadoria for vendida por conta do consignatário, este é obrigado, na ocasião de expedir a fatura e a duplicata, a comunicar a venda ao consignante.

§ 1º Por sua vez, o consignante expedirá fatura e duplicata correspondente à mesma venda, a fim de ser esta assinada pelo consignatário, mencionando-se o prazo estipulado para a liquidação do saldo da conta.

§ 2º Fica o consignatário dispensado de emitir duplicata quando na comunicação a que se refere o § 1º declarar que o produto líquido apurado está à disposição do consignante.

Capítulo II
DA REMESSA E DA DEVOLUÇÃO DA DUPLICATA

Art. 6º A remessa de duplicata poderá ser feita diretamente pelo vendedor ou por seus representantes, por intermédio de instituições financeiras, procuradores ou correspondentes que se incumbam de apresentá-la ao comprador na praça ou no lugar de seu estabelecimento, podendo os intermediários devolvê-la, depois de assinada, ou conservá-la em seu poder até o momento do resgate, segundo as instruções de quem lhes cometeu o encargo.

§ 1º O prazo para remessa da duplicata será de 30 (trinta) dias, contado da data de sua emissão.

§ 2º Se a remessa for feita por intermédio de representantes, instituições financeiras, procuradores ou correspondentes, estes deverão apresentar o título ao comprador dentro de dez dias, contados da data de seu recebimento na praça de pagamento.

Art. 7º A duplicata, quando não for à vista, deverá ser devolvida pelo comprador ao apresentante dentro do prazo de 10 (dez) dias, contados da data de sua apresentação, devidamente assinada ou acompanhada de declaração, por escrito, contendo as razões da falta do aceite.

§ 1º Havendo expressa concordância da instituição financeira cobradora, o sacado poderá reter a duplicata em seu poder até a data do vencimento, desde que comunique, por escrito, à apresentante, o aceite e a retenção.

§ 2º A comunicação de que trata o parágrafo anterior substituirá, quando necessário, no ato do protesto ou na execução judicial, a duplicata a que se refere.

§ 2º com redação alterada pela Lei 6.458/1977.

Art. 8º O comprador só poderá deixar de aceitar a duplicata por motivo de:

I – avaria ou não recebimento das mercadorias, quando não expedidas ou não entregues por sua conta e risco;

II – vícios, defeitos e diferenças na qualidade ou na quantidade das mercadorias, devidamente comprovados;

III – divergência nos prazos ou nos preços ajustados.

Capítulo III
DO PAGAMENTO DAS DUPLICATAS

Art. 9º É lícito ao comprador resgatar a duplicata antes de aceitá-la ou antes da data do vencimento.

§ 1º A prova do pagamento é o recibo, passado pelo legítimo portador ou por seu representante com poderes especiais, no verso do próprio título ou em documento, em separado, com referência expressa à duplicata.

→ *v.* Art. 324 do CC.

§ 2º Constituirá, igualmente, prova de pagamento, total ou parcial, da duplicata, a liquidação de cheque, a favor do estabelecimento endossatário, no qual conste, no verso, que seu valor se destina à amortização ou liquidação da duplicata nele caracterizada.

Art. 10. No pagamento da duplicata poderão ser deduzidos quaisquer créditos a favor do devedor, resultantes de devolução de mercadorias, diferenças de preço, enganos verificados, pagamentos por conta e outros motivos assemelhados, desde que devidamente autorizados.

Art. 11. A duplicata admite reforma ou prorrogação do prazo de vencimento mediante declaração em separado ou nela escrita, assinada pelo vendedor ou endossatário, ou por representante com poderes especiais.

Parágrafo único. A reforma ou prorrogação de que trata este artigo, para manter a coobrigação dos demais intervenientes por endosso ou aval, requer a anuência expressa destes.

Art. 12. O pagamento da duplicata poderá ser assegurado por aval, sendo o avalista equiparado àquele cujo nome indicar; na falta da indicação, àquele abaixo de cuja firma lançar a sua; fora desses casos, ao comprador.

Parágrafo único. O aval dado posteriormente ao vencimento do título produzirá os mesmos efeitos que o prestado anteriormente àquela ocorrência.

Capítulo IV
DO PROTESTO

Art. 13. A duplicata é protestável por falta de aceite, de devolução ou de pagamento.

→ Artigo com redação alterada pelo Dec.-lei 436/1969.

§ 1º Por falta de aceite, de devolução ou de pagamento, o protesto será tirado, conforme o caso, mediante apresentação da duplicata, da triplicata, ou, ainda, por simples indicações do portador, na falta de devolução do título.

§ 2º O fato de não ter sido exercida a faculdade de protestar o título, por falta de aceite ou de devolução, não elide a possibilidade de protesto por falta de pagamento.

§ 3º O protesto será tirado na praça de pagamento constante do título.

§ 4º O portador que não tirar o protesto da duplicata, em forma regular e dentro do prazo de 30 (trinta) dias, contado da data de seu vencimento, perderá o direito de regresso contra os endossantes e respectivos avalistas.

Art. 14. Nos casos de protesto, por falta de aceite, de devolução ou de pagamento, ou feitos por indicações do portador o instrumento de protesto deverá conter os requisitos enumerados no art. 29 do Dec. 2.044, de 31 de dezembro de 1908, exceto a transcrição mencionada noInciso II, que será substituída pela reprodução das indicações feitas pelo portador do título.

→ Artigo com redação alterada pelo Dec.-lei 436/1969.

Capítulo V
DO PROCESSO PARA COBRANÇA DA DUPLICATA

Art. 15. A cobrança judicial de duplicata ou triplicata será efetuada de conformidade com o processo aplicável aos títulos executivos extrajudiciais, de que cogita o Livro II do Código de Processo Civil, quando se tratar:

→ Artigo com redação alterada pela Lei 6.458/1977.

→ *v.* Arts. 771 e ss., do NCPC.

I – de duplicata ou triplicata aceita, protestada ou não;

II – de duplicata ou triplicata não aceita, contanto que, cumulativamente:

a) haja sido protestada;

b) esteja acompanhada de documento hábil comprobatório da entrega e recebimento da mercadoria; e

c) o sacado não tenha, comprovadamente, recusado o aceite, no prazo, nas condições e pelos motivos previstos nos arts. 7º e 8º desta Lei.

§ 1º Contra o sacador, os endossantes e respectivos avalistas caberá o processo de execução referido neste artigo, quaisquer que sejam a forma e as condições do protesto.

§ 2º Processar-se-á também da mesma maneira a execução de duplicata ou triplicata não aceita e não devolvida, desde que haja sido protestada mediante indicações do credor ou do apresentante do título, nos termos do art. 14, preenchidas as condições doInciso II deste artigo.

Art. 16. Aplica-se o procedimento ordinário previsto no Código de Processo Civil à ação do credor contra o devedor, por duplicata ou triplicata que não preencha os requisitos do art. 15, I e II, e §§ 1º e 2º, bem como à ação para ilidir as razões invocadas pelo devedor para o não aceite do título, nos casos previstos no art. 8º.

→ Artigo com redação alterada pela Lei 6.458/1977.

→ *v.* Arts. 282 a 475-R do CPC/1973.

→ *v.* Arts. 146, 294, 296 a 298, 300, 305, 318 a 332, 334 a 337, 341 a 348, 350 a 355, 357 a 369, 371, 373, 376 a 380, 385 a 410, 412 a 435, 437, § 1º, 438, 442 a 470, 472 a 484, 489, 490, 492 a 495, 497 a 499, 500 a 508, 536, § 1º, 537, § 1º e 538, do NCPC.

Art. 17. O foro competente para a cobrança judicial da duplicata ou da triplicata é o da praça de pagamento constante do título, ou outra de domicílio do comprador e, no caso de ação regressiva, a dos sacadores, dos endossantes e respectivos avalistas.

→ Artigo com redação alterada pela Lei 6.458/1977.

Art. 18. A pretensão à execução da duplicata prescreve:

→ Artigo com redação alterada pela Lei 6.458/1977.

I – contra o sacado e respectivos avalistas, em três anos, contados da data do vencimento do título;

II – contra endossante e seus avalistas, em um ano, contado da data do protesto;

III – de qualquer dos coobrigados, contra os demais, em um ano, contado da data em que haja sido efetuado o pagamento do título.

§ 1º A cobrança judicial poderá ser proposta contra um ou contra todos os coobrigados, sem observância da ordem em que figurem no título.

§ 2º Os coobrigados da duplicata respondem solidariamente pelo aceite e pelo pagamento.

→ *v.* Arts. 275 a 285 do CC.

Capítulo VI
DA ESCRITA ESPECIAL

Art. 19. A adoção do regime de vendas de que trata o art. 2º desta Lei obriga o vendedor a ter e a escriturar o Livro de Registro de Duplicatas.

→ *v.* Art. 1.180 do CC.

§ 1º No Registro de Duplicatas serão escrituradas, cronologicamente, todas as duplicatas emitidas, com o número de ordem, data e valor das faturas originárias e data de sua expedição; nome e domicílio do comprador; anotações das reformas; prorrogações e outras circunstâncias necessárias.

§ 2º Os Registros de Duplicatas, que não poderão conter emendas, borrões, rasuras ou entrelinhas, deverão ser conservados nos próprios estabelecimentos.

§ 3º O Registro de Duplicatas poderá ser substituído por qualquer sistema mecanizado, desde que os requisitos deste artigo sejam observados.

Capítulo VII
DAS DUPLICATAS DE PRESTAÇÃO DE SERVIÇOS

Art. 20. As empresas, individuais ou coletivas, fundações ou sociedades civis, que se dediquem à prestação de serviços, poderão, também, na forma desta Lei, emitir fatura e duplicata.

§ 1º A fatura deverá discriminar a natureza dos serviços prestados.

§ 2º A soma a pagar em dinheiro corresponderá ao preço dos serviços prestados.

§ 3º Aplicam-se à fatura e à duplicata ou triplicata de prestação de serviços, com as adaptações cabíveis, as disposições referentes à fatura e à duplicata ou triplicata de venda mercantil, constituindo documento hábil, para transcrição do instrumento de protesto, qualquer documento que comprove a efetiva prestação dos serviços e o vínculo contratual que a autorizou.

§ 3º acrescentado pelo Dec.- lei 436/1969.

Art. 21. O sacado poderá deixar de aceitar a duplicata de prestação de serviços por motivo de:

I – não correspondência com os serviços efetivamente contratados;

II – vícios ou defeitos na qualidade dos serviços prestados, devidamente comprovados;

III – divergências nos prazos ou nos preços ajustados.

Art. 22. Equiparam-se às entidades constantes do art. 20, para os efeitos da presente Lei, ressalvado o disposto no Capítulo VI, os profissionais liberais e os que prestam serviço de natureza eventual, desde que o valor do serviço ultrapasse a cem cruzeiros novos.

§ 1º Nos casos deste artigo, o credor enviará ao devedor fatura ou conta que mencione a natureza e valor dos serviços prestados, data e local do pagamento e o vínculo contratual que deu origem aos serviços executados.

§ 2º Registrada a fatura ou conta no Cartório de Títulos e Documentos, será ela remetida ao devedor, com as cautelas constantes do art. 6º.

§ 3º O não pagamento da fatura ou conta no prazo nela fixado autorizará o credor a levá-la a protesto, valendo, na ausência do original, certidão do cartório competente.

§ 4º O instrumento do protesto, elaborado com as cautelas do art. 14, discriminando a fatura ou conta original ou a certidão do Cartório de Títulos e Documentos, autorizará o ajuizamento do competente processo de execução na forma prescrita nesta Lei.

§ 4º com redação alterada pela Lei 6.458/1977.

Capítulo VIII
DAS DISPOSIÇÕES GERAIS

Art. 23. A perda ou extravio da duplicata obrigará o vendedor a extrair triplicata, que terá os mesmos efeitos e requisitos e obedecerá às mesmas formalidades daquela.

Art. 24. Da duplicata poderão constar outras indicações, desde que não alterem sua feição característica.

Art. 25. Aplicam-se à duplicata e à triplicata, no que couber, os dispositivos da legislação sobre emissão, circulação e pagamento das Letras de Câmbio.

Art. 26. O art. 172 do Código Penal (Dec.-lei 2.848, de 7 de dezembro de 1940) passa a vigorar com a seguinte redação:

→ Alterações efetuadas no CP.

Art. 27. O Conselho Monetário Nacional, por proposta do Ministério da Indústria e do Comércio, baixará, dentro de 120 (cento e vinte) dias da data da publicação desta Lei, normas para padronização formal dos títulos e documentos nela referidos fixando prazo para sua adoção obrigatória.

Art. 28. Esta Lei entrará em vigor 30 (trinta) dias após a data de sua publicação, revogando-se a Lei 187, de 15 de janeiro de 1936, a Lei 4.068, de 9 de junho de 1962, os Decs.-leis 265, de 28 de fevereiro de 1967; 320, de 29 de março de 1967; 331, de 21 de setembro de 1967 e 345, de 28 de dezembro de 1967, na parte referente às duplicatas e todas as demais disposições em contrário.

Brasília, 18 de julho de 1968; 147º da Independência e 80º da República.

A. Costa e Silva

(Publicação no *D.O.U.* de 19.7.1968)

DECRETO-LEI 406,
DE 31 DE DEZEMBRO DE 1968

Estabelece normas gerais de direito financeiro, aplicáveis aos impostos sobre operações relativas à circulação de mercadorias e sobre serviços de qualquer natureza, e dá outras providências.

O Presidente da República, usando das atribuições que lhe confere o § 1º do artigo 2º do Ato Institucional 5, de 13 de dezembro de 1968, resolve baixar o seguinte Decreto-lei:

Art. 1º O imposto sobre Operações Relativas à Circulação de Mercadorias tem como fato gerador:

I – a saída de mercadorias de estabelecimento comercial, industrial ou produtor;

II – a entrada, em estabelecimento comercial, industrial ou produtor, de mercadoria importada do exterior pelo titular do estabelecimento;

III – o fornecimento de alimentação, bebidas e outras mercadorias em restaurantes, bares, cafés e estabelecimentos similares.

§ 1º Equipara-se à saída a transmissão da propriedade de mercadoria, quando esta não transitar pelo estabelecimento do transmitente.

§ 2º Quando a mercadoria for remetida para armazém geral ou para depósito fechado do próprio contribuinte, no mesmo Estado a saída considera-se ocorrida no lugar do estabelecimento remetente:

I – no momento da saída da mercadoria do armazém geral ou do depósito fechado, salvo se para retornar ao estabelecimento de origem;

II – no momento da transmissão de propriedade da mercadoria depositada em armazém geral ou em depósito fechado.

§ 3º O imposto não incide:

I – sobre a saída de produtos industrializados destinados ao exterior;

II – sobre a alienação fiduciária em garantia;

III – sobre a saída, de estabelecimento prestador dos serviços a que se refere o artigo 8º, de mercadorias a serem ou que tenham sido utilizadas na prestação de tais serviços, ressalvados os casos de incidência previstos na lista de serviços tributados;

→ Inciso com redação alterada pelo Decreto-lei 834/1969.

IV – sobre a saída de estabelecimento de empresa de transporte ou de depósito por conta e ordem desta, de mercadorias de terceiros.

§ 4º São isentas do imposto:

I – as saídas do vasilhame, recipientes e embalagens, inclusive sacaria, quando não cobrados do destinatário ou não computados no valor das mercadorias que acondicionem e desde que devam retornar ao estabelecimento remetente ou a outro do mesmo titular;

II – as saídas de vasilhame, recipientes e embalagens, inclusive sacaria, em retorno ao estabelecimento remetente ou a outro do mesmo titular ou a depósito em seu nome;

III – a saída de mercadorias destinadas ao mercado interno e produzidas em estabelecimentos industriais como resultado de concorrência internacional, com participação de indústrias do País, contra pagamento com recursos oriundos de divisas conversíveis provenientes de financiamento a longo prazo de instituições financeiras internacionais ou entidades governamentais estrangeiras;

IV – as entradas de mercadorias em estabelecimento do importador, quando importadas do exterior e destinadas à fabricação de peças, máquinas e equipamentos para o mercado interno como resultado de concorrência internacional com participação da indústria do País, contra pagamento com recursos provenientes de divisas conversíveis provenientes de financiamento a longo prazo de instituições financeiras internacionais ou entidades governamentais estrangeiras;

V – a entrada de mercadorias importadas do exterior quando destinadas à utilização como matéria-prima em processos de industrialização, em estabelecimento do importador, desde que a saída dos produtos industrializados resultantes fique efetivamente sujeita ao pagamento do imposto;

VI – a entrada de mercadorias cuja importação estiver isenta do imposto, de competência da União, sobre a importação de produtos estrangeiros;

VII – a entrada, em estabelecimento do importador, de mercadorias importadas do exterior sob o regime de drawback;

VIII – a saída, de estabelecimento de empreiteiro de construção civil, obras hidráulicas e outras obras semelhantes, inclusive serviços auxiliares ou complementares, de mercadorias adquiridas de terceiras e destinadas às construções, obras ou serviços referidos a cargo do remetente;

→ Inciso VIII com redação alterada pelo Dec.-lei 834/2969.

IX – as saídas de mercadorias de estabelecimento de produtor para estabelecimento de cooperativa de que faça parte, situado no mesmo Estado;

X – as saídas de mercadorias de estabelecimento de cooperativa de produtores para estabelecimento, no mesmo Estado, da própria cooperativa, de cooperativas central, ou de federação de cooperativas de que a cooperativa remetente faça parte.

§ 5º O disposto no § 3º, I, aplica-se também à saída de mercadorias de estabelecimentos industriais ou de seus depósitos com destino:

I – a empresas comerciais que operem exclusivamente no comércio de exportação;

II – a armazéns alfandegados e entrepostos aduaneiros.

§ 6º No caso do § 5º, a reintrodução da mercadoria no mercado interno tornará exigível o imposto devido pela saída com destino aos estabelecimentos ali referidos.

§ 7º Os Estados isentarão do Imposto de Circulação de mercadorias a venda a varejo, diretamente ao consumidor, dos gêneros de primeira necessidade que especificarem, não podendo estabelecer diferença em função dos que participam da operação tributada.

Art. 2º A base de cálculo do imposto é:

I – o valor da operação de que decorrer a saída da mercadoria;

II – na falta do valor a que se refere oinciso anterior o preço corrente da mercadoria, ou sua similar, no mercado atacadista da praça do remetente;

III – na falta do valor e na impossibilidade de determinar o preço aludido noInciso anterior:

a) se o remetente for industrial, o preço FOB estabelecimento industrial, à vista;

b) se o remetente for comerciante, o preço FOB estabelecimento comercial, à vista, em vendas a outros comerciantes ou industriais.

IV – No caso doInciso II do artigo 1º, a base de cálculo é o valor constante dos documentos de importação, convertido em cruzeiros à taxa cambial efetivamente aplicada em cada caso e acrescido do valor dos Impostos de Importação e sobre produtos industrializados e demais despesas aduaneiras efetivamente pagos.

§ 1° Nas saídas de mercadorias para estabelecimento em outro Estado, pertencente ao mesmo titular ou seu representante, quando as mercadorias não devam sofrer, no estabelecimento de destino, alteração de qualquer espécie, salvo reacondicionamento e quando a remessa for feita por preço de venda a não contribuinte, uniforme em todo o País, a base de cálculo será equivalente a 75% (setenta e cinco por cento) deste preço.

§ 2° Na hipótese doInciso III, *b*, deste artigo, se o estabelecimento comercial remetente não efetuar vendas a outros comerciantes ou a industriais, a base de cálculo será equivalente a 75% (setenta e cinco por cento) do preço de venda no estabelecimento remetente, observado o disposto no § 3°.

§ 3° Para aplicação doInciso III do *caput* deste artigo, adotar-se-á a média ponderada dos preços efetivamente cobrados pelo estabelecimento remetente, no segundo mês anterior ao da remessa.

§ 4° Nas operações interestaduais entre estabelecimentos de contribuintes diferentes, guando houver reajuste do valor da operação depois da remessa, a diferença ficará sujeita ao imposto no estabelecimento de origem.

§ 5° O montante do Imposto sobre Produtos Industrializados não integra a base de cálculo definida neste artigo:

I – quando a operação constitua fato gerador de ambos os tributos;

II – em relação a mercadorias sujeitas ao imposto sobre Produtos Industrializados com base de cálculo relacionada com o preço máximo de venda no varejo marcado pelo fabricante.

§ 6° Nas saídas de mercadorias decorrentes de operações de venda aos encarregados da execução da política de preços mínimos, a base de cálculo é o preço mínimo fixado pela autoridade federal competente.

§ 7° O montante do Imposto de Circulação de mercadorias integra a base de cálculo a que se refere este artigo, constituindo o respectivo destaque mera indicação para fins de controle.

§ 8° Na saída de mercadorias para o exterior ou para os estabelecimentos a que se refere o § 5° do artigo 1° a base de cálculo será o valor líquido faturado, a ele não se adicionando frete auferido por terceiro, seguro, ou despesas decorrentes do serviço de embarque por via aérea ou marítima.

§ 9° - Quando for atribuída a condição de responsável ao industrial, ao comerciante atacadista ou ao produtor, relativamente ao imposto devido pelo comerciante varejista, a base de cálculo do imposto será:

→ § 9° acrescentado pela LC 44/1983.

a) o valor da operação promovida pelo responsável, acrescido da margem estimada de lucro do comerciante varejista obtida mediante aplicação de percentual fixado em lei sobre aquele valor;

b) o valor da operação promovida pelo responsável, acrescido da margem de lucro atribuída ao revendedor, no caso de mercadorias com preço de venda, máximo ou único, marcado pelo fabricante ou fixado pela autoridade competente.

§ 10 – Caso a margem de lucro efetiva seja normalmente superior à estimada na forma da alínea a do parágrafo anterior, o percentual ali estabelecido será substituído pelo que for determinado em convênio celebrado na forma do disposto no § 6° do art. 23 da Constituição federal.

→ § 10 acrescentado pela LC 44/1983.

Art. 3° O Imposto sobre Circulação de Mercadorias é não cumulativo, abatendo-se, em cada operação, o montante cobrado nas anteriores, pelo mesmo ou outro Estado.

§ 1° A lei estadual disporá de forma que o montante devido resulte da diferença a maior, em determinado período, entre o imposto referente às mercadorias saídas do estabelecimento e o pago relativamente às mercadorias nele entradas. O saldo verificado em determinado período a favor do contribuinte transfere-se para o período ou períodos seguintes.

§ 2° Os Estados poderão facultar aos produtores a opção pelo abatimento de uma percentagem fixa, a título do montante do imposto pago relativamente às mercadorias entradas no respectivo estabelecimento.

§ 3° Não se exigirá o estorno do imposto relativo às mercadorias entradas para utilização, como matéria-prima ou material secundário, na fabricação e embalagem dos produtos de que tratam o § 3°,Inciso I e o § 4°, e oInciso III, do artigo 1°. O disposto neste parágrafo não se aplica, salvo disposição da legislação estadual em contrário, às matérias-primas de origem animal ou vegetal que representem, individualmente, mais de 50% (cinquenta por cento) do valor do produto resultante de sua industrialização.

§ 4° As empresas produtoras de discos fonográficos e de outros materiais de gravação de som poderão abater do montante do Imposto de Circulação de Mercadorias, o valor dos direitos autorais, artísticos e conexo, comprovadamente pagos pela empresa, no mesmo período, aos autores e artistas, nacionais ou domiciliados no País, assim com dos seus herdeiros e sucessores, mesmo através de entidades que os representem.

§ 5° Para efeito de cálculo a que se refere o § 1° deste artigo, os Estados podem determinar a exclusão de imposto referente a mercadorias entradas no estabelecimento quando este imposto tiver sido devolvido, no todo ou em parte, ao próprio ou a outros contribuintes, por qualquer entidade tributante, mesmo sob forma de prêmio ou estímulo.

§ 6° O disposto no parágrafo anterior não se aplica a mercadorias cuja industrialização for objeto de incentivo fiscal, prêmio ou estímulo, resultante de reconhecimento ou concessão por ato administrativo anterior a 31 de dezembro de 1968 e baseada em Lei Estadual promulgada até a mesma data.

→ § 6° acrescentado pelo Dec.-lei 834/1969.

§ 7° A lei estadual poderá estabelecer que o montante devido pelo contribuinte, em determinado período, seja calculado com base em valor fixado por estimativa, garantida, ao final do período, a complementação ou a restituição em moeda ou sob a forma de utilização como crédito fiscal, em relação, respectivamente, às quantias pagas com insuficiência ou em excesso.

→ § 7° acrescentado pela LC 44/1983.

Art. 4° Em substituição ao sistema de que trata o artigo anterior, os Estados poderão dispor que o imposto devido resulte da diferença a maior, entre o montante do imposto relativo à operação a tributar e o pago na incidência anterior sobre a mesma mercadoria, nas seguintes hipóteses:

I – saída, de estabelecimentos comerciais atacadistas ou de cooperativas de beneficiamento e venda em comum, de produtos agrícolas *in natura* ou simplesmente beneficiados;

II – operações de vendedores ambulantes e de estabelecimentos de existência transitória.

Art. 5° A alíquota do Imposto de Circulação de Mercadorias será uniforme para todas as mercadorias; O Senado Federal, através de resolução adotada por iniciativa do Presidente da República, fixará as alíquotas máximas para as operações internas, para as operações interestaduais e para as operações de exportação para o estrangeiro.

Parágrafo único. O limite a que se refere este artigo substituirá a alíquota estadual, quando esta for superior.

Art. 6° Contribuinte do imposto é o comerciante, industrial ou produtor que promove a saída da mercadoria, o que a importa do exterior ou o que arremata em leilão ou adquire, em concorrência promovida pelo Poder Público, mercadoria importada e apreendida.

§ 1° Consideram-se também contribuintes:

I – as sociedades civis de fins econômicos, inclusive cooperativas que pratiquem com habitualidade operações relativas à circulação de mercadorias;

II – as sociedades civis de fins não econômicos que explorem estabelecimentos industriais ou que pratiquem, com habitualidade, venda de mercadorias que para esse fim adquirirem;

III – os órgãos da administração pública direta, as autarquias e empresas públicas, federais, estaduais ou municipais, que vendam, ainda que apenas a compradores de determinada categoria profissional ou funcional, mercadorias que, para esse fim, adquirirem ou produzirem.

§ 2° Os Estados poderão considerar como contribuinte autônomo cada estabelecimento comercial, industrial ou produtor, permanente ou temporário do contribuinte, inclusive veículos utilizados por este no comércio ambulante.

§ 3° A lei estadual poderá atribuir a condição de responsável:

→ § 3° acrescentado pela LC 44/1983.

a) ao industrial, comerciante ou outra categoria de contribuinte, quanto ao imposto devido na operação ou operações anteriores promovidas com a mercadoria ou seus insumos;

b) ao produtor, industrial ou comerciante atacadista, quanto ao imposto devido pelo comerciante varejista;

c) ao produtor ou industrial, quanto ao imposto devido pelo comerciante atacadista e pelo comerciante varejista;

d) aos transportadores, depositários e demais encarregados da guarda ou comercialização de mercadorias.

§ 4° Caso o responsável e o contribuinte substituído estejam estabelecidos em Estados diversos, a substituição dependerá de convênio entre os Estados interessados.

→ § 4° acrescentado pela LC 44/1983.

Art. 7º Nas remessas de mercadoria para fora do Estado será obrigatória a emissão de documento fiscal, segundo, modelo estabelecido em decreto do Poder Executivo federal.

Art. 8º (*Revogado pela LC 116/2003*).

Art. 9º A base de cálculo do imposto é o preço do serviço.

§ 1º Quando se tratar de prestação de serviços sob a forma de trabalho pessoal do próprio contribuinte, o imposto será calculado, por meio de alíquotas fixas ou variáveis, em função da natureza do serviço ou de outros fatores pertinentes, nestes não compreendida a importância paga a título de remuneração do próprio trabalho.

§ 2º Na prestação dos serviços a que se referem os itens 19 e 20 da lista anexa o imposto será calculado sobre o preço deduzido das parcelas correspondentes:

→ § 2º com redação alterada pelo Dec.-lei 834/1969.

a) ao valor dos materiais fornecidos pelo prestador dos serviços;

b) ao valor das subempreitadas já tributadas pelo imposto.

§ 3º Quando os serviços a que se referem os itens 1, 4, 8, 25, 52, 88, 89, 90, 91 e 92 da lista anexa forem prestados por sociedades, estas ficarão sujeitas ao imposto na forma do § 1º, calculado em relação a cada profissional habilitado, sócio, empregado ou não, que preste serviços em nome da sociedade, embora assumindo responsabilidade pessoal, nos termos da lei aplicável.

→ § 3º com redação alterada pela LC 56/1987.

§ 4º Na prestação do serviço a que se refere o item 101 da Lista Anexa, o imposto é calculado sobre a parcela do preço correspondente à proporção direta da parcela da extensão da rodovia explorada, no território do Município, ou da metade da extensão de ponte que una dois Municípios.

→ § 4º acrescentado pela LC 100/1999.

§ 5º A base de cálculo apurado nos termos do parágrafo anterior:

→ § 5º acrescentado pela LC 100/1999.

I – é reduzida, nos Municípios onde não haja posto de cobrança de pedágio, para 60% (sessenta por cento) de seu valor;

II – é acrescida, nos Municípios onde haja posto de cobrança de pedágio, do complemento necessário à sua integralidade em relação à rodovia explorada.

§ 6º Para efeitos do disposto nos §§ 4º e 5º, considera-se rodovia explorada o trecho limitado pelos pontos equidistantes entre cada posto de cobrança de pedágio ou entre o mais próximo deles e o ponto inicial ou terminal da rodovia.

→ § 6º acrescentado pela LC 100/1999.

Arts. 10 a 12. (*Revogados pela LC 116/2003*).

Art. 13. Revogam-se os artigos 52, 53, 54, 55, 56, 57, 58, 71, 72 e 73 da Lei 5.172, de 25 de outubro de 1966, com suas modificações posteriores, bem como todas as demais disposições em contrário.

Art.14. Este Decreto-lei entrará em vigor em 1º de janeiro de 1969.

Brasília, 31 de dezembro de 1968; 147º da Independência e 80º da República.

A. Costa e Silva

(Publicação no *D.O.U.* de 31.12.1968, retificação 9.1.1969 e 4.2.1969)

→ Não publicamos a Lista de Serviços desta Lei.

LEI COMPLEMENTAR 7, DE 7 DE SETEMBRO DE 1970

Institui o Programa de Integração Social, e dá outras providências.

O Presidente da República:

Faço saber que o Congresso Nacional decreta e eu sanciono a seguinte Lei Complementar:

Art. 1º É instituído, na forma prevista nesta Lei, o Programa de Integração Social, destinado a promover a integração do empregado na vida e no desenvolvimento das empresas.

§ 1º Para os fins desta Lei, entende-se por empresa a pessoa jurídica, nos termos da legislação do Imposto de Renda, e por empregado todo aquele assim definido pela legislação trabalhista.

§ 2º A participação dos trabalhadores avulsos, assim definidos os que prestam serviços a diversas empresas, sem relação empregatícia, no Programa de Integração Social, far-se-á nos termos do Regulamento a ser baixado, de acordo com o art. 11 desta Lei.

Art. 2º O Programa de que trata o artigo anterior será executado mediante Fundo de Participação, constituído por depósitos efetuados pelas empresas na Caixa Econômica Federal.

Parágrafo único. A Caixa Econômica Federal poderá celebrar convênios com estabelecimentos da rede bancária nacional, para o fim de receber os depósitos a que se refere este artigo.

Art. 3º O Fundo de Participação será constituído por duas parcelas:

a) a primeira, mediante dedução do Imposto de Renda devido, na forma estabelecida no § 1º deste artigo, processando-se o seu recolhimento ao Fundo juntamente com o pagamento do Imposto de Renda;

b) a segunda, com recursos próprios da empresa, calculados com base no faturamento, como segue:

1) no exercício de 1971, 0,15% (quinze centésimos por cento);

2) no exercício de 1972, 0,25% (vinte e cinco centésimos por cento);

3) no exercício de 1973, 0,40% (quarenta centésimos por cento);

4) no exercício de 1974 e subsequentes, 0,50% (meio por cento).

§ 1º A dedução a que se refere a alínea a deste artigo será feita sem prejuízo do direito de utilização dos incentivos fiscais previstos na legislação em vigor e calculada com base no valor do Imposto de Renda devido, nas seguintes proporções:

a) no exercício de 1971 – 2% (dois por cento);

b) no exercício de 1972 – 3% (três por cento);

c) no exercício de 1973 e subsequentes – 5% (cinco por cento).

§ 2º As instituições financeiras, sociedades seguradoras e outras empresas que não realizam operações de vendas de mercadorias participarão do Programa de Integração Social com uma contribuição ao Fundo de Participação de, recursos próprios de valor idêntico do que for apurado na forma do parágrafo anterior.

§ 3º As empresas que a título de incentivos fiscais estejam isentas, ou venham a ser isentadas, do pagamento do Imposto de Renda, contribuirão para o Fundo de Participação, na base de cálculo como se aquele tributo fosse devido, obedecidas as percentagens previstas neste artigo.

§ 4º As entidades de fins não lucrativos, que tenham empregados assim definidos pela legislação trabalhista, contribuirão para o Fundo na forma da lei.

§ 5º A Caixa Econômica Federal resolverá os casos omissos, de acordo com os critérios fixados pelo Conselho Monetário Nacional.

Art. 4º O Conselho Nacional poderá alterar, até 50% (cinquenta por cento), para mais ou para menos, os percentuais de contribuição de que trata o § 2º do art. 3º, tendo em vista a proporcionalidade das contribuições.

Art. 5º A Caixa Econômica Federal emitirá, em nome de cada empregado, uma Caderneta de Participação – Programa de Integração Social – movimentável na forma dos arts. 8º e 9º desta Lei.

Art. 6º A efetivação dos depósitos no Fundo correspondente à contribuição referida na alínea *b* do art. 3º será processada mensalmente a partir de 1º de julho de 1971.

Parágrafo único. A contribuição de julho será calculada com base no faturamento de janeiro; a de agosto, com base no faturamento de fevereiro; e assim sucessivamente.

Art. 7º A participação do empregado no Fundo far-se-á mediante depósitos efetuados em contas individuais abertas em nome de cada empregado, obedecidos os seguintes critérios:

a) 50% (cinquenta por cento) do valor destinado ao Fundo será dividido em partes proporcionais ao montante de salários recebidos no período;

b) os 50% (cinquenta por cento) restantes serão divididos em partes proporcionais aos quinquênios de serviços prestados pelo empregado.

§ 1º Para os fins deste artigo, a Caixa Econômica Federal, com base nas Informações fornecidas pelas empresas, no prazo de 180 (cento e oitenta) dias, contados da publicação desta Lei, organizará um Cadastro-Geral dos participantes do Fundo, na forma que for estabelecida em regulamento.

§ 2º A omissão dolosa de nome de empregado entre os participantes do Fundo sujeitará a empresa a multa, em benefício do Fundo, no valor de 10 (dez) meses de salários, devidos ao empregado cujo nome houver sido omitido.

§ 3º Igual penalidade será aplicada em caso de declaração falsa sobre o valor do salário e do tempo de serviço do empregado na empresa.

Art. 8º (*Revogado pela LC 26/1975*).

Art. 9º (*Revogado pela LC 26/1975*).

Art. 10. As obrigações das empresas, decorrentes desta Lei, são de caráter exclusivamente fiscal, não gerando direitos de natureza trabalhista nem incidência de qualquer contribuição previdenciária em relação a quaisquer prestações devidas, por lei ou por sentença judicial, ao empregado.

Parágrafo único. As importâncias incorporadas ao Fundo não se classificam como rendimento do trabalho, para qualquer efeito da legislação trabalhista, de Previdência Social ou Fiscal e não se incorporam aos salários ou gratificações, nem estão sujeitas ao Imposto sobre a Renda e proventos de qualquer natureza.

Art. 11. Dentro de 120 (cento e vinte) dias, a contar da vigência desta Lei, a Caixa Econômica Federal submeterá à aprovação do Conselho Monetário Nacional o regulamento do Fundo, fixando as normas para o recolhimento e a distribuição dos recursos, assim como as diretrizes e os critérios para a sua aplicação.

Parágrafo único. O Conselho Monetário Nacional pronunciar-se-á, no prazo de 60 (sessenta) dias, a contar do seu recebimento, sobre o projeto de regulamento do Fundo.

Art. 12. As disposições desta Lei não se aplicam a quaisquer entidades integrantes da Administração Pública federal, estadual ou municipal, dos Territórios e do Distrito Federal, Direta ou Indireta adotando-se, em todos os níveis, para efeito de conceituação, como entidades da Administração Indireta, os critérios constantes dos Decretos-leis 200, de 25 de fevereiro de 1967, e 900, de 29 de setembro de 1969.

Art. 13. Esta Lei Complementar entrará em vigor na data de sua publicação.

Art. 14. Revogam-se as disposições em contrário.

Brasília, 7 de setembro de 1970; 149º da Independência e 82º da República.

Emílio G. Médici

(Publicação no D.O.U. de 8.9.1970; retificação 10.9.1970)

DECRETO 70.235, DE 6 DE MARÇO DE 1972

Dispõe sobre o processo administrativo fiscal e dá outras providências.

O Presidente da República, usando das atribuições que lhe confere o art. 81, III, da Constituição e tendo em vista o disposto no art. 2º do Dec.-lei 822, de 5 de setembro de 1969, decreta:

→ v. Art. 5º, XXXIV, *a* e *b*, LIV e LV da CF/1988.

→ A Lei 12.844/2013 alterou diversos dispositivos deste decreto e foi publicada no *D.O.U.* de 19.7.2013.

→ v. Decreto 7.574/2011 – Processo de determinação e exigência de créditos tributários da União, o processo de consulta sobre a aplicação da legislação tributária federal.

→ v. Lei 9.784/1999 – Processo administrativo no âmbito da Administração Pública Federal.

DISPOSIÇÃO PRELIMINAR

Art. 1º Este Decreto rege o processo administrativo de determinação e exigência dos créditos tributários da União e o de consulta sobre a aplicação da legislação tributária federal.

Capítulo I
DO PROCESSO FISCAL

Seção I
Dos atos e termos processuais

→ v. Art. 1.211 do CPC/1973.

→ v. Art. 1.046, *caput* e § 1º, do NCPC.

→ v. Art. 144, § 1º, do CTN.

Art. 2º Os atos e termos processuais, quando a lei não prescrever forma determinada, conterão somente o indispensável à sua finalidade, sem espaço em branco, e sem entrelinhas, rasuras ou emendas não ressalvadas.

→ v. Art. 154 do CPC/1973.

→ v. Art. 188, 195 e 196, do NCPC.

→ v. Art. 22, § 1º, da Lei 9.784/1999.

Parágrafo único. Os atos e termos processuais poderão ser formalizados, tramitados, comunicados e transmitidos em formato digital, conforme disciplinado em ato da administração tributária.

→ Parágrafo único com redação alterada pela Lei 12.865/2013.

Art. 3º A autoridade local fará realizar, no prazo de 30 (trinta) dias, os atos processuais que devam ser praticados em sua jurisdição, por solicitação de outra autoridade preparadora ou julgadora.

Art. 4º Salvo disposição em contrário, o servidor executará os atos processuais no prazo de 8 (oito) dias.

Seção II
Dos prazos

Art. 5º Os prazos serão contínuos, excluindo-se na sua contagem o dia do início e incluindo-se o do vencimento.

→ v. Art. 210 do CTN.

Parágrafo único. Os prazos só se iniciam ou vencem no dia de expediente normal no órgão em que corra o processo ou deva ser praticado o ato.

Art. 6º *(Revogado pela Lei 8.748/1993).*

Seção III
Do procedimento

Art. 7º O procedimento fiscal tem início com:

→ v. Art. 142, parágrafo único, do CTN.

I – o primeiro ato de ofício, escrito, praticado por servidor competente, cientificado o sujeito passivo da obrigação tributária ou seu preposto;

II – a apreensão de mercadorias, documentos ou livros;

→ v. Art. 195 do CTN.

III – o começo de despacho aduaneiro de mercadoria importada.

§ 1º O início do procedimento exclui a espontaneidade do sujeito passivo em relação aos atos anteriores e, independentemente de intimação, a dos demais envolvidos nas infrações verificadas.

→ v. Art. 138 do CTN.

§ 2º Para os efeitos do disposto no § 1º, os atos referidos nos incisos I e II valerão pelo prazo de 60 (sessenta) dias, prorrogável, sucessivamente, por igual período com qualquer outro ato escrito que indique o prosseguimento dos trabalhos.

Art. 8º Os termos decorrentes de atividade fiscalizadora serão lavrados, sempre que possível, em livro fiscal, extraindo-se cópia para anexação ao processo; quando não lavrados em livro, entregar-se-á cópia autenticada à pessoa sob fiscalização.

Art. 9º A exigência do crédito tributário e a aplicação de penalidade isolada serão formalizados em autos de infração ou notificações de lançamento, distintos para cada tributo ou penalidade, os quais deverão estar instruídos com todos os termos, depoimentos, laudos e demais elementos de prova indispensáveis à comprovação do ilícito.

→ *Caput* com redação alterada pela Lei 11.941/2009.

→ v. Arts. 150, § 4º, e 173 do CTN.

§ 1º Os autos de infração e as notificações de lançamento de que trata o *caput* deste artigo, formalizados em relação ao mesmo sujeito passivo, podem ser objeto de um único processo, quando a comprovação dos ilícitos depender dos mesmos elementos de prova.

→ § 1º com redação alterada pela Lei 11.196/2005.

§ 2º Os procedimentos de que tratam este artigo e o art. 7º serão válidos, mesmo que formalizados por servidor competente de jurisdição diversa da do domicílio tributário do sujeito passivo.

→ § 2º com redação alterada pela Lei 8.748/1993.

§ 3º A formalização da exigência, nos termos do parágrafo anterior, previne a jurisdição e prorroga a competência da autoridade que dela primeiro conhecer.

→ § 3º acrescentado pela Lei 8.748/1993.

§ 4º O disposto no *caput* deste artigo aplica-se também nas hipóteses em que, constatada infração à legislação tributária, dela não resulte exigência de crédito tributário.

→ § 4º acrescentado pela Lei 11.941/2009.

§ 5º Os autos de infração e as notificações de lançamento de que trata o *caput* deste artigo, formalizados em decorrência de fiscalização relacionada a regime especial unificado de arrecadação de tributos, poderão conter lançamento único para todos os tributos por eles abrangidos.

→ § 5º acrescentado pela Lei 11.941/2009.

§ 6º O disposto no *caput* deste artigo não se aplica às contribuições de que trata o art. 3º da Lei 11.457, de 16 de março de 2007.

→ § 6º acrescentado pela Lei 11.941/2009.

Art. 10. O auto de infração será lavrado por servidor competente, no local da verificação da falta, e conterá obrigatoriamente:

I – a qualificação do autuado;

→ v. Arts. 121 a 126 e 128 a 138 do CTN.

II – o local, a data e a hora da lavratura;

III – a descrição do fato;

IV – a disposição legal infringida e a penalidade aplicável;

V – a determinação da exigência e a intimação para cumpri-la ou impugná-la no prazo de 30 (trinta) dias;

VI – a assinatura do autuante e a indicação de seu cargo ou função e o número de matrícula.

Art. 11. A notificação de lançamento será expedida pelo órgão que administra o tributo e conterá obrigatoriamente:

I – a qualificação do notificado;

II – o valor do crédito tributário e o prazo para recolhimento ou impugnação;

III – a disposição legal infringida, se for o caso;

IV – a assinatura do chefe do órgão expedidor ou de outro servidor autorizado e a indicação de seu cargo ou função e o número de matrícula.

Parágrafo único. Prescinde de assinatura a notificação de lançamento emitida por processo eletrônico.

Art. 12. O servidor que verificar a ocorrência de infração à legislação tributária federal e não for competente para formalizar a exigência comunicará o fato, em representação circunstanciada, a seu chefe imediato, que adotará as providências necessárias.

→ *v.* Art. 83 da Lei 9.430/1996.

Art. 13. A autoridade preparadora determinará que seja informado, no processo, se o infrator é reincidente, conforme definição da lei específica, se essa circunstância não tiver sido declarada na formalização da exigência.

Art. 14. A impugnação da exigência instaura a fase litigiosa do procedimento.

→ *v.* Art. 151 III, do CTN.

Art. 14-A. No caso de determinação e exigência de créditos tributários da União cujo sujeito passivo seja órgão ou entidade de direito público da administração pública federal, a submissão do litígio à composição extrajudicial pela Advocacia-Geral da União é considerada reclamação, para fins do disposto no inciso III do art. 151 da Lei 5.172, de 25 de outubro de 1966 - Código Tributário Nacional.

→ Artigo acrescentado pela Lei 13.140/2015, em vigor após decorridos cento e oitenta dias de sua publicação oficial - *D.O.U.* de 9.6.2015.

Art. 15. A impugnação, formalizada por escrito e instruída com os documentos em que se fundamentar, será apresentada ao órgão preparador no prazo de 30 (trinta) dias, contados da data em que for feita a intimação da exigência.

Parágrafo único. *(Revogado pela Lei 11.941/2009).*

Art. 16. A impugnação mencionará:

I – a autoridade julgadora a quem é dirigida;

II – a qualificação do impugnante;

III – os motivos de fato e de direito em que se fundamenta, os pontos de discordância e as razões e provas que possuir;

→ Inciso III com redação alterada pela Lei 8.748/1993.

IV – as diligências, ou perícias que o impugnante pretenda sejam efetuadas, expostos os motivos que as justifiquem, com a formulação dos quesitos referentes aos exames desejados, assim como, no caso de perícia, o nome, o endereço e a qualificação profissional do seu perito;

→ Inciso IV com redação alterada pela Lei 8.748/1993.

V – se a matéria impugnada foi submetida à apreciação judicial, devendo ser juntada cópia da petição.

→ Inciso V acrescentado pela Lei 11.196/2005.

§ 1º Considerar-se-á não formulado o pedido de diligência ou perícia que deixar de atender aos requisitos previstos no inciso IV do art. 16.

→ § 1º acrescentado pela Lei 8.748/1993.

§ 2º É defeso ao impugnante, ou a seu representante legal, empregar expressões injuriosas nos escritos apresentados no processo, cabendo ao julgador, de ofício ou a requerimento do ofendido, mandar riscá-las.

→ § 2º acrescentado pela Lei 8.748/1993.

§ 3º Quando o impugnante alegar direito municipal, estadual ou estrangeiro, provar-lhe-á o teor e a vigência, se assim o determinar o julgador.

→ § 3º acrescentado pela Lei 8.748/1993.

§ 4º A prova documental será apresentada na impugnação, precluindo o direito de o impugnante fazê-lo em outro momento processual, a menos que:

→ § 4º acrescentado pela Lei 9.532/1997.

a) fique demonstrada a impossibilidade de sua apresentação oportuna por motivo de força maior;

b) refira-se a fato ou a direito superveniente;

c) destine-se a contrapor fatos ou razões posteriormente trazidas aos autos.

§ 5º A juntada de documentos após a impugnação deverá ser requerida à autoridade julgadora, mediante petição em que se demonstre, com fundamentos, a ocorrência de uma das condições previstas nas alíneas do parágrafo anterior.

→ § 5º acrescentado pela Lei 9.532/1997.

§ 6º Caso já tenha sido proferida a decisão, os documentos apresentados permanecerão nos autos para, se for interposto recurso, serem apreciados pela autoridade julgadora de segunda instância.

→ § 6º acrescentado pela Lei 9.532/1997.

Art. 17. Considerar-se-á não impugnada a matéria que não tenha sido expressamente contestada pelo impugnante.

→ Artigo com redação alterada pela Lei 9.532/1997.

Art. 18. A autoridade julgadora de primeira instância determinará, de ofício ou a requerimento do impugnante, a realização de diligências ou perícias, quando entendê-las necessárias, indeferindo as que considerar prescindíveis ou impraticáveis, observando o disposto no art. 28, *in fine*.

→ *Caput* com redação alterada pela Lei 8.748/1993.

→ *v.* Art. 420 do CPC/1973.

→ *v.* Art. 464 do NCPC.

§ 1º Deferido o pedido de perícia, ou determinada de ofício, sua realização, a autoridade designará servidor para, como perito da União, a ela proceder e intimará o perito do sujeito passivo a realizar o exame requerido, cabendo a ambos apresentar os respectivos laudos em prazo que será fixado segundo o grau de complexidade dos trabalhos a serem executados.

→ § 1º com redação alterada pela Lei 8.748/1993.

§ 2º Os prazos para realização de diligência ou perícia poderão ser prorrogados, a juízo da autoridade.

→ § 2º com redação alterada pela Lei 8.748/1993.

§ 3º Quando, em exames posteriores, diligências ou perícias, realizados no curso do processo, forem verificadas incorreções, omissões ou inexatidões de que resultem agravamento da exigência inicial, inovação ou alteração da fundamentação legal da exigência, será lavrado auto de infração ou emitida notificação de lançamento complementar, devolvendo-se, ao sujeito passivo, prazo para impugnação no concernente à matéria modificada.

→ § 3º acrescentado pela Lei 8.748/1993.

Art. 19. *(Revogado pela Lei 8.748/1993).*

Art. 20. No âmbito da Secretaria da Receita Federal, a designação de servidor para proceder aos exames relativos a diligências ou perícias recairá sobre Auditor-Fiscal do Tesouro Nacional.

→ Artigo com redação alterada pela Lei 8.748/1993.

→ *v.* Art. 1º da Lei 11.457/2007.

Art. 21. Não sendo cumprida nem impugnada a exigência, a autoridade preparadora declarará a revelia, permanecendo o processo no órgão preparador, pelo prazo de 30 (trinta) dias, para cobrança amigável.

→ *Caput* com redação alterada pela Lei 8.748/1993.

§ 1º No caso de impugnação parcial, não cumprida a exigência relativa à parte não litigiosa do crédito, o órgão preparador, antes da remessa dos autos a julgamento, providenciará a formação de autos apartados para a imediata cobrança da parte não contestada, consignando essa circunstância no processo original.

→ § 1º com redação alterada pela Lei 8.748/1993.

§ 2º A autoridade preparadora, após a declaração de revelia e findo o prazo previsto no *caput* deste artigo, procederá, em relação às mercadorias e outros bens perdidos em razão de exigência não impugnada, na forma do art. 63.

→ § 2º com redação alterada pela Lei 8.748/1993.

§ 3º Esgotado o prazo de cobrança amigável sem que tenha sido pago o crédito tributário, o órgão preparador declarará o sujeito passivo devedor remisso e encaminhará o processo à autoridade competente para promover a cobrança executiva.

§ 4º O disposto no parágrafo anterior aplicar-se-á aos casos em que o sujeito passivo não cumprir as condições estabelecidas para a concessão de moratória.

Art. 22. O processo será organizado em ordem cronológica e terá suas folhas numeradas e rubricadas.

Seção IV
Da intimação

→ *v.* Art. 234 do CPC/1973.

→ *v.* Art. 269 do NCPC.

Art. 23. Far-se-á a intimação:

I – pessoal, pelo autor do procedimento ou por agente do órgão preparador, na repartição ou fora dela, provada com a assinatura do sujeito passivo, seu mandatário ou preposto, ou, no caso de recusa, com declaração escrita de quem o intimar;

→ Inciso I com redação alterada pela Lei 9.532/1997.

II – por via postal, telegráfica ou por qualquer outro meio ou via, com prova de recebimento no domicílio tributário eleito pelo sujeito passivo;

→ Inciso II com redação alterada pela Lei 9.532/1997.

III – por meio eletrônico, com prova de recebimento, mediante:

→ Inciso III com redação alterada pela Lei 11.196/2005.

a) envio ao domicílio tributário do sujeito passivo; ou

b) registro em meio magnético ou equivalente utilizado pelo sujeito passivo.

§ 1º Quando resultar improfícuo um dos meios previstos no *caput* deste artigo ou quando o sujeito passivo tiver sua inscrição declarada inapta perante o cadastro fiscal, a intimação poderá ser feita por edital publicado:

→ *Caput* do § 1º com redação alterada pela Lei 11.941/2009.

I – no endereço da administração tributária na internet;

→ Inciso I acrescentado pela Lei 11.196/2005.

II – em dependência, franqueada ao público, do órgão encarregado da intimação; ou

→ Inciso II acrescentado pela Lei 11.196/2005.

III – uma única vez, em órgão da imprensa oficial local.

→ Inciso III acrescentado pela Lei 11.196/2005.

§ 2º Considera-se feita a intimação:

I – na data da ciência do intimado ou da declaração de quem fizer a intimação, se pessoal;

II – no caso do inciso II do *caput* deste artigo, na data do recebimento ou, se omitida, 15 (quinze) dias após a data da expedição da intimação;

→ Inciso II com redação alterada pela Lei 9.532/1997.

III – se por meio eletrônico:

→ *Caput* do inciso III com redação alterada pela Lei 12.844/2013.

a) 15 (quinze) dias contados da data registrada no comprovante de entrega no domicílio tributário do sujeito passivo;

→ Alínea *a* com redação alterada pela Lei 12.844/2013.

b) na data em que o sujeito passivo efetuar consulta no endereço eletrônico a ele atribuído pela administração tributária, se ocorrida antes do prazo previsto na alínea a; ou

→ Alínea *b* com redação alterada pela Lei 12.844/2013.

c) na data registrada no meio magnético ou equivalente utilizado pelo sujeito passivo;

→ Alínea *c* acrescentada pela Lei 12.844/2013.

IV – 15 (quinze) dias após a publicação do edital, se este for o meio utilizado.

→ Inciso IV acrescentado pela Lei 11.196/2005.

§ 3º Os meios de intimação previstos nos incisos do *caput* deste artigo não estão sujeitos a ordem de preferência.

→ § 3º com redação alterada pela Lei 11.196/2005.

§ 4º Para fins de intimação, considera-se domicílio tributário do sujeito passivo:

→ *Caput* do § 4º com redação alterada pela Lei 11.196/2005.

I – o endereço postal por ele fornecido, para fins cadastrais, à administração tributária; e

→ Inciso I acrescentado pela Lei 11.196/2005.

II – o endereço eletrônico a ele atribuído pela administração tributária, desde que autorizado pelo sujeito passivo.

→ Inciso II acrescentado pela Lei 11.196/2005.

§ 5º O endereço eletrônico de que trata este artigo somente será implementado com expresso consentimento do sujeito passivo, e a administração tributária informar-lhe-á as normas e condições de sua utilização e manutenção.

→ § 5º acrescentado pela Lei 11.196/2005.

§ 6º As alterações efetuadas por este artigo serão disciplinadas em ato da administração tributária.

→ § 6º acrescentado pela Lei 11.196/2005.

§ 7º Os Procuradores da Fazenda Nacional serão intimados pessoalmente das decisões do Conselho de Contribuintes e da Câmara Superior de Recursos Fiscais, do Ministério da Fazenda na sessão das respectivas câmaras subsequente à formalização do acórdão.

→ § 7º acrescentado pela Lei 11.457/2007.

§ 8º Se os Procuradores da Fazenda Nacional não tiverem sido intimados pessoalmente em até 40 (quarenta) dias contados da formalização do acórdão do Conselho de Contribuintes ou da Câmara Superior de Recursos Fiscais, do Ministério da Fazenda, os respectivos autos serão remetidos e entregues, mediante protocolo, à Procuradoria da Fazenda Nacional, para fins de intimação.

→ § 8º acrescentado pela Lei 11.457/2007.

§ 9º Os Procuradores da Fazenda Nacional serão considerados intimados pessoalmente das decisões do Conselho de Contribuintes e da Câmara Superior de Recursos Fiscais, do Ministério da Fazenda, com o término do prazo de 30 (trinta) dias contados da data em que os respectivos autos forem entregues à Procuradoria na forma do § 8º deste artigo.

→ § 9º acrescentado pela Lei 11.457/2007.

Seção V
Da competência

Art. 24. O preparo do processo compete à autoridade local do órgão encarregado da administração do tributo.

Parágrafo único. Quando o ato for praticado por meio eletrônico, a administração tributária poderá atribuir o preparo do processo a unidade da administração tributária diversa da prevista no *caput* deste artigo.

→ Parágrafo único acrescentado pela Lei 11.941/2009.

Art. 25. O julgamento do processo de exigência de tributos ou contribuições administrados pela Secretaria da Receita Federal compete:

→ *Caput* com redação alterada pela MP 2.158-35/2001.

→ *v.* Art. 1º da Lei 11.457/2007.

I – em primeira instância, às Delegacias da Receita Federal de Julgamento, órgãos de deliberação interna e natureza colegiada da Secretaria da Receita Federal;

→ Inciso I com redação alterada pela MP 2.158-35/2001.

→ *v.* Art. 1º da Lei 11.457/2007.

a) aos Delegados da Receita Federal, titulares de Delegacias especializadas nas atividades concernentes a julgamento de processos, quanto aos tributos e contribuições administrados pela Secretaria da Receita Federal.

→ Alínea *a* com redação alterada pela Lei 8.748/1993.

→ *v.* Art. 1º da Lei 11.457/2007.

b) às autoridades mencionadas na legislação de cada um dos demais tributos ou, na falta dessa indicação, aos chefes da projeção regional ou local da entidade que administra o tributo, conforme for por ela estabelecido.

II – em segunda instância, ao Conselho Administrativo de Recursos Fiscais, órgão colegiado, paritário, integrante da estrutura do Ministério da Fazenda, com atribuição de julgar recursos de ofício e voluntários de decisão de primeira instância, bem como recursos de natureza especial.

→ Inciso II com redação alterada pela Lei 11.941/2009.

§ 1º O Conselho Administrativo de Recursos Fiscais será constituído por seções e pela Câmara Superior de Recursos Fiscais.

→ *Caput* do § 1º com redação alterada pela Lei 11.941/2009.

I a IV – (*Revogados pela Lei 11.941/2009*).

§ 2º As seções serão especializadas por matéria e constituídas por câmaras.

→ § 2º com redação alterada pela Lei 11.941/2009.

§ 3º A Câmara Superior de Recursos Fiscais será constituída por turmas, compostas pelos Presidentes e Vice-Presidentes das câmaras.

→ § 3º com redação alterada pela Lei 11.941/2009.

§ 4º As câmaras poderão ser divididas em turmas.

→ § 4º com redação alterada pela Lei 11.941/2009.

§ 5º O Ministro de Estado da Fazenda poderá criar, nas seções, turmas especiais, de caráter temporário, com competência para julgamento de processos que envolvam valores reduzidos, que poderão funcionar nas cidades onde estão localizadas as Superintendências Regionais da Receita Federal do Brasil.

→ § 5º com redação alterada pela Lei 11.941/2009.

§ 6º (*Vetado*).

→ § 6º acrescentado pela Lei 11.941/2009.

§ 7º As turmas da Câmara Superior de Recursos Fiscais serão constituídas pelo Presidente do Conselho Administrativo de Recursos Fiscais, pelo Vice-Presidente, pelos Presidentes e pelos Vice-Presidentes das câmaras, respeitada a paridade.

→ § 7º acrescentado pela Lei 11.941/2009.

§ 8º A presidência das turmas da Câmara Superior de Recursos Fiscais será exercida pelo Presidente do Conselho Administrativo de Recursos Fiscais e a vice-presidência, por conselheiro representante dos contribuintes.

→ § 8º acrescentado pela Lei 11.941/2009.

§ 9º Os cargos de Presidente das Turmas da Câmara Superior de Recursos Fiscais, das câmaras, das suas turmas e das turmas especiais serão ocupados por conselheiros representantes da Fazenda Nacional, que, em caso de empate, terão o voto de qualidade, e os cargos de Vice-Presidente, por representantes dos contribuintes.

→ § 9º acrescentado pela Lei 11.941/2009.

§ 10. Os conselheiros serão designados pelo Ministro de Estado da Fazenda para mandato, limitando-se as reconduções, na forma e no prazo estabelecidos no regimento interno.

→ § 10 acrescentado pela Lei 11.941/2009.

§ 11. O Ministro de Estado da Fazenda, observado o devido processo legal, decidirá sobre a perda do mandato dos conselheiros que incorrerem em falta grave, definida no regimento interno.

→ § 11 acrescentado pela Lei 11.941/2009.

Art. 26. Compete ao Ministro da Fazenda, em instância especial:

I – julgar recursos de decisões dos Conselhos de Contribuintes, interpostos pelos procuradores representantes da Fazenda junto aos mesmos Conselhos;

II – decidir sobre as propostas de aplicação de equidade apresentadas pelos Conselhos de Contribuintes.

Art. 26-A. No âmbito do processo administrativo fiscal, fica vedado aos órgãos de julgamento afastar a aplicação ou deixar de observar tratado, acordo internacional, lei ou decreto, sob fundamento de inconstitucionalidade.

→ *Caput* com redação alterada pela Lei 11.941/2009.

§§ 1º a 5º (*Revogados pela Lei 11.941/2009*).

§ 6º O disposto no *caput* deste artigo não se aplica aos casos de tratado, acordo internacional, lei ou ato normativo:

→ § 6º acrescentado pela Lei 11.941/2009.

I – que já tenha sido declarado inconstitucional por decisão definitiva plenária do Supremo Tribunal Federal;

II – que fundamente crédito tributário objeto de:

a) dispensa legal de constituição ou de ato declaratório do Procurador-Geral da Fazenda Nacional, na forma dos arts. 18 e 19 da Lei 10.522, de 19 de julho de 2002;

b) súmula da Advocacia-Geral da União, na forma do art. 43 da Lei Complementar 73, de 10 de fevereiro de 1993; ou

c) pareceres do Advogado-Geral da União aprovados pelo Presidente da República, na forma do art. 40 da Lei Complementar 73, de 10 de fevereiro de 1993.

Seção VI
Do julgamento em primeira instância

Art. 27. Os processos remetidos para apreciação da autoridade julgadora de primeira instância deverão ser qualificados e identificados, tendo prioridade no julgamento aqueles em que estiverem presentes as circunstâncias de crime contra a ordem tributária ou de elevado valor, este definido em ato do Ministro de Estado da Fazenda.

→ *Caput* com redação alterada pela Lei 9.532/1997.

Parágrafo único. Os processos serão julgados na ordem e nos prazos estabelecidos em ato do Secretário da Receita Federal, observada a prioridade de que trata o caput deste artigo.

→ Parágrafo único acrescentado pela Lei 9.532/1997.

Art. 28. Na decisão em que for julgada questão preliminar será também julgado o mérito, salvo quando incompatíveis, e dela constará o indeferimento fundamentado do pedido de diligência ou perícia, se for o caso.

→ Artigo com redação alterada pela Lei 8.748/1993.

→ *v.* Arts. 560 e 561 do CPC/1973.

→ *v.* Arts. 938 e 939, do NCPC.

Art. 29. Na apreciação da prova, a autoridade julgadora formará livremente sua convicção, podendo determinar as diligências que entender necessárias.

Art. 30. Os laudos ou pareceres do Laboratório Nacional de Análises, do Instituto Nacional de Tecnologia e de outros órgãos federais congêneres serão adotados nos aspectos técnicos de sua competência, salvo se comprovada a improcedência desses laudos ou pareceres.

§ 1º Não se considera como aspecto técnico a classificação fiscal de produtos.

§ 2º A existência no processo de laudos ou pareceres técnicos não impede a autoridade julgadora de solicitar outros a qualquer dos órgãos referidos neste artigo.

§ 3º Atribuir-se-á eficácia aos laudos e pareceres técnicos sobre produtos, exarados em outros processos administrativos fiscais e transladados mediante certidão de inteiro teor ou cópia fiel, nos seguintes casos:

→ § 3º acrescentado pela Lei 9.532/1997.

a) quando tratarem de produtos originários do mesmo fabricante, com igual denominação, marca e especificação;

b) quando tratarem de máquinas, aparelhos, equipamentos, veículos e outros produtos complexos de fabricação em série, do mesmo fabricante, com iguais especificações, marca e modelo.

Art. 31. A decisão conterá relatório resumido do processo, fundamentos legais, conclusão e ordem de intimação, devendo referir-se, expressamente, a todos os autos de infração e notificações de lançamento objeto do processo, bem como às razões de defesa suscitadas pelo impugnante contra todas as exigências.

→ Artigo com redação alterada pela Lei 8.748/1993.

Art. 32. As inexatidões materiais devidas a lapso manifesto e os erros de escrita ou de cálculos existentes na decisão poderão ser corrigidos de ofício ou a requerimento do sujeito passivo.

→ *v.* ADIn 1976-6 (*D.J.U.* 18.5.2007), o STF "julgou, por unanimidade, procedente a ação direta para declarar a inconstitucionalidade do art. 32 da Medida Provisória 1.699-41/1998, convertida na Lei 10.522/2002, que deu nova redação ao art. 33, § 2º, do Decreto 70.235/1972".

Art. 33. Da decisão caberá recurso voluntário, total ou parcial, com efeito suspensivo, dentro dos 30 (trinta) dias seguintes à ciência da decisão.

§ 1º *(Revogado pela Lei 12.096/2009).*

§ 2º Em qualquer caso, o recurso voluntário somente terá seguimento se o recorrente arrolar bens e direitos de valor equivalente a 30% (trinta por cento) da exigência fiscal definida na decisão, limitado o arrolamento, sem prejuízo do seguimento do recurso, ao total do ativo permanente se pessoa jurídica ou ao patrimônio se pessoa física.

→ § 2º acrescentado pela Lei 10.522/2002.

§ 3º O arrolamento de que trata o § 2º será realizado preferencialmente sobre bens imóveis.

→ § 3º acrescentado pela Lei 10.522/2002.

§ 4º O Poder Executivo editará as normas regulamentares necessárias à operacionalização do arrolamento previsto no § 2º.

→ § 4º acrescentado pela Lei 10.522/2002.

Art. 34. A autoridade de primeira instância recorrerá de ofício sempre que a decisão:

I – exonerar o sujeito passivo do pagamento de tributo e encargos de multa de valor total (lançamento principal e decorrentes) a ser fixado em ato do Ministro de Estado da Fazenda;

→ Inciso I com redação alterada pela Lei 9.532/1997.

II – deixar de aplicar pena de perda de mercadorias ou outros bens cominados à infração denunciada na formalização da exigência.

§ 1º O recurso será interposto mediante declaração na própria decisão.

§ 2º Não sendo interposto o recurso, o servidor que verificar o fato representará à autoridade julgadora, por intermédio de seu chefe imediato, no sentido de que seja observada aquela formalidade.

Art. 35. O recurso, mesmo perempto, será encaminhado ao órgão de segunda instância, que julgará a perempção.

Art. 36. Da decisão de primeira instância não cabe pedido de reconsideração.

Seção VII
Do julgamento em segunda instância

Art. 37. O julgamento no Conselho Administrativo de Recursos Fiscais far-se-á conforme dispuser o regimento interno.

→ *Caput* com redação alterada pela Lei 11.941/2009.

§ 1º *(Revogado pelo Dec. 83.304/1979).*

§ 2º Caberá recurso especial à Câmara Superior de Recursos Fiscais, no prazo de 15 (quinze) dias da ciência do acórdão ao interessado:

→ *Caput* do § 2º com redação alterada pela Lei 11.941/2009.

I – *(Vetado).*

→ Inciso I acrescentado pela Lei 11.941/2009.

II – de decisão que der à lei tributária interpretação divergente da que lhe tenha dado outra Câmara, turma de Câmara, turma especial ou a própria Câmara Superior de Recursos Fiscais.

→ Inciso II acrescentado pela Lei 11.941/2009.

§ 3º *(Vetado)*:

I – *(Revogado pela Lei 11.941/2009).*

II – *(Revogado pela Lei 11.941/2009).*

Art. 38. O julgamento em outros órgãos da administração federal far-se-á de acordo com a legislação própria, ou, na sua falta, conforme dispuser o órgão que administra o tributo.

Seção VIII
Do julgamento em instância especial

Art. 39. Não cabe pedido de reconsideração de ato do Ministro da Fazenda que julgar ou decidir as matérias de sua competência.

Art. 40. As propostas de aplicação de equidade apresentadas pelos Conselhos de Contribuintes atenderão às características pessoais ou materiais da espécie julgada e serão restritas à dispensa total ou parcial de penalidade pecuniária, nos casos em que não houver reincidência nem sonegação, fraude ou conluio.

Art. 41. O órgão preparador dará ciência ao sujeito passivo da decisão do Ministro da Fazenda, intimando-o, quando for o caso, a cumpri-la, no prazo de 30 (trinta) dias.

Seção IX
Da eficácia e execução das decisões

Art. 42. São definitivas as decisões:

I – de primeira instância, esgotado o prazo para recurso voluntário sem que este tenha sido interposto;

II – de segunda instância, de que não caiba recurso ou, se cabível, quando decorrido o prazo sem sua interposição;

III – de instância especial.

Parágrafo único. Serão também definitivas as decisões de primeira instância na parte que não for objeto de recurso voluntário ou não estiver sujeita a recurso de ofício.

Art. 43. A decisão definitiva contrária ao sujeito passivo será cumprida no prazo para cobrança amigável fixado no art. 21, aplicando-se, no caso de descumprimento, o disposto no § 3º do mesmo artigo.

§ 1º A quantia depositada para evitar a correção monetária do crédito tributário ou para liberar mercadoria será convertida em renda se o sujeito passivo não comprovar, no prazo legal, a propositura de ação judicial.

§ 2º Se o valor depositado não for suficiente para cobrir o crédito tributário, aplicar-se-á à cobrança do restante o disposto no *caput* deste artigo; se exceder o exigido, a autoridade promoverá a restituição da quantia excedente, na forma da legislação específica.

Art. 44. A decisão que declarar a perda de mercadoria ou outros bens será executada pelo órgão preparador, findo o prazo previsto no art. 21, segundo dispuser a legislação aplicável.

Art. 45. No caso de decisão definitiva favorável ao sujeito passivo, cumpre à autoridade preparadora exonerá-lo, de ofício, dos gravames decorrentes do litígio.

Capítulo II
DO PROCESSO DA CONSULTA

Art. 46. O sujeito passivo poderá formular consulta sobre dispositivos da legislação tributária aplicáveis a fato determinado.

Parágrafo único. Os órgãos da administração pública e as entidades representativas de categorias econômicas ou profissionais também poderão formular consulta.

Art. 47. A consulta deverá ser apresentada por escrito, no domicílio tributário do consulente, ao órgão local da entidade incumbida de administrar o tributo sobre que versa.

Art. 48. Salvo o disposto no artigo seguinte, nenhum procedimento fiscal será instaurado contra o sujeito passivo relativamente à espécie consultada, a partir da apresentação da consulta até o trigésimo dia subsequente à data da ciência:

I – de decisão de primeira instância da qual não haja sido interposto recurso;

II – de decisão de segunda instância.

Art. 49. A consulta não suspende o prazo para recolhimento de tributo, retido na fonte ou auto lançado antes ou depois de sua apresentação, nem o prazo para apresentação de declaração de rendimentos.

Art. 50. A decisão de segunda instância não obriga ao recolhimento de tributo que deixou de ser retido ou auto lançado após a decisão reformada e de acordo com a orientação desta, no período compreendido entre as datas de ciência das duas decisões.

Art. 51. No caso de consulta formulada por entidade representativa de categoria econômica ou profissional, os efeitos referidos no art. 48 só alcançam seus associados ou filiados depois de cientificado o consulente da decisão.

Art. 52. Não produzirá efeito a consulta formulada:

I – em desacordo com os arts. 46 e 47;

II – por quem tiver sido intimado a cumprir obrigação relativa ao fato objeto da consulta;

III – por quem estiver sob procedimento fiscal iniciado para apurar fatos que se relacionem com a matéria consultada;

IV – quando o fato já houver sido objeto de decisão anterior, ainda não modificada, proferida em consulta ou litígio em que tenha sido parte o consulente;

V – quando o fato estiver disciplinado em ato normativo, publicado antes de sua apresentação;

VI – quando o fato estiver definido ou declarado em disposição literal da lei;

VII – quando o fato for definido como crime ou contravenção penal;

VIII – quando não descrever, completa ou exatamente, a hipótese a que se referir, ou não contiver os elementos necessários à sua solução, salvo se a inexatidão ou omissão for escusável, a critério da autoridade julgadora.

Art. 53. O preparo do processo compete ao órgão local da entidade encarregada da administração do tributo.

Art. 54. O julgamento compete:

I – em primeira instância:

a) aos superintendentes regionais da Receita Federal, quanto aos tributos administrados pela Secretaria da Receita Federal, atendida, no julgamento, a orientação emanada dos atos normativos da Coordenação do Sistema de Tributação;

→ *v.* Art. 1º da Lei 11.457/2007.

b) às autoridades referidas na alínea *b* do inciso I do art. 25;

II – em segunda instância:

a) ao coordenador do Sistema de Tributação da Secretaria da Receita Federal, salvo quanto aos tributos incluídos na competência julgadora de outro órgão da administração federal;

→ *v.* Art. 1º da Lei 11.457/2007.

b) à autoridade mencionada na legislação dos tributos ressalvados na alínea precedente ou, na falta dessa indicação, à que for designada pela entidade que administra o tributo;

III – em instância única, ao coordenador do Sistema de Tributação, quanto às consultas relativas aos tributos administrados pela Secretaria da Receita Federal e formuladas:

→ *v.* Art. 1º da Lei 11.457/2007.

a) sobre classificação fiscal de mercadorias;

b) pelos órgãos centrais da administração pública;

c) por entidades representativas de categorias econômicas ou profissionais, de âmbito nacional.

Art. 55. Compete à autoridade julgadora declarar a ineficácia da consulta.

Art. 56. Cabe recurso voluntário, com efeito suspensivo, de decisão de primeira instância, dentro de 30 (trinta) dias, contados da ciência.

Art. 57. A autoridade de primeira instância recorrerá de ofício de decisão favorável ao consulente.

Art. 58. Não cabe pedido de reconsideração de decisão proferida em processo de consulta, inclusive da que declarar a sua ineficácia.

Capítulo III
DAS NULIDADES

Art. 59. São nulos:

→ *v.* Art. 12 do Decreto 7.574/2011.

I – os atos e termos lavrados por pessoa incompetente;

II – os despachos e decisões proferidos por autoridade incompetente ou com preterição do direito de defesa.

§ 1º A nulidade de qualquer ato só prejudica os posteriores que dele diretamente dependam ou sejam consequência.

→ *v.* Art. 248 do CPC/1973.

→ *v.* Art. 281 do NCPC.

§ 2º Na declaração de nulidade, a autoridade dirá os atos alcançados e determinará as providências necessárias ao prosseguimento ou solução do processo.

→ *v.* Art. 249 do CPC/1973.

→ *v.* Art. 282 do NCPC.

§ 3º Quando puder decidir do mérito a favor do sujeito passivo a quem aproveitaria a declaração de nulidade, a autoridade julgadora não a pronunciará nem mandará repetir o ato ou suprir-lhe a falta.

→ § 3º acrescentado pela Lei 8.748/1993.

→ *v.* Arts. 249, §§ 1º e 2º e 250 do CPC/1973.

→ *v.* Arts. 282, §§ 1º e 2º, e 283, do NCPC.

Art. 60. As irregularidades, incorreções e omissões diferentes das referidas no artigo anterior não importarão em nulidade e serão sanadas quando resultarem em prejuízo para o sujeito passivo, salvo se este lhes houver dado causa, ou quando não influírem na solução do litígio.

→ *v.* Art. 13 do Decreto 7.574/2011.

Art. 61. A nulidade será declarada pela autoridade competente para praticar o ato ou julgar a sua legitimidade.

Capítulo IV
DISPOSIÇÕES FINAIS E TRANSITÓRIAS

Art. 62. Durante a vigência de medida judicial que determinar a suspensão da cobrança do tributo não será instaurado procedimento fiscal contra o sujeito passivo favorecido pela decisão, relativamente à matéria sobre que versar a ordem de suspensão.

Parágrafo único. Se a medida referir-se a matéria objeto de processo fiscal, o curso deste não será suspenso exceto quanto aos atos executórios.

Art. 63. A destinação de mercadorias ou outros bens apreendidos ou dados em garantia de pagamento do crédito tributário obedecerá às normas estabelecidas na legislação aplicável.

Art. 64. Os documentos que instruem o processo poderão ser restituídos, em qualquer fase, a requerimento do sujeito passivo, desde que a medida não prejudique a instrução e deles fique cópia autenticada no processo.

Art. 64-A. Os documentos que instruem o processo poderão ser objeto de digitalização, observado o disposto nos arts. 1º e 3º da Lei 12.682, de 9 de julho de 2012.

→ Artigo acrescentado pela Lei 12.865/2013.

Art. 64-B. No processo eletrônico, os atos, documentos e termos que o instruem poderão ser natos digitais ou produzidos por meio de digitalização, observado o disposto na Medida Provisória 2.200-2, de 24 de agosto de 2001.

→ *Caput* acrescentado pela Lei 12.865/2013.

§ 1º Os atos, termos e documentos submetidos a digitalização pela administração tributária e armazenados eletronicamente possuem o mesmo valor probante de seus originais.

→ § 1º acrescentado pela Lei 12.865/2013.

§ 2º Os autos de processos eletrônicos, ou parte deles, que tiverem de ser remetidos a órgãos ou entidades que não disponham de sistema compatível de armazenagem e tramitação poderão ser encaminhados impressos em papel ou por meio digital, conforme disciplinado em ato da administração tributária.

→ § 2º acrescentado pela Lei 12.865/2013.

§ 3º As matrizes físicas dos atos, dos termos e dos documentos digitalizados e armazenados eletronicamente, nos termos do § 1º, poderão ser descartadas, conforme regulamento.

→ § 3º acrescentado pela Lei 13.097/2015.

Art. 65. O disposto neste Decreto não prejudicará a validade dos atos praticados na vigência da legislação anterior.

§ 1º O preparo dos processos em curso, até a decisão de primeira instância, continuará regido pela legislação precedente.

§ 2º Não se modificarão os prazos iniciados antes da entrada em vigor deste Decreto.

Art. 66. O Conselho Superior de Tarifa passa a denominar-se 4º Conselho de Contribuintes.

Art. 67. Os Conselhos de Contribuintes, no prazo de 90 (noventa) dias, adaptarão seus regimentos internos às disposições deste Decreto.

Art. 68. Revogam-se as disposições em contrário.

Brasília, 6 de março de 1972; 151º da Independência e 84º da República.

Emílio G. Médici

(Publicação no *D.O.U.* de 7.3.1972)

LEI 6.024,
DE 13 DE MARÇO DE 1974

Dispõe sobre a intervenção e a liquidação extrajudicial de instituições financeiras e dá outras providências.

O Presidente da República:

Faço saber que o Congresso Nacional decreta e eu sanciono a seguinte Lei:

Capítulo I
DISPOSIÇÃO PRELIMINAR

Art. 1º As instituições financeiras privadas e as públicas não federais, assim como as cooperativas de crédito, estão sujeitas, nos termos desta Lei, à intervenção ou à liquidação extrajudicial, em ambos os casos efetuada e decretada pelo Banco Central do Brasil, sem prejuízo do disposto nos arts. 137 e 138 do Dec.-lei 2.627, de 26 de setembro de 1940, ou à falência, nos termos da legislação vigente.

→ Os citados arts. 137 e 138 do Dec.-lei 2.627/1940 foram revogados pela Lei 6.404/1976.

→ *V.* Arts. 17 e 45 da Lei 4.595/1964.

→ *V.* Lei 9.447/1997 – Responsabilidade solidária de controladores de instituições submetidas aos regimes de que tratam a Lei 6.024/1974, e o Decreto-lei 2.321/1987.

→ *V.* Art. 2º, II, da Lei 11.101/2005.

Capítulo II
DA INTERVENÇÃO E SEU PROCESSO

Seção I
Da intervenção

Art. 2º Far-se-á a intervenção quando se verificarem as seguintes anormalidades nos negócios sociais da instituição:

I – a entidade sofrer prejuízo, decorrente de má administração, que sujeite a riscos os seus credores;

II – forem verificadas reiteradas infrações a dispositivos da legislação bancária não regularizadas após as determinações do Banco Central do Brasil, no uso das suas atribuições de fiscalização;

III – na hipótese de ocorrer qualquer dos fatos mencionados nos arts. 1º e 2º do Dec.-lei 7.661, de 21 de junho de 1945 (Lei de Falências), houver possibilidade de evitar-se a liquidação extrajudicial.

→ O citado Dec.-lei 7.661/1945 foi revogado pela Lei 11.101/2005 – Lei de Recuperação de Empresa e Falência.

Art. 3º A intervenção será decretada *ex officio* pelo Banco Central do Brasil, ou por solicitação dos administradores da instituição – se o respectivo estatuto lhes conferir esta competência – com indicação das causas do pedido, sem prejuízo da responsabilidade civil e criminal em que incorrerem os mesmos administradores, pela indicação falsa ou dolosa.

Art. 4º O período da intervenção não excederá a seis meses, o qual, por decisão do Banco Central do Brasil, poderá ser prorrogado, uma única vez, até o máximo de outros seis meses.

Art. 5º A intervenção será executada por interventor nomeado pelo Banco Central do Brasil, com plenos poderes de gestão.

Parágrafo único. Dependerão de prévia e expressa autorização do Banco Central do Brasil os atos do interventor que impliquem em disposição ou oneração do patrimônio da sociedade, admissão e demissão de pessoal.

Art. 6º A intervenção produzirá, desde sua decretação, os seguintes efeitos:

a) suspensão da exigibilidade das obrigações vencidas;

b) suspensão da fluência do prazo das obrigações vincendas anteriormente contraídas;

c) inexigibilidade dos depósitos já existentes à data de sua decretação.

Art. 7º A intervenção cessará:

a) se os interessados, apresentando as necessárias condições de garantia, julgados a critério do Banco Central do Brasil, tomarem a si o prosseguimento das atividades econômicas da empresa;

b) quando, a critério do Banco Central do Brasil, a situação da entidade se houver normalizado;

c) se decretada a liquidação extrajudicial, ou a falência da entidade.

Seção II
Do processo da intervenção

Art. 8º Independentemente da publicação do ato de sua nomeação, o interventor será investido, de imediato, em suas funções, mediante termo de posse lavrado no "Diário" da entidade, ou, na falta deste, no livro que o substituir, com a transcrição do ato que houver decretado a medida e que o tenha nomeado.

Art. 9º Ao assumir suas funções, o interventor:

a) arrecadará, mediante termo, todos os livros da entidade e os documentos de interesse da administração;

b) levantará o balanço geral e o inventário de todos os livros, documentos, dinheiro e demais bens da entidade, ainda que em poder de terceiros, a qualquer título.

Parágrafo único. O termo de arrecadação, o balanço geral e o inventário, deverão ser assinados também pelos administradores em exercício no dia anterior ao da posse do interventor, os quais poderão apresentar, em separado, as declarações e observações que julgarem a bem dos seus interesses.

Art. 10. Os ex-administradores da entidade deverão entregar ao interventor, dentro de cinco dias, contados da posse deste, declaração, assinada em conjunto por todos eles, de que conste a indicação:

a) do nome, nacionalidade, estado civil e endereço dos administradores e membros do Conselho Fiscal, que estiverem em exercício nos últimos 12 meses anteriores à decretação da medida;

b) dos mandatos que, porventura, tenham outorgado em nome da instituição, indicando o seu objeto, nome e endereço do mandatário;

c) dos bens imóveis, assim como dos móveis, que não se encontrem no estabelecimento;

d) da participação que, porventura, cada administrador ou membro do Conselho Fiscal tenha em outras sociedades, com a respectiva indicação.

Art. 11. O interventor, dentro em 60 dias, contados de sua posse, prorrogável se necessário, apresentará ao Banco Central do Brasil relatório, que conterá:

a) exame da escrituração, da aplicação dos fundos e disponibilidade, e da situação econômico-financeira da instituição;

b) indicação, devidamente comprovada, dos atos e omissões danosos que eventualmente tenha verificado;

c) proposta justificada da adoção das providências que lhe pareçam convenientes à instituição.

Parágrafo único. As disposições deste artigo não impedem que o interventor, antes da apresentação do relatório, proponha ao Banco Central do Brasil a adoção de qualquer providência que lhe pareça necessária e urgente.

Art. 12. À vista do relatório ou da proposta do interventor, o Banco Central do Brasil poderá:

a) determinar a cessação da intervenção, hipótese em que o interventor será autorizado a promover os atos que, nesse sentido, se tornarem necessários;

b) manter a instituição sob intervenção, até serem eliminadas as irregularidades que a motivaram, observado o disposto no art. 4º;

c) decretar a liquidação extrajudicial da entidade;

d) autorizar o interventor a requerer a falência da entidade quando o seu ativo não for suficiente para cobrir sequer metade do valor dos créditos quirografários, ou quando julgada inconveniente a liquidação extrajudicial, ou quando a complexidade dos negócios da instituição ou a gravidade dos fatos apurados aconselharem a medida.

Art. 13. Das decisões do interventor caberá recurso, sem efeito suspensivo, dentro de dez dias da respectiva ciência, para o Banco Central do Brasil, em única instância.

§ 1º Findo o prazo, sem a interposição de recurso, a decisão assumirá caráter definitivo.

§ 2º O recurso será entregue, mediante protocolo, ao interventor que o informará e o encaminhará, dentro em cinco dias, ao Banco Central do Brasil.

Art. 14. O interventor prestará contas ao Banco Central do Brasil, independentemente de qualquer exigência, no momento em que deixar suas funções, ou a qualquer tempo, quando solicitado, e responderá, civil e criminalmente, por seus atos.

Capítulo III
DA LIQUIDAÇÃO EXTRAJUDICIAL

Seção I
Da aplicação e dos efeitos da medida

Art. 15. Decretar-se-á a liquidação extrajudicial da instituição financeira:

I – *ex officio*:

a) em razão de ocorrências que comprometam sua situação econômica ou financeira especialmente quando deixar de satisfazer, com pontualidade, seus compromissos ou quando se caracterizar qualquer dos motivos que autorizem a declaração de falência;

b) quando a administração violar gravemente as normas legais e estatutárias que disciplinam a atividade da instituição, bem como as determinações do Conselho Monetário Nacional ou do Banco Central do Brasil, no uso de suas atribuições legais;

c) quando a instituição sofrer prejuízo que sujeite a risco anormal seus credores quirografários;

d) quando, cassada a autorização para funcionar, a instituição não iniciar, nos 90 dias seguintes, sua liquidação ordinária, ou quando, iniciada esta, verificar o Banco Central do Brasil que a morosidade de sua administração pode acarretar prejuízo para os credores;

II – a requerimento dos administradores da instituição – se o respectivo estatuto social lhes conferir esta competência ou por proposta do interventor, expostos circunstanciadamente os motivos justificadores da medida.

§ 1° O Banco Central do Brasil decidirá sobre a gravidade dos fatos determinantes da liquidação extrajudicial, considerando as repercussões deste sobre os interesses dos mercados financeiro e de capitais, e, poderá, em lugar da liquidação, efetuar a intervenção, se julgar esta medida suficiente para a normalização dos negócios da instituição, e preservação daqueles interesses.

§ 2° O ato do Banco Central do Brasil, que decretar a liquidação extrajudicial, indicará a data em que se tenha caracterizado o estado que a determinou, fixando o termo legal da liquidação que não poderá ser superior a 60 (sessenta) dias contados do primeiro protesto por falta de pagamento ou, na falta deste do ato que haja decretado a intervenção ou a liquidação.

Art. 16. A liquidação extrajudicial será executada por liquidante nomeado pelo Banco Central do Brasil, com amplos poderes de administração e liquidação, especialmente os de verificação e classificação dos créditos, podendo nomear e demitir funcionários, fixando-lhes os vencimentos, outorgar e cassar mandatos, propor ações e representar a massa em juízo ou fora dele.

§ 1° Com prévia e expressa autorização do Banco Central do Brasil, poderá o liquidante, em benefício da massa, ultimar os negócios pendentes e, a qualquer tempo, onerar ou alienar seus bens, neste último caso através de licitações.

§ 2° Os honorários do liquidante, a serem pagos por conta da liquidanda, serão fixados pelo Banco Central do Brasil.

Art. 17. Em todos os atos, documentos e publicações de interesse da liquidação, será usada, obrigatoriamente, a expressão "Em liquidação extrajudicial", em seguida à denominação da entidade.

Art. 18. A decretação da liquidação extrajudicial produzirá, de imediato, os seguintes efeitos:

a) suspensão das ações e execuções iniciadas sobre direitos e interesses relativos ao acervo da entidade liquidanda, não podendo ser intentadas quaisquer outras, enquanto durar a liquidação;

b) vencimento antecipado das obrigações da liquidanda;

→ *v.* Art. 190 da Lei 5.172/1966.

c) não atendimento das cláusulas penais dos contratos unilaterais vencidos em virtude da decretação da liquidação extrajudicial;

d) não fluência de juros, mesmo que estipulados, contra a massa, enquanto não integralmente pago o passivo;

e) interrupção da prescrição relativa a obrigações de responsabilidade da instituição;

f) não reclamação de correção monetária de quaisquer dívidas passivas, nem de penas pecuniárias por infração de leis penais ou administrativas.

→ *v.* Art. 2° da Dec.-lei 1.477/1976.

Art. 19. A liquidação extrajudicial cessará:

a) se os interessados, apresentando as necessárias condições de garantia, julgadas a critério do Banco Central do Brasil, tomarem a si o prosseguimento das atividades econômicas da empresa;

b) por transformação em liquidação ordinária;

c) com a aprovação das contas finais do liquidante e baixa no registro público competente;

d) se decretada a falência da entidade.

→ *v.* Arts. 94 e 99 da Lei 11.101/2005.

Seção II
Do processo da liquidação extrajudicial

Art. 20. Aplicam-se, ao processo da liquidação extrajudicial, as disposições relativas ao processo da intervenção, constantes dos arts. 8°, 9°, 10 e 11, desta Lei.

Art. 21. À vista do relatório ou da proposta previstos no art. 11, apresentados pelo liquidante na conformidade do artigo anterior, o Banco Central do Brasil poderá autorizá-lo a:

a) prosseguir na liquidação extrajudicial;

b) requerer a falência da entidade, quando o seu ativo não for suficiente para cobrir pelo menos a metade do valor dos créditos quirografários, ou quando houver fundados indícios de crimes falimentares.

Parágrafo único. Sem prejuízo do disposto neste artigo, em qualquer tempo, o Banco Central do Brasil poderá estudar pedidos de cessação da liquidação extrajudicial, formulados pelos interessados, concedendo ou recusando a medida pleiteada, segundo as garantias oferecidas e as conveniências de ordem geral.

Art. 22. Se determinado o prosseguimento da liquidação extrajudicial o liquidante fará publicar, no *Diário Oficial da União* e em jornal de grande circulação do local da sede da entidade, aviso aos credores para que declarem os respectivos créditos, dispensados desta formalidade os credores por depósitos ou por letras de câmbio de aceite da instituição financeira liquidanda.

§ 1° No aviso de que trata este artigo, o liquidante fixará o prazo para a declaração dos créditos, o qual não será inferior a 20 (vinte), nem superior a 40 (quarenta) dias, conforme a importância da liquidação e os interesses nela envolvidos.

§ 2° Relativamente aos créditos dispensados de habilitação, o liquidante manterá, na sede da liquidanda, relação nominal dos depositantes e respectivos saldos, bem como relação das letras de câmbio de seu aceite.

§ 3° Aos credores obrigados à declaração assegurar-se-á o direito de obterem do liquidante as informações, extratos de contas, saldos e outros elementos necessários à defesa dos seus interesses e à prova dos respectivos créditos.

§ 4° O liquidante dará sempre recibo das declarações de crédito e dos documentos recebidos.

Art. 23. O liquidante juntará a cada declaração a informação completa a respeito do resultado das averiguações a que procedeu nos livros, papéis e assentamentos da entidade, relativos ao crédito declarado, bem como sua decisão quanto à legitimidade, valor e classificação.

Parágrafo único. O liquidante poderá exigir dos ex-administradores da instituição que prestem informações sobre qualquer dos créditos declarados.

Art. 24. Os credores serão notificados, por escrito, da decisão do liquidante, os quais, a contar da data do recebimento da notificação, terão o prazo de 10 (dez) dias para recorrer, ao Banco Central do Brasil, do ato que lhes pareça desfavorável.

Art. 25. Esgotado o prazo para a declaração de créditos e julgados estes, o liquidante organizará o quadro geral de credores e publicará, na forma prevista no art. 22, aviso de que dito quadro, juntamente com o balanço geral, se acha fixado na sede e demais dependências da entidade, para conhecimento dos interessados.

Parágrafo único. Após a publicação mencionada neste artigo, qualquer interessado poderá impugnar a legitimidade, valor, ou a classificação dos créditos constantes do referido quadro.

Art. 26. A impugnação será apresentada por escrito, devidamente justificada com os documentos julgados convenientes, dentro de dez dias, contados da data da publicação de que trata o artigo anterior.

§ 1° A entrega da impugnação será feita contra recibo, passado pelo liquidante, com cópia que será juntada ao processo.

§ 2° O titular do crédito impugnado será notificado pelo liquidante e, a contar da data do recebimento da notificação, terá o prazo de 5 (cinco) dias para oferecer as alegações e provas que julgar convenientes à defesa dos seus direitos.

§ 3° O liquidante encaminhará as impugnações com o seu parecer, juntando os elementos probatórios, à decisão do Banco Central do Brasil.

§ 4° Julgadas todas as impugnações, o liquidante fará publicar avisos na forma do art. 22, sobre as eventuais modificações no quadro geral de credores que, a partir desse momento, será considerado definitivo.

Art. 27. Os credores que se julgarem prejudicados pelo não provimento do recurso interposto, ou pela decisão proferida na impugnação poderão prosseguir nas ações que tenham sido suspensas por força do art. 18, ou propor as que couberem, dando ciência do fato ao liquidante para que este reserve fundos suficientes à eventual satisfação dos respectivos pedidos.

Parágrafo único. Decairão do direito assegurado neste artigo os interessados que não o exercitarem dentro do prazo de 30 (trinta) dias, contados da data em que for considerado definitivo o quadro geral dos credores, com a publicação a que alude o § 4º do artigo anterior.

Art. 28. Nos casos de descoberta de falsidade, dolo, simulação, fraude, erro essencial, ou de documentos ignorados na época do julgamento dos créditos, o liquidante ou qualquer credor admitido pode pedir ao Banco Central do Brasil, até ao encerramento da liquidação, a exclusão, ou outra classificação, ou a simples retificação de qualquer crédito.

Parágrafo único. O titular desse crédito será notificado do pedido e, a contar da data do recebimento da notificação, terá o prazo de 5 (cinco) dias para oferecer as alegações e provas que julgar convenientes, sendo-lhe assegurado o direito a que se refere o artigo anterior, se se julgar prejudicado pela decisão proferida, que lhe será notificada por escrito, contando-se da data do recebimento da notificação o prazo de decadência fixado no parágrafo único do mesmo artigo.

Art. 29. Incluem-se, entre os encargos da massa, as quantias a ela fornecidas pelos credores, pelo liquidante ou pelo Banco Central do Brasil.

Art. 30. Salvo expressa disposição em contrário desta Lei, das decisões do liquidante caberá recurso, sem efeito suspensivo, dentro em dez dias da respectiva ciência, para o Banco Central do Brasil, em única instância.

§ 1º Findo o prazo, sem a interposição de recurso, a decisão assumirá caráter definitivo.

§ 2º O recurso será entregue, mediante protocolo, ao liquidante, que o informará e o encaminhará, dentro de cinco dias, ao Banco Central do Brasil.

Art. 31. No resguardo da economia pública, da poupança privada e da segurança nacional, sempre que a atividade da entidade liquidanda colidir com os interesses daquelas áreas, poderá o liquidante, prévia e expressamente autorizado pelo Banco Central do Brasil, adotar qualquer forma especial ou qualificada de realização do ativo e liquidação do passivo, ceder o ativo a terceiros, organizar ou reorganizar sociedade para continuação geral ou parcial do negócio ou atividade da liquidanda.

→ Artigo 31 da Lei 6.024/1974 regulamentado pelo Decreto 92.061/1985.

§ 1º Os atos referidos neste artigo produzem efeitos jurídicos imediatos, independentemente de formalidades e registros.

§ 2º Os registros correspondentes serão procedidos no prazo de 15 (quinze) dias, pelos Oficiais dos Registros de Imóveis e pelos Registros do Comércio, bem como pelos demais órgãos da administração pública, quando for o caso, à vista da comunicação formal, que lhes tenha sido feita pelo liquidante.

Art. 32. Apurados, no curso da liquidação, seguros elementos de prova, mesmo indiciária, da prática de contravenções penais ou crimes, por parte de qualquer dos antigos administradores e membros do Conselho Fiscal, o liquidante os encaminhará ao órgão do Ministério Público para que este promova a ação penal.

Art. 33. O liquidante prestará contas ao Banco Central do Brasil independentemente de qualquer exigência no momento em que deixar suas funções ou a qualquer tempo, quando solicitado, e responderá, civil e criminalmente, por seus atos.

Art. 34. Aplicam-se à liquidação extrajudicial no que couberem e não colidirem com os preceitos desta Lei, as disposições da Lei de Falências (Dec.-lei 7.661 de 21 de junho de 1945), equiparando-se ao síndico, o liquidante, ao juiz da falência, o Banco Central do Brasil, sendo competente para conhecer da ação revocatória prevista no art. 55 daquele Decreto-lei, o juiz a quem caberia processar e julgar a falência da instituição liquidanda.

→ O citado Dec.-lei 7.661/1945 foi revogado pela Lei 11.101/2005 – Lei de Recuperação de Empresa e Falência.

Art. 35. Os atos indicados nos arts. 52 e 53 da Lei de Falências (Dec.-lei 7.661, de 1945) praticados pelos administradores da liquidanda poderão ser declarados nulos ou revogados, cumprindo o disposto nos arts. 54 e 58 da mesma Lei.

→ O citado Dec.-lei 7.661/1945 foi revogado pela Lei 11.101/2005 – Lei de Recuperação de Empresa e Falência.

Parágrafo único. A ação revogatória será proposta pelo liquidante, observado o disposto nos arts. 55, 56 e 57 da Lei de Falências.

Capítulo IV
DOS ADMINISTRADORES E MEMBROS DO CONSELHO FISCAL

Seção I
Da indisponibilidade dos bens

Art. 36. Os administradores das instituições financeiras em intervenção, em liquidação extrajudicial ou em falência, ficarão com todos os seus bens indisponíveis, não podendo, por qualquer forma, direta ou indireta, aliená-los ou onerá-los, até apuração e liquidação final de suas responsabilidades.

§ 1º A indisponibilidade prevista neste artigo decorre do ato que decretar a intervenção, a liquidação extrajudicial ou a falência, e atinge a todos aqueles que tenham estado no exercício das funções nos 12 meses anteriores ao mesmo ato.

§ 2º Por proposta do Banco Central do Brasil, aprovada pelo Conselho Monetário Nacional, a indisponibilidade prevista neste artigo poderá ser estendida:

a) aos bens de gerentes, conselheiros fiscais e aos de todos aqueles que, até o limite da responsabilidade estimada de cada um, tenham concorrido, nos últimos 12 meses, para a decretação da intervenção ou da liquidação extrajudicial;

b) aos bens de pessoas que, nos últimos 12 meses, os tenham a qualquer título, adquirido de administradores da instituição, ou das pessoas referidas na alínea anterior, desde que haja seguros elementos de convicção de que se trata de simulada transferência com o fim de evitar os efeitos desta Lei.

§ 3º Não se incluem nas disposições deste artigo os bens considerados inalienáveis ou impenhoráveis pela legislação em vigor.

§ 4º Não são igualmente atingidos pela indisponibilidade os bens objeto de contrato de alienação, de promessa de compra e venda, de cessão ou promessa de cessão de direitos, desde que os respectivos instrumentos tenham sido levados ao competente registro público, anteriormente à data da decretação da intervenção, da liquidação extrajudicial ou da falência.

Art. 37. Os abrangidos pela indisponibilidade de bens de que trata o artigo anterior não poderão ausentar-se do foro da intervenção, da liquidação extrajudicial ou da falência, sem prévia e expressa autorização do Banco Central do Brasil ou do juiz da falência.

Art. 38. Decretada a intervenção, a liquidação extrajudicial ou a falência, o interventor, o liquidante ou escrivão da falência comunicará ao registro público competente e às Bolsas de Valores a indisponibilidade de bens imposta no art. 36.

Parágrafo único. Recebida a comunicação, a autoridade competente ficará relativamente a esses bens impedida de:

a) fazer transcrições, inscrições ou averbações de documentos públicos ou particulares;

b) arquivar atos ou contratos que importem em transferência de cotas sociais, ações ou partes beneficiárias;

c) realizar ou registrar operações e títulos de qualquer natureza;

d) processar a transferência de propriedade de veículos automotores.

Seção II
Da responsabilidade dos administradores e membros do Conselho Fiscal

Art. 39. Os administradores e membros do Conselho Fiscal de instituições financeiras responderão, a qualquer tempo, salvo prescrição extintiva, pelos atos que tiverem praticado ou omissões em que houverem incorrido.

Art. 40. Os administradores de instituições financeiras respondem solidariamente pelas obrigações por elas assumidas durante sua gestão, até que se cumpram.

→ *V.* Arts. 1º a 3º da Lei 9.447/1997.

Parágrafo único. A responsabilidade solidária se circunscreverá ao montante dos prejuízos causados.

Art. 41. Decretada a intervenção, a liquidação extrajudicial ou a falência de instituição financeira, o Banco Central do Brasil procederá a inquérito, a fim de apurar as causas que levaram a sociedade àquela situação e a responsabilidade de seus administradores e membros do Conselho Fiscal.

§ 1º Para os efeitos deste artigo, decretada a falência, o escrivão do feito a comunicará, dentro em 24 horas, ao Banco Central do Brasil.

§ 2º O inquérito será aberto imediatamente à decretação da intervenção ou da liquidação extrajudicial, ou ao recebimento da comunicação da falência, e concluído dentro em 120 (cento e vinte) dias, prorrogáveis, se absolutamente necessário, por igual prazo.

§ 3º No inquérito, o Banco Central do Brasil poderá:

a) examinar, quando e quantas vezes julgar necessário, a contabilidade, os arquivos, os documentos, os valores e mais elementos das instituições;

b) tomar depoimentos solicitando para isso, se necessário, o auxílio da polícia;

c) solicitar informações a qualquer autoridade ou repartição pública, ao juiz da falência, ao órgão do Ministério Público, ao síndico, ao liquidante ou ao interventor;

d) examinar, por pessoa que designar, os autos da falência e obter, mediante solicitação escrita, cópias ou certidões de peças desses autos;

e) examinar a contabilidade e os arquivos de terceiros com os quais a instituição financeira tiver negociado e no que entender com esses negócios, bem como a contabilidade e os arquivos dos ex-administradores, se comerciantes ou industriais sob firma individual, e as respectivas contas junto a outras instituições financeiras.

§ 4º Os ex-administradores poderão acompanhar o inquérito, oferecer documentos e indicar diligências.

Art. 42. Concluída a apuração, os ex-administradores serão convidados, por carta, a apresentar, por escrito, suas alegações e explicações dentro em cinco dias, comuns para todos.

Art. 43. Transcorrido o prazo do artigo anterior, com ou sem a defesa, será o inquérito encerrado com um relatório, do qual constarão, em síntese, a situação da entidade examinada, as causas de sua queda, o nome, a qualificação e a relação dos bens particulares dos que, nos últimos cinco anos, geriram a sociedade, bem como o montante ou a estimativa dos prejuízos apurados em cada gestão.

Art. 44. Se o inquérito concluir pela inexistência de prejuízo, será, no caso de intervenção e de liquidação extrajudicial, arquivado no próprio Banco Central do Brasil ou, no caso de falência, será remetido ao competente juiz, que o mandará apensar aos respectivos autos.

Parágrafo único. Na hipótese prevista neste artigo, o Banco Central do Brasil, nos casos de intervenção e de liquidação extrajudicial, ou o juiz, no caso de falência, de ofício ou a requerimento de qualquer interessado, determinará o levantamento da indisponibilidade de que trata o art. 36.

Art. 45. Concluindo o inquérito pela existência de prejuízos, será ele, com o respectivo relatório, remetido pelo Banco Central do Brasil ao juiz da falência, ou ao que for competente para decretá-la, o qual o fará com vista ao órgão do Ministério Público, que, em oito dias, sob pena de responsabilidade, requererá o sequestro dos bens dos ex-administradores, que não tinham sido atingidos pela indisponibilidade prevista no art. 36, quantos bastem para a efetivação da responsabilidade.

§ 1º Em caso de intervenção ou liquidação extrajudicial, a distribuição do inquérito ao juízo competente, na forma deste artigo, previne a jurisdição do mesmo juízo na hipótese de vir a ser decretada a falência.

§ 2º Feito o arresto, os bens serão depositados em mãos do interventor, do liquidante ou do síndico, conforme a hipótese, cumprindo ao depositário administrá-los, receber os respectivos rendimentos e prestar contas a final.

Art. 46. A responsabilidade dos ex-administradores, definida nesta Lei, será apurada em ação própria, proposta no juízo da falência ou no que for para ela competente.

Parágrafo único. O órgão do Ministério Público, nos casos de intervenção e liquidação extrajudicial, proporá a ação obrigatoriamente dentro em 30 (trinta) dias a contar da realização do arresto, sob pena de responsabilidade e preclusão da sua iniciativa. Findo esse prazo, ficarão os autos em cartório, à disposição de qualquer credor que poderá iniciar a ação, nos 15 dias seguintes. Se neste último prazo ninguém o fizer, levantar-se-ão o arresto e a indisponibilidade, apensando-se os autos aos da falência, se for o caso.

Art. 47. Se, decretado o arresto ou proposta a ação, sobrevier a falência da entidade, competirá ao síndico tomar, daí por diante, as providências necessárias ao efetivo cumprimento das determinações desta Lei, cabendo-lhe promover a devida substituição processual, no prazo de 30 (trinta) dias, contados da data do seu compromisso.

Art. 48. Independentemente do inquérito e do arresto, qualquer das partes, a que se refere o parágrafo único do art. 46, no prazo nele previsto, poderá propor a ação de responsabilidade dos ex-administradores, na forma desta Lei.

Art. 49. Passada em julgado a sentença que declarar a responsabilidade dos ex-administradores, o arresto e a indisponibilidade de bens se convolarão em penhora, seguindo-se o processo de execução.

§ 1º Apurados os bens penhorados e pagas as custas judiciais, o líquido será entregue ao interventor, ao liquidante ou ao síndico, conforme o caso, para rateio entre os credores da instituição.

§ 2º Se, no curso da ação ou da execução, encerrar-se a intervenção ou a liquidação extrajudicial, o interventor ou o liquidante, por ofício, dará conhecimento da ocorrência ao juiz, solicitando sua substituição como depositário dos bens arrestados ou penhorados, e fornecendo a relação nominal e respectivos saldos dos credores a serem, nesta hipótese, diretamente contemplados com o rateio previsto no parágrafo anterior.

Capítulo V
DISPOSIÇÕES GERAIS

Art. 50. A intervenção determina a suspensão, e, a liquidação extrajudicial, a perda do mandato, respectivamente, dos administradores e membros do Conselho Fiscal e dos de quaisquer outros órgãos criados pelo estatuto, competindo, exclusivamente, ao interventor e ao liquidante a convocação da assembleia geral nos casos em que julgarem conveniente.

Art. 51. Com o objetivo de preservar os interesses da poupança popular e a integridade do acervo das entidades submetidas a intervenção ou a liquidação extrajudicial, o Banco Central do Brasil poderá estabelecer idêntico regime para as pessoas jurídicas que com elas tenham integração de atividade ou vínculo de interesse, ficando os seus administradores sujeitos aos preceitos desta Lei.

Parágrafo único. Verifica-se integração de atividade ou vínculo de interesse, quando as pessoas jurídicas referidas neste artigo forem devedoras da sociedade sob intervenção ou submetida a liquidação extrajudicial, ou quando seus sócios ou acionistas participarem do capital desta em importância superior a 10% (dez por cento), ou sejam cônjuges, ou parentes até o segundo grau, consanguíneos ou afins, de seus diretores ou membros dos conselhos consultivo, administrativo, fiscal ou semelhantes.

Art. 52. Aplicam-se as disposições da presente Lei às sociedades ou empresas que integram o sistema de distribuição de títulos ou valores mobiliários no mercado de capitais (art. 5º da Lei 4.728, de 14 de julho de 1965), assim como às sociedades ou empresas corretoras de câmbio.

§ 1º A intervenção nessas sociedades ou empresas, ou sua liquidação extrajudicial, poderá ser decretada pelo Banco Central do Brasil por iniciativa própria ou por solicitação das Bolsas de Valores, quanto às corretoras a elas associadas, mediante representação fundamentada.

§ 2º Por delegação de competência do Banco Central do Brasil e sem prejuízo de suas atribuições, a intervenção ou a liquidação extrajudicial das sociedades corretoras, membros das Bolsas de Valores, poderá ser processada por estas, sendo competente, no caso, aquela da área em que a sociedade tiver sede.

Art. 53. As sociedades ou empresas que integram o sistema de distribuição de títulos ou valores mobiliários no mercado de capitais, assim como as sociedades ou empresas corretoras de câmbio, não poderão como as instituições financeiras impetrar concordata.

Art. 54. As disposições da presente Lei estendem-se às intervenções e liquidações extrajudiciais em curso, no que couberem.

Art. 55. O Banco Central do Brasil é autorizado a prestar assistência financeira às Bolsas de Valores, nas condições fixadas pelo Conselho Monetário Nacional, quando, a seu critério, se fizer necessária para que elas se adaptem, inteiramente, às exigências do mercado de capitais.

Parágrafo único. A assistência financeira prevista neste artigo poderá ser estendida às Bolsas de Valores, nos casos de intervenção ou liquidação extrajudicial em sociedades corretoras de valores mobiliários e de câmbio, com vistas a resguardar legítimos interesses de investidores.

Art. 56. Ao art. 129 do Dec.-lei 2.627, de 26 de setembro de 1940, é acrescentado o seguinte parágrafo, além do que já lhe fora aditado pela Lei 5.589, de 3 de julho de 1970.

"§ 3º O Conselho Monetário Nacional estabelecerá os critérios de padronização dos documentos de que trata os § 2º podendo ainda, autorizar o Banco Central do Brasil a prorrogar o prazo neste estabelecido determinado então, as condições a que estarão sujeitas as sociedades beneficiárias da prorrogação."

→ Referido art. 129 do Dec.-lei 2.627/1940 foi revogada pela Lei 6.404/1976.

Art. 57. Esta Lei entrará em vigor na data de sua publicação, revogada a Lei 1.808, de 7 de janeiro de 1953, os Decs.-leis 9.228, de 3 de maio de 1946; 9.328, de 10 de junho de 1946; 9.346, de 10 de junho de 1946; 48, de 18 de novembro de 1966; 462, de 11 de fevereiro de 1969, e 685, de 17 de julho de 1969, e demais disposições gerais e especiais em contrário.

Brasília, 13 de março de 1974; 153º da Independência e 86º da República.

Emílio G. Médici

(Publicação no *D.O.U.* de 14.3.1974)

LEI 6.099, DE 12 DE SETEMBRO DE 1974

Dispõe sobre o tratamento tributário das operações de arrendamento mercantil, e dá outras providências.

O Presidente da República:

Faço saber que o Congresso Nacional decreta e eu sanciono a seguinte Lei:

Art. 1º O tratamento tributário das operações de arrendamento mercantil reger-se-á pelas disposições desta Lei.

Parágrafo único. Considera-se arrendamento mercantil, para os efeitos desta Lei, o negócio jurídico realizado entre pessoa jurídica, na qualidade de arrendadora, e pessoa física ou jurídica, na qualidade de arrendatária, e que tenha por objeto o arrendamento de bens adquiridos pela arrendadora, segundo especificações da arrendatária e para uso próprio desta.

→ Parágrafo único com redação alterada pela Lei 7.132/1983.

Art. 2º Não terá o tratamento previsto nesta Lei o arrendamento de bens contratado entre pessoas jurídicas direta ou indiretamente coligados ou interdependentes, assim como o contratado com o próprio fabricante.

§ 1º O Conselho Monetário Nacional especificará em regulamento os casos de coligação e interdependência.

§ 2º Somente farão jus ao tratamento previsto nesta Lei as operações realizadas ou por empresas arrendadoras que fizerem dessa operação o objeto principal de sua atividade ou que centralizarem tais operações em um departamento especializado com escrituração própria.

Art. 3º Serão escriturados em conta especial do ativo imobilizado da arrendadora os bens destinados a arrendamento mercantil.

Art. 4º A pessoa jurídica arrendadora manterá registro individualizado que permita a verificação do fator determinante da receita e do tempo efetivo de arrendamento.

Art. 5º Os contratos de arrendamento mercantil conterão as seguintes disposições:

a) prazo do contrato;

b) valor de cada contraprestação por períodos determinados, não superiores a um semestre;

c) opção de compra ou renovação de contrato, como faculdade do arrendatário;

d) preço para opção de compra ou critério para sua fixação, quando for estipulada esta cláusula.

Parágrafo único. Poderá o Conselho Monetário Nacional, nas operações que venha a definir, estabelecer que as contraprestações sejam estipuladas por períodos superiores aos previstos na alínea *b* deste artigo.

→ Parágrafo único acrescentado pela Lei 7.132/1983.

Art. 6º O Conselho Monetário Nacional poderá estabelecer índices máximos para a soma das contraprestações, acrescidas do preço para exercício da opção da compra nas operações de arrendamento mercantil.

§ 1º Ficam sujeitas à regra deste artigo as prorrogações do arrendamento nele referido.

§ 2º Os índices de que trata este artigo serão fixados, considerando o custo do arrendamento em relação ao do financiamento da compra e venda.

Art. 7º Todas as operações de arrendamento mercantil subordinam-se ao controle e fiscalização do Banco Central do Brasil, segundo normas estabelecidas pelo Conselho Monetário Nacional, a elas se aplicando, no que couber, as disposições da Lei 4.595, de 31 de dezembro de 1964, e legislação posterior relativa ao Sistema Financeiro Nacional.

Art. 8º O Conselho Monetário Nacional poderá baixar resolução disciplinando as condições segundo as quais as instituições financeiras poderão financiar suas controladas, coligadas ou interdependentes que se especializarem em operações de arrendamento mercantil.

→ Artigo com redação alterada pela Lei 11.882/2008.

Parágrafo único. A aquisição de debêntures emitidas por sociedades de arrendamento mercantil em mercado primário ou secundário constitui obrigação de natureza cambiária, não caracterizando operação de empréstimo ou adiantamento.

Art. 9º As operações de arrendamento mercantil contratadas com o próprio vendedor do bem ou com pessoas jurídicas a ele vinculadas, mediante quaisquer das relações previstas no art. 2º desta Lei, poderão também ser realizadas por instituições financeiras expressamente autorizadas pelo Conselho Monetário Nacional, que estabelecerá as condições para a realização das operações previstas neste artigo.

→ Artigo com redação alterada pela Lei 7.132/1983.

Parágrafo único. Nos casos deste artigo, o prejuízo decorrente da venda do bem não será dedutível na determinação do lucro real.

Art. 10. Somente poderão ser objeto de arrendamento mercantil os bens de produção estrangeira que forem enumerados pelo Conselho Monetário Nacional, que poderá, também, estabelecer condições para seu arrendamento a empresas cujo controle acionário pertencer a pessoas residentes no Exterior.

Art. 11. Serão considerados como custo ou despesa operacional da pessoa jurídica arrendatária as contraprestações pagas ou creditadas por força do contrato de arrendamento mercantil.

§ 1º A aquisição pelo arrendatário de bens arrendados em desacordo com as disposições desta Lei será considerada operação de compra e venda a prestação.

§ 2º O preço de compra e venda, no caso do parágrafo anterior, será o total das contraprestações pagas durante a vigência do arrendamento, acrescido da parcela paga a título de preço de aquisição.

§ 3º Na hipótese prevista no § 1º deste artigo, as importâncias já deduzidas, como custo ou despesa operacional pela adquirente, acrescerão ao lucro tributável pelo Imposto de Renda, no exercício correspondente à respectiva dedução.

§ 4º O imposto não recolhido, na hipótese do parágrafo anterior, será devido com acréscimo de juros e correção monetária, multa e demais penalidades legais.

Art. 12. Serão admitidas como custos das pessoas jurídicas arrendadoras as cotas de depreciação do preço de aquisição de bem arrendado, calculadas de acordo com a vida útil do bem.

§ 1º Entende-se por vida útil do bem o prazo durante o qual se possa esperar a sua efetiva utilização econômica.

§ 2º A Secretaria da Receita Federal publicará periodicamente o prazo de vida útil admissível, em condições normais, para cada espécie de bem.

§ 3º Enquanto não forem publicados os prazos de vida útil de que trata o parágrafo anterior, a sua determinação se fará segundo as normas previstas pela legislação do Imposto de Renda para fixação da taxa de depreciação.

Art. 13. Nos casos de operações de vendas de bens que tenham sido objeto de arrendamento mercantil, o saldo não depreciado será admitido como custo para efeito de apuração do lucro tributável pelo Imposto de Renda.

Art. 14. Não será dedutível, para fins de apuração do lucro tributável pelo Imposto de Renda, a diferença a menor entre o valor contábil residual do bem arrendado e o seu preço de venda, quando do exercício da opção de compra.

Art. 15. (*Revogado pela Lei 12.973/2014*).

Art. 16. Os contratos de arrendamento mercantil celebrados com entidades domiciliadas no Exterior serão submetidos a registro no Banco Central do Brasil.

→ Artigo com redação alterada pela Lei 7.132/1983.

§ 1º O Conselho Monetário Nacional estabelecerá as normas para a concessão do registro a que se refere este artigo, observando as seguintes condições:

a) razoabilidade da contraprestação e de sua composição;

b) critérios para fixação do prazo de vida útil do bem;

c) compatibilidade do prazo de arrendamento do bem com a sua vida útil;

d) relação entre o preço internacional do bem e o custo total do arrendamento;

e) cláusula de opção de compra ou renovação do contrato;

f) outras cautelas ditadas pela política econômico-financeira nacional.

§ 2º Mediante prévia autorização do Banco Central do Brasil, segundo normas para este fim expedidas pelo Conselho Monetário Nacional, os bens objeto das operações de que trata este artigo poderão ser arrendados a sociedades arrendadoras domiciliadas no País, para o fim de subarrendamento.

§ 3º Estender-se-ão ao subarrendamento as normas aplicáveis aos contratos de arrendamento mercantil celebrados com entidades domiciliadas no Exterior.

§ 4º No subarrendamento poderá haver vínculo de coligação ou de interdependência entre a entidade domiciliada no Exterior e a sociedade arrendatária subarrendadora, domiciliada no País.

§ 5º Mediante as condições que estabelecer, o Conselho Monetário Nacional poderá autorizar o registro de contratos sem cláusula de opção de compra, bem como fixar prazos mínimos para as operações previstas neste artigo.

Art. 17. A entrada no território nacional dos bens objeto de arrendamento mercantil, contratado com entidades arrendadoras domiciliadas no Exterior, não se confunde com o regime de admissão temporária de que trata o Decreto-lei 37, de 18 de novembro de 1966, e se sujeitará a todas as normas legais que regem a importação.

→ Artigo com redação alterada pela Lei 7.132/1983.

Art. 18. A base de cálculo, para efeito do Imposto sobre Produtos Industrializados, do fato gerador que ocorrer por ocasião da remessa de bens importados ao estabelecimento da empresa arrendatária, corresponderá ao preço atacado desse bem na praça em que a empresa arrendadora estiver domiciliada.

→ *Caput* com redação alterada pela Lei 7.132/1983.

§ 1º *(Revogado pela Lei 9.532/1997).*

§ 2º Nas hipóteses em que o preço dos bens importados para o fim de arrendamento for igual ou superior ao que seria pago pelo arrendatário se os importasse diretamente, a base de cálculo mencionada no *caput* deste artigo será o valor que servir de base para o recolhimento do Imposto sobre Produtos Industrializados, por ocasião do desembaraço alfandegário desses bens.

Art. 19. Fica equiparada à exportação a compra e venda de bens no mercado interno, para o fim específico de arrendamento pelo comprador a arrendatário domiciliado no Exterior.

Art. 20. São assegurados ao vendedor dos bens de que trata o artigo anterior todos os benefícios fiscais concedidos por lei para incentivo à exportação, observadas as condições de qualidade da pessoa do vendedor e outras exigidas para os casos de exportação direta ou indireta.

§ 1º Os benefícios fiscais de que trata este artigo serão concedidos sobre o equivalente em moeda nacional de garantia irrevogável do pagamento das contraprestações do arrendamento contratado, limitada a base de cálculo ao preço da compra e venda.

§ 2º Para os fins do disposto no § 1º, a equivalência em moeda nacional será determinada pela maior taxa de câmbio do dia da utilização dos benefícios fiscais, quando o pagamento das contraprestações do arrendamento contratado for efetivado em moeda estrangeira de livre conversibilidade.

§ 2º com redação alterada pela Lei 12.024/2009.

Art. 21. O Ministro da Fazenda poderá estender aos arrendatários de máquinas, aparelhos e equipamentos de produção nacional, objeto de arrendamento mercantil, os benefícios de que trata o Decreto-lei 1.136, de 7 de dezembro de 1970.

Art. 22. As pessoas jurídicas que estiverem operando com arrendamento de bens, e que se ajustarem às disposições desta Lei dentro em 180 (cento e oitenta) dias, a contar da sua vigência, terão as suas operações regidas por este diploma legal, desde que ajustem convenientemente os seus contratos, mediante instrumentos de aditamento.

Art. 23. Fica o Conselho Monetário Nacional autorizado a:

a) expedir normas que visem a estabelecer mecanismos reguladores das atividades previstas nesta Lei, inclusive excluir modalidades de operações do tratamento nela previsto e limitar ou proibir sua prática por determinadas categorias de pessoas físicas ou jurídicas;

→ Alínea *a* com redação alterada pela Lei 7.132/1983.

b) enumerar restritivamente os bens que não poderão ser objeto de arrendamento mercantil, tendo em vista a política econômico-financeira do País.

Art. 24. A cessão do contrato de arrendamento mercantil a entidade domiciliada no Exterior reger-se-á pelo disposto nesta Lei e dependerá de prévia autorização do Banco Central do Brasil, conforme normas expedidas pelo Conselho Monetário Nacional.

→ Artigo com redação alterada pela Lei 7.132/1983.

Parágrafo único. Observado o disposto neste artigo, poderão ser transferidos, exclusiva e independentemente da cessão do contrato, os direitos de crédito relativos às contraprestações devidas.

Art. 25. Esta Lei entra em vigor na data de sua publicação, revogadas as disposições em contrário.

→ Anterior artigo 24 renumerado para artigo 25 pela Lei 7.132/1983.

Brasília, 12 de setembro de 1974; 153º da Independência e 86º da República.

Ernesto Geisel

(Publicação no *D.O.U.* de 13.9.1974)

LEI COMPLEMENTAR 24, DE 7 DE JANEIRO DE 1975

Dispõe sobre os Convênios para a Concessão de Isenções do Imposto sobre Operações Relativas à Circulação de Mercadorias, e dá outras providências.

→ *v.* LC 87/1996 – Dispõe sobre o imposto dos Estados e do Distrito Federal sobre operações relativas à circulação de mercadorias e sobre prestações de serviços de transporte interestadual e intermunicipal e de comunicação, e dá outras providências.

O Presidente da República:

Faço saber que o Congresso Nacional decreta e eu sanciono a seguinte Lei Complementar:

Art. 1º As isenções do Imposto sobre Operações relativas à Circulação de Mercadorias serão concedidas ou revogadas nos termos de convênios celebrados e ratificados pelos Estados e pelo Distrito Federal, segundo esta Lei.

→ *v.* Art. 155, II, e § 2º, da CF/1988.

Parágrafo único. O disposto neste artigo também se aplica:

I – à redução da base de cálculo;

II – à devolução total ou parcial, direta ou indireta, condicionada ou não, do tributo, ao contribuinte, a responsável ou a terceiros;

III – à concessão de créditos presumidos;

IV – a quaisquer outros incentivos ou favores fiscais ou financeiro-fiscais, concedidos com base no Imposto sobre Circulação de Mercadorias, dos quais resulte redução ou eliminação, direta ou indireta do respectivo ônus;

V – as prorrogações e às extensões das isenções vigentes nesta data.

Art. 2º Os convênios a que alude o art. 1º serão celebrados em reuniões para as quais tenham sido convocados representantes de todos os Estados e do Distrito Federal, sob a presidência de representantes do Governo Federal.

§ 1º As reuniões se realizarão com a presença de representantes da maioria das Unidades da Federação.

§ 2º A concessão de benefícios dependerá sempre de decisão unânime dos Estados representados; a sua revogação total ou parcial dependerá de aprovação de 4/5 (quatro quintos), pelo menos, dos representantes presentes.

§ 3º Dentro de 10 (dez) dias, contados da data final da reunião a que se refere este artigo, a resolução nela adotada será publicada no *Diário Oficial da União*.

Art. 3º Os convênios podem dispor que a aplicação de qualquer de suas cláusulas seja limitada a uma ou algumas Unidades da Federação.

Art. 4º Dentro do prazo de 15 (quinze) dias contados da publicação dos convênios no *Diário Oficial da União*, e independentemente de qualquer outra comunicação, o Poder Executivo de cada Unidade da Federação publicará decreto ratificando ou não os convênios celebrados, considerando-se ratificação tácita dos convênios a falta de manifestação no prazo assinalado neste artigo.

§ 1º O disposto neste artigo aplica-se também às Unidades da Federação cujos representantes não tenham comparecido à reunião em que hajam sido celebrados os convênios.

§ 2º Considerar-se-á rejeitado o convênio que não for expressa ou tacitamente ratificado pelo Poder Executivo de todas as Unidades da Federação ou, nos casos de revogação a que se refere o art. 2º, § 2º, desta Lei, pelo Poder Executivo de, no mínimo, quatro quintos das Unidades da Federação.

Art. 5º Até 10 (dez) dias depois de findo o prazo de ratificação dos convênios, promover-se-á, segundo o disposto em regimento, a publicação relativa à ratificação ou à rejeição do *Diário Oficial da União*.

Art. 6º Os convênios entrarão em vigor no trigésimo dia após a publicação a que se refere o art. 5º, salvo disposição em contrário.

Art. 7º Os convênios ratificados obrigam todas as Unidades da Federação, inclusive as que, regularmente convocadas, não se tenham feito representar na reunião.

Art. 8º A inobservância dos dispositivos desta Lei acarretará, cumulativamente:

I – a nulidade do ato e a ineficácia do crédito fiscal atribuído ao estabelecimento recebedor da mercadoria;

II – a exigibilidade do imposto não pago ou devolvido e a ineficácia da lei ou ato que conceda remissão do débito correspondente.

Parágrafo único. Às sanções previstas neste artigo poder-se-ão acrescer a presunção de irregularidade das contas correspondentes ao exercício, a juízo do Tribunal de Contas da União, e a suspensão do pagamento das quotas referentes ao Fundo de Participação, ao Fundo Especial e aos impostos referidos nos itens 8 e 9 do art. 21 da Constituição Federal.

Art. 9º É vedado aos Municípios sob pena das sanções previstas no artigo anterior, concederem qualquer dos benefícios relacionados no art. 1º no que se refere à sua parcela na receita do Imposto sobre Circulação de Mercadorias.

Art. 10. Os convênios definirão as condições gerais em que se poderão conceder, unilateralmente, anistia, remissão, transação, moratória, parcelamento de débitos fiscais e ampliação do prazo de recolhimento do Imposto sobre Circulação de Mercadorias.

Art. 11. O Regimento das reuniões de representantes das Unidades da Federação será aprovado em convênio.

Art. 12. São mantidos os benefícios fiscais decorrentes de convênios regionais e nacionais vigentes à data desta Lei, até que revogados ou alterados por outro.

§ 1º Continuam em vigor os benefícios fiscais ressalvados pelo § 6º do art. 3º do Dec.-lei 406, de 31 de dezembro de 1968, com a redação que lhe deu o art. 5º do Dec.-lei 834, de 8 de setembro de 1969, até o vencimento do prazo ou cumprimento das condições correspondentes.

§ 2º Quaisquer outros benefícios fiscais concedidos pela legislação estadual considerar-se-ão revogados se não forem convalidados pelo primeiro convênio que se realizar na forma desta Lei, ressalvados os concedidos por prazo certo ou em função de determinadas condições que já tenham sido incorporadas ao patrimônio jurídico de contribuinte. O prazo para a celebração deste convênio será de 90 (noventa) dias a contar da data da publicação desta Lei.

§ 3º A convalidação de que trata o parágrafo anterior se fará pela aprovação de 2/3 (dois terços) dos representantes presentes, observando-se na respectiva ratificação, este *quorum* e o mesmo processo do disposto no art. 4º.

Art. 13. O art. 178 do Código Tributário Nacional (Lei 5.172, de 25 de outubro de 1966), passa a vigorar com a seguinte redação:

→ Alteração efetuada no CTN.

Art. 14. Sairão com suspensão do Imposto sobre Circulação de Mercadorias:

I – as mercadorias remetidas pelo estabelecimento do produtor para estabelecimento de Cooperativa de que faça parte, situada no mesmo Estado;

II – as mercadorias remetidas pelo estabelecimento do Cooperativa de Produtores para estabelecimento, no mesmo Estado, da própria Cooperativa, de Cooperativa Central ou de Federação de Cooperativas de que a Cooperativa remetente faça parte.

§ 1º O Imposto devido pelas saídas mencionadas nos incisos I e II será recolhido pelo destinatário quando da saída subsequente esteja esta sujeita ou não ao pagamento do tributo.

§ 2º Ficam revogados os incisos IX e X do art. 1º da Lei Complementar 4, de 2 de dezembro de 1969.

Art. 15. O disposto nesta Lei não se aplica às indústrias instaladas ou que vierem a instalar-se na Zona Franca Manaus, sendo vedado às demais Unidades da Federação determinar a exclusão de incentivo fiscal, prêmio ou estímulo concedido pelo Estado do Amazonas.

Art. 16. Esta Lei entrará em vigor na data de sua publicação, revogadas as disposições em contrário.

Brasília, 7 de janeiro de 1975; 154º da Independência e 87º da República.

Ernesto Geisel

(Publicação no *D.O.U.* 9.1.1975)

DECRETO-LEI 1.578, DE 11 DE OUTUBRO DE 1977

Dispõe sobre o imposto sobre a exportação, e dá outras providências.

O Presidente da República, no uso das atribuições que lhe confere o artigo 55, item II, da Constituição, decreta:

Art. 1º O Imposto sobre a Exportação, para o estrangeiro, de produto nacional ou nacionalizado tem como fato gerador a saída deste do território nacional.

§ 1º Considera-se ocorrido o fato gerador no momento da expedição da Guia de Exportação ou documento equivalente.

§ 2º (*Revogado pela Lei 9.019/1995*).

§ 3º O Poder Executivo relacionará os produtos sujeitos ao imposto.

→ § 3º acrescentado pela Lei 9.716/1998.

Art. 2º A base de cálculo do imposto é o preço normal que o produto, ou seu similar, alcançaria, ao tempo da exportação, em uma venda em condições de livre concorrência no mercado internacional, observadas as normas expedidas pelo Poder Executivo, mediante ato da Camex – Câmara de Comércio Exterior.

→ *Caput* com redação alterada pela MP 2.158-35/2001.

§ 1º O preço à vista do produto, FOB ou posto na fronteira, é indicativo do preço normal.

§ 2º Quando o preço do produto for de difícil apuração ou for susceptível de oscilações bruscas no mercado internacional, o Poder Executivo, mediante ato da Camex, fixará critérios específicos ou estabelecerá pauta de valor mínimo, para apuração de base de cálculo.

→ § 2º com redação alterada pela MP 2.158-35/2001.

§ 3º Para efeito de determinação da base de cálculo do imposto, o preço de venda das mercadorias exportadas não poderá ser inferior ao seu custo de aquisição ou produção, acrescido dos impostos e das contribuições incidentes e de margem de lucro de quinze por cento sobre a soma dos custos, mais impostos e contribuições.

→ § 3º acrescentado pela Lei 9.716/1998.

Art. 3º A alíquota do imposto é de trinta por cento, facultado ao Poder Executivo reduzi-la ou aumentá-la, para atender aos objetivos da política cambial e do comércio exterior.

→ Artigo com redação alterada pela Lei 9.716/1998.

Parágrafo único. Em caso de elevação, a alíquota do imposto não poderá ser superior a cinco vezes o percentual fixado neste artigo.

Art. 4º O pagamento do imposto será realizado na forma e no momento fixados pelo Ministro da Fazenda, que poderá determinar sua exigibilidade antes da efetiva saída do produto a ser exportado.

Parágrafo único. Poderá ser dispensada a cobrança do imposto em função do destino da mercadoria exportada, observadas normas editadas pelo Ministro de Estado da Fazenda.

→ Parágrafo único acrescentado pela Lei 9.716/1998.

Art. 5º O contribuinte do imposto é o exportador, assim considerado qualquer pessoa que promova a saída do produto do território nacional.

Art. 6º Não efetivada a exportação do produto ou ocorrendo o seu retorno na forma do artigo 11 do Decreto-lei 491, de 5.3.1969, a quantia paga a título de imposto será restituída a requerimento do interessado acompanhado da respectiva documentação comprobatória.

Art. 7º (*Revogado pela Lei 10.833/2003*).

Art. 8º No que couber, aplicar-se-á, subsidiariamente, ao imposto de exportação a legislação relativa ao imposto de importação.

Art. 9º O produto da arrecadação do imposto de exportação constituirá reserva monetária, a crédito do Banco Central do Brasil, a qual só poderá ser aplicada na forma estabelecida pelo Conselho Monetário Nacional.

Art. 10. A Camex expedirá normas complementares a este Decreto-Lei, respeitado o disposto no § 2º do art. 1º, caput e § 2º do art. 2º, e arts. 3º e 9º.

→ Artigo com redação alterada pela MP 2.158-35/2001.

Art. 11. Este Decreto-Lei entrará em vigor na data de sua publicação, revogadas a Lei 5.072, de 12/08/1966, e demais disposições em contrário.

Brasília, 11 de outubro de 1977; 156º da Independência e 89º da República.

Ernesto Geisel

(Publicação no *D.O.U.* de 12.10.1977)

DECRETO-LEI 1.755, DE 31 DE DEZEMBRO DE 1979

Dispõe sobre a arrecadação e restituição das receitas federais, e dá outras providências.

O Presidente da República , no uso das atribuições conferidas pelo artigo 55, item II, da Constituição Federal decreta:

Art. 1º A arrecadação de todas as receitas da União far-se-á na forma estabelecida pelo Ministério da Fazenda, devendo o seu produto ser obrigatoriamente recolhido à conta do Tesouro Nacional.

Art. 2º (*Revogado pelo Dec.-lei 2.312/1986*).

Art. 3º (*Revogado pelo Dec.-lei 1.805/1980*).

Art. 4º Os órgãos autônomos da administração federal direta promoverão o recolhimento de suas receitas próprias ao Banco do Brasil S.A., à conta do Tesouro Nacional, observando-se o disposto no artigo 2º deste Decreto-lei.

Parágrafo Único. A receita própria de órgãos autônomos corresponde àquela gerada nas atividades de pesquisa ou ensino ou de caráter industrial, comercial ou agrícola, nos termos do Decreto-lei 200, de 25 de fevereiro de 1967, com a redação dada pelo Decreto-lei 900, de 29 de setembro de 1969, bem como nas relativas prestações de serviços de qualquer natureza.

Art. 5º A restituição de receitas federais e o ressarcimento em espécie, a título de incentivo ou benefício fiscal, dedutíveis da arrecadação, mediante anulação de receita, serão efetuados através de documento próprio a ser instituído pelo Ministério da Fazenda.

Art. 6º A Secretaria de Planejamento da Presidência da República e o Ministério da Fazenda baixarão as normas complementares necessárias à implementação do disposto neste Decreto-lei.

Art. 7º Este Decreto-lei entrará em vigor na data de sua publicação, ficando extintas todas as formas de arrecadação das receitas federais que não estejam de acordo com o disposto no presente Decreto-lei, revogando-se ainda as demais disposições em contrário.

Brasília, 31 de dezembro de 1979; 158º da Independência e 91º da República.

João Figueiredo

(Publicação no *D.O.U.* de 31.12.979)

DECRETO-LEI 1.783,
DE 18 DE ABRIL DE 1980

Dispõe sobre o Imposto sobre Operações de Crédito, Câmbio e Seguro, e sobre Operações relativas a Títulos e Valores Mobiliários.

O Presidente da República, no uso de suas atribuições, tendo em vista o artigo 55, item II, da Constituição e os artigos 63 a 67 do Código Tributário Nacional, decreta:

Art. 1º O imposto incidente, nos termos do art. 63 do Código Tributário Nacional, sobre operações de crédito, câmbio e seguro, e sobre operações relativas a títulos e valores mobiliários será cobrado às seguintes alíquotas:

I – empréstimos sob qualquer modalidade, aberturas de crédito e descontos de títulos: 0,5% ao mês sobre o valor da operação ou percentual proporcionalmente equivalente quando for cobrado de uma só vez;

II – seguros de vida e congêneres e de acidentes pessoais e do trabalho: 2% sobre o valor dos prêmios pagos;

III – seguros de bens, valores, coisas e outros não especificados: 4% sobre o valor dos prêmios pagos;

IV – operações de câmbio: 15% sobre o valor da operação;

IV – operações de câmbio: 130% sobre o valor da operação.

→ Inciso IV com redação alterada pelo Dec.-lei 2.303/1986.

V – operações relativas a títulos e valores mobiliários: 10% sobre o valor da operação.

Art. 2º São contribuintes do imposto os tomadores do crédito, os segurados, os compradores de moeda estrangeira e os adquirentes de títulos e valores mobiliários.

Art. 3º São responsáveis pela cobrança do imposto e pelo seu recolhimento ao Tesouro Nacional, nos prazos e condições fixados pela Secretaria da Receita Federal:

→ *Caput* com redação alterada pelo Dec.-lei 2.471/1988.

I – nas operações de crédito, as instituições financeiras;

II – nas operações de seguro, o segurador ou as instituições financeiras a quem este encarregar da cobrança do prêmio;

III – nas operações de câmbio, as instituições autorizadas a operar em câmbio;

IV – nas operações relativas a títulos ou valores mobiliários, as instituições autorizadas a operar na compra e venda de títulos e valores mobiliários e, nas operações de contratos derivativos, as entidades autorizadas a registrar os referidos contratos.

→ Inciso IV com redação alterada pela Lei 12.543/2011.

Art. 4º Este Decreto-lei entrará em vigor na data de sua publicação, revogados o artigo 2º do Decreto-lei 914, de 7 de outubro de 1969, e as disposições em contrário.

Brasília, em 18 de abril de 1980; 159º da Independência e 92º da República.

João Figueiredo

(Publicação no *D.O.U.* de 22.4.1980).

LEI 6.822,
DE 22 DE SETEMBRO DE 1980

Dispõe sobre a cobrança executiva dos débitos fixados em acórdãos do Tribunal de Contas da União, e dá outras providências.

O Presidente da República:

Faço saber que o Congresso Nacional decreta e eu sanciono a seguinte Lei:

Art. 1º As decisões do Tribunal de Contas da União condenatórias de responsáveis em débito para com a Fazenda Pública tornam a dívida líquida e certa e têm força executiva, cumprindo ao Ministério Público Federal, ou, nos Estados e Municípios, a quem dele as vezes fizer, ou aos procuradores das entidades da administração indireta, promover a sua cobrança executiva, independentemente de quaisquer outras formalidades, na forma do disposto na alínea *c* do artigo 50 do Decreto-lei 199, de 25 de fevereiro de 1967.

Art. 2º Incluem-se entre os responsáveis mencionados no artigo anterior os da administração indireta, os das fundações instituídas ou mantidas pela União e os abrangidos pelos artigos 31, item X, e 43 do Decreto-lei 199, de 25 de fevereiro de 1967, e pelo artigo 183 do Decreto-lei 200, de 25 de fevereiro de 1967, bem como os administradores de quaisquer recursos originários de transferências federais.

Art. 3º As multas impostas pelo Tribunal de Contas da União, nos casos previstos no artigo 53 do Decreto-lei 199, de 25 de fevereiro de 1967, após fixadas em decisão definitiva, serão, também, objeto de cobrança executiva, na forma estabelecida no artigo 1º.

Art. 4º Esta Lei entrará em vigor na data de sua publicação, revogadas as disposições em contrário.

Brasília, em 22 de setembro de 1980; 159º da Independência e 92º da República.

João Figueiredo

(Publicação no *D.O.U.* de 23.9.1980)

LEI 6.830,
DE 22 DE SETEMBRO DE 1980

Dispõe sobre a cobrança judicial da Dívida Ativa da Fazenda Pública e dá outras providências.

→ v. Súmula 521 do STJ

O Presidente da República:

Faço saber que o Congresso Nacional decreta e eu sanciono a seguinte Lei:

Art. 1º A execução judicial para cobrança da Dívida Ativa da União, dos Estados, do Distrito Federal, dos Municípios e respectivas autarquias será regida por esta Lei e, subsidiariamente, pelo Código de Processo Civil.

→ v. Arts. 578 e 579 do CPC/1973.

→ v. Arts. 46, § 5º e 782, § 2º, do NCPC.

Art. 2º Constitui Dívida Ativa da Fazenda Pública aquela definida como tributária ou não tributária na Lei 4.320, de 17 de março de 1964, com as alterações posteriores, que estatui normas gerais de direito financeiro para elaboração e controle dos orçamentos e balanços da União, dos Estados, dos Municípios e do Distrito Federal.

§ 1º Qualquer valor, cuja cobrança seja atribuída por lei às entidades de que trata o art. 1º, será considerado Dívida Ativa da Fazenda Pública.

§ 2º A Dívida Ativa da Fazenda Pública, compreendendo a tributária e a não tributária, abrange atualização monetária, juros e multa de mora e demais encargos previstos em lei ou contrato.

→ v. Art. 161, § 1º, do CTN.

§ 3º A inscrição, que se constitui no ato de controle administrativo da legalidade, será feita pelo órgão competente para apurar a liquidez e certeza do crédito e suspenderá a prescrição, para todos os efeitos de direito, por 180 (cento e oitenta) dias ou até a distribuição da execução fiscal, se esta ocorrer antes de findo aquele prazo.

→ v. Art. 174, parágrafo único, do CTN.

§ 4º A Dívida Ativa da União será apurada e inscrita na Procuradoria da Fazenda Nacional.

→ v. Súmula 139 do STJ.

→ v. Art. 1º da Lei 8.022/1990 – Administração das Receitas Federais.

§ 5º O Termo de Inscrição de Dívida Ativa deverá conter:

→ v. Art. 202 do CTN.

I – o nome do devedor, dos corresponsáveis e, sempre que conhecido, o domicílio ou residência de um e de outros;

II – o valor originário da dívida, bem como o termo inicial e a forma de calcular os juros de mora e demais encargos previstos em lei ou contrato;

III – a origem, a natureza e o fundamento legal ou contratual da dívida;

IV – a indicação, se for o caso, de estar a dívida sujeita à atualização monetária, bem como o respectivo fundamento legal e o termo inicial para o cálculo;

V – a data e o número da inscrição, no Registro de Dívida Ativa; e

VI – o número do processo administrativo ou do auto de infração, se neles estiver apurado o valor da dívida.

§ 6º A Certidão de Dívida Ativa conterá os mesmos elementos do Termo de Inscrição e será autenticada pela autoridade competente.

§ 7º O Termo de Inscrição e a Certidão de Dívida Ativa poderão ser preparados e numerados por processo manual, mecânico ou eletrônico.

§ 8º Até a decisão de primeira instância, a Certidão de Dívida Ativa poderá ser emendada ou substituída, assegurada ao executado a devolução do prazo para embargos.

→ v. Súmula 153 do STJ.

§ 9º O prazo para a cobrança das contribuições previdenciárias continua a ser o estabelecido no art. 144 da Lei 3.807, de 26 de agosto de 1960.

Art. 3º A Dívida Ativa regularmente inscrita goza da presunção de certeza e liquidez.

→ v. Art. 204, parágrafo único, do CTN.

Parágrafo único. A presunção a que se refere este artigo é relativa e pode ser ilidida por prova inequívoca, a cargo do executado ou de terceiro, a quem aproveite.

Art. 4º A execução fiscal poderá ser promovida contra:

→ v. Art. 568 do CPC/1973.

→ v. Art. 779 do NCPC.

I – o devedor;

II – o fiador;

III – o espólio;

IV – a massa;

V – o responsável, nos termos da lei, por dívidas, tributárias ou não, de pessoas físicas ou pessoas jurídicas de direito privado; e

VI – os sucessores a qualquer título.

§ 1º Ressalvado o disposto no art. 31, o síndico, o comissário, o liquidante, o inventariante e o administrador, nos casos de falência, concordata, liquidação, inventário, insolvência ou concurso de credores, se, antes de garantidos os créditos da Fazenda Pública, alienarem ou derem em garantia quaisquer dos bens administrados, respondem, solidariamente, pelo valor desses bens.

→ v. Lei. 11.101/2005 – Regula a recuperação judicial, a extrajudicial e a falência do empresário e da sociedade empresária.

§ 2º À Dívida Ativa da Fazenda Pública, de qualquer natureza, aplicam-se as normas relativas à responsabilidade prevista na legislação tributária, civil e comercial.

§ 3º Os responsáveis, inclusive as pessoas indicadas no § 1º deste artigo, poderão nomear bens livres e desembaraçados do devedor, tantos quantos bastem para pagar a dívida. Os bens dos responsáveis ficarão, porém, sujeitos à execução, se os do devedor forem insuficientes à satisfação da dívida.

→ v. Art. 595, *caput*, do CPC/1973.

→ v. Art. 794 do NCPC.

§ 4º Aplica-se à Dívida Ativa da Fazenda Pública de natureza não tributária o disposto nos arts. 186 e 188 a 192 do Código Tributário Nacional.

Art. 5º A competência para processar e julgar a execução da Dívida Ativa da Fazenda Pública exclui a de qualquer outro juízo, inclusive o da falência, da concordata, da liquidação, da insolvência ou do inventário.

→ v. Súmula 66 do STJ.

→ v. Art. 109, § 3º, da CF/1988.

→ v. Arts. 1.212 e 1.213 do CPC/1973.

→ v. Lei. 11.101/2005 – Regula a recuperação judicial, a extrajudicial e a falência do empresário e da sociedade empresária.

Art. 6º A petição inicial indicará apenas:

→ v. Art. 282 do CPC/1973.

→ v. Art. 319 do NCPC.

I – o juiz a quem é dirigida;

II – o pedido; e

III – o requerimento para a citação.

§ 1º A petição inicial será instruída com a Certidão da Dívida Ativa, que dela fará parte integrante, como se estivesse transcrita.

§ 2º A petição inicial e a Certidão de Dívida Ativa poderão constituir um único documento, preparado inclusive por processo eletrônico.

§ 3º A produção de provas pela Fazenda Pública independe de requerimento na petição inicial.

§ 4º O valor da causa será o da dívida constante da certidão, com os encargos legais.

Art. 7º O despacho do juiz que deferir a inicial importa em ordem para:

I – citação, pelas sucessivas modalidades previstas no art. 8º;

II – penhora, se não for paga a dívida, nem garantida a execução, por meio de depósito, fiança ou seguro garantia;

→ Inciso II com redação alterada pela Lei 13.043/2014.

→ v. Súmula Vinculante 25 do STF.

III – arresto, se o executado não tiver domicílio ou dele se ocultar;

IV – registro da penhora ou do arresto, independentemente do pagamento de custas ou outras despesas, observado o disposto no art. 14; e

V – avaliação dos bens penhorados ou arrestados.

Art. 8º O executado será citado para, no prazo de 5 (cinco) dias, pagar a dívida com os juros e multa de mora e encargos indicados na Certidão de Dívida Ativa, ou garantir a execução, observadas as seguintes normas:

→ v. Art. 653, *caput* do CPC/1973.

→ v. Art. 828, caput, do NCPC.

I – a citação será feita pelo correio, com aviso de recepção, se a Fazenda Pública não a requerer por outra forma;

→ v. Súmula 58 do STJ.

→ v. Art. 223 do CPC/1973.

→ v. Art. 248 do NCPC.

II – a citação pelo correio considera-se feita na data da entrega da carta no endereço do executado; ou, se a data for omitida, no aviso de recepção, 10 (dez) dias após a entrega da carta à agência postal;

III – se o aviso de recepção não retornar no prazo de 15 (quinze) dias da entrega da carta à agência postal, a citação será feita por oficial de justiça ou por edital;

→ v. Súmula 414 do STJ.

IV – o edital de citação será afixado na sede do juízo, publicado uma só vez no órgão oficial, gratuitamente, como expediente judiciário, com o prazo de 30 (trinta) dias, e conterá, apenas, a indicação da exequente, o nome do devedor e dos corresponsáveis, a quantia devida, a natureza da dívida, a data e o número da inscrição no Registro da Dívida Ativa, o prazo e o endereço da sede do juízo.

§ 1º O executado ausente do País será citado por edital, com prazo de 60 (sessenta) dias.

§ 2º O despacho do juiz, que ordenar a citação, interrompe a prescrição.

→ v. Art. 174, parágrafo único, I, do CTN.

Art. 9º Em garantia da execução, pelo valor da dívida, juros e multa de mora e encargos indicados na Certidão da Dívida Ativa, o executado poderá:

I – efetuar depósito em dinheiro, à ordem do juízo em estabelecimento oficial de crédito, que assegure atualização monetária;

II – oferecer fiança bancária ou seguro garantia;

→ Inciso II com redação alterada pela Lei 13.043/2014.

III – nomear bens à penhora, observada a ordem do art. 11; ou

IV – indicar à penhora bens oferecidos por terceiros e aceitos pela Fazenda Pública.

§ 1º O executado só poderá indicar e o terceiro oferecer bem imóvel à penhora com o consentimento expresso do respectivo cônjuge.

§ 2º Juntar-se-á aos autos a prova do depósito, da fiança bancária, do seguro garantia ou da penhora dos bens do executado ou de terceiros.

→ § 2º com redação alterada pela Lei 13.043/2014.

§ 3º A garantia da execução, por meio de depósito em dinheiro, fiança bancária ou seguro garantia, produz os mesmos efeitos da penhora.

→ § 3º com redação alterada pela Lei 13.043/2014.

§ 4º Somente o depósito em dinheiro, na forma do art. 32, faz cessar a responsabilidade pela atualização monetária e juros de mora.

§ 5º A fiança bancária prevista no inciso II obedecerá às condições preestabelecidas pelo Conselho Monetário Nacional.

§ 6º O executado poderá pagar parcela da dívida, que julgar incontroversa, e garantir a execução do saldo devedor.

Art. 10. Não ocorrendo o pagamento, nem a garantia da execução de que trata o art. 9º, a penhora poderá recair em qualquer bem do executado, exceto os que a lei declare absolutamente impenhoráveis.

Art. 11. A penhora ou arresto de bens obedecerá à seguinte ordem:

→ v. Arts. 655 e 813 do CPC/1973.

→ v. Arts. 292, parágrafo único, 296, 297, 299, 300, §§ 1º e 2º, 301, 302, 305 a 310, 528, 529, 831, 835 a 840, 843, 844, 845, § 2º, 846 a 849, 851 a 860, 862 a 864, 867 a 870 a 880, 881, 882, 884, 886, 887, §§ 3º a 6º, 888, 892, 895, §§ 1º e 2º, 889, V, 890, 891, 894, 896 a 898, 900, 903, §§ 4º e 6º, 904 a 910, 914 a 916, 917, §§ 3º e 4º, 918 a 923, 925, do NCPC.

I – dinheiro;

II – título da dívida pública, bem como título de crédito, que tenham cotação em Bolsa;

III – pedras e metais preciosos;

IV – imóveis;

V – navios e aeronaves;

VI – veículos;

VII – móveis ou semoventes; e

VIII – direitos e ações.

§ 1º Excepcionalmente, a penhora poderá recair sobre estabelecimento comercial, industrial ou agrícola, bem como em plantações ou edifícios em construção.

§ 2º A penhora efetuada em dinheiro será convertida no depósito de que trata o inciso I do art. 9º.

§ 3º O juiz ordenará a remoção do bem penhorado para depósito judicial, particular ou da Fazenda Pública exequente, sempre que esta o requerer, em qualquer fase do processo.

Art. 12. Na execução fiscal, far-se-á a intimação da penhora ao executado, mediante publicação, no órgão oficial, do ato de juntada do termo ou do auto de penhora.

§ 1º Nas comarcas do interior dos Estados, a intimação poderá ser feita pela remessa de cópia do termo ou do auto de penhora, pelo correio, na forma estabelecida no art. 8º, I e II, para a citação.

§ 2º Se a penhora recair sobre imóvel, far-se-á a intimação ao cônjuge, observadas as normas previstas para a citação.

§ 3º Far-se-á a intimação da penhora pessoalmente ao executado se, na citação feita pelo correio, o aviso de recepção não contiver a assinatura do próprio executado, ou de seu representante legal.

Art. 13. O termo ou auto de penhora conterá, também, a avaliação dos bens penhorados, efetuada por quem o lavrar.

§ 1º Impugnada a avaliação, pelo executado, ou pela Fazenda Pública, antes de publicado o edital de leilão, o juiz, ouvida a outra parte, nomeará avaliador oficial para proceder a nova avaliação dos bens penhorados.

§ 2º Se não houver, na comarca, avaliador oficial ou este não puder apresentar o laudo de avaliação no prazo de 15 (quinze) dias, será nomeada pessoa ou entidade habilitada, a critério do juiz.

§ 3º Apresentado o laudo, o juiz decidirá de plano sobre a avaliação.

Art. 14. O oficial de justiça entregará contrafé e cópia do termo ou do auto de penhora ou arresto, com a ordem de registro de que trata o art. 7º, IV:

I – no Ofício próprio, se o bem for imóvel ou a ele equiparado;

II – na repartição competente para emissão de certificado de registro, se for veículo;

III – na Junta Comercial, na Bolsa de Valores, e na sociedade comercial, se forem ações, debênture, parte beneficiária, cota ou qualquer outro título, crédito ou direito societário nominativo.

Art. 15. Em qualquer fase do processo, será deferida pelo juiz:

I – ao executado, a substituição da penhora por depósito em dinheiro, fiança bancária ou seguro garantia; e

→ Inciso I com redação alterada pela Lei 13.043/2014.

II – à Fazenda Pública, a substituição dos bens penhorados por outros, independentemente da ordem enumerada no art. 11, bem como o reforço da penhora insuficiente.

→ v. Art. 685, II do CPC/1973.

→ v. Art. 874, II, do NCPC.

Art. 16. O executado oferecerá embargos, no prazo de 30 (trinta) dias, contados:

I – do depósito;

II – da juntada da prova da fiança bancária ou do seguro garantia;

→ Inciso II com redação alterada pela Lei 13.043/2014.

III – da intimação da penhora.

§ 1º Não são admissíveis embargos do executado antes de garantida a execução.

§ 2º No prazo dos embargos, o executado deverá alegar toda matéria útil à defesa, requerer provas e juntar aos autos os documentos e rol de testemunhas, até três, ou, a critério do juiz, até o dobro desse limite.

§ 3º Não será admitida reconvenção, nem compensação, e as exceções, salvo as de suspeição, incompetência e impedimento, serão arguidas como matéria preliminar e serão processadas e julgadas com os embargos.

→ v. Súmula 393 do STJ.

→ v. Súmulas 276 e 277 do STF.

Art. 17. Recebidos os embargos, o juiz mandará intimar a Fazenda, para impugná-los no prazo de 30 (trinta) dias, designando, em seguida, audiência de instrução e julgamento.

Parágrafo único. Não se realizará audiência, se os embargos versarem sobre matéria de direito ou, sendo de direito e de fato, a prova for exclusivamente documental, caso em que o juiz proferirá a sentença no prazo de 30 (trinta) dias.

Art. 18. Caso não sejam oferecidos os embargos, a Fazenda Pública manifestar-se-á sobre a garantia da execução.

Art. 19. Não sendo embargada a execução ou sendo rejeitados os embargos, no caso de garantia prestada por terceiro, será este intimado, sob pena de contra ele prosseguir a execução nos próprios autos, para, no prazo de 15 (quinze) dias:

I – remir o bem, se a garantia for real; ou

II – pagar o valor da dívida, juros e multa de mora e demais encargos, indicados na Certidão de Dívida Ativa, pelos quais se obrigou, se a garantia for fidejussória.

Art. 20. Na execução por carta, os embargos do executado serão oferecidos no juízo deprecado, que os remeterá ao juízo deprecante, para instrução e julgamento.

Parágrafo único. Quando os embargos tiverem por objeto vícios ou irregularidades de atos do próprio juízo deprecado, caber-lhe-á unicamente o julgamento dessa matéria.

Art. 21. Na hipótese de alienação antecipada dos bens penhorados, o produto será depositado em garantia da execução, nos termos previstos no art. 9º, I.

→ v. Art. 1.113 do CPC/1973.

→ v. Art. 730 do NCPC.

Art. 22. A arrematação será precedida de edital, afixado no local do costume, na sede do juízo, e publicado, em resumo, uma só vez, gratuitamente, como expediente judiciário, no órgão oficial.

→ v. Súmula 128 do STJ.

§ 1º O prazo entre as datas de publicação do edital e do leilão não poderá ser superior a 30 (trinta), nem inferior a 10 (dez) dias.

§ 2º O representante judicial da Fazenda Pública será intimado, pessoalmente, da realização do leilão, com a antecedência prevista no parágrafo anterior.

Art. 23. A alienação de quaisquer bens penhorados será feita em leilão público, no lugar designado pelo juiz.

§ 1º A Fazenda Pública e o executado poderão requerer que os bens sejam leiloados englobadamente ou em lotes que indicarem.

→ v. Arts. 691 e 692 do CPC/1973.

→ v. Art. 891 do NCPC.

§ 2º Cabe ao arrematante o pagamento da comissão do leiloeiro e demais despesas indicadas no edital.

→ v. Art. 705, IV, do CPC/1973.

→ v. Art. 884, parágrafo único, do NCPC.

Art. 24. A Fazenda Pública poderá adjudicar os bens penhorados:

I – antes do leilão, pelo preço da avaliação, se a execução não for embargada ou se rejeitados os embargos;

II – findo o leilão:

a) se não houver licitante, pelo preço da avaliação;

b) havendo licitantes, com preferência, em igualdade de condições com a melhor oferta, no prazo de 30 (trinta) dias.

Parágrafo único. Se o preço da avaliação ou o valor da melhor oferta for superior ao dos créditos da Fazenda Pública, a adjudicação somente será deferida pelo juiz se a diferença for depositada, pela exequente, à ordem do juízo, no prazo de 30 (trinta) dias.

Art. 25. Na execução fiscal, qualquer intimação ao representante judicial da Fazenda Pública será feita pessoalmente.

→ v. Súmula 121 do STJ.

Parágrafo único. A intimação de que trata este artigo poderá ser feita mediante vista dos autos, com imediata remessa ao representante judicial da Fazenda Pública, pelo cartório ou secretaria.

Art. 26. Se, antes da decisão de primeira instância, a inscrição de Dívida Ativa for, a qualquer título, cancelada, a execução fiscal será extinta, sem qualquer ônus para as partes.

Art. 27. As publicações de atos processuais poderão ser feitas resumidamente ou reunir num só texto os de diferentes processos.

→ v. Súmula 121 do STJ.

Parágrafo único. As publicações farão sempre referência ao número do processo no respectivo juízo e ao número da correspondente inscrição de Dívida Ativa, bem como ao nome das partes e de seus advogados, suficientes para a sua identificação.

Art. 28. O juiz, a requerimento das partes, poderá, por conveniência da unidade da garantia da execução, ordenar a reunião de processos contra o mesmo devedor.

→ v. Art. 105 do CPC/1973.

→ v. Arts. 57 e 58, do NCPC.

→ v. Súmula 515 do STJ.

Parágrafo único. Na hipótese deste artigo, os processos serão redistribuídos ao juízo da primeira distribuição.

Art. 29. A cobrança judicial da Dívida Ativa da Fazenda Pública não é sujeita a concurso de credores ou habilitação em falência, concordata, liquidação, inventário ou arrolamento.

Parágrafo único. O concurso de preferência somente se verifica entre pessoas jurídicas de direito público, na seguinte ordem:

→ v. Súmula 497 do STJ.

I – União e suas autarquias;

II – Estados, Distrito Federal e Territórios e suas autarquias, conjuntamente e *pro rata*;

III – Municípios e suas autarquias, conjuntamente e *pro rata*.

Art. 30. Sem prejuízo dos privilégios especiais sobre determinados bens, que sejam previstos em lei, responde pelo pagamento da Dívida Ativa da Fazenda Pública a totalidade dos bens e das rendas, de qualquer origem ou natureza, do sujeito passivo, seu espólio ou sua massa, inclusive os gravados por ônus real ou cláusula de inalienabilidade ou impenhorabilidade, seja qual for a data da constituição do ônus ou da cláusula, excetuados unicamente os bens e rendas que a lei declara absolutamente impenhoráveis.

Art. 31. Nos processos de falência, concordata, liquidação, inventário, arrolamento ou concurso de credores, nenhuma alienação será judicialmente autorizada sem a prova de quitação da Dívida Ativa ou a concordância da Fazenda Pública.

→ *v.* Lei. 11.101/2005 – Regula a recuperação judicial, a extrajudicial e a falência do empresário e da sociedade empresária.

Art. 32. Os depósitos judiciais em dinheiro serão obrigatoriamente feitos:

I – na Caixa Econômica Federal, de acordo com o Dec.-lei 1.737, de 20 de dezembro de 1979, quando relacionados com a execução fiscal proposta pela União ou suas autarquias;

II – na Caixa Econômica ou no banco oficial da unidade federativa ou, à sua falta, na Caixa Econômica Federal, quando relacionados com execução fiscal proposta pelo Estado, Distrito Federal, Municípios e suas autarquias.

§ 1º Os depósitos de que trata este artigo estão sujeitos à atualização monetária, segundo os índices estabelecidos para os débitos tributários federais.

§ 2º Após o trânsito em julgado da decisão, o depósito, monetariamente atualizado, será devolvido ao depositante ou entregue à Fazenda Pública, mediante ordem do juízo competente.

Art. 33. O juízo, de ofício, comunicará à repartição competente da Fazenda Pública, para fins de averbação no Registro da Dívida Ativa, a decisão final, transitada em julgado, que der por improcedente a execução, total ou parcialmente.

Art. 34. Das sentenças de primeira instância proferidas em execuções de valor igual ou inferior a 50 (cinquenta) Obrigações Reajustáveis do Tesouro Nacional - ORTN, só se admitirão embargos infringentes e de declaração.

→ *v.* Súmula 640 do STF.

§ 1º Para os efeitos deste artigo, considerar-se-á o valor da dívida monetariamente atualizado e acrescido de multa e juros de mora e demais encargos legais, na data da distribuição.

§ 2º Os embargos infringentes, instruídos, ou não, com documentos novos, serão deduzidos, no prazo de 10 (dez) dias perante o mesmo juízo, em petição fundamentada.

§ 3º Ouvido o embargado, no prazo de 10 (dez) dias, serão os autos conclusos ao juiz, que, dentro de 20 (vinte) dias, os rejeitará ou reformará a sentença.

Art. 35. Nos processos regulados por esta Lei, poderá ser dispensada a audiência de revisor, no julgamento das apelações.

Art. 36. Compete à Fazenda Pública baixar normas sobre o recolhimento da Dívida Ativa respectiva, em juízo ou fora dele, e aprovar, inclusive, os modelos de documentos de arrecadação.

Art. 37. O auxiliar de justiça que, por ação ou omissão, culposa ou dolosa, prejudicar a execução, será responsabilizado, civil, penal e administrativamente.

Parágrafo único. O oficial de justiça deverá efetuar, em 10 (dez) dias, as diligências que lhe forem ordenadas, salvo motivo de força maior devidamente justificado perante o juízo.

Art. 38. A discussão judicial da Dívida Ativa da Fazenda Pública só é admissível em execução, na forma desta Lei, salvo as hipóteses de mandado de segurança, ação de repetição do indébito ou ação anulatória do ato declarativo da dívida, esta precedida do depósito preparatório do valor do débito, monetariamente corrigido e acrescido dos juros e multa de mora e demais encargos.

→ Arts. 165 a 169 do CTN.

→ *v.* Art. 4º do CPC/1973.

→ *v.* Arts. 19 e 20, do NCPC.

→ *v.* Lei 12.016/2009 – Disciplina o mandado de segurança individual e coletivo e dá outras providências.

Parágrafo único. A propositura, pelo contribuinte, da ação prevista neste artigo importa em renúncia ao poder de recorrer na esfera administrativa e desistência do recurso acaso interposto.

Art. 39. A Fazenda Pública não está sujeita ao pagamento de custas e emolumentos. A prática dos atos judiciais de seu interesse independerá de preparo ou de prévio depósito.

Parágrafo único. Se vencida, a Fazenda Pública ressarcirá o valor das despesas feitas pela parte contrária.

→ *v.* Art. 20 do CPC/1973.

→ *v.* Arts. 84 e 85, do NCPC.

Art. 40. O juiz suspenderá o curso da execução, enquanto não for localizado o devedor ou encontrados bens sobre os quais possa recair a penhora, e, nesses casos, não correrá o prazo de prescrição.

→ *v.* Súmula 314 do STJ.

→ *v.* Súmula 11 do CARF.

→ *v.* Art. 791, III, do CPC/1973.

→ *v.* Art. 921 do NCPC.

→ *v.* Art. 174, parágrafo único, do CTN.

§ 1º Suspenso o curso da execução, será aberta vista dos autos ao representante judicial da Fazenda Pública.

→ *v.* Art. 151 do CTN.

§ 2º Decorrido o prazo máximo de 1 (um) ano, sem que seja localizado o devedor ou encontrados bens penhoráveis, o juiz ordenará o arquivamento dos autos.

§ 3º Encontrados que sejam, a qualquer tempo, o devedor ou os bens, serão desarquivados os autos para prosseguimento da execução.

§ 4º Se da decisão que ordenar o arquivamento tiver decorrido o prazo prescricional, o juiz, depois de ouvida a Fazenda Pública, poderá, de ofício, reconhecer a prescrição intercorrente e decretá-la de imediato.

→ § 4º acrescentado pela Lei 11.051/2004.

→ *v.* Súmula 314 do STJ.

§ 5º A manifestação prévia da Fazenda Pública prevista no § 4º deste artigo será dispensada no caso de cobranças judiciais cujo valor seja inferior ao mínimo fixado por ato do Ministro de Estado da Fazenda.

→ § 5º acrescentado pela Lei 11.960/2009.

Art. 41. O processo administrativo correspondente à inscrição de Dívida Ativa, à execução fiscal ou à ação proposta contra a Fazenda Pública será mantido na repartição competente, dele se extraindo as cópias autenticadas ou certidões, que forem requeridas pelas partes ou requisitadas pelo juiz ou pelo Ministério Público.

→ *v.* Dec. 70.235/1972 – Dispõe sobre o processo administrativo fiscal, e dá outras providências.

Parágrafo único. Mediante requisição do juiz à repartição competente, com dia e hora previamente marcados, poderá o processo administrativo ser exibido na sede do juízo, pelo funcionário para esse fim designado, lavrando o serventuário termo da ocorrência, com indicação, se for o caso, das peças a serem trasladadas.

Art. 42. Revogadas as disposições em contrário, esta Lei entrará em vigor 90 (noventa) dias após a data de sua publicação.

Brasília, em 22 de setembro de 1980; 159º da Independência e 92º da República.

João Figueiredo

(Publicação no *D.O.U.* 24.9.1980)

LEI 6.899, DE 8 DE ABRIL DE 1981

Determina a aplicação da correção monetária nos débitos oriundos de decisão judicial e dá outras providências.

→ *v.* Lei 8.177/1991 - Estabelece regras para a desindexação da economia e dá outras providências.

O Presidente da República:

Faço saber que o Congresso Nacional decreta e eu sanciono a seguinte Lei:

Art. 1º A correção monetária incide sobre qualquer débito resultante de decisão judicial, inclusive sobre custas e honorários advocatícios.

→ *v.* Súmulas 8, 29, 36 e 67 do STJ.

§ 1º Nas execuções de títulos de dívida líquida e certa, a correção será calculada a contar do respectivo vencimento.

§ 2º Nos demais casos, o cálculo far-se-á a partir do ajuizamento da ação.

Art. 2º O Poder Executivo, no prazo de 60 (sessenta) dias, regulamentará a forma pela qual será efetuado o cálculo da correção monetária.

Art. 3º O disposto nesta Lei aplica-se a todas as causas pendentes de julgamento.

Art. 4º Esta Lei entrará em vigor na data de sua publicação.

Art. 5º Revogam-se as disposições em contrário.

Brasília, em 8 de abril de 1981; 160º da Independência e 93º da República.

João Figueiredo

(Publicação no *D.O.U.* 9.4.1981)

LEI 7.492, DE 16 DE JUNHO DE 1986

Define os crimes contra o Sistema Financeiro Nacional e dá outras providências.

O Presidente da República:

Faço saber que o Congresso Nacional decreta e eu sanciono a seguinte Lei:

Art. 1º Considera-se instituição financeira, para efeito desta Lei, a pessoa jurídica de direito público ou privado, que tenha como atividade principal ou acessória, cumulativamente ou não, a

LEGISLAÇÃO

captação, intermediação ou aplicação de recursos financeiros (*vetado*) de terceiros, em moeda nacional ou estrangeira, ou a custódia, emissão, distribuição, negociação, intermediação ou administração de valores mobiliários.

→ *V.* Súmula 595 do STF.

Parágrafo único. Equipara-se à instituição financeira:

I – a pessoa jurídica que capte ou administre seguros, câmbio, consórcio, capitalização ou qualquer tipo de poupança, ou recursos de terceiros;

II – a pessoa natural que exerça quaisquer das atividades referidas neste artigo, ainda que de forma eventual.

Dos crimes contra o Sistema Financeiro Nacional

Art. 2º Imprimir, reproduzir ou, de qualquer modo, fabricar ou pôr em circulação, sem autorização escrita da sociedade emissora, certificado, cautela ou outro documento representativo de título ou valor mobiliário:

Pena – reclusão, de 2 (dois) a 8 (oito) anos, e multa.

Parágrafo único. Incorre na mesma pena quem imprime, fabrica, divulga, distribui ou faz distribuir prospecto ou material de propaganda relativo aos papéis referidos neste artigo.

Art. 3º Divulgar informação falsa ou prejudicialmente incompleta sobre instituição financeira:

Pena – reclusão, de 2 (dois) a 6 (seis) anos, e multa.

Art. 4º Gerir fraudulentamente instituição financeira:

→ *V.* Art. 3º, IX da Lei 1.521/1951 – Crimes Contra e Economia Popular.

Pena – reclusão, de 3 (três) a 12 (doze) anos, e multa.

Parágrafo único. Se a gestão é temerária:

Pena – reclusão, de 2 (dois) a 8 (oito) anos, e multa.

Art. 5º Apropriar-se, quaisquer das pessoas mencionadas no art. 25 desta Lei, de dinheiro, título, valor ou qualquer outro bem móvel de que tem a posse, ou desviá-lo em proveito próprio ou alheio:

Pena – reclusão, de 2 (dois) a 6 (seis) anos, e multa.

→ *V.* Arts. 168 e 312 do CP.

Parágrafo único. Incorre na mesma pena qualquer das pessoas mencionadas no art. 25 desta Lei, que negociar direito, título ou qualquer outro bem móvel ou imóvel de que tem a posse, sem autorização de quem de direito.

Art. 6º Induzir ou manter em erro sócio, investidor ou repartição pública competente, relativamente a operação ou situação financeira, sonegando-lhe informação ou prestando-a falsamente:

Pena – reclusão, de 2 (dois) a 6 (seis) anos, e multa.

→ *V.* Art. 171 do CP.

Art. 7º Emitir, oferecer ou negociar, de qualquer modo, títulos ou valores mobiliários:

I – falsos ou falsificados;

II – sem registro prévio de emissão junto à autoridade competente, em condições divergentes das constantes do registro ou irregularmente registrados;

III – sem lastro ou garantia suficientes nos termos da legislação;

IV – sem autorização prévia da autoridade competente, quando legalmente exigida:

Pena – reclusão, de 2 (dois) a 8 (oito) anos, e multa.

→ *V.* Arts. 19 e 20 da Lei 6.385/1976 – Mercado de Valores Mobiliários.

Art. 8º Exigir, em desacordo com a legislação (*vetado*), juro, comissão ou qualquer tipo de remuneração sobre operação de crédito ou de seguro, administração de fundo mútuo ou fiscal ou de consórcio, serviço de corretagem ou distribuição de títulos ou valores mobiliários:

Pena – reclusão, de 1 (um) a 4 (quatro) anos, e multa.

Art. 9º Fraudar a fiscalização ou o investidor, inserindo ou fazendo inserir, em documento comprobatório de investimento em títulos ou valores mobiliários, declaração falsa ou diversa da que dele deveria constar:

Pena – reclusão, de 1 (um) a 5 (cinco) anos, e multa.

Art. 10. Fazer inserir elemento falso ou omitir elemento exigido pela legislação em demonstrativos contábeis de instituição financeira, seguradora ou instituição integrante do sistema de distribuição de títulos de valores mobiliários:

Pena – reclusão, de 1 (um) a 5 (cinco) anos, e multa.

→ *V.* Art. 299 do CP.

Art. 11. Manter ou movimentar recurso ou valor paralelamente à contabilidade exigida pela legislação:

Pena – reclusão, de 1 (um) a 5 (cinco) anos, e multa.

Art. 12. Deixar, o ex-administrador de instituição financeira, de apresentar, ao interventor, liquidante, ou síndico, nos prazos e condições estabelecidas em lei as informações, declarações ou documentos de sua responsabilidade:

Pena – reclusão, de 1 (um) a 4 (quatro) anos, e multa.

Art. 13. Desviar (*vetado*) bem alcançado pela indisponibilidade legal resultante de intervenção, liquidação extrajudicial ou falência de instituição financeira:

Pena – reclusão, de 2 (dois) a 6 (seis) anos, e multa.

Parágrafo único. Na mesma pena incorre o interventor, o liquidante ou o síndico que se apropriar de bem abrangido pelo *caput* deste artigo, ou desviá-lo em proveito próprio ou alheio.

Art. 14. Apresentar em liquidação extrajudicial, ou em falência de instituição financeira, declaração de crédito ou reclamação falsa, ou juntar a elas título falso ou simulado:

Pena – reclusão, de 2 (dois) a 8 (oito) anos, e multa.

Parágrafo único. Na mesma pena incorre o ex-administrador ou falido que reconhecer, como verdadeiro, crédito que não o seja.

Art. 15. Manifestar-se falsamente o interventor, o liquidante ou o síndico (*vetado*) a respeito de assunto relativo a intervenção, liquidação extrajudicial ou falência de instituição financeira:

Pena – reclusão, de 2 (dois) a 8 (oito) anos, e multa.

Art. 16. Fazer operar, sem a devida autorização, ou com autorização obtida mediante declaração (*vetado*) falsa, instituição financeira, inclusive de distribuição de valores mobiliários ou de câmbio:

Pena – reclusão, de 1 (um) a 4 (quatro) anos, e multa.

Art. 17. Tomar ou receber, qualquer das pessoas mencionadas no art. 25 desta Lei, direta ou indiretamente, empréstimo ou adiantamento, ou deferi-lo a controlador, a administrador, a membro de conselho estatutário, aos respectivos cônjuges, aos ascendentes ou descendentes, a parentes na linha colateral até o 2º grau, consanguíneos ou afins, ou a sociedade cujo controle seja por ela exercido, direta ou indiretamente, ou por qualquer dessas pessoas:

Pena – reclusão, de 2 (dois) a 6 (seis) anos, e multa.

Parágrafo único. Incorre na mesma pena quem:

I – em nome próprio, como controlador, ou na condição de administrador da sociedade, conceder ou receber adiantamento de honorários, remuneração, salário ou qualquer outro pagamento, nas condições referidas neste artigo;

II – de forma disfarçada, promover a distribuição ou receber lucros de instituição financeira.

Art. 18. Violar sigilo de operação ou de serviço prestado por instituição financeira ou integrante do sistema de distribuição de títulos mobiliários de que tenha conhecimento, em razão de ofício:

Pena – reclusão de 1 (um) a 4 (quatro) anos, e multa.

Art. 19. Obter, mediante fraude, financiamento em instituição financeira:

Pena – reclusão, de 2 (dois) a 6 (seis) anos, e multa.

Parágrafo único. A pena é aumentada de 1/3 (um terço) se o crime é cometido em detrimento de instituição financeira oficial ou por ela credenciada para o repasse de financiamento.

Art. 20. Aplicar, em finalidade diversa da prevista em lei ou contrato, recursos provenientes de financiamento concedido por instituição financeira oficial ou por instituição credenciada para repassá-lo:

Pena – reclusão, de 2 (dois) a 6 (seis) anos, e multa.

→ *V.* Art. 315 do CP.

Art. 21. Atribuir-se, ou atribuir a terceiro, falsa identidade, para realização de operação de câmbio:

Pena – detenção, de 1 (um) a 4 (quatro) anos, e multa.

→ *V.* Art. 307 do CP.

Parágrafo único. Incorre na mesma pena quem, para o mesmo fim, sonega informação que devia prestar ou presta informação falsa.

Art. 22. Efetuar operação de câmbio não autorizada, com o fim de promover evasão de divisas do País:

Pena – reclusão, de 2 (dois) a 6 (seis) anos, e multa.

Parágrafo único. Incorre na mesma pena quem, a qualquer título, promove, sem autorização legal, a saída de moeda ou divisa para o exterior, ou nele mantiver depósitos não declarados à repartição federal competente.

Art. 23. Omitir, retardar ou praticar, o funcionário público, contra disposição expressa de lei, ato de ofício necessário ao regular funcionamento do sistema financeiro nacional, bem como a preservação dos interesses e valores da ordem econômico-financeira:

Pena – reclusão, de 1 (um) a 4 (quatro) anos, e multa.

→ v. Art. 319 do CP.

Art. 24. *(Vetado).*

Da aplicação e do procedimento criminal

Art. 25. São penalmente responsáveis, nos termos desta Lei, o controlador e os administradores de instituição financeira, assim considerados os diretores, gerentes *(vetado)*.

§ 1º Equiparam-se aos administradores de instituição financeira *(vetado)* o interventor, o liquidante ou o síndico.

→ Anterior parágrafo único renumerado para § 1º pela Lei 9.080/1995.

§ 2º Nos crimes previstos nesta Lei, cometidos em quadrilha ou coautoria, o coautor ou partícipe que através de confissão espontânea revelar à autoridade policial ou judicial toda a trama delituosa terá sua pena reduzida de 1 (um) a 2/3 (dois terços).

→ § 2º acrescentado pela Lei 9.080/1995.

Art. 26. A ação penal, nos crimes previstos nesta Lei, será promovida pelo Ministério Público Federal, perante a Justiça Federal.

Parágrafo único. Sem prejuízo do disposto no art. 268 do Código de Processo Penal, aprovado pelo Dec.-lei 3.689, de 3 de outubro de 1941, será admitida a assistência da Comissão de Valores Mobiliários – CVM, quando o crime tiver sido praticado no âmbito de atividade sujeita à disciplina e à fiscalização dessa Autarquia, e do Banco Central do Brasil quando, fora daquela hipótese, houver sido cometido na órbita de atividade sujeita à sua disciplina e fiscalização.

Art. 27. Quando a denúncia não for intentada no prazo legal, o ofendido poderá representar ao Procurador-Geral da República, para que este a ofereça, designe outro órgão do Ministério Público para oferecê-la ou determine o arquivamento das peças de informação recebidas.

Art. 28. Quando, no exercício de suas atribuições legais, o Banco Central do Brasil ou a Comissão de Valores Mobiliários – CVM, verificar a ocorrência de crime previsto nesta Lei, disso deverá informar ao Ministério Público Federal, enviando-lhe os documentos necessários à comprovação do fato.

Parágrafo único. A conduta de que trata este artigo será observada pelo interventor, liquidante ou síndico que, no curso de intervenção, liquidação extrajudicial ou falência, verificar a ocorrência de crime de que trata esta Lei.

Art. 29. O órgão do Ministério Público Federal, sempre que julgar necessário, poderá requisitar, a qualquer autoridade, informação, documento ou diligência relativa à prova dos crimes previstos nesta Lei.

Parágrafo único. O sigilo dos serviços e operações financeiras não pode ser invocado como óbice ao atendimento da requisição prevista no *caput* deste artigo.

Art. 30. Sem prejuízo do disposto no art. 312 do Código de Processo Penal, aprovado pelo Dec.-lei 3.689, de 3 de outubro de 1941, a prisão preventiva do acusado da prática de crime previsto nesta Lei poderá ser decretada em razão da magnitude da lesão causada *(vetado)*.

Art. 31. Nos crimes previstos nesta Lei e punidos com pena de reclusão, o réu não poderá prestar fiança, nem apelar antes de ser recolhido à prisão, ainda que primário e de bons antecedentes, se estiver configurada situação que autoriza a prisão preventiva.

Art. 32. *(Vetado).*

§ 1º *(Vetado).*

§ 2º *(Vetado).*

§ 3º *(Vetado).*

Art. 33. Na fixação da pena de multa relativa aos crimes previstos nesta Lei, o limite a que se refere o § 1º do art. 49 do Código Penal, aprovado pelo Dec.-lei 2.848, de 7 de dezembro de 1940, pode ser estendido até o décuplo, se verificada a situação nele cogitada.

Art. 34. Esta Lei entra em vigor na data de sua publicação.

Art. 35. Revogam-se as disposições em contrário.

Brasília, em 16 de junho de 1986; 165º da Independência e 98º da República.

José Sarney

(Publicação no *D.O.U.* 18.6.1986)

LEI 7.689, DE 15 DE DEZEMBRO DE 1988

Institui contribuição social sobre o lucro das pessoas jurídicas, e dá outras providências.

Faço saber que o Presidente da República adotou a Medida Provisória 22, de 6 de dezembro de 1988, que o Congresso Nacional aprovou, e eu, Humberto Lucena, Presidente do Senado Federal, para os efeitos do disposto no parágrafo único do art. 62 da Constituição Federal, promulgo a seguinte Lei:

Art. 1º Fica instituída contribuição social sobre o lucro das pessoas jurídicas, destinada ao financiamento da seguridade social.

Art. 2º A base de cálculo da contribuição é o valor do resultado do exercício, antes da provisão para o Imposto sobre a Renda.

→ v. Art. 51 da Lei 9.069/1995.

§ 1º Para efeito do disposto neste artigo:

a) será considerado o resultado do período-base encerrado em 31 de dezembro de cada ano;

b) no caso de incorporação, fusão, cisão ou encerramento de atividades, a base de cálculo é o resultado apurado no respectivo balanço;

c) o resultado do período-base, apurado com observância da legislação comercial, será ajustado pela:

→ Caput da alínea c com redação alterada pela Lei 8.034/1990.

1. adição do resultado negativo da avaliação de investimentos pelo valor de patrimônio líquido;

→ Item 1 com redação alterada pela Lei 8.034/1990.

2. adição do valor de reserva de reavaliação, baixado durante o período-base, cuja contrapartida não tenha sido computada no resultado do período-base;

→ Item 2 com redação alterada pela Lei 8.034/1990.

3. adição do valor das provisões não dedutíveis da determinação do lucro real, exceto a provisão para o imposto de renda;

→ Item 3 com redação alterada pela Lei 8.034/1990.

4. exclusão do resultado positivo da avaliação de investimentos pelo valor de patrimônio líquido;

→ Item 4 com redação alterada pela Lei 8.034/1990.

5. exclusão dos lucros e dividendos derivados de participações societárias em pessoas jurídicas domiciliadas no Brasil que tenham sido computados como receita;

→ Item 5 com redação alterada pela Lei 12.973/2014.

→ v. Art. 2º da IN SRF 1.469/2014.

6. exclusão do valor, corrigido monetariamente, das provisões adicionadas na forma do item 3, que tenham sido baixadas no curso de período-base.

→ Item 6 acrescentado pela Lei 8.034/1990.

§ 2º No caso de pessoa jurídica desobrigada de escrituração contábil, a base de cálculo da contribuição corresponderá a 10% (dez por cento) da receita bruta auferida no período de 1º de janeiro a 31 de dezembro de cada ano, ressalvado o disposto na alínea b do parágrafo anterior.

Art. 3º A alíquota da contribuição é de:

→ *Caput* com redação alterada pela Lei 11.727/2008.

I – 20% (vinte por cento), no período compreendido entre 1º de setembro de 2015 e 31 de dezembro de 2018, e 15% (quinze por cento) a partir de 1º de janeiro de 2019, no caso das pessoas jurídicas de seguros privados, das de capitalização e das referidas nos incisos I a VII e X do § 1º do art. 1º da Lei Complementar 105, de 10 de janeiro de 2001;

→ Inciso I com redação alterada pela Lei 13.169/2015.

II – 17% (dezessete por cento), no período compreendido entre 1º de outubro de 2015 e 31 de dezembro de 2018, e 15% (quinze por cento) a partir de 1º de janeiro de 2019, no caso das pessoas jurídicas referidas no inciso IX do § 1º do art. 1º da Lei Complementar 105, de 10 de janeiro de 2001;

→ Inciso II com redação alterada pela Lei 13.169/2015.

III – 9% (nove por cento), no caso das demais pessoas jurídicas.

→ Inciso III acrescentado pela Lei 13.169/2015.

Art. 4º São contribuintes as pessoas jurídicas domiciliadas no País e as que lhes são equiparadas pela legislação tributária.

Art. 5º A contribuição social será convertida em número de Obrigações do Tesouro Nacional – OTN, mediante a divisão de seu valor em cruzados pelo valor de uma OTN, vigente no mês de encerramento do período-base de sua apuração.

§ 1º A contribuição será paga em seis prestações mensais iguais e consecutivas, expressas em número de OTN, vencíveis no último dia útil de abril a setembro de cada exercício financeiro.

§ 2º No caso do art. 2º, § 1º, alínea b, a contribuição social deverá ser paga até o último dia útil do mês subsequente ao da incorporação, fusão, cisão ou encerramento de atividades.

§ 3º Os valores da contribuição social e de cada parcela serão expressos em número de OTN até a segunda casa decimal quando resultarem fracionários, abandonando-se as demais.

§ 4º Nenhuma parcela, exceto parcela única, será inferior ao valor de 10 (dez) OTN.

§ 5º O valor em cruzados de cada parcela será determinado mediante a multiplicação de seu valor, expresso em número de OTN, pelo valor da OTN no mês de seu pagamento.

Art. 6º A administração e fiscalização da contribuição social de que trata esta Lei compete à Secretaria da Receita Federal.

Parágrafo único. Aplicam-se à contribuição social, no que couber, as disposições da legislação do Imposto sobre a Renda referentes à administração, ao lançamento, à consulta, à cobrança, às penalidades, às garantias e ao processo administrativo.

Art. 7º Os órgãos da Secretaria da Receita Federal enviarão às Procuradorias da Fazenda Nacional os demonstrativos de débitos da contribuição de que trata esta Lei, para fins de apuração e inscrição em Dívida Ativa da União.

§ 1º Os débitos de que trata este artigo poderão, sem prejuízo da respectiva liquidez e certeza, ser inscritos em Dívida Ativa pelo valor expresso em OTN.

§ 2º Far-se-á a conversão do débito na forma prevista no parágrafo anterior com base no valor da OTN no mês de seu vencimento.

Art. 8º A contribuição social será devida a partir do resultado apurado no período-base a ser encerrado em 31 de dezembro de 1988.

→ A execução do disposto neste artigo foi suspensa pela Resolução 11/1995 – Senado Federal.

Art. 9º Ficam mantidas as contribuições previstas na legislação em vigor, incidentes sobre a folha de salários e a de que trata o Decreto-lei 1.940, de 25 de maio de 1982, e alterações posteriores, incidente sobre o faturamento das empresas, com fundamento no art. 195, I, da Constituição Federal.

Art. 10. A partir do exercício financeiro de 1989, as pessoas jurídicas pagarão o Imposto sobre a Renda à alíquota de 30% (trinta por cento) sobre o lucro real ou arbitrado, apurado em conformidade com a legislação tributária, sem prejuízo do adicional de que tratam os arts. 1º e 2º do Decreto-lei 2.462, de 30 de agosto de 1988.

Art. 11. Em relação aos fatos geradores ocorridos entre 1º de janeiro e 31 de dezembro de 1989, fica alterada para 0,35% (trinta e cinco centésimos por cento) a alíquota de que tratam os itens II, III e V do art. 1º do Decreto-lei 2.445, de 29 de junho de 1988, com a redação dada pelo Decreto-lei 2.449, de 21 de julho de 1988.

Art. 12. Esta Lei entra em vigor na data de sua publicação.

Art. 13. Revogam-se as disposições em contrário.

Senado Federal, em 15 de dezembro de 1988; 167º da Independência e 100º da República.

Humberto Lucena

(Publicação no D.O.U. 16.12.1988)

LEI 7.713, DE 22 DE DEZEMBRO DE 1988

Altera a legislação do imposto de renda e dá outras providências.

O Presidente da República:

Faço saber que o Congresso Nacional decreta e eu sanciono a seguinte Lei:

Art. 1º Os rendimentos e ganhos de capital percebidos a partir de 1º de janeiro de 1989, por pessoas físicas residentes ou domiciliados no Brasil, serão tributados pelo imposto de renda na forma da legislação vigente, com as modificações introduzidas por esta Lei.

Art. 2º O imposto de renda das pessoas físicas será devido, mensalmente, à medida em que os rendimentos e ganhos de capital forem percebidos.

Art. 3º O imposto incidirá sobre o rendimento bruto, sem qualquer dedução, ressalvado o disposto nos arts. 9º a 14 desta Lei.

§ 1º Constituem rendimento bruto todo o produto do capital, do trabalho ou da combinação de ambos, os alimentos e pensões percebidos em dinheiro, e ainda os proventos de qualquer natureza, assim também entendidos os acréscimos patrimoniais não correspondentes aos rendimentos declarados.

§ 2º Integrará o rendimento bruto, como ganho de capital, o resultado da soma dos ganhos auferidos no mês, decorrentes de alienação de bens ou direitos de qualquer natureza, considerando-se como ganho a diferença positiva entre o valor de transmissão do bem ou direito e o respectivo custo de aquisição corrigido monetariamente, observado o disposto nos arts. 15 a 22 desta Lei.

§ 3º Na apuração do ganho de capital serão consideradas as operações que importem alienação, a qualquer título, de bens ou direitos ou cessão ou promessa de cessão de direitos à sua aquisição, tais como as realizadas por compra e venda, permuta, adjudicação, desapropriação, dação em pagamento, doação, procuração em causa própria, promessa de compra e venda, cessão de direitos ou promessa de cessão de direitos e contratos afins.

§ 4º A tributação independe da denominação dos rendimentos, títulos ou direitos, da localização, condição jurídica ou nacionalidade da fonte, da origem dos bens produtores da renda, e da forma de percepção das rendas ou proventos, bastando, para a incidência do imposto, o benefício do contribuinte por qualquer forma e a qualquer título.

§ 5º Ficam revogados todos os dispositivos legais concessivos de isenção ou exclusão, da base de cálculo do imposto de renda das pessoas físicas, de rendimentos e proventos de qualquer natureza, bem como os que autorizam redução do imposto por investimento de interesse econômico ou social.

§ 6º Ficam revogados todos os dispositivos legais que autorizam deduções cedulares ou abatimentos da renda bruta do contribuinte, para efeito de incidência do imposto de renda.

Art. 4º Fica suprimida a classificação por cédulas dos rendimentos e ganhos de capital percebidos pelas pessoas físicas.

Art. 5º Salvo disposição em contrário, o imposto retido na fonte sobre rendimentos e ganhos de capital percebidos por pessoas físicas será considerado redução do apurado na forma dos arts. 23 e 24 desta Lei.

Art. 6º Ficam isentos do imposto de renda os seguinte rendimentos percebidos por pessoas físicas:

I – a alimentação, o transporte e os uniformes ou vestimentas especiais de trabalho, fornecidos gratuitamente pelo empregador a seus empregados, ou a diferença entre o preço cobrado e o valor de mercado;

II – as diárias destinadas, exclusivamente, ao pagamento de despesas de alimentação e pousada, por serviço eventual realizado em município diferente do da sede de trabalho;

III – o valor locativo do prédio construído, quando ocupado por seu proprietário ou cedido gratuitamente para uso do cônjuge ou de parentes de primeiro grau;

IV – as indenizações por acidentes de trabalho;

V – a indenização e o aviso prévio pagos por despedida ou rescisão de contrato de trabalho, até o limite garantido por lei, bem como o montante recebido pelos empregados e diretores, ou respectivos beneficiários, referente aos depósitos, juros e correção monetária creditados em contas vinculadas, nos termos da legislação do Fundo de Garantia do Tempo de Serviço;

VI – o montante dos depósitos, juros, correção monetária e quotas-partes creditados em contas individuais pelo Programa de Integração Social e pelo Programa de Formação do Patrimônio do Servidor Público;

VII – os seguros recebidos de entidades de previdência privada decorrentes de morte ou invalidez permanente do participante.

→ Inciso VII com redação alterada pela Lei 9.250/1995.

VIII – as contribuições pagas pelos empregadores relativas a programas de previdência privada em favor de seus empregados e dirigentes;

IX – os valores resgatados dos Planos de Poupança e Investimento – PAIT, de que trata o Decreto-Lei 2.292, de 21 de novembro de 1986, relativamente à parcela correspondente às contribuições efetuadas pelo participante;

X – as contribuições empresariais a Plano de Poupança e Investimento – PAIT, a que se refere o art. 5º, § 2º, do Decreto-Lei 2.292, de 21 de novembro de 1986;

XI – o pecúlio recebido pelos aposentados que voltam a trabalhar em atividade sujeita ao regime previdenciário, quando dela se afastarem, e pelos trabalhadores que ingressarem nesse regime após completarem sessenta anos de idade, pago pelo Instituto Nacional de Previdência Social ao segurado ou a seus dependentes, após sua morte, nos termos do art. 1º da Lei 6.243, de 24 de setembro de 1975;

XII – as pensões e os proventos concedidos de acordo com os Decretos-Leis, 8.794 e 8.795, de 23 de janeiro de 1946, e Lei 2.579, de 23 de agosto de 1955, e art. 30 da Lei 4.242, de 17 de julho de 1963, em decorrência de reforma ou falecimento de ex-combatente da Força Expedicionária Brasileira;

XIII – capital das apólices de seguro ou pecúlio pago por morte do segurado, bem como os prêmios de seguro restituídos em qualquer caso, inclusive no de renúncia do contrato;

XIV – os proventos de aposentadoria ou reforma motivada por acidente em serviço e os percebidos pelos portadores de moléstia profissional, tuberculose ativa, alienação mental, esclerose múltipla, neoplasia maligna, cegueira, hanseníase, paralisia irreversível e incapacitante, cardiopatia grave, doença de Parkinson, espondiloartrose anquilosante, nefropatia grave, hepatopatia grave, estados avançados da doença de Paget (osteíte deformante), contaminação por radiação, síndrome da imunodeficiência adquirida, com base em conclusão da medicina especializada, mesmo que a doença tenha sido contraída depois da aposentadoria ou reforma;

→ Inciso XIV com redação alterada pela Lei 11.052/2004.

XV – os rendimentos provenientes de aposentadoria e pensão, de transferência para a reserva remunerada ou de reforma pagos pela Previdência Social da União, dos Estados, do Distrito Federal e dos Municípios, por qualquer pessoa jurídica de direito público interno ou por entidade de previdência privada, a partir do mês em que o contribuinte completar 65 (sessenta e cinco) anos de idade, sem prejuízo da parcela isenta prevista na tabela de incidência mensal do imposto, até o valor de:

→ *Caput* do inciso XV com redação alterada pela Lei 11.482/2007.

a) R$ 1.313,69 (mil, trezentos e treze reais e sessenta e nove centavos), por mês, para o ano-calendário de 2007;

→ Alínea *a* acrescentada pela Lei 11.482/2007.

b) R$ 1.372,81 (mil, trezentos e setenta e dois reais e oitenta e um centavos), por mês, para o ano-calendário de 2008;

→ Alínea *b* acrescentada pela Lei 11.482/2007.

c) R$ 1.434,59 (mil, quatrocentos e trinta e quatro reais e cinquenta e nove centavos), por mês, para o ano-calendário de 2009;

→ Alínea *c* acrescentada pela Lei 11.482/2007.

d) R$ 1.499,15 (mil, quatrocentos e noventa e nove reais e quinze centavos), por mês, para o ano-calendário de 2010;

→ Alínea *d* com redação alterada pela Lei 12.469/2011.

e) R$ 1.566,61 (mil, quinhentos e sessenta e seis reais e sessenta e um centavos), por mês, para o ano-calendário de 2011;

→ Alínea *e* acrescentada pela Lei 12.469/2011.

f) R$ 1.637,11 (mil, seiscentos e trinta e sete reais e onze centavos), por mês, para o ano-calendário de 2012;

→ Alínea *f* acrescentada pela Lei 12.469/2011.

g) R$ 1.710,78 (mil, setecentos e dez reais e setenta e oito centavos), por mês, para o ano-calendário de 2013;

→ Alínea *g* acrescentada pela Lei 12.469/2011.

h) R$ 1.787,77 (mil, setecentos e oitenta e sete reais e setenta e sete centavos), por mês, para o ano-calendário de 2014 e nos meses de janeiro a março do ano-calendário de 2015; e

→ Alínea *h* com redação alterada pela Lei 13.149/2015.

i) R$ 1.903,98 (mil, novecentos e três reais e noventa e oito centavos), por mês, a partir do mês de abril do ano-calendário de 2015;

→ Alínea *i* com redação alterada pela Lei 13.149/2015.

XVI – o valor dos bens adquiridos por doação ou herança;

XVII – os valores decorrentes de aumento de capital:

a) mediante a incorporação de reservas ou lucros que tenham sido tributados na forma do art. 36 desta Lei;

b) efetuado com observância do disposto no art. 63 do Decreto-Lei 1.598, de 26 de dezembro de 1977, relativamente aos lucros apurados em períodos-base encerrados anteriormente à vigência desta Lei;

XVIII – a correção monetária de investimentos, calculada aos mesmos índices aprovados para os Bônus do Tesouro Nacional – BTN, e desde que seu pagamento ou crédito ocorra em intervalos não inferiores a trinta dias;

→ Inciso XVIII com redação alterada pela Lei 7.799/1989.

XIX – a diferença entre o valor de aplicação e o de resgate de quotas de fundos de aplicações de curto prazo;

XX – ajuda de custo destinada a atender às despesas com transporte, frete e locomoção do beneficiado e seus familiares, em caso de remoção de um município para outro, sujeita à comprovação posterior pelo contribuinte.

XXI – os valores recebidos a título de pensão quando o beneficiário desse rendimento for portador das doenças relacionadas no inciso XIV deste artigo, exceto as decorrentes de moléstia profissional, com base em conclusão da medicina especializada, mesmo que a doença tenha sido contraída após a concessão da pensão.

→ Inciso XXI acrescentado pela Lei 8.541/1992.

XXII – os valores pagos em espécie pelos Estados, Distrito Federal e Municípios, relativos ao Imposto sobre Operações relativas à Circulação de Mercadorias e sobre Prestações de Serviços de Transporte Interestadual e Intermunicipal e de Comunicação – ICMS e ao Imposto sobre Serviços de Qualquer Natureza – ISS, no âmbito de programas de concessão de crédito voltados ao estímulo à solicitação de documento fiscal na aquisição de mercadorias e serviços.

→ Inciso XXII acrescentado pela Lei 11.945/2009.

XXIII – o valor recebido a título de vale-cultura.

→ Inciso XXIII acrescentado pela Lei 12.761/2012.

Parágrafo único. O disposto no inciso XXII do *caput* deste artigo não se aplica aos prêmios recebidos por meio de sorteios, em espécie, bens ou serviços, no âmbito dos referidos programas.

→ Parágrafo único acrescentado pela Lei 11.945/2009.

Art. 7º Ficam sujeito à incidência do imposto de renda na fonte, calculado de acordo com o disposto no art. 25 desta Lei:

I – os rendimentos do trabalho assalariado, pagos ou creditados por pessoas físicas ou jurídicas;

II – os demais rendimentos percebidos por pessoas físicas, que não estejam sujeitos à tributação exclusiva na fonte, pagos ou creditados por pessoas jurídicas.

§ 1º O imposto a que se refere este artigo será retido por ocasião de cada pagamento ou crédito e, se houver mais de um pagamento ou crédito, pela mesma fonte pagadora, aplicar-se-á a alíquota correspondente à soma dos rendimentos pagos ou creditados à pessoa física no mês, a qualquer título.

§ 2º (*Revogado pela Lei 8.218/1991*).

§ 3º (*Vetado*).

Art. 8º Fica sujeito ao pagamento do imposto de renda, calculado de acordo com o disposto no art. 25 desta Lei, a pessoa física que receber de outra pessoa física, ou de fontes situadas no exterior, rendimentos e ganhos de capital que não tenham sido tributados na fonte, no País.

§ 1º O disposto neste artigo se aplica, também, aos emolumentos e custas dos serventuários da justiça, como tabeliães, notários, oficiais públicos e outros, quando não forem remunerados exclusivamente pelos cofres públicos.

§ 2º O imposto de que trata este artigo deverá ser pago até o último dia útil da primeira quinzena do mês subsequente ao da percepção dos rendimentos.

Art. 9º Quando o contribuinte auferir rendimentos da prestação de serviços de transporte, em veículo próprio locado, ou adquirido com reservas de domínio ou alienação fiduciária, o imposto de renda incidirá sobre:

I – 10% (dez por cento) do rendimento bruto, decorrente do transporte de carga;

→ Inciso I com redação alterada pela Lei 12.794/2013.

II – sessenta por cento do rendimento bruto, decorrente do transporte de passageiros.

Parágrafo único. O percentual referido no item I deste artigo aplica-se também sobre o rendimento bruto da prestação de serviços com trator, máquina de terraplenagem, colheitadeira e assemelhados.

Art. 10. O imposto incidirá sobre dez por cento do rendimento bruto auferido pelos garimpeiros matriculados nos termos do art. 73 do Decreto-Lei 227, de 28 de fevereiro de 1967, remunerado pelo art. 2º do Decreto-Lei 318, de 14 de março de 1967, na venda a empresas legalmente habilitadas de metais preciosos, pedras preciosas e semipreciosas por eles extraídos.

Parágrafo único. A prova de origem dos rendimentos de que trata este artigo far-se-á com base na via da nota de aquisição destinada ao garimpeiro pela empresa compradora.

Art. 11. Os titulares dos serviços notariais e de registro a que se refere o art. 236 da Constituição da República, desde que mantenham escrituração das receitas e das despesas, poderão deduzir dos emolumentos recebidos, para efeito da incidência do imposto:

I – a remuneração paga a terceiros, desde que com vínculo empregatício, inclusive encargos trabalhistas e previdenciários;

II – os emolumentos pagos a terceiros;

III – as despesas de custeio necessárias à manutenção dos serviços notariais e de registro.

§ 1º Fica ainda assegurada aos odontólogos a faculdade de deduzir, da receita decorrente do exercício da respectiva profissão, as despesas com a aquisição do material odontológico por eles aplicadas nos serviços prestados aos seus pacientes, assim como as despesas com o pagamento dos profissionais dedicados à prótese e à anestesia, eventualmente utilizados na prestação dos serviços, desde que, em qualquer caso, mantenham escrituração das receitas e despesas realizadas.

→ § 1º acrescentado pela Lei 7.975/1989.

§ 2º (*Vetado*).

→ § 2º acrescentado pela Lei 7.975/1989.

Art. 12. (*Revogado pela Lei 13.149/2015*).

Art. 12-A. Os rendimentos recebidos acumuladamente e submetidos à incidência do imposto sobre a renda com base na tabela progressiva, quando correspondentes a anos-calendário anteriores ao do recebimento, serão tributados exclusivamente na fonte, no mês do recebimento ou crédito, em separado dos demais rendimentos recebidos no mês.

→ *Caput* com redação alterada pela Lei 13.149/2015.

§ 1º O imposto será retido pela pessoa física ou jurídica obrigada ao pagamento ou pela instituição financeira depositária do crédito e calculado sobre o montante dos rendimentos pagos, mediante a utilização de tabela progressiva resultante da multiplicação da quantidade de meses a que se refiram os rendimentos pelos valores constantes da tabela progressiva mensal correspondente ao mês do recebimento ou crédito.

→ § 1º acrescentado pela Lei 12.350/2010.

§ 2º Poderão ser excluídas as despesas, relativas ao montante dos rendimentos tributáveis, com ação judicial necessárias ao seu recebimento, inclusive de advogados, se tiverem sido pagas pelo contribuinte, sem indenização.

→ § 2º acrescentado pela Lei 12.350/2010.

§ 3º A base de cálculo será determinada mediante a dedução das seguintes despesas relativas ao montante dos rendimentos tributáveis:

→ § 3º acrescentado pela Lei 12.350/2010.

I – importâncias pagas em dinheiro a título de pensão alimentícia em face das normas do Direito de Família, quando em cumprimento de decisão judicial, de acordo homologado judicialmente ou de separação ou divórcio consensual realizado por escritura pública; e

II – contribuições para a Previdência Social da União, dos Estados, do Distrito Federal e dos Municípios.

§ 4º Não se aplica ao disposto neste artigo o constante no art. 27 da Lei 10.833, de 29 de dezembro de 2003, salvo o previsto nos seus §§ 1º e 3º.

§ 5º O total dos rendimentos de que trata o *caput*, observado o disposto no § 2º, poderá integrar a base de cálculo do Imposto sobre a Renda na Declaração de Ajuste Anual do ano-calendário do recebimento, à opção irretratável do contribuinte.

§ 6º Na hipótese do § 5º, o Imposto sobre a Renda Retido na Fonte será considerado antecipação do imposto devido apurado na Declaração de Ajuste Anual.

§ 7º Os rendimentos de que trata o *caput*, recebidos entre 1º de janeiro de 2010 e o dia anterior ao de publicação da Lei resultante da conversão da Medida Provisória 497, de 27 de julho de 2010, poderão ser tributados na forma deste artigo, devendo ser informados na Declaração de Ajuste Anual referente ao ano-calendário de 2010.

§ 8º (*Vetado*).

§ 9º A Secretaria da Receita Federal do Brasil disciplinará o disposto neste artigo.

Art. 12-B. Os rendimentos recebidos acumuladamente, quando correspondentes ao ano-calendário em curso, serão tributados, no mês do recebimento ou crédito, sobre o total dos rendimentos, diminuídos do valor das despesas com ação judicial necessárias ao seu recebimento, inclusive de advogados, se tiverem sido pagas pelo contribuinte, sem indenização.

→ Artigo acrescentado pela Lei 13.149/2015.

Art. 13. (*Revogado pela Lei 8.383/1991*).

Art. 14. (*Revogado pela Lei 8.383/1991*).

Art. 15. (*Revogado pela Lei 7.774/1989*).

Art. 16. O custo de aquisição dos bens e direitos será o preço ou valor pago, e, na ausência deste, conforme o caso:

I – o valor atribuído para efeito de pagamento do imposto de transmissão;

II – o valor que tenha servido de base para o cálculo do Imposto de Importação acrescido do valor dos tributos e das despesas de desembaraço aduaneiro;

III – o valor da avaliação do inventário ou arrolamento;

IV – o valor de transmissão, utilizado na aquisição, para cálculo do ganho de capital do alienante;

V – seu valor corrente, na data da aquisição.

§ 1º O valor da contribuição de melhoria integra o custo do imóvel.

§ 2º O custo de aquisição de títulos e valores mobiliários, de quotas de capital e dos bens fungíveis será a média ponderada dos custos unitários, por espécie, desses bens.

§ 3º No caso de participação societária resultantes de aumento de capital por incorporação de lucros e reservas, que tenham sido tributados na forma do art. 36 desta Lei, o custo de aquisição é igual à parcela do lucro ou reserva capitalizado, que corresponder ao sócio ou acionista beneficiário.

§ 4º O custo é considerado igual a zero no caso das participações societárias resultantes de aumento de capital por incorporação de lucros e reservas, no caso de partes beneficiárias adquiridas gratuitamente, assim como de qualquer bem cujo valor não possa ser determinado nos termos previsto neste artigo.

Art. 17. O valor de aquisição de cada bem ou direito, expresso em cruzados novos, apurado de acordo com o artigo anterior, deverá ser corrigido monetariamente, a partir da data do pagamento, da seguinte forma:

→ *Caput* com redação alterada pela Lei 7.959/1989.

I – até janeiro de 1989, pela variação da OTN;

→ Inciso I acrescentado pela Lei 7.959/1989.

II – nos meses de fevereiro a abril de 1989, pelas seguintes variações: em fevereiro, 31,2025%; em março, 30,5774%; e em abril, 9,2415%;

→ Inciso II acrescentado pela Lei 7.959/1989.

III – a partir de maio de 1989, pela variação do BTN.

→ Inciso III acrescentado pela Lei 7.959/1989.

§ 1º Na falta de documento que comprove a data do pagamento, no caso de bens e direitos adquiridos até 31 de dezembro de 1988, a conversão poderá ser feita pelo valor da OTN no mês de dezembro do ano em que este tiver constado pela primeira vez na declaração de bens.

→ § 1º com redação alterada pela Lei 7.799/1989.

§ 2º Os bens ou direitos da mesma espécie, pagos em datas diferentes, mas que constem agrupadamente na declaração de bens, poderão ser convertidos na forma do parágrafo anterior, desde que tomados isoladamente em relação ao ano da aquisição.

§ 3º No caso do parágrafo anterior, não sendo possível identificar o ano dos pagamentos, a conversão será efetuada tomando-se por base o ano da aquisição mais recente.

§ 4º No caso de aquisição com pagamento parcelado, a correção monetária será efetivada em relação a cada parcela.

→ § 4º com redação alterada pela Lei 7.799/1989.

Art. 18. Para apuração do valor a ser tributado, no caso de alienação de bens imóveis, poderá ser aplicado um percentual de redução sobre o ganho de capital apurado, segundo o ano de aquisição ou incorporação do bem, de acordo com a seguinte tabela:

Ano de Aquisição ou Incorporação	Percentual de Redução	Ano de Aquisição ou Incorporação	Percentual de Redução
Até 1969	100	1979	50
1970	95%	1980	45%
1971	90%	1981	40%
1972	85%	1982	35%
1973	80%	1983	30%
1974	75%	1984	25%
1975	70%	1985	20%
1976	65%	1986	15%
1977	60%	1987	10%
1978	55%	1988	5%

Parágrafo único. Não haverá redução, relativamente aos imóveis cuja aquisição venha ocorrer a partir de 1º de janeiro de 1989.

Art. 19. Valor da transmissão é o preço efetivo de operação de venda ou da cessão de direitos, ressalvado o disposto no art. 20 desta Lei.

Parágrafo único. Nas operações em que o valor não se expressar em dinheiro, o valor da transmissão será arbitrado segundo o valor de mercado.

Art. 20. A autoridade lançadora, mediante processo regular, arbitrará o valor ou preço, sempre que não mereça fé, por notoriamente diferente do de mercado, o valor ou preço informado pelo contribuinte, ressalvada, em caso de contestação, avaliação contraditória, administrativa ou judicial.

Parágrafo único. (*Vetado*).

Art. 21. Nas alienações a prazo, o ganho de capital será tributado na proporção das parcelas recebidas em cada mês, considerando-se a respectiva atualização monetária, se houver.

Art. 22. Na determinação do ganho de capital serão excluídos:

I – o ganho de capital decorrente da alienação do único imóvel que o titular possua, desde que não tenha realizado outra operação nos últimos cinco anos e o valor da alienação não seja superior ao equivalente a trezentos mil BTN no mês da operação.

→ Inciso I com redação alterada pela Lei 8.134/1990.

II – (*Revogado pela Lei 8.014/1990*).

III – as transferências causa mortis e as doações em adiantamento da legítima;

IV – o ganho de capital auferido na alienação de bens de pequeno valor, definido pelo Poder executivo.

Parágrafo único. Não se considera ganho de capital o valor decorrente de indenização por desapropriação para fins de reforma agrária, conforme o disposto no § 5º do art. 184 da Constituição Federal, e de liquidação de sinistro, furto ou roubo, relativo a objeto segurado.

Art. 23. (*Revogado pela Lei 8.134/1990*).

Art. 24. (*Revogado pela Lei 8.134/1990*).

Art. 25. O imposto será calculado, observado o seguinte:

→ Artigo com redação alterada pela Lei 8.269/1991.

I – se o rendimento mensal for de até Cr$ 750.000,00, será deduzida uma parcela correspondente a Cr$ 250.000,00 e, sobre o saldo remanescente incidirá alíquota de 10%;

II – se o rendimento mensal for superior a Cr$ 750.000,00, será deduzida uma parcela correspondente a Cr$ 550.000,00 e, sobre o saldo remanescente incidirá alíquota de 25%.

§ 1º Na determinação da base de cálculo sujeita a incidência do imposto poderão ser deduzidos:

a) Cr$ 20.000,00 por dependente, até o limite de cinco dependentes;

b) Cr$ 250.000,00, correspondentes à parcela isenta dos rendimentos provenientes de aposentadoria e pensão, transferência para reserva remunerada ou reforma pagos pela Previdência Social da União, dos Estados, do Distrito Federal e dos Municípios, ou por qualquer pessoa jurídica de direito público interno, a partir do mês em que o contribuinte completar sessenta e cinco anos de idade;

c) o valor da contribuição paga, no mês, para a Previdência Social da União, dos Estados, do Distrito Federal e dos Municípios;

d) o valor da pensão judicial paga.

§ 2º As disposições deste artigo aplicam-se aos pagamentos efetuados a partir de 1º de dezembro de 1991.

Art. 26. O valor da Gratificação de Natal (13º salário) a que se referem as Leis 4.090, de 13 de julho de 1962, e de 4.281, de 8 de novembro de 1963, e o art. 10 do Decreto-Lei 2.413, de 10 de fevereiro de 1988, será tributado à mesma alíquota (art. 25) a que estiver sujeito o rendimento mensal do contribuinte, antes de sua inclusão.

Art. 27. (*Revogado pela Lei 9.250/1995*).

Art. 28. (*Revogado pela Lei 8.134/1990*).

Art. 29. (*Revogado pela Lei 8.134/1990*).

Art. 30. Permanecem em vigor as isenções de que tratam os arts. 3º a 7º do Decreto-Lei 1.380, de 23 de dezembro de 1974, e o art. 5º da Lei 4.506, de 30 de novembro de 1964.

Art. 31. Ficam sujeitos à incidência do imposto de renda na fonte, calculado de acordo com o disposto no art. 25 desta Lei, relativamente à parcela correspondente às contribuições cujo ônus não tenha sido do beneficiário ou quando os rendimentos e ganhos de capital produzidos pelo patrimônio da entidade de previdência não tenham sido tributados na fonte:

→ *Caput* com redação alterada pela Lei 7.751/1989.

I – as importâncias pagas ou creditadas a pessoas físicas, sob a forma de resgate, pecúlio ou renda periódica, pelas entidades de previdência privada;

II – os valores resgatados dos Planos de Poupança e Investimento – PAIT de que trata o Decreto Lei 2.292, de 21 de novembro de 1986.

§ 1º O imposto será retido por ocasião do pagamento ou crédito, pela entidade de previdência privada, no caso do inciso I, e pelo administrador da carteira, fundo ou clube PAIT, no caso do inciso II.

§ 2º (*Vetado*).

Art. 32. Ficam sujeitos à incidência do imposto de renda na fonte, à alíquota de vinte e cinco por cento:

I – os benefícios líquidos resultantes da amortização antecipada, mediante sorteio, dos títulos de economia denominados capitalização;

II – os benefícios atribuídos aos portadores de títulos de capitalização nos lucros da empresa emitente.

§ 1º A alíquota prevista neste artigo será de quinze por cento em relação aos prêmios pagos aos proprietários e criadores de cavalos de corrida.

§ 2º O imposto de que trata este artigo será considerado:

a) antecipação do devido na declaração de rendimentos, quando o beneficiário for pessoa jurídica tributada com base no lucro real;

b) devido exclusivamente na fonte, nos demais casos, inclusive quando o beneficiário for pessoa jurídica isenta.

§ 3º (*Vetado*).

Art. 33. Ressalvado o disposto em normas especiais, no caso de ganho de capital auferido por residente ou domiciliado no exterior, o imposto será devido, à alíquota de vinte e cinco por cento, no momento da alienação do bem ou direito.

Parágrafo único. O imposto deverá ser pago no prazo de quinze dias contados da realização da operação ou por ocasião da remessa, sempre que esta ocorrer antes desse prazo.

Art. 34. Na inexistência de outros bens sujeitos a inventário ou arrolamento, os valores relativos ao imposto de renda e outros tributos administrados pela Secretaria da Receita Federal, bem como o resgate de quotas dos fundos fiscais criados pelos Decretos-Leis 157, de 10 de fevereiro de 1967, e 880, de 18 de setembro de 1969, não recebidos em vida pelos respectivos titulares, poderão ser restituídos ao cônjuge, filho e demais dependentes do contribuinte falecido, inexigível a apresentação de alvará judicial.

Parágrafo único. Existindo outros bens sujeitos a inventário ou arrolamento, a restituição ao meeiro, herdeiros ou sucessores, far-se-á na forma e condições do alvará expedido pela autoridade judicial para essa finalidade.

Art. 35. O sócio quotista, o acionista ou titular da empresa individual ficará sujeito ao imposto de renda na fonte, à alíquota de oito por cento, calculado com base no lucro líquido apurado pelas pessoas jurídicas na data do encerramento do período-base.

§ 1º Para efeito da incidência de que trata este artigo, o lucro líquido do período-base apurado com observância da legislação comercial, será ajustado pela:

a) adição do valor das provisões não dedutíveis na determinação do lucro real, exceto a provisão para o imposto de renda;

b) adição do valor da reserva de reavaliação, baixado no curso do período base, que não tenha sido computado no lucro líquido;

c) exclusão do valor, corrigido monetariamente, das provisões adicionadas, na forma da alínea a, que tenham sido baixadas no curso do período-base, utilizando-se a variação do BTN Fiscal.

→ Alínea *c* com redação alterada pela Lei 7.799/1989

d) compensação de prejuízos contábeis apurados em balanço de encerramento de período-base anterior, desde que tenham sido compensados contabilmente, ressalvado do disposto no § 2º deste artigo.

e) exclusão do resultado positivo de avaliação de investimentos pelo valor de patrimônio líquido;

→ Alínea *e* acrescentada pela Lei 7.959/1989.

f) exclusão dos lucros e dividendos derivados de investimentos avaliados pelo custo de aquisição, que tenham sido computados como receita;

→ Alínea *f* acrescentada pela Lei 7.959/1989.

g) adição do resultado negativo da avaliação de investimentos pelo valor de patrimônio líquido.

→ Alínea *g* acrescentada pela Lei 7.959/1989.

§ 2º Não poderão ser compensados os prejuízos:

a) que absorverem lucros ou reservas que não tenham sido tributados na forma deste artigo;

b) absorvidos na redução de capital que tenha sido aumentado com os benefícios do art. 63 do Decreto-Lei 1.598, de 26 de dezembro de 1977.

§ 3º O disposto nas alíneas *a* e *c* do § 1º não se aplica em relação às provisões admitidas pela Comissão de Valores Mobiliários, Banco Central do Brasil e Superintendência de Seguros Privados, quando contribuídas por pessoas jurídicas submetidas à orientação normativa dessas entidades.

§ 4º O imposto de que trata este artigo:

a) será considerado devido exclusivamente na fonte, quando o beneficiário do lucro for pessoa física;

b) (*Revogada pela Lei 7.759/1989*).

c) poderá ser compensado com o imposto incidente na fonte sobre a parcela dos lucros apurados pelas pessoas jurídicas, que corresponder à participação de beneficiário, pessoa física ou jurídica, residente ou domiciliado no exterior.

§ 5º É dispensada a retenção na fonte do imposto a que se refere este artigo sobre a parcela do lucro líquido que corresponder à participação de pessoa jurídica imune ou isenta do imposto de renda.

→ § 5º com redação alterada pela Lei 7.730/1989.

§ 6º O disposto neste artigo se aplica em relação ao lucro líquido apurado nos períodos-base encerrados a partir da data da vigência desta Lei.

Art. 36. Os lucros que forem tributados na forma do artigo anterior, quando distribuídos, não estarão sujeitos à incidência do imposto de renda na fonte.

Parágrafo único. Incide, entretanto, o imposto de renda na fonte;

a) em relação aos lucros que não tenham sido tributados na forma do artigo anterior;

b) no caso de pagamento, crédito, entrega, emprego ou remessa de lucros, quando o beneficiário for residente ou domiciliado no exterior.

Art. 37. O imposto a que se refere o art. 36 desta Lei será convertido em número de OTN, pelo valor desta no mês de encerramento do período-base e deverá ser pago até o último dia útil do quarto mês subsequente ao do encerramento do período-base.

Art. 38. O disposto no art. 63 do Decreto-Lei 1.598, de 26 de dezembro de 1977, somente se aplicará aos lucros e reservas relativos a resultados de períodos-base encerrados à data da vigência desta Lei.

Art. 39. O disposto no art. 36 desta Lei não se aplicará às sociedades civis de que trata o art. 1º do Decreto-Lei 2.397, de 21 de dezembro de 1987.

Art. 40. Fica sujeita ao pagamento do imposto de renda à alíquota de dez por cento, a pessoa física que auferir ganhos líquidos nas operações realizadas nas bolsas de valores, de mercadorias, de futuros e assemelhadas, ressalvado o disposto no inciso II do art. 22 desta Lei.

→ *Caput* com redação alterada pela Lei 7.751/1989.

§ 1º Considera-se ganho líquido o resultado positivo auferido nas operações ou contratos liquidados em cada mês, admitida a dedução dos custos e despesas efetivamente incorridos, necessários à realização das operações, e à compensação das perdas efetivas ocorridas no § 2º O ganho líquido será constituído:

→ *Caput* com redação alterada pela Lei 7.730/1989.

a) no caso dos mercados à vista, pela diferença positiva entre o valor de transmissão do ativo e o custo de aquisição do mesmo;

→ Alínea *a* com redação alterada pela Lei 7.730/1989.

b) no caso do mercado de opções:

→ Alínea *b* com redação alterada pela Lei 7.730/1989.

1. nas operações tendo por objeto a opção, a diferença positiva apurada entre o valor das posições encerradas ou não exercidas até o vencimento da opção;

2. nas operações de exercício, a diferença positiva apurada entre o valor de venda à vista ou o preço médio à vista na data do exercício e o preço fixado para o exercício, ou a diferença positiva entre o preço do exercício acrescido do prêmio e o custo de aquisição;

c) no caso dos mercados a termo, a diferença positiva apurada entre o valor da venda à vista ou o preço médio à vista na data da liquidação do contrato a termo e o preço neste estabelecido;

d) no caso dos mercados futuros, o resultado líquido positivo dos ajustes diários apurados no período.

§ 3º Se o contribuinte apurar resultado negativo no mês será admitida a sua apropriação nos meses subsequente.

→ § 3º com redação alterada pela Lei 7.730/1989.

§ 4º O imposto deverá ser pago até o último dia útil da primeira quinzena do mês subsequente ao da percepção dos rendimentos.

§ 5º (*Revogado pela Lei 8.014/1990*).

§ 6º O Poder Executivo poderá baixar normas para apuração e demonstração de ganhos líquidos, bem como autorizar a compensação de perdas entre dois ou mais mercados ou modalidades operacionais, previstos neste artigo.

Art. 41. As deduções de despesas, bem como a compensação de perdas previstas no artigo anterior, serão admitidas exclusivamente para as operações realizadas em mercados organizados, geridos ou sob a responsabilidade de instituição credenciada pelo Poder Executivo e com objetivos semelhantes aos das bolsas de valores, de mercadorias ou de futuros.

Art. 42. (*Revogado pela Lei 8.134/1990*).

Art. 43. Fica sujeito à incidência do imposto de renda na fonte, à alíquota de sete inteiros e cinco décimos por cento, o rendimento bruto produzido por quaisquer aplicações financeiras.

→ Artigo com redação alterada pela Lei 7.738/1989.

§ 1º O disposto neste artigo aplica-se, também, às operações de financiamento realizadas em bolsas de valores, de mercadorias, de futuros ou assemelhadas.

§ 2º O disposto neste artigo não se aplica ao rendimento bruto auferido:

a) em aplicações em fundos de curto prazo, tributados nos termos do Decreto-Lei 2.458, de 25 de agosto de 1988;

b) em operações financeiras de curto prazo, assim consideradas as de prazo inferior a noventa dias, que serão tributadas às seguintes alíquotas, sobre o rendimento bruto:

1. quando a operação se iniciar e encerrar no mesmo dia, quarenta por cento;

2. nas demais operações, dez por cento, quando o beneficiário se identificar e trinta por cento, quando o beneficiário não se identificar.

§ 3º Nas operações tendo por objeto Letras Financeiras do Tesouro – LFT ou títulos estaduais e municipais a elas equiparados, o imposto de renda na fonte será calculado à alíquota de:

a) quarenta por cento, em se tratando de operação de curto prazo; e

b) vinte e cinco por cento, quando o prazo da operação for igual ou superior a noventa dias.

§ 4º A base de cálculo do imposto de renda na fonte sobre as operações de que trata o § 3º será constituída pelo rendimento que exceder a remuneração calculada com base na taxa referencial acumulada da Letra Financeira do Tesouro no período, divulgada pelo Banco Central do Brasil.

§ 5º O imposto de renda será retido pela fonte pagadora:

a) em relação aos juros de depósitos em cadernetas de poupança, na data do crédito ou pagamento;

b) em relação às operações de financiamento realizadas em bolsas de valores, de mercadorias, de futuros e assemelhadas, na liquidação;

c) nos demais casos, na data da cessão, liquidação ou resgate, ou nos pagamentos periódicos de rendimentos.

§ 6º Nas aplicações em fundos em condomínio, exceto os de curto prazo, ou clubes de investimento, efetuadas até 31 de dezembro de 1988, o rendimento real será determinado tomando-se por base o valor da quota em 1º de janeiro de 1989, facultado à administradora optar pela tributação do rendimento no ato da liquidação ou resgate do título ou aplicação, em substituição à tributação quando do resgate das quotas.

§ 7º A alíquota de que trata o *caput* aplicar-se-á aos rendimentos de títulos, obrigações ou aplicações produzidas a partir do período iniciado em 16 de janeiro de 1989, mesmo quando adquiridos ou efetuadas anteriormente a esta data.

§ 8º As alíquotas de que tratam os §§ 2º e 3º, incidentes sobre rendimentos auferidos em operações de curto prazo, são aplicáveis às operações iniciadas a partir de 13 de fevereiro de 1989.

Art. 44. O imposto de que trata o artigo anterior será considerado:

I – antecipação do devido na declaração de rendimentos, quando o beneficiário for pessoa jurídica tributada com base no lucro real;

II – devido exclusivamente na fonte nos demais casos, inclusive quando o beneficiário for pessoa jurídica isenta, observado o disposto no art. 47 desta lei.

Art. 45. (*Revogado pela Lei 8.134/1990*).

Art. 46. (*Revogado pela Lei 7.730/1989*).

Art. 47. Fica sujeito à incidência do imposto de renda exclusivamente na fonte, à alíquota de trinta por cento, todo rendimento real ou ganho de capital pago a beneficiário não identificado.

Art. 48. A tributação de que tratam os arts. 7º, 8º e 23 não se aplica aos rendimentos e ganhos de capital tributados na forma dos arts. 41 e 47 desta Lei.

Art. 49. O disposto nesta Lei não se aplica aos rendimentos da atividade agrícola e pastoril, que serão tributados na forma da legislação específica.

Art. 50. (*Vetado*).

Art. 51. A isenção do imposto de renda de que trata o art. 11, item I, da Lei 7.256, de 27 de novembro de 1984, não se aplica à empresa que se encontre nas situações previstas no art. 3º, itens I a V, da referida Lei, nem às empresas que prestem serviços profissionais de corretor, despachante, ator, empresário e produtor de espetáculos públicos, cantor, músico, médico, dentista, enfermeiro, engenheiro, físico, químico, economista, contador, auditor, estatístico, administrador, programador, analista de sistema, advogado, psicólogo, professor, jornalista, publicitário, ou assemelhados, e qualquer outra profissão cujo exercício dependa de habilitação profissional legalmente exigida.

Art. 52. A falta ou insuficiência de recolhimento do imposto ou de quota deste, nos prazos fixados nesta Lei, apresentada ou não a declaração, sujeitará o contribuinte às multas e acréscimos previstos na legislação do imposto de renda.

Art. 53. Os juros e as multas serão calculados sobre o imposto ou quota, observado o seguinte:

→ *Caput* com redação alterada pela Lei 7.799/1989.

a) quando expresso em BTN serão convertidos em cruzados novos pelo valor do BTN no mês do pagamento;

→ Alínea *a* acrescentada pela Lei 7.799/1989.

b) quando expresso em BTN Fiscal, serão convertidos em cruzados novos pelo valor do BTN Fiscal no dia do pagamento.

→ Alínea *b* acrescentada pela Lei 7.799/1989.

Art. 54. Fica o Poder Executivo autorizado a implantar medidas de estímulo à eficiência da atividade fiscal em programas especiais de fiscalização.

Art. 55. Fica reduzida para um por cento a alíquota aplicável às importâncias pagas ou creditadas, a partir do mês de janeiro de 1989, a pessoas jurídicas, civis ou mercantis, pela prestação de serviços de limpeza, conservação, segurança, vigilância e por locação de mão de obra de que trata o art. 3º do Decreto-Lei 2.462, de 30 de agosto de 1988.

Art. 56. (*Revogado pela Lei 9.430/1996*).

Art. 57. Esta Lei entra em vigor em 1º de janeiro de 1989.

Art. 58. Revogam-se o art. 50 da Lei 4.862, de 29 de novembro de 1965, os arts. 1º a 9º do Decreto-Lei 1.510, de 27 de dezembro de 1976, os arts. 65 e 66 do Decreto-Lei 1.598, de 26 de dezembro de 1977, os arts. 1º a 4º do Decreto-Lei 1.641, de 7 de dezembro de 1978, os arts. 12 e 13 do Decreto-Lei 1.950, de 14 de julho de 1982, os arts. 15 e 100 da Lei 7.450, de 23 de dezembro de 1985, o art. 18 do Decreto-Lei 2.287, de 23 de julho de 1986, o item IV e o parágrafo único do art. 12 do Decreto-Lei 2.292, de 21 de novembro de 1986, o item III do art. 2º do Decreto-Lei 2.301, de 21 de novembro de 1986, o item III do art. 7º do Decreto-Lei 2.394, de 21 de dezembro de 1987, e demais disposições em contrário.

Brasília, 22 de dezembro de 1988; 167º da Independência e 100º da República.

José Sarney

(Publicação no *D.O.U.* de 23.12.1998)

LEI COMPLEMENTAR 63,
DE 11 DE JANEIRO DE 1990

Dispõe sobre critérios e prazos de crédito das parcelas do produto da arrecadação de impostos de competência dos Estados e de transferências por estes recebidos, pertencentes aos Municípios, e dá outras providências.

O Presidente da República:

Faço saber que o Congresso Nacional decreta e eu sanciono a seguinte Lei:

Art. 1º As parcelas pertencentes aos Municípios do produto da arrecadação de impostos de competência dos Estados e de transferência por estes recebidas, conforme os incisos III e IV do art. 158 e inciso II e § 3º do art. 159, da Constituição Federal, serão creditadas segundo os critérios e prazos previstos nesta Lei Complementar.

Parágrafo único. As parcelas de que trata o *caput* deste artigo compreendem os juros, a multa moratória e a correção monetária, quando arrecadados como acréscimos dos impostos nele referidos.

Art. 2º 50% (cinquenta por cento) do produto da arrecadação do Imposto sobre a Propriedade de Veículos Automotores licenciados no território de cada Município serão imediatamente creditados a este, através do próprio documento de arrecadação, no montante em que esta estiver sendo realizada.

Art. 3º 25% (vinte e cinco por cento) do produto da arrecadação do Imposto sobre Operações relativas à Circulação de Mercadorias e sobre Prestação de Serviços de Transporte Interestadual e Intermunicipal e de Comunicação serão creditados, pelos Estados, aos respectivos Municípios, conforme os seguintes critérios:

I – 3/4 (três quartos), no mínimo, na proporção do valor adicionado nas operações relativas à circulação de mercadorias e nas prestações de serviços, realizadas em seus territórios;

II – até 1/4 (um quarto), de acordo com o que dispuser lei estadual ou, no caso dos territórios, lei federal.

§ 1º O valor adicionado corresponderá, para cada Município:

→ *Caput* do § 1º com redação alterada pela LC 123/2006.

I – ao valor das mercadorias saídas, acrescido do valor das prestações de serviços, no seu território, deduzido o valor das mercadorias entradas, em cada ano civil;

→ Inciso I acrescentado pela LC 123/2006.

II – nas hipóteses de tributação simplificada a que se refere o parágrafo único do art. 146 da Constituição Federal, e, em outras situações, em que se dispensem os controles de entrada, considerar-se-á como valor adicionado o percentual de 32% (trinta e dois por cento) da receita bruta.

→ Inciso II acrescentado pela LC 123/2006.

§ 2º Para efeito de cálculo do valor adicionado serão computadas:

I – as operações e prestações que constituam fato gerador do imposto, mesmo quando o pagamento for antecipado ou diferido, ou quando o crédito tributário for diferido, reduzido ou excluído em virtude de isenção ou outros benefícios, incentivos ou favores fiscais;

II – as operações imunes do imposto, conforme as alíneas *a* e *b* do inciso X do § 2º do art. 155, e a alínea *d* do inciso VI do art. 150, da Constituição Federal.

§ 3º O Estado apurará a relação percentual entre o valor adicionado em cada Município e o valor total do Estado, devendo este índice ser aplicado para a entrega das parcelas dos Municípios a partir do primeiro dia do ano imediatamente seguinte ao da apuração.

§ 4º O índice referido no parágrafo anterior corresponderá à média dos índices apurados nos dois anos civis imediatamente anteriores ao da apuração.

§ 5º Os Prefeitos Municipais, as associações de Municípios e seus representantes terão livre acesso às informações e documentos utilizados pelos Estados no cálculo do valor adicionado, sendo vedado, a estes, omitir quaisquer dados ou critérios, ou dificultar ou impedir aqueles no acompanhamento dos cálculos.

§ 6º Para efeito de entrega das parcelas de um determinado ano, o Estado fará publicar, no seu órgão oficial, até o dia 30 de junho do ano da apuração, o valor adicionado em cada Município, além dos índices percentuais referidos nos §§ 3º e 4º deste artigo.

§ 7º Os Prefeitos Municipais e as associações de Municípios, ou seus representantes, poderão impugnar, no prazo de 30 (trinta) dias corridos contados da sua publicação, os dados e os índices de que trata o parágrafo anterior, sem prejuízo das ações cíveis e criminais cabíveis.

§ 8º No prazo de 60 (sessenta) dias corridos, contados da data da primeira publicação, os Estados deverão julgar e publicar as impugnações mencionadas no parágrafo anterior, bem como os índices definidos de cada Município.

§ 9º Quando decorrentes de ordem judicial, as correções de índices deverão ser publicadas até o dia 15 (quinze) do mês seguinte ao da data do ato que as determinar.

§ 10. Os Estados manterão um sistema de informações baseadas em documentos fiscais obrigatórios, capaz de apurar, com precisão, o valor adicionado de cada Município.

§ 11. O valor adicionado relativo a operações constatadas em ação fiscal será considerado no ano em que o resultado desta se tornar definitivo, em virtude da decisão administrativa irrecorrível.

§ 12. O valor adicionado relativo a operações ou prestações espontaneamente confessadas pelo contribuinte será considerado no período em que ocorrer a confissão.

§ 13. A lei estadual que criar, desmembrar, fundir ou incorporar Municípios levará em conta, no ano em que ocorrer, o valor adicionado de cada área abrangida.

Art. 4º Do produto da arrecadação do imposto de que trata o artigo anterior, 25% (vinte e cinco por cento) serão depositados ou remetidos no momento em que a arrecadação estiver sendo realizada à "conta de participação dos Municípios no Imposto sobre Operações relativas à Circulação de Mercadorias e sobre Prestações de Serviços de Transporte Interestadual e Intermunicipal e de Comunicações", aberta em estabelecimento oficial de crédito e de que são titulares, conjuntos, todos os Municípios do Estado.

§ 1º Na hipótese de ser o crédito relativo ao Imposto sobre Operações relativas à Circulação de Mercadorias e sobre Prestações de Serviços de Transporte Interestadual e Interestadual e Intermunicipal e de Comunicação extinto por compensação ou transação, a repartição estadual deverá, no mesmo ato, efetuar o depósito ou a remessa dos 25% (vinte e cinco por cento) pertencentes aos Municípios na conta de que trata este artigo.

§ 2º Os agentes arrecadadores farão os depósitos e remessas a que alude este artigo independentemente de ordem das autoridades superiores, sob pena de responsabilidade pessoal.

Art. 5º Até o segundo dia útil de cada semana, o estabelecimento oficial de crédito entregará, a cada Município, mediante crédito em conta individual ou pagamento em dinheiro, à conveniência do beneficiário, a parcela que a este pertencer, do valor dos depósitos ou remessas feitos, na semana imediatamente anterior, na conta a que se refere o artigo anterior.

Art. 6º Os Municípios poderão verificar os documentos fiscais que, nos termos da lei federal ou estadual, devam acompanhar as mercadorias, em operações de que participem produtores, indústrias e comerciantes estabelecidos em seus territórios; apurada qualquer irregularidade, os agentes municipais deverão comunicá-la à repartição estadual incumbida do cálculo do índice de que tratam os §§ 3º e 4º do art. 3º desta Lei Complementar, assim como à autoridade competente.

§ 1º Sem prejuízo do cumprimento de outras obrigações a que estiverem sujeitos por lei federal ou estadual, os produtores serão obrigados, quando solicitados, a informar, às autoridades municipais, o valor e o destino das mercadorias que tiverem produzido.

§ 2º Fica vedado aos Municípios apreender mercadorias ou documentos, impor penalidade ou cobrar quaisquer taxas ou emolumentos em razão da verificação de que trata este artigo.

§ 3º Sempre que solicitado pelos Municípios, ficam os Estados obrigados a autorizá-lo a promover a verificação de que tratam o *caput* e o § 1º deste artigo, em estabelecimentos situados fora de seus territórios.

§ 4º O disposto no parágrafo anterior não prejudica a celebração, entre os Estados e seus Municípios e entre estes, de convênios para assistência mútua na fiscalização dos tributos e permuta de informações.

Art. 7º Dos recursos recebidos na forma do inciso II do art. 159 da Constituição Federal, os Estados entregarão, imediatamente, 25% (vinte e cinco por cento) aos respectivos Municípios, observados os critérios e a forma estabelecidos nos arts. 3º e 4º desta Lei Complementar.

Art. 8º Mensalmente, os Estados publicarão no seu órgão oficial a arrecadação total dos impostos a que se referem os arts. 2º e 3º desta Lei Complementar e o valor total dos recursos de que trata o art. 7º, arrecadados ou transferidos no mês anterior, discriminadas as parcelas entregues a cada Município.

Parágrafo único. A falta ou a incorreção da publicação de que trata este artigo implica a presunção da falta de entrega, aos Municípios, das receitas tributárias que lhes pertencem, salvo erro devidamente justificado e publicado até 15 (quinze) dias após a data da publicação incorreta.

Art. 9º O estabelecimento oficial de crédito que não entregar, no prazo, a qualquer Município, na forma desta Lei Complementar, as importâncias que lhes pertencem ficará sujeito ás sanções aplicáveis aos estabelecimentos bancários que deixam de cumprir saques de depositantes.

§ 1º Sem prejuízo do disposto no *caput* deste artigo, o estabelecimento oficial de crédito será, em qualquer hipótese, proibido de receber as remessas e os depósitos mencionados nos art. 4º desta Lei Complementar, por determinação do Banco Central do Brasil, a requerimento do Município.

§ 2º A proibição vigorará por prazo não inferior a 2 (dois) nem superior a 4 (quatro) anos, a critério do Banco Central do Brasil.

§ 3º Enquanto durar a proibição, os depósitos e as remessas serão obrigatoriamente feitos ao Banco do Brasil S.A., para o qual deve ser imediatamente transferido saldo em poder do estabelecimento infrator.

§ 4º O Banco do Brasil S.A. observará os prazos previstos nesta Lei Complementar, sob pena de responsabilidade de seus dirigentes.

§ 5º Findo o prazo da proibição, o estabelecimento infrator poderá tornar a receber os depósitos e remessas, se escolhido pelo Poder Executivo Estadual, ao qual será facultado eleger qualquer outro estabelecimento oficial de crédito.

Art. 10. A falta de entrega, total ou parcial, aos Municípios, dos recursos que lhes pertencem na forma e nos prazos previstos nesta Lei Complementar, sujeita o Estado faltoso à intervenção, nos termos do disposto na alínea *b* do inciso V do art. 34 da Constituição Federal.

Parágrafo único. Independentemente da aplicação do disposto no *caput* deste artigo, o pagamento dos recursos pertencentes aos Municípios, fora dos prazos estabelecidos nesta Lei Complementar, ficará sujeito à atualização monetária de seu valor e a juros de mora de 1% (um por cento) por mês ou fração de atraso.

Art. 11. Esta Lei Complementar entra em vigor na data de sua publicação.

Art. 12. Revogam-se as disposições em contrário, especialmente o Decreto-Lei 1.216, de 9 de maio de 1972.

Brasília, 11 de janeiro de 1990; 169º da Independência e 102º da República.

José Sarney

Mailson Ferreira da Nóbrega

(Publicação no *D.O.U.* de 12.1.1990)

LEI 8.009, DE 29 DE MARÇO DE 1990

Dispõe sobre a impenhorabilidade do bem de família.

Faço saber que o Presidente da República adotou a Medida Provisória 143, de 1990, que o Congresso Nacional aprovou, e eu Nelson Carneiro, Presidente do Senado Federal, para os efeitos do disposto no parágrafo único do art. 62 da Constituição Federal, promulgo a seguinte Lei:

Art. 1º O imóvel residencial próprio do casal, ou da entidade familiar, é impenhorável e não responderá por qualquer tipo de dívida civil, comercial, fiscal, previdenciária ou de outra natureza, contraída pelos cônjuges ou pelos pais ou filhos que sejam seus proprietários e nele residam, salvo nas hipóteses previstas nesta Lei.

→ *v.* Súmula 205 do STJ.

→ *v.* Art. 226, §§ 1º a 4º, da CF/1988.

→ *v.* Arts. 1.711 a 1.722 do CC.

→ *v.* Arts 648 a 650 do CPC/1973.

→ *v.* Arts. 832 a 834, do NCPC.

Parágrafo único. A impenhorabilidade compreende o imóvel sobre o qual se assentam a construção, as plantações, as benfeitorias de qualquer natureza e todos os equipamentos, inclusive os de uso profissional, ou móveis que guarnecem a casa, desde que quitados.

→ *v.* Súmulas 364 e 449 do STJ.

→ *v.* Art. 649, II e V, do CPC/1973.

→ *v.* Art. 833, II e V, do NCPC.

Art. 2º Excluem-se da impenhorabilidade os veículos de transporte, obras de arte e adornos suntuosos.

→ *v.* Art. 649, II, do CPC/1973.

→ *v.* Art. 833, II, do NCPC.

Parágrafo único. No caso de imóvel locado, a impenhorabilidade aplica-se aos bens móveis quitados que guarneçam a residência e que sejam de propriedade do locatário, observado o disposto neste artigo.

Art. 3º A impenhorabilidade é oponível em qualquer processo de execução civil, fiscal, previdenciária, trabalhista ou de outra natureza, salvo se movido:

→ *v.* Art. 1.517 do CC.

I – (*Revogado pela LC 150/2015*);

II – pelo titular do crédito decorrente do financiamento destinado à construção ou à aquisição do imóvel, no limite dos créditos e acréscimos constituídos em função do respectivo contrato;

→ *v.* Art. 649, § 1º, do CPC/1973.

→ *v.* Art. 833, § 1º, do NCPC.

III – pelo credor da pensão alimentícia, resguardados os direitos, sobre o bem, do seu coproprietário que, com o devedor, integre união estável ou conjugal, observadas as hipóteses em que ambos responderão pela dívida;

→ Inciso III com redação alterada pela Lei 13.144/2015.

IV – para cobrança de impostos, predial ou territorial, taxas e contribuições devidas em função do imóvel familiar;

V – para execução de hipoteca sobre o imóvel oferecido como garantia real pelo casal ou pela entidade familiar;

VI – por ter sido adquirido com produto de crime ou para execução de sentença penal condenatória a ressarcimento, indenização ou perdimento de bens;

VII – por obrigação decorrente de fiança concedida em contrato de locação.

→ Inciso VII acrescentado pela Lei 8.245/1991.

Art. 4º Não se beneficiará do disposto nesta Lei aquele que, sabendo-se insolvente, adquire de má-fé imóvel mais valioso para transferir a residência familiar, desfazendo-se ou não da moradia antiga.

LEGISLAÇÃO

§ 1º Neste caso poderá o juiz, na respectiva ação do credor, transferir a impenhorabilidade para a moradia familiar anterior, ou anular-lhe a venda, liberando a mais valiosa para execução ou concurso, conforme a hipótese.

§ 2º Quando a residência familiar constituir-se em imóvel rural, a impenhorabilidade restringir-se-á à sede de moradia, com os respectivos bens móveis, e, nos casos do art. 5º, inciso XXVI, da Constituição, à área limitada como pequena propriedade rural.

Art. 5º Para os efeitos de impenhorabilidade, de que trata esta Lei, considera-se residência um único imóvel utilizado pelo casal ou pela entidade familiar para moradia permanente.

Parágrafo único. Na hipótese de o casal, ou entidade familiar, ser possuidor de vários imóveis utilizados como residência, a impenhorabilidade recairá sobre o de menor valor, salvo se outro tiver sido registrado, para esse fim, no Registro de Imóveis e na forma do art. 70 do Código Civil.

→ O referido art. 70 estava previsto no Código Civil de 1916.

Art. 6º São canceladas as execuções suspensas pela Medida Provisória 143, de 8 de março de 1990, que deu origem a esta Lei.

Art. 7º Esta Lei entra em vigor na data de sua publicação.

Art. 8º Revogam-se as disposições em contrário.

Senado Federal, em 29 de março de 1990; 169º da Independência e 102º da República.

Nelson Carneiro

(Publicação no *D.O.U.* de 30.3.1990)

LEI 8.021,
DE 12 DE ABRIL DE 1990

Dispõe sobre a identificação dos contribuintes para fins fiscais, e dá outras providências.

O Presidente da República:

Faço saber que o Congresso Nacional decreta e eu sanciono a seguinte Lei:

Art. 1º A partir da vigência desta Lei, fica vedado o pagamento ou resgate de qualquer título ou aplicação, bem como dos seus rendimentos ou ganhos, a beneficiário não identificado.

Parágrafo único. O descumprimento do disposto neste artigo sujeitará o responsável pelo pagamento ou resgate a multa igual ao valor da operação, corrigido monetariamente a partir da data da operação até o dia do seu efetivo pagamento.

Art. 2º A partir da data de publicação desta Lei fica vedada:

I – a emissão de quotas ao portador ou nominativas-endossáveis, pelos fundos em condomínio;

II – a emissão de títulos e a captação de depósitos ou aplicações ao portador ou nominativos-endossáveis;

III – (*Revogado pela Lei 9.069/1995*).

Parágrafo único. Os cheques emitidos em desacordo com o estabelecido no inciso III deste artigo não serão compensáveis por meio do Serviço de Compensação de Cheques e Outros Papéis.

→ Parágrafo único sem eficácia em razão da revogação do inciso III.

Art. 3º O contribuinte que receber o resgate de quotas de fundos ao portador e de títulos ou aplicações de renda fixa ao portador ou nominativos-endossáveis, existentes em 16 de março de 1990, ficará sujeito à retenção de Imposto de Renda na fonte, à alíquota de 25% (vinte e cinco por cento), calculado sobre o valor do resgate recebido.

§ 1º O imposto será retido pela instituição que efetuar o pagamento dos títulos e aplicações e seu recolhimento deverá ser efetuado de conformidade com as normas aplicáveis ao Imposto de Renda retido na fonte.

§ 2º O valor sobre o qual for calculado o imposto, diminuído deste, será computado como rendimento líquido, para efeito de justificar acréscimo patrimonial na declaração de bens (Lei 4.069/1962, art. 51) a ser apresentada no exercício financeiro subsequente.

§ 3º A retenção do imposto, prevista neste artigo, não exclui a incidência do Imposto de Renda na fonte sobre os rendimentos produzidos pelos respectivos títulos ou aplicações.

§ 4º A retenção do imposto, prevista neste artigo, será dispensada caso o contribuinte comprove, perante o Departamento da Receita Federal, que o valor resgatado tem origem em rendimentos próprios, declarados na forma da legislação do Imposto de Renda.

§ 5º A liberação dos recursos sem a observância do disposto no parágrafo anterior sujeitará a instituição financeira à multa de 25% (vinte e cinco por cento) sobre o valor do resgate dos títulos ou aplicações, corrigido monetariamente a partir da data do resgate até a data do seu efetivo recolhimento.

Art. 4º O art. 20 da Lei 6.404, de 15 de dezembro de 1976, passa a vigorar com a seguinte redação:

→ Alteração efetuada na referida Lei.

Art. 5º As sociedades por ações terão um prazo de 2 (dois) anos para adaptar seus estatutos ao disposto no artigo anterior.

§ 1º No prazo a que se refere este artigo, as operações com ações, ao portador ou endossáveis, existentes na data da publicação desta Lei, emitidas pelas sociedades por ações, somente poderão ser efetuadas quando atenderem, cumulativamente, às seguintes condições:

a) estiveram as ações sob custódia de instituição financeira ou de Bolsa de Valores, autorizada a operar por ato da Comissão de Valores Mobiliários (CVM) ou do Banco Central do Brasil, no âmbito de sua competência;

b) houver a identificação do vendedor e do comprador.

§ 2º As ações mencionadas neste artigo somente poderão ser retiradas da custódia mediante a identificação do proprietário.

§ 3º A instituição financeira ou bolsa custodiante deverá enviar ao Departamento da Receita Federal, até o dia 15 de cada mês, comunicação que identifique o proprietário, a quantidade, a espécie e o valor de aquisição das ações que houverem sido retiradas de sua custódia no mês anterior.

§ 4º A inobservância do disposto no parágrafo anterior sujeitará a instituição financeira ou bolsa custodiante à multa de 25% (vinte e cinco por cento) do valor das ações, corrigido monetariamente a partir do vencimento do prazo para a comunicação até a data do seu efetivo pagamento.

§ 5º Para efeito do disposto no parágrafo anterior, considera-se valor da ação o preço médio de negociação em pregão de Bolsas de Valores no dia da retirada da ação ou, na falta deste, o preço médio da ação da última negociação em pregão da Bolsa de Valores, corrigidos pelo BTN Fiscal até o dia da retirada da ação.

§ 6º Para as ações não admitidas à negociação em Bolsas de Valores, considera-se o valor patrimonial da ação corrigido pelo BTN Fiscal desde a data do último balanço até a data de sua retirada da custódia.

Art. 6º O lançamento de ofício, além dos casos já especificados em lei, far-se-á arbitrando-se os rendimentos com base na renda presumida, mediante utilização dos sinais exteriores de riqueza.

§ 1º Considera-se sinal exterior de riqueza a realização de gastos incompatíveis com a renda disponível do contribuinte.

§ 2º Constitui renda disponível a receita auferida pelo contribuinte, diminuída dos abatimentos e deduções admitidos pela legislação do Imposto de Renda em vigor e do Imposto de Renda pago pelo contribuinte.

§ 3º Ocorrendo a hipótese prevista neste artigo, o contribuinte será notificado para o devido procedimento fiscal de arbitramento.

§ 4º No arbitramento tomar-se-ão como base os preços de mercado vigentes à época da ocorrência dos fatos ou eventos, podendo, para tanto, ser adotados índices ou indicadores econômicos oficiais ou publicações técnicas especializadas.

§ 5º (*Revogado pela Lei 9.430/1996*).

§ 6º Qualquer que seja a modalidade escolhida para o arbitramento, será sempre levada a efeito aquela que mais favorecer o contribuinte.

Art. 7º A autoridade fiscal do Ministério da Economia, Fazenda e Planejamento poderá proceder a exames de documentos, livros e registros das Bolsas de Valores, de mercadorias, de futuros e assemelhadas, bem como solicitar a prestação de esclarecimentos e informações a respeito de operações por elas praticadas, inclusive em relação a terceiros.

§ 1º As informações deverão ser prestadas no prazo máximo de 10 (dez) dias úteis contados da data da solicitação. O não cumprimento desse prazo sujeitará a instituição à multa de valor equivalente a mil BTN Fiscais por dia útil de atraso.

§ 2º As informações obtidas com base neste artigo somente poderão ser utilizadas para efeito de verificação do cumprimento de obrigações tributárias.

§ 3º O servidor que revelar, informações que tiver obtido na forma deste artigo estará sujeito às penas previstas no art. 325 do Código Penal Brasileiro.

Art. 8º Iniciado o procedimento fiscal, a autoridade fiscal poderá solicitar informações sobre operações realizadas pelo contribuinte em instituições financeiras, inclusive extratos de contas bancárias, não se aplicando, nesta hipótese, o disposto no art. 38 da Lei 4.595, de 31 de dezembro de 1964.

Parágrafo único. As informações, que obedecerão às normas regulamentares expedidas pelo Ministério da Economia, Fazenda e Planejamento, deverão ser prestadas no prazo máximo de 10 (dez) dias úteis contados da data da solicitação, aplicando-se, no caso de descumprimento desse prazo, a penalidade prevista no § 1º do art. 7º.

Art. 9º Os estabelecimentos bancários autorizados a acolher depósitos de qualquer natureza deverão centralizar, em um único estabelecimento de sua rede de agências, as contas de não residentes no País.

Art. 10. Fica o Poder Executivo autorizado a celebrar convênios com outros países para repatriar bens de qualquer natureza, inclusive financeiros e títulos de valores mobiliários, pertencentes a empresas brasileiras e pessoas físicas residentes e domiciliadas no País.

Parágrafo único. Os valores repatriados ficarão sujeitos ao Imposto de Renda à alíquota de 25% (vinte e cinco por cento).

Art. 11. O Poder Executivo regulamentará o disposto nesta Lei.

Art. 12. Esta lei entra em vigor na data de sua publicação.

Art. 13. Revogam-se o art. 9º da Lei 4.729, de 14 de julho de 1965, os arts. 32 e 33 da Lei 6.404, de 15 de dezembro de 1976, e demais disposições em contrário.

Brasília, 12 de abril de 1990; 169º da Independência e 102º da República.

Fernando Collor

(Publicação no *D.O.U.* de 13.4.1990, retificação 23.4.1990)

LEI 8.032,
DE 12 DE ABRIL DE 1990

Dispõe sobre a isenção ou redução de impostos de importação, e dá outras providências.

O Presidente da República:

Faço saber que o Congresso Nacional decreta e eu sanciono a seguinte lei:

Art. 1º Ficam revogadas as isenções e reduções do Imposto de Importação e do Imposto sobre Produtos Industrializados, de caráter geral ou especial, que beneficiam bens de procedência estrangeira, ressalvadas as hipóteses previstas nos artigos 2º a 6º desta Lei.

Parágrafo único. As ressalvas estabelecidas no caput deste artigo aplicam-se às importações realizadas nas situações relacionadas no inciso I do art. 2º.

→ Parágrafo único com redação alterada pela Lei 13.243/2016.

Art. 2º As isenções e reduções do Imposto de Importação ficam limitadas, exclusivamente:

I – às importações realizadas:

a) pela União, pelos Estados, pelo Distrito Federal, pelos Territórios, pelos Municípios e pelas respectivas autarquias;

b) pelos partidos políticos e pelas instituições de educação ou de assistência social;

c) pelas Missões Diplomáticas e Repartições Consulares de caráter permanente e pelos respectivos integrantes;

d) pelas representações de organismos internacionais de caráter permanente, inclusive os de âmbito regional, dos quais o Brasil seja membro, e pelos respectivos integrantes;

e) por Instituições Científica, Tecnológica e de Inovação (ICTs), definidas pela Lei 10.973, de 2 de dezembro de 2004;

→ Alínea *e* com redação alterada pela Lei 13.243/2016.

f) por cientistas e pesquisadores, nos termos do § 2º do art. 1º da Lei 8.010, de 29 de março de 1990;

→ Alínea *f* acrescentada pela Lei 10.964/2004.

g) por empresas, na execução de projetos de pesquisa, desenvolvimento e inovação, cujos critérios e habilitação serão estabelecidos pelo poder público, na forma de regulamento;

→ Alínea *g* acrescentada pela Lei 13.243/2016.

II – aos casos de:

a) importação de livros, jornais, periódicos e do papel destinado à sua reprodução;

b) amostras e remessas postais internacionais, sem valor comercial;

c) remessas postais e encomendas aéreas internacionais destinadas à pessoa física;

d) bagagem de viajantes procedentes do exterior ou da Zona Franca de Manaus;

e) bens adquiridos em Loja Franca, no País;

f) bens trazidos do exterior, referidos na alínea b do § 2º do art. 1º do Decreto-Lei 2.120, de 14 de maio de 1984;

g) bens importados sob o regime aduaneiro especial de que trata o inciso III, do artigo 78, do Decreto-Lei 37, de 18 de novembro de 1966;

h) gêneros alimentícios de primeira necessidade, fertilizantes e defensivos para aplicação na agricultura ou pecuária, bem assim matérias-primas para sua produção no País, importados ao amparo do art. 4º da Lei 3.244, de 14 de agosto de 1957, com a redação dada pelo art. 7º do Decreto-Lei nº 63, de 21 de novembro de 1966;

i) bens importados ao amparo da Lei 7.232, de 29 de outubro de 1984;

j) partes, peças e componentes destinados ao reparo, revisão e manutenção de aeronaves e embarcações;

l) importação de medicamentos destinados ao tratamento de aidéticos, bem como de instrumental científico destinado à pesquisa da Síndrome da Deficiência Imunológica Adquirida, sem similar nacional, os quais ficarão isentos, também, dos tributos internos;

m) bens importados pelas áreas de livre comércio;

n) bens adquiridos para industrialização nas Zonas de Processamento de Exportações (ZPEs).

§ 1º As isenções referidas neste artigo serão concedidas com observância da legislação respectiva.

→ Anterior parágrafo único renumerado para § 1º pela Lei 13.243/2016.

§ 2º (*Vetado*).

→ § 2º acrescentado pela Lei 13.243/2016.

Art. 3º Fica assegurada a isenção ou redução do Imposto sobre Produtos Industrializados, conforme o caso:

I – nas hipóteses previstas no art. 2º desta Lei, desde que satisfeitos os requisitos e condições exigidos para a concessão do benefício análogo relativo ao Imposto de Importação;

II – nas hipóteses de tributação especial de bagagem ou de tributação simplificada de remessas postais e encomendas aéreas internacionais.

Art. 4º Fica igualmente assegurado às importações efetuadas para a Zona Franca de Manaus e Amazônia Ocidental o tratamento tributário previsto nos arts. 3º e 7º do Decreto-Lei 288, de 28 de fevereiro de 1967, e no art. 2º do Decreto-Lei 356, de 15 de agosto de 1968, com a redação dada pelo art. 3º do Decreto-Lei 1.435, de 16 de dezembro de 1975.

Art. 5º O regime aduaneiro especial de que trata o inciso II do art. 78 do Decreto-Lei 37, de 18 de novembro de 1966, poderá ser aplicado à importação de matérias-primas, produtos intermediários e componentes destinados à fabricação, no País, de máquinas e equipamentos a serem fornecidos no mercado interno, em decorrência de licitação internacional, contra pagamento em moeda conversível proveniente de financiamento concedido por instituição financeira internacional, da qual o Brasil participe, ou por entidade governamental estrangeira ou, ainda, pelo Banco Nacional de Desenvolvimento Econômico e Social – BNDES, com recursos captados no exterior.

→ Artigo com redação alterada pela Lei 10.184/2001.

Art. 6º Os bens objeto de isenção ou redução do Imposto de Importação, em decorrência de acordos internacionais firmados pelo Brasil, terão o tratamento tributário neles previsto.

Art. 7º Os bens importados com alíquotas zero do Imposto de Importação estão sujeitos aos tributos internos, nos termos das respectivas legislações.

Art. 8º (*Revogado pela Lei 8.085/1990*).

Art. 9º (*Revogado pela Lei 10.206/2001*).

§ 1º (*Vetado*).

§ 2º É vedada a concessão de recursos do Fundo da Marinha Mercante a fundo perdido, ressalvadas as operações já autorizadas na data da publicação desta lei.

§ 3º O produto da arrecadação do Adicional de Tarifa Portuária (ATP) (Lei 7.700, de 21 de dezembro de 1988) passa a ser aplicado, a partir de 1º de janeiro de 1991, pelo Banco Nacional do Desenvolvimento Econômico e Social de acordo com normas baixadas pelos Ministérios da Infraestrutura e da Economia, Fazenda e Planejamento.

Art. 10. O disposto no art. 1º desta Lei não se aplica:

I – às isenções e reduções comprovadamente concedidas nos termos da legislação respectiva até a data da entrada em vigor desta lei;

II – aos bens importados, a título definitivo, amparados por isenção ou redução na forma da legislação anterior, cujas guias de importação tenham sido emitidas até a data da entrada em vigor desta lei.

III – (*Vetado*).

Art. 11. Ficam suspensas por 180 (cento e oitenta) dias a criação e implantação de Zonas de Processamento de Exportações (ZPEs) a que se refere o Decreto-Lei 2.452, 29 de julho de 1988, e aprovação de projetos industriais e instalação de empresas nas já criadas.

Art. 12. Esta Lei entra em vigor na data de sua publicação.

Art. 13. Revogam-se o Decreto-Lei 1.953, de 3 de agosto de 1982, e demais disposições em contrário.

Brasília, 12 de abril de 1990; 169º da Independência e 102º da República.

Fernando Collor

(Publicação no *D.O.U.* de 13.4.1990)

LEI 8.038,
DE 28 DE MAIO DE 1990

Institui normas procedimentais para os processos que especifica, perante o Superior Tribunal de Justiça e o Supremo Tribunal Federal.

→ *v.* Lei 8.658/1993 – Dispõe sobre a aplicação, nos Tribunais de Justiça e nos Tribunais Regionais Federais, das normas da Lei 8.038, de 28 de maio de 1990, sobre ações penais originárias.

O Presidente da República:

Faço saber que o Congresso Nacional decreta e eu sanciono a seguinte Lei:

Título I
Processos de competência originária

Capítulo I
AÇÃO PENAL ORIGINÁRIA

Art. 1º Nos crimes de ação penal pública, o Ministério Público terá o prazo de 15 (quinze) dias para oferecer denúncia ou pedir arquivamento do inquérito ou das peças informativas.

→ *v.* Art. 129 da CF/1988.

§ 1º Diligências complementares poderão ser deferidas pelo relator, com interrupção do prazo deste artigo.

§ 2º Se o indiciado estiver preso:

a) o prazo para oferecimento da denúncia será de 5 (cinco) dias;

b) as diligências complementares não interromperão o prazo, salvo se o relator, ao deferi-las, determinar o relaxamento da prisão.

→ *v.* Art. 5º, LXV, da CF/1988.

Art. 2º O relator, escolhido na forma regimental, será o juiz da instrução, que se realizará segundo o disposto neste capítulo, no Código de Processo Penal, no que for aplicável, e no Regimento Interno do Tribunal.

Parágrafo único. O relator terá as atribuições que a legislação processual confere aos juízes singulares.

Art. 3º Compete ao relator:

I – determinar o arquivamento do inquérito ou de peças informativas, quando o requerer o Ministério Público, ou submeter o requerimento à decisão competente do Tribunal;

II – decretar a extinção da punibilidade, nos casos previstos em lei.

III – convocar desembargadores de Turmas Criminais dos Tribunais de Justiça ou dos Tribunais Regionais Federais, bem como juízes de varas criminais da Justiça dos Estados e da Justiça Federal, pelo prazo de 6 (seis) meses, prorrogável por igual período, até o máximo de 2 (dois) anos, para a realização do interrogatório e de outros atos da instrução, na sede do tribunal ou no local onde se deva produzir o ato.

→ Inciso III acrescentado pela Lei 12.019/2009.

Art. 4º Apresentada a denúncia ou a queixa ao Tribunal, far-se-á a notificação do acusado para oferecer resposta no prazo de 15 (quinze) dias.

→ *v.* Art. 5º, LV, da CF/1988.

§ 1º Com a notificação, serão entregues ao acusado cópia da denúncia ou da queixa, do despacho do relator e dos documentos por este indicados.

§ 2º Se desconhecido o paradeiro do acusado, ou se este criar dificuldades para que o oficial cumpra a diligência, proceder-se-á à sua notificação por edital, contendo o teor resumido da acusação, para que compareça ao Tribunal, em 5 (cinco) dias, onde terá vista dos autos pelo prazo de 15 (quinze) dias, a fim de apresentar a resposta prevista neste artigo.

Art. 5º Se, com a resposta, forem apresentados novos documentos, será intimada a parte contrária para sobre eles se manifestar, no prazo de 5 (cinco) dias.

Parágrafo único. Na ação penal de iniciativa privada, será ouvido, em igual prazo, o Ministério Público.

Art. 6º A seguir, o relator pedirá dia para que o Tribunal delibere sobre o recebimento, a rejeição da denúncia ou da queixa, ou a improcedência da acusação, se a decisão não depender de outras provas.

§ 1º No julgamento de que trata este artigo, será facultada sustentação oral pelo prazo de 15 (quinze) minutos, primeiro à acusação, depois à defesa.

§ 2º Encerrados os debates, o Tribunal passará a deliberar, determinando o Presidente as pessoas que poderão permanecer no recinto, observado o disposto no inciso II, do art. 12, desta Lei.

Art. 7º Recebida a denúncia ou a queixa, o relator designará dia e hora para o interrogatório, mandando citar o acusado ou querelado e intimar o órgão do Ministério Público, bem como o querelante ou o assistente, se for o caso.

Art. 8º O prazo para defesa prévia será de 5 (cinco) dias, contado do interrogatório ou da intimação do defensor dativo.

Art. 9º A instrução obedecerá, no que couber, ao procedimento comum do Código de Processo Penal.

§ 1º O relator poderá delegar a realização do interrogatório ou de outro ato da instrução ao juiz ou membro de tribunal com competência territorial no local de cumprimento da carta de ordem.

§ 2º Por expressa determinação do relator, as intimações poderão ser feitas por carta registrada com aviso de recebimento.

Art. 10. Concluída a inquirição de testemunhas, serão intimadas a acusação e a defesa, para requerimento de diligências no prazo de 5 (cinco) dias.

Art. 11. Realizadas as diligências, ou não sendo estas requeridas nem determinadas pelo relator, serão intimadas a acusação e a defesa para, sucessivamente, apresentarem, no prazo de 15 (quinze) dias, alegações escritas.

§ 1º Será comum o prazo do acusador e do assistente, bem como o dos corréus.

§ 2º Na ação penal de iniciativa privada, o Ministério Público terá vista, por igual prazo, após as alegações das partes.

§ 3º O relator poderá, após as alegações escritas, determinar de ofício a realização de provas reputadas imprescindíveis para o julgamento da causa.

Art. 12. Finda a instrução, o Tribunal procederá ao julgamento, na forma determinada pelo regimento interno, observando-se o seguinte:

I – a acusação e a defesa terão, sucessivamente, nessa ordem, prazo de 1 (uma) hora para sustentação oral, assegurado ao assistente 1/4 (um quarto) do tempo da acusação;

II – encerrados os debates, o Tribunal passará a proferir o julgamento, podendo o Presidente limitar a presença no recinto às partes e seus advogados, ou somente a estes, se o interesse público exigir.

Capítulo II
RECLAMAÇÃO

Art. 13. *(Revogado pela Lei 13.105/2015, em vigor após decorrido 1 (um) ano da data de sua publicação –* D.O.U. *de 17.3.2015* (v. *Art. 1.045 do NCPC).*

→ **Anterior redação: Art. 13.** Para preservar a competência do Tribunal ou garantir a autoridade das suas decisões, caberá reclamação da parte interessada ou do Ministério Público. Parágrafo único. A reclamação, dirigida ao Presidente do Tribunal, instruída com prova documental, será autuada e distribuída ao relator da causa principal, sempre que possível.

Art. 14. *(Revogado pela Lei 13.105/2015, em vigor após decorrido 1 (um) ano da data de sua publicação –* D.O.U. *de 17.3.2015* (v. *Art. 1.045 do NCPC).*

→ **Anterior redação: Art. 14.** Ao despachar a reclamação o relator: I – requisitará informações da autoridade a quem for imputada a prática do ato impugnado, que as prestará no prazo de 10 (dez) dias; II – ordenará, se necessário, para evitar dano irreparável, a suspensão do processo ou do ato impugnado.

Art. 15. *(Revogado pela Lei 13.105/2015, em vigor após decorrido 1 (um) ano da data de sua publicação –* D.O.U. *de 17.3.2015* (v. *Art. 1.045 do NCPC).*

→ **Anterior redação: Art. 15.** Qualquer interessado poderá impugnar o pedido do reclamante.

Art. 16. *(Revogado pela Lei 13.105/2015, em vigor após decorrido 1 (um) ano da data de sua publicação –* D.O.U. *de 17.3.2015* (v. *Art. 1.045 do NCPC).*

→ **Anterior redação: Art. 16.** O Ministério Público, nas reclamações que não houver formulado, terá vista do processo, por 5 (cinco) dias, após o decurso do prazo para informações.

Art. 17. *(Revogado pela Lei 13.105/2015, em vigor após decorrido 1 (um) ano da data de sua publicação –* D.O.U. *de 17.3.2015* (v. *Art. 1.045 do NCPC).*

→ **Anterior redação: Art. 17.** Julgando procedente a reclamação, o Tribunal cassará a decisão exorbitante de seu julgado ou determinará medida adequada à preservação de sua competência.

Art. 18. *(Revogado pela Lei 13.105/2015, em vigor após decorrido 1 (um) ano da data de sua publicação –* D.O.U. *de 17.3.2015* (v. *Art. 1.045 do NCPC).*

→ **Anterior redação: Art. 18.** O Presidente determinará o imediato cumprimento da decisão, lavrando-se o acórdão posteriormente.

Capítulo III
INTERVENÇÃO FEDERAL

Art. 19. A requisição de intervenção federal prevista nos incisos II e IV do art. 36 da Constituição Federal será promovida:

I – de ofício, ou mediante pedido de Presidente de Tribunal de Justiça do Estado, ou de Presidente de Tribunal Federal, quando se tratar de prover a execução de ordem ou decisão judicial, com ressalva, conforme a matéria, da competência do Supremo Tribunal Federal ou do Tribunal Superior Eleitoral;

II – de ofício, ou mediante pedido da parte interessada, quando se tratar de prover a execução de ordem ou decisão do Superior Tribunal de Justiça;

III – mediante representação do Procurador-Geral da República, quando se tratar de prover a execução de lei federal.

Art. 20. O Presidente, ao receber o pedido:

I – tomará as providências que lhe parecerem adequadas para remover, administrativamente, a causa do pedido;

II – mandará arquivá-lo, se for manifestamente infundado, cabendo do seu despacho agravo regimental.

Art. 21. Realizada a gestão prevista no inciso I do artigo anterior, solicitadas informações à autoridade estadual e ouvido o Procurador-Geral, o pedido será distribuído a um relator.

Parágrafo único. Tendo em vista o interesse público, poderá ser permitida a presença no recinto às partes e seus advogados, ou somente a estes.

Art. 22. Julgado procedente o pedido, o Presidente do Superior Tribunal de Justiça comunicará, imediatamente, a decisão aos órgãos do poder público interessados e requisitará a intervenção ao Presidente da República.

Capítulo IV
HABEAS CORPUS

→ v. Art. 5º, LXVIII, da CF/1988.

Art. 23. Aplicam-se ao *habeas corpus* perante o Superior Tribunal de Justiça as normas do Livro III, Título II, Capítulo X, do Código de Processo Penal.

Capítulo V
OUTROS PROCEDIMENTOS

Art. 24. Na ação rescisória, nos conflitos de competência, de jurisdição e de atribuições, na revisão criminal e no mandado de segurança, será aplicada a legislação processual em vigor.

Parágrafo único. No mandado de injunção e no *habeas data*, serão observadas, no que couber, as normas do mandado de segurança, enquanto não editada legislação específica.

Art. 25. Salvo quando a causa tiver por fundamento matéria constitucional, competente ao Presidente do Superior Tribunal de Justiça, a requerimento do Procurador-Geral da República ou da pessoa jurídica de direito público interessada, e para evitar grave lesão à ordem, à saúde, à segurança e à economia pública, suspender, em despacho fundamentado, a execução de liminar ou de decisão concessiva de mandado de segurança, proferida, em única ou última instância, pelos Tribunais Regionais Federais ou pelos Tribunais dos Estados e do Distrito Federal.

§ 1º O Presidente pode ouvir o impetrante, em 5 (cinco) dias, e o Procurador-Geral quando não for o requerente, em igual prazo.

§ 2º Do despacho que conceder a suspensão caberá agravo regimental.

§ 3º A suspensão de segurança vigorará enquanto pender o recurso, ficando sem efeito, se a decisão concessiva for mantida pelo Superior Tribunal de Justiça ou transitar em julgado.

→ v. Súmula 626 do STJ.

Título II
Recursos

Capítulo I
RECURSO EXTRAORDINÁRIO E RECURSO ESPECIAL

Art. 26. *(Revogado pela Lei 13.105/2015, em vigor após decorrido 1 (um) ano da data de sua publicação* – D.O.U. *de 17.3.2015 (v. Art. 1.045 do NCPC).*

→ **Anterior redação: Art. 26.** Os recursos extraordinário e especial, nos casos previstos na Constituição Federal, serão interpostos no prazo comum de 15 (quinze) dias, perante o Presidente do Tribunal recorrido, em petições distintas, que conterão: I – exposição do fato e do direito; II – a demonstração do cabimento do recurso interposto; III – as razões do pedido de reforma da decisão recorrida. **Parágrafo único.** Quando o recurso se fundar em dissídio entre a interpretação da lei federal adotada pelo julgado recorrido e a que lhe haja dado outro Tribunal, o recorrente fará a prova da divergência mediante certidão, ou indicação do número e da página do jornal oficial, ou do repertório autorizado de jurisprudência, que o houver publicado.

Art. 27. *(Revogado pela Lei 13.105/2015, em vigor após decorrido 1 (um) ano da data de sua publicação* – D.O.U. *de 17.3.2015 (v. Art. 1.045 do NCPC).*

→ **Anterior redação: Art. 27.** Recebida a petição pela Secretaria do Tribunal e aí protocolada, será intimado o recorrido, abrindo-se lhe vista pelo prazo de 15 (quinze) dias para apresentar contrarrazões. § 1º Findo esse prazo, serão os autos conclusos para admissão ou não do recurso, no prazo de 5 (cinco) dias. § 2º Os recursos extraordinário e especial serão recebidos no efeito devolutivo. § 3º Admitidos os recursos, os autos serão imediatamente remetidos ao Superior Tribunal de Justiça. § 4º Concluído o julgamento do recurso especial, serão os autos remetidos ao Supremo Tribunal Federal para apreciação do recurso extraordinário, se este não estiver prejudicado. § 5º Na hipótese de o relator do recurso especial considerar que o recurso extraordinário é prejudicial daquele em decisão irrecorrível, sobrestará o seu julgamento e remeterá os autos ao Supremo Tribunal Federal, para julgar o extraordinário. § 6º No caso do parágrafo anterior, se o relator do recurso extraordinário, em despacho irrecorrível, não o considerar prejudicial, devolverá os autos ao Superior Tribunal de Justiça, para o julgamento do recurso especial.

Art. 28. *(Revogado pela Lei 13.105/2015, em vigor após decorrido 1 (um) ano da data de sua publicação* – D.O.U. *de 17.3.2015 (v. Art. 1.045 do NCPC).*

→ **Anterior redação: Art. 28.** Denegado o recurso extraordinário ou o recurso especial, caberá agravo de instrumento, no prazo de 5 (cinco) dias, para o Supremo Tribunal Federal ou para o Superior Tribunal de Justiça, conforme o caso. § 1º Cada agravo de instrumento será instruído com as peças que forem indicadas pelo agravante e pelo agravado, dele constando, obrigatoriamente, além das mencionadas no parágrafo único do art. 523 do Código de Processo Civil, o acórdão recorrido, a petição de interposição do recurso e as contrarrazões, se houver. § 2º Distribuído o agravo de instrumento, o relator proferirá decisão. § 3º Na hipótese de provimento, se o instrumento contiver os elementos necessários ao julgamento do mérito do recurso especial, o relator determinará, desde logo, sua inclusão em pauta, observando-se, daí por diante, o procedimento relativo àqueles recursos, admitida a sustentação oral. § 4º O disposto no parágrafo anterior aplica-se também ao agravo de instrumento contra denegação de recurso extraordinário, salvo quando, na mesma causa, houver recurso especial admitido e que deva ser julgado em primeiro lugar. § 5º Da decisão do relator que negar seguimento ou provimento ao agravo de instrumento, caberá agravo para o órgão julgador no prazo de 5 (cinco) dias.

Art. 29. *(Revogado pela Lei 13.105/2015, em vigor após decorrido 1 (um) ano da data de sua publicação* – D.O.U. *de 17.3.2015 (v. Art. 1.045 do NCPC).*

→ **Anterior redação: Art. 29.** É embargável, no prazo de 15 (quinze) dias, a decisão da turma que, em recurso especial, divergir do julgamento de outra turma, da seção ou do órgão especial, observando-se o procedimento estabelecido no regimento interno.

Capítulo II
RECURSO ORDINÁRIO EM *HABEAS CORPUS*

Art. 30. O recurso ordinário para o Superior Tribunal de Justiça, das decisões denegatórias de *habeas corpus*, proferidas pelos Tribunais Regionais Federais ou pelos Tribunais dos Estados e do Distrito Federal, será interposto no prazo de 5 (cinco) dias, com as razões do pedido de reforma.

→ v. Art. 650, I do CPP.

Art. 31. Distribuído o recurso, a Secretaria, imediatamente, fará os autos com vista ao Ministério Público, pelo prazo de 2 (dois) dias.

Parágrafo único. Conclusos os autos ao relator, este submeterá o feito a julgamento independentemente de pauta.

Art. 32. Será aplicado, no que couber, ao processo e julgamento do recurso, o disposto com relação ao pedido originário de *habeas corpus*.

Capítulo III
RECURSO ORDINÁRIO EM MANDADO DE SEGURANÇA

Art. 33. O recurso ordinário para o Superior Tribunal de Justiça, das decisões denegatórias de mandado de segurança, proferidas em única instância pelos Tribunais Regionais Federais ou pelos Tribunais de Estados e do Distrito Federal, será interposto no prazo de 15 (quinze) dias, com as razões do pedido de reforma.

Art. 34. Serão aplicadas, quanto aos requisitos de admissibilidade e o procedimento no Tribunal recorrido, as regras do Código de Processo Civil relativas à apelação.

→ v. Lei 13.105/2015 – Novo CPC.

Art. 35. Distribuído o recurso, a Secretaria, imediatamente, fará os autos com vista ao Ministério Público, pelo prazo de 5 (cinco) dias.

Parágrafo único. Conclusos os autos ao relator, este pedirá dia para julgamento.

Capítulo IV
APELAÇÃO CÍVEL E AGRAVO DE INSTRUMENTO

Art. 36. Nas causas em que forem partes, de um lado, Estado estrangeiro ou organismo internacional e, de outro, município ou pessoa domiciliada ou residente no País, caberá:

I – apelação da sentença;

II – agravo de instrumento, das decisões interlocutórias.

Art. 37. Os recursos mencionados no artigo anterior serão interpostos para o Superior Tribunal de Justiça, aplicando-se lhes, quanto aos requisitos de admissibilidade e ao procedimento o disposto no Código de Processo Civil.

→ v. Arts, 496 e ss., 994 e ss., 1.009 e ss., e 1.015 e ss., do NCPC.

Título III
Disposições Gerais

Art. 38. *(Revogado pela Lei 13.105/2015, em vigor após decorrido 1 (um) ano da data de sua publicação –* D.O.U. *de 17.3.2015* (v. *Art. 1.045 do NCPC).*

Anterior redação: Art. 38. O Relator, no Supremo Tribunal Federal ou no Superior Tribunal de Justiça, decidirá o pedido ou o recurso que haja perdido seu objetivo, bem como negará seguimento a pedido ou recurso manifestamente intempestivo, incabível ou, improcedente ou ainda, que contrariar, nas questões predominantemente de direito, Súmula do respectivo Tribunal.

Art. 39. Da decisão do Presidente do Tribunal, de Seção, de Turma ou de Relator que causar gravame à parte, caberá agravo para o órgão especial, Seção ou Turma, conforme o caso, no prazo de 5 (cinco) dias.

→ v. Súmula 116 do STJ.

Art. 40. Haverá revisão, no Superior Tribunal de Justiça, nos seguintes processos:

I – ação rescisória;

II – ação penal originária;

III – revisão criminal.

Art. 41. Em caso de vaga ou afastamento do Ministro do Superior Tribunal de Justiça, por prazo superior a 30 (trinta) dias, poderá ser convocado Juiz de Tribunal Regional Federal ou Desembargador, para substituição, pelo voto da maioria absoluta dos seus membros.

Art. 41-A. A decisão de Turma, no Superior Tribunal de Justiça, será tomada pelo voto da maioria absoluta de seus membros.

→ Artigo acrescentado pela Lei 9.756/1998.

Parágrafo único. Em *habeas corpus* originário ou recursal, havendo empate, prevalecerá a decisão mais favorável ao paciente.

Art. 41-B. As despesas do porte de remessa e retorno dos autos serão recolhidas mediante documento de arrecadação, de conformidade com instruções e tabela expedidas pelo Supremo Tribunal Federal e pelo Superior Tribunal de Justiça.

→ Artigo acrescentado pela Lei 9.756/1998.

Parágrafo único. A secretaria do tribunal local zelará pelo recolhimento das despesas postais.

Art. 42. Os arts. 496, 497, 498, inciso II do art. 500, e 508 da Lei 5.869, de 11 de janeiro de 1973 – Código de Processo Civil, passam a vigorar com a seguinte redação:

→ Alterações efetuadas no CPC/1973.

→ v. Arts, 994, 995, 997, II e 1.005, § 5º, do NCPC.

→ v. Arts. 1.045 e 1.046, do NCPC.

Art. 43. Esta Lei entra em vigor na data de sua publicação.

Art. 44. Revogam-se as disposições em contrário, especialmente os arts. 541 a 546 do Código de Processo Civil e a Lei 3.396, de 2 de junho de 1958.

Brasília, em 28 de maio de 1990; 169º da Independência e 102º da República.

Fernando Collor

(Publicação no *D.O.U.* 29.5.1990)

DECRETO 99.476,
DE 24 DE AGOSTO DE 1990

Simplifica o cumprimento de exigência de prova de quitação de tributos e contribuições federais e outras imposições pecuniárias compulsórias.

O Presidente da República, no uso da atribuição que lhe confere o art. 84, inciso IV, da Constituição, e tendo em vista o disposto no Decreto 99.179, de 15 de março de 1990, que instituiu o Programa Federal de Desregulamentação, decreta:

Art. 1º A prova de quitação de tributos e contribuições federais, assim como de multas e outras imposições pecuniárias compulsórias, somente será exigida nas seguintes hipóteses:

I – transferência de domicílio para o exterior;

II – concessão de concordata e declaração de extinção das obrigações do falido;

III – venda de estabelecimentos comerciais ou industriais por meio de leiloeiro;

IV – participação em licitação pública promovida por órgão da administração Pública Federal direta, autárquica ou fundacional, bem assim por entidade controlada direta ou indiretamente pela União; e

V – operação de empréstimo ou financiamento, junto a instituição financeira oficial.

§ 1º A prova de quitação será feita mediante:

a) certidão emitida pelo Departamento da Receita Federal ou pela Procuradoria-Geral da Fazenda Nacional, nas hipóteses previstas nos incisos I, II e III;

b) apresentação do Certificado de Regularidade de Situação Jurídico-Fiscal (CRJF), conforme o disposto no Decreto 84.701, de 13 de maio de 1980, na hipótese do inciso IV; e

c) declaração firmada pelo próprio interessado ou procurador bastante, sob as penas de lei, na hipótese do inciso V.

§ 2º Se comprovadamente falsa a declaração de que trata o inciso III, sujeitar-se-á o declarante às sanções civis, administrativas e criminais previstas em lei.

Art. 2º Equivale à prova de quitação a ausência do nome do interessado na relação de devedores fornecida pelo Departamento da Receita Federal aos órgãos e entidades da Administração Pública Federal direta, autárquica e fundacional, relativamente a débitos não inscritos como Dívida Ativa da União.

Parágrafo único. O disposto neste artigo não impede a cobrança de dívidas que vierem a ser apuradas.

Art. 3º Para efeito de julgamento de partilha ou de adjudicação, relativamente aos bens dos espólios e às suas rendas, o Ministério da Economia, Fazenda e Planejamento, através do Departamento da Receita Federal, prestará aos Juízos as informações que forem solicitadas.

Parágrafo único. A apresentação de certidão poderá ser feita pelo próprio interessado diretamente ao Juízo.

Art. 4º A prova de quitação não será exigida das microempresas, conforme definidas pela Lei 7.256, de 27 de novembro de 1984.

Art. 5º A inobservância do disposto neste decreto sujeitará os infratores às sanções legais cabíveis.

Art. 6º Este decreto entra em vigor na data de sua publicação.

Art. 7º Revogam-se o Decreto 97.834, de 16 de junho de 1989, e demais disposições em contrário.

Brasília, 24 de agosto de 1990; 169º da Independência e 102º da República.

Fernando Collor

(Publicação no *D.O.U.* de 28.8.1990)

LEI 8.137,
DE 27 DE DEZEMBRO DE 1990

Define crimes contra a ordem tributária, econômica e contra as relações de consumo, e dá outras providências.

→ v. Lei 4.729/1965 – Define o crime de sonegação fiscal e dá outras providências.

O Presidente da República:

Faço saber que o Congresso Nacional decreta e eu sanciono a seguinte Lei:

Capítulo I
DOS CRIMES CONTRA A ORDEM TRIBUTÁRIA

Seção I
Dos crimes praticados por particulares

Art. 1º Constitui crime contra a ordem tributária suprimir ou reduzir tributo, ou contribuição social e qualquer acessório, mediante as seguintes condutas:

→ v. Art. 9º da Lei 10.684/2003.

→ v. Art. 15 da Lei 9.964/2000.

I – omitir informação, ou prestar declaração falsa às autoridades fazendárias;

→ v. Art. 299 do CP.

→ v. Art. 1º, I da Lei 4.729/1965 – Sonegação Fiscal.

II – fraudar a fiscalização tributária, inserindo elementos inexatos, ou omitindo operação de qualquer natureza, em documento ou livro exigido pela lei fiscal;

III – falsificar ou alterar nota fiscal, fatura, duplicata, nota de venda, ou qualquer outro documento relativo à operação tributável;

IV – elaborar, distribuir, fornecer, emitir ou utilizar documento que saiba ou deva saber falso ou inexato;

V – negar ou deixar de fornecer, quando obrigatório, nota fiscal ou documento equivalente, relativa à venda de mercadoria ou prestação de serviço, efetivamente realizada, ou fornecê-la em desacordo com a legislação.

Pena – reclusão, de 2 (dois) a 5 (cinco) anos, e multa.

Parágrafo único. A falta de atendimento da exigência da autoridade, no prazo de 10 (dez) dias, que poderá ser convertido em horas em razão da maior ou menor complexidade da matéria ou da dificuldade quanto ao atendimento da exigência, caracteriza a infração prevista no inciso V.

Art. 2º Constitui crime da mesma natureza:

I – fazer declaração falsa ou omitir declaração sobre rendas, bens ou fatos, ou empregar outra fraude, para eximir-se, total ou parcialmente, de pagamento de tributo;

II – deixar de recolher, no prazo legal, valor de tributo ou de contribuição social, descontado ou cobrado, na qualidade de sujeito passivo de obrigação e que deveria recolher aos cofres públicos;

III – exigir, pagar ou receber, para si ou para o contribuinte beneficiário, qualquer percentagem sobre a parcela dedutível ou deduzida de imposto ou de contribuição como incentivo fiscal;

IV – deixar de aplicar, ou aplicar em desacordo com o estatuído, incentivo fiscal ou parcelas de imposto liberadas por órgão ou entidade de desenvolvimento;

V – utilizar ou divulgar programas de processamento de dados que permita ao sujeito passivo da obrigação tributária possuir informação contábil diversa daquela que é, por lei, fornecida à Fazenda Pública.

Pena – detenção, de 6 (seis) meses a 2 (dois) anos, e multa.

Seção II
Dos crimes praticados por funcionários públicos

Art. 3º Constitui crime funcional contra a ordem tributária, além dos previstos no Dec.-lei 2.848, de 7 de dezembro de 1940 – Código Penal (Título XI, Capítulo I):

I – extraviar livro oficial, processo fiscal ou qualquer documento, de que tenha a guarda em razão da função; sonegá-lo, ou inutilizá-lo, total ou parcialmente, acarretando pagamento indevido ou inexato de tributo ou contribuição social;

→ *v.* Art. 314 do CP.

II – exigir, solicitar ou receber, para si ou para outrem, direta ou indiretamente, ainda que fora da função ou antes de iniciar seu exercício, mas em razão dela, vantagem indevida; ou aceitar promessa de tal vantagem, para deixar de lançar ou cobrar tributo ou contribuição social, ou cobrá-los parcialmente;

Pena – reclusão, de 3 (três) a 8 (oito) anos, e multa.

→ *v.* Arts. 316 e 317 do CP.

III – patrocinar, direta ou indiretamente, interesse privado perante a administração fazendária, valendo-se da qualidade de funcionário público;

Pena – reclusão, de 1 (um) a 4 (quatro) anos, e multa.

→ *v.* Art. 321 do CPC/1973.

→ *v.* Art. 329, II, do NCPC.

Capítulo II
DOS CRIMES CONTRA A ORDEM ECONÔMICA E AS RELAÇÕES DE CONSUMO

→ *v.* Arts. 61 a 80 do CDC.

Art. 4º Constitui crime contra a ordem econômica:

I – abusar do poder econômico, dominando o mercado ou eliminando, total ou parcialmente, a concorrência mediante qualquer forma de ajuste ou acordo de empresas;

→ *Caput* do inciso I com redação alterada pela Lei 12.529/2011.

a a f (Revogadas pela Lei 12.529/2011).

II – formar acordo, convênio, ajuste ou aliança entre ofertantes, visando:

→ Inciso II com redação alterada pela Lei 12.529/2011.

a) à fixação artificial de preços ou quantidades vendidas ou produzidas;

b) ao controle regionalizado do mercado por empresa ou grupo de empresas;

c) ao controle, em detrimento da concorrência, de rede de distribuição ou de fornecedores.

Pena - reclusão, de 2 (dois) a 5 (cinco) anos e multa.

III – *(Revogado pela Lei 12.529/2011).*

IV – *(Revogado pela Lei 12.529/2011).*

V – *(Revogado pela Lei 12.529/2011).*

VI – *(Revogado pela Lei 12.529/2011).*

VII – *(Revogado pela Lei 12.529/2011).*

Art. 5º *(Revogado pela Lei 12.529/2011).*

Art. 6º *(Revogado pela Lei 12.529/2011).*

Art. 7º Constitui crime contra as relações de consumo:

→ *v.* Arts. 61 a 80 da Lei 8.078/2990 – Código de Defesa do Consumidor.

I – favorecer ou preferir, sem justa causa, comprador ou freguês, ressalvados os sistemas de entrega ao consumo por intermédio de distribuidores ou revendedores;

II – vender ou expor à venda mercadoria cuja embalagem, tipo, especificação, peso ou composição esteja em desacordo com as prescrições legais, ou que não corresponda à respectiva classificação oficial;

III – misturar gêneros e mercadorias de espécies diferentes, para vendê-los ou expô-los à venda como puros; misturar gêneros e mercadorias de qualidades desiguais para vendê-los ou expô-los à venda por preço estabelecido para os de mais alto custo;

IV – fraudar preços por meio de:

a) alteração, sem modificação essencial ou de qualidade, de elementos tais como denominação, sinal externo, marca, embalagem, especificação técnica, descrição, volume, peso, pintura ou acabamento de bem ou serviço;

b) divisão em partes de bem ou serviço, habitualmente oferecido à venda em conjunto;

c) junção de bens ou serviços, comumente oferecidos à venda em separado;

d) aviso de inclusão de insumo não empregado na produção do bem ou na prestação dos serviços;

V – elevar o valor cobrado nas vendas a prazo de bens ou serviços, mediante a exigência de comissão ou de taxa de juros ilegais;

VI – sonegar insumos ou bens, recusando-se a vendê-los a quem pretenda comprá-los nas condições publicamente ofertadas, ou retê-los para o fim de especulação;

VII – induzir o consumidor ou usuário a erro, por via de indicação ou afirmação falsa ou enganosa sobre a natureza, qualidade de bem ou serviço, utilizando-se de qualquer meio, inclusive a veiculação ou divulgação publicitária;

VIII – destruir, inutilizar ou danificar matéria-prima ou mercadoria, com o fim de provocar alta de preço, em proveito próprio ou de terceiros;

IX – vender, ter em depósito para vender ou expor à venda, ou de qualquer forma, entregar matéria-prima ou mercadoria, em condições impróprias ao consumo.

Pena – detenção, de 2 (dois) a 5 (cinco) anos, ou multa.

Parágrafo único. Nas hipóteses dos incisos II, III e IX pune-se a modalidade culposa, reduzindo-se a pena de detenção de 1/3 (um terço) ou a de multa à quinta parte.

Capítulo III
DAS MULTAS

Art. 8º Nos crimes definidos nos arts. 1º a 3º desta Lei, a pena de multa será fixada entre 10 (dez) e 360 (trezentos e sessenta) dias-multa, conforme seja necessário e suficiente para reprovação e prevenção do crime.

→ *v.* Arts. 49 e 59 do CP.

Parágrafo único. O dia-multa será fixado pelo juiz em valor não inferior a 14 nem superior a 200 Bônus do Tesouro Nacional – BTN.

Art. 9º A pena de detenção ou reclusão poderá ser convertida em multa de valor equivalente a:

I – 200.000 até 5.000.000 de BTN, nos crimes definidos no art. 4º;

II – 5.000 até 200.000 BTN, nos crimes definidos nos arts. 5º e 6º;

III – 50.000 até 1.000.000 de BTN, nos crimes definidos no art. 7º.

Art. 10. Caso o juiz, considerado o ganho ilícito e a situação econômica do réu, verifique a insuficiência ou excessiva onerosidade das penas pecuniárias previstas nesta Lei, poderá diminuí-las até a décima parte ou elevá-las ao décuplo.

Capítulo IV
DAS DISPOSIÇÕES GERAIS

Art. 11. Quem de qualquer modo, inclusive por meio de pessoa jurídica, concorre para os crimes definidos nesta Lei, incide nas penas a estes cominadas, na medida de sua culpabilidade.

Parágrafo único. Quando a venda ao consumidor for efetuada por sistema de entrega ao consumo ou por intermédio de distribuidor ou revendedor, seja em regime de concessão comercial ou outro em que o preço ao consumidor é estabelecido ou sugerido pelo fabricante ou concedente, o ato por este praticado não alcança o distribuidor ou revendedor.

Art. 12. São circunstâncias que podem agravar de 1/3 (um terço) até a metade as penas previstas nos arts. 1º, 2º e 4º a 7º:

I – ocasionar grave dano à coletividade;

II – ser o crime cometido por servidor público no exercício de suas funções;

III – ser o crime praticado em relação à prestação de serviços ou ao comércio de bens essenciais à vida ou à saúde.

Art. 13. *(Vetado).*

Art. 14. *(Revogado pela Lei 8.383/1991).*

Art. 15. Os crimes previstos nesta Lei são de ação penal pública, aplicando-se lhes o disposto no art. 100 do Dec.-lei 2.848, de 7 de dezembro de 1940 – Código Penal.

Art. 16. Qualquer pessoa poderá provocar a iniciativa do Ministério Público nos crimes descritos nesta Lei, fornecendo-lhe por escrito informações sobre o fato e a autoria, bem como indicando o tempo, o lugar e os elementos de convicção.

Parágrafo único. Nos crimes previstos nesta Lei, cometidos em quadrilha ou coautoria, o coautor ou partícipe que através de confissão espontânea revelar à autoridade policial ou judicial toda a trama delituosa terá a sua pena reduzida de 1 (um) a 2/3 (dois terços).

→ Parágrafo único acrescentado pela Lei 9.080/1995.

Art. 17. Compete ao Departamento Nacional de Abastecimento e Preços, quando e se necessário, providenciar a desapropriação de estoques, a fim de evitar crise no mercado ou colapso no abastecimento.

Art. 18. *(Revogado pela Lei 8.176/1991).*

Art. 19. O *caput* do art. 172 do Dec.-lei 2.848, de 7 de dezembro de 1940 – Código Penal, passa a ter a seguinte redação:

→ Alterações efetuadas no CP.

Art. 20. O § 1º do art. 316 do Dec.-lei 2.848, de 7 de dezembro de 1940 – Código Penal, passa a ter a seguinte redação:

→ Alterações efetuadas no CP.

Art. 21. O art. 318 do Dec.-lei 2.848, de 7 de dezembro de 1940 – Código Penal, quanto à fixação da pena, passa a ter a seguinte redação:

→ Alterações efetuadas no CP.

Art. 22. Esta Lei entra em vigor na data de sua publicação.

Art. 23. Revogam-se as disposições em contrário e, em especial, o art. 279 do Dec.-lei 2.848, de 7 de dezembro de 1940 – Código Penal.

Brasília, em 27 de dezembro de 1990; 169º da Independência e 102º da República.

Fernando Collor

(Publicação no *D.O.U.* 28.12.1990)

LEI 8.176,
DE 8 DE FEVEREIRO DE 1991

Define crimes contra a ordem econômica e cria o Sistema de Estoques de Combustíveis.

→ *v.* Decreto 238/1991 – Dispõe sobre o Sistema Nacional de Estoques de Combustíveis e dá outras providências.

O Presidente da República:

Faço saber que o Congresso Nacional decreta e eu sanciono a seguinte Lei:

Art. 1º Constitui crime contra a ordem econômica:

I – adquirir, distribuir e revender derivados de petróleo, gás natural e suas frações recuperáveis, álcool etílico hidratado carburante, e demais combustíveis líquidos carburantes em desacordo com as normas estabelecidas na forma da Lei;

II – usar gás liquefeito de petróleo em motores de qualquer espécie, saunas, caldeiras e aquecimentos de piscinas, ou para fins automotivos, em desacordo com as normas estabelecidas na forma da Lei.

Pena – detenção, de 1 (um) a 5 (cinco) anos.

Art. 2º Constitui crime contra o patrimônio, na modalidade de usurpação, produzir bens ou explorar matéria-prima pertencentes à União, sem autorização legal ou em desacordo com as obrigações impostas pelo título autorizativo.

Pena – detenção, de 1 (um) a 5 (cinco) anos, e multa.

§ 1º Incorre na mesma pena aquele que, sem autorização legal, adquirir, transportar, industrializar, tiver consigo, consumir ou comercializar produtos ou matéria-prima, obtidos na forma prevista no *caput* deste artigo.

§ 2º No crime definido neste artigo, a pena de multa será fixada entre dez e 360 dias-multa, conforme seja necessário e suficiente para a reprovação e a prevenção do crime.

§ 3º O dia-multa será fixado pelo juiz em valor não inferior a 14 nem superior a 200 Bônus do Tesouro Nacional – BTN.

Art. 3º *(Vetado).*

Art. 4º Fica instituído o Sistema Nacional de Estoques de Combustíveis.

§ 1º O Poder Executivo encaminhará ao Congresso Nacional, dentro de cada exercício financeiro, o Plano Anual de Estoques Estratégicos de Combustíveis para o exercício seguinte, do qual constarão as fontes de recursos financeiros necessários à sua manutenção.

§ 2º O Poder Executivo estabelecerá, no prazo de 60 (sessenta) dias, as normas que regulamentarão o Sistema Nacional de Estoques de Combustíveis e o Plano Anual de Estoques Estratégicos de Combustíveis.

Art. 5º Esta Lei entra em vigor 5 (cinco) dias após a sua publicação.

Art. 6º Revogam-se as disposições em contrário, em especial o art. 18 da Lei 8.137, de 27 de dezembro de 1990, restaurando-se a numeração dos artigos do Dec.-lei 2.848, de 7 de dezembro de 1940 – Código Penal brasileiro, alterado por aquele dispositivo.

Brasília, em 8 de fevereiro de 1991; 170º da Independência e 103º da República.

Fernando Collor

(Publicação no *D.O.U.* 13.2.1991)

LEI 8.212,
DE 24 DE JULHO DE 1991

Dispõe sobre a organização da Seguridade Social, institui Plano de Custeio, e dá outras providências.

→ *v.* Lei 13.146/2015 – Estatuto da Pessoa com Deficiência.

→ *v.* LC 142/2013 – Aposentadoria da pessoa com deficiência.

O Presidente da República:

Faço saber que o Congresso Nacional decreta e eu sanciono a seguinte Lei:

LEI ORGÂNICA DA SEGURIDADE SOCIAL

Título I
Conceituação e Princípios Constitucionais

→ *v.* Arts. 194 a 197 da CF/1988.

→ *v.* Decreto 3.048/1999 – Aprova o Regulamento da Previdência Social, e dá outras providências.

Art. 1º A Seguridade Social compreende um conjunto integrado de ações de iniciativa dos poderes públicos e da sociedade, destinado a assegurar o direito relativo à saúde, à previdência e à assistência social.

Parágrafo único. A Seguridade Social obedecerá aos seguintes princípios e diretrizes:

a) universalidade da cobertura e do atendimento;

b) uniformidade e equivalência dos benefícios e serviços às populações urbanas e rurais;

c) seletividade e distributividade na prestação dos benefícios e serviços;

d) irredutibilidade do valor dos benefícios;

e) equidade na forma de participação no custeio;

f) diversidade da base de financiamento;

g) caráter democrático e descentralizado da gestão administrativa com a participação da comunidade, em especial de trabalhadores, empresários e aposentados.

Título II
Da Saúde

Art. 2º A Saúde é direito de todos e dever do Estado, garantido mediante políticas sociais e econômicas que visem à redução do risco de doença e de outros agravos e ao acesso universal e igualitário às ações e serviços para sua promoção, proteção e recuperação.

Parágrafo único. As atividades de saúde são de relevância pública e sua organização obedecerá aos seguintes princípios e diretrizes:

a) acesso universal e igualitário;

b) provimento das ações e serviços através de rede regionalizada e hierarquizada, integrados em sistema único;

c) descentralização, com direção única em cada esfera de governo;

d) atendimento integral, com prioridade para as atividades preventivas;

e) participação da comunidade na gestão, fiscalização e acompanhamento das ações e serviços de saúde;

f) participação da iniciativa privada na assistência à saúde, obedecidos os preceitos constitucionais.

Título III
Da Previdência Social

Art. 3º A Previdência Social tem por fim assegurar aos seus beneficiários meios indispensáveis de manutenção, por motivo de incapacidade, idade avançada, tempo de serviço, desemprego involuntário, encargos de família e reclusão ou morte daqueles de quem dependiam economicamente.

Parágrafo único. A organização da Previdência Social obedecerá aos seguintes princípios e diretrizes:

a) universalidade de participação nos planos previdenciários, mediante contribuição;

b) valor da renda mensal dos benefícios, substitutos do salário de contribuição ou do rendimento do trabalho do segurado, não inferior ao do salário mínimo;

c) cálculo dos benefícios considerando-se os salários de contribuição, corrigidos monetariamente;

d) preservação do valor real dos benefícios;

e) previdência complementar facultativa, custeada por contribuição adicional.

Título IV
Da Assistência Social

→ v. Súmula 80 do JEF.

→ v. Lei 8.742/1993 – Dispõe sobre a organização da Assistência Social e dá outras providências.

Art. 4º A Assistência Social é a política social que provê o atendimento das necessidades básicas, traduzidas em proteção à família, à maternidade, à infância, à adolescência, à velhice e à pessoa portadora de deficiência, independentemente de contribuição à Seguridade Social.

Parágrafo único. A organização da Assistência Social obedecerá às seguintes diretrizes:

a) descentralização político-administrativa;

b) participação da população na formulação e controle das ações em todos os níveis.

Título V
Da Organização da Seguridade Social

Art. 5º As ações nas áreas de Saúde, Previdência Social e Assistência Social, conforme o disposto no Capítulo II do Título VIII da Constituição Federal, serão organizadas em Sistema Nacional de Seguridade Social, na forma desta Lei.

Art. 6º Fica instituído o Conselho Nacional da Seguridade Social, órgão superior de deliberação colegiada, com a participação da União, dos Estados, do Distrito Federal, dos Municípios e de representantes da sociedade civil.

→ Artigo com eficácia suspensa pela MP 2.216-37/2001.

§ 1º O Conselho Nacional da Seguridade Social terá 17 (dezessete) membros e respectivos suplentes, sendo:

→ *Caput* do § 1º com redação alterada pela Lei 8.619/1993.

a) 4 (quatro) representantes do Governo Federal, dentre os quais, 1 (um) da área de saúde, 1 (um) da área de previdência social e 1 (um) da área de assistência social;

b) 1 (um) representante dos governos estaduais e 1 (um) das prefeituras municipais;

c) 8 (oito) representantes da sociedade civil, sendo 4 (quatro) trabalhadores, dos quais pelo menos 2 (dois) aposentados, e 4 (quatro) empresários;

→ Alínea *c* com redação alterada pela Lei 8.619/1993.

d) 3 (três) representantes membros dos conselhos setoriais, sendo 1 (um) de cada área da seguridade social, conforme disposto no Regimento do Conselho Nacional da Seguridade Social.

→ Alínea *d* com redação alterada pela Lei 9.711/1998.

§ 2º Os membros do Conselho Nacional da Seguridade Social serão nomeados pelo Presidente da República.

§ 3º O Conselho Nacional da Seguridade Social será presidido por um dos seus integrantes, eleito entre seus membros, que terá mandato de 1 (um) ano, vedada a reeleição, e disporá de uma Secretaria-Executiva, que se articulará com os conselhos setoriais de cada área.

§ 4º Os representantes dos trabalhadores, dos empresários e respectivos suplentes serão indicados pelas centrais sindicais e confederações nacionais e terão mandato de 2 (dois) anos, podendo ser reconduzidos uma única vez.

§ 5º As áreas de Saúde, Previdência Social e Assistência Social organizar-se-ão em conselhos setoriais, com representantes da União, dos Estados, do Distrito Federal, dos Municípios e da sociedade civil.

§ 6º O Conselho Nacional da Seguridade Social reunir-se-á ordinariamente a cada bimestre, por convocação de seu presidente, ou, extraordinariamente, mediante convocação de seu presidente ou de 1/3 (um terço) de seus membros, observado, em ambos os casos, o prazo de até 7 (sete) dias para realização da reunião.

§ 7º As reuniões do Conselho Nacional da Seguridade Social serão iniciadas com a presença da maioria absoluta de seus membros, sendo exigida para deliberação a maioria simples dos votos.

§ 8º Perderá o lugar no Conselho Nacional da Seguridade Social o membro que não comparecer a 3 (três) reuniões consecutivas ou a 5 (cinco) intercaladas, no ano, salvo se a ausência ocorrer por motivo de força maior, justificado por escrito ao Conselho, na forma estabelecida pelo seu regimento.

§ 9º A vaga resultante da situação prevista no parágrafo anterior será preenchida através de indicação da entidade representada, no prazo de 30 (trinta) dias.

§ 10. (*Revogado pela Lei 9.032/1995*).

§ 11. As ausências ao trabalho dos representantes dos trabalhadores em atividade, decorrentes de sua participação no Conselho, serão abonadas, computando-se como jornada efetivamente trabalhada para todos os fins e efeitos legais.

Art. 7º Compete ao Conselho Nacional da Seguridade Social:

→ Artigo com eficácia suspensa pela MP 2.216-37/2001.

I – estabelecer as diretrizes gerais e as políticas de integração entre as áreas, observado o disposto no inciso VII do art. 194 da Constituição Federal;

II – acompanhar e avaliar a gestão econômica, financeira e social dos recursos e o desempenho dos programas realizados, exigindo prestação de contas;

III – apreciar e aprovar os termos dos convênios firmados entre a seguridade social e a rede bancária para a prestação dos serviços;

IV – aprovar e submeter ao Presidente da República os programas anuais e plurianuais da Seguridade Social;

V – aprovar e submeter ao Órgão Central do Sistema de Planejamento Federal e de Orçamentos a proposta orçamentária anual da Seguridade Social;

VI – estudar, debater e aprovar proposta de recomposição periódica dos valores dos benefícios e dos salários de contribuição, a fim de garantir, de forma permanente, a preservação de seus valores reais;

VII – zelar pelo fiel cumprimento do disposto nesta Lei e na legislação que rege a Seguridade Social, assim como pelo cumprimento de suas deliberações;

VIII – divulgar através do *Diário Oficial da União*, todas as suas deliberações;

IX – elaborar o seu regimento interno.

Art. 8º As propostas orçamentárias anuais ou plurianuais da Seguridade Social serão elaboradas por Comissão integrada por 3 (três) representantes, sendo 1 (um) da área da saúde, 1 (um) da área da previdência social e 1 (um) da área de assistência social.

Art. 9º As áreas de Saúde, Previdência Social e Assistência Social são objeto de leis específicas, que regulamentarão sua organização e funcionamento.

Título VI
Do Financiamento da Seguridade Social

Introdução

Art. 10. A Seguridade Social será financiada por toda sociedade, de forma direta e indireta, nos termos do art. 195 da Constituição Federal e desta Lei, mediante recursos provenientes da União, dos Estados, do Distrito Federal, dos Municípios e de contribuições sociais.

Art. 11. No âmbito federal, o orçamento da Seguridade Social é composto das seguintes receitas:

I – receitas da União;

II – receitas das contribuições sociais;

III – receitas de outras fontes.

Parágrafo único. Constituem contribuições sociais:

a) as das empresas, incidentes sobre a remuneração paga ou creditada aos segurados a seu serviço;

→ v. Súmula 458 do STJ.

→ v. Art. 1º da Lei 12.810/2013.

→ v. Art. 104 da Lei 11.196/2005.

→ v. Decreto 5.612/2005 – Regulamenta o parcelamento dos débitos dos municípios, relativos às contribuições sociais de que tratam as alíneas *a* e *c* do parágrafo único do art. 11, da Lei 8.212, de 24 de julho de 1991, instituído pelos arts. 96 a 103 da Lei 11.196, de 21 de novembro de 2005.

b) as dos empregadores domésticos;

c) as dos trabalhadores, incidentes sobre o seu salário de contribuição;

→ v. Art. 104 da Lei 11.196/2005.

→ v. Art. 1º da Lei 12.810/2013.

→ v. Art. 1º do Decreto 5.612/2005.

d) as das empresas, incidentes sobre faturamento e lucro;

e) as incidentes sobre a receita de concursos de prognósticos.

Capítulo I
DOS CONTRIBUINTES

Seção I
Dos segurados

Art. 12. São segurados obrigatórios da Previdência Social as seguintes pessoas físicas:

I – como empregado:

a) aquele que presta serviço de natureza urbana ou rural à empresa, em caráter não eventual, sob sua subordinação e mediante remuneração, inclusive como diretor empregado;

b) aquele que, contratado por empresa de trabalho temporário, definida em legislação específica, presta serviço para atender a necessidade transitória de substituição de pessoal regular e permanente ou a acréscimo extraordinário de serviços de outras empresas;

c) o brasileiro ou estrangeiro domiciliado e contratado no Brasil para trabalhar como empregado em sucursal ou agência de empresa nacional no exterior;

d) aquele que presta serviço no Brasil a missão diplomática ou a repartição consular de carreira estrangeira e a órgãos a ela subordinados, ou a membros dessas missões e repartições, excluídos o não brasileiro sem residência permanente no Brasil e o brasileiro amparado pela legislação previdenciária do país da respectiva missão diplomática ou repartição consular;

e) o brasileiro civil que trabalha para a União, no exterior, em organismos oficiais brasileiros ou internacionais dos quais o Brasil seja membro efetivo, ainda que lá domiciliado e contratado, salvo se segurado na forma da legislação vigente do país do domicílio;

f) o brasileiro ou estrangeiro domiciliado e contratado no Brasil para trabalhar como empregado em empresa domiciliada no exterior, cuja maioria do capital votante pertença a empresa brasileira de capital nacional;

g) o servidor público ocupante de cargo em comissão, sem vínculo efetivo com a União, Autarquias, inclusive em regime especial, e Fundações Públicas Federais;

→ Alínea *g* acrescentada pela Lei 8.647/1993.

h) o exercente de mandato eletivo federal, estadual ou municipal, desde que não vinculado a regime próprio de previdência social;

→ Alínea *h* acrescentada pela Lei 9.506/1997.

→ *v.* Resolução do Senado Federal 26/2005, que suspendeu a execução da alínea *h* em virtude de declaração de inconstitucionalidade em decisão definitiva do Supremo Tribunal Federal, nos autos do Recurso Extraordinário 351.717-1/Paraná.

i) o empregado de organismo oficial internacional ou estrangeiro em funcionamento no Brasil, salvo quando coberto por regime próprio de previdência social;

→ Alínea *i* acrescentada pela Lei 9.876/1999.

j) o exercente de mandato eletivo federal, estadual ou municipal, desde que não vinculado a regime próprio de previdência social;

→ Alínea *j* acrescentada pela Lei 10.887/2004.

II – como empregado doméstico: aquele que presta serviço de natureza contínua a pessoa ou família, no âmbito residencial desta, em atividades sem fins lucrativos;

III – (*Revogado pela Lei 9.876/1999*);

IV – (*Revogado pela Lei 9.876/1999*);

V – como contribuinte individual:

→ *Caput* do inciso V com redação alterada pela Lei 9.876/1999.

a) a pessoa física, proprietária ou não, que explora atividade agropecuária, a qualquer título, em caráter permanente ou temporário, em área superior a 4 (quatro) módulos fiscais; ou, quando em área igual ou inferior a 4 (quatro) módulos fiscais ou atividade pesqueira, com auxílio de empregados ou por intermédio de prepostos; ou ainda nas hipóteses dos §§ 10 e 11 deste artigo;

→ Alínea *a* com redação alterada pela Lei 11.718/2008.

b) a pessoa física, proprietária ou não, que explora atividade de extração mineral-garimpo, em caráter permanente ou temporário, diretamente ou por intermédio de prepostos, com ou sem o auxílio de empregados, utilizados a qualquer título, ainda que de forma não contínua;

→ Alínea *b* com redação alterada pela Lei 9.876/1999.

c) o ministro de confissão religiosa e o membro de instituto de vida consagrada, de congregação ou de ordem religiosa;

→ Alínea *c* com redação alterada pela Lei 10.403/2002.

d) (*Revogada pela Lei 9.876/1999*);

e) o brasileiro civil que trabalha no exterior para organismo oficial internacional do qual o Brasil é membro efetivo, ainda que lá domiciliado e contratado, salvo quando coberto por regime próprio de previdência social;

→ Alínea *e* com redação alterada pela Lei 9.876/1999.

f) o titular de firma individual urbana ou rural, o diretor não empregado e o membro de conselho de administração de sociedade anônima, o sócio solidário, o sócio de indústria, o sócio gerente e o sócio cotista que recebam remuneração decorrente de seu trabalho em empresa urbana ou rural, e o associado eleito para cargo de direção em cooperativa, associação ou entidade de qualquer natureza ou finalidade, bem como o síndico ou administrador eleito para exercer atividade de direção condominial, desde que recebam remuneração;

→ Alínea *f* acrescentada pela Lei 9.876/1999.

g) quem presta serviço de natureza urbana ou rural, em caráter eventual, a uma ou mais empresas, sem relação de emprego;

→ Alínea *g* acrescentada pela Lei 9.876/1999.

h) a pessoa física que exerce, por conta própria, atividade econômica de natureza urbana, com fins lucrativos ou não;

→ Alínea *h* acrescentada pela Lei 9.876/1999.

VI – como trabalhador avulso: quem presta, a diversas empresas, sem vínculo empregatício, serviços de natureza urbana ou rural definidos no regulamento;

VII – como segurado especial: a pessoa física residente no imóvel rural ou em aglomerado urbano ou rural próximo a ele que, individualmente ou em regime de economia familiar, ainda que com o auxílio eventual de terceiros a título de mútua colaboração, na condição de:

→ *Caput* do inciso VII com redação alterada pela Lei 11.718/2008.

a) produtor, seja proprietário, usufrutuário, possuidor, assentado, parceiro ou meeiro outorgados, comodatário ou arrendatário rurais, que explore atividade:

→ Alínea *a* acrescentada pela Lei 11.718/2008.

1. agropecuária em área de até 4 (quatro) módulos fiscais; ou

2. de seringueiro ou extrativista vegetal que exerça suas atividades nos termos do inciso XII do *caput* do art. 2º da Lei 9.985, de 18 de julho de 2000, e faça dessas atividades o principal meio de vida;

b) pescador artesanal ou a este assemelhado, que faça da pesca profissão habitual ou principal meio de vida; e

→ Alínea *b* acrescentada pela Lei 11.718/2008.

c) cônjuge ou companheiro, bem como filho maior de 16 (dezesseis) anos de idade ou a este equiparado, do segurado de que tratam as alíneas a e b deste inciso, que, comprovadamente, trabalhem com o grupo familiar respectivo.

→ Alínea *c* acrescentada pela Lei 11.718/2008.

§ 1º Entende-se como regime de economia familiar a atividade em que o trabalho dos membros da família é indispensável à própria subsistência e ao desenvolvimento socioeconômico do núcleo familiar e é exercido em condições de mútua dependência e colaboração, sem a utilização de empregados permanentes.

→ § 1º com redação alterada pela Lei 11.718/2008.

§ 2º Todo aquele que exercer, concomitantemente, mais de uma atividade remunerada sujeita ao Regime Geral de Previdência Social é obrigatoriamente filiado em relação a cada uma delas.

§ 3º (*Revogado pela Lei 11.718/2008*).

I – (*Revogado pela Lei 11.718/2008*).

II – (*Revogado pela Lei 11.718/2008*).

§ 4º O aposentado pelo Regime Geral de Previdência Social – RGPS que estiver exercendo ou que voltar a exercer atividade abrangida por este Regime é segurado obrigatório em relação a essa atividade, ficando sujeito às contribuições de que trata esta Lei, para fins de custeio da Seguridade Social.

→ § 4º acrescentado pela Lei 9.032/1995.

§ 5º O dirigente sindical mantém, durante o exercício do mandato eletivo, o mesmo enquadramento no Regime Geral de Previdência Social – RGPS de antes da investidura.

→ § 5º acrescentado pela Lei 9.528/1997.

§ 6º Aplica-se o disposto na alínea *g* do inciso I do *caput* ao ocupante de cargo de Ministro de Estado, de Secretário Estadual, Distrital ou Municipal, sem vínculo efetivo com a União, Estados, Distrito Federal e Municípios, suas autarquias, ainda que em regime especial, e fundações.

→ § 6º acrescentado pela Lei 9.876/1999.

§ 7º Para serem considerados segurados especiais, o cônjuge ou companheiro e os filhos maiores de 16 (dezesseis) anos ou os a estes equiparados deverão ter participação ativa nas atividades rurais do grupo familiar.

→ § 7º acrescentado pela Lei 11.718/2008.

§ 8º O grupo familiar poderá utilizar-se de empregados contratados por prazo determinado ou trabalhador de que trata a alínea *g* do inciso V do *caput* deste artigo, à razão de no máximo 120 (cento e vinte) pessoas por dia no ano civil, em períodos corridos ou intercalados ou, ainda, por tempo equivalente em horas de trabalho, não sendo computado nesse prazo o período de afastamento em decorrência da percepção de auxílio-doença.

→ § 8º com redação alterada pela Lei 12.873/2013.

§ 9º Não descaracteriza a condição de segurado especial:

→ *Caput* do § 9º acrescentado pela Lei 11.718/2008.

I – a outorga, por meio de contrato escrito de parceria, meação ou comodato, de até 50% (cinquenta por cento) de imóvel rural cuja área total não seja superior a 4 (quatro) módulos fiscais, desde que outorgante e outorgado continuem a exercer a respectiva atividade, individualmente ou em regime de economia familiar;

→ Inciso I acrescentado pela Lei 11.718/2008.

II – a exploração da atividade turística da propriedade rural, inclusive com hospedagem, por não mais de 120 (cento e vinte) dias ao ano;

→ Inciso II acrescentado pela Lei 11.718/2008.

III – a participação em plano de previdência complementar instituído por entidade classista a que seja associado, em razão da condição de trabalhador rural ou de produtor rural em regime de economia familiar;

→ Inciso III acrescentado pela Lei 11.718/2008.

IV – ser beneficiário ou fazer parte de grupo familiar que tem algum componente que seja beneficiário de programa assistencial oficial de governo;

→ Inciso IV acrescentado pela Lei 11.718/2008.

V – a utilização pelo próprio grupo familiar, na exploração da atividade, de processo de beneficiamento ou industrialização artesanal, na forma do § 11 do art. 25 desta Lei; e

→ Inciso V acrescentado pela Lei 11.718/2008.

VI – a associação em cooperativa agropecuária ou de crédito rural; e

→ Inciso VI com redação alterada pela Lei 13.183/2015.

VII – a incidência do Imposto Sobre Produtos Industrializados – IPI sobre o produto das atividades desenvolvidas nos termos do § 14 deste artigo.

→ Inciso VII acrescentado pela Lei 12.873/2013, em vigor na data de sua publicação, produzindo efeitos a partir de 1º de janeiro de 2014.

§ 10. Não é segurado especial o membro de grupo familiar que possuir outra fonte de rendimento, exceto se decorrente de:

→ *Caput* do § 10 acrescentado pela Lei 11.718/2008.

I – benefício de pensão por morte, auxílio-acidente ou auxílio-reclusão, cujo valor não supere o do menor benefício de prestação continuada da Previdência Social;

→ Inciso I acrescentado pela Lei 11.718/2008.

II – benefício previdenciário pela participação em plano de previdência complementar instituído nos termos do inciso IV do § 9º deste artigo;

→ Inciso II acrescentado pela Lei 11.718/2008.

III – exercício de atividade remunerada em período não superior a 120 (cento e vinte) dias, corridos ou intercalados, no ano civil, observado o disposto no § 13 deste artigo;

→ Inciso III com redação alterada pela Lei 12.873/2013.

IV – exercício de mandato eletivo de dirigente sindical de organização da categoria de trabalhadores rurais;

→ Inciso IV acrescentado pela Lei 11.718/2008.

V – exercício de mandato de vereador do município onde desenvolve a atividade rural, ou de dirigente de cooperativa rural constituída exclusivamente por segurados especiais, observado o disposto no § 13 deste artigo;

→ Inciso V acrescentado pela Lei 11.718/2008.

VI – parceria ou meação outorgada na forma e condições estabelecidas no inciso I do § 9º deste artigo;

→ Inciso VI acrescentado pela Lei 11.718/2008.

VII – atividade artesanal desenvolvida com matéria-prima produzida pelo respectivo grupo familiar, podendo ser utilizada matéria-prima de outra origem, desde que a renda mensal obtida na atividade não exceda ao menor benefício de prestação continuada da Previdência Social; e

→ Inciso VII acrescentado pela Lei 11.718/2008.

VIII – atividade artística, desde que em valor mensal inferior ao menor benefício de prestação continuada da Previdência Social.

→ Inciso VIII acrescentado pela Lei 11.718/2008.

§ 11. O segurado especial fica excluído dessa categoria:

→ *Caput* do § 11 acrescentado pela Lei 11.718/2008.

I – a contar do primeiro dia do mês em que:

→ *Caput* do Inciso I acrescentado pela Lei 11.718/2008.

a) deixar de satisfazer as condições estabelecidas no inciso VII do *caput* deste artigo, sem prejuízo do disposto no art. 15 da Lei 8.213, de 24 de julho de 1991, ou exceder qualquer dos limites estabelecidos no inciso I do § 9º deste artigo;

→ Alínea *a* acrescentada pela Lei 11.718/2008.

b) enquadrar-se em qualquer outra categoria de segurado obrigatório do Regime Geral de Previdência Social, ressalvado o disposto nos incisos III, V, VII e VIII do § 10 e no § 14 deste artigo, sem prejuízo do disposto no art. 15 da Lei 8.213, de 24 de julho de 1991;

→ Alínea *b* com redação alterada pela Lei 12.873/2013.

c) tornar-se segurado obrigatório de outro regime previdenciário; e

→ Alínea *c* com redação alterada pela Lei 12.873/2013.

d) participar de sociedade empresária, de sociedade simples, como empresário individual ou como titular de empresa individual de responsabilidade limitada em desacordo com as limitações impostas pelo § 14 deste artigo.

→ Alínea *d* acrescentada pela Lei 12.873/2013, em vigor na data de sua publicação, produzindo efeitos a partir de 1º de janeiro de 2014.

II – a contar do primeiro dia do mês subsequente ao da ocorrência, quando o grupo familiar a que pertence exceder o limite de:

→ Inciso II acrescentado pela Lei 11.718/2008.

a) utilização de trabalhadores nos termos do § 8º deste artigo;

b) dias em atividade remunerada estabelecidos no inciso III do § 10 deste artigo; e

c) dias de hospedagem a que se refere o inciso II do § 9º deste artigo.

§ 12. Aplica-se o disposto na alínea *a* do inciso V do *caput* deste artigo ao cônjuge ou companheiro do produtor que participe da atividade rural por este explorada.

→ § 12 acrescentado pela Lei 11.718/2008.

§ 13. O disposto nos incisos III e V do § 10 e no § 14 deste artigo não dispensa o recolhimento da contribuição devida em relação ao exercício das atividades de que tratam os referidos dispositivos.

→ § 13 com redação alterada pela Lei 12.873/2013.

§ 14. A participação do segurado especial em sociedade empresária, em sociedade simples, como empresário individual ou como titular de empresa individual de responsabilidade limitada de objeto ou âmbito agrícola, agroindustrial ou agroturístico, considerada microempresa nos termos da Lei Complementar 123, de 14 de dezembro de 2006, não o exclui de tal categoria previdenciária, desde que, mantido o exercício da sua atividade rural na forma do inciso VII do *caput* e do § 1º, a pessoa jurídica componha-se apenas de segurados de igual natureza e sedie-se no mesmo Município ou em Município limítrofe àquele em que eles desenvolvam suas atividades.

→ § 14 acrescentado pela Lei 12.873/2013, em vigor na data de sua publicação, produzindo efeitos a partir de 1º de janeiro de 2014.

§ 15. (*Vetado*).

→ § 15 acrescentado pela Lei 12.873/2013, em vigor na data de sua publicação, produzindo efeitos a partir de 1º de janeiro de 2014.

Art. 13. O servidor civil ocupante de cargo efetivo ou o militar da União, dos Estados, do Distrito Federal ou dos Municípios, bem como o das respectivas autarquias e fundações, são excluídos do Regime Geral de Previdência Social consubstanciado nesta Lei, desde que amparados por regime próprio de previdência social.

→ *Caput* com redação alterada pela Lei 9.876/1999.

§ 1º Caso o servidor ou o militar venham a exercer, concomitantemente, uma ou mais atividades abrangidas pelo Regime Geral de Previdência Social, tornar-se-ão segurados obrigatórios em relação a essas atividades.

→ § 1º acrescentado pela Lei 9.876/1999.

§ 2º Caso o servidor ou o militar, amparados por regime próprio de previdência social, sejam requisitados para outro órgão ou entidade cujo regime previdenciário não permita a filiação nessa condição, permanecerão vinculados ao regime de origem, obedecidas as regras que cada ente estabeleça acerca de sua contribuição.

→ § 2º acrescentado pela Lei 9.876/1999.

Art. 14. É segurado facultativo o maior de 14 (quatorze) anos de idade que se filiar ao Regime Geral de Previdência Social, mediante contribuição, na forma do art. 21, desde que não incluído nas disposições do art. 12.

Seção II
Da empresa e do empregador doméstico

Art. 15. Considera-se:

I – empresa – a firma individual ou sociedade que assume o risco de atividade econômica urbana ou rural, com fins lucrativos ou não, bem como os órgãos e entidades da administração pública direta, indireta e fundacional;

II – empregador doméstico – a pessoa ou família que admite a seu serviço, sem finalidade lucrativa, empregado doméstico.

Parágrafo único. Equiparam-se a empresa, para os efeitos desta Lei, o contribuinte individual e a pessoa física na condição de proprietário ou dono de obra de construção civil, em relação a segurado que lhe presta serviço, bem como a cooperativa, a associação ou a entidade de qualquer natureza ou finalidade, a missão diplomática e a repartição consular de carreira estrangeiras.

→ Parágrafo único com redação alterada pela Lei 13.202/2015.

Capítulo II
DA CONTRIBUIÇÃO DA UNIÃO

Art. 16. A contribuição da União é constituída de recursos adicionais do Orçamento Fiscal, fixados obrigatoriamente na lei orçamentária anual.

Parágrafo único. A União é responsável pela cobertura de eventuais insuficiências financeiras da Seguridade Social, quando decorrentes do pagamento de benefícios de prestação continuada da Previdência Social, na forma da Lei Orçamentária Anual.

Art. 17. Para pagamento dos encargos previdenciários da União, poderão contribuir os recursos da Seguridade Social referidos na alínea *d* do parágrafo único do art. 11 desta Lei, na forma da Lei Orçamentária anual, assegurada a destinação de recursos para as ações desta Lei de Saúde e Assistência Social.

→ Artigo com redação alterada pela Lei 9.711/1998.

Art. 18. Os recursos da Seguridade Social referidos nas alíneas *a*, *b*, *c* e *d* do parágrafo único do art. 11 desta Lei poderão contribuir, a partir do exercício de 1992, para o financiamento das despesas com pessoal e administração geral apenas do Instituto Nacional do Seguro Social - INSS, do Instituto Nacional de Assistência Médica da Previdência Social - INAMPS, da Fundação Legião Brasileira de Assistência - LBA e da Fundação Centro Brasileira para Infância e Adolescência.

Art. 19. O Tesouro Nacional repassará mensalmente recursos referentes às contribuições mencionadas nas alíneas *d* e *e* do parágrafo único do art. 11 desta Lei, destinados à execução do Orçamento da Seguridade Social.

→ Artigo com redação alterada pela Lei 9.711/1998.

Capítulo III
DA CONTRIBUIÇÃO DO SEGURADO

Seção I
Da contribuição dos segurados empregado, empregado doméstico e trabalhador avulso

Art. 20. A contribuição do empregado, inclusive o doméstico, e a do trabalhador avulso é calculada mediante a aplicação da correspondente alíquota sobre o seu salário de contribuição mensal, de forma não cumulativa, observado o disposto no art. 28, de acordo com a seguinte tabela:

→ *Caput* com redação alterada pela Lei 9.032/1995.

Salário de contribuição	Alíquota em %
Até R$ 249,80	8,00
de R$ 249,81 até R$ 416,33	9,00
de R$ 416,34 até R$ 832,66	11,00

→ Valores e alíquotas alterados pela Lei 9.129/1995.

→ Valores sujeitos a atualização mediante Portaria do Ministério da Previdência Social – MPS.

§ 1º Os valores do salário de contribuição serão reajustados, a partir da data de entrada em vigor desta Lei, na mesma época e com os mesmos índices que os do reajustamento dos benefícios de prestação continuada da Previdência Social.

→ § 1º com redação alterada pela Lei 8.620/1993.

§ 2º O disposto neste artigo aplica-se também aos segurados empregados e trabalhadores avulsos que prestem serviços a microempresas.

→ § 2º acrescentado pela Lei 8.620/1993.

Seção II
Da contribuição dos segurados contribuinte individual e facultativo

→ Rubrica da Seção II com redação alterada pela Lei 9.876/1999.

Art. 21. A alíquota de contribuição dos segurados contribuinte individual e facultativo será de 20% (vinte por cento) sobre o respectivo salário de contribuição.

→ *Caput* com redação alterada pela Lei 9.876/1999.

I – (*Revogado pela Lei 9.711/1998*);

II – (*Revogado pela Lei 9.711/1998*).

§ 1º Os valores do salário de contribuição serão reajustados, a partir da data de entrada em vigor desta Lei, na mesma época e com os mesmos índices que os do reajustamento dos benefícios de prestação continuada da Previdência Social.

→ Anterior parágrafo único renumerado para § 1º pela LC 123/2006.

§ 2º No caso de opção pela exclusão do direito ao benefício de aposentadoria por tempo de contribuição, a alíquota de contribuição incidente sobre o limite mínimo mensal do salário de contribuição será de:

→ *Caput* do § 2º com redação alterada pela Lei 12.470/2011.

I – 11% (onze por cento), no caso do segurado contribuinte individual, ressalvado o disposto no inciso II, que trabalhe por conta própria, sem relação de trabalho com empresa ou equiparado e do segurado facultativo, observado o disposto na alínea b do inciso II deste parágrafo;

→ Inciso I acrescentado pela Lei 12.470/2011.

II – 5% (cinco por cento):

→ Inciso II acrescentado pela Lei 12.470/2011.

a) no caso do microempreendedor individual, de que trata o art. 18-A da Lei Complementar 123, de 14 de dezembro de 2006; e

b) do segurado facultativo sem renda própria que se dedique exclusivamente ao trabalho doméstico no âmbito de sua residência, desde que pertencente a família de baixa renda.

§ 3º O segurado que tenha contribuído na forma do § 2º deste artigo e pretenda contar o tempo de contribuição correspondente para fins de obtenção da aposentadoria por tempo de contribuição ou da contagem recíproca do tempo de contribuição a que se refere o art. 94 da Lei 8.213, de 24 de julho de 1991, deverá complementar a contribuição mensal mediante recolhimento, sobre o valor correspondente ao limite mínimo mensal do salário de contribuição em vigor na competência a ser complementada, da diferença entre o percentual pago e o de 20% (vinte por cento), acrescido dos juros moratórios de que trata o § 3º do art. 5º da Lei 9.430, de 27 de dezembro de 1996.

→ § 3º com redação alterada pela Lei 12.470/2011.

§ 4º Considera-se de baixa renda, para os fins do disposto na alínea *b* do inciso II do § 2º deste artigo, a família inscrita no Cadastro Único para Programas Sociais do Governo Federal – CadÚnico cuja renda mensal seja de até 2 (dois) salários mínimos.

→ § 4º com redação alterada pela Lei 12.470/2011.

§ 5º A contribuição complementar a que se refere o § 3º deste artigo será exigida a qualquer tempo, sob pena de indeferimento do benefício.

→ § 5º acrescentado pela Lei 12.507/2011.

Capítulo IV
DA CONTRIBUIÇÃO DA EMPRESA

Art. 22. A contribuição a cargo da empresa, destinada à Seguridade Social, além do disposto no art. 23, é de:

→ *v.* LC 123/2005 – Institui o Estatuto Nacional da Microempresa e Empresa de Pequeno Porte.

I – 20% (vinte por cento) sobre o total das remunerações pagas, devidas ou creditadas a qualquer título, durante o mês, aos segurados empregados e trabalhadores avulsos que lhe prestem serviços, destinadas a retribuir o trabalho, qualquer que seja a sua forma, inclusive as gorjetas, os ganhos habituais sob a forma de utilidades e os adiantamentos decorrentes de reajuste salarial, quer pelos serviços efetivamente prestados, quer pelo tempo à disposição do empregador ou tomador de serviços, nos termos da lei ou do contrato ou, ainda, de convenção ou acordo coletivo de trabalho ou sentença normativa.

→ Inciso I com redação alterada pela Lei 9.876/1999.

II – para o financiamento do benefício previsto nos arts. 57 e 58 da Lei 8.213, de 24 de julho de 1991, e daqueles concedidos em razão do grau de incidência de incapacidade laborativa decorrente dos riscos ambientais do trabalho, sobre o total das remunerações pagas ou creditadas, no decorrer do mês, aos segurados empregados e trabalhadores avulsos:

→ *Caput* do inciso II com redação alterada pela Lei 9.732/1998.

→ *v.* Súmula 351 do STJ.

a) 1% (um por cento) para as empresas em cuja atividade preponderante o risco de acidentes do trabalho seja considerado leve;

b) 2% (dois por cento) para as empresas em cuja atividade preponderante esse risco seja considerado médio;

c) 3% (três por cento) para as empresas em cuja atividade preponderante esse risco seja considerado grave;

III – 20% (vinte por cento) sobre o total das remunerações pagas ou creditadas a qualquer título, no decorrer do mês, aos segurados contribuintes individuais que lhe prestem serviços;

→ Inciso III acrescentado pela Lei 9.876/1999.

IV – 15% (quinze por cento) sobre o valor bruto da nota fiscal ou fatura de prestação de serviços, relativamente a serviços que lhe são prestados por cooperados por intermédio de cooperativas de trabalho.

→ Inciso IV acrescentado pela Lei 9.876/1999.

§ 1º No caso de bancos comerciais, bancos de investimentos, bancos de desenvolvimento, caixas econômicas, sociedades de crédito, financiamento e investimento, sociedades de crédito imobiliário, sociedades corretoras, distribuidoras de títulos e valores mobiliários, empresas de arrendamento mercantil, cooperativas de crédito, empresas de seguros privados e de capitalização, agentes autônomos de seguros privados e de crédito e entidades de previdência privada abertas e fechadas, além das contribuições referidas neste artigo e no art. 23, é devida a contribuição adicional de 2,5% (dois vírgula cinco por cento) sobre a base de cálculo definida nos incisos I e III deste artigo.

→ § 1º com redação alterada pela Lei 9.876/1999.

§ 2º Não integram a remuneração as parcelas de que trata o § 9º do art. 28.

§ 3º O Ministério do Trabalho e da Previdência Social poderá alterar, com base nas estatísticas de acidentes do trabalho, apuradas em inspeção, o enquadramento de empresas para efeito da contribuição a que se refere o inciso II deste artigo, a fim de estimular investimentos em prevenção de acidentes.

§ 4º O Poder Executivo estabelecerá, na forma da lei, ouvido o Conselho Nacional da Seguridade Social, mecanismos de estímulo às empresas que se utilizem de empregados portadores de deficiências física, sensorial e/ou mental com desvio do padrão médio.

§ 5º (*Revogado pela Lei 10.256/2001*).

§ 6º A contribuição empresarial da associação desportiva que mantém equipe de futebol profissional destinada à Seguridade Social, em substituição à prevista nos incisos I e II deste artigo, corresponde a 5% (cinco por cento) da receita bruta, decorrente dos espetáculos desportivos de que participem em todo território nacional em qualquer modalidade desportiva, inclusive jogos internacionais, e de qualquer forma de patrocínio, licenciamento de uso de marcas e símbolos, publicidade, propaganda e de transmissão de espetáculos desportivos.

→ § 6º acrescentado pela Lei 9.528/1997.

§ 7º Caberá à entidade promotora do espetáculo a responsabilidade de efetuar o desconto de 5% (cinco por cento) da receita bruta decorrente dos espetáculos desportivos e o respectivo recolhimento ao Instituto Nacional do Seguro Social, no prazo de até 2 (dois) dias úteis após a realização do evento.

→ § 7º acrescentado pela Lei 9.528/1997.

§ 8º Caberá à associação desportiva que mantém equipe de futebol profissional informar à entidade promotora do espetáculo desportivo todas as receitas auferidas no evento, discriminando-as detalhadamente.

→ § 8º acrescentado pela Lei 9.528/1997.

§ 9º No caso de a associação desportiva que mantém equipe de futebol profissional receber recursos de empresa ou entidade, a título de patrocínio, licenciamento de uso de marcas e símbolos, publicidade, propaganda e transmissão de espetáculos, esta última ficará com a responsabilidade de reter e recolher o percentual de 5% (cinco por cento) da receita bruta decorrente do evento, inadmitida qualquer dedução, no prazo estabelecido na alínea *b*, inciso I, do art. 30 desta Lei.

→ § 9º acrescentado pela Lei 9.528/1997.

§ 10. Não se aplica o disposto nos §§ 6º ao 9º às demais associações desportivas, que devem contribuir na forma dos incisos I e II deste artigo e do art. 23 desta Lei.

→ § 10 acrescentado pela Lei 9.528/1997.

§ 11. O disposto nos §§ 6º ao 9º deste artigo aplica-se à associação desportiva que mantenha equipe de futebol profissional e atividade econômica organizada para a produção e circulação de bens e serviços e que se organize regularmente, segundo um dos tipos regulados nos arts. 1.039 a 1.092 da Lei 10.406, de 10 de janeiro de 2002 – Código Civil.

→ § 11 com redação alterada pela Lei 11.345/2006.

§ 11-A. O disposto no § 11 deste artigo aplica-se apenas às atividades diretamente relacionadas com a manutenção e administração de equipe profissional de futebol, não se estendendo às outras atividades econômicas exercidas pelas referidas sociedades empresariais beneficiárias.

→ § 11-A acrescentado pela Lei 11.505/2007.

§ 12. (*Vetado*).

→ § 12 acrescentado pela Lei 10.170/2000.

§ 13. Não se considera como remuneração direta ou indireta, para os efeitos desta Lei, os valores despendidos pelas entidades religiosas e instituições de ensino vocacional com ministro de confissão religiosa, membros de instituto de vida consagrada, de congregação ou de ordem religiosa em face de seu mister religioso ou para sua subsistência desde que fornecidos em condições que independam da natureza e da quantidade do trabalho executado.

→ § 13 acrescentado pela Lei 10.170/2000.

§ 14. Para efeito de interpretação do § 13 deste artigo:

→ § 14 acrescentado pela Lei 13.137/2015.

I – os critérios informadores dos valores despendidos pelas entidades religiosas e instituições de ensino vocacional aos ministros de confissão religiosa, membros de vida consagrada, de congregação ou de ordem religiosa não são taxativos e sim exemplificativos;

II – os valores despendidos, ainda que pagos de forma e montante diferenciados, em pecúnia ou a título de ajuda de custo de moradia, transporte, formação educacional, vinculados exclusivamente à atividade religiosa não configuram remuneração direta ou indireta.

§ 15. Na contratação de serviços de transporte rodoviário de carga ou de passageiro, de serviços prestados com a utilização de trator, máquina de terraplenagem, colheitadeira e assemelhados, a base de cálculo da contribuição da empresa corresponde a 20% (vinte por cento) do valor da nota fiscal, fatura ou recibo, quando esses serviços forem prestados por condutor autônomo de veículo rodoviário, auxiliar de condutor autônomo de veículo rodoviário, bem como por operador de máquinas.

→ § 15 acrescentado pela Lei 13.202/2015.

Art. 22-A. A contribuição devida pela agroindústria, definida, para os efeitos desta Lei, como sendo o produtor rural pessoa jurídica cuja atividade econômica seja a industrialização de produção própria ou de produção própria e adquirida de terceiros, incidente sobre o valor da receita bruta proveniente da comercialização da produção, em substituição às previstas nos incisos I e II do art. 22 desta Lei, é de:

→ *Caput* acrescentado pela Lei 10.256/2001.

I – 2,5% (dois inteiros e cinco décimos por cento) destinados à Seguridade Social;

→ Inciso I acrescentado pela Lei 10.256/2001.

II – 0,1% (um décimo por cento) para o financiamento do benefício previsto nos arts. 57 e 58 da Lei 8.213, de 24 de julho de 1991, e daqueles concedidos em razão do grau de incidência de incapacidade para o trabalho decorrente dos riscos ambientais da atividade.

→ Inciso II acrescentado pela Lei 10.256/2001.

§ 1º (*Vetado*).

→ § 1º acrescentado pela Lei 10.256/2001.

§ 2º O disposto neste artigo não se aplica às operações relativas à prestação de serviços a terceiros, cujas contribuições previdenciárias continuam sendo devidas na forma do art. 22 desta Lei.

→ § 2º acrescentado pela Lei 10.256/2001.

§ 3º Na hipótese do § 2º, a receita bruta correspondente aos serviços prestados a terceiros será excluída da base de cálculo da contribuição de que trata o *caput*.

→ § 3º acrescentado pela Lei 10.256/2001.

§ 4º O disposto neste artigo não se aplica às sociedades cooperativas e às agroindústrias de piscicultura, carcinicultura, suinocultura e avicultura.

→ § 4º acrescentado pela Lei 10.256/2001.

§ 5º O disposto no inciso I do art. 3º da Lei 8.315, de 23 de dezembro de 1991, não se aplica ao empregador de que trata este artigo, que contribuirá com o adicional de 0,25% (vinte e cinco centésimos por cento) da receita bruta proveniente da comercialização da produção, destinado ao Serviço Nacional de Aprendizagem Rural (SENAR).

→ § 5º acrescentado pela Lei 10.256/2001.

§ 6º Não se aplica o regime substitutivo de que trata este artigo à pessoa jurídica que, relativamente à atividade rural, se dedique apenas ao florestamento e reflorestamento como fonte de matéria-prima para industrialização própria mediante a utilização de processo industrial que modifique a natureza química da madeira ou a transforme em pasta celulósica.

→ § 6º acrescentado pela Lei 10.684/2003.

§ 7º Aplica-se o disposto no § 6º ainda que a pessoa jurídica comercialize resíduos vegetais ou sobras ou partes da produção, desde que a receita bruta decorrente dessa comercialização represente menos de 1% (um por cento) de sua receita bruta proveniente da comercialização da produção.

→ § 7º acrescentado pela Lei 10.684/2003.

Art. 22-B. As contribuições de que tratam os incisos I e II do art. 22 desta Lei são substituídas, em relação à remuneração paga, devida ou creditada ao trabalhador rural contratado pelo consórcio simplificado de produtores rurais de que trata o art. 25-A, pela contribuição dos respectivos produtores rurais, calculada na forma do art. 25 desta Lei.

→ Artigo acrescentado pela Lei 10.256/2001.

Art. 23. As contribuições a cargo da empresa provenientes do faturamento e do lucro, destinadas à Seguridade Social, além do disposto no art. 22, são calculadas mediante a aplicação das seguintes alíquotas:

I – 2% (dois por cento) sobre sua receita bruta, estabelecida segundo o disposto no § 1º do art. 1º do Decreto-lei 1.940, de 25 de maio de 1982, com a redação dada pelo art. 22, do Decreto-lei 2.397, de 21 de dezembro de 1987, e alterações posteriores;

→ Referida alíquota, a partir de 01.04.1992, por força da LC 70/1991, passou a incidir sobre o faturamento mensal.

II – 10% (dez por cento) sobre o lucro líquido do período-base, antes da provisão para o Imposto de Renda, ajustado na forma do art. 2º da Lei 8.034, de 12 de abril de 1990.

→ A Lei 9.249/1995, alterou a contribuição sobre o lucro líquido, passando a alíquota a ser de 8%.

§ 1º No caso das instituições citadas no § 1º do art. 22 desta Lei, a alíquota da contribuição prevista no inciso II é de 15% (quinze por cento).

→ Referida alíquota foi elevada em mais 8% pela LC 70/1991 e posteriormente reduzida para 18% por força da Lei 9.249/1995.

§ 2º O disposto neste artigo não se aplica às pessoas de que trata o art. 25.

Capítulo V
DA CONTRIBUIÇÃO DO EMPREGADOR DOMÉSTICO

Art. 24. A contribuição do empregador doméstico incidente sobre o salário de contribuição do empregado doméstico a seu serviço é de:

→ *Caput* com redação alterada pela Lei 13.202/2015.

I – 8% (oito por cento); e

→ Inciso I acrescentado pela Lei 13.202/2015.

II – 0,8% (oito décimos por cento) para o financiamento do seguro contra acidentes de trabalho.

→ Inciso II acrescentado pela Lei 13.202/2015.

Parágrafo único. Presentes os elementos da relação de emprego doméstico, o empregador doméstico não poderá contratar microempreendedor individual de que trata o art. 18-A da Lei Complementar 123, de 14 de dezembro de 2006, sob pena de ficar sujeito a todas as obrigações dela decorrentes, inclusive trabalhistas, tributárias e previdenciárias.

→ Parágrafo único acrescentado pela Lei 12.470/2011.

Capítulo VI
DA CONTRIBUIÇÃO DO PRODUTOR RURAL E DO PESCADOR

→ Rubrica do Capítulo VI com redação alterada pela Lei 8.398/1992.

Art. 25. A contribuição do empregador rural pessoa física, em substituição à contribuição de que tratam os incisos I e II do art. 22, e a do segurado especial, referidos, respectivamente, na alínea *a* do inciso V e no inciso VII do art. 12 desta Lei, destinada à Seguridade Social, é de:

→ *Caput* com redação alterada pela Lei 10.256/2001.

I – 2% (dois por cento) da receita bruta proveniente da comercialização da sua produção;

→ Inciso I com redação alterada pela Lei 9.528/1997.

II – 0,1% (um décimo por cento) da receita bruta proveniente da comercialização da sua produção para financiamento das prestações por acidente do trabalho.

→ Inciso II com redação alterada pela Lei 9.528/1997.

§ 1º O segurado especial de que trata este artigo, além da contribuição obrigatória referida no *caput*, poderá contribuir, facultativamente, na forma do art. 21 desta Lei.

→ § 1º com redação alterada pela Lei 8.540/1992.

§ 2º A pessoa física de que trata a alínea *a* do inciso V do art. 12 contribui, também, obrigatoriamente, na forma do art. 21 desta Lei.

→ § 2º com redação alterada pela Lei 8.540/1992.

§ 3º Integram a produção, para os efeitos deste artigo, os produtos de origem animal ou vegetal, em estado natural ou submetidos a processos de beneficiamento ou industrialização rudimentar, assim compreendidos, entre outros, os processos de lavagem, limpeza, descaroçamento, pilagem, descascamento, lenhamento, pasteurização, resfriamento, secagem, fermentação, embalagem, cristalização, fundição, carvoejamento, cozimento, destilação, moagem, torrefação, bem como os subprodutos e os resíduos obtidos através desses processos.

→ § 3º acrescentado pela Lei 8.540/1992.

§ 4º (*Revogado pela Lei 11.718/2008*).

§ 5º (*Vetado*).

→ § 5º acrescentado pela Lei 8.540/1992.

§ 6º (*Revogado pela Lei 10.256/2001*).

§ 7º (*Revogado pela Lei 10.256/2001*).

§ 8º (*Revogado pela Lei 10.256/2001*).

§ 9º (*Vetado*).

→ § 9º acrescentado pela Lei 10.256/2001.

§ 10. Integra a receita bruta de que trata este artigo, além dos valores decorrentes da comercialização da produção relativa aos produtos a que se refere o § 3º deste artigo, a receita proveniente:

→ § 10 acrescentado pela Lei 11.718/2008.

I – da comercialização da produção obtida em razão de contrato de parceria ou meação de parte do imóvel rural;

II – da comercialização de artigos de artesanato de que trata o inciso VII do § 10 do art. 12 desta Lei;

III – de serviços prestados, de equipamentos utilizados e de produtos comercializados no imóvel rural, desde que em atividades turística e de entretenimento desenvolvidas no próprio imóvel, inclusive hospedagem, alimentação, recepção, recreação e atividades pedagógicas, bem como taxa de visitação e serviços especiais;

IV – do valor de mercado da produção rural dada em pagamento ou que tiver sido trocada por outra, qualquer que seja o motivo ou finalidade; e

V – de atividade artística de que trata o inciso VIII do § 10 do art. 12 desta Lei.

§ 11. Considera-se processo de beneficiamento ou industrialização artesanal aquele realizado diretamente pelo próprio produtor rural pessoa física, desde que não esteja sujeito à incidência do Imposto Sobre Produtos Industrializados – IPI.

→ § 11 acrescentado pela Lei 11.718/2008.

§ 12. (*Vetado*).

→ § 12 acrescentado pela Lei 11.933/2009.

Art. 25-A. Equipara-se ao empregador rural pessoa física o consórcio simplificado de produtores rurais, formado pela união de produtores rurais pessoas físicas, que outorgar a um deles poderes para contratar, gerir e demitir trabalhadores para prestação de serviços, exclusivamente, aos seus integrantes, mediante documento registrado em cartório de títulos e documentos.

→ Artigo acrescentado pela Lei 10.256/2001.

§ 1º O documento de que trata o *caput* deverá conter a identificação de cada produtor, seu endereço pessoal e o de sua propriedade rural, bem como o respectivo registro no Instituto Nacional de Colonização e Reforma Agrária – INCRA ou informações relativas a parceria, arrendamento ou equivalente e a matrícula no Instituto Nacional do Seguro Social – INSS de cada um dos produtores rurais.

§ 2º O consórcio deverá ser matriculado no INSS em nome do empregador a quem hajam sido outorgados os poderes, na forma do regulamento.

§ 3º Os produtores rurais integrantes do consórcio de que trata o *caput* serão responsáveis solidários em relação às obrigações previdenciárias.

§ 4º (*Vetado*).

Capítulo VII
DA CONTRIBUIÇÃO SOBRE A RECEITA DE CONCURSOS DE PROGNÓSTICOS

Art. 26. Constitui receita da Seguridade Social a renda líquida dos concursos de prognósticos, excetuando-se os valores destinados ao Programa de Crédito Educativo.

→ *Caput* com redação alterada pela Lei 8.436/1992.

§ 1º Consideram-se concursos de prognósticos todos e quaisquer concursos de sorteios de números, loterias, apostas, inclusive as realizadas em reuniões hípicas, nos âmbitos federal, estadual, do Distrito Federal e municipal.

§ 2º Para efeito do disposto neste artigo, entende-se por renda líquida o total da arrecadação, deduzidos os valores destinados ao pagamento de prêmios, de impostos e de despesas com a administração, conforme fixado em lei, que inclusive estipulará o valor dos direitos a serem pagos às entidades desportivas pelo uso de suas denominações e símbolos.

§ 3º Durante a vigência dos contratos assinados até a publicação desta Lei com o Fundo de Assistência Social – FAS é assegurado o repasse à Caixa Econômica Federal – CEF dos valores necessários ao cumprimento dos mesmos.

Capítulo VIII
DAS OUTRAS RECEITAS

Art. 27. Constituem outras receitas da Seguridade Social:

I – as multas, a atualização monetária e os juros moratórios;

II – a remuneração recebida por serviços de arrecadação, fiscalização e cobrança prestados a terceiros;

III – as receitas provenientes de prestação de outros serviços e de fornecimento ou arrendamento de bens;

IV – as demais receitas patrimoniais, industriais e financeiras;

V – as doações, legados, subvenções e outras receitas eventuais;

VI – 50% (cinquenta por cento) dos valores obtidos e aplicados na forma do parágrafo único do art. 243 da Constituição Federal;

VII – 40% (quarenta por cento) do resultado dos leilões dos bens apreendidos pelo Departamento da Receita Federal;

VIII – outras receitas previstas em legislação específica.

Parágrafo único. As companhias seguradoras que mantêm o seguro obrigatório de danos pessoais causados por veículos automotores de vias terrestres, de que trata a Lei 6.194/1974, deverão repassar à Seguridade Social 50% (cinquenta por cento) do valor total do prêmio recolhido e destinado ao Sistema Único de Saúde – SUS, para custeio da assistência médico-hospitalar dos segurados vitimados em acidentes de trânsito.

Capítulo IX
DO SALÁRIO DE CONTRIBUIÇÃO

Art. 28. Entende-se por salário de contribuição:

I – para o empregado e trabalhador avulso: a remuneração auferida em uma ou mais empresas, assim entendida a totalidade dos rendimentos pagos, devidos ou creditados a qualquer título, durante o mês, destinados a retribuir o trabalho, qualquer que seja a sua forma, inclusive as gorjetas, os ganhos habituais sob a forma de utilidades e os adiantamentos decorrentes de reajuste salarial, quer pelos serviços efetivamente prestados, quer pelo tempo à disposição do empregador ou tomador de serviços nos termos da lei ou do contrato ou, ainda, de convenção ou acordo coletivo de trabalho ou sentença normativa;

→ Inciso I com redação alterada pela Lei 9.528/1997.

→ *v.* Súmula 310 do STJ.

II – para o empregado doméstico: a remuneração registrada na Carteira de Trabalho e Previdência Social, observadas as normas a serem estabelecidas em regulamento para comprovação do vínculo empregatício e do valor da remuneração;

III – para o contribuinte individual: a remuneração auferida em uma ou mais empresas ou pelo exercício de sua atividade por conta própria, durante o mês, observado o limite máximo a que se refere o § 5º;

→ Inciso III com redação alterada pela Lei 9.876/1999.

IV – para o segurado facultativo: o valor por ele declarado, observado o limite máximo a que se refere o § 5º.

→ Inciso IV acrescentado pela Lei 9.876/1999.

§ 1º Quando a admissão, a dispensa, o afastamento ou a falta do empregado ocorrer no curso do mês, o salário de contribuição será proporcional ao número de dias de trabalho efetivo, na forma estabelecida em regulamento.

§ 2º O salário-maternidade é considerado salário de contribuição.

§ 3º O limite mínimo do salário de contribuição corresponde ao piso salarial, legal ou normativo, da categoria ou, inexistindo este, ao salário mínimo, tomado no seu valor mensal, diário ou horário, conforme o ajustado e o tempo de trabalho efetivo durante o mês.

→ § 3º com redação alterada pela Lei 9.528/1997.

§ 4º O limite mínimo do salário de contribuição do menor aprendiz corresponde à sua remuneração mínima definida em lei.

§ 5º O limite máximo do salário de contribuição é de Cr$ 170.000,00 (cento e setenta mil cruzeiros), reajustado a partir da data da entrada em vigor desta Lei, na mesma época e com os mesmos índices que os do reajustamento dos benefícios de prestação continuada da Previdência Social.

→ Valor atualizado a partir de 01.06.1998 para R$ 1.081,50 (um mil, oitenta e um reais e cinquenta centavos).

§ 6º No prazo de 180 (cento e oitenta) dias, a contar da data de publicação desta Lei, o Poder Executivo encaminhará ao Congresso Nacional projeto de lei estabelecendo a previdência complementar, pública e privada, em especial para os que possam contribuir acima do limite máximo estipulado no parágrafo anterior deste artigo.

§ 7º O décimo-terceiro salário (gratificação natalina) integra o salário de contribuição, exceto para o cálculo de benefício, na forma estabelecida em regulamento.

→ § 7º com redação alterada pela Lei 8.870/1994.

§ 8º Integram o salário de contribuição pelo seu valor total:

→ *Caput* do § 8º com redação alterada pela Lei 9.528/1997.

a) o total das diárias pagas, quando excedente a 50% (cinquenta por cento) da remuneração mensal;

→ Alínea *a* acrescentada pela Lei 9.528/1997.

b) (*Vetada*);

→ Alínea *b* acrescentada pela Lei 9.528/1997.

c) (*Revogada pela Lei 9.711/1998*).

§ 9º Não integram o salário de contribuição para os fins desta Lei, exclusivamente:

→ *Caput* do § 9º com redação alterada pela Lei 9.528/1997.

a) os benefícios da previdência social, nos termos e limites legais, salvo o salário-maternidade;

→ Alínea *a* com redação alterada pela Lei 9.528/1997.

b) as ajudas de custo e o adicional mensal recebidos pelo aeronauta nos termos da Lei 5.929, de 30 de outubro de 1973;

c) a parcela *in natura* recebida de acordo com os programas de alimentação aprovados pelo Ministério do Trabalho e da Previdência Social, nos termos da Lei 6.321, de 14 de abril de 1976;

d) as importâncias recebidas a título de férias indenizadas e respectivo adicional constitucional, inclusive o valor correspondente à dobra da remuneração de férias de que trata o art. 137 da Consolidação das Leis do Trabalho – CLT;

→ Alínea *d* com redação alterada pela Lei 9.528/1997.

e) as importâncias:

→ *Caput* da alínea *e* acrescentado pela Lei 9.528/1997.

1. previstas no inciso I do art. 10 do Ato das Disposições Constitucionais Transitórias;

→ Item 1 acrescentado pela Lei 9.528/1997.

2. relativas à indenização por tempo de serviço, anterior a 5 de outubro de 1988, do empregado não optante pelo Fundo de Garantia do Tempo de Serviço – FGTS;

→ Item 2 acrescentado pela Lei 9.528/1997.

3. recebidas a título da indenização de que trata o art. 479 da CLT;

→ Item 3 acrescentado pela Lei 9.528/1997.

4. recebidas a título da indenização de que trata o art. 14 da Lei 5.889, de 8 de junho de 1973;

→ Item 4 acrescentado pela Lei 9.528/1997.

5. recebidas a título de incentivo à demissão;

→ Item 5 acrescentado pela Lei 9.528/1997.

6. recebidas a título de abono de férias na forma dos arts. 143 e 144 da CLT;

→ Item 6 acrescentado pela Lei 9.711/1998.

7. recebidas a título de ganhos eventuais e os abonos expressamente desvinculados do salário;

→ Item 7 acrescentado pela Lei 9.711/1998.

8. recebidas a título de licença-prêmio indenizada;

→ Item 8 acrescentado pela Lei 9.711/1998.

9. recebidas a título da indenização de que trata o art. 9º da Lei 7.238, de 29 de outubro de 1984;

→ Item 9 acrescentado pela Lei 9.711/1998.

f) a parcela recebida a título de vale-transporte, na forma da legislação própria;

g) a ajuda de custo, em parcela única, recebida exclusivamente em decorrência de mudança de local de trabalho do empregado, na forma do art. 470 da CLT;

→ Alínea *g* com redação alterada pela Lei 9.528/1997.

h) as diárias para viagens, desde que não excedam a 50% (cinquenta por cento) da remuneração mensal;

i) a importância recebida a título de bolsa de complementação educacional de estagiário, quando paga nos termos da Lei 6.494, de 7 de dezembro de 1977;

→ A Lei 6.494/1977 foi revogada pela Lei 11.788/2008.

j) a participação nos lucros ou resultados da empresa, quando paga ou creditada de acordo com lei específica;

l) o abono do Programa de Integração Social – PIS e do Programa de Assistência ao Servidor Público – PASEP;

→ Alínea *l* acrescentada pela Lei 9.528/1997.

m) os valores correspondentes a transporte, alimentação e habitação fornecidos pela empresa ao empregado contratado para trabalhar em localidade distante da de sua residência, em canteiro de obras ou local que, por força da atividade, exija deslocamento e estada, observadas as normas de proteção estabelecidas pelo Ministério do Trabalho;

→ Alínea *m* acrescentada pela Lei 9.528/1997.

n) a importância paga ao empregado a título de complementação ao valor do auxílio-doença, desde que este direito seja extensivo à totalidade dos empregados da empresa;

→ Alínea *n* acrescentada pela Lei 9.528/1997.

o) as parcelas destinadas à assistência ao trabalhador da agroindústria canavieira, de que trata o art. 36 da Lei 4.870, de 1º de dezembro de 1965;

→ Alínea *o* acrescentada pela Lei 9.528/1997.

p) o valor das contribuições efetivamente pago pela pessoa jurídica relativo a programa de previdência complementar, aberto ou fechado, desde que disponível à totalidade de seus empregados e dirigentes, observados, no que couber, os arts. 9º e 468 da CLT;

→ Alínea *p* acrescentada pela Lei 9.528/1997.

q) o valor relativo à assistência prestada por serviço médico ou odontológico, próprio da empresa ou por ela conveniado, inclusive o reembolso de despesas com medicamentos, óculos, aparelhos ortopédicos, despesas médico-hospitalares e outras similares, desde que a cobertura abranja a totalidade dos empregados e dirigentes da empresa;

→ Alínea *q* acrescentada pela Lei 9.528/1997.

r) o valor correspondente a vestuários, equipamentos e outros acessórios fornecidos ao empregado e utilizados no local do trabalho para prestação dos respectivos serviços;

→ Alínea *r* acrescentada pela Lei 9.528/1997.

s) o ressarcimento de despesas pelo uso de veículo do empregado e o reembolso creche pago em conformidade com a legislação trabalhista, observado o limite máximo de 6 (seis) anos de idade, quando devidamente comprovadas as despesas realizadas;

→ Alínea *s* acrescentada pela Lei 9.528/1997.

t) o valor relativo a plano educacional, ou bolsa de estudo, que vise à educação básica de empregados e seus dependentes e, desde que vinculada às atividades desenvolvidas pela empresa, à educação profissional e tecnológica de empregados, nos termos da Lei 9.394, de 20 de dezembro de 1996, e:

→ *Caput* da alínea *t* com redação alterada pela Lei 12.513/2011.

1. não seja utilizado em substituição de parcela salarial; e

→ Item 1 acrescentado pela Lei 12.513/2011.

2. o valor mensal do plano educacional ou bolsa de estudo, considerado individualmente, não ultrapasse 5% (cinco por cento) da remuneração do segurado a que se destina ou o valor correspondente a uma vez e meia o valor do limite mínimo mensal do salário de contribuição, o que for maior;

→ Item 2 acrescentado pela Lei 12.513/2011.

u) a importância recebida a título de bolsa de aprendizagem garantida ao adolescente até 14 (quatorze) anos de idade, de acordo com o disposto no art. 64 da Lei 8.069, de 13 de julho de 1990;

→ Alínea *u* acrescentada pela Lei 9.528/1997.

v) os valores recebidos em decorrência da cessão de direitos autorais;

→ Alínea *v* acrescentada pela Lei 9.528/1997.

x) o valor da multa prevista no § 8º do art. 477 da CLT;

→ Alínea *x* acrescentada pela Lei 9.528/1997.

y) o valor corresponde ao vale-cultura.

→ Alínea *y* acrescentada pela Lei 12.761/2012.

§ 10. Considera-se salário de contribuição, para o segurado empregado e trabalhador avulso, na condição prevista no § 5º do art. 12, a remuneração efetivamente auferida na entidade sindical ou empresa de origem.

→ § 10 acrescentado pela Lei 9.528/1997.

§ 11. Considera-se remuneração do contribuinte individual que trabalha como condutor autônomo de veículo rodoviário, como auxiliar de condutor autônomo de veículo rodoviário, em automóvel cedido em regime de colaboração, nos termos da Lei 6.094, de 30 de agosto de 1974, como operador de trator, máquina de terraplenagem, colheitadeira e assemelhados, o montante correspondente a 20% (vinte por cento) do valor bruto do frete, carreto, transporte de passageiros ou do serviço prestado, observado o limite máximo a que se refere o § 5º.

→ § 11 acrescentado pela Lei 13.202/2015.

Art. 29. (*Revogado pela Lei 9.876/1999*).

Capítulo X
DA ARRECADAÇÃO E RECOLHIMENTO DAS CONTRIBUIÇÕES

Art. 30. A arrecadação e o recolhimento das contribuições ou de outras importâncias devidas à Seguridade Social obedecem às seguintes normas:

→ *Caput* com redação alterada pela Lei 8.620/1993.

I – a empresa é obrigada a:

a) arrecadar as contribuições dos segurados empregados e trabalhadores avulsos a seu serviço, descontando-as da respectiva remuneração;

b) recolher os valores arrecadados na forma da alínea *a* deste inciso, a contribuição a que se refere o inciso IV do art. 22 desta Lei, assim como as contribuições a seu cargo incidentes sobre as remunerações pagas, devidas ou creditadas, a qualquer título, aos segurados empregados, trabalhadores avulsos e contribuintes individuais a seu serviço até o dia 20 (vinte) do mês subsequente ao da competência;

→ Alínea *b* com redação alterada pela Lei 11.933/2009.

c) recolher as contribuições de que tratam os incisos I e II do art. 23, na forma e prazos definidos pela legislação tributária federal vigente;

II – os segurados, contribuinte individual e facultativo estão obrigados a recolher sua contribuição por iniciativa própria, até o dia 15 (quinze) do mês seguinte ao da competência;

→ Inciso II com redação alterada pela Lei 9.876/1999.

III – a empresa adquirente, consumidora ou consignatária ou a cooperativa são obrigadas a recolher a contribuição de que trata o art. 25 até o dia 20 (vinte) do mês subsequente ao da operação de venda ou consignação da produção, independentemente de essas operações terem sido realizadas diretamente com o produtor ou com intermediário pessoa física, na forma estabelecida em regulamento;

→ Inciso III com redação alterada pela Lei 11.933/2009.

IV – a empresa adquirente, consumidora ou consignatária ou a cooperativa ficam sub-rogadas nas obrigações da pessoa física de que trata a alínea *a* do inciso V do art. 12 e do segurado especial pelo cumprimento das obrigações do art. 25 desta Lei, independentemente de as operações de venda ou consignação terem sido realizadas diretamente com o produtor ou com intermediário pessoa física, exceto no caso do inciso X deste artigo, na forma estabelecida em regulamento;

→ Inciso IV com redação alterada pela Lei 9.528/1997.

V – o empregador doméstico é obrigado a arrecadar e a recolher a contribuição do segurado empregado a seu serviço, assim como a parcela a seu cargo, até o dia 7 do mês seguinte ao da competência;

→ Inciso V com redação alterada pela LC 150/2015.

VI – o proprietário, o incorporador definido na Lei 4.591, de 16 de dezembro de 1964, o dono da obra ou condômino da unidade imobiliária, qualquer que seja a forma de contratação da construção, reforma ou acréscimo, são solidários com o construtor, e estes com a subempreiteira, pelo cumprimento das obrigações para com a Seguridade Social, ressalvado o seu direito regressivo contra o executor ou contratante da obra e admitida a retenção de importância a este devida para garantia do cumprimento dessas obrigações, não se aplicando, em qualquer hipótese, o benefício de ordem;

→ Inciso VI com redação alterada pela Lei 9.528/1997.

VII – exclui-se da responsabilidade solidária perante a Seguridade Social o adquirente de prédio ou unidade imobiliária que realizar a operação com empresa de comercialização ou incorporador de imóveis, ficando estes solidariamente responsáveis com o construtor;

VIII – nenhuma contribuição à Seguridade Social é devida se a construção residencial unifamiliar, destinada ao uso próprio, de tipo econômico, for executada sem mão de obra assalariada, observadas as exigências do regulamento;

IX – as empresas que integram grupo econômico de qualquer natureza respondem entre si, solidariamente, pelas obrigações decorrentes desta Lei;

X – a pessoa física de que trata a alínea *a* do inciso V do art. 12 e o segurado especial são obrigados a recolher a contribuição de que trata o art. 25 desta Lei no prazo estabelecido no inciso III deste artigo, caso comercializem a sua produção:

→ Inciso X com redação alterada pela Lei 9.528/1997.

a) no exterior;

b) diretamente, no varejo, ao consumidor pessoa física;

c) à pessoa física de que trata a alínea *a* do inciso V do art. 12;

d) ao segurado especial;

XI – aplica-se o disposto nos incisos III e IV deste artigo à pessoa física não produtor rural que adquire produção para venda no varejo a consumidor pessoa física.

→ Inciso XI acrescentado pela Lei 9.528/1997.

XII – sem prejuízo do disposto no inciso X do *caput* deste artigo, o produtor rural pessoa física e o segurado especial são obrigados a recolher, diretamente, a contribuição incidente sobre a receita bruta proveniente:

→ Inciso XII acrescentado pela Lei 11.718/2008.

a) da comercialização de artigos de artesanato elaborados com matéria-prima produzida pelo respectivo grupo familiar;

b) de comercialização de artesanato ou do exercício de atividade artística, observado o disposto nos incisos VII e VIII do § 10 do art. 12 desta Lei; e

c) de serviços prestados, de equipamentos utilizados e de produtos comercializados no imóvel rural, desde que em atividades turística e de entretenimento desenvolvidas no próprio imóvel, inclusive hospedagem, alimentação, recepção, recreação e atividades pedagógicas, bem como taxa de visitação e serviços especiais;

XIII – o segurado especial é obrigado a arrecadar a contribuição de trabalhadores a seu serviço e a recolhê-la no prazo referido na alínea *b* do inciso I do *caput* deste artigo.

→ Inciso XIII acrescentado pela Lei 11.718/2008.

LEGISLAÇÃO

§ 1º (*Revogado pela Lei 9.032/1995*).

§ 2º Se não houver expediente bancário nas datas indicadas:

→ *Caput* do § 2º com redação alterada pela Lei 11.933/2009.

I – no inciso II do *caput*, o recolhimento deverá ser efetuado até o dia útil imediatamente posterior; e

→ Inciso I com redação alterada pela Lei 13.202/2015.

II – na alínea *b* do inciso I e nos incisos III, V, X e XIII do *caput*, até o dia útil imediatamente anterior.

→ Inciso II com redação alterada pela Lei 13.202/2015.

§ 3º Aplica-se à entidade sindical e à empresa de origem o disposto nas alíneas *a* e *b* do inciso I, relativamente à remuneração do segurado referido no § 5º do art. 12.

→ § 3º acrescentado pela Lei 9.528/1997.

§ 4º Na hipótese de o contribuinte individual prestar serviço a uma ou mais empresas, poderá deduzir, da sua contribuição mensal, 45% (quarenta e cinco por cento) da contribuição da empresa, efetivamente recolhida ou declarada, incidente sobre a remuneração que esta lhe tenha pago ou creditado, limitada a dedução a 9% (nove por cento) do respectivo salário de contribuição.

→ § 4º acrescentado pela Lei 9.876/1999.

§ 5º Aplica-se o disposto no § 4º ao cooperado que prestar serviço a empresa por intermédio de cooperativa de trabalho.

→ § 5º acrescentado pela Lei 9.876/1999.

§ 6º (*Revogado pela Lei 13.202/2015*).

§ 7º A empresa ou cooperativa adquirente, consumidora ou consignatária da produção fica obrigada a fornecer ao segurado especial cópia do documento fiscal de entrada da mercadoria, para fins de comprovação da operação e da respectiva contribuição previdenciária.

→ § 7º acrescentado pela Lei 11.718/2008.

§ 8º Quando o grupo familiar a que o segurado especial estiver vinculado não tiver obtido, no ano, por qualquer motivo, receita proveniente de comercialização de produção deverá comunicar a ocorrência à Previdência Social, na forma do regulamento.

→ § 8º acrescentado pela Lei 11.718/2008.

§ 9º Quando o segurado especial tiver comercializado sua produção do ano anterior exclusivamente com empresa adquirente, consignatária ou cooperativa, tal fato deverá ser comunicado à Previdência Social pelo respectivo grupo familiar.

→ § 9º acrescentado pela Lei 11.718/2008.

Art. 31. A empresa contratante de serviços executados mediante cessão de mão de obra, inclusive em regime de trabalho temporário, deverá reter 11% (onze por cento) do valor bruto da nota fiscal ou fatura de prestação de serviços e recolher, em nome da empresa cedente da mão de obra, a importância retida até o dia 20 (vinte) do mês subsequente ao da emissão da respectiva nota fiscal ou fatura, ou até o dia útil imediatamente anterior se não houver expediente bancário naquele dia, observado o disposto no § 5º do art. 33 desta Lei.

→ *Caput* com redação alterada pela Lei 11.933/2009.

→ *v.* Súmula 425 do STJ.

§ 1º O valor retido de que trata o *caput* deste artigo, que deverá ser destacado na nota fiscal ou fatura de prestação de serviços, poderá ser compensado por qualquer estabelecimento da empresa cedente da mão de obra, por ocasião do recolhimento das contribuições destinadas à Seguridade Social devidas sobre a folha de pagamento dos seus segurados.

→ § 1º com redação alterada pela Lei 11.941/2009.

§ 2º Na impossibilidade de haver compensação integral na forma do parágrafo anterior, o saldo remanescente será objeto de restituição.

→ § 2º com redação alterada pela Lei 9.711/1998.

§ 3º Para os fins desta Lei, entende-se como cessão de mão de obra a colocação à disposição do contratante, em suas dependências ou nas de terceiros, de segurados que realizem serviços contínuos, relacionados ou não com a atividade-fim da empresa, quaisquer que sejam a natureza e a forma de contratação.

→ § 3º com redação alterada pela Lei 9.711/1998.

§ 4º Enquadram-se na situação prevista no parágrafo anterior, além de outros estabelecidos em regulamento, os seguintes serviços:

→ *Caput* do § 4º com redação alterada pela Lei 9.711/1998.

I – limpeza, conservação e zeladoria;

→ Inciso I acrescentado pela Lei 9.711/1998.

II – vigilância e segurança;

→ Inciso II acrescentado pela Lei 9.711/1998.

III – empreitada de mão de obra;

→ Inciso III acrescentado pela Lei 9.711/1998.

IV – contratação de trabalho temporário na forma da Lei 6.019, de 3 de janeiro de 1974.

→ Inciso IV acrescentado pela Lei 9.711/1998.

§ 5º O cedente da mão de obra deverá elaborar folhas de pagamento distintas para cada contratante.

→ § 5º acrescentado pela Lei 9.711/1998.

§ 6º Em se tratando de retenção e recolhimento realizados na forma do *caput* deste artigo, em nome de consórcio, de que tratam os arts. 278 e 279 da Lei 6.404, de 15 de dezembro de 1976, aplica-se o disposto em todo este artigo, observada a participação de cada uma das empresas consorciadas, na forma do respectivo ato constitutivo.

→ § 6º acrescentado pela Lei 11.941/2009.

Art. 32. A empresa é também obrigada a:

I – preparar folhas de pagamento das remunerações pagas ou creditadas a todos os segurados a seu serviço, de acordo com os padrões e normas estabelecidos pelo órgão competente da Seguridade Social;

II – lançar mensalmente em títulos próprios de sua contabilidade, de forma discriminada, os fatos geradores de todas as contribuições, o montante das quantias descontadas, as contribuições da empresa e os totais recolhidos;

III – prestar à Secretaria da Receita Federal do Brasil todas as informações cadastrais, financeiras e contábeis de seu interesse, na forma por ela estabelecida, bem como os esclarecimentos necessários à fiscalização;

→ Inciso III com redação alterada pela Lei 11.941/2009.

IV – declarar à Secretaria da Receita Federal do Brasil e ao Conselho Curador do Fundo de Garantia do Tempo de Serviço – FGTS, na forma, prazo e condições estabelecidos por esses órgãos, dados relacionados a fatos geradores, base de cálculo e valores devidos da contribuição previdenciária e outras informações de interesse do INSS ou do Conselho Curador do FGTS;

→ Inciso IV com redação alterada pela Lei 11.941/2009.

V – (*Vetado*).

→ Inciso V acrescentado pela Lei 10.403/2002.

VI – comunicar, mensalmente, aos empregados, por intermédio de documento a ser definido em regulamento, os valores recolhidos sobre o total de sua remuneração ao INSS.

→ Inciso VI acrescentado pela Lei 12.692/2012.

§ 1º (*Revogado pela Lei 11.941/2009*).

§ 2º A declaração de que trata o inciso IV do *caput* deste artigo constitui instrumento hábil e suficiente para a exigência do crédito tributário, e suas informações comporão a base de dados para fins de cálculo e concessão dos benefícios previdenciários.

→ § 2º com redação alterada pela Lei 11.941/2009.

§§ 3º a 8º (*Revogados pela Lei 11.941/2009*).

§ 9º A empresa deverá apresentar o documento a que se refere o inciso IV do *caput* deste artigo ainda que não ocorram fatos geradores de contribuição previdenciária, aplicando-se, quando couber, a penalidade prevista no art. 32-A desta Lei.

→ § 9º com redação alterada pela Lei 11.941/2009.

§ 10. O descumprimento do disposto no inciso IV do *caput* deste artigo impede a expedição da certidão de prova de regularidade fiscal perante a Fazenda Nacional.

→ § 10 com redação alterada pela Lei 11.941/2009.

§ 11. Em relação aos créditos tributários, os documentos comprobatórios do cumprimento das obrigações de que trata este artigo devem ficar arquivados na empresa até que ocorra a prescrição relativa aos créditos decorrentes das operações a que se refiram.

→ § 11 com redação alterada pela Lei 11.941/2009.

§ 12. (*Vetado*).

→ § 12 acrescentado pela Lei 12.692/2012.

Art. 32-A. O contribuinte que deixar de apresentar a declaração de que trata o inciso IV do *caput* do art. 32 desta Lei no prazo fixado ou que a apresentar com incorreções ou omissões será intimado a apresentá-la ou a prestar esclarecimentos e sujeitar-se-á às seguintes multas:

→ Artigo acrescentado pela Lei 11.941/2009.

I – de R$ 20,00 (vinte reais) para cada grupo de 10 (dez) informações incorretas ou omitidas; e

II – de 2% (dois por cento) ao mês-calendário ou fração, incidentes sobre o montante das contribuições informadas, ainda que integralmente pagas, no caso de falta de entrega da declaração ou entrega após o prazo, limitada a 20% (vinte por cento), observado o disposto no § 3º deste artigo.

§ 1º Para efeito de aplicação da multa prevista no inciso II do *caput* deste artigo, será considerado como termo inicial o dia seguinte ao término do prazo fixado para entrega da declaração e como termo final a data da efetiva entrega ou, no caso de não apresentação, a data da lavratura do auto de infração ou da notificação de lançamento.

§ 2º Observado o disposto no § 3º deste artigo, as multas serão reduzidas:

I – à metade, quando a declaração for apresentada após o prazo, mas antes de qualquer procedimento de ofício; ou

II – a 75% (setenta e cinco por cento), se houver apresentação da declaração no prazo fixado em intimação.

§ 3º A multa mínima a ser aplicada será de:

I – R$ 200,00 (duzentos reais), tratando-se de omissão de declaração sem ocorrência de fatos geradores de contribuição previdenciária; e

II – R$ 500,00 (quinhentos reais), nos demais casos.

Art. 32-B. Os órgãos da administração direta, as autarquias, as fundações e as empresas públicas da União, dos Estados, do Distrito Federal e dos Municípios, cujas Normas Gerais de Direito Financeiro para elaboração e controle dos orçamentos estão definidas pela Lei 4.320, de 17 de março de 1964, e pela Lei Complementar 101, de 4 de maio de 2000, ficam obrigados, na forma estabelecida pela Secretaria da Receita Federal do Brasil do Ministério da Fazenda, a apresentar:

→ Artigo acrescentado pela Lei 12.810/2013.

I – a contabilidade entregue ao Tribunal de Controle Externo; e

II – a folha de pagamento.

Parágrafo único. As informações de que trata o *caput* deverão ser apresentadas até o dia 30 de abril do ano seguinte ao encerramento do exercício.

Art. 32-C. O segurado especial responsável pelo grupo familiar que contratar na forma do § 8º do art. 12 apresentará as informações relacionadas ao registro de trabalhadores, aos fatos geradores, à base de cálculo e aos valores das contribuições devidas à Previdência Social e ao Fundo de Garantia do Tempo de Serviço – FGTS e outras informações de interesse da Secretaria da Receita Federal do Brasil, do Ministério da Previdência Social, do Ministério do Trabalho e Emprego e do Conselho Curador do FGTS, por meio de sistema eletrônico com entrada única de dados, e efetuará os recolhimentos por meio de documento único de arrecadação.

→ Artigo acrescentado pela Lei 12.873/2013, em vigor no 1º (primeiro) dia do sétimo mês subsequente à data de sua publicação oficial – *D.O.U.* 25.10.2013.

§ 1º Os Ministros de Estado da Fazenda, da Previdência Social e do Trabalho e Emprego disporão, em ato conjunto, sobre a prestação das informações, a apuração, o recolhimento e a distribuição dos recursos recolhidos e sobre as informações geradas por meio do sistema eletrônico e da guia de recolhimento de que trata o *caput*.

§ 2º As informações prestadas no sistema eletrônico de que trata o *caput* têm caráter declaratório, constituem instrumento hábil e suficiente para a exigência dos tributos e encargos apurados e substituirão, na forma regulamentada pelo ato conjunto que prevê o § 1º, a obrigatoriedade de entrega de todas as informações, formulários e declarações a que está sujeito o grupo familiar, inclusive as relativas ao recolhimento do FGTS.

§ 3º O segurado especial de que trata o *caput* está obrigado a arrecadar as contribuições previstas nos incisos X, XII e XIII do *caput* do art. 30, os valores referentes ao FGTS e os encargos trabalhistas sob sua responsabilidade, até o dia 7 (sete) do mês seguinte ao da competência.

§ 4º Os recolhimentos devidos, nos termos do § 3º, deverão ser pagos por meio de documento único de arrecadação.

§ 5º Se não houver expediente bancário na data indicada no § 3º, o recolhimento deverá ser antecipado para o dia útil imediatamente anterior.

§ 6º Os valores não pagos até a data do vencimento sujeitar-se-ão à incidência de acréscimos e encargos legais na forma prevista na legislação do Imposto sobre a Renda e Proventos de Qualquer Natureza para as contribuições de caráter tributário, e conforme o art. 22 da Lei 8.036, de 11 de maio de 1990, para os depósitos do FGTS, inclusive no que se refere às multas por atraso.

§ 7º O recolhimento do valor do FGTS na forma deste artigo será creditado diretamente em conta vinculada do trabalhador, assegurada a transferência dos elementos identificadores do recolhimento ao agente operador do fundo.

§ 8º O ato de que trata o § 1º regulará a compensação e a restituição dos valores dos tributos e dos encargos trabalhistas recolhidos, no documento único de arrecadação, indevidamente ou em montante superior ao devido.

§ 9º A devolução de valores do FGTS, depositados na conta vinculada do trabalhador, será objeto de norma regulamentar do Conselho Curador e do Agente Operador do Fundo de Garantia do Tempo de Serviço.

§ 10. O produto da arrecadação de que trata o § 3º será centralizado na Caixa Econômica Federal.

§ 11. A Caixa Econômica Federal, com base nos elementos identificadores do recolhimento, disponíveis no sistema de que trata o *caput* deste artigo, transferirá para a Conta Única do Tesouro Nacional os valores arrecadados dos tributos e das contribuições previstas nos incisos X, XII e XIII do *caput* do art. 30.

§ 12. A impossibilidade de utilização do sistema eletrônico referido no *caput* será objeto de regulamento, a ser editado pelo Ministério da Fazenda e pelo Agente Operador do FGTS.

§ 13. A sistemática de entrega das informações e recolhimentos de que trata o *caput* poderá ser estendida pelas autoridades previstas no § 1º para o produtor rural pessoa física de que trata a alínea a do inciso V do *caput* do art. 12.

§ 14. Aplica-se às informações entregues na forma deste artigo o disposto no § 2º do art. 32 e no art. 32-A.

Art. 33. À Secretaria da Receita Federal do Brasil compete planejar, executar, acompanhar e avaliar as atividades relativas à tributação, à fiscalização, à arrecadação, à cobrança e ao recolhimento das contribuições sociais previstas no parágrafo único do art. 11 desta Lei, das contribuições incidentes a título de substituição e das devidas a outras entidades e fundos.

→ *Caput* com redação alterada pela Lei 11.941/2009.

§ 1º É prerrogativa da Secretaria da Receita Federal do Brasil, por intermédio dos Auditores-Fiscais da Receita Federal do Brasil, o exame da contabilidade das empresas, ficando obrigados a prestar todos os esclarecimentos e informações solicitados o segurado e os terceiros responsáveis pelo recolhimento das contribuições previdenciárias e das contribuições devidas a outras entidades e fundos.

→ § 1º com redação alterada pela Lei 11.941/2009.

§ 2º A empresa, o segurado da Previdência Social, o serventuário da Justiça, o síndico ou seu representante, o comissário e o liquidante de empresa em liquidação judicial ou extrajudicial são obrigados a exibir todos os documentos e livros relacionados com as contribuições previstas nesta Lei.

→ § 2º com redação alterada pela Lei 11.941/2009.

§ 3º Ocorrendo recusa ou sonegação de qualquer documento ou informação, ou sua apresentação deficiente, a Secretaria da Receita Federal do Brasil pode, sem prejuízo da penalidade cabível, lançar de ofício a importância devida.

→ § 3º com redação alterada pela Lei 11.941/2009.

§ 4º Na falta de prova regular e formalizada pelo sujeito passivo, o montante dos salários pagos pela execução de obra de construção civil pode ser obtido mediante cálculo da mão de obra empregada, proporcional à área construída, de acordo com critérios estabelecidos pela Secretaria da Receita Federal do Brasil, cabendo ao proprietário, dono da obra, condômino da unidade imobiliária ou empresa corresponsável o ônus da prova em contrário.

→ § 4º com redação alterada pela Lei 11.941/2009.

§ 5º O desconto de contribuição e de consignação legalmente autorizadas sempre se presume feito oportuna e regularmente pela empresa a isso obrigada, não lhe sendo lícito alegar omissão para se eximir do recolhimento, ficando diretamente responsável pela importância que deixou de receber ou arrecadou em desacordo com o disposto nesta Lei.

§ 6º Se, no exame da escrituração contábil e de qualquer outro documento da empresa, a fiscalização constatar que a contabilidade não registra o movimento real de remuneração dos segurados a seu serviço, do faturamento e do lucro, serão apuradas, por aferição indireta, as contribuições efetivamente devidas, cabendo à empresa o ônus da prova em contrário.

§ 7º O crédito da seguridade social é constituído por meio de notificação de lançamento, de auto de infração e de confissão de valores devidos e não recolhidos pelo contribuinte.

→ § 7º com redação alterada pela Lei 11.941/2009.

§ 8º Aplicam-se às contribuições sociais mencionadas neste artigo as presunções legais de omissão de receita previstas nos §§ 2º e 3º do art. 12 do Decreto-lei 1.598, de 26 de dezembro de 1977, e nos arts. 40, 41 e 42 da Lei 9.430, de 27 de dezembro de 1996.

→ § 8º acrescentado pela Lei 11.941/2009.

Art. 34. (*Revogado pela Lei 11.941/2009*).

Art. 35. Os débitos com a União decorrentes das contribuições sociais previstas nas alíneas *a*, *b* e *c* do parágrafo único do art. 11 desta Lei, das contribuições instituídas a título de substituição e das contribuições devidas a terceiros, assim entendidas outras entidades e fundos, não pagos nos prazos previstos em legislação, serão acrescidos de multa de mora e juros de mora, nos termos do art. 61 da Lei 9.430, de 27 de dezembro de 1996.

→ *Caput* com redação alterada pela Lei 11.941/2009.

I a III – (*Revogados pela Lei 11.941/2009*).

§§ 1º a 4º (*Revogados pela Lei 11.941/2009*).

Art. 35-A. Nos casos de lançamento de ofício relativos às contribuições referidas no art. 35 desta Lei, aplica-se o disposto no art. 44 da Lei 9.430, de 27 de dezembro de 1996.

→ Artigo acrescentado pela Lei 11.941/2009.

Art. 36. *(Revogado pela Lei 8.218/1991).*

Art. 37. Constatado o não recolhimento total ou parcial das contribuições tratadas nesta Lei, não declaradas na forma do art. 32 desta Lei, a falta de pagamento de benefício reembolsado ou o descumprimento de obrigação acessória, será lavrado auto de infração ou notificação de lançamento.

→ *Caput* com redação alterada pela Lei 11.941/2009.

§ 1º *(Revogado pela Lei 11.941/2009).*

§ 2º *(Revogado pela Lei 11.941/2009).*

Art. 38. *(Revogado pela Lei 11.941/2009).*

Art. 39. O débito original e seus acréscimos legais, bem como outras multas previstas em lei, constituem dívida ativa da União, promovendo-se a inscrição em livro próprio daquela resultante das contribuições de que tratam as alíneas *a*, *b* e *c* do parágrafo único do art. 11 desta Lei.

→ *Caput* com redação alterada pela Lei 11.457/2007.

§ 1º *(Revogado pela Lei 11.501/2007).*

§ 2º É facultado aos órgãos competentes, antes de ajuizar a cobrança da dívida ativa de que trata o *caput* deste artigo, promover o protesto de título dado em garantia, que será recebido *pro solvendo.*

→ § 2º com redação alterada pela Lei 11.457/2007.

§ 3º Serão inscritas como dívida ativa da União as contribuições que não tenham sido recolhidas ou parceladas resultantes das informações prestadas no documento a que se refere o inciso IV do art. 32 desta Lei.

→ § 3º com redação alterada pela Lei 11.457/2007.

Art. 40. *(Vetado).*

Art. 41. *(Revogado pela Lei 11.941/2009).*

Art. 42. Os administradores de autarquias e fundações públicas, criadas e mantidas pelo Poder Público, de empresas públicas e de sociedades de economia mista sujeitas ao controle da União, dos Estados, do Distrito Federal ou dos Municípios, que se encontrarem em mora, por mais de 30 (trinta) dias, no recolhimento das contribuições previstas nesta Lei, tornam-se solidariamente responsáveis pelo respectivo pagamento, ficando ainda sujeitos às proibições do art. 1º e às sanções dos arts. 4º e 7º do Decreto-lei 368, de 19 de dezembro de 1968.

Art. 43. Nas ações trabalhistas de que resultar o pagamento de direitos sujeitos à incidência de contribuição previdenciária, o juiz, sob pena de responsabilidade, determinará o imediato recolhimento das importâncias devidas à Seguridade Social.

→ *Caput* com redação alterada pela Lei 8.620/1993.

§ 1º Nas sentenças judiciais ou nos acordos homologados em que não figurarem, discriminadamente, as parcelas legais relativas às contribuições sociais, estas incidirão sobre o valor total apurado em liquidação de sentença ou sobre o valor do acordo homologado.

→ § 1º acrescentado pela Lei 11.941/2009.

§ 2º Considera-se ocorrido o fato gerador das contribuições sociais na data da prestação do serviço.

→ § 2º acrescentado pela Lei 11.941/2009.

§ 3º As contribuições sociais serão apuradas mês a mês, com referência ao período da prestação de serviços, mediante a aplicação de alíquotas, limites máximos do salário de contribuição e acréscimos legais moratórios vigentes relativamente a cada uma das competências abrangidas, devendo o recolhimento ser efetuado no mesmo prazo em que devam ser pagos os créditos encontrados em liquidação de sentença ou em acordo homologado, sendo que nesse último caso o recolhimento será feito em tantas parcelas quantas as previstas no acordo, nas mesmas datas em que sejam exigíveis e proporcionalmente a cada uma delas.

→ § 3º acrescentado pela Lei 11.941/2009.

§ 4º No caso de reconhecimento judicial da prestação de serviços em condições que permitam a aposentadoria especial após 15 (quinze), 20 (vinte) ou 25 (vinte e cinco) anos de contribuição, serão devidos os acréscimos de contribuição de que trata o § 6º do art. 57 da Lei 8.213, de 24 de julho de 1991.

→ § 4º acrescentado pela Lei 11.941/2009.

§ 5º Na hipótese de acordo celebrado após ter sido proferida decisão de mérito, a contribuição será calculada com base no valor do acordo.

→ § 5º acrescentado pela Lei 11.941/2009.

§ 6º Aplica-se o disposto neste artigo aos valores devidos ou pagos nas Comissões de Conciliação Prévia de que trata a Lei 9.958, de 12 de janeiro de 2000.

→ § 6º acrescentado pela Lei 11.941/2009.

Art. 44. *(Revogado pela Lei 11.501/2007).*

Art. 45. *(Revogado pela LC 128/2008).*

Art. 45-A. O contribuinte individual que pretenda contar como tempo de contribuição, para fins de obtenção de benefício no Regime Geral de Previdência Social ou de contagem recíproca do tempo de contribuição, período de atividade remunerada alcançada pela decadência deverá indenizar o INSS.

→ Artigo acrescentado pela LC 128/2008.

§ 1º O valor da indenização a que se refere o *caput* deste artigo e o § 1º do art. 55 da Lei 8.213, de 24 de julho de 1991, corresponderá a 20% (vinte por cento):

I – da média aritmética simples dos maiores salários de contribuição, reajustados, correspondentes a 80% (oitenta por cento) de todo o período contributivo decorrido desde a competência julho de 1994; ou

II – da remuneração sobre a qual incidem as contribuições para o regime próprio de previdência social a que estiver filiado o interessado, no caso de indenização para fins da contagem recíproca de que tratam os arts. 94 a 99 da Lei 8.213, de 24 de julho de 1991, observados o limite máximo previsto no art. 28 e o disposto em regulamento.

§ 2º Sobre os valores apurados na forma do § 1º deste artigo incidirão juros moratórios de 0,5% (cinco décimos por cento) ao mês, capitalizados anualmente, limitados ao percentual máximo de 50% (cinquenta por cento), e multa de 10% (dez por cento).

§ 3º O disposto no § 1º deste artigo não se aplica aos casos de contribuições em atraso não alcançadas pela decadência do direito de a Previdência constituir o respectivo crédito, obedecendo-se, em relação a elas, as disposições aplicadas às empresas em geral.

Art. 46. *(Revogado pela LC 128/2008).*

Capítulo XI
DA PROVA DE INEXISTÊNCIA DE DÉBITO

Art. 47. É exigida Certidão Negativa de Débito – CND, fornecida pelo órgão competente, nos seguintes casos:

→ *Caput* com redação alterada pela Lei 9.032/1995.

→ *v.* Art. 205 do CTN.

→ *v.* Dec. 6.106/2007 que Dispõe sobre a prova de regularidade fiscal perante a Fazenda Nacional, altera o Decreto n. 3.048, de 6 de maio de 1999, que aprova o Regulamento da Previdência Social, e dá outras providências.

I – da empresa:

a) na contratação com o Poder Público e no recebimento de benefícios ou incentivo fiscal ou creditício concedido por ele;

b) na alienação ou oneração, a qualquer título, de bem imóvel ou direito a ele relativo;

c) na alienação ou oneração, a qualquer título, de bem móvel de valor superior a Cr$ 2.500.000,00 (dois milhões e quinhentos mil cruzeiros) incorporado ao ativo permanente da empresa;

→ Valores atualizados a partir de 1º de junho de 1998, para R$ 15.904,18 (quinze mil, novecentos e quatro reais e dezoito centavos).

d) no registro ou arquivamento, no órgão próprio, de ato relativo a baixa ou redução de capital de firma individual, redução de capital social, cisão total ou parcial, transformação ou extinção de entidade ou sociedade comercial ou civil e transferência de controle de cotas de sociedades de responsabilidade limitada;

→ Alínea *d* com redação alterada pela Lei 9.528/1997.

II – do proprietário, pessoa física ou jurídica, de obra de construção civil, quando de sua averbação no registro de imóveis, salvo no caso do inciso VIII do art. 30.

§ 1º A prova de inexistência de débito deve ser exigida da empresa em relação a todas as suas dependências, estabelecimentos e obras de construção civil, independentemente do local onde se encontrem, ressalvado aos órgãos competentes o direito de cobrança de qualquer débito apurado posteriormente.

§ 2º A prova de inexistência de débito, quando exigível ao incorporador, independe da apresentada no registro de imóveis por ocasião da inscrição do memorial de incorporação.

§ 3º Fica dispensada a transcrição, em instrumento público ou particular, do inteiro teor do documento comprobatório de inexistência de débito, bastando a referência ao seu número de série e data da emissão, bem como a guarda do documento comprobatório à disposição dos órgãos competentes.

§ 4º O documento comprobatório de inexistência de débito poderá ser apresentado por cópia autenticada, dispensada a indicação de sua finalidade, exceto no caso do inciso II deste artigo.

§ 5º O prazo de validade da Certidão Negativa de Débito – CND é de 60 (sessenta) dias, contados da sua emissão, podendo ser ampliado por regulamento para até 180 (cento e oitenta) dias.

→ § 5º com redação alterada pela Lei 9.711/1998.

§ 6º Independe de prova de inexistência de débito:

a) a lavratura ou assinatura de instrumento, ato ou contrato que constitua retificação, ratificação ou efetivação de outro anterior para o qual já foi feita a prova;

b) a constituição de garantia para concessão de crédito rural, em qualquer de suas modalidades, por instituição de crédito pública ou privada, desde que o contribuinte referido no art. 25, não seja responsável direto pelo recolhimento de contribuições sobre a sua produção para a Seguridade Social;

c) a averbação prevista no inciso II deste artigo, relativa a imóvel cuja construção tenha sido concluída antes de 22 de novembro de 1966;

d) o recebimento pelos Municípios de transferência de recursos destinados a ações de assistência social, educação, saúde e em caso de calamidade pública.

→ Alínea *d* acrescentada pela Lei 11.960/2009.

e) a averbação da construção civil localizada em área objeto de regularização fundiária de interesse social, na forma da Lei 11.977, de 7 de julho de 2009.

→ Alínea *e* acrescentada pela Lei 12.424/2011.

§ 7º O condômino adquirente de unidades imobiliárias de obra de construção civil não incorporada na forma da Lei 4.591, de 16 de dezembro de 1964, poderá obter documento comprobatório de inexistência de débito, desde que comprove o pagamento das contribuições relativas à sua unidade, conforme dispuser o regulamento.

§ 8º *(Revogado pela Lei 11.941/2009)*.

Art. 48. A prática de ato com inobservância do disposto no artigo anterior, ou o seu registro, acarretará a responsabilidade solidária dos contratantes e do oficial que lavrar ou registrar o instrumento, sendo o ato nulo para todos os efeitos.

§ 1º Os órgãos competentes podem intervir em instrumento que depender de prova de inexistência de débito, a fim de autorizar sua lavratura, desde que o débito seja pago no ato ou o seu pagamento fique assegurado mediante confissão de dívida fiscal com o oferecimento de garantias reais suficientes, na forma estabelecida em regulamento.

§ 2º Em se tratando de alienação de bens do ativo de empresa em regime de liquidação extrajudicial, visando à obtenção de recursos necessários ao pagamento dos credores, independentemente do pagamento ou da confissão de dívida fiscal, o Instituto Nacional do Seguro Social – INSS poderá autorizar a lavratura do respectivo instrumento, desde que o valor do crédito previdenciário conste, regularmente, do quadro geral de credores, observada a ordem de preferência legal.

→ § 2º acrescentado pela Lei 9.639/1998.

§ 3º O servidor, o serventuário da Justiça, o titular de serventia extrajudicial e a autoridade ou órgão que infringirem o disposto no artigo anterior incorrerão em multa aplicada na forma estabelecida no art. 92, sem prejuízo da responsabilidade administrativa e penal cabível.

→ Anterior § 2º renumerado para § 3º e alterado pela Lei 9.639/1998.

Título VII
Das Disposições Gerais

Art. 49. A matrícula da empresa será efetuada nos termos e condições estabelecidos pela Secretaria da Receita Federal do Brasil.

→ *Caput* com redação alterada pela Lei 11.941/2009.

I – *(Revogado pela Lei 11.941/2009)*.

II – *(Revogado pela Lei 11.941/2009)*.

§ 1º No caso de obra de construção civil, a matrícula deverá ser efetuada mediante comunicação obrigatória do responsável por sua execução, no prazo de 30 (trinta) dias, contado do início de suas atividades, quando obterá número cadastral básico, de caráter permanente.

→ *Caput* do § 1º com redação alterada pela Lei 11.941/2009.

a) *(Revogada pela Lei 11.941/2009)*.

b) *(Revogada pela Lei 11.941/2009)*.

§ 2º *(Revogado pela Lei 11.941/2009)*.

§ 3º O não cumprimento do disposto no § 1º deste artigo sujeita o responsável a multa na forma estabelecida no art. 92 desta Lei.

→ § 3º com redação alterada pela Lei 11.941/2009.

§ 4º O Departamento Nacional de Registro do Comércio – DNRC, por intermédio das Juntas Comerciais bem como os Cartórios de Registro Civil de Pessoas Jurídicas prestarão, obrigatoriamente, à Secretaria da Receita Federal do Brasil todas as informações referentes aos atos constitutivos e alterações posteriores relativos a empresas e entidades neles registradas.

→ § 4º com redação alterada pela Lei 11.941/2009.

§ 5º A matrícula atribuída pela Secretaria da Receita Federal do Brasil ao produtor rural pessoa física ou segurado especial é o documento de inscrição do contribuinte, em substituição à inscrição no Cadastro Nacional de Pessoa Jurídica – CNPJ, a ser apresentado em suas relações com o Poder Público, inclusive para licenciamento sanitário de produtos de origem animal ou vegetal submetidos a processos de beneficiamento ou industrialização artesanal, com as instituições financeiras, para fins de contratação de operações de crédito, e com os adquirentes de sua produção ou fornecedores de sementes, insumos, ferramentas e demais implementos agrícolas.

→ § 5º acrescentado pela Lei 11.718/2008.

§ 6º O disposto no § 5º deste artigo não se aplica ao licenciamento sanitário de produtos sujeitos à incidência de Imposto sobre Produtos Industrializados ou ao contribuinte cuja inscrição no Cadastro Nacional de Pessoa Jurídica – CNPJ seja obrigatória.

→ § 6º acrescentado pela Lei 11.718/2008.

Art. 50. Para fins de fiscalização do INSS, o Município, por intermédio do órgão competente, fornecerá relação de alvarás para construção civil e documentos de "habite-se" concedidos.

→ Artigo com redação alterada pela Lei 9.476/1997.

Art. 51. O crédito relativo a contribuições, cotas e respectivos adicionais ou acréscimos de qualquer natureza arrecadados pelos órgãos competentes, bem como a atualização monetária e os juros de mora, estão sujeitos, nos processos de falência, concordata ou concurso de credores, às disposições atinentes aos créditos da União, aos quais são equiparados.

→ *v.* Lei 11.101/2005 – Regula a recuperação judicial, a extrajudicial e a falência do empresário e da sociedade empresária.

Parágrafo único. O Instituto Nacional do Seguro Social – INSS reivindicará os valores descontados pela empresa de seus empregados e ainda não recolhidos.

Art. 52. Às empresas, enquanto estiverem em débito não garantido com a União, aplica-se o disposto no art. 32 da Lei 4.357, de 16 de julho de 1964.

→ *Caput* com redação alterada pela Lei 11.941/2009.

I – *(Revogado pela Lei 11.941/2009)*.

II – *(Revogado pela Lei 11.941/2009)*.

Parágrafo único. *(Revogado pela Lei 11.941/2009)*.

Art. 53. Na execução judicial da dívida ativa da União, suas autarquias e fundações públicas, será facultado ao exequente indicar bens à penhora, a qual será efetivada concomitantemente com a citação inicial do devedor.

→ *v.* Lei 6.830/1980 - Dispõe sobre a cobrança judicial da Dívida Ativa da Fazenda Pública, e dá outras providências.

§ 1º Os bens penhorados nos termos deste artigo ficam desde logo indisponíveis.

§ 2º Efetuado o pagamento integral da dívida executada, com seus acréscimos legais, no prazo de 2 (dois) dias úteis contados da citação, independentemente da juntada aos autos do respectivo mandado, poderá ser liberada a penhora, desde que não haja outra execução pendente.

§ 3º O disposto neste artigo aplica-se também às execuções já processadas.

§ 4º Não sendo opostos embargos, no caso legal, ou sendo eles julgados improcedentes, os autos serão conclusos ao juiz do feito, para determinar o prosseguimento da execução.

Art. 54. Os órgãos competentes estabelecerão critério para a dispensa de constituição ou exigência de crédito de valor inferior ao custo dessa medida.

Art. 55. *(Revogado pela Lei 12.101/2009)*.

Art. 56. A inexistência de débitos em relação às contribuições devidas ao Instituto Nacional do Seguro Social – INSS, a partir da publicação desta Lei, é condição necessária para que os Estados, o Distrito Federal e os Municípios possam receber as transferências dos recursos do Fundo de Participação dos Estados e do Distrito Federal – FPE e do Fundo de Participação dos Municípios – FPM, celebrar acordos, contratos, convênios ou ajustes, bem como receber empréstimos, financiamentos, avais e subvenções em geral de órgãos ou entidades da administração direta e indireta da União.

§ 1º Para o recebimento do Fundo de Participação dos Estados e do Distrito Federal – FPE e do Fundo de Participação dos Municípios – FPM, bem como a consecução dos demais instrumentos citados no *caput* deste artigo, os Estados, o Distrito Federal e os Municípios deverão apresentar os comprovantes de recolhimento das suas contribuições ao Instituto Nacional do Seguro Social – INSS referentes aos 3 (três) meses imediatamente anteriores ao mês previsto para a efetivação daqueles procedimentos.

→ Anterior parágrafo único com eficácia suspensa pela MP 2.187-13/2001 e renumerado para § 1º pela Lei 12.810/2013.

§ 2º Os recursos do FPE e do FPM não transferidos em decorrência da aplicação do *caput* deste artigo poderão ser utilizados para quitação, total ou parcial, dos débitos relativos às contribuições de que tratam as alíneas a e c do parágrafo único do art. 11 desta Lei, a pedido do representante legal do Estado, Distrito Federal ou Município.

→ § 2º acrescentado pela Lei 12.810/2013.

Art. 57. Os Estados, o Distrito Federal e os Municípios serão, igualmente, obrigados a apresentar, a partir de 1º de junho de 1992, para os fins do disposto no artigo anterior, comprovação de pagamento da parcela mensal referente aos débitos com o Instituto Nacional do Seguro Social - INSS, existentes até 1º de setembro de 1991, renegociados nos termos desta Lei.

Art. 58. Os débitos dos Estados, do Distrito Federal e dos Municípios para com o Instituto Nacional do Seguro Social - INSS, existentes até 1º de setembro de 1991, poderão ser liquidados em até 240 (duzentos e quarenta) parcelas mensais.

§ 1º Para apuração dos débitos será considerado o valor original, atualizado pelo índice oficial utilizado pela Seguridade Social para correção de seus créditos.

→ Anterior parágrafo único renumerado para § 1º pela Lei 8.444/1992.

§ 2º As contribuições descontadas até 30 de junho de 1992 dos segurados que tenham prestado serviços aos Estados, ao Distrito Federal e aos Municípios poderão ser objeto de acordo para parcelamento em até 12 (doze) meses, não se lhes aplicando o disposto no § 1º do artigo 38 desta Lei.

→ § 2º acrescentado pela Lei 8.444/1992.

→ O art. 38 e parágrafos foram revogados pela Lei 11.941/2009.

Art. 59. O Instituto Nacional do Seguro Social - INSS implantará, no prazo de 90 (noventa) dias a contar da data da publicação desta Lei, sistema próprio e informatizado de cadastro dos pagamentos e débitos dos Governos Estaduais, do Distrito Federal e das Prefeituras Municipais, que viabilize o permanente acompanhamento e fiscalização do disposto nos arts. 56, 57 e 58 e permita a divulgação periódica dos devedores da Previdência Social.

Art. 60. O pagamento dos benefícios da Seguridade Social será realizado por intermédio da rede bancária ou por outras formas definidas pelo Ministério da Previdência Social.

→ *Caput* com redação alterada pela Lei 11.941/2009.

Parágrafo único. Os recursos da Seguridade Social serão centralizados em banco estatal federal que tenha abrangência em todo o País.

→ Parágrafo único com eficácia suspensa pela MP 2.170-36/2001.

Art. 61. As receitas provenientes da cobrança de débitos dos Estados e Municípios e da alienação, arrendamento ou locação de bens móveis ou imóveis pertencentes ao patrimônio do Instituto Nacional do Seguro Social - INSS, deverão constituir reserva técnica, de longo prazo, que garantirá o seguro social estabelecido no Plano de Benefícios da Previdência Social.

Parágrafo único. É vedada a utilização dos recursos de que trata este artigo, para cobrir despesas de custeio em geral, inclusive as decorrentes de criação, majoração ou extensão dos benefícios ou serviços da Previdência Social, admitindo-se sua utilização, excepcionalmente, em despesas de capital, na forma da lei de orçamento.

Art. 62. A contribuição estabelecida na Lei 5.161, de 21 de outubro de 1966, em favor da Fundação Jorge Duprat Figueiredo de Segurança e Medicina do Trabalho - FUNDACENTRO, será de 2% (dois por cento) da receita proveniente da contribuição a cargo da empresa, a título de financiamento da complementação das prestações por acidente do trabalho, estabelecida no inciso II do art. 22.

Parágrafo único. Os recursos referidos neste artigo poderão contribuir para o financiamento das despesas com pessoal e administração geral da Fundação Jorge Duprat Figueiredo de Segurança e Medicina do Trabalho - FUNDACENTRO.

→ Parágrafo único acrescentado pela Lei 9.639/1998.

Título VIII
Das Disposições Finais e Transitórias

Capítulo I
DA MODERNIZAÇÃO DA PREVIDÊNCIA SOCIAL

Art. 63. Fica instituído o Conselho Gestor do Cadastro Nacional do Trabalhador - CNT, criado na forma dos Decretos 97.936, de 10 de julho de 1989 e 99.378, de 11 de julho de 1990.

→ Artigo com eficácia suspensa pela MP 2.216-37/2001.

Parágrafo único. O Conselho Gestor do Cadastro Nacional do Trabalhador é vinculado ao Ministério do Trabalho e da Previdência Social, que assegurará condições para o seu funcionamento.

Art. 64. Ao Conselho Gestor do Cadastro Nacional do Trabalhador incumbe supervisionar e fiscalizar os trabalhos de implantação do Cadastro Nacional do Trabalhador, bem como sugerir as medidas legais e administrativas que permitam, no prazo máximo de 4 (quatro) anos a contar da data de publicação desta Lei, a existência na Administração Pública Federal de cadastro completo dos trabalhadores e das empresas.

→ Artigo com eficácia suspensa pela MP 2.216-37/2001.

Art. 65. O Conselho Gestor do Cadastro Nacional do Trabalhador terá 12 (doze) membros titulares e igual número de suplentes, nomeados pelo Ministro do Trabalho e da Previdência Social para mandato de 4 (quatro) anos, sendo:

→ Artigo com eficácia suspensa pela MP 2.216-37/2001.

I - 6 (seis) representantes do Governo Federal;

II - 3 (três) representantes indicados pelas centrais sindicais ou confederações nacionais de trabalhadores;

III - 3 (três) representantes das Confederações Nacionais de Empresários.

§ 1º A presidência do Conselho Gestor será exercida por um de seus membros, eleito para mandato de 1 (um) ano, vedada a recondução.

§ 2º O Conselho Gestor tomará posse no prazo de 30 (trinta) dias a contar da data de publicação desta Lei.

§ 3º No prazo de até 60 (sessenta) dias após sua posse, o Conselho Gestor aprovará seu regimento interno e o cronograma de implantação do Cadastro Nacional do Trabalhador - CNT, observado o prazo limite estipulado no art. 64.

Art. 66. Os órgãos públicos federais, da administração direta, indireta ou fundacional envolvidos na implantação do Cadastro Nacional do Trabalhador - CNT se obrigam, nas respectivas áreas, a tomar as providências necessárias para o cumprimento dos prazos previstos nesta Lei, bem como do cronograma a ser aprovado pelo Conselho Gestor.

→ Artigo com eficácia suspensa pela MP 2.216-37/2001.

Art. 67. Até que seja implantado o Cadastro Nacional do Trabalhador - CNT, as instituições e órgãos federais, estaduais, do Distrito Federal e municipais, detentores de cadastros de empresas e de contribuintes em geral, deverão colocar à disposição do Instituto Nacional do Seguro Social - INSS, mediante a realização de convênios, todos os dados necessários à permanente atualização dos cadastros da Previdência Social.

Art. 68. O Titular do Cartório de Registro Civil de Pessoas Naturais fica obrigado a comunicar, ao INSS, até o dia 10 (dez) de cada mês, o registro dos óbitos ocorridos no mês imediatamente anterior, devendo da relação constar a filiação, a data e o local de nascimento da pessoa falecida.

→ *Caput* com redação alterada pela Lei 8.870/1994.

§ 1º No caso de não haver sido registrado nenhum óbito, deverá o Titular do Cartório de Registro Civil de Pessoas Naturais comunicar este fato ao INSS no prazo estipulado no *caput* deste artigo.

→ § 1º acrescentado pela Lei 8.870/1994.

§ 2º A falta de comunicação na época própria, bem como o envio de informações inexatas, sujeitará o Titular de Cartório de Registro Civil de Pessoas Naturais à penalidade prevista no art. 92 desta Lei.

→ § 2º com redação alterada pela Lei 9.476/1997.

§ 3º A comunicação deverá ser feita por meio de formulários para cadastramento de óbito, conforme modelo aprovado pelo Ministério da Previdência e Assistência Social.

→ § 3º acrescentado pela MP 2.187-13/2001.

§ 4º No formulário para cadastramento de óbito deverá constar, além dos dados referentes à identificação do Cartório de Registro Civil de Pessoas Naturais, pelo menos uma das seguintes informações relativas à pessoa falecida:

→ § 4º acrescentado pela MP 2.187-13/2001.

a) número de inscrição do PIS/PASEP;

b) número de inscrição no Instituto Nacional do Seguro Social - INSS, se contribuinte individual, ou número de benefício previdenciário - NB, se a pessoa falecida for titular de qualquer benefício pago pelo INSS;

c) número do CPF;

d) número de registro da Carteira de Identidade e respectivo órgão emissor;

e) número do título de eleitor;

f) número do registro de nascimento ou casamento, com informação do livro, da folha e do termo;

g) número e série da Carteira de Trabalho.

Art. 69. O Ministério da Previdência e Assistência Social e o Instituto Nacional do Seguro Social – INSS manterão programa permanente de revisão da concessão e da manutenção dos benefícios da Previdência Social, a fim de apurar irregularidades e falhas existentes.

→ *Caput* com redação alterada pela Lei 9.528/1997.

§ 1º Havendo indício de irregularidade na concessão ou na manutenção de benefício, a Previdência Social notificará o beneficiário para apresentar defesa, provas ou documentos de que dispuser, no prazo de 30 (trinta) dias.

→ § 1º com redação alterada pela Lei 9.528/1997.

§ 2º A notificação a que se refere o parágrafo anterior far-se-á por via postal com aviso de recebimento e, não comparecendo o beneficiário nem apresentando defesa, será suspenso o benefício, com notificação ao beneficiário por edital resumido publicado uma vez em jornal de circulação na localidade.

→ § 2º com redação alterada pela Lei 9.528/1997.

§ 3º Decorrido o prazo concedido pela notificação postal ou pelo edital, sem que tenha havido resposta, ou caso seja considerada pela Previdência Social como insuficiente ou improcedente a defesa apresentada, o benefício será cancelado, dando-se conhecimento da decisão ao beneficiário.

→ § 3º com redação alterada pela Lei 9.528/1997.

§ 4º Para efeito do disposto no *caput* deste artigo, o Ministério da Previdência Social e o Instituto Nacional do Seguro Social – INSS procederão, no mínimo a cada 5 (cinco) anos, ao recenseamento previdenciário, abrangendo todos os aposentados e pensionistas do regime geral de previdência social.

→ § 4º acrescentado pela Lei 10.887/2004.

Art. 70. Os beneficiários da Previdência Social, aposentados por invalidez, ficam obrigados, sob pena de sustação do pagamento do benefício, a submeterem-se a exames médico-periciais, estabelecidos na forma do regulamento, que definirá sua periodicidade e os mecanismos de fiscalização e auditoria.

Art. 71. O Instituto Nacional do Seguro Social – INSS deverá rever os benefícios, inclusive os concedidos por acidente do trabalho, ainda que concedidos judicialmente, para avaliar a persistência, atenuação ou agravamento da incapacidade para o trabalho alegada como causa para a sua concessão.

Parágrafo único. Será cabível a concessão de liminar nas ações rescisórias e revisional, para suspender a execução do julgado rescindendo ou revisando, em caso de fraude ou erro material comprovado.

→ Parágrafo único acrescentado pela Lei 9.032/1995.

Art. 72. O Instituto Nacional do Seguro Social – INSS promoverá, no prazo de 180 (cento e oitenta) dias a contar da publicação desta Lei, a revisão das indenizações associadas a benefícios por acidentes do trabalho, cujos valores excedam a Cr$ 1.700.000,00 (um milhão e setecentos mil cruzeiros).

Art. 73. O setor encarregado pela área de benefícios no âmbito do Instituto Nacional do Seguro Social – INSS deverá estabelecer indicadores qualitativos e quantitativos para acompanhamento e avaliação das concessões de benefícios realizadas pelos órgãos locais de atendimento.

Art. 74. Os postos de benefícios deverão adotar como prática o cruzamento das informações declaradas pelos segurados com os dados de cadastros de empresas e de contribuintes em geral quando da concessão de benefícios.

Art. 75. (*Revogado pela Lei 9.711/1998*).

Art. 76. O Instituto Nacional do Seguro Social – INSS deverá proceder ao recadastramento de todos aqueles que, por intermédio de procuração, recebem benefícios da Previdência Social.

Parágrafo único. O documento de procuração deverá, a cada semestre, ser revalidado pelos órgãos de atendimento locais.

Art. 77. Fica autorizada a criação de Conselhos Municipais de Previdência Social, órgãos de acompanhamento e fiscalização das ações na área previdenciária, com a participação de representantes da comunidade.

→ Artigo com eficácia suspensa pela MP 2.216-37/2001.

Parágrafo único. As competências e o prazo para a instalação dos Conselhos referidos no *caput* deste artigo serão objeto do regulamento desta Lei.

Art. 78. O Instituto Nacional do Seguro Social – INSS, na forma da legislação específica, fica autorizado a contratar auditorias externas, periodicamente, para analisar e emitir parecer sobre demonstrativos econômico-financeiros e contábeis, arrecadação, cobrança e fiscalização das contribuições, bem como pagamento dos benefícios, submetendo os resultados obtidos à apreciação do Conselho Nacional da Seguridade Social.

Art. 79. (*Revogado pela Lei 9.711/1998*).

Art. 80. Fica o Instituto Nacional do Seguro Social – INSS obrigado a:

I – enviar às empresas e aos seus segurados, quando solicitado, extrato relativo ao recolhimento das suas contribuições;

→ Inciso I com redação alterada pela Lei 12.692/2012.

II – (*Revogado pela Lei 11.941/2009*).

III – emitir e enviar aos beneficiários o Aviso de Concessão de Benefício, além da memória de cálculo do valor dos benefícios concedidos;

IV – reeditar versão atualizada, nos termos do Plano de Benefícios, da Carta dos Direitos dos Segurados;

V – divulgar, com a devida antecedência, através dos meios de comunicação, alterações porventura realizadas na forma de contribuição das empresas e segurados em geral;

VI – descentralizar, progressivamente, o processamento eletrônico das informações, mediante extensão dos programas de informatização de postos de atendimento e de Regiões Fiscais.

VII – disponibilizará ao público, inclusive por meio de rede pública de transmissão de dados, informações atualizadas sobre as receitas e despesas do regime geral de previdência social, bem como os critérios e parâmetros adotados para garantir o equilíbrio financeiro e atuarial do regime.

→ Inciso VII acrescentado pela Lei 10.887/2004.

Art. 81. (*Revogado pela Lei 11.941/2009*).

Art. 82. A Auditoria e a Procuradoria do Instituto Nacional do Seguro Social – INSS deverão, a cada trimestre, elaborar relação das auditorias realizadas e dos trabalhos executados, bem como dos resultados obtidos, enviando-a a apreciação do Conselho Nacional da Seguridade Social.

Art. 83. O Instituto Nacional do Seguro Social – INSS deverá implantar um programa de qualificação e treinamento sistemático de pessoal, bem como promover a reciclagem e redistribuição de funcionários conforme as demandas dos órgãos regionais e locais, visando a melhoria da qualidade do atendimento e o controle e a eficiência dos sistemas de arrecadação e fiscalização de contribuições, bem como de pagamento de benefícios.

Art. 84. O Conselho Nacional da Seguridade Social, no prazo máximo de 60 (sessenta) dias a partir de sua instalação, criará comissão especial para acompanhar o cumprimento, pelo Ministério do Trabalho e da Previdência Social, das providências previstas nesta Lei, bem como de outras destinadas à modernização da Previdência Social.

→ Artigo com eficácia suspensa pela MP 2.216-37/2001.

Capítulo II
DAS DEMAIS DISPOSIÇÕES

Art. 85. O Conselho Nacional da Seguridade Social será instalado no prazo de 30 (trinta) dias após a promulgação desta Lei.

Art. 85-A. Os tratados, convenções e outros acordos internacionais de que Estado estrangeiro ou organismo internacional e o Brasil sejam partes, e que versem sobre matéria previdenciária, serão interpretados como lei especial.

→ Artigo acrescentado pela Lei 9.876/1999.

Art. 86. Enquanto não for aprovada a Lei de Assistência Social, o representante do conselho setorial respectivo será indicado pelo Conselho Nacional da Seguridade Social.

→ Artigo com eficácia suspensa pela MP 2.216-37/2001.

Art. 87. Os orçamentos das pessoas jurídicas de direito público e das entidades da administração pública indireta devem consignar as dotações necessárias ao pagamento das contribuições da Seguridade Social, de modo a assegurar a sua regular liquidação dentro do exercício.

Art. 88. Os prazos de prescrição de que goza a União aplicam-se à Seguridade Social, ressalvado o disposto no art. 46.

→ Referido art. 46 foi revogado pela LC 128/2008.

Art. 89. As contribuições sociais previstas nas alíneas *a*, *b* e *c* do parágrafo único do art. 11 desta Lei, as contribuições instituídas a título de substituição e as contribuições devidas a terceiros somente poderão ser restituídas ou compensadas nas hipóteses de pagamento ou recolhimento indevido ou maior que o devido, nos termos e condições estabelecidos pela Secretaria da Receita Federal do Brasil.

→ *Caput* com redação alterada pela Lei 11.941/2009.

§§ 1º a 3º (*Revogados pela Lei 11.941/2009*).

§ 4º O valor a ser restituído ou compensado será acrescido de juros obtidos pela aplicação da taxa referencial do Sistema Especial de Liquidação e de Custódia – SELIC para títulos federais, acumulada mensalmente, a partir do mês subsequente ao do pagamento indevido ou a maior que o devido até o mês anterior ao da compensação ou restituição e de 1% (um por cento) relativamente ao mês em que estiver sendo efetuada.

→ § 4º com redação alterada pela Lei 11.941/2009.

§ 5º *(Revogado pela Lei 11.941/2009).*

§ 6º *(Revogado pela Lei 11.941/2009).*

§ 7º *(Revogado pela Lei 11.941/2009).*

§ 8º Verificada a existência de débito em nome do sujeito passivo, o valor da restituição será utilizado para extingui-lo, total ou parcialmente, mediante compensação.

→ § 8º acrescentado pela Lei 11.196/2005.

§ 9º Os valores compensados indevidamente serão exigidos com os acréscimos moratórios de que trata o art. 35 desta Lei.

→ § 9º acrescentado pela Lei 11.941/2009.

§ 10. Na hipótese de compensação indevida, quando se comprove falsidade da declaração apresentada pelo sujeito passivo, o contribuinte estará sujeito à multa isolada aplicada no percentual previsto no inciso I do *caput* do art. 44 da Lei 9.430, de 27 de dezembro de 1996, aplicado em dobro, e terá como base de cálculo o valor total do débito indevidamente compensado.

→ § 10 acrescentado pela Lei 11.941/2009.

§ 11. Aplica-se aos processos de restituição das contribuições de que trata este artigo e de reembolso de salário-família e salário-maternidade o rito previsto no Decreto 70.235, de 6 de março de 1972.

→ § 11 acrescentado pela Lei 11.941/2009.

Art. 90. O Conselho Nacional da Seguridade Social, dentro de 180 (cento e oitenta) dias da sua instalação, adotará as providências necessárias ao levantamento das dívidas da União para com a Seguridade Social.

Art. 91. Mediante requisição da Seguridade Social, a empresa é obrigada a descontar, da remuneração paga aos segurados a seu serviço, a importância proveniente de dívida ou responsabilidade por eles contraída junto à Seguridade Social, relativa a benefícios pagos indevidamente.

Art. 92. A infração de qualquer dispositivo desta Lei para a qual não haja penalidade expressamente cominada sujeita o responsável, conforme a gravidade da infração, a multa variável de Cr$ 100.000,00 (cem mil cruzeiros) a Cr$ 10.000.000,00 (dez milhões de cruzeiros), conforme dispuser o regulamento.

→ Valores atualizados pela Portaria MPAS 4.479, de 4.6.98, a partir de 01.06.1998, para, respectivamente, R$ 636,17 (seiscentos e trinta e seis reais e dezessete centavos) e R$ 63.617,35 (sessenta e três mil, seiscentos e dezessete reais e trinta e cinco centavos).

Art. 93. *(Caput revogado pela Lei 9.639/1998).*

Parágrafo único. *(Revogado pela Lei 11.941/2009).*

Art. 94. *(Revogado pela Lei 11.501/2007).*

Art. 95. *(Revogado pela Lei 9.983/2000):*

a) até j) (Revogadas pela Lei 9.983/2000).

§ 1º *(Revogado pela Lei 9.983/2000).*

§ 2º A empresa que transgredir as normas desta Lei, além das outras sanções previstas, sujeitar-se-á, nas condições em que dispuser o regulamento:

a) à suspensão de empréstimos e financiamentos, por instituições financeiras oficiais;

b) à revisão de incentivos fiscais de tratamento tributário especial;

c) à inabilitação para licitar e contratar com qualquer órgão ou entidade da administração pública direta ou indireta federal, estadual, do Distrito Federal ou municipal;

d) à interdição para o exercício do comércio, se for sociedade mercantil ou comerciante individual;

e) à desqualificação para impetrar concordata;

f) à cassação de autorização para funcionar no país, quando for o caso.

§ 3º *(Revogado pela Lei 9.983/2000).*

§ 4º *(Revogado pela Lei 9.983/2000).*

§ 5º *(Revogado pela Lei 9.983/2000).*

Art. 96. O Poder Executivo enviará ao Congresso Nacional, anualmente, acompanhando a Proposta Orçamentária da Seguridade Social, projeções atuariais relativas à Seguridade Social, abrangendo um horizonte temporal de, no mínimo, 20 (vinte) anos, considerando hipóteses alternativas quanto às variáveis demográficas, econômicas e institucionais relevantes.

Art. 97. Fica o Instituto Nacional do Seguro Social-INSS autorizado a proceder a alienação ou permuta, por ato da autoridade competente, de bens imóveis de sua propriedade considerados desnecessários ou não vinculados às suas atividades operacionais.

→ *Caput* com redação alterada pela Lei 9.528/1997.

§ 1º Na alienação a que se refere este artigo será observado o disposto no art. 18 e nos incisos I, II e III do art. 19, da Lei 8.666, de 21 de junho de 1993, alterada pelas Leis 8.883, de 8 de junho de 1994, e 9.032, de 28 de abril de 1995.

→ § 1º acrescentado pela Lei 9.528/1997.

§ 2º *(Vetado).*

→ § 2º acrescentado pela Lei 9.528/1997.

Art. 98. Nas execuções fiscais da dívida ativa do INSS, o leilão judicial dos bens penhorados realizar-se-á por leiloeiro oficial, indicado pelo credor, que procederá à hasta pública:

→ *Caput* restabelecido e com redação alterada pela Lei 9.528/1997.

I – no primeiro leilão, pelo valor do maior lance, que não poderá ser inferior ao da avaliação;

→ Inciso I acrescentado pela Lei 9.528/1997.

II – no segundo leilão, por qualquer valor, excetuado o vil.

→ Inciso II acrescentado pela Lei 9.528/1997.

§ 1º Poderá o juiz, a requerimento do credor, autorizar seja parcelado o pagamento do valor da arrematação, na forma prevista para os parcelamentos administrativos de débitos previdenciários.

→ § 1º acrescentado pela Lei 9.528/1997.

→ *v.* Lei 12.810/2013 – Dispõe sobre o parcelamento de débitos com a Fazenda Nacional relativos às contribuições previdenciárias de responsabilidade dos Estados, do Distrito Federal e dos Municípios e dá outras providências.

§ 2º Todas as condições do parcelamento deverão constar do edital de leilão.

→ § 2º acrescentado pela Lei 9.528/1997.

§ 3º O débito do executado será quitado na proporção do valor de arrematação.

→ § 3º acrescentado pela Lei 9.528/1997.

§ 4º O arrematante deverá depositar, no ato, o valor da primeira parcela.

→ § 4º acrescentado pela Lei 9.528/1997.

§ 5º Realizado o depósito, será expedida carta de arrematação, contendo as seguintes disposições:

→ § 5º acrescentado pela Lei 9.528/1997.

a) valor da arrematação, valor e número de parcelas mensais em que será pago;

b) constituição de hipoteca do bem adquirido, ou de penhor, em favor do credor, servindo a carta de título hábil para registro da garantia;

c) indicação do arrematante como fiel depositário do bem móvel, quando constituído penhor;

d) especificação dos critérios de reajustamento do saldo e das parcelas, que será sempre o mesmo vigente para os parcelamentos de débitos previdenciários.

§ 6º Se o arrematante não pagar, no vencimento, qualquer das parcelas mensais, o saldo devedor remanescente vencerá antecipadamente, que será acrescido em 50% (cinquenta por cento) de seu valor a título de multa, e, imediatamente inscrito em dívida ativa e executado.

→ § 6º acrescentado pela Lei 9.528/1997.

§ 7º Se no primeiro ou no segundo leilões a que se refere o *caput* não houver licitante, o INSS poderá adjudicar o bem por 50% (cinquenta por cento) do valor da avaliação.

→ § 7º acrescentado pela Lei 9.528/1997.

§ 8º Se o bem adjudicado não puder ser utilizado pelo INSS, e for de difícil venda, poderá ser negociado ou doado a outro órgão ou entidade pública que demonstre interesse na sua utilização.

→ § 8º acrescentado pela Lei 9.528/1997.

§ 9º Não havendo interesse na adjudicação, poderá o juiz do feito, de ofício ou a requerimento do credor, determinar sucessivas repetições da hasta pública.

→ § 9º acrescentado pela Lei 9.528/1997.

§ 10. O leiloeiro oficial, a pedido do credor, poderá ficar como fiel depositário dos bens penhorados e realizar a respectiva remoção.

→ § 10 acrescentado pela Lei 9.528/1997.

§ 11. O disposto neste artigo aplica-se às execuções fiscais da Dívida Ativa da União.

→ § 11 acrescentado pela Lei 10.522/2002.

Art. 99. O Instituto Nacional do Seguro Social-INSS poderá contratar leiloeiros oficiais para promover a venda administrativa dos bens, adjudicados judicialmente ou que receber em dação de pagamento.

→ *Caput* com redação alterada pela Lei 9.528/1997.

Parágrafo único. O INSS, no prazo de sessenta dias, providenciará alienação do bem por intermédio do leiloeiro oficial.

→ Parágrafo único acrescentado pela Lei 9.528/1997.

Art. 100. *(Revogado pela Lei 9.528/1997).*

Art. 101. Os valores e os limites do salário de contribuição, citados nos arts. 20, 21, 28, § 5º e 29, serão reajustados, a partir de abril de 1991 até a data da entrada em vigor desta Lei, nas mesmas épocas e com os mesmos índices utilizados para o reajustamento do limite mínimo do salário de contribuição neste período.

→ Artigo com eficácia suspensa pela MP 2.187-13/2001.

→ Referido art. 29 foi revogado pela Lei 9.876/1999.

Art. 102. Os valores expressos em moeda corrente nesta Lei serão reajustados nas mesmas épocas e com os mesmos índices utilizados para o reajustamento dos benefícios de prestação continuada da Previdência Social.

→ *Caput* com redação alterada pela MP 2.187-13/2001.

§ 1º O disposto neste artigo não se aplica às penalidades previstas no art. 32-A desta Lei.

→ § 1º acrescentado pela Lei 11.941/2009.

§ 2º O reajuste dos valores dos salários de contribuição em decorrência da alteração do salário mínimo será descontado por ocasião da aplicação dos índices a que se refere o *caput* deste artigo.

→ § 2º acrescentado pela Lei 11.941/2009.

Art. 103. O Poder Executivo regulamentará esta Lei no prazo de 60 (sessenta) dias a partir da data de sua publicação.

Art. 104. Esta Lei entrará em vigor na data de sua publicação.

Art. 105. Revogam-se as disposições em contrário.

Brasília, em 24 de julho de 1991; 170º da Independência e 103º da República.

Fernando Collor

(Publicação no *D.O.U* de 25.7.1991; republicação 11.04.1996 e 14.8.1998)

LEI 8.213,
DE 24 DE JULHO DE 1991

Dispõe sobre os Planos de Benefícios da Previdência Social e dá outras providências.

→ *v.* Lei 13.146/2015 – Estatuto da Pessoa com Deficiência.

→ *v.* LC 142/2013 – Aposentadoria da pessoa com deficiência.

O Presidente da República:

Faço saber que o Congresso Nacional decreta e eu sanciono a seguinte Lei:

→ *v.* Arts. 7º, parágrafo único, 201 e 202 da CF/1988.

→ *v.* LC 109/2001 – Regime de Previdência Complementar.

→ *v.* Lei 8.212/1991 – Organização da Seguridade Social e Plano de Custeio.

→ *v.* Decreto 3.048/1999 – Regulamento da Previdência Social.

Título I
Da Finalidade e dos Princípios Básicos da Previdência Social

Art. 1º A Previdência Social, mediante contribuição, tem por fim assegurar aos seus beneficiários meios indispensáveis de manutenção, por motivo de incapacidade, desemprego involuntário, idade avançada, tempo de serviço, encargos familiares e prisão ou morte daqueles de quem dependiam economicamente.

Art. 2º A Previdência Social rege-se pelos seguintes princípios e objetivos:

→ *v.* Art. 194 da CF/1988.

I – universalidade de participação nos planos previdenciários;

II – uniformidade e equivalência dos benefícios e serviços às populações urbanas e rurais;

III – seletividade e distributividade na prestação dos benefícios;

IV – cálculo dos benefícios considerando-se os salários de contribuição corrigidos monetariamente;

V – irredutibilidade do valor dos benefícios de forma a preservar-lhes o poder aquisitivo;

VI – valor da renda mensal dos benefícios substitutos do salário de contribuição ou do rendimento do trabalho do segurado não inferior ao do salário mínimo;

→ *v.* Art. 214 do Decreto 3.048/1999.

VII – previdência complementar facultativa, custeada por contribuição adicional;

→ *v.* LC 109/2001 – Regime de Previdência Complementar.

VIII – caráter democrático e descentralizado da gestão administrativa, com a participação do governo e da comunidade, em especial de trabalhadores em atividade, empregadores e aposentados.

Parágrafo único. A participação referida no inciso VIII deste artigo será efetivada a nível federal, estadual e municipal.

Art. 3º Fica instituído o Conselho Nacional de Previdência Social – CNPS, órgão superior de deliberação colegiada, que terá como membros:

→ *v.* Art. 296-A da Lei 3.048/1999.

I – 6 (seis) representantes do Governo Federal;

→ Inciso I com redação alterada pela Lei 8.619/1993.

II – 9 (nove) representantes da sociedade civil, sendo:

→ Inciso II com redação alterada pela Lei 8.619/1993.

a) 3 (três) representantes dos aposentados e pensionistas;

b) 3 (três) representantes dos trabalhadores em atividade;

c) 3 (três) representantes dos empregadores.

§ 1º Os membros do CNPS e seus respectivos suplentes serão nomeados pelo Presidente da República, tendo os representantes titulares da sociedade civil mandato de 2 (dois) anos, podendo ser reconduzidos, de imediato, uma única vez.

§ 2º Os representantes dos trabalhadores em atividade, dos aposentados, dos empregadores e seus respectivos suplentes serão indicados pelas centrais sindicais e confederações nacionais.

§ 3º O CNPS reunir-se-á, ordinariamente, uma vez por mês, por convocação de seu Presidente, não podendo ser adiada a reunião por mais de 15 (quinze) dias se houver requerimento nesse sentido da maioria dos conselheiros.

§ 4º Poderá ser convocada reunião extraordinária por seu Presidente ou a requerimento de 1/3 (um terço) de seus membros, conforme dispuser o regimento interno do CNPS.

§ 5º (*Revogado pela Lei 9.528/1997*).

§ 6º As ausências ao trabalho dos representantes dos trabalhadores em atividade, decorrentes das atividades do Conselho, serão abonadas, computando-se como jornada efetivamente trabalhada para todos os fins e efeitos legais.

§ 7º Aos membros do CNPS, enquanto representantes dos trabalhadores em atividade, titulares e suplentes, é assegurada a estabilidade no emprego, da nomeação até um ano após o término do mandato de representação, somente podendo ser demitidos por motivo de falta grave, regularmente comprovada através de processo judicial.

§ 8º Competirá ao Ministério do Trabalho e da Previdência Social proporcionar ao CNPS os meios necessários ao exercício de suas competências, para o que contará com uma Secretaria-Executiva do Conselho Nacional de Previdência Social.

§ 9º O CNPS deverá se instalar no prazo de 30 (trinta) dias a contar da publicação desta Lei.

Art. 4º Compete ao Conselho Nacional de Previdência Social – CNPS:

I – estabelecer diretrizes gerais e apreciar as decisões de políticas aplicáveis à Previdência Social;

II – participar, acompanhar e avaliar sistematicamente a gestão previdenciária;

III – apreciar e aprovar os planos e programas da Previdência Social;

IV – apreciar e aprovar as propostas orçamentárias da Previdência Social, antes de sua consolidação na proposta orçamentária da Seguridade Social;

V – acompanhar e apreciar, através de relatórios gerenciais por ele definidos, a execução dos planos, programas e orçamentos no âmbito da Previdência Social;

VI – acompanhar a aplicação da legislação pertinente à Previdência Social;

VII – apreciar a prestação de contas anual a ser remetida ao Tribunal de Contas da União, podendo, se for necessário, contratar auditoria externa;

VIII – estabelecer os valores mínimos em litígio, acima dos quais será exigida a anuência prévia do Procurador-Geral ou do Presidente do INSS para formalização de desistência ou transigência judiciais, conforme o disposto no art. 132;

IX – elaborar e aprovar seu regimento interno.

Parágrafo único. As decisões proferidas pelo CNPS deverão ser publicadas no *Diário Oficial da União*.

Art. 5º Compete aos órgãos governamentais:

I – prestar toda e qualquer informação necessária ao adequado cumprimento das competências do CNPS, fornecendo inclusive estudos técnicos;

II – encaminhar ao CNPS, com antecedência mínima de 2 (dois) meses do seu envio ao Congresso Nacional, a proposta orçamentária da Previdência Social, devidamente detalhada.

Art. 6º Haverá, no âmbito da Previdência Social, uma Ouvidoria-Geral, cujas atribuições serão definidas em regulamento.

→ Artigo com redação alterada Lei 9.711/1998.

Art. 7º Ficam instituídos os Conselhos Estaduais e os Conselhos Municipais de Previdência Social – respectivamente CEPS e CMPS –, órgãos de deliberação colegiada, subordinados ao Conselho Nacional de Previdência Social, observando para a sua organização e instalação, no que couber, os critérios estabelecidos nesta Lei para o CNPS, adaptando-os para a esfera estadual ou municipal.

→ Artigo com eficácia suspensa pela MP 2.216-37/2001.

§ 1º Os membros dos CEPS serão nomeados pelo Presidente do CNPS e o dos CMPS, pelos presidentes dos CEPS.

§ 2º Os representantes dos trabalhadores em atividade e seus respectivos suplentes serão indicados, no caso dos CEPS, pelas federações ou centrais sindicais, e, no caso dos CMPS, pelos sindicatos ou, na ausência destes, pelas federações ou ainda, em último caso, pelas centrais sindicais ou confederações nacionais

§ 3º Os representantes dos aposentados e seus respectivos suplentes serão indicados, no caso dos CEPS, pelas federações ou confederações, e, no caso dos CMPS, pelas associações ou, na ausência destes, pelas federações.

§ 4º Os representantes dos empregadores e seus respectivos suplentes serão indicados, no caso dos CEPS, pelas federações, e, no caso dos CMPS, pelos sindicatos, associações ou, na ausência destes, pelas federações.

Art. 8º Compete aos CEPS e ao CMPS, nos âmbitos estadual e municipal, respectivamente:

→ Artigo com eficácia suspensa pela MP 2.216-37/2001.

I – cumprir e fazer cumprir as deliberações do CNPS;

II – acompanhar e avaliar sistematicamente a gestão previdenciária;

III – propor ao CNPS planos e programas para a Previdência Social;

IV – acompanhar, apreciar e dar conhecimento ao CNPS, através de relatórios gerenciais por este definidos, a execução dos planos, programas e orçamentos;

V – acompanhar a aplicação da legislação pertinente à Previdência Social;

VI – elaborar seus regimentos internos.

Título II
Do Plano de Benefícios da Previdência Social

Capítulo Único
DOS REGIMES DE PREVIDÊNCIA SOCIAL

Art. 9º A Previdência Social compreende:

I – o Regime Geral de Previdência Social;

→ *v.* Art. 5º do Decreto 3.048/1999.

→ *v.* Lei 8.036/1990 – Fundo de Garantia do Tempo de Serviço – FGTS.

II – o Regime Facultativo Complementar de Previdência Social.

→ *v.* LC 109/2001 – Regime de Previdência Complementar.

§ 1º O Regime Geral de Previdência Social – RGPS garante a cobertura de todas as situações expressas no art. 1º desta Lei, exceto as de desemprego involuntário, objeto de lei específica, e de aposentadoria por tempo de contribuição para o trabalhador de que trata o § 2º do art. 21 da Lei 8.212, de 24 de julho de 1991.

→ § 1º com redação alterada pela LC 123/2006.

→ *v.* Arts. 56 a 63 do Decreto 3.048/1999.

§ 2º O Regime Facultativo Complementar de Previdência Social será objeto de lei específica.

→ *v.* LC 109/2001 – Regime de Previdência Complementar.

Título III
Do Regime Geral de Previdência Social

→ *v.* Art. 5º do Decreto 3.048/1999.

Capítulo I
DOS BENEFICIÁRIOS

Art. 10. Os beneficiários do Regime Geral de Previdência Social classificam-se como segurados e dependentes, nos termos das Seções I e II deste Capítulo.

Seção I
Dos segurados

→ *v.* Arts. 9º a 11 do Decreto 3.048/1999.

Art. 11. São segurados obrigatórios da Previdência Social as seguintes pessoas físicas:

I – como empregado:

a) aquele que presta serviço de natureza urbana ou rural à empresa, em caráter não eventual, sob sua subordinação e mediante remuneração, inclusive como diretor empregado;

b) aquele que, contratado por empresa de trabalho temporário, definida em legislação específica, presta serviço para atender a necessidade transitória de substituição de pessoal regular e permanente ou a acréscimo extraordinário de serviços de outras empresas;

c) o brasileiro ou o estrangeiro domiciliado e contratado no Brasil para trabalhar como empregado em sucursal ou agência de empresa nacional no exterior;

d) aquele que presta serviço no Brasil a missão diplomática ou a repartição consular de carreira estrangeira e a órgãos a elas subordinados, ou a membros dessas missões e repartições, excluídos o não brasileiro sem residência permanente no Brasil e o brasileiro amparado pela legislação previdenciária do país da respectiva missão diplomática ou repartição consular;

e) o brasileiro civil que trabalha para a União, no exterior, em organismos oficiais brasileiros ou internacionais dos quais o Brasil seja membro efetivo, ainda que lá domiciliado e contratado, salvo se segurado na forma da legislação vigente do país do domicílio;

f) o brasileiro ou estrangeiro domiciliado e contratado no Brasil para trabalhar como empregado em empresa domiciliada no exterior, cuja maioria do capital votante pertença a empresa brasileira de capital nacional;

g) o servidor público ocupante de cargo em comissão, sem vínculo efetivo com a União, Autarquias, inclusive em regime especial, e Fundações Públicas Federais.

→ Alínea *g* acrescentada pela Lei 8.647/1993.

h) o exercente de mandato eletivo federal, estadual ou municipal, desde que não vinculado a regime próprio de previdência social;

→ Alínea *h* acrescentada pela Lei 9.506/1997.

i) o empregado de organismo oficial internacional ou estrangeiro em funcionamento no Brasil, salvo quando coberto por regime próprio de previdência social;

→ Alínea *i* acrescentada pela Lei 9.876/1999.

j) o exercente de mandato eletivo federal, estadual ou municipal, desde que não vinculado a regime próprio de previdência social;

→ Alínea *j* acrescentada pela Lei 10.887/2004.

II – como empregado doméstico: aquele que presta serviço de natureza contínua a pessoa ou família, no âmbito residencial desta, em atividades sem fins lucrativos;

III – (*Revogado pela Lei 9.876/1999*);

IV – (*Revogado pela Lei 9.876/1999*);

V – como contribuinte individual:

→ *Caput* do inciso V com redação alterada pela Lei 9.876/1999.

a) a pessoa física, proprietária ou não, que explora atividade agropecuária, a qualquer título, em caráter permanente ou temporário, em área superior a 4 (quatro) módulos fiscais; ou, quando em área igual ou inferior a 4 (quatro) módulos fiscais ou atividade pesqueira, com auxílio de empregados ou por intermédio de prepostos; ou ainda nas hipóteses dos §§ 9º e 10 deste artigo;

→ Alínea *a* com redação alterada pela Lei 11.718/2008.

b) a pessoa física, proprietária ou não, que explora atividade de extração mineral – garimpo, em caráter permanente ou temporário, diretamente ou por intermédio de prepostos, com ou sem o auxílio de empregados, utilizados a qualquer título, ainda que de forma não contínua;

→ Alínea *b* com redação alterada pela Lei 9.876/1999.

c) o ministro de confissão religiosa e o membro de instituto de vida consagrada, de congregação ou de ordem religiosa;

→ Alínea *c* com redação alterada pela Lei 10.403/2002.

d) (*Revogada pela Lei 9.876/1999*);

e) o brasileiro civil que trabalha no exterior para organismo oficial internacional do qual o Brasil é membro efetivo, ainda que lá domiciliado e contratado, salvo quando coberto por regime próprio de previdência social;

→ Alínea *e* com redação alterada pela Lei 9.876/1999.

f) o titular de firma individual urbana ou rural, o diretor não empregado e o membro de conselho de administração de sociedade anônima, o sócio solidário, o sócio de indústria, o sócio gerente e o sócio cotista que recebam remuneração decorrente de seu trabalho em empresa urbana ou rural, e o associado eleito para cargo de direção em cooperativa, associação ou entidade de qualquer natureza ou finalidade, bem como o síndico ou administrador eleito para exercer atividade de direção condominial, desde que recebam remuneração;

→ Alínea *f* acrescentada pela Lei 9.876/1999.

g) quem presta serviço de natureza urbana ou rural, em caráter eventual, a uma ou mais empresas, sem relação de emprego;

→ Alínea *g* acrescentada pela Lei 9.876/1999.

h) a pessoa física que exerce, por conta própria, atividade econômica de natureza urbana, com fins lucrativos ou não;

→ Alínea *h* acrescentada pela Lei 9.876/1999.

VI – como trabalhador avulso: quem presta, a diversas empresas, sem vínculo empregatício, serviço de natureza urbana ou rural definidos no Regulamento;

VII – como segurado especial: a pessoa física residente no imóvel rural ou em aglomerado urbano ou rural próximo a ele que, individualmente ou em regime de economia familiar, ainda que com o auxílio eventual de terceiros, na condição de:

→ *Caput* do inciso VII com redação alterada pela Lei 11.718/2008.

a) produtor, seja proprietário, usufrutuário, possuidor, assentado, parceiro ou meeiro outorgados, comodatário ou arrendatário rurais, que explore atividade:

→ Alínea *a* acrescentada pela Lei 11.718/2008.

1. agropecuária em área de até 4 (quatro) módulos fiscais;

2. de seringueiro ou extrativista vegetal que exerça suas atividades nos termos do inciso XII do *caput* do art. 2º da Lei 9.985, de 18 de julho de 2000, e faça dessas atividades o principal meio de vida;

b) pescador artesanal ou a este assemelhado que faça da pesca profissão habitual ou principal meio de vida; e

→ Alínea *b* acrescentada pela Lei 11.718/2008.

c) cônjuge ou companheiro, bem como filho maior de 16 (dezesseis) anos de idade ou a este equiparado, do segurado de que tratam as alíneas *a* e *b* deste inciso, que, comprovadamente, trabalhem com o grupo familiar respectivo.

→ Alínea *c* acrescentada pela Lei 11.718/2008.

§ 1º Entende-se como regime de economia familiar a atividade em que o trabalho dos membros da família é indispensável à própria subsistência e ao desenvolvimento socioeconômico do núcleo familiar e é exercido em condições de mútua dependência e colaboração, sem a utilização de empregados permanentes.

→ § 1º com redação alterada pela Lei 11.718/2008.

§ 2º Todo aquele que exercer, concomitantemente, mais de uma atividade remunerada sujeita ao Regime Geral de Previdência Social é obrigatoriamente filiado em relação a cada uma delas.

§ 3º O aposentado pelo Regime Geral de Previdência Social – RGPS que estiver exercendo ou que voltar a exercer atividade abrangida por este Regime é segurado obrigatório em relação a essa atividade, ficando sujeito às contribuições de que trata a Lei 8.212, de 24 de julho de 1991, para fins de custeio da Seguridade Social.

→ § 3º acrescentado pela Lei 9.032/1995.

§ 4º O dirigente sindical mantém, durante o exercício do mandato eletivo, o mesmo enquadramento no Regime Geral de Previdência Social – RGPS de antes da investidura.

→ § 4º acrescentado pela Lei 9.528/1997.

§ 5º Aplica-se o disposto na alínea *g* do inciso I do *caput* ao ocupante de cargo de Ministro de Estado, de Secretário Estadual, Distrital ou Municipal, sem vínculo efetivo com a União, Estados, Distrito Federal e Municípios, suas autarquias, ainda que em regime especial, e fundações.

→ § 5º acrescentado pela Lei 9.876/1999.

§ 6º Para serem considerados segurados especiais, o cônjuge ou companheiro e os filhos maiores de 16 (dezesseis) anos ou os a estes equiparados deverão ter participação ativa nas atividades rurais do grupo familiar.

→ § 6º acrescentado pela Lei 11.718/2008.

§ 7º O grupo familiar poderá utilizar-se de empregados contratados por prazo determinado ou de trabalhador de que trata a alínea *g* do inciso V do *caput*, à razão de no máximo 120 (cento e vinte) pessoas por dia no ano civil, em períodos corridos ou intercalados ou, ainda, por tempo equivalente em horas de trabalho, não sendo computado nesse prazo o período de afastamento em decorrência da percepção de auxílio-doença.

→ § 7º com redação alterada pela Lei 12.873/2013.

§ 8º Não descaracteriza a condição de segurado especial:

→ *Caput* do § 8º acrescentado pela Lei 11.718/2008.

I – a outorga, por meio de contrato escrito de parceria, meação ou comodato, de até 50% (cinquenta por cento) de imóvel rural cuja área total não seja superior a 4 (quatro) módulos fiscais, desde que outorgante e outorgado continuem a exercer a respectiva atividade, individualmente ou em regime de economia familiar;

→ Inciso I acrescentado pela Lei 11.718/2008.

II – a exploração da atividade turística da propriedade rural, inclusive com hospedagem, por não mais de 120 (cento e vinte) dias ao ano;

→ Inciso II acrescentado pela Lei 11.718/2008.

III – a participação em plano de previdência complementar instituído por entidade classista a que seja associado em razão da condição de trabalhador rural ou de produtor rural em regime de economia familiar; e

→ Inciso III acrescentado pela Lei 11.718/2008.

IV – ser beneficiário ou fazer parte de grupo familiar que tem algum componente que seja beneficiário de programa assistencial oficial de governo;

→ Inciso IV acrescentado pela Lei 11.718/2008.

V – a utilização pelo próprio grupo familiar, na exploração da atividade, de processo de beneficiamento ou industrialização artesanal, na forma do § 11 do art. 25 da Lei 8.212, de 24 de julho de 1991; e

→ Inciso V acrescentado pela Lei 11.718/2008.

VI – a associação em cooperativa agropecuária ou de crédito rural; e

→ Inciso VI com redação alterada pela Lei 13.183/2015.

VII – a incidência do Imposto sobre Produtos Industrializados – IPI sobre o produto das atividades desenvolvidas nos termos do § 12.

→ Inciso VII acrescentado pela Lei 12.873/2013, em vigor na data de sua publicação, produzindo efeitos a partir de 1º de janeiro de 2014.

§ 9º Não é segurado especial o membro de grupo familiar que possuir outra fonte de rendimento, exceto se decorrente de:

→ *Caput* do § 9º acrescentado pela Lei 11.718/2008.

I – benefício de pensão por morte, auxílio-acidente ou auxílio-reclusão, cujo valor não supere o do menor benefício de prestação continuada da Previdência Social;

→ Inciso I acrescentado pela Lei 11.718/2008.

II – benefício previdenciário pela participação em plano de previdência complementar instituído nos termos do inciso IV do § 8º deste artigo;

→ Inciso II acrescentado pela Lei 11.718/2008.

III – exercício de atividade remunerada em período não superior a 120 (cento e vinte) dias, corridos ou intercalados, no ano civil, observado o disposto no § 13 do art. 12 da Lei 8.212, de 24 de julho de 1991;

→ Inciso III com redação alterada pela Lei 12.873/2013.

IV – exercício de mandato eletivo de dirigente sindical de organização da categoria de trabalhadores rurais;

→ Inciso IV acrescentado pela Lei 11.718/2008.

V – exercício de mandato de vereador do Município em que desenvolve a atividade rural ou de dirigente de cooperativa rural constituída, exclusivamente, por segurados especiais, observado o disposto no § 13 do art. 12 da Lei 8.212, de 24 de julho de 1991;

→ Inciso V acrescentado pela Lei 11.718/2008.

VI – parceria ou meação outorgada na forma e condições estabelecidas no inciso I do § 8º deste artigo;

→ Inciso VI acrescentado pela Lei 11.718/2008.

VII – atividade artesanal desenvolvida com matéria-prima produzida pelo respectivo grupo familiar, podendo ser utilizada matéria-prima de outra origem, desde que a renda mensal obtida na atividade não exceda ao menor benefício de prestação continuada da Previdência Social; e

→ Inciso VII acrescentado pela Lei 11.718/2008.

VIII – atividade artística, desde que em valor mensal inferior ao menor benefício de prestação continuada da Previdência Social.

→ Inciso VIII acrescentado pela Lei 11.718/2008.

§ 10. O segurado especial fica excluído dessa categoria:

→ *Caput* do § 10 acrescentado pela Lei 11.718/2008.

I – a contar do primeiro dia do mês em que:

→ *Caput do inciso* I acrescentado pela Lei 11.718/2008.

a) deixar de satisfazer as condições estabelecidas no inciso VII do *caput* deste artigo, sem prejuízo do disposto no art. 15 desta Lei, ou exceder qualquer dos limites estabelecidos no inciso I do § 8º deste artigo;

→ Alínea *a* acrescentada pela Lei 11.718/2008.

b) enquadrar-se em qualquer outra categoria de segurado obrigatório do Regime Geral de Previdência Social, ressalvado o disposto nos incisos III, V, VII e VIII do § 9º e no § 12, sem prejuízo do disposto no art. 15;

→ Alínea *b* com redação alterada pela Lei 12.873/2013.

c) tornar-se segurado obrigatório de outro regime previdenciário; e

→ Alínea *c* com redação alterada pela Lei 12.873/2013.

d) participar de sociedade empresária, de sociedade simples, como empresário individual ou como titular de empresa individual de responsabilidade limitada em desacordo com as limitações impostas pelo § 12;

→ Alínea *d* acrescentada pela Lei 12.873/2013, em vigor na data de sua publicação, produzindo efeitos a partir de 1º de janeiro de 2014.

II – a contar do primeiro dia do mês subsequente ao da ocorrência, quando o grupo familiar a que pertence exceder o limite de:

→ Inciso II acrescentado pela Lei 11.718/2008.

a) utilização de terceiros na exploração da atividade a que se refere o § 7º deste artigo;

b) dias em atividade remunerada estabelecidos no inciso III do § 9º deste artigo; e

c) dias de hospedagem a que se refere o inciso II do § 8º deste artigo.

§ 11. Aplica-se o disposto na alínea *a* do inciso V do *caput* deste artigo ao cônjuge ou companheiro do produtor que participe da atividade rural por este explorada.

→ § 11 acrescentado pela Lei 11.718/2008.

§ 12. A participação do segurado especial em sociedade empresária, em sociedade simples, como empresário individual ou como titular de empresa individual de responsabilidade limitada de objeto ou âmbito agrícola, agroindustrial ou agroturístico, considerada microempresa nos termos da Lei Complementar 123, de 14 de dezembro de 2006, não o exclui de tal categoria previdenciária, desde que, mantido o exercício da sua atividade rural na forma do inciso VII do *caput* e do § 1º, a pessoa jurídica componha-se apenas de segurados de igual natureza e sedie-se no mesmo Município ou em Município limítrofe àquele em que eles desenvolvam suas atividades.

→ § 12 acrescentado pela Lei 12.873/2013, em vigor na data de sua publicação, produzindo efeitos a partir de 1º de janeiro de 2014.

§ 13. (*Vetado*).

→ § 13 acrescentado pela Lei 12.873/2013, em vigor na data de sua publicação, produzindo efeitos a partir de 1º de janeiro de 2014.

Art. 12. O servidor civil ocupante de cargo efetivo ou o militar da União, dos Estados, do Distrito Federal ou dos Municípios, bem como o das respectivas autarquias e fundações, são excluídos do Regime Geral de Previdência Social consubstanciado nesta Lei, desde que amparados por regime próprio de previdência social.

→ *Caput* com redação alterada pela Lei 9.876/1999.

§ 1º Caso o servidor ou o militar venham a exercer, concomitantemente, uma ou mais atividades abrangidas pelo Regime Geral de Previdência Social, tornar-se-ão segurados obrigatórios em relação a essas atividades.

→ § 1º acrescentado pela Lei 9.876/1999.

§ 2º Caso o servidor ou o militar, amparados por regime próprio de previdência social, sejam requisitados para outro órgão ou entidade cujo regime previdenciário não permita a filiação, nessa condição, permanecerão vinculados ao regime de origem, obedecidas as regras que cada ente estabeleça acerca de sua contribuição.

→ § 2º acrescentado pela Lei 9.876/1999.

Art. 13. É segurado facultativo o maior de 14 (quatorze) anos que se filiar ao Regime Geral de Previdência Social, mediante contribuição, desde que não incluído nas disposições do art. 11.

Art. 14. Consideram-se:

I – empresa – a firma individual ou sociedade que assume o risco de atividade econômica urbana ou rural, com fins lucrativos ou não, bem como os órgãos e entidades da administração pública direta, indireta ou fundacional;

II – empregador doméstico – a pessoa ou família que admite a seu serviço, sem finalidade lucrativa, empregado doméstico.

Parágrafo único. Equiparam-se a empresa, para os efeitos desta Lei, o contribuinte individual e a pessoa física na condição de proprietário ou dono de obra de construção civil, em relação a segurado que lhe presta serviço, bem como a cooperativa, a associação ou entidade de qualquer natureza ou finalidade, a missão diplomática e a repartição consular de carreira estrangeiras.

→ Parágrafo único com redação alterada pela Lei 13.202/2015.

Art. 15. Mantém a qualidade de segurado, independentemente de contribuições:

I – sem limite de prazo, quem está em gozo de benefício;

II – até 12 (doze) meses após a cessação das contribuições, o segurado que deixar de exercer atividade remunerada abrangida pela Previdência Social ou estiver suspenso ou licenciado sem remuneração;

III – até 12 (doze) meses após cessar a segregação, o segurado acometido de doença de segregação compulsória;

IV – até 12 (doze) meses após o livramento, o segurado retido ou recluso;

V – até 3 (três) meses após o licenciamento, o segurado incorporado às Forças Armadas para prestar serviço militar;

VI – até 6 (seis) meses após a cessação das contribuições, o segurado facultativo.

§ 1º O prazo do inciso II será prorrogado para até 24 (vinte e quatro) meses se o segurado já tiver pago mais de 120 contribuições mensais sem interrupção que acarrete a perda da qualidade de segurado.

§ 2º Os prazos do inciso II ou do § 1º serão acrescidos de 12 (doze) meses para o segurado desempregado, desde que comprovada essa situação pelo registro no órgão próprio do Ministério do Trabalho e da Previdência Social.

§ 3º Durante os prazos deste artigo, o segurado conserva todos os seus direitos perante a Previdência Social.

§ 4º A perda da qualidade de segurado ocorrerá no dia seguinte ao do término do prazo fixado no Plano de Custeio da Seguridade Social para recolhimento da contribuição referente ao mês imediatamente posterior ao do final dos prazos fixados neste artigo e seus parágrafos.

Seção II
Dos dependentes

→ *v.* Arts. 16 e 17 do Decreto 3.048/1999.

Art. 16. São beneficiários do Regime Geral de Previdência Social, na condição de dependentes do segurado:

I – o cônjuge, a companheira, o companheiro e o filho não emancipado, de qualquer condição, menor de 21 (vinte e um) anos ou inválido ou que tenha deficiência intelectual ou mental ou deficiência grave;

→ Inciso I com redação alterada pela Lei 13.146/2015, em vigor após decorridos 180 (cento e oitenta) dias de sua publicação oficial – *D.O.U.* de 7.7.2015.

→ **Anterior redação**: I – o cônjuge, a companheira, o companheiro e o filho não emancipado, de qualquer condição, menor de 21 (vinte e um) anos ou inválido ou que tenha deficiência intelectual ou mental que o torne absoluta ou relativamente incapaz, assim declarado judicialmente; (Inciso I com redação alterada pela Lei 12.470/2011)

II – os pais;

III – o irmão não emancipado, de qualquer condição, menor de 21 (vinte e um) anos ou inválido ou que tenha deficiência intelectual ou mental ou deficiência grave;

→ Inciso III com redação alterada pela Lei 13.146/2015, em vigor após decorridos 180 (cento e oitenta) dias de sua publicação oficial – *D.O.U.* de 7.7.2015.

→ **Anterior redação**: III – o irmão de qualquer condição menor de 21 (vinte e um) anos ou inválido ou que tenha deficiência intelectual ou mental ou deficiência grave, nos termos do regulamento; (Inciso III com redação alterada pela Lei 13.135/2015, em vigor após 2 (dois) anos de sua publicação – *D.O.U.* de 18.6.2015)

IV – (*Revogado pela Lei 9.032/1995*).

§ 1º A existência de dependente de qualquer das classes deste artigo exclui do direito às prestações os das classes seguintes.

§ 2º O enteado e o menor tutelado equiparam-se a filho mediante declaração do segurado e desde que comprovada a dependência econômica na forma estabelecida no Regulamento.

→ § 2º com redação alterada pela Lei 9.528/1997.

§ 3º Considera-se companheira ou companheiro a pessoa que, sem ser casada, mantém união estável com o segurado ou com a segurada, de acordo com o § 3º do art. 226 da Constituição Federal.

§ 4º A dependência econômica das pessoas indicadas no inciso I é presumida e a das demais deve ser comprovada.

Seção III
Das inscrições

→ *v.* Arts. 18 a 24 do Decreto 3.048/1999.

Art. 17. O Regulamento disciplinará a forma de inscrição do segurado e dos dependentes.

§ 1º Incumbe ao dependente promover a sua inscrição quando do requerimento do benefício a que estiver habilitado.

→ § 1º com redação alterada pela Lei 10.403/2002.

§ 2º (*Revogado pela Lei 13.135/2015*).

§ 3º (*Revogado pela Lei 11.718/2008*).

§ 4º A inscrição do segurado especial será feita de forma a vinculá-lo ao respectivo grupo familiar e conterá, além das informações pessoais, a identificação da propriedade em que desenvolve a atividade e a que título, se nela reside ou o Município onde reside e, quando for o caso, a identificação e inscrição da pessoa responsável pelo grupo familiar.

→ § 4º com redação alterada pela Lei 12.873/2013.

§ 5º O segurado especial integrante de grupo familiar que não seja proprietário ou dono do imóvel rural em que desenvolve sua atividade deverá informar, no ato da inscrição, conforme o caso, o nome do parceiro ou meeiro outorgante, arrendador, comodante ou assemelhado.

→ § 5º acrescentado pela Lei 11.718/2008.

§ 6º (*Revogado pela Lei 12.873/2013*, em vigor na data de sua publicação, produzindo efeitos a partir de 1º de janeiro de 2014).

→ **Anterior redação:** § 6º Simultaneamente com a inscrição do segurado especial, será atribuído ao grupo familiar número de Cadastro Específico do INSS – CEI, para fins de recolhimento das contribuições previdenciárias.

Capítulo II
DAS PRESTAÇÕES EM GERAL

→ *v.* Arts. 25 e 26 do Decreto 3.048/1999.

Seção I
Das espécies de prestações

Art. 18. O Regime Geral de Previdência Social compreende as seguintes prestações, devidas inclusive em razão de eventos decorrentes de acidente do trabalho, expressas em benefícios e serviços:

I – quanto ao segurado:

a) aposentadoria por invalidez;

→ *v.* Arts. 42 a 47 da Lei 8.213/1991.

→ *v.* Arts. 43 a 50 do Decreto 3.048/1999.

b) aposentadoria por idade;

→ *v.* Arts. 48 a 52 da Lei 8.213/1991.

→ *v.* Arts. 51 a 54 do Decreto 3.048/1999.

c) aposentadoria por tempo de contribuição;

→ *v.* Arts. 56 a 63 do Decreto 3.048/1999.

→ Alínea *c* com redação alterada pela LC 123/2006.

d) aposentadoria especial;

→ *v.* Arts. 57 e 58 da Lei 8.213/1991.

→ *v.* Arts. 64 a 70 do Decreto 3.048/1999.

e) auxílio-doença;

→ *v.* Arts. 59 a 63 da Lei 8.213/1991.

→ *v.* Art. 476 da CLT.

→ *v.* Arts. 71 a 80 do Decreto 3.048/1999.

f) salário-família;

→ *v.* Arts. 65 a 70 da Lei 8.213/1991.

→ *v.* Arts. 81 a 92 do Decreto 3.048/1999.

g) salário-maternidade;

→ *v.* Arts. 71 a 73 da Lei 8.213/1991.

→ *v.* Arts. 93 a 103 do Decreto 3.048/1999.

h) auxílio-acidente;

→ *v.* Art. 86 da Lei 8.213/1991.

→ *v.* Art. 104 do Decreto 3.048/1999.

i) (Revogada pela Lei 8.870/1994);

II – quanto ao dependente:

a) pensão por morte;

→ *v.* Arts 74 a 79 da Lei 8.213/1991.

→ *v.* Arts. 105 a 115 do Decreto 3.048/1999.

b) auxílio-reclusão;

→ *v.* Arts. 116 a 119 do Decreto 3.048/199.

III – quanto ao segurado e dependente:

a) (Revogada pela Lei 9.032/1995);

b) serviço social;

c) reabilitação profissional.

→ *v.* Arts. 89 a 93 da Lei 8.213/1991.

→ *v.* Arts. 136 a 141 do Decreto 3.048/1999.

§ 1º Somente poderão beneficiar-se do auxílio--acidente os segurados incluídos nos incisos I, II, VI e VII do art. 11 desta Lei.

→ § 1º com redação alterada pela LC 150/2015.

§ 2º O aposentado pelo Regime Geral de Previdência Social – RGPS que permanecer em atividade sujeita a este Regime, ou a ele retornar, não fará jus a prestação alguma da Previdência Social em decorrência do exercício dessa atividade, exceto ao salário-família e à reabilitação profissional, quando empregado.

→ § 2º com redação alterada pela Lei 9.528/1997.

§ 3º O segurado contribuinte individual, que trabalhe por conta própria, sem relação de trabalho com empresa ou equiparado, e o segurado facultativo que contribuam na forma do § 2º do art. 21 da Lei 8.212, de 24 de julho de 1991, não farão jus à aposentadoria por tempo de contribuição.

→ § 3º acrescentado pela LC 123/2006.

Art. 19. Acidente do trabalho é o que ocorre pelo exercício do trabalho a serviço de empresa ou de empregador doméstico ou pelo exercício do trabalho dos segurados referidos no inciso VII do art. 11 desta Lei, provocando lesão corporal ou perturbação funcional que cause a morte ou a perda ou redução, permanente ou temporária, da capacidade para o trabalho.

→ *Caput* com redação alterada pela LC 150/2015.

→ *v.* Art. 4º, parágrafo único, da CLT.

§ 1º A empresa é responsável pela adoção e uso das medidas coletivas e individuais de proteção e segurança da saúde do trabalhador.

§ 2º Constitui contravenção penal, punível com multa, deixar a empresa de cumprir as normas de segurança e higiene do trabalho.

§ 3º É dever da empresa prestar informações pormenorizadas sobre os riscos da operação a executar e do produto a manipular.

§ 4º O Ministério do Trabalho e da Previdência Social fiscalizará e os sindicatos e entidades representativas de classe acompanharão o fiel cumprimento do disposto nos parágrafos anteriores, conforme dispuser o Regulamento.

Art. 20. Consideram-se acidente do trabalho, nos termos do artigo anterior, as seguintes entidades mórbidas:

I – doença profissional, assim entendida a produzida ou desencadeada pelo exercício do trabalho peculiar a determinada atividade e constante da respectiva relação elaborada pelo Ministério do Trabalho e da Previdência Social;

II – doença do trabalho, assim entendida a adquirida ou desencadeada em função de condições especiais em que o trabalho é realizado e com ele se relacione diretamente, constante da relação mencionada no inciso I.

§ 1º Não são consideradas como doença do trabalho:

a) a doença degenerativa;

b) a inerente a grupo etário;

c) a que não produza incapacidade laborativa;

d) a doença endêmica adquirida por segurado habitante de região em que ela se desenvolva, salvo comprovação de que é resultante de exposição ou contato direto determinado pela natureza do trabalho.

§ 2º Em caso excepcional, constatando-se que a doença não incluída na relação prevista nos incisos I e II deste artigo resultou das condições especiais em que o trabalho é executado e com ele se relaciona diretamente, a Previdência Social deve considerá-la acidente do trabalho.

Art. 21. Equiparam-se também ao acidente do trabalho, para efeitos desta Lei:

I – o acidente ligado ao trabalho que, embora não tenha sido a causa única, haja contribuído diretamente para a morte do segurado, para redução ou perda da sua capacidade para o trabalho, ou produzido lesão que exija atenção médica para a sua recuperação;

II – o acidente sofrido pelo segurado no local e no horário do trabalho, em consequência de:

a) ato de agressão, sabotagem ou terrorismo praticado por terceiro ou companheiro de trabalho;

b) ofensa física intencional, inclusive de terceiro, por motivo de disputa relacionada ao trabalho;

c) ato de imprudência, de negligência ou de imperícia de terceiro ou de companheiro de trabalho;

d) ato de pessoa privada do uso da razão;

e) desabamento, inundação, incêndio e outros casos fortuitos ou decorrentes de força maior;

III – a doença proveniente de contaminação acidental do empregado no exercício de sua atividade;

IV – o acidente sofrido pelo segurado ainda que fora do local e horário de trabalho:

a) na execução de ordem ou na realização de serviço sob a autoridade da empresa;

b) na prestação espontânea de qualquer serviço à empresa para lhe evitar prejuízo ou proporcionar proveito;

c) em viagem a serviço da empresa, inclusive para estudo quando financiada por esta dentro de seus planos para melhor capacitação da mão de obra, independentemente do meio de locomoção utilizado, inclusive veículo de propriedade do segurado;

d) no percurso da residência para o local de trabalho ou deste para aquela, qualquer que seja o meio de locomoção, inclusive veículo de propriedade do segurado.

§ 1º Nos períodos destinados à refeição ou descanso, ou por ocasião da satisfação de outras necessidades fisiológicas, no local do trabalho ou durante este, o empregado é considerado no exercício do trabalho.

§ 2º Não é considerada agravação ou complicação de acidente do trabalho a lesão que, resultante de acidente de outra origem, se associe ou se superponha às consequências do anterior.

Art. 21-A. A perícia médica do Instituto Nacional do Seguro Social (INSS) considerará caracterizada a natureza acidentária da incapacidade quando constatar ocorrência de nexo técnico epidemiológico entre o trabalho e o agravo, decorrente da relação entre a atividade da empresa ou do empregado doméstico e a entidade mórbida motivadora da incapacidade elencada na Classificação Internacional de Doenças (CID), em conformidade com o que dispuser o regulamento.

→ *Caput* com redação alterada pela LC 150/2015.

§ 1º A perícia médica do INSS deixará de aplicar o disposto neste artigo quando demonstrada a inexistência do nexo de que trata o *caput* deste artigo.

§ 2º A empresa ou o empregador doméstico poderão requerer a não aplicação do nexo técnico epidemiológico, de cuja decisão caberá recurso, com efeito suspensivo, da empresa, do empregador doméstico ou do segurado ao Conselho de Recursos da Previdência Social.

→ § 2º com redação alterada pela LC 150/2015.

Art. 22. A empresa ou o empregador doméstico deverão comunicar o acidente do trabalho à Previdência Social até o primeiro dia útil seguinte ao da ocorrência e, em caso de morte, de imediato, à autoridade competente, sob pena de multa variável entre o limite mínimo e o limite máximo do salário de contribuição, sucessivamente aumentada nas reincidências, aplicada e cobrada pela Previdência Social.

→ *Caput* com redação alterada pela LC 150/2015.

§ 1º Da comunicação a que se refere este artigo receberão cópia fiel o acidentado ou seus dependentes, bem como o sindicato a que corresponda a sua categoria.

§ 2º Na falta de comunicação por parte da empresa, podem formalizá-la o próprio acidentado, seus dependentes, a entidade sindical competente, o médico que o assistiu ou qualquer autoridade pública, não prevalecendo nestes casos o prazo previsto neste artigo.

§ 3º A comunicação a que se refere o § 2º não exime a empresa de responsabilidade pela falta do cumprimento do disposto neste artigo.

§ 4º Os sindicatos e entidades representativas de classe poderão acompanhar a cobrança, pela Previdência Social, das multas previstas neste artigo.

§ 5º A multa de que trata este artigo não se aplica na hipótese do *caput* do art. 21-A.

→ § 5º acrescentado pela Lei 11.430/2006.

Art. 23. Considera-se como dia do acidente, no caso de doença profissional ou do trabalho, a data do início da incapacidade laborativa para o exercício da atividade habitual, ou o dia da segregação compulsória, ou o dia em que for realizado o diagnóstico, valendo para este efeito o que ocorrer primeiro.

→ *v.* Súmula 507 do STJ.

Seção II
Dos períodos de carência

→ *v.* Arts. 26 a 30 do Decreto 3.048/1999.

Art. 24. Período de carência é o número mínimo de contribuições mensais indispensáveis para que o beneficiário faça jus ao benefício, consideradas a partir do transcurso do primeiro dia dos meses de suas competências.

Parágrafo único. Havendo perda da qualidade de segurado, as contribuições anteriores a essa data só serão computadas para efeito de carência depois que o segurado contar, a partir da nova filiação à Previdência Social, com, no mínimo, 1/3 (um terço) do número de contribuições exigidas para o cumprimento da carência definida para o benefício a ser requerido.

Art. 25. A concessão das prestações pecuniárias do Regime Geral de Previdência Social depende dos seguintes períodos de carência, ressalvado o disposto no art. 26:

I – auxílio-doença e aposentadoria por invalidez: 12 (doze) contribuições mensais;

II – aposentadoria por idade, aposentadoria por tempo de serviço e aposentadoria especial: 180 (cento e oitenta) contribuições mensais.

→ Inciso II com redação alterada pela Lei 8.870/1994.

III – salário-maternidade para as seguradas de que tratam os incisos V e VII do art. 11 e o art. 13: 10 (dez) contribuições mensais, respeitado o disposto no parágrafo único do art. 39 desta Lei.

→ Inciso III acrescentado pela Lei 9.876/1999.

Parágrafo único. Em caso de parto antecipado, o período de carência a que se refere o inciso III será reduzido em número de contribuições equivalente ao número de meses em que o parto foi antecipado.

→ Parágrafo único acrescentado pela Lei 9.876/1999.

Art. 26. Independe de carência a concessão das seguintes prestações:

I – pensão por morte, auxílio-reclusão, salário-família e auxílio-acidente;

→ Inciso I com redação alterada pela Lei 9.876/1999.

II – auxílio-doença e aposentadoria por invalidez nos casos de acidente de qualquer natureza ou causa e de doença profissional ou do trabalho, bem como nos casos de segurado que, após filiar-se ao RGPS, for acometido de alguma das doenças e afecções especificadas em lista elaborada pelos Ministérios da Saúde e da Previdência Social, atualizada a cada 3 (três) anos, de acordo com os critérios de estigma, deformação, mutilação, deficiência ou outro fator que lhe confira especificidade e gravidade que mereçam tratamento particularizado;

→ Inciso II com redação alterada pela Lei 13.135/2015.

III – os benefícios concedidos na forma do inciso I do art. 39, aos segurados especiais referidos no inciso VII do art. 11 desta Lei;

IV – serviço social;

V – reabilitação profissional;

VI – salário-maternidade para as seguradas empregada, trabalhadora avulsa e empregada doméstica.

→ Inciso VI acrescentado pela Lei 9.876/1999.

Art. 27. Para cômputo do período de carência, serão consideradas as contribuições:

→ Artigo com redação alterada pela LC 150/2015.

I – referentes ao período a partir da data de filiação ao Regime Geral de Previdência Social (RGPS), no caso dos segurados empregados, inclusive os domésticos, e dos trabalhadores avulsos;

II – realizadas a contar da data de efetivo pagamento da primeira contribuição sem atraso, não sendo consideradas para este fim as contribuições recolhidas com atraso referentes a competências anteriores, no caso dos segurados contribuinte individual, especial e facultativo, referidos, respectivamente, nos incisos V e VII do art. 11 e no art. 13.

Seção III
Do cálculo do valor dos benefícios

→ *v.* Arts. 172 e 368, III, do Decreto 3.048/1999.

Subseção I
Do salário de benefício

→ *v.* Arts. 31 a 34 do Decreto 3.048/1999.

Art. 28. O valor do benefício de prestação continuada, inclusive o regido por norma especial e o decorrente de acidente do trabalho, exceto o salário-família e o salário-maternidade, será calculado com base no salário de benefício.

→ *Caput* com redação alterada pela Lei 9.032/1995.

§§ 1º a 4º (*Revogados pela Lei 9.032/1995*).

Art. 29. O salário de benefício consiste:

→ *Caput* com redação alterada pela Lei 9.876/1999.

I – para os benefícios de que tratam as alíneas *b* e *c* do inciso I do art. 18, na média aritmética simples dos maiores salários de contribuição correspondentes a 80% (oitenta por cento) de todo o período contributivo, multiplicada pelo fator previdenciário;

→ Inciso I acrescentado pela Lei 9.876/1999.

II – para os benefícios de que tratam as alíneas *a*, *d*, *e* e *h* do inciso I do art. 18, na média aritmética simples dos maiores salários de contribuição correspondentes a 80% (oitenta por cento) de todo o período contributivo.

→ Inciso II acrescentado pela Lei 9.876/1999.

§ 1º (*Revogado pela Lei 9.876/1999*).

§ 2º O valor do salário de benefício não será inferior ao de um salário mínimo, nem superior ao do limite máximo do salário de contribuição na data de início do benefício.

§ 3º Serão considerados para cálculo do salário de benefício os ganhos habituais do segurado empregado, a qualquer título, sob forma de moeda corrente ou de utilidades, sobre os quais tenha incidido contribuições previdenciárias, exceto o décimo terceiro salário (gratificação natalina).

→ § 3º com redação alterada pela Lei 8.870/1994.

§ 4º Não será considerado, para o cálculo do salário de benefício, o aumento dos salários de contribuição que exceder o limite legal, inclusive o voluntariamente concedido nos 36 (trinta e seis) meses imediatamente anteriores ao início do benefício, salvo se homologado pela Justiça do Trabalho, resultante de promoção regulada por normas gerais da empresa, admitida pela legislação do trabalho, de sentença normativa ou de reajustamento salarial obtido pela categoria respectiva.

§ 5º Se, no período básico de cálculo, o segurado tiver recebido benefícios por incapacidade, sua duração será contada, considerando-se como salário de contribuição, no período, o salário de benefício que serviu de base para o cálculo da renda mensal, reajustado nas mesmas épocas e bases dos benefícios em geral, não podendo ser inferior ao valor de 1 (um) salário mínimo.

§ 6º O salário de benefício do segurado especial consiste no valor equivalente ao salário mínimo, ressalvado o disposto no inciso II do art. 39 e nos §§ 3º e 4º do art. 48 desta Lei.

→ *Caput* do § 6º com redação alterada pela Lei 11.718/2008.

I – (*Revogado pela Lei 11.718/2008*).

II – (*Revogado pela Lei 11.718/2008*).

§ 7º O fator previdenciário será calculado considerando-se a idade, a expectativa de sobrevida e o tempo de contribuição do segurado ao se aposentar, segundo a fórmula constante do Anexo desta Lei.

→ § 7º acrescentado pela Lei 9.876/1999.

§ 8º Para efeito do disposto no § 7º, a expectativa de sobrevida do segurado na idade da aposentadoria será obtida a partir da tábua completa de mortalidade construída pela Fundação Instituto Brasileiro de Geografia e Estatística – IBGE, considerando-se a média nacional única para ambos os sexos.

→ § 8º acrescentado pela Lei 9.876/1999.

§ 9º Para efeito da aplicação do fator previdenciário, ao tempo de contribuição do segurado serão adicionados:

→ § 9º acrescentado pela Lei 9.876/1999.

I – 5 (cinco) anos, quando se tratar de mulher;

II – 5 (cinco) anos, quando se tratar de professor que comprove exclusivamente tempo de efetivo exercício das funções de magistério na educação infantil e no ensino fundamental e médio;

III – 10 (dez) anos, quando se tratar de professora que comprove exclusivamente tempo de efetivo exercício das funções de magistério na educação infantil e no ensino fundamental e médio.

§ 10. O auxílio-doença não poderá exceder a média aritmética simples dos últimos 12 (doze) salários de contribuição, inclusive em caso de remuneração variável, ou, se não alcançado o número de 12 (doze), a média aritmética simples dos salários de contribuição existentes.

→ § 10 acrescentado pela Lei 13.135/2015.

§§ 11 a 13. (*Vetados*).

→ §§ 11 a 13 acrescentados pela Lei 13.135/2015.

Art. 29-A. O INSS utilizará as informações constantes no Cadastro Nacional de Informações Sociais – CNIS sobre os vínculos e as remunerações dos segurados, para fins de cálculo do salário de benefício, comprovação de filiação ao Regime Geral de Previdência Social, tempo de contribuição e relação de emprego.

→ *Caput* com redação alterada pela LC 128/2008.

§ 1º O INSS terá até 180 (cento e oitenta) dias, contados a partir da solicitação do pedido, para fornecer ao segurado as informações previstas no *caput* deste artigo.

→ § 1º acrescentado pela Lei 10.403/2002.

§ 2º O segurado poderá solicitar, a qualquer momento, a inclusão, exclusão ou retificação de informações constantes do CNIS, com a apresentação de documentos comprobatórios dos dados divergentes, conforme critérios definidos pelo INSS.

→ § 2º com redação alterada pela LC 128/2008.

§ 3º A aceitação de informações relativas a vínculos e remunerações inseridas extemporaneamente no CNIS, inclusive retificações de informações anteriormente inseridas, fica condicionada à comprovação dos dados ou das divergências apontadas, conforme critérios definidos em regulamento.

→ § 3º acrescentado pela LC 128/2008.

§ 4º Considera-se extemporânea a inserção de dados decorrentes de documento inicial ou de retificação de dados anteriormente informados, quando o documento ou a retificação, ou a informação retificadora, forem apresentados após os prazos estabelecidos em regulamento.

→ § 4º acrescentado pela LC 128/2008.

§ 5º Havendo dúvida sobre a regularidade do vínculo incluído no CNIS e inexistência de informações sobre remunerações e contribuições, o INSS exigirá a apresentação dos documentos que serviram de base à anotação, sob pena de exclusão do período.

→ § 5º acrescentado pela LC 128/2008.

Art. 29-B. Os salários de contribuição considerados no cálculo do valor do benefício serão corrigidos mês a mês de acordo com a variação integral do Índice Nacional de Preços ao Consumidor – INPC, calculado pela Fundação Instituto Brasileiro de Geografia e Estatística – IBGE.

→ Artigo acrescentado pela Lei 10.887/2004.

Art. 29-C. O segurado que preencher o requisito para a aposentadoria por tempo de contribuição poderá optar pela não incidência do fator previdenciário no cálculo de sua aposentadoria, quando o total resultante da soma de sua idade e de seu tempo de contribuição, incluídas as frações, na data de requerimento da aposentadoria, for:

→ *Caput* acrescentado pela Lei 13.183/2015

I – igual ou superior a noventa e cinco pontos, se homem, observando o tempo mínimo de contribuição de trinta e cinco anos; ou

→ Inciso I acrescentado pela Lei 13.183/2015.

II – igual ou superior a oitenta e cinco pontos, se mulher, observado o tempo mínimo de contribuição de trinta anos.

→ Inciso II acrescentado pela Lei 13.183/2015.

§ 1º Para os fins do disposto no caput, serão somadas as frações em meses completos de tempo de contribuição e idade.

→ § 1º acrescentado pela Lei 13.183/2015.

§ 2º As somas de idade e de tempo de contribuição previstas no caput serão majoradas em um ponto em:

→ § 2º acrescentado pela Lei 13.183/2015.

I – 31 de dezembro de 2018;

II – 31 de dezembro de 2020;

III – 31 de dezembro de 2022;

IV – 31 de dezembro de 2024; e

V – 31 de dezembro de 2026.

§ 3º Para efeito de aplicação do disposto no *caput* e no § 2º, o tempo mínimo de contribuição do professor e da professora que comprovarem exclusivamente tempo de efetivo exercício de magistério na educação infantil e no ensino fundamental e médio será de, respectivamente, trinta e vinte e cinco anos, e serão acrescidos cinco pontos à soma da idade com o tempo de contribuição.

→ § 3º acrescentado pela Lei 13.183/2015.

§ 4º Ao segurado que alcançar o requisito necessário ao exercício da opção de que trata o *caput* e deixar de requerer aposentadoria será assegurado o direito à opção com a aplicação da pontuação exigida na data do cumprimento do requisito nos termos deste artigo.

→ § 4º acrescentado pela Lei 13.183/2015.

§ 5º (*Vetado*).

→ § 5º acrescentado pela Lei 13.183/2015, em vigor 1º de julho de 2016 – *D.O.U.* de 5.11.2015.

Art. 29-D. (*Vetado*).

→ Artigo acrescentado pela Lei 13.183/2015.

Art. 30. (*Revogado pela Lei 9.032/1995*).

Art. 31. O valor mensal do auxílio-acidente integra o salário de contribuição, para fins de cálculo do salário de benefício de qualquer aposentadoria, observado, no que couber, o disposto no art. 29 e no art. 86, § 5º.

→ Artigo com redação alterada pela Lei 9.528/1997.

→ Citado § 5º do art. 86 foi revogado pela Lei 9.032/1995.

→ *V.* Art. 214 do Decreto 3.048/1999.

Art. 32. O salário de benefício do segurado que contribuir em razão de atividades concomitantes será calculado com base na soma dos salários de contribuição das atividades exercidas na data do requerimento ou do óbito, ou no período básico de cálculo, observado o disposto no art. 29 e as normas seguintes:

I – quando o segurado satisfizer, em relação a cada atividade, as condições do benefício requerido, o salário de benefício será calculado com base na soma dos respectivos salários de contribuição;

II – quando não se verificar a hipótese do inciso anterior, o salário de benefício corresponde à soma das seguintes parcelas:

a) o salário de benefício calculado com base nos salários de contribuição das atividades em relação às quais são atendidas as condições do benefício requerido;

b) um percentual da média do salário de contribuição de cada uma das demais atividades, equivalente à relação entre o número de meses completo de contribuição e os do período de carência do benefício requerido;

III – quando se tratar de benefício por tempo de serviço, o percentual da alínea *b* do inciso II será o resultante da relação entre os anos completos de atividade e o número de anos de serviço considerado para a concessão do benefício.

§ 1º O disposto neste artigo não se aplica ao segurado que, em obediência ao limite máximo do salário de contribuição, contribuiu apenas por uma das atividades concomitantes.

§ 2º Não se aplica o disposto neste artigo ao segurado que tenha sofrido redução do salário de contribuição das atividades concomitantes em respeito ao limite máximo desse salário.

Subseção II
Da renda mensal do benefício

→ *V.* Arts. 35 a 39 do Decreto 3.048/1999.

Art. 33. A renda mensal do benefício de prestação continuada que substituir o salário de contribuição ou o rendimento do trabalho do segurado não terá valor inferior ao do salário mínimo, nem superior ao do limite máximo do salário de contribuição, ressalvado o disposto no art. 45 desta Lei.

Art. 34. No cálculo do valor da renda mensal do benefício, inclusive o decorrente de acidente do trabalho, serão computados:

→ *Caput* com redação alterada pela LC 150/2015.

I – para o segurado empregado, inclusive o doméstico, e o trabalhador avulso, os salários de contribuição referentes aos meses de contribuições devidas, ainda que não recolhidas pela empresa ou pelo empregador doméstico, sem prejuízo da respectiva cobrança e da aplicação das penalidades cabíveis, observado o disposto no § 5º do art. 29-A;

→ Inciso I com redação alterada pela LC 150/2015.

II – para o segurado empregado, inclusive o doméstico, o trabalhador avulso e o segurado especial, o valor mensal do auxílio-acidente, considerado como salário de contribuição para fins de concessão de qualquer aposentadoria, nos termos do art. 31;

→ Inciso II com redação alterada pela LC 150/2015.

III – para os demais segurados, os salários de contribuição referentes aos meses de contribuições efetivamente recolhidas.

→ Inciso III acrescentado pela Lei 9.528/1997.

Art. 35. Ao segurado empregado, inclusive o doméstico, e ao trabalhador avulso que tenham cumprido todas as condições para a concessão do benefício pleiteado, mas não possam comprovar o valor de seus salários de contribuição no período básico de cálculo, será concedido o benefício de valor mínimo, devendo esta renda ser recalculada quando da apresentação de prova dos salários de contribuição.

→ Artigo com redação alterada pela LC 150/2015.

Art. 36. Para o segurado empregado doméstico que, tendo satisfeito as condições exigidas para a concessão do benefício requerido, não comprovar o efetivo recolhimento das contribuições devidas, será concedido o benefício de valor mínimo, devendo sua renda ser recalculada quando da apresentação da prova do recolhimento das contribuições.

Art. 37. A renda mensal inicial, recalculada de acordo com o disposto no art. 35, deve ser reajustada como a dos benefícios correspondentes com igual data de início e substituirá, a partir da data do requerimento de revisão do valor do benefício, a renda mensal que prevalecia até então.

→ Artigo com redação alterada pela LC 150/2015.

Art. 38. Sem prejuízo do disposto no art. 35, cabe à Previdência Social manter cadastro dos segurados com todos os informes necessários para o cálculo da renda mensal dos benefícios.

→ Artigo com redação alterada pela LC 150/2015.

Art. 38-A. O Ministério da Previdência Social desenvolverá programa de cadastramento dos segurados especiais, observado o disposto nos §§ 4º e 5º do art. 17 desta Lei, podendo para tanto firmar convênio com órgãos federais, estaduais ou do Distrito Federal e dos Municípios, bem como com entidades de classe, em especial as respectivas confederações ou federações.

→ Artigo acrescentado pela Lei 11.718/2008.

§ 1º O programa de que trata o *caput* deste artigo deverá prever a manutenção e a atualização anual do cadastro e conter todas as informações necessárias à caracterização da condição de segurado especial.

→ § 1º com redação alterada pela Lei 13.134/2015.

§ 2º Da aplicação do disposto neste artigo não poderá resultar nenhum ônus para os segurados, sejam eles filiados ou não às entidades conveniadas.

§ 3º O INSS, no ato de habilitação ou de concessão de benefício, deverá verificar a condição de segurado especial e, se for o caso, o pagamento da contribuição previdenciária, nos termos da Lei 8.212, de 24 de julho de 1991, considerando, dentre outros, o que consta do Cadastro Nacional de Informações Sociais (CNIS) de que trata o art. 29-A desta Lei.

→ § 3º acrescentado pela Lei 13.134/2015.

Art. 38-B. O INSS utilizará as informações constantes do cadastro de que trata o art. 38-A para fins de comprovação do exercício da atividade e da condição do segurado especial e do respectivo grupo familiar.

→ Artigo acrescentado pela Lei 13.134/2015.

Parágrafo único. Havendo divergências de informações, para fins de reconhecimento de direito com vistas à concessão de benefício, o INSS poderá exigir a apresentação dos documentos previstos no art. 106 desta Lei.

Art. 39. Para os segurados especiais, referidos no inciso VII do art. 11 desta Lei, fica garantida a concessão:

I – de aposentadoria por idade ou por invalidez, de auxílio-doença, de auxílio-reclusão ou de pensão, no valor de 1 (um) salário mínimo, e de auxílio-acidente, conforme disposto no art. 86, desde que comprove o exercício de atividade rural, ainda que de forma descontínua, no período, imediatamente anterior ao requerimento do benefício, igual ao número de meses correspondentes à carência do benefício requerido; ou

→ Inciso I com redação alterada pela Lei 12.873/2013.

II – dos benefícios especificados nesta Lei, observados os critérios e a forma de cálculo estabelecidos, desde que contribuam facultativamente para a Previdência Social, na forma estipulada no Plano de Custeio da Seguridade Social.

Parágrafo único. Para a segurada especial fica garantida a concessão do salário-maternidade no valor de 1 (um) salário mínimo, desde que comprove o exercício de atividade rural, ainda que de forma descontínua, nos 12 (doze) meses imediatamente anteriores ao do início do benefício.

→ Parágrafo único acrescentado pela Lei 8.861/1994.

Art. 40. É devido abono anual ao segurado e ao dependente da Previdência Social que, durante o ano, recebeu auxílio-doença, auxílio-acidente ou aposentadoria, pensão por morte ou auxílio-reclusão.

Parágrafo único. O abono anual será calculado, no que couber, da mesma forma que a Gratificação de Natal dos trabalhadores, tendo por base o valor da renda mensal do benefício do mês de dezembro de cada ano.

Seção IV
Do reajustamento do valor dos benefícios

→ *v.* Arts. 40 a 42 do Decreto 3.048/1999.

Art. 41. (*Revogado pela Lei 11.430/2006*).

Art. 41-A. O valor dos benefícios em manutenção será reajustado, anualmente, na mesma data do reajuste do salário mínimo, *pro rata*, de acordo com suas respectivas datas de início ou do último reajustamento, com base no Índice Nacional de Preços ao Consumidor – INPC, apurado pela Fundação Instituto Brasileiro de Geografia e Estatística – IBGE.

→ *Caput* acrescentado pela Lei 11.430/2006.

§ 1º Nenhum benefício reajustado poderá exceder o limite máximo do salário de benefício na data do reajustamento, respeitados os direitos adquiridos.

→ § 1º acrescentado pela Lei 11.430/2006.

§ 2º Os benefícios com renda mensal superior a 1 (um) salário mínimo serão pagos do primeiro ao quinto dia útil do mês subsequente ao de sua competência, observada a distribuição proporcional do número de beneficiários por dia de pagamento.

→ § 2º com redação alterada pela Lei 11.665/2008.

§ 3º Os benefícios com renda mensal no valor de até 1 (um) salário mínimo serão pagos no período compreendido entre o quinto dia útil que anteceder o final do mês de sua competência e o quinto dia útil do mês subsequente, observada a distribuição proporcional dos beneficiários por dia de pagamento.

→ § 3º com redação alterada pela Lei 11.665/2008.

§ 4º Para os efeitos dos §§ 2º e 3º deste artigo, considera-se dia útil aquele de expediente bancário com horário normal de atendimento.

→ § 4º com redação alterada pela Lei 11.665/2008.

§ 5º O primeiro pagamento do benefício será efetuado até 45 (quarenta e cinco) dias após a data da apresentação, pelo segurado, da documentação necessária a sua concessão.

→ § 5º acrescentado pela Lei 11.665/2008.

§ 6º Para os benefícios que tenham sido majorados devido à elevação do salário mínimo, o referido aumento deverá ser compensado no momento da aplicação do disposto no *caput* deste artigo, de acordo com normas a serem baixadas pelo Ministério da Previdência Social.

→ § 6º acrescentado pela Lei 11.665/2008.

Seção V
Dos benefícios

Subseção I
Da aposentadoria por invalidez

→ *v.* Arts. 43 a 50 do Decreto 3.048/1999.

Art. 42. A aposentadoria por invalidez, uma vez cumprida, quando for o caso, a carência exigida, será devida ao segurado que, estando ou não em gozo de auxílio-doença, for considerado incapaz e insusceptível de reabilitação para o exercício de atividade que lhe garanta a subsistência, e ser-lhe-á paga enquanto permanecer nesta condição.

§ 1º A concessão de aposentadoria por invalidez dependerá da verificação da condição de incapacidade mediante exame médico-pericial a cargo da Previdência Social, podendo o segurado, às suas expensas, fazer-se acompanhar de médico de sua confiança.

§ 2º A doença ou lesão de que o segurado já era portador ao filiar-se ao Regime Geral de Previdência Social não lhe conferirá direito à aposentadoria por invalidez, salvo quando a incapacidade sobrevier por motivo de progressão ou agravamento dessa doença ou lesão.

Art. 43. A aposentadoria por invalidez será devida a partir do dia imediato ao da cessação do auxílio-doença, ressalvado o disposto nos §§ 1º, 2º e 3º deste artigo.

§ 1º Concluindo a perícia médica inicial pela existência de incapacidade total e definitiva para o trabalho, a aposentadoria por invalidez será devida:

→ *Caput* do § 1º com redação alterada pela Lei 9.032/1995.

a) ao segurado empregado, a contar do décimo sexto dia do afastamento da atividade ou a partir da entrada do requerimento, se entre o afastamento e a entrada do requerimento decorrerem mais de trinta dias;

→ Alínea *a* com redação alterada pela Lei 9.876/1999.

b) ao segurado empregado doméstico, trabalhador avulso, contribuinte individual, especial e facultativo, a contar da data do início da incapacidade ou da data da entrada do requerimento, se entre essas datas decorrerem mais de 30 (trinta) dias.

→ Alínea *b* com redação alterada pela Lei 9.876/1999.

§ 2º Durante os primeiros quinze dias de afastamento da atividade por motivo de invalidez, caberá à empresa pagar ao segurado empregado o salário.

→ § 2º com redação alterada pela Lei 9.876/1999.

§ 3º (*Revogado pela Lei 9.032/1995*).

Art. 44. A aposentadoria por invalidez, inclusive a decorrente de acidente do trabalho, consistirá numa renda mensal correspondente a 100% (cem por cento) do salário de benefício, observado o disposto na Seção III, especialmente no art. 33 desta Lei.

→ *Caput* com redação alterada pela Lei 9.032/1995.

§ 1º (*Revogado pela Lei 9.528/1997*).

§ 2º Quando o acidentado do trabalho estiver em gozo de auxílio-doença, o valor da aposentadoria por invalidez será igual ao do auxílio-doença se este, por força de reajustamento, for superior ao previsto neste artigo.

Art. 45. O valor da aposentadoria por invalidez do segurado que necessitar da assistência permanente de outra pessoa será acrescido de 25% (vinte e cinco por cento).

Parágrafo único. O acréscimo de que trata este artigo:

a) será devido ainda que o valor da aposentadoria atinja o limite máximo legal;

b) será recalculado quando o benefício que lhe deu origem for reajustado;

c) cessará com a morte do aposentado, não sendo incorporável ao valor da pensão.

Art. 46. O aposentado por invalidez que retornar voluntariamente à atividade terá sua aposentadoria automaticamente cancelada, a partir da data do retorno.

Art. 47. Verificada a recuperação da capacidade de trabalho do aposentado por invalidez, será observado o seguinte procedimento:

I – quando a recuperação ocorrer dentro de 5 (cinco) anos, contados da data do início da aposentadoria por invalidez ou do auxílio-doença que a antecedeu sem interrupção, o benefício cessará:

a) de imediato, para o segurado empregado que tiver direito a retornar à função que desempenhava na empresa quando se aposentou, na forma da legislação trabalhista, valendo como documento, para tal fim, o certificado de capacidade fornecido pela Previdência Social; ou

b) após tantos meses quantos forem os anos de duração do auxílio-doença ou da aposentadoria por invalidez, para os demais segurados;

II – quando a recuperação for parcial, ou ocorrer após o período do inciso I, ou ainda quando o segurado for declarado apto para o exercício de trabalho diverso do qual habitualmente exercia, a aposentadoria será mantida, sem prejuízo da volta à atividade:

a) no seu valor integral, durante 6 (seis) meses contados da data em que for verificada a recuperação da capacidade;

b) com redução de 50% (cinquenta por cento), no período seguinte de 6 (seis) meses;

c) com redução de 75% (setenta e cinco por cento), também por igual período de 6 (seis) meses, ao término do qual cessará definitivamente.

Subseção II
Da aposentadoria por idade

→ *V.* Arts. 51 a 54 do Decreto 3.048/1999.

Art. 48. A aposentadoria por idade será devida ao segurado que, cumprida a carência exigida nesta Lei, completar 65 (sessenta e cinco) anos de idade, se homem, e 60 (sessenta), se mulher.

→ *Caput* com redação alterada pela Lei 9.032/1995.

§ 1º Os limites fixados no *caput* são reduzidos para 60 (sessenta) e 55 (cinquenta e cinco) anos no caso de trabalhadores rurais, respectivamente homens e mulheres, referidos na alínea *a* do inciso I, na alínea *g* do inciso V e nos incisos VI e VII do art. 11.

→ § 1º com redação alterada pela Lei 9.876/1999.

§ 2º Para os efeitos do disposto no § 1º deste artigo, o trabalhador rural deve comprovar o efetivo exercício de atividade rural, ainda que de forma descontínua, no período imediatamente anterior ao requerimento do benefício, por tempo igual ao número de meses de contribuição correspondente à carência do benefício pretendido, computado o período a que se referem os incisos III a VIII do § 9º do art. 11 desta Lei.

→ § 2º com redação alterada pela Lei 11.718/2008.

§ 3º Os trabalhadores rurais de que trata o § 1º deste artigo que não atendam ao disposto no § 2º deste artigo, mas que satisfaçam essa condição, se forem considerados períodos de contribuição sob outras categorias do segurado, farão jus ao benefício ao completarem 65 (sessenta e cinco) anos de idade, se homem, e 60 (sessenta) anos, se mulher.

→ § 3º acrescentado pela Lei 11.718/2008.

§ 4º Para efeito do § 3º deste artigo, o cálculo da renda mensal do benefício será apurado de acordo com o disposto no inciso II do *caput* do art. 29 desta Lei, considerando-se como salário de contribuição mensal do período como segurado especial o limite mínimo de salário de contribuição da Previdência Social.

→ § 4º acrescentado pela Lei 11.718/2008.

Art. 49. A aposentadoria por idade será devida:

I – ao segurado empregado, inclusive o doméstico, a partir:

a) da data do desligamento do emprego, quando requerida até essa data ou até 90 (noventa) dias depois dela; ou

b) da data do requerimento, quando não houver desligamento do emprego ou quando for requerida após o prazo previsto na alínea *a*;

II – para os demais segurados, da data da entrada do requerimento.

Art. 50. A aposentadoria por idade, observado o disposto na Seção III deste Capítulo, especialmente no art. 33, consistirá numa renda mensal de 70% (setenta por cento) do salário de benefício, mais 1% (um por cento) deste, por grupo de 12 (doze) contribuições, não podendo ultrapassar 100% (cem por cento) do salário de benefício.

→ *V.* Arts. 31 e 32 do Decreto 3.048/1999.

Art. 51. A aposentadoria por idade pode ser requerida pela empresa, desde que o segurado empregado tenha cumprido o período de carência e completado 70 (setenta) anos de idade, se do sexo masculino, ou 65 (sessenta e cinco) anos, se do sexo feminino, sendo compulsória, caso em que será garantida ao empregado a indenização prevista na legislação trabalhista, considerada como data da rescisão do contrato de trabalho a imediatamente anterior à do início da aposentadoria.

Subseção III
Da aposentadoria por tempo de serviço

Art. 52. A aposentadoria por tempo de serviço será devida, cumprida a carência exigida nesta Lei, ao segurado que completar 25 (vinte e cinco) anos de serviço, se do sexo feminino, ou 30 (trinta) anos, se do masculino.

→ *V.* Súmula 272 do STJ.

→ *V.* Arts. 40 e 201, § 7º, da CF/1988.

Art. 53. A aposentadoria por tempo de serviço, observado o disposto na Seção III deste Capítulo, especialmente no art. 33, consistirá numa renda mensal de:

I – para a mulher: 70% (setenta por cento) do salário de benefício aos 25 (vinte e cinco) anos de serviço, mais 6% (seis por cento) deste, para cada novo ano completo de atividade, até o máximo de 100% (cem por cento) do salário de benefício aos 30 (trinta) anos de serviço;

II – para o homem: 70% (setenta por cento) do salário de benefício aos 30 (trinta) anos de serviço, mais 6% (seis por cento) deste, para cada novo ano completo de atividade, até o máximo de 100% (cem por cento) do salário de benefício aos 35 (trinta e cinco) anos de serviço.

Art. 54. A data do início da aposentadoria por tempo de serviço será fixada da mesma forma que a da aposentadoria por idade, conforme o disposto no art. 49.

Art. 55. O tempo de serviço será comprovado na forma estabelecida no Regulamento, compreendendo, além do correspondente às atividades de qualquer das categorias de segurados de que trata o art. 11 desta Lei, mesmo que anterior à perda da qualidade de segurado:

I – o tempo de serviço militar, inclusive o voluntário, e o previsto no § 1º do art. 143 da Constituição Federal, ainda que anterior à filiação ao Regime Geral de Previdência Social, desde que não tenha sido contado para inatividade remunerada nas Forças Armadas ou aposentadoria no serviço público;

II – o tempo intercalado em que esteve em gozo de auxílio-doença ou aposentadoria por invalidez;

III – o tempo de contribuição efetuada como segurado facultativo;

→ Inciso III com redação alterada pela Lei 9.032/1995.

IV – o tempo de serviço referente ao exercício de mandato eletivo federal, estadual ou municipal, desde que não tenha sido contado para efeito de aposentadoria por outro regime de previdência social;

→ Inciso IV com redação alterada pela Lei 9.506/1997.

V – o tempo de contribuição efetuado por segurado depois de ter deixado de exercer atividade remunerada que o enquadrava no art. 11 desta Lei;

VI – o tempo de contribuição efetuado com base nos arts. 8º e 9º da Lei 8.162, de 8 de janeiro de 1991, pelo segurado definido no art. 11, inciso I, alínea *g*, desta Lei, sendo tais contribuições computadas para efeito de carência.

→ Inciso VI acrescentado pela Lei 8.647/1993.

§ 1º A averbação de tempo de serviço durante o qual o exercício da atividade não determinava filiação obrigatória ao anterior Regime de Previdência Social Urbana só será admitida mediante o recolhimento das contribuições correspondentes, conforme dispuser o Regulamento, observado o disposto no § 2º.

→ *V.* Lei 8.212/1991 – Dispõe sobre a organização da Seguridade Social e institui Plano de Custeio.

§ 2º O tempo de serviço do segurado trabalhador rural, anterior a data de início de vigência desta Lei, será computado independentemente do recolhimento das contribuições a ele correspondentes, exceto para efeito de carência, conforme dispuser o Regulamento.

§ 3º A comprovação do tempo de serviço para os efeitos desta Lei, inclusive mediante justificação administrativa ou judicial, conforme o disposto no art. 108, só produzirá efeito quando baseada em início de prova material, não sendo admitida prova exclusivamente testemunhal, salvo na ocorrência de motivo de força maior ou caso fortuito, conforme disposto no Regulamento.

§ 4º Não será computado como tempo de contribuição, para efeito de concessão do benefício de que trata esta subseção, o período em que o segurado contribuinte individual ou facultativo tiver contribuído na forma do § 2º do art. 21 da Lei 8.212, de 24 de julho de 1991, salvo se tiver complementado as contribuições na forma do § 3º do mesmo artigo.

→ § 4º acrescentado pela LC 123/2006.

Art. 56. O professor, após 30 (trinta) anos, e a professora, após 25 (vinte e cinco) anos de efetivo exercício em funções de magistério poderão aposentar-se por tempo de serviço, com renda mensal correspondente a 100% (cem por cento) do salário de benefício, observado o disposto na Seção III deste Capítulo.

→ *v.* Súmula 726 do STF.

→ *v.* Art. 201, § 8º, da CF/1988.

Subseção IV
Da aposentadoria especial

→ *v.* Lei 10.666/2003 – Aposentadoria especial ao cooperado de cooperativa de trabalho ou de produção.

→ *v.* Arts. 64 a 70 do Decreto 3.048/1999.

Art. 57. A aposentadoria especial será devida, uma vez cumprida a carência exigida nesta Lei, ao segurado que tiver trabalhado sujeito a condições especiais que prejudiquem a saúde ou a integridade física, durante 15 (quinze), 20 (vinte) ou 25 (vinte e cinco) anos, conforme dispuser a lei.

→ *Caput* com redação alterada pela Lei 9.032/1995.

→ *v.* Súmula Vinculante 33 do STF.

§ 1º A aposentadoria especial, observado o disposto no art. 33 desta Lei, consistirá numa renda mensal equivalente a 100% (cem por cento) do salário de benefício.

→ § 1º com redação alterada pela Lei 9.032/1995.

§ 2º A data de início do benefício será fixada da mesma forma que a da aposentadoria por idade, conforme o disposto no art. 49.

§ 3º A concessão da aposentadoria especial dependerá de comprovação pelo segurado, perante o Instituto Nacional do Seguro Social – INSS, do tempo de trabalho permanente, não ocasional nem intermitente, em condições especiais que prejudiquem a saúde ou a integridade física, durante o período mínimo fixado.

→ § 3º com redação alterada pela Lei 9.032/1995.

§ 4º O segurado deverá comprovar, além do tempo de trabalho, exposição aos agentes nocivos químicos, físicos, biológicos ou associação de agentes prejudiciais à saúde ou à integridade física, pelo período equivalente ao exigido para a concessão do benefício.

→ § 4º com redação alterada pela Lei 9.032/1995.

§ 5º O tempo de trabalho exercido sob condições especiais que sejam ou venham a ser consideradas prejudiciais à saúde ou à integridade física será somado, após a respectiva conversão ao tempo de trabalho exercido em atividade comum, segundo critérios estabelecidos pelo Ministério da Previdência e Assistência Social, para efeito de concessão de qualquer benefício.

→ § 5º acrescentado pela Lei 9.032/1995.

§ 6º O benefício previsto neste artigo será financiado com os recursos provenientes da contribuição de que trata o inciso II do art. 22 da Lei 8.212, de 24 de julho de 1991, cujas alíquotas serão acrescidas de 12 (doze), 9 (nove) ou 6 (seis) pontos percentuais, conforme a atividade exercida pelo segurado a serviço da empresa permita a concessão da aposentadoria especial após 15 (quinze), 20 (vinte) ou 25 (vinte e cinco) anos de contribuição, respectivamente.

→ § 6º com redação alterada pela Lei 9.732/1998.

§ 7º O acréscimo de que trata o parágrafo anterior incide exclusivamente sobre a remuneração do segurado sujeito às condições especiais referidas no *caput*.

→ § 7º acrescentado pela Lei 9.732/1998.

§ 8º Aplica-se o disposto no art. 46 ao segurado aposentado nos termos deste artigo que continuar no exercício de atividade ou operação que o sujeite aos agentes nocivos constantes da relação referida no art. 58 desta Lei.

→ § 8º acrescentado pela Lei 9.732/1998.

Art. 58. A relação dos agentes nocivos químicos, físicos e biológicos ou associação de agentes prejudiciais à saúde ou à integridade física considerados para fins de concessão da aposentadoria especial de que trata o artigo anterior será definida pelo Poder Executivo.

→ *Caput* com redação alterada pela Lei 9.528/1997.

→ *v.* Súmula Vinculante 33 do STF.

§ 1º A comprovação da efetiva exposição do segurado aos agentes nocivos será feita mediante formulário, na forma estabelecida pelo Instituto Nacional do Seguro Social – INSS, emitido pela empresa ou seu preposto, com base em laudo técnico de condições ambientais do trabalho expedido por médico do trabalho ou engenheiro de segurança do trabalho nos termos da legislação trabalhista.

→ § 1º com redação alterada pela Lei 9.732/1998.

§ 2º Do laudo técnico referido no parágrafo anterior deverão constar informação sobre a existência de tecnologia de proteção coletiva ou individual que diminua a intensidade do agente agressivo a limites de tolerância e recomendação sobre a sua adoção pelo estabelecimento respectivo.

→ § 2º com redação alterada pela Lei 9.732/1998.

§ 3º A empresa que não mantiver laudo técnico atualizado com referência aos agentes nocivos existentes no ambiente de trabalho de seus trabalhadores ou que emitir documento de comprovação de efetiva exposição em desacordo com o respectivo laudo estará sujeita à penalidade prevista no art. 133 desta Lei.

→ § 3º acrescentado pela Lei 9.528/1997.

§ 4º A empresa deverá elaborar e manter atualizado perfil profissiográfico abrangendo as atividades desenvolvidas pelo trabalhador e fornecer a este, quando da rescisão do contrato de trabalho, cópia autêntica desse documento.

→ § 4º acrescentado pela Lei 9.528/1997.

Subseção V
Do auxílio-doença

→ *v.* Art. 476 da CLT.

→ *v.* Arts. 71 a 80 do Decreto 3.048/1999.

Art. 59. O auxílio-doença será devido ao segurado que, havendo cumprido, quando for o caso, o período de carência exigido nesta Lei, ficar incapacitado para o seu trabalho ou para a sua atividade habitual por mais de 15 (quinze) dias consecutivos.

Parágrafo único. Não será devido auxílio-doença ao segurado que se filiar ao Regime Geral de Previdência Social já portador da doença ou da lesão invocada como causa para o benefício, salvo quando a incapacidade sobrevier por motivo de progressão ou agravamento dessa doença ou lesão.

Art. 60. O auxílio-doença será devido ao segurado empregado a contar do décimo sexto dia do afastamento da atividade, e, no caso dos demais segurados, a contar da data do início da incapacidade e enquanto ele permanecer incapaz.

→ *Caput* com redação alterada pela Lei 9.876/1999.

§ 1º Quando requerido por segurado afastado da atividade por mais de 30 (trinta) dias, o auxílio-doença será devido a contar da data da entrada do requerimento.

§ 2º (*Revogado pela Lei 9.032/1995*).

§ 3º Durante os primeiros quinze dias consecutivos ao do afastamento da atividade por motivo de doença, incumbirá à empresa pagar ao segurado empregado o seu salário integral.

→ § 3º com redação alterada pela Lei 9.876/1999.

§ 4º A empresa que dispuser de serviço médico, próprio ou em convênio, terá a seu cargo o exame médico e o abono das faltas correpondentes ao período referido no § 3º, somente devendo encaminhar o segurado à perícia médica da Previdência Social quando a incapacidade ultrapassar 15 (quinze) dias.

§ 5º Nos casos de impossibilidade de realização de perícia médica pelo órgão ou setor próprio competente, assim como de efetiva incapacidade física ou técnica de implementação das atividades e de atendimento adequado à clientela da previdência social, o INSS poderá, sem ônus para os segurados, celebrar, nos termos do regulamento, convênios, termos de execução descentralizada, termos de fomento ou de colaboração, contratos não onerosos ou acordos de cooperação técnica para realização de perícia médica, por delegação ou simples cooperação técnica, sob sua coordenação e supervisão, com:

→ § 5º acrescentado pela Lei 13.135/2015.

I – órgãos e entidades públicos ou que integrem o Sistema Único de Saúde (SUS);

II – (*Vetado*);

III – (*Vetado*).

§ 6º O segurado que durante o gozo do auxílio-doença vier a exercer atividade que lhe garanta subsistência poderá ter o benefício cancelado a partir do retorno à atividade.

→ § 6º acrescentado pela Lei 13.135/2015.

§ 7º Na hipótese do § 6º, caso o segurado, durante o gozo do auxílio-doença, venha a exercer atividade diversa daquela que gerou o benefício, deverá ser verificada a incapacidade para cada uma das atividades exercidas.

→ § 7º acrescentado pela Lei 13.135/2015.

Art. 61. O auxílio-doença, inclusive o decorrente de acidente do trabalho, consistirá numa renda mensal correspondente a 91% (noventa e um por cento) do salário de benefício, observado o disposto na Seção III, especialmente no art. 33 desta Lei.

→ Artigo com redação alterada pela Lei 9.032/1995.

Art. 62. O segurado em gozo de auxílio-doença, insusceptível de recuperação para sua atividade habitual, deverá submeter-se a processo de reabilitação profissional para o exercício de outra atividade. Não cessará o benefício até que seja dado como habilitado para o desempenho de nova atividade que lhe garanta a subsistência ou, quando considerado não recuperável, for aposentado por invalidez.

Art. 63. O segurado empregado, inclusive o doméstico, em gozo de auxílio-doença será considerado pela empresa e pelo empregador doméstico como licenciado.

→ *Caput* com redação alterada pela LC 150/2015.

Parágrafo único. A empresa que garantir ao segurado licença remunerada ficará obrigada a pagar-lhe durante o período de auxílio-doença a eventual diferença entre o valor deste e a importância garantida pela licença.

Art. 64. *(Revogado pela Lei 9.032/1995).*

Subseção VI
Do salário-família

→ *v.* Arts. 81 a 92 do Decreto 3.048/1999.

Art. 65. O salário-família será devido, mensalmente, ao segurado empregado, inclusive o doméstico, e ao segurado trabalhador avulso, na proporção do respectivo número de filhos ou equiparados nos termos do § 2º do art. 16 desta Lei, observado o disposto no art. 66.

→ *Caput* com redação alterada pela LC 150/2015.

Parágrafo único. O aposentado por invalidez ou por idade e os demais aposentados com 65 (sessenta e cinco) anos ou mais de idade, se do sexo masculino, ou 60 (sessenta) anos ou mais, se do feminino, terão direito ao salário-família, pago juntamente com a aposentadoria.

Art. 66. O valor da cota do salário-família por filho ou equiparado de qualquer condição, até 14 (quatorze) anos de idade ou inválido de qualquer idade é de:

I – Cr$ 1.360,00 (um mil trezentos e sessenta cruzeiros), para o segurado com remuneração mensal não superior a Cr$ 51.000,00 (cinquenta e um mil cruzeiros);

→ Valores atualizados a partir de 01.01.2013, pela Portaria Interministerial MPS-MF 15/2013, para R$ 33,16 (trinta e três reais e dezesseis centavos para o segurado com remuneração mensal não superior a R$ 646,55 (seiscentos e quarenta e seis reais e cinquenta e cinco centavos).

II – Cr$ 170,00 (cento e setenta cruzeiros), para o segurado com remuneração mensal superior a Cr$ 51.000,00 (cinquenta e um mil cruzeiros).

→ Valores atualizados a partir de 01.01.2013, pela Portaria Interministerial MPS-MF 15/2013, para R$ 23,36 (vinte e três reais e trinta e seis centavos) para o segurado com remuneração mensal superior a R$ 646,55 (seiscentos e quarenta e seis reais e cinquenta e cinco centavos) e igual ou inferior a R$ 971,78 (novecentos e setenta e um reais e setenta e oito centavos).

Art. 67. O pagamento do salário-família é condicionado à apresentação da certidão de nascimento do filho ou da documentação relativa ao equiparado ou ao inválido, e à apresentação anual de atestado de vacinação obrigatória e de comprovação de frequência à escola do filho ou equiparado, nos termos do regulamento.

→ *Caput* com redação alterada pela Lei 9.876/1999.

Parágrafo único. O empregado doméstico deve apresentar apenas a certidão de nascimento referida no caput.

→ Parágrafo único acrescentado pela LC 150/2015.

Art. 68. As cotas do salário-família serão pagas pela empresa ou pelo empregador doméstico, mensalmente, junto com o salário, efetivando-se a compensação quando do recolhimento das contribuições, conforme dispuser o Regulamento.

→ *Caput* com redação alterada pela LC 150/2015.

§ 1º A empresa ou o empregador doméstico conservarão durante 10 (dez) anos os comprovantes de pagamento e as cópias das certidões correspondentes, para fiscalização da Previdência Social.

→ § 1º com redação alterada pela LC 150/2015.

§ 2º Quando o pagamento do salário não for mensal, o salário-família será pago juntamente com o último pagamento relativo ao mês.

Art. 69. O salário-família devido ao trabalhador avulso poderá ser recebido pelo sindicato de classe respectivo, que se incumbirá de elaborar as folhas correspondentes e de distribuí-lo.

Art. 70. A cota do salário-família não será incorporada, para qualquer efeito, ao salário ou ao benefício.

Subseção VII
Do salário-maternidade

→ *v.* Arts. 93 a 103 do Decreto 3.048/1999.

Art. 71. O salário-maternidade é devido à segurada da Previdência Social, durante 120 (cento e vinte) dias, com início no período entre 28 (vinte e oito) dias antes do parto e a data de ocorrência deste, observadas as situações e condições previstas na legislação no que concerne à proteção à maternidade.

→ *Caput* com redação alterada pela Lei 10.710/2003.

Parágrafo único. *(Revogado pela Lei 9.528/1997).*

Art. 71-A. Ao segurado ou segurada da Previdência Social que adotar ou obtiver guarda judicial para fins de adoção de criança é devido salário-maternidade pelo período de 120 (cento e vinte) dias.

→ *Caput* com redação alterada pela Lei 12.873/2013.

§ 1º O salário-maternidade de que trata este artigo será pago diretamente pela Previdência Social.

→ § 1º acrescentado pela Lei 12.873/2013.

§ 2º Ressalvado o pagamento do salário-maternidade à mãe biológica e o disposto no art. 71-B, não poderá ser concedido o benefício a mais de um segurado, decorrente do mesmo processo de adoção ou guarda, ainda que os cônjuges ou companheiros estejam submetidos a Regime Próprio de Previdência Social.

→ § 2º acrescentado pela Lei 12.873/2013.

Art. 71-B. No caso de falecimento da segurada ou segurado que fizer jus ao recebimento do salário-maternidade, o benefício será pago, por todo o período ou pelo tempo restante a que teria direito, ao cônjuge ou companheiro sobrevivente que tenha a qualidade de segurado, exceto no caso do falecimento do filho ou de seu abandono, observadas as normas aplicáveis ao salário maternidade.

→ Artigo acrescentado pela Lei 12.873/2013, em vigor 90 (noventa) dias após a data de sua publicação oficial – *D.O.U.* 25.10.2013.

§ 1º O pagamento do benefício de que trata o *caput* deverá ser requerido até o último dia do prazo previsto para o término do salário-maternidade originário.

§ 2º O benefício de que trata o *caput* será pago diretamente pela Previdência Social durante o período entre a data do óbito e o último dia do término do salário-maternidade originário e será calculado sobre:

I – a remuneração integral, para o empregado e trabalhador avulso;

II – o último salário de contribuição, para o empregado doméstico;

III – 1/12 (um doze avos) da soma dos 12 (doze) últimos salários de contribuição, apurados em um período não superior a 15 (quinze) meses, para o contribuinte individual, facultativo e desempregado; e

IV – o valor do salário mínimo, para o segurado especial.

§ 3º Aplica-se o disposto neste artigo ao segurado que adotar ou obtiver guarda judicial para fins de adoção.

Art. 71-C. A percepção do salário-maternidade, inclusive o previsto no art. 71-B, está condicionada ao afastamento do segurado do trabalho ou da atividade desempenhada, sob pena de suspensão do benefício.

→ Artigo acrescentado pela Lei 12.873/2013, em vigor 90 (noventa) dias após a data de sua publicação oficial – *D.O.U.* 25.10.2013.

Art. 72. O salário-maternidade para a segurada empregada ou trabalhadora avulsa consistirá numa renda mensal igual a sua remuneração integral.

→ *Caput* com redação alterada pela Lei 9.876/1999.

§ 1º Cabe à empresa pagar o salário-maternidade devido à respectiva empregada gestante, efetivando-se a compensação, observado o disposto no art. 248 da Constituição Federal, quando do recolhimento das contribuições incidentes sobre a folha de salários e demais rendimentos pagos ou creditados, a qualquer título, à pessoa física que lhe preste serviço.

→ § 1º acrescentado pela Lei 10.710/2003.

§ 2º A empresa deverá conservar durante 10 (dez) anos os comprovantes dos pagamentos e os atestados correspondentes para exame pela fiscalização da Previdência Social.

→ § 2º acrescentado pela Lei 10.710/2003.

§ 3º O salário-maternidade devido à trabalhadora avulsa e à empregada do microempreendedor individual de que trata o art. 18-A da Lei Complementar 123, de 14 de dezembro de 2006, será pago diretamente pela Previdência Social.

→ § 3º com redação alterada pela Lei 12.470/2011.

Art. 73. Assegurado o valor de um salário mínimo, o salário-maternidade para as demais seguradas, pago diretamente pela Previdência Social, consistirá:

→ *Caput* com redação alterada pela Lei 10.710/2003.

I – em um valor correspondente ao do seu último salário de contribuição, para a segurada empregada doméstica;

→ Inciso I acrescentado pela Lei 9.876/1999.

II – em 1/12 (um doze avos) do valor sobre o qual incidiu sua última contribuição anual, para a segurada especial;

→ Inciso II acrescentado pela Lei 9.876/1999.

III – em 1/12 (um doze avos) da soma dos 12 (doze) últimos salários de contribuição, apurados em um período não superior a 15 (quinze) meses, para as demais seguradas.

→ Inciso III acrescentado pela Lei 9.876/1999.

Subseção VIII
Da pensão por morte

→ *v.* Arts. 105 a 115 do Decreto 3.048/1999.

Art. 74. A pensão por morte será devida ao conjunto dos dependentes do segurado que falecer, aposentado ou não, a contar da data:

→ *Caput* com redação alterada pela Lei 9.528/1997.

I – do óbito, quando requerida até noventa dias depois deste;

→ Inciso I com redação alterada pela Lei 13.183/2015.

II – do requerimento, quando requerida após o prazo previsto no inciso anterior;

→ Inciso II acrescentado pela Lei 9.528/1997.

III – da decisão judicial, no caso de morte presumida.

→ Inciso III acrescentado pela Lei 9.528/1997.

§ 1º Perde o direito à pensão por morte, após o trânsito em julgado, o condenado pela prática de crime de que tenha dolosamente resultado a morte do segurado.

→ § 1º acrescentado pela Lei 13.135/2015.

§ 2º Perde o direito à pensão por morte o cônjuge, o companheiro ou a companheira se comprovada, a qualquer tempo, simulação ou fraude no casamento ou na união estável, ou a formalização desses com o fim exclusivo de constituir benefício previdenciário, apuradas em processo judicial no qual será assegurado o direito ao contraditório e à ampla defesa.

→ § 2º acrescentado pela Lei 13.135/2015.

Art. 75. O valor mensal da pensão por morte será de cem por cento do valor da aposentadoria que o segurado recebia ou daquela a que teria direito se estivesse aposentado por invalidez na data de seu falecimento, observado o disposto no art. 33 desta lei.

→ Artigo com redação alterada pela Lei 9.528/1997.

Art. 76. A concessão da pensão por morte não será protelada pela falta de habilitação de outro possível dependente, e qualquer inscrição ou habilitação posterior que importe em exclusão ou inclusão de dependente só produzirá efeito a contar da data da inscrição ou habilitação.

§ 1º O cônjuge ausente não exclui do direito à pensão por morte o companheiro ou a companheira, que somente fará jus ao benefício a partir da data de sua habilitação e mediante prova de dependência econômica.

§ 2º O cônjuge divorciado ou separado judicialmente ou de fato que recebia pensão de alimentos concorrerá em igualdade de condições com os dependentes referidos no inciso I do art. 16 desta Lei.

Art. 77. A pensão por morte, havendo mais de um pensionista, será rateada entre todos em partes iguais.

→ *Caput* com redação alterada pela Lei 9.032/1995.

§ 1º Reverterá em favor dos demais a parte daquele cujo direito à pensão cessar.

→ § 1º com redação alterada pela Lei 9.032/1995.

§ 2º O direito à percepção de cada cota individual cessará:

→ *Caput* do § 2º com redação alterada pela Lei 13.135/2015.

I – pela morte do pensionista;

→ Inciso I acrescentado pela Lei 9.032/1995.

II – para o filho, a pessoa a ele equiparada ou o irmão, de ambos os sexos, ao completar vinte e um anos de idade, salvo se for inválido ou tiver deficiência intelectual ou mental ou deficiência grave;

→ Inciso II com redação alterada pela Lei 13.183/2015, em vigor 3 de janeiro de 2016 – *D.O.U.* de 5.11.2015.

→ **Anterior redação:** II – para o filho, a pessoa a ele equiparada ou o irmão, de ambos os sexos, pela emancipação ou ao completar 21 (vinte e um) anos de idade, salvo se for inválido ou tiver deficiência intelectual ou mental ou deficiência grave; (Inciso II com redação alterada pela Lei 13.146/2015).

III – para filho ou irmão inválido, pela cessação da invalidez;

→ Inciso III com redação alterada pela Lei 13.135/2015.

IV – para filho ou irmão que tenha deficiência intelectual ou mental ou deficiência grave, pelo afastamento da deficiência, nos termos do regulamento;

→ Inciso IV acrescentado pela Lei 13.135/2015, em vigor após 2 (dois) anos de sua publicação – (*D.O.U.* de 18.6.2015).

V – para cônjuge ou companheiro:

→ Inciso V acrescentado pela Lei 13.135/2015.

a) se inválido ou com deficiência, pela cessação da invalidez ou pelo afastamento da deficiência, respeitados os períodos mínimos decorrentes da aplicação das alíneas *b* e *c*;

b) em 4 (quatro) meses, se o óbito ocorrer sem que o segurado tenha vertido 18 (dezoito) contribuições mensais ou se o casamento ou a união estável tiverem sido iniciados em menos de 2 (dois) anos antes do óbito do segurado;

c) transcorridos os seguintes períodos, estabelecidos de acordo com a idade do beneficiário na data de óbito do segurado, se o óbito ocorrer depois de vertidas 18 (dezoito) contribuições mensais e pelo menos 2 (dois) anos após o início do casamento ou da união estável:

1) 3 (três) anos, com menos de 21 (vinte e um) anos de idade;

2) 6 (seis) anos, entre 21 (vinte e um) e 26 (vinte e seis) anos de idade;

3) 10 (dez) anos, entre 27 (vinte e sete) e 29 (vinte e nove) anos de idade;

4) 15 (quinze) anos, entre 30 (trinta) e 40 (quarenta) anos de idade;

5) 20 (vinte) anos, entre 41 (quarenta e um) e 43 (quarenta e três) anos de idade;

6) vitalícia, com 44 (quarenta e quatro) ou mais anos de idade.

§ 2º-A. Serão aplicados, conforme o caso, a regra contida na alínea *a* ou os prazos previstos na alínea *c*, ambas do inciso V do § 2º, se o óbito do segurado decorrer de acidente de qualquer natureza ou de doença profissional ou do trabalho, independentemente do recolhimento de 18 (dezoito) contribuições mensais ou da comprovação de 2 (dois) anos de casamento ou de união estável.

→ § 2º-A acrescentado pela Lei 13.135/2015.

§ 2º-B. Após o transcurso de pelo menos 3 (três) anos e desde que nesse período se verifique o incremento mínimo de um ano inteiro na média nacional única, para ambos os sexos, correspondente à expectativa de sobrevida da população brasileira ao nascer, poderão ser fixadas, em números inteiros, novas idades para os fins previstos na alínea *c* do inciso V do § 2º, em ato do Ministro de Estado da Previdência Social, limitado o acréscimo na comparação com as idades anteriores ao referido incremento.

→ § 2º-B acrescentado pela Lei 13.135/2015.

§ 3º Com a extinção da parte do último pensionista a pensão extinguir-se-á.

→ § 3º acrescentado pela Lei 9.032/1995.

§ 4º (*Revogado pela Lei 13.135/2015*).

§ 5º O tempo de contribuição a Regime Próprio de Previdência Social (RPPS) será considerado na contagem das 18 (dezoito) contribuições mensais de que tratam as alíneas *b* e *c* do inciso V do § 2º.

→ § 5º com redação alterada pela Lei 13.135/2015.

§ 6º O exercício de atividade remunerada, inclusive na condição de microempreendedor individual, não impede a concessão ou manutenção da parte individual da pensão do dependente com deficiência intelectual ou mental ou com deficiência grave.

→ § 6º acrescentado pela Lei 13.183/2015.

Art. 78. Por morte presumida do segurado, declarada pela autoridade judicial competente, depois de 6 (seis) meses de ausência, será concedida pensão provisória, na forma desta Subseção.

§ 1º Mediante prova do desaparecimento do segurado em consequência de acidente, desastre ou catástrofe, seus dependentes farão jus à pensão provisória independentemente da declaração e do prazo deste artigo.

§ 2º Verificado o reaparecimento do segurado, o pagamento da pensão cessará imediatamente, desobrigados os dependentes da reposição dos valores recebidos, salvo má-fé.

Art. 79. Não se aplica o disposto no art. 103 desta Lei ao pensionista menor, incapaz ou ausente, na forma da lei.

Subseção IX
Do auxílio-reclusão

→ *v.* Arts. 116 a 119 do Decreto 3.048/1999.

Art. 80. O auxílio-reclusão será devido, nas mesmas condições da pensão por morte, aos dependentes do segurado recolhido à prisão, que não receber remuneração da empresa nem estiver em gozo de auxílio-doença, de aposentadoria ou de abono de permanência em serviço.

Parágrafo único. O requerimento do auxílio-reclusão deverá ser instruído com certidão do efetivo recolhimento à prisão, sendo obrigatória, para a manutenção do benefício, a apresentação de declaração de permanência na condição de presidiário.

Subseção X
Dos pecúlios

Art. 81. (*Revogado pela Lei 9.129/1995*).

Art. 82. (*Revogado pela Lei 9.032/1995*).

Art. 83. (*Revogado pela Lei 9.032/1995*).

Art. 84. (*Revogado pela Lei 8.870/1994*).

Art. 85. (*Revogado pela Lei 9.032/1995*).

Subseção XI
Do auxílio-acidente

→ *v.* Art. 104 do Decreto 3.048/1999.

Art. 86. O auxílio-acidente será concedido, como indenização, ao segurado quando, após a consolidação das lesões decorrentes de acidente de qualquer natureza, resultarem sequelas que impliquem redução da capacidade para o trabalho que habitualmente exercia.

→ *Caput* com redação alterada pela Lei 9.528/1997.

§ 1º O auxílio-acidente mensal corresponderá a 50% (cinquenta por cento) do salário de benefício e será devido, observado o disposto no § 5º, até a véspera do início de qualquer aposentadoria ou até a data do óbito do segurado.

→ § 1º com redação alterada pela Lei 9.528/1997.

→ Referido § 5º foi revogado.

§ 2º O auxílio-acidente será devido a partir do dia seguinte ao da cessação do auxílio-doença, independentemente de qualquer remuneração ou rendimento auferido pelo acidentado, vedada sua acumulação com qualquer aposentadoria.

→ § 2º com redação alterada pela Lei 9.528/1997.

→ *v.* Súmula 507 do STJ.

§ 3º O recebimento de salário ou concessão de outro benefício, exceto de aposentadoria, observado o disposto no § 5º, não prejudicará a continuidade do recebimento do auxílio-acidente.

→ § 3º com redação alterada pela Lei 9.528/1997.

→ Referido § 5º foi revogado.

→ *v.* Súmula 507 do STJ.

§ 4º A perda da audição, em qualquer grau, somente proporcionará a concessão do auxílio-acidente, quando, além do reconhecimento de causalidade entre o trabalho e a doença, resultar, comprovadamente, na redução ou perda da capacidade para o trabalho que habitualmente exercia.

→ § 4º acrescentado pela Lei 9.528/1997.

§ 5º (*Revogado pela Lei 9.032/1995*).

Subseção XII
Do abono de permanência em serviço

Art. 87. (*Revogado pela Lei 8.870/1994*).

Seção VI
Dos serviços

Subseção I
Do Serviço Social

→ *v.* LC 110/2001 – Institui contribuições sociais, autoriza créditos de complementos de atualização monetária em contas vinculadas do Fundo de Garantia do Tempo de Serviço – FGTS.

→ *v.* Lei 8.036/1990 – Fundo de Garantia do Tempo de Serviço – FGTS.

→ *v.* Decreto 3.048/1999 – Regulamento da Previdência Social.

Art. 88. Compete ao Serviço Social esclarecer junto aos beneficiários seus direitos sociais e os meios de exercê-los e estabelecer conjuntamente com eles o processo de solução dos problemas que emergirem da sua relação com a Previdência Social, tanto no âmbito interno da instituição como na dinâmica da sociedade.

§ 1º Será dada prioridade aos segurados em benefícios por incapacidade temporária e atenção especial aos aposentados e pensionistas.

§ 2º Para assegurar o efetivo atendimento dos usuários serão utilizadas intervenção técnica, assistência de natureza jurídica, ajuda material, recursos sociais, intercâmbio com empresas e pesquisa social, inclusive mediante celebração de convênios, acordos ou contratos.

§ 3º O Serviço Social terá como diretriz a participação do beneficiário na implementação e no fortalecimento da política previdenciária, em articulação com as associações e entidades de classe.

§ 4º O Serviço Social, considerando a universalização da Previdência Social, prestará assessoramento técnico aos Estados e Municípios na elaboração e implantação de suas propostas de trabalho.

Subseção II
Da habilitação e da reabilitação profissional

→ *v.* Arts. 136 a 141 do Decreto 3.048/1999.

Art. 89. A habilitação e a reabilitação profissional e social deverão proporcionar ao beneficiário incapacitado parcial ou totalmente para o trabalho, e às pessoas portadoras de deficiência, os meios para a (re)educação e de (re)adaptação profissional e social indicados para participar do mercado de trabalho e do contexto em que vive.

Parágrafo único. A reabilitação profissional compreende:

a) o fornecimento de aparelho de prótese, órtese e instrumentos de auxílio para locomoção quando a perda ou redução da capacidade funcional puder ser atenuada por seu uso e dos equipamentos necessários à habilitação e reabilitação social e profissional;

b) a reparação ou a substituição dos aparelhos mencionados no inciso anterior, desgastados pelo uso normal ou por ocorrência estranha à vontade do beneficiário;

c) o transporte do acidentado do trabalho, quando necessário.

Art. 90. A prestação de que trata o artigo anterior é devida em caráter obrigatório aos segurados, inclusive aposentados e, na medida das possibilidades do órgão da Previdência Social, aos seus dependentes.

Art. 91. Será concedido, no caso de habilitação e reabilitação profissional, auxílio para tratamento ou exame fora do domicílio do beneficiário, conforme dispuser o Regulamento.

Art. 92. Concluído o processo de habilitação ou reabilitação social e profissional, a Previdência Social emitirá certificado individual, indicando as atividades que poderão ser exercidas pelo beneficiário, nada impedindo que este exerça outra atividade para a qual se capacitar.

Art. 93. A empresa com 100 (cem) ou mais empregados está obrigada a preencher de 2% (dois por cento) a 5% (cinco por cento) dos seus cargos com beneficiários reabilitados ou pessoas portadoras de deficiência, habilitadas, na seguinte proporção:

I – até 200 empregados.......2%
II – de 201 a 500.................3%
III – de 501 a 1.000..............4%
IV – de 1.001 em diante.......5%

§ 1º A dispensa de pessoa com deficiência ou de beneficiário reabilitado da Previdência Social ao final de contrato por prazo determinado de mais de 90 (noventa) dias e a dispensa imotivada em contrato por prazo indeterminado somente poderão ocorrer após a contratação de outro trabalhador com deficiência ou beneficiário reabilitado da Previdência Social.

→ § 1º com redação alterada pela Lei 13.146/2015, em vigor após decorridos 180 (cento e oitenta) dias de sua publicação oficial – *D.O.U.* de 7.7.2015.

§ 2º Ao Ministério do Trabalho e Emprego incumbe estabelecer a sistemática de fiscalização, bem como gerar dados e estatísticas sobre o total de empregados e as vagas preenchidas por pessoas com deficiência e por beneficiários reabilitados da Previdência Social, fornecendo-os, quando solicitados, aos sindicatos, às entidades representativas dos empregados ou aos cidadãos interessados.

→ § 2º com redação alterada pela Lei 13.146/2015, em vigor após decorridos 180 (cento e oitenta) dias de sua publicação oficial – *D.O.U.* de 7.7.2015.

§ 3º Para a reserva de cargos será considerada somente a contratação direta de pessoa com deficiência, excluído o aprendiz com deficiência de que trata a Consolidação das Leis do Trabalho (CLT), aprovada pelo Decreto-Lei 5.452, de 1º de maio de 1943.

→ § 3º acrescentado pela Lei 13.146/2015, em vigor após decorridos 180 (cento e oitenta) dias de sua publicação oficial - *D.O.U.* de 7.7.2015.

§ 4º (Vetado).

→ 4º acrescentado pela Lei 13.146/2015, em vigor após decorridos 180 (cento e oitenta) dias de sua publicação oficial – *D.O.U.* de 7.7.2015.

→ **Anterior redação: Art. 93**. (...) § 1º A dispensa de trabalhador reabilitado ou de deficiente habilitado ao final de contrato por prazo determinado de mais de 90 (noventa) dias, e a imotivada, no contrato por prazo indeterminado, só poderá ocorrer após a contratação de substituto de condição semelhante. § 2º O Ministério do Trabalho e da Previdência Social deverá gerar estatísticas sobre o total de empregados e as vagas preenchidas por reabilitados e deficientes habilitados, fornecendo-as, quando solicitadas, aos sindicatos ou entidades representativas dos empregados. (...)

Seção VII
Da contagem recíproca de tempo de serviço

Art. 94. Para efeito dos benefícios previstos no Regime Geral de Previdência Social ou no serviço público é assegurada a contagem recíproca do tempo de contribuição na atividade privada, rural e urbana, e do tempo de contribuição ou de serviço na administração pública, hipótese em que os diferentes sistemas de previdência social se compensarão financeiramente.

→ *Caput* com redação alterada pela Lei 9.711/1998.

§ 1º A compensação financeira será feita ao sistema a que o interessado estiver vinculado ao requerer o benefício pelos demais sistemas, em relação aos respectivos tempos de contribuição ou de serviço, conforme dispuser o Regulamento.

→ Anterior parágrafo único renumerado pela LC 123/2006.

§ 2º Não será computado como tempo de contribuição, para efeito dos benefícios previstos em regimes próprios de previdência social, o período em que o segurado contribuinte individual ou facultativo tiver contribuído na forma do § 2º do art. 21 da Lei 8.212, de 24 de julho de 1991, salvo se complementadas as contribuições na forma do § 3º do mesmo artigo.

→ § 2º acrescentado pela LC 123/2006.

Art. 95. Observada a carência de 36 (trinta e seis) contribuições mensais, o segurado poderá contar, para fins de obtenção dos benefícios do Regime Geral de Previdência Social, o tempo de serviço prestado à administração pública federal direta, autárquica e fundacional.

→ Artigo com eficácia suspensa pela MP 2.187-13/2001.

Parágrafo único. Poderá ser contado o tempo de serviço prestado à administração pública direta, autárquica e fundacional dos Estados, do Distrito Federal e dos Municípios, desde que estes assegurem aos seus servidores a contagem de tempo do serviço em atividade vinculada ao Regime Geral de Previdência Social.

Art. 96. O tempo de contribuição ou de serviço de que trata esta Seção será contado de acordo com a legislação pertinente, observadas as normas seguintes:

I – não será admitida a contagem em dobro ou em outras condições especiais;

II – é vedada a contagem de tempo de serviço público com o de atividade privada, quando concomitantes;

III – não será contado por um sistema o tempo de serviço utilizado para concessão de aposentadoria pelo outro;

IV – o tempo de serviço anterior ou posterior à obrigatoriedade de filiação à Previdência Social só será contado mediante indenização da contribuição correspondente ao período respectivo, com acréscimo de juros moratórios de 0,5% (meio por cento) ao mês, capitalizados anualmente, e multa de 10% (dez por cento).

→ Inciso IV com redação alterada pela MP 2.187-13/2001.

V – *(Revogado pela Lei 9.528/1997).*

Art. 97. A aposentadoria por tempo de serviço, com contagem de tempo na forma desta Seção, será concedida ao segurado do sexo feminino a partir de 25 (vinte e cinco) anos completos de serviço, e, ao segurado do sexo masculino, a partir de 30 (trinta) anos completos de serviço, ressalvadas as hipóteses de redução previstas em lei.

Art. 98. Quando a soma dos tempos de serviço ultrapassar 30 (trinta) anos, se do sexo feminino, e 35 (trinta e cinco) anos, se do sexo masculino, o excesso não será considerado para qualquer efeito.

Art. 99. O benefício resultante de contagem de tempo de serviço na forma desta Seção será concedido e pago pelo sistema a que o interessado estiver vinculado ao requerê-lo, e calculado na forma da respectiva legislação.

Seção VIII
Das disposições diversas relativas às prestações

Art. 100. *(Vetado).*

Art. 101. O segurado em gozo de auxílio-doença, aposentadoria por invalidez e o pensionista inválido estão obrigados, sob pena de suspensão do benefício, a submeter-se a exame médico a cargo da Previdência Social, processo de reabilitação profissional por ela prescrito e custeado, e tratamento dispensado gratuitamente, exceto o cirúrgico e a transfusão de sangue, que são facultativos.

→ *Caput* com redação alterada pela Lei 9.032/1995.

§ 1º O aposentado por invalidez e o pensionista inválido estarão isentos do exame de que trata o *caput* após completarem 60 (sessenta) anos de idade.

→ § 1º acrescentado pela Lei 13.063/2014.

§ 2º A isenção de que trata o § 1º não se aplica quando o exame tem as seguintes finalidades:

→ § 2º acrescentado pela Lei 13.063/2014.

I – verificar a necessidade de assistência permanente de outra pessoa para a concessão do acréscimo de 25% (vinte e cinco por cento) sobre o valor do benefício, conforme dispõe o art. 45;

II – verificar a recuperação da capacidade de trabalho, mediante solicitação do aposentado ou pensionista que se julgar apto;

III – subsidiar autoridade judiciária na concessão de curatela, conforme dispõe o art. 110.

Art. 102. A perda da qualidade de segurado importa em caducidade dos direitos inerentes a essa qualidade.

→ *Caput* com redação alterada pela Lei 9.528/1997.

§ 1º A perda da qualidade de segurado não prejudica o direito à aposentadoria para cuja concessão tenham sido preenchidos todos os requisitos, segundo a legislação em vigor à época em que estes requisitos foram atendidos.

→ § 1º acrescentado pela Lei 9.528/1997.

§ 2º Não será concedida pensão por morte aos dependentes do segurado que falecer após a perda desta qualidade, nos termos do art. 15 desta Lei, salvo se preenchidos os requisitos para obtenção da aposentadoria na forma do parágrafo anterior.

→ § 2º acrescentado pela Lei 9.528/1997.

Art. 103. É de 10 (dez) anos o prazo de decadência de todo e qualquer direito ou ação do segurado ou beneficiário para a revisão do ato de concessão de benefício, a contar do dia primeiro do mês seguinte ao do recebimento da primeira prestação ou, quando for o caso, do dia em que tomar conhecimento da decisão indeferitória definitiva no âmbito administrativo.

→ *Caput* com redação alterada pela Lei 10.839/2004.

→ *v.* Súmula 472 do STJ.

→ *v.* Súmula 81 do JEF.

Parágrafo único. Prescreve em 5 (cinco) anos, a contar da data em que deveriam ter sido pagas, toda e qualquer ação para haver prestações vencidas ou quaisquer restituições ou diferenças devidas pela Previdência Social, salvo o direito dos menores, incapazes e ausentes, na forma do Código Civil.

→ Parágrafo único acrescentado pela Lei 9.528/1997.

Art. 103-A. O direito da Previdência Social de anular os atos administrativos de que decorram efeitos favoráveis para os seus beneficiários decai em 10 (dez) anos, contados da data em que foram praticados, salvo comprovada má-fé.

→ Artigo acrescentado pela Lei 10.839/2004.

§ 1º No caso de efeitos patrimoniais contínuos, o prazo decadencial contar-se-á da percepção do primeiro pagamento.

§ 2º Considera-se exercício do direito de anular qualquer medida de autoridade administrativa que importe impugnação à validade do ato.

Art. 104. As ações referentes à prestação por acidente do trabalho prescrevem em 5 (cinco) anos, observado o disposto no art. 103 desta Lei, contados da data:

→ *v.* Súmula Vinculante 22 do STF.

→ *v.* Súmulas 35, 234 e 463 do STF.

→ *v.* Art. 4º, parágrafo único, da CLT.

I – do acidente, quando dele resultar a morte ou a incapacidade temporária, verificada esta em perícia médica a cargo da Previdência Social; ou

II – em que for reconhecida pela Previdência Social, a incapacidade permanente ou o agravamento das sequelas do acidente.

Art. 105. A apresentação de documentação incompleta não constitui motivo para recusa do requerimento de benefício.

Art. 106. A comprovação do exercício de atividade rural será feita, alternativamente, por meio de:

→ Artigo com redação alterada pela Lei 11.718/2008.

I – contrato individual de trabalho ou Carteira de Trabalho e Previdência Social;

II – contrato de arrendamento, parceria ou comodato rural;

III – declaração fundamentada de sindicato que represente o trabalhador rural ou, quando for o caso, de sindicato ou colônia de pescadores, desde que homologada pelo Instituto Nacional do Seguro Social – INSS;

IV – comprovante de cadastro do Instituto Nacional de Colonização e Reforma Agrária – INCRA, no caso de produtores em regime de economia familiar;

V – bloco de notas do produtor rural;

VI – notas fiscais de entrada de mercadorias, de que trata o § 7º do art. 30 da Lei 8.212, de 24 de julho de 1991, emitidas pela empresa adquirente da produção, com indicação do nome do segurado como vendedor;

VII – documentos fiscais relativos a entrega de produção rural à cooperativa agrícola, entreposto de pescado ou outros, com indicação do segurado como vendedor ou consignante;

VIII – comprovantes de recolhimento de contribuição à Previdência Social decorrentes da comercialização da produção;

IX – cópia da declaração de imposto de renda, com indicação de renda proveniente da comercialização de produção rural; ou

X – licença de ocupação ou permissão outorgada pelo INCRA.

Art. 107. O tempo de serviço de que trata o art. 55 desta Lei será considerado para cálculo do valor da renda mensal de qualquer benefício.

Art. 108. Mediante justificação processada perante a Previdência Social, observado o disposto no § 3º do art. 55 e na forma estabelecida no Regulamento, poderá ser suprida a falta de documento ou provado ato do interesse de beneficiário ou empresa, salvo no que se refere a registro público.

Art. 109. O benefício será pago diretamente ao beneficiário, salvo em caso de ausência, moléstia contagiosa ou impossibilidade de locomoção, quando será pago a procurador, cujo mandato não terá prazo superior a 12 (doze) meses, podendo ser renovado.

→ *Caput* com redação alterada pela Lei 8.870/1994.

Parágrafo único. A impressão digital do beneficiário incapaz de assinar, aposta na presença de servidor da Previdência Social, vale como assinatura para quitação de pagamento de benefício.

Art. 110. O benefício devido ao segurado ou dependente civilmente incapaz será feito ao cônjuge, pai, mãe, tutor ou curador, admitindo-se, na sua falta e por período não superior a 6 (seis) meses, o pagamento a herdeiro necessário, mediante termo de compromisso firmado no ato do recebimento.

Parágrafo único. Para efeito de curatela, no caso de interdição do beneficiário, a autoridade judiciária pode louvar-se no laudo médico-pericial da Previdência Social.

Art. 110-A. No ato de requerimento de benefícios operacionalizados pelo INSS, não será exigida apresentação de termo de curatela de titular ou de beneficiário com deficiência, observados os procedimentos a serem estabelecidos em regulamento.

→ Artigo acrescentado pela Lei 13.146/2015, em vigor após decorridos 180 (cento e oitenta) dias de sua publicação oficial – *D.O.U.* de 7.7.2015.

Art. 111. O segurado menor poderá, conforme dispuser o Regulamento, firmar recibo de benefício, independentemente da presença dos pais ou do tutor.

Art. 112. O valor não recebido em vida pelo segurado só será pago aos seus dependentes habilitados à pensão por morte ou, na falta deles, aos seus sucessores na forma da lei civil, independentemente de inventário ou arrolamento.

Art. 113. O benefício poderá ser pago mediante depósito em conta-corrente ou por autorização de pagamento, conforme se dispuser em regulamento.

Parágrafo único. (*Revogado pela Lei 9.876/1999*).

Art. 114. Salvo quanto a valor devido à Previdência Social e a desconto autorizado por esta Lei, ou derivado da obrigação de prestar alimentos reconhecida em sentença judicial, o benefício não pode ser objeto de penhora, arresto ou sequestro, sendo nula de pleno direito a sua venda ou cessão, ou a constituição de qualquer ônus sobre ele, bem como a outorga de poderes irrevogáveis ou em causa própria para o seu recebimento.

Art. 115. Podem ser descontados dos benefícios:

I – contribuições devidas pelo segurado à Previdência Social;

II – pagamento de benefícios além do devido;

III – Imposto de Renda retido na fonte;

IV – pensão de alimentos decretada em sentença judicial;

V – mensalidades de associações e demais entidades de aposentados legalmente reconhecidas, desde que autorizadas por seus filiados;

VI – pagamento de empréstimos, financiamentos, cartões de crédito e operações de arrendamento mercantil concedidos por instituições financeiras e sociedades de arrendamento mercantil, ou por entidades fechadas ou abertas de previdência complementar, públicas e privadas, quando expressamente autorizado pelo beneficiário, até o limite de 35% (trinta e cinco por cento) do valor do benefício, sendo 5% (cinco por cento) destinados exclusivamente para:

→ *Caput* do inciso VI com redação alterada pela Lei 13.183/2015.

a) amortização de despesas contraídas por meio de cartão de crédito; ou

→ Alínea *a* acrescentada pela Lei 13.183/2015.

b) utilização com a finalidade de saque por meio do cartão de crédito.

→ Alínea *b* acrescentada pela Lei 13.183/2015.

§ 1º Na hipótese do inciso II, o desconto será feito em parcelas, conforme dispuser o regulamento, salvo má-fé.

→ § 1º pela Lei 10.820/2003.

§ 2º Na hipótese dos incisos II e VI, haverá prevalência do desconto do inciso II.

→ § 2º acrescentado pela Lei 10.820/2003.

Art. 116. Será fornecido ao beneficiário demonstrativo minucioso das importâncias pagas, discriminando-se o valor da mensalidade, as diferenças eventualmente pagas com o período a que se referem e os descontos efetuados.

Art. 117. A empresa, o sindicato ou a entidade de aposentados devidamente legalizada poderá, mediante convênio com a Previdência Social, encarregar-se, relativamente a seu empregado ou associado e respectivos dependentes, de:

I – processar requerimento de benefício, preparando-o e instruindo-o de maneira a ser despachado pela Previdência Social;

II – submeter o requerente a exame médico, inclusive complementar, encaminhando à Previdência Social o respectivo laudo, para efeito de homologação e posterior concessão de benefício que depender de avaliação de incapacidade;

III – pagar benefício.

Parágrafo único. O convênio poderá dispor sobre o reembolso das despesas da empresa, do sindicato ou da entidade de aposentados devidamente legalizada, correspondente aos serviços previstos nos incisos II e III, ajustado por valor global conforme o número de empregados ou de associados, mediante dedução do valor das contribuições previdenciárias a serem recolhidas pela empresa.

Art. 118. O segurado que sofreu acidente do trabalho tem garantida, pelo prazo mínimo de 12 (doze) meses, a manutenção do seu contrato de trabalho na empresa, após a cessação do auxílio-doença acidentário, independentemente de percepção de auxílio-acidente.

Parágrafo único. (*Revogado pela Lei 9.032/1995*).

→ *v.* Súmula Vinculante 22 do STF.

→ *v.* Súmulas 35, 234 e 463 do STF.

→ *v.* Súmula 378 do TST.

→ *v.* Art. 4º, parágrafo único e 476 da CLT.

Art. 119. Por intermédio dos estabelecimentos de ensino, sindicatos, associações de classe, Fundação Jorge Duprat Figueiredo de Segurança e Medicina do Trabalho – FUNDACENTRO, órgãos públicos e outros meios, serão promovidas regularmente instrução e formação com vistas a incrementar costumes e atitudes prevencionistas em matéria de acidente, especialmente do trabalho.

Art. 120. Nos casos de negligência quanto às normas padrão de segurança e higiene do trabalho indicados para a proteção individual e coletiva, a Previdência Social proporá ação regressiva contra os responsáveis.

Art. 121. O pagamento, pela Previdência Social, das prestações por acidente do trabalho não exclui a responsabilidade civil da empresa ou de outrem.

Art. 122. Se mais vantajoso, fica assegurado o direito à aposentadoria, nas condições legalmente previstas na data do cumprimento de todos os requisitos necessários à obtenção do benefício, ao segurado que, tendo completado 35 (trinta e cinco) anos de serviço, se homem, ou 30 (trinta) anos, se mulher, optou por permanecer em atividade.

→ Artigo acrescentado pela Lei 9.528/1997.

Art. 123. (*Revogado pela Lei 9.032/1995*).

Art. 124. Salvo no caso de direito adquirido, não é permitido o recebimento conjunto dos seguintes benefícios da Previdência Social:

I – aposentadoria e auxílio-doença;

II – mais de uma aposentadoria;

→ Inciso II com redação alterada pela Lei 9.032/1995.

III – aposentadoria e abono de permanência em serviço;

IV – salário-maternidade e auxílio-doença;

→ Inciso IV acrescentado pela Lei 9.032/1995.

V – mais de um auxílio-acidente;

→ Inciso V acrescentado pela Lei 9.032/1995.

VI – mais de uma pensão deixada por cônjuge ou companheiro, ressalvado o direito de opção pela mais vantajosa.

→ Inciso VI acrescentado pela Lei 9.032/1995.

Parágrafo único. É vedado o recebimento conjunto do seguro-desemprego com qualquer benefício de prestação continuada da Previdência Social, exceto pensão por morte ou auxílio-acidente.

→ Parágrafo único acrescentado pela Lei 9.032/1995.

→ *v.* Lei 8.900/1994 – Seguro-desemprego.

Título IV
Das Disposições Finais e Transitórias

Art. 125. Nenhum benefício ou serviço da Previdência Social poderá ser criado, majorado ou estendido, sem a correspondente fonte de custeio total.

Art. 125-A. Compete ao Instituto Nacional do Seguro Social – INSS realizar, por meio dos seus próprios agentes, quando designados, todos os atos e procedimentos necessários à verificação do atendimento das obrigações não tributárias impostas pela legislação previdenciária e à imposição da multa por seu eventual descumprimento.

→ Artigo acrescentado pela Lei 11.941/2009.

§ 1º A empresa disponibilizará a servidor designado por dirigente do INSS os documentos necessários à comprovação de vínculo empregatício, de prestação de serviços e de remuneração relativos a trabalhador previamente identificado.

§ 2º Aplica-se ao disposto neste artigo, no que couber, o art. 126 desta Lei.

§ 3º O disposto neste artigo não abrange as competências atribuídas em caráter privativo aos ocupantes do cargo de Auditor-Fiscal da Receita Federal do Brasil previstas no inciso I do *caput* do art. 6º da Lei 10.593, de 6 de dezembro de 2002.

Art. 126. Das decisões do Instituto Nacional do Seguro Social – INSS nos processos de interesse dos beneficiários e dos contribuintes da Seguridade Social caberá recurso para o Conselho de Recursos da Previdência Social, conforme dispuser o Regulamento.

→ *Caput* com redação alterada pela Lei 9.528/1997.

§ 1º (*Revogado pela Lei 11.727/2008*).

§ 2º (*Revogado pela Lei 11.727/2008*).

§ 3º A propositura, pelo beneficiário ou contribuinte, de ação que tenha por objeto idêntico pedido sobre o qual versa o processo administrativo importa renúncia ao direito de recorrer na esfera administrativa e desistência do recurso interposto.

→ § 3º acrescentado pela Lei 9.711/1998.

Art. 127. *(Revogado pela Lei 9.711/1998).*

Art. 128. As demandas judiciais que tiverem por objeto o reajuste ou a concessão de benefícios regulados nesta Lei cujos valores de execução não forem superiores a R$ 5.180,25 (cinco mil, cento e oitenta reais e vinte e cinco centavos) por autor poderão, por opção de cada um dos exequentes, ser quitadas no prazo de até 60 (sessenta) dias após a intimação do trânsito em julgado da decisão, sem necessidade da expedição de precatório.

→ *Caput* com redação alterada pela Lei 10.099/2000.

§ 1º É vedado o fracionamento, repartição ou quebra do valor da execução, de modo que o pagamento se faça, em parte, na forma estabelecida no *caput* e, em parte, mediante expedição do precatório.

→ § 1º acrescentado pela Lei 10.099//2000.

§ 2º É vedada a expedição de precatório complementar ou suplementar do valor pago na forma do *caput*.

→ § 2º acrescentado pela Lei 10.099/2000.

§ 3º Se o valor da execução ultrapassar o estabelecido no *caput*, o pagamento far-se-á sempre por meio de precatório.

→ § 3º acrescentado pela Lei 10.099/2000.

§ 4º É facultada à parte exequente a renúncia ao crédito, no que exceder ao valor estabelecido no *caput*, para que possa optar pelo pagamento do saldo sem o precatório, na forma ali prevista.

→ § 4º acrescentado pela Lei 10.099/2000.

§ 5º A opção exercida pela parte para receber os seus créditos na forma prevista no *caput* implica a renúncia do restante dos créditos porventura existentes e que sejam oriundos do mesmo processo.

→ § 5º acrescentado pela Lei 10.099/2000.

§ 6º O pagamento sem precatório, na forma prevista neste artigo, implica quitação total do pedido constante da petição inicial e determina a extinção do processo.

→ § 6º acrescentado pela Lei 10.099/2000.

§ 7º O disposto neste artigo não obsta a interposição de embargos à execução por parte do INSS.

→ § 7º acrescentado pela Lei 10.099/2000.

Art. 129. Os litígios e medidas cautelares relativos a acidentes do trabalho serão apreciados:

I – na esfera administrativa, pelos órgãos da Previdência Social, segundo as regras e prazos aplicáveis às demais prestações, com prioridade para conclusão; e

II – na via judicial, pela Justiça dos Estados e do Distrito Federal, segundo o rito sumaríssimo, inclusive durante as férias forenses, mediante petição instruída pela prova de efetiva notificação do evento à Previdência Social, através de Comunicação de Acidente do Trabalho – CAT.

Parágrafo único. O procedimento judicial de que trata o inciso II deste artigo é isento do pagamento de quaisquer custas e de verbas relativas à sucumbência.

Art. 130. Na execução contra o Instituto Nacional do Seguro Social – INSS, o prazo a que se refere o art. 730 do Código de Processo Civil é de 30 (trinta) dias.

→ *Caput* com redação alterada pela Lei 9.528/1997.

→ *v.* Art. 910 do NCPC.

Parágrafo único. *(Revogado pela Lei 9.528/1997).*

Art. 131. O Ministro da Previdência e Assistência Social poderá autorizar o INSS a formalizar a desistência ou abster-se de propor ações e recursos em processos judiciais sempre que a ação versar matéria sobre a qual haja declaração de inconstitucionalidade proferida pelo Supremo Tribunal Federal – STF, súmula ou jurisprudência consolidada do STF ou dos tribunais superiores.

→ *Caput* com redação alterada pela Lei 9.528/1997.

Parágrafo único. O Ministro da Previdência e Assistência Social disciplinará as hipóteses em que a administração previdenciária federal, relativamente aos créditos previdenciários baseados em dispositivo declarado inconstitucional por decisão definitiva do Supremo Tribunal Federal, possa:

→ Parágrafo único acrescentado pela Lei 9.528/1997.

a) abster-se de constituí-los;

b) retificar o seu valor ou declará-los extintos, de ofício, quando houverem sido constituídos anteriormente, ainda que inscritos em dívida ativa;

c) formular desistência de ações de execução fiscal já ajuizadas, bem como deixar de interpor recursos de decisões judiciais.

Art. 132. A formalização de desistência ou transigência judiciais, por parte de procurador da Previdência Social, será sempre precedida da anuência, por escrito, do Procurador-Geral do Instituto Nacional do Seguro Social – INSS ou do presidente desse órgão, quando os valores em litígio ultrapassarem os limites definidos pelo Conselho Nacional de Previdência Social – CNPS.

§ 1º Os valores, a partir dos quais se exigirá a anuência do Procurador-Geral ou do presidente do INSS, serão definidos periodicamente pelo CNPS, através de resolução própria.

§ 2º Até que o CNPS defina os valores mencionados nesse artigo, deverão ser submetidos à anuência prévia do Procurador-Geral ou do presidente do INSS a formalização de desistência ou transigência judiciais, quando os valores, referentes a cada segurado considerado separadamente, superarem, respectivamente, 10 (dez) ou 30 (trinta) vezes o teto do salário de benefício.

Art. 133. A infração a qualquer dispositivo desta Lei, para a qual não haja penalidade expressamente cominada, sujeita o responsável, conforme a gravidade da infração, à multa variável de Cr$ 100.000,00 (cem mil cruzeiros) a Cr$ 10.000.000,00 (dez milhões de cruzeiros).

→ Valores atualizados a partir de 01.01.2013, pela Portaria Interministerial MPS-MF 15/2013, para R$ 1.717,38 (um mil setecentos e dezessete reais e trinta e oito centavos) a R$ 171.736,10 (cento e setenta e um mil, setecentos e trinta e seis reais e dez centavos).

Parágrafo único. *(Revogado pela Lei 11.941/2009).*

Art. 134. Os valores expressos em moeda corrente nesta Lei serão reajustados nas mesmas épocas e com os mesmos índices utilizados para o reajustamento dos valores dos benefícios.

→ Artigo com redação alterada pela MP 2.187-13/2001.

Art. 135. Os salários de contribuição utilizados no cálculo do valor de benefício serão considerados respeitando-se os limites mínimo e máximo vigentes nos meses a que se referirem.

Art. 136. Ficam eliminados o menor e o maior valor-teto para cálculo do salário de benefício.

Art. 137. Fica extinto o Programa de Previdência Social aos Estudantes, instituído pela Lei 7.004, de 24 de junho de 1982, mantendo-se o pagamento dos benefícios de prestação continuada com data de início até a entrada em vigor desta Lei.

Art. 138. Ficam extintos os regimes de Previdência Social instituídos pela Lei Complementar 11, de 25 de maio de 1971, e pela Lei 6.260, de 06 de novembro de 1975, sendo mantidos, com valor não inferior ao do salário mínimo, os benefícios concedidos até a vigência desta Lei.

Parágrafo único. Para os que vinham contribuindo regularmente para os regimes a que se refere este artigo, será contado o tempo de contribuição para fins do Regime Geral de Previdência Social, conforme disposto no Regulamento.

Art. 139. *(Revogado pela Lei 9.528/1997).*

Art. 140. *(Revogado pela Lei 9.528/1997).*

Art. 141. *(Revogado pela Lei 9.528/1997).*

Art. 142. Para o segurado inscrito na Previdência Social Urbana até 24 de julho de 1991, bem como para o trabalhador e o empregador rural cobertos pela Previdência Social Rural, a carência das aposentadorias por idade, por tempo de serviço e especial obedecerá à seguinte tabela, levando-se em conta o ano em que o segurado implementou todas as condições necessárias à obtenção do benefício:

→ Artigo com redação alterada pela Lei 9.032/1995.

Ano de implementação das condições	Meses de contribuição exigidos
1991	60 meses
1992	60 meses
1993	66 meses
1994	72 meses
1995	78 meses
1996	90 meses
1997	96 meses
1998	102 meses
1999	108 meses
2000	114 meses
2001	120 meses
2002	126 meses
2003	132 meses
2004	138 meses
2005	144 meses
2006	150 meses
2007	156 meses
2008	162 meses
2009	168 meses
2010	174 meses
2011	180 meses

LEGISLAÇÃO

Art. 143. O trabalhador rural ora enquadrado como segurado obrigatório no Regime Geral de Previdência Social, na forma da alínea *a* do inciso I, ou do inciso IV ou VII do art. 11 desta Lei, pode requerer aposentadoria por idade, no valor de um salário mínimo, durante 15 (quinze) anos, contados a partir da data de vigência desta Lei, desde que comprove o exercício de atividade rural, ainda que descontínua, no período imediatamente anterior ao requerimento do benefício, em número de meses idêntico à carência do referido benefício.

→ Artigo com redação alterada pela Lei 9.063/1995.

→ *v.* Art. 2º da Lei 11.718/2008.

Art. 144. Até 1º de junho de 1992, todos os benefícios de prestação continuada concedidos pela Previdência Social, entre 5 de outubro de 1988 e 5 de abril de 1991, devem ter sua renda mensal inicial recalculada e reajustada, de acordo com as regras estabelecidas nesta lei.

→ Artigo com eficácia suspensa pela MP 2.187-13/2001.

Parágrafo único. A renda mensal recalculada de acordo com o disposto no *caput* deste artigo, substituirá para todos os efeitos a que prevalecia até então, não sendo devido, entretanto, o pagamento de quaisquer diferenças decorrentes da aplicação deste artigo referentes às competências de outubro de 1988 a maio de 1992.

Art. 145. Os efeitos desta lei retroagirão a 5 de abril de 1991, devendo os benefícios de prestação continuada concedidos pela Previdência Social a partir de então, terem, no prazo máximo de 30 (trinta) dias, suas rendas mensais iniciais recalculadas e atualizadas de acordo com as regras estabelecidas nesta lei.

→ Artigo com eficácia suspensa pela MP 2.187-13/2001.

Parágrafo único. As rendas mensais resultantes da aplicação do disposto neste artigo, substituirão, para todos os efeitos, as que prevaleciam até então, devendo as diferenças de valor apuradas serem pagas, a partir do dia seguinte ao término do prazo estipulado no *caput* deste artigo, em até 24 (vinte e quatro) parcelas mensais consecutivas reajustadas nas mesmas épocas e na mesma proporção em que forem reajustados os benefícios de prestação continuada da Previdência Social.

Art. 146. As rendas mensais de benefícios pagos pela Previdência Social incorporarão, a partir de 1º de setembro de 1991, o abono definido na alínea *b* do § 6º do art. 9º da Lei 8.178, de 1º de março de 1991, e terão, a partir dessa data, seus valores alterados de acordo com o disposto nesta Lei.

→ Artigo com eficácia suspensa pela MP 2.187-13/2001.

Art. 147. Serão respeitadas as bases de cálculo para a fixação dos valores referentes às aposentadorias especiais, deferidas até à data da publicação desta Lei.

→ Artigo com eficácia suspensa pela MP 2.187-13/2001.

Art. 148. (*Revogado pela Lei 9.528/1997*).

Art. 149. As prestações, e o seu financiamento, referentes aos benefícios de ex-combatente e de ferroviário servidor público ou autárquico federal ou em regime especial que não optou pelo regime da Consolidação das Leis do Trabalho, na forma da Lei 6.184, de 11 de dezembro de 1974, bem como seus dependentes, serão objeto de legislação específica.

Art. 150. (*Revogado pela Lei 10.559/2002*).

Art. 151. Até que seja elaborada a lista de doenças mencionada no inciso II do art. 26, independe de carência a concessão de auxílio-doença e de aposentadoria por invalidez ao segurado que, após filiar-se ao RGPS, for acometido das seguintes doenças: tuberculose ativa, hanseníase, alienação mental, esclerose múltipla, hepatopatia grave, neoplasia maligna, cegueira, paralisia irreversível e incapacitante, cardiopatia grave, doença de Parkinson, espondiloartrose anquilosante, nefropatia grave, estado avançado da doença de Paget (osteíte deformante), síndrome da deficiência imunológica adquirida (aids) ou contaminação por radiação, com base em conclusão da medicina especializada.

→ Artigo com redação alterada pela Lei 13.135/2015.

Art. 152. (*Revogado pela Lei 9.528/1997*).

Art. 153. O Regime Facultativo Complementar de Previdência Social será objeto de lei especial, a ser submetida à apreciação do Congresso Nacional dentro do prazo de 180 (cento e oitenta) dias.

Art. 154. O Poder Executivo regulamentará esta Lei no prazo de 60 (sessenta) dias a partir da data da sua publicação.

Art. 155. Esta Lei entra em vigor na data de sua publicação.

Art. 156. Revogam-se as disposições em contrário.

Brasília, em 24 de julho de 1991; 170º da Independência e 103º da República.

Fernando Collor

(Publicação no *D.O.U.* de 25.7.1991; republicação 11.4.1996 e 14.8.1998)

LEI 8.383,
DE 30 DE DEZEMBRO DE 1991

Institui a Unidade Fiscal de Referência, altera a legislação do imposto de renda e dá outras providências.

O Presidente da República:

Faço saber que o Congresso Nacional decreta e eu sanciono a seguinte Lei:

Capítulo I
DA UNIDADE DE REFERÊNCIA (UFIR)

Art. 1º Fica instituída a Unidade Fiscal de Referência (Ufir), como medida de valor e parâmetro de atualização monetária de tributos e de valores expressos em cruzeiros na legislação tributária federal, bem como os relativos a multas e penalidades de qualquer natureza.

§ 1º O disposto neste capítulo aplica-se a tributos e contribuições sociais, inclusive previdenciárias, de intervenção no domínio econômico e de interesse de categorias profissionais ou econômicas.

§ 2º É vedada a utilização da Ufir em negócio jurídico como referencial de correção monetária do preço de bens ou serviços e de salários, aluguéis ou royalties.

Art. 2º A expressão monetária da Ufir mensal será fixa em cada mês-calendário; e da Ufir diária ficará sujeita à variação em cada dia e a do primeiro dia do mês será igual à da Ufir do mesmo mês.

§ 1º O Ministério da Economia, Fazenda e Planejamento, por intermédio do Departamento da Receita Federal, divulgará a expressão monetária da Ufir mensal;

a) até o dia 1º de janeiro de 1992, para esse mês, mediante a aplicação, sobre Cr$ 126,8621, do Índice Nacional de Preços ao Consumidor (INPC) acumulado desde fevereiro até novembro de 1991, e do Índice de Preços ao Consumidor Ampliado (IPCA) de dezembro de 1991, apurados pelo Instituto Brasileiro de Geografia e Estatística (IBGE);

b) até o primeiro dia de cada mês, a partir de 1º de fevereiro de 1992, com base no IPCA.

§ 2º O IPCA, a que se refere o parágrafo anterior, será constituído por série especial cuja apuração compreenderá o período entre o dia 16 do mês anterior e o dia 15 do mês de referência.

§ 3º Interrompida a apuração ou divulgação da série especial do IPCA, a expressão monetária da Ufir será estabelecida com base nos indicadores disponíveis, observada precedência em relação àqueles apurados por instituições oficiais de pesquisa.

§ 4º No caso do parágrafo anterior, o Departamento da Receita Federal divulgará a metodologia adotada para a determinação da expressão monetária da Ufir.

§ 5º (*Revogado pela Lei 9.069/1995*).

§ 6º A expressão monetária do Fator de Atualização Patrimonial (FAP), instituído em decorrência da Lei 8.200, de 28 de junho de 1991, será igual, no mês de dezembro de 1991, à expressão monetária da Ufir apurada conforme a alínea a do § 1º deste artigo.

§ 7º A expressão monetária do coeficiente utilizado na apuração do ganho de capital, de que trata a Lei 8.218, de 29 de agosto de 1991, corresponderá, a partir de janeiro de 1992, à expressão monetária da Ufir mensal.

Art. 3º Os valores expressos em cruzeiros na legislação tributária ficam convertidos em quantidade de Ufir, utilizando-se como divisores:

I – o valor de Cr$ 215,6656, se relativos a multas e penalidades de qualquer natureza;

II – o valor de Cr$ 126,8621, nos demais casos.

Capítulo II
DO IMPOSTO DE RENDA DAS PESSOAS FÍSICAS

Art. 4º A renda e os proventos de qualquer natureza, inclusive os rendimentos e ganhos de capital, percebidos por pessoas físicas residentes ou domiciliadas no Brasil, serão tributados pelo imposto de renda na forma da legislação vigente, com as modificações introduzidas por esta Lei.

Art. 5º A partir de 1º de janeiro do ano-calendário de 1992, o imposto de renda incidente sobre os rendimentos de que tratam os arts. 7º, 8º e 12 da Lei 7.713, de 22 de dezembro de 1988, será calculado de acordo com a seguinte tabela progressiva:

Base de Cálculo (em Ufir)	Parcela a Deduzir da Base de Cálculo (em Ufir)	Alíquota
Acima de 1.000		Isento
Acima de 1.000 até 1.950	1.000	15%
Acima de 1.950	1.380	25%

LEGISLAÇÃO

Parágrafo único. O imposto de que trata este artigo será calculado sobre os rendimentos efetivamente recebidos em cada mês.

Art. 6º O imposto sobre os rendimentos de que trata o art. 8º da Lei 7.713, de 1988:

I – será convertido em quantidade de Ufir pelo valor desta no mês em que os rendimentos forem recebidos;

II – deverá ser pago até o último dia útil do mês subsequente ao da percepção dos rendimentos.

Parágrafo único. A quantidade de Ufir de que trata o inciso I será reconvertida em cruzeiros pelo valor da Ufir no mês do pagamento do imposto.

Art. 7º Sem prejuízo dos pagamentos obrigatórios estabelecidos na legislação, fica facultado ao contribuinte efetuar, no curso do ano, complementação do imposto que for devido sobre os rendimentos recebidos.

Art. 8º O imposto retido na fonte ou pago pelo contribuinte, salvo disposição em contrário, será deduzido do apurado na forma do inciso I do art. 15 desta Lei.

Parágrafo único. Para efeito da redução, o imposto retido ou pago será convertido em quantidade de Ufir pelo valor desta:

a) no mês em que os rendimentos forem pagos ao beneficiário, no caso de imposto retido na fonte;

b) no mês do pagamento do imposto, nos demais casos.

Art. 9º As receitas e despesas a que se refere o art. 6º da Lei 8.134, de 27 de dezembro de 1990, serão convertidas em quantidade de Ufir pelo valor desta no mês em que forem recebidas ou pagas, respectivamente.

Art. 10. Na determinação da base de cálculo sujeita à incidência mensal do imposto de renda poderão ser deduzidas:

I – a soma dos valores referidos nos incisos do art. 6º da Lei 8.134, de 1990;

II – as importâncias pagas em dinheiro a título de alimentos ou pensões, em cumprimento de acordo ou decisão judicial, inclusive a prestação de alimentos provisionais;

III – a quantia equivalente a cem UFIR por dependente;

→ Inciso III com redação alterada pela Lei 9.069/1995.

IV – as contribuições para a Previdência Social da União, dos Estados, do Distrito Federal e dos Municípios;

V – o valor de mil Ufir, correspondente à parcela isenta dos rendimentos provenientes de aposentadoria e pensão, transferência para reserva remunerada ou reforma pagos pela Previdência Social da União, dos Estados, do Distrito Federal e dos Municípios, ou por qualquer pessoa jurídica de direito público interno, a partir do mês em que o contribuinte completar sessenta e cinco anos de idade.

Art. 11. Na declaração de ajuste anual (art. 12) poderão ser deduzidos:

I – os pagamentos feitos, no ano-calendário, a médicos, dentistas, psicólogos, fisioterapeutas, fonoaudiólogos, terapeutas ocupacionais e hospitais, bem como as despesas provenientes de exames laboratoriais e serviços radiológicos;

II – as contribuições e doações efetuadas a entidades de que trata o art. 1º da Lei 3.830, de 25 de novembro de 1960, observadas as condições estabelecidas no art. 2º da mesma lei;

III – as doações de que trata o art. 260 da Lei 8.069, de 13 de julho de 1990;

IV – a soma dos valores referidos no art. 10 desta Lei;

V – as despesas feitas com instrução do contribuinte e seus dependentes até o limite anual individual de seiscentos e cinquenta Ufir.

§ 1º O disposto no inciso I:

a) aplica-se, também, aos pagamentos feitos a empresas brasileiras ou autorizadas a funcionar no País, destinados à cobertura de despesas com hospitalização e cuidados médicos e dentários, bem como a entidades que assegurem direito de atendimento ou ressarcimento de despesas de natureza médica, odontológica e hospitalar;

b) restringe-se aos pagamentos feitos pelo contribuinte, relativos ao seu próprio tratamento e ao de seus dependentes;

c) é condicionado a que os pagamentos sejam especificados e comprovados, com indicação do nome, endereço e número de inscrição no Cadastro de Pessoas Físicas ou no Cadastro de Pessoas Jurídicas de quem os recebeu, podendo, na falta de documentação, ser feita indicação do cheque nominativo pelo qual foi efetuado o pagamento.

§ 2º Não se incluem entre as deduções de que trata o inciso I deste artigo as despesas ressarcidas por entidade de qualquer espécie.

§ 3º A soma das deduções previstas nos incisos II e III está limitada a dez por cento da base de cálculo do imposto, na declaração de ajuste anual.

§ 4º As deduções de que trata este artigo serão convertidas em quantidade de Ufir pelo valor desta no mês do pagamento ou no mês em que tiverem sido consideradas na base de cálculo sujeita à incidência do imposto.

Art. 12. As pessoas físicas deverão apresentar anualmente declaração de ajuste, na qual se determinará o saldo do imposto a pagar ou valor a ser restituído.

§ 1º Os ganhos a que se referem o art. 26 desta Lei e o inciso I do art. 18 da Lei 8.134, de 1990, serão apurados e tributados em separado, não integrarão a base de cálculo do imposto de renda na declaração de ajuste anual e o imposto pago não poderá ser deduzido na declaração.

§ 2º A declaração de ajuste anual, em modelo aprovado pelo Departamento da Receita Federal, deverá ser apresentada até o último dia útil do mês de abril do ano subsequente ao da percepção dos rendimentos ou ganhos de capital.

§ 3º Ficam dispensadas da apresentação de declaração:

a) as pessoas físicas cujos rendimentos do trabalho assalariado, no ano-calendário, inclusive Gratificação de Natal ou Gratificação Natalina, conforme o caso, acrescidos dos demais rendimentos recebidos, exceto os não tributados ou tributados exclusivamente na fonte, sejam iguais ou inferiores a treze mil Ufir;

b) os aposentados, inativos e pensionistas da Previdência Social da União, dos Estados, do Distrito Federal e dos Municípios ou dos respectivos tesouros, cujos proventos e pensões no ano-calendário, acrescidos dos demais rendimentos recebidos, exceto os não tributados ou tributados exclusivamente na fonte, sejam iguais ou inferiores a treze mil Ufir;

c) outras pessoas físicas declaradas em ato do Ministro da Economia, Fazenda e Planejamento, cuja qualificação fiscal assegure a preservação dos controles fiscais pela administração tributária.

Art. 13. Para efeito de cálculo do imposto a pagar ou do valor a ser restituído, os rendimentos serão convertidos em quantidade de Ufir pelo valor desta no mês em que forem recebidos pelo beneficiário.

Parágrafo único. A base de cálculo do imposto, na declaração de ajuste anual, será a diferença entre as somas, em quantidade de Ufir:

a) de todos os rendimentos percebidos durante o ano-calendário, exceto os isentos, os não tributáveis e os tributados exclusivamente na fonte; e

b) das deduções de que trata o art. 11 desta Lei.

Art. 14. O resultado da atividade rural será apurado segundo o disposto na Lei 8.023, de 12 de abril de 1990, e, quando positivo, integrará a base de cálculo do imposto definida no artigo anterior.

§ 1º O resultado da atividade rural e a base de cálculo do imposto serão expressos em quantidade de Ufir.

§ 2º As receitas, despesas e demais valores, que integram o resultado e a base de cálculo, serão convertidos em Ufir pelo valor desta no mês do efetivo pagamento ou recebimento.

Art. 15. O saldo do imposto a pagar ou o valor a ser restituído na declaração de ajuste anual (art. 12) será determinado com observância das seguintes normas:

I – será calculado o imposto progressivo de acordo com a tabela (art. 16);

II – será deduzido o imposto pago ou retido na fonte, correspondente a rendimentos incluídos na base de cálculo;

III – o montante assim determinado, expresso em quantidade de Ufir, constituirá, se positivo, o saldo do imposto a pagar e, se negativo, o valor a ser restituído.

Art. 16. Para fins do ajuste de que trata o artigo anterior, o imposto de renda progressivo será calculado de acordo com a seguinte tabela:

Base de Cálculo (em Ufir)	Parcela a Deduzir da Base de Cálculo (em Ufir)	Alíquota
Até 12.000	–	Isento
Acima de 12.000 até 23.400	12.000	15%
Acima de 23.400	16.560	25%

LEGISLAÇÃO

Art. 17. O saldo do imposto (art. 15, III) poderá ser pago em até seis quotas iguais, mensais e sucessivas, observado o seguinte:

I – nenhuma quota será inferior a cinquenta Ufir e o imposto de valor inferior a cem Ufir será pago de uma só vez;

II – a primeira quota ou quota única deverá ser paga no mês de abril do ano subsequente ao da percepção dos rendimentos;

III – as quotas vencerão no último dia útil de cada mês;

IV – é facultado ao contribuinte antecipar, total ou parcialmente, o pagamento do imposto ou das quotas.

Parágrafo único. A quantidade de Ufir será reconvertida em cruzeiros pelo valor da Ufir no mês do pagamento do imposto ou da respectiva quota.

Art. 18. Para cálculo do imposto, os valores da tabela progressiva anual (art. 16) serão divididos proporcionalmente ao número de meses do período abrangido pela tributação, em relação ao ano-calendário, nos casos de declaração apresentada:

I – em nome do espólio, no exercício em que for homologada a partilha ou feita a adjudicação dos bens;

II – pelo contribuinte, residente ou domiciliado no Brasil, que se retirar em caráter definitivo do território nacional.

Art. 19. As pessoas físicas ou jurídicas que efetuarem pagamentos com retenção do imposto de renda na fonte deverão fornecer à pessoa física beneficiária, até o dia 28 de fevereiro, documento comprobatório, em duas vias, com indicação da natureza e do montante do pagamento, das deduções e do imposto de renda retido no ano anterior.

§ 1° Tratando-se de rendimentos pagos por pessoas jurídicas, quando não tenha havido retenção do imposto de renda na fonte, o comprovante deverá ser fornecido no mesmo prazo ao contribuinte que o tenha solicitado até o dia 15 de janeiro do ano subsequente.

§ 2° No documento de que trata este artigo, o imposto retido na fonte, as deduções e os rendimentos deverão ser informados por seus valores em cruzeiros e em quantidade de Ufir, convertidos segundo o disposto na alínea a do parágrafo único do art. 8°, no § 4° do art. 11 e no art. 13 desta Lei.

§ 3° As pessoas físicas ou jurídicas que deixarem de fornecer aos beneficiários, dentro do prazo, ou fornecerem com inexatidão, o documento a que se refere este artigo ficarão sujeitas ao pagamento de multa de trinta e cinco Ufir por documento.

§ 4° À fonte pagadora que prestar informação falsa sobre rendimentos pagos, deduções, ou imposto retido na fonte será aplicada a multa de cento e cinquenta por cento sobre o valor que for indevidamente utilizável como redução do imposto de renda devido, independentemente de outras penalidades administrativas ou criminais.

§ 5° Na mesma penalidade incorrerá aquele que se beneficiar da informação sabendo ou devendo saber da falsidade.

Capítulo III
DA TRIBUTAÇÃO DAS OPERAÇÕES FINANCEIRAS

Art. 20. O rendimento produzido por aplicação financeira de renda fixa iniciada a partir de 1° de janeiro de 1992, auferido por qualquer beneficiário, inclusive pessoa jurídica isenta, sujeita-se à incidência do imposto sobre a renda na fonte às alíquotas seguintes:

I – (*Revogado pela Lei 8.541/1992*).

II – demais operações: trinta por cento.

§ 1° O disposto neste artigo aplica-se, inclusive, às operações de financiamento realizadas em bolsa de valores, de mercadorias, de futuros e assemelhadas na forma da legislação em vigor.

§ 2° Fica dispensada a retenção do imposto de renda na fonte em relação à operação iniciada e encerrada no mesmo dia quando o alienante for instituição financeira, sociedade de arrendamento mercantil, sociedade corretora de títulos e valores mobiliários ou sociedade distribuidora de títulos e valores mobiliários.

§ 3° A base de cálculo do imposto é constituída pela diferença positiva entre o valor da alienação, líquido do imposto sobre operações de crédito, câmbio e seguro, e sobre operações relativas a títulos e valores mobiliários (IOF) (art. 18 da Lei 8.088, de 31 de outubro de 1990) e o valor da aplicação financeira de renda fixa, atualizado com base na variação acumulada da Ufir diária, desde a data inicial da operação até a da alienação.

§ 4° Serão adicionados ao valor de alienação, para fins de composição da base de cálculo do imposto, os rendimentos periódicos produzidos pelo título ou aplicação, bem como qualquer remuneração adicional aos rendimentos prefixados, pagos ou creditados ao alienante e não submetidos à incidência do imposto de renda na fonte, atualizados com base na variação acumulada da Ufir diária, desde a data do crédito ou pagamento até a da alienação.

§ 5° Para fins da incidência do imposto de renda na fonte, a alienação compreende qualquer forma de transmissão da propriedade, bem como a liquidação, resgate ou repactuação do título ou aplicação.

§ 6° Fica incluída na tabela "D" a que se refere o art. 4°, inciso II, da Lei 7.940, de 20 de dezembro de 1989, sujeita à alíquota de até 0,64% (sessenta e quatro centésimos por cento), a operação de registro de emissão de outros valores mobiliários.

Art. 21. Nas aplicações de fundo de renda fixa, resgatadas a partir de 1° de janeiro de 1992, a base de cálculo do imposto de renda na fonte será constituída pela diferença positiva entre o valor do resgate, líquido de IOF, e o custo de aquisição da quota, atualizado com base na variação acumulada da Ufir diária, desde a data da conversão da aplicação em quotas até a reconversão das quotas em cruzeiros.

§ 1° Na determinação do custo de aquisição da quota, quando atribuída a remuneração ao valor resgatado, observar-se-á a precedência segundo a ordem sequencial direta das aplicações realizadas pelo beneficiário.

§ 2° Os rendimentos auferidos pelos fundos de renda fixa e as alienações de títulos ou aplicações por eles realizadas ficam excluídos respectivamente, da incidência do imposto de renda na fonte e do IOF.

§ 3° O imposto de renda na fonte, calculado à alíquota de trinta por cento, e o IOF serão retidos pelo administrador do fundo de renda fixa na data do resgate.

§ 4° Excluem-se do disposto neste artigo as aplicações em Fundo de Aplicação Financeira (FAF), que continuam sujeitas à tributação pelo imposto de renda na fonte à alíquota de cinco por cento sobre o rendimento bruto apropriado diariamente ao quotista.

§ 5° Na determinação da base de cálculo do imposto em relação ao resgate de quota existente em 31 de dezembro de 1991, adotar-se-á, a título de custo de aquisição, o valor da quota da mesma data.

Art. 22. São isentos do imposto de renda na fonte:

I – os rendimentos creditados ao quotista pelo Fundo de Investimento em Quotas de Fundos de Aplicação, correspondente aos créditos apropriados por FAF;

II – os rendimentos auferidos por FAF, tributados quando da apropriação ao quotista.

Art. 23. A operação de mútuo e a operação de compra vinculada à revenda, no mercado secundário, tendo por objeto ouro, ativo financeiro, iniciadas a partir de 1° de janeiro de 1992, ficam equiparadas à operação de renda fixa para fins de incidência do imposto de renda na fonte.

§ 1° Constitui fato gerador do imposto a liquidação da operação de mútuo ou a revenda de ouro, ativo financeiro.

§ 2° A base de cálculo do imposto nas operações de mútuo será constituída:

a) pelo valor do rendimento em moeda corrente, atualizado entre a data do recebimento e a data de liquidação do contrato; ou

b) quando o rendimento for fixado em quantidade de ouro, pelo valor da conversão do ouro em moeda corrente, estabelecido com base nos preços médios das operações realizadas no mercado à vista da bolsa em que ocorrer o maior volume de ouro transacionado na data de liquidação do contrato.

§ 3° A base de cálculo nas operações de revenda e de compra de ouro, quando vinculadas, será constituída pela diferença positiva entre o valor de revenda e o de compra do ouro, atualizada com base na variação acumulada da Ufir diária, entre a data de início e de encerramento da operação.

§ 4° O valor da operação de que trata a alínea a do § 2° será atualizado com base na Ufir diária.

§ 5° O imposto de renda na fonte será calculado aplicando-se alíquotas previstas no art. 20, de acordo com o prazo de operação.

§ 6° Fica o Poder Executivo autorizado a baixar normas com vistas a definir as características da operação de compra vinculada à revenda, bem como a equiparar às operações de que trata este artigo outras que, pelas suas características produzam os mesmos efeitos das operações indicadas.

§ 7° O Conselho Monetário Nacional poderá estabelecer prazo mínimo para as operações de que trata este artigo.

Art. 24. (*Revogado pela Lei 8.541/1992*).

Art. 25. O rendimento auferido no resgate, a partir de 1° de janeiro de 1992, de quota de fundo mútuo de ações, clube de investimento e outros fundos da espécie, inclusive Plano de Poupança e Investimentos (PAIT), de que trata o Decreto-Lei 2.292, de 21 de novembro de 1986, constituídos segundo a legislação aplicável, quando o beneficiário for pessoa física ou pessoa jurídica não tributada com base no lucro real, inclusive isenta, sujeita-se à incidência do imposto de renda na fonte à alíquota de vinte e cinco por cento.

§ 1° A base de cálculo do imposto é constituída pela diferença positiva entre o valor de resgate e o custo médio de aquisição da quota, atualizado com base na variação acumulada da Ufir diária da data da conversão em quotas até a de reconversão das quotas em cruzeiros.

§ 2° Os ganhos líquidos a que se refere o artigo seguinte e os rendimentos produzidos por aplicações financeiras de renda fixa, auferidos por fundo mútuo de ações, clube de investimentos e outros fundos da espécie, não estão sujeitos à incidência do imposto de renda na fonte.

§ 3° O imposto será retido pelo administrador do fundo ou clube de investimento na data do resgate.

§ 4° Fica o Poder Executivo autorizado a permitir a compensação de perdas ocorridas em aplicações de que trata este artigo.

Art. 26. Ficam sujeitas ao pagamento do imposto de renda, à alíquota de vinte e cinco por cento, a pessoa física e a pessoa jurídica não tributada com base no lucro real, inclusive isenta, que auferirem ganhos líquidos nas operações realizadas nas bolsas de valores, de mercadorias, de futuros e assemelhadas, encerradas a partir de 1° de janeiro de 1992.

§ 1° Os custos de aquisição, os preços de exercício e os prêmios serão considerados pelos valores médios pagos, atualizados com base na variação acumulada da Ufir diária da data da aquisição até a data da alienação do ativo.

§ 2° O Poder Executivo poderá baixar normas para apuração e demonstração dos ganhos líquidos, bem como autorizar a compensação de perdas em um mesmo ou entre dois ou mais mercados ou modalidades operacionais, previstos neste artigo, ressalvado o disposto no art. 28 desta Lei.

§ 3° O disposto neste artigo aplica-se, também, aos ganhos líquidos decorrentes da alienação de ouro, ativo financeiro, fora da bolsa, com a interveniência de instituições integrantes do Sistema Financeiro Nacional.

§ 4° O imposto de que trata este artigo será apurado mensalmente.

Art. 27. As deduções de despesas, bem como a compensação de perdas na forma prevista no § 2° do artigo precedente, são admitidas exclusivamente para as operações realizadas nos mercados organizados, geridos ou sob responsabilidade de instituição credenciada pelo Poder Executivo e com objetivos semelhantes ao das bolsas de valores, de mercadorias ou de futuros.

Art. 28. Os prejuízos decorrentes de operações financeiras de compra e subsequente venda ou de venda e subsequente compra, realizadas no mesmo dia (day-trade), tendo por objeto ativo, título, valor mobiliário ou direito de natureza e características semelhantes, somente podem ser compensados com ganhos auferidos em operações da mesma espécie ou em operações de cobertura (hedge) à qual estejam vinculadas nos termos admitidos pelo Poder Executivo.

§ 1° O ganho líquido mensal corresponde às operações day-trade, quando auferido por beneficiário dentre os referidos no art. 26, integra a base de cálculo do imposto de renda de que trata o mesmo artigo.

§ 2° Os prejuízos decorrentes de operações realizadas fora de mercados organizados, geridos ou sob responsabilidade de instituição credenciada pelo Poder Público, não podem ser deduzidos da base de cálculo do imposto de renda e da apuração do ganho líquido de que trata o art. 26, bem como não podem ser compensados com ganhos auferidos em operações de espécie, realizadas em qualquer mercado.

Art. 29. Os residentes ou domiciliados no exterior sujeitam-se às mesmas normas de tributação pelo imposto de renda, previstas para os residentes ou domiciliados no País, em relação aos:

→ Artigo com redação alterada pela Lei 8.849/1994.

I – rendimentos decorrentes de aplicações financeiras de renda fixa;

II – ganhos líquidos auferidos em operações realizadas em bolsas de valores, de mercadorias, de futuros e assemelhadas;

III – rendimentos obtidos em aplicações em fundos e clubes de investimentos de renda variável.

Parágrafo único. Sujeitam-se à tributação pelo imposto de renda, nos termos dos arts. 31 a 33, os rendimentos e ganhos de capital decorrentes de aplicações financeiras, auferidos por fundos, sociedades de investimento e carteiras de valores mobiliários de que participem, exclusivamente, pessoas físicas ou jurídicas, fundos ou outras entidades de investimento coletivo residentes, domiciliadas ou com sede no exterior.

Art. 30. O investimento estrangeiro nos mercados financeiros e de valores mobiliários somente poderá ser realizado no País por intermédio de representante legal, previamente designado dentre as instituições autorizadas pelo Poder Executivo a prestar tal serviço e que será responsável, nos termos do art. 128 do Código Tributário Nacional (Lei 5.172, de 25 de outubro de 1966), pelo cumprimento das obrigações tributárias decorrentes das operações que realizar por conta e ordem do representado.

→ Artigo com redação alterada pela Lei 8.849/1994.

§ 1° O representante legal não será responsável pela retenção e recolhimento do imposto de renda na fonte sobre aplicações financeiras quando, nos termos da legislação pertinente tal responsabilidade for atribuída a terceiro.

§ 2° O Poder Executivo poderá excluir determinadas categorias de investidores da obrigatoriedade prevista neste artigo.

Art. 31. Sujeitam-se à tributação pelo imposto de renda, à alíquota de vinte e cinco por cento, os rendimentos e ganhos de capital auferidos no resgate pelo quotista, quando distribuídos, sob qualquer forma e a qualquer título, por fundos em condomínio, a que se refere o art. 50 da Lei 4.728, de 14 de julho de 1965, constituídos na forma prescrita pelo Conselho Monetário Nacional e mantidos com recursos provenientes de conversão de débitos externos brasileiros, e de que participem, exclusivamente, pessoas físicas ou jurídicas, fundos ou outras entidades de investimentos coletivos, residente, domiciliados, ou com sede no exterior.

→ Artigo com redação alterada pela Lei 8.849/1994.

§ 1° A base de cálculo do imposto é constituída pela diferença positiva entre o valor de resgate e o custo médio de aquisição da quota, atualizados com base na variação acumulada da Ufir diária da data da aplicação até a data da distribuição ao exterior.

§ 2° Os rendimentos e ganhos de capital auferidos pelas carteiras dos fundos em condomínio de que trata este artigo, ficam excluídos da retenção do imposto de renda na fonte e do imposto de renda sobre o ganho líquido mensal.

Art. 32. Ressalvados os rendimentos de Fundos de Aplicação Financeira (FAF), que continuam tributados de acordo com o disposto no art. 21, § 4°, ficam sujeitos ao imposto de renda na fonte, à alíquota de quinze por cento, os rendimentos auferidos:

→ Artigo com redação alterada pela Lei 8.849/1994.

I – pelas entidades mencionadas nos arts. 1° e 2° do Decreto-Lei 2.285, de 23 de julho de 1986;

II – pelas sociedades de investimentos a que se refere o art. 49 da Lei 4.728, de 1965, de que participem investidores estrangeiros;

III – pelas carteiras de valores mobiliários, inclusive vinculadas à emissão, no exterior, de certificados representativos de ações, mantidas por investidores estrangeiros.

§ 1° Os ganhos de capital ficam excluídos da incidência do imposto de renda quando auferidos e distribuídos, sob qualquer forma e a qualquer título, inclusive em decorrência de liquidação parcial ou total do investimento pelos fundos, sociedades ou carteiras referidos no *caput* deste artigo.

§ 2° Para os efeitos deste artigo, consideram-se:

a) rendimentos: quaisquer valores que constituam remuneração de capital aplicado, inclusive aquela produzida por títulos de renda variável, tais como juros, prêmios, comissões, ágio, deságio, dividendos, bonificações em dinheiro e participações nos lucros, bem como os resultados positivos auferidos em aplicações nos fundos e clubes de investimento de que trata o art. 25;

b) ganhos de capital, os resultados positivos auferidos:

b.1) nas operações realizadas em bolsas de valores, de mercadorias, de futuros e assemelhadas;

b.2) nas operações com ouro, ativo financeiro, fora de bolsa, intermediadas por instituições integrantes do Sistema Financeiro Nacional.

§ 3° A base de cálculo do imposto de renda sobre os rendimentos auferidos pelas entidades de que trata este artigo será apurada:

a) de acordo com os critérios previstos no § 3° do art. 20 e no art. 21, no caso de aplicações de renda fixa;

b) de acordo com o tratamento previsto no § 4° do art. 20, no caso de rendimentos periódicos ou qualquer remuneração adicional não submetidos à incidência do imposto de renda na fonte;

c) pelo valor do respectivo rendimento ou resultado positivo nos demais casos.

§ 4º Na apuração do imposto de que trata este artigo serão indedutíveis os prejuízos apurados em operações de renda fixa e de renda variável.

§ 5º O disposto neste artigo alcança, exclusivamente, as entidades que atenderem às normas e condições estabelecidas pelo Conselho Monetário Nacional, não se aplicando, entretanto, aos fundos em condomínio referidos no art. 31.

Art. 33. O imposto de renda na fonte sobre os rendimentos auferidos pelas entidades de que trata o art. 32, será devido por ocasião da cessão, resgate, repactuação ou liquidação de cada operação de renda fixa, ou do recebimento ou crédito, o que primeiro ocorrer, de outros rendimentos, inclusive dividendos e bonificações em dinheiro.

→ Artigo com redação alterada pela Lei 8.849/1994.

§ 1º Com exceção do imposto sobre aplicações no FAF, o imposto sobre os demais rendimentos será retido pela instituição administradora do fundo, sociedade de investimento ou carteira, e pelo banco custodiante, no caso de certificados representativos de ações, sendo considerado, mesmo no caso do FAF, como exclusivo de fonte.

§ 2º No caso de rendimentos auferidos em operações realizadas antes de 1º de janeiro de 1994 e ainda não distribuídos, a base de cálculo do imposto de renda de que trata este artigo será determinada de acordo com as normas da legislação aplicável às operações de renda fixa realizadas por residentes no País, ressalvado o disposto no art. 34, devendo o imposto ser calculado à alíquota de quinze por cento e recolhido pelos administradores dos fundos, sociedades ou carteiras até 31 de janeiro de 1994 ou na data da distribuição dos rendimentos, se ocorrer primeiro, sem atualização monetária.

§ 3º Os dividendos que foram atribuídos às ações integrantes do patrimônio do fundo, sociedade ou carteira, serão registrados, na data em que as ações foram cotadas sem os respectivos direitos (ex-dividendos), em conta representativa de rendimentos a receber, em contrapartida à diminuição de idêntico valor da parcela do ativo correspondente às ações as quais se vinculam, acompanhados de transferência para a receita de dividendos de igual valor a débito da conta de resultado de variação da carteira de ações.

§ 4º Os rendimentos submetidos à sistemática de tributação de que trata este artigo não se sujeitam à nova incidência do imposto de renda quando distribuídos.

§ 5º O imposto deverá ser convertido em quantidade de Ufir diária pelo valor desta no dia da ocorrência do fato gerador, e pago no prazo previsto no art. 52, inciso II, alínea d.

Art. 34. As disposições dos arts. 31 a 33 desta Lei abrangem as operações compreendidas no período entre 15 de junho de 1989, inclusive, e 1º de janeiro de 1992, exceto em relação ao imposto de que trata o art. 3º do Decreto-Lei 1.986, de 28 de dezembro de 1982, vedada a restituição ou compensação de imposto pago no mesmo período.

Art. 35. Na cessão, liquidação ou resgate, será apresentada a nota de aquisição do título ou o documento relativo à aplicação, que identifique as partes envolvidas na operação.

§ 1º Quando não apresentado o documento de que trata este artigo, considerar-se-á como preço de aquisição o valor da emissão ou o da primeira colocação do título, prevalecendo o menor.

§ 2º Não comprovado o valor a que se refere o § 1º, a base de cálculo do imposto de renda na fonte será arbitrada em cinquenta por cento do valor bruto da alienação.

§ 3º Fica dispensada a exigência prevista neste artigo relativamente a título ou aplicação revestidos, exclusivamente, da forma escritural.

Art. 36. O imposto de renda retido na fonte sobre aplicações financeiras ou pago sobre ganhos líquidos mensais de que trata o art. 26 será considerado:

I – se o beneficiário for pessoa jurídica tributada com base no lucro real: antecipação do devido na declaração;

II – se o beneficiário for pessoa física ou pessoa jurídica não tributada com base no lucro real, inclusive isenta: tributação definitiva, vedada a compensação na declaração de ajuste anual.

Art. 37. A alíquota do imposto de renda na fonte sobre rendimentos produzidos por títulos ou aplicações integrantes do patrimônio do fundo de renda fixa de que trata o art. 21 desta Lei será de vinte e cinco por cento e na base de cálculo será considerado como valor de alienação aquele pelo qual o título ou aplicação constar da carteira no dia 31 de dezembro de 1991.

Parágrafo único. O recolhimento do imposto será efetuado pelo administrador do fundo, sem correção monetária, até o dia seguinte ao da alienação do título ou resgate da aplicação.

Capítulo IV
DO IMPOSTO DE RENDA DAS PESSOAS JURÍDICAS

Art. 38. A partir do mês de janeiro de 1992, o imposto de renda das pessoas jurídicas será devido mensalmente, à medida em que os lucros forem auferidos.

§ 1º Para efeito do disposto neste artigo, as pessoas jurídicas deverão apurar, mensalmente, a base de cálculo do imposto e o imposto devido.

§ 2º A base de cálculo do imposto será convertida em quantidade de Ufir diária pelo valor desta no último dia do mês a que corresponder.

§ 3º O imposto devido será calculado mediante a aplicação da alíquota sobre a base de cálculo expressa em Ufir.

§ 4º Do imposto apurado na forma do parágrafo anterior a pessoa jurídica poderá diminuir:

a) os incentivos fiscais de dedução do imposto devido, podendo o valor excedente ser compensado nos meses subsequentes, observados os limites e prazos fixados na legislação específica;

b) os incentivos fiscais de redução e isenção do imposto, calculados com base no lucro da exploração apurado mensalmente;

c) o imposto de renda retido na fonte sobre receitas computadas na base de cálculo do imposto.

§ 5º Os valores de que tratam as alíneas do parágrafo anterior serão convertidos em quantidade de Ufir diária pelo valor desta no último dia do mês a que corresponderem.

§ 6º O saldo do imposto devido em cada mês será pago até o último dia útil do mês subsequente.

§ 7º O prejuízo apurado na demonstração do lucro real em um mês poderá ser compensado com o lucro real dos meses subsequentes.

§ 8º Para efeito de compensação, o prejuízo será corrigido monetariamente com base na variação acumulada da Ufir diária.

§ 9º Os resultados apurados em cada mês serão corrigidos monetariamente (Lei 8.200, de 1991).

Art. 39. As pessoas jurídicas tributadas com base no lucro real poderão optar pelo pagamento, até o último dia útil do mês subsequente, do imposto devido mensalmente, calculado por estimativa, observado o seguinte:

I – nos meses de janeiro a abril, o imposto estimado corresponderá, em cada mês, a um duodécimo do imposto e adicional apurados em balanço ou balancete anual levantado em 31 de dezembro do ano anterior ou, na inexistência deste, a um sexto do imposto e adicional apurados no balanço ou balancete semestral levantado em 30 de junho do ano anterior;

II – nos meses de maio a agosto, o imposto estimado corresponderá, em cada mês, a um duodécimo do imposto e adicional apurados no balanço anual de 31 de dezembro do ano anterior;

III – nos meses de setembro a dezembro, o imposto estimado corresponderá, em cada mês, a um sexto do imposto e adicional apurados em balanço ou balancete semestral levantado em 30 de junho do ano em curso.

§ 1º A opção será efetuada na data do pagamento do imposto correspondente ao mês de janeiro e só poderá ser alterada em relação ao imposto referente aos meses do ano subsequente.

§ 2º A pessoa jurídica poderá suspender ou reduzir o pagamento do imposto mensal estimado, enquanto balanços ou balancetes mensais demonstrarem que o valor acumulado já pago excede o valor do imposto calculado com base no lucro real do período em curso.

§ 3º O imposto apurado nos balanços ou balancetes será convertido em quantidade de Ufir diária pelo valor desta no último dia do mês a que se referir.

§ 4º O imposto de renda retido na fonte sobre rendimentos computados na determinação do lucro real poderá ser deduzido do imposto estimado de cada mês.

§ 5º A diferença entre o imposto devido, apurado na declaração de ajuste anual (art. 43), e a importância paga nos termos deste artigo será:

a) paga em quota única, até a data fixada para a entrega da declaração de ajuste anual, se positiva;

b) compensada, corrigida monetariamente, com o imposto mensal a ser pago nos meses subsequentes ao fixado para a entrega da declaração de ajuste anual, se negativa, assegurada a alternativa de requerer a restituição do montante pago indevidamente.

Art. 40. (*Revogado pela Lei 8.541/1992*).

Art. 41. A tributação com base no lucro arbitrado somente será admitida em caso de lançamento de ofício, observadas a legislação vigente e as alterações introduzidas por esta lei.

§ 1° O lucro arbitrado e a contribuição social serão apurados mensalmente.

§ 2° O lucro arbitrado, diminuído do imposto de renda da pessoa jurídica e da contribuição social, será considerado distribuído aos sócios ou ao titular da empresa e tributado exclusivamente na fonte à alíquota de vinte e cinco por cento.

§ 3° A contribuição social sobre o lucro das pessoas jurídicas tributadas com base no lucro arbitrado será devida mensalmente .

Art. 42. (*Revogado pela Lei 9.317/1996*).

Art. 43. As pessoas jurídicas deverão apresentar, em cada ano, declaração de ajuste anual consolidando os resultados mensais auferidos nos meses de janeiro a dezembro do ano anterior, nos seguintes prazos:

I - até o último dia útil do mês de março, as tributadas com base no lucro presumido;

II - até o último dia útil do mês de abril, as tributadas com base no lucro real;

III - até o último dia útil do mês de junho, as demais.

Parágrafo único. Os resultados mensais serão apurados, ainda que a pessoa jurídica tenha optado pela forma de pagamento do imposto e adicional referida no art. 39.

Art. 44. Aplicam-se à contribuição social sobre o lucro (Lei 7.689, de 1988) e ao imposto incidente na fonte sobre o lucro líquido (Lei 7.713, de 1988, art. 35) as mesmas normas de pagamento estabelecidas para o imposto de renda das pessoas jurídicas.

Parágrafo único. (*Revogado pela Lei 8.981/1995*).

Art. 45. O valor em cruzeiros do imposto ou contribuição será determinado mediante a multiplicação da sua quantidade em Ufir pelo valor da Ufir diária na data do pagamento.

Art. 46. As pessoas jurídicas tributadas com base no lucro real poderão depreciar, em vinte e quatro quotas mensais, o custo de aquisição ou construção de máquinas e equipamentos novos, adquiridos entre 1° de janeiro de 1992 e 31 de dezembro de 1994, utilizados em processo industrial da adquirente.

→ *Caput* com redação alterada pela Lei 8.643/1993.

§ 1° A parcela da depreciação acelerada que exceder à depreciação normal constituirá exclusão do lucro líquido e será escriturada no livro de apuração do lucro real.

§ 2° O total da depreciação acumulada, incluída a normal e a parcela excedente, não poderá ultrapassar o custo de aquisição do bem, corrigido monetariamente.

§ 3° A partir do mês em que for atingido o limite de que trata o parágrafo anterior, a depreciação normal, corrigida monetariamente, registrada na escrituração comercial, deverá ser adicionada ao lucro líquido para determinar o lucro real.

§ 4° Para efeito do disposto nos §§ 2° e 3° deste artigo, a conta de depreciação excedente à normal, registrada no livro de apuração do lucro real, será corrigida monetariamente.

§ 5° As disposições contidas neste artigo aplicam-se às máquinas e equipamentos objeto de contratos de arrendamento mercantil.

Art. 47. (*Revogado pela Lei 8.981/1995*).

Art. 48. A partir de 1° de janeiro de 1992, a correção monetária das demonstrações financeiras será efetuada com base na Ufir diária.

Art. 49. A partir do mês de janeiro de 1992, o adicional de que trata o art. 25 da Lei 7.450, de 23 de dezembro de 1985, incidirá à alíquota de dez por cento sobre a parcela do lucro real ou arbitrado, apurado mensalmente, que exceder a vinte e cinco mil Ufir.

Parágrafo único. A alíquota será de quinze por cento para os bancos comerciais, bancos de investimento, bancos de desenvolvimento, caixas econômicas, sociedades de crédito, financiamento e investimento, sociedades de crédito imobiliário, sociedades corretoras, distribuidora de títulos e valores mobiliários e empresas de arrendamento mercantil.

Art. 50. As despesas referidas na alínea *b* do parágrafo único do art. 52 e no item 2 da alínea e do parágrafo único do art. 71, da Lei 4.506, de 30 de novembro de 1964, decorrentes de contratos que, posteriormente a 31 de dezembro de 1991, venham a ser assinados, averbados no Instituto Nacional da Propriedade Industrial (INPI) e registrados no Banco Central do Brasil, passam a ser dedutíveis para fins de apuração do lucro real, observados os limites e condições estabelecidos pela legislação em vigor.

Parágrafo único. A vedação contida no art. 14 da Lei 4.131, de 3 de setembro de 1962, não se aplica às despesas dedutíveis na forma deste artigo.

Art. 51. Os balanços ou balancetes referidos nesta lei deverão ser levantados com observância das leis comerciais e fiscais e transcritos no Diário ou no Livro de Apuração do Lucro Real.

Capítulo V
DA ATUALIZAÇÃO E DO PAGAMENTO DE IMPOSTOS E CONTRIBUIÇÕES

Art. 52. Em relação aos fatos geradores que vierem a ocorrer a partir de 1° de novembro de 1993, os pagamentos dos impostos e contribuições relacionados a seguir deverão ser efetuados nos seguintes prazos:

→ *Caput* com redação alterada pela Lei 8.850/1994.

I – Imposto sobre Produtos Industrializados – IPI:

→ *Caput* do inciso I com redação alterada pela Lei 11.774/2008.

a) no caso dos produtos classificados no código 2402.20.00, da Nomenclatura Comum do Mercosul – NCM, até o 10° (décimo) dia do mês subsequente ao mês de ocorrência dos fatos geradores, observado o disposto no § 4° deste artigo;

→ Alínea *a* com redação alterada pela Lei 11.933/2009.

b) (*Revogada pela Lei 11.774/2008*);

c) no caso dos demais produtos, até o 25° (vigésimo quinto) dia do mês subsequente ao mês de ocorrência dos fatos geradores, pelas demais pessoas jurídicas, observado o disposto no § 4° deste artigo;

→ Alínea *c* com redação alterada pela Lei 11.933/2009.

II – Imposto de Renda na Fonte – IRF:

→ Inciso II com redação alterada pela Lei 8.850/1994.

a) até o último dia útil do mês subsequente ao de ocorrência do fato gerador ou na data da remessa, quando esta for efetuada antes, no caso de lucro de filiais, sucursais, agências ou representações, no País, de pessoas jurídicas com sede no exterior;

b) na data da ocorrência do fato gerador, nos casos dos demais rendimentos atribuídos a residentes ou domiciliados no exterior;

c) até o último dia útil do mês subsequente ao da distribuição automática dos lucros, no caso de que trata o art. 1° do Decreto-Lei 2.397, de 21 de dezembro de 1987;

d) até o terceiro dia útil da quinzena subsequente à de ocorrência dos fatos geradores, nos demais casos;

III – imposto sobre operações de crédito, câmbio e seguro e sobre operações relativas a títulos e valores mobiliários – IOF:

→ Inciso III com redação alterada pela Lei 8.850/1994.

a) até o terceiro dia útil da quinzena subsequente à de ocorrência dos fatos geradores, no caso de aquisição de ouro, ativo financeiro, bem assim nos de que tratam os incisos II a IV do art. 1° da Lei 8.033, de 12 de abril de 1990;

b) até o terceiro dia útil do decêndio subsequente ao de cobrança ou registro contábil do imposto, nos demais casos;

IV – contribuição para financiamento da Seguridade Social – COFINS, instituída pela Lei Complementar 70, de 30 de dezembro de 1991, e contribuições para o Programa de Integração Social e para o Programa de Formação do Patrimônio do Servidor Público (PIS/PASEP), até o quinto dia útil do mês subsequente ao de ocorrência dos fatos geradores.

→ Inciso IV com redação alterada pela Lei 8.850/1994.

§ 1° O imposto incidente sobre ganhos de capital na alienação de bens ou direitos (Lei 8.134, de 27 de dezembro de 1990, art. 18) deverá ser pago até o último dia útil do mês subsequente àquele em que os ganhos houverem sido percebidos.

→ § 1° com redação alterada pela Lei 8.850/1994.

§ 2° O imposto, apurado mensalmente, sobre os ganhos líquidos auferidos em operações realizadas em bolsas de valores, de mercadorias, de futuros e assemelhadas, será pago até o último dia útil do mês subsequente em que os ganhos houverem sido percebidos.

→ § 2° com redação alterada pela Lei 8.850/1994.

§ 3° O disposto no inciso I do *caput* deste artigo não se aplica ao IPI incidente no desembaraço aduaneiro dos produtos importados.

→ § 3° com redação alterada pela Lei 11.774/2008.

§ 4° Se o dia do vencimento de que tratam as alíneas a e c do inciso I do *caput* deste artigo não for dia útil, considerar-se-á antecipado o prazo para o primeiro dia útil que o anteceder.

→ § 4° com redação alterada pela Lei 11.933/2009.

Art. 53. Os tributos e contribuições relacionados a seguir serão convertidos em quantidade de UFIR diária pelo valor desta:

→ Artigo com redação alterada pela Lei 8.850/1994.

I – IPI, no último dia do decêndio de ocorrência dos fatos geradores;

II – IRF, no dia da ocorrência do fato gerador;

III – IOF;

a) no último dia da quinzena de ocorrência dos fatos geradores, na hipótese de aquisição de ouro, ativo financeiro;

LEGISLAÇÃO

b) no dia da ocorrência dos fatos geradores, ou da apuração da base de cálculo, nos demais casos;

IV – contribuição para o financiamento da Seguridade Social (COFINS), instituída pela Lei Complementar 70, de 1991, e contribuições para o Programa de Integração Social e para o Programa de Formação do Patrimônio do Servidor Público (PIS/PASEP), no último dia do mês de ocorrência dos fatos geradores;

V – demais tributos, contribuições e receitas da União, arrecadados pela Secretaria da Receita Federal, não referidos nesta lei, nas datas dos respectivos vencimentos;

VI – contribuições previdenciárias, no primeiro dia do mês subsequente ao de competência.

Parágrafo único. O imposto de que tratam os parágrafos do artigo anterior será convertido em quantidade de UFIR pelo valor desta no mês do recebimento ou ganho.

Capítulo VI
DA ATUALIZAÇÃO DE DÉBITOS FISCAIS

Art. 54. Os débitos de qualquer natureza para com a Fazenda Nacional e os decorrentes de contribuições arrecadadas pela União, constituídos ou não, vencidos até 31 de dezembro de 1991 e não pagos até 2 de janeiro de 1992, serão atualizados monetariamente com base na legislação aplicável e convertidos, nessa data, em quantidade de Ufir diária.

§ 1º Os juros de mora calculados até 2 de janeiro de 1992 serão, também, convertidos em quantidade de Ufir, na mesma data.

§ 2º Sobre a parcela correspondente ao tributo ou contribuição, convertida em quantidade de Ufir, incidirão juros moratórios à razão de um por cento, por mês-calendário ou fração, a partir de fevereiro de 1992, inclusive, além da multa de mora ou de ofício.

§ 3º O valor a ser recolhido será obtido multiplicando-se a correspondente quantidade de Ufir pelo valor diário desta na data do pagamento.

Art. 55. Os débitos que forem objeto de parcelamento serão consolidados na data da concessão e expressos em quantidade de Ufir diária.

§ 1º O valor do débito consolidado, expresso em quantidade de Ufir, será dividido pelo número de parcelas mensais concedidas.

§ 2º O valor de cada parcela mensal, por ocasião do pagamento, será acrescido de juros na forma da legislação pertinente.

§ 3º Para efeito de pagamento, o valor em cruzeiros de cada parcela mensal será determinado mediante a multiplicação de seu valor, expresso em quantidade de Ufir, pelo valor desta no dia do pagamento.

Art. 56. No caso de parcelamento concedido administrativamente até o dia 31 de dezembro de 1991, o saldo devedor, a partir de 1º de janeiro de 1992, será expresso em quantidade de Ufir diária mediante a divisão do débito, atualizado monetariamente, pelo valor da Ufir diária no dia 1º de janeiro de 1992.

Parágrafo único. O valor em cruzeiros do débito ou da parcela será determinado mediante a multiplicação da respectiva quantidade de Ufir pelo valor diário desta na data do pagamento.

Art. 57. Os débitos de qualquer natureza para com a Fazenda Nacional, bem como os decorrentes de contribuições arrecadadas pela União, poderão, sem prejuízo da respectiva liquidez e certeza, ser inscritos como Dívida Ativa da União, pelo valor expresso em quantidade de Ufir.

§ 1º Os débitos de que trata este artigo, que forem objeto de parcelamento, serão consolidados na data de sua concessão e expressos em quantidade de Ufir.

§ 2º O encargo referido no art. 1º do Decreto-Lei 1.025, de 21 de outubro de 1969, modificado pelo art. 3º do Decreto-Lei 1.569, de 8 de agosto de 1977, e art. 3º do Decreto-Lei 1.645, de 11 de dezembro de 1984, será calculado sobre o montante do débito, inclusive multas, atualizado monetariamente e acrescido de juros e multa de mora.

Art. 58. No caso de lançamento de ofício, a base de cálculo, o imposto, as contribuições arrecadadas pela União e os acréscimos legais serão expressos em Ufir diária ou mensal, conforme a legislação de regência do tributo ou contribuição.

Parágrafo único. Os juros e a multa de lançamento de ofício serão calculados com base no imposto ou contribuição expresso em quantidade de Ufir.

Capítulo VII
DAS MULTAS E DOS JUROS DE MORA

Art. 59. Os tributos e contribuições administrados pelo Departamento da Receita Federal, que não forem pagos até a data do vencimento, ficarão sujeitos à multa de mora de vinte por cento e a juros de mora de um por cento ao mês-calendário ou fração, calculados sobre o valor do tributo ou contribuição corrigido monetariamente.

§ 1º A multa de mora será reduzida a dez por cento, quando o débito for pago até o último dia útil do mês subsequente ao do vencimento.

§ 2º A multa incidirá a partir do primeiro dia após o vencimento do débito; os juros, a partir do primeiro dia do mês subsequente.

Art. 60. (*Revogado pela Lei 11.941/2009*).

Art. 61. As contribuições previdenciárias arrecadadas pelo Instituto Nacional de Seguro Social (INSS) ficarão sujeitas à multa variável, de caráter não relevável, nos seguintes percentuais, incidentes sobre os valores atualizados monetariamente até a data do pagamento.

I – dez por cento sobre os valores das contribuições em atraso que, até a data do pagamento não tenham sido incluídas em notificação de débito;

II – vinte por cento sobre os valores pagos dentro de quinze dias contados da data do recebimento da correspondente notificação de débito;

III – trinta por cento sobre todos os valores pagos mediante parcelamento, desde que requerido no prazo do inciso anterior;

IV – sessenta por cento sobre os valores pagos em quaisquer outros casos, inclusive por falta de cumprimento de acordo para o parcelamento.

Parágrafo único. É facultada a realização de depósito, à disposição da Seguridade Social, sujeito aos mesmos percentuais dos incisos I e II, conforme o caso, para apresentação de defesa.

Capítulo VIII
DAS DISPOSIÇÕES FINAIS E TRANSITÓRIAS

Art. 62. O § 2º do art. 11 e os arts. 13 e 14 da Lei 8.218, de 1991, passam a vigorar com a seguinte redação:

"Art. 11. (...)

§ 1º (...)

§ 2º O Departamento da Receita Federal expedirá os atos necessários para estabelecer a forma e o prazo em que os arquivos e sistemas deverão ser apresentados.

Art. 13. A não apresentação dos arquivos ou sistemas até o trigésimo dia após o vencimento do prazo estabelecido implicará o arbitramento do lucro da pessoa jurídica, sem prejuízo da aplicação das penalidades previstas no artigo anterior.

Art. 14. A tributação com base no lucro real somente será admitida para as pessoas jurídicas que mantiverem, em boa ordem e segundo as normas contábeis recomendadas, livro ou fichas utilizados para resumir e totalizar, por conta ou subconta, os lançamentos efetuados no Diário (Livro Razão), mantidas as demais exigências e condições previstas na legislação.

Parágrafo único. A não manutenção do livro de que trata este artigo, nas condições determinadas, implicará o arbitramento do lucro da pessoa jurídica."

Art. 63. (*Revogado pela Lei 11.033/2004*).

Art. 64. Responderão como coautores de crime de falsidade o gerente e o administrador de instituição financeira ou assemelhadas que concorrerem para que seja aberta conta ou movimentados recursos sob nome:

I – falso;

II – de pessoa física ou de pessoa jurídica inexistente;

III – de pessoa jurídica liquidada de fato ou sem representação regular.

Parágrafo único. É facultado às instituições financeiras e às assemelhadas, solicitar ao Departamento da Receita Federal a confirmação do número de inscrição no Cadastro de Pessoas Físicas ou no Cadastro Geral de Contribuintes.

Art. 65. Terá o tratamento de permuta a entrega, pelo licitante vencedor, de títulos da dívida pública federal ou de outros créditos contra a União, como contrapartida à aquisição das ações ou quotas leiloadas no âmbito do Programa Nacional de Desestatização.

§ 1º Na hipótese de adquirente pessoa física, deverá ser considerado como custo de aquisição das ações ou quotas da empresa privatizável o custo de aquisição dos direitos contra a União, corrigido monetariamente até a data da permuta.

§ 2º Na hipótese de pessoa jurídica não tributada com base no lucro real, o custo de aquisição será apurado na forma do parágrafo anterior.

§ 3º No caso de pessoa jurídica tributada com base no lucro real, o custo de aquisição das ações ou quotas leiloadas será igual ao valor contábil dos títulos ou créditos entregues pelo adquirente na data da operação:

§ 4º Quando se configurar, na aquisição, investimento relevante em coligada ou controlada, avaliável pelo valor do patrimônio líquido, a adquirente deverá registrar o valor da equivalência no patrimônio adquirido, em conta própria de investimentos, e o valor do ágio ou deságio na aquisição em subconta do mesmo investimento, que deverá ser computado na determinação do lucro real do mês de realização do investimento, a qualquer título.

Art. 66. Nos casos de pagamento indevido ou a maior de tributos, contribuições federais, inclusive previdenciárias, e receitas patrimoniais, mesmo quando resultante de reforma, anulação, revogação ou rescisão de decisão condenatória, o contribuinte poderá efetuar a compensação desse valor no recolhimento de importância correspondente a período subsequente.

→ Artigo com redação alterada pela Lei 9.069/1995.

§ 1º A compensação só poderá ser efetuada entre tributos, contribuições e receitas da mesma espécie.

§ 2º É facultado ao contribuinte optar pelo pedido de restituição.

§ 3º A compensação ou restituição será efetuada pelo valor do tributo ou contribuição ou receita corrigido monetariamente com base na variação da UFIR.

§ 4º As Secretarias da Receita Federal e do Patrimônio da União e o Instituto Nacional do Seguro Social – INSS expedirão as instruções necessárias ao cumprimento do disposto neste artigo.

Art. 67. A competência de que trata o art. 1º da Lei 8.022, de 12 de abril de 1990, relativa à apuração, inscrição e cobrança da Dívida Ativa oriunda das receitas arrecadadas pelo Instituto Nacional de Colonização e Reforma Agrária (Incra), bem como a representação judicial nas respectivas execuções fiscais, cabe à Procuradoria-Geral da Fazenda Nacional.

Art. 68. O Anexo I do Decreto-Lei 2.225, de 10 de janeiro de 1985, passa a vigorar na forma do Anexo I a esta Lei.

Parágrafo único. Fica igualmente aprovado o Anexo II a esta Lei, que altera a composição prevista no Decreto-Lei 2.192, de 26 de dezembro de 1984.

Art. 69. O produto da arrecadação de multas, inclusive as que fazem parte do valor pago por execução da Dívida Ativa e de sua respectiva correção monetária, incidentes sobre tributos e contribuições administrados pelo Departamento da Receita Federal e próprios da União, bem como daquelas aplicadas à rede arrecadadora de receitas federais, constituirá receita do Fundo instituído pelo Decreto-Lei 1.437, de 17 de dezembro de 1975, sem prejuízo do disposto na legislação pertinente, excluídas as transferências constitucionais para os Estados, o Distrito Federal e os Municípios.

Art. 70. Ficam isentas dos tributos incidentes sobre a importação as mercadorias destinadas a consumo no recinto de congressos, feiras e exposições internacionais, e eventos assemelhados, a título de promoção ou degustação, de montagem ou conservação de estandes, ou de demonstração de equipamentos em exposição.

§ 1º A isenção não se aplica a mercadorias destinadas à montagem de estandes, susceptíveis de serem aproveitadas após o evento.

§ 2º É condição para gozo da isenção que nenhum pagamento, a qualquer título, seja efetuado ao exterior, em relação às mercadorias mencionadas no *caput* deste artigo.

§ 3º A importação das mercadorias objeto da isenção fica dispensada da Guia de Importação, mas sujeita-se a limites de quantidade e valor, além de outros requisitos, estabelecidos pelo Ministro da Economia, Fazenda e Planejamento.

Art. 71. As pessoas jurídicas de que trata o art. 1º do Decreto-Lei 2.397, de 21 de dezembro de 1987, que preencham os requisitos dos incisos I e II do art. 40, poderão optar pela tributação com base no lucro presumido.

Parágrafo único. Em caso de opção, a pessoa jurídica pagará o imposto correspondente ao ano-calendário de 1992, obedecendo ao disposto no art. 40, sem prejuízo do pagamento do imposto devido por seus sócios no exercício de 1992, ano-base de 1991.

Art. 72. Ficam isentas do IOF as operações de financiamento para a aquisição de automóveis de passageiros de fabricação nacional de até 127 HP de potência bruta (SAE), quando adquiridos por:

I – motoristas profissionais que, na data da publicação desta Lei, exerçam comprovadamente em veículo de sua propriedade a atividade de condutor autônomo de passageiros, na condição de titular de autorização, permissão ou concessão do poder concedente e que destinem o automóvel à utilização na categoria de aluguel (táxi);

II – motoristas profissionais autônomos titulares de autorização, permissão ou concessão para exploração do serviço de transporte individual de passageiros (táxi), impedidos de continuar exercendo essa atividade em virtude de destruição completa, furto ou roubo do veículo, desde que destinem o veículo adquirido à utilização na categoria de aluguel (táxi);

III – cooperativas de trabalho que sejam permissionárias ou concessionárias de transporte público de passageiros, na categoria de aluguel (táxi), desde que tais veículos se destinem à utilização nessa atividade;

IV – pessoas portadoras de deficiência física, atestada pelo Departamento de Trânsito do Estado onde residirem em caráter permanente, cujo laudo de perícia médica especifique;

a) o tipo de defeito físico e a total incapacidade do requerente para dirigir automóveis convencionais;

b) a habilitação do requerente para dirigir veículo com adaptações especiais, descritas no referido laudo;

V – trabalhador desempregado ou subempregado, titular de financiamento do denominado Projeto Balcão de Ferramentas, destinado à aquisição de maquinário, equipamentos e ferramentas que possibilitem a aquisição de bens e a prestação de serviços à comunidade.

§ 1º O benefício previsto neste artigo:

a) poderá ser utilizado uma única vez;

b) será reconhecido pelo Departamento da Receita Federal mediante prévia verificação de que o adquirente possui os requisitos.

§ 2º Na hipótese do inciso V, o reconhecimento ficará adstrito aos tomadores residentes na área de atuação do Projeto, os quais serão indicados pelos Governos Estaduais, mediante convênio celebrado com a Caixa Econômica Federal.

§ 3º A alienação do veículo antes de três anos contados da data de sua aquisição, a pessoas que não satisfaçam as condições e os requisitos, acarretará o pagamento, pelo alienante, da importância correspondente à diferença da alíquota aplicável à operação e a de que trata este artigo, calculada sobre o valor do financiamento, sem prejuízo da incidência dos demais encargos previstos na legislação tributária.

Art. 73. O art. 2º da Lei 8.033, de 12 de abril de 1990, passa a vigorar com os seguintes acréscimos:

"Art. 2º (...)

VII – não incidirá relativamente a ações nas seguintes hipóteses:

a) transmissão causa mortis e adiantamento da legítima;

b) sucessão decorrente de fusão, cisão ou incorporação;

c) transferência das ações para sociedade controlada.

(...)

§ 4º Nas hipóteses do inciso VII, o imposto incidirá na ulterior transmissão das ações pelos herdeiros, legatários, donatários, sucessores e cessionários".

Art. 74. Integrarão a remuneração dos beneficiários:

I – a contraprestação de arrendamento mercantil ou o aluguel ou, quando for o caso, os respectivos encargos de depreciação, atualizados monetariamente até a data do balanço:

a) de veículo utilizado no transporte de administradores, diretores, gerentes e seus assessores ou de terceiros em relação à pessoa jurídica;

b) de imóvel cedido para uso de qualquer pessoa dentre as referidas na alínea precedente;

II – as despesas com benefícios e vantagens concedidos pela empresa a administradores, diretores, gerentes e seus assessores, pagos diretamente ou através da contratação de terceiros, tais como:

a) a aquisição de alimentos ou quaisquer outros bens para utilização pelo beneficiário fora do estabelecimento da empresa;

b) os pagamentos relativos a clubes e assemelhados;

c) o salário e respectivos encargos sociais de empregados postos à disposição ou cedidos, pela empresa, a administradores, diretores, gerentes e seus assessores ou de terceiros;

d) a conservação, o custeio e a manutenção dos bens referidos no item I.

§ 1º A empresa identificará os beneficiários das despesas e adicionará aos respectivos salários os valores a elas correspondentes.

§ 2º A inobservância do disposto neste artigo implicará a tributação dos respectivos valores, exclusivamente na fonte, à alíquota de trinta e três por cento.

Art. 75. Sobre os lucros apurados a partir de 1º de janeiro de 1993 não incidirá o imposto de renda na fonte sobre o lucro líquido, de que trata o art. 35 da Lei 7.713, de 1988, permanecendo em vigor a não incidência do imposto sobre o que for distribuído a pessoas físicas ou jurídicas, residentes ou domiciliadas no País.

Parágrafo único. *(Vetado)*

Art. 76. Não mais será exigido o imposto suplementar de renda de que trata o art. 43 da Lei 4.131, de 3 de setembro de 1962, com a redação dada pelo art. 1º do Decreto-Lei 2.073 de 20 de junho de 1983, relativamente aos triênios encerrados posteriormente a 31 de dezembro de 1991.

Art. 77. A partir de 1º de janeiro de 1993, a alíquota do imposto de renda incidente na fonte sobre lucros e dividendos de que trata o art. 97 do Decreto-Lei 5.844, de 23 de setembro de 1943, com as modificações posteriormente introduzidas, passará a ser de quinze por cento.

Art. 78. Relativamente ao exercício financeiro de 1992, ano-base de 1991, o saldo do imposto a pagar ou o valor a ser restituído, apurado pelas pessoas físicas de acordo com a Lei 8.134, de 1990, será convertido em quantidade de Ufir pelo valor desta no mês de janeiro de 1992.

§ 1º O saldo do imposto devido será pago nos prazos e condições fixados na legislação vigente.

§ 2º Os valores em cruzeiros do imposto ou de quota deste, bem assim o do saldo a ser restituído, serão determinados mediante a multiplicação de seu valor, expresso em quantidade de Ufir, pelo valor desta no mês de pagamento.

Art. 79. O valor do imposto de renda incidente sobre o lucro real, presumido ou arbitrado, da contribuição social sobre o lucro (Lei 7.689, de 1988) e do imposto sobre o lucro líquido (Lei 7.713, de 1988, art. 35), relativos ao exercício financeiro de 1992, período-base de 1991, será convertido em quantidade de Ufir diária, segundo o valor desta no dia 1º de janeiro de 1992.

Parágrafo único. Os impostos e a contribuição social, bem como cada duodécimo ou quota destes, serão reconvertidos em cruzeiros mediante a multiplicação da quantidade de Ufir diária pelo valor dela na data do pagamento.

Art. 80. Fica autorizada a compensação do valor pago ou recolhido a título de encargo relativo à Taxa Referencial Diária (TRD) acumulada entre a data da ocorrência do fato gerador e a do vencimento dos tributos e contribuições federais, inclusive previdenciárias, pagos ou recolhidos a partir de 4 de fevereiro de 1991.

Art. 81. A compensação dos valores de que trata o artigo precedente, pagos pelas pessoas jurídicas, dar-se-á na forma a seguir:

I – os valores referentes à TRD pagos em relação a parcelas do imposto de renda das pessoas jurídicas, imposto de renda na fonte sobre o lucro líquido (Lei 7.713, de 1988, art. 35), bem como correspondentes a recolhimento do imposto de renda retido na fonte sobre rendimentos de qualquer espécie poderão ser compensados com impostos da mesma espécie ou entre si, dentre os referidos neste inciso, inclusive com os valores a recolher a título de parcela estimada do imposto de renda;

II – os valores referentes à TRD pagos em relação às parcelas da contribuição social sobre o lucro (Lei 7.689, de 1988), do Finsocial e do PIS/Pasep, somente poderão ser compensados com as parcelas a pagar de contribuições da mesma espécie;

III – os valores referentes à TRD recolhidos em relação a parcelas do Imposto sobre Produtos Industrializados (IPI) e os pagos em relação às parcelas dos demais tributos ou contribuições somente poderão ser compensados com parcelas de tributos e contribuições da mesma espécie.

Art. 82. Fica a pessoa autorizada a compensar os valores referentes à TRD, pagos sobre as parcelas de imposto de renda por ela devidas, relacionadas a seguir:

I – quotas do imposto de renda das pessoas físicas;

II – parcelas devidas a título de carnê-leão;

III – imposto de renda sobre ganho de capital na alienação de bens móveis ou imóveis;

IV – imposto de renda sobre ganhos líquidos apurados no mercado de renda variável.

Art. 83. Na impossibilidade da compensação total ou parcial dos valores referentes à TRD, o saldo não compensado terá o tratamento de crédito de imposto de renda, que poderá ser compensado com o imposto apurado na declaração de ajuste anual da pessoa jurídica ou física, a ser apresentada a partir do exercício financeiro de 1992.

Art. 84. Alternativamente ao procedimento autorizado no artigo anterior, o contribuinte poderá pleitear a restituição do valor referente à TRD mediante processo regular apresentado na repartição do Departamento da Receita Federal do seu domicílio fiscal, observando as exigências de comprovação do valor a ser restituído.

Art. 85. Ficam convalidados os procedimentos de compensação de valores referentes à TRD pagos ou recolhidos e efetuados antes da vigência desta Lei, desde que tenham sido observadas as normas e condições da mesma.

Art. 86. As pessoas jurídicas de que trata o art. 3º do Decreto-Lei 2.354, de 24 de agosto de 1987, deverão pagar o imposto de renda relativo ao período-base encerrado em 31 de dezembro de 1991 e o relativo aos meses dos anos-calendário de 1992 e 1993, da seguinte forma:

I – o do período-base encerrado em 31 de dezembro de 1991:

a) nos meses de janeiro a março, em duodécimos mensais, na forma do referido decreto-lei;

b) nos meses de abril a junho, em quotas mensais, iguais e sucessivas, vencendo-se cada uma no último dia útil dos mesmos meses;

II – o dos meses do ano-calendário de 1992, em nove parcelas mensais e sucessivas, vencíveis, cada uma, no último dia útil a partir do mês de julho, observado o seguinte:

a) em julho de 1992, o referente aos meses de janeiro e fevereiro;

b) em agosto de 1992, o referente aos meses de março e abril;

c) em setembro de 1992, o referente aos meses de maio e junho;

d) em outubro de 1992, o referente ao mês de julho;

e) em novembro de 1992, o referente ao mês de agosto;

f) em dezembro de 1992, o referente ao mês de setembro;

g) em janeiro de 1993, o referente ao mês de outubro;

h) em fevereiro de 1993, o referente ao mês de novembro; e,

i) em março de 1993, o referente ao mês de dezembro.

III – *(Revogado pela Lei 8.541/1992)*.

§ 1º Ressalvado o disposto no § 2º, as pessoas jurídicas de que trata este artigo poderão optar pelo pagamento do imposto correspondente aos meses do ano-calendário de 1992, calculado por estimativa, da seguinte forma:

a) nos meses de julho, agosto e setembro de 1992, no último dia útil de cada um, dois duodécimos do imposto e adicional apurados no balanço anual levantado em 31 de dezembro de 1991;

b) nos meses de outubro de 1992 a março de 1993, no último dia útil de cada um, um sexto do imposto e adicional apurados em balanço ou balancete semestral levantado em 30 de junho de 1992.

§ 2º No ano-calendário de 1992, não poderá optar pelo pagamento do imposto calculado por estimativa a pessoa jurídica que, no exercício de 1992, período-base de 1991, apresentou prejuízo fiscal.

§ 3º *(Revogado pela Lei 8.541/1992)*.

§ 4º As pessoas jurídicas que exercerem a opção prevista nos parágrafos anteriores deverão observar o disposto nos §§ 4º e 5º do art. 39.

§ 5º As disposições deste artigo aplicam-se também ao pagamento da contribuição social sobre o lucro (Lei 7.689, de 1988) e do imposto de renda incidente na fonte sobre o lucro líquido (Lei 7.713, de 1988, art. 35), correspondente ao período-base encerrado em 31 de dezembro de 1991 e ao ano-calendário de 1992;

§ 6º O imposto de renda e a contribuição social serão convertidos em quantidade de Ufir diária pelo valor desta no último dia do mês a que corresponderem.

§ 7º É facultado à pessoa jurídica pagar antecipadamente o imposto, duodécimo ou quota.

§ 8º *(Revogado pela Lei 8.541/1992)*.

Art. 87. As pessoas jurídicas tributadas com base no lucro real, não submetidas ao disposto no artigo anterior, deverão pagar o imposto de renda relativo ao período-base encerrado em 31 de dezembro de 1991 e o relativo aos meses dos anos-calendário de 1992 e 1993, da seguinte forma:

I – o do período-base encerrado em 31 de dezembro de 1991, em seis quotas mensais, iguais e sucessivas, vencíveis no último dia útil dos meses de abril a setembro de 1992;

II – o dos meses do ano-calendário de 1992, em seis quotas mensais e sucessivas, vencíveis no último dia útil, a partir do mês de outubro de 1992, observado o seguinte:

a) em outubro de 1992, o imposto referente aos meses de janeiro e fevereiro;

b) em novembro de 1992, o imposto referente aos meses de março e abril;

c) em dezembro de 1992, o imposto referente aos meses de maio e junho;

d) em janeiro de 1993, o imposto referente aos meses de julho e agosto;

e) em fevereiro de 1993, o imposto referente aos meses de setembro e outubro;

f) em março de 1993, o imposto referente aos meses de novembro e dezembro;

III – (*Revogado pela Lei 8.541/1992*).

§ 1º As pessoas jurídicas de que trata este artigo poderão optar pelo pagamento do imposto correspondente aos meses dos anos-calendário de 1992 e 1993, calculado por estimativa, da seguinte forma:

I – o relativo ao ano-calendário de 1992, nos meses de outubro de 1992 a março de 1993, no último dia útil de cada um, dois sextos do imposto e adicional apurados em balanço ou balancete semestral levantado em 30 de junho de 1992;

II – (*Revogado pela Lei 8.541/1992*).

§ 2º As disposições deste artigo aplicam-se também ao pagamento da contribuição social sobre o lucro (Lei 7.689, de 1988), correspondente ao período-base encerrado em 31 de dezembro de 1991 e aos anos-calendário de 1992 e 1993, estendendo-se o mesmo regime ao imposto sobre o lucro líquido (Lei 7.713, de 1988, art. 35), enquanto este vigorar.

§ 3º O imposto de renda e a contribuição social serão convertidos em quantidade de Ufir diária pelo valor desta no último dia do mês a que corresponder.

§ 4º É facultado à pessoa jurídica pagar antecipadamente o imposto, duodécimo ou quota.

§ 5º A partir do mês de fevereiro de 1994, as pessoas jurídicas de que trata este artigo iniciarão o pagamento do imposto referente aos meses do ano em curso.

Art. 88. (*Revogado pela Lei 8.541/1992*).

Art. 89. As empresas que optarem pela tributação com base no lucro presumido deverão pagar o imposto de renda da pessoa jurídica e a contribuição social sobre o lucro (Lei 7.689, de 1988):

I – relativos ao período-base de 1991, nos prazos fixados na legislação em vigor, sem as modificações introduzidas por esta lei;

II – a partir do ano-calendário de 1992, segundo o disposto no art. 40.

Art. 90. A pessoa jurídica que, no ano-calendário de 1991, tiver auferido receita bruta total igual ou inferior a um bilhão de cruzeiros poderá optar pela tributação com base no lucro presumido no ano-calendário de 1992.

Art. 91. As parcelas de antecipação do imposto de renda e da contribuição social sobre o lucro, relativas ao exercício financeiro de 1992, pagas no ano de 1991, serão corrigidas monetariamente com base na variação acumulada no INPC desde o mês do pagamento até dezembro de 1991.

Parágrafo único. A contrapartida do registro da correção monetária referida neste artigo será escriturada como variação monetária ativa, na data do balanço.

Art. 92. (*Revogado pela Lei 9.430/1996*).

Art. 93. O art. 1º e o art. 2º do Decreto-Lei 1.804, de 3 de setembro de 1980, passam a vigorar com as seguintes modificações:

"Art. 1º (...)

§ 3º O regime de que trata este artigo somente se aplica a remessas de valor até quinhentos dólares norte-americanos, ou o equivalente em outras moedas.

(...)

Art. 2º (...)

II – dispor sobre a isenção do imposto de importação dos bens contidos em remessas de valor até cem dólares norte-americanos, ou o equivalente em outras moedas, quando destinados a pessoas físicas.

(...)"

Art. 94. O Ministro da Economia, Fazenda e Planejamento expedirá os atos necessários à execução do disposto nesta lei, observados os princípios e as diretrizes nela estabelecidos, objetivando, especialmente, a simplificação e a desburocratização dos procedimentos .

Parágrafo único. (*Revogado pela Lei 8.541/1992*).

Art. 95. O Ministro da Economia, Fazenda e Planejamento poderá, em 1992 e 1993, alongar o prazo de pagamento dos impostos e da contribuição social sobre o lucro, se a conjuntura econômica assim o exigir.

Art. 96. No exercício financeiro de 1992, ano-calendário de 1991, o contribuinte apresentará declaração de bens na qual os bens e direitos serão individualmente avaliados a valor de mercado no dia 31 de dezembro de 1991, e convertidos em quantidade de Ufir pelo valor desta no mês de janeiro de 1992.

§ 1º A diferença entre o valor de mercado referido neste artigo e o constante de declarações de exercícios anteriores será considerada rendimento isento.

§ 2º A apresentação da declaração de bens com estes avaliados em valores de mercado não exime os declarantes de manter e apresentar elementos que permitam a identificação de seus custos de aquisição.

§ 3º A autoridade lançadora, mediante processo regular, arbitrará o valor informado, sempre que este não mereça fé, por notoriamente diferente do de mercado, ressalvada, em caso de contestação, avaliação contraditória administrativa ou judicial.

§ 4º Todos e quaisquer bens e direitos adquiridos, a partir de 1º de janeiro de 1992, serão informados, nas declarações de bens de exercícios posteriores, pelos respectivos valores em Ufir, convertidos com base no valor desta no mês de aquisição.

§ 5º Na apuração de ganhos de capital na alienação dos bens e direitos de que trata este artigo será considerado custo de aquisição o valor em Ufir:

a) constante da declaração relativa ao exercício financeiro de 1992, relativamente aos bens e direitos adquiridos até 31 de dezembro de 1991;

b) determinado na forma do parágrafo anterior, relativamente aos bens e direitos adquiridos a partir de 1º de janeiro de 1992.

§ 6º A conversão, em quantidade de Ufir, das aplicações financeiras em títulos e valores mobiliários de renda variável, bem como em ouro ou certificados representativos de ouro, ativo financeiro, será realizada adotando-se o maior dentre os seguintes valores:

a) de aquisição, acrescido da correção monetária e da variação da Taxa Referencial Diária (TRD), até 31 de dezembro de 1991, nos termos admitidos em lei;

b) de mercado, assim entendido o preço médio ponderado das negociações do ativo, ocorridas na última quinzena do mês de dezembro de 1991, em bolsas do País, desde que reflitam condições regulares de oferta e procura, ou o valor da quota resultante da avaliação da carteira do fundo mútuo de ações ou clube de investimento, exceto Plano de Poupança e Investimento (PAIT), em 31 de dezembro de 1991, mediante aplicação dos preços médios ponderados.

§ 7º Excluem-se do disposto neste artigo os direitos ou créditos relativos a operações financeiras de renda fixa, que serão informados pelos valores de aquisição ou aplicação, em cruzeiros.

§ 8º A isenção de que trata o §1º não alcança:

a) os direitos ou créditos de que trata o parágrafo precedente;

b) os bens adquiridos até 31 de dezembro de 1990, não relacionados na declaração de bens relativa ao exercício de 1991.

§ 9º Os bens adquiridos no ano-calendário de 1991 serão declarados em moeda corrente nacional, pelo valor de aquisição, e em Ufir, pelo valor de mercado em 31 de dezembro de 1991.

§ 10. O Poder Executivo fica autorizado a baixar as instruções necessárias à aplicação deste artigo, bem como a estabelecer critério alternativo para determinação do valor de mercado de títulos e valores mobiliários, se não ocorrerem negociações nos termos do § 6º.

Art. 97. Esta Lei entra em vigor na data de sua publicação e produzirá efeitos a partir de 1º de janeiro de 1992.

Art. 98. Revogam-se o art. 44 da Lei 4.131, de 3 de setembro de 1962, os §§ 1º e 2º do art. 11 da Lei 4.357, de 16 de julho de 1964, o art. 2º da Lei 4.729, de 14 de julho de 1965, o art. 5º do Decreto-Lei 1.060, de 21 de outubro de 1969, os arts. 13 e 14 da Lei 7.713, de 1988, os incisos III e IV e os §§ 1º e 2º do art. 7º e o art. 10 da Lei 8.023, de 1990, o inciso III e parágrafo único do art. 11 da Lei 8.134, de 27 de dezembro de 1990e o art. 14 da Lei 8.137, de 27 de dezembro de 1990.

Brasília, 30 de dezembro de 1991, 170º da Independência e 103º da República.

Fernando Collor

(Publicação no *D.O.U.* de 31.12.1991)

→ Não publicamos os Anexos desta Lei.

LEI COMPLEMENTAR 70, DE 30 DE DEZEMBRO DE 1991

Institui contribuição para financiamento da Seguridade Social, eleva a alíquota da contribuição social sobre o lucro das instituições financeiras, e dá outras providências.

→ *V.* Lei 10.522/2002 – Dispõe sobre o Cadastro Informativo dos créditos não quitados de órgãos e entidades federais e dá outras providências.

→ *V.* Lei 10.485/2002 - Dispõe sobre a incidência das contribuições para os Programas de Integração Social e de Formação do Patrimônio do Servidor Público (PIS/Pasep) e da Contribuição para o Financiamento da Seguridade Social (Cofins), nas hipóteses que menciona, e dá outras providências.

→ *V.* Decreto 4.524/2002 – Regulamenta a Contribuição para o PIS/Pasep e a Cofins devidas pelas pessoas jurídicas em geral.

→ *v.* Decreto 5.161/2004 – Fixa coeficiente para redução das alíquotas específicas do PIS/PASEP e da COFINS de que tratam os arts. 51 e 52 da Lei 10.833, de 29 de dezembro 2003, nos casos em que especifica.

O Presidente da República:

Faço saber que o Congresso Nacional decreta e eu sanciono a seguinte Lei Complementar:

Art. 1º Sem prejuízo da cobrança das contribuições para o Programa de Integração Social – PIS e para o Programa de Formação do Patrimônio do Servidor Público – PASEP, fica instituída contribuição social para financiamento da Seguridade Social, nos termos do inciso I do art. 195 da Constituição Federal, devida pelas pessoas jurídicas, inclusive as a elas equiparadas pela legislação do Imposto sobre a Renda, destinadas exclusivamente às despesas com atividades fins das áreas de saúde, previdência e assistência social.

Art. 2º A contribuição de que trata o artigo anterior será de 2% (dois por cento) e incidirá sobre o faturamento mensal, assim considerado a receita bruta das vendas de mercadorias, de mercadorias e serviços e de serviço de qualquer natureza.

→ *v.* Art. 8º da Lei 9.718/1998.

→ *v.* Súmula 659 do STF.

→ *v.* Súmula 423 do STJ.

Parágrafo único. Não integra a receita de que trata este artigo, para efeito de determinação da base de cálculo da contribuição, o valor:

a) do imposto sobre produtos industrializados, quando destacado em separado no documento fiscal;

b) das vendas canceladas, das devolvidas e dos descontos a qualquer título concedidos incondicionalmente.

Art. 3º A base de cálculo da contribuição mensal devida pelos fabricantes de cigarros, na condição de contribuintes e de substitutos dos comerciantes varejistas, será obtida multiplicando-se o preço de venda do produto no varejo por 118% (cento e dezoito por cento).

Art. 4º A contribuição mensal devida pelos distribuidores de derivados de petróleo e álcool etílico hidratado para fins carburantes, na condição de substitutos dos comerciantes varejistas, será calculada sobre o menor valor, no País, constante da tabela de preços máximos fixados para venda a varejo, sem prejuízo da contribuição incidente sobre suas próprias vendas.

Art. 5º A contribuição será convertida, no primeiro dia do mês subsequente ao de ocorrência do fato gerador, pela medida de valor e parâmetro de atualização monetária diária utilizada para os tributos federais, e paga até o dia vinte do mesmo mês.

Art. 6º São isentas da contribuição:

I – as sociedades cooperativas que observarem ao disposto na legislação específica, quanto aos atos cooperativos próprios de suas finalidades;

→ Inciso I com eficácia suspensa pela MP 2.158-35/2001.

II – as sociedades civis de que trata o art. 1º do Decreto-lei 2.397, de 21 de dezembro de 1987;

→ v. Súmula 508 do STJ.

III – as entidades beneficentes de assistência social que atendam às exigências estabelecidas em lei.

→ Inciso III com eficácia suspensa pela MP 2.158-35/2001.

Art. 7º São também isentas da contribuição as receitas decorrentes:

→ Artigo com eficácia suspensa pela MP 2.158-35/2001.

I – de vendas de mercadorias ou serviços para o exterior, realizadas diretamente pelo exportador;

II – de exportações realizadas por intermédio de cooperativas, consórcios ou entidades semelhantes;

III – de vendas realizadas pelo produtor-vendedor às empresas comerciais exportadoras, nos termos do Decreto-lei 1.248, de 29 de novembro de 1972, e alterações posteriores, desde que destinadas ao fim específico de exportação para o exterior;

IV – de vendas, com fim específico de exportação para o exterior, a empresas exportadoras registradas na Secretaria de Comércio Exterior do Ministério da Indústria, do Comércio e do Turismo;

V – de fornecimentos de mercadorias ou serviços para uso ou consumo de bordo em embarcações ou aeronaves em tráfego internacional, quando o pagamento for efetuado em moeda conversível;

VI – das demais vendas de mercadorias ou serviços para o exterior, nas condições estabelecidas pelo Poder Executivo.

Art. 8º *(Vetado).*

Art. 9º A contribuição social sobre o faturamento de que trata esta Lei Complementar não extingue as atuais fontes de custeio da Seguridade Social, salvo a prevista no art. 23, inciso I, da Lei 8.212, de 24 de julho de 1991, a qual deixará de ser cobrada a partir da data em que for exigível a contribuição ora instituída.

Art. 10. O produto da arrecadação da contribuição social sobre o faturamento, instituída por esta Lei Complementar, observado o disposto na segunda parte do art. 33 da Lei 8.212, de 24 de julho de 1991, integrará o Orçamento da Seguridade Social.

Parágrafo único. À contribuição referida neste artigo aplicam-se as normas relativas ao processo administrativo-fiscal de determinação e exigência de créditos tributários federais, bem como, subsidiariamente e no que couber, as disposições referentes ao Imposto sobre a Renda, especialmente quanto a atraso de pagamento e quanto a penalidades.

Art. 11. Fica elevada em oito pontos percentuais a alíquota referida no § 1º do art. 23 da Lei 8.212, de 24 de julho de 1991, relativa à contribuição social sobre o lucro das instituições a que se refere o § 1º do art. 22 da mesma lei, mantidas as demais normas da Lei 7.689, de 15 de dezembro de 1988, com as alterações posteriormente introduzidas.

→ *v.* Lei 12.839/2013 – Reduz a zero as alíquotas da Contribuição para o PIS/Pasep, da Cofins, da Contribuição para o PIS/Pasep-Importação e da Cofins-Importação incidentes sobre a receita decorrente da venda no mercado interno e sobre a importação de produtos que compõem a cesta básica.

Parágrafo único. As pessoas jurídicas sujeitas ao disposto neste artigo ficam excluídas do pagamento da contribuição social sobre o faturamento, instituída pelo art. 1º desta Lei Complementar.

Art. 12. Sem prejuízo do disposto na legislação em vigor, as instituições financeiras, as sociedades corretoras e distribuidoras de títulos e valores mobiliários, as sociedades de investimento e as de arrendamento mercantil, os agentes do Sistema Financeiro da Habitação, as bolsas de valores, de mercadorias, de futuros e instituições assemelhadas e seus associados, e as empresas administradoras de cartões de crédito fornecerão à Receita Federal, nos termos estabelecidos pelo Ministro da Economia, Fazenda e Planejamento, informações cadastrais sobre os usuários dos respectivos serviços, relativas ao nome, à filiação, ao endereço e ao número de inscrição do cliente no Cadastro de Pessoas Físicas – CPF ou no Cadastro Geral de Contribuintes – CGC.

§ 1º Às informações recebidas nos termos deste artigo aplica-se o disposto no § 7º do art. 38 da Lei 4.595, de 31 de dezembro de 1964.

§ 2º As informações de que trata o *caput* deste artigo serão prestadas a partir das relações de usuários constantes dos registros relativos ao ano-calendário de 1992.

§ 3º A não observância do disposto neste artigo sujeitará o infrator, independentemente de outras penalidades administrativas, à multa equivalente a trinta e cinco unidades de valor referidas no art. 5º desta Lei Complementar, por usuário omitido.

Art. 13. Esta Lei Complementar entra em vigor na data de sua publicação, produzindo efeitos a partir do primeiro dia do mês seguinte aos 90 (noventa) dias posteriores àquela publicação, mantidos, até essa data, o Decreto-lei 1.940, de 25 de maio de 1982 e alterações posteriores, a alíquota fixada no art. 11 da Lei 8.114, de 12 de dezembro de 1990.

Art. 14. Revoga-se o art. 2º do Decreto-lei 326, de 8 de maio de 1967 e demais disposições em contrário.

Brasília, 30 de dezembro de 1991; 170º da Independência e 103º da República.

Fernando Collor

(Publicação no *D.O.U.* 31.12.1991)

LEI 8.397,
DE 6 DE JANEIRO DE 1992

Institui medida cautelar fiscal e dá outras providências.

→ *v.* Decreto 7.574/2011 – Regulamenta o processo de determinação e exigência de créditos tributários da União, o processo de consulta sobre a aplicação da legislação tributária federal e outros processos que especifica, sobre matérias administradas pela Secretaria da Receita Federal do Brasil.

O Presidente da República:

Faço saber que o Congresso Nacional decreta e eu sanciono a seguinte Lei:

Art. 1º O procedimento cautelar fiscal poderá ser instaurado após a constituição do crédito, inclusive no curso da execução judicial da Dívida Ativa da União, dos Estados, do Distrito Federal, dos Municípios e respectivas autarquias.

→ *Caput* com redação alterada pela Lei 9.532/1997.

→ *v.* Arts. 45 e 46 da Decreto 7.574/2011.

Parágrafo único. O requerimento da medida cautelar, na hipótese dos incisos V, alínea *b*, e VII, do art. 2º, independe da prévia constituição do crédito tributário.

→ Parágrafo único acrescentado pela Lei 9.532/1997.

Art. 2º A medida cautelar fiscal poderá ser requerida contra o sujeito passivo de crédito tributário ou não tributário, quando o devedor:

→ *Caput* com redação alterada pela Lei 9.532/1997.

I – sem domicílio certo, intenta ausentar-se ou alienar bens que possui ou deixa de pagar a obrigação no prazo fixado;

II – tendo domicílio certo, ausenta-se ou tenta se ausentar, visando a elidir o adimplemento da obrigação;

III – caindo em insolvência, aliena ou tenta alienar bens;

→ Inciso III com redação alterada pela Lei 9.532/1997.

IV – contrai ou tenta contrair dívidas que comprometam a liquidez do seu patrimônio;

→ Inciso IV com redação alterada pela Lei 9.532/1997.

V – notificado pela Fazenda Pública para que proceda ao recolhimento do crédito fiscal:

→ *Caput* do inciso V com redação alterada pela Lei 9.532/1997.

a) deixa de pagá-lo no prazo legal, salvo se suspensa sua exigibilidade;

→ Alínea *a* acrescentada pela Lei 9.532/1997.

b) põe ou tenta por seus bens em nome de terceiros;

→ Alínea *b* acrescentada pela Lei 9.532/1997.

VI – possui débitos, inscritos ou não em Dívida Ativa, que somados ultrapassem 30% (trinta por cento) do seu patrimônio conhecido;

→ Inciso VI acrescentado pela Lei 9.532/1997.

VII – aliena bens ou direitos sem proceder à devida comunicação ao órgão da Fazenda Pública competente, quando exigível em virtude de lei;

→ Inciso VII acrescentado pela Lei 9.532/1997.

VIII – tem sua inscrição no cadastro de contribuintes declarada inapta, pelo órgão fazendário;

→ Inciso VIII acrescentado pela Lei 9.532/1997.

IX – pratica outros atos que dificultem ou impeçam a satisfação do crédito.

→ Inciso IX acrescentado pela Lei 9.532/1997.

Art. 3º Para a concessão da medida cautelar fiscal é essencial:

I – prova literal da constituição do crédito fiscal;

II – provas documentais de algum dos casos mencionados no artigo antecedente.

Art. 4º A decretação da medida cautelar fiscal produzirá, de imediato, a indisponibilidade dos bens do requerido, até o limite da satisfação da obrigação.

§ 1º Na hipótese de pessoa jurídica, a indisponibilidade recairá somente sobre os bens do ativo permanente, podendo, ainda, ser estendida aos bens do acionista controlador e aos dos que em razão do contrato social ou estatuto tenham poderes para fazer a empresa cumprir suas obrigações fiscais, ao tempo:

a) do fato gerador, nos casos de lançamento de ofício;

b) do inadimplemento da obrigação fiscal, nos demais casos.

§ 2º A indisponibilidade patrimonial poderá ser estendida em relação aos bens adquiridos a qualquer título do requerido ou daqueles que estejam ou tenham estado na função de administrador (§ 1º), desde que seja capaz de frustrar a pretensão da Fazenda Pública.

§ 3º Decretada a medida cautelar fiscal, será comunicada imediatamente ao registro público de imóveis, ao Banco Central do Brasil, à Comissão de Valores Mobiliários e às demais repartições que processem registros de transferência de bens, a fim de que, no âmbito de suas atribuições, façam cumprir a constrição judicial.

Art. 5º A medida cautelar fiscal será requerida ao juiz competente para a execução judicial da Dívida Ativa da Fazenda Pública.

Parágrafo único. Se a execução judicial estiver em Tribunal, será competente o relator do recurso.

Art. 6º A Fazenda Pública pleiteará a medida cautelar fiscal em petição devidamente fundamentada, que indicará:

I – o juiz a quem é dirigida;

II – a qualificação e o endereço, se conhecido, do requerido;

III – as provas que serão produzidas;

IV – o requerimento para citação.

Art. 7º O juiz concederá liminarmente a medida cautelar fiscal, dispensada a Fazenda Pública de justificação prévia e de prestação de caução.

Parágrafo único. Do despacho que conceder liminarmente a medida cautelar caberá agravo de instrumento.

Art. 8º O requerido será citado para, no prazo de 15 (quinze) dias, contestar o pedido, indicando as provas que pretenda produzir.

Parágrafo único. Conta-se o prazo da juntada aos autos do mandado:

a) de citação, devidamente cumprido;

b) da execução da medida cautelar fiscal, quando concedida liminarmente.

Art. 9º Não sendo contestado o pedido, presumir-se-ão aceitos pelo requerido, como verdadeiros, os fatos alegados pela Fazenda Pública, caso em que o juiz decidirá em 10 (dez) dias.

Parágrafo único. Se o requerido contestar no prazo legal, o juiz designará audiência de instrução e julgamento, havendo prova a ser nela produzida.

Art. 10. A medida cautelar fiscal decretada poderá ser substituída, a qualquer tempo, pela prestação de garantia correspondente ao valor da pretensão da Fazenda Pública, na forma do art. 9º da Lei 6.830, de 22 de setembro de 1980.

→ *v.* arts. 796 a 812 do CPC/1973.

→ *v.* Arts. 9º, 296, 297, 292, parágrafo único, 299, 300, §§ 1º e 2º, 301, 302, e 305 a 310, do NCPC.

Parágrafo único. A Fazenda Pública será ouvida necessariamente sobre o pedido de substituição, no prazo de 5 (cinco) dias, presumindo-se da omissão a sua aquiescência.

Art. 11. Quando a medida cautelar fiscal for concedida em procedimento preparatório, deverá a Fazenda Pública propor a execução judicial da Dívida Ativa no prazo de 60 (sessenta) dias, contados da data em que a exigência se tornar irrecorrível na esfera administrativa.

→ *v.* Art. 806 do CPC/1973.

→ *v.* Art. 308 do NCPC.

Art. 12. A medida cautelar fiscal conserva a sua eficácia no prazo do artigo antecedente e na pendência do processo de execução judicial da Dívida Ativa, mas pode, a qualquer tempo, ser revogada ou modificada.

→ *v.* Art. 807 do CPC/1973.

→ *v.* Art. 296 do NCPC.

Parágrafo único. Salvo decisão em contrário, a medida cautelar fiscal conservará sua eficácia durante o período de suspensão do crédito tributário ou não tributário.

Art. 13. Cessa a eficácia da medida cautelar fiscal:

I – se a Fazenda Pública não propuser a execução judicial da Dívida Ativa no prazo fixado no art. 11 desta Lei;

II – se não for executada dentro de 30 (trinta) dias;

III – se for julgada extinta a execução judicial da Dívida Ativa da Fazenda Pública;

IV – se o requerido promover a quitação do débito que está sendo executado.

Parágrafo único. Se, por qualquer motivo, cessar a eficácia da medida, é defeso à Fazenda Pública repetir o pedido pelo mesmo fundamento.

Art. 14. Os autos do procedimento cautelar fiscal serão apensados aos do processo de execução judicial da Dívida Ativa da Fazenda Pública.

Art. 15. O indeferimento da medida cautelar fiscal não obsta a que a Fazenda Pública intente a execução judicial da Dívida Ativa, nem influi no julgamento desta, salvo se o juiz, no procedimento cautelar fiscal, acolher alegação de pagamento, de compensação, de transação, de remissão, de prescrição ou decadência, de conversão do depósito em renda, ou qualquer outra modalidade de extinção da pretensão deduzida.

Art. 16. Ressalvado o disposto no art. 15, a sentença proferida na medida cautelar fiscal não faz coisa julgada, relativamente à execução judicial da Dívida Ativa da Fazenda Pública.

Art. 17. Da sentença que decretar a medida cautelar fiscal caberá apelação, sem efeito suspensivo, salvo se o requerido oferecer garantia na forma do art. 10 desta Lei.

Art. 18. As disposições desta Lei aplicam-se, também, ao crédito proveniente das contribuições sociais previstas no art. 195 da Constituição Federal.

Art. 19. Esta Lei entra em vigor na data de sua publicação.

Art. 20. Revogam-se as disposições em contrário.

Brasília, 6 de janeiro de 1992; 171º da Independência e 104º da República.

Fernando Collor

(Publicação no *D.O.U.* 7.1.1992; retificação 16.1.1992)

LEI 8.437,
DE 30 DE JUNHO DE 1992

Dispõe sobre a concessão de medidas cautelares contra atos do Poder Público e dá outras providências.

O Presidente da República:

Faço saber que o Congresso Nacional decreta e eu sanciono a seguinte Lei:

Art. 1º Não será cabível medida liminar contra atos do Poder Público, no procedimento cautelar ou em quaisquer outras ações de natureza cautelar ou preventiva, toda vez que providência semelhante não puder ser concedida em ações de mandado de segurança, em virtude de vedação legal.

§ 1º Não será cabível, no juízo de primeiro grau, medida cautelar inominada ou a sua liminar, quando impugnado ato de autoridade sujeita, na via de mandado de segurança, à competência originária de tribunal.

§ 2º O disposto no parágrafo anterior não se aplica aos processos de ação popular e de ação civil pública.

§ 3º Não será cabível medida liminar que esgote, no todo ou em parte, o objeto da ação.

§ 4º Nos casos em que cabível medida liminar, sem prejuízo da comunicação ao dirigente do órgão ou entidade, o respectivo representante judicial dela será imediatamente intimado.

→ § 4º acrescentado pela MP 2.180-35/2001.

§ 5º Não será cabível medida liminar que defira compensação de créditos tributários ou previdenciários.

→ § 5º acrescentado pela MP 2.180-35/2001.

Art. 2º No mandado de segurança coletivo e na ação civil pública, a liminar será concedida, quando cabível, após a audiência do representante judicial da pessoa jurídica de direito público, que deverá se pronunciar no prazo de 72 (setenta e duas) horas.

Art. 3º O recurso voluntário ou *ex officio*, interposto contra sentença em processo cautelar, proferida contra pessoa jurídica de direito público ou seus agentes, que importe em outorga ou adição de vencimentos ou de reclassificação funcional, terá efeito suspensivo.

Art. 4º Compete ao presidente do tribunal, ao qual couber o conhecimento do respectivo recurso, suspender, em despacho fundamentado, a execução da liminar nas ações movidas contra o Poder Público ou seus agentes, a requerimento do Ministério Público ou da pessoa jurídica de direito público interessada, em caso de manifesto interesse público ou de flagrante ilegitimidade, e para evitar grave lesão à ordem, à saúde, à segurança e à economia públicas.

§ 1º Aplica-se o disposto neste artigo à sentença proferida em processo de ação cautelar inominada, no processo de ação popular e na ação civil pública, enquanto nao transitada em julgado.

§ 2º O Presidente do Tribunal poderá ouvir o autor e o Ministério Público, em 72 (setenta e duas) horas.

→ § 2º com redação alterada pela MP 2.180-35/2001.

§ 3º Do despacho que conceder ou negar a suspensão, caberá agravo, no prazo de 5 (cinco) dias, que será levado a julgamento na sessão seguinte a sua interposição.

→ § 3º com redação alterada pela MP 2.180-35/2001.

§ 4º Se do julgamento do agravo de que trata o § 3º resultar a manutenção ou o restabelecimento da decisão que se pretende suspender, caberá novo pedido de suspensão ao Presidente do Tribunal competente para conhecer de eventual recurso especial ou extraordinário.

→ § 4º acrescentado pela MP 2.180-35/2001.

§ 5º É cabível também o pedido de suspensão a que se refere o § 4º, quando negado provimento a agravo de instrumento interposto contra a liminar a que se refere este artigo.

→ § 5º acrescentado pela MP 2.180-35/2001.

§ 6º A interposição do agravo de instrumento contra liminar concedida nas ações movidas contra o Poder Público e seus agentes não prejudica nem condiciona o julgamento do pedido de suspensão a que se refere este artigo.

→ § 6º acrescentado pela MP 2.180-35/2001.

§ 7º O presidente do tribunal poderá conferir ao pedido efeito suspensivo liminar, se constatar, em juízo prévio, a plausibilidade do direito invocado e a urgência na concessão da medida.

→ § 7º acrescentado pela MP 2.180-35/2001.

§ 8º As liminares cujo objeto seja idêntico poderão ser suspensas em uma única decisão, podendo o Presidente do Tribunal estender os efeitos da suspensão a liminares supervenientes, mediante simples aditamento do pedido original.

→ § 8º acrescentado pela MP 2.180-35/2001.

§ 9º A suspensão deferida pelo Presidente do Tribunal vigorará até o trânsito em julgado da decisão de mérito na ação principal.

→ § 9º acrescentado pela MP 2.180-35/2001.

Art. 5º Esta Lei entra em vigor na data de sua publicação.

Art. 6º Revogam-se as disposições em contrário.

Brasília, 30 de junho de 1992; 171º da Independência e 104º da República.

Fernando Collor

(Publicação no *D.O.U.* 1º.7.1992)

LEI 8.748,
DE 9 DE DEZEMBRO DE 1993

Altera a legislação reguladora do processo administrativo de determinação e exigência de créditos tributários da união, e dá outras providências.

O Presidente da República:

Faço saber que o Congresso Nacional decreta e eu sanciono a seguinte Lei:

Art. 1º Os dispositivos a seguir, do Decreto 70.235, de 6 de março de 1972, que, por delegação do Decreto-Lei 822, de 5 de setembro de 1969, regula o processo administrativo de determinação e exigência de créditos tributários da União, passam a vigorar com a seguinte redação:

→ Alterações efetuadas no referido Decreto.

Art. 2º São criadas dezoito Delegacias da Receita Federal especializadas nas atividades concernentes ao julgamento de processos relativos a tributos e contribuições federais administrados pela Secretaria da Receita Federal, sendo de competência dos respectivos Delegados o julgamento, em primeira instância, daqueles processos.

§ 1º As delegacias a que se refere este artigo serão instaladas, no prazo de cento e vinte dias, por ato do Ministro da Fazenda, que fixará a lotação de cada unidade, mediante aproveitamento de cargos e funções existentes, ou que venham a ser criados, na Secretaria da Receita Federal.

§ 2º Até que sejam instaladas as delegacias de que trata o *caput* deste artigo, o julgamento nele referido continuará sendo de competência dos Delegados da Receita Federal.

Art. 3º Compete aos Conselhos de Contribuintes, observada sua competência por matéria e dentro de limites de alçada fixados pelo Ministro da Fazenda:

I – julgar os recursos de ofício e voluntário de decisão de primeira instância, nos processos a que se refere o art. 1º desta lei;

II – julgar recurso voluntário de decisão de primeira instância nos processos relativos a restituição de impostos e contribuições e a ressarcimento de créditos do Imposto sobre Produtos Industrializados.

→ Inciso II com redação alterada pela Lei 10.522/2002.

Art. 4º O Ministro da Fazenda expedirá as instruções necessárias à aplicação do disposto nesta lei, inclusive à adequação dos regimentos internos dos Conselhos de Contribuintes e da Câmara Superior de Recursos Fiscais.

Art. 5º As despesas decorrentes desta lei correrão à conta das dotações orçamentárias próprias do Ministério da Fazenda.

Art. 6º Esta Lei entra em vigor na data de sua publicação.

Art. 7º Revogam-se os arts. 6º e 19 do Decreto 70.235, de 1972.

Brasília, 9 de dezembro de 1993, 172º da Independência e 105º da República.

Itamar Franco

(Publicação no *D.O.U.* de 10.12.1993)

LEI 8.846,
DE 21 DE JANEIRO DE 1994

Dispõe sobre a emissão de documentos fiscais e o arbitramento da receita mínima para efeitos tributários, e dá outras providências.

O Presidente da República:

Faço saber que o Congresso Nacional decreta e eu sanciono a seguinte lei:

Art. 1º A emissão de nota fiscal, recibo ou documento equivalente, relativo à venda de mercadorias, prestação de serviços ou operações de alienação de bens móveis, deverá ser efetuada, para efeito da legislação do imposto sobre a renda e proventos de qualquer natureza, no momento da efetivação da operação.

§ 1º O disposto neste artigo também alcança:

a) a locação de bens móveis e imóveis;

b) quaisquer outras transações realizadas com bens e serviços, praticadas por pessoas físicas ou jurídicas.

§ 2º O Ministro da Fazenda estabelecerá, para efeito da legislação do imposto sobre a renda e proventos de qualquer natureza, os documentos equivalentes à nota fiscal ou recibo podendo dispensá-los quando os considerar desnecessários.

Art. 2º Caracteriza omissão de receita ou de rendimentos, inclusive ganhos de capital para efeito do imposto sobre a renda e proventos de qualquer natureza e das contribuições sociais, incidentes sobre o lucro e o faturamento, a falta de emissão da nota fiscal, recibo ou documento equivalente, no momento da efetivação das operações a que se refere o artigo anterior, bem como a sua emissão com valor inferior ao da operação.

Art. 3º *(Revogado pela Lei 9.532/1997).*

Art. 4º *(Revogado pela Lei 9.532/1997).*

Art. 5º Em todo local onde se proceda à venda de bens ou à prestação de serviços, deverão ser afixados, em lugar visível e de fácil leitura, o teor dos arts. 1º a 4º desta Lei, além de cartazes informativos elaborados pela Secretaria da Receita Federal.

§ 1º A pessoa física ou jurídica que descumprir o disposto neste artigo ficará sujeita à multa correspondente a CR$ 200.000,00 (duzentos mil cruzeiros reais), atualizados monetariamente pela variação da Unidade Fiscal de Referência (Ufir) mensal, a ser aplicada pelos órgãos de proteção ao direito do consumidor, vinculados ao Ministério da Justiça.

§ 2º A multa será reaplicada a cada dez dias se não atendida a exigência a que se refere o caput deste artigo.

Art. 6º Verificada por indícios a omissão da receita, a autoridade tributária poderá, para efeito de determinação da base cálculo sujeita à incidência dos impostos federais e contribuições sociais, arbitrar a receita do contribuinte, tomando por base as receitas, apuradas em procedimento fiscal, correspondentes ao movimento diário das vendas, da prestação de serviços e de quaisquer outras operações.

§ 1º Para efeito de arbitramento da receita mínima do mês, serão identificados pela autoridade tributária os valores efetivos das receitas auferidas pelo contribuinte em três dias alternados desse mesmo mês, necessariamente representativos das variações de funcionamento do estabelecimento ou da atividade.

§ 2º A renda mensal arbitrada corresponderá à multiplicação do valor correspondente à média das receitas apuradas na forma do § 1º pelo número de dias de funcionamento do estabelecimento naquele mês.

§ 3º O critério estabelecido no § 1º poderá ser aplicado a, pelo menos três meses do mesmo ano-calendário.

§ 4º No caso do parágrafo anterior, a receita média mensal das vendas, da prestação de serviços e de outras operações correspondentes aos meses arbitrados será considerada suficientemente representativa das receitas auferidas pelo contribuinte naquele estabelecimento, podendo ser utilizada, para efeitos fiscais, por até doze meses contados a partir do último mês submetido às disposições previstas no § 1º.

§ 5º A receita arbitrada a ser considerada nos meses subsequentes deverá ser atualizada monetariamente com base na variação do Ufir.

§ 6º A diferença positiva entre a receita arbitrada e a escriturada no mês será considerada na determinação da base de cálculo dos impostos federais e contribuições sociais.

§ 7º O disposto neste artigo não dispensa o contribuinte da emissão de documentário fiscal, bem como da escrituração a que estiver obrigado pela legislação comercial e fiscal.

§ 8º A diferença positiva a que se refere o § 6º não integrará a base de cálculo de quaisquer incentivos fiscais previstos na legislação tributária.

Art. 7º Presumem-se rendimentos pagos aos sócios, acionistas ou titular de firma individual as importâncias tributadas na forma do artigo anterior, deduzidas dos tributos e das contribuições sociais sobre elas incidentes.

§ 1º Os rendimentos referidos neste artigo, determinados mês a mês, submetem-se à incidência do imposto sobre a renda e proventos de qualquer natureza, exclusivamente na fonte, à alíquota de vinte e cinco por cento.

§ 2º O imposto incidente na fonte deverá ser pago até o terceiro dia útil do mês subsequente àquele em que os rendimentos forem considerados pagos.

§ 3º Para os efeitos do parágrafo anterior, o imposto será convertido em quantidade de Ufir diária pelo valor desta no último dia do mês a que corresponder o rendimento e reconvertido para cruzeiros reais na data do pagamento.

Art. 8º É facultado à autoridade tributária utilizar, para efeito de arbitramento a que se refere o art. 6º, outros métodos de determinação da receita quando constatado qualquer artifício utilizado pelo contribuinte visando a frustrar a apuração da receita efetiva do seu estabelecimento.

Art. 9º O contribuinte que detiver a posse ou propriedade de bens que, por sua natureza, revelem sinais exteriores de riqueza, deverá comprovar, mediante documentação hábil e idônea, os gastos realizados a título de despesas com tributos, guarda, manutenção, conservação e demais gastos indispensáveis à utilização desses bens.

§ 1º Consideram-se bens representativos de sinais exteriores de riqueza, para os efeitos deste artigo, automóveis, iates, imóveis, cavalos de raça, aeronaves e outros bens que demandem gastos para sua utilização.

§ 2º A falta de comprovação dos gastos a que se refere este artigo ou a verificação de indícios de realização de gastos não comprovados, autorizará o arbitramento dos dispêndios em valor equivalente a até dez por cento do valor de mercado do respectivo bem, observada necessariamente a sua natureza, para cobertura de despesas realizadas durante cada ano-calendário em que o contribuinte tenha detido a sua posse ou propriedade.

§ 3º O valor arbitrado na forma do parágrafo anterior, deduzido dos gastos efetivamente comprovados, será considerado renda presumida nos anos-calendário relativos ao arbitramento.

§ 4º A diferença positiva, apurada entre a renda arbitrada e a renda disponível declarada pelo contribuinte, será considerada omissão de rendimentos e comporá a base de cálculo mensal do imposto de renda da pessoa física.

§ 5º No caso de pessoa jurídica, a diferença positiva entre a renda arbitrada e os gastos efetivamente comprovados será tributada na forma dos arts. 43 e 44 da Lei 8.541, de 23 de dezembro de 1992.

§ 6º No arbitramento, tomar-se-ão como base os preços de mercado vigentes em qualquer mês do ano-calendário a que se referir o arbitramento, convertidos em Ufir pelo valor do mês da avaliação.

§ 7º Fica autorizado o Poder Executivo a baixar tabela dos limites percentuais máximos relativos a cada um dos bens ou atividades evidenciadoras de sinais exteriores de riqueza, observados os critérios estabelecidos neste artigo.

Art. 10. Ficam convalidados os atos praticados com base nas Medidas Provisórias 374, de 22 de novembro de 1993 e 391, de 23 de dezembro de 1993.

Art. 11. Esta Lei entra em vigor na data de sua publicação.

Brasília, 21 de janeiro de 1994, 173º da Independência e 106º da República.

Itamar Franco

(Publicação no *D.O.U.* de 24.1.1994)

LEI 8.850,
DE 28 DE JANEIRO DE 1994

Altera a Lei 8.383, de 30 de dezembro de 1991 e dá outras providências.

Faço saber que o Presidente da República adotou a Medida Provisória 406, de 1993, que o Congresso Nacional aprovou, e eu, Chagas Rodrigues, 1º Vice-Presidente do Senado Federal, no exercício da Presidência, para os efeitos do disposto no parágrafo único do art. 62 da Constituição Federal, promulgo a seguinte lei:

O Congresso Nacional Decreta:

Art. 1º O período de apuração do Imposto sobre Produtos Industrializados – IPI, incidente na saída dos produtos dos estabelecimentos industriais ou equiparados a industrial, passa a ser mensal.

→ *Caput* com redação alterada pela Lei 11.774/2008.

§ 1º *(Revogado pela Lei 11.933/2009).*

§ 2º O disposto neste artigo não se aplica ao IPI incidente no desembaraço aduaneiro dos produtos importados.

→ § 2º acrescentado pela Lei 11.774/2008.

Art. 2º Os arts. 52 e 53 da Lei 8.383, de 30 de dezembro de 1991, passam a vigorar com a seguinte redação:

→ Alterações efetuadas na referida Lei.

Art. 3º O valor em cruzeiros reais do tributo ou contribuição a pagar será determinado mediante a multiplicação da quantidade de UFIR pelo valor desta na data do pagamento.

Parágrafo único. O disposto neste artigo aplica-se, também, ao recolhimento do imposto de renda e da contribuição social sobre o lucro das pessoas jurídicas de que trata a Lei 8.541, de 23 de dezembro de 1992.

Art. 4º O fato gerador do Imposto sobre a Propriedade Territorial Rural – ITR, ocorre no dia 1º de janeiro de cada exercício

Art. 5º *(Revogado pela Lei 8.981/1995).*

Art. 6º O valor do ITR, apurado em UFIR, poderá ser pago em até seis quotas iguais, mensais e sucessivas, a partir da notificação, em data a ser fixada pela Secretaria da Receita Federal:

I – nenhuma quota será inferior a cinquenta UFIR e o imposto de valor inferior a cem UFIR será pago de uma só vez;

II – é facultado ao contribuinte antecipar, total ou parcialmente, o pagamento do imposto ou das quotas;

III – o valor em cruzeiros reais de cada quota será determinado mediante a multiplicação do seu valor, expresso em quantidade de UFIR pelo valor desta no mês do efetivo pagamento.

Art. 7º Ficam convalidados os atos praticados com base na Medida Provisória 380, de 1º de dezembro de 1993.

Art. 8º Esta Lei entra em vigor na data de sua publicação.

Art. 9º Revoga-se o art. 1º do Decreto-Lei 2.450, de 29 de julho de 1988, com alteração do Art. 14 da Lei 7.798, de 10 de julho de 1989.

Senado Federal, 28 de janeiro de 1994; 173º da Independência e 106º da República.

Senador Chagas Rodrigues

(Publicação no *D.O.U.* de 29.01.1994)

LEI 8.866,

DE 11 DE ABRIL DE 1994

Dispõe sobre o depositário infiel de valor pertencente à Fazenda Pública e dá outras providências.

Faço saber que o Presidente da República adotou a Medida Provisória 449, de 1994, que o Congresso Nacional aprovou, e eu, Humberto Lucena, Presidente do Senado Federal, para os efeitos do disposto no parágrafo único do art. 62 da Constituição Federal, promulga a seguinte Lei:

Art. 1º É depositário da Fazenda Pública, observado o disposto nos arts. 1.282, I, e 1.283 do Código Civil, a pessoa a que a legislação tributária ou previdenciária imponha a obrigação de reter ou receber de terceiro, e recolher aos cofres públicos, impostos, taxas e contribuições, inclusive à Seguridade Social.

§ 1º Aperfeiçoa-se o depósito na data da retenção ou recebimento do valor a que esteja obrigada a pessoa física ou jurídica.

§ 2º É depositário infiel aquele que não entrega à Fazenda Pública o valor referido neste artigo, no termo e forma fixados na legislação tributária ou previdenciária.

Art. 2º Constituem prova literal para se caracterizar a situação de depositário infiel, dentre outras:

I – a declaração feita pela pessoa física ou jurídica, do valor descontado ou recebido de terceiro, constante em folha de pagamento ou em qualquer outro documento fixado na legislação tributária ou previdenciária, e não recolhido aos cofres públicos;

II – o processo administrativo findo mediante o qual se tenha constituído crédito tributário ou previdenciário, decorrente de valor descontado ou recebido de terceiro e não recolhido aos cofres públicos;

III – a certidão do crédito tributário ou previdenciário decorrente dos valores descontados ou recebidos, inscritos na dívida ativa.

Art. 3º Caracterizada a situação de depositário infiel, o Secretário da Receita Federal comunicará ao representante judicial da Fazenda Nacional para que ajuíze ação civil a fim de exigir o recolhimento do valor do imposto, taxa ou contribuição descontado, com os correspondentes acréscimos legais.

Parágrafo único. A comunicação de que trata este artigo, no âmbito dos Estados e do Distrito Federal, caberá às autoridades definidas na legislação específica dessas unidades federadas, feita aos respectivos representantes judiciais competentes; no caso do Instituto Nacional de Seguridade Social – INSS, a iniciativa caberá ao seu presidente, competindo ao representante judicial da autarquia processual de que trata este artigo.

Art. 4º Na petição inicial, instruída com a cópia autenticada, pela repartição, da prova literal do depósito de que trata o art. 2º, o representante judicial da Fazenda Nacional ou, conforme o caso, o representante judicial dos Estados, Distrito Federal ou do INSS requererá ao juízo a citação do depositário para, em 10 (dez) dias:

I – recolher ou depositar a importância correspondente ao valor do imposto, taxa ou contribuição descontado ou recebido de terceiro, com os respectivos acréscimos legais;

II – contestar a ação.

§ 1º Do pedido constará, ainda, a cominação da pena de prisão.

§ 2º Não recolhida nem depositada a importância, nos termos deste artigo, o juiz, nos 15 (quinze) dias seguintes à citação, decretará a prisão do depositário infiel, por não superior a 90 (noventa) dias.

§ 3º A contestação deverá ser acompanhada do comprovante de depósito judicial do valor integral devido à Fazenda Pública, sob pena de o réu sofrer os efeitos da revelia.

§ 4º Contestada a ação, observar-se-á o procedimento ordinário.

Art. 5º O juiz poderá julgar antecipadamente a ação, se verificados os efeitos da revelia.

Art. 6º Julgada procedente a ação, ordenará o juiz a conversão do depósito judicial em renda ou, na sua falta, a expedição de mandado para entrega, em 24 (vinte e quatro) horas, do valor exigido.

Art. 7º Quando o depositário infiel for pessoa jurídica, a prisão referida no § 2º do art. 4º será decretada contra seus diretores, administradores, gerentes ou empregados que movimentem recursos financeiros isolada ou conjuntamente.

Parágrafo único. Tratando-se de empresa estrangeira, a prisão recairá sobre seus representantes, dirigentes e empregados no Brasil que revistam a condição mencionada neste artigo.

Art. 8º Cessará a prisão com o recolhimento do valor exigido.

Art. 9º Não se aplica ao depósito referido nesta Lei o art. 1.280 do Código Civil.

Art. 10. Ficam convalidados os atos praticados com base na Medida Provisória 427, de 11 de fevereiro de 1994.

Art. 11. Esta Lei entra em vigor na data de sua publicação.

Art. 12. Revogam-se as disposições em contrário.

Senado Federal, em 11 de abril de 1994; 173º da Independência e 106º da República.

Humberto Lucena

(Publicação no *D.O.U.* de 13.4.1994)

LEI 8.981,

DE 20 DE JANEIRO DE 1995

Altera a legislação tributária Federal e dá outras providências.

Faço saber que o Presidente da República adotou a Medida Provisória 812, de 1994, que o Congresso Nacional aprovou, e eu, Humberto Lucena, Presidente do Senado Federal, para os efeitos do disposto no parágrafo único do art. 62 da Constituição Federal, promulgo a seguinte lei:

Capítulo I
DISPOSIÇÕES GERAIS

Art. 1º A partir do ano-calendário de 1995 a expressão monetária da Unidade Fiscal de Referência (Ufir) será fixa por períodos trimestrais.

§ 1º O Ministério da Fazenda divulgará a expressão monetária da Ufir trimestral com base no IPCA – Série Especial de que trata o art. 2º da Lei 8.383, de 30 de dezembro de 1991.

§ 2º O IPCA – Série Especial será apurado a partir do período de apuração iniciado em 16 de dezembro de 1994 e divulgado trimestralmente pela Fundação Instituto Brasileiro de Geografia e Estatística (FIBGE).

§ 3º A expressão monetária da Ufir referente ao primeiro trimestre de 1995 é de R$ 0,6767.

Art. 2º Para efeito de aplicação dos limites, bem como dos demais valores expressos em Ufir na legislação federal, a conversão dos valores em Reais para Ufir será efetuada utilizando-se o valor da Ufir vigente no trimestre de referência.

Art. 3º A base de cálculo e o Imposto de Renda das pessoas jurídicas tributadas com base no lucro real, presumido ou arbitrado, correspondentes aos períodos-base encerrados no ano-calendário de 1994, serão expressos em quantidade de Ufir, observada a legislação então vigente.

Art. 4º O Imposto de Renda devido pelas pessoas físicas, correspondente ao ano-calendário de 1994, será expresso em quantidade de Ufir, observada a legislação então vigente.

Art. 5º Os débitos de qualquer natureza para com a Fazenda Nacional e os decorrentes de contribuições arrecadadas pela União, constituídos ou não, cujos fatos geradores ocorrerem até 31 de dezembro de 1994, inclusive os que foram objeto de parcelamento, expressos em quantidade de Ufir, serão reconvertidos para Real com base no valor desta fixado para o trimestre do pagamento.

Parágrafo único. O disposto neste artigo se aplica também às contribuições sociais arrecadadas pelo Instituto Nacional de Seguro Social (INSS), relativas a períodos de competência anteriores a 1º de janeiro de 1995.

Art. 6º Os tributos e contribuições sociais, cujos fatos geradores vierem a ocorrer a partir de 1º de janeiro de 1995, serão apurados em Reais.

Capítulo II
DO IMPOSTO DE RENDA DAS PESSOAS FÍSICAS

Seção I
Disposições Gerais

Art. 7º A partir de 1º de janeiro de 1995, a renda e os proventos de qualquer natureza, inclusive os rendimentos e ganhos de capital, percebidos por pessoas físicas residentes ou domiciliadas no Brasil, serão tributados pelo Imposto de Renda na forma da legislação vigente, com as modificações introduzidas por esta lei.

Seção II
Da Incidência Mensal do Imposto

Arts. 8º a 10. (*Revogados pela Lei 9.250/1995*).

Seção III
Da Declaração de Rendimentos

Arts. 11 a 20. (*Revogados pela Lei 9.250/1995*).

Seção IV
Tributação dos Ganhos de Capital das Pessoas Físicas

Art. 21. O ganho de capital percebido por pessoa física em decorrência da alienação de bens e direitos de qualquer natureza sujeita-se à incidência do imposto sobre a renda, com as seguintes alíquotas:

→ *Caput* com redação alterada pela Lei 13.259/2016.

I – 15% (quinze por cento) sobre a parcela dos ganhos que não ultrapassar R$ 5.000.000,00 (cinco milhões de reais);

→ Inciso I com redação alterada pela Lei 13.259/2016.

II – 17,5% (dezessete inteiros e cinco décimos por cento) sobre a parcela dos ganhos que exceder R$ 5.000.000,00 (cinco milhões de reais) e não ultrapassar R$ 10.000.000,00 (dez milhões de reais);

→ Inciso II com redação alterada pela Lei 13.259/2016.

III – 20% (vinte por cento) sobre a parcela dos ganhos que exceder R$ 10.000.000,00 (dez milhões de reais) e não ultrapassar R$ 30.000.000,00 (trinta milhões de reais); e

→ Inciso III com redação alterada pela Lei 13.259/2016.

IV – 22,5% (vinte e dois inteiros e cinco décimos por cento) sobre a parcela dos ganhos que ultrapassar R$ 30.000.000,00 (trinta milhões de reais).

→ Inciso IV com redação alterada pela Lei 13.259/2016.

§ 1º O imposto de que trata este artigo deverá ser pago até o último dia útil do mês subsequente ao da percepção dos ganhos.

§ 2º Os ganhos a que se refere este artigo serão apurados e tributados em separado e não integrarão a base de cálculo do Imposto de Renda na declaração de ajuste anual, e o imposto pago não poderá ser deduzido do devido na declaração.

§ 3º Na hipótese de alienação em partes do mesmo bem ou direito, a partir da segunda operação, desde que realizada até o final do ano-calendário seguinte ao da primeira operação, o ganho de capital deve ser somado aos ganhos auferidos nas operações anteriores, para fins da apuração do imposto na forma do *caput*, deduzindo-se o montante do imposto pago nas operações anteriores.

→ § 3º com redação alterada pela Lei 13.259/2016

§ 4º Para fins do disposto neste artigo, considera-se integrante do mesmo bem ou direito o conjunto de ações ou quotas de uma mesma pessoa jurídica.

→ § 4º com redação alterada pela Lei 13.259/2016

§ 5º (*Vetado*).

→ § 5º acrescentado pela Lei 13.259/2016.

Art. 22. Na apuração dos ganhos de capital na alienação de bens e direitos será considerado como custo de aquisição:

I – no caso de bens e direitos adquiridos até 31 de dezembro de 1994, o valor em Ufir, apurado na forma da legislação então vigente;

II – no caso de bens e direitos adquiridos a partir de 1º de janeiro de 1995, o valor pago convertido em Ufir com base no valor desta fixado para o trimestre de aquisição ou de cada pagamento, quando se tratar de pagamento parcelado.

Parágrafo único. O custo de aquisição em Ufir será reconvertido para Reais com base no valor da Ufir vigente no trimestre em que ocorrer a alienação.

Art. 23. (*Revogado pela Lei 9.250/1995*).

Seção V
Declaração de Bens e Direitos

Art. 24. A partir do exercício financeiro de 1996, a pessoa física deverá apresentar relação pormenorizada de todos os bens e direitos, em Reais, que, no país ou no exterior, constituam, em 31 de dezembro do ano-calendário anterior, seu patrimônio e o de seus dependentes.

Parágrafo único. Os valores dos bens e direitos adquiridos até 31 de dezembro de 1994, declarados em Ufir, serão reconvertidos para Reais, para efeito de preenchimento da declaração de bens e direitos a partir do ano-calendário de 1995, exercício de 1996, com base no valor da Ufir vigente no primeiro trimestre do ano-calendário de 1995.

Capítulo III
DO IMPOSTO DE RENDA DAS PESSOAS JURÍDICAS

Seção I
Normas Gerais

Art. 25. A partir de 1º de janeiro de 1995, o Imposto de Renda das pessoas jurídicas, inclusive das equiparadas, será devido à medida em que os rendimentos, ganhos e lucros forem sendo auferidos.

Art. 26. As pessoas jurídicas determinarão o Imposto de Renda segundo as regras aplicáveis ao regime de tributação com base no lucro real, presumido ou arbitrado.

§ 1º É facultado às sociedades civis de prestação de serviços relativos às profissões regulamentadas (art. 1º do Decreto-Lei 2.397, de 21 de dezembro de 1987) optarem pelo regime de tributação com base no lucro real ou presumido.

§ 2º Na hipótese do parágrafo anterior, a opção, de caráter irretratável, se fará mediante o pagamento do imposto correspondente ao mês de janeiro do ano-calendário da opção ou do mês de início da atividade.

Seção II
Do Pagamento Mensal do Imposto

Art. 27. Para efeito de apuração do Imposto de Renda, relativo aos fatos geradores ocorridos em cada mês, a pessoa jurídica determinará a base de cálculo mensalmente, de acordo com as regras previstas nesta seção, sem prejuízo do ajuste previsto no art. 37.

Art. 28. (*Revogado pela Lei 9.249/1995*).

Art. 29. No caso das pessoas jurídicas a que se refere o art. 36, inciso III, desta Lei, a base de cálculo do imposto será determinada mediante a aplicação do percentual de nove por cento sobre a receita bruta.

§ 1º Poderão ser deduzidas da receita bruta :

a) no caso das instituições financeiras, sociedades corretoras de títulos, valores mobiliários e câmbio e sociedades distribuidoras de títulos e valores mobiliários:

a.1) as despesas incorridas na captação de recursos de terceiros;

a.2) as despesas com obrigações por refinanciamentos, empréstimos e repasses de recursos de órgãos e instituições oficiais e do exterior;

a.3) as despesas de cessão de créditos;

a.4) as despesas de câmbio;

a.5) as perdas com títulos e aplicações financeiras de renda fixa;

a.6) as perdas nas operações de renda variável previstas no inciso III do art. 77.

b) no caso de empresas de seguros privados: o cosseguro e resseguro cedidos, os valores referentes a cancelamentos e restituições de prêmios e a parcela dos prêmios destinada à constituição de provisões ou reservas técnicas;

c) no caso de entidades de previdência privada abertas e de empresas de capitalização: a parcela das contribuições e prêmios, respectivamente, destinada à constituição de provisões ou reservas técnicas.

d) no caso de operadoras de planos de assistência à saúde: as corresponsabilidades cedidas e a parcela das contraprestações pecuniárias destinada à constituição de provisões técnicas.

→ Alínea *d* acrescentada pela MP 2.158-35/2001.

§ 2º É vedada a dedução de qualquer despesa administrativa.

Art. 30. As pessoas jurídicas que explorem atividades imobiliárias relativa a loteamento de terrenos, incorporação imobiliária, construção de prédios destinados à venda, bem como a venda de imóveis construídos ou adquiridos para revenda, deverão considerar como receita bruta o montante efetivamente recebido, relativo às unidades imobiliárias vendidas.

Parágrafo único. O disposto neste artigo aplica-se, inclusive, aos casos de empreitada ou fornecimento contratado nas condições do art. 10 do Decreto-lei 1.598, de 26 de dezembro de 1977, com pessoa jurídica de direito público, ou empresa sob seu controle, empresa pública, sociedade de economia mista ou sua subsidiária.

→ Parágrafo único acrescentado pela Lei 9.065/1995.

Art. 31. (*Revogado pela Lei 12.973/2014*).

Art. 32. Os ganhos de capital, demais receitas e os resultados positivos decorrentes de receitas não abrangidas pelo artigo anterior serão acrescidos à base de cálculo determinada na forma dos arts. 28 ou 29, para efeito de incidência do Imposto de Renda de que trata esta seção.

§ 1º O disposto neste artigo não se aplica aos rendimentos tributados na forma dos arts. 65, 66, 67, 70, 72, 73 e 74, decorrentes das operações ali mencionadas, bem como aos lucros, dividendos ou resultado positivo decorrente da avaliação de investimentos pela equivalência patrimonial.

§ 2º O ganho de capital nas alienações de bens ou direitos classificados como investimento, imobilizado ou intangível e de aplicações em ouro, não tributadas na forma do art. 72, corresponderá à diferença positiva verificada entre o valor da alienação e o respectivo valor contábil.

→ § 2º com redação alterada pela Lei 12.973/2014.

§ 3º Na apuração dos valores de que trata o *caput*, deverão ser considerados os respectivos valores decorrentes do ajuste a valor presente de que trata o inciso VIII do caput do art. 183 da Lei 6.404, de 15 de dezembro de 1976.

→ § 3º acrescentado pela Lei 12.973/2014.

§ 4º Para fins do disposto no § 2º, poderão ser considerados no valor contábil, e na proporção deste, os respectivos valores decorrentes dos efeitos do ajuste a valor presente de que trata o inciso III do caput do art. 184 da Lei 6.404, de 15 de dezembro de 1976.

→ § 4º acrescentado pela Lei 12.973/2014.

§ 5º Os ganhos decorrentes de avaliação de ativo ou passivo com base no valor justo não integrarão a base de cálculo do imposto, no momento em que forem apurados.

→ § 5º acrescentado pela Lei 12.973/2014.

§ 6º Para fins do disposto no *caput*, os ganhos e perdas decorrentes de avaliação do ativo com base em valor justo não serão considerados como parte integrante do valor contábil.

→ § 6º acrescentado pela Lei 12.973/2014.

§ 7º O disposto no § 6º não se aplica aos ganhos que tenham sido anteriormente computados na base de cálculo do imposto.

→ § 7º acrescentado pela Lei 12.973/2014.

Art. 33. (*Revogado pela Lei 9.430/1996*).

Art. 34. Para efeito de pagamento, a pessoa jurídica poderá deduzir, do imposto apurado no mês, o imposto de renda pago ou retido na fonte sobre as receitas que integraram a base de cálculo correspondente (arts. 28 ou 29), bem como os incentivos de dedução do imposto, relativos ao Programa de Alimentação do Trabalhador, Vale-Transporte, Doações aos Fundos da Criança e do Adolescente, Atividades Culturais ou Artísticas e Atividade Audiovisual, observados os limites e prazos previstos na legislação vigente.

→ Artigo com redação alterada pela Lei 9.065/1995.

Art. 35. A pessoa jurídica poderá suspender ou reduzir o pagamento do imposto devido em cada mês, desde que demonstre, através de balanços ou balancetes mensais, que o valor acumulado já pago excede o valor do imposto, inclusive adicional, calculado com base no lucro real do período em curso.

§ 1º Os balanços ou balancetes de que trata este artigo:

a) deverão ser levantados com observância das leis comerciais e fiscais e transcritos no livro Diário;

b) somente produzirão efeitos para determinação da parcela do Imposto de Renda e da contribuição social sobre o lucro devidos no decorrer do ano-calendário.

§ 2º Estão dispensadas do pagamento de que tratam os arts. 28 e 29 as pessoas jurídicas que, através de balanço ou balancetes mensais, demonstrem a existência de prejuízos fiscais apurados a partir do mês de janeiro do ano-calendário.

→ § 2º com redação alterada pela Lei 9.065/1995.

§ 3º O pagamento mensal, relativo ao mês de janeiro do ano-calendário, poderá ser efetuado com base em balanço ou balancete mensal, desde que neste fique demonstrado que o imposto devido no período é inferior ao calculado com base no disposto nos arts. 28 e 29.

→ § 3º acrescentado pela Lei 9.065/1995.

§ 4º O Poder Executivo poderá baixar instruções para a aplicação do disposto neste artigo.

→ § 4º acrescentado pela Lei 9.065/1995.

Seção III
Do Regime de Tributação com Base no Lucro Real

Art. 36. (*Revogado pela Lei 9.718/1998*).

Art. 37. Sem prejuízo dos pagamentos mensais do imposto, as pessoas jurídicas obrigadas ao regime de tributação com base no lucro real (art. 36) e as pessoas jurídicas que não optarem pelo regime de tributação com base no lucro presumido (art. 44) deverão, para efeito de determinação do saldo de imposto a pagar ou a ser compensado, apurar o lucro real em 31 de dezembro de cada ano-calendário ou na data da extinção.

§ 1º A determinação do lucro real será precedida da apuração do lucro líquido com observância das disposições das leis comerciais.

§ 2º Sobre o lucro real será aplicada a alíquota de 25%, sem prejuízo do disposto no art. 39.

§ 3º Para efeito de determinação do saldo do imposto a pagar ou a ser compensado, a pessoa jurídica poderá deduzir do imposto devido o valor:

a) dos incentivos fiscais de dedução do imposto, observados os limites e prazos fixados na legislação vigente, bem como o disposto no § 2º do art. 39;

b) dos incentivos fiscais de redução e isenção do imposto, calculados com base no lucro da exploração;

c) do Imposto de Renda pago ou retido na fonte, incidentes sobre receitas computadas na determinação do lucro real;

d) do Imposto de Renda calculado na forma dos arts. 27 a 35 desta lei, pago mensalmente.

§ 4º (*Revogado pela Lei 9.430/1996*).

§ 5º O disposto no caput somente alcança as pessoas jurídicas que:

a) efetuaram o pagamento do Imposto de Renda e da contribuição social sobre o lucro, devidos no curso do ano-calendário, com base nas regras previstas nos arts. 27 a 34;

b) demonstrarem, através de balanços ou balancetes mensais (art. 35):

→ Alínea *b* com redação alterada pela Lei 9.065/1995.

b.1) que o valor pago a menor decorreu da apuração do lucro real e da base de cálculo da contribuição social sobre o lucro, na forma da legislação comercial e fiscal; ou

→ Alínea *b1* acrescentada pela Lei 9.065/1995.

b.2) a existência de prejuízos fiscais, a partir do mês de janeiro do referido ano-calendário.

→ Alínea *b.2* acrescentada pela Lei 9.065/1995.

§ 6º As pessoas jurídicas não enquadradas nas disposições contidas no § 5º deverão determinar, mensalmente, o lucro real e a base de cálculo da contribuição social sobre o lucro, de acordo com a legislação comercial e fiscal.

§ 7º Na hipótese do parágrafo anterior o imposto e a contribuição social sobre o lucro devidos terão por vencimento o último dia útil do mês subsequente ao de encerramento do período mensal.

Art. 38. (*Revogado pela Lei 9.430/1996*).

Art. 39. O lucro real ou arbitrado da pessoa jurídica estará sujeito a um adicional do Imposto de Renda à alíquota de:

I – doze por cento sobre a parcela do lucro real que ultrapassar R$ 180.000,00 até R$ 780.000,00;

II – dezoito por cento sobre a parcela do lucro real que ultrapassar R$ 780.000,00;

III – doze por cento sobre a parcela do lucro arbitrado que ultrapassar R$ 15.000,00 até R$ 65.000,00;

IV – dezoito por cento sobre a parcela do lucro arbitrado que ultrapassar R$ 65.000,00.

§ 1º Os limites previstos nos incisos I e II serão proporcionais ao número de meses transcorridos do ano-calendário, quando o período de apuração for inferior a doze meses.

§ 2º O valor do adicional será recolhido integralmente, não sendo permitidas quaisquer deduções.

Art. 40. (*Revogado pela Lei 9.430/1996*).

Subseção I
Das Alterações na Apuração do Lucro Real

Art. 41. Os tributos e contribuições são dedutíveis, na determinação do lucro real, segundo o regime de competência.

§ 1º O disposto neste artigo não se aplica aos tributos e contribuições cuja exigibilidade esteja suspensa, nos termos dos incisos II a IV do art. 151 da Lei 5.172, de 25 de outubro de 1966, haja ou não depósito judicial.

§ 2º Na determinação do lucro real, a pessoa jurídica não poderá deduzir como custo ou despesa o Imposto de Renda de que for sujeito passivo como contribuinte ou responsável em substituição ao contribuinte.

§ 3º A dedutibilidade, como custo ou despesa, de rendimentos pagos ou creditados a terceiros abrange o imposto sobre os rendimentos que o contribuinte, como fonte pagadora, tiver o dever legal de reter e recolher, ainda que assuma o ônus do imposto.

§ 4º Os impostos pagos pela pessoa jurídica na aquisição de bens do ativo permanente poderão, a seu critério, ser registrados como custo de aquisição ou deduzidos como despesas operacionais, salvo os pagos na importação de bens que se acrescerão ao custo de aquisição.

§ 5º Não são dedutíveis como custo ou despesas operacionais as multas por infrações fiscais, salvo as de natureza compensatória e as impostas por infrações de que não resultem falta ou insuficiência de pagamento de tributo.

§ 6º As contribuições sociais incidentes sobre o faturamento ou receita bruta e sobre o valor das importações, pagas pela pessoa jurídica na aquisição de bens destinados ao ativo permanente, serão acrescidas ao custo de aquisição.

→ § 6º acrescentado pela Lei 10.865/2004.

Art. 42. A partir de 1º de janeiro de 1995, para efeito de determinar o lucro real, o lucro líquido ajustado pelas adições e exclusões previstas ou autorizadas pela legislação do Imposto de Renda, poderá ser reduzido em, no máximo, trinta por cento.

Parágrafo único. A parcela dos prejuízos fiscais apurados até 31 de dezembro de 1994, não compensada em razão do disposto no caput deste artigo poderá ser utilizada nos anos-calendário subsequentes.

Art. 43. Poderão ser registradas, como custo ou despesa operacional, as importâncias necessárias à formação de provisão para créditos de liquidação duvidosa.

§ 1º A importância dedutível como provisão para créditos de liquidação duvidosa será a necessária a tornar a provisão suficiente para absorver as perdas que provavelmente ocorrerão no recebimento dos créditos existentes ao fim de cada período de apuração do lucro real.

§ 2º O montante dos créditos referidos no parágrafo anterior abrange exclusivamente os créditos oriundos da exploração da atividade econômica da pessoa jurídica, decorrentes da venda de bens nas operações de conta própria, dos serviços prestados e das operações de conta alheia.

§ 3º Do montante dos créditos referidos no parágrafo anterior deverão ser excluídos:

a) os provenientes de vendas com reserva de domínio, de alienação fiduciária em garantia, ou de operações com garantia real;

b) os créditos com pessoa jurídica de direito público ou empresa sob seu controle, empresa pública, sociedade de economia mista ou sua subsidiária;

c) os créditos com pessoas jurídicas coligadas, interligadas, controladoras e controladas ou associadas por qualquer forma;

d) os créditos com administrador, sócio ou acionista, titular ou com seu cônjuge ou parente até o terceiro grau, inclusive os afins;

e) a parcela dos créditos correspondentes às receitas que não tenham transitado por conta de resultado;

f) o valor dos créditos adquiridos com coobrigação;

g) o valor dos créditos cedidos sem coobrigação;

h) o valor correspondente ao bem arrendado, no caso de pessoas jurídicas que operam com arrendamento mercantil;

i) o valor dos créditos e direitos junto a instituições financeiras, demais instituições autorizadas a funcionar pelo Banco Central do Brasil e a sociedades e fundos de investimentos.

§ 4º Para efeito de determinação do saldo adequado da provisão, aplicar-se-á, sobre o montante dos créditos a que se refere este artigo, o percentual obtido pela relação entre a soma das perdas efetivamente ocorridas nos últimos três anos-calendário, relativas aos créditos decorrentes do exercício da atividade econômica, e a soma dos créditos da mesma espécie existentes no início dos anos-calendário correspondentes, observando-se que:

a) para efeito da relação estabelecida neste parágrafo, não poderão ser computadas as perdas relativas a créditos constituídos no próprio ano-calendário;

b) o valor das perdas, relativas a créditos sujeitos à atualização monetária, será o constante do saldo no início do ano-calendário considerado.

§ 5º Além da percentagem a que se refere o § 4º, a provisão poderá ser acrescida:

a) da diferença entre o montante do crédito habilitado e a proposta de liquidação pelo concordatário, nos casos de concordata, desde o momento em que esta for requerida;

b) de até cinquenta por cento do crédito habilitado, nos casos de falência do devedor, desde o momento de sua decretação.

§ 6º Nos casos de concordata ou falência do devedor, não serão admitidos como perdas os créditos que não forem habilitados, ou que tiverem a sua habilitação denegada.

§ 7º Os prejuízos realizados no recebimento de créditos serão obrigatoriamente debitados à provisão referida neste artigo e o eventual excesso verificado será debitado a despesas operacionais.

§ 8º O débito dos prejuízos a que se refere o parágrafo anterior poderá ser efetuado, independentemente de se terem esgotados os recursos para sua cobrança, após o decurso de:

→ *Caput* do § 8º com redação alterada pela Lei 9.065/1995.

a) um ano de seu vencimento, se em valor inferior a 5.000 UFIR, por devedor;

→ Alínea *a* acrescentada ela Lei 9.065/1995.

b) dois anos de seu vencimento, se superior ao limite referido na alínea *a*, não podendo exceder a vinte e cinco por cento do lucro real, antes de computada essa dedução.

→ Alínea *b* acrescentada ela Lei 9.065/1995.

§ 9º Os prejuízos debitados em prazos inferiores, conforme o caso, aos estabelecidos no parágrafo anterior, somente serão dedutíveis quando houverem sido esgotados os recursos para sua cobrança.

→ § 9º com redação alterada pela Lei 9.065/1995.

§ 10. Consideram-se esgotados os recursos de cobrança quando o credor valer-se de todos os meios legais à sua disposição.

§ 11. Os débitos a que se refere a alínea *b* do § 8º não alcançam os créditos referidos nas alíneas *a*, *b*, *c*, *d*, *e* e *h* do § 3º.

→ § 11 acrescentado pela Lei 9.065/1995.

Seção IV
Do Regime de Tributação com Base no Lucro Presumido

Art. 44. As pessoas jurídicas, cuja receita total, no ano-calendário anterior, tenha sido igual ou inferior a 12.000.000 de UFIR, poderão optar, por ocasião da entrega da declaração de rendimentos, pelo regime de tributação com base no lucro presumido.

→ *Caput* com redação alterada pela Lei 9.065/1995.

§ 1º O limite previsto neste artigo será proporcional ao número de meses do ano-calendário, no caso de início de atividade.

§ 2º Na hipótese deste artigo, o Imposto de Renda devido, relativo aos fatos geradores ocorridos em cada mês (arts. 27 a 32) será considerado definitivo.

§ 3º (*Revogado pela Lei 9.065/1995*).

Art. 45. A pessoa jurídica habilitada à opção pelo regime de tributação com base no lucro presumido deverá manter:

I – escrituração contábil nos termos da legislação comercial;

II – Livro Registro de Inventário, no qual deverão constar registrados os estoques existentes no término do ano-calendário abrangido pelo regime de tributação simplificada;

III - em boa guarda e ordem, enquanto não decorrido o prazo decadencial e não prescritas eventuais ações que lhes sejam pertinentes, todos os livros de escrituração obrigatórios por legislação fiscal específica, bem como os documentos e demais papéis que serviram de base para escrituração comercial e fiscal.

Parágrafo único. O disposto no inciso I deste artigo não se aplica à pessoa jurídica que, no decorrer do ano-calendário, mantiver livro Caixa, no qual deverá estar escriturado toda a movimentação financeira, inclusive bancária.

Art. 46. (*Revogado pela Lei 9.249/1995*).

Seção V
Do Regime de Tributação com Base no Lucro Arbitrado

Art. 47. O lucro da pessoa jurídica será arbitrado quando:

I – o contribuinte, obrigado à tributação com base no lucro real ou submetido ao regime de tributação de que trata o Decreto-Lei 2.397, de 1987, não mantiver escrituração na forma das leis comerciais e fiscais, ou deixar de elaborar as demonstrações financeiras exigidas pela legislação fiscal;

II - a escrituração a que estiver obrigado o contribuinte revelar evidentes indícios de fraude ou contiver vícios, erros ou deficiências que a tornem imprestável para:

a) identificar a efetiva movimentação financeira, inclusive bancária; ou

b) determinar o lucro real.

III – o contribuinte deixar de apresentar à autoridade tributária os livros e documentos da escrituração comercial e fiscal, ou o livro Caixa, na hipótese de que trata o art. 45, parágrafo único;

IV – o contribuinte optar indevidamente pela tributação com base no lucro presumido;

V – o comissário ou representante da pessoa jurídica estrangeira deixar de cumprir o disposto no § 1º do art. 76 da Lei 3.470, de 28 de novembro de 1958;

VI – (*Revogado pela Lei 9.718/1998*).

VII – o contribuinte não mantiver, em boa ordem e segundo as normas contábeis recomendadas, livro Razão ou fichas utilizados para resumir e totalizar, por conta ou subconta, os lançamentos efetuados no Diário.

VIII – o contribuinte não escriturar ou deixar de apresentar à autoridade tributária os livros ou registros auxiliares de que trata o § 2º do art. 177 da Lei 6.404, de 15 de dezembro de 1976, e § 2º do art. 8º do Decreto-Lei 1.598, de 26 de dezembro de 1977.

→ Inciso VIII com redação alterada pela Lei 11.941/2009.

§ 1º Quando conhecida a receita bruta, o contribuinte poderá efetuar o pagamento do Imposto de Renda correspondente com base nas regras previstas nesta seção.

§ 2º Na hipótese do parágrafo anterior:

a) a apuração do Imposto de Renda com base no lucro arbitrado abrangerá todo o ano-calendário, assegurada a tributação com base no lucro real relativa aos meses não submetidos ao arbitramento, se a pessoa jurídica dispuser de escrituração exigida pela legislação comercial e fiscal que demonstre o lucro real dos períodos não abrangido por aquela modalidade de tributação, observado o disposto no § 5º do art. 37;

b) o imposto apurado com base no lucro real, na forma da alínea anterior, terá por vencimento o último dia útil do mês subsequente ao de encerramento do referido período.

Art. 48. *(Revogado pela Lei 9.249/1995).*

Art. 49. As pessoas jurídicas que se dedicarem à venda de imóveis construídos ou adquiridos para revenda, ao loteamento de terrenos e à incorporação de prédios em condomínio terão seus lucros arbitrados deduzindo-se da receita bruta o custo do imóvel devidamente comprovado.

Parágrafo único. O lucro arbitrado será tributado na proporção da receita recebida ou cujo recebimento esteja previsto para o próprio mês.

Art. 50. *(Revogado pela Lei 9.430/1996).*

Art. 51. O lucro arbitrado das pessoas jurídicas, quando não conhecida a receita bruta, será determinado através de procedimento de ofício, mediante a utilização de uma das seguintes alternativas de cálculo:

I – 1,5 (um inteiro e cinco décimos) do lucro real referente ao último período em que pessoa jurídica manteve escrituração de acordo com as leis comerciais e fiscais, atualizado monetariamente;

II – 0,04 (quatro centésimos) da soma dos valores do ativo circulante, realizável a longo prazo e permanente, existentes no último balanço patrimonial conhecido, atualizado monetariamente;

III – 0,07 (sete centésimos) do valor do capital, inclusive a sua correção monetária contabilizada como reserva de capital, constante do último balanço patrimonial conhecido ou registrado nos atos de constituição ou alteração da sociedade, atualizado monetariamente;

IV – 0,05 (cinco centésimos) do valor do patrimônio líquido constante do último balanço patrimonial conhecido, atualizado monetariamente;

V – 0,4 (quatro décimos) do valor das compras de mercadorias efetuadas no mês;

VI – 0,4 (quatro décimos) da soma, em cada mês, dos valores da folha de pagamento dos empregados e das compras de matérias-primas, produtos intermediários e materiais de embalagem;

VII - 0,8 (oito décimos) da soma dos valores devidos no mês a empregados;

VIII – 0,9 (nove décimos) do valor mensal do aluguel devido.

§ 1º As alternativas previstas nos incisos V, VI e VII, a critério da autoridade lançadora, poderão ter sua aplicação limitada, respectivamente, às atividades comerciais, industriais e de prestação de serviços e, no caso de empresas com atividade mista, ser adotados isoladamente em cada atividade.

§ 2º Para os efeitos da aplicação do disposto no inciso I, quando o lucro real for decorrente de período-base anual, o valor que servirá de base ao arbitramento será proporcional ao número de meses do período-base considerado.

§ 3º Para cálculo da atualização monetária a que se referem os incisos deste artigo, serão adotados os índices utilizados para fins de correção monetária das demonstrações financeiras, tomando-se como termo inicial a data do encerramento do período-base utilizado, e, como termo final, o mês a que se referir o arbitramento.

§ 4º Nas alternativas previstas nos incisos V e VI do *caput*, as compras serão consideradas pelos valores totais das operações, devendo ser incluídos os valores decorrentes do ajuste a valor presente de que trata o inciso III do art. 184 da Lei 6.404, de 15 de dezembro de 1976.

→ § 4º acrescentado pela Lei 12.973/2014.

Art. 52. *(Revogado pela Lei 9.430/1996).*

Art. 53. *(Revogado pela Lei 9.430/1996).*

Art. 54. *(Revogado pela Lei 9.249/1995).*

Art. 55. O lucro arbitrado na forma do art. 51 constituirá também base de cálculo da contribuição social sobre o lucro, de que trata a Lei 7.689, de 15 de dezembro de 1988.

Seção VI
Da Declaração de Rendimentos das Pessoas Jurídicas

Art. 56. As pessoas jurídicas deverão apresentar, até o último dia útil do mês de março, declaração de rendimentos demonstrando os resultados auferidos no ano-calendário anterior.

→ *Caput* com redação alterada pela Lei 9.065/1995.

§ 1º A declaração de rendimentos será entregue na unidade local da Secretaria da Receita Federal que jurisdicionar o declarante ou nos estabelecimentos bancários autorizados, localizados na mesma jurisdição.

§ 2º No caso de encerramento de atividades, a declaração de rendimentos deverá ser entregue até o último dia útil do mês subsequente ao da extinção.

§ 3º A declaração de rendimentos das pessoas jurídicas deverá ser apresentada em meio magnético, ressalvado o disposto no parágrafo subsequente.

→ § 3º com redação alterada pela Lei 9.532/1997.

§ 4º O Ministro da Fazenda poderá permitir que as empresas de que trata a Lei 9.317, de 5 de dezembro de 1996, optantes pelo SIMPLES, apresentem suas declarações por meio de formulários.

→ § 4º com redação alterada pela Lei 9.532/1997.

Capítulo IV
DA CONTRIBUIÇÃO SOCIAL SOBRE O LUCRO

Art. 57. Aplicam-se à Contribuição Social sobre o Lucro (Lei 7.689, de 1988) as mesmas normas de apuração e de pagamento estabelecidas para o imposto de renda das pessoas jurídicas, inclusive no que se refere ao disposto no art. 38, mantidas a base de cálculo e as alíquotas previstas na legislação em vigor, com as alterações introduzidas por esta Lei.

→ *Caput* com redação alterada pela Lei 9.065/1995.

§ 1º Para efeito de pagamento mensal, a base de cálculo da contribuição social será o valor correspondente a dez por cento do somatório:

a) da receita bruta mensal;

b) das demais receitas e ganhos de capital;

c) dos ganhos líquidos obtidos em operações realizadas nos mercados de renda variável;

d) dos rendimentos produzidos por aplicações financeiras de renda fixa.

§ 2º No caso das pessoas jurídicas de que trata o inciso III do art. 36, a base de cálculo da contribuição social corresponderá ao valor decorrente da aplicação do percentual de nove por cento sobre a receita bruta ajustada, quando for o caso, pelo valor das deduções previstas no art. 29.

→ § 2º com redação alterada pela Lei 9.065/1995.

§ 3º A pessoa jurídica que determinar o Imposto de Renda a ser pago em cada mês com base no lucro real (art. 35), deverá efetuar o pagamento da contribuição social sobre o lucro, calculando-a com base no lucro líquido ajustado apurado em cada mês.

§ 4º No caso de pessoa jurídica submetida ao regime de tributação com base no lucro real, a contribuição determinada na forma dos §§ 1º a 3º será deduzida da contribuição apurada no encerramento do período de apuração.

Art. 58. Para efeito de determinação da base de cálculo da contribuição social sobre o lucro, o lucro líquido ajustado poderá ser reduzido por compensação da base de cálculo negativa, apurada em períodos-base anteriores em, no máximo, trinta por cento.

Art. 59. A contribuição social sobre o lucro das sociedades civis, submetidas ao regime de tributação de que trata o art. 1º do Decreto-Lei 2.397, de 1987, deverá ser paga até o último dia útil do mês de janeiro de cada ano-calendário.

Capítulo V
DA TRIBUTAÇÃO DO IMPOSTO DE RENDA NA FONTE

Art. 60. Estão sujeitas ao desconto do Imposto de Renda na fonte, à alíquota de cinco por cento, as importâncias pagas às pessoas jurídicas:

I – a título de juros e de indenizações por lucros cessantes, decorrentes de sentença judicial;

II – *(Revogado pela Lei 9.249/1995).*

Parágrafo único. O imposto descontado na forma deste artigo será deduzido do imposto devido apurado no encerramento do período-base.

Art. 61. Fica sujeito à incidência do Imposto de Renda exclusivamente na fonte, à alíquota de trinta e cinco por cento, todo pagamento efetuado pelas pessoas jurídicas a beneficiário não identificado, ressalvado o disposto em normas especiais.

§ 1º A incidência prevista no caput aplica-se, também, aos pagamentos efetuados ou aos recursos entregues a terceiros ou sócios, acionistas ou titular, contabilizados ou não, quando não for comprovada a operação ou a sua causa, bem como à hipótese de que trata o § 2º, do art. 74 da Lei 8.383, de 1991.

§ 2º Considera-se vencido o Imposto de Renda na fonte no dia do pagamento da referida importância.

§ 3º O rendimento de que trata este artigo será considerado líquido, cabendo o reajustamento do respectivo rendimento bruto sobre o qual recairá o imposto.

Art. 62. A partir de 1º de janeiro de 1995, a alíquota do Imposto de Renda na fonte de que trata o art. 44 da Lei 8.541, de 1992, será de 35%.

Art. 63. Os prêmios distribuídos sob a forma de bens e serviços, através de concursos e sorteios de qualquer espécie, estão sujeitos à incidência do imposto, à alíquota de vinte por cento, exclusivamente na fonte.

→ *Caput* com redação alterada pela Lei 9.065/1995.

§ 1º O imposto de que trata este artigo incidirá sobre o valor de mercado do prêmio, na data da distribuição.

→ § 1º com redação alterada pela Lei 11.196/2005.

§ 2º Compete à pessoa jurídica que proceder à distribuição de prêmios, efetuar o pagamento do imposto correspondente, não se aplicando o reajustamento da base de cálculo.

§ 3º O disposto neste artigo não se aplica aos prêmios em dinheiro, que continuam sujeitos à tributação na forma do art. 14 da Lei 4.506, de 30 de novembro de 1964.

Art. 64. O art. 45 da Lei nº 8.541, de 1992, passa a ter a seguinte redação:

"Art. 45. Estão sujeitas à incidência do Imposto de Renda na fonte, à alíquota de 1,5%, as importâncias pagas ou creditadas por pessoas jurídicas a cooperativas de trabalho, associações de profissionais ou assemelhadas, relativas a serviços pessoais que lhes forem prestados por associados destas ou colocados à disposição.

§ 1º O imposto retido será compensado pelas cooperativas de trabalho, associações ou assemelhadas com o imposto retido por ocasião do pagamento dos rendimentos aos associados.

§ 2º O imposto retido na forma deste artigo poderá ser objeto de pedido de restituição, desde que a cooperativa, associação ou assemelhada comprove, relativamente a cada ano-calendário, a impossibilidade de sua compensação, na forma e condições definidas em ato normativo do Ministro da Fazenda."

Capítulo VI
DA TRIBUTAÇÃO DAS OPERAÇÕES FINANCEIRAS

Seção I
Do Mercado de Renda Fixa

Art. 65. O rendimento produzido por aplicação financeira de renda fixa, auferido por qualquer beneficiário, inclusive pessoa jurídica isenta, a partir de 1º de janeiro de 1995, sujeita-se à incidência do Imposto de Renda na fonte à alíquota de dez por cento.

§ 1º A base de cálculo do imposto é constituída pela diferença positiva entre o valor da alienação, líquido do imposto sobre operações de crédito, câmbio e seguro, e sobre operações relativas a títulos ou valores mobiliários (IOF), de que trata a Lei 8.894, de 21 de junho de 1994, e o valor da aplicação financeira.

§ 2º Para fins de incidência do Imposto de Renda na fonte, a alienação compreende qualquer forma de transmissão da propriedade, bem como a liquidação, resgate, cessão ou repactuação do título ou aplicação.

§ 3º Os rendimentos periódicos produzidos por título ou aplicação, bem como qualquer remuneração adicional aos rendimentos prefixados, serão submetidos à incidência do Imposto de Renda na fonte por ocasião de sua percepção.

§ 4º O disposto neste artigo aplica-se também:

a) às operações conjugadas que permitam a obtenção de rendimentos predeterminados, realizadas nas bolsas de valores, de mercadorias, de futuros e assemelhadas, bem como no mercado de balcão;

b) às operações de transferência de dívidas realizadas com instituição financeira, demais instituições autorizadas a funcionar pelo Banco Central do Brasil ou com pessoa jurídica não financeira;

c) aos rendimentos auferidos pela entrega de recursos a pessoa jurídica, sob qualquer forma e a qualquer título, independentemente de ser ou não a fonte pagadora instituição autorizada a funcionar pelo Banco Central do Brasil.

§ 5º Em relação às operações de que tratam as alíneas *a* e *b* do § 4º, a base de cálculo do imposto será:

a) o resultado positivo auferido no encerramento ou liquidação das operações conjugadas;

b) a diferença positiva entre o valor da dívida e o valor entregue à pessoa jurídica responsável pelo pagamento da obrigação, acrescida do respectivo Imposto de Renda retido.

§ 6º Fica o Poder Executivo autorizado a baixar normas com vistas a definir as características das operações de que tratam as alíneas *a* e *b* do § 4º.

§ 7º O imposto de que trata este artigo será retido:

a) por ocasião do recebimento dos recursos destinados ao pagamento de dívidas, no caso de que trata a alínea *b* do § 4º;

b) por ocasião do pagamento dos rendimentos, ou da alienação do título ou da aplicação, nos demais casos.

§ 8º É responsável pela retenção do imposto a pessoa jurídica que receber os recursos, no caso de operações de transferência de dívidas, e a pessoa jurídica que efetuar o pagamento do rendimento, nos demais casos.

Art. 66. Nas aplicações em fundos de renda fixa, inclusive, em Fundo de Aplicação Financeira (FAF), resgatadas a partir de 1º de janeiro de 1995, a base de cálculo do imposto sobre a renda na fonte será constituída pela diferença positiva entre o valor do resgate, líquido de IOF, e o valor de aquisição da quota.

Parágrafo único. O imposto, calculado à alíquota de dez por cento, será retido pelo administrador do fundo na data do resgate.

Art. 67. As aplicações financeiras de que tratam os arts. 65, 66 e 70, existentes em 31 de dezembro de 1994, terão os respectivos rendimentos apropriados *pro-rata tempore* até aquela data e tributados nos termos da legislação à época vigente.

§ 1º O imposto apurado nos termos deste artigo será adicionado àquele devido por ocasião da alienação ou resgate do título ou aplicação.

§ 2º Para efeitos de apuração da base de cálculo do imposto quando da alienação ou resgate, o valor dos rendimentos, apropriado nos termos deste artigo, será acrescido ao valor de aquisição da aplicação financeira.

§ 3º O valor de aquisição existente em 31 de dezembro de 1994, expresso em quantidade de Ufir, será convertido em Real, pelo valor de R$ 0,6767.

§ 4º Excluem-se do disposto neste artigo as aplicações em Fundo de Aplicação Financeira (FAF) existentes em 31 de dezembro de 1994, cujo valor de aquisição será apurado com base no valor da quota na referida data.

§ 5º Os rendimentos das aplicações financeiras de que trata este artigo, produzidos a partir de 1º de janeiro de 1995, poderão ser excluídos do lucro real, para efeito de incidência do adicional do Imposto de Renda de que trata o art. 39.

§ 6º A faculdade prevista no parágrafo anterior não se aplica aos rendimentos das aplicações financeiras auferidos por instituição financeira, sociedade corretora de títulos e valores mobiliários, sociedade distribuidoras de títulos e valores mobiliários, sociedades de seguro, previdência e capitalização.

Art. 68. São isentos do Imposto de Renda:

I - os rendimentos auferidos pelas carteiras dos fundos de renda fixa;

II – os rendimentos auferidos nos resgates de quotas de fundos de investimentos, de titularidade de fundos cujos recursos sejam aplicados na aquisição de quotas de fundos de investimentos;

III – os rendimentos auferidos por pessoa física em contas de depósitos de poupança, de Depósitos Especiais Remunerados (DER) e sobre os juros produzidos por letras hipotecárias.

Art. 69. Ficam revogadas as isenções previstas na legislação do Imposto de Renda sobre os rendimentos auferidos por pessoas jurídicas em contas de depósitos de poupança, de Depósitos Especiais Remunerados (DER) e sobre os juros produzidos por letras hipotecárias.

Parágrafo único. O imposto devido sobre os rendimentos de que trata este artigo será retido por ocasião do crédito ou pagamento do rendimento.

Art. 70. As operações de mútuo e de compra vinculada à revenda, no mercado secundário, tendo por objeto ouro, ativo financeiro, continuam equiparadas às operações de renda fixa para fins de incidência do Imposto de Renda na fonte.

§ 1º Constitui fato gerador do imposto:

a) na operação de mútuo, o pagamento ou crédito do rendimento ao mutuante;

b) na operação de compra vinculada à revenda, a operação de revenda do ouro.

§ 2º A base de cálculo do imposto será constituída:

a) na operação de mútuo, pelo valor do rendimento pago ou creditado ao mutuante;

b) na operação de compra vinculada à revenda, pela diferença positiva entre o valor de revenda e o de compra do ouro.

§ 3º A base de cálculo do imposto, em Reais, na operação de mútuo, quando o rendimento for fixado em quantidade de ouro, será apurada com base no preço médio verificado no mercado à vista da bolsa em que ocorrer o maior volume de operações com ouro, na data da liquidação do contrato, acrescida do Imposto de Renda retido na fonte.

§ 4º No caso de pessoa jurídica tributada com base no lucro real deverão ser ainda observados que:

a) a diferença positiva entre o valor de mercado, na data do mútuo, e o custo de aquisição do ouro será incluída pelo mutuante na apuração do ganho líquido de que trata o art. 72;

b) as alterações no preço do ouro durante o decurso do prazo do contrato de mútuo, em relação ao preço verificado na data de realização do contrato, serão reconhecidas pelo mutuante e pelo mutuário como receita ou despesa, segundo o regime de competência;

c) para efeito do disposto na alínea b será considerado o preço médio do ouro verificado no mercado à vista da bolsa em que ocorrer o maior volume de operações, na data do registro da variação.

§ 5º O Imposto de Renda na fonte será calculado aplicando-se a alíquota prevista no art. 65.

§ 6º Fica o Poder Executivo autorizado a baixar normas com vistas a definir as características da operação de compra vinculada à revenda de que trata este artigo.

Art. 71. Fica dispensada a retenção do imposto de renda na fonte sobre rendimentos de aplicações financeiras de renda fixa ou de renda variável quando o beneficiário do rendimento declarar à fonte pagadora, por escrito, sua condição de entidade imune.

→ Artigo com redação alterada pela Lei 9.065/1995.

Seção II
Do Mercado de Renda Variável

Art. 72. Os ganhos líquidos auferidos, a partir de 1º de janeiro de 1995, por qualquer beneficiário, inclusive pessoa jurídica isenta, em operações realizadas nas bolsas de valores, de mercadorias, de futuros e assemelhadas, serão tributados pelo Imposto de Renda na forma da Legislação vigente, com as alterações introduzidas por esta lei.

§ 1º A alíquota do imposto será de dez por cento, aplicável sobre os ganhos líquidos apurados mensalmente.

§ 2º Os custos de aquisição dos ativos objeto das operações de que trata este artigo serão:

a) considerados pela média ponderada dos custos unitários;

b) convertidos em Real pelo valor de R$ 0,6767, no caso de ativos existentes em 31 de dezembro de 1994, expressos em quantidade de Ufir.

§ 3º O disposto neste artigo aplica-se também:

a) aos ganhos líquidos auferidos por qualquer beneficiário, na alienação de ouro, ativo financeiro, fora de bolsa;

b) aos ganhos líquidos auferidos pelas pessoas jurídicas na alienação de participações societárias, fora de bolsa.

§ 4º As perdas apuradas nas operações de que trata este artigo poderão ser compensadas com os ganhos líquidos auferidos nos meses subsequentes, em operações da mesma natureza.

§ 5º (*Revogado pela Lei 9.959/2000*).

§ 6º (*Revogado pela Lei 9.959/2000*).

§ 7º O disposto nos §§ 4º e 5º aplica-se, inclusive, às perdas existentes em 31 de dezembro de 1994.

§ 8º Ficam isentos do Imposto de Renda os ganhos líquidos auferidos por pessoa física em operações no mercado à vista de ações nas bolsas de valores e em operações com ouro, ativo financeiro, cujo valor das alienações realizadas em cada mês seja igual ou inferior a 5.000,00 Ufirs, para o conjunto de ações e para o ouro, ativo financeiro, respectivamente.

Art. 73. O rendimento auferido no resgate de quota de fundo de ações, de commodities, de investimento no exterior, clube de investimento e outros fundos da espécie, por qualquer beneficiário, inclusive pessoa jurídica isenta, sujeita-se à incidência do Imposto de Renda na fonte à alíquota de dez por cento.

§ 1º A base de cálculo do imposto é constituída pela diferença positiva entre o valor de resgate, líquido de IOF, e o valor de aquisição da quota.

§ 2º Os ganhos líquidos previstos nos arts. 72 e 74 e os rendimentos produzidos por aplicações financeiras de renda fixa auferidos pelas carteiras dos fundos e clubes de que trata este artigo são isentos de Imposto de Renda.

§ 3º O imposto de que trata este artigo será retido pelo administrador do fundo ou clube na data do resgate.

§ 4º As aplicações nos fundos e clubes de que trata este artigo, existentes em 31 de dezembro de 1994, terão os respectivos rendimentos apropriados *pro-rata tempore* até aquela data.

§ 5º No resgate de quotas, existentes em 31 de dezembro de 1994, deverão ser observados os seguintes procedimentos:

a) se o valor de aquisição da aplicação, calculado segundo o disposto no § 2º do art. 67, for inferior ao valor de resgate, o imposto devido será acrescido do imposto apurado nos termos daquele artigo;

b) em qualquer outro caso, a base de cálculo do imposto no resgate das quotas será a diferença positiva entre o valor de resgate, líquido do IOF, e o valor original de aquisição, aplicando-se a alíquota vigente em 31 de dezembro de 1994.

§ 6º Para efeito da apuração prevista na alínea b do § 5º, o valor original de aquisição em 31 de dezembro de 1994, expresso em quantidade de Ufir, será convertido em Real pelo valor de R$ 0,6767.

§ 7º Os rendimentos produzidos a partir de 1º de janeiro de 1995, referentes a aplicações existentes em 31 de dezembro de 1994 nos fundos e clubes de que trata este artigo, poderão ser excluídos do lucro real para efeito de incidência do adicional do Imposto de Renda de que trata o art. 39.

Art. 74. Ficam sujeitos à incidência do Imposto de Renda na fonte à alíquota de dez por cento, os rendimentos auferidos em operações de swap.

§ 1º A base de cálculo do imposto das operações de que trata este artigo será o resultado positivo auferido na liquidação do contrato de swap.

§ 2º O imposto será retido pela pessoa jurídica que efetuar o pagamento do rendimento, na data da liquidação do respectivo contrato.

§ 3º Somente será admitido o reconhecimento de perdas em operações de swap registradas no termos da legislação vigente.

Art. 75. Ressalvado o disposto no § 3º do art. 74, fica o Poder Executivo autorizado a permitir a compensação dos resultados apurados nas operações de tratam os arts. 73 e 74, definindo as condições para a sua realização.

Seção III
Das Disposições Comuns à Tributação das Operações Financeiras

Art. 76. O imposto de renda retido na fonte sobre os rendimentos de aplicações financeiras de renda fixa e de renda variável, ou pago sobre os ganhos líquidos mensais, será:

→ *Caput* com redação alterada pela Lei 9.065/1995.

I – deduzido do apurado no encerramento do período ou na data da extinção, no caso de pessoa jurídica submetida ao regime de tributação com base no lucro real;

II – definitivo, no caso de pessoa jurídica não submetida ao regime de tributação com base no lucro real, inclusive isenta, e de pessoa física.

§ 1º No caso de sociedade civil de prestação de serviços, submetida ao regime de tributação de que trata o art. 1º do Decreto-Lei 2.397, de 1987, o imposto poderá ser compensado com o imposto retido por ocasião do pagamento dos rendimentos aos sócios beneficiários.

§ 2º Os rendimentos de aplicações financeiras de renda fixa e de renda variável e os ganhos líquidos produzidos a partir de 1º de janeiro de 1995 integrarão o lucro real.

§ 3º As perdas incorridas em operações iniciadas e encerradas no mesmo dia (day-trade), realizadas em mercado de renda fixa ou de renda variável, não serão dedutíveis na apuração do lucro real.

§ 4º Ressalvado o disposto no parágrafo anterior, as perdas apuradas nas operações de que tratam os arts. 72 a 74 somente serão dedutíveis na determinação do lucro real até o limite dos ganhos auferidos em operações previstas naqueles artigos.

§ 5º Na hipótese do § 4º, a parcela das perdas adicionadas poderá, nos anos-calendário subsequentes, ser excluída na determinação do lucro real, até o limite correspondente à diferença positiva apurada em cada ano, entre os ganhos e perdas decorrentes das operações realizadas.

→ § 5º com redação alterada pela Lei 9.065/1995.

§ 6º Fica reduzida a zero a alíquota do IOF incidente sobre operações com títulos e valores mobiliários de renda fixa e renda variável.

§ 7º O disposto no § 6º não elide a faculdade do Poder Executivo alterar a alíquota daquele imposto, conforme previsto no § 1º do art. 153 da Constituição Federal e no parágrafo único do art. 1º da Lei 8.894, de 21 de junho de 1994.

Art. 77. O regime de tributação previsto neste Capítulo não se aplica aos rendimentos ou ganhos líquidos:

→ *Caput* com redação alterada pela Lei 9.065/1995.

I – em aplicações financeiras de renda fixa de titularidade de instituição financeira, inclusive sociedade de seguro, previdência e capitalização, sociedade corretora de títulos, valores mobiliários e câmbio, sociedade distribuidora de títulos e valores mobiliários ou sociedade de arrendamento mercantil;

→ Inciso I com redação alterada pela Lei 9.065/1995.

II – (*Revogado pela Lei 10.833/2003*).

III – nas operações de renda variável realizadas em bolsa, no mercado de balcão organizado, autorizado pelo órgão competente, ou através de fundos de investimento, para a carteira própria das entidades citadas no inciso I;

→ Inciso III com redação alterada pela Lei 9.249/1995.

IV – na alienação de participações societárias permanentes em sociedades coligadas e controladas, e de participações societárias que permaneceram no ativo da pessoa jurídica até o término do ano-calendário seguinte ao de suas aquisições;

V – em operações de cobertura (hedge) realizadas em bolsa de valores, de mercadoria e de futuros ou no mercado de balcão.

§ 1º Para efeito do disposto no inciso V, consideram-se de cobertura (hedge) as operações destinadas, exclusivamente, à proteção contra riscos inerentes às oscilações de preço ou de taxas, quando o objeto do contrato negociado:

a) estiver relacionado com as atividades operacionais da pessoa jurídica;

b) destinar-se à proteção de direitos ou obrigações da pessoa jurídica.

§ 2º O Poder Executivo poderá definir requisitos adicionais para a caracterização das operações de que trata o parágrafo anterior, bem como estabelecer procedimentos para registro e apuração dos ajustes diários incorridos nessas operações.

§ 3º Os rendimentos e ganhos líquidos de que trata este artigo deverão compor a base de cálculo prevista nos arts. 28 ou 29 e o lucro real.

§ 4º Para as associações de poupança e empréstimo, os rendimentos e ganhos líquidos auferidos nas aplicações financeiras serão tributados de forma definitiva, à alíquota de vinte e cinco por cento sobre a base de cálculo prevista no art. 29.

→ § 4º com redação alterada pela Lei 9.065/1995.

Seção IV
Da Tributação das Operações Financeiras Realizadas por Residentes ou Domiciliados no Exterior

Art. 78. Os residentes ou domiciliados no exterior sujeitam-se às mesmas normas de tributação pelo Imposto de Renda, previstas para os residentes ou domiciliados no país, em relação aos:

I – rendimentos decorrentes de aplicações financeiras de renda fixa;

II – ganhos líquidos auferidos em operações realizadas em bolsas de valores, de mercadorias, de futuros e assemelhadas;

III – rendimentos obtidos em aplicações em fundos de renda fixa e de renda variável e em clubes de investimentos.

Parágrafo único. Sujeitam-se à tributação pelo Imposto de Renda, nos termos dos arts. 80 a 82, os rendimentos e ganhos de capital decorrentes de aplicações financeiras, auferidos por fundos, sociedades de investimento e carteiras de valores mobiliários de que participem, exclusivamente, pessoas físicas ou jurídicas, fundos ou outras entidades de investimento coletivo residentes, domiciliados ou com sede no exterior.

Art. 79. O investimento estrangeiro nos mercados financeiros e de valores mobiliários somente poderá ser realizado no país por intermédio de representante legal, previamente designado dentre as instituições autorizadas pelo Poder Executivo a prestar tal serviço e que será responsável, nos termos do art. 128 do Código Tributário Nacional (Lei 5.172, de 25 de outubro de 1966) pelo cumprimento das obrigações tributárias decorrentes das operações que realizar por conta e ordem do representado.

§ 1º O representante legal não será responsável pela retenção e recolhimento do Imposto de Renda na fonte sobre aplicações financeiras quando, nos termos da legislação pertinente tal responsabilidade for atribuída a terceiro.

§ 2º O Poder Executivo poderá excluir determinadas categorias de investidores da obrigatoriedade prevista neste artigo.

Art. 80. Sujeitam-se à tributação pelo Imposto Renda, à alíquota de dez por cento, os rendimentos e ganhos de capital auferidos no resgate pelo quotista, quando distribuídos, sob qualquer forma e a qualquer título, por fundos em condomínio, a que se refere o art. 50 da Lei 4.728, de 14 de julho de 1965, constituídos na forma prescrita pelo Conselho Monetário Nacional e mantidos com recursos provenientes de conversão de débitos externos brasileiros, e de que participem, exclusivamente, pessoas físicas ou jurídicas, fundos ou outras entidades de investimentos coletivos, residentes, domiciliados, ou com sede no exterior.

§ 1º A base de cálculo do imposto é constituída pela diferença positiva entre o valor de resgate e o custo de aquisição da quota.

§ 2º Os rendimentos e ganhos de capital auferidos pelas carteiras dos fundos de que trata este artigo, são isentos de Imposto de Renda.

Art. 81. Ficam sujeitos ao Imposto de Renda na fonte, à alíquota de dez por cento, os rendimentos auferidos:

I – pelas entidades mencionadas nos arts. 1º e 2º do Decreto-Lei 2.285, de 23 de julho de 1986;

II - pelas sociedades de investimento a que se refere o art. 49 da Lei 4.728, de 1965, de que participem, exclusivamente, investidores estrangeiros;

III – pelas carteiras de valores mobiliários, inclusive vinculadas à emissão, no exterior, de certificados representativos de ações, mantidas, exclusivamente, por investidores estrangeiros.

§ 1º Os ganhos de capital ficam excluídos da incidência do Imposto de Renda quando auferidos e distribuídos, sob qualquer forma e a qualquer título, inclusive em decorrência de liquidação parcial ou total do investimento pelos fundos, sociedades ou carteiras referidos no caput deste artigo.

§ 2º Para os efeitos deste artigo, consideram-se:

a) rendimentos: quaisquer valores que constituam remuneração de capital aplicado, inclusive aquela produzida por títulos de renda variável, tais como juros, prêmios, comissões, ágio, deságio e participações nos lucros, bem como os resultados positivos auferidos em aplicações nos fundos e clubes de investimento de que trata o art. 73;

b) ganhos de capital, os resultados positivos auferidos:

b.1) nas operações realizadas em bolsas de valores, de mercadorias, de futuros e assemelhadas, com exceção das operações conjugadas de que trata a alínea a do § 4º do art. 65;

b.2) nas operações com ouro, ativo financeiro, fora de bolsa;

§ 3º A base de cálculo do Imposto de Renda sobre os rendimentos auferidos pelas entidades de que trata este artigo será apurada:

a) de acordo com os critérios previstos nos arts. 65 a 67 no caso de aplicações de renda fixa;

b) de acordo com o tratamento previsto no § 3º do art. 65 no caso de rendimentos periódicos;

c) pelo valor do respectivo rendimento ou resultado positivo, nos demais casos.

§ 4º Na apuração do imposto de que trata este artigo serão indedutíveis os prejuízos apurados em operações de renda fixa e de renda variável.

§ 5º O disposto neste artigo alcança, exclusivamente, as entidades que atenderem às normas e condições estabelecidas pelo Conselho Monetário Nacional, não se aplicando, entretanto, aos fundos em condomínio referidos no art. 80.

§ 6º Os dividendos e as bonificações em dinheiro estão sujeitas ao Imposto de Renda à alíquota de quinze por cento.

Art. 82. O Imposto de Renda na fonte sobre os rendimentos auferidos pelas entidades de que trata o art. 81, será devido por ocasião da cessão, resgate, repactuação ou liquidação de cada operação de renda fixa, ou do recebimento ou crédito, o que primeiro ocorrer, de outros rendimentos, inclusive dividendos e bonificações em dinheiro.

§ 1º (*Revogado pela Lei 9.430/1996*).

§ 2º Os dividendos que forem atribuídos às ações integrantes do patrimônio do fundo, sociedade ou carteira, serão registrados, na data em que as ações forem cotadas sem os respectivos direitos (ex-dividendos), em conta representativa de rendimentos a receber, em contrapartida à diminuição de idêntico valor da parcela do ativo correspondente às ações às quais se vinculam, acompanhados de transferência para a receita de dividendos de igual valor a débito da conta de resultado de variação da carteira de ações.

§ 3º Os rendimentos submetidos à sistemática de tributação de que trata este artigo não se sujeitam a nova incidência do Imposto de Renda quando distribuídos.

§ 4º (*Revogado pela Lei 11.196/2005*).

Capítulo VII
DOS PRAZOS DE RECOLHIMENTO

Art. 83. Em relação aos fatos geradores cuja ocorrência se verifique a partir de 1º de janeiro de 1995, os pagamentos do Imposto de Renda retido na fonte, do imposto sobre operações de crédito, câmbio e seguro e sobre operações relativas a títulos e valores mobiliários e da contribuição para o Programa de Integração Social – PIS/PASEP deverão ser efetuados nos seguintes prazos:

I – (*Revogado pela Lei 11.196/2005*).

II – (*Revogado pela Lei 11.196/2005*).

III – Contribuição para o Programa de Integração Social e para o Programa de Formação do Patrimônio do Servidor Público (PIS/Pasep): até o último dia útil da quinzena subsequente ao mês de ocorrência dos fatos geradores.

Capítulo VIII
DAS PENALIDADES E DOS ACRÉSCIMOS MORATÓRIOS

Art. 84. Os tributos e contribuições sociais arrecadados pela Secretaria da Receita Federal, cujos fatos geradores vierem a ocorrer a partir de 1º de janeiro de 1995, não pagos nos prazos previstos na legislação tributária serão acrescidos de:

I – juros de mora, equivalentes à taxa média mensal de captação do Tesouro Nacional relativa à Dívida Mobiliária Federal Interna;

II – multa de mora aplicada da seguinte forma:

a) dez por cento, se o pagamento se verificar no próprio mês do vencimento;

b) vinte por cento, quando o pagamento ocorrer no mês seguinte ao do vencimento;

c) trinta por cento, quando o pagamento for efetuado a partir do segundo mês subsequente ao do vencimento.

§ 1º Os juros de mora incidirão a partir do primeiro dia do mês subsequente ao do vencimento, e a multa de mora, a partir do primeiro dia após o vencimento do débito.

§ 2º O percentual dos juros de mora relativo ao mês em que o pagamento estiver sendo efetuado será de 1%.

§ 3º Em nenhuma hipótese os juros de mora previstos no inciso I, deste artigo, poderão ser inferiores à taxa de juros estabelecida no art. 161, § 1º, da Lei 5.172, de 25 de outubro de 1966, no art. 59 da Lei 8.383, de 1991, e no art. 3º da Lei 8.620, de 5 de janeiro de 1993.

§ 4º Os juros de mora de que trata o inciso I, deste artigo, serão aplicados também às contribuições sociais arrecadadas pelo INSS e aos débitos para com o patrimônio imobiliário, quando não recolhidos nos prazos previstos na legislação específica.

§ 5º Em relação aos débitos referidos no art. 5º desta Lei incidirão, a partir de 1º de janeiro de 1995, juros de mora de um por cento ao mês-calendário ou fração.

§ 6º O disposto no § 2º aplica-se, inclusive, às hipóteses de pagamento parcelado de tributos e contribuições sociais, previstos nesta lei.

§ 7º A Secretaria do Tesouro Nacional divulgará mensalmente a taxa a que se refere o inciso I deste artigo.

§ 8º O disposto neste artigo aplica-se aos demais créditos da Fazenda Nacional, cuja inscrição e cobrança como Dívida Ativa da União seja de competência da Procuradoria-Geral da Fazenda Nacional.

→ § 8º acrescentado pela Lei 10.522/2002.

Art. 85. O produto da arrecadação dos juros de mora, no que diz respeito aos tributos e contribuições, exceto as contribuições arrecadadas pelo INSS, integra os recursos referidos nos arts. 3º, parágrafo único, 4º e 5º, § 1º, da Lei 7.711, de 22 de dezembro de 1988, e no art. 69 da Lei 8.383, de 1991, até o limite de juros previstos no art. 161, § 1º, da Lei 5.172, de 25 de outubro de 1966.

Art. 86. As pessoas físicas ou jurídicas que efetuarem pagamentos com retenção do Imposto de Renda na fonte, deverão fornecer à pessoa física ou jurídica beneficiária, até o dia 31 de janeiro, documento comprobatório, em duas vias, com indicação da natureza e do montante do pagamento, das deduções e do Imposto de Renda retido no ano-calendário anterior, quando for o caso.

§ 1º No documento de que trata este artigo, o imposto retido na fonte, as deduções e os rendimentos, deverão ser informados por seus valores em Reais.

§ 2º As pessoas físicas ou jurídicas que deixarem de fornecer aos beneficiários, dentro do prazo, ou fornecerem com inexatidão, o documento a que se refere este artigo, ficarão sujeitas ao pagamento de multa de cinquenta Ufirs por documento.

§ 3º A fonte pagadora que prestar informação falsa sobre rendimentos pagos, deduções ou imposto retido na fonte, será aplicada multa de trezentos por cento sobre o valor que for indevidamente utilizável, como redução do Imposto de Renda a pagar ou aumento do imposto a restituir ou compensar, independentemente de outras penalidades administrativas ou criminais.

§ 4º Na mesma penalidade incorrerá aquele que se beneficiar da informação, sabendo ou devendo saber da sua falsidade.

Art. 87. Aplicar-se-ão às microempresas, as mesmas penalidades previstas na legislação do Imposto de Renda para as demais pessoas jurídicas.

Art. 88. A falta de apresentação da declaração de rendimentos ou a sua apresentação fora do prazo fixado, sujeitará a pessoa física ou jurídica:

I – à multa de mora de um por cento ao mês ou fração sobre o Imposto de Renda devido, ainda que integralmente pago;

II – à multa de duzentas Ufirs a oito mil Ufirs, no caso de declaração de que não resulte imposto devido.

§ 1º O valor mínimo a ser aplicado será:

a) de duzentas Ufirs, para as pessoas físicas;

b) de quinhentas Ufirs, para as pessoas jurídicas.

§ 2º A não regularização no prazo previsto na intimação, ou em caso de reincidência, acarretará o agravamento da multa em cem por cento sobre o valor anteriormente aplicado.

§ 3º As reduções previstas no art. 6º da Lei 8.218, de 29 de agosto de 1991 e art. 60 da Lei 8.383, de 1991 não se aplicam às multas previstas neste artigo.

§ 4º (*Revogado pela Lei 9.065/1995*).

Art. 89. (*Revogado pela Lei 9.430/1996*).

Art. 90. O art. 14 da Lei 8.847, de 28 de janeiro de 1994, com a redação dada pelo art. 6º da Lei nº 8.850, de 28 de janeiro de 1994, passa a vigorar com a seguinte redação:

"Art. 14. O valor do ITR deverá ser pago até o último dia útil do mês subsequente àquele em que o contribuinte for notificado.

→ *Caput* com redação alterada pela Lei 9.065/1995.

Parágrafo único. À opção do contribuinte, o imposto poderá ser parcelado em até três quotas iguais, mensais e sucessivas, observado o seguinte:

a) nenhuma quota será inferior a R$ 35,00 e o imposto de valor inferior a R$ 70,00 será pago de uma só vez;

b) a primeira quota deverá ser paga até o último dia útil do mês subsequente àquele em que o contribuinte for notificado.

c) as demais quotas, acrescidas de juros equivalentes à taxa média mensal de captação do Tesouro Nacional relativa à Dívida Mobiliária Federal Interna, vencerão no último dia útil de cada mês;

d) é facultado ao contribuinte antecipar, total ou parcialmente, o pagamento do imposto ou das quotas."

Capítulo IX
DO PARCELAMENTO DE DÉBITOS

Art. 91. (*Revogado pela Lei 10.522/2002*).

Art. 92. Os débitos vencidos até 31 de outubro de 1994, poderão ser parcelados em até sessenta prestações, desde que os pedidos sejam apresentados na unidade da Secretaria da Receita Federal da jurisdição do contribuinte até 31 de março de 1995.

Parágrafo único. Sobre os débitos parcelados nos termos deste artigo, não incidirá o encargo adicional de que trata a alínea b.1 do parágrafo único do art. 91.

Art. 93. (*Revogado pela Lei 10.522/2002*).

Art. 94. (*Revogado pela Lei 10.522/2002*).

Capítulo X
DAS DISPOSIÇÕES FINAIS

Art. 95. As empresas industriais titulares de Programas Especiais de Exportação aprovados até 3 de junho de 1993, pela Comissão para Concessão de Benefícios Fiscais a Programas Especiais de Exportação – BEFIEX, poderão compensar o prejuízo fiscal verificado em um período-base com o lucro real determinado nos seis anos-calendário subsequentes, independentemente da distribuição de lucros ou dividendos a seus sócios ou acionistas.

→ Artigo com redação alterada pela Lei 9.065/1995).

Art. 96. A opção de que trata o § 4º do art. 31 da Lei 8.541, de 1992, relativo ao imposto incidente sobre o lucro inflacionário acumulado realizado no mês de dezembro de 1994, será manifestada pelo pagamento até o vencimento da 1ª quota ou quota única do respectivo tributo.

Art. 97. A falta ou insuficiência de pagamento do Imposto de Renda e da contribuição social sobre o lucro está sujeita aos acréscimos legais previstos na legislação tributária federal.

Parágrafo único. No caso de lançamento de ofício, no decorrer do ano-calendário, será observada a forma de apuração da base de cálculo do imposto adotada pela pessoa jurídica.

Art. 98. (*Revogado pela Lei 9.430/1996*).

Art. 99. No caso de lançamento de ofício, as penalidades previstas na legislação tributária federal, expressas em Ufirs, serão reconvertidas para Reais, quando aplicadas a infrações cometidas a partir de 1º de janeiro de 1995.

Art. 100. Poderão ser excluídos do lucro líquido, para determinação do lucro real e da base de cálculo da contribuição social sobre o lucro, os juros reais produzidos por Notas do Tesouro Nacional (NTN), emitidas para troca compulsória no âmbito do Programa Nacional de Privatização (PND).

Parágrafo único. O valor excluído será controlado na parte "B" do Livro de Apuração do Lucro Real (Lalur), e computado na determinação do lucro real e da contribuição social sobre o lucro no período do seu recebimento.

Art. 101. Fica acrescentado o § 4º ao art. 24 do Decreto-Lei 1.598, de 26 de dezembro de 1977:

"Art. 24. (...)

§ 4º A reserva de relativa a participações societárias vinculadas ao Fundo Nacional de Desestatização (art. 9º da Lei 8.031, de 12 de abril de 1990), poderá, quando da conclusão da operação de venda, ser estornada em contrapartida da conta de investimentos."

LEGISLAÇÃO

Art. 102. O disposto nos arts. 100 e 101 aplica-se, inclusive, em relação ao ano-calendário de 1994.

Art. 103. As pessoas jurídicas que explorarem atividade comercial de vendas de produtos e serviços poderão promover depreciação acelerada dos equipamentos Emissores de Cupom Fiscal (ECF) novos, que vierem a ser adquiridos no período compreendido entre 1° de janeiro de 1995 a 31 de dezembro de 1995.

§ 1° A depreciação acelerada de que trata este artigo será calculada pela aplicação da taxa de depreciação usualmente admitida, sem prejuízo da depreciação normal.

§ 2° O total acumulado da depreciação, inclusive a normal, não poderá ultrapassar o custo de aquisição do bem.

§ 3° O disposto neste artigo somente alcança os equipamentos:

a) que identifiquem no cupom fiscal emitido os produtos ou serviços vendidos; e

b) cuja utilização tenha sido autorizada pelo órgão competente dos Estados, do Distrito Federal ou dos Municípios.

Art. 104. *(Revogado pela Lei 9.065/1995)*.

Art. 105. *(Revogado pela Lei 9.065/1995)*.

Art. 106. Fica o Poder Executivo autorizado a alterar a forma de fixação da taxa de câmbio, para cálculo dos impostos incidentes na importação, de que trata o parágrafo único do art. 24 do Decreto-lei 37, de 18 de novembro de 1966, com a redação dada pelo art. 1° da Lei 7.683, de 2 de dezembro de 1988.

Art. 107. *(Revogado pela Lei 9.065/1995)*.

Art. 108. O art. 4° da Lei 7.965, de 22 de dezembro de 1989, passa a vigorar com a seguinte redação:

"Art. 4° Os produtos nacionais ou nacionalizados, que entrarem na Área de Livre Comércio de Tabatinga, estarão isentos do Imposto sobre Produtos Industrializados, quando destinados às finalidades mencionadas no caput do art. 3°.

§ 1° Ficam asseguradas a manutenção e a utilização dos créditos do Imposto sobre Produtos Industrializados relativos às matérias-primas, produtos intermediários e material de embalagem empregados na industrialização dos produtos entrados na Área de Livre Comércio de Tabatinga.

§ 2° Estão excluídos dos benefícios fiscais de que trata este artigo os produtos abaixo mencionados, compreendidos nos capítulos e/ou nas posições indicadas da Nomenclatura Brasileira de Mercadorias, aprovada pela Resolução 75, de 22 de abril de 1988, do Comitê Brasileiro de Nomenclatura, com alterações posteriores:

a) armas e munições: capítulo 93;

b) veículos de passageiros: posição 8703 do capítulo 87, exceto ambulâncias, carros funerários, carros celulares e jipes;

c) bebidas alcoólicas: posições 2203 a 2206 e 2208 (exceto 2208.10 e 2208.90.0100) do capítulo 22;

d) produtos de perfumaria e de toucador, preparados e preparações cosméticas: posições 3303 a 3307 do capítulo 33;

e) fumo e seus derivados: capítulo 24."

Art. 109. O art. 6° da Lei 8.210, de 19 de julho de 1991, passa a vigorar com a seguinte redação:

"Art. 6° Os produtos nacionais ou nacionalizados, que entrarem na Área de Livre Comércio, estarão isentos do Imposto sobre Produtos Industrializados, quando destinados às finalidades mencionadas no caput do art. 4°.

§ 1° Ficam asseguradas a manutenção e a utilização dos créditos do Imposto sobre Produtos Industrializados relativo às matérias-primas, produtos intermediários e material de embalagem empregados na industrialização dos produtos entrados na Área de Livre Comércio.

§ 2° Estão excluídos dos benefícios fiscais de que trata este artigo os produtos abaixo, compreendidos nos capítulos e/ou nas posições indicadas da Nomenclatura Brasileira de Mercadorias, aprovada pela Resolução 75, de 22 de abril de 1988, do Comitê Brasileiro de Nomenclatura, com alterações posteriores:

I – armas e munições: capítulo 93;

II – veículos de passageiros: posição 8703 do capítulo 87, exceto ambulâncias, carros funerários, carros celulares e jipes;

III – bebidas alcoólicas: posições 2203 a 2206 e 2208 (exceto 2208.10 e 2208.90.0100) do capítulo 22;

IV – produtos de perfumaria e de toucador, preparados e preparações cosméticas: posições 3303 a 3307 do capítulo 33;

V – fumo e seus derivados: capítulo 24."

Art. 110. O art. 7° das Leis 8.256, de 25 de novembro de 1991, e 8.857, de 8 de março de 1994, passam a vigorar com a seguinte redação:

"Art. 7° Os produtos nacionais ou nacionalizados, que entrarem na Área de Livre Comércio, estarão isentos do Imposto sobre Produtos Industrializados, quando destinados às finalidades mencionadas no caput do art. 4°.

§ 1° Ficam asseguradas a manutenção e a utilização dos créditos do Imposto sobre Produtos Industrializados relativo às matérias-primas, produtos intermediários e material de embalagem empregados na industrialização dos produtos entrados na Área de Livre Comércio.

§ 2° Estão excluídos dos benefícios fiscais de que trata este artigo os produtos abaixo, compreendidos nos capítulos e/ou nas posições indicadas da Nomenclatura Brasileira de Mercadorias, aprovada pela Resolução 75, de 22 de abril de 1988, do Comitê Brasileiro de Nomenclatura, com alterações posteriores:

I - armas e munições: capítulo 93;

II – veículos de passageiros: posição 8703 do capítulo 87 exceto ambulâncias, carros funerários, carros celulares e jipes;

III – bebidas alcoólicas: posições 2203 a 2206 e 2208 (exceto 2208.10 e 2208.90.0100) do capítulo 22;

IV – produtos de perfumaria e de toucador, preparados e preparações cosméticas: posições 3303 a 3307 do capítulo 33;

V – fumo e seus derivados: capítulo 24."

Art. 111. O art. 14 do Decreto-Lei 1.593, de 21 de dezembro de 1977, passa a vigorar com a seguinte redação:

"Art. 14. Os cigarros apreendidos por infração de que decorra pena de perdimento, ou que sejam declarados abandonados, serão incinerados após o encerramento do processo administrativo fiscal.

Parágrafo único. Fica vedada qualquer outra destinação aos cigarros de que trata este artigo."

Art. 112. *(Revogado pela Lei 12.249/2010)*.

Art. 113. *(Revogado pela Lei 9.065/1995)*.

Art. 114. O lucro inflacionário acumulado existente em 31 de dezembro de 1994, continua submetido aos critérios de realização previstos na Lei 7.799, de 10 de julho de 1989, observado o disposto no art. 32, da Lei 8.541, de 1992.

Art. 115. O disposto nos arts. 48 a 51, 53, 55 e 56 da Medida Provisória 785, de 23 de dezembro de 1994, aplica-se somente aos fatos geradores ocorridos até 31 de dezembro de 1994.

Art. 116. Esta Lei entra em vigor na data de sua publicação, produzindo efeitos a partir de 1° de janeiro de 1995.

Art. 117. Revogam-se as disposições em contrário, e, especificamente:

I – os arts. 12 e 21, e o parágrafo único do art. 42 da Lei 8.541, de 23 de dezembro de 1992;

II – o parágrafo único do art. 44 e o art. 47 da Lei 8.383, de 30 de dezembro de 1991;

III – art. 8° do Decreto-Lei 2.287, de 23 de julho de 1986;

IV – o § 3° do art. 3° da Lei 8.847, de 28 de janeiro de 1994;

V – o art. 5° da Lei 8.850, de 28 de janeiro de 1994;

VI – o art. 6° da Lei 7.965, de 22 de dezembro de 1989.

Senado Federal, 20 de janeiro de 1995.

Senador Humberto Lucena

Presidente

(Publicação no *D.O.U.* 23.1.1995)

LEI 8.987,
DE 13 DE FEVEREIRO DE 1995

Dispõe sobre o regime de concessão e permissão da prestação de serviços públicos previsto no art. 175 da Constituição Federal, e dá outras providências.

O Presidente da República:

Faço saber que o Congresso Nacional decreta e eu sanciono a seguinte Lei:

Capítulo I
DAS DISPOSIÇÕES PRELIMINARES

→ *v.* Lei 11.079/2004 – Normas gerais para licitação e contratação de parceria público-privada no âmbito da administração pública.

→ *v.* Decreto 2.521/1998 – Exploração, mediante permissão e autorização, de serviços de transporte rodoviário interestadual e internacional de passageiros.

→ *v.* Decreto 1.910/1996 – Concessão e a permissão de serviços desenvolvidos em terminais alfandegados de uso público.

Art. 1º As concessões de serviços públicos e de obras públicas e as permissões de serviços públicos reger-se-ão pelos termos do art. 175 da Constituição Federal, por esta Lei, pelas normas legais pertinentes e pelas cláusulas dos indispensáveis contratos.

Parágrafo único. A União, os Estados, o Distrito Federal e os Municípios promoverão a revisão e as adaptações necessárias de sua legislação às prescrições desta Lei, buscando atender as peculiaridades das diversas modalidades dos seus serviços.

Art. 2º Para os fins do disposto nesta Lei, considera-se:

I – poder concedente: a União, o Estado, o Distrito Federal ou o Município, em cuja competência se encontre o serviço público, precedido ou não da execução de obra pública, objeto de concessão ou permissão;

II – concessão de serviço público: a delegação de sua prestação, feita pelo poder concedente, mediante licitação, na modalidade de concorrência, à pessoa jurídica ou consórcio de empresas que demonstre capacidade para seu desempenho, por sua conta e risco e por prazo determinado;

III – concessão de serviço público precedida da execução de obra pública: a construção, total ou parcial, conservação, reforma, ampliação ou melhoramento de quaisquer obras de interesse público, delegada pelo poder concedente, mediante licitação, na modalidade de concorrência, à pessoa jurídica ou consórcio de empresas que demonstre capacidade para a sua realização, por sua conta e risco, de forma que o investimento da concessionária seja remunerado e amortizado mediante a exploração do serviço ou da obra por prazo determinado;

IV – permissão de serviço público: a delegação, a título precário, mediante licitação, da prestação de serviços públicos, feita pelo poder concedente à pessoa física ou jurídica que demonstre capacidade para seu desempenho, por sua conta e risco.

Art. 3º As concessões e permissões sujeitar-se-ão a fiscalização pelo poder concedente responsável pela delegação, com a cooperação dos usuários.

Art. 4º A concessão de serviço público, precedida ou não da execução de obra pública, será formalizada mediante contrato, que deverá observar os termos desta Lei, das normas pertinentes e do edital de licitação.

Art. 5º O poder concedente publicará, previamente ao edital de licitação, ato justificando a conveniência da outorga de concessão ou permissão, caracterizando seu objeto, área e prazo.

Capítulo II
DO SERVIÇO ADEQUADO

Art. 6º Toda concessão ou permissão pressupõe a prestação de serviço adequado ao pleno atendimento dos usuários, conforme estabelecido nesta Lei, nas normas pertinentes e no respectivo contrato.

§ 1º Serviço adequado é o que satisfaz as condições de regularidade, continuidade, eficiência, segurança, atualidade, generalidade, cortesia na sua prestação e modicidade das tarifas.

§ 2º A atualidade compreende a modernidade das técnicas, do equipamento e das instalações e a sua conservação, bem como a melhoria e expansão do serviço.

§ 3º Não se caracteriza como descontinuidade do serviço a sua interrupção em situação de emergência ou após prévio aviso, quando:

→ *v.* Art. 22 do CDC.

I – motivada por razões de ordem técnica ou de segurança das instalações; e,

II – por inadimplemento do usuário, considerado o interesse da coletividade.

(...)

Capítulo IV
DA POLÍTICA TARIFÁRIA

Art. 8º (*Vetado*).

Art. 9º A tarifa do serviço público concedido será fixada pelo preço da proposta vencedora da licitação e preservada pelas regras de revisão previstas nesta Lei, no edital e no contrato.

§ 1º A tarifa não será subordinada à legislação específica anterior e somente nos casos expressamente previstos em lei, sua cobrança poderá ser condicionada à existência de serviço público alternativo e gratuito para o usuário.

→ § 1º com redação alterada pela Lei 9.648/1998.

§ 2º Os contratos poderão prever mecanismos de revisão das tarifas, a fim de manter-se o equilíbrio econômico-financeiro.

§ 3º Ressalvados os impostos sobre a renda, a criação, alteração ou extinção de quaisquer tributos ou encargos legais, após a apresentação da proposta, quando comprovado seu impacto, implicará a revisão da tarifa, para mais ou para menos, conforme o caso.

§ 4º Em havendo alteração unilateral do contrato que afete o seu inicial equilíbrio econômico-financeiro, o poder concedente deverá restabelecê-lo, concomitantemente à alteração.

Art. 10. Sempre que forem atendidas as condições do contrato, considera-se mantido seu equilíbrio econômico-financeiro.

Art. 11. No atendimento às peculiaridades de cada serviço público, poderá o poder concedente prever, em favor da concessionária, no edital de licitação, a possibilidade de outras fontes provenientes de receitas alternativas, complementares, acessórias ou de projetos associados, com ou sem exclusividade, com vistas a favorecer a modicidade das tarifas, observado o disposto no art. 17 desta Lei.

Parágrafo único. As fontes de receita previstas neste artigo serão obrigatoriamente consideradas para a aferição do inicial equilíbrio econômico-financeiro do contrato.

Art. 12. (*Vetado*).

Art. 13. As tarifas poderão ser diferenciadas em função das características técnicas e dos custos específicos provenientes do atendimento aos distintos segmentos de usuários.

Capítulo V
DA LICITAÇÃO

→ *v.* Lei 8.666/1993 – Licitações e contratos.

Art. 14. Toda concessão de serviço público, precedida ou não da execução de obra pública, será objeto de prévia licitação, nos termos da legislação própria e com observância dos princípios da legalidade, moralidade, publicidade, igualdade, do julgamento por critérios objetivos e da vinculação ao instrumento convocatório.

→ *v.* Art. 37 da CF/1988.

Art. 15. No julgamento da licitação será considerado um dos seguintes critérios:

→ *Caput* com redação alterada pela Lei 9.648/1998.

I – o menor valor da tarifa do serviço público a ser prestado;

→ Inciso I com redação alterada pela Lei 9.648/1998.

II – a maior oferta, nos casos de pagamento ao poder concedente pela outorga da concessão;

→ Inciso II com redação alterada pela Lei 9.648/1998.

III – a combinação, dois a dois, dos critérios referidos nos incisos I, II e VII;

→ Inciso III com redação alterada pela Lei 9.648/1998.

IV – melhor proposta técnica, com preço fixado no edital;

→ Inciso IV acrescentado pela Lei 9.648/1998.

V – melhor proposta em razão da combinação dos critérios de menor valor da tarifa do serviço público a ser prestado com o de melhor técnica;

→ Inciso V acrescentado pela Lei 9.648/1998.

VI – melhor proposta em razão da combinação dos critérios de maior oferta pela outorga da concessão com o de melhor técnica; ou

→ Inciso VI acrescentado pela Lei 9.648/1998.

VII – melhor oferta de pagamento pela outorga após qualificação de propostas técnicas.

→ Inciso VII acrescentado pela Lei 9.648/1998.

§ 1º A aplicação do critério previsto no inciso III só será admitida quando previamente estabelecida no edital de licitação, inclusive com regras e fórmulas precisas para avaliação econômico-financeira.

→ § 1º com redação alterada pela Lei 9.648/1998.

§ 2º Para fins de aplicação do disposto nos incisos IV, V, VI e VII, o edital de licitação conterá parâmetros e exigências para formulação de propostas técnicas.

→ § 2º com redação alterada pela Lei 9.648/1998.

§ 3º O poder concedente recusará propostas manifestamente inexequíveis ou financeiramente incompatíveis com os objetivos da licitação.

→ § 3º com redação alterada pela Lei 9.648/1998.

§ 4º Em igualdade de condições, será dada preferência à proposta apresentada por empresa brasileira.

→ § 4º acrescentado pela Lei 9.648/1998.

Art. 16. A outorga de concessão ou permissão não terá caráter de exclusividade, salvo no caso de inviabilidade técnica ou econômica justificada no ato a que se refere o art. 5º desta Lei.

Art. 17. Considerar-se-á desclassificada a proposta que, para sua viabilização, necessite de vantagens ou subsídios que não estejam previamente autorizados em lei e à disposição de todos os concorrentes.

§ 1º Considerar-se-á, também, desclassificada a proposta de entidade estatal alheia à esfera político-administrativa do poder concedente que, para sua viabilização, necessite de vantagens ou subsídios do poder público controlador da referida entidade.

→ Anterior parágrafo único renumerado pela Lei 9.648/1998.

§ 2º Inclui-se nas vantagens ou subsídios de que trata este artigo, qualquer tipo de tratamento tributário diferenciado, ainda que em consequência da natureza jurídica do licitante, que comprometa a isonomia fiscal que deve prevalecer entre todos os concorrentes.

→ § 2º acrescentado pela Lei 9.648/1998.

(...)

Capítulo VI
DO CONTRATO DE CONCESSÃO

Art. 23. São cláusulas essenciais do contrato de concessão as relativas:

I – ao objeto, à área e ao prazo da concessão;

II – ao modo, forma e condições de prestação do serviço;

III – aos critérios, indicadores, fórmulas e parâmetros definidores da qualidade do serviço;

IV – ao preço do serviço e aos critérios e procedimentos para o reajuste e a revisão das tarifas;

V – aos direitos, garantias e obrigações do poder concedente e da concessionária, inclusive os relacionados às previsíveis necessidades de futura alteração e expansão do serviço e consequente modernização, aperfeiçoamento e ampliação dos equipamentos e das instalações;

VI – aos direitos e deveres dos usuários para obtenção e utilização do serviço;

VII – à forma de fiscalização das instalações, dos equipamentos, dos métodos e práticas de execução do serviço, bem como a indicação dos órgãos competentes para exercê-la;

VIII – às penalidades contratuais e administrativas a que se sujeita a concessionária e sua forma de aplicação;

IX – aos casos de extinção da concessão;

X – aos bens reversíveis;

XI – aos critérios para o cálculo e a forma de pagamento das indenizações devidas à concessionária, quando for o caso;

XII – às condições para prorrogação do contrato;

XIII – à obrigatoriedade, forma e periodicidade da prestação de contas da concessionária ao poder concedente;

XIV – à exigência da publicação de demonstrações financeiras periódicas da concessionária; e

XV – ao foro e ao modo amigável de solução das divergências contratuais.

Parágrafo único. Os contratos relativos à concessão de serviço público precedido da execução de obra pública deverão, adicionalmente:

I – estipular os cronogramas físico-financeiros de execução das obras vinculadas à concessão; e

II – exigir garantia do fiel cumprimento, pela concessionária, das obrigações relativas às obras vinculadas à concessão.

Art. 23-A. O contrato de concessão poderá prever o emprego de mecanismos privados para resolução de disputas decorrentes ou relacionadas ao contrato, inclusive a arbitragem, a ser realizada no Brasil e em língua portuguesa, nos termos da Lei 9.307, de 23 de setembro de 1996.

→ Artigo acrescentado pela Lei 11.196/2005.

(...)

Art. 28. Nos contratos de financiamento, as concessionárias poderão oferecer em garantia os direitos emergentes da concessão, até o limite que não comprometa a operacionalização e a continuidade da prestação do serviço.

Parágrafo único. *(Revogado pela Lei 9.074/1995).*

Art. 28-A. Para garantir contratos de mútuo de longo prazo, destinados a investimentos relacionados a contratos de concessão, em qualquer de suas modalidades, as concessionárias poderão ceder ao mutuante, em caráter fiduciário, parcela de seus créditos operacionais futuros, observadas as seguintes condições:

→ Artigo acrescentado pela Lei 11.196/2005.

I – o contrato de cessão dos créditos deverá ser registrado em Cartório de Títulos e Documentos para ter eficácia perante terceiros;

→ v. Lei 6.015/1973 – Registros públicos.

II – sem prejuízo do disposto no inciso I do *caput* deste artigo, a cessão do crédito não terá eficácia em relação ao Poder Público concedente senão quando for este formalmente notificado;

III – os créditos futuros cedidos nos termos deste artigo serão constituídos sob a titularidade do mutuante, independentemente de qualquer formalidade adicional;

IV – o mutuante poderá indicar instituição financeira para efetuar a cobrança e receber os pagamentos dos créditos cedidos ou permitir que a concessionária o faça, na qualidade de representante e depositária;

V – na hipótese de ter sido indicada instituição financeira, conforme previsto no inciso IV do *caput* deste artigo, fica a concessionária obrigada a apresentar a essa os créditos para cobrança;

VI – os pagamentos dos créditos cedidos deverão ser depositados pela concessionária ou pela instituição encarregada da cobrança em conta corrente bancária vinculada ao contrato de mútuo;

VII – a instituição financeira depositária deverá transferir os valores recebidos ao mutuante à medida que as obrigações do contrato de mútuo tornarem-se exigíveis; e

VIII – o contrato de cessão disporá sobre a devolução à concessionária dos recursos excedentes, sendo vedada a retenção do saldo após o adimplemento integral do contrato.

Parágrafo único. Para os fins deste artigo, serão considerados contratos de longo prazo aqueles cujas obrigações tenham prazo médio de vencimento superior a 5 (cinco) anos.

Capítulo VII
DOS ENCARGOS DO PODER CONCEDENTE

Art. 29. Incumbe ao poder concedente:

I – regulamentar o serviço concedido e fiscalizar permanentemente a sua prestação;

II – aplicar as penalidades regulamentares e contratuais;

III – intervir na prestação do serviço, nos casos e condições previstos em lei;

IV – extinguir a concessão, nos casos previstos nesta Lei e na forma prevista no contrato;

V – homologar reajustes e proceder à revisão das tarifas na forma desta Lei, das normas pertinentes e do contrato;

VI – cumprir e fazer cumprir as disposições regulamentares do serviço e as cláusulas contratuais da concessão;

VII – zelar pela boa qualidade do serviço, receber, apurar e solucionar queixas e reclamações dos usuários, que serão cientificados, em até 30 (trinta) dias, das providências tomadas;

VIII – declarar de utilidade pública os bens necessários à execução do serviço ou obra pública, promovendo as desapropriações, diretamente ou mediante outorga de poderes à concessionária, caso em que será desta a responsabilidade pelas indenizações cabíveis;

IX – declarar de necessidade ou utilidade pública, para fins de instituição de servidão administrativa, os bens necessários à execução de serviço ou obra pública, promovendo-a diretamente ou mediante outorga de poderes à concessionária, caso em que será desta a responsabilidade pelas indenizações cabíveis;

X – estimular o aumento da qualidade, produtividade, preservação do meio ambiente e conservação;

XI – incentivar a competitividade; e

XII – estimular a formação de associações de usuários para defesa de interesses relativos ao serviço.

Art. 30. No exercício da fiscalização, o poder concedente terá acesso aos dados relativos à administração, contabilidade, recursos técnicos, econômicos e financeiros da concessionária.

Parágrafo único. A fiscalização do serviço será feita por intermédio de órgão técnico do poder concedente ou por entidade com ele conveniada, e, periodicamente, conforme previsto em norma regulamentar, por comissão composta de representantes do poder concedente, da concessionária e dos usuários.

(...)

Capítulo X
DA EXTINÇÃO DA CONCESSÃO

Art. 35. Extingue-se a concessão por:

I – advento do termo contratual;

II – encampação;

III – caducidade;

IV – rescisão;

V – anulação; e

VI – falência ou extinção da empresa concessionária e falecimento ou incapacidade do titular, no caso de empresa individual.

→ v. Art. 195 da Lei 11.101/2005.

§ 1º Extinta a concessão, retornam ao poder concedente todos os bens reversíveis, direitos e privilégios transferidos ao concessionário conforme previsto no edital e estabelecido no contrato.

§ 2º Extinta a concessão, haverá a imediata assunção do serviço pelo poder concedente, procedendo-se aos levantamentos, avaliações e liquidações necessários.

§ 3º A assunção do serviço autoriza a ocupação das instalações e a utilização, pelo poder concedente, de todos os bens reversíveis.

§ 4º Nos casos previstos nos incisos I e II deste artigo, o poder concedente, antecipando-se à extinção da concessão, procederá aos levantamentos e avaliações necessários à determinação dos montantes da indenização que será devida à concessionária, na forma dos arts. 36 e 37 desta Lei.

→ v. Lei 12.767/2012 – Extinção das concessões de serviço público de energia elétrica e a prestação temporária do serviço e sobre a intervenção para adequação do serviço público de energia elétrica.

(...)

Capítulo XII
DISPOSIÇÕES FINAIS E TRANSITÓRIAS

(...)

Art. 46. Esta Lei entra em vigor na data de sua publicação.

Art. 47. Revogam-se as disposições em contrário.

Brasília, 13 de fevereiro de 1995; 174º da Independência e 107º da República.

Fernando Henrique Cardoso

(Publicação no *D.O.U.* de 14.2.1995; republicação 28.9.1998)

LEI 9.065,
DE 20 DE JUNHO DE 1995

Dá nova redação a dispositivos da Lei 8.981, de 20 de janeiro de 1995, que altera a legislação tributária federal, e dá outras providências.

O Presidente da República:

Faço saber que o Congresso Nacional decreta e eu sanciono a seguinte Lei:

Art. 1º Os dispositivos da Lei 8.981, de 20 de janeiro de 1995, adiante indicados, passam a vigorar com a seguinte redação:

→ Alterações efetuadas na referida Lei.

Art. 2º O disposto na alínea *b* do § 3º do art. 43 da Lei 8.981, de 1995, somente se aplica aos créditos relativos a:

I – operações de empréstimos, ou qualquer forma de adiantamento de recursos;

II – aquisição de títulos e valores mobiliários de renda fixa, cujo devedor ou emitente seja pessoa jurídica de direito público ou empresa sob o seu controle, empresa pública, sociedade de economia mista, ou sua subsidiária;

III – fundos administrados por qualquer das pessoas jurídicas referidas no inciso II.

Parágrafo único. Está também abrangida pelo disposto na alínea *b* do § 3º do art. 43 da Lei 8.981, de 1995, a parcela de crédito correspondente ao lucro diferido nos termos do art. 10 do Decreto-lei 1.598, de 26 de dezembro de 1977.

Art. 3º O saldo credor da conta de correção monetária de que trata o inciso II do art. 4º da Lei 7.799, de 10 de julho de 1989, apurado a partir do encerramento do ano-calendário de 1995, será computado na determinação do lucro real, podendo o contribuinte diferir, com observância do disposto nos arts. 4º e 8º desta Lei, a tributação do lucro inflacionário não realizado.

Parágrafo único. O disposto neste artigo aplica-se, também, às pessoas jurídicas a que se refere o § 6º do art. 37 da Lei 8.981, de 1995.

Art. 4º Considera-se lucro inflacionário, em cada ano-calendário, o saldo credor da conta de correção monetária, ajustado pela diminuição das variações monetárias e das receitas e despesas financeiras computadas na determinação do lucro líquido do ano-calendário.

§ 1º Proceder-se-á ao ajuste mediante a dedução, do saldo credor da conta de correção monetária, de valor correspondente à diferença positiva entre a soma das despesas financeiras com as variações monetárias passivas e a soma das receitas financeiras com as variações monetárias ativas.

§ 2º O lucro inflacionário a tributar será registrado em conta especial do Livro de Apuração do Lucro Real, e o saldo transferido do ano-calendário anterior será corrigido, monetariamente, com base na variação do valor da UFIR verificada entre o primeiro dia seguinte ao do balanço de encerramento do ano-calendário anterior e o dia seguinte ao do balanço do exercício da correção.

Art. 5º Em cada ano-calendário considerar-se-á, realizada parte do lucro inflacionário proporcional ao valor, realizado no mesmo período, dos bens e direitos do ativo sujeitos à correção monetária.

§ 1º O lucro inflacionário realizado em cada ano-calendário será calculado de acordo com as seguintes regras:

a) será determinada a relação percentual entre o valor dos bens e direitos do ativo sujeitos à correção monetária, realizado no ano-calendário, e a soma dos seguintes valores:

a.1) a média do valor contábil do ativo permanente no início e no final do ano-calendário;

a.2) a média dos saldos, no início e no fim do ano-calendário, das contas representativas do custo dos imóveis não classificados no ativo permanente, das contas representativas das aplicações em ouro, das contas representativas de adiantamentos a fornecedores de bens sujeitos à correção monetária, salvo se o contrato previr a indexação do crédito, e de outras contas que venham a ser determinadas pelo Poder Executivo, considerada a natureza dos bens ou valores que representem;

b) o valor dos bens e direitos do ativo sujeitos à correção monetária, realizado no ano-calendário, será a soma dos seguintes valores:

b.1) custo contábil dos imóveis existentes no estoque no início do ano-calendário e baixados no curso deste;

b.2) valor contábil, corrigido monetariamente até a data da baixa, dos demais bens e direitos do ativo sujeitos à correção monetária, baixados no curso do ano-calendário;

b.3) quotas de depreciação, amortização e exaustão, computadas como custo ou despesa operacional do ano-calendário;

b.4) lucros ou dividendos, recebidos no ano-calendário, de quaisquer participações societárias registradas como investimento;

c) o montante do lucro inflacionário realizado do ano-calendário será determinado mediante a aplicação da percentagem de que trata a alínea *a* sobre o lucro inflacionário do mesmo ano-calendário;

d) a percentagem de que trata a alínea a será também aplicada, em cada ano, sobre o lucro inflacionário, apurado nos anos-calendário anteriores, excetuado o lucro inflacionário acumulado, existente em 31 de dezembro de 1994.

§ 2º O contribuinte que optar pelo diferimento da tributação do lucro inflacionário não realizado deverá computar na determinação do lucro real o montante do lucro inflacionário realizado (§ 1º) ou o valor determinado de acordo com o disposto no art. 6º, e excluir do lucro líquido do ano-calendário o montante do lucro inflacionário do próprio ano-calendário.

Art. 6º A pessoa jurídica deverá considerar realizado em cada ano-calendário, no mínimo, dez por cento do lucro inflacionário, quando o valor, assim determinado, resultar superior ao apurado na forma do § 1º do art. 5º.

Parágrafo único. A realização de que trata este artigo aplica-se, inclusive, ao valor do lucro inflacionário apurado no próprio ano-calendário.

Art. 7º Nos casos de incorporação, fusão, cisão total ou encerramento de atividades, a pessoa jurídica incorporada, fusionada, cindida ou que encerrar atividades deverá considerar integralmente realizado o lucro inflacionário acumulado.

§ 1º Na cisão parcial, a realização será proporcional à parcela do ativo, sujeito à correção monetária, que tiver sido vertida.

§ 2º Para os efeitos deste artigo, considera-se lucro inflacionário acumulado a soma do lucro inflacionário de anos-calendário anteriores, corrigido monetariamente, deduzida das parcelas realizadas.

Art. 8º A partir de 1º de janeiro de 1996, a pessoa jurídica deverá considerar realizado mensalmente, no mínimo, 1/120 do lucro inflacionário, corrigido monetariamente, apurado em cada ano-calendário anterior.

Parágrafo único. A parcela realizada na forma deste artigo integrará a base de cálculo do imposto de renda devido mensalmente.

Art. 9º A pessoa jurídica que tiver saldo de lucro inflacionário a tributar e que vier a ser tributada pelo lucro arbitrado deverá adicionar esse saldo, corrigido monetariamente, à base de cálculo do imposto de renda.

Art. 10. (*Revogado pela Lei 9.249/1995*).

Art. 11. O lucro real ou arbitrado da pessoa jurídica estará sujeito a um adicional do imposto de renda à alíquota de:

I – dez por cento sobre a parcela do lucro real que ultrapassar R$ 180.000,00 até R$ 780.000,00;

II – quinze por cento sobre a parcela do lucro real que ultrapassar R$ 780.000,00;

III – dez por cento sobre a parcela do lucro arbitrado que ultrapassar R$ 15.000,00 até R$ 65.000,00;

IV – quinze por cento sobre a parcela do lucro arbitrado que ultrapassar R$ 65.000,00.

§ 1º Os limites previstos nos incisos I e II serão proporcionais ao número de meses transcorridos do ano-calendário, quando o período de apuração for inferior a doze meses.

§ 2º O valor do adicional será recolhido integralmente, não sendo permitidas quaisquer deduções.

Art. 12. O disposto nos arts. 42 e 58 da Lei 8.981, de 1995, vigorará até 31 de dezembro de 1995.

Art. 13. A partir de 1º de abril de 1995, os juros de que tratam a alínea c do parágrafo único do art. 14 da Lei 8.847, de 28 de janeiro de 1994, com a redação dada pelo art. 6º da Lei nº 8.850, de 28 de janeiro de 1994, e pelo art. 90 da Lei 8.981, de 1995, o art. 84, inciso I, e o art. 91, parágrafo único, alínea a.2, da Lei 8.981, de 1995, serão equivalentes à taxa referencial do Sistema Especial de Liquidação e de Custódia – SELIC para títulos federais, acumulada mensalmente.

Art. 14. Os rendimentos e ganhos de capital distribuídos, a partir de 1° de julho de 1995, pelos Fundos de Investimento Imobiliário e Fundos de Investimento Cultural e Artístico – FICART, sob qualquer forma e qualquer que seja o beneficiário, sujeitam-se à incidência do imposto de renda na fonte à alíquota de dez por cento.

Parágrafo único. Ao imposto retido nos termos deste artigo aplica-se o disposto no art. 76 da Lei 8.981, de 1995.

Art. 15. O prejuízo fiscal apurado a partir do encerramento do ano-calendário de 1995, poderá ser compensado, cumulativamente com os prejuízos fiscais apurados até 31 de dezembro de 1994, com o lucro líquido ajustado pelas adições e exclusões previstas na legislação do imposto de renda, observado o limite máximo, para a compensação, de trinta por cento do referido lucro líquido ajustado.

Parágrafo único. O disposto neste artigo somente se aplica às pessoas jurídicas que mantiverem os livros e documentos, exigidos pela legislação fiscal, comprobatórios do montante do prejuízo fiscal utilizado para a compensação.

Art. 16. A base de cálculo da contribuição social sobre o lucro, quando negativa, apurada a partir do encerramento do ano-calendário de 1995, poderá ser compensada, cumulativamente com a base de cálculo negativa apurada até 31 de dezembro de 1994, com o resultado do período de apuração ajustado pelas adições e exclusões previstas na legislação da referida contribuição social, determinado em anos-calendário subsequentes, observado o limite máximo de redução de trinta por cento, previsto no art. 58 da Lei 8.981, de 1995.

Parágrafo único. O disposto neste artigo somente se aplica às pessoas jurídicas que mantiverem os livros e documentos, exigidos pela legislação fiscal, comprobatórios da base de cálculo negativa utilizada para a compensação.

Art. 17. O pagamento da Contribuição para o Programa de Integração Social e para o Programa de Formação do Patrimônio do Servidor Público (PIS/PASEP) deverá ser efetuado até o último dia útil da quinzena subsequente ao mês de ocorrência dos fatos geradores.

Art. 18. Esta Lei entra em vigor na data de sua publicação, produzindo efeitos a partir de 1° de janeiro de 1995, exceto os arts. 10, 11, 15 e 16, que produzirão efeitos a partir de 1° de janeiro de 1996, e os arts. 13 e 14, com efeitos, respectivamente, a partir de 1° de abril e 1° de julho de 1995.

Art. 19. Revogam-se as disposições em contrário e, especificamente, o § 3° do art. 44, o § 4° do art. 88, e os arts. 104, 105, 107 e 113 da Lei 8.981, de 1995, bem como o inciso IV do § 2° do art. 7° das Leis 8.256, de 25 de novembro de 1991, e 8.857, de 8 de março de 1994, o inciso IV do § 2° do art. 6° da Lei 8.210, de 19 de julho de 1991, e a alínea d do § 2° do art. 4° da Lei 7.965, de 22 de dezembro de 1989.

Brasília, 20 de junho 1995; 174° da Independência e 107° da República.

Fernando Henrique Cardoso

(Publicação no *D.O.U.* de 21.6.1995)

LEI 9.069,
DE 29 DE JUNHO DE 1995

Dispõe sobre o Plano Real, o Sistema Monetário Nacional, estabelece as regras e condições de emissão do Real e os critérios para conversão das obrigações para o Real, e dá outras providências.

O Presidente da República:

Faço saber que o Congresso Nacional decreta e eu sanciono a seguinte Lei:

Capítulo I
DO SISTEMA MONETÁRIO NACIONAL

Art. 1° A partir de 1° de julho de 1994, a unidade do Sistema Monetário Nacional passa a ser o Real (Art. 2° da Lei 8.880, de 27 de maio de 1994), que terá curso legal em todo o território nacional.

§ 1° As importâncias em dinheiro serão grafadas precedidas do símbolo R$.

§ 2° A centésima parte do Real, denominada "centavo", será escrita sob a forma decimal, precedida da vírgula que segue a unidade.

§ 3° A paridade entre o Real e o Cruzeiro Real, a partir de 1° de julho de 1994, será igual à paridade entre a Unidade Real de Valor – URV e o Cruzeiro Real fixada pelo Banco Central do Brasil para o dia 30 de junho de 1994.

§ 4° A paridade de que trata o parágrafo anterior permanecerá fixa para os fins previstos no art. 3°, § 3°, da Lei 8.880, de 27 de maio de 1994, e no art. 2° desta Lei.

§ 5° Admitir-se-á fracionamento especial da unidade monetária nos mercados de valores mobiliários e de títulos da dívida pública, na cotação de moedas estrangeiras, na Unidade Fiscal de Referência – UFIR e na determinação da expressão monetária de outros valores que necessitem da avaliação de grandezas inferiores ao centavo, sendo as frações resultantes desprezadas ao final dos cálculos.

Art. 2° O Cruzeiro Real, a partir de 1° de julho de 1994, deixa de integrar o Sistema Monetário Nacional, permanecendo em circulação como meio de pagamento as cédulas e moedas dele representativas, pelo prazo de 30 (trinta) dias, na forma prevista nos §§ 3° e 4° do art. 3° da Lei 8.880, de 1994.

§ 1° Até o último dia útil de julho de 1994, os cheques ainda emitidos com indicação de valor em Cruzeiros Reais serão acolhidos pelas instituições financeiras e pelos serviços de compensação, sem prejuízo do direito ao crédito, nos termos da legislação pertinente.

§ 2° Os prazos previstos neste artigo poderão ser prorrogados pelo Banco Central do Brasil.

§ 3° Os documentos de que trata o § 1° serão acolhidos e contabilizados com a paridade fixada, na forma do § 3° do art. 1°, para o dia 1° de julho de 1994.

Art. 3° O Banco Central do Brasil emitirá o Real mediante a prévia vinculação de reservas internacionais em valor equivalente, observado o disposto no art. 4° desta Lei.

§ 1° As reservas internacionais passíveis de utilização para composição do lastro para emissão do Real são os ativos de liquidez internacional denominados ou conversíveis em dólares dos Estados Unidos da América.

§ 2° A paridade a ser obedecida, para fins da equivalência a que se refere o caput deste artigo, será de um dólar dos Estados Unidos da América para cada Real emitido.

§ 3° Os rendimentos resultantes das aplicações das reservas vinculadas não se incorporarão a estas, sendo incorporadas às reservas não vinculadas administradas pelo Banco Central do Brasil.

§ 4° O Conselho Monetário Nacional, segundo critérios aprovados pelo Presidente da República:

I – regulamentará o lastreamento do Real;

II – definirá a forma como o Banco Central do Brasil administrará as reservas internacionais vinculadas;

III – poderá modificar a paridade a que se refere o § 2° deste artigo.

§ 5° O Ministro da Fazenda submeterá ao Presidente da República os critérios de que trata o parágrafo anterior.

Art. 4° Observado o disposto nos artigos anteriores, o Banco Central do Brasil deverá obedecer, no tocante às emissões de Real, o seguinte:

I – limite de crescimento para o trimestre outubro-dezembro/94 de 13,33% (treze vírgula trinta e três por cento), para as emissões de Real sobre o saldo de 30 de setembro de 1994;

II – limite de crescimento percentual nulo no quarto trimestre de 1994, para as emissões de Real no conceito ampliado;

III – nos trimestres seguintes, obedecido o objetivo de assegurar a estabilidade da moeda, a programação monetária de que trata o art. 6° desta Lei estimará os percentuais de alteração das emissões de Real em ambos os conceitos mencionados acima.

§ 1° Para os propósitos do contido no *caput* deste artigo, o Conselho Monetário Nacional, tendo presente o objetivo de assegurar a estabilidade da moeda, definirá os componentes do conceito ampliado de emissão, nele incluídas as emissões lastreadas de que trata o art. 3° desta Lei.

§ 2° O Conselho Monetário Nacional, para atender a situações extraordinárias, poderá autorizar o Banco Central do Brasil a exceder em até 20% (vinte por cento) os valores resultantes dos percentuais previstos no caput deste artigo.

§ 3° O Conselho Monetário Nacional, por intermédio do Ministro de Estado da Fazenda, submeterá ao Presidente da República os critérios referentes a alteração de que trata o § 2° deste artigo.

§ 4° O Conselho Monetário Nacional, de acordo com diretrizes do Presidente da República, regulamentará o disposto neste artigo, inclusive no que diz respeito à apuração dos valores das emissões autorizadas e em circulação e à definição de emissões no conceito ampliado.

Art. 5° Serão grafadas em Real, a partir de 1° de julho de 1994, as demonstrações contábeis e financeiras, os balanços, os cheques, os títulos, os preços, os precatórios, os valores de contratos e todas as demais expressões pecuniárias que se possam traduzir em moeda nacional.

Capítulo II
DA AUTORIDADE MONETÁRIA

Art. 6º O Presidente do Banco Central do Brasil submeterá ao Conselho Monetário Nacional, no início de cada trimestre, programação monetária para o trimestre, da qual constarão, no mínimo:

I – estimativas das faixas de variação dos principais agregados monetários compatíveis com o objetivo de assegurar a estabilidade da moeda; e

II – análise da evolução da economia nacional prevista para o trimestre, e justificativa da programação monetária.

§ 1º Após aprovação do Conselho Monetário Nacional, a programação monetária será encaminhada à Comissão de Assuntos Econômicos do Senado Federal.

§ 2º O Congresso Nacional poderá, com base em parecer da Comissão de Assuntos Econômicos do Senado Federal, rejeitar a programação monetária a que se refere o *caput* deste artigo, mediante decreto legislativo, no prazo de dez dias a contar do seu recebimento.

§ 3º O Decreto Legislativo referido no parágrafo anterior limitar-se-á à aprovação ou rejeição *in totum* da programação monetária, vedada a introdução de qualquer alteração.

§ 4º Decorrido o prazo a que se refere o § 2º deste artigo, sem apreciação da matéria pelo Plenário do Congresso Nacional, a programação monetária será considerada aprovada.

§ 5º Rejeitada a programação monetária, nova programação deverá ser encaminhada, nos termos deste artigo, no prazo de dez dias, a contar da data de rejeição.

§ 6º Caso o Congresso Nacional não aprove a programação monetária até o final do primeiro mês do trimestre a que se destina, fica o Banco Central do Brasil autorizado a executá-la até sua aprovação.

Art. 7º O Presidente do Banco Central do Brasil enviará, através do Ministro da Fazenda, ao Presidente da República e aos Presidentes das duas Casas do Congresso Nacional:

I – relatório trimestral sobre a execução da programação monetária; e

II – demonstrativo mensal das emissões de Real, as razões delas determinantes e a posição das reservas internacionais a elas vinculadas.

Art. 8º O Conselho Monetário Nacional, criado pela Lei 4.595, de 31 de dezembro de 1964, passa a ser integrado pelos seguintes membros:

I – Ministro de Estado da Fazenda, na qualidade de Presidente;

II – Ministro de Estado do Planejamento, Orçamento e Gestão;

→ Inciso II com redação alterada pela MP 2.216-37/2001.

III – Presidente do Banco Central do Brasil.

§ 1º O Conselho deliberará mediante resoluções, por maioria de votos, cabendo ao Presidente a prerrogativa de deliberar, nos casos de urgência e relevante interesse, *ad referendum* dos demais membros.

§ 2º Quando deliberar ad referendum do Conselho, o Presidente submeterá a decisão ao colegiado na primeira reunião que se seguir àquela deliberação.

§ 3º O Presidente do Conselho poderá convidar Ministros de Estado, bem como representantes de entidades públicas ou privadas, para participar das reuniões, não lhes sendo permitido o direito de voto.

§ 4º O Conselho reunir-se-á, ordinariamente, uma vez por mês, e, extraordinariamente, sempre que for convocado por seu Presidente.

§ 5º O Banco Central do Brasil funcionará como secretaria-executiva do Conselho.

§ 6º O regimento interno do Conselho Monetário Nacional será aprovado por decreto do Presidente da República, no prazo máximo de trinta dias, contados da publicação desta Lei.

§ 7º A partir de 30 de junho de 1994, ficam extintos os mandatos de membros do Conselho Monetário Nacional nomeados até aquela data.

Art. 9º É criada junto ao Conselho Monetário Nacional a Comissão Técnica da Moeda e do Crédito, composta dos seguintes membros:

I – Presidente e quatro Diretores do Banco Central do Brasil;

II – Presidente da Comissão de Valores Mobiliários;

III – Secretário-Executivo do Ministério do Planejamento, Orçamento e Gestão;

→ Inciso III com redação alterada pela MP 2.216-37/2001.

IV – Secretário-Executivo e Secretários do Tesouro Nacional e de Política Econômica do Ministério da Fazenda.

§ 1º A Comissão será coordenada pelo Presidente do Banco Central do Brasil.

§ 2º O regimento interno da Comissão Técnica da Moeda e do Crédito será aprovado por decreto do Presidente da República.

Art. 10. Compete à Comissão Técnica da Moeda e do Crédito:

I – propor a regulamentação das matérias tratadas na presente Lei, de competência do Conselho Monetário Nacional;

II – manifestar-se, na forma prevista em seu regimento interno, previamente, sobre as matérias de competência do Conselho Monetário Nacional, especialmente aquelas constantes da Lei 4.595, de 31 de dezembro de 1964;

III – outras atribuições que lhe forem cometidas pelo Conselho Monetário Nacional.

Art. 11. Funcionarão, também, junto ao Conselho Monetário Nacional, as seguintes Comissões Consultivas:

I – de Normas e Organização do Sistema Financeiro;

II – de Mercado de Valores Mobiliários e de Futuros;

III – de Crédito Rural;

IV – de Crédito Industrial;

V – de Crédito Habitacional, e para Saneamento e Infraestrutura Urbana;

VI – de Endividamento Público;

VII – de Política Monetária e Cambial.

§ 1º A organização, a composição e o funcionamento das Comissões Consultivas serão objeto de regimento interno, a ser aprovado por Decreto do Presidente da República.

§ 2º Ficam extintos, a partir de 30 de junho de 1994, os mandatos dos membros das Comissões Consultivas.

Capítulo III
DAS CONVERSÕES PARA REAL

Art. 12. Na operação de conversão de Cruzeiros Reais para Real, serão adotadas quatro casas decimais no quociente da divisão.

§ 1º Em todos os pagamentos ou liquidações de soma a receber ou a pagar e registros contábeis, serão desprezados, para todos os efeitos legais, os valores inferiores ao correspondente a um centavo de Real.

§ 2º Nas instituições financeiras e nas demais entidades autorizadas a funcionar pelo Banco Central do Brasil a soma das parcelas desprezadas, na forma do parágrafo anterior, será recolhida e creditada ao Tesouro Nacional, no prazo a ser fixado pelo Poder Executivo, para ser utilizada em programas emergenciais contra a fome e a miséria, conforme regulamentação a ser baixada pelo Poder Executivo.

Art. 13. A partir de 1º de julho de 1994, todos os valores expressos em URV passam a ser expressos, de pleno direito, em igual número de Reais.

Art. 14. As obrigações pecuniárias expressas em Cruzeiros Reais que não tenham sido convertidas em URV até 30 de junho de 1994, inclusive, serão, em 1º de julho de 1994, obrigatoriamente convertidas em Real, de acordo com as normas desta Lei.

Parágrafo único. O disposto no caput deste artigo aplica-se às obrigações que tenham sido mantidas em Cruzeiros Reais por força do contido na Lei 8.880, de 27 de maio de 1994, inclusive em seu art. 16.

Art. 15. Serão convertidos em Real, em 1º de julho de 1994, segundo a paridade fixada para aquela data:

I – as contas-correntes;

II – os depósitos à vista nas instituições financeiras;

III – os depósitos compulsórios em espécie sobre depósitos à vista, mantidos pelo sistema bancário junto ao Banco Central do Brasil.

Art. 16. Observado o disposto nos parágrafos deste artigo, serão igualmente convertidos em Real, em 1º de julho de 1994, de acordo com a paridade fixada para aquela data:

I – os saldos das cadernetas de poupança;

II – os depósitos compulsórios e voluntários mantidos junto ao Banco Central do Brasil, com recursos originários da captação de cadernetas de poupança;

III – os saldos das contas do Fundo de Garantia do Tempo do Serviço – FGTS, do Fundo de Participação PIS/PASEP e do Fundo de Amparo ao Trabalhador – FAT;

IV – as operações de crédito rural;

V – as operações ativas e passivas dos Sistemas Financeiro da Habitação e do Saneamento (SFH e SFS), observado o disposto nos arts. 20 e 21 desta Lei;

VI – as operações de seguro, de previdência privada e de capitalização;

VII – as demais operações contratadas com base na Taxa Referencial – TR ou no índice de remuneração básica dos depósitos de poupança; e

VIII – as demais operações da mesma natureza, não compreendidas nos incisos anteriores.

§ 1º A conversão de que trata este artigo será precedida de atualização *pro rata tempore*, desde a data do último aniversário até 30 de junho de 1994, inclusive, mediante a aplicação da Taxa Referencial – TR ou do referencial legal ou contratual pertinente, na forma da legislação vigente.

§ 2º Na data de aniversário no mês de julho, incidirá, *pro rata tempore*, desde a data de conversão, sobre o valor convertido, a Taxa Referencial – TR ou o referencial legal ou contratual pertinente e juros, na forma da legislação vigente.

§ 3º O crédito da remuneração básica e dos juros, no que diz respeito às cadernetas de poupança, ocorrerá somente nas datas de aniversário, que são mantidas para todos os efeitos.

§ 4º Observadas as diretrizes estabelecidas pelo Presidente da República, o Ministro de Estado da Fazenda, o Conselho Monetário Nacional, o Conselho de Gestão da Previdência Complementar e o Conselho Nacional de Seguros Privados, dentro de suas respectivas competências, regulamentarão o disposto neste artigo.

Art. 17. Os valores das prestações de financiamentos habitacionais firmados com entidades integrantes do Sistema Financeiro da Habitação – SFH, e entidades de previdência privada, quando em condições análogas às utilizadas no Sistema Financeiro da Habitação, expressos em Cruzeiros Reais, no mês de junho de 1994, serão convertidos em Real, no dia 1º de julho de 1994, observada a paridade entre o Cruzeiro Real e o Real fixada para aquela data.

Parágrafo único. São mantidos o índice de reajuste e a periodicidade contratualmente estabelecidos para atualização das prestações de que trata este artigo.

Art. 18. Os depósitos da União no Banco Central do Brasil e nas instituições financeiras terão seu saldo atualizado, pela taxa média referencial do Sistema Especial de Liquidação e de Custódia – SELIC, até 30 de junho de 1994, e convertidos para Real, em 1º de julho de 1994, observada a paridade fixada para aquela data.

Art. 19. As obrigações pecuniárias em Cruzeiros Reais, sem cláusula de correção monetária ou com cláusula de correção monetária prefixada, serão convertidas em Real, no dia 1º de julho de 1994, observada a paridade entre o Cruzeiro Real e o Real fixada para aquela data.

Art. 20. As obrigações pecuniárias em Cruzeiros Reais, com cláusula de correção monetária baseada em índices de preços, em que a periodicidade de reajuste pleno é igual ou menor que a periodicidade de pagamento, serão convertidas em Real, no dia 1º de julho de 1994, observada a paridade fixada para aquela data, reajustando-se *pro rata tempore* os valores contratuais expressos em Cruzeiros Reais desde o último aniversário até o dia 30 de junho de 1994, inclusive, de acordo com o índice constante do contrato.

Art. 21. As obrigações pecuniárias em Cruzeiros Reais, com cláusula de correção monetária baseada em índices de preços, em que a periodicidade de reajuste pleno é maior que a periodicidade de pagamento, serão convertidas em Real, no dia 1º de julho de 1994, de acordo com as disposições abaixo:

I – dividindo-se o valor em Cruzeiros Reais da obrigação vigente no dia do aniversário em cada um dos meses imediatamente anteriores, em número igual aos do último período de reajuste pleno, pelo valor em Cruzeiros Reais do equivalente em URV nesses mesmos dias;

II – extraindo-se a média aritmética dos valores resultantes do inciso anterior;

III – reconvertendo-se, em Cruzeiros Reais, o valor encontrado pela URV do dia do aniversário em junho de 1994;

IV – aplicando-se, pro rata tempore, sobre o valor em Cruzeiros Reais de que trata o inciso anterior, o índice contratual ou legal até 30 de junho de 1994; e

V – convertendo-se em Real o valor corrigido na forma do inciso anterior pela paridade fixada para aquela data.

§ 1º O cálculo da média a que se refere este artigo será feito com base nos preços unitários, nos casos dos contratos para aquisição ou produção de bens para entrega futura, execução de obras, prestação de serviços, locação, uso e arrendamento, quando as quantidades de bens e serviços, a cada mês, forem variáveis.

§ 2º No caso de obrigações em que tenha transcorrido um número de meses menor que o da periodicidade de reajuste pleno, a conversão será feita, na forma do caput deste artigo, levando-se em conta apenas os valores referentes aos meses a partir da contratação.

§ 3º No caso dos contratos de locação residencial com cláusula de reajuste superior a seis meses, as disposições do *caput* deste artigo serão aplicadas tomando em conta apenas os aluguéis dos primeiros seis meses do último período de reajuste pleno.

§ 4º Em caso de desequilíbrio econômico-financeiro, os contratos de locação residencial, inclusive os convertidos anteriormente, poderão ser revistos, a partir de 1º de janeiro de 1995, através de livre negociação entre as partes, ou judicialmente, a fim de adequá-los aos preços de mercado, sem prejuízo do direito à ação revisional prevista na Lei 8.245, de 1991.

§ 5º Efetivada a revisão, o novo valor do aluguel residencial vigorará pelo prazo mínimo de um ano.

Art. 22. Para os efeitos desta Lei, "dia de aniversário", "data de aniversário" e "aniversário" correspondem:

I – no caso de obrigações pecuniárias em Cruzeiros Reais com cláusula de correção monetária por índice de preço, ao dia do vencimento; na falta deste, ao dia do último reajuste; e, na falta deste, ao dia do surgimento, em qualquer mês, da obrigação, do título, do contrato ou da parcela contratual;

II – no caso de contratos que tenham por objeto a aquisição ou produção de bens para entrega futura, a execução de obras ou a prestação de serviços, e que tenham cláusulas de reajuste de preços por índices de preços setoriais, regionais ou específicos, ou, ainda, que reflitam a variação ponderada dos custos dos insumos utilizados, ao último dia de validade dos preços contratuais em cada período de reajuste.

Art. 23. As disposições desta Lei, sobre conversões, aplicam-se aos contratos de que trata o art. 15 da Lei 8.880, de 27 de maio de 1994, e sua regulamentação.

§ 1º Na conversão para Real dos contratos que não contiverem cláusula de atualização monetária entre a data final do período de adimplemento da obrigação e a data da exigibilidade do pagamento, será deduzida a expectativa de inflação considerada no contrato relativamente a este prazo, devendo, quando o contrato não mencionar explicitamente a expectativa inflacionária, ser adotada, para a dedução a variação do Índice Geral de Preços – Disponibilidade Interna – IGP/DI, da Fundação Getúlio Vargas – FGV, no mês de apresentação da proposta ou do orçamento a que esta se referir, aplicado pro rata tempore relativamente ao prazo previsto para o pagamento.

§ 2º Nos casos em que houver cláusula de atualização monetária decorrente de atraso de pagamento, corrigido também o período decorrido entre a data do adimplemento da obrigação e da exigibilidade do pagamento, aplica-se a este período a dedução referida no parágrafo anterior, segundo os critérios nele estabelecidos.

§ 3º O Poder Executivo regulamentará o disposto neste artigo.

Art. 24. Nas obrigações convertidas em Real na forma dos arts. 20 e 21, o cálculo da correção monetária, a partir de 1º de julho de 1994, somente é válido quando baseado em índice de preços calculado na forma do art. 38 da Lei 8.880, de 27 de maio de 1994.

§ 1º O cálculo dos índices de correção monetária de obrigações a que se refere o caput deste artigo tomará por base preços em Real, o equivalente em URV dos preços em Cruzeiros Reais, e os preços nominados ou convertidos em URV dos meses anteriores.

§ 2º Observado o disposto no art. 28, sobre os valores convertidos em Real, na forma dos arts. 20 e 21, serão aplicados *pro rata tempore*, da data da conversão até a data do aniversário, os índices de correção monetária a que estiverem sujeitos, calculados de conformidade com o art. 38 da Lei 8.880, 27 de maio de 1994, de acordo com as respectivas disposições legais, regulamentares, contratuais, ou decisões judiciais com base nas quais tiverem sido constituídos.

§ 3º No cálculo dos índices de que trata este artigo, os preços em Cruzeiros Reais deverão ser convertidos em URV do dia de sua coleta.

§ 4º Caso o índice de preços constante do contrato não esteja disponível na forma do caput deste artigo, será utilizado, para os fins do disposto no art. 38 da Lei 8.880, de 27 de maio de 1994, e nesta Lei, índice equivalente substituto, na forma da regulamentação a ser baixada pelo Poder Executivo.

§ 5º É nula de pleno direito e não surtirá nenhum efeito a aplicação de índice, para fins de correção monetária, calculado de forma diferente da estabelecida neste artigo.

Art. 25. As dotações constantes da proposta de Orçamento Geral da União enviada ao Congresso Nacional, com as modificações propostas nos termos do art. 166, § 5º, da Constituição Federal, serão corrigidas para preços médios de 1994, mediante a aplicação, sobre os valores expressos a preços de abril de 1993, do multiplicador de 66,8402, sendo então convertidos em 1º de julho de 1994 em REAIS pela paridade fixada para aquela data.

§ 1º Serão também convertidos em Real em 1º de julho de 1994, pela paridade fixada para aquela data, todos os valores expressos em Cruzeiros Reais em 30 de junho de 1994, constantes de balanços e de todos os atos e fatos relacionados com a gestão orçamentária, financeira, patrimonial e contábil.

§ 2º No caso do parágrafo anterior, se resultarem valores inferiores a R$ 0,01 (um centavo de Real), os mesmos serão representados por este valor (R$ 0,01).

Art. 26. Como forma de garantir o equilíbrio econômico-financeiro na conversão dos contratos relativos à atividade agrícola, ficam asseguradas as condições de equivalência constantes nos contratos de financiamento de custeio e de comercialização para produtos contemplados na safra 1993/94 e na safra 1994 com "preços mínimos de garantia" dentro da Política de Garantia de Preços Mínimos – PGPM.

Capítulo IV
DA CORREÇÃO MONETÁRIA

Art. 27. A correção, em virtude de disposição legal ou estipulação de negócio jurídico, da expressão monetária de obrigação pecuniária contraída a partir de 1º de julho de 1994, inclusive, somente poderá dar-se pela variação acumulada do Índice de Preços ao Consumidor, Série r – IPC-r.

§ 1º O disposto neste artigo não se aplica:

I – às operações e contratos de que tratam o Decreto-lei 857, de 11 de setembro de 1969, e o art. 6º da Lei 8.880, de 27 de maio de 1994;

II – aos contratos pelos quais a empresa se obrigue a vender bens para entrega futura, prestar ou fornecer serviços a serem produzidos, cujo preço poderá ser reajustado em função do custo de produção ou da variação de índice que reflita a variação ponderada dos custos dos insumos utilizados;

III – às hipóteses tratadas em lei especial.

§ 2º Considerar-se-á de nenhum efeito a estipulação, a partir de 1º de julho de 1994, de correção monetária em desacordo com o estabelecido neste artigo.

§ 3º Nos contratos celebrados ou convertidos em URV, em que haja cláusula de correção monetária por índice de preços ou por índice que reflita a variação ponderada dos custos dos insumos utilizados, o cálculo desses índices, para efeitos de reajuste, deverá ser nesta moeda até a emissão do Real e, daí em diante, em Real, observado o art. 38 da Lei 8.880, de 27 de maio de 1994.

§ 4º A correção monetária dos contratos convertidos na forma do art. 21 desta Lei será apurada somente a partir do primeiro aniversário da obrigação, posterior à sua conversão em REAIS.

§ 5º A Taxa Referencial – TR somente poderá ser utilizada nas operações realizadas nos mercados financeiros, de valores mobiliários, de seguros, de previdência privada, de capitalização e de futuros.

§ 6º Continua aplicável aos débitos trabalhistas o disposto no art. 39 da Lei 8.177, de 1º de março de 1991.

Art. 28. Nos contratos celebrados ou convertidos em Real com cláusula de correção monetária por índices de preço ou por índice que reflita a variação ponderada dos custos dos insumos utilizados, a periodicidade de aplicação dessas cláusulas será anual.

§ 1º É nula de pleno direito e não surtirá nenhum efeito cláusula de correção monetária cuja periodicidade seja inferior a um ano.

§ 2º O disposto neste artigo aplica-se às obrigações convertidas ou contratadas em URV até 27 de maio de 1994 e às convertidas em Real.

§ 3º A periodicidade de que trata o caput deste artigo será contada a partir:

I – da conversão em Real, no caso das obrigações ainda expressas em Cruzeiros Reais;

II – da conversão ou contratação em URV, no caso das obrigações expressas em URV contratadas até 27 de maio de 1994;

III – da contratação, no caso de obrigações contraídas após 1º de julho de 1994; e

IV – do último reajuste no caso de contratos de locação residencial.

§ 4º O disposto neste artigo não se aplica:

I – às operações realizadas no mercado financeiro e no Sistema Financeiro de Habitação – SFH, por instituições financeiras e demais entidades autorizadas a funcionar pelo Banco Central do Brasil, bem assim no Sistema Brasileiro de Poupança e Empréstimo – SBPE e aos financiamentos habitacionais de entidades de previdência privada;

II – às operações e contratos de que tratam o Decreto-lei 857, de 1969, e o art. 6º da Lei 8.880, de 27 de maio de 1994.

§ 5º O Poder Executivo poderá reduzir a periodicidade de que trata esse artigo.

§ 6º O devedor, nos contratos com prazo superior a um ano, poderá amortizar, total ou parcialmente, antecipadamente, o saldo devedor, desde que o faça com o seu valor atualizado pela variação acumulada do índice contratual ou do IPC-r até a data do pagamento.

§ 7º Nas obrigações em Cruzeiros Reais, contraídas antes de 15 de março de 1994 e não convertidas em URV, o credor poderá exigir, decorrido um ano da conversão para o Real, ou no seu vencimento final, se anterior, sua atualização na forma contratada, observadas as disposições desta Lei, abatidos os pagamentos, também atualizados, eventualmente efetuados no período.

Capítulo V
DA AMORTIZAÇÃO DA DÍVIDA MOBILIÁRIA FEDERAL

Art. 29. É criado o Fundo de Amortização da Dívida Pública Mobiliária Federal, com a finalidade de amortizar a dívida mobiliária interna do Tesouro Nacional, que será regulamentado pelo Poder Executivo.

Art. 30. O Fundo, de natureza contábil, será constituído através de vinculação, mediante prévia e expressa autorização do Presidente da República, a título de depósito:

I – de ações preferenciais sem direito de voto pertencentes à União;

II – de ações ordinárias ou preferenciais com direito de voto, excedentes ao número necessário à manutenção, pela União, do controle acionário das empresas por ela controladas por disposição legal;

III – de ações ordinárias ou preferenciais com direito de voto das empresas controladas pela União em que não haja disposição legal determinando a manutenção desse controle;

IV – de ações ordinárias ou preferenciais com direito ou sem direito a voto pertencentes à União, em que esta é minoritária.

Parágrafo único. O percentual das ações a ser depositado no Fundo será fixado em decreto do Poder Executivo.

Art. 31. O Fundo será gerido pelo Banco Nacional de Desenvolvimento Econômico e Social – BNDES, que promoverá as alienações, mediante delegação da União, observado o disposto no art. 32 desta Lei.

Parágrafo único. O BNDES, na qualidade de gestor do Fundo, poderá praticar, em nome e por conta da União, todos os atos necessários à consecução da venda em bolsa, inclusive firmar os termos de transferência das ações alienadas, garantindo ampla divulgação, com a publicação da justificativa e das condições de cada alienação.

Art. 32. As ordens de alienação de ações serão expedidas mediante Portaria conjunta dos Ministros de Estado da Fazenda e do Planejamento e Orçamento, que deverá conter o número, espécie e classe de ações a serem alienadas.

§ 1º As despesas, encargos e emolumentos relacionados com a alienação das ações serão abatidas do produto da alienação, devendo os valores líquidos ser repassados pelo gestor do Fundo ao Tesouro Nacional, juntamente com o demonstrativo da prestação de contas.

§ 2º O produto líquido das alienações deverá ser utilizado, especificamente, na amortização de principal atualizado de dívida pública mobiliária interna do Tesouro Nacional e dos respectivos juros, devendo o Ministério da Fazenda publicar quadro resumo, no qual constará a origem dos recursos e a dívida quitada.

§ 3º Os demonstrativos de prestação de contas relativas a cada alienação de ações, na forma da presente Lei, serão enviados pelo gestor do Fundo ao Tribunal de Contas da União, para apreciação.

Art. 33. A amortização da dívida mobiliária interna do Tesouro Nacional, a que se refere o art. 29, poderá, por acordo entre as partes, se dar mediante dação em pagamento de ações depositadas no Fundo.

Art. 34. A ordem de dação em pagamento prevista no art. 33 será expedida mediante portaria conjunta dos Ministros de Estado da Fazenda e do Planejamento e Orçamento, a qual estabelecerá o número, espécie e classe das ações, bem assim os critérios de fixação do respectivo preço, levando em conta o valor em bolsa.

Art. 35. Ficam excluídas das disposições deste capítulo as empresas incluídas no Programa Nacional de Desestatização, de que trata a Lei 8.031, de 12 de abril de 1990.

Capítulo VI
DAS DISPOSIÇÕES TRIBUTÁRIAS

Art. 36. A partir de 1º de julho de 1994, ficará interrompida, até 31 de dezembro de 1994, a aplicação da Unidade Fiscal de Referência – UFIR, exclusivamente para efeito de atualização dos tributos, contribuições federais e receitas patrimoniais, desde que os respectivos créditos sejam pagos nos prazos originais previstos na legislação.

§ 1º No caso de tributos e contribuições apurados em declaração de rendimentos, a interrupção da UFIR abrangerá o período compreendido entre a data de encerramento do período de apuração e a data de vencimento.

§ 2º Para os efeitos da interrupção de que trata o *caput* deste artigo, a reconversão para Real será efetuada com base no valor da UFIR utilizada para a respectiva conversão.

§ 3º Aos créditos tributários não pagos nos prazos previstos na legislação tributária aplica-se a atualização monetária pela variação da UFIR, a partir do mês de ocorrência do fato gerador, ou, quando for o caso, a partir do mês correspondente ao término do período de apuração, nos termos da legislação pertinente, sem prejuízo da multa e de acréscimos legais pertinentes.

§ 4º Aos débitos para com o patrimônio imobiliário da União não pagos nos prazos previstos na legislação patrimonial, ou à diferença de valor recolhido a menor, aplica-se a atualização monetária pela variação da UFIR entre o mês do vencimento, ou da ocorrência do fato gerador, e o mês do efetivo pagamento, além da multa de que trata o art. 59 da Lei 8.383, de 30 de dezembro de 1991, e de acréscimos legais pertinentes.

§ 5º Às contribuições sociais arrecadadas pelo Instituto Nacional do Seguro Social – INSS, quando não recolhidas nos prazos previstos na legislação específica, aplica-se a atualização monetária pela variação da UFIR entre o mês subsequente ao de competência e o mês do efetivo recolhimento, sem prejuízo da multa e de acréscimos legais pertinentes.

§ 6º O disposto no *caput* deste artigo não se aplica aos débitos incluídos em parcelamento.

Art. 37. No caso de tributos, contribuições e outros débitos para com a Fazenda Nacional pagos indevidamente, dentro do prazo previsto no art. 36 desta Lei, a compensação ou restituição será efetuada com base na variação da UFIR calculada a partir do mês seguinte ao pagamento.

Art. 38. Nas situações de que tratam os §§ 3º, 4º e 5º do artigo 36 desta Lei, os juros de mora serão equivalentes, a partir de 1º de julho de 1994, ao excedente da variação acumulada da Taxa Referencial – TR em relação à variação da UFIR no mesmo período.

§ 1º Em nenhuma hipótese os juros de mora previstos no caput deste artigo poderão ser inferiores à taxa de juros estabelecida no art. 161, parágrafo 1º, da Lei 5.172, de 25 de outubro de 1966, no art. 59 da Lei 8.383, de 1991, e no art. 3º da Lei 8.620, de 5 de janeiro de 1993.

§ 2º O disposto no caput deste artigo não se aplica aos débitos incluídos em parcelamento concedido anteriormente à data de entrada em vigor desta Lei.

Art. 39. O imposto sobre rendimentos de que trata o art. 8º da Lei 7.713, de 22 de dezembro de 1988, pago na forma do art. 36 desta Lei, será, para efeito de redução do imposto devido na declaração de ajuste anual, convertido em quantidade de UFIR pelo valor desta no mês em que os rendimentos forem recebidos.

Art. 40. O produto da arrecadação dos juros de mora de que trata o art. 38 desta Lei, no que diz respeito aos tributos e contribuições, exceto as contribuições sociais arrecadadas pelo INSS, integra os recursos referidos nos arts. 3º, parágrafo único, 4º e 5º, § 1º, da Lei 7.711, de 22 de dezembro de 1988, e no art. 69 da Lei 8.383, de 1991, até o limite de juros previsto no art. 161, § 1º, da Lei 5.172, de 25 de outubro de 1966.

Art. 41. A restituição do imposto de renda da pessoa física, apurada na declaração de rendimentos relativa ao exercício financeiro de 1995, será reconvertida em Real com base no valor da UFIR no mês do recebimento.

Art. 42. As pessoas jurídicas farão levantamento de demonstrações contábeis e financeiras extraordinárias, com vistas à adaptação dos respectivos lançamentos aos preceitos desta Lei.

Parágrafo único. O Poder Executivo regulamentará o disposto neste artigo.

Art. 43. Fica extinta, a partir de 1º de setembro de 1994, a UFIR diária de que trata a Lei 8.383, de 30 de dezembro de 1991.

Art. 44. A correção monetária das unidades fiscais estaduais e municipais será feita pelos mesmos índices e com a mesma periodicidade com que será corrigida a Unidade Fiscal de Referência – UFIR, de que trata a Lei 8.383, de 30 de dezembro de 1991.

Art. 45. As alíquotas previstas no art. 5º da Lei 8.033, de 12 de abril de 1990, ficam reduzidas para:

I – zero, nas hipóteses de que tratam os incisos I, III e IV; e

II – 15% (quinze por cento), nas hipóteses de que trata o inciso II.

Parágrafo único. Tendo em vista os objetivos das políticas monetária e fiscal, o Poder Executivo poderá reduzir a alíquota de que trata o inciso II deste artigo.

Art. 46. Os valores constantes da legislação tributária, expressos ou com referencial em UFIR diária serão, a partir de 1º de setembro de 1994, expressos ou referenciados em UFIR.

Parágrafo único. Para efeito de aplicação dos limites previstos na legislação tributária federal, a conversão dos valores em Real para UFIR será efetuada com base na UFIR vigente no mês de referência.

Art. 47. A partir de 1º de setembro de 1994, a correção monetária das demonstrações financeiras será efetuada com base na UFIR.

Parágrafo único. O período da correção será o compreendido entre o último balanço corrigido e o primeiro dia do mês seguinte àquele em que o balanço deverá ser corrigido.

Art. 48. A partir de 1º de setembro de 1994, a base de cálculo do imposto de renda das pessoas jurídicas será convertida em quantidade de UFIR, mediante a divisão do valor do lucro real, presumido ou arbitrado, pelo valor da UFIR vigente no mês subsequente ao de encerramento do período-base de sua apuração.

§ 1º O disposto neste artigo aplica-se também à base de cálculo do imposto de renda mensal determinada com base nas regras de estimativa e à tributação dos demais resultados e ganhos de capital (art. 17 da Lei 8.541, de 23 de dezembro de 1992).

§ 2º Na hipótese de incorporação, fusão, cisão ou extinção da pessoa jurídica, no curso do período-base, a base de cálculo do imposto será convertida em quantidade de UFIR, com base no valor desta vigente no mês de encerramento do período-base.

Art. 49. O imposto de renda da pessoa jurídica será calculado mediante a aplicação da alíquota sobre a base de cálculo expressa em UFIR.

Art. 50. Aplicam-se à Contribuição Social sobre o Lucro (Lei 7.689, de 15 de dezembro de 1988) as mesmas normas de conversão em UFIR da base de cálculo e de pagamento estabelecidas por esta Lei para o imposto de renda das pessoas jurídicas.

Art. 51. O imposto de renda retido na fonte ou pago pelo contribuinte relativo a fatos geradores ocorridos a partir de 1º de setembro de 1994, incidente sobre receitas computadas na base de cálculo do imposto de renda da pessoa jurídica será, para efeito de compensação, convertido em quantidade de UFIR, tomando por base o valor desta no mês subsequente ao da retenção.

Parágrafo único. A conversão em quantidade de UFIR prevista neste artigo aplica-se, também, aos incentivos fiscais de dedução do imposto e de redução e isenção calculados com base no lucro da exploração.

Art. 52. São dedutíveis, na determinação do lucro real e da base de cálculo da Contribuição Social sobre o Lucro, segundo o regime de competência, as contrapartidas de variação monetária de obrigações, inclusive de tributos e contribuições, ainda que não pagos, e perdas cambiais e monetárias na realização de créditos.

Art. 53. Os rendimentos das aplicações financeiras de renda fixa e os ganhos líquidos nos mercados de renda variável continuam apurados e tributados na forma da legislação vigente, com as seguintes alterações:

I – a partir de 1º de setembro de 1994, o valor aplicado e o custo de aquisição serão convertidos em UFIR pelo valor desta no mês da aplicação ou aquisição, e reconvertidos em Real pelo valor da UFIR do mês do resgate ou da liquidação da operação;

II – o valor das aplicações financeiras e do custo dos ativos existentes em 31 de agosto de 1994, expresso em quantidade de UFIR, será reconvertido em Real na forma prevista na alínea anterior.

§ 1º O disposto neste artigo aplica-se também aos rendimentos auferidos no resgate de quotas de fundos e clubes de investimento, excetuados os rendimentos do fundo de que trata o § 4º do art. 21 da Lei 8.383, de 30 de dezembro de 1991.

§ 2º São isentos do imposto de renda os rendimentos auferidos nos resgates de quotas de fundos de investimento, de titularidade de fundos cujos recursos sejam aplicados na aquisição de quotas de fundos de investimento.

§ 3º Fica mantido, em relação ao Fundo de Investimento em Quotas de Fundos de Aplicação Financeira, o disposto no art. 22, inciso I, da Lei 8.383, de 30 de dezembro de 1991.

Art. 54. Constituem aplicações financeiras de renda fixa, para os efeitos da legislação tributária, as operações de transferência de dívidas realizadas com instituições financeiras e demais instituições autorizadas a funcionar pelo Banco Central do Brasil.

Parágrafo único. Para os efeitos do art. 18 da Lei Complementar 77, de 13 de julho de 1993, o cedente da dívida é titular da aplicação e beneficiário da liquidação da operação.

Art. 55. Em relação aos fatos geradores que vierem a ocorrer a partir de 1° de setembro de 1994, os tributos e contribuições arrecadados pela Secretaria da Receita Federal serão convertidos em quantidade de UFIR com base no valor desta no mês em que ocorrer o fato gerador ou no mês em que se encerrar o período de apuração.

§ 1° Para efeito de pagamento, a reconversão para Real far-se-á mediante a multiplicação da respectiva quantidade de UFIR pelo valor desta vigente no mês do pagamento, observado o disposto no art. 36 desta Lei.

§ 2° A reconversão para Real, nos termos do parágrafo anterior, aplica-se, inclusive, aos tributos e contribuições relativos a fatos geradores anteriores a 1° de setembro de 1994, expressos em UFIR, diária ou mensal, conforme a legislação de regência.

Art. 56. A partir da competência setembro de 1994, as contribuições sociais arrecadadas pelo INSS serão convertidas em UFIR com base no valor desta no mês subsequente ao de competência.

Parágrafo único. Aplica-se às contribuições de que trata este artigo o disposto nos §§ 1° e 2° do artigo anterior.

Art. 57. Em relação aos fatos geradores cuja ocorrência se verifique a partir de 1° de agosto de 1994, o pagamento da Contribuição para o Financiamento da Seguridade Social - COFINS, instituída pela Lei Complementar 70, de 30 de dezembro de 1991, e das contribuições para o Programa de Integração Social e para o Programa de Formação do Patrimônio do Servidor Público - PIS/PASEP deverá ser efetuado até o último dia útil do primeiro decêndio subsequente ao mês de ocorrência dos fatos geradores.

Art. 58. O inciso III do art. 10 e o art. 66 da Lei 8.383, de 30 de dezembro de 1991, passam a vigorar com a seguinte redação:

→ Alterações efetuadas na referida Lei.

Art. 59. A prática de atos que configurem crimes contra a ordem tributária (Lei 8.137, de 27 de dezembro de 1990), bem assim a falta de emissão de notas fiscais, nos termos da Lei 8.846, de 21 de janeiro de 1994, acarretarão à pessoa jurídica infratora a perda, no ano-calendário correspondente, dos incentivos e benefícios de redução ou isenção previstos na legislação tributária.

Art. 60. A concessão ou reconhecimento de qualquer incentivo ou benefício fiscal, relativos a tributos e contribuições administrados pela Secretaria da Receita Federal fica condicionada à comprovação pelo contribuinte, pessoa física ou jurídica, da quitação de tributos e contribuições federais.

Art. 61. A partir de 1° de setembro de 1994, os débitos de qualquer natureza para com a Fazenda Nacional e os decorrentes de contribuições arrecadadas pela União, constituídos ou não, cujos fatos geradores ocorrerem até 31 de agosto de 1994, expressos em UFIR, serão convertidos para Real com base no valor desta no mês do pagamento.

Art. 62. Os débitos de qualquer natureza para com a Fazenda Nacional e os decorrentes de contribuições arrecadadas pela União, constituídos ou não, cujos fatos geradores ocorram a partir de 1° de setembro de 1994, serão convertidos em quantidade de UFIR, com base no valor desta no mês da ocorrência do fato gerador, e reconvertidos para Real mediante a multiplicação da quantidade de UFIR pelo valor desta vigente no mês do pagamento.

Parágrafo único. No caso das contribuições sociais arrecadadas pelo INSS, a conversão dos débitos para UFIR terá por base o valor desta no mês subsequente ao de competência da contribuição.

Art. 63. No caso de parcelamento concedido administrativamente até o dia 31 de agosto de 1994, o valor do débito ou da parcela a pagar será determinado mediante a multiplicação da respectiva quantidade de UFIR pelo valor desta no mês do pagamento.

Art. 64. No caso de parcelamento concedido administrativamente a partir de 1° de setembro de 1994, o valor do débito será consolidado em UFIR, conforme a legislação aplicável, e reconvertido para Real mediante a multiplicação da quantidade de UFIR pelo valor desta vigente no mês do pagamento.

Capítulo VII
DISPOSIÇÕES ESPECIAIS

Art. 65. O ingresso no País e a saída do País de moeda nacional e estrangeira devem ser realizados exclusivamente por meio de instituição autorizada a operar no mercado de câmbio, à qual cabe a perfeita identificação do cliente ou do beneficiário.

→ *Caput* com redação alterada pela Lei 12.865/2013.

§ 1° Excetua-se do disposto no caput deste artigo o porte, em espécie, dos valores:

I - quando em moeda nacional, até R$ 10.000,00 (dez mil reais);

II - quando em moeda estrangeira, o equivalente a R$ 10.000,00 (dez mil reais);

III - quando comprovada a sua entrada no País ou sua saída do País, na forma prevista na regulamentação pertinente.

§ 2° O Banco Central do Brasil, segundo diretrizes do Conselho Monetário Nacional, regulamentará o disposto neste artigo, dispondo, inclusive, sobre a forma, os limites e as condições de ingresso no País e saída do País de moeda nacional e estrangeira.

→ § 2° com redação alterada pela Lei 12.865/2013.

§ 3° A não observância do contido neste artigo, além das sanções penais previstas na legislação específica, e após o devido processo legal, acarretará a perda do valor excedente dos limites referidos no § 1° deste artigo, em favor do Tesouro Nacional.

Art. 66. As instituições financeiras e as demais instituições autorizadas a funcionar pelo Banco Central do Brasil, que apresentem insuficiência nos recolhimentos compulsórios ou efetuem saques a descoberto na Conta "Reservas Bancárias", ficam sujeitas aos custos financeiros estabelecidos pelo Banco Central do Brasil, sem prejuízo das cominações legais previstas no art. 44 da Lei 4.595, de 31 de dezembro de 1964.

Parágrafo único. Os custos financeiros corresponderão, no mínimo, aos da linha de empréstimo de liquidez.

Art. 67. As multas aplicadas pelo Banco Central do Brasil, no exercício de sua competência legal, às instituições financeiras e às demais entidades por ele autorizadas a funcionar, bem assim aos administradores dessas instituições e entidades, terão o valor máximo de R$ 100.000,00 (cem mil Reais).

§ 1° O disposto no caput deste artigo não se aplica às infrações de natureza cambial.

§ 2° O Conselho Monetário Nacional regulamentará a gradação das multas a que se refere o caput deste artigo.

Art. 68. Os depósitos das instituições financeiras bancárias mantidos no Banco Central do Brasil e contabilizados na conta "Reservas Bancárias" são impenhoráveis e não responderão por qualquer tipo de dívida civil, comercial, fiscal, previdenciária, trabalhista ou de outra natureza, contraída por essas instituições ou quaisquer outras a elas ligadas.

Parágrafo único. A impenhorabilidade de que trata o caput deste artigo não se aplica aos débitos contratuais efetuados pelo Banco Central do Brasil e aos decorrentes das relações das instituições financeiras com o Banco Central do Brasil.

Art. 69. A partir de 1° de julho de 1994, fica vedada a emissão, pagamento e compensação de cheque de valor superior a R$ 100,00 (cem Reais), sem identificação do beneficiário.

Parágrafo único. O Conselho Monetário Nacional regulamentará o disposto neste artigo.

Art. 70. A partir de 1° de julho de 1994, o reajuste e a revisão dos preços públicos e das tarifas de serviços públicos far-se-ão:

I - conforme atos, normas e critérios a serem fixados pelo Ministro da Fazenda; e

II - anualmente.

§ 1° O Poder Executivo poderá reduzir o prazo previsto no inciso II deste artigo.

§ 2° O disposto neste artigo aplica-se, inclusive, à fixação dos níveis das tarifas para o serviço público de energia elétrica, reajustes e revisões de que trata a Lei 8.631, de 4 de março de 1993.

Art. 71. Ficam suspensas, até 30 de junho de 1995:

I - a concessão de avais e quaisquer outras garantias, para qualquer fim, pelo Tesouro Nacional ou em seu nome;

II - a abertura de créditos especiais no Orçamento Geral da União;

III - a colocação, por parte dos Órgãos Autônomos, Autarquias, Empresas Públicas, Sociedades de Economia Mista e Fundações da União, e demais entidades, controladas direta ou indiretamente pela União, de qualquer título ou obrigação no exterior, exceto quando vinculado à amortização de principal corrigido de dívida interna ou externa;

IV - a contratação, por parte dos órgãos e entidades mencionados no inciso anterior, de novas operações de crédito interno ou externo, exceto quando vinculada à amortização de principal corrigido de dívida interna ou externa, quando referente a operações mercantis ou quando relativa a créditos externos de entidades oficiais de financiamentos de projetos públicos;

V – a conversão, em títulos públicos federais, de créditos oriundos da Conta de Resultados a Compensar – CRC, objeto da Lei 8.631, de 1993, com as alterações da Lei 8.724, de 28 de outubro de 1993.

§ 1º O Poder Executivo poderá prorrogar o prazo de que trata o caput deste artigo.

§ 2º Durante o prazo de que trata o caput deste artigo, qualquer pedido de crédito adicional suplementar ao Orçamento Geral da União deverá ser previamente apreciado pela Junta de Conciliação Orçamentária e Financeira de que trata o Decreto de 19 de março de 1993, para fins de compatibilização com os recursos orçamentários.

§ 3º O disposto nos incisos I, IV e V deste artigo não se aplica ao Banco Central do Brasil e às instituições financeiras públicas federais.

§ 4º Em casos excepcionais, e desde que de acordo com as metas de emissão de moeda constantes desta Lei, o Presidente da República, por proposta do Ministro de Estado da Fazenda, poderá afastar a suspensão de que trata este artigo.

Art. 72. Os §§ 2º e 3º do art. 23 e o art. 58 da Lei 4.131, de 3 de setembro de 1962, passam a vigorar com a seguinte redação:

"Art. 23 (...)

§ 2º Constitui infração imputável ao estabelecimento bancário, ao corretor e ao cliente, punível com multa de 50 (cinquenta) a 300% (trezentos por cento) do valor da operação para cada um dos infratores, a declaração de falsa identidade no formulário que, em número de vias e segundo o modelo determinado pelo Banco Central do Brasil, será exigido em cada operação, assinado pelo cliente e visado pelo estabelecimento bancário e pelo corretor que nela intervierem.

§ 3º Constitui infração, de responsabilidade exclusiva do cliente, punível com multa de 5 (cinco) a 100% (cem por cento) do valor da operação, a declaração de informações falsas no formulário a que se refere o § 2º.

Art. 58. As infrações à presente Lei, ressalvadas as penalidades específicas constantes de seu texto, ficam sujeitas a multas de até R$ 100.000,00 (cem mil reais), a serem aplicadas pelo Banco Central do Brasil, na forma prescrita em regulamento a ser baixado pelo Conselho Monetário Nacional."

Art. 73. O art. 1º da Lei 8.392, de 30 de dezembro de 1991, passa a vigorar com a seguinte redação:

"Art. 1º É prorrogado até a data da promulgação da lei complementar de que trata o art. 192 da Constituição Federal o prazo a que se refere o art. 1º das Leis 8.056, de 28 de junho de 1990, 8.127, de 20 de dezembro de 1990 e 8.201, de 29 de junho de 1991, exceto no que se refere ao disposto nos arts. 4º, inciso I, 6º e 7º, todos da Lei 4.595, de 31 de dezembro de 1964."

Art. 74. Os arts. 4º e 19 da Lei 5.991, de 17 de dezembro de 1973, passam a vigorar com as seguintes alterações:

"Art. 4º (...)

XVIII – Supermercado – estabelecimento que comercializa, mediante autosserviço, grande variedade de mercadorias, em especial produtos alimentícios em geral e produtos de higiene e limpeza;

XIX – Armazém e empório – estabelecimento que comercializa, no atacado ou no varejo, grande variedade de mercadorias e, de modo especial, gêneros alimentícios e produtos de higiene e limpeza;

XX – Loja de conveniência e *drugstore* – estabelecimento que, mediante autosserviço ou não, comercializa diversas mercadorias, com ênfase para aquelas de primeira necessidade, dentre as quais alimentos em geral, produtos de higiene e limpeza e apetrechos domésticos, podendo funcionar em qualquer período do dia e da noite, inclusive nos domingos e feriados;

(...)

Art. 19. Não dependerão de assistência técnica e responsabilidade profissional o posto de medicamentos, a unidade volante e o supermercado, o armazém e o empório, a loja de conveniência e a *drugstore*."

Art. 75. O art. 4º da Lei 7.862, de 30 de outubro de 1989, passa a vigorar com a seguinte redação:

"Art. 4º Os resultados positivos do Banco Central do Brasil, apurados em seus balanços semestrais, serão recolhidos ao Tesouro Nacional, até o dia 10 do mês subsequente ao da apuração.

§ 1º Os recursos a que se refere o caput deste artigo serão destinados à amortização da dívida pública do Tesouro Nacional, devendo ser amortizado, prioritariamente, o principal atualizado e os respectivos juros da Dívida Pública Mobiliária Federal interna de responsabilidade do Tesouro Nacional em poder do Banco Central do Brasil.

§ 2º Excepcionalmente, os resultados positivos do segundo semestre de 1994 serão transferidos mensalmente ao Tesouro Nacional, até o dia 10 do mês subsequente ao da apuração.

§ 3º Os recursos transferidos ao Tesouro Nacional nos termos do parágrafo anterior serão utilizados, exclusivamente, para amortização do principal atualizado e dos respectivos encargos da Dívida Pública Mobiliária Federal interna de responsabilidade do Tesouro Nacional em poder do Banco Central do Brasil.

§ 4º O disposto no parágrafo anterior não se aplica ao resultado referente ao primeiro semestre de 1994."

Art. 76. O art. 17 da Lei 8.880, de 1994, passa a vigorar acrescido dos seguintes parágrafos renumerados os atuais §§ 2º e 3º para §§ 4º e 5º:

"Art. 17 (...)

§ 1º (...)

§ 2º Interrompida a apuração ou divulgação do IPC-r, caberá ao Ministro de Estado da Fazenda fixá-lo com base nos indicadores disponíveis, observada precedência em relação àqueles apurados por instituições oficiais de pesquisa.

§ 3º No caso do parágrafo anterior, o Ministro da Fazenda divulgará a metodologia adotada para a determinação do IPC-r.

(...)"

Art. 77. O § 2º do art. 36 da Lei 8.880, de 1994, passa a vigorar com a seguinte redação:

"Art. 36 (...)

§ 2º A justificação a que se refere o *caput* deste artigo far-se-á perante a Secretaria de Acompanhamento Econômico do Ministério da Fazenda, que dará conhecimento total dos fatos e medidas adotadas à Secretaria de Direito Econômico do Ministério da Justiça."

Art. 78. Os arts. 7º, 11, 20, 23, 42, 47 e 54 da Lei 8.884, de 11 de junho de 1994, passam a vigorar com as seguintes alterações:

"Art. 7º (...)

XIX – elaborar e aprovar seu regimento interno, dispondo sobre seu funcionamento, na forma das deliberações, normas de procedimento e organização de seus serviços internos, inclusive estabelecendo férias coletivas do Colegiado e do Procurador-Geral, durante o qual não correrão os prazos processuais nem aquele referido no § 6º do art. 54 desta Lei.

XXII – indicar o substituto eventual do Procurador-Geral nos casos de faltas, afastamento ou impedimento.

(...)

Art.11. (...)

§ 3º Nos casos de faltas, afastamento temporário ou impedimento do Procurador-Geral, o Plenário indicará e o Presidente do CADE nomeará o substituto eventual, para atuar por prazo não superior a 90 (noventa) dias, dispensada a aprovação pelo Senado Federal, fazendo ele jus à remuneração do cargo enquanto durar a substituição.

(...)

Art. 20 (...)

§ 3º A posição dominante a que se refere o parágrafo anterior é presumida quando a empresa ou grupo de empresas controla 20% (vinte por cento) de mercado relevante, podendo este percentual ser alterado pelo CADE para setores específicos da economia.

(...)

Art. 23. (...)

III – No caso das demais pessoas físicas ou jurídicas de direito público ou privado, bem como quaisquer associações de entidades ou pessoas constituídas de fato ou de direito, ainda que temporariamente, com ou sem personalidade jurídica, que não exerçam atividade empresarial, não sendo possível utilizar-se o critério do valor do faturamento bruto, a multa será de 6.000 (seis mil) a 6.000.000 (seis milhões) de Unidades Fiscais de Referência – UFIR, ou padrão superveniente.

(...)

Art. 42. Recebido o processo, o Presidente do CADE o distribuirá, mediante sorteio, ao Conselheiro-Relator, que abrirá vistas à Procuradoria para manifestar-se no prazo de vinte dias.

(...)

Art. 47. O CADE fiscalizará o cumprimento de suas decisões.

(...)

Art. 54. (...)

§ 3º Incluem-se nos atos de que trata o caput aqueles que visem a qualquer forma de concentração econômica, seja através de fusão ou incorporação de empresas, constituição de sociedade para exercer o controle de empresas ou qualquer forma de agrupamento societário que implique participação de empresa ou grupo de empresas resultante em 20% (vinte por cento) de um mercado relevante, ou em que qualquer dos participantes tenha registrado faturamento bruto anual no último balanço equivalente a 100.000.000 (cem milhões) de UFIR, ou unidade de valor superveniente.

(...)"

Art. 79. Na aplicação do disposto no § 2º do art. 29 da Lei 8.880, de 1994, serão deduzidas as antecipações concedidas a qualquer título no período compreendido entre a conversão dos salários para URV e a data-base.

Parágrafo único. As disposições deste artigo aplicam-se imediatamente, independentemente de regulamentação.

Art. 80. Será aplicado ao salário dos trabalhadores em geral, quando a conversão de seus salários em URV tiver sido efetuada mediante a utilização de URV diversa daquela do efetivo pagamento, o maior dos valores resultantes da aplicação do disposto no art. 27, *caput*, e em seu § 3º, da Lei 8.880, de 1994.

Art. 81. Fica transferida para o Conselho de Recursos do Sistema Financeiro Nacional, criado pelo Decreto 91.152, de 15 de março de 1985, a competência do Conselho Monetário Nacional para julgar recursos contra decisões do Banco Central do Brasil, relativas à aplicação de penalidades por infrações à legislação cambial, de capitais estrangeiros e de crédito rural e industrial.

Parágrafo único. Para atendimento ao disposto no caput deste artigo, o Poder Executivo disporá sobre a organização, reorganização e funcionamento do Conselho de Recursos do Sistema Financeiro Nacional, podendo, inclusive, modificar sua composição.

Art. 82. Nas sociedades de economia mista em que a União é obrigada a deter o controle do capital votante, a União manterá um mínimo de 50%, mais uma ação, do referido capital, ficando revogados os dispositivos de leis especiais que estabeleçam participação superior a esse limite, aplicando-se, para fins de controle acionário, o disposto no art. 116 da Lei 6.404, de 15 de fevereiro de 1976.

Capítulo VIII
DAS DISPOSIÇÕES FINAIS

Art. 83. Observado o disposto no § 3º do art. 23 desta Lei, ficam revogadas as Leis 5.601, de 26 de agosto de 1970, e 8.646, de 7 de abril de 1993, o inciso III do art. 2º da Lei 8.021, de 12 de abril de 1990, o parágrafo único do artigo 10 da Lei 8.177, de 1º de março de 1991, acrescentado pelo art. 27 da Lei 8.178, de 1º de março de 1991, o art. 16 da Lei 8.178, de 1º de março de 1991, o § 5º do art. 2º da Lei 8.383, de 30 de dezembro de 1991, a alínea "a" do art. 24 da Lei 8.541, de 23 de dezembro de 1992, o art. 11 da Lei 8.631, de 4 de março de 1993, o § 1º do art. 65 da Lei 8.694, de 12 de agosto de 1993, o art. 11 da Lei 8.880, de 27 de maio de 1994, o art. 59 da Lei 8.884, de 11 de junho de 1994, e demais disposições em contrário.

Parágrafo único. Aplicam-se somente aos fatos geradores ocorridos até 31 de dezembro de 1994 os seguintes dispositivos:

I – art. 10, inciso III, da Lei 8.383, de 1991, com a redação dada pelo art. 58 desta Lei;

II – arts. 38, 48 a 51, 53, 55 a 57 desta Lei, este último no que diz respeito apenas às Contribuições para o Programa de Integração Social e para o Programa de Formação do Patrimônio do Servidor Público – PIS/PASEP.

Art. 84. Ficam convalidados os atos praticados com base nas Medidas Provisórias 542, de 30 de junho de 1994; 566, de 29 de julho de 1994; 596, de 26 de agosto de 1994; 635, de 27 de setembro de 1994; 681, de 27 de outubro de 1994; 731, de 25 de novembro de 1994; 785, de 23 de dezembro de 1994; 851, de 20 de janeiro de 1995; 911, de 21 de fevereiro de 1995; 953, de 23 de março de 1995; 978, de 20 de abril de 1995; 1004, de 19 de maio de 1995; e 1027, de 20 de junho de 1995.

Art. 85. Esta Lei entra em vigor na data de sua publicação.

Brasília, 29 de junho de 1995; 174º da Independência e 107º da República.

Fernando Henrique Cardoso

(Publicação no *D.O.U.* de 30.6.1995)

LEI 9.099,
DE 26 DE SETEMBRO DE 1995

Dispõe sobre os Juizados Especiais Cíveis e Criminais e dá outras providências.

→ v. Art. 98, I, da CF/1988.

→ v. Lei 13.140/2015 – Lei de mediação e autocomposição de conflitos.

→ v. Lei 12.153/2009 – Dispõe sobre os Juizados Especiais da Fazenda Pública no âmbito dos Estados, do Distrito Federal, dos Territórios e dos Municípios.

→ v. Lei 10.259/2001 – Dispõe sobre a instituição dos Juizados Especiais Cíveis e Criminais no âmbito da Justiça Federal.

O Presidente da República:

Faço saber que o Congresso Nacional decreta e eu sanciono a seguinte Lei:

Capítulo I
DISPOSIÇÕES GERAIS

Art. 1º Os Juizados Especiais Cíveis e Criminais, órgãos da Justiça Ordinária, serão criados pela União, no Distrito Federal e nos Territórios, e pelos Estados, para conciliação, processo, julgamento e execução, nas causas de sua competência.

→ v. Art. 5º, IV, do CDC.

Art. 2º O processo orientar-se-á pelos critérios da oralidade, simplicidade, informalidade, economia processual e celeridade, buscando, sempre que possível, a conciliação ou a transação.

Capítulo II
DOS JUIZADOS ESPECIAIS CÍVEIS

Seção I
Da competência

Art. 3º O Juizado Especial Cível tem competência para conciliação, processo e julgamento das causas cíveis de menor complexidade, assim consideradas:

I – as causas cujo valor não exceda a 40 (quarenta) vezes o salário mínimo;

II – as enumeradas no art. 275, inciso II, do Código de Processo Civil;

→ v. Art. 1.063 do NCPC.

III – a ação de despejo para uso próprio;

→ v. Lei 8.245/1991 – Dispõe sobre as locações dos imóveis urbanos e os procedimentos a elas pertinentes.

IV – as ações possessórias sobre bens imóveis de valor não excedente ao fixado no inciso I deste artigo.

→ v. Arts. 79 a 81 do CC/2002.

→ v. Arts. 929 a 932 do CPC/1973.

→ v. Arts. 563, 564, 566 e 567, do NCPC.

§ 1º Compete ao Juizado Especial promover a execução:

I – dos seus julgados;

II – dos títulos executivos extrajudiciais, no valor de até quarenta vezes o salário mínimo, observado o disposto no § 1º do art. 8º desta Lei.

→ v. Art. 585 do CPC/1973.

→ v. Art. 784 do NCPC.

§ 2º Ficam excluídas da competência do Juizado Especial as causas de natureza alimentar, falimentar, fiscal e de interesse da Fazenda Pública, e também as relativas a acidentes de trabalho, a resíduos e ao estado e capacidade das pessoas, ainda que de cunho patrimonial.

→ v. Lei 5.478/1968 – Dispõe sobre ação de alimentos e dá outras providências.

→ v. Lei 11.101/2005 – Regula a recuperação judicial, a extrajudicial e a falência do empresário e da sociedade empresária.

→ v. Lei 6.830/1980 – Dispõe sobre a cobrança judicial da Dívida Ativa da Fazenda Pública, e dá outras providências.

§ 3º A opção pelo procedimento previsto nesta Lei importará em renúncia ao crédito excedente ao limite estabelecido neste artigo, excetuada a hipótese de conciliação.

Art. 4º É competente, para as causas previstas nesta Lei, o Juizado do foro:

→ v. Arts. 70 a 78 do CC/2002.

→ v. Arts. 94 a 100 do CPC/1973.

→ v. Arts. 45 a 51, e 53, do NCPC.

I – do domicílio do réu ou, a critério do autor, do local onde aquele exerça atividades profissionais ou econômicas ou mantenha estabelecimento, filial, agência, sucursal ou escritório;

II – do lugar onde a obrigação deva ser satisfeita;

III – do domicílio do autor ou do local do ato ou fato, nas ações para reparação de dano de qualquer natureza.

Parágrafo único. Em qualquer hipótese, poderá a ação ser proposta no foro previsto no inciso I deste artigo.

Seção II
Do juiz, dos conciliadores e dos juízes leigos

Art. 5º O juiz dirigirá o processo com liberdade para determinar as provas a serem produzidas, para apreciá-las e para dar especial valor às regras de experiência comum ou técnica.

Art. 6º O juiz adotará em cada caso a decisão que reputar mais justa e equânime, atendendo aos fins sociais da lei e às exigências do bem comum.

→ v. Art. 5º da LINDB.

Art. 7º Os conciliadores e juízes leigos são auxiliares da Justiça, recrutados, os primeiros, preferentemente, entre os bacharéis em Direito, e os segundos, entre advogados com mais de 5 (cinco) anos de experiência.

Parágrafo único. Os juízes leigos ficarão impedidos de exercer a advocacia perante os Juizados Especiais, enquanto no desempenho de suas funções.

→ *V.* Art. 28 da Lei 8.906/1994.

Seção III
Das partes

Art. 8º Não poderão ser partes, no processo instituído por esta Lei, o incapaz, o preso, as pessoas jurídicas de direito público, as empresas públicas da União, a massa falida e o insolvente civil.

→ *V.* Art. 3º do CPC/1973.

→ *V.* Art. 17 do NCPC.

§ 1º Somente serão admitidas a propor ação perante o Juizado Especial:

→ *Caput* do § 1º com redação alterada pela Lei 12.126/2009.

I – as pessoas físicas capazes, excluídos os cessionários de direito de pessoas jurídicas;

→ Inciso I acrescentado pela Lei 12.126/2009.

II – as pessoas enquadradas como microempreendedores individuais, microempresas e empresas de pequeno porte na forma da Lei Complementar 123, de 14 de dezembro de 2006;

→ Inciso II com redação alterada pela LC 147/2014.

III – as pessoas jurídicas qualificadas como Organização da Sociedade Civil de Interesse Público, nos termos da Lei 9.790, de 23 de março de 1999;

→ Inciso III acrescentado pela Lei 12.126/2009.

IV – as sociedades de crédito ao microempreendedor, nos termos do art. 1º da Lei 10.194, de 14 de fevereiro de 2001.

→ Inciso IV acrescentado pela Lei 12.126/2009.

§ 2º O maior de 18 anos poderá ser autor, independentemente de assistência, inclusive para fins de conciliação.

Art. 9º Nas causas de valor até 20 (vinte) salários mínimos, as partes comparecerão pessoalmente, podendo ser assistidas por advogado; nas de valor superior, a assistência é obrigatória.

→ *V.* Art. 1º, I, da Lei 8.906/1994.

§ 1º Sendo facultativa a assistência, se uma das partes comparecer assistida por advogado, ou se o réu for pessoa jurídica ou firma individual, terá a outra parte, se quiser, assistência judiciária prestada por órgão instituído junto ao Juizado Especial, na forma da lei local.

§ 2º O juiz alertará as partes da conveniência do patrocínio por advogado, quando a causa o recomendar.

§ 3º O mandato ao advogado poderá ser verbal, salvo quanto aos poderes especiais.

§ 4º O réu, sendo pessoa jurídica ou titular de firma individual, poderá ser representado por preposto credenciado, munido de carta de preposição com poderes para transigir, sem haver necessidade de vínculo empregatício.

→ § 4º com redação alterada pela Lei 12.137/2009.

Art. 10. Não se admitirá, no processo, qualquer forma de intervenção de terceiro nem de assistência. Admitir-se-á o litisconsórcio.

Art. 11. O Ministério Público intervirá nos casos previstos em lei.

→ *V.* Súmula 99 do STJ.

→ *V.* Arts. 82 a 84 do CPC/1973.

→ *V.* Arts. 178, 179 e 279, do NCPC.

Seção IV
Dos atos processuais

Art. 12. Os atos processuais serão públicos e poderão realizar-se em horário noturno, conforme dispuserem as normas de organização judiciária.

→ *V.* Art. 155 do CPC/1973.

→ *V.* Art. 189 do NCPC.

Art. 13. Os atos processuais serão válidos sempre que preencherem as finalidades para as quais forem realizados, atendidos os critérios indicados no art. 2º desta Lei.

§ 1º Não se pronunciará qualquer nulidade sem que tenha havido prejuízo.

§ 2º A prática de atos processuais em outras comarcas poderá ser solicitada por qualquer meio idôneo de comunicação.

§ 3º Apenas os atos considerados essenciais serão registrados resumidamente, em notas manuscritas, datilografadas, taquigrafadas ou estenotipadas. Os demais atos poderão ser gravados em fita magnética ou equivalente, que será inutilizada após o trânsito em julgado da decisão.

§ 4º As normas locais disporão sobre a conservação das peças do processo e demais documentos que o instruem.

Seção V
Do pedido

Art. 14. O processo instaurar-se-á com a apresentação do pedido, escrito ou oral, à Secretaria do Juizado.

→ *V.* Arts. 286 a 294 do CPC/1973.

→ *V.* Arts. 32 a 329, do NCPC.

§ 1º Do pedido constarão, de forma simples e em linguagem acessível:

I – o nome, a qualificação e o endereço das partes;

II – os fatos e os fundamentos, de forma sucinta;

III – o objeto e seu valor.

§ 2º É lícito formular pedido genérico quando não for possível determinar, desde logo, a extensão da obrigação.

§ 3º O pedido oral será reduzido a escrito pela Secretaria do Juizado, podendo ser utilizado o sistema de fichas ou formulários impressos.

Art. 15. Os pedidos mencionados no art. 3º desta Lei poderão ser alternativos ou cumulados; nesta última hipótese, desde que conexos e a soma não ultrapasse o limite fixado naquele dispositivo.

Art. 16. Registrado o pedido, independentemente de distribuição e autuação, a Secretaria do Juizado designará a sessão de conciliação, a realizar-se no prazo de 15 (quinze) dias.

Art. 17. Comparecendo inicialmente ambas as partes, instaurar-se-á, desde logo, a sessão de conciliação, dispensados o registro prévio de pedido e a citação.

Parágrafo único. Havendo pedidos contrapostos, poderá ser dispensada a contestação formal e ambos serão apreciados na mesma sentença.

Seção VI
Das citações e intimações

Art. 18. A citação far-se-á:

→ *V.* Arts. 213 a 233 do CPC/1973.

→ *V.* Arts. 238 a 240, e 242 a 258, do NPC.

I – por correspondência, com aviso de recebimento em mão própria;

II – tratando-se de pessoa jurídica ou firma individual, mediante entrega ao encarregado da recepção, que será obrigatoriamente identificado;

III – sendo necessário, por oficial de justiça, independentemente de mandado ou carta precatória.

§ 1º A citação conterá cópia do pedido inicial, dia e hora para comparecimento do citando e advertência de que, não comparecendo este, considerar-se-ão verdadeiras as alegações iniciais, e será proferido julgamento, de plano.

§ 2º Não se fará citação por edital.

§ 3º O comparecimento espontâneo suprirá a falta ou nulidade da citação.

Art. 19. As intimações serão feitas na forma prevista para citação, ou por qualquer outro meio idôneo de comunicação.

→ *V.* Arts. 234 a 242 do CPC/1973.

→ *V.* Arts. 180, 222, § 1º, 230, 231, 269 a 275, 363, e 1.003, do NCPC.

§ 1º Dos atos praticados na audiência, considerar-se-ão desde logo cientes as partes.

§ 2º As partes comunicarão ao juízo as mudanças de endereço ocorridas no curso do processo, reputando-se eficazes as intimações enviadas ao local anteriormente indicado, na ausência da comunicação.

Seção VII
Da revelia

Art. 20. Não comparecendo o demandado à sessão de conciliação ou à audiência de instrução e julgamento, reputar-se-ão verdadeiros os fatos alegados no pedido inicial, salvo se o contrário resultar da convicção do juiz.

→ *V.* Arts. 319 a 322 e 324 do CPC/1973.

→ *V.* Arts. 329, II, 344 a 346, e 348, do NCPC.

Seção VIII
Da conciliação e do juízo arbitral

Art. 21. Aberta a sessão, o juiz togado ou leigo esclarecerá as partes presentes sobre as vantagens da conciliação, mostrando-lhes os riscos e as consequências do litígio, especialmente quanto ao disposto no § 3º do art. 3º desta Lei.

Art. 22. A conciliação será conduzida pelo juiz togado ou leigo ou por conciliador sob sua orientação.

Parágrafo único. Obtida a conciliação, esta será reduzida a escrito e homologada pelo juiz togado, mediante sentença com eficácia de título executivo.

Art. 23. Não comparecendo o demandado, o juiz togado proferirá sentença.

Art. 24. Não obtida a conciliação, as partes poderão optar, de comum acordo, pelo juízo arbitral, na forma prevista nesta Lei.

§ 1º O juízo arbitral considerar-se-á instaurado, independentemente de termo de compromisso, com a escolha do árbitro pelas partes. Se este não estiver presente, o juiz convocá-lo-á e designará, de imediato, a data para a audiência de instrução.

§ 2º O árbitro será escolhido dentre os juízes leigos.

Art. 25. O árbitro conduzirá o processo com os mesmos critérios do juiz, na forma dos arts. 5º e 6º desta Lei, podendo decidir por equidade.

Art. 26. Ao término da instrução, ou nos 5 (cinco) dias subsequentes, o árbitro apresentará o laudo ao juiz togado para homologação por sentença irrecorrível.

Seção IX
Da instrução e julgamento

Art. 27. Não instituído o juízo arbitral, proceder-se-á imediatamente à audiência de instrução e julgamento, desde que não resulte prejuízo para a defesa.

Parágrafo único. Não sendo possível a sua realização imediata, será a audiência designada para um dos quinze dias subsequentes, cientes, desde logo, as partes e testemunhas eventualmente presentes.

Art. 28. Na audiência de instrução e julgamento serão ouvidas as partes, colhida a prova e, em seguida, proferida a sentença.

→ *v.* Art. 5º, LV, da CF/1988.

→ *v.* Arts. 132 e 455 do CPC/1973.

→ *v.* Art. 365 do NCPC.

Art. 29. Serão decididos de plano todos os incidentes que possam interferir no regular prosseguimento da audiência. As demais questões serão decididas na sentença.

Parágrafo único. Sobre os documentos apresentados por uma das partes, manifestar-se-á imediatamente a parte contrária, sem interrupção da audiência.

Seção X
Da resposta do réu

→ *v.* Art. 297 do CPC/1973.

→ *v.* Art. 335 do NCPC.

Art. 30. A contestação, que será oral ou escrita, conterá toda matéria de defesa, exceto arguição de suspeição ou impedimento do juiz, que se processará na forma da legislação em vigor.

Art. 31. Não se admitirá a reconvenção. É lícito ao réu, na contestação, formular pedido em seu favor, nos limites do art. 3º desta Lei, desde que fundado nos mesmos fatos que constituem objeto da controvérsia.

→ *v.* Arts. 315 a 318 do CPC/1973.

→ *v.* Art. 343 do NCPC.

Parágrafo único. O autor poderá responder ao pedido do réu na própria audiência ou requerer a designação da nova data, que será desde logo fixada, cientes todos os presentes.

Seção XI
Das provas

Art. 32. Todos os meios de prova moralmente legítimos, ainda que não especificados em lei, são hábeis para provar a veracidade dos fatos alegados pelas partes.

→ *v.* Arts. 332 a 341 do CPC/1973.

→ *v.* Arts. 361, *caput*, 369, 371, 373, 375 a 380, 449, do NCPC.

Art. 33. Todas as provas serão produzidas na audiência de instrução e julgamento, ainda que não requeridas previamente, podendo o Juiz limitar ou excluir as que considerar excessivas, impertinentes ou protelatórias.

Art. 34. As testemunhas, até o máximo de 3 (três) para cada parte, comparecerão à audiência de instrução e julgamento levadas pela parte que as tenha arrolado, independentemente de intimação, ou mediante esta, se assim for requerido.

§ 1º O requerimento para intimação das testemunhas será apresentado à Secretaria no mínimo 5 (cinco) dias antes da audiência de instrução e julgamento.

§ 2º Não comparecendo a testemunha intimada, o juiz poderá determinar sua imediata condução, valendo-se, se necessário, do concurso da força pública.

Art. 35. Quando a prova do fato exigir, o juiz poderá inquirir técnicos de sua confiança, permitida às partes a apresentação de parecer técnico.

Parágrafo único. No curso da audiência, poderá o juiz, de ofício ou a requerimento das partes, realizar inspeção em pessoas ou coisas, ou determinar que o faça pessoa de sua confiança, que lhe relatará informalmente o verificado.

Art. 36. A prova oral não será reduzida a escrito, devendo a sentença referir, no essencial, os informes trazidos nos depoimentos.

Art. 37. A instrução poderá ser dirigida por Juiz leigo, sob a supervisão de juiz togado.

Seção XII
Da sentença

Art. 38. A sentença mencionará os elementos de convicção do juiz, com breve resumo dos fatos relevantes ocorridos em audiência, dispensado o relatório.

→ *v.* Arts. 162 e 458 do CPC/1973.

→ *v.* Arts. 203 e 489, do NCPC.

Parágrafo único. Não se admitirá sentença condenatória por quantia ilíquida, ainda que genérico o pedido.

Art. 39. É ineficaz a sentença condenatória na parte que exceder a alçada estabelecida nesta Lei.

Art. 40. O juiz leigo que tiver dirigido a instrução proferirá sua decisão e imediatamente a submeterá ao juiz togado, que poderá homologá-la, proferir outra em substituição ou, antes de se manifestar, determinar a realização de atos probatórios indispensáveis.

Art. 41. Da sentença, excetuada a homologatória de conciliação ou laudo arbitral, caberá recurso para o próprio Juizado.

→ *v.* Súmula 640 do STF.

§ 1º O recurso será julgado por uma turma composta por três juízes togados, em exercício no primeiro grau de jurisdição, reunidos na sede do Juizado.

§ 2º No recurso, as partes serão obrigatoriamente representadas por advogado.

Art. 42. O recurso será interposto no prazo de 10 (dez) dias, contados da ciência da sentença, por petição escrita, da qual constarão as razões e o pedido do recorrente.

§ 1º O preparo será feito, independentemente de intimação, nas quarenta e oito horas seguintes à interposição, sob pena de deserção.

§ 2º Após o preparo, a Secretaria intimará o recorrido para oferecer resposta escrita no prazo de 10 (dez) dias.

Art. 43. O recurso terá somente efeito devolutivo, podendo o juiz dar-lhe efeito suspensivo, para evitar dano irreparável para a parte.

Art. 44. As partes poderão requerer a transcrição da gravação da fita magnética a que alude o § 3º do art. 13 desta Lei, correndo por conta do requerente as despesas respectivas.

Art. 45. As partes serão intimadas da data da sessão de julgamento.

Art. 46. O julgamento em segunda instância constará apenas da ata, com a indicação suficiente do processo, fundamentação sucinta e parte dispositiva. Se a sentença for confirmada pelos próprios fundamentos, a súmula do julgamento servirá de acórdão.

Art. 47. (*Vetado*).

Seção XIII
Dos embargos de declaração

Art. 48. Caberão embargos de declaração contra sentença ou acórdão nos casos previstos no Código de Processo Civil.

→ *Caput* com redação alterada pela Lei 13.105/2015, em vigor após decorrido 1 (um) ano da data de sua publicação – *D.O.U.* de 17.3.2015 (*v.* Art. 1.045 do NCPC).

→ *v.* Art. 535 do CPC/1973.

→ *v.* Arts. 494, 994, e 1.022 e ss., do NCPC.

Parágrafo único. Os erros materiais podem ser corrigidos de ofício.

Anterior redação: Art. 48. Caberão embargos de declaração quando, na sentença ou acórdão, houver obscuridade, contradição, omissão ou dúvida. Parágrafo único. Os erros materiais podem ser corrigidos de ofício.

Art. 49. Os embargos de declaração serão interpostos por escrito ou oralmente, no prazo de 5 (cinco) dias, contados da ciência da decisão.

Art. 50. Os embargos de declaração interrompem o prazo para a interposição de recurso.

→ Artigo com redação alterada pela Lei 13.105/2015, em vigor após decorrido 1 (um) ano da data de sua publicação – *D.O.U.* de 17.3.2015 (*v.* Art. 1.045 do NCPC).

→ **Anterior redação: Art. 50.** Quando interpostos contra sentença, os embargos de declaração suspenderão o prazo para recurso.

Seção XIV
Da extinção do processo sem julgamento do mérito

→ *v.* Art. 267 do CPC/1973.

→ *v.* Art. 485 do NCPC.

Art. 51. Extingue-se o processo, além dos casos previstos em lei:

I – quando o autor deixar de comparecer a qualquer das audiências do processo;

II – quando inadmissível o procedimento instituído por esta Lei ou seu prosseguimento, após a conciliação;

III – quando for reconhecida a incompetência territorial;

IV – quando sobrevier qualquer dos impedimentos previstos no art. 8º desta Lei;

V – quando, falecido o autor, a habilitação depender de sentença ou não se der no prazo de 30 (trinta) dias;

VI – quando, falecido o réu, o autor não promover a citação dos sucessores no prazo de 30 (trinta) dias da ciência do fato.

§ 1º A extinção do processo independerá, em qualquer hipótese, de prévia intimação pessoal das partes.

§ 2º No caso do inciso I deste artigo, quando comprovar que a ausência decorre de força maior, a parte poderá ser isentada, pelo juiz, do pagamento das custas.

Seção XV
Da execução

Art. 52. A execução da sentença processar-se-á no próprio Juizado, aplicando-se, no que couber, o disposto no Código do Processo Civil, com as seguintes alterações:

I – as sentenças serão necessariamente líquidas, contendo a conversão em Bônus do Tesouro Nacional – BTN ou índice equivalente;

II – os cálculos de conversão de índices, de honorários, de juros e de outras parcelas serão efetuados por servidor judicial;

III – a intimação da sentença será feita, sempre que possível, na própria audiência em que for proferida. Nessa intimação, o vencido será instado a cumprir a sentença tão logo ocorra seu trânsito em julgado, e advertido dos efeitos do seu descumprimento (inciso V);

IV – não cumprida voluntariamente a sentença transitada em julgado, e tendo havido solicitação do interessado, que poderá ser verbal, proceder-se-á desde logo à execução, dispensada nova citação;

V – nos casos de obrigação de entregar, de fazer, ou de não fazer, o juiz, na sentença ou na fase de execução, cominará multa diária, arbitrada de acordo com as condições econômicas do devedor, para a hipótese de inadimplemento. Não cumprida a obrigação, o credor poderá requerer a elevação da multa ou a transformação da condenação em perdas e danos, que o juiz de imediato arbitrará, seguindo-se a execução por quantia certa, incluída a multa vencida de obrigação de dar, quando evidenciada a malícia do devedor na execução do julgado;

VI – na obrigação de fazer, o juiz pode determinar o cumprimento por outrem, fixado o valor que o devedor deve depositar para as despesas, sob pena de multa diária;

VII – na alienação forçada dos bens, o juiz poderá autorizar o devedor, o credor ou terceira pessoa idônea a tratar da alienação do bem penhorado, a qual se aperfeiçoará em juízo até a data fixada para a praça ou leilão. Sendo o preço inferior ao da avaliação, as partes serão ouvidas. Se o pagamento não for à vista, será oferecida caução idônea, nos casos de alienação de bem móvel, ou hipotecado o imóvel;

VIII – é dispensada a publicação de editais em jornais, quando se tratar de alienação de bens de pequeno valor;

IX – o devedor poderá oferecer embargos, nos autos da execução, versando sobre:

a) falta ou nulidade da citação no processo, se ele correu à revelia;

b) manifesto excesso de execução;

c) erro de cálculo;

d) causa impeditiva, modificativa ou extintiva da obrigação, superveniente à sentença.

Art. 53. A execução de título executivo extrajudicial, no valor de até 40 (quarenta) salários mínimos, obedecerá ao disposto no Código de Processo Civil, com as modificações introduzidas por esta Lei.

§ 1º Efetuada a penhora, o devedor será intimado a comparecer à audiência de conciliação, quando poderá oferecer embargos (art. 52, IX), por escrito ou verbalmente.

§ 2º Na audiência, será buscado o meio mais rápido e eficaz para a solução do litígio, se possível com dispensa da alienação judicial, devendo o conciliador propor, entre outras medidas cabíveis, o pagamento do débito a prazo ou a prestação, a dação em pagamento ou a imediata adjudicação do bem penhorado.

§ 3º Não apresentados os embargos em audiência, ou julgados improcedentes, qualquer das partes poderá requerer ao Juiz a adoção de uma das alternativas do parágrafo anterior.

§ 4º Não encontrado o devedor ou inexistindo bens penhoráveis, o processo será imediatamente extinto, devolvendo-se os documentos ao autor.

Seção XVI
Das despesas

Art. 54. O acesso ao Juizado Especial independerá, em primeiro grau de jurisdição, do pagamento de custas, taxas ou despesas.

Parágrafo único. O preparo do recurso, na forma do § 1º do art. 42 desta Lei, compreenderá todas as despesas processuais, inclusive aquelas dispensadas em primeiro grau de jurisdição, ressalvada a hipótese de assistência judiciária gratuita.

Art. 55. A sentença de primeiro grau não condenará o vencido em custas e honorários de advogado, ressalvados os casos de litigância de má-fé. Em segundo grau, o recorrente, vencido, pagará as custas e honorários de advogado, que serão fixados entre 10% (dez por cento) e 20% (vinte por cento) do valor de condenação ou, não havendo condenação, do valor corrigido da causa.

Parágrafo único. Na execução não serão contadas custas, salvo quando:

I – reconhecida a litigância de má-fé;

II – improcedentes os embargos do devedor;

III – tratar-se de execução de sentença que tenha sido objeto de recurso improvido do devedor.

Seção XVII
Disposições finais

Art. 56. Instituído o Juizado Especial, serão implantadas as curadorias necessárias e o serviço de assistência judiciária.

Art. 57. O acordo extrajudicial, de qualquer natureza ou valor, poderá ser homologado, no juízo competente, independentemente de termo, valendo a sentença como título executivo judicial.

Parágrafo único. Valerá como título extrajudicial o acordo celebrado pelas partes, por instrumento escrito, referendado pelo órgão competente do Ministério Público.

→ *v.* Art. 585, II, do CPC/1973.

→ *v.* Art. 784, II a IV, do NCPC.

Art. 58. As normas de organização judiciária local poderão estender a conciliação prevista nos arts. 22 e 23 a causas não abrangidas por esta Lei.

Art. 59. Não se admitirá ação rescisória nas causas sujeitas ao procedimento instituído por esta Lei.

Capítulo III
DOS JUIZADOS ESPECIAIS CRIMINAIS

DISPOSIÇÕES GERAIS

→ *v.* Lei 11.340/2006 – Cria mecanismos para coibir a violência doméstica e familiar contra a mulher.

Art. 60. O Juizado Especial Criminal, provido por juízes togados ou togados e leigos, tem competência para a conciliação, o julgamento e a execução das infrações penais de menor potencial ofensivo, respeitadas as regras de conexão e continência.

→ *Caput* com redação alterada pela Lei 11.313/2006.

Parágrafo único. Na reunião de processos, perante o juízo comum ou o tribunal do júri, decorrentes da aplicação das regras de conexão e continência, observar-se-ão os institutos da transação penal e da composição dos danos civis.

Parágrafo único acrescentado pela Lei 11.313/2006.

Art. 61. Consideram-se infrações penais de menor potencial ofensivo, para os efeitos desta Lei, as contravenções penais e os crimes a que a lei comine pena máxima não superior a 2 (dois) anos, cumulada ou não com multa.

→ Artigo com redação alterada pela Lei 11.313/2006.

→ *v.* Arts. 147 a 155, 164 a 170 da Lei 7.210/1984.

Art. 62. O processo perante o Juizado Especial orientar-se-á pelos critérios da oralidade, informalidade, economia processual e celeridade, objetivando, sempre que possível, a reparação dos danos sofridos pela vítima e a aplicação de pena não privativa de liberdade.

Seção I
Da competência e dos atos processuais

Art. 63. A competência do Juizado será determinada pelo lugar em que foi praticada a infração penal.

→ *v.* Arts. 69 a 71 do CPP.

Art. 64. Os atos processuais serão públicos e poderão realizar-se em horário noturno e em qualquer dia da semana, conforme dispuserem as normas de organização judiciária.

→ *v.* Art. 792 do CPP.

Art. 65. Os atos processuais serão válidos sempre que preencherem as finalidades para as quais foram realizados, atendidos os critérios indicados no art. 62 desta Lei.

§ 1º Não se pronunciará qualquer nulidade sem que tenha havido prejuízo.

§ 2º A prática de atos processuais em outras comarcas poderá ser solicitada por qualquer meio hábil de comunicação.

§ 3º Serão objeto de registro escrito exclusivamente os atos havidos por essenciais. Os atos realizados em audiência de instrução e julgamento poderão ser gravados em fita magnética ou equivalente.

Art. 66. A citação será pessoal e far-se-á no próprio Juizado, sempre que possível, ou por mandado.

Parágrafo único. Não encontrado o acusado para ser citado, o Juiz encaminhará as peças existentes ao Juízo comum para adoção do procedimento previsto em lei.

Art. 67. A intimação far-se-á por correspondência, com aviso de recebimento pessoal ou, tratando-se de pessoa jurídica ou firma individual, mediante entrega ao encarregado da recepção, que será obrigatoriamente identificado, ou, sendo necessário, por oficial de justiça, independentemente de mandado ou carta precatória, ou ainda por qualquer meio idôneo de comunicação.

Parágrafo único. Dos atos praticados em audiência considerar-se-ão desde logo cientes as partes, os interessados e defensores.

Art. 68. Do ato de intimação do autor do fato e do mandado de citação do acusado, constará a necessidade de seu comparecimento acompanhado de advogado, com a advertência de que, na sua falta, ser-lhe-á designado defensor público.

Seção II
Da fase preliminar

→ v. Lei 12.037/2009 – Dispõe sobre a identificação criminal do civilmente identificado, regulamentando o art. 5º, inciso LVIII, da Constituição Federal.

Art. 69. A autoridade policial que tomar conhecimento da ocorrência lavrará termo circunstanciado e o encaminhará imediatamente ao Juizado, com o autor do fato e a vítima, providenciando-se as requisições dos exames periciais necessários.

Parágrafo único. Ao autor do fato que, após a lavratura do termo, for imediatamente encaminhado ao juizado ou assumir o compromisso de a ele comparecer, não se imporá prisão em flagrante, nem se exigirá fiança. Em caso de violência doméstica, o juiz poderá determinar, como medida de cautela, seu afastamento do lar, domicílio ou local de convivência com a vítima.

→ Parágrafo único com redação alterada pela Lei 10.455/2002.

→ v. Arts. 301 a 310 e 321 a 350 do CPP.

Art. 70. Comparecendo o autor do fato e a vítima, e não sendo possível a realização imediata da audiência preliminar, será designada data próxima, da qual ambos sairão cientes.

Art. 71. Na falta do comparecimento de qualquer dos envolvidos, a Secretaria providenciará sua intimação e, se for o caso, a do responsável civil, na forma dos arts. 67 e 68 desta Lei.

Art. 72. Na audiência preliminar, presente o representante do Ministério Público, o autor do fato e a vítima e, se possível, o responsável civil, acompanhados por seus advogados, o juiz esclarecerá sobre a possibilidade da composição dos danos e da aceitação da proposta de aplicação imediata de pena não privativa de liberdade.

Art. 73. A conciliação será conduzida pelo juiz ou por conciliador sob sua orientação.

Parágrafo único. Os conciliadores são auxiliares da Justiça, recrutados, na forma da lei local, preferentemente entre bacharéis em Direito, excluídos os que exerçam funções na administração da Justiça Criminal.

Art. 74. A composição dos danos civis será reduzida a escrito e, homologada pelo juiz mediante sentença irrecorrível, terá eficácia de título a ser executado no juízo civil competente.

Parágrafo único. Tratando-se de ação penal de iniciativa privada ou de ação penal pública condicionada à representação, o acordo homologado acarreta a renúncia ao direito de queixa ou representação.

Art. 75. Não obtida a composição dos danos civis, será dada imediatamente ao ofendido a oportunidade de exercer o direito de representação verbal, que será reduzida a termo.

Parágrafo único. O não oferecimento da representação na audiência preliminar não implica decadência do direito, que poderá ser exercido no prazo previsto em lei.

Art. 76. Havendo representação ou tratando-se de crime de ação penal pública incondicionada, não sendo caso de arquivamento, o Ministério Público poderá propor a aplicação imediata de pena restritiva de direitos ou multas, a ser especificada na proposta.

→ v. Súmula Vinculante 35 do STF.

→ v. Arts. 24 e 28 do CPP.

§ 1º Nas hipóteses de ser a pena de multa a única aplicável, o juiz poderá reduzi-la até a metade.

→ v. Arts. 49 a 52 do CP.

→ v. Arts. 164 a 170 da Lei 7.210/1984.

§ 2º Não se admitirá a proposta se ficar comprovado:

I – ter sido o autor da infração condenado, pela prática de crime, à pena privativa de liberdade, por sentença definitiva;

II – ter sido o agente beneficiado anteriormente, no prazo de 5 (cinco) anos, pela aplicação de pena restritiva ou multa, nos termos deste artigo;

III – não indicarem os antecedentes, a conduta social e a personalidade do agente, bem como os motivos e as circunstâncias, ser necessária e suficiente a adoção da medida.

§ 3º Aceita a proposta pelo autor da infração e seu defensor, será submetida à apreciação do juiz.

§ 4º Acolhendo a proposta do Ministério Público aceita pelo autor da infração, o juiz aplicará a pena restritiva de direitos ou multa, que não importará em reincidência, sendo registrada apenas para impedir novamente o mesmo benefício no prazo de 5 (cinco) anos.

§ 5º Da sentença prevista no parágrafo anterior caberá a apelação referida no art. 82 desta Lei.

§ 6º A imposição da sanção de que trata o § 4º deste artigo não constará de certidão de antecedentes criminais, salvo para os fins previstos no mesmo dispositivo, e não terá efeitos civis, cabendo aos interessados propor ação cabível no juízo cível.

Seção III
Do procedimento sumaríssimo

Art. 77. Na ação penal de iniciativa pública, quando não houver aplicação de pena, pela ausência do autor do fato, ou pela não ocorrência da hipótese prevista no art. 76 desta Lei, o Ministério Público oferecerá ao juiz, de imediato, denúncia oral, se não houver necessidade de diligências imprescindíveis.

→ v. Art. 100, § 1º, do CPP.

§ 1º Para o oferecimento da denúncia, que será elaborada com base no termo de ocorrência referido no art. 69 desta Lei, com dispensa do inquérito policial, prescindir-se-á do exame do corpo de delito quando a materialidade do crime estiver aferida por boletim médico ou prova equivalente.

§ 2º Se a complexidade ou circunstâncias do caso não permitirem a formulação da denúncia, o Ministério Público poderá requerer ao juiz o encaminhamento das peças existentes, na forma do parágrafo único do art. 66 desta Lei.

§ 3º Na ação penal de iniciativa do ofendido poderá ser oferecida queixa oral, cabendo ao juiz verificar se a complexidade e as circunstâncias do caso determinam a adoção das providências previstas no parágrafo único do art. 66 desta Lei.

Art. 78. Oferecida a denúncia ou queixa, será reduzida a termo, entregando-se cópia ao acusado, que com ela ficará citado e imediatamente cientificado da designação de dia e hora para a audiência de instrução e julgamento, da qual também tomarão ciência o Ministério Público, o ofendido, o responsável civil e seus advogados.

§ 1º Se o acusado não estiver presente, será citado na forma dos arts. 66 e 68 desta Lei e cientificado da data da audiência de instrução e julgamento, devendo a ela trazer suas testemunhas ou apresentar requerimento para intimação, no mínimo 5 (cinco) dias antes de sua realização.

§ 2º Não estando presentes o ofendido e o responsável civil, serão intimados nos termos do art. 67 desta Lei para comparecerem à audiência de instrução e julgamento.

§ 3º As testemunhas arroladas serão intimadas na forma prevista no art. 67 desta Lei.

Art. 79. No dia e hora designados para a audiência de instrução e julgamento, se na fase preliminar não tiver havido possibilidade de tentativa de conciliação e de oferecimento de proposta pelo Ministério Público, proceder-se-á nos termos dos arts. 72, 73, 74 e 75 desta Lei.

Art. 80. Nenhum ato será adiado, determinando o juiz, quando imprescindível, a condução coercitiva de quem deva comparecer.

Art. 81. Aberta a audiência, será dada a palavra ao defensor para responder à acusação, após o que o juiz receberá, ou não, a denúncia ou queixa; havendo recebimento, serão ouvidas a vítima e as testemunhas de acusação e defesa, interrogando-se a seguir o acusado, se presente, passando-se imediatamente aos debates orais e à prolação da sentença.

§ 1º Todas as provas serão produzidas na audiência de instrução e julgamento, podendo o Juiz limitar ou excluir as que considerar excessivas, impertinentes ou protelatórias.

§ 2º De todo ocorrido na audiência será lavrado termo, assinado pelo juiz e pelas partes, contendo breve resumo dos fatos relevantes ocorridos em audiência e a sentença.

§ 3º A sentença, dispensado o relatório, mencionará os elementos de convicção do juiz.

Art. 82. Da decisão de rejeição da denúncia ou queixa e da sentença caberá apelação, que poderá ser julgada por turma composta de 3 (três) juízes em exercício no primeiro grau de jurisdição, reunidos na sede do Juizado.

§ 1º A apelação será interposta no prazo de 10 (dez) dias, contados da ciência da sentença pelo Ministério Público, pelo réu e seu defensor, por petição escrita, da qual constarão as razões e o pedido do recorrente.

§ 2º O recorrido será intimado para oferecer resposta escrita no prazo de 10 (dez) dias.

§ 3º As partes poderão requerer a transcrição da gravação da fita magnética a que alude o § 3º do art. 65 desta Lei.

§ 4º As partes serão intimadas da data da sessão de julgamento pela imprensa.

§ 5º Se a sentença for confirmada pelos próprios fundamentos, a súmula do julgamento servirá de acórdão.

Art. 83. Cabem embargos de declaração quando, em sentença ou acórdão, houver obscuridade, contradição ou omissão.

→ *Caput* com redação alterada pela Lei 13.105/2015, em vigor após decorrido 1 (um) ano da data de sua publicação – *D.O.U.* de 17.3.2015 (*v.* Art. 1.045 do NCPC).

§ 1º Os embargos de declaração serão opostos por escrito ou oralmente, no prazo de 5 (cinco) dias, contados da ciência da decisão.

§ 2º Os embargos de declaração interrompem o prazo para a interposição de recurso.

→ § 2º com redação alterada pela Lei 13.105/2015, em vigor após decorrido 1 (um) ano da data de sua publicação – *D.O.U.* de 17.3.2015 (*v.* Art. 1.045 do NCPC).

§ 3º Os erros materiais podem ser corrigidos de ofício.

Anterior redação: Art. 83. Caberão embargos de declaração quando, em sentença ou acórdão, houver obscuridade, contradição, omissão ou dúvida. § 1º Os embargos de declaração serão opostos por escrito ou oralmente, no prazo de 5 (cinco) dias, contados da ciência da decisão. § 2º Quando opostos contra sentença, os embargos de declaração suspenderão o prazo para o recurso. § 3º Os erros materiais podem ser corrigidos de ofício.

Seção IV
Da execução

Art. 84. Aplicada exclusivamente pena de multa, seu cumprimento far-se-á mediante pagamento na Secretaria do Juizado.

Parágrafo único. Efetuado o pagamento, o juiz declarará extinta a punibilidade, determinando que a condenação não fique constando dos registros criminais, exceto para fins de requisição judicial.

Art. 85. Não efetuado o pagamento de multa, será feita a conversão em pena privativa da liberdade, ou restritiva de direitos, nos termos previstos em lei.

Art. 86. A execução das penas privativas de liberdade e restritivas de direitos, ou de multa cumulada com estas, será processada perante o órgão competente, nos termos da lei.

Seção V
Das despesas processuais

Art. 87. Nos casos de homologação do acordo civil e aplicação de pena restritiva de direitos ou multa (arts. 74 e 76, § 4º), as despesas processuais serão reduzidas, conforme dispuser lei estadual.

Seção VI
Disposições finais

→ *v.* Súmula 536 do STJ.

Art. 88. Além das hipóteses do Código Penal e da legislação especial, dependerá de representação a ação penal relativa aos crimes de lesões corporais leves e lesões culposas.

Art. 89. Nos crimes em que a pena mínima cominada for igual ou inferior a 1 (um) ano, abrangidas ou não por esta Lei, o Ministério Público, ao oferecer a denúncia, poderá propor a suspensão do processo, por 2 (dois) a 4 (quatro) anos, desde que o acusado não esteja sendo processado ou não tenha sido condenado por outro crime, presentes os demais requisitos que autorizariam a suspensão condicional da pena (art. 77 do Código Penal).

→ *v.* Súmulas 696 e 723 do STF.

§ 1º Aceita a proposta pelo acusado e seu defensor, na presença do juiz, este, recebendo a denúncia, poderá suspender o processo, submetendo o acusado a período de prova, sob as seguintes condições:

I – reparação do dano, salvo impossibilidade de fazê-lo;

II – proibição de frequentar determinados lugares;

III – proibição de ausentar-se da comarca onde reside, sem autorização do juiz;

IV – comparecimento pessoal e obrigatório a juízo, mensalmente, para informar e justificar suas atividades.

§ 2º O juiz poderá especificar outras condições a que fica subordinada a suspensão, desde que adequadas ao fato e à situação pessoal do acusado.

§ 3º A suspensão será revogada se, no curso do prazo, o beneficiário vier a ser processado por outro crime ou não efetuar, sem motivo justificado, a reparação do dano.

§ 4º A suspensão poderá ser revogada se o acusado vier a ser processado, no curso do prazo, por contravenção, ou descumprir qualquer outra condição imposta.

§ 5º Expirando o prazo sem revogação, o Juiz declarará extinta a punibilidade.

§ 6º Não correrá a prescrição durante o prazo de suspensão do processo.

§ 7º Se o acusado não aceitar a proposta prevista neste artigo, o processo prosseguirá em seus ulteriores termos.

Art. 90. As disposições desta Lei não se aplicam aos processos penais cuja instrução já estiver iniciada.

→ *v.* ADIn. 1.719-9.

Art. 90-A. As disposições desta Lei não se aplicam no âmbito da Justiça Militar.

→ Artigo acrescentado pela Lei 9.839/1999.

Art. 91. Nos casos em que esta Lei passa a exigir representação para a propositura da ação penal pública, o ofendido ou seu representante legal será intimado para oferecê-la no prazo de 30 (trinta) dias, sob pena de decadência.

Art. 92. Aplicam-se subsidiariamente as disposições dos Códigos Penal e de Processo Penal, no que não forem incompatíveis com esta Lei.

Capítulo IV
DISPOSIÇÕES FINAIS COMUNS

Art. 93. Lei Estadual disporá sobre o Sistema de Juizados Especiais Cíveis e Criminais, sua organização, composição e competência.

Art. 94. Os serviços de cartório poderão ser prestados, e as audiências realizadas fora da sede da Comarca, em bairros ou cidades a ela pertencentes, ocupando instalações de prédios públicos, de acordo com audiências previamente anunciadas.

Art. 95. Os Estados, Distrito Federal e Territórios criarão e instalarão os Juizados Especiais no prazo de 6 (seis) meses, a contar da vigência desta Lei.

Parágrafo único. No prazo de 6 (seis) meses, contado da publicação desta Lei, serão criados e instalados os Juizados Especiais Itinerantes, que deverão dirimir, prioritariamente, os conflitos existentes nas áreas rurais ou nos locais de menor concentração populacional.

→ Parágrafo único acrescentado pela Lei 12.726/2012.

Art. 96. Esta Lei entra em vigor no prazo de 60 (sessenta) dias após a sua publicação.

Art. 97. Ficam revogadas a Lei 4.611, de 2 de abril de 1965, e a Lei 7.244, de 7 de novembro de 1984.

Brasília, 26 de setembro de 1995; 174º da Independência e 107º da República.

Fernando Henrique Cardoso

(Publicação no *D.O.U.* de 27.9.1995)

LEI 9.249,
DE 26 DE DEZEMBRO DE 1995

Altera a legislação do imposto de renda das pessoas jurídicas, bem como da contribuição social sobre o lucro líquido, e dá outras providências.

→ *v.* Decreto 3.048/1999 – Aprova o Regulamento da Previdência Social, e dá outras providências.

→ *v.* Decreto 6.306/2007 – Regulamenta o Imposto sobre Operações de Crédito, Câmbio e Seguro, ou relativas a Títulos ou Valores Mobiliários – IOF.

O Presidente da República:

Faço saber que o Congresso Nacional decreta e eu sanciono a seguinte Lei:

Art. 1º As bases de cálculo e o valor dos tributos e contribuições federais serão expressos em Reais.

Art. 2º O imposto de renda das pessoas jurídicas e a contribuição social sobre o lucro líquido serão determinados segundo as normas da legislação vigente, com as alterações desta Lei.

Art. 3º A alíquota do imposto de renda das pessoas jurídicas é de 15% (quinze por cento).

§ 1º A parcela do lucro real, presumido ou arbitrado, que exceder o valor resultante da multiplicação de R$ 20.000,00 (vinte mil reais) pelo número de meses do respectivo período de apuração, sujeita-se à incidência de adicional de imposto de renda à alíquota de 10% (dez por cento).

→ § 1º com redação alterada pela Lei 9.430/1996.

§ 2º O disposto no parágrafo anterior aplica-se, inclusive, nos casos de incorporação, fusão ou cisão e de extinção da pessoa jurídica pelo encerramento da liquidação.

→ § 2º com redação alterada pela Lei 9.430/1996.

§ 3º O disposto neste artigo aplica-se, inclusive, à pessoa jurídica que explore atividade rural de que trata a Lei 8.023, de 12 de abril de 1990.

§ 4º O valor do adicional será recolhido integralmente, não sendo permitidas quaisquer deduções.

→ *v.* art. 1º da Lei 12.761/2012.

Art. 4º Fica revogada a correção monetária das demonstrações financeiras de que tratam a Lei 7.799, de 10 de julho de 1989, e o art. 1º da Lei 8.200, de 28 de junho de 1991.

Parágrafo único. Fica vedada a utilização de qualquer sistema de correção monetária de demonstrações financeiras, inclusive para fins societários.

Art. 5º O inciso IV do art. 187 da Lei 6.404, de 15 de dezembro de 1976, passa a vigorar com a seguinte redação:

"Art. 187. (...)

IV – o lucro ou prejuízo operacional, as receitas e despesas não operacionais;

(...)"

Art. 6º Os valores controlados na parte "B" do Livro de Apuração do Lucro Real, existentes em 31 de dezembro de 1995, somente serão corrigidos monetariamente até essa data, observada a legislação então vigente, ainda que venham a ser adicionados, excluídos ou compensados em períodos-base posteriores.

Parágrafo único. A correção dos valores referidos neste artigo será efetuada tomando-se por base o valor da Ufir vigente em 1º de janeiro de 1996.

Art. 7º O saldo do lucro inflacionário acumulado, remanescente em 31 de dezembro de 1995, corrigido monetariamente até essa data, será realizado de acordo com as regras da legislação então vigente.

§ 1º Para fins do cálculo do lucro inflacionário realizado nos períodos-base posteriores, os valores dos ativos que estavam sujeitos a correção monetária, existentes em 31 de dezembro de 1995, deverão ser registrados destacadamente na contabilidade da pessoa jurídica.

§ 2º O disposto no parágrafo único do art. 6º aplica-se à correção dos valores de que trata este artigo.

§ 3º À opção da pessoa jurídica, o lucro inflacionário acumulado existente em 31 de dezembro de 1995, corrigido monetariamente até essa data, com base no parágrafo único do art. 6º, poderá ser considerado realizado integralmente e tributado à alíquota de 10% (dez por cento).

§ 4º A opção de que trata o parágrafo anterior, que deverá ser feita até 31 de dezembro de 1996, será irretratável e manifestada através do pagamento do imposto em cota única, podendo alcançar também o saldo do lucro inflacionário a realizar relativo à opção prevista no art. 31 da Lei 8.541, de 23 de dezembro de 1992.

§ 5º O imposto de que trata o § 3º será considerado como de tributação exclusiva.

Art. 8º Permanecem em vigor as normas aplicáveis às contrapartidas de variações monetárias dos direitos de crédito e das obrigações do contribuinte em função da taxa de câmbio ou de índices ou coeficientes aplicáveis por disposição legal ou contratual.

Art. 9º A pessoa jurídica poderá deduzir, para efeitos da apuração do lucro real, os juros pagos ou creditados individualizadamente a titular, sócios ou acionistas, a título de remuneração do capital próprio, calculados sobre as contas do patrimônio líquido e limitados à variação, pro rata dia, da Taxa de Juros de Longo Prazo – TJLP.

§ 1º O efetivo pagamento ou crédito dos juros fica condicionado à existência de lucros, computados antes da dedução dos juros, ou de lucros acumulados, e reserva de lucros, em montante igual ou superior ao valor de duas vezes os juros a serem pagos ou creditados.

→ § 1º com redação alterada pela Lei 9.430/1996.

§ 2º Os juros ficarão sujeitos à incidência do imposto de renda na fonte à alíquota de quinze por cento, na data do pagamento ou crédito ao beneficiário.

§ 3º O imposto retido na fonte será considerado:

I – antecipação do devido na declaração de rendimentos, no caso de beneficiário pessoa jurídica tributada com base no lucro real;

II – tributação definitiva, no caso de beneficiário pessoa física ou pessoa jurídica não tributada com base no lucro real, inclusive isenta, ressalvado o disposto no § 4º.

§ 4º (*Revogado pela Lei 9.430/1996*).

§ 5º No caso de beneficiário sociedade civil de prestação de serviços, submetida ao regime de tributação de que trata o art. 1º do Decreto-Lei 2.397, de 21 de dezembro de 1987, o imposto poderá ser compensado com o retido por ocasião do pagamento dos rendimentos aos sócios beneficiários.

§ 6º No caso de beneficiário pessoa jurídica tributada com base no lucro real, o imposto de que trata o § 2º poderá ainda ser compensado com o retido por ocasião do pagamento ou crédito de juros, a título de remuneração de capital próprio, a seu titular, sócios ou acionistas.

§ 7º O valor dos juros pagos ou creditados pela pessoa jurídica, a título de remuneração do capital próprio, poderá ser imputado ao valor dos dividendos de que trata o art. 202 da Lei 6.404, de 15 de dezembro de 1976, sem prejuízo do disposto no § 2º.

§ 8º Para fins de cálculo da remuneração prevista neste artigo, serão consideradas exclusivamente as seguintes contas do patrimônio líquido:

→ *Caput* do § 8º com redação alterada pela Lei 12.973/2014.

→ *V.* Art. 2º da IN SRF 1.469/2014.

I – capital social;

→ Inciso I acrescentado pela Lei 12.973/2014.

II – reservas de capital;

→ Inciso II acrescentado pela Lei 12.973/2014.

III – reservas de lucros;

→ Inciso III acrescentado pela Lei 12.973/2014.

IV – ações em tesouraria; e

→ Inciso IV acrescentado pela Lei 12.973/2014.

V – prejuízos acumulados.

→ Inciso V acrescentado pela Lei 12.973/2014.

§ 9º (*Revogado pela Lei 9.430/1996*).

§ 10. (*Revogado pela Lei 9.430/1996*).

§ 11. O disposto neste artigo aplica-se à Contribuição Social sobre o Lucro Líquido.

→ § 11 acrescentado pela Lei 12.973/2014.

→ *V.* Art. 2º da IN SRF 1.469/2014.

§ 12. Para fins de cálculo da remuneração prevista neste artigo, a conta capital social, prevista no inciso I do § 8º deste artigo, inclui todas as espécies de ações previstas no art. 15 da Lei 6.404, de 15 de dezembro de 1976, ainda que classificadas em contas de passivo na escrituração comercial.

→ § 12 acrescentado pela Lei 12.973/2014.

→ *V.* Art. 2º da IN SRF 1.469/2014.

Art. 10. Os lucros ou dividendos calculados com base nos resultados apurados a partir do mês de janeiro de 1996, pagos ou creditados pelas pessoas jurídicas tributadas com base no lucro real, presumido ou arbitrado, não ficarão sujeitos à incidência do imposto de renda na fonte, nem integrarão a base de cálculo do imposto de renda do beneficiário, pessoa física ou jurídica, domiciliado no País ou no exterior.

§ 1º No caso de quotas ou ações distribuídas em decorrência de aumento de capital por incorporação de lucros apurados, a partir do mês de janeiro de 1996, ou de reservas constituídas com esses lucros, o custo de aquisição será igual à parcela do lucro ou reserva capitalizado, que corresponder ao sócio ou acionista.

→ Anterior parágrafo único renumerado para § 1º pela Lei 12.973/2014.

→ *V.* Art. 2º da IN SRF 1.469/2014.

§ 2º A não incidência prevista no caput inclui os lucros ou dividendos pagos ou creditados a beneficiários de todas as espécies de ações previstas no art. 15 da Lei 6.404, de 15 de dezembro de 1976, ainda que a ação seja classificada em conta de passivo ou que a remuneração seja classificada como despesa financeira na escrituração comercial.

→ § 2º acrescentado pela Lei 12.973/2014.

→ *V.* Art. 2º da IN SRF 1.469/2014.

§ 3º Não são dedutíveis na apuração do lucro real e da base de cálculo da CSLL os lucros ou dividendos pagos ou creditados a beneficiários de qualquer espécie de ação prevista no art. 15 da Lei 6.404, de 15 de dezembro de 1976, ainda que classificados como despesa financeira na escrituração comercial.

→ § 3º acrescentado pela Lei 12.973/2014.

→ *V.* Art. 2º da IN SRF 1.469/2014.

Art. 11. Os rendimentos produzidos por aplicação financeira de renda fixa, auferidos por qualquer beneficiário, inclusive pessoa jurídica isenta, sujeitam-se à incidência do imposto de renda à alíquota de 15% (quinze por cento).

§ 1º Os rendimentos de que trata este artigo serão apropriados *pro rata tempore* até 31 de dezembro de 1995 e tributados, no que se refere à parcela relativa a 1995, nos termos da legislação então vigente.

§ 2º (*Revogado pela Lei 9.430/1996*).

§ 3º O disposto neste artigo não elide as regras previstas nos arts. 76 e 77 da Lei 8.981, de 20 de janeiro de 1995.

Art. 12. O inciso III do art. 77 da Lei 8.981, de 20 de janeiro de 1995, passa a vigorar com a seguinte redação:

→ Alteração efetuada na referida Lei.

Art. 13. Para efeito de apuração do lucro real e da base de cálculo da contribuição social sobre o lucro líquido, são vedadas as seguintes deduções, independentemente do disposto no art. 47 da Lei 4.506, de 30 de novembro de 1964:

I – de qualquer provisão, exceto as constituídas para o pagamento de férias de empregados e de décimo terceiro salário, a de que trata o art. 43 da Lei 8.981, de 20 de janeiro de 1995, com as alte-

LEGISLAÇÃO

rações da Lei 9.065, de 20 de junho de 1995, e as provisões técnicas das companhias de seguro e de capitalização, bem como das entidades de previdência privada, cuja constituição é exigida pela legislação especial a elas aplicável;

→ *v.* § 1º do art. 14 da Lei 9.430/1996.

II – das contraprestações de arrendamento mercantil e do aluguel de bens móveis ou imóveis, exceto quando relacionados intrinsecamente com a produção ou comercialização dos bens e serviços;

III – de despesas de depreciação, amortização, manutenção, reparo, conservação, impostos, taxas, seguros e quaisquer outros gastos com bens móveis ou imóveis, exceto se intrinsecamente relacionados com a produção ou comercialização dos bens e serviços;

IV – das despesas com alimentação de sócios, acionistas e administradores;

V – das contribuições não compulsórias, exceto as destinadas a custear seguros e planos de saúde, e benefícios complementares assemelhados aos da previdência social, instituídos em favor dos empregados e dirigentes da pessoa jurídica;

VI – das doações, exceto as referidas no § 2º;

VII – das despesas com brindes.

VIII – de despesas de depreciação, amortização e exaustão geradas por bem objeto de arrendamento mercantil pela arrendatária, na hipótese em que esta reconheça contabilmente o encargo.

→ Inciso VIII acrescentado pela Lei 12.973/2014.

→ *v.* Art. 2º da IN SRF 1.469/2014.

§ 1º Admitir-se-ão como dedutíveis as despesas com alimentação fornecida pela pessoa jurídica, indistintamente, a todos os seus empregados.

§ 2º Poderão ser deduzidas as seguintes doações:

I – as de que trata a Lei 8.313, de 23 de dezembro de 1991;

II – as efetuadas às instituições de ensino e pesquisa cuja criação tenha sido autorizada por lei federal e que preencham os requisitos dos incisos I e II do art. 213 da Constituição Federal, até o limite de 1,5% (um e meio por cento) do lucro operacional, antes de computada a sua dedução e a de que trata o inciso seguinte;

III – as doações, até o limite de 2% (dois por cento) do lucro operacional da pessoa jurídica, antes de computada a sua dedução, efetuadas a entidades civis, legalmente constituídas no Brasil, sem fins lucrativos, que prestem serviços gratuitos em benefício de empregados da pessoa jurídica doadora, e respectivos dependentes, ou em benefício da comunidade onde atuem, observadas as seguintes regras:

a) as doações quando em dinheiro, serão feitas mediante crédito em conta corrente bancária diretamente em nome da entidade beneficiária;

b) a pessoa jurídica doadora manterá em arquivo, à disposição da fiscalização, declaração, segundo modelo aprovado pela Secretaria da Receita Federal, fornecida pela entidade beneficiária, em que esta se compromete a aplicar integralmente os recursos recebidos na realização de seus objetivos sociais, com identificação da pessoa física responsável pelo seu cumprimento, e a não distribuir lucros, bonificações ou vantagens a dirigentes, mantenedores ou associados, sob nenhuma forma ou pretexto;

c) a entidade beneficiária deverá ser organização da sociedade civil, conforme a Lei 13.019, de 31 de julho de 2014, desde que cumpridos os requisitos previstos nos arts. 3º e 16 da Lei 9.790, de 23 de março de 1999, independentemente de certificação.

→ Alínea *c* com redação alterada pela Lei 13.204/2015.

Art. 14. Para efeito de apuração do lucro real, fica vedada a exclusão, do lucro líquido do exercício, do valor do lucro da exploração de atividades monopolizadas de que tratam o § 2º do art. 2º da Lei 6.264, de 18 de novembro de 1975, e o § 2º do art. 19 do Decreto-Lei 1.598, de 26 de dezembro de 1977, com a redação dada pelo Decreto--Lei 1.730, de 17 de outubro de 1979.

Art. 15. A base de cálculo do imposto, em cada mês, será determinada mediante a aplicação do percentual de 8% (oito por cento) sobre a receita bruta auferida mensalmente, observado o disposto no art. 12 do Decreto-Lei 1.598, de 26 de dezembro de 1977, deduzida das devoluções, vendas canceladas e dos descontos incondicionais concedidos, sem prejuízo do disposto nos arts. 30, 32, 34 e 35 da Lei 8.981, de 20 de janeiro de 1995.

→ *Caput* com redação alterada pela Lei 12.973/2014.

→ *v.* Art. 2º da IN SRF 1.469/2014.

§ 1º Nas seguintes atividades, o percentual de que trata este artigo será de:

I – 1,6% (um inteiro e seis décimos por cento), para a atividade de revenda, para consumo, de combustível derivado de petróleo, álcool etílico carburante e gás natural;

II – 16% (dezesseis por cento):

a) para a atividade de prestação de serviços de transporte, exceto o de carga, para o qual se aplicará o percentual previsto no *caput* deste artigo;

b) para as pessoas jurídicas a que se refere o inciso III do art. 36 da Lei 8.981, de 20 de janeiro de 1995, observado o disposto nos §§ 1º e 2º do art. 29 da referida Lei;

III – 32% (trinta e dois por cento), para as atividades de:

a) prestação de serviços em geral, exceto a de serviços hospitalares e de auxílio diagnóstico e terapia, patologia clínica, imagenologia, anatomia patológica e citopatologia, medicina nuclear e análises e patologias clínicas, desde que a prestadora destes serviços seja organizada sob a forma de sociedade empresária e atenda às normas da Agência Nacional de Vigilância Sanitária – Anvisa;

→ Alínea *a* com redação alterada pela Lei 11.727/2008.

b) intermediação de negócios;

c) administração, locação ou cessão de bens imóveis, móveis e direitos de qualquer natureza;

d) prestação cumulativa e contínua de serviços de assessoria creditícia, mercadológica, gestão de crédito, seleção de riscos, administração de contas a pagar e a receber, compra de direitos creditórios resultantes de vendas mercantis a prazo ou de prestação de serviços (*factoring*).

e) prestação de serviços de construção, recuperação, reforma, ampliação ou melhoramento de infraestrutura vinculados a contrato de concessão de serviço público.

→ Alínea *e* acrescentada pela Lei 12.973/2014.

→ *v.* Art. 2º da IN SRF 1.469/2014.

§ 2º No caso de atividades diversificadas será aplicado o percentual correspondente a cada atividade.

§ 3º As receitas provenientes de atividade incentivada não comporão a base de cálculo do imposto, na proporção do benefício a que a pessoa jurídica, submetida ao regime de tributação com base no lucro real, fizer jus.

§ 4º O percentual de que trata este artigo também será aplicado sobre a receita financeira da pessoa jurídica que explore atividades imobiliárias relativas a loteamento de terrenos, incorporação imobiliária, construção de prédios destinados à venda, bem como a venda de imóveis construídos ou adquiridos para a revenda, quando decorrente da comercialização de imóveis e for apurada por meio de índices ou coeficientes previstos em contrato.

→ § 4º acrescentado pela Lei 11.196/2005.

Art. 16. O lucro arbitrado das pessoas jurídicas será determinado mediante a aplicação, sobre a receita bruta, quando conhecida, dos percentuais fixados no art. 15, acrescidos de 20% (vinte por cento).

Parágrafo único. No caso das instituições a que se refere o inciso III do art. 36 da Lei 8.981, de 20 de janeiro de 1995, o percentual para determinação do lucro arbitrado será de 45% (quarenta e cinco por cento).

Art. 17. Para os fins de apuração do ganho de capital, as pessoas físicas e as pessoas jurídicas não tributadas com base no lucro real observarão os seguintes procedimentos:

I – tratando-se de bens e direitos cuja aquisição tenha ocorrido até o final de 1995, o custo de aquisição poderá ser corrigido monetariamente até 31 de dezembro desse ano, tomando-se por base o valor da Ufir vigente em 1º de janeiro de 1996, não se lhe aplicando qualquer correção monetária a partir dessa data;

II – tratando-se de bens e direitos adquiridos após 31 de dezembro de 1995, ao custo de aquisição dos bens e direitos não será atribuída qualquer correção monetária.

Art. 18. O ganho de capital auferido por residente ou domiciliado no exterior será apurado e tributado de acordo com as regras aplicáveis aos residentes no País.

Art. 19. A partir de 1º de janeiro de 1996, a alíquota da contribuição social sobre o lucro líquido, de que trata a Lei 7.689, de 15 de dezembro de 1988, passa a ser de 8% (oito por cento).

Parágrafo único. O disposto neste artigo não se aplica às instituições a que se refere o § 1º do art. 22 da Lei 8.212, de 24 de julho de 1991, para as quais a alíquota da contribuição social será de 18% (dezoito por cento).

Base de cálculo da CSLL – Estimativa e Presumido

→ Rubrica acrescentada pela Lei 12.973/2014.

→ *v.* Art. 2º da IN SRF 1.469/2014.

Art. 20. A base de cálculo da Contribuição Social sobre o Lucro Líquido devida pelas pessoas jurídicas que efetuarem o pagamento mensal ou trimestral a que se referem os arts. 2º, 25 e 27 da Lei 9.430, de 27 de dezembro de 1996, corresponderá a 12% (doze por cento) sobre a receita bruta definida pelo art. 12 do Decreto-Lei

1.598, de 26 de dezembro de 1977, auferida no período, deduzida das devoluções, vendas canceladas e dos descontos incondicionais concedidos, exceto para as pessoas jurídicas que exerçam as atividades a que se refere o inciso III do § 1º do art. 15, cujo percentual corresponderá a 32% (trinta e dois por cento).

→ *Caput* com redação alterada pela Lei 12.973/2014.

→ *v.* Art. 2º da IN SRF 1.469/2014.

→ *v.* Lei 11.119/2005 – Altera a Legislação Tributária Federal e dá outras providências.

§ 1º A pessoa jurídica submetida ao lucro presumido poderá, excepcionalmente, em relação ao 4º (quarto) trimestre-calendário de 2003, optar pelo lucro real, sendo definitiva a tributação pelo lucro presumido relativa aos 3 (três) primeiros trimestres.

→ Anterior parágrafo único renumerado pela Lei 11.196/2005.

§ 2º O percentual de que trata o *caput* deste artigo também será aplicado sobre a receita financeira de que trata o § 4º do art. 15 desta Lei.

→ § 2º acrescentado pela Lei 11.196/2005.

Incorporação, Fusão e Cisão

→ Rubrica acrescentada pela Lei 12.973/2014.

→ *v.* Art. 2º da IN SRF 1.469/2014.

Art. 21. A pessoa jurídica que tiver parte ou todo o seu patrimônio absorvido em virtude de incorporação, fusão ou cisão deverá levantar balanço específico para esse fim, observada a legislação comercial.

→ *Caput* com redação alterada pela Lei 12.973/2014.

→ *v.* Art. 2º da IN SRF 1.469/2014.

§ 1º O balanço a que se refere este artigo deverá ser levantado até 30 (trinta) dias antes do evento.

§ 2º (*Revogado pela Lei 12.973/2014*).

→ *v.* Art. 119 da Lei 12.973/2014.

§ 3º (*Revogado pela Lei 12.973/2014*).

→ *v.* Art. 119 da Lei 12.973/2014.

§ 4º A pessoa jurídica incorporada, fusionada ou cindida deverá apresentar declaração de rendimentos correspondente ao período transcorrido durante o ano-calendário, em seu próprio nome, até o último dia útil do mês subsequente ao do evento.

Art. 22. Os bens e direitos do ativo da pessoa jurídica, que forem entregues ao titular ou a sócio ou acionista, a título de devolução de sua participação no capital social, poderão ser avaliados pelo valor contábil ou de mercado.

§ 1º No caso de a devolução realizar-se pelo valor de mercado, a diferença entre este e o valor contábil dos bens ou direitos entregues será considerada ganho de capital, que será computado nos resultados da pessoa jurídica tributada com base no lucro real ou na base de cálculo do imposto de renda e da contribuição social sobre o lucro líquido devidos pela pessoa jurídica tributada com base no lucro presumido ou arbitrado.

§ 2º Para o titular, sócio ou acionista, pessoa jurídica, os bens ou direitos recebidos em devolução de sua participação no capital serão registrados pelo valor contábil da participação ou pelo valor de mercado, conforme avaliado pela pessoa jurídica que esteja devolvendo capital.

§ 3º Para o titular, sócio ou acionista, pessoa física, os bens ou direitos recebidos em devolução de sua participação no capital serão informados, na declaração de bens correspondente à declaração de rendimentos do respectivo ano-base, pelo valor contábil ou de mercado, conforme avaliado pela pessoa jurídica.

§ 4º A diferença entre o valor de mercado e o valor constante da declaração de bens, no caso de pessoa física, ou o valor contábil, no caso de pessoa jurídica, não será computada, pelo titular, sócio ou acionista, na base de cálculo do imposto de renda ou da contribuição social sobre o lucro líquido.

Art. 23. As pessoas físicas poderão transferir a pessoas jurídicas, a título de integralização de capital, bens e direitos pelo valor constante da respectiva declaração de bens ou pelo valor de mercado.

§ 1º Se a entrega for feita pelo valor constante da declaração de bens, as pessoas físicas deverão lançar nesta declaração as ações ou quotas subscritas pelo mesmo valor dos bens ou direitos transferidos, não se aplicando o disposto no art. 60 do Decreto-Lei 1.598, de 26 de dezembro de 1977, e no art. 20, II, do Decreto-Lei 2.065, de 26 de outubro de 1983.

§ 2º Se a transferência não se fizer pelo valor constante da declaração de bens, a diferença a maior será tributável como ganho de capital.

Art. 24. Verificada a omissão de receita, a autoridade tributária determinará o valor do imposto e do adicional a serem lançados de acordo com o regime de tributação a que estiver submetida a pessoa jurídica no período-base a que corresponder a omissão.

§ 1º No caso de pessoa jurídica com atividades diversificadas tributadas com base no lucro presumido ou arbitrado, não sendo possível a identificação da atividade a que se refere a receita omitida, esta será adicionado àquela a que corresponder o percentual mais elevado.

§ 2º O valor da receita omitida será considerado na determinação da base de cálculo para o lançamento da Contribuição Social sobre o Lucro Líquido – CSLL, da Contribuição para o Financiamento da Seguridade Social – Cofins, da Contribuição para o PIS/Pasep e das contribuições previdenciárias incidentes sobre a receita.

→ § 2º com redação alterada pela Lei 11.941/2009.

§ 3º (*Revogado pela Lei 9.430/1996*).

§ 4º Para a determinação do valor da Contribuição para o Financiamento da Seguridade Social – Cofins e da Contribuição para o PIS/Pasep, na hipótese de a pessoa jurídica auferir receitas sujeitas a alíquotas diversas, não sendo possível identificar a alíquota aplicável à receita omitida, aplicar-se-á a esta a alíquota mais elevada entre aquelas previstas para as receitas auferidas pela pessoa jurídica.

→ § 4º acrescentado pela Lei 11.941/2009.

§ 5º Na hipótese de a pessoa jurídica sujeitar-se ao recolhimento da Cofins e da Contribuição para o PIS/Pasep, calculadas por unidade de medida de produto, não sendo possível identificar qual o produto vendido ou a quantidade que se refere à receita omitida, a contribuição será determinada com base na alíquota *ad valorem* mais elevada entre aquelas previstas para as receitas auferidas pela pessoa jurídica.

→ § 5º acrescentado pela Lei 11.941/2009.

§ 6º Na determinação da alíquota mais elevada, considerar-se-ão:

→ § 6º acrescentado pela Lei 11.941/2009.

I – para efeito do disposto nos §§ 4º e 5º deste artigo, as alíquotas aplicáveis às receitas auferidas pela pessoa jurídica no ano-calendário em que ocorreu a omissão;

II – para efeito do disposto no § 5º deste artigo, as alíquotas *ad valorem* correspondentes àquelas fixadas por unidade de medida do produto, bem como as alíquotas aplicáveis às demais receitas auferidas pela pessoa jurídica.

Art. 25. Os lucros, rendimentos e ganhos de capital auferidos no exterior serão computados na determinação do lucro real das pessoas jurídicas correspondente ao balanço levantado em 31 de dezembro de cada ano.

→ *v.* Art. 74 da MP 2.158-35/2001.

§ 1º Os rendimentos e ganhos de capital auferidos no exterior serão computados na apuração do lucro líquido das pessoas jurídicas com observância do seguinte:

I – os rendimentos e ganhos de capital serão convertidos em reais de acordo com a taxa de câmbio, para venda, na data em que forem contabilizados no Brasil;

II – caso a moeda em que for auferido o rendimento ou ganho de capital não tiver cotação no Brasil, será ela convertida em dólares norte-americanos e, em seguida, em reais.

§ 2º Os lucros auferidos por filiais, sucursais ou controladas, no exterior, de pessoas jurídicas domiciliadas no Brasil serão computados na apuração do lucro real com observância do seguinte:

I – as filiais, sucursais e controladas deverão demonstrar a apuração dos lucros que auferirem em cada um de seus exercícios fiscais, segundo as normas da legislação brasileira;

II – os lucros a que se refere o inciso I serão adicionados ao lucro líquido da matriz ou controladora, na proporção de sua participação acionária, para apuração do lucro real;

III – se a pessoa jurídica se extinguir no curso do exercício, deverá adicionar ao seu lucro líquido os lucros auferidos por filiais, sucursais ou controladas, até a data do balanço de encerramento;

IV – as demonstrações financeiras das filiais, sucursais e controladas que embasarem as demonstrações em reais deverão ser mantidas no Brasil pelo prazo previsto no art. 173 da Lei 5.172, de 25 de outubro de 1966.

§ 3º Os lucros auferidos no exterior por coligadas de pessoas jurídicas domiciliadas no Brasil serão computados na apuração do lucro real com observância do seguinte:

I – os lucros realizados pela coligada serão adicionados ao lucro líquido, na proporção da participação da pessoa jurídica no capital da coligada;

II – os lucros a serem computados na apuração do lucro real são os apurados no balanço ou balanços levantados pela coligada no curso do período-base da pessoa jurídica;

III – se a pessoa jurídica se extinguir no curso do exercício, deverá adicionar ao seu lucro líquido, para apuração do lucro real, sua participação nos lucros da coligada apurados por esta em balanços levantados até a data do balanço de encerramento da pessoa jurídica;

IV – a pessoa jurídica deverá conservar em seu poder cópia das demonstrações financeiras da coligada.

§ 4º Os lucros a que se referem os §§ 2º e 3º serão convertidos em reais pela taxa de câmbio, para venda, do dia das demonstrações financeiras em que tenham sido apurados os lucros da filial, sucursal, controlada ou coligada.

§ 5º Os prejuízos e perdas decorrentes das operações referidas neste artigo não serão compensados com lucros auferidos no Brasil.

§ 6º Os resultados da avaliação dos investimentos no exterior, pelo método da equivalência patrimonial, continuarão a ter o tratamento previsto na legislação vigente, sem prejuízo do disposto nos §§ 1º, 2º e 3º.

§ 7º Os lucros serão apurados segundo as normas da legislação comercial do país de domicílio.

→ § 7º acrescentado pela Lei 12.973/2014.

Art. 26. A pessoa jurídica poderá compensar o imposto de renda incidente, no exterior, sobre os lucros, rendimentos e ganhos de capital computados no lucro real, até o limite do imposto de renda incidente, no Brasil, sobre os referidos lucros, rendimentos ou ganhos de capital.

§ 1º Para efeito de determinação do limite fixado no *caput*, o imposto incidente, no Brasil, correspondente aos lucros, rendimentos ou ganhos de capital auferidos no exterior, será proporcional ao total do imposto e adicional devidos pela pessoa jurídica no Brasil.

§ 2º Para fins de compensação, o documento relativo ao imposto de renda incidente no exterior deverá ser reconhecido pelo respectivo órgão arrecadador e pelo Consulado da Embaixada Brasileira no país em que for devido o imposto.

§ 3º O imposto de renda a ser compensado será convertido em quantidade de reais, de acordo com a taxa de câmbio, para venda, na data em que o imposto foi pago; caso a moeda em que o imposto foi pago não tiver cotação no Brasil, será ela convertida em dólares norte-americanos e, em seguida, em reais.

Art. 27. As pessoas jurídicas que tiverem lucros, rendimentos ou ganhos de capital oriundos do exterior estão obrigadas ao regime de tributação com base no lucro real.

Art. 28. A alíquota do imposto de renda de que tratam o art. 77 da Lei 3.470, de 28 de novembro de 1958 e o art. 100 do Decreto-Lei 5.844, de 23 de setembro de 1943, com as modificações posteriormente introduzidas, passa, a partir de 1º de janeiro de 1996, a ser de 15% (quinze por cento).

Art. 29. Os limites a que se referem os arts. 36, I, e 44, da Lei 8.981, de 20 de janeiro de 1995, com a redação dada pela Lei 9.065, de 20 de junho de 1995, passam a ser de R$ 12.000.000,00 (doze milhões de reais).

Art. 30. Os valores constantes da legislação tributária, expressos em quantidade de Ufir, serão convertidos em reais pelo valor da Ufir vigente em 1º de janeiro de 1996.

Art. 31. (*Revogado pela Lei 12.973/2014*).

→ *v.* Art. 119 da Lei 12.973/2014.

Art. 32. (*Vetado*).

Art. 33. (*Vetado*).

Art. 34. Extingue-se a punibilidade dos crimes definidos na Lei 8.137, de 27 de dezembro de 1990, e na Lei 4.729, de 14 de julho de 1965, quando o agente promover o pagamento do tributo ou contribuição social, inclusive acessórios, antes do recebimento da denúncia.

§ 1º (*Vetado*).

§ 2º (*Vetado*).

Art. 35. Esta Lei entra em vigor na data de sua publicação, produzindo efeitos a partir de 1º de janeiro de 1996.

Art. 36. Ficam revogadas as disposições em contrário, especialmente:

I – o Decreto-Lei 1.215, de 4 de maio de 1972, observado o disposto no art. 178 da Lei 5.172, de 25 de outubro de 1966;

II – os arts. 2º a 19 da Lei 7.799, de 10 de julho de 1989;

III – os arts. 9º e 12 da Lei 8.023, de 12 de abril de 1990;

IV – os arts. 43 e 44 da Lei 8.541, de 23 de dezembro de 1992;

V – o art. 28 e os incisos VI, XI e XII e o parágrafo único do art. 36, os arts. 46, 48 e 54, e o inciso II do art. 60, todos da Lei 8.981, de 20 de janeiro de 1995, alterada pela Lei 9.065, de 20 de junho de 1995, e o art. 10 da Lei 9.065, de 20 de junho de 1995.

Brasília, 26 de dezembro de 1995; 174º da Independência e 107º da República.

Fernando Henrique Cardoso

(Publicação no *D.O.U. de* 27.12.1995)

LEI 9.250,
DE 26 DE DEZEMBRO DE 1995

Altera a legislação do imposto de renda das pessoas físicas e dá outras providências.

O Presidente da República:

Faço saber que o Congresso Nacional decreta e eu sanciono a seguinte Lei:

Capítulo I
DISPOSIÇÕES PRELIMINARES

Art. 1º A partir de 1º de janeiro de 1996 o imposto de renda das pessoas físicas será determinado segundo as normas da legislação vigente, com as alterações desta Lei.

Art. 2º Os valores expressos em UFIR na legislação do imposto de renda das pessoas físicas ficam convertidos em Reais, tomando-se por base o valor da UFIR vigente em 1º de janeiro de 1996.

Capítulo II
DA INCIDÊNCIA MENSAL DO IMPOSTO

Art. 3º O imposto de renda incidente sobre os rendimentos de que tratam os arts. 7º, 8º e 12, da Lei 7.713, de 22 de dezembro de 1988, será calculado de acordo com a seguinte tabela progressiva em Reais:

Base de Cálculo em R$	Alíquota %	Parcela a deduzir do imposto em R$
até 900,00	–	–
acima de 900,00 até 1.800,00	15	135
acima de 1.800,00	25	315

Parágrafo único. O imposto de que trata este artigo será calculado sobre os rendimentos efetivamente recebidos em cada mês.

Art. 4º Na determinação da base de cálculo sujeita à incidência mensal do imposto de renda poderão ser deduzidas:

I – a soma dos valores referidos no art. 6º da Lei 8.134, de 27 de dezembro de 1990;

II – as importâncias pagas a título de pensão alimentícia em face das normas do Direito de Família, quando em cumprimento de decisão judicial, inclusive a prestação de alimentos provisionais, de acordo homologado judicialmente, ou de escritura pública a que se refere o art. 1.124-A da Lei 5.869, de 11 de janeiro de 1973 – Código de Processo Civil;

→ Inciso II com redação alterada pela Lei 11.727/2008.

III – a quantia, por dependente, de:

→ *Caput* do inciso III com redação alterada pela Lei 11.482/2007.

a) R$ 132,05 (cento e trinta e dois reais e cinco centavos), para o ano-calendário de 2007;

→ Alínea *a* acrescentada pela Lei 11.482/2007.

b) R$ 137,99 (cento e trinta e sete reais e noventa e nove centavos), para o ano-calendário de 2008;

→ Alínea *b* acrescentada pela Lei 11.482/2007.

c) R$ 144,20 (cento e quarenta e quatro reais e vinte centavos), para o ano-calendário de 2009;

→ Alínea *c* acrescentada pela Lei 11.482/2007.

d) R$ 150,69 (cento e cinquenta reais e sessenta e nove centavos), para o ano-calendário de 2010;

→ Alínea *d* com redação alterada pela Lei 12.469/2011.

e) R$ 157,47 (cento e cinquenta e sete reais e quarenta e sete centavos), para o ano-calendário de 2011;

→ Alínea *e* acrescentada pela Lei 12.469/2011.

f) R$ 164,56 (cento e sessenta e quatro reais e cinquenta e seis centavos), para o ano-calendário de 2012;

→ Alínea *f* acrescentada pela Lei 12.469/2011.

g) R$ 171,97 (cento e setenta e um reais e noventa e sete centavos), para o ano-calendário de 2013;

→ Alínea *g* acrescentada pela Lei 12.469/2011.

h) R$ 179,71 (cento e setenta e nove reais e setenta e um centavos), para o ano-calendário de 2014 e nos meses de janeiro a março do ano-calendário de 2015; e

→ Alínea *h* acrescentada pela Lei 13.149/2015.

i) R$ 189,59 (cento e oitenta e nove reais e cinquenta e nove centavos), a partir do mês de abril do ano-calendário de 2015;

→ Alínea *i* acrescentada pela Lei 13.149/2015.

IV – as contribuições para a Previdência Social da União, dos Estados, do Distrito Federal e dos Municípios;

V – as contribuições para as entidades de previdência privada domiciliadas no País, cujo ônus tenha sido do contribuinte, destinadas a custear benefícios complementares assemelhados aos da Previdência Social;

VI – a quantia, correspondente à parcela isenta dos rendimentos provenientes de aposentadoria e pensão, transferência para a reserva remunerada ou reforma, pagos pela Previdência Social da União, dos Estados, do Distrito Federal e dos Municípios, por qualquer pessoa jurídica de direito público interno ou por entidade de previdência privada, a partir do mês em que o contribuinte completar 65 (sessenta e cinco) anos de idade, de:

→ *Caput* do inciso VI com redação alterada pela Lei 11.482/2007.

a) R$ 1.313,69 (mil, trezentos e treze reais e sessenta e nove centavos), por mês, para o ano-calendário de 2007;

→ Alínea *a* acrescentada pela Lei 11.482/2007.

b) R$ 1.372,81 (mil, trezentos e setenta e dois reais e oitenta e um centavos), por mês, para o ano-calendário de 2008;

→ Alínea *b* acrescentada pela Lei 11.482/2007.

c) R$ 1.434,59 (mil, quatrocentos e trinta e quatro reais e cinquenta e nove centavos), por mês, para o ano-calendário de 2009;

→ Alínea *c* acrescentada pela Lei 11.482/2007.

d) R$ 1.499,15 (mil, quatrocentos e noventa e nove reais e quinze centavos), por mês, para o ano-calendário de 2010;

→ Alínea *d* com redação alterada pela Lei 12.469/2011.

e) R$ 1.566,61 (mil, quinhentos e sessenta e seis reais e sessenta e um centavos), por mês, para o ano-calendário de 2011;

→ Alínea *e* acrescentada pela Lei 12.469/2011.

f) R$ 1.637,11 (mil, seiscentos e trinta e sete reais e onze centavos), por mês, para o ano-calendário de 2012;

→ Alínea *f* acrescentada pela Lei 12.469/2011.

g) R$ 1.710,78 (mil, setecentos e dez reais e setenta e oito centavos), por mês, para o ano-calendário de 2013;

→ Alínea *g* acrescentada pela Lei 12.469/2011.

h) R$ 1.787,77 (mil, setecentos e oitenta e sete reais e setenta e sete centavos), por mês, para o ano-calendário de 2014 e nos meses de janeiro a março do ano-calendário de 2015; e

→ Alínea *h* com redação alterada pela Lei 13.149/2015.

i) R$ 1.903,98 (mil, novecentos e três reais e noventa e oito centavos), por mês, a partir do mês de abril do ano-calendário de 2015;

→ Alínea *i* acrescentada pela Lei 13.149/2015.

VII – as contribuições para as entidades fechadas de previdência complementar de natureza pública de que trata o § 15 do art. 40 da Constituição Federal, cujo ônus tenha sido do contribuinte, destinadas a custear benefícios complementares assemelhados aos da Previdência Social.

→ Inciso VII com redação alterada pela Lei 13.043/2014.

Parágrafo único. A dedução permitida pelo inciso V aplica-se exclusivamente à base de cálculo relativa aos seguintes rendimentos, assegurada, nos demais casos, a dedução dos valores pagos a esse título, por ocasião da apuração da base de cálculo do imposto devido no ano-calendário, conforme disposto na alínea e do inciso II do art. 8º desta Lei:

→ *Caput* do parágrafo único com redação alterada pela Lei 13.202/2015.

I – do trabalho com vínculo empregatício ou de administradores;

→ Inciso I acrescentado pela Lei 13.202/2015.

II – proventos de aposentados e pensionistas, quando a fonte pagadora for responsável pelo desconto e respectivo pagamento das contribuições previdenciárias.

→ Inciso II acrescentado pela Lei 13.202/2015.

Art. 5º As pessoas físicas residentes ou domiciliadas no Brasil que recebam rendimentos de trabalho assalariado, em moeda estrangeira, de autarquias ou repartições do Governo brasileiro, situadas no exterior, estão sujeitas ao imposto de renda na fonte incidente sobre a base de cálculo de que trata o art. 4º, mediante utilização da tabela progressiva de que trata o art. 3º.

§ 1º Os rendimentos em moeda estrangeira serão convertidos em Reais, mediante utilização do valor do dólar dos Estados Unidos da América fixado para compra pelo Banco Central do Brasil para o último dia útil da primeira quinzena do mês anterior ao do pagamento do rendimento.

§ 2º As deduções de que tratam os incisos II, IV e V do art. 4º serão convertidas em Reais, mediante utilização do valor do dólar dos Estados Unidos da América fixado para venda pelo Banco Central do Brasil para o último dia útil da primeira quinzena do mês anterior ao do pagamento do rendimento.

§ 3º As pessoas físicas computarão, na determinação da base de cálculo de que trata o **art. 4º** e na declaração de rendimentos, 25% do total dos rendimentos do trabalho assalariado recebidos nas condições referidas neste artigo.

Art. 6º Os rendimentos recebidos de fontes situadas no exterior, sujeitos a tributação no Brasil, bem como o imposto pago no exterior, serão convertidos em Reais mediante utilização do valor do dólar dos Estados Unidos da América fixado para compra pelo Banco Central do Brasil para o último dia útil da primeira quinzena do mês anterior ao do recebimento do rendimento.

Capítulo III
DA DECLARAÇÃO DE RENDIMENTOS

Art. 7º A pessoa física deverá apurar o saldo em Reais do imposto a pagar ou o valor a ser restituído, relativamente aos rendimentos percebidos no ano-calendário, e apresentar anualmente, até o último dia útil do mês de abril do ano-calendário subsequente, declaração de rendimentos em modelo aprovado pela Secretaria da Receita Federal.

§ 1º O prazo de que trata este artigo aplica-se inclusive à declaração de rendimentos relativa ao exercício de 1996, ano-calendário de 1995.

§ 2º O Ministro da Fazenda poderá estabelecer limites e condições para dispensar pessoas físicas da obrigação de apresentar declaração de rendimentos.

→ § 2º com redação alterada pela Lei 9.532/1997.

§ 3º Fica o Ministro da Fazenda autorizado a prorrogar o prazo para a apresentação da declaração, dentro do exercício financeiro.

§ 4º Homologada a partilha ou feita a adjudicação dos bens, deverá ser apresentada pelo inventariante, dentro de trinta dias contados da data em que transitar em julgado a sentença respectiva, declaração dos rendimentos correspondentes ao período de 1º de janeiro até a data da homologação ou adjudicação.

§ 5º Se a homologação ou adjudicação ocorrer antes do prazo anualmente fixado para a entrega das declarações de rendimentos, juntamente com a declaração referida no parágrafo anterior deverá ser entregue a declaração dos rendimentos correspondente ao ano-calendário anterior.

Art. 8º A base de cálculo do imposto devido no ano-calendário será a diferença entre as somas:

I – de todos os rendimentos percebidos durante o ano-calendário, exceto os isentos, os não tributáveis, os tributáveis exclusivamente na fonte e os sujeitos à tributação definitiva;

II – das deduções relativas:

a) aos pagamentos efetuados, no ano-calendário, a médicos, dentistas, psicólogos, fisioterapeutas, fonoaudiólogos, terapeutas ocupacionais e hospitais, bem como as despesas com exames laboratoriais, serviços radiológicos, aparelhos ortopédicos e próteses ortopédicas e dentárias;

b) a pagamentos de despesas com instrução do contribuinte e de seus dependentes, efetuados a estabelecimentos de ensino, relativamente à educação infantil, compreendendo as creches e as pré-escolas; ao ensino fundamental; ao ensino médio; à educação superior, compreendendo os cursos de graduação e de pós-graduação (mestrado, doutorado e especialização); e à educação profissional, compreendendo o ensino técnico e o tecnológico, até o limite anual individual de:

→ *Caput* da alínea *b* com redação alterada pela Lei 11.482/2007.

1. R$ 2.480,66 (dois mil, quatrocentos e oitenta reais e sessenta e seis centavos) para o ano-calendário de 2007;

→ Item 1 com redação alterada pela Lei 11.482/2007.

2. R$ 2.592,29 (dois mil, quinhentos e noventa e dois reais e vinte e nove centavos) para o ano-calendário de 2008;

→ Item 2 com redação alterada pela Lei 11.482/2007.

3. R$ 2.708,94 (dois mil, setecentos e oito reais e noventa e quatro centavos) para o ano-calendário de 2009;

→ Item 3 com redação alterada pela Lei 11.482/2007.

4. R$ 2.830,84 (dois mil, oitocentos e trinta reais e oitenta e quatro centavos) para o ano-calendário de 2010;

→ Item 4 com redação alterada pela Lei 11.482/2007.

5. (*Revogado pela Lei 11.482/2007*);

6. R$ 2.958,23 (dois mil, novecentos e cinquenta e oito reais e vinte e três centavos) para o ano-calendário de 2011;

→ Item 6 acrescentado pela Lei 12.469/2011.

7. R$ 3.091,35 (três mil, noventa e um reais e trinta e cinco centavos) para o ano-calendário de 2012;

→ Item 7 acrescentado pela Lei 12.469/2011.

8. R$ 3.230,46 (três mil, duzentos e trinta reais e quarenta e seis centavos) para o ano-calendário de 2013;

→ Item 8 acrescentado pela Lei 12.469/2011.

9. R$ 3.375,83 (três mil, trezentos e setenta e cinco reais e oitenta e três centavos) para o ano-calendário de 2014; e

→ Item 9 com redação alterada pela Lei 13.149/2015.

10. R$ 3.561,50 (três mil, quinhentos e sessenta e um reais e cinquenta centavos), a partir do ano-calendário de 2015;

→ Item 10 acrescentado pela Lei 13.149/2015.

c) à quantia, por dependente, de:

→ Alínea c com redação alterada pela Lei 11.482/2007.

1. R$ 1.584,60 (mil, quinhentos e oitenta e quatro reais e sessenta centavos) para o ano-calendário de 2007;

→ Item 1 acrescentado pela Lei 11.482/2007.

2. R$ 1.655,88 (mil, seiscentos e cinquenta e cinco reais e oitenta e oito centavos) para o ano-calendário de 2008;

→ Item 2 acrescentado pela Lei 11.482/2007.

3. R$ 1.730,40 (mil, setecentos e trinta reais e quarenta centavos) para o ano-calendário de 2009;

→ Item 3 acrescentado pela Lei 11.482/2007.

4. R$ 1.808,28 (mil, oitocentos e oito reais e vinte e oito centavos) para o ano-calendário de 2010;

→ Item 4 com redação alterada pela Lei 12.469/2011.

5. R$ 1.889,64 (mil, oitocentos e oitenta e nove reais e sessenta e quatro centavos) para o ano-calendário de 2011;

→ Item 5 acrescentado pela Lei 12.469/2011.

6. R$ 1.974,72 (mil, novecentos e setenta e quatro reais e setenta e dois centavos) para o ano-calendário de 2012;

→ Item 6 acrescentado pela Lei 12.469/2011.

7. R$ 2.063,64 (dois mil, sessenta e três reais e sessenta e quatro centavos) para o ano-calendário de 2013;

→ Item 7 acrescentado pela Lei 12.469/2011.

8. R$ 2.156,52 (dois mil, cento e cinquenta e seis reais e cinquenta e dois centavos) para o ano-calendário de 2014; e

→ Item 8 com redação alterada pela Lei 13.149/2015.

9. R$ 2.275,08 (dois mil, duzentos e setenta e cinco reais e oito centavos) a partir do ano-calendário de 2015;

→ Item 9 acrescentado pela Lei 13.149/2015.

d) às contribuições para a Previdência Social da União, dos Estados, do Distrito Federal e dos Municípios;

e) às contribuições para as entidades de previdência privada domiciliadas no País, cujo ônus tenha sido do contribuinte, destinadas a custear benefícios complementares assemelhados aos da Previdência Social;

f) às importâncias pagas a título de pensão alimentícia em face das normas do Direito de Família, quando em cumprimento de decisão judicial, inclusive a prestação de alimentos provisionais, de acordo homologado judicialmente, ou de escritura pública a que se refere o art. 1.124-A da Lei 5.869, de 11 de janeiro de 1973 – Código de Processo Civil;

→ Alínea *f* com redação alterada pela Lei 11.727/2008.

g) às despesas escrituradas no Livro Caixa, previstas nos incisos I a III do art. 6º da Lei 8.134, de 27 de dezembro de 1990, no caso de trabalho não assalariado, inclusive dos leiloeiros e dos titulares de serviços notariais e de registro.

h) (*Vetado*).

→ Alínea *h* acrescentada pela Lei 12.469/2011.

i) às contribuições para as entidades fechadas de previdência complementar de natureza pública de que trata o § 15 do art. 40 da Constituição Federal, cujo ônus tenha sido do contribuinte, destinadas a custear benefícios complementares assemelhados aos da Previdência Social.

→ Alínea *i* com redação alterada pela Lei 13.043/2014.

j) (*Vetado*).

→ Alínea *j* acrescentada pela Lei 13.149/2015.

§ 1º A quantia correspondente à parcela isenta dos rendimentos provenientes de aposentadoria e pensão, transferência para a reserva remunerada ou reforma, pagos pela Previdência Social da União, dos Estados, do Distrito Federal e dos Municípios, por qualquer pessoa jurídica de direito público interno, ou por entidade de previdência privada, representada pela soma dos valores mensais computados a partir do mês em que o contribuinte completar sessenta e cinco anos de idade, não integrará a soma de que trata o inciso I.

§ 2º O disposto na alínea a do inciso II:

I – aplica-se, também, aos pagamentos efetuados a empresas domiciliadas no País, destinados à cobertura de despesas com hospitalização, médicas e odontológicas, bem como a entidades que assegurem direito de atendimento ou ressarcimento de despesas da mesma natureza;

II – restringe-se aos pagamentos efetuados pelo contribuinte, relativos ao próprio tratamento e ao de seus dependentes;

III – limita-se a pagamentos especificados e comprovados, com indicação do nome, endereço e número de inscrição no Cadastro de Pessoas Físicas – CPF ou no Cadastro Geral de Contribuintes – CGC de quem os recebeu, podendo, na falta de documentação, ser feita indicação do cheque nominativo pelo qual foi efetuado o pagamento;

IV – não se aplica às despesas ressarcidas por entidade de qualquer espécie ou cobertas por contrato de seguro;

V – no caso de despesas com aparelhos ortopédicos e próteses ortopédicas e dentárias, exige-se a comprovação com receituário médico e nota fiscal em nome do beneficiário.

§ 3º As despesas médicas e de educação dos alimentandos, quando realizadas pelo alimentante em virtude de cumprimento de decisão judicial, de acordo homologado judicialmente ou de escritura pública a que se refere o art. 1.124-A da Lei 5.869, de 11 de janeiro de 1973 – Código de Processo Civil, poderão ser deduzidas pelo alimentante na determinação da base de cálculo do imposto de renda na declaração, observado, no caso de despesas de educação, o limite previsto na alínea *b* do inciso II do *caput* deste artigo.

→ § 3º com redação alterada pela Lei 11.727/2008.

§ 4º (*Vetado*).

→ § 4º acrescentado pela Lei 12.469/2011.

Art. 9º O resultado da atividade rural, apurado na forma da Lei 8.023, de 12 de abril de 1990, com as alterações posteriores, quando positivo, integrará a base de cálculo do imposto definida no artigo anterior.

Art. 10. O contribuinte poderá optar por desconto simplificado, que substituirá todas as deduções admitidas na legislação, correspondente à dedução de 20% (vinte por cento) do valor dos rendimentos tributáveis na Declaração de Ajuste Anual, independentemente do montante desses rendimentos, dispensadas a comprovação da despesa e a indicação de sua espécie, limitada a:

→ Artigo com redação alterada pela Lei 11.482/2007.

I – R$ 11.669,72 (onze mil, seiscentos e sessenta e nove reais e setenta e dois centavos) para o ano-calendário de 2007;

→ Inciso I acrescentado pela Lei 11.482/2007.

II – R$ 12.194,86 (doze mil, cento e noventa e quatro reais e oitenta e seis centavos) para o ano-calendário de 2008;

→ Inciso II acrescentado pela Lei 11.482/2007.

III – R$ 12.743,63 (doze mil, setecentos e quarenta e três reais e sessenta e três centavos) para o ano-calendário de 2009;

→ Inciso III acrescentado pela Lei 11.482/2007.

IV – R$ 13.317,09 (treze mil, trezentos e dezessete reais e nove centavos) para o ano-calendário de 2010;

→ Inciso IV com redação alterada pela Lei 12.469/2011.

V – R$ 13.916,36 (treze mil, novecentos e dezesseis reais e trinta e seis centavos) para o ano-calendário de 2011;

→ Inciso V acrescentado pela Lei 12.469/2011.

VI – R$ 14.542,60 (quatorze mil, quinhentos e quarenta e dois reais e sessenta centavos) para o ano-calendário de 2012;

→ Inciso VI acrescentado pela Lei 12.469/2011.

VII – R$ 15.197,02 (quinze mil, cento e noventa e sete reais e dois centavos) para o ano-calendário de 2013;

→ Inciso VII acrescentado pela Lei 12.469/2011.

VIII – R$ 15.880,89 (quinze mil, oitocentos e oitenta reais e oitenta e nove centavos) para o ano-calendário de 2014; e

→ Inciso VIII com redação alterada pela Lei 13.149/2015.

IX – R$ 16.754,34 (dezesseis mil, setecentos e cinquenta e quatro reais e trinta e quatro centavos) a partir do ano-calendário de 2015.

→ Inciso IX com redação alterada pela Lei 13.149/2015.

Parágrafo único. O valor deduzido não poderá ser utilizado para comprovação de acréscimo patrimonial, sendo considerado rendimento consumido.

→ Parágrafo único acrescentado pela Lei 11.482/2007.

Art. 11. O imposto de renda devido na declaração será calculado mediante utilização da seguinte tabela:

Base de cálculo em R$	Alíquota %	Parcela a deduzir do imposto em R$
até 10.800,00	—	—
acima de 10.800,00 até 21.600,00	15	1.620,00
acima de 21.600,00	25	3.780,00

Art. 12. Do imposto apurado na forma do artigo anterior, poderão ser deduzidos:

I – as contribuições feitas aos Fundos controlados pelos Conselhos Municipais, Estaduais e Nacional dos Direitos da Criança e do Adolescente e pelos Conselhos Municipais, Estaduais e Nacional do Idoso;

→ Inciso I com redação alterada pela Lei 12.213/2010.

II – as contribuições efetivamente realizadas em favor de projetos culturais, aprovados na forma da regulamentação do Programa Nacional de Apoio à Cultura – PRONAC, instituído pelo art. 1º da Lei 8.313, de 23 de dezembro de 1991;

III – os investimentos feitos a título de incentivo às atividades audiovisuais, na forma e condições previstas nos arts. 1º e 4º da Lei 8.685, de 20 de julho de 1993;

IV – (*Vetado*);

V – o imposto retido na fonte ou o pago, inclusive a título de recolhimento complementar, correspondente aos rendimentos incluídos na base de cálculo;

VI – o imposto pago no exterior de acordo com o previsto no art. 5º da Lei 4.862, de 29 de novembro de 1965;

VII – até o exercício de 2019, ano-calendário de 2018, a contribuição patronal paga à Previdência Social pelo empregador doméstico incidente sobre o valor da remuneração do empregado; e

→ Inciso VII com redação alterada pela Lei 13.097/2015.

VIII – doações e patrocínios diretamente efetuados por pessoas físicas no âmbito do Programa Nacional de Apoio à Atenção Oncológica – PRONON e do Programa Nacional de Apoio à Atenção da Saúde da Pessoa com Deficiência – PRONAS/PCD, previamente aprovados pelo Ministério da Saúde.

→ Inciso VIII acrescentado pela Lei 12.715/2012.

§ 1º A soma das deduções a que se referem os incisos I a IV não poderá reduzir o imposto devido em mais de doze por cento.

§ 2º (*Vetado*).

§ 3º A dedução de que trata o inciso VII do caput deste artigo:

→ § 3º acrescentado pela Lei 11.324/2006.

I – está limitada:

a) a 1 (um) empregado doméstico por declaração, inclusive no caso da declaração em conjunto;

b) ao valor recolhido no ano-calendário a que se referir a declaração;

II – aplica-se somente ao modelo completo de Declaração de Ajuste Anual;

III – não poderá exceder:

a) ao valor da contribuição patronal calculada sobre 1 (um) salário mínimo mensal, sobre o 13º (décimo terceiro) salário e sobre a remuneração adicional de férias, referidos também a 1 (um) salário mínimo;

b) ao valor do imposto apurado na forma do art. 11 desta Lei, deduzidos os valores de que tratam os incisos I a III do caput deste artigo;

IV – fica condicionada à comprovação da regularidade do empregador doméstico perante o regime geral de previdência social quando se tratar de contribuinte individual.

Art. 13. O montante determinado na forma do artigo anterior constituirá, se positivo, saldo do imposto a pagar e, se negativo, valor a ser restituído.

Parágrafo único. Quando positivo, o saldo do imposto deverá ser pago até o último dia útil do mês fixado para a entrega da declaração de rendimentos.

Art. 14. À opção do contribuinte, o saldo do imposto a pagar poderá ser parcelado em até 8 (oito) quotas iguais, mensais e sucessivas, observado o seguinte:

→ Caput com redação alterada pela Lei 11.311/2006.

I – nenhuma quota será inferior a R$ 50,00 (cinquenta reais), e o imposto de valor inferior a R$ 100,00 (cem reais) será pago de uma só vez;

II – a primeira quota deverá ser paga no mês fixado para a entrega da declaração de rendimentos;

III – as demais quotas, acrescidas de juros equivalentes à taxa referencial do Sistema Especial de Liquidação e de Custódia – SELIC para títulos federais, acumulada mensalmente, calculados a partir da data prevista para a entrega da declaração de rendimentos até o mês anterior ao do pagamento e de 1% no mês do pagamento, vencerão no último dia útil de cada mês.

IV – é facultado ao contribuinte antecipar, total ou parcialmente, o pagamento do imposto ou das quotas.

Art. 15. Nos casos de encerramento de espólio e de saída definitiva do território nacional, o imposto de renda devido será calculado mediante a utilização dos valores correspondentes à soma das tabelas progressivas mensais relativas aos meses do período abrangido pela tributação no ano-calendário.

→ Artigo com redação alterada pela Lei 11.311/2006.

Art. 16. O valor da restituição do imposto de renda da pessoa física, apurado em declaração de rendimentos, será acrescido de juros equivalentes à taxa referencial do Sistema Especial de Liquidação e de Custódia – SELIC para títulos federais, acumulada mensalmente, calculados a partir da data prevista para a entrega da declaração de rendimentos até o mês anterior ao da liberação da restituição e de 1% no mês em que o recurso for colocado no banco à disposição do contribuinte.

Capítulo IV
TRIBUTAÇÃO DA ATIVIDADE RURAL

Art. 17. O **art. 2º** da Lei 8.023, de 12 de abril de 1990, passa a vigorar com a seguinte redação:

"Art. 2º (...)

(...)

V – a transformação de produtos decorrentes da atividade rural, sem que sejam alteradas a composição e as características do produto in natura, feita pelo próprio agricultor ou criador, com equipamentos e utensílios usualmente empregados nas atividades rurais, utilizando exclusivamente matéria-prima produzida na área rural explorada, tais como a pasteurização e o acondicionamento do leite, assim como o mel e o suco de laranja, acondicionados em embalagem de apresentação.

Parágrafo único. O disposto neste artigo não se aplica à mera intermediação de animais e de produtos agrícolas."

Art. 18. O resultado da exploração da atividade rural apurado pelas pessoas físicas, a partir do ano-calendário de 1996, será apurado mediante escrituração do Livro Caixa, que deverá abranger as receitas, as despesas de custeio, os investimentos e demais valores que integram a atividade.

§ 1º O contribuinte deverá comprovar a veracidade das receitas e das despesas escrituradas no Livro Caixa, mediante documentação idônea que identifique o adquirente ou beneficiário, o valor e a data da operação, a qual será mantida em seu poder à disposição da fiscalização, enquanto não ocorrer a decadência ou prescrição.

§ 2º A falta da escrituração prevista neste artigo implicará arbitramento da base de cálculo à razão de vinte por cento da receita bruta do ano-calendário.

§ 3º Aos contribuintes que tenham auferido receitas anuais até o valor de R$ 56.000,00 (cinquenta e seis mil reais) faculta-se apurar o resultado da exploração da atividade rural, mediante prova documental, dispensado o registro do Livro Caixa.

Art. 19. O resultado positivo obtido na exploração da atividade rural pela pessoa física poderá ser compensado com prejuízos apurados em anos-calendário anteriores.

Parágrafo único. A pessoa física fica obrigada à conservação e guarda do Livro Caixa e dos documentos fiscais que demonstram a apuração do prejuízo a compensar.

Art. 20. O resultado decorrente da atividade rural, exercida no Brasil por residente ou domiciliado no exterior, apurado por ocasião do encerramento do ano-calendário, constituirá a base de cálculo do imposto e será tributado à alíquota de quinze por cento.

§ 1º Na hipótese de que trata este artigo, a apuração do resultado deverá ser feita por procurador, a quem compete reter e recolher o imposto devido, não sendo permitidas a opção pelo arbitramento de vinte por cento da receita bruta e a compensação de prejuízos apurados.

§ 2º O imposto apurado deverá ser pago na data da ocorrência do fato gerador.

§ 3º Ocorrendo remessa de lucros antes do encerramento do ano-calendário, o imposto deverá ser recolhido no ato sobre o valor remetido por ocasião do evento, exceto no caso de devolução de capital.

Art. 21. O resultado da atividade rural exercida no exterior, por residentes e domiciliados no Brasil, convertido em reais mediante utilização do valor do dólar dos Estados Unidos da América fixado para compra pelo Banco Central do Brasil, para o último dia do ano-calendário a que se refere o resultado, sujeita-se ao mesmo tratamento tributário previsto no art. 9º, vedada a compensação de resultado positivo obtido no exterior, com resultado negativo obtido no País.

Capítulo V
TRIBUTAÇÃO DOS GANHOS DE CAPITAL DAS PESSOAS FÍSICAS

Art. 22. Fica isento do imposto de renda o ganho de capital auferido na alienação de bens e direitos de pequeno valor, cujo preço unitário de alienação, no mês em que esta se realizar, seja igual ou inferior a:

→ Caput com redação alterada pela Lei 11.196/2005.

I – R$ 20.000,00 (vinte mil reais), no caso de alienação de ações negociadas no mercado de balcão;

→ Inciso I acrescentado pela Lei 11.196/2005.

II – R$ 35.000,00 (trinta e cinco mil reais), nos demais casos.

→ Inciso II acrescentado pela Lei 11.196/2005.

Parágrafo único. No caso de alienação de diversos bens ou direitos da mesma natureza, será considerado, para os efeitos deste artigo, o valor do conjunto dos bens alienados no mês.

Art. 23. Fica isento do imposto de renda o ganho de capital auferido na alienação do único imóvel que o titular possua, cujo valor de alienação seja de até R$ 440.000,00 (quatrocentos e quarenta mil reais), desde que não tenha sido realizada qualquer outra alienação nos últimos cinco anos.

Art. 24. Na apuração do ganho de capital de bens adquiridos por meio de arrendamento mercantil, será considerado custo de aquisição o valor residual do bem acrescido dos valores pagos a título de arrendamento.

Capítulo VI
DA DECLARAÇÃO DE BENS E DIREITOS

Art. 25. Como parte integrante da declaração de rendimentos, a pessoa física apresentará relação pormenorizada dos bens imóveis e móveis e direitos que, no País ou no exterior, constituam o seu patrimônio e o de seus dependentes, em 31 de dezembro do ano-calendário, bem como os bens e direitos adquiridos e alienados no mesmo ano.

§ 1º Devem ser declarados:

I – os bens imóveis, os veículos automotores, as embarcações e as aeronaves, independentemente do valor deaquisição;

II – os demais bens móveis, tais como antiguidades, obras de arte, objetos de uso pessoal e utensílios, adquiridos a partir do ano-calendário de 1996, cujo valor de aquisição unitário seja igual ou superior a R$ 5.000,00 (cinco mil reais);

III – os saldos de aplicações financeiras e de conta corrente bancária cujo valor individual, em 31 de dezembro do ano-calendário, exceda a R$ 140,00 (cento e quarenta reais);

IV – os investimentos em participações societárias, em ações negociadas ou não em bolsa de valores e em ouro, ativo-financeiro, adquiridos a partir do ano-calendário de 1996, cujo valor de aquisição unitário seja igual ou superior a R$ 1.000,00 (um mil reais).

§ 2º Os bens serão declarados discriminadamente pelos valores de aquisição em Reais, constantes dos respectivos instrumentos de transferência de propriedade ou da nota fiscal.

§ 3º Os bens existentes no exterior devem ser declarados pelos valores de aquisição constantes dos respectivos instrumentos de transferência de propriedade, segundo a moeda do país em que estiverem situados, convertidos em Reais pela cotação cambial de venda do dia da transmissão da propriedade.

§ 4º Os depósitos mantidos em instituições financeiras no exterior devem ser relacionados na declaração de bens, a partir do ano-calendário de 1999, pelo valor do saldo desses depósitos em moeda estrangeira convertido em reais pela cotação cambial de compra em 31 de dezembro, sendo isento o acréscimo patrimonial decorrente da variação cambial.

→ § 4º com redação alterada pela MP 2.189-49/2001.

§ 5º Na declaração de bens e direitos, também deverão ser consignados os ônus reais e obrigações da pessoa física e de seus dependentes, em 31 de dezembro do ano-calendário, cujo valor seja superior a R$ 5.000,00 (cinco mil reais).

§ 6º O disposto nos incisos II e IV do § 1º poderá ser observado na declaração de bens referente ao ano-calendário de 1995, com relação aos bens móveis e aos investimentos adquiridos anteriormente a 1996.

Capítulo VII
DISPOSIÇÕES GERAIS

Art. 26. Ficam isentas do imposto de renda as bolsas de estudo e de pesquisa caracterizadas como doação, quando recebidas exclusivamente para proceder a estudos ou pesquisas e desde que os resultados dessas atividades não representem vantagem para o doador, nem importem contraprestação de serviços.

Parágrafo único. Não caracterizam contraprestação de serviços nem vantagem para o doador, para efeito da isenção referida no caput, as bolsas de estudo recebidas pelos médicos residentes, nem as bolsas recebidas pelos servidores das redes públicas de educação profissional, científica e tecnológica que participem das atividades do Pronatec, nos termos do § 1º do art. 9º da Lei 2.513, de 26 de outubro de 2011.

→ Parágrafo único com redação alterada pela Lei 12.816/2013.

Art. 27. O art. 48 da Lei 8.541, de 23 de dezembro de 1992, passa a vigorar com a seguinte redação:

"Art. 48. Ficam isentos do imposto de renda os rendimentos percebidos pelas pessoas físicas decorrentes de seguro-desemprego, auxílio-natalidade, auxílio-doença, auxílio-funeral e auxílio-acidente, pagos pela previdência oficial da União, dos Estados, do Distrito Federal e dos Municípios e pelas entidades de previdência privada."

Art. 28. O inciso XV do art. 6º da Lei 7.713, de 22 de dezembro de 1988, passa a vigorar com a seguinte redação:

→ Alteração efetuada na referida Lei.

Art. 29. Estão isentos do imposto de renda na fonte os rendimentos pagos a pessoa física, residente ou domiciliada no exterior, por autarquias ou repartições do Governo brasileiro situadas fora do território nacional e que correspondam a serviços prestados a esses órgãos.

Art. 30. A partir de 1º de janeiro de 1996, para efeito do reconhecimento de novas isenções de que tratam os incisos XIV e XXI do art. 6º da Lei 7.713, de 22 de dezembro de 1988, com a redação dada pelo art. 47 da Lei 8.541, de 23 de dezembro de 1992, a moléstia deverá ser comprovada mediante laudo pericial emitido por serviço médico oficial, da União, dos Estados, do Distrito Federal e dos Municípios.

§ 1º O serviço médico oficial fixará o prazo de validade do laudo pericial, no caso de moléstias passíveis de controle.

§ 2º Na relação das moléstias a que se refere o inciso XIV do art. 6º da Lei 7.713, de 22 de dezembro de 1988, com a redação dada pelo art. 47 da Lei 8.541, de 23 de dezembro de 1992, fica incluída a fibrose cística (mucoviscidose).

Art. 31. *(Vetado).*

Art. 32. O inciso VII do art. 6º da Lei 7.713, de 22 de dezembro de 1988, passa a vigorar com a seguinte redação:

→ Alteração efetuada na referida Lei.

Art. 33. Sujeitam-se à incidência do imposto de renda na fonte e na declaração de ajuste anual os benefícios recebidos de entidade de previdência privada, bem como as importâncias correspondentes ao resgate de contribuições.

Parágrafo único. *(Vetado).*

Art. 34. As alíneas *a* e *b* do § 1º do art. 6º da Lei 8.134, de 27 de dezembro de 1990, passam a vigorar com a seguinte redação:

"Art. 6º (...)

(...)

§ 1º O disposto neste artigo não se aplica:

a) a quotas de depreciação de instalações, máquinas e equipamentos, bem como a despesas de arrendamento;

b) a despesas de locomoção e transporte, salvo no caso de representante comercial autônomo."

Art. 35. Para efeito do disposto nos arts. 4º, inciso III, e 8º, inciso II, alínea c, poderão ser considerados como dependentes:

I – o cônjuge;

II – o companheiro ou a companheira, desde que haja vida em comum por mais de cinco anos, ou por período menor se da união resultou filho;

III – a filha, o filho, a enteada ou o enteado, até 21 anos, ou de qualquer idade quando incapacitado física ou mentalmente para o trabalho;

IV – o menor pobre, até 21 anos, que o contribuinte crie e eduque e do qual detenha a guarda judicial;

V – o irmão, o neto ou o bisneto, sem arrimo dos pais, até 21 anos, desde que o contribuinte detenha a guarda judicial, ou de qualquer idade quando incapacitado física ou mentalmente para o trabalho;

VI – os pais, os avós ou os bisavós, desde que não aufiram rendimentos, tributáveis ou não, superiores ao limite de isenção mensal;

VII – o absolutamente incapaz, do qual o contribuinte seja tutor ou curador.

§ 1º Os dependentes a que se referem os incisos III e V deste artigo poderão ser assim considerados quando maiores até 24 anos de idade, se ainda estiverem cursando estabelecimento de ensino superior ou escola técnica de segundo grau.

§ 2º Os dependentes comuns poderão, opcionalmente, ser considerados por qualquer um dos cônjuges.

§ 3º No caso de filhos de pais separados, poderão ser considerados dependentes os que ficarem sob a guarda do contribuinte, em cumprimento de decisão judicial ou acordo homologado judicialmente.

§ 4º É vedada a dedução concomitante do montante referente a um mesmo dependente, na determinação da base de cálculo do imposto, por mais de um contribuinte.

§ 5º Sem prejuízo do disposto no inciso IX do parágrafo único do art. 3º da Lei 10.741, de 1º de outubro de 2003, a pessoa com deficiência, ou o contribuinte que tenha dependente nessa condição, tem preferência na restituição referida no inciso III do art. 4º e na alínea *c* do inciso II do art. 8º.

→ § 5º acrescentado pela Lei 13.146/2015.

Capítulo VIII
DISPOSIÇÕES FINAIS E TRANSITÓRIAS

Art. 36. O contribuinte que no ano-calendário de 1995 tiver auferido rendimentos tributáveis até o limite de R$ 21.458,00 (vinte e um mil, quatrocentos e cinquenta e oito reais) poderá optar pelo regime de tributação simplificada de que trata o art. 10.

Art. 37. Fica a Secretaria da Receita Federal autorizada a:

I – instituir modelo de documento fiscal a ser emitido por profissionais liberais;

II – celebrar, em nome da União, convênio com os Estados, Distrito Federal e Municípios, objetivando instituir cadastro único de contribuintes, em substituição aos cadastros federal, estaduais e municipais.

Art. 38. Os processos fiscais relativos a tributos e contribuições federais e a penalidades isoladas e as declarações não poderão sair dos órgãos da Secretaria da Receita Federal, salvo quando se tratar de:

I – encaminhamento de recursos à instância superior;

II – restituições de autos aos órgãos de origem;

III – encaminhamento de documentos para fins de processamento de dados.

§ 1º Nos casos a que se referem os incisos I e II deverá ficar cópia autenticada dos documentos essenciais na repartição.

§ 2º É facultado o fornecimento de cópia do processo ao sujeito passivo ou a seu mandatário.

Art. 39. A compensação de que trata o art. 66 da Lei 8.383, de 30 de dezembro de 1991, com a redação dada pelo art. 58 da Lei 9.069, de 29 de junho de 1995, somente poderá ser efetuada com o recolhimento de importância correspondente a imposto, taxa, contribuição federal ou receitas patrimoniais de mesma espécie e destinação constitucional, apurado em períodos subsequentes.

§ 1º (*Vetado*).

§ 2º (*Vetado*).

§ 3º (*Vetado*).

§ 4º A partir de 1º de janeiro de 1996, a compensação ou restituição será acrescida de juros equivalentes à taxa referencial do Sistema Especial de Liquidação e de Custódia – SELIC para títulos federais, acumulada mensalmente, calculados a partir da data do pagamento indevido ou a maior até o mês anterior ao da compensação ou restituição e de 1% relativamente ao mês em que estiver sendo efetuada.

Art. 40. A base de cálculo mensal do imposto de renda das pessoas jurídicas prestadoras de serviços em geral, cuja receita bruta anual seja de até R$ 120.000,00 (cento e vinte mil reais), será determinada mediante a aplicação do percentual de 16% sobre a receita bruta auferida mensalmente, observado o disposto nos arts. 30 a 35 da Lei 8.981, de 20 de janeiro de 1995.

Parágrafo único. O disposto neste artigo não se aplica às pessoas jurídicas que prestam serviços hospitalares e de transporte, bem como às sociedades prestadoras de serviços de profissões legalmente regulamentadas.

Art. 41. Esta Lei entra em vigor na data de sua publicação.

Art. 42. Revogam-se as disposições em contrário e, especialmente, o Decreto-Lei 1.380, de 23 de dezembro de 1974, o art. 27 da Lei 7.713, de 22 de dezembro de 1988, o art. 26 da Lei 8.218, de 29 de agosto de 1991, e os arts. 8º a 20 e 23 da Lei 8.981, de 20 de janeiro de 1995.

Brasília, 26 de dezembro de 1995; 174º da Independência e 107º da República.

Fernando Henrique Cardoso

(Publicação no *D.O.U.* de 27.12.1995)

LEI COMPLEMENTAR 87,
DE 13 DE SETEMBRO DE 1996

Dispõe sobre o imposto dos Estados e do Distrito Federal sobre operações relativas à circulação de mercadorias e sobre prestações de serviços de transporte interestadual e intermunicipal e de comunicação, e dá outras providências.

O Presidente da República:

Faço saber que o Congresso Nacional decreta e eu sanciono a seguinte Lei:

Art. 1º Compete aos Estados e ao Distrito Federal instituir o imposto sobre operações relativas à circulação de mercadorias e sobre prestações de serviços de transporte interestadual e intermunicipal e de comunicação, ainda que as operações e as prestações se iniciem no exterior.

→ *v.* Art. 155, II, e § 2º, da CF/1988.

→ *v.* Dec.-lei 406/1968 – Estabelece normas gerais de direito financeiro, aplicáveis aos impostos sobre operações relativas à circulação de mercadorias e sobre serviços de qualquer natureza, e dá outras providências.

→ *v.* ADIn 1.600-8 (*D.O.U.* 8.8.2003) – O STF julgou, por maioria de votos, parcialmente procedente o pedido formulado na inicial para declarar a inconstitucionalidade do ICMS sobre a prestação de serviço de transporte aéreo de passageiros intermunicipal, interestadual, internacional e de transporte aéreo internacional de cargas.

Art. 2º O imposto incide sobre:

→ *v.* LC 24/1975 – Dispõe sobre os Convênios para a Concessão de Isenções do Imposto sobre Operações Relativas à Circulação de Mercadorias, e dá outras providências.

I – operações relativas à circulação de mercadorias, inclusive o fornecimento de alimentação e bebidas em bares, restaurantes e estabelecimentos similares;

II – prestações de serviços de transporte interestadual e intermunicipal, por qualquer via, de pessoas, bens, mercadorias ou valores;

III – prestações onerosas de serviços de comunicação, por qualquer meio, inclusive a geração, a emissão, a recepção, a transmissão, a retransmissão, a repetição e a ampliação de comunicação de qualquer natureza;

IV – fornecimento de mercadorias com prestação de serviços não compreendidos na competência tributária dos Municípios;

V – fornecimento de mercadorias com prestação de serviços sujeitos ao imposto sobre serviços, de competência dos Municípios, quando a lei complementar aplicável expressamente o sujeitar à incidência do imposto estadual.

§ 1º O imposto incide também:

I – sobre a entrada de mercadoria ou bem importados do exterior, por pessoa física ou jurídica, ainda que não seja contribuinte habitual do imposto, qualquer que seja a sua finalidade;

→ Inciso I com redação alterada pela LC 114/2002.

II – sobre o serviço prestado no exterior ou cuja prestação se tenha iniciado no exterior;

III – sobre a entrada, no território do Estado destinatário, de petróleo, inclusive lubrificantes e combustíveis líquidos e gasosos dele derivados, e de energia elétrica, quando não destinados à comercialização ou à industrialização, decorrentes de operações interestaduais, cabendo o imposto ao Estado onde estiver localizado o adquirente.

§ 2º A caracterização do fato gerador independe da natureza jurídica da operação que o constitua.

→ *v.* Art. 4º do CTN.

Art. 3º O imposto não incide sobre:

→ *v.* Art. 150, § 2º, X, da CF/1988.

→ *v.* Súmulas 570 e 573 do STF.

→ *v.* Súmula 432 do STJ.

I – operações com livros, jornais, periódicos e o papel destinado a sua impressão;

II – operações e prestações que destinem ao exterior mercadorias, inclusive produtos primários e produtos industrializados semielaborados, ou serviços;

→ *v.* Súmula 536 do STF.

III – operações interestaduais relativas a energia elétrica e petróleo, inclusive lubrificantes e combustíveis líquidos e gasosos dele derivados, quando destinados à industrialização ou à comercialização;

IV – operações com ouro, quando definido em lei como ativo financeiro ou instrumento cambial;

V – operações relativas a mercadorias que tenham sido ou que se destinem a ser utilizadas na prestação, pelo próprio autor da saída, de serviço de qualquer natureza definido em lei complementar como sujeito ao imposto sobre serviços, de competência dos Municípios, ressalvadas as hipóteses previstas na mesma lei complementar;

VI – operações de qualquer natureza de que decorra a transferência de propriedade de estabelecimento industrial, comercial ou de outra espécie;

VII – operações decorrentes de alienação fiduciária em garantia, inclusive a operação efetuada pelo credor em decorrência do inadimplemento do devedor;

VIII – operações de arrendamento mercantil, não compreendida a venda do bem arrendado ao arrendatário;

IX – operações de qualquer natureza de que decorra a transferência de bens móveis salvados de sinistro para companhias seguradoras.

→ *v.* Súmula Vinculante 32 do STF.

Parágrafo único. Equipara-se às operações de que trata o inciso II a saída de mercadoria realizada com o fim específico de exportação para o exterior, destinada a:

I – empresa comercial exportadora, inclusive *tradings* ou outro estabelecimento da mesma empresa;

II – armazém alfandegado ou entreposto aduaneiro.

Art. 4º Contribuinte é qualquer pessoa, física ou jurídica, que realize, com habitualidade ou em volume que caracterize intuito comercial, operações de circulação de mercadoria ou prestações de serviços de transporte interestadual e intermunicipal e de comunicação, ainda que as operações e as prestações se iniciem no exterior.

Parágrafo único. É também contribuinte a pessoa física ou jurídica que, mesmo sem habitualidade ou intuito comercial:

→ *Caput* do parágrafo único com redação alterada pela LC 114/2002.

I – importe mercadorias ou bens do exterior, qualquer que seja a sua finalidade;

→ Inciso I com redação alterada pela LC 114/2002.

II – seja destinatária de serviço prestado no exterior ou cuja prestação se tenha iniciado no exterior;

III – adquira em licitação mercadorias ou bens apreendidos ou abandonados;

→ Inciso III com redação alterada pela LC 114/2002.

IV – adquira lubrificantes e combustíveis líquidos e gasosos derivados de petróleo e energia elétrica oriundos de outro Estado, quando não destinados à comercialização ou à industrialização.

→ Inciso IV com redação alterada pela LC 102/2000.

Art. 5º Lei poderá atribuir a terceiros a responsabilidade pelo pagamento do imposto e acréscimos devidos pelo contribuinte ou responsável, quando os atos ou omissões daqueles concorrerem para o não recolhimento do tributo.

Art. 6º Lei estadual poderá atribuir a contribuinte do imposto ou a depositário a qualquer título a responsabilidade pelo seu pagamento, hipótese em que assumirá a condição de substituto tributário.

→ *Caput* com redação alterada pela LC 114/2002.

§ 1º A responsabilidade poderá ser atribuída em relação ao imposto incidente sobre uma ou mais operações ou prestações, sejam antecedentes, concomitantes ou subsequentes, inclusive ao valor decorrente da diferença entre alíquotas interna e interestadual nas operações e prestações que destinem bens e serviços a consumidor final localizado em outro Estado, que seja contribuinte do imposto.

→ *v.* Súmula 95 do STJ.

§ 2º A atribuição de responsabilidade dar-se-á em relação a mercadorias, bens ou serviços previstos em lei de cada Estado.

→ § 2º com redação alterada pela LC 114/2002.

Art. 7º Para efeito de exigência do imposto por substituição tributária, inclui-se, também, como fato gerador de imposto, a entrada de mercadoria ou bem no estabelecimento do adquirente ou em outro por ele indicado.

Art. 8º A base de cálculo, para fins de substituição tributária, será:

→ *v.* Súmula 431 do STJ.

I – em relação às operações ou prestações antecedentes ou concomitantes, o valor da operação ou prestação praticado pelo contribuinte substituído;

II – em relação às operações ou prestações subsequentes, obtida pelo somatório das parcelas seguintes:

a) o valor da operação ou prestação própria realizada pelo substituto tributário ou pelo substituído intermediário;

b) o montante dos valores de seguro, de frete e de outros encargos cobrados ou transferíveis aos adquirentes ou tomadores de serviço;

c) a margem de valor agregado, inclusive lucro, relativa às operações ou prestações subsequentes.

§ 1º Na hipótese de responsabilidade tributária em relação às operações ou prestações antecedentes, o imposto devido pelas referidas operações ou prestações será pago pelo responsável, quando:

I – da entrada ou recebimento da mercadoria, do bem ou do serviço;

→ Inciso I com redação alterada pela LC 114/2002.

II – da saída subsequente por ele promovida, ainda que isenta ou não tributada;

III – ocorrer qualquer saída ou evento que impossibilite a ocorrência do fato determinante do pagamento do imposto.

§ 2º Tratando-se de mercadoria ou serviço cujo preço final a consumidor, único ou máximo, seja fixado por órgão público competente, a base de cálculo do imposto, para fins de substituição tributária, é o referido preço por ele estabelecido.

§ 3º Existindo preço final a consumidor sugerido pelo fabricante ou importador, poderá a lei estabelecer como base de cálculo este preço.

§ 4º A margem a que se refere a alínea *c* do inciso II do *caput* será estabelecida com base em preços usualmente praticados no mercado considerado, obtidos por levantamento, ainda que por amostragem ou através de informações e outros elementos fornecidos por entidades representativas dos respectivos setores, adotando-se a média ponderada dos preços coletados, devendo os critérios para sua fixação ser previstos em lei.

§ 5º O imposto a ser pago por substituição tributária, na hipótese do inciso II do *caput*, corresponderá à diferença entre o valor resultante da aplicação da alíquota prevista para as operações ou prestações internas do Estado de destino sobre a respectiva base de cálculo e o valor do imposto devido pela operação ou prestação própria do substituto.

§ 6º Em substituição ao disposto no inciso II do *caput*, a base de cálculo em relação às operações ou prestações subsequentes poderá ser o preço a consumidor final usualmente praticado no mercado considerado, relativamente ao serviço, à mercadoria ou sua similar, em condições de livre concorrência, adotando-se para sua apuração as regras estabelecidas no § 4º deste artigo.

→ § 6º redação alterada pela LC 114/2002.

Art. 9º A adoção do regime de substituição tributária em operações interestaduais dependerá de acordo específico celebrado pelos Estados interessados.

§ 1º A responsabilidade a que se refere o art. 6º poderá ser atribuída:

I – ao contribuinte que realizar operação interestadual com petróleo, inclusive lubrificantes, combustíveis líquidos e gasosos dele derivados, em relação às operações subsequentes;

II – às empresas geradoras ou distribuidoras de energia elétrica, nas operações internas e interestaduais, na condição de contribuinte ou de substituto tributário, pelo pagamento do imposto, desde a produção ou importação até a última operação, sendo seu cálculo efetuado sobre o preço praticado na operação final, assegurado seu recolhimento ao Estado onde deva ocorrer essa operação.

§ 2º Nas operações interestaduais com as mercadorias de que tratam os incisos I e II do parágrafo anterior, que tenham como destinatário consumidor final, o imposto incidente na operação será devido ao Estado onde estiver localizado o adquirente e será pago pelo remetente.

Art. 10. É assegurado ao contribuinte substituído o direito à restituição do valor do imposto pago por força da substituição tributária, correspondente ao fato gerador presumido que não se realizar.

§ 1º Formulado o pedido de restituição e não havendo deliberação no prazo de 90 (noventa) dias, o contribuinte substituído poderá se creditar, em sua escrita fiscal, do valor objeto do pedido, devidamente atualizado segundo os mesmos critérios aplicáveis ao tributo.

§ 2º Na hipótese do parágrafo anterior, sobrevindo decisão contrária irrecorrível, o contribuinte substituído, no prazo de 15 (quinze) dias da respectiva notificação, procederá ao estorno dos créditos lançados, também devidamente atualizados, com o pagamento dos acréscimos legais cabíveis.

Art. 11. O local da operação ou da prestação, para os efeitos da cobrança do imposto e definição do estabelecimento responsável, é:

I – tratando-se de mercadoria ou bem:

a) o do estabelecimento onde se encontre, no momento da ocorrência do fato gerador;

b) onde se encontre, quando em situação irregular pela falta de documentação fiscal ou quando acompanhado de documentação inidônea, como dispuser a legislação tributária;

c) o do estabelecimento que transfira a propriedade, ou o título que a represente, de mercadoria por ele adquirida no País e que por ele não tenha transitado;

d) importado do exterior, o do estabelecimento onde ocorrer a entrada física;

→ *v.* Súmula 577 do STF.

e) importado do exterior, o do domicílio do adquirente, quando não estabelecido;

f) aquele onde seja realizada a licitação, no caso de arrematação de mercadoria ou bem importados do exterior e apreendidos ou abandonados;

→ Alínea *f* com redação alterada pela LC 114/2002.

g) o do Estado onde estiver localizado o adquirente, inclusive consumidor final, nas operações interestaduais com energia elétrica e petróleo, lubrificantes e combustíveis dele derivados, quando não destinados à industrialização ou à comercialização;

h) o do Estado de onde o ouro tenha sido extraído, quando não considerado como ativo financeiro ou instrumento cambial;

i) o de desembarque do produto, na hipótese de captura de peixes, crustáceos e moluscos;

II – tratando-se de prestação de serviço de transporte:

a) onde tenha início a prestação;

b) onde se encontre o transportador, quando em situação irregular pela falta de documentação fiscal ou quando acompanhada de documentação inidônea, como dispuser a legislação tributária;

c) o do estabelecimento destinatário do serviço, na hipótese do inciso XIII do art. 12 e para os efeitos do § 3º do art. 13;

III – tratando-se de prestação onerosa de serviço de comunicação:

a) o da prestação do serviço de radiodifusão sonora e de som e imagem, assim entendido o da geração, emissão, transmissão e retransmissão, repetição, ampliação e recepção;

b) o do estabelecimento da concessionária ou da permissionária que forneça ficha, cartão, ou assemelhados com que o serviço é pago;

c) o do estabelecimento destinatário do serviço, na hipótese e para os efeitos do inciso XIII do art. 12;

c-1) o do estabelecimento ou domicílio do tomador do serviço, quando prestado por meio de satélite;

→ Alínea *c-1* acrescentada pela LC 102/2000.

d) onde seja cobrado o serviço, nos demais casos;

IV – tratando-se de serviços prestados ou iniciados no exterior, o do estabelecimento ou do domicílio do destinatário.

§ 1º O disposto na alínea *c* do inciso I não se aplica às mercadorias recebidas em regime de depósito de contribuinte de Estado que não o do depositário.

§ 2º Para os efeitos da alínea *h* do inciso I, o ouro, quando definido como ativo financeiro ou instrumento cambial, deve ter sua origem identificada.

§ 3º Para efeito desta Lei Complementar, estabelecimento é local, privado ou público, edificado ou não, próprio ou de terceiro, onde pessoas físicas ou jurídicas exerçam suas atividades em caráter temporário ou permanente, bem como onde se encontrem armazenadas mercadorias, observado, ainda, o seguinte:

I – na impossibilidade de determinação do estabelecimento, considera-se como tal o local em que tenha sido efetuada a operação ou prestação, encontrada a mercadoria ou constatada a prestação;

II – é autônomo cada estabelecimento do mesmo titular;

III – considera-se também estabelecimento autônomo o veículo usado no comércio ambulante e na captura de pescado;

IV – respondem pelo crédito tributário todos os estabelecimentos do mesmo titular.

§ 4º (*Vetado*).

§ 5º Quando a mercadoria for remetida para armazém-geral ou para depósito fechado do próprio contribuinte, no mesmo Estado, a posterior saída considerar-se-á ocorrida no estabelecimento do depositante, salvo se para retornar ao estabelecimento remetente.

§ 6º Na hipótese do inciso III do *caput* deste artigo, tratando-se de serviços não medidos, que envolvam localidades situadas em diferentes unidades da Federação e cujo preço seja cobrado por períodos definidos, o imposto devido será recolhido em partes iguais para as unidades da Federação onde estiverem localizados o prestador e o tomador.

→ § 6º acrescentado pela LC 102/2000.

Art. 12. Considera-se ocorrido o fato gerador do imposto no momento:

→ *v.* Art. 116 do CTN.

I – da saída de mercadoria de estabelecimento de contribuinte, ainda que para outro estabelecimento do mesmo titular;

II – do fornecimento de alimentação, bebidas e outras mercadorias por qualquer estabelecimento;

III – da transmissão a terceiro de mercadoria depositada em armazém-geral ou em depósito fechado, no Estado do transmitente;

IV – da transmissão de propriedade de mercadoria, ou de título que a represente, quando a mercadoria não tiver transitado pelo estabelecimento transmitente;

V – do início da prestação de serviços de transporte interestadual e intermunicipal, de qualquer natureza;

VI – do ato final do transporte iniciado no exterior;

VII – das prestações onerosas de serviços de comunicação, feita por qualquer meio, inclusive a geração, a emissão, a recepção, a transmissão, a retransmissão, a repetição e a ampliação de comunicação de qualquer natureza;

VIII – do fornecimento de mercadoria com prestação de serviços:

a) não compreendidos na competência tributária dos Municípios;

b) compreendidos na competência tributária dos Municípios e com indicação expressa de incidência do imposto de competência estadual, como definido na lei complementar aplicável;

IX – do desembaraço aduaneiro de mercadorias ou bens importados do exterior;

→ Inciso IX com redação alterada pela LC 114/2002.

X – do recebimento, pelo destinatário, de serviço prestado no exterior;

XI – da aquisição em licitação pública de mercadorias ou bens importados do exterior e apreendidos ou abandonados;

→ Inciso XI com redação alterada pela LC 114/2002.

XII – da entrada no território do Estado de lubrificantes e combustíveis líquidos e gasosos derivados de petróleo e energia elétrica oriundos de outro Estado, quando não destinados à comercialização ou à industrialização;

→ Inciso XII com redação alterada pela LC 102/2000.

XIII – da utilização, por contribuinte, de serviço cuja prestação se tenha iniciado em outro Estado e não esteja vinculada a operação ou prestação subsequente.

§ 1º Na hipótese do inciso VII, quando o serviço for prestado mediante pagamento em ficha, cartão ou assemelhados, considera-se ocorrido o fato gerador do imposto quando do fornecimento desses instrumentos ao usuário.

§ 2º Na hipótese do inciso IX, após o desembaraço aduaneiro, a entrega, pelo depositário, de mercadoria ou bem importados do exterior deverá ser autorizada pelo órgão responsável pelo seu desembaraço, que somente se fará mediante a exibição do comprovante de pagamento do imposto incidente no ato do despacho aduaneiro, salvo disposição em contrário.

§ 3º Na hipótese de entrega de mercadoria ou bem importados do exterior antes do desembaraço aduaneiro, considera-se ocorrido o fato gerador neste momento, devendo a autoridade responsável, salvo disposição em contrário, exigir a comprovação do pagamento do imposto.

→ § 3º acrescentado pela LC 114/2002.

Art. 13. A base de cálculo do imposto é:

I – na saída de mercadoria prevista nos incisos I, III e IV do art. 12, o valor da operação;

II – na hipótese do inciso II do art. 12, o valor da operação, compreendendo mercadoria e serviço;

III – na prestação de serviço de transporte interestadual e intermunicipal e de comunicação, o preço do serviço;

IV – no fornecimento de que trata o inciso VIII do art. 12:

a) o valor da operação, na hipótese da alínea *a*;

b) o preço corrente da mercadoria fornecida ou empregada, na hipótese da alínea *b*;

V – na hipótese do inciso IX do art. 12, a soma das seguintes parcelas:

a) o valor da mercadoria ou bem constante dos documentos de importação, observado o disposto no art. 14;

b) imposto de importação;

c) imposto sobre produtos industrializados;

d) imposto sobre operações de câmbio;

e) quaisquer outros impostos, taxas, contribuições e despesas aduaneiras;

→ Alínea *e* com redação alterada pela LC 114/2002.

VI – na hipótese do inciso X do art. 12, o valor da prestação do serviço, acrescido, se for o caso, de todos os encargos relacionados com a sua utilização;

VII – no caso do inciso XI do art. 12, o valor da operação acrescido do valor dos impostos de importação e sobre produtos industrializados e de todas as despesas cobradas ou debitadas ao adquirente;

→ *v.* Súmula 95 do STJ.

VIII – na hipótese do inciso XII do art. 12, o valor da operação de que decorrer a entrada;

IX – na hipótese do inciso XIII do art. 12, o valor da prestação no Estado de origem.

§ 1º Integra a base de cálculo do imposto, inclusive na hipótese do inciso V do *caput* deste artigo:

→ § 1º com redação alterada pela LC 114/2002.

I – o montante do próprio imposto, constituindo o respectivo destaque mera indicação para fins de controle;

II – o valor correspondente a:

a) seguros, juros e demais importâncias pagas, recebidas ou debitadas, bem como descontos concedidos sob condição;

b) frete, caso o transporte seja efetuado pelo próprio remetente ou por sua conta e ordem e seja cobrado em separado.

§ 2º Não integra a base de cálculo do imposto o montante do Imposto sobre Produtos Industrializados, quando a operação, realizada entre contribuintes e relativa a produto destinado à industrialização ou à comercialização, configurar fato gerador de ambos os impostos.

§ 3º No caso do inciso IX, o imposto a pagar será o valor resultante da aplicação do percentual equivalente à diferença entre a alíquota interna e a interestadual, sobre o valor ali previsto.

§ 4º Na saída de mercadoria para estabelecimento localizado em outro Estado, pertencente ao mesmo titular, a base de cálculo do imposto é:

I – o valor correspondente à entrada mais recente da mercadoria;

II – o custo da mercadoria produzida, assim entendida a soma do custo da matéria--prima, material secundário, mão de obra e acondicionamento;

III – tratando-se de mercadorias não industrializadas, o seu preço corrente no mercado atacadista do estabelecimento remetente.

§ 5º Nas operações e prestações interestaduais entre estabelecimentos de contribuintes diferentes, caso haja reajuste do valor depois da remessa ou da prestação, a diferença fica sujeita ao imposto no estabelecimento do remetente ou do prestador.

Art. 14. O preço de importação expresso em moeda estrangeira será convertido em moeda nacional pela mesma taxa de câmbio utilizada no cálculo do imposto de importação, sem qualquer acréscimo ou devolução posterior se houver variação da taxa de câmbio até o pagamento efetivo do preço.

Parágrafo único. O valor fixado pela autoridade aduaneira para base de cálculo do imposto de importação, nos termos da lei aplicável, substituirá o preço declarado.

Art. 15. Na falta do valor a que se referem os incisos I e VIII do art. 13, a base de cálculo do imposto é:

I – o preço corrente da mercadoria, ou de seu similar, no mercado atacadista do local da operação ou, na sua falta, no mercado atacadista regional, caso o remetente seja produtor, extrator ou gerador, inclusive de energia;

II – o preço FOB estabelecimento industrial à vista, caso o remetente seja industrial;

III – o preço FOB estabelecimento comercial à vista, na venda a outros comerciantes ou industriais, caso o remetente seja comerciante.

§ 1º Para aplicação dos incisos II e III do *caput*, adotar-se-á sucessivamente:

I – o preço efetivamente cobrado pelo estabelecimento remetente na operação mais recente;

II – caso o remetente não tenha efetuado venda de mercadoria, o preço corrente da mercadoria ou de seu similar no mercado atacadista do local da operação ou, na falta deste, no mercado atacadista regional.

§ 2º Na hipótese do inciso III do *caput*, se o estabelecimento remetente não efetue vendas a outros comerciantes ou industriais ou, em qualquer caso, se não houver mercadoria similar, a base de cálculo será equivalente a 75% (setenta e cinco por cento) do preço de venda corrente no varejo.

Art. 16. Nas prestações sem preço determinado, a base de cálculo do imposto é o valor corrente do serviço, no local da prestação.

Art. 17. Quando o valor do frete, cobrado por estabelecimento pertencente ao mesmo titular da mercadoria ou por outro estabelecimento de empresa que com aquele mantenha relação de interdependência, exceder os níveis normais de preços em vigor, no mercado local, para serviço semelhante, constantes de tabelas elaboradas pelos órgãos competentes, o valor excedente será havido como parte do preço da mercadoria.

Parágrafo único. Considerar-se-ão interdependentes duas empresas quando:

I – uma delas, por si, seus sócios ou acionistas e respectivos cônjuges ou filhos menores, for titular de mais de 50% (cinquenta por cento) do capital da outra;

II – uma mesma pessoa fizer parte de ambas, na qualidade de diretor, ou sócio com funções de gerência ainda que exercidas sob outra denominação;

III – uma delas locar ou transferir a outra, a qualquer título, veículo destinado ao transporte de mercadorias.

Art. 18. Quando o cálculo do tributo tenha por base, ou tome em consideração, o valor ou o preço de mercadorias, bens, serviços ou direitos, a autoridade lançadora, mediante processo regular, arbitrará aquele valor ou preço, sempre que sejam omissos ou não mereçam fé as declarações ou os esclarecimentos prestados, ou os documentos expedidos pelo sujeito passivo ou pelo terceiro legalmente obrigado, ressalvada, em caso de contestação, avaliação contraditória, administrativa ou judicial.

Art. 19. O imposto é não cumulativo, compensando-se o que for devido em cada operação relativa à circulação de mercadorias ou prestação de serviços de transporte interestadual e intermunicipal e de comunicação com o montante cobrado nas anteriores pelo mesmo ou por outro Estado.

Art. 20. Para a compensação a que se refere o artigo anterior, é assegurado ao sujeito passivo o direito de creditar-se do imposto anteriormente cobrado em operações de que tenha resultado a entrada de mercadoria, real ou simbólica, no estabelecimento, inclusive a destinada ao seu uso ou consumo ou ao ativo permanente, ou o recebimento de serviços de transporte interestadual e intermunicipal ou de comunicação.

§ 1º Não dão direito a crédito as entradas de mercadorias ou utilização de serviços resultantes de operações ou prestações isentas ou não tributadas, ou que se refiram a mercadorias ou serviços alheios à atividade do estabelecimento.

§ 2º Salvo prova em contrário, presumem-se alheios à atividade do estabelecimento os veículos de transporte pessoal.

§ 3º É vedado o crédito relativo a mercadoria entrada no estabelecimento ou a prestação de serviços a ele feita:

I – para integração ou consumo em processo de industrialização ou produção rural, quando a saída do produto resultante não for tributada ou estiver isenta do imposto, exceto se tratar-se de saída para o exterior;

II – para comercialização ou prestação de serviço, quando a saída ou a prestação subsequente não forem tributadas ou estiverem isentas do imposto, exceto as destinadas ao exterior.

§ 4º Deliberação dos Estados, na forma do art. 28, poderá dispor que não se aplique, no todo ou em parte, a vedação prevista no parágrafo anterior.

§ 5º Para efeito do disposto no *caput* deste artigo, relativamente aos créditos decorrentes de entrada de mercadorias no estabelecimento destinadas ao ativo permanente, deverá ser observado:

→ *Caput* do § 5º com redação alterada pela LC 102/2000.

I – a apropriação será feita à razão de 1/48 (um quarenta e oito avos) por mês, devendo a primeira fração ser apropriada no mês em que ocorrer a entrada no estabelecimento;

→ Inciso I acrescentado pela LC 102/2000.

II – em cada período de apuração do imposto, não será admitido o creditamento de que trata o inciso I, em relação à proporção das operações de saídas ou prestações isentas ou não tributadas sobre o total das operações de saídas ou prestações efetuadas no mesmo período;

→ Inciso II acrescentado pela LC 102/2000.

III – para aplicação do disposto nos incisos I e II deste parágrafo, o montante do crédito a ser apropriado será obtido multiplicando-se o valor total do respectivo crédito pelo fator igual a 1/48 (um quarenta e oito avos) da relação entre o valor das operações de saídas e prestações tributadas e o total das operações de saídas e prestações do período, equiparando-se às tributadas, para fins deste inciso, as saídas e prestações com destino ao exterior ou as saídas de papel destinado à impressão de livros, jornais e periódicos;

→ Inciso III com redação alterada pela LC 120/2005.

IV – o quociente de 1/48 (um quarenta e oito avos) será proporcionalmente aumentado ou diminuído, *pro rata die*, caso o período de apuração seja superior ou inferior a um mês;

→ Inciso IV acrescentado pela LC 102/2000.

V – na hipótese de alienação dos bens do ativo permanente, antes de decorrido o prazo de 4 (quatro) anos contado da data de sua aquisição, não será admitido, a partir da data da alienação, o creditamento de que trata este parágrafo em relação à fração que corresponderia ao restante do quadriênio;

→ Inciso V acrescentado pela LC 102/2000.

VI – serão objeto de outro lançamento, além do lançamento em conjunto com os demais créditos, para efeito da compensação prevista neste artigo e no art. 19, em livro próprio ou de outra forma que a legislação determinar, para aplicação do disposto nos incisos I a V deste parágrafo; e

→ Inciso VI acrescentado pela LC 102/2000.

VII – ao final do quadragésimo oitavo mês contado da data da entrada do bem no estabelecimento, o saldo remanescente do crédito será cancelado.

→ Inciso VII acrescentado pela LC 102/2000.

§ 6º Operações tributadas, posteriores a saídas de que trata o § 3º, dão ao estabelecimento que as praticar direito a creditar-se do imposto cobrado nas operações anteriores às isentas ou não tributadas sempre que a saída isenta ou não tributada seja relativa a:

I – produtos agropecuários;

II – quando autorizado em lei estadual, outras mercadorias.

Art. 21. O sujeito passivo deverá efetuar o estorno do imposto de que se tiver creditado sempre que o serviço tomado ou a mercadoria entrada no estabelecimento:

I – for objeto de saída ou prestação de serviço não tributada ou isenta, sendo esta circunstância imprevisível na data da entrada da mercadoria ou da utilização do serviço;

II – for integrada ou consumida em processo de industrialização, quando a saída do produto resultante não for tributada ou estiver isenta do imposto;

III – vier a ser utilizada em fim alheio à atividade do estabelecimento;

IV – vier a perecer, deteriorar-se ou extraviar-se.

§ 1º (*Revogado pela LC 102/2000*).

§ 2º Não se estornam créditos referentes a mercadorias e serviços que venham a ser objeto de operações ou prestações destinadas ao exterior ou de operações com o papel destinado à impressão de livros, jornais e periódicos.

→ § 2º com redação alterada pela LC 120/2005..

§ 3º O não creditamento ou o estorno a que se referem o § 3º do art. 20 e o *caput* deste artigo não impedem a utilização dos mesmos créditos em operações posteriores, sujeitas ao imposto, com a mesma mercadoria.

§§ 4º a 8º (*Revogados pela LC 102/2000*).

Art. 22. (*Vetado*).

Art. 23. O direito de crédito, para efeito de compensação com débito do imposto, reconhecido ao estabelecimento que tenha recebido as mercadorias ou para o qual tenham sido prestados os serviços, está condicionado à idoneidade da documentação e, se for o caso, à escrituração nos prazos e condições estabelecidos na legislação.

→ *V.* Súmula 509 do STJ.

Parágrafo único. O direito de utilizar o crédito extingue-se depois de decorridos cinco anos contados da data de emissão do documento.

Art. 24. A legislação tributária estadual disporá sobre o período de apuração do imposto. As obrigações consideram-se vencidas na data em que termina o período de apuração e são liquidadas por compensação ou mediante pagamento em dinheiro como disposto neste artigo:

I – as obrigações consideram-se liquidadas por compensação até o montante dos créditos escriturados no mesmo período mais o saldo credor de período ou períodos anteriores, se for o caso;

II – se o montante dos débitos do período superar o dos créditos, a diferença será liquidada dentro do prazo fixado pelo Estado;

III – se o montante dos créditos superar o dos débitos, a diferença será transportada para o período seguinte.

Art. 25. Para efeito de aplicação do disposto no art. 24, os débitos e créditos devem ser apurados em cada estabelecimento, compensando-se os saldos credores e devedores entre os estabelecimentos do mesmo sujeito passivo localizados no Estado.

→ *Caput* com redação alterada pela LC 102/2000.

§ 1º Saldos credores acumulados a partir da data de publicação desta Lei Complementar por estabelecimentos que realizem operações e prestações de que tratam o inciso II do art. 3º e seu parágrafo único podem ser, na proporção que estas saídas representem do total das saídas realizadas pelo estabelecimento:

I – imputados pelo sujeito passivo a qualquer estabelecimento seu no Estado;

II – havendo saldo remanescente, transferidos pelo sujeito passivo a outros contribuintes do mesmo Estado, mediante a emissão pela autoridade competente de documento que reconheça o crédito.

§ 2º Lei estadual poderá, nos demais casos de saldos credores acumulados a partir da vigência desta Lei Complementar, permitir que:

I – sejam imputados pelo sujeito passivo a qualquer estabelecimento seu no Estado;

II – sejam transferidos, nas condições que definir, a outros contribuintes do mesmo Estado.

Art. 26. Em substituição ao regime de apuração mencionado nos arts. 24 e 25, a lei estadual poderá estabelecer:

I – que o cotejo entre créditos e débitos se faça por mercadoria ou serviço dentro de determinado período;

II – que o cotejo entre créditos e débitos se faça por mercadoria ou serviço em cada operação;

III – que, em função do porte ou da atividade do estabelecimento, o imposto seja pago em parcelas periódicas e calculado por estimativa, para um determinado período, assegurado ao sujeito passivo o direito de impugná-la e instaurar processo contraditório.

§ 1º Na hipótese do inciso III, ao fim do período, será feito o ajuste com base na escrituração regular do contribuinte, que pagará a diferença apurada, se positiva; caso contrário, a diferença será compensada com o pagamento referente ao período ou períodos imediatamente seguintes.

§ 2º A inclusão de estabelecimento no regime de que trata o inciso III não dispensa o sujeito passivo do cumprimento de obrigações acessórias.

Arts. 27 a 30. (*Vetados*).

Art. 31. Nos exercícios financeiros de 2003 a 2006, a União entregará mensalmente recursos aos Estados e seus Municípios, obedecidos os montantes, os critérios, os prazos e as demais condições fixadas no Anexo desta Lei Complementar.

→ *Caput* com redação alterada pela LC 115/2002..

§ 1º Do montante de recursos que couber a cada Estado, a União entregará, diretamente:

→ *Caput* do § 1º com redação alterada pela LC 115/2002.

I – 75% (setenta e cinco por cento) ao próprio Estado; e

II – 25% (vinte e cinco por cento) aos respectivos Municípios, de acordo com os critérios previstos no parágrafo único do art. 158 da Constituição Federal.

§ 2º Para atender ao disposto no *caput*, os recursos do Tesouro Nacional serão provenientes:

→ *Caput* do § 2º com redação alterada pela LC 115/2002.

I – da emissão de títulos de sua responsabilidade, ficando autorizada, desde já, a inclusão nas leis orçamentárias anuais de estimativa de receita decorrente dessas emissões, bem como de dotação até os montantes anuais previstos no Anexo, não se aplicando neste caso, desde que atendidas as condições e os limites globais fixados pelo Senado Federal, quaisquer restrições ao acréscimo que acarretará no endividamento da União;

II – de outras fontes de recursos.

§ 3º A entrega dos recursos a cada unidade federada, na forma e condições detalhadas no Anexo, especialmente no seu item 3, será satisfeita, primeiro, para efeito de pagamento ou compensação da dívida da respectiva unidade, inclusive de sua administração indireta, vencida e não paga junto à União, bem como para o ressarcimento à União de despesas decorrentes de eventuais garantias honradas de operações de crédito externas. O saldo remanescente, se houver, será creditado em moeda corrente.

→ § 3º com redação alterada pela LC 115/2002.

§ 4º A entrega dos recursos a cada unidade federada, na forma e condições detalhadas no Anexo, subordina-se à existência de disponibilidades orçamentárias consignadas a essa finalidade na respectiva Lei Orçamentária Anual da União, inclusive eventuais créditos adicionais.

→ § 4º com redação alterada pela LC 115/2002.

§ 4º-A. (*Revogado pela LC 115/2002, em vigor na data de sua publicação, com produção de efeitos a partir de 1º.1.2003*).

§ 5º Para efeito da apuração de que trata o art. 4º da Lei Complementar 65, de 15 de abril de 1991, será considerado o valor das respectivas exportações de produtos industrializados, inclusive de semielaborados, não submetidas à incidência do imposto sobre operações relativas à circulação de mercadorias e sobre prestações de serviços de transporte interestadual e intermunicipal e de comunicação, em 31 de julho de 1996.

→ § 5º com redação alterada pela LC 102/2000.

Art. 32. A partir da data de publicação desta Lei Complementar:

I – o imposto não incidirá sobre operações que destinem ao exterior mercadorias, inclusive produtos primários e produtos industrializados semielaborados, bem como sobre prestações de serviços para o exterior;

II – darão direito de crédito, que não será objeto de estorno, as mercadorias entradas no estabelecimento para integração ou consumo em processo de produção de mercadorias industrializadas, inclusive semielaboradas, destinadas ao exterior;

III – entra em vigor o disposto no Anexo integrante desta Lei Complementar.

Art. 33. Na aplicação do art. 20 observar-se-á o seguinte:

LEGISLAÇÃO

I – somente darão direito de crédito as mercadorias destinadas ao uso ou consumo do estabelecimento nele entradas a partir de 1° de janeiro de 2020;

→ Inciso I com redação alterada pela LC 138/2010.

II – somente dará direito a crédito a entrada de energia elétrica no estabelecimento:

→ *Caput* do inciso II com redação alterada pela LC 102/2000.

a) quando for objeto de operação de saída de energia elétrica;

→ Alínea *a* com redação alterada pela LC 102/2000.

b) quando consumida no processo de industrialização;

→ Alínea *b* com redação alterada pela LC 102/2000.

c) quando seu consumo resultar em operação de saída ou prestação para o exterior, na proporção destas sobre as saídas ou prestações totais; e

→ Alínea *c* com redação alterada pela LC 102/2000.

d) a partir de 1° de janeiro de 2020 nas demais hipóteses;

→ Alínea *d* com redação alterada pela LC 138/2010.

III – somente darão direito de crédito as mercadorias destinadas ao ativo permanente do estabelecimento, nele entradas a partir da data da entrada desta Lei Complementar em vigor;

IV – somente dará direito a crédito o recebimento de serviços de comunicação utilizados pelo estabelecimento:

→ *Caput* do inciso IV acrescentado pela LC 102/2000.

a) ao qual tenham sido prestados na execução de serviços da mesma natureza;

→ Alínea *a* acrescentada pela LC 102/2000.

b) quando sua utilização resultar em operação de saída ou prestação para o exterior, na proporção desta sobre as saídas ou prestações totais; e

→ Alínea *b* acrescentada pela LC 102/2000.

c) a partir de 1° de janeiro de 2020 nas demais hipóteses.

→ Alínea *c* com redação alterada pela LC 138/2010.

Art. 34. (*Vetado*).

Art. 35. As referências feitas aos Estados nesta Lei Complementar entendem-se feitas também ao Distrito Federal.

Art. 36. Esta Lei Complementar entra em vigor no primeiro dia do segundo mês seguinte ao da sua publicação, observado o disposto nos arts. 32 e 33 e no Anexo integrante desta Lei Complementar.

Brasília, 13 de setembro de 1996; 175° da Independência e 108° da República.

Fernando Henrique Cardoso

(Publicação no *D.O.U.* 16.9.1996)

→ Não publicamos o Anexo desta Lei Complementar.

LEI 9.311, DE 24 DE OUTUBRO DE 1996

Institui a Contribuição Provisória sobre Movimentação ou Transmissão de Valores e de Créditos e Direitos de Natureza Financeira – CPMF, e dá outras providências.

O Presidente da República:

Faço saber que o Congresso Nacional decreta e eu sanciono a seguinte Lei:

Art. 1° É instituída a Contribuição Provisória sobre Movimentação ou Transmissão de Valores e de Créditos e Direitos de Natureza Financeira – CPMF.

Parágrafo único. Considera-se movimentação ou transmissão de valores e de créditos e direitos de natureza financeira qualquer operação liquidada ou lançamento realizado pelas entidades referidas no art. 2°, que representem circulação escritural ou física de moeda, e de que resulte ou não transferência da titularidade dos mesmos valores, créditos e direitos.

Art. 2° O fato gerador da contribuição é:

I – o lançamento a débito, por instituição financeira, em contas correntes de depósito, em contas correntes de empréstimo, em contas de depósito de poupança, de depósito judicial e de depósitos em consignação de pagamento de que tratam os parágrafos do art. 890 da Lei 5.869, de 11 de janeiro de 1973, introduzidos pelo art. 1° da Lei 8.951, de 13 de dezembro de 1994, junto a ela mantidas;

II – o lançamento a crédito, por instituição financeira, em contas correntes que apresentem saldo negativo, até o limite de valor da redução do saldo devedor;

III – a liquidação ou pagamento, por instituição financeira, de quaisquer créditos, direitos ou valores, por conta e ordem de terceiros, que não tenham sido creditados, em nome do beneficiário, nas contas referidas nos incisos anteriores;

IV – o lançamento, e qualquer outra forma de movimentação ou transmissão de valores e de créditos e direitos de natureza financeira, não relacionados nos incisos anteriores, efetuados pelos bancos comerciais, bancos múltiplos com carteira comercial e caixas econômicas;

V – a liquidação de operação contratadas nos mercados organizados de liquidação futura;

VI – qualquer outra movimentação ou transmissão de valores e de créditos e direitos de natureza financeira que, por sua finalidade, reunindo características que permitam presumir a existência de sistema organizado para efetivá-la, produza os mesmos efeitos previstos nos incisos anteriores, independentemente da pessoa que a efetue, da denominação que possa ter e da forma jurídica ou dos instrumentos utilizados para realizá-la.

Art. 3° A contribuição não incide:

I – no lançamento nas contas da União, dos Estados, do Distrito Federal, dos Municípios, de suas autarquias e fundações;

II – no lançamento errado e seu respectivo estorno, desde que não caracterizem a anulação de operação efetivamente contratada, bem como no lançamento de cheque e documento compensável, e seu respectivo estorno, devolvidos em conformidade com as normas do Banco Central do Brasil;

III – no lançamento para pagamento da própria contribuição;

IV – nos saques efetuados diretamente nas contas vinculadas do Fundo de Garantia do Tempo de Serviço – FGTS e do Fundo de Participação PIS/PASEP e no saque do valor do benefício do seguro-desemprego, pago de acordo com os critérios previstos no art. 5° da Lei 7.998, de 11 de janeiro de 1990;

V – sobre a movimentação financeira ou transmissão de valores e de créditos e direitos de natureza financeira das entidades beneficentes de assistência social, nos termos do § 7° do art. 195 da Constituição Federal.

VI – nos lançamentos a débito nas contas-correntes de depósito cujos titulares sejam:

→ Inciso VI acrescentado pela Lei 10.306/2001.

a) missões diplomáticas;

b) repartições consulares de carreira;

c) representações de organismos internacionais e regionais de caráter permanente, de que o Brasil seja membro;

d) funcionário estrangeiro de missão diplomática ou representação consular;

e) funcionário estrangeiro de organismo internacional que goze de privilégios ou isenções tributárias em virtude de acordo firmado com o Brasil.

§ 1° O Banco Central do Brasil, no exercício de sua competência, poderá expedir normas para assegurar o cumprimento do disposto neste artigo, objetivando, inclusive por meio de documentação específica, a identificação dos lançamentos objeto da não incidência.

→ Anterior parágrafo único renumerado para § 1° pela Lei 10.306/2001.

§ 2° O disposto nas alíneas d e e do inciso VI não se aplica aos funcionários estrangeiros que tenham residência permanente no Brasil.

→ § 2° acrescentado pela Lei 10.306/2001.

§ 3° Os membros das famílias dos funcionários mencionados nas alíneas *d* e *e* do inciso VI, desde que com eles mantenham relação de dependência econômica e não tenham residência permanente no Brasil, gozarão do tratamento estabelecido neste artigo.

→ § 3° acrescentado pela Lei 10.306/2001.

§ 4° O disposto no inciso VI não se aplica aos Consulados e Cônsules honorários.

→ § 4° acrescentado pela Lei 10.306/2001.

§ 5° Os Ministros de Estado da Fazenda e das Relações Exteriores poderão expedir, em conjunto, instruções para o cumprimento do disposto no inciso VI e nos §§ 2° e 3°.

→ § 5° acrescentado pela Lei 10.306/2001.

Art. 4° São contribuintes:

I – os titulares das contas referidas nos incisos I e II do art. 2°, ainda que movimentadas por terceiros;

II – o beneficiário referido no inciso III do art. 2°;

III – as instituições referidas no inciso IV do art. 2°;

IV – os comitentes das operações referidas no inciso V do art. 2°;

V – aqueles que realizarem a movimentação ou a transmissão referida no inciso VI do art. 2°.

Art. 5° É atribuída a responsabilidade pela retenção e recolhimento da contribuição:

I – às instituições que efetuarem os lançamentos, as liquidações ou os pagamentos de que tratam os incisos I, II e III do art. 2°;

II – às instituições que intermediarem as operações a que se refere o inciso V do art. 2°;

III – àqueles que intermediarem operações a que se refere o inciso VI do art. 2°.

§ 1º A instituição financeira reservará, no saldo das contas referidas no inciso I do art. 2º, valor correspondente à aplicação da alíquota de que trata o art. 7º sobre o saldo daquelas contas, exclusivamente para os efeitos de retiradas ou saques, em operações sujeitas à contribuição, durante o período de sua incidência.

§ 2º Alternativamente ao disposto no parágrafo anterior, a instituição financeira poderá assumir a responsabilidade pelo pagamento da contribuição na hipótese de eventual insuficiência de recursos nas contas.

§ 3º Na falta de retenção da contribuição, fica mantida, em caráter supletivo, a responsabilidade do contribuinte pelo seu pagamento.

Art. 6º Constitui a base de cálculo:

I – na hipótese dos incisos I, II e IV do art. 2º, o valor do lançamento e de qualquer outra forma de movimentação ou transmissão;

II – na hipótese do inciso III do art. 2º, o valor da liquidação ou do pagamento;

III – na hipótese do inciso V do art. 2º, o resultado, se negativo, da soma algébrica dos ajustes diários ocorridos no período compreendido entre a contratação inicial e a liquidação do contrato;

IV – na hipótese do inciso VI do art. 2º, o valor da movimentação ou da transmissão.

Parágrafo único. O lançamento, movimentação ou transmissão de que trata o inciso IV do art. 2º serão apurados com base nos registros contábeis das instituições ali referidas.

Art. 7º A alíquota da contribuição é de vinte centésimos por cento.

Art. 8º A alíquota fica reduzida a zero:

I – nos lançamentos a débito em contas de depósito de poupança, de depósito judicial e de depósito em consignação de pagamento de que tratam os parágrafos do art. 890 da Lei 5.869, de 11 de janeiro de 1973, introduzidos pelo art. 1º da Lei 8.951, de 13 de dezembro de 1994, para crédito em conta corrente de depósito ou conta de poupança, dos mesmos titulares;

II – nos lançamentos relativos a movimentação de valores de conta corrente de depósito, para conta de idêntica natureza, dos mesmos titulares, exceto nos casos de lançamentos a crédito na hipótese de que trata o inciso II do art. 2º;

III – nos lançamentos em contas correntes de depósito das sociedades corretoras de títulos, valores mobiliários e câmbio, das sociedades distribuidoras de títulos e valores mobiliários, das sociedades de investimento e fundos de investimento constituídos nos termos dos arts. 49 e 50 da Lei 4.728, de 14 de julho de 1965, das sociedades corretoras de mercadorias e dos serviços de liquidação, compensação e custódia vinculados às bolsas de valores, de mercadorias e de futuros, e das instituições financeiras não referidas no inciso IV do art. 2º, bem como das cooperativas de crédito, desde que os respectivos valores sejam movimentados em contas correntes de depósito especialmente abertas e exclusivamente utilizadas para as operações a que se refere o § 3º deste artigo;

IV – nos lançamentos efetuados pelos bancos comerciais, bancos múltiplos com carteira comercial e caixas econômicas, relativos às operações a que se refere o § 3º deste artigo;

V – nos pagamentos de cheques, efetuados por instituição financeira, cujos valores não tenham sido creditados em nome do beneficiário nas contas referidas no inciso I do art. 2º;

VI – nos lançamentos relativos aos ajustes diários exigidos em mercados organizados de liquidação futura e específico das operações a que se refere o inciso V do art. 2º;

VII – nos lançamentos a débito em conta corrente de depósito para investimento, aberta e utilizada exclusivamente para realização de aplicações financeiras de renda fixa e de renda variável, de qualquer natureza, inclusive em contas de depósito de poupança;

→ Inciso VII acrescentado pela Lei 10.892/2004.

VIII – nos lançamentos a débito nas contas especiais de depósito a vista tituladas pela população de baixa renda, com limites máximos de movimentação e outras condições definidas pelo Conselho Monetário Nacional – CMN e pelo Banco Central do Brasil;

→ Inciso VIII acrescentado pela Lei 11.110/2005.

IX – nos lançamentos relativos à transferência de reservas técnicas, fundos e provisões de plano de benefício de caráter previdenciário entre entidades de previdência complementar ou sociedades seguradoras, inclusive em decorrência de reorganização societária, desde que:

→ Inciso IX acrescentado pela Lei 11.196/2005.

a) não haja qualquer disponibilidade de recursos para o participante, nem mudança na titularidade do plano; e

b) a transferência seja efetuada diretamente entre planos ou entre gestores de planos.

X – nos lançamentos a débito em conta corrente de depósito de titularidade de residente ou domiciliado no Brasil ou no exterior para liquidação de operações de aquisição de ações em oferta pública, registrada na Comissão de Valores Mobiliários, realizada fora dos recintos ou sistemas de negociação de bolsa de valores, desde que a companhia emissora tenha registro para negociação das ações em bolsas de valores;

→ Inciso X acrescentado pela Lei 11.312/2006.

XI – na liquidação antecipada por instituição financeira, por conta e ordem do mutuário, de contrato de concessão de crédito que o mesmo mutuário tenha contratado em outra instituição financeira, desde que a referida liquidação esteja vinculada à abertura de nova linha de crédito, em valor idêntico ao do saldo devedor liquidado antecipadamente pela instituição que proceder a liquidação da operação, na forma regulamentada pelo Conselho Monetário Nacional;

→ Inciso XI acrescentado pela Lei 11.482/2007.

XII – nos lançamentos a débito em conta corrente de depósito de titularidade de entidade fechada de previdência complementar para pagamento de benefícios do Regime Geral de Previdência Social, relativos a aposentadoria e pensão, no âmbito de convênio firmado entre a entidade e o Instituto Nacional de Seguro Social – INSS;

→ Inciso XII acrescentado pela Lei 11.482/2007.

XIII – nos lançamentos a débito em conta especial destinada ao registro e controle do fluxo de recursos, aberta exclusivamente para pagamento de salários, proventos, soldos, vencimentos, aposentadorias, pensões e similares, decorrente de transferência para conta corrente de depósito de titularidade do mesmo beneficiário, conjunta ou não, na forma regulamentada pelo Conselho Monetário Nacional.

→ Inciso XIII acrescentado pela Lei 11.482/2007.

§ 1º O Banco Central do Brasil, no exercício de sua competência, expedirá normas para assegurar o cumprimento do disposto nos incisos I, II, VI, VII, X, XI, XII e XIII do *caput* deste artigo, objetivando, inclusive por meio de documentação específica, a identificação dos lançamentos previstos nos referidos incisos.

→ § 1º com redação alterada pela Lei 11.482/2007.

§ 2º A aplicação da alíquota zero prevista nos incisos I, II e VI deste artigo fica condicionada ao cumprimento das normas que vierem a ser estabelecidas pelo Ministro de Estado da Fazenda.

§ 3º O disposto nos incisos III e IV deste artigo restringe-se a operações relacionadas em ato do Ministro de Estado da Fazenda, dentre as que constituam o objeto social das referidas entidades.

§ 4º O disposto nos incisos I e II deste artigo não se aplica a contas conjuntas de pessoas físicas, com mais de dois titulares, e a quais quer contas conjuntas de pessoas jurídicas.

§ 5º O Ministro de Estado da Fazenda poderá estabelecer limite de valor do lançamento, para efeito de aplicação da alíquota zero, independentemente do fato gerador a que se refira.

§ 6º O disposto no inciso V deste artigo não se aplica a cheques que, emitidos por instituição financeira, tenham sido adquiridos em dinheiro.

§ 7º Para a realização de aplicações financeiras, é obrigatória a abertura de contas correntes de depósito para investimento, de que trata o inciso VII do *caput* deste artigo, pelas instituições financeiras e demais instituições autorizadas a funcionar pelo Banco Central do Brasil.

→ § 7º acrescentado pela Lei 10.892/2004.

§ 8º As aplicações financeiras serão efetivadas somente por meio de lançamentos a débito em contas correntes de depósito para investimento, de que trata o inciso VII do *caput* deste artigo.

→ § 8º acrescentado pela Lei 10.892/2004.

§ 9º Ficam autorizadas a efetivação e a manutenção de aplicações financeiras em contas de depósito de poupança não integradas a contas correntes de depósito para investimento, de que trata o inciso VII do *caput* deste artigo, observadas as disposições estabelecidas na legislação e na regulamentação em vigor.

→ § 9º acrescentado pela Lei 10.892/2004.

§ 10. Não integram as contas correntes de depósito para investimento, de que trata o inciso VII do *caput* deste artigo:

→ § 10 acrescentado pela Lei 10.892/2004.

I – as operações e os contratos de que tratam os incisos II e III do *caput* do art. 85 do Ato das Disposições Constitucionais Transitórias;

II – as contas de depósitos judiciais e de depósitos em consignação em pagamento de que tratam os parágrafos do art. 890 da Lei 5.869, de 11 de janeiro de 1973;

III – as operações a que se refere o inciso V do *caput* do art. 2º desta Lei, quando sujeitas a ajustes diários.

§ 11. O ingresso de recursos novos nas contas correntes de depósito para investimento será feito exclusivamente por meio de lançamento a

LEGISLAÇÃO

débito em conta corrente de depósito do titular, por cheque de sua emissão, cruzado e intransferível, ou por outro instrumento de pagamento, observadas as normas expedidas pelo Banco Central do Brasil.

→ § 11 acrescentado pela Lei 10.892/2004.

§ 12. Os valores das retiradas de recursos das contas correntes de depósito para investimento, quando não destinados à realização de aplicações financeiras, serão pagos exclusivamente ao beneficiário por meio de crédito em sua conta corrente de depósito, de cheque, cruzado e intransferível, ou de outro instrumento de pagamento, observadas as normas expedidas pelo Banco Central do Brasil.

→ § 12 acrescentado pela Lei 10.892/2004.

§ 13. Aplica-se o disposto no inciso II do *caput* deste artigo nos lançamentos relativos a movimentação de valores entre contas correntes de depósito para investimento, de que trata o inciso VII do *caput* deste artigo.

→ § 13 acrescentado pela Lei 10.892/2004.

§ 14. As operações a que se refere o inciso V do *caput* do art. 2º desta Lei, quando não sujeitas a ajustes diários, integram as contas correntes de depósitos para investimentos.

→ § 14 acrescentado pela Lei 10.892/2004.

§ 15. A partir de 1º de outubro de 2006, os valores de resgate, liquidação, cessão ou repactuação das aplicações financeiras existentes em 30 de setembro de 2004, exceto em contas de depósito de poupança, poderão ser creditados diretamente ao beneficiário, em conta corrente de depósito para investimento, de que trata o inciso VII do *caput* deste artigo.

→ § 15 acrescentado pela Lei 10.892/2004.

§ 16. No caso de pessoas jurídicas, as contas correntes de depósito não poderão ser conjuntas.

→ § 16 acrescentado pela Lei 10.892/2004.

§ 17. Em relação às operações referentes às contas correntes de depósito para investimento ou em relação à manutenção destas, as instituições financeiras, caso venham a estabelecer cobrança de tarifas, não poderão exigi-las em valor superior às fixadas para as demais operações de mesma natureza, observadas as normas expedidas pelo Conselho Monetário Nacional.

→ § 17 acrescentado pela Lei 10.892/2004.

Art. 9º É facultado ao Poder Executivo alterar a alíquota da contribuição, observado o limite máximo previsto no art. 7º.

Art. 10. O Ministro de Estado da Fazenda disciplinará as formas e os prazos de apuração e de pagamento ou retenção e recolhimento da contribuição instituída por esta Lei, respeitado o disposto no parágrafo único deste artigo.

Parágrafo único. O pagamento ou a retenção e o recolhimento da Contribuição serão efetuados no mínimo 1 (uma) vez por decêndio.

→ Parágrafo único com redação alterada pela Lei 11.196/2005.

Art. 11. Compete à Secretaria da Receita Federal a administração da contribuição, incluídas as atividades de tributação, fiscalização e arrecadação.

§ 1º No exercício das atribuições de que trata este artigo, a Secretaria da Receita Federal poderá requisitar ou proceder ao exame de documentos, livros e registros, bem como estabelecer obrigações acessórias.

§ 2º As instituições responsáveis pela retenção e pelo recolhimento da contribuição prestarão à Secretaria da Receita Federal as informações necessárias à identificação dos contribuintes e os valores globais das respectivas operações, nos termos, nas condições e nos prazos que vierem a ser estabelecidos pelo Ministro de Estado da Fazenda.

§ 3º A Secretaria da Receita Federal resguardará, na forma da legislação aplicável à matéria, o sigilo das informações prestadas, facultada sua utilização para instaurar procedimento administrativo tendente a verificar a existência de crédito tributário relativo a impostos e contribuições e para lançamento, no âmbito do procedimento fiscal, do crédito tributário porventura existente, observado o disposto no art. 42 da Lei 9.430, de 27 de dezembro de 1996, e alterações posteriores.

→ § 3º com redação alterada pela Lei 10.174/2001.

§ 3º-A. (*Vetado*)

→ § 3º-A acrescentado pela Lei 10.174/2001.

§ 4º Na falta de informações ou insuficiência de dados necessários à apuração da contribuição, esta será determinada com base em elementos de que dispuser a fiscalização.

Art. 12. Serão regidos pelas normas relativas aos tributos administrados pela Secretaria da Receita Federal:

I – o processo administrativo de determinação e exigência da contribuição;

II – o processo de consulta sobre a aplicação da respectiva legislação;

III – a inscrição do débito não pago em dívida ativa e a sua subsequente cobrança administrativa e judicial.

Art. 13. A contribuição não paga nos prazos previstos nesta Lei será acrescida de:

I – juros equivalentes à taxa referencial do Sistema Especial de Liquidação e Custódia – SELIC, para títulos federais, acumulada mensalmente, calculados a partir do primeiro dia do mês subsequente ao do vencimento da obrigação até o último dia do mês anterior ao do pagamento e de um por cento no mês do pagamento;

II – multa de mora aplicada na forma do disposto no inciso II do art. 84 da Lei 8.981, de 20 de janeiro de 1995.

Art. 14. Nos casos de lançamento de ofício, aplicar-se-á o disposto nos arts. 44, 47 e 61 da Lei 9.430, de 27 de dezembro de 1996.

→ Artigo com redação alterada pela MP 2.158-35/2001.

Art. 15. É vedado o parcelamento do crédito constituído em favor da Fazenda Pública em decorrência da aplicação desta Lei.

Art. 16. Serão efetivadas somente por meio de lançamento a débito em conta corrente de depósito do titular ou do mutuário, por cheque de sua emissão, cruzado e intransferível, ou por outro instrumento de pagamento, observadas as normas expedidas pelo Banco Central do Brasil:

→ *Caput* com redação alterada pela Lei 10.892/2004.

I – as operações e os contratos de que tratam os incisos II e III do *caput* do art. 85 do Ato das Disposições Constitucionais Transitórias;

→ Inciso I acrescentado pela Lei 10.892/2004.

II – a liquidação das operações de crédito;

→ Inciso II acrescentado pela Lei 10.892/2004.

III – as contribuições para planos de benefícios de previdência complementar ou de seguros de vida com características semelhantes;

→ Inciso III acrescentado pela Lei 10.892/2004.

IV – o valor das contraprestações, bem como de qualquer outro pagamento vinculado às operações de arrendamento mercantil.

→ Inciso IV acrescentado pela Lei 10.892/2004.

§ 1º Os valores de resgate, liquidação, cessão ou repactuação de aplicações financeiras não integradas a conta corrente de depósito para investimento, bem como os valores referentes à concessão de créditos e aos benefícios ou resgates recebidos dos planos e seguros de que trata o inciso III do *caput* deste artigo, deverão ser pagos exclusivamente aos beneficiários ou proponentes mediante crédito em sua conta corrente de depósitos, cheque cruzado, intransferível, ou por outro instrumento de pagamento, observadas as normas expedidas pelo Banco Central do Brasil.

→ § 1º com redação alterada pela Lei 10.892/2004.

§ 2º O disposto no § 1º deste artigo não se aplica às contas de depósito de poupança não integradas a contas correntes de depósito para investimento, cujos titulares sejam pessoas físicas, bem como às contas de depósitos judiciais e de depósitos em consignação em pagamento de que tratam os parágrafos do art. 890 da Lei 5.869, de 11 de janeiro de 1973.

→ § 2º com redação alterada pela Lei 10.892/2004.

§ 3º No caso de planos ou seguros constituídos com recursos de pessoa jurídica e de pessoa física, o valor da contribuição dessa última poderá ser dispensado da obrigatoriedade de que trata este artigo, desde que transite pela conta corrente da pessoa jurídica.

→ § 3º com redação alterada pela Lei 10.892/2004.

§ 4º No caso de planos de benefícios de previdência complementar, as contribuições poderão ser efetivadas a débito da conta corrente de depósito, por cheque de emissão do proponente ou responsável financeiro, ou por outro instrumento de pagamento, observadas as normas expedidas pelo Banco Central do Brasil.

→ § 4º acrescentado pela Lei 10.892/2004.

§ 5º O Ministro de Estado da Fazenda poderá dispensar da obrigatoriedade prevista neste artigo a concessão, a liquidação ou o pagamento de operações previstas nos incisos II, III e IV do *caput* deste artigo, tendo em vista as características das operações e as finalidades a que se destinem.

→ § 5º acrescentado pela Lei 10.892/2004.

§ 6º O disposto no inciso II do *caput* deste artigo não se aplica na hipótese de liquidação antecipada de contrato de concessão de crédito, por instituição financeira, prevista no inciso XI do art. 8º desta Lei.

→ § 6º acrescentado pela Lei 11.482/2007.

Art. 17. Durante o período de tempo previsto no art. 20:

I – somente é permitido um único endosso nos cheques pagáveis no País;

II – as alíquotas constantes da tabela descrita no art. 20 da Lei 8.212, de 24 de julho de 1991, e a alíquota da contribuição mensal, para o Plano de Seguridade Social dos Servidores Públicos Federais regidos pela Lei 8.112, de 11 de dezembro de 1990, incidente sobre salários e remunerações até três salários mínimos, ficam reduzidas em pontos percentuais proporcionais ao valor da contribuição devida até o limite de sua compensação;

III – os valores dos benefícios de prestação continuada e os de prestação única, constantes dos Planos de Benefício da Previdência Social, de que trata a Lei 8.213, de 24 de julho de 1991, e os valores dos proventos dos inativos, dos pensionistas e demais benefícios, constantes da Lei 8.112, de 11 de dezembro de 1990, não excedentes de dez salários mínimos, serão acrescidos de percentual proporcional ao valor da contribuição devida até o limite de sua compensação;

IV – o Banco Central do Brasil, no exercício de sua competência, adotará as medidas necessárias visando instituir modalidade de depósito de poupança para pessoas físicas, que permita conferir remuneração adicional de vinte centésimos por cento, a ser creditada sobre o valor de saque, desde que tenha permanecido em depósito por prazo igual ou superior a noventa dias.

§ 1º Os Ministros de Estado da Fazenda e da Previdência e Assistência Social baixarão, em conjunto, as normas necessárias ao cumprimento do disposto nos incisos II e III deste artigo.

§ 2º Ocorrendo alteração da alíquota da contribuição, as compensações previstas neste artigo serão ajustadas, mediante ato do Ministro de Estado da Fazenda, na mesma proporção.

§ 3º O acréscimo de remuneração resultante do disposto nos incisos II e III deste artigo não integrará a base de cálculo do Imposto sobre a Renda da Pessoa Física.

Art. 18. O produto da arrecadação da contribuição de que trata esta Lei será destinado integralmente ao Fundo Nacional de Saúde, para financiamento das ações e serviços de saúde, sendo que sua entrega obedecerá aos prazos e condições estabelecidos para as transferências de que trata o art. 159 da Constituição Federal.

Parágrafo único. É vedada a utilização dos recursos arrecadados com a aplicação desta Lei em pagamento de serviços prestados pelas instituições hospitalares com finalidade lucrativa.

Art. 19. A Secretaria da Receita Federal e o Banco Central do Brasil, no âmbito das respectivas competências, baixarão as normas necessárias à execução desta Lei.

Art. 20. A contribuição incidirá sobre os fatos geradores verificados no período de tempo correspondente a treze meses, contados após decorridos noventa dias da data da publicação desta Lei, quando passará a ser exigida.

Art. 21. Esta Lei entra em vigor na data de sua publicação.

Brasília, 24 de outubro de 1996; 175º da Independência e 108º da República.

Fernando Henrique Cardoso

(Publicação no *D.O.U.* de 25.10.1996)

LEI 9.316, DE 22 DE NOVEMBRO DE 1996

Altera a legislação do imposto de renda e da contribuição social sobre o lucro líquido.

Faço saber que o Presidente da República adotou a Medida Provisória 1.516-2, de 1996, que o Congresso Nacional aprovou, e eu, Ronaldo Perim, Primeiro Vice-Presidente da Mesa do Congresso Nacional, no exercício da Presidência, para os efeitos do disposto no parágrafo único do art. 62 da Constituição Federal, promulgo a seguinte Lei:

Art. 1º O valor da contribuição social sobre o lucro líquido não poderá ser deduzido para efeito de determinação do lucro real, nem de sua própria base de cálculo.

Parágrafo único. Os valores da contribuição social a que se refere este artigo, registrados como custo ou despesa, deverão ser adicionados ao lucro líquido do respectivo período de apuração para efeito de determinação do lucro real e de sua própria base de cálculo.

Art. 2º A contribuição social sobre o lucro líquido, devida pelas instituições a que se refere o § 1º do art. 22 da Lei 8.212, de 24 de julho de 1991, será calculada à alíquota de dezoito por cento.

Art. 3º Ficam convalidados os atos praticados com base na Medida Provisória 1.516-2, de 24 de outubro de 1996.

Art. 4º Esta Lei entra em vigor na data de sua publicação, produzindo efeitos em relação aos períodos de apuração iniciados a partir de 1º de janeiro de 1997.

Senado Federal, em 22 de novembro de 1996; 175º da Independência e 108º da República.

Deputado Ronaldo Perim

Primeiro Vice-Presidente da Mesa do Congresso Nacional, no exercício da Presidência

(Publicação no *D.O.U.* de 23.11.1996)

LEI 9.363, DE 13 DE DEZEMBRO DE 1996

Dispõe sobre a instituição de crédito presumido do Imposto sobre Produtos Industrializados, para ressarcimento do valor do PIS/PASEP e COFINS nos casos que especifica, e dá outras providências.

Faço saber que o Presidente da República adotou a Medida Provisória 1.484-27, de 1996, que o Congresso Nacional aprovou, e eu, José Sarney, Presidente, para os efeitos do disposto no parágrafo único do art. 62 da Constituição Federal, promulgo a seguinte Lei:

Art. 1º A empresa produtora e exportadora de mercadorias nacionais fará jus a crédito presumido do Imposto sobre Produtos Industrializados, como ressarcimento das contribuições de que tratam as Leis Complementares 7, de 7 de setembro de 1970, 8, de 3 de dezembro de 1970, e 70, de 30 de dezembro de 1991, incidentes sobre as respectivas aquisições, no mercado interno, de matérias-primas, produtos intermediários e material de embalagem, para utilização no processo produtivo.

Parágrafo único. O disposto neste artigo aplica-se, inclusive, nos casos de venda a empresa comercial exportadora com o fim específico de exportação para o exterior.

Art. 2º A base de cálculo do crédito presumido será determinada mediante a aplicação, sobre o valor total das aquisições de matérias-primas, produtos intermediários e material de embalagem referidos no artigo anterior, do percentual correspondente à relação entre a receita de exportação e a receita operacional bruta do produtor exportador.

§ 1º O crédito fiscal será o resultado da aplicação do percentual de 5,37% sobre a base de cálculo definida neste artigo.

§ 2º No caso de empresa com mais de um estabelecimento produtor exportador, a apuração do crédito presumido poderá ser centralizada na matriz.

§ 3º O crédito presumido, apurado na forma do parágrafo anterior, poderá ser transferido para qualquer estabelecimento da empresa para efeito de compensação com o Imposto sobre Produtos Industrializados, observadas as normas expedidas pela Secretaria da Receita Federal.

§ 4º A empresa comercial exportadora que, no prazo de 180 dias, contado da data da emissão da nota fiscal de venda pela empresa produtora, não houver efetuado a exportação dos produtos para o exterior, fica obrigada ao pagamento das contribuições para o PIS/PASEP e COFINS relativamente aos produtos adquiridos e não exportados, bem assim de valor correspondente ao do crédito presumido atribuído à empresa produtora vendedora.

§ 5º Na hipótese do parágrafo anterior, o valor a ser pago, correspondente ao crédito presumido, será determinado mediante a aplicação do percentual de 5,37% sobre sessenta por cento do preço de aquisição dos produtos adquiridos e não exportados.

§ 6º Se a empresa comercial exportadora revender, no mercado interno, os produtos adquiridos para exportação, sobre o valor de revenda serão devidas as contribuições para o PIS/PASEP e COFINS, sem prejuízo do disposto no § 4º.

§ 7º O pagamento dos valores referidos nos §§ 4º e 5º deverá ser efetuado até o décimo dia subsequente ao do vencimento do prazo estabelecido para a efetivação da exportaçao, acrescido de multa de mora e de juros equivalentes à taxa referencial do Sistema Especial de Liquidação e Custódia – SELIC, para títulos federais, acumulada mensalmente, calculados a partir do primeiro dia do mês subsequente ao da emissão da nota fiscal de venda dos produtos para a empresa comercial exportadora até o último dia do mês anterior ao do pagamento e de um por cento no mês do pagamento.

Art. 3º Para os efeitos desta Lei, a apuração do montante da receita operacional bruta, da receita de exportação e do valor das matérias-primas, produtos intermediários e material de embalagem será efetuada nos termos das normas que regem a incidência das contribuições referidas no art. 1º, tendo em vista o valor constante da respectiva nota fiscal de venda emitida pelo fornecedor ao produtor exportador.

Parágrafo único. Utilizar-se-á, subsidiariamente, a legislação do Imposto de Renda e do Imposto sobre Produtos Industrializados para o estabelecimento, respectivamente, dos conceitos de receita operacional bruta e de produção, matéria-prima, produtos intermediários e material de embalagem.

Art. 4º Em caso de comprovada impossibilidade de utilização do crédito presumido em compensação do Imposto sobre Produtos Industrializados devido, pelo produtor exportador, nas operações de venda no mercado interno, far-se-á o ressarcimento em moeda corrente.

Parágrafo único. Na hipótese de crédito presumido apurado na forma do § 2º do art. 2º, o ressarcimento em moeda corrente será efetuado ao estabelecimento matriz da pessoa jurídica.

Art. 5º A eventual restituição, ao fornecedor, das importâncias recolhidas em pagamento das contribuições referidas no art. 1º, bem assim a compensação mediante crédito, implica imediato estorno, pelo produtor exportador, do valor correspondente.

Art. 6º O Ministro de Estado da Fazenda expedirá as instruções necessárias ao cumprimento do disposto nesta Lei, inclusive quanto aos requisitos e periodicidade para apuração e para fruição do crédito presumido e respectivo ressarcimento, à definição de receita de exportação e aos documentos fiscais comprobatórios dos lançamentos, a esse título, efetuados pelo produtor exportador

Art. 7º O Poder Executivo, no prazo de noventa dias, encaminhará ao Congresso Nacional projeto de lei cancelando dotação orçamentária para compensar o acréscimo de renúncia tributária decorrente desta Lei.

Art. 8º São declarados insubsistentes os atos praticados com base na Medida Provisória 905, de 21 de fevereiro de 1995.

Art. 9º Ficam convalidados os atos praticados com base na Medida Provisória 1.484-27, de 22 de novembro de 1996.

Art. 10. Esta Lei entra em vigor na data de sua publicação.

Senado Federal, em 13 de dezembro de 1996; 175º da Independência e 108º da República.

Senador José Sarney

Presidente do Senado Federal

(Publicação no *D.O.U.* de 17.12.1996)

LEI 9.393,
DE 19 DE DEZEMBRO DE 1996

Dispõe sobre o Imposto sobre a Propriedade Territorial Rural – ITR, sobre pagamento da dívida representada por Títulos da Dívida Agrária e dá outras providências.

O Presidente da República:

Faço saber que o Congresso Nacional decreta e eu sanciono a seguinte Lei:

Capítulo I
DO IMPOSTO SOBRE A PROPRIEDADE TERRITORIAL RURAL – ITR

Seção I
Do Fato Gerador do ITR

Definição

Art. 1º O Imposto sobre a Propriedade Territorial Rural – ITR, de apuração anual, tem como fato gerador a propriedade, o domínio útil ou a posse de imóvel por natureza, localizado fora da zona urbana do município, em 1º de janeiro de cada ano.

§ 1º O ITR incide inclusive sobre o imóvel declarado de interesse social para fins de reforma agrária, enquanto não transferida a propriedade, exceto se houver imissão prévia na posse.

§ 2º Para os efeitos desta Lei, considera-se imóvel rural a área contínua, formada de uma ou mais parcelas de terras, localizada na zona rural do município.

§ 3º O imóvel que pertencer a mais de um município deverá ser enquadrado no município onde fique a sede do imóvel e, se esta não existir, será enquadrado no município onde se localize a maior parte do imóvel.

Imunidade

Art. 2º Nos termos do art. 153, § 4º, *in fine*, da Constituição, o imposto não incide sobre pequenas glebas rurais, quando as explore, só ou com sua família, o proprietário que não possua outro imóvel.

Parágrafo único. Para os efeitos deste artigo, pequenas glebas rurais são os imóveis com área igual ou inferior a:

I – 100 ha, se localizado em município compreendido na Amazônia Ocidental ou no Pantanal mato-grossense e sul-mato-grossense;

II – 50 ha, se localizado em município compreendido no Polígono das Secas ou na Amazônia Oriental;

III – 30 ha, se localizado em qualquer outro município.

Seção II
Da Isenção

Art. 3º São isentos do imposto:

I – o imóvel rural compreendido em programa oficial de reforma agrária, caracterizado pelas autoridades competentes como assentamento, que, cumulativamente, atenda aos seguintes requisitos:

a) seja explorado por associação ou cooperativa de produção;

b) a fração ideal por família assentada não ultrapasse os limites estabelecidos no artigo anterior;

c) o assentado não possua outro imóvel.

II – o conjunto de imóveis rurais de um mesmo proprietário, cuja área total observe os limites fixados no parágrafo único do artigo anterior, desde que, cumulativamente, o proprietário:

a) o explore só ou com sua família, admitida ajuda eventual de terceiros;

b) não possua imóvel urbano.

Art. 3º-A. Os imóveis rurais oficialmente reconhecidos como áreas ocupadas por remanescentes de comunidades de quilombos que estejam sob a ocupação direta e sejam explorados, individual ou coletivamente, pelos membros destas comunidades são isentos do Imposto sobre a Propriedade Territorial Rural – ITR.

→ Artigo acrescentado pela Lei 13.043/2014.

§ 1º Ficam dispensados a constituição de créditos da Fazenda Nacional, a inscrição na Dívida Ativa da União e o ajuizamento da respectiva execução fiscal, e cancelados o lançamento e a inscrição relativos ao ITR referentes aos imóveis rurais de que trata o caput a partir da data do registro do título de domínio previsto no art. 68 do Ato das Disposições Constitucionais Transitórias.

§ 2º Observada a data prevista no § 1º, não serão aplicadas as penalidades estabelecidas nos arts. 7º e 9º para fatos geradores ocorridos até a data de publicação da lei decorrente da conversão da Medida Provisória 651, de 9 de julho de 2014, e ficam anistiados os valores decorrentes de multas lançadas pela apresentação da declaração do ITR fora do prazo.

Seção III
Do Contribuinte e do Responsável

Contribuinte

Art. 4º Contribuinte do ITR é o proprietário de imóvel rural, o titular de seu domínio útil ou o seu possuidor a qualquer título.

Parágrafo único. O domicílio tributário do contribuinte é o município de localização do imóvel, vedada a eleição de qualquer outro.

Responsável

Art. 5º É responsável pelo crédito tributário o sucessor, a qualquer título, nos termos dos arts. 128 a 133 da Lei 5.172, de 25 de outubro de 1966 (Sistema Tributário Nacional).

Seção IV
Das Informações Cadastrais

Entrega do DIAC

Art. 6º O contribuinte ou o seu sucessor comunicará ao órgão local da Secretaria da Receita Federal (SRF), por meio do Documento de Informação e Atualização Cadastral do ITR – DIAC, as informações cadastrais correspondentes a cada imóvel, bem como qualquer alteração ocorrida, na forma estabelecida pela Secretaria da Receita Federal.

§ 1º É obrigatória, no prazo de sessenta dias, contado de sua ocorrência, a comunicação das seguintes alterações:

I – desmembramento;

II – anexação;

III – transmissão, por alienação da propriedade ou dos direitos a ela inerentes, a qualquer título;

IV – sucessão causa mortis;

V – cessão de direitos;

VI – constituição de reservas ou usufruto.

§ 2º As informações cadastrais integrarão o Cadastro de Imóveis Rurais – CAFIR, administrado pela Secretaria da Receita Federal, que poderá, a qualquer tempo, solicitar informações visando à sua atualização.

§ 3º Sem prejuízo do disposto no parágrafo único do art. 4º, o contribuinte poderá indicar no DIAC, somente para fins de intimação, endereço diferente daquele constante do domicílio tributário, que valerá para esse efeito até ulterior alteração.

Entrega do DIAC Fora do Prazo

Art. 7º No caso de apresentação espontânea do DIAC fora do prazo estabelecido pela Secretaria da Receita Federal, será cobrada multa de 1% (um por cento) ao mês ou fração sobre o imposto devido não inferior a R$ 50,00 (cinquenta reais), sem prejuízo da multa e dos juros de mora pela falta ou insuficiência de recolhimento do imposto ou quota.

Seção V
Da Declaração Anual

Art. 8º O contribuinte do ITR entregará, obrigatoriamente, em cada ano, o Documento de Informação e Apuração do ITR – DIAT, correspondente a cada imóvel, observadas data e condições fixadas pela Secretaria da Receita Federal.

§ 1º O contribuinte declarará, no DIAT, o Valor da Terra Nua – VTN correspondente ao imóvel.

§ 2º O VTN refletirá o preço de mercado de terras, apurado em 1º de janeiro do ano a que se referir o DIAT, e será considerado autoavaliação da terra nua a preço de mercado.

§ 3º O contribuinte cujo imóvel se enquadre nas hipóteses estabelecidas nos arts. 2º e 3º fica dispensado da apresentação do DIAT.

→ § 3º acrescentado pela Lei 13.043/2014.

Entrega do DIAT Fora do Prazo

Art. 9º A entrega do DIAT fora do prazo estabelecido sujeitará o contribuinte à multa de que trata o **art. 7º**, sem prejuízo da multa e dos juros de mora pela falta ou insuficiência de recolhimento do imposto ou quota.

Seção VI
Da Apuração e do Pagamento

Subseção I
Da Apuração

Apuração pelo Contribuinte

Art. 10. A apuração e o pagamento do ITR serão efetuados pelo contribuinte, independentemente de prévio procedimento da administração tributária, nos prazos e condições estabelecidos pela Secretaria da Receita Federal, sujeitando-se a homologação posterior.

§ 1º Para os efeitos de apuração do ITR, considerar-se-a:

I – VTN, o valor do imóvel, excluídos os valores relativos a:

a) construções, instalações e benfeitorias;

b) culturas permanentes e temporárias;

c) pastagens cultivadas e melhoradas;

d) florestas plantadas;

II – área tributável, a área total do imóvel, menos as áreas:

a) de preservação permanente e de reserva legal, previstas na Lei 12.651, de 25 de maio de 2012;

→ Alínea *a* com redação alterada pela Lei 12.844/2013.

b) de interesse ecológico para a proteção dos ecossistemas, assim declaradas mediante ato do órgão competente, federal ou estadual, e que ampliem as restrições de uso previstas na alínea anterior;

c) comprovadamente imprestáveis para qualquer exploração agrícola, pecuária, granjeira, aquícola ou florestal, declaradas de interesse ecológico mediante ato do órgão competente, federal ou estadual;

d) sob regime de servidão ambiental;

→ Alínea *d* com redação alterada pela Lei 12.651/2012.

e) cobertas por florestas nativas, primárias ou secundárias em estágio médio ou avançado de regeneração;

→ Alínea *e* acrescentada pela Lei 11.428/2006.

f) alagadas para fins de constituição de reservatório de usinas hidrelétricas autorizada pelo poder público.

→ Alínea *f* acrescentada pela Lei 11.727/2008.

III – VTNt, o valor da terra nua tributável, obtido pela multiplicação do VTN pelo quociente entre a área tributável e a área total;

IV – área aproveitável, a que for passível de exploração agrícola, pecuária, granjeira, aquícola ou florestal, excluídas as áreas:

a) ocupadas por benfeitorias úteis e necessárias;

b) de que tratam as alíneas do inciso II deste parágrafo;

→ Alínea *b* com redação alterada pela Lei 11.428/2006.

V – área efetivamente utilizada, a porção do imóvel que no ano anterior tenha:

a) sido plantada com produtos vegetais;

b) servido de pastagem, nativa ou plantada, observados índices de lotação por zona de pecuária;

c) sido objeto de exploração extrativa, observados os índices de rendimento por produto e a legislação ambiental;

d) servido para exploração de atividades granjeira e aquícola;

e) sido o objeto de implantação de projeto técnico, nos termos do art. 7º da Lei 8.629, de 25 de fevereiro de 1993;

VI – Grau de Utilização – GU, a relação percentual entre a área efetivamente utilizada e a área aproveitável.

§ 2º As informações que permitam determinar o GU deverão constar do DIAT.

§ 3º Os índices a que se referem as alíneas *b* e *c* do inciso V do § 1º serão fixados, ouvido o Conselho Nacional de Política Agrícola, pela Secretaria da Receita Federal, que dispensará da sua aplicação os imóveis com área inferior a:

a) 1.000 ha, se localizados em municípios compreendidos na Amazônia Ocidental ou no Pantanal mato-grossense e sul-mato-grossense;

b) 500 ha, se localizados em municípios compreendidos no Polígono das Secas ou na Amazônia Oriental;

c) 200 ha, se localizados em qualquer outro município.

§ 4º Para os fins do inciso V do § 1º, o contribuinte poderá valer-se dos dados sobre a área utilizada e respectiva produção, fornecidos pelo arrendatário ou parceiro, quando o imóvel, ou parte dele, estiver sendo explorado em regime de arrendamento ou parceria.

§ 5º Na hipótese de que trata a alínea *c* do inciso V do § 1º, será considerada a área total objeto de plano de manejo sustentado, desde que aprovado pelo órgão competente, e cujo cronograma esteja sendo cumprido pelo contribuinte.

§ 6º Será considerada como efetivamente utilizada a área dos imóveis rurais que, no ano anterior, estejam:

I – comprovadamente situados em área de ocorrência de calamidade pública decretada pelo Poder Público, de que resulte frustração de safras ou destruição de pastagens;

II – oficialmente destinados à execução de atividades de pesquisa e experimentação que objetivem o avanço tecnológico da agricultura.

§ 7º (*Revogado pela Lei 12.651/2012*).

Valor do Imposto

Art. 11. O valor do imposto será apurado aplicando-se sobre o Valor da Terra Nua Tributável – VTNt a alíquota correspondente, prevista no Anexo desta Lei, considerados a área total do imóvel e o Grau de Utilização – GU.

§ 1º Na hipótese de inexistir área aproveitável após efetuadas as exclusões previstas no art. 10, § 1º, inciso IV, serão aplicadas as alíquotas, correspondentes aos imóveis com grau de utilização superior a 80% (oitenta por cento), observada a área total do imóvel.

§ 2º Em nenhuma hipótese o valor do imposto devido será inferior a R$ 10,00 (dez reais).

Subseção II
Do Pagamento

Prazo

Art. 12. O imposto deverá ser pago até o último dia útil do mês fixado para a entrega do DIAT.

Parágrafo único. À opção do contribuinte, o imposto a pagar poderá ser parcelado em até três quotas iguais, mensais e consecutivas, observando-se que:

I – nenhuma quota será inferior a R$ 50,00 (cinquenta reais);

II – a primeira quota ou quota única deverá ser paga até a data fixada no caput;

III – as demais quotas, acrescidas de juros equivalentes à taxa referencial do Sistema de Liquidação e de Custódia (SELIC) para títulos federais, acumulada mensalmente, calculados a partir do primeiro dia do mês subsequente à data fixada no caput até o último dia do mês anterior ao do pagamento, e de 1% (um por cento) no mês do pagamento, vencerão no último dia útil de cada mês;

IV – é facultado ao contribuinte antecipar, total ou parcialmente, o pagamento do imposto ou das quotas.

Pagamento Fora do Prazo

Art. 13. O pagamento do imposto fora dos prazos previstos nesta Lei será acrescido de:

I – multa de mora calculada à taxa de 0,33% (zero vírgula trinta e três por cento), por dia de atraso, não podendo ultrapassar 20% (vinte por cento), calculada a partir do primeiro dia subsequente ao do vencimento do prazo previsto para o pagamento do imposto até o dia em que ocorrer o seu pagamento;

II – juros de mora calculados à taxa a que se refere o art. 12, parágrafo único, inciso III, a partir do primeiro dia do mês subsequente ao vencimento do prazo até o mês anterior ao do pagamento, e de 1% (um por cento) no mês do pagamento.

Seção VII
Dos Procedimentos de Ofício

Art. 14. No caso de falta de entrega do DIAC ou do DIAT, bem como de subavaliação ou prestação de informações inexatas, incorretas ou fraudulentas, a Secretaria da Receita Federal procederá à determinação e ao lançamento de ofício do imposto, considerando informações sobre preços de terras, constantes de sistema a ser por ela instituído, e os dados de área total, área tributável e grau de utilização do imóvel, apurados em procedimentos de fiscalização.

§ 1º As informações sobre preços de terra observarão os critérios estabelecidos no art. 12, § 1º, inciso II da Lei 8.629, de 25 de fevereiro de 1993, e considerarão levantamentos realizados pelas Secretarias de Agricultura das Unidades Federadas ou dos Municípios.

§ 2º As multas cobradas em virtude do disposto neste artigo serão aquelas aplicáveis aos demais tributos federais.

Seção VIII
Da Administração do Imposto

Competência da Secretaria da Receita Federal

Art. 15. Compete à Secretaria da Receita Federal a administração do ITR, incluídas as atividades de arrecadação, tributação e fiscalização.

Parágrafo único. No processo administrativo fiscal, compreendendo os procedimentos destinados à determinação e exigência do imposto, imposição de penalidades, repetição de indébito e solução de consultas, bem como a compensação do imposto, observar-se-á a legislação prevista para os demais tributos federais.

Convênios de Cooperação

Art. 16. A Secretaria da Receita Federal poderá celebrar convênio com o Instituto Nacional de Colonização e Reforma Agrária – INCRA, com a finalidade de delegar as atividades de fiscalização das informações sobre os imóveis rurais, contidas no DIAC e no DIAT.

§ 1º No exercício da delegação a que se refere este artigo, o INCRA poderá celebrar convênios de cooperação com o Instituto Brasileiro do Meio Ambiente e dos Recursos Naturais Renováveis – IBAMA, Fundação Nacional do Índio – FUNAI e Secretarias Estaduais de Agricultura.

§ 2º No uso de suas atribuições, os agentes do INCRA terão acesso ao imóvel de propriedade particular, para levantamento de dados e informações.

§ 3º A Secretaria da Receita Federal, com o apoio do INCRA, administrará o CAFIR e colocará as informações nele contidas à disposição daquela Autarquia, para fins de levantamento e pesquisa de dados e de proposição de ações administrativas e judiciais.

→ § 3º com redação alterada pela Lei 10.267/2001.

§ 4º Às informações a que se refere o § 3º aplica-se o disposto no art. 198 da Lei 5.172, de 25 de outubro de 1966.

→ § 4º com redação alterada pela Lei 10.267/2001.

Art. 17. A Secretaria da Receita Federal poderá, também, celebrar convênios com:

I – órgãos da administração tributária das unidades federadas, visando delegar competência para a cobrança e o lançamento do ITR;

II – a Confederação Nacional da Agricultura – CNA e a Confederação Nacional dos Trabalhadores na Agricultura – CONTAG, com a finalidade de fornecer dados cadastrais de imóveis rurais que possibilitem a cobrança das contribuições sindicais devidas àquelas entidades.

Seção IX
Das Disposições Gerais

Dívida Ativa – Penhora ou Arresto

Art. 18. Na execução de dívida ativa, decorrente de crédito tributário do ITR, na hipótese de penhora ou arresto de bens, previstos no art. 11 da Lei 6.830, de 22 de setembro de 1980, será penhorado ou arrestado, preferencialmente, imóvel rural, não tendo recaído a penhora ou o arresto sobre dinheiro.

§ 1º No caso do imóvel rural penhorado ou arrestado, na lavratura do termo ou auto de penhora, deverá ser observado, para efeito de avaliação, o VTN declarado e o disposto no art. 14.

§ 2º A Fazenda Pública poderá, ouvido o INCRA, adjudicar, para fins fundiários, o imóvel rural penhorado, se a execução não for embargada ou se rejeitados os embargos.

§ 3º O depósito da diferença de que trata o parágrafo único do art. 24 da Lei 6.830, de 22 de setembro de 1980, poderá ser feito em Títulos da Dívida Agrária, até o montante equivalente ao VTN declarado.

§ 4º Na hipótese do § 2º, o imóvel passará a integrar o patrimônio do INCRA, e a carta de adjudicação e o registro imobiliário serão expedidos em seu nome.

Valores para Apuração de Ganho de Capital

Art. 19. A partir do dia 1º de janeiro de 1997, para fins de apuração de ganho de capital, nos termos da legislação do imposto de renda, considera-se custo de aquisição e valor da venda do imóvel rural o VTN declarado, na forma do art. 8º, observado o disposto no art. 14, respectivamente, nos anos da ocorrência de sua aquisição e de sua alienação.

Parágrafo único. Na apuração de ganho de capital correspondente a imóvel rural adquirido anteriormente à data a que se refere este artigo, será considerado custo de aquisição o valor constante da escritura pública, observado o disposto no art. 17 da Lei 9.249, de 26 de dezembro de 1995.

Incentivos Fiscais e Crédito Rural

Art. 20. A concessão de incentivos fiscais e de crédito rural, em todas as suas modalidades, bem como a constituição das respectivas contrapartidas ou garantias, ficam condicionadas à comprovação do recolhimento do ITR, relativo ao imóvel rural, correspondente aos últimos cinco exercícios, ressalvados os casos em que a exigibilidade do imposto esteja suspensa, ou em curso de cobrança executiva em que tenha sido efetivada a penhora.

Parágrafo único. É dispensada a comprovação de regularidade do recolhimento do imposto relativo ao imóvel rural, para efeito de concessão de financiamento ao amparo do Programa Nacional de Fortalecimento da Agricultura Familiar – PRONAF.

Registro Público

Art. 21. É obrigatória a comprovação do pagamento do ITR, referente aos cinco últimos exercícios, para serem praticados quaisquer dos atos previstos nos arts. 167 e 168 da Lei 6.015, de 31 de dezembro de 1973 (Lei dos Registros Públicos), observada a ressalva prevista no caput do artigo anterior, *in fine*.

Parágrafo único. São solidariamente responsáveis pelo imposto e pelos acréscimos legais, nos termos do art. 134 da Lei 5.172, de 25 de outubro de 1966 – Sistema Tributário Nacional, os serventuários do registro de imóveis que descumprirem o disposto neste artigo, sem prejuízo de outras sanções legais.

Depósito Judicial na Desapropriação

Art. 22. O valor da terra nua para fins do depósito judicial, a que se refere o inciso I do art. 6º da Lei Complementar 76, de 6 de julho de 1993, na hipótese de desapropriação do imóvel rural de que trata o art. 184 da Constituição, não poderá ser superior ao VTN declarado, observado o disposto no art. 14.

Parágrafo único. A desapropriação por valor inferior ao declarado não autorizará a redução do imposto a ser pago, nem a restituição de quaisquer importâncias já recolhidas.

Capítulo II
DAS DISPOSIÇÕES FINAIS

Art. 23. Esta Lei entra em vigor na data de sua publicação, produzindo efeitos, quanto aos arts. 1º a 22, a partir de janeiro de 1997.

Art. 24. Revogam-se os arts. 1º a 22 e 25 da Lei 8.847, de 28 de janeiro de 1994.

Brasília, 19 de dezembro de 1996; 175º da Independência e 108º da República.

Fernando Henrique Cardoso

(Publicação no *D.O.U.* de 20.12.1996)

Tabela de Alíquotas

Área total do imóvel (em hectares)	Grau de Utilização – GU (EM %)				
	Maior que 80	Maior que 65 até 80	Maior que 50 até 65	Maior que 30 até 50	Até 30
Até 50	0,03	0,20	0,40	0,70	1,00
Maior que 50 até 200	0,07	0,40	0,80	1,40	2,00
Maior que 200 até 500	0,10	0,60	1,30	2,30	3,30
Maior que 500 até 1.000	0,15	0,85	1,90	3,30	4,70
Maior que 1.000 até 5.000	0,30	1,60	3,40	6,00	8,60
Acima de 5.000	0,45	3,00	6,40	12,00	20,00

LEI 9.430,
DE 27 DE DEZEMBRO DE 1996

Dispõe sobre a legislação tributária federal, as contribuições para a seguridade social, o processo administrativo de consulta e dá outras providências.

→ *v.* Art. 119, § 1º da Lei 12.973/2014.

O Presidente da República:

Faço saber que o Congresso Nacional decreta e eu sanciono a seguinte Lei:

Capítulo I
IMPOSTO DE RENDA – PESSOA JURÍDICA

Seção I
Apuração da base de cálculo

Período de Apuração Trimestral

Art. 1º A partir do ano-calendário de 1997, o imposto de renda das pessoas jurídicas será determinado com base no lucro real, presumido, ou arbitrado, por períodos de apuração trimestrais, encerrados nos dias 31 de março, 30 de junho, 30 de setembro e 31 de dezembro de cada ano-calendário, observada a legislação vigente, com as alterações desta Lei.

§ 1º Nos casos de incorporação, fusão ou cisão, a apuração da base de cálculo e do imposto de renda devido será efetuada na data do evento, observado o disposto no art. 21 da Lei 9.249, de 26 de dezembro de 1995.

§ 2º Na extinção da pessoa jurídica, pelo encerramento da liquidação, a apuração da base de cálculo e do imposto devido será efetuada na data desse evento.

Pagamento por Estimativa

Art. 2º A pessoa jurídica sujeita a tributação com base no lucro real poderá optar pelo pagamento do imposto, em cada mês, determinado sobre base de cálculo estimada, mediante a aplicação dos percentuais de que trata o art. 15 da Lei 9.249, de 26 de dezembro de 1995, sobre a receita bruta definida pelo art. 12 do Decreto-Lei 1.598, de 26 de dezembro de 1977, auferida mensalmente, deduzida das devoluções, vendas canceladas e dos descontos incondicionais concedidos, observado o disposto nos §§ 1º e 2º do art. 29 e nos arts. 30, 32, 34 e 35 da Lei 8.981, de 20 de janeiro de 1995.

→ *Caput* com redação alterada pela Lei 12.973/2014.

→ *v.* Art. 2º da IN SRF 1.469/2014.

§ 1º O imposto a ser pago mensalmente na forma deste artigo será determinado mediante a aplicação, sobre a base de cálculo, da alíquota de 15% (quinze por cento).

§ 2ºA parcela da base de cálculo, apurada mensalmente, que exceder a R$ 20.000,00 (vinte mil reais) ficará sujeita à incidência de adicional de imposto de renda à alíquota de 10% (dez por cento).

§ 3º A pessoa jurídica que optar pelo pagamento do imposto na forma deste artigo deverá apurar o lucro real em 31 de dezembro de cada ano, exceto nas hipóteses de que tratam os §§ 1º e 2º do artigo anterior.

§ 4º Para efeito de determinação do saldo de imposto a pagar ou a ser compensado, a pessoa jurídica poderá deduzir do imposto devido o valor:

I – dos incentivos fiscais de dedução do imposto, observados os limites e prazos fixados na legislação vigente, bem como o disposto no § 4º do art. 3º da Lei 9.249, de 26 de dezembro de 1995;

II – dos incentivos fiscais de redução e isenção do imposto, calculados com base no lucro da exploração;

III – do imposto de renda pago ou retido na fonte, incidente sobre receitas computadas na determinação do lucro real;

IV – do imposto de renda pago na forma deste artigo.

Seção II
Pagamento do imposto

Escolha da Forma de Pagamento

Art. 3º A adoção da forma de pagamento do imposto prevista no art. 1º, pelas pessoas jurídicas sujeitas ao regime do lucro real, ou a opção pela forma do art. 2º será irretratável para todo o ano-calendário.

Parágrafo único. A opção pela forma estabelecida no art. 2º será manifestada com o pagamento do imposto correspondente ao mês de janeiro ou de início de atividade.

Adicional do Imposto de Renda

Art. 4º Os §§ 1º e 2º do art. 3º da Lei 9.249, de 26 de dezembro de 1995, passam a vigorar com a seguinte redação:

→ Alterações efetuadas na referida Lei.

Imposto Correspondente a Período Trimestral

Art. 5º O imposto de renda devido, apurado na forma do art. 1º, será pago em quota única, até o último dia útil do mês subsequente ao do encerramento do período de apuração.

§ 1º À opção da pessoa jurídica, o imposto devido poderá ser pago em até 3 (três) quotas mensais, iguais e sucessivas, vencíveis no último dia útil dos 3 (três) meses subsequentes ao de encerramento do período de apuração a que corresponder.

§ 2º Nenhuma quota poderá ter valor inferior a R$ 1.000,00 (mil reais) e o imposto de valor inferior a R$ 2.000,00 (dois mil reais) será pago em quota única, até o último dia útil do mês subsequente ao do encerramento do período de apuração.

§ 3º As quotas do imposto serão acrescidas de juros equivalentes à taxa referencial do Sistema Especial de Liquidação e Custódia - Selic, para títulos federais, acumulada mensalmente, calculados a partir do primeiro dia do segundo mês subsequente ao do encerramento do período de apuração até o último dia do mês anterior ao do pagamento e de um por cento no mês do pagamento.

§ 4º Nos casos de incorporação, fusão ou cisão e de extinção da pessoa jurídica pelo encerramento da liquidação, o imposto devido deverá ser pago até o último dia útil do mês subsequente ao do evento, não se lhes aplicando a opção prevista no § 1º.

Pagamento por Estimativa

Art. 6º O imposto devido, apurado na forma do art. 2º, deverá ser pago até o último dia útil do mês subsequente àquele a que se referir.

§ 1º O saldo do imposto apurado em 31 de dezembro receberá o seguinte tratamento:

→ § 1º com redação alterada pela Lei 12.844/2013.

I – se positivo, será pago em quota única, até o último dia útil do mês de março do ano subsequente, observado o disposto no § 2º; ou

II – se negativo, poderá ser objeto de restituição ou de compensação nos termos do art. 74.

§ 2º O saldo do imposto a pagar de que trata o inciso I do parágrafo anterior será acrescido de juros calculados à taxa a que se refere o § 3º do art. 5º, a partir de 1º de fevereiro até o último dia do mês anterior ao do pagamento e de 1% (um por cento) no mês do pagamento.

§ 3º O prazo a que se refere o inciso I do § 1º não se aplica ao imposto relativo ao mês de dezembro, que deverá ser pago até o último dia útil do mês de janeiro do ano subsequente.

Disposições Transitórias

Art. 7º Alternativamente ao disposto no art. 40 da Lei 8.981, de 20 de janeiro de 1995, com as alterações da Lei 9.065, de 20 de junho de 1995, a pessoa jurídica tributada com base no lucro real ou presumido poderá efetuar o pagamento do saldo do imposto devido, apurado em31 de dezembro de 1996,em até 4 (quatro) quotas mensais, iguais e sucessivas, devendo aprimeira ser paga até o último dia útil do mês de março de 1997 e as demais no último dia útil dos meses subsequentes.

§ 1º Nenhuma quota poderá ter valor inferior a R$ 1.000,00 (mil reais) e o imposto de valor inferior a R$ 2.000,00 (dois mil reais) será pago em quota única, até o último dia útil do mês de março de 1997.

§ 2º As quotas do imposto serão acrescidas de juros calculados à taxa a que se refere o § 3º do art. 5º, a partir de 1º de abril de 1997 até o último dia do mês anterior ao do pagamento e de 1% (um por cento) no mês do pagamento.

§ 3º Havendo saldo de imposto pago a maior, a pessoa jurídica poderá compensá-lo com o imposto devido, correspondente aos períodos de apuração subsequentes, facultado o pedido de restituição.

Art. 8º As pessoas jurídicas, mesmo as que não tenham optado pela forma de pagamento do art. 2º, deverão calcular e pagar o imposto de renda relativo aos meses de janeiro e fevereiro de 1997 de conformidade com o referido dispositivo.

Parágrafo único. Para as empresas submetidas às normas do art. 1º o imposto pago com base na receita bruta auferida nos meses de janeiro e fevereiro de 1997 será deduzido do que for devido em relação ao período de apuração encerrado no dia 31 de março de 1997.

Seção III
Perdas no Recebimento de Créditos

Dedução

Art. 9º As perdas no recebimento de créditos decorrentes das atividades da pessoa jurídica poderão ser deduzidas como despesas, para determinação do lucro real, observado o disposto neste artigo.

§ 1º Poderão ser registrados como perda os créditos:

I – em relação aos quais tenha havido a declaração de insolvência do devedor, em sentença emanada do Poder Judiciário;

II – sem garantia, de valor:

a) até R$ 5.000,00 (cinco mil reais), por operação, vencidos há mais de 6 (seis) meses, independentemente de iniciados os procedimentos judiciais para o seu recebimento;

b) acima de R$ 5.000,00 (cinco mil reais) até R$ 30.000,00 (trinta mil reais), por operação, vencidos há mais de 1 (um) ano, independentemente de iniciados os procedimentos judiciais para o seu recebimento, porém, mantida a cobrança administrativa;

c) superior a R$ 30.000,00 (trinta mil reais), vencidos há mais de 1 (um) ano, desde que iniciados e mantidos os procedimentos judiciais para o seu recebimento;

III – com garantia, vencidos há mais de 2 (dois) anos, desde queiniciados e mantidos os procedimentos judiciais para o seu recebimento ou o arresto das garantias;

IV – contra devedor declarado falido ou pessoa jurídica em concordata ou recuperação judicial, relativamente à parcela que exceder o valor que esta tenha se comprometido a pagar, observado o disposto no § 5º.

→ Inciso IV com redação alterada pela Lei 13.097/2015.

§ 2º No caso de contrato de crédito em que o não pagamento de uma ou mais parcelas implique o vencimento automático de todas as demais parcelas vincendas, os limites a que se referem as alíneas *a* e *b* do inciso II do § 1º e as alíneas *a* e *b* do inciso II do § 7º serão considerados em relação ao total dos créditos, por operação, com o mesmo devedor.

→ § 2º com redação alterada pela Lei 13.097/2015.

§ 3º Para os fins desta Lei, considera-se crédito garantido o proveniente de vendas com reserva de domínio, de alienação fiduciária em garantia ou de operações com outras garantias reais.

§ 4º No caso de crédito com pessoa jurídica em processo falimentar, em concordata ou em recuperação judicial, a dedução da perda será admitida a partir da data da decretação da falência ou do deferimento do processamento da concordata ou recuperação judicial, desde que a credora tenha adotado os procedimentos judiciais necessários para o recebimento do crédito.

→ § 4º com redação alterada pela Lei 13.097/2015.

§ 5º A parcela do crédito cujo compromisso de pagar não houver sido honrado pela pessoa jurídica em concordata ou recuperação judicial poderá, também, ser deduzida como perda, observadas as condições previstas neste artigo

→ § 5º com redação alterada pela Lei 13.097/2015.

§ 6º Não será admitida a dedução de perda no recebimento de créditos com pessoa jurídica que seja controladora, controlada, coligada ou interligada, bem como com pessoa física que seja acionista controlador, sócio, titular ou administrador da pessoa jurídica credora, ou parente até o terceiro grau dessas pessoas físicas.

§ 7º Para os contratos inadimplidos a partir da data de publicação da Medida Provisória 656, de 7 de outubro de 2014, poderão ser registrados como perda os créditos:

→ § 7º acrescentado pela Lei 13.097/2015.

I – em relação aos quais tenha havido a declaração de insolvência do devedor, em sentença emanada do Poder Judiciário;

II – sem garantia, de valor:

a) até R$ 15.000,00 (quinze mil reais), por operação, vencidos há mais de seis meses, independentemente de iniciados os procedimentos judiciais para o seu recebimento;

b) acima de R$ 15.000,00 (quinze mil reais) até R$ 100.000,00 (cem mil reais), por operação, vencidos há mais de um ano, independentemente de iniciados os procedimentos judiciais para o seu recebimento, mantida a cobrança administrativa; e

c) superior a R$ 100.000,00 (cem mil reais), vencidos há mais de um ano, desde que iniciados e mantidos os procedimentos judiciais para o seu recebimento;

III – com garantia, vencidos há mais de dois anos, de valor:

a) até R$ 50.000,00 (cinquenta mil reais), independentemente de iniciados os procedimentos judiciais para o seu recebimento ou o arresto das garantias; e

b) superior a R$ 50.000,00 (cinquenta mil reais), desde que iniciados e mantidos os procedimentos judiciais para o seu recebimento ou o arresto das garantias; e

IV – contra devedor declarado falido ou pessoa jurídica em concordata ou recuperação judicial, relativamente à parcela que exceder o valor que esta tenha se comprometido a pagar, observado o disposto no § 5º.

Registro Contábil das Perdas

Art. 10. Os registros contábeis das perdas admitidas nesta Lei serão efetuados a débito de conta de resultado e a crédito:

I – da conta que registra o crédito de que trata a alínea *a* do inciso II do § 1º do art. 9º e a alínea a do inciso II do § 7º do art. 9º;

→ Inciso I com redação alterada pela Lei 13.097/2015.

II – de conta redutora do crédito, nas demais hipóteses.

§ 1º Ocorrendo a desistência da cobrança pela via judicial, antes de decorridos 5 (cinco) anos do vencimento do crédito, a perda eventualmente registrada deverá ser estornada ou adicionada ao lucro líquido, para determinação do lucro real correspondente ao período de apuração em que se der a desistência.

§ 2º Na hipótese do parágrafo anterior, o imposto será considerado como postergado desde o período de apuração em que tenha sido reconhecida a perda.

§ 3º Se a solução da cobrança se der em virtude de acordo homologado por sentença judicial, o valor da perda a ser estornado ou adicionado ao lucro líquido para determinação do lucro real será igual à soma da quantia recebida com o saldo a receber renegociado, não sendo aplicável o disposto no parágrafo anterior.

§ 4º Os valores registrados na conta redutora do crédito referida no inciso II do *caput* poderão ser baixados definitivamente em contrapartida à conta que registre o crédito, a partir do período de apuração em que se completar 5 (cinco) anos do vencimento do crédito sem que o mesmo tenha sido liquidado pelo devedor.

Encargos Financeiros de Créditos Vencidos

Art. 11. Após 2 (dois) meses do vencimento do crédito, sem que tenha havido o seu recebimento, a pessoa jurídica credora poderá excluir do lucro líquido, para determinação do lucro real, o valor dos encargos financeiros incidentes sobre o crédito, contabilizado como receita, auferido a partir do prazo definido neste artigo.

§ 1º Ressalvadas as hipóteses das alíneas a e b do inciso II do § 1º do art. 9º, das alíneas *a* e *b* do inciso II do § 7º do art. 9º e da alínea *a* do inciso III do § 7º do art. 9º, o disposto neste artigo somente se aplica quando a pessoa jurídica houver tomado as providências de caráter judicial necessárias ao recebimento do crédito.

→ § 1º com redação alterada pela Lei 13.097/2015.

§ 2º Os valores excluídos deverão ser adicionados no período de apuração em que, para os fins legais, se tornarem disponíveis para a pessoa jurídica credora ou em que reconhecida a respectiva perda.

§ 3º A partir da citação inicial para o pagamento do débito, a pessoa jurídica devedora deverá adicionar ao lucro líquido, para determinação do lucro real, os encargos incidentes sobre o débito vencido e não pago que tenham sido deduzidos como despesa ou custo, incorridos a partir daquela data.

§ 4º Os valores adicionados a que se refere o parágrafo anterior poderão ser excluídos do lucro líquido, para determinação do lucro real, no período de apuração em que ocorra a quitação do débito por qualquer forma.

Créditos Recuperados

Art. 12. Deverá ser computado na determinação do lucro real o montante dos créditos deduzidos que tenham sido recuperados, em qualquer época ou a qualquer título, inclusive nos casos de novação da dívida ou do arresto dos bens recebidos em garantia real.

§ 1º Os bens recebidos a título de quitação do débito serão escriturados pelo valor do crédito ou avaliados pelo valor definido na decisão judicial que tenha determinado sua incorporação ao patrimônio do credor.

→ § 1º acrescentado pela Lei 12.431/2011.

§ 2º Nas operações de crédito realizadas por instituições financeiras autorizadas a funcionar pelo Banco Central do Brasil, nos casos de renegociação de dívida, o reconhecimento da receita para fins de incidência de imposto sobre a renda e da Contribuição Social sobre o Lucro Líquido ocorrerá no momento do efetivo recebimento do crédito.

→ § 2º com redação alterada pela Lei 12.715/2012.

Disposição Transitória

Art. 13. No balanço levantado para determinação do lucro real em 31 de dezembro de 1996, a pessoa jurídica poderá optar pela constituição de provisão para créditos de liquidação duvidosa na forma do art. 43 da Lei 8.981, de 20 de janeiro de 1995, com as alterações da Lei 9.065, de 20 de junho de 1995, ou pelos critérios de perdas a que se referem os arts. 9º a 12.

Saldo de Provisões Existente em 31.12.1996

Art. 14. A partir do ano-calendário de 1997, ficam revogadas as normas previstas no art. 43 da Lei 8.981, de 20 de janeiro de 1995, com as alterações da Lei 9.065, de 20 de junho de 1995, bem como a autorização para a constituição de provisão nos termos dos artigos citados, contida no inciso I do art. 13 da Lei 9.249, de 26 de dezembro de 1995.

§ 1° A pessoa jurídica que, no balanço de 31 de dezembro de 1996, optar pelos critérios de dedução de perdas de que tratam os arts. 9° a 12 deverá, nesse mesmo balanço, reverter os saldos das provisões para créditos de liquidação duvidosa, constituídas na forma do art. 43 da Lei 8.981, de 20 de janeiro de 1995, com as alterações da Lei 9.065, de 20 de junho de 1995.

§ 2° Para a pessoa jurídica que, no balanço de 31 de dezembro de 1996, optar pela constituição de provisão na forma do art. 43 da Lei 8.981, de 20 de janeiro de 1995, com as alterações da Lei 9.065, de 20 de junho de 1995, a reversão a que se refere o parágrafo anterior será efetuada no balanço correspondente ao primeiro período de apuração encerrado em 1997, se houver adotado o regime de apuração trimestral, ou no balanço de 31 de dezembro de 1997 ou da data da extinção, se houver optado pelo pagamento mensal de que trata o art. 2°.

§ 3° Nos casos de incorporação, fusão ou cisão, a reversão de que trata o parágrafo anterior será efetuada no balanço que servir de base à apuração do lucro real correspondente.

Seção IV
Rendimentos do Exterior

Compensação de Imposto Pago

Art. 15. A pessoa jurídica domiciliada no Brasil que auferir, de fonte no exterior, receita decorrente da prestação de serviços efetuada diretamente poderá compensar o imposto pago no país de domicílio da pessoa física ou jurídica contratante, observado o disposto no art. 26 da Lei 9.249, de 26 de dezembro de 1995.

Lucros e Rendimentos

Art. 16. Sem prejuízo do disposto nos arts. 25, 26 e 27 da Lei 9.249, de 26 de dezembro de 1995, os lucros auferidos por filiais, sucursais, controladas e coligadas, no exterior, serão:

I – considerados de forma individualizada, por filial, sucursal, controlada ou coligada;

II – arbitrados, os lucros das filiais, sucursais e controladas, quando não for possível a determinação de seus resultados, com observância das mesmas normas aplicáveis às pessoas jurídicas domiciliadas no Brasil e computados na determinação do lucro real.

§ 1° Os resultados decorrentes de aplicações financeiras de renda variável no exterior, em um mesmo país, poderão ser consolidados para efeito de cômputo do ganho, na determinação do lucro real.

§ 2° Para efeito da compensação de imposto pago no exterior, a pessoa jurídica:

I – com relação aos lucros, deverá apresentar as demonstrações financeiras correspondentes, exceto na hipótese do inciso II do *caput* deste artigo;

II – fica dispensada da obrigação a que se refere o § 2° do art. 26 da Lei 9.249, de 26 de dezembro de 1995, quando comprovar que a legislação do país de origem do lucro, rendimento ou ganho de capital prevê a incidência do imposto de renda que houver sido pago, por meio do documento de arrecadação apresentado.

§ 3° Na hipótese de arbitramento do lucro da pessoa jurídica domiciliada no Brasil, os lucros, rendimentos e ganhos de capital oriundos do exterior serão adicionados ao lucro arbitrado para determinação da base de cálculo do imposto.

§ 4° Do imposto devido correspondente a lucros, rendimentos ou ganhos de capital oriundos do exterior não será admitida qualquer destinação ou dedução a título de incentivo fiscal.

Operações de Cobertura em Bolsa do Exterior

Art. 17. Serão computados na determinação do lucro real os resultados líquidos, positivos ou negativos, obtidos em operações de cobertura (hedge) realizadas em mercados de liquidação futura, diretamente pela empresa brasileira, em bolsas no exterior.

Parágrafo único. A Secretaria da Receita Federal e o Banco Central do Brasil expedirão instruções para a apuração do resultado líquido, sobre a movimentação de divisas relacionadas com essas operações, e outras que se fizerem necessárias à execução do disposto neste artigo.

→ Parágrafo único acrescentado pela Lei 11.033/2004.

Seção V
Preços de Transferência

Bens, Serviços e Direitos Adquiridos no Exterior

Art. 18. Os custos, despesas e encargos relativos a bens, serviços e direitos, constantes dos documentos de importação ou de aquisição, nas operações efetuadas com pessoa vinculada, somente serão dedutíveis na determinação do lucro real até o valor que não exceda ao preço determinado por um dos seguintes métodos:

I – Método dos Preços Independentes Comparados - PIC: definido como a média aritmética ponderada dos preços de bens, serviços ou direitos, idênticos ou similares, apurados no mercado brasileiro ou de outros países, em operações de compra e venda empreendidas pela própria interessada ou por terceiros, em condições de pagamento semelhantes;

→ Inciso I com redação alterada pela Lei 12.715/2012.

II – Método do Preço de Revenda menos Lucro - PRL: definido como a média aritmética ponderada dos preços de venda, no País, dos bens, direitos ou serviços importados, em condições de pagamento semelhantes e calculados conforme a metodologia a seguir:

→ Inciso II com redação alterada pela Lei 12.715/2012.

a) preço líquido de venda: a média aritmética ponderada dos preços de venda do bem, direito ou serviço produzido, diminuídos dos descontos incondicionais concedidos, dos impostos e contribuições sobre as vendas e das comissões e corretagens pagas;

b) percentual de participação dos bens, direitos ou serviços importados no custo total do bem, direito ou serviço vendido: a relação percentual entre o custo médio ponderado do bem, direito ou serviço importado e o custo total médio ponderado do bem, direito ou serviço vendido, calculado em conformidade com a planilha de custos da empresa;

c) participação dos bens, direitos ou serviços importados no preço de venda do bem, direito ou serviço vendido: aplicação do percentual de participação do bem, direito ou serviço importado no custo total, apurada conforme a alínea *b*, sobre o preço líquido de venda calculado de acordo com a alínea *a*;

d) margem de lucro: a aplicação dos percentuais previstos no § 12, conforme setor econômico da pessoa jurídica sujeita ao controle de preços de transferência, sobre a participação do bem, direito ou serviço importado no preço de venda do bem, direito ou serviço vendido, calculado de acordo com a alínea *c*; e

1. (*Revogado pela Lei 12.715/2012*);

2. (*Revogado pela Lei 12.715/2012*);

e) preço parâmetro: a diferença entre o valor da participação do bem, direito ou serviço importado no preço de venda do bem, direito ou serviço vendido, calculado conforme a alínea *c*; e a "margem de lucro", calculada de acordo com a alínea *d*; e

III – Método do Custo de Produção mais Lucro - CPL: definido como o custo médio ponderado de produção de bens, serviços ou direitos, idênticos ou similares, acrescido dos impostos e taxas cobrados na exportação no país onde tiverem sido originariamente produzidos, e de margem de lucro de 20% (vinte por cento), calculada sobre o custo apurado.

→ Inciso II com redação alterada pela Lei 12.715/2012.

§ 1° As médias aritméticas ponderadas dos preços de que tratam os incisos I e II do *caput* e o custo médio ponderado de produção de que trata o inciso III do *caput* serão calculados considerando-se os preços praticados e os custos incorridos durante todo o período de apuração da base de cálculo do imposto sobre a renda a que se referirem os custos, despesas ou encargos.

→ § 1ª com redação alterada pela Lei 12.715/2012.

§ 2° Para efeito do disposto no inciso I, somente serão consideradas as operações de compra e venda praticadas entre compradores e vendedores não vinculados.

§ 3° Para efeito do disposto no inciso II, somente serão considerados os preços praticados pela empresa com compradores não vinculados.

§ 4° Na hipótese de utilização de mais de um método, será considerado dedutível o maior valor apurado, observado o disposto no parágrafo subsequente.

§ 5° Se os valores apurados segundo os métodos mencionados neste artigo forem superiores ao de aquisição, constante dos respectivos documentos, a dedutibilidade fica limitada ao montante deste último.

§ 6° Não integram o custo, para efeito do cálculo disposto na alínea *b* do inciso II do *caput*, o valor do frete e do seguro, cujo ônus tenha sido do importador, desde que tenham sido contratados com pessoas:

→ § 6° com redação alterada pela Lei 12.715/2012.

I – não vinculadas; e

II – que não sejam residentes ou domiciliadas em países ou dependências de tributação favorecida, ou que não estejam amparados por regimes fiscais privilegiados.

§ 6°-A. Não integram o custo, para efeito do cálculo disposto na alínea *b* do inciso II do *caput*, os tributos incidentes na importação e os gastos no desembaraço aduaneiro.

→ § 6°-A acrescentado pela Lei 12.715/2012.

§ 7º A parcela dos custos que exceder ao valor determinado de conformidade com este artigo deverá ser adicionada ao lucro líquido, para determinação do lucro real.

§ 8º A dedutibilidade dos encargos de depreciação ou amortização dos bens e direitos fica limitada, em cada período de apuração, ao montante calculado com base no preço determinado na forma deste artigo.

§ 9º O disposto neste artigo não se aplica aos casos de *royalties* e assistência técnica, científica, administrativa ou assemelhada, os quais permanecem subordinados às condições de dedutibilidade constantes da legislação vigente.

§ 10.Relativamente ao método previsto no inciso I do *caput*, as operações utilizadas para fins de cálculo devem:

→ § 10 acrescentado pela Lei 12.715/2012.

I – representar, ao menos, 5% (cinco por cento) do valor das operações de importação sujeitas ao controle de preços de transferência, empreendidas pela pessoa jurídica, no período de apuração, quanto ao tipo de bem, direito ou serviço importado, na hipótese em que os dados utilizados para fins de cálculo digam respeito às suas próprias operações; e

II – corresponder a preços independentes realizados no mesmo ano-calendário das respectivas operações de importações sujeitas ao controle de preços de transferência.

§ 11. Na hipótese do inciso II do § 10, não havendo preço independente no ano-calendário da importação, poderá ser utilizado preço independente relativo à operação efetuada no ano-calendário imediatamente anterior ao da importação, ajustado pela variação cambial do período.

→ § 11 acrescentado pela Lei 12.715/2012.

§ 12. As margens a que se refere a alínea *d* do inciso II do *caput* serão aplicadas de acordo com o setor da atividade econômica da pessoa jurídica brasileira sujeita aos controles de preços de transferência e incidirão, independentemente de submissão a processo produtivo ou não no Brasil, nos seguintes percentuais:

→ § 12 acrescentado pela Lei 12.715/2012.

I – 40% (quarenta por cento), para os setores de:

a) produtos farmoquímicos e farmacêuticos;

b) produtos do fumo;

c) equipamentos e instrumentos ópticos, fotográficos e cinematográficos;

d) máquinas, aparelhos e equipamentos para uso odonto-médico-hospitalar;

e) extração de petróleo e gás natural; e

f) produtos derivados do petróleo;

II – 30% (trinta por cento) para os setores de:

a) produtos químicos;

b) vidros e de produtos do vidro;

c) celulose, papel e produtos de papel; e

d) metalurgia; e

III – 20% (vinte por cento) para os demais setores.

§ 13. Na hipótese em que a pessoa jurídica desenvolva atividades enquadradas em mais de um inciso do § 12, deverá ser adotada para fins de cálculo do PRL a margem correspondente ao setor da atividade para o qual o bem importado tenha sido destinado, observado o disposto no § 14.

→ § 13 acrescentado pela Lei 12.715/2012.

§ 14. Na hipótese de um mesmo bem importado ser revendido e aplicado na produção de um ou mais produtos, ou na hipótese de o bem importado ser submetido a diferentes processos produtivos no Brasil, o preço parâmetro final será a média ponderada dos valores encontrados mediante a aplicação do método PRL, de acordo com suas respectivas destinações.

→ § 14 acrescentado pela Lei 12.715/2012.

§ 15. No caso de ser utilizado o método PRL, o preço parâmetro deverá ser apurado considerando-se os preços de venda no período em que os produtos forem baixados dos estoques para resultado.

→ § 15 acrescentado pela Lei 12.715/2012.

§ 16. Na hipótese de importação de commodities sujeitas à cotação em bolsas de mercadorias e futuros internacionalmente reconhecidas, deverá ser utilizado o Método do Preço sob Cotação na Importação - PCI definido no art. 18-A.

→ § 16 acrescentado pela Lei 12.715/2012.

§ 17. Na hipótese do inciso I do § 10, não havendo operações que representem 5% (cinco por cento) do valor das importações sujeitas ao controle de preços de transferência no período de apuração, o percentual poderá ser complementado com as importações efetuadas no ano-calendário imediatamente anterior, ajustado pela variação cambial do período.

→ § 17 acrescentado pela Lei 12.715/2012.

Art. 18-A. O Método do Preço sob Cotação na Importação - PCI é definido como os valores médios diários da cotação de bens ou direitos sujeitos a preços públicos em bolsas de mercadorias e futuros internacionalmente reconhecidas.

→ Artigo acrescentado pela Lei 12.715/2012.

§ 1º Os preços dos bens importados e declarados por pessoas físicas ou jurídicas residentes ou domiciliadas no País serão comparados com os preços de cotação desses bens, constantes em bolsas de mercadorias e futuros internacionalmente reconhecidas, ajustados para mais ou para menos do prêmio médio de mercado, na data da transação, nos casos de importação de:

I – pessoas físicas ou jurídicas vinculadas;

II – residentes ou domiciliadas em países ou dependências com tributação favorecida; ou

III – pessoas físicas ou jurídicas beneficiadas por regimes fiscais privilegiados.

§ 2º Não havendo cotação disponível para o dia da transação, deverá ser utilizada a última cotação conhecida.

§ 3º Na hipótese de ausência de identificação da data da transação, a conversão será efetuada considerando-se a data do registro da declaração de importação de mercadoria.

§ 4º Na hipótese de não haver cotação dos bens em bolsas de mercadorias e futuros internacionalmente reconhecidas, os preços dos bens importados a que se refere o § 1º poderão ser comparados com os obtidos a partir de fontes de dados independentes fornecidas por instituições de pesquisa setoriais internacionalmente reconhecidas.

§ 5º A Secretaria da Receita Federal do Brasil do Ministério da Fazenda disciplinará a aplicação do disposto neste artigo, inclusive a divulgação das bolsas de mercadorias e futuros e das instituições de pesquisas setoriais internacionalmente reconhecidas para cotação de preços.

Receitas Oriundas de Exportações para o Exterior

Art. 19. As receitas auferidas nas operações efetuadas com pessoa vinculada ficam sujeitas a arbitramento quando o preço médio de venda dos bens, serviços ou direitos, nas exportações efetuadas durante o respectivo período de apuração da base de cálculo do imposto de renda, for inferior a 90% (noventa por cento) do preço médio praticado na venda dos mesmos bens, serviços ou direitos, no mercado brasileiro, durante o mesmo período, em condições de pagamento semelhantes.

§ 1º Caso a pessoa jurídica não efetue operações de venda no mercado interno, a determinação dos preços médios a que se refere o *caput* será efetuada com dados de outras empresas que pratiquem a venda de bens, serviços ou direitos, idênticos ou similares, no mercado brasileiro.

§ 2º Para efeito de comparação, o preço de venda:

I – no mercado brasileiro, deverá ser considerado líquido dos descontos incondicionais concedidos, do imposto sobre a circulação de mercadorias e serviços, do imposto sobre serviços e das contribuições para a seguridade social – Cofins e para o PIS/Pasep;

II – nas exportações, será tomado pelo valor depois de diminuído dos encargos de frete e seguro, cujo ônus tenha sido da empresa exportadora.

§ 3º Verificado que o preço de venda nas exportações é inferior ao limite de que trata este artigo, as receitas das vendas nas exportações serão determinadas tomando-se por base o valor apurado segundo um dos seguintes métodos:

I – Método do Preço de Venda nas Exportações – PVEx: definido como a média aritmética dos preços de venda nas exportações efetuadas pela própria empresa, para outros clientes, ou por outra exportadora nacional de bens, serviços ou direitos, idênticos ou similares, durante o mesmo período de apuração da base de cálculo do imposto de renda e em condições de pagamento semelhantes;

II – Método do Preço de Venda por Atacado no País de Destino, Diminuído do Lucro - PVA:definido como a média aritmética dos preços de venda de bens, idênticos ou similares, praticados no mercado atacadista do país de destino, em condições de pagamento semelhantes, diminuídos dos tributos incluídos no preço, cobrados no referido país, e de margem de lucro de 15 (quinze por cento) sobre o preço de venda no atacado;

III – Método do Preço de Venda a Varejo no País de Destino, Diminuído do Lucro - PVV: definido como a média aritmética dos preços de venda de bens, idênticos ou similares, praticados no mercado varejista do país de destino, em condições de pagamento semelhantes, diminuídos dos tributos incluídos no preço, cobrados no referido país, e de margem de lucro de 30% (trinta por cento) sobre o preço de venda no varejo;

IV – Método do Custo de Aquisição ou de Produção mais Tributos e Lucro - CAP:definido como a média aritmética dos custos de aquisição ou de produção dos bens, serviços ou direitos, exportados, acrescidos dos impostos e contribuições cobrados no Brasil e de margem de lucro de 15% (quinze por cento) sobre a soma dos custos mais impostos e contribuições.

§ 4º As médias aritméticas de que trata o parágrafo anterior serão calculadas em relação ao período de apuração da respectiva base de cálculo do imposto de renda da empresa brasileira.

§ 5º Na hipótese de utilização de mais de um método, será considerado o menor dos valores apurados, observado o disposto no parágrafo subsequente.

§ 6º Se o valor apurado segundo os métodos mencionados no § 3º for inferior aos preços de venda constantes dos documentos de exportação, prevalecerá o montante da receita reconhecida conforme os referidos documentos.

§ 7º A parcela das receitas, apurada segundo o disposto neste artigo, que exceder ao valor já apropriado na escrituração da empresa deverá ser adicionada ao lucro líquido, para determinação do lucro real, bem como ser computada na determinação do lucro presumido e do lucro arbitrado.

§ 8º Para efeito do disposto no § 3º, somente serão consideradas as operações de compra e venda praticadas entre compradores e vendedores não vinculados.

§ 9º Na hipótese de exportação de commodities sujeitas à cotação em bolsas de mercadorias e futuros internacionalmente reconhecidas, deverá ser utilizado o Método do Preço sob Cotação na Exportação – Pecex, definido no art. 19-A.

→ § 9º acrescentado pela Lei 12.715/2012.

Art. 19-A. O Método do Preço sob Cotação na Exportação - Pecex é definido como os valores médios diários da cotação de bens ou direitos sujeitos a preços públicos em bolsas de mercadorias e futuros internacionalmente reconhecidas.

→ Artigo acrescentado pela Lei 12.715/2012.

§ 1º Os preços dos bens exportados e declarados por pessoas físicas ou jurídicas residentes ou domiciliadas no País serão comparados com os preços de cotação dos bens, constantes em bolsas de mercadorias e futuros internacionalmente reconhecidas, ajustados para mais ou para menos do prêmio médio de mercado, na data da transação, nos casos de exportação para:

I – pessoas físicas ou jurídicas vinculadas;

II – residentes ou domiciliadas em países ou dependências com tributação favorecida; ou

III – pessoas físicas ou jurídicas beneficiadas por regimes fiscais privilegiados.

§ 2º Não havendo cotação disponível para o dia da transação, deverá ser utilizada a última cotação conhecida.

§ 3º Na hipótese de ausência de identificação da data da transação, a conversão será efetuada considerando-se a data de embarque dos bens exportados.

§ 4º As receitas auferidas nas operações de que trata o *caput* ficam sujeitas ao arbitramento de preços de transferência, não se aplicando o percentual de 90% (noventa por cento) previsto no *caput* do art. 19.

§ 5º Na hipótese de não haver cotação dos bens em bolsas de mercadorias e futuros internacionalmente reconhecidas, os preços dos bens exportados a que se refere o § 1º poderão ser comparados:

I – com os obtidos a partir de fontes de dados independentes fornecidas por instituições de pesquisa setoriais internacionalmente reconhecidas; ou

II – com os preços definidos por agências ou órgãos reguladores e publicados no Diário Oficial da União.

§ 6º A Secretaria da Receita Federal do Brasil do Ministério da Fazenda disciplinará o disposto neste artigo, inclusive a divulgação das bolsas de mercadorias e futuros e das instituições de pesquisas setoriais internacionalmente reconhecidas para cotação de preços.

§ 7º (*Vetado*).

Art. 20. O Ministro de Estado da Fazenda poderá, em circunstâncias justificadas, alterar os percentuais de que tratam os arts. 18 e 19, de ofício ou mediante requerimento conforme o § 2º do art. 21.

→ Artigo com redação alterada pela Lei 12.715/2012.

Art. 20-A. A partir do ano-calendário de 2012, a opção por um dos métodos previstos nos arts. 18 e 19 será efetuada para o ano-calendário e não poderá ser alterada pelo contribuinte uma vez iniciado o procedimento fiscal, salvo quando, em seu curso, o método ou algum de seus critérios de cálculo venha a ser desqualificado pela fiscalização, situação esta em que deverá ser intimado o sujeito passivo para, no prazo de 30 (trinta) dias, apresentar novo cálculo de acordo com qualquer outro método previsto na legislação.

→ Artigo acrescentado pela Lei 12.715/2012.

§ 1º A fiscalização deverá motivar o ato caso desqualifique o método eleito pela pessoa jurídica.

§ 2º A autoridade fiscal responsável pela verificação poderá determinar o preço parâmetro, com base nos documentos de que dispuser, e aplicar um dos métodos previstos nos arts. 18 e 19, quando o sujeito passivo, após decorrido o prazo de que trata o *caput*:

I – não apresentar os documentos que deem suporte à determinação do preço praticado nem as respectivas memórias de cálculo para apuração do preço parâmetro, segundo o método escolhido;

II – apresentar documentos imprestáveis ou insuficientes para demonstrar a correção do cálculo do preço parâmetro pelo método escolhido; ou

III – deixar de oferecer quaisquer elementos úteis à verificação dos cálculos para apuração do preço parâmetro, pelo método escolhido, quando solicitados pela autoridade fiscal.

§ 3º A Secretaria da Receita Federal do Brasil do Ministério da Fazenda definirá o prazo e a forma de opção de que trata o *caput*.

Art. 20-B. A utilização do método de cálculo de preço parâmetro, de que tratam os arts. 18 e 19, deve ser consistente por bem, serviço ou direito, para todo o ano-calendário.

→ Artigo acrescentado pela Lei 12.715/2012.

Apuração dos Preços Médios

Art. 21. Os custos e preços médios a que se referem os arts. 18 e 19 deverão ser apurados com base em:

I – publicações ou relatórios oficiais do governo do país do comprador ou vendedor ou declaração da autoridade fiscal desse mesmo país, quando com ele o Brasil mantiver acordo para evitar a bitributação ou para intercâmbio de informações;

II – pesquisas efetuadas por empresa ou instituição de notório conhecimento técnico ou publicações técnicas, em que se especifiquem o setor, o período, as empresas pesquisadas e a margem encontrada, bem como identifiquem, por empresa, os dados coletados e trabalhados.

§ 1º As publicações, as pesquisas e os relatórios oficiais a que se refere este artigo somente serão admitidos como prova se houverem sido realizados com observância de métodos de avaliação internacionalmente adotados e se referirem a período contemporâneo com o de apuração da base de cálculo do imposto de renda da empresa brasileira.

§ 2º Admitir-se-ão margens de lucro diversas das estabelecidas nos arts. 18 e 19, desde que o contribuinte as comprove, com base em publicações, pesquisas ou relatórios elaborados de conformidade com o disposto neste artigo.

§ 3º As publicações técnicas, as pesquisas e os relatórios a que se refere este artigo poderão ser desqualificados mediante ato do Secretário da Receita Federal, quando considerados inidôneos ou inconsistentes.

Juros

Art. 22. Os juros pagos ou creditados a pessoa vinculada somente serão dedutíveis para fins de determinação do lucro real até o montante que não exceda ao valor calculado com base em taxa determinada conforme este artigo acrescida de margem percentual a título de spread, a ser definida por ato do Ministro de Estado da Fazenda com base na média de mercado, proporcionalizados em função do período a que se referirem os juros.

→ Artigo acrescentado pela Lei 12.766/2012.

§ 1º No caso de mútuo com pessoa vinculada, a pessoa jurídica mutuante, domiciliada no Brasil, deverá reconhecer, como receita financeira correspondente à operação, no mínimo o valor apurado segundo o disposto neste artigo.

§ 2º Para efeito do limite a que se refere este artigo, os juros serão calculados com base no valor da obrigação ou do direito, expresso na moeda objeto do contrato e convertida em reais pela taxa de câmbio, divulgada pelo Banco Central do Brasil, para a data do termo final do cálculo dos juros.

§ 3º O valor dos encargos que exceder o limite referido no *caput* e a diferença de receita apurada na forma do parágrafo anterior serão adicionados à base de cálculo do imposto de renda devido pela empresa no Brasil, inclusive ao lucro presumido ou arbitrado.

§ 4º (*Revogado pela Lei 12.715/2012*).

§ 5º (Revogado *pela Lei 12.766/2012*).

§ 6º A taxa de que trata o *caput* será a taxa:

→ § 6º acrescentado pela Lei 12.766/2012.

I – de mercado dos títulos soberanos da República Federativa do Brasil emitidos no mercado externo em dólares dos Estados Unidos da América, na hipótese de operações em dólares dos Estados Unidos da América com taxa prefixada;

II – de mercado dos títulos soberanos da República Federativa do Brasil emitidos no mercado externo em reais, na hipótese de operações em reais no exterior com taxa prefixada; e

III – London Interbank Offered Rate – LIBOR pelo prazo de 6 (seis) meses, nos demais casos.

§ 7º O Ministro de Estado da Fazenda poderá fixar a taxa de que trata o *caput* na hipótese de operações em reais no exterior com taxa flutuante.

→ § 7º acrescentado pela Lei 12.766/2012.

§ 8º Na hipótese do inciso III do § 6º, para as operações efetuadas em outras moedas nas quais não seja divulgada taxa Libor própria, deverá ser utilizado o valor da taxa Libor para depósitos em dólares dos Estados Unidos da América.

→ § 8º acrescentado pela Lei 12.766/2012.

§ 9º A verificação de que trata este artigo deve ser efetuada na data da contratação da operação e será aplicada aos contratos celebrados a partir de 1º de janeiro de 2013.

→ § 9º acrescentado pela Lei 12.766/2012.

§ 10. Para fins do disposto no § 9º, a novação e a repactuação são consideradas novos contratos.

→ § 10 acrescentado pela Lei 12.766/2012.

§ 11. O disposto neste artigo será disciplinado pela Secretaria da Receita Federal do Brasil, inclusive quanto às especificações e condições de utilização das taxas previstas no *caput* e no § 6º.

→ § 11 acrescentado pela Lei 12.766/2012.

Pessoa Vinculada - Conceito

Art. 23. Para efeito dos arts. 18 a 22, será considerada vinculada à pessoa jurídica domiciliada no Brasil:

I – a matriz desta, quando domiciliada no exterior;

II – a sua filial ou sucursal, domiciliada no exterior;

III – a pessoa física ou jurídica, residente ou domiciliada no exterior, cuja participação societária no seu capital social a caracterize como sua controladora ou coligada, na forma definida nos §§ 1º e 2º do art. 243 da Lei 6.404, de 15 de dezembro de 1976;

IV – a pessoa jurídica domiciliada no exterior que seja caracterizada como sua controlada ou coligada, na forma definida nos §§ 1º e 2º do art. 243 da Lei 6.404, de 15 de dezembro de 1976;

V – a pessoa jurídica domiciliada no exterior, quando esta e a empresa domiciliada no Brasil estiverem sob controle societário ou administrativo comum ou quando pelo menos 10% (dezpor cento) do capital social de cada uma pertencer a uma mesma pessoa física ou jurídica;

VI – a pessoa física ou jurídica, residente ou domiciliada no exterior, que, em conjunto com a pessoa jurídica domiciliada no Brasil, tiver participação societária no capital social de uma terceira pessoa jurídica, cuja soma as caracterizem como controladoras ou coligadas desta, na forma definida nos §§ 1º e 2º do art. 243 da Lei 6.404, de 15 de dezembro de 1976;

VII – a pessoa física ou jurídica, residente ou domiciliada no exterior, que seja sua associada, na forma de consórcio ou condomínio, conforme definido na legislação brasileira, em qualquer empreendimento;

VIII – a pessoa física residente no exterior que for parente ou afim até o terceiro grau, cônjuge ou companheiro de qualquer de seus diretores ou de seu sócio ou acionista controlador em participação direta ou indireta;

IX – a pessoa física ou jurídica, residente ou domiciliada no exterior, que goze de exclusividade, como seu agente, distribuidor ou concessionário, para a compra e venda de bens, serviços ou direitos;

X – a pessoa física ou jurídica, residente ou domiciliada no exterior, em relação à qual a pessoa jurídica domiciliada no Brasil goze de exclusividade, como agente, distribuidora ou concessionária, para a compra e venda de bens, serviços ou direitos.

Países com Tributação Favorecida

Art. 24. As disposições relativas a preços, custos e taxas de juros, constantes dos arts. 18 a 22, aplicam-se, também, às operações efetuadas por pessoa física ou jurídica residente ou domiciliada no Brasil, com qualquer pessoa física ou jurídica, ainda que não vinculada, residente ou domiciliada em país que não tribute a renda ou que a tribute a alíquota máxima inferior a 20% (vinte por cento).

§ 1º Para efeito do disposto na parte final deste artigo, será considerada a legislação tributária do referido país, aplicável às pessoas físicas ou às pessoas jurídicas, conforme a natureza do ente com o qual houver sido praticada a operação.

§ 2º No caso de pessoa física residente no Brasil:

I – o valor apurado segundo os métodos de que trata o art. 18 será considerado como custo de aquisição para efeito de apuração de ganho de capital na alienação do bem ou direito;

II – o preço relativo ao bem ou direito alienado, para efeito de apuração de ganho de capital, será o apurado de conformidade com o disposto no art. 19;

III – será considerado como rendimento tributável o preço dos serviços prestados apurado de conformidade com o disposto no art. 19;

IV – serão considerados como rendimento tributável os juros determinados de conformidade com o art. 22.

§ 3º Para os fins do disposto neste artigo, considerar-se-á separadamente a tributação do trabalho e do capital, bem como as dependências do país de residência ou domicílio.

→ § 3º acrescentado pela Lei 10.451/2002.

§ 4º Considera-se também país ou dependência com tributação favorecida aquele cuja legislação não permita o acesso a informações relativas à composição societária de pessoas jurídicas, à sua titularidade ou à identificação do beneficiário efetivo de rendimentos atribuídos a não residentes.

→ § 4º acrescentado pela Lei 11.727/2008.

Art. 24-A. Aplicam-se às operações realizadas em regime fiscal privilegiado as disposições relativas a preços, custos e taxas de juros constantes dos arts. 18 a 22 desta Lei, nas transações entre pessoas físicas ou jurídicas residentes e domiciliadas no País com qualquer pessoa física ou jurídica, ainda que não vinculada, residente ou domiciliada no exterior.

→ Artigo acrescentado pela Lei 11.727/2008.

Parágrafo único. Para os efeitos deste artigo, considera-se regime fiscal privilegiado aquele que apresentar uma ou mais das seguintes características:

→ Parágrafo único com redação alterada pela Lei 11.941/2009.

I – não tribute a renda ou a tribute à alíquota máxima inferior a 20% (vinte por cento);

II – conceda vantagem de natureza fiscal a pessoa física ou jurídica não residente:

a) sem exigência de realização de atividade econômica substantiva no país ou dependência;

b) condicionada ao não exercício de atividade econômica substantiva no país ou dependência;

III – não tribute, ou o faça em alíquota máxima inferior a 20% (vinte por cento), os rendimentos auferidos fora de seu território;

IV – não permita o acesso a informações relativas à composição societária, titularidade de bens ou direitos ou às operações econômicas realizadas.

Art. 24-B. O Poder Executivo poderá reduzir ou restabelecer os percentuais de que tratam o *caput* do art. 24 e os incisos I e III do parágrafo único do art. 24-A, ambos desta Lei.

→ Artigo acrescentado pela Lei 11.727/2008.

Parágrafo único. O uso da faculdade prevista no *caput* deste artigo poderá também ser aplicado, de forma excepcional e restrita, a países que componham blocos econômicos dos quais o País participe.

Seção VI
Lucro presumido

Determinação

Art. 25. O lucro presumido será o montante determinado pela soma das seguintes parcelas:

I – o valor resultante da aplicação dos percentuais de que trata o art. 15 da Lei 9.249, de 26 de dezembro de 1995, sobre a receita bruta definida pelo art. 12 do Decreto-Lei 1.598, de 26 de dezembro de 1977, auferida no período de apuração de que trata o art. 1º, deduzida das devoluções e vendas canceladas e dos descontos incondicionais concedidos; e

→ Inciso I com redação alterada pela Lei 12.973/2014.

→ *v.* Art. 2º da IN SRF 1.469/2014.

II – os ganhos de capital, os rendimentos e ganhos líquidos auferidos em aplicações financeiras, as demais receitas, os resultados positivos decorrentes de receitas não abrangidas pelo inciso I, com os respectivos valores decorrentes do ajuste a valor presente de que trata o inciso VIII do *caput* do art. 183 da Lei 6.404, de 15 de dezembro de 1976, e demais valores determinados nesta Lei, auferidos naquele mesmo período.

→ Inciso II com redação alterada pela Lei 12.973/2014.

→ *v.* Art. 2º da IN SRF 1.469/2014.

§ 1º O ganho de capital nas alienações de investimentos, imobilizados e intangíveis corresponderá à diferença positiva entre o valor da alienação e o respectivo valor contábil.

→ § 1º acrescentado pela Lei 12.973/2014.

→ *v.* Art. 2º da IN SRF 1.469/2014.

§ 2º Para fins do disposto no § 1º, poderão ser considerados no valor contábil, e na proporção deste, os respectivos valores decorrentes dos efeitos do ajuste a valor presente de que trata o inciso III do *caput* do art. 184 da Lei 6.404, de 15 de dezembro de 1976.

→ § 2º acrescentado pela Lei 12.973/2014.

→ *v.* Art. 2º da IN SRF 1.469/2014.

§ 3º Os ganhos decorrentes de avaliação de ativo ou passivo com base no valor justo não integrarão a base de cálculo do imposto, no momento em que forem apurados.

→ § 3º acrescentado pela Lei 12.973/2014.

→ *v.* Art. 2º da IN SRF 1.469/2014.

§ 4º Para fins do disposto no inciso II do *caput*, os ganhos e perdas decorrentes de avaliação do ativo com base em valor justo não serão considerados como parte integrante do valor contábil.

→ § 4º acrescentado pela Lei 12.973/2014.

→ *v.* Art. 2º da IN SRF 1.469/2014.

§ 5º O disposto no § 4º não se aplica aos ganhos que tenham sido anteriormente computados na base de cálculo do imposto.

→ § 5º acrescentado pela Lei 12.973/2014.

→ *v.* Art. 2º da IN SRF 1.469/2014.

Opção

Art. 26. A opção pela tributação com base no lucro presumido será aplicada em relação a todo o período de atividade da empresa em cada ano-calendário.

§ 1º A opção de que trata este artigo será manifestada com o pagamento da primeira ou única quota do imposto devido correspondente ao primeiro período de apuração de cada ano-calendário.

§ 2º A pessoa jurídica que houver iniciado atividade a partir do segundo trimestre manifestará a opção de que trata este artigo com o pagamento da primeira ou única quota do imposto devido relativa ao período de apuração do início de atividade.

§ 3º A pessoa jurídica que houver pago o imposto com base no lucro presumido e que, em relação ao mesmo ano-calendário, alterar a opção, passando a ser tributada com base no lucro real, ficará sujeita ao pagamento de multa e juros moratórios sobre a diferença de imposto paga a menor.

§ 4º A mudança de opção a que se refere o parágrafo anterior somente será admitida quando formalizada até a entrega da correspondente declaração de rendimentos e antes de iniciado procedimento de ofício relativo a qualquer dos períodos de apuração do respectivo ano-calendário.

Seção VII
Lucro arbitrado

Determinação

Art. 27. O lucro arbitrado será o montante determinado pela soma das seguintes parcelas:

I – o valor resultante da aplicação dos percentuais de que trata o art. 16 da Lei 9.249, de 26 de dezembro de 1995, sobre a receita bruta definida pelo art. 12 do Decreto-Lei 1.598, de 26 de dezembro de 1977, auferida no período de apuração de que trata o art. 1º, deduzida das devoluções e vendas canceladas e dos descontos incondicionais concedidos; e

→ Inciso I com redação alterada pela Lei 12.973/2014.

→ *v.* Art. 2º da IN SRF 1.469/2014.

II – os ganhos de capital, os rendimentos e ganhos líquidos auferidos em aplicações financeiras, as demais receitas, os resultados positivos decorrentes de receitas não abrangidas pelo inciso I do *caput*, com os respectivos valores decorrentes do ajuste a valor presente de que trata o inciso VIII do *caput* do art. 183 da Lei 6.404, de 15 de dezembro de 1976, e demais valores determinados nesta Lei, auferidos naquele mesmo período.

→ Inciso II com redação alterada pela Lei 12.973/2014.

→ *v.* Art. 2º da IN SRF 1.469/2014.

§ 1º Na apuração do lucro arbitrado, quando não conhecida a receita bruta, os coeficientes de que tratam os incisos II, III e IV do art. 51 da Lei 8.981, de 20 de janeiro de 1995, deverão ser multiplicados pelo número de meses do período de apuração.

§ 2º Na hipótese de utilização das alternativas de cálculo previstas nos incisos V a VIII do art. 51 da Lei 8.981, de 20 de janeiro de 1995, o lucro arbitrado será o valor resultante da soma dos valores apurados para cada mês do período de apuração.

§ 3º O ganho de capital nas alienações de investimentos, imobilizados e intangíveis corresponderá à diferença positiva entre o valor da alienação e o respectivo valor contábil.

→ § 3º acrescentado pela Lei 12.973/2014.

→ *v.* Art. 2º da IN SRF 1.469/2014.

§ 4º Para fins do disposto no § 3º, poderão ser considerados no valor contábil, e na proporção deste, os respectivos valores decorrentes dos efeitos do ajuste a valor presente de que trata o inciso III do *caput* do art. 184 da Lei 6.404, de 15 de dezembro de 1976.

→ § 4º acrescentado pela Lei 12.973/2014.

→ *v.* Art. 2º da IN SRF 1.469/2014.

§ 5º Os ganhos decorrentes de avaliação de ativo ou passivo com base no valor justo não integrarão a base de cálculo do imposto, no momento em que forem apurados.

→ § 5º acrescentado pela Lei 12.973/2014.

→ *v.* Art. 2º da IN SRF 1.469/2014.

§ 6º Para fins do disposto no inciso II do *caput*, os ganhos e perdas decorrentes de avaliação do ativo com base em valor justo não serão considerados como parte integrante do valor contábil.

→ § 6º acrescentado pela Lei 12.973/2014.

→ *v.* Art. 2º da IN SRF 1.469/2014.

§ 7º O disposto no § 6º não se aplica aos ganhos que tenham sido anteriormente computados na base de cálculo do imposto.

→ § 7º acrescentado pela Lei 12.973/2014.

→ *v.* Art. 2º da IN SRF 1.469/2014.

Capítulo II
CONTRIBUIÇÃO SOCIAL SOBRE O LUCRO LÍQUIDO

Seção I
Apuração da base de cálculo e pagamento

Normas Aplicáveis

Art. 28. Aplicam-se à apuração da base de cálculo e ao pagamento da contribuição social sobre o lucro líquido as normas da legislação vigente e as correspondentes aos arts. 1º a 3º, 5º a 14, 17 a 24-B, 26, 55 e 71.

→ Artigo com redação alterada pela Lei 12.715/2012.

Empresas sem Escrituração Contábil

Art. 29. A base de cálculo da contribuição social sobre o lucro líquido, devida pelas pessoas jurídicas tributadas com base no lucro presumido ou arbitrado e pelas demais empresas dispensadas de escrituração contábil, corresponderá à soma dos valores:

I – de que trata o art. 20 da Lei 9.249, de 26 de dezembro de 1995;

II – os ganhos de capital, os rendimentos e ganhos líquidos auferidos em aplicações financeiras, as demais receitas, os resultados positivos decorrentes de receitas não abrangidas pelo inciso I do *caput*, com os respectivos valores decorrentes do ajuste a valor presente de que trata o inciso VIII do *caput* do art. 183 da Lei 6.404, de 15 de dezembro de 1976, e demais valores determinados nesta Lei, auferidos naquele mesmo período.

→ Inciso II com redação alterada pela Lei 12.973/2014.

→ *v.* Art. 2º da IN SRF 1.469/2014.

Pagamento Mensal Estimado

Art. 30. A pessoa jurídica que houver optado pelo pagamento do imposto de renda na forma do art. 2º fica, também, sujeita ao pagamento mensal da contribuição social sobre o lucro líquido, determinada mediante a aplicação da alíquota a que estiver sujeita sobre a base de cálculo apurada na forma dos incisos I e II do artigo anterior.

Capítulo III
IMPOSTO SOBRE PRODUTOS INDUSTRIALIZADOS

Contribuinte Substituto

Art. 31. O art. 35 da Lei 4.502, de 30 de novembro de 1964, passa a vigorar com a seguinte redação:

"Art. 35. (...)

(...)

II – como contribuinte substituto:

(...)

c) o industrial ou equiparado, mediante requerimento, nas operações anteriores, concomitantes ou posteriores às saídas que promover, nas hipóteses e condições estabelecidas pela Secretaria da Receita Federal.

§ 1º Nos casos das alíneas *a* e *b* do inciso II deste artigo, o pagamento do imposto não exclui a responsabilidade por infração do contribuinte originário quando este for identificado, e será considerado como efetuado fora do prazo, para todos os efeitos legais.

§ 2º Para implementar o disposto na alínea *c* do inciso II, a Secretaria da Receita Federal poderá instituir regime especial de suspensão do imposto."

Capítulo IV
PROCEDIMENTOS DE FISCALIZAÇÃO

Seção I
Suspensão da imunidade e da isenção

Art. 32. A suspensão da imunidade tributária, em virtude de falta de observância de requisitos legais, deve ser procedida de conformidade com o disposto neste artigo.

§ 1º Constatado que entidade beneficiária de imunidade de tributos federais de que trata a alínea *c* do inciso VI do art. 150 da Constituição Federal não está observando requisito ou condição previsto nos arts. 9º, § 1º, e 14, da Lei 5.172, de 25 de outubro de 1966 - Código Tributário Nacional, a fiscalização tributária expedirá notificação fiscal, na qual relatará os fatos que determinam a suspensão do benefício, indicando inclusive a data da ocorrência da infração.

§ 2º A entidade poderá, no prazo de 30 (trinta) dias da ciência da notificação, apresentar as alegações e provas que entender necessárias.

§ 3º O Delegado ou Inspetor da Receita Federal decidirá sobre a procedência das alegações, expedindo o ato declaratório suspensivo do benefício, no caso de improcedência, dando, de sua decisão, ciência à entidade.

§ 4º Será igualmente expedido o ato suspensivo se decorrido o prazo previsto no § 2º sem qualquer manifestação da parte interessada.

§ 5º A suspensão da imunidade terá como termo inicial a data da prática da infração.

§ 6º Efetivada a suspensão da imunidade:

I – a entidade interessada poderá, no prazo de 30 (trinta) dias da ciência, apresentar impugnação ao ato declaratório, a qual será objeto de decisão pela Delegacia da Receita Federal de Julgamento competente;

II – a fiscalização de tributos federais lavrará auto de infração, se for o caso.

§ 7º A impugnação relativa à suspensão da imunidade obedecerá às demais normas reguladoras do processo administrativo fiscal.

§ 8º A impugnação e o recurso apresentados pela entidade não terão efeito suspensivo em relação ao ato declaratório contestado.

§ 9º Caso seja lavrado auto de infração, as impugnações contra o ato declaratório e contra a exigência de crédito tributário serão reunidas em um único processo, para serem decididas simultaneamente.

§ 10. Os procedimentos estabelecidos neste artigo aplicam-se, também, às hipóteses de suspensão de isenções condicionadas, quando a entidade beneficiária estiver descumprindo as condições ou requisitos impostos pela legislação de regência.

§ 11. (*Revogado pela Lei 13.165/2015*).

§ 12. A entidade interessada disporá de todos os meios legais para impugnar os fatos que determinam a suspensão do benefício.

→ § 12 acrescentado pela Lei 11.941/2009.

Seção II
Regimes especiais de fiscalização

Art. 33. A Secretaria da Receita Federal pode determinar regime especial para cumprimento de obrigações, pelo sujeito passivo, nas seguintes hipóteses:

I – embaraço à fiscalização, caracterizado pela negativa não justificada de exibição de livros e documentos em que se assente a escrituração das atividades do sujeito passivo, bem como pelo não fornecimento de informações sobre bens, movimentação financeira, negócio ou atividade, próprios ou de terceiros, quando intimado, e demais hipóteses que autorizam a requisição do auxílio da força pública, nos termos do art. 200 da Lei 5.172, de 25 de outubro de 1966;

II – resistência à fiscalização, caracterizada pela negativa de acesso ao estabelecimento, ao domicílio fiscal ou a qualquer outro local onde se desenvolvam as atividades do sujeito passivo, ou se encontrem bens de sua posse ou propriedade;

III – evidências de que a pessoa jurídica esteja constituída por interpostas pessoas que não sejam os verdadeiros sócios ou acionistas, ou o titular, no caso de firma individual;

IV – realização de operações sujeitas à incidência tributária, sem a devida inscrição no cadastro de contribuintes apropriado;

V – prática reiterada de infração da legislação tributária;

VI – comercialização de mercadorias com evidências de contrabando ou descaminho;

VII – incidência em conduta que enseje representação criminal, nos termos da legislação que rege os crimes contra a ordem tributária.

§ 1º O regime especial de fiscalização será aplicado em virtude de ato do Secretário da Receita Federal.

§ 2º O regime especial pode consistir, inclusive, em:

I – manutenção de fiscalização ininterrupta no estabelecimento do sujeito passivo;

II – redução, à metade, dos períodos de apuração e dos prazos de recolhimento dos tributos;

III – utilização compulsória de controle eletrônico das operações realizadas e recolhimentodiário dos respectivos tributos;

IV – exigência de comprovação sistemática do cumprimento das obrigações tributárias;

V – controle especial da impressão e emissão de documentos comerciais e fiscais e da movimentação financeira.

§ 3º As medidas previstas neste artigo poderão ser aplicadas isolada ou cumulativamente, por tempo suficiente à normalização do cumprimento das obrigações tributárias.

§ 4º A imposição do regime especial não elide a aplicação de penalidades previstas na legislação tributária.

§ 5º Às infrações cometidas pelo contribuinte durante o período em que estiver submetido a regime especial de fiscalização será aplicada a multa de que trata o inciso I do *caput* do art. 44 desta Lei, duplicando-se o seu percentual.

→ § 5º com redação alterada pela Lei 11.488/2007.

Seção III
Documentação fiscal

Acesso à Documentação

Art. 34. São também passíveis de exame os documentos do sujeito passivo, mantidos em arquivos magnéticos ou assemelhados, encontrados no local da verificação, que tenham relação direta ou indireta com a atividade por ele exercida.

Retenção de Livros e Documentos

Art. 35. Os livros e documentos poderão ser examinados fora do estabelecimento do sujeito passivo, desde que lavrado termoescrito de retenção pela autoridade fiscal, em que se especifiquem a quantidade, espécie, natureza e condições dos livros e documentos retidos.

§ 1º Constituindo os livros ou documentos prova da prática de ilícito penal ou tributário, os originais retidos não serão devolvidos, extraindo-se cópia para entrega ao interessado.

§ 2º Excetuado o disposto no parágrafo anterior, devem ser devolvidos os originais dos documentos retidos para exame, mediante recibo.

Lacração de Arquivos

Art. 36. A autoridade fiscal encarregada de diligência ou fiscalização poderá promover a lacração de móveis, caixas, cofres ou depósitos onde se encontram arquivos e documentos, toda vez que ficar caracterizada a resistência ou o embaraço à fiscalização, ou ainda quando as circunstâncias ou a quantidade de documentos não permitirem sua identificação e conferência no local ou no momento em que foram encontrados.

Parágrafo único. O sujeito passivo e demais responsáveis serão previamente notificados para acompanharem o procedimento de rompimento do lacre e identificação dos elementos de interesse da fiscalização.

Guarda de Documentos

Art. 37. Os comprovantes da escrituração da pessoa jurídica, relativos a fatos que repercutam em lançamentos contábeis de exercícios futuros, serão conservados até que se opere a decadência do direito de a Fazenda Pública constituir os créditos tributários relativos a esses exercícios.

Arquivos Magnéticos

Art. 38. O sujeito passivo usuário de sistema de processamento de dados deverá manter documentação técnica completa e atualizada do sistema, suficiente para possibilitar a sua auditoria, facultada a manutenção em meio magnético, sem prejuízo da sua emissão gráfica, quando solicitada.

Extravio de Livros e Documentos

Art. 39. (*Revogado pela Lei 9.532/1997*).

Seção IV
Omissão de receita

Falta de Escrituração de Pagamentos

Art. 40. A falta de escrituração de pagamentos efetuados pela pessoa jurídica, assim como a manutenção, no passivo, de obrigações cuja exigibilidade não seja comprovada, caracterizam, também, omissão de receita.

Levantamento Quantitativo por Espécie

Art. 41. A omissão de receita poderá, também, ser determinada a partir de levantamento por espécie das quantidades de matérias-primas e produtos intermediários utilizados no processo produtivo da pessoa jurídica.

§ 1º Para os fins deste artigo, apurar-se-á a diferença, positiva ou negativa, entre a soma das quantidades de produtos em estoque no início do período com a quantidade de produtos fabricados com as matérias-primas e produtos intermediários utilizados e a soma das quantidades de produtos cuja venda houver sido registrada na escrituração contábil da empresa com as quantidades em estoque, no final do período de apuração, constantes do livro de Inventário.

§ 2º Considera-se receita omitida, nesse caso, o valor resultante da multiplicação das diferenças de quantidades de produtos ou de matérias-primas e produtos intermediários pelos respectivos preços médios de venda ou de compra, conforme o caso, em cada período de apuração abrangido pelo levantamento.

§ 3º Os critérios de apuração de receita omitida de que trata este artigo aplicam-se, também, às empresas comerciais, relativamente às mercadorias adquiridas para revenda.

Depósitos Bancários

Art. 42. Caracterizam-se também omissão de receita ou de rendimento os valores creditados em conta de depósito ou deinvestimento mantida junto a instituição financeira, em relação aos quais o titular, pessoa física ou jurídica, regularmente intimado, não comprove, mediante documentação hábil e idônea, a origem dos recursos utilizados nessas operações.

§ 1º O valor das receitas ou dos rendimentos omitido será considerado auferido ou recebido no mês do crédito efetuado pela instituição financeira.

§ 2º Os valores cuja origem houver sido comprovada, que não houverem sido computados na base de cálculo dos impostos e contribuições a que estiverem sujeitos, submeter-se-ão às normas de tributação específicas, previstas na legislação vigente à época em que auferidos ou recebidos.

§ 3º Para efeito de determinação da receita omitida, os créditos serão analisados individualizadamente, observado que não serão considerados:

I – os decorrentes de transferências de outras contas da própria pessoa física ou jurídica;

II – no caso de pessoa física, sem prejuízo do disposto no inciso anterior, os de valor individual igual ou inferior a R$ 1.000,00 (mil reais), desde que o seu somatório, dentro do ano-calendário, não ultrapasse o valor de R$ 12.000,00 (doze mil reais).

§ 4º Tratando-se de pessoa física, os rendimentos omitidos serão tributados no mês em que considerados recebidos, com base na tabela progressiva vigente à época em que tenha sido efetuado o crédito pela instituição financeira.

§ 5º Quando provado que os valores creditados na conta de depósito ou de investimento pertencem a terceiro, evidenciando interposiçao de pessoa, a determinação dos rendimentos ou receitas será efetuada em relação ao terceiro, na condição de efetivo titular da conta de depósito ou de investimento.

→ § 5º acrescentado pela Lei 10.637/2002.

§ 6º Na hipótese de contas de depósito ou de investimento mantidas em conjunto, cuja declaração de rendimentos ou de informações dos titulares tenham sido apresentadas em separado, e não havendo comprovação da origem dos recursos nos termos deste artigo, o valor dos rendimentos ou receitas será imputado a cada titular mediante divisão entre o total dos rendimentos ou receitas pela quantidade de titulares.

→ § 6º acrescentado pela Lei 10.637/2002.

Seção V
Normas sobre o lançamento de tributos e contribuições

Auto de Infração sem Tributo

Art. 43. Poderá ser formalizada exigência de crédito tributário correspondente exclusivamente a multa ou a juros de mora, isolada ou conjuntamente.

Parágrafo único. Sobre o crédito constituído na forma deste artigo, não pago no respectivo vencimento, incidirão juros de mora, calculados à taxa a que se refere o § 3º do art. 5º, a partir do primeiro dia do mês subsequente ao vencimento do prazo até o mês anterior ao do pagamento e de um por cento no mês de pagamento.

Multas de Lançamento de Ofício

Art. 44. Nos casos de lançamento de ofício, serão aplicadas as seguintes multas:

→ Artigo com redação alterada pela Lei 11.488/2007.

I – de 75% (setenta e cinco por cento) sobre a totalidade ou diferença de imposto ou contribuição nos casos de falta de pagamento ou recolhimento, de falta de declaração e nos de declaração inexata;

→ Inciso I com redação alterada pela Lei 11.488/2007.

II – de 50% (cinquenta por cento), exigida isoladamente, sobre o valor do pagamento mensal:

→ Inciso II com redação alterada pela Lei 11.488/2007.

a) na forma do art. 8º da Lei 7.713, de 22 de dezembro de 1988, que deixar de ser efetuado, ainda que não tenha sido apurado imposto a pagar na declaração de ajuste, no caso de pessoa física;

→ Alínea *a* com redação alterada pela Lei 11.488/2007.

b) na forma do art. 2º desta Lei, que deixar de ser efetuado, ainda que tenha sido apurado prejuízo fiscal ou base de cálculo negativa para a contribuição social sobre o lucro líquido, no ano-calendário correspondente, no caso de pessoa jurídica.

→ Alínea *b* com redação alterada pela Lei 11.488/2007.

§ 1º O percentual de multa de que trata o inciso I do *caput* deste artigo será duplicado nos casos previstos nos arts. 71, 72 e 73 da Lei 4.502, de 30 de novembro de 1964, independentemente de outras penalidades administrativas ou criminais cabíveis.

→ § 1º com redação alterada pela Lei 11.488/2007.

I – (*Revogado pela Lei 11.488/2007*);

II – (*Revogado pela Lei 11.488/2007*);

III – (*Revogado pela Lei 11.488/2007*);

IV – (*Revogado pela Lei 11.488/2007*);

V – (*Revogado pela Lei 9.716/1998).*

→ Inciso V com redação alterada pela Lei 11.488/2007.

§ 2º Os percentuais de multa a que se referem o inciso I do *caput* e o § 1º deste artigo serão aumentados de metade, nos casos de não atendimento pelo sujeito passivo, no prazo marcado, de intimação para:

→ § 2º com redação alterada pela Lei 11.488/2007.

I – prestar esclarecimentos;

→ Anterior alínea *a* renumerada para inciso I pela Lei 11.488/2007.

II – apresentar os arquivos ou sistemas de que tratam os arts. 11 a 13 da Lei 8.218, de 29 de agosto de 1991;

→ Anterior alínea *b* renumerada para inciso II pela Lei 11.488/2007.

III – apresentar a documentação técnica de que trata o art. 38 desta Lei.

→ Anterior alínea *c* renumerada para inciso I pela Lei. 11.488/2007.

§ 3º Aplicam-se às multas de que trata este artigo as reduções previstas no art. 6º da Lei 8.218, de 29 de agosto de 1991, e no art. 60 da Lei 8.383, de 30 de dezembro de 1991.

§ 4º As disposições deste artigo aplicam-se, inclusive, aos contribuintes que derem causa a ressarcimento indevido de tributo ou contribuição decorrente de qualquer incentivo ou benefício fiscal.

§ 5º Aplica-se também, no caso de que seja comprovadamente constatado dolo ou má-fé do contribuinte, a multa de que trata o inciso I do *caput* sobre:

→ § 5º acrescentado pela Lei 12.249/2010.

I – a parcela do imposto a restituir informado pelo contribuinte pessoa física, na Declaração de Ajuste Anual, que deixar de ser restituída por infração à legislação tributária; e

II – (*Vetado*).

Art. 45. (*Revogado pela Lei 11.488/2007*).

Art. 46. (*Revogado pela Lei 11.488/2007*).

Seção VI
Aplicação de acréscimos de procedimento espontâneo

Art. 47. A pessoa física ou jurídica submetida a ação fiscal por parte da Secretaria da Receita Federal poderá pagar, até o vigésimo dia subsequente à data de recebimento do termo de início de fiscalização, os tributos e contribuições já declarados, de que for sujeito passivo como contribuinte ou responsável, com os acréscimos legais aplicáveis nos casos de procedimento espontâneo.

→ Artigo com redação alterada pela Lei 9.532/1997.

Capítulo V
DISPOSIÇÕES GERAIS

Seção I
Processo administrativo de consulta

Art. 48. No âmbito da Secretaria da Receita Federal, os processos administrativos de consulta serão solucionados em instância única.

§ 1º A competência para solucionar a consulta ou declarar sua ineficácia, na forma disciplinada pela Secretaria da Receita Federal do Brasil, poderá ser atribuída:

→ § 1º com redação alterada pela Lei 12.788/2013.

I – a unidade central; ou

→ Inciso I com redação alterada pela Lei 12.788/2013

II – a unidade descentralizada.

→ Inciso II com redação alterada pela Lei 12.788/2013.

§ 2º Os atos normativos expedidos pelas autoridades competentes serão observados quando da solução da consulta.

§ 3º Não cabe recurso nem pedido de reconsideração da solução da consulta ou do despacho que declarar sua ineficácia.

§ 4º As soluções das consultas serão publicadas pela imprensa oficial, na forma disposta em ato normativo emitido pela Secretaria da Receita Federal.

§ 5º Havendo diferença de conclusões entre soluções de consultas relativas a uma mesma matéria, fundada em idêntica norma jurídica, cabe recurso especial, sem efeito suspensivo, para o órgão de que trata o inciso I do § 1º.

§ 6º O recurso de que trata o parágrafo anterior pode ser interposto pelo destinatário da solução divergente, no prazo de 30 (trinta) dias, contados da ciência da solução.

§ 7º Cabe a quem interpuser o recurso comprovar a existência das soluções divergentes sobre idênticas situações.

§ 8º O juízo de admissibilidade do recurso será realizado na forma disciplinada pela Secretaria da Receita Federal do Brasil.

→ § 8º com redação alterada pela Lei 12.788/2013.

§ 9º Qualquer servidor da administração tributária deverá, a qualquer tempo, formular representação ao órgão que houver proferido a decisão, encaminhando as soluções divergentes sobre a mesma matéria, de que tenha conhecimento.

§ 10. O sujeito passivo que tiver conhecimento de solução divergente daquela que esteja observando em decorrência de resposta a consulta anteriormente formulada, sobre idêntica matéria, poderá adotar o procedimento previsto no § 5º, no prazo de 30 (trinta) dias contados da respectiva publicação.

§ 11. A solução da divergência acarretará, em qualquer hipótese, a edição de ato específico, uniformizando o entendimento, com imediata ciência ao destinatário da solução reformada, aplicando-se seus efeitos a partir da data da ciência.

§ 12. Se, após a resposta à consulta, a administração alterar o entendimento nela expresso, a nova orientação atingirá, apenas, os fatos geradores que ocorram após dado ciência ao consulente ou após a sua publicação pela imprensa oficial.

§ 13. A partir de 1º de janeiro de 1997, cessarão todos os efeitos decorrentes de consultas não solucionadas definitivamente, ficando assegurado aos consulentes, até 31 de janeiro de 1997:

I – a não instauração de procedimento de fiscalização em relação à matéria consultada;

II – a renovação da consulta anteriormente formulada, à qual serão aplicadas as normas previstas nesta Lei.

§ 14. A consulta poderá ser formulada por meio eletrônico, na forma disciplinada pela Secretaria da Receita Federal do Brasil.

→ § 14 acrescentado pela Lei 12.788/2013.

§ 15. O Poder Executivo regulamentará prazo para solução das consultas de que trata este artigo.

→ § 15 acrescentado pela Lei 12.788/2013.

Art. 49. Não se aplicam aos processos de consulta no âmbito da Secretaria da Receita Federal as disposições dos arts. 54 a 58 do Decreto 70.235, de 6 de março de 1972.

Art. 50. Aplicam-se aos processos de consulta relativos à classificação de mercadorias as disposições dos arts. 46 a 53 do Decreto 70.235, de 6 de março de 1972 e do art. 48 desta Lei.

§ 1º O órgão de que trata o inciso I do § 1º do art. 48 poderá alterar ou reformar, de ofício, as decisões proferidas nos processos relativos à classificação de mercadorias.

§ 2º Da alteração ou reforma mencionada no parágrafo anterior, deverá ser dada ciência ao consulente.

§ 3º Em relação aos atos praticados até a data da ciência ao consulente, nos casos de que trata o § 1º deste artigo, aplicam-se as conclusões da decisão proferida pelo órgão regional da Secretaria da Receita Federal.

§ 4º O envio de conclusões decorrentes de decisões proferidas em processos de consulta sobre classificação de mercadorias, para órgãos do Mercado Comum do Sul - Mercosul, será efetuado exclusivamente pelo órgão de que trata o inciso I do § 1º do art. 48.

Seção II
Normas sobre o lucro presumido e arbitrado

Art. 51. Os juros de que trata o art. 9º da Lei 9.249, de 26 de dezembro de 1995, bem como os rendimentos e ganhos líquidos decorrentes de quaisquer operações financeiras, serão adicionados ao lucro presumido ou arbitrado, para efeito de determinação do imposto de renda devido.

Parágrafo único. O imposto de renda incidente na fonte sobre os rendimentos de que trata este artigo será considerado como antecipação do devido na declaração de rendimentos.

Art. 52. Na apuração de ganho de capital de pessoa jurídica tributada pelo lucro presumido ou arbitrado, os valores acrescidos em virtude de reavaliação somente poderão ser computados como parte integrante dos custos de aquisição dos bens e direitos se a empresa comprovar que os valores acrescidos foram computados na determinação da base de cálculo do imposto de renda.

Art. 53. Os valores recuperados, correspondentes a custos e despesas, inclusive com perdas no recebimento de créditos, deverão ser adicionados ao lucro presumido ou arbitrado para determinação do imposto de renda, salvo se o contribuinte comprovar não os ter deduzido em período anterior no qual tenha se submetido ao regime de tributação com base no lucro real ou que se refiram a período no qual tenha se submetido ao regime de tributação com base no lucro presumido ou arbitrado.

Art. 54. A pessoa jurídica que, até o ano-calendário anterior, houver sido tributada com base no lucro real deverá adicionar à base de cálculo do imposto de renda, correspondente ao primeiro período de apuração no qual houver optado pela tributação com base no lucro presumido ou for tributada com base no lucro arbitrado, os saldos dos valores cuja tributação havia diferido, independentemente da necessidade de controle no livro de que trata o inciso I do *caput* do art. 8º do Decreto-Lei 1.598, de 26 de dezembro de 1977.

→ Artigo com redação alterada pela Lei 12.973/2014.

→ *v.* Art. 2º da IN SRF 1.469/2014.

Seção III
Normas aplicáveis a atividades especiais

Sociedades Civis

Art. 55. As sociedades civis de prestação de serviços profissionais relativos ao exercício de profissão legalmente regulamentada de que trata o art. 1º do Decreto-lei 2.397, de 21 de dezembro de 1987, passam, em relação aos resultados auferidos a partir de 1º de janeiro de 1997, a ser tributadas pelo imposto de renda de conformidade com as normas aplicáveis às demais pessoas jurídicas.

Art. 56. As sociedades civis de prestação de serviços de profissão legalmente regulamentada passam a contribuir para a seguridade social com base na receita bruta da prestação de serviços, observadas as normas da Lei Complementar 70, de 30 de dezembro de 1991.

→ *v.* Súmula 508 do STJ.

Parágrafo único. Para efeito da incidência da contribuição de que trata este artigo, serão consideradas as receitas auferidas a partir do mês de abril de 1997.

Art. 56-A. A entidade privada de abrangência nacional e sem fins lucrativos, constituída pelo conjunto das cooperativas de crédito e dos bancos cooperativos, na forma da legislação e regulamentação próprias, destinada a administrar mecanismo de proteção a titulares de créditos contra essas instituições e a contribuir para a manutenção da estabilidade e a prevenção de insolvência e de outros riscos dessas instituições, é isenta do imposto de renda, inclusive do incidente sobre ganhos líquidos mensais e do retido na fonte sobre os rendimentos de aplicação financeira de renda fixa e de renda variável, bem como da contribuição social sobre o lucro líquido.

→ Artigo acrescentado pela Lei 12.873/2013.

§ 1º Para efeito de gozo da isenção, a referida entidade deverá ter seu estatuto e seu regulamento aprovados pelo Conselho Monetário Nacional.

§ 2º Ficam autorizadas as transferências, para a entidade mencionada no *caput*, de recursos oriundos de recolhimentos realizados pelas cooperativas de crédito e bancos cooperativos, de forma direta ou indireta, ao Fundo Garantidor de Crédito de que trata o art. 4º da Lei 9.710, de 19 de novembro de 1998.

§ 3º As transferências dos recursos de que trata o § 2º não serão tributadas, nos termos deste artigo.

§ 4º Em caso de dissolução, por qualquer motivo, da entidade de que trata o *caput*, os recursos eventualmente devolvidos às associadas estarão sujeitos à tributação na instituição recebedora, na forma da legislação vigente.

§ 5º O disposto neste artigo entra em vigor no dia seguinte ao da aprovação pelo Conselho Monetário Nacional do estatuto e do regulamento da entidade de que trata o *caput*.

Associações de Poupança e Empréstimo

Art. 57. As Associações de Poupança e Empréstimo pagarão o imposto de renda correspondente aos rendimentos e ganhos líquidos, auferidos em aplicações financeiras, à alíquota de 15% (quinze por cento), calculado sobre 28% (vinte e oito por cento) do valor dos referidos rendimentos e ganhos líquidos.

Parágrafo único. O imposto incidente na forma deste artigo será considerado tributação definitiva.

Empresas de Factoring

Art. 58. Fica incluído no art. 36 da Lei 8.981, de 20 de janeiro de 1995, com as alterações da Lei 9.065, de 20 de junho de 1995, o seguinte inciso XV:

→ Alteração efetuada na referida Lei.

LEGISLAÇÃO

Atividade Florestal

Art. 59. Considera-se, também, como atividade rural o cultivo de florestas que se destinem ao corte para comercialização, consumo ou industrialização.

Liquidação Extrajudicial e Falência

Art. 60. As entidades submetidas aos regimes de liquidação extrajudicial e de falência sujeitam-se às normas de incidência dos impostos e contribuições de competência da União aplicáveis às pessoas jurídicas, em relação às operações praticadas durante o período em que perdurarem os procedimentos para a realização de seu ativo e o pagamento do passivo.

Seção IV
Acréscimos moratórios

Multas e Juros

Art. 61. Os débitos para com a União, decorrentes de tributos e contribuições administrados pela Secretaria da Receita Federal, cujos fatos geradores ocorrerem a partir de 1º de janeiro de 1997, não pagos nos prazos previstos na legislação específica, serão acrescidos de multa de mora, calculada à taxa de trinta e três centésimos por cento, por dia de atraso.

§ 1º A multa de que trata este artigo será calculada a partir do primeiro dia subsequente ao do vencimento do prazo previsto para o pagamento do tributo ou da contribuição até o dia em que ocorrer o seupagamento.

§ 2º O percentual de multa a ser aplicado fica limitado a 20% (vinte por cento).

§ 3º Sobre os débitos a que se refere este artigo incidirão juros de mora calculados à taxa a que se refere o § 3º do art. 5º, a partir do primeiro dia do mês subsequente ao vencimento do prazo até o mês anterior ao do pagamento e de 1% (um por cento) no mês de pagamento.

Pagamento em Quotas-Juros

Art. 62. Os juros a que se referem o inciso III do art. 14 e o art. 16, ambos da Lei 9.250, de 26 de dezembro de 1995, serão calculados à taxa a que se refere o § 3º do art. 5º, a partir do primeiro dia do mês subsequente ao previsto para a entrega tempestiva da declaração de rendimentos.

Parágrafo único. As quotas do imposto sobre a propriedade territorial rural a que se refere a alínea *c* do parágrafo único do art. 14 da Lei 8.847, de 28 de janeiro de 1994, serão acrescidas de juros calculados à taxa a que se refere o § 3º do art. 5º, a partir do primeiro dia do mês subsequente àquele em que o contribuinte for notificado até o último dia do mês anterior ao do pagamento e de um por cento no mês do pagamento.

Débitos com Exigibilidade Suspensa

Art. 63. Na constituição de crédito tributário destinada a prevenir a decadência, relativo a tributo de competência da União, cuja exigibilidade houver sido suspensa na forma dos incisos IV e V do art. 151 da Lei 5.172, de 25 de outubro de 1966, não caberá lançamento de multa de ofício.

→ Artigo com redação alterada pela MP 2.158-35/2001.

§ 1º O disposto neste artigo aplica-se, exclusivamente, aos casos em que a suspensão da exigibilidade do débito tenha ocorrido antes do início de qualquer procedimento de ofício a ele relativo.

§ 2º A interposição da ação judicial favorecida com a medida liminar interrompe a incidência da multa de mora, desde a concessão da medida judicial, até 30 (trinta) dias após a data da publicação da decisão judicial que considerar devido o tributo ou contribuição.

Seção V
Arrecadação de tributos e contribuições

Retenção de Tributos e Contribuições

Art. 64. Os pagamentos efetuados por órgãos, autarquias e fundações da administração pública federal a pessoas jurídicas, pelo fornecimento de bens ou prestação de serviços, estão sujeitos à incidência, na fonte, do imposto sobre a renda, da contribuição social sobre o lucro líquido, da contribuição para seguridade social - Cofins e da contribuição para o PIS/Pasep.

§ 1º A obrigação pela retenção é do órgão ou entidade que efetuar o pagamento.

§ 2º O valor retido, correspondente a cada tributo ou contribuição, será levado a crédito da respectiva conta de receita da União.

§ 3º O valor do imposto e das contribuições sociais retido será considerado como antecipação do que for devido pelo contribuinte em relação ao mesmo imposto e às mesmas contribuições.

§ 4º O valor retido correspondente ao imposto de renda e a cada contribuição social somente poderá ser compensado com o que for devido em relação à mesma espécie de imposto ou contribuição.

§ 5º O imposto de renda a ser retido será determinado mediante a aplicação da alíquota de 15 (quinze por cento) sobre o resultado da multiplicação do valor a ser pago pelo percentual de que trata o art. 15 da Lei 9.249, de 26 de dezembro de 1995, aplicável à espécie de receita correspondente ao tipo de bem fornecido ou de serviço prestado.

§ 6º O valor da contribuição social sobre o lucro líquido, a ser retido, será determinado mediante a aplicação da alíquota de um por cento, sobre o montante a ser pago.

§ 7º O valor da contribuição para a seguridade social - Cofins, a ser retido, será determinado mediante a aplicação da alíquota respectiva sobre o montante a ser pago.

§ 8º O valor da contribuição para o PIS/Pasep, a ser retido, será determinado mediante a aplicação da alíquota respectiva sobre o montante a ser pago.

§ 9º Até 31 de dezembro de 2017, fica dispensada a retenção dos tributos na fonte de que trata o *caput* sobre os pagamentos efetuados por órgãos ou entidades da administração pública federal, mediante a utilização do Cartão de Pagamento do Governo Federal – CPGF, no caso de compra de passagens aéreas diretamente das companhias aéreas prestadoras de serviços de transporte aéreo.

→ § 9º acrescentado pela Lei 13.043/2014.

Art. 65. O Banco do Brasil S.A. deverá reter, no ato do pagamento ou crédito, a contribuição para o PIS/Pasep incidente nas transferências voluntárias da União para suas autarquias e fundações e para os Estados, Distrito Federal e Municípios, suas autarquias e fundações.

Art. 66. As cooperativas que se dedicam a vendas em comum, referidas no art. 82 da Lei 5.764, de 16 de dezembro de 1971, que recebam para comercialização a produção de suas associadas, são responsáveis pelo recolhimento da Contribuição para Financiamento da Seguridade Social – Cofins, instituída pela Lei Complementar 70, de 30 de dezembro de 1991 e da Contribuição para o Programa de Integração Social – PIS, criada pela Lei Complementar 7, de 7 de setembro de 1970, com suas posteriores modificações.

§ 1º O valor das contribuições recolhidas pelas cooperativas mencionadas no *caput* deste artigo, deverá ser por elas informado, individualizadamente, às suas filiadas, juntamente com o montante do faturamento relativo às vendas dos produtos de cada uma delas, com vistas a atender aos procedimentos contábeis exigidos pela legislação.

§ 2º O disposto neste artigo aplica-se a procedimento idêntico que, eventualmente, tenha sido anteriormente adotado pelas cooperativas centralizadoras de vendas, inclusive quanto ao recolhimento da Contribuição para o Fundo de Investimento Social - FINSOCIAL, criada pelo Decreto-lei 1.940, de 25 de maio de 1982, com suas posteriores modificações.

§ 3º A Secretaria da Receita Federal poderá baixar as normas necessárias ao cumprimento e controle das disposições contidas neste artigo.

Dispensa de Retenção de Imposto de Renda

Art. 67. Fica dispensada a retenção de imposto de renda, de valor igual ou inferior a R$ 10,00 (dez reais), incidente na fonte sobre rendimentos que devam integrar a base de cálculo do imposto devido na declaração de ajuste anual.

Utilização de DARF

Art. 68. É vedada a utilização de Documento de Arrecadação de Receitas Federais para o pagamento de tributos e contribuições de valor inferior a R$ 10,00 (dez reais).

§ 1º O imposto ou contribuição administrado pela Secretaria da Receita Federal, arrecadado sob um determinado código de receita, que, no período de apuração, resultar inferior a R$ 10,00 (dez reais), deverá ser adicionado ao imposto ou contribuição de mesmo código, correspondente aos períodos subsequentes, até que o total sejaigual ou superior a R$ 10,00 (dez reais), quando, então, será pago ou recolhido no prazo estabelecido na legislaçao para este último período de apuração.

§ 2º O critério a que se refere o parágrafo anterior aplica-se, também, ao imposto sobre operações de crédito, câmbio e seguro e sobre operações relativas a títulos e valores mobiliários - IOF.

Art. 68-A. O Poder Executivo poderá elevar para até R$ 100,00 (cem reais) os limites e valores de que tratam os arts. 67 e 68 desta Lei, inclusive de forma diferenciada por tributo, regime de tributação ou de incidência, relativos à utilização do Documento de Arrecadação de Receitas Federais, podendo reduzir ou restabelecer os limites e valores que vier a fixar.

→ Artigo acrescentado pela Lei 11.941/2009.

Imposto Retido na Fonte - Responsabilidade

Art. 69. É responsável pela retenção e recolhimento do imposto de renda na fonte, incidente sobre os rendimentos auferidos pelos fundos, sociedades de investimentos e carteiras de que trata o art. 81 da Lei 8.981, de 20 de janeiro de 1995, a pessoa jurídica que efetuar o pagamento dos rendimentos.

Seção VI
Casos especiais de tributação

Multas por Rescisão de Contrato

Art. 70. A multa ou qualquer outra vantagem paga ou creditada por pessoa jurídica, ainda que a título de indenização, a beneficiária pessoa física ou jurídica, inclusive isenta, em virtude de rescisão de contrato, sujeitam-se à incidência do imposto de renda na fonte à alíquota de 15% (quinze por cento).

§ 1° A responsabilidade pela retenção e recolhimento do imposto de renda é da pessoa jurídica que efetuar o pagamento ou crédito da multa ou vantagem.

§ 2° O imposto será retido na data do pagamento ou crédito da multa ou vantagem.

→ § 2° com redação alterada pela Lei 11.196/2005.

§ 3° O valor da multa ou vantagem será:

I – computado na apuração da base de cálculo do imposto devido na declaração de ajuste anual da pessoa física;

II – computado como receita, na determinação do lucro real;

III – acrescido ao lucro presumido ou arbitrado, para determinação da base de cálculo do imposto devido pela pessoa jurídica.

§ 4° O imposto retido na fonte, na forma deste artigo, será considerado como antecipação do devido em cada período de apuração, nas hipóteses referidas no parágrafo anterior, ou como tributação definitiva, no caso de pessoa jurídica isenta.

§ 5° O disposto neste artigo não se aplica às indenizações pagas ou creditadas em conformidade com a legislação trabalhista e àquelas destinadas a reparar danos patrimoniais.

Ganhos em Mercado de Balcão

Art. 71. Sem prejuízo do disposto no art. 74 da Lei 8.981, de 20 de janeiro de 1995, os ganhos auferidos por qualquer beneficiário, inclusive pessoa jurídica isenta, nas demais operações realizadas em mercados de liquidação futura, fora de bolsa, serão tributados de acordo com as normas aplicáveis aos ganhos líquidos auferidos em operações de natureza semelhante realizadas em bolsa.

§ 1° Não se aplica aos ganhos auferidos nas operações de que trata este artigo o disposto no § 1° do art. 81 da Lei 8.981, de 20 de janeiro de 1995.

§ 2° Somente será admitido o reconhecimento de perdas nas operações registradas nos termos da legislação vigente.

→ § 2° com redação alterada pela Lei 10.833/2003.

Remuneração de Direitos

Art. 72. Estão sujeitas à incidência do imposto na fonte, à alíquota de 15% (quinze por cento), as importâncias pagas, creditadas, entregues, empregadas ou remetidas para o exterior pela aquisição ou pela remuneração, a qualquer título, de qualquer forma de direito, inclusive à transmissão, por meio de rádio ou televisão ou por qualquer outro meio, de quaisquer filmes ou eventos, mesmo os de competições desportivas das quais faça parte representação brasileira.

Seção VII
Restituição e compensação de tributos e contribuições

Art. 73. A restituição e o ressarcimento de tributos administrados pela Secretaria da Receita Federal do Brasil ou a restituição de pagamentos efetuados mediante DARF e GPS cuja receita não seja administrada pela Secretaria da Receita Federal do Brasil será efetuada depois de verificada a ausência de débitos em nome do sujeito passivo credor perante a Fazenda Nacional.

→ Artigo com redação alterada pela Lei 12.844/2013.

I – (*Revogado pela Lei 12.844/2013*);

II – (*Revogado pela Lei 12.844/2013*).

Parágrafo único. Existindo débitos, não parcelados ou parcelados sem garantia, inclusive inscritos em Dívida Ativa da União, os créditos serão utilizados para quitação desses débitos, observado o seguinte:

→ Parágrafo único acrescentado pela Lei 12.844/2013.

I – o valor bruto da restituição ou do ressarcimento será debitado à conta do tributo a que se referir;

II – a parcela utilizada para a quitação de débitos do contribuinte ou responsável será creditada à conta do respectivo tributo.

Art. 74. O sujeito passivo que apurar crédito, inclusive os judiciais com trânsito em julgado, relativo a tributo ou contribuição administrado pela Secretaria da Receita Federal, passível de restituição ou de ressarcimento, poderá utilizá-lo na compensação de débitos próprios relativos a quaisquer tributos e contribuições administrados por aquele Órgão.

→ *Caput* com redação alterada pela Lei 10.637/2002.

§ 1° A compensação de que trata o *caput* será efetuada mediante a entrega, pelo sujeito passivo, de declaração na qual constarão informações relativas aos créditos utilizados e aos respectivos débitos compensados.

→ § 1° acrescentado pela Lei 10.637/2002.

§ 2° A compensação declarada à Secretaria da Receita Federal extingue o crédito tributário, sob condição resolutória de sua ulterior homologação.

→ § 2° acrescentado pela Lei 10.637/2002.

§ 3° Além das hipóteses previstas nas leis específicas de cada tributo ou contribuição, não poderão ser objeto de compensação mediante entrega, pelo sujeito passivo, da declaração referida no § 1°:

→ § 3° com redação alterada pela Lei 10.833/2003.

I – o saldo a restituir apurado na Declaração de Ajuste Anual do Imposto de Renda da Pessoa Física;

→ Inciso I acrescentado pela Lei 10.637/2002.

II – os débitos relativos a tributos e contribuições devidos no registro da Declaração de Importação.

→ Inciso II acrescentado pela Lei 10.637/2002.

III – os débitos relativos a tributos e contribuições administrados pela Secretaria da Receita Federal que já tenham sido encaminhados à Procuradoria-Geral da Fazenda Nacional para inscrição em Dívida Ativa da União;

→ Inciso III acrescentado pela Lei 10.833/2003.

IV – o débito consolidado em qualquer modalidade de parcelamento concedido pela Secretaria da Receita Federal - SRF;

→ Inciso IV com redação alterada pela Lei 11.051/2004.

V – o débito que já tenha sido objeto de compensação não homologada, ainda que a compensação se encontre pendente de decisão definitiva na esfera administrativa; e

→ Inciso V com redação alterada pela Lei 11.051/2004.

VI – o valor objeto de pedido de restituição ou de ressarcimento já indeferido pela autoridade competente da Secretaria da Receita Federal - SRF, ainda que o pedido se encontre pendente de decisão definitiva na esfera administrativa.

→ Inciso VI com redação alterada pela Lei 11.051/2004.

§ 4° Os pedidos de compensação pendentes de apreciação pela autoridade administrativa serão considerados declaração de compensação, desde o seu protocolo, para os efeitos previstos neste artigo.

→ § 4° acrescentado pela Lei 10.637/2002.

§ 5° O prazo para homologação da compensação declarada pelo sujeito passivo será de 5 (cinco) anos, contado da data da entrega da declaração de compensação.

→ § 5° com redação alterada pela Lei 10.833/2003.

§ 6° A declaração de compensação constitui confissão de dívida e instrumento hábil e suficiente para a exigência dos débitos indevidamente compensados.

→ § 6° acrescentado pela Lei 10.833/2003.

§ 7° Não homologada a compensação, a autoridade administrativa deverá cientificar o sujeito passivo e intimá-lo a efetuar, no prazo de 30 (trinta) dias, contado da ciência do ato que não a homologou, o pagamento dos débitos indevidamente compensados.

→ § 7° acrescentado pela Lei 10.833/2003.

§ 8° Não efetuado o pagamento no prazo previsto no § 7°, o débito será encaminhado à Procuradoria-Geral da Fazenda Nacional para inscrição em Dívida Ativa da União, ressalvado o disposto no § 9°.

→ § 8° acrescentado pela Lei 10.833/2003.

§ 9° É facultado ao sujeito passivo, no prazo referido no § 7°, apresentar manifestação de inconformidade contra a não homologação da compensação.

→ § 9° acrescentado pela Lei 10.833/2003.

§ 10. Da decisão que julgar improcedente a manifestação de inconformidade caberá recurso ao Conselho de Contribuintes.

→ § 10 acrescentado pela Lei 10.833/2003.

§ 11. A manifestação de inconformidade e o recurso de que tratam os §§ 9° e 10 obedecerão ao rito processual do Decreto 70.235, de 6 de março de 1972, e enquadram-se no disposto no inciso III do art. 151 da Lei 5.172, de 25 de outubro de 1966 – Código Tributário Nacional, relativamente ao débito objeto da compensação.

→ § 11 acrescentado pela Lei 10.833/2003.

§ 12. Será considerada não declarada a compensação nas hipóteses:

→ § 12° com redação alterada pela Lei 11.051/2004.

I – previstas no § 3° deste artigo;

→ Inciso I acrescentado pela Lei 11.051/2004.

II – em que o crédito:

→ Inciso II acrescentado pela Lei 11.051/2004.

a) seja de terceiros;

→ Alínea *a* acrescentada pela Lei 11.051/2004.

b) refira-se a "crédito-prêmio" instituído pelo art. 1º do Decreto-Lei 491, de 5 de março de 1969;

→ Alínea *a* acrescentada pela Lei 11.051/2004.

c) refira-se a título público;

→ Alínea *c* acrescentada pela Lei 11.051/2004.

d) seja decorrente de decisão judicial não transitada em julgado; ou

→ Alínea *d* acrescentada pela Lei 11.051/2004.

e) não se refira a tributos e contribuições administrados pela Secretaria da Receita Federal - SRF.

→ Alínea *e* acrescentada pela Lei 11.051/2004.

f) tiver como fundamento a alegação de inconstitucionalidade de lei, exceto nos casos em que a lei:

→ Alínea *f* com redação alterada pela Lei 11.941/2009.

1 - tenha sido declarada inconstitucional pelo Supremo Tribunal Federal em ação direta de inconstitucionalidade ou em ação declaratória de constitucionalidade;

2 - tenha tido sua execução suspensa pelo Senado Federal;

3 - tenha sido julgada inconstitucional em sentença judicial transitada em julgado a favor do contribuinte; ou

4 - seja objeto de súmula vinculante aprovada pelo Supremo Tribunal Federal nos termos do

§ 13. O disposto nos §§ 2º e 5º a 11 deste artigo não se aplica às hipóteses previstas no § 12 deste artigo.

→ § 13 acrescentado pela Lei 11.051/2004.

§ 14. A Secretaria da Receita Federal - SRF disciplinará o disposto neste artigo, inclusive quanto à fixação de critérios de prioridade para apreciação de processos de restituição, do ressarcimento e de compensação.

→ § 14 acrescentado pela Lei 11.051/2004.

§ 15. (*Revogado pela Lei 13.137/2015*).

§ 16. (*Revogado pela Lei 13.137/2015*).

§ 17. Será aplicada multa isolada de 50% (cinquenta por cento) sobre o valor do débito objeto de declaração de compensação não homologada, salvo no caso de falsidade da declaração apresentada pelo sujeito passivo.

→ § 17 com redação alterada pela Lei 13.097/2015.

§ 18. No caso de apresentação de manifestação de inconformidade contra a não homologação da compensação, fica suspensa a exigibilidade da multa de ofício de que trata o § 17, ainda que não impugnada essa exigência, enquadrando-se no disposto no inciso III do art. 151 da Lei 5.172, de 25 de outubro de 1966 - Código Tributário Nacional.

→ § 18 acrescentado pela Lei 12.844/2013.

Seção VIII
UFIR

Art. 75. A partir de 1º de janeiro de 1997, a atualização do valor da Unidade Fiscal de Referência - Ufir, de que trata o art. 1º da Lei 8.383, de 30 de dezembro de 1991, com as alterações posteriores, será efetuada por períodos anuais, em 1º de janeiro.

Parágrafo único. No âmbito da legislação tributária federal, a Ufir será utilizada exclusivamente para a atualização dos créditos tributários da União, objeto de parcelamento concedido até 31 de dezembro de 1994.

Seção IX
Competências dos conselhos de contribuintes

Art. 76. Fica o Poder Executivo autorizado a alterar as competências relativas às matérias objeto de julgamento pelos Conselhos de Contribuintes do Ministério da Fazenda.

Seção X
Dispositivo declarado inconstitucional

Art. 77. Fica o Poder Executivo autorizado a disciplinar as hipóteses em que a administração tributária federal, relativamente aos créditos tributários baseados em dispositivo declarado inconstitucional por decisão definitiva do Supremo Tribunal Federal, possa:

I – abster-se de constituí-los;

II – retificar o seu valor ou declará-los extintos, de ofício, quando houverem sido constituídos anteriormente, ainda que inscritos em dívida ativa;

III – formular desistência de ações de execução fiscal já ajuizadas, bem como deixar de interpor recursos de decisões judiciais.

Seção XI
Juros sobre o capital próprio

Art. 78. O § 1º do art. 9º da Lei 9.249, de 26 de dezembro de 1995, passa a vigorar com a seguinte redação:

→ Alteração efetuada na referida Lei.

Seção XII
Admissão temporária

Art. 79. Os bens admitidos temporariamente no País, para utilização econômica, ficam sujeitos ao pagamento dos impostos incidentes na importação proporcionalmente ao tempo de sua permanência em território nacional, nos termos e condições estabelecidos em regulamento.

Parágrafo único. O Poder Executivo poderá excepcionar, em caráter temporário, a aplicação do disposto neste artigo em relação a determinados bens.

→ Parágrafo único acrescentado pela MP 2.189-49/2001.

Capítulo VI
DISPOSIÇÕES FINAIS

Empresa Inidônea

Art. 80. As pessoas jurídicas que, estando obrigadas, deixarem de apresentar declarações e demonstrativos por 5 (cinco) ou mais exercícios poderão ter sua inscrição no Cadastro Nacional da Pessoa Jurídica – CNPJ baixada, nos termos e condições definidos pela Secretaria da Receita Federal do Brasil, se, intimadas por edital, não regularizarem sua situação no prazo de 60 (sessenta) dias, contado da data da publicação da intimação.

→ Artigo com redação alterada pela Lei 11.941/2009.

§ 1º Poderão ainda ter a inscrição no CNPJ baixada, nos termos e condições definidos pela Secretaria da Receita Federal do Brasil, as pessoas jurídicas:

I – que não existam de fato; ou

II – que, declaradas inaptas, nos termos do art. 81 desta Lei, não tenham regularizado sua situação nos 5 (cinco) exercícios subsequentes.

§ 2º No edital de intimação, que será publicado no Diário Oficial da União, as pessoas jurídicas serão identificadas pelos respectivos números de inscrição no CNPJ.

§ 3º Decorridos 90 (noventa) dias da publicação do edital de intimação, a Secretaria da Receita Federal do Brasil publicará no *Diário Oficial da União* a relação de CNPJ das pessoas jurídicas que houverem regularizado sua situação, tornando-se automaticamente baixadas, nessa data, as inscrições das pessoas jurídicas que não tenham providenciado a regularização.

§ 4º A Secretaria da Receita Federal do Brasil manterá, para consulta, em seu sítio na internet, informação sobre a situação cadastral das pessoas jurídicas inscritas no CNPJ.

Art. 80-A. Poderão ter sua inscrição no CNPJ baixada, nos termos e condições definidos pela Secretaria da Receita Federal do Brasil, as pessoas jurídicas que estejam extintas, canceladas ou baixadas nos respectivos órgãos de registro.

→ Artigo acrescentado pela Lei 11.941/2009.

Art. 80-B. O ato de baixa da inscrição no CNPJ não impede que, posteriormente, sejam lançados ou cobrados os débitos de natureza tributária da pessoa jurídica.

→ Artigo acrescentado pela Lei 11.941/2009.

Art. 80-C. Mediante solicitação da pessoa jurídica, poderá ser restabelecida a inscrição no CNPJ, observados os termos e condições definidos pela Secretaria da Receita Federal do Brasil.

→ Artigo acrescentado pela Lei 11.941/2009.

Art. 81. Poderá ser declarada inapta, nos termos e condições definidos pela Secretaria da Receita Federal do Brasil, a inscrição no CNPJ da pessoa jurídica que, estando obrigada, deixar de apresentar declarações e demonstrativos em 2 (dois) exercícios consecutivos.

→ Artigo com redação alterada pela Lei 11.941/2009.

§ 1º Será também declarada inapta a inscrição da pessoa jurídica que não comprove a origem, a disponibilidade e a efetiva transferência, se for o caso, dos recursos empregados em operações de comércio exterior.

→ § 1º acrescentado pela Lei 10.637/2002.

§ 2º Para fins do disposto no § 1º, a comprovação da origem de recursos provenientes do exterior dar-se-á mediante, cumulativamente:

→ § 2º acrescentado pela Lei 10.637/2002.

I – prova do regular fechamento da operação de câmbio, inclusive com a identificação da instituição financeira no exterior encarregada da remessa dos recursos para o País;

II – identificação do remetente dos recursos, assim entendido como a pessoa física ou jurídica titular dos recursos remetidos.

§ 3º No caso de o remetente referido no inciso II do § 2º ser pessoa jurídica deverão ser também identificados os integrantes de seus quadros societário e gerencial.

→ § 3º acrescentado pela Lei 10.637/2002.

§ 4º O disposto nos §§ 2º e 3º aplica-se, também, na hipótese de que trata o § 2º do art. 23 do Decreto-Lei 1.455, de 7 de abril de 1976.

→ § 4º acrescentado pela Lei 10.637/2002.

§ 5º Poderá também ser declarada inapta a inscrição no CNPJ da pessoa jurídica que não for localizada no endereço informado ao CNPJ, nos termos e condições definidos pela Secretaria da Receita Federal do Brasil.

→ § 5º acrescentado pela Lei 11.941/2009.

Art. 82. Além das demais hipóteses de inidoneidade de documentos previstos na legislação, não produzirá efeitos tributários em favor de terceiros interessados, o documento emitido por pessoa jurídica cuja inscrição no Cadastro Geral de Contribuintes tenha sido considerada ou declarada inapta.

Parágrafo único. O disposto neste artigo não se aplica aos casos em que o adquirente de bens, direitos e mercadorias ou o tomador de serviços comprovarem a efetivação do pagamento do preço respectivo e o recebimento dos bens, direitos e mercadorias ou utilização dos serviços.

Crime contra a Ordem Tributária

Art. 83. A representação fiscal para fins penais relativa aos crimes contra a ordem tributária previstos nos arts. 1º e 2º da Lei 8.137, de 27 de dezembro de 1990, e aos crimes contra a Previdência Social, previstos nos arts. 168-A e 337-A do Decreto-Lei 2.848, de 7 de dezembro de 1940 (Código Penal), será encaminhada ao Ministério Público depois de proferida a decisão final, na esfera administrativa, sobre a exigência fiscal do crédito tributário correspondente.

→ Artigo com redação alterada pela Lei 12.350/2010.

§ 1º Na hipótese de concessão de parcelamento do crédito tributário, a representação fiscal para fins penais somente será encaminhada ao Ministério Público após a exclusão da pessoa física ou jurídica do parcelamento.

→ § 1º acrescentado pela Lei 12.382/2011.

§ 2º É suspensa a pretensão punitiva do Estado referente aos crimes previstos no *caput*, durante o período em que a pessoa física ou a pessoa jurídica relacionada com o agente dos aludidos crimes estiver incluída no parcelamento, desde que o pedido de parcelamento tenha sido formalizado antes do recebimento da denúncia criminal.

→ § 2º acrescentado pela Lei 12.382/2011.

§ 3º A prescrição criminal não corre durante o período de suspensão da pretensão punitiva.

→ § 3º acrescentado pela Lei 12.382/2011.

§ 4º Extingue-se a punibilidade dos crimes referidos no *caput* quando a pessoa física ou a pessoa jurídica relacionada com o agente efetuar o pagamento integral dos débitos oriundos de tributos, inclusive acessórios, que tiverem sido objeto de concessão de parcelamento.

→ § 4º acrescentado pela Lei 12.382/2011.

§ 5º O disposto nos §§ 1º a 4º não se aplica nas hipóteses de vedação legal de parcelamento.

→ § 5º acrescentado pela Lei 12.382/2011.

§ 6º As disposições contidas no *caput* do art. 34 da Lei 9.249, de 26 de dezembro de 1995, aplicam-se aos processos administrativos e aos inquéritos e processos em curso, desde que não recebida a denúncia pelo juiz.

→ Anterior Parágrafo único renumerado para § 6º pela Lei 12.382/2011.

Art. 84. Nos casos de incorporação, fusão ou cisão de empresa incluída no Programa Nacional de Desestatização, bem como nos programas de desestatização das Unidades Federadas e dos Municípios, não ocorrerá a realização do lucro inflacionário acumulado relativamente à parcela do ativo sujeito a correção monetária até 31 de dezembro de 1995, que houver sido vertida.

§ 1º O lucro inflacionário acumulado da empresa sucedida, correspondente aos ativos vertidos sujeitos a correção monetária até 31 de dezembro de 1995, será integralmente transferido para a sucessora, nos casos de incorporação e fusão.

§ 2º No caso de cisão, o lucro inflacionário acumulado será transferido, para a pessoa jurídica que absorver o patrimônio da empresa cindida, na proporção das contas do ativo, sujeitas a correção monetária até 31 de dezembro de 1995, que houverem sido vertidas.

§ 3º O lucro inflacionário transferido na forma deste artigo será realizado e submetido a tributação, na pessoa jurídica sucessora, com observância do disposto na legislação vigente.

Fretes Internacionais

Art. 85. Ficam sujeitos ao imposto de renda na fonte, à alíquota de 15% (quinze por cento), os rendimentos recebidos por companhias de navegação aérea e marítima, domiciliadas no exterior, de pessoas físicas ou jurídicas residentes ou domiciliadas no Brasil.

Parágrafo único. O imposto de que trata este artigo não será exigido das companhias aéreas e marítimas domiciliadas em países que não tributam, em decorrência da legislação interna ou de acordos internacionais, os rendimentos auferidos por empresas brasileiras que exercem o mesmo tipo de atividade.

Art. 86. Nos casos de pagamento de contraprestação de arrendamento mercantil, do tipo financeiro, a beneficiária pessoa jurídica domiciliada no exterior, a Secretaria da Receita Federal expedirá normas para excluir da base de cálculo do imposto de renda incidente na fonte a parcela remetida que corresponder ao valor do bem arrendado.

Vigência

Art. 87. Esta Lei entra em vigor na data da sua publicação, produzindo efeitos financeiros a partir de 1º de janeiro de 1997.

Revogação

Art. 88. Revogam-se:

I – o § 2º do art. 97 do Decreto-lei 5.844, de 23 de setembro de 1943, o Decreto-lei 7.885, de 21 de agosto de 1945, o art. 46 da Lei 4.862, de 29 de novembro de 1965 e o art. 56 da Lei 7.713, de 22 de dezembro de 1988;

II – o Decreto-lei 165, de 13 de fevereiro de 1967;

III – o § 3º do art. 21 do Decreto-lei 401, de 30 de dezembro de 1968;

IV – o Decreto-lei 716, de 30 de julho de 1969;

V – o Decreto-lei 815, de 4 de setembro de 1969, o Decreto-lei 1.139, de 21 de dezembro de 1970, o art. 87 da Lei 7.450, de 23 de dezembro de 1985 e os arts. 11 e 12 do Decreto-lei 2.303, de 21 de novembro de 1986;

VI – o art. 3º do Decreto-lei 1.118, de 10 de agosto de 1970, o art. 6º do Decreto-lei 1.189, de 24 de setembro de 1971 e o inciso IX do art. 1º da Lei 8.402, de 8 de janeiro de 1992;

VII – o art. 9º do Decreto-lei 1.351, de 24 de outubro de 1974, o Decreto-lei 1.411, de 31 de julho de 1975 e o Decreto-lei 1.725, de 7 de dezembro de 1979;

VIII – o art. 9º do Decreto-lei 1.633, de 9 de agosto de 1978;

IX – o número 4 da alínea *b* do § 1º do art. 35 do Decreto-lei 1.598, de 26 de dezembro de 1977, com a redação dada pelo inciso VI do art. 1º do Decreto-lei nº 1.730, de 17 de dezembro de 1979;

X – o Decreto-lei 1.811, de 27 de outubro de 1980, e o art. 3º da Lei 7.132, de 26 de outubro de 1983;

XI – o art. 7º do Decreto-lei 1.814, de 28 de novembro de 1980;

XII – o Decreto-lei 2.227, de 16 de janeiro de 1985;

XIII – os arts. 29 e 30 do Decreto-lei 2.341, de 29 de junho de 1987;

XIV – os arts. 1º e 2º do Decreto-lei 2.397, de 21 de dezembro de 1987;

XV – o art. 8º do Decreto-lei 2.429, de 14 de abril de 1988;

XVI – (*Revogado pela Lei 11.508/2007*).

XVII – o art. 40 da Lei 7.799, de 10 de julho de 1989;

XVIII – o § 5º do art. 6º da Lei 8.021, de 1990;

XIX – o art. 22 da Lei 8.218, de 29 agosto de 1991;

XX – o art. 92 da Lei 8.383, de 30 de dezembro de 1991;

XXI – o art. 6º da Lei 8.661, de 2 de junho de 1993;

XXII – o art. 1º da Lei 8.696, de 26 agosto de 1993;

XXIII – o parágrafo único do art. 3º da Lei 8.846, de 21 de janeiro de 1994;

XXIV – o art. 33, o § 4º do art. 37 e os arts. 38, 50, 52 e 53, o § 1º do art. 82 e art. 98, todos da Lei 8.981, de 20 de janeiro de 1995;

XXV – o art. 89 daLei 8.981, de 20 de janeiro de 1995, com a redação dada pela Lei 9.065, de 20 de junho de 1995;

XXVI – os §§ 4º, 9º e 10 do art. 9º, o § 2º do art. 11, e o § 3º do art. 24, todos da Lei 9.249, de 26 de dezembro de 1995;

XXVII – a partir de 1º de abril de 1997, o art. 40 da Lei 8.981, de 1995, com as alterações introduzidas pela Lei 9.065, de 20 de junho de 1995.

Brasília, 27 de dezembro de 1996; 175º da Independência e 108º da República.

Fernando Henrique Cardoso

(Publicação no *D.O.U.* de 30.12.1996)

DECRETO 2.138,
DE 29 DE JANEIRO DE 1997

Dispõe sobre a compensação de créditos tributários com créditos do sujeito passivo decorrentes de restituição ou ressarcimento de tributos ou contribuições, a ser efetuada pela Secretaria da Receita Federal.

O Presidente da República, no uso das atribuições que lhe confere o art. 84, inciso IV, da Constituição, e tendo em vista o disposto nos artigos 73 e 74 da Lei 9.430, de 27 de dezembro de 1996, decreta:

Art. 1º É admitida a compensação de créditos do sujeito passivo perante a Secretaria da Receita Federal, decorrentes de restituição ou ressarcimento, com seus débitos tributários relativos a quaisquer tributos ou contribuições sob administração da mesma Secretaria, ainda que não sejam da mesma espécie nem tenham a mesma destinação constitucional.

Parágrafo único. A compensação será efetuada pela Secretaria da Receita Federal, a requerimento do contribuinte ou de ofício, mediante procedimento interno, observado o disposto neste Decreto.

Art. 2º O sujeito passivo, que pleitear a restituição ou ressarcimento de tributos ou contribuições, pode requerer que a Secretaria da Receita Federal efetue a compensação do valor do seu crédito com débito de sua responsabilidade.

Art. 3º A Secretaria da Receita Federal, ao reconhecer o direito de crédito do sujeito passivo para restituição ou ressarcimento de tributo ou contribuição, mediante exames fiscais para cada caso, se verificar a existência de débito do requerente, compensará os dois valores.

Parágrafo único. Na compensação será observado o seguinte:

a) o valor bruto da restituição ou do ressarcimento será debitado à conta do tributo ou da contribuição respectiva;

b) o montante utilizado para a quitação de débitos será creditado à conta do tributo ou da contribuição devida.

Art. 4º Quando o montante da restituição ou do ressarcimento for superior ao do débito, a Secretaria da Receita Federal efetuará o pagamento da diferença ao sujeito passivo.

Parágrafo único. Caso a quantia a ser restituída ou ressarcida seja inferior aos valores dos débitos, o correspondente crédito tributário é extinto no montante equivalente à compensação, cabendo à Secretaria da Receita Federal adotar as providências cabíveis para a cobrança do saldo remanescente.

Art. 5º A unidade da SRF que efetuar a compensação observará o seguinte:

I – certificará:

a) no processo de restituição ou ressarcimento, qual o valor utilizado na quitação de débitos e, se for o caso, o valor do saldo a ser restituído ou ressarcido;

b) no processo de cobrança, qual o montante do crédito tributário extinto pela compensação e, sendo o caso, o valor do saldo remanescente do débito;

II – emitirá documento comprobatório de compensação, que indicará todos os dados relativos ao sujeito passivo e aos tributos e contribuições objeto da compensação necessários para o registro do crédito e do débito de que trata o parágrafo único do artigo 3º;

III – expedirá ordem bancária, na hipótese de saldo a restituir ou ressarcir, ou aviso de cobrança, no caso de saldo do débito;

IV – efetuará os ajustes necessários nos dados e informações dos controles internos do contribuinte.

Art. 6º A compensação poderá ser efetuada de ofício, nos termos do art. 7º do Decreto-Lei 2.287, de 23 de julho de 1986, sempre que a Secretaria da Receita Federal verificar que o titular do direito à restituição ou ao ressarcimento tem débito vencido relativo a qualquer tributo ou contribuição sob sua administração.

§ 1º A compensação de ofício será precedida de notificação ao sujeito passivo para que se manifeste sobre o procedimento, no prazo de quinze dias, sendo o seu silêncio considerado como aquiescência.

§ 2º Havendo concordância do sujeito passivo, expressa ou tácita, a Unidade da Secretaria da Receita Federal efetuará a compensação, com observância do procedimento estabelecido no art. 5º.

§ 3º No caso de discordância do sujeito passivo, a Unidade da Secretaria da Receita Federal reterá o valor da restituição ou do ressarcimento até que o débito seja liquidado.

Art. 7º O Secretário da Receita Federal baixará as normas necessárias à execução deste Decreto.

Art. 8º Este Decreto entra em vigor na data de sua publicação.

Brasília, 29 de janeiro de 1997; 176º da Independência e 109º da República.

Fernando Henrique Cardoso

(Publicação no *D.O.U.* de 30.1.1997)

LEI 9.472,
DE 16 DE JULHO DE 1997

Dispõe sobre a organização dos serviços de telecomunicações, a criação e funcionamento de um órgão regulador e outros aspectos institucionais, nos termos da Emenda Constitucional 8, de 1995.

O Presidente da República:

Faço saber que o Congresso Nacional decreta e eu sanciono a seguinte Lei:

LIVRO I
Dos princípios fundamentais

Art. 1º Compete à União, por intermédio do órgão regulador e nos termos das políticas estabelecidas pelos Poderes Executivo e Legislativo, organizar a exploração dos serviços de telecomunicações.

Parágrafo único. A organização inclui, entre outros aspectos, o disciplinamento e a fiscalização da execução, comercialização e uso dos serviços e da implantação e funcionamento de redes de telecomunicações, bem como da utilização dos recursos de órbita e espectro de radiofrequências.

Art. 2º O Poder Público tem o dever de:

I – garantir, a toda a população, o acesso às telecomunicações, a tarifas e preços razoáveis, em condições adequadas;

II – estimular a expansão do uso de redes e serviços de telecomunicações pelos serviços de interesse público em benefício da população brasileira;

III – adotar medidas que promovam a competição e a diversidade dos serviços, incrementem sua oferta e propiciem padrões de qualidade compatíveis com a exigência dos usuários;

IV – fortalecer o papel regulador do Estado;

V – criar oportunidades de investimento e estimular o desenvolvimento tecnológico e industrial, em ambiente competitivo;

VI – criar condições para que o desenvolvimento do setor seja harmônico com as metas de desenvolvimento social do País.

Art. 3º O usuário de serviços de telecomunicações tem direito:

I – de acesso aos serviços de telecomunicações, com padrões de qualidade e regularidade adequados à sua natureza, em qualquer ponto do território nacional;

II – à liberdade de escolha de sua prestadora de serviço;

III – de não ser discriminado quanto às condições de acesso e fruição do serviço;

IV – à informação adequada sobre as condições de prestação dos serviços, suas tarifas e preços;

V – à inviolabilidade e ao segredo de sua comunicação, salvo nas hipóteses e condições constitucional e legalmente previstas;

VI – à não divulgação, caso o requeira, de seu código de acesso;

VII – à não suspensão de serviço prestado em regime público, salvo por débito diretamente decorrente de sua utilização ou por descumprimento de condições contratuais;

VIII – ao prévio conhecimento das condições de suspensão do serviço;

IX – ao respeito de sua privacidade nos documentos de cobrança e na utilização de seus dados pessoais pela prestadora do serviço;

X – de resposta às suas reclamações pela prestadora do serviço;

XI – de peticionar contra a prestadora do serviço perante o órgão regulador e os organismos de defesa do consumidor;

XII – à reparação dos danos causados pela violação de seus direitos.

Art. 4º O usuário de serviços de telecomunicações tem o dever de:

I – utilizar adequadamente os serviços, equipamentos e redes de telecomunicações;

II – respeitar os bens públicos e aqueles voltados à utilização do público em geral;

III – comunicar às autoridades irregularidades ocorridas e atos ilícitos cometidos por prestadora de serviço de telecomunicações.

Art. 5º Na disciplina das relações econômicas no setor de telecomunicações observar-se-ão, em especial, os princípios constitucionais da soberania nacional, função social da propriedade, liberdade de iniciativa, livre concorrência, defesa do consumidor, redução das desigualdades regionais e sociais, repressão ao abuso do poder econômico e continuidade do serviço prestado no regime público.

Art. 6º Os serviços de telecomunicações serão organizados com base no princípio da livre, ampla e justa competição entre todas as prestadoras, devendo o Poder Público atuar para propiciá-la, bem como para corrigir os efeitos da competição imperfeita e reprimir as infrações da ordem econômica.

Art. 7º As normas gerais de proteção à ordem econômica são aplicáveis ao setor de telecomunicações, quando não conflitarem com o disposto nesta Lei.

§ 1º Os atos envolvendo prestadora de serviço de telecomunicações, no regime público ou privado, que visem a qualquer forma de concentração econômica, inclusive mediante fusão ou incorporação de empresas, constituição de sociedade para exercer o controle de empresas ou qualquer forma de agrupamento societário, ficam submetidos aos controles, procedimentos e condicionamentos previstos nas normas gerais de proteção à ordem econômica.

§ 2º Os atos de que trata o parágrafo anterior serão submetidos à apreciação do Conselho Administrativo de Defesa Econômica - Cade, por meio do órgão regulador.

§ 3º Praticará infração da ordem econômica a prestadora de serviço de telecomunicações que, na celebração de contratos de fornecimento de bens e serviços, adotar práticas que possam limitar, falsear ou, de qualquer forma, prejudicar a livre concorrência ou a livre iniciativa.

LIVRO II
Do órgão regulador e das políticas setoriais

Título I
Da criação do órgão regulador

Art. 8º Fica criada a Agência Nacional de Telecomunicações, entidade integrante da Administração Pública Federal indireta, submetida a regime autárquico especial e vinculada ao Ministério das Comunicações, com a função de órgão regulador das telecomunicações, com sede no Distrito Federal, podendo estabelecer unidades regionais.

§ 1º A Agência terá como órgão máximo o Conselho Diretor, devendo contar, também, com um Conselho Consultivo, uma Procuradoria, uma Corregedoria, uma Biblioteca e uma Ouvidoria, além das unidades especializadas incumbidas de diferentes funções.

§ 2º A natureza de autarquia especial conferida à Agência é caracterizada por independência administrativa, ausência de subordinação hierárquica, mandato fixo e estabilidade de seus dirigentes e autonomia financeira.

(...)

Título II
Das competências

(...)

Art. 19. À Agência compete adotar as medidas necessárias para o atendimento do interesse público e para o desenvolvimento das telecomunicações brasileiras, atuando com independência, imparcialidade, legalidade, impessoalidade e publicidade, e especialmente:

I – implementar, em sua esfera de atribuições, a política nacional de telecomunicações;

II – representar o Brasil nos organismos internacionais de telecomunicações, sob a coordenação do Poder Executivo;

III – elaborar e propor ao Presidente da República, por intermédio do Ministro de Estado das Comunicações, a adoção das medidas a que se referem os incisosI aIV do artigo anterior, submetendo previamente a consulta pública as relativas aos incisosI aIII;

IV – expedir normas quanto à outorga, prestação e fruição dos serviços de telecomunicações no regime público;

V – editar atos de outorga e extinção de direito de exploração do serviço no regime público;

VI – celebrar e gerenciar contratos de concessão e fiscalizar a prestação do serviço no regime público, aplicando sanções e realizando intervenções;

VII – controlar, acompanhar e proceder à revisão de tarifas dos serviços prestados no regime público, podendo fixá-las nas condições previstas nesta Lei, bem como homologar reajustes;

VIII – administrar o espectro de radiofrequências e o uso de órbitas, expedindo as respectivas normas;

IX – editar atos de outorga e extinção do direito de uso de radiofrequência e de órbita, fiscalizando e aplicando sanções;

X – expedir normas sobre prestação de serviços de telecomunicações no regime privado;

XI – expedir e extinguir autorização para prestação de serviço no regime privado, fiscalizando e aplicando sanções;

XII – expedir normas e padrões a serem cumpridos pelas prestadoras de serviços de telecomunicações quanto aos equipamentos que utilizarem;

XIII – expedir ou reconhecer a certificação de produtos, observados os padrões e normas por ela estabelecidos;

XIV – expedir normas e padrões que assegurem a compatibilidade, a operação integrada e a interconexão entre as redes, abrangendo inclusive os equipamentos terminais;

XV – realizar busca e apreensão de bens no âmbito de sua competência;

XVI – deliberar na esfera administrativa quanto à interpretação da legislação de telecomunicações e sobre os casos omissos;

XVII – compor administrativamente conflitos de interesses entre prestadoras de serviço de telecomunicações;

XVIII – reprimir infrações dos direitos dos usuários;

XIX – exercer, relativamente às telecomunicações, as competências legais em matéria de controle, prevenção e repressão das infrações da ordem econômica, ressalvadas as pertencentes ao Conselho Administrativo de Defesa Econômica - Cade;

XX – propor ao Presidente da República, por intermédio do Ministério das Comunicações, a declaração de utilidade pública, para fins de desapropriação ou instituição de servidão administrativa, dos bens necessários à implantação ou manutenção de serviço no regime público;

XXI – arrecadar e aplicar suas receitas;

XXII – resolver quanto à celebração, alteração ou extinção de seus contratos, bem como quanto à nomeação, exoneração e demissão de servidores, realizando os procedimentos necessários, na forma em que dispuser o regulamento;

XXIII – contratar pessoal por prazo determinado, de acordo com o disposto na Lei 8.745, de 9 de dezembro de 1993;

XXIV – adquirir, administrar e alienar seus bens;

XXV – decidir em último grau sobre as matérias de sua alçada, sempre admitido recurso ao Conselho Diretor;

XXVI – formular ao Ministério das Comunicações proposta de orçamento;

XXVII – aprovar o seu regimento interno;

XXVIII – elaborar relatório anual de suas atividades, nele destacando o cumprimento da política do setor definida nos termos do artigo anterior;

XXIX – enviar o relatório anual de suas atividades ao Ministério das Comunicações e, por intermédio da Presidência da República, ao Congresso Nacional;

XXX – rever, periodicamente, os planos enumerados nos incisosII eIII do artigo anterior, submetendo-os, por intermédio do Ministro de Estado das Comunicações, ao Presidente da República, para aprovação;

XXXI – promover interação com administrações de telecomunicações dos países do Mercado Comum do Sul - Mercosul, com vistas à consecução de objetivos de interesse comum.

(...)

Título V
Das receitas

Art. 47. O produto da arrecadação das taxas de fiscalização de instalação e de funcionamento a que se refere a Lei 5.070, de 7 de julho de 1966, será destinado ao Fundo de Fiscalização das Telecomunicações - Fistel, por ela criado.

Art. 48. A concessão, permissão ou autorização para a exploração de serviços de telecomunicações e de uso de radiofrequência, para qualquer serviço, será sempre feita a título oneroso, ficando autorizada a cobrança do respectivo preço nas condições estabelecidas nesta Lei e na regulamentação, constituindo o produto da arrecadação receita do Fundo de Fiscalização das Telecomunicações – Fistel.

§ 1º Conforme dispuser a Agência, o pagamento devido pela concessionária, permissionária ou autorizada poderá ser feito na forma de quantia certa, em uma ou várias parcelas, ou de parcelas anuais, sendo seu valor, alternativamente:

I – determinado pela regulamentação;

II – determinado no edital de licitação;

III – fixado em função da proposta vencedora, quando constituir fator de julgamento;

IV – fixado no contrato de concessão ou no ato de permissão, nos casos de inexigibilidade de licitação.

§ 2º Após a criação do fundo de universalização dos serviços de telecomunicações mencionado no inciso II do art. 81, parte do produto da arrecadação a que se refere o *caput* deste artigo será a ele destinada, nos termos da lei correspondente.

Art. 49. A Agência submeterá anualmente ao Ministério das Comunicações a sua proposta de orçamento, bem como a do Fistel, que serão encaminhadas ao Ministério do Planejamento e Orçamento para inclusão no projeto de lei orçamentária anual a que se refere o § 5º do art. 165 da Constituição Federal.

§ 1º A Agência fará acompanhar as propostas orçamentárias de um quadro demonstrativo do planejamento plurianual das receitas e despesas, visando ao seu equilíbrio orçamentário e financeiro nos cinco exercícios subsequentes.

§ 2º O planejamento plurianual preverá o montante a ser transferido ao fundo de universalização a que se refere o inciso II do art. 81 desta Lei, e os saldos a serem transferidos ao Tesouro Nacional.

§ 3º A lei orçamentária anual consignará as dotações para as despesas de custeio e capital da Agência, bem como o valor das transferências de recursos do Fistel ao Tesouro Nacional e ao fundo de universalização, relativos ao exercício a que ela se referir.

§ 4º As transferências a que se refere o parágrafo anterior serão formalmente feitas pela Agência ao final de cada mês.

Art. 50. O Fundo de Fiscalização das Telecomunicações - Fistel, criado pela Lei 5.070, de 7 de julho de 1966, passará à administração exclusiva da Agência, a partir da data de sua instalação, com os saldos nele existentes, incluídas as receitas que sejam produto da cobrança a que se refere o art. 14 da Lei 9.295, de 19 de julho de 1996.

Art. 51. Os arts. 2º, 3º, 6º e seus parágrafos, o art. 8º e seu § 2º, e o art. 13, da Lei 5.070, de 7 de julho de 1966, passam a ter a seguinte redação:

"Art. 2º O Fundo de Fiscalização das Telecomunicações - Fistel é constituído das seguintes fontes:

a) dotações consignadas no Orçamento Geral da União, créditos especiais, transferências e repasses que lhe forem conferidos;

b) o produto das operações de crédito que contratar, no País e no exterior, e rendimentos de operações financeiras que realizar;

c) relativas ao exercício do poder concedente dos serviços de telecomunicações, no regime público, inclusive pagamentos pela outorga, multas e indenizações;

d) relativas ao exercício da atividade ordenadora da exploração de serviços de telecomunicações, no regime privado, inclusive pagamentos pela expedição de autorização de serviço, multas e indenizações;

e) relativas ao exercício do poder de outorga do direito de uso de radiofrequência para qualquer fim, inclusive multas e indenizações;

f) taxas de fiscalização;

g) recursos provenientes de convênios, acordos e contratos celebrados com entidades, organismos e empresas, públicas ou privadas, nacionais ou estrangeiras;

h) doações, legados, subvenções e outros recursos que lhe forem destinados;

i) o produto dos emolumentos, preços ou multas, os valores apurados na venda ou locação de bens, bem assim os decorrentes de publicações, dados e informações técnicas, inclusive para fins de licitação;

j) decorrentes de quantias recebidas pela aprovação de laudos de ensaio de produtos e pela prestação de serviços técnicos por órgãos da Agência Nacional de Telecomunicações;

l) rendas eventuais."

"Art. 3º Além das transferências para o Tesouro Nacional e para o fundo de universalização das telecomunicações, os recursos do Fundo de Fiscalização das Telecomunicações - Fistel serão aplicados pela Agência Nacional de Telecomunicações exclusivamente:

(...)

d) no atendimento de outras despesas correntes e de capital por ela realizadas no exercício de sua competência."

"Art. 6º As taxas de fiscalização a que se refere a alínea *f* do art. 2º são a de instalação e a de funcionamento.

§ 1º Taxa de Fiscalização de Instalação é a devida pelas concessionárias, permissionárias e autorizadas de serviços de telecomunicações e de uso de radiofrequência, no momento da emissão do certificado de licença para o funcionamento das estações.

§ 2º Taxa de Fiscalização de Funcionamento é a devida pelas concessionárias, permissionárias e autorizadas de serviços de telecomunicações e de uso de radiofrequência, anualmente, pela fiscalização do funcionamento das estações.»

«Art. 8º A Taxa de Fiscalização de Funcionamento será paga, anualmente, até o dia 31 de março, e seus valores serão os correspondentes a 50% (cinquenta por cento) dos fixados para a Taxa de Fiscalização de Instalação.

(...)

§ 2º O não pagamento da Taxa de Fiscalização de Funcionamento no prazo de 60 (sessenta) dias após a notificação da Agência determinará a caducidade da concessão, permissão ou autorização, sem que caiba ao interessado o direito a qualquer indenização.

(...)"

"Art. 13. São isentos do pagamento das taxas do Fistel a Agência Nacional de Telecomunicações, as Forças Armadas, a Polícia Federal, as Polícias Militares, a Polícia Rodoviária Federal, as Polícias Civis e os Corpos de Bombeiros Militares.»

Art. 52. Os valores das taxas de fiscalização de instalação e de funcionamento, constantes do Anexo I da Lei 5.070, de 7 de julho de 1966, passam a ser os da Tabela do Anexo III desta Lei.

Parágrafo único. A nomenclatura dos serviços relacionados na Tabela vigorará até que nova regulamentação seja editada, com base nesta Lei.

Art. 53. Os valores de que tratam as alíneas *i* e *j* do art. 2º da Lei 5.070, de 7 de julho de 1966, com a redação dada por esta Lei, serão estabelecidos pela Agência.

(...)

LIVRO III
Da organização dos serviços de telecomunicações

Título I
Disposições gerais

Capítulo I
DAS DEFINIÇÕES

Art. 60. Serviço de telecomunicações é o conjunto de atividades que possibilita a oferta de telecomunicação.

§ 1º Telecomunicação é a transmissão, emissão ou recepção, por fio, radioeletricidade, meios ópticos ou qualquer outro processo eletromagnético, de símbolos, caracteres, sinais, escritos, imagens, sons ou informações de qualquer natureza.

§ 2º Estação de telecomunicações é o conjunto de equipamentos ou aparelhos, dispositivos e demais meios necessários à realização de telecomunicação, seus acessórios e periféricos, e, quando for o caso, as instalações que os abrigam e complementam, inclusive terminais portáteis.

Art. 61. Serviço de valor adicionado é a atividade que acrescenta, a um serviço de telecomunicações que lhe dá suporte e com o qual não se confunde, novas utilidades relacionadas ao acesso, armazenamento, apresentação, movimentação ou recuperação de informações.

§ 1º Serviço de valor adicionado não constitui serviço de telecomunicações, classificando-se seu provedor como usuário do serviço de telecomunicações que lhe dá suporte, com os direitos e deveres inerentes a essa condição.

§ 2º É assegurado aos interessados o uso das redes de serviços de telecomunicações para prestação de serviços de valor adicionado, cabendo à Agência, para assegurar esse direito, regular os condicionamentos, assim como o relacionamento entre aqueles e as prestadoras de serviço de telecomunicações.

Capítulo II
DA CLASSIFICAÇÃO

Art. 62. Quanto à abrangência dos interesses a que atendem, os serviços de telecomunicações classificam-se em serviços de interesse coletivo e serviços de interesse restrito.

Parágrafo único. Os serviços de interesse restrito estarão sujeitos aos condicionamentos necessários para que sua exploração não prejudique o interesse coletivo.

Art. 63. Quanto ao regime jurídico de sua prestação, os serviços de telecomunicações classificam-se em públicos e privados.

Parágrafo único. Serviço de telecomunicações em regime público é o prestado mediante concessão ou permissão, com atribuição a sua prestadora de obrigações de universalização e de continuidade.

Art. 64. Comportarão prestação no regime público as modalidades de serviço de telecomunicações de interesse coletivo, cuja existência, universalização e continuidade a própria União comprometa-se a assegurar.

Parágrafo único. Incluem-se neste caso as diversas modalidades do serviço telefônico fixo comutado, de qualquer âmbito, destinado ao uso do público em geral.

Art. 65. Cada modalidade de serviço será destinada à prestação:

I – exclusivamente no regime público;

II – exclusivamente no regime privado; ou

III – concomitantemente nos regimes público e privado.

§ 1º Não serão deixadas à exploração apenas em regime privado as modalidades de serviço de interesse coletivo que, sendo essenciais, estejam sujeitas a deveres de universalização.

§ 2º A exclusividade ou concomitância a que se refere o *caput* poderá ocorrer em âmbito nacional, regional, local ou em áreas determinadas.

Art. 66. Quando um serviço for, ao mesmo tempo, explorado nos regimes público e privado, serão adotadas medidas que impeçam a inviabilidade econômica de sua prestação no regime público.

Art. 67. Não comportarão prestação no regime público os serviços de telecomunicações de interesse restrito.

Art. 68. É vedada, a uma mesma pessoa jurídica, a exploração, de forma direta ou indireta, de uma mesma modalidade de serviço nos regimes público e privado, salvo em regiões, localidades ou áreas distintas.

Capítulo III
DAS REGRAS COMUNS

Art. 69. As modalidades de serviço serão definidas pela Agência em função de sua finalidade, âmbito de prestação, forma, meio de transmissão, tecnologia empregada ou de outros atributos.

Parágrafo único. Forma de telecomunicação é o modo específico de transmitir informação, decorrente de características particulares de transdução, de transmissão, de apresentação da informação ou de combinação destas, considerando-se formas de telecomunicação, entre outras, a telefonia, a telegrafia, a comunicação de dados e a transmissão de imagens.

Art. 70. Serão coibidos os comportamentos prejudiciais à competição livre, ampla e justa entre as prestadoras do serviço, no regime público ou privado, em especial:

I – a prática de subsídios para redução artificial de preços;

II – o uso, objetivando vantagens na competição, de informações obtidas dos concorrentes, em virtude de acordos de prestação de serviço;

III – a omissão de informações técnicas e comerciais relevantes à prestação de serviços por outrem.

Art. 71. Visando a propiciar competição efetiva e a impedir a concentração econômica no mercado, a Agência poderá estabelecer restrições, limites ou condições a empresas ou grupos empresariais quanto à obtenção e transferência de concessões, permissões e autorizações.

Art. 72. Apenas na execução de sua atividade, a prestadora poderá valer-se de informações relativas à utilização individual do serviço pelo usuário.

§ 1º A divulgação das informações individuais dependerá da anuência expressa e específica do usuário.

§ 2º A prestadora poderá divulgar a terceiros informações agregadas sobre o uso de seus serviços, desde que elas não permitam a identificação, direta ou indireta, do usuário, ou a violação de sua intimidade.

Art. 73. As prestadoras de serviços de telecomunicações de interesse coletivo terão direito à utilização de postes, dutos, condutos e servidões pertencentes ou controlados por prestadora de serviços de telecomunicações ou de outros serviços de interesse público, de forma não discriminatória e a preços e condições justos e razoáveis.

Parágrafo único. Caberá ao órgão regulador do cessionário dos meios a serem utilizados definir as condições para adequado atendimento do disposto no *caput*.

Art. 74. A concessão, permissão ou autorização de serviço de telecomunicações não isenta a prestadora do atendimento às normas de engenharia e às leis municipais, estaduais ou distritais relativas à construção civil.

→ Artigo com redação alterada pela Lei 13.116/2015.

Art. 75. Independerá de concessão, permissão ou autorização a atividade de telecomunicações restrita aos limites de uma mesma edificação ou propriedade móvel ou imóvel, conforme dispuser a Agência.

Art. 76. As empresas prestadoras de serviços e os fabricantes de produtos de telecomunicações que investirem em projetos de pesquisa e desenvolvimento no Brasil, na área de telecomunicações, obterão incentivos nas condições fixadas em lei.

Art. 77. O Poder Executivo encaminhará ao Congresso Nacional, no prazo de 120 (cento e vinte) dias da publicação desta Lei, mensagem de criação de um fundo para o desenvolvimento tecnológico das telecomunicações brasileiras, com o objetivo de estimular a pesquisa e o desenvolvimento de novas tecnologias, incentivar a capacitação dos recursos humanos, fomentar a geração de empregos e promover o acesso de pequenas e médias empresas a recursos de capital, de modo a ampliar a competição na indústria de telecomunicações.

Art. 78. A fabricação e o desenvolvimento no País de produtos de telecomunicações serão estimulados mediante adoção de instrumentos de política creditícia, fiscal e aduaneira.

Título II
Dos serviços prestados em regime público

Capítulo I
DAS OBRIGAÇÕES DE UNIVERSALIZAÇÃO E DE CONTINUIDADE

Art. 79. A Agência regulará as obrigações de universalização e de continuidade atribuídas às prestadoras de serviço no regime público.

§ 1º Obrigações de universalização são as que objetivam possibilitar o acesso de qualquer pessoa ou instituição de interesse público a serviço de telecomunicações, independentemente de sua localização e condição socioeconômica, bem como as destinadas a permitir a utilização das telecomunicações em serviços essenciais de interesse público.

§ 2º Obrigações de continuidade são as que objetivam possibilitar aos usuários dos serviços sua fruição de forma ininterrupta, sem paralisações injustificadas, devendo os serviços estar à disposição dos usuários, em condições adequadas de uso.

Art. 80. As obrigações de universalização serão objeto de metas periódicas, conforme plano específico elaborado pela Agência e aprovado pelo Poder Executivo, que deverá referir-se, entre outros aspectos, à disponibilidade de instalações de uso coletivo ou individual, ao atendimento de deficientes físicos, de instituições de caráter público ou social, bem como de áreas rurais ou de urbanização precária e de regiões remotas.

§ 1º O plano detalhará as fontes de financiamento das obrigações de universalização, que serão neutras em relação à competição, no mercado nacional, entre prestadoras.

§ 2º Os recursos do fundo de universalização de que trata o inciso II do art. 81 não poderão ser destinados à cobertura de custos com universalização dos serviços que, nos termos do contrato de concessão, a própria prestadora deva suportar.

Art. 81. Os recursos complementares destinados a cobrir a parcela do custo exclusivamente atribuível ao cumprimento das obrigações de universalização de prestadora de serviço de telecomunicações, que não possa ser recuperada com a exploração eficiente do serviço, poderão ser oriundos das seguintes fontes:

I – Orçamento Geral da União, dos Estados, do Distrito Federal e dos Municípios;

II – fundo especificamente constituído para essa finalidade, para o qual contribuirão prestadoras de serviço de telecomunicações nos regimes público e privado, nos termos da lei, cuja mensagem de criação deverá ser enviada ao Congresso Nacional, pelo Poder Executivo, no prazo de 120 (cento e vinte) dias após a publicação desta Lei.

Parágrafo único. Enquanto não for constituído o fundo a que se refere o inciso II do *caput*, poderão ser adotadas também as seguintes fontes:

I – subsídio entre modalidades de serviços de telecomunicações ou entre segmentos de usuários;

II – pagamento de adicional ao valor de interconexão.

Art. 82. O descumprimento das obrigações relacionadas à universalização e à continuidade ensejará a aplicação de sanções de multa, caducidade ou decretação de intervenção, conforme o caso.

Capítulo II
DA CONCESSÃO

Seção I
Da outorga

Art. 83. A exploração do serviço no regime público dependerá de prévia outorga, pela Agência, mediante concessão, implicando esta o direito de uso das radiofrequências necessárias, conforme regulamentação.

Parágrafo único. Concessão de serviço de telecomunicações é a delegação de sua prestação, mediante contrato, por prazo determinado, no regime público, sujeitando-se a concessionária aos riscos empresariais, remunerando-se pela cobrança de tarifas dos usuários ou por outras receitas alternativas e respondendo diretamente pelas suas obrigações e pelos prejuízos que causar.

Art. 84. As concessões não terão caráter de exclusividade, devendo obedecer ao plano geral de outorgas, com definição quanto à divisão do País em áreas, ao número de prestadoras para cada uma delas, seus prazos de vigência e os prazos para admissão de novas prestadoras.

§ 1º As áreas de exploração, o número de prestadoras, os prazos de vigência das concessões e os prazos para admissão de novas prestadoras serão definidos considerando-se o ambiente de competição, observados o princípio do maior benefício ao usuário e o interesse social e econômico do País, de modo a propiciar a justa remuneração da prestadora do serviço no regime público.

§ 2º A oportunidade e o prazo das outorgas serão determinados de modo a evitar o vencimento concomitante das concessões de uma mesma área.

Art. 85. Cada modalidade de serviço será objeto de concessão distinta, com clara determinação dos direitos e deveres da concessionária, dos usuários e da Agência.

Art. 86. A concessão somente poderá ser outorgada a empresa constituída segundo as leis brasileiras, com sede e administração no País, criada para explorar exclusivamente serviços de telecomunicações.

→ *Caput* com redação alterada pela Lei 12.485/2011.

Parágrafo único. Os critérios e condições para a prestação de outros serviços de telecomunicações diretamente pela concessionária obedecerão, entre outros, aos seguintes princípios, de acordo com regulamentação da Anatel:

→ **Parágrafo único** com redação alterada pela Lei 12.485/2011.

I – garantia dos interesses dos usuários, nos mecanismos de reajuste e revisão das tarifas, mediante o compartilhamento dos ganhos econômicos advindos da racionalização decorrente da prestação de outros serviços de telecomunicações, ou ainda mediante a transferência integral dos ganhos econômicos que não decorram da eficiência ou iniciativa empresarial, observados os termos dos §§ 2º e 3º do art. 108 desta Lei;

→ Inciso I acrescentado pela Lei 12.485/2011.

II – atuação do poder público para propiciar a livre, ampla e justa competição, reprimidas as infrações da ordem econômica, nos termos do art. 6º desta Lei;

→ Inciso II acrescentado pela Lei 12.485/2011.

III – existência de mecanismos que assegurem o adequado controle público no que tange aos bens reversíveis.

→ Inciso III acrescentado pela Lei 12.485/2011.

Art. 87. A outorga a empresa ou grupo empresarial que, na mesma região, localidade ou área, já preste a mesma modalidade de serviço, será condicionada à assunção do compromisso de, no prazo máximo de 18 (dezoito) meses, contado da data de assinatura do contrato, transferir a outrem o serviço anteriormente explorado, sob pena de sua caducidade e de outras sanções previstas no processo de outorga.

Art. 88. As concessões serão outorgadas mediante licitação.

Art. 89. A licitação será disciplinada pela Agência, observados os princípios constitucionais, as disposições desta Lei e, especialmente:

I – a finalidade do certame é, por meio de disputa entre os interessados, escolher quem possa executar, expandir e universalizar o serviço no regime público com eficiência, segurança e a tarifas razoáveis;

II – a minuta de instrumento convocatório será submetida a consulta pública prévia;

III – o instrumento convocatório identificará o serviço objeto do certame e as condições de sua prestação, expansão e universalização, definirá o universo de proponentes, estabelecerá fatores e critérios para aceitação e julgamento de propostas, regulará o procedimento, determinará a quantidade de fases e seus objetivos, indicará as sanções aplicáveis e fixará as cláusulas do contrato de concessão;

IV – as qualificações técnico-operacional ou profissional e econômico-financeira, bem como as garantias da proposta e do contrato, exigidas indistintamente dos proponentes, deverão ser compatíveis com o objeto e proporcionais a sua natureza e dimensão;

V – o interessado deverá comprovar situação regular perante as Fazendas Públicas e a Seguridade Social;

VI – a participação de consórcio, que se constituirá em empresa antes da outorga da concessão, será sempre admitida;

VII – o julgamento atenderá aos princípios de vinculação ao instrumento convocatório e comparação objetiva;

VIII – os fatores de julgamento poderão ser, isolada ou conjugadamente, os de menor tarifa, maior oferta pela outorga, melhor qualidade dos serviços e melhor atendimento da demanda, respeitado sempre o princípio da objetividade;

IX – o empate será resolvido por sorteio;

X – as regras procedimentais assegurarão a adequada divulgação do instrumento convocatório, prazos compatíveis com o preparo de propostas e os direitos ao contraditório, ao recurso e à ampla defesa.

Art. 90. Não poderá participar da licitação ou receber outorga de concessão a empresa proibida de licitar ou contratar com o Poder Público ou que tenha sido declarada inidônea, bem como aquela que tenha sido punida nos 2 (dois) anos anteriores com a decretação de caducidade de concessão, permissão ou autorização de serviço de telecomunicações, ou da caducidade de direito de uso de radiofrequência.

Art. 91. A licitação será inexigível quando, mediante processo administrativo conduzido pela Agência, a disputa for considerada inviável ou desnecessária.

§ 1º Considera-se inviável a disputa quando apenas um interessado puder realizar o serviço, nas condições estipuladas.

§ 2º Considera-se desnecessária a disputa nos casos em que se admita a exploração do serviço por todos os interessados que atendam às condições requeridas.

§ 3º O procedimento para verificação da inexigibilidade compreenderá chamamento público para apurar o número de interessados.

Art. 92. Nas hipóteses de inexigibilidade de licitação, a outorga de concessão dependerá de procedimento administrativo sujeito aos princípios da publicidade, moralidade, impessoalidade e contraditório, para verificar o preenchimento das condições relativas às qualificações técnico-operacional ou profissional e econômico-financeira, à regularidade fiscal e às garantias do contrato.

Parágrafo único. As condições deverão ser compatíveis com o objeto e proporcionais a sua natureza e dimensão.

Seção II
Do contrato

Art. 93. O contrato de concessão indicará:

I – objeto, área e prazo da concessão;

II – modo, forma e condições da prestação do serviço;

III – regras, critérios, indicadores, fórmulas e parâmetros definidores da implantação, expansão, alteração e modernização do serviço, bem como de sua qualidade;

IV – deveres relativos à universalização e à continuidade do serviço;

V – o valor devido pela outorga, a forma e as condições de pagamento;

VI – as condições de prorrogação, incluindo os critérios para fixação do valor;

VII – as tarifas a serem cobradas dos usuários e os critérios para seu reajuste e revisão;

VIII – as possíveis receitas alternativas, complementares ou acessórias, bem como as provenientes de projetos associados;

IX – os direitos, as garantias e as obrigações dos usuários, da Agência e da concessionária;

X – a forma da prestação de contas e da fiscalização;

XI – os bens reversíveis, se houver;

XII – as condições gerais para interconexão;

XIII – a obrigação de manter, durante a execução do contrato, todas as condições de habilitação exigidas na licitação;

XIV – as sanções;

XV – o foro e o modo para solução extrajudicial das divergências contratuais.

Parágrafo único. O contrato será publicado resumidamente no *Diário Oficial da União*, como condição de sua eficácia.

Art. 94. No cumprimento de seus deveres, a concessionária poderá, observadas as condições e limites estabelecidos pela Agência:

I – empregar, na execução dos serviços, equipamentos e infraestrutura que não lhe pertençam;

II – contratar com terceiros o desenvolvimento de atividades inerentes, acessórias ou complementares ao serviço, bem como a implementação de projetos associados.

§ 1º Em qualquer caso, a concessionária continuará sempre responsável perante a Agência e os usuários.

§ 2º Serão regidas pelo direito comum as relações da concessionária com os terceiros, que não terão direitos frente à Agência, observado o disposto no art. 117 desta Lei.

Art. 95. A Agência concederá prazos adequados para adaptação da concessionária às novas obrigações que lhe sejam impostas.

Art. 96. A concessionária deverá:

I – prestar informações de natureza técnica, operacional, econômico-financeira e contábil, ou outras pertinentes que a Agência solicitar;

II – manter registros contábeis separados por serviço, caso explore mais de uma modalidade de serviço de telecomunicações;

III – submeter à aprovação da Agência a minuta de contrato padrão a ser celebrado com os usuários, bem como os acordos operacionais que pretenda firmar com prestadoras estrangeiras;

IV – divulgar relação de assinantes, observado o disposto nos incisosVI eIX do art. 3º, bem como o art. 213, desta Lei;

V – submeter-se à regulamentação do serviço e à sua fiscalização;

VI – apresentar relatórios periódicos sobre o atendimento das metas de universalização constantes do contrato de concessão.

Art. 97. Dependerão de prévia aprovação da Agência a cisão, a fusão, a transformação, a incorporação, a redução do capital da empresa ou a transferência de seu controle societário.

Parágrafo único. A aprovação será concedida se a medida não for prejudicial à competição e não colocar em risco a execução do contrato, observado o disposto no art. 7º desta Lei.

Art. 98. O contrato de concessão poderá ser transferido após a aprovação da Agência desde que, cumulativamente:

I – o serviço esteja em operação, há pelo menos 3 (três) anos, com o cumprimento regular das obrigações;

II – o cessionário preencha todos os requisitos da outorga, inclusive quanto às garantias, à regularidade jurídica e fiscal e à qualificação técnica e econômico-financeira;

III – a medida não prejudique a competição e não coloque em risco a execução do contrato, observado o disposto no art. 7º desta Lei.

Art. 99. O prazo máximo da concessão será de 20 (vinte) anos, podendo ser prorrogado, uma única vez, por igual período, desde que a concessionária tenha cumprido as condições da concessão e manifeste expresso interesse na prorrogação, pelo menos, 30 (trinta) meses antes de sua expiração.

§ 1º A prorrogação do prazo da concessão implicará pagamento, pela concessionária, pelo direito de exploração do serviço e pelo direito de uso das radiofrequências associadas, e poderá, a critério da Agência, incluir novos condicionamentos, tendo em vista as condições vigentes à época.

§ 2º A desistência do pedido de prorrogação sem justa causa, após seu deferimento, sujeitará a concessionária à pena de multa.

§ 3º Em caso de comprovada necessidade de reorganização do objeto ou da área da concessão para ajustamento ao plano geral de outorgas ou à regulamentação vigente, poderá a Agência indeferir o pedido de prorrogação.

Seção III
Dos bens

Art. 100. Poderá ser declarada a utilidade pública, para fins de desapropriação ou instituição de servidão, de bens imóveis ou móveis, necessários à execução do serviço, cabendo à concessionária a implementação da medida e o pagamento da indenização e das demais despesas envolvidas.

Art. 101. A alienação, oneração ou substituição de bens reversíveis dependerá de prévia aprovação da Agência.

Art. 102. A extinção da concessão transmitirá automaticamente à União a posse dos bens reversíveis.

Parágrafo único. A reversão dos bens, antes de expirado o prazo contratual, importará pagamento de indenização pelas parcelas de investimentos a eles vinculados, ainda não amortizados ou depreciados, que tenham sido realizados com o objetivo de garantir a continuidade e atualidade do serviço concedido.

Seção IV
Das tarifas

Art. 103. Compete à Agência estabelecer a estrutura tarifária para cada modalidade de serviço.

§ 1º A fixação, o reajuste e a revisão das tarifas poderão basear-se em valor que corresponda à média ponderada dos valores dos itens tarifários.

§ 2º São vedados os subsídios entre modalidades de serviços e segmentos de usuários, ressalvado o disposto no parágrafo único do art. 81 desta Lei.

§ 3º As tarifas serão fixadas no contrato de concessão, consoante edital ou proposta apresentada na licitação.

§ 4º Em caso de outorga sem licitação, as tarifas serão fixadas pela Agência e constarão do contrato de concessão.

Art. 104. Transcorridos ao menos 3 (três) anos da celebração do contrato, a Agência poderá, se existir ampla e efetiva competição entre as prestadoras do serviço, submeter a concessionária ao regime de liberdade tarifária.

§ 1º No regime a que se refere o *caput*, a concessionária poderá determinar suas próprias tarifas, devendo comunicá-las à Agência com antecedência de sete dias de sua vigência.

§ 2º Ocorrendo aumento arbitrário dos lucros ou práticas prejudiciais à competição, a Agência restabelecerá o regime tarifário anterior, sem prejuízo das sanções cabíveis.

Art. 105. Quando da implantação de novas prestações, utilidades ou comodidades relativas ao objeto da concessão, suas tarifas serão previamente levadas à Agência, para aprovação, com os estudos correspondentes.

Parágrafo único. Considerados os interesses dos usuários, a Agência poderá decidir por fixar as tarifas ou por submetê-las ao regime de liberdade tarifária, sendo vedada qualquer cobrança antes da referida aprovação.

Art. 106. A concessionária poderá cobrar tarifa inferior à fixada desde que a redução se baseie em critério objetivo e favoreça indistintamente todos os usuários, vedado o abuso do poder econômico.

Art. 107. Os descontos de tarifa somente serão admitidos quando extensíveis a todos os usuários que se enquadrem nas condições, precisas e isonômicas, para sua fruição.

Art. 108. Os mecanismos para reajuste e revisão das tarifas serão previstos nos contratos de concessão, observando-se, no que couber, a legislação específica.

§ 1º A redução ou o desconto de tarifas não ensejará revisão tarifária.

§ 2º Serão compartilhados com os usuários, nos termos regulados pela Agência, os ganhos econômicos decorrentes da modernização, expansão ou racionalização dos serviços, bem como de novas receitas alternativas.

§ 3º Serão transferidos integralmente aos usuários os ganhos econômicos que não decorram diretamente da eficiência empresarial, em casos como os de diminuição de tributos ou encargos legais e de novas regras sobre os serviços.

§ 4º A oneração causada por novas regras sobre os serviços, pela álea econômica extraordinária, bem como pelo aumento dos encargos legais ou tributos, salvo o imposto sobre a renda, implicará a revisão do contrato.

Art. 109. A Agência estabelecerá:

I – os mecanismos para acompanhamento das tarifas praticadas pela concessionária, inclusive a antecedência a ser observada na comunicação de suas alterações;

II – os casos de serviço gratuito, como os de emergência;

III – os mecanismos para garantir a publicidade das tarifas.

Seção V
Da intervenção

Art. 110. Poderá ser decretada intervenção na concessionária, por ato da Agência, em caso de:

I – paralisação injustificada dos serviços;

II – inadequação ou insuficiência dos serviços prestados, não resolvidas em prazo razoável;

III – desequilíbrio econômico-financeiro decorrente de má administração que coloque em risco a continuidade dos serviços;

IV – prática de infrações graves;

V – inobservância de atendimento das metas de universalização;

VI – recusa injustificada de interconexão;

VII – infração da ordem econômica nos termos da legislação própria.

Art. 111. O ato de intervenção indicará seu prazo, seus objetivos e limites, que serão determinados em função das razões que a ensejaram, e designará o interventor.

§ 1º A decretação da intervenção não afetará o curso regular dos negócios da concessionária nem seu normal funcionamento e produzirá, de imediato, o afastamento de seus administradores.

§ 2º A intervenção será precedida de procedimento administrativo instaurado pela Agência, em que se assegure a ampla defesa da concessionária, salvo quando decretada cautelarmente, hipótese em que o procedimento será instaurado na data da intervenção e concluído em até cento e oitenta dias.

§ 3º A intervenção poderá ser exercida por um colegiado ou por uma empresa, cuja remuneração será paga com recursos da concessionária.

§ 4º Dos atos do interventor caberá recurso à Agência.

§ 5º Para os atos de alienação e disposição do patrimônio da concessionária, o interventor necessitará de prévia autorização da Agência.

§ 6º O interventor prestará contas e responderá pelos atos que praticar.

Seção VI
Da extinção

Art. 112. A concessão extinguir-se-á por advento do termo contratual, encampação, caducidade, rescisão e anulação.

Parágrafo único. A extinção devolve à União os direitos e deveres relativos à prestação do serviço.

Art. 113. Considera-se encampação a retomada do serviço pela União durante o prazo da concessão, em face de razão extraordinária de interesse público, mediante lei autorizativa específica e após o pagamento de prévia indenização.

Art. 114. A caducidade da concessão será decretada pela Agência nas hipóteses:

I – de infração do disposto no art. 97 desta Lei ou de dissolução ou falência da concessionária;

II – de transferência irregular do contrato;

III – de não cumprimento do compromisso de transferência a que se refere o art. 87 desta Lei;

IV – em que a intervenção seria cabível, mas sua decretação for inconveniente, inócua, injustamente benéfica ao concessionário ou desnecessária.

§ 1º Será desnecessária a intervenção quando a demanda pelos serviços objeto da concessão puder ser atendida por outras prestadoras de modo regular e imediato.

§ 2º A decretação da caducidade será precedida de procedimento administrativo instaurado pela Agência, em que se assegure a ampla defesa da concessionária.

Art. 115. A concessionária terá direito à rescisão quando, por ação ou omissão do Poder Público, a execução do contrato se tornar excessivamente onerosa.

Parágrafo único. A rescisão poderá ser realizada amigável ou judicialmente.

Art. 116. A anulação será decretada pela Agência em caso de irregularidade insanável e grave do contrato de concessão.

Art. 117. Extinta a concessão antes do termo contratual, a Agência, sem prejuízo de outras medidas cabíveis, poderá:

I – ocupar, provisoriamente, bens móveis e imóveis e valer-se de pessoal empregado na prestação dos serviços, necessários a sua continuidade;

II – manter contratos firmados pela concessionária com terceiros, com fundamento nos incisosI eII do art. 94 desta Lei, pelo prazo e nas condições inicialmente ajustadas.

Parágrafo único. Na hipótese do inciso II deste artigo, os terceiros que não cumprirem com as obrigações assumidas responderão pelo inadimplemento.

Capítulo III
DA PERMISSÃO

Art. 118. Será outorgada permissão, pela Agência, para prestação de serviço de telecomunicações em face de situação excepcional comprometedora do funcionamento do serviço que, em virtude de suas peculiaridades, não possa ser atendida, de forma conveniente ou em prazo adequado, mediante intervenção na empresa concessionária ou mediante outorga de nova concessão.

Parágrafo único. Permissão de serviço de telecomunicações é o ato administrativo pelo qual se atribui a alguém o dever de prestar serviço de telecomunicações no regime público e em caráter transitório, até que seja normalizada a situação excepcional que a tenha ensejado.

Art. 119. A permissão será precedida de procedimento licitatório simplificado, instaurado pela Agência, nos termos por ela regulados, ressalvados os casos de inexigibilidade previstos no art. 91, observado o disposto no art. 92, desta Lei.

Art. 120. A permissão será formalizada mediante assinatura de termo, que indicará:

I – o objeto e a área da permissão, bem como os prazos mínimo e máximo de vigência estimados;

II – modo, forma e condições da prestação do serviço;

III – as tarifas a serem cobradas dos usuários, critérios para seu reajuste e revisão e as possíveis fontes de receitas alternativas;

IV – os direitos, as garantias e as obrigações dos usuários, do permitente e do permissionário;

V – as condições gerais de interconexão;

VI – a forma da prestação de contas e da fiscalização;

VII – os bens entregues pelo permitente à administração do permissionário;

VIII – as sanções;

IX – os bens reversíveis, se houver;

X – o foro e o modo para solução extrajudicial das divergências.

Parágrafo único. O termo de permissão será publicado resumidamente no *Diário Oficial da União*, como condição de sua eficácia.

Art. 121. Outorgada permissão em decorrência de procedimento licitatório, a recusa injustificada pelo outorgado em assinar o respectivo termo sujeitá-lo-á às sanções previstas no instrumento convocatório.

Art. 122. A permissão extinguir-se-á pelo decurso do prazo máximo de vigência estimado, observado o disposto no art. 124 desta Lei, bem como por revogação, caducidade e anulação.

Art. 123. A revogação deverá basear-se em razões de conveniência e oportunidade relevantes e supervenientes à permissão.

§ 1º A revogação, que poderá ser feita a qualquer momento, não dará direito a indenização.

§ 2º O ato revocatório fixará o prazo para o permissionário devolver o serviço, que não será inferior a sessenta dias.

Art. 124. A permissão poderá ser mantida, mesmo vencido seu prazo máximo, se persistir a situação excepcional que a motivou.

Art. 125. A Agência disporá sobre o regime da permissão, observados os princípios e objetivos desta Lei.

Título III
Dos serviços prestados em regime privado

Capítulo I
DO REGIME GERAL DA EXPLORAÇÃO

Art. 126. A exploração de serviço de telecomunicações no regime privado será baseada nos princípios constitucionais da atividade econômica.

Art. 127. A disciplina da exploração dos serviços no regime privado terá por objetivo viabilizar o cumprimento das leis, em especial das relativas às telecomunicações, à ordem econômica e aos direitos dos consumidores, destinando-se a garantir:

I – a diversidade de serviços, o incremento de sua oferta e sua qualidade;

II – a competição livre, ampla e justa;

III – o respeito aos direitos dos usuários;

IV – a convivência entre as modalidades de serviço e entre prestadoras em regime privado e público, observada a prevalência do interesse público;

V – o equilíbrio das relações entre prestadoras e usuários dos serviços;

VI – a isonomia de tratamento às prestadoras;

VII – o uso eficiente do espectro de radiofrequências;

VIII – o cumprimento da função social do serviço de interesse coletivo, bem como dos encargos dela decorrentes;

IX – o desenvolvimento tecnológico e industrial do setor;

X – a permanente fiscalização.

Art. 128. Ao impor condicionamentos administrativos ao direito de exploração das diversas modalidades de serviço no regime privado, sejam eles limites, encargos ou sujeições, a Agência observará a exigência de mínima intervenção na vida privada, assegurando que:

I – a liberdade será a regra, constituindo exceção as proibições, restrições e interferências do Poder Público;

II – nenhuma autorização será negada, salvo por motivo relevante;

III – os condicionamentos deverão ter vínculos, tanto de necessidade como de adequação, com finalidades públicas específicas e relevantes;

IV – o proveito coletivo gerado pelo condicionamento deverá ser proporcional à privação que ele impuser;

V – haverá relação de equilíbrio entre os deveres impostos às prestadoras e os direitos a elas reconhecidos.

Art. 129. O preço dos serviços será livre, ressalvado o disposto no § 2º do art. 136 desta Lei, reprimindo-se toda prática prejudicial à competição, bem como o abuso do poder econômico, nos termos da legislação própria.

Art. 130. A prestadora de serviço em regime privado não terá direito adquirido à permanência das condições vigentes quando da expedição da autorização ou do início das atividades, devendo observar os novos condicionamentos impostos por lei e pela regulamentação.

Parágrafo único. As normas concederão prazos suficientes para adaptação aos novos condicionamentos .

Art. 130-A. É facultado às prestadoras de serviço em regime privado o aluguel de suas redes para implantação de sistema de localização de pessoas desaparecidas.

→ Artigo acrescentado pela Lei 12.841/2013.

Parágrafo único. O sistema a que se refere o *caput* deste artigo está sujeito às regras de mercado, nos termos do art. 129 desta Lei.

Capítulo II
DA AUTORIZAÇÃO DE SERVIÇO DE TELECOMUNICAÇÕES

Seção I
Da obtenção

Art. 131. A exploração de serviço no regime privado dependerá de prévia autorização da Agência, que acarretará direito de uso das radiofrequências necessárias.

§ 1º Autorização de serviço de telecomunicações é o ato administrativo vinculado que faculta a exploração, no regime privado, de modalidade de serviço de telecomunicações, quando preenchidas as condições objetivas e subjetivas necessárias.

§ 2º A Agência definirá os casos que independerão de autorização.

§ 3º A prestadora de serviço que independa de autorização comunicará previamente à Agência o início de suas atividades, salvo nos casos previstos nas normas correspondentes.

§ 4º A eficácia da autorização dependerá da publicação de extrato no *Diário Oficial da União*.

Art. 132. São condições objetivas para obtenção de autorização de serviço:

I – disponibilidade de radiofrequência necessária, no caso de serviços que a utilizem;

II – apresentação de projeto viável tecnicamente e compatível com as normas aplicáveis.

Art. 133. São condições subjetivas para obtenção de autorização de serviço de interesse coletivo pela empresa:

I – estar constituída segundo as leis brasileiras, com sede e administração no País;

II – não estar proibida de licitar ou contratar com o Poder Público, não ter sido declarada inidônea ou não ter sido punida, nos 2 (dois) anos anteriores, com a decretação da caducidade de concessão, permissão ou autorização de serviço de telecomunicações, ou da caducidade de direito de uso de radiofrequência;

III – dispor de qualificação técnica para bem prestar o serviço, capacidade econômico-financeira, regularidade fiscal e estar em situação regular com a Seguridade Social;

IV – não ser, na mesma região, localidade ou área, encarregada de prestar a mesma modalidade de serviço.

Art. 134. A Agência disporá sobre as condições subjetivas para obtenção de autorização de serviço de interesse restrito.

Art. 135. A Agência poderá, excepcionalmente, em face de relevantes razões de caráter coletivo, condicionar a expedição de autorização à aceitação, pelo interessado, de compromissos de interesse da coletividade.

Parágrafo único. Os compromissos a que se refere o *caput* serão objeto de regulamentação, pela Agência, observados os princípios da razoabilidade, proporcionalidade e igualdade.

Art. 136. Não haverá limite ao número de autorizações de serviço, salvo em caso de impossibilidade técnica ou, excepcionalmente, quando o excesso de competidores puder comprometer a prestação de uma modalidade de serviço de interesse coletivo.

§ 1º A Agência determinará as regiões, localidades ou áreas abrangidas pela limitação e disporá sobre a possibilidade de a prestadora atuar em mais de uma delas.

§ 2º As prestadoras serão selecionadas mediante procedimento licitatório, na forma estabelecida nos arts. 88 a 92, sujeitando-se a transferência da autorização às mesmas condições estabelecidas no art. 98, desta Lei.

§ 3º Dos vencedores da licitação será exigida contrapartida proporcional à vantagem econômica que usufruírem, na forma de compromissos de interesse dos usuários.

Art. 137. O descumprimento de condições ou de compromissos assumidos, associados à autorização, sujeitará a prestadora às sanções de multa, suspensão temporária ou caducidade.

Seção II
Da extinção

Art. 138. A autorização de serviço de telecomunicações não terá sua vigência sujeita a termo final, extinguindo-se somente por cassação, caducidade, decaimento, renúncia ou anulação.

Art. 139. Quando houver perda das condições indispensáveis à expedição ou manutenção da autorização, a Agência poderá extingui-la mediante ato de cassação.

Parágrafo único. Importará em cassação da autorização do serviço a extinção da autorização de uso da radiofrequência respectiva.

Art. 140. Em caso de prática de infrações graves, de transferência irregular da autorização ou de descumprimento reiterado de compromissos assumidos, a Agência poderá extinguir a autorização decretando-lhe a caducidade.

Art. 141. O decaimento será decretado pela Agência, por ato administrativo, se, em face de razões de excepcional relevância pública, as normas vierem a vedar o tipo de atividade objeto da autorização ou a suprimir a exploração no regime privado.

§ 1º A edição das normas de que trata o *caput* não justificará o decaimento senão quando a preservação das autorizações já expedidas for efetivamente incompatível com o interesse público.

§ 2º Decretado o decaimento, a prestadora terá o direito de manter suas próprias atividades regulares por prazo mínimo de 5 (cinco) anos, salvo desapropriação.

Art. 142. Renúncia é o ato formal unilateral, irrevogável e irretratável, pelo qual a prestadora manifesta seu desinteresse pela autorização.

Parágrafo único. A renúncia não será causa para punição do autorizado, nem o desonerará de suas obrigações com terceiros.

Art. 143. A anulação da autorização será decretada, judicial ou administrativamente, em caso de irregularidade insanável do ato que a expediu.

Art. 144. A extinção da autorização mediante ato administrativo dependerá de procedimento prévio, garantidos o contraditório e a ampla defesa do interessado.

Título IV
Das redes de telecomunicações

Art. 145. A implantação e o funcionamento de redes de telecomunicações destinadas a dar suporte à prestação de serviços de interesse coletivo, no regime público ou privado, observarão o disposto neste Título.

Parágrafo único. As redes de telecomunicações destinadas à prestação de serviço em regime privado poderão ser dispensadas do disposto no *caput*, no todo ou em parte, na forma da regulamentação expedida pela Agência.

Art. 146. As redes serão organizadas como vias integradas de livre circulação, nos termos seguintes:

I – é obrigatória a interconexão entre as redes, na forma da regulamentação;

II – deverá ser assegurada a operação integrada das redes, em âmbito nacional e internacional;

III – o direito de propriedade sobre as redes é condicionado pelo dever de cumprimento de sua função social.

Parágrafo único. Interconexão é a ligação entre redes de telecomunicações funcionalmente compatíveis, de modo que os usuários de serviços de uma das redes possam comunicar-se com usuários de serviços de outra ou acessar serviços nela disponíveis.

Art. 147. É obrigatória a interconexão às redes de telecomunicações a que se refere o art. 145 desta Lei, solicitada por prestadora de serviço no regime privado, nos termos da regulamentação.

Art. 148. É livre a interconexão entre redes de suporte à prestação de serviços de telecomunicações no regime privado, observada a regulamentação.

Art. 149. A regulamentação estabelecerá as hipóteses e condições de interconexão a redes internacionais.

Art. 150. A implantação, o funcionamento e a interconexão das redes obedecerão à regulamentação editada pela Agência, assegurando a compatibilidade das redes das diferentes prestadoras, visando à sua harmonização em âmbito nacional e internacional.

Art. 151. A Agência disporá sobre os planos de numeração dos serviços, assegurando sua administração de forma não discriminatória e em estímulo à competição, garantindo o atendimento aos compromissos internacionais.

LEGISLAÇÃO

Parágrafo único. A Agência disporá sobre as circunstâncias e as condições em que a prestadora de serviço de telecomunicações cujo usuário transferir-se para outra prestadora será obrigada a, sem ônus, interceptar as ligações dirigidas ao antigo código de acesso do usuário e informar o seu novo código.

Art. 152. O provimento da interconexão será realizado em termos não discriminatórios, sob condições técnicas adequadas, garantindo preços isonômicos e justos, atendendo ao estritamente necessário à prestação do serviço.

Art. 153. As condições para a interconexão de redes serão objeto de livre negociação entre os interessados, mediante acordo, observado o disposto nesta Lei e nos termos da regulamentação.

§ 1º O acordo será formalizado por contrato, cuja eficácia dependerá de homologação pela Agência, arquivando-se uma de suas vias na Biblioteca para consulta por qualquer interessado.

§ 2º Não havendo acordo entre os interessados, a Agência, por provocação de um deles, arbitrará as condições para a interconexão.

Art. 154. As redes de telecomunicações poderão ser, secundariamente, utilizadas como suporte de serviço a ser prestado por outrem, de interesse coletivo ou restrito.

Art. 155. Para desenvolver a competição, as empresas prestadoras de serviços de telecomunicações de interesse coletivo deverão, nos casos e condições fixados pela Agência, disponibilizar suas redes a outras prestadoras de serviços de telecomunicações de interesse coletivo.

Art. 156. Poderá ser vedada a conexão de equipamentos terminais sem certificação, expedida ou aceita pela Agência, no caso das redes referidas no art. 145 desta Lei.

§ 1º Terminal de telecomunicações é o equipamento ou aparelho que possibilita o acesso do usuário a serviço de telecomunicações, podendo incorporar estágio de transdução, estar incorporado a equipamento destinado a exercer outras funções ou, ainda, incorporar funções secundárias.

§ 2º Certificação é o reconhecimento da compatibilidade das especificações de determinado produto com as características técnicas do serviço a que se destina.

(...)

Título VI
Das sanções

Capítulo I
DAS SANÇÕES ADMINISTRATIVAS

Art. 173. A infração desta Lei ou das demais normas aplicáveis, bem como a inobservância dos deveres decorrentes dos contratos de concessão ou dos atos de permissão, autorização de serviço ou autorização de uso de radiofrequência, sujeitará os infratores às seguintes sanções, aplicáveis pela Agência, sem prejuízo das de natureza civil e penal:

I – advertência;

II – multa;

III – suspensão temporária;

IV – caducidade;

V – declaração de inidoneidade.

Art. 174. Toda acusação será circunstanciada, permanecendo em sigilo até sua completa apuração.

Art. 175. Nenhuma sanção será aplicada sem a oportunidade de prévia e ampla defesa.

Parágrafo único. Apenas medidas cautelares urgentes poderão ser tomadas antes da defesa.

Art. 176. Na aplicação de sanções, serão considerados a natureza e a gravidade da infração, os danos dela resultantes para o serviço e para os usuários, a vantagem auferida pelo infrator, as circunstâncias agravantes, os antecedentes do infrator e a reincidência específica.

Parágrafo único. Entende-se por reincidência específica a repetição de falta de igual natureza após o recebimento de notificação anterior.

Art. 177. Nas infrações praticadas por pessoa jurídica, também serão punidos com a sanção de multa seus administradores ou controladores, quando tiverem agido de má-fé.

Art. 178. A existência de sanção anterior será considerada como agravante na aplicação de outra sanção.

Art. 179. A multa poderá ser imposta isoladamente ou em conjunto com outra sanção, não devendo ser superior a R$ 50.000.000,00 (cinquenta milhões de reais) para cada infração cometida.

§ 1º Na aplicação de multa serão considerados a condição econômica do infrator e o princípio da proporcionalidade entre a gravidade da falta e a intensidade da sanção.

§ 2º A imposição, a prestadora de serviço de telecomunicações, de multa decorrente de infração da ordem econômica, observará os limites previstos na legislação especifica.

Art. 180. A suspensão temporária será imposta, em relação à autorização de serviço ou de uso de radiofrequência, em caso de infração grave cujas circunstâncias não justifiquem a decretação de caducidade.

Parágrafo único. O prazo da suspensão não será superior a 30 (trinta) dias.

Art. 181. A caducidade importará na extinção de concessão, permissão, autorização de serviço ou autorização de uso de radiofrequência, nos casos previstos nesta Lei.

Art. 182. A declaração de inidoneidade será aplicada a quem tenha praticado atos ilícitos visando frustrar os objetivos de licitação.

Parágrafo único. O prazo de vigência da declaração de inidoneidade não será superior a 5 (cinco) anos.

Capítulo II
DAS SANÇÕES PENAIS

Art. 183. Desenvolver clandestinamente atividades de telecomunicação:

Pena - detenção de 2 (dois) a 4 (quatro) anos, aumentada da metade se houver dano a terceiro, e multa de R$ 10.000,00 (dez mil reais).

Parágrafo único. Incorre na mesma pena quem, direta ou indiretamente, concorrer para o crime.

Art. 184. São efeitos da condenação penal transitada em julgado:

I – tornar certa a obrigação de indenizar o dano causado pelo crime;

II – a perda, em favor da Agência, ressalvado o direito do lesado ou de terceiros de boa-fé, dos bens empregados na atividadeclandestina, sem prejuízo de sua apreensão cautelar.

Parágrafo único. Considera-se clandestina a atividade desenvolvida sem a competente concessão, permissão ou autorização de serviço, de uso de radiofrequência e de exploração de satélite.

Art. 185. O crime definido nesta Lei é de ação penal pública, incondicionada, cabendo ao Ministério Público promovê-la.

LIVRO IV
Da reestruturação e da desestatização das empresas federais de telecomunicações

(...)

Disposições finais e transitórias

Art. 207. No prazo máximo de 60 (sessenta) dias a contar da publicação desta Lei, as atuais prestadoras do serviço telefônico fixo comutado destinado ao uso do público em geral, inclusive as referidas no art. 187 desta Lei, bem como do serviço dos troncos e suas conexões internacionais, deverão pleitear a celebração de contrato de concessão, que será efetivada em até 24 (vinte e quatro) meses a contar da publicação desta Lei.

§ 1º A concessão, cujo objeto será determinado em função do plano geral de outorgas, será feita a título gratuito, com termo final fixado para o dia 31 de dezembro de 2005, assegurado o direito à prorrogação única por vinte anos, a título oneroso, desde que observado o disposto no Título II do Livro III desta Lei.

§ 2º À prestadora que não atender ao disposto no *caput* deste artigo aplicar-se-ão as seguintes disposições:

I – se concessionária, continuará sujeita ao contrato de concessão atualmente em vigor, o qual não poderá ser transferido ou prorrogado;

II – se não for concessionária, o seu direito à exploração do serviço extinguir-se-á em 31 de dezembro de 1999.

§ 3º Em relação aos demais serviços prestados pelas entidades a que se refere o *caput*, serão expedidas as respectivas autorizações ou, se for o caso, concessões, observado o disposto neste artigo, no que couber, e no art. 208 desta Lei.

Art. 208. As concessões das empresas prestadoras de serviço móvel celular abrangidas pelo art. 4º da Lei 9.295, de 19 de julho de 1996, serão outorgadas na forma e condições determinadas pelo referido artigo e seu parágrafo único.

Art. 209. Ficam autorizadas as transferências de concessão, parciais ou totais, que forem necessárias para compatibilizar as áreas de atuação das atuais prestadoras com o plano geral de outorgas.

Art. 210. As concessões, permissões e autorizações de serviço de telecomunicações e de uso de radiofrequência e as respectivas licitações regem-se exclusivamente por esta Lei, a elas não se aplicando as Leis 8.666, de 21 de junho de 1993, 8.987, de 13 de fevereiro de 1995, 9.074, de 7 de julho de l995, e suas alterações.

Art. 211. A outorga dos serviços de radiodifusão sonora e de sons e imagens fica excluída da jurisdição da Agência, permanecendo no âmbito de competências do Poder Executivo, devendo a Agência elaborar e manter os respectivos planos de distribuição de canais, levando em conta, inclusive, os aspectos concernentes à evolução tecnológica.

Parágrafo único. Caberá à Agência a fiscalização, quanto aos aspectos técnicos, das respectivas estações.

Art. 212. O serviço de TV a Cabo, inclusive quanto aos atos, condições e procedimentos de outorga, continuará regido pela Lei 8.977, de 6 de janeiro de 1995, ficando transferidas à Agência as competências atribuídas pela referida Lei ao Poder Executivo.

Art. 213. Será livre a qualquer interessado a divulgação, por qualquer meio, de listas de assinantes do serviço telefônico fixo comutado destinado ao uso do público em geral.

§ 1º Observado o disposto nos incisos VI e IX do art. 3º desta Lei, as prestadoras do serviço serão obrigadas a fornecer, em prazos e a preços razoáveis e de forma não discriminatória, a relação de seus assinantes a quem queira divulgá-la.

§ 2º É obrigatório e gratuito o fornecimento, pela prestadora, de listas telefônicas aos assinantes dos serviços, diretamente ou por meio de terceiros, nos termos em que dispuser a Agência.

Art. 214. Na aplicação desta Lei, serão observadas as seguintes disposições:

I – os regulamentos, normas e demais regras em vigor serão gradativamente substituídos por regulamentação a ser editada pela Agência, em cumprimento a esta Lei;

II – enquanto não for editada a nova regulamentação, as concessões, permissões e autorizações continuarão regidas pelos atuais regulamentos, normas e regras;

III – até a edição da regulamentação decorrente desta Lei, continuarão regidos pela Lei 9.295, de 19 de julho de 1996, os serviços por ela disciplinados e os respectivos atos e procedimentos de outorga;

IV – as concessões, permissões e autorizações feitas anteriormente a esta Lei, não reguladas no seu art. 207, permanecerão válidas pelos prazos nelas previstos;

V – com a aquiescência do interessado, poderá ser realizada a adaptação dos instrumentos de concessão, permissão e autorização a que se referem os incisosIII eIV deste artigo aos preceitos desta Lei;

VI – a renovação ou prorrogação, quando prevista nos atos a que se referem os incisosIII eIV deste artigo, somente poderá ser feita quando tiver havido a adaptação prevista no inciso anterior.

Art. 215. Ficam revogados:

I – a Lei 4.117, de 27 de agosto de 1962, salvo quanto a matéria penal não tratada nesta Lei e quanto aos preceitos relativos à radiodifusão;

II – a Lei 6.874, de 3 de dezembro de 1980;

III – a Lei 8.367, de 30 de dezembro de 1991;

IV – os arts. 1º, 2º, 3º, 7º, 9º, 10, 12 e 14, bem como o *caput* e os §§ 1º e 4º do art. 8º, da Lei 9.295, de 19 de julho de 1996;

V – o incisoI do art. 16 da Lei 8.029, de 12 de abril de 1990.

Art. 216. Esta Lei entra em vigor na data de sua publicação.

Brasília, 16 de julho de 1997; 176º da Independência e 109º da República.

Fernando Henrique Cardoso

(Publicação no *D.O.U.* de 17.7.1997)

→ Não publicamos o Anexo desta Lei.

LEI 9.492,
DE 10 DE SETEMBRO DE 1997

Define competência, regulamenta os serviços concernentes ao protesto de títulos e outros documentos de dívida e dá outras providências.

O Presidente da República:

Faço saber que o Congresso Nacional decreta e eu sanciono a seguinte Lei:

Capítulo I
DA COMPETÊNCIA E DAS ATRIBUIÇÕES

Art. 1º Protesto é o ato formal e solene pelo qual se prova a inadimplência e o descumprimento de obrigação originada em títulos e outros documentos de dívida.

Parágrafo único. Incluem-se entre os títulos sujeitos a protesto as certidões de dívida ativa da União, dos Estados, do Distrito Federal, dos Municípios e das respectivas autarquias e fundações públicas.

→ Parágrafo único acrescentado pela Lei 12.767/2012.

Art. 2º Os serviços concernentes ao protesto, garantidores da autenticidade, publicidade, segurança e eficácia dos atos jurídicos, ficam sujeitos ao regime estabelecido nesta Lei.

Art. 3º Compete privativamente ao Tabelião de Protesto de Títulos, na tutela dos interesses públicos e privados, a protocolização, a intimação, o acolhimento da devolução ou do aceite, o recebimento do pagamento, do título e de outros documentos de dívida, bem como lavrar e registrar o protesto ou acatar a desistência do credor em relação ao mesmo, proceder às averbações, prestar informações e fornecer certidões relativas a todos os atos praticados, na forma desta Lei.

Capítulo II
DA ORDEM DOS SERVIÇOS

Art. 4º O atendimento ao público será, no mínimo, de seis horas diárias.

Art. 5º Todos os documentos apresentados ou distribuídos no horário regulamentar serão protocolizados dentro de vinte e quatro horas, obedecendo à ordem cronológica de entrega.

Parágrafo único. Ao apresentante será entregue recibo com as características essenciais do título ou documento de dívida, sendo de sua responsabilidade os dados fornecidos.

Art. 6º Tratando-se de cheque, poderá o protesto ser lavrado no lugar do pagamento ou do domicílio do emitente, devendo do referido cheque constar a prova de apresentação ao Banco sacado, salvo se o protesto tenha por fim instruir medidas pleiteadas contra o estabelecimento de crédito.

Capítulo III
DA DISTRIBUIÇÃO

Art. 7º Os títulos e documentos de dívida destinados a protesto somente estarão sujeitos a prévia distribuição obrigatória nas localidades onde houver mais de um Tabelionato de Protesto de Títulos.

Parágrafo único. Onde houver mais de um Tabelionato de Protesto de Títulos, a distribuição será feita por um Serviço instalado e mantido pelos próprios Tabelionatos, salvo se já existir Ofício Distribuidor organizado antes da promulgação desta Lei.

Art. 8º Os títulos e documentos de dívida serão recepcionados, distribuídos e entregues na mesma data aos Tabelionatos de Protesto, obedecidos os critérios de quantidade e qualidade.

Parágrafo único. Poderão ser recepcionadas as indicações a protestos das Duplicatas Mercantis e de Prestação de Serviços, por meio magnético ou de gravação eletrônica de dados, sendo de inteira responsabilidade do apresentante os dados fornecidos, ficando a cargo dos Tabelionatos a mera instrumentalização das mesmas.

Capítulo IV
DA APRESENTAÇÃO E PROTOCOLIZAÇÃO

Art. 9º Todos os títulos e documentos de dívida protocolizados serão examinados em seus caracteres formais e terão curso se não apresentarem vícios, não cabendo ao Tabelião de Protesto investigar a ocorrência de prescrição ou caducidade.

Parágrafo único. Qualquer irregularidade formal observada pelo Tabelião obstará o registro do protesto.

Art. 10. Poderão ser protestados títulos e outros documentos de dívida em moeda estrangeira, emitidos fora do Brasil, desde que acompanhados de tradução efetuada por tradutor público juramentado.

§ 1º Constarão obrigatoriamente do registro do protesto a descrição do documento e sua tradução.

§ 2º Em caso de pagamento, este será efetuado em moeda corrente nacional, cumprindo ao apresentante a conversão na data de apresentação do documento para protesto.

§ 3º Tratando-se de títulos ou documentos de dívidas emitidos no Brasil, em moeda estrangeira, cuidará o Tabelião de observar as disposições do Decreto-lei 857, de 11 de setembro de 1969, e legislação complementar ou superveniente.

Art. 11. Tratando-se de títulos ou documentos de dívida sujeitos a qualquer tipo de correção, o pagamento será feito pela conversão vigorante no dia da apresentação, no valor indicado pelo apresentante.

Capítulo V
DO PRAZO

Art. 12. O protesto será registrado dentro de 3 (três) dias úteis contados da protocolização do título ou documento de dívida.

§ 1º Na contagem do prazo a que se refere o *caput* exclui-se o dia da protocolização e inclui-se o do vencimento.

§ 2º Considera-se não útil o dia em que não houver expediente bancário para o público ou aquele em que este não obedecer ao horário normal.

Art. 13. Quando a intimação for efetivada excepcionalmente no último dia do prazo ou além dele, por motivo de força maior, o protesto será tirado no primeiro dia útil subsequente.

Capítulo VI
DA INTIMAÇÃO

Art. 14. Protocolizado o título ou documento de dívida, o Tabelião de Protesto expedirá a intimação ao devedor, no endereço fornecido pelo apresentante do título ou documento, considerando-se cumprida quando comprovada a sua entrega no mesmo endereço.

§ 1º A remessa da intimação poderá ser feita por portador do próprio tabelião, ou por qualquer outro meio, desde que o recebimento fique assegurado e comprovado através de protocolo, aviso de recepção (AR) ou documento equivalente.

§ 2º A intimação deverá conter nome e endereço do devedor, elementos de identificação do título ou documento de dívida, e prazo limite para cumprimento da obrigação no Tabelionato, bem como número do protocolo e valor a ser pago.

Art. 15. A intimação será feita por edital se a pessoa indicada para aceitar ou pagar for desconhecida, sua localização incerta ou ignorada, for residente ou domiciliada fora da competência territorial do Tabelionato, ou, ainda, ninguém se dispuser a receber a intimação no endereço fornecido pelo apresentante.

§ 1º O edital será afixado no Tabelionato de Protesto e publicado pela imprensa local onde houver jornal de circulação diária.

§ 2º Aquele que fornecer endereço incorreto, agindo de má-fé, responderá por perdas e danos, sem prejuízo de outras sanções civis, administrativas ou penais.

Capítulo VII
DA DESISTÊNCIA E SUSTAÇÃO DO PROTESTO

Art. 16. Antes da lavratura do protesto, poderá o apresentante retirar o título ou documento de dívida, pagos os emolumentos e demais despesas.

Art. 17. Permanecerão no Tabelionato, à disposição do Juízo respectivo, os títulos ou documentos de dívida cujo protesto for judicialmente sustado.

§ 1º O título do documento de dívida cujo protesto tiver sido sustado judicialmente só poderá ser pago, protestado ou retirado com autorização judicial.

§ 2º Revogada a ordem de sustação, não há necessidade de se proceder a nova intimação do devedor, sendo a lavratura e o registro do protesto efetivados até o primeiro dia útil subsequente ao do recebimento da revogação, salvo se a materialização do ato depender de consulta a ser formulada ao apresentante, caso em que o mesmo prazo será contado da data da resposta dada.

§ 3º Tornada definitiva a ordem de sustação, o título ou o documento de dívida será encaminhado ao Juízo respectivo, quando não constar determinação expressa a qual das partes o mesmo deverá ser entregue, ou se decorridos 30 (trinta) dias sem que a parte autorizada tenha comparecido no Tabelionato para retirá-lo.

Art. 18. As dúvidas do Tabelião de Protesto serão resolvidas pelo Juízo competente.

Capítulo VIII
DO PAGAMENTO

Art. 19. O pagamento do título ou do documento de dívida apresentado para protesto será feito diretamente no Tabelionato competente, no valor igual ao declarado pelo apresentante, acrescido dos emolumentos e demais despesas.

§ 1º Não poderá ser recusado pagamento oferecido dentro do prazo legal, desde que feito no Tabelionato de Protesto competente e no horário de funcionamento dos serviços.

§ 2º No ato do pagamento, o Tabelionato de Protesto dará a respectiva quitação, e o valor devido será colocado à disposição do apresentante no primeiro dia útil subsequente ao do recebimento.

§ 3º Quando for adotado sistema de recebimento do pagamento por meio de cheque, ainda que de emissão de estabelecimento bancário, a quitação dada pelo Tabelionato fica condicionada à efetiva liquidação.

§ 4º Quando do pagamento no Tabelionato ainda subsistirem parcelas vincendas, será dada quitação da parcela paga em apartado, devolvendo-se o original ao apresentante.

Capítulo IX
DO REGISTRO DO PROTESTO

Art. 20. Esgotado o prazo previsto no art. 12, sem que tenham ocorrido as hipóteses dos Capítulos VII e VIII, o Tabelião lavrará e registrará o protesto, sendo o respectivo instrumento entregue ao apresentante.

Art. 21. O protesto será tirado por falta de pagamento, de aceite ou de devolução.

§ 1º O protesto por falta de aceite somente poderá ser efetuado antes do vencimento da obrigação e após o decurso do prazo legal para o aceite ou a devolução.

§ 2º Após o vencimento, o protesto sempre será efetuado por falta de pagamento, vedada a recusa da lavratura e registro do protesto por motivo não previsto na lei cambial.

§ 3º Quando o sacado retiver a letra de câmbio ou a duplicata enviada para aceite e não proceder à devolução dentro do prazo legal, o protesto poderá ser baseado na segunda via da letra de câmbio ou nas indicações da duplicata, que se limitarão a conter os mesmos requisitos lançados pelo sacador ao tempo da emissão da duplicata, vedada a exigência de qualquer formalidade não prevista na Lei que regula a emissão e circulação das duplicatas.

§ 4º Os devedores, assim compreendidos os emitentes de notas promissórias e cheques, os sacados nas letras de câmbio e duplicatas, bem como os indicados pelo apresentante ou credor como responsáveis pelo cumprimento da obrigação, não poderão deixar de figurar no termo de lavratura e registro de protesto.

§ 5º Não se poderá tirar protesto por falta de pagamento de letra de câmbio contra o sacado não aceitante.

→ § 5º acrescentado pela Lei 12.767/2012.

Art. 22. O registro do protesto e seu instrumento deverão conter:

I – data e número de protocolização;

II – nome do apresentante e endereço;

III – reprodução ou transcrição do documento ou das indicações feitas pelo apresentante e declarações nele inseridas;

IV – certidão das intimações feitas e das respostas eventualmente oferecidas;

V – indicação dos intervenientes voluntários e das firmas por eles honradas;

VI – a aquiescência do portador ao aceite por honra;

VII – nome, número do documento de identificação do devedor e endereço;

VIII – data e assinatura do Tabelião de Protesto, de seus substitutos ou de Escrevente autorizado.

Parágrafo único. Quando o Tabelião de Protesto conservar em seus arquivos gravação eletrônica da imagem, cópia reprográfica ou micrográfica do título ou documento de dívida, dispensa-se, no registro e no instrumento, a sua transcrição literal, bem como das demais declarações nele inseridas.

Art. 23. Os termos dos protestos lavrados, inclusive para fins especiais, por falta de pagamento, de aceite ou de devolução serão registrados em um único livro e conterão as anotações do tipo e do motivo do protesto, além dos requisitos previstos no artigo anterior.

Parágrafo único. Somente poderão ser protestados, para fins falimentares, os títulos ou documentos de dívida de responsabilidade das pessoas sujeitas às consequências da legislação falimentar.

Art. 24. O deferimento do processamento de concordata não impede o protesto.

Capítulo X
DAS AVERBAÇÕES E DO CANCELAMENTO

Art. 25. A averbação de retificação de erros materiais pelo serviço poderá ser efetuada de ofício ou a requerimento do interessado, sob responsabilidade do Tabelião de Protesto de Títulos.

§ 1º Para a averbação da retificação será indispensável a apresentação do instrumento eventualmente expedido e de documentos que comprovem o erro.

§ 2º Não são devidos emolumentos pela averbação prevista neste artigo.

Art. 26. O cancelamento do registro do protesto será solicitado diretamente no Tabelionato de Protesto de Títulos, por qualquer interessado, mediante apresentação do documento protestado, cuja cópia ficará arquivada.

§ 1º Na impossibilidade de apresentação do original do título ou documento de dívida protestado, será exigida a declaração de anuência, com identificação e firma reconhecida, daquele que figurou no registro de protesto como credor, originário ou por endosso translativo.

§ 2º Na hipótese de protesto em que tenha figurado apresentante por endosso-mandato, será suficiente a declaração de anuência passada pelo credor endossante.

§ 3º O cancelamento do registro do protesto, se fundado em outro motivo que não no pagamento do título ou documento de dívida, será efetivado por determinação judicial, pagos os emolumentos devidos ao Tabelião.

§ 4º Quando a extinção da obrigação decorrer de processo judicial, o cancelamento do registro do protesto poderá ser solicitado com a apresentação da certidão expedida pelo Juízo processante, com menção do trânsito em julgado, que substituirá o título ou o documento de dívida protestado.

§ 5º O cancelamento do registro do protesto será feito pelo Tabelião titular, por seus Substitutos ou por Escrevente autorizado.

§ 6º Quando o protesto lavrado for registrado sob forma de microfilme ou gravação eletrônica, o termo do cancelamento será lançado em documento apartado, que será arquivado juntamente com os documentos que instruíram o pedido, e anotado no índice respectivo.

Capítulo XI
DAS CERTIDÕES E INFORMAÇÕES DO PROTESTO

Art. 27. O Tabelião de Protesto expedirá as certidões solicitadas dentro de 5 (cinco) dias úteis, no máximo, que abrangerão o período mínimo dos 5 (cinco) anos anteriores, contados da data do pedido, salvo quando se referir a protesto específico.

§ 1º As certidões expedidas pelos serviços de protesto de títulos, inclusive as relativas à prévia distribuição, deverão obrigatoriamente indicar, além do nome do devedor, seu número no Registro Geral (RG), constante da Cédula de Identidade, ou seu número no Cadastro de Pessoas Físicas (CPF), se pessoa física, e o número de inscrição no Cadastro Geral de Contribuintes (CGC), se pessoa jurídica, cabendo ao apresentante do título para protesto fornecer esses dados, sob pena de recusa.

§ 2º Das certidões não constarão os registros cujos cancelamentos tiverem sido averbados, salvo por requerimento escrito do próprio devedor ou por ordem judicial.

Art. 28. Sempre que a homonímia puder ser verificada simplesmente pelo confronto do número de documento de identificação, o Tabelião de Protesto dará certidão negativa.

Art. 29. Os cartórios fornecerão às entidades representativas da indústria e do comércio ou àquelas vinculadas à proteção do crédito, quando solicitada, certidão diária, em forma de relação, dos protestos tirados e dos cancelamentos efetuados, com a nota de se cuidar de informação reservada da qual não se poderá dar publicidade pela imprensa, nem mesmo parcialmente.

→ *Caput* com redação alterada pela Lei 9.841/1999.

§ 1º O fornecimento da certidão será suspenso caso se desatenda ao disposto no *caput* ou se forneçam informações de protestos cancelados.

→ § 1º com redação alterada pela Lei 9.841/1999.

§ 2º Dos cadastros ou bancos de dados das entidades referidas no *caput* somente serão prestadas informações restritivas de crédito oriundas de títulos ou documentos de dívidas regularmente protestados cujos registros não foram cancelados.

→ § 2º com redação alterada pela Lei 9.841/1999.

§ 3º (*Revogado pela Lei 9.841/1999*).

Art. 30. As certidões, informações e relações serão elaboradas pelo nome dos devedores, conforme previsto no § 4º do art. 21, desta Lei, devidamente identificados, e abrangerão os protestos lavrados e registrados por falta de pagamento, de aceite ou de devolução, vedada a exclusão ou omissão de nomes e de protestos, ainda que provisória ou parcial.

Art. 31. Poderão ser fornecidas certidões de protestos, não cancelados, a quaisquer interessados, desde que requeridas por escrito.

→ Artigo com redação alterada pela Lei 9.841/1999.

Capítulo XII
DOS LIVROS E ARQUIVOS

Art. 32. O livro de Protocolo poderá ser escriturado mediante processo manual, mecânico, eletrônico ou informatizado, em folhas soltas e com colunas destinadas às seguintes anotações: número de ordem, natureza do título ou documento de dívida, valor, apresentante, devedor e ocorrências.

Parágrafo único. A escrituração será diária, constando do termo de encerramento o número de documentos apresentados no dia, sendo a data da protocolização a mesma do termo diário do encerramento.

Art. 33. Os livros de Registros de Protesto serão abertos e encerrados pelo Tabelião de Protestos ou seus Substitutos, ou ainda por Escrevente autorizado, com suas folhas numeradas e rubricadas.

Art. 34. Os índices serão de localização dos protestos registrados e conterão os nomes dos devedores, na forma do § 4º do art. 21, vedada a exclusão ou omissão de nomes e de protestos, ainda que em caráter provisório ou parcial, não decorrente do cancelamento definitivo do protesto.

§ 1º Os índices conterão referência ao livro e à folha, ao microfilme ou ao arquivo eletrônico onde estiver registrado o protesto, ou ao número do registro, e aos cancelamentos de protestos efetuados.

§ 2º Os índices poderão ser elaborados pelo sistema de fichas, microfichas ou banco eletrônico de dados.

Art. 35. O Tabelião de Protestos arquivará ainda:

I – intimações;

II – editais;

III – documentos apresentados para a averbação no registro de protestos e ordens de cancelamentos;

IV – mandados e ofícios judiciais;

V – solicitações de retirada de documentos pelo apresentante;

VI – comprovantes de entrega de pagamentos aos credores;

VII – comprovantes de devolução de documentos de dívida irregulares.

§ 1º Os arquivos deverão ser conservados, pelo menos, durante os seguintes prazos:

I – 1 (um) ano, para as intimações e editais correspondentes a documentos protestados e ordens de cancelamento;

II – 6 (seis) meses, para as intimações e editais correspondentes a documentos pagos ou retirados além do tríduo legal;

III – 30 (trinta) dias, para os comprovantes de entrega de pagamento aos credores, para as solicitações de retirada dos apresentantes e para os comprovantes de devolução, por irregularidade, aos mesmos, dos títulos e documentos de dívidas.

§ 2º Para os livros e documentos microfilmados ou gravados por processo eletrônico de imagens não subsiste a obrigatoriedade de sua conservação.

§ 3º Os mandados judiciais de sustação de protesto deverão ser conservados, juntamente com os respectivos documentos, até solução definitiva por parte do Juízo.

Art. 36. O prazo de arquivamento é de 3 (três) anos para livros e protocolo e de 10 (dez) anos para os livros de registros de protesto e respectivos títulos.

Capítulo XIII
DOS EMOLUMENTOS

Art. 37. Pelos atos que praticarem em decorrência desta Lei, os Tabeliães de Protesto perceberão, diretamente das partes, a título de remuneração, os emolumentos fixados na forma da lei estadual e de seus decretos regulamentadores, salvo quando o serviço for estatizado.

§ 1º Poderá ser exigido depósito prévio dos emolumentos e demais despesas devidas, caso em que igual importância deverá ser reembolsada ao apresentante por ocasião da prestação de contas, quando ressarcidas pelo devedor no Tabelionato.

§ 2º Todo e qualquer ato praticado pelo Tabelião de Protesto será cotado, identificando-se as parcelas componentes do seu total.

§ 3º Pelo ato de digitalização e gravação eletrônica dos títulos e outros documentos, serão cobrados os mesmos valores previstos na tabela de emolumentos para o ato de microfilmagem.

Capítulo XIV
DISPOSIÇÕES FINAIS

Art. 38. Os Tabeliães de Protesto de Títulos são civilmente responsáveis por todos os prejuízos que causarem, por culpa ou dolo, pessoalmente, pelos substitutos que designarem ou Escreventes que autorizarem, assegurado o direito de regresso.

Art. 39. A reprodução de microfilme ou do processamento eletrônico da imagem, do título ou de qualquer documento arquivado no Tabelionato, quando autenticado pelo Tabelião de Protesto, por seu Substituto ou Escrevente autorizado, guarda o mesmo valor do original, independentemente de restauração judicial.

Art. 40. Não havendo prazo assinado, a data do registro do protesto é o termo inicial da incidência de juros, taxas e atualizações monetárias sobre o valor da obrigação contida no título ou documento de dívida.

Art. 41. Para os serviços previstos nesta Lei os Tabeliães poderão adotar, independentemente de autorização, sistemas de computação, microfilmagem, gravação eletrônica de imagem e quaisquer outros meios de reprodução.

Art. 42. Esta Lei entra em vigor na data de sua publicação.

Art. 43. Revogam-se as disposições em contrário.

Brasília, 10 de setembro de 1997; 176º da Independência e 109º da República.

Fernando Henrique Cardoso

(Publicação no *D.O.U.* de 11.9.1997)

LEI 9.494,
DE 10 DE SETEMBRO DE 1997

Disciplina a aplicação da tutela antecipada contra a Fazenda Pública, altera a Lei 7.347, de 24 de julho de 1985, e dá outras providências.

Faço saber que o Presidente da República adotou a Medida Provisória 1.570-5, de 1997, que o Congresso Nacional aprovou, e eu, Antonio Carlos Magalhães, Presidente, para os efeitos do disposto no parágrafo único do art. 62 da Constituição Federal, promulgo a seguinte Lei:

Art. 1º Aplica-se à tutela antecipada prevista nos arts. 273 e 461 do Código de Processo Civil o disposto nos arts. 5º e seu parágrafo único e 7º da Lei 4.348, de 26 de junho de 1964, no art. 1º e seu § 4º da Lei 5.021, de 9 de junho de 1966, e nos arts. 1º, 3º e 4º da Lei 8.437, de 30 de junho de 1992.

→ Súmula 729 do STF.

→ *v.* Arts. 294 e 497, do NCPC.

→ As Leis 4.348/1964 e 5.021/1966 foram revogadas pela Lei 12.016/2009.

Art. 1º-A. Estão dispensadas de depósito prévio, para interposição de recurso, as pessoas jurídicas de direito público federais, estaduais, distritais e municipais.

→ Artigo acrescentado pela MP 2.180-35/2001.

Art. 1º-B. O prazo a que se refere o *caput* dos arts. 730 do Código de Processo Civil, e 884 da Consolidação das Leis do Trabalho, aprovada pelo Decreto-lei 5.452, de 1º de maio de 1943, passa a ser de 30 (trinta) dias.

→ Artigo acrescentado pela MP 2.180-35/2001.

→ *v.* Art. 910 do NCPC.

Art. 1º-C. Prescreverá em 5 (cinco) anos o direito de obter indenização dos danos causados por agentes de pessoas jurídicas de direito público e de pessoas jurídicas de direito privado prestadoras de serviços públicos.

→ Artigo acrescentado pela MP 2.180-35/2001.

Art. 1º-D. Não serão devidos honorários advocatícios pela Fazenda Pública nas execuções não embargadas.

→ Artigo acrescentado pela MP 2.180-35/2001.

Art. 1º-E. São passíveis de revisão, pelo Presidente do Tribunal, de ofício ou a requerimento das partes, as contas elaboradas para aferir o valor dos precatórios antes de seu pagamento ao credor.

→ Artigo acrescentado pela MP 2.180-35/2001.

Art. 1º-F. Nas condenações impostas à Fazenda Pública, independentemente de sua natureza e para fins de atualização monetária, remuneração do capital e compensação da mora, haverá a incidência uma única vez, até o efetivo pagamento, dos índices oficiais de remuneração básica e juros aplicados à caderneta de poupança.

→ Artigo com redação alterada pela Lei 11.960/2009.

→ *v.* ADIs 4.357/DF (*D.J.E.* 26.9.2014) e 4.425/DF (*D.J.E.* 19.12.2013), o Plenário do STF, por maioria de votos, julgou parcialmente procedentes as ADIs, para declarar inconstitucional "O art. 1º-F da Lei 9.494/97, com redação dada pela Lei 11.960/2009, ao reproduzir as regras da EC 62/2009 quanto à atualização monetária e à fixação de juros moratórios de créditos inscritos em precatórios incorre nos mesmos vícios de juridicidade que inquinam o art. 100, § 12, da CF, razão pela qual se revela inconstitucional por arrastamento, na mesma extensão dos itens 5 e 6 supra."

Art. 2º O art. 16 da Lei 7.347, de 24 de julho de 1985, passa a vigorar com a seguinte redação:

"Art. 16. A sentença civil fará coisa julgada *erga omnes*, nos limites da competência territorial do órgão prolator, exceto se o pedido for julgado improcedente por insuficiência de provas, hipótese em que qualquer legitimado poderá intentar outra ação com idêntico fundamento, valendo-se de nova prova."

→ *v.* Art. 103, I, do CDC.

Art. 2º-A. A sentença civil prolatada em ação de caráter coletivo proposta por entidade associativa, na defesa dos interesses e direitos dos seus associados, abrangerá apenas os substituídos que tenham, na data da propositura da ação, domicílio no âmbito da competência territorial do órgão prolator.

→ Artigo acrescentado pela MP 2.180-35/2001.

Parágrafo único. Nas ações coletivas propostas contra a União, os Estados, o Distrito Federal, os Municípios e suas autarquias e fundações, a petição inicial deverá obrigatoriamente estar instruída com a ata da assembleia da entidade associativa que a autorizou, acompanhada da relação nominal dos seus associados e indicação dos respectivos endereços.

Art. 2º-B. A sentença que tenha por objeto a liberação de recurso, inclusão em folha de pagamento, reclassificação, equiparação, concessão de aumento ou extensão de vantagens a servidores da União, dos Estados, do Distrito Federal e dos Municípios, inclusive de suas autarquias e fundações, somente poderá ser executada após seu trânsito em julgado.

→ Artigo acrescentado pela MP 2.180-35/2001.

Art. 3º Ficam convalidados os atos praticados com base na Medida Provisória 1.570-4, de 22 de julho de 1997.

Art. 4º Esta Lei entra em vigor na data de sua publicação.

Congresso Nacional, em 10 de setembro de 1997; 176º da Independência e 109º da República.

Antonio Carlos Magalhães

(Publicação no *D.O.U.* de 11.9.1997)

LEI 9.503,
DE 23 DE SETEMBRO DE 1997

Institui o Código de Trânsito Brasileiro.

→ *v.* Súmula 516 do STJ.

→ *v.* Art. 22, *caput* e I, da Lei 13.103/2015 – Lei do Motorista Profissional.

→ *v.* Lei 12.619/2012 – Exercício da profissão de motorista e altera a CLT.

O Presidente da República:

Faço saber que o Congresso Nacional decreta e eu sanciono a seguinte Lei:

(...)

Capítulo XI
DO REGISTRO DE VEÍCULOS

(...)

Art. 124. Para a expedição do novo Certificado de Registro de Veículo serão exigidos os seguintes documentos:

I – Certificado de Registro de Veículo anterior;

II – Certificado de Licenciamento Anual;

III – comprovante de transferência de propriedade, quando for o caso, conforme modelo e normas estabelecidas pelo Contran;

IV – Certificado de Segurança Veicular e de emissão de poluentes e ruído, quando houver adaptação ou alteração de características do veículo;

V – comprovante de procedência e justificativa da propriedade dos componentes e agregados adaptados ou montados no veículo, quando houver alteração das características originais de fábrica;

VI – autorização do Ministério das Relações Exteriores, no caso de veículo da categoria de missões diplomáticas, de repartições consulares de carreira, de representações de organismos internacionais e de seus integrantes;

VII – certidão negativa de roubo ou furto de veículo, expedida no Município do registro anterior, que poderá ser substituída por informação do Renavam;

VIII – comprovante de quitação de débitos relativos a tributos, encargos e multas de trânsito vinculados ao veículo, independentemente da responsabilidade pelas infrações cometidas;

IX – (*Revogado pela Lei 9.602/1998*).

X – comprovante relativo ao cumprimento do disposto no art. 98, quando houver alteração nas características originais do veículo que afetem a emissão de poluentes e ruído;

XI – comprovante de aprovação de inspeção veicular e de poluentes e ruído, quando for o caso, conforme regulamentações do Contran e do Conama.

(...)

Capítulo XII
DO LICENCIAMENTO

Art. 130. Todo veículo automotor, elétrico, articulado, reboque ou semirreboque, para transitar na via, deverá ser licenciado anualmente pelo órgão executivo de trânsito do Estado, ou do Distrito Federal, onde estiver registrado o veículo.

§ 1º O disposto neste artigo não se aplica a veículo de uso bélico.

§ 2º No caso de transferência de residência ou domicílio, é válido, durante o exercício, o licenciamento de origem.

Art. 131. O Certificado de Licenciamento Anual será expedido ao veículo licenciado, vinculado ao Certificado de Registro, no modelo e especificações estabelecidos pelo Contran.

§ 1º O primeiro licenciamento será feito simultaneamente ao registro.

§ 2º O veículo somente será considerado licenciado estando quitados os débitos relativos a tributos, encargos e multas de trânsito e ambientais, vinculados ao veículo, independentemente da responsabilidade pelas infrações cometidas.

§ 3º Ao licenciar o veículo, o proprietário deverá comprovar sua aprovação nas inspeções de segurança veicular e de controle de emissões de gases poluentes e de ruído, conforme disposto no art. 104.

Art. 132. Os veículos novos não estão sujeitos ao licenciamento e terão sua circulação regulada pelo Contran durante o trajeto entre a fábrica e o Município de destino.

§ 1º O disposto neste artigo aplica-se, igualmente, aos veículos importados, durante o trajeto entre a alfândega ou entreposto alfandegário e o Município de destino.

→ Anterior parágrafo único renumerado para 1º pela Lei 13.103/2015.

§ 2º *(Revogado pela Lei 13.154/2015)*.

Art. 133. É obrigatório o porte do Certificado de Licenciamento Anual.

Art. 134. No caso de transferência de propriedade, o proprietário antigo deverá encaminhar ao órgão executivo de trânsito do Estado dentro de um prazo de 30 (trinta) dias, cópia autenticada do comprovante de transferência de propriedade, devidamente assinado e datado, sob pena de ter que se responsabilizar solidariamente pelas penalidades impostas e suas reincidências até a data da comunicação.

Parágrafo único. O comprovante de transferência de propriedade de que trata o caput poderá ser substituído por documento eletrônico, na forma regulamentada pelo Contran.

→ Parágrafo único acrescentado pela Lei 13.154/2015.

Art. 135. Os veículos de aluguel, destinados ao transporte individual ou coletivo de passageiros de linhas regulares ou empregados em qualquer serviço remunerado, para registro, licenciamento e respectivo emplacamento de característica comercial, deverão estar devidamente autorizados pelo poder público concedente.

(...)

Capítulo XX
DISPOSIÇÕES FINAIS E TRANSITÓRIAS

Art. 313. O Poder Executivo promoverá a nomeação dos membros do Contran no prazo de 60 (sessenta) dias da publicação deste Código.

Art. 314. O Contran tem o prazo de 240 (duzentos e quarenta) dias a partir da publicação deste Código para expedir as resoluções necessárias à sua melhor execução, bem como revisar todas as resoluções anteriores à sua publicação, dando prioridade àquelas que visam a diminuir o número de acidentes e a assegurar a proteção de pedestres.

Parágrafo único. As resoluções do Contran, existentes até a data de publicação deste Código, continuam em vigor naquilo em que não conflitem com ele.

Art. 315. O Ministério da Educação e do Desporto, mediante proposta do Contran, deverá, no prazo de 240 (duzentos e quarenta) dias contado da publicação, estabelecer o currículo com conteúdo programático relativo à segurança e à educação de trânsito, a fim de atender o disposto neste Código.

Art. 316. O prazo de notificação previsto no inciso II do parágrafo único do art. 281 só entrará em vigor após 240 (duzentos e quarenta) dias contados da publicação desta Lei.

Art. 317. Os órgãos e entidades de trânsito concederão prazo de até 1 (um) ano para a adaptação dos veículos de condução de escolares e de aprendizagem às normas do inciso III do art. 136 e art. 154, respectivamente.

Art. 318. *(Vetado)*.

Art. 319. Enquanto não forem baixadas novas normas pelo Contran, continua em vigor o disposto no art. 92 do Regulamento do Código Nacional de Trânsito – Decreto 62.127, de 16 de janeiro de 1968.

Art. 320. A receita arrecadada com a cobrança das multas de trânsito será aplicada, exclusivamente, em sinalização, engenharia de tráfego, de campo, policiamento, fiscalização e educação de trânsito.

Parágrafo único. O percentual de 5% (cinco por cento) do valor das multas de trânsito arrecadadas será depositado, mensalmente, na conta de fundo de âmbito nacional destinado à segurança e educação de trânsito.

Art. 320-A. Os órgãos e entidades do Sistema Nacional de Trânsito poderão integrar-se para a ampliação e aprimoramento da fiscalização de trânsito, inclusive por meio do compartilhamento da receita arrecadada com a cobrança das multas de trânsito.

→ Artigo acrescentado pela MP 699/2015.

Art. 321. *(Vetado)*.

Art. 322. *(Vetado)*.

Art. 323. O Contran, em 180 (cento e oitenta) dias, fixará a metodologia de aferição de peso de veículos, estabelecendo percentuais de tolerância, sendo durante este período suspensa a vigência das penalidades previstas no inciso V do art. 231, aplicando-se a penalidade de vinte Ufir por duzentos quilogramas ou fração de excesso.

Parágrafo único. Os limites de tolerância a que se refere este artigo, até a sua fixação pelo Contran, são aqueles estabelecidos pela Lei 7.408, de 25 de novembro de 1985.

Art. 324. *(Vetado)*.

Art. 325. As repartições de trânsito conservarão por 5 (cinco) anos os documentos relativos à habilitação de condutores e ao registro e licenciamento de veículos, podendo ser microfilmados ou armazenados em meio magnético ou óptico para todos os efeitos legais.

Art. 326. A Semana Nacional de Trânsito será comemorada anualmente no período compreendido entre 18 e 25 de setembro.

Art. 327. A partir da publicação deste Código, somente poderão ser fabricados e licenciados veículos que obedeçam aos limites de peso e dimensões fixados na forma desta Lei, ressalvados os que vierem a ser regulamentados pelo Contran.

Parágrafo único. *(Vetado)*.

Art. 328. O veículo apreendido ou removido a qualquer título e não reclamado por seu proprietário dentro do prazo de sessenta dias, contado da data de recolhimento, será avaliado e levado a leilão, a ser realizado preferencialmente por meio eletrônico.

→ *Caput* com redação alterada pela Lei 13.160/2015, em vigor após decorridos cento e cinquenta dias de sua publicação oficial – *D.O.U.* de 26.8.2015.

§ 1º Publicado o edital do leilão, a preparação poderá ser iniciada após trinta dias, contados da data de recolhimento do veículo, o qual será classificado em duas categorias:

→ § 1º acrescentado pela Lei 13.160/2015, em vigor após decorridos cento e cinquenta dias de sua publicação oficial – *D.O.U.* de 26.8.2015.

I – conservado, quando apresenta condições de segurança para trafegar; e

II – sucata, quando não está apto a trafegar.

§ 2º Se não houver oferta igual ou superior ao valor da avaliação, o lote será incluído no leilão seguinte, quando será arrematado pelo maior lance, desde que por valor não inferior a cinquenta por cento do avaliado.

→ § 2º acrescentado pela Lei 13.160/2015, em vigor após decorridos cento e cinquenta dias de sua publicação oficial – *D.O.U.* de 26.8.2015.

§ 3º Mesmo classificado como conservado, o veículo que for levado a leilão por duas vezes e não for arrematado será leiloado como sucata.

→ § 3º acrescentado pela Lei 13.160/2015, em vigor após decorridos cento e cinquenta dias de sua publicação oficial – *D.O.U.* de 26.8.2015.

§ 4º É vedado o retorno do veículo leiloado como sucata à circulação.

→ § 4º acrescentado pela Lei 13.160/2015, em vigor após decorridos cento e cinquenta dias de sua publicação oficial – *D.O.U.* de 26.8.2015.

§ 5º A cobrança das despesas com estada no depósito será limitada ao prazo de seis meses.

→ § 5º acrescentado pela Lei 13.160/2015, em vigor após decorridos cento e cinquenta dias de sua publicação oficial – *D.O.U.* de 26.8.2015.

§ 6º Os valores arrecadados em leilão deverão ser utilizados para custeio da realização do leilão, dividindo-se os custos entre os veículos arrematados, proporcionalmente ao valor da arrematação, e destinando-se os valores remanescentes, na seguinte ordem, para:

→ § 6º acrescentado pela Lei 13.160/2015, em vigor após decorridos cento e cinquenta dias de sua publicação oficial – *D.O.U.* de 26.8.2015.

I – as despesas com remoção e estada;

II – os tributos vinculados ao veículo, na forma do § 10;

III – os credores trabalhistas, tributários e titulares de crédito com garantia real, segundo a ordem de preferência estabelecida no art. 186 da Lei 5.172, de 25 de outubro de 1966 (Código Tributário Nacional);

IV – as multas devidas ao órgão ou à entidade responsável pelo leilão;

V – as demais multas devidas aos órgãos integrantes do Sistema Nacional de Trânsito, segundo a ordem cronológica; e

VI – os demais créditos, segundo a ordem de preferência legal.

§ 7º Sendo insuficiente o valor arrecadado para quitar os débitos incidentes sobre o veículo, a situação será comunicada aos credores.

→ § 7º acrescentado pela Lei 13.160/2015, em vigor após decorridos cento e cinquenta dias de sua publicação oficial – *D.O.U.* de 26.8.2015.

§ 8º Os órgãos públicos responsáveis serão comunicados do leilão previamente para que formalizem a desvinculação dos ônus incidentes sobre o veículo no prazo máximo de dez dias.

→ § 8º acrescentado pela Lei 13.160/2015, em vigor após decorridos cento e cinquenta dias de sua publicação oficial – *D.O.U.* de 26.8.2015.

§ 9º Os débitos incidentes sobre o veículo antes da alienação administrativa ficam dele automaticamente desvinculados, sem prejuízo da cobrança contra o proprietário anterior.

→ § 9º acrescentado pela Lei 13.160/2015, em vigor após decorridos cento e cinquenta dias de sua publicação oficial – *D.O.U.* de 26.8.2015.

§ 10. Aplica-se o disposto no § 9º inclusive ao débito relativo a tributo cujo fato gerador seja a propriedade, o domínio útil, a posse, a circulação ou o licenciamento de veículo.

→ § 10 acrescentado pela Lei 13.160/2015, em vigor após decorridos cento e cinquenta dias de sua publicação oficial – *D.O.U.* de 26.8.2015.

§ 11. Na hipótese de o antigo proprietário reaver o veículo, por qualquer meio, os débitos serão novamente vinculados ao bem, aplicando-se, nesse caso, o disposto nos §§ 1º, 2º e 3º do art. 271.

→ § 11 acrescentado pela Lei 13.160/2015, em vigor após decorridos cento e cinquenta dias de sua publicação oficial – *D.O.U.* de 26.8.2015.

§ 12. Quitados os débitos, o saldo remanescente será depositado em conta específica do órgão responsável pela realização do leilão e ficará à disposição do antigo proprietário, devendo ser expedida notificação a ele, no máximo em trinta dias após a realização do leilão, para o levantamento do valor no prazo de cinco anos, após os quais o valor será transferido, definitivamente, para o fundo a que se refere o parágrafo único do art. 320.

→ § 12 acrescentado pela Lei 13.160/2015, em vigor após decorridos cento e cinquenta dias de sua publicação oficial – *D.O.U.* de 26.8.2015.

§ 13. Aplica-se o disposto neste artigo, no que couber, ao animal recolhido, a qualquer título, e não reclamado por seu proprietário no prazo de sessenta dias, a contar da data de recolhimento, conforme regulamentação do CONTRAN.

→ § 13 acrescentado pela Lei 13.160/2015, em vigor após decorridos cento e cinquenta dias de sua publicação oficial – *D.O.U.* de 26.8.2015.

§ 14. Não se aplica o disposto neste artigo ao veículo recolhido a depósito por ordem judicial ou ao que esteja à disposição de autoridade policial.

→ § 14 acrescentado pela Lei 13.160/2015, em vigor após decorridos cento e cinquenta dias de sua publicação oficial – *D.O.U.* de 26.8.2015.

→ **Anterior redação: Art. 328.** Os veículos apreendidos ou removidos a qualquer título e os animais não reclamados por seus proprietários, dentro do prazo de 90 (noventa) dias, serão levados à hasta pública, deduzindo-se, do valor arrecadado, o montante da dívida relativa a multas, tributos e encargos legais, e o restante, se houver, depositado à conta do ex-proprietário, na forma da lei.

Art. 329. Os condutores dos veículos de que tratam os arts. 135 e 136, para exercerem suas atividades, deverão apresentar, previamente, certidão negativa do registro de distribuição criminal relativamente aos crimes de homicídio, roubo, estupro e corrupção de menores, renovável a cada cinco anos, junto ao órgão responsável pela respectiva concessão ou autorização.

Art. 330. Os estabelecimentos onde se executem reformas ou recuperação de veículos e os que comprem, vendam ou desmontem veículos, usados ou não, são obrigados a possuir livros de registro de seu movimento de entrada e saída e de uso de placas de experiência, conforme modelos aprovados e rubricados pelos órgãos de trânsito.

§ 1º Os livros indicarão:

I – data de entrada do veículo no estabelecimento;

II – nome, endereço e identidade do proprietário ou vendedor;

III – data da saída ou baixa, nos casos de desmontagem;

IV – nome, endereço e identidade do comprador;

V – características do veículo constantes do seu certificado de registro;

VI – número da placa de experiência.

§ 2º Os livros terão suas páginas numeradas tipograficamente e serão encadernados ou em folhas soltas, sendo que, no primeiro caso, conterão termo de abertura e encerramento lavrados pelo proprietário e rubricados pela repartição de trânsito, enquanto, no segundo, todas as folhas serão autenticadas pela repartição de trânsito.

§ 3º A entrada e a saída de veículos nos estabelecimentos referidos neste artigo registrar-se-ão no mesmo dia em que se verificarem assinaladas, inclusive, as horas a elas correspondentes, podendo os veículos irregulares lá encontrados ou suas sucatas ser apreendidos ou retidos para sua completa regularização.

§ 4º As autoridades de trânsito e as autoridades policiais terão acesso aos livros sempre que o solicitarem, não podendo, entretanto, retirá-los do estabelecimento.

§ 5º A falta de escrituração dos livros, o atraso, a fraude ao realizá-lo e a recusa de sua exibição serão punidas com a multa prevista para as infrações gravíssimas, independente das demais cominações legais cabíveis.

§ 6º Os livros previstos neste artigo poderão ser substituídos por sistema eletrônico, na forma regulamentada pelo Contran.

→ § 6º acrescentado pela Lei 13.154/2015.

Art. 331. Até a nomeação e posse dos membros que passarão a integrar os colegiados destinados ao julgamento dos recursos administrativos previstos na Seção II do Capítulo XVIII deste Código, o julgamento dos recursos ficará a cargo dos órgãos ora existentes.

Art. 332. Os órgãos e entidades integrantes do Sistema Nacional de Trânsito proporcionarão aos membros do Contran, Cetran e Contrandife, em serviço, todas as facilidades para o cumprimento de sua missão, fornecendo lhes as informações que solicitarem, permitindo-lhes inspecionar a execução de quaisquer serviços e deverão atender prontamente suas requisições.

Art. 333. O Contran estabelecerá, em até 120 (cento e vinte) dias após a nomeação de seus membros, as disposições previstas nos arts. 91 e 92, que terão de ser atendidas pelos órgãos e entidades executivos de trânsito e executivos rodoviários para exercerem suas competências.

→ Referido art. 92 foi vetado.

§ 1º Os órgãos e entidades de trânsito já existentes terão prazo de 1 (um) ano, após a edição das normas, para se adequarem às novas disposições estabelecidas pelo Contran, conforme disposto neste artigo.

§ 2º Os órgãos e entidades de trânsito a serem criados exercerão as competências previstas neste Código em cumprimento às exigências estabelecidas pelo Contran, conforme disposto neste artigo, acompanhados pelo respectivo Cetran, se órgão ou entidade municipal, ou Contran, se órgão ou entidade estadual, do Distrito Federal ou da União, passando a integrar o Sistema Nacional de Trânsito.

Art. 334. As ondulações transversais existentes deverão ser homologadas pelo órgão ou entidade competente no prazo de 1 (um) ano, a partir da publicação deste Código, devendo ser retiradas em caso contrário.

Art. 335. (*Vetado*).

Art. 336. Aplicam-se os sinais de trânsito previstos no Anexo II até a aprovação pelo Contran, no prazo de 360 (trezentos e sessenta) dias da publicação desta Lei, após a manifestação da Câmara Temática de Engenharia, de Vias e Veículos e obedecidos os padrões internacionais.

Art. 337. Os Cetran terão suporte técnico e financeiro dos Estados e Municípios que os compõem e, o Contrandife, do Distrito Federal.

Art. 338. As montadoras, encarroçadoras, os importadores e fabricantes, ao comerciarem veículos automotores de qualquer categoria e ciclos, são obrigados a fornecer, no ato da comercialização do respectivo veículo, manual contendo normas de circulação, infrações, penalidades, direção defensiva, primeiros socorros e Anexos do Código de Trânsito Brasileiro.

Art. 339. Fica o Poder Executivo autorizado a abrir crédito especial no valor de R$ 264.954,00 (duzentos e sessenta e quatro mil, novecentos e cinquenta e quatro reais), em favor do ministério ou órgão a que couber a coordenação máxima do Sistema Nacional de Trânsito, para atender as despesas decorrentes da implantação deste Código.

Art. 340. Este Código entra em vigor 120 (cento e vinte) dias após a data de sua publicação.

Art. 341. Ficam revogadas as Leis 5.108, de 21 de setembro de 1966, 5.693, de 16 de agosto de 1971, 5.820, de 10 de novembro de 1972, 6.124, de 25 de outubro de 1974, 6.308, de 15 de dezembro de 1975, 6.369, de 27 de outubro de 1976, 6.731, de 4 de dezembro de 1979, 7.031, de 20 de setembro de 1982, 7.052, de 2 de dezembro de 1982, 8.102, de 10 de dezembro de 1990, os arts. 1º a 6º e 11 do Decreto-lei 237, de 28 de fevereiro de 1967, e os Decretos-leis 584, de 16 de maio de 1969, 912, de 2 de outubro de 1969, e 2.448, de 21 de julho de 1988.

Brasília, 23 de setembro de 1997; 176º da Independência e 109º da República.

Fernando Henrique Cardoso

(Publicação no *D.O.U.* 24.9.1997; retificação: 25.9.1997)

→ Não publicamos os Anexos desta Lei

LEI 9.532, DE 10 DE DEZEMBRO DE 1997

Altera a legislação tributária federal e dá outras providências.

O Presidente da República:

Faço saber que o Congresso Nacional decreta e eu sanciono a seguinte Lei:

Art. 1º Os lucros auferidos no exterior, por intermédio de filiais, sucursais, controladas ou coligadas serão adicionados ao lucro líquido, para determinação do lucro real correspondente ao balanço levantado no dia 31 de dezembro do ano-calendário em que tiverem sido disponibilizados para a pessoa jurídica domiciliada no Brasil.

§ 1º Para efeito do disposto neste artigo, os lucros serão considerados disponibilizados para a empresa no Brasil:

a) no caso de filial ou sucursal, na data do balanço no qual tiverem sido apurados;

b) (*Revogada pela Lei 12.973/2014*).

c) na hipótese de contratação de operações de mútuo, se a mutuante, coligada ou controlada, possuir lucros ou reservas de lucros;

→ Alínea *c* acrescentada pela Lei 9.959/2000.

d) na hipótese de adiantamento de recursos, efetuado pela coligada ou controlada, por conta de venda futura, cuja liquidação, pela remessa do bem ou serviço vendido, ocorra em prazo superior ao ciclo de produção do bem ou serviço.

→ Alínea *d* acrescentada pela Lei 9.959/2000.

§ 2º (*Revogado pela Lei 12.973/2014*).

§ 3º Não serão dedutíveis na determinação do lucro real e da base de cálculo da Contribuição Social sobre o Lucro Líquido os juros, relativos a empréstimos, pagos ou creditados a empresa controlada ou coligada, independente do local de seu domicílio, incidentes sobre valor equivalente aos lucros não disponibilizados por empresas controladas, domiciliadas no exterior.

→ § 3º com redação alterada pela MP 2.158-35/2001.

§ 4º (*Revogado pela Lei 12.973/2014*).

§ 5º Relativamente aos lucros apurados nos anos de 1996 e 1997, considerar-se-á vencido o prazo a que se refere o parágrafo anterior no dia 31 de dezembro de 1999.

§ 6º Nas hipóteses das alíneas *c* e *d* do § 1º o valor considerado disponibilizado será o mutuado ou adiantado, limitado ao montante dos lucros e reservas de lucros passíveis de distribuição, proporcional à participação societária da empresa no País na data da disponibilização.

→ § 6º acrescentado pela Lei 9.959/2000.

§ 7º Considerar-se-á disponibilizado o lucro:

→ § 7º acrescentado pela Lei 9.959/2000.

a) na hipótese da alínea c do § 1º:

1. na data da contratação da operação, relativamente a lucros já apurados pela controlada ou coligada;

2. na data da apuração do lucro, na coligada ou controlada, relativamente a operações de mútuo anteriormente contratadas;

b) na hipótese da alínea d do § 1º, em 31 de dezembro do ano-calendário em que tenha sido encerrado o ciclo de produção sem que haja ocorrido a liquidação.

Art. 2º Os percentuais dos benefícios fiscais referidos no inciso I e no § 3º do art. 11 do Decreto-Lei 1.376, de 12 de dezembro de 1974, com as posteriores alterações, nos arts. 1º, inciso II, 19 e 23, da Lei 8.167, de 16 de janeiro de 1991, e no art. 4º, inciso V, da Lei 8.661, de 2 de junho de 1993, ficam reduzidos para:

I – 30% (trinta por cento), relativamente aos períodos de apuração encerrados a partir de 1º de janeiro de 1998 até 31 de dezembro de 2003;

II – 20% (vinte por cento), relativamente aos períodos de apuração encerrados a partir de 1º de janeiro de 2004 até 31 de dezembro de 2008;

III – 10% (dez por cento), relativamente aos períodos de apuração encerrados a partir de 1º de janeiro de 2009 até 31 de dezembro de 2013.

§ 1º Os percentuais do benefício fiscal de que tratam o art. 4º do Decreto-Lei 880, de 18 de setembro de 1969, o inciso V do art. 11 do Decreto-Lei 1.376, de 1974, o inciso I do art. 1º e o art. 23 da Lei 8.167, de 1991, ficam reduzidos para:

→ § 1º com eficácia suspensa pela MP 2.156-5/2001.

a) 25% (vinte e cinco por cento), relativamente aos períodos de apuração encerrados a partir de 1º de janeiro de 1998 até 31 de dezembro de 2003;

b) 17% (dezessete por cento), relativamente aos períodos de apuração encerrados a partir de 1º de janeiro de 2004 até 31 de dezembro de 2008;

c) 9% (nove por cento), relativamente aos períodos de apuração encerrados a partir de 1º de janeiro de 2009 até 31 de dezembro de 2013.

§ 2º Ficam extintos, relativamente aos períodos de apuração encerrados a partir de 1º de janeiro de 2014, os benefícios fiscais de que trata este artigo.

→ § 2º com eficácia suspensa pela MP 2.156-5/2001.

Art. 3º Os benefícios fiscais de isenção, de que tratam o art. 13 da Lei 4.239, de 27 de junho de 1963, o art. 23 do Decreto-Lei 756, de 11 de agosto de 1969, com a redação do art. 1º do Decreto-Lei 1.564, de 29 de julho de 1977, e o inciso VIII do art. 1º da Lei 9.440, de 14 de março de 1997, para os projetos de instalação, modernização, ampliação ou diversificação, aprovados pelo órgão competente, a partir de 1º de janeiro de 1998, observadas as demais normas em vigor, aplicáveis à matéria, passam a ser de redução do imposto de renda e adicionais não restituíveis, observados os seguintes percentuais:

I – 75% (setenta e cinco por cento), a partir de 1º de janeiro de 1998 até 31 de dezembro de 2003;

II – 50% (cinquenta por cento), a partir de 1º de janeiro de 2004 até 31 de dezembro de 2008;

III – 25% (vinte e cinco por cento), a partir de 1º de janeiro de 2009 até 31 de dezembro de 2013.

§ 1º O disposto no *caput* não se aplica a projetos aprovados ou protocolizados até 14 de novembro de 1997, no órgão competente, para os quais prevalece o benefício de isenção até o término do prazo de concessão do benefício.

§ 2º Os benefícios fiscais de redução do imposto de renda e adicionais não restituíveis, de que tratam o art. 14 da Lei 4.239, de 1963, e o art. 22 do Decreto-Lei 756, de 11 de agosto de 1969, observadas as demais normas em vigor, aplicáveis à matéria, passam a ser calculados segundo os seguintes percentuais:

I – 37,5% (trinta e sete inteiros e cinco décimos por cento), a partir de 1º de janeiro de 1998 até 31 de dezembro de 2003;

II – 25% (vinte e cinco por cento), a partir de 1º de janeiro de 2004 até 31 de dezembro de 2008;

III – 12,5% (doze inteiros e cinco décimos por cento), a partir de 1º de janeiro de 2009 até 31 de dezembro de 2013.

§ 3º Ficam extintos, relativamente aos períodos de apuração encerrados a partir de 1º de janeiro de 2014, os benefícios fiscais de que trata este artigo.

Art. 4º As pessoas jurídicas tributadas com base no lucro real poderão manifestar a opção pela aplicação do imposto em investimentos regionais na declaração de rendimentos ou no curso do ano-calendário, nas datas de pagamento do imposto com base no lucro estimado, apurado mensalmente, ou no lucro real, apurado trimestralmente.

→ Artigo com eficácia suspensa pela MP 2.199-14/2001.

§ 1º A opção, no curso do ano-calendário, será manifestada mediante o recolhimento, por meio de documento de arrecadação (DARF) específico, de parte do imposto sobre a renda de valor equivalente a até:

I – 18% para o FINOR e FINAM e 25% para o FUNRES, a partir de janeiro de 1998 até dezembro de 2003;

II – 12% para o FINOR e FINAM e 17% para o FUNRES, a partir de janeiro de 2004 até dezembro de 2008;

III – 6% para o FINOR e FINAM e 9% para o FUNRES, a partir de janeiro de 2009 até dezembro de 2013.

§ 2º No DARF a que se refere o parágrafo anterior, a pessoa jurídica deverá indicar o código de receita relativo ao fundo pelo qual houver optado.

§ 3º Os recursos de que trata este artigo serão considerados disponíveis para aplicação nas pessoas jurídicas destinatárias.

§ 4º A liberação, no caso das pessoas jurídicas a que se refere o art. 9º da Lei 8.167, de 16 de janeiro de 1991, será feita à vista de DARF específico, observadas as normas expedidas pela Secretaria da Receita Federal.

§ 5º A opção manifestada na forma deste artigo é irretratável, não podendo ser alterada.

§ 6º Se os valores destinados para os fundos, na forma deste artigo, excederem o total a que a pessoa jurídica tiver direito, apurado na declaração de rendimentos, a parcela excedente será considerada:

a) em relação às empresas de que trata o art. 9º da Lei 8.167, de 1991, como recursos próprios aplicados no respectivo projeto;

b) pelas demais empresas, como subscrição voluntária para o fundo destinatário da opção manifestada no DARF.

§ 7º Na hipótese de pagamento a menor de imposto em virtude de excesso de valor destinado para os fundos, a diferença deverá ser paga com acréscimo de multa e juros, calculados de conformidade com a legislação do imposto de renda.

§ 8º Fica vedada, relativamente aos períodos de apuração encerrados a partir de 1º de janeiro de 2014, a opção pelos benefícios fiscais de que trata este artigo.

Art. 5º A dedução do imposto de renda relativa aos incentivos fiscais previstos no art. 1º da Lei 6.321, de 14 de abril de 1976, no art. 26 da Lei 8.313, de 23 de dezembro de 1991, e no inciso I do art. 4º da Lei 8.661, de 1993, não poderá exceder, quando considerados isoladamente, a quatro por cento do imposto de renda devido, observado o disposto no § 4º do art. 3º da Lei 9.249, de 1995.

Art. 6º Observados os limites específicos de cada incentivo e o disposto no § 4º do art. 3º da Lei 9.249, de 1995, o total das deduções de que tratam:

I – o art. 1º da Lei 6.321, de 1976 e o inciso I do art. 4º da Lei 8.661, de 1993, não poderá exceder a quatro por cento do imposto de renda devido;

II – o art. 26 da Lei 8.313, de 1991, e o art. 1º da Lei 8.685, de 20 de julho de 1993, não poderá exceder quatro por cento do imposto de renda devido.

→ Inciso II com redação alterada pela MP 2.189-49/2001.

Art. 7º A pessoa jurídica que absorver patrimônio de outra, em virtude de incorporação, fusão ou cisão, na qual detenha participação societária adquirida com ágio ou deságio, apurado segundo o disposto no art. 20 do Decreto-Lei 1.598, de 26 de dezembro de 1977:

I – deverá registrar o valor do ágio ou deságio cujo fundamento seja o de que trata a alínea a do § 2º do art. 20 do Decreto-Lei 1.598, de 1977, em contrapartida à conta que registre o bem ou direito que lhe deu causa;

II – deverá registrar o valor do ágio cujo fundamento seja o de que trata a alínea c do § 2º do art. 20 do Decreto-Lei 1.598, de 1977, em contrapartida a conta de ativo permanente, não sujeita a amortização;

III – poderá amortizar o valor do ágio cujo fundamento seja o de que trata a alínea b do § 2º do art. 20 do Decreto-lei 1.598, de 1977, nos balanços correspondentes à apuração de lucro real, levantados posteriormente à incorporação, fusão ou cisão, à razão de um sessenta avos, no máximo, para cada mês do período de apuração;

→ Inciso III com redação alterada pela Lei 9.718/1998.

IV – deverá amortizar o valor do deságio cujo fundamento seja o de que trata a alínea b do § 2º do art. 20 do Decreto-Lei 1.598, de 1977, nos balanços correspondentes à apuração de lucro real, levantados durante os cinco anos-calendários subsequentes à incorporação, fusão ou cisão, à razão de 1/60 (um sessenta avos), no mínimo, para cada mês do período de apuração.

§ 1º O valor registrado na forma do inciso I integrará o custo do bem ou direito para efeito de apuração de ganho ou perda de capital e de depreciação, amortização ou exaustão.

§ 2º Se o bem que deu causa ao ágio ou deságio não houver sido transferido, na hipótese de cisão, para o patrimônio da sucessora, esta deverá registrar:

a) o ágio, em conta de ativo diferido, para amortização na forma prevista no inciso III;

b) o deságio, em conta de receita diferida, para amortização na forma prevista no inciso IV.

§ 3º O valor registrado na forma do inciso II do *caput*:

a) será considerado custo de aquisição, para efeito de apuração de ganho ou perda de capital na alienação do direito que lhe deu causa ou na sua transferência para sócio ou acionista, na hipótese de devolução de capital;

b) poderá ser deduzido como perda, no encerramento das atividades da empresa, se comprovada, nessa data, a inexistência do fundo de comércio ou do intangível que lhe deu causa.

§ 4º Na hipótese da alínea b do parágrafo anterior, a posterior utilização econômica do fundo de comércio ou intangível sujeitará a pessoa física ou jurídica usuária ao pagamento dos tributos e contribuições que deixaram de ser pagos, acrescidos de juros de mora e multa, calculados de conformidade com a legislação vigente.

§ 5º O valor que servir de base de cálculo dos tributos e contribuições a que se refere o parágrafo anterior poderá ser registrado em conta do ativo, como custo do direito.

Art. 8º O disposto no artigo anterior aplica-se, inclusive, quando:

a) o investimento não for, obrigatoriamente, avaliado pelo valor de patrimônio líquido;

b) a empresa incorporada, fusionada ou cindida for aquela que detinha a propriedade da participação societária.

Art. 9º À opção da pessoa jurídica, o saldo do lucro inflacionário acumulado, existente no último dia útil dos meses de novembro e dezembro de 1997, poderá ser considerado realizado integralmente e tributado à alíquota de dez por cento.

§ 1º Se a opção se referir a saldo de lucro inflacionário tributado na forma do art. 28 da Lei 7.730, de 31 de janeiro de 1989, a alíquota a ser aplicada será de três por cento.

§ 2º A opção a que se refere este artigo será irretratável e manifestada mediante o pagamento do imposto, em quota única, na data da opção.

Art. 10. Do imposto apurado com base no lucro arbitrado ou no lucro presumido não será permitida qualquer dedução a título de incentivo fiscal.

Art. 11. As deduções relativas às contribuições para entidades de previdência privada, a que se refere a alínea e do inciso II do art. 8º da Lei 9.250, de 26 de dezembro de 1995, e às contribuições para o Fundo de Aposentadoria Programada Individual – Fapi, a que se refere a Lei 9.477, de 24 de julho de 1997, cujo ônus seja da própria pessoa física, ficam condicionadas ao recolhimento, também, de contribuições para o regime geral de previdência social ou, quando for o caso, para regime próprio de previdência social dos servidores titulares de cargo efetivo da União, dos Estados, do Distrito Federal ou dos Municípios, observada a contribuição mínima, e limitadas a 12% (doze por cento) do total dos rendimentos computados na determinação da base de cálculo do imposto devido na declaração de rendimentos.

→ *Caput* com redação alterada pela Lei 10.887/2004.

§ 1º Aos resgates efetuados pelos quotistas de Fundo de Aposentadoria Programada Individual – Fapi aplicam-se, também, as normas de incidência do imposto de renda de que trata o art. 33 da Lei 9.250, de 26 de dezembro de 1995.

→ § 1º com redação alterada pela Lei 10.887/2004.

§ 2º Na determinação do lucro real e da base de cálculo da contribuição social sobre o lucro líquido, o valor das despesas com contribuições para a previdência privada, a que se refere o inciso V do art. 13 da Lei 9.249, de 26 de dezembro de 1995, e para os Fundos de Aposentadoria Programada Individual – Fapi, a que se refere a Lei 9.477, de 24 de julho de 1997, cujo ônus seja da pessoa jurídica, não poderá exceder, em cada período de apuração, a 20% (vinte por cento) do total dos salários dos empregados e da remuneração dos dirigentes da empresa, vinculados ao referido plano.

→ § 2º com redação alterada pela Lei 10.887/2004.

§ 3º O somatório das contribuições que exceder o valor a que se refere o § 2º deste artigo deverá ser adicionado ao lucro líquido para efeito de determinação do lucro real e da base de cálculo da contribuição social sobre o lucro líquido.

→ § 3º com redação alterada pela Lei 10.887/2004.

§ 4º O disposto neste artigo não elide a observância das normas do art. 7º da Lei 9.477, de 24 de julho de 1997.

→ § 4º com redação alterada pela Lei 10.887/2004.

§ 5º Excetuam-se da condição de que trata o *caput* deste artigo os beneficiários de aposentadoria ou pensão concedidas por regime próprio de previdência ou pelo regime geral de previdência social.

→ § 5º com redação alterada pela Lei 10.887/2004.

§ 6º As deduções relativas às contribuições para entidades de previdência complementar a que se referem o inciso VII do art. 4º e a alínea i do inciso II do art. 8º da Lei 9.250, de 26 de dezembro de 1995, desde que limitadas à alíquota de contribuição do ente público patrocinador, não se sujeitam ao limite previsto no *caput*.

→ § 6º acrescentado pela Lei 13.043/2014.

§ 7º Os valores de contribuição excedentes ao disposto no § 6º poderão ser deduzidos desde que seja observado o limite conjunto de dedução previsto no *caput*.

→ § 7º acrescentado pela Lei 13.043/2014.

Art. 12. Para efeito do disposto no art. 150, inciso VI, alínea *c*, da Constituição, considera-se imune a instituição de educação ou de assistência social que preste os serviços para os quais houver sido instituída e os coloque à disposição da população em geral, em caráter complementar às atividades do Estado, sem fins lucrativos.

§ 1º Não estão abrangidos pela imunidade os rendimentos e ganhos de capital auferidos em aplicações financeiras de renda fixa ou de renda variável.

§ 2º Para o gozo da imunidade, as instituições a que se refere este artigo, estão obrigadas a atender aos seguintes requisitos:

a) não remunerar, por qualquer forma, seus dirigentes pelos serviços prestados, exceto no caso de associações, fundações ou organizações da sociedade civil, sem fins lucrativos, cujos dirigentes poderão ser remunerados, desde que atuem efetivamente na gestão executiva e desde que cumpridos os requisitos previstos nos arts. 3º e 16 da Lei 9.790, de 23 de março de 1999, respeitados como limites máximos os valores praticados pelo mercado na região correspondente à sua área de atuação, devendo seu valor ser fixado pelo órgão de deliberação superior da entidade, registrado em ata, com comunicação ao Ministério Público, no caso das fundações;

→ Alínea *a* com redação alterada pela Lei 13.204/2015.

b) aplicar integralmente seus recursos na manutenção e desenvolvimento dos seus objetivos sociais;

c) manter escrituração completa de suas receitas e despesas em livros revestidos das formalidades que assegurem a respectiva exatidão;

d) conservar em boa ordem, pelo prazo de cinco anos, contado da data da emissão, os documentos que comprovem a origem de suas receitas e a efetivação de suas despesas, bem assim a realização de quaisquer outros atos ou operações que venham a modificar sua situação patrimonial;

e) apresentar, anualmente, Declaração de Rendimentos, em conformidade com o disposto em ato da Secretaria da Receita Federal;

f) recolher os tributos retidos sobre os rendimentos por elas pagos ou creditados e a contribuição para a seguridade social relativa aos empregados, bem assim cumprir as obrigações acessórias daí decorrentes;

g) assegurar a destinação de seu patrimônio a outra instituição que atenda às condições para gozo da imunidade, no caso de incorporação, fusão, cisão ou de encerramento de suas atividades, ou a órgão público;

h) outros requisitos, estabelecidos em lei específica, relacionados com o funcionamento das entidades a que se refere este artigo.

§ 3º Considera-se entidade sem fins lucrativos a que não apresente superávit em suas contas ou, caso o apresente em determinado exercício, destine referido resultado, integralmente, à manutenção e ao desenvolvimento dos seus objetivos sociais.

→ § 3º com redação alterada pela Lei 9.718/1998.

§ 4º A exigência a que se refere a alínea a do § 2º não impede:

→ § 4º acrescentado pela Lei 12.868/2013.

I – a remuneração aos diretores não estatutários que tenham vínculo empregatício; e

II – a remuneração aos dirigentes estatutários, desde que recebam remuneração inferior, em seu valor bruto, a 70% (setenta por cento) do limite estabelecido para a remuneração de servidores do Poder Executivo federal.

§ 5º A remuneração dos dirigentes estatutários referidos no inciso II do § 4º deverá obedecer às seguintes condições:

→ § 5º acrescentado pela Lei 12.868/2013.

I – nenhum dirigente remunerado poderá ser cônjuge ou parente até 3º (terceiro) grau, inclusive afim, de instituidores, sócios, diretores, conselheiros, benfeitores ou equivalentes da instituição de que trata o *caput* deste artigo; e

II – o total pago a título de remuneração para dirigentes, pelo exercício das atribuições estatutárias, deve ser inferior a 5 (cinco) vezes o valor correspondente ao limite individual estabelecido neste parágrafo.

§ 6º O disposto nos §§ 4º e 5º não impede a remuneração da pessoa do dirigente estatutário ou diretor que, cumulativamente, tenha vínculo estatutário e empregatício, exceto se houver incompatibilidade de jornadas de trabalho.

→ § 6º acrescentado pela Lei 12.868/2013.

Art. 13. Sem prejuízo das demais penalidades previstas na lei, a Secretaria da Receita Federal suspenderá o gozo da imunidade a que se refere o artigo anterior, relativamente aos anos-calendários em que a pessoa jurídica houver praticado ou, por qualquer forma, houver contribuído para a prática de ato que constitua infração a dispositivo da legislação tributária, especialmente no caso de informar ou declarar falsamente, omitir ou simular o recebimento de doações em bens ou em dinheiro, ou de qualquer forma cooperar para que terceiro sonegue tributos ou pratique ilícitos fiscais.

Parágrafo único. Considera-se, também, infração a dispositivo da legislação tributária o pagamento, pela instituição imune, em favor de seus associados ou dirigentes, ou, ainda, em favor de sócios, acionistas ou dirigentes de pessoa jurídica a ela associada por qualquer forma, de despesas consideradas indedutíveis na determinação da base de cálculo do imposto sobre a renda ou da contribuição social sobre o lucro líquido.

Art. 14. À suspensão do gozo da imunidade aplica-se o disposto no art. 32 da Lei 9.430, de 1996.

Art. 15. Consideram-se isentas as instituições de caráter filantrópico, recreativo, cultural e científico e as associações civis que prestem os serviços para os quais houverem sido instituídas e os coloquem à disposição do grupo de pessoas a que se destinam, sem fins lucrativos.

§ 1º A isenção a que se refere este artigo aplica-se, exclusivamente, em relação ao imposto de renda da pessoa jurídica e à contribuição social sobre o lucro líquido, observado o disposto no parágrafo subsequente.

§ 2º Não estão abrangidos pela isenção do imposto de renda os rendimentos e ganhos de capital auferidos em aplicações financeiras de renda fixa ou de renda variável.

§ 3º Às instituições isentas aplicam-se as disposições do art. 12, § 2º, alíneas *a* a *e* e § 3º e dos arts. 13 e 14.

§ 4º (*Revogado pela Lei 9.718/1998*).

Art. 16. Aplicam-se à entrega de bens e direitos para a formação do patrimônio das instituições isentas as disposições do art. 23 da Lei 9.249, de 1995.

Parágrafo único. A transferência de bens e direitos do patrimônio das entidades isentas para o patrimônio de outra pessoa jurídica, em virtude de incorporação, fusão ou cisão, deverá ser efetuada pelo valor de sua aquisição ou pelo valor atribuído, no caso de doação.

Art. 17. Sujeita-se à incidência do imposto de renda à alíquota de quinze por cento a diferença entre o valor em dinheiro ou o valor dos bens e direitos recebidos de instituição isenta, por pessoa física, a título de devolução de patrimônio, e o valor em dinheiro ou o valor dos bens e direitos que houver entregue para a formação do referido patrimônio.

§ 1º Aos valores entregues até o final do ano de 1995 aplicam-se as normas do inciso I do art. 17 da Lei 9.249, de 1995.

§ 2º O imposto de que trata este artigo será:

a) considerado tributação exclusiva;

b) pago pelo beneficiário até o último dia útil do mês subsequente ao recebimento dos valores.

§ 3º Quando a destinatária dos valores em dinheiro ou dos bens e direitos devolvidos for pessoa jurídica, a diferença a que se refere o *caput* será computada na determinação do lucro real ou adicionada ao lucro presumido ou arbitrado, conforme seja a forma de tributação a que estiver sujeita.

§ 4º Na hipótese do parágrafo anterior, para a determinação da base de cálculo da contribuição social sobre o lucro líquido a pessoa jurídica deverá computar:

a) a diferença a que se refere o *caput*, se sujeita ao pagamento do imposto de renda com base no lucro real;

b) o valor em dinheiro ou o valor dos bens e direitos recebidos, se tributada com base no lucro presumido ou arbitrado.

Art. 18. Fica revogada a isenção concedida em virtude do art. 30 da Lei 4.506, de 1964, e alterações posteriores, às entidades que se dediquem às seguintes atividades:

I – educacionais;

II – de assistência à saúde;

III – de administração de planos de saúde;

IV – de prática desportiva, de caráter profissional;

V – de administração do desporto.

Parágrafo único. O disposto neste artigo não elide a fruição, conforme o caso, de imunidade ou isenção por entidade que se enquadrar nas condições do art. 12 ou do art. 15.

§ 19 (*Revogado pela Lei 9.779/1999*).

Art. 20. O *caput* do art. 1º da Lei 9.481, de 13 de agosto de 1997, passa a vigorar com a seguinte redação:

"Art. 1º A alíquota do imposto de renda na fonte incidente sobre os rendimentos auferidos no País, por residentes ou domiciliados no exterior, fica reduzida para zero, nas seguintes hipóteses:".

Art. 21. Relativamente aos fatos geradores ocorridos durante os anos-calendário de 1998 a 2003, a alíquota de 25% (vinte e cinco por cento), constante das tabelas de que tratam os arts. 3º e 11 da Lei 9.250, de 26 de dezembro de 1995, e as correspondentes parcelas a deduzir, passam a ser, respectivamente, a alíquota, de 27,5% (vinte e sete inteiros e cinco décimos por cento), e as parcelas a deduzir, até 31 de dezembro de 2001, de R$ 360,00 (trezentos e sessenta reais) e R$ 4.320,00 (quatro mil, trezentos e vinte reais), e a partir de 1º de janeiro de 2002, aquelas determinadas pelo art. 1º da Lei 10.451, de 10 de maio de 2002, a saber, de R$ 423,08 (quatrocentos e vinte e três reais e oito centavos) e R$ 5.076,90 (cinco mil e setenta e seis reais e noventa centavos).

→ Artigo com redação alterada pela Lei 10.637/2002.

Parágrafo único. São restabelecidas, relativamente aos fatos geradores ocorridos a partir de 1º de janeiro de 2004, a alíquota de 25% (vinte e cinco por cento) e as respectivas parcelas a deduzir de R$ 370,20 (trezentos e setenta reais e vinte centavos) e de R$ 4.442,40 (quatro mil, quatrocentos e quarenta e dois reais e quarenta centavos), de que tratam os arts. 3º e 11 da Lei 9.250, de 26 de dezembro de 1995, modificados em coerência com o art. 1º da Lei 10.451, de 10 de maio de 2002.

Art. 22. A soma das deduções a que se referem os incisos I a III do art. 12 da Lei 9.250, de 1995, fica limitada a seis por cento do valor do imposto devido, não sendo aplicáveis limites específicos a quaisquer dessas deduções.

Art. 23. Na transferência de direito de propriedade por sucessão, nos casos de herança, legado ou por doação em adiantamento da legítima, os bens e direitos poderão ser avaliados a valor de mercado ou pelo valor constante da declaração de bens do de cujus ou do doador.

§ 1º Se a transferência for efetuada a valor de mercado, a diferença a maior entre esse e o valor pelo qual constavam da declaração de bens do de cujus ou do doador sujeitar-se-á à incidência de imposto de renda à alíquota de quinze por cento.

§ 2º O imposto a que se referem os §§ 1º e 5º deverá ser pago:

→ *Caput* com redação alterada pela Lei 9.779/1999.

I – pelo inventariante, até a data prevista para entrega da declaração final de espólio, nas transmissões mortis causa, observado o disposto no art. 7º, § 4º da Lei 9.250, de 26 de dezembro de 1995;

→ Inciso I acrescentado pela Lei 9.779/1999.

II – pelo doador, até o último dia útil do mês-calendário subsequente ao da doação, no caso de doação em adiantamento da legítima;

→ Inciso II acrescentado pela Lei 9.779/1999.

III – pelo ex-cônjuge a quem for atribuído o bem ou direito, até o último dia útil do mês subsequente à data da sentença homologatória do formal de partilha, no caso de dissolução da sociedade conjugal ou da unidade familiar.

→ Inciso III acrescentado pela Lei 9.779/1999.

§ 3º O herdeiro, o legatário ou o donatário deverá incluir os bens ou direitos, na sua declaração de bens correspondente à declaração de rendimentos do ano-calendário da homologação da partilha ou do recebimento da doação, pelo valor pelo qual houver sido efetuada a transferência.

§ 4º Para efeito de apuração de ganho de capital relativo aos bens e direitos de que trata este artigo, será considerado como custo de aquisição o valor pelo qual houverem sido transferidos.

§ 5º As disposições deste artigo aplicam-se, também, aos bens ou direitos atribuídos a cada cônjuge, na hipótese de dissolução da sociedade conjugal ou da unidade familiar.

Art. 24. Na declaração de bens correspondente à declaração de rendimentos das pessoas físicas, relativa ao ano-calendário de 1997, a ser apresentada em 1998, os bens adquiridos até 31 de dezembro de 1995 deverão ser informados pelos valores apurados com observância do disposto no art. 17 da Lei 9.249, de 1995.

Parágrafo único. A Secretaria da Receita Federal expedirá as normas necessárias à aplicação do disposto neste artigo.

Art. 25. O § 2º do art. 7º da Lei 9.250, de 1995, passa a vigorar com a seguinte redação:

→ Alteração efetuada na referida Lei.

Art. 26. Os §§ 3º e 4º do art. 56 da Lei 8.981, de 1995, com as alterações da Lei 9.065, de 1995, passam a vigorar com a seguinte redação:

→ Alterações efetuadas na referida Lei.

Art. 27. A multa a que se refere o inciso I do art. 88 da Lei 8.981, de 1995, é limitada a vinte por cento do imposto de renda devido, respeitado o valor mínimo de que trata o § 1º do referido art. 88, convertido em reais de acordo com o disposto no art. 30 da Lei 9.249, de 26 de dezembro de 1995.

Parágrafo único. A multa a que se refere o art. 88 da Lei 8.981, de 1995, será:

a) deduzida do imposto a ser restituído ao contribuinte, se este tiver direito à restituição;

b) exigida por meio de lançamento efetuado pela Secretaria da Receita Federal, notificado ao contribuinte.

Art. 28. A partir de 1º de janeiro de 1998, a incidência do imposto de renda sobre os rendimentos auferidos por qualquer beneficiário, inclusive pessoa jurídica imune ou isenta, nas aplicações em fundos de investimento, constituídos sob qualquer forma, ocorrerá:

I – diariamente, sobre os rendimentos produzidos pelos títulos, aplicações financeiras e valores mobiliários de renda fixa integrantes das carteiras dos fundos;

II – por ocasião do resgate das quotas, em relação à parcela dos valores mobiliários de renda variável integrante das carteiras dos fundos.

§ 1º Na hipótese de que trata o inciso II, a base de cálculo do imposto será constituída pelo ganho apurado pela soma algébrica dos resultados apropriados diariamente ao quotista.

§ 2º Para efeitos do disposto neste artigo o administrador do fundo de investimento deverá apropriar, diariamente, para cada quotista:

a) os rendimentos de que trata o inciso I, deduzido o imposto de renda;

b) os resultados positivos ou negativos decorrentes da avaliação dos ativos previstos no inciso II.

§ 3º As aplicações, os resgates e a apropriação dos valores de que trata o parágrafo anterior serão feitos conforme a proporção dos ativos de renda fixa e de renda variável no total da carteira do fundo de investimento.

§ 4º As perdas apuradas no resgate de quotas poderão ser compensadas com ganhos auferidos em resgates posteriores, no mesmo fundo de investimento, de acordo com sistemática a ser definida pela Secretaria da Receita Federal.

§ 5º Os fundos de investimento cujas carteiras sejam constituídas, no mínimo, por 95% de ativos de renda fixa, ao calcular o imposto pela apropriação diária de que trata o inciso I, poderão computar, na base de cálculo, os rendimentos e ganhos totais do patrimônio do fundo.

§ 6º Os fundos de investimento cujas carteiras sejam constituídas, no mínimo, por 80% de ações negociadas no mercado à vista de bolsa de valores ou entidade assemelhada, poderão calcular o imposto no resgate de quotas, abrangendo os rendimentos e ganhos totais do patrimônio do fundo. (Vide artigos 1º e 2º da Medida Provisória 2.189-49, de 2001)

§ 7º A base de cálculo do imposto de que trata o parágrafo anterior será constituída pela diferença positiva entre o valor de resgate e o valor de aquisição da quota.

§ 8º A Secretaria da Receita Federal definirá os requisitos e condições para que os fundos de que trata o § 6º atendam ao limite ali estabelecido.

§ 9º O imposto de que trata este artigo incidirá à alíquota de vinte por cento, vedada a dedução de quaisquer custos ou despesas incorridos na administração do fundo.

§ 10. Ficam isentos do imposto de renda:

a) os rendimentos e ganhos líquidos auferidos na alienação, liquidação, resgate, cessão ou repactuação dos títulos, aplicações financeiras e valores mobiliários integrantes das carteiras dos fundos de investimento;

b) os juros de que trata o art. 9 da Lei 9.249, de 1995, recebidos pelos fundos de investimento.

§ 11. Fica dispensada a retenção do imposto de renda sobre os rendimentos auferidos pelos quotistas dos fundos de investimento:

a) cujos recursos sejam aplicados na aquisição de quotas de outros fundos de investimento.

b) constituídos, exclusivamente, pelas pessoas jurídicas de que trata o art. 77, inciso I, da Lei 8.981, de 20 de janeiro de 1995.

§ 12. Os fundos de investimento de que trata a alínea a do parágrafo anterior serão tributados:

a) como qualquer quotista, quanto a aplicações em quotas de outros fundos de investimento;

b) como os demais fundos, quanto a aplicações em outros ativos.

§ 13. O disposto neste artigo aplica-se, também, à parcela dos ativos de renda fixa dos fundos de investimento imobiliário tributados nos termos da Lei 8.668, de 1993, e dos demais fundos de investimentos que não tenham resgate de quotas.

Art. 29. Para fins de incidência do imposto de renda na fonte, consideram-se pagos ou creditados aos quotistas dos fundos de investimento, na data em que se completar o primeiro período de carência em 1998, os rendimentos correspondentes à diferença positiva entre o valor da quota em 31 de dezembro de 1997 e o respectivo custo de aquisição.

§ 1º Na hipótese de resgate anterior ao vencimento do período de carência, a apuração dos rendimentos terá por base o valor da quota na data do último vencimento da carência, ocorrido em 1997.

§ 2º No caso de fundos sem prazo de carência para resgate de quotas, com rendimento integral, consideram-se pagos ou creditados os rendimentos no dia 2 de janeiro de 1998.

§ 3º Os rendimentos de que trata este artigo serão tributados pelo imposto de renda na fonte, à alíquota de quinze por cento, na data da ocorrência do fato gerador.

Art. 30. O imposto de que trata o § 3º do artigo anterior, retido pela instituição administradora do fundo, na data da ocorrência do fato gerador, será recolhido em quota única, até o terceiro dia útil da semana subsequente.

Art. 31. Excluem-se do disposto no art. 29, os rendimentos auferidos até 31 de dezembro de 1997 pelos quotistas dos fundos de investimento de renda variável, que serão tributados no resgate de quotas.

§ 1º Para efeito do disposto neste artigo, consideram-se de renda variável os fundos de investimento que, nos meses de novembro e dezembro de 1997, tenham mantido, no mínimo, 51% (cinquenta e um por cento) de patrimônio aplicado em ações negociadas no mercado à vista de bolsa de valores ou entidade assemelhada.

§ 2º O disposto neste artigo aplica-se, também, aos rendimentos auferidos pelos quotistas de fundo de investimento que, nos meses de novembro e dezembro de 1997, tenham mantido, no mínimo, 95% (noventa e cinco por cento) de seus recursos aplicados em quotas dos fundos de que trata o parágrafo anterior.

Art. 32. O imposto de que tratam os arts. 28 a 31 será retido pelo administrador do fundo de investimento na data da ocorrência do fato gerador e recolhido até o terceiro dia útil da semana subsequente.

Art. 33. Os clubes de investimento, as carteiras administradas e qualquer outra forma de investimento associativo ou coletivo, sujeitam-se às mesmas normas do imposto de renda aplicáveis aos fundos de investimento.

Art. 34. O disposto nos arts. 28 a 31 não se aplica às hipóteses de que trata o art. 81 da Lei 8.981, de 1995, que continuam sujeitas às normas de tributação previstas na legislação vigente.

→ Artigo com redação alterada pela MP 2.189-49/2001.

Art. 35. Relativamente aos rendimentos produzidos, a partir de 1° de janeiro de 1998, por aplicação financeira de renda fixa, auferidos por qualquer beneficiário, inclusive pessoa jurídica imune ou isenta, a alíquota do imposto de renda será de vinte por cento.

Art. 36. Os rendimentos decorrentes das operações de swap, de que trata o art. 74 da Lei 8.981, de 1995, passam a ser tributados à mesma alíquota incidente sobre os rendimentos de aplicações financeiras de renda fixa.

Parágrafo único. Quando a operação de swap tiver por objeto taxa baseada na remuneração dos depósitos de poupança, esta remuneração será adicionada à base de cálculo do imposto de que trata este artigo.

Art. 37. Os dispositivos abaixo enumerados, da Lei 4.502, de 30 de novembro de 1964, passam a vigorar com a seguinte redação:

I – o inciso II do art. 4°:

"II – as filiais e demais estabelecimentos que exercerem o comércio de produtos importados, industrializados ou mandados industrializar por outro estabelecimento do mesmo contribuinte;";

II – o § 1° do art. 9°:

"§ 1° Se a imunidade, a isenção ou a suspensão for condicionada à destinação do produto, e a este for dado destino diverso, ficará o responsável pelo fato sujeito ao pagamento do imposto e da penalidade cabível, como se a imunidade, a isenção ou a suspensão não existissem.";

III – o inciso II do art. 15:

"II – a 90% (noventa por cento) do preço de venda aos consumidores, não inferior ao previsto no inciso anterior, quando o produto for remetido a outro estabelecimento da mesma empresa, desde que o destinatário opere exclusivamente na venda a varejo.";

IV – o § 2° do art. 46:

"§ 2° A falta de rotulagem ou marcação do produto ou de aplicação do selo especial, ou o uso de selo impróprio ou aplicado em desacordo com as normas regulamentares, importará em considerar o produto respectivo como não identificado com o descrito nos documentos fiscais.";

V – o § 2° do art. 62:

"§ 2° No caso de falta do documento fiscal que comprove a procedência do produto e identifique o remetente pelo nome e endereço, ou de produto que não se encontre selado, rotulado ou marcado quando exigido o selo de controle, a rotulagem ou a marcação, não poderá o destinatário recebê-lo, sob pena de ficar responsável pelo pagamento do imposto, se exigível, e sujeito às sanções cabíveis.".

Art. 38. Fica acrescentada ao inciso I do art. 5° da Lei 4.502, de 1964, com a redação dada pelo art. 1° do Decreto-Lei 1.133, de 16 de novembro de 1970, a alínea *e*, com a seguinte redação:

"e) objeto de operação de venda, que for consumido ou utilizado dentro do estabelecimento industrial."

Art. 39. Poderão sair do estabelecimento industrial, com suspensão do IPI, os produtos destinados à exportação, quando:

I – adquiridos por empresa comercial exportadora, com o fim específico de exportação;

II – remetidos a recintos alfandegados ou a outros locais onde se processe o despacho aduaneiro de exportação.

§ 1° Fica assegurada a manutenção e utilização do crédito do IPI relativo às matérias-primas, produtos intermediários e material de embalagem utilizados na industrialização dos produtos a que se refere este artigo.

§ 2° Consideram-se adquiridos com o fim específico de exportação os produtos remetidos diretamente do estabelecimento industrial para embarque de exportação ou para recintos alfandegados, por conta e ordem da empresa comercial exportadora.

§ 3° A empresa comercial exportadora fica obrigada ao pagamento do IPI que deixou de ser pago na saída dos produtos do estabelecimento industrial, nas seguintes hipóteses:

a) transcorridos 180 dias da data da emissão da nota fiscal de venda pelo estabelecimento industrial, não houver sido efetivada a exportação;

b) os produtos forem revendidos no mercado interno;

c) ocorrer a destruição, o furto ou roubo dos produtos.

§ 4° Para efeito do parágrafo anterior, considera-se ocorrido o fato gerador e devido o IPI na data da emissão da nota fiscal pelo estabelecimento industrial.

§ 5° O valor a ser pago nas hipóteses do § 3° ficará sujeito à incidência:

a) de juros equivalentes à taxa referencial do Sistema Especial de Liquidação e Custódia – SELIC, para títulos federais, acumulada mensalmente, calculados a partir do primeiro dia do mês subsequente ao da emissão da nota fiscal, referida no § 4°, até o mês anterior ao do pagamento e de um por cento no mês do pagamento;

b) da multa a que se refere o art. 61 da Lei 9.430, de 1996, calculada a partir do dia subsequente ao da emissão da referida nota fiscal.

§ 6° O imposto de que trata este artigo, não recolhido espontaneamente, será exigido em procedimento de ofício, pela Secretaria da Receita Federal, com os acréscimos aplicáveis na espécie.

Art. 40. Considera-se ocorrido o fato gerador e devido o IPI, no início do consumo ou da utilização do papel destinado a impressão de livros, jornais e periódicos a que se refere a alínea d do inciso VI do art. 150 da Constituição, em finalidade diferente destas ou na sua saída do fabricante, do importador ou de seus estabelecimentos distribuidores, para pessoas que não sejam empresas jornalísticas ou editoras.

Parágrafo único. Responde solidariamente pelo imposto e acréscimos legais a pessoa física ou jurídica que não seja empresa jornalística ou editora, em cuja posse for encontrado o papel a que se refere este artigo.

Art. 41. Aplica-se aos produtos do Capítulo 22 da TIPI o disposto no art. 18 do Decreto-Lei 1.593, de 21 de dezembro de 1977.

Art. 42. (*Revogado pela Lei 9.779/1999*).

Art. 43. O inciso II do art. 4° da Lei 8.661, de 1993, passa a vigorar com a seguinte redação:

"II – redução de cinquenta por cento da alíquota do Imposto sobre Produtos Industrializados, prevista na Tabela de Incidência do IPI – TIPI, incidente sobre equipamentos, máquinas, aparelhos e instrumentos, bem assim sobre os acessórios sobressalentes e ferramentas que acompanhem esses bens, destinados à pesquisa e ao desenvolvimento tecnológico;".

Art. 44. A comercialização de cigarros no País observará o disposto em regulamento, especialmente quanto a embalagem, apresentação e outras formas de controle.

Art. 45. A importação de cigarros do código 2402.20.00 da TIPI será efetuada com observância do disposto nos arts. 46 a 54 desta Lei, sem prejuízo de outras exigências, inclusive quanto à comercialização do produto, previstas em legislação específica.

Art. 46. É vedada a importação de cigarros de marca que não seja comercializada no país de origem.

Art. 47. O importador de cigarros deve constituir-se sob a forma de sociedade, sujeitando-se, também, à inscrição no Registro Especial instituído pelo art. 1° do Decreto-Lei 1.593, de 1977.

Art. 48. O importador deverá requerer à Secretaria da Receita Federal do Brasil o fornecimento dos selos de controle de que trata o art. 46 da Lei 4.502, de 30 de novembro de 1964, devendo, no requerimento, prestar as seguintes informações:

→ *Caput* com redação alterada pela Lei 12.402/2011.

I – nome e endereço do fabricante no exterior;

II – quantidade de vintenas, marca comercial e características físicas do produto a ser importado;

III – preço de venda a varejo pelo qual será feita a comercialização do produto no Brasil.

→ Inciso III com redação alterada pela Lei 12.402/2011.

§ 1° (*Revogado pela Lei 12.402/2011*).

§ 2° (*Revogado pela Lei 12.402/2011*).

Art. 49. A Secretaria da Receita Federal, com base nos dados do Registro Especial, nas informações prestadas pelo importador e nas normas de enquadramento em classes de valor aplicáveis aos produtos de fabricação nacional, deverá:

I – se aceito o requerimento, divulgar, por meio do Diário Oficial da União, a identificação do importador, a marca comercial e características do produto, o preço de venda a varejo, a quantidade autorizada de vintenas e o valor unitário e cor dos respectivos selos de controle;

II – se não aceito o requerimento, comunicar o fato ao requerente, fundamentando as razões da não aceitação.

§ 1º O preço de venda no varejo de cigarro importado de marca que também seja produzida no País não poderá ser inferior àquele praticado pelo fabricante nacional.

§ 2º Divulgada a aceitação do requerimento, o importador terá o prazo de quinze dias para efetuar o pagamento dos selos e retirá-los na Receita Federal.

§ 3º (*Revogado pela Lei 12.402/2011*).

§ 4º Os selos de controle serão remetidos pelo importador ao fabricante no exterior, devendo ser aplicado em cada maço, carteira, ou outro recipiente, que contenha vinte unidades do produto, na mesma forma estabelecida pela Secretaria da Receita Federal para os produtos de fabricação nacional.

§ 5º Ocorrendo o descumprimento do prazo a que se refere o § 2º, fica sem efeito a autorização para a importação.

§ 6º O importador terá o prazo de noventa dias a partir da data de fornecimento do selo de controle para efetuar o registro da declaração da importação.

Art. 50. No desembaraço aduaneiro de cigarros importados do exterior deverão ser observados:

I – se as vintenas importadas correspondem à marca comercial divulgada e se estão devidamente seladas;

→ Inciso I com redação alterada pela Lei 12.402/2011.

II – se a quantidade de vintenas importada corresponde à quantidade autorizada;

III – se na embalagem dos produtos constam, em língua portuguesa, todas as informações exigidas para os produtos de fabricação nacional.

Parágrafo único. A inobservância de qualquer das condições previstas no inciso I sujeitará o infrator à pena de perdimento.

Art. 51. Sujeita-se às penalidades previstas na legislação, aplicáveis às hipóteses de uso indevido de selos de controle, o importador que descumprir o prazo estabelecido no § 6º do art. 49.

Parágrafo único. As penalidades de que trata este artigo serão calculadas sobre a quantidade de selos adquiridos que não houver sido utilizada na importação, se ocorrer importação parcial.

Art. 52. O valor do IPI devido no desembaraço aduaneiro dos cigarros do código 2402.20.00 da Tipi será apurado da mesma forma que para o produto nacional, tomando-se por base a classe de enquadramento divulgada pela Secretaria da Receita Federal.

→ *Caput* com redação alterada pela Lei 10.637/2002.

Parágrafo único. Os produtos de que trata este artigo estão sujeitos ao imposto apenas por ocasião do desembaraço aduaneiro.

Art. 53. O importador de cigarros sujeita-se, na condição de contribuinte e de contribuinte substituto dos comerciantes varejistas, ao pagamento das contribuições para o PIS/PASEP e para o financiamento da Seguridade Social – COFINS, calculadas segundo as mesmas normas aplicáveis aos fabricantes de cigarros nacionais.

Art. 54. O pagamento das contribuições a que se refere o artigo anterior deverá ser efetuado na data do registro da Declaração de Importação no Sistema Integrado de Comércio Exterior – SISCOMEX.

Art. 55. Ficam reduzidos à metade os percentuais relacionados nos incisos I, II, III e V do art.1º da Lei 9.440, de 14 de março de 1997, e nos incisos I, II e III do art. 1º da Lei 9.449, de 14 de março de 1997.

Art. 56. O inciso IV do art. 1º da Lei 9.440, de 1997, passa a vigorar com a seguinte redação:

"IV – redução de cinquenta por cento do imposto sobre produtos industrializados incidente na aquisição de máquinas, equipamentos, inclusive de testes, ferramental, moldes e modelos para moldes, instrumentos e aparelhos industriais e de controle de qualidade, novos, importados ou de fabricação nacional, bem como os respectivos acessórios, sobressalentes e peças de reposição;".

Art. 57. A apresentação de declaração de bagagem falsa ou inexata sujeita o viajante a multa correspondente a cinquenta por cento do valor excedente ao limite de isenção, sem prejuízo do imposto devido.

Art. 58. A pessoa física ou jurídica que alienar, à empresa que exercer as atividades relacionadas na alínea d do inciso III do § 1º do art. 15 da Lei 9.249, de 1995 (factoring), direitos creditórios resultantes de vendas a prazo, sujeita-se à incidência do imposto sobre operações de crédito, câmbio e seguro ou relativas a títulos e valores mobiliários – IOF às mesmas alíquotas aplicáveis às operações de financiamento e empréstimo praticadas pelas instituições financeiras.

§ 1º O responsável pela cobrança e recolhimento do IOF de que trata este artigo é a empresa de *factoring* adquirente do direito creditório.

§ 2º O imposto cobrado na hipótese deste artigo deverá ser recolhido até o terceiro dia útil da semana subsequente à da ocorrência do fato gerador.

Art. 59. A redução do IOF de que trata o inciso V do art. 4º da Lei 8.661, de 1993, passará a ser de 25% (vinte e cinco por cento).

Art. 60. O valor dos lucros distribuídos disfarçadamente, de que tratam os arts. 60 a 62 do Decreto-Lei 1.598, de 1977, com as alterações do art. 20 do Decreto-Lei 2.065, de 26 de outubro de 1983, serão, também, adicionados ao lucro líquido para efeito de determinação da base de cálculo da contribuição social sobre o lucro líquido.

Art. 61. As empresas que exercem a atividade de venda ou revenda de bens a varejo e as empresas prestadoras de serviços estão obrigadas ao uso de equipamento Emissor de Cupom Fiscal – ECF.

§ 1º Para efeito de comprovação de custos e despesas operacionais, no âmbito da legislação do imposto de renda e da contribuição social sobre o lucro líquido, os documentos emitidos pelo ECF devem conter, em relação à pessoa física ou jurídica compradora, no mínimo:

a) a sua identificação, mediante a indicação do número de inscrição no Cadastro de Pessoas Físicas – CPF, se pessoa física, ou no Cadastro Geral de Contribuintes – CGC, se pessoa jurídica, ambos do Ministério da Fazenda;

b) a descrição dos bens ou serviços objeto da operação, ainda que resumida ou por códigos;

c) a data e o valor da operação.

§ 2º Qualquer outro meio de emissão de nota fiscal, inclusive o manual, somente poderá ser utilizado com autorização específica da unidade da Secretaria de Estado da Fazenda, com jurisdição sobre o domicílio fiscal da empresa interessada.

Art. 62. A utilização, no recinto de atendimento ao público, de equipamento que possibilite o registro ou o processamento de dados relativos a operações com mercadorias ou com a prestação de serviços somente será admitida quando estiver autorizada, pela unidade da Secretaria de Estado da Fazenda, com jurisdição sobre o domicílio fiscal da empresa, a integrar o ECF.

Parágrafo único. O equipamento em uso, sem a autorização a que se refere o *caput* deste artigo ou que não satisfaça os requisitos deste artigo, poderá ser apreendido pela Secretaria da Receita Federal do Brasil ou pela Secretaria de Fazenda da Unidade Federada e utilizado como prova de qualquer infração à legislação tributária, decorrente de seu uso.

→ Parágrafo único com redação alterada pela Lei 11.941/2009.

Art. 63. O disposto nos arts. 61 e 62 observará convênio a ser celebrado entre a União, representada pela Secretaria da Receita Federal, e as Unidades Federadas, representadas no Conselho de Política Fazendária – CONFAZ pelas respectivas Secretarias de Fazenda.

Art. 64. A autoridade fiscal competente procederá ao arrolamento de bens e direitos do sujeito passivo sempre que o valor dos créditos tributários de sua responsabilidade for superior a trinta por cento do seu patrimônio conhecido.

§ 1º Se o crédito tributário for formalizado contra pessoa física, no arrolamento devem ser identificados, inclusive, os bens e direitos em nome do cônjuge, não gravados com a cláusula de incomunicabilidade.

§ 2º Na falta de outros elementos indicativos, considera-se patrimônio conhecido, o valor constante da última declaração de rendimentos apresentada.

§ 3º A partir da data da notificação do ato de arrolamento, mediante entrega de cópia do respectivo termo, o proprietário dos bens e direitos arrolados, ao transferi-los, aliená-los ou onerá-los, deve comunicar o fato à unidade do órgão fazendário que jurisdiciona o domicílio tributário do sujeito passivo.

§ 4º A alienação, oneração ou transferência, a qualquer título, dos bens e direitos arrolados, sem o cumprimento da formalidade prevista no parágrafo anterior, autoriza o requerimento de medida cautelar fiscal contra o sujeito passivo.

§ 5º O termo de arrolamento de que trata este artigo será registrado independentemente de pagamento de custas ou emolumentos:

I – no competente registro imobiliário, relativamente aos bens imóveis;

II – nos órgãos ou entidades, onde, por força de lei, os bens móveis ou direitos sejam registrados ou controlados;

III – no Cartório de Títulos e Documentos e Registros Especiais do domicílio tributário do sujeito passivo, relativamente aos demais bens e direitos.

§ 6º As certidões de regularidade fiscal expedidas deverão conter informações quanto à existência de arrolamento.

§ 7º O disposto neste artigo só se aplica a soma de créditos de valor superior a R$ 500.000,00 (quinhentos mil reais).

§ 8º Liquidado, antes do seu encaminhamento para inscrição em Dívida Ativa, o crédito tributário que tenha motivado o arrolamento, a autoridade competente da Secretaria da Receita Federal comunicará o fato ao registro imobiliário, cartório, órgão ou entidade competente de registro e controle, em que o termo de arrolamento tenha sido registrado, nos termos do § 5º, para que sejam anulados os efeitos do arrolamento.

§ 9º Liquidado ou garantido, nos termos da Lei 6.830, de 22 de setembro de 1980, o crédito tributário que tenha motivado o arrolamento, após seu encaminhamento para inscrição em Dívida Ativa, a comunicação de que trata o parágrafo anterior será feita pela autoridade competente da Procuradoria da Fazenda Nacional.

§ 10. Fica o Poder Executivo autorizado a aumentar ou restabelecer o limite de que trata o § 7º deste artigo.

→ § 10 acrescentado pela Lei 11.941/2009.

§ 11. Os órgãos de registro público onde os bens e direitos foram arrolados possuem o prazo de 30 (trinta) dias para liberá-los, contados a partir do protocolo de cópia do documento comprobatório da comunicação aos órgãos fazendários, referido no § 3º deste artigo.

→ § 11 acrescentado pela Lei 12.973/2014.

§ 12. A autoridade fiscal competente poderá, a requerimento do sujeito passivo, substituir bem ou direito arrolado por outro que seja de valor igual ou superior, desde que respeitada a ordem de prioridade de bens a serem arrolados definida pela Secretaria da Receita Federal do Brasil, e seja realizada a avaliação do bem arrolado e do bem a ser substituído nos termos do § 2º do art. 64-A.

→ § 12 acrescentado pela Lei 13.043/2014.

Art. 64-A. O arrolamento de que trata o art. 64 recairá sobre bens e direitos suscetíveis de registro público, com prioridade aos imóveis, e em valor suficiente para cobrir o montante do crédito tributário de responsabilidade do sujeito passivo.

→ *Caput* acrescentado pela MP 2.158-35/2001.

§ 1º O arrolamento somente poderá alcançar outros bens e direitos para fins de complementar o valor referido no *caput*.

→ § 1º acrescentado pela Lei 12.973/2014.

§ 2º Fica a critério do sujeito passivo, a expensas dele, requerer, anualmente, aos órgãos de registro público onde os bens e direitos estiverem arrolados, por petição fundamentada, avaliação dos referidos ativos, por perito indicado pelo próprio órgão de registro, a identificar o valor justo dos bens e direitos arrolados e evitar, deste modo, excesso de garantia.

→ § 2º acrescentado pela Lei 12.973/2014.

Art. 65. Os arts. 1º e 2º da Lei 8.397, de 6 de janeiro de 1992, passam a vigorar com as seguintes alterações:

→ Alterações efetuadas na referida Lei.

Art. 66. O órgão competente do Ministério da Fazenda poderá intervir em instrumento ou negócio jurídico que depender de prova de inexistência de débito, para autorizar sua lavratura ou realização, desde que o débito seja pago por ocasião da lavratura do instrumento ou realização do negócio, ou seja oferecida garantia real suficiente, na forma estabelecida em ato do Ministro de Estado da Fazenda.

Art. 67. O Decreto 70.235, de 6 de março de 1972, que, por delegação do Decreto-Lei 822, de 5 de setembro de 1969, regula o processo administrativo de determinação e exigência de créditos tributários da União, passa a vigorar com as seguintes alterações:

→ Alterações efetuadas no referido Decreto.

Art. 68. Os processos em que estiverem presentes as circunstâncias de que trata o art. 27 do Decreto 70.235, de 1972, terão prioridade de tratamento, na forma estabelecida em ato do Ministro de Estado da Fazenda, na cobrança administrativa, no encaminhamento para inscrição em Dívida Ativa, na efetivação da inscrição e no ajuizamento das respectivas execuções fiscais.

Art. 69. As sociedades cooperativas de consumo, que tenham por objeto a compra e fornecimento de bens aos consumidores, sujeitam-se às mesmas normas de incidência dos impostos e contribuições de competência da União, aplicáveis às demais pessoas jurídicas.

Art. 70. Os dispositivos abaixo enumerados, da Lei 9.430, de 1996, passam a vigorar com a seguinte redação:

→ Alterações efetuadas na referida Lei.

Art. 71. O disposto no art. 15 do Decreto-Lei 1.510, de 27 de dezembro de 1976, aplica-se, também, nas hipóteses de aquisições de imóveis por pessoas jurídicas.

Art. 72. O § 1º do art. 15 do Decreto-Lei 1.510, de 1976, passa a vigorar com a seguinte redação:

"§ 1º A comunicação deve ser efetuada em meio magnético aprovado pela Secretaria da Receita Federal."

Art. 73. O termo inicial para cálculo dos juros de que trata o § 4º do art. 39 da Lei 9.250, de 1995, é o mês subsequente ao do pagamento indevido ou a maior que o devido.

Art. 74. O art. 6º do Decreto-Lei 1.437, de 17 de dezembro de 1975, passa a vigorar com a seguinte alteração:

"Art. 6º (...)

Parágrafo único. O FUNDAF destinar-se-á, também, a fornecer recursos para custear:

a) o funcionamento dos Conselhos de Contribuintes e da Câmara Superior de Recursos Fiscais do Ministério da Fazenda, inclusive o pagamento de despesas com diárias e passagens referentes aos deslocamentos de Conselheiros e da gratificação de presença de que trata o parágrafo único do art. 1º da Lei 5.708, de 4 de outubro de 1971;

b) projetos e atividades de interesse ou a cargo da Secretaria da Receita Federal, inclusive quando desenvolvidos por pessoa jurídica de direito público interno, organismo internacional ou administração fiscal estrangeira."

Art. 75. (*Revogado pela Lei 10.833/2003*).

Art. 76. O disposto nos arts. 43, 55 e 56 não se aplica a projetos aprovados ou protocolizados no órgão competente para a sua apreciação, até 14 de novembro de 1997.

§ 1º O disposto no art. 55 não se aplica a projetos de empresas a que se refere o art. 1º, § 1º, alínea h, da Lei 9.449, de 14 de março de 1997, cuja produção seja destinada totalmente à exportação até 31 de dezembro de 2002.

→ § 1º acrescentado pela Lei 10.184/2001.

§ 2º A empresa que usar do benefício previsto no parágrafo anterior e deixar de exportar a totalidade de sua produção no prazo ali estabelecido estará sujeita à multa de setenta por cento aplicada sobre o valor FOB do total das importações realizadas nos termos dos incisos I e II do art. 1º da Lei 9.449, de 1997.

→ § 2º acrescentado pela Lei 10.184/2001.

Art. 77. A aprovação de novos projetos, inclusive de expansão, beneficiados com qualquer dos incentivos fiscais a que se referem o Decreto-Lei 288, de 28 de fevereiro de 1967, com as posteriores alterações, o Decreto-Lei 356, de 15 de agosto de 1968, o Decreto-Lei 1.435, de 16 de dezembro de 1975 e a Lei 8.387, de 30 de dezembro de 1991, fica condicionada à vigência de:

I – lei complementar que institua contribuição social de intervenção no domínio econômico, incidente sobre produtos importados do exterior pelos respectivos estabelecimentos beneficiados; e

II – lei específica, que disponha sobre critérios de aprovação de novos projetos, visando aos seguintes objetivos:

a) estímulo à produção de bens que utilizem, predominantemente, matérias-primas produzidas na Amazônia Ocidental;

b) prioridade à produção de partes, peças, componentes e matérias-primas, necessários para aumentar a integração da cadeia produtiva dos bens finais fabricados na Zona Franca de Manaus;

c) maior integração com o parque produtivo instalado em outros pontos do território nacional;

d) capacidade de inserção internacional do parque produtivo;

e) maior geração de emprego por unidade de renúncia fiscal estimada;

f) elevação dos níveis mínimos de agregação dos produtos oriundos de estabelecimentos localizados na Zona Franca de Manaus ou da Amazônia Ocidental.

§ 1º O disposto no *caput* deste artigo deixará de produzir efeitos se o Poder Executivo não encaminhar ao Congresso Nacional, até 15 de março de 1998, os projetos de lei de que trata este artigo.

§ 2º Ficam extintos, a partir de 1º de janeiro de 2024, os benefícios fiscais a que se referem os dispositivos legais mencionados no *caput* deste artigo.

→ § 2º com redação alterada pela Lei 12.859/2013.

Art. 78. As obras fonográficas sujeitar-se-ão a selos e sinais de controle, sem ônus para o consumidor, com o fim de identificar a legítima origem e reprimir a produção e importação ilegais e a comercialização de contrafações, sob qualquer pretexto, observado para esse efeito o disposto em regulamento.

Art. 79. Os ganhos de capital na alienação de participações acionárias de propriedade de sociedades criadas pelos Estados, Municípios ou

Distrito Federal, com o propósito específico de contribuir para o saneamento das finanças dos respectivos controladores, no âmbito de Programas de Privatização, ficam isentos do imposto sobre renda e proventos de qualquer natureza.

Parágrafo único. A isenção de que trata este artigo fica condicionada à aplicação exclusiva do produto da alienação das participações acionárias no pagamento de dívidas dos Estados, Municípios ou Distrito Federal.

Art. 80. Aos atos praticados com base na Medida Provisória 1.602, de 14 de novembro de 1997, e aos fatos jurídicos dela decorrentes, aplicam-se as disposições nela contidas.

Art. 81. Esta Lei entra em vigor na data de sua publicação, produzindo efeitos:

I – nessa data, em relação aos arts. 9º, 37 a 42, 44 a 54, 64 a 68, 74 e 75;

II – a partir de 1º de janeiro de 1998, em relação aos demais dispositivos dela constantes.

Art. 82. Ficam revogados:

I – a partir da data de publicação desta Lei:

a) os seguintes dispositivos da Lei 4.502, de 1964:

1. o inciso IV acrescentado ao art. 4º pelo Decreto-Lei 1.199, de 27 de dezembro de 1971, art. 5º, alteração 1ª;

2. os incisos X, XIV e XX do art. 7º;

3. os incisos XI, XIII, XXI, XXII, XXV, XXVII, XXIX, XXX, XXXI, XXXII, XXXIII, XXXIV e XXXV do art. 7º, com as alterações do Decreto-Lei 34, de 1966, art. 2º, alteração 3ª;

4. o parágrafo único do art. 15, acrescentado pelo art. 2º, alteração sexta, do Decreto-Lei 34, de 1966;

5. o § 3º do art. 83, acrescentado pelo art. 1º, alteração terceira, do Decreto-Lei 400, de 1968;

6. o § 2º do art. 84, renumerado pelo art. 2º, alteração vigésima-quarta, do Decreto-Lei 34, de 1966;

b) o art. 58 da Lei 5.227, de 18 de janeiro de 1967;

c) o art. 1º do Decreto-Lei 1.276, de 1º de junho de 1973;

d) o § 1º do art. 18 da Lei 6.099, de 12 de setembro de 1974;

e) o art. 7º do Decreto-Lei 1.455, de 7 de abril de I976;

f) o Decreto-Lei 1.568, de 2 de agosto de 1977;

g) os incisos IV e V do art. 4º, o art. 5º, o art. 10 e os incisos II, III, VI e VIII do art. 19, todos do Decreto-Lei 1.593, de 21 de dezembro de 1977;

h) o Decreto-Lei 1.622, de 18 de abril de 1978;

i) o art. 2º da Lei 8.393, de 30 de dezembro de 1991;

j) o inciso VII do art. 1º da Lei 8.402, de 1992;

l) o art. 4º da Lei 8.541, de 23 de dezembro de 1992;

m) os arts. 3º e 4º da Lei 8.846, de 21 de janeiro de 1994;

n) o art. 39 da Lei 9.430, de 1996;

II – a partir de 1º de janeiro de 1998:

a) o art. 28 do Decreto-Lei 5.844, de 23 de setembro de 1943;

b) o art. 30 da Lei 4.506, de 30 de novembro de 1964;

c) o § 1º do art. 260, da Lei 8.069, de 13 de julho de 1990;

d) os §§ 1º a 4º do art. 40 da Lei 8.672, de 6 de julho de 1993;

e) o art. 10 da Lei 9.477, de 1997;

f) o art. 3º da Lei 7.418, de 16 de dezembro de 1985, renumerado pelo art. 1º da Lei 7.619, de 30 de setembro de 1987.

→ Alínea *f* com redação alterada pela MP 2.189-49/2001.

Brasília, 10 de dezembro de 1997; 176º da Independência e 109º da República.

Fernando Henrique Cardoso

(Publicação no *D.O.U.* de 11.12.1997)

LEI 9.613,
DE 3 DE MARÇO DE 1998

Dispõe sobre os crimes de "lavagem" ou ocultação de bens, direitos e valores; a prevenção da utilização do sistema financeiro para os ilícitos previstos nesta Lei; cria o Conselho de Controle de Atividades Financeiras – COAF, e dá outras providências.

O Presidente da República:

Faço saber que o Congresso Nacional decreta e eu sanciono a seguinte Lei:

Capítulo I
DOS CRIMES DE "LAVAGEM" OU OCULTAÇÃO DE BENS, DIREITOS E VALORES

Art. 1º Ocultar ou dissimular a natureza, origem, localização, disposição, movimentação ou propriedade de bens, direitos ou valores provenientes, direta ou indiretamente, de infração penal.

→ *Caput* com redação alterada pela Lei 12.683/2012.

I a VIII – (*Revogados pela Lei 12.683/2012*);

Pena – reclusão, de 3 (três) a 10 (dez) anos e multa.

→ Pena com redação alterada pela Lei 12.683/2012.

§ 1º Incorre na mesma pena quem, para ocultar ou dissimular a utilização de bens, direitos ou valores provenientes de infração penal:

→ *Caput* do § 1º com redação alterada pela Lei 12.683/2012.

I – os converte em ativos lícitos;

II – os adquire, recebe, troca, negocia, dá ou recebe em garantia, guarda, tem em depósito, movimenta ou transfere;

III – importa ou exporta bens com valores não correspondentes aos verdadeiros.

§ 2º Incorre, ainda, na mesma pena quem:

→ *Caput* do § 2º com redação alterada pela Lei 12.683/2012.

I – utiliza, na atividade econômica ou financeira, bens, direitos ou valores provenientes de infração penal;

→ Inciso I com redação alterada pela Lei 12.683/2012.

II – participa de grupo, associação ou escritório tendo conhecimento de que sua atividade principal ou secundária é dirigida à prática de crimes previstos nesta Lei.

§ 3º A tentativa é punida nos termos do parágrafo único do art. 14 do Código Penal.

§ 4º A pena será aumentada de 1 (um) a 2/3 (dois terços) se os crimes definidos nesta Lei forem cometidos de forma reiterada ou por intermédio de organização criminosa.

→ § 4º com redação alterada pela Lei 12.683/2012.

§ 5º A pena poderá ser reduzida de um a dois terços e ser cumprida em regime aberto ou semiaberto, facultando-se ao juiz deixar de aplicá-la ou substituí-la, a qualquer tempo, por pena restritiva de direitos, se o autor, coautor ou partícipe colaborar espontaneamente com as autoridades, prestando esclarecimentos que conduzam à apuração das infrações penais, à identificação dos autores, coautores e partícipes, ou à localização dos bens, direitos ou valores objeto do crime.

→ § 5º com redação alterada pela Lei 12.683/2012.

→ *V.* Art. 13 da Lei 9.807/1999.

Capítulo II
DISPOSIÇÕES PROCESSUAIS ESPECIAIS

Art. 2º O processo e julgamento dos crimes previstos nesta Lei:

I – obedecem às disposições relativas ao procedimento comum dos crimes punidos com reclusão, da competência do juiz singular;

II – independem do processo e julgamento das infrações penais antecedentes, ainda que praticados em outro país, cabendo ao juiz competente para os crimes previstos nesta Lei a decisão sobre a unidade de processo e julgamento;

→ Inciso II com redação alterada pela Lei 12.683/2012.

III – são da competência da Justiça Federal:

a) quando praticados contra o sistema financeiro e a ordem econômico-financeira, ou em detrimento de bens, serviços ou interesses da União, ou de suas entidades autárquicas ou empresas públicas;

b) quando a infração penal antecedente for de competência da Justiça Federal.

→ Alínea *b* com redação alterada pela Lei 12.683/2012.

§ 1º A denúncia será instruída com indícios suficientes da existência da infração penal antecedente, sendo puníveis os fatos previstos nesta Lei, ainda que desconhecido ou isento de pena o autor, ou extinta a punibilidade da infração penal antecedente.

→ § 1º com redação alterada pela Lei 12.683/2012.

→ *V.* Art. 41 do CPP.

§ 2º No processo por crime previsto nesta Lei, não se aplica o disposto no art. 366 do Decreto-Lei 3.689, de 3 de outubro de 1941 (Código de Processo Penal), devendo o acusado que não comparecer nem constituir advogado ser citado por edital, prosseguindo o feito até o julgamento, com a nomeação de defensor dativo.

→ § 2º com redação alterada pela Lei 12.683/2012.

→ *V.* Art. 363, § 1º, do CPP.

Art. 3º (*Revogado pela Lei 12.683/2012*).

Art. 4º O juiz, de ofício, a requerimento do Ministério Público ou mediante representação do delegado de polícia, ouvido o Ministério Público em 24 (vinte e quatro) horas, havendo indícios suficientes de infração penal, poderá decretar medidas assecuratórias de bens, direitos ou valores do investigado ou acusado, ou existentes em nome de interpostas pessoas, que sejam instrumento, produto ou proveito dos crimes previstos nesta Lei ou das infrações penais antecedentes.

→ Artigo com redação alterada pela Lei 12.683/2012.

→ *V.* Arts. 125 e 144 do CPP.

§ 1º Proceder-se-á à alienação antecipada para preservação do valor dos bens sempre que estiverem sujeitos a qualquer grau de deterioração ou depreciação, ou quando houver dificuldade para sua manutenção.

→ V. Art. 131, I, do CPP.

§ 2º O juiz determinará a liberação total ou parcial dos bens, direitos e valores quando comprovada a licitude de sua origem, mantendo-se a constrição dos bens, direitos e valores necessários e suficientes à reparação dos danos e ao pagamento de prestações pecuniárias, multas e custas decorrentes da infração penal.

§ 3º Nenhum pedido de liberação será conhecido sem o comparecimento pessoal do acusado ou de interposta pessoa a que se refere o *caput* deste artigo, podendo o juiz determinar a prática de atos necessários à conservação de bens, direitos ou valores, sem prejuízo do disposto no § 1º.

§ 4º Poderão ser decretadas medidas assecuratórias sobre bens, direitos ou valores para reparação do dano decorrente da infração penal antecedente ou da prevista nesta Lei ou para pagamento de prestação pecuniária, multa e custas.

Art. 4º-A. A alienação antecipada para preservação de valor de bens sob constrição será decretada pelo juiz, de ofício, a requerimento do Ministério Público ou por solicitação da parte interessada, mediante petição autônoma, que será autuada em apartado e cujos autos terão tramitação em separado em relação ao processo principal.

→ Artigo acrescentado pela Lei 12.683/2012.

§ 1º O requerimento de alienação deverá conter a relação de todos os demais bens, com a descrição e a especificação de cada um deles, e informações sobre quem os detém e local onde se encontram.

§ 2º O juiz determinará a avaliação dos bens, nos autos apartados, e intimará o Ministério Público.

§ 3º Feita a avaliação e dirimidas eventuais divergências sobre o respectivo laudo, o juiz, por sentença, homologará o valor atribuído aos bens e determinará sejam alienados em leilão ou pregão, preferencialmente eletrônico, por valor não inferior a 75% (setenta e cinco por cento) da avaliação.

→ V. Art. 22, § 5º, da Lei 8.666/1993.

§ 4º Realizado o leilão, a quantia apurada será depositada em conta judicial remunerada, adotando-se a seguinte disciplina:

I – nos processos de competência da Justiça Federal e da Justiça do Distrito Federal:

a) os depósitos serão efetuados na Caixa Econômica Federal ou em instituição financeira pública, mediante documento adequado para essa finalidade;

b) os depósitos serão repassados pela Caixa Econômica Federal ou por outra instituição financeira pública para a Conta Única do Tesouro Nacional, independentemente de qualquer formalidade, no prazo de 24 (vinte e quatro) horas; e

c) os valores devolvidos pela Caixa Econômica Federal ou por instituição financeira pública serão debitados à Conta Única do Tesouro Nacional, em subconta de restituição;

II – nos processos de competência da Justiça dos Estados:

a) os depósitos serão efetuados em instituição financeira designada em lei, preferencialmente pública, de cada Estado ou, na sua ausência, em instituição financeira pública da União;

b) os depósitos serão repassados para a conta única de cada Estado, na forma da respectiva legislação.

§ 5º Mediante ordem da autoridade judicial, o valor do depósito, após o trânsito em julgado da sentença proferida na ação penal, será:

I – em caso de sentença condenatória, nos processos de competência da Justiça Federal e da Justiça do Distrito Federal, incorporado definitivamente ao patrimônio da União, e, nos processos de competência da Justiça Estadual, incorporado ao patrimônio do Estado respectivo;

II – em caso de sentença absolutória extintiva de punibilidade, colocado à disposição do réu pela instituição financeira, acrescido da remuneração da conta judicial.

§ 6º A instituição financeira depositária manterá controle dos valores depositados ou devolvidos.

§ 7º Serão deduzidos da quantia apurada no leilão todos os tributos e multas incidentes sobre o bem alienado, sem prejuízo de iniciativas que, no âmbito da competência de cada ente da Federação, venham a desonerar bens sob constrição judicial daqueles ônus.

§ 8º Feito o depósito a que se refere o § 4º deste artigo, os autos da alienação serão apensados aos do processo principal.

§ 9º Terão apenas efeito devolutivo os recursos interpostos contra as decisões proferidas no curso do procedimento previsto neste artigo.

§ 10. Sobrevindo o trânsito em julgado de sentença penal condenatória, o juiz decretará, em favor, conforme o caso, da União ou do Estado:

I – a perda dos valores depositados na conta remunerada e da fiança;

II – a perda dos bens não alienados antecipadamente e daqueles aos quais não foi dada destinação prévia; e

III – a perda dos bens não reclamados no prazo de 90 (noventa) dias após o trânsito em julgado da sentença condenatória, ressalvado o direito de lesado ou terceiro de boa-fé.

§ 11. Os bens a que se referem os incisos II e III do § 10 deste artigo serão adjudicados ou levados a leilão, depositando-se o saldo na conta única do respectivo ente.

§ 12. O juiz determinará ao registro público competente que emita documento de habilitação à circulação e utilização dos bens colocados sob o uso e custódia das entidades a que se refere o *caput* deste artigo.

→ V. Lei 6.015/1973 – Registros Públicos.

§ 13. Os recursos decorrentes da alienação antecipada de bens, direitos e valores oriundos do crime de tráfico ilícito de drogas e que tenham sido objeto de dissimulação e ocultação nos termos desta Lei permanecem submetidos à disciplina definida em lei específica.

→ V. Art. 63 da Lei 11.343/2006.

Art. 4º-B. A ordem de prisão de pessoas ou as medidas assecuratórias de bens, direitos ou valores poderão ser suspensas pelo juiz, ouvido o Ministério Público, quando a sua execução imediata puder comprometer as investigações.

→ Artigo acrescentado pela Lei 12.683/2012.

Art. 5º Quando as circunstâncias o aconselharem, o juiz, ouvido o Ministério Público, nomeará pessoa física ou jurídica qualificada para a administração dos bens, direitos ou valores sujeitos a medidas assecuratórias, mediante termo de compromisso.

→ Artigo com redação alterada pela Lei 12.683/2012.

Art. 6º A pessoa responsável pela administração dos bens:

→ *Caput* com redação alterada pela Lei 12.683/2012.

I – fará jus a uma remuneração, fixada pelo juiz, que será satisfeita com o produto dos bens objeto da administração;

II – prestará, por determinação judicial, informações periódicas da situação dos bens sob sua administração, bem como explicações e detalhamentos sobre investimentos e reinvestimentos realizados.

Parágrafo único. Os atos relativos à administração dos bens sujeitos a medidas assecuratórias serão levados ao conhecimento do Ministério Público, que requererá o que entender cabível.

→ Parágrafo único com redação alterada pela Lei 12.683/2012.

Capítulo III
DOS EFEITOS DA CONDENAÇÃO

Art. 7º São efeitos da condenação, além dos previstos no Código Penal:

I – a perda, em favor da União – e dos Estados, nos casos de competência da Justiça Estadual –, de todos os bens, direitos e valores relacionados, direta ou indiretamente, à prática dos crimes previstos nesta Lei, inclusive aqueles utilizados para prestar a fiança, ressalvado o direito do lesado ou de terceiro de boa-fé;

→ Inciso I com redação alterada pela Lei 12.683/2012.

→ V. Art. 91, II, do CP.

II – a interdição do exercício de cargo ou função pública de qualquer natureza e de diretor, de membro de conselho de administração ou de gerência das pessoas jurídicas referidas no art. 9º, pelo dobro do tempo da pena privativa de liberdade aplicada.

§ 1º A União e os Estados, no âmbito de suas competências, regulamentarão a forma de destinação dos bens, direitos e valores cuja perda houver sido declarada, assegurada, quanto aos processos de competência da Justiça Federal, a sua utilização pelos órgãos federais encarregados da prevenção, do combate, da ação penal e do julgamento dos crimes previstos nesta Lei, e, quanto aos processos de competência da Justiça Estadual, a preferência dos órgãos locais com idêntica função.

→ § 1º acrescentado pela Lei 12.683/2012.

§ 2º Os instrumentos do crime sem valor econômico cuja perda em favor da União ou do Estado for decretada serão inutilizados ou doados a museu criminal ou a entidade pública, se houver interesse na sua conservação.

→ § 2º acrescentado pela Lei 12.683/2012.

Capítulo IV
DOS BENS, DIREITOS OU VALORES ORIUNDOS DE CRIMES PRATICADOS NO ESTRANGEIRO

Art. 8º O juiz determinará, na hipótese de existência de tratado ou convenção internacional e por solicitação de autoridade estrangeira competente, medidas assecuratórias sobre bens, direitos ou valores oriundos de crimes descritos no art. 1º praticados no estrangeiro.

→ *Caput* com redação alterada pela Lei 12.683/2012.

§ 1º Aplica-se o disposto neste artigo, independentemente de tratado ou convenção internacional, quando o governo do país da autoridade solicitante prometer reciprocidade ao Brasil.

§ 2º Na falta de tratado ou convenção, os bens, direitos ou valores privados sujeitos a medidas assecuratórias por solicitação de autoridade estrangeira competente ou os recursos provenientes da sua alienação serão repartidos entre o Estado requerente e o Brasil, na proporção de metade, ressalvado o direito do lesado ou de terceiro de boa-fé.

→ § 2º com redação alterada pela Lei 12.683/2012.

Capítulo V
DAS PESSOAS SUJEITAS À LEI

→ Rubrica com redação alterada pela Lei 12.683/2012.

Art. 9º Sujeitam-se às obrigações referidas nos arts. 10 e 11 as pessoas físicas e jurídicas que tenham, em caráter permanente ou eventual, como atividade principal ou acessória, cumulativamente ou não:

→ *Caput* com redação alterada pela Lei 12.683/2012.

I – a captação, intermediação e aplicação de recursos financeiros de terceiros, em moeda nacional ou estrangeira;

II – a compra e venda de moeda estrangeira ou ouro como ativo financeiro ou instrumento cambial;

III – a custódia, emissão, distribuição, liquidação, negociação, intermediação ou administração de títulos ou valores mobiliários.

Parágrafo único. Sujeitam-se às mesmas obrigações:

I – as bolsas de valores, as bolsas de mercadorias ou futuros e os sistemas de negociação do mercado de balcão organizado;

→ Inciso I com redação alterada pela Lei 12.683/2012.

II – as seguradoras, as corretoras de seguros e as entidades de previdência complementar ou de capitalização;

III – as administradoras de cartões de credenciamento ou cartões de crédito, bem como as administradoras de consórcios para aquisição de bens ou serviços;

IV – as administradoras ou empresas que se utilizem de cartão ou qualquer outro meio eletrônico, magnético ou equivalente, que permita a transferência de fundos;

V – as empresas de arrendamento mercantil (*leasing*) e as de fomento comercial (*factoring*);

VI – as sociedades que efetuem distribuição de dinheiro ou quaisquer bens móveis, imóveis, mercadorias, serviços, ou, ainda, concedam descontos na sua aquisição, mediante sorteio ou método assemelhado;

VII – as filiais ou representações de entes estrangeiros que exerçam no Brasil qualquer das atividades listadas neste artigo, ainda que de forma eventual;

VIII – as demais entidades cujo funcionamento dependa de autorização de órgão regulador dos mercados financeiro, de câmbio, de capitais e de seguros;

IX – as pessoas físicas ou jurídicas, nacionais ou estrangeiras, que operem no Brasil como agentes, dirigentes, procuradoras, comissionarias ou por qualquer forma representem interesses de ente estrangeiro que exerça qualquer das atividades referidas neste artigo;

X – as pessoas físicas ou jurídicas que exerçam atividades de promoção imobiliária ou compra e venda de imóveis;

→ Inciso X com redação alterada pela Lei 12.683/2012.

XI – as pessoas físicas ou jurídicas que comercializem joias, pedras e metais preciosos, objetos de arte e antiguidades;

XII – as pessoas físicas ou jurídicas que comercializem bens de luxo ou de alto valor, intermedeiem a sua comercialização ou exerçam atividades que envolvam grande volume de recursos em espécie;

→ Inciso XII com redação alterada pela Lei 12.683/2012.

XIII – as juntas comerciais e os registros públicos;

→ Inciso XIII acrescentado pela Lei 12.683/2012.

XIV – as pessoas físicas ou jurídicas que prestem, mesmo que eventualmente, serviços de assessoria, consultoria, contadoria, auditoria, aconselhamento ou assistência, de qualquer natureza, em operações:

→ Inciso XIV acrescentado pela Lei 12.683/2012.

a) de compra e venda de imóveis, estabelecimentos comerciais ou industriais ou participações societárias de qualquer natureza;

b) de gestão de fundos, valores mobiliários ou outros ativos;

c) de abertura ou gestão de contas bancárias, de poupança, investimento ou de valores mobiliários;

d) de criação, exploração ou gestão de sociedades de qualquer natureza, fundações, fundos fiduciários ou estruturas análogas;

e) financeiras, societárias ou imobiliárias; e

f) de alienação ou aquisição de direitos sobre contratos relacionados a atividades desportivas ou artísticas profissionais;

XV – pessoas físicas ou jurídicas que atuem na promoção, intermediação, comercialização, agenciamento ou negociação de direitos de transferência de atletas, artistas ou feiras, exposições ou eventos similares;

→ Inciso XV acrescentado pela Lei 12.683/2012.

XVI – as empresas de transporte e guarda de valores;

→ Inciso XVI acrescentado pela Lei 12.683/2012

XVII – as pessoas físicas ou jurídicas que comercializem bens de alto valor de origem rural ou animal ou intermedeiem a sua comercialização; e

→ Inciso XVII acrescentado pela Lei 12.683/2012.

XVIII – as dependências no exterior das entidades mencionadas neste artigo, por meio de sua matriz no Brasil, relativamente a residentes no País.

→ Inciso XVIII acrescentado pela Lei 12.683/2012.

Capítulo VI
DA IDENTIFICAÇÃO DOS CLIENTES E MANUTENÇÃO DE REGISTROS

Art. 10. As pessoas referidas no art. 9º:

I – identificarão seus clientes e manterão cadastro atualizado, nos termos de instruções emanadas das autoridades competentes;

II – manterão registro de toda transação em moeda nacional ou estrangeira, títulos e valores mobiliários, títulos de crédito, metais, ou qualquer ativo passível de ser convertido em dinheiro, que ultrapassar limite fixado pela autoridade competente e nos termos de instruções por esta expedidas;

III – deverão adotar políticas, procedimentos e controles internos, compatíveis com seu porte e volume de operações, que lhes permitam atender ao disposto neste artigo e no art. 11, na forma disciplinada pelos órgãos competentes;

→ Inciso III com redação alterada pela Lei 12.683/2012.

IV – deverão cadastrar-se e manter seu cadastro atualizado no órgão regulador ou fiscalizador e, na falta deste, no Conselho de Controle de Atividades Financeiras (COAF), na forma e condições por eles estabelecidas;

→ Inciso IV acrescentado pela Lei 12.683/2012

V – deverão atender às requisições formuladas pelo COAF na periodicidade, forma e condições por ele estabelecidas, cabendo-lhe preservar, nos termos da lei, o sigilo das informações prestadas.

→ Inciso V acrescentado pela Lei 12.683/2012

§ 1º Na hipótese de o cliente constituir-se em pessoa jurídica, a identificação referida no inciso I deste artigo deverá abranger as pessoas físicas autorizadas a representá-la, bem como seus proprietários.

§ 2º Os cadastros e registros referidos nos incisos I e II deste artigo deverão ser conservados durante o período mínimo de 5 (cinco) anos a partir do encerramento da conta ou da conclusão da transação, prazo este que poderá ser ampliado pela autoridade competente.

§ 3º O registro referido no inciso II deste artigo será efetuado também quando a pessoa física ou jurídica, seus entes ligados, houver realizado, em um mesmo mês-calendário, operações com uma mesma pessoa, conglomerado ou grupo que, em seu conjunto, ultrapassem o limite fixado pela autoridade competente.

Art. 10-A. O Banco Central manterá registro centralizado formando o cadastro geral de correntistas e clientes de instituições financeiras, bem como de seus procuradores.

→ Artigo acrescentado pela Lei 10.701/2003.

Capítulo VII
DA COMUNICAÇÃO DE OPERAÇÕES FINANCEIRAS

Art. 11. As pessoas referidas no art. 9º:

I – dispensarão especial atenção às operações que, nos termos de instruções emanadas das autoridades competentes, possam constituir-se em sérios indícios dos crimes previstos nesta Lei, ou com eles relacionar-se;

II – deverão comunicar ao COAF, abstendo-se de dar ciência de tal ato a qualquer pessoa, inclusive àquela à qual se refira a informação, no prazo de 24 (vinte e quatro) horas, a proposta ou realização:

→ Inciso II com redação alterada pela Lei 12.683/2012.

a) de todas as transações referidas no inciso II do art. 10, acompanhadas da identificação de que trata o inciso I do mencionado artigo; e

b) das operações referidas no inciso I;

III – deverão comunicar ao órgão regulador ou fiscalizador da sua atividade ou, na sua falta, ao COAF, na periodicidade, forma e condições por eles estabelecidas, a não ocorrência de propostas, transações ou operações passíveis de serem comunicadas nos termos do inciso II.

→ Inciso III acrescentado pela Lei 12.683/2012.

§ 1º As autoridades competentes, nas instruções referidas no inciso I deste artigo, elaborarão relação de operações que, por suas características, no que se refere às partes envolvidas, valores, forma de realização, instrumentos utilizados, ou pela falta de fundamento econômico ou legal, possam configurar a hipótese nele prevista.

§ 2º As comunicações de boa-fé, feitas na forma prevista neste artigo, não acarretarão responsabilidade civil ou administrativa.

§ 3º O COAF disponibilizará as comunicações recebidas com base no inciso II do *caput* aos respectivos órgãos responsáveis pela regulação ou fiscalização das pessoas a que se refere o art. 9º.

→ § 3º com redação alterada pela Lei 12.683/2012.

Art. 11-A. As transferências internacionais e os saques em espécie deverão ser previamente comunicados à instituição financeira, nos termos, limites, prazos e condições fixados pelo Banco Central do Brasil.

→ Artigo acrescentado pela Lei 12.683/2012.

Capítulo VIII
DA RESPONSABILIDADE ADMINISTRATIVA

Art. 12. Às pessoas referidas no art. 9º, bem como aos administradores das pessoas jurídicas, que deixem de cumprir as obrigações previstas nos arts. 10 e 11, serão aplicadas, cumulativamente ou não, pelas autoridades competentes, as seguintes sanções:

I – advertência;

II – multa pecuniária variável não superior:

→ *Caput* do inciso II com redação alterada pela Lei 12.683/2012.

a) ao dobro do valor da operação;

→ Alínea *a* acrescentada pela Lei 12.683/2012.

b) ao dobro do lucro real obtido ou que presumivelmente seria obtido pela realização da operação; ou

→ Alínea *b* acrescentada pela Lei 12.683/2012.

c) ao valor de R$ 20.000.000,00 (vinte milhões de reais);

→ Alínea *c* acrescentada pela Lei 12.683/2012.

III – inabilitação temporária, pelo prazo de até 10 (dez) anos, para o exercício do cargo de administrador das pessoas jurídicas referidas no art. 9º;

IV – cassação ou suspensão da autorização para o exercício de atividade, operação ou funcionamento.

→ Inciso IV com redação alterada pela Lei 12.683/2012.

§ 1º A pena de advertência será aplicada por irregularidade no cumprimento das instruções referidas nos incisos I e II do art. 10.

§ 2º A multa será aplicada sempre que as pessoas referidas no art. 9º, por culpa ou dolo:

→ *Caput* do § 2º com redação alterada pela Lei 12.683/2012.

I – deixarem de sanar as irregularidades objeto de advertência, no prazo assinalado pela autoridade competente;

II – não cumprirem o disposto nos incisos I a IV do art. 10;

→ Inciso II com redação alterada pela Lei 12.683/2012.

III – deixarem de atender, no prazo estabelecido, a requisição formulada nos termos do inciso V do art. 10;

→ Inciso III com redação alterada pela Lei 12.683/2012.

IV – descumprirem a vedação ou deixarem de fazer a comunicação a que se refere o art. 11.

§ 3º A inabilitação temporária será aplicada quando forem verificadas infrações graves quanto ao cumprimento das obrigações constantes desta Lei ou quando ocorrer reincidência específica, devidamente caracterizada em transgressões anteriormente punidas com multa.

§ 4º A cassação da autorização será aplicada nos casos de reincidência específica de infrações anteriormente punidas com a pena prevista no inciso III do *caput* deste artigo.

Art. 13. O procedimento para a aplicação das sanções previstas neste Capítulo será regulado por decreto, assegurados o contraditório e a ampla defesa.

Capítulo IX
DO CONSELHO DE CONTROLE DE ATIVIDADES FINANCEIRAS

Art. 14. É criado, no âmbito do Ministério da Fazenda, o Conselho de Controle de Atividades Financeiras – COAF, com a finalidade de disciplinar, aplicar penas administrativas, receber, examinar e identificar as ocorrências suspeitas de atividades ilícitas previstas nesta Lei, sem prejuízo da competência de outros órgãos e entidades.

§ 1º As instruções referidas no art. 10 destinadas às pessoas mencionadas no art. 9º, para as quais não exista órgão próprio fiscalizador ou regulador, serão expedidas pelo COAF, competindo-lhe, para esses casos, a definição das pessoas abrangidas e a aplicação das sanções enumeradas no art. 12.

§ 2º O COAF deverá, ainda, coordenar e propor mecanismos de cooperação e de troca de informações que viabilizem ações rápidas e eficientes no combate à ocultação ou dissimulação de bens, direitos e valores.

§ 3º O COAF poderá requerer aos órgãos da Administração Pública as informações cadastrais bancárias e financeiras de pessoas envolvidas em atividades suspeitas.

→ § 3º acrescentado pela Lei 10.701/2003.

Art. 15. O COAF comunicará às autoridades competentes para a instauração dos procedimentos cabíveis, quando concluir pela existência de crimes previstos nesta Lei, de fundados indícios de sua prática, ou de qualquer outro ilícito.

Art. 16. O COAF será composto por servidores públicos de reputação ilibada e reconhecida competência, designados em ato do Ministro de Estado da Fazenda, dentre os integrantes do quadro de pessoal efetivo do Banco Central do Brasil, da Comissão de Valores Mobiliários, da Superintendência de Seguros Privados, da Procuradoria-Geral da Fazenda Nacional, da Secretaria da Receita Federal, de órgão de inteligência do Poder Executivo, do Departamento de Polícia Federal, do Ministério das Relações Exteriores e da Controladoria-Geral da União, atendendo, nesses quatro últimos casos, à indicação dos respectivos Ministros de Estado.

→ *Caput* com redação alterada pela Lei 12.683/2012.

§ 1º O Presidente do Conselho será nomeado pelo Presidente da República, por indicação do Ministro de Estado da Fazenda.

§ 2º Das decisões do COAF relativas às aplicações de penas administrativas caberá recurso ao Ministro de Estado da Fazenda.

Art. 17. O COAF terá organização e funcionamento definidos em estatuto aprovado por decreto do Poder Executivo.

CAPÍTULO X
DISPOSIÇÕES GERAIS

→ Capítulo acrescentado pela Lei 12.683/2012.

Art. 17-A. Aplicam-se, subsidiariamente, as disposições do Decreto-Lei 3.689, de 3 de outubro de 1941 (Código de Processo Penal), no que não forem incompatíveis com esta Lei.

→ Artigo acrescentado pela Lei 12.683/2012.

Art. 17-B. A autoridade policial e o Ministério Público terão acesso, exclusivamente, aos dados cadastrais do investigado que informam qualificação pessoal, filiação e endereço, independentemente de autorização judicial, mantidos pela Justiça Eleitoral, pelas empresas telefônicas, pelas instituições financeiras, pelos provedores de internet e pelas administradoras de cartão de crédito.

→ Artigo acrescentado pela Lei 12.683/2012.

Art. 17-C. Os encaminhamentos das instituições financeiras e tributárias em resposta às ordens judiciais de quebra ou transferência de sigilo deverão ser, sempre que determinado, em meio informático, e apresentados em arquivos que possibilitem a migração de informações para os autos do processo sem redigitação.

→ Artigo acrescentado pela Lei 12.683/2012.

Art. 17-D. Em caso de indiciamento de servidor público, este será afastado, sem prejuízo de remuneração e demais direitos previstos em lei, até que o juiz competente autorize, em decisão fundamentada, o seu retorno.

→ Artigo acrescentado pela Lei 12.683/2012.

Art. 17-E. A Secretaria da Receita Federal do Brasil conservará os dados fiscais dos contribuintes pelo prazo mínimo de 5 (cinco) anos, contado a partir do início do exercício seguinte ao da declaração de renda respectiva ou ao do pagamento do tributo.

→ Artigo acrescentado pela Lei 12.683/2012.

Art. 18. Esta Lei entra em vigor na data de sua publicação.

Brasília, 3 de março de 1998; 177º da Independência e 110º da República.

Fernando Henrique Cardoso

(Publicação no *D.O.U.* de 4.3.1998)

DECRETO 2.730,
DE 10 DE AGOSTO DE 1998

Dispõe sobre o encaminhamento ao Ministério Público Federal da representação Fiscal para fins penais de que trata o art. 83 da Lei 9.430, de 27 de dezembro de 1996.

O Presidente da República, no uso da atribuição que lhe confere o art. 84, inciso IV, da Constituição, e tendo em vista o disposto no art. 83 da Lei 9.430, de 27 de dezembro de 1996, decreta:

Art. 1º O Auditor-Fiscal do Tesouro Nacional formalizará representação fiscal, para os fins do art. 83 da Lei 9.430, de 27 de dezembro de 1996, em autos separados e protocolizada na mesma data da lavratura do auto de infração, sempre que, no curso de ação fiscal de que resulte lavratura de auto de infração de exigência de crédito de tributos e contribuições administrados pela Secretaria da Receita Federal do Ministério da Fazenda ou decorrente de apreensão de bens sujeitos à pena de perdimento, constatar fato que configure, em tese;

I - crime contra a ordem tributária tipificado nos arts. 1º ou 2º da Lei 8.137, de 27 de dezembro de 1990;

II - crime de contrabando ou descaminho.

Art. 2º Encerrado o processo administrativo-fiscal, os autos da representação fiscal para fins penais serão remetidos ao Ministério Público Federal, se:

I - mantida a imputação de multa agravada, o crédito de tributos e contribuições, inclusive acessórios, não for extinto pelo pagamento;

II - aplicada, administrativamente, a pena de perdimento de bens, estiver configurado em tese, crime de contrabando ou descaminho.

Art. 3º O Secretário da Receita Federal disciplinará os procedimentos necessários à execução deste Decreto.

Art . 4º Este Decreto entra em vigor na data de sua publicação.

Art . 5º Fica revogado o Decreto 982, de 12 de novembro de 1993.

Brasília, 10 de agosto de 1998; 177º da Independência e 110º da República.

Fernando Henrique Cardoso

(Publicação no *D.O.U.* de 11.8.1998)

LEI 9.703,
DE 17 DE NOVEMBRO DE 1998

Dispõe sobre os depósitos judiciais e extrajudiciais de tributos e contribuições federais.

Faço saber que o Presidente da República adotou a Medida Provisória 1.721, de 1998, que o Congresso Nacional aprovou, e eu, Antonio Carlos Magalhães, Presidente, para os efeitos do disposto no parágrafo único do art. 62 da Constituição Federal, promulgo a seguinte Lei:

Art. 1º Os depósitos judiciais e extrajudiciais, em dinheiro, de valores referentes a tributos e contribuições federais, inclusive seus acessórios, administrados pela Secretaria da Receita Federal do Ministério da Fazenda, serão efetuados na Caixa Econômica Federal, mediante Documento de Arrecadação de Receitas Federais - DARF, específico para essa finalidade.

§ 1º O disposto neste artigo aplica-se, inclusive, aos débitos provenientes de tributos e contribuições inscritos em Dívida Ativa da União.

§ 2º Os depósitos serão repassados pela Caixa Econômica Federal para a Conta Única do Tesouro Nacional, independentemente de qualquer formalidade, no mesmo prazo fixado para recolhimento dos tributos e das contribuições federais.

§ 3º Mediante ordem da autoridade judicial ou, no caso de depósito extrajudicial, da autoridade administrativa competente, o valor do depósito, após o encerramento da lide ou do processo litigioso, será:

I – devolvido ao depositante pela Caixa Econômica Federal, no prazo máximo de vinte e quatro horas, quando a sentença lhe for favorável ou na proporção em que o for, acrescido de juros, na forma estabelecida pelo § 4º do art. 39 da Lei 9.250, de 26 de dezembro de 1995, e alterações posteriores; ou

II – transformado em pagamento definitivo, proporcionalmente à exigência do correspondente tributo ou contribuição, inclusive seus acessórios, quando se tratar de sentença ou decisão favorável à Fazenda Nacional.

§ 4º Os valores devolvidos pela Caixa Econômica Federal serão debitados à Conta Única do Tesouro Nacional, em subconta de restituição.

§ 5º A Caixa Econômica Federal manterá controle dos valores depositados ou devolvidos.

Art. 2º Observada a legislação própria, o disposto nesta Lei aplica-se aos depósitos judiciais e extrajudiciais referentes às contribuições administradas pelo Instituto Nacional do Seguro Social.

Art. 2-A Aos depósitos efetuados antes de 1º de dezembro de 1998 será aplicada a sistemática prevista nesta Lei de acordo com um cronograma fixado por ato do Ministério da Fazenda, sendo obrigatória a sua transferência à conta única do Tesouro Nacional.

→ *Caput* com redação alterada pela Lei 12.058/2009.

§ 1º Os juros dos depósitos referidos no *caput* serão calculados à taxa originalmente devida até a data da transferência à conta única do Tesouro Nacional.

→ § 1º acrescentado pela Lei 12.099/2009.

§ 2º Após a transferência à conta única do Tesouro Nacional, os juros dos depósitos referidos no *caput* serão calculados na forma estabelecida pelo § 4º do art. 39 da Lei 9.250, de 26 de dezembro de 1995.

→ § 2º acrescentado pela Lei 12.099/2009.

§ 3º A inobservância da transferência obrigatória de que trata o *caput* sujeita os recursos depositados à remuneração na forma estabelecida pelo § 4º do art. 39 da Lei 9.250, de 26 de dezembro de 1995, desde a inobservância, e os administradores das instituições financeiras às penalidades previstas na Lei 4.595, de 31 de dezembro de 1964.

→ **Parágrafo único** renumerado para § 3º pela Lei 12.099/2009.

§ 4º (*Vetado*).

→ § 4º acrescentado pela Lei 12.099/2009.

Art. 3º Os procedimentos para execução desta Lei serão disciplinados em regulamento.

Art. 4º Esta Lei entra em vigor na data de sua publicação, aplicando-se aos depósitos efetuados a partir de 1º de dezembro de 1998.

Congresso Nacional em 17 de novembro de 1998; 177º da Independência e 110º da República.

Senador Antonio Carlos Magalhães

Presidente do Congresso Nacional

(Publicação no *D.O.U.* de 18.11.1998)

LEI 9.718,
DE 27 DE NOVEMBRO DE 1998

Altera a Legislação Tributária Federal.

O Presidente da República:

Faço saber que o Congresso Nacional decreta e eu sanciono a seguinte Lei:

Art. 1º Esta Lei aplica-se no âmbito da legislação tributária federal, relativamente às contribuições para os Programas de Integração Social e de Formação do Patrimônio do Servidor Público – PIS/PASEP e à Contribuição para o Financiamento da Seguridade Social - COFINS, de que tratam o art. 239 da Constituição e a Lei Complementar 70, de 30 de dezembro de 1991, ao Imposto sobre a Renda e ao Imposto sobre Operações de Crédito, Câmbio e Seguro, ou relativos a Títulos ou Valores Mobiliários – IOF.

Capítulo I
DA CONTRIBUIÇÃO PARA O PIS/PASEP E COFINS

Art. 2º As contribuições para o PIS/PASEP e a COFINS, devidas pelas pessoas jurídicas de direito privado, serão calculadas com base no seu faturamento, observadas a legislação vigente e as alterações introduzidas por esta Lei.

Art. 3º O faturamento a que se refere o art. 2º compreende a receita bruta de que trata o art. 12 do Decreto-Lei 1.598, de 26 de dezembro de 1977.

→ *Caput* com redação alterada pela Lei 12.973/2014.

→ *V.* Art. 2º da IN SRF 1.469/2014.

§ 1º (*Revogado pela Lei 11.941/2009*).

§ 2º Para fins de determinação da base de cálculo das contribuições a que se refere o art. 2º, excluem-se da receita bruta:

I – as vendas canceladas e os descontos incondicionais concedidos;

→ Inciso I com redação alterada pela Lei 12.973/2014.

→ *V.* Art. 2º da IN SRF 1.469/2014.

II – as reversões de provisões e recuperações de créditos baixados como perda, que não representem ingresso de novas receitas, o resultado positivo da avaliação de investimento pelo valor do patrimônio líquido e os lucros e dividendos derivados de participações societárias, que tenham sido computados como receita bruta;

→ Inciso II com redação alterada pela Lei 12.973/2014.

→ *V.* Art. 2º da IN SRF 1.469/2014.

III – os valores que, computados como receita, tenham sido transferidos para outra pessoa jurídica, observadas normas regulamentadoras expedidas pelo Poder Executivo;

→ Inciso III com eficácia suspensa pela MP 2.158-35/2001.

IV – as receitas de que trata o inciso IV do *caput* do art. 187 da Lei 6.404, de 15 de dezembro de 1976, decorrentes da venda de bens do ativo não circulante, classificado como investimento, imobilizado ou intangível; e

→ Inciso IV com redação alterada pela Lei 13.043/2014.

→ *v.* Art. 2º da IN SRF 1.469/2014.

V – (*Revogado pela Lei 12.973/2014*).

VI – a receita reconhecida pela construção, recuperação, ampliação ou melhoramento da infraestrutura, cuja contrapartida seja ativo intangível representativo de direito de exploração, no caso de contratos de concessão de serviços públicos.

→ Inciso VI acrescentado pela Lei 12.973/2014.

→ *v.* Art. 2º da IN SRF 1.469/2014.

§ 3º (*Revogado pela Lei 11.051/2004*).

§ 4º Nas operações de câmbio, realizadas por instituição autorizada pelo Banco Central do Brasil, considera-se receita bruta a diferença positiva entre o preço de venda e o preço de compra da moeda estrangeira.

§ 5º Na hipótese das pessoas jurídicas referidas no § 1º do art. 22 da Lei 8.212, de 24 de julho de 1991, serão admitidas, para os efeitos da COFINS, as mesmas exclusões e deduções facultadas para fins de determinação da base de cálculo da contribuição para o PIS/PASEP.

§ 6º Na determinação da base de cálculo das contribuições para o PIS/PASEP e COFINS, as pessoas jurídicas referidas no § 1º do art. 22 da Lei 8.212, de 1991, além das exclusões e deduções mencionadas no § 5º, poderão excluir ou deduzir:

→ § 6º acrescentado pela MP 2.158-35/2001.

I – no caso de bancos comerciais, bancos de investimentos, bancos de desenvolvimento, caixas econômicas, sociedades de crédito, financiamento e investimento, sociedades de crédito imobiliário, sociedades corretoras, distribuidoras de títulos e valores mobiliários, empresas de arrendamento mercantil e cooperativas de crédito:

a) despesas incorridas nas operações de intermediação financeira;

b) despesas de obrigações por empréstimos, para repasse, de recursos de instituições de direito privado;

c) deságio na colocação de títulos;

d) perdas com títulos de renda fixa e variável, exceto com ações;

e) perdas com ativos financeiros e mercadorias, em operações de hedge;

II – no caso de empresas de seguros privados, o valor referente às indenizações correspondentes aos sinistros ocorridos, efetivamente pago, deduzido das importâncias recebidas a título de cosseguro e resseguro, salvados e outros ressarcimentos.

III – no caso de entidades de previdência privada, abertas e fechadas, os rendimentos auferidos nas aplicações financeiras destinadas ao pagamento de benefícios de aposentadoria, pensão, pecúlio e de resgates;

IV – no caso de empresas de capitalização, os rendimentos auferidos nas aplicações financeiras destinadas ao pagamento de resgate de títulos.

§ 7º As exclusões previstas nos incisos III e IV do § 6º restringem-se aos rendimentos de aplicações financeiras proporcionados pelos ativos garantidores das provisões técnicas, limitados esses ativos ao montante das referidas provisões.

→ § 7º acrescentado pela MP 2.158-35/2001.

§ 8º Na determinação da base de cálculo da contribuição para o PIS/PASEP e COFINS, poderão ser deduzidas as despesas de captação de recursos incorridas pelas pessoas jurídicas que tenham por objeto a securitização de créditos:

→ *Caput* do § 8º acrescentado pela MP 2.158-35/2001.

I – imobiliários, nos termos da Lei 9.514, de 20 de novembro de 1997;

→ Inciso I acrescentado pela MP 2.158-35/2001.

II – financeiros, observada regulamentação editada pelo Conselho Monetário Nacional.

→ Inciso II acrescentado pela MP 2.158-35/2001.

III – agrícolas, conforme ato do Conselho Monetário Nacional.

→ Inciso III acrescentado pela Lei 11.196/2005.

§ 9º Na determinação da base de cálculo da contribuição para o PIS/PASEP e COFINS, as operadoras de planos de assistência à saúde poderão deduzir:

→ § 9º acrescentado pela MP 2.158-35/2001.

I – corresponsabilidade cedidas;

II – a parcela das contraprestações pecuniárias destinada à constituição de provisões técnicas;

III – o valor referente às indenizações correspondentes aos eventos ocorridos, efetivamente pago, deduzido das importâncias recebidas a título de transferência de responsabilidades.

§ 9º-A. Para efeito de interpretação, o valor referente às indenizações correspondentes aos eventos ocorridos de que trata o inciso III do § 9º entende-se o total dos custos assistenciais decorrentes da utilização pelos beneficiários da cobertura oferecida pelos planos de saúde, incluindo-se neste total os custos de beneficiários da própria operadora e os beneficiários de outra operadora atendidos a título de transferência de responsabilidade assumida.

→ § 9º-A acrescentado pela Lei 12.873/2013.

§ 9º-B. Para efeitos de interpretação do *caput*, não são considerados receita bruta das administradoras de benefícios os valores devidos a outras operadoras de planos de assistência à saúde.

→ § 9º-B acrescentado pela Lei 12.995/2014.

§ 10. Em substituição à remuneração por meio do pagamento de tarifas, as pessoas jurídicas que prestem serviços de arrecadação de receitas federais poderão excluir da base de cálculo da Cofins o valor a elas devido em cada período de apuração como remuneração por esses serviços, dividido pela alíquota referida no art. 18 da Lei 10.684, de 30 de maio de 2003.

→ § 10 acrescentado pela Lei 12.844/2013.

§ 11. Caso não seja possível fazer a exclusão de que trata o § 10 na base de cálculo da Cofins referente ao período em que auferida remuneração, o montante excedente poderá ser excluído da base de cálculo da Cofins dos períodos subsequentes.

→ § 11 acrescentado pela Lei 12.844/2013.

§ 12. A Secretaria da Receita Federal do Brasil do Ministério da Fazenda disciplinará o disposto nos §§ 10 e 11, inclusive quanto à definição do valor devido como remuneração dos serviços de arrecadação de receitas federais.

→ § 12 acrescentado pela Lei 12.844/2013.

§ 13. A contribuição incidente na hipótese de contratos, com prazo de execução superior a 1 (um) ano, de construção por empreitada ou de fornecimento, a preço predeterminado, de bens ou serviços a serem produzidos será calculada sobre a receita apurada de acordo com os critérios de reconhecimento adotados pela legislação do imposto sobre a renda, previstos para a espécie de operação.

→ § 13 acrescentado pela Lei 12.973/2014.

→ *v.* Art. 2º da IN SRF 1.469/2014.

§ 14. A pessoa jurídica poderá excluir da base de cálculo da Contribuição para o PIS/Pasep e da Cofins incidentes sobre a receita decorrente da alienação de participação societária o valor despendido para aquisição dessa participação, desde que a receita de alienação não tenha sido excluída da base de cálculo das mencionadas contribuições na forma do inciso IV do § 2º do art. 3º.

→ § 14 acrescentado pela Lei 13.043/2014.

Art. 4º As contribuições para os Programas de Integração Social e de Formação do Patrimônio do Servidor Público – PIS/PASEP e para o Financiamento da Seguridade Social – COFINS devidas pelos produtores e importadores de derivados de petróleo serão calculadas, respectivamente, com base nas seguintes alíquotas:

→ *Caput* com redação alterada pela Lei 10.865/2004.

I – 5,08% (cinco inteiros e oito centésimos por cento) e 23,44% (vinte inteiros e quarenta e quatro centésimos por cento), incidentes sobre a receita bruta decorrente da venda de gasolinas e suas correntes, exceto gasolina de aviação;

→ Inciso I com redação alterada pela Lei 10.865/2004.

II – 4,21% (quatro inteiros e vinte e um centésimos por cento) e 19,42% (dezenove inteiros e quarenta e dois centésimos por cento), incidentes sobre a receita bruta decorrente da venda de óleo diesel e suas correntes;

→ Inciso II com redação alterada pela Lei 10.865/2004.

III – 10,2% (dez inteiros e dois décimos por cento) e 47,4% (quarenta e sete inteiros e quatro décimos por cento) incidentes sobre a receita bruta decorrente da venda de gás liquefeito de petróleo – GLP derivado de petróleo e de gás natural;

→ Inciso III com redação alterada pela Lei 11.051/2004.

IV – sessenta e cinco centésimos por cento e três por cento incidentes sobre a receita bruta decorrente das demais atividades.

→ Inciso IV acrescentado pela Lei 9.990/2000.

Parágrafo único. (*Revogado pela Lei 9.990/2000*).

Art. 5º A Contribuição para o PIS/Pasep e a Cofins incidentes sobre a receita bruta auferida na venda de álcool, inclusive para fins carburantes, serão calculadas com base nas alíquotas, respectivamente, de:

→ *Caput* com redação alterada pela Lei 11.727/2008.

I – 1,5% (um inteiro e cinco décimos por cento) e 6,9% (seis inteiros e nove décimos por cento), no caso de produtor ou importador; e

→ Inciso I com redação alterada pela Lei 11.727/2008.

II – 3,75% (três inteiros e setenta e cinco centésimos por cento) e 17,25% (dezessete inteiros e vinte e cinco centésimos por cento), no caso de distribuidor.

→ Inciso II com redação alterada pela Lei 11.727/2008.

§ 1º Ficam reduzidas a 0% (zero por cento) as alíquotas da Contribuição para o PIS/Pasep e da Cofins incidentes sobre a receita bruta de venda de álcool, inclusive para fins carburantes, quando auferida:

→ § 1º acrescentado pela Lei 11.727/2008.

I – por distribuidor, no caso de venda de álcool anidro adicionado à gasolina;

II – por comerciante varejista, em qualquer caso;

III – nas operações realizadas em bolsa de mercadorias e futuros.

§ 2º A redução a 0 (zero) das alíquotas previstas no inciso III do § 1º deste artigo não se aplica às operações em que ocorra liquidação física do contrato.

→ § 2º acrescentado pela Lei 11.727/2008.

§ 3º As demais pessoas jurídicas que comerciem álcool não enquadradas como produtor, importador, distribuidor ou varejista ficam sujeitas às disposições da legislação da Contribuição para o PIS/Pasep e da Cofins aplicáveis à pessoa jurídica distribuidora.

→ § 3º acrescentado pela Lei 11.727/2008.

§ 4º O produtor, o importador e o distribuidor de que trata o caput deste artigo poderão optar por regime especial de apuração e pagamento da Contribuição para o PIS/Pasep e da Cofins, no qual as alíquotas específicas das contribuições são fixadas, respectivamente, em:

→ § 4º acrescentado pela Lei 11.727/2008.

I – R$ 23,38 (vinte e três reais e trinta e oito centavos) e R$ 107,52 (cento e sete reais e cinquenta e dois centavos) por metro cúbico de álcool, no caso de venda realizada por produtor ou importador;

II – R$ 58,45 (cinquenta e oito reais e quarenta e cinco centavos) e R$ 268,80 (duzentos e sessenta e oito reais e oitenta centavos) por metro cúbico de álcool, no caso de venda realizada por distribuidor.

§ 5º A opção prevista no § 4º deste artigo será exercida, segundo normas e condições estabelecidas pela Secretaria da Receita Federal do Brasil, até o último dia útil do mês de novembro de cada ano-calendário, produzindo efeitos, de forma irretratável, durante todo o ano-calendário subsequente ao da opção.

→ § 5º acrescentado pela Lei 11.727/2008.

§ 6º No caso da opção efetuada nos termos dos §§ 4º e 5º deste artigo, a Secretaria da Receita Federal do Brasil divulgará o nome da pessoa jurídica optante e a data de início da opção.

→ § 6º acrescentado pela Lei 11.727/2008.

§ 7º A opção a que se refere este artigo será automaticamente prorrogada para o ano-calendário seguinte, salvo se a pessoa jurídica dela desistir, nos termos e condições estabelecidos pela Secretaria da Receita Federal do Brasil, até o último dia útil do mês de novembro do ano-calendário, hipótese em que a produção de efeitos se dará a partir do dia 1º de janeiro do ano-calendário subsequente.

→ § 7º acrescentado pela Lei 11.727/2008.

§ 8º Fica o Poder Executivo autorizado a fixar coeficientes para redução das alíquotas previstas no *caput* e no § 4º deste artigo, as quais poderão ser alteradas, para mais ou para menos, em relação a classe de produtores, produtos ou sua utilização.

→ § 8º acrescentado pela Lei 11.727/2008.

§ 9º Na hipótese do § 8º deste artigo, os coeficientes estabelecidos para o produtor e o importador poderão ser diferentes daqueles estabelecidos para o distribuidor.

→ § 9º acrescentado pela Lei 11.727/2008.

§ 10. A aplicação dos coeficientes de que tratam os §§ 8º e 9º deste artigo não poderá resultar em alíquotas da Contribuição para o PIS/Pasep e da Cofins superiores a, respectivamente, 1,65% (um inteiro e sessenta e cinco centésimos por cento) e 7,6% (sete inteiros e seis décimos por cento) do preço médio de venda no varejo.

→ § 10 acrescentado pela Lei 11.727/2008.

§ 11. O preço médio a que se refere o § 10 deste artigo será determinado a partir de dados colhidos por instituição idônea, de forma ponderada com base nos volumes de álcool comercializados nos Estados e no Distrito Federal nos 12 (doze) meses anteriores ao da fixação dos coeficientes de que tratam os §§ 8º e 9º deste artigo.

→ § 11 acrescentado pela Lei 11.727/2008.

§ 12. No ano-calendário em que a pessoa jurídica iniciar atividades de produção, importação ou distribuição de álcool, a opção pelo regime especial poderá ser exercida em qualquer data, produzindo efeitos a partir do primeiro dia do mês em que for exercida.

→ § 12 acrescentado pela Lei 11.727/2008.

§ 13. O produtor e o importador de álcool, inclusive para fins carburantes, sujeitos ao regime de apuração não cumulativa da Contribuição para o PIS/Pasep e da Cofins podem descontar créditos relativos à aquisição do produto para revenda de outro produtor ou de outro importador.

→ § 13 com redação alterada pela Lei 12.859/2013.

§ 14. Os créditos de que trata o § 13 deste artigo correspondem aos valores da Contribuição para o PIS/Pasep e da Cofins devidos pelo vendedor em decorrência da operação.

→ § 14 acrescentado pela Lei 11.727/2008.

§ 15. O disposto no § 14 deste artigo não se aplica às aquisições de álcool anidro para adição à gasolina, hipótese em que os valores dos créditos serão estabelecidos por ato do Poder Executivo.

→ § 15 acrescentado pela Lei 11.727/2008.

§ 16. Observado o disposto nos §§ 14 e 15 deste artigo, não se aplica às aquisições de que trata o § 13 deste artigo o disposto na alínea *b* do inciso I do *caput* do art. 3º da Lei 10.637, de 30 de dezembro de 2002, e na alínea *b* do inciso I do *caput* do art. 3º da Lei 10.833, de 29 de dezembro de 2003.

→ § 16 acrescentado pela Lei 11.727/2008.

§ 17. Na hipótese de o produtor ou importador efetuar a venda de álcool, inclusive para fins carburantes, para pessoa jurídica com a qual mantenha relação de interdependência, o valor tributável não poderá ser inferior a 32,43% (trinta e dois inteiros e quarenta e três centésimos por cento) do preço corrente de venda desse produto aos consumidores na praça desse produtor ou importador.

→ § 17 acrescentado pela Lei 11.727/2008.

§ 18. Para os efeitos do § 17 deste artigo, na verificação da existência de interdependência entre 2 (duas) pessoas jurídicas, aplicar-se-ão as disposições do art. 42 da Lei no 4.502, de 30 de novembro de 1964.

→ § 18 acrescentado pela Lei 11.727/2008.

§ 19. O disposto no § 3º não se aplica às pessoas jurídicas controladas por produtores de álcool ou interligadas a produtores de álcool, seja diretamente ou por intermédio de cooperativas de produtores, ficando sujeitas às disposições da legislação da contribuição para o PIS/Pasep e da Cofins aplicáveis à pessoa jurídica produtora.

→ § 19 acrescentado pela Lei 11.945/2009.

Art. 6º O disposto no art. 4º desta Lei aplica-se, também, aos demais produtores e importadores dos produtos ali referidos.

→ *Caput* com redação alterada pela Lei 9.990/2000.

Parágrafo único. (*Revogado pela Lei 11.727/2008*).

I – inciso I, quando realizada por distribuidora do produto;

→ Inciso I com redação alterada pela Lei 9.990/2000.

II – inciso II, nos demais casos.

→ Inciso II com redação alterada pela Lei 9.990/2000.

Art. 7º No caso de construção por empreitada ou de fornecimento a preço predeterminado de bens ou serviços, contratados por pessoa jurídica de direito público, empresa pública, sociedade de economia mista ou suas subsidiárias, o pagamento das contribuições de que trata o art. 2º desta Lei poderá ser diferido, pelo contratado, até a data do recebimento do preço.

Parágrafo único. A utilização do tratamento tributário previsto no *caput* deste artigo é facultada ao subempreiteiro ou subcontratado, na hipótese de subcontratação parcial ou total da empreitada ou do fornecimento.

Art. 8º Fica elevada para três por cento a alíquota da COFINS.

§ 1º A pessoa jurídica poderá compensar, com a Contribuição Social sobre o Lucro Líquido – CSLL devida em cada período de apuração trimestral ou anual, até um terço da COFINS efetivamente paga, calculada de conformidade com este artigo.

→ § 1º com eficácia suspensa pela MP 2.158-35/2001.

§ 2º A compensação referida no § 1º:

→ § 2º com eficácia suspensa pela MP 2.158-35/2001.

I – somente será admitida em relação à COFINS correspondente a mês compreendido no período de apuração da CSLL a ser compensada, limitada ao valor desta;

II – no caso de pessoas jurídicas tributadas pelo regime de lucro real anual, poderá ser efetuada com a CSLL determinada na forma dos arts. 28 a 30 da Lei 9.430, de 27 de dezembro de 1996.

§ 3º Da aplicação do disposto neste artigo, não decorrerá, em nenhuma hipótese, saldo de COFINS ou CSLL a restituir ou a compensar com o devido em períodos de apuração subsequentes.

→ § 3º com eficácia suspensa pela MP 2.158-35/2001.

§ 4º A parcela da COFINS compensada na forma deste artigo não será dedutível para fins de determinação do lucro real.

→ § 4º com eficácia suspensa pela MP 2.158-35/2001.

Art. 8º-A. Fica elevada para 4% (quatro por cento) a alíquota da Contribuição para o Financiamento da Seguridade Social - COFINS devida pelas pessoas jurídicas referidas no § 9º do art. 3º desta Lei, observada a norma de interpretação do § 9º-A, produzindo efeitos a partir do 1º (primeiro) dia do 4º (quarto) mês subsequente ao da publicação da lei decorrente da conversão da Medida Provisória 619, de 6 de junho de 2013, exclusivamente quanto à alíquota.

→ Artigo acrescentado pela Lei 12.873/2013.

Art. 8º-B. A Cofins incidente sobre as receitas decorrentes da alienação de participações societárias deve ser apurada mediante a aplicação da alíquota de 4% (quatro por cento).

→ Artigo acrescentado pela Lei 13.043/2014.

Capítulo II
DO IMPOSTO SOBRE A RENDA

Art. 9º As variações monetárias dos direitos de crédito e das obrigações do contribuinte, em função da taxa de câmbio ou de índices ou coeficientes aplicáveis por disposição legal ou contratual serão consideradas, para efeitos da legislação do imposto de renda, da contribuição social sobre o lucro líquido, da contribuição PIS/PASEP e da COFINS, como receitas ou despesas financeiras, conforme o caso.

Art. 10. Os dispositivos abaixo enumerados da Lei 9.532, de 10 de dezembro de 1997, passam a vigorar com a seguinte redação:

→ Alterações efetuadas na referida Lei.

Art. 11. Sem prejuízo do disposto nos incisos III e IV do art. 7º da Lei 9.532, de 1997, a pessoa jurídica sucessora poderá classificar, no patrimônio líquido, alternativamente ao disposto no § 2º do mencionado artigo, a conta que registrar o ágio ou deságio nele mencionado.

Parágrafo único. O disposto neste artigo aplica-se aos fatos geradores ocorridos a partir de 1º de janeiro de 1998.

Art. 12. Sem prejuízo das normas de tributação aplicáveis aos não residentes no País, sujeitar-se-á à tributação pelo imposto de renda, como residente, a pessoa física que ingressar no Brasil:

I – com visto temporário:

a) para trabalhar com vínculo empregatício, em relação aos fatos geradores ocorridos a partir da data de sua chegada;

b) por qualquer outro motivo, e permanecer por período superior a cento e oitenta e três dias, consecutivos ou não, contado, dentro de um intervalo de doze meses, da data de qualquer chegada, em relação aos fatos geradores ocorridos a partir do dia subsequente àquele em que se completar referido período de permanência;

II – com visto permanente, em relação aos fatos geradores ocorridos a partir de sua chegada.

Parágrafo único. A Secretaria da Receita Federal expedirá normas quanto às obrigações acessórias decorrentes da aplicação do disposto neste artigo.

Art. 13. A pessoa jurídica cuja receita bruta total no ano-calendário anterior tenha sido igual ou inferior a R$ 78.000.000,00 (setenta e oito milhões de reais) ou a R$ 6.500.000,00 (seis milhões e quinhentos mil reais) multiplicado pelo número de meses de atividade do ano-calendário anterior, quando inferior a 12 (doze) meses, poderá optar pelo regime de tributação com base no lucro presumido.

→ *Caput* com redação alterada pela Lei 12.814/2013.

§ 1º A opção pela tributação com base no lucro presumido será definitiva em relação a todo o ano-calendário.

§ 2º Relativamente aos limites estabelecidos neste artigo, a receita bruta auferida no ano anterior será considerada segundo o regime de competência ou de caixa, observado o critério adotado pela pessoa jurídica, caso tenha, naquele ano, optado pela tributação com base no lucro presumido.

Art. 14. Estão obrigadas à apuração do lucro real as pessoas jurídicas:

I – cuja receita total no ano-calendário anterior seja superior ao limite de R$ 78.000.000,00 (setenta e oito milhões de reais) ou proporcional ao número de meses do período, quando inferior a 12 (doze) meses;

→ Incido I com redação alterada pela Lei 12.814/2013.

II – cujas atividades sejam de bancos comerciais, bancos de investimentos, bancos de desenvolvimento, caixas econômicas, sociedades de crédito, financiamento e investimento, sociedades de crédito imobiliário, sociedades corretoras de títulos, valores mobiliários e câmbio, distribuidoras de títulos e valores mobiliários, empresas de arrendamento mercantil, cooperativas de crédito, empresas de seguros privados e de capitalização e entidades de previdência privada aberta;

III – que tiverem lucros, rendimentos ou ganhos de capital oriundos do exterior;

IV – que, autorizadas pela legislação tributária, usufruam de benefícios fiscais relativos à isenção ou redução do imposto;

V – que, no decorrer do ano-calendário, tenham efetuado pagamento mensal pelo regime de estimativa, na forma do art. 2º da Lei 9.430, de 1996;

VI – que explorem as atividades de prestação cumulativa e contínua de serviços de assessoria creditícia, mercadológica, gestão de crédito, seleção e riscos, administração de contas a pagar e a receber, compras de direitos creditórios resultantes de vendas mercantis a prazo ou de prestação de serviços (*factoring*).

VII – que explorem as atividades de securitização de créditos imobiliários, financeiros e do agronegócio.

→ Inciso VII acrescentado pela Lei 12.249/2010.

Capítulo III
DO IMPOSTO SOBRE OPERAÇÕES DE CRÉDITO, CÂMBIO E SEGURO, OU RELATIVAS A TÍTULOS OU VALORES MOBILIÁRIOS

Art. 15. A alíquota do Imposto sobre Operações de Crédito, Câmbio e Seguro, ou relativas a Títulos ou Valores Mobiliários – IOF nas operações de seguro será de vinte e cinco por cento.

Capítulo IV
DAS DISPOSIÇÕES GERAIS E FINAIS

Art. 16. A pessoa jurídica que, obrigada a apresentar, à Secretaria da Receita Federal, declaração de informações, deixar de fazê-lo ou fizer após o prazo fixado para sua apresentação, sujeitar-se-á à multa de um por cento ao mês ou fração, incidente sobre o imposto de renda devido, ainda que integralmente pago, relativo ao ano-calendário a que corresponderem as respectivas informações.

Parágrafo único. Ao disposto neste artigo aplicam-se as normas constantes dos §§ 1º a 3º do art. 88 da Lei 8.981, de 20 de janeiro de 1995, e do art. 27 da Lei 9.532, de 1997.

Art. 17. Esta Lei entra em vigor na data de sua publicação, produzindo efeitos:

I – em relação aos arts. 2º a 8º, para os fatos geradores ocorridos a partir de 1º de fevereiro de 1999;

II – em relação aos arts. 9º e 12 a 15, a partir de 1º de janeiro de 1999.

Art. 18. Ficam revogados, a partir de 1º de janeiro de 1999:

I – o § 2º do art. 1º do Decreto-lei 1.330, de 13 de maio de 1974;

II – o § 2º do art. 4º do Decreto-lei 1.506, de 23 de dezembro de 1976;

III – o art. 36 e o inciso VI do art. 47 da Lei 8.981, de 1995;

IV – o § 4º do art. 15 da Lei 9.532, de 1997.

Brasília, 27 de novembro de 1998; 177º da Independência e 110º da República.

Fernando Henrique Cardoso

(Publicação no *D.O.U.* de 28.11.1998)

DECRETO 2.850,
DE 27 DE NOVEMBRO DE 1998

Disciplina os procedimentos pertinentes aos depósitos judiciais e extrajudiciais, de valores de tributos e contribuições federais administrados pela Secretaria da Receita Federal, de que trata a Lei 9.703, de 17 de novembro de 1998.

O Presidente da República, no uso da atribuição que lhe confere o art. 84, inciso IV, da Constituição, decreta:

Art. 1º Os depósitos judiciais e extrajudiciais, em dinheiro, de valores referentes a tributos e contribuições federais, inclusive seus acessórios, administrados pela Secretaria da Receita Federal do Ministério da Fazenda, serão efetuados na Caixa Econômica Federal, mediante Documento de Arrecadação de Receitas Federais – DARF, específico para essa finalidade, conforme modelo a ser estabelecido por aquela Secretaria e confeccionado e distribuído pela Caixa Econômica Federal.

§ 1º O disposto neste artigo aplica-se, inclusive, aos débitos provenientes de tributos e contribuições inscritos em Dívida Ativa da União.

§ 2º Quando houver mais de um interessado na ação, o depósito à ordem e disposição do Juízo deverá ser efetuado, de forma individualizada, em nome de cada contribuinte.

§ 3º O DARF deverá conter, além de outros elementos fixados em ato do Secretário da Receita Federal, os dados necessários à identificação do órgão da Justiça onde estiver tramitando a ação, e ao controle da Caixa Econômica Federal.

§ 4º No caso de recebimento de depósito judicial, a Caixa Econômica Federal deverá remeter uma via do DARF ao órgão judicial em que tramita a ação.

§ 5º A Caixa Econômica Federal deverá encaminhar à unidade da Secretaria da Receita Federal que jurisdicione o domicílio tributário do contribuinte uma via do DARF referente aos depósitos extrajudiciais recebidos, de que tratam os arts. 83 do Decreto 93.872, de 23 de dezembro de 1986, e 33, § 2º, do Decreto 70.235, de 6 de março de 1972, com a redação dada pelo art. 32 da Medida Provisória 1.699-41, de 27 de outubro de 1998, e o Regulamento Aduaneiro, aprovado pelo Decreto 91.030, de 5 de março de 1985.

Art. 2º Mediante ordem da autoridade judicial ou, no caso de depósito extrajudicial, da autoridade administrativa competente, o valor do depósito, após o encerramento da lide ou do processo litigioso, será:

I – devolvido ao depositante pela Caixa Econômica Federal, no prazo máximo de vinte e quatro horas, quando a sentença ou decisão lhe for favorável ou na proporção em que o for, acrescido de juros equivalentes à taxa referencial do Sistema Especial de Liquidação e de Custódia – SELIC, para títulos federais, acumulada mensalmente, calculados a partir do mês subsequente ao da efetivação do depósito até o mês anterior ao do seu levantamento, e de juros de um por cento relativamente ao mês em que estiver sendo efetivada a devolução; ou

II – transformado em pagamento definitivo, proporcionalmente à exigência do correspondente tributo ou contribuição, inclusive seus acessórios, quando se tratar de sentença ou decisão favorável à Fazenda Nacional.

Parágrafo único. A Secretaria da Receita Federal aprovará modelo de documento, a ser confeccionado e preenchido pela Caixa Econômica Federal, contendo os dados relativos aos depósitos devolvidos ao depositante ou transformados em pagamento definitivo.

Art. 3º Os depósitos recebidos e os valores devolvidos terão o seguinte tratamento:

I – o valor dos depósitos recebidos será repassado para a Conta Única do Tesouro Nacional, junto ao Banco Central do Brasil, no mesmo prazo fixado pelo Ministro de Estado da Fazenda para repasse dos tributos e contribuições arrecadados mediante DARF;

II – o valor dos depósitos devolvidos ao depositante será debitado à Conta Única do Tesouro Nacional, junto ao Banco Central do Brasil, a título de restituição, no mesmo dia em que ocorrer a devolução.

§ 1º O Banco Central do Brasil providenciará, no mesmo dia, o crédito dos valores devolvidos na conta de reserva bancária da Caixa Econômica Federal.

§ 2º Os valores das devoluções, inclusive dos juros acrescidos, serão contabilizados como anulação do respectivo imposto ou contribuição em que tiver sido contabilizado o depósito.

§ 3º No caso de transformação do depósito em pagamento definitivo, a Caixa Econômica Federal efetuará a baixa em seus controles e comunicará a ocorrência à Secretaria da Receita Federal.

Art. 4º A Caixa Econômica Federal manterá controle dos valores depositados, devolvidos e transformados em pagamento definitivo, por contribuinte e por processo, devendo, relativamente aos valores depositados e respectivos acréscimos de juros, tornar disponível aos órgãos interessados e aos depositantes o acesso aos respectivos registros, emitir extratos mensais e remetê-los à autoridade judicial ou administrativa que for competente para liberar os depósitos, à Secretaria da Receita Federal ou à Procuradoria-Geral da Fazenda Nacional.

Parágrafo único. Os registros e extratos referidos neste artigo devem conter os dados que permitam identificar o depositante, o processo administrativo ou judicial, a movimentação dos depósitos durante o mês, além de outros elementos que forem considerados indispensáveis pela Secretaria da Receita Federal ou pela Procuradoria-Geral da Fazenda Nacional.

Art. 5º Os dados sobre os depósitos recebidos, devolvidos e transformados em pagamento definitivo deverão ser transmitidos à Secretaria da Receita Federal por meio magnético ou eletrônico, independente da remessa de via dos documentos aos setores indicados em atos daquela Secretaria.

Art. 6º (*Revogado pelo Dec. 6.179/2007*).

Art. 7º Este Decreto entra em vigor na data de sua publicação, aplicando-se aos depósitos efetuados a partir de 1º de dezembro de 1998.

Brasília, 27 de novembro de 1998; 177º da Independência e 110º da República.

Fernando Henrique Cardoso

(Publicação no *D.O.U.* de 30.11.1998)

LEI 9.779,
DE 19 DE JANEIRO DE 1999

Altera a legislação do Imposto sobre a Renda, relativamente à tributação dos Fundos de Investimento Imobiliário e dos rendimentos auferidos em aplicação ou operação financeira de renda fixa ou variável, ao Sistema Integrado de Pagamento de Impostos e Contribuições das Microempresas e das Empresas de Pequeno Porte – SIMPLES, à incidência sobre rendimentos de beneficiários no exterior, bem assim a legislação do Imposto sobre Produtos Industrializados – IPI, relativamente ao aproveitamento de créditos e à equiparação de atacadista a estabelecimento industrial, do Imposto sobre Operações de Crédito, Câmbio e Seguros ou Relativas a Títulos e Valores Mobiliários – IOF, relativamente às operações de mútuo, e da Contribuição Social sobre o Lucro Líquido, relativamente às despesas financeiras, e dá outras providências.

Faço saber que o Presidente da República adotou a Medida Provisória 1.788, de 1998, que o Congresso Nacional aprovou, e eu, Antonio Carlos Magalhães, Presidente, para os efeitos do disposto no parágrafo único do art. 62 da Constituição Federal, promulgo a seguinte Lei:

Art. 1º Os arts. 10 e 16 a 19 da Lei 8.668, de 25 de junho de 1993, a seguir enumerados, passam a vigorar com a seguinte redação:

"Art. 10. (...)

(...)"

"XI – critérios relativos à distribuição de rendimentos e ganhos de capital.

Parágrafo único. O fundo deverá distribuir a seus quotistas, no mínimo, noventa e cinco por cento dos lucros auferidos, apurados segundo o regime de caixa, com base em balanço ou balancete semestral encerrado em 30 de junho e 31 de dezembro de cada ano."

"Art. 16-A. Os rendimentos e ganhos líquidos auferidos pelos Fundos de Investimento Imobiliário, em aplicações financeiras de renda fixa ou de renda variável, sujeitam-se à incidência do imposto de renda na fonte, observadas as mesmas normas aplicáveis às pessoas jurídicas submetidas a esta forma de tributação.

Parágrafo único. O imposto de que trata este artigo poderá ser compensado com o retido na fonte, pelo Fundo de Investimento Imobiliário, quando da distribuição de rendimentos e ganhos de capital."

"Art. 17. Os rendimentos e ganhos de capital auferidos, apurados segundo o regime de caixa, quando distribuídos pelos Fundos de Investimento Imobiliário a qualquer beneficiário, inclusive pessoa jurídica isenta, sujeitam-se à incidência do imposto de renda na fonte, à alíquota de vinte por cento.

Parágrafo único. O imposto de que trata este artigo deverá ser recolhido até o último dia útil do mês subsequente ao do encerramento do período de apuração."

"Art. 18. Os ganhos de capital e rendimentos auferidos na alienação ou no resgate de quotas dos fundos de investimento imobiliário, por qualquer beneficiário, inclusive por pessoa jurídica isenta, sujeitam-se à incidência do imposto de renda à alíquota de vinte por cento:"

"I – na fonte, no caso de resgate;

II – às mesmas normas aplicáveis aos ganhos de capital ou ganhos líquidos auferidos em operações de renda variável, nos demais casos."

"Art. 19. O imposto de que tratam os arts. 17 e 18 será considerado:"

"I – antecipação do devido na declaração, no caso de beneficiário pessoa jurídica tributada com base no lucro real, presumido ou arbitrado;

II – tributação exclusiva, nos demais casos."

Art. 2º Sujeita-se à tributação aplicável às pessoas jurídicas, o fundo de investimento imobiliário de que trata a Lei 8.668, de 1993, que aplicar recursos em empreendimento imobiliário que tenha como incorporador, construtor ou sócio, quotista que possua, isoladamente ou em conjunto com pessoa a ele ligada, mais de vinte e cinco por cento das quotas do fundo.

Parágrafo único. Para efeito do disposto neste artigo, considera-se pessoa ligada ao quotista:

I – pessoa física:

a) os seus parentes até o segundo grau;

b) a empresa sob seu controle ou de qualquer de seus parentes até o segundo grau;

II – pessoa jurídica, a pessoa que seja sua controladora, controlada ou coligada, conforme definido nos §§ 1º e 2º do art. 243 da Lei 6.404, de 15 de dezembro de 1976.

Art. 3º Os lucros acumulados até 31 de dezembro de 1998 pelos fundos de investimento imobiliário constituídos antes da publicação desta Lei, que forem distribuídos até 31 de janeiro de 1999, sujeitar-se-ão à incidência do imposto de renda na fonte à alíquota de vinte por cento.

Parágrafo único. Os lucros a que se refere este artigo, distribuídos após 31 de janeiro de 1999, sujeitar-se-ão à incidência do imposto de renda na fonte à alíquota de vinte e cinco por cento.

Art. 4º Ressalvada a responsabilidade da fonte pagadora pela retenção do imposto sobre os rendimentos de que trata o art. 16 da Lei 8.668, de 1993, com a redação dada por esta Lei, fica a instituição administradora do fundo de investimento imobiliário responsável pelo cumprimento das demais obrigações tributárias, inclusive acessórias, do fundo.

Art. 5º Os rendimentos auferidos em qualquer aplicação ou operação financeira de renda fixa ou de renda variável sujeitam-se à incidência do imposto de renda na fonte, mesmo no caso das operações de cobertura (hedge), realizadas por meio de operações de swap e outras, nos mercados de derivativos.

Parágrafo único. A retenção na fonte de que trata este artigo não se aplica no caso de beneficiário referido no inciso I do art. 77 da Lei 8.981, de 1995, com redação dada pela Lei 9.065, de 20 de junho de 1995.

Art. 6º O art. 9º da Lei 9.317, de 5 de dezembro de 1996, passa a vigorar com a seguinte redação:

"Art.9º (...)"

"I – na condição de empresa de pequeno porte, que tenha auferido, no ano-calendário imediatamente anterior, receita bruta superior a R$ 1.200.000,00 (um milhão e duzentos mil reais);"

"(...)"

"§ 1º Na hipótese de início de atividade no ano-calendário imediatamente anterior ao da opção, os valores a que se referem os incisos I e II serão, respectivamente, de R$ 10.000,00 (dez mil reais) e R$ 100.000,00 (cem mil reais) multiplicados pelo número de meses de funcionamento naquele período, desconsideradas as frações de meses."

"(...)"

Art. 7º Os rendimentos do trabalho, com ou sem vínculo empregatício, e os da prestação de serviços, pagos, creditados, entregues, empregados ou remetidos a residentes ou domiciliados no exterior, sujeitam-se à incidência do imposto de renda na fonte à alíquota de vinte e cinco por cento.

Art. 8º Ressalvadas as hipóteses a que se referem os incisos V, VIII, IX, X e XI do art. 1º da Lei 9.481, de 1997, os rendimentos decorrentes de qualquer operação, em que o beneficiário seja residente ou domiciliado em país que não tribute a renda ou que a tribute à alíquota máxima inferior a vinte por cento, a que se refere o art. 24 da Lei 9.430, de 27 de dezembro de 1996, sujeitam-se à incidência do imposto de renda na fonte à alíquota de vinte e cinco por cento.

Art. 9º Os juros e comissões correspondentes à parcela dos créditos de que trata o inciso XI do art. 1º da Lei 9.481, de 1997, não aplicada no financiamento de exportações, sujeita-se à incidência do imposto de renda na fonte à alíquota de vinte e cinco por cento.

Parágrafo único. O imposto a que se refere este artigo será recolhido até o último dia útil do 1º (primeiro) decêndio do mês subsequente ao de apuração dos referidos juros e comissões.

→ Parágrafo único com redação alterada pela Lei 11.488/2007.

Art. 10. O § 2º do art. 23 da Lei 9.532, de 1997, passa a vigorar com a seguinte redação:

→ Alterações efetuadas na referida Lei.

Art. 11. O saldo credor do Imposto sobre Produtos Industrializados – IPI, acumulado em cada trimestre-calendário, decorrente de aquisição de matéria-prima, produto intermediário e material de embalagem, aplicados na industrialização, inclusive de produto isento ou tributado à alíquota zero, que o contribuinte não puder compensar com o IPI devido na saída de outros produtos, poderá ser utilizado de conformidade com o disposto nos arts. 73 e 74 da Lei 9.430, de 27 de dezembro de 1996, observadas normas expedidas pela Secretaria da Receita Federal do Ministério da Fazenda.

Art. 12. Equiparam-se a estabelecimento industrial os estabelecimentos atacadistas dos produtos da Posição 8703 da Tabela de Incidência do IPI – TIPI.

Parágrafo único. A equiparação a que se refere o *caput* aplica-se, inclusive, ao estabelecimento fabricante dos produtos da Posição 8703 da TIPI, em relação aos produtos da mesma posição, produzidos por outro fabricante, ainda que domiciliado no exterior, que revender.

Art. 13. As operações de crédito correspondentes a mútuo de recursos financeiros entre pessoas jurídicas ou entre pessoa jurídica e pessoa física sujeitam-se à incidência do IOF segundo as mesmas normas aplicáveis às operações de financiamento e empréstimos praticadas pelas instituições financeiras.

§ 1º Considera-se ocorrido o fato gerador do IOF, na hipótese deste artigo, na data da concessão do crédito.

§ 2º Responsável pela cobrança e recolhimento do IOF de que trata este artigo é a pessoa jurídica que conceder o crédito.

§ 3º O imposto cobrado na hipótese deste artigo deverá ser recolhido até o terceiro dia útil da semana subsequente à da ocorrência do fato gerador.

Art. 14. As despesas financeiras relativas a empréstimos ou financiamentos e os juros remuneratórios do capital próprio a que se refere o art. 9º da Lei 9.249, de 1995, não são dedutíveis para efeito da determinação da base de cálculo da contribuição social sobre o lucro líquido.

→ Artigo com eficácia suspensa pela MP 2.158-35/2001.

Art. 15. Serão efetuados, de forma centralizada, pelo estabelecimento matriz da pessoa jurídica:

I – o recolhimento do imposto de renda retido na fonte sobre quaisquer rendimentos;

II – a apuração do crédito presumido do Imposto sobre Produtos Industrializados – IPI de que trata a Lei 9.363, de 13 de dezembro de 1996;

III – a apuração e o pagamento das contribuições para o Programa de Integração Social e para o Programa de Formação do Patrimônio do Servido Público – PIS/PASEP e para o Financiamento da Seguridade Social – COFINS;

IV – a apresentação das declarações de débitos e créditos de tributos e contribuições federais e as declarações de informações, observadas normas estabelecidas pela Secretaria da Receita Federal.

Art. 16. Compete à Secretaria da Receita Federal dispor sobre as obrigações acessórias relativas aos impostos e contribuições por ela administrados, estabelecendo, inclusive, forma, prazo e condições para o seu cumprimento e o respectivo responsável.

Art. 17. Fica concedido ao contribuinte ou responsável exonerado do pagamento de tributo ou contribuição por decisão judicial proferida, em qualquer grau de jurisdição, com fundamento em inconstitucionalidade de lei, que houver sido declarada constitucional pelo Supremo Tribunal Federal, em ação direta de constitucionalidade ou inconstitucionalidade, o prazo até o último dia útil do mês de janeiro de 1999 para o pagamento, isento de multa e juros de mora, da exação alcançada pela decisão declaratória, cujo fato gerador tenha ocorrido posteriormente à data de publicação do pertinente acórdão do Supremo Tribunal Federal.

§ 1º O disposto neste artigo estende-se:

→ *Caput* do § 1º com redação alterada pela MP 2.158-35/2001.

I – aos casos em que a declaração de constitucionalidade tenha sido proferida pelo Supremo Tribunal Federal, em recurso extraordinário;

→ Inciso I acrescentado pela MP 2.158-35/2001.

II – a contribuinte ou responsável favorecido por decisão judicial definitiva em matéria tributária, proferida sob qualquer fundamento, em qualquer grau de jurisdição;

→ Inciso II acrescentado pela MP 2.158/35/2001.

III – aos processos judiciais ajuizados até 31 de dezembro de 1998, exceto os relativos à execução da Dívida Ativa da União.

→ Inciso III acrescentado pela MP 2.158/35/2001.

§ 2º O pagamento na forma do *caput* deste artigo aplica-se à exação relativa a fato gerador:

→ § 2º acrescentado pela MP 2.158-35/2001.

I – ocorrido a partir da data da publicação do primeiro Acórdão do Tribunal Pleno do Supremo Tribunal Federal, na hipótese do inciso I do § 1º;

II – ocorrido a partir da data da publicação da decisão judicial, na hipótese do inciso II do § 1º;

III – alcançado pelo pedido, na hipótese do inciso III do § 1º.

§ 3º O pagamento referido neste artigo:

→ § 3º acrescentado pela MP 2.158-35/2001.

I – importa em confissão irretratável da dívida;

II – constitui confissão extrajudicial, nos termos dos arts. 348, 353 e 354 do Código de Processo Civil;

III – poderá ser parcelado em até seis parcelas iguais, mensais e sucessivas, vencendo-se a primeira no mesmo prazo estabelecido no *caput* para o pagamento integral e as demais no último dia útil dos meses subsequentes;

IV – relativamente aos tributos e contribuições administrados pela Secretaria da Receita Federal, poderá ser efetuado em quota única, até o último dia útil do mês de julho de 1999.

§ 4º As prestações do parcelamento referido no inciso III do § 3º serão acrescidas de juros equivalentes à taxa referencial do Sistema Especial de Liquidação e de Custódia – SELIC, para títulos federais, acumulada mensalmente, calculados a partir do mês de vencimento da primeira parcela até o mês anterior ao pagamento e de um por cento no mês do pagamento.

→ § 4º acrescentado pela MP 2.158-35/2001.

§ 5º Na hipótese do inciso IV do § 3º, os juros a que se refere o § 4º serão calculados a partir do mês de fevereiro de 1999.

→ § 5º acrescentado pela MP 2.158-35/2001.

§ 6º O pagamento nas condições deste artigo poderá ser parcial, referente apenas a determinado objeto da ação judicial, quando esta envolver mais de um objeto.

→ § 6º acrescentado pela MP 2.158-35/2001.

§ 7º No caso de pagamento parcial, o disposto nos incisos I e II do § 3º alcança exclusivamente os valores pagos.

→ § 7º acrescentado pela MP 2.158-35/2001.

§ 8º Aplica-se o disposto neste artigo às contribuições arrecadadas pelo Instituto Nacional do Seguro Social – INSS.

→ § 8º acrescentado pela MP 2.158-35/2001.

Art. 18. O importador, antes de aplicada a pena de perdimento da mercadoria na hipótese a que se refere o inciso II do art. 23 do Decreto-Lei 1.455, de 7 de abril de 1976, poderá iniciar o respectivo despacho aduaneiro, mediante o cumprimento das formalidades exigidas e o pagamento dos tributos incidentes na importação, acrescidos dos juros e da multa de que trata o art. art. 61 da Lei 9.430, de 27 de dezembro de 1996, e das despesas decorrentes da permanência da mercadoria em recinto alfandegado.

Parágrafo único. Para efeito do disposto neste artigo, considera-se ocorrido o fato gerador, e devidos os tributos incidentes na importação, na data do vencimento do prazo de permanência da mercadoria no recinto alfandegado.

Art. 19. A pena de perdimento, aplicada na hipótese a que se refere o *caput* do artigo anterior, poderá ser convertida, a requerimento do importador, antes de ocorrida a destinação, em multa equivalente ao valor aduaneiro da mercadoria.

Parágrafo único. A entrega da mercadoria ao importador, em conformidade com o disposto neste artigo, fica condicionada à comprovação do pagamento da multa e ao atendimento das normas de controle administrativo.

Art. 20. A SRF expedirá os atos necessários à aplicação do disposto nos arts. 18 e 19.

Art. 21. Esta Lei entra em vigor na data de sua publicação.

Art. 22. Ficam revogados:

I – a partir da publicação desta Lei, o art. 19 da Lei 9.532, de 1997;

II – a partir de 1º de janeiro de 1999:

a) o art. 13 da Lei 8.218, de 29 de agosto de 1991, com redação dada pela Lei nº 8.383, de 30 de dezembro de 1991;

b) o art. 42 da Lei 9.532, de 1997.

Congresso Nacional, em 19 de janeiro de 1999; 178º da Independência e 111º da República.

Senador Antonio Carlos Magalhães

Presidente

(Publicação no *D.O.U.* 20.1.1999)

LEI 9.784,
DE 29 DE JANEIRO DE 1999

Regula o processo administrativo no âmbito da Administração Pública Federal.

O Presidente da República:

Faço saber que o Congresso Nacional decreta e eu sanciono a seguinte Lei:

Capítulo I
DAS DISPOSIÇÕES GERAIS

Art. 1º Esta Lei estabelece normas básicas sobre o processo administrativo no âmbito da Administração Federal direta e indireta, visando, em especial, à proteção dos direitos dos administrados e ao melhor cumprimento dos fins da Administração.

§ 1º Os preceitos desta Lei também se aplicam aos órgãos dos Poderes Legislativo e Judiciário da União, quando no desempenho de função administrativa.

§ 2º Para os fins desta Lei, consideram-se:

I – órgão – a unidade de atuação integrante da estrutura da Administração direta e da estrutura da Administração indireta;

II – entidade – a unidade de atuação dotada de personalidade jurídica;

III – autoridade – o servidor ou agente público dotado de poder de decisão.

Art. 2º A Administração Pública obedecerá, dentre outros, aos princípios da legalidade, finalidade, motivação, razoabilidade, proporcionalidade, moralidade, ampla defesa, contraditório, segurança jurídica, interesse público e eficiência.

→ *v.* Súmula Vinculante 3 do STF.

→ *v.* Art. 5º, LV, e 37 da CF/1988.

Parágrafo único. Nos processos administrativos serão observados, entre outros, os critérios de:

I – atuação conforme a lei e o Direito;

II – atendimento a fins de interesse geral, vedada a renúncia total ou parcial de poderes ou competências, salvo autorização em lei;

III – objetividade no atendimento do interesse público, vedada a promoção pessoal de agentes ou autoridades;

IV – atuação segundo padrões éticos de probidade, decoro e boa-fé;

→ *v.* Lei 8.429/1992 – Lei de improbidade administrativa.

V – divulgação oficial dos atos administrativos, ressalvadas as hipóteses de sigilo previstas na Constituição;

VI – adequação entre meios e fins, vedada a imposição de obrigações, restrições e sanções em medida superior àquelas estritamente necessárias ao atendimento do interesse público;

VII – indicação dos pressupostos de fato e de direito que determinarem a decisão;

VIII – observância das formalidades essenciais à garantia dos direitos dos administrados;

IX – adoção de formas simples, suficientes para propiciar adequado grau de certeza, segurança e respeito aos direitos dos administrados;

X – garantia dos direitos à comunicação, à apresentação de alegações finais, à produção de provas e à interposição de recursos, nos processos de que possam resultar sanções e nas situações de litígio;

XI – proibição de cobrança de despesas processuais, ressalvadas as previstas em lei;

XII – impulsão, de ofício, do processo administrativo, sem prejuízo da atuação dos interessados;

XIII – interpretação da norma administrativa da forma que melhor garanta o atendimento do fim público a que se dirige, vedada aplicação retroativa de nova interpretação.

Capítulo II
DOS DIREITOS DOS ADMINISTRADOS

Art. 3º O administrado tem os seguintes direitos perante a Administração, sem prejuízo de outros que lhe sejam assegurados:

I – ser tratado com respeito pelas autoridades e servidores, que deverão facilitar o exercício de seus direitos e o cumprimento de suas obrigações;

II – ter ciência da tramitação dos processos administrativos em que tenha a condição de interessado, ter vista dos autos, obter cópias de documentos neles contidos e conhecer as decisões proferidas;

III – formular alegações e apresentar documentos antes da decisão, os quais serão objeto de consideração pelo órgão competente;

IV – fazer-se assistir, facultativamente, por advogado, salvo quando obrigatória a representação, por força de lei.

Capítulo III
DOS DEVERES DO ADMINISTRADO

Art. 4º São deveres do administrado perante a Administração, sem prejuízo de outros previstos em ato normativo:

I – expor os fatos conforme a verdade;

II – proceder com lealdade, urbanidade e boa-fé;

III – não agir de modo temerário;

IV – prestar as informações que lhe forem solicitadas e colaborar para o esclarecimento dos fatos.

Capítulo IV
DO INÍCIO DO PROCESSO

Art. 5º O processo administrativo pode iniciar-se de ofício ou a pedido de interessado.

Art. 6º O requerimento inicial do interessado, salvo casos em que for admitida solicitação oral, deve ser formulado por escrito e conter os seguintes dados:

I – órgão ou autoridade administrativa a que se dirige;

II – identificação do interessado ou de quem o represente;

III – domicílio do requerente ou local para recebimento de comunicações;

IV – formulação do pedido, com exposição dos fatos e de seus fundamentos;

V – data e assinatura do requerente ou de seu representante.

Parágrafo único. É vedada à Administração a recusa imotivada de recebimento de documentos, devendo o servidor orientar o interessado quanto ao suprimento de eventuais falhas.

Art. 7º Os órgãos e entidades administrativas deverão elaborar modelos ou formulários padronizados para assuntos que importem pretensões equivalentes.

Art. 8º Quando os pedidos de uma pluralidade de interessados tiverem conteúdo e fundamentos idênticos, poderão ser formulados em um único requerimento, salvo preceito legal em contrário.

Capítulo V
DOS INTERESSADOS

Art. 9º São legitimados como interessados no processo administrativo:

I – pessoas físicas ou jurídicas que o iniciem como titulares de direitos ou interesses individuais ou no exercício do direito de representação;

II – aqueles que, sem terem iniciado o processo, têm direitos ou interesses que possam ser afetados pela decisão a ser adotada;

III – as organizações e associações representativas, no tocante a direitos e interesses coletivos;

IV – as pessoas ou as associações legalmente constituídas quanto a direitos ou interesses difusos.

Art. 10. São capazes, para fins de processo administrativo, os maiores de 18 anos, ressalvada previsão especial em ato normativo próprio.

Capítulo VI
DA COMPETÊNCIA

→ v. Decreto 4.734/2003 – Delega competência para a prática de atos de provimento no âmbito da Administração Pública Federal.

Art. 11. A competência é irrenunciável e se exerce pelos órgãos administrativos a que foi atribuída como própria, salvo os casos de delegação e avocação legalmente admitidos.

Art. 12. Um órgão administrativo e seu titular poderão, se não houver impedimento legal, delegar parte da sua competência a outros órgãos ou titulares, ainda que estes não lhe sejam hierarquicamente subordinados, quando for conveniente, em razão de circunstâncias de índole técnica, social, econômica, jurídica ou territorial.

Parágrafo único. O disposto no *caput* deste artigo aplica-se à delegação de competência dos órgãos colegiados aos respectivos presidentes.

Art. 13. Não podem ser objeto de delegação:

I – a edição de atos de caráter normativo;

II – a decisão de recursos administrativos;

III – as matérias de competência exclusiva do órgão ou autoridade.

Art. 14. O ato de delegação e sua revogação deverão ser publicados no meio oficial.

§ 1º O ato de delegação especificará as matérias e poderes transferidos, os limites da atuação do delegado, a duração e os objetivos da delegação e o recurso cabível, podendo conter ressalva de exercício da atribuição delegada.

§ 2º O ato de delegação é revogável a qualquer tempo pela autoridade delegante.

§ 3º As decisões adotadas por delegação devem mencionar explicitamente esta qualidade e considerar-se-ão editadas pelo delegado.

Art. 15. Será permitida, em caráter excepcional e por motivos relevantes devidamente justificados, a avocação temporária de competência atribuída a órgão hierarquicamente inferior.

Art. 16. Os órgãos e entidades administrativas divulgarão publicamente os locais das respectivas sedes e, quando conveniente, a unidade fundacional competente em matéria de interesse especial.

Art. 17. Inexistindo competência legal específica, o processo administrativo deverá ser iniciado perante a autoridade de menor grau hierárquico para decidir.

Capítulo VII
DOS IMPEDIMENTOS E DA SUSPEIÇÃO

Art. 18. É impedido de atuar em processo administrativo o servidor ou autoridade que:

I – tenha interesse direto ou indireto na matéria;

II – tenha participado ou venha a participar como perito, testemunha ou representante, ou se tais situações ocorrem quanto ao cônjuge, companheiro ou parente e afins até o terceiro grau;

III – esteja litigando judicial ou administrativamente com o interessado ou respectivo cônjuge ou companheiro.

Art. 19. A autoridade ou servidor que incorrer em impedimento deve comunicar o fato à autoridade competente, abstendo-se de atuar.

Parágrafo único. A omissão do dever de comunicar o impedimento constitui falta grave, para efeitos disciplinares.

Art. 20. Pode ser arguida a suspeição de autoridade ou servidor que tenha amizade íntima ou inimizade notória com algum dos interessados ou com os respectivos cônjuges, companheiros, parentes e afins até o terceiro grau.

Art. 21. O indeferimento de alegação de suspeição poderá ser objeto de recurso, sem efeito suspensivo.

Capítulo VIII
DA FORMA, TEMPO E LUGAR DOS ATOS DO PROCESSO

Art. 22. Os atos do processo administrativo não dependem de forma determinada senão quando a lei expressamente a exigir.

§ 1º Os atos do processo devem ser produzidos por escrito, em vernáculo, com a data e o local de sua realização e a assinatura da autoridade responsável.

→ v. Art. 2º do Decreto 70.235/1972.

§ 2º Salvo imposição legal, o reconhecimento de firma somente será exigido quando houver dúvida de autenticidade.

§ 3º A autenticação de documentos exigidos em cópia poderá ser feita pelo órgão administrativo.

§ 4º O processo deverá ter suas páginas numeradas sequencialmente e rubricadas.

Art. 23. Os atos do processo devem realizar-se em dias úteis, no horário normal de funcionamento da repartição na qual tramitar o processo.

Parágrafo único. Serão concluídos depois do horário normal os atos já iniciados, cujo adiamento prejudique o curso regular do procedimento ou cause dano ao interessado ou à Administração.

Art. 24. Inexistindo disposição específica, os atos do órgão ou autoridade responsável pelo processo e dos administrados que dele participem devem ser praticados no prazo de 5 (cinco) dias, salvo motivo de força maior.

Parágrafo único. O prazo previsto neste artigo pode ser dilatado até o dobro, mediante comprovada justificação.

Art. 25. Os atos do processo devem realizar-se preferencialmente na sede do órgão, cientificando-se o interessado se outro for o local de realização.

Capítulo IX
DA COMUNICAÇÃO DOS ATOS

Art. 26. O órgão competente perante o qual tramita o processo administrativo determinará a intimação do interessado para ciência de decisão ou a efetivação de diligências.

§ 1º A intimação deverá conter:

I – identificação do intimado e nome do órgão ou entidade administrativa;

II – finalidade da intimação;

III – data, hora e local em que deve comparecer;

IV – se o intimado deve comparecer pessoalmente, ou fazer-se representar;

V – informação da continuidade do processo independentemente do seu comparecimento;

VI – indicação dos fatos e fundamentos legais pertinentes.

§ 2º A intimação observará a antecedência mínima de 3 (três) dias úteis quanto à data de comparecimento.

§ 3º A intimação pode ser efetuada por ciência no processo, por via postal com aviso de recebimento, por telegrama ou outro meio que assegure a certeza da ciência do interessado.

§ 4º No caso de interessados indeterminados, desconhecidos ou com domicílio indefinido, a intimação deve ser efetuada por meio de publicação oficial.

§ 5º As intimações serão nulas quando feitas sem observância das prescrições legais, mas o comparecimento do administrado supre sua falta ou irregularidade.

Art. 27. O desatendimento da intimação não importa o reconhecimento da verdade dos fatos, nem a renúncia a direito pelo administrado.

Parágrafo único. No prosseguimento do processo, será garantido direito de ampla defesa ao interessado.

→ v. Art. 5º, LV, da CF/1988.

Art. 28. Devem ser objeto de intimação os atos do processo que resultem para o interessado em imposição de deveres, ônus, sanções ou restrição ao exercício de direitos e atividades e os atos de outra natureza, de seu interesse.

Capítulo X
DA INSTRUÇÃO

Art. 29. As atividades de instrução destinadas a averiguar e comprovar os dados necessários à tomada de decisão realizam-se de ofício ou mediante impulsão do órgão responsável pelo processo, sem prejuízo do direito dos interessados de propor atuações probatórias.

§ 1º O órgão competente para a instrução fará constar dos autos os dados necessários à decisão do processo.

§ 2º Os atos de instrução que exijam a atuação dos interessados devem realizar-se do modo menos oneroso para estes.

Art. 30. São inadmissíveis no processo administrativo as provas obtidas por meios ilícitos.

Art. 31. Quando a matéria do processo envolver assunto de interesse geral, o órgão competente poderá, mediante despacho motivado, abrir período de consulta pública para manifestação de terceiros, antes da decisão do pedido, se não houver prejuízo para a parte interessada.

§ 1º A abertura da consulta pública será objeto de divulgação pelos meios oficiais, a fim de que pessoas físicas ou jurídicas possam examinar os autos, fixando-se prazo para oferecimento de alegações escritas.

§ 2º O comparecimento à consulta pública não confere, por si, a condição de interessado do processo, mas confere o direito de obter da Administração resposta fundamentada, que poderá ser comum a todas as alegações substancialmente iguais.

Art. 32. Antes da tomada de decisão, a juízo da autoridade, diante da relevância da questão, poderá ser realizada audiência pública para debates sobre a matéria do processo.

Art. 33. Os órgãos e entidades administrativas, em matéria relevante, poderão estabelecer outros meios de participação de administrados, diretamente ou por meio de organizações e associações legalmente reconhecidas.

Art. 34. Os resultados da consulta e audiência pública e de outros meios de participação de administrados deverão ser apresentados com a indicação do procedimento adotado.

Art. 35. Quando necessária à instrução do processo, a audiência de outros órgãos ou entidades administrativas poderá ser realizada em reunião conjunta, com a participação de titulares ou representantes dos órgãos competentes, lavrando-se a respectiva ata, a ser juntada aos autos.

Art. 36. Cabe ao interessado a prova dos fatos que tenha alegado, sem prejuízo do dever atribuído ao órgão competente para a instrução e do disposto no art. 37 desta Lei.

Art. 37. Quando o interessado declarar que fatos e dados estão registrados em documentos existentes na própria Administração responsável pelo processo ou em outro órgão administrativo, o órgão competente para a instrução proverá, de ofício, à obtenção dos documentos ou das respectivas cópias.

Art. 38. O interessado poderá, na fase instrutória e antes da tomada da decisão, juntar documentos e pareceres, requerer diligências e perícias, bem como aduzir alegações referentes à matéria objeto do processo.

§ 1º Os elementos probatórios deverão ser considerados na motivação do relatório e da decisão.

§ 2º Somente poderão ser recusadas, mediante decisão fundamentada, as provas propostas pelos interessados quando sejam ilícitas, impertinentes, desnecessárias ou protelatórias.

Art. 39. Quando for necessária a prestação de informações ou a apresentação de provas pelos interessados ou terceiros, serão expedidas intimações para esse fim, mencionando-se data, prazo, forma e condições de atendimento.

Parágrafo único. Não sendo atendida a intimação, poderá o órgão competente, se entender relevante a matéria, suprir de ofício a omissão, não se eximindo de proferir a decisão.

Art. 40. Quando dados, atuações ou documentos solicitados ao interessado forem necessários à apreciação de pedido formulado, o não atendimento no prazo fixado pela Administração para a respectiva apresentação implicará arquivamento do processo.

Art. 41. Os interessados serão intimados de prova ou diligência ordenada, com antecedência mínima de 3 (três) dias úteis, mencionando-se data, hora e local de realização.

Art. 42. Quando deva ser obrigatoriamente ouvido um órgão consultivo, o parecer deverá ser emitido no prazo máximo de 15 (quinze) dias, salvo norma especial ou comprovada necessidade de maior prazo.

§ 1º Se um parecer obrigatório e vinculante deixar de ser emitido no prazo fixado, o processo não terá seguimento até a respectiva apresentação, responsabilizando-se quem der causa ao atraso.

§ 2º Se um parecer obrigatório e não vinculante deixar de ser emitido no prazo fixado, o processo poderá ter prosseguimento e ser decidido com sua dispensa, sem prejuízo da responsabilidade de quem se omitiu no atendimento.

Art. 43. Quando por disposição de ato normativo devam ser previamente obtidos laudos técnicos de órgãos administrativos e estes não cumprirem o encargo no prazo assinalado, o órgão responsável pela instrução deverá solicitar laudo técnico de outro órgão dotado de qualificação e capacidade técnica equivalentes.

Art. 44. Encerrada a instrução, o interessado terá o direito de manifestar-se no prazo máximo de 10 (dez) dias, salvo se outro prazo for legalmente fixado.

Art. 45. Em caso de risco iminente, a Administração Pública poderá motivadamente adotar providências acauteladoras sem a prévia manifestação do interessado.

Art. 46. Os interessados têm direito à vista do processo e a obter certidões ou cópias reprográficas dos dados e documentos que o integram, ressalvados os dados e documentos de terceiros protegidos por sigilo ou pelo direito à privacidade, à honra e à imagem.

→ *v.* Art. 5º, XXXIV, *b*, da CF/1988.

→ *v.* Art. 116, V, *b*, da Lei 8.112/1990.

Art. 47. O órgão de instrução que não for competente para emitir a decisão final elaborará relatório indicando o pedido inicial, o conteúdo das fases do procedimento e formulará proposta de decisão, objetivamente justificada, encaminhando o processo à autoridade competente.

Capítulo XI
DO DEVER DE DECIDIR

Art. 48. A Administração tem o dever de explicitamente emitir decisão nos processos administrativos e sobre solicitações ou reclamações, em matéria de sua competência.

Art. 49. Concluída a instrução de processo administrativo, a Administração tem o prazo de até 30 (trinta) dias para decidir, salvo prorrogação por igual período expressamente motivada.

Capítulo XII
DA MOTIVAÇÃO

Art. 50. Os atos administrativos deverão ser motivados, com indicação dos fatos e dos fundamentos jurídicos, quando:

I – neguem, limitem ou afetem direitos ou interesses;

II – imponham ou agravem deveres, encargos ou sanções;

III – decidam processos administrativos de concurso ou seleção pública;

IV – dispensem ou declarem a inexigibilidade de processo licitatório;

V – decidam recursos administrativos;

VI – decorram de reexame de ofício;

VII – deixem de aplicar jurisprudência firmada sobre a questão ou discrepem de pareceres, laudos, propostas e relatórios oficiais;

VIII – importem anulação, revogação, suspensão ou convalidação do ato administrativo.

§ 1º A motivação deve ser explícita, clara e congruente, podendo consistir em declaração de concordância com fundamentos de anteriores pareceres, informações, decisões ou propostas, que, neste caso, serão parte integrante do ato.

§ 2º Na solução de vários assuntos da mesma natureza, pode ser utilizado meio mecânico que reproduza os fundamentos das decisões, desde que não prejudique direito ou garantia dos interessados.

§ 3º A motivação das decisões de órgãos colegiados e comissões ou de decisões orais constará da respectiva ata ou de termo escrito.

Capítulo XIII
DA DESISTÊNCIA E OUTROS CASOS DE EXTINÇÃO DO PROCESSO

Art. 51. O interessado poderá, mediante manifestação escrita, desistir total ou parcialmente do pedido formulado ou, ainda, renunciar a direitos disponíveis.

§ 1º Havendo vários interessados, a desistência ou renúncia atinge somente quem a tenha formulado.

§ 2º A desistência ou renúncia do interessado, conforme o caso, não prejudica o prosseguimento do processo, se a Administração considerar que o interesse público assim o exige.

Art. 52. O órgão competente poderá declarar extinto o processo quando exaurida sua finalidade ou o objeto da decisão se tornar impossível, inútil ou prejudicado por fato superveniente.

Capítulo XIV
DA ANULAÇÃO, REVOGAÇÃO E CONVALIDAÇÃO

Art. 53. A Administração deve anular seus próprios atos, quando eivados de vício de legalidade, e pode revogá-los por motivo de conveniência ou oportunidade, respeitados os direitos adquiridos.

→ *v.* Art. 5º, XXXVI, da CF/1988.

→ *v.* Art. 6º da LINDB.

→ *v.* Art. 467 do CPC/1973.

→ *v.* Art. 502 do NCPC.

Art. 54. O direito da Administração de anular os atos administrativos de que decorram efeitos favoráveis para os destinatários decai em cinco anos, contados da data em que foram praticados, salvo comprovada má-fé.

§ 1º No caso de efeitos patrimoniais contínuos, o prazo de decadência contar-se-á da percepção do primeiro pagamento.

§ 2º Considera-se exercício do direito de anular qualquer medida de autoridade administrativa que importe impugnação à validade do ato.

Art. 55. Em decisão na qual se evidencie não acarretarem lesão ao interesse público nem prejuízo a terceiros, os atos que apresentarem defeitos sanáveis poderão ser convalidados pela própria Administração.

Capítulo XV
DO RECURSO ADMINISTRATIVO E DA REVISÃO

Art. 56. Das decisões administrativas cabe recurso, em face de razões de legalidade e de mérito.

§ 1º O recurso será dirigido à autoridade que proferiu a decisão, a qual, se não a reconsiderar no prazo de 5 (cinco) dias, o encaminhará à autoridade superior.

§ 2º Salvo exigência legal, a interposição de recurso administrativo independe de caução.

§ 3º Se o recorrente alegar que a decisão administrativa contraria enunciado da súmula vinculante, caberá à autoridade prolatora da decisão impugnada, se não a reconsiderar, explicitar, antes de encaminhar o recurso à autoridade superior, as razões da aplicabilidade ou inaplicabilidade da súmula, conforme o caso.

→ § 3º acrescentado pela Lei 11.417/2006.

Art. 57. O recurso administrativo tramitará no máximo por três instâncias administrativas, salvo disposição legal diversa.

Art. 58. Têm legitimidade para interpor recurso administrativo:

I – os titulares de direitos e interesses que forem parte no processo;

II – aqueles cujos direitos ou interesses forem indiretamente afetados pela decisão recorrida;

III – as organizações e associações representativas, no tocante a direitos e interesses coletivos;

→ *v.* Art. 81, parágrafo único, II, do CDC.

IV – os cidadãos ou associações, quanto a direitos ou interesses difusos.

→ *v.* Art. 81, parágrafo único, I, do CDC.

Art. 59. Salvo disposição legal específica, é de 10 (dez) dias o prazo para interposição de recurso administrativo, contado a partir da ciência ou divulgação oficial da decisão recorrida.

§ 1º Quando a lei não fixar prazo diferente, o recurso administrativo deverá ser decidido no prazo máximo de 30 (trinta) dias, a partir do recebimento dos autos pelo órgão competente.

§ 2º O prazo mencionado no parágrafo anterior poderá ser prorrogado por igual período, ante justificativa explícita.

Art. 60. O recurso interpõe-se por meio de requerimento no qual o recorrente deverá expor os fundamentos do pedido de reexame, podendo juntar os documentos que julgar convenientes.

Art. 61. Salvo disposição legal em contrário, o recurso não tem efeito suspensivo.

Parágrafo único. Havendo justo receio de prejuízo de difícil ou incerta reparação decorrente da execução, a autoridade recorrida ou a imediatamente superior poderá, de ofício ou a pedido, dar efeito suspensivo ao recurso.

Art. 62. Interposto o recurso, o órgão competente para dele conhecer deverá intimar os demais interessados para que, no prazo de 5 (cinco) dias úteis, apresentem alegações.

Art. 63. O recurso não será conhecido quando interposto:

I – fora do prazo;

II – perante órgão incompetente;

III – por quem não seja legitimado;

IV – após exaurida a esfera administrativa.

§ 1º Na hipótese do inciso II, será indicada ao recorrente a autoridade competente, sendo-lhe devolvido o prazo para recurso.

§ 2º O não conhecimento do recurso não impede a Administração de rever de ofício o ato ilegal, desde que não ocorrida preclusão administrativa.

Art. 64. O órgão competente para decidir o recurso poderá confirmar, modificar, anular ou revogar, total ou parcialmente, a decisão recorrida, se a matéria for de sua competência.

Parágrafo único. Se da aplicação do disposto neste artigo puder decorrer gravame à situação do recorrente, este deverá ser cientificado para que formule suas alegações antes da decisão.

Art. 64-A. Se o recorrente alegar violação de enunciado da súmula vinculante, o órgão competente para decidir o recurso explicitará as razões da aplicabilidade ou inaplicabilidade da súmula, conforme o caso.

→ Artigo acrescentado pela Lei 11.417/2006.

Art. 64-B. Acolhida pelo Supremo Tribunal Federal a reclamação fundada em violação de enunciado da súmula vinculante, dar-se-á ciência à autoridade prolatora e ao órgão competente para o julgamento do recurso, que deverão adequar as futuras decisões administrativas em casos semelhantes, sob pena de responsabilização pessoal nas esferas cível, administrativa e penal.

→ Artigo acrescentado pela Lei 11.417/2006.

→ *v.* Art. 103-A, § 3º, da CF/1988.

Art. 65. Os processos administrativos de que resultem sanções poderão ser revistos, a qualquer tempo, a pedido ou de ofício, quando surgirem fatos novos ou circunstâncias relevantes suscetíveis de justificar a inadequação da sanção aplicada.

Parágrafo único. Da revisão do processo não poderá resultar agravamento da sanção.

Capítulo XVI
DOS PRAZOS

Art. 66. Os prazos começam a correr a partir da data da cientificação oficial, excluindo-se da contagem o dia do começo e incluindo-se o do vencimento.

§ 1º Considera-se prorrogado o prazo até o primeiro dia útil seguinte se o vencimento cair em dia em que não houver expediente ou este for encerrado antes da hora normal.

§ 2º Os prazos expressos em dias contam-se de modo contínuo.

§ 3º Os prazos fixados em meses ou anos contam-se de data a data. Se no mês do vencimento não houver o dia equivalente àquele do início do prazo, tem-se como termo o último dia do mês.

Art. 67. Salvo motivo de força maior devidamente comprovado, os prazos processuais não se suspendem.

Capítulo XVII
DAS SANÇÕES

Art. 68. As sanções, a serem aplicadas por autoridade competente, terão natureza pecuniária ou consistirão em obrigação de fazer ou de não fazer, assegurado sempre o direito de defesa.

Capítulo XVIII
DAS DISPOSIÇÕES FINAIS

Art. 69. Os processos administrativos específicos continuarão a reger-se por lei própria, aplicando-se lhes apenas subsidiariamente os preceitos desta Lei.

Art. 69-A. Terão prioridade na tramitação, em qualquer órgão ou instância, os procedimentos administrativos em que figure como parte ou interessado:

→ Artigo acrescentado pela Lei 12.008/2009.

I – pessoa com idade igual ou superior a 60 (sessenta) anos;

→ *v.* Art. 1.211-A do CPC/1973.

→ *v.* Art. 1.048 do NCPC.

II – pessoa portadora de deficiência, física ou mental;

→ *v.* Art. 1.211-A do CPC/1973.

→ *v.* Art. 1.048 do NCPC.

III – (*Vetado*).

IV – pessoa portadora de tuberculose ativa, esclerose múltipla, neoplasia maligna, hanseníase, paralisia irreversível e incapacitante, cardiopatia grave, doença de Parkinson, espondiloartrose anquilosante, nefropatia grave, hepatopatia grave, estados avançados da doença de Paget (osteíte deformante), contaminação por radiação, síndrome de imunodeficiência adquirida, ou outra doença grave, com base em conclusão da medicina especializada, mesmo que a doença tenha sido contraída após o início do processo.

§ 1º A pessoa interessada na obtenção do benefício, juntando prova de sua condição, deverá requerê-lo à autoridade administrativa competente, que determinará as providências a serem cumpridas.

§ 2º Deferida a prioridade, os autos receberão identificação própria que evidencie o regime de tramitação prioritária.

§ 3º (*Vetado*).

§ 4º (*Vetado*).

Art. 70. Esta Lei entra em vigor na data de sua publicação.

Brasília, 29 de janeiro de 1999; 178º da Independência e 111º da República.

Fernando Henrique Cardoso

(Publicação no *D.O.U.* de 1.2.1999, retificação 11.3.1999)

LEI 9.959, DE 27 DE JANEIRO DE 2000

Altera a legislação tributária federal e dá outras providências.

Faço saber que o Presidente da República adotou a Medida Provisória 2.013-4, de 1999, que o Congresso Nacional aprovou, e eu, Heráclito Fortes, Primeiro Vice-Presidente da Mesa do Congresso Nacional, no exercício da Presidência, para os efeitos do disposto no parágrafo único do art. 62 da Constituição Federal, promulgo a seguinte Lei:

Art. 1º Relativamente aos fatos geradores ocorridos a partir de 1º de janeiro de 2000, a alíquota do imposto de renda na fonte incidente sobre os rendimentos auferidos no País, por residentes e domiciliados no exterior, nas hipóteses previstas nos incisos III e V a IX do art. 1º da Lei 9.481, de 13 de agosto de 1997, com a redação dada pelo art. 20 da Lei 9.532, de 10 de dezembro de 1997, será de quinze por cento, observado, em relação aos incisos VI e VII, o disposto no art. 8º da Lei 9.779, de 19 de janeiro de 1999.

§ 1º Aos contratos em vigor em 31 de dezembro de 1999, relativos às operações mencionadas neste artigo, fica garantido o tratamento tributário a eles aplicável nessa data.

§ 2º Relativamente a qualquer das hipóteses referidas no caput, a alíquota de quinze por cento poderá ser reduzida, por prazo certo, pelo Poder Executivo, alcançando, exclusivamente, os contratos celebrados durante o período em que vigorar a redução.

Art. 2º A alínea d do inciso II do art. 18 da Lei 9.430, de 27 de dezembro de 1996, passa a vigorar com a seguinte redação:

→ Alterações efetuadas na referida Lei.

Art. 3º O art. 1º da Lei 9.532, de 1997, passa a vigorar com a seguinte redação:

→ Alterações efetuadas na referida Lei.

Art. 4º A contrapartida da reavaliação de quaisquer bens da pessoa jurídica somente poderá ser computada em conta de resultado ou na determinação do lucro real e da base de cálculo da contribuição social sobre o lucro líquido quando ocorrer a efetiva realização do bem reavaliado.

Art. 5º Aplica-se à pessoa jurídica incorporadora o disposto no art. 21 da Lei 9.249, de 26 de dezembro de 1995, e no § 1º do art. 1º da Lei 9.430, de 1996, salvo nos casos em que as pessoas jurídicas, incorporadora e incorporada, estivessem sob o mesmo controle societário desde o ano-calendário anterior ao do evento.

Art. 6º A alíquota de que trata o art. 72 da Lei 8.981, de 20 de janeiro de 1995, é fixada em percentual igual ao estabelecido para os rendimentos produzidos por aplicações financeiras de renda fixa:

I – a partir do ano-calendário de 2001, no caso de ganhos líquidos auferidos em operações realizadas em bolsas de valores, de mercadorias, de futuros, assemelhadas e no mercado de balcão, ressalvado o disposto no inciso II;

II – a partir do ano-calendário de 2002, no caso de ganhos líquidos auferidos nos mercados à vista de ações negociadas em bolsas de valores e de rendimentos produzidos pelos fundos de investimento previstos no § 6º do art. 28 da Lei 9.532, de 1997, com as alterações introduzidas pelos arts. 1º e 2º da Medida Provisória 1.990-26, de 14 de dezembro de 1999.

Parágrafo único. Aos ganhos líquidos a que se refere o inciso I aplicar-se-á, no ano-calendário de 2000, a alíquota de quinze por cento.

Art. 7º O regime de tributação previsto no art. 81 da Lei 8.981, de 1995, com a alteração introduzida pelo art. 11 da Lei 9.249, de 1995, não se aplica a investimento estrangeiro oriundo de país que tribute a renda à alíquota inferior a vinte por cento, o qual sujeitar-se-á às mesmas regras estabelecidas para os residentes ou domiciliados no País.

Art. 8º Os rendimentos auferidos em operações de day trade realizadas em bolsas de valores, de mercadorias, de futuros e assemelhadas, por qualquer beneficiário, inclusive pessoa jurídica isenta, sujeitam-se à incidência do imposto de renda na fonte à alíquota de um por cento.

§ 1º Para efeito do disposto neste artigo:

I – considera-se:

a) day trade: a operação ou a conjugação de operações iniciadas e encerradas em um mesmo dia, com o mesmo ativo, em uma mesma instituição intermediadora, em que a quantidade negociada tenha sido liquidada, total ou parcialmente;

→ Alínea *a* com redação alterada pela Lei 12.350/2010.

b) rendimento: o resultado positivo apurado no encerramento das operações de day trade;

II – não será considerado valor ou quantidade de estoque do ativo existente em data anterior.

§ 2º Será admitida a compensação de perdas incorridas em operações de day trade realizadas no mesmo dia.

→ § 2º com redação alterada pela Lei 12.350/2010.

§ 3º O responsável pela retenção e recolhimento do imposto de que trata este artigo é a instituição intermediadora da operação de day trade que receber, diretamente, a ordem do cliente.

→ *Caput* com redação alterada pela Lei 12.350/2010.

I – (*Revogado pela Lei 12.350/2010*).

II – (*Revogado pela Lei 12.350/2010*).

§ 4º O valor do imposto retido na fonte sobre operações de day trade poderá ser:

I – deduzido do imposto incidente sobre ganhos líquidos apurados no mês;

II – compensado com o imposto incidente sobre ganhos líquidos apurado nos meses subsequentes, se, após a dedução de que trata o inciso anterior, houver saldo de imposto retido.

§ 5º Se, ao término de cada ano-calendário, houver saldo de imposto retido na fonte a compensar, fica facultado à pessoa física ou às pessoas jurídicas de que trata o inciso II do § 8º, pedido de restituição, na forma e condições estabelecidas pela Secretaria da Receita Federal.

§ 6º As perdas incorridas em operações day trade somente poderão ser compensadas com os rendimentos auferidos em operações de mesma espécie (day trade), realizadas no mês, observado o disposto no parágrafo seguinte.

§ 7º O resultado mensal da compensação referida no parágrafo anterior:

I – se positivo, integrará a base de cálculo do imposto referente aos ganhos líquidos;

II – se negativo, poderá ser compensado com os resultados positivos de operações de day trade apurados no meses subsequentes.

§ 8º Sem prejuízo do disposto no § 4º, o imposto de renda retido na fonte em operações de day trade será:

I – deduzido do devido no encerramento de cada período de apuração ou na data de extinção, no caso de pessoa jurídica tributada com base no lucro real, presumido ou arbitrado;

II – definitivo, no caso de pessoa física e de pessoa jurídica isenta, bem assim a sujeita ao tratamento previsto na Lei 9.317, de 5 de dezembro de 1996.

Art. 9º O disposto nos arts. 6º e 8º não se aplica aos rendimentos e ganhos líquidos auferidos pelas pessoas jurídicas de que trata o inciso I, do art. 77 da Lei 8.981, de 1995, que continuam sujeitos às normas previstas na legislação vigente.

Art. 10. Fica prorrogado, até 1º de março de 2000, o prazo de que trata o art. 4º da Lei 8.248, de 23 de outubro de 1991.

Art. 11. Ficam convalidados os atos praticados com base na Medida Provisória 2.005-3, de 14 de dezembro de 1999.

Art. 12. Esta Lei entra em vigor na data de sua publicação, produzindo efeitos a partir de 1º de janeiro de 2000.

Art. 13. Ficam revogados:

I – a partir de 1º de janeiro de 2000, os §§ 5º e 6º do art. 72 da Lei 8.981, de 1995, e o § 2º do art. 1º da Lei 9.481, de 13 de agosto de 1997, introduzido pelo art. 11 da Medida Provisória 1.990-26, de 14 de dezembro de 1999.

II – a Medida Provisória 2.005-3, de 14 de dezembro de 1999.

Congresso Nacional, em 27de janeiro de 2000; 179º da Independência e 112º da República.

Deputado Heráclito Fortes

Primeiro Vice-Presidente da Mesa do Congresso Nacional, no exercício da Presidência

(Publicação no *D.O.U.* de 28.1.2000)

LEI 9.964,
DE 10 DE ABRIL DE 2000

Institui o Programa de Recuperação Fiscal – Refis e dá outras providências, e altera as Leis 8.036, de 11 de maio de 1990, e 8.844, de 20 de janeiro de 1994.

O Presidente da República:

Faço saber que o Congresso Nacional decreta e eu sanciono a seguinte Lei:

Art. 1º É instituído o Programa de Recuperação Fiscal – Refis, destinado a promover a regularização de créditos da União, decorrentes de débitos de pessoas jurídicas, relativos a tributos e contribuições, administrados pela Secretaria da Receita Federal e pelo Instituto Nacional do Seguro Social – INSS, com vencimento até 29 de fevereiro de 2000, constituídos ou não, inscritos ou não em dívida ativa, ajuizados ou a ajuizar, com exigibilidade suspensa ou não, inclusive os decorrentes de falta de recolhimento de valores retidos.

§ 1º O Refis será administrado por um Comitê Gestor, com competência para implementar os procedimentos necessários à execução do Programa, observado o disposto no regulamento.

§ 2º O Comitê Gestor será integrado por um representante de cada órgão a seguir indicado, designados por seus respectivos titulares:

I – Ministério da Fazenda:

a) Secretaria da Receita Federal, que o presidirá;

b) Procuradoria-Geral da Fazenda Nacional;

II – (*Revogado pela Lei 11.941/2009*).

§ 3º O Refis não alcança débitos:

I – de órgãos da administração pública direta, das fundações instituídas e mantidas pelo poder público e das autarquias;

II – relativos ao Imposto sobre a Propriedade Territorial Rural – ITR;

III – relativos a pessoa jurídica cindida a partir de 1º de outubro de 1999.

Art. 2º O ingresso no Refis dar-se-á por opção da pessoa jurídica, que fará jus a regime especial de consolidação e parcelamento dos débitos fiscais a que se refere o art. 1º.

§ 1º A opção poderá ser formalizada até o último dia útil do mês de abril de 2000.

§ 2º Os débitos existentes em nome da optante serão consolidados tendo por base a data da formalização do pedido de ingresso no Refis.

§ 3º A consolidação abrangerá todos os débitos existentes em nome da pessoa jurídica, na condição de contribuinte ou responsável, constituídos ou não, inclusive os acréscimos legais relativos a multa, de mora ou de ofício, a juros moratórios e demais encargos, determinados nos termos da legislação vigente à época da ocorrência dos respectivos fatos geradores.

§ 4º O débito consolidado na forma deste artigo:

I – independentemente da data de formalização da opção, sujeitar-se-á, a partir de 1º de março de 2000, a juros correspondentes à variação mensal da Taxa de Juros de Longo Prazo – TJLP, vedada a imposição de qualquer outro acréscimo;

→ Inciso I com redação alterada pela Lei 10.189/2001.

II – será pago em parcelas mensais e sucessivas, vencíveis no último dia útil de cada mês, sendo o valor de cada parcela determinado em função de percentual da receita bruta do mês imediatamente anterior, apurada na forma do art. 31 e parágrafo único da Lei 8.981, de 20 de janeiro de 1995, não inferior a:

a) 0,3% (três décimos por cento), no caso de pessoa jurídica optante pelo Sistema Integrado de Pagamento de Impostos e Contribuições das Microempresas e Empresas de Pequeno Porte – Simples e de entidade imune ou isenta por finalidade ou objeto;

b) 0,6% (seis décimos por cento), no caso de pessoa jurídica submetida ao regime de tributação com base no lucro presumido;

c) 1,2% (um inteiro e dois décimos por cento), no caso de pessoa jurídica submetida ao regime de tributação com base no lucro real, relativamente às receitas decorrentes das atividades comerciais, industriais, médico-hospitalares, de transporte, de ensino e de construção civil;

d) 1,5% (um inteiro e cinco décimos por cento), nos demais casos.

§ 5º No caso de sociedade em conta de participação, os débitos e as receitas brutas serão considerados individualizadamente, por sociedade.

§ 6º Na hipótese de crédito com exigibilidade suspensa por força do disposto no inciso IV do art. 151 da Lei 5.172, de 25 de outubro de 1966, a inclusão, no Refis, dos respectivos débitos, implicará dispensa dos juros de mora incidentes até a data de opção, condicionada ao encerramento do feito por desistência expressa e irrevogável da respectiva ação judicial e de qualquer outra, bem assim à renúncia do direito, sobre os mesmos débitos, sobre o qual se funda a ação.

§ 7º Os valores correspondentes a multa, de mora ou de ofício, e a juros moratórios, inclusive as relativas a débitos inscritos em dívida ativa, poderão ser liquidados, observadas as normas constitucionais referentes à vinculação e à partilha de receitas, mediante:

I – compensação de créditos, próprios ou de terceiros, relativos a tributo ou contribuição incluído no âmbito do Refis;

II – a utilização de prejuízo fiscal e de base de cálculo negativa da contribuição social sobre o lucro líquido, próprios ou de terceiros, estes declarados à Secretaria da Receita Federal até 31 de outubro de 1999.

§ 8º Na hipótese do inciso II do § 7º, o valor a ser utilizado será determinado mediante a aplicação, sobre o montante do prejuízo fiscal e da base de cálculo negativa, das alíquotas de 15% (quinze por cento) e de 8% (oito por cento), respectivamente.

§ 9º Ao disposto neste artigo aplica-se a redução de multa a que se refere o art. 60 da Lei 8.383, de 30 de dezembro de 1991.

§ 10. A multa de mora incidente sobre os débitos relativos às contribuições administradas pelo INSS, incluídas no Refis em virtude de confissão espontânea, sujeita-se ao limite estabelecido no art. 61 da Lei 9.430, de 27 de dezembro de 1996.

Art. 3º A opção pelo Refis sujeita a pessoa jurídica a:

I – confissão irrevogável e irretratável dos débitos referidos no art. 2º;

II – autorização de acesso irrestrito, pela Secretaria da Receita Federal, às informações relativas à sua movimentação financeira, ocorrida a partir da data de opção pelo Refis;

III – acompanhamento fiscal específico, com fornecimento periódico, em meio magnético, de dados, inclusive os indiciários de receitas;

IV – aceitação plena e irretratável de todas as condições estabelecidas;

V – cumprimento regular das obrigações para com o Fundo de Garantia do Tempo de Serviço – FGTS e para com o ITR;

VI – pagamento regular das parcelas do débito consolidado, bem assim dos tributos e das contribuições com vencimento posterior a 29 de fevereiro de 2000.

§ 1º A opção pelo Refis exclui qualquer outra forma de parcelamento de débitos relativos aos tributos e às contribuições referidos no art. 1º.

§ 2º O disposto nos incisos II e III do *caput* aplica-se, exclusivamente, ao período em que a pessoa jurídica permanecer no Refis.

§ 3º A opção implica manutenção automática dos gravames decorrentes de medida cautelar fiscal e das garantias prestadas nas ações de execução fiscal.

§ 4º Ressalvado o disposto no § 3º, a homologação da opção pelo Refis é condicionada à prestação de garantia ou, a critério da pessoa jurídica, ao arrolamento dos bens integrantes do seu patrimônio, na forma do art. 64 da Lei 9.532, de 10 de dezembro de 1997.

§ 5º São dispensadas das exigências referidas no § 4º as pessoas jurídicas optantes pelo Simples e aquelas cujo débito consolidado seja inferior a R$ 500.000,00 (quinhentos mil reais).

§ 6º Não poderão optar pelo Refis as pessoas jurídicas de que tratam os incisos II e VI do art. 14 da Lei 9.718, de 27 de novembro de 1998.

Art. 4º As pessoas jurídicas de que tratam os incisos I e III a V do art. 14 da Lei 9.718, de 1998, poderão optar, durante o período em que submetidas ao Refis, pelo regime de tributação com base no lucro presumido

Parágrafo único. Na hipótese deste artigo, as pessoas jurídicas referidas no inciso III do art. 14 da Lei 9.718, de 1998, deverão adicionar os lucros, rendimentos e ganhos de capital oriundos do exterior ao lucro presumido e à base de cálculo da contribuição social sobre o lucro líquido.

Art. 5º A pessoa jurídica optante pelo Refis será dele excluída nas seguintes hipóteses, mediante ato do Comitê Gestor:

I – inobservância de qualquer das exigências estabelecidas nos incisos I a V do *caput* do art. 3º;

II – inadimplência, por três meses consecutivos ou seis meses alternados, o que primeiro ocorrer, relativamente a qualquer dos tributos e das contribuições abrangidos pelo Refis, inclusive os com vencimento após 29 de fevereiro de 2000;

III – constatação, caracterizada por lançamento de ofício, de débito correspondente a tributo ou contribuição abrangidos pelo Refis e não incluídos na confissão a que se refere o inciso I do *caput* do art. 3º, salvo se integralmente pago no prazo de trinta dias, contado da ciência do lançamento ou da decisão definitiva na esfera administrativa ou judicial;

IV – compensação ou utilização indevida de créditos, prejuízo fiscal ou base de cálculo negativa referidos nos §§ 7º e 8º do art. 2º;

V – decretação de falência, extinção, pela liquidação, ou cisão da pessoa jurídica;

VI – concessão de medida cautelar fiscal, nos termos da Lei 8.397, de 6 de janeiro de 1992;

VII – prática de qualquer procedimento tendente a subtrair receita da optante, mediante simulação de ato;

VIII – declaração de inaptidão da inscrição no Cadastro Nacional da Pessoa Jurídica, nos termos dos arts. 80 e 81 da Lei 9.430, de 1996;

IX – decisão definitiva, na esfera judicial, total ou parcialmente desfavorável à pessoa jurídica, relativa ao débito referido no § 6º do art. 2º e não incluído no Refis, salvo se integralmente pago no prazo de trinta dias, contado da ciência da referida decisão;

X – arbitramento do lucro da pessoa jurídica, nos casos de determinação da base de cálculo do imposto de renda por critério diferente do da receita bruta;

XI – suspensão de suas atividades relativas a seu objeto social ou não auferimento de receita bruta por nove meses consecutivos.

§ 1º A exclusão da pessoa jurídica do Refis implicará exigibilidade imediata da totalidade do crédito confessado e ainda não pago e automática execução da garantia prestada, restabelecendo-se, em relação ao montante não pago, os acréscimos legais na forma da legislação aplicável à época da ocorrência dos respectivos fatos geradores.

§ 2º A exclusão, nas hipóteses dos incisos I, II e III deste artigo, produzirá efeitos a partir do mês subsequente àquele em que for cientificado o contribuinte.

§ 3º Na hipótese do inciso III, e observado o disposto no § 2º, a exclusão dar-se-á, na data da decisão definitiva, na esfera administrativa ou judicial, quando houver sido contestado o lançamento.

Art. 6º O art. 22 da Lei 8.036, de 11 de maio de 1990, passa a vigorar com a seguinte redação:

"Art. 22. O empregador que não realizar os depósitos previstos nesta Lei, no prazo fixado no art. 15, responderá pela incidência da Taxa Referencial – TR sobre a importância correspondente."

"§1º Sobre o valor dos depósitos, acrescido da TR, incidirão, ainda, juros de mora de 0,5% a.m. (cinco décimos por cento ao mês) ou fração e multa, sujeitando-se, também, às obrigações e sanções previstas no Decreto-Lei 368, de 19 de dezembro de 1968."

"§ 2º A incidência da TR de que trata o *caput* deste artigo será cobrada por dia de atraso, tomando-se por base o índice de atualização das contas vinculadas do FGTS."

→ "§ 2º-A. A multa referida no § 1º deste artigo será cobrada nas condições que se seguem:" (AC)

"I – 5% (cinco por cento) no mês de vencimento da obrigação;" (AC)

"II – 10% (dez por cento) a partir do mês seguinte ao do vencimento da obrigação." (AC)

"§ 3º Para efeito de levantamento de débito para com o FGTS, o percentual de 8% (oito por cento) incidirá sobre o valor acrescido da TR até a data da respectiva operação."

Art. 7º Na hipótese de quitação integral dos débitos para com o FGTS, referente a competências anteriores a janeiro de 2000, incidirá, sobre o valor acrescido da TR, o percentual de multa de 5% (cinco por cento) e de juros de mora de 0,25% (vinte e cinco centésimos por cento), por mês de atraso, desde que o pagamento seja efetuado até 30 de junho de 2000.

Parágrafo único. O disposto neste artigo aplica-se aos débitos em cobrança administrativa ou judicial, notificados ou não, ainda que amparados por acordo de parcelamento.

Art. 8º O § 4º do art. 2º da Lei 8.844, de 20 de janeiro de 1994, alterada pela Lei 9.467, de 10 de julho de 1997, passa a vigorar com a seguinte redação:

"§ 4º Na cobrança judicial dos créditos do FGTS, incidirá encargo de 10% (dez por cento), que reverterá para o Fundo, para ressarcimento dos custos por ele incorridos, o qual será reduzido para 5% (cinco por cento), se o pagamento se der antes do ajuizamento da cobrança."

Art. 9º O Poder Executivo editará as normas regulamentares necessárias à execução do Refis, especialmente em relação:

I – às modalidades de garantia passíveis de aceitação;

II – à fixação do percentual da receita bruta a ser utilizado para determinação das parcelas mensais, que poderá ser diferenciado em função da atividade econômica desenvolvida pela pessoa jurídica;

III – às formas de homologação da opção e de exclusão da pessoa jurídica do Refis, bem assim às suas consequências;

IV – à forma de realização do acompanhamento fiscal específico;

V – às exigências para fins de liquidação na forma prevista nos §§ 7º e 8º do art. 2º.

Art. 10. O tratamento tributário simplificado e favorecido das microempresas e das empresas de pequeno porte é o estabelecido pela Lei 9.317, de 5 de dezembro de 1996, e alterações posteriores, não se aplicando, para esse efeito, as normas constantes da Lei 9.841, de 5 de outubro de 1999.

Art. 11. Os pagamentos efetuados no âmbito do Refis serão alocados proporcionalmente, para fins de amortização do débito consolidado, tendo por base a relação existente, na data-base da consolidação, entre o valor consolidado de cada tributo e contribuição, incluído no Programa, e o valor total parcelado.

Art. 12. Alternativamente ao ingresso no Refis, a pessoa jurídica poderá optar pelo parcelamento, em até sessenta parcelas mensais, iguais e sucessivas, dos débitos referidos no art. 1º, observadas todas as demais regras aplicáveis àquele Programa.

§ 1º O valor de cada parcela não poderá ser inferior a:

I – R$ 300,00 (trezentos reais), no caso de pessoa jurídica optante pelo Simples;

II – R$ 1.000,00 (um mil reais), no caso de pessoa jurídica submetida ao regime de tributação com base no lucro presumido;

III – R$ 3.000,00 (três mil reais), nos demais casos.

§ 2º Ao disposto neste artigo não se aplica a restrição de que trata o inciso II do § 3º do art. 1º.

Art. 13. Os débitos não tributários inscritos em dívida ativa, com vencimento até 29 de fevereiro de 2000, poderão ser parcelados em até sessenta parcelas mensais, iguais e sucessivas, perante a Procuradoria-Geral da Fazenda Nacional, observadas as demais regras aplicáveis ao parcelamento de que trata o art. 12.

§ 1º Para débitos não tributários inscritos, sujeitos ao parcelamento simplificado ou para os quais não se exige garantia no parcelamento ordinário, não se aplica a vedação de novos parcelamentos.

§ 2º Para os débitos não tributários inscritos, não alcançados pelo disposto no § 1º, admitir-se-á o reparcelamento, desde que requerido até o último dia útil do mês de abril de 2000.

§ 3º O disposto neste artigo aplica-se à verba de sucumbência devida por desistência de ação judicial para fins de inclusão dos respectivos débitos, inclusive no âmbito do INSS, no Refis ou no parcelamento alternativo a que se refere o art. 2º.

§ 4º Na hipótese do § 3º, o parcelamento deverá ser solicitado pela pessoa jurídica no prazo de trinta dias, contado da data em que efetivada a desistência, na forma e condições a serem estabelecidas pelos órgãos competentes.

Art. 14. As obrigações decorrentes dos débitos incluídos no Refis ou nos parcelamentos referidos nos arts. 12 e 13 não serão consideradas para fins de determinação de índices econômicos vinculados a licitações promovidas pela administração pública direta ou indireta, bem assim a operações de financiamentos realizadas por instituições financeiras oficiais federais.

Art. 15. É suspensa a pretensão punitiva do Estado, referente aos crimes previstos nos arts. 1º e 2º da Lei 8.137, de 27 de dezembro de 1990, e no art. 95 da Lei 8.212, de 24 de julho de 1991, durante o período em que a pessoa jurídica relacionada com o agente dos aludidos crimes estiver incluída no Refis, desde que a inclusão no referido Programa tenha ocorrido antes do recebimento da denúncia criminal.

§ 1º A prescrição criminal não corre durante o período de suspensão da pretensão punitiva.

§ 2º O disposto neste artigo aplica-se, também:

I – a programas de recuperação fiscal instituídos pelos Estados, pelo Distrito Federal e pelos Municípios, que adotem, no que couber, normas estabelecidas nesta Lei;

II – aos parcelamentos referidos nos arts. 12 e 13.

§ 3º Extingue-se a punibilidade dos crimes referidos neste artigo quando a pessoa jurídica relacionada com o agente efetuar o pagamento integral dos débitos oriundos de tributos e contribuições sociais, inclusive acessórios, que tiverem sido objeto de concessão de parcelamento antes do recebimento da denúncia criminal.

Art. 16. Na hipótese de novação ou repactuação de débitos de responsabilidade de pessoas jurídicas optantes pelo Refis ou pelo parcelamento alternativo a que se refere o art. 12, a recuperação de créditos anteriormente deduzidos como perda, até 31 de dezembro de 1999, será, para fins do disposto no art. 12 da Lei 9.430, de 1996, computada na determinação do lucro real e da base de cálculo da contribuição social sobre o lucro líquido, pelas pessoas jurídicas de que trata o inciso II do art. 14 da Lei 9.718, de 1998, à medida do efetivo recebimento, na forma a ser estabelecida pela Secretaria da Receita Federal.

Parágrafo único. O disposto neste artigo aplica-se aos débitos vinculados ao Programa de Revitalização de Cooperativas de Produção Agropecuária – Recoop, instituído pela Medida Provisória 1.961-20, de 2 de março de 2000, ainda que a pessoa jurídica devedora não seja optante por qualquer das formas de parcelamento referida no *caput*.

Art. 17. São convalidados os atos praticados com base na Medida Provisória 2.004-5, de 11 de fevereiro de 2000.

Art. 18. Esta Lei entra em vigor na data de sua publicação.

Brasília, 10 de abril de 2000; 179º da Independência e 112º da República.

Fernando Henrique Cardoso

(Publicação no *D.O.U.* de 11.4.2000)

LEI COMPLEMENTAR 101, DE 4 DE MAIO DE 2000

Estabelece normas de finanças públicas voltadas para a responsabilidade na gestão fiscal e dá outras providências.

→ *v.* LC 151/2015 – Altera a LC 148/2014; revoga as Leis 10.819/2003, e 11.429/2006.

→ *v.* LC 148/2014 – Altera a LC 101/2000.

O Presidente da República:

Faço saber que o Congresso Nacional decreta e eu sanciono a seguinte Lei Complementar:

→ *v.* Lei 10.180/2001 – Organiza e disciplina os Sistemas de Planejamento e de Orçamento Federal, de Administração Financeira Federal, de Contabilidade Federal e de Controle Interno do Poder Executivo Federal, e dá outras providências.

Capítulo I
DISPOSIÇÕES PRELIMINARES

Art. 1º Esta Lei Complementar estabelece normas de finanças públicas voltadas para a responsabilidade na gestão fiscal, com amparo no Capítulo II do Título VI da Constituição.

§ 1º A responsabilidade na gestão fiscal pressupõe a ação planejada e transparente, em que se previnem riscos e corrigem desvios capazes de afetar o equilíbrio das contas públicas, mediante o cumprimento de metas de resultados entre receitas e despesas e a obediência a limites e condições no que tange a renúncia de receita, geração de despesas com pessoal, da seguridade social e outras, dívidas consolidada e mobiliária, operações de crédito, inclusive por antecipação de receita, concessão de garantia e inscrição em Restos a Pagar.

§ 2º As disposições desta Lei Complementar obrigam a União, os Estados, o Distrito Federal e os Municípios.

§ 3º Nas referências:

I – à União, aos Estados, ao Distrito Federal e aos Municípios, estão compreendidos:

a) o Poder Executivo, o Poder Legislativo, neste abrangidos os Tribunais de Contas, o Poder Judiciário e o Ministério Público;

b) as respectivas administrações diretas, fundos, autarquias, fundações e empresas estatais dependentes;

II – a Estados entende-se considerado o Distrito Federal;

III – a Tribunais de Contas estão incluídos: Tribunal de Contas da União, Tribunal de Contas do Estado e, quando houver, Tribunal de Contas dos Municípios e Tribunal de Contas do Município.

Art. 2º Para os efeitos desta Lei Complementar, entende-se como:

I – ente da Federação: a União, cada Estado, o Distrito Federal e cada Município;

II – empresa controlada: sociedade cuja maioria do capital social com direito a voto pertença, direta ou indiretamente, a ente da Federação;

III – empresa estatal dependente: empresa controlada que receba do ente controlador recursos financeiros para pagamento de despesas com pessoal ou de custeio em geral ou de capital, excluídos, no último caso, aqueles provenientes de aumento de participação acionária;

IV – receita corrente líquida: somatório das receitas tributárias, de contribuições, patrimoniais, industriais, agropecuárias, de serviços, transferências correntes e outras receitas também correntes, deduzidos:

a) na União, os valores transferidos aos Estados e Municípios por determinação constitucional ou legal, e as contribuições mencionadas na alínea *a* do inciso I e no inciso II do art. 195, e no art. 239 da Constituição;

b) nos Estados, as parcelas entregues aos Municípios por determinação constitucional;

c) na União, nos Estados e nos Municípios, a contribuição dos servidores para o custeio do seu sistema de previdência e assistência social e as receitas provenientes da compensação financeira citada no § 9º do art. 201 da Constituição.

§ 1º Serão computados no cálculo da receita corrente líquida os valores pagos e recebidos em decorrência da Lei Complementar 87, de 13 de setembro de 1996, e do fundo previsto pelo art. 60 do Ato das Disposições Constitucionais Transitórias.

§ 2º Não serão considerados na receita corrente líquida do Distrito Federal e dos Estados do Amapá e de Roraima os recursos recebidos da União para atendimento das despesas de que trata o inciso V do § 1º do art. 19.

§ 3º A receita corrente líquida será apurada somando-se as receitas arrecadadas no mês em referência e nos onze anteriores, excluídas as duplicidades.

Capítulo II
DO PLANEJAMENTO

Seção I
Do plano plurianual

Art. 3º (*Vetado*).

Seção II
Da lei de diretrizes orçamentárias

Art. 4º A lei de diretrizes orçamentárias atenderá o disposto no § 2º do art. 165 da Constituição e:

I – disporá também sobre:

a) equilíbrio entre receitas e despesas;

b) critérios e forma de limitação de empenho, a ser efetivada nas hipóteses previstas na alínea *b* do inciso II deste artigo, no art. 9º e no inciso II do § 1º do art. 31;

c) (*Vetada*).

d) (*Vetada*).

e) normas relativas ao controle de custos e à avaliação dos resultados dos programas financiados com recursos dos orçamentos;

f) demais condições e exigências para transferências de recursos a entidades públicas e privadas;

II – (*Vetado*).

III – (*Vetado*).

§ 1º Integrará o projeto de lei de diretrizes orçamentárias Anexo de Metas Fiscais, em que serão estabelecidas metas anuais, em valores correntes e constantes, relativas a receitas, despesas, resultados nominal e primário e montante da dívida pública, para o exercício a que se referirem e para os dois seguintes.

§ 2º O Anexo conterá, ainda:

I – avaliação do cumprimento das metas relativas ao ano anterior;

II – demonstrativo das metas anuais, instruído com memória e metodologia de cálculo que justifiquem os resultados pretendidos, comparando-as com as fixadas nos três exercícios anteriores, e evidenciando a consistência delas com as premissas e os objetivos da política econômica nacional;

III – evolução do patrimônio líquido, também nos últimos três exercícios, destacando a origem e a aplicação dos recursos obtidos com a alienação de ativos;

IV – avaliação da situação financeira e atuarial:

a) dos regimes geral de previdência social e próprio dos servidores públicos e do Fundo de Amparo ao Trabalhador;

b) dos demais fundos públicos e programas estatais de natureza atuarial;

V – demonstrativo da estimativa e compensação da renúncia de receita e da margem de expansão das despesas obrigatórias de caráter continuado.

§ 3º A lei de diretrizes orçamentárias conterá Anexo de Riscos Fiscais, onde serão avaliados os passivos contingentes e outros riscos capazes de afetar as contas públicas, informando as providências a serem tomadas, caso se concretizem.

§ 4º A mensagem que encaminhar o projeto da União apresentará, em anexo específico, os objetivos das políticas monetária, creditícia e cambial, bem como os parâmetros e as projeções para seus principais agregados e variáveis, e ainda as metas de inflação, para o exercício subsequente.

Seção III
Da lei orçamentária anual

Art. 5º O projeto de lei orçamentária anual, elaborado de forma compatível com o plano plurianual, com a lei de diretrizes orçamentárias e com as normas desta Lei Complementar:

I – conterá, em anexo, demonstrativo da compatibilidade da programação dos orçamentos com os objetivos e metas constantes do documento de que trata o § 1º do art. 4º;

II – será acompanhado do documento a que se refere o § 6º do art. 165 da Constituição, bem como das medidas de compensação a renúncias de receita e ao aumento de despesas obrigatórias de caráter continuado;

III – conterá reserva de contingência, cuja forma de utilização e montante, definido com base na receita corrente líquida, serão estabelecidos na lei de diretrizes orçamentárias, destinada ao:

a) (*Vetada*).

b) atendimento de passivos contingentes e outros riscos e eventos fiscais imprevistos.

→ *v.* Lei 11.770/2008 – Cria o Programa Empresa Cidadã, destinado à prorrogação da licença-maternidade mediante concessão de incentivo fiscal, e altera a Lei nº 8.212, de 24 de julho de 1991.

§ 1º Todas as despesas relativas à dívida pública, mobiliária ou contratual, e as receitas que as atenderão, constarão da lei orçamentária anual.

§ 2º O refinanciamento da dívida pública constará separadamente na lei orçamentária e nas de crédito adicional.

§ 3º A atualização monetária do principal da dívida mobiliária refinanciada não poderá superar a variação do índice de preços previsto na lei de diretrizes orçamentárias, ou em legislação específica.

§ 4º É vedado consignar na lei orçamentária crédito com finalidade imprecisa ou com dotação ilimitada.

§ 5º A lei orçamentária não consignará dotação para investimento com duração superior a um exercício financeiro que não esteja previsto no plano plurianual ou em lei que autorize a sua inclusão, conforme disposto no § 1º do art. 167 da Constituição.

§ 6º Integrarão as despesas da União, e serão incluídas na lei orçamentária, as do Banco Central do Brasil relativas a pessoal e encargos sociais, custeio administrativo, inclusive os destinados a benefícios e assistência aos servidores, e a investimentos.

§ 7º (*Vetado*).

Art. 6º (*Vetado*).

Art. 7º O resultado do Banco Central do Brasil, apurado após a constituição ou reversão de reservas, constitui receita do Tesouro Nacional, e será transferido até o décimo dia útil subsequente à aprovação dos balanços semestrais.

§ 1º O resultado negativo constituirá obrigação do Tesouro para com o Banco Central do Brasil e será consignado em dotação específica no orçamento.

§ 2º O impacto e o custo fiscal das operações realizadas pelo Banco Central do Brasil serão demonstrados trimestralmente, nos termos em que dispuser a lei de diretrizes orçamentárias da União.

§ 3º Os balanços trimestrais do Banco Central do Brasil conterão notas explicativas sobre os custos da remuneração das disponibilidades do Tesouro Nacional e da manutenção das reservas cambiais e a rentabilidade de sua carteira de títulos, destacando os de emissão da União.

Seção IV
Da execução orçamentária e do cumprimento das metas

Art. 8º Até 30 (trinta) dias após a publicação dos orçamentos, nos termos em que dispuser a lei de diretrizes orçamentárias e observado o disposto na alínea *c* do inciso I do art. 4º, o Poder Executivo estabelecerá a programação financeira e o cronograma de execução mensal de desembolso.

→ *v.* Decreto 5.356/2005 – Dispõe sobre a execução orçamentária e financeira dos órgãos, dos fundos e das entidades do Poder Executivo até o estabelecimento do cronograma de que trata o *caput* do art. 8º da Lei Complementar 101, de 4 de maio de 2000, e dá outras providências.

Parágrafo único. Os recursos legalmente vinculados a finalidade específica serão utilizados exclusivamente para atender ao objeto de sua vinculação, ainda que em exercício diverso daquele em que ocorrer o ingresso.

Art. 9º Se verificado, ao final de um bimestre, que a realização da receita poderá não comportar o cumprimento das metas de resultado primário ou nominal estabelecidas no Anexo de Metas Fiscais, os Poderes e o Ministério Público promoverão, por ato próprio e nos montantes necessários, nos 30 (trinta) dias subsequentes, limitação de empenho e movimentação financeira, segundo os critérios fixados pela lei de diretrizes orçamentárias.

§ 1º No caso de restabelecimento da receita prevista, ainda que parcial, a recomposição das dotações cujos empenhos foram limitados dar-se-á de forma proporcional às reduções efetivadas.

§ 2º Não serão objeto de limitação as despesas que constituam obrigações constitucionais e legais do ente, inclusive aquelas destinadas ao pagamento do serviço da dívida, e as ressalvadas pela lei de diretrizes orçamentárias.

→ *v.* ADIn 2.238-5 (*D.O.U.* 12.9.2008) – O STF, por unanimidade, deferiu o pedido de medida cautelar para suspender a eficácia do § 3º do art. 9º da LC 101/2000.

§ 3º No caso de os Poderes Legislativo e Judiciário e o Ministério Público não promoverem a limitação no prazo estabelecido no *caput*, é o Poder Executivo autorizado a limitar os valores financeiros segundo os critérios fixados pela lei de diretrizes orçamentárias.

§ 4º Até o final dos meses de maio, setembro e fevereiro, o Poder Executivo demonstrará e avaliará o cumprimento das metas fiscais de cada quadrimestre, em audiência pública na comissão referida no § 1º do art. 166 da Constituição ou equivalente nas Casas Legislativas estaduais e municipais.

§ 5º No prazo de 90 (noventa) dias após o encerramento de cada semestre, o Banco Central do Brasil apresentará, em reunião conjunta das comissões temáticas pertinentes do Congresso Nacional, avaliação do cumprimento dos objetivos e metas das políticas monetária, creditícia e cambial, evidenciando o impacto e o custo fiscal de suas operações e os resultados demonstrados nos balanços.

Art. 10. A execução orçamentária e financeira identificará os beneficiários de pagamento de sentenças judiciais, por meio de sistema de contabilidade e administração financeira, para fins de observância da ordem cronológica determinada no art. 100 da Constituição.

Capítulo III
DA RECEITA PÚBLICA

Seção I
Da previsão e da arrecadação

Art. 11. Constituem requisitos essenciais da responsabilidade na gestão fiscal a instituição, previsão e efetiva arrecadação de todos os tributos da competência constitucional do ente da Federação.

Parágrafo único. É vedada a realização de transferências voluntárias para o ente que não observe o disposto no *caput*, no que se refere aos impostos.

Art. 12. As previsões de receita observarão as normas técnicas e legais, considerarão os efeitos das alterações na legislação, da variação do índice de preços, do crescimento econômico ou de qualquer outro fator relevante e serão acompanhadas de demonstrativo de sua evolução nos últimos três anos, da projeção para os dois seguintes àquele a que se referirem, e da metodologia de cálculo e premissas utilizadas.

§ 1º Reestimativa de receita por parte do Poder Legislativo só será admitida se comprovado erro ou omissão de ordem técnica ou legal.

§ 2º O montante previsto para as receitas de operações de crédito não poderá ser superior ao das despesas de capital constantes do projeto de lei orçamentária.

→ *v.* ADIn 2.238-5 (*D.O.U.* 12.9.2008) – O STF, por unanimidade, deferiu o pedido de medida cautelar para suspender a eficácia do § 2º do art. 12 da LC 101/2000.

§ 3º O Poder Executivo de cada ente colocará à disposição dos demais Poderes e do Ministério Público, no mínimo 30 (trinta) dias antes do prazo final para encaminhamento de suas propostas orçamentárias, os estudos e as estimativas das receitas para o exercício subsequente, inclusive da corrente líquida, e as respectivas memórias de cálculo.

Art. 13. No prazo previsto no art. 8º, as receitas previstas serão desdobradas, pelo Poder Executivo, em metas bimestrais de arrecadação, com a especificação, em separado, quando cabível, das medidas de combate à evasão e à sonegação, da quantidade e valores de ações ajuizadas para cobrança da dívida ativa, bem como da evolução do montante dos créditos tributários passíveis de cobrança administrativa.

Seção II
Da renúncia de receita

→ *v.* Lei 11.770/2008 – Dispõe sobre o ressarcimento das contribuições para os Programas de Integração Social e de Formação do Patrimônio do Servidor Público - PIS/PASEP e para a Seguridade Social - COFINS incidentes sobre insumos utilizados na fabricação de produtos destinados à exportação.

Art. 14. A concessão ou ampliação de incentivo ou benefício de natureza tributária da qual decorra renúncia de receita deverá estar acompanhada de estimativa do impacto orçamentário-financeiro no exercício em que deva iniciar sua vigência e nos dois seguintes, atender ao disposto na lei de diretrizes orçamentárias e a pelo menos uma das seguintes condições:

I – demonstração pelo proponente de que a renúncia foi considerada na estimativa de receita da lei orçamentária, na forma do art. 12, e de que não afetará as metas de resultados fiscais previstas no anexo próprio da lei de diretrizes orçamentárias;

II – estar acompanhada de medidas de compensação, no período mencionado no *caput*, por meio do aumento de receita, proveniente da elevação de alíquotas, ampliação da base de cálculo, majoração ou criação de tributo ou contribuição.

§ 1º A renúncia compreende anistia, remissão, subsídio, crédito presumido, concessão de isenção em caráter não geral, alteração de alíquota ou modificação de base de cálculo que implique redução discriminada de tributos ou contribuições, e outros benefícios que correspondam a tratamento diferenciado.

§ 2º Se o ato de concessão ou ampliação do incentivo ou benefício de que trata o *caput* deste artigo decorrer da condição contida no inciso II, o benefício só entrará em vigor quando implementadas as medidas referidas no mencionado inciso.

§ 3º O disposto neste artigo não se aplica:

I – às alterações das alíquotas dos impostos previstos nos incisos I, II, IV e V do art. 153 da Constituição, na forma do seu § 1º;

II – ao cancelamento de débito cujo montante seja inferior ao dos respectivos custos de cobrança.

Capítulo IV
DA DESPESA PÚBLICA

Seção I
Da geração da despesa

Art. 15. Serão consideradas não autorizadas, irregulares e lesivas ao patrimônio público a geração de despesa ou assunção de obrigação que não atendam o disposto nos arts. 16 e 17.

Art. 16. A criação, expansão ou aperfeiçoamento de ação governamental que acarrete aumento da despesa será acompanhado de:

I – estimativa do impacto orçamentário-financeiro no exercício em que deva entrar em vigor e nos dois subsequentes;

II – declaração do ordenador da despesa de que o aumento tem adequação orçamentária e financeira com a lei orçamentária anual e compatibilidade com o plano plurianual e com a lei de diretrizes orçamentárias.

§ 1º Para os fins desta Lei Complementar, considera-se:

I – adequada com a lei orçamentária anual, a despesa objeto de dotação específica e suficiente, ou que esteja abrangida por crédito genérico, de forma que somadas todas as despesas da mesma espécie, realizadas e a realizar, previstas no programa de trabalho, não sejam ultrapassados os limites estabelecidos para o exercício;

II – compatível com o plano plurianual e a lei de diretrizes orçamentárias, a despesa que se conforme com as diretrizes, objetivos, prioridades e metas previstos nesses instrumentos e não infrinja qualquer de suas disposições.

§ 2º A estimativa de que trata o inciso I do *caput* será acompanhada das premissas e metodologia de cálculo utilizadas.

§ 3º Ressalva-se do disposto neste artigo a despesa considerada irrelevante, nos termos em que dispuser a lei de diretrizes orçamentárias.

§ 4º As normas do *caput* constituem condição prévia para:

I – empenho e licitação de serviços, fornecimento de bens ou execução de obras;

II – desapropriação de imóveis urbanos a que se refere o § 3º do art. 182 da Constituição.

Subseção I
Da despesa obrigatória de caráter continuado

Art. 17. Considera-se obrigatória de caráter continuado a despesa corrente derivada de lei, medida provisória ou ato administrativo normativo que fixem para o ente a obrigação legal de sua execução por um período superior a dois exercícios.

§ 1º Os atos que criarem ou aumentarem despesa de que trata o *caput* deverão ser instruídos com a estimativa prevista no inciso I do art. 16 e demonstrar a origem dos recursos para seu custeio.

§ 2º Para efeito do atendimento do § 1º, o ato será acompanhado de comprovação de que a despesa criada ou aumentada não afetará as metas de resultados fiscais previstas no anexo referido no § 1º do art. 4º, devendo seus efeitos financeiros, nos períodos seguintes, ser compensados pelo aumento permanente de receita ou pela redução permanente de despesa.

§ 3º Para efeito do § 2º, considera-se aumento permanente de receita o proveniente da elevação de alíquotas, ampliação da base de cálculo, majoração ou criação de tributo ou contribuição.

§ 4º A comprovação referida no § 2º, apresentada pelo proponente, conterá as premissas e metodologia de cálculo utilizadas, sem prejuízo do exame de compatibilidade da despesa com as demais normas do plano plurianual e da lei de diretrizes orçamentárias.

§ 5º A despesa de que trata este artigo não será executada antes da implementação das medidas referidas no § 2º, as quais integrarão o instrumento que a criar ou aumentar.

§ 6º O disposto no § 1º não se aplica às despesas destinadas ao serviço da dívida nem ao reajustamento de remuneração de pessoal de que trata o inciso X do art. 37 da Constituição.

§ 7º Considera-se aumento de despesa a prorrogação daquela criada por prazo determinado.

Seção II
Das despesas com pessoal

Subseção I
Definições e limites

Art. 18. Para os efeitos desta Lei Complementar, entende-se como despesa total com pessoal: o somatório dos gastos do ente da Federação com os ativos, os inativos e os pensionistas, relativos a mandatos eletivos, cargos, funções ou empregos, civis, militares e de membros de Poder, com quaisquer espécies remuneratórias, tais como vencimentos e vantagens, fixas e variáveis, subsídios, proventos da aposentadoria, reformas e pensões, inclusive adicionais, gratificações, horas extras e vantagens pessoais de qualquer natureza, bem como encargos sociais e contribuições recolhidas pelo ente às entidades de previdência.

§ 1º Os valores dos contratos de terceirização de mão de obra que se referem à substituição de servidores e empregados públicos serão contabilizados como "Outras Despesas de Pessoal".

§ 2º A despesa total com pessoal será apurada somando-se a realizada no mês em referência com as dos onze imediatamente anteriores, adotando-se o regime de competência.

Art. 19. Para os fins do disposto no *caput* do art. 169 da Constituição, a despesa total com pessoal, em cada período de apuração e em cada ente da Federação, não poderá exceder os percentuais da receita corrente líquida, a seguir discriminados:

I – União: 50% (cinquenta por cento);

II – Estados: 60% (sessenta por cento);

III – Municípios: 60% (sessenta por cento).

§ 1º Na verificação do atendimento dos limites definidos neste artigo, não serão computadas as despesas:

I – de indenização por demissão de servidores ou empregados;

II – relativas a incentivos à demissão voluntária;

III – derivadas da aplicação do disposto no inciso II do § 6º do art. 57 da Constituição;

IV – decorrentes de decisão judicial e da competência de período anterior ao da apuração a que se refere o § 2º do art. 18;

V – com pessoal, do Distrito Federal e dos Estados do Amapá e Roraima, custeadas com recursos transferidos pela União na forma dos incisos XIII e XIV do art. 21 da Constituição e do art. 31 da Emenda Constitucional n. 19;

VI – com inativos, ainda que por intermédio de fundo específico, custeadas por recursos provenientes:

a) da arrecadação de contribuições dos segurados;

b) da compensação financeira de que trata o § 9º do art. 201 da Constituição;

c) das demais receitas diretamente arrecadadas por fundo vinculado a tal finalidade, inclusive o produto da alienação de bens, direitos e ativos, bem como seu superávit financeiro.

§ 2º Observado o disposto no inciso IV do § 1º, as despesas com pessoal decorrentes de sentenças judiciais serão incluídas no limite do respectivo Poder ou órgão referido no art. 20.

Art. 20. A repartição dos limites globais do art. 19 não poderá exceder os seguintes percentuais:

I – na esfera federal:

a) 2,5% (dois inteiros e cinco décimos por cento) para o Legislativo, incluído o Tribunal de Contas da União;

b) 6% (seis por cento) para o Judiciário;

c) 40,9% (quarenta inteiros e nove décimos por cento) para o Executivo, destacando-se 3% (três por cento) para as despesas com pessoal decorrentes do que dispõem os incisos XIII e XIV do art. 21 da Constituição e o art. 31 da Emenda Constitucional n. 19, repartidos de forma proporcional à média das despesas relativas a cada um destes dispositivos, em percentual da receita corrente líquida, verificadas nos três exercícios financeiros imediatamente anteriores ao da publicação desta Lei Complementar;

→ v. Decreto 3.917/2001 – Estabelece os limites sobre o que dispõe o art. 20, inciso I, alínea c, da Lei Complementar nº 101, de 4 de maio de 2000, para o Ministério Público e o Tribunal de Justiça do Distrito Federal e dos Territórios, os ex-Territórios do Amapá e de Roraima e, ainda, o Distrito Federal.

d) 0,6% (seis décimos por cento) para o Ministério Público da União;

II – na esfera estadual:

a) 3% (três por cento) para o Legislativo, incluído o Tribunal de Contas do Estado;

b) 6% (seis por cento) para o Judiciário;

c) 49% (quarenta e nove por cento) para o Executivo;

d) 2% (dois por cento) para o Ministério Público dos Estados;

III – na esfera municipal:

a) 6% (seis por cento) para o Legislativo, incluído o Tribunal de Contas do Município, quando houver;

b) 54% (cinquenta e quatro por cento) para o Executivo.

§ 1º Nos Poderes Legislativo e Judiciário de cada esfera, os limites serão repartidos entre seus órgãos de forma proporcional à média das despesas com pessoal, em percentual da receita corrente líquida, verificadas nos três exercícios financeiros imediatamente anteriores ao da publicação desta Lei Complementar.

§ 2º Para efeito deste artigo entende-se como órgão:

I – o Ministério Público;

II – no Poder Legislativo:

a) Federal, as respectivas Casas e o Tribunal de Contas da União;

b) Estadual, a Assembleia Legislativa e os Tribunais de Contas;

c) do Distrito Federal, a Câmara Legislativa e o Tribunal de Contas do Distrito Federal;

d) Municipal, a Câmara de Vereadores e o Tribunal de Contas do Município, quando houver;

III – no Poder Judiciário:

a) Federal, os tribunais referidos no art. 92 da Constituição;

b) Estadual, o Tribunal de Justiça e outros, quando houver.

§ 3º Os limites para as despesas com pessoal do Poder Judiciário, a cargo da União por força do inciso XIII do art. 21 da Constituição, serão estabelecidos mediante aplicação da regra do § 1º.

§ 4º Nos Estados em que houver Tribunal de Contas dos Municípios, os percentuais definidos nas alíneas *a* e *c* do inciso II do *caput* serão, respectivamente, acrescidos e reduzidos em 0,4% (quatro décimos por cento).

§ 5º Para os fins previstos no art. 168 da Constituição, a entrega dos recursos financeiros correspondentes à despesa total com pessoal por Poder e órgão será a resultante da aplicação dos percentuais definidos neste artigo, ou aqueles fixados na lei de diretrizes orçamentárias.

§ 6º (*Vetado*).

Subseção II
Do controle da despesa total com pessoal

Art. 21. É nulo de pleno direito o ato que provoque aumento da despesa com pessoal e não atenda:

I – as exigências dos arts. 16 e 17 desta Lei Complementar, e o disposto no inciso XIII do art. 37 e no § 1º do art. 169 da Constituição;

II – o limite legal de comprometimento aplicado às despesas com pessoal inativo.

→ v. ADIn 2.238-5 (*D.O.U.* 12.9.2008) – O STF conferiu, por unanimidade, interpretação conforme a Constituição Federal ao inciso II do artigo 21, para que se entenda como limite legal o previsto em lei complementar, e, quanto ao artigo 72, para que se entenda como serviços de terceiros os serviços permanentes.

Parágrafo único. Também é nulo de pleno direito o ato de que resulte aumento da despesa com pessoal expedido nos 180 (cento e oitenta) dias anteriores ao final do mandato do titular do respectivo Poder ou órgão referido no art. 20.

Art. 22. A verificação do cumprimento dos limites estabelecidos nos arts. 19 e 20 será realizada ao final de cada quadrimestre.

Parágrafo único. Se a despesa total com pessoal exceder a 95% (noventa e cinco por cento) do limite, são vedados ao Poder ou órgão referido no art. 20 que houver incorrido no excesso:

I – concessão de vantagem, aumento, reajuste ou adequação de remuneração a qualquer título, salvo os derivados de sentença judicial ou de determinação legal ou contratual, ressalvada a revisão prevista no inciso X do art. 37 da Constituição;

II – criação de cargo, emprego ou função;

III – alteração de estrutura de carreira que implique aumento de despesa;

IV – provimento de cargo público, admissão ou contratação de pessoal a qualquer título, ressalvada a reposição decorrente de aposentadoria ou falecimento de servidores das áreas de educação, saúde e segurança;

V – contratação de hora extra, salvo no caso do disposto no inciso II do § 6º do art. 57 da Constituição e as situações previstas na lei de diretrizes orçamentárias.

Art. 23. Se a despesa total com pessoal, do Poder ou órgão referido no art. 20, ultrapassar os limites definidos no mesmo artigo, sem prejuízo das medidas previstas no art. 22, o percentual excedente terá de ser eliminado nos dois quadrimestres seguintes, sendo pelo menos 1/3 (um terço) no primeiro, adotando-se, entre outras, as providências previstas nos §§ 3º e 4º do art. 169 da Constituição.

§ 1º No caso do inciso I do § 3º do art. 169 da Constituição, o objetivo poderá ser alcançado tanto pela extinção de cargos e funções quanto pela redução dos valores a eles atribuídos.

→ v. ADIn 2.238-5 (*D.O.U.* 12.9.2008) – O STF, por unanimidade, deferiu o pedido de medida cautelar para suspender a eficácia da expressão "quanto pela redução dos valores a eles atribuídos" do § 1º do art. 23 da LC 101/2000.

§ 2º É facultada a redução temporária da jornada de trabalho com adequação dos vencimentos à nova carga horária.

→ v. ADIn 2.238-5 (*D.O.U.* 12.9.2008) – O STF, por unanimidade, deferiu o pedido de medida cautelar para suspender a eficácia do § 2º do art. 23º da LC 101/2000.

§ 3º Não alcançada a redução no prazo estabelecido, e enquanto perdurar o excesso, o ente não poderá:

I – receber transferências voluntárias;

II – obter garantia, direta ou indireta, de outro ente;

III – contratar operações de crédito, ressalvadas as destinadas ao refinanciamento da dívida mobiliária e as que visem à redução das despesas com pessoal.

§ 4º As restrições do § 3º aplicam-se imediatamente se a despesa total com pessoal exceder o limite no primeiro quadrimestre do último ano do mandato dos titulares de Poder ou órgão referidos no art. 20.

Seção III
Das despesas com a seguridade social

Art. 24. Nenhum benefício ou serviço relativo à seguridade social poderá ser criado, majorado ou estendido sem a indicação da fonte de custeio total, nos termos do § 5º do art. 195 da Constituição, atendidas ainda as exigências do art. 17.

§ 1º É dispensada da compensação referida no art. 17 o aumento de despesa decorrente de:

I – concessão de benefício a quem satisfaça as condições de habilitação prevista na legislação pertinente;

II – expansão quantitativa do atendimento e dos serviços prestados;

III – reajustamento de valor do benefício ou serviço, a fim de preservar o seu valor real.

§ 2º O disposto neste artigo aplica-se a benefício ou serviço de saúde, previdência e assistência social, inclusive os destinados aos servidores públicos e militares, ativos e inativos, e aos pensionistas.

Capítulo V
DAS TRANSFERÊNCIAS VOLUNTÁRIAS

Art. 25. Para efeito desta Lei Complementar, entende-se por transferência voluntária a entrega de recursos correntes ou de capital a outro ente da Federação, a título de cooperação, auxílio ou assistência financeira, que não decorra de determinação constitucional, legal ou os destinados ao Sistema Único de Saúde.

§ 1º São exigências para a realização de transferência voluntária, além das estabelecidas na lei de diretrizes orçamentárias:

I – existência de dotação específica;

II – (*Vetado*).

III – observância do disposto no inciso X do art. 167 da Constituição;

IV – comprovação, por parte do beneficiário, de:

a) que se acha em dia quanto ao pagamento de tributos, empréstimos e financiamentos devidos ao ente transferidor, bem como quanto à prestação de contas de recursos anteriormente dele recebidos;

b) cumprimento dos limites constitucionais relativos à educação e à saúde;

c) observância dos limites das dívidas consolidada e mobiliária, de operações de crédito, inclusive por antecipação de receita, de inscrição em Restos a Pagar e de despesa total com pessoal;

d) previsão orçamentária de contrapartida.

§ 2º É vedada a utilização de recursos transferidos em finalidade diversa da pactuada.

§ 3º Para fins da aplicação das sanções de suspensão de transferências voluntárias constantes desta Lei Complementar, excetuam-se aquelas relativas a ações de educação, saúde e assistência social.

Capítulo VI
DA DESTINAÇÃO DE RECURSOS PÚBLICOS PARA O SETOR PRIVADO

Art. 26. A destinação de recursos para, direta ou indiretamente, cobrir necessidades de pessoas físicas ou déficits de pessoas jurídicas deverá ser autorizada por lei específica, atender às condições estabelecidas na lei de diretrizes orçamentárias e estar prevista no orçamento ou em seus créditos adicionais.

§ 1º O disposto no *caput* aplica-se a toda a administração indireta, inclusive fundações públicas e empresas estatais, exceto, no exercício de suas atribuições precípuas, as instituições financeiras e o Banco Central do Brasil.

§ 2º Compreende-se incluída a concessão de empréstimos, financiamentos e refinanciamentos, inclusive as respectivas prorrogações e a composição de dívidas, a concessão de subvenções e a participação em constituição ou aumento de capital.

Art. 27. Na concessão de crédito por ente da Federação a pessoa física, ou jurídica que não esteja sob seu controle direto ou indireto, os encargos financeiros, comissões e despesas congêneres não serão inferiores aos definidos em lei ou ao custo de captação.

Parágrafo único. Dependem de autorização em lei específica as prorrogações e composições de dívidas decorrentes de operações de crédito, bem como a concessão de empréstimos ou financiamentos em desacordo com o *caput*, sendo o subsídio correspondente consignado na lei orçamentária.

Art. 28. Salvo mediante lei específica, não poderão ser utilizados recursos públicos, inclusive de operações de crédito, para socorrer instituições do Sistema Financeiro Nacional, ainda que mediante a concessão de empréstimos de recuperação ou financiamentos para mudança de controle acionário.

§ 1º A prevenção de insolvência e outros riscos ficará a cargo de fundos, e outros mecanismos, constituídos pelas instituições do Sistema Financeiro Nacional, na forma da lei.

§ 2º O disposto no *caput* não proíbe o Banco Central do Brasil de conceder às instituições financeiras operações de redesconto e de empréstimos de prazo inferior a 360 (trezentos e sessenta) dias.

Capítulo VII
DA DÍVIDA E DO ENDIVIDAMENTO

Seção I
Definições básicas

Art. 29. Para os efeitos desta Lei Complementar, são adotadas as seguintes definições:

I – dívida pública consolidada ou fundada: montante total, apurado sem duplicidade, das obrigações financeiras do ente da Federação, assumidas em virtude de leis, contratos, convênios ou tratados e da realização de operações de crédito, para amortização em prazo superior a 12 (doze) meses;

II – dívida pública mobiliária: dívida pública representada por títulos emitidos pela União, inclusive os do Banco Central do Brasil, Estados e Municípios;

III – operação de crédito: compromisso financeiro assumido em razão de mútuo, abertura de crédito, emissão e aceite de título, aquisição financiada de bens, recebimento antecipado de valores provenientes da venda a termo de bens e serviços, arrendamento mercantil e outras operações assemelhadas, inclusive com o uso de derivativos financeiros;

IV – concessão de garantia: compromisso de adimplência de obrigação financeira ou contratual assumida por ente da Federação ou entidade a ele vinculada;

V – refinanciamento da dívida mobiliária: emissão de títulos para pagamento do principal acrescido da atualização monetária.

§ 1º Equipara-se a operação de crédito a assunção, o reconhecimento ou a confissão de dívidas pelo ente da Federação, sem prejuízo do cumprimento das exigências dos arts. 15 e 16.

§ 2º Será incluída na dívida pública consolidada da União a relativa à emissão de títulos de responsabilidade do Banco Central do Brasil.

§ 3º Também integram a dívida pública consolidada as operações de crédito de prazo inferior a 12 (doze) meses cujas receitas tenham constado do orçamento.

§ 4º O refinanciamento do principal da dívida mobiliária não excederá, ao término de cada exercício financeiro, o montante do final do exercício anterior, somado ao das operações de crédito autorizadas no orçamento para este efeito e efetivamente realizadas, acrescido de atualização monetária.

Seção II
Dos limites da dívida pública e das operações de crédito

Art. 30. No prazo de 90 (noventa) dias após a publicação desta Lei Complementar, o Presidente da República submeterá ao:

I – Senado Federal: proposta de limites globais para o montante da dívida consolidada da União, Estados e Municípios, cumprindo o que estabelece o inciso VI do art. 52 da Constituição, bem como de limites e condições relativos aos incisos VII, VIII e IX do mesmo artigo;

II – Congresso Nacional: projeto de lei que estabeleça limites para o montante da dívida mobiliária federal a que se refere o inciso XIV do art. 48 da Constituição, acompanhado da demonstração de sua adequação aos limites fixados para a dívida consolidada da União, atendido o disposto no inciso I do § 1º deste artigo.

§ 1º As propostas referidas nos incisos I e II do *caput* e suas alterações conterão:

I – demonstração de que os limites e condições guardam coerência com as normas estabelecidas nesta Lei Complementar e com os objetivos da política fiscal;

II – estimativas do impacto da aplicação dos limites a cada uma das três esferas de governo;

III – razões de eventual proposição de limites diferenciados por esfera de governo;

IV – metodologia de apuração dos resultados primário e nominal.

§ 2º As propostas mencionadas nos incisos I e II do *caput* também poderão ser apresentadas em termos de dívida líquida, evidenciando a forma e a metodologia de sua apuração.

§ 3º Os limites de que tratam os incisos I e II do *caput* serão fixados em percentual da receita corrente líquida para cada esfera de governo e aplicados igualmente a todos os entes da Federação que a integrem, constituindo, para cada um deles, limites máximos.

§ 4º Para fins de verificação do atendimento do limite, a apuração do montante da dívida consolidada será efetuada ao final de cada quadrimestre.

§ 5º No prazo previsto no art. 5º, o Presidente da República enviará ao Senado Federal ou ao Congresso Nacional, conforme o caso, proposta de manutenção ou alteração dos limites e condições previstos nos incisos I e II do *caput*.

§ 6º Sempre que alterados os fundamentos das propostas de que trata este artigo, em razão de instabilidade econômica ou alterações nas políticas monetária ou cambial, o Presidente da República poderá encaminhar ao Senado Federal ou ao Congresso Nacional solicitação de revisão dos limites.

§ 7º Os precatórios judiciais não pagos durante a execução do orçamento em que houverem sido incluídos integram a dívida consolidada, para fins de aplicação dos limites.

Seção III
Da recondução da dívida aos limites

Art. 31. Se a dívida consolidada de um ente da Federação ultrapassar o respectivo limite ao final de um quadrimestre, deverá ser a ele reconduzida até o término dos três subsequentes, reduzindo o excedente em pelo menos 25% (vinte e cinco por cento) no primeiro.

§ 1º Enquanto perdurar o excesso, o ente que nele houver incorrido:

I – estará proibido de realizar operação de crédito interna ou externa, inclusive por antecipação de receita, ressalvado o refinanciamento do principal atualizado da dívida mobiliária;

II – obterá resultado primário necessário à recondução da dívida ao limite, promovendo, entre outras medidas, limitação de empenho, na forma do art. 9º.

§ 2º Vencido o prazo para retorno da dívida ao limite, e enquanto perdurar o excesso, o ente ficará também impedido de receber transferências voluntárias da União ou do Estado.

§ 3º As restrições do § 1º aplicam-se imediatamente se o montante da dívida exceder o limite no primeiro quadrimestre do último ano do mandato do Chefe do Poder Executivo.

§ 4º O Ministério da Fazenda divulgará, mensalmente, a relação dos entes que tenham ultrapassado os limites das dívidas consolidada e mobiliária.

§ 5º As normas deste artigo serão observadas nos casos de descumprimento dos limites da dívida mobiliária e das operações de crédito internas e externas.

Seção IV
Das operações de crédito

Subseção I
Da contratação

Art. 32. O Ministério da Fazenda verificará o cumprimento dos limites e condições relativos à realização de operações de crédito de cada ente da Federação, inclusive das empresas por eles controladas, direta ou indiretamente.

→ *v.* Art. 10 da LC 148/2014.

§ 1º O ente interessado formalizará seu pleito fundamentando-o em parecer de seus órgãos técnicos e jurídicos, demonstrando a relação custo-benefício, o interesse econômico e social da operação e o atendimento das seguintes condições:

I – existência de prévia e expressa autorização para a contratação, no texto da lei orçamentária, em créditos adicionais ou lei específica;

II – inclusão no orçamento ou em créditos adicionais dos recursos provenientes da operação, exceto no caso de operações por antecipação de receita;

III – observância dos limites e condições fixados pelo Senado Federal;

IV – autorização específica do Senado Federal, quando se tratar de operação de crédito externo;

V – atendimento do disposto no inciso III do art. 167 da Constituição;

VI – observância das demais restrições estabelecidas nesta Lei Complementar.

§ 2º As operações relativas à dívida mobiliária federal autorizadas, no texto da lei orçamentária ou de créditos adicionais, serão objeto de processo simplificado que atenda às suas especificidades.

§ 3º Para fins do disposto no inciso V do § 1º, considerar-se-á, em cada exercício financeiro, o total dos recursos de operações de crédito nele ingressados e o das despesas de capital executadas, observado o seguinte:

I – não serão computadas nas despesas de capital as realizadas sob a forma de empréstimo ou financiamento a contribuinte, com o intuito de promover incentivo fiscal, tendo por base tributo de competência do ente da Federação, se resultar a diminuição, direta ou indireta, do ônus deste;

II – se o empréstimo ou financiamento a que se refere o inciso I for concedido por instituição financeira controlada pelo ente da Federação, o valor da operação será deduzido das despesas de capital;

III – (*Vetado*).

§ 4º Sem prejuízo das atribuições próprias do Senado Federal e do Banco Central do Brasil, o Ministério da Fazenda efetuará o registro eletrônico centralizado e atualizado das dívidas públicas interna e externa, garantido o acesso público às informações, que incluirão:

I – encargos e condições de contratação;

II – saldos atualizados e limites relativos às dívidas consolidada e mobiliária, operações de crédito e concessão de garantias.

§ 5º Os contratos de operação de crédito externo não conterão cláusula que importe na compensação automática de débitos e créditos.

Art. 33. A instituição financeira que contratar operação de crédito com ente da Federação, exceto quando relativa à dívida mobiliária ou à externa, deverá exigir comprovação de que a operação atende às condições e limites estabelecidos.

→ *v.* Art. 10 da LC 148/2014.

§ 1º A operação realizada com infração do disposto nesta Lei Complementar será considerada nula, procedendo-se ao seu cancelamento, mediante a devolução do principal, vedados o pagamento de juros e demais encargos financeiros.

§ 2º Se a devolução não for efetuada no exercício de ingresso dos recursos, será consignada reserva específica na lei orçamentária para o exercício seguinte.

§ 3º Enquanto não efetuado o cancelamento, a amortização, ou constituída a reserva, aplicam-se as sanções previstas nos incisos do § 3º do art. 23.

§ 4º Também se constituirá reserva, no montante equivalente ao excesso, se não atendido o disposto no inciso III do art. 167 da Constituição, consideradas as disposições do § 3º do art. 32.

Subseção II
Das vedações

Art. 34. O Banco Central do Brasil não emitirá títulos da dívida pública a partir de dois anos após a publicação desta Lei Complementar.

Art. 35. É vedada a realização de operação de crédito entre um ente da Federação, diretamente ou por intermédio de fundo, autarquia, fundação ou empresa estatal dependente, e outro, inclusive suas entidades da administração indireta, ainda que sob a forma de novação, refinanciamento ou postergação de dívida contraída anteriormente.

§ 1º Excetuam-se da vedação a que se refere o *caput* as operações entre instituição financeira estatal e outro ente da Federação, inclusive suas entidades da administração indireta, que não se destinem a:

I – financiar, direta ou indiretamente, despesas correntes;

II – refinanciar dívidas não contraídas junto à própria instituição concedente.

§ 2º O disposto no *caput* não impede Estados e Municípios de comprar títulos da dívida da União como aplicação de suas disponibilidades.

Art. 36. É proibida a operação de crédito entre uma instituição financeira estatal e o ente da Federação que a controle, na qualidade de beneficiário do empréstimo.

Parágrafo único. O disposto no *caput* não proíbe instituição financeira controlada de adquirir, no mercado, títulos da dívida pública para atender investimento de seus clientes, ou títulos da dívida de emissão da União para aplicação de recursos próprios.

Art. 37. Equiparam-se a operações de crédito e estão vedados:

I – captação de recursos a título de antecipação de receita de tributo ou contribuição cujo fato gerador ainda não tenha ocorrido, sem prejuízo do disposto no § 7º do art. 150 da Constituição;

II – recebimento antecipado de valores de empresa em que o Poder Público detenha, direta ou indiretamente, a maioria do capital social com direito a voto, salvo lucros e dividendos, na forma da legislação;

III – assunção direta de compromisso, confissão de dívida ou operação assemelhada, com fornecedor de bens, mercadorias ou serviços, mediante emissão, aceite ou aval de título de crédito, não se aplicando esta vedação a empresas estatais dependentes;

IV – assunção de obrigação, sem autorização orçamentária, com fornecedores para pagamento *a posteriori* de bens e serviços.

Subseção III
Das operações de crédito por antecipação de receita orçamentária

Art. 38. A operação de crédito por antecipação de receita destina-se a atender insuficiência de caixa durante o exercício financeiro e cumprirá as exigências mencionadas no art. 32 e mais as seguintes:

I – realizar-se-á somente a partir do décimo dia do início do exercício;

II – deverá ser liquidada, com juros e outros encargos incidentes, até o dia dez de dezembro de cada ano;

III – não será autorizada se forem cobrados outros encargos que não a taxa de juros da operação, obrigatoriamente prefixada ou indexada à taxa básica financeira, ou à que vier a esta substituir;

IV – estará proibida:

a) enquanto existir operação anterior da mesma natureza não integralmente resgatada;

b) no último ano de mandato do Presidente, Governador ou Prefeito Municipal.

§ 1º As operações de que trata este artigo não serão computadas para efeito do que dispõe o inciso III do art. 167 da Constituição, desde que liquidadas no prazo definido no inciso II do *caput*.

§ 2º As operações de crédito por antecipação de receita realizadas por Estados ou Municípios serão efetuadas mediante abertura de crédito junto à instituição financeira vencedora em processo competitivo eletrônico promovido pelo Banco Central do Brasil.

§ 3º O Banco Central do Brasil manterá sistema de acompanhamento e controle do saldo do crédito aberto e, no caso de inobservância dos limites, aplicará as sanções cabíveis à instituição credora.

Subseção IV
Das operações com o Banco Central do Brasil

Art. 39. Nas suas relações com ente da Federação, o Banco Central do Brasil está sujeito às vedações constantes do art. 35 e mais às seguintes:

I – compra de título da dívida, na data de sua colocação no mercado, ressalvado o disposto no § 2º deste artigo;

II – permuta, ainda que temporária, por intermédio de instituição financeira ou não, de título da dívida de ente da Federação por título da dívida pública federal, bem como a operação de compra e venda, a termo, daquele título, cujo efeito final seja semelhante à permuta;

III – concessão de garantia.

§ 1º O disposto no inciso II, *in fine*, não se aplica ao estoque de Letras do Banco Central do Brasil, Série Especial, existente na carteira das instituições financeiras, que pode ser refinanciado mediante novas operações de venda a termo.

§ 2º O Banco Central do Brasil só poderá comprar diretamente títulos emitidos pela União para refinanciar a dívida mobiliária federal que estiver vencendo na sua carteira.

§ 3º A operação mencionada no § 2º deverá ser realizada à taxa média e condições alcançadas no dia, em leilão público.

§ 4º É vedado ao Tesouro Nacional adquirir títulos da dívida pública federal existentes na carteira do Banco Central do Brasil, ainda que com cláusula de reversão, salvo para reduzir a dívida mobiliária.

Seção V
Da garantia e da contra garantia

Art. 40. Os entes poderão conceder garantia em operações de crédito internas ou externas, observados o disposto neste artigo, as normas do art. 32 e, no caso da União, também os limites e as condições estabelecidos pelo Senado Federal.

§ 1º A garantia estará condicionada ao oferecimento de contra garantia, em valor igual ou superior ao da garantia a ser concedida, e à adimplência da entidade que a pleitear relativamente a suas obrigações junto ao garantidor e às entidades por este controladas, observado o seguinte:

I – não será exigida contra garantia de órgãos e entidades do próprio ente;

II – a contra garantia exigida pela União a Estado ou Município, ou pelos Estados aos Municípios, poderá consistir na vinculação de receitas tributárias diretamente arrecadadas e provenientes de transferências constitucionais, com outorga de poderes ao garantidor para retê-las e empregar o respectivo valor na liquidação da dívida vencida.

§ 2º No caso de operação de crédito junto a organismo financeiro internacional, ou a instituição federal de crédito e fomento para o repasse de recursos externos, a União só prestará garantia a ente que atenda, além do disposto no § 1º, as exigências legais para o recebimento de transferências voluntárias.

§ 3º (*Vetado*).

§ 4º (*Vetado*).

§ 5º É nula a garantia concedida acima dos limites fixados pelo Senado Federal.

§ 6º É vedado às entidades da administração indireta, inclusive suas empresas controladas e subsidiárias, conceder garantia, ainda que com recursos de fundos.

§ 7º O disposto no § 6º não se aplica à concessão de garantia por:

I – empresa controlada a subsidiária ou controlada sua, nem à prestação de contragarantia nas mesmas condições;

II – instituição financeira a empresa nacional, nos termos da lei.

§ 8º Excetua-se do disposto neste artigo a garantia prestada:

I – por instituições financeiras estatais, que se submeterão às normas aplicáveis às instituições financeiras privadas, de acordo com a legislação pertinente;

II – pela União, na forma de lei federal, a empresas de natureza financeira por ela controladas, direta e indiretamente, quanto às operações de seguro de crédito à exportação.

§ 9º Quando honrarem dívida de outro ente, em razão de garantia prestada, a União e os Estados poderão condicionar as transferências constitucionais ao ressarcimento daquele pagamento.

§ 10. O ente da Federação cuja dívida tiver sido honrada pela União ou por Estado, em decorrência de garantia prestada em operação de crédito, terá suspenso o acesso a novos créditos ou financiamentos até a total liquidação da mencionada dívida.

Seção VI
Dos restos a pagar

Art. 41. (*Vetado*).

Art. 42. É vedado ao titular de Poder ou órgão referido no art. 20, nos últimos dois quadrimestres do seu mandato, contrair obrigação de despesa que não possa ser cumprida integralmente dentro dele, ou que tenha parcelas a serem pagas no exercício seguinte sem que haja suficiente disponibilidade de caixa para este efeito.

Parágrafo único. Na determinação da disponibilidade de caixa serão considerados os encargos e despesas compromissadas a pagar até o final do exercício.

Capítulo VIII
DA GESTÃO PATRIMONIAL

Seção I
Das disponibilidades de caixa

Art. 43. As disponibilidades de caixa dos entes da Federação serão depositadas conforme estabelece o § 3º do art. 164 da Constituição.

§ 1º As disponibilidades de caixa dos regimes de previdência social, geral e próprio dos servidores públicos, ainda que vinculadas a fundos específicos a que se referem os arts. 249 e 250 da Constituição, ficarão depositadas em conta separada das demais disponibilidades de cada ente e aplicadas nas condições de mercado, com observância dos limites e condições de proteção e prudência financeira.

§ 2º É vedada a aplicação das disponibilidades de que trata o § 1º em:

I – títulos da dívida pública estadual e municipal, bem como em ações e outros papéis relativos às empresas controladas pelo respectivo ente da Federação;

II – empréstimos, de qualquer natureza, aos segurados e ao Poder Público, inclusive a suas empresas controladas.

Seção II
Da preservação do patrimônio público

Art. 44. É vedada a aplicação da receita de capital derivada da alienação de bens e direitos que integram o patrimônio público para o financiamento de despesa corrente, salvo se destinada por lei aos regimes de previdência social, geral e próprio dos servidores públicos.

Art. 45. Observado o disposto no § 5º do art. 5º, a lei orçamentária e as de créditos adicionais só incluirão novos projetos após adequadamente atendidos os em andamento e contempladas as despesas de conservação do patrimônio público, nos termos em que dispuser a lei de diretrizes orçamentárias.

Parágrafo único. O Poder Executivo de cada ente encaminhará ao Legislativo, até a data do envio do projeto de lei de diretrizes orçamentárias, relatório com as informações necessárias ao cumprimento do disposto neste artigo, ao qual será dada ampla divulgação.

Art. 46. É nulo de pleno direito ato de desapropriação de imóvel urbano expedido sem o atendimento do disposto no § 3º do art. 182 da Constituição, ou prévio depósito judicial do valor da indenização.

Seção III
Das empresas controladas pelo setor público

Art. 47. A empresa controlada que firmar contrato de gestão em que se estabeleçam objetivos e metas de desempenho, na forma da lei, disporá de autonomia gerencial, orçamentária e financeira, sem prejuízo do disposto no inciso II do § 5º do art. 165 da Constituição.

Parágrafo único. A empresa controlada incluirá em seus balanços trimestrais nota explicativa em que informará:

I – fornecimento de bens e serviços ao controlador, com respectivos preços e condições, comparando-os com os praticados no mercado;

II – recursos recebidos do controlador, a qualquer título, especificando valor, fonte e destinação;

III – venda de bens, prestação de serviços ou concessão de empréstimos e financiamentos com preços, taxas, prazos ou condições diferentes dos vigentes no mercado.

Capítulo IX
DA TRANSPARÊNCIA, CONTROLE E FISCALIZAÇÃO

Seção I
Da transparência da gestão fiscal

Art. 48. São instrumentos de transparência da gestão fiscal, aos quais será dada ampla divulgação, inclusive em meios eletrônicos de acesso público: os planos, orçamentos e leis de diretrizes orçamentárias; as prestações de contas e o respectivo parecer prévio; o Relatório Resumido da Execução Orçamentária e o Relatório de Gestão Fiscal; e as versões simplificadas desses documentos.

Parágrafo único. A transparência será assegurada também mediante:

→ *Caput* do parágrafo único com redação alterada pela LC 131/2009.

I – incentivo à participação popular e realização de audiências públicas, durante os processos de elaboração e discussão dos planos, lei de diretrizes orçamentárias e orçamentos;

→ Inciso I acrescentado pela LC 131/2009.

II – liberação ao pleno conhecimento e acompanhamento da sociedade, em tempo real, de informações pormenorizadas sobre a execução orçamentária e financeira, em meios eletrônicos de acesso público;

→ Inciso II acrescentado pela LC 131/2009.

III – adoção de sistema integrado de administração financeira e controle, que atenda a padrão mínimo de qualidade estabelecido pelo Poder Executivo da União e ao disposto no art. 48-A.

→ Inciso III acrescentado pela LC 131/2009.

Art. 48-A. Para os fins a que se refere o inciso II do parágrafo único do art. 48, os entes da Federação disponibilizarão a qualquer pessoa física ou jurídica o acesso a informações referentes a:

→ Artigo acrescentado pela LC 131/2009.

I – quanto à despesa: todos os atos praticados pelas unidades gestoras no decorrer da execução da despesa, no momento de sua realização, com a disponibilização mínima dos dados referentes ao número do correspondente processo, ao bem fornecido ou ao serviço prestado, à pessoa física ou jurídica beneficiária do pagamento e, quando for o caso, ao procedimento licitatório realizado;

II – quanto à receita: o lançamento e o recebimento de toda a receita das unidades gestoras, inclusive referente a recursos extraordinários.

Art. 49. As contas apresentadas pelo Chefe do Poder Executivo ficarão disponíveis, durante todo o exercício, no respectivo Poder Legislativo e no órgão técnico responsável pela sua elaboração, para consulta e apreciação pelos cidadãos e instituições da sociedade.

Parágrafo único. A prestação de contas da União conterá demonstrativos do Tesouro Nacional e das agências financeiras oficiais de fomento, incluído o Banco Nacional de Desenvolvimento Econômico e Social, especificando os empréstimos e financiamentos concedidos com recursos oriundos dos orçamentos fiscal e da seguridade social e, no caso das agências financeiras, avaliação circunstanciada do impacto fiscal de suas atividades no exercício.

Seção II
Da escrituração e consolidação das contas

Art. 50. Além de obedecer às demais normas de contabilidade pública, a escrituração das contas públicas observará as seguintes:

I – a disponibilidade de caixa constará de registro próprio, de modo que os recursos vinculados a órgão, fundo ou despesa obrigatória fiquem identificados e escriturados de forma individualizada;

II – a despesa e a assunção de compromisso serão registradas segundo o regime de competência, apurando-se, em caráter complementar, o resultado dos fluxos financeiros pelo regime de caixa;

III – as demonstrações contábeis compreenderão, isolada e conjuntamente, as transações e operações de cada órgão, fundo ou entidade da administração direta, autárquica e fundacional, inclusive empresa estatal dependente;

IV – as receitas e despesas previdenciárias serão apresentadas em demonstrativos financeiros e orçamentários específicos;

V – as operações de crédito, as inscrições em Restos a Pagar e as demais formas de financiamento ou assunção de compromissos junto a terceiros, deverão ser escrituradas de modo a evidenciar o montante e a variação da dívida pública no período, detalhando, pelo menos, a natureza e o tipo de credor;

VI – a demonstração das variações patrimoniais dará destaque à origem e ao destino dos recursos provenientes da alienação de ativos.

§ 1º No caso das demonstrações conjuntas, excluir-se-ão as operações intragovernamentais.

§ 2º A edição de normas gerais para consolidação das contas públicas caberá ao órgão central de contabilidade da União, enquanto não implantado o conselho de que trata o art. 67.

§ 3º A Administração Pública manterá sistema de custos que permita a avaliação e o acompanhamento da gestão orçamentária, financeira e patrimonial.

Art. 51. O Poder Executivo da União promoverá, até o dia trinta de junho, a consolidação, nacional e por esfera de governo, das contas dos entes da Federação relativas ao exercício anterior, e a sua divulgação, inclusive por meio eletrônico de acesso público.

§ 1º Os Estados e os Municípios encaminharão suas contas ao Poder Executivo da União nos seguintes prazos:

I – Municípios, com cópia para o Poder Executivo do respectivo Estado, até trinta de abril;

II – Estados, até trinta e um de maio.

§ 2º O descumprimento dos prazos previstos neste artigo impedirá, até que a situação seja regularizada, que o ente da Federação receba transferências voluntárias e contrate operações de crédito, exceto as destinadas ao refinanciamento do principal atualizado da dívida mobiliária.

Seção III
Do Relatório Resumido da Execução Orçamentária

Art. 52. O relatório a que se refere o § 3º do art. 165 da Constituição abrangerá todos os Poderes e o Ministério Público, será publicado até 30 (trinta) dias após o encerramento de cada bimestre e composto de:

I – balanço orçamentário, que especificará, por categoria econômica, as:

a) receitas por fonte, informando as realizadas e a realizar, bem como a previsão atualizada;

b) despesas por grupo de natureza, discriminando a dotação para o exercício, a despesa liquidada e o saldo;

II – demonstrativos da execução das:

a) receitas, por categoria econômica e fonte, especificando a previsão inicial, a previsão atualizada para o exercício, a receita realizada no bimestre, a realizada no exercício e a previsão a realizar;

b) despesas, por categoria econômica e grupo de natureza da despesa, discriminando dotação inicial, dotação para o exercício, despesas empenhada e liquidada, no bimestre e no exercício;

c) despesas, por função e subfunção.

§ 1º Os valores referentes ao refinanciamento da dívida mobiliária constarão destacadamente nas receitas de operações de crédito e nas despesas com amortização da dívida.

§ 2º O descumprimento do prazo previsto neste artigo sujeita o ente às sanções previstas no § 2º do art. 51.

Art. 53. Acompanharão o Relatório Resumido demonstrativos relativos a:

I – apuração da receita corrente líquida, na forma definida no inciso IV do art. 2º, sua evolução, assim como a previsão de seu desempenho até o final do exercício;

II – receitas e despesas previdenciárias a que se refere o inciso IV do art. 50;

III – resultados nominal e primário;

IV – despesas com juros, na forma do inciso II do art. 4º;

V – Restos a Pagar, detalhando, por Poder e órgão referido no art. 20, os valores inscritos, os pagamentos realizados e o montante a pagar.

§ 1º O relatório referente ao último bimestre do exercício será acompanhado também de demonstrativos:

I – do atendimento do disposto no inciso III do art. 167 da Constituição, conforme o § 3º do art. 32;

II – das projeções atuariais dos regimes de previdência social, geral e próprio dos servidores públicos;

III – da variação patrimonial, evidenciando a alienação de ativos e a aplicação dos recursos dela decorrentes.

§ 2º Quando for o caso, serão apresentadas justificativas:

I – da limitação de empenho;

II – da frustração de receitas, especificando as medidas de combate à sonegação e à evasão fiscal, adotadas e a adotar, e as ações de fiscalização e cobrança.

Seção IV
Do Relatório de Gestão Fiscal

Art. 54. Ao final de cada quadrimestre será emitido pelos titulares dos Poderes e órgãos referidos no art. 20 Relatório de Gestão Fiscal, assinado pelo:

I – Chefe do Poder Executivo;

II – Presidente e demais membros da Mesa Diretora ou órgão decisório equivalente, conforme regimentos internos dos órgãos do Poder Legislativo;

III – Presidente de Tribunal e demais membros de Conselho de Administração ou órgão decisório equivalente, conforme regimentos internos dos órgãos do Poder Judiciário;

IV – Chefe do Ministério Público, da União e dos Estados.

Parágrafo único. O relatório também será assinado pelas autoridades responsáveis pela administração financeira e pelo controle interno, bem como por outras definidas por ato próprio de cada Poder ou órgão referido no art. 20.

Art. 55. O relatório conterá:

I – comparativo com os limites de que trata esta Lei Complementar, dos seguintes montantes:

a) despesa total com pessoal, distinguindo a com inativos e pensionistas;

b) dívidas consolidada e mobiliária;

c) concessão de garantias;

d) operações de crédito, inclusive por antecipação de receita;

e) despesas de que trata o inciso II do art. 4º;

II – indicação das medidas corretivas adotadas ou a adotar, se ultrapassado qualquer dos limites;

III – demonstrativos, no último quadrimestre:

a) do montante das disponibilidades de caixa em trinta e um de dezembro;

b) da inscrição em Restos a Pagar, das despesas:

1) liquidadas;

2) empenhadas e não liquidadas, inscritas por atenderem a uma das condições do inciso II do art. 41;

3) empenhadas e não liquidadas, inscritas até o limite do saldo da disponibilidade de caixa;

4) não inscritas por falta de disponibilidade de caixa e cujos empenhos foram cancelados;

c) do cumprimento do disposto no inciso II e na alínea *b* do inciso IV do art. 38.

§ 1º O relatório dos titulares dos órgãos mencionados nos incisos II, III e IV do art. 54 conterá apenas as informações relativas à alínea *a* do inciso I, e os documentos referidos nos incisos II e III.

§ 2º O relatório será publicado até 30 dias após o encerramento do período a que corresponder, com amplo acesso ao público, inclusive por meio eletrônico.

§ 3º O descumprimento do prazo a que se refere o § 2º sujeita o ente à sanção prevista no § 2º do art. 51.

§ 4º Os relatórios referidos nos arts. 52 e 54 deverão ser elaborados de forma padronizada, segundo modelos que poderão ser atualizados pelo conselho de que trata o art. 67.

Seção V
Das prestações de contas

Art. 56. As contas prestadas pelos Chefes do Poder Executivo incluirão, além das suas próprias, as dos Presidentes dos órgãos dos Poderes Legislativo e Judiciário e do Chefe do Ministério Público, referidos no art. 20, as quais receberão parecer prévio, separadamente, do respectivo Tribunal de Contas.

→ *v.* ADIn 2.238-5 (*D.O.U.* 12.9.2008) – Deferimento de medida cautelar.

§ 1º As contas do Poder Judiciário serão apresentadas no âmbito:

I – da União, pelos Presidentes do Supremo Tribunal Federal e dos Tribunais Superiores, consolidando as dos respectivos tribunais;

II – dos Estados, pelos Presidentes dos Tribunais de Justiça, consolidando as dos demais tribunais.

§ 2º O parecer sobre as contas dos Tribunais de Contas será proferido no prazo previsto no art. 57 pela comissão mista permanente referida no § 1º do art. 166 da Constituição ou equivalente das Casas Legislativas estaduais e municipais.

§ 3º Será dada ampla divulgação dos resultados da apreciação das contas, julgadas ou tomadas.

Art. 57. Os Tribunais de Contas emitirão parecer prévio conclusivo sobre as contas no prazo de 60 (sessenta) dias do recebimento, se outro não estiver estabelecido nas constituições estaduais ou nas leis orgânicas municipais.

→ *v.* ADIn 2.238-5 (*D.O.U.* 12.9.2008) – Deferimento de medida cautelar.

§ 1º No caso de Municípios que não sejam capitais e que tenham menos de duzentos mil habitantes o prazo será de 180 (cento e oitenta) dias.

§ 2º Os Tribunais de Contas não entrarão em recesso enquanto existirem contas de Poder, ou órgão referido no art. 20, pendentes de parecer prévio.

Art. 58. A prestação de contas evidenciará o desempenho da arrecadação em relação à previsão, destacando as providências adotadas no âmbito da fiscalização das receitas e combate à sonegação, as ações de recuperação de créditos nas instâncias administrativa e judicial, bem como as demais medidas para incremento das receitas tributárias e de contribuições.

Seção VI
Da fiscalização da gestão fiscal

Art. 59. O Poder Legislativo, diretamente ou com o auxílio dos Tribunais de Contas, e o sistema de controle interno de cada Poder e do Ministério Público, fiscalizarão o cumprimento das normas desta Lei Complementar, com ênfase no que se refere a:

I – atingimento das metas estabelecidas na lei de diretrizes orçamentárias;

II – limites e condições para realização de operações de crédito e inscrição em Restos a Pagar;

III – medidas adotadas para o retorno da despesa total com pessoal ao respectivo limite, nos termos dos arts. 22 e 23;

IV – providências tomadas, conforme o disposto no art. 31, para recondução dos montantes das dívidas consolidada e mobiliária aos respectivos limites;

V – destinação de recursos obtidos com a alienação de ativos, tendo em vista as restrições constitucionais e as desta Lei Complementar;

VI – cumprimento do limite de gastos totais dos legislativos municipais, quando houver.

§ 1º Os Tribunais de Contas alertarão os Poderes ou órgãos referidos no art. 20 quando constatarem:

I – a possibilidade de ocorrência das situações previstas no inciso II do art. 4º e no art. 9º;

II – que o montante da despesa total com pessoal ultrapassou 90% (noventa por cento) do limite;

III – que os montantes das dívidas consolidada e mobiliária, das operações de crédito e da concessão de garantia se encontram acima de 90% (noventa por cento) dos respectivos limites;

IV – que os gastos com inativos e pensionistas se encontram acima do limite definido em lei;

V – fatos que comprometam os custos ou os resultados dos programas ou indícios de irregularidades na gestão orçamentária.

§ 2º Compete ainda aos Tribunais de Contas verificar os cálculos dos limites da despesa total com pessoal de cada Poder e órgão referido no art. 20.

§ 3º O Tribunal de Contas da União acompanhará o cumprimento do disposto nos §§ 2º, 3º e 4º do art. 39.

Capítulo X
DISPOSIÇÕES FINAIS E TRANSITÓRIAS

Art. 60. Lei estadual ou municipal poderá fixar limites inferiores àqueles previstos nesta Lei Complementar para as dívidas consolidada e mobiliária, operações de crédito e concessão de garantias.

Art. 61. Os títulos da dívida pública, desde que devidamente escriturados em sistema centralizado de liquidação e custódia, poderão ser oferecidos em caução para garantia de empréstimos, ou em outras transações previstas em lei, pelo seu valor econômico, conforme definido pelo Ministério da Fazenda.

Art. 62. Os Municípios só contribuirão para o custeio de despesas de competência de outros entes da Federação se houver:

I – autorização na lei de diretrizes orçamentárias e na lei orçamentária anual;

II – convênio, acordo, ajuste ou congênere, conforme sua legislação.

Art. 63. É facultado aos Municípios com população inferior a cinquenta mil habitantes optar por:

I – aplicar o disposto no art. 22 e no § 4º do art. 30 ao final do semestre;

II – divulgar semestralmente:

a) (*Vetada*).

b) o Relatório de Gestão Fiscal;

c) os demonstrativos de que trata o art. 53;

III – elaborar o Anexo de Política Fiscal do plano plurianual, o Anexo de Metas Fiscais e o Anexo de Riscos Fiscais da lei de diretrizes orçamentárias e o anexo de que trata o inciso I do art. 5º a partir do quinto exercício seguinte ao da publicação desta Lei Complementar.

§ 1º A divulgação dos relatórios e demonstrativos deverá ser realizada em até 30 (trinta) dias após o encerramento do semestre.

§ 2º Se ultrapassados os limites relativos à despesa total com pessoal ou à dívida consolidada, enquanto perdurar esta situação, o Município ficará sujeito aos mesmos prazos de verificação e de retorno ao limite definidos para os demais entes.

Art. 64. A União prestará assistência técnica e cooperação financeira aos Municípios para a modernização das respectivas administrações tributária, financeira, patrimonial e previdenciária, com vistas ao cumprimento das normas desta Lei Complementar.

§ 1º A assistência técnica consistirá no treinamento e desenvolvimento de recursos humanos e na transferência de tecnologia, bem como no apoio à divulgação dos instrumentos de que trata o art. 48 em meio eletrônico de amplo acesso público.

§ 2º A cooperação financeira compreenderá a doação de bens e valores, o financiamento por intermédio das instituições financeiras federais e o repasse de recursos oriundos de operações externas.

Art. 65. Na ocorrência de calamidade pública reconhecida pelo Congresso Nacional, no caso da União, ou pelas Assembleias Legislativas, na hipótese dos Estados e Municípios, enquanto perdurar a situação:

I – serão suspensas a contagem dos prazos e as disposições estabelecidas nos arts. 23, 31 e 70;

II – serão dispensados o atingimento dos resultados fiscais e a limitação de empenho prevista no art. 9º.

Parágrafo único. Aplica-se o disposto no *caput* no caso de estado de defesa ou de sítio, decretado na forma da Constituição.

Art. 66. Os prazos estabelecidos nos arts. 23, 31 e 70 serão duplicados no caso de crescimento real baixo ou negativo do Produto Interno Bruto (PIB) nacional, regional ou estadual por período igual ou superior a quatro trimestres.

§ 1º Entende-se por baixo crescimento a taxa de variação real acumulada do Produto Interno Bruto inferior a 1% (um por cento), no período correspondente aos quatro últimos trimestres.

§ 2º A taxa de variação será aquela apurada pela Fundação Instituto Brasileiro de Geografia e Estatística ou outro órgão que vier a substituí-la, adotada a mesma metodologia para apuração dos PIB nacional, estadual e regional.

§ 3º Na hipótese do *caput*, continuarão a ser adotadas as medidas previstas no art. 22.

§ 4º Na hipótese de se verificarem mudanças drásticas na condução das políticas monetária e cambial, reconhecidas pelo Senado Federal, o prazo referido no *caput* do art. 31 poderá ser ampliado em até quatro quadrimestres.

Art. 67. O acompanhamento e a avaliação, de forma permanente, da política e da operacionalidade da gestão fiscal serão realizados por conselho de gestão fiscal, constituído por representantes de todos os Poderes e esferas de Governo, do Ministério Público e de entidades técnicas representativas da sociedade, visando a:

I – harmonização e coordenação entre os entes da Federação;

II – disseminação de práticas que resultem em maior eficiência na alocação e execução do gasto público, na arrecadação de receitas, no controle do endividamento e na transparência da gestão fiscal;

III – adoção de normas de consolidação das contas públicas, padronização das prestações de contas e dos relatórios e demonstrativos de gestão fiscal de que trata esta Lei Complementar, normas e padrões mais simples para os pequenos Municípios, bem como outros, necessários ao controle social;

IV – divulgação de análises, estudos e diagnósticos.

§ 1º O conselho a que se refere o *caput* instituirá formas de premiação e reconhecimento público aos titulares de Poder que alcançarem resultados meritórios em suas políticas de desenvolvimento social, conjugados com a prática de uma gestão fiscal pautada pelas normas desta Lei Complementar.

§ 2º Lei disporá sobre a composição e a forma de funcionamento do conselho.

Art. 68. Na forma do art. 250 da Constituição, é criado o Fundo do Regime Geral de Previdência Social, vinculado ao Ministério da Previdência e Assistência Social, com a finalidade de prover recursos para o pagamento dos benefícios do regime geral da previdência social.

§ 1º O Fundo será constituído de:

I – bens móveis e imóveis, valores e rendas do Instituto Nacional do Seguro Social não utilizados na operacionalização deste;

II – bens e direitos que, a qualquer título, lhe sejam adjudicados ou que lhe vierem a ser vinculados por força de lei;

III – receita das contribuições sociais para a seguridade social, previstas na alínea *a* do inciso I e no inciso II do art. 195 da Constituição;

IV – produto da liquidação de bens e ativos de pessoa física ou jurídica em débito com a Previdência Social;

V – resultado da aplicação financeira de seus ativos;

VI – recursos provenientes do orçamento da União.

§ 2º O Fundo será gerido pelo Instituto Nacional do Seguro Social, na forma da lei.

Art. 69. O ente da Federação que mantiver ou vier a instituir regime próprio de previdência social para seus servidores conferir-lhe-á caráter contributivo e o organizará com base em normas de contabilidade e atuária que preservem seu equilíbrio financeiro e atuarial.

Art. 70. O Poder ou órgão referido no art. 20 cuja despesa total com pessoal no exercício anterior ao da publicação desta Lei Complementar estiver acima dos limites estabelecidos nos arts. 19 e 20 deverá enquadrar-se no respectivo limite em até dois exercícios, eliminando o excesso, gradualmente, à razão de, pelo menos, 50% a.a. (cinquenta por cento ao ano), mediante a adoção, entre outras, das medidas previstas nos arts. 22 e 23.

Parágrafo único. A inobservância do disposto no *caput*, no prazo fixado, sujeita o ente às sanções previstas no § 3º do art. 23.

Art. 71. Ressalvada a hipótese do inciso X do art. 37 da Constituição, até o término do terceiro exercício financeiro seguinte à entrada em vigor desta Lei Complementar, a despesa total com pessoal dos Poderes e órgãos referidos no art. 20 não ultrapassará, em percentual da receita corrente líquida, a despesa verificada no exercício imediatamente anterior, acrescida de até 10% (dez por cento), se esta for inferior ao limite definido na forma do art. 20.

Art. 72. A despesa com serviços de terceiros dos Poderes e órgãos referidos no art. 20 não poderá exceder, em percentual da receita corrente líquida, a do exercício anterior à entrada em vigor desta Lei Complementar, até o término do terceiro exercício seguinte.

Art. 73. As infrações dos dispositivos desta Lei Complementar serão punidas segundo o Decreto-lei 2.848, de 7 de dezembro de 1940 (Código Penal); a Lei 1.079, de 10 de abril de 1950; o Decreto-lei 201, de 27 de fevereiro de 1967; a Lei 8.429, de 2 de junho de 1992; e demais normas da legislação pertinente.

Art. 73-A. Qualquer cidadão, partido político, associação ou sindicato é parte legítima para denunciar ao respectivo Tribunal de Contas e ao órgão competente do Ministério Público o descumprimento das prescrições estabelecidas nesta Lei Complementar.

→ Artigo acrescentado pela LC 131/2009.

Art. 73-B. Ficam estabelecidos os seguintes prazos para o cumprimento das determinações dispostas nos incisos II e III do parágrafo único do art. 48 e do art. 48-A:

I – 1 (um) ano para a União, os Estados, o Distrito Federal e os Municípios com mais de 100.000 (cem mil) habitantes;

II – 2 (dois) anos para os Municípios que tenham entre 50.000 (cinquenta mil) e 100.000 (cem mil) habitantes;

III – 4 (quatro) anos para os Municípios que tenham até 50.000 (cinquenta mil) habitantes.

Parágrafo único. Os prazos estabelecidos neste artigo serão contados a partir da data de publicação da lei complementar que introduziu os dispositivos referidos no *caput* deste artigo.

Art. 73-C. O não atendimento, até o encerramento dos prazos previstos no art. 73-B, das determinações contidas nos incisos II e III do parágrafo único do art. 48 e no art. 48-A sujeita o ente à sanção prevista no inciso I do § 3º do art. 23.

→ Artigo acrescentado pela LC 131/2009.

Art. 74. Esta Lei Complementar entra em vigor na data da sua publicação.

Art. 75. Revoga-se a Lei Complementar 96, de 31 de maio de 1999.

Brasília, 4 de maio de 2000; 179º da Independência e 112º da República.

Fernando Henrique Cardoso

(Publicação no *D.O.U.* 5.5.2000)

LEI 10.028,
DE 19 DE OUTUBRO DE 2000

Altera o Decreto-Lei 2.848, de 7 de dezembro de 1940 – Código Penal, a Lei 1.079, de 10 de abril de 1950, e o Decreto-Lei 201, de 27 de fevereiro de 1967.

O Presidente da República:

Faço saber que o Congresso Nacional decreta e eu sanciono a seguinte Lei:

Art. 1º O art. 339 do Decreto-Lei 2.848, de 7 de dezembro de 1940, passa a vigorar com a seguinte redação:

→ Alteração efetuada no CP.

Art. 2º O Título XI do Decreto-Lei 2.848, de 1940, passa a vigorar acrescido do seguinte capítulo e artigos:

→ Alterações efetuadas no CP.

Art. 3º A Lei 1.079, de 10 de abril de 1950, passa a vigorar com as seguintes alterações:

→ Alterações efetuadas na referida Lei.

Art. 4º O art. 1º do Decreto-Lei 201, de 27 de fevereiro de 1967, passa a vigorar com a seguinte redação:

"Art. 1º (...)

XVI – deixar de ordenar a redução do montante da dívida consolidada, nos prazos estabelecidos em lei, quando o montante ultrapassar o valor resultante da aplicação do limite máximo fixado pelo Senado Federal; (AC)

XVII – ordenar ou autorizar a abertura de crédito em desacordo com os limites estabelecidos pelo Senado Federal, sem fundamento na lei orçamentária ou na de crédito adicional ou com inobservância de prescrição legal; (AC)

XVIII – deixar de promover ou de ordenar, na forma da lei, o cancelamento, a amortização ou a constituição de reserva para anular os efeitos de operação de crédito realizada com inobservância de limite, condição ou montante estabelecido em lei; (AC)

XIX – deixar de promover ou de ordenar a liquidação integral de operação de crédito por antecipação de receita orçamentária, inclusive os respectivos juros e demais encargos, até o encerramento do exercício financeiro; (AC)

XX – ordenar ou autorizar, em desacordo com a lei, a realização de operação de crédito com qualquer um dos demais entes da Federação, inclusive suas entidades da administração indireta, ainda que na forma de novação, refinanciamento ou postergação de dívida contraída anteriormente; (AC)

XXI – captar recursos a título de antecipação de receita de tributo ou contribuição cujo fato gerador ainda não tenha ocorrido; (AC)

XXII – ordenar ou autorizar a destinação de recursos provenientes da emissão de títulos para finalidade diversa da prevista na lei que a autorizou; (AC)

XXIII – realizar ou receber transferência voluntária em desacordo com limite ou condição estabelecida em lei. (AC)

(...)"

Art. 5º Constitui infração administrativa contra as leis de finanças públicas:

I – deixar de divulgar ou de enviar ao Poder Legislativo e ao Tribunal de Contas o relatório de gestão fiscal, nos prazos e condições estabelecidos em lei;

II – propor lei de diretrizes orçamentárias anual que não contenha as metas fiscais na forma da lei;

III – deixar de expedir ato determinando limitação de empenho e movimentação financeira, nos casos e condições estabelecidos em lei;

IV – deixar de ordenar ou de promover, na forma e nos prazos da lei, a execução de medida para a redução do montante da despesa total com pessoal que houver excedido a repartição por Poder do limite máximo.

§ 1º A infração prevista neste artigo é punida com multa de trinta por cento dos vencimentos anuais do agente que lhe der causa, sendo o pagamento da multa de sua responsabilidade pessoal.

§ 2º A infração a que se refere este artigo será processada e julgada pelo Tribunal de Contas a que competir a fiscalização contábil, financeira e orçamentária da pessoa jurídica de direito público envolvida.

Art. 6º Esta Lei entra em vigor na data de sua publicação.

Brasília, 19 de outubro de 2000; 179º da Independência e 112º da República.

Fernando Henrique Cardoso

José Gregori

(Publicação no *D.O.U.* 20.10.2000)

LEI COMPLEMENTAR 105,
DE 10 DE JANEIRO DE 2001

Dispõe sobre o sigilo das operações de instituições financeiras e dá outras providências.

O Presidente da República:

Faço saber que o Congresso Nacional decreta e eu sanciono a seguinte Lei Complementar:

Art. 1º As instituições financeiras conservarão sigilo em suas operações ativas e passivas e serviços prestados.

→ *v.* art. 198 do CTN.

→ *v.* Lei 4.595/1964 – Dispõe sobre a Política e as Instituições Monetárias, Bancárias e Creditícias, cria o Conselho Monetário Nacional e dá outras providências.

§ 1º São consideradas instituições financeiras, para os efeitos desta Lei Complementar:

I – os bancos de qualquer espécie;

II – distribuidoras de valores mobiliários;

III – corretoras de câmbio e de valores mobiliários;

IV – sociedades de crédito, financiamento e investimentos;

V – sociedades de crédito imobiliário;

VI – administradoras de cartões de crédito;

VII – sociedades de arrendamento mercantil;

VIII – administradoras de mercado de balcão organizado;

IX – cooperativas de crédito;

X – associações de poupança e empréstimo;

XI – bolsas de valores e de mercadorias e futuros;

XII – entidades de liquidação e compensação;

XIII – outras sociedades que, em razão da natureza de suas operações, assim venham a ser consideradas pelo Conselho Monetário Nacional.

§ 2º As empresas de fomento comercial ou *factoring*, para os efeitos desta Lei Complementar, obedecerão às normas aplicáveis às instituições financeiras previstas no § 1º.

§ 3º Não constitui violação do dever de sigilo:

I – a troca de informações entre instituições financeiras, para fins cadastrais, inclusive por intermédio de centrais de risco, observadas as normas baixadas pelo Conselho Monetário Nacional e pelo Banco Central do Brasil;

II – o fornecimento de informações constantes de cadastro de emitentes de cheques sem provisão de fundos e de devedores inadimplentes, a entidades de proteção ao crédito, observadas as normas baixadas pelo Conselho Monetário Nacional e pelo Banco Central do Brasil;

III – o fornecimento das informações de que trata o § 2º do art. 11 da Lei 9.311, de 24 de outubro de 1996;

IV – a comunicação, às autoridades competentes, da prática de ilícitos penais ou administrativos, abrangendo o fornecimento de informações sobre operações que envolvam recursos provenientes de qualquer prática criminosa;

V – a revelação de informações sigilosas com o consentimento expresso dos interessados;

VI – a prestação de informações nos termos e condições estabelecidos nos artigos 2º, 3º, 4º, 5º, 6º, 7º e 9º desta Lei Complementar.

§ 4º A quebra de sigilo poderá ser decretada, quando necessária para apuração de ocorrência de qualquer ilícito, em qualquer fase do inquérito ou do processo judicial, e especialmente nos seguintes crimes:

→ *v.* Súmula Vinculante 14 do STF.

I – de terrorismo;

→ *v.* Lei 7.170/1983 – Crimes Contra e Segurança Nacional.

II – de tráfico ilícito de substâncias entorpecentes ou drogas afins;

III – de contrabando ou tráfico de armas, munições ou material destinado a sua produção;

→ *v.* Lei 10.826/2003 – Estatuto do Desarmamento.

IV – de extorsão mediante sequestro;

→ *v.* art. 159 do CP.

V – contra o sistema financeiro nacional;

→ *v.* Lei 7.492/1986 – Crimes Contra o Sistema Financeiro.

VI – contra a Administração Pública;

→ *v.* arts. 312 a 327 do CP.

VII – contra a ordem tributária e a previdência social;

→ *v.* Lei 8.137/1990 – Crimes Contra a Ordem Tributária e Econômica.

VIII – lavagem de dinheiro ou ocultação de bens, direitos e valores;

→ *v.* Lei 9.613/1998 – Crimes de Lavagem de Capitais.

IX – praticado por organização criminosa.

Art. 2º O dever de sigilo é extensivo ao Banco Central do Brasil, em relação às operações que realizar e às informações que obtiver no exercício de suas atribuições.

§ 1º O sigilo, inclusive quanto a contas de depósitos, aplicações e investimentos mantidos em instituições financeiras, não pode ser oposto ao Banco Central do Brasil:

I – no desempenho de suas funções de fiscalização, compreendendo a apuração, a qualquer tempo, de ilícitos praticados por controladores, administradores, membros de conselhos estatutários, gerentes, mandatários e prepostos de instituições financeiras;

II – ao proceder a inquérito em instituição financeira submetida a regime especial.

§ 2º As comissões encarregadas dos inquéritos a que se refere o inciso II do § 1º poderão examinar quaisquer documentos relativos a bens, direitos e obrigações das instituições financeiras, de seus controladores, administradores, membros de conselhos estatutários, gerentes, mandatários e prepostos, inclusive contas correntes e operações com outras instituições financeiras.

§ 3º O disposto neste artigo aplica-se à Comissão de Valores Mobiliários, quando se tratar de fiscalização de operações e serviços no mercado de valores mobiliários, inclusive nas instituições financeiras que sejam companhias abertas.

§ 4º O Banco Central do Brasil e a Comissão de Valores Mobiliários, em suas áreas de competência, poderão firmar convênios:

I – com outros órgãos públicos fiscalizadores de instituições financeiras, objetivando a realização de fiscalizações conjuntas, observadas as respectivas competências;

II – com bancos centrais ou entidades fiscalizadoras de outros países, objetivando:

a) a fiscalização de filiais e subsidiárias de instituições financeiras estrangeiras, em funcionamento no Brasil, e de filiais e subsidiárias, no exterior, de instituições financeiras brasileiras;

b) a cooperação mútua e o intercâmbio de informações para a investigação de atividades ou operações que impliquem aplicação, negociação, ocultação ou transferência de ativos financeiros e de valores mobiliários relacionados com a prática de condutas ilícitas.

§ 5º O dever de sigilo de que trata esta Lei Complementar estende-se aos órgãos fiscalizadores mencionados no § 4º e a seus agentes.

§ 6º O Banco Central do Brasil, a Comissão de Valores Mobiliários e os demais órgãos de fiscalização, nas áreas de suas atribuições, fornecerão ao Conselho de Controle de Atividades Financeiras – COAF, de que trata o art. 14 da Lei 9.613, de 3 de março de 1998, as informações cadastrais e de movimento de valores relativos às operações previstas no inciso I do art. 11 da referida Lei.

Art. 3º Serão prestadas pelo Banco Central do Brasil, pela Comissão de Valores Mobiliários e pelas instituições financeiras as informações ordenadas pelo Poder Judiciário, preservado o seu caráter sigiloso mediante acesso restrito às partes, que delas não poderão servir-se para fins estranhos à lide.

§ 1º Dependem de prévia autorização do Poder Judiciário a prestação de informações e o fornecimento de documentos sigilosos solicitados por comissão de inquérito administrativo destinada a apurar responsabilidade de servidor público por infração praticada no exercício de suas atribuições, ou que tenha relação com as atribuições do cargo em que se encontre investido.

§ 2º Nas hipóteses do § 1º, o requerimento de quebra de sigilo independe da existência de processo judicial em curso.

§ 3º Além dos casos previstos neste artigo o Banco Central do Brasil e a Comissão de Valores Mobiliários fornecerão à Advocacia-Geral da União as informações e os documentos necessários à defesa da União nas ações em que seja parte.

Art. 4º O Banco Central do Brasil e a Comissão de Valores Mobiliários, nas áreas de suas atribuições, e as instituições financeiras fornecerão ao Poder Legislativo Federal as informações e os documentos sigilosos que, fundamentadamente, se fizerem necessários ao exercício de suas respectivas competências constitucionais e legais.

§ 1º As comissões parlamentares de inquérito, no exercício de sua competência constitucional e legal de ampla investigação, obterão as informações e documentos sigilosos de que necessitarem, diretamente das instituições financeiras, ou por intermédio do Banco Central do Brasil ou da Comissão de Valores Mobiliários.

→ *v.* Lei 1.579/1952 – Comissão Parlamentar de Inquérito.

§ 2º As solicitações de que trata este artigo deverão ser previamente aprovadas pelo Plenário da Câmara dos Deputados, do Senado Federal, ou do plenário de suas respectivas comissões parlamentares de inquérito.

Art. 5º O Poder Executivo disciplinará, inclusive quanto à periodicidade e aos limites de valor, os critérios segundo os quais as instituições financeiras informarão à administração tributária da União, as operações financeiras efetuadas pelos usuários de seus serviços.

→ Artigo regulamentado pelo Decreto 4.489/2002.

§ 1º Consideram-se operações financeiras, para os efeitos deste artigo:

I – depósitos à vista e a prazo, inclusive em conta de poupança;

II – pagamentos efetuados em moeda corrente ou em cheques;

III – emissão de ordens de crédito ou documentos assemelhados;

IV – resgates em contas de depósitos à vista ou a prazo, inclusive de poupança;

V – contratos de mútuo;

VI – descontos de duplicatas, notas promissórias e outros títulos de crédito;

VII – aquisições e vendas de títulos de renda fixa ou variável;

VIII – aplicações em fundos de investimentos;

IX – aquisições de moeda estrangeira;

X – conversões de moeda estrangeira em moeda nacional;

XI – transferências de moeda e outros valores para o exterior;

XII – operações com ouro, ativo financeiro;

XIII – operações com cartão de crédito;

XIV – operações de arrendamento mercantil; e

XV – quaisquer outras operações de natureza semelhante que venham a ser autorizadas pelo Banco Central do Brasil, Comissão de Valores Mobiliários ou outro órgão competente.

§ 2º As informações transferidas na forma do *caput* deste artigo restringirão a informes relacionados com a identificação dos titulares das operações e os montantes globais mensalmente movimentados, vedada a inserção de qualquer elemento que permita identificar a sua origem ou a natureza dos gastos a partir deles efetuados.

§ 3º Não se incluem entre as informações de que trata este artigo as operações financeiras efetuadas pelas administrações direta e indireta da União, dos Estados, do Distrito Federal e dos Municípios.

§ 4º Recebidas as informações de que trata este artigo, se detectados indícios de falhas, incorreções ou omissões, ou de cometimento de ilícito fiscal, a autoridade interessada poderá requisitar as informações e os documentos de que necessitar, bem como realizar fiscalização ou auditoria para a adequada apuração dos fatos.

§ 5º As informações a que se refere este artigo serão conservadas sob sigilo fiscal, na forma da legislação em vigor.

Art. 6º As autoridades e os agentes fiscais tributários da União, dos Estados, do Distrito Federal e dos Municípios somente poderão examinar documentos, livros e registros de instituições financeiras, inclusive os referentes a contas de depósitos e aplicações financeiras, quando houver processo administrativo instaurado ou procedimento fiscal em curso e tais exames sejam considerados indispensáveis pela autoridade administrativa competente.

→ Artigo regulamentado pelo Decreto 3.724/2001.

Parágrafo único. O resultado dos exames, as informações e os documentos a que se refere este artigo serão conservados em sigilo, observada a legislação tributária.

Art. 7º Sem prejuízo do disposto no § 3º do art. 2º, a Comissão de Valores Mobiliários, instaurado inquérito administrativo, poderá solicitar à autoridade judiciária competente o levantamento do sigilo junto às instituições financeiras de informações e documentos relativos a bens, direitos e obrigações de pessoa física ou jurídica submetida ao seu poder disciplinar.

Parágrafo único. O Banco Central do Brasil e a Comissão de Valores Mobiliários manterão permanente intercâmbio de informações acerca dos resultados das inspeções que realizarem, dos inquéritos que instaurarem e das penalidades que aplicarem, sempre que as informações forem necessárias ao desempenho de suas atividades.

Art. 8º O cumprimento das exigências e formalidades previstas nos artigos 4º, 6º e 7º será expressamente declarado pelas autoridades competentes nas solicitações dirigidas ao Banco Central do Brasil, à Comissão de Valores Mobiliários ou às instituições financeiras.

Art. 9º Quando, no exercício de suas atribuições, o Banco Central do Brasil e a Comissão de Valores Mobiliários verificarem a ocorrência de crime definido em lei como de ação pública, ou indícios da prática de tais crimes, informarão ao Ministério Público, juntando à comunicação os documentos necessários à apuração ou comprovação dos fatos.

§ 1º A comunicação de que trata este artigo será efetuada pelos Presidentes do Banco Central do Brasil e da Comissão de Valores Mobiliários, admitida delegação de competência, no prazo máximo de 15 (quinze) dias, a contar do recebimento do processo, com manifestação dos respectivos serviços jurídicos.

§ 2º Independentemente do disposto no *caput* deste artigo, o Banco Central do Brasil e a Comissão de Valores Mobiliários comunicarão aos órgãos públicos competentes as irregularidades e os ilícitos administrativos de que tenham conhecimento, ou indícios de sua prática, anexando os documentos pertinentes.

Art. 10. A quebra de sigilo, fora das hipóteses autorizadas nesta Lei Complementar, constitui crime e sujeita os responsáveis à pena de reclusão, de 1 (um) a 4 (quatro) anos, e multa, aplicando-se, no que couber, o Código Penal, sem prejuízo de outras sanções cabíveis.

Parágrafo único. Incorre nas mesmas penas quem omitir, retardar injustificadamente ou prestar falsamente as informações requeridas nos termos desta Lei Complementar.

Art. 11. O servidor público que utilizar ou viabilizar a utilização de qualquer informação obtida em decorrência da quebra de sigilo de que trata esta Lei Complementar responde pessoal e diretamente pelos danos decorrentes, sem prejuízo da responsabilidade objetiva da entidade pública, quando comprovado que o servidor agiu de acordo com orientação oficial.

Art. 12. Esta Lei Complementar entra em vigor na data de sua publicação.

Art. 13. Revoga-se o art. 38 da Lei 4.595, de 31 de dezembro de 1964.

Brasília, 10 de janeiro de 2001; 180º da Independência e 113º da República.

Fernando Henrique Cardoso

(Publicação no *D.O.U.* 11.1.2001)

DECRETO 3.724,
DE 10 DE JANEIRO DE 2001

Regulamenta o art. 6º da Lei Complementar 105, de 10 de janeiro de 2001, relativamente à requisição, acesso e uso, pela Secretaria da Receita Federal, de informações referentes a operações e serviços das instituições financeiras e das entidades a elas equiparadas.

O Presidente da República, no uso da atribuição que lhe confere o art. 84, inciso IV, da Constituição, e tendo em vista o disposto na Lei Complementar 105, de 10 de janeiro de 2001, decreta:

Art. 1º Este Decreto dispõe, nos termos do art. 6º da Lei Complementar 105, de 10 de janeiro de 2001, sobre requisição, acesso e uso, pela Secretaria da Receita Federal e seus agentes, de informações referentes a operações e serviços das instituições financeiras e das entidades a elas equiparadas, em conformidade com o art. 1º, §§ 1º e 2º, da mencionada Lei, bem assim estabelece procedimentos para preservar o sigilo das informações obtidas.

Art. 2º Os procedimentos fiscais relativos a tributos e contribuições administrados pela Secretaria da Receita Federal do Brasil - RFB serão executados por ocupante do cargo efetivo de Auditor-Fiscal da Receita Federal do Brasil e terão início mediante expedição prévia de Termo de Distribuição do Procedimento Fiscal - TDPF, conforme procedimento a ser estabelecido em ato do Secretário da Receita Federal do Brasil.

→ *Caput* com redação alterada pelo Dec. 8.303/2014.

§ 1º Nos casos de flagrante constatação de contrabando, descaminho ou de qualquer outra prática de infração à legislação tributária, em que o retardamento do início do procedimento fiscal coloque em risco os interesses da Fazenda Nacional, pela possibilidade de subtração de prova, o Auditor-Fiscal da Receita Federal do Brasil deverá iniciar imediatamente o procedimento fiscal e, no prazo de cinco dias, contado da data de seu início, será expedido TDPF especial, do qual será dada ciência ao sujeito passivo.

→ § 1º com redação alterada pelo Dec. 8.303/2014.

§ 2º Entende-se por procedimento de fiscalização a modalidade de procedimento fiscal a que se referem o art. 7º e seguintes do Decreto 70.235, de 6 de março de 1972.

→ § 2º com redação alterada pelo Dec. 6.104/2007.

§ 3º O TDPF não será exigido nas hipóteses de procedimento de fiscalização:

→ *Caput* do § 3º com redação alterada pelo Dec. 8.303/2014.

I – realizado no curso do despacho aduaneiro;

II – interno, de revisão aduaneira;

III – de vigilância e repressão ao contrabando e descaminho, realizado em operação ostensiva;

IV – relativo ao tratamento automático das declarações (malhas fiscais).

§ 4º O Secretário da Receita Federal do Brasil estabelecerá os modelos e as informações constantes do TDPF, os prazos para sua execução, as autoridades fiscais competentes para sua expedição, bem como demais hipóteses de dispensa ou situações em que seja necessário o início do procedimento antes da expedição do TDPF, nos casos em que haja risco aos interesses da Fazenda Nacional.

→ § 4º com redação alterada pelo Dec. 8.303/52014.

§ 5º A Secretaria da Receita Federal do Brasil, por intermédio de servidor ocupante do cargo de Auditor-Fiscal da Receita Federal do Brasil, somente poderá examinar informações relativas a terceiros, constantes de documentos, livros e registros de instituições financeiras e de entidades a elas equiparadas, inclusive os referentes a contas de depósitos e de aplicações financeiras, quando houver procedimento de fiscalização em curso e tais exames forem considerados indispensáveis.

→ § 5º com redação alterada pelo Dec. 6.104/2007.

§ 6º A Secretaria da Receita Federal do Brasil, por intermédio de seus administradores, garantirá o pleno e inviolável exercício das atribuições do Auditor-Fiscal da Receita Federal do Brasil responsável pela execução do procedimento fiscal.

→ § 6º com redação alterada pelo Dec. 6.104/2007.

Art. 3º Os exames referidos no § 5º do art. 2º somente serão considerados indispensáveis nas seguintes hipóteses:

→ *Caput* com redação alterada pelo Dec. 6.104/2007.

I – subavaliação de valores de operação, inclusive de comércio exterior, de aquisição ou alienação de bens ou direitos, tendo por base os correspondentes valores de mercado;

II – obtenção de empréstimos de pessoas jurídicas não financeiras ou de pessoas físicas, quando o sujeito passivo deixar de comprovar o efetivo recebimento dos recursos;

III – prática de qualquer operação com pessoa física ou jurídica residente ou domiciliada em país com tributação favorecida ou beneficiária de regime fiscal de que tratam os art. 24 e art. 24-A da Lei 9.430, de 27 de dezembro de 1996;

→ Inciso III com redação alterada pelo Dec. 8.303/2014.

IV – omissão de rendimentos ou ganhos líquidos, decorrentes de aplicações financeiras de renda fixa ou variável;

V – realização de gastos ou investimentos em valor superior à renda disponível;

VI – remessa, a qualquer título, para o exterior, por intermédio de conta de não residente, de valores incompatíveis com as disponibilidades declaradas;

VII – previstas no art. 33 da Lei 9.430, de 1996;

VIII – pessoa jurídica enquadrada, no Cadastro Nacional da Pessoa Jurídica (CNPJ), nas seguintes situações cadastrais:

a) cancelada;

b) inapta, nos casos previstos no art. 81 da Lei 9.430, de 1996;

IX – pessoa física sem inscrição no Cadastro de Pessoas Físicas (CPF) ou com inscrição cancelada;

X – negativa, pelo titular de direito da conta, da titularidade de fato ou da responsabilidade pela movimentação financeira;

XI – presença de indício de que o titular de direito é interposta pessoa do titular de fato; e

→ Inciso XI com redação alterada pelo Dec. 8.303/2014.

XII – intercâmbio de informações, com fundamento em tratados, acordos ou convênios internacionais, para fins de arrecadação e fiscalização de tributos.

→ Inciso XII acrescentado pelo Dec. 8.303/2014.

§ 1º Não se aplica o disposto nos incisos I a VI, quando as diferenças apuradas não excedam a dez por cento dos valores de mercado ou declarados, conforme o caso.

§ 2º Considera-se indício de interposição de pessoa, para os fins do inciso XI deste artigo, quando:

I – as informações disponíveis, relativas ao sujeito passivo, indicarem movimentação financeira superior a dez vezes a renda disponível declarada ou, na ausência de Declaração de Ajuste Anual do Imposto de Renda, o montante anual da movimentação for superior ao estabelecido no inciso II do § 3º do art. 42 da Lei 9.430, de 1996;

II – a ficha cadastral do sujeito passivo, na instituição financeira, ou equiparada, contenha:

a) informações falsas quanto a endereço, rendimentos ou patrimônio; ou

b) rendimento inferior a dez por cento do montante anual da movimentação.

Art. 4º Poderão requisitar as informações referidas no § 5º do art. 2º as autoridades competentes para expedir o TDPF.

→ *Caput* com redação alterada pelo Dec. 8.303/2014.

§ 1º A requisição referida neste artigo será formalizada mediante documento denominado Requisição de Informações sobre Movimentação Financeira (RMF) e será dirigida, conforme o caso, ao:

I – Presidente do Banco Central do Brasil, ou a seu preposto;

II – Presidente da Comissão de Valores Mobiliários, ou a seu preposto;

III – presidente de instituição financeira, ou entidade a ela equiparada, ou a seu preposto;

IV – gerente de agência.

§ 2º A RMF será precedida de intimação ao sujeito passivo para apresentação de informações sobre movimentação financeira, necessárias à execução do procedimento fiscal.

→ § 2º com redação alterada pelo Dec. 8.303/2014.

§ 3º O sujeito passivo poderá atender a intimação a que se refere o § 2º por meio de:

→ *Caput* do § 3º com redação alterada pelo Dec. 8.303/2014.

I – autorização expressa do acesso direto às informações sobre movimentação financeira por parte da autoridade fiscal; ou

→ Inciso I acrescentado pelo Dec. 8.303/2014.

II – apresentação das informações sobre movimentação financeira, hipótese em que responde por sua veracidade e integridade, observada a legislação penal aplicável.

→ Inciso II acrescentado pelo Dec. 8.303/2014.

§ 4º As informações prestadas pelo sujeito passivo poderão ser objeto de verificação nas instituições de que trata o art. 1º, inclusive por intermédio do Banco Central do Brasil ou da Comissão de Valores Mobiliários, bem assim de cotejo com outras informações disponíveis na Secretaria da Receita Federal.

§ 5º A RMF será expedida com base em relatório circunstanciado, elaborado pelo Auditor-Fiscal da Receita Federal do Brasil encarregado da execução do procedimento fiscal ou pela chefia imediata.

→ § 5º com redação alterada pelo Dec. 8.303/2014.

§ 6º No relatório referido no parágrafo anterior, deverá constar a motivação da proposta de expedição da RMF, que demonstre, com precisão e clareza, tratar-se de situação enquadrada em hipótese de indispensabilidade prevista no artigo anterior, observado o princípio da razoabilidade.

§ 7º Na RMF deverão constar, no mínimo, o seguinte:

I – nome ou razão social do sujeito passivo, endereço e número de inscrição no CPF ou no CNPJ;

II – número de identificação do TDPF a que se vincular;

→ Inciso II com redação alterada pelo Dec. 8.303/2014.

III – as informações requisitadas e o período a que se refere a requisição;

IV – nome, matrícula e assinatura da autoridade que a expediu;

V – nome, matrícula e endereço funcional dos Auditores-Fiscais da Receita Federal do Brasil responsáveis pela execução do procedimento fiscal;

→ Inciso V com redação alterada pelo Dec. 8.303/2014.

VI – forma de apresentação das informações (em papel ou em meio magnético);

VII – prazo para entrega das informações, na forma da legislação aplicável;

VIII – endereço para entrega das informações;

IX – código de acesso à Internet que permitirá à instituição requisitada identificar a RMF.

§ 8º A expedição da RMF presume indispensabilidade das informações requisitadas, nos termos deste Decreto.

Art. 5º As informações requisitadas na forma do artigo anterior:

I – compreendem:

a) dados constantes da ficha cadastral do sujeito passivo;

b) valores, individualizados, dos débitos e créditos efetuados no período;

II – deverão:

a) ser apresentadas, no prazo estabelecido na RMF, à autoridade que a expediu ou aos Auditores-Fiscais da Receita Federal do Brasil responsáveis pela execução do procedimento fiscal correspondente;

→ Alínea *a* com redação alterada pelo Dec. 8.303/2014.

b) subsidiar o procedimento de fiscalização em curso, observado o disposto no art. 42 da Lei 9.430, de 1996;

c) integrar o processo administrativo fiscal instaurado, quando interessarem à prova do lançamento de ofício.

§ 1º Somente poderão ser solicitados, por cópia autêntica, os documentos relativos aos débitos e aos créditos, nos casos previstos nos incisos VII a XI do art. 3º.

§ 2º As informações não utilizadas no processo administrativo fiscal deverão, nos termos de ato da Secretaria da Receita Federal, ser entregues ao sujeito passivo, destruídas ou inutilizadas.

§ 3º Quem omitir, retardar injustificadamente ou prestar falsamente à Secretaria da Receita Federal as informações a que se refere este artigo ficará sujeito às sanções de que trata o art. 10, *caput*, da Lei Complementar 105, de 2001, sem prejuízo das penalidades cabíveis nos termos da legislação tributária ou disciplinar, conforme o caso.

Art. 6º De conformidade com o disposto no art. 9º da Lei Complementar 105, de 2001, o Banco Central do Brasil e a Comissão de Valores Mobiliários, por seus respectivos Presidentes ou servidores que receberem delegação de competência para a finalidade específica, deverão comunicar, de ofício, à Secretaria da Receita Federal, no prazo máximo de quinze dias, as irregularidades e os ilícitos administrativos de que tenham conhecimento, ou indícios de sua prática, anexando os documentos pertinentes, sempre que tais fatos puderem configurar qualquer infração à legislação tributária federal.

Parágrafo único. A violação do disposto neste artigo constitui infração administrativo-disciplinar do dirigente ou servidor que a ela der causa, sem prejuízo da aplicação do disposto no art. 10, *caput*, da Lei Complementar 105, de 2001, e demais sanções civis e penais cabíveis.

Art. 7º As informações, os resultados dos exames fiscais e os documentos obtidos em função do disposto neste Decreto serão mantidos sob sigilo fiscal, na forma da legislação pertinente.

§ 1º A Secretaria da Receita Federal deverá manter controle de acesso ao processo administrativo fiscal, ficando sempre registrado o responsável pelo recebimento, nos casos de movimentação.

§ 2º Na expedição e tramitação das informações deverá ser observado o seguinte:

I – as informações serão enviadas em dois envelopes lacrados:

a) um externo, que conterá apenas o nome ou a função do destinatário e seu endereço, sem qualquer anotação que indique o grau de sigilo do conteúdo;

b) um interno, no qual serão inscritos o nome e a função do destinatário, seu endereço, o número do TDPF ou do processo administrativo fiscal e, claramente indicada, observação de que se trata de matéria sigilosa;

→ Alínea *b* com redação alterada pelo Dec. 8.303/2014.

II – o envelope interno será lacrado e sua expedição será acompanhada de recibo;

III – o recibo destinado ao controle da custódia das informações conterá, necessariamente, indicações sobre o remetente, o destinatário e o número do TDPF ou do processo administrativo fiscal.

→ Inciso III com redação alterada pelo Dec. 8.303/2014.

§ 3º Aos responsáveis pelo recebimento de documentos sigilosos incumbe:

I – verificar e registrar, se for o caso, indícios de qualquer violação ou irregularidade na correspondência recebida, dando ciência do fato ao destinatário, o qual informará ao remetente;

II – assinar e datar o respectivo recibo, se for o caso;

III – proceder ao registro do documento e ao controle de sua tramitação.

§ 4º O envelope interno somente será aberto pelo destinatário ou por seu representante autorizado.

§ 5º O destinatário do documento sigiloso comunicará ao remetente qualquer indício de violação, tais como rasuras, irregularidades de impressão ou de paginação.

§ 6º Os documentos sigilosos serão guardados em condições especiais de segurança.

§ 7º As informações enviadas por meio eletrônico serão obrigatoriamente criptografadas.

Art. 8º O servidor que utilizar ou viabilizar a utilização de qualquer informação obtida nos termos deste Decreto, em finalidade ou hipótese diversa da prevista em lei, regulamento ou ato administrativo, será responsabilizado administrativamente por descumprimento do dever funcional de observar normas legais ou regulamentares, de que trata o art. 116, inciso III, da Lei 8.112, de 11 de dezembro de 1990, se o fato não configurar infração mais grave, sem prejuízo de sua responsabilização em ação regressiva própria e da responsabilidade penal cabível.

Art. 9º O servidor que divulgar, revelar ou facilitar a divulgação ou revelação de qualquer informação de que trata este Decreto, constante de sistemas informatizados, arquivos de documentos ou autos de processos protegidos por sigilo fiscal, com infração ao disposto no art. 198 da Lei 5.172, de 25 de outubro de 1966 (Código Tributário Nacional), ou no art. 116, inciso VIII, da Lei 8.112, de 1990, ficará sujeito à penalidade de demissão, prevista no art. 132, inciso IX, da citada Lei 8.112, sem prejuízo das sanções civis e penais cabíveis.

Art. 10. O servidor que permitir ou facilitar, mediante atribuição, fornecimento ou empréstimo de senha ou qualquer outra forma, o acesso de pessoas não autorizadas a sistemas de informações, banco de dados, arquivos ou a autos de processos que contenham informações mencionadas neste Decreto, será responsabilizado administrativamente, nos termos da legislação específica, sem prejuízo das sanções civis e penais cabíveis.

Parágrafo único. O disposto neste artigo também se aplica no caso de o servidor utilizar-se, indevidamente, do acesso restrito.

Art. 11. Configura infração do servidor aos deveres funcionais de exercer com zelo e dedicação as atribuições do cargo e de observar normas legais e regulamentares, nos termos do art. 116, incisos I e III, da Lei 8.112, de 1990, sem prejuízo da responsabilidade penal e civil cabível, na forma dos arts. 121 a 125 da daquela Lei, se o fato não configurar infração mais grave:

I – não proceder com o devido cuidado na guarda e utilização de sua senha ou emprestá-la a outro servidor, ainda que habilitado;

II – acessar imotivadamente sistemas informatizados da Secretaria da Receita Federal, arquivos de documentos ou autos de processos, que contenham informações protegidas por sigilo fiscal.

Art. 12. O sujeito passivo que se considerar prejudicado por uso indevido das informações requisitadas, nos termos deste Decreto, ou por abuso da autoridade requisitante, poderá dirigir representação ao Corregedor-Geral da Secretaria da Receita Federal, com vistas à apuração do fato e, se for o caso, à aplicação de penalidades cabíveis ao servidor responsável pela infração.

Art. 13. A Secretaria da Receita Federal editará instruções necessárias à execução do disposto neste Decreto.

Art. 14. Este Decreto entra em vigor na data de sua publicação.

Brasília, 10 de janeiro de 2001; 180º Independência e 113º da República.

Fernando Henrique Cardoso

(Publicação no *D.O.U.* de 11.1.2001)

LEI 10.189,
DE 14 DE FEVEREIRO DE 2001

Dispõe sobre o Programa de Recuperação Fiscal – Refis.

Faço saber que o Presidente da República adotou a Medida Provisória 2.061-4, de 2001, que o Congresso Nacional aprovou, e eu, Antonio Carlos Magalhães, Presidente, para os efeitos do disposto no parágrafo único do art. 62 da Constituição Federal, promulgo a seguinte Lei:

Art. 1º O inciso I do § 4º do art. 2º da Lei 9.964, de 10 de abril de 2000, passa a vigorar com a seguinte redação:

→ Alteração efetuada na referida Lei.

Art. 2º As pessoas jurídicas optantes pelo Refis ou pelo parcelamento a ele alternativo poderão, excepcionalmente, parcelar os débitos relativos aos tributos e às contribuições referidos no art. 1º da Lei 9.964, de 2000, com vencimento entre 1º de março e 15 de setembro de 2000, em até seis parcelas mensais, iguais e sucessivas.

§ 1º O parcelamento de que trata este artigo será requerido junto ao órgão a que estiver vinculado o débito, até o último dia útil do mês de novembro de 2000.

§ 2º O débito objeto do parcelamento será consolidado na data da concessão.

§ 3º O valor de cada prestação não poderá ser inferior a R$ 50,00 (cinquenta reais).

§ 4º O valor de cada prestação mensal, por ocasião do pagamento, será acrescido de juros equivalentes à Taxa Referencial do Sistema Especial de Liquidação e Custódia (SELIC), para títulos federais, acumulada mensalmente, calculados a partir da data do deferimento até o mês anterior ao do pagamento, e de um por cento relativamente ao mês em que o pagamento estiver sendo efetuado.

§ 5º O pagamento da primeira parcela deverá ser efetuado no mês em que for protocolizado o pedido de parcelamento, vencendo-se as demais parcelas até o último dia útil de cada mês subsequente.

§ 6º A falta de pagamento de duas prestações implicará a rescisão do parcelamento e a exclusão da pessoa jurídica do Refis.

§ 7º Relativamente aos débitos parcelados na forma deste artigo não será exigida garantia ou arrolamento de bens, observado o disposto no § 3º do art. 3º da Lei 9.964, de 2000.

Art. 3º Na hipótese de opções formalizadas com base na Lei 10.002, de 14 de setembro de 2000, a pessoa jurídica optante deverá adotar, para fins de determinação da parcela mensal, nos seis primeiros meses do parcelamento, o dobro do percentual a que estiver sujeito, nos termos estabelecidos no inciso II do § 4º do art. 2º da Lei 9.964, de 10 de abril de 2000.

§ 1º Na hipótese de opção pelo parcelamento alternativo ao Refis, a pessoa jurídica deverá pagar, nos primeiros seis meses, duas parcelas a cada mês.

§ 2º A formalização da opção referida no *caput* dar-se-á pela postagem do respectivo termo nas agências da Empresa Brasileira de Correios e Telégrafos – ECT ou, nas hipóteses estabelecidas pelo Poder Executivo, inclusive por intermédio do Comitê Gestor do Refis, nas unidades da Secretaria da Receita Federal, da Procuradoria-Geral da Fazenda Nacional e do Instituto Nacional do Seguro Social – INSS.

Art. 4º Não se aplica o disposto no inciso V do art. 5º da Lei 9.964, de 2000, na hipótese de cisão da pessoa jurídica optante pelo Refis, desde que, cumulativamente:

I – o débito consolidado seja atribuído integralmente a uma única pessoa jurídica;

II – as pessoas jurídicas que absorverem o patrimônio vertido assumam, de forma expressa, irrevogável e irretratável, entre si e, no caso de cisão parcial, com a própria cindida, a condição de responsáveis solidários pela totalidade do débito consolidado, independentemente da proporção do patrimônio vertido.

§ 1º O disposto no inciso V do art. 5º da Lei 9.964, de 2000, também não se aplica na hipótese de cisão de pessoa jurídica optante pelo parcelamento alternativo ao Refis.

§ 2º Na hipótese do *caput* deste artigo:

I – a pessoa jurídica a quem for atribuído o débito consolidado, independentemente da data da cisão, será considerada optante pelo Refis, observadas as demais normas e condições estabelecidas para o Programa;

II – a assunção da responsabilidade solidária estabelecida no inciso II do *caput* será comunicada ao Comitê Gestor;

III – as parcelas mensais serão determinadas com base no somatório das receitas brutas das pessoas jurídicas que absorveram patrimônio vertido e, no caso de cisão parcial, da própria cindida;

IV – as garantias apresentadas ou o arrolamento de bens serão mantidos integralmente.

Art. 5º Aplica-se às formas de parcelamento referidas nos arts. 12 e 13 da Lei 9.964, de 2000, o prazo de opção estabelecido pelo parágrafo único do art. 1º da Lei 10.002, de 2000.

§ 1º Poderão, também, ser parcelados, em até sessenta parcelas mensais e sucessivas, observadas as demais normas estabelecidas para o parcelamento a que se refere o art. 13 da Lei 9.964, de 2000, os débitos de natureza não tributária não inscritos em dívida ativa.

§ 2º O parcelamento de que trata o parágrafo anterior deverá ser requerido no prazo referido no *caput*, perante órgão encarregado da administração do respectivo débito.

§ 3º Na hipótese do § 3º do art. 13 da Lei 9.964, de 2000, o valor da verba de sucumbência será de até um por cento do valor do débito consolidado, incluído no Refis ou no parcelamento alternativo a que se refere o art. 12 da referida Lei, decorrente da desistência da respectiva ação judicial.

Art. 6º Ficam convalidados os atos praticados com base na Medida Provisória 2.061-3, de 27 de dezembro de 2000.

Art. 7º Esta Lei entra em vigor na data de sua publicação, aplicando-se, no que couber, às opções efetuadas até o último dia útil do mês de abril de 2000.

Congresso Nacional, em 14 de fevereiro de 2001; 180º da Independência e 113º da República

Senador Antonio Carlos Magalhães

Presidente

(Publicação no *D.O.U.* de 16.2.2001)

LEI 10.192,
DE 14 DE FEVEREIRO DE 2001

Dispõe sobre medidas complementares ao Plano Real e dá outras providências.

Faço saber que o Presidente da República adotou a Medida Provisória 2.074-73, de 2001, que o Congresso Nacional aprovou, e eu, Antonio Carlos Magalhães, Presidente, para os efeitos do disposto no parágrafo único do art. 62 da Constituição Federal, promulgo a seguinte Lei:

Art. 1º As estipulações de pagamento de obrigações pecuniárias exequíveis no território nacional deverão ser feitas em REAL, pelo seu valor nominal.

Parágrafo único. São vedadas, sob pena de nulidade, quaisquer estipulações de:

I – pagamento expressas em, ou vinculadas a ouro ou moeda estrangeira, ressalvado o disposto nos arts. 2º e 3º do Decreto-lei 857, de 11 de setembro de 1969, e na parte final do art. 6º da Lei 8.880, de 27 de maio de 1994;

II – reajuste ou correção monetária expressas em, ou vinculadas a unidade monetária de conta de qualquer natureza;

III – correção monetária ou de reajuste por índices de preço gerais, setoriais ou que reflitam a variação dos custos de produção ou dos insumos utilizados, ressalvado o disposto no artigo seguinte.

Art. 2º É admitida estipulação de correção monetária ou de reajuste por índices de preços gerais, setoriais ou que reflitam a variação dos custos de produção ou dos insumos utilizados nos contratos de prazo de duração igual ou superior a 1 (um) ano.

→ *V.* Lei 10.271/2001 – Autoriza a criação de mecanismo de compensação destinado a viabilizar a manutenção de preços constantes para o gás natural..

§ 1º É nula de pleno direito qualquer estipulação de reajuste ou correção monetária de periodicidade inferior a um ano.

§ 2º Em caso de revisão contratual, o termo inicial do período de correção monetária ou reajuste, ou de nova revisão, será a data em que a anterior revisão tiver ocorrido.

§ 3º Ressalvado o disposto no § 7º do art. 28 da Lei 9.069, de 29 de junho de 1995, e no parágrafo seguinte, são nulos de pleno direito quaisquer expedientes que, na apuração do índice de reajuste, produzam efeitos financeiros equivalentes aos de reajuste de periodicidade inferior à anual.

§ 4º Nos contratos de prazo de duração igual ou superior a 3 (três) anos, cujo objeto seja a produção de bens para entrega futura ou a aquisição de bens ou direitos a eles relativos, as partes poderão pactuar a atualização das obrigações, a cada período de um ano, contado a partir da contratação, e no seu vencimento final, considerada a periodicidade de pagamento das prestações, e abatidos os pagamentos, atualizados da mesma forma, efetuados no período.

§ 5º O disposto no parágrafo anterior aplica-se aos contratos celebrados a partir de 28 de outubro de 1995 até 11 de outubro de 1997.

§ 6º O prazo a que alude o parágrafo anterior poderá ser prorrogado mediante ato do Poder Executivo.

Art. 3º Os contratos em que seja parte órgão ou entidade da Administração Pública direta ou indireta da União, dos Estados, do Distrito Federal e dos Municípios, serão reajustados ou corrigidos monetariamente de acordo com as disposições desta Lei, e, no que com ela não conflitarem, da Lei 8.666, de 21 de junho de 1993.

§ 1º A periodicidade anual nos contratos de que trata o *caput* deste artigo será contada a partir da data limite para apresentação da proposta ou do orçamento a que essa se referir.

§ 2º O Poder Executivo regulamentará o disposto neste artigo.

Art. 4º Os contratos celebrados no âmbito dos mercados referidos no § 5º do art. 27 da Lei 9.069, de 1995, inclusive as condições de remuneração da poupança financeira, bem assim no da previdência privada fechada, permanecem regidos por legislação própria.

Art. 5º Fica instituída Taxa Básica Financeira – TBF, para ser utilizada exclusivamente como base de remuneração de operações realizadas no mercado financeiro, de prazo de duração igual ou superior a 60 (sessenta) dias.

Parágrafo único. O Conselho Monetário Nacional expedirá as instruções necessárias ao cumprimento do disposto neste artigo, podendo, inclusive, ampliar o prazo mínimo previsto no *caput*.

Art. 6º A Unidade Fiscal de Referência – UFIR, criada pela Lei 8.383, de 30 de dezembro de 1991, será reajustada:

→ *v.* Art. 29, § 3º, da Lei 10.522/2002.

I – semestralmente, durante o ano-calendário de 1996;

II – anualmente, a partir de 1º de janeiro de 1997.

Parágrafo único. A reconversão, para Real, dos valores expressos em UFIR, extinta em 27 de outubro de 2000, será efetuada com base no valor dessa Unidade fixado para o exercício de 2000.

Art. 7º Observado o disposto no artigo anterior, ficam extintas, a partir de 1º de julho de 1995, as unidades monetárias de conta criadas ou reguladas pelo Poder Público, exceto as unidades monetárias de conta fiscais estaduais, municipais e do Distrito Federal, que serão extintas a partir de 1º de janeiro de 1996.

§ 1º Em 1º de julho de 1995 e em 1º de janeiro de 1996, os valores expressos, respectivamente, nas unidades monetárias de contas extintas na forma do *caput* deste artigo serão convertidos em REAL, com observância do disposto no art. 44 da Lei 9.069, de 1995, no que couber.

§ 2º Os Estados, o Distrito Federal e os Municípios poderão utilizar a UFIR nas mesmas condições e periodicidade adotadas pela União, em substituição às respectivas unidades monetárias de conta fiscais extintas.

Art. 8º A partir de 1º de julho de 1995, a Fundação Instituto Brasileiro de Geografia e Estatística – IBGE deixará de calcular e divulgar o IPC-r.

§ 1º Nas obrigações e contratos em que haja estipulação de reajuste pelo IPC-r, este será substituído, a partir de 1º de julho de 1995, pelo índice previsto contratualmente para este fim.

§ 2º Na hipótese de não existir previsão de índice de preços substituto, e caso não haja acordo entre as partes, deverá ser utilizada média de índices de preços de abrangência nacional, na forma de regulamentação a ser baixada pelo Poder Executivo.

Art. 9º É assegurado aos trabalhadores, na primeira data-base da respectiva categoria após julho de 1995, o pagamento de reajuste relativo à variação acumulada do IPC-r entre a última data-base, anterior a julho de 1995, e junho de 1995, inclusive.

Art. 10. Os salários e as demais condições referentes ao trabalho continuam a ser fixados e revistos, na respectiva data-base anual, por intermédio da livre negociação coletiva.

Art. 11. Frustrada a negociação entre as partes, promovida diretamente ou através de mediador, poderá ser ajuizada a ação de dissídio coletivo.

§ 1º O mediador será designado de comum acordo pelas partes ou, a pedido destas, pelo Ministério do Trabalho e Emprego, na forma da regulamentação de que trata o § 5º deste artigo.

§ 2º A parte que se considerar sem as condições adequadas para, em situação de equilíbrio, participar da negociação direta, poderá, desde logo, solicitar ao Ministério do Trabalho e Emprego a designação de mediador, que convocará a outra parte.

§ 3º O mediador designado terá prazo de até 30 (trinta) dias para a conclusão do processo de negociação, salvo acordo expresso com as partes interessadas.

§ 4º Não alcançado o entendimento entre as partes, ou recusando-se qualquer delas à mediação, lavrar-se-á ata contendo as causas motivadoras do conflito e as reivindicações de natureza econômica, documento que instruirá a representação para o ajuizamento do dissídio coletivo.

§ 5º O Poder Executivo regulamentará o disposto neste artigo.

Art. 12. No ajuizamento do dissídio coletivo, as partes deverão apresentar, fundamentadamente, suas propostas finais, que serão objeto de conciliação ou deliberação do Tribunal, na sentença normativa.

§ 1º A decisão que puser fim ao dissídio será fundamentada, sob pena de nulidade, deverá traduzir, em seu conjunto, a justa composição do conflito de interesse das partes, e guardar adequação com o interesse da coletividade.

§ 2º A sentença normativa deverá ser publicada no prazo de 15 (quinze) dias da decisão do Tribunal.

Art. 13. No acordo ou convenção e no dissídio, coletivos, é vedada a estipulação ou fixação de cláusula de reajuste ou correção salarial automática vinculada a índice de preços.

§ 1º Nas revisões salariais na data-base anual, serão deduzidas as antecipações concedidas no período anterior à revisão.

§ 2º Qualquer concessão de aumento salarial a título de produtividade deverá estar amparada em indicadores objetivos.

Art. 14. O recurso interposto de decisão normativa da Justiça do Trabalho terá efeito suspensivo, na medida e extensão conferidas em despacho do Presidente do Tribunal Superior do Trabalho.

Art. 15. Permanecem em vigor as disposições legais relativas a correção monetária de débitos trabalhistas, de débitos resultantes de decisão judicial, de débitos relativos a ressarcimento em virtude de inadimplemento de obrigações contratuais e do passivo de empresas e instituições sob os regimes de concordata, falência, intervenção e liquidação extrajudicial.

Art. 16. Ficam convalidados os atos praticados com base na Medida Provisória 2.074-72, de 27 de dezembro de 2000.

Art. 17. Esta Lei entra em vigor na data de sua publicação.

Art. 18. Revogam-se os §§ 1º e 2º do art. 947 do Código Civil, os §§ 1º e 2º do art. 1º da Lei 8.542, de 23 de dezembro de 1992, e o art. 14 da Lei 8.177, de 1º de março de 1991.

Congresso Nacional, em 14 de fevereiro de 2001; 180º da Independência e 113º da República.

Senador Antonio Carlos Magalhães

Presidente

(Publicação no *D.O.U.* 16.2.2001)

LEI COMPLEMENTAR 110,
DE 29 DE JUNHO DE 2001

Institui contribuições sociais, autoriza créditos de complementos de atualização monetária em contas vinculadas do Fundo de Garantia do Tempo de Serviço – FGTS e dá outras providências.

→ *v.* Súmula Vinculante 1 do STF.

→ *v.* Lei 10.555/2002 – Autoriza condições especiais para o crédito de valores iguais ou inferiores a R$ 100,00, de que trata a LC 110/2001.

→ *v.* Lei 9.012/1995 – Proíbe as instituições oficiais de crédito de conceder empréstimos, financiamentos e outros benefícios a pessoas jurídicas em débito com o FGTS.

→ *v.* Lei 8.036/1990 – Dispõe sobre o Fundo de Garantia do Tempo de Serviço (FGTS).

→ *v.* Decreto 3.914/2001 – Regulamentação das contribuições sociais instituídas pela LC 110/2001.

→ *v.* Decreto 99.684/1990 – Consolida as normas regulamentares do Fundo de Garantia do Tempo de Serviço (FGTS).

O Presidente da República:

Faço saber que o Congresso Nacional decreta e eu sanciono a seguinte Lei Complementar:

Art. 1º Fica instituída contribuição social devida pelos empregadores em caso de despedida de empregado sem justa causa, à alíquota de 10% (dez por cento) sobre o montante de todos os depósitos devidos, referentes ao Fundo de Garantia do Tempo de Serviço – FGTS, durante a vigência do contrato de trabalho, acrescido das remunerações aplicáveis às contas vinculadas.

Parágrafo único. Ficam isentos da contribuição social instituída neste artigo os empregadores domésticos.

Art. 2º Fica instituída contribuição social devida pelos empregadores, à alíquota de 0,5% (cinco décimos por cento) sobre a remuneração devida, no mês anterior, a cada trabalhador, incluídas as parcelas de que trata o art. 15 da Lei 8.036, de 11 de maio de 1990.

§ 1º Ficam isentas da contribuição social instituída neste artigo:

I – as empresas inscritas no Sistema Integrado de Pagamento de Impostos e Contribuições das Microempresas e Empresas de Pequeno Porte – SIMPLES, desde que o faturamento anual não ultrapasse o limite de R$ 1.200.000,00 (um milhão e duzentos mil reais);

II – as pessoas físicas, em relação à remuneração de empregados domésticos; e

III – as pessoas físicas, em relação à remuneração de empregados rurais, desde que sua receita bruta anual não ultrapasse o limite de R$ 1.200.000,00 (um milhão e duzentos mil reais).

§ 2º A contribuição será devida pelo prazo de 60 (sessenta) meses, a contar de sua exigibilidade.

Art. 3º Às contribuições sociais de que tratam os arts. 1º e 2º aplicam-se as disposições da Lei 8.036, de 11 de maio de 1990, e da Lei 8.844, de 20 de janeiro de 1994, inclusive quanto a sujeição passiva e equiparações, prazo de recolhimento, administração, fiscalização, lançamento, consulta, cobrança, garantias, processo administrativo de determinação e exigência de créditos tributários federais.

§ 1º As contribuições sociais serão recolhidas na rede arrecadadora e transferidas à Caixa Econômica Federal, na forma do art. 11 da Lei 8.036, de 11 de maio de 1990, e as respectivas receitas serão incorporadas ao FGTS.

§ 2º A falta de recolhimento ou o recolhimento após o vencimento do prazo sem os acréscimos previstos no art. 22 da Lei 8.036, de 11 de maio de 1990, sujeitarão o infrator à multa de 75% (setenta e cinco por cento), calculada sobre a totalidade ou a diferença da contribuição devida.

§ 3º A multa será duplicada na ocorrência das hipóteses previstas no art. 23, § 3º, da Lei 8.036, de 11 de maio de 1990, sem prejuízo das demais cominações legais.

Art. 4º Fica a Caixa Econômica Federal autorizada a creditar nas contas vinculadas do FGTS, a expensas do próprio Fundo, o complemento de atualização monetária resultante da aplicação, cumulativa, dos percentuais de 16,64% (dezesseis inteiros e sessenta e quatro centésimos por cento) e de 44,8% (quarenta e quatro inteiros e oito décimos por cento), sobre os saldos das contas mantidas, respectivamente, no período de 1º de dezembro de 1988 a 28 de fevereiro de 1989 e durante o mês de abril de 1990, desde que:

I – o titular da conta vinculada firme o Termo de Adesão de que trata esta Lei Complementar;

II – até o sexagésimo terceiro mês a partir da data de publicação desta Lei Complementar, estejam em vigor as contribuições sociais de que tratam os arts. 1º e 2º; e

III – a partir do sexagésimo quarto mês da publicação desta Lei Complementar, permaneça em vigor a contribuição social de que trata o art. 1º.

Parágrafo único. O disposto nos arts. 9º, II, e 22, § 2º, da Lei 8.036, de 11 de maio de 1990, não se aplica, em qualquer hipótese, como decorrência da efetivação do crédito de complemento de atualização monetária de que trata o *caput* deste artigo.

Art. 5º O complemento de que trata o art. 4º será remunerado até o dia 10 do mês subsequente ao da publicação desta Lei Complementar, com base nos mesmos critérios de remuneração utilizados para as contas vinculadas.

Parágrafo único. O montante apurado na data a que se refere o *caput* será remunerado, a partir do dia 11 do mês subsequente ao da publicação desta Lei Complementar, com base na Taxa Referencial – TR, até que seja creditado na conta vinculada do trabalhador.

Art. 6º O Termo de Adesão a que se refere o inciso I do art. 4º, a ser firmado no prazo e na forma definidos em Regulamento, conterá:

I – a expressa concordância do titular da conta vinculada com a redução do complemento de que trata o art. 4º, acrescido da remuneração prevista no *caput* do art. 5º, nas seguintes proporções:

a) 0% (zero por cento) sobre o total do complemento de atualização monetária de valor até R$ 2.000,00 (dois mil reais);

b) 8% (oito por cento) sobre o total do complemento de atualização monetária de valor de R$ 2.000,01 (dois mil reais e um centavo) a R$ 5.000,00 (cinco mil reais);

c) 12% (doze por cento) sobre o total do complemento de atualização monetária de valor de R$ 5.000,01 (cinco mil reais e um centavo) a R$ 8.000,00 (oito mil reais);

d) 15% (quinze por cento) sobre o total do complemento de atualização monetária de valor acima de R$ 8.000,00 (oito mil reais);

II – a expressa concordância do titular da conta vinculada com a forma e os prazos do crédito na conta vinculada, especificados a seguir:

a) complemento de atualização monetária no valor total de R$ 1.000,00 (um mil reais), até junho de 2002, em uma única parcela, para os titulares de contas vinculadas que tenham firmado o Termo de Adesão até o último dia útil do mês imediatamente anterior;

b) complemento de atualização monetária no valor total de R$ 1.000,01 (um mil reais e um centavo) a R$ 2.000,00 (dois mil reais), em duas parcelas semestrais, com o primeiro crédito em julho de 2002, sendo a primeira parcela de R$ 1.000,00 (um mil reais), para os titulares de contas vinculadas que tenham firmado o Termo de Adesão até o último dia útil do mês imediatamente anterior;

c) complemento de atualização monetária no valor total de R$ 2.000,01 (dois mil reais e um centavo) a R$ 5.000,00 (cinco mil reais), em cinco parcelas semestrais, com o primeiro crédito em janeiro de 2003, para os titulares de contas vinculadas que tenham firmado o Termo de Adesão até o último dia útil do mês imediatamente anterior;

d) complemento de atualização monetária no valor total de R$ 5.000,01 (cinco mil reais e um centavo) a R$ 8.000,00 (oito mil reais), em sete parcelas semestrais, com o primeiro crédito em julho de 2003, para os titulares de contas vinculadas que tenham firmado o Termo de Adesão até o último dia útil do mês imediatamente anterior;

e) complemento de atualização monetária no valor total acima de R$ 8.000,00 (oito mil reais), em sete parcelas semestrais, com o primeiro crédito em janeiro de 2004, para os titulares de contas vinculadas que tenham firmado o Termo de Adesão até o último dia útil do mês imediatamente anterior; e

III – declaração do titular da conta vinculada, sob as penas da lei, de que não está nem ingressará em juízo discutindo os complementos de atualização monetária relativos a junho de 1987, ao período de 1º de dezembro de 1988 a 28 de fevereiro de 1989, a abril e maio de 1990 e a fevereiro de 1991.

§ 1º No caso da alínea *b* do inciso I, será creditado valor de R$ 2.000,00 (dois mil reais), quando a aplicação do percentual de redução resultar em quantia inferior a este.

§ 2º No caso da alínea *c* do inciso I, será creditado valor de R$ 4.600,00 (quatro mil e seiscentos reais), quando a aplicação do percentual de redução resultar em quantia inferior a este.

§ 3º No caso da alínea *d* do inciso I será creditado valor de R$ 7.040,00 (sete mil e quarenta reais), quando a aplicação do percentual de redução resultar em quantia inferior a este.

§ 4º Para os trabalhadores que vierem a firmar seus termos de adesão após as datas previstas nas alíneas *a* a *d* do inciso II, os créditos em suas contas vinculadas iniciar-se-ão no mês subsequente ao da assinatura do Termo de Adesão, observadas as demais regras constantes nesses dispositivos, quanto a valores, número e periodicidade de pagamento de parcelas.

§ 5º As faixas de valores mencionadas no inciso II do *caput* serão definidas pelos complementos a que se refere o art. 4º, acrescidos da remuneração prevista no *caput* do art. 5º, antes das deduções de que tratam o inciso I do *caput* e os §§ 1º e 2º.

§ 6º O titular da conta vinculada fará jus ao crédito de que trata o inciso II do *caput* deste artigo, em uma única parcela, até junho de 2002, disponível para imediata movimentação a partir desse mês, nas seguintes situações:

I – na hipótese de o titular ou qualquer de seus dependentes for acometido de neoplasia maligna, nos termos do inciso XI do art. 20 da Lei 8.036, de 11 de maio de 1990;

II – quando o titular ou qualquer de seus dependentes for portador do vírus HIV;

III – se o trabalhador, com crédito de até R$ 2.000,00 (dois mil reais), for aposentado por invalidez, em função de acidente do trabalho ou doença profissional, ou aposentado maior de 65 anos de idade;

IV – quando o titular ou qualquer de seus dependentes for acometido de doença terminal.

§ 7º O complemento de atualização monetária de valor total acima de R$ 2.000,00 (dois mil reais) poderá, a critério do titular da conta vinculada, ser resgatado mediante entrega, em julho de 2002, ou nos seis meses seguintes, no caso de adesões que se efetuarem até dezembro de 2002, de documento de quitação com o FGTS autorizando a compra de título, lastreado nas receitas decorrentes das contribuições instituídas pelos arts. 1º e 2º desta Lei Complementar, de valor de face equivalente ao valor do referido complemento nos termos e condições estabelecidas pelo Conselho Monetário Nacional – CMN.

Art. 7º Ao titular da conta vinculada que se encontre em litígio judicial visando ao pagamento dos complementos de atualização monetária relativos a junho de 1987, dezembro de 1988 a fevereiro de 1989, abril e maio de 1990 e fevereiro de 1991, é facultado receber, na forma do art. 4º, os créditos de que trata o art. 6º, firmando transação a ser homologada no juízo competente.

Art. 8º A movimentação da conta vinculada, no que se refere ao crédito do complemento de atualização monetária, observará as condições previstas no art. 20 da Lei 8.036, de 11 de maio de 1990, inclusive nos casos em que o direito do titular à movimentação da conta tenha sido implementado em data anterior à da publicação desta Lei Complementar.

Art. 9º As despesas com as obrigações decorrentes dos montantes creditados na forma do art. 6º poderão ser diferidas contabilmente, para apropriação no resultado do balanço do FGTS, no prazo de até 15 (quinze) anos, a contar da publicação desta Lei Complementar.

Art. 10. Os bancos que, no período de dezembro de 1988 a março de 1989 e nos meses de abril e maio de 1990, eram depositários das contas vinculadas do FGTS, ou seus sucessores, repassarão à Caixa Econômica Federal, até 31 de janeiro de 2002, as informações cadastrais e financeiras necessárias ao cálculo do complemento de atualização monetária de que trata o art. 4º.

§ 1º A Caixa Econômica Federal estabelecerá a forma e o cronograma dos repasses das informações de que trata o *caput* deste artigo.

§ 2º Pelo descumprimento dos prazos e das demais obrigações estipuladas com base neste artigo, os bancos de que trata o *caput* sujeitam-se ao pagamento de multa equivalente a 10% (dez por cento) do somatório dos saldos das contas das quais eram depositários, remunerados segundo os mesmos critérios previstos no art. 5º.

§ 3º Os órgãos responsáveis pela auditoria integrada do FGTS examinarão e homologarão, no prazo de 60 (sessenta) dias, a contar da publicação desta Lei Complementar, o aplicativo a ser utilizado na validação das informações de que trata este artigo.

Art. 11. A Caixa Econômica Federal, até 30 de abril de 2002, divulgará aos titulares de contas vinculadas os respectivos valores dos complementos de atualização monetária a que têm direito, com base nas informações cadastrais e financeiras de que trata o art. 10.

Art. 12. O Tesouro Nacional fica subsidiariamente obrigado à liquidação dos valores a que se refere o art. 4º, nos prazos e nas condições estabelecidos nos arts. 5º e 6º, até o montante da diferença porventura ocorrida entre o valor arrecadado pelas contribuições sociais de que tratam os arts. 1º e 2º e aquele necessário ao resgate dos compromissos assumidos.

Art. 13. As leis orçamentárias anuais referentes aos exercícios de 2001, 2002 e 2003 assegurarão destinação integral ao FGTS de valor equivalente à arrecadação das contribuições de que tratam os arts. 1º e 2º desta Lei Complementar.

Art. 14. Esta Lei Complementar entra em vigor na data de sua publicação, produzindo efeitos:

→ *v.* ADIns 2556-2 e 2568-6 (*D.J.E.* 20.9.2012) o STF declarou a inconstitucionalidade do art.14, *caput*, no que se refere à expressão "produzindo efeitos".

I – 90 (noventa) dias a partir da data inicial de sua vigência, relativamente à contribuição social de que trata o art. 1º; e

→ *v.* ADIns 2556-2 e 2568-6 (*D.J.E.* 20.9.2012) o STF declarou a inconstitucionalidade do inc. I do art. 14 da LC 110/2001.

II – a partir do primeiro dia do mês seguinte ao nonagésimo dia da data de início de sua vigência, no tocante à contribuição social de que trata o art. 2º.

→ *v.* ADIns 2556-2 e 2568-6 (*D.J.E.* 20.9.2012) o STF declarou a inconstitucionalidade do inc. II do art. 14 da LC 110/2001.

Brasília, 29 de junho de 2001; 180º da Independência e 113º da República.

Fernando Henrique Cardoso

(Publicação no *D.O.U.* de 30.6.2001)

LEI 10.257, DE 10 DE JULHO DE 2001

Regulamenta os arts. 182 e 183 da Constituição Federal, estabelece diretrizes gerais da política urbana e dá outras providências.

→ *v.* Resolução do Conama 335/2003 – Licenciamento ambiental de cemitérios.

O Presidente da República:

Faço saber que o Congresso Nacional decreta e eu sanciono a seguinte Lei:

Capítulo I
DIRETRIZES GERAIS

Art. 1º Na execução da política urbana, de que tratam os arts. 182 e 183 da Constituição Federal, será aplicado o previsto nesta Lei.

Parágrafo único. Para todos os efeitos, esta Lei, denominada Estatuto da Cidade, estabelece normas de ordem pública e interesse social que regulam o uso da propriedade urbana em prol do bem coletivo, da segurança e do bem-estar dos cidadãos, bem como do equilíbrio ambiental.

→ *v.* Art. 225 da CF/1988.

Art. 2º A política urbana tem por objetivo ordenar o pleno desenvolvimento das funções sociais da cidade e da propriedade urbana, mediante as seguintes diretrizes gerais:

→ *v.* Arts. 1º, IV, 5º, 6º, 30, I, II, V, VIII, 170 e 175 da CF/1988.

→ *v.* Art. 2.035, parágrafo único, do CC.

→ *v.* Art. 3º da LC 140/2011.

→ *v.* Lei 11.445/2007 – Diretrizes nacionais para o saneamento básico.

→ *v.* Arts. 1º, § 2º, e 24 da Lei 9.503/1997.

I – garantia do direito a cidades sustentáveis, entendido como o direito à terra urbana, à moradia, ao saneamento ambiental, à infraestrutura urbana, ao transporte e aos serviços públicos, ao trabalho e ao lazer, para as presentes e futuras gerações;

II – gestão democrática por meio da participação da população e de associações representativas dos vários segmentos da comunidade na formulação, execução e acompanhamento de planos, programas e projetos de desenvolvimento urbano;

III – cooperação entre os governos, a iniciativa privada e os demais setores da sociedade no processo de urbanização, em atendimento ao interesse social;

IV – planejamento do desenvolvimento das cidades, da distribuição espacial da população e das atividades econômicas do Município e do território sob sua área de influência, de modo a evitar e corrigir as distorções do crescimento urbano e seus efeitos negativos sobre o meio ambiente;

V – oferta de equipamentos urbanos e comunitários, transporte e serviços públicos adequados aos interesses e necessidades da população e às características locais;

VI – ordenação e controle do uso do solo, de forma a evitar:

a) a utilização inadequada dos imóveis urbanos;

b) a proximidade de usos incompatíveis ou inconvenientes;

c) o parcelamento do solo, a edificação ou o uso excessivos ou inadequados em relação à infraestrutura urbana;

d) a instalação de empreendimentos ou atividades que possam funcionar como polos geradores de tráfego, sem a previsão da infraestrutura correspondente;

e) a retenção especulativa de imóvel urbano, que resulte na sua subutilização ou não utilização;

f) a deterioração das áreas urbanizadas;

g) a poluição e a degradação ambiental;

h) a exposição da população a riscos de desastres;

→ Alínea *h* acrescentada pela Lei 12.608/2012.

VII – integração e complementaridade entre as atividades urbanas e rurais, tendo em vista o desenvolvimento socioeconômico do Município e do território sob sua área de influência;

VIII – adoção de padrões de produção e consumo de bens e serviços e de expansão urbana compatíveis com os limites da sustentabilidade ambiental, social e econômica do Município e do território sob sua área de influência;

IX – justa distribuição dos benefícios e ônus decorrentes do processo de urbanização;

X – adequação dos instrumentos de política econômica, tributária e financeira e dos gastos públicos aos objetivos do desenvolvimento urbano, de modo a privilegiar os investimentos geradores de bem-estar geral e a fruição dos bens pelos diferentes segmentos sociais;

XI – recuperação dos investimentos do Poder Público de que tenha resultado a valorização de imóveis urbanos;

XII – proteção, preservação e recuperação do meio ambiente natural e construído, do patrimônio cultural, histórico, artístico, paisagístico e arqueológico;

XIII – audiência do Poder Público municipal e da população interessada nos processos de implantação de empreendimentos ou atividades com efeitos potencialmente negativos sobre o meio ambiente natural ou construído, o conforto ou a segurança da população;

XIV – regularização fundiária e urbanização de áreas ocupadas por população de baixa renda mediante o estabelecimento de normas especiais de urbanização, uso e ocupação do solo e edificação, consideradas a situação socioeconômica da população e as normas ambientais;

XV – simplificação da legislação de parcelamento, uso e ocupação do solo e das normas edilícias, com vistas a permitir a redução dos custos e o aumento da oferta dos lotes e unidades habitacionais;

XVI – isonomia de condições para os agentes públicos e privados na promoção de empreendimentos e atividades relativos ao processo de urbanização, atendido o interesse social.

XVII – estímulo à utilização, nos parcelamentos do solo e nas edificações urbanas, de sistemas operacionais, padrões construtivos e aportes tecnológicos que objetivem a redução de impactos ambientais e a economia de recursos naturais.

→ Inciso XVII acrescentado pela Lei 12.836/2013.

XVIII – tratamento prioritário às obras e edificações de infraestrutura de energia, telecomunicações, abastecimento de água e saneamento.

→ Inciso XVIII acrescentado pela Lei 13.116/2015.

Art. 3º Compete à União, entre outras atribuições de interesse da política urbana:

→ *v.* Arts. 21, IX, e XX, 23, IX, e parágrafo único, 24, I, e § 2º, 30, II, e VIII, da CF/1988.

I – legislar sobre normas gerais de direito urbanístico;

II – legislar sobre normas para a cooperação entre a União, os Estados, o Distrito Federal e os Municípios em relação à política urbana, tendo em vista o equilíbrio do desenvolvimento e do bem-estar em âmbito nacional;

III – promover, por iniciativa própria e em conjunto com os Estados, o Distrito Federal e os Municípios, programas de construção de moradias e melhoria das condições habitacionais, de saneamento básico, das calçadas, dos passeios públicos, do mobiliário urbano e dos demais espaços de uso público;

→ Inciso III com redação alterada pela Lei 13.146/2015, em vigor após decorridos 180 (cento e oitenta) dias de sua publicação oficial – *D.O.U.* de 7.7.2015.

IV – instituir diretrizes para desenvolvimento urbano, inclusive habitação, saneamento básico, transporte e mobilidade urbana, que incluam regras de acessibilidade aos locais de uso público;

→ Inciso IV com redação alterada pela Lei 13.146/2015, em vigor após decorridos 180 (cento e oitenta) dias de sua publicação oficial – *D.O.U.* de 7.7.2015.

V – elaborar e executar planos nacionais e regionais de ordenação do território e de desenvolvimento econômico e social.

→ **Anterior redação: Art. 3º** (...) III – promover, por iniciativa própria e em conjunto com os Estados, o Distrito Federal e os Municípios, programas de construção de moradias e a melhoria das condições habitacionais e de saneamento básico; IV – instituir diretrizes para o desenvolvimento urbano, inclusive habitação, saneamento básico, transportes urbanos e infraestrutura de energia e telecomunicações (inciso IV com redação alterada pela Lei 13.116/2015); (...)

Capítulo II
DOS INSTRUMENTOS DA POLÍTICA URBANA

Seção I
Dos instrumentos em geral

Art. 4º Para os fins desta Lei, serão utilizados, entre outros instrumentos:

→ *v.* Art. 1.228, §§ 4º e 5º, do CC.

I – planos nacionais, regionais e estaduais de ordenação do território e de desenvolvimento econômico e social;

II – planejamento das regiões metropolitanas, aglomerações urbanas e microrregiões;

III – planejamento municipal, em especial:

a) plano diretor;

b) disciplina do parcelamento, do uso e da ocupação do solo;

c) zoneamento ambiental;

d) plano plurianual;

e) diretrizes orçamentárias e orçamento anual;

f) gestão orçamentária participativa;

g) planos, programas e projetos setoriais;

h) planos de desenvolvimento econômico e social;

IV – institutos tributários e financeiros:

a) imposto sobre a propriedade predial e territorial urbana – IPTU;

b) contribuição de melhoria;

c) incentivos e benefícios fiscais e financeiros;

V – institutos jurídicos e políticos:

a) desapropriação;

b) servidão administrativa;

c) limitações administrativas;

d) tombamento de imóveis ou de mobiliário urbano;

e) instituição de unidades de conservação;

f) instituição de zonas especiais de interesse social;

g) concessão de direito real de uso;

h) concessão de uso especial para fins de moradia;

i) parcelamento, edificação ou utilização compulsórios;

j) usucapião especial de imóvel urbano;

l) direito de superfície;

m) direito de preempção;

n) outorga onerosa do direito de construir e de alteração de uso;

o) transferência do direito de construir;

p) operações urbanas consorciadas;

q) regularização fundiária;

r) assistência técnica e jurídica gratuita para as comunidades e grupos sociais menos favorecidos;

→ *v.* Lei 11.888/2008 – Assegura às famílias de baixa renda assistência técnica pública e gratuita para o projeto e a construção de habitação de interesse social.

s) referendo popular e plebiscito;

t) demarcação urbanística para fins de regularização fundiária;

→ Alínea *t* acrescentada pela Lei 11.977/2009.

u) legitimação de posse.

→ Alínea *u* acrescentada pela Lei 11.977/2009.

VI – estudo prévio de impacto ambiental (EIA) e estudo prévio de impacto de vizinhança (EIV).

§ 1º Os instrumentos mencionados neste artigo regem-se pela legislação que lhes é própria, observado o disposto nesta Lei.

§ 2º Nos casos de programas e projetos habitacionais de interesse social, desenvolvidos por órgãos ou entidades da Administração Pública com atuação específica nessa área, a concessão de direito real de uso de imóveis públicos poderá ser contratada coletivamente.

§ 3º Os instrumentos previstos neste artigo que demandam dispêndio de recursos por parte do Poder Público municipal devem ser objeto de controle social, garantida a participação de comunidades, movimentos e entidades da sociedade civil.

Seção II
Do parcelamento, edificação ou utilização compulsórios

Art. 5º Lei municipal específica para área incluída no plano diretor poderá determinar o parcelamento, a edificação ou a utilização compulsórios do solo urbano não edificado, subutilizado ou não utilizado, devendo fixar as condições e os prazos para implementação da referida obrigação.

→ *v.* Art. 182, § 2º, da CF/1988.

→ *v.* Art. 1.299 do CC.

→ *v.* Art. 42, I, da Lei 10.257/2001.

§ 1º Considera-se subutilizado o imóvel:

I – cujo aproveitamento seja inferior ao mínimo definido no plano diretor ou em legislação dele decorrente;

II – (*Vetado*).

§ 2º O proprietário será notificado pelo Poder Executivo municipal para o cumprimento da obrigação, devendo a notificação ser averbada no cartório de registro de imóveis.

§ 3º A notificação far-se-á:

I – por funcionário do órgão competente do Poder Público municipal, ao proprietário do imóvel ou, no caso de este ser pessoa jurídica, a quem tenha poderes de gerência geral ou administração;

II – por edital quando frustrada, por 3 (três) vezes, a tentativa de notificação na forma prevista pelo inciso I.

§ 4º Os prazos a que se refere o *caput* não poderão ser inferiores a:

I – 1 (um) ano, a partir da notificação, para que seja protocolado o projeto no órgão municipal competente;

II – 2 (dois) anos, a partir da aprovação do projeto, para iniciar as obras do empreendimento.

§ 5º Em empreendimentos de grande porte, em caráter excepcional, a lei municipal específica a que se refere o *caput* poderá prever a conclusão em etapas, assegurando-se que o projeto aprovado compreenda o empreendimento como um todo.

Art. 6º A transmissão do imóvel, por ato *inter vivos* ou *causa mortis*, posterior à data da notificação, transfere as obrigações de parcelamento, edificação ou utilização previstas no art. 5º desta Lei, sem interrupção de quaisquer prazos.

Seção III
Do IPTU progressivo no tempo

Art. 7º Em caso de descumprimento das condições e dos prazos previstos na forma do *caput* do art. 5º desta Lei, ou não sendo cumpridas as etapas previstas no § 5º do art. 5º desta Lei, o Município procederá à aplicação do imposto sobre a propriedade predial e territorial urbana (IPTU) progressivo no tempo, mediante a majoração da alíquota pelo prazo de 5 (cinco) anos consecutivos.

§ 1º O valor da alíquota a ser aplicado a cada ano será fixado na lei específica a que se refere o *caput* do art. 5º desta Lei e não excederá a 2 (duas) vezes o valor referente ao ano anterior, respeitada a alíquota máxima de 15% (quinze por cento).

§ 2º Caso a obrigação de parcelar, edificar ou utilizar não esteja atendida em 5 (cinco) anos, o Município manterá a cobrança pela alíquota máxima, até que se cumpra a referida obrigação, garantida a prerrogativa prevista no art. 8º.

§ 3º É vedada a concessão de isenções ou de anistia relativas à tributação progressiva de que trata este artigo.

Seção IV
Da desapropriação com pagamento em títulos

Art. 8º Decorridos 5 (cinco) anos de cobrança do IPTU progressivo sem que o proprietário tenha cumprido a obrigação de parcelamento, edificação ou utilização, o Município poderá proceder à desapropriação do imóvel, com pagamento em títulos da dívida pública.

→ *v.* Arts. 150, II, 182, § 4º, III, da CF/1988.

→ *v.* Art. 170 do CTN.

§ 1º Os títulos da dívida pública terão prévia aprovação pelo Senado Federal e serão resgatados no prazo de até 10 (dez) anos, em prestações anuais, iguais e sucessivas, assegurados o valor real da indenização e os juros legais de 6% (seis por cento) ao ano.

§ 2º O valor real da indenização:

→ *v.* Art. 33 do CTN.

I – refletirá o valor da base de cálculo do IPTU, descontado o montante incorporado em função de obras realizadas pelo Poder Público na área onde o mesmo se localiza após a notificação de que trata o § 2º do art. 5º desta Lei;

II – não computará expectativas de ganhos, lucros cessantes e juros compensatórios.

§ 3º Os títulos de que trata este artigo não terão poder liberatório para pagamento de tributos.

§ 4º O Município procederá ao adequado aproveitamento do imóvel no prazo máximo de 5 (cinco) anos, contado a partir da sua incorporação ao patrimônio público.

→ *v.* Art. 1º, VI, da Lei 7.347/1985.

§ 5º O aproveitamento do imóvel poderá ser efetivado diretamente pelo Poder Público ou por meio de alienação ou concessão a terceiros, observando-se, nesses casos, o devido procedimento licitatório.

§ 6º Ficam mantidas para o adquirente de imóvel nos termos do § 5º as mesmas obrigações de parcelamento, edificação ou utilização previstas no art. 5º desta Lei.

Seção V
Da usucapião especial de imóvel urbano

Art. 9º Aquele que possuir como sua área ou edificação urbana de até 250m2 (duzentos e cinquenta metros quadrados), por 5 (cinco) anos, ininterruptamente e sem oposição, utilizando-a para sua moradia ou de sua família, adquirir-lhe-á o domínio, desde que não seja proprietário de outro imóvel urbano ou rural.

→ *v.* Arts. 183, *caput*, §§ 1º e 2º, 191, parágrafo único, da CF/1988.

→ *v.* Art. 1.240 do CC.

→ *v.* Art. 1º da MP 2.220/2001.

§ 1º O título de domínio será conferido ao homem ou à mulher, ou a ambos, independentemente do estado civil.

→ *v.* Art. 1º, § 1º, da MP 2.220/2001.

§ 2º O direito de que trata este artigo não será reconhecido ao mesmo possuidor mais de uma vez.

→ *v.* Art. 1º, § 2º, da MP 2.220/2001.

§ 3º Para os efeitos deste artigo, o herdeiro legítimo continua, de pleno direito, a posse de seu antecessor, desde que já resida no imóvel por ocasião da abertura da sucessão.

→ *v.* Art. 1º, § 3º, da MP 2.220/2001.

Art. 10. As áreas urbanas com mais de 250m2 (duzentos e cinquenta metros quadrados), ocupadas por população de baixa renda para sua moradia, por 5 (cinco) anos, ininterruptamente e sem oposição, onde não for possível identificar os terrenos ocupados por cada possuidor, são susceptíveis de serem usucapidas coletivamente, desde que os possuidores não sejam proprietários de outro imóvel urbano ou rural.

→ *v.* Art. 2º da MP 2.220/2001.

§ 1º O possuidor pode, para o fim de contar o prazo exigido por este artigo, acrescentar sua posse à de seu antecessor, contanto que ambas sejam contínuas.

→ *v.* Art. 2º, § 1º, da MP 2.220/2001.

§ 2º A usucapião especial coletiva de imóvel urbano será declarada pelo juiz, mediante sentença, a qual servirá de título para registro no cartório de registro de imóveis.

§ 3º Na sentença, o juiz atribuirá igual fração ideal de terreno a cada possuidor, independentemente da dimensão do terreno que cada um ocupe, salvo hipótese de acordo escrito entre os condôminos, estabelecendo frações ideais diferenciadas.

§ 4º O condomínio especial constituído é indivisível, não sendo passível de extinção, salvo deliberação favorável tomada por, no mínimo, 2/3 (dois terços) dos condôminos, no caso de execução de urbanização posterior à constituição do condomínio.

§ 5º As deliberações relativas à administração do condomínio especial serão tomadas por maioria de votos dos condôminos presentes, obrigando também os demais, discordantes ou ausentes.

Art. 11. Na pendência da ação de usucapião especial urbana, ficarão sobrestadas quaisquer outras ações, petitórias ou possessórias, que venham a ser propostas relativamente ao imóvel usucapiendo.

Art. 12. São partes legítimas para a propositura da ação de usucapião especial urbana:

I – o possuidor, isoladamente ou em litisconsórcio originário ou superveniente;

II – os possuidores, em estado de composse;

III – como substituto processual, a associação de moradores da comunidade, regularmente constituída, com personalidade jurídica, desde que explicitamente autorizada pelos representados.

§ 1º Na ação de usucapião especial urbana é obrigatória a intervenção do Ministério Público.

§ 2º O autor terá os benefícios da justiça e da assistência judiciária gratuita, inclusive perante o cartório de registro de imóveis.

Art. 13. A usucapião especial de imóvel urbano poderá ser invocada como matéria de defesa, valendo a sentença que a reconhecer como título para registro no cartório de registro de imóveis.

Art. 14. Na ação judicial de usucapião especial de imóvel urbano, o rito processual a ser observado é o sumário.

Seção VI
Da concessão de uso especial para fins de moradia

Arts. 15 a 20. (*Vetados*).

Seção VII
Do direito de superfície

Art. 21. O proprietário urbano poderá conceder a outrem o direito de superfície do seu terreno, por tempo determinado ou indeterminado, mediante escritura pública registrada no cartório de registro de imóveis.

→ *v.* Arts. 1.369 a 1.372 do CC.

§ 1º O direito de superfície abrange o direito de utilizar o solo, o subsolo ou o espaço aéreo relativo ao terreno, na forma estabelecida no contrato respectivo, atendida a legislação urbanística.

§ 2º A concessão do direito de superfície poderá ser gratuita ou onerosa.

§ 3º O superficiário responderá integralmente pelos encargos e tributos que incidirem sobre a propriedade superficiária, arcando, ainda, proporcionalmente à sua parcela de ocupação efetiva, com os encargos e tributos sobre a área objeto da concessão do direito de superfície, salvo disposição em contrário do contrato respectivo.

§ 4º O direito de superfície pode ser transferido a terceiros, obedecidos os termos do contrato respectivo.

§ 5º Por morte do superficiário, os seus direitos transmitem-se a seus herdeiros.

Art. 22. Em caso de alienação do terreno, ou do direito de superfície, o superficiário e o proprietário, respectivamente, terão direito de preferência, em igualdade de condições à oferta de terceiros.

→ *v.* Arts. 513, parágrafo único, 516, 1.373 do CC.

Art. 23. Extingue-se o direito de superfície:

I – pelo advento do termo;

II – pelo descumprimento das obrigações contratuais assumidas pelo superficiário.

Art. 24. Extinto o direito de superfície, o proprietário recuperará o pleno domínio do terreno, bem como das acessões e benfeitorias introduzidas no imóvel, independentemente de indenização, se as partes não houverem estipulado o contrário no respectivo contrato.

→ *v.* Art. 1.375 do CC.

§ 1º Antes do termo final do contrato, extinguir-se-á o direito de superfície se o superficiário der ao terreno destinação diversa daquela para a qual for concedida.

→ *v.* Art. 1.374 do CC.

§ 2º A extinção do direito de superfície será averbada no cartório de registro de imóveis.

Seção VIII
Do direito de preempção

Art. 25. O direito de preempção confere ao Poder Público municipal preferência para aquisição de imóvel urbano objeto de alienação onerosa entre particulares.

→ *V.* Art. 513 e ss. do CC.

§ 1º Lei municipal, baseada no plano diretor, delimitará as áreas em que incidirá o direito de preempção e fixará prazo de vigência, não superior a 5 (cinco) anos, renovável a partir de 1 (um) ano após o decurso do prazo inicial de vigência.

§ 2º O direito de preempção fica assegurado durante o prazo de vigência fixado na forma do § 1º, independentemente do número de alienações referentes ao mesmo imóvel.

Art. 26. O direito de preempção será exercido sempre que o Poder Público necessitar de áreas para:

I – regularização fundiária;

II – execução de programas e projetos habitacionais de interesse social;

III – constituição de reserva fundiária;

IV – ordenamento e direcionamento da expansão urbana;

V – implantação de equipamentos urbanos e comunitários;

VI – criação de espaços públicos de lazer e áreas verdes;

VII – criação de unidades de conservação ou proteção de outras áreas de interesse ambiental;

VIII – proteção de áreas de interesse histórico, cultural ou paisagístico;

IX – (*Vetado*).

Parágrafo único. A lei municipal prevista no § 1º do art. 25 desta Lei deverá enquadrar cada área em que incidirá o direito de preempção em uma ou mais das finalidades enumeradas por este artigo.

Art. 27. O proprietário deverá notificar sua intenção de alienar o imóvel, para que o Município, no prazo máximo de 30 (trinta) dias, manifeste por escrito seu interesse em comprá-lo.

§ 1º À notificação mencionada no *caput* será anexada proposta de compra assinada por terceiro interessado na aquisição do imóvel, da qual constarão preço, condições de pagamento e prazo de validade.

§ 2º O Município fará publicar, em órgão oficial e em pelo menos um jornal local ou regional de grande circulação, edital de aviso da notificação recebida nos termos do *caput* e da intenção de aquisição do imóvel nas condições da proposta apresentada.

§ 3º Transcorrido o prazo mencionado no *caput* sem manifestação, fica o proprietário autorizado a realizar a alienação para terceiros, nas condições da proposta apresentada.

§ 4º Concretizada a venda a terceiro, o proprietário fica obrigado a apresentar ao Município, no prazo de 30 (trinta) dias, cópia do instrumento público de alienação do imóvel.

§ 5º A alienação processada em condições diversas da proposta apresentada é nula de pleno direito.

§ 6º Ocorrida a hipótese prevista no § 5º o Município poderá adquirir o imóvel pelo valor da base de cálculo do IPTU ou pelo valor indicado na proposta apresentada, se este for inferior àquele.

Seção IX
Da outorga onerosa do direito de construir

Art. 28. O plano diretor poderá fixar áreas nas quais o direito de construir poderá ser exercido acima do coeficiente de aproveitamento básico adotado, mediante contrapartida a ser prestada pelo beneficiário.

§ 1º Para os efeitos desta Lei, coeficiente de aproveitamento é a relação entre a área edificável e a área do terreno.

§ 2º O plano diretor poderá fixar coeficiente de aproveitamento básico único para toda a zona urbana ou diferenciado para áreas específicas dentro da zona urbana.

§ 3º O plano diretor definirá os limites máximos a serem atingidos pelos coeficientes de aproveitamento, considerando a proporcionalidade entre a infraestrutura existente e o aumento de densidade esperado em cada área.

Art. 29. O plano diretor poderá fixar áreas nas quais poderá ser permitida alteração de uso do solo, mediante contrapartida a ser prestada pelo beneficiário.

Art. 30. Lei municipal específica estabelecerá as condições a serem observadas para a outorga onerosa do direito de construir e de alteração de uso, determinando:

I – a fórmula de cálculo para a cobrança;

II – os casos passíveis de isenção do pagamento da outorga;

III – a contrapartida do beneficiário.

Art. 31. Os recursos auferidos com a adoção da outorga onerosa do direito de construir e de alteração de uso serão aplicados com as finalidades previstas nos incisos I a IX do art. 26 desta Lei.

Seção X
Das operações urbanas consorciadas

Art. 32. Lei municipal específica, baseada no plano diretor, poderá delimitar área para aplicação de operações consorciadas.

§ 1º Considera-se operação urbana consorciada o conjunto de intervenções e medidas coordenadas pelo Poder Público municipal, com a participação dos proprietários, moradores, usuários permanentes e investidores privados, com o objetivo de alcançar em uma área transformações urbanísticas estruturais, melhorias sociais e a valorização ambiental.

§ 2º Poderão ser previstas nas operações urbanas consorciadas, entre outras medidas:

I – a modificação de índices e características de parcelamento, uso e ocupação do solo e subsolo, bem como alterações das normas edilícias, considerado o impacto ambiental delas decorrente;

II – a regularização de construções, reformas ou ampliações executadas em desacordo com a legislação vigente.

III – a concessão de incentivos a operações urbanas que utilizam tecnologias visando a redução de impactos ambientais, e que comprovem a utilização, nas construções e uso de edificações urbanas, de tecnologias que reduzam os impactos ambientais e economizem recursos naturais, especificadas as modalidades de *design* e de obras a serem contempladas.

→ Inciso III acrescentado pela Lei 12.836/2013.

Art. 33. Da lei específica que aprovar a operação urbana consorciada constará o plano de operação urbana consorciada, contendo, no mínimo:

I – definição da área a ser atingida;

II – programa básico de ocupação da área;

III – programa de atendimento econômico e social para a população diretamente afetada pela operação;

IV – finalidades da operação;

V – estudo prévio de impacto de vizinhança;

VI – contrapartida a ser exigida dos proprietários, usuários permanentes e investidores privados em função da utilização dos benefícios previstos nos incisos I, II e III do § 2º do art. 32 desta Lei;

→ Inciso VI com redação alterada pela Lei 12.836/2013.

VII – forma de controle da operação, obrigatoriamente compartilhado com representação da sociedade civil.

VIII – natureza dos incentivos a serem concedidos aos proprietários, usuários permanentes e investidores privados, uma vez atendido o disposto no inciso III do § 2º do art. 32 desta Lei.

→ Inciso VIII acrescentado pela Lei 12.836/2013.

§ 1º Os recursos obtidos pelo Poder Público municipal na forma do inciso VI deste artigo serão aplicados exclusivamente na própria operação urbana consorciada.

§ 2º A partir da aprovação da lei específica de que trata o *caput*, são nulas as licenças e autorizações a cargo do Poder Público municipal expedidas em desacordo com o plano de operação urbana consorciada.

Art. 34. A lei específica que aprovar a operação urbana consorciada poderá prever a emissão pelo Município de quantidade determinada de certificados de potencial adicional de construção, que serão alienados em leilão ou utilizados diretamente no pagamento das obras necessárias à própria operação.

§ 1º Os certificados de potencial adicional de construção serão livremente negociados, mas conversíveis em direito de construir unicamente na área objeto da operação.

§ 2º Apresentado pedido de licença para construir, o certificado de potencial adicional será utilizado no pagamento da área de construção que supere os padrões estabelecidos pela legislação de uso e ocupação do solo, até o limite fixado pela lei específica que aprovar a operação urbana consorciada.

Art. 34-A. Nas regiões metropolitanas ou nas aglomerações urbanas instituídas por lei complementar estadual, poderão ser realizadas operações urbanas consorciadas interfederativas, aprovadas por leis estaduais específicas.

→ Artigo acrescentado pela Lei 13.089/2015.

Parágrafo único. As disposições dos arts. 32 a 34 desta Lei aplicam-se às operações urbanas consorciadas interfederativas previstas no caput deste artigo, no que couber.

Seção XI
Da transferência do direito de construir

Art. 35. Lei municipal, baseada no plano diretor, poderá autorizar o proprietário de imóvel urbano, privado ou público, a exercer em outro local, ou alienar, mediante escritura pública, o direito de construir previsto no plano diretor ou em legislação urbanística dele decorrente, quando o referido imóvel for considerado necessário para fins de:

I – implantação de equipamentos urbanos e comunitários;

II – preservação, quando o imóvel for considerado de interesse histórico, ambiental, paisagístico, social ou cultural;

III – servir a programas de regularização fundiária, urbanização de áreas ocupadas por população de baixa renda e habitação de interesse social.

§ 1º A mesma faculdade poderá ser concedida ao proprietário que doar ao Poder Público seu imóvel, ou parte dele, para os fins previstos nos incisos I a III do *caput*.

§ 2º A lei municipal referida no *caput* estabelecerá as condições relativas à aplicação da transferência do direito de construir.

Seção XII
Do estudo de impacto de vizinhança

Art. 36. Lei municipal definirá os empreendimentos e atividades privados ou públicos em área urbana que dependerão de elaboração de estudo prévio de impacto de vizinhança (EIV) para obter as licenças ou autorizações de construção, ampliação ou funcionamento a cargo do Poder Público municipal.

Art. 37. O EIV será executado de forma a contemplar os efeitos positivos e negativos do empreendimento ou atividade quanto à qualidade de vida da população residente na área e suas proximidades, incluindo a análise, no mínimo, das seguintes questões:

I – adensamento populacional;

II – equipamentos urbanos e comunitários;

III – uso e ocupação do solo;

IV – valorização imobiliária;

V – geração de tráfego e demanda por transporte público;

VI – ventilação e iluminação;

VII – paisagem urbana e patrimônio natural e cultural.

Parágrafo único. Dar-se-á publicidade aos documentos integrantes do EIV, que ficarão disponíveis para consulta, no órgão competente do Poder Público municipal, por qualquer interessado.

Art. 38. A elaboração do EIV não substitui a elaboração e a aprovação de estudo prévio de impacto ambiental (EIA), requeridas nos termos da legislação ambiental.

Capítulo III
DO PLANO DIRETOR

Art. 39. A propriedade urbana cumpre sua função social quando atende às exigências fundamentais de ordenação da cidade expressas no plano diretor, assegurando o atendimento das necessidades dos cidadãos quanto à qualidade de vida, à justiça social e ao desenvolvimento das atividades econômicas, respeitadas as diretrizes previstas no art. 2º desta Lei.

→ *v.* Art. 184, § 4º, da CF/1988.

Art. 40. O plano diretor, aprovado por lei municipal, é o instrumento básico da política de desenvolvimento e expansão urbana.

§ 1º O plano diretor é parte integrante do processo de planejamento municipal, devendo o plano plurianual, as diretrizes orçamentárias e o orçamento anual incorporar as diretrizes e as prioridades nele contidas.

§ 2º O plano diretor deverá englobar o território do Município como um todo.

→ *v.* Art. 2º, VII, da Lei 10.257/2001.

§ 3º A lei que instituir o plano diretor deverá ser revista, pelo menos, a cada 10 (dez) anos.

§ 4º No processo de elaboração do plano diretor e na fiscalização de sua implementação, os Poderes Legislativo e Executivo municipais garantirão:

I – a promoção de audiências públicas e debates com a participação da população e de associações representativas dos vários segmentos da comunidade;

II – a publicidade quanto aos documentos e informações produzidos;

III – o acesso de qualquer interessado aos documentos e informações produzidos.

§ 5º (*Vetado*).

Art. 41. O plano diretor é obrigatório para cidades:

I – com mais de 20.000 (vinte mil) habitantes;

II – integrantes de regiões metropolitanas e aglomerações urbanas;

III – onde o Poder Público municipal pretenda utilizar os instrumentos previstos no § 4º do art. 182 da Constituição Federal;

IV – integrantes de áreas de especial interesse turístico;

V – inseridas na área de influência de empreendimentos ou atividades com significativo impacto ambiental de âmbito regional ou nacional.

VI – incluídas no cadastro nacional de Municípios com áreas suscetíveis à ocorrência de deslizamentos de grande impacto, inundações bruscas ou processos geológicos ou hidrológicos correlatos.

→ Inciso VI acrescentado pela Lei 12.608/2012.

§ 1º No caso da realização de empreendimentos ou atividades enquadrados no inciso V do *caput*, os recursos técnicos e financeiros para a elaboração do plano diretor estarão inseridos entre as medidas de compensação adotadas.

§ 2º No caso de cidades com mais de 500.000 (quinhentos mil) habitantes, deverá ser elaborado um plano de transporte urbano integrado, compatível com o plano diretor ou nele inserido.

§ 3º As cidades de que trata o caput deste artigo devem elaborar plano de rotas acessíveis, compatível com o plano diretor no qual está inserido, que disponha sobre os passeios públicos a serem implantados ou reformados pelo poder público, com vistas a garantir acessibilidade da pessoa com deficiência ou com mobilidade reduzida a todas as rotas e vias existentes, inclusive as que concentrem os focos geradores de maior circulação de pedestres, como os órgãos públicos e os locais de prestação de serviços públicos e privados de saúde, educação, assistência social, esporte, cultura, correios e telégrafos, bancos, entre outros, sempre que possível de maneira integrada com os sistemas de transporte coletivo de passageiros.

→ § 3º acrescentado pela Lei 13.146/2015, em vigor após decorridos 180 (cento e oitenta) dias de sua publicação oficial – *D.O.U.* de 7/7/2015.

Art. 42. O plano diretor deverá conter no mínimo:

I – a delimitação das áreas urbanas onde poderá ser aplicado o parcelamento, edificação ou utilização compulsórios, considerando a existência de infraestrutura e de demanda para utilização, na forma do art. 5º desta Lei;

II – disposições requeridas pelos arts. 25, 28, 29, 32 e 35 desta Lei;

III – sistema de acompanhamento e controle.

Art. 42-A. Além do conteúdo previsto no art. 42, o plano diretor dos Municípios incluídos no cadastro nacional de municípios com áreas suscetíveis à ocorrência de deslizamentos de grande impacto, inundações bruscas ou processos geológicos ou hidrológicos correlatos deverá conter:

→ *Caput* acrescentado pela Lei 12.608/2012.

I – parâmetros de parcelamento, uso e ocupação do solo, de modo a promover a diversidade de usos e a contribuir para a geração de emprego e renda;

→ Inciso I acrescentado pela Lei 12.608/2012.

II – mapeamento contendo as áreas suscetíveis à ocorrência de deslizamentos de grande impacto, inundações bruscas ou processos geológicos ou hidrológicos correlatos;

→ Inciso II acrescentado pela Lei 12.608/2012.

III – planejamento de ações de intervenção preventiva e realocação de população de áreas de risco de desastre;

→ Inciso III acrescentado pela Lei 12.608/2012.

IV – medidas de drenagem urbana necessárias à prevenção e à mitigação de impactos de desastres; e

→ Inciso IV acrescentado pela Lei 12.608/2012.

V – diretrizes para a regularização fundiária de assentamentos urbanos irregulares, se houver, observadas a Lei 11.977, de 7 de julho de 2009, e demais normas federais e estaduais pertinentes, e previsão de áreas para habitação de interesse social por meio da demarcação de zonas especiais de interesse social e de outros instrumentos de política urbana, onde o uso habitacional for permitido.

→ Inciso V acrescentado pela Lei 12.608/2012.

VI – identificação e diretrizes para a preservação e ocupação das áreas verdes municipais, quando for o caso, com vistas à redução da impermeabilização das cidades.

→ Inciso VI acrescentado pela Lei 12.983/2014.

§ 1º A identificação e o mapeamento de áreas de risco levarão em conta as cartas geotécnicas.

→ § 1º acrescentado pela Lei 12.608/2012.

§ 2º O conteúdo do plano diretor deverá ser compatível com as disposições insertas nos planos de recursos hídricos, formulados consoante a Lei 9.433, de 8 de janeiro de 1997.

→ § 2º acrescentado pela Lei 12.608/2012.

§ 3º Os Municípios adequarão o plano diretor às disposições deste artigo, por ocasião de sua revisão, observados os prazos legais.

→ § 3º acrescentado pela Lei 12.608/2012.

§ 4º Os Municípios enquadrados no inciso VI do art. 41 desta Lei e que não tenham plano diretor aprovado terão o prazo de 5 (cinco) anos para o seu encaminhamento para aprovação pela Câmara Municipal.

→ § 4º acrescentado pela Lei 12.608/2012.

Art. 42-B. Os Municípios que pretendam ampliar o seu perímetro urbano após a data de publicação desta Lei deverão elaborar projeto específico que contenha, no mínimo:

Artigo acrescentado pela Lei 12.608/2012.

I – demarcação do novo perímetro urbano;

II – delimitação dos trechos com restrições à urbanização e dos trechos sujeitos a controle especial em função de ameaça de desastres naturais;

III – definição de diretrizes específicas e de áreas que serão utilizadas para infraestrutura, sistema viário, equipamentos e instalações públicas, urbanas e sociais;

IV – definição de parâmetros de parcelamento, uso e ocupação do solo, de modo a promover a diversidade de usos e contribuir para a geração de emprego e renda;

V – a previsão de áreas para habitação de interesse social por meio da demarcação de zonas especiais de interesse social e de outros instrumentos de política urbana, quando o uso habitacional for permitido;

VI – definição de diretrizes e instrumentos específicos para proteção ambiental e do patrimônio histórico e cultural;

VII – definição de mecanismos para garantir a justa distribuição dos ônus e benefícios decorrentes do processo de urbanização do território de expansão urbana e a recuperação para a coletividade da valorização imobiliária resultante da ação do poder público.

1º O projeto específico de que trata o *caput* deste artigo deverá ser instituído por lei municipal e atender às diretrizes do plano diretor, quando houver.

2º Quando o plano diretor contemplar as exigências estabelecidas no *caput*, o Município ficará dispensado da elaboração do projeto específico de que trata o *caput* deste artigo.

§ 3º A aprovação de projetos de parcelamento do solo no novo perímetro urbano ficará condicionada à existência do projeto específico e deverá obedecer às suas disposições.

Capítulo IV
DA GESTÃO DEMOCRÁTICA DA CIDADE

Art. 43. Para garantir a gestão democrática da cidade, deverão ser utilizados, entre outros, os seguintes instrumentos:

I – órgãos colegiados de política urbana, nos níveis nacional, estadual e municipal;

II – debates, audiências e consultas públicas;

III – conferências sobre assuntos de interesse urbano, nos níveis nacional, estadual e municipal;

IV – iniciativa popular de projeto de lei e de planos, programas e projetos de desenvolvimento urbano;

V – *(Vetado).*

Art. 44. No âmbito municipal, a gestão orçamentária participativa de que trata a alínea *f* do inciso III do art. 4º desta Lei incluirá a realização de debates, audiências e consultas públicas sobre as propostas do plano plurianual, da lei de diretrizes orçamentárias e do orçamento anual, como condição obrigatória para sua aprovação pela Câmara Municipal.

Art. 45. Os organismos gestores das regiões metropolitanas e aglomerações urbanas incluirão obrigatória e significativa participação da população e de associações representativas dos vários segmentos da comunidade, de modo a garantir o controle direto de suas atividades e o pleno exercício da cidadania.

Capítulo V
DISPOSIÇÕES GERAIS

Art. 46. O Poder Público municipal poderá facultar ao proprietário de área atingida pela obrigação de que trata o *caput* do art. 5º desta Lei, a requerimento deste, o estabelecimento de consórcio imobiliário como forma de viabilização financeira do aproveitamento do imóvel.

§ 1º Considera-se consórcio imobiliário a forma de viabilização de planos de urbanização ou edificação por meio da qual o proprietário transfere ao Poder Público municipal seu imóvel e, após a realização das obras, recebe, como pagamento, unidades imobiliárias devidamente urbanizadas ou edificadas.

§ 2º O valor das unidades imobiliárias a serem entregues ao proprietário será correspondente ao valor do imóvel antes da execução das obras, observado o disposto no § 2º do art. 8º desta Lei.

Art. 47. Os tributos sobre imóveis urbanos, assim como as tarifas relativas a serviços públicos urbanos, serão diferenciados em função do interesse social.

Art. 48. Nos casos de programas e projetos habitacionais de interesse social, desenvolvidos por órgãos ou entidades da Administração Pública com atuação específica nessa área, os contratos de concessão de direito real de uso de imóveis públicos:

I – terão, para todos os fins de direito, caráter de escritura pública, não se aplicando o disposto no inciso II do art. 134 do Código Civil;

→ A referência é ao CC/1916.

→ *v.* Art. 108 do CC.

II – constituirão título de aceitação obrigatória em garantia de contratos de financiamentos habitacionais.

Art. 49. Os Estados e Municípios terão o prazo de 90 (noventa) dias, a partir da entrada em vigor desta Lei, para fixar prazos, por lei, para a expedição de diretrizes de empreendimentos urbanísticos, aprovação de projetos de parcelamento e de edificação, realização de vistorias e expedição de termo de verificação e conclusão de obras.

Parágrafo único. Não sendo cumprida a determinação do *caput*, fica estabelecido o prazo de 60 (sessenta) dias para a realização de cada um dos referidos atos administrativos, que valerá até que os Estados e Municípios disponham em lei de forma diversa.

Art. 50. Os Municípios que estejam enquadrados na obrigação prevista nos incisos I e II do *caput* do art. 41 desta Lei e que não tenham plano diretor aprovado na data de entrada em vigor desta Lei deverão aprová-lo até 30 de junho de 2008.

→ Artigo com redação alterada pela Lei 11.673/2008.

Art. 51. Para os efeitos desta Lei, aplicam-se ao Distrito Federal e ao Governador do Distrito Federal as disposições relativas, respectivamente, a Município e a Prefeito.

Art. 52. Sem prejuízo da punição de outros agentes públicos envolvidos e da aplicação de outras sanções cabíveis, o Prefeito incorre em improbidade administrativa, nos termos da Lei 8.429, de 2 de junho de 1992, quando:

I – *(Vetado).*

II – deixar de proceder, no prazo de 5 (cinco) anos, o adequado aproveitamento do imóvel incorporado ao patrimônio público, conforme o disposto no § 4º do art. 8º desta Lei;

III – utilizar áreas obtidas por meio do direito de preempção em desacordo com o disposto no art. 26 desta Lei;

IV – aplicar os recursos auferidos com a outorga onerosa do direito de construir e de alteração de uso em desacordo com o previsto no art. 31 desta Lei;

V – aplicar os recursos auferidos com operações consorciadas em desacordo com o previsto no § 1º do art. 33 desta Lei;

VI – impedir ou deixar de garantir os requisitos contidos nos incisos I a III do § 4º do art. 40 desta Lei;

VII – deixar de tomar as providências necessárias para garantir a observância do disposto no § 3º do art. 40 e no art. 50 desta Lei;

VIII – adquirir imóvel objeto de direito de preempção, nos termos dos arts. 25 a 27 desta Lei, pelo valor da proposta apresentada, se este for, comprovadamente, superior ao de mercado.

Art. 53. O art. 1º da Lei 7.347, de 24 de julho de 1985, passa a vigorar acrescido de novo inciso III, renumerando o atual inciso III e os subsequentes:

→ Artigo com eficácia suspensa pela MP 2.180-35/2001.

"Art. 1º (...)

(...)

III – à ordem urbanística;

(...)".

Art. 54. O art. 4º da Lei 7.347, de 1985, passa a vigorar com a seguinte redação:

"Art. 4º Poderá ser ajuizada ação cautelar para os fins desta Lei, objetivando, inclusive, evitar o dano ao meio ambiente, ao consumidor, à ordem urbanística ou aos bens e direitos de valor artístico, estético, histórico, turístico e paisagístico (Vetado)."

Art. 55. O art. 167, inciso I, item 28, da Lei 6.015, de 31 de dezembro de 1973, alterado pela Lei 6.216, de 30 de junho de 1975, passa a vigorar com a seguinte redação:

"Art. 167. (...)

I – (...)

(...)

28) das sentenças declaratórias de usucapião, independente da regularidade do parcelamento do solo ou da edificação;

(...)"

Art. 56. O art. 167, inciso I, da Lei 6.015, de 1973, passa a vigorar acrescido dos seguintes itens 37, 38 e 39:

"Art. 167. (...)

I – (...)

37) dos termos administrativos ou das sentenças declaratórias da concessão de uso especial para fins de moradia, independente da regularidade do parcelamento do solo ou da edificação;

38) (Vetado)

39) da constituição do direito de superfície de imóvel urbano;"

Art. 57. O art. 167, inciso II, da Lei 6.015, de 1973, passa a vigorar acrescido dos seguintes itens 18, 19 e 20:

"Art. 167. (...)

II – (...)

18) da notificação para parcelamento, edificação ou utilização compulsórios de imóvel urbano;

19) da extinção da concessão de uso especial para fins de moradia;

20) da extinção do direito de superfície do imóvel urbano."

Art. 58. Esta Lei entra em vigor após decorridos 90 (noventa) dias de sua publicação.

Brasília, 10 de julho de 2001; 180º da Independência e 113º da República.

Fernando Henrique Cardoso

(Publicação no *D.O.U.* de 11.7.2001)

LEI 10.259,
DE 12 DE JULHO DE 2001

Dispõe sobre a instituição dos Juizados Especiais Cíveis e Criminais no âmbito da Justiça Federal.

→ *v.* Lei 13.140/2015 – Lei de mediação e autocomposição de conflitos

→ *v.* Lei 12.153/2009 - Dispõe sobre os Juizados Especiais da Fazenda Pública no âmbito dos Estados, do Distrito Federal, dos Territórios e dos Municípios.

→ *v.* Lei 9.099/1995 – Dispõe sobre os Juizados Especiais Cíveis e Criminais e dá outras providências.

O Presidente da República:

Faço saber que o Congresso Nacional decreta e eu sanciono a seguinte Lei:

Art. 1º São instituídos os Juizados Especiais Cíveis e Criminais da Justiça Federal, aos quais se aplica, no que não conflitar com esta Lei, o disposto na Lei 9.099, de 26 de setembro de 1995.

Art. 2º Compete ao Juizado Especial Federal Criminal processar e julgar os feitos de competência da Justiça Federal relativos às infrações de menor potencial ofensivo, respeitadas as regras de conexão e continência.

→ Artigo com redação alterada pela Lei 11.313/2006.

Parágrafo único. Na reunião de processos, perante o juízo comum ou o tribunal do júri, decorrente da aplicação das regras de conexão e continência, observar-se-ão os institutos da transação penal e da composição dos danos civis.

Art. 3º Compete ao Juizado Especial Federal Cível processar, conciliar e julgar causas de competência da Justiça Federal até o valor de 60 salários mínimos, bem como executar as suas sentenças.

§ 1º Não se incluem na competência do Juizado Especial Cível as causas:

I – referidas no art. 109, incisos II, III e XI, da Constituição Federal, as ações de mandado de segurança, de desapropriação, de divisão e demarcação, populares, execuções fiscais e por improbidade administrativa e as demandas sobre direitos ou interesses difusos, coletivos ou individuais homogêneos;

II – sobre bens imóveis da União, autarquias e fundações públicas federais;

III – para a anulação ou cancelamento de ato administrativo federal, salvo o de natureza previdenciária e o de lançamento fiscal;

IV – que tenham como objeto a impugnação da pena de demissão imposta a servidores públicos civis ou de sanções disciplinares aplicadas a militares.

§ 2º Quando a pretensão versar sobre obrigações vincendas, para fins de competência do Juizado Especial, a soma de 12 parcelas não poderá exceder o valor referido no art. 3º, *caput*.

§ 3º No foro onde estiver instalada Vara do Juizado Especial, a sua competência é absoluta.

Art. 4º O Juiz poderá, de ofício ou a requerimento das partes, deferir medidas cautelares no curso do processo, para evitar dano de difícil reparação.

Art. 5º Exceto nos casos do art. 4º, somente será admitido recurso de sentença definitiva.

Art. 6º Podem ser partes no Juizado Especial Federal Cível:

I – como autores, as pessoas físicas e as microempresas e empresas de pequeno porte, assim definidas na Lei 9.317, de 5 de dezembro de 1996;

II – como rés, a União, autarquias, fundações e empresas públicas federais.

Art. 7º As citações e intimações da União serão feitas na forma prevista nos arts. 35 a 38 da Lei Complementar 73, de 10 de fevereiro de 1993.

Parágrafo único. A citação das autarquias, fundações e empresas públicas será feita na pessoa do representante máximo da entidade, no local onde proposta a causa, quando ali instalado seu escritório ou representação; se não, na sede da entidade.

Art. 8º As partes serão intimadas da sentença, quando não proferida esta na audiência em que estiver presente seu representante, por ARMP (aviso de recebimento em mão própria).

§ 1º As demais intimações das partes serão feitas na pessoa dos advogados ou dos Procuradores que oficiem nos respectivos autos, pessoalmente ou por via postal.

§ 2º Os tribunais poderão organizar serviço de intimação das partes e de recepção de petições por meio eletrônico.

Art. 9º Não haverá prazo diferenciado para a prática de qualquer ato processual pelas pessoas jurídicas de direito público, inclusive a interposição de recursos, devendo a citação para audiência de conciliação ser efetuada com antecedência mínima de 30 (trinta) dias.

Art. 10. As partes poderão designar, por escrito, representantes para a causa, advogado ou não.

Parágrafo único. Os representantes judiciais da União, autarquias, fundações e empresas públicas federais, bem como os indicados na forma do *caput*, ficam autorizados a conciliar, transigir ou desistir, nos processos da competência dos Juizados Especiais Federais.

→ *v.* Art. 1º, § 1º, do Decreto 4.250/2002.

Art. 11. A entidade pública ré deverá fornecer ao Juizado a documentação de que disponha para o esclarecimento da causa, apresentando-a até a instalação da audiência de conciliação.

Parágrafo único. Para a audiência de composição dos danos resultantes de ilícito criminal (arts. 71, 72 e 74 da Lei 9.099, de 26 de setembro de 1995), o representante da entidade que comparecer terá poderes para acordar, desistir ou transigir, na forma do art. 10.

Art. 12. Para efetuar o exame técnico necessário à conciliação ou ao julgamento da causa, o Juiz nomeará pessoa habilitada, que apresentará o laudo até cinco dias antes da audiência, independentemente de intimação das partes.

§ 1º Os honorários do técnico serão antecipados à conta de verba orçamentária do respectivo Tribunal e, quando vencida na causa a entidade pública, seu valor será incluído na ordem de pagamento a ser feita em favor do Tribunal.

§ 2º Nas ações previdenciárias e relativas à assistência social, havendo designação de exame, serão as partes intimadas para, em dez dias, apresentar quesitos e indicar assistentes.

Art. 13. Nas causas de que trata esta Lei, não haverá reexame necessário.

Art. 14. Caberá pedido de uniformização de interpretação de lei federal quando houver divergência entre decisões sobre questões de direito material proferidas por Turmas Recursais na interpretação da lei.

§ 1º O pedido fundado em divergência entre Turmas da mesma Região será julgado em reunião conjunta das Turmas em conflito, sob a presidência do Juiz Coordenador.

§ 2º O pedido fundado em divergência entre decisões de turmas de diferentes regiões ou da proferida em contrariedade a súmula ou jurisprudência dominante do STJ será julgado por Turma de Uniformização, integrada por juízes de Turmas Recursais, sob a presidência do Coordenador da Justiça Federal.

§ 3º A reunião de juízes domiciliados em cidades diversas será feita pela via eletrônica.

§ 4º Quando a orientação acolhida pela Turma de Uniformização, em questões de direito material, contrariar súmula ou jurisprudência dominante no Superior Tribunal de Justiça – STJ, a parte interessada poderá provocar a manifestação deste, que dirimirá a divergência.

→ *v.* Resolução 10/2007 do STJ – Dispõe sobre o processamento, no Superior Tribunal de Justiça, de incidente de uniformização da jurisprudência dos Juizados Especiais Federais.

§ 5º No caso do § 4º, presente a plausibilidade do direito invocado e havendo fundado receio de dano de difícil reparação, poderá o relator conceder, de ofício ou a requerimento do interessado, medida liminar determinando a suspensão dos processos nos quais a controvérsia esteja estabelecida.

§ 6º Eventuais pedidos de uniformização idênticos, recebidos subsequentemente em quaisquer Turmas Recursais, ficarão retidos nos autos, aguardando-se pronunciamento do Superior Tribunal de Justiça.

§ 7º Se necessário, o relator pedirá informações ao Presidente da Turma Recursal ou Coordenador da Turma de Uniformização e ouvirá o Ministério Público, no prazo de 5 (cinco) dias. Eventuais interessados, ainda que não sejam partes no processo, poderão se manifestar, no prazo de 30 (trinta) dias.

§ 8º Decorridos os prazos referidos no § 7º, o relator incluirá o pedido em pauta na Seção, com preferência sobre todos os demais feitos, ressalvados os processos com réus presos, os habeas corpus e os mandados de segurança.

§ 9º Publicado o acórdão respectivo, os pedidos retidos referidos no § 6º serão apreciados pelas Turmas Recursais, que poderão exercer juízo de retratação ou declará-los prejudicados, se veicularem tese não acolhida pelo Superior Tribunal de Justiça.

§ 10. Os Tribunais Regionais, o Superior Tribunal de Justiça e o Supremo Tribunal Federal, no âmbito de suas competências, expedirão normas regulamentando a composição dos órgãos e os procedimentos a serem adotados para o processamento e o julgamento do pedido de uniformização e do recurso extraordinário.

→ *v.* Súmula 640 do STF.

Art. 15. O recurso extraordinário, para os efeitos desta Lei, será processado e julgado segundo o estabelecido nos §§ 4º a 9º do art. 14, além da observância das normas do Regimento.

Art. 16. O cumprimento do acordo ou da sentença, com trânsito em julgado, que imponham obrigação de fazer, não fazer ou entrega de coisa certa, será efetuado mediante ofício do Juiz à autoridade citada para a causa, com cópia da sentença ou do acordo.

Art. 17. Tratando-se de obrigação de pagar quantia certa, após o trânsito em julgado da decisão, o pagamento será efetuado no prazo de 60 (sessenta) dias, contados da entrega da requisição, por ordem do Juiz, à autoridade citada para a causa, na agência mais próxima da Caixa Econômica Federal ou do Banco do Brasil, independentemente de precatório.

§ 1º Para os efeitos do § 3º do art. 100 da Constituição Federal, as obrigações ali definidas como de pequeno valor, a serem pagas independentemente de precatório, terão como limite o mesmo valor estabelecido nesta Lei para a competência do Juizado Especial Federal Cível (art. 3º, *caput*).

§ 2º Desatendida a requisição judicial, o Juiz determinará o sequestro do numerário suficiente ao cumprimento da decisão.

§ 3º São vedados o fracionamento, repartição ou quebra do valor da execução, de modo que o pagamento se faça, em parte, na forma estabelecida no § 1º deste artigo, e, em parte, mediante expedição do precatório, e a expedição de precatório complementar ou suplementar do valor pago.

§ 4º Se o valor da execução ultrapassar o estabelecido no § 1º, o pagamento far-se-á, sempre, por meio do precatório, sendo facultado à parte exequente a renúncia ao crédito do valor excedente, para que possa optar pelo pagamento do saldo sem o precatório, da forma lá prevista.

Art. 18. Os Juizados Especiais serão instalados por decisão do Tribunal Regional Federal. O Juiz presidente do Juizado designará os conciliadores pelo período de 2 (dois) anos, admitida a recondução. O exercício dessas funções será gratuito, assegurados os direitos e prerrogativas do jurado (art. 437 do Código de Processo Penal).

Parágrafo único. Serão instalados Juizados Especiais Adjuntos nas localidades cujo movimento forense não justifique a existência de Juizado Especial, cabendo ao Tribunal designar a Vara onde funcionará.

Art. 19. No prazo de 6 (seis) meses, a contar da publicação desta Lei, deverão ser instalados os Juizados Especiais nas capitais dos Estados e no Distrito Federal.

Parágrafo único. Na capital dos Estados, no Distrito Federal e em outras cidades onde for necessário, neste último caso, por decisão do Tribunal Regional Federal, serão instalados Juizados com competência exclusiva para ações previdenciárias.

Art. 20. Onde não houver Vara Federal, a causa poderá ser proposta no Juizado Especial Federal mais próximo do foro definido no art. 4º da Lei 9.099, de 26 de setembro de 1995, vedada a aplicação desta Lei no juízo estadual.

Art. 21. As Turmas Recursais serão instituídas por decisão do Tribunal Regional Federal, que definirá sua composição e área de competência, podendo abranger mais de uma seção.

§ 1º (*Revogado pela Lei 12.665/2012*).

§ 2º (*Revogado pela Lei 12.665/2012*).

Art. 22. Os Juizados Especiais serão coordenados por Juiz do respectivo Tribunal Regional, escolhido por seus pares, com mandato de dois anos.

Parágrafo único. O Juiz Federal, quando o exigirem as circunstâncias, poderá determinar o funcionamento do Juizado Especial em caráter itinerante, mediante autorização prévia do Tribunal Regional Federal, com antecedência de 10 (dez) dias.

Art. 23. O Conselho da Justiça Federal poderá limitar, por até três anos, contados a partir da publicação desta Lei, a competência dos Juizados Especiais Cíveis, atendendo à necessidade da organização dos serviços judiciários ou administrativos.

Art. 24. O Centro de Estudos Judiciários do Conselho da Justiça Federal e as Escolas de Magistratura dos Tribunais Regionais Federais criarão programas de informática necessários para subsidiar a instrução das causas submetidas aos Juizados e promoverão cursos de aperfeiçoamento destinados aos seus magistrados e servidores.

Art. 25. Não serão remetidas aos Juizados Especiais as demandas ajuizadas até a data de sua instalação.

Art. 26. Competirá aos Tribunais Regionais Federais prestar o suporte administrativo necessário ao funcionamento dos Juizados Especiais.

Art. 27. Esta Lei entra em vigor 6 (seis) meses após a data de sua publicação.

Brasília, 12 de julho de 2001; 180º da Independência e 113º da República.

Fernando Henrique Cardoso

(Publicação no *D.O.U* 13.07.2001)

LEI 10.336,
DE 19 DE DEZEMBRO DE 2001

Institui Contribuição de Intervenção no Domínio Econômico incidente sobre a importação e a comercialização de petróleo e seus derivados, gás natural e seus derivados, e álcool etílico combustível (Cide), e dá outras providências.

O Presidente da República:

Faço saber que o Congresso Nacional decreta e eu sanciono a seguinte Lei:

Art. 1º Fica instituída a Contribuição de Intervenção no Domínio Econômico incidente sobre a importação e a comercialização de petróleo e seus derivados, gás natural e seus derivados, e álcool etílico combustível (Cide), a que se refere os arts. 149 e 177 da Constituição Federal, com a redação dada pela Emenda Constitucional 33, de 11 de dezembro de 2001.

§ 1º O produto da arrecadação da Cide será destinada, na forma da lei orçamentária, ao:

I – pagamento de subsídios a preços ou transporte de álcool combustível, de gás natural e seus derivados e de derivados de petróleo;

II – financiamento de projetos ambientais relacionados com a indústria do petróleo e do gás; e

III – financiamento de programas de infraestrutura de transportes.

§ 2º Durante o ano de 2002, será avaliada a efetiva utilização dos recursos obtidos da Cide, e, a partir de 2003, os critérios e diretrizes serão previstos em lei específica.

Art. 1º-A. A União entregará aos Estados e ao Distrito Federal, para ser aplicado, obrigatoriamente, no financiamento de programas de infraestrutura de transportes, o percentual a que se refere o art. 159, III, da Constituição Federal, calculado sobre a arrecadação da contribuição prevista no art. 1º desta Lei, inclusive os respectivos adicionais, juros e multas moratórias cobrados, administrativa ou judicialmente, deduzidos os valores previstos no art. 8º desta Lei e a parcela desvinculada nos termos do art. 76 do Ato das Disposições Constitucionais Transitórias.

→ Artigo acrescentado pela Lei 10.866/2004.

§ 1º Os recursos serão distribuídos pela União aos Estados e ao Distrito Federal, trimestralmente, até o 8º (oitavo) dia útil do mês subsequente ao do encerramento de cada trimestre, mediante crédito em conta vinculada aberta para essa finalidade no Banco do Brasil S.A. ou em outra instituição financeira que venha a ser indicada pelo Poder Executivo federal.

§ 2º A distribuição a que se refere o § 1º deste artigo observará os seguintes critérios:

I – 40% (quarenta por cento) proporcionalmente à extensão da malha viária federal e estadual pavimentada existente em cada Estado e no Distrito Federal, conforme estatísticas elaboradas pelo Departamento Nacional de Infraestrutura de Transportes – DNIT;

II – 30% (trinta por cento) proporcionalmente ao consumo, em cada Estado e no Distrito Federal, dos combustíveis a que a Cide se aplica, conforme estatísticas elaboradas pela Agência Nacional do Petróleo – ANP;

III – 20% (vinte por cento) proporcionalmente à população, conforme apurada pela Fundação Instituto Brasileiro de Geografia e Estatística – IBGE;

IV – 10% (dez por cento) distribuídos em parcelas iguais entre os Estados e o Distrito Federal.

§ 3º Para o exercício de 2004, os percentuais de entrega aos Estados e ao Distrito Federal serão os constantes do Anexo desta Lei.

§ 4º A partir do exercício de 2005, os percentuais individuais de participação dos Estados e do Distrito Federal serão calculados pelo Tribunal de Contas da União na forma do § 2º deste artigo, com base nas estatísticas referentes ao ano imediatamente anterior, observado o seguinte cronograma:

I – até o último dia útil de janeiro, os órgãos indicados nos incisos I a III do § 2º deste artigo enviarão as informações necessárias ao Tribunal de Contas da União;

II – até 15 de fevereiro, o Tribunal de Contas da União publicará os percentuais individuais de que trata o *caput* deste parágrafo;

III – até o último dia útil de março, o Tribunal de Contas da União republicará os percentuais com as eventuais alterações decorrentes da aceitação do recurso a que se refere o § 5º deste artigo.

§ 5º Os Estados e o Distrito Federal poderão apresentar recurso para retificação dos percentuais publicados, observados a regulamentação e os prazos estabelecidos pelo Tribunal de Contas da União.

§ 6º Os repasses aos Estados e ao Distrito Federal serão realizados com base nos percentuais republicados pelo Tribunal de Contas da União, efetuando-se eventuais ajustes quando do julgamento definitivo dos recursos a que se refere o § 5º deste artigo.

§ 7º Os Estados e o Distrito Federal deverão encaminhar ao Ministério dos Transportes, até o último dia útil de outubro, proposta de programa de trabalho para utilização dos recursos mencionados no *caput* deste artigo, a serem recebidos no exercício subsequente, contendo a descrição dos projetos de infraestrutura de transportes, os respectivos custos unitários e totais e os cronogramas financeiros correlatos.

§ 8º Caberá ao Ministério dos Transportes:

I – publicar no Diário Oficial da União, até o último dia útil do ano, os programas de trabalho referidos no § 7º deste artigo, inclusive os custos unitários e totais e os cronogramas financeiros correlatos;

II – receber as eventuais alterações dos programas de trabalho enviados pelos Estados ou pelo Distrito Federal e publicá-las no Diário Oficial da União, em até 15 (quinze) dias após o recebimento.

§ 9º É vedada a alteração que implique convalidação de ato já praticado em desacordo com o programa de trabalho vigente.

§ 10. Os saques das contas vinculadas referidas no § 1º deste artigo ficam condicionados à inclusão das receitas e à previsão das despesas na lei orçamentária estadual ou do Distrito Federal e limitados ao pagamento das despesas constantes dos programas de trabalho referidos no § 7º deste artigo.

§ 11. Sem prejuízo do controle exercido pelos órgãos competentes, os Estados e o Distrito Federal deverão encaminhar ao Ministério dos Transportes, até o último dia útil de fevereiro, relatório contendo demonstrativos da execução orçamentária e financeira dos respectivos programas de trabalho e o saldo das contas vinculadas mencionadas no § 1º deste artigo em 31 de dezembro do ano imediatamente anterior.

§ 12. No exercício de 2004, os Estados e o Distrito Federal devem enviar suas propostas de programa de trabalho para o exercício até o último dia útil de fevereiro, cabendo ao Ministério dos Transportes publicá-las até o último dia útil de março.

§ 13. No caso de descumprimento do programa de trabalho a que se refere o § 7º deste artigo, o Poder Executivo federal poderá determinar à instituição financeira referida no § 1º deste artigo a suspensão do saque dos valores da conta vinculada da respectiva unidade da federação até a regularização da pendência.

§ 14. Os registros contábeis e os demonstrativos gerenciais, mensais e atualizados, relativos aos recursos recebidos nos termos deste artigo ficarão à disposição dos órgãos federais e estaduais de controle interno e externo.

§ 15. Na definição dos programas de trabalho a serem realizados com os recursos recebidos nos termos deste artigo, a União, por intermédio dos Ministérios dos Transportes, das Cidades, e do Planejamento, Orçamento e Gestão, os Estados e o Distrito Federal atuarão de forma conjunta, visando a garantir a eficiente integração dos respectivos sistemas de transportes, a compatibilização das ações dos respectivos planos plurianuais e o alcance dos objetivos previstos no art. 6º da Lei 10.636, de 30 de dezembro de 2002.

Art. 1º-B. Do montante dos recursos que cabe a cada Estado, com base no *caput* do art. 1º-A desta Lei, 25% (vinte e cinco por cento) serão destinados aos seus Municípios para serem aplicados no financiamento de programas de infraestrutura de transportes.

→ Artigo acrescentado pela Lei 10.866/2004.

§ 1º Enquanto não for sancionada a lei federal a que se refere o art. 159, § 4º, da Constituição Federal, a distribuição entre os Municípios observará os seguintes critérios:

I – 50% (cinquenta por cento) proporcionalmente aos mesmos critérios previstos na regulamentação da distribuição dos recursos do Fundo de que tratam os arts. 159, I, *b*, e 161, II, da Constituição Federal; e

II – 50% (cinquenta por cento) proporcionalmente à população, conforme apurada pela Fundação Instituto Brasileiro de Geografia e Estatística – IBGE.

§ 2º Os percentuais individuais de participação dos Municípios serão calculados pelo Tribunal de Contas da União na forma do § 1º deste artigo, observado, no que couber, o disposto nos §§ 4º, 5º e 6º do art. 1º-A desta Lei.

§ 3º (*Vetado*).

§ 4º Os saques das contas vinculadas referidas no § 3º deste artigo ficam condicionados à inclusão das receitas e à previsão das despesas na lei orçamentária municipal.

§ 5º Aplicam-se aos Municípios as determinações contidas nos §§ 14 e 15 do art. 1º-A desta Lei.

Art. 2º São contribuintes da Cide o produtor, o formulador e o importador, pessoa física ou jurídica, dos combustíveis líquidos relacionados no art. 3º.

Parágrafo único. Para efeitos deste artigo, considera-se formulador de combustível líquido, derivados de petróleo e derivados de gás natural, a pessoa jurídica, conforme definido pela Agência Nacional do Petróleo (ANP) autorizada a exercer, em Plantas de Formulação de Combustíveis, as seguintes atividades:

I - aquisição de correntes de hidrocarbonetos líquidos;

II – mistura mecânica de correntes de hidrocarbonetos líquidos, com o objetivo de obter gasolinas e diesel;

III – armazenamento de matérias-primas, de correntes intermediárias e de combustíveis formulados;

IV – comercialização de gasolinas e de diesel; e

V – comercialização de sobras de correntes.

Art. 3º A Cide tem como fatos geradores as operações, realizadas pelos contribuintes referidos no art. 2º, de importação e de comercialização no mercado interno de:

I – gasolinas e suas correntes;

II – diesel e suas correntes;

III – querosene de aviação e outros querosenes;

IV – óleos combustíveis (*fuel-oil*);

V – gás liquefeito de petróleo, inclusive o derivado de gás natural e de nafta; e

VI – álcool etílico combustível.

§ 1º Para efeitos dos incisos I e II deste artigo, consideram-se correntes os hidrocarbonetos líquidos derivados de petróleo e os hidrocarbonetos líquidos derivados de gás natural utilizados em mistura mecânica para a produção de gasolinas ou de diesel, de conformidade com as normas estabelecidas pela ANP.

§ 2º A Cide não incidirá sobre as receitas de exportação, para o exterior, dos produtos relacionados no *caput* deste artigo.

§ 3º A receita de comercialização dos gases propano, classificado no código 2711.12, butano, classificado no código 2711.13, todos da NCM, e a mistura desses gases, quando destinados à utilização como propelentes em embalagem tipo aerossol, não estão sujeitos à incidência da CIDE-Combustíveis até o limite quantitativo autorizado pela Agência Nacional do Petróleo e nas condições estabelecidas pela Secretaria da Receita Federal.

→ § 3º acrescentado pela Lei 10.865/2004.

Art. 4º A base de cálculo da Cide é a unidade de medida adotada nesta Lei para os produtos de que trata o art. 3º, na importação e na comercialização no mercado interno.

Art. 5º A Cide terá, na importação e na comercialização no mercado interno, as seguintes alíquotas específicas:

→ *Caput* com redação alterada pela Lei 10.626/2002.

I – gasolina, R$ 860,00 por m³;

→ Inciso I com redação alterada pela Lei 10.636/2002.

II – diesel, R$ 390,00 por m³;

→ Inciso II com redação alterada pela Lei 10.636/2002.

III – querosene de aviação, R$ 92,10 por m³;

→ Inciso III com redação alterada pela Lei 10.636/2002.

IV – outros querosenes, R$ 92,10 por m³;

→ Inciso IV com redação alterada pela Lei 10.636/2002.

V – óleos combustíveis com alto teor de enxofre, R$ 40,90 por t;

→ Inciso V com redação alterada pela Lei 10.636/2002.

VI – óleos combustíveis com baixo teor de enxofre, R$ 40,90 por t;

→ Inciso VI com redação alterada pela Lei 10.636/2002.

VII – gás liquefeito de petróleo, inclusive o derivado de gás natural e da nafta, R$ 250,00 por t;

→ Inciso VII com redação alterada pela Lei 10.636/2002.

VIII – álcool etílico combustível, R$ 37,20 por m³.

→ Inciso VIII acrescentado pela Lei 10.636/2002.

§ 1º Aplicam-se às correntes de hidrocarbonetos líquidos que, pelas suas características físico-químicas, possam ser utilizadas exclusivamente para a formulação de diesel, as mesmas alíquotas específicas fixadas para o produto.

§ 2º Aplicam-se às correntes de hidrocarbonetos líquidos as mesmas alíquotas específicas fixadas para gasolinas.

→ § 2º com redação alterada pela Lei 10.833/2003.

§ 3º O Poder Executivo poderá dispensar o pagamento da Cide incidente sobre as correntes de hidrocarbonetos líquidos não destinados à formulação de gasolina ou diesel, nos termos e condições que estabelecer, inclusive de registro especial do produtor, formulador, importador e adquirente.

→ § 3º com redação alterada pela Lei 10.833/2003.

§ 4º Os hidrocarbonetos líquidos de que trata o § 3º serão identificados mediante marcação, nos termos e condições estabelecidos pela ANP.

→ § 4º com redação alterada pela Lei 10.833/2003.

§ 5º (*Revogado pela Lei 10.833/2003*).

§ 6º (*Revogado pela Lei 10.833/2003*).

§ 7º A Cide devida na comercialização dos produtos referidos no *caput* integra a receita bruta do vendedor.

Art. 6º Na hipótese de importação, o pagamento da Cide deve ser efetuado na data do registro da Declaração de Importação.

Parágrafo único. No caso de comercialização, no mercado interno, a Cide devida será apurada mensalmente e será paga até o último dia útil da primeira quinzena do mês subsequente ao de ocorrência do fato gerador.

Art. 7º Do valor da Cide incidente na comercialização, no mercado interno, dos produtos referidos no art. 5º poderá ser deduzido o valor da Cide:

I – pago na importação daqueles produtos;

II – incidente quando da aquisição daqueles produtos de outro contribuinte.

Parágrafo único. A dedução de que trata este artigo será efetuada pelo valor global da Cide pago nas importações realizadas no mês, considerado o conjunto de produtos importados e comercializados, sendo desnecessária a segregação por espécie de produto.

Art. 8º O contribuinte poderá, ainda, deduzir o valor da Cide, pago na importação ou na comercialização, no mercado interno, dos valores da contribuição para o PIS/Pasep e da Cofins devidos na comercialização, no mercado interno, dos produtos referidos no art. 5º, até o limite de, respectivamente:

→ *Caput* com redação alterada pela Lei 10.636/2002.

I – R$ 49,90 e R$ 230,10 por m³, no caso de gasolinas;

→ Inciso I com redação alterada pela Lei 10.636/2002.

II – R$ 30,30 e R$ 139,70 por m³, no caso de diesel;

→ Inciso II com redação alterada pela Lei 10.636/2002.

III – R$ 16,30 e R$ 75,80 por m³, no caso de querosene de aviação;

→ Inciso III com redação alterada pela Lei 10.636/2002.

IV – R$ 16,30 e R$ 75,80 por m³, no caso dos demais querosenes;

→ Inciso IV com redação alterada pela Lei 10.636/2002.

V – R$ 14,50 e R$ 26,40 por t, no caso de óleos combustíveis com alto teor de enxofre;

→ Inciso V com redação alterada pela Lei 10.636/2002.

VI – R$ 14,50 e R$ 26,40 por t, no caso de óleos combustíveis com baixo teor de enxofre;

→ Inciso VI com redação alterada pela Lei 10.636/2002.

VII – R$ 44,40 e R$ 205,60 por t, no caso de gás liquefeito de petróleo, inclusive derivado de gás natural e de nafta;

→ Inciso VII com redação alterada pela Lei 10.636/2002.

VIII – R$ 13,20 e R$ 24,00 por m³, no caso de álcool etílico combustível.

→ Inciso VIII acrescentado pela Lei 10.636/2002.

§ 1º A dedução a que se refere este artigo aplica-se às contribuições relativas a um mesmo período de apuração ou posteriores.

§ 2º As parcelas da Cide deduzidas na forma deste artigo serão contabilizadas, no âmbito do Tesouro Nacional, a crédito da contribuição para o PIS/Pasep e da Cofins e a débito da própria Cide, conforme normas estabelecidas pela Secretaria da Receita Federal.

Art. 8º-A. O valor da Cide-Combustíveis pago pelo vendedor de hidrocarbonetos líquidos não destinados à formulação de gasolina ou diesel poderá ser deduzido dos valores devidos pela pessoa jurídica adquirente desses produtos, relativamente a tributos ou contribuições administrados pela Receita Federal do Brasil, nos termos, limites e condições estabelecidos em regulamento.

→ *Caput* com redação alterada pela Lei 11.196/2005.

§ 1º A pessoa jurídica importadora dos produtos de que trata o *caput* deste artigo não destinados à formulação de gasolina ou diesel poderá deduzir dos valores dos tributos ou contribuições administrados pela Receita Federal do Brasil, nos termos, limites e condições estabelecidos em regulamento, o valor da Cide-Combustíveis pago na importação.

→ § 1º acrescentado pela Lei 11.196/2005.

§ 2º Aplica-se o disposto neste artigo somente aos hidrocarbonetos líquidos utilizados como insumo pela pessoa jurídica adquirente.

→ § 2º acrescentado pela Lei 11.196/2005.

Art. 9º O Poder Executivo poderá reduzir as alíquotas específicas de cada produto, bem assim restabelecê-las até o valor fixado no art. 5º.

§ 1º O Poder Executivo poderá, também, reduzir e restabelecer os limites de dedução referidos no art. 8º.

§ 2º Observado o valor limite fixado no art. 5º, o Poder Executivo poderá estabelecer alíquotas específicas diversas para o diesel, conforme o teor de enxofre do produto, de acordo com classificação estabelecida pela ANP.

Art. 10. São isentos da Cide os produtos, referidos no art. 3º, vendidos a empresa comercial exportadora, conforme definida pela ANP, com o fim específico de exportação para o exterior.

§ 1º A empresa comercial exportadora que no prazo de 180 (cento e oitenta) dias, contado da data de aquisição, não houver efetuado a exportação dos produtos para o exterior, fica obrigada ao pagamento da Cide de que trata esta Lei, relativamente aos produtos adquiridos e não exportados.

§ 2º Na hipótese do § 1º, o valor a ser pago será determinado mediante a aplicação das alíquotas específicas aos produtos adquiridos e não exportados.

§ 3º O pagamento do valor referido no § 2º deverá ser efetuado até o décimo dia subsequente ao do vencimento do prazo estabelecido para a empresa comercial exportadora efetivar a exportação, acrescido de:

I – multa de mora, apurada na forma do *caput* e do § 2º do art. 61 da Lei 9.430, de 27 de dezembro de 1996, calculada a partir do primeiro dia do mês subsequente ao de aquisição dos produtos; e

II – juros equivalentes à taxa referencial do Sistema Especial de Liquidação e Custódia – Selic, para títulos federais, acumulada mensalmente, calculados a partir do primeiro dia do mês subsequente ao de aquisição dos produtos, até o último dia do mês anterior ao do pagamento, e de 1% (um por cento) no mês do pagamento.

§ 4º A empresa comercial exportadora que alterar a destinação do produto adquirido com o fim específico de exportação, ficará sujeita ao pagamento da Cide objeto da isenção na aquisição.

§ 5º O pagamento do valor referido no § 4º deverá ser efetuado até o último dia útil da primeira quinzena do mês subsequente ao de ocorrência da revenda no mercado interno, acrescido de:

I – multa de mora, apurada na forma do *caput* e do § 2º do art. 61 da Lei 9.430, de 1996, calculada a partir do primeiro dia do mês subsequente ao de aquisição do produto pela empresa comercial exportadora; e

II – juros equivalentes à taxa referencial do Sistema Especial de Liquidação e Custódia – Selic, para títulos federais, acumulada mensalmente, calculados a partir do primeiro dia do mês subsequente ao de aquisição dos produtos pela empresa comercial exportadora, até o último dia do mês anterior ao do pagamento, e de 1% (um por cento) no mês do pagamento.

Art. 11. É responsável solidário pela Cide o adquirente de mercadoria de procedência estrangeira, no caso de importação realizada por sua conta e ordem, por intermédio de pessoa jurídica importadora.

Art. 12. Respondem pela infração, conjunta ou isoladamente, relativamente à Cide, o adquirente de mercadoria de procedência estrangeira, no caso de importação realizada por sua conta e ordem, por intermédio de pessoa jurídica importadora.

Art. 13. A administração e a fiscalização da Cide compete à Secretaria da Receita Federal.

Parágrafo único. A Cide sujeita-se às normas relativas ao processo administrativo fiscal de determinação e exigência de créditos tributários federais e de consulta, previstas no Decreto 70.235, de 6 de março de 1972, bem assim, subsidiariamente e no que couber, às disposições da legislação do imposto de renda, especialmente quanto às penalidades e aos demais acréscimos aplicáveis.

Art. 14. Aplicam-se à nafta petroquímica destinada à produção ou formulação de gasolina ou diesel as disposições do art. 4º da Lei 9.718, de 27 de novembro de 1998, e dos arts. 22 e 23 da Lei 10.865, de 30 de abril de 2004, incidindo as alíquotas específicas:

→ *Caput* com redação alterada pela Lei 11.196/2005.

I – fixadas para o óleo diesel, quando a nafta petroquímica for destinada à produção ou formulação exclusivamente de óleo diesel; ou

→ Inciso I acrescentado pela Lei 11.196/2005.

II – fixadas para a gasolina, quando a nafta petroquímica for destinada à produção ou formulação de óleo diesel ou gasolina.

→ Inciso II acrescentado pela Lei 11.196/2005.

§§ 1º a 3º (*Revogados pela Lei 11.196/2005*)

Art. 15. Os Ministérios da Fazenda e de Minas e Energia e a ANP poderão editar os atos necessários ao cumprimento das disposições contidas nesta Lei.

Art. 16. Esta Lei entrará em vigor na data de sua publicação, produzindo efeitos a partir de 1º de janeiro de 2002, ressalvado o disposto no art. 14.

Brasília, 19 de dezembro de 2001; 180º da Independência e 113º da República.

Fernando Henrique Cardoso

(Publicação no *D.O.U.* de 20.12.2001)

→ Não publicamos o anexo desta Lei.

LEI 10.426,
DE 24 DE ABRIL DE 2002

Altera a legislação tributária federal e dá outras providências.

Faço saber que o Presidente da República adotou a Medida Provisória 16, de 2001, que o Congresso Nacional aprovou, e eu, Ramez Tebet, Presidente da Mesa do Congresso Nacional, para os efeitos do disposto no art. 62 da Constituição Federal, com a redação dada pela Emenda Constitucional 32, de 2001, promulgo a seguinte Lei:

Art. 1º Em relação ao estoque de ações existente em 31 de dezembro de 2001, fica facultado à pessoa física e à pessoa jurídica isenta ou sujeita ao regime de tributação de que trata a Lei 9.317, de 5 de dezembro de 1996, efetuar o pagamento do imposto de renda incidente sobre ganhos líquidos em operações realizadas no mercado à vista de bolsa de valores, sem alienar a ação, à alíquota de dez por cento.

§ 1º O imposto de que trata este artigo:

I – terá como base de cálculo a diferença positiva entre o preço médio ponderado da ação verificado na Bolsa de Valores de São Paulo, no mês de dezembro de 2001, ou no mês anterior mais próximo, caso não tenha havido negócios com a ação naquele mês, e o seu custo médio de aquisição;

II – será pago pelo contribuinte de forma definitiva, sem direito a qualquer restituição ou compensação, até 31 de janeiro de 2002;

III – abrangerá a totalidade de ações de uma mesma companhia, pertencentes à optante, por espécie e classe.

§ 2º O preço médio ponderado de que trata o § 1º:

I – constituirá o novo custo de aquisição, para efeito de apuração do imposto quando da efetiva alienação da ação;

II – será divulgado por meio de relação editada pela Secretaria da Receita Federal.

Art. 2º O disposto no art. 1º aplica-se também no caso de ações negociadas à vista em mercado de balcão organizado, mantido por entidade cujo objeto social seja análogo ao das bolsas de valores e que funcione sob a supervisão e fiscalização da Comissão de Valores Mobiliários.

Parágrafo único. A Secretaria da Receita Federal divulgará também relação contendo os preços das ações negociadas na entidade de que trata este artigo, que serão avaliadas pelo mesmo critério previsto no inciso I do § 1º do art. 1º.

Art. 3º As aplicações existentes em 31 de dezembro de 2001 nos fundos de investimento de que trata o § 6º do art. 28 da Lei 9.532, de 10 de dezembro de 1997, com as alterações introduzidas pelos arts. 1º e 2º da Medida Provisória 2.189-49, de 23 de agosto de 2001, terão os respectivos rendimentos apropriados *pro rata tempore* até aquela data.

§ 1º No resgate de quotas referentes às aplicações de que trata este artigo serão observados os seguintes procedimentos:

I – se o valor de aquisição, acrescido dos rendimentos apropriados até 31 de dezembro de 2001, for inferior ao valor de resgate, o imposto de renda devido será o resultado da soma das parcelas correspondentes a dez por cento dos rendimentos apropriados até aquela data e a vinte por cento dos rendimentos apropriados entre 1º de janeiro de 2002 e a data do resgate;

II – se o valor de aquisição, acrescido dos rendimentos apropriados até 31 de dezembro de 2001, for superior ao valor de resgate, a base de cálculo do imposto será a diferença positiva entre o valor de resgate e o valor de aquisição, sendo aplicada alíquota de dez por cento.

§ 2º O disposto neste artigo aplica-se também aos clubes de investimento que mantenham em suas carteiras percentual mínimo de sessenta e sete por cento de ações negociadas no mercado à vista de bolsa de valores ou de entidade referida no art. 2º.

Art. 4º (*Revogado pela Lei 11.053/2004*).

Art. 5º As entidades fechadas de previdência complementar ficam isentas da Contribuição Social sobre o Lucro Líquido (CSLL), relativamente aos fatos geradores ocorridos a partir de 1º de janeiro de 2002.

Art. 6º As perdas apuradas no resgate de quotas de fundo de investimento poderão ser compensadas com rendimentos auferidos em resgates ou incidências posteriores, no mesmo ou em outro fundo de investimento administrado pela mesma pessoa jurídica, desde que sujeitos à mesma alíquota do imposto de renda, observados os procedimentos definidos pela Secretaria da Receita Federal.

Art. 7º O sujeito passivo que deixar de apresentar Declaração de Informações Econômico-Fiscais da Pessoa Jurídica – DIPJ, Declaração de Débitos e Créditos Tributários Federais – DCTF, Declaração Simplificada da Pessoa Jurídica, Declaração de Imposto de Renda Retido na Fonte – DIRF e Demonstrativo de Apuração de Contribuições Sociais – Dacon, nos prazos fixados, ou que as apresentar com incorreções ou omissões, será intimado a apresentar declaração original, no caso de não apresentação, ou a prestar esclarecimentos, nos demais casos, no prazo estipulado pela Secretaria da Receita Federal – SRF, e sujeitar-se-á às seguintes multas:

→ *Caput* com redação alterada pela Lei 11.051/2004.

I – de dois por cento ao mês-calendário ou fração, incidente sobre o montante do imposto de renda da pessoa jurídica informado na DIPJ, ainda que integralmente pago, no caso de falta de entrega desta Declaração ou entrega após o prazo, limitada a vinte por cento, observado o disposto no § 3º;

II – de dois por cento ao mês-calendário ou fração, incidente sobre o montante dos tributos e contribuições informados na DCTF, na Declaração Simplificada da Pessoa Jurídica ou na Dirf, ainda que integralmente pago, no caso de falta de entrega destas Declarações ou entrega após o prazo, limitada a vinte por cento, observado o disposto no § 3º;

III – de 2% (dois por cento) ao mês-calendário ou fração, incidente sobre o montante da Cofins, ou, na sua falta, da contribuição para o PIS/Pasep, informado no Dacon, ainda que integralmente pago, no caso de falta de entrega desta Declaração ou entrega após o prazo, limitada a 20% (vinte por cento), observado o disposto no § 3º deste artigo; e

→ Inciso III com redação alterada pela Lei 11.051/2004.

IV – de R$ 20,00 (vinte reais) para cada grupo de 10 (dez) informações incorretas ou omitidas.

→ Inciso IV acrescentado pela Lei 11.051/2004.

§ 1º Para efeito de aplicação das multas previstas nos incisos I, II e III do *caput* deste artigo, será considerado como termo inicial o dia seguinte ao término do prazo originalmente fixado para a entrega da declaração e como termo final a data da efetiva entrega ou, no caso de não apresentação, da lavratura do auto de infração.

→ § 1º com redação alterada pela Lei 11.051/2004.

§ 2º Observado o disposto no § 3º, as multas serão reduzidas:

I – à metade, quando a declaração for apresentada após o prazo, mas antes de qualquer procedimento de ofício;

II – a setenta e cinco por cento, se houver a apresentação da declaração no prazo fixado em intimação.

§ 3º A multa mínima a ser aplicada será de:

I – R$ 200,00 (duzentos reais), tratando-se de pessoa física, pessoa jurídica inativa e pessoa jurídica optante pelo regime de tributação previsto na Lei 9.317, de 1996;

II – R$ 500,00 (quinhentos reais), nos demais casos.

§ 4º Considerar-se-á não entregue a declaração que não atender às especificações técnicas estabelecidas pela Secretaria Receita Federal.

§ 5º Na hipótese do § 4º, o sujeito passivo será intimado a apresentar nova declaração, no prazo de dez dias, contados da ciência à intimação, e sujeitar-se-á à multa prevista no inciso I do *caput*, observado o disposto nos §§ 1º a 3º.

§ 6º No caso de a obrigação acessória referente ao Demonstrativo de Apuração de Contribuições Sociais – DACON ter periodicidade semestral, a multa de que trata o inciso III do *caput* deste artigo será calculada com base nos valores da Contribuição para o Financiamento da Seguridade Social – COFINS ou da Contribuição para o PIS/Pasep, informados nos demonstrativos mensais entregues após o prazo.

→ § 6º acrescentado pela Lei 11.941/2009.

Art. 8º Os serventuários da Justiça deverão informar as operações imobiliárias anotadas, averbadas, lavradas, matriculadas ou registradas nos Cartórios de Notas ou de Registro de Imóveis, Títulos e Documentos sob sua responsabilidade, mediante a apresentação de Declaração sobre Operações Imobiliárias (DOI), em meio magnético, nos termos estabelecidos pela Secretaria da Receita Federal.

§ 1º A cada operação imobiliária corresponderá uma DOI, que deverá ser apresentada até o último dia útil do mês subsequente ao da anotação, averbação, lavratura, matrícula ou registro da respectiva operação, sujeitando-se o responsável, no caso de falta de apresentação, ou apresentação da declaração após o prazo fixado, à multa de 0,1% ao mês-calendário ou fração, sobre o valor da operação, limitada a um por cento, observado o disposto no inciso III do § 2º.

§ 2º A multa de que trata o § 1º:

I – terá como termo inicial o dia seguinte ao término do prazo originalmente fixado para a entrega da declaração e como termo final a data da efetiva entrega ou, no caso de não apresentação, da lavratura do auto de infração;

II – será reduzida:

a) à metade, caso a declaração seja apresentada antes de qualquer procedimento de ofício;

b) a setenta e cinco por cento, caso a declaração seja apresentada no prazo fixado em intimação;

III – será de, no mínimo, R$ 20,00 (vinte reais).

→ Inciso III com redação alterada pela Lei 10.865/2004.

§ 3º O responsável que apresentar DOI com incorreções ou omissões será intimado a apresentar declaração retificadora, no prazo estabelecido pela Secretaria da Receita Federal, e sujeitar-se-á à multa de R$ 50,00 (cinquenta reais) por informação inexata, incompleta ou omitida, que será reduzida em cinquenta por cento, caso a retificadora seja apresentada no prazo fixado.

Art. 9º Sujeita-se à multa de que trata o inciso I do *caput* do art. 44 da Lei 9.430, de 27 de dezembro de 1996, duplicada na forma de seu § 1º, quando for o caso, a fonte pagadora obrigada a reter imposto ou contribuição no caso de falta de retenção ou recolhimento, independentemente de outras penalidades administrativas ou criminais cabíveis.

→ *Caput* com redação alterada pela Lei 11.488/2007.

Parágrafo único. As multas de que trata este artigo serão calculadas sobre a totalidade ou diferença de tributo ou contribuição que deixar de ser retida ou recolhida, ou que for recolhida após o prazo fixado.

Art. 10. Esta Lei entra em vigor na data de sua publicação.

Congresso Nacional, em 24 de abril de 2002; 181º da Independência e 114º da República.

Senador Ramez Tebet

Presidente da Mesa do Congresso Nacional

(Publicação no *D.O.U.* de 25.4.2002)

LEI 10.451, DE 10 DE MAIO DE 2002

Altera a legislação tributária federal e dá outras providências.

O Presidente da República:

Faço saber que o Congresso Nacional decreta e eu sanciono a seguinte Lei:

Art. 1º O Imposto de Renda incidente sobre os rendimentos de pessoas físicas será calculado de acordo com as seguintes tabelas progressivas mensal e anual, em reais:

Tabela Progressiva Mensal

Base de cálculo em R$	Alíquotas %	Parcela a deduzir do Imposto R$
Até 1.058,00	–	–
De 1.058,01 até 2.115,00	15	158,70
Acima de 2.115,00	27,5	423,08

Tabela Progressiva Anual

Base de cálculo em R$	Alíquotas %	Parcela a deduzir do Imposto R$
Até 12.696,00	–	–
De 12.696,01 até 25.380,00	15	1.904,40
Acima de 25.380,00	27,5	5.076,90

Art. 2º Os arts. 4º, 8º e 10 da Lei 9.250, de 26 de dezembro de 1995, passam a vigorar com a seguinte redação:

→ Alterações efetuadas na referida Lei.

Art. 3º O art. 24 da Lei 9.430, de 27 de dezembro de 1996, passa a vigorar acrescido do seguinte § 3º:

→ Alteração efetuada na referida Lei.

Art. 4º As disposições relativas a preços, custos e taxas de juros, constantes dos arts. 18 a 22 da Lei 9.430, de 27 de dezembro de 1996, aplicam-se, também, às operações efetuadas por pessoa física ou jurídica residente ou domiciliada no Brasil, com qualquer pessoa física ou jurídica, ainda que não vinculada, residente ou domiciliada em país ou dependência cuja legislação interna oponha sigilo relativo à composição societária de pessoas jurídicas ou à sua titularidade.

Art. 5º Na hipótese de doação de livros, objetos fonográficos ou iconográficos, obras audiovisuais e obras de arte, para os quais seja atribuído valor de mercado, efetuada por pessoa física a órgãos públicos, autarquias, fundações públicas ou entidades civis sem fins lucrativos, desde que os bens doados sejam incorporados ao acervo de museus, bibliotecas ou centros de pesquisa ou ensino, no Brasil, com acesso franqueado ao público em geral:

I – o doador deverá considerar como valor de alienação o constante em sua declaração de bens;

II – o donatário registrará os bens recebidos pelo valor atribuído no documento de doação.

Parágrafo único. No caso de alienação dos bens recebidos em doação, será considerado, para efeito de apuração de ganho de capital, custo de aquisição igual a zero.

Art. 6º O campo de incidência do Imposto sobre Produtos Industrializados (IPI) abrange todos os produtos com alíquota, ainda que zero, relacionados na Tabela de Incidência do Imposto sobre Produtos Industrializados (TIPI), aprovada pelo Decreto 4.070, de 28 de dezembro de 2001, observadas as disposições contidas nas respectivas notas complementares, excluídos aqueles a que corresponde a notação "NT" (não tributado).

Art. 7º Para efeito do disposto no art. 4º, incisos I e II, do Decreto-Lei 1.199, de 27 de dezembro de 1971, o percentual de incidência é o constante da TIPI, aprovada pelo Decreto 4.070, de 28 de dezembro de 2001.

Art. 8º Até 31 de dezembro de 2015, é concedida isenção do Imposto de Importação e do Imposto sobre Produtos Industrializados incidentes na importação de equipamentos ou materiais esportivos destinados às competições, ao treinamento e à preparação de atletas e equipes brasileiras.

→ *Caput* com redação alterada pela Lei 12.649/2012.

§ 1º A isenção de que trata o *caput* aplica-se exclusivamente às competições desportivas em jogos olímpicos, paraolímpicos, pan-americanos, para pan-americanos, nacionais e mundiais.

→ § 1º com redação alterada pela Lei 12.649/2012.

§ 2º A isenção aplica-se a equipamento ou material esportivo, sem similar nacional, homologado pela entidade desportiva internacional da respectiva modalidade esportiva, para as competições a que se refere o § 1º.

→ § 2º com redação alterada pela Lei 12.649/2012.

§ 3º Quando fabricados no Brasil, os materiais e equipamentos de que trata o *caput* deste artigo são isentos do Imposto sobre Produtos Industrializados.

→ § 3º acrescentado pela Lei 12.649/2012.

Art. 9º São beneficiários da isenção de que trata o art. 8º desta Lei os órgãos da União, dos Estados, do Distrito Federal e dos Municípios e suas respectivas autarquias e fundações, os atletas das modalidades olímpicas e paraolímpicas e os das competições mundiais, o Comitê Olímpico Brasileiro - COB e o Comitê Paraolímpico Brasileiro - CPB, bem como as entidades nacionais de administração do desporto que lhes sejam filiadas ou vinculadas.

→ Artigo com redação alterada pela Lei 11.827/2008.

Art. 10. O direito à fruição do benefício fiscal de que trata o art. 8º fica condicionado:

I - à comprovação da regularidade fiscal do beneficiário, relativamente aos tributos e contribuições federais;

II – à manifestação do Ministério do Esporte sobre:

→ *Caput* do inciso II com redação alterada pela Lei 11.116/2005.

a) o atendimento do requisito estabelecido no § 1º do art. 8º;

b) a condição de beneficiário da isenção ou da alíquota zero, do importador ou adquirente, nos termos do art. 9º desta Lei; e

→ Alínea *b* com redação alterada pela Lei 11.827/2008.

c) a adequação dos equipamentos e materiais importados ou adquiridos no mercado interno, quanto à sua natureza, quantidade e qualidade, ao desenvolvimento do programa de trabalho do atleta ou da entidade do desporto a que se destinem.

Parágrafo único. Tratando-se de produtos destinados à modalidade de tiro esportivo, a manifestação quanto ao disposto nas alíneas a e c do inciso II será do órgão competente do Ministério da Defesa.

Art. 11. Os produtos importados ou adquiridos no mercado interno na forma do art. 8º desta Lei poderão ser transferidos pelo valor de aquisição, sem o pagamento dos respectivos impostos:

→ *Caput* com redação alterada pela Lei 11.827/2008.

I – para qualquer pessoa e a qualquer título, após o decurso do prazo de 4 (quatro) anos, contado da data do registro da Declaração de Importação ou da emissão da Nota Fiscal de aquisição do fabricante nacional; ou

II – a qualquer tempo e qualquer título, para pessoa física ou jurídica que atenda às condições estabelecidas nos arts. 8º a 10 desta Lei, desde que a transferência seja previamente aprovada pela Secretaria da Receita Federal do Brasil.

→ Inciso II com redação alterada pela Lei 11.827/2008.

§ 1º As transferências, a qualquer título, que não atendam às condições estabelecidas nos incisos I e II do *caput* sujeitarão o beneficiário importador ou adquirente ao pagamento dos impostos que deixaram de ser pagos por ocasião da importação ou da aquisição no mercado interno, com acréscimo de juros e de multa de mora ou de ofício.

§ 2º Na hipótese do § 1º deste artigo, o adquirente, a qualquer título, de produto beneficiado com a isenção ou alíquota zero é responsável solidário pelo pagamento dos impostos e respectivos acréscimos.

→ § 2º com redação alterada pela Lei 11.827/2008.

Art. 12. (*Revogado pela Lei 11.827/2008*).

Art. 13. O Poder Executivo regulamentará o disposto nos arts. 8º a 11 desta Lei.

→ Artigo com redação alterada pela Lei 11.827/2008.

Art. 14. Ficam revogados os arts. 13 e 15 da Lei 9.493, de 10 de setembro de 1997.

Art. 15. Esta Lei entra em vigor na data de sua publicação, produzindo efeitos, no caso dos arts. 1º e 2º, em relação aos fatos geradores ocorridos a partir de 1º de janeiro de 2002, observado o disposto no art. 1º da Lei 9.887, de 7 de dezembro de 1999.

→ Artigo com redação alterada pela Lei 10.637/2002.

Brasília, 10 de maio de 2002; 181º da Independência e 114º da República.

Fernando Henrique Cardoso

(Publicação no *D.O.U.* de 13.5.2002)

LEI 10.522, DE 19 DE JULHO DE 2002

Dispõe sobre o Cadastro Informativo dos créditos não quitados de órgãos e entidades federais e dá outras providências.

O Presidente da República:

Faço saber que o Congresso Nacional decreta e eu sanciono a seguinte Lei:

Art. 1º O Cadastro Informativo de créditos não quitados do setor público federal (CADIN) passa a ser regulado por esta Lei.

Art. 2º O CADIN conterá relação das pessoas físicas e jurídicas que:

I – sejam responsáveis por obrigações pecuniárias vencidas e não pagas, para com órgãos e entidades da Administração Pública Federal, direta e indireta;

II – estejam com a inscrição nos cadastros indicados, do Ministério da Fazenda, em uma das seguintes situações:

a) cancelada no Cadastro de Pessoas Físicas - CPF;

→ Alínea *a* com redação alterada pela Lei 11.941/2009.

b) declarada inapta perante o Cadastro Geral de Contribuintes - CGC.

§ 1º Os órgãos e as entidades a que se refere o inciso I procederão, segundo normas próprias e sob sua exclusiva responsabilidade, às inclusões no CADIN, de pessoas físicas ou jurídicas que se enquadrem nas hipóteses previstas neste artigo.

§ 2º A inclusão no CADIN far-se-á 75 (setenta e cinco) dias após a comunicação ao devedor da existência do débito passível de inscrição naquele Cadastro, fornecendo-se todas as informações pertinentes ao débito.

§ 3º Tratando-se de comunicação expedida por via postal ou telegráfica, para o endereço indicado no instrumento que deu origem ao débito, considerar-se-á entregue após 15 (quinze) dias da respectiva expedição.

§ 4º A notificação expedida pela Secretaria da Receita Federal do Brasil, pela Procuradoria-Geral da Fazenda Nacional ou pela Procuradoria-Geral Federal, dando conhecimento ao devedor da existência do débito ou da sua inscrição em Dívida Ativa atenderá ao disposto no § 2º deste artigo.

→ § 4º com redação alterada pela Lei 11.941/2009.

§ 5º Comprovado ter sido regularizada a situação que deu causa à inclusão no CADIN, o órgão ou entidade responsável pelo registro procederá, no prazo de 5 (cinco) dias úteis, à respectiva baixa.

§ 6º Na impossibilidade de a baixa ser efetuada no prazo indicado no § 5º, o órgão ou a entidade credora fornecerá a certidão de regularidade do débito, caso não haja outros pendentes de regularização.

§ 7º A inclusão no CADIN sem a expedição da comunicação ou da notificação de que tratam os §§ 2º e 4º, ou a não exclusão, nas condições e no prazo previstos no § 5º, sujeitará o responsável às penalidades cominadas pela Lei 8.112, de 11 de dezembro de 1990, e pelo Decreto-lei 5.452, de 1º de maio de 1943 (Consolidação das Leis do Trabalho).

§ 8º O disposto neste artigo não se aplica aos débitos referentes a preços de serviços públicos ou a operações financeiras que não envolvam recursos orçamentários.

Art. 3º As informações fornecidas pelos órgãos e entidades integrantes do CADIN serão centralizadas no Sistema de Informações do Banco Central do Brasil - SISBACEN, cabendo à Secretaria do Tesouro Nacional expedir orientações de natureza normativa, inclusive quanto ao disciplinamento das respectivas inclusões e exclusões.

Parágrafo único. As pessoas físicas e jurídicas incluídas no CADIN terão acesso às informações a elas referentes, diretamente junto ao órgão ou entidade responsável pelo registro, ou, mediante autorização, por intermédio de qualquer outro órgão ou entidade integrante do CADIN.

Art. 4º A inexistência de registro no CADIN não implica reconhecimento de regularidade de situação, nem elide a apresentação dos documentos exigidos em lei, decreto ou demais atos normativos.

§ 1º No caso de operações de crédito contratadas por instituições financeiras, no âmbito de programas oficiais de apoio à microempresa e empresa de pequeno porte, ficam as mutuárias, no caso de não estarem inscritas no CADIN, dispensadas da apresentação, inclusive aos cartórios, quando do registro dos instrumentos de crédito e respectivas garantias, de quaisquer certidões exigidas em lei, decreto ou demais atos normativos, comprobatórias da quitação de quaisquer tributos e contribuições federais.

§ 2º O disposto no § 1º aplica-se também aos mini e pequenos produtores rurais e aos agricultores familiares.

Art. 5º O CADIN conterá as seguintes informações:

I – nome e número de inscrição no Cadastro Geral de Contribuintes – CGC ou no Cadastro de Pessoas Físicas – CPF, do responsável pelas obrigações de que trata o art. 2º, inciso I;

II – nome e outros dados identificadores das pessoas jurídicas ou físicas que estejam na situação prevista no art. 2º, inciso II, inclusive a indicação do número da inscrição suspensa ou cancelada;

III – nome e número de inscrição no Cadastro Geral de Contribuintes – CGC, endereço e telefone do respectivo credor ou do órgão responsável pela inclusão;

IV – data do registro.

Parágrafo único. Cada órgão ou entidade a que se refere o inciso I do art. 2º manterá, sob sua responsabilidade, cadastro contendo informações detalhadas sobre as operações ou situações que tenham registrado no CADIN, inclusive para atender ao que dispõe o parágrafo único do art. 3º.

Art. 6º É obrigatória a consulta prévia ao CADIN, pelos órgãos e entidades da Administração Pública Federal, direta e indireta, para:

I – realização de operações de crédito que envolvam a utilização de recursos públicos;

II – concessão de incentivos fiscais e financeiros;

III – celebração de convênios, acordos, ajustes ou contratos que envolvam desembolso, a qualquer título, de recursos públicos, e respectivos aditamentos.

Parágrafo único. O disposto neste artigo não se aplica:

I – à concessão de auxílios a Municípios atingidos por calamidade pública reconhecida pelo Governo Federal;

II – às operações destinadas à composição e regularização dos créditos e obrigações objeto de registro no CADIN, sem desembolso de recursos por parte do órgão ou entidade credora;

III – às operações relativas ao crédito educativo e ao penhor civil de bens de uso pessoal ou doméstico.

Art. 7º Será suspenso o registro no CADIN quando o devedor comprove que:

I – tenha ajuizado ação, com o objetivo de discutir a natureza da obrigação ou o seu valor, com o oferecimento de garantia idônea e suficiente ao Juízo, na forma da lei;

→ *V.* Arts. 205 e 206 do CTN.

II – esteja suspensa a exigibilidade do crédito objeto do registro, nos termos da lei.

→ *V.* Art. 151 do CTN.

Art. 8º A não observância do disposto no § 1º do art. 2º e nos arts. 6º e 7º desta Lei sujeita os responsáveis às sanções da Lei 8.112, de 1990, e do Decreto-lei 5.452, de 1943.

Art. 9º Fica suspensa, até 31 de dezembro de 1999, a aplicação do disposto no *caput* do art. 22, e no seu § 2º, do Decreto-lei 147, de 3 de fevereiro de 1967, na redação que lhes deram o art. 4º do Decreto-lei 1.687, de 18 de julho de 1979, e o art. 10 do Decreto-lei 2.163, de 19 de setembro de 1984.

Parágrafo único. O Ministro de Estado da Fazenda estabelecerá cronograma, prioridades e condições para a remessa, às unidades da Procuradoria-Geral da Fazenda Nacional, dos débitos passíveis de inscrição em Dívida Ativa da União e cobrança judicial.

Art. 10. Os débitos de qualquer natureza para com a Fazenda Nacional poderão ser parcelados em até sessenta parcelas mensais, a exclusivo critério da autoridade fazendária, na forma e condições previstas nesta Lei.

→ *Caput* com redação alterada pela Lei 10.637/2002.

Parágrafo único. (*Revogado pela Lei 11.941/2009*).

Art. 10-A. O empresário ou a sociedade empresária que pleitear ou tiver deferido o processamento da recuperação judicial, nos termos dos arts. 51, 52 e 70 da Lei 11.101, de 9 de fevereiro de 2005, poderão parcelar seus débitos com a Fazenda Nacional, em 84 (oitenta e quatro) parcelas mensais e consecutivas, calculadas observando-se os seguintes percentuais mínimos, aplicados sobre o valor da dívida consolidada:

→ Artigo acrescentado pela Lei 13.043/2014.

I – da 1ª à 12ª prestação: 0,666% (seiscentos e sessenta e seis milésimos por cento);

II – da 13ª à 24ª prestação: 1% (um por cento);

III – da 25ª à 83ª prestação: 1,333% (um inteiro e trezentos e trinta e três milésimos por cento); e

IV – 84ª prestação: saldo devedor remanescente.

§ 1º O disposto neste artigo aplica-se à totalidade dos débitos do empresário ou da sociedade empresária constituídos ou não, inscritos ou não em Dívida Ativa da União, mesmo que discutidos judicialmente em ação proposta pelo sujeito passivo ou em fase de execução fiscal já ajuizada, ressalvados exclusivamente os débitos incluídos em parcelamentos regidos por outras leis.

§ 2º No caso dos débitos que se encontrarem sob discussão administrativa ou judicial, submetidos ou não à causa legal de suspensão de exigibilidade, o sujeito passivo deverá comprovar que desistiu expressamente e de forma irrevogável da impugnação ou do recurso interposto, ou da ação judicial, e, cumulativamente, renunciou a quaisquer alegações de direito sobre as quais se fundem a ação judicial e o recurso administrativo.

§ 3º O empresário ou a sociedade empresária poderá, a seu critério, desistir dos parcelamentos em curso, independentemente da modalidade, e solicitar que eles sejam parcelados nos termos deste artigo.

§ 4º Além das hipóteses previstas no art. 14-B, é causa de rescisão do parcelamento a não concessão da recuperação judicial de que trata o art. 58 da Lei 11.101, de 9 de fevereiro de 2005, bem como a decretação da falência da pessoa jurídica.

§ 5º O empresário ou a sociedade empresária poderá ter apenas um parcelamento de que trata o *caput*, cujos débitos constituídos, inscritos ou não em Dívida Ativa da União, poderão ser incluídos até a data do pedido de parcelamento.

§ 6º A concessão do parcelamento não implica a liberação dos bens e direitos do devedor ou de seus responsáveis que tenham sido constituídos em garantia dos respectivos créditos.

§ 7º O parcelamento referido no *caput* observará as demais condições previstas nesta Lei, ressalvado o disposto no § 1º do art. 11, no inciso II do § 1º do art. 12, nos incisos I, II e VIII do art. 14 e no § 2º do art. 14-A.

Art. 11. O parcelamento terá sua formalização condicionada ao prévio pagamento da primeira prestação, conforme o montante do débito e o prazo solicitado, observado o disposto no § 1º do art. 13 desta Lei.

→ *Caput* com redação alterada pela Lei 11.941/2009.

§ 1º Observados os limites e as condições estabelecidos em portaria do Ministro de Estado da Fazenda, em se tratando de débitos inscritos em Dívida Ativa, a concessão do parcelamento fica condicionada à apresentação, pelo devedor, de garantia real ou fidejussória, inclusive fiança bancária, idônea e suficiente para o pagamento do débito, exceto quando se tratar de microempresas e empresas de pequeno porte optantes pela inscrição no Sistema Integrado de Pagamento de Impostos e Contribuições das Microempresas e das Empresas de Pequeno Porte – SIMPLES, de que trata a Lei 9.317, de 5 de dezembro de 1996.

→ A citada Lei 9.317/1996 foi revogada pela LC 123/2006.

§ 2º Enquanto não deferido o pedido, o devedor fica obrigado a recolher, a cada mês, como antecipação, valor correspondente a uma parcela.

§ 3º O não cumprimento do disposto neste artigo implicará o indeferimento do pedido.

§§ 4º a 9º (*Revogados pela Lei 11.941/2009*).

Art. 12. O pedido de parcelamento deferido constitui confissão de dívida e instrumento hábil e suficiente para a exigência do crédito tributário, podendo a exatidão dos valores parcelados ser objeto de verificação.

→ *Caput* com redação alterada pela Lei 11.941/2009.

§ 1º Cumpridas as condições estabelecidas no art. 11 desta Lei, o parcelamento será:

→ § 1º acrescentado pela Lei 11.941/2009.

I – consolidado na data do pedido; e

II – considerado automaticamente deferido quando decorrido o prazo de 90 (noventa) dias, contado da data do pedido de parcelamento sem que a Fazenda Nacional tenha se pronunciado.

§ 2º Enquanto não deferido o pedido, o devedor fica obrigado a recolher, a cada mês, como antecipação, valor correspondente a uma parcela.

→ § 2º acrescentado pela Lei 11.941/2009.

Art. 13. O valor de cada prestação mensal, por ocasião do pagamento, será acrescido de juros equivalentes à taxa referencial do Sistema Especial de Liquidação e de Custódia – SELIC para títulos federais, acumulada mensalmente, calculados a partir do mês subsequente ao da consolidação até o mês anterior ao do pagamento, e de 1% (um por cento) relativamente ao mês em que o pagamento estiver sendo efetuado.

→ *Caput* com redação alterada pela Lei 11.941/2009.

§ 1º O valor mínimo de cada prestação será fixado em ato conjunto do Secretário da Receita Federal do Brasil e do Procurador-Geral da Fazenda Nacional.

→ § 1º acrescentado pela Lei 11.941/2009.

§ 2º No caso de parcelamento de débito inscrito em Dívida Ativa da União, o devedor pagará custas, emolumentos e demais encargos legais.

→ § 2º acrescentado pela Lei 11.941/2009.

Art. 13-A. O parcelamento dos débitos decorrentes das contribuições sociais instituídas pelos arts. 1º e 2º da Lei Complementar 110, de 29 de junho de 2001, será requerido perante a Caixa Econômica Federal, aplicando-se lhe o disposto no *caput* do art. 10, nos arts. 11 e 12, no § 2º do art. 13 e nos arts. 14 e 14-B desta Lei.

→ *Caput* com redação alterada pela Lei 11.941/2009.

§ 1º O valor da parcela será determinado pela divisão do montante do débito consolidado pelo número de parcelas.

→ § 1º acrescentado pela Lei 11.345/2006.

§ 2º Para fins do disposto no § 1º deste artigo, o montante do débito será atualizado e acrescido dos encargos previstos na Lei 8.036, de 11 de maio de 1990, e, se for o caso, no Decreto-lei 1.025, de 21 de outubro de 1969.

→ § 2º acrescentado pela Lei 11.345/2006.

§ 3º O Ministro de Estado da Fazenda poderá, nos limites do disposto neste artigo, delegar competência para regulamentar e autorizar o parcelamento dos débitos não inscritos em dívida ativa da União.

→ § 3º acrescentado pela Lei 11.345/2006.

§ 4º A concessão do parcelamento dos débitos a que se refere este artigo inscritos em dívida ativa da União compete privativamente à Procuradoria-Geral da Fazenda Nacional.

→ § 4º acrescentado pela Lei 11.345/2006.

§ 5º É vedado o reparcelamento de débitos a que se refere o *caput*, exceto quando inscritos em Dívida Ativa da União.

→ § 5º acrescentado pela Lei 11.941/2009.

Art. 14. É vedada a concessão de parcelamento de débitos relativos a:

I – tributos passíveis de retenção na fonte, de desconto de terceiros ou de sub-rogação;

→ Inciso I com redação alterada pela Lei 11.941/2009.

II – Imposto sobre Operações de Crédito, Câmbio e Seguro e sobre Operações relativas a Títulos e Valores Mobiliários – IOF, retido e não recolhido ao Tesouro Nacional;

III – valores recebidos pelos agentes arrecadadores não recolhidos aos cofres públicos.

IV – tributos devidos no registro da Declaração de Importação;

→ Inciso IV acrescentado pela Lei 11.941/2009.

V – incentivos fiscais devidos ao Fundo de Investimento do Nordeste – FINOR, Fundo de Investimento da Amazônia – FINAM e Fundo de Recuperação do Estado do Espírito Santo – FUNRES;

→ Inciso V acrescentado pela Lei 11.941/2009.

VI – pagamento mensal por estimativa do Imposto sobre a Renda da Pessoa Jurídica – IRPJ e da Contribuição Social sobre o Lucro Líquido – CSLL, na forma do art. 2º da Lei 9.430, de 27 de dezembro de 1996;

→ Inciso VI acrescentado pela Lei 11.941/2009.

VII – recolhimento mensal obrigatório da pessoa física relativo a rendimentos de que trata o art. 8º da Lei 7.713, de 22 de dezembro de 1988;

→ Inciso VII acrescentado pela Lei 11.941/2009.

VIII – tributo ou outra exação qualquer, enquanto não integralmente pago parcelamento anterior relativo ao mesmo tributo ou exação, salvo nas hipóteses previstas no art. 14-A desta Lei;

→ Inciso VIII acrescentado pela Lei 11.941/2009.

IX – tributos devidos por pessoa jurídica com falência decretada ou por pessoa física com insolvência civil decretada; e

→ Inciso IX acrescentado pela Lei 11.941/2009.

X – créditos tributários devidos na forma do art. 4º da Lei 10.931, de 2 de agosto de 2004, pela incorporadora optante do Regime Especial Tributário do Patrimônio de Afetação.

→ Inciso X acrescentado pela Lei 11.941/2009.

Parágrafo único. (*Revogado pela Lei 11.941/2009*).

Art. 14-A. Observadas as condições previstas neste artigo, será admitido reparcelamento de débitos constantes de parcelamento em andamento ou que tenha sido rescindido.

→ Artigo acrescentado pela Lei 11.941/2009.

§ 1º No reparcelamento de que trata o *caput* deste artigo poderão ser incluídos novos débitos.

§ 2º A formalização do pedido de reparcelamento previsto neste artigo fica condicionada ao recolhimento da primeira parcela em valor correspondente a:

I – 10% (dez por cento) do total dos débitos consolidados; ou

II – 20% (vinte por cento) do total dos débitos consolidados, caso haja débito com histórico de reparcelamento anterior.

§ 3º Aplicam-se subsidiariamente aos pedidos de que trata este artigo as demais disposições relativas ao parcelamento previstas nesta Lei.

Art. 14-B. Implicará imediata rescisão do parcelamento e remessa do débito para inscrição em Dívida Ativa da União ou prosseguimento da execução, conforme o caso, a falta de pagamento:

→ Artigo acrescentado pela Lei 11.941/2009.

I – de 3 (três) parcelas, consecutivas ou não; ou

II – de 1 (uma) parcela, estando pagas todas as demais.

Art. 14-C. Poderá ser concedido, de ofício ou a pedido, parcelamento simplificado, importando o pagamento da primeira prestação em confissão de dívida e instrumento hábil e suficiente para a exigência do crédito tributário.

→ Artigo acrescentado pela Lei 11.941/2009.

Parágrafo único. Ao parcelamento de que trata o *caput* deste artigo não se aplicam as vedações estabelecidas no art. 14 desta Lei.

Art. 14-D. Os parcelamentos concedidos a Estados, Distrito Federal ou Municípios conterão cláusulas em que estes autorizem a retenção do Fundo de Participação dos Estados – FPE ou do Fundo de Participação dos Municípios – FPM.

→ Artigo acrescentado pela Lei 11.941/2009.

Parágrafo único. O valor mensal das obrigações previdenciárias correntes, para efeito deste artigo, será apurado com base na respectiva Guia de Recolhimento do Fundo de Garantia do Tempo de Serviço e de Informações à Previdência Social – GFIP ou, no caso de sua não apresentação no prazo legal, estimado, utilizando-se a média das últimas 12 (doze) competências recolhidas anteriores ao mês da retenção prevista no *caput* deste artigo, sem prejuízo da cobrança ou restituição ou compensação de eventuais diferenças.

Art. 14-E. Mensalmente, a Secretaria da Receita Federal do Brasil e a Procuradoria-Geral da Fazenda Nacional divulgarão, em seus sítios na internet, demonstrativos dos parcelamentos concedidos no âmbito de suas competências.

→ Artigo acrescentado pela Lei 11.941/2009.

Art. 14-F. A Secretaria da Receita Federal do Brasil e a Procuradoria-Geral da Fazenda Nacional, no âmbito de suas competências, editarão atos necessários à execução do parcelamento de que trata esta Lei.

→ Artigo acrescentado pela Lei 11.941/2009.

Art. 15. Observados os requisitos e as condições estabelecidos nesta Lei, os parcelamentos de débitos vencidos até 31 de julho de 1998 poderão ser efetuados em até:

I – 96 (noventa e seis) prestações, se solicitados até 31 de outubro de 1998;

II – 72 (setenta e duas) prestações, se solicitados até 30 de novembro de 1998;

III – 60 (sessenta) prestações, se solicitados até 31 de dezembro de 1998.

§ 1º O disposto neste artigo aplica-se aos débitos de qualquer natureza para com a Fazenda Nacional, inscritos ou não como Dívida Ativa, mesmo em fase de execução fiscal já ajuizada, ou que tenham sido objeto de parcelamento anterior, não integralmente quitado, ainda que cancelado por falta de pagamento.

§ 2º A vedação de que trata o art. 14, na hipótese a que se refere este artigo, não se aplica a entidades esportivas e entidades assistenciais, sem fins lucrativos.

§ 3º Ao parcelamento previsto neste artigo, inclusive os requeridos e já concedidos, a partir de 29 de junho de 1998, aplicam-se os juros de que trata o art. 13.

§ 4º Constitui condição para o deferimento do pedido de parcelamento e sua manutenção a inexistência de débitos em situação irregular, de tributos e contribuições federais de responsabilidade do sujeito passivo, vencidos posteriormente a 31 de dezembro de 1997.

§ 5º O Ministro de Estado da Fazenda fixará requisitos e condições especiais para o parcelamento previsto no *caput* deste artigo.

Art. 16. Os débitos para com a Fazenda Nacional, decorrentes de avais e outras garantias honradas em operações externas e internas e os de natureza financeira transferidos à União por força da extinção de entidades públicas federais, existentes em 30 de setembro de 1996, incluindo eventuais repactuações, poderão ser parcelados com prazo de até 72 (setenta e dois) meses, desde que os pedidos de parcelamento sejam protocolizados até 15 de abril de 1997, obedecidos aos requisitos e demais condições estabelecidos nesta Lei.

§ 1º O saldo devedor da dívida será atualizado no primeiro dia útil de cada mês, de acordo com a variação da Taxa Referencial – TR, ocorrida no mês anterior, acrescida de 12% a.a. (doze por cento ao ano), mais 0,5% a.a. (cinco décimos por cento ao ano) sobre o saldo devedor destinado à administração do crédito pelo agente financeiro.

§ 2º O parcelamento será formalizado, mediante a celebração de contrato de confissão, consolidação e parcelamento de dívida, sem implicar novação, junto ao Banco do Brasil S.A., na qualidade de agente financeiro do Tesouro Nacional.

§ 3º Os contratos de parcelamento das dívidas decorrentes de honra de aval em operações externas incluirão, obrigatoriamente, cláusula que autorize o bloqueio de recursos na rede bancária, à falta de pagamento de qualquer parcela, decorridos 30 (trinta) dias do vencimento.

Art. 17. Fica acrescentado o seguinte parágrafo ao art. 84 da Lei 8.981, de 1995:

→ Alteração efetuada na referida Lei.

Art. 18. Ficam dispensados a constituição de créditos da Fazenda Nacional, a inscrição como Dívida Ativa da União, o ajuizamento da respectiva execução fiscal, bem assim cancelados o lançamento e a inscrição, relativamente:

I – à contribuição de que trata a Lei 7.689, de 15 de dezembro de 1988, incidente sobre o resultado apurado no período-base encerrado em 31 de dezembro de 1988;

II – ao empréstimo compulsório instituído pelo Decreto-lei 2.288, de 23 de julho de 1986, sobre a aquisição de veículos automotores e de combustível;

III – à contribuição ao Fundo de Investimento Social – FINSOCIAL, exigida das empresas exclusivamente vendedoras de mercadorias e mistas, com fundamento no art. 9º da Lei 7.689, de 1988, na alíquota superior a 0,5% (cinco décimos por cento), conforme Leis 7.787, de 30 de junho de 1989, 7.894, de 24 de novembro de 1989, e 8.147, de 28 de dezembro de 1990, acrescida do adicional de 0,1% (um décimo por cento) sobre os fatos geradores relativos ao exercício de 1988, nos termos do art. 22 do Decreto-lei 2.397, de 21 de dezembro de 1987;

IV – ao imposto provisório sobre a movimentação ou a transmissão de valores e de créditos e direitos de natureza financeira – IPMF, instituído pela Lei Complementar 77, de 13 de julho de 1993, relativo ao ano-base 1993 e às imunidades previstas no art. 150, inciso VI, alíneas *a*, *b*, *c* e *d*, da Constituição;

V – à taxa de licenciamento de importação, exigida nos termos do art. 10 da Lei 2.145, de 29 de dezembro de 1953, com a redação da Lei 7.690, de 15 de dezembro de 1988;

→ *V.* Resolução 11/2005, do Senado Federal, que suspendeu a execução do referido art. 10, "em virtude de declaração de inconstitucionalidade em decisão definitiva do Supremo Tribunal Federal, nos autos do Recurso Extraordinário 188.107-1/Santa Catarina".

VI – à sobretarifa ao Fundo Nacional de Telecomunicações;

VII – ao adicional de tarifa portuária, salvo em se tratando de operações de importação e exportação de mercadorias quando objeto de comércio de navegação de longo curso;

VIII – à parcela da contribuição ao Programa de Integração Social exigida na forma do Decreto-lei 2.445, de 29 de junho de 1988, e do Decreto-lei 2.449, de 21 de julho de 1988, na parte que exceda o valor devido com fulcro na Lei Complementar 7, de 7 de setembro de 1970, e alterações posteriores;

→ *V.* Resolução 49/1995, do Senado Federal, que suspendeu a execução dos referidos Decretos-lei 2.445/1988 e 2.449/1988, "declarados inconstitucionais por decisão definitiva proferida pelo Supremo Tribunal Federal no Recurso Extraordinário 148.754-2/210/Rio de Janeiro".

IX – à contribuição para o financiamento da seguridade social – COFINS, nos termos do art. 7º da Lei Complementar 70, de 30 de dezembro de 1991, com a redação dada pelo art. 1º da Lei Complementar 85, de 15 de fevereiro de 1996;

→ *V.* art. 93, II, *b*, da MP 2.158-35/2001, que revogou referidos art. 7º da LC 70/1991 e LC 85/1996.

X – à Cota de Contribuição revigorada pelo art. 2º do Decreto-lei 2.295, de 21 de novembro de 1986.

→ Inciso X acrescentado pela Lei 11.051/2004.

→ *V.* Resolução 28/2005, do Senado Federal, que suspendeu a execução do referido art. 2º do Dec.-lei 2.295/1986, "em virtude de declaração de inconstitucionalidade em decisão definitiva do Supremo Tribunal Federal, nos autos do Recurso Extraordinário 408.830-4/Espírito Santo".

§ 1º Ficam cancelados os débitos inscritos em Dívida Ativa da União, de valor consolidado igual ou inferior a R$ 100,00 (cem reais).

§ 2º Os autos das execuções fiscais dos débitos de que trata este artigo serão arquivados mediante despacho do juiz, ciente o Procurador da Fazenda Nacional, salvo a existência de valor remanescente relativo a débitos legalmente exigíveis.

§ 3º O disposto neste artigo não implicará restituição *ex officio* de quantia paga.

Art. 19. Fica a Procuradoria-Geral da Fazenda Nacional autorizada a não contestar, a não interpor recurso ou a desistir do que tenha sido interposto, desde que inexista outro fundamento relevante, na hipótese de a decisão versar sobre:

→ *Caput* com redação alterada pela Lei 11.033/2004.

I – matérias de que trata o art. 18;

II – matérias que, em virtude de jurisprudência pacífica do Supremo Tribunal Federal, do Superior Tribunal de Justiça, do Tribunal Superior do Trabalho e do Tribunal Superior Eleitoral, sejam objeto de ato declaratório do Procurador-Geral da Fazenda Nacional, aprovado pelo Ministro de Estado da Fazenda;

→ Inciso II com redação alterada pela Lei 12.844/2013.

III – (*Vetado*).

→ Inciso III acrescentado pela Lei 12.788/2013.

IV – matérias decididas de modo desfavorável à Fazenda Nacional pelo Supremo Tribunal Federal, em sede de julgamento realizado nos termos do art. 543-B da Lei 5.869, de 11 de janeiro de 1973 – Código de Processo Civil;

→ Inciso IV acrescentado pela Lei 12.844/2013.

V – matérias decididas de modo desfavorável à Fazenda Nacional pelo Superior Tribunal de Justiça, em sede de julgamento realizado nos termos dos art. 543-C da Lei 5.869, de 11 de janeiro de 1973 – Código de Processo Civil, com exceção daquelas que ainda possam ser objeto de apreciação pelo Supremo Tribunal Federal.

→ Inciso V acrescentado pela Lei 12.844/2013.

§ 1º Nas matérias de que trata este artigo, o Procurador da Fazenda Nacional que atuar no feito deverá, expressamente:

→ *Caput* do § 1º com redação alterada pela Lei 12.844/2013.

I – reconhecer a procedência do pedido, quando citado para apresentar resposta, inclusive em embargos à execução fiscal e exceções de pré-executividade, hipóteses em que não haverá condenação em honorários; ou

→ Inciso I acrescentado pela Lei 12.844/2013.

II – manifestar o seu desinteresse em recorrer, quando intimado da decisão judicial.

→ Inciso II acrescentado pela Lei 12.844/2013.

§ 2º A sentença, ocorrendo a hipótese do § 1º, não se subordinará ao duplo grau de jurisdição obrigatório.

§ 3º Encontrando-se o processo no Tribunal, poderá o relator da remessa negar-lhe seguimento, desde que, intimado o Procurador da Fazenda Nacional, haja manifestação de desinteresse.

§ 4º A Secretaria da Receita Federal do Brasil não constituirá os créditos tributários relativos às matérias de que tratam os incisos II, IV e V do *caput*, após manifestação da Procuradoria-Geral da Fazenda Nacional nos casos dos incisos IV e V do *caput*.

→ § 4º com redação alterada pela Lei 12.844/2013.

§ 5º As unidades da Secretaria da Receita Federal do Brasil deverão reproduzir, em suas decisões sobre as matérias a que se refere o *caput*, o entendimento adotado nas decisões definitivas de mérito, que versem sobre essas matérias, após manifestação da Procuradoria-Geral da Fazenda Nacional nos casos dos incisos IV e V do *caput*.

→ § 5º com redação alterada pela Lei 12.844/2013.

§ 6º (*Vetado*).

→ § 6º acrescentado pela Lei 12.788/2013.

§ 7º Na hipótese de créditos tributários já constituídos, a autoridade lançadora deverá rever de ofício o lançamento, para efeito de alterar total ou parcialmente o crédito tributário, conforme o caso, após manifestação da Procuradoria-Geral da Fazenda Nacional nos casos dos incisos IV e V do *caput*.

→ § 7º acrescentado pela Lei 12.844/2013.

Art. 20. Serão arquivados, sem baixa na distribuição, mediante requerimento do Procurador da Fazenda Nacional, os autos das execuções fiscais de débitos inscritos como Dívida Ativa da União pela Procuradoria-Geral da Fazenda Nacional ou por ela cobrados, de valor consolidado igual ou inferior a R$ 10.000,00 (dez mil reais).

→ *Caput* com redação alterada pela Lei 11.033/2004.

§ 1º Os autos de execução a que se refere este artigo serão reativados quando os valores dos débitos ultrapassarem os limites indicados.

§ 2º Serão extintas, mediante requerimento do Procurador da Fazenda Nacional, as execuções que versem exclusivamente sobre honorários devidos à Fazenda Nacional de valor igual ou inferior a R$ 1.000,00 (mil reais).

→ § 2º com redação alterada pela Lei 11.033/2004.

§ 3º (*Revogado pela Lei 13.043/2014*).

§ 4º No caso de reunião de processos contra o mesmo devedor, na forma do art. 28 da Lei 6.830, de 22 de setembro de 1980, para os fins de que trata o limite indicado no *caput* deste artigo, será considerada a soma dos débitos consolidados das inscrições reunidas.

→ § 4º acrescentado pela Lei 11.033/2004.

Art. 20-A. Nos casos de execução contra a Fazenda Nacional, é a Procuradoria-Geral da Fazenda Nacional autorizada a não opor embargos, quando o valor pleiteado pelo exequente for inferior àquele fixado em ato do Ministro da Fazenda.

→ Artigo acrescentado pela Lei 12.649/2012.

Art. 21. Fica isento do pagamento dos honorários de sucumbência o autor da demanda de natureza tributária, proposta contra a União (Fazenda Nacional), que desistir da ação e renunciar ao direito sobre que ela se funda, desde que:

I – a decisão proferida no processo de conhecimento não tenha transitado em julgado;

II – a renúncia e o pedido de conversão dos depósitos judiciais em renda da União sejam protocolizados até 15 de setembro de 1997.

Art. 22. O pedido poderá ser homologado pelo juiz, pelo relator do recurso, ou pelo presidente do tribunal, ficando extinto o crédito tributário, até o limite dos depósitos convertidos.

§ 1º Na hipótese de a homologação ser da competência do relator ou do presidente do tribunal, incumbirá ao autor peticionar ao juiz de primeiro grau que houver apreciado o feito, informando a homologação da renúncia para que este determine, de imediato, a conversão dos depósitos em renda da União, independentemente do retorno dos autos do processo ou da respectiva ação cautelar à vara de origem.

§ 2º A petição de que trata o § 1º deverá conter o número da conta a que os depósitos estejam vinculados e virá acompanhada de cópia da página do órgão oficial onde tiver sido publicado o ato homologatório.

§ 3º Com a renúncia da ação principal deverão ser extintas todas as ações cautelares a ela vinculadas, nas quais não será devida verba de sucumbência.

Art. 23. O ofício para que o depositário proceda à conversão de depósito em renda deverá ser expedido no prazo máximo de 15 (quinze) dias, contado da data do despacho judicial que acolher a petição.

Art. 24. As pessoas jurídicas de direito público são dispensadas de autenticar as cópias reprográficas de quaisquer documentos que apresentem em juízo.

Art. 25. O termo de inscrição em Dívida Ativa da União, bem como o das autarquias e fundações públicas federais, a Certidão de Dívida Ativa dele extraída e a petição inicial em processo de execução fiscal poderão ser subscritos manualmente, ou por chancela mecânica ou eletrônica, observadas as disposições legais.

→ *Caput* com redação alterada pela Lei 11.941/2009.

Parágrafo único. O disposto no *caput* deste artigo aplica-se, também, à inscrição em Dívida Ativa e à cobrança judicial da contribuição, multas e demais encargos previstos na legislação respectiva, relativos ao Fundo de Garantia do Tempo de Serviço.

Art. 26. Fica suspensa a restrição para transferência de recursos federais a Estados, Distrito Federal e Municípios destinados à execução de ações sociais ou ações em faixa de fronteira, em decorrência de inadimplementos objetos de registro no Cadin e no Sistema Integrado de Administração Financeira do Governo Federal – SIAFI.

→ Artigo com redação alterada pela Lei 12.810/2013.

Art. 26-A. O órgão ou entidade que receber recursos para execução de convênios, contratos de repasse e termos de parcerias na forma estabelecida pela legislação federal estará sujeito a prestar contas da sua boa e regular aplicação, observando-se o disposto nos §§ 1º a 10 deste artigo.

→ Artigo acrescentado pela Lei 12.810/2013.

§ 1º Norma específica disporá sobre o prazo para prestação de contas e instauração de tomada de contas especial, se for o caso.

§ 2º Quando a prestação de contas não for encaminhada no prazo estabelecido, será concedido o prazo máximo de 30 (trinta) dias para sua apresentação, ou recolhimento dos recursos, incluídos os rendimentos da aplicação no mercado financeiro, atualizados monetariamente e acrescidos de juros de mora, na forma da lei.

§ 3º Para os convênios em que não tenha havido qualquer execução física nem utilização dos recursos, o recolhimento à conta única do Tesouro deverá ocorrer sem a incidência de juros de mora, mas com os rendimentos da aplicação financeira.

§ 4º Apresentada a prestação de contas, o concedente deverá apreciá-la aprovando ou rejeitando, total ou parcialmente, as contas, de forma motivada.

§ 5º Na ocorrência de uma das hipóteses de inadimplência previstas nos §§ 1º a 4º, ou no caso de as contas prestadas serem rejeitadas total ou parcialmente, o concedente registrará a inadimplência no sistema de gestão do instrumento e comunicará o fato ao órgão de contabilidade analítica a que estiver vinculado, para fins de instauração de tomada de contas especial, ou outro procedimento de apuração no qual sejam garantidos oportunizados o contraditório e a ampla defesa das partes envolvidas.

§ 6º Confirmada a existência de prejuízo ao erário ou desvio dos recursos na forma do § 5º, serão implementadas medidas administrativas ou judiciais para recuperação dos valores, sob pena de responsabilização solidária.

§ 7º Cabe ao prefeito e ao governador sucessores prestarem contas dos recursos provenientes de convênios, contratos de repasse e termos de parcerias firmados pelos seus antecessores.

§ 8º Na impossibilidade de atender ao disposto no § 7º, deverão ser apresentadas ao concedente justificativas que demonstrem o impedimento de prestar contas e solicitação de instauração de tomada de contas especial.

§ 9º Adotada a providência prevista no § 8º, o registro de inadimplência do órgão ou entidade será suspenso, no prazo de até 48 (quarenta e oito) horas, pelo concedente.

§ 10. Norma específica disporá sobre o prazo para registro de inadimplência no sistema de gestão do instrumento e a forma de notificação prévia com os referidos prazos.

Art. 27. Não cabe recurso de ofício das decisões prolatadas pela Secretaria da Receita Federal do Brasil, em processos relativos a tributos administrados por esse órgão:

→ *Caput* com redação alterada pela Lei 12.788/2013.

I – quando se tratar de pedido de restituição de tributos;

→ Inciso I acrescentado pela Lei 12.788/2013.

II – quando se tratar de ressarcimento de créditos do Imposto sobre Produtos Industrializados – IPI, da Contribuição para o PIS/PASEP e da Contribuição para o Financiamento da Seguridade Social – COFINS;

→ Inciso II acrescentado pela Lei 12.788/2013.

III – quando se tratar de reembolso do salário-família e do salário-maternidade;

→ Inciso III acrescentado pela Lei 12.788/2013.

IV – quando se tratar de homologação de compensação;

→ Inciso IV acrescentado pela Lei 12.788/2013.

V – nos casos de redução de penalidade por retroatividade benigna; e

→ Inciso V acrescentado pela Lei 12.788/2013.

VI – nas hipóteses em que a decisão estiver fundamentada em decisão proferida em ação direta de inconstitucionalidade, em súmula vinculante proferida pelo Supremo Tribunal Federal e no disposto no § 6º do art. 19.

→ Inciso VI acrescentado pela Lei 12.788/2013.

→ Referido § 6º encontra-se vetado.

Art. 28. O inciso II do art. 3º da Lei 8.748, de 9 de dezembro de 1993, passa a ter a seguinte redação:

→ Alteração efetuada na referida Lei.

Art. 29. Os débitos de qualquer natureza para com a Fazenda Nacional e os decorrentes de contribuições arrecadadas pela União, constituídos ou não, cujos fatos geradores tenham ocorrido até 31 de dezembro de 1994, que não hajam sido objeto de parcelamento requerido até 31 de agosto de 1995, expressos em quantidade de UFIR, serão reconvertidos para Real, com base no valor daquela fixado para 1º de janeiro de 1997.

§ 1º A partir de 1º de janeiro de 1997, os créditos apurados serão lançados em Reais.

§ 2º Para fins de inscrição dos débitos referidos neste artigo em Dívida Ativa da União, deverá ser informado à Procuradoria-Geral da Fazenda Nacional o valor originário dos mesmos, na moeda vigente à época da ocorrência do fato gerador da obrigação.

§ 3º Observado o disposto neste artigo, bem assim a atualização efetuada para o ano de 2000, nos termos do art. 75 da Lei 9.430, de 27 de dezembro de 1996, fica extinta a Unidade Fiscal de Referência – UFIR, instituída pelo art. 1º da Lei 8.383, de 30 de dezembro de 1991.

Art. 30. Em relação aos débitos referidos no art. 29, bem como aos inscritos em Dívida Ativa da União, passam a incidir, a partir de 1º de janeiro de 1997, juros de mora equivalentes à taxa referencial do Sistema Especial de Liquidação e de Custódia – SELIC para títulos federais, acumulada mensalmente, até o último dia do mês anterior ao do pagamento, e de 1% (um por cento) no mês de pagamento.

Art. 31. Ficam dispensados a constituição de créditos da Comissão de Valores Mobiliários CVM, a inscrição na sua Dívida Ativa e o ajuizamento da respectiva execução fiscal, bem assim cancelados o lançamento e a inscrição relativamente:

I – à taxa de fiscalização e seus acréscimos, de que trata a Lei 7.940, de 20 de dezembro de 1989, devida a partir de 1º de janeiro de 1990 àquela autarquia, pelas companhias fechadas beneficiárias de incentivos fiscais;

II – às multas cominatórias que tiverem sido aplicadas a essas companhias nos termos da Instrução CVM 92, de 8 de dezembro de 1988.

§ 1º O disposto neste artigo somente se aplica àquelas companhias que tenham patrimônio líquido igual ou inferior a R$ 10.000.000,00 (dez milhões de reais), conforme demonstrações financeiras do último exercício social, devidamente auditadas por auditor independente registrado na CVM e procedam ao cancelamento do seu registro na CVM, mediante oferta pública de aquisição da totalidade desses títulos, nos termos do art. 20 e seguintes da Instrução CVM 265, de 18 de julho de 1997, caso tenham ações disseminadas no mercado, em 31 de outubro de 1997.

§ 2º Os autos das execuções fiscais dos débitos de que trata este artigo serão arquivados mediante despacho do juiz, ciente o Procurador da CVM, salvo a existência de valor remanescente relativo a débitos legalmente exigíveis.

§ 3º O disposto neste artigo não implicará restituição de quantias pagas.

Art. 32. O art. 33 do Decreto 70.235, de 6 de março de 1972, que, por delegação do Decreto-lei 822, de 5 de setembro de 1969, regula o processo administrativo de determinação e exigência de créditos tributários da União, passa a vigorar com a seguinte alteração:

→ Alterações efetuadas na referida Lei.

Art. 33. (*Vetado*).

Art. 34. Fica acrescentado o seguinte parágrafo ao art. 98 da Lei 8.212, de 24 de julho de 1991:

→ Alteração efetuada na referida Lei.

Art. 35. As certidões expedidas pelos órgãos da administração fiscal e tributária poderão ser emitidas pela internet (rede mundial de computadores) com as seguintes características:

I – serão válidas independentemente de assinatura ou chancela de servidor dos órgãos emissores;

II – serão instituídas pelo órgão emissor mediante ato específico publicado no *Diário Oficial da União* onde conste o modelo do documento.

Art. 36. O inciso II do art. 11 da Lei 9.641, de 25 de maio de 1998, passa a vigorar com a seguinte redação:

"II – o pagamento da gratificação será devido até que seja definida e implementada a estrutura de apoio administrativo da Procuradoria-Geral da Fazenda Nacional.

(...)"

Art. 37. Os créditos do Banco Central do Brasil passíveis de inscrição e cobrança como Dívida Ativa e não pagos nos prazos previstos serão acrescidos de:

→ Artigo com redação alterada pela Lei 12.548/2011.

I – juros de mora, contados do primeiro dia do mês subsequente ao do vencimento, equivalentes à taxa referencial do Sistema Especial de Liquidação e de Custódia – SELIC para os títulos federais, acumulada mensalmente, até o último dia do mês anterior ao do pagamento, e de 1% (um por cento) no mês do pagamento;

II – multa de mora de 2% (dois por cento), a partir do primeiro dia após o vencimento do débito, acrescida, a cada 30 (trinta) dias, de igual percentual, até o limite de 20% (vinte por cento), incidente sobre o valor atualizado na forma do inciso I do *caput* deste artigo.

§ 1º Os juros de mora incidentes sobre os créditos provenientes de multas impostas em processo administrativo punitivo que, em razão de recurso, tenham sido confirmadas pela instância superior contam-se do primeiro dia do mês subsequente ao do vencimento, previsto na intimação da decisão de primeira instância.

§ 2º Os créditos referidos no *caput* deste artigo poderão ser parcelados em até 30 (trinta) parcelas mensais, a exclusivo critério do Banco Central do Brasil, na forma e condições por ele estabelecidas, incidindo sobre cada parcela a pagar os juros de mora previstos neste artigo.

Art. 37-A. Os créditos das autarquias e fundações públicas federais, de qualquer natureza, não pagos nos prazos previstos na legislação, serão acrescidos de juros e multa de mora, calculados nos termos e na forma da legislação aplicável aos tributos federais.

→ Artigo acrescentado pela Lei 11.941/2009.

§ 1º Os créditos inscritos em Dívida Ativa serão acrescidos de encargo legal, substitutivo da condenação do devedor em honorários advocatícios, calculado nos termos e na forma da legislação aplicável à Dívida Ativa da União.

§ 2º O disposto neste artigo não se aplica aos créditos do Banco Central do Brasil.

Art. 37-B. Os créditos das autarquias e fundações públicas federais, de qualquer natureza, poderão ser parcelados em até 60 (sessenta) prestações mensais.

→ Artigo acrescentado pela Lei 11.941/2009.

§ 1º O disposto neste artigo somente se aplica aos créditos inscritos em Dívida Ativa e centralizados nas Procuradorias Regionais Federais, Procuradorias Federais nos Estados e Procuradorias Seccionais Federais, nos termos dos §§ 11 e 12 do art. 10 da Lei 10.480, de 2 de julho de 2002, e do art. 22 da Lei 11.457, de 16 de março de 2007.

§ 2º O parcelamento terá sua formalização condicionada ao prévio pagamento da primeira prestação, conforme o montante do débito e o prazo solicitado, observado o disposto no § 9º deste artigo.

§ 3º Enquanto não deferido o pedido, o devedor fica obrigado a recolher, a cada mês, o valor correspondente a uma prestação.

§ 4º O não cumprimento do disposto neste artigo implicará o indeferimento do pedido.

§ 5º Considerar-se-á automaticamente deferido o parcelamento, em caso de não manifestação da autoridade competente no prazo de 90 (noventa) dias, contado da data da protocolização do pedido.

§ 6º O pedido de parcelamento deferido constitui confissão de dívida e instrumento hábil e suficiente para exigência do crédito, podendo a exatidão dos valores parcelados ser objeto de verificação.

§ 7º O débito objeto de parcelamento será consolidado na data do pedido.

→ V. Art. 104 da Lei 12.973/2014.

§ 8º O devedor pagará as custas, emolumentos e demais encargos legais.

§ 9º O valor mínimo de cada prestação mensal será definido por ato do Procurador-Geral Federal.

§ 10. O valor de cada prestação mensal, por ocasião do pagamento, será acrescido de juros equivalentes à taxa referencial do Sistema Especial de Liquidação e de Custódia – SELIC para títulos federais, acumulada mensalmente, calculados a partir do mês subsequente ao da consolidação até o mês anterior ao do pagamento, e de 1% (um por cento) relativamente ao mês em que o pagamento estiver sendo efetuado.

§ 11. A falta de pagamento de 3 (três) parcelas, consecutivas ou não, ou de uma parcela, estando pagas todas as demais, implicará a imediata rescisão do parcelamento e, conforme o caso, o prosseguimento da cobrança.

§ 12. Atendendo ao princípio da economicidade, observados os termos, os limites e as condições estabelecidos em ato do Procurador-Geral Federal, poderá ser concedido, de ofício ou a pedido, parcelamento simplificado, importando o pagamento da primeira prestação em confissão de dívida e instrumento hábil e suficiente para a exigência do crédito.

§ 13. Observadas as condições previstas neste artigo, será admitido reparcelamento dos débitos, inscritos em Dívida Ativa das autarquias e fundações públicas federais, constantes de parcelamento em andamento ou que tenha sido rescindido.

§ 14. A formalização do pedido de reparcelamento fica condicionada ao recolhimento da primeira parcela em valor correspondente a:

I – 10% (dez por cento) do total dos débitos consolidados; ou

II – 20% (vinte por cento) do total dos débitos consolidados, caso haja débito com histórico de reparcelamento anterior.

§ 15. Aplicam-se subsidiariamente aos pedidos de reparcelamento, naquilo que não os contrariar, as demais disposições relativas ao parcelamento previstas neste artigo.

§ 16. O parcelamento de que trata este artigo será requerido exclusivamente perante as Procuradorias Regionais Federais, as Procuradorias Federais nos Estados e as Procuradorias Seccionais Federais.

§ 17. A concessão do parcelamento dos débitos a que se refere este artigo compete privativamente às Procuradorias Regionais Federais, às Procuradorias Federais nos Estados e às Procuradorias Seccionais Federais.

§ 18. A Procuradoria-Geral Federal editará atos necessários à execução do parcelamento de que trata este artigo.

§ 19. Mensalmente, a Procuradoria-Geral Federal divulgará, no sítio da Advocacia-Geral da União, demonstrativos dos parcelamentos concedidos no âmbito de sua competência.

§ 20. Ao disposto neste artigo aplicam-se subsidiariamente as regras previstas nesta Lei para o parcelamento dos créditos da Fazenda Nacional.

Art. 37-C. A Advocacia-Geral da União poderá celebrar os convênios de que trata o art. 46 da Lei 11.457, de 16 de março de 2007, em relação às informações de pessoas físicas ou jurídicas que tenham débito inscrito em Dívida Ativa das autarquias e fundações públicas federais.

→ Artigo acrescentado pela Lei 11.941/2009.

Art. 38. Ficam convalidados os atos praticados com base na Medida Provisória 2.176-79, de 23 de agosto de 2001.

Art. 39. Ficam revogados o art. 11 do Decreto-lei 352, de 17 de junho de 1968, e alterações posteriores; o art. 10 do Decreto-lei 2.049, de 1º de agosto de 1983; o art. 11 do Decreto-lei 2.052, de 3 de agosto de 1983; o art. 11 do Decreto-lei 2.163, de 19 de setembro de 1984; os arts. 91, 93 e 94 da Lei 8.981, de 20 de janeiro de 1995.

Art. 40. Esta Lei entra em vigor na data de sua publicação.

Brasília, 19 de julho de 2002; 181º da Independência e 114º da República.

Fernando Henrique Cardoso

(Publicação no *D.O.U.* de 22.7.2002)

DECRETO 4.382,
DE 19 DE SETEMBRO DE 2002

Regulamenta a tributação, fiscalização, arrecadação e administração do Imposto sobre a Propriedade Territorial Rural – ITR.

O Presidente da República, no uso da atribuição que lhe confere o art. 84, inciso IV, da Constituição, decreta:

Art. 1º O Imposto sobre a Propriedade Territorial Rural – ITR será cobrado e fiscalizado em conformidade com o disposto neste Decreto.

LIVRO I
DA TRIBUTAÇÃO

Título I
Da Incidência

Art. 2º O Imposto sobre a Propriedade Territorial Rural, de apuração anual, tem como fato gerador a propriedade, o domínio útil ou a posse de imóvel por natureza, localizado fora da zona urbana do município, em 1º de janeiro de cada ano (Lei 9.393, de 19 de dezembro de 1996, art. 1º).

§ 1º O ITR incide sobre a propriedade rural declarada de utilidade ou necessidade pública, ou interesse social, inclusive para fins de reforma agrária:

I – até a data da perda da posse pela imissão prévia do Poder Público na posse;

II – até a data da perda do direito de propriedade pela transferência ou pela incorporação do imóvel ao patrimônio do Poder Público.

§ 2º A desapropriação promovida por pessoa jurídica de direito privado delegatária ou concessionária de serviço público não exclui a incidência do ITR sobre o imóvel rural expropriado.

Título II
Da Imunidade

Art. 3º São imunes do ITR:

I – a pequena gleba rural, desde que o seu proprietário a explore só ou com sua família, e não possua outro imóvel (Constituição Federal – CF, art. 153, § 4º; Lei 9.393, de 1996, arts. 2º e 4º);

II – os imóveis rurais da União, dos Estados, do Distrito Federal e dos Municípios (CF, art. 150, inciso VI, alínea *a*);

III – os imóveis rurais de autarquias e fundações instituídas e mantidas pelo Poder Público, desde que vinculados às suas finalidades essenciais ou às delas decorrentes (CF, art. 150, inciso VI, alínea *a* e § 2º);

IV – os imóveis rurais de instituições de educação e de assistência social, sem fins lucrativos, relacionados às suas finalidades essenciais (CF, art. 150, inciso VI, alínea *c* e § 4º).

§ 1º Pequena gleba rural é o imóvel com área igual ou inferior a (Lei 9.393, de 1996, art. 2º, parágrafo único):

I – cem hectares, se localizado em município compreendido na Amazônia Ocidental ou no Pantanal mato-grossense e sul-mato-grossense;

II – cinquenta hectares, se localizado em município compreendido no Polígono das Secas ou na Amazônia Oriental;

III – trinta hectares, se localizado em qualquer outro município.

§ 2º Para o gozo da imunidade, as instituições de educação ou de assistência social devem prestar os serviços para os quais houverem sido instituídas e os colocar à disposição da população em geral, em caráter complementar às atividades do Estado, sem fins lucrativos, e atender aos seguintes requisitos (Lei 5.172, de 25 de outubro de 1966 – Código Tributário Nacional, art. 14, com a redação dada pela Lei Complementar 104, de 10 de janeiro de 2001, art. 1º; Lei 9.532, de 10 de dezembro de 1997, art. 12):

I – não distribuir qualquer parcela de seu patrimônio ou de suas rendas, a qualquer título;

II – aplicar integralmente, no País, seus recursos na manutenção e desenvolvimento dos seus objetivos institucionais;

III – não remunerar, por qualquer forma, seus dirigentes pelos serviços prestados;

IV – manter escrituração completa de suas receitas e despesas em livros revestidos das formalidades que assegurem a respectiva exatidão;

V – conservar em boa ordem, pelo prazo de cinco anos, contado da data da emissão, os documentos que comprovem a origem de suas receitas e a efetivação de suas despesas, bem assim a realização de quaisquer outros atos ou operações que venham a modificar sua situação patrimonial;

VI – apresentar, anualmente, declaração de rendimentos, em conformidade com o disposto em ato da Secretaria da Receita Federal;

VII – assegurar a destinação de seu patrimônio a outra instituição que atenda às condições para o gozo da imunidade, no caso de incorporação, fusão, cisão ou de encerramento de suas atividades, ou a órgão público;

VIII – outros requisitos, estabelecidos em lei específica, relacionados com o funcionamento das entidades a que se refere este parágrafo.

Título III
Da Isenção

Art. 4º São isentos do imposto (Lei 9.393, de 1996, art. 3º):

I – o imóvel rural compreendido em programa oficial de reforma agrária, caracterizado pelas autoridades competentes como assentamento, que, cumulativamente, atenda aos seguintes requisitos (Lei 9.393, de 1996, art. 3º, inciso I):

a) seja explorado por associação ou cooperativa de produção;

b) a fração ideal por família assentada não ultrapasse os limites da pequena gleba rural, fixados no § 1º do art. 3º;

c) o assentado não possua outro imóvel;

II – o conjunto de imóveis rurais de um mesmo proprietário, cuja área total em cada região observe o respectivo limite da pequena gleba rural, fixado no § 1º do art. 3º, desde que, cumulativamente, o proprietário (Lei 9.393, de 1996, art. 3º, inciso II):

a) o explore só ou com sua família, admitida ajuda eventual de terceiros;

b) não possua imóvel urbano.

§ 1º Entende-se por ajuda eventual de terceiros o trabalho, remunerado ou não, de natureza eventual ou temporária, realizado nas épocas de maiores serviços.

§ 2º Para fins do disposto no inciso II do *caput* deste artigo, deve ser considerado o somatório das áreas dos imóveis rurais por região em que se localizem, o qual não poderá suplantar o limite da pequena gleba rural da respectiva região.

Título IV
Do Sujeito Passivo da Obrigação Tributária

Capítulo I
DO CONTRIBUINTE

Art. 5º Contribuinte do ITR é o proprietário de imóvel rural, o titular de seu domínio útil ou o seu possuidor a qualquer título (Lei 5.172, de 1966, art. 31; Lei 9.393, de 1996, art. 4º).

Capítulo II
DO RESPONSÁVEL

Art. 6º É responsável pelo crédito tributário o sucessor, a qualquer título, nos termos dos arts. 128 a 133 da Lei 5.172, de 1966 – Código Tributário Nacional (Lei 9.393, de 1996, art. 5º).

Título V
Do Domicílio Tributário

Art. 7º Para efeito da legislação do ITR, o domicílio tributário do contribuinte ou responsável é o município de localização do imóvel rural, vedada a eleição de qualquer outro (Lei 9.393, de 1996, art. 4º, parágrafo único).

§ 1º O imóvel rural cuja área estenda-se a mais de um município deve ser enquadrado no município em que se localize sua sede ou, se esta não existir, no município onde se encontre a maior parte da área do imóvel (Lei 9.393, de 1996, art. 1º, § 3º).

§ 2º Sem prejuízo do disposto no *caput* deste artigo e no inciso II do art. 53, o sujeito passivo pode informar à Secretaria da Receita Federal endereço, localizado ou não em seu domicílio tributário, que constará no Cadastro de Imóveis Rurais – CAFIR e valerá, até ulterior alteração, somente para fins de intimação (Lei 9.393, de 1996, art. 6º, § 3º).

Título VI
Da Apuração do Imposto

Capítulo I
DISPOSIÇÃO PRELIMINAR

Art. 8º A apuração e o pagamento do ITR devem ser efetuados pelo contribuinte ou responsável, independentemente de prévio procedimento da administração tributária, nos prazos e condições estabelecidos pela Secretaria da Receita Federal, sujeitando-se a homologação posterior (Lei 9.393, de 1996, art. 10).

Capítulo II
DA DETERMINAÇÃO DA BASE DE CÁLCULO

Seção I
Do Imóvel Rural

Art. 9º Para efeito de determinação da base de cálculo do ITR, considera-se imóvel rural a área contínua, formada de uma ou mais parcelas de terras, localizada na zona rural do município, ainda que, em relação a alguma parte do imóvel, o sujeito passivo detenha apenas a posse (Lei 9.393, de 1996, art. 1º, § 2º).

Parágrafo único. Considera-se área contínua a área total do prédio rústico, mesmo que fisicamente dividida por ruas, estradas, rodovias, ferrovias, ou por canais ou cursos de água.

Seção II
Da Área Tributável

Art. 10. Área tributável é a área total do imóvel, excluídas as áreas (Lei 9.393, de 1996, art. 10, § 1º, inciso II):

I – de preservação permanente (Lei 4.771, de 15 de setembro de 1965 – Código Florestal, arts. 2º e 3º, com a redação dada pela Lei 7.803, de 18 de julho de 1989, art. 1º);

II – de reserva legal (Lei 4.771, de 1965, art. 16, com a redação dada pela Medida Provisória 2.166-67, de 24 de agosto de 2001, art. 1º);

III – de reserva particular do patrimônio natural (Lei 9.985, de 18 de julho de 2000, art. 21; Decreto 1.922, de 5 de junho de 1996);

IV – de servidão florestal (Lei 4.771, de 1965, art. 44-A, acrescentado pela Medida Provisória 2.166-67, de 2001);

V – de interesse ecológico para a proteção dos ecossistemas, assim declaradas mediante ato do órgão competente, federal ou estadual, e que ampliem as restrições de uso previstas nos incisos I e II do *caput* deste artigo(Lei 9.393, de 1996, art. 10, § 1º, inciso II, alínea "b");

VI – comprovadamente imprestáveis para a atividade rural, declaradas de interesse ecológico mediante ato do órgão competente, federal ou estadual (Lei 9.393, de 1996, art. 10, § 1º, inciso II, alínea "c").

§ 1º A área do imóvel rural que se enquadrar, ainda que parcialmente, em mais de uma das hipóteses previstas no *caput* deverá ser excluída uma única vez da área total do imóvel, para fins de apuração da área tributável.

§ 2º A área total do imóvel deve se referir à situação existente na data da efetiva entrega da Declaração do Imposto sobre a Propriedade Territorial Rural – DITR.

§ 3º Para fins de exclusão da área tributável, as áreas do imóvel rural a que se refere o caput deverão:

I – ser obrigatoriamente informadas em Ato Declaratório Ambiental - ADA, protocolado pelo sujeito passivo no Instituto Brasileiro do Meio Ambiente e dos Recursos Naturais Renováveis – IBAMA, nos prazos e condições fixados em ato normativo (Lei 6.938, de 31 de agosto de 1981, art. 17-O, § 5º, com a redação dada pelo art. 1º da Lei 10.165, de 27 de dezembro de 2000); e

II – estar enquadradas nas hipóteses previstas nos incisos I a VI em 1º de janeiro do ano de ocorrência do fato gerador do ITR.

§ 4º O IBAMA realizará vistoria por amostragem nos imóveis rurais que tenham utilizado o ADA para os efeitos previstos no § 3º e, caso os dados constantes no Ato não coincidam com os efetivamente levantados por seus técnicos, estes lavrarão, de ofício, novo ADA, contendo os dados reais, o qual será encaminhado à Secretaria da Receita Federal, que apurará o ITR efetivamente devido e efetuará, de ofício, o lançamento da diferença de imposto com os acréscimos legais cabíveis (Lei 6.938, de 1981, art. 17-O, § 5º, com a redação dada pelo art. 1º da Lei 10.165, de 2000).

Seção III
Da Área Não tributável

Subseção I
Das Áreas de Preservação Permanente

Art. 11. Consideram-se de preservação permanente (Lei 4.771, de 1965, arts. 2º e 3º, com a redação dada pelas Leis 7.511, de 7 de setembro de 1986, art. 1º e 7.803 de 18 de setembro de 1989, art. 1º):

I – as florestas e demais formas de vegetação natural situadas:

a) ao longo dos rios ou de qualquer curso d'água desde o seu nível mais alto em faixa marginal cuja largura mínima será:

1. de trinta metros para os cursos d'água de menos de dez metros de largura;

2. de cinquenta metros para os cursos d'água que tenham de dez a cinquenta metros de largura;

3. de cem metros para os cursos d'água que tenham de cinquenta a duzentos metros de largura;

4. de duzentos metros para os cursos d'água que tenham de duzentos a seiscentos metros de largura;

5. de quinhentos metros para os cursos d'água que tenham largura superior a seiscentos metros;

b) ao redor das lagoas, lagos ou reservatórios d'água naturais ou artificiais;

c) nas nascentes, ainda que intermitentes e nos chamados "olhos d'água", qualquer que seja a sua situação topográfica, num raio mínimo de cinquenta metros de largura;

d) no topo de morros, montes, montanhas e serras;

e) nas encostas ou partes destas, com declividade superior a quarenta e cinco graus, equivalente a cem por cento na linha de maior declive;

f) nas restingas, como fixadoras de dunas ou estabilizadoras de mangues;

g) nas bordas dos tabuleiros ou chapadas, a partir da linha de ruptura do relevo, em faixa nunca inferior a cem metros em projeções horizontais;

h) em altitude superior a mil e oitocentos metros, qualquer que seja a vegetação;

II – as florestas e demais formas de vegetação natural, declaradas de preservação permanente por ato do Poder Público, quando destinadas:

a) a atenuar a erosão das terras;

b) a fixar as dunas;

c) a formar faixas de proteção ao longo de rodovias e ferrovias;

d) a auxiliar a defesa do território nacional a critério das autoridades militares;

e) a proteger sítios de excepcional beleza ou de valor científico ou histórico;

f) a asilar exemplares da fauna ou flora ameaçados de extinção;

g) a manter o ambiente necessário à vida das populações silvícolas;

h) a assegurar condições de bem-estar público.

§ 1º A supressão total ou parcial de florestas de preservação permanente só será admitida com prévia autorização do Poder Executivo Federal, quando for necessária à execução de obras, planos, atividades ou projetos de utilidade pública ou interesse social.

§ 2º As florestas que integram o Patrimônio Indígena ficam sujeitas ao regime de preservação permanente, nos termos da alínea "g" do inciso II do *caput* deste artigo.

Subseção II
Das Áreas de Reserva Legal

Art. 12. São áreas de reserva legal aquelas averbadas à margem da inscrição de matrícula do imóvel, no registro de imóveis competente, nas quais é vedada a supressão da cobertura vegetal, admitindo-se apenas sua utilização sob regime de manejo florestal sustentável (Lei 4.771, de 1965, art. 16, com a redação dada pela Medida Provisória 2.166-67, de 2001).

§ 1º Para efeito da legislação do ITR, as áreas a que se refere o *caput* deste artigo devem estar averbadas na data de ocorrência do respectivo fato gerador.

§ 2º Na posse, a reserva legal é assegurada por Termo de Ajustamento de Conduta, firmado pelo possuidor com o órgão ambiental estadual ou federal competente, com força de título executivo e contendo, no mínimo, a localização da reserva legal, as suas características ecológicas básicas e a proibição de supressão de sua vegetação (Lei 4.771, de 1965, art. 16, § 10, acrescentado pela Medida Provisória 2.166-67, de 2001, art. 1º).

Subseção III
Das Áreas de Reserva Particular do Patrimônio Natural

Art. 13. Consideram-se de reserva particular do patrimônio natural as áreas privadas gravadas com perpetuidade, averbadas à margem da inscrição de matrícula do imóvel, no registro de imóveis competente, destinadas à conservação da diversidade biológica, nas quais somente poderão ser permitidas a pesquisa científica e a visitação com objetivos turísticos, recreativos e educacionais, reconhecidas pelo IBAMA (Lei 9.985, de 18 de julho de 2000, art. 21).

Parágrafo único. Para efeito da legislação do ITR, as áreas a que se refere o *caput* deste artigo devem estar averbadas na data de ocorrência do respectivo fato gerador.

Subseção IV
Das Áreas de Servidão Florestal

Art. 14. São áreas de servidão florestal aquelas averbadas à margem da inscrição de matrícula do imóvel, no registro de imóveis competente, nas quais o proprietário voluntariamente renuncia, em caráter permanente ou temporário, a direitos de supressão ou exploração da vegetação nativa, localizadas fora das áreas de reserva legal e de preservação permanente (Lei 4.771, de 1965, art. 44-A, acrescentado pela Medida Provisória 2.166-67, de 2001, art. 2º).

Parágrafo único. Para efeito da legislação do ITR, as áreas a que se refere o *caput* deste artigo devem estar averbadas na data de ocorrência do respectivo fato gerador.

Subseção V
Das Áreas de Interesse Ecológico

Art. 15. São áreas de interesse ecológico aquelas assim declaradas mediante ato do órgão competente, federal ou estadual, que (Lei 9.393, de 1996, art. 10, § 1º, inciso II, alíneas "b" e "c"):

I – se destinem à proteção dos ecossistemas e ampliem as restrições de uso previstas nos incisos I e II do *caput* do art. 10; ou

II – sejam comprovadamente imprestáveis para a atividade rural.

Seção IV
Da Área Aproveitável

Art. 16. Área aproveitável, passível de exploração agrícola, pecuária, granjeira, aquícola ou florestal, é a área total do imóvel, excluídas (Lei 9.393, de 1996, art. 10, § 1º, inciso IV):

I – as áreas não tributáveis a que se referem os incisos I a VI do art. 10;

II – as áreas ocupadas com benfeitorias úteis e necessárias.

Benfeitorias Úteis e Necessárias

Art. 17. Para fins do disposto no inciso II do art. 16, consideram-se ocupadas por benfeitorias úteis e necessárias (Lei 3.071, de 1º de janeiro de 1916 – Código Civil, art. 63):

I – as áreas com casas de moradia, galpões para armazenamento da produção, banheiros para gado, valas, silos, currais, açudes e estradas internas e de acesso;

II – as áreas com edificações e instalações destinadas a atividades educacionais, recreativas e de assistência à saúde dos trabalhadores rurais;

III – as áreas com instalações de beneficiamento ou transformação da produção agropecuária e de seu armazenamento;

IV – outras instalações que se destinem a aumentar ou facilitar o uso do imóvel rural, bem assim a conservá-lo ou evitar que ele se deteriore.

Seção V
Da Área Utilizada

Subseção I
Das Disposições Gerais

Art. 18. Área efetivamente utilizada pela atividade rural é a porção da área aproveitável do imóvel rural que, no ano anterior ao de ocorrência do fato gerador do ITR, tenha (Lei 9.393, de 1996, art. 10, § 1º, inciso V, e § 6º):

I – sido plantada com produtos vegetais;

II – servido de pastagem, nativa ou plantada, observados, quando aplicáveis, os índices de lotação por zona de pecuária a que se refere o art. 24;

III – sido objeto de exploração extrativa, observados, quando aplicáveis, os índices de rendimento por produto a que se refere o art. 27 e a legislação ambiental;

IV – servido para a exploração de atividade granjeira ou aquícola;

V – sido objeto de implantação de projeto técnico, nos termos do art. 7º da Lei 8.629, de 25 de fevereiro de 1993.

§ 1º Consideram-se utilizadas para a exploração de atividade granjeira ou aquícola as áreas ocupadas com benfeitorias, construções e instalações para a criação, dentre outros, de suínos, coelhos, bichos-da-seda, abelhas, aves, peixes, crustáceos, répteis e anfíbios.

§ 2º Considera-se como efetivamente utilizada a área do imóvel rural que, no ano anterior, esteja:

I – comprovadamente situado em área de ocorrência de calamidade pública decretada pelo Poder Público, de que resulte frustração de safras ou destruição de pastagens;

II – oficialmente destinado à execução de atividades de pesquisa e experimentação que objetivem o avanço tecnológico da agricultura.

Art. 19. Para fins de enquadramento nas hipóteses previstas no art. 18, o contribuinte poderá valer-se dos dados sobre a área utilizada e respectiva produção, fornecidos pelo arrendatário ou parceiro, quando o imóvel, ou parte dele, estiver sendo explorado em regime de arrendamento ou parceria (Lei 9.393, de 1996, art. 10, § 4º).

Art. 20. Caso haja anexação de área entre 1º de janeiro e a data da efetiva entrega da DITR, o adquirente deve informar na sua declaração os dados relativos à utilização da área incorporada no ano anterior ao de ocorrência do fato gerador.

Art. 21. No caso de consórcio ou intercalação de culturas, considera-se efetivamente utilizada a área total do consórcio ou intercalação (Lei 8.629, de 25 de fevereiro de 1993, art. 6º, § 4º).

Art. 22. No caso de mais de um cultivo no ano, com um ou mais produtos, na mesma área, considera-se efetivamente utilizada a maior área cultivada no ano considerado (Lei 8.629, de 1993, art. 6º, § 5º).

Subseção II
Da Área Plantada com Produtos Vegetais

Art. 23. Área plantada com produtos vegetais é a porção do imóvel explorada com culturas temporárias ou permanentes, inclusive com reflorestamentos de essências exóticas ou nativas, destinadas a consumo próprio ou comércio, considerando-se:

I – essências exóticas as espécies florestais originárias de região fitogeográfica diversa daquela em que se localiza o imóvel rural;

II – essências nativas as espécies florestais originárias da região fitogeográfica em que se localiza o imóvel rural.

Parágrafo único. Considera-se área plantada com produtos vegetais a área efetivamente utilizada com a produção de forrageira de corte destinada a alimentação de animais de outro imóvel rural.

Subseção III
Da Área Servida de Pastagem

Art. 24. Para fins do disposto no inciso II do art. 18, área servida de pastagem é aquela ocupada por pastos naturais, melhorados ou plantados e por forrageiras de corte que tenha, efetivamente, sido utilizada para alimentação de animais de grande e médio porte, observados os índices de lotação por zona de pecuária, estabelecidos em ato da Secretaria da Receita Federal, ouvido o Conselho Nacional de Política Agrícola (Lei 9.393, de 1996, art. 10, § 1º, inciso V, alínea "b", e § 3º).

Parágrafo único. Estão dispensados da aplicação dos índices de lotação por zona de pecuária os imóveis rurais com área inferior a (Lei 9.393, de 1996, art. 10, § 3º):

I – mil hectares, se localizados em municípios compreendidos na Amazônia Ocidental ou no Pantanal mato-grossense e sul-mato-grossense;

II – quinhentos hectares, se localizados em municípios compreendidos no Polígono das Secas ou na Amazônia Oriental;

III – duzentos hectares, se localizados em qualquer outro município.

Art. 25. Para fins de cálculo do grau de utilização do imóvel rural, considera-se área servida de pastagem a menor entre a declarada pelo contribuinte e a obtida pelo quociente entre a quantidade de cabeças do rebanho ajustada e o índice de lotação por zona de pecuária.

Parágrafo único. Consideram-se, dentre outros, animais de médio porte os ovinos e caprinos e animais de grande porte os bovinos, bufalinos, equinos, asininos e muares, independentemente de idade ou sexo.

Art. 26. Caso o imóvel rural esteja dispensado da aplicação de índices de lotação por zona de pecuária a que se refere o *caput* do art. 24, considera-se área servida de pastagem a área efetivamente utilizada pelo contribuinte para tais fins.

Subseção IV
Da Área Objeto de Exploração Extrativa

Art. 27. Área objeto de exploração extrativa é aquela servida para a atividade de extração e coleta de produtos vegetais nativos, não plantados, inclusive a exploração madeireira de florestas nativas, observados a legislação ambiental e os índices de rendimento por produto estabelecidos em ato da Secretaria da Receita Federal, ouvido o Conselho Nacional de Política Agrícola (Lei 9.393, de 1996, art. 10, § 1º, inciso V, alínea "c", e § 3º).

Parágrafo único. Estão dispensados da aplicação dos índices de rendimento por produto os imóveis rurais com área inferior a (Lei 9.393, de 1996, art. 10, § 3º):

I – mil hectares, se localizados em municípios compreendidos na Amazônia Ocidental ou no Pantanal mato-grossense e sul-mato-grossense;

II – quinhentos hectares, se localizados em municípios compreendidos no Polígono das Secas ou na Amazônia Oriental;

III – duzentos hectares, se localizados em qualquer outro município.

Art. 28. Para fins de cálculo do grau de utilização do imóvel rural, considera-se área objeto de exploração extrativa a menor entre o somatório das áreas declaradas com cada produto da atividade extrativa e o somatório dos quocientes entre a quantidade extraída de cada produto declarado e o respectivo índice de rendimento mínimo por hectare.

§ 1º Na ausência de índice de rendimento para determinado produto vegetal ou florestal extrativo, considera-se área objeto de exploração extrativa, para fins de cálculo do grau de utilização, a área efetivamente utilizada pelo contribuinte nesta atividade (Lei 8.629, de 1993, art. 6º, § 6º).

§ 2º Estão dispensadas da aplicação dos índices de rendimento mínimo para produtos vegetais e florestais as áreas do imóvel exploradas com produtos vegetais extrativos, mediante plano de manejo sustentado, desde que aprovado pelo IBAMA até 31 de dezembro do ano anterior ao de ocorrência do fato gerador do ITR, e cujo cronograma esteja sendo cumprido pelo contribuinte (Lei 9.393, de 1996, art. 10, § 5º).

Seção VI
Da Área Não Utilizada

Art. 29. A área não utilizada pela atividade rural é composta pelas parcelas da área aproveitável do imóvel que, no ano anterior ao de ocorrência do fato gerador do ITR, não tenham sido objeto de qualquer exploração ou tenham sido utilizadas para fins diversos da atividade rural, tais como:

I – áreas ocupadas por benfeitorias não abrangidas pelo disposto no art. 17;

II – a área correspondente à diferença entre as áreas declaradas como servidas de pastagem e as áreas servidas de pastagem utilizadas para o cálculo do grau de utilização do imóvel rural, observado o disposto nos arts. 24 a 26;

III – a área correspondente à diferença entre as áreas declaradas de exploração extrativa e as áreas de exploração extrativa utilizadas para o cálculo do grau de utilização do imóvel rural, observado o disposto nos arts. 27 e 28.

Parágrafo único. As áreas não utilizadas pela atividade rural, anexadas após 1º de janeiro até a data da efetiva entrega da DITR, devem ser declaradas conforme sua situação no ano anterior ao de ocorrência do fato gerador.

Cálculo da Área Não Utilizada pela Atividade Rural

Art. 30. A área não utilizada pela atividade rural é obtida pela soma das áreas mencionadas no art. 29.

Seção VII
Do Cálculo do Imposto

Subseção I
Do Grau de Utilização

Art. 31. Grau de utilização é a relação percentual entre a área efetivamente utilizada pela atividade rural e a área aproveitável do imóvel, constituindo critério, juntamente com a área total do imóvel rural, para a determinação das alíquotas do ITR, conforme descrito no art. 34 (Lei 9.393, de 1996, art. 10, § 1º, inciso VI).

Subseção II
Da Base de Cálculo

Valor da Terra Nua

Art. 32. O Valor da Terra Nua – VTN é o valor de mercado do imóvel, excluídos os valores de mercado relativos a (Lei 9.393, de 1996, art. 8º, § 2º, art. 10, §1º, inciso I):

I – construções, instalações e benfeitorias;

II – culturas permanentes e temporárias;

III – pastagens cultivadas e melhoradas;

IV – florestas plantadas.

§ 1º O VTN refletirá o preço de mercado de terras, apurado em 1º de janeiro do ano de ocorrência do fato gerador, e será considerado autoavaliação da terra nua a preço de mercado (Lei 9.393, de 1996, art. 8º, § 2º).

§ 2º Incluem-se no conceito de construções, instalações e benfeitorias, os prédios, depósitos, galpões, casas de trabalhadores, estábulos, currais, mangueiras, aviários, pocilgas e outras instalações para abrigo ou tratamento de animais, terreiros e similares para secagem de produtos agrícolas, eletricidade rural, colocação de água subterrânea, abastecimento ou distribuição de águas, barragens, represas, tanques, cercas e, ainda, as benfeitorias não relacionadas com a atividade rural.

Valor da Terra Nua Tributável

Art. 33. O Valor da Terra Nua Tributável – VTNT é obtido mediante a multiplicação do VTN pelo quociente entre a área tributável, definida no art. 10, e a área total do imóvel (Lei 9.393, de 1996, art. 10, § 1º, inciso III).

Subseção III
Das Alíquotas

Art. 34. A alíquota utilizada para cálculo do ITR é estabelecida para cada imóvel rural, com base em sua área total e no respectivo grau de utilização, conforme a tabela seguinte (Lei 9.393, de 1996, art. 11 e Anexo):

Área Total do Imóvel (em hectares)	Grau de Utilização (em %)				
	Maior que 80	Maior que 65 até 80	Maior que 50 até 65	Maior que 30 até 50	Até 30
Até 50	0,03	0,20	0,40	0,70	1,00
Maior que 50 até 200	0,07	0,40	0,80	1,40	2,00
Maior que 200 até 500	0,10	0,60	1,30	2,30	3,30
Maior que 500 até 1.000	0,15	0,85	1,90	3,30	4,70
Maior que 1.000 até 5.000	0,30	1,60	3,40	6,00	8,60
Acima de 5.000	0,45	3,00	6,40	12,00	20,00

Subseção IV
Do Cálculo do Valor do Imposto

Art. 35. O valor do imposto a ser pago é obtido mediante a multiplicação do VTNT pela alíquota correspondente, obtida nos termos do art. 34, considerados a área total e o grau de utilização do imóvel rural (Lei 9.393, de 1996, art. 11).

§ 1º Na hipótese de inexistir área aproveitável após as exclusões previstas nos incisos I e II do art. 16, serão aplicadas as alíquotas correspondentes aos imóveis rurais com grau de utilização superior a oitenta por cento, observada a área total do imóvel (Lei 9.393, de 1996, art. 11, § 1º).

§ 2º Em nenhuma hipótese o valor do imposto devido será inferior a R$ 10,00 (dez reais) (Lei 9.393, de 1996, art. 11, § 2º).

LIVRO II
DA ADMINISTRAÇÃO DO IMPOSTO

Título I
Do Lançamento

Capítulo I
DA DECLARAÇÃO

Seção I
Da Composição

Art. 36. A DITR correspondente a cada imóvel rural, é composta pelos seguintes documentos:

I – Documento de Informação e Atualização Cadastral do ITR – DIAC, destinado à coleta de informações cadastrais do imóvel rural e de seu titular (Lei 9.393, de 1996, art. 6º);

II – Documento de Informação e Apuração do ITR – DIAT, destinado à apuração do imposto (Lei 9.393, de 1996, art. 8º).

Seção II
Dos Meios de Apresentação

Art. 37. A DITR obedecerá ao modelo aprovado pela Secretaria da Receita Federal e, nos termos do art. 44, poderá ser apresentada

I – em meio eletrônico, observado o disposto no art. 11 da Medida Provisória 2.200-2, de 24 de agosto de 2001;

II – em formulário.

Parágrafo único. A declaração em formulário deverá ser apresentada em duas vias e será assinada pelo sujeito passivo ou seu representante legal, declarando este que o faz em nome daquele.

Seção III
Da Obrigatoriedade de Entrega

Subseção I
Das Disposições Gerais

Espólio

Art. 38. O imóvel rural que, na data da efetiva entrega da DITR, pertencer a espólio deve ser declarado em nome deste pelo inventariante ou, se este ainda não houver sido nomeado, pelo cônjuge meeiro, companheiro ou sucessor a qualquer título.

Parágrafo único. As declarações não entregues pelo de cujus são apresentadas em nome do espólio.

Condomínio

Art. 39. Deve ser declarado em sua totalidade o imóvel rural que for titulado a várias pessoas, enquanto este for mantido indiviso (Lei 5.172, de 1966, art. 124, inciso I).

Documentos Comprobatórios

Art. 40. Os documentos que comprovem as informações prestadas na DITR não devem ser anexados à declaração, devendo ser mantidos em boa guarda à disposição da Secretaria da Receita Federal, até que ocorra a prescrição dos créditos tributários relativos às situações e aos fatos a que se refiram (Lei 5.172, de 1966, art. 195, parágrafo único).

Subseção II
Do Documento de Informação e Atualização Cadastral do ITR – DIAC

Art. 41. O contribuinte ou o seu sucessor deve comunicar anualmente à Secretaria da Receita Federal, por meio do preenchimento do DIAC, integrante da DITR, as informações cadastrais correspondentes a cada imóvel rural e a seu titular (Lei 9.393, de 1996, art. 6º).

Parágrafo único. As informações de que trata o *caput* deste artigo integrarão o CAFIR, cuja administração caberá à Secretaria da Receita Federal, que poderá, a qualquer tempo, solicitar informações visando à sua atualização (Lei 9.393, de 1996, art. 6º, § 2º).

Alterações Cadastrais

Art. 42. Devem ser obrigatoriamente comunicadas à Secretaria da Receita Federal as seguintes alterações relativas ao imóvel rural (Lei 9.393, de 1996, art. 6º, § 1º):

I – desmembramento;

II – anexação;

III – transmissão, por alienação da propriedade ou dos direitos a ela inerentes, a qualquer título;

IV – sucessão causa mortis;

V – cessão de direitos;

VI – constituição de reservas ou usufruto.

Parágrafo único. A comunicação de que trata o *caput* deste artigo deve ser feita no prazo de sessenta dias, contado da data da ocorrência da alteração (Lei 9.393, de 1996, art. 6º, § 1º).

Subseção III
Do Documento de Informação e Apuração do ITR – DIAT

Art. 43. O contribuinte deve prestar anualmente à Secretaria da Receita Federal as informações necessárias ao cálculo do ITR e apurar o valor do imposto correspondente a cada imóvel rural, por meio do preenchimento do DIAT, integrante da DITR (Lei 9.393, de 1996, art. 8º).

Parágrafo único. As pessoas isentas do pagamento ou imunes do ITR estão dispensadas de preencher o DIAT (Lei 9.393, de 1996, art. 8º, § 3º).

Seção IV
Dos Termos, Locais, Formas, Prazos e Condições para a Apresentação da DITR

Art. 44. A Secretaria da Receita Federal disporá sobre os termos, locais, formas, prazos e condições para a apresentação da DITR (Lei 9.393, de 1996, arts. 6º e 8º).

Capítulo II
DA RETIFICAÇÃO DA DECLARAÇÃO

Seção I
Da Retificação Antes de Iniciada a Fiscalização

Art. 45. A retificação da DITR, antes de iniciado o procedimento de lançamento de ofício, terá a mesma natureza da declaração originariamente apresentada e não depende de autorização da autoridade administrativa (Medida Provisória 2.189-49, de 23 de agosto de 2001, art. 18).

Parágrafo único. A Secretaria da Receita Federal estabelecerá as hipóteses de admissibilidade e os procedimentos aplicáveis à retificação da declaração (Medida Provisória 2.189-49, de 2001, art. 18, parágrafo único).

Seção II
Da Retificação Após Iniciada a Fiscalização

Art. 46. O sujeito passivo que, depois de iniciado o procedimento de lançamento de ofício, requerer a retificação da DITR não se eximirá, por isso, das penalidades previstas na legislação tributária (Lei 5.172, de 1966, art. 138; Decreto 70.235, de 6 de março de 1972, art. 7º, § 1º).

Capítulo III
DA REVISÃO DA DECLARAÇÃO

Art. 47. A DITR está sujeita a revisão pela Secretaria da Receita Federal, que, se for o caso, pode exigir do sujeito passivo a apresentação dos comprovantes necessários à verificação da autenticidade das informações prestadas.

§ 1º A revisão é feita com elementos de que dispuser a Secretaria da Receita Federal, esclarecimentos verbais ou escritos solicitados ao contribuinte ou por outros meios previstos na legislação.

§ 2º O contribuinte que deixar de atender ao pedido de esclarecimentos ficará sujeito ao lançamento de ofício de que tratam os arts. 50 e 51 (Lei 5.172, de 1966, art. 149, inciso III).

Capítulo IV
DO LANÇAMENTO DO IMPOSTO

Seção I
Da Disposição Preliminar

Art. 48. O lançamento do ITR é procedimento de competência privativa da autoridade administrativa, que se opera de ofício ou por homologação, destinado à constituição do crédito tributário (Lei 5.172, de 1966, art. 142;Lei 9.393, de 1996, arts. 10 e 14).

Parágrafo único. A atividade administrativa de lançamento é vinculada e obrigatória, sob pena de responsabilidade funcional (Lei 5.172, de 1966, art. 142, parágrafo único).

Seção II
Do Lançamento por Homologação

Art. 49. O lançamento por homologação pressupõe a atribuição ao sujeito passivo do dever de antecipar o pagamento do imposto sem prévio exame da autoridade administrativa, e opera-se pelo ato em que a referida autoridade, tomando conhecimento da atividade assim exercida pelo obrigado, expressamente a homologa (Lei 5.172, de 1966, art. 150, *caput*).

§ 1º O pagamento antecipado pelo obrigado nos termos deste artigo extingue o crédito, sob condição resolutória da ulterior homologação ao lançamento (Lei 5.172, de 1966, art. 150, § 1º).

§ 2º Não influem sobre a obrigação tributária quaisquer atos anteriores à homologação, praticados pelo sujeito passivo ou por terceiro, visando à extinção total ou parcial do crédito (Lei 5.172, de 1966, art. 150, § 2º)

§ 3º Os atos a que se refere o § 2º serão, porém, considerados na apuração do saldo porventura devido e, sendo o caso, na imposição de penalidade, ou sua graduação (Lei 5.172, de 1966, art. 150, § 3º).

§ 4º Se a lei não fixar prazo para a homologação, será ele de cinco anos, a contar da ocorrência do fato gerador; expirado esse prazo sem que a Fazenda Pública se tenha pronunciado, considera-se homologado o lançamento e definitivamente extinto o crédito, salvo se comprovada a ocorrência de dolo, fraude ou simulação (Lei 5.172, de 1966, art. 150, § 4º).

Seção III
Do Lançamento de Ofício

Subseção I

Das Disposições Gerais

Art. 50. Caso o sujeito passivo deixe de tomar as iniciativas necessárias ao lançamento por homologação pela Fazenda Pública, esta deve proceder à determinação e ao lançamento de ofício do crédito tributário (Lei 5.172, de 1966, art. 149, inciso V; Lei 9.393, de 1996, art. 14).

Art. 51. O lançamento será efetuado de ofício quando o sujeito passivo (Lei 5.172, de 1966, art. 149; Lei 9.393, de 1996, art. 14):

I – não apresentar a DITR;

LEGISLAÇÃO

II – deixar de atender aos pedidos de esclarecimentos que lhe forem dirigidos, recusar-se a prestá-los ou não os prestar satisfatoriamente no tempo aprazado;

III – apresentar declaração inexata, considerando-se como tal a que contiver ou omitir qualquer elemento que implique redução do imposto a pagar;

IV – não efetuar ou efetuar com inexatidão o pagamento do imposto devido;

V – estiver sujeito, por ação ou omissão, à aplicação de penalidade pecuniária.

Parágrafo único. O crédito tributário também deve ser lançado de ofício nos casos em que o sujeito passivo tenha informado o enquadramento em hipóteses de imunidade, isenção ou redução do imposto, mas não tenha cumprido ou tenha deixado de cumprir, na data de ocorrência do fato gerador, os requisitos necessários.

Subseção II
Do Sistema de Preços de Terras

Art. 52. No caso de falta de entrega do DIAC ou do DIAT, bem assim de subavaliação ou prestação de informações inexatas, incorretas ou fraudulentas, a Secretaria da Receita Federal procederá à determinação e ao lançamento de ofício do imposto, considerando as informações sobre preços de terras constantes em sistema a ser por ela instituído, e os dados de área total, área tributável e grau de utilização do imóvel rural apurados em procedimentos de fiscalização (Lei 9.393, de 1996, art. 14).

§ 1º As informações sobre preços de terras observarão os critérios legalmente estabelecidos e considerarão levantamentos realizados pelas Secretarias de Agricultura das Unidades Federadas ou dos Municípios (Lei 9.393, de 1996, art. 14, § 1º).

§ 2º As multas cobradas em virtude do disposto neste artigo serão aquelas aplicáveis aos demais tributos federais (Lei 9.393, de 1996, art. 14, § 2º).

Subseção III
Da Intimação

Art. 53. O sujeito passivo deve ser intimado do início do procedimento, do pedido de esclarecimentos ou da lavratura do auto de infração (Decreto 70.235, de 1972, art. 23, com a redação dada pelo art. 67 da Lei 9.532, de 1997):

I – pessoalmente, pelo autor do procedimento ou por agente do órgão preparador, na repartição ou fora dela, provada a intimação com a assinatura do sujeito passivo, seu mandatário ou preposto, ou, no caso de recusa, com declaração escrita de quem o intimar;

II – por via postal, telegráfica ou por qualquer outro meio ou via, com prova de recebimento, no endereço informado para tal fim, conforme previsto no § 2º do art. 7º, ou no domicílio tributário do sujeito passivo;

III – por edital, quando resultarem improfícuos os meios referidos nos incisos I e II.

§ 1º O edital deve ser publicado, uma única vez, em órgão de imprensa oficial local, ou afixado em dependência, franqueada ao público, do órgão encarregado da intimação (Decreto 70.235, de 1972, art. 23, § 1º).

§ 2º Considera-se feita a intimação (Decreto 70.235, de 1972, art. 23, § 2º):

I – na data da ciência do intimado ou da declaração de quem fizer a intimação, se pessoal;

II – no caso do inciso II do *caput* deste artigo, na data do recebimento ou, se omitida, quinze dias após a data da expedição da intimação;

III – quinze dias após a publicação ou afixação do edital, se este for o meio utilizado.

§ 3º Os meios de intimação previstos nos incisos I e II do *caput* deste artigo não estão sujeitos a ordem de preferência (Decreto 70.235, de 1972, art. 23, § 3º).

Seção IV
Da Decadência

Art. 54. O direito de a Secretaria da Receita Federal constituir o crédito tributário extingue-se após cinco anos, contados (Lei 5.172, de 1966, art. 173):

I – do primeiro dia do exercício seguinte àquele em que o lançamento poderia ter sido efetuado;

II – da data em que se tornar definitiva a decisão que houver anulado, por vício formal, o lançamento anteriormente efetuado.

Parágrafo único. O direito a que se refere este artigo extingue-se definitivamente com o decurso do prazo nele previsto, contado da data em que tenha sido iniciada a constituição do crédito tributário pela notificação, ao sujeito passivo, de qualquer medida preparatória indispensável ao lançamento (Lei 5.172, de 1966, art. 173, parágrafo único).

Título II
Do Pagamento, Da Compensação e da Restituição do Imposto

Capítulo I
DO PAGAMENTO

Seção I
Das Disposições Preliminares

Art. 55. O pagamento deve ser feito por meio de Documento de Arrecadação de Receitas Federais – DARF, devendo o seu produto ser obrigatoriamente recolhido à conta do Tesouro Nacional.

Art. 56. O DARF obedecerá ao modelo aprovado pela Secretaria da Receita Federal e sua utilização pelo sujeito passivo far-se-á de acordo com instruções específicas.

§ 1º Nos documentos de arrecadação, o sujeito passivo deve indicar o código do tributo, o número de inscrição no Cadastro de Pessoas Físicas – CPF ou no Cadastro Nacional da Pessoa Jurídica – CNPJ, conforme o caso, o número do imóvel rural, além de outros elementos qualificativos ou informativos.

§ 2º É vedada a utilização de DARF para o pagamento de imposto de valor inferior a R$ 10,00 (dez reais) (Lei 9.430, de 27 de dezembro de 1996, art. 68).

Utilização de TDA

Art. 57. É facultado ao sujeito passivo o pagamento de até cinquenta por cento do valor original do ITR com Títulos da Dívida Agrária – TDA (Lei 4.504, de 30 de novembro de 1964, art. 105, § 1º, alínea "a").

Seção II
Do Prazo para Pagamento

Art. 58. O imposto deve ser pago até o último dia útil do mês fixado para a entrega da DITR (Lei 9.393, de 1996, art. 12).

Seção III
Do Pagamento em Quotas

Art. 59. À opção do contribuinte, o imposto a pagar pode ser parcelado em até três quotas iguais, mensais e consecutivas, observando-se que (Lei 9.393, de 1996, art. 12, parágrafo único):

I - nenhuma quota será inferior a R$ 50,00 (cinquenta reais);

II – a primeira quota deve ser paga no prazo estabelecido pelo art. 58;

III – as demais quotas, acrescidas de juros equivalentes à taxa referencial do Sistema de Liquidação e de Custódia – SELIC para títulos federais, acumulada mensalmente, calculados a partir do primeiro dia do mês subsequente ao prazo estabelecido pelo art. 58 até o último dia do mês anterior ao do pagamento, e de um por cento no mês do pagamento, vencerão no último dia útil de cada mês;

IV – é facultado ao contribuinte antecipar, total ou parcialmente, o pagamento do imposto ou das quotas.

Seção IV
Do Pagamento Fora do Prazo

Art. 60. A falta ou insuficiência de pagamento do imposto, no prazo previsto, sujeita o contribuinte ao pagamento do valor que deixou de ser pago, acrescido de (Lei 9.393, de 1996, art. 13):

I – multa de mora calculada à taxa de trinta e três centésimos por cento, por dia de atraso, não podendo ultrapassar a vinte por cento, calculada a partir do primeiro dia útil subsequente ao do vencimento do prazo previsto para pagamento do imposto até o dia em que ocorrer o seu pagamento;

II – juros de mora equivalentes à taxa referencial SELIC para títulos federais, acumulada mensalmente, calculados a partir do primeiro dia do mês subsequente ao vencimento do prazo para pagamento até o mês anterior ao do pagamento, e de um por cento no mês do efetivo pagamento.

Seção V
Da Prova de Quitação

Art. 61. A prova de quitação do crédito tributário será feita por meio de certidão emitida, no âmbito de suas atribuições, pela Secretaria da Receita Federal ou pela Procuradoria-Geral da Fazenda Nacional (Lei 7.711, de 22 de dezembro de 1988, art. 1º, § 3º).

§ 1º A certidão será eficaz, dentro do seu prazo de validade e para o fim a que se destina, perante qualquer órgão ou entidade da Administração Federal, Estadual e Municipal, direta ou indireta (Decreto-Lei 1.715, de 22 de novembro de 1979, art. 1º, § 2º).

§ 2º Tem os mesmos efeitos previstos neste artigo a certidão de que conste a existência de créditos não vencidos, em curso de cobrança executiva em que tenha sido efetivada a penhora, ou cuja exigibilidade esteja suspensa (Lei 5.172, de 1966, art. 206).

Incentivos Fiscais e Crédito Rural

Art. 62. A concessão de incentivos fiscais e de crédito rural, em todas as suas modalidades, bem assim a constituição das respectivas contrapartidas ou garantias, ficam condicionadas à comprovação do pagamento do ITR relativo ao imóvel rural, correspondente aos últimos cinco exercícios, ressalvados os casos em que a exigibilidade do imposto esteja suspensa, ou em curso de cobrança executiva em que tenha sido efetivada a penhora (Lei 9.393, de 1996, art. 20).

Parágrafo único. É dispensada a comprovação de regularidade de pagamento do imposto relativo ao imóvel rural para efeito de concessão de financiamento ao amparo do Programa Nacional de Fortalecimento da Agricultura Familiar - PRONAF (Lei 9.393, de 1996, art. 20, parágrafo único).

Registro Público

Art. 63. É obrigatória a comprovação do pagamento do ITR, referente aos cinco últimos exercícios, para serem praticados quaisquer dos atos previstos nos arts. 167 e 168 da Lei 6.015, de 31 de dezembro de 1973 – Lei dos Registros Públicos, observada a ressalva prevista no *caput* do art. 62 (Lei 9.393, de 1996, art. 21).

Parágrafo único. São solidariamente responsáveis pelo imposto e pelos acréscimos legais, nos termos do art. 134 da Lei 5.172, de 1966, os serventuários do registro de imóveis que descumprirem o disposto neste artigo, sem prejuízo de outras sanções legais (Lei 9.393, de 1996, art. 21, parágrafo único).

Capítulo II
DA COMPENSAÇÃO

Seção I
Compensação Espontânea pelo Contribuinte

Art. 64. Nos casos de pagamento indevido ou a maior de ITR, mesmo quando resultante de reforma, anulação, revogação ou rescisão de decisão condenatória, o contribuinte poderá efetuar a compensação desse valor no recolhimento de importância correspondente a ITR apurado em período subsequente (Lei 8.383, de 30 de dezembro de 1991, art. 66, com a redação dada pela Lei nº 9.069, de 29 de junho de 1995, art. 58).

§ 1º Entende-se por recolhimento ou pagamento indevido ou a maior aquele proveniente de (Lei 5.172, de 1966, art. 165):

I - cobrança ou pagamento espontâneo de imposto, quando efetuado por erro, ou em duplicidade, ou sem que haja débito a liquidar, em face da legislação tributária aplicável, ou da natureza ou circunstâncias materiais do fato gerador efetivamente ocorrido;

II – erro na identificação do sujeito passivo, na determinação da alíquota aplicável, no cálculo do montante do débito ou na elaboração ou conferência de qualquer documento relativo ao recolhimento ou pagamento;

III – reforma, anulação, revogação ou rescisão de decisão condenatória.

§ 2º É facultado ao contribuinte optar pelo pedido de restituição (Lei 8.383, de 1991, art. 66, § 2º, com a redação dada pela Lei 9.069, de 1995, art. 58).

§ 3º A compensação somente poderá ser efetuada pelo contribuinte titular do crédito oriundo do recolhimento ou pagamento indevido ou a maior.

§ 4º A Secretaria da Receita Federal expedirá as instruções necessárias ao cumprimento do disposto neste artigo (Lei 8.383, de 1991, art. 66, § 4º, com a redação dada pela Lei 9.069, de 1995, art. 58).

Seção II
Compensação Requerida pelo Contribuinte

Art. 65. A Secretaria da Receita Federal, atendendo a requerimento do contribuinte, poderá autorizar a utilização de créditos a serem a ele restituídos ou ressarcidos para a quitação de quaisquer tributos ou contribuições sob sua administração, ainda que não sejam da mesma espécie nem tenham a mesma destinação constitucional (Lei 9.430, de 1996, art. 74).

Seção III
Compensação pela Autoridade Administrativa

Art. 66. Os créditos do sujeito passivo constantes em pedidos de restituição ou ressarcimento de imposto serão utilizados para quitação de seus débitos em procedimentos internos da Secretaria da Receita Federal, observado o seguinte (Lei 9.430, de 1996, art. 73):

I - o valor bruto da restituição ou ressarcimento será debitado à conta do tributo ou da contribuição a que se referir;

II – a parcela utilizada para a quitação de débitos do contribuinte ou responsável será creditada à conta do ITR.

§ 1º A compensação de ofício será precedida de notificação ao sujeito passivo para que se manifeste sobre o procedimento, no prazo de quinze dias, sendo o seu silêncio considerado como aquiescência.

§ 2º No caso de discordância do sujeito passivo, a Secretaria da Receita Federal reterá o valor da restituição até que o débito seja liquidado.

§ 3º A Secretaria da Receita Federal, reconhecendo o direito de crédito do sujeito passivo para restituição, compensará este crédito com eventuais débitos do requerente.

§ 4º Quando o montante da restituição for superior ao do débito, a Secretaria da Receita Federal efetuará o pagamento da diferença ao sujeito passivo.

§ 5º Caso a quantia a ser restituída seja inferior ao valor dos débitos, o correspondente crédito tributário é extinto no montante equivalente à compensação, cabendo à Secretaria da Receita Federal adotar as providências para cobrança do saldo remanescente.

Seção IV
Acréscimo de Juros

Art. 67. O valor a ser utilizado na compensação será acrescido de juros obtidos pela aplicação da taxa referencial SELIC para títulos federais, acumulada mensalmente a partir do mês subsequente ao do pagamento indevido ou a maior até o mês anterior ao da compensação, e de um por cento relativamente ao mês em que estiver sendo efetuada (Lei 9.250, de 1995, art. 39, § 4º; Lei 9.532, de 1997, art. 73).

Capítulo III
DA RESTITUIÇÃO

Art. 68. Nos casos de pagamento indevido ou a maior de ITR, mesmo quando resultante de reforma, anulação, revogação ou rescisão de decisão condenatória, o contribuinte poderá optar pelo pedido de restituição do valor pago indevidamente ou a maior, observado o disposto nos arts. 66 e 69 (Lei 8.383, de 1991, art. 66, § 2º, com a redação dada pela Lei 9.069, de 1995, art. 58)..

§ 1º Entende-se por recolhimento ou pagamento indevido ou a maior aquele proveniente de (Lei 5.172, de 1966, art. 165):

I – cobrança ou pagamento espontâneo de imposto, quando efetuado por erro, ou em duplicidade, ou sem que haja débito a liquidar, em face da legislação tributária aplicável, ou da natureza ou circunstâncias materiais do fato gerador efetivamente ocorrido;

II – erro na identificação do sujeito passivo, na determinação da alíquota aplicável, no cálculo do montante do débito ou na elaboração ou conferência de qualquer documento relativo ao recolhimento ou pagamento;

III – reforma, anulação, revogação ou rescisão de decisão condenatória.

§ 2º O valor da restituição será acrescido de juros obtidos pela aplicação da taxa referencial SELIC para títulos federais, acumulada mensalmente a partir do mês subsequente ao do pagamento indevido ou a maior até o mês anterior ao da compensação ou restituição, e de um por cento relativamente ao mês em que estiver sendo efetuada (Lei 9.250, de 1995, art. 39, § 4º; Lei 9.532, de 1997, art. 73).

§ 3º A Secretaria da Receita Federal expedirá as instruções necessárias ao cumprimento do disposto neste artigo (Lei 8.383, de 1991, art. 66, § 4º, com a redação dada pela Lei 9.069, de 1995, art. 58).

Direito de Pleitear a Restituição

Art. 69. O direito de pleitear a restituição do imposto extingue-se com o decurso do prazo de cinco anos, contados (Lei 5.172, de 1966, art. 168):

I - da data do pagamento indevido;

II – da data em que se tornar definitiva a decisão administrativa ou passar em julgado a decisão judicial que tenha reformado, anulado, revogado ou rescindido a decisão condenatória.

Parágrafo único. O pedido de restituição, dirigido à autoridade competente, suspende o prazo previsto no *caput* deste artigo até que seja proferida decisão final na órbita administrativa (Decreto-Lei 5.844, de 23 de setembro de 1943, art. 170, § 4º, acrescentado pela Lei 154, de 25 de novembro de 1947, art. 1º).

Título III
Da Prescrição

Art. 70. A ação para cobrança do crédito tributário prescreve em cinco anos, contados da data da sua constituição definitiva (Lei 5.172, de 1966, art. 174).

§ 1º A prescrição se interrompe (Lei 5.172, de 1966, art. 174, parágrafo único):

I – pela citação pessoal feita ao devedor;

II – pelo protesto judicial;

III – por qualquer ato judicial que constitua em mora o devedor;

IV – por qualquer ato inequívoco, ainda que extrajudicial, que importe reconhecimento do débito pelo devedor.

§ 2º A inscrição do débito como Dívida Ativa, pelo órgão competente, suspenderá a fluência do prazo prescricional, para todos os efeitos de direito, por cento e oitenta dias ou até a distribuição da execução fiscal, se esta ocorrer antes de findo aquele prazo (Lei 6.830, de 22 de setembro de 1980, art. 2º, § 3º).

§ 3º O despacho do juiz, que ordenar a citação do executado, interrompe a fluência do prazo prescricional (Lei 6.830, de 1980, art. 8º, § 2º).

Título IV
Da Fiscalização

Art. 71. A legislação tributária que trata da competência e dos poderes das autoridades administrativas em matéria de fiscalização aplica-se às pessoas naturais ou jurídicas, contribuintes ou não, inclusive às que gozam de imunidade tributária ou de isenção (Lei 5.172, de 1966, art. 194).

Art. 72. Para os efeitos da legislação tributária, não têm aplicação quaisquer disposições legais excludentes ou limitativas do direito de examinar mercadorias, livros, arquivos, documentos, papéis e efeitos comerciais ou fiscais, dos comerciantes, industriais ou produtores, ou da obrigação destes de exibi-los (Lei 5.172, de 1966, art. 195).

Parágrafo único. Os livros obrigatórios de escrituração comercial e fiscal e os comprovantes dos lançamentos neles efetuados serão conservados até que ocorra a prescrição dos créditos tributários decorrentes das operações a que se refiram (Lei 5.172, de 1966, art. 195, parágrafo único).

Convênios

Art. 73. A Secretaria da Receita Federal poderá celebrar convênio com o Instituto Nacional de Colonização e Reforma Agrária – INCRA, com a finalidade de delegar as atividades de fiscalização das informações sobre os imóveis rurais, contidas no DIAC e no DIAT (Lei 9.393, de 1996, art. 16).

§ 1º No exercício da delegação a que se refere este artigo, o INCRA poderá celebrar convênios de cooperação com o IBAMA, a Fundação Nacional do Índio – FUNAI e as Secretarias Estaduais de Agricultura (Lei 9.393, de 1996, art. 16, § 1º).

§ 2º No uso de suas atribuições, os agentes do INCRA terão acesso ao imóvel de propriedade particular, para levantamento de dados e informações (Lei 9.393, de 1996, art. 16, § 2º).

§ 3º A Secretaria da Receita Federal, com o apoio do INCRA, administrará o CAFIR e colocará as informações nele contidas à disposição daquela Autarquia, para fins de levantamento e pesquisa de dados e de proposição de ações administrativas e judiciais (Lei 9.393, de 1996, art. 16, § 3º, com a redação dada pela Lei 10.267, de 28 de agosto de 2001, art. 5º).

§ 4º Às informações a que se refere o § 3º aplica-se o disposto no art. 198 da Lei 5.172, de 1966 (Lei 9.393, de 1996, art. 16, § 4º, com a redação dada pela Lei 10.267, de 28 de agosto de 2001, art. 5º).

Art. 74. A Secretaria da Receita Federal poderá, também, celebrar convênios com (Lei 9.393, de 1996, art. 17):

I – órgãos da administração tributária das unidades federadas, visando delegar competência para a cobrança e o lançamento do ITR;

II – a Confederação Nacional da Agricultura – CNA e a Confederação Nacional dos Trabalhadores na Agricultura – CONTAG, com a finalidade de fornecer dados cadastrais de imóveis rurais que possibilitem a cobrança das contribuições sindicais devidas àquelas entidades.

Título V
Das Penalidades

Capítulo I
DA MULTA POR ATRASO NA ENTREGA DA DECLARAÇÃO

Art. 75. No caso de apresentação espontânea da DITR fora do prazo estabelecido pela Secretaria da Receita Federal, será cobrada multa de um por cento ao mês-calendário ou fração sobre o imposto devido, sem prejuízo da multa e dos juros de mora pela falta ou insuficiência de recolhimento do imposto ou quota (Lei 9.393, de 1996, arts. 7º e 9º).

Parágrafo único. Em nenhuma hipótese o valor da multa de que trata o *caput* deste artigo será inferior a R$ 50,00 (cinquenta reais) (Lei 9.393, de 1996, art. 11, § 2º).

Capítulo II
DAS MULTAS DE LANÇAMENTO DE OFÍCIO

Art. 76. Nos casos de lançamento de ofício, serão aplicadas as seguintes multas, calculadas sobre a totalidade ou diferença do ITR (Lei 9.393, de 1996, art. 14, § 2º; Lei 9.430, de 1996, art. 44):

I – de setenta e cinco por cento, nos casos de falta de pagamento, de pagamento após o vencimento do prazo, sem o acréscimo de multa moratória, de falta de declaração e nos de declaração inexata, excetuada a hipótese do inciso seguinte;

II – cento e cinquenta por cento, nos casos de evidente intuito de sonegação, fraude ou conluio, independentemente de outras penalidades administrativas ou criminais cabíveis.

§ 1º As multas de que trata este artigo serão exigidas (Lei 9.430, de 1996, art. 44, § 1º):

I – juntamente com o ITR, quando não houver sido anteriormente pago;

II – isoladamente, quando o ITR houver sido pago após o vencimento do prazo previsto, mas sem o acréscimo de multa de mora.

§ 2º As multas a que se referem os incisos I e II do *caput* deste artigo passarão a ser de 112,5% (cento e doze inteiros e cinco décimos por cento) e 225% (duzentos e vinte e cinco por cento), respectivamente, nos casos de não atendimento pelo sujeito passivo, no prazo marcado, de intimação para (Lei 9.430, de 1996, art. 44, § 2º, com a redação dada pela Lei 9.532, de 1997, art. 70):

I – prestar esclarecimentos;

II – apresentar os arquivos digitais ou sistemas de processamento eletrônico de dados utilizados para registrar negócios e atividades econômicas ou financeiras, escriturar livros ou elaborar documentos de natureza contábil ou fiscal;

III – apresentar a documentação técnica e atualizada sobre o sistema de processamento de dados por ele utilizado, suficiente para possibilitar a sua auditoria (Lei 9.430, de 1996, art. 38).

§ 3º Será concedida redução de cinqüenta por cento da multa de lançamento de ofício ao contribuinte que, notificado, efetuar o pagamento do débito no prazo legal de impugnação (Lei 8.218, de 29 de agosto de 1991, art. 6º; Lei nº 9.430, de 1996, art. 44, § 3º).

§ 4º Se houver impugnação tempestiva, a redução será de trinta por cento se o pagamento do débito for efetuado dentro de trinta dias da ciência da decisão de primeira instância (Lei 8.218, de 1991, art. 6º, parágrafo único; Lei 9.430, de 1996, art. 44, § 3º).

§ 5º Será concedida redução de quarenta por cento da multa de lançamento de ofício ao contribuinte que, notificado, requerer o parcelamento do débito no prazo legal de impugnação (Lei 8.383, de 1991, art. 60; Lei 9.430, de 1996, art. 44, § 3º).

§ 6º Havendo impugnação tempestiva, a redução será de vinte por cento, se o parcelamento for requerido dentro de trinta dias da ciência da decisão de primeira instância (Lei 8.383, de 1991, art. 60, § 1º; Lei 9.430, de 1996, art. 44, § 3º).

§ 7º A rescisão do parcelamento, motivada pelo descumprimento das normas que o regulam, implicará restabelecimento do montante da multa proporcionalmente ao valor da receita não satisfeito (Lei 8.383, de 1991, art. 60, § 2º; Lei 9.430, de 1996, art. 44, § 3º).

Sonegação

Art. 77. Sonegação é toda ação ou omissão dolosa tendente a impedir ou retardar, total ou parcialmente, o conhecimento por parte da autoridade administrativa (Lei 4.502, de 30 de novembro de 1964, art. 71):

I – da ocorrência do fato gerador da obrigação tributária principal, sua natureza ou circunstâncias materiais;

II – das condições pessoais do contribuinte, suscetíveis de afetar a obrigação tributária principal ou o crédito tributário correspondente.

Fraude

Art. 78. Fraude é toda ação ou omissão dolosa tendente a impedir ou retardar, total ou parcialmente, a ocorrência do fato gerador da obrigação tributária principal, ou a excluir ou modificar as suas características essenciais, de modo a reduzir o montante do imposto devido ou a evitar ou diferir o seu pagamento (Lei 4.502, de 1964, art. 72).

Conluio

Art. 79. Conluio é o ajuste doloso entre duas ou mais pessoas naturais ou jurídicas, visando a qualquer dos efeitos referidos nos arts. 77 e 78 (Lei 4.502, de 1964, art. 73).

Título VI
Das Disposições Gerais

Art. 80. Compete à Secretaria da Receita Federal a administração do ITR, incluídas as atividades de arrecadação, tributação e fiscalização (Lei 9.393, de 1996, art. 15).

Parágrafo único. No processo administrativo fiscal, compreendendo os procedimentos destinados a determinação e exigência do imposto, imposição de penalidades, repetição de indébito

LEGISLAÇÃO

e solução de consultas, bem assim a compensação do imposto, observar-se-á a legislação prevista para os demais tributos federais (Lei 9.393, de 1996, art. 15, parágrafo único).

Art. 81. Os prazos fixados neste Decreto serão contínuos, excluindo-se, em sua contagem, o dia de início e incluindo-se o de vencimento (Lei 5.172, de 1966, art. 210).

Parágrafo único. Os prazos só se iniciam ou vencem em dia de expediente normal na repartição em que corra o processo ou deva ser praticado o ato (Lei 5.172, de 1966, art. 210, parágrafo único).

Art. 82. Este Decreto entra em vigor na data de sua publicação.

Brasília, 19 de setembro de 2002; 181º da Independência e 114º da República.

Fernando Henrique Cardoso

(Publicação no *D.O.U.* de 20.9.2002)

LEI 10.637, DE 30 DE DEZEMBRO DE 2002

Dispõe sobre a não cumulatividade na cobrança da contribuição para os Programas de Integração Social (PIS) e de Formação do Patrimônio do Servidor Público (Pasep), nos casos que especifica; sobre o pagamento e o parcelamento de débitos tributários federais, a compensação de créditos fiscais, a declaração de inaptidão de inscrição de pessoas jurídicas, a legislação aduaneira, e dá outras providências.

→ v. Art. 4º do Dec. 8.212/2014.

O Presidente da República:

Faço saber que o Congresso Nacional decreta e eu sanciono a seguinte Lei:

Capítulo I
DA COBRANÇA NÃO CUMULATIVA DO PIS E DO PASEP

Art. 1º A Contribuição para o PIS/Pasep, com a incidência não cumulativa, incide sobre o total das receitas auferidas no mês pela pessoa jurídica, independentemente de sua denominação ou classificação contábil.

→ *Caput* com redação alterada pela Lei 12.973/2014.

→ v. Art. 2º da IN SRF 1.469/2014.

§ 1º Para efeito do disposto neste artigo, o total das receitas compreende a receita bruta de que trata o art. 12 do Decreto-Lei 1.598, de 26 de dezembro de 1977, e todas as demais receitas auferidas pela pessoa jurídica com os respectivos valores decorrentes do ajuste a valor presente de que trata o inciso VIII do *caput* do art. 183 da Lei 6.404, de 15 de dezembro de 1976.

→ § 1º com redação alterada pela Lei 12.973/2014.

→ v. Art. 2º da IN SRF 1.469/2014.

§ 2º A base de cálculo da Contribuição para o PIS/Pasep é o total das receitas auferidas pela pessoa jurídica, conforme definido no *caput* e no § 1º.

§ 2º com redação alterada pela Lei 12.973/2014.

→ v. Art. 2º da IN SRF 1.469/2014.

§ 3º Não integram a base de cálculo a que se refere este artigo, as receitas:

I – decorrentes de saídas isentas da contribuição ou sujeitas à alíquota zero;

II – (*Vetado*);

III – auferidas pela pessoa jurídica revendedora, na revenda de mercadorias em relação às quais a contribuição seja exigida da empresa vendedora, na condição de substituta tributária;

IV – (*Revogado pela Lei 11.727/2008*);

V – referentes a:

a) vendas canceladas e aos descontos incondicionais concedidos;

b) reversões de provisões e recuperações de créditos baixados como perda, que não representem ingresso de novas receitas, o resultado positivo da avaliação de investimentos pelo valor do patrimônio líquido e os lucros e dividendos derivados de participações societárias, que tenham sido computados como receita;

→ Alínea *b* com redação alterada pela Lei 12.973/2014.

→ v. Art. 2º da IN SRF 1.469/2014.

VI – de que trata o inciso IV do *caput* do art. 187 da Lei 6.404, de 15 de dezembro de 1976, decorrentes da venda de bens do ativo não circulante, classificado como investimento, imobilizado ou intangível;

→ Inciso VI com redação alterada pela Lei 12.973/2014.

→ v. Art. 2º da IN SRF 1.469/2014.

VII – decorrentes de transferência onerosa a outros contribuintes do Imposto sobre Operações relativas à Circulação de Mercadorias e sobre Prestações de Serviços de Transporte Interestadual e Intermunicipal e de Comunicação – ICMS de créditos de ICMS originados de operações de exportação, conforme o disposto no inciso II do § 1º do art. 25 da Lei Complementar 87, de 13 de setembro de 1996.

→ Inciso VII acrescentado pela Lei 11.945/2009.

VIII – financeiras decorrentes do ajuste a valor presente de que trata o inciso VIII do *caput* do art. 183 da Lei 6.404, de 15 de dezembro de 1976, referentes a receitas excluídas da base de cálculo da Contribuição para o PIS/Pasep;

→ Inciso VIII acrescentado pela Lei 12.973/2014.

→ v. Art. 2º da IN SRF 1.469/2014.

IX – relativas aos ganhos decorrentes de avaliação de ativo e passivo com base no valor justo;

→ Inciso IX acrescentado pela Lei 12.973/2014.

→ v. Art. 2º da IN SRF 1.469/2014.

X – de subvenções para investimento, inclusive mediante isenção ou redução de impostos, concedidas como estímulo à implantação ou expansão de empreendimentos econômicos e de doações feitas pelo poder público;

→ Inciso X acrescentado pela Lei 12.973/2014.

→ v. Art. 2º da IN SRF 1.469/2014.

XI – reconhecidas pela construção, recuperação, reforma, ampliação ou melhoramento da infraestrutura, cuja contrapartida seja ativo intangível representativo de direito de exploração, no caso de contratos de concessão de serviços públicos;

→ Inciso XI acrescentado pela Lei 12.973/2014.

→ v. Art. 2º da IN SRF 1.469/2014.

XII – relativas ao valor do imposto que deixar de ser pago em virtude das isenções e reduções de que tratam as alíneas *a*, *b*, *c* e *e* do § 1º do art. 19 do Decreto-Lei 1.598, de 26 de dezembro de 1977; e

→ Inciso XII acrescentado pela Lei 12.973/2014.

→ v. Art. 2º da IN SRF 1.469/2014.

XIII – relativas ao prêmio na emissão de debêntures.

→ Inciso XIII acrescentado pela Lei 12.973/2014.

→ v. Art. 2º da IN SRF 1.469/2014.

Art. 2º Para determinação do valor da contribuição para o PIS/Pasep aplicar-se-á, sobre a base de cálculo apurada conforme o disposto no art. 1º, a alíquota de 1,65% (um inteiro e sessenta e cinco centésimos por cento).

§ 1º Excetua-se do disposto no *caput* a receita bruta auferida pelos produtores ou importadores, que devem aplicar as alíquotas previstas:

→ § 1º acrescentado pela Lei 10.865/2004.

I – nos incisos I a III do art. 4º da Lei 9.718, de 27 de novembro de 1998, e alterações posteriores, no caso de venda de gasolinas e suas correntes, exceto gasolina de aviação, óleo diesel e suas correntes e gás liquefeito de petróleo – GLP derivado de petróleo e de gás natural;

→ Inciso I com redação alterada pela Lei 10.925/2004.

II – no inciso I do art. 1º da Lei 10.147, de 21 de dezembro de 2000, e alterações posteriores, no caso de venda de produtos farmacêuticos, de perfumaria, de toucador ou de higiene pessoal nele relacionados;

→ Inciso II acrescentado pela Lei 10.865/2004.

III – no art. 1º da Lei 10.485, de 3 de julho de 2002, e alterações posteriores, no caso de venda de máquinas e veículos classificados nos códigos 84.29, 8432.40.00, 84.32.80.00, 8433.20, 8433.30.00, 8433.40.00, 8433.5, 87.01, 87.02, 87.03, 87.04, 87.05 e 87.06, da TIPI;

→ Inciso III acrescentado pela Lei 10.865/2004.

IV – no inciso II do art. 3º da Lei 10.485, de 3 de julho de 2002, no caso de vendas para comerciante atacadista ou varejista ou para consumidores, de autopeças relacionadas nos Anexos I e II da mesma Lei;

→ Inciso IV acrescentado pela Lei 10.865/2004.

V – no *caput* do art. 5º da Lei 10.485, de 3 de julho de 2002, e alterações posteriores, no caso de venda dos produtos classificados nas posições 40.11 (pneus novos de borracha) e 40.13 (câmaras de ar de borracha), da TIPI;

→ Inciso V acrescentado pela Lei 10.865/2004.

VI – no art. 2º da Lei 10.560, de 13 de novembro de 2002, e alterações posteriores, no caso de venda de querosene de aviação;

→ Inciso VI acrescentado pela Lei 10.865/2004.

VII – (*Revogado pela Lei 13.097/2015*).

VIII – (*Revogado pela Lei 13.097/2015*).

IX – (*Revogado pela Lei 13.097/2015*).

X – no art. 23 da Lei 10.865, de 30 de abril de 2004, no caso de venda de gasolinas e suas correntes, exceto gasolina de aviação, óleo diesel e suas correntes, querosene de aviação, gás liquefeito de petróleo – GLP derivado de petróleo e de gás natural.

→ Inciso X acrescentado pela Lei 10.925/2004.

§ 1º-A. Excetua-se do disposto no *caput* deste artigo a receita bruta auferida pelos produtores, importadores ou distribuidores com a venda de álcool, inclusive para fins carburantes, à qual se aplicam as alíquotas previstas no caput e no § 4º do art. 5º da Lei 9.718, de 27 de novembro de 1998.

→ § 1º-A acrescentado pela Lei 11.727/2008.

§ 2º Excetua-se do disposto no *caput* deste artigo a receita bruta decorrente da venda de papel imune a impostos de que trata o art. 150, inciso VI, alínea *d*, da Constituição Federal, quando destinado à impressão de periódicos, que fica sujeita à alíquota de 0,8% (oito décimos por cento).

→ § 2º acrescentado pela Lei 10.865/2004.

§ 3º Fica o Poder Executivo autorizado a reduzir a 0 (zero) e a restabelecer a alíquota incidente sobre receita bruta decorrente da venda de produtos químicos e farmacêuticos, classificados nos Capítulos 29 e 30 da TIPI, sobre produtos destinados ao uso em hospitais, clínicas e consultórios médicos e odontológicos, campanhas de saúde realizadas pelo poder público, laboratório de anatomia patológica, citológica ou de análises clínicas, classificados nas posições 30.02, 30.06, 39.26, 40.15 e 90.18, e sobre semens e embriões da posição 05.11, todos da TIPI.

→ § 3º com redação alterada pela Lei 11.488/2007.

§ 4º Excetua-se do disposto no *caput* deste artigo a receita bruta auferida por pessoa jurídica industrial estabelecida na Zona Franca de Manaus, decorrente da venda de produção própria, consoante projeto aprovado pelo Conselho de Administração da Superintendência da Zona Franca de Manaus - SUFRAMA, que fica sujeita, ressalvado o disposto nos §§ 1º a 3º deste artigo, às alíquotas de:

→ § 4º acrescentado pela Lei 10.996/2004.

I – 0,65% (sessenta e cinco centésimos por cento), no caso de venda efetuada a pessoa jurídica estabelecida:

→ Inciso I acrescentado pela Lei 10.996/2004.

a) na Zona Franca de Manaus; e

b) fora da Zona Franca de Manaus, que apure a Contribuição para o PIS/PASEP no regime de não cumulatividade;

II – 1,3% (um inteiro e três décimos por cento), no caso de venda efetuada a:

→ Inciso II acrescentado pela Lei 10.996/2004.

a) pessoa jurídica estabelecida fora da Zona Franca de Manaus, que apure o imposto de renda com base no lucro presumido;

b) pessoa jurídica estabelecida fora da Zona Franca de Manaus, que apure o imposto de renda com base no lucro real e que tenha sua receita, total ou parcialmente, excluída do regime de incidência não cumulativa da Contribuição para o PIS/PASEP;

c) pessoa jurídica estabelecida fora da Zona Franca de Manaus e que seja optante pelo Sistema Integrado de Pagamento de Impostos e Contribuições – SIMPLES; e

d) órgãos da administração federal, estadual, distrital e municipal.

§ 5º O disposto no § 4º também se aplica à receita bruta auferida por pessoa jurídica industrial ou comercial estabelecida nas Áreas de Livre Comércio de que tratam as Leis 7.965, de 22 de dezembro de 1989, 8.210, de 19 de julho de 1991, e 8.256, de 25 de novembro de 1991, o art. 11 da Lei 8.387, de 30 de dezembro de 1991, e a Lei 8.857, de 8 de março de 1994.

→ § 5º acrescentado pela Lei 11.945/2009.

§ 6º A exigência prevista no § 4º deste artigo relativa ao projeto aprovado não se aplica às pessoas jurídicas comerciais referidas no § 5º deste artigo.

→ § 6º acrescentado pela Lei 11.945/2009.

Art. 3º Do valor apurado na forma do art. 2º a pessoa jurídica poderá descontar créditos calculados em relação a:

I – bens adquiridos para revenda, exceto em relação às mercadorias e aos produtos referidos:

→ *Caput* do inciso I com redação alterada pela Lei 10.865/2004.

a) no inciso III do § 3º do art. 1º desta Lei; e

→ Alínea a com redação alterada pela Lei 11.727/2008.

b) nos §§ 1º e 1º-A do art. 2º desta Lei;

→ Alínea b com redação alterada pela Lei 11.787/2008.

II – bens e serviços, utilizados como insumo na prestação de serviços e na produção ou fabricação de bens ou produtos destinados à venda, inclusive combustíveis e lubrificantes, exceto em relação ao pagamento de que trata o art. 2º da Lei 10.485, de 3 de julho de 2002, devido pelo fabricante ou importador, ao concessionário, pela intermediação ou entrega dos veículos classificados nas posições 87.03 e 87.04 da TIPI;

→ Inciso II com redação alterada pela Lei 10.865/2004.

III – (*Vetado*);

IV – aluguéis de prédios, máquinas e equipamentos, pagos a pessoa jurídica, utilizados nas atividades da empresa;

V – valor das contraprestações de operações de arrendamento mercantil de pessoa jurídica, exceto de optante pelo Sistema Integrado de Pagamento de Impostos e Contribuições das Microempresas e das Empresas de Pequeno Porte – SIMPLES;

→ Inciso V com redação alterada pela Lei 10.865/2004.

VI – máquinas, equipamentos e outros bens incorporados ao ativo imobilizado, adquiridos ou fabricados para locação a terceiros ou para utilização na produção de bens destinados à venda ou na prestação de serviços.

→ Inciso VI com redação alterada pela Lei 11.196/2005.

VII – edificações e benfeitorias em imóveis de terceiros, quando o custo, inclusive de mão de obra, tenha sido suportado pela locatária;

VIII – bens recebidos em devolução, cuja receita de venda tenha integrado faturamento do mês ou de mês anterior, e tributada conforme o disposto nesta Lei.

IX – energia elétrica e energia térmica, inclusive sob a forma de vapor, consumidas nos estabelecimentos da pessoa jurídica.

→ Inciso IX com redação alterada pela Lei 11.488/2007.

X – vale-transporte, vale-refeição ou vale-alimentação, fardamento ou uniforme fornecidos aos empregados por pessoa jurídica que explore as atividades de prestação de serviços de limpeza, conservação e manutenção.

→ Inciso X acrescentado pela Lei 11.898/2009.

XI – bens incorporados ao ativo intangível, adquiridos para utilização na produção de bens destinados a venda ou na prestação de serviços.

→ Inciso XI acrescentado pela Lei 12.973/2014.

→ *v.* Art. 2º da IN SRF 1.469/2014.

§ 1º O crédito será determinado mediante a aplicação da alíquota prevista no *caput* do art. 2º desta Lei sobre o valor:

→ *Caput* do § 1º com redação alterada pela Lei 10.865/2004.

I – dos itens mencionados nos incisos I e II do *caput*, adquiridos no mês;

II – dos itens mencionados nos incisos IV, V e IX do *caput*, incorridos no mês;

→ Inciso II com redação alterada pela Lei 10.684/2003.

III – dos encargos de depreciação e amortização dos bens mencionados nos incisos VI, VII e XI do *caput*, incorridos no mês;

→ Inciso III com redação alterada pela Lei 12.973/2014.

→ *v.* Art. 2º da IN SRF 1.469/2014.

IV – dos bens mencionados no inciso VIII do *caput*, devolvidos no mês.

§ 2º Não dará direito a crédito o valor:

→ § 2º com redação alterada pela Lei 10.865/2004.

I – de mão de obra paga a pessoa física; e

II – da aquisição de bens ou serviços não sujeitos ao pagamento da contribuição, inclusive no caso de isenção, esse último quando revendidos ou utilizados como insumo em produtos ou serviços sujeitos à alíquota 0 (zero), isentos ou não alcançados pela contribuição.

§ 3º O direito ao crédito aplica-se, exclusivamente, em relação:

I – aos bens e serviços adquiridos de pessoa jurídica domiciliada no País;

II – aos custos e despesas incorridos, pagos ou creditados a pessoa jurídica domiciliada no País;

III – aos bens e serviços adquiridos e aos custos e despesas incorridos a partir do mês em que se iniciar a aplicação do disposto nesta Lei.

§ 4º O crédito não aproveitado em determinado mês poderá sê-lo nos meses subsequentes.

§ 5º (*Vetado*).

§ 6º (*Vetado*).

§ 7º Na hipótese de a pessoa jurídica sujeitar-se à incidência não cumulativa da contribuição para o PIS/Pasep, em relação apenas a parte de suas receitas, o crédito será apurado, exclusivamente, em relação aos custos, despesas e encargos vinculados a essas receitas.

§ 8º Observadas as normas a serem editadas pela Secretaria da Receita Federal, no caso de custos, despesas e encargos vinculados às receitas referidas no § 7º e àquelas submetidas ao regime de incidência cumulativa dessa contribuição, o crédito será determinado, a critério da pessoa jurídica, pelo método de:

I – apropriação direta, inclusive em relação aos custos, por meio de sistema de contabilidade de custos integrada e coordenada com a escrituração; ou

II – rateio proporcional, aplicando-se aos custos, despesas e encargos comuns a relação percentual existente entre a receita bruta sujeita à incidência não cumulativa e a receita bruta total, auferidas em cada mês.

§ 9º O método eleito pela pessoa jurídica será aplicado consistentemente por todo o ano-calendário, observadas as normas a serem editadas pela Secretaria da Receita Federal.

§ 10. (*Revogado pela Lei 10.925/2004*).

§ 11. (*Revogado pela Lei 10.925/2004*).

§ 12. Ressalvado o disposto no § 2º deste artigo e nos §§ 1º a 3º do art. 2º desta Lei, na aquisição de mercadoria produzida por pessoa jurídica estabelecida na Zona Franca de Manaus, consoante projeto aprovado pelo Conselho de Administração da Superintendência da Zona Franca de Manaus – SUFRAMA, o crédito será determinado mediante a aplicação da alíquota de 1% (um por cento) e, na situação de que trata a alínea *b* do inciso II do § 4º do art. 2º desta Lei, mediante a aplicação da alíquota de 1,65% (um inteiro e sessenta e cinco centésimos por cento).

→ § 12 com redação alterada pela Lei 11.307/2006.

§ 13. Não integram o valor das máquinas, equipamentos e outros bens fabricados para incorporação ao ativo imobilizado na forma do inciso VI do *caput* deste artigo os custos de que tratam os incisos do § 2º deste artigo.

→ § 13 acrescentado pela Lei 11.196/2005.

§ 14. Excetuam-se do disposto neste artigo os distribuidores e os comerciantes atacadistas e varejistas das mercadorias e produtos referidos no § 1º do art. 2º desta Lei, em relação aos custos, despesas e encargos vinculados a essas receitas, não se aplicando a manutenção de créditos de que trata o art. 17 da Lei 11.033, de 21 de dezembro de 2004.

→ A MP 413/2008 que acrescentou o § 14 está revogada.

§ 15. O disposto no § 12 deste artigo também se aplica na hipótese de aquisição de mercadoria produzida por pessoa jurídica estabelecida nas Áreas de Livre Comércio de que tratam as Leis 7.965, de 22 de dezembro de 1989, 8.210, de 19 de julho de 1991, e 8.256, de 25 de novembro de 1991, o art. 11 da Lei 8.387, de 30 de dezembro de 1991, e a Lei 8.857, de 8 de março de 1994.

→ § 15 acrescentado pela Lei 11.945/2009.

§ 16. Ressalvado o disposto no § 2º deste artigo e nos §§ 1º a 3º do art. 2º desta Lei, na hipótese de aquisição de mercadoria revendida por pessoa jurídica comercial estabelecida nas Áreas de Livre Comércio referidas no § 15, o crédito será determinado mediante a aplicação da alíquota de 0,65% (sessenta e cinco centésimos por cento).

→ § 16 acrescentado pela Lei 11.945/2009.

§ 17. No cálculo do crédito de que tratam os incisos do *caput*, poderão ser considerados os valores decorrentes do ajuste a valor presente de que trata o inciso III do *caput* do art. 184 da Lei 6.404, de 15 de dezembro de 1976.

→ § 17 acrescentado pela Lei 12.973/2014.

→ *v.* Art. 2º da IN SRF 1.469/2014.

§ 18. O disposto nos incisos VI e VII do *caput* não se aplica no caso de bem objeto de arrendamento mercantil, na pessoa jurídica arrendatária.

→ § 18 acrescentado pela Lei 12.973/2014.

→ *v.* Art. 2º da IN SRF 1.469/2014.

§ 19. Para fins do disposto nos incisos VI e VII do *caput*, fica vedado o desconto de quaisquer créditos calculados em relação a:

→ § 19 acrescentado pela Lei 12.973/2014.

→ *v.* Art. 2º da IN SRF 1.469/2014.

I – encargos associados a empréstimos registrados como custo na forma da alínea *b* do § 1º do art. 17 do Decreto-Lei 1.598, de 26 de dezembro de 1977; e

II – custos estimados de desmontagem e remoção do imobilizado e de restauração do local em que estiver situado.

§ 20. No cálculo dos créditos a que se referem os incisos VI e VII do *caput*, não serão computados os ganhos e perdas decorrentes de avaliação de ativo com base no valor justo.

→ § 20 acrescentado pela Lei 12.973/2014.

→ *v.* Art. 2º da IN SRF 1.469/2014.

§ 21. Na execução de contratos de concessão de serviços públicos, os créditos gerados pelos serviços de construção, recuperação, reforma, ampliação ou melhoramento de infraestrutura quando a receita correspondente tiver contrapartida em ativo intangível, representativo de direito de exploração, ou em ativo financeiro, somente poderão ser aproveitados, no caso do ativo intangível, à medida que este for amortizado e, no caso do ativo financeiro, na proporção de seu recebimento, excetuado, para ambos os casos, o crédito previsto no inciso VI do *caput*.

→ § 21 acrescentado pela Lei 12.973/2014.

→ *v.* Art. 2º da IN SRF 1.469/2014.

§ 22. O disposto no inciso XI do *caput* não se aplica ao ativo intangível referido no § 21.

→ § 22 acrescentado pela Lei 12.973/2014.

→ *v.* Art. 2º da IN SRF 1.469/2014.

Art. 4º O contribuinte da contribuição para o PIS/Pasep é a pessoa jurídica que auferir as receitas a que se refere o art. 1º.

Art. 5º A contribuição para o PIS/Pasep não incidirá sobre as receitas decorrentes das operações de:

I – exportação de mercadorias para o exterior;

II – prestação de serviços para pessoa física ou jurídica residente ou domiciliada no exterior, cujo pagamento represente ingresso de divisas;

→ Inciso II com redação alterada pela Lei 10.865/2004.

III – vendas a empresa comercial exportadora com o fim específico de exportação.

§ 1º Na hipótese deste artigo, a pessoa jurídica vendedora poderá utilizar o crédito apurado na forma do art. 3º para fins de:

I – dedução do valor da contribuição a recolher, decorrente das demais operações no mercado interno;

II – compensação com débitos próprios, vencidos ou vincendos, relativos a tributos e contribuições administrados pela Secretaria da Receita Federal, observada a legislação específica aplicável à matéria.

§ 2º A pessoa jurídica que, até o final de cada trimestre do ano civil, não conseguir utilizar o crédito por qualquer das formas previstas no § 1º, poderá solicitar o seu ressarcimento em dinheiro, observada a legislação específica aplicável à matéria.

Art. 5º-A. Ficam reduzidas a 0 (zero) as alíquotas da contribuição para o PIS/PASEP e da COFINS incidentes sobre as receitas decorrentes da comercialização de matérias-primas, produtos intermediários e materiais de embalagem, produzidos na Zona Franca de Manaus para emprego em processo de industrialização por estabelecimentos industriais ali instalados e consoante projetos aprovados pelo Conselho de Administração da Superintendência da Zona Franca de Manaus – SUFRAMA.

→ Artigo com redação alterada pela Lei 10.865/2004.

Art. 6º (*Revogado pela Lei 10.833/2003*).

Art. 7º A empresa comercial exportadora que houver adquirido mercadorias de outra pessoa jurídica, com o fim específico de exportação para o exterior, que, no prazo de 180 (cento e oitenta) dias, contado da data da emissão da nota fiscal pela vendedora, não comprovar o seu embarque para o exterior, ficará sujeita ao pagamento de todos os impostos e contribuições que deixaram de ser pagos pela empresa vendedora, acrescidos de juros de mora e multa, de mora ou de ofício, calculados na forma da legislação que rege a cobrança do tributo não pago.

§ 1º Para efeito do disposto neste artigo, considera-se vencido o prazo para o pagamento na data em que a empresa vendedora deveria fazê-lo, caso a venda houvesse sido efetuada para o mercado interno.

§ 2º No pagamento dos referidos tributos, a empresa comercial exportadora não poderá deduzir, do montante devido, qualquer valor a título de crédito de Imposto sobre Produtos Industrializados (IPI) ou de contribuição para o PIS/Pasep, decorrente da aquisição das mercadorias e serviços objeto da incidência.

§ 3º A empresa deverá pagar, também, os impostos e contribuições devidos nas vendas para o mercado interno, caso, por qualquer forma, tenha alienado ou utilizado as mercadorias.

Art. 8º Permanecem sujeitas às normas da legislação da contribuição para o PIS/Pasep, vigentes anteriormente a esta Lei, não se lhes aplicando as disposições dos arts. 1º a 6º:

I – as pessoas jurídicas referidas nos §§ 6º, 8º e 9º do art. 3º da Lei 9.718, de 27 de novembro de 1998 (parágrafos introduzidos pela Medida Provisória 2.158-35, de 24 de agosto de 2001), e Lei 7.102, de 20 de junho de 1983;

II – as pessoas jurídicas tributadas pelo imposto de renda com base no lucro presumido ou arbitrado;

III – as pessoas jurídicas optantes pelo Simples;

IV – as pessoas jurídicas imunes a impostos;

V – os órgãos públicos, as autarquias e fundações públicas federais, estaduais e municipais, e as fundações cuja criação tenha sido autorizada por lei, referidas no art. 61 do Ato das Disposições Constitucionais Transitórias da Constituição de 1988;

VI – (*Vetado*);

VII – as receitas decorrentes das operações:

a) (*Revogada pela Lei 11.727/2008*).

b) sujeitas à substituição tributária da contribuição para o PIS/Pasep;

c) referidas no art. 5º da Lei 9.716, de 26 de novembro de 1998;

VIII – as receitas decorrentes de prestação de serviços de telecomunicações;

IX – (*Vetado*);

X – (*Vetado*);

→ Inciso X com redação alterada pela Lei 12.973/2014.

→ *v.* Art. 2º da IN SRF 1.469/2014.

XI – as receitas decorrentes de prestação de serviços das empresas jornalísticas e de radiodifusão sonora e de sons e imagens.

→ Inciso XI acrescentado pela Lei 10.684/2003.

XII – as receitas decorrentes de operações de comercialização de pedra britada, de areia para construção civil e de areia de brita.

→ Inciso XII acrescentado pela Lei 12.693/2012.

XIII – as receitas decorrentes da alienação de participações societárias.

→ Inciso XIII acrescentado pela Lei 13.043/2014.

Art. 9º (*Vetado*).

Art. 10. A contribuição de que trata o art. 1º desta Lei deverá ser paga até o 25º (vigésimo quinto) dia do mês subsequente ao de ocorrência do fato gerador.

→ Artigo com redação alterada pela Lei 11.933/2009.

Parágrafo único. Se o dia do vencimento de que trata o *caput* deste artigo não for dia útil, considerar-se-á antecipado o prazo para o primeiro dia útil que o anteceder.

Art. 11. A pessoa jurídica contribuinte do PIS/Pasep, submetida à apuração do valor devido na forma do art. 3º, terá direito a desconto correspondente ao estoque de abertura dos bens de que tratam os incisos I e II desse artigo, adquiridos de pessoa jurídica domiciliada no País, existentes em 1º de dezembro de 2002.

§ 1º O montante de crédito presumido será igual ao resultado da aplicação do percentual de 0,65% (sessenta e cinco centésimos por cento) sobre o valor do estoque.

§ 2º O crédito presumido calculado segundo os §§ 1º e 7º será utilizado em 12 (doze) parcelas mensais, iguais e sucessivas, a partir da data a que se refere o caput deste artigo.

→ § 2º com redação alterada pela Lei 10.865/2004.

§ 3º A pessoa jurídica que, tributada com base no lucro presumido, passar a adotar o regime de tributação com base no lucro real, terá, na hipótese de, em decorrência dessa opção, sujeitar-se à incidência não cumulativa da contribuição para o PIS/Pasep, direito a desconto correspondente ao estoque de abertura dos bens e ao aproveitamento do crédito presumido na forma prevista neste artigo.

§ 4º O disposto no *caput* aplica-se também aos estoques de produtos acabados e em elaboração.

→ § 4º acrescentado pela Lei 10.684/2003.

§ 5º O disposto neste artigo aplica-se, também, aos estoques de produtos que não geraram crédito na aquisição, em decorrência do disposto nos §§ 7º a 9º do art. 3º desta Lei, destinados à fabricação dos produtos de que tratam as Leis 9.990, de 21 de julho de 2000, 10.147, 21 de dezembro de 2000, 10.485, de 3 de julho de 2002, e 10.560, de 13 de novembro de 2002, ou quaisquer outros submetidos à incidência monofásica da contribuição.

→ § 5º acrescentado pela Lei 10.865/2004.

§ 6º As disposições do § 5º não se aplicam aos estoques de produtos adquiridos a alíquota 0 (zero), isentos ou não alcançados pela incidência da contribuição.

→ § 6º acrescentado pela Lei 10.865/2004.

§ 7º O montante do crédito presumido de que trata o § 5º deste artigo será igual ao resultado da aplicação da alíquota de 1,65% (um inteiro e sessenta e cinco centésimos por cento) sobre o valor do estoque, inclusive para as pessoas jurídicas fabricantes dos produtos referidos no art. 51 da Lei 10.833, de 29 de dezembro de 2003.

→ § 7º com redação alterada pela Lei 10.925/2004.

Art. 12. Até 31 de dezembro de 2003, o Poder Executivo submeterá ao Congresso Nacional projeto de lei tornando não cumulativa a cobrança da Contribuição para o Financiamento da Seguridade Social (Cofins).

Parágrafo único. O projeto conterá também a modificação, se necessária, da alíquota da contribuição para o PIS/Pasep, com a finalidade de manter constante, em relação a períodos anteriores, a parcela da arrecadação afetada pelas alterações introduzidas por esta Lei.

Capítulo II
DAS OUTRAS DISPOSIÇÕES RELATIVAS À LEGISLAÇÃO TRIBUTÁRIA E ADUANEIRA

Art. 13. Poderão ser pagos até o último dia útil de janeiro de 2003, em parcela única, os débitos a que se refere o art. 11 da Medida Provisória 2.158-35, de 24 de agosto de 2001, vinculados ou não a qualquer ação judicial, relativos a fatos geradores ocorridos até 30 de abril de 2002.

§ 1º Para os efeitos deste artigo, a pessoa jurídica deverá comprovar a desistência expressa e irrevogável de todas as ações judiciais que tenham por objeto os tributos a serem pagos e renunciar a qualquer alegação de direito sobre a qual se fundam as referidas ações.

§ 2º Na hipótese de que trata este artigo, serão dispensados os juros de mora devidos até janeiro de 1999, sendo exigido esse encargo, na forma do § 4º do art. 17 da Lei 9.779, de 19 de janeiro de 1999, acrescido pela Medida Provisória 2.158-35, de 24 de agosto de 2001, a partir do mês:

I – de fevereiro do referido ano, no caso de fatos geradores ocorridos até janeiro de 1999;

II – seguinte ao da ocorrência do fato gerador, nos demais casos.

§ 3º Na hipótese deste artigo, a multa, de mora ou de ofício, incidente sobre o débito constituído ou não, será reduzida no percentual fixado no *caput* do art. 6º da Lei 8.218, de 29 de agosto de 1991.

§ 4º Para efeito do disposto no *caput*, se os débitos forem decorrentes de lançamento de ofício e se encontrarem com exigibilidade suspensa por força do inciso III do art. 151 da Lei 5.172, de 25 de outubro de 1966, o sujeito passivo deverá desistir expressamente e de forma irrevogável da impugnação ou do recurso interposto.

Art. 14. Os débitos de que trata o art. 13, relativos a fatos geradores vinculados a ações judiciais propostas pelo sujeito passivo contra exigência de imposto ou contribuição instituído após 1º de janeiro de 1999 ou contra majoração, após aquela data, de tributo ou contribuição anteriormente instituído, poderão ser pagos em parcela única até o último dia útil de janeiro de 2003 com a dispensa de multas moratória e punitivas.

§ 1º Para efeito deste artigo, o contribuinte ou o responsável deverá comprovar a desistência expressa e irrevogável de todas as ações judiciais que tenham por objeto os tributos a serem pagos na forma do *caput*, e renunciar a qualquer alegação de direito sobre as quais se fundam as referidas ações.

§ 2º O benefício de que trata este artigo somente poderá ser usufruído caso o contribuinte ou o responsável pague integralmente, no mesmo prazo estabelecido no *caput*, os débitos nele referidos, relativos a fatos geradores ocorridos de maio de 2002 até o mês anterior ao do pagamento.

§ 3º Na hipótese deste artigo, os juros de mora devidos serão determinados pela variação mensal da Taxa de Juros de Longo Prazo (TJLP).

Art. 15. Relativamente aos tributos e contribuições administrados pela Secretaria da Receita Federal, o contribuinte ou o responsável que, a partir de 15 de maio de 2002, tenha efetuado pagamento de débitos, em conformidade com norma de caráter exonerativo, e divergir em relação ao valor de débito constituído de ofício, poderá impugnar, com base nas normas estabelecidas no Decreto 70.235, de 6 de março de 1972, a parcela não reconhecida como devida, desde que a impugnação:

I – seja apresentada juntamente com o pagamento do valor reconhecido como devido;

II – verse, exclusivamente, sobre a divergência de valor, vedada a inclusão de quaisquer outras matérias, em especial as de direito em que se fundaram as respectivas ações judiciais ou impugnações e recursos anteriormente apresentados contra o mesmo lançamento;

III – seja precedida do depósito da parcela não reconhecida como devida, determinada de conformidade com o disposto na Lei 9.703, de 17 de novembro de 1998.

§ 1º Da decisão proferida em relação à impugnação de que trata este artigo caberá recurso nos termos do Decreto 70.235, de 6 de março de 1972.

§ 2º A conclusão do processo administrativo-fiscal, por decisão definitiva em sua esfera ou desistência do sujeito passivo, implicará a imediata conversão em renda do depósito efetuado, na parte favorável à Fazenda Nacional, transformando-se em pagamento definitivo.

§ 3º A parcela depositada nos termos do inciso III do caput que venha a ser considerada indevida por força da decisão referida no § 2º sujeitar-se-á ao disposto na Lei 9.703, de 17 de novembro de 1998.

§ 4º O disposto neste artigo também se aplica a majoração ou a agravamento de multa de ofício, na hipótese do art. 13.

Art. 16. Aplica-se o disposto nos arts. 13 e 14 às contribuições arrecadadas pelo Instituto Nacional do Seguro Social (INSS), observada regulamentação editada por esse órgão, em especial quanto aos procedimentos no âmbito de seu contencioso administrativo.

Art. 17. A opção pela modalidade de pagamento de débitos prevista no *caput* do art. 5º da Medida Provisória 2.222, de 4 de setembro de 2001, poderá ser exercida até o último dia útil do mês de janeiro de 2003, desde que o pagamento seja efetuado em parcela única até essa data.

Parágrafo único. Os débitos a serem pagos em decorrência do disposto no *caput* serão acrescidos de juros equivalentes à taxa do Sistema Especial de Liquidação e Custódia (Selic) para títulos federais, acumulada mensalmente, calculados a partir do mês de janeiro de 2002 até o mês anterior ao do pagamento, e adicionados de 1% (um por cento) relativamente ao mês em que o pagamento estiver sendo feito.

Art. 18. Os débitos relativos à contribuição para o Programa de Formação do Patrimônio do Servidor Público (Pasep) dos Estados, do Distrito Federal e dos Municípios, bem como de suas autarquias e fundações públicas, sem exigibilidade suspensa, correspondentes a fato gerador ocorrido até 30 de abril de 2002, poderão ser pagos mediante regime especial de parcelamento, por opção da pessoa jurídica de direito público interno devedora.

Parágrafo único. A opção referida no *caput* deverá ser formalizada até o último dia útil do mês de setembro de 2002, nos termos e condições estabelecidos pela Secretaria da Receita Federal.

Art. 19. O regime especial de parcelamento referido no art. 18 implica a consolidação dos débitos na data da opção e abrangerá a totalidade dos débitos existentes em nome da optante, constituídos ou não, inclusive os juros de mora incidentes até a data de opção.

Parágrafo único. O débito consolidado na forma deste artigo:

I – sujeitar-se-á, a partir da data da consolidação, a juros equivalentes à taxa do Selic para títulos federais, acumulada mensalmente, calculados a partir da data de deferimento do pedido até o mês anterior ao do pagamento, e adicionados de 1% (um por cento) relativamente ao mês em que o pagamento estiver sendo feito;

II – será pago mensalmente, até o último dia útil da primeira quinzena de cada mês, no valor equivalente a 5% (cinco por cento) do valor devido no mesmo mês pela optante, relativo ao Pasep correspondente ao fato gerador ocorrido no mês imediatamente anterior, até a liquidação total do débito;

III – a última parcela será paga pelo valor residual do débito, quando inferior ao referido no inciso II.

Art. 20. A opção pelo regime especial de parcelamento referido no art. 18 sujeita a pessoa jurídica:

I – à confissão irrevogável e irretratável dos débitos referidos no art. 19;

II – ao pagamento regular das parcelas do débito consolidado, bem como dos valores devidos relativos ao Pasep decorrentes de fatos geradores ocorridos posteriormente a 30 de abril de 2002.

Parágrafo único. A opção pelo regime especial exclui qualquer outra forma de parcelamento de débitos relativos ao Pasep.

Art. 21. A pessoa jurídica optante pelo regime especial do parcelamento referido no art. 18 será dele excluída nas seguintes hipóteses:

I – inobservância da exigência estabelecida no inciso I do art. 20;

II – inadimplência, por 2 (dois) meses consecutivos ou 6 (seis) alternados, relativamente ao Pasep, inclusive decorrente de fatos geradores ocorridos posteriormente a 30 de abril de 2002.

§ 1º A exclusão da pessoa jurídica do regime especial implicará exigibilidade imediata da totalidade do crédito confessado e ainda não pago.

§ 2º A exclusão será formalizada por meio de ato da Secretaria da Receita Federal e produzirá efeitos a partir do mês subsequente àquele em que a pessoa jurídica optante for cientificada.

Art. 22. (*Vetado*).

Art. 23. A opção pelo parcelamento alternativo ao Refis de que trata o art. 12 da Lei 9.964, de 10 de abril de 2000, regularmente efetuada, poderá ser convertida em opção pelo Refis, e vice-versa, na hipótese de erro de fato cometido por ocasião do primeiro pagamento efetuado, observadas as normas estabelecidas pelo Comitê Gestor do referido Programa.

§ 1º A mudança de opção referida neste artigo deverá ser solicitada até o último dia útil do mês de janeiro de 2003.

§ 2º A pessoa jurídica excluída do parcelamento alternativo ao Refis em razão de pagamento de parcela em valor inferior ao fixado no art. 12, § 1º, da Lei 9.964, de 10 de abril de 2000, acrescido de juros correspondentes à variação mensal da Taxa de Juros de Longo Prazo (TJLP), poderá ter sua opção restabelecida, observado o disposto no *caput*.

§ 3º A conversão da opção nos termos deste artigo não implica restituição ou compensação de valores já pagos.

Art. 24. O *caput* do art. 10 da Lei 10.522, de 19 de julho de 2002, passa a vigorar com a seguinte redação:

→ Alteração efetuada na referida Lei.

Art. 25. Relativamente aos tributos e contribuições administrados pela Secretaria da Receita Federal, na hipótese de, na data do pagamento realizado de conformidade com norma de caráter exonerativo, o contribuinte ou o responsável estiver sob ação de fiscalização relativamente à matéria a ser objeto desse pagamento, a parcela não reconhecida como devida poderá ser impugnada no prazo fixado na intimação constante do auto de infração ou da notificação de lançamento, nas condições estabelecidas pela referida norma, inclusive em relação ao depósito da respectiva parcela dentro do prazo previsto para o pagamento do valor reconhecido como devido.

Art. 26. Poderão optar pelo Sistema Integrado de Pagamento de Impostos e Contribuições das Microempresas e das Empresas de Pequeno Porte (Simples), nas condições estabelecidas pela Lei 9.317, de 5 de dezembro de 1996, as pessoas jurídicas que se dediquem exclusivamente às atividades de:

I – agência de viagem e turismo;

II a IX – (*Vetados*).

Art. 27. A operação de comércio exterior realizada mediante utilização de recursos de terceiro presume-se por conta e ordem deste, para fins de aplicação do disposto nos arts. 77 a 81 da Medida Provisória 2.158-35, de 24 de agosto de 2001.

Art. 28. As empresas de transporte internacional que operem em linha regular, por via aérea ou marítima, deverão prestar informações sobre tripulantes e passageiros, na forma e no prazo estabelecidos pela Secretaria da Receita Federal.

Parágrafo único. O descumprimento do disposto neste artigo ensejará a aplicação de multa no valor de:

I – R$ 5.000,00 (cinco mil reais) por veículo cujas informações não sejam prestadas; ou

II – R$ 200,00 (duzentos reais) por informação omitida, limitado ao valor de R$ 5.000,00 (cinco mil reais) por veículo.

Art. 29. As matérias-primas, os produtos intermediários e os materiais de embalagem, destinados a estabelecimento que se dedique, preponderantemente, à elaboração de produtos classificados nos Capítulos 2, 3, 4, 7, 8, 9, 10, 11, 12, 15, 16, 17, 18, 19, 20, 23 (exceto códigos 2309.10.00 e 2309.90.30 e Ex-01 no código 2309.90.90), 28, 29, 30, 31 e 64, no código 2209.00.00 e 2501.00.00, e nas posições 21.01 a 21.05.00, da Tabela de Incidência do Imposto sobre Produtos Industrializados – TIPI, inclusive aqueles a que corresponde a notação NT (não tributados), sairão do estabelecimento industrial com suspensão do referido imposto.

→ *Caput* com redação alterada pela Lei 10.684/2003.

§ 1º O disposto neste artigo aplica-se, também, às saídas de matérias-primas, produtos intermediários e materiais de embalagem, quando adquiridos por:

I – estabelecimentos industriais fabricantes, preponderantemente, de:

a) componentes, chassis, carroçarias, partes e peças dos produtos a que se refere o art. 1º da Lei 10.485, de 3 de julho de 2002;

b) partes e peças destinadas a estabelecimento industrial fabricante de produto classificado no Capítulo 88 da Tipi;

c) bens de que trata o § 1º-C do art. 4º da Lei 8.248, de 23 de outubro de 1991, que gozem do benefício referido no *caput* do mencionado artigo;

→ Alínea *c* acrescentada pela Lei 11.908/2009.

II – pessoas jurídicas preponderantemente exportadoras.

§ 2º O disposto no *caput* e no inciso I do § 1º aplica-se ao estabelecimento industrial cuja receita bruta decorrente dos produtos ali referidos, no ano-calendário imediatamente anterior ao da aquisição, houver sido superior a 60% (sessenta por cento) de sua receita bruta total no mesmo período.

§ 3º Para fins do disposto no inciso II do § 1º, considera-se pessoa jurídica preponderantemente exportadora aquela cuja receita bruta decorrente de exportação para o exterior, no ano-calendário imediatamente anterior ao da aquisição, tenha sido superior a 50% (cinquenta por cento) de sua receita bruta total de venda de bens e serviços no mesmo período, após excluídos os impostos e contribuições incidentes sobre a venda.

→ § 3º com redação alterada pela Lei 12.715/2012.

§ 4º As matérias-primas, os produtos intermediários e os materiais de embalagem, importados diretamente por estabelecimento de que tratam o caput e o § 1º serão desembaraçados com suspensão do IPI.

§ 5º A suspensão do imposto não impede a manutenção e a utilização dos créditos do IPI pelo respectivo estabelecimento industrial, fabricante das referidas matérias-primas, produtos intermediários e materiais de embalagem.

§ 6º Nas notas fiscais relativas às saídas referidas no § 5º, deverá constar a expressão "Saída com suspensão do IPI", com a especificação do dispositivo legal correspondente, vedado o registro do imposto nas referidas notas.

§ 7º Para os fins do disposto neste artigo, as empresas adquirentes deverão:

I – atender aos termos e às condições estabelecidos pela Secretaria da Receita Federal;

II – declarar ao vendedor, de forma expressa e sob as penas da lei, que atende a todos os requisitos estabelecidos.

§ 8º (*Revogado pela Lei 12.712/2012*).

Art. 30. A falta de prestação das informações a que se refere o art. 5º da Lei Complementar 105, de 10 de janeiro de 2001, ou sua apresentação de forma inexata ou incompleta, sujeita a pessoa jurídica às seguintes penalidades:

I – R$ 50,00 (cinquenta reais) por grupo de cinco informações inexatas, incompletas ou omitidas;

II – R$ 5.000,00 (cinco mil reais) por mês-calendário ou fração, independentemente da sanção prevista no inciso I, na hipótese de atraso na entrega da declaração que venha a ser instituída para o fim de apresentação das informações.

§ 1º O disposto no inciso II do *caput* aplica-se também à declaração que não atenda às especificações que forem estabelecidas pela Secretaria da Receita Federal, inclusive quando exigida em meio digital.

§ 2º As multas de que trata este artigo serão:

I – apuradas considerando o período compreendido entre o dia seguinte ao término do prazo fixado para a entrega da declaração até a data da efetiva entrega;

II – majoradas em 100% (cem por cento), na hipótese de lavratura de auto de infração.

§ 3º Na hipótese de lavratura de auto de infração, caso a pessoa jurídica não apresente a declaração, serão lavrados autos de infração complementares até a sua efetiva entrega.

Art. 31. A falta de apresentação dos elementos a que se refere o art. 6º da Lei Complementar 105, de 10 de janeiro de 2001, ou sua apresentação de forma inexata ou incompleta, sujeita a pessoa jurídica à multa equivalente a 2% (dois por cento) do valor das operações objeto da requisição, apurado por meio de procedimento fiscal junto à própria pessoa jurídica ou ao titular da conta de depósito ou da aplicação financeira, bem como a terceiros, por mês-calendário ou fração de atraso, limitada a 10% (dez por cento), observado o valor mínimo de R$ 50.000,00 (cinquenta mil reais).

Parágrafo único. À multa de que trata este artigo aplica-se o disposto nos §§ 2º e 3º do art. 30.

Art. 32. As entidades fechadas de previdência complementar poderão excluir da base de cálculo da contribuição para o PIS/Pasep e da Cofins, além dos valores já previstos na legislação vigente, os referentes a:

I – rendimentos relativos a receitas de aluguel, destinados ao pagamento de benefícios de aposentadoria, pensão, pecúlio e resgates;

II – receita decorrente da venda de bens imóveis, destinada ao pagamento de benefícios de aposentadoria, pensão, pecúlio e resgates;

III – resultado positivo auferido na reavaliação da carteira de investimentos imobiliários referida nos incisos I e II.

Parágrafo único. As entidades de que trata o *caput* poderão pagar em parcela única, até o último dia útil do mês de novembro de 2002, com dispensa de juros e multa, os débitos relativos à contribuição para o PIS/Pasep e à Cofins, constituídos ou não, inscritos ou não em Dívida Ativa, ajuizados ou a ajuizar, referentes a fatos geradores ocorridos até 31 de julho de 2002 e decorrentes de:

I – rendimentos relativos a receitas de aluguel, destinados ao pagamento de benefícios de aposentadoria, pensão, pecúlio e resgates;

II – receita decorrente da venda de bens imóveis, destinada ao pagamento de benefícios de aposentadoria, pensão, pecúlio e resgates;

III – resultado positivo auferido na reavaliação da carteira de investimentos imobiliários referida nos incisos I e II.

Art. 33. (*Vetado*).

Art. 34. A condição e a vedação estabelecidas, respectivamente, no art. 13, § 2º, III, *b*, da Lei 9.249, de 26 de dezembro de 1995, e no art. 12, § 2º, *a*, da Lei 9.532, de 10 de dezembro de 1997, não alcançam a hipótese de remuneração de dirigente, em decorrência de vínculo empregatício, pelas Organizações da Sociedade Civil de Interesse Público (Oscip), qualificadas segundo as normas estabelecidas na Lei 9.790, de 23 de março de 1999, e pelas Organizações Sociais (OS), qualificadas consoante os dispositivos da Lei 9.637, de 15 de maio de 1998.

Parágrafo único. O disposto neste artigo aplica-se somente à remuneração não superior, em seu valor bruto, ao limite estabelecido para a remuneração de servidores do Poder Executivo Federal.

Art. 35. A receita decorrente da avaliação de títulos e valores mobiliários, instrumentos financeiros, derivativos e itens objeto de hedge, registrada pelas instituições financeiras e demais entidades autorizadas a funcionar pelo Banco Central do Brasil, instituições autorizadas a operar pela Superintendência de Seguros Privados – Susep e sociedades autorizadas a operar em seguros ou resseguros em decorrência da valoração a preço de mercado no que exceder ao rendimento produzido até a referida data somente será computada na base de cálculo do Imposto de Renda das Pessoas Jurídicas, da Contribuição Social sobre o Lucro Líquido, da Contribuição para o Financiamento da Seguridade Social (Cofins) e da contribuição para o PIS/Pasep quando da alienação dos respectivos ativos.

§ 1º Na hipótese de desvalorização decorrente da avaliação mencionada no *caput*, o reconhecimento da perda para efeito do Imposto de Renda das Pessoas Jurídicas e da Contribuição Social sobre o Lucro Líquido será computada também quando da alienação.

§ 2º Para fins do disposto neste artigo, considera-se alienação qualquer forma de transmissão da propriedade, bem como a liquidação, o resgate e a cessão dos referidos títulos e valores mobiliários, instrumentos financeiros derivativos e itens objeto de hedge.

§ 3º Os registros contábeis de que trata este artigo serão efetuados em contrapartida à conta de ajustes específica para esse fim, na forma a ser estabelecida pela Secretaria da Receita Federal.

§ 4º Ficam convalidados os procedimentos efetuados anteriormente à vigência desta Lei, no curso do ano-calendário de 2002, desde que observado o disposto neste artigo.

Art. 36. (*Revogado pela Lei 11.196/2005*).

Art. 37. (*Revogado pela Lei 11.727/2008*).

Art. 38. Fica instituído, em relação aos tributos e contribuições administrados pela Secretaria da Receita Federal, bônus de adimplência fiscal, aplicável às pessoas jurídicas submetidas ao regime de tributação com base no lucro real ou presumido.

§ 1º O bônus referido no *caput*:

I – corresponde a 1% (um por cento) da base de cálculo da CSLL determinada segundo as normas estabelecidas para as pessoas jurídicas submetidas ao regime de apuração com base no lucro presumido;

II – será calculado em relação à base de cálculo referida no inciso I, relativamente ao ano-calendário em que permitido seu aproveitamento.

§ 2º Na hipótese de período de apuração trimestral, o bônus será calculado em relação aos 4 (quatro) trimestres do ano-calendário e poderá ser deduzido da CSLL devida correspondente ao último trimestre.

§ 3º Não fará jus ao bônus a pessoa jurídica que, nos últimos 5 (cinco) anos-calendário, se enquadre em qualquer das seguintes hipóteses, em relação a tributos e contribuições administrados pela Secretaria da Receita Federal:

I – lançamento de ofício;

II – débitos com exigibilidade suspensa;

III – inscrição em dívida ativa;

IV – recolhimentos ou pagamentos em atraso;

V – falta ou atraso no cumprimento de obrigação acessória.

§ 4º Na hipótese de decisão definitiva, na esfera administrativa ou judicial, que implique desoneração integral da pessoa jurídica, as restrições referidas nos incisos I e II do § 3º serão desconsideradas desde a origem.

§ 5º O período de 5 (cinco) anos-calendário será computado por ano completo, inclusive aquele em relação ao qual dar-se-á o aproveitamento do bônus.

§ 6º A dedução do bônus dar-se-á em relação à CSLL devida no ano-calendário.

§ 7º A parcela do bônus que não puder ser aproveitada em determinado período poderá sê-lo em períodos posteriores, vedado o ressarcimento ou a compensação distinta da referida neste artigo.

§ 8º A utilização indevida do bônus instituído por este artigo implica a imposição da multa de que trata o inciso I do *caput* do art. 44 da Lei 9.430, de 27 de dezembro de 1996, duplicando-se o seu percentual, sem prejuízo do disposto no § 2º.

→ § 8º com redação alterada pela Lei 11.488/2007.

§ 9º O bônus será registrado na contabilidade da pessoa jurídica beneficiária:

I – na aquisição do direito, a débito de conta de Ativo Circulante e a crédito de Lucro ou Prejuízos Acumulados;

II – na utilização, a débito da provisão para pagamento da CSLL e a crédito da conta de Ativo Circulante referida no inciso I.

§ 10. A Secretaria da Receita Federal estabelecerá as normas necessárias à aplicação deste artigo.

Arts. 39 e 40. (*Revogados pela Lei 11.196/2005*).

Art. 41. (*Vetado*).

Arts. 42 e 43. (*Revogados pela Lei 11.196/2005*).

Art. 44. (*Vetado*).

Art. 45. Nos casos de apuração de excesso de custo de aquisição de bens, direitos e serviços, importados de empresas vinculadas e que sejam considerados indedutíveis na determinação do lucro real e da base de cálculo da contribuição social sobre o lucro líquido, apurados na forma do art. 18 da Lei 9.430, de 27 de dezembro de 1996, a pessoa jurídica deverá ajustar o excesso de custo, determinado por um dos métodos previstos na legislação, no encerramento do período de apuração, contabilmente, por meio de lançamento a débito de conta de resultados acumulados e a crédito de:

I – conta do ativo onde foi contabilizada a aquisição dos bens, direitos ou serviços e que permanecerem ali registrados ao final do período de apuração; ou

II – conta própria de custo ou de despesa do período de apuração, que registre o valor dos bens, direitos ou serviços, no caso de esses ativos já terem sido baixados da conta de ativo que tenha registrado a sua aquisição.

§ 1º No caso de bens classificáveis no ativo permanente e que tenham gerado quotas de depreciação, amortização ou exaustão, no ano-calendário da importação, o valor do excesso de preço de aquisição na importação deverá ser creditado na conta de ativo em cujas quotas tenham sido debitadas, em contrapartida à conta de resultados acumulados a que se refere o *caput*.

§ 2º Caso a pessoa jurídica opte por adicionar, na determinação do lucro real e da base de cálculo da contribuição social sobre o lucro líquido, o valor do excesso apurado em cada período de apuração somente por ocasião da realização por alienação ou baixa a qualquer título do bem, direito ou serviço adquirido, o valor total do excesso apurado no período de aquisição deverá ser excluído do patrimônio líquido, para fins de determinação da base de cálculo dos juros sobre o capital próprio, de que trata o art. 9º da Lei 9.249, de 26 de dezembro de 1995, alterada pela Lei 9.430, de 27 de dezembro de 1996.

§ 3º Na hipótese do § 2º, a pessoa jurídica deverá registrar o valor total do excesso de preço de aquisição em subconta própria que registre o valor do bem, serviço ou direito adquirido no exterior.

Art. 46. O art. 13, *caput*, e o art. 14, I, da Lei 9.718, de 27 de novembro de 1998, passam a vigorar com a seguinte redação:

→ Alterações efetuadas na referida Lei.

Art. 47. A pessoa jurídica integrante do Mercado Atacadista de Energia Elétrica (MAE), instituído pela Lei 10.433, de 24 de abril de 2002, poderá optar por regime especial de tributação, relativamente à contribuição para o Programa de Integração Social e de Formação do Patrimônio do Servidor Público (PIS/Pasep) e à Contribuição para o Financiamento da Seguridade Social (Cofins).

§ 1º A opção pelo regime especial referido no *caput*:

I – será exercida mediante simples comunicado, nos termos e condições estabelecidos pela Secretaria da Receita Federal;

II – produzirá efeitos em relação aos fatos geradores ocorridos a partir do mês subsequente ao do exercício da opção.

§ 2º Para os fins do regime especial referido no *caput*, considera-se receita bruta auferida nas operações de compra e venda de energia elétrica realizadas na forma da regulamentação de que trata o art. 14 da Lei 9.648, de 27 de maio de 1998, com a redação dada pela Lei 10.433, de 24 de abril de 2002, para efeitos de incidência da contribuição para o PIS/Pasep e da Cofins, os resultados positivos apurados mensalmente pela pessoa jurídica optante.

§ 3º Na determinação da base de cálculo da contribuição para o PIS/Pasep e da Cofins, a pessoa jurídica optante poderá deduzir os valores devidos, correspondentes a ajustes de contabilizações encerradas de operações de compra e venda de energia elétrica, realizadas no âmbito do MAE, quando decorrentes de:

I – decisão proferida em processo de solução de conflitos, no âmbito do MAE, da Agência Nacional de Energia Elétrica (Aneel) ou em processo de arbitragem, na forma prevista no § 3º do art. 2º da Lei 10.433, de 24 de abril de 2002;

II – resolução da Aneel;

III – decisão proferida no âmbito do Poder Judiciário, transitada em julgado; e

IV – (*Vetado*).

§ 4º A dedução de que trata o § 3º é permitida somente na hipótese em que o ajuste de contabilização caracterize anulação de receita sujeita à incidência do PIS/Pasep e da Cofins, na forma estabelecida pela Secretaria da Receita Federal.

§ 5º Sem prejuízo do disposto nos §§ 3º e 4º, geradoras de energia elétrica optantes poderão excluir da base de cálculo da contribuição para o PIS/Pasep e da Cofins o valor da receita auferida com a venda compulsória de energia elétrica por meio do Mecanismo de Realocação de Energia, de que trata a alínea *b* do parágrafo único do art. 14 da Lei 9.648, de 27 de maio de 1998, introduzida pela Lei 10.433, de 24 de abril de 2002.

§ 6º Aplicam-se ao regime especial de que trata este artigo as demais normas aplicáveis às contribuições referidas no caput, observado o que se segue:

I – em relação ao PIS/Pasep, não se aplica o disposto nos arts. 1º a 6º;

II – em relação aos fatos geradores ocorridos até 31 de agosto de 2002, o pagamento dos valores devidos correspondentes à Cofins e ao PIS/Pasep poderá ser feito com dispensa de multa e de juros moratórios, desde que efetuado em parcela única, até o último dia útil do mês de setembro de 2002.

§ 7º (*Vetado*).

Art. 48. (*Vetado*).

Art. 49. O art. 74 da Lei 9.430, de 27 de dezembro de 1996, passa a vigorar com a seguinte redação:

→ Alterações efetuadas na referida Lei.

Art. 50. O *caput* do art. 6º da Lei 9.826, de 23 de agosto de 1999, passa a vigorar com a seguinte redação:

"Art. 6º A exportação de produtos nacionais sem que tenha ocorrido sua saída do território brasileiro somente será admitida, produzindo todos os efeitos fiscais e cambiais, quando o pagamento for efetivado em moeda estrangeira de livre conversibilidade e a venda for realizada para:

(...)"

Art. 51. O *caput* do art. 52 da Lei 9.532, de 10 de dezembro de 1997, passa a vigorar com a seguinte alteração:

→ Alteração efetuada na referida Lei.

Art. 52. O art. 33 do Decreto-Lei 1.593, de 21 de dezembro de 1977, passa a vigorar com a seguinte alteração:

"Art. 33. Aplicam-se as seguintes penalidades, em relação ao selo de controle de que trata o art. 46 da Lei 4.502, de 30 de novembro de 1964, na ocorrência das seguintes infrações:

I – venda ou exposição à venda de produto sem o selo ou com emprego de selo já utilizado: multa igual ao valor comercial do produto, não inferior a R$ 1.000,00 (mil reais);

II – emprego ou posse de selo legítimo não adquirido pelo próprio estabelecimento diretamente da repartição fornecedora: multa de R$ 1,00 (um real) por unidade, não inferior a R$ 1.000,00 (mil reais);

III – emprego de selo destinado a produto nacional, quando se tratar de produto estrangeiro, e vice-versa; emprego de selo destinado a produto diverso; emprego de selo não utilizado ou marcado como previsto em ato da Secretaria da Receita Federal; emprego de selo que não estiver em circulação: consideram-se os produtos como não selados, equiparando-se a infração à falta de pagamento do Imposto sobre Produtos Industrializados, que será exigível, além da multa igual a 75% (setenta e cinco por cento) do valor do imposto exigido;

IV – fabricação, venda, compra, cessão, utilização ou posse, soltos ou aplicados, de selos de controle falsos: independentemente de sanção penal cabível, multa de R$ 5,00 (cinco reais) por unidade, não inferior a R$ 5.000,00 (cinco mil reais), além da apreensão dos selos não utilizados e da aplicação da pena de perdimento dos produtos em que tenham sido utilizados os selos;

V – transporte de produto sem o selo ou com emprego de selo já utilizado: multa igual a 50% (cinquenta por cento) do valor comercial do produto, não inferior a R$ 1.000,00 (mil reais).

§ 1º Aplicar-se-á a mesma pena cominada no inciso II àqueles que fornecerem a outro estabelecimento, da mesma pessoa jurídica ou de terceiros, selos de controle legítimos adquiridos diretamente da repartição fornecedora.

§ 2º Aplicar-se-á ainda a pena de perdimento aos produtos do código 24.02.20.00 da Tabela de Incidência do Imposto sobre Produtos Industrializados (Tipi):

I – na hipótese de que tratam os incisos I e V do *caput*;

II – encontrados no estabelecimento industrial, acondicionados em embalagem destinada à comercialização, sem o selo de controle.

§ 3º Para fins de aplicação das penalidades previstas neste artigo, havendo a constatação de produtos com selos de controle em desacordo com as normas estabelecidas pela Secretaria da Receita Federal, considerar-se-á irregular a totalidade do lote identificado onde os mesmos foram encontrados."

Art. 53. É proibida a fabricação, em estabelecimento de terceiros, dos produtos do código 24.02.20.00 da Tipi.

Parágrafo único. Aos estabelecimentos que receberem ou tiverem em seu poder matérias-primas, produtos intermediários ou material de embalagem para a fabricação de cigarros para terceiros, aplica-se a penalidade prevista no inciso II do art. 15 do Decreto-Lei 1.593, de 21 de dezembro de 1977.

Art. 54. O papel para cigarros, em bobinas, somente poderá ser vendido, no mercado interno, a estabelecimento industrial fabricante de cigarros, classificados no código 2402.20.00 da Tabela de Incidência do IPI – TIPI, ou mortalhas.

→ Artigo com redação alterada pela Lei 10.833/2003.

§ 1º Os fabricantes e os importadores do papel de que trata o caput deverão:

I – exigir do estabelecimento industrial fabricante de cigarros a comprovação, no ato da venda, de que possui o registro especial de que trata o art. 1º do Decreto-Lei 1.593, de 21 de dezembro de 1977, e alterações posteriores;

II – prestar informações acerca da comercialização de papel para industrialização de cigarros, nos termos definidos pela Secretaria da Receita Federal.

§ 2º O disposto no inciso I do § 1º não se aplica aos fabricantes de cigarros classificados no Ex 01 do código 2402.20.00 da TIPI.

Art. 55. *(Revogado pela Lei 12.973/2014).*

Art. 56. *(Vetado).*

Art. 57. O encargo de que trata o art 1º do Decreto-Lei 1.025, de 21 de outubro de 1969, inclusive na condição de que trata o art. 3º do Decreto-Lei 1.569, de 8 de agosto de 1977, nos pagamentos de débitos relativos a tributos e contribuições administrados pela Secretaria da Receita Federal, inscritos na Dívida Ativa da União, e efetuados a partir de 15 de maio de 2002, em virtude de norma de caráter exonerativo, inclusive nas hipóteses de que tratam os arts. 13 e 14 desta Lei, será calculado sobre os valores originalmente devidos, limitado ao valor correspondente à multa calculada nos termos do § 3º do art. 13.

Art. 58. O art. 42 da Lei 9.430, de 27 de dezembro de 1996, passa a vigorar acrescido dos seguintes §§ 5º e 6º:

→ Alterações efetuadas na referida Lei.

Art. 59. O art. 23 do Decreto-Lei 1.455, de 7 de abril de 1976, passa a vigorar com as seguintes alterações:

"Art. 23. (...)

(...)

V – estrangeiras ou nacionais, na importação ou na exportação, na hipótese de ocultação do sujeito passivo, do real vendedor, comprador ou de responsável pela operação, mediante fraude ou simulação, inclusive a interposição fraudulenta de terceiros.

§ 1º O dano ao erário decorrente das infrações previstas no caput deste artigo será punido com a pena de perdimento das mercadorias.

§ 2º Presume-se interposição fraudulenta na operação de comércio exterior a não comprovação da origem, disponibilidade e transferência dos recursos empregados.

§ 3º A pena prevista no § 1º converte-se em multa equivalente ao valor aduaneiro da mercadoria que não seja localizada ou que tenha sido consumida.

§ 4º O disposto no § 3º não impede a apreensão da mercadoria nos casos previstos no inciso I ou quando for proibida sua importação, consumo ou circulação no território nacional."

Art. 60. O art. 81 da Lei 9.430, de 27 de dezembro de 1996, passa a vigorar com as seguintes alterações:

→ Alterações efetuadas na referida Lei.

Art. 61. *(Vetado).*

Art. 62. O art. 15 da Lei 10.451, de 10 de maio de 2002, passa a vigorar com a seguinte redação:

→ Alteração efetuada na referida Lei.

Art. 63. *(Revogado pela Lei 10.828/2003).*

Art. 64. O art. 43 da Medida Provisória 2.158-35, de 2001, passa a vigorar acrescido do seguinte § 2º, renumerando-se o parágrafo único para § 1º:

"Art. 43. (...)

(...)

§ 2º O disposto neste artigo, no que diz respeito aos produtos classificados nas posições 84.32 e 84.33, alcança apenas os veículos autopropulsados descritos nos Códigos 8432.30, 8432.40.00, 8432.80.00 (exceto rolos para gramados ou campo de esporte), 8433.20, 8433.30.00, 8433.40.00 e 8433.5."

Art. 65. *(Vetado).*

Capítulo III
DAS DISPOSIÇÕES FINAIS

Art. 66. A Secretaria da Receita Federal e a Procuradoria-Geral da Fazenda Nacional editarão, no âmbito de suas respectivas competências, as normas necessárias à aplicação do disposto nesta Lei.

Art. 67. *(Vetado).*

Art. 68. Esta Lei entra em vigor na data de sua publicação, produzindo efeitos:

I – a partir de 1º de outubro de 2002, em relação aos arts. 29 e 49;

II – a partir de 1º de dezembro de 2002, em relação aos arts. 1º a 6º e 8º a 11;

III – a partir de 1º de janeiro de 2003, em relação aos arts. 34, 37 a 44, 46 e 48;

IV – a partir da data da publicação desta Lei, em relação aos demais artigos.

Brasília, 30 de dezembro de 2002; 181º da Independência e 114º da República.

Fernando Henrique Cardoso

(Publicação no *D.O.U.* de 31.12.2002, edição extra)

LEI 10.684,
DE 30 DE MAIO DE 2003

Altera a legislação tributária, dispõe sobre parcelamento de débitos junto à Secretaria da Receita Federal, à Procuradoria-Geral da Fazenda Nacional e ao Instituto Nacional do Seguro Social e dá outras providências.

→ *v.* Arts. 151, VI, 155-A e 198, § 3º, III, do CTN.

→ *v.* Lei 13.043/2014 – Altera diversas normas de legislação tributária.

O Presidente da República:

Faço saber que o Congresso Nacional decreta e eu sanciono a seguinte Lei:

Art. 1º Os débitos junto à Secretaria da Receita Federal ou à Procuradoria-Geral da Fazenda Nacional, com vencimento até 28 de fevereiro de 2003, poderão ser parcelados em até 180 (cento e oitenta) prestações mensais e sucessivas.

§ 1º O disposto neste artigo aplica-se aos débitos constituídos ou não, inscritos ou não como Dívida Ativa, mesmo em fase de execução fiscal já ajuizada, ou que tenham sido objeto de parcelamento anterior, não integralmente quitado, ainda que cancelado por falta de pagamento.

§ 2º Os débitos ainda não constituídos deverão ser confessados, de forma irretratável e irrevogável.

§ 3º O débito objeto do parcelamento será consolidado no mês do pedido e será dividido pelo número de prestações, sendo que o montante de cada parcela mensal não poderá ser inferior a:

I – um inteiro e cinco décimos por cento da receita bruta auferida, pela pessoa jurídica, no mês imediatamente anterior ao do vencimento da parcela, exceto em relação às optantes pelo Sistema Simplificado de Pagamento de Impostos e Contribuições das Microempresas e das Empresas de Pequeno Porte – Simples, instituído pela Lei 9.317, de 5 de dezembro de 1996, e às microempresas e empresas de pequeno porte enquadradas no disposto no art. 2º da Lei 9.841, de 5 de outubro de 1999, observado o disposto no art. 8º desta Lei, salvo na hipótese do inciso II deste parágrafo, o prazo mínimo de 120 (cento e vinte) meses;

→ As Leis 9.317/1996 e 9.841/1999 foram revogadas pela LC 123/2006.

II – dois mil reais, considerado cumulativamente com o limite estabelecido no inciso I, no caso das pessoas jurídicas ali referidas;

III – cinquenta reais, no caso de pessoas físicas.

§ 4º Relativamente às pessoas jurídicas optantes pelo Simples e às microempresas e empresas de pequeno porte, enquadradas no disposto no art. 2º da Lei 9.841, de 5 de outubro de 1999, o valor da parcela mínima mensal corresponderá a um cento e oitenta avos do total do débito ou a três décimos por cento da receita bruta auferida no mês imediatamente anterior ao do vencimento da parcela, o que for menor, não podendo ser inferior a:

→ A Lei 9.841/1999 foi revogada pela LC 123/2006.

I – cem reais, se enquadrada na condição de microempresa;

II – duzentos reais, se enquadrada na condição de empresa de pequeno porte.

§ 5º Aplica-se o disposto no § 4º às pessoas jurídicas que foram excluídas ou impedidas de ingressar no Simples exclusivamente em decorrência do disposto no inciso XV do art. 9º da Lei 9.317, de 5 de dezembro de 1996, desde que a pessoa jurídica exerça a opção pelo Simples até o último dia útil de 2003, com efeitos a partir de 1º de janeiro de 2004, nos termos e condições definidos pela Secretaria da Receita Federal.

→ A Lei 9.317/1996 foi revogada pela LC 123/2006.

§ 6º O valor de cada uma das parcelas, determinado na forma dos §§ 3º e 4º, será acrescido de juros correspondentes à variação mensal da Taxa de Juros de Longo Prazo – TJLP, a partir do mês subsequente ao da consolidação, até o mês do pagamento.

§ 7º Para os fins da consolidação referida no § 3º, os valores correspondentes à multa, de mora ou de ofício, serão reduzidos em cinquenta por cento.

§ 8º A redução prevista no § 7º não será cumulativa com qualquer outra redução admitida em lei, ressalvado o disposto no § 11.

§ 9º Na hipótese de anterior concessão de redução de multa em percentual diverso de cinquenta por cento, prevalecerá o percentual referido no § 7º determinado sobre o valor original da multa.

§ 10. A opção pelo parcelamento de que trata este artigo exclui a concessão de qualquer outro, extinguindo os parcelamentos anteriormente concedidos, admitida a transferência de seus saldos para a modalidade desta Lei.

§ 11. O sujeito passivo fará jus a redução adicional da multa, após a redução referida no § 7º à razão de vinte e cinco centésimos por cento sobre o valor remanescente para cada ponto percentual do saldo do débito que for liquidado até a data prevista para o requerimento do parcelamento referido neste artigo, após deduzida a primeira parcela determinada nos termos do § 3º ou 4º.

Art. 2º Os débitos incluídos no Programa de Recuperação Fiscal – Refis, de que trata a Lei 9.964, de 10 de abril de 2000, ou no parcelamento a ele alternativo, poderão, a critério da pessoa jurídica, ser parcelados nas condições previstas no art. 1º, nos termos a serem estabelecidos pelo Comitê Gestor do mencionado Programa.

Parágrafo único. Na hipótese deste artigo:

I – a opção pelo parcelamento na forma deste artigo implica desistência compulsória e definitiva do Refis ou do parcelamento a ele alternativo;

II – as contribuições arrecadadas pelo Instituto Nacional do Seguro Social – INSS retornarão à administração daquele órgão, sujeitando-se à legislação específica a elas aplicável;

III – será objeto do parcelamento nos termos do art. 1º o saldo devedor dos débitos relativos aos tributos administrados pela Secretaria da Receita Federal.

Art. 3º Ressalvado o disposto no art. 2º, não será concedido o parcelamento de que trata o art. 1º na hipótese de existência de parcelamentos concedidos sob outras modalidades, admitida a transferência dos saldos remanescentes para a modalidade prevista nesta Lei, mediante requerimento do sujeito passivo.

Art. 4º O parcelamento a que se refere o art. 1º:

I – deverá ser requerido, inclusive na hipótese de transferência de que tratam os arts. 2º e 3º, até o último dia útil do segundo mês subsequente ao da publicação desta Lei, perante a unidade da Secretaria da Receita Federal ou da Procuradoria-Geral da Fazenda Nacional, responsável pela cobrança do respectivo débito;

II – somente alcançará débitos que se encontrarem com exigibilidade suspensa por força dos incisos III a V do art. 151 da Lei 5.172, de 25 de outubro de 1966, no caso de o sujeito passivo desistir expressamente e de forma irrevogável da impugnação ou do recurso interposto, ou da ação judicial proposta, e renunciar a quaisquer alegações de direito sobre as quais se fundam os referidos processos administrativos e ações judiciais, relativamente à matéria cujo respectivo débito queira parcelar;

III – reger-se-á pelas disposições da Lei 10.522, de 19 de julho de 2002, ressalvado o disposto no seu art. 14;

IV – aplica-se, inclusive, à totalidade dos débitos apurados segundo o Simples;

V – independerá de apresentação de garantia ou de arrolamento de bens, mantidas aquelas decorrentes de débitos transferidos de outras modalidades de parcelamento ou de execução fiscal.

Parágrafo único. Na hipótese do inciso II, o valor da verba de sucumbência será de 1% (um por cento) do valor do débito consolidado decorrente da desistência da respectiva ação judicial.

Art. 5º Os débitos junto ao Instituto Nacional do Seguro Social – INSS, oriundos de contribuições patronais, com vencimento até 28 de fevereiro de 2003, serão objeto de acordo para pagamento parcelado em até 180 (cento e oitenta) prestações mensais, observadas as condições fixadas neste artigo, desde que requerido até o último dia útil do segundo mês subsequente ao da publicação desta Lei.

§ 1º Aplica-se ao parcelamento de que trata este artigo o disposto nos §§ 1º a 11 do art. 1º, observado o disposto no art. 8º.

§ 2º (*Vetado*).

§ 3º A concessão do parcelamento independerá de apresentação de garantias ou de arrolamento de bens, mantidas aquelas decorrentes de débitos transferidos de outras modalidades de parcelamento ou de execução fiscal.

Art. 6º Os depósitos existentes, vinculados aos débitos a serem parcelados nos termos dos arts. 1º e 5º, serão automaticamente convertidos em renda da União ou da Seguridade Social ou do Instituto Nacional do Seguro Social – INSS, conforme o caso, concedendo-se o parcelamento sobre o saldo remanescente.

Art. 7º O sujeito passivo será excluído dos parcelamentos a que se refere esta Lei na hipótese de inadimplência, por 3 (três) meses consecutivos ou 6 (seis) meses alternados, o que primeiro ocorrer, relativamente a qualquer dos tributos e das contribuições referidos nos arts. 1º e 5º, inclusive os com vencimento após 28 de fevereiro de 2003.

Art. 8º Na hipótese de a pessoa jurídica manter parcelamentos de débitos com base no art. 1º e no art. 5º, simultaneamente, o percentual a que se refere o inciso I do § 3º do art. 1º será reduzido para setenta e cinco centésimos por cento.

§ 1º Caberá à pessoa jurídica requerer a redução referida no *caput* até o prazo fixado no inciso I do art. 4º e no *caput* do art. 5º.

§ 2º Ocorrendo liquidação, rescisão ou extinção de um dos parcelamentos, inclusive por exclusão do sujeito passivo, nos termos do art. 7º, aplica-se o percentual fixado no inciso I do § 3º do art. 1º ao parcelamento remanescente, a partir do mês subsequente ao da ocorrência da liquidação, extinção ou rescisão do parcelamento obtido junto ao outro órgão.

§ 3º A pessoa jurídica deverá informar a liquidação, rescisão ou extinção do parcelamento ao órgão responsável pelo parcelamento remanescente, até o último dia útil do mês subsequente ao da ocorrência do evento, bem como efetuar o recolhimento da parcela referente àquele mês observando o percentual fixado no inciso I do § 3º do art. 1º.

§ 4º O desatendimento do disposto nos parágrafos anteriores implicará a exclusão do sujeito passivo do parcelamento remanescente e a aplicação do disposto no art. 11.

Art. 9º É suspensa a pretensão punitiva do Estado, referente aos crimes previstos nos arts. 1º e 2º da Lei 8.137, de 27 de dezembro de 1990, e nos arts. 168-A e 337-A do Decreto-Lei 2.848, de 7 de dezembro de 1940 – Código Penal, durante o período em que a pessoa jurídica relacionada com o agente dos aludidos crimes estiver incluída no regime de parcelamento.

§ 1º A prescrição criminal não corre durante o período de suspensão da pretensão punitiva.

§ 2º Extingue-se a punibilidade dos crimes referidos neste artigo quando a pessoa jurídica relacionada com o agente efetuar o pagamento integral dos débitos oriundos de tributos e contribuições sociais, inclusive acessórios.

Art. 10. A Secretaria da Receita Federal, a Procuradoria-Geral da Fazenda Nacional e o Instituto Nacional do Seguro Social – INSS expedirão, no âmbito de suas respectivas competências, os atos necessários à execução desta Lei.

Parágrafo único. Serão consolidados, por sujeito passivo, os débitos perante a Secretaria da Receita Federal e a Procuradoria-Geral da Fazenda Nacional.

Art. 11. Ao sujeito passivo que, optando por parcelamento a que se referem os arts. 1º e 5º, dele for excluído, será vedada a concessão de qualquer outra modalidade de parcelamento até 31 de dezembro de 2006.

Art. 12. A exclusão do sujeito passivo do parcelamento a que se refere esta Lei, inclusive a prevista no § 4º do art. 8º, independerá de notificação prévia e implicará exigibilidade imediata da totalidade do crédito confessado e ainda não pago e automática execução da garantia prestada, quando existente, restabelecendo-se, em relação ao montante não pago, os acréscimos legais na forma da legislação aplicável à época da ocorrência dos respectivos fatos geradores.

Art. 13. Os débitos relativos à contribuição para o Programa de Formação do Patrimônio do Servidor Público (Pasep) dos Estados, do Distrito Federal e dos Municípios, bem como de suas autarquias e fundações públicas, com vencimento até 31 de dezembro de 2002, poderão ser pagos mediante regime especial de parcelamento, por opção da pessoa jurídica de direito público interno devedora.

Parágrafo único. A opção referida no *caput* deverá ser formalizada até o último dia útil do segundo mês subsequente ao da publicação desta Lei, nos termos e condições estabelecidos pela Secretaria da Receita Federal.

Art. 14. O regime especial de parcelamento referido no art. 13 implica a consolidação dos débitos na data da opção e abrangerá totalidade dos débitos existentes em nome do optante, constituídos ou não, inclusive os juros de mora incidentes até a data de opção.

Parágrafo único. O débito consolidado na forma deste artigo:

I – sujeitar-se-á, a partir da data da consolidação, a juros equivalentes à taxa referencial do Sistema Especial de Liquidação e de Custódia – Selic para títulos federais, acumulada mensalmente, calculados a partir da data de deferimento do pedido até o mês anterior ao do pagamento, e adicionados de 1 (um por cento) relativamente ao mês em que o pagamento estiver sendo feito;

II – será pago mensalmente, até o último dia útil da primeira quinzena de cada mês, no valor equivalente a, no mínimo, um cento e vinte avos do total do débito consolidado;

III – o valor de cada parcela não poderá ser inferior a dois mil reais.

Art. 15. A opção pelo regime especial de parcelamento referido no art. 13 sujeita a pessoa jurídica optante:

I – à confissão irrevogável e irretratável dos débitos referidos no art. 14;

II – ao pagamento regular das parcelas do débito consolidado, bem como dos valores devidos relativos ao Pasep com vencimento após dezembro de 2002.

Parágrafo único. A opção pelo regime especial exclui qualquer outra forma de parcelamento de débitos relativos ao Pasep.

Art. 16. A pessoa jurídica optante pelo regime especial de parcelamento referido no art. 13 será dele excluída nas seguintes hipóteses:

I – inobservância da exigência estabelecida no art. 15;

II – inadimplência, por 2 (dois) meses consecutivos ou 6 (seis) alternados, relativamente ao Pasep, inclusive aqueles com vencimento após dezembro de 2002.

§ 1º A exclusão da pessoa jurídica do regime especial implicará exigibilidade imediata da totalidade do crédito confessado e ainda não pago.

§ 2º A exclusão será formalizada por meio de ato da Secretaria da Receita Federal e produzirá efeitos a partir do mês subsequente àquele em que a pessoa jurídica optante for cientificada.

Art. 17. Sem prejuízo do disposto no art. 15 da Medida Provisória 2.158-35, de 24 de agosto de 2001 , e no art. 1º da Medida Provisória 101, de 30 de dezembro de 2002, as sociedades cooperativas de produção agropecuária e de eletrificação rural poderão excluir da base de cálculo da contribuição para o Programa de Integração Social e de Formação do Patrimônio do Servidor Público – PIS/Pasep e da Contribuição Social para o Financiamento da Seguridade Social – Cofins os custos agregados ao produto agropecuário dos associados, quando da sua comercialização e os valores dos serviços prestados pelas cooperativas de eletrificação rural a seus associados.

Parágrafo único. O disposto neste artigo alcança os fatos geradores ocorridos a partir da vigência da Medida Provisória 1.858-10, de 26 de outubro de 1999.

→ A MP 1.858-10/1999 foi reeditada pela MP 2.158-35/2001.

Art. 18. Fica elevada para 4 (quatro por cento) a alíquota da Contribuição para o Financiamento da Seguridade Social – Cofins devida pelas pessoas jurídicas referidas nos §§ 6º e 8º do art. 3º da Lei 9.718, de 27 de novembro de 1998.

Art. 19. O art. 22-A da Lei 8.212, de 24 de julho de 1991, introduzido pela Lei 10.256, de 9 de julho de 2001, passa a vigorar com a seguinte redação:

→ Alterações efetuadas na referida Lei 8.212/1991.

Art. 20. O § 1º do art. 126 da Lei 8.213, de 24 de julho de 1991, passa a vigorar com a seguinte redação:

→ Alteração efetuada na referida Lei 8.213/1991.

Art. 21. *(Revogado pela Lei 12.101/2009).*

Art. 22. O art. 20 da Lei 9.249, de 26 de dezembro de 1995, passa a vigorar com a seguinte redação:

→ Alterações efetuadas na referida Lei 9.249/1995.

(...)

Art. 25. A Lei 10.637, de 30 de dezembro de 2002, passa a vigorar acrescida do seguinte art. 5º-A e com as seguintes alterações dos arts. 1º, 3º, 8º, 11 e 29:

→ Alterações efetuadas na referida Lei 10.637/2002.

(...)

Art. 27. *(Vetado).*

Art. 28. Fica o Poder Executivo autorizado a emitir títulos da dívida pública atualizados de acordo com as disposições do inciso I do § 4º do art. 2º da Lei 9.964, de 10 de abril de 2000, com prazo de vencimento determinado em função do prazo médio estimado da carteira de recebíveis do Programa de Recuperação Fiscal – Refis, instituído pela referida Lei, os quais terão poder liberatório perante a Secretaria da Receita Federal e o Instituto Nacional do Seguro Social quanto as dívidas inscritas no referido programa, diferindo-se os efeitos tributários de sua utilização, em função do prazo médio da dívida do contribuinte.

Art. 29. Esta Lei entra em vigor na data de sua publicação, produzindo efeitos:

I – em relação ao art. 17, a partir de 1º de janeiro de 2003;

II – em relação ao art. 25, a partir de 1º de fevereiro de 2003;

III – em relação aos arts. 18, 19, 20 e 22, a partir do mês subsequente ao do termo final do prazo nonagesimal, a que refere o § 6º do art. 195 da Constituição Federal.

Brasília, 30 de maio de 2003; 182º da Independência e 115º da República.

Luiz Inácio Lula da Silva

(Publicação no *D.O.U.* de 31.5.2003, Edição Extra)

LEI COMPLEMENTAR 116, DE 31 DE JULHO DE 2003

Dispõe sobre o Imposto Sobre Serviços de Qualquer Natureza, de competência dos Municípios e do Distrito Federal, e dá outras providências.

O Presidente da República:

Faço saber que o Congresso Nacional decreta e eu sanciono a seguinte Lei Complementar:

Art. 1º O Imposto Sobre Serviços de Qualquer Natureza, de competência dos Municípios e do Distrito Federal, tem como fato gerador a prestação de serviços constantes da lista anexa, ainda que esses não se constituam como atividade preponderante do prestador.

→ *V.* Súmula Vinculante 31 do STF.

→ *V.* Súmula 588 do STF.

→ *V.* Art. 156, II, da CF/1988.

→ *V.* ADIn 4.389 (*DOU* 27.042011) – O STF concedeu medida liminar para dar interpretação conforme a Constituição ao art. 1º, *caput* e § 2º, da LC 116/2003 e o subitem 13.05 da lista de serviços anexa, para reconhecer que o ISS não incide sobre operações de industrialização por encomenda de embalagens, destinadas à integração ou utilização direta em processo subsequente de industrialização ou de circulação de mercadoria. Presentes os requisitos constitucionais e legais, incidirá o ICMS.

§ 1º O imposto incide também sobre o serviço proveniente do exterior do País ou cuja prestação se tenha iniciado no exterior do País.

§ 2º Ressalvadas as exceções expressas na lista anexa, os serviços nela mencionados não ficam sujeitos ao Imposto Sobre Operações Relativas à Circulação de Mercadorias e Prestações de Serviços de Transporte Interestadual e Intermunicipal e de Comunicação – ICMS, ainda que sua prestação envolva fornecimento de mercadorias.

§ 3º O imposto de que trata esta Lei Complementar incide ainda sobre os serviços prestados mediante a utilização de bens e serviços públicos explorados economicamente mediante autorização, permissão ou concessão, com o pagamento de tarifa, preço ou pedágio pelo usuário final do serviço.

§ 4º A incidência do imposto não depende da denominação dada ao serviço prestado.

Art. 2º O imposto não incide sobre:

I – as exportações de serviços para o exterior do País;

II – a prestação de serviços em relação de emprego, dos trabalhadores avulsos, dos diretores e membros de conselho consultivo ou de conselho fiscal de sociedades e fundações, bem como dos sócios-gerentes e dos gerentes-delegados;

III – o valor intermediado no mercado de títulos e valores mobiliários, o valor dos depósitos bancários, o principal, juros e acréscimos moratórios relativos a operações de crédito realizadas por instituições financeiras.

Parágrafo único. Não se enquadram no disposto no inciso I os serviços desenvolvidos no Brasil, cujo resultado aqui se verifique, ainda que o pagamento seja feito por residente no exterior.

Art. 3º O serviço considera-se prestado e o imposto devido no local do estabelecimento prestador ou, na falta do estabelecimento, no local do domicílio do prestador, exceto nas hipóteses previstas nos incisos I a XXII, quando o imposto será devido no local:

→ *V.* LC 123/2006 – Institui o Estatuto Nacional da Microempresa e da Empresa de Pequeno Porte.

I – do estabelecimento do tomador ou intermediário do serviço ou, na falta de estabelecimento, onde ele estiver domiciliado, na hipótese do § 1º do art. 1º desta Lei Complementar;

II – da instalação dos andaimes, palcos, coberturas e outras estruturas, no caso dos serviços descritos no subitem 3.05 da lista anexa;

III – da execução da obra, no caso dos serviços descritos no subitem 7.02 e 7.19 da lista anexa;

IV – da demolição, no caso dos serviços descritos no subitem 7.04 da lista anexa;

V – das edificações em geral, estradas, pontes, portos e congêneres, no caso dos serviços descritos no subitem 7.05 da lista anexa;

VI – da execução da varrição, coleta, remoção, incineração, tratamento, reciclagem, separação e destinação final de lixo, rejeitos e outros resíduos quaisquer, no caso dos serviços descritos no subitem 7.09 da lista anexa;

VII – da execução da limpeza, manutenção e conservação de vias e logradouros públicos, imóveis, chaminés, piscinas, parques, jardins e congêneres, no caso dos serviços descritos no subitem 7.10 da lista anexa;

VIII – da execução da decoração e jardinagem, do corte e poda de árvores, no caso dos serviços descritos no subitem 7.11 da lista anexa;

IX – do controle e tratamento do efluente de qualquer natureza e de agentes físicos, químicos e biológicos, no caso dos serviços descritos no subitem 7.12 da lista anexa;

X – *(Vetado).*

XI – *(Vetado).*

XII – do florestamento, reflorestamento, semeadura, adubação e congêneres, no caso dos serviços descritos no subitem 7.16 da lista anexa;

XIII – da execução dos serviços de escoramento, contenção de encostas e congêneres, no caso dos serviços descritos no subitem 7.17 da lista anexa;

XIV – da limpeza e dragagem, no caso dos serviços descritos no subitem 7.18 da lista anexa;

XV – onde o bem estiver guardado ou estacionado, no caso dos serviços descritos no subitem 11.01 da lista anexa;

XVI – dos bens ou do domicílio das pessoas vigiados, segurados ou monitorados, no caso dos serviços descritos no subitem 11.02 da lista anexa;

XVII – do armazenamento, depósito, carga, descarga, arrumação e guarda do bem, no caso dos serviços descritos no subitem 11.04 da lista anexa;

XVIII – da execução dos serviços de diversão, lazer, entretenimento e congêneres, no caso dos serviços descritos nos subitens do item 12, exceto o 12.13, da lista anexa;

XIX – do Município onde está sendo executado o transporte, no caso dos serviços descritos pelo subitem 16.01 da lista anexa;

XX – do estabelecimento do tomador da mão de obra ou, na falta de estabelecimento, onde ele estiver domiciliado, no caso dos serviços descritos pelo subitem 17.05 da lista anexa;

XXI – da feira, exposição, congresso ou congênere a que se referir o planejamento, organização e administração, no caso dos serviços descritos pelo subitem 17.10 da lista anexa;

XXII – do porto, aeroporto, ferroporto, terminal rodoviário, ferroviário ou metroviário, no caso dos serviços descritos pelo item 20 da lista anexa.

§ 1° No caso dos serviços a que se refere o subitem 3.04 da lista anexa, considera-se ocorrido o fato gerador e devido o imposto em cada Município em cujo território haja extensão de ferrovia, rodovia, postes, cabos, dutos e condutos de qualquer natureza, objetos de locação, sublocação, arrendamento, direito de passagem ou permissão de uso, compartilhado ou não.

§ 2° No caso dos serviços a que se refere o subitem 22.01 da lista anexa, considera-se ocorrido o fato gerador e devido o imposto em cada Município em cujo território haja extensão de rodovia explorada.

§ 3° Considera-se ocorrido o fato gerador do imposto no local do estabelecimento prestador nos serviços executados em águas marítimas, excetuados os serviços descritos no subitem 20.01.

Art. 4º Considera-se estabelecimento prestador o local onde o contribuinte desenvolva a atividade de prestar serviços, de modo permanente ou temporário, e que configure unidade econômica ou profissional, sendo irrelevantes para caracterizá-lo as denominações de sede, filial, agência, posto de atendimento, sucursal, escritório de representação ou contato ou quaisquer outras que venham a ser utilizadas.

Art. 5º Contribuinte é o prestador do serviço.

Art. 6º Os Municípios e o Distrito Federal, mediante lei, poderão atribuir de modo expresso a responsabilidade pelo crédito tributário a terceira pessoa, vinculada ao fato gerador da respectiva obrigação, excluindo a responsabilidade do contribuinte ou atribuindo-a a este em caráter supletivo do cumprimento total ou parcial da referida obrigação, inclusive no que se refere à multa e aos acréscimos legais.

§ 1° Os responsáveis a que se refere este artigo estão obrigados ao recolhimento integral do imposto devido, multa e acréscimos legais, independentemente de ter sido efetuada sua retenção na fonte.

§ 2° Sem prejuízo do disposto no *caput* e no § 1° deste artigo, são responsáveis:

→ *v.* LC 123/2006 – Institui o Estatuto Nacional da Microempresa e da Empresa de Pequeno Porte.

I – o tomador ou intermediário de serviço proveniente do exterior do País ou cuja prestação se tenha iniciado no exterior do País;

II – a pessoa jurídica, ainda que imune ou isenta, tomadora ou intermediária dos serviços descritos nos subitens 3.05, 7.02, 7.04, 7.05, 7.09, 7.10, 7.12, 7.14, 7.15, 7.16, 7.17, 7.19, 11.02, 17.05 e 17.10 da lista anexa.

→ *v.* Art. 6º da LC 123/2006.

Art. 7º A base de cálculo do imposto é o preço do serviço.

§ 1° Quando os serviços descritos pelo subitem 3.04 da lista anexa forem prestados no território de mais de um Município, a base de cálculo será proporcional, conforme o caso, à extensão da ferrovia, rodovia, dutos e condutos de qualquer natureza, cabos de qualquer natureza, ou ao número de postes, existentes em cada Município.

§ 2° Não se incluem na base de cálculo do Imposto Sobre Serviços de Qualquer Natureza:

I – o valor dos materiais fornecidos pelo prestador dos serviços previstos nos itens 7.02 e 7.05 da lista de serviços anexa a esta Lei Complementar;

II – *(Vetado).*

§ 3° *(Vetado).*

Art. 8º As alíquotas máximas do Imposto Sobre Serviços de Qualquer Natureza são as seguintes:

I – *(Vetado).*

II – demais serviços, 5% (cinco por cento).

Art. 9º Esta Lei Complementar entra em vigor na data de sua publicação.

Art. 10. Ficam revogados os arts. 8°, 10, 11 e 12 do Decreto-lei 406, de 31 de dezembro de 1968; os incisos III, IV, V e VII do art. 3° do Decreto-lei 834, de 8 de setembro de 1969; a Lei Complementar 22, de 9 de dezembro de 1974; a Lei 7.192, de 5 de junho de 1984; a Lei Complementar 56, de 15 de dezembro de 1987; e a Lei Complementar 100, de 22 de dezembro de 1999.

Brasília, 31 de julho de 2003; 182° da Independência e 115° da República.

Luiz Inácio Lula da Silva

(Publicação no *D.O.U.* 1.8.2003)

→ Não publicamos o Anexo desta Lei Complementar.

LEI 10.755, DE 3 DE NOVEMBRO DE 2003

Estabelece multa em operações de importação, e dá outras providências.

O Vice – Presidente da República, no exercício do cargo de Presidente da República:

Faço saber que o Congresso Nacional decreta e eu sanciono a seguinte Lei:

Art. 1º Fica o importador sujeito ao pagamento de multa a ser recolhida ao Banco Central do Brasil nas importações com Declaração de Importação – DI, registrada no Sistema Integrado de Comércio Exterior – Siscomex, quando:

I – contratar operação de câmbio ou efetuar pagamento em reais sem observância dos prazos e das demais condições estabelecidas pelo Banco Central do Brasil;

II – não efetuar o pagamento de importação até cento e oitenta dias a partir do primeiro dia do mês subsequente ao previsto para pagamento da importação, conforme consignado na DI ou no Registro de Operações Financeiras – ROF, quando financiadas.

§ 1° O disposto neste artigo aplica-se também às irregularidades previstas na legislação anterior, desde que pendentes de julgamento definitivo nas instâncias administrativas.

→ § 1° com redação alterada pela Lei 11.196/2005.

§ 2° A multa de que trata o caput será aplicada pelo Banco Central do Brasil na forma, no prazo, no percentual e nas demais condições que vier a fixar, limitada a cem por cento do valor equivalente em reais da respectiva importação, e será apurada e devida:

I – na data da contratação do câmbio ou do pagamento em reais, nas situações objeto do inciso I do *caput* deste artigo;

II – no centésimo octogésimo primeiro dia a partir do primeiro dia do mês subsequente ao previsto para pagamento da importação, nas situações objeto do inciso II do caput deste artigo.

§ 3° No caso de importação realizada por conta e ordem de terceiro, o adquirente da mercadoria indicado na Declaração de Importação é responsável solidário pelo pagamento da multa de que trata o *caput*.

Art. 2º A multa de que trata esta Lei não se aplica:

I – aos pagamentos de mercadorias embarcadas no exterior até o dia 31 de março de 1997, inclusive;

II – aos pagamentos de importações de petróleo e derivados especificados pelo Banco Central do Brasil;

III – aos pagamentos de importações efetuadas sob o regime de drawback e outros estabelecidos em ato do Ministro de Estado da Fazenda;

IV – às importações cujo saldo para pagamento seja inferior a US$ 10,000.00 (dez mil dólares norte-americanos) ou o seu equivalente em outras moedas;

V – aos pagamentos de importações de produtos de consumo alimentar básico, visando ao atendimento de aspectos conjunturais do abastecimento, conforme dispuser ato do Ministro de Estado da Fazenda;

VI – às importações, financiadas ou não, cujo pagamento seja de responsabilidade da União, dos Estados, dos Municípios e do Distrito Federal, suas fundações e autarquias, inclusive aquelas importações efetuadas em data anterior à publicação desta Lei;

VII – aos valores apurados na forma desta Lei inferiores a R$ 1.000,00 (um mil reais).

Art. 3º São responsáveis pelo recolhimento da multa de que trata esta Lei:

I – o banco vendedor da moeda estrangeira, nas importações pagas em moeda estrangeira;

II – o banco onde os reais tenham sido creditados para o pagamento da importação, nas importações pagas em reais;

III – o importador, nas demais situações.

Art. 4º *(Revogado pela Lei 11.196/2005).*

Art. 5º O Banco Central do Brasil baixará as normas necessárias à execução do disposto nesta Lei.

Art. 6º Esta Lei entra em vigor na data de sua publicação.

Art. 7º Fica revogada a Lei 9.817, de 23 de agosto de 1999.

Brasília, 3 de novembro de 2003; 182º da Independência e 115º da República.

José Alencar Gomes da Silva

(Publicação no *D.O.U.* de 4.11.2003)

LEI 10.833,
DE 29 DE DEZEMBRO DE 2003

Altera a Legislação Tributária Federal e dá outras providências.

O presidente da República:

Faço saber que o Congresso Nacional decreta e eu sanciono a seguinte Lei:

Capítulo I
DA COBRANÇA NÃO CUMULATIVA DA COFINS

Art. 1º A Contribuição para o Financiamento da Seguridade Social – Cofins, com a incidência não cumulativa, incide sobre o total das receitas auferidas no mês pela pessoa jurídica, independentemente de sua denominação ou classificação contábil.

→ *Caput* com redação alterada pela Lei 2.973/2014.

§ 1º Para efeito do disposto neste artigo, o total das receitas compreende a receita bruta de que trata o art. 12 do Decreto-Lei 1.598, de 26 de dezembro de 1977, e todas as demais receitas auferidas pela pessoa jurídica com os seus respectivos valores decorrentes do ajuste a valor presente de que trata o inciso VIII do *Caput* do art. 183 da Lei 6.404, de 15 de dezembro de 1976.

→ § 1º com redação alterada pela Lei 12.973/2014.

§ 2º A base de cálculo da Cofins é o total das receitas auferidas pela pessoa jurídica, conforme definido no *Caput* e no § 1º.

→ § 2º com redação alterada pela Lei 12.973/2014.

§ 3º Não integram a base de cálculo a que se refere este artigo as receitas:

I – isentas ou não alcançadas pela incidência da contribuição ou sujeitas à alíquota 0 (zero);

II – de que trata o inciso IV do *caput* do art. 187 da Lei 6.404, de 15 de dezembro de 1976, decorrentes da venda de bens do ativo não circulante, classificado como investimento, imobilizado ou intangível;

→ Inciso II com redação alterada pela Lei 12.973/2014.

III – auferidas pela pessoa jurídica revendedora, na revenda de mercadorias em relação às quais a contribuição seja exigida da empresa vendedora, na condição de substituta tributária;

IV – *(Revogado pela Lei 11.727/2008)*;

V – referentes a:

a) vendas canceladas e aos descontos incondicionais concedidos;

b) reversões de provisões e recuperações de créditos baixados como perda que não representem ingresso de novas receitas, o resultado positivo da avaliação de investimentos pelo valor do patrimônio líquido e os lucros e dividendos derivados de participações societárias, que tenham sido computados como receita;

→ Alínea *b* com redação alterada pela Lei 12.973/2014.

VI – decorrentes de transferência onerosa a outros contribuintes do Imposto sobre Operações relativas à Circulação de Mercadorias e sobre Prestações de Serviços de Transporte Interestadual e Intermunicipal e de Comunicação – ICMS de créditos de ICMS originados de operações de exportação, conforme o disposto no inciso II do § 1º do art. 25 da Lei Complementar 87, de 13 de setembro de 1996.

→ Inciso VI acrescentado pela Lei 11.945/2009.

VII – financeiras decorrentes do ajuste a valor presente de que trata o inciso VIII do *caput* do art. 183 da Lei 6.404, de 15 de dezembro de 1976, referentes a receitas excluídas da base de cálculo da Cofins;

→ Inciso VII acrescentado pela Lei 12.973/2014.

VIII – relativas aos ganhos decorrentes de avaliação do ativo e passivo com base no valor justo;

→ Inciso VIII acrescentado pela Lei 12.973/2014.

IX – de subvenções para investimento, inclusive mediante isenção ou redução de impostos, concedidas como estímulo à implantação ou expansão de empreendimentos econômicos e de doações feitas pelo poder público;

→ Inciso IX acrescentado pela Lei 12.973/2014.

X – reconhecidas pela construção, recuperação, reforma, ampliação ou melhoramento da infraestrutura, cuja contrapartida seja ativo intangível representativo de direito de exploração, no caso de contratos de concessão de serviços públicos;

→ Inciso X acrescentado pela Lei 12.973/2014.

XI – relativas ao valor do imposto que deixar de ser pago em virtude das isenções e reduções de que tratam as alíneas *a*, *b*, *c* e *e* do § 1º do art. 19 do Decreto-Lei 1.598, de 26 de dezembro de 1977; e

→ Inciso XI acrescentado pela Lei 12.973/2014.

XII – relativas ao prêmio na emissão de debêntures.

→ Inciso XII acrescentado pela Lei 12.973/2014.

Art. 2º Para determinação do valor da COFINS aplicar-se-á, sobre a base de cálculo apurada conforme o disposto no art. 1º, a alíquota de 7,6% (sete inteiros e seis décimos por cento).

§ 1º Excetua-se do disposto no *caput* deste artigo a receita bruta auferida pelos produtores ou importadores, que devem aplicar as alíquotas previstas:

→ § 1º acrescentado pela Lei 10.865/2004.

I – nos incisos I a III do art. 4º da Lei 9.718, de 27 de novembro de 1998, e alterações posteriores, no caso de venda de gasolinas e suas correntes, exceto gasolina de aviação, óleo diesel e suas correntes e gás liquefeito de petróleo – GLP derivado de petróleo e de gás natural;

→ Inciso I com redação alterada pela Lei 10.925/2004.

II – no inciso I do art. 1º da Lei 10.147, de 21 de dezembro de 2000, e alterações posteriores, no caso de venda de produtos farmacêuticos, de perfumaria, de toucador ou de higiene pessoal, nele relacionados;

→ Inciso II acrescentado pela Lei 10.865/2004.

III – no art. 1º da Lei 10.485, de 3 de julho de 2002, e alterações posteriores, no caso de venda de máquinas e veículos classificados nos códigos 84.29, 8432.40.00, 84.32.80.00, 8433.20, 8433.30.00, 8433.40.00, 8433.5, 87.01, 87.02, 87.03, 87.04, 87.05 e 87.06, da TIPI;

→ Inciso III acrescentado pela Lei 10.865/2004.

IV – no inciso II do art. 3º da Lei 10.485, de 3 de julho de 2002, no caso de vendas, para comerciante atacadista ou varejista ou para consumidores, das autopeças relacionadas nos Anexos I e II da mesma Lei;

→ Inciso IV acrescentado pela Lei 10.865/2004.

V – no *caput* do art. 5º da Lei 10.485, de 3 de julho de 2002, e alterações posteriores, no caso de venda dos produtos classificados nas posições 40.11 (pneus novos de borracha) e 40.13 (câmaras-de-ar de borracha), da TIPI;

→ Inciso V acrescentado pela Lei 10.865/2004.

VI – no art. 2º da Lei 10.560, de 13 de novembro de 2002, e alterações posteriores, no caso de venda de querosene de aviação;

→ Inciso VI acrescentado pela Lei 10.865/2004.

VII – *(Revogado pela Lei 13.097/20015)*;

VIII – *(Revogado pela Lei 13.097/20015)*;

IX – *(Revogado pela Lei 13.097/20015)*;

X – no art. 23 da Lei 10.865, de 30 de abril de 2004, no caso de venda de gasolinas e suas correntes, exceto gasolina de aviação, óleo diesel e suas correntes, querosene de aviação, gás liquefeito de petróleo – GLP derivado de petróleo e de gás natural.

→ Inciso X acrescentado pela Lei 10.925/2004.

§ 1º-A. Excetua-se do disposto no *caput* deste artigo a receita bruta auferida pelos produtores, importadores ou distribuidores com a venda de álcool, inclusive para fins carburantes, à qual se aplicam as alíquotas previstas no *caput* e no § 4º do art. 5º da Lei 9.718, de 27 de novembro de 1998.

→ § 1º-A acrescentado pela Lei 11.727/2008.

§ 2º Excetua-se do disposto no *caput* deste artigo a receita bruta decorrente da venda de papel imune a impostos de que trata o art. 150, inciso VI, alínea *d*, da Constituição Federal, quando destinado à impressão de periódicos, que fica sujeita à alíquota de 3,2% (três inteiros e dois décimos por cento).

→ § 2º acrescentado pela Lei 10.865/2004.

§ 3º Fica o Poder Executivo autorizado a reduzir a 0 (zero) e a restabelecer a alíquota incidente sobre receita bruta decorrente da venda de produtos químicos e farmacêuticos, classificados nos Capítulos 29 e 30, sobre produtos destinados ao uso em hospitais, clínicas e consultórios médicos e odontológicos, campanhas de saúde realizadas pelo Poder Público, laboratório de anatomia patológica, citológica ou de análises clínicas, classificados nas posições 30.02, 30.06, 39.26, 40.15 e 90.18, e sobre sêmens e embriões da posição 05.11, todos da Tipi.

→ § 3º com redação alterada pela Lei 11.96/2005.

§ 4º Fica reduzida a 0 (zero) a alíquota da COFINS incidente sobre a receita de venda de livros técnicos e científicos, na forma estabelecida em ato conjunto do Ministério da Educação e da Secretaria da Receita Federal.

→ § 4º acrescentado pela Lei 10.925/2004.

§ 5º Excetua-se do disposto no *caput* deste artigo a receita bruta auferida por pessoa jurídica industrial estabelecida na Zona Franca de Manaus, decorrente da venda de produção própria, consoante projeto aprovado pelo Conselho de Administração da Superintendência da Zona Franca de Manaus - SUFRAMA, que fica sujeita, ressalvado o disposto nos §§ 1º a 4º deste artigo, às alíquotas de:

→ § 5º acrescentado pela Lei 10.996/2004.

I - 3% (três por cento), no caso de venda efetuada a pessoa jurídica estabelecida:

a) na Zona Franca de Manaus; e

b) fora da Zona Franca de Manaus, que apure a COFINS no regime de não cumulatividade;

II - 6% (seis por cento), no caso de venda efetuada a:

a) pessoa jurídica estabelecida fora da Zona Franca de Manaus, que apure o imposto de renda com base no lucro presumido;

b) pessoa jurídica estabelecida fora da Zona Franca de Manaus, que apure o imposto de renda com base no lucro real e que tenha sua receita, total ou parcialmente, excluída do regime de incidência não cumulativa da COFINS;

c) pessoa jurídica estabelecida fora da Zona Franca de Manaus e que seja optante pelo Sistema Integrado de Pagamento de Impostos e Contribuições - SIMPLES; e

d) órgãos da administração federal, estadual, distrital e municipal.

§ 6º O disposto no § 5º também se aplica à receita bruta auferida por pessoa jurídica industrial ou comercial estabelecida nas Áreas de Livre Comércio de que tratam as Leis 7.965, de 22 de dezembro de 1989, 8.210, de 19 de julho de 1991, e 8.256, de 25 de novembro de 1991, o art. 11 da Lei 8.387, de 30 de dezembro de 1991, e a Lei 8.857, de 8 de março de 1994.

→ § 6º acrescentado pela 11.945/2009.

§ 7º A exigência prevista no § 5º deste artigo relativa ao projeto aprovado não se aplica às pessoas jurídicas comerciais referidas no § 6º deste artigo.

→ § 7º acrescentado pela 11.945/2009.

Art. 3º Do valor apurado na forma do art. 2º a pessoa jurídica poderá descontar créditos calculados em relação a:

I - bens adquiridos para revenda, exceto em relação às mercadorias e aos produtos referidos:

→ *Caput* do inciso I com redação alterada pela Lei 10.865/2004.

a) no inciso III do § 3º do art. 1º desta Lei; e

→ Alínea *a* com redação alterada pela Lei 11.727/2008.

b) nos §§ 1º e 1º-A do art. 2º desta Lei;

→ Alínea *b* com redação alterada pela Lei 11.787/2008.

II - bens e serviços, utilizados como insumo na prestação de serviços e na produção ou fabricação de bens ou produtos destinados à venda, inclusive combustíveis e lubrificantes, exceto em relação ao pagamento de que trata o art. 2º da Lei 10.485, de 3 de julho de 2002, devido pelo fabricante ou importador, ao concessionário, pela intermediação ou entrega dos veículos classificados nas posições 87.03 e 87.04 da Tipi;

→ Inciso II com redação alterada pela Lei 10.865/2004.

III - energia elétrica e energia térmica, inclusive sob a forma de vapor, consumidas nos estabelecimentos da pessoa jurídica;

→ Inciso III com redação alterada pela Lei 11.488/2007.

IV - aluguéis de prédios, máquinas e equipamentos, pagos a pessoa jurídica, utilizados nas atividades da empresa;

V - valor das contraprestações de operações de arrendamento mercantil de pessoa jurídica, exceto de optante pelo Sistema Integrado de Pagamento de Impostos e Contribuições das Microempresas e das Empresas de Pequeno Porte - SIMPLES;

→ Inciso V com redação alterada pela Lei 10.865/2004.

VI - máquinas, equipamentos e outros bens incorporados ao ativo imobilizado, adquiridos ou fabricados para locação a terceiros, ou para utilização na produção de bens destinados à venda ou na prestação de serviços;

→ Inciso VI com redação alterada pela Lei 11.196/2005.

VII - edificações e benfeitorias em imóveis próprios ou de terceiros, utilizados nas atividades da empresa;

VIII - bens recebidos em devolução cuja receita de venda tenha integrado faturamento do mês ou de mês anterior, e tributada conforme o disposto nesta Lei;

IX - armazenagem de mercadoria e frete na operação de venda, nos casos dos incisos I e II, quando o ônus for suportado pelo vendedor.

X - vale-transporte, vale-refeição ou vale-alimentação, fardamento ou uniforme fornecidos aos empregados por pessoa jurídica que explore as atividades de prestação de serviços de limpeza, conservação e manutenção.

→ Inciso X acrescentado pela Lei 11.898/2009.

XI - bens incorporados ao ativo intangível, adquiridos para utilização na produção de bens destinados a venda ou na prestação de serviços.

→ Inciso XI acrescentado pela Lei 12.973/2014.

§ 1º Observado o disposto no § 15 deste artigo, o crédito será determinado mediante a aplicação da alíquota prevista no *caput* do art. 2º desta Lei sobre o valor:

→ *Caput* do § 1º com redação alterada pela Lei 11.727/2008.

I - dos itens mencionados nos incisos I e II do *caput*, adquiridos no mês;

II - dos itens mencionados nos incisos III a V e IX do *caput*, incorridos no mês;

III - dos encargos de depreciação e amortização dos bens mencionados nos incisos VI, VII e XI do *caput*, incorridos no mês;

→ Inciso III com redação alterada pela Lei 12.973/2014.

IV - dos bens mencionados no inciso VIII do *caput*, devolvidos no mês.

§ 2º Não dará direito a crédito o valor:

→ *Caput* do § 2º com redação alterada pela Lei 10.865/2004.

I - de mão de obra paga a pessoa física; e

→ Inciso I acrescentado pela Lei 10.865/2004.

II - da aquisição de bens ou serviços não sujeitos ao pagamento da contribuição, inclusive no caso de isenção, esse último quando revendidos ou utilizados como insumo em produtos ou serviços sujeitos à alíquota 0 (zero), isentos ou não alcançados pela contribuição.

→ Inciso II acrescentado pela Lei 10.865/2004.

§ 3º O direito ao crédito aplica-se, exclusivamente, em relação:

I - aos bens e serviços adquiridos de pessoa jurídica domiciliada no País;

II - aos custos e despesas incorridos, pagos ou creditados a pessoa jurídica domiciliada no País;

III - aos bens e serviços adquiridos e aos custos e despesas incorridos a partir do mês em que se iniciar a aplicação do disposto nesta Lei.

§ 4º O crédito não aproveitado em determinado mês poderá sê-lo nos meses subsequentes.

§ 5º (*Revogado pela Lei 10.925/2004*).

§ 6º (*Revogado pela Lei 10.925/2004*).

§ 7º Na hipótese de a pessoa jurídica sujeitar-se à incidência não cumulativa da COFINS, em relação apenas à parte de suas receitas, o crédito será apurado, exclusivamente, em relação aos custos, despesas e encargos vinculados a essas receitas.

§ 8º Observadas as normas a serem editadas pela Secretaria da Receita Federal, no caso de custos, despesas e encargos vinculados às receitas referidas no § 7º e àquelas submetidas ao regime de incidência cumulativa dessa contribuição, o crédito será determinado, a critério da pessoa jurídica, pelo método de:

I - apropriação direta, inclusive em relação aos custos, por meio de sistema de contabilidade de custos integrada e coordenada com a escrituração; ou

II - rateio proporcional, aplicando-se aos custos, despesas e encargos comuns a relação percentual existente entre a receita bruta sujeita à incidência não cumulativa e a receita bruta total, auferidas em cada mês.

§ 9º O método eleito pela pessoa jurídica para determinação do crédito, na forma do § 8º, será aplicado consistentemente por todo o ano-calendário e, igualmente, adotado na apuração do crédito relativo à contribuição para o PIS/PASEP não cumulativa, observadas as normas a serem editadas pela Secretaria da Receita Federal.

§ 10. O valor dos créditos apurados de acordo com este artigo não constitui receita bruta da pessoa jurídica, servindo somente para dedução do valor devido da contribuição.

§ 11. *(Revogado pela Lei 10.925/2004)*.

§ 12. *(Revogado pela Lei 10.925/2004)*.

§ 13. Deverá ser estornado o crédito da COFINS relativo a bens adquiridos para revenda ou utilizados como insumos na prestação de serviços e na produção ou fabricação de bens ou produtos destinados à venda, que tenham sido furtados ou roubados, inutilizados ou deteriorados, destruídos em sinistro ou, ainda, empregados em outros produtos que tenham tido a mesma destinação.

→ § 3º acrescentado pela 10.865/2004.

§ 14. Opcionalmente, o contribuinte poderá calcular o crédito de que trata o inciso III do § 1º deste artigo, relativo à aquisição de máquinas e equipamentos destinados ao ativo imobilizado, no prazo de 4 (quatro) anos, mediante a aplicação, a cada mês, das alíquotas referidas no *caput* do art. 2º desta Lei sobre o valor correspondente a 1/48 (um quarenta e oito avos) do valor de aquisição do bem, de acordo com regulamentação da Secretaria da Receita Federal.

→ § 4º acrescentado pela 10.865/2004.

§ 15. O crédito, na hipótese de aquisição, para revenda, de papel imune a impostos de que trata o art. 150, inciso VI, alínea *d* da Constituição Federal, quando destinado à impressão de periódicos, será determinado mediante a aplicação da alíquota prevista no § 2º do art. 2º desta Lei.

→ § 5º acrescentado pela 10.865/2004.

§ 16. Opcionalmente, o sujeito passivo poderá calcular o crédito de que trata o inciso III do § 1º deste artigo, relativo à aquisição de embalagens de vidro retornáveis classificadas no código 7010.90.21 da Tipi, destinadas ao ativo imobilizado, de acordo com regulamentação da Secretaria da Receita Federal do Brasil, no prazo de 12 (doze) meses, à razão de 1/12 (um doze avos).

→ *Caput* do § 16 om redação alterada pela Lei 13.097/2015.

I – *(Revogado pela Lei 13.097/2015)*.

II – *(Revogado pela Lei 13.097/2015)*.

§ 17. Ressalvado o disposto no § 2º deste artigo e nos §§ 1º a 3º do art. 2º desta Lei, na aquisição de mercadoria produzida por pessoa jurídica estabelecida na Zona Franca de Manaus, consoante projeto aprovado pelo Conselho de Administração da Superintendência da Zona Franca de Manaus (Suframa), o crédito será determinado mediante a aplicação da alíquota:

→ § 17 com redação alterada pela Lei 12.507/2011.

I – de 5,60% (cinco inteiros e sessenta centésimos por cento), nas operações com os bens referidos no inciso VI do art. 28 da Lei 11.196, de 21 de novembro de 2005;

→ Inciso I acrescentado pela Lei 12.507/2011.

II – de 7,60% (sete inteiros e sessenta centésimos por cento), na situação de que trata a alínea *b* do inciso II do § 5º do art. 2º desta Lei; e

→ Inciso II acrescentado pela Lei 12.507/2011.

III – de 4,60% (quatro inteiros e sessenta centésimos por cento), nos demais casos.

→ Inciso III acrescentado pela 12.507/2011.

§ 18. No caso de devolução de vendas efetuadas em períodos anteriores, o crédito calculado mediante a aplicação da alíquota incidente na venda será apropriado no mês do recebimento da devolução.

→ Artigo com redação alterada pela Lei 11.727/2008.

§ 19. A empresa de serviço de transporte rodoviário de carga que subcontratar serviço de transporte de carga prestado por:

→ *Caput* do § 19 acrescentado pela Lei 11.051/2004.

I – pessoa física, transportador autônomo, poderá descontar, da Cofins devida em cada período de apuração, crédito presumido calculado sobre o valor dos pagamentos efetuados por esses serviços;

→ Inciso I acrescentado pela Lei 11.051/2004.

II – pessoa jurídica transportadora, optante pelo SIMPLES, poderá descontar, da Cofins devida em cada período de apuração, crédito calculado sobre o valor dos pagamentos efetuados por esses serviços.

→ Inciso II acrescentado pela Lei 11.051/2004.

§ 20. Relativamente aos créditos referidos no § 19 deste artigo, seu montante será determinado mediante aplicação, sobre o valor dos mencionados pagamentos, de alíquota correspondente a 75% (setenta e cinco por cento) daquela constante do art. 2º desta Lei.

→ § 20 acrescentado pela Lei 11.051/2004.

§ 21. Não integram o valor das máquinas, equipamentos e outros bens fabricados para incorporação ao ativo imobilizado na forma do inciso VI do *caput* deste artigo os custos de que tratam os incisos do § 2º deste artigo.

→ § 21 acrescentado pela Lei 11.196/2005.

→ O § 22 foi acrescentado pela MP 413/2008, quando da sua conversão na Lei 11.727/2008 não mencionou o referido parágrafo.

§ 23. O disposto no § 17 deste artigo também se aplica na hipótese de aquisição de mercadoria produzida por pessoa jurídica estabelecida nas Áreas de Livre Comércio de que tratam as Leis 7.965, de 22 de dezembro de 1989, 8.210, de 19 de julho de 1991, e 8.256, de 25 de novembro de 1991, o art. 11 da Lei 8.387, de 30 de dezembro de 1991, e a Lei 8.857, de 8 de março de 1994.

→ § 23 acrescentado pela Lei 11.945/2009.

§ 24. Ressalvado o disposto no § 2º deste artigo e nos §§ 1º a 3º do art. 2º desta Lei, na hipótese de aquisição de mercadoria revendida por pessoa jurídica comercial estabelecida nas Áreas de Livre Comércio referidas no § 23 deste artigo, o crédito será determinado mediante a aplicação da alíquota de 3% (três por cento).

→ § 24 acrescentado pela Lei 11.945/2009.

§ 25. No cálculo do crédito de que tratam os incisos do *caput*, poderão ser considerados os valores decorrentes do ajuste a valor presente de que trata o inciso III do *caput* do art. 184 da Lei 6.404, de 15 de dezembro de 1976.

→ § 25 acrescentado pela Lei 12.973/2014.

§ 26. O disposto nos incisos VI e VII do *caput* não se aplica no caso de bem objeto de arrendamento mercantil, na pessoa jurídica arrendatária.

→ § 26 acrescentado pela Lei 12.973/2014.

§ 27. Para fins do disposto nos incisos VI e VII do *caput*, fica vedado o desconto de quaisquer créditos calculados em relação a:

→ § 27 acrescentado pela Lei 12.973/2014.

I – encargos associados a empréstimos registrados como custo na forma da alínea b do § 1º do art. 17 do Decreto-Lei 1.598, de 26 de dezembro de 1977; e

II – custos estimados de desmontagem e remoção do imobilizado e de restauração do local em que estiver situado.

§ 28. No cálculo dos créditos a que se referem os incisos VI e VII do *caput*, não serão computados os ganhos e perdas decorrentes de avaliação de ativo com base no valor justo.

→ § 28 acrescentado pela Lei 12.973/2014.

§ 29. Na execução de contratos de concessão de serviços públicos, os créditos gerados pelos serviços de construção, recuperação, reforma, ampliação ou melhoramento de infraestrutura, quando a receita correspondente tiver contrapartida em ativo intangível, representativo de direito de exploração, ou em ativo financeiro, somente poderão ser aproveitados, no caso do ativo intangível, à medida que este for amortizado e, no caso do ativo financeiro, na proporção de seu recebimento, excetuado, para ambos os casos, o crédito previsto no inciso VI do *caput*.

→ § 29 acrescentado pela Lei 12.973/2014.

§ 30. O disposto no inciso XI do *caput* não se aplica ao ativo intangível referido no § 29.

→ § 30 acrescentado pela Lei 12.973/2014.

Art. 4º A pessoa jurídica que adquirir imóvel para venda ou promover empreendimento de desmembramento ou loteamento de terrenos, incorporação imobiliária ou construção de prédio destinado a venda, utilizará o crédito referente aos custos vinculados à unidade construída ou em construção, a ser descontado na forma do art. 3º, somente a partir da efetivação da venda.

§ 1º Na hipótese de venda de unidade imobiliária não concluída, a pessoa jurídica poderá utilizar crédito presumido, em relação ao custo orçado de que trata a legislação do imposto de renda.

§ 2º O crédito presumido será calculado mediante a aplicação da alíquota de que trata o art. 2º sobre o valor do custo orçado para conclusão da obra ou melhoramento, ajustado pela exclusão dos valores a serem pagos a pessoa física, encargos trabalhistas, sociais e previdenciários, e dos bens e serviços, acrescidos dos tributos incidentes na importação, adquiridos de pessoa física ou jurídica residente ou domiciliada no exterior.

§ 3º O crédito a ser descontado na forma do *caput* e o crédito presumido apurado na forma do § 2º deverão ser utilizados na proporção da receita relativa à venda da unidade imobiliária, à medida do recebimento.

§ 4º Ocorrendo modificação do valor do custo orçado, antes do término da obra ou melhoramento, nas hipóteses previstas na legislação do imposto de renda, o novo valor orçado deverá ser considerado para efeito do disposto nos §§ 2º e 3º.

§ 5º A pessoa jurídica que utilizar o crédito presumido de que trata este artigo determinará, na data da conclusão da obra ou melhoramento, a diferença entre o custo orçado e o efetivamente realizado, apurados na forma da legislação do imposto de renda, com os ajustes previstos no § 2º:

I – se o custo realizado for inferior ao custo orçado, em mais de 15% (quinze por cento) deste, considerar-se-á como postergada a contribuição incidente sobre a diferença;

II – se o custo realizado for inferior ao custo orçado, em até 15% (quinze por cento) deste, a contribuição incidente sobre a diferença será devida a partir da data da conclusão, sem acréscimos legais;

III – se o custo realizado for superior ao custo orçado, a pessoa jurídica terá direito ao crédito correspondente à diferença, no período de apuração em que ocorrer a conclusão, sem acréscimos.

§ 6º A diferença de custo a que se refere o § 5º será, no período de apuração em que ocorrer a conclusão da obra ou melhoramento, adicionada ou subtraída, conforme o caso, no cálculo do crédito a ser descontado na forma do art. 3º, devendo ainda, em relação à contribuição considerada postergada, de acordo com o inciso I, ser recolhidos os acréscimos referentes a juros de mora e multa, de mora ou de ofício, calculados na forma da legislação que rege a cobrança da contribuição não paga.

§ 7º Se a venda de unidade imobiliária não concluída ocorrer antes de iniciada a apuração da COFINS na forma do art. 2º, o custo orçado poderá ser calculado na data de início dessa apuração, para efeito do disposto nos §§ 2º e 3º, observado, quanto aos custos incorridos até essa data, o disposto no § 4º do art. 12.

§ 8º O disposto neste artigo não se aplica às vendas anteriores à vigência da Medida Provisória 2.221, de 4 de setembro de 2001.

§ 9º Os créditos referentes a unidades imobiliárias recebidas em devolução, calculados com observância do disposto neste artigo, serão estornados na data do desfazimento do negócio.

Art. 5º O contribuinte da COFINS é a pessoa jurídica que auferir as receitas a que se refere o art. 1º.

Art. 6º A COFINS não incidirá sobre as receitas decorrentes das operações de:

I – exportação de mercadorias para o exterior;

II – prestação de serviços para pessoa física ou jurídica residente ou domiciliada no exterior, cujo pagamento represente ingresso de divisas;

→ Inciso II com redação alterada pela Lei 10.865/2004.

III – vendas a empresa comercial exportadora com o fim específico de exportação.

§ 1º Na hipótese deste artigo, a pessoa jurídica vendedora poderá utilizar o crédito apurado na forma do art. 3º, para fins de:

I – dedução do valor da contribuição a recolher, decorrente das demais operações no mercado interno;

II – compensação com débitos próprios, vencidos ou vincendos, relativos a tributos e contribuições administrados pela Secretaria da Receita Federal, observada a legislação específica aplicável à matéria.

§ 2º A pessoa jurídica que, até o final de cada trimestre do ano civil, não conseguir utilizar o crédito por qualquer das formas previstas no § 1º poderá solicitar o seu ressarcimento em dinheiro, observada a legislação específica aplicável à matéria.

§ 3º O disposto nos §§ 1º e 2º aplica-se somente aos créditos apurados em relação a custos, despesas e encargos vinculados à receita de exportação, observado o disposto nos §§ 8º e 9º do art. 3º.

§ 4º O direito de utilizar o crédito de acordo com o § 1º não beneficia a empresa comercial exportadora que tenha adquirido mercadorias com o fim previsto no inciso III do *caput*, ficando vedada, nesta hipótese, a apuração de créditos vinculados à receita de exportação.

Art. 7º No caso de construção por empreitada ou de fornecimento a preço predeterminado de bens ou serviços, contratados por pessoa jurídica de direito público, empresa pública, sociedade de economia mista ou suas subsidiárias, a pessoa jurídica optante pelo regime previsto no art. 7º da Lei 9.718, de 27 de novembro de 1998, somente poderá utilizar o crédito a ser descontado na forma do art. 3º, na proporção das receitas efetivamente recebidas.

Art. 8º A contribuição incidente na hipótese de contratos, com prazo de execução superior a 1 (um) ano, de construção por empreitada ou de fornecimento, a preço predeterminado, de bens ou serviços a serem produzidos, será calculada sobre a receita apurada de acordo com os critérios de reconhecimento adotados pela legislação do imposto de renda, previstos para a espécie de operação.

Parágrafo único. O crédito a ser descontado na forma do art. 3º somente poderá ser utilizado na proporção das receitas reconhecidas nos termos do *caput*.

Art. 9º A empresa comercial exportadora que houver adquirido mercadorias de outra pessoa jurídica, com o fim específico de exportação para o exterior, que, no prazo de 180 (cento e oitenta) dias, contados da data da emissão da nota fiscal pela vendedora, não comprovar o seu embarque para o exterior, ficará sujeita ao pagamento de todos os impostos e contribuições que deixaram de ser pagos pela empresa vendedora, acrescidos de juros de mora e multa, de mora ou de ofício, calculados na forma da legislação que rege a cobrança do tributo não pago.

§ 1º Para efeito do disposto neste artigo, considera-se vencido o prazo para o pagamento na data em que a empresa vendedora deveria fazê-lo, caso a venda houvesse sido efetuada para o mercado interno.

§ 2º No pagamento dos referidos tributos, a empresa comercial exportadora não poderá deduzir, do montante devido, qualquer valor a título de crédito de Imposto sobre Produtos Industrializados – IPI, ou da COFINS, decorrente da aquisição das mercadorias e serviços objeto da incidência.

§ 3º A empresa deverá pagar, também, os impostos e contribuições devidos nas vendas para o mercado interno, caso, por qualquer forma, tenha alienado ou utilizado as mercadorias.

Art. 10. Permanecem sujeitas às normas da legislação da COFINS, vigentes anteriormente a esta Lei, não se lhes aplicando as disposições dos arts. 1º a 8º:

I – as pessoas jurídicas referidas nos §§ 6º, 8º e 9º do art. 3º da Lei 9.718, de 1998, e na Lei 7.102, de 20 de junho de 1983;

II – as pessoas jurídicas tributadas pelo imposto de renda com base no lucro presumido ou arbitrado;

III – as pessoas jurídicas optantes pelo SIMPLES;

IV – as pessoas jurídicas imunes a impostos;

V – os órgãos públicos, as autarquias e fundações públicas federais, estaduais e municipais, e as fundações cuja criação tenha sido autorizada por lei, referidas no art. 61 do Ato das Disposições Constitucionais Transitórias da Constituição;

VI – sociedades cooperativas, exceto as de produção agropecuária, sem prejuízo das deduções de que trata o art. 15 da Medida Provisória 2.158-35, de 24 de agosto de 2001, e o art. 17 da Lei 10.684, de 30 de maio de 2003, não lhes aplicando as disposições do § 7º do art. 3º das Leis nos 10.637, de 30 de dezembro de 2002, e 10.833, de 29 de dezembro de 2003, e as de consumo;

→ Inciso VI com redação alterada pela Lei 10.865/2004.

VII – as receitas decorrentes das operações:

a) referidas no inciso IV do § 3º do art. 1º;

b) sujeitas à substituição tributária da COFINS;

c) referidas no art. 5º da Lei 9.716, de 26 de novembro de 1998;

VIII – as receitas decorrentes de prestação de serviços de telecomunicações;

IX – as receitas decorrentes de venda de jornais e periódicos e de prestação de serviços das empresas jornalísticas e de radiodifusão sonora e de sons e imagens;

→ Inciso IX com redação alterada pela Lei 10.865/2004.

X – as receitas submetidas ao regime especial de tributação previsto no art. 47 da Lei 10.637, de 30 de dezembro de 2002;

XI – as receitas relativas a contratos firmados anteriormente a 31 de outubro de 2003:

a) com prazo superior a 1 (um) ano, de administradoras de planos de consórcios de bens móveis e imóveis, regularmente autorizadas a funcionar pelo Banco Central;

b) com prazo superior a 1 (um) ano, de construção por empreitada ou de fornecimento, a preço predeterminado, de bens ou serviços;

c) de construção por empreitada ou de fornecimento, a preço predeterminado, de bens ou serviços contratados com pessoa jurídica de direito público, empresa pública, sociedade de economia mista ou suas subsidiárias, bem como os contratos posteriormente firmados decorrentes de propostas apresentadas, em processo licitatório, até aquela data;

XII – as receitas decorrentes de prestação de serviços de transporte coletivo rodoviário, metroviário, ferroviário e aquaviário de passageiros;

XIII – as receitas decorrentes de serviços:

→ *Caput* com redação alterada pela Lei 10.865/2004.

a) prestados por hospital, pronto-socorro, clínica médica, odontológica, de fisioterapia e de fonoaudiologia, e laboratório de anatomia patológica, citológica ou de análises clínicas; e

→ Alínea *a* acrescentada pela Lei 10.865/2004.

b) de diálise, raios X, radiodiagnóstico e radioterapia, quimioterapia e de banco de sangue;

→ Alínea *b* acrescentada pela Lei 10.865/2004.

XIV – as receitas decorrentes de prestação de serviços de educação infantil, ensinos fundamental e médio e educação superior.

XV – as receitas decorrentes de vendas de mercadorias realizadas pelas pessoas jurídicas referidas no art. 15 do Decreto-Lei 1.455, de 7 de abril de 1976;

→ Inciso XV acrescentado pela Lei 10.865/2004.

XVI – as receitas decorrentes de prestação de serviço de transporte coletivo de passageiros, efetuado por empresas regulares de linhas aéreas domésticas, e as decorrentes da prestação de serviço de transporte de pessoas por empresas de táxi aéreo;

→ Inciso XVI acrescentado pela Lei 10.865/2004.

XVII – as receitas auferidas por pessoas jurídicas, decorrentes da edição de periódicos e de informações neles contidas, que sejam relativas aos assinantes dos serviços públicos de telefonia;

→ Inciso XVII acrescentado pela Lei 10.865/2004.

XVIII – as receitas decorrentes de prestação de serviços com aeronaves de uso agrícola inscritas no Registro Aeronáutico Brasileiro (RAB);

→ Inciso XVIII acrescentado pela Lei 10.865/2004.

XIX – as receitas decorrentes de prestação de serviços das empresas de *call center*, telemarketing, telecobrança e de teleatendimento em geral;

→ Inciso XIX acrescentado pela Lei 10.865/2004.

XX – as receitas decorrentes da execução por administração, empreitada ou subempreitada, de obras de construção civil;

→ Inciso XX com redação alterada pela Lei 13.043/2014.

XXI – as receitas auferidas por parques temáticos, e as decorrentes de serviços de hotelaria e de organização de feiras e eventos, conforme definido em ato conjunto dos Ministérios da Fazenda e do Turismo.

→ Inciso XXI acrescentado pela Lei 10.865/2004.

XXII – as receitas decorrentes da prestação de serviços postais e telegráficos prestados pela Empresa Brasileira de Correios e Telégrafos;

→ Inciso XXII acrescentado pela Lei 10.925/2004.

XXIII – as receitas decorrentes de prestação de serviços públicos de concessionárias operadoras de rodovias;

→ Inciso XXIII acrescentado pela Lei 10.925/2004.

XXIV – as receitas decorrentes da prestação de serviços das agências de viagem e de viagens e turismo.

→ Inciso XXIV acrescentado pela Lei 10.925/2004.

XXV – as receitas auferidas por empresas de serviços de informática, decorrentes das atividades de desenvolvimento de software e o seu licenciamento ou cessão de direito de uso, bem como de análise, programação, instalação, configuração, assessoria, consultoria, suporte técnico e manutenção ou atualização de software, compreendidas ainda como softwares as páginas eletrônicas.

→ Inciso XXV acrescentado pela Lei 11.051/2004.

XXVI – as receitas relativas às atividades de revenda de imóveis, desmembramento ou loteamento de terrenos, incorporação imobiliária e construção de prédio destinado à venda, quando decorrentes de contratos de longo prazo firmados antes de 31 de outubro de 2003;

→ Inciso XXVI acrescentado pela Lei 11.196/2005.

XXVII – (*Vetado*);

→ Inciso XXVII acrescentado pela Lei 11.196/2005.

XXVIII – (*Vetado*);

→ Inciso XXVIII acrescentado pela Lei 12.766/2012.

XXIX – as receitas decorrentes de operações de comercialização de pedra britada, de areia para construção civil e de areia de brita.

→ Inciso XXIX acrescentado pela Lei 12.766/2012.

XXX – as receitas decorrentes da alienação de participações societárias.

→ Inciso XXX acrescentado pela Lei 13.043/2014.

§ 1º Ficam convalidados os recolhimentos efetuados de acordo com a atual redação do inciso IX deste artigo.

→ § 1º com redação alterada pela Lei 11.051/2004.

§ 2º O disposto no inciso XXV do *caput* deste artigo não alcança a comercialização, licenciamento ou cessão de direito de uso de software importado.

→ § 2º acrescentado pela Lei 11.051/2004.

Art. 11. A contribuição de que trata o art. 1º desta Lei deverá ser paga até o 25º (vigésimo quinto) dia do mês subsequente ao de ocorrência do fato gerador.

→ *Caput* com redação alteada pela Lei 11.933/2007.

Parágrafo único. Se o dia do vencimento de que trata o *caput* deste artigo não for dia útil, considerar-se-á antecipado o prazo para o primeiro dia útil que o anteceder.

→ Parágrafo único acrescentado pela Lei 11.933/2007.

Art. 12. A pessoa jurídica contribuinte da COFINS, submetida à apuração do valor devido na forma do art. 3º, terá direito a desconto correspondente ao estoque de abertura dos bens de que tratam os incisos I e II daquele mesmo artigo, adquiridos de pessoa jurídica domiciliada no País, existentes na data de início da incidência desta contribuição de acordo com esta Lei.

§ 1º O montante de crédito presumido será igual ao resultado da aplicação do percentual de 3% (três por cento) sobre o valor do estoque.

§ 2º O crédito presumido calculado segundo os §§ 1º, 9º e 10 deste artigo será utilizado em 12 (doze) parcelas mensais, iguais e sucessivas, a partir da data a que se refere o *caput* deste artigo.

→ § 2º com redação alterada pela Lei 10.925/2004.

§ 3º O disposto no *caput* aplica-se também aos estoques de produtos acabados e em elaboração.

§ 4º A pessoa jurídica referida no art. 4º que, antes da data de início da vigência da incidência não cumulativa da COFINS, tenha incorrido em custos com unidade imobiliária construída ou em construção poderá calcular crédito presumido, naquela data, observado:

I – no cálculo do crédito será aplicado o percentual previsto no § 1º sobre o valor dos bens e dos serviços, inclusive combustíveis e lubrificantes, adquiridos de pessoas jurídicas domiciliadas no País, utilizados como insumo na construção;

II – o valor do crédito presumido apurado na forma deste parágrafo deverá ser utilizado na proporção da receita relativa à venda da unidade imobiliária, à medida do recebimento.

§ 5º A pessoa jurídica que, tributada com base no lucro presumido ou optante pelo SIMPLES, passar a ser tributada com base no lucro real, na hipótese de sujeitar-se à incidência não cumulativa da COFINS, terá direito ao aproveitamento do crédito presumido na forma prevista neste artigo, calculado sobre o estoque de abertura, devidamente comprovado, na data da mudança do regime de tributação adotado para fins do imposto de renda.

§ 6º Os bens recebidos em devolução, tributados antes do início da aplicação desta Lei, ou da mudança do regime de tributação de que trata o § 5º, serão considerados como integrantes do estoque de abertura referido no *caput*, devendo o crédito ser utilizado na forma do § 2º a partir da data da devolução.

§ 7º O disposto neste artigo aplica-se, também, aos estoques de produtos que não geraram crédito na aquisição, em decorrência do disposto nos §§ 7º a 9º do art. 3º desta Lei, destinados à fabricação dos produtos de que tratam as Leis 9.990, de 21 de julho de 2000, 10.147, de 21 de dezembro de 2000, 10.485, de 3 de julho de 2002, e 10.560, de 13 de novembro de 2002, ou quaisquer outros submetidos à incidência monofásica da contribuição.

→ § 7º acrescentado pela Lei 10.865/2004.

§ 8º As disposições do § 7º deste artigo não se aplicam aos estoques de produtos adquiridos a alíquota 0 (zero), isentos ou não alcançados pela incidência da contribuição.

→ § 8º acrescentado pela Lei 10.865/2004.

§ 9º O montante do crédito presumido de que trata o § 7º deste artigo será igual ao resultado da aplicação do percentual de 7,6% (sete inteiros e seis décimos por cento) sobre o valor do estoque.

→ § 9º acrescentado pela Lei 10.865/2004.

§ 10. O montante do crédito presumido de que trata o § 7º deste artigo, relativo às pessoas jurídicas referidas no art. 51 desta Lei, será igual ao resultado da aplicação da alíquota de 3% (três por cento) sobre o valor dos bens em estoque adquiridos até 31 de janeiro de 2004, e de 7,6% (sete inteiros e seis décimos por cento) sobre o valor dos bens em estoque adquiridos a partir de 1º de fevereiro de 2004.

→ § 10 com redação alterada pela Lei 10.925/2004.

Art. 13. O aproveitamento de crédito na forma do § 4º do art. 3º, do art. 4º e dos §§ 1º e 2º do art. 6º, bem como do § 2º e inciso II do § 4º e § 5º do art. 12, não ensejará atualização monetária ou incidência de juros sobre os respectivos valores.

Art. 14. O disposto nas Leis 9.363, de 13 de dezembro de 1996, e 10.276, de 10 de setembro de 2001, não se aplica à pessoa jurídica submetida à apuração do valor devido na forma dos arts. 2º e 3º desta Lei e dos arts. 2º e 3º da Lei 10.637, de 30 de dezembro de 2002.

Art. 15. Aplica-se à contribuição para o PIS/PASEP não cumulativa de que trata a Lei 10.637, de 30 de dezembro de 2002, o disposto:

→ *Caput* com redação alterada pela Lei 10.865/2004.

I – nos incisos I e II do § 3º do art. 1º desta Lei;

→ Inciso I acrescentado pela Lei 10.865/2004.

II – nos incisos VI, VII e IX do *caput* e nos §§ 1º e 10 a 20 do art. 3º desta Lei;

→ Inciso II com redação alterada pela Lei 11.051/2004.

III – nos §§ 3º e 4º do art. 6º desta Lei;

→ Inciso III acrescentado pela Lei 10.865/2004.

IV – nos arts. 7º e 8º desta Lei;

→ Inciso IV acrescentado pela Lei 10.865/2004.

V – nos incisos VI, IX a XXVII do *caput* e nos §§ 1º e 2º do art. 10 desta Lei;

→ Inciso V com redação alterada pela Lei 11.196/2005.

VI – no art. 13 desta Lei.

→ Inciso VI acrescentado pela Lei 10.865/2004.

Art. 16. O disposto no art. 4º e no § 4º do art. 12 aplica-se, a partir de 1º de janeiro de 2003, à contribuição para o PIS/PASEP não cumulativa, de que trata a Lei 10.637, de 30 de dezembro de 2002, com observância das alíquotas de 1,65% (um inteiro e sessenta e cinco centésimos por cento) e de 0,65% (sessenta e cinco centésimos por cento) em relação à apuração na forma dos referidos artigos, respectivamente.

Parágrafo único. O tratamento previsto no inciso II do *caput* do art. 3º e nos §§ 5º e 6º do art. 12 aplica-se também à contribuição para o PIS/PASEP não cumulativa na forma e a partir da data prevista no *caput*.

Capítulo II
DAS OUTRAS DISPOSIÇÕES RELATIVAS À LEGISLAÇÃO TRIBUTÁRIA

Art. 17. O art. 74 da Lei 9.430, de 27 de dezembro de 1996, alterado pelo art. 49 da Lei 10.637, de 30 de dezembro de 2002, passa a vigorar com a seguinte redação:

→ Alterações efetuadas na referida Lei.

Art. 18. O lançamento de ofício de que trata o art. 90 da Medida Provisória no 2.158-35, de 24 de agosto de 2001, limitar-se-á à imposição de multa isolada em razão de não-homologaçao da compensação quando se comprove falsidade da declaração apresentada pelo sujeito passivo.

→ *Caput* com redação alterada pela Lei 11.488/2007.

§ 1º Nas hipóteses de que trata o *caput*, aplica-se ao débito indevidamente compensado o disposto nos §§ 6º a 11 do art. 74 da Lei 9.430, de 27 de dezembro de 1996.

§ 2º A multa isolada a que se refere o *caput* deste artigo será aplicada no percentual previsto no inciso I do *caput* do art. 44 da Lei 9.430, de 27 de dezembro de 1996, aplicado em dobro, e terá como base de cálculo o valor total do débito indevidamente compensado.

→ § 2º com redação alterada pela Lei 11.488/2007.

§ 3º Ocorrendo manifestação de inconformidade contra a não homologação da compensação e impugnação quanto ao lançamento das multas a que se refere este artigo, as peças serão reunidas em um único processo para serem decididas simultaneamente.

§ 4º Será também exigida multa isolada sobre o valor total do débito indevidamente compensado quando a compensação for considerada não declarada nas hipóteses do inciso II do § 12 do art. 74 da Lei 9.430, de 27 de dezembro de 1996, aplicando-se o percentual previsto no inciso I do *caput* do art. 44 da Lei 9.430, de 27 de dezembro de 1996, duplicado na forma de seu § 1º, quando for o caso.

→ § 4º com redação alterada pela Lei 11.488/2007.

§ 5º Aplica-se o disposto no § 2º do art. 44 da Lei 9.430, de 27 de dezembro de 1996, às hipóteses previstas nos §§ 2º e 4º deste artigo.

→ § 5º com redação alterada pela Lei 11.488/2007.

Art. 19. O art. 8º da Lei 9.317, de 5 de dezembro de 1996, passa a vigorar acrescido do seguinte § 6º:

"Art. 8º (...)

(...)

§ 6º O indeferimento da opção pelo SIMPLES, mediante despacho decisório de autoridade da Secretaria da Receita Federal, submeter-se-á ao rito processual do Decreto 70.235, de 6 de março de 1972."

Art. 20. O art. 11 da Lei 8.248, de 23 de outubro de 1991, passa a vigorar com a seguinte redação:

"Art. 11. Para fazer jus aos benefícios previstos no art. 4º desta Lei, as empresas de desenvolvimento ou produção de bens e serviços de informática e automação deverão investir, anualmente, em atividades de pesquisa e desenvolvimento em tecnologia da informação a serem realizadas no País, no mínimo 5% (cinco por cento) do seu faturamento bruto no mercado interno, decorrente da comercialização de bens e serviços de informática, deduzidos os tributos correspondentes a tais comercializações, bem como o valor das aquisições de produtos incentivados na forma desta Lei e da no 8.387, de 30 de dezembro de 1991, conforme projeto elaborado pelas próprias empresas, a partir da apresentação da proposta de projeto de que trata o § 1ºC do art. 4º desta Lei."

Art. 21. O art. 2º da Lei 8.387, de 30 de dezembro de 1991, passa a vigorar com a seguinte redação:

"Art. 2º (...)

(...)

§ 3º Para fazer jus aos benefícios previstos neste artigo, as empresas que tenham como finalidade a produção de bens e serviços de informática deverão aplicar, anualmente, no mínimo 5% (cinco por cento) do seu faturamento bruto no mercado interno, decorrente da comercialização de bens e serviços de informática, deduzidos os tributos correspondentes a tais comercializações, bem como o valor das aquisições de produtos incentivados na forma desta Lei e da Lei 8.248, de 23 de outubro de 1991, em atividades de pesquisa e desenvolvimento a serem realizadas na Amazônia, conforme projeto elaborado pelas próprias empresas, com base em proposta de projeto a ser apresentada à Superintendência da Zona Franca de Manaus – Suframa, e ao Ministério da Ciência e Tecnologia."

Art. 22. As sociedades cooperativas que se dedicam a vendas em comum, referidas no art. 82 da Lei 5.764, de 16 de dezembro de 1971, e que recebam para comercialização a produção de seus associados, são responsáveis pelo recolhimento da Contribuição de Intervenção no Domínio Econômico – CIDE, incidente sobre a comercialização de álcool etílico combustível, observadas as normas estabelecidas na Lei 10.336, de 19 de dezembro de 2001.

Art. 23. A incidência da CIDE, nos termos do art. 3º, inciso V, da Lei 10.336, de 19 de dezembro de 2001, da contribuição para o PIS/PASEP e da COFINS, nos termos do art. 4º, inciso III, e art. 6º, *caput*, da Lei 9.718, de 27 de novembro de 1998, com a redação dada pela Lei 9.990, de 21 de julho de 2000, sobre os gases liquefeito de petróleo, classificados na subposição 2711.1 da NCM, não alcança os produtos classificados no código 2711.11.00.

Art. 24. O disposto no § 2º, incisos I e II, do art. 14 da Medida Provisória 2.158-35, de 24 de agosto de 2001, não se aplica às vendas enquadradas nas hipóteses previstas nos incisos IV, VI, VIII e IX de seu *caput*.

Art. 25. A pessoa jurídica encomendante, no caso de industrialização por encomenda, sujeita-se, conforme o caso, às alíquotas previstas nas alíneas *a* ou *b* do inciso I do art. 1º da Lei 10.147, de 21 de dezembro de 2000, e alterações posteriores, incidentes sobre a receita bruta decorrente da venda dos produtos nelas referidas. (Redação dada pela Lei 10.865, de 2004)

Parágrafo único. Na hipótese a que se refere o *caput*:

I – as alíquotas da contribuição para o PIS/PASEP e da COFINS aplicáveis à pessoa jurídica executora da encomenda ficam reduzidas a 0 (zero); e

II – o crédito presumido de que trata o art. 3º da Lei 10.147, de 21 de dezembro de 2000, quando for o caso, será atribuído à pessoa jurídica encomendante.

Art. 26. O adquirente, pessoa física ou jurídica residente ou domiciliada no Brasil, ou o procurador, quando o adquirente for residente ou domiciliado no exterior, fica responsável pela retenção e recolhimento do imposto de renda incidente sobre o ganho de capital a que se refere o art. 18 da Lei 9.249, de 26 de dezembro de 1995, auferido por pessoa física ou jurídica residente ou domiciliada no exterior que alienar bens localizados no Brasil.

Art. 27. O imposto de renda sobre os rendimentos pagos, em cumprimento de decisão da Justiça Federal, mediante precatório ou requisição de pequeno valor, será retido na fonte pela instituição financeira responsável pelo pagamento e incidirá à alíquota de 3% (três por cento) sobre o montante pago, sem quaisquer deduções, no momento do pagamento ao beneficiário ou seu representante legal.

§ 1º Fica dispensada a retenção do imposto quando o beneficiário declarar à instituição financeira responsável pelo pagamento que os rendimentos recebidos são isentos ou não tributáveis, ou que, em se tratando de pessoa jurídica, esteja inscrita no SIMPLES.

§ 2º O imposto retido na fonte de acordo com o *caput* será:

I – considerado antecipação do imposto apurado na declaração de ajuste anual das pessoas físicas; ou

II – deduzido do apurado no encerramento do período de apuração ou na data da extinção, no caso de beneficiário pessoa jurídica.

§ 3º A instituição financeira deverá, na forma, prazo e condições estabelecidas pela Secretaria da Receita Federal, fornecer à pessoa física ou jurídica beneficiária o Comprovante de Rendimentos Pagos e de Retenção do Imposto de Renda na Fonte, bem como apresentar à Secretaria da Receita Federal declaração contendo informações sobre:

→ *Caput* do § 3º com redação alterada pela Lei 10.865/2004.

I – os pagamentos efetuados à pessoa física ou jurídica beneficiária e o respectivo imposto de renda retido na fonte;

→ Inciso I acrescentado pela Lei 10.865/2004.

II – os honorários pagos a perito e o respectivo imposto de renda retido na fonte;

→ Inciso II acrescentado pela Lei 10.865/2004.

III – a indicação do advogado da pessoa física ou jurídica beneficiária.

→ Inciso III acrescentado pela Lei 10.865/2004.

§ 4º O disposto neste artigo não se aplica aos depósitos efetuados pelos Tribunais Regionais Federais antes de 1º de fevereiro de 2004.

→ § 4º com redação alterada pela Lei 10.865/2004.

Art. 28. Cabe à fonte pagadora, no prazo de 15 (quinze) dias da data da retenção de que trata o *caput* do art. 46 da Lei 8.541, de 23 de dezembro de 1992, comprovar, nos respectivos autos, o recolhimento do imposto de renda na fonte incidente sobre os rendimentos pagos em cumprimento de decisões da Justiça do Trabalho.

§ 1º Na hipótese de omissão da fonte pagadora relativamente à comprovação de que trata o *caput*, e nos pagamentos de honorários periciais, competirá ao Juízo do Trabalho calcular o imposto de renda na fonte e determinar o seu recolhimento à instituição financeira depositária do crédito.

§ 2º A não indicação pela fonte pagadora da natureza jurídica das parcelas objeto de acordo homologado perante a Justiça do Trabalho acarretará a incidência do imposto de renda na fonte sobre o valor total da avença.

§ 3º A instituição financeira deverá, na forma, prazo e condições estabelecidas pela Secretaria da Receita Federal, fornecer à pessoa física beneficiária o Comprovante de Rendimentos Pagos e de Retenção do Imposto de Renda na Fonte, bem como apresentar à Secretaria da Receita Federal declaração contendo informações sobre:

I – os pagamentos efetuados à reclamante e o respectivo imposto de renda retido na fonte, na hipótese do § 1º;

II – os honorários pagos a perito e o respectivo imposto de renda retido na fonte;

III – as importâncias pagas a título de honorários assistenciais de que trata o art. 16 da Lei 5.584, de 26 de junho de 1970;

IV – a indicação do advogado da reclamante.

Art. 29. Sujeitam-se ao desconto do imposto de renda, à alíquota de 1,5% (um inteiro e cinco décimos por cento), que será deduzido do apurado no encerramento do período de apuração, as importâncias pagas ou creditadas por pessoas jurídicas a título de prestação de serviços a outras pessoas jurídicas que explorem as atividades de prestação de serviços de assessoria creditícia, mercadológica, gestão de crédito, seleção e riscos, administração de contas a pagar e a receber.

Art. 30. Os pagamentos efetuados pelas pessoas jurídicas a outras pessoas jurídicas de direito privado, pela prestação de serviços de limpeza, conservação, manutenção, segurança, vigilância, transporte de valores e locação de mão de obra, pela prestação de serviços de assessoria creditícia, mercadológica, gestão de crédito, seleção e riscos, administração de contas a pagar e a receber, bem como pela remuneração de serviços profissionais, estão sujeitos a retenção na fonte da Contribuição Social sobre o Lucro Líquido – CSLL, da COFINS e da contribuição para o PIS/PASEP.

§ 1º O disposto neste artigo aplica-se inclusive aos pagamentos efetuados por:

I – associações, inclusive entidades sindicais, federações, confederações, centrais sindicais e serviços sociais autônomos;

II – sociedades simples, inclusive sociedades cooperativas;

III – fundações de direito privado; ou

IV – condomínios edilícios.

§ 2º Não estão obrigadas a efetuar a retenção a que se refere o *caput* as pessoas jurídicas optantes pelo SIMPLES.

§ 3º As retenções de que trata o *caput* serão efetuadas sem prejuízo da retenção do imposto de renda na fonte das pessoas jurídicas sujeitas a alíquotas específicas previstas na legislação do imposto de renda.

Art. 31. O valor da CSLL, da COFINS e da contribuição para o PIS/PASEP, de que trata o art. 30, será determinado mediante a aplicação, sobre o montante a ser pago, do percentual de 4,65% (quatro inteiros e sessenta e cinco centésimos por cento), correspondente à soma das alíquotas de 1% (um por cento), 3% (três por cento) e 0,65% (sessenta e cinco centésimos por cento), respectivamente.

§ 1º As alíquotas de 0,65% (sessenta e cinco centésimos por cento) e 3% (três por cento) aplicam-se inclusive na hipótese de a prestadora do serviço enquadrar-se no regime de não-cumulatividade na cobrança da contribuição para o PIS/PASEP e da COFINS.

§ 2º No caso de pessoa jurídica beneficiária de isenção, na forma da legislação específica, de uma ou mais das contribuições de que trata este artigo, a retenção dar-se-á mediante a aplicação da alíquota específica correspondente às contribuições não alcançadas pela isenção.

§ 3º Fica dispensada a retenção de valor igual ou inferior a R$ 10,00 (dez reais), exceto na hipótese de Documento de Arrecadação de Receitas Federais – DARF eletrônico efetuado por meio do Siafi.

→ § 2º com redação alterada pela Lei 13.137/2015.

§ 4º (*Revogado pela Lei 13.137/2015*).

Art. 32. A retenção de que trata o art. 30 não será exigida na hipótese de pagamentos efetuados a:

I – cooperativas, relativamente à CSLL;

→ Inciso I com redação alterada pela Lei 10.865/2004.

II – empresas estrangeiras de transporte de valores;

→ Inciso II com redação alterada pela Lei 10.865/2004.

III – pessoas jurídicas optantes pelo SIMPLES.

Parágrafo único. A retenção da COFINS e da contribuição para o PIS/PASEP não será exigida, cabendo, somente, a retenção da CSLL nos pagamentos:

I – a título de transporte internacional de valores efetuados por empresa nacional;

→ Inciso I com redação alterada pela Lei 10.865/2004.

II – aos estaleiros navais brasileiros nas atividades de conservação, modernização, conversão e reparo de embarcações pré-registradas ou registradas no Registro Especial Brasileiro – REB, instituído pela Lei 9.432, de 8 de janeiro de 1997.

Art. 33. A União, por intermédio da Secretaria da Receita Federal, poderá celebrar convênios com os Estados, Distrito Federal e Municípios, para estabelecer a responsabilidade pela retenção na fonte da CSLL, da COFINS e da contribuição para o PIS/PASEP, mediante a aplicação das alíquotas previstas no art. 31, nos pagamentos efetuados por órgãos, autarquias e fundações dessas administrações públicas às pessoas jurídicas de direito privado, pelo fornecimento de bens ou pela prestação de serviços em geral.

Art. 34. Ficam obrigadas a efetuar as retenções na fonte do imposto de renda, da CSLL, da COFINS e da contribuição para o PIS/PASEP, a que se refere o art. 64 da Lei 9.430, de 27 de dezembro de 1996, as seguintes entidades da administração pública federal:

I – empresas públicas;

II – sociedades de economia mista; e

III – demais entidades em que a União, direta ou indiretamente, detenha a maioria do capital social com direito a voto, e que dela recebam recursos do Tesouro Nacional e estejam obrigadas a registrar sua execução orçamentária e financeira na modalidade total no Sistema Integrado de Administração Financeira do Governo Federal – SIAFI.

Parágrafo único. A retenção a que se refere o *caput* deste artigo não se aplica na hipótese de pagamentos relativos à aquisição de:

→ Parágrafo único com redação alterada pela Lei 11.727/2008.

I – petróleo, gasolina, gás natural, óleo diesel, gás liquefeito de petróleo, querosene de aviação e demais derivados de petróleo e gás natural;

→ Inciso I acrescentado pela Lei 11.727/2008.

II – álcool, biodiesel e demais biocombustíveis.

→ Inciso I acrescentado pela Lei 11.727/2008.

Art. 35. Os valores retidos no mês, na forma dos arts. 30, 33 e 34 desta Lei, deverão ser recolhidos ao Tesouro Nacional pelo órgão público que efetuar a retenção ou, de forma centralizada, pelo estabelecimento matriz da pessoa jurídica, até o último dia útil do segundo decêndio do mês subsequente àquele mês em que tiver ocorrido o pagamento à pessoa jurídica fornecedora dos bens ou prestadora do serviço.

→ Artigo com redação alterada pela Lei 13.137/2015.

Art. 36. Os valores retidos na forma dos arts. 30, 33 e 34 serão considerados como antecipação do que for devido pelo contribuinte que sofreu a retenção, em relação ao imposto de renda e às respectivas contribuições.

Art. 37. Relativamente aos investimentos existentes em 31 de outubro de 2003, fica facultado ao investidor estrangeiro antecipar o pagamento da Contribuição Provisória sobre Movimentação ou Transmissão de Valores e de Créditos e Direitos de Natureza Financeira – CPMF, que seria devida por ocasião da remessa, para o exterior, de recursos financeiros apurados na liquidação de operações com ações ou opções de ações adquiridas em bolsa de valores ou em mercado de balcão organizado.

§ 1º A antecipação do pagamento da CPMF aplica-se a recursos financeiros não empregados exclusivamente, e por todo tempo de permanência no País, em ações ou contratos referenciados em ações ou índices de ações, negociados nos mercados referidos no *caput* ou em bolsa de mercadorias e de futuros, desde que na data do pagamento da contribuição estejam investidos nesses valores mobiliários.

§ 2º A CPMF de que trata este artigo:

I – será apurada mediante lançamento a débito, precedido de lançamento a crédito no mesmo valor, em conta corrente de depósito do investidor estrangeiro;

II – terá como base de cálculo o valor correspondente à multiplicação da quantidade de ações ou de opções:

a) pelo preço médio ponderado da ação verificado na Bolsa de Valores de São Paulo ou em mercado de balcão organizado, no mês anterior ao do pagamento;

b) pelo preço médio da opção verificado na Bolsa referida na alínea *a*, no mês anterior ao do pagamento da CPMF;

III – será retida pela instituição financeira onde é mantida a conta corrente de que trata o inciso I até o dia 1º de dezembro de 2003, e recolhida até o 3º (terceiro) dia útil da semana subsequente à da retenção.

§ 3º O pagamento da CPMF, nos termos previstos neste artigo, dispensa nova incidência da contribuição quando da remessa para o exterior dos recursos apurados na efetiva liquidação das operações.

Art. 38. O pagamento indevido ou maior que o devido efetuado no âmbito do Programa de Recuperação Fiscal – REFIS, ou do parcelamento a ele alternativo será restituído a pedido do sujeito passivo.

§ 1º Na hipótese de existência de débitos do sujeito passivo relativos a tributos e contribuições perante a Secretaria da Receita Federal, a Procuradoria-Geral da Fazenda Nacional ou o Instituto Nacional do Seguro Social – INSS, inclusive inscritos em dívida ativa, o valor da restituição deverá ser utilizado para quitá-los, mediante compensação em procedimento de ofício.

§ 2º A restituição e a compensação de que trata este artigo serão efetuadas pela Secretaria da Receita Federal, aplicando-se o disposto no art. 39 da Lei 9.250, de 26 de dezembro de 1995, alterado pelo art. 73 da Lei 9.532, de 10 de dezembro de 1997, observadas as normas estabelecidas pelo Comitê Gestor do REFIS.

Art. 39. (*Revogado pela Lei 12.350/2010*).

Art. 40. O *caput* do art. 1º do Decreto-Lei 1.593, de 21 de dezembro de 1977, com a redação dada pela Medida Provisória 2.158-35, de 24 de agosto de 2001, e o art. 18 do mesmo Decreto-Lei passam a vigorar com a seguinte redação:

"Art. 1º A fabricação de cigarros classificados no código 2402.20.00 da Tabela de Incidência do Imposto sobre Produtos Industrializados – TIPI, excetuados os classificados no Ex 01, será exercida exclusivamente pelas empresas que, dispondo de instalações industriais adequadas, mantiverem registro especial na Secretaria da Receita Federal do Ministério da Fazenda."

"Art. 18. Consideram-se como produtos estrangeiros introduzidos clandestinamente no território nacional, para todos os efeito legais, os cigarros nacionais destinados à exportação que forem encontrados no País, salvo se em trânsito, diretamente entre o estabelecimento industrial e os destinos referidos no art. 8º, desde que observadas as formalidades previstas para a operação.

§ 1º Será exigido do proprietário do produto em infração deste artigo o imposto que deixou de ser pago, aplicando-se-lhe, independentemente de outras sanções cabíveis, a multa de 150% (cento e cinquenta por cento) do seu valor.

§ 2º Se o proprietário não for identificado, considera-se como tal, para os efeito do § 1º, o possuidor, transportador ou qualquer outro detentor do produto."

Art. 41. O art. 54 da Lei 10.637, de 30 de dezembro de 2002, passa a vigorar com a seguinte redação:

→ Alterações efetuadas na referida Lei.

Art. 42. O art. 1º da Lei 8.850, de 28 de janeiro de 1994, passa a vigorar com a seguinte redação:

→ Alterações efetuadas na referida Lei.

Art. 43. O inciso I do art. 52 da Lei 8.383, de 30 de dezembro de 1991, passa a vigorar com a seguinte redação:

→ Alterações efetuadas na referida Lei.

Art. 44. O art. 2º da Lei 9.493, de 10 de setembro de 1997, passa a vigorar com a seguinte redação:

"Art. 2º As microempresas e as empresas de pequeno porte, conforme definidas no art. 2º da Lei 9.841, de 5 de outubro de 1999, recolherão o IPI da seguinte forma:

I – o período de apuração é mensal; e

II – o pagamento deverá ser efetuado até o último dia útil do mês subsequente ao de ocorrência dos fatos geradores.

Parágrafo único. O disposto no art. 1º da Lei 8.850, de 28 de janeiro de 1994, e no inciso I do art. 52 da Lei 8.383, de 30 de dezembro de 1991, não se aplica ao IPI devido pelas microempresas e empresas de pequeno porte de que trata o *caput* e ao incidente sobre os produtos importados."

Art. 45. A Secretaria da Receita Federal poderá estabelecer normas, tendo em vista condições especiais de rentabilidade e representatividade de operações da pessoa jurídica, disciplinando a forma de simplificação da apuração dos métodos de preço de transferência de que trata o art. 19 da Lei 9.430, de 27 de dezembro de 1996.

§ 1º O disposto no *caput* não se aplica em relação às vendas efetuadas para empresa, vinculada ou não, domiciliada em país ou dependência com tributação favorecida, ou cuja legislação interna oponha sigilo, conforme definido no art. 24 da Lei 9.430, de 27 de dezembro de 1996, e art. 4º da Lei 10.451, de 10 de maio de 2002.

§ 2º A autorização de que trata o *caput* se aplica também na fixação de percentual de margem de divergência máxima entre o preço ajustado, a ser utilizado como parâmetro, de acordo com os métodos previstos nos arts. 18 e 19 da Lei 9.430, de 27 de dezembro de 1996, e o daquele constante na documentação de importação e exportação.

Art. 46. (*Vetado*).

Art. 47. Sem prejuízo do disposto no art. 10 da Lei 9.249, de 26 de dezembro de 1995, e no art. 7º da Lei 9.959, de 27 de janeiro de 2000, o ganho de capital decorrente de operação, em que o beneficiário seja residente ou domiciliado em país ou dependência com tributação favorecida, a que se refere o art. 24 da Lei 9.430, de 27 de dezembro de 1996, sujeita-se à incidência do imposto de renda na fonte à alíquota de 25% (vinte e cinco por cento).

Art. 48. O art. 71 da Lei 9.430, de 27 de dezembro de 1996, passa a vigorar com a seguinte redação:

→ Alteração efetuada na referida Lei.

Art. 49. A contribuição para o PIS/PASEP e a COFINS devidas pelos importadores e pelas pessoas jurídicas que procedam à industrialização dos produtos classificados nas posições 22.01, 22.02, 22.03 (cerveja de malte) e no código 2106.90.10 Ex 02 (preparações compostas, não alcoólicas, para elaboração de bebida refrigerante), todos da TIPI, aprovada pelo Decreto 4.542, de 26 de dezembro de 2002, serão calculadas sobre a receita bruta decorrente da venda desses produtos, respectivamente, com a aplicação das alíquotas de 2,5% (dois inteiros e cinco décimos por cento) e 11,9% (onze inteiros e nove décimos por cento).

→ *Caput* com redação alterada pela Lei 10.865/2004.

§ 1º O disposto neste artigo, relativamente aos produtos classificados nos códigos 22.01 e 22.02 da TIPI, alcança, exclusivamente, água, refrigerante e cerveja sem álcool.

→ § 1º com redação alterada pela Lei 10.865/2004.

§ 2º A pessoa jurídica produtora por encomenda dos produtos mencionados neste artigo será responsável solidária com a encomendante no pagamento das contribuições devidas conforme o estabelecido neste artigo.

Art. 50. Ficam reduzidas a 0 (zero) as alíquotas da contribuição para o PIS/PASEP e a COFINS em relação às receitas auferidas na venda:

I – dos produtos relacionados no art. 49, por comerciantes atacadistas e varejistas, exceto as pessoas jurídicas a que se refere o art. 2º da Lei 9.317, de 5 de dezembro de 1996;

I e II – (*Revogados pela Lei 10.925/2004*).

Art. 51. (*Revogado pela Lei 13.097/2015*).

Art. 52. A pessoa jurídica industrial dos produtos referidos no art. 49 poderá optar por regime especial de apuração e pagamento das contribuições para o PIS/PASEP e da COFINS, no qual os valores das contribuições são fixados por unidade de litro do produto, respectivamente, em:

I – água e refrigerantes classificados nos códigos 22.01 e 22.02 da TIPI, R$ 0,0212 (duzentos e doze décimos de milésimo do real) e R$ 0,0980 (noventa e oito milésimos do real);

→ Inciso I com redação alterada pela Lei 10.865/2004.

II – bebidas classificadas no código 2203 da TIPI, R$ 0,0368 (trezentos e sessenta e oito décimos de milésimos do real) e R$ 0,1700 (dezessete centésimos do real);

III – preparações compostas classificadas no código 2106.90.10, ex 02, da TIPI, para elaboração de bebida refrigerante do capítulo 22, R$ 0,1144 (um mil, cento e quarenta e quatro décimos de milésimo do real) e R$ 0,5280 (quinhentos e vinte e oito milésimos do real).

LEGISLAÇÃO

§ 1º A pessoa jurídica industrial que optar pelo regime de apuração previsto neste artigo poderá creditar-se dos valores das contribuições estabelecidos nos incisos I a III do art. 51, referentes às embalagens que adquirir, no período de apuração em que registrar o respectivo documento fiscal de aquisição.

→ § 1º com redação alterada pela Lei 10.925/2004.

§ 2º (*Revogado pela Lei 10.925/2004*).

§ 3º A opção prevista neste artigo será exercida, segundo normas e condições estabelecidas pela Secretaria da Receita Federal, até o último dia útil do mês de novembro de cada ano-calendário, produzindo efeito, de forma irretratável, durante todo o ano-calendário subsequente ao da opção.

§ 4º Excepcionalmente para o ano-calendário de 2004, a opção poderá ser exercida até o último dia útil do mês subsequente ao da publicação desta Lei, produzindo efeito, de forma irretratável, a partir do mês subsequente ao da opção, até 31 de dezembro de 2004.

§ 5º No caso da opção efetuada nos termos dos §§ 3º e 4º, a Secretaria da Receita Federal divulgará o nome da pessoa jurídica optante e a data de início da opção.

§ 6º Até o último dia do 3º (terceiro) mês subsequente ao da publicação desta Lei:

I – os comerciantes atacadistas e varejistas referidos no inciso I do art. 50 somente poderão excluir da base de cálculo das contribuições para o PIS/PASEP e da COFINS o valor das notas fiscais de aquisição dos produtos de que trata o art. 49 emitidas por pessoa jurídica optante;

II – o disposto no inciso II do art. 50 se aplica apenas em relação a receitas decorrentes de operações com pessoa jurídica optante.

§ 7º A opção a que se refere este artigo será automaticamente prorrogada para o ano-calendário seguinte, salvo se a pessoa jurídica dela desistir, nos termos e condições estabelecidos pela Secretaria da Receita Federal, até o último dia útil do mês de outubro do ano-calendário, hipótese em que a produção de efeito se dará a partir do dia 1º de janeiro do ano-calendário subsequente.

Arts. 53 e 54. (*Revogados pela Lei 13.097/2015*)

Art. 55. O disposto nos arts. 49 e 52 aplica-se às pessoas jurídicas neles referidas, inclusive em operações de revenda dos produtos ali mencionados, admitido, neste caso, o crédito dos valores da contribuição para o PIS/PASEP e o da COFINS pagos na respectiva aquisição.

Art. 56. (*Revogado pela Lei 10.925/2004*).

Art. 57. O prazo de pagamento da contribuição para o PIS/PASEP e da COFINS, apuradas mensalmente de conformidade com os arts. 49, 51 e 52, será o previsto no art. 11 desta Lei.

Art. 58. As pessoas jurídicas referidas no art. 52 poderão, para fins de determinação do valor devido da contribuição para o PIS/PASEP e da COFINS apuradas segundo as normas ali referidas, creditar-se, em relação à:

§ 1º As pessoas jurídicas referidas no art. 51 desta Lei poderão, a partir da data em que submetidas às normas de apuração ali referidas, creditar-se, em relação à:

→ *Caput* do § 1º com redação alterada pela Lei 11.051/2004.

I – Contribuição para o PIS/Pasep, do saldo dos créditos apurados de conformidade com a Lei 10.637, de 30 de dezembro de 2002, não aproveitados pela modalidade de tributação não cumulativa; e

→ Inciso I acrescentado pela Lei 11.051/2004.

II – Cofins, do saldo dos créditos apurados de conformidade com esta Lei, não aproveitados pela modalidade de tributação não cumulativa.

→ Inciso II acrescentado pela Lei 11.051/2004.

§ 2º O estoque referido no inciso II compreenderá também os materiais empregados em produtos em elaboração e em produtos finais, existentes em estoque na data do levantamento.

Arts. 58-A a 58-V. (*Revogados pela Lei 13.097/2015*).

Capítulo III
DAS DISPOSIÇÕES RELATIVAS À LEGISLAÇÃO ADUANEIRA

Art. 59. O beneficiário de regime aduaneiro suspensivo, destinado à industrialização para exportação, responde solidariamente pelas obrigações tributárias decorrentes da admissão de mercadoria no regime por outro beneficiário, mediante sua anuência, com vistas na execução de etapa da cadeia industrial do produto a ser exportado.

§ 1º Na hipótese do *caput*, a aquisição de mercadoria nacional por qualquer dos beneficiários do regime, para ser incorporada ao produto a ser exportado, será realizada com suspensão dos tributos incidentes.

§ 2º Compete à Secretaria da Receita Federal disciplinar a aplicação dos regimes aduaneiros suspensivos de que trata o *caput* e estabelecer os requisitos, as condições e a forma de registro da anuência prevista para a admissão de mercadoria, nacional ou importada, no regime.

Art. 60. Extinguem os regimes de admissão temporária, de admissão temporária para aperfeiçoamento ativo, de exportação temporária e de exportação temporária para aperfeiçoamento passivo, aplicados a produto, parte, peça ou componente recebido do exterior ou a ele enviado para substituição em decorrência de garantia ou, ainda, para reparo, revisão, manutenção, renovação ou recondicionamento, respectivamente, a exportação ou a importação de produto equivalente àquele submetido ao regime.

§ 1º O disposto neste artigo aplica-se, exclusivamente, aos seguintes bens:

I – partes, peças e componentes de aeronave, objeto das isenções previstas na alínea j do inciso II do art. 2º e no inciso I do art. 3º da Lei 8.032, de 12 de abril de 1990;

II – produtos nacionais exportados definitivamente, ou suas partes e peças, que retornem ao País, mediante admissão temporária, ou admissão temporária para aperfeiçoamento ativo, para reparo ou substituição em virtude de defeito técnico que exija sua devolução; e

III – produtos nacionais, ou suas partes e peças, remetidos ao exterior mediante exportação temporária, para substituição de outro anteriormente exportado definitivamente, que deva retornar ao País para reparo ou substituição, em virtude de defeito técnico que exija sua devolução.

§ 2º A Secretaria da Receita Federal disciplinará os procedimentos para a aplicação do disposto neste artigo e os requisitos para reconhecimento da equivalência entre os produtos importados e exportados.

Art. 61. Nas operações de exportação sem saída do produto do território nacional, com pagamento a prazo, os efeito fiscais e cambiais, quando reconhecidos pela legislação vigente, serão produzidos no momento da contratação, sob condição resolutória, aperfeiçoando-se pelo recebimento integral em moeda nacional ou estrangeira de livre conversibilidade.

→ *Caput* com redação alterada pela Lei 12.024/2009.

Parágrafo único. O disposto neste artigo aplica-se também ao produto exportado sem saída do território nacional, na forma disciplinada pela Secretaria da Receita Federal do Brasil, para ser:

→ *Caput* do parágrafo único com redação alterada pela Lei 12.767/2012.

I – totalmente incorporado a bem que se encontre no País, de propriedade do comprador estrangeiro, inclusive em regime de admissão temporária sob a responsabilidade de terceiro;

II – entregue a órgão da administração direta, autárquica ou fundacional da União, dos Estados, do Distrito Federal ou dos Municípios, em cumprimento de contrato decorrente de licitação internacional;

III – entregue, em consignação, a empresa nacional autorizada a operar o regime de loja franca;

IV – entregue, no País, a subsidiária ou coligada, para distribuição sob a forma de brinde a fornecedores e clientes;

V – entregue a terceiro, no País, em substituição de produto anteriormente exportado e que tenha se mostrado, após o despacho aduaneiro de importação, defeituoso ou imprestável para o fim a que se destinava;

VI – entregue, no País, a missão diplomática, repartição consular de caráter permanente ou organismo internacional de que o Brasil seja membro, ou a seu integrante, estrangeiro; ou

VII – entregue, no País, para ser incorporado a plataforma destinada à pesquisa e lavra de jazidas de petróleo e gás natural em construção ou conversão contratada por empresa sediada no exterior, ou a seus módulos.

Art. 62. O regime de entreposto aduaneiro de que tratam os arts. 9º e 10 do Decreto-Lei 1.455, de 7 de abril de 1976, com a redação dada pelo art. 69 da Medida Provisória 2.158-35, de 24 de agosto de 2001, poderá, mediante autorização da Secretaria da Receita Federal, observados os requisitos e condições estabelecidos na legislação específica, ser também operado em:

I – instalações portuárias previstas no inciso III do art. 2º da Lei 12.815, de 5 de junho de 2013;

→ Inciso I com redação alterada pela Lei 12.844/2013.

II – bens destinados à pesquisa e lavra de jazidas de petróleo e gás natural em construção ou conversão no País, contratados por empresas sediadas no exterior e relacionados em ato do Poder Executivo.

→ Inciso II com redação alterada pela Lei 12.844/2013.

Parágrafo único. No caso do inciso II, o beneficiário do regime será o contratado pela empresa sediada no exterior e o regime poderá ser operado também em estaleiros navais ou em outras instalações industriais, destinadas à construção dos bens de que trata aquele inciso.

→ Parágrafo único com redação alterada pela Lei 12.844/2013.

Art. 63. A Secretaria da Receita Federal fica autorizada a estabelecer:

I – hipóteses em que, na substituição de beneficiário de regime aduaneiro suspensivo, o termo inicial para o cálculo de juros e multa de mora relativos aos tributos suspensos passe a ser a data da transferência da mercadoria; e

II – os serviços permitidos no regime de entreposto aduaneiro na importação e na exportação.

Art. 64. Os documentos instrutivos de declaração aduaneira ou necessários ao controle aduaneiro podem ser emitidos, transmitidos e recepcionados eletronicamente, na forma e nos prazos estabelecidos pela Secretaria da Receita Federal.

§ 1º A outorga de poderes a representante legal, inclusive quando residente no Brasil, para emitir e firmar os documentos referidos no *caput* deste artigo, também pode ser realizada por documento emitido e assinado eletronicamente.

→ § 1º acrescentado pela Lei 11.452/2007.

§ 2º Os documentos eletrônicos referidos no *caput* deste artigo e no § 1º deste artigo são válidos para os efeito fiscais e de controle aduaneiro, observado o disposto na legislação sobre certificação digital e atendidos os requisitos estabelecidos pela Secretaria da Receita Federal.

→ Anterior parágrafo único renumerado para § 1º pela Lei 11.452/2007.

Art. 65. A Secretaria da Receita Federal poderá adotar nomenclatura simplificada para a classificação de mercadorias apreendidas, na lavratura do correspondente auto de infração para a aplicação da pena de perdimento, bem como aplicar alíquotas de 50% (cinquenta por cento) sobre o valor arbitrado dessas mercadorias, para o cálculo do valor estimado do Imposto de Importação e do Imposto sobre Produtos Industrializados que seriam devidos na importação, para efeito de controle patrimonial, elaboração de estatísticas, formalização de processo administrativo fiscal e representação fiscal para fins penais.

Art. 66. As diferenças percentuais de mercadoria a granel, apuradas em conferência física nos despachos aduaneiros, não serão consideradas para efeito de exigência dos impostos incidentes, até o limite de 1% (um por cento), conforme dispuser o Poder Executivo.

Art. 67. Na impossibilidade de identificação da mercadoria importada, em razão de seu extravio ou consumo, e de descrição genérica nos documentos comerciais e de transporte disponíveis, será aplicada, para fins de determinação dos impostos e dos direitos incidentes na importação, alíquota única de 80% (oitenta por cento) em regime de tributação simplificada relativa ao Imposto de Importação – II, ao Imposto sobre Produtos Industrializados – IPI, à Contribuição para os Programas de Integração Social e de Formação do Patrimônio do Servidor Público – PIS/Pasep, à Contribuição Social para o Financiamento da Seguridade Social – COFINS e ao Adicional ao Frete para a Renovação da Marinha Mercante – AFRMM.

→ *Caput* com redação alterada pela Lei 13.043/2014.

§ 1º A base de cálculo da tributação simplificada prevista neste artigo será arbitrada em valor equivalente à mediana dos valores por quilograma de todas as mercadorias importadas a título definitivo, pela mesma via de transporte internacional, constantes de declarações registradas no semestre anterior, incluídas as despesas de frete e seguro internacionais.

→ § 1º com redação alterada pela Lei 13.043/2014.

§ 2º Na falta de informação sobre o peso da mercadoria, adotar-se-á o peso líquido admitido na unidade de carga utilizada no seu transporte.

Art. 68. As mercadorias descritas de forma semelhante em diferentes declarações aduaneiras do mesmo contribuinte, salvo prova em contrário, são presumidas idênticas para fins de determinação do tratamento tributário ou aduaneiro.

Parágrafo único. Para efeito do disposto no *caput*, a identificação das mercadorias poderá ser realizada no curso do despacho aduaneiro ou em outro momento, com base em informações coligidas em documentos, obtidos inclusive junto a clientes ou a fornecedores, ou no processo produtivo em que tenham sido ou venham a ser utilizadas.

Art. 69. A multa prevista no art. 84 da Medida Provisória 2.158-35, de 24 de agosto de 2001, não poderá ser superior a 10% (dez por cento) do valor total das mercadorias constantes da declaração de importação.

§ 1º A multa a que se refere o *caput* aplica-se também ao importador, exportador ou beneficiário de regime aduaneiro que omitir ou prestar de forma inexata ou incompleta informação de natureza administrativo-tributária, cambial ou comercial necessária à determinação do procedimento de controle aduaneiro apropriado.

§ 2º As informações referidas no § 1º, sem prejuízo de outras que venham a ser estabelecidas em ato normativo da Secretaria da Receita Federal, compreendem a descrição detalhada da operação, incluindo:

I – identificação completa e endereço das pessoas envolvidas na transação: importador/exportador; adquirente (comprador)/fornecedor (vendedor), fabricante, agente de compra ou de venda e representante comercial;

II – destinação da mercadoria importada: industrialização ou consumo, incorporação ao ativo, revenda ou outra finalidade;

III – descrição completa da mercadoria: todas as características necessárias à classificação fiscal, espécie, marca comercial, modelo, nome comercial ou científico e outros atributos estabelecidos pela Secretaria da Receita Federal que confiram sua identidade comercial;

IV – países de origem, de procedência e de aquisição; e

V – portos de embarque e de desembarque.

§ 3º Quando aplicada sobre a exportação, a multa prevista neste artigo incidirá sobre o preço normal definido no art. 2º do Decreto-Lei 1.578, de 11 de outubro de 1977.

→ § 3º acrescentado pela Lei 13.043/2014.

Art. 70. O descumprimento pelo importador, exportador ou adquirente de mercadoria importada por sua conta e ordem, da obrigação de manter, em boa guarda e ordem, os documentos relativos às transações que realizarem, pelo prazo decadencial estabelecido na legislação tributária a que estão submetidos, ou da obrigação de os apresentar à fiscalização aduaneira quando exigidos, implicará:

I – se relativo aos documentos comprobatórios da transação comercial ou os respectivos registros contábeis:

a) a apuração do valor aduaneiro com base em método substitutivo ao valor de transação, caso exista dúvida quanto ao valor aduaneiro declarado; e

b) o não reconhecimento de tratamento mais benéfico de natureza tarifária, tributária ou aduaneira eventualmente concedido, com efeito retroativos à data do fato gerador, caso não sejam apresentadas provas do regular cumprimento das condições previstas na legislação específica para obtê-lo;

II – se relativo aos documentos obrigatórios de instrução das declarações aduaneiras:

a) o arbitramento do preço da mercadoria para fins de determinação da base de cálculo, conforme os critérios definidos no art. 88 da Medida Provisória 2.158-35, de 24 de agosto de 2001, se existir dúvida quanto ao preço efetivamente praticado; e

b) a aplicação cumulativa das multas de:

1. 5% (cinco por cento) do valor aduaneiro das mercadorias importadas; e

2. 100% (cem por cento) sobre a diferença entre o preço declarado e o preço efetivamente praticado na importação ou entre o preço declarado e o preço arbitrado.

§ 1º Os documentos de que trata o *caput* compreendem os documentos de instrução das declarações aduaneiras, a correspondência comercial, incluídos os documentos de negociação e cotação de preços, os instrumentos de contrato comercial, financeiro e cambial, de transporte e seguro das mercadorias, os registros contábeis e os correspondentes documentos fiscais, bem como outros que a Secretaria da Receita Federal venha a exigir em ato normativo.

§ 2º Nas hipóteses de incêndio, furto, roubo, extravio ou qualquer outro sinistro que provoque a perda ou deterioração dos documentos a que se refere o § 1º, deverá ser feita comunicação, por escrito, no prazo de 48 (quarenta e oito) horas do sinistro, à unidade de fiscalização aduaneira da Secretaria da Receita Federal que jurisdicione o domicílio matriz do sujeito passivo.

§ 3º As multas previstas no inciso II do *caput* não se aplicam no caso de regular comunicação da ocorrência de um dos eventos previstos no § 2º.

§ 4º Somente produzirá efeito a comunicação realizada dentro do prazo referido no § 2º e instruída com os documentos que comprovem o registro da ocorrência junto à autoridade competente para apurar o fato.

§ 5º No caso de encerramento das atividades da pessoa jurídica, a guarda dos documentos referidos no *caput* será atribuída à pessoa responsável pela guarda dos demais documentos fiscais, nos termos da legislação específica.

§ 6º A aplicação do disposto neste artigo não prejudica a aplicação das multas previstas no art. 107 do Decreto-Lei 37, de 18 de novembro de 1966, com a redação dada pelo art. 77 desta Lei, nem a aplicação de outras penalidades cabíveis.

Art. 71. O despachante aduaneiro, o transportador, o agente de carga, o depositário e os demais intervenientes em operação de comércio exterior ficam obrigados a manter em boa guarda e ordem, e a apresentar à fiscalização aduaneira, quando exigidos, os documentos e registros relativos às transações em que intervierem, ou outros definidos em ato normativo da Secretaria da Receita Federal, na forma e nos prazos por ela estabelecidos.

Art. 72. Aplica-se a multa de:

I – 10% (dez por cento) do valor aduaneiro da mercadoria submetida ao regime aduaneiro especial de admissão temporária, ou de admissão temporária para aperfeiçoamento ativo, pelo descumprimento de condições, requisitos ou prazos estabelecidos para aplicação do regime; e

II – 5% (cinco por cento) do preço normal da mercadoria submetida ao regime aduaneiro especial de exportação temporária, ou de exportação temporária para aperfeiçoamento passivo, pelo descumprimento de condições, requisitos ou prazos estabelecidos para aplicação do regime.

§ 1º O valor da multa prevista neste artigo será de R$ 500,00 (quinhentos reais), quando do seu cálculo resultar valor inferior.

§ 2º A multa aplicada na forma deste artigo não prejudica a exigência dos impostos incidentes, a aplicação de outras penalidades cabíveis e a representação fiscal para fins penais, quando for o caso.

Art. 73. Verificada a impossibilidade de apreensão da mercadoria sujeita a pena de perdimento, em razão de sua não localização ou consumo, extinguir-se-á o processo administrativo instaurado para apuração da infração capitulada como dano ao Erário.

§ 1º Na hipótese prevista no *caput*, será instaurado processo administrativo para aplicação da multa prevista no § 3º do art. 23 do Decreto-Lei 1.455, de 7 de abril de 1976, com a redação dada pelo art. 59 da Lei 10.637, de 30 de dezembro de 2002.

§ 2º A multa a que se refere o § 1º será exigida mediante lançamento de ofício, que será processado e julgado nos termos da legislação que rege a determinação e exigência dos demais créditos tributários da União.

Art. 74. O transportador de passageiros, em viagem internacional, ou que transite por zona de vigilância aduaneira, fica obrigado a identificar os volumes transportados como bagagem em compartimento isolado dos viajantes, e seus respectivos proprietários.

§ 1º No caso de transporte terrestre de passageiros, a identificação referida no *caput* também se aplica aos volumes portados pelos passageiros no interior do veículo.

§ 2º As mercadorias transportadas no compartimento comum de bagagens ou de carga do veículo, que não constituam bagagem identificada dos passageiros, devem estar acompanhadas do respectivo conhecimento de transporte.

§ 3º Presume-se de propriedade do transportador, para efeito fiscais, a mercadoria transportada sem a identificação do respectivo proprietário, na forma estabelecida no *caput* ou nos §§ 1º e 2º deste artigo.

§ 4º Compete à Secretaria da Receita Federal disciplinar os procedimentos necessários para fins de cumprimento do previsto neste artigo.

Art. 75. Aplica-se a multa de R$ 15.000,00 (quinze mil reais) ao transportador, de passageiros ou de carga, em viagem doméstica ou internacional que transportar mercadoria sujeita a pena de perdimento:

I – sem identificação do proprietário ou possuidor; ou

II – ainda que identificado o proprietário ou possuidor, as características ou a quantidade dos volumes transportados evidenciarem tratar-se de mercadoria sujeita à referida pena.

§ 1º Na hipótese de transporte rodoviário, o veículo será retido, na forma estabelecida pela Secretaria da Receita Federal, até o recolhimento da multa ou o deferimento do recurso a que se refere o § 3º.

§ 2º A retenção prevista no § 1º será efetuada ainda que o infrator não seja o proprietário do veículo, cabendo a este adotar as ações necessárias contra o primeiro para se ressarcir dos prejuízos eventualmente incorridos.

§ 3º Caberá recurso, com efeito exclusivamente devolutivo, a ser apresentado no prazo de 20 (vinte) dias da ciência da retenção a que se refere o § 1º, ao titular da unidade da Secretaria da Receita Federal responsável pela retenção, que o apreciará em instância única.

§ 4º Decorrido o prazo de 45 (quarenta e cinco) dias da aplicação da multa, ou da ciência do indeferimento do recurso, e não recolhida a multa prevista, o veículo será considerado abandonado, caracterizando dano ao Erário e ensejando a aplicação da pena de perdimento, observado o rito estabelecido no Decreto-Lei 1.455, de 7 de abril de 1976.

§ 5º A multa a ser aplicada será de R$ 30.000,00 (trinta mil reais) na hipótese de:

I – reincidência da infração prevista no *caput*, envolvendo o mesmo veículo transportador; ou

II – modificações da estrutura ou das características do veículo, com a finalidade de efetuar o transporte de mercadorias ou permitir a sua ocultação.

§ 6º O disposto neste artigo não se aplica nas hipóteses em que o veículo estiver sujeito à pena de perdimento prevista no inciso V do art. 104 do Decreto-Lei 37, de 18 de novembro de 1966, nem prejudica a aplicação de outras penalidades estabelecidas.

§ 7º Enquanto não consumada a destinação do veículo, a pena de perdimento prevista no § 4º poderá ser relevada à vista de requerimento do interessado, desde que haja o recolhimento de 2 (duas) vezes o valor da multa aplicada.

§ 8º A Secretaria da Receita Federal deverá representar o transportador que incorrer na infração prevista no *caput* ou que seja submetido à aplicação da pena de perdimento de veículo à autoridade competente para fiscalizar o transporte terrestre.

§ 9º Na hipótese do § 8º, as correspondentes autorizações de viagens internacionais ou por zonas de vigilância aduaneira do transportador representado serão canceladas, ficando vedada a expedição de novas autorizações pelo prazo de 2 (dois) anos.

Art. 76. Os intervenientes nas operações de comércio exterior ficam sujeitos às seguintes sanções:

I – advertência, na hipótese de:

a) (*Revogada pela Lei 13.043/2014*);

b) (*Revogada pela Lei 13.043/2014*);

c) atraso, de forma contumaz, na chegada ao destino de veículo conduzindo mercadoria submetida ao regime de trânsito aduaneiro;

d) emissão de documento de identificação ou quantificação de mercadoria sob controle aduaneiro em desacordo com o previsto em ato normativo, relativamente a sua efetiva qualidade ou quantidade;

→ Alínea *d* com redação alterada pela Lei 13.043/2014.

e) prática de ato que prejudique a identificação ou quantificação de mercadoria sob controle aduaneiro;

→ Alínea *e* com redação alterada pela Lei 13.043/2014.

f) (*Revogada pela Lei 13.043/2014*).

g) consolidação ou desconsolidação de carga efetuada em desacordo com disposição estabelecida em ato normativo e que altere o tratamento tributário ou aduaneiro da mercadoria;

→ Alínea *g* com redação alterada pela Lei 13.043/2014.

h) atraso, por mais de 3 (três) vezes, em um mesmo mês, na prestação de informações sobre carga e descarga de veículos, ou movimentação e armazenagem de mercadorias sob controle aduaneiro;

i) descumprimento de requisito, condição ou norma operacional para habilitar-se ou utilizar regime aduaneiro especial ou aplicado em áreas especiais, ou para habilitar-se ou manter recintos nos quais tais regimes sejam aplicados; ou

j) descumprimento de obrigação de apresentar à fiscalização, em boa ordem, os documentos relativos à operação em que realizar ou em que intervier, bem como outros documentos exigidos pela Secretaria da Receita Federal do Brasil; ou

→ Alínea *j* com redação alterada pela Lei 13.043/2014.

k) descumprimento de determinação legal ou de outras obrigações relativas ao controle aduaneiro previstas em ato normativo não referidas às alíneas *c* a *j*;

→ Alínea *k* acrescentada pela Lei 13.043/2014.

II – suspensão, pelo prazo de até 12 (doze) meses, do registro, licença, autorização, credenciamento ou habilitação para utilização de regime aduaneiro ou de procedimento simplificado, exercício de atividades relacionadas com o despacho aduaneiro, ou com a movimentação e armazenagem de mercadorias sob controle aduaneiro, e serviços conexos, na hipótese de:

a) reincidência em conduta já sancionada com advertência;

b) atuação em nome de pessoa que esteja cumprindo suspensão, ou no interesse desta;

c) (*Revogada pela Lei 13.043/2014*);

d) delegação de atribuição privativa a pessoa não credenciada ou habilitada;

→ Alínea *d* com redação alterada pela Lei 13.043/2014.

e) prática de qualquer outra conduta sancionada com suspensão de registro, licença, autorização, credenciamento ou habilitação, nos termos de legislação específica; ou

→ Alínea *e* com redação alterada pela Lei 13.043/2014.

f) agressão ou desacato à autoridade aduaneira no exercício da função;

→ Alínea *f* acrescentada pela Lei 13.043/2014.

III - cancelamento ou cassação do registro, licença, autorização, credenciamento ou habilitação para utilização de regime aduaneiro ou de procedimento simplificado, exercício de atividades relacionadas com o despacho aduaneiro, ou com a movimentação e armazenagem de mercadorias sob controle aduaneiro, e serviços conexos, na hipótese de:

a) acúmulo, em período de 3 (três) anos, de suspensão cujo prazo total supere 12 (doze) meses;

b) atuação em nome de pessoa cujo registro, licença, autorização, credenciamento ou habilitação tenha sido objeto de cancelamento ou cassação, ou no interesse desta;

c) exercício, por pessoa credenciada ou habilitada, de atividade ou cargo vedados na legislação específica;

d) prática de ato que embarace, dificulte ou impeça a ação da fiscalização aduaneira, para benefício próprio ou de terceiros;

→ Alínea *d* com redação alterada pela Lei 13.043/2014.

e) (*Revogada pela Lei 13.043/2014*).

f) sentença condenatória, transitada em julgado, por participação, direta ou indireta, na prática de crime contra a administração pública ou contra a ordem tributária;

g) ação ou omissão dolosa tendente a subtrair ao controle aduaneiro, ou dele ocultar, a importação ou a exportação de bens ou de mercadorias; ou

h) prática de qualquer outra conduta sancionada com cancelamento ou cassação de registro, licença, autorização, credenciamento ou habilitação, nos termos de legislação específica.

§ 1º A aplicação das sanções previstas neste artigo será anotada no registro do infrator pela administração aduaneira, após a decisão definitiva na esfera administrativa, devendo a anotação ser cancelada após o decurso de 5 (cinco) anos de sua efetivação.

→ § 1º com redação alterada pela Lei 13.043/2014.

§ 2º Para os efeitos do disposto neste artigo, consideram-se intervenientes o importador, o exportador, o beneficiário de regime aduaneiro ou de procedimento simplificado, o despachante aduaneiro e seus ajudantes, o transportador, o agente de carga, o operador de transporte multimodal, o operador portuário, o depositário, o administrador de recinto alfandegado, o perito ou qualquer outra pessoa que tenha relação, direta ou indireta, com a operação de comércio exterior.

→ § 2º com redação alterada pela Lei 13.043/2014.

§ 3º Para efeito do disposto na alínea *c* do inciso I do *caput*, considera-se contumaz o atraso sem motivo justificado ocorrido em mais de 20% (vinte por cento) das operações de trânsito aduaneiro realizadas no mês, se superior a 5 (cinco) o número total de operações.

§ 4º Na aplicação da sanção prevista no inciso I do *caput* e na determinação do prazo para a aplicação das sanções previstas no inciso II do *caput* serão considerados:

→ *Caput* do § 4º com redação alterada pela Lei 13.043/2014.

I - a natureza e a gravidade da infração cometida;

→ Inciso I acrescentado pela Lei 13.043/2014.

II - os danos que dela provierem; e

→ Inciso II acrescentado pela Lei 13.043/2014.

III - os antecedentes do infrator, inclusive quanto à proporção das irregularidades no conjunto das operações por ele realizadas e seus esforços para melhorar a conformidade à legislação, segundo os critérios estabelecidos pela Secretaria da Receita Federal do Brasil.

→ Inciso III acrescentado pela Lei 13.043/2014.

§ 5º Para os fins do disposto na alínea a do inciso II do *caput* deste artigo, será considerado reincidente o infrator que:

→ *Caput* do § 5º com redação alterada pela Lei 13.043/2014.

I - cometer nova infração pela mesma conduta já sancionada com advertência, no período de 365 (trezentos e sessenta e cinco) dias, contado da data da aplicação da sanção; ou

→ Inciso I acrescentado pela Lei 13.043/2014.

II - não sanar a irregularidade que ensejou a aplicação da advertência, depois de um mês de sua aplicação, quando se tratar de conduta passível de regularização.

→ Inciso II acrescentado pela Lei 13.043/2014.

§ 5º-A. Para os efeitos do § 5º, no caso de operadores que realizam grande quantidade de operações, poderá ser observada a proporção de erros e omissões em razão da quantidade de documentos, declarações e informações a serem prestadas, nos termos, limites e condições disciplinados pelo Poder Executivo.

→ § 5º-A acrescentado pela Lei 13.043/2014.

§ 6º Na hipótese de cassação ou cancelamento, a reinscrição para a atividade que exercia ou a inscrição para exercer outra atividade sujeita a controle aduaneiro só poderá ser solicitada depois de transcorridos 2 (dois) anos da data de aplicação da sanção, devendo ser cumpridas todas as exigências e formalidades previstas para a inscrição.

§ 7º Ao sancionado com suspensão, cassação ou cancelamento, enquanto perdurarem os efeito da sanção, é vedado o ingresso em local sob controle aduaneiro, sem autorização do titular da unidade jurisdicionante.

§ 8º Compete a aplicação das sanções:

I - ao titular da unidade da Secretaria da Receita Federal responsável pela apuração da infração, nos casos de advertência ou suspensão; ou

II - à autoridade competente para habilitar ou autorizar a utilização de procedimento simplificado, de regime aduaneiro, ou o exercício de atividades relacionadas com o despacho aduaneiro, ou com a movimentação e armazenagem de mercadorias sob controle aduaneiro, e serviços conexos, nos casos de cancelamento ou cassação.

§ 9º As sanções previstas neste artigo serão aplicadas mediante processo administrativo próprio, instaurado com a lavratura de auto de infração, acompanhado de termo de constatação de hipótese referida nos incisos I a III do *caput*.

§ 10. Feita a intimação, a não apresentação de impugnação no prazo de 20 (vinte) dias implicará revelia, cabendo a imediata aplicação da penalidade.

→ § 10 com redação alterada pela Lei 13.043/2014.

§ 10-A. A intimação a que se refere o § 10 deste artigo será:

→ *Caput* do § 10-A acrescentado pela Lei 13.043/2014.

I - pessoal, pelo autor do procedimento ou por agente preparador, na repartição ou fora dela, produzindo efeitos com a assinatura do sujeito passivo, seu mandatário ou preposto, ou, no caso de recusa, com declaração escrita de quem o intimar;

→ Inciso I acrescentado pela Lei 13.043/2014.

II - por via postal, telegráfica ou por qualquer outro meio ou via, produzindo efeitos com o recebimento no domicílio indicado à Secretaria da Receita Federal do Brasil pelo interveniente na operação de comércio exterior ou, se omitida a data do recebimento, com o decurso de 15 (quinze) dias da expedição da intimação ao referido endereço;

→ Inciso II acrescentado pela Lei 13.043/2014.

III - por meio eletrônico, com prova de recebimento, mediante envio ao domicílio tributário do sujeito passivo ou registro em meio magnético ou equivalente utilizado pelo sujeito passivo, produzindo efeitos:

→ Inciso III acrescentado pela Lei 13.043/2014.

a) 15 (quinze) dias contados da data registrada no comprovante de entrega no domicílio tributário do sujeito passivo;

b) na data em que o sujeito passivo efetuar consulta ao endereço eletrônico a ele atribuído pela administração tributária, se ocorrida antes do prazo previsto na alínea a deste inciso; ou

c) na data registrada no meio magnético ou equivalente utilizado pelo sujeito passivo; ou

IV - por edital, quando resultarem improfícuos os meios previstos nos incisos I a III deste parágrafo, ou no caso de pessoa jurídica declarada inapta perante o Cadastro Nacional de Pessoas Jurídicas - CNPJ, produzindo efeitos com o decurso de 15 (quinze) dias da publicação ou com qualquer manifestação do interessado no mesmo período.

→ Inciso IV acrescentado pela Lei 13.043/2014.

§ 11. Apresentada a impugnação, a autoridade preparadora terá prazo de 15 (quinze) dias para remessa do processo a julgamento.

§ 12. O prazo a que se refere o § 11 poderá ser prorrogado quando for necessária a realização de diligências ou perícias.

§ 13. Da decisão que aplicar a sanção cabe recurso, a ser apresentado em 30 (trinta) dias, à autoridade imediatamente superior, que o julgará em instância final administrativa.

§ 14. O rito processual a que se referem os §§ 9º a 13 aplica-se também aos processos ainda não conclusos para julgamento em 1ª (primeira) instância julgados na esfera administrativa, relativos a sanções administrativas de advertência, suspensão, cassação ou cancelamento.

§ 15. As sanções previstas neste artigo não prejudicam a exigência dos impostos incidentes, a aplicação de outras penalidades cabíveis e a representação fiscal para fins penais, quando for o caso.

Art. 77. Os arts. 1º, 17, 36, 37, 50, 104, 107 e 169 do Decreto-Lei 37, de 18 de novembro de 1966, passam a vigorar com as seguintes alterações:

→ Alterações efetuadas na referida Lei.

Art. 78. O art. 3º do Decreto-Lei 399, de 30 de dezembro de 1968, passa a vigorar com a seguinte redação:

"Art. 3º (...)

Parágrafo único. Sem prejuízo da sanção penal referida neste artigo, será aplicada, além da pena de perdimento da respectiva mercadoria, a multa de R$ 2,00 (dois reais) por maço de cigarro ou por unidade dos demais produtos apreendidos."

Art. 79. Os arts. 7º e 8º da Lei 9.019, de 30 de março de 1995, passam a vigorar com a seguinte redação:

"Art. 7º (...)

(...)

§ 2º Os direitos antidumping e os direitos compensatórios são devidos na data do registro da declaração de importação.

§ 3º A falta de recolhimento de direitos antidumping ou de direitos compensatórios na data prevista no § 2º acarretará, sobre o valor não recolhido:

I – no caso de pagamento espontâneo, após o desembaraço aduaneiro:

a) a incidência de multa de mora, calculada à taxa de 0,33% (trinta e três centésimos por cento), por dia de atraso, a partir do 1º (primeiro) dia subsequente ao do registro da declaração de importação até o dia em que ocorrer o seu pagamento, limitada a 20% (vinte por cento); e

b) a incidência de juros de mora calculados à taxa referencial do Sistema Especial de Liquidação e Custódia – SELIC, para títulos federais, acumulada mensalmente, a partir do 1º (primeiro) dia do mês subsequente ao do registro da declaração de importação até o último dia do mês anterior ao do pagamento e de 1% (um por cento) no mês do pagamento; e

II – no caso de exigência de ofício, de multa de 75% (setenta e cinco por cento) e dos juros de mora previstos na alínea b do inciso I deste parágrafo.

§ 4º A multa de que trata o inciso II do § 3º será exigida isoladamente quando os direitos antidumping ou os direitos compensatórios houverem sido pagos após o registro da declaração de importação, mas sem os acréscimos moratórios.

§ 5º A exigência de ofício de direitos antidumping ou de direitos compensatórios e decorrentes acréscimos moratórios e penalidades será formalizada em auto de infração lavrado por Auditor-Fiscal da Receita Federal, observado o disposto no Decreto 70.235, de 6 de março de 1972, e o prazo de 5 (cinco) anos contados da data de registro da declaração de importação.

§ 6º Verificado o inadimplemento da obrigação, a Secretaria da Receita Federal encaminhará o débito à Procuradoria-Geral da Fazenda Nacional, para inscrição em Dívida Ativa da União e respectiva cobrança, observado o prazo de prescrição de 5 (cinco) anos.

§ 7º A restituição de valores pagos a título de direitos antidumping e de direitos compensatórios, provisórios ou definitivos, enseja a restituição dos acréscimos legais correspondentes e das penalidades pecuniárias, de caráter material, prejudicados pela causa da restituição."

"Art. 8º (...)

§ 1º Nos casos de retroatividade, a Secretaria da Receita Federal intimará o contribuinte ou responsável para pagar os direitos antidumping ou compensatórios, provisórios ou definitivos, no prazo de 30 (trinta) dias, sem a incidência de quaisquer acréscimos moratórios.

§ 2º Vencido o prazo previsto no § 1º, sem que tenha havido o pagamento dos direitos, a Secretaria da Receita Federal deverá exigi-los de ofício, mediante a lavratura de auto de infração, aplicando-se a multa e os juros de mora previstos no inciso II do § 3º do art. 7º, a partir do término do prazo de 30 (trinta) dias previsto no § 1º deste artigo."

Art. 80. O art. 2º da Lei 4.502, de 30 de novembro de 1964, passa a vigorar acrescido do § 3º, com a seguinte redação:

"Art. 2º (...)

(...)

§ 3º Para efeito do disposto no inciso I, considerar-se-á ocorrido o respectivo desembaraço aduaneiro da mercadoria que constar como tendo sido importada e cujo extravio ou avaria venham a ser apurados pela autoridade fiscal, inclusive na hipótese de mercadoria sob regime suspensivo de tributação."

Art. 81. A redução da multa de lançamento de ofício prevista no art. 6º da Lei 8.218, de 29 de agosto de 1991, não se aplica:

I – às multas previstas nos arts. 70, 72 e 75 desta Lei;

II – às multas previstas no art. 107 do Decreto-Lei 37, de 18 de novembro de 1966, com a redação dada pelo art. 77 desta Lei;

III – à multa prevista no § 3º do art. 23 do Decreto-Lei 1.455, de 7 de abril de 1976, com a redação dada pelo art. 59 da Lei 10.637, de 30 de dezembro de 2002;

IV – às multas previstas nos arts. 67 e 84 da Medida Provisória 2.158-35, de 24 de agosto de 2001;

V – à multa prevista no inciso I do art. 83 da Lei 4.502, de 30 de novembro de 1964, com a redação dada pelo art. 1º do Decreto-Lei 400, de 3 de dezembro de 1968; e

VI – à multa prevista no art. 19 da Lei 9.779, de 19 de janeiro de 1999.

Capítulo IV
DISPOSIÇÕES FINAIS

Art. 82. O art. 2º da Lei 10.034, de 24 de outubro de 2000, passa vigorar com a seguinte redação:

"Art. 2º Ficam acrescidos de 50% (cinquenta por cento) os percentuais referidos no art. 5º da Lei 9.317, de 5 de dezembro de 1996, alterado pela Lei 9.732, de 11 de dezembro de 1998, em relação às atividades relacionadas nos incisos II a IV do art. 1º desta Lei e às pessoas jurídicas que aufiram receita bruta decorrente da prestação de serviços em montante igual ou superior a 30% (trinta por cento) da receita bruta total.

Parágrafo único. O produto da arrecadação proporcionado pelo disposto no *caput* será destinado integralmente às contribuições de que trata a alínea f do § 1º do art. 3º da Lei 9.317, de 5 de dezembro de 1996."

Art. 83. O não cumprimento das obrigações previstas nos arts. 11 e 19 da Lei 9.311, de 24 de outubro de 1996, sujeita as cooperativas de crédito às multas de:

I – R$ 5,00 (cinco reais) por grupo de 5 (cinco) informações inexatas, incompletas ou omitidas;

II – R$ 200,00 (duzentos reais) ao mês-calendário ou fração, independentemente da sanção prevista no inciso I, se o formulário ou outro meio de informação padronizado for apresentado fora do período determinado.

Parágrafo único. Apresentada a informação, fora de prazo, mas antes de qualquer procedimento de ofício, ou se, após a intimação, houver a apresentação dentro do prazo nesta fixado, as multas serão reduzidas à metade.

Art. 84. (*Revogado pela Lei 11.051/2004*).

Art. 85. A Lei 10.753, de 31 de outubro de 2003, passa a vigorar com as seguintes alterações:

"Art. 4º É permitida a entrada no País de livros em língua estrangeira ou portuguesa, imunes de impostos nos termos do art. 150, inciso VI, alínea d, da Constituição, e, nos termos do regulamento, de tarifas alfandegárias prévias, sem prejuízo dos controles aduaneiros e de suas taxas."

"Art. 8º As pessoas jurídicas que exerçam as atividades descritas nos incisos II a IV do art. 5º poderão constituir provisão para perda de estoques, calculada no último dia de cada período de apuração do imposto de renda e da contribuição social sobre o lucro líquido, correspondente a 1/3 (um terço) do valor do estoque existente naquela data, na forma que dispuser o regulamento, inclusive em relação ao tratamento contábil e fiscal a ser dispensado às reversões dessa provisão."

"Art. 9º A provisão referida no art. 8º será dedutível para fins de determinação do lucro real e da base de cálculo da contribuição social sobre o lucro líquido."

Art. 86. (*Revogado pela Lei 12.111/2009*).

Art. 87. Os §§ 2º, 3º e 4º do art. 5º da Lei 10.336, de 19 de dezembro de 2001, passam a vigorar com a seguinte redação:

→ Alterações efetuadas na referida Lei.

Art. 88. A Lei 10.336, de 19 de dezembro de 2001, fica acrescida do art. 8ºA:

→ Alteração efetuada na referida Lei.

Art. 89. No prazo de 120 (cento e vinte) dias contados a partir da publicação desta Lei, o Poder Executivo encaminhará Projeto de Lei ao Congresso Nacional prevendo a substituição parcial da contribuição a cargo da empresa, destinada à Seguridade Social, incidente sobre a folha de salários e demais rendimentos do trabalho, prevista no art. 22 da Lei 8.212, de 24 de julho de 1991, em Contribuição Social incidente sobre a receita bruta, observado o princípio da não-cumulatividade.

Art. 90. (*Revogado pela Lei 11.051/2004*).

Art. 91. Serão reduzidas a 0 (zero) as alíquotas da contribuição para o PIS/PASEP e da COFINS incidentes sobre a receita bruta decorrente da venda de álcool etílico hidratado carburante, realizada por distribuidor e revendedor varejista, desde que atendidas as condições estabelecidas pelo Poder Executivo.

Parágrafo único. A redução de alíquotas referidas no *caput* somente será aplicável a partir do mês subsequente ao da edição do decreto que estabeleça as condições requeridas.

Art. 92. A Secretaria da Receita Federal editará, no âmbito de sua competência, as normas necessárias à aplicação do disposto nesta Lei.

Art. 93. Esta Lei entra em vigor na data de sua publicação, produzindo efeito, em relação:

I – aos arts. 1º a 15 e 25, a partir de 1º de fevereiro de 2004;

II – aos arts. 26, 27, 29, 30 e 34 desta Lei, a partir de 1º de fevereiro de 2004;

III – ao art. 1º da Lei 8.850, de 28 de janeiro de 1994, e ao inciso I do art. 52 da Lei 8.383, de 30 de dezembro de 1991, com a redação dada pelos arts. 42 e 43, a partir de 1º de janeiro de 2004;

IV – aos arts. 49 a 51 e 53 a 58 desta Lei, a partir do 1º dia do quarto mês subsequente ao de sua publicação;

V – ao art. 52 desta Lei, a partir do 1º dia do segundo mês subsequente ao de publicação desta Lei;

VI – aos demais artigos, a partir da data da publicação desta Lei.

Art. 94. Ficam revogados:

I – as alíneas a dos incisos III e IV e o inciso V do art. 106, o art. 109 e o art. 137 do Decreto-Lei 37, de 1966, este com a redação dada pelo art. 4º do Decreto-Lei 2.472, de 1988;

II – o art. 7º do Decreto-Lei 1.578, de 11 de outubro de 1977;

III – o inciso II do art. 77 da Lei 8.981, de 20 de janeiro de 1995;

IV – o art. 75 da Lei 9.532, de 10 de dezembro de 1997;

V – os §§ 5º e 6º do art. 5º da Lei 10.336, 28 de dezembro de 2001; e

VI – o art. 6º da Lei 10.637, de 30 de dezembro de 2002, a partir da data de início dos efeito desta Lei.

Brasília, 29 de dezembro de 2003, 182º da Independência e 115º da República.

Luiz Inácio Lula da Silva

(Publicação no *D.O.U.* de 20.12.2003)

→ Não publicamos o anexo desta Lei.

LEI 10.865, DE 30 DE ABRIL DE 2004

Dispõe sobre a Contribuição para os Programas de Integração Social e de Formação do Patrimônio do Servidor Público e a Contribuição para o Financiamento da Seguridade Social incidentes sobre a importação de bens e serviços e dá outras providências.

O Presidente da República:

Faço saber que o Congresso Nacional decreta e eu sanciono a seguinte Lei:

Capítulo I
DA INCIDÊNCIA

Art. 1º Ficam instituídas a Contribuição para os Programas de Integração Social e de Formação do Patrimônio do Servidor Público incidente na Importação de Produtos Estrangeiros ou Serviços – PIS/PASEP-Importação e a Contribuição Social para o Financiamento da Seguridade Social devida pelo Importador de Bens Estrangeiros ou Serviços do Exterior – COFINS-Importação, com base nos arts. 149, § 2º, inciso II, e 195, inciso IV, da Constituição Federal, observado o disposto no seu art. 195, § 6º.

§ 1º Os serviços a que se refere o *caput* deste artigo são os provenientes do exterior prestados por pessoa física ou pessoa jurídica residente ou domiciliada no exterior, nas seguintes hipóteses:

I – executados no País; ou

II – executados no exterior, cujo resultado se verifique no País.

§ 2º Consideram-se também estrangeiros:

I – bens nacionais ou nacionalizados exportados, que retornem ao País, salvo se:

a) enviados em consignação e não vendidos no prazo autorizado;

b) devolvidos por motivo de defeito técnico para reparo ou para substituição;

c) por motivo de modificações na sistemática de importação por parte do país importador;

d) por motivo de guerra ou de calamidade pública; ou

e) por outros fatores alheios à vontade do exportador;

II – os equipamentos, as máquinas, os veículos, os aparelhos e os instrumentos, bem como as partes, as peças, os acessórios e os componentes, de fabricação nacional, adquiridos no mercado interno pelas empresas nacionais de engenharia e exportados para a execução de obras contratadas no exterior, na hipótese de retornarem ao País.

Art. 2º As contribuições instituídas no art. 1º desta Lei não incidem sobre:

I – bens estrangeiros que, corretamente descritos nos documentos de transporte, chegarem ao País por erro inequívoco ou comprovado de expedição e que forem redestinados ou devolvidos para o exterior;

II – bens estrangeiros idênticos, em igual quantidade e valor, e que se destinem à reposição de outros anteriormente importados que se tenham revelado, após o desembaraço aduaneiro, defeituosos ou imprestáveis para o fim a que se destinavam, observada a regulamentação do Ministério da Fazenda;

III – bens estrangeiros que tenham sido objeto de pena de perdimento, exceto nas hipóteses em que não sejam localizados, tenham sido consumidos ou revendidos;

IV – bens estrangeiros devolvidos para o exterior antes do registro da declaração de importação, observada a regulamentação do Ministério da Fazenda;

V – pescado capturado fora das águas territoriais do País por empresa localizada no seu território, desde que satisfeitas as exigências que regulam a atividade pesqueira;

VI – bens aos quais tenha sido aplicado o regime de exportação temporária;

VII – bens ou serviços importados pelas entidades beneficentes de assistência social, nos termos do § 7º do art. 195 da Constituição Federal, observado o disposto no art. 10 desta Lei;

VIII – bens em trânsito aduaneiro de passagem, acidentalmente destruídos;

IX – bens avariados ou que se revelem imprestáveis para os fins a que se destinavam, desde que destruídos, sob controle aduaneiro, antes de despachados para consumo, sem ônus para a Fazenda Nacional; e

X – o custo do transporte internacional e de outros serviços, que tiverem sido computados no valor aduaneiro que serviu de base de cálculo da contribuição.

XI – valor pago, creditado, entregue, empregado ou remetido à pessoa física ou jurídica a título de remuneração de serviços vinculados aos processos de avaliação da conformidade, metrologia, normalização, inspeção sanitária e fitossanitária, homologação, registros e outros procedimentos exigidos pelo país importador sob o resguardo dos acordos sobre medidas sanitárias e fitossanitárias (SPS) e sobre barreiras técnicas ao comércio (TBT), ambos do âmbito da Organização Mundial do Comércio– OMC.

→ Inciso XI acrescentado pela Lei 12.249/2010.

Parágrafo único. O disposto no inciso XI não se aplica à remuneração de serviços prestados por pessoa física ou jurídica residente ou domiciliada em país ou dependência com tributação favorecida ou beneficiada por regime fiscal privilegiado, de que tratam os arts. 24 e 24-A da Lei 9.430, de 27 de dezembro de 1996.

→ Parágrafo único acrescentado pela Lei 12.249/2010.

Capítulo II
DO FATO GERADOR

Art. 3º O fato gerador será:

I – a entrada de bens estrangeiros no território nacional; ou

II – o pagamento, o crédito, a entrega, o emprego ou a remessa de valores a residentes ou domiciliados no exterior como contraprestação por serviço prestado.

§ 1º Para efeito do inciso I do *caput* deste artigo, consideram-se entrados no território nacional os bens que constem como tendo sido importados e cujo extravio venha a ser apurado pela administração aduaneira.

§ 2º O disposto no § 1º deste artigo não se aplica:

I – às malas e às remessas postais internacionais; e

II – à mercadoria importada a granel que, por sua natureza ou condições de manuseio na descarga, esteja sujeita a quebra ou a decréscimo, desde que o extravio não seja superior a 1% (um por cento).

§ 3º Na hipótese de ocorrer quebra ou decréscimo em percentual superior ao fixado no inciso II do § 2º deste artigo, serão exigidas as contribuições somente em relação ao que exceder a 1% (um por cento).

Art. 4º Para efeito de cálculo das contribuições, considera-se ocorrido o fato gerador:

I – na data do registro da declaração de importação de bens submetidos a despacho para consumo;

II – no dia do lançamento do correspondente crédito tributário, quando se tratar de bens constantes de manifesto ou de outras declarações de efeito equivalente, cujo extravio ou avaria for apurado pela autoridade aduaneira;

III – na data do vencimento do prazo de permanência dos bens em recinto alfandegado, se iniciado o respectivo despacho aduaneiro antes de aplicada a pena de perdimento, na situação prevista pelo art. 18 da Lei 9.779, de 19 de janeiro de 1999;

IV– na data do pagamento, do crédito, da entrega, do emprego ou da remessa de valores na hipótese de que trata o inciso II do *caput* do art. 3º desta Lei.

Parágrafo único. O disposto no inciso I do *caput* deste artigo aplica-se, inclusive, no caso de despacho para consumo de bens importados sob regime suspensivo de tributação do imposto de importação.

Capítulo III
DO SUJEITO PASSIVO

Art. 5º São contribuintes:

I – o importador, assim considerada a pessoa física ou jurídica que promova a entrada de bens estrangeiros no território nacional;

II – a pessoa física ou jurídica contratante de serviços de residente ou domiciliado no exterior; e

III – o beneficiário do serviço, na hipótese em que o contratante também seja residente ou domiciliado no exterior.

Parágrafo único. Equiparam-se ao importador o destinatário de remessa postal internacional indicado pelo respectivo remetente e o adquirente de mercadoria entrepostada.

Art. 6º São responsáveis solidários:

I – o adquirente de bens estrangeiros, no caso de importação realizada por sua conta e ordem, por intermédio de pessoa jurídica importadora;

II – o transportador, quando transportar bens procedentes do exterior ou sob controle aduaneiro, inclusive em percurso interno;

III – o representante, no País, do transportador estrangeiro;

IV – o depositário, assim considerado qualquer pessoa incumbida da custódia de bem sob controle aduaneiro; e

V – o expedidor, o operador de transporte multimodal ou qualquer subcontratado para a realização do transporte multimodal.

Capítulo IV
DA BASE DE CÁLCULO

Art. 7º A base de cálculo será:

I – o valor aduaneiro, na hipótese do inciso I do *caput* do art. 3º desta Lei; ou

→ Inciso I com redação alterada pela Lei 12.865/2013.

II – o valor pago, creditado, entregue, empregado ou remetido para o exterior, antes da retenção do imposto de renda, acrescido do Imposto sobre Serviços de qualquer Natureza – ISS e do valor das próprias contribuições, na hipótese do inciso II do *caput* do art. 3º desta Lei.

§ 1º A base de cálculo das contribuições incidentes sobre prêmios de resseguro cedidos ao exterior é de 15% (quinze por cento) do valor pago, creditado, entregue, empregado ou remetido.

→ § 1º com redação alterada pela Lei 12.249/2010.

§ 2º O disposto no § 1º deste artigo aplica-se aos prêmios de seguros não enquadrados no disposto no inciso X do art. 2º desta Lei.

§ 3º A base de cálculo fica reduzida:

I – em 30,2% (trinta inteiros e dois décimos por cento), no caso de importação, para revenda, de caminhões chassi com carga útil igual ou superior a 1.800 kg (mil e oitocentos quilogramas) e caminhão monobloco com carga útil igual ou superior a 1.500 kg (mil e quinhentos quilogramas), classificados na posição 87.04 da Tabela de Incidência do Imposto sobre Produtos Industrializados – TIPI, observadas as especificações estabelecidas pela Secretaria da Receita Federal; e

II – em 48,1% (quarenta e oito inteiros e um décimo por cento), no caso de importação, para revenda, de máquinas e veículos classificados nos seguintes códigos e posições da TIPI: 84.29, 8432.40.00, 8432.80.00, 8433.20, 8433.30.00, 8433.40.00, 8433.5, 87.01, 8702.10.00 Ex 02, 8702.90.90 Ex 02, 8704.10.00, 87.05 e 8706.00.10 Ex 01 (somente os destinados aos produtos classificados nos Ex 02 dos códigos 8702.10.00 e 8702.90.90).

§ 4º (*Revogado pela Lei 12.865/2013*).

§ 5º (*Revogado pela Lei 12.865/2013*).

Capítulo V
DAS ALÍQUOTAS

Art. 8º As contribuições serão calculadas mediante aplicação, sobre a base de cálculo de que trata o art. 7º desta Lei, das alíquotas:

→ *Caput* com redação alterada pela Lei 13.137/2015.

I – na hipótese do inciso I do *caput* do art. 3º, de:

→ *Caput* do inciso I com redação alterada pela Lei 13.137/2015.

a) 2,1% (dois inteiros e um décimo por cento), para a Contribuição para o PIS/Pasep-Importação; e

→ Alínea *a* acrescentada pela Lei 13.137/2015.

b) 9,65% (nove inteiros e sessenta e cinco centésimos por cento), para a Cofins-Importação; e

→ Alínea *b* acrescentada pela Lei 13.137/2015.

II – na hipótese do inciso II do *caput* do art. 3º, de:

→ *Caput* do inciso II com redação alterada pela Lei 13.137/2015.

a) 1,65% (um inteiro e sessenta e cinco centésimos por cento), para a Contribuição para o PIS/Pasep-Importação; e

→ Alínea *a* acrescentada pela Lei 13.137/2015.

b) 7,6% (sete inteiros e seis décimos por cento), para a Cofins-Importação.

→ Alínea *b* acrescentada pela Lei 13.137/2015.

§ 1º As alíquotas, no caso de importação de produtos farmacêuticos, classificados nas posições 30.01, 30.03, exceto no código 3003.90.56, 30.04, exceto no código 3004.90.46, nos itens 3002.10.1, 3002.10.2, 3002.10.3, 3002.20.1, 3002.20.2, 3006.30.1 e 3006.30.2 e nos códigos 3002.90.20, 3002.90.92, 3002.90.99, 3005.10.10, 3006.60.00, são de:

I – 2,76% (dois inteiros e setenta e seis centésimos por cento), para a Contribuição para o PIS/Pasep-Importação; e

→ Inciso I com redação alterada pela Lei 13.137/2015.

II – 13,03% (treze inteiros e três centésimos por cento), para a Cofins-Importação.

→ Inciso II com redação alterada pela Lei 13.137/2015.

§ 2º As alíquotas, no caso de importação de produtos de perfumaria, de toucador ou de higiene pessoal, classificados nas posições 3303.00 a 33.07, exceto na posição 33.06; e nos códigos 3401.11.90, exceto 3401.11.90 Ex 01; 3401.20.10; e 9603.21.00; são de:

→ § 2º com redação alterada pela Lei

I – 3,52% (três inteiros e cinquenta e dois centésimos por cento), para a Contribuição para o PIS/Pasep-Importação; e

II – 16,48% (dezesseis inteiros e quarenta e oito centésimos por cento), para a Cofins-Importação.

§ 3º Na importação de máquinas e veículos, classificados nos códigos 84.29, 8432.40.00, 8432.80.00, 8433.20, 8433.30.00, 8433.40.00, 8433.5, 87.01, 87.02, 87.03, 87.04, 87.05 e 87.06, da Nomenclatura Comum do Mercosul – NCM, as alíquotas são de:

I – 2,62% (dois inteiros e sessenta e dois centésimos por cento), para a Contribuição para o PIS/Pasep-Importação; e

→ Inciso I com redação alterada pela Lei 13.137/2015.

II – 12,57% (doze inteiros e cinquenta e sete centésimos por cento), para a Cofins-Importação.

→ Inciso II com redação alterada pela Lei 13.137/2015.

§ 4º O disposto no § 3º deste artigo, relativamente aos produtos classificados no Capítulo 84 da NCM, aplica-se, exclusivamente, aos produtos autopropulsados.

§ 5º Na importação dos produtos classificados nas posições 40.11 (pneus novos de borracha) e 40.13 (câmaras de ar de borracha), da NCM, as alíquotas são de:

I – 2,68% (dois inteiros e sessenta e oito centésimos por cento), para a Contribuição para o PIS/Pasep-Importação; e

→ Inciso I com redação alterada pela Lei 13.137/2015.

II – 12,35% (doze inteiros e trinta e cinco centésimos por cento), para a Cofins-Importação.

→ Inciso II com redação alterada pela Lei 13.137/2015.

§ 6º (*Revogado pela Lei 13.097/2015*).

§ 7º (*Revogado pela Lei 11.727/2008*).

§ 8º A importação de gasolinas e suas correntes, exceto de aviação e óleo diesel e suas correntes, gás liquefeito de petróleo (GLP) derivado de petróleo e gás natural e querosene de aviação fica sujeita à incidência da contribuição para o PIS/PASEP e da COFINS, fixadas por unidade de volume do produto, às alíquotas previstas no art. 23 desta Lei, independentemente de o importador haver optado pelo regime especial de apuração e pagamento ali referido.

§ 9º Na importação de autopeças, relacionadas nos Anexos I e II da Lei 10.485, de 3 de julho de 2002, exceto quando efetuada pela pessoa jurídica fabricante de máquinas e veículos relacionados no art. 1º da referida Lei, as alíquotas são de:

I – 2,62% (dois inteiros e sessenta e dois centésimos por cento), para a Contribuição para o PIS/Pasep-Importação; e

→ Inciso I com redação alterada pela Lei 13.137/2015.

II – 12,57% (doze inteiros e cinquenta e sete centésimos por cento), para a Cofins-Importação.

→ Inciso II com redação alterada pela Lei 13.137/2015.

§ 9º-A. A partir de 1º de setembro de 2015, as alíquotas da Contribuição do PIS/Pasep-Importação e da Cofins-Importação de que trata o § 9º serão de:

→ § 9º-A acrescentado pela Lei 13.137/2015.

I – 3,12% (três inteiros e doze centésimos por cento), para a Contribuição para o PIS/Pasep-Importação; e

II – 14,37% (quatorze inteiros e trinta e sete centésimos por cento), para a Cofins-Importação.

§ 10. Na importação de papel imune a impostos de que trata o art. 150, inciso VI, alínea *d*, da Constituição Federal, ressalvados os referidos no inciso IV do § 12 deste artigo, quando destinado à impressão de periódicos, as alíquotas são de:

I – 0,8% (oito décimos por cento), para a contribuição para o PIS/Pasep-Importação; e

→ Inciso I com redação alterada pela Lei 13.137/2015.

II – 3,2% (três inteiros e dois décimos por cento), para a Cofins-Importação.

→ Inciso II com redação alterada pela Lei 13.137/2015.

§ 11. Fica o Poder Executivo autorizado a reduzir a 0 (zero) e a restabelecer as alíquotas do PIS/PASEP-Importação e da COFINS-Importação, incidentes sobre:

I – produtos químicos e farmacêuticos classificados nos Capítulos 29 e 30 da NCM;

II – produtos destinados ao uso em hospitais, clínicas e consultórios médicos e odontológicos, campanhas de saúde realizadas pelo Poder Público e laboratórios de anatomia patológica, citológica ou de análises clínicas, classificados nas posições 30.02, 30.06, 39.26, 40.15 e 90.18 da NCM.

→ Inciso II com redação alterada pela Lei 11.196/2005.

§ 12. Ficam reduzidas a 0 (zero) as alíquotas das contribuições, nas hipóteses de importação de:

I – materiais e equipamentos, inclusive partes, peças e componentes, destinados ao emprego na construção, conservação, modernização, conversão ou reparo de embarcações registradas ou pré-registradas no Registro Especial Brasileiro;

→ Inciso I com redação alterada pela Lei 11.774/2008.

II – embarcações construídas no Brasil e transferidas por matriz de empresa brasileira de navegação para subsidiária integral no exterior, que retornem ao registro brasileiro como propriedade da mesma empresa nacional de origem;

III – papel destinado à impressão de jornais, pelo prazo de 4 (quatro) anos a contar da data de vigência desta Lei, ou até que a produção nacional atenda 80% (oitenta por cento) do consumo interno;

IV – papéis classificados nos códigos 4801.00.10, 4801.00.90, 4802.61.91, 4802.61.99, 4810.19.89 e 4810.22.90, todos da TIPI, destinados à impressão de periódicos pelo prazo de 4 (quatro) anos a contar da data de vigência desta Lei ou até que a produção nacional atenda 80% (oitenta por cento) do consumo interno;

V – máquinas, equipamentos, aparelhos, instrumentos, suas partes e peças de reposição, e películas cinematográficas virgens, sem similar nacional, destinados à indústria cinematográfica e audiovisual, e de radiodifusão;

VI – aeronaves, classificadas na posição 88.02 da NCM;

→ Inciso VI com redação alterada pela Lei 10.925/2004.

VII – partes, peças, ferramentais, componentes, insumos, fluidos hidráulicos, lubrificantes, tintas, anticorrosivos, equipamentos, serviços e matérias-primas a serem empregados na manutenção, reparo, revisão, conservação, modernização, conversão e industrialização das aeronaves de que trata o inciso VI deste parágrafo, de seus motores, suas partes, peças, componentes, ferramentais e equipamentos;

→ Inciso VII com redação alterada pela Lei 11.727/2008.

VIII – (*Revogado pela Lei 11.196/2005*).

IX – gás natural destinado ao consumo em unidades termelétricas integrantes do Programa Prioritário de Termelétricas – PPT;

X – produtos hortícolas e frutas, classificados nos Capítulos 7 e 8, e ovos, classificados na posição 04.07, todos da TIPI; e

XI – semens e embriões da posição 05.11, da NCM.

XII – livros, conforme definido no art. 2º da Lei 10.753, de 30 de outubro de 2003.

→ Inciso XII com redação alterada pela Lei 11.033/2004.

XIII – preparações compostas não alcoólicas, classificadas no código 2106.90.10 Ex 01 da Tipi, destinadas à elaboração de bebidas pelas pessoas jurídicas industriais dos produtos referidos no art. 58-A da Lei 10.833, de 29 de dezembro de 2003;

→ Inciso XIII com redação alterada pela Lei 11.727/2008.

XIV – material de emprego militar classificado nas posições 87.10.00.00 e 89.06.10.00 da Tabela de Incidência do Imposto sobre Produtos Industrializados – Tipi;

→ Inciso XIV acrescentado pela Lei 11.727/2008.

XV – partes, peças, componentes, ferramentais, insumos, equipamentos e matérias-primas a serem empregados na industrialização, manutenção, modernização e conversão do material de emprego militar de que trata o inciso XIV deste parágrafo;

→ Inciso XV acrescentado pela Lei 11.727/2008.

XVI – gás natural liquefeito – GNL.

→ Inciso XVI acrescentado pela Lei 11.727/2008.

XVII – produtos classificados no código 8402.19.00 da Nomenclatura Comum do Mercosul-NCM, para utilização em Usinas Termonucleares – UTN geradoras de energia elétrica para o Sistema Interligado Nacional.

→ Inciso XVII acrescentado pela Lei 11.774/2008.

XVIII – produtos classificados na posição 87.13 da Nomenclatura Comum do Mercosul – NCM;

→ Inciso XVIII acrescentado pela Lei 12.058/2009.

XIX – artigos e aparelhos ortopédicos ou para fraturas classificados no código 90.21.10 da NCM;

→ Inciso XIX acrescentado pela Lei 12.058/2009.

XX – artigos e aparelhos de próteses classificados no código 90.21.3 da NCM;

→ Inciso XX acrescentado pela Lei 12.058/2009.

XXI – almofadas antiescaras classificadas nos Capítulos 39, 40, 63 e 94 da NCM.

→ Inciso XXI acrescentado pela Lei 12.058/2009.

→ O Inciso XXII foi acrescentado pela MP 491/2010 que teve seu prazo de vigência encerrado no dia 3 de novembro de 2013, por Ato do Presidente da Mesa do Congresso Nacional 46/2010 (*D.O.U.* de 17.11.2010).

XXIII – projetores para exibição cinematográfica, classificados no código 9007.2 da NCM, e suas partes e acessórios, classificados no código 9007.9 da NCM.

→ Inciso XXIII com redação alterada pela Lei 12.599/2012.

XXIV – produtos classificados nos códigos 8443.32.22, 8469.00.39 Ex 01, 8714.20.00, 9021.40.00, 9021.90.82 e 9021.90.92, todos da Tipi, aprovada pelo Decreto 7.660, de 23 de dezembro de 2011;

→ Inciso XXIV acrescentado pela Lei 12.649/2012.

XXV – calculadoras equipadas com sintetizador de voz classificadas no código 8470.10.00 Ex 01 da Tipi;

→ Inciso XXV acrescentado pela Lei 12.649/2012.

XXVI – teclados com adaptações específicas para uso por pessoas com deficiência, classificados no código 8471.60.52 da Tipi;

→ Inciso XXVI acrescentado pela Lei 12.649/2012.

XXVII – indicador ou apontador – mouse – com adaptações específicas para uso por pessoas com deficiência, classificado no código 8471.60.53 da Tipi;

→ Inciso XXVII acrescentado pela Lei 12.649/2012.

XXVIII – linhas braile classificadas no código 8471.60.90 Ex 01 da Tipi;

→ Inciso XXVIII acrescentado pela Lei 12.649/2012.

XXIX – digitalizadores de imagens – scanners – equipados com sintetizador de voz classificados no código 8471.90.14 Ex 01 da Tipi;

→ Inciso XXIX acrescentado pela Lei 12.649/2012.

XXX – duplicadores braile classificados no código 8472.10.00 Ex 01 da Tipi

→ Inciso XXX acrescentado pela Lei 12.649/2012.

XXXI – acionadores de pressão classificados no código 8471.60.53 Ex 02 da Tipi;

→ Inciso XXXI acrescentado pela Lei 12.649/2012.

XXXII – lupas eletrônicas do tipo utilizado por pessoas com deficiência visual classificadas no código 8525.80.19 Ex 01 da Tipi;

→ Inciso XXXII acrescentado pela Lei 12.649/2012.

XXXIII – implantes cocleares classificados no código 9021.40.00 da Tipi;

→ Inciso XXXIII acrescentado pela Lei 12.649/2012.

XXXIV – próteses oculares classificadas no código 9021.39.80 da Tipi;

→ Inciso XXXIV acrescentado pela Lei 12.649/2012.

XXXV – programas – softwares – de leitores de tela que convertem texto em voz sintetizada para auxílio de pessoas com deficiência visual;

→ Inciso XXXV acrescentado pela Lei 12.649/2012.

XXXVI – aparelhos contendo programas – *softwares* – de leitores de tela que convertem texto em caracteres braile, para utilização de surdos-cegos;

→ Inciso XXXVI acrescentado pela Lei 12.649/2012.

XXXVII – (*Vetado*); e

→ Inciso XXXVII acrescentado pela Lei 12.649/2012.

XXXVIII – neuroestimuladores para tremor essencial/Parkinson, classificados no código 9021.90.19, e seus acessórios, classificados nos códigos 9018.90.99, 9021.90.91 e 9021.90.99, todos da Tipi; e

→ Inciso XXXVIII com redação alterada pela Lei 12.995/2014.

XXXIX – (*Revogado pela Lei 13.137/2015*).

XL – produtos classificados no Ex 01 do código 8503.00.90 da Tipi, exceto pás eólicas.

→ Inciso XL com redação alterada pela Lei 13.169/2015.

§ 13. O Poder Executivo poderá regulamentar:

→ *Caput* do § 13 com redação alterada pela Lei 12.058/2009.

I – o disposto no § 10 deste artigo; e

II – a utilização do benefício da alíquota zero de que tratam os incisos I a VII, XVIII a XXI e XXIV a XXXVIII do § 12.

→ Inciso II com redação alterada pela Lei 12.649/2012.

§ 14. Ficam reduzidas a 0 (zero) as alíquotas das contribuições incidentes sobre o valor pago, creditado, entregue, empregado ou remetido à pessoa física ou jurídica residente ou domiciliada no exterior, referente a aluguéis e contraprestações de arrendamento mercantil de máquinas e equipamentos, embarcações e aeronaves utilizados na atividade da empresa.

→ § 14 acrescentado pela Lei 10.925/2004.

§ 15. Na importação de etano, propano e butano, destinados à produção de eteno e propeno; de nafta petroquímica e de condensado destinado a centrais petroquímicas; bem como na importação de eteno, propeno, buteno, butadieno, orto-xileno, benzeno, tolueno, isopreno e paraxileno, quando efetuada por indústrias químicas, as alíquotas da Contribuição para o PIS/Pasep-Importação e da Cofins-Importação são de, respectivamente:

→ *Caput* do § 5º com redação alterada pela Lei 12.859/2013.

I – 0,18% (dezoito centésimos por cento) e 0,82% (oitenta e dois centésimos por cento), para os fatos geradores ocorridos nos anos de 2013, 2014 e 2015;

→ Inciso I com redação alterada pela Lei 12.859/2013.

II – 0,54% (cinquenta e quatro centésimos por cento) e 2,46% (dois inteiros e quarenta e seis centésimos por cento), para os fatos geradores ocorridos no ano de 2016;

→ Inciso II com redação alterada pela Lei 12.859/2013.

III – 0,90% (noventa centésimos por cento) e 4,10% (quatro inteiros e dez centésimos por cento), para os fatos geradores ocorridos no ano de 2017; e

→ Inciso III acrescentado pela Lei 12.859/2013.

IV – 1% (um por cento) e 4,6% (quatro inteiros e seis décimos por cento), para os fatos geradores ocorridos a partir do ano de 2018.

→ Inciso IV acrescentado pela Lei 12.859/2013.

§ 16. Na hipótese da importação de etano, propano e butano de que trata o § 15 deste artigo, não se aplica o disposto no § 8º deste artigo.

→ § 16 acrescentado pela Lei 11.488/2007.

§ 17. O disposto no § 14 deste artigo não se aplica aos valores pagos, creditados, entregues, empregados ou remetidos, por fonte situada no País, à pessoa física ou jurídica residente ou domiciliada no exterior, em decorrência da prestação de serviços de frete, afretamento, arrendamento ou aluguel de embarcações marítimas ou fluviais destinadas ao transporte de pessoas para fins turísticos.

→ § 17 acrescentado pela Lei 11.727/2008.

§ 18. O disposto no § 17 deste artigo aplicar-se-á também à hipótese de contratação ou utilização da embarcação em atividade mista de transporte de cargas e de pessoas para fins turísticos, independentemente da preponderância da atividade.

→ § 18 acrescentado pela Lei 11.727/2008.

§ 19. A importação de álcool, inclusive para fins carburantes, é sujeita à incidência da Contribuição para o PIS/Pasep-Importação e da Cofins-Importação com alíquotas de, respectivamente, 2,1% (dois inteiros e um décimo por cento) e 9,65% (nove inteiros e sessenta e cinco centésimos por cento), independentemente de o importador haver optado pelo regime especial de apuração e pagamento referido no art. 5º da Lei 9.718, de 27 de novembro de 1998.

→ § 19 com redação alterada pela Lei 13.137/2015.

→ O § 20 foi acrescentado pela MP 491/2010 que teve seu prazo de vigência encerrado no dia 3 de novembro de 2013, por Ato do Presidente da Mesa do Congresso Nacional 46/2010 (*D.O.U.* de 17.11.2010).

§ 21. As alíquotas da Cofins-Importação de que trata este artigo ficam acrescidas de um ponto percentual na hipótese de importação dos bens classificados na Tipi, aprovada pelo Decreto no 7.660, de 23 de dezembro de 2011, relacionados no Anexo I da Lei 12.546, de 14 de dezembro de 2011.

→ § 21 com redação alterada pela Lei 12.844/2013.

§ 22. A utilização do benefício de alíquota zero de que tratam os incisos XIX a XXXVIII do § 12 deste artigo cessará quando houver oferta de mercadorias produzidas no Brasil em condições similares às das importadas quanto ao padrão de qualidade, conteúdo técnico, preço ou capacidade produtiva, conforme regulamentação editada pelo Poder Executivo.

→ § 22 acrescentado pela Lei 12.649/2012.

§ 23. Aplica-se ao condensado destinado a centrais petroquímicas o disposto nos arts. 56 e 57 da Lei 11.196, de 21 de novembro de 2005.

→ § 23 acrescentado pela Lei 12.715/2012.

§ 24. (*Vetado*).

→ § 24 acrescentado pela Lei 12.715/2012.

Capítulo VI
DA ISENÇÃO

Art. 9º São isentas das contribuições de que trata o art. 1º desta Lei:

I – as importações realizadas:

a) pela União, Estados, Distrito Federal e Municípios, suas autarquias e fundações instituídas e mantidas pelo poder público;

b) pelas Missões Diplomáticas e Repartições Consulares de caráter permanente e pelos respectivos integrantes;

c) pelas representações de organismos internacionais de caráter permanente, inclusive os de âmbito regional, dos quais o Brasil seja membro, e pelos respectivos integrantes;

II – as hipóteses de:

a) amostras e remessas postais internacionais, sem valor comercial;

b) remessas postais e encomendas aéreas internacionais, destinadas a pessoa física;

c) bagagem de viajantes procedentes do exterior e bens importados a que se apliquem os regimes de tributação simplificada ou especial;

d) bens adquiridos em loja franca no País;

e) bens trazidos do exterior, no comércio característico das cidades situadas nas fronteiras terrestres, destinados à subsistência da unidade familiar de residentes nas cidades fronteiriças brasileiras;

f) bens importados sob o regime aduaneiro especial de drawback, na modalidade de isenção;

g) objetos de arte, classificados nas posições 97.01, 97.02, 97.03 e 97.06 da NCM, recebidos em doação, por museus instituídos e mantidos pelo poder público ou por outras entidades culturais reconhecidas como de utilidade pública; e

h) máquinas, equipamentos, aparelhos e instrumentos, e suas partes e peças de reposição, acessórios, matérias-primas e produtos intermediários, importados por instituições científicas e tecnológicas e por cientistas e pesquisadores, conforme o disposto na Lei 8.010, de 29 de março de 1990.

III – (*Vetado*).

→ Inciso III acrescentado pela Lei 10.925/2004.

§ 1º As isenções de que tratam os incisos I e II deste artigo somente serão concedidas se satisfeitos os requisitos e condições exigidos para o reconhecimento de isenção do Imposto sobre Produtos Industrializados – IPI.

→ Anterior parágrafo único renumerado para § 1º pela Lei 10.925/2004.

§ 2º (*Vetado*).

→ § 2º acrescentado pela Lei 10.925/2004.

Art. 10. Quando a isenção for vinculada à qualidade do importador, a transferência de propriedade ou a cessão de uso dos bens, a qualquer título, obriga ao prévio pagamento das contribuições de que trata esta Lei.

Parágrafo único. O disposto no *caput* deste artigo não se aplica aos bens transferidos ou cedidos:

I – a pessoa ou a entidade que goze de igual tratamento tributário, mediante prévia decisão da autoridade administrativa da Secretaria da Receita Federal;

II – após o decurso do prazo de 3 (três) anos, contado da data do registro da declaração de importação; e

III – a entidades beneficentes, reconhecidas como de utilidade pública, para serem vendidos em feiras, bazares e eventos semelhantes, desde que recebidos em doação de representações diplomáticas estrangeiras sediadas no País.

Art. 11. A isenção das contribuições, quando vinculada à destinação dos bens, ficará condicionada à comprovação posterior do seu efetivo emprego nas finalidades que motivaram a concessão.

Art. 12. Desde que mantidas as finalidades que motivaram a concessão e mediante prévia decisão da autoridade administrativa da Secretaria da Receita Federal, poderá ser transferida a propriedade ou cedido o uso dos bens antes de decorrido o prazo de 3 (três) anos a que se refere o inciso II do parágrafo único do art. 10 desta Lei, contado da data do registro da correspondente declaração de importação.

Capítulo VII
DO PRAZO DE RECOLHIMENTO

Art. 13. As contribuições de que trata o art. 1º desta Lei serão pagas:

I – na data do registro da declaração de importação, na hipótese do inciso I do *caput* do art. 3º desta Lei;

II – na data do pagamento, crédito, entrega, emprego ou remessa, na hipótese do inciso II do *caput* do art. 3º desta Lei;

III – na data do vencimento do prazo de permanência do bem no recinto alfandegado, na hipótese do inciso III do *caput* do art. 4º desta Lei.

Capítulo VIII
DOS REGIMES ADUANEIROS ESPECIAIS

Art. 14. As normas relativas à suspensão do pagamento do imposto de importação ou do IPI vinculado à importação, relativas aos regimes aduaneiros especiais, aplicam-se também às contribuições de que trata o art. 1º desta Lei.

§ 1º O disposto no *caput* deste artigo aplica-se também às importações, efetuadas por empresas localizadas na Zona Franca de Manaus, de bens a serem empregados na elaboração de matérias-primas, produtos intermediários e materiais de embalagem destinados a emprego em processo de industrialização por estabelecimentos ali instalados, consoante projeto aprovado pelo Conselho de Administração da Superintendência da Zona Franca de Manaus – SUFRAMA, de que trata o art. 5º-A da Lei 10.637, de 30 de dezembro de 2002.

§ 2º A Secretaria da Receita Federal estabelecerá os requisitos necessários para a suspensão de que trata o § 1º deste artigo.

Art. 14-A. Fica suspensa a exigência das contribuições de que trata o art. 1º desta Lei nas importações efetuadas por empresas localizadas na Zona Franca de Manaus de matérias-primas, produtos intermediários e materiais de embalagem para emprego em processo de industrialização por estabelecimentos industriais instalados na Zona Franca de Manaus e consoante projetos aprovados pelo Conselho de Administração da Superintendência da Zona Franca de Manaus – SUFRAMA.

→ Artigo acrescentado pela Lei 10.925/2004.

Capítulo IX
DO CRÉDITO

Art. 15. As pessoas jurídicas sujeitas à apuração da contribuição para o PIS/PASEP e da COFINS, nos termos dos arts. 2º e 3º das Leis 10.637, de 30 de dezembro de 2002, e 10.833, de 29 de dezembro de 2003, poderão descontar crédito, para fins de determinação dessas contribuições, em relação às importações sujeitas ao pagamento das contribuições de que trata o art. 1º desta Lei, nas seguintes hipóteses:

→ *Caput* com redação alterada pela Lei 11.727/2008.

I – bens adquiridos para revenda;

II – bens e serviços utilizados como insumo na prestação de serviços e na produção ou fabricação de bens ou produtos destinados à venda, inclusive combustível e lubrificantes;

III – energia elétrica consumida nos estabelecimentos da pessoa jurídica;

IV – aluguéis e contraprestações de arrendamento mercantil de prédios, máquinas e equipamentos, embarcações e aeronaves, utilizados na atividade da empresa;

V – máquinas, equipamentos e outros bens incorporados ao ativo imobilizado, adquiridos para locação a terceiros ou para utilização na produção de bens destinados à venda ou na prestação de serviços.

→ Inciso V com redação alterada pela Lei 11.196/2005.

§ 1º O direito ao crédito de que trata este artigo e o art. 17 desta Lei aplica-se em relação às contribuições efetivamente pagas na importação de bens e serviços a partir da produção dos efeitos desta Lei.

§ 1º-A. O valor da Cofins-Importação pago em decorrência do adicional de alíquota de que trata o § 21 do art. 8º não gera direito ao desconto do crédito de que trata o *caput*.

→ § 1º-A acrescentado pela Lei 13.137/2015.

§ 2º O crédito não aproveitado em determinado mês poderá sê-lo nos meses subsequentes.

§ 3º O crédito de que trata o *caput* será apurado mediante a aplicação das alíquotas previstas no art. 8º sobre o valor que serviu de base de cálculo das contribuições, na forma do art. 7º, acrescido do valor do IPI vinculado à importação, quando integrante do custo de aquisição.

→ § 3º com redação alterada pela Lei 13.137/015.

§ 4º Na hipótese do inciso V do *caput* deste artigo, o crédito será determinado mediante a aplicação das alíquotas referidas no § 3º deste artigo sobre o valor da depreciação ou amortização contabilizada a cada mês.

§ 5º Para os efeitos deste artigo, aplicam-se, no que couber, as disposições dos §§ 7º e 9º do art. 3º das Leis 10.637, de 30 de dezembro de 2002, e 10.833, de 29 de dezembro de 2003.

§ 6º O disposto no inciso II do *caput* deste artigo alcança os direitos autorais pagos pela indústria fonográfica desde que esses direitos tenham se sujeitado ao pagamento das contribuições de que trata esta Lei.

§ 7º Opcionalmente, o contribuinte poderá descontar o crédito de que trata o § 4º deste artigo, relativo à importação de máquinas e equipamentos destinados ao ativo imobilizado, no prazo de 4 (quatro) anos, mediante a aplicação, a cada mês, das alíquotas referidas no § 3º deste artigo sobre o valor correspondente a 1/48 (um quarenta e oito avos) do valor de aquisição do bem, de acordo com regulamentação da Secretaria da Receita Federal.

§ 8º As pessoas jurídicas importadoras, nas hipóteses de importação de que tratam os incisos a seguir, devem observar as disposições do art. 17 desta Lei:

I – produtos dos §§ 1º a 3º e 5º a 7º do art. 8º desta Lei, quando destinados à revenda;

II – produtos do § 8º do art. 8º desta Lei, quando destinados à revenda, ainda que ocorra fase intermediária de mistura;

III – produtos do § 9º do art. 8º desta Lei, quando destinados à revenda ou à utilização como insumo na produção de autopeças relacionadas nos Anexos I e II da Lei 10.485, de 3 de julho de 2002;

IV – produto do § 10 do art. 8º desta Lei.

V – produtos referidos no § 19 do art. 8º desta Lei, quando destinados à revenda;

→ Inciso V com redação alterada pela Lei 11.727/2008.

VI – (*Revogado pela Lei 13.097/2015*).

§ 9º (*Revogado pela Lei 11.727/2008*).

§ 10. (*Revogado pela Lei 11.727/2008*).

§ 11. (*Revogado pela Lei 13.097/2015*).

§ 12. (*Revogado pela Lei 13.097/2015*).

§ 13. No cálculo do crédito de que trata o inciso V do *caput*:

→ § 13 acrescentado pela Lei 12.973/2014.

I – os valores decorrentes do ajuste a valor presente de que trata o inciso III do *caput* do art. 184 da Lei 6.404, de 15 de dezembro de 1976, poderão ser considerados como parte integrante do custo ou valor de aquisição; e

II – não serão computados os ganhos e perdas decorrentes de avaliação de ativo com base no valor justo.

§ 14. O disposto no inciso V do *caput* não se aplica no caso de bem objeto de arrendamento mercantil, na pessoa jurídica arrendatária.

→ § 14 acrescentado pela Lei 12.973/2014.

Art. 16. É vedada a utilização do crédito de que trata o art. 15 desta Lei nas hipóteses referidas nos incisos III e IV do § 3º do art. 1º e no art. 8º da Lei 10.637, de 30 de dezembro de 2002, e nos incisos III e IV do § 3º do art. 1º e no art. 10 da Lei 10.833, de 29 de dezembro de 2003.

§ 1º Gera direito aos créditos de que tratam os arts. 15 e 17 desta Lei a importação efetuada com isenção, exceto na hipótese de os produtos serem revendidos ou utilizados como insumo em produtos sujeitos à alíquota zero, isentos ou não alcançados pela contribuição.

→ § 1º acrescentado pela Lei 11.945/2009.

§ 2º A importação efetuada na forma da alínea f do inciso II do art. 9º desta Lei não dará direito a crédito, em qualquer caso.

→ § 2º acrescentado pela Lei 11.945/2009.

Art. 17. As pessoas jurídicas importadoras dos produtos referidos nos §§ 1º a 3º, 5º a 10, 17 e 19 do art. 8º desta Lei poderão descontar crédito, para fins de determinação da Contribuição para o PIS/Pasep e da Cofins, em relação à importação desses produtos, nas hipóteses:

→ *Caput* com redação alterada pela Lei 13.097/2015.

I – dos §§ 1º a 3º, 5º a 7º e 10 do art. 8º desta Lei, quando destinados à revenda;

→ Inciso I com redação alterada pela Lei 11.051/2004.

II – do § 8º do art. 8º desta Lei, quando destinados à revenda, ainda que ocorra fase intermediária de mistura;

III – do § 9º do art. 8º desta Lei, quando destinados à revenda ou à utilização como insumo na produção de autopeças relacionadas nos Anexos I e II da Lei 10.485, de 3 de julho de 2002;

IV – (*Revogado pela Lei 11.051/2004*).

V – produtos referidos no § 19 do art. 8º desta Lei, quando destinados à revenda;

→ Inciso V acrescentado pela Lei 11.727/2008.

VI – (*Revogado pela Lei 13.097/2015*).

§ 1º (*Revogado pela Lei 10.925/2004*).

§ 2º O crédito de que trata este artigo será apurado mediante a aplicação das alíquotas previstas para os respectivos produtos no art. 8º, conforme o caso, sobre o valor de que trata o § 3º do art. 15.

→ § 2º com redação alterada pela Lei 13.137/2015.

§ 2º-A. O valor da Cofins-Importação pago em decorrência do adicional de alíquota de que trata o § 21 do art. 8º não gera direito ao desconto do crédito de que trata o *caput*.

→ § 2º-A acrescentado pela Lei 13.137/2015.

§ 3º (*Revogado pela Lei 13.097/2015*).

§ 3º-A. Os créditos de que trata o inciso VI deste artigo serão determinados conforme os incisos do art. 58-C da Lei 10.833, de 29 de dezembro de 2003.

→ § 3º-A com redação alterada pela Lei 11.727/2008.

§ 4º (*Revogado pela Lei 10.925/2004*).

§ 5º Na hipótese do § 8º do art. 8º desta Lei, os créditos serão determinados com base nas alíquotas específicas referidas no art. 23 desta Lei.

§ 6º Opcionalmente, o sujeito passivo poderá calcular o crédito de que trata o § 4º do art. 15 desta Lei relativo à aquisição de vasilhames classificados no código 7010.90.21 da Tipi, destinados ao ativo imobilizado, no prazo de 12 (doze) meses, poderá creditar-se, a cada mês, de 1/12 (um doze avos) do valor da contribuição incidente, mediante alíquota específica, na aquisição dos vasilhames, de acordo com regulamentação da Secretaria da Receita Federal.

→ § 6º com redação alterada pela Lei 13.097/2015.

§ 7º O disposto no inciso III deste artigo não se aplica no caso de importação efetuada por montadora de máquinas ou veículos relacionados no art. 1º da Lei 10.485, de 3 de julho de 2002.

→ § 7º acrescentado pela Lei 11.051/2004.

§ 8º O disposto neste artigo alcança somente as pessoas jurídicas de que trata o art. 15 desta Lei.

→ § 8º acrescentado pela Lei 11.051/2004.

Art. 18. No caso da importação por conta e ordem de terceiros, os créditos de que tratam os arts. 15 e 17 desta Lei serão aproveitados pelo encomendante.

Capítulo X
DO LANÇAMENTO DE OFÍCIO

Art. 19. Nos casos de lançamentos de ofício, serão aplicadas, no que couber, as disposições dos arts. 43 e 44 da Lei 9.430, de 27 de dezembro de 1996.

Capítulo XI
DA ADMINISTRAÇÃO DO TRIBUTO

Art. 20. Compete à Secretaria da Receita Federal a administração e a fiscalização das contribuições de que trata esta Lei.

§ 1º As contribuições sujeitam-se às normas relativas ao processo administrativo fiscal de determinação e exigência do crédito tributário e de consulta de que trata o Decreto 70.235, de 6 de março de 1972, bem como, no que couber, às disposições da legislação do imposto de renda, do imposto de importação, especialmente quanto à valoração aduaneira, e da contribuição para o PIS/PASEP e da COFINS.

§ 2º A Secretaria da Receita Federal editará, no âmbito de sua competência, as normas necessárias à aplicação do disposto nesta Lei.

Capítulo XII
DISPOSIÇÕES GERAIS

Art. 21. Os arts. 1º, 2º, 3º, 6º, 10, 12, 15, 25, 27, 32, 34, 49, 50, 51, 52, 53, 56 e 90 da Lei 10.833, de 29 de dezembro de 2003, passam a vigorar com a seguinte redação:

→ Alterações efetuadas na referida Lei.

Art. 22. Os dispositivos legais a seguir passam a vigorar com a seguinte redação:

I – art. 4º da Lei 9.718, de 27 de novembro de 1998:

→ Alterações efetuadas na referida Lei.

II – art. 2º da Lei 10.560, de 13 de novembro de 2002:

"Art. 2º A contribuição para o PIS/PASEP e a COFINS, relativamente à receita bruta decorrente da venda de querosene de aviação, incidirá uma única vez, nas vendas realizadas pelo produtor ou importador, às alíquotas de 5% (cinco por cento) e 23,2% (vinte e três inteiros e dois décimos por cento), respectivamente."

Art. 23. O importador ou fabricante dos produtos referidos nos incisos I a III do art. 4º da Lei 9.718, de 27 de novembro de 1998, e no art. 2º da Lei 10.560, de 13 de novembro de 2002, poderá optar por regime especial de apuração e pagamento da contribuição para o PIS/PASEP e da COFINS, no qual os valores das contribuições são fixados, respectivamente, em:

I – R$ 141,10 (cento e quarenta e um reais e dez centavos) e R$ 651,40 (seiscentos e cinquenta e um reais e quarenta centavos), por metro cúbico de gasolinas e suas correntes, exceto gasolina de aviação;

II – R$ 82,20 (oitenta e dois reais e vinte centavos) e R$ 379,30 (trezentos e setenta e nove reais e trinta centavos), por metro cúbico de óleo diesel e suas correntes;

III – R$ 119,40 (cento e dezenove reais e quarenta centavos) e R$ 551,40 (quinhentos e cinquenta e um reais e quarenta centavos), por tonelada de gás liquefeito de petróleo – GLP, derivado de petróleo e de gás natural;

→ Inciso III com redação alterada pela Lei 11.051/2004.

IV – R$ 48,90 (quarenta e oito reais e noventa centavos) e R$ 225,50 (duzentos e vinte e cinco reais e cinquenta centavos), por metro cúbico de querosene de aviação.

§ 1º A opção prevista neste artigo será exercida, segundo normas e condições estabelecidas pela Secretaria da Receita Federal, até o último dia útil do mês de novembro de cada ano-calendário, produzindo efeitos, de forma irretratável, durante todo o ano-calendário subsequente ao da opção.

§ 2º Excepcionalmente para o ano-calendário de 2004, a opção poderá ser exercida até o último dia útil do mês de maio, produzindo efeitos, de forma irretratável, a partir do dia 1º de maio.

§ 3º No caso da opção efetuada nos termos dos §§ 1º e 2º deste artigo, a Secretaria da Receita Federal divulgará o nome da pessoa jurídica optante e a data de início da opção.

§ 4º A opção a que se refere este artigo será automaticamente prorrogada para o ano-calendário seguinte, salvo se a pessoa jurídica dela desistir, nos termos e condições estabelecidos pela Secretaria da Receita Federal, até o último dia útil do mês de outubro do ano-calendário, hipótese em que a produção de efeitos se dará a partir do dia 1º de janeiro do ano-calendário subsequente.

§ 5º Fica o Poder Executivo autorizado a fixar coeficientes para redução das alíquotas previstas neste artigo, os quais poderão ser alterados, para mais ou para menos, ou extintos, em relação aos produtos ou sua utilização, a qualquer tempo.

Art. 24. O inciso III do § 2º do art. 8º da Lei 10.426, de 24 de abril de 2002, passa a vigorar com a seguinte redação:

→ Alterações efetuadas na referida Lei.

Art. 25. O disposto no art. 9º da Medida Provisória 2.159-70, de 24 de agosto de 2001, aplica-se, também, relativamente aos fatos geradores ocorridos a partir de 1º de abril de 2004, às remessas para o exterior vinculadas ao pagamento de despesas relacionadas com a promoção de destinos turísticos brasileiros.

Parágrafo único. Para os fins do disposto no *caput* deste artigo, entende-se por despesas vinculadas à promoção de destinos turísticos brasileiros aquelas decorrentes de pesquisa de mercado, participação em exposições, feiras e eventos semelhantes, inclusive aluguéis e arrendamentos de estandes e locais de exposição.

Art. 26. (*Revogado pela Lei 10.925/2004*).

Art. 27. O Poder Executivo poderá autorizar o desconto de crédito nos percentuais que estabelecer e para os fins referidos no art. 3º das Leis 10.637, de 30 de dezembro de 2002, e 10.833, de 29 de dezembro de 2003, relativamente às despesas financeiras decorrentes de empréstimos e financiamentos, inclusive pagos ou creditados a residentes ou domiciliados no exterior.

§ 1º Poderão ser estabelecidos percentuais diferenciados no caso de pagamentos ou créditos a residentes ou domiciliados em país com tributação favorecida ou com sigilo societário.

§ 2º O Poder Executivo poderá, também, reduzir e restabelecer, até os percentuais de que tratam os incisos I e II do *caput* do art. 8º desta Lei, as alíquotas da contribuição para o PIS/PASEP e da COFINS incidentes sobre as receitas financeiras auferidas pelas pessoas jurídicas sujeitas ao regime de não-cumulatividade das referidas contribuições, nas hipóteses que fixar.

§ 3º O disposto no § 2º não se aplica aos valores decorrentes do ajuste a valor presente de que trata o inciso VIII do *caput* do art. 183 da Lei 6.404, de 15 de dezembro de 1976.

→ § 3º acrescentado pela Lei 12.973/2014.

Art. 28. Ficam reduzidas a 0 (zero) as alíquotas da contribuição para o PIS/PASEP e da COFINS incidentes sobre a receita bruta decorrente da venda, no mercado interno, de:

I – papel destinado à impressão de jornais, pelo prazo de 4 (quatro) anos a contar da data de vigência desta Lei ou até que a produção nacional atenda 80% (oitenta por cento) do consumo interno, na forma a ser estabelecida em regulamento do Poder Executivo;

II – papéis classificados nos códigos 4801.00.10, 4801.00.90, 4802.61.91, 4802.61.99, 4810.19.89 e 4810.22.90, todos da TIPI, destinados à impressão de periódicos pelo prazo de 4 (quatro) anos a contar da data de vigência desta Lei ou até que a produção nacional atenda 80% (oitenta por cento) do consumo interno;

III – produtos hortícolas e frutas, classificados nos Capítulos 7 e 8, e ovos, classificados na posição 04.07, todos da TIPI; e

IV – aeronaves classificadas na posição 88.02 da Tipi, suas partes, peças, ferramentais, componentes, insumos, fluidos hidráulicos, tintas, anticorrosivos, lubrificantes, equipamentos, serviços e matérias-primas a serem empregados na manutenção, conservação, modernização, reparo, revisão, conversão e industrialização das aeronaves, seus motores, partes, componentes, ferramentais e equipamentos;

→ Inciso IV com redação alterada pela Lei 11.727/2008.

V – semens e embriões da posição 05.11 da NCM.

→ Inciso V acrescentado pela Lei 10.925/2004.

VI – livros, conforme definido no art. 2º da Lei 10.753, de 30 de outubro de 2003;

→ Inciso VI acrescentado pela Lei 11.033/2004.

VII – preparações compostas não alcoólicas, classificadas no código 2106.90.10 Ex 01 da Tipi, destinadas à elaboração de bebidas pelas pessoas jurídicas industriais dos produtos referidos no art. 49 da Lei 10.833, de 29 de dezembro de 2003.

→ Inciso VII acrescentado pela Lei 11.196/2005.

VIII – veículos novos montados sobre chassis, com capacidade para 23 (vinte e três) a 44 (quarenta e quatro) pessoas, classificados nos códigos 8702.10.00 Ex 02 e 8702.90.90 Ex 02 da Tipi, destinados ao transporte escolar para a educação básica das redes estadual e municipal, que atendam aos dispositivos da Lei 9.503, de 23 de setembro de 1997 – Código de Trânsito Brasileiro, quando adquiridos pela União, Estados, Municípios e pelo Distrito Federal, na forma a ser estabelecida em regulamento do Poder Executivo;

→ Inciso VIII com redação alterada pela Lei 11.727/2008.

IX – embarcações novas, com capacidade para 20 (vinte) a 35 (trinta e cinco) pessoas, classificadas no código 8901.90.00 da Tipi, destinadas ao transporte escolar para a educação básica das redes estadual e municipal, quando adquiridas pela União, Estados, Municípios e pelo Distrito Federal, na forma a ser estabelecida em regulamento do Poder Executivo;

→ Inciso IX com redação alterada pela Lei 11.727/2008.

X – materiais e equipamentos, inclusive partes, peças e componentes, destinados ao emprego na construção, conservação, modernização, conversão ou reparo de embarcações registradas ou pré-registradas no Registro Especial Brasileiro;

→ Inciso X acrescentado pela Lei 11.774/2008.

XI – veículos e carros blindados de combate, novos, armados ou não, e suas partes, produzidos no Brasil, com peso bruto total até 30 (trinta) toneladas, classificados na posição 8710.00.00 da Tipi, destinados ao uso das Forças Armadas ou órgãos de segurança pública brasileiros, quando adquiridos por órgãos e entidades da administração pública direta, na forma a ser estabelecida em regulamento;

→ Inciso XI acrescentado pela Lei 11.727/2008.

XII – material de defesa, classificado nas posições 87.10.00.00 e 89.06.10.00 da Tipi, além de partes, peças, componentes, ferramentais, insumos, equipamentos e matérias-primas a serem empregados na sua industrialização, montagem, manutenção, modernização e conversão;

→ Inciso XII acrescentado pela Lei 11.727/2008.

XIII – serviços ou equipamentos de controle de produção, inclusive medidores de vazão, condutivímetros, aparelhos para controle, registro, gravação e transmissão dos quantitativos medidos, quando adquiridos por pessoas jurídicas legalmente responsáveis pela sua instalação e manutenção ou obrigadas à sua utilização, nos termos e condições fixados pela Secretaria da Receita Federal do Brasil;

→ Inciso XIII com redação alterada pela Lei 12.995/2014.

XIV – produtos classificados na posição 87.13 da Nomenclatura Comum do Mercosul-NCM.

→ Inciso XIV acrescentado pela Lei 11.774/2008.

XV – artigos e aparelhos ortopédicos ou para fraturas classificados no código 90.21.10 da NCM;

→ Inciso XV acrescentado pela Lei 12.058/2009.

XVI – artigos e aparelhos de próteses classificados no código 90.21.3 da NCM;

→ Inciso XVI acrescentado pela Lei 12.058/2009.

XVII – almofadas antiescaras classificadas nos Capítulos 39, 40, 63 e 94 da NCM.

→ Inciso XVII acrescentado pela Lei 12.058/2009.

XVIII – bens relacionados em ato do Poder Executivo para aplicação nas Unidades Modulares de Saúde de que trata o Convênio ICMS 114, de 11 de dezembro de 2009, quando adquiridos por órgãos da administração pública direta federal, estadual, distrital e municipal.

→ Inciso XVIII acrescentado pela Lei 12.249/2010.

→ O Inciso XIX foi acrescentado pela MP 491/2010 que teve seu prazo de vigência encerrado no dia 3 de novembro de 2013, por Ato do Presidente da Mesa do Congresso Nacional 46/2010 (*D.O.U.* de 17.11.2010).

XX – serviços de transporte ferroviário em sistema de trens de alta velocidade (TAV), assim entendido como a composição utilizada para efetuar a prestação do serviço público de transporte ferroviário que consiga atingir velocidade igual ou superior a 250 km/h (duzentos e cinquenta quilômetros por hora).

→ Inciso XX acrescentado pela Lei 12.350/2010.

XXI – projetores para exibição cinematográfica, classificados no código 9007.2 da NCM, e suas partes e acessórios, classificados no código 9007.9 da NCM.

→ Inciso XXI com redação alterada pela Lei 12.599/2012.

XXII – produtos classificados nos códigos 8443.32.22, 8469.00.39 Ex 01, 8714.20.00, 9021.40.00, 9021.90.82 e 9021.90.92, todos da Tipi;

→ Inciso XXII acrescentado pela Lei 12.649/2012.

XXIII – calculadoras equipadas com sintetizador de voz classificadas no código 8470.10.00 Ex 01 da Tipi;

→ Inciso XXIII acrescentado pela Lei 12.649/2012.

XXIV – teclados com adaptações específicas para uso por pessoas com deficiência, classificados no código 8471.60.52 da Tipi;

→ Inciso XXIV acrescentado pela Lei 12.649/2012.

XXV – indicador ou apontador – mouse – com adaptações específicas para uso por pessoas com deficiência, classificado no código 8471.60.53 da Tipi;

→ Inciso XXV acrescentado pela Lei 12.649/2012.

XXVI – linhas braile classificadas no código 8471.60.90 Ex 01 da Tipi;

→ Inciso XXVI acrescentado pela Lei 12.649/2012.

XXVII – digitalizadores de imagens – scanners – equipados com sintetizador de voz classificados no código 8471.90.14 Ex 01 da Tipi;

→ Inciso XXVII acrescentado pela Lei 12.649/2012.

XXVIII – duplicadores braile classificados no código 8472.10.00 Ex 01 da Tipi;

→ Inciso XXVIII acrescentado pela Lei 12.649/2012.

XXIX – acionadores de pressão classificados no código 8471.60.53 Ex 02 da Tipi;

→ Inciso XXIX acrescentado pela Lei 12.649/2012.

XXX – lupas eletrônicas do tipo utilizado por pessoas com deficiência visual classificadas no código 8525.80.19 Ex 01 da Tipi;

→ Inciso XXX acrescentado pela Lei 12.649/2012.

XXXI – implantes cocleares classificados no código 9021.40.00 da Tipi;

→ Inciso XXXI acrescentado pela Lei 12.649/2012.

XXXII – próteses oculares classificadas no código 9021.39.80 da Tipi;

→ Inciso XXXII acrescentado pela Lei 12.649/2012.

XXXIII – programas – softwares – de leitores de tela que convertem texto em voz sintetizada para auxílio de pessoas com deficiência visual;

→ Inciso XXXIII acrescentado pela Lei 12.649/2012.

XXXIV – aparelhos contendo programas – softwares – de leitores de tela que convertem texto em caracteres braile, para utilização de surdos-cegos; e

→ Inciso XXXIV acrescentado pela Lei 12.649/2012.

XXXV – neuroestimuladores para tremor essencial/Parkinson, classificados no código 9021.90.19, e seus acessórios, classificados nos códigos 9018.90.99, 9021.90.91 e 9021.90.99, todos da Tipi.

→ Inciso XXXV acrescentado pela Lei 12.649/2012.

XXXVI – (*Vetado*).

→ Inciso XXXVI acrescentado pela Lei 12.715/2012.

XXXVII – produtos classificados no Ex 01 do código 8503.00.90 da Tipi, exceto pás eólicas.

→ Inciso XXXVII com redação alterada pela Lei 13.169/2015.

Parágrafo único. O Poder Executivo poderá regulamentar o disposto nos incisos IV, X e XIII a XXXV do *caput*.

→ Parágrafo único com redação alterada pela Lei 12.649/2012.

Art. 29. As disposições do art. 3º da Lei Complementar 70, de 30 de dezembro de 1991, do art. 5º da Lei 9.715, de 25 de novembro de 1998, e do art. 53 da Lei 9.532, de 10 de dezembro de 1997, alcançam também o comerciante atacadista.

Art. 30. Considera-se aquisição, para fins do desconto do crédito previsto nos arts. 3º das Leis 10.637, de 30 de dezembro de 2002, e 10.833, de 29 de dezembro de 2003, a versão de bens e direitos neles referidos, em decorrência de fusão, incorporação e cisão de pessoa jurídica domiciliada no País.

§ 1º O disposto neste artigo aplica-se somente nas hipóteses em que fosse admitido o desconto do crédito pela pessoa jurídica fusionada, incorporada ou cindida.

§ 2º Aplica-se o disposto neste artigo a partir da data de produção de efeitos do art. 3º das Leis 10.637, de 30 de dezembro de 2002, e 10.833, de 29 de dezembro de 2003, conforme o caso.

Art. 31. É vedado, a partir do último dia do terceiro mês subsequente ao da publicação desta Lei, o desconto de créditos apurados na forma do inciso III do § 1º do art. 3º das Leis nos 10.637, de 30 de dezembro de 2002, e10.833, de 29 de dezembro de 2003, relativos à depreciação ou amortização de bens e direitos de ativos imobilizados adquiridos até 30 de abril de 2004.

§ 1º Poderão ser aproveitados os créditos referidos no inciso III do § 1º do art. 3º das Leis nos 10.637, de 30 de dezembro de 2002, e 10.833, de 29 de dezembro de 2003, apurados sobre a depreciação ou amortização de bens e direitos de ativo imobilizado adquiridos a partir de 1º de maio.

§ 2º O direito ao desconto de créditos de que trata o § 1º deste artigo não se aplica ao valor decorrente da reavaliação de bens e direitos do ativo permanente.

§ 3º É também vedado, a partir da data a que se refere o *caput*, o crédito relativo a aluguel e contraprestação de arrendamento mercantil de bens que já tenham integrado o patrimônio da pessoa jurídica.

Art. 32. O art. 41 da Lei 8.981, de 20 de janeiro de 1995, passa a vigorar com a seguinte redação:

→ Alterações efetuadas na referida Lei.

Art. 33. O art. 5º da Lei 9.826, de 23 de agosto de 1999, com a redação dada pela Lei 10.485, de 3 de julho de 2002, passa a vigorar com a seguinte redação:

"Art. 5º (...)

(...)

§ 6º O disposto neste artigo aplica-se, também, ao estabelecimento equiparado a industrial, de que trata o § 5º do art. 17 da Medida Provisória no 2.189-49, de 23 de agosto de 2001."

Art. 34. Os arts. 1º e 3º da Lei 10.147, de 21 de dezembro de 2000, com a redação dada pela Lei 10.548, de 13 de novembro de 2002, passam a vigorar com a seguinte redação:

"Art. 1º (...)

I – incidentes sobre a receita bruta decorrente da venda de:

a) produtos farmacêuticos classificados nas posições 30.01, 30.03, exceto no código 3003.90.56, 30.04, exceto no código 3004.90.46, nos itens 3002.10.1, 3002.10.2, 3002.10.3, 3002.20.1, 3002.20.2, 3006.30.1 e 3006.30.2 e nos códigos 3002.90.20, 3002.90.92, 3002.90.99, 3005.10.10, 3006.60.00: 2,1% (dois inteiros e um décimo por cento) e 9,9% (nove inteiros e nove décimos por cento);

b) produtos de perfumaria, de toucador ou de higiene pessoal, classificados nas posições 33.03 a 33.07 e nos códigos 3401.11.90, 3401.20.10 e 96.03.21.00: 2,2% (dois inteiros e dois décimos por cento) e 10,3% (dez inteiros e três décimos por cento);

(...)"

"Art. 3º (...)

(...)

§ 1º (...)

I – determinado mediante a aplicação das alíquotas estabelecidas na alínea a do inciso I do art. 1º desta Lei sobre a receita bruta decorrente da venda de medicamentos, sujeitas a prescrição médica e identificados por tarja vermelha ou preta, relacionados pelo Poder Executivo;

(...)"

Art. 35. O art. 3º da Lei 10.336, de 19 de dezembro de 2001, passa a vigorar com a seguinte redação:

"Art. 3º (...)

(...)

§ 3º A receita de comercialização dos gases propano, classificado no código 2711.12, butano, classificado no código 2711.13, todos da NCM, e a mistura desses gases, quando destinados à utilização como propelentes em embalagem tipo aerossol, não estão sujeitos à incidência da CIDE-Combustíveis até o limite quantitativo autorizado pela Agência Nacional do Petróleo e nas condições estabelecidas pela Secretaria da Receita Federal."

Art. 36. Os arts. 1º, 3º e 5º da Lei 10.485, de 3 de julho de 2002, passam a vigorar com a seguinte redação:

"Art. 1º As pessoas jurídicas fabricantes e as importadoras de máquinas e veículos classificados nos códigos 84.29, 8432.40.00, 84.32.80.00, 8433.20, 8433.30.00, 8433.40.00, 8433.5, 87.01, 87.02, 87.03, 87.04, 87.05 e 87.06, da Tabela de Incidência do Imposto sobre Produtos Industrializados – TIPI, aprovada pelo Decreto no 4.070, de 28 de dezembro de 2001, relativamente à receita bruta decorrente da venda desses produtos, ficam sujeitas ao pagamento da contribuição para os Programas de Integração Social e de Formação do Patrimônio do Servidor Público – PIS/PASEP e da Contribuição para o Financiamento da Seguridade Social – COFINS, às alíquotas de 2% (dois por cento) e 9,6% (nove inteiros e seis décimos por cento), respectivamente.

(...)"

"Art. 3º As pessoas jurídicas fabricantes e os importadores, relativamente às vendas dos produtos relacionados nos Anexos I e II desta Lei, ficam sujeitos à incidência da contribuição para o PIS/PASEP e da COFINS às alíquotas de:

I – 1,65% (um inteiro e sessenta e cinco centésimos por cento) e 7,6% (sete inteiros e seis décimos por cento), respectivamente, nas vendas para fabricante:

a) de veículos e máquinas relacionados no art. 1º desta Lei; ou

b) de autopeças constantes dos Anexos I e II desta Lei, quando destinadas à fabricação de produtos neles relacionados;

II – 2,3% (dois inteiros e três décimos por cento) e 10,8% (dez inteiros e oito décimos por cento), respectivamente, nas vendas para comerciante atacadista ou varejista ou para consumidores.

§ 1º Fica o Poder Executivo autorizado, mediante decreto, a alterar a relação de produtos discriminados nesta Lei, inclusive em decorrência de modificações na codificação da TIPI.

§ 2º Ficam reduzidas a 0% (zero por cento) as alíquotas da contribuição para o PIS/PASEP e da COFINS, relativamente à receita bruta auferida por comerciante atacadista ou varejista, com a venda dos produtos de que trata:

I – o *caput* deste artigo; e

II – o *caput* do art. 1º deste artigo, exceto quando auferida pelas pessoas jurídicas a que se refere o art. 17, § 5º, da Medida Provisória 2.189-49, de 23 de agosto de 2001.

§ 3º Os pagamentos efetuados pela pessoa jurídica fabricante dos produtos relacionados no art. 1º desta Lei a pessoa jurídica fornecedora de autopeças, exceto pneumáticos e câmaras-de-ar, estão sujeitos à retenção na fonte da contribuição para o PIS/PASEP e da COFINS.

§ 4º O valor a ser retido na forma do § 3º deste artigo constitui antecipação das contribuições devidas pelas pessoas jurídicas fornecedoras e será determinado mediante a aplicação, sobre a importância a pagar, do percentual de 0,5% (cinco décimos por cento) para a contribuição para o PIS/PASEP e 2,5% (dois inteiros e cinco décimos por cento) para a COFINS.

§ 5º Os valores retidos deverão ser recolhidos ao Tesouro Nacional até o 3º (terceiro) dia útil da semana subsequente àquela em que tiver ocorrido o pagamento à pessoa jurídica fornecedora de autopeças.

§ 6º Na hipótese de a pessoa jurídica fabricante dos produtos relacionados no art. 1º desta Lei revender produtos constantes dos Anexos I e II desta Lei, serão aplicadas, sobre a receita auferida, as alíquotas previstas no inciso II do *caput* deste artigo."

"Art. 5º As pessoas jurídicas fabricantes e as importadoras dos produtos classificados nas posições 40.11 (pneus novos de borracha) e 40.13 (câmaras-de-ar de borracha), da TIPI, relativamente às vendas que fizerem, ficam sujeitas ao pagamento da contribuição para o PIS/PASEP e da COFINS às alíquotas de 2% (dois por cento) e 9,5% (nove inteiros e cinco décimos por cento), respectivamente.

(...)"

Art. 37. Os arts. 1º, 2º, 3º, 5º, 5ºA e 11 da Lei 10.637, de 30 de dezembro de 2002, passam a vigorar com a seguinte redação:

→ Alterações efetuadas na referida Lei.

Art. 38. A incidência da contribuição para o PIS/PASEP e da COFINS fica suspensa no caso de venda a pessoa jurídica sediada no exterior, com contrato de entrega no território nacional, de insumos destinados à industrialização, por conta e ordem da encomendante sediada no exterior, de máquinas e veículos classificados nas posições 87.01 a 87.05 da TIPI.

§ 1º Consideram-se insumos, para os fins deste artigo, os chassis, as carroçarias, as peças, as partes, os componentes e os acessórios.

§ 2º Na hipótese de os produtos resultantes da industrialização por encomenda serem destinados:

I – ao exterior, resolve-se a suspensão das referidas contribuições; ou

II – ao mercado interno, serão remetidos obrigatoriamente à pessoa jurídica a que se refere o § 5º do art. 17 da Medida Provisória 2.189-49, de 23 de agosto de 2001, por conta e ordem da pessoa jurídica domiciliada no exterior, com suspensão da contribuição para o PIS/PASEP e da COFINS.

§ 3º A utilização do benefício da suspensão de que trata este artigo obedecerá ao disposto no § 6º do art. 17 da Medida Provisória 2.189-49, de 23 de agosto de 2001.

Art. 39. As sociedades cooperativas que obedecerem ao disposto na legislação específica, relativamente aos atos cooperativos, ficam isentas da Contribuição Social sobre o Lucro Líquido – CSLL.

Parágrafo único. O disposto no *caput* deste artigo não se aplica às sociedades cooperativas de consumo de que trata o art. 69 da Lei 9.532, de 10 de dezembro de 1997.

Art. 40. A incidência da contribuição para o PIS/PASEP e da COFINS ficará suspensa no caso de venda de matérias-primas, produtos intermediários e materiais de embalagem destinados a pessoa jurídica preponderantemente exportadora.

→ *Caput* com redação alterada pela Lei 10.925/2004.

§ 1º Para fins do disposto no *caput*, considera-se pessoa jurídica preponderantemente exportadora aquela cuja receita bruta decorrente de exportação para o exterior, no ano-calendário imediatamente anterior ao da aquisição, houver sido igual ou superior a 50% (cinquenta por cento) de sua receita bruta total de venda de bens e serviços no mesmo período, após excluídos os impostos e contribuições incidentes sobre a venda.

→ § 1º com redação alterada pela Lei 12.715/2012.

§ 2º Nas notas fiscais relativas à venda de que trata o *caput* deste artigo, deverá constar a expressão "Saída com suspensão da contribuição para o PIS/PASEP e da COFINS", com a especificação do dispositivo legal correspondente.

§ 3º A suspensão das contribuições não impede a manutenção e a utilização dos créditos pelo respectivo estabelecimento industrial, fabricante das referidas matérias-primas, produtos intermediários e materiais de embalagem.

§ 4º Para os fins do disposto neste artigo, as empresas adquirentes deverão:

I – atender aos termos e às condições estabelecidos pela Secretaria da Receita Federal; e

II – declarar ao vendedor, de forma expressa e sob as penas da lei, que atende a todos os requisitos estabelecidos.

§ 5º A pessoa jurídica que, após adquirir matérias-primas, produtos intermediários e materiais de embalagem com o benefício da suspensão de que trata este artigo, dar-lhes destinação diversa de exportação, fica obrigada a recolher as contribuições não pagas pelo fornecedor, acrescidas de juros e multa de mora, ou de ofício, conforme o caso, contados a partir da data da aquisição.

→ § 5º acrescentado pela Lei 11.051/2004.

§ 6º As disposições deste artigo aplicam-se à Contribuição para o PIS/Pasep-Importação e à Cofins-Importação incidentes sobre os produtos de que trata o *caput* deste artigo.

→ § 6º acrescentado pela Lei 11.482/2007.

§ 6º-A. A suspensão de que trata este artigo alcança as receitas de frete, bem como as receitas auferidas pelo operador de transporte multimodal, relativas a frete contratado pela pessoa jurídica preponderantemente exportadora no mercado interno para o transporte dentro do território nacional de:

→ *Caput* com redação alterada pela Lei 11.774/2008.

I – matérias-primas, produtos intermediários e materiais de embalagem adquiridos na forma deste artigo; e

→ Inciso I acrescentado pela Lei 11.488/2007.

II – produtos destinados à exportação pela pessoa jurídica preponderantemente exportadora.

→ Inciso II acrescentado pela Lei 11.488/2007.

§ 7º Para fins do disposto no inciso II do § 6º-A deste artigo, o frete deverá referir-se ao transporte dos produtos até o ponto de saída do território nacional.

→ § 7º acrescentado pela Lei 11.488/2007.

§ 8º O disposto no inciso II do § 6º-A deste artigo aplica-se também na hipótese de vendas a empresa comercial exportadora, com fim específico de exportação

→ § 8º acrescentado pela Lei 11.488/2007.

§ 9º Deverá constar da nota fiscal a indicação de que o produto transportado destina-se à exportação ou à formação de lote com a finalidade de exportação, condição a ser comprovada mediante o Registro de Exportação – RE.

→ § 9º acrescentado pela Lei 11.488/2007.

§ 10. (*Revogado pela Lei 12.712/2012*).

Art. 40-A. A suspensão de incidência da Contribuição para o PIS/Pasep e da Cofins de que trata o art. 40 desta Lei aplica-se também à venda de matérias-primas, produtos intermediários e materiais de embalagem destinados a pessoa jurídica fabricante dos produtos referidos no inciso XI do *caput* do art. 28 desta Lei, quando destinados a órgãos e entidades da administração pública direta.

→ Artigo acrescentado pela Lei 11.727/2008.

§ 1º A pessoa jurídica que, após adquirir matérias-primas, produtos intermediários e materiais de embalagem com o benefício da suspensão de que trata este artigo, lhes der destinação diversa de venda a órgãos e entidades da administração pública direta fica obrigada a recolher as contribuições não pagas, acrescidas de juros e multa de mora ou de ofício, conforme o caso, contados a partir da data da aquisição.

§ 2º Da nota fiscal constará a indicação de que o produto transportado destina-se à venda a órgãos e entidades da administração pública direta, no caso de produtos referidos no inciso XI do *caput* do art. 28 desta Lei.

§ 3º Aplicam-se ainda ao disposto neste artigo os §§ 3º, 4º e 6º do art. 40 desta Lei.

Art. 41. Ficam incluídos no campo de incidência do Imposto sobre Produtos Industrializados – IPI, tributados à alíquota de 30% (trinta por cento), os produtos relacionados na subposição 2401.20 da TIPI.

→ *Caput* com redação alterada pela Lei 11.452/2007.

§ 1º A incidência do imposto independe da forma de apresentação, acondicionamento, estado ou peso do produto.

→ § 1º com redação alterada pela Lei 11.452/2007.

§ 2º (*Revogado pela Lei 11.452/2007*).

§ 3º (*Revogado pela Lei 11.452/2007*).

Art. 42. Opcionalmente, as pessoas jurídicas tributadas pelo lucro real que aufiram receitas de venda dos produtos de que tratam os §§ 1º a 3º e 5º a 9º do art. 8º desta Lei poderão adotar, antecipadamente, o regime de incidência não-cumulativa da contribuição para o PIS/PASEP e da COFINS.

§ 1º A opção será exercida até o dia 31 de maio de 2004, de acordo com as normas e condições estabelecidas pela Secretaria da Receita Federal, produzindo efeitos em relação aos fatos geradores ocorridos a partir do dia 1º de maio de 2004.

§ 2º Não se aplicam as disposições dos arts. 45 e 46 desta Lei às pessoas jurídicas que efetuarem a opção na forma do *caput* deste artigo.

→ § 2º com redação alterada pela Lei 10.925/2004.

Art. 43. (*Revogado pela Lei 10.999/2004*).

Art. 44. Fica revogado o § 4º do art. 1º da Lei 10.147, de 21 de dezembro de 2000, alterado pela Lei 10.548, de 13 de novembro de 2002.

§ 1º Os efeitos da revogação de que trata o *caput* dar-se-ão a partir do 4º (quarto) mês subsequente ao de publicação desta Lei.

§ 2º (*Vetado*).

Art. 45. Produzem efeitos a partir do primeiro dia do 4º (quarto) mês subsequente ao de publicação desta Lei, quanto às alterações efetuadas em relação à Medida Provisória 164, de 29 de janeiro de 2004, as disposições constantes desta Lei:

I – nos §§ 1º a 3º, 5º, 8º e 9º do art. 8º;

II – no art. 16;

III – no art. 17; e

IV – no art. 22.

Parágrafo único. As disposições de que tratam os incisos I a IV do *caput* deste artigo, na redação original da Medida Provisória 164, de 29 de janeiro de 2004, produzem efeitos a partir de 1º de maio de 2004.

Art. 46. Produz efeitos a partir do 1º (primeiro) dia do 4º (quarto) mês subsequente ao de publicação desta Lei o disposto:

I – nos arts. 1º, 12, 50 e art. 51, incisos II e IV, da Lei 10.833, de 29 de dezembro de 2003, com a redação dada pelo art. 21 desta Lei;

II – nos arts. 1º e 3º da Lei 10.147, de 21 de dezembro de 2000, com a redação dada pelo art. 34 desta Lei;

III – nos arts. 1º, 3º e 5º da Lei 10.485, de 3 de julho de 2002, com a redação dada pelo art. 36 desta Lei, observado o disposto no art. 47; e

IV – nos arts. 1º, 2º, 3º e 11 da Lei 10.637, de 30 de dezembro de 2002, com a redação dada pelo art. 37 desta Lei.

Art. 47. O disposto nos §§ 3º a 5º do art. 3º da Lei 10.485, de 3 de julho de 2002, com a redação dada por esta Lei, produz efeitos a partir do 1º (primeiro) dia do 3º (terceiro) mês subsequente ao de publicação desta Lei.

Art. 48. Produz efeitos a partir de 1º de janeiro de 2005 o disposto no art. 39 desta Lei.

Art. 49. Os arts. 55 a 58 da Lei 10.833, de 29 de dezembro de 2003, produzem efeitos a partir de 1º de fevereiro de 2004, relativamente à hipótese de que trata o seu art. 52.

Art. 50. Os arts. 49 e 51 da Lei 10.833, de 29 de dezembro de 2003, em relação às alterações introduzidas pelo art. 21 desta Lei, produzem efeitos a partir de 1º de maio de 2004.

Art. 51. O disposto no art. 53 da Lei 10.833, de 29 de dezembro de 2003, com a alteração introduzida pelo art. 21 desta Lei, produz efeito a partir de 29 de janeiro de 2004.

Art. 52. Excepcionalmente para o ano-calendário de 2004, a opção pelo regime especial de que trata o art. 52 da Lei 10.833, de 29 de dezembro de 2003, poderá ser exercida até o último dia útil do mês subsequente ao da publicação desta Lei, produzindo efeitos, de forma irretratável, a partir do mês subsequente ao da opção, até 31 de dezembro de 2004.

Art. 53. Esta Lei entra em vigor na data de sua publicação, produzindo efeitos a partir do dia 1º de maio de 2004, ressalvadas as disposições contidas nos artigos anteriores.

Brasília, 30 de abril de 2004; 183º da Independência e 116º da República.

Luiz Inácio Lula da Silva

(Publicação no *D.O.U.* de 30.4.2004)

DECRETO 5.059, DE 30 DE ABRIL DE 2004

Reduz as alíquotas da Contribuição para o PIS/PASEP e da COFINS incidentes sobre a importação e a comercialização de gasolina, óleo diesel, gás liquefeito de petróleo (GLP) e querosene de aviação.

O Presidente da República, no uso da atribuição que lhe confere o art. 84, inciso IV, da Constituição, e tendo em vista o disposto no *caput* e no § 5º do art. 23 da Lei 10.865, de 30 de abril de 2004, decreta:

Art. 1º Os coeficientes de redução da contribuição para o PIS/PASEP e da COFINS previstos no § 5º do art. 23 da Lei 10.865, de 30 de abril de 2004, ficam fixados em:

I – 0,51848 para as gasolinas e suas correntes, exceto gasolina de aviação, a partir de 1º de maio de 2015;

→ Inciso I com redação alterada pelo Dec. 8.395/2015.

II – 0,46262 para o óleo diesel e suas correntes, a partir de 1º de maio de 2015;

→ Inciso II com redação alterada pelo Dec. 8.395/2015.

III – 0,75 para o gás liquefeito de petróleo (GLP); e

IV – 0,7405 para o querosene de aviação.

Parágrafo único. Até 30 de abril de 2015, os coeficientes de redução de que tratam os incisos I e II do *caput* ficam fixados em:

→ Parágrafo único acrescentado pelo Dec. 8.395/2015.

I – 0,3923 para as gasolinas e suas correntes, exceto gasolina de aviação; e

II – 0,35428 para o óleo diesel e suas correntes.

Art. 2º As alíquotas da contribuição para o PIS/PASEP e da COFINS, com a utilização dos coeficientes determinados no art. 1º, ficam reduzidas, respectivamente, para:

I – R$ 67,94 (sessenta e sete reais e noventa e quatro centavos) e R$ 313,66 (trezentos e treze reais e sessenta e seis centavos) por metro cúbico de gasolinas e suas correntes, a partir de 1º de maio de 2015;

→ Inciso I com redação alterada pelo Dec. 8.395/2015.

II – R$ 44,17 (quarenta e quatro reais e dezessete centavos) e R$ 203,83 (duzentos e três reais e oitenta e três centavos) por metro cúbico de óleo diesel e suas correntes, a partir de 1º de maio de 2015;

→ Inciso II com redação alterada pelo Dec. 8.395/2015.

III – R$ 29,85 (vinte e nove reais e oitenta e cinco centavos) e R$ 137,85 (cento e trinta e sete reais e oitenta e cinco centavos) por tonelada de gás liquefeito de petróleo (GLP); e

IV – R$ 12,69 (doze reais e sessenta e nove centavos) e R$ 58,51 (cinquenta e oito reais e cinquenta e um centavos) por metro cúbico de querosene de aviação.

Parágrafo único. As alíquotas da Contribuição para o PIS/PASEP e da COFINS, com a utilização dos coeficientes determinados no parágrafo único do art. 1º, ficam reduzidas, respectivamente, para:

→ Parágrafo único acrescentado pelo Dec. 8.395/2015.

I – R$ 85,75 (oitenta e cinco reais e setenta e cinco centavos) e R$ 395,86 (trezentos e noventa e cinco reais e oitenta e seis centavos) por metro cúbico de gasolinas e suas correntes; e

II – R$ 53,08 (cinquenta e três reais e oito centavos) e R$ 244,92 (duzentos e quarenta e quatro reais e noventa e dois centavos) por metro cúbico de óleo diesel e suas correntes.

Art. 3º Este Decreto entra em vigor na data de sua publicação, produzindo efeitos em relação aos fatos geradores ocorridos a partir de 1º de maio de 2004.

Brasília, 30 de abril de 2004; 183º da Independência e 116º da República.

Luiz Inácio Lula da Silva

(Publicação no *D.O.U.* de 30.4.2004).

LEI 10.892, DE 13 DE JULHO DE 2004

Altera os arts. 8º e 16 da Lei 9.311, de 24 de outubro de 1996, que institui a Contribuição Provisória sobre Movimentação ou Transmissão de Valores e de Créditos e Direitos de Natureza Financeira – CPMF, e dá outras providências.

O Presidente da República:

Faço saber que o Congresso Nacional decreta e eu sanciono a seguinte Lei:

Art. 1º Os arts. 8º e 16 da Lei 9.311, de 24 de outubro de 1996, passam a vigorar com as seguintes alterações:

→ Alterações efetuadas pela Lei 9.311/1996.

Art. 2º A multa a que se refere o inciso I do *caput* do art. 44 da Lei 9.430, de 27 de dezembro de 1996, duplicada na forma de seu § 1º, quando for o caso, será de 150% (cento e cinquenta por cento) e de 300% (trezentos por cento), respectivamente, nos casos de utilização diversa da prevista na legislação das contas correntes de depósito sujeitas ao benefício da alíquota 0 (zero) de que trata o art. 8º da Lei 9.311, de 24 de outubro de 1996, bem como da inobservância de normas baixadas pelo Banco Central do Brasil de que resultar falta de cobrança da Contribuição Provisória sobre Movimentação ou Transmissão de Valores e de Créditos e Direitos de Natureza Financeira – CPMF devida.

→ *Caput* com redação alterada pela Lei 11.488/2007.

§ 1º Na hipótese de que trata o *caput* deste artigo, se o contribuinte não atender, no prazo marcado, à intimação para prestar esclarecimentos, a multa a que se refere o inciso I do *caput* do art. 44 da Lei 9.430, de 27 de dezembro de 1996, duplicada na forma de seu § 1º, quando for o caso, passará a ser de 225% (duzentos e vinte e cinco por cento) e 450% (quatrocentos e cinquenta por cento), respectivamente.

→ § 1º com redação alterada pela Lei 11.488/2007.

§ 2º O disposto no caput e no § 1º deste artigo aplica-se, inclusive, na hipótese de descumprimento da obrigatoriedade de crédito em conta corrente de depósito a vista do beneficiário dos valores correspondentes às seguintes operações:

I – cobrança de créditos de qualquer natureza, direitos ou valores, representados ou não por títulos, inclusive cheques;

II – recebimento de carnês, contas ou faturas de qualquer natureza, bem como de quaisquer outros valores não abrangidos no inciso I deste parágrafo.

§ 3º O disposto no caput e no § 1º deste artigo aplica-se às instituições responsáveis pela cobrança e recolhimento da CPMF, inclusive àquelas relacionadas no inciso III do art. 8º da Lei 9.311, de 24 de outubro de 1996, e no inciso I do *caput* do art. 85 do Ato das Disposições Constitucionais Transitórias.

Art. 3º A partir de 1º de outubro de 2004, a incidência do imposto de renda na fonte sobre os rendimentos a que se refere o art. 6º da Medida Provisória 2.189-49, de 23 de agosto de 2001, ocorrerá no último dia útil dos meses de maio e de novembro de cada ano, ou no resgate, se ocorrido em data anterior.

Art. 4º As sociedades cooperativas de produção agropecuária e as de consumo poderão adotar antecipadamente o regime de incidência não cumulativo da contribuição para o PIS/PASEP e da COFINS.

Parágrafo único. A opção será exercida até o 10º (décimo) dia do mês subsequente ao da data de publicação desta Lei, de acordo com as normas e condições estabelecidas pela Secretaria da Receita Federal, produzindo efeitos em relação aos fatos geradores ocorridos a partir de 1º de maio de 2004.

Art. 5º Esta Lei entra em vigor em 1º de outubro de 2004, exceto em relação ao seu art. 4º, que entra em vigor na data da sua publicação.

Brasília, 13 de julho de 2004; 183º da Independência e 116º da República.

Luiz Inácio Lula da Silva

(Publicação no *D.O.U.* 14.7.2004)

LEI 10.925, DE 23 DE JULHO DE 2004

Reduz as alíquotas do PIS/PASEP e da COFINS incidentes na importação e na comercialização do mercado interno de fertilizantes e defensivos agropecuários e dá outras providências.

O Presidente da República:

Faço saber que o Congresso Nacional decreta e eu sanciono a seguinte Lei:

Art. 1º Ficam reduzidas a 0 (zero) as alíquotas da contribuição para o PIS/PASEP e da Contribuição para o Financiamento da Seguridade Social – COFINS incidentes na importação e sobre a receita bruta de venda no mercado interno de:

I – adubos ou fertilizantes classificados no Capítulo 31, exceto os produtos de uso veterinário, da Tabela de Incidência do Imposto sobre Produtos Industrializados – TIPI, aprovada pelo Decreto 4.542, de 26 de dezembro de 2002, e suas matérias-primas;

II – defensivos agropecuários classificados na posição 38.08 da TIPI e suas matérias-primas;

III – sementes e mudas destinadas à semeadura e plantio, em conformidade com o disposto na Lei 10.711, de 5 de agosto de 2003, e produtos de natureza biológica utilizados em sua produção;

IV – corretivo de solo de origem mineral classificado no Capítulo 25 da TIPI;

V – produtos classificados nos códigos 0713.33.19, 0713.33.29, 0713.33.99, 1006.20, 1006.30 e 1106.20 da TIPI;

VI – inoculantes agrícolas produzidos a partir de bactérias fixadoras de nitrogênio, classificados no código 3002.90.99 da TIPI;

VII – produtos classificados no Código 3002.30 da TIPI; e

VIII – (*Vetado*).

IX – farinha, grumos e sêmolas, grãos esmagados ou em flocos, de milho, classificados, respectivamente, nos códigos 1102.20, 1103.13 e 1104.19, todos da TIPI;

→ Inciso IX acrescentado pela Lei 11.051/2004.

X – pintos de 1 (um) dia classificados no código 0105.11 da TIPI;

→ Inciso X acrescentado pela Lei 11.051/2004.

XI – leite fluido pasteurizado ou industrializado, na forma de ultrapasteurizado, leite em pó, integral, semidesnatado ou desnatado, leite fermentado, bebidas e compostos lácteos e fórmulas infantis, assim definidas conforme previsão legal específica, destinados ao consumo humano ou utilizados na industrialização de produtos que se destinam ao consumo humano;

→ Inciso XI com redação alterada pela Lei 11.488/2007.

XII – queijos tipo mozarela, minas, prato, queijo de coalho, ricota, requeijão, queijo provolone, queijo parmesão, queijo fresco não maturado e queijo do reino;

→ Inciso XII com redação alterada pela Lei 12.655/2012.

XIII – soro de leite fluido a ser empregado na industrialização de produtos destinados ao consumo humano.

→ Inciso XIII acrescentado pela Lei 11.488/2007.

XIV – farinha de trigo classificada no código 1101.00.10 da Tipi;

→ Inciso XIV acrescentado pela Lei 11.488/2007.

XV – trigo classificado na posição 10.01 da Tipi; e

→ Inciso XV acrescentado pela Lei 11.787/2008.

XVI – pré-misturas próprias para fabricação de pão comum e pão comum classificados, respectivamente, nos códigos 1901.20.00 Ex 01 e 1905.90.90 Ex 01 da Tipi.

→ Inciso XVI acrescentado pela Lei 11.787/2008.

XVII – (*Vetado*).

→ XVII acrescentado pela Lei 12.096/2009.

XVIII – massas alimentícias classificadas na posição 19.02 da Tipi.

→ Inciso XVIII acrescentado pela Lei 12.655/2012.

XIX – carnes bovina, suína, ovina, caprina e de aves e produtos de origem animal classificados nos seguintes códigos da Tipi:

→ Inciso XIX acrescentado pela Lei 12.839/2013.

a) 02.01, 02.02, 0206.10.00, 0206.2, 0210.20.00, 0506.90.00, 0510.00.10 e 1502.10.1;

b) 02.03, 0206.30.00, 0206.4, 02.07, 02.09 e 0210.1 e carne de frango classificada nos códigos 0210.99.00;

c) 02.04 e miudezas comestíveis de ovinos e caprinos classificadas no código 0206.80.00;

d) (*Vetado*);

XX – peixes e outros produtos classificados nos seguintes códigos da Tipi:

→ Inciso XX acrescentado pela Lei 12.839/2013.

a) 03.02, exceto 0302.90.00;

b) 03.03 e 03.04;

c) (*Vetado*);

XXI – café classificado nos códigos 09.01 e 2101.1 da Tipi;

→ Inciso XXI acrescentado pela Lei 12.839/2013.

XXII – açúcar classificado nos códigos 1701.14.00 e 1701.99.00 da Tipi;

→ Inciso XXII acrescentado pela Lei 12.839/2013.

XXIII – óleo de soja classificado na posição 15.07 da Tipi e outros óleos vegetais classificados nas posições 15.08 a 15.14 da Tipi;

→ Inciso XXIII acrescentado pela Lei 12.839/2013.

XXIV – manteiga classificada no código 0405.10.00 da Tipi;

→ Inciso XXIV acrescentado pela Lei 12.839/2013.

XXV – margarina classificada no código 1517.10.00 da Tipi;

→ Inciso XXV acrescentado pela Lei 12.839/2013.

XXVI – sabões de toucador classificados no código 3401.11.90 Ex 01 da Tipi;

→ Inciso XXVI acrescentado pela Lei 12.839/2013.

XXVII – produtos para higiene bucal ou dentária classificados na posição 33.06 da Tipi;

→ Inciso XXVII acrescentado pela Lei 12.839/2013.

XXVIII – papel higiênico classificado no código 4818.10.00 da Tipi;

→ Inciso XXVIII acrescentado pela Lei 12.839/2013.

XXIX a XLII – (*Vetados*);

→ Incisos acrescentados pela Lei 12.839/2013.

§ 1º (*Revogado pela Lei 12.839/2013*).

§ 2º O Poder Executivo poderá regulamentar a aplicação das disposições deste artigo.

→ § 2º acrescentado pela Lei 11.787/2008.

§ 3º (*Revogado pela Lei 12.839, de 2013*).

§ 4º Aplica-se a redução de alíquotas de que trata o *caput* também à receita bruta decorrente das saídas do estabelecimento industrial, na industrialização por conta e ordem de terceiros dos bens e produtos classificados nas posições 01.03, 01.05, 02.03, 02.06.30.00, 0206.4, 02.07 e 0210.1 da Tipi.

→ § 4º acrescentado pela Lei 12.839/2013.

§§ 5º a 7º (*Vetados*).

→ §§ 5º a 7º acrescentados pela Lei 12.839/2013.

Art. 2º O art. 14 da Lei 10.336, de 19 de dezembro de 2001, passa a vigorar com a seguinte redação:

→ Alterações efetuadas na referida Lei.

Art. 3º O art. 3º da Lei 10.485, de 3 de julho de 2002, passa a vigorar com a seguinte redação:

"Art. 3º (...)

(...)

§ 2º (...)

(...)

II – o *caput* do art. 1º desta Lei, exceto quando auferida pelas pessoas jurídicas a que se refere o art. 17, § 5º, da Medida Provisória 2.189-49, de 23 de agosto de 2001.

(...)

§ 5º Os valores retidos na quinzena deverão ser recolhidos ao Tesouro Nacional até o último dia útil da semana subsequente àquela quinzena em que tiver ocorrido o pagamento à pessoa jurídica fornecedora de autopeças.

(...)"

Art. 4º Os arts. 2º, 5º-A e 11 da Lei 10.637, de 30 de dezembro de 2002, passam a vigorar com a seguinte redação:

→ Alterações efetuadas na referida Lei.

Art. 5º Os arts. 2º, 3º, 10, 12, 15, 31, 35, 51 e 52 da Lei 10.833, de 29 de dezembro de 2003, passam a vigorar com a seguinte redação:

→ Alterações efetuadas na referida Lei.

Art. 6º Os arts. 8º, 9º, 14-A, 15, 17, 28, 40 e 42 da Lei 10.865, de 30 de abril de 2004, passam a vigorar com a seguinte redação:

→ Alterações efetuadas na referida Lei.

Art. 7º Poderá ser efetuada até o último dia útil do mês de julho de 2004 a opção de que trata:

I – o art. 42 da Lei 10.865, de 30 de abril de 2004, para as pessoas jurídicas referidas no art. 3º da Lei 10.485, de 3 de julho de 2002; e

II – o art. 52 da Lei 10.865, de 30 de abril de 2004, para as pessoas jurídicas envasadoras de água classificada no código 22.01 da TIPI.

Art. 8º As pessoas jurídicas, inclusive cooperativas, que produzam mercadorias de origem animal ou vegetal, classificadas nos capítulos 2, 3, exceto os produtos vivos desse capítulo, e 4, 8 a 12, 15, 16 e 23, e nos códigos 03.02, 03.03, 03.04, 03.05, 0504.00, 0701.90.00, 0702.00.00, 0706.10.00, 07.08, 0709.90, 07.10, 07.12 a 07.14, exceto os códigos 0713.33.19, 0713.33.29 e 0713.33.99, 1701.11.00, 1701.99.00, 1702.90.00, 18.01, 18.03, 1804.00.00, 1805.00.00, 20.09, 2101.11.10 e 2209.00.00, todos da NCM, destinadas à alimentação humana ou animal, poderão deduzir da Contribuição para o PIS/Pasep e da Cofins, devidas em cada período de apuração, crédito presumido, calculado sobre o valor dos bens referidos no inciso II do *caput* do art. 3º das Leis 10.637, de 30 de dezembro de 2002, e 10.833, de 29 de dezembro de 2003, adquiridos de pessoa física ou recebidos de cooperado pessoa física.

→ *Caput* com redação alterada pela Lei 11.051/2004.

§ 1º O disposto no *caput* deste artigo aplica-se também às aquisições efetuadas de:

I – cerealista que exerça cumulativamente as atividades de limpar, padronizar, armazenar e comercializar os produtos in natura de origem vegetal classificados nos códigos 09.01, 10.01 a 10.08, exceto os dos códigos 1006.20 e 1006.30, e 18.01, todos da Nomenclatura Comum do Mercosul (NCM);

→ Inciso I com redação alterada pela Lei 12.865/2013.

II – pessoa jurídica que exerça cumulativamente as atividades de transporte, resfriamento e venda a granel de leite in natura; e

III – pessoa jurídica que exerça atividade agropecuária e cooperativa de produção agropecuária.

→ inciso III com redação alterada pela Lei 11.051/2004.

§ 2º O direito ao crédito presumido de que tratam o *caput* e o § 1º deste artigo só se aplica aos bens adquiridos ou recebidos, no mesmo período de apuração, de pessoa física ou jurídica residente ou domiciliada no País, observado o disposto no § 4º do art. 3º das Leis 10.637, de 30 de dezembro de 2002, e 10.833, de 29 de dezembro de 2003.

§ 3º O montante do crédito a que se referem o *caput* e o § 1º deste artigo será determinado mediante aplicação, sobre o valor das mencionadas aquisições, de alíquota correspondente a:

I – 60% (sessenta por cento) daquela prevista no art. 2º da Lei 10.637, de 30 de dezembro de 2002, e no art. 2º da Lei 10.833, de 29 de dezembro de 2003, para os produtos de origem animal classificados nos Capítulos 2, 3, 4, exceto leite in natura, 16, e nos códigos 15.01 a 15.06, 1516.10, e as misturas ou preparações de gorduras ou de óleos animais dos códigos 15.17 e 15.18;

→ Inciso I com redação alterada pela Lei 13.137/2015.

II – (*Revogado pela Lei 12.865/2013*).

III – 35% (trinta e cinco por cento) daquela prevista no art. 2º das Leis 10.637, de 30 de dezembro de 2002, e 10.833, de 29 de dezembro de 2003, para os demais produtos.

→ Inciso III acrescentado pela 11.488/2007.

IV – 50% (cinquenta por cento) daquela prevista no *caput* do art. 2º da Lei 10.637, de 30 de dezembro de 2002, e no *caput* do art. 2º da Lei 10.833, de 29 de dezembro de 2003, para o leite in natura, adquirido por pessoa jurídica, inclusive cooperativa, regularmente habilitada, provisória ou definitivamente, perante o Poder Executivo na forma do art. 9º-A;

→ Inciso IV acrescentado pela 13.137/2015.

V – 20% (vinte por cento) daquela prevista no *caput* do art. 2º da Lei 10.637, de 30 de dezembro de 2002, e no *caput* do art. 2º da Lei 10.833, de 29 de dezembro de 2003, para o leite in natura, adquirido por pessoa jurídica, inclusive cooperativa, não habilitada perante o Poder Executivo na forma do art. 9º-A.

→ Inciso V acrescentado pela 13.137/2015.

§ 4º É vedado às pessoas jurídicas de que tratam os incisos I a III do § 1º deste artigo o aproveitamento:

I – do crédito presumido de que trata o *caput* deste artigo;

II – de crédito em relação às receitas de vendas efetuadas com suspensão às pessoas jurídicas de que trata o *caput* deste artigo.

§ 5º Relativamente ao crédito presumido de que tratam o *caput* e o § 1º deste artigo, o valor das aquisições não poderá ser superior ao que vier a ser fixado, por espécie de bem, pela Secretaria da Receita Federal.

§ 6º (*Revogado pela Lei 12.599/2012*).

§ 7º (*Revogado pela Lei 12.599/2012*).

→ Consta conforme publicação oficial.

§ 10. Para efeito de interpretação do inciso I do § 3º, o direito ao crédito na alíquota de 60% (sessenta por cento) abrange todos os insumos utilizados nos produtos ali referidos.

→ § 10 acrescentado pela Lei 12.865/2013.

Art. 9º A incidência da Contribuição para o PIS/Pasep e da Cofins fica suspensa no caso de venda:

→ *Caput* com redação alterada pela Lei 11.051/2004.

I – de produtos de que trata o inciso I do § 1º do art. 8º desta Lei, quando efetuada por pessoas jurídicas referidas no mencionado inciso;

→ Inciso I acrescentado pela Lei 11.051/2004.

II – de leite in natura, quando efetuada por pessoa jurídica mencionada no inciso II do § 1º do art. 8º desta Lei; e

→ Inciso II acrescentado pela Lei 11.051/2004.

III – de insumos destinados à produção das mercadorias referidas no *caput* do art. 8º desta Lei, quando efetuada por pessoa jurídica ou cooperativa referidas no inciso III do § 1º do mencionado artigo.

→ Inciso III acrescentado pela Lei 11.051/2004.

§ 1º O disposto neste artigo:

→ § 1º acrescentado pela Lei 11.051/2004.

I – aplica-se somente na hipótese de vendas efetuadas à pessoa jurídica tributada com base no lucro real; e

II – não se aplica nas vendas efetuadas pelas pessoas jurídicas de que tratam os §§ 6º e 7º do art. 8º desta Lei.

§ 2º A suspensão de que trata este artigo aplicar-se-á nos termos e condições estabelecidos pela Secretaria da Receita Federal – SRF.

→ § 2º acrescentado pela Lei 11.051/2004.

Art. 9º-A. A pessoa jurídica poderá utilizar o saldo de créditos presumidos de que trata o art. 8º apurado em relação a custos, despesas e encargos vinculados à produção e à comercialização de leite, acumulado até o dia anterior à publicação do ato de que trata o § 8º deste artigo ou acumulado ao final de cada trimestre do ano-calendário a partir da referida data, para:

→ Artigo acrescentado pela Lei 13.137/2015.

I – compensação com débitos próprios, vencidos ou vincendos, relativos a tributos administrados pela Secretaria da Receita Federal do Brasil, observada a legislação aplicável à matéria; ou

II – ressarcimento em dinheiro, observada a legislação aplicável à matéria.

§ 1º O pedido de compensação ou de ressarcimento do saldo de créditos de que trata o *caput* acumulado até o dia anterior à publicação do ato de que trata o § 8º somente poderá ser efetuado:

I – relativamente aos créditos apurados no ano-calendário de 2010, a partir da data de publicação do ato de que trata o § 8º;

II – relativamente aos créditos apurados no ano-calendário de 2011, a partir de 1º de janeiro de 2016;

III – relativamente aos créditos apurados no ano-calendário de 2012, a partir de 1º de janeiro de 2017;

IV – relativamente aos créditos apurados no ano-calendário de 2013, a partir de 1º de janeiro de 2018;

V – relativamente aos créditos apurados no período compreendido entre 1º de janeiro de 2014 e o dia anterior à publicação do ato de que trata o § 8º, a partir de 1º de janeiro de 2019.

§ 2º O disposto no *caput* em relação ao saldo de créditos presumidos apurados na forma do inciso IV do § 3º do art. 8º e acumulado ao final de cada trimestre do ano-calendário a partir da data de publicação do ato de que trata o § 8º deste artigo somente se aplica à pessoa jurídica regularmente habilitada, provisória ou definitivamente, perante o Poder Executivo.

§ 3º A habilitação definitiva de que trata o § 2º fica condicionada:

I – à regularidade fiscal da pessoa jurídica em relação aos tributos administrados pela Secretaria da Receita Federal do Brasil do Ministério da Fazenda;

II – à realização pela pessoa jurídica interessada, no ano-calendário, de investimento no projeto de que trata o inciso III correspondente, no mínimo, a 5% (cinco por cento) do somatório dos valores dos créditos presumidos de que trata o § 3º do art. 8º efetivamente compensados com outros tributos ou ressarcidos em dinheiro no mesmo ano-calendário;

III – à aprovação de projeto pelo Ministério da Agricultura, Pecuária e Abastecimento para a realização de investimentos destinados a auxiliar produtores rurais de leite no desenvolvimento da qualidade e da produtividade de sua atividade;

IV – à regular execução do projeto de investimento de que trata o inciso III nos termos aprovados pelo Poder Executivo;

V – ao cumprimento das obrigações acessórias estabelecidas pelo Poder Executivo para viabilizar a fiscalização da regularidade da execução do projeto de investimento de que trata o inciso III.

§ 4º O investimento de que trata o inciso II do § 3º:

I – poderá ser realizado, total ou parcialmente, individual ou coletivamente, por meio de aporte de recursos em instituições que se dediquem a auxiliar os produtores de leite em sua atividade, sem prejuízo da responsabilidade da pessoa jurídica interessada pela efetiva execução do projeto de investimento de que trata o inciso III do § 3º;

II – não poderá abranger valores despendidos pela pessoa jurídica para cumprir requisito à fruição de qualquer outro benefício ou incentivo fiscal.

§ 5º A pessoa jurídica que, em determinado ano-calendário, não alcançar o valor de investimento necessário nos termos do inciso II do § 3º poderá, em complementação, investir no projeto aprovado o valor residual até o dia 30 de junho do ano-calendário subsequente.

§ 6º Os valores investidos na forma do § 5º não serão computados no valor do investimento de que trata o inciso II do § 3º apurado no ano-calendário em que foram investidos.

§ 7º A pessoa jurídica que descumprir as condições estabelecidas no § 3º:

I – terá sua habilitação cancelada;

II – perderá o direito de utilizar o saldo de créditos presumidos de que trata o § 2º nas formas estabelecidas nos incisos I e II do *caput*, inclusive em relação aos pedidos de compensação ou ressarcimento apresentados anteriormente ao cancelamento da habilitação, mas ainda não apreciados ao tempo desta;

III – não poderá habilitar-se novamente no prazo de dois anos, contados da publicação do cancelamento da habilitação;

IV – deverá apurar o crédito presumido de que trata o art. 8º na forma do inciso V do § 3º daquele artigo.

§ 8º Ato do Poder Executivo regulamentará o disposto neste artigo, estabelecendo, entre outros:

I – os critérios para aprovação dos projetos de que trata o inciso III do § 3º apresentados pelos interessados;

II – a forma de habilitação provisória e definitiva das pessoas jurídicas interessadas;

III – a forma de fiscalização da atuação das pessoas jurídicas habilitadas.

§ 9º A habilitação provisória será concedida mediante a apresentação do projeto de que trata o inciso III do § 3º e está condicionada à regularidade fiscal de que trata o inciso I do § 3º.

§ 10. No caso de deferimento do requerimento de habilitação definitiva, cessará a vigência da habilitação provisória, e serão convalidados seus efeitos.

§ 11. No caso de indeferimento do requerimento de habilitação definitiva ou de desistência do requerimento por parte da pessoa jurídica interessada, antes da decisão de deferimento ou indeferimento do requerimento, a habilitação provisória perderá seus efeitos retroativamente à data de apresentação do projeto de que trata o inciso III do § 3º, e a pessoa jurídica deverá:

I – caso tenha utilizado os créditos presumidos apurados na forma do inciso IV do § 3º do art. 8º para desconto da Contribuição para o PIS/Pasep e da Cofins devidas, para compensação com outros tributos ou para ressarcimento em dinheiro, recolher, no prazo de trinta dias do indeferimento ou da desistência, o valor utilizado indevidamente, acrescido de juros de mora;

II – caso não tenha utilizado os créditos presumidos apurados na forma do inciso IV do § 3º do art. 8º nas formas citadas no inciso I deste parágrafo, estornar o montante de créditos presumidos apurados indevidamente do saldo acumulado.

Art. 10. Os débitos junto à Secretaria da Receita Federal ou à Procuradoria-Geral da Fazenda Nacional, apurados pelo Sistema Integrado de Pagamento de Impostos e Contribuições das Microempresas e das Empresas de Pequeno Porte – SIMPLES, relativos aos impostos e contribuições devidos pela pessoa jurídica optante nos termos da Lei 9.317, de 5 de dezembro de 1996, com vencimento até 30 de junho de 2004, poderão, excepcionalmente, ser objeto de parcelamento em até 60 (sessenta) prestações mensais e sucessivas.

§ 1º O parcelamento de que trata o *caput* deste artigo:

I – deverá ser requerido até 30 de setembro de 2004, não se aplicando, até a referida data, o disposto no § 2º do art. 6º da Lei 9.317, de 5 de dezembro de 1996;

II – reger-se-á pelo disposto nos arts. 10 a 14 da Lei 10.522, de 19 de julho de 2002;

III – compreenderá inclusive os tributos e contribuições administrados por outros órgãos federais ou da competência de outra entidade federada que estejam incluídos no débito apurado pela sistemática do SIMPLES.

§ 2º (*Revogado pela Lei 11.033/2004*).

§ 3º O saldo remanescente de débito, decorrente de parcelamento na Secretaria da Receita Federal, concedido na forma deste artigo e posteriormente rescindido, sem prejuízo do disposto no parágrafo único do art. 13 da Lei 10.522, de 19 de julho de 2002, não poderá ser objeto de concessão de parcelamento no âmbito da Procuradoria-Geral da Fazenda Nacional, mesmo se requerido até a data a que se refere o inciso I do § 1º deste artigo.

Art. 11. A pessoa jurídica que tenha débitos inscritos em Dívida Ativa da União com a Procuradoria-Geral da Fazenda Nacional, cuja exigibilidade não esteja suspensa, não será excluída do SIMPLES durante o transcurso do prazo para requerer o parcelamento a que se refere o art. 10 desta Lei, salvo se incorrer em pelo menos uma das outras situações excludentes constantes do art. 9º da Lei 9.317, de 5 de dezembro de 1996.

§ 1º O disposto no *caput* deste artigo não impede a exclusão de ofício do SIMPLES:

I – com fundamento no inciso XV do *caput* do art. 9º da Lei 9.317, de 5 de dezembro de 1996, de pessoa jurídica que tenha débito inscrito em Dívida Ativa do Instituto Nacional do Seguro Social – INSS, cuja exigibilidade não esteja suspensa; ou

II – motivada por débito inscrito em Dívida Ativa decorrente da rescisão de parcelamento concedido na forma desta Lei, observado o disposto no parágrafo único do art. 13 da Lei 10.522, de 19 de julho de 2002.

§ 2º A exclusão de ofício, na hipótese referida no inciso II do § 1º deste artigo, surtirá efeito a partir do mês subsequente ao da inscrição do débito em Dívida Ativa, conforme o disposto no inciso II do *caput* do art. 15 da Lei 9.317, de 5 de dezembro de 1996, ainda que a inscrição tenha ocorrido em data anterior ao parcelamento.

Art. 12. Fica mantida a redução a 0 (zero) da alíquota do imposto de renda na fonte aplicável aos juros, comissões, despesas e descontos decorrentes de empréstimos contraídos no exterior e de colocações no exterior, a que se referem os incisos VIII e IX do art. 1º da Lei 9.481, de 13 de agosto de 1997, na repactuação dos prazos previstos nos contratos vigentes em 31 de dezembro de 1999, desde que não haja descumprimento das condições estabelecidas para gozo do benefício, e que a repactuação atenda às condições estabelecidas pelo Banco Central do Brasil, inclusive em relação à taxa de juros.

Art. 13. O disposto no parágrafo único do art. 53 da Lei 7.450, de 23 de dezembro de 1985, aplica-se na determinação da base de cálculo da contribuição para o PIS/PASEP e da COFINS das agências de publicidade e propaganda, sendo vedado o aproveitamento do crédito em relação às parcelas excluídas.

Art. 14. São isentas da contribuição para o PIS/PASEP e da COFINS a que se referem as Leis 10.637, de 30 de dezembro de 2002, 10.833, de 29 de dezembro de 2003, e 10.865, de 30 de abril de 2004, as receitas decorrentes da venda de energia elétrica pela Itaipu Binacional.

Art. 15. As pessoas jurídicas, inclusive cooperativas, que produzam mercadorias de origem vegetal, classificadas no código 22.04, da NCM, poderão deduzir da contribuição para o PIS/PASEP e da COFINS, devidas em cada período de apuração, crédito presumido, calculado sobre o valor dos bens referidos no inciso II do *caput* do art. 3º das Leis 10.637, de 30 de dezembro de 2002, e 10.833, de 29 de dezembro de 2003, adquiridos de pessoa física ou recebidos de cooperado pessoa física.

§ 1º O direito ao crédito presumido de que trata o *caput* deste artigo só se aplica aos bens adquiridos ou recebidos, no mesmo período de apuração, de pessoa física ou jurídica residente ou domiciliada no País, observado o disposto no § 4º do art. 3º das Leis 10.637, de 30 de dezembro de 2002, e 10.833, de 29 de dezembro de 2003.

§ 2º O montante do crédito a que se refere o *caput* deste artigo será determinado mediante aplicação, sobre o valor das aquisições, de alíquota correspondente a 35% (trinta e cinco por cento) daquela prevista no art. 2º das Leis 10.637, de 30 de dezembro de 2002, e 10.833, de 29 de dezembro de 2003.

§ 3º A incidência da Contribuição para o PIS/Pasep e da Cofins fica suspensa na hipótese de venda de produtos in natura de origem vegetal, efetuada por pessoa jurídica que exerça atividade rural e cooperativa de produção agropecuária, para pessoa jurídica tributada com base no lucro real, nos termos e condições estabelecidos pela Secretaria da Receita Federal – SRF.

→ § 3º com redação alterada pela Lei 11.051/2004.

§ 4º É vedado o aproveitamento de crédito pela pessoa jurídica que exerça atividade rural e pela cooperativa de produção agropecuária, em relação às receitas de vendas efetuadas com suspensão às pessoas jurídicas de que trata o *caput* deste artigo.

→ § 4º com redação alterada pela Lei 11.051/2004.

§ 5º Relativamente ao crédito presumido de que trata o *caput* deste artigo, o valor das aquisições não poderá ser superior ao que vier a ser fixado, por espécie de bem, pela Secretaria da Receita Federal.

Art. 16. Ficam revogados:

I – a partir do 1º (primeiro) dia do 4º (quarto) mês subsequente ao da publicação da Medida Provisória 183, de 30 de abril de 2004:

a) os §§ 10 e 11 do art. 3º da Lei 10.637, de 30 de dezembro de 2002; e

b) os §§ 5º, 6º, 11 e 12 do art. 3º da Lei 10.833, de 29 de dezembro de 2003;

II – a partir do 1º (primeiro) dia do 4º (quarto) mês subsequente ao da publicação desta Lei:

a) os incisos II e III do art. 50, o § 2º do art. 52, o art. 56 e o Anexo Único da Lei 10.833, de 29 de dezembro de 2003; e

b) os §§ 1º e 4º do art. 17 e o art. 26 da Lei 10.865, de 30 de abril de 2004;

III – (*Vetado*).

Art. 17. Produz efeitos:

I – a partir do 1º (primeiro) dia do 4º (quarto) mês subsequente ao de publicação desta Lei, o disposto:

a) no art. 2º desta Lei;

b) no art. 4º desta Lei, quanto às alterações promovidas nos arts. 2º e 11 da Lei 10.637, de 30 de dezembro de 2002;

c) no art. 5º desta Lei, quanto às alterações promovidas no § 1º do art. 2º e no art. 51 da Lei 10.833, de 29 de dezembro de 2003; e

d) no art. 6º desta Lei, quanto às alterações promovidas no art. 8º, § 7º, da Lei 10.865, de 30 de abril de 2004;

II – na data da publicação desta Lei, o disposto:

a) nos arts. 1º, 3º, 7º, 10, 11, 12 e 15 desta Lei;

b) no art. 4º desta Lei, quanto às alterações promovidas no art. 5º-A da Lei 10.637, de 30 de dezembro de 2002;

c) no art. 5º desta Lei, quanto às alterações promovidas no § 4º do art. 2º e nos arts. 3º, 10, 12, 15, 31, 35 e 52 da Lei 10.833, de 29 de dezembro de 2003; e

d) no art. 6º desta Lei, quanto às alterações promovidas no § 12, incisos VI, VII e XII, e § 14 do art. 8º e nos §§ 9º e 10 do art. 15 e nos arts. 14-A, 17, 28 e 40 da Lei 10.865, de 30 de abril de 2004;

III – a partir de 1º de agosto de 2004, o disposto nos arts. 8º e 9º desta Lei;

IV – a partir de 1º de maio de 2004, o disposto no art. 14 desta Lei;

V – a partir da data de publicação da Medida Provisória 183, de 30 de abril de 2004, quanto às alterações promovidas no art. 42 da Lei 10.865, de 30 de abril de 2004.

Art. 18. Esta Lei entra em vigor na data de sua publicação.

Brasília, 23 de julho de 2004; 183º da Independência e 116º da República.

Luiz Inácio Lula da Silva

(Publicação no *D.O.U.* de 26.7.2004)

LEI 10.931,
DE 2 DE AGOSTO DE 2004

Dispõe sobre o patrimônio de afetação de incorporações imobiliárias, Letra de Crédito Imobiliário, Cédula de Crédito Imobiliário, Cédula de Crédito Bancário, altera o Decreto-lei 911, de 1º de outubro de 1969, as Leis 4.591, de 16 de dezembro de 1964, 4.728, de 14 de julho de 1965, e 10.406, de 10 de janeiro de 2002, e dá outras providências.

O Presidente da República:

Faço saber que o Congresso Nacional decreta e eu sanciono a seguinte Lei:

Capítulo I
DO REGIME ESPECIAL TRIBUTÁRIO DO PATRIMÔNIO DE AFETAÇÃO

Art. 1º Fica instituído o regime especial de tributação aplicável às incorporações imobiliárias, em caráter opcional e irretratável enquanto perdurarem direitos de crédito ou obrigações do incorporador junto aos adquirentes dos imóveis que compõem a incorporação.

Art. 2º A opção pelo regime especial de tributação de que trata o art. 1º será efetivada quando atendidos os seguintes requisitos:

I – entrega do termo de opção ao regime especial de tributação na unidade competente da Secretaria da Receita Federal, conforme regulamentação a ser estabelecida; e

II – afetação do terreno e das acessões objeto da incorporação imobiliária, conforme disposto nos arts. 31-A a 31-E da Lei 4.591, de 16 de dezembro de 1964.

Art. 3º O terreno e as acessões objeto da incorporação imobiliária sujeitas ao regime especial de tributação, bem como os demais bens e direitos a ela vinculados, não responderão por dívidas tributárias da incorporadora relativas ao Imposto de Renda das Pessoas Jurídicas – IRPJ, à Contribuição Social sobre o Lucro Líquido – CSLL, à Contribuição para o Financiamento da Seguridade Social – COFINS e à Contribuição para os Programas de Integração Social e de Formação do Patrimônio do Servidor Público – PIS/PASEP, exceto aquelas calculadas na forma do art. 4º sobre as receitas auferidas no âmbito da respectiva incorporação.

Parágrafo único. O patrimônio da incorporadora responderá pelas dívidas tributárias da incorporação afetada.

Art. 4º Para cada incorporação submetida ao regime especial de tributação, a incorporadora ficará sujeita ao pagamento equivalente a 4% (quatro por cento) da receita mensal recebida, o qual corresponderá ao pagamento mensal unificado do seguinte imposto e contribuições:

→ *Caput* com redação alterada pela Lei 12.844/2013.

I – Imposto de Renda das Pessoas Jurídicas – IRPJ;

II – Contribuição para os Programas de Integração Social e de Formação do Patrimônio do Servidor Público – PIS/PASEP;

III – Contribuição Social sobre o Lucro Líquido – CSLL; e

IV – Contribuição para Financiamento da Seguridade Social – COFINS.

§ 1º Para fins do disposto no *caput*, considera-se receita mensal a totalidade das receitas auferidas pela incorporadora na venda das unidades imobiliárias que compõem a incorporação, bem como as receitas financeiras e variações monetárias decorrentes desta operação.

§ 2º O pagamento dos tributos e contribuições na forma do disposto no *caput* deste artigo será considerado definitivo, não gerando, em qualquer hipótese, direito à restituição ou à compensação com o que for apurado pela incorporadora.

→ § 2º com redação alterada pela Lei 11.196/2005.

§ 3º As receitas, custos e despesas próprios da incorporação sujeita a tributação na forma deste artigo não deverão ser computados na apuração das bases de cálculo dos tributos e contribuições de que trata o *caput* deste artigo devidos pela incorporadora em virtude de suas outras atividades empresariais, inclusive incorporações não afetadas.

→ § 3º com redação alterada pela Lei 11.196/2005.

§ 4º Para fins do disposto no § 3º deste artigo, os custos e despesas indiretos pagos pela incorporadora no mês serão apropriados a cada incorporação na mesma proporção representada pelos custos diretos próprios da incorporação, em relação ao custo direto total da incorporadora, assim entendido como a soma de todos os custos diretos de todas as incorporações e o de outras atividades exercidas pela incorporadora.

→ § 4º com redação alterada pela Lei 11.196/2005.

§ 5º A opção pelo regime especial de tributação obriga o contribuinte a fazer o recolhimento dos tributos, na forma do *caput* deste artigo, a partir do mês da opção.

→ § 5º com redação alterada pela Lei 11.196/2005.

§ 6º Até 31 de dezembro de 2018, para os projetos de incorporação de imóveis residenciais de interesse social, cuja construção tenha sido iniciada ou contratada a partir de 31 de março de 2009, o percentual correspondente ao pagamento unificado dos tributos de que trata o caput será equivalente a 1% (um por cento) da receita mensal recebida.

→ § 6º com redação alterada pela Lei 13.097/2015.

§ 7º Para efeito do disposto no § 6º, consideram-se projetos de incorporação de imóveis de interesse social os destinados à construção de unidades residenciais de valor de até R$ 100.000,00 (cem mil reais) no âmbito do Programa Minha Casa, Minha Vida, de que trata a Lei 11.977, de 7 de julho de 2009.

→ § 7º com redação alterada pela Lei 12.726/2012.

§ 8º As condições para utilização do benefício de que trata o § 6º serão definidas em regulamento.

→ § 8º acrescentado pela Lei 12.024/2009.

Art. 5º O pagamento unificado de impostos e contribuições efetuado na forma do art. 4º deverá ser feito até o 20º (vigésimo) dia do mês subsequente àquele em que houver sido auferida a receita.

→ *Caput* com redação alterada pela Lei 12.024/2009.

Parágrafo único. Para fins do disposto no *caput*, a incorporadora deverá utilizar, no Documento de Arrecadação de Receitas Federais – DARF, o número específico de inscrição da incorporação no Cadastro Nacional das Pessoas Jurídicas – CNPJ e código de arrecadação próprio.

Art. 6º Os créditos tributários devidos pela incorporadora na forma do disposto no art. 4º não poderão ser objeto de parcelamento.

Art. 7º O incorporador fica obrigado a manter escrituração contábil segregada para cada incorporação submetida ao regime especial de tributação.

Art. 8º Para fins de repartição de receita tributária e do disposto no § 2º do art. 4º, o percentual de 4% (quatro por cento) de que trata o *caput* do art. 4º será considerado:

→ *Caput* com redação alterada pela Lei 12.844/2013.

I – 1,71% (um inteiro e setenta e um centésimos por cento) como Cofins;

II – 0,37% (trinta e sete centésimos por cento) como Contribuição para o PIS/Pasep;

III – 1,26% (um inteiro e vinte e seis centésimos por cento) como IRPJ; e

IV – 0,66% (sessenta e seis centésimos por cento) como CSLL.

Parágrafo único. O percentual de 1% (um por cento) de que trata o § 6º do art. 4º será considerado para os fins do *caput*:

→ Parágrafo único acrescentado pela Lei 12.024/2009.

I – 0,44% (quarenta e quatro centésimos por cento) como COFINS;

II – 0,09% (nove centésimos por cento) como Contribuição para o PIS/PASEP;

III – 0,31% (trinta e um centésimos por cento) como IRPJ; e

IV – 0,16% (dezesseis centésimos por cento) como CSLL.

Art. 9º Perde eficácia a deliberação pela continuação da obra a que se refere o § 1º do art. 31-F da Lei 4.591, de 1964, bem como os efeitos do regime de afetação instituídos por esta Lei, caso não se verifique o pagamento das obrigações tributárias, previdenciárias e trabalhistas, vinculadas ao respectivo patrimônio de afetação, cujos fatos geradores tenham ocorrido até a data da decretação da falência, ou insolvência do incorporador, as quais deverão ser pagas pelos adquirentes em até 1 (um) ano daquela deliberação, ou até a data da concessão do habite-se, se esta ocorrer em prazo inferior.

→ V. Lei 11.101/2005 – Regula a recuperação judicial, a extrajudicial e a falência do empresário e da sociedade empresária.

Art. 10. O disposto no art. 76 da Medida Provisória 2.158-35, de 24 de agosto de 2001, não se aplica ao patrimônio de afetação de incorporações imobiliárias definido pela Lei 4.591, de 1964.

Art. 11. *(Revogado pela Lei 11.196/2005.)*

Capítulo II
DA LETRA DE CRÉDITO IMOBILIÁRIO

Art. 12. Os bancos comerciais, os bancos múltiplos com carteira de crédito imobiliário, a Caixa Econômica Federal, as sociedades de crédito imobiliário, as associações de poupança e empréstimo, as companhias hipotecárias e demais espécies de instituições que, para as operações a que se refere este artigo, venham a ser expressamente autorizadas pelo Banco Central do Brasil, poderão emitir, independentemente de tradição efetiva, Letra de Crédito Imobiliário – LCI, lastreada por créditos imobiliários garantidos por hipoteca ou por alienação fiduciária de coisa imóvel, conferindo aos seus tomadores direito de crédito pelo valor nominal, juros e, se for o caso, atualização monetária nelas estipulados.

§ 1º A LCI será emitida sob a forma nominativa, podendo ser transferível mediante endosso em preto, e conterá:

I – o nome da instituição emitente e as assinaturas de seus representantes;

II – o número de ordem, o local e a data de emissão;

III – a denominação "Letra de Crédito Imobiliário";

IV – o valor nominal e a data de vencimento;

V – a forma, a periodicidade e o local de pagamento do principal, dos juros e, se for o caso, da atualização monetária;

VI – os juros, fixos ou flutuantes, que poderão ser renegociáveis, a critério das partes;

VII – a identificação dos créditos caucionados e seu valor;

VIII – o nome do titular; e

IX – cláusula à ordem, se endossável.

§ 2º A critério do credor, poderá ser dispensada a emissão de certificado, devendo a LCI sob a forma escritural ser registrada em sistemas de registro e liquidação financeira de títulos privados autorizados pelo Banco Central do Brasil.

Art. 13. A LCI poderá ser atualizada mensalmente por índice de preços, desde que emitida com prazo mínimo de 36 (trinta e seis) meses.

Parágrafo único. É vedado o pagamento dos valores relativos à atualização monetária apropriados desde a emissão, quando ocorrer o resgate antecipado, total ou parcial, em prazo inferior ao estabelecido neste artigo, da LCI emitida com previsão de atualização mensal por índice de preços.

Art. 14. A LCI poderá contar com garantia fidejussória adicional de instituição financeira.

Art. 15. A LCI poderá ser garantida por um ou mais créditos imobiliários, mas a soma do principal das LCI emitidas não poderá exceder o valor total dos créditos imobiliários em poder da instituição emitente.

§ 1º A LCI não poderá ter prazo de vencimento superior ao prazo de quaisquer dos créditos imobiliários que lhe servem de lastro.

§ 2º O crédito imobiliário caucionado poderá ser substituído por outro crédito da mesma natureza por iniciativa do emitente da LCI, nos casos de liquidação ou vencimento antecipados do crédito, ou por solicitação justificada do credor da letra.

Art. 16. O endossante da LCI responderá pela veracidade do título, mas contra ele não será admitido direito de cobrança regressiva.

Art. 17. O Conselho Monetário Nacional poderá estabelecer o prazo mínimo e outras condições para emissão e resgate de LCI, observado o disposto no art. 13 desta Lei, podendo inclusive diferenciar tais condições de acordo com o tipo de indexador adotado contratualmente.

→ Artigo com redação alterada pela Lei 13.097/2015.

Capítulo III
DA CÉDULA DE CRÉDITO IMOBILIÁRIO

Art. 18. É instituída a Cédula de Crédito Imobiliário – CCI para representar créditos imobiliários.

§ 1º A CCI será emitida pelo credor do crédito imobiliário e poderá ser integral, quando representar a totalidade do crédito, ou fracionária, quando representar parte dele, não podendo a soma das CCI fracionárias emitidas em relação a cada crédito exceder o valor total do crédito que elas representam.

§ 2º As CCI fracionárias poderão ser emitidas simultaneamente ou não, a qualquer momento antes do vencimento do crédito que elas representam.

§ 3º A CCI poderá ser emitida com ou sem garantia, real ou fidejussória, sob a forma escritural ou cartular.

§ 4º A emissão da CCI sob a forma escritural far-se-á mediante escritura pública ou instrumento particular, devendo esse instrumento permanecer custodiado em instituição financeira e registrado em sistemas de registro e liquidação financeira de títulos privados autorizados pelo Banco Central do Brasil.

§ 5º Sendo o crédito imobiliário garantido por direito real, a emissão da CCI será averbada no Registro de Imóveis da situação do imóvel, na respectiva matrícula, devendo dela constar, exclusivamente, o número, a série e a instituição custodiante.

§ 6º A averbação da emissão da CCI e o registro da garantia do crédito respectivo, quando solicitados simultaneamente, serão considerados como ato único para efeito de cobrança de emolumentos.

§ 7º A constrição judicial que recaia sobre crédito representado por CCI será efetuada nos registros da instituição custodiante ou mediante apreensão da respectiva cártula.

§ 8º O credor da CCI deverá ser imediatamente intimado de constrição judicial que recaia sobre a garantia real do crédito imobiliário representado por aquele título.

§ 9º No caso de CCI emitida sob a forma escritural, caberá à instituição custodiante identificar o credor, para o fim da intimação prevista no § 8º.

Art. 19. A CCI deverá conter:

I – a denominação "Cédula de Crédito Imobiliário", quando emitida cartularmente;

II – o nome, a qualificação e o endereço do credor e do devedor e, no caso de emissão escritural, também o do custodiante;

III – a identificação do imóvel objeto do crédito imobiliário, com a indicação da respectiva matrícula no Registro de Imóveis competente e do registro da constituição da garantia, se for o caso;

IV – a modalidade da garantia, se for o caso;

V – o número e a série da cédula;

VI – o valor do crédito que representa;

VII – a condição de integral ou fracionária e, nessa última hipótese, também a indicação da fração que representa;

VIII – o prazo, a data de vencimento, o valor da prestação total, nela incluídas as parcelas de amortização e juros, as taxas, seguros e demais encargos contratuais de responsabilidade do devedor, a forma de reajuste e o valor das multas previstas contratualmente, com a indicação do local de pagamento;

IX – o local e a data da emissão;

X – a assinatura do credor, quando emitida cartularmente;

XI – a autenticação pelo Oficial do Registro de Imóveis competente, no caso de contar com garantia real; e

XII – cláusula à ordem, se endossável.

Art. 20. A CCI é título executivo extrajudicial, exigível pelo valor apurado de acordo com as cláusulas e condições pactuadas no contrato que lhe deu origem.

Parágrafo único. O crédito representado pela CCI será exigível mediante ação de execução, ressalvadas as hipóteses em que a lei determine procedimento especial, judicial ou extrajudicial para satisfação do crédito e realização da garantia.

Art. 21. A emissão e a negociação de CCI independe de autorização do devedor do crédito imobiliário que ela representa.

Art. 22. A cessão do crédito representado por CCI poderá ser feita por meio de sistemas de registro e de liquidação financeira de títulos privados autorizados pelo Banco Central do Brasil.

§ 1º A cessão do crédito representado por CCI implica automática transmissão das respectivas garantias ao cessionário, subrogando-o em todos os direitos representados pela cédula, ficando o cessionário, no caso de contrato de alienação fiduciária, investido na propriedade fiduciária.

§ 2º A cessão de crédito garantido por direito real, quando representado por CCI emitida sob a forma escritural, está dispensada de averbação no Registro de Imóveis, aplicando-se, no que esta Lei não contrarie, o disposto nos arts. 286 e seguintes da Lei 10.406, de 10 de janeiro de 2002 – Código Civil Brasileiro.

Art. 23. A CCI, objeto de securitização nos termos da Lei 9.514, de 20 de novembro de 1997, será identificada no respectivo Termo de Securitização de Créditos, mediante indicação do seu valor, número, série e instituição custodiante, dispensada a enunciação das informações já constantes da Cédula ou do seu registro na instituição custodiante.

Parágrafo único. O regime fiduciário de que trata a Seção VI do Capítulo I da Lei 9.514, de 1997, no caso de emissão de Certificados de Recebíveis Imobiliários lastreados em créditos representados por CCI, será registrado na instituição custodiante, mencionando o patrimônio separado a que estão afetados, não se aplicando o disposto no parágrafo único do art. 10 da mencionada Lei.

Art. 24. O resgate da dívida representada pela CCI prova-se com a declaração de quitação, emitida pelo credor, ou, na falta desta, por outros meios admitidos em direito.

Art. 25. É vedada a averbação da emissão de CCI com garantia real quando houver prenotação ou registro de qualquer outro ônus real sobre os direitos imobiliários respectivos, inclusive penhora ou averbação de qualquer mandado ou ação judicial.

Capítulo IV
DA CÉDULA DE CRÉDITO BANCÁRIO

Art. 26. A Cédula de Crédito Bancário é título de crédito emitido, por pessoa física ou jurídica, em favor de instituição financeira ou de entidade a esta equiparada, representando promessa de pagamento em dinheiro, decorrente de operação de crédito, de qualquer modalidade.

§ 1º A instituição credora deve integrar o Sistema Financeiro Nacional, sendo admitida a emissão da Cédula de Crédito Bancário em favor de instituição domiciliada no exterior, desde que a obrigação esteja sujeita exclusivamente à lei e ao foro brasileiros.

§ 2º A Cédula de Crédito Bancário em favor de instituição domiciliada no exterior poderá ser emitida em moeda estrangeira.

Art. 27. A Cédula de Crédito Bancário poderá ser emitida, com ou sem garantia, real ou fidejussória, cedularmente constituída.

Parágrafo único. A garantia constituída será especificada na Cédula de Crédito Bancário, observadas as disposições deste Capítulo e, no que não forem com elas conflitantes, as da legislação comum ou especial aplicável.

Art. 28. A Cédula de Crédito Bancário é título executivo extrajudicial e representa dívida em dinheiro, certa, líquida e exigível, seja pela soma nela indicada, seja pelo saldo devedor demonstrado em planilha de cálculo, ou nos extratos da conta corrente, elaborados conforme previsto no § 2º.

§ 1º Na Cédula de Crédito Bancário poderão ser pactuados:

I – os juros sobre a dívida, capitalizados ou não, os critérios de sua incidência e, se for o caso, a periodicidade de sua capitalização, bem como as despesas e os demais encargos decorrentes da obrigação;

II – os critérios de atualização monetária ou de variação cambial como permitido em lei;

III – os casos de ocorrência de mora e de incidência das multas e penalidades contratuais, bem como as hipóteses de vencimento antecipado da dívida;

IV – os critérios de apuração e de ressarcimento, pelo emitente ou por terceiro garantidor, das despesas de cobrança da dívida e dos honorários advocatícios, judiciais ou extrajudiciais, sendo que os honorários advocatícios extrajudiciais não poderão superar o limite de 10% (dez por cento) do valor total devido;

V – quando for o caso, a modalidade de garantia da dívida, sua extensão e as hipóteses de substituição de tal garantia;

VI – as obrigações a serem cumpridas pelo credor;

VII – a obrigação do credor de emitir extratos da conta corrente ou planilhas de cálculo da dívida, ou de seu saldo devedor, de acordo com os critérios estabelecidos na própria Cédula de Crédito Bancário, observado o disposto no § 2º; e

VIII – outras condições de concessão do crédito, suas garantias ou liquidação, obrigações adicionais do emitente ou do terceiro garantidor da obrigação, desde que não contrariem as disposições desta Lei.

§ 2º Sempre que necessário, a apuração do valor exato da obrigação, ou de seu saldo devedor, representado pela Cédula de Crédito Bancário, será feita pelo credor, por meio de planilha de cálculo e, quando for o caso, de extrato emitido pela instituição financeira, em favor da qual a Cédula de Crédito Bancário foi originalmente emitida, documentos esses que integrarão a Cédula, observado que:

I – os cálculos realizados deverão evidenciar de modo claro, preciso e de fácil entendimento e compreensão, o valor principal da dívida, seus encargos e despesas contratuais devidos, a parcela de juros e os critérios de sua incidência, a parcela de atualização monetária ou cambial, a parcela correspondente a multas e demais penalidades contratuais, as despesas de cobrança e de honorários advocatícios devidos até a data do cálculo e, por fim, o valor total da dívida; e

II – a Cédula de Crédito Bancário representativa de dívida oriunda de contrato de abertura de crédito bancário em conta corrente será emitida pelo valor total do crédito posto à disposição do emitente, competindo ao credor, nos termos deste parágrafo, discriminar nos extratos da conta corrente ou nas planilhas de cálculo, que serão anexados à Cédula, as parcelas utilizadas do crédito aberto, os aumentos do limite do crédito inicialmente concedido, as eventuais amortizações da dívida e a incidência dos encargos nos vários períodos de utilização do crédito aberto.

§ 3º O credor que, em ação judicial, cobrar o valor do crédito exequendo em desacordo com o expresso na Cédula de Crédito Bancário, fica obrigado a pagar ao devedor o dobro do cobrado a maior, que poderá ser compensado na própria ação, sem prejuízo da responsabilidade por perdas e danos.

Art. 29. A Cédula de Crédito Bancário deve conter os seguintes requisitos essenciais:

I – a denominação "Cédula de Crédito Bancário";

II – a promessa do emitente de pagar a dívida em dinheiro, certa, líquida e exigível no seu vencimento ou, no caso de dívida oriunda de contrato de abertura de crédito bancário, a promessa do emitente de pagar a dívida em dinheiro, certa, líquida e exigível, correspondente ao crédito utilizado;

III – a data e o lugar do pagamento da dívida e, no caso de pagamento parcelado, as datas e os valores de cada prestação, ou os critérios para essa determinação;

IV – o nome da instituição credora, podendo conter cláusula à ordem;

V – a data e o lugar de sua emissão; e

VI – a assinatura do emitente e, se for o caso, do terceiro garantidor da obrigação, ou de seus respectivos mandatários.

§ 1º A Cédula de Crédito Bancário será transferível mediante endosso em preto, ao qual se aplicarão, no que couberem, as normas do direito cambiário, caso em que o endossatário, mesmo não sendo instituição financeira ou entidade a ela equiparada, poderá exercer todos os direitos por ela conferidos, inclusive cobrar os juros e demais encargos na forma pactuada na Cédula.

§ 2º A Cédula de Crédito Bancário será emitida por escrito, em tantas vias quantas forem as partes que nela intervierem, assinadas pelo emitente e pelo terceiro garantidor, se houver, ou por seus respectivos mandatários, devendo cada parte receber uma via.

§ 3º Somente a via do credor será negociável, devendo constar nas demais vias a expressão "não negociável".

§ 4º A Cédula de Crédito Bancário pode ser aditada, retificada e ratificada mediante documento escrito, datado, com os requisitos previstos no *caput*, passando esse documento a integrar a Cédula para todos os fins.

Art. 30. A constituição de garantia da obrigação representada pela Cédula de Crédito Bancário é disciplinada por esta Lei, sendo aplicáveis as disposições da legislação comum ou especial que não forem com ela conflitantes.

Art. 31. A garantia da Cédula de Crédito Bancário poderá ser fidejussória ou real, neste último caso constituída por bem patrimonial de qualquer espécie, disponível e alienável, móvel ou imóvel, material ou imaterial, presente ou futuro, fungível ou infungível, consumível ou não, cuja titularidade pertença ao próprio emitente ou a terceiro garantidor da obrigação principal.

Art. 32. A constituição da garantia poderá ser feita na própria Cédula de Crédito Bancário ou em documento separado, neste caso fazendo-se, na Cédula, menção a tal circunstância.

Art. 33. O bem constitutivo da garantia deverá ser descrito e individualizado de modo que permita sua fácil identificação.

Parágrafo único. A descrição e individualização do bem constitutivo da garantia poderá ser substituída pela remissão a documento ou certidão expedida por entidade competente, que integrará a Cédula de Crédito Bancário para todos os fins.

Art. 34. A garantia da obrigação abrangerá, além do bem principal constitutivo da garantia, todos os seus acessórios, benfeitorias de qualquer espécie, valorizações a qualquer título, frutos e qualquer bem vinculado ao bem principal por acessão física, intelectual, industrial ou natural.

§ 1º O credor poderá averbar, no órgão competente para o registro do bem constitutivo da garantia, a existência de qualquer outro bem por ela abrangido.

§ 2º Até a efetiva liquidação da obrigação garantida, os bens abrangidos pela garantia não poderão, sem prévia autorização escrita do credor, ser alterados, retirados, deslocados ou destruídos, nem poderão ter sua destinação modificada, exceto quando a garantia for constituída por semoventes ou por veículos, automotores ou não, e a remoção ou o deslocamento desses bens for inerente à atividade do emitente da Cédula de Crédito Bancário, ou do terceiro prestador da garantia.

Art. 35. Os bens constitutivos de garantia pignoratícia ou objeto de alienação fiduciária poderão, a critério do credor, permanecer sob a posse direta do emitente ou do terceiro prestador da garantia, nos termos da cláusula de constituto possessório, caso em que as partes deverão especificar o local em que o bem será guardado e conservado até a efetiva liquidação da obrigação garantida.

§ 1º O emitente e, se for o caso, o terceiro prestador da garantia responderão solidariamente pela guarda e conservação do bem constitutivo da garantia.

§ 2º Quando a garantia for prestada por pessoa jurídica, esta indicará representantes para responder nos termos do § 1º.

Art. 36. O credor poderá exigir que o bem constitutivo da garantia seja coberto por seguro até a efetiva liquidação da obrigação garantida, em que o credor será indicado como exclusivo beneficiário da apólice securitária e estará autorizado a receber a indenização para liquidar ou amortizar a obrigação garantida.

Art. 37. Se o bem constitutivo da garantia for desapropriado, ou se for danificado ou perecer por fato imputável a terceiro, o credor sub-rogar-se-á no direito à indenização devida pelo expropriante ou pelo terceiro causador do dano, até o montante necessário para liquidar ou amortizar a obrigação garantida.

Art. 38. Nos casos previstos nos arts. 36 e 37 desta Lei, facultar-se-á ao credor exigir a substituição da garantia, ou o seu reforço, renunciando ao direito à percepção do valor relativo à indenização.

Art. 39. O credor poderá exigir a substituição ou o reforço da garantia, em caso de perda, deterioração ou diminuição de seu valor.

Parágrafo único. O credor notificará por escrito o emitente e, se for o caso, o terceiro garantidor, para que substituam ou reforcem a garantia no prazo de 15 (quinze) dias, sob pena de vencimento antecipado da dívida garantida.

Art. 40. Nas operações de crédito rotativo, o limite de crédito concedido será recomposto, automaticamente e durante o prazo de vigência da Cédula de Crédito Bancário, sempre que o devedor, não estando em mora ou inadimplente, amortizar ou liquidar a dívida.

Art. 41. A Cédula de Crédito Bancário poderá ser protestada por indicação, desde que o credor apresente declaração de posse da sua única via negociável, inclusive no caso de protesto parcial.

Art. 42. A validade e eficácia da Cédula de Crédito Bancário não dependem de registro, mas as garantias reais, por ela constituídas, ficam sujeitas, para valer contra terceiros, aos registros ou averbações previstos na legislação aplicável, com as alterações introduzidas por esta Lei.

Art. 43. As instituições financeiras, nas condições estabelecidas pelo Conselho Monetário Nacional, podem emitir título representativo das Cédulas de Crédito Bancário por elas mantidas em depósito, do qual constarão:

I – o local e a data da emissão;

II – o nome e a qualificação do depositante das Cédulas de Crédito Bancário;

III – a denominação "Certificado de Cédulas de Crédito Bancário";

IV – a especificação das cédulas depositadas, o nome dos seus emitentes e o valor, o lugar e a data do pagamento do crédito por elas incorporado;

V – o nome da instituição emitente;

VI – a declaração de que a instituição financeira, na qualidade e com as responsabilidades de depositária e mandatária do titular do certificado, promoverá a cobrança das Cédulas de Crédito Bancário, e de que as cédulas depositadas, assim como o produto da cobrança do seu principal e encargos, somente serão entregues ao titular do certificado, contra apresentação deste;

VII – o lugar da entrega do objeto do depósito; e

VIII – a remuneração devida à instituição financeira pelo depósito das cédulas objeto da emissão do certificado, se convencionada.

§ 1º A instituição financeira responde pela origem e autenticidade das Cédulas de Crédito Bancário depositadas.

§ 2º Emitido o certificado, as Cédulas de Crédito Bancário e as importâncias recebidas pela instituição financeira a título de pagamento do principal e de encargos não poderão ser objeto de penhora, arresto, sequestro, busca e apreensão, ou qualquer outro embaraço que impeça a sua entrega ao titular do certificado, mas este poderá ser objeto de penhora, ou de qualquer medida cautelar por obrigação do seu titular.

§ 3º O certificado poderá ser emitido sob a forma escritural, sendo regido, no que for aplicável, pelo contido nos arts. 34 e 35 da Lei 6.404, de 15 de dezembro de 1976.

§ 4º O certificado poderá ser transferido mediante endosso ou termo de transferência, se escritural, devendo, em qualquer caso, a transferência ser datada e assinada pelo seu titular ou mandatário com poderes especiais e averbada junto à instituição financeira emitente, no prazo máximo de 2 (dois) dias.

§ 5º As despesas e os encargos decorrentes da transferência e averbação do certificado serão suportados pelo endossatário ou cessionário, salvo convenção em contrário.

Art. 44. Aplica-se às Cédulas de Crédito Bancário, no que não contrariar o disposto nesta Lei, a legislação cambial, dispensado o protesto para garantir o direito de cobrança contra endossantes, seus avalistas e terceiros garantidores.

Art. 45. Os títulos de crédito e direitos creditórios, representados sob a forma escritural ou física, que tenham sido objeto de desconto, poderão ser admitidos a redesconto junto ao Banco Central do Brasil, observando-se as normas e instruções baixadas pelo Conselho Monetário Nacional.

§ 1º Os títulos de crédito e os direitos creditórios de que trata o *caput* considerar-se-ão transferidos, para fins de redesconto, à propriedade do Banco Central do Brasil, desde que inscritos em termo de tradição eletrônico constante do Sistema de Informações do Banco Central – SISBACEN, ou, ainda, no termo de tradição previsto no § 1º do art. 5º do Decreto 21.499, de 9 de junho de 1932, com a redação dada pelo art. 1º do Decreto 21.928, de 10 de outubro de 1932.

§ 2º Entendem-se inscritos nos termos de tradição referidos no § 1º os títulos de crédito e direitos creditórios neles relacionados e descritos, observando-se os requisitos, os critérios e as formas estabelecidas pelo Conselho Monetário Nacional.

§ 3º A inscrição produzirá os mesmos efeitos jurídicos do endosso, somente se aperfeiçoando com o recebimento, pela instituição financeira proponente do redesconto, de mensagem de aceitação do Banco Central do Brasil, ou, não sendo eletrônico o termo de tradição, após a assinatura das partes.

§ 4º Os títulos de crédito e documentos representativos de direitos creditórios, inscritos nos termos de tradição, poderão, a critério do Banco Central do Brasil, permanecer na posse direta da instituição financeira beneficiária do redesconto, que os guardará e conservará em depósito, devendo proceder, como comissária *del credere*, à sua cobrança judicial ou extrajudicial.

Capítulo V
DOS CONTRATOS DE FINANCIAMENTO DE IMÓVEIS

Art. 46. Nos contratos de comercialização de imóveis, de financiamento imobiliário em geral e nos de arrendamento mercantil de imóveis, bem como nos títulos e valores mobiliários por eles originados, com prazo mínimo de 36 (trinta e seis) meses, é admitida estipulação de cláusula de reajuste, com periodicidade mensal, por índices de preços setoriais ou gerais ou pelo índice de remuneração básica dos depósitos de poupança.

§ 1º É vedado o pagamento dos valores relativos à atualização monetária apropriados nos títulos e valores mobiliários, quando ocorrer o resgate antecipado, total ou parcial, em prazo inferior ao estabelecido no *caput*.

§ 2º Os títulos e valores mobiliários a que se refere o *caput* serão cancelados pelo emitente na hipótese de resgate antecipado em que o prazo a decorrer for inferior a 36 (trinta e seis) meses.

§ 3º Não se aplica o disposto no § 1º, no caso de quitação ou vencimento antecipados dos créditos imobiliários que lastreiem ou tenham originado a emissão dos títulos e valores mobiliários a que se refere o *caput*.

Art. 47. São nulos de pleno direito quaisquer expedientes que, de forma direta ou indireta, resultem em efeitos equivalentes à redução do prazo mínimo de que trata o *caput* do art. 46.

Parágrafo único. O Conselho Monetário Nacional poderá disciplinar o disposto neste artigo.

Art. 48. Fica vedada a celebração de contratos com cláusula de equivalência salarial ou de comprometimento de renda, bem como a inclusão de cláusulas desta espécie em contratos já firmados, mantidas, para os contratos firmados até a data de entrada em vigor da Medida Provisória 2.223, de 4 de setembro de 2001, as disposições anteriormente vigentes.

Art. 49. No caso do não pagamento tempestivo, pelo devedor, dos tributos e das taxas condominiais incidentes sobre o imóvel objeto do crédito imobiliário respectivo, bem como das parcelas mensais incontroversas de encargos estabelecidos no respectivo contrato e de quaisquer outros encargos que a lei imponha ao proprietário ou ao ocupante de imóvel, poderá o juiz, a requerimento do credor, determinar a cassação de medida liminar, de medida cautelar ou de antecipação dos efeitos da tutela que tenha interferido na eficácia de cláusulas do contrato de crédito imobiliário correspondente ou suspendido encargos dele decorrentes.

Art. 50. Nas ações judiciais que tenham por objeto obrigação decorrente de empréstimo, financiamento ou alienação imobiliários, o autor deverá discriminar na petição inicial, dentre as obrigações contratuais, aquelas que pretende controverter, quantificando o valor incontroverso, sob pena de inépcia.

§ 1º O valor incontroverso deverá continuar sendo pago no tempo e modo contratados.

§ 2º A exigibilidade do valor controvertido poderá ser suspensa mediante depósito do montante correspondente, no tempo e modo contratados.

§ 3º Em havendo concordância do réu, o autor poderá efetuar o depósito de que trata o § 2º deste artigo, com remuneração e atualização nas mesmas condições aplicadas ao contrato:

I – na própria instituição financeira credora, oficial ou não; ou

II – em instituição financeira indicada pelo credor, oficial ou não, desde que estes tenham pactuado nesse sentido.

§ 4º O juiz poderá dispensar o depósito de que trata o § 2º em caso de relevante razão de direito e risco de dano irreparável ao autor, por decisão fundamentada na qual serão detalhadas as razões jurídicas e fáticas da ilegitimidade da cobrança no caso concreto.

§ 5º É vedada a suspensão liminar da exigibilidade da obrigação principal sob a alegação de compensação com valores pagos a maior, sem o depósito do valor integral desta.

Art. 51. Sem prejuízo das disposições do Código Civil, as obrigações em geral também poderão ser garantidas, inclusive por terceiros, por cessão fiduciária de direitos creditórios decorrentes de contratos de alienação de imóveis, por caução de direitos creditórios ou aquisitivos decorrentes de contratos de venda ou promessa de venda de imóveis e por alienação fiduciária de coisa imóvel.

Art. 52. Uma vez protocolizados todos os documentos necessários à averbação ou ao registro dos atos e dos títulos a que se referem esta Lei e a Lei 9.514, de 1997, o oficial de Registro de Imóveis procederá ao registro ou à averbação, dentro do prazo de 15 (quinze) dias.

Capítulo VI
DISPOSIÇÕES FINAIS

Alterações da Lei de Incorporações

Art. 53. O Título II da Lei 4.591, de 16 de dezembro de 1964, passa a vigorar acrescido dos seguintes Capítulo e artigos:

"Capítulo I-A.

DO PATRIMÔNIO DE AFETAÇÃO"

"Art. 31-A. A critério do incorporador, a incorporação poderá ser submetida ao regime da afetação, pelo qual o terreno e as acessões objeto de incorporação imobiliária, bem como os demais bens e direitos a ela vinculados, manter-se-ão apartados do patrimônio do incorporador e constituirão patrimônio de afetação, destinado à consecução da incorporação correspondente e à entrega das unidades imobiliárias aos respectivos adquirentes.

§ 1º O patrimônio de afetação não se comunica com os demais bens, direitos e obrigações do patrimônio geral do incorporador ou de outros patrimônios de afetação por ele constituídos e só responde por dívidas e obrigações vinculadas à incorporação respectiva.

§ 2º O incorporador responde pelos prejuízos que causar ao patrimônio de afetação.

§ 3º Os bens e direitos integrantes do patrimônio de afetação somente poderão ser objeto de garantia real em operação de crédito cujo produto seja integralmente destinado à consecução da edificação correspondente e à entrega das unidades imobiliárias aos respectivos adquirentes.

§ 4º No caso de cessão, plena ou fiduciária, de direitos creditórios oriundos da comercialização das unidades imobiliárias componentes da incorporação, o produto da cessão também passará a integrar o patrimônio de afetação, observado o disposto no § 6º.

§ 5º As quotas de construção correspondentes a acessões vinculadas a frações ideais serão pagas pelo incorporador até que a responsabilidade pela sua construção tenha sido assumida por terceiros, nos termos da parte final do § 6º do art. 35.

§ 6º Os recursos financeiros integrantes do patrimônio de afetação serão utilizados para pagamento ou reembolso das despesas inerentes à incorporação.

§ 7º O reembolso do preço de aquisição do terreno somente poderá ser feito quando da alienação das unidades autônomas, na proporção das respectivas frações ideais, considerando-se tão somente os valores efetivamente recebidos pela alienação.

§ 8º Excluem-se do patrimônio de afetação:

I – os recursos financeiros que excederem a importância necessária à conclusão da obra (art. 44), considerando-se os valores a receber até sua conclusão e, bem assim, os recursos necessários à quitação de financiamento para a construção, se houver; e

II – o valor referente ao preço de alienação da fração ideal de terreno de cada unidade vendida, no caso de incorporação em que a construção seja contratada sob o regime por empreitada (art. 55) ou por administração (art. 58).

§ 9º No caso de conjuntos de edificações de que trata o art. 8º, poderão ser constituídos patrimônios de afetação separados, tantos quantos forem os:

I – subconjuntos de casas para as quais esteja prevista a mesma data de conclusão (art. 8º, alínea *a*); e

II – edifícios de dois ou mais pavimentos (art. 8º, alínea *b*).

§ 10. A constituição de patrimônios de afetação separados de que trata o § 9º deverá estar declarada no memorial de incorporação.

§ 11. Nas incorporações objeto de financiamento, a comercialização das unidades deverá contar com a anuência da instituição financiadora ou deverá ser a ela cientificada, conforme vier a ser estabelecido no contrato de financiamento.

§ 12. A contratação de financiamento e constituição de garantias, inclusive mediante transmissão, para o credor, da propriedade fiduciária sobre as unidades imobiliárias integrantes da incorporação, bem como a cessão, plena ou fiduciária, de direitos creditórios decorrentes da comercialização dessas unidades, não implicam a transferência para o credor de nenhuma das obrigações ou responsabilidades do cedente, do incorporador ou do construtor, permanecendo estes como únicos responsáveis pelas obrigações e pelos deveres que lhes são imputáveis."

"Art. 31-B. Considera-se constituído o patrimônio de afetação mediante averbação, a qualquer tempo, no Registro de Imóveis, de termo firmado pelo incorporador e, quando for o caso, também pelos titulares de direitos reais de aquisição sobre o terreno.

Parágrafo único. A averbação não será obstada pela existência de ônus reais que tenham sido constituídos sobre o imóvel objeto da incorporação para garantia do pagamento do preço de sua aquisição ou do cumprimento de obrigação de construir o empreendimento."

"Art. 31-C. A Comissão de Representantes e a instituição financiadora da construção poderão nomear, às suas expensas, pessoa física ou jurídica para fiscalizar e acompanhar o patrimônio de afetação.

§ 1º A nomeação a que se refere o *caput* não transfere para o nomeante qualquer responsabilidade pela qualidade da obra, pelo prazo de entrega do imóvel ou por qualquer outra obrigação decorrente da responsabilidade do incorporador ou do construtor, seja legal ou a oriunda dos contratos de alienação das unidades imobiliárias, de construção e de outros contratos eventualmente vinculados à incorporação.

§ 2º A pessoa que, em decorrência do exercício da fiscalização de que trata o *caput* deste artigo, obtiver acesso às informações comerciais, tributárias e de qualquer outra natureza referentes ao patrimônio afetado responderá pela falta de zelo, dedicação e sigilo destas informações.

§ 3º A pessoa nomeada pela instituição financiadora deverá fornecer cópia de seu relatório ou parecer à Comissão de Representantes, a requerimento desta, não constituindo esse fornecimento quebra de sigilo de que trata o § 2º deste artigo."

"Art. 31-D. Incumbe ao incorporador:

I – promover todos os atos necessários à boa administração e à preservação do patrimônio de afetação, inclusive mediante adoção de medidas judiciais;

II – manter apartados os bens e direitos objeto de cada incorporação;

III – diligenciar a captação dos recursos necessários à incorporação e aplicá-los na forma prevista nesta Lei, cuidando de preservar os recursos necessários à conclusão da obra;

IV – entregar à Comissão de Representantes, no mínimo a cada 3 (três) meses, demonstrativo do estado da obra e de sua correspondência com o prazo pactuado ou com os recursos financeiros que integrem o patrimônio de afetação recebidos no período, firmados por profissionais habilitados, ressalvadas eventuais modificações sugeridas pelo incorporador e aprovadas pela Comissão de Representantes;

V – manter e movimentar os recursos financeiros do patrimônio de afetação em conta de depósito aberta especificamente para tal fim;

VI – entregar à Comissão de Representantes balancetes coincidentes com o trimestre civil, relativos a cada patrimônio de afetação;

VII – assegurar à pessoa nomeada nos termos do art. 31-C o livre acesso à obra, bem como aos livros, contratos, movimentação da conta de depósito exclusiva referida no inciso V deste artigo e quaisquer outros documentos relativos ao patrimônio de afetação; e

VIII – manter escrituração contábil completa, ainda que esteja desobrigado pela legislação tributária."

"Art. 31-E. O patrimônio de afetação extinguir-se-á pela:

I – averbação da construção, registro dos títulos de domínio ou de direito de aquisição em nome dos respectivos adquirentes e, quando for o caso, extinção das obrigações do incorporador perante a instituição financiadora do empreendimento;

II – revogação em razão de denúncia da incorporação, depois de restituídas aos adquirentes as quantias por eles pagas (art. 36), ou de outras hipóteses previstas em lei; e

III – liquidação deliberada pela assembleia geral nos termos do art. 31-F, § 1º."

"Art. 31-F. Os efeitos da decretação da falência ou da insolvência civil do incorporador não atingem os patrimônios de afetação constituídos, não integrando a massa concursal o terreno, as acessões e demais bens, direitos creditórios, obrigações e encargos objeto da incorporação.

§ 1º Nos 60 (sessenta) dias que se seguirem à decretação da falência ou da insolvência civil do incorporador, o condomínio dos adquirentes, por convocação da sua Comissão de Representantes ou, na sua falta, de um sexto dos titulares de frações ideais, ou, ainda, por determinação do juiz prolator da decisão, realizará assembleia geral, na qual, por maioria simples, ratificará o mandato da Comissão de Representantes ou elegerá novos membros, e, em primeira convocação, por dois terços dos votos dos adquirentes ou, em segunda convocação, pela maioria absoluta desses votos, instituirá o condomínio da construção, por instrumento público ou particular, e deliberará sobre os termos da continuação da obra ou da liquidação do patrimônio de afetação (art. 43, inciso III); havendo financiamento para construção, a convocação poderá ser feita pela instituição financiadora.

§ 2º O disposto no § 1º aplica-se também à hipótese de paralisação das obras prevista no art. 43, inciso VI.

§ 3º Na hipótese de que tratam os §§ 1º e 2º, a Comissão de Representantes ficará investida de mandato irrevogável para firmar com os adquirentes das unidades autônomas o contrato definitivo a que estiverem obrigados o incorporador, o titular do domínio e o titular dos direitos aquisitivos do imóvel objeto da incorporação em decorrência de contratos preliminares.

§ 4º O mandato a que se refere o § 3º será válido mesmo depois de concluída a obra.

§ 5º O mandato outorgado à Comissão de Representantes confere poderes para transmitir domínio, direito, posse e ação, manifestar a responsabilidade do alienante pela evicção e imitir os adquirentes na posse das unidades respectivas.

§ 6º Os contratos definitivos serão celebrados mesmo com os adquirentes que tenham obrigações a cumprir perante o incorporador ou a instituição financiadora, desde que comprovadamente adimplentes, situação em que a outorga do contrato fica condicionada à constituição de garantia real sobre o imóvel, para assegurar o pagamento do débito remanescente.

§ 7º Ainda na hipótese dos §§ 1º e 2º, a Comissão de Representantes ficará investida de mandato irrevogável para, em nome dos adquirentes, e em cumprimento da decisão da assembleia geral que deliberar pela liquidação do patrimônio de afetação, efetivar a alienação do terreno e das acessões, transmitindo posse, direito, domínio e ação, manifestar a responsabilidade pela evicção, imitir os futuros adquirentes na posse do terreno e das acessões.

§ 8º Na hipótese do § 7º, será firmado o respectivo contrato de venda, promessa de venda ou outra modalidade de contrato compatível com os direitos objeto da transmissão.

§ 9º A Comissão de Representantes cumprirá o mandato nos termos e nos limites estabelecidos pela deliberação da assembleia geral e prestará contas aos adquirentes, entregando-lhes o produto líquido da alienação, no prazo de 5 (cinco) dias da data em que tiver recebido o preço ou cada parcela do preço.

§ 10. Os valores pertencentes aos adquirentes não localizados deverão ser depositados em Juízo pela Comissão de Representantes.

§ 11. Caso decidam pela continuação da obra, os adquirentes ficarão automaticamente sub-rogados nos direitos, nas obrigações e nos encargos relativos à incorporação, inclusive aqueles relativos ao contrato de financiamento da obra, se houver.

§ 12. Para os efeitos do § 11 deste artigo, cada adquirente responderá individualmente pelo saldo porventura existente entre as receitas do empreendimento e o custo da conclusão da incorporação na proporção dos coeficientes de construção atribuíveis às respectivas unidades, se outro critério de rateio não for deliberado em assembleia geral por dois terços dos votos dos adquirentes, observado o seguinte:

I – os saldos dos preços das frações ideais e acessões integrantes da incorporação que não tenham sido pagos ao incorporador até a data da decretação da falência ou da insolvência civil passarão a ser pagos à Comissão de Representantes, permanecendo o somatório desses recursos submetido à afetação, nos termos do art. 31-A, até o limite necessário à conclusão da incorporação;

II – para cumprimento do seu encargo de administradora da incorporação, a Comissão de Representantes fica investida de mandato legal, em caráter irrevogável, para, em nome do incorporador ou do condomínio de construção, conforme o caso, receber as parcelas do saldo do preço e dar quitação, bem como promover as medidas extrajudiciais ou judiciais necessárias a esse recebimento, praticando todos os atos relativos ao leilão de que trata o art. 63 ou os atos relativos à consolidação da propriedade e ao leilão de que tratam os arts. 26 e 27 da Lei 9.514, de 20 de novembro de 1997, devendo realizar a garantia e aplicar na incorporação todo o produto do recebimento do saldo do preço e do leilão;

III – consideram-se receitas do empreendimento os valores das parcelas a receber, vincendas e vencidas e ainda não pagas, de cada adquirente, correspondentes ao preço de aquisição das respectivas unidades ou do preço de custeio de construção, bem como os recursos disponíveis afetados; e

IV – compreendem-se no custo de conclusão da incorporação todo o custeio da construção do edifício e a averbação da construção das edificações para efeito de individualização e discriminação das unidades, nos termos do art. 44.

§ 13. Havendo saldo positivo entre as receitas da incorporação e o custo da conclusão da incorporação, o valor correspondente a esse saldo deverá ser entregue à massa falida pela Comissão de Representantes.

§ 14. Para assegurar as medidas necessárias ao prosseguimento das obras ou à liquidação do patrimônio de afetação, a Comissão de Representantes, no prazo de 60 (sessenta) dias, a contar da data de realização da assembleia geral de que trata o § 1º, promoverá, em leilão público, com observância dos critérios estabelecidos pelo art. 63, a venda das frações ideais e respectivas acessões que, até a data da decretação da falência ou insolvência não tiverem sido alienadas pelo incorporador.

§ 15. Na hipótese de que trata o § 14, o arrematante ficará sub-rogado, na proporção atribuível à fração e acessões adquiridas, nos direitos e nas obrigações relativas ao empreendimento, inclusive nas obrigações de eventual financiamento, e, em se tratando da hipótese do art. 39 desta Lei, nas obrigações perante o proprietário do terreno.

§ 16. Dos documentos para anúncio da venda de que trata o § 14 e, bem assim, o inciso III do art. 43, constarão o valor das acessões não pagas pelo incorporador (art. 35, § 6º) e o preço da fração ideal do terreno e das acessões (arts. 40 e 41).

§ 17. No processo de venda de que trata o § 14, serão asseguradas, sucessivamente, em igualdade de condições com terceiros:

I - ao proprietário do terreno, nas hipóteses em que este seja pessoa distinta da pessoa do incorporador, a preferência para aquisição das acessões vinculadas à fração objeto da venda, a ser exercida nas 24 (vinte e quatro) horas seguintes à data designada para a venda; e

II - ao condomínio, caso não exercida a preferência de que trata o inciso I, ou caso não haja licitantes, a preferência para aquisição da fração ideal e acessões, desde que deliberada em assembleia geral, pelo voto da maioria simples dos adquirentes presentes, e exercida no prazo de 48 (quarenta e oito) horas a contar da data designada para a venda.

§ 18. Realizada a venda prevista no § 14, incumbirá à Comissão de Representantes, sucessivamente, nos 5 (cinco) dias que se seguirem ao recebimento do preço:

I - pagar as obrigações trabalhistas, previdenciárias e tributárias, vinculadas ao respectivo patrimônio de afetação, observada a ordem de preferência prevista na legislação, em especial o disposto no art. 186 do Código Tributário Nacional;

II - reembolsar aos adquirentes as quantias que tenham adiantado, com recursos próprios, para pagamento das obrigações referidas no inciso I;

III - reembolsar à instituição financiadora a quantia que esta tiver entregue para a construção, salvo se outra forma for convencionada entre as partes interessadas;

IV - entregar ao condomínio o valor que este tiver desembolsado para construção das acessões de responsabilidade do incorporador (§ 6º do art. 35 e § 5º do art. 31-A), na proporção do valor obtido na venda;

V - entregar ao proprietário do terreno, nas hipóteses em que este seja pessoa distinta da pessoa do incorporador, o valor apurado na venda, em proporção ao valor atribuído à fração ideal; e

VI - entregar à massa falida o saldo que porventura remanescer.

§ 19. O incorporador deve assegurar à pessoa nomeada nos termos do art. 31-C, o acesso a todas as informações necessárias à verificação do montante das obrigações referidas no § 12, inciso I, do art. 31-F vinculadas ao respectivo patrimônio de afetação.

§ 20. Ficam excluídas da responsabilidade dos adquirentes as obrigações relativas, de maneira direta ou indireta, ao imposto de renda e à contribuição social sobre o lucro, devidas pela pessoa jurídica do incorporador, inclusive por equiparação, bem como as obrigações oriundas de outras atividades do incorporador não relacionadas diretamente com as incorporações objeto de afetação."

Art. 54. A Lei 4.591, de 1964, passa a vigorar com as seguintes alterações:

"Art. 32. (...)

(...)

§ 2º Os contratos de compra e venda, promessa de venda, cessão ou promessa de cessão de unidades autônomas são irretratáveis e, uma vez registrados, conferem direito real oponível a terceiros, atribuindo direito a adjudicação compulsória perante o incorporador ou a quem o suceder, inclusive na hipótese de insolvência posterior ao término da obra.

(...)"

"Art. 43. (...)

(...)

VII - em caso de insolvência do incorporador que tiver optado pelo regime da afetação e não sendo possível à maioria prosseguir na construção, a assembleia geral poderá, pelo voto de 2/3 (dois terços) dos adquirentes, deliberar pela venda do terreno, das acessões e demais bens e direitos integrantes do patrimônio de afetação, mediante leilão ou outra forma que estabelecer, distribuindo entre si, na proporção dos recursos que comprovadamente tiverem aportado, o resultado líquido da venda, depois de pagas as dívidas do patrimônio de afetação e deduzido e entregue ao proprietário do terreno a quantia que lhe couber, nos termos do art. 40; não se obtendo, na venda, a reposição dos aportes efetivados pelos adquirentes, reajustada na forma da lei e de acordo com os critérios do contrato celebrado com o incorporador, os adquirentes serão credores privilegiados pelos valores da diferença não reembolsada, respondendo subsidiariamente os bens pessoais do incorporador."

"Art. 50. Será designada no contrato de construção ou eleita em assembleia geral uma Comissão de Representantes composta de três membros, pelo menos, escolhidos entre os adquirentes, para representá-los perante o construtor ou, no caso do art. 43, ao incorporador, em tudo o que interessar ao bom andamento da incorporação, e, em especial, perante terceiros, para praticar os atos resultantes da aplicação dos arts. 31-A a 31-F.

(...)

§ 2º A assembleia geral poderá, pela maioria absoluta dos votos dos adquirentes, alterar a composição da Comissão de Representantes e revogar qualquer de suas decisões, ressalvados os direitos de terceiros quanto aos efeitos já produzidos.

(...)"

Alterações de Leis sobre Alienação Fiduciária

Art. 55. A Seção XIV da Lei 4.728, de 14 de julho de 1965, passa a vigorar com a seguinte redação:

"Seção XIV

Alienação Fiduciária em Garantia no Âmbito do Mercado Financeiro e de Capitais"

"Art. 66-B. O contrato de alienação fiduciária celebrado no âmbito do mercado financeiro e de capitais, bem como em garantia de créditos fiscais e previdenciários, deverá conter, além dos requisitos definidos na Lei 10.406, de 10 de janeiro de 2002 – Código Civil, a taxa de juros, a cláusula penal, o índice de atualização monetária, se houver, e as demais comissões e encargos.

§ 1º Se a coisa objeto de propriedade fiduciária não se identifica por números, marcas e sinais no contrato de alienação fiduciária, cabe ao proprietário fiduciário o ônus da prova, contra terceiros, da identificação dos bens do seu domínio que se encontram em poder do devedor.

§ 2º O devedor que alienar, ou der em garantia a terceiros, coisa que já alienara fiduciariamente em garantia, ficará sujeito à pena prevista no art. 171, § 2º, I, do Código Penal.

§ 3º É admitida a alienação fiduciária de coisa fungível e a cessão fiduciária de direitos sobre coisas móveis, bem como de títulos de crédito, hipóteses em que, salvo disposição em contrário, a posse direta e indireta do bem objeto da propriedade fiduciária ou do título representativo do direito ou do crédito é atribuída ao credor, que, em caso de inadimplemento ou mora da obrigação garantida, poderá vender a terceiros o bem objeto da propriedade fiduciária independente de leilão, hasta pública ou qualquer outra medida judicial ou extrajudicial, devendo aplicar o preço da venda no pagamento do seu crédito e das despesas decorrentes da realização da garantia, entregando ao devedor o saldo, se houver, acompanhado do demonstrativo da operação realizada.

§ 4º No tocante à cessão fiduciária de direitos sobre coisas móveis ou sobre títulos de crédito aplica-se, também, o disposto nos arts. 18 a 20 da Lei 9.514, de 20 de novembro de 1997.

§ 5º Aplicam-se à alienação fiduciária e à cessão fiduciária de que trata esta Lei os arts. 1.421, 1.425, 1.426, 1.435 e 1.436 da Lei 10.406, de 10 de janeiro de 2002.

§ 6º Não se aplica à alienação fiduciária e à cessão fiduciária de que trata esta Lei o disposto no art. 644 da Lei 10.406, de 10 de janeiro de 2002."

Art. 56. O Decreto-lei 911, de 1º de outubro de 1969, passa a vigorar com as seguintes alterações:

"Art. 3º (...)

§ 1º Cinco dias após executada a liminar mencionada no *caput*, consolidar-se-ão a propriedade e a posse plena e exclusiva do bem no patrimônio do credor fiduciário, cabendo às repartições competentes, quando for o caso, expedir novo certificado de registro de propriedade em nome do credor, ou de terceiro por ele indicado, livre do ônus da propriedade fiduciária.

§ 2º No prazo do § 1º, o devedor fiduciante poderá pagar a integralidade da dívida pendente, segundo os valores apresentados pelo credor fiduciário na inicial, hipótese na qual o bem lhe será restituído livre do ônus.

§ 3º O devedor fiduciante apresentará resposta no prazo de 15 (quinze) dias da execução da liminar.

§ 4º A resposta poderá ser apresentada ainda que o devedor tenha se utilizado da faculdade do § 2º, caso entenda ter havido pagamento a maior e desejar restituição.

§ 5º Da sentença cabe apelação apenas no efeito devolutivo.

§ 6º Na sentença que decretar a improcedência da ação de busca e apreensão, o juiz condenará o credor fiduciário ao pagamento de multa, em favor do devedor fiduciante, equivalente a 50% (cinquenta por cento) do valor originalmente financiado, devidamente atualizado, caso o bem já tenha sido alienado.

§ 7º A multa mencionada no § 6º não exclui a responsabilidade do credor fiduciário por perdas e danos.

§ 8º A busca e apreensão prevista no presente artigo constitui processo autônomo e independente de qualquer procedimento posterior."

"Art. 8º-A. O procedimento judicial disposto neste Decreto-lei aplica-se exclusivamente às hipóteses da Seção XIV da Lei 4.728, de 14 de julho de 1965, ou quando o ônus da propriedade fiduciária tiver sido constituído para fins de garantia de débito fiscal ou previdenciário."

Art. 57. A Lei 9.514, de 1997, passa a vigorar com as seguintes alterações:

"Art. 5º (...)

(...)

§ 2º As operações de comercialização de imóveis, com pagamento parcelado, de arrendamento mercantil de imóveis e de financiamento imobiliário em geral poderão ser pactuadas nas mesmas condições permitidas para as entidades autorizadas a operar no SFI."

"Art. 8º (...)

I – a identificação do devedor e o valor nominal de cada crédito que lastreie a emissão, com a individuação do imóvel a que esteja vinculado e a indicação do Cartório de Registro de Imóveis em que esteja registrado e respectiva matrícula, bem como a indicação do ato pelo qual o crédito foi cedido;

(...)"

"Art. 16. (...)

(...)

§ 3º Os emolumentos devidos aos Cartórios de Registros de Imóveis para cancelamento do regime fiduciário e das garantias reais existentes serão cobrados como ato único."

"Art. 22. (...)

Parágrafo único. A alienação fiduciária poderá ter como objeto bens enfitêuticos, sendo também exigível o pagamento do laudêmio se houver a consolidação do domínio útil no fiduciário."

"Art. 26. (...)

(...)

§ 7º Decorrido o prazo de que trata o § 1º sem a purgação da mora, o oficial do competente Registro de Imóveis, certificando esse fato, promoverá a averbação, na matrícula do imóvel, da consolidação da propriedade em nome do fiduciário, à vista da prova do pagamento por este, do imposto de transmissão *inter vivos* e, se for o caso, do laudêmio.

§ 8º O fiduciante pode, com a anuência do fiduciário, dar seu direito eventual ao imóvel em pagamento da dívida, dispensados os procedimentos previstos no art. 27."

"Art. 27. (...)

(...)

§ 7º Se o imóvel estiver locado, a locação poderá ser denunciada com o prazo de 30 (trinta) dias para desocupação, salvo se tiver havido aquiescência por escrito do fiduciário, devendo a denúncia ser realizada no prazo de 90 (noventa) dias a contar da data da consolidação da propriedade no fiduciário, devendo essa condição constar expressamente em cláusula contratual específica, destacando-se das demais por sua apresentação gráfica.

§ 8º Responde o fiduciante pelo pagamento dos impostos, taxas, contribuições condominiais e quaisquer outros encargos que recaiam ou venham a recair sobre o imóvel, cuja posse tenha sido transferida para o fiduciário, nos termos deste artigo, até a data em que o fiduciário vier a ser imitido na posse."

"Art. 37-A. O fiduciante pagará ao fiduciário, ou a quem vier a sucedê-lo, a título de taxa de ocupação do imóvel, por mês ou fração, valor correspondente a 1% (um por cento) do valor a que se refere o inciso VI do art. 24, computado e exigível desde a data da alienação em leilão até a data em que o fiduciário, ou seus sucessores, vier a ser imitido na posse do imóvel."

"Art. 37-B. Será considerada ineficaz, e sem qualquer efeito perante o fiduciário ou seus sucessores, a contratação ou a prorrogação de locação de imóvel alienado fiduciariamente por prazo superior a 1 (um) ano sem concordância por escrito do fiduciário."

"Art. 38. Os contratos de compra e venda com financiamento e alienação fiduciária, de mútuo com alienação fiduciária, de arrendamento mercantil, de cessão de crédito com garantia real poderão ser celebrados por instrumento particular, a eles se atribuindo o caráter de escritura pública, para todos os fins de direito."

Alterações no Código Civil

Art. 58. A Lei 10.406, de 2002 – Código Civil passa a vigorar com as seguintes alterações:

"Art. 819-A. *(Vetado.)*"

"Art. 1.331. (...)

(...)

§ 3º A cada unidade imobiliária caberá, como parte inseparável, uma fração ideal no solo e nas outras partes comuns, que será identificada em forma decimal ou ordinária no instrumento de instituição do condomínio.

(...)"

"Art. 1.336. (...)

(...)

I – contribuir para as despesas do condomínio na proporção das suas frações ideais, salvo disposição em contrário na convenção;

§ 1º *(Vetado).*

(...)"

"Art. 1.351. Depende da aprovação de 2/3 (dois terços) dos votos dos condôminos a alteração da convenção; a mudança da destinação do edifício, ou da unidade imobiliária, depende da aprovação pela unanimidade dos condôminos."

"Art. 1.368-A. As demais espécies de propriedade fiduciária ou de titularidade fiduciária submetem-se à disciplina específica das respectivas leis especiais, somente se aplicando as disposições deste Código naquilo que não for incompatível com a legislação especial."

"Art. 1.485. Mediante simples averbação, requerida por ambas as partes, poderá prorrogar-se a hipoteca, até 30 (trinta) anos da data do contrato. Desde que perfaça esse prazo, só poderá subsistir o contrato de hipoteca reconstituindo-se por novo título e novo registro; e, nesse caso, lhe será mantida a precedência, que então lhe competir."

Alterações na Lei de Registros Públicos

Art. 59. A Lei 6.015, de 31 de dezembro de 1973, passa a vigorar com as seguintes alterações:

"Art. 167. (...)

(...)

II – (...)

(...)

21) da cessão de crédito imobiliário."

"Art. 212. Se o registro ou a averbação for omissa, imprecisa ou não exprimir a verdade, a retificação será feita pelo Oficial do Registro de Imóveis competente, a requerimento do interessado, por meio do procedimento administrativo previsto no art. 213, facultado ao interessado requerer a retificação por meio de procedimento judicial.

Parágrafo único. A opção pelo procedimento administrativo previsto no art. 213 não exclui a prestação jurisdicional, a requerimento da parte prejudicada."

"Art. 213. O oficial retificará o registro ou a averbação:

I – de ofício ou a requerimento do interessado nos casos de:

a) omissão ou erro cometido na transposição de qualquer elemento do título;

b) indicação ou atualização de confrontação;

c) alteração de denominação de logradouro público, comprovada por documento oficial;

d) retificação que vise a indicação de rumos, ângulos de deflexão ou inserção de coordenadas georeferenciadas, em que não haja alteração das medidas perimetrais;

e) alteração ou inserção que resulte de mero cálculo matemático feito a partir das medidas perimetrais constantes do registro;

f) reprodução de descrição de linha divisória de imóvel confrontante que já tenha sido objeto de retificação;

g) inserção ou modificação dos dados de qualificação pessoal das partes, comprovada por documentos oficiais, ou mediante despacho judicial quando houver necessidade de produção de outras provas;

II – a requerimento do interessado, no caso de inserção ou alteração de medida perimetral de que resulte, ou não, alteração de área, instruído com planta e memorial descritivo assinado por profissional legalmente habilitado, com prova de anotação de responsabilidade técnica no competente Conselho Regional de Engenharia e Arquitetura – CREA, bem assim pelos confrontantes.

§ 1º Uma vez atendidos os requisitos de que trata o *caput* do art. 225, o oficial averbará a retificação.

§ 2º Se a planta não contiver a assinatura de algum confrontante, este será notificado pelo Oficial de Registro de Imóveis competente, a requerimento do interessado, para se manifestar em 15 (quinze) dias, promovendo-se a notificação pessoalmente ou pelo correio, com aviso de recebimento, ou, ainda, por solicitação do Oficial de Registro de Imóveis, pelo Oficial de Registro de Títulos e Documentos da comarca da situação do imóvel ou do domicílio de quem deva recebê-la.

§ 3º A notificação será dirigida ao endereço do confrontante constante do Registro de Imóveis, podendo ser dirigida ao próprio imóvel contíguo ou àquele fornecido pelo requerente; não sendo encontrado o confrontante ou estando em lugar incerto e não sabido, tal fato será certificado pelo oficial encarregado da diligência, promovendo-se a notificação do confrontante mediante edital, com o mesmo prazo fixado no § 2º, publicado por duas vezes em jornal local de grande circulação.

§ 4º Presumir-se-á a anuência do confrontante que deixar de apresentar impugnação no prazo da notificação.

§ 5º Findo o prazo sem impugnação, o oficial averbará a retificação requerida; se houver impugnação fundamentada por parte de algum confrontante, o oficial intimará o requerente e o profissional que houver assinado a planta e o memorial a fim de que, no prazo de 5 (cinco) dias, se manifestem sobre a impugnação.

§ 6º Havendo impugnação e se as partes não tiverem formalizado transação amigável para solucioná-la, o oficial remeterá o processo ao juiz competente, que decidirá de plano ou após instrução sumária, salvo se a controvérsia versar sobre o direito de propriedade de alguma das partes, hipótese em que remeterá o interessado para as vias ordinárias.

§ 7º Pelo mesmo procedimento previsto neste artigo poderão ser apurados os remanescentes de áreas parcialmente alienadas, caso em que serão considerados como confrontantes tão somente os confinantes das áreas remanescentes.

§ 8º As áreas públicas poderão ser demarcadas ou ter seus registros retificados pelo mesmo procedimento previsto neste artigo, desde que constem do registro ou sejam logradouros devidamente averbados.

§ 9º Independentemente de retificação, dois ou mais confrontantes poderão, por meio de escritura pública, alterar ou estabelecer as divisas entre si e, se houver transferência de área, com o recolhimento do devido imposto de transmissão e desde que preservadas, se rural o imóvel, a fração mínima de parcelamento e, quando urbano, a legislação urbanística.

§ 10. Entendem-se como confrontantes não só os proprietários dos imóveis contíguos, mas, também, seus eventuais ocupantes; o condomínio geral, de que tratam os arts. 1.314 e seguintes do Código Civil, será representado por qualquer dos condôminos e o condomínio edilício, de que tratam os arts. 1.331 e seguintes do Código Civil, será representado, conforme o caso, pelo síndico ou pela Comissão de Representantes.

§ 11. Independe de retificação:

I – a regularização fundiária de interesse social realizada em Zonas Especiais de Interesse Social, nos termos da Lei 10.257, de 10 de julho de 2001, promovida por Município ou pelo Distrito Federal, quando os lotes já estiverem cadastrados individualmente ou com lançamento fiscal há mais de 20 (vinte) anos;

II – a adequação da descrição de imóvel rural às exigências dos arts. 176, §§ 3º e 4º, e 225, § 3º, desta Lei.

§ 12. Poderá o oficial realizar diligências no imóvel para a constatação de sua situação em face dos confrontantes e localização na quadra.

§ 13. Não havendo dúvida quanto à identificação do imóvel, o título anterior à retificação poderá ser levado a registro desde que requerido pelo adquirente, promovendo-se o registro em conformidade com a nova descrição.

§ 14. Verificado a qualquer tempo não serem verdadeiros os fatos constantes do memorial descritivo, responderão os requerentes e o profissional que o elaborou pelos prejuízos causados, independentemente das sanções disciplinares e penais.

§ 15. Não são devidos custas ou emolumentos notariais ou de registro decorrentes de regularização fundiária de interesse social a cargo da administração pública."

"Art. 214. (...)

§ 1º A nulidade será decretada depois de ouvidos os atingidos.

§ 2º Da decisão tomada no caso do § 1º caberá apelação ou agravo conforme o caso.

§ 3º Se o juiz entender que a superveniência de novos registros poderá causar danos de difícil reparação poderá determinar de ofício, a qualquer momento, ainda que sem oitiva das partes, o bloqueio da matrícula do imóvel.

§ 4º Bloqueada a matrícula, o oficial não poderá mais nela praticar qualquer ato, salvo com autorização judicial, permitindo-se, todavia, aos interessados a prenotação de seus títulos, que ficarão com o prazo prorrogado até a solução do bloqueio.

§ 5º A nulidade não será decretada se atingir terceiro de boa-fé que já tiver preenchido as condições de usucapião do imóvel."

Alteração na Lei do FGTS

Art. 60. O *caput* do art. 9º da Lei 8.036, de 11 de maio de 1990, passa a vigorar com a seguinte redação:

"Art. 9º As aplicações com recursos do FGTS poderão ser realizadas diretamente pela Caixa Econômica Federal e pelos demais órgãos integrantes do Sistema Financeiro da Habitação – SFH, exclusivamente segundo critérios fixados pelo Conselho Curador do FGTS, em operações que preencham os seguintes requisitos:"

Alterações na Lei de Locações

Art. 61. A Lei 8.245, de 18 de outubro de 1991, passa a vigorar com as seguintes alterações:

"Art. 32. (...)

Parágrafo único. Nos contratos firmados a partir de 1º de outubro de 2001, o direito de preferência de que trata este artigo não alcançará também os casos de constituição da propriedade fiduciária e de perda da propriedade ou venda por quaisquer formas de realização de garantia, inclusive mediante leilão extrajudicial, devendo essa condição constar expressamente em cláusula contratual específica, destacando-se das demais por sua apresentação gráfica."

"Art. 39. *(Vetado).*"

Alterações na Lei de Protesto de Títulos e Documentos de Dívida

Art. 62. *(Vetado).*

Normas Complementares a esta Lei

Art. 63. Nas operações envolvendo recursos do Sistema Financeiro da Habitação e do Sistema Financeiro Imobiliário, relacionadas com a moradia, é vedado cobrar do mutuário a elaboração de instrumento contratual particular, ainda que com força de escritura pública.

Art. 63-A. A constituição de gravames e ônus sobre ativos financeiros e valores mobiliários em operações realizadas no âmbito do mercado de valores mobiliários ou do sistema de pagamentos brasileiro, de forma individualizada ou em caráter de universalidade, será realizada, inclusive para fins de publicidade e eficácia perante terceiros, exclusivamente mediante o registro do respectivo instrumento nas entidades expressamente autorizadas para esse fim pelo Banco Central do Brasil e pela Comissão de Valores Mobiliários, nos seus respectivos campos de competência.

→ Artigo acrescentado pela Lei 12.543/2011.

→ *V.* Decreto 7.897/2013.

Parágrafo único. O regulamento estabelecerá as formas e condições do registro de que trata o *caput*, inclusive no que concerne ao acesso às informações.

Art. 64. *(Vetado).*

Art. 65. O Conselho Monetário Nacional e a Secretaria da Receita Federal, no âmbito das suas respectivas atribuições, expedirão as instruções que se fizerem necessárias à execução das disposições desta Lei.

Vigência

Art. 66. Esta Lei entra em vigor na data de sua publicação.

Revogações

Art. 67. Ficam revogadas as Medidas Provisórias 2.160-25, de 23 de agosto de 2001, 2.221, de 4 de setembro de 2001, e 2.223, de 4 de setembro de 2001, e os arts. 66 e 66-A da Lei 4.728, de 14 de julho de 1965.

Brasília, 2 de agosto de 2004; 183º da Independência e 116º da República.

Luiz Inácio Lula da Silva

(Publicação no *D.O.U.* de 3.8.2004)

LEI 10.996,
DE 15 DE DEZEMBRO DE 2004

Altera a legislação tributária federal e as Leis 10.637, de 30 de dezembro de 2002, e 10.833, de 29 de dezembro de 2003.

O Presidente da República:

Faço saber que o Congresso Nacional decreta e eu sanciono a seguinte Lei:

Art. 1º Fica excluída, para fins de incidência na fonte e no ajuste anual do imposto de renda da pessoa física, a quantia de R$ 100,00 (cem reais) mensais do total dos rendimentos tributáveis provenientes do trabalho assalariado pagos nos meses de agosto a dezembro do ano-calendário de 2004.

Parágrafo único. O disposto no caput deste artigo aplica-se, também, ao 13º (décimo terceiro) salário para fins de incidência do imposto de renda na fonte.

Art. 2º Ficam reduzidas a 0 (zero) as alíquotas da Contribuição para o PIS/PASEP e da Contribuição para o Financiamento da Seguridade Social – COFINS incidentes sobre as receitas de vendas de mercadorias destinadas ao consumo ou à industrialização na Zona Franca de Manaus – ZFM, por pessoa jurídica estabelecida fora da ZFM.

→ *Caput* com redação alterada pela Lei 13.137/20015.

§ 1º Para os efeitos deste artigo, entendem-se como vendas de mercadorias de consumo na Zona Franca de Manaus – ZFM as que tenham como destinatárias pessoas jurídicas que as venham utilizar diretamente ou para comercialização por atacado ou a varejo.

§ 2º Aplicam-se às operações de que trata o caput deste artigo as disposições do inciso II do § 2º do art. 3º da Lei 10.637, de 30 de dezembro de 2002, e do inciso II do § 2º do art. 3º da Lei 10.833, de 29 de dezembro de 2003.

§ 3º As disposições deste artigo aplicam-se às vendas de mercadorias destinadas ao consumo ou à industrialização nas Áreas de Livre Comércio de que tratam as Leis 7.965, de 22 de dezembro de 1989, 8.210, de 19 de julho de 1991, e 8.256, de 25 de novembro de 1991, o art. 11 da Lei 8.387, de 30 de dezembro de 1991, e a Lei 8.857, de 8 de março de 1994, por pessoa jurídica estabelecida fora dessas áreas.

→ § 3º acrescentado pela Lei 11.945/2009.

§ 4º Não se aplica o disposto neste artigo às vendas de mercadorias que tenham como destinatárias pessoas jurídicas atacadistas e varejistas, sujeitas ao regime de apuração não cumulativa da Contribuição para o PIS/Pasep e da Cofins, estabelecidas nas Áreas de Livre Comércio referidas no § 3º.

→ § 4º acrescentado pela Lei 12.350/2010.

§ 5º Nas notas fiscais relativas à venda de que trata o *caput* deste artigo, deverá constar a expressão "Venda de mercadoria efetuada com alíquota zero da Contribuição para o PIS/Pasep e da Cofins", com a especificação do dispositivo legal correspondente.

→ § 5º acrescentado pela Lei 12.350/2010.

§ 6º O disposto neste artigo não se aplica aos produtos de que trata o art. 14 da Lei 13.097, de 19 de janeiro de 2015.

→ § 6º acrescentado pela Lei 13.137/2015.

Art. 3º Os arts. 2º e 3º da Lei 10.637, de 30 de dezembro de 2002, passam a vigorar com a seguinte redação:

→ Alterações efetuadas na referida Lei.

Art. 4º Os arts. 2º e 3º da Lei 10.833, de 29 de dezembro de 2003, passam a vigorar com a seguinte redação:

→ Alterações efetuadas na referida Lei.

Art. 5º A suspensão da exigibilidade da Contribuição para o PIS/PASEP incidente na importação de produtos estrangeiros ou serviços e da COFINS devida pelo importador de bens estrangeiros ou serviços do exterior, prevista nos arts. 14, § 1º, e 14-A da Lei 10.865, de 30 de abril de 2004, será resolvida mediante a aplicação de alíquota 0 (zero), quando as mercadorias importadas forem utilizadas em processo de fabricação de matérias-primas, produtos industrializados finais, por estabelecimentos situados na Zona Franca de Manaus – ZFM, consoante projeto aprovado pelo Conselho de Administração da Superintendência da Zona Franca de Manaus – SUFRAMA.

Art. 6º Esta Lei entra em vigor na data de sua publicação.

Brasília, 15 de dezembro de 2004; 183º da Independência e 116º da República.

Luiz Inácio Lula da Silva

(Publicação no *D.O.U.* de 16.2.2004)

LEI 11.033,
DE 21 DE DEZEMBRO DE 2004

Altera a tributação do mercado financeiro e de capitais; institui o Regime Tributário para Incentivo à Modernização e à Ampliação da Estrutura Portuária – REPORTO; altera as Leis 10.865, de 30 de abril de 2004, 8.850, de 28 de janeiro de 1994, 8.383, de 30 de dezembro de 1991, 10.522, de 19 de julho de 2002, 9.430, de 27 de dezembro de 1996, e 10.925, de 23 de julho de 2004; e dá outras providências.

O Presidente da República:

Faço saber que o Congresso Nacional decreta e eu sanciono a seguinte Lei:

Art. 1º Os rendimentos de que trata o art. 5º da Lei 9.779, de 19 de janeiro de 1999, relativamente às aplicações e operações realizadas a partir de 1º de janeiro de 2005, sujeitam-se à incidência do imposto de renda na fonte, às seguintes alíquotas:

I – 22,5% (vinte e dois inteiros e cinco décimos por cento), em aplicações com prazo de até 180 (cento e oitenta) dias;

II – 20% (vinte por cento), em aplicações com prazo de 181 (cento e oitenta e um) dias até 360 (trezentos e sessenta) dias;

III – 17,5% (dezessete inteiros e cinco décimos por cento), em aplicações com prazo de 361 (trezentos e sessenta e um) dias até 720 (setecentos e vinte) dias;

IV – 15% (quinze por cento), em aplicações com prazo acima de 720 (setecentos e vinte) dias.

§ 1º No caso de aplicações existentes em 31 de dezembro de 2004:

I – os rendimentos produzidos até essa data serão tributados nos termos da legislação então vigente;

II – em relação aos rendimentos produzidos em 2005, os prazos a que se referem os incisos I a IV do *caput* deste artigo serão contados a partir:

a) de 1º de julho de 2004, no caso de aplicação efetuada até a data da publicação desta Lei; e

b) da data da aplicação, no caso de aplicação efetuada após a data da publicação desta Lei.

§ 2º No caso dos fundos de investimentos, será observado o seguinte:

I – os rendimentos serão tributados semestralmente, com base no art. 3º da Lei 10.892, de 13 de julho de 2004, à alíquota de 15% (quinze por cento), sem prejuízo do disposto no inciso III deste parágrafo;

II – na hipótese de fundos de investimentos com prazo de carência de até 90 (noventa) dias para resgate de quotas com rendimento, a incidência do imposto de renda na fonte a que se refere o inciso I deste parágrafo ocorrerá na data em que se completar cada período de carência para resgate de quotas com rendimento, sem prejuízo do disposto no inciso III deste parágrafo;

III – por ocasião do resgate das quotas, será aplicada alíquota complementar de acordo com o previsto nos incisos I a IV do *caput* deste artigo.

§ 3º O disposto neste artigo não se aplica:

I – aos fundos e clubes de investimento em ações cujos rendimentos serão tributados exclusivamente no resgate das quotas, à alíquota de 15% (quinze por cento);

II – aos títulos de capitalização, no caso de resgate sem ocorrência de sorteio, cujos rendimentos serão tributados à alíquota de 20% (vinte por cento).

§ 4º Ao fundo ou clube de investimento em ações cuja carteira deixar de observar a proporção referida no art. 2º da Medida Provisória 2.189-49, de 23 de agosto de 2001, aplicar-se-á o disposto no *caput* e nos §§ 1º e 2º deste artigo, a partir do momento do desenquadramento da carteira, salvo no caso de, cumulativamente, a referida proporção não ultrapassar o limite de 50% (cinquenta por cento) do total da carteira, a situação for regularizada no prazo máximo de 30 (trinta) dias e o fundo ou clube não incorrer em nova hipótese de desenquadramento no período de 12 (doze) meses subsequentes.

§ 5º Consideram-se incluídos entre os rendimentos referidos pelo art. 5º da Lei 9.779, de 19 de janeiro de 1999, os predeterminados obtidos em operações conjugadas, realizadas nos mercados de opções de compra e de venda em bolsas de valores, de mercadorias e de futuros (box), no mercado a termo nas bolsas de valores, de mercadorias e de futuros, em operações de venda coberta e sem ajustes diários, e no mercado de balcão.

§ 6º As operações descritas no § 5º deste artigo, realizadas por fundo ou clube de investimento em ações, não integrarão a parcela da carteira aplicada em ações, para efeito da proporção referida no § 4º deste artigo.

§ 7º O Ministro da Fazenda poderá elevar e restabelecer o percentual a que se refere o art. 2º da Medida Provisória 2.189-49, de 23 de agosto de 2001.

Art. 2º O disposto no art. 1º desta Lei não se aplica aos ganhos líquidos auferidos em operações realizadas em bolsas de valores, de mercadorias, de futuros, e assemelhadas, inclusive day trade, que permanecem sujeitos à legislação vigente e serão tributados às seguintes alíquotas:

I – 20% (vinte por cento), no caso de operação day trade;

II – 15% (quinze por cento), nas demais hipóteses.

§ 1º As operações a que se refere o *caput* deste artigo, exceto day trade, sujeitam-se à incidência do imposto de renda na fonte, à alíquota de 0,005% (cinco milésimos por cento) sobre os seguintes valores:

I – nos mercados futuros, a soma algébrica dos ajustes diários, se positiva, apurada por ocasião do encerramento da posição, antecipadamente ou no seu vencimento;

II – nos mercados de opções, o resultado, se positivo, da soma algébrica dos prêmios pagos e recebidos no mesmo dia;

III – nos contratos a termo:

a) quando houver a previsão de entrega do ativo objeto na data do seu vencimento, a diferença, se positiva, entre o preço a termo e o preço à vista na data da liquidação;

b) com liquidação exclusivamente financeira, o valor da liquidação financeira previsto no contrato;

IV – nos mercados à vista, o valor da alienação, nas operações com ações, ouro ativo financeiro e outros valores mobiliários neles negociados.

§ 2º O disposto no § 1º deste artigo:

I – não se aplica às operações de exercício de opção;

II – aplica-se às operações realizadas no mercado de balcão, com intermediação, tendo por objeto os valores mobiliários e ativos referidos no inciso IV do § 1º deste artigo, bem como às operações realizadas em mercados de liquidação futura fora de bolsa.

§ 3º As operações day trade permanecem tributadas, na fonte, nos termos da legislação vigente.

§ 4º Fica dispensada a retenção do imposto de que trata o § 1º deste artigo cujo valor seja igual ou inferior a R$ 1,00 (um real).

§ 5º Ocorrendo mais de uma operação no mesmo mês, realizada por uma mesma pessoa, física ou jurídica, deverá ser efetuada a soma dos valores de imposto incidente sobre todas as operações realizadas no mês, para efeito de cálculo do limite de retenção previsto no § 4º deste artigo.

§ 6º Fica responsável pela retenção do imposto de que tratam o § 1º e o inciso II do § 2º deste artigo a instituição intermediadora que receber diretamente a ordem do cliente, a bolsa que registrou as operações ou entidade responsável pela liquidação e compensação das operações, na forma regulamentada pela Secretaria da Receita Federal do Ministério da Fazenda.

§ 7º O valor do imposto retido na fonte a que se refere o § 1º deste artigo poderá ser:

I – deduzido do imposto sobre ganhos líquidos apurados no mês;

II – compensado com o imposto incidente sobre ganhos líquidos apurados nos meses subsequentes;

III – compensado na declaração de ajuste se, após a dedução de que tratam os incisos I e II deste parágrafo, houver saldo de imposto retido;

IV – compensado com o imposto devido sobre o ganho de capital na alienação de ações.

§ 8º O imposto de renda retido na forma do § 1º deste artigo deverá ser recolhido ao Tesouro Nacional até o 3º (terceiro) dia útil da semana subsequente à data da retenção.

Art. 3º Ficam isentos do imposto de renda:

I – os ganhos líquidos auferidos por pessoa física em operações no mercado à vista de ações nas bolsas de valores e em operações com ouro ativo financeiro cujo valor das alienações, realizadas em cada mês, seja igual ou inferior a R$ 20.000,00 (vinte mil reais), para o conjunto de ações e para o ouro ativo financeiro respectivamente;

II – na fonte e na declaração de ajuste anual das pessoas físicas, a remuneração produzida por letras hipotecárias, certificados de recebíveis imobiliários e letras de crédito imobiliário.

III – na fonte e na declaração de ajuste anual das pessoas físicas, os rendimentos distribuídos pelos Fundos de Investimento Imobiliários cujas quotas sejam admitidas à negociação exclusivamente em bolsas de valores ou no mercado de balcão organizado.

→ Inciso III acrescentado pela Lei 11.196/2005.

IV – na fonte e na declaração de ajuste anual das pessoas físicas, a remuneração produzida por Certificado de Depósito Agropecuário – CDA, Warrant Agropecuário – WA, Certificado de Direitos Creditórios do Agronegócio – CDCA, Letra de Crédito do Agronegócio – LCA e Certificado de Recebíveis do Agronegócio – CRA, instituídos pelos arts. 1º e 23 da Lei 11.076, de 30 de dezembro de 2004;

→ Inciso IV acrescentado pela Lei 11.311/2006.

V – na fonte e na declaração de ajuste anual das pessoas físicas, a remuneração produzida pela Cédula de Produto Rural – CPR, com liquidação financeira, instituída pela Lei 8.929, de 22 de agosto de 1994, alterada pela Lei no 10.200, de 14 de fevereiro de 2001, desde que negociada no mercado financeiro.

→ Inciso V acrescentado pela Lei 11.311/2006.

Parágrafo único. O benefício disposto no inciso III do *caput* deste artigo:

→ **Parágrafo único** acrescentado pela Lei 1.196/2005.

I – será concedido somente nos casos em que o Fundo de Investimento Imobiliário possua, no mínimo, 50 (cinquenta) quotistas;

II – não será concedido ao quotista pessoa física titular de quotas que representem 10% (dez por cento) ou mais da totalidade das quotas emitidas pelo Fundo de Investimento Imobiliário ou cujas quotas lhe derem direito ao recebimento de rendimento superior a 10% (dez por cento) do total de rendimentos auferidos pelo fundo.

Art. 4º Não se aplica o disposto nos arts. 1º e 2º desta Lei às pessoas jurídicas de que trata o art. 77, inciso I, da Lei 8.981, de 20 de janeiro de 1995, aos investidores estrangeiros referidos no art. 16 da Medida Provisória 2.189-49, de 23 de agosto de 2001, e às entidades ou fundos optantes pelo regime especial de que trata o art. 2º da Medida Provisória 2.222, de 4 de setembro de 2001, que permanecem sujeitos às normas previstas na legislação vigente.

Art. 5º Na transferência de titularidade de ações negociadas fora de bolsa, sem intermediação, a entidade encarregada de seu registro deverá exigir o documento de arrecadação de receitas federais que comprove o pagamento do imposto de renda sobre o ganho de capital incidente na alienação ou declaração do alienante sobre a inexistência de imposto devido, observadas as normas estabelecidas pela Secretaria da Receita Federal.

§ 1º Quando a transferência for efetuada antes do vencimento do prazo legal para pagamento do imposto devido, a comprovação de que trata o *caput* deste artigo deverá ocorrer em até 15 (quinze) dias após o vencimento do referido prazo, ao final do qual, caso não tenha sido realizada, a entidade deverá comunicar o fato à Secretaria da Receita Federal na forma e prazo por ela regulamentados.

§ 2º O descumprimento do disposto neste artigo sujeita a entidade à multa de 30% (trinta por cento) do valor do imposto devido.

Art. 6º Os arts. 8º e 28 da Lei 10.865, de 30 de abril de 2004, passam a vigorar com a seguinte redação:

→ Alterações efetuadas na referida Lei.

Art. 7º As pessoas jurídicas que aufiram as receitas de que trata o inciso XXIII do art. 10 da Lei 10.833, de 29 de dezembro de 2003, são obrigadas a instalar equipamento emissor de cupom fiscal em seus estabelecimentos, ou outro sistema equivalente para controle de receitas, na forma disciplinada pela Secretaria da Receita Federal do Brasil.

→ Artigo com redação alterada pela Lei 12.546/2011.

Art. 8º A pessoa jurídica submetida ao lucro presumido poderá, excepcionalmente, em relação ao 3º (terceiro) e 4º (quarto) trimestres-calendário de 2004, apurar o Imposto de Renda com base no lucro real trimestral, sendo definitiva a tributação pelo lucro presumido relativa aos 2 (dois) primeiros trimestres, observadas as normas estabelecidas pela Secretaria da Receita Federal.

Art. 9º Os incisos I e II do art. 1º da Lei 8.850, de 28 de janeiro de 1994, passam a vigorar com a seguinte redação:

→ Alterações efetuadas na referida Lei.

Art. 10. (*Revogado pela Lei 11.933/2009*).

Art. 11. Sem prejuízo do disposto no inciso I do § 10 do art. 8º e no inciso I do *caput* do art. 16 da Lei 9.311, de 24 de outubro de 1996, será facultado o lançamento a débito em conta corrente de depósito para investimento para a realização de operações com os valores mobiliários de que tratam os referidos incisos, desde que seja mantido controle, em separado, pela instituição interveniente, dos valores mobiliários adquiridos por intermédio das contas correntes de depósito à vista e de investimento.

§ 1º Os valores referentes à liquidação das operações com os valores mobiliários de que trata o *caput* deste artigo, adquiridos por intermédio de lançamento a débito em conta corrente de depósito para investimento, serão creditados ou debitados a essa mesma conta.

§ 2º As instituições intervenientes deverão manter controles em contas segregadas que permitam identificar a origem dos recursos que serão investidos em ações e produtos derivados provenientes da conta corrente e da conta para investimento.

Art. 12. Será dada ciência ao sujeito passivo do ato que o excluir do parcelamento de débitos com a Secretaria da Receita Federal, com a Procuradoria-Geral da Fazenda Nacional e com o Instituto Nacional do Seguro Social – INSS, de que tratam os arts. 1º e 5º da Lei 10.684, de 30 de maio de 2003, mediante publicação no Diário Oficial da União.

Parágrafo único. Fica dispensada a publicação de que trata o caput deste artigo nos casos em que for dada ciência ao sujeito passivo pessoalmente ou por via postal, com aviso de recebimento.

Art. 13. Fica instituído o Regime Tributário para Incentivo à Modernização e à Ampliação da Estrutura Portuária – REPORTO, nos termos desta Lei.

Art. 14. Serão efetuadas com suspensão do Imposto sobre Produtos Industrializados – IPI, da Contribuição para o PIS/Pasep, da Contribuição para o Financiamento da Seguridade Social – COFINS e, quando for o caso, do Imposto de Importação – II, as vendas e as importações de máquinas, equipamentos, peças de reposição e outros bens, no mercado interno, quando adquiridos ou importados diretamente pelos beneficiários do Reporto e destinados ao seu ativo imobilizado para utilização exclusiva na execução de serviços de:

→ *Caput* com redação alterada pela Lei 12.715/2012.

I – carga, descarga, armazenagem e movimentação de mercadorias e produtos;

→ Inciso I acrescentado pela Lei 12.715/2012.

II – sistemas suplementares de apoio operacional;

→ Inciso II acrescentado pela Lei 12.715/2012.

III – proteção ambiental;

→ Inciso III acrescentado pela Lei 12.715/2012.

IV – sistemas de segurança e de monitoramento de fluxo de pessoas, mercadorias, produtos, veículos e embarcações;

→ Inciso IV acrescentado pela Lei 12.715/2012.

V – dragagens; e

→ Inciso V acrescentado pela Lei 12.715/2012.

VI – treinamento e formação de trabalhadores, inclusive na implantação de Centros de Treinamento Profissional.

→ Inciso VI acrescentado pela Lei 12.715/2012.

§ 1º A suspensão do Imposto de Importação e do IPI converte-se em isenção após o decurso do prazo de 5 (cinco) anos, contado da data da ocorrência do respectivo fato gerador.

§ 2º A suspensão da contribuição para o PIS/PASEP e da COFINS converte-se em operação, inclusive de importação, sujeita a alíquota 0 (zero) após o decurso do prazo de 5 (cinco) anos, contado da data da ocorrência do respectivo fato gerador.

§ 3º A aplicação dos benefícios fiscais, relativos ao IPI e ao Imposto de Importação, fica condicionada à comprovação, pelo beneficiário, da quitação de tributos e contribuições federais e, no caso do IPI vinculado à importação e do Imposto de Importação, à formalização de termo de responsabilidade em relação ao crédito tributário suspenso.

§ 4º A suspensão do Imposto de Importação somente será aplicada a máquinas, equipamentos e outros bens que não possuam similar nacional.

§ 5º A transferência, a qualquer título, de propriedade dos bens adquiridos no mercado interno ou importados mediante aplicação do REPORTO, dentro do prazo fixado nos §§ 1º e 2º deste artigo, deverá ser precedida de autorização da Secretaria da Receita Federal e do recolhimento dos tributos suspensos, acrescidos de juros e de multa de mora estabelecidos na legislação aplicável.

§ 6º A transferência a que se refere o § 5º deste artigo, previamente autorizada pela Secretaria da Receita Federal, a adquirente também enquadrado no REPORTO será efetivada com dispensa da cobrança dos tributos suspensos desde que, cumulativamente:

I – o adquirente formalize novo termo de responsabilidade a que se refere o § 3º deste artigo;

II – assuma perante a Secretaria da Receita Federal a responsabilidade pelos tributos e contribuições suspensos, desde o momento de ocorrência dos respectivos fatos geradores.

§ 7º O Poder Executivo relacionará as máquinas, equipamentos e bens objetos da suspensão referida no *caput* deste artigo.

§ 8º O disposto no *caput* deste artigo aplica-se também aos bens utilizados na execução de serviços de transporte de mercadorias em ferrovias, classificados nas posições 86.01, 86.02 e 86.06 da Nomenclatura Comum do Mercosul, e aos trilhos e demais elementos de vias férreas, classificados na posição 73.02 da Nomenclatura Comum do Mercosul, relacionados pelo Poder Executivo.

→ § 8º com redação alterada pela Lei

§ 9º As peças de reposição citadas no *caput* deste artigo deverão ter seu valor aduaneiro igual ou superior a 20% (vinte por cento) do valor aduaneiro da máquina ou equipamento ao qual se destinam, de acordo com a Declaração de Importação – DI respectiva.

→ § 9º acrescentado pela Lei 11.726/2008.

§ 10. Os veículos adquiridos com o benefício do Reporto deverão receber identificação visual externa a ser definida pelo órgão competente do Poder Executivo.

→ § 10 com redação alterada pela Lei 12.715/2012.

§ 11. Na hipótese de utilização do bem em finalidade diversa da que motivou a suspensão de que trata o *caput* deste artigo, a sua não incorporação ao ativo imobilizado ou a ausência da identificação citada no § 10 deste artigo, o beneficiário fica sujeito à multa de 50% (cinquenta por cento) sobre o valor de aquisição do bem no mercado interno ou do respectivo valor aduaneiro.

→ § 11 acrescentado pela Lei 11.726/2008.

§ 12. A aplicação da multa prevista no § 11 deste artigo não prejudica a exigência dos tributos suspensos, de outras penalidades cabíveis, bem como dos acréscimos legais.

→ § 12 acrescentado pela Lei 11.726/2008.

Art. 15. São beneficiários do Reporto o operador portuário, o concessionário de porto organizado, o arrendatário de instalação portuária de uso público e a empresa autorizada a explorar instalação portuária de uso privativo misto ou exclusivo, inclusive aquelas que operam com embarcações de offshore.

→ *Caput* com redação alterada pela Lei 12.715/2012.

Parágrafo único. A Secretaria da Receita Federal estabelecerá os requisitos e os procedimentos para habilitação dos beneficiários ao REPORTO.

§ 1º Pode ainda ser beneficiário do Reporto o concessionário de transporte ferroviário.

→ § 1º com redação alterada pela Lei 11.774/2000.

§ 2º A Secretaria da Receita Federal do Brasil estabelecerá os requisitos e os procedimentos para habilitação dos beneficiários ao Reporto, bem como para coabilitação dos fabricantes dos bens listados no § 8º do art. 14 desta Lei.

→ § 2º com redação alterada pela Lei 12.88/2012.

Art. 16. Os beneficiários do Reporto descritos no art. 15 desta Lei ficam acrescidos das empresas de dragagem definidas na Lei 12.815, de 5 de junho de 2013 – Lei dos Portos, dos recintos alfandegados de zona secundária e dos centros de formação profissional e treinamento multifuncional de que trata o art. 33 da Lei 12.815, de 5 de junho de 2013, e poderão efetuar aquisições e importações amparadas pelo Reporto até 31 de dezembro de 2020.

→ Artigo com redação alterada pela Lei 13.169/2015.

Art. 17. As vendas efetuadas com suspensão, isenção, alíquota 0 (zero) ou não incidência da Contribuição para o PIS/PASEP e da COFINS não impedem a manutenção, pelo vendedor, dos créditos vinculados a essas operações.

Art. 18. Por um prazo de 10 (dez) anos a contar da vigência da Lei 9.432, de 8 de janeiro de 1997, não incidirá o Adicional de Frete para a Renovação da Marinha Mercante – AFRMM sobre as mercadorias cuja origem ou cujo destino seja porto localizado na Região Norte e Nordeste do país, exceto para as embarcações de casco com fundo duplo, destinadas ao transporte de combustíveis, cujo prazo será de 25 (vinte e cinco) anos.

Art. 19. O levantamento ou a autorização para depósito em conta bancária de valores decorrentes de precatório judicial somente poderá ocorrer mediante a apresentação ao juízo de certidão negativa de tributos federais, estaduais, municipais, bem como certidão de regularidade para com a Seguridade Social, o Fundo de Garantia do Tempo de Serviço – FGTS e a Dívida Ativa da União, depois de ouvida a Fazenda Pública.

Parágrafo único. Não se aplica o disposto no *caput* deste artigo:

I – aos créditos de natureza alimentar, inclusive honorários advocatícios;

II – aos créditos de valor igual ou inferior ao disposto no art. 3º da Lei 10.259, de 12 de julho de 2001, que dispõe sobre a instituição dos Juizados Especiais Cíveis e Criminais no âmbito da Justiça Federal.

Art. 20. As intimações e notificações de que tratam os arts. 36 a 38 da Lei Complementar 73, de 10 de fevereiro de 1993, inclusive aquelas pertinentes a processos administrativos, quando dirigidas a Procuradores da Fazenda Nacional, dar-se-ão pessoalmente mediante a entrega dos autos com vista.

Art. 21. Os arts. 13, 19 e 20 da Lei 10.522, de 19 de julho de 2002, passam a vigorar com a seguinte redação:

→ Alterações efetuadas na referida Lei.

Art. 22. O art. 17 da Lei 9.430, de 27 de dezembro de 1996, passa a vigorar com a seguinte redação:

→ Alterações efetuadas na referida Lei.

Art. 23. Esta Lei entra em vigor na data de sua publicação, produzindo efeitos:

I – na hipótese dos arts. 1º a 5º e 7º, a partir de 1º de janeiro de 2005;

II – na hipótese do art. 11, a partir de 1º de outubro de 2004;

III – na data de sua publicação, nas demais hipóteses.

Art. 24. Ficam revogados o art. 63 da Lei 8.383, de 30 de dezembro de 1991, a partir de 1º de janeiro de 2005, e o § 2º do art. 10 da Lei 10.925, de 23 de julho de 2004.

Brasília, 21 de dezembro de 2004; 183º da Independência e 116º da República.

Luiz Inácio Lula da Silva

(Publicação no *D.O.U.* de 22.12.004)

LEI 11.051,

DE 29 DE DEZEMBRO DE 2004

Dispõe sobre o desconto de crédito na apuração da Contribuição Social sobre o Lucro Líquido – CSLL e da Contribuição para o PIS/Pasep e Cofins não cumulativas e dá outras providências.

O Presidente da República:

Faço saber que o Congresso Nacional decreta e eu sanciono a seguinte Lei:

Art. 1º As pessoas jurídicas tributadas com base no lucro real poderão utilizar crédito relativo à Contribuição Social sobre o Lucro Líquido - CSLL, à razão de 25% (vinte e cinco por cento) sobre a depreciação contábil de máquinas, aparelhos, instrumentos e equipamentos, novos, relacionados em regulamento, adquiridos entre 1º de outubro de 2004 e 31 de dezembro de 2010, destinados ao ativo imobilizado e empregados em processo industrial do adquirente.

→ *Caput* com redação alterada pela Lei 11.774/20008.

§ 1º O crédito de que trata o *caput* deste artigo será deduzido do valor da CSLL apurada, no regime trimestral ou anual.

§ 2º A utilização do crédito está limitada ao saldo da CSLL a pagar, observado o disposto no § 1º deste artigo, não gerando a parcela excedente, em qualquer hipótese, direito à restituição, compensação, ressarcimento ou aproveitamento em períodos de apuração posteriores.

§ 3º Será admitida a utilização do crédito no pagamento mensal por estimativa.

§ 4º Na hipótese do § 3º deste artigo, o crédito a ser efetivamente utilizado está limitado à CSLL apurada no encerramento do período de apuração.

§ 5º É vedada a utilização do crédito referido nos §§ 1º e 3º deste artigo, na hipótese de a pessoa jurídica não compensar base de cálculo negativa de períodos anteriores existente ou o fizer em valor inferior ao admitido na legislação.

§ 6º As pessoas jurídicas poderão se beneficiar do crédito a partir do mês em que o bem entrar em operação até o final do 4º (quarto) ano-calendário subsequente àquele a que se referir o mencionado mês.

§ 7º A partir do ano-calendário subsequente ao término do período de gozo do benefício a que se refere o § 6º deste artigo, deverá ser adicionado à CSLL devida o valor utilizado a título de crédito em função dos anos-calendário de gozo do benefício e do regime de apuração da CSLL.

§ 8º A parcela a ser adicionada nos termos do § 7º deste artigo será devida pelo seu valor integral, ainda que a pessoa jurídica apure, no período, base de cálculo negativa da CSLL.

§ 9º A pessoa jurídica que deixar de ser tributada com base no lucro real deverá adicionar os créditos a que se refere o *caput* deste artigo, aproveitados anteriormente, à CSLL devida relativa ao 1º (primeiro) período de apuração do novo regime de tributação adotado.

§ 10. Na hipótese de a pessoa jurídica vir a optar pelo Sistema Integrado de Pagamento de Impostos e Contribuições das Microempresas e Empresas de Pequeno Porte - SIMPLES, o crédito a que se refere o *caput* deste artigo, aproveitado anteriormente, deverá ser recolhido em separado, em quota única, até o último dia útil de janeiro do ano-calendário a que corresponderem os efeitos dessa opção.

§ 11. Na hipótese de extinção, a pessoa jurídica deverá recolher, em quota única, os créditos aproveitados anteriormente até o último dia útil do mês subsequente ao evento.

§ 12. Na hipótese de alienação dos bens de que trata o *caput* deste artigo, o valor total dos créditos aproveitados anteriormente deverá ser recolhido, em quota única, até o último dia útil do mês subsequente ao da alienação ou ser adicionado ao valor da CSLL devida no período de apuração em que ocorrer a alienação.

Art. 2º As pessoas jurídicas poderão optar pelo desconto, no prazo de 2 (dois) anos, dos créditos da Contribuição para o PIS/Pasep e da Cofins de que tratam o inciso III do § 1º do art. 3º das Leis 10.637, de 30 de dezembro de 2002, e 10.833, de 29 de dezembro de 2003, e o § 4º do art. 15 da Lei 10.865, de 30 de abril de 2004, na hipótese de aquisição dos bens de que trata o art. 1º desta Lei.

§ 1º Os créditos de que trata este artigo serão apurados mediante a aplicação, a cada mês, das alíquotas referidas no *caput* do art. 2º das Leis 10.637, de 30 de dezembro de 2002, e 10.833, de 29 de dezembro de 2003, sobre o valor correspondente a 1/24 (um vinte e quatro avos) do custo de aquisição do bem.

§ 2º O disposto neste artigo aplica-se às aquisições efetuadas após 1º de outubro de 2004.

→ § 2º com redação alterada pela Lei 11.196/2006.

Art. 3º Os arts. 14 e 18 da Lei 10.522, de 19 de julho de 2002, passam a vigorar com a seguinte redação:

→ Alterações efetuadas na referida Lei.

Art. 4º O art. 74 da Lei 9.430, de 27 de dezembro de 1996, passa a vigorar com a seguinte redação:

→ Alterações efetuadas na referida Lei.

Art. 5º O disposto nos arts. 36, 37 e 38 da Medida Provisória 2.158-35, de 24 de agosto de 2001, aplica-se aos estabelecimentos envasadores ou industriais fabricantes dos produtos classificados na posição 2201 da Tabela de Incidência do Imposto sobre Produtos Industrializados - TIPI, aprovada pelo Decreto no 4.542, de 26 de dezembro de 2002.

Art. 6º O art. 40 da Lei 6.830, de 22 de setembro de 1980, passa a vigorar com a seguinte redação:

→ Alterações efetuadas na referida Lei.

Art. 7º Na determinação das bases de cálculo da Contribuição para o PIS/Pasep e da Cofins, devidas pelas pessoas jurídicas, inclusive as equiparadas, relativamente às atividades de que trata o art. 4º da Lei 10.833, de 29 de dezembro de 2003, deverá ser adotado o regime de reconhecimento de receitas previsto na legislação do imposto de renda.

Art. 8º A suspensão da exigibilidade da Contribuição para o PIS/Pasep e da Cofins incidentes sobre a importação de bens, na forma dos arts. 14 e 14-A da Lei 10.865, de 30 de abril de 2004, será convertida em alíquota zero quando esses bens forem utilizados:

I – na elaboração de matérias-primas, produtos intermediários e materiais de embalagem destinados a emprego em processo de industrialização por estabelecimentos industriais instalados na Zona Franca de Manaus e consoante projetos aprovados pelo Conselho de Administração da Superintendência da Zona Franca de Manaus - Suframa;

II – como matérias-primas, produtos intermediários e materiais de embalagem em processo de industrialização por estabelecimentos industriais instalados na Zona Franca de Manaus e consoante projetos aprovados pelo Conselho de Administração da Superintendência da Zona Franca de Manaus - Suframa.

Art. 9º O direito ao crédito presumido de que trata o art. 8º da Lei 10.925, de 23 de julho de 2004, calculado sobre o valor dos bens referidos no inciso II do *caput* do art. 3º das Leis nos 10.637, de 30 de dezembro de 2002, e 10.833, de 29 de dezembro de 2003, recebidos de cooperado, fica limitado para as operações de mercado interno, em cada período de apuração, ao valor da Contribuição para o PIS/Pasep e da Cofins devidas em relação à receita bruta decorrente da venda de bens e de produtos deles derivados, após efetuadas as exclusões previstas no art. 15 da Medida Provisória 2.158-35, de 24 de agosto de 2001.

§ 1º. O disposto neste artigo aplica-se também ao crédito presumido de que trata o art. 15 da Lei 10.925, de 23 de julho de 2004.

→ § 1º com redação alterada pela Lei 13.137/2015.

§ 2º O disposto neste artigo não se aplica no caso de recebimento, por cooperativa, de leite in natura de cooperado.

→ § 2º acrescentado pela Lei 13.137/2015.

Art. 10. Na determinação do valor da Contribuição para o PIS/Pasep e da Cofins incidentes sobre a receita bruta auferida pela pessoa jurídica encomendante, no caso de industrialização por encomenda, aplicam-se, conforme o caso, as alíquotas previstas:

I – nos incisos I a III do art. 4º da Lei 9.718, de 27 de novembro de 1998, e alterações posteriores, no caso de venda de gasolinas, exceto gasolina de aviação, óleo diesel e gás liquefeito de petróleo - GLP derivado de petróleo e de gás natural;

II – no art. 1º da Lei 10.485, de 3 de julho de 2002, e alterações posteriores, no caso de venda de máquinas e veículos classificados nos códigos 84.29, 8432.40.00, 84.32.80.00, 8433.20, 8433.30.00, 8433.40.00, 8433.5, 87.01, 87.02, 87.03, 87.04, 87.05 e 87.06, da TIPI;

III – para autopeças relacionadas nos Anexos I e II da Lei 10.485, de 3 de julho de 2002:

→ *Caput* do inciso III com redação alterada pela Lei 11.196/2005.

a) no inciso I do art. 3º da Lei 10.485, de 3 julho de 2002, no caso de venda para as pessoas jurídicas nele relacionadas; ou

→ Alínea *a* acrescentada pela Lei 11.196/2005.

b) no inciso II do art. 3º da Lei 10.485, de 3 julho de 2002, no caso de venda para as pessoas jurídicas nele relacionadas;

→ Alínea *b* acrescentada pela Lei 11.196/2005.

IV – no *caput* do art. 5º da Lei 10.485, de 3 de julho de 2002, e alterações posteriores, no caso de venda dos produtos classificados nas posições 40.11 (pneus novos de borracha) e 40.13 (câmaras-de-ar de borracha), da TIPI;

V – no art. 2º da Lei 10.560, de 13 de novembro de 2002, e alterações posteriores, no caso de venda de querosene de aviação; e

VI – (*Revogado pela Lei 13.097/2015*);

§ 1º Na hipótese dos produtos de que tratam os incisos I e V do *caput*, aplica-se à pessoa jurídica encomendante o direito à opção pelo regime especial de que trata o art. 23 da Lei 10.865, de 30 de abril de 2004.

→ § 1º com redação alterada pela Lei 13.097/2015.

§ 2º A Contribuição para o PIS/Pasep e a Cofins incidirão sobre a receita bruta auferida pela pessoa jurídica executora da encomenda às alíquotas de 1,65% (um inteiro e sessenta e cinco centésimos por cento) e de 7,6% (sete inteiros e seis décimos por cento), respectivamente.

→ § 2º com redação alterada pela Lei 11.196/2005.

§ 3º Para os efeitos deste artigo, aplicam-se os conceitos de industrialização por encomenda do Imposto sobre Produtos Industrializados – IPI.

→ § 3º acrescentado pela Lei 11.196/2005.

Art. 11. (*Vetado*).

Art. 12. Não se considera industrialização a operação de que resultem os produtos relacionados na subposição 2401.20 da TIPI, quando exercida por produtor rural pessoa física.

→ Artigo com redação alterada pela Lei 11.452/2007.

Art. 13. Fica a administração fazendária federal, durante o prazo de 1 (um) ano, contado da publicação desta Lei, autorizada a atribuir os mesmos efeitos previstos no art. 205 da Lei 5.172, de 25 de outubro de 1966 – Código Tributário Nacional, à certidão quanto a tributos e contribuições administrados pela Secretaria da Receita Federal – SRF e à dívida ativa da União de que conste a existência de débitos em relação aos quais o interessado tenha apresentado, ao órgão competente, pedido de revisão fundado em alegação de pagamento integral anterior à inscrição pendente da apreciação há mais de 30 (trinta) dias.

§ 1º Para fins de obtenção da certidão a que se refere o *caput* deste artigo, o requerimento deverá ser instruído com:

I – cópia do pedido de revisão de débitos inscritos em dívida ativa da União instruído com os documentos de arrecadação da Receita Federal – DARF que comprovem o pagamento alegado;

II – declaração firmada pelo devedor de que o pedido de revisão e os documentos relativos aos pagamentos referem-se aos créditos de que tratará a certidão.

§ 2º A concessão da certidão a que se refere o *caput* deste artigo não implica o deferimento do pedido de revisão formulado.

§ 3º Será suspenso, até o pronunciamento formal do órgão competente, o registro no Cadastro Informativo de Créditos Não-Quitados do Setor Público Federal – Cadin, de que trata a Lei 10.522, de 19 de julho de 2002, quando o devedor comprovar, nos termos do § 1º deste artigo, a situação descrita no *caput* deste artigo.

§ 4º A certidão fornecida nos termos do *caput* deste artigo perderá sua validade com a publicação, no Diário Oficial da União, do respectivo cancelamento.

§ 5º (*Vetado*).

§ 6º A falsidade na declaração de que trata o inciso II do § 1º deste artigo implicará multa correspondente a 50% (cinquenta por cento) do pagamento alegado, não passível de redução, sem prejuízo de outras penalidades administrativas ou criminais.

§ 7º A Procuradoria-Geral da Fazenda Nacional – PGFN e a Secretaria da Receita Federal – SRF expedirão os atos necessários ao fiel cumprimento das disposições deste artigo.

Art. 14. Para os fins do disposto no § 4º do art. 1º da Lei 10.684, de 30 de maio de 2003, o enquadramento das pessoas jurídicas observará exclusivamente os limites de receita bruta expressos no art. 2º da Lei 9.841, de 5 de outubro de 1999.

Art. 15. O art. 4º da Lei 10.964, de 28 de outubro de 2004, passa a vigorar com a seguinte redação:

"Art. 4º Ficam excetuadas da restrição de que trata o inciso XIII do art. 9º da Lei 9.317, de 5 de dezembro de 1996, as pessoas jurídicas que se dediquem às seguintes atividades:

I – serviços de manutenção e reparação de automóveis, caminhões, ônibus e outros veículos pesados;

II – serviços de instalação, manutenção e reparação de acessórios para veículos automotores;

III – serviços de manutenção e reparação de motocicletas, motonetas e bicicletas;

IV – serviços de instalação, manutenção e reparação de máquinas de escritório e de informática;

V – serviços de manutenção e reparação de aparelhos eletrodomésticos.

§ 1º Fica assegurada a permanência no Sistema Integrado de Pagamento de Impostos e Contribuições das Microempresas e das Empresas de Pequeno Porte – SIMPLES, com efeitos retroativos à data de opção da empresa, das pessoas jurídicas de que trata o *caput* deste artigo que tenham feito a opção pelo sistema em data anterior à publicação desta Lei, desde que não se enquadrem nas demais hipóteses de vedação previstas na legislação.

§ 2º As pessoas jurídicas de que trata o caput deste artigo que tenham sido excluídas do SIMPLES exclusivamente em decorrência do disposto no inciso XIII do art. 9º da Lei 9.317, de 5 de dezembro de 1996, poderão solicitar o retorno ao sistema, com efeitos retroativos à data de opção desta, nos termos, prazos e condições estabelecidos pela Secretaria da Receita Federal – SRF, desde que não se enquadrem nas demais hipóteses de vedação previstas na legislação.

§ 3º Na hipótese de a exclusão de que trata o § 2º deste artigo ter ocorrido durante o ano-calendário de 2004 e antes da publicação desta Lei, a Secretaria da Receita Federal – SRF promoverá a reinclusão de ofício dessas pessoas jurídicas retroativamente à data de opção da empresa.

§ 4º Aplica-se o disposto no art. 2º da Lei 10.034, de 24 de outubro de 2000, a partir de 1º de janeiro de 2004."

Art. 16. O crédito apurado no âmbito do Parcelamento Especial – Paes de que trata o art. 1º da Lei 10.684, de 30 de maio de 2003, decorrente de pagamento indevido, bem como de pagamento a maior, no caso de liquidação deste parcelamento, será restituído a pedido do sujeito passivo.

§ 1º Na hipótese de existência de débitos do sujeito passivo relativos a tributos e contribuições perante a Secretaria da Receita Federal – SRF ou a Procuradoria-Geral da Fazenda Nacional – PGFN, o valor da restituição, após o prévio reconhecimento do direito creditório a pedido do sujeito passivo, deverá ser utilizado para quitá-los, mediante compensação em procedimento de ofício.

§ 2º À compensação com os créditos a que se refere o *caput* deste artigo não se aplicam as disposições sobre a declaração de compensação de que trata o art. 74 da Lei 9.430, de 27 de dezembro de 1996, cujo procedimento somente será realizado na forma do § 1º deste artigo.

§ 3º A restituição e a compensação de que trata este artigo serão efetuadas pela Secretaria da Receita Federal – SRF, aplicando-se o disposto no art. 39 da Lei 9.250, de 26 de dezembro de 1995, alterado pelo art. 73 da Lei 9.532, de 10 de dezembro de 1997.

Art. 17. O art. 32 da Lei 4.357, de 16 de julho de 1964, passa a vigorar com a seguinte redação:

"Art. 32. (...)

(...)

§ 1º A inobservância do disposto neste artigo importa em multa que será imposta:

I – às pessoas jurídicas que distribuírem ou pagarem bonificações ou remunerações, em montante igual a 50% (cinquenta por cento) das quantias distribuídas ou pagas indevidamente; e

II – aos diretores e demais membros da administração superior que receberem as importâncias indevidas, em montante igual a 50% (cinquenta por cento) dessas importâncias.

§ 2º A multa referida nos incisos I e II do § 1º deste artigo fica limitada, respectivamente, a 50% (cinquenta por cento) do valor total do débito não garantido da pessoa jurídica."

Art. 18. O art. 4º da Lei 9.718, de 27 de novembro de 1998, com a redação dada pela Lei 10.865, de 30 de abril de 2004, passa a vigorar com a seguinte redação:

→ Alterações efetuadas na referida Lei.

Art. 19. O art. 7º da Lei 10.426, de 24 de abril de 2002, passa a vigorar com a seguinte redação:

→ Alterações efetuadas na referida Lei.

Art. 20. O art. 4º da Lei 10.560, de 13 de novembro de 2002, passa a vigorar com a seguinte redação:

"Art. 4º (...)

(...)

§ 3º Para os efeitos desta Lei, considera-se acordo qualquer forma de ajuste entre os países interessados, observadas as prescrições do § 1º deste artigo.

§ 4º Havendo questionamento judicial sobre os débitos referidos no *caput* e no § 1º deste artigo, a remissão fica condicionada à renúncia, por parte do contribuinte, do direito em que se funda a respectiva ação e, pelo advogado e pela parte, dos ônus de sucumbência." (NR)

Art. 21. O art. 3º da Lei 10.833, de 29 de dezembro de 2003, passa a vigorar acrescido do seguinte § 18:

→ Alterações efetuadas na referida Lei.

Art. 22. O disposto no art. 21 desta Lei produz efeitos a partir de 1º de agosto de 2004.

Parágrafo único. Para as pessoas jurídicas que apuram o imposto de renda com base no lucro real que, por opção, adotaram antecipadamente o regime de incidência não cumulativa da Contribuição para o PIS/Pasep e da Cofins, nos termos do art. 42 da Lei 10.865, de 30 de abril de 2004, o disposto no art. 21 desta Lei produz efeitos em relação aos fatos geradores ocorridos a partir de 1º de maio de 2004.

Art. 23. O art. 3º da Lei 10.833, de 29 de dezembro de 2003, passa a vigorar acrescido dos seguintes §§ 19 e 20:

→ Alterações efetuadas na referida Lei.

Art. 24. O disposto no art. 23 desta Lei aplica-se a partir da data da publicação desta Lei, produzindo efeitos, em relação ao § 20, no que se refere ao inciso II do § 19, ambos do art. 3º da Lei 10.833, de 29 de dezembro de 2003, a partir do 1º (primeiro) dia do 4º (quarto) mês subsequente ao de sua publicação.

Art. 25. Os arts. 10, 18, 51 e 58 da Lei 10.833, de 29 de dezembro de 2003, passam a vigorar com a seguinte redação:

→ Alterações efetuadas na referida Lei.

Art. 26. O art. 15 da Lei 10.833, de 29 de dezembro de 2003, passa a vigorar com a seguinte redação:

→ Alterações efetuadas na referida Lei.

Art. 27. O art. 26 desta Lei entra em vigor na data de sua publicação, observados, com relação às alterações produzidas por esta Lei, os mesmos prazos de produção de efeitos determinados para a Cofins.

Art. 28. Os arts. 8º, 17, 23 e 40 da Lei 10.865, de 30 de abril de 2004, passam a vigorar com a seguinte redação:

→ Alterações efetuadas na referida Lei.

Art. 29. Os arts. 1º, 8º, 9º e 15 da Lei 10.925, de 23 de julho de 2004, passam a vigorar com a seguinte redação:

→ Alterações efetuadas na referida Lei.

Art. 30. As sociedades cooperativas de crédito e de transporte rodoviário de cargas, na apuração dos valores devidos a título de Cofins e PIS-faturamento, poderão excluir da base de cálculo os ingressos decorrentes do ato cooperativo, aplicando-se, no que couber, o disposto no art. 15 da Medida Provisória no 2.158-35, de 24 de agosto de 2001, e demais normas relativas às cooperativas de produção agropecuária e de infraestrutura.

→ Artigo com redação alterada pela Lei 11.196/2005.

Art. 30-A. As cooperativas de radiotáxi, bem como aquelas cujos cooperados se dediquem a serviços relacionados a atividades culturais, de música, de cinema, de letras, de artes cênicas (teatro, dança, circo) e de artes plásticas, poderão excluir da base de cálculo da contribuição para PIS/Pasep e Cofins:

→ *Caput* com redação alterada pela Lei 12.973/2004.

I – os valores repassados aos associados pessoas físicas decorrentes de serviços por eles prestados em nome da cooperativa;

→ Inciso I acrescentado pela Lei 12.649/2012.

II – as receitas de vendas de bens, mercadorias e serviços a associados, quando adquiridos de pessoas físicas não associadas; e

→ Inciso II acrescentado pela Lei 12.649/2012.

III – as receitas financeiras decorrentes de repasses de empréstimos a associados, contraídos de instituições financeiras, até o limite dos encargos a estas devidos.

→ Inciso III acrescentado pela 12.649/2012.

Parágrafo único. Na hipótese de utilização de uma ou mais das exclusões referidas no *caput*, a cooperativa ficará também sujeita à incidência da contribuição para o PIS/Pasep, determinada em conformidade com o disposto no art. 13 da Medida Provisória 2.158-35, de 24 de agosto de 2001.

→ Parágrafo único acrescentado pela Lei 12.649/2012.

Art. 30-B. São remidos os créditos tributários, constituídos ou não, inscritos ou não em dívida ativa, bem como anistiados os respectivos encargos legais, multas e juros de mora quando relacionados à falta de pagamento da Cofins e da contribuição para o PIS/Pasep sobre os valores passíveis de exclusão das suas bases de cálculo nos termos do art. 30-A desta Lei das associações civis e das sociedades cooperativas referidas no art. 30-A desta Lei.

→ Artigo com redação alterada pela Lei 12.973/2014.

Art. 31. Fica a União autorizada, a exclusivo critério do Ministro de Estado da Fazenda, a assumir, mediante novação contratual, obrigações de responsabilidade de autarquias federais, desde que registradas pelo Banco Central do Brasil na Dívida Líquida do Setor Público na data da publicação desta Lei.

Art. 32. Para efeito de determinação da base de cálculo do imposto de renda das pessoas jurídicas e da contribuição social sobre o lucro líquido, da Contribuição para o Financiamento da Seguridade Social – Cofins e da Contribuição para o PIS/Pasep, os resultados positivos ou negativos incorridos nas operações realizadas em mercados de liquidação futura, inclusive os sujeitos a ajustes de posições, serão reconhecidos por ocasião da liquidação do contrato, cessão ou encerramento da posição.

§ 1º O resultado positivo ou negativo de que trata este artigo será constituído pela soma algébrica dos ajustes, no caso das operações a futuro sujeitas a essa especificação, e pelo rendimento, ganho ou perda, apurado na operação, nos demais casos.

§ 2º O disposto neste artigo aplica-se:

I – no caso de operações realizadas no mercado de balcão, somente àquelas registradas nos termos da legislação vigente;

II – em relação à pessoa física, aos ganhos líquidos auferidos em mercados de liquidação futura sujeitos a ajustes de posições, ficando mantidas para os demais mercados as regras previstas na legislação vigente.

Art. 33. A Secretaria da Receita Federal – SRF expedirá, no âmbito da sua competência, as normas necessárias ao cumprimento do disposto nesta Lei.

Art. 34. Esta Lei entra em vigor na data da sua publicação, produzindo efeitos, em relação:

I – ao art. 7º, a partir de 1º de novembro de 2004;

II – aos arts. 9º, 10 e 11, a partir do 1º (primeiro) dia do 4º (quarto) mês subsequente ao de sua publicação;

III – aos demais artigos, a partir da data da sua publicação.

Art. 35. Ficam revogados:

I – o § 3º do art. 3º da Lei 9.718, de 27 de novembro de 1998;

II – o inciso IV do *caput* do art. 17 da Lei 10.865, de 30 de abril de 2004;

III – o art. 90 da Lei 10.833, de 29 de dezembro de 2003;

IV – o art. 84 da Lei 10.833, de 29 de dezembro de 2003, a partir do 1º (primeiro) dia do 4º (quarto) mês subsequente ao de sua publicação.

Brasília, 29 de dezembro de 2004; 183º da Independência e 116º da República.

Luiz Inácio Lula da Silva

(Publicação no *D.O.U.* de 30.122004)

LEI 11.053,
DE 29 DE DEZEMBRO DE 2004

Dispõe sobre a tributação dos planos de benefícios de caráter previdenciário e dá outras providências.

O Presidente da República:

Faço saber que o Congresso Nacional decreta e eu sanciono a seguinte Lei:

Art. 1º É facultada aos participantes que ingressarem a partir de 1º de janeiro de 2005 em planos de benefícios de caráter previdenciário, estruturados nas modalidades de contribuição definida ou contribuição variável, das entidades de previdência complementar e das sociedades seguradoras, a opção por regime de tributação no qual os valores pagos aos próprios participantes ou aos assistidos, a título de benefícios ou resgates de valores acumulados, sujeitam-se à incidência de imposto de renda na fonte às seguintes alíquotas:

I – 35% (trinta e cinco por cento), para recursos com prazo de acumulação inferior ou igual a 2 (dois) anos;

II – 30% (trinta por cento), para recursos com prazo de acumulação superior a 2 (dois) anos e inferior ou igual a 4 (quatro) anos;

III – 25% (vinte e cinco por cento), para recursos com prazo de acumulação superior a 4 (quatro) anos e inferior ou igual a 6 (seis) anos;

IV – 20% (vinte por cento), para recursos com prazo de acumulação superior a 6 (seis) anos e inferior ou igual a 8 (oito) anos;

V – 15% (quinze por cento), para recursos com prazo de acumulação superior a 8 (oito) anos e inferior ou igual a 10 (dez) anos; e

VI – 10% (dez por cento), para recursos com prazo de acumulação superior a 10 (dez) anos.

§ 1º O disposto neste artigo aplica-se:

I – aos quotistas que ingressarem em Fundo de Aposentadoria Programada Individual – FAPI a partir de 1º de janeiro de 2005;

II – aos segurados que ingressarem a partir de 1º de janeiro de 2005 em planos de seguro de vida com cláusula de cobertura por sobrevivência em relação aos rendimentos recebidos a qualquer título pelo beneficiário.

§ 2º O imposto de renda retido na fonte de que trata o *caput* deste artigo será definitivo.

§ 3º Para fins do disposto neste artigo, prazo de acumulação é o tempo decorrido entre o aporte de recursos no plano de benefícios mantido por entidade de previdência complementar, por sociedade seguradora ou em FAPI e o pagamento relativo ao resgate ou ao benefício, calculado na forma a ser disciplinada em ato conjunto da Secretaria da Receita Federal e do respectivo órgão fiscalizador das entidades de previdência complementar, sociedades seguradoras e FAPI, considerando-se o tempo de permanência, a forma e o prazo de recebimento e os valores aportados.

§ 4º Nos casos de portabilidade de recursos e de transferência de participantes e respectivas reservas entre planos de benefícios de que trata o *caput* deste artigo, o prazo de acumulação do participante que, no plano originário, tenha optado pelo regime de tributação previsto neste artigo será computado no plano receptor.

§ 5º As opções de que tratam o caput e o § 1º deste artigo serão exercidas pelos participantes e comunicadas pelas entidades de previdência complementar, sociedades seguradoras e pelos administradores de FAPI à Secretaria da Receita Federal na forma por ela disciplinada.

§ 6º As opções mencionadas no § 5º deste artigo deverão ser exercidas até o último dia útil do mês subsequente ao do ingresso nos planos de benefícios operados por entidade de previdência complementar, por sociedade seguradora ou em FAPI e serão irretratáveis, mesmo nas hipóteses de portabilidade de recursos e de transferência de participantes e respectivas reservas.

→ § 6º com redação alterada pela Lei 11.196/2005.

§ 7º Para o participante, segurado ou quotista que houver ingressado no plano de benefícios até o dia 30 de novembro de 2005, a opção de que trata o § 6º deste artigo deverá ser exercida até o último dia útil do mês de dezembro de 2005, permitida neste prazo, excepcionalmente, a retratação da opção para aqueles que ingressaram no referido plano entre 1º de janeiro e 4 de julho de 2005.

→ § 7º acrescentado pela Lei 11.196/2005.

Art. 2º É facultada aos participantes que ingressarem até 1º de janeiro de 2005 em planos de benefícios de caráter previdenciário estruturados nas modalidades de contribuição definida ou contribuição variável, a opção pelo regime de tributação de que trata o art. 1º desta Lei.

§ 1º O disposto neste artigo aplica-se:

I – aos quotistas de Fundo de Aposentadoria Programada Individual – FAPI que ingressarem até 1º de janeiro de 2005; e

II – aos segurados que ingressarem até 1º de janeiro de 2005 em planos de seguro de vida com cláusula de cobertura por sobrevivência em relação aos rendimentos recebidos a qualquer título pelo beneficiário.

§ 2º A opção de que trata este artigo deverá ser formalizada pelo participante, segurado ou quotista, à respectiva entidade de previdência complementar, sociedade seguradora ou ao administrador de FAPI, conforme o caso, até o último dia útil do mês de dezembro de 2005.

→ § 2º com redação alterada pela Lei 11.196/2005.

§ 3º Os prazos de acumulação mencionados nos incisos I a VI do art. 1º desta Lei serão contados a partir:

I – de 1º de janeiro de 2005, no caso de aportes de recursos realizados até 31 de dezembro de 2004; e

II – da data do aporte, no caso de aportes de recursos realizados a partir de 1º de janeiro de 2005.

§ 4º Aplica-se às opções realizadas na forma deste artigo o disposto nos §§ 2º a 6º do art. 1º desta Lei.

§ 5º Os valores pagos aos próprios participantes ou aos assistidos, a título de benefícios ou resgates de valores acumulados, antes da formalização da opção referida no § 2º deste artigo, sujeitam-se à incidência de imposto de renda com base na legislação vigente antes da edição desta Lei.

Art. 3º A partir de 1º de janeiro de 2005, os resgates, parciais ou totais, de recursos acumulados relativos a participantes dos planos mencionados no art. 1º desta Lei que não tenham efetuado a opção nele mencionada sujeitam-se à incidência de imposto de renda na fonte à alíquota de 15% (quinze por cento), como antecipação do devido na declaração de ajuste da pessoa física, calculado sobre:

I – os valores de resgate, no caso de planos de previdência, inclusive FAPI;

II – os rendimentos, no caso de seguro de vida com cláusula de cobertura por sobrevivência.

Parágrafo único. O disposto neste artigo não se aplica na hipótese de opção pelo regime de tributação previsto nos arts. 1º e 2º desta Lei.

Art. 4º A partir de 1º de janeiro de 2005, a dedução das contribuições da pessoa jurídica para seguro de vida com cláusula de cobertura por sobrevivência fica condicionada, cumulativamente:

I – ao limite de que trata o § 2º do art. 11 da Lei 9.532, de 10 de dezembro de 1997, com a redação dada pela Lei 10.887, de 18 de junho de 2004; e

II – a que o seguro seja oferecido indistintamente aos empregados e dirigentes.

Art. 5º A partir de 1º de janeiro de 2005, ficam dispensados a retenção na fonte e o pagamento em separado do imposto de renda sobre os rendimentos e ganhos auferidos nas aplicações de recursos das provisões, reservas técnicas e fundos de planos de benefícios de entidade de previdência complementar, sociedade seguradora e FAPI, bem como de seguro de vida com cláusula de cobertura por sobrevivência.

Parágrafo único. Aplica-se o disposto no caput deste artigo aos fundos administrativos constituídos pelas entidades fechadas de previdência complementar e às provisões, reservas técnicas e fundos dos planos assistenciais de que trata o art. 76 da Lei Complementar no 109, de 29 de maio de 2001.

→ Parágrafo único acrescentado pela Lei 11.196/2005.

Art. 6º Os fundos de investimento cuja carteira de títulos tenha prazo médio igual ou inferior a 365 (trezentos e sessenta e cinco) dias sujeitam-se à incidência do imposto de renda na fonte, por ocasião do resgate, na forma do disposto neste artigo.

§ 1º A carteira de títulos a que se refere o caput deste artigo é composta por títulos privados ou públicos federais, prefixados ou indexados à taxa de juros, a índices de preço ou à variação cambial, ou por operações compromissadas lastreadas nos referidos títulos públicos federais e por outros títulos e operações com características assemelhadas, nos termos a serem regulamentados pelo Ministro de Estado da Fazenda.

§ 2º Os rendimentos referidos no art. 1º da Medida Provisória 206, de 6 de agosto de 2004, quando auferidos em aplicações nos fundos de investimento referidos no *caput* deste artigo, sujeitam-se ao imposto sobre a renda na fonte, por ocasião do resgate, às seguintes alíquotas:

I – 22,5% (vinte e dois inteiros e cinco décimos por cento), em aplicações com prazo de até 6 (seis) meses;

II – 20% (vinte por cento), em aplicações com prazo acima de 6 (seis) meses.

§ 3º Em relação aos fundos de que trata o caput deste artigo, sobre os rendimentos tributados semestralmente com base no art. 3º da Lei 10.892, de 13 de julho de 2004, incidirá a alíquota de 20% (vinte por cento) e no resgate das quotas será aplicada alíquota complementar àquela prevista no inciso I do § 2º deste artigo, se o resgate ocorrer no prazo de até 6 (seis) meses.

§ 4º No caso de aplicações existentes em 31 de dezembro de 2004, em relação aos rendimentos produzidos em 2005, os prazos a que se referem os incisos I e II do § 2º deste artigo serão contados a partir:

I – de 1º de julho de 2004, no caso de aplicação efetuada até a data da publicação desta Lei; e

II – da data da aplicação, no caso de aplicação efetuada após a data da publicação desta Lei.

§ 5º É sujeito à tributação na forma deste artigo o fundo de investimento a que se refere o art. 1º da Medida Provisória 206, de 2004, se ele tiver sua carteira constituída por títulos com prazo médio igual ou inferior a 365 (trezentos e sessenta e cinco) dias.

§ 6º Não se aplica o disposto no § 5º deste artigo se, a cada ano-calendário, a carteira do fundo de investimento for constituída por títulos com prazo médio igual ou inferior a 365 (trezentos e sessenta e cinco) dias por até 3 (três) períodos e o total dos dias dos períodos for igual ou inferior a 45 (quarenta e cinco) dias.

§ 7º Na hipótese mencionada no § 5º deste artigo, o quotista terá seus rendimentos tributados na forma prevista no art. 1º da Medida Provisória 206, de 2004, até o dia imediatamente anterior ao da alteração de condição, sujeitando-se os rendimentos auferidos a partir de então à tributação prevista no § 2º deste artigo.

§ 8º O disposto neste artigo não se aplica aos fundos e clubes de investimento em ação, aos quais se aplicam as disposições específicas da Medida Provisória 206, de 2004.

§ 9º A Secretaria da Receita Federal regulamentará a periodicidade e a metodologia de cálculo do prazo médio a que se refere este artigo.

Art. 7º São mantidas todas as demais regras que disciplinam a incidência do imposto de renda nas hipóteses dos fatos geradores previstos nesta Lei, inclusive as relativas aos limites e às condições para as deduções da base de cálculo do imposto, das contribuições feitas por pessoa física ou jurídica, bem como a isenção a que se refere o caput do art. 6º do Decreto-Lei 2.065, de 26 de outubro de 1983.

Art. 8º Esta Lei entra em vigor na data de sua publicação, produzindo efeitos a partir de 1º de janeiro de 2005.

Art. 9º São revogados, a partir de 1º de janeiro de 2005, a Medida Provisória 2.222, de 4 de setembro de 2001, o art. 4º da Lei 10.426, de 24 de abril de 2002, e a Lei 10.431, de 24 de abril de 2002.

Brasília, 29 de dezembro de 2004; 183º da Independência e 116º da República.

Luiz Inácio Lula da Silva

(Publicação no *D.O.U.* de 30.12.2004)

LEI COMPLEMENTAR 118, DE 9 DE FEVEREIRO DE 2005

Altera e acrescenta dispositivos à Lei 5.172, de 25 de outubro de 1966 – Código Tributário Nacional, e dispõe sobre a interpretação do inciso I do art. 168 da mesma Lei.

O Presidente da República:

Faço saber que o Congresso Nacional decreta e eu sanciono a seguinte Lei:

Art. 1º A Lei 5.172, de 25 de outubro de 1966 – Código Tributário Nacional, passa a vigorar com as seguintes alterações:

→ Alterações efetuadas no CTN.

Art. 2º A Lei 5.172, de 25 de outubro de 1966 – Código Tributário Nacional, passa a vigorar acrescida dos seguintes arts. 185-A e 191-A:

→ Alterações efetuadas no CTN.

Art. 3º Para efeito de interpretação do inciso I do art. 168 da Lei 5.172, de 25 de outubro de 1966 – Código Tributário Nacional, a extinção do crédito tributário ocorre, no caso de tributo sujeito a lançamento por homologação, no momento do pagamento antecipado de que trata o § 1º do art. 150 da referida Lei.

Art. 4º Esta Lei entra em vigor 120 (cento e vinte) dias após sua publicação, observado, quanto ao art. 3º, o disposto no art. 106, inciso I, da Lei 5.172, de 25 de outubro de 1966 – Código Tributário Nacional.

Brasília, 9 de fevereiro de 2005; 184º da Independência e 117º da República.

Luiz Inácio Lula da Silva

(Publicação no *D.O.U.* de 9.2.2005)

LEI 11.101, DE 9 DE FEVEREIRO DE 2005

Regula a recuperação judicial, a extrajudicial e a falência do empresário e da sociedade empresária.

→ *v.* LC 147/2014 – Altera a LC 123/2006.

O Presidente da República:

Faço saber que o Congresso Nacional decreta e eu sanciono a seguinte Lei:

Capítulo I
DISPOSIÇÕES PRELIMINARES

Art. 1º Esta Lei disciplina a recuperação judicial, a recuperação extrajudicial e a falência do empresário e da sociedade empresária, doravante referidos simplesmente como devedor.

→ *v.* Arts. 966, 972, 980-A, 981 e 982, parágrafo único, do CC.

Art. 2º Esta Lei não se aplica a:

I – empresa pública e sociedade de economia mista;

II – instituição financeira pública ou privada, cooperativa de crédito, consórcio, entidade de previdência complementar, sociedade operadora de plano de assistência à saúde, sociedade seguradora, sociedade de capitalização e outras entidades legalmente equiparadas às anteriores.

Art. 3º É competente para homologar o plano de recuperação extrajudicial, deferir a recuperação judicial ou decretar a falência o juízo do local do principal estabelecimento do devedor ou da filial de empresa que tenha sede fora do Brasil.

Art. 4º *(Vetado).*

Capítulo II
DISPOSIÇÕES COMUNS À RECUPERAÇÃO JUDICIAL E À FALÊNCIA

Seção I
Disposições gerais

Art. 5º Não são exigíveis do devedor, na recuperação judicial ou na falência:

I – as obrigações a título gratuito;

II – as despesas que os credores fizerem para tomar parte na recuperação judicial ou na falência, salvo as custas judiciais decorrentes de litígio com o devedor.

Art. 6º A decretação da falência ou o deferimento do processamento da recuperação judicial suspende o curso da prescrição e de todas as ações e execuções em face do devedor, inclusive aquelas dos credores particulares do sócio solidário.

§ 1º Terá prosseguimento no juízo no qual estiver se processando a ação que demandar quantia ilíquida.

§ 2º É permitido pleitear, perante o administrador judicial, habilitação, exclusão ou modificação de créditos derivados da relação de trabalho, mas as ações de natureza trabalhista, inclusive as impugnações a que se refere o art. 8º desta Lei, serão processadas perante a justiça especializada até a apuração do respectivo crédito, que será inscrito no quadro geral de credores pelo valor determinado em sentença.

§ 3º O juiz competente para as ações referidas nos §§ 1º e 2º deste artigo poderá determinar a reserva da importância que estimar devida na recuperação judicial ou na falência, e, uma vez reconhecido líquido o direito, será o crédito incluído na classe própria.

§ 4º Na recuperação judicial, a suspensão de que trata o *caput* deste artigo em hipótese nenhuma excederá o prazo improrrogável de 180 (cento e oitenta) dias contado do deferimento do processamento da recuperação, restabelecendo-se, após o decurso do prazo, o direito dos credores de iniciar ou continuar suas ações e execuções, independentemente de pronunciamento judicial.

§ 5º Aplica-se o disposto no § 2º deste artigo à recuperação judicial durante o período de suspensão de que trata o § 4º deste artigo, mas, após o fim da suspensão, as execuções trabalhistas poderão ser normalmente concluídas, ainda que o crédito já esteja inscrito no quadro geral de credores.

§ 6º Independentemente da verificação periódica perante os cartórios de distribuição, as ações que venham a ser propostas contra o devedor deverão ser comunicadas ao juízo da falência ou da recuperação judicial:

I – pelo juiz competente, quando do recebimento da petição inicial;

II – pelo devedor, imediatamente após a citação.

§ 7º As execuções de natureza fiscal não são suspensas pelo deferimento da recuperação judicial, ressalvada a concessão de parcelamento nos termos do Código Tributário Nacional e da legislação ordinária específica.

→ *v.* Arts. 151, VI, 155-A, e 187, do CTN.

§ 8º A distribuição do pedido de falência ou de recuperação judicial previne a jurisdição para qualquer outro pedido de recuperação judicial ou de falência, relativo ao mesmo devedor.

Seção II
Da verificação e da habilitação de créditos

Art. 7º A verificação dos créditos será realizada pelo administrador judicial, com base nos livros contábeis e documentos comerciais e fiscais do devedor e nos documentos que lhe forem apresentados pelos credores, podendo contar com o auxílio de profissionais ou empresas especializadas.

§ 1º Publicado o edital previsto no art. 52, § 1º, ou no parágrafo único do art. 99 desta Lei, os credores terão o prazo de 15 (quinze) dias para apresentar ao administrador judicial suas habilitações ou suas divergências quanto aos créditos relacionados.

§ 2º O administrador judicial, com base nas informações e documentos colhidos na forma do *caput* e do § 1º deste artigo, fará publicar edital contendo a relação de credores no prazo de 45 (quarenta e cinco) dias, contado do fim do prazo do § 1º deste artigo, devendo indicar o local, o horário e o prazo comum em que as pessoas indicadas no art. 8º desta Lei terão acesso aos documentos que fundamentaram a elaboração dessa relação.

Art. 8º No prazo de 10 (dez) dias, contado da publicação da relação referida no art. 7º, § 2º, desta Lei, o Comitê, qualquer credor, o devedor ou seus sócios ou o Ministério Público podem apresentar ao juiz impugnação contra a relação de credores, apontando a ausência de qualquer crédito ou manifestando-se contra a legitimidade, importância ou classificação de crédito relacionado.

Parágrafo único. Autuada em separado, a impugnação será processada nos termos dos arts. 13 a 15 desta Lei.

Art. 9º A habilitação de crédito realizada pelo credor nos termos do art. 7º, § 1º, desta Lei deverá conter:

I – o nome, o endereço do credor e o endereço em que receberá comunicação de qualquer ato do processo;

II – o valor do crédito, atualizado até a data da decretação da falência ou do pedido de recuperação judicial, sua origem e classificação;

III – os documentos comprobatórios do crédito e a indicação das demais provas a serem produzidas;

IV – a indicação da garantia prestada pelo devedor, se houver, e o respectivo instrumento;

V – a especificação do objeto da garantia que estiver na posse do credor.

Parágrafo único. Os títulos e documentos que legitimam os créditos deverão ser exibidos no original ou por cópias autenticadas se estiverem juntados em outro processo.

Art. 10. Não observado o prazo estipulado no art. 7º, § 1º, desta Lei, as habilitações de crédito serão recebidas como retardatárias.

§ 1º Na recuperação judicial, os titulares de créditos retardatários, excetuados os titulares de créditos derivados da relação de trabalho, não terão direito a voto nas deliberações da assembleia geral de credores.

§ 2º Aplica-se o disposto no § 1º deste artigo ao processo de falência, salvo se, na data da realização da assembleia geral, já houver sido homologado o quadro geral de credores contendo o crédito retardatário.

§ 3º Na falência, os créditos retardatários perderão o direito a rateios eventualmente realizados e ficarão sujeitos ao pagamento de custas, não se computando os acessórios compreendidos entre o término do prazo e a data do pedido de habilitação.

§ 4º Na hipótese prevista no § 3º deste artigo, o credor poderá requerer a reserva de valor para satisfação de seu crédito.

§ 5º As habilitações de crédito retardatárias, se apresentadas antes da homologação do quadro geral de credores, serão recebidas como impugnação e processadas na forma dos arts. 13 a 15 desta Lei.

§ 6º Após a homologação do quadro geral de credores, aqueles que não habilitaram seu crédito poderão, observado, no que couber, o procedimento ordinário previsto no Código de Processo Civil, requerer ao juízo da falência ou da recuperação judicial a retificação do quadro geral para inclusão do respectivo crédito.

→ *v.* Lei 13.105/2015 – Institui o Novo Código de Processo Civil, em vigor após decorrido 1 (um) ano da data de sua publicação oficial (Art. 1.045 do NCPC) – *D.O.U.* de 17.3.2015.

Art. 11. Os credores cujos créditos forem impugnados serão intimados para contestar a impugnação, no prazo de 5 (cinco) dias, juntando os documentos que tiverem e indicando outras provas que reputem necessárias.

Art. 12. Transcorrido o prazo do art. 11 desta Lei, o devedor e o Comitê, se houver, serão intimados pelo juiz para se manifestar sobre ela no prazo comum de 5 (cinco) dias.

Parágrafo único. Findo o prazo a que se refere o *caput* deste artigo, o administrador judicial será intimado pelo juiz para emitir parecer no prazo de 5 (cinco) dias, devendo juntar à sua manifestação o laudo elaborado pelo profissional ou empresa especializada, se for o caso, e todas as informações existentes nos livros fiscais e demais documentos do devedor acerca do crédito, constante ou não da relação de credores, objeto da impugnação.

Art. 13. A impugnação será dirigida ao juiz por meio de petição, instruída com os documentos que tiver o impugnante, o qual indicará as provas consideradas necessárias.

Parágrafo único. Cada impugnação será autuada em separado, com os documentos a ela relativos, mas terão uma só autuação as diversas impugnações versando sobre o mesmo crédito.

Art. 14. Caso não haja impugnações, o juiz homologará, como quadro geral de credores, a relação dos credores constante do edital de que trata o art. 7º, § 2º, desta Lei, dispensada a publicação de que trata o art. 18 desta Lei.

Art. 15. Transcorridos os prazos previstos nos arts. 11 e 12 desta Lei, os autos de impugnação serão conclusos ao juiz, que:

I – determinará a inclusão no quadro geral de credores das habilitações de créditos não impugnadas, no valor constante da relação referida no § 2º do art. 7º desta Lei;

II – julgará as impugnações que entender suficientemente esclarecidas pelas alegações e provas apresentadas pelas partes, mencionando, de cada crédito, o valor e a classificação;

III – fixará, em cada uma das restantes impugnações, os aspectos controvertidos e decidirá as questões processuais pendentes;

IV – determinará as provas a serem produzidas, designando audiência de instrução e julgamento, se necessário.

Art. 16. O juiz determinará, para fins de rateio, a reserva de valor para satisfação do crédito impugnado.

Parágrafo único. Sendo parcial, a impugnação não impedirá o pagamento da parte incontroversa.

Art. 17. Da decisão judicial sobre a impugnação caberá agravo.

Parágrafo único. Recebido o agravo, o relator poderá conceder efeito suspensivo à decisão que reconhece o crédito ou determinar a inscrição ou modificação do seu valor ou classificação no quadro geral de credores, para fins de exercício de direito de voto em assembleia geral.

Art. 18. O administrador judicial será responsável pela consolidação do quadro geral de credores, a ser homologado pelo juiz, com base na relação dos credores a que se refere o art. 7º, § 2º, desta Lei e nas decisões proferidas nas impugnações oferecidas.

Parágrafo único. O quadro geral, assinado pelo juiz e pelo administrador judicial, mencionará a importância e a classificação de cada crédito na data do requerimento da recuperação judicial ou da decretação da falência, será juntado aos autos e publicado no órgão oficial, no prazo de 5 (cinco) dias, contado da data da sentença que houver julgado as impugnações.

Art. 19. O administrador judicial, o Comitê, qualquer credor ou o representante do Ministério Público poderá, até o encerramento da recuperação judicial ou da falência, observado, no que couber, o procedimento ordinário previsto no Código de Processo Civil, pedir a exclusão, outra classificação ou a retificação de qualquer crédito, nos casos de descoberta de falsidade, dolo, simulação, fraude, erro essencial ou, ainda, documentos ignorados na época do julgamento do crédito ou da inclusão no quadro geral de credores.

→ *v.* Lei 13.105/2015 – Institui o Novo Código de Processo Civil, em vigor após decorrido 1 (um) ano da data de sua publicação oficial (Art. 1.045 do NCPC) – *D.O.U.* de 17.3.2015.

§ 1º A ação prevista neste artigo será proposta exclusivamente perante o juízo da recuperação judicial ou da falência ou, nas hipóteses previstas no art. 6º, §§ 1º e 2º, desta Lei, perante o juízo que tenha originariamente reconhecido o crédito.

§ 2º Proposta a ação de que trata este artigo, o pagamento ao titular do crédito por ela atingido somente poderá ser realizado mediante a prestação de caução no mesmo valor do crédito questionado.

Art. 20. As habilitações dos credores particulares do sócio ilimitadamente responsável processar-se-ão de acordo com as disposições desta Seção.

Seção III
Do administrador judicial e do Comitê de Credores

Art. 21. O administrador judicial será profissional idôneo, preferencialmente advogado, economista, administrador de empresas ou contador, ou pessoa jurídica especializada.

Parágrafo único. Se o administrador judicial nomeado for pessoa jurídica, declarar-se-á, no termo de que trata o art. 33 desta Lei, o nome de profissional responsável pela condução do processo de falência ou de recuperação judicial, que não poderá ser substituído sem autorização do juiz.

Art. 22. Ao administrador judicial compete, sob a fiscalização do juiz e do Comitê, além de outros deveres que esta Lei lhe impõe:

I – na recuperação judicial e na falência:

a) enviar correspondência aos credores constantes na relação de que trata o inciso III do *caput* do art. 51, o inciso III do *caput* do art. 99 ou o inciso II do *caput* do art. 105 desta Lei, comunicando a data do pedido de recuperação judicial ou da decretação da falência, a natureza, o valor e a classificação dada ao crédito;

b) fornecer, com presteza, todas as informações pedidas pelos credores interessados;

c) dar extratos dos livros do devedor, que merecerão fé de ofício, a fim de servirem de fundamento nas habilitações e impugnações de créditos;

d) exigir dos credores, do devedor ou seus administradores quaisquer informações;

e) elaborar a relação de credores de que trata o § 2º do art. 7º desta Lei;

f) consolidar o quadro geral de credores nos termos do art. 18 desta Lei;

g) requerer ao juiz convocação da assembleia geral de credores nos casos previstos nesta Lei ou quando entender necessária sua ouvida para a tomada de decisões;

h) contratar, mediante autorização judicial, profissionais ou empresas especializadas para, quando necessário, auxiliá-lo no exercício de suas funções;

i) manifestar-se nos casos previstos nesta Lei;

II – na recuperação judicial:

a) fiscalizar as atividades do devedor e o cumprimento do plano de recuperação judicial;

b) requerer a falência no caso de descumprimento de obrigação assumida no plano de recuperação;

c) apresentar ao juiz, para juntada aos autos, relatório mensal das atividades do devedor;

d) apresentar o relatório sobre a execução do plano de recuperação, de que trata o inciso III do *caput* do art. 63 desta Lei;

III – na falência:

a) avisar, pelo órgão oficial, o lugar e hora em que, diariamente, os credores terão à sua disposição os livros e documentos do falido;

b) examinar a escrituração do devedor;

c) relacionar os processos e assumir a representação judicial da massa falida;

d) receber e abrir a correspondência dirigida ao devedor, entregando a ele o que não for assunto de interesse da massa;

e) apresentar, no prazo de 40 (quarenta) dias, contado da assinatura do termo de compromisso, prorrogável por igual período, relatório sobre as causas e circunstâncias que conduziram à situação de falência, no qual apontará a responsabilidade civil e penal dos envolvidos, observado o disposto no art. 186 desta Lei;

f) arrecadar os bens e documentos do devedor e elaborar o auto de arrecadação, nos termos dos arts. 108 e 110 desta Lei;

g) avaliar os bens arrecadados;

h) contratar avaliadores, de preferência oficiais, mediante autorização judicial, para a avaliação dos bens caso entenda não ter condições técnicas para a tarefa;

i) praticar os atos necessários à realização do ativo e ao pagamento dos credores;

j) requerer ao juiz a venda antecipada de bens perecíveis, deterioráveis ou sujeitos a considerável desvalorização ou de conservação arriscada ou dispendiosa, nos termos do art. 113 desta Lei;

l) praticar todos os atos conservatórios de direitos e ações, diligenciar a cobrança de dívidas e dar a respectiva quitação;

m) remir, em benefício da massa e mediante autorização judicial, bens apenhados, penhorados ou legalmente retidos;

n) representar a massa falida em juízo, contratando, se necessário, advogado, cujos honorários serão previamente ajustados e aprovados pelo Comitê de Credores;

→ *v.* Art. 766, II, do CPC/1973.

o) requerer todas as medidas e diligências que forem necessárias para o cumprimento desta Lei, a proteção da massa ou a eficiência da administração;

p) apresentar ao juiz para juntada aos autos, até o 10º (décimo) dia do mês seguinte ao vencido, conta demonstrativa da administração, que especifique com clareza a receita e a despesa;

q) entregar ao seu substituto todos os bens e documentos da massa em seu poder, sob pena de responsabilidade;

r) prestar contas ao final do processo, quando for substituído, destituído ou renunciar ao cargo.

§ 1º As remunerações dos auxiliares do administrador judicial serão fixadas pelo juiz, que considerará a complexidade dos trabalhos a serem executados e os valores praticados no mercado para o desempenho de atividades semelhantes.

§ 2º Na hipótese da alínea *d* do inciso I do *caput* deste artigo, se houver recusa, o juiz, a requerimento do administrador judicial, intimará aquelas pessoas para que compareçam à sede do juízo, sob pena de desobediência, oportunidade em que as interrogará na presença do administrador judicial, tomando seus depoimentos por escrito.

§ 3º Na falência, o administrador judicial não poderá, sem autorização judicial, após ouvidos o Comitê e o devedor no prazo comum de 2 (dois) dias, transigir sobre obrigações e direitos da massa falida e conceder abatimento de dívidas, ainda que sejam consideradas de difícil recebimento.

§ 4º Se o relatório de que trata a alínea *e* do inciso III do *caput* deste artigo apontar responsabilidade penal de qualquer dos envolvidos, o Ministério Público será intimado para tomar conhecimento de seu teor.

Art. 23. O administrador judicial que não apresentar, no prazo estabelecido, suas contas ou qualquer dos relatórios previstos nesta Lei será intimado pessoalmente a fazê-lo no prazo de 5 (cinco) dias, sob pena de desobediência.

Parágrafo único. Decorrido o prazo do *caput* deste artigo, o juiz destituirá o administrador judicial e nomeará substituto para elaborar relatórios ou organizar as contas, explicitando as responsabilidades de seu antecessor.

Art. 24. O juiz fixará o valor e a forma de pagamento da remuneração do administrador judicial, observados a capacidade de pagamento do devedor, o grau de complexidade do trabalho e os valores praticados no mercado para o desempenho de atividades semelhantes.

§ 1º Em qualquer hipótese, o total pago ao administrador judicial não excederá 5% (cinco por cento) do valor devido aos credores submetidos à recuperação judicial ou do valor de venda dos bens na falência.

§ 2º Será reservado 40% (quarenta por cento) do montante devido ao administrador judicial para pagamento após atendimento do previsto nos arts. 154 e 155 desta Lei.

§ 3º O administrador judicial substituído será remunerado proporcionalmente ao trabalho realizado, salvo se renunciar sem relevante razão ou for destituído de suas funções por desídia, culpa, dolo ou descumprimento das obrigações fixadas nesta Lei, hipóteses em que não terá direito à remuneração.

§ 4º Também não terá direito a remuneração o administrador que tiver suas contas desaprovadas.

§ 5º A remuneração do administrador judicial fica reduzida ao limite de 2% (dois por cento), no caso de microempresas e empresas de pequeno porte.

→ § 5º acrescentado pela LC 147/2014.

Art. 25. Caberá ao devedor ou à massa falida arcar com as despesas relativas à remuneração do administrador judicial e das pessoas eventualmente contratadas para auxiliá-lo.

Art. 26. O Comitê de Credores será constituído por deliberação de qualquer das classes de credores na assembleia geral e terá a seguinte composição:

I – 1 (um) representante indicado pela classe de credores trabalhistas, com 2 (dois) suplentes;

II – 1 (um) representante indicado pela classe de credores com direitos reais de garantia ou privilégios especiais, com 2 (dois) suplentes;

III – 1 (um) representante indicado pela classe de credores quirografários e com privilégios gerais, com 2 (dois) suplentes.

IV – 1 (um) representante indicado pela classe de credores representantes de microempresas e empresas de pequeno porte, com 2 (dois) suplentes.

→ Inciso IV acrescentado pela LC 147/2014.

§ 1º A falta de indicação de representante por quaisquer das classes não prejudicará a constituição do Comitê, que poderá funcionar com número inferior ao previsto no *caput* deste artigo.

§ 2º O juiz determinará, mediante requerimento subscrito por credores que representem a maioria dos créditos de uma classe, independentemente da realização de assembleia:

I – a nomeação do representante e dos suplentes da respectiva classe ainda não representada no Comitê; ou

II – a substituição do representante ou dos suplentes da respectiva classe.

§ 3º Caberá aos próprios membros do Comitê indicar, entre eles, quem irá presidi-lo.

Art. 27. O Comitê de Credores terá as seguintes atribuições, além de outras previstas nesta Lei:

I – na recuperação judicial e na falência:

a) fiscalizar as atividades e examinar as contas do administrador judicial;

b) zelar pelo bom andamento do processo e pelo cumprimento da lei;

c) comunicar ao juiz, caso detecte violação dos direitos ou prejuízo aos interesses dos credores;

d) apurar e emitir parecer sobre quaisquer reclamações dos interessados;

e) requerer ao juiz a convocação da assembleia geral de credores;

f) manifestar-se nas hipóteses previstas nesta Lei;

II – na recuperação judicial:

a) fiscalizar a administração das atividades do devedor, apresentando, a cada 30 (trinta) dias, relatório de sua situação;

b) fiscalizar a execução do plano de recuperação judicial;

c) submeter à autorização do juiz, quando ocorrer o afastamento do devedor nas hipóteses previstas nesta Lei, a alienação de bens do ativo permanente, a constituição de ônus reais e outras garantias, bem como atos de endividamento necessários à continuação da atividade empresarial durante o período que antecede a aprovação do plano de recuperação judicial.

§ 1º As decisões do Comitê, tomadas por maioria, serão consignadas em livro de atas, rubricado pelo juízo, que ficará à disposição do administrador judicial, dos credores e do devedor.

§ 2º Caso não seja possível a obtenção de maioria em deliberação do Comitê, o impasse será resolvido pelo administrador judicial ou, na incompatibilidade deste, pelo juiz.

Art. 28. Não havendo Comitê de Credores, caberá ao administrador judicial ou, na incompatibilidade deste, ao juiz exercer suas atribuições.

Art. 29. Os membros do Comitê não terão sua remuneração custeada pelo devedor ou pela massa falida, mas as despesas realizadas para a realização de ato previsto nesta Lei, se devi-

LEGISLAÇÃO

damente comprovadas e com a autorização do juiz, serão ressarcidas atendendo às disponibilidades de caixa.

Art. 30. Não poderá integrar o Comitê ou exercer as funções de administrador judicial quem, nos últimos 5 (cinco) anos, no exercício do cargo de administrador judicial ou de membro do Comitê em falência ou recuperação judicial anterior, foi destituído, deixou de prestar contas dentro dos prazos legais ou teve a prestação de contas desaprovada.

§ 1º Ficará também impedido de integrar o Comitê ou exercer a função de administrador judicial quem tiver relação de parentesco ou afinidade até o 3º (terceiro) grau com o devedor, seus administradores, controladores ou representantes legais ou deles for amigo, inimigo ou dependente.

§ 2º O devedor, qualquer credor ou o Ministério Público poderá requerer ao juiz a substituição do administrador judicial ou dos membros do Comitê nomeados em desobediência aos preceitos desta Lei.

§ 3º O juiz decidirá, no prazo de 24 (vinte e quatro) horas, sobre o requerimento do § 2º deste artigo.

Art. 31. O juiz, de ofício ou a requerimento fundamentado de qualquer interessado, poderá determinar a destituição do administrador judicial ou de quaisquer dos membros do Comitê de Credores quando verificar desobediência aos preceitos desta Lei, descumprimento de deveres, omissão, negligência ou prática de ato lesivo às atividades do devedor ou a terceiros.

§ 1º No ato de destituição, o juiz nomeará novo administrador judicial ou convocará os suplentes para recompor o Comitê.

§ 2º Na falência, o administrador judicial substituído prestará contas no prazo de 10 (dez) dias, nos termos dos §§ 1º a 6º do art. 154 desta Lei.

Art. 32. O administrador judicial e os membros do Comitê responderão pelos prejuízos causados à massa falida, ao devedor ou aos credores por dolo ou culpa, devendo o dissidente em deliberação do Comitê consignar sua discordância em ata para eximir-se da responsabilidade.

Art. 33. O administrador judicial e os membros do Comitê de Credores, logo que nomeados, serão intimados pessoalmente para, em 48 (quarenta e oito) horas, assinar, na sede do juízo, o termo de compromisso de bem e fielmente desempenhar o cargo e assumir todas as responsabilidades a ele inerentes.

Art. 34. Não assinado o termo de compromisso no prazo previsto no art. 33 desta Lei, o juiz nomeará outro administrador judicial.

Seção IV
Da assembleia geral de credores

Art. 35. A assembleia geral de credores terá por atribuições deliberar sobre:

I – na recuperação judicial:

a) aprovação, rejeição ou modificação do plano de recuperação judicial apresentado pelo devedor;

b) a constituição do Comitê de Credores, a escolha de seus membros e sua substituição;

c) (Vetado);

d) o pedido de desistência do devedor, nos termos do § 4º do art. 52 desta Lei;

e) o nome do gestor judicial, quando do afastamento do devedor;

f) qualquer outra matéria que possa afetar os interesses dos credores;

II – na falência:

a) (Vetado);

b) a constituição do Comitê de Credores, a escolha de seus membros e sua substituição;

c) a adoção de outras modalidades de realização do ativo, na forma do art. 145 desta Lei;

d) qualquer outra matéria que possa afetar os interesses dos credores.

Art. 36. A assembleia geral de credores será convocada pelo juiz por edital publicado no órgão oficial e em jornais de grande circulação nas localidades da sede e filiais, com antecedência mínima de 15 (quinze) dias, o qual conterá:

I – local, data e hora da assembleia em 1ª (primeira) e em 2ª (segunda) convocação, não podendo esta ser realizada menos de 5 (cinco) dias depois da 1ª (primeira);

II – a ordem do dia;

III – local onde os credores poderão, se for o caso, obter cópia do plano de recuperação judicial a ser submetido à deliberação da assembleia.

§ 1º Cópia do aviso de convocação da assembleia deverá ser afixada de forma ostensiva na sede e filiais do devedor.

§ 2º Além dos casos expressamente previstos nesta Lei, credores que representem no mínimo 25% (vinte e cinco por cento) do valor total dos créditos de uma determinada classe poderão requerer ao juiz a convocação de assembleia geral.

§ 3º As despesas com a convocação e a realização da assembleia geral correm por conta do devedor ou da massa falida, salvo se convocada em virtude de requerimento do Comitê de Credores ou na hipótese do § 2º deste artigo.

Art. 37. A assembleia será presidida pelo administrador judicial, que designará 1 (um) secretário dentre os credores presentes.

§ 1º Nas deliberações sobre o afastamento do administrador judicial ou em outras em que haja incompatibilidade deste, a assembleia será presidida pelo credor presente que seja titular do maior crédito.

§ 2º A assembleia instalar-se-á, em 1ª (primeira) convocação, com a presença de credores titulares de mais da metade dos créditos de cada classe, computados pelo valor, e, em 2ª (segunda) convocação, com qualquer número.

§ 3º Para participar da assembleia, cada credor deverá assinar a lista de presença, que será encerrada no momento da instalação.

§ 4º O credor poderá ser representado na assembleia geral por mandatário ou representante legal, desde que entregue ao administrador judicial, até 24 (vinte e quatro) horas antes da data prevista no aviso de convocação, documento hábil que comprove seus poderes ou a indicação das folhas dos autos do processo em que se encontre o documento.

§ 5º Os sindicatos de trabalhadores poderão representar seus associados titulares de créditos derivados da legislação do trabalho ou decorrentes de acidente de trabalho que não comparecerem, pessoalmente ou por procurador, à assembleia.

§ 6º Para exercer a prerrogativa prevista no § 5º deste artigo, o sindicato deverá:

I – apresentar ao administrador judicial, até 10 (dez) dias antes da assembleia, a relação dos associados que pretende representar, e o trabalhador que conste da relação de mais de um sindicato deverá esclarecer, até 24 (vinte e quatro) horas antes da assembleia, qual sindicato o representa, sob pena de não ser representado em assembleia por nenhum deles; e

II – *(Vetado)*.

§ 7º Do ocorrido na assembleia, lavrar-se-á ata que conterá o nome dos presentes e as assinaturas do presidente, do devedor e de 2 (dois) membros de cada uma das classes votantes, e que será entregue ao juiz, juntamente com a lista de presença, no prazo de 48 (quarenta e oito) horas.

Art. 38. O voto do credor será proporcional ao valor de seu crédito, ressalvado, nas deliberações sobre o plano de recuperação judicial, o disposto no § 2º do art. 45 desta Lei.

Parágrafo único. Na recuperação judicial, para fins exclusivos de votação em assembleia geral, o crédito em moeda estrangeira será convertido para moeda nacional pelo câmbio da véspera da data de realização da assembleia.

Art. 39. Terão direito a voto na assembleia geral as pessoas arroladas no quadro geral de credores ou, na sua falta, na relação de credores apresentada pelo administrador judicial na forma do art. 7º, § 2º, desta Lei, ou, ainda, na falta desta, na relação apresentada pelo próprio devedor nos termos dos arts. 51, incisos III e IV do *caput*, 99, inciso III do *caput*, ou 105, inciso II do *caput*, desta Lei, acrescidas, em qualquer caso, das que estejam habilitadas na data da realização da assembleia ou que tenham créditos admitidos ou alterados por decisão judicial, inclusive as que tenham obtido reserva de importâncias, observado o disposto nos §§ 1º e 2º do art. 10 desta Lei.

§ 1º Não terão direito a voto e não serão considerados para fins de verificação do *quorum* de instalação e de deliberação os titulares de créditos excetuados na forma dos §§ 3º e 4º do art. 49 desta Lei.

§ 2º As deliberações da assembleia geral não serão invalidadas em razão de posterior decisão judicial acerca da existência, quantificação ou classificação de créditos.

§ 3º No caso de posterior invalidação de deliberação da assembleia, ficam resguardados os direitos de terceiros de boa-fé, respondendo os credores que aprovarem a deliberação pelos prejuízos comprovados causados por dolo ou culpa.

Art. 40. Não será deferido provimento liminar, de caráter cautelar ou antecipatório dos efeitos da tutela, para a suspensão ou adiamento da assembleia geral de credores em razão de pendência de discussão acerca da existência, da quantificação ou da classificação de créditos.

Art. 41. A assembleia geral será composta pelas seguintes classes de credores:

I – titulares de créditos derivados da legislação do trabalho ou decorrentes de acidentes de trabalho;

II – titulares de créditos com garantia real;

III – titulares de créditos quirografários, com privilégio especial, com privilégio geral ou subordinados.

IV – titulares de créditos enquadrados como microempresa ou empresa de pequeno porte.

→ Inciso IV acrescentado pela LC 147/2014.

§ 1º Os titulares de créditos derivados da legislação do trabalho votam com a classe prevista no inciso I do *caput* deste artigo com o total de seu crédito, independentemente do valor.

§ 2º Os titulares de créditos com garantia real votam com a classe prevista no inciso II do *caput* deste artigo até o limite do valor do bem gravado e com a classe prevista no inciso III do *caput* deste artigo pelo restante do valor de seu crédito.

Art. 42. Considerar-se-á aprovada a proposta que obtiver votos favoráveis de credores que representem mais da metade do valor total dos créditos presentes à assembleia geral, exceto nas deliberações sobre o plano de recuperação judicial nos termos da alínea *a* do inciso I do *caput* do art. 35 desta Lei, a composição do Comitê de Credores ou forma alternativa de realização do ativo nos termos do art. 145 desta Lei.

Art. 43. Os sócios do devedor, bem como as sociedades coligadas, controladoras, controladas ou as que tenham sócio ou acionista com participação superior a 10% (dez por cento) do capital social do devedor ou em que o devedor ou algum de seus sócios detenham participação superior a 10% (dez por cento) do capital social, poderão participar da assembleia geral de credores, sem ter direito a voto e não serão considerados para fins de verificação do *quorum* de instalação e de deliberação.

Parágrafo único. O disposto neste artigo também se aplica ao cônjuge ou parente, consanguíneo ou afim, colateral até o 2º (segundo) grau, ascendente ou descendente do devedor, de administrador, do sócio controlador, de membro dos conselhos consultivo, fiscal ou semelhantes da sociedade devedora e à sociedade em que quaisquer dessas pessoas exerçam essas funções.

Art. 44. Na escolha dos representantes de cada classe no Comitê de Credores, somente os respectivos membros poderão votar.

Art. 45. Nas deliberações sobre o plano de recuperação judicial, todas as classes de credores referidas no art. 41 desta Lei deverão aprovar a proposta.

§ 1º Em cada uma das classes referidas nos incisos II e III do art. 41 desta Lei, a proposta deverá ser aprovada por credores que representem mais da metade do valor total dos créditos presentes à assembleia e, cumulativamente, pela maioria simples dos credores presentes.

§ 2º Nas classes previstas nos incisos I e IV do art. 41 desta Lei, a proposta deverá ser aprovada pela maioria simples dos credores presentes, independentemente do valor de seu crédito.

→ § 2º com redação alterada pela LC 147/2014.

§ 3º O credor não terá direito a voto e não será considerado para fins de verificação de *quorum* de deliberação se o plano de recuperação judicial não alterar o valor ou as condições originais de pagamento de seu crédito.

Art. 46. A aprovação de forma alternativa de realização do ativo na falência, prevista no art. 145 desta Lei, dependerá do voto favorável de credores que representem 2/3 (dois terços) dos créditos presentes à assembleia.

Capítulo III
DA RECUPERAÇÃO JUDICIAL

Seção I
Disposições gerais

Art. 47. A recuperação judicial tem por objetivo viabilizar a superação da situação de crise econômico-financeira do devedor, a fim de permitir a manutenção da fonte produtora, do emprego dos trabalhadores e dos interesses dos credores, promovendo, assim, a preservação da empresa, sua função social e o estímulo à atividade econômica.

→ *v.* Art. 170, III, da CF/1988.

Art. 48. Poderá requerer recuperação judicial o devedor que, no momento do pedido, exerça regularmente suas atividades há mais de 2 (dois) anos e que atenda aos seguintes requisitos, cumulativamente:

I – não ser falido e, se o foi, estejam declaradas extintas, por sentença transitada em julgado, as responsabilidades daí decorrentes;

II – não ter, há menos de 5 (cinco) anos, obtido concessão de recuperação judicial;

III – não ter, há menos de 5 (cinco) anos, obtido concessão de recuperação judicial com base no plano especial de que trata a Seção V deste Capítulo;

→ Inciso III com redação alterada pela LC 147/2014.

IV – não ter sido condenado ou não ter, como administrador ou sócio controlador, pessoa condenada por qualquer dos crimes previstos nesta Lei.

§ 1º A recuperação judicial também poderá ser requerida pelo cônjuge sobrevivente, herdeiros do devedor, inventariante ou sócio remanescente.

→ Anterior parágrafo único renumerado para § 1º pela Lei 12.873/2013.

§ 2º Tratando-se de exercício de atividade rural por pessoa jurídica, admite-se a comprovação do prazo estabelecido no *caput* deste artigo por meio da Declaração de Informações Econômico-fiscais da Pessoa Jurídica – DIPJ que tenha sido entregue tempestivamente.

→ § 2º acrescentado pela Lei 12.873/2013.

Art. 49. Estão sujeitos à recuperação judicial todos os créditos existentes na data do pedido, ainda que não vencidos.

§ 1º Os credores do devedor em recuperação judicial conservam seus direitos e privilégios contra os coobrigados, fiadores e obrigados de regresso.

§ 2º As obrigações anteriores à recuperação judicial observarão as condições originalmente contratadas ou definidas em lei, inclusive no que diz respeito aos encargos, salvo se de modo diverso ficar estabelecido no plano de recuperação judicial.

§ 3º Tratando-se de credor titular da posição de proprietário fiduciário de bens móveis ou imóveis, de arrendador mercantil, de proprietário ou promitente vendedor de imóvel cujos respectivos contratos contenham cláusula de irrevogabilidade ou irretratabilidade, inclusive em incorporações imobiliárias, ou de proprietário em contrato de venda com reserva de domínio, seu crédito não se submeterá aos efeitos da recuperação judicial e prevalecerão os direitos de propriedade sobre a coisa e as condições contratuais, observada a legislação respectiva, não se permitindo, contudo, durante o prazo de suspensão a que se refere o § 4º do art. 6º desta Lei, a venda ou a retirada do estabelecimento do devedor dos bens de capital essenciais a sua atividade empresarial.

→ *v.* Art. 1.361 do CC.

→ *v.* Art. 7º do Dec.-lei 911/1969.

§ 4º Não se sujeitará aos efeitos da recuperação judicial a importância a que se refere o inciso II do art. 86 desta Lei.

§ 5º Tratando-se de crédito garantido por penhor sobre títulos de crédito, direitos creditórios, aplicações financeiras ou valores mobiliários, poderão ser substituídas ou renovadas as garantias liquidadas ou vencidas durante a recuperação judicial e, enquanto não renovadas ou substituídas, o valor eventualmente recebido em pagamento das garantias permanecerá em conta vinculada durante o período de suspensão de que trata o § 4º do art. 6º desta Lei.

Art. 50. Constituem meios de recuperação judicial, observada a legislação pertinente a cada caso, dentre outros:

I – concessão de prazos e condições especiais para pagamento das obrigações vencidas ou vincendas;

II – cisão, incorporação, fusão ou transformação de sociedade, constituição de subsidiária integral, ou cessão de cotas ou ações, respeitados os direitos dos sócios, nos termos da legislação vigente;

III – alteração do controle societário;

IV – substituição total ou parcial dos administradores do devedor ou modificação de seus órgãos administrativos;

V – concessão aos credores de direito de eleição em separado de administradores e de poder de veto em relação às matérias que o plano especificar;

VI – aumento de capital social;

VII – trespasse ou arrendamento de estabelecimento, inclusive à sociedade constituída pelos próprios empregados;

VIII – redução salarial, compensação de horários e redução da jornada, mediante acordo ou convenção coletiva;

IX – dação em pagamento ou novação de dívidas do passivo, com ou sem constituição de garantia própria ou de terceiro;

X – constituição de sociedade de credores;

XI – venda parcial dos bens;

XII – equalização de encargos financeiros relativos a débitos de qualquer natureza, tendo como termo inicial a data da distribuição do pedido de recuperação judicial, aplicando-se inclusive aos contratos de crédito rural, sem prejuízo do disposto em legislação específica;

XIII – usufruto da empresa;

XIV – administração compartilhada;

XV – emissão de valores mobiliários;

XVI – constituição de sociedade de propósito específico para adjudicar, em pagamento dos créditos, os ativos do devedor.

§ 1º Na alienação de bem objeto de garantia real, a supressão da garantia ou sua substituição somente serão admitidas mediante aprovação expressa do credor titular da respectiva garantia.

§ 2º Nos créditos em moeda estrangeira, a variação cambial será conservada como parâmetro de indexação da correspondente obrigação e só poderá ser afastada se o credor titular do respectivo crédito aprovar expressamente previsão diversa no plano de recuperação judicial.

Seção II
Do pedido e do processamento da recuperação judicial

Art. 51. A petição inicial de recuperação judicial será instruída com:

→ v. Art. 282 do CPC/1973.

→ v. Art. 319 do NCPC.

I – a exposição das causas concretas da situação patrimonial do devedor e das razões da crise econômico-financeira;

II – as demonstrações contábeis relativas aos 3 (três) últimos exercícios sociais e as levantadas especialmente para instruir o pedido, confeccionadas com estrita observância da legislação societária aplicável e compostas obrigatoriamente de:

a) balanço patrimonial;

b) demonstração de resultados acumulados;

c) demonstração do resultado desde o último exercício social;

d) relatório gerencial de fluxo de caixa e de sua projeção;

III – a relação nominal completa dos credores, inclusive aqueles por obrigação de fazer ou de dar, com a indicação do endereço de cada um, a natureza, a classificação e o valor atualizado do crédito, discriminando sua origem, o regime dos respectivos vencimentos e a indicação dos registros contábeis de cada transação pendente;

IV – a relação integral dos empregados, em que constem as respectivas funções, salários, indenizações e outras parcelas a que têm direito, com o correspondente mês de competência, e a discriminação dos valores pendentes de pagamento;

V – certidão de regularidade do devedor no Registro Público de Empresas, o ato constitutivo atualizado e as atas de nomeação dos atuais administradores;

VI – a relação dos bens particulares dos sócios controladores e dos administradores do devedor;

VII – os extratos atualizados das contas bancárias do devedor e de suas eventuais aplicações financeiras de qualquer modalidade, inclusive em fundos de investimento ou em bolsas de valores, emitidos pelas respectivas instituições financeiras;

VIII – certidões dos cartórios de protestos situados na comarca do domicílio ou sede do devedor e naquelas onde possui filial;

IX – a relação, subscrita pelo devedor, de todas as ações judiciais em que este figure como parte, inclusive as de natureza trabalhista, com a estimativa dos respectivos valores demandados.

§ 1º Os documentos de escrituração contábil e demais relatórios auxiliares, na forma e no suporte previstos em lei, permanecerão à disposição do juízo, do administrador judicial e, mediante autorização judicial, de qualquer interessado.

§ 2º Com relação à exigência prevista no inciso II do *caput* deste artigo, as microempresas e empresas de pequeno porte poderão apresentar livros e escrituração contábil simplificados nos termos da legislação específica.

§ 3º O juiz poderá determinar o depósito em cartório dos documentos a que se referem os §§ 1º e 2º deste artigo ou de cópia destes.

Art. 52. Estando em termos a documentação exigida no art. 51 desta Lei, o juiz deferirá o processamento da recuperação judicial e, no mesmo ato:

I – nomeará o administrador judicial, observado o disposto no art. 21 desta Lei;

II – determinará a dispensa da apresentação de certidões negativas para que o devedor exerça suas atividades, exceto para contratação com o Poder Público ou para recebimento de benefícios ou incentivos fiscais ou creditícios, observando o disposto no art. 69 desta Lei;

III – ordenará a suspensão de todas as ações ou execuções contra o devedor, na forma do art. 6º desta Lei, permanecendo os respectivos autos no juízo onde se processam, ressalvadas as ações previstas nos §§ 1º, 2º e 7º do art. 6º desta Lei e as relativas a créditos excetuados na forma dos §§ 3º e 4º do art. 49 desta Lei;

IV – determinará ao devedor a apresentação de contas demonstrativas mensais enquanto perdurar a recuperação judicial, sob pena de destituição de seus administradores;

V – ordenará a intimação do Ministério Público e a comunicação por carta às Fazendas Públicas Federal e de todos os Estados e Municípios em que o devedor tiver estabelecimento.

§ 1º O juiz ordenará a expedição de edital, para publicação no órgão oficial, que conterá:

I – o resumo do pedido do devedor e da decisão que defere o processamento da recuperação judicial;

II – a relação nominal de credores, em que se discrimine o valor atualizado e a classificação de cada crédito;

III – a advertência acerca dos prazos para habilitação dos créditos, na forma do art. 7º, § 1º, desta Lei, e para que os credores apresentem objeção ao plano de recuperação judicial apresentado pelo devedor nos termos do art. 55 desta Lei.

§ 2º Deferido o processamento da recuperação judicial, os credores poderão, a qualquer tempo, requerer a convocação de assembleia geral para a constituição do Comitê de Credores ou substituição de seus membros, observado o disposto no § 2º do art. 36 desta Lei.

§ 3º No caso do inciso III do *caput* deste artigo, caberá ao devedor comunicar a suspensão aos juízos competentes.

§ 4º O devedor não poderá desistir do pedido de recuperação judicial após o deferimento de seu processamento, salvo se obtiver aprovação da desistência na assembleia geral de credores.

Seção III
Do plano de recuperação judicial

Art. 53. O plano de recuperação será apresentado pelo devedor em juízo no prazo improrrogável de 60 (sessenta) dias da publicação da decisão que deferir o processamento da recuperação judicial, sob pena de convolação em falência, e deverá conter:

I – discriminação pormenorizada dos meios de recuperação a ser empregados, conforme o art. 50 desta Lei, e seu resumo;

II – demonstração de sua viabilidade econômica; e

III – laudo econômico-financeiro e de avaliação dos bens e ativos do devedor, subscrito por profissional legalmente habilitado ou empresa especializada.

Parágrafo único. O juiz ordenará a publicação de edital contendo aviso aos credores sobre o recebimento do plano de recuperação e fixando o prazo para a manifestação de eventuais objeções, observado o art. 55 desta Lei.

Art. 54. O plano de recuperação judicial não poderá prever prazo superior a 1 (um) ano para pagamento dos créditos derivados da legislação do trabalho ou decorrentes de acidentes de trabalho vencidos até a data do pedido de recuperação judicial.

Parágrafo único. O plano não poderá, ainda, prever prazo superior a 30 (trinta) dias para o pagamento, até o limite de cinco salários mínimos por trabalhador, dos créditos de natureza estritamente salarial vencidos nos 3 (três) meses anteriores ao pedido de recuperação judicial.

Seção IV
Do procedimento de recuperação judicial

Art. 55. Qualquer credor poderá manifestar ao juiz sua objeção ao plano de recuperação judicial no prazo de 30 (trinta) dias contado da publicação da relação de credores de que trata o § 2º do art. 7º desta Lei.

Parágrafo único. Caso, na data da publicação da relação de que trata o *caput* deste artigo, não tenha sido publicado o aviso previsto no art. 53, parágrafo único, desta Lei, contar-se-á da publicação deste o prazo para as objeções.

Art. 56. Havendo objeção de qualquer credor ao plano de recuperação judicial, o juiz convocará a assembleia geral de credores para deliberar sobre o plano de recuperação.

§ 1º A data designada para a realização da assembleia geral não excederá 150 (cento e cinquenta) dias contados do deferimento do processamento da recuperação judicial.

§ 2º A assembleia geral que aprovar o plano de recuperação judicial poderá indicar os membros do Comitê de Credores, na forma do art. 26 desta Lei, se já não estiver constituído.

§ 3º O plano de recuperação judicial poderá sofrer alterações na assembleia geral, desde que haja expressa concordância do devedor e em termos que não impliquem diminuição dos direitos exclusivamente dos credores ausentes.

§ 4º Rejeitado o plano de recuperação pela assembleia geral de credores, o juiz decretará a falência do devedor.

Art. 57. Após a juntada aos autos do plano aprovado pela assembleia geral de credores ou decorrido o prazo previsto no art. 55 desta Lei sem objeção de credores, o devedor apresentará certidões negativas de débitos tributários nos termos dos arts. 151, 205, 206 da Lei 5.172, de 25 de outubro de 1966 – Código Tributário Nacional.

→ v. Art. 191-A do CTN.

Art. 58. Cumpridas as exigências desta Lei, o juiz concederá a recuperação judicial do devedor cujo plano não tenha sofrido objeção de credor nos termos do art. 55 desta Lei ou tenha sido aprovado pela assembléia-geral de credores na forma do art. 45 desta Lei.

§ 1º O juiz poderá conceder a recuperação judicial com base em plano que não obteve aprovação na forma do art. 45 desta Lei, desde que, na mesma assembleia, tenha obtido, de forma cumulativa:

I – o voto favorável de credores que representem mais da metade do valor de todos os créditos presentes à assembleia, independentemente de classes;

II – a aprovação de duas das classes de credores nos termos do art. 45 desta Lei ou, caso haja somente 2 (duas) classes com credores votantes, a aprovação de pelo menos 1 (uma) delas;

III – na classe que o houver rejeitado, o voto favorável de mais de 1/3 (um terço) dos credores, computados na forma dos §§ 1º e 2º do art. 45 desta Lei.

§ 2º A recuperação judicial somente poderá ser concedida com base no § 1º deste artigo se o plano não implicar tratamento diferenciado entre os credores da classe que o houver rejeitado.

Art. 59. O plano de recuperação judicial implica novação dos créditos anteriores ao pedido, e obriga o devedor e todos os credores a ele sujeitos, sem prejuízo das garantias, observado o disposto no § 1º do art. 50 desta Lei.

§ 1º A decisão judicial que conceder a recuperação judicial constituirá título executivo judicial, nos termos do art. 584, inciso III, do *caput* da Lei 5.869, de 11 de janeiro de 1973 – Código de Processo Civil.

→ Referido artigo foi revogado pela Lei 11.232/2005.

§ 2º Contra a decisão que conceder a recuperação judicial caberá agravo, que poderá ser interposto por qualquer credor e pelo Ministério Público.

→ *v.* Art. 522 do CPC/1973.

→ *v.* Art. 1.015 do NCPC.

Art. 60. Se o plano de recuperação judicial aprovado envolver alienação judicial de filiais ou de unidades produtivas isoladas do devedor, o juiz ordenará a sua realização, observado o disposto no art. 142 desta Lei.

Parágrafo único. O objeto da alienação estará livre de qualquer ônus e não haverá sucessão do arrematante nas obrigações do devedor, inclusive as de natureza tributária, observado o disposto no § 1º do art. 141 desta Lei.

→ *v.* Art. 133, § 1º, II, e § 2º, do CTN.

Art. 61. Proferida a decisão prevista no art. 58 desta Lei, o devedor permanecerá em recuperação judicial até que se cumpram todas as obrigações previstas no plano que se vencerem até 2 (dois) anos depois da concessão da recuperação judicial.

§ 1º Durante o período estabelecido no *caput* deste artigo, o descumprimento de qualquer obrigação prevista no plano acarretará a convolação da recuperação em falência, nos termos do art. 73 desta Lei.

§ 2º Decretada a falência, os credores terão reconstituídos seus direitos e garantias nas condições originalmente contratadas, deduzidos os valores eventualmente pagos e ressalvados os atos validamente praticados no âmbito da recuperação judicial.

Art. 62. Após o período previsto no art. 61 desta Lei, no caso de descumprimento de qualquer obrigação prevista no plano de recuperação judicial, qualquer credor poderá requerer a execução específica ou a falência com base no art. 94 desta Lei.

Art. 63. Cumpridas as obrigações vencidas no prazo previsto no *caput* do art. 61 desta Lei, o juiz decretará por sentença o encerramento da recuperação judicial e determinará:

I – o pagamento do saldo de honorários ao administrador judicial, somente podendo efetuar a quitação dessas obrigações mediante prestação de contas, no prazo de 30 (trinta) dias, e aprovação do relatório previsto no inciso III do *caput* deste artigo;

II – a apuração do saldo das custas judiciais a serem recolhidas;

III – a apresentação de relatório circunstanciado do administrador judicial, no prazo máximo de 15 (quinze) dias, versando sobre a execução do plano de recuperação pelo devedor;

IV – a dissolução do Comitê de Credores e a exoneração do administrador judicial;

V – a comunicação ao Registro Público de Empresas para as providências cabíveis.

Art. 64. Durante o procedimento de recuperação judicial, o devedor ou seus administradores serão mantidos na condução da atividade empresarial, sob fiscalização do Comitê, se houver, e do administrador judicial, salvo se qualquer deles:

I – houver sido condenado em sentença penal transitada em julgado por crime cometido em recuperação judicial ou falência anteriores ou por crime contra o patrimônio, a economia popular ou a ordem econômica previstos na legislação vigente;

II – houver indícios veementes de ter cometido crime previsto nesta Lei;

III – houver agido com dolo, simulação ou fraude contra os interesses de seus credores;

IV – houver praticado qualquer das seguintes condutas:

a) efetuar gastos pessoais manifestamente excessivos em relação a sua situação patrimonial;

b) efetuar despesas injustificáveis por sua natureza ou vulto, em relação ao capital ou gênero do negócio, ao movimento das operações e a outras circunstâncias análogas;

c) descapitalizar injustificadamente a empresa ou realizar operações prejudiciais ao seu funcionamento regular;

d) simular ou omitir créditos ao apresentar a relação de que trata o inciso III do *caput* do art. 51 desta Lei, sem relevante razão de direito ou amparo de decisão judicial;

V – negar-se a prestar informações solicitadas pelo administrador judicial ou pelos demais membros do Comitê;

VI – tiver seu afastamento previsto no plano de recuperação judicial.

Parágrafo único. Verificada qualquer das hipóteses do *caput* deste artigo, o juiz destituirá o administrador, que será substituído na forma prevista nos atos constitutivos do devedor ou do plano de recuperação judicial.

Art. 65. Quando do afastamento do devedor, nas hipóteses previstas no art. 64 desta Lei, o juiz convocará a assembleia geral de credores para deliberar sobre o nome do gestor judicial que assumirá a administração das atividades do devedor, aplicando-se-lhe, no que couber, todas as normas sobre deveres, impedimentos e remuneração do administrador judicial.

§ 1º O administrador judicial exercerá as funções de gestor enquanto a assembleia geral não deliberar sobre a escolha deste.

§ 2º Na hipótese de o gestor indicado pela assembleia geral de credores recusar ou estar impedido de aceitar o encargo para gerir os negócios do devedor, o juiz convocará, no prazo de 72 (setenta e duas) horas, contado da recusa ou da declaração do impedimento nos autos, nova assembleia geral, aplicado o disposto no § 1º deste artigo.

Art. 66. Após a distribuição do pedido de recuperação judicial, o devedor não poderá alienar ou onerar bens ou direitos de seu ativo permanente, salvo evidente utilidade reconhecida pelo juiz, depois de ouvido o Comitê, com exceção daqueles previamente relacionados no plano de recuperação judicial.

Art. 67. Os créditos decorrentes de obrigações contraídas pelo devedor durante a recuperação judicial, inclusive aqueles relativos a despesas com fornecedores de bens ou serviços e contratos de mútuo, serão considerados extraconcursais, em caso de decretação de falência, respeitada, no que couber, a ordem estabelecida no art. 83 desta Lei.

Parágrafo único. Os créditos quirografários sujeitos à recuperação judicial pertencentes a fornecedores de bens ou serviços que continuarem a provê-los normalmente após o pedido de recuperação judicial terão privilégio geral de recebimento em caso de decretação de falência, no limite do valor dos bens ou serviços fornecidos durante o período da recuperação.

Art. 68. As Fazendas Públicas e o Instituto Nacional do Seguro Social – INSS poderão deferir, nos termos da legislação específica, parcelamento de seus créditos, em sede de recuperação judicial, de acordo com os parâmetros estabelecidos na Lei 5.172, de 25 de outubro de 1966 – Código Tributário Nacional.

→ *v.* Art. 155-A, §§ 3º e 4º, do CTN.

Parágrafo único. As microempresas e empresas de pequeno porte farão jus a prazos 20% (vinte por cento) superiores àqueles regularmente concedidos às demais empresas.

→ Parágrafo único acrescentado pela LC 147/2014.

Art. 69. Em todos os atos, contratos e documentos firmados pelo devedor sujeito ao procedimento de recuperação judicial deverá ser acrescida, após o nome empresarial, a expressão "em Recuperação Judicial".

Parágrafo único. O juiz determinará ao Registro Público de Empresas a anotação da recuperação judicial no registro correspondente.

Seção V
Do plano de recuperação judicial para microempresas e empresas de pequeno porte

Art. 70. As pessoas de que trata o art. 1º desta Lei e que se incluam nos conceitos de microempresa ou empresa de pequeno porte, nos termos da legislação vigente, sujeitam-se às normas deste Capítulo.

§ 1º As microempresas e as empresas de pequeno porte, conforme definidas em lei, poderão apresentar plano especial de recuperação judicial, desde que afirmem sua intenção de fazê-lo na petição inicial de que trata o art. 51 desta Lei.

§ 2º Os credores não atingidos pelo plano especial não terão seus créditos habilitados na recuperação judicial.

Art. 71. O plano especial de recuperação judicial será apresentado no prazo previsto no art. 53 desta Lei e limitar-se á às seguintes condições:

I – abrangerá todos os créditos existentes na data do pedido, ainda que não vencidos, excetuados os decorrentes de repasse de recursos oficiais, os fiscais e os previstos nos §§ 3º e 4º do art. 49;

→ Inciso I com redação alterada pela LC 147/2014.

II – preverá parcelamento em até 36 (trinta e seis) parcelas mensais, iguais e sucessivas, acrescidas de juros equivalentes à taxa Sistema Especial de Liquidação e de Custódia – Selic, podendo conter ainda a proposta de abatimento do valor das dívidas;

→ Inciso II com redação alterada pela LC 147/2014.

III – preverá o pagamento da 1ª (primeira) parcela no prazo máximo de 180 (cento e oitenta) dias, contado da distribuição do pedido de recuperação judicial;

IV – estabelecerá a necessidade de autorização do juiz, após ouvido o administrador judicial e o Comitê de Credores, para o devedor aumentar despesas ou contratar empregados.

Parágrafo único. O pedido de recuperação judicial com base em plano especial não acarreta a suspensão do curso da prescrição nem das ações e execuções por créditos não abrangidos pelo plano.

Art. 72. Caso o devedor de que trata o art. 70 desta Lei opte pelo pedido de recuperação judicial com base no plano especial disciplinado nesta Seção, não será convocada assembleia geral de credores para deliberar sobre o plano, e o juiz concederá a recuperação judicial se atendidas as demais exigências desta Lei.

Parágrafo único. O juiz também julgará improcedente o pedido de recuperação judicial e decretará a falência do devedor se houver objeções, nos termos do art. 55, de credores titulares de mais da metade de qualquer uma das classes de créditos previstos no art. 83, computados na forma do art. 45, todos desta Lei.

→ Parágrafo único com redação alterada pela LC 147/2014.

Capítulo IV
DA CONVOLAÇÃO DA RECUPERAÇÃO JUDICIAL EM FALÊNCIA

Art. 73. O juiz decretará a falência durante o processo de recuperação judicial:

I – por deliberação da assembleia geral de credores, na forma do art. 42 desta Lei;

II – pela não apresentação, pelo devedor, do plano de recuperação no prazo do art. 53 desta Lei;

III – quando houver sido rejeitado o plano de recuperação, nos termos do § 4º do art. 56 desta Lei;

IV – por descumprimento de qualquer obrigação assumida no plano de recuperação, na forma do § 1º do art. 61 desta Lei.

Parágrafo único. O disposto neste artigo não impede a decretação da falência por inadimplemento de obrigação não sujeita à recuperação judicial, nos termos dos incisos I ou II do *caput* do art. 94 desta Lei, ou por prática de ato previsto no inciso III do *caput* do art. 94 desta Lei.

Art. 74. Na convolação da recuperação em falência, os atos de administração, endividamento, oneração ou alienação praticados durante a recuperação judicial presumem-se válidos, desde que realizados na forma desta Lei.

Capítulo V
DA FALÊNCIA

Seção I
Disposições gerais

Art. 75. A falência, ao promover o afastamento do devedor de suas atividades, visa a preservar e otimizar a utilização produtiva dos bens, ativos e recursos produtivos, inclusive os intangíveis, da empresa.

Parágrafo único. O processo de falência atenderá aos princípios da celeridade e da economia processual.

Art. 76. O juízo da falência é indivisível e competente para conhecer todas as ações sobre bens, interesses e negócios do falido, ressalvadas as causas trabalhistas, fiscais e aquelas não reguladas nesta Lei em que o falido figurar como autor ou litisconsorte ativo.

Parágrafo único. Todas as ações, inclusive as excetuadas no *caput* deste artigo, terão prosseguimento com o administrador judicial, que deverá ser intimado para representar a massa falida, sob pena de nulidade do processo.

Art. 77. A decretação da falência determina o vencimento antecipado das dívidas do devedor e dos sócios ilimitada e solidariamente responsáveis, com o abatimento proporcional dos juros, e converte todos os créditos em moeda estrangeira para a moeda do País, pelo câmbio do dia da decisão judicial, para todos os efeitos desta Lei.

Art. 78. Os pedidos de falência estão sujeitos a distribuição obrigatória, respeitada a ordem de apresentação.

Parágrafo único. As ações que devam ser propostas no juízo da falência estão sujeitas a distribuição por dependência.

Art. 79. Os processos de falência e os seus incidentes preferem a todos os outros na ordem dos feitos, em qualquer instância.

Art. 80. Considerar-se-ão habilitados os créditos remanescentes da recuperação judicial, quando definitivamente incluídos no quadro geral de credores, tendo prosseguimento as habilitações que estejam em curso.

Art. 81. A decisão que decreta a falência da sociedade com sócios ilimitadamente responsáveis também acarreta a falência destes, que ficam sujeitos aos mesmos efeitos jurídicos produzidos em relação à sociedade falida e, por isso, deverão ser citados para apresentar contestação, se assim o desejarem.

§ 1º O disposto no *caput* deste artigo aplica-se ao sócio que tenha se retirado voluntariamente ou que tenha sido excluído da sociedade, há menos de dois anos, quanto às dívidas existentes na data do arquivamento da alteração do contrato, no caso de não terem sido solvidas até a data da decretação da falência.

§ 2º As sociedades falidas serão representadas na falência por seus administradores ou liquidantes, os quais terão os mesmos direitos e, sob as mesmas penas, ficarão sujeitos às obrigações que cabem ao falido.

Art. 82. A responsabilidade pessoal dos sócios de responsabilidade limitada, dos controladores e dos administradores da sociedade falida, estabelecida nas respectivas leis, será apurada no próprio juízo da falência, independentemente da realização do ativo e da prova da sua insuficiência para cobrir o passivo, observado o procedimento ordinário previsto no Código de Processo Civil.

→ *V.* Arts. 318 e ss., do NCPC.

§ 1º Prescreverá em 2 (dois) anos, contados do trânsito em julgado da sentença de encerramento da falência, a ação de responsabilização prevista no *caput* deste artigo.

§ 2º O juiz poderá, de ofício ou mediante requerimento das partes interessadas, ordenar a indisponibilidade de bens particulares dos réus, em quantidade compatível com o dano provocado, até o julgamento da ação de responsabilização.

Seção II
Da classificação dos créditos

Art. 83. A classificação dos créditos na falência obedece à seguinte ordem:

I – os créditos derivados da legislação do trabalho, limitados a 150 (cento e cinquenta) salários mínimos por credor, e os decorrentes de acidentes de trabalho;

II – créditos com garantia real até o limite do valor do bem gravado;

III – créditos tributários, independentemente da sua natureza e tempo de constituição, excetuadas as multas tributárias;

IV – créditos com privilégio especial, a saber:

a) os previstos no art. 964 da Lei 10.406, de 10 de janeiro de 2002;

b) os assim definidos em outras leis civis e comerciais, salvo disposição contrária desta Lei;

c) aqueles a cujos titulares a lei confira o direito de retenção sobre a coisa dada em garantia;

d) aqueles em favor dos microempreendedores individuais e das microempresas e empresas de pequeno porte de que trata a Lei Complementar 123, de 14 de dezembro de 2006;

→ Alínea *d* acrescentada pela LC 147/2014.

V – créditos com privilégio geral, a saber:

a) os previstos no art. 965 da Lei 10.406, de 10 de janeiro de 2002;

b) os previstos no parágrafo único do art. 67 desta Lei;

c) os assim definidos em outras leis civis e comerciais, salvo disposição contrária desta Lei;

LEGISLAÇÃO

VI – créditos quirografários, a saber:

a) aqueles não previstos nos demais incisos deste artigo;

b) os saldos dos créditos não cobertos pelo produto da alienação dos bens vinculados ao seu pagamento;

c) os saldos dos créditos derivados da legislação do trabalho que excederem o limite estabelecido no inciso I do *caput* deste artigo;

VII – as multas contratuais e as penas pecuniárias por infração das leis penais ou administrativas, inclusive as multas tributárias;

VIII – créditos subordinados, a saber:

a) os assim previstos em lei ou em contrato;

b) os créditos dos sócios e dos administradores sem vínculo empregatício.

§ 1º Para os fins do inciso II do *caput* deste artigo, será considerado como valor do bem objeto de garantia real a importância efetivamente arrecadada com sua venda, ou, no caso de alienação em bloco, o valor de avaliação do bem individualmente considerado.

§ 2º Não são oponíveis à massa os valores decorrentes de direito de sócio ao recebimento de sua parcela do capital social na liquidação da sociedade.

§ 3º As cláusulas penais dos contratos unilaterais não serão atendidas se as obrigações neles estipuladas se vencerem em virtude da falência.

§ 4º Os créditos trabalhistas cedidos a terceiros serão considerados quirografários.

Art. 84. Serão considerados créditos extraconcursais e serão pagos com precedência sobre os mencionados no art. 83 desta Lei, na ordem a seguir, os relativos a:

I – remunerações devidas ao administrador judicial e seus auxiliares, e créditos derivados da legislação do trabalho ou decorrentes de acidentes de trabalho relativos a serviços prestados após a decretação da falência;

II – quantias fornecidas à massa pelos credores;

III – despesas com arrecadação, administração, realização do ativo e distribuição do seu produto, bem como custas do processo de falência;

IV – custas judiciais relativas às ações e execuções em que a massa falida tenha sido vencida;

V – obrigações resultantes de atos jurídicos válidos praticados durante a recuperação judicial, nos termos do art. 67 desta Lei, ou após a decretação da falência, e tributos relativos a fatos geradores ocorridos após a decretação da falência, respeitada a ordem estabelecida no art. 83 desta Lei.

Seção III
Do pedido de restituição

Art. 85. O proprietário de bem arrecadado no processo de falência ou que se encontre em poder do devedor na data da decretação da falência poderá pedir sua restituição.

Parágrafo único. Também pode ser pedida a restituição de coisa vendida a crédito e entregue ao devedor nos 15 (quinze) dias anteriores ao requerimento de sua falência, se ainda não alienada.

→ *V.* Art. 7º do Dec.-lei 911/1969.

Art. 86. Proceder-se-á à restituição em dinheiro:

I – se a coisa não mais existir ao tempo do pedido de restituição, hipótese em que o requerente receberá o valor da avaliação do bem, ou, no caso de ter ocorrido sua venda, o respectivo preço, em ambos os casos no valor atualizado;

II – da importância entregue ao devedor, em moeda corrente nacional, decorrente de adiantamento a contrato de câmbio para exportação, na forma do art. 75, §§ 3º e 4º, da Lei 4.728, de 14 de julho de 1965, desde que o prazo total da operação, inclusive eventuais prorrogações, não exceda o previsto nas normas específicas da autoridade competente;

III – dos valores entregues ao devedor pelo contratante de boa-fé na hipótese de revogação ou ineficácia do contrato, conforme disposto no art. 136 desta Lei.

Parágrafo único. As restituições de que trata este artigo somente serão efetuadas após o pagamento previsto no art. 151 desta Lei.

Art. 87. O pedido de restituição deverá ser fundamentado e descreverá a coisa reclamada.

§ 1º O juiz mandará autuar em separado o requerimento com os documentos que o instruírem e determinará a intimação do falido, do Comitê, dos credores e do administrador judicial para que, no prazo sucessivo de 5 (cinco) dias, se manifestem, valendo como contestação a manifestação contrária à restituição.

§ 2º Contestado o pedido e deferidas as provas porventura requeridas, o juiz designará audiência de instrução e julgamento, se necessária.

§ 3º Não havendo provas a realizar, os autos serão conclusos para sentença.

Art. 88. A sentença que reconhecer o direito do requerente determinará a entrega da coisa no prazo de 48 (quarenta e oito) horas.

Parágrafo único. Caso não haja contestação, a massa não será condenada ao pagamento de honorários advocatícios.

Art. 89. A sentença que negar a restituição, quando for o caso, incluirá o requerente no quadro geral de credores, na classificação que lhe couber, na forma desta Lei.

Art. 90. Da sentença que julgar o pedido de restituição caberá apelação sem efeito suspensivo.

Parágrafo único. O autor do pedido de restituição que pretender receber o bem ou a quantia reclamada antes do trânsito em julgado da sentença prestará caução.

Art. 91. O pedido de restituição suspende a disponibilidade da coisa até o trânsito em julgado.

Parágrafo único. Quando diversos requerentes houverem de ser satisfeitos em dinheiro e não existir saldo suficiente para o pagamento integral, far-se-á rateio proporcional entre eles.

Art. 92. O requerente que tiver obtido êxito no seu pedido ressarcirá a massa falida ou a quem tiver suportado as despesas de conservação da coisa reclamada.

Art. 93. Nos casos em que não couber pedido de restituição, fica resguardado o direito dos credores de propor embargos de terceiros, observada a legislação processual civil.

Seção IV
Do procedimento para a decretação da falência

Art. 94. Será decretada a falência do devedor que:

→ *V.* Lei 9.492/1997 - Define a competência, regulamenta os serviços concernentes ao protesto de títulos e outros documentos de dívida e dá outras providências.

I – sem relevante razão de direito, não paga, no vencimento, obrigação líquida materializada em título ou títulos executivos protestados cuja soma ultrapasse o equivalente a 40 (quarenta) salários mínimos na data do pedido de falência;

II – executado por qualquer quantia líquida, não paga, não deposita e não nomeia à penhora bens suficientes dentro do prazo legal;

III – pratica qualquer dos seguintes atos, exceto se fizer parte de plano de recuperação judicial:

a) procede à liquidação precipitada de seus ativos ou lança mão de meio ruinoso ou fraudulento para realizar pagamentos;

b) realiza ou, por atos inequívocos, tenta realizar, com o objetivo de retardar pagamentos ou fraudar credores, negócio simulado ou alienação de parte ou da totalidade de seu ativo a terceiro, credor ou não;

c) transfere estabelecimento a terceiro, credor ou não, sem o consentimento de todos os credores e sem ficar com bens suficientes para solver seu passivo;

d) simula a transferência de seu principal estabelecimento com o objetivo de burlar a legislação ou a fiscalização ou para prejudicar credor;

e) dá ou reforça garantia a credor por dívida contraída anteriormente sem ficar com bens livres e desembaraçados suficientes para saldar seu passivo;

f) ausenta-se sem deixar representante habilitado e com recursos suficientes para pagar os credores, abandona estabelecimento ou tenta ocultar-se de seu domicílio, do local de sua sede ou de seu principal estabelecimento;

g) deixa de cumprir, no prazo estabelecido, obrigação assumida no plano de recuperação judicial.

§ 1º Credores podem reunir-se em litisconsórcio a fim de perfazer o limite mínimo para o pedido de falência com base no inciso I do *caput* deste artigo.

§ 2º Ainda que líquidos, não legitimam o pedido de falência os créditos que nela não se possam reclamar.

§ 3º Na hipótese do inciso I do *caput* deste artigo, o pedido de falência será instruído com os títulos executivos na forma do parágrafo único do art. 9º desta Lei, acompanhados, em qualquer caso, dos respectivos instrumentos de protesto para fim falimentar nos termos da legislação específica.

§ 4º Na hipótese do inciso II do *caput* deste artigo, o pedido de falência será instruído com certidão expedida pelo juízo em que se processa a execução.

§ 5º Na hipótese do inciso III do *caput* deste artigo, o pedido de falência descreverá os fatos que a caracterizam, juntando-se as provas que houver e especificando-se as que serão produzidas.

Art. 95. Dentro do prazo de contestação, o devedor poderá pleitear sua recuperação judicial.

Art. 96. A falência requerida com base no art. 94, inciso I do *caput*, desta Lei, não será decretada se o requerido provar:

I – falsidade de título;

II – prescrição;

III – nulidade de obrigação ou de título;

IV – pagamento da dívida;

V – qualquer outro fato que extinga ou suspenda obrigação ou não legitime a cobrança de título;

VI – vício em protesto ou em seu instrumento;

VII – apresentação de pedido de recuperação judicial no prazo da contestação, observados os requisitos do art. 51 desta Lei;

VIII – cessação das atividades empresariais mais de 2 (dois) anos antes do pedido de falência, comprovada por documento hábil do Registro Público de Empresas, o qual não prevalecerá contra prova de exercício posterior ao ato registrado.

§ 1º Não será decretada a falência de sociedade anônima após liquidado e partilhado seu ativo nem do espólio após 1 (um) ano da morte do devedor.

§ 2º As defesas previstas nos incisos I a VI do *caput* deste artigo não obstam a decretação de falência se, ao final, restarem obrigações não atingidas pelas defesas em montante que supere o limite previsto naquele dispositivo.

Art. 97. Podem requerer a falência do devedor:

I – o próprio devedor, na forma do disposto nos arts. 105 a 107 desta Lei;

II – o cônjuge sobrevivente, qualquer herdeiro do devedor ou o inventariante;

III – o cotista ou o acionista do devedor na forma da lei ou do ato constitutivo da sociedade;

IV – qualquer credor.

§ 1º O credor empresário apresentará certidão do Registro Público de Empresas que comprove a regularidade de suas atividades.

§ 2º O credor que não tiver domicílio no Brasil deverá prestar caução relativa às custas e ao pagamento da indenização de que trata o art. 101 desta Lei.

Art. 98. Citado, o devedor poderá apresentar contestação no prazo de 10 (dez) dias.

Parágrafo único. Nos pedidos baseados nos incisos I e II do *caput* do art. 94 desta Lei, o devedor poderá, no prazo da contestação, depositar o valor correspondente ao total do crédito, acrescido de correção monetária, juros e honorários advocatícios, hipótese em que a falência não será decretada e, caso julgado procedente o pedido de falência, o juiz ordenará o levantamento do valor pelo autor.

Art. 99. A sentença que decretar a falência do devedor, dentre outras determinações:

I – conterá a síntese do pedido, a identificação do falido e os nomes dos que forem a esse tempo seus administradores;

II – fixará o termo legal da falência, sem poder retrotraí-lo por mais de 90 (noventa) dias contados do pedido de falência, do pedido de recuperação judicial ou do 1º (primeiro) protesto por falta de pagamento, excluindo-se, para esta finalidade, os protestos que tenham sido cancelados;

III – ordenará ao falido que apresente, no prazo máximo de 5 (cinco) dias, relação nominal dos credores, indicando endereço, importância, natureza e classificação dos respectivos créditos, se esta já não se encontrar nos autos, sob pena de desobediência;

IV – explicitará o prazo para as habilitações de crédito, observado o disposto no § 1º do art. 7º desta Lei;

V – ordenará a suspensão de todas as ações ou execuções contra o falido, ressalvadas as hipóteses previstas nos §§ 1º e 2º do art. 6º desta Lei;

VI – proibirá a prática de qualquer ato de disposição ou oneração de bens do falido, submetendo-os preliminarmente à autorização judicial e do Comitê, se houver, ressalvados os bens cuja venda faça parte das atividades normais do devedor se autorizada a continuação provisória nos termos do inciso XI do *caput* deste artigo;

VII – determinará as diligências necessárias para salvaguardar os interesses das partes envolvidas, podendo ordenar a prisão preventiva do falido ou de seus administradores quando requerida com fundamento em provas da prática de crime definido nesta Lei;

VIII – ordenará ao Registro Público de Empresas que proceda à anotação da falência no registro do devedor, para que conste a expressão "Falido", a data da decretação da falência e a inabilitação de que trata o art. 102 desta Lei;

IX – nomeará o administrador judicial, que desempenhará suas funções na forma do inciso III do *caput* do art. 22 desta Lei sem prejuízo do disposto na alínea *a* do inciso II do *caput* do art. 35 desta Lei;

X – determinará a expedição de ofícios aos órgãos e repartições públicas e outras entidades para que informem a existência de bens e direitos do falido;

XI – pronunciar-se-á a respeito da continuação provisória das atividades do falido com o administrador judicial ou da lacração dos estabelecimentos, observado o disposto no art. 109 desta Lei;

XII – determinará, quando entender conveniente, a convocação da assembleia geral de credores para a constituição de Comitê de Credores, podendo ainda autorizar a manutenção do Comitê eventualmente em funcionamento na recuperação judicial quando da decretação da falência;

XIII – ordenará a intimação do Ministério Público e a comunicação por carta às Fazendas Públicas Federal e de todos os Estados e Municípios em que o devedor tiver estabelecimento, para que tomem conhecimento da falência.

Parágrafo único. O juiz ordenará a publicação de edital contendo a íntegra da decisão que decreta a falência e a relação de credores.

Art. 100. Da decisão que decreta a falência cabe agravo, e da sentença que julga a improcedência do pedido cabe apelação.

Art. 101. Quem por dolo requerer a falência de outrem será condenado, na sentença que julgar improcedente o pedido, a indenizar o devedor, apurando-se as perdas e danos em liquidação de sentença.

§ 1º Havendo mais de 1 (um) autor do pedido de falência, serão solidariamente responsáveis aqueles que se conduziram na forma prevista no *caput* deste artigo.

§ 2º Por ação própria, o terceiro prejudicado também pode reclamar indenização dos responsáveis.

Seção V
Da inabilitação empresarial, dos direitos e deveres do falido

Art. 102. O falido fica inabilitado para exercer qualquer atividade empresarial a partir da decretação da falência e até a sentença que extingue suas obrigações, respeitado o disposto no § 1º do art. 181 desta Lei.

Parágrafo único. Findo o período de inabilitação, o falido poderá requerer ao juiz da falência que proceda à respectiva anotação em seu registro.

Art. 103. Desde a decretação da falência ou do sequestro, o devedor perde o direito de administrar os seus bens ou deles dispor.

Parágrafo único. O falido poderá, contudo, fiscalizar a administração da falência, requerer as providências necessárias para a conservação de seus direitos ou dos bens arrecadados e intervir nos processos em que a massa falida seja parte ou interessada, requerendo o que for de direito e interpondo os recursos cabíveis.

Art. 104. A decretação da falência impõe ao falido os seguintes deveres:

I – assinar nos autos, desde que intimado da decisão, termo de comparecimento, com a indicação do nome, nacionalidade, estado civil, endereço completo do domicílio, devendo ainda declarar, para constar do dito termo:

a) as causas determinantes da sua falência, quando requerida pelos credores;

b) tratando-se de sociedade, os nomes e endereços de todos os sócios, acionistas controladores, diretores ou administradores, apresentando o contrato ou estatuto social e a prova do respectivo registro, bem como suas alterações;

c) o nome do contador encarregado da escrituração dos livros obrigatórios;

d) os mandatos que porventura tenha outorgado, indicando seu objeto, nome e endereço do mandatário;

e) seus bens imóveis e os móveis que não se encontram no estabelecimento;

f) se faz parte de outras sociedades, exibindo respectivo contrato;

g) suas contas bancárias, aplicações, títulos em cobrança e processos em andamento em que for autor ou réu;

II – depositar em cartório, no ato de assinatura do termo de comparecimento, os seus livros obrigatórios, a fim de serem entregues ao administrador judicial, depois de encerrados por termos assinados pelo juiz;

III – não se ausentar do lugar onde se processa a falência sem motivo justo e comunicação expressa ao juiz, e sem deixar procurador bastante, sob as penas cominadas na lei;

IV – comparecer a todos os atos da falência, podendo ser representado por procurador, quando não for indispensável sua presença;

V – entregar, sem demora, todos os bens, livros, papéis e documentos ao administrador judicial, indicando-lhe, para serem arrecadados, os bens que porventura tenha em poder de terceiros;

VI – prestar as informações reclamadas pelo juiz, administrador judicial, credor ou Ministério Público sobre circunstâncias e fatos que interessem à falência;

VII – auxiliar o administrador judicial com zelo e presteza;

VIII – examinar as habilitações de crédito apresentadas;

IX – assistir ao levantamento, à verificação do balanço e ao exame dos livros;

X – manifestar-se sempre que for determinado pelo juiz;

XI – apresentar, no prazo fixado pelo juiz, a relação de seus credores;

XII – examinar e dar parecer sobre as contas do administrador judicial.

Parágrafo único. Faltando ao cumprimento de quaisquer dos deveres que esta Lei lhe impõe, após intimado pelo juiz a fazê-lo, responderá o falido por crime de desobediência.

Seção VI
Da falência requerida pelo próprio devedor

Art. 105. O devedor em crise econômico-financeira que julgue não atender aos requisitos para pleitear sua recuperação judicial deverá requerer ao juízo sua falência, expondo as razões da impossibilidade de prosseguimento da atividade empresarial, acompanhadas dos seguintes documentos:

I – demonstrações contábeis referentes aos 3 (três) últimos exercícios sociais e as levantadas especialmente para instruir o pedido, confeccionadas com estrita observância da legislação societária aplicável e compostas obrigatoriamente de:

a) balanço patrimonial;

b) demonstração de resultados acumulados;

c) demonstração do resultado desde o último exercício social;

d) relatório do fluxo de caixa;

II – relação nominal dos credores, indicando endereço, importância, natureza e classificação dos respectivos créditos;

III – relação dos bens e direitos que compõem o ativo, com a respectiva estimativa de valor e documentos comprobatórios de propriedade;

IV – prova da condição de empresário, contrato social ou estatuto em vigor ou, se não houver, a indicação de todos os sócios, seus endereços e a relação de seus bens pessoais;

V – os livros obrigatórios e documentos contábeis que lhe forem exigidos por lei;

VI – relação de seus administradores nos últimos 5 (cinco) anos, com os respectivos endereços, suas funções e participação societária.

Art. 106. Não estando o pedido regularmente instruído, o juiz determinará que seja emendado.

Art. 107. A sentença que decretar a falência do devedor observará a forma do art. 99 desta Lei.

Parágrafo único. Decretada a falência, aplicam-se integralmente os dispositivos relativos à falência requerida pelas pessoas referidas nos incisos II a IV do *caput* do art. 97 desta Lei.

Seção VII
Da arrecadação e da custódia dos bens

Art. 108. Ato contínuo à assinatura do termo de compromisso, o administrador judicial efetuará a arrecadação dos bens e documentos e a avaliação dos bens, separadamente ou em bloco, no local em que se encontrem, requerendo ao juiz, para esses fins, as medidas necessárias.

§ 1º Os bens arrecadados ficarão sob a guarda do administrador judicial ou de pessoa por ele escolhida, sob responsabilidade daquele, podendo o falido ou qualquer de seus representantes ser nomeado depositário dos bens.

§ 2º O falido poderá acompanhar a arrecadação e a avaliação.

§ 3º O produto dos bens penhorados ou por outra forma apreendidos entrará para a massa, cumprindo ao juiz deprecar, a requerimento do administrador judicial, às autoridades competentes, determinando sua entrega.

§ 4º Não serão arrecadados os bens absolutamente impenhoráveis.

§ 5º Ainda que haja avaliação em bloco, o bem objeto de garantia real será também avaliado separadamente, para os fins do § 1º do art. 83 desta Lei.

Art. 109. O estabelecimento será lacrado sempre que houver risco para a execução da etapa de arrecadação ou para a preservação dos bens da massa falida ou dos interesses dos credores.

Art. 110. O auto de arrecadação, composto pelo inventário e pelo respectivo laudo de avaliação dos bens, será assinado pelo administrador judicial, pelo falido ou seus representantes e por outras pessoas que auxiliarem ou presenciarem o ato.

§ 1º Não sendo possível a avaliação dos bens no ato da arrecadação, o administrador judicial requererá ao juiz a concessão de prazo para apresentação do laudo de avaliação, que não poderá exceder 30 (trinta) dias, contados da apresentação do auto de arrecadação.

§ 2º Serão referidos no inventário:

I – os livros obrigatórios e os auxiliares ou facultativos do devedor, designando-se o estado em que se acham, número e denominação de cada um, páginas escrituradas, data do início da escrituração e do último lançamento, e se os livros obrigatórios estão revestidos das formalidades legais;

II – dinheiro, papéis, títulos de crédito, documentos e outros bens da massa falida;

III – os bens da massa falida em poder de terceiro, a título de guarda, depósito, penhor ou retenção;

IV – os bens indicados como propriedade de terceiros ou reclamados por estes, mencionando-se essa circunstância.

§ 3º Quando possível, os bens referidos no § 2º deste artigo serão individualizados.

§ 4º Em relação aos bens imóveis, o administrador judicial, no prazo de 15 (quinze) dias após a sua arrecadação, exibirá as certidões de registro, extraídas posteriormente à decretação da falência, com todas as indicações que nele constarem.

Art. 111. O juiz poderá autorizar os credores, de forma individual ou coletiva, em razão dos custos e no interesse da massa falida, a adquirir ou adjudicar, de imediato, os bens arrecadados, pelo valor da avaliação, atendida a regra de classificação e preferência entre eles, ouvido o Comitê.

Art. 112. Os bens arrecadados poderão ser removidos, desde que haja necessidade de sua melhor guarda e conservação, hipótese em que permanecerão em depósito sob responsabilidade do administrador judicial, mediante compromisso.

Art. 113. Os bens perecíveis, deterioráveis, sujeitos à considerável desvalorização ou que sejam de conservação arriscada ou dispendiosa, poderão ser vendidos antecipadamente, após a arrecadação e a avaliação, mediante autorização judicial, ouvidos o Comitê e o falido no prazo de 48 (quarenta e oito) horas.

Art. 114. O administrador judicial poderá alugar ou celebrar outro contrato referente aos bens da massa falida, com o objetivo de produzir renda para a massa falida, mediante autorização do Comitê.

§ 1º O contrato disposto no *caput* deste artigo não gera direito de preferência na compra e não pode importar disposição total ou parcial dos bens.

§ 2º O bem objeto da contratação poderá ser alienado a qualquer tempo, independentemente do prazo contratado, rescindindo-se, sem direito a multa, o contrato realizado, salvo se houver anuência do adquirente.

Seção VIII
Dos efeitos da decretação da falência sobre as obrigações do devedor

Art. 115. A decretação da falência sujeita todos os credores, que somente poderão exercer os seus direitos sobre os bens do falido e do sócio ilimitadamente responsável na forma que esta Lei prescrever.

Art. 116. A decretação da falência suspende:

I – o exercício do direito de retenção sobre os bens sujeitos à arrecadação, os quais deverão ser entregues ao administrador judicial;

II – o exercício do direito de retirada ou de recebimento do valor de suas quotas ou ações, por parte dos sócios da sociedade falida.

Art. 117. Os contratos bilaterais não se resolvem pela falência e podem ser cumpridos pelo administrador judicial se o cumprimento reduzir ou evitar o aumento do passivo da massa falida ou for necessário à manutenção e preservação de seus ativos, mediante autorização do Comitê.

§ 1º O contratante pode interpelar o administrador judicial, no prazo de até 90 (noventa) dias, contado da assinatura do termo de sua nomeação, para que, dentro de 10 (dez) dias, declare se cumpre ou não o contrato.

§ 2º A declaração negativa ou o silêncio do administrador judicial confere ao contraente o direito à indenização, cujo valor, apurado em processo ordinário, constituirá crédito quirografário.

Art. 118. O administrador judicial, mediante autorização do Comitê, poderá dar cumprimento a contrato unilateral se esse fato reduzir ou evitar o aumento do passivo da massa falida ou for necessário à manutenção e preservação de seus ativos, realizando o pagamento da prestação pela qual está obrigada.

Art. 119. Nas relações contratuais a seguir mencionadas prevalecerão as seguintes regras:

I – o vendedor não pode obstar a entrega das coisas expedidas ao devedor e ainda em trânsito, se o comprador, antes do requerimento da falência, as tiver revendido, sem fraude, à vista das faturas e conhecimentos de transporte, entregues ou remetidos pelo vendedor;

II – se o devedor vendeu coisas compostas e o administrador judicial resolver não continuar a execução do contrato, poderá o comprador pôr à disposição da massa falida as coisas já recebidas, pedindo perdas e danos;

III – não tendo o devedor entregue coisa móvel ou prestado serviço que vendera ou contratara a prestações, e resolvendo o administrador judicial não executar o contrato, o crédito relativo ao valor pago será habilitado na classe própria;

IV – o administrador judicial, ouvido o Comitê, restituirá a coisa móvel comprada pelo devedor com reserva de domínio do vendedor se resolver não continuar a execução do contrato, exigindo a devolução, nos termos do contrato, dos valores pagos;

V – tratando-se de coisas vendidas a termo, que tenham cotação em bolsa ou mercado, e não se executando o contrato pela efetiva entrega daquelas e pagamento do preço, prestar-se-á a diferença entre a cotação do dia do contrato e a da época da liquidação em bolsa ou mercado;

VI – na promessa de compra e venda de imóveis, aplicar-se-á a legislação respectiva;

VII – a falência do locador não resolve o contrato de locação e, na falência do locatário, o administrador judicial pode, a qualquer tempo, denunciar o contrato;

VIII – caso haja acordo para compensação e liquidação de obrigações no âmbito do sistema financeiro nacional, nos termos da legislação vigente, a parte não falida poderá considerar o contrato vencido antecipadamente, hipótese em que será liquidado na forma estabelecida em regulamento, admitindo-se a compensação de eventual crédito que venha a ser apurado em favor do falido com créditos detidos pelo contratante;

IX – os patrimônios de afetação, constituídos para cumprimento de destinação específica, obedecerão ao disposto na legislação respectiva, permanecendo seus bens, direitos e obrigações separados dos do falido até o advento do respectivo termo ou até o cumprimento de sua finalidade, ocasião em que o administrador judicial arrecadará o saldo a favor da massa falida ou inscreverá na classe própria o crédito que contra ela remanescer.

Art. 120. O mandato conferido pelo devedor, antes da falência, para a realização de negócios, cessará seus efeitos com a decretação da falência, cabendo ao mandatário prestar contas de sua gestão.

§ 1º O mandato conferido para representação judicial do devedor continua em vigor até que seja expressamente revogado pelo administrador judicial.

§ 2º Para o falido, cessa o mandato ou comissão que houver recebido antes da falência, salvo os que versem sobre matéria estranha à atividade empresarial.

Art. 121. As contas correntes com o devedor consideram-se encerradas no momento de decretação da falência, verificando-se o respectivo saldo.

Art. 122. Compensam-se, com preferência sobre todos os demais credores, as dívidas do devedor vencidas até o dia da decretação da falência, provenha o vencimento da sentença de falência ou não, obedecidos os requisitos da legislação civil.

Parágrafo único. Não se compensam:

I – os créditos transferidos após a decretação da falência, salvo em caso de sucessão por fusão, incorporação, cisão ou morte; ou

II – os créditos, ainda que vencidos anteriormente, transferidos quando já conhecido o estado de crise econômico-financeira do devedor ou cuja transferência se operou com fraude ou dolo.

Art. 123. Se o falido fizer parte de alguma sociedade como sócio comanditário ou cotista, para a massa falida entrarão somente os haveres que na sociedade ele possuir e forem apurados na forma estabelecida no contrato ou estatuto social.

§ 1º Se o contrato ou o estatuto social nada disciplinar a respeito, a apuração far-se-á judicialmente, salvo se, por lei, pelo contrato ou estatuto, a sociedade tiver de liquidar-se, caso em que os haveres do falido, somente após o pagamento de todo o passivo da sociedade, entrarão para a massa falida.

§ 2º Nos casos de condomínio indivisível de que participe o falido, o bem será vendido e deduzir-se-á do valor arrecadado o que for devido aos demais condôminos, facultada a estes a compra da quota-parte do falido nos termos da melhor proposta obtida.

Art. 124. Contra a massa falida não são exigíveis juros vencidos após a decretação da falência, previstos em lei ou em contrato, se o ativo apurado não bastar para o pagamento dos credores subordinados.

Parágrafo único. Excetuam-se desta disposição os juros das debêntures e dos créditos com garantia real, mas por eles responde, exclusivamente, o produto dos bens que constituem a garantia.

Art. 125. Na falência do espólio, ficará suspenso o processo de inventário, cabendo ao administrador judicial a realização de atos pendentes em relação aos direitos e obrigações da massa falida.

Art. 126. Nas relações patrimoniais não reguladas expressamente nesta Lei, o juiz decidirá o caso atendendo à unidade, à universalidade do concurso e à igualdade de tratamento dos credores, observado o disposto no art. 75 desta Lei.

Art. 127. O credor de coobrigados solidários cujas falências sejam decretadas tem o direito de concorrer, em cada uma delas, pela totalidade do seu crédito, até recebê-lo por inteiro, quando então comunicará ao juízo.

§ 1º O disposto no *caput* deste artigo não se aplica ao falido cujas obrigações tenham sido extintas por sentença, na forma do art. 159 desta Lei.

§ 2º Se o credor ficar integralmente pago por uma ou por diversas massas coobrigadas, as que pagaram terão direito regressivo contra as demais, em proporção à parte que pagaram e àquela que cada uma tinha a seu cargo.

→ *v.* Arts. 283 a 285 do CC.

§ 3º Se a soma dos valores pagos ao credor em todas as massas coobrigadas exceder o total do crédito, o valor será devolvido às massas na proporção estabelecida no § 2º deste artigo.

§ 4º Se os coobrigados eram garantes uns dos outros, o excesso de que trata o § 3º deste artigo pertencerá, conforme a ordem das obrigações, às massas dos coobrigados que tiverem o direito de ser garantidas.

Art. 128. Os coobrigados solventes e os garantes do devedor ou dos sócios ilimitadamente responsáveis podem habilitar o crédito correspondente às quantias pagas ou devidas, se o credor não se habilitar no prazo legal.

Seção IX
Da ineficácia e da revogação de atos praticados antes da falência

Art. 129. São ineficazes em relação à massa falida, tenha ou não o contratante conhecimento do estado de crise econômico-financeira do devedor, seja ou não intenção deste fraudar credores:

I – o pagamento de dívidas não vencidas realizado pelo devedor dentro do termo legal, por qualquer meio extintivo do direito de crédito, ainda que pelo desconto do próprio título;

II – o pagamento de dívidas vencidas e exigíveis realizado dentro do termo legal, por qualquer forma que não seja a prevista pelo contrato;

III – a constituição de direito real de garantia, inclusive a retenção, dentro do termo legal, tratando-se de dívida contraída anteriormente; se os bens dados em hipoteca forem objeto de outras posteriores, a massa falida receberá a parte que devia caber ao credor da hipoteca revogada;

IV – a prática de atos a título gratuito, desde 2 (dois) anos antes da decretação da falência;

V – a renúncia à herança ou a legado, até 2 (dois) anos antes da decretação da falência;

VI – a venda ou transferência de estabelecimento feita sem o consentimento expresso ou o pagamento de todos os credores, a esse tempo existentes, não tendo restado ao devedor bens suficientes para solver o seu passivo, salvo se, no prazo de 30 (trinta) dias, não houver oposição dos credores, após serem devidamente notificados, judicialmente ou pelo oficial do registro de títulos e documentos;

VII – os registros de direitos reais e de transferência de propriedade entre vivos, por título oneroso ou gratuito, ou a averbação relativa a imóveis realizados após a decretação da falência, salvo se tiver havido prenotação anterior.

Parágrafo único. A ineficácia poderá ser declarada de ofício pelo juiz, alegada em defesa ou pleiteada mediante ação própria ou incidentalmente no curso do processo.

Art. 130. São revogáveis os atos praticados com a intenção de prejudicar credores, provando-se o conluio fraudulento entre o devedor e o terceiro que com ele contratar e o efetivo prejuízo sofrido pela massa falida.

Art. 131. Nenhum dos atos referidos nos incisos I a III e VI do art. 129 desta Lei que tenham sido previstos e realizados na forma definida no plano de recuperação judicial será declarado ineficaz ou revogado.

Art. 132. A ação revocatória, de que trata o art. 130 desta Lei, deverá ser proposta pelo administrador judicial, por qualquer credor ou pelo Ministério Público no prazo de 3 (três) anos contado da decretação da falência.

Art. 133. A ação revocatória pode ser promovida:

I – contra todos os que figuraram no ato ou que por efeito dele foram pagos, garantidos ou beneficiados;

II – contra os terceiros adquirentes, se tiveram conhecimento, ao se criar o direito, da intenção do devedor de prejudicar os credores;

III – contra os herdeiros ou legatários das pessoas indicadas nos incisos I e II do *caput* deste artigo.

Art. 134. A ação revocatória correrá perante o juízo da falência e obedecerá ao procedimento ordinário previsto na Lei 5.869, de 11 de janeiro de 1973 – Código de Processo Civil.

→ *v.* Lei 13.105/2015 – Institui o Novo Código de Processo Civil, em vigor após decorrido 1 (um) ano da data de sua publicação oficial (Art. 1.045 do NCPC) – *D.O.U.* de 17.3.2015.

Art. 135. A sentença que julgar procedente a ação revocatória determinará o retorno dos bens à massa falida em espécie, com todos os acessórios, ou o valor de mercado, acrescidos das perdas e danos.

Parágrafo único. Da sentença cabe apelação.

Art. 136. Reconhecida a ineficácia ou julgada procedente a ação revocatória, as partes retornarão ao estado anterior, e o contratante de boa-fé terá direito à restituição dos bens ou valores entregues ao devedor.

§ 1º Na hipótese de securitização de créditos do devedor, não será declarada a ineficácia ou revogado o ato de cessão em prejuízo dos direitos dos portadores de valores mobiliários emitidos pelo securitizador.

§ 2º É garantido ao terceiro de boa-fé, a qualquer tempo, propor ação por perdas e danos contra o devedor ou seus garantes.

Art. 137. O juiz poderá, a requerimento do autor da ação revocatória, ordenar, como medida preventiva, na forma da lei processual civil, o sequestro dos bens retirados do patrimônio do devedor que estejam em poder de terceiros.

Art. 138. O ato pode ser declarado ineficaz ou revogado, ainda que praticado com base em decisão judicial, observado o disposto no art. 131 desta Lei.

Parágrafo único. Revogado o ato ou declarada sua ineficácia, ficará rescindida a sentença que o motivou.

Seção X
Da realização do ativo

Art. 139. Logo após a arrecadação dos bens, com a juntada do respectivo auto ao processo de falência, será iniciada a realização do ativo.

Art. 140. A alienação dos bens será realizada de uma das seguintes formas, observada a seguinte ordem de preferência:

I – alienação da empresa, com a venda de seus estabelecimentos em bloco;

II – alienação da empresa, com a venda de suas filiais ou unidades produtivas isoladamente;

III – alienação em bloco dos bens que integram cada um dos estabelecimentos do devedor;

IV – alienação dos bens individualmente considerados.

§ 1º Se convier à realização do ativo, ou em razão de oportunidade, podem ser adotadas mais de uma forma de alienação.

§ 2º A realização do ativo terá início independentemente da formação do quadro geral de credores.

§ 3º A alienação da empresa terá por objeto o conjunto de determinados bens necessários à operação rentável da unidade de produção, que poderá compreender a transferência de contratos específicos.

§ 4º Nas transmissões de bens alienados na forma deste artigo que dependam de registro público, a este servirá como título aquisitivo suficiente o mandado judicial respectivo.

Art. 141. Na alienação conjunta ou separada de ativos, inclusive da empresa ou de suas filiais, promovida sob qualquer das modalidades de que trata este artigo:

I – todos os credores, observada a ordem de preferência definida no art. 83 desta Lei, sub-rogam-se no produto da realização do ativo;

II – o objeto da alienação estará livre de qualquer ônus e não haverá sucessão do arrematante nas obrigações do devedor, inclusive as de natureza tributária, as derivadas da legislação do trabalho e as decorrentes de acidentes de trabalho.

§ 1º O disposto no inciso II do *caput* deste artigo não se aplica quando o arrematante for:

I – sócio da sociedade falida, ou sociedade controlada pelo falido;

II – parente, em linha reta ou colateral até o 4º (quarto) grau, consanguíneo ou afim, do falido ou de sócio da sociedade falida; ou

III – identificado como agente do falido com o objetivo de fraudar a sucessão.

§ 2º Empregados do devedor contratados pelo arrematante serão admitidos mediante novos contratos de trabalho e o arrematante não responde por obrigações decorrentes do contrato anterior.

Art. 142. O juiz, ouvido o administrador judicial e atendendo à orientação do Comitê, se houver, ordenará que se proceda à alienação do ativo em uma das seguintes modalidades:

I – leilão, por lances orais;

II – propostas fechadas;

III – pregão.

§ 1º A realização da alienação em quaisquer das modalidades de que trata este artigo será antecedida por publicação de anúncio em jornal de ampla circulação, com 15 (quinze) dias de antecedência, em se tratando de bens móveis, e com 30 (trinta) dias na alienação da empresa ou de bens imóveis, facultada a divulgação por outros meios que contribuam para o amplo conhecimento da venda.

§ 2º A alienação dar-se-á pelo maior valor oferecido, ainda que seja inferior ao valor de avaliação.

§ 3º No leilão por lances orais, aplicam-se, no que couber, as regras da Lei 5.869, de 11 de janeiro de 1973 – Código de Processo Civil.

→ *v.* Lei 13.105/2015 – Institui o Novo Código de Processo Civil, em vigor após decorrido 1 (um) ano da data de sua publicação oficial (Art. 1.045 do NCPC) – *D.O.U.* de 17.3.2015.

§ 4º A alienação por propostas fechadas ocorrerá mediante a entrega, em cartório e sob recibo, de envelopes lacrados, a serem abertos pelo juiz, no dia, hora e local designados no edital, lavrando o escrivão o auto respectivo, assinado pelos presentes, e juntando as propostas aos autos da falência.

§ 5º A venda por pregão constitui modalidade híbrida das anteriores, comportando 2 (duas) fases:

I – recebimento de propostas, na forma do § 3º deste artigo;

II – leilão por lances orais, de que participarão somente aqueles que apresentarem propostas não inferiores a 90% (noventa por cento) da maior proposta ofertada, na forma do § 2º deste artigo.

§ 6º A venda por pregão respeitará as seguintes regras:

I – recebidas e abertas as propostas na forma do § 5º deste artigo, o juiz ordenará a notificação dos ofertantes, cujas propostas atendam ao requisito de seu inciso II, para comparecer ao leilão;

II – o valor de abertura do leilão será o da proposta recebida do maior ofertante presente, considerando-se esse valor como lance, ao qual ele fica obrigado;

III – caso não compareça ao leilão o ofertante da maior proposta e não seja dado lance igual ou superior ao valor por ele ofertado, fica obrigado a prestar a diferença verificada, constituindo a respectiva certidão do juízo título executivo para a cobrança dos valores pelo administrador judicial.

§ 7º Em qualquer modalidade de alienação, o Ministério Público será intimado pessoalmente, sob pena de nulidade.

Art. 143. Em qualquer das modalidades de alienação referidas no art. 142 desta Lei, poderão ser apresentadas impugnações por quaisquer credores, pelo devedor ou pelo Ministério Público, no prazo de 48 (quarenta e oito) horas da arrematação, hipótese em que os autos serão conclusos ao juiz, que, no prazo de 5 (cinco) dias, decidirá sobre as impugnações e, julgando-as improcedentes, ordenará a entrega dos bens ao arrematante, respeitadas as condições estabelecidas no edital.

Art. 144. Havendo motivos justificados, o juiz poderá autorizar, mediante requerimento fundamentado do administrador judicial ou do Comitê, modalidades de alienação judicial diversas das previstas no art. 142 desta Lei.

Art. 145. O juiz homologará qualquer outra modalidade de realização do ativo, desde que aprovada pela assembleia geral de credores, inclusive com a constituição de sociedade de credores ou dos empregados do próprio devedor, com a participação, se necessária, dos atuais sócios ou de terceiros.

§ 1º Aplica-se à sociedade mencionada neste artigo o disposto no art. 141 desta Lei.

§ 2º No caso de constituição de sociedade formada por empregados do próprio devedor, estes poderão utilizar créditos derivados da legislação do trabalho para a aquisição ou arrendamento da empresa.

§ 3º Não sendo aprovada pela assembleia geral a proposta alternativa para a realização do ativo, caberá ao juiz decidir a forma que será adotada, levando em conta a manifestação do administrador judicial e do Comitê.

Art. 146. Em qualquer modalidade de realização do ativo adotada, fica a massa falida dispensada da apresentação de certidões negativas.

Art. 147. As quantias recebidas a qualquer título serão imediatamente depositadas em conta remunerada de instituição financeira, atendidos os requisitos da lei ou das normas de organização judiciária.

Art. 148. O administrador judicial fará constar do relatório de que trata a alínea *p* do inciso III do art. 22 os valores eventualmente recebidos no mês vencido, explicitando a forma de distribuição dos recursos entre os credores, observado o disposto no art. 149 desta Lei.

Seção XI
Do pagamento aos credores

Art. 149. Realizadas as restituições, pagos os créditos extraconcursais, na forma do art. 84 desta Lei, e consolidado o quadro geral de credores, as importâncias recebidas com a realização do ativo serão destinadas ao pagamento dos credores, atendendo à classificação prevista no art. 83 desta Lei, respeitados os demais dispositivos desta Lei e as decisões judiciais que determinam reserva de importâncias.

§ 1º Havendo reserva de importâncias, os valores a ela relativos ficarão depositados até o julgamento definitivo do crédito e, no caso de não ser este finalmente reconhecido, no todo ou em parte, os recursos depositados serão objeto de rateio suplementar entre os credores remanescentes.

§ 2º Os credores que não procederem, no prazo fixado pelo juiz, ao levantamento dos valores que lhes couberam em rateio serão intimados a fazê-lo no prazo de 60 (sessenta) dias, após o qual os recursos serão objeto de rateio suplementar entre os credores remanescentes.

Art. 150. As despesas cujo pagamento antecipado seja indispensável à administração da falência, inclusive na hipótese de continuação provisória das atividades previstas no inciso XI do *caput* do art. 99 desta Lei, serão pagas pelo administrador judicial com os recursos disponíveis em caixa.

Art. 151. Os créditos trabalhistas de natureza estritamente salarial vencidos nos 3 (três) meses anteriores à decretação da falência, até o limite de 5 (cinco) salários mínimos por trabalhador, serão pagos tão logo haja disponibilidade em caixa.

Art. 152. Os credores restituirão em dobro as quantias recebidas, acrescidas dos juros legais, se ficar evidenciado dolo ou má-fé na constituição do crédito ou da garantia.

Art. 153. Pagos todos os credores, o saldo, se houver, será entregue ao falido.

Seção XII
Do encerramento da falência e da extinção das obrigações do falido

Art. 154. Concluída a realização de todo o ativo, e distribuído o produto entre os credores, o administrador judicial apresentará suas contas ao juiz no prazo de 30 (trinta) dias.

§ 1º As contas, acompanhadas dos documentos comprobatórios, serão prestadas em autos apartados que, ao final, serão apensados aos autos da falência.

§ 2º O juiz ordenará a publicação de aviso de que as contas foram entregues e se encontram à disposição dos interessados, que poderão impugná-las no prazo de 10 (dez) dias.

§ 3º Decorrido o prazo do aviso e realizadas as diligências necessárias à apuração dos fatos, o juiz intimará o Ministério Público para manifestar-se no prazo de 5 (cinco) dias, findo o qual o administrador judicial será ouvido se houver impugnação ou parecer contrário do Ministério Público.

§ 4º Cumpridas as providências previstas nos §§ 2º e 3º deste artigo, o juiz julgará as contas por sentença.

§ 5º A sentença que rejeitar as contas do administrador judicial fixará suas responsabilidades, poderá determinar a indisponibilidade ou o sequestro de bens e servirá como título executivo para indenização da massa.

§ 6º Da sentença cabe apelação.

Art. 155. Julgadas as contas do administrador judicial, ele apresentará o relatório final da falência no prazo de 10 (dez) dias, indicando o valor do ativo e o do produto de sua realização, o valor do passivo e o dos pagamentos feitos aos credores, e especificará justificadamente as responsabilidades com que continuará o falido.

Art. 156. Apresentado o relatório final, o juiz encerrará a falência por sentença.

Parágrafo único. A sentença de encerramento será publicada por edital e dela caberá apelação.

Art. 157. O prazo prescricional relativo às obrigações do falido recomeça a correr a partir do dia em que transitar em julgado a sentença do encerramento da falência.

→ *v.* Arts. 197 a 201 do CC.

Art. 158. Extingue as obrigações do falido:

I – o pagamento de todos os créditos;

II – o pagamento, depois de realizado todo o ativo, de mais de 50% (cinquenta por cento) dos créditos quirografários, sendo facultado ao falido o depósito da quantia necessária para atingir essa porcentagem se para tanto não bastou a integral liquidação do ativo;

III – o decurso do prazo de 5 (cinco) anos, contado do encerramento da falência, se o falido não tiver sido condenado por prática de crime previsto nesta Lei;

IV – o decurso do prazo de 10 (dez) anos, contado do encerramento da falência, se o falido tiver sido condenado por prática de crime previsto nesta Lei.

Art. 159. Configurada qualquer das hipóteses do art. 158 desta Lei, o falido poderá requerer ao juízo da falência que suas obrigações sejam declaradas extintas por sentença.

§ 1º O requerimento será autuado em apartado com os respectivos documentos e publicado por edital no órgão oficial e em jornal de grande circulação.

§ 2º No prazo de 30 (trinta) dias contado da publicação do edital, qualquer credor pode opor-se ao pedido do falido.

§ 3º Findo o prazo, o juiz, em 5 (cinco) dias, proferirá sentença e, se o requerimento for anterior ao encerramento da falência, declarará extintas as obrigações na sentença de encerramento.

§ 4º A sentença que declarar extintas as obrigações será comunicada a todas as pessoas e entidades informadas da decretação da falência.

§ 5º Da sentença cabe apelação.

§ 6º Após o trânsito em julgado, os autos serão apensados aos da falência.

Art. 160. Verificada a prescrição ou extintas as obrigações nos termos desta Lei, o sócio de responsabilidade ilimitada também poderá requerer que seja declarada por sentença a extinção de suas obrigações na falência.

Capítulo VI
DA RECUPERAÇÃO EXTRAJUDICIAL

Art. 161. O devedor que preencher os requisitos do art. 48 desta Lei poderá propor e negociar com credores plano de recuperação extrajudicial.

§ 1º Não se aplica o disposto neste Capítulo a titulares de créditos de natureza tributária, derivados da legislação do trabalho ou decorrentes de acidente de trabalho, assim como àqueles previstos nos arts. 49, § 3º, e 86, inciso II do *caput*, desta Lei.

§ 2º O plano não poderá contemplar o pagamento antecipado de dívidas nem tratamento desfavorável aos credores que a ele não estejam sujeitos.

§ 3º O devedor não poderá requerer a homologação de plano extrajudicial, se estiver pendente pedido de recuperação judicial ou se houver obtido recuperação judicial ou homologação de outro plano de recuperação extrajudicial há menos de 2 (dois) anos.

§ 4º O pedido de homologação do plano de recuperação extrajudicial não acarretará suspensão de direitos, ações ou execuções, nem a impossibilidade do pedido de decretação de falência pelos credores não sujeitos ao plano de recuperação extrajudicial.

§ 5º Após a distribuição do pedido de homologação, os credores não poderão desistir da adesão ao plano, salvo com a anuência expressa dos demais signatários.

§ 6º A sentença de homologação do plano de recuperação extrajudicial constituirá título executivo judicial, nos termos do art. 584, inciso III do *caput*, da Lei 5.869, de 11 de janeiro de 1973 – Código de Processo Civil.

→ *v.* Referido artigo foi revogado pela Lei 11.232/2005.

Art. 162. O devedor poderá requerer a homologação em juízo do plano de recuperação extrajudicial, juntando sua justificativa e o documento que contenha seus termos e condições, com as assinaturas dos credores que a ele aderiram.

Art. 163. O devedor poderá, também, requerer a homologação de plano de recuperação extrajudicial que obriga a todos os credores por ele abrangidos, desde que assinado por credores que representem mais de 3/5 (três quintos) de todos os créditos de cada espécie por ele abrangidos.

§ 1º O plano poderá abranger a totalidade de uma ou mais espécies de créditos previstos no art. 83, incisos II, IV, V, VI e VIII do *caput*, desta Lei, ou grupo de credores de mesma natureza e sujeito a semelhantes condições de pagamento, e, uma vez homologado, obriga a todos os credores das espécies por ele abrangidas, exclusivamente em relação aos créditos constituídos até a data do pedido de homologação.

§ 2º Não serão considerados para fins de apuração do percentual previsto no *caput* deste artigo os créditos não incluídos no plano de recuperação extrajudicial, os quais não poderão ter seu valor ou condições originais de pagamento alteradas.

§ 3º Para fins exclusivos de apuração do percentual previsto no *caput* deste artigo:

I – o crédito em moeda estrangeira será convertido para moeda nacional pelo câmbio da véspera da data de assinatura do plano; e

II – não serão computados os créditos detidos pelas pessoas relacionadas no art. 43 deste artigo.

§ 4º Na alienação de bem objeto de garantia real, a supressão da garantia ou sua substituição somente serão admitidas mediante a aprovação expressa do credor titular da respectiva garantia.

§ 5º Nos créditos em moeda estrangeira, a variação cambial só poderá ser afastada se o credor titular do respectivo crédito aprovar expressamente previsão diversa no plano de recuperação extrajudicial.

§ 6º Para a homologação do plano de que trata este artigo, além dos documentos previstos no *caput* do art. 162 desta Lei, o devedor deverá juntar:

I – exposição da situação patrimonial do devedor;

II – as demonstrações contábeis relativas ao último exercício social e as levantadas especialmente para instruir o pedido, na forma do inciso II do *caput* do art. 51 desta Lei; e

III – os documentos que comprovem os poderes dos subscritores para novar ou transigir, relação nominal completa dos credores, com a indicação do endereço de cada um, a natureza, a classificação e o valor atualizado do crédito, discriminando sua origem, o regime dos respectivos vencimentos e a indicação dos registros contábeis de cada transação pendente.

Art. 164. Recebido o pedido de homologação do plano de recuperação extrajudicial previsto nos arts. 162 e 163 desta Lei, o juiz ordenará a publicação de edital no órgão oficial e em jornal de grande circulação nacional ou das localidades da sede e das filiais do devedor, convocando todos os credores do devedor para apresentação de suas impugnações ao plano de recuperação extrajudicial, observado o § 3º deste artigo.

§ 1º No prazo do edital, deverá o devedor comprovar o envio de carta a todos os credores sujeitos ao plano, domiciliados ou sediados no país, informando a distribuição do pedido, as condições do plano e prazo para impugnação.

§ 2º Os credores terão prazo de 30 (trinta) dias, contado da publicação do edital, para impugnarem o plano, juntando a prova de seu crédito.

§ 3º Para opor-se, em sua manifestação, à homologação do plano, os credores somente poderão alegar:

I – não preenchimento do percentual mínimo previsto no *caput* do art. 163 desta Lei;

II – prática de qualquer dos atos previstos no inciso III do art. 94 ou do art. 130 desta Lei, ou descumprimento de requisito previsto nesta Lei;

III – descumprimento de qualquer outra exigência legal.

§ 4º Sendo apresentada impugnação, será aberto prazo de 5 (cinco) dias para que o devedor sobre ela se manifeste.

§ 5º Decorrido o prazo do § 4º deste artigo, os autos serão conclusos imediatamente ao juiz para apreciação de eventuais impugnações e decidirá, no prazo de 5 (cinco) dias, acerca do plano de recuperação extrajudicial, homologando-o por sentença se entender que não implica prática de atos previstos no art. 130 desta Lei e que não há outras irregularidades que recomendem sua rejeição.

§ 6º Havendo prova de simulação de créditos ou vício de representação dos credores que subscreverem o plano, a sua homologação será indeferida.

§ 7º Da sentença cabe apelação sem efeito suspensivo.

§ 8º Na hipótese de não homologação do plano o devedor poderá, cumpridas as formalidades, apresentar novo pedido de homologação de plano de recuperação extrajudicial.

Art. 165. O plano de recuperação extrajudicial produz efeitos após sua homologação judicial.

§ 1º É lícito, contudo, que o plano estabeleça a produção de efeitos anteriores à homologação, desde que exclusivamente em relação à modificação do valor ou da forma de pagamento dos credores signatários.

§ 2º Na hipótese do § 1º deste artigo, caso o plano seja posteriormente rejeitado pelo juiz, devolve-se aos credores signatários o direito de exigir seus créditos nas condições originais, deduzidos os valores efetivamente pagos.

Art. 166. Se o plano de recuperação extrajudicial homologado envolver alienação judicial de filiais ou de unidades produtivas isoladas do devedor, o juiz ordenará a sua realização, observado, no que couber, o disposto no art. 142 desta Lei.

Art. 167. O disposto neste Capítulo não implica impossibilidade de realização de outras modalidades de acordo privado entre o devedor e seus credores.

Capítulo VII
DISPOSIÇÕES PENAIS

Seção I
Dos crimes em espécie

Fraude a credores

Art. 168. Praticar, antes ou depois da sentença que decretar a falência, conceder a recuperação judicial ou homologar a recuperação extrajudicial, ato fraudulento de que resulte ou possa resultar prejuízo aos credores, com o fim de obter ou assegurar vantagem indevida para si ou para outrem:

Pena – reclusão, de 3 (três) a 6 (seis) anos, e multa.

Aumento da pena

§ 1º A pena aumenta-se de 1/6 (um sexto) a 1/3 (um terço), se o agente:

I – elabora escrituração contábil ou balanço com dados inexatos;

II – omite, na escrituração contábil ou no balanço, lançamento que deles deveria constar, ou altera escrituração ou balanço verdadeiros;

III – destrói, apaga ou corrompe dados contábeis ou negociais armazenados em computador ou sistema informatizado;

IV – simula a composição do capital social;

V – destrói, oculta ou inutiliza, total ou parcialmente, os documentos de escrituração contábil obrigatórios.

Contabilidade paralela

§ 2º A pena é aumentada de 1/3 (um terço) até metade se o devedor manteve ou movimentou recursos ou valores paralelamente à contabilidade exigida pela legislação.

Concurso de pessoas

§ 3º Nas mesmas penas incidem os contadores, técnicos contábeis, auditores e outros profissionais que, de qualquer modo, concorrerem para as condutas criminosas descritas neste artigo, na medida de sua culpabilidade.

Redução ou substituição da pena

§ 4º Tratando-se de falência de microempresa ou de empresa de pequeno porte, e não se constatando prática habitual de condutas fraudulentas por parte do falido, poderá o juiz reduzir a pena de reclusão de 1/3 (um terço) a 2/3 (dois terços) ou substituí-la pelas penas restritivas de direitos, pelas de perda de bens e valores ou pelas de prestação de serviços à comunidade ou a entidades públicas.

Violação de sigilo empresarial

Art. 169. Violar, explorar ou divulgar, sem justa causa, sigilo empresarial ou dados confidenciais sobre operações ou serviços, contribuindo para a condução do devedor a estado de inviabilidade econômica ou financeira:

Pena – reclusão, de 2 (dois) a 4 (quatro) anos, e multa.

Divulgação de informações falsas

Art. 170. Divulgar ou propalar, por qualquer meio, informação falsa sobre devedor em recuperação judicial, com o fim de levá-lo à falência ou de obter vantagem:

Pena – reclusão, de 2 (dois) a 4 (quatro) anos, e multa.

Indução a erro

Art. 171. Sonegar ou omitir informações ou prestar informações falsas no processo de falência, de recuperação judicial ou de recuperação extrajudicial, com o fim de induzir a erro o juiz, o Ministério Público, os credores, a assembleia geral de credores, o Comitê ou o administrador judicial:

Pena – reclusão, de 2 (dois) a 4 (quatro) anos, e multa.

Favorecimento de credores

Art. 172. Praticar, antes ou depois da sentença que decretar a falência, conceder a recuperação judicial ou homologar plano de recuperação extrajudicial, ato de disposição ou oneração patrimonial ou gerador de obrigação, destinado a favorecer um ou mais credores em prejuízo dos demais:

Pena – reclusão, de 2 (dois) a 5 (cinco) anos, e multa.

Parágrafo único. Nas mesmas penas incorre o credor que, em conluio, possa beneficiar-se de ato previsto no *caput* deste artigo.

Desvio, ocultação ou apropriação de bens

Art. 173. Apropriar-se, desviar ou ocultar bens pertencentes ao devedor sob recuperação judicial ou à massa falida, inclusive por meio da aquisição por interposta pessoa:

Pena – reclusão, de 2 (dois) a 4 (quatro) anos, e multa.

Aquisição, recebimento ou uso ilegal de bens

Art. 174. Adquirir, receber, usar, ilicitamente, bem que sabe pertencer à massa falida ou influir para que terceiro, de boa-fé, o adquira, receba ou use:

Pena – reclusão, de 2 (dois) a 4 (quatro) anos, e multa.

Habilitação ilegal de crédito

Art. 175. Apresentar, em falência, recuperação judicial ou recuperação extrajudicial, relação de créditos, habilitação de créditos ou reclamação falsas, ou juntar a elas título falso ou simulado:

Pena – reclusão, de 2 (dois) a 4 (quatro) anos, e multa.

Exercício ilegal de atividade

Art. 176. Exercer atividade para a qual foi inabilitado ou incapacitado por decisão judicial, nos termos desta Lei:

Pena – reclusão, de 1 (um) a 4 (quatro) anos, e multa.

Violação de impedimento

Art. 177. Adquirir o juiz, o representante do Ministério Público, o administrador judicial, o gestor judicial, o perito, o avaliador, o escrivão, o oficial de justiça ou o leiloeiro, por si ou por interposta pessoa, bens de massa falida ou de devedor em recuperação judicial, ou, em relação a estes, entrar em alguma especulação de lucro, quando tenham atuado nos respectivos processos:

Pena – reclusão, de 2 (dois) a 4 (quatro) anos, e multa.

Omissão dos documentos contábeis obrigatórios

Art. 178. Deixar de elaborar, escriturar ou autenticar, antes ou depois da sentença que decretar a falência, conceder a recuperação judicial ou homologar o plano de recuperação extrajudicial, os documentos de escrituração contábil obrigatórios:

Pena – detenção, de 1 (um) a 2 (dois) anos, e multa, se o fato não constitui crime mais grave.

Seção II
Disposições comuns

Art. 179. Na falência, na recuperação judicial e na recuperação extrajudicial de sociedades, os seus sócios, diretores, gerentes, administradores e conselheiros, de fato ou de direito, bem como o administrador judicial, equiparam-se ao devedor ou falido para todos os efeitos penais decorrentes desta Lei, na medida de sua culpabilidade.

Art. 180. A sentença que decreta a falência, concede a recuperação judicial ou concede a recuperação extrajudicial de que trata o art. 163 desta Lei é condição objetiva de punibilidade das infrações penais descritas nesta Lei.

Art. 181. São efeitos da condenação por crime previsto nesta Lei:

I – a inabilitação para o exercício de atividade empresarial;

II – o impedimento para o exercício de cargo ou função em conselho de administração, diretoria ou gerência das sociedades sujeitas a esta Lei;

III – a impossibilidade de gerir empresa por mandato ou por gestão de negócio.

§ 1º Os efeitos de que trata este artigo não são automáticos, devendo ser motivadamente declarados na sentença, e perdurarão até 5 (cinco) anos após a extinção da punibilidade, podendo, contudo, cessar antes pela reabilitação penal.

§ 2º Transitada em julgado a sentença penal condenatória, será notificado o Registro Público de Empresas para que tome as medidas necessárias para impedir novo registro em nome dos inabilitados.

Art. 182. A prescrição dos crimes previstos nesta Lei reger-se-á pelas disposições do Decreto-Lei 2.848, de 7 de dezembro de 1940 – Código Penal, começando a correr do dia da decretação da falência, da concessão da recuperação judicial ou da homologação do plano de recuperação extrajudicial.

Parágrafo único. A decretação da falência do devedor interrompe a prescrição cuja contagem tenha iniciado com a concessão da recuperação judicial ou com a homologação do plano de recuperação extrajudicial.

Seção III
Do procedimento penal

Art. 183. Compete ao juiz criminal da jurisdição onde tenha sido decretada a falência, concedida a recuperação judicial ou homologado o plano de recuperação extrajudicial, conhecer da ação penal pelos crimes previstos nesta Lei.

Art. 184. Os crimes previstos nesta Lei são de ação penal pública incondicionada.

Parágrafo único. Decorrido o prazo a que se refere o art. 187, § 1º, sem que o representante do Ministério Público ofereça denúncia, qualquer credor habilitado ou o administrador judicial poderá oferecer ação penal privada subsidiária da pública, observado o prazo decadencial de 6 (seis) meses.

Art. 185. Recebida a denúncia ou a queixa, observar-se-á o rito previsto nos arts. 531 a 540 do Decreto-Lei 3.689, de 3 de outubro de 1941 – Código de Processo Penal.

Art. 186. No relatório previsto na alínea *e* do inciso III do *caput* do art. 22 desta Lei, o administrador judicial apresentará ao juiz da falência exposição circunstanciada, considerando as causas da falência, o procedimento do devedor, antes e depois da sentença, e outras informações detalhadas a respeito da conduta do devedor e de outros responsáveis, se houver, por atos que possam constituir crime relacionado com a recuperação judicial ou com a falência, ou outro delito conexo a estes.

Parágrafo único. A exposição circunstanciada será instruída com laudo do contador encarregado do exame da escrituração do devedor.

Art. 187. Intimado da sentença que decreta a falência ou concede a recuperação judicial, o Ministério Público, verificando a ocorrência de qualquer crime previsto nesta Lei, promoverá imediatamente a competente ação penal ou, se entender necessário, requisitará a abertura de inquérito policial.

§ 1º O prazo para oferecimento da denúncia regula-se pelo art. 46 do Decreto-Lei 3.689, de 3 de outubro de 1941 – Código de Processo Penal, salvo se o Ministério Público, estando o réu solto ou afiançado, decidir aguardar a apresentação da exposição circunstanciada de que trata o art. 186 desta Lei, devendo, em seguida, oferecer a denúncia em 15 (quinze) dias.

§ 2º Em qualquer fase processual, surgindo indícios da prática dos crimes previstos nesta Lei, o juiz da falência ou da recuperação judicial ou da recuperação extrajudicial cientificará o Ministério Público.

Art. 188. Aplicam-se subsidiariamente as disposições do Código de Processo Penal, no que não forem incompatíveis com esta Lei.

Capítulo VIII
DISPOSIÇÕES FINAIS E TRANSITÓRIAS

Art. 189. Aplica-se a Lei 5.869, de 11 de janeiro de 1973 – Código de Processo Civil, no que couber, aos procedimentos previstos nesta Lei.

→ *v.* Lei 13.105/2015 – Institui o Novo Código de Processo Civil, em vigor após decorrido 1 (um) ano da data de sua publicação oficial (Art. 1.045 do NCPC) – *D.O.U.* de 17.3.2015.

Art. 190. Todas as vezes que esta Lei se referir a devedor ou falido, compreender-se-á que a disposição também se aplica aos sócios ilimitadamente responsáveis.

Art. 191. Ressalvadas as disposições específicas desta Lei, as publicações ordenadas serão feitas preferencialmente na imprensa oficial e, se o devedor ou a massa falida comportar, em jornal ou revista de circulação regional ou nacional, bem como em quaisquer outros periódicos que circulem em todo o país.

Parágrafo único. As publicações ordenadas nesta Lei conterão a epígrafe "recuperação judicial de", "recuperação extrajudicial de" ou "falência de".

Art. 192. Esta Lei não se aplica aos processos de falência ou de concordata ajuizados anteriormente ao início de sua vigência, que serão concluídos nos termos do Decreto-Lei 7.661, de 21 de junho de 1945.

§ 1º Fica vedada a concessão de concordata suspensiva nos processos de falência em curso, podendo ser promovida a alienação dos bens da massa falida assim que concluída sua arrecadação, independentemente da formação do quadro geral de credores e da conclusão do inquérito judicial.

§ 2º A existência de pedido de concordata anterior à vigência desta Lei não obsta o pedido de recuperação judicial pelo devedor que não houver descumprido obrigação no âmbito da concordata, vedado, contudo, o pedido baseado no plano especial de recuperação judicial para microempresas e empresas de pequeno porte a que se refere a Seção V do Capítulo III desta Lei.

§ 3º No caso do § 2º deste artigo, se deferido o processamento da recuperação judicial, o processo de concordata será extinto e os créditos submetidos à concordata serão inscritos por seu valor original na recuperação judicial, deduzidas as parcelas pagas pelo concordatário.

§ 4º Esta Lei aplica-se às falências decretadas em sua vigência resultantes de convolação de concordatas ou de pedidos de falência anteriores, às quais se aplica, até a decretação, o Decreto-Lei 7.661, de 21 de junho de 1945, observado, na decisão que decretar a falência, o disposto no art. 99 desta Lei.

§ 5º O juiz poderá autorizar a locação ou arrendamento de bens imóveis ou móveis a fim de evitar a sua deterioração, cujos resultados reverterão em favor da massa.

→ § 5º acrescentado pela Lei 11.127/2005.

Art. 193. O disposto nesta Lei não afeta as obrigações assumidas no âmbito das câmaras ou prestadoras de serviços de compensação e de liquidação financeira, que serão ultimadas e liquidadas pela câmara ou prestador de serviços, na forma de seus regulamentos.

Art. 194. O produto da realização das garantias prestadas pelo participante das câmaras ou prestadores de serviços de compensação e de liquidação financeira submetidos aos regimes de que trata esta Lei, assim como os títulos, valores mobiliários e quaisquer outros de seus ativos objetos de compensação ou liquidação serão destinados à liquidação das obrigações assumidas no âmbito das câmaras ou prestadoras de serviços.

Art. 195. A decretação da falência das concessionárias de serviços públicos implica extinção da concessão, na forma da lei.

Art. 196. Os Registros Públicos de Empresas manterão banco de dados público e gratuito, disponível na rede mundial de computadores, contendo a relação de todos os devedores falidos ou em recuperação judicial.

Parágrafo único. Os Registros Públicos de Empresas deverão promover a integração de seus bancos de dados em âmbito nacional.

Art. 197. Enquanto não forem aprovadas as respectivas leis específicas, esta Lei aplica-se subsidiariamente, no que couber, aos regimes previstos no Decreto-Lei 73, de 21 de novembro de 1966, na Lei 6.024, de 13 de março de 1974, no Decreto-Lei 2.321, de 25 de fevereiro de 1987, e na Lei 9.514, de 20 de novembro de 1997.

Art. 198. Os devedores proibidos de requerer concordata nos termos da legislação específica em vigor na data da publicação desta Lei ficam proibidos de requerer recuperação judicial ou extrajudicial nos termos desta Lei.

Art. 199. Não se aplica o disposto no art. 198 desta Lei às sociedades a que se refere o art. 187 da Lei 7.565, de 19 de dezembro de 1986.

§ 1º Na recuperação judicial e na falência das sociedades de que trata o *caput* deste artigo, em nenhuma hipótese ficará suspenso o exercício de direitos derivados de contratos de locação, arrendamento mercantil ou de qualquer outra modalidade de arrendamento de aeronaves ou de suas partes.

→ Anterior parágrafo único renumerado pela Lei 11.196/2005.

§ 2º Os créditos decorrentes dos contratos mencionados no § 1º deste artigo não se submeterão aos efeitos da recuperação judicial ou extrajudicial, prevalecendo os direitos de propriedade sobre a coisa e as condições contratuais, não se lhes aplicando a ressalva contida na parte final do § 3º do art. 49 desta Lei.

→ § 2º acrescentado pela Lei 11.196/2005.

§ 3º Na hipótese de falência das sociedades de que trata o *caput* deste artigo, prevalecerão os direitos de propriedade sobre a coisa relativos a contratos de locação, de arrendamento mercantil ou de qualquer outra modalidade de arrendamento de aeronaves ou de suas partes.

→ § 3º acrescentado pela Lei 11.196/2005.

Art. 200. Ressalvado o disposto no art. 192 desta Lei, ficam revogados o Decreto-Lei 7.661, de 21 de junho de 1945, e os arts. 503 a 512 do Decreto-Lei 3.689, de 3 de outubro de 1941 – Código de Processo Penal.

Art. 201. Esta Lei entra em vigor 120 (cento e vinte) dias após sua publicação.

Brasília, 9 de fevereiro de 2005; 184º da Independência e 117º da República.

Luiz Inácio Lula da Silva

(Publicação no *D.O.U.* de 9. 2.2005, ed. extra)

LEI 11.196,
DE 21 DE DEZEMBRO DE 2005

Institui o Regime Especial de Tributação para a Plataforma de Exportação de Serviços de Tecnologia da Informação – REPES, o Regime Especial de Aquisição de Bens de Capital para Empresas Exportadoras – RECAP e o Programa de Inclusão Digital; dispõe sobre incentivos fiscais para a inovação tecnológica; altera o Decreto-Lei 288, de 28 de fevereiro de 1967, o Decreto 70.235, de 6 de março de 1972, o Decreto-Lei 2.287, de 23 de julho de 1986, as Leis 4.502, de 30 de novembro de 1964, 8.212, de 24 de julho de 1991, 8.245, de 18 de outubro de 1991, 8.387, de 30 de dezembro de 1991, 8.666, de 21 de junho de 1993, 8.981, de 20 de janeiro de 1995, 8.987, de 13 de fevereiro de 1995, 8.989, de 24 de fevereiro de 1995, 9.249, de 26 de dezembro de 1995, 9.250, de 26 de dezembro de 1995, 9.311, de 24 de outubro de 1996, 9.317, de 5 de dezembro de 1996, 9.430, de 27 de dezembro de 1996, 9.718, de 27 de novembro de 1998, 10.336, de 19 de dezembro de 2001, 10.438, de 26 de abril de 2002, 10.485, de 3 de julho de 2002, 10.637, de 30 de dezembro de 2002, 10.755, de 3 de novembro de 2003, 10.833, de 29 de dezembro de 2003, 10.865, de 30 de abril de 2004, 10.925, de 23 de julho de 2004, 10.931, de 2 de agosto de 2004, 11.033, de 21 de dezembro de 2004, 11.051, de 29 de dezembro de 2004, 11.053, de 29 de dezembro de 2004, 11.101, de 9 de fevereiro de 2005, 11.128, de 28 de junho de 2005, e a Medida Provisória 2.199-14, de 24 de agosto de 2001; revoga a Lei 8.661, de 2 de junho de 1993, e dispositivos das Leis 8.668, de 25 de junho de 1993, 8.981, de 20 de janeiro de 1995, 10.637, de 30 de dezembro de 2002, 10.755, de 3 de novembro de 2003, 10.865, de 30 de abril de 2004, 10.931, de 2 de agosto de 2004, e da Medida Provisória 2.158-35, de 24 de agosto de 2001; e dá outras providências.

O Presidente da República:

Faço saber que o Congresso Nacional decreta e eu sanciono a seguinte Lei:

Capítulo I
DO REGIME ESPECIAL DE TRIBUTAÇÃO PARA A PLATAFORMA DE EXPORTAÇÃO DE SERVIÇOS DE TECNOLOGIA DA INFORMAÇÃO – REPES

Art. 1º Fica instituído o Regime Especial de Tributação para a Plataforma de Exportação de Serviços de Tecnologia da Informação – Repes, nos termos desta Lei.

Parágrafo único. O Poder Executivo disciplinará, em regulamento, as condições necessárias para a habilitação ao Repes.

Art. 2º É beneficiária do Repes a pessoa jurídica que exerça preponderantemente as atividades de desenvolvimento de software ou de prestação de serviços de tecnologia da informação e que, por ocasião da sua opção pelo Repes, assuma compromisso de exportação igual ou superior a 50% (cinquenta por cento) de sua receita bruta anual decorrente da venda dos bens e serviços de que trata este artigo.

→ *Caput* com redação alterada pela Lei 12.715/2012.

§ 1º A receita bruta de que trata o *caput* deste artigo será considerada após excluídos os impostos e contribuições incidentes sobre a venda.

§§ 2º e 3º *(Revogados pela Lei 11.774/2008)*

Art. 3º *(Revogado pela Lei 11.774/2008)*.

Art. 4º No caso de venda ou de importação de bens novos destinados ao desenvolvimento, no País, de software e de serviços de tecnologia da informação, fica suspensa a exigência:

I – da Contribuição para o PIS/Pasep e da Cofins incidentes sobre a receita bruta da venda no mercado interno, quando os referidos bens forem adquiridos por pessoa jurídica beneficiária do Repes para incorporação ao seu ativo imobilizado;

II – da Contribuição para o PIS/Pasep-Importação e da Cofins-Importação, quando os referidos bens forem importados diretamente por pessoa jurídica beneficiária do Repes para incorporação ao seu ativo imobilizado.

§ 1º Nas notas fiscais relativas à venda de que trata o inciso I do *caput* deste artigo, deverá constar a expressão "Venda efetuada com suspensão da exigência da Contribuição para o PIS/Pasep e da Cofins", com a especificação do dispositivo legal correspondente.

§ 2º Na hipótese deste artigo, o percentual de exportações de que trata o art. 2º desta Lei será apurado considerando-se a média obtida, a partir do ano-calendário subsequente ao do início de utilização dos bens adquiridos no âmbito do Repes, durante o período de 3 (três) anos-calendário.

§ 3º O prazo de início de utilização a que se refere o § 2º deste artigo não poderá ser superior a 1 (um) ano, contado a partir da aquisição.

§ 4º Os bens beneficiados pela suspensão referida no *caput* deste artigo serão relacionados em regulamento.

Art. 5º No caso de venda ou de importação de serviços destinados ao desenvolvimento, no País, de *software* e de serviços de tecnologia da informação, fica suspensa a exigência:

I – da Contribuição para o PIS/Pasep e da Cofins incidentes sobre a receita bruta auferida pela prestadora de serviços, quando tomados por pessoa jurídica beneficiária do Repes;

II – da Contribuição para o PIS/Pasep-Importação e da Cofins-Importação, para serviços importados diretamente por pessoa jurídica beneficiária do Repes.

§ 1º Nas notas fiscais relativas aos serviços de que trata o inciso I do *caput* deste artigo, deverá constar a expressão "Venda de serviços efetuada com suspensão da exigência da Contribuição para o PIS/Pasep e da Cofins", com a especificação do dispositivo legal correspondente.

§ 2º Na hipótese do disposto neste artigo, o percentual de exportação a que se refere o art. 2º desta Lei será apurado considerando as vendas efetuadas no ano-calendário subseqüente ao da prestação do serviço adquirido com suspensão.

§ 3º Os serviços beneficiados pela suspensão referida no *caput* deste artigo serão relacionados em regulamento.

Art. 6º As suspensões de que tratam os arts. 4º e 5º desta Lei convertem-se em alíquota 0 (zero) após cumprida a condição de que trata o *caput* do art. 2º desta Lei, observados os prazos de que tratam os §§ 2º e 3º do art. 4º e o § 2º do art. 5º desta Lei.

Art. 7º A adesão ao Repes fica condicionada à regularidade fiscal da pessoa jurídica em relação aos tributos e contribuições administrados pela Receita Federal do Brasil.

Art. 8º A pessoa jurídica beneficiária do Repes terá a adesão cancelada:

I – na hipótese de descumprimento do compromisso de exportação de que trata o art. 2º desta Lei;

II – sempre que se apure que o beneficiário:

a) não satisfazia as condições ou não cumpria os requisitos para a adesão; ou

b) deixou de satisfazer as condições ou de cumprir os requisitos para a adesão;

III – a pedido.

§ 1º Na ocorrência do cancelamento da adesão ao Repes, a pessoa jurídica dele excluída fica obrigada a recolher juros e multa de mora, na forma da lei, contados a partir da data da aquisição no mercado interno ou do registro da Declaração de Importação, conforme o caso, referentes às contribuições não pagas em decorrência da suspensão de que tratam os arts. 4º e 5º desta Lei, na condição de contribuinte, em relação aos bens ou serviços importados, ou na condição de responsável, em relação aos bens ou serviços adquiridos no mercado interno.

§ 2º Na hipótese de não ser efetuado o recolhimento na forma do § 1º deste artigo, caberá lançamento de ofício, com aplicação de juros e da multa de que trata o *caput* do art. 44 da Lei 9.430, de 27 de dezembro de 1996.

§ 3º Relativamente à Contribuição para o PIS/Pasep e à Cofins, os juros e multa, de mora ou de ofício, de que trata este artigo serão exigidos:

I – isoladamente, na hipótese de que trata o inciso I do *caput* deste artigo;

II – juntamente com as contribuições não pagas, na hipótese de que tratam os incisos II e III do *caput* deste artigo.

§ 4º Nas hipóteses de que tratam os incisos I e II do *caput* deste artigo, a pessoa jurídica excluída do Repes somente poderá efetuar nova adesão após o decurso do prazo de 2 (dois) anos, contado da data do cancelamento.

§ 5º Na hipótese do inciso I do *caput* deste artigo, a multa, de mora ou de ofício, a que se referem os §§ 1º e 2º deste artigo e o art. 9º desta Lei será aplicada sobre o valor das contribuições não recolhidas, proporcionalmente à diferença entre o percentual mínimo de exportações estabelecido no art. 2º desta Lei e o efetivamente alcançado.

Art. 9º A transferência de propriedade ou a cessão de uso, a qualquer título, dos bens importados ou adquiridos no mercado interno com suspensão da exigência das contribuições de que trata o art. 4º desta Lei, antes da conversão das alíquotas a 0 (zero), conforme o disposto no art. 6º desta Lei, será precedida de recolhimento, pelo beneficiário do Repes, de juros e multa de mora, na forma da lei, contados a partir da data da aquisição ou do registro da Declaração de Importação, conforme o caso, na condição de contribuinte, em relação aos bens importados, ou na condição de responsável, em relação aos bens adquiridos no mercado interno.

§ 1º Na hipótese de não ser efetuado o recolhimento na forma do *caput* deste artigo, caberá lançamento de ofício, com aplicação de juros e da multa de que trata o *caput* do art. 44 da Lei 9.430, de 27 de dezembro de 1996.

§ 2º Os juros e multa, de mora ou de ofício, de que trata este artigo serão exigidos:

I – juntamente com as contribuições não pagas, no caso de transferência de propriedade efetuada antes de decorridos 18 (dezoito) meses da ocorrência dos fatos geradores;

II – isoladamente, no caso de transferência de propriedade efetuada após decorridos 18 (dezoito) meses da ocorrência dos fatos geradores.

Art. 10. É vedada a adesão ao Repes de pessoa jurídica optante do Sistema Integrado de Pagamento de Impostos e Contribuições das Microempresas e das Empresas de Pequeno Porte – Simples.

Art. 11. A importação dos bens relacionados pelo Poder Executivo na forma do § 4º do art. 4º desta Lei, sem similar nacional, efetuada diretamente pelo beneficiário do Repes para a incorporação ao seu ativo imobilizado, será efetuada com suspensão da exigência do Imposto sobre Produtos Industrializados – IPI.

§ 1º A suspensão de que trata o *caput* deste artigo converte-se em isenção após cumpridas as condições de que trata o art. 2º desta Lei, observados os prazos de que tratam os §§ 2º e 3º do art. 4º desta Lei.

§ 2º Na ocorrência do cancelamento da adesão ao Repes, na forma do art. 8º desta Lei, a pessoa jurídica dele excluída fica obrigada a recolher juros e multa de mora, na forma da lei, contados a partir da ocorrência do fato gerador, referentes ao imposto não pago em decorrência da suspensão de que trata o *caput* deste artigo.

§ 3º A transferência de propriedade ou a cessão de uso, a qualquer título, dos bens importados com suspensão da exigência do IPI na forma do *caput* deste artigo, antes de ocorrer o disposto no § 1º deste artigo, será precedida de recolhimento, pelo beneficiário do Repes, de juros e multa de mora, na forma da lei, contados a partir da ocorrência do fato gerador.

§ 4º Na hipótese de não ser efetuado o recolhimento na forma dos §§ 2º ou 3º deste artigo, caberá lançamento de ofício do imposto, acrescido de juros e da multa de que trata o *caput* do art. 44 da Lei 9.430, de 27 de dezembro de 1996.

Capítulo II
DO REGIME ESPECIAL DE AQUISIÇÃO DE BENS DE CAPITAL PARA EMPRESAS EXPORTADORAS – RECAP

Art. 12. Fica instituído o Regime Especial de Aquisição de Bens de Capital para Empresas Exportadoras – Recap, nos termos desta Lei.

Parágrafo único. O Poder Executivo disciplinará, em regulamento, as condições para habilitação do Recap.

Art. 13. É beneficiária do Recap a pessoa jurídica preponderantemente exportadora, assim considerada aquela cuja receita bruta decorrente de exportação para o exterior, no ano-calendário imediatamente anterior à adesão ao Recap, houver sido igual ou superior a 50% (cinquenta por cento) de sua receita bruta total de venda de bens e serviços no período e que assuma compromisso de manter esse percentual de exportação durante o período de 2 (dois) anos-calendário.

→ *Caput* com redação alterada pela Lei 12.715/2012.

§ 1º A receita bruta de que trata o *caput* deste artigo será considerada após excluídos os impostos e contribuições incidentes sobre a venda.

§ 2º A pessoa jurídica em início de atividade ou que não tenha atingido no ano anterior o percentual de receita de exportação exigido no *caput* deste artigo poderá habilitar-se ao Recap desde que assuma compromisso de auferir, no período de 3 (três) anos-calendário, receita bruta decorrente de exportação para o exterior de, no mínimo, 50% (cinquenta por cento) de sua receita bruta total de venda de bens e serviços.

→ § 2º com redação alterada pela Lei 12.715/2012.

§ 3º O disposto neste artigo:

I – não se aplica às pessoas jurídicas optantes pelo Simples e às que tenham suas receitas, no todo ou em parte, submetidas ao regime de incidência cumulativa da Contribuição para o PIS/Pasep e da Cofins;

II – aplica-se a estaleiro naval brasileiro, no caso de aquisição ou importação de bens de capital relacionados em regulamento destinados à incorporação ao seu ativo imobilizado para utilização nas atividades de construção, conservação, modernização, conversão e reparo de embarcações pré-registradas ou registradas no Registro Especial Brasileiro – REB, instituído pela Lei 9.432, de 8 de janeiro de 1997, independentemente de efetuar o compromisso de exportação para o exterior de que trata o *caput* e o § 2º deste artigo ou de possuir receita bruta decorrente de exportação para o exterior.

§ 4º Para as pessoas jurídicas que fabricam os produtos relacionados no art. 1º da Lei 11.529, de 22 de outubro de 2007, os percentuais de que tratam o *caput* e o § 2º deste artigo ficam reduzidos para 60% (sessenta por cento).

→ § 4º acrescentado pela Lei 11.774/2008.

§ 5º (*Revogado pela Lei 12.712/2012*).

Art. 14. No caso de venda ou de importação de máquinas, aparelhos, instrumentos e equipamentos, novos, fica suspensa a exigência:

I – da Contribuição para o PIS/Pasep e da Cofins incidentes sobre a receita bruta da venda no mercado interno, quando os referidos bens forem adquiridos por pessoa jurídica beneficiária do Recap para incorporação ao seu ativo imobilizado;

II – da Contribuição para o PIS/Pasep-Importação e da Cofins-Importação, quando os referidos bens forem importados diretamente por pessoa jurídica beneficiária do Recap para incorporação ao seu ativo imobilizado.

§ 1º O benefício de suspensão de que trata este artigo poderá ser usufruído nas aquisições e importações realizadas no período de 3 (três) anos contados da data de adesão ao Recap.

§ 2º O percentual de exportações de que tratam o *caput* e o § 2º do art. 13 desta Lei será apurado considerando-se a média obtida, a partir do ano-calendário subsequente ao do início de utilização dos bens adquiridos no âmbito do Recap, durante o período de:

I – 2 (dois) anos-calendário, no caso do *caput* do art. 13 desta Lei; ou

II – 3 (três) anos-calendário, no caso do § 2º do art. 13 desta Lei.

§ 3º O prazo de início de utilização a que se refere o § 2º deste artigo não poderá ser superior a 3 (três) anos.

§ 4º A pessoa jurídica que não incorporar o bem ao ativo imobilizado, revender o bem antes da conversão da alíquota a 0 (zero), na forma do § 8º deste artigo, ou não atender às demais condições de que trata o art. 13 desta Lei fica obrigada a recolher juros e multa de mora, na forma da lei, contados a partir da data da aquisição ou do registro da Declaração de Importação – DI, referentes às contribuições não pagas em decorrência da suspensão de que trata este artigo, na condição:

I – de contribuinte, em relação à Contribuição para o PIS/Pasep-Importação e à Cofins-Importação;

II – de responsável, em relação à Contribuição para o PIS/Pasep e à Cofins.

§ 5º Na hipótese de não ser efetuado o recolhimento na forma do § 4º deste artigo, caberá lançamento de ofício, com aplicação de juros e da multa de que trata o *caput* do art. 44 da Lei 9.430, de 27 de dezembro de 1996.

§ 6º Os juros e multa, de mora ou de ofício, de que trata este artigo serão exigidos:

I – isoladamente, na hipótese em que o contribuinte não alcançar o percentual de exportações de que tratam o *caput* e o § 2º do art. 13 desta Lei;

II – juntamente com as contribuições não pagas, nas hipóteses em que a pessoa jurídica não incorporar o bem ao ativo imobilizado, revender o bem antes da conversão da alíquota a 0 (zero), na forma do § 8º deste artigo, ou desatender as demais condições do art. 13 desta Lei.

§ 7º Nas notas fiscais relativas à venda de que trata o *caput* deste artigo deverá constar a expressão "Venda efetuada com suspensão da exigência da Contribuição para o PIS/Pasep e da Cofins", com a especificação do dispositivo legal correspondente.

§ 8º A suspensão de que trata este artigo converte-se em alíquota 0 (zero) após:

I – cumpridas as condições de que trata o *caput* do art. 13, observado o prazo a que se refere o inciso I do § 2º deste artigo;

II – cumpridas as condições de que trata o § 2º do art. 13 desta Lei, observado o prazo a que se refere o inciso II do § 2º deste artigo;

III – transcorrido o prazo de 18 (dezoito) meses, contado da data da aquisição, no caso do beneficiário de que trata o inciso II do § 3º do art. 13 desta Lei.

§ 9º A pessoa jurídica que efetuar o compromisso de que trata o § 2º do art. 13 desta Lei poderá, ainda, observadas as mesmas condições ali estabelecidas, utilizar o benefício de suspensão de que trata o art. 40 da Lei 10.865, de 30 de abril de 2004.

§ 10. Na hipótese de não atendimento do percentual de que tratam o *caput* e o § 2º do art. 13 desta Lei, a multa, de mora ou de ofício, a que se refere o § 4º deste artigo será aplicada sobre o valor das contribuições não recolhidas, proporcionalmente à diferença entre o percentual mínimo de exportações estabelecido e o efetivamente alcançado.

Art. 15. A adesão ao Recap fica condicionada à regularidade fiscal da pessoa jurídica em relação aos tributos e contribuições administrados pela Receita Federal do Brasil.

Art. 16. Os bens beneficiados pela suspensão da exigência de que trata o art. 14 desta Lei serão relacionados em regulamento.

Capítulo III
DOS INCENTIVOS À INOVAÇÃO TECNOLÓGICA

Art. 17. A pessoa jurídica poderá usufruir dos seguintes incentivos fiscais:

I – dedução, para efeito de apuração do lucro líquido, de valor correspondente à soma dos dispêndios realizados no período de apuração com pesquisa tecnológica e desenvolvimento de inovação tecnológica classificáveis como despesas operacionais pela legislação do Imposto sobre a Renda da Pessoa Jurídica – IRPJ ou como pagamento na forma prevista no § 2º deste artigo;

II – redução de 50% (cinquenta por cento) do Imposto sobre Produtos Industrializados – IPI incidente sobre equipamentos, máquinas, aparelhos e instrumentos, bem como os acessórios sobressalentes e ferramentas que acompanhem esses bens, destinados à pesquisa e ao desenvolvimento tecnológico;

III – depreciação integral, no próprio ano da aquisição, de máquinas, equipamentos, aparelhos e instrumentos, novos, destinados à utilização nas atividades de pesquisa tecnológica e desenvolvimento de inovação tecnológica, para efeito de apuração do IRPJ e da CSLL;

→ Inciso III com redação alterada pela Lei 11.774/2008.

IV – amortização acelerada, mediante dedução como custo ou despesa operacional, no período de apuração em que forem efetuados, dos dispêndios relativos à aquisição de bens intangíveis, vinculados exclusivamente às atividades de pesquisa tecnológica e desenvolvimento de inovação tecnológica, classificáveis no ativo diferido do beneficiário, para efeito de apuração do IRPJ;

V – (*Revogado pela Lei 12.350/2010*).

VI – redução a 0 (zero) da alíquota do imposto de renda retido na fonte nas remessas efetuadas para o exterior destinadas ao registro e manutenção de marcas, patentes e cultivares.

§ 1º Considera-se inovação tecnológica a concepção de novo produto ou processo de fabricação, bem como a agregação de novas funcionalidades ou características ao produto ou processo que implique melhorias incrementais e efetivo ganho de qualidade ou produtividade, resultando maior competitividade no mercado.

§ 2º O disposto no inciso I do *caput* deste artigo aplica-se também aos dispêndios com pesquisa tecnológica e desenvolvimento de inovação tecnológica contratados no País com universidade, instituição de pesquisa ou inventor independente de que trata o inciso IX do art. 2º da Lei 10.973, de 2 de dezembro de 2004, desde que a pessoa jurídica que efetuou o dispêndio fique com a responsabilidade, o risco empresarial, a gestão e o controle da utilização dos resultados dos dispêndios.

§ 3º Na hipótese de dispêndios com assistência técnica, científica ou assemelhados e de royalties por patentes industriais pagos a pessoa física ou jurídica no exterior, a dedutibilidade fica condicionada à observância do disposto nos arts. 52 e 71 da Lei 4.506, de 30 de novembro de 1964.

§ 4º Na apuração dos dispêndios realizados com pesquisa tecnológica e desenvolvimento de inovação tecnológica, não serão computados os montantes alocados como recursos não reembolsáveis por órgãos e entidades do Poder Público.

§ 5º (*Revogado pela Lei 12.350/2010*).

§ 6º A dedução de que trata o inciso I do *caput* deste artigo aplica-se para efeito de apuração da base de cálculo da Contribuição Social sobre o Lucro Líquido – CSLL.

§ 7º A pessoa jurídica beneficiária dos incentivos de que trata este artigo fica obrigada a prestar, em meio eletrônico, informações sobre os programas de pesquisa, desenvolvimento tecnológico e inovação, na forma estabelecida em regulamento.

§ 8º A quota de depreciação acelerada de que trata o inciso III do *caput* deste artigo constituirá exclusão do lucro líquido para fins de determinação do lucro real e será controlada em livro fiscal de apuração do lucro real.

§ 9º O total da depreciação acumulada, incluindo a contábil e a acelerada, não poderá ultrapassar o custo de aquisição do bem.

§ 10. A partir do período de apuração em que for atingido o limite de que trata o § 9º deste artigo, o valor da depreciação registrado na escrituração comercial deverá ser adicionado ao lucro líquido para efeito de determinação do lucro real.

§ 11. As disposições dos §§ 8º, 9º e 10 deste artigo aplicam-se também às quotas de amortização de que trata o inciso IV do *caput* deste artigo.

→ § 11 acrescentado pela Lei 11.487/2007.

Art. 18. Poderão ser deduzidas como despesas operacionais, na forma do inciso I do *caput* do art. 17 desta Lei e de seu § 6º, as importâncias transferidas a microempresas e empresas de pequeno porte de que trata a Lei 9.841, de 5 de outubro de 1999, destinadas à execução de pesquisa tecnológica e de desenvolvimento de inovação tecnológica de interesse e por conta e ordem da pessoa jurídica que promoveu a transferência, ainda que a pessoa jurídica recebedora dessas importâncias venha a ter participação no resultado econômico do produto resultante.

§ 1º O disposto neste artigo aplica-se às transferências de recursos efetuadas para inventor independente de que trata o inciso IX do art. 2º da Lei 10.973, de 2 de dezembro de 2004.

§ 2º Não constituem receita das microempresas e empresas de pequeno porte, nem rendimento do inventor independente, as importâncias recebidas na forma do *caput* deste artigo, desde que utilizadas integralmente na realização da pesquisa ou desenvolvimento de inovação tecnológica.

§ 3º Na hipótese do § 2º deste artigo, para as microempresas e empresas de pequeno porte de que trata o *caput* deste artigo que apuram o imposto de renda com base no lucro real, os dispêndios efetuados com a execução de pesquisa tecnológica e desenvolvimento de inovação tecnológica não serão dedutíveis na apuração do lucro real e da base de cálculo da CSLL.

Art. 19. Sem prejuízo do disposto no art. 17 desta Lei, a partir do ano-calendário de 2006, a pessoa jurídica poderá excluir do lucro líquido, na determinação do lucro real e da base de cálculo da CSLL, o valor correspondente a até 60% (sessenta por cento) da soma dos dispêndios realizados no período de apuração com pesquisa tecnológica e desenvolvimento de inovação tecnológica, classificáveis como despesa pela legislação do IRPJ, na forma do inciso I do *caput* do art. 17 desta Lei.

§ 1º A exclusão de que trata o *caput* deste artigo poderá chegar a até 80% (oitenta por cento) dos dispêndios em função do número de empregados pesquisadores contratados pela pessoa jurídica, na forma a ser definida em regulamento.

§ 2º Na hipótese de pessoa jurídica que se dedica exclusivamente à pesquisa e desenvolvimento tecnológico, poderão também ser considerados, na forma do regulamento, os sócios que exerçam atividade de pesquisa.

§ 3º Sem prejuízo do disposto no *caput* e no § 1º deste artigo, a pessoa jurídica poderá excluir do lucro líquido, na determinação do lucro real e da base de cálculo da CSLL, o valor correspondente a até 20% (vinte por cento) da soma dos dispêndios ou pagamentos vinculados à pesquisa tecnológica e desenvolvimento de inovação tecnológica objeto de patente concedida ou cultivar registrado.

§ 4º Para fins do disposto no § 3º deste artigo, os dispêndios e pagamentos serão registrados em livro fiscal de apuração do lucro real e excluídos no período de apuração da concessão da patente ou do registro do cultivar.

§ 5º A exclusão de que trata este artigo fica limitada ao valor do lucro real e da base de cálculo da CSLL antes da própria exclusão, vedado o aproveitamento de eventual excesso em período de apuração posterior.

§ 6º O disposto no § 5º deste artigo não se aplica à pessoa jurídica referida no § 2º deste artigo.

Art. 19-A. A pessoa jurídica poderá excluir do lucro líquido, para efeito de apuração do lucro real e da base de cálculo da Contribuição Social sobre o Lucro Líquido (CSLL), os dispêndios efetivados em projeto de pesquisa científica e tecnológica e de inovação tecnológica a ser executado por Instituição Científica e Tecnológica (ICT), a que se refere o inciso V do *caput* do art. 2º da Lei 10.973, de 2 de dezembro de 2004, ou por entidades científicas e tecnológicas privadas, sem fins lucrativos, conforme regulamento.

→ *Caput* com redação alterada pela Lei 12.546/2011.

§ 1º A exclusão de que trata o *caput* deste artigo:

→ § 1º acrescentado pela Lei 11.487/2007.

I – corresponderá, à opção da pessoa jurídica, a no mínimo a metade e no máximo duas vezes e meia o valor dos dispêndios efetuados, observado o disposto nos §§ 6º, 7º e 8º deste artigo;

II – deverá ser realizada no período de apuração em que os recursos forem efetivamente despendidos;

III – fica limitada ao valor do lucro real e da base de cálculo da CSLL antes da própria exclusão, vedado o aproveitamento de eventual excesso em período de apuração posterior.

§ 2º O disposto no *caput* deste artigo somente se aplica às pessoas jurídicas sujeitas ao regime de tributação com base no lucro real.

→ § 2º acrescentado pela Lei 11.487/2007.

§ 3º Deverão ser adicionados na apuração do lucro real e da base de cálculo da CSLL os dispêndios de que trata o *caput* deste artigo, registrados como despesa ou custo operacional.

→ § 3º acrescentado pela Lei 11.487/2007.

§ 4º As adições de que trata o § 3º deste artigo serão proporcionais ao valor das exclusões referidas no § 1º deste artigo, quando estas forem inferiores a 100% (cem por cento).

→ § 4º acrescentado pela Lei 11.487/2007.

§ 5º Os valores dos dispêndios serão creditados em conta corrente bancária mantida em instituição financeira oficial federal, aberta diretamente em nome da ICT, vinculada à execução do projeto e movimentada para esse único fim.

→ § 5º acrescentado pela Lei 11.487/2007.

§ 6º A participação da pessoa jurídica na titularidade dos direitos sobre a criação e a propriedade industrial e intelectual gerada por um projeto corresponderá à razão entre a diferença do valor despendido pela pessoa jurídica o do valor do efetivo benefício fiscal utilizado, de um lado, e o valor total do projeto, de outro, cabendo à ICT a parte remanescente.

→ § 6º acrescentado pela Lei 11.487/2007.

§ 7º A transferência de tecnologia, o licenciamento para outorga de direitos de uso e a exploração ou a prestação de serviços podem ser objeto de contrato entre a pessoa jurídica e a ICT, na forma da legislação, observados os direitos de cada parte, nos termos dos §§ 6º e 8º, ambos deste artigo.

→ § 7º acrescentado pela Lei 11.487/2007.

§ 8º Somente poderão receber recursos na forma do *caput* deste artigo projetos apresentados pela ICT previamente aprovados por comitê permanente de acompanhamento de ações de pesquisa científica e tecnológica e de inovação tecnológica, constituído por representantes do Ministério da Ciência e Tecnologia, do Ministério do Desenvolvimento, Indústria e Comércio Exterior e do Ministério da Educação, na forma do regulamento.

→ § 8º acrescentado pela Lei 11.487/2007.

§ 9º O recurso recebido na forma do *caput* deste artigo constitui receita própria da ICT beneficiária, para todos os efeitos legais, conforme disposto no art. 18 da Lei 10.973, de 2 de dezembro de 2004.

→ § 9º acrescentado pela Lei 11.487/2007.

§ 10. Aplica-se ao disposto neste artigo, no que couber, a Lei 10.973, de 2 de dezembro de 2004, especialmente os seus arts. 6º a 18.

→ § 10 acrescentado pela Lei 11.487/2007.

§ 11. O incentivo fiscal de que trata este artigo não pode ser cumulado com o regime de incentivos fiscais à pesquisa tecnológica e à inovação tecnológica, previsto nos arts. 17 e 19 desta Lei, nem com a dedução a que se refere o inciso II do § 2º do art. 13 da Lei no 9.249, de 26 de dezembro de 1995, relativamente a projetos desenvolvidos pela ICT com recursos despendidos na forma do *caput* deste artigo.

→ § 11 acrescentado pela Lei 11.487/2007.

§ 12. O Poder Executivo regulamentará este artigo.

→ § 12 acrescentado pela Lei 11.487/2007.

Art. 20. Para fins do disposto neste Capítulo, os valores relativos aos dispêndios incorridos em instalações fixas e na aquisição de aparelhos, máquinas e equipamentos, destinados à utilização em projetos de pesquisa e desenvolvimento tecnológico, metrologia, normalização técnica e avaliação da conformidade, aplicáveis a produtos, processos, sistemas e pessoal, procedimentos de autorização de registros, licenças, homologações e suas formas correlatas, bem como relativos a procedimentos de proteção de propriedade intelectual, poderão ser depreciados ou amortizados na forma da legislação vigente, podendo o saldo não depreciado ou não amortizado ser excluído na determinação do lucro real, no período de apuração em que for concluída sua utilização.

§ 1º O valor do saldo excluído na forma do *caput* deste artigo deverá ser controlado em livro fiscal de apuração do lucro real e será adicionado, na determinação do lucro real, em cada período de apuração posterior, pelo valor da depreciação ou amortização normal que venha a ser contabilizada como despesa operacional.

§ 2º A pessoa jurídica beneficiária de depreciação ou amortização acelerada nos termos dos incisos III e IV do *caput* do art. 17 desta Lei não poderá utilizar-se do benefício de que trata o *caput* deste artigo relativamente aos mesmos ativos.

§ 3º A depreciação ou amortização acelerada de que tratam os incisos III e IV do *caput* do art. 17 desta Lei bem como a exclusão do saldo não depreciado ou não amortizado na forma do *caput* deste artigo não se aplicam para efeito de apuração da base de cálculo da CSLL.

Art. 21. A União, por intermédio das agências de fomento de ciências e tecnologia, poderá subvencionar o valor da remuneração de pesquisadores, titulados como mestres ou doutores, empregados em atividades de inovação tecnológica em empresas localizadas no território brasileiro, na forma do regulamento.

Parágrafo único. O valor da subvenção de que trata o *caput* deste artigo será de:

I – até 60% (sessenta por cento) para as pessoas jurídicas nas áreas de atuação das extintas Sudene e Sudam;

II – até 40% (quarenta por cento), nas demais regiões.

Art. 22. Os dispêndios e pagamentos de que tratam os arts. 17 a 20 desta Lei:

I – serão controlados contabilmente em contas específicas; e

II – somente poderão ser deduzidos se pagos a pessoas físicas ou jurídicas residentes e domiciliadas no País, ressalvados os mencionados nos incisos V e VI do *caput* do art. 17 desta Lei.

Art. 23. O gozo dos benefícios fiscais e da subvenção de que tratam os arts. 17 a 21 desta Lei fica condicionado à comprovação da regularidade fiscal da pessoa jurídica.

Art. 24. O descumprimento de qualquer obrigação assumida para obtenção dos incentivos de que tratam os arts. 17 a 22 desta Lei bem como a utilização indevida dos incentivos fiscais neles referidos implicam perda do direito aos incentivos ainda não utilizados e o recolhimento do valor correspondente aos tributos não pagos em decorrência dos incentivos já utilizados, acrescidos de juros e multa, de mora ou de ofício, previstos na legislação tributária, sem prejuízo das sanções penais cabíveis.

Art. 25. Os Programas de Desenvolvimento Tecnológico Industrial – PDTI e Programas de Desenvolvimento Tecnológico Agropecuário – PDTA e os projetos aprovados até 31 de dezembro de 2005 ficarão regidos pela legislação em vigor na data da publicação da Medida Provisória 252, de 15 de junho de 2005, autorizada a migração para o regime previsto nesta Lei, conforme disciplinado em regulamento.

Art. 26. O disposto neste Capítulo não se aplica às pessoas jurídicas que utilizarem os benefícios de que tratam as Leis 8.248, de 23 de outubro de 1991, 8.387, de 30 de dezembro de 1991, e 10.176, de 11 de janeiro de 2001, observado o art. 27 desta Lei.

§ 1º A pessoa jurídica de que trata o *caput* deste artigo, relativamente às atividades de informática e automação, poderá deduzir, para efeito de apuração do lucro real e da base de cálculo da CSLL, o valor correspondente a até 160% (cento e sessenta por cento) dos dispêndios realizados no período de apuração com pesquisa tecnológica e desenvolvimento de inovação tecnológica.

→ § 1º acrescentado pela Lei 11.774/2008.

§ 2º A dedução de que trata o § 1º deste artigo poderá chegar a até 180% (cento e oitenta por cento) dos dispêndios em função do número de empregados pesquisadores contratados pela pessoa jurídica, na forma a ser definida em regulamento.

→ § 2º acrescentado pela Lei 11.774/2008.

§ 3º A partir do período de apuração em que ocorrer a dedução de que trata o § 1º deste artigo, o valor da depreciação ou amortização relativo aos dispêndios, conforme o caso, registrado na escrituração comercial deverá ser adicionado ao lucro líquido para efeito de determinação do lucro real.

→ § 3º acrescentado pela Lei 11.774/2008.

§ 4º A pessoa jurídica de que trata o *caput* deste artigo que exercer outras atividades além daquelas que geraram os benefícios ali referidos poderá usufruir, em relação a essas atividades, os benefícios de que trata este Capítulo.

→ § 4º acrescentado pela Lei 11.774/2008.

Art. 27. (*Vetado*).

Capítulo IV
DO PROGRAMA DE INCLUSÃO DIGITAL

Art. 28. Para os fatos geradores ocorridos a partir de 1º de janeiro de 2016, serão aplicadas na forma do art. 28-A desta Lei as alíquotas da Contribuição para PIS/Pasep e da Cofins incidentes sobre a receita bruta de venda a varejo dos seguintes produtos:

→ *Caput* com redação alterada pela Lei 13.241/2015.

I – unidades de processamento digital classificados no código 8471.50.10 da Tabela de Incidência do Imposto sobre Produtos Industrializados – TIPI;

→ Inciso I com redação alterada pela Lei 13.241/2015.

II – máquinas automáticas para processamento de dados, digitais, portáteis, de peso inferior a três quilos e meio, com tela (écran) de área superior a cento e quarenta centímetros quadrados, classificadas nos códigos 8471.30.12, 8471.30.19 ou 8471.30.90 da Tipi;

→ Inciso II com redação alterada pela Lei 13.241/2015.

III – máquinas automáticas de processamento de dados, apresentadas sob a forma de sistemas, do código 8471.49 da Tipi, contendo exclusivamente uma unidade de processamento digital, uma unidade de saída por vídeo (monitor), um teclado (unidade de entrada), um mouse (unidade de entrada), classificados, respectivamente, nos códigos 8471.50.10, 8471.60.7, 8471.60.52 e 8471.60.53 da Tipi;

→ Inciso III com redação alterada pela Lei 13.241/2015.

IV – teclado (unidade de entrada) e de mouse (unidade de entrada) classificados, respectivamente, nos códigos 8471.60.52 e 8471.60.53 da Tipi, quando acompanharem a unidade de processamento digital classificada no código 8471.50.10 da Tipi;

→ Inciso IV com redação alterada pela Lei 13.241/2015.

V – modems, classificados nas posições 8517.62.55, 8517.62.62 ou 8517.62.72 da Tipi;

→ Inciso V com redação alterada pela Lei 13.241/2015.

VI – máquinas automáticas de processamento de dados, portáteis, sem teclado, que tenham uma unidade central de processamento com entrada e saída de dados por meio de uma tela sensível ao toque de área superior a cento e quarenta centímetros quadrados e inferior a seiscentos centímetros quadrados e que não possuem função de comando remoto (tablet PC) classificadas na subposição 8471.41 da Tipi;

→ Inciso VI com redação alterada pela Lei 13.241/2015.

VII – telefones portáteis de redes celulares que possibilitem o acesso à internet em alta velocidade do tipo smartphone classificados na posição 8517.12.31 da Tipi;

→ Inciso VII com redação alterada pela Lei 13.241/2015.

VIII – equipamentos terminais de clientes (roteadores digitais) classificados nas posições 8517.62.41 e 8517.62.77 da Tipi.

→ Inciso VIII com redação alterada pela Lei 13.241/2015.

§ 1º Os produtos de que trata este artigo atenderão aos termos e condições estabelecidos em regulamento, inclusive quanto ao valor e especificações técnicas.

→ § 1º com redação alterada pela Lei 13.241/2015.

§ 2º O disposto neste artigo aplica-se também às aquisições realizadas por pessoas jurídicas de direito privado ou por órgãos e entidades da Administração Pública Federal, Estadual ou Municipal e do Distrito Federal, direta ou indireta, às fundações instituídas e mantidas pelo Poder Público e às demais organizações sob o controle direto ou indireto da União, dos Estados, dos Municípios ou do Distrito Federal.

§ 3º O disposto no *caput* deste artigo aplica-se igualmente nas vendas efetuadas às sociedades de arrendamento mercantil leasing.

§ 4º Nas notas fiscais emitidas pelo produtor, pelo atacadista e pelo varejista relativas à venda dos produtos de que tratam os incisos I, II, III e VI do *caput*, deverá constar a expressão "Produto fabricado conforme processo produtivo básico", com a especificação do ato que aprova o processo produtivo básico respectivo.

→ § 4º com redação alterada pela Lei 12.715/2012.

§ 5º As aquisições de máquinas automáticas de processamento de dados, nos termos do inciso III do *caput*, realizadas por órgãos e entidades da administração pública federal, estadual ou municipal e do Distrito Federal, direta ou indireta, às fundações instituídas e mantidas pelo poder público e às demais organizações sob o controle direto ou indireto da União, dos Estados e dos Municípios ou do Distrito Federal, poderão estar acompanhadas de mais de uma unidade de saída por vídeo (monitor), mais de um teclado (unidade de entrada), e mais de um mouse (unidade de entrada).

→ § 5º acrescentado pela Lei 12.715/2012.

§ 6º O disposto no § 5º será regulamentado pelo Poder Executivo, inclusive no que se refere à quantidade de vídeos, teclados e mouses que poderão ser adquiridos com benefício.

→ § 6º acrescentado pela Lei 12.715/2012.

Art. 28-A. As alíquotas da Cofins e da Contribuição para o PIS/Pasep, em relação aos produtos previstos no art. 28 desta Lei, serão aplicadas da seguinte maneira:

→ Artigo acrescentado pela Lei 13.241/2015.

I – integralmente, para os fatos geradores ocorridos até 31 de dezembro de 2016;

II – (*Vetado*);

III – (*Vetado*).

Art. 29. Nas vendas efetuadas na forma dos arts. 28 e 28-A desta Lei não se aplica a retenção na fonte da Contribuição para o PIS/Pasep e da Cofins a que se referem o art. 64 da Lei *nº* 9.430, de 27 de dezembro de 1996, e o art. 34 da Lei *nº* 10.833, de 29 de dezembro de 2003.

→ Artigo com redação alterada pela Lei 13.241/2015.

Art. 30. As disposições dos arts. 28 e 29 desta.

I – não se aplicam às vendas efetuadas por empresas optantes pelo Simples;

II – (*Revogado pela Lei 13.241/1941*).

Capítulo V
DOS INCENTIVOS ÀS MICRORREGIÕES NAS ÁREAS DE ATUAÇÃO DAS EXTINTAS SUDENE E SUDAM

Art. 31. Sem prejuízo das demais normas em vigor aplicáveis à matéria, para bens adquiridos a partir do ano-calendário de 2006 e até 31 de dezembro de 2018, as pessoas jurídicas que tenham projeto aprovado para instalação, ampliação, modernização ou diversificação enquadrado em setores da economia considerados prioritários para o desenvolvimento regional, em microrregiões menos desenvolvidas localizadas nas áreas de atuação das extintas Sudene e Sudam, terão direito:

→ *Caput* com redação alterada pela Lei 12.712/2012.

I – à depreciação acelerada incentivada, para efeito de cálculo do imposto sobre a renda;

II – ao desconto, no prazo de 12 (doze) meses contado da aquisição, dos créditos da Contribuição para o PIS/Pasep e da Cofins de que tratam o inciso III do § 1° do art. 3° da Lei no 10.637, de 30 de dezembro de 2002, o inciso III do § 1° do art. 3° da Lei 10.833, de 29 de dezembro de 2003, e o § 4° do art. 15 da Lei 10.865, de 30 de abril de 2004, na hipótese de aquisição de máquinas, aparelhos, instrumentos e equipamentos, novos, relacionados em regulamento, destinados à incorporação ao seu ativo imobilizado.

§ 1° As microrregiões alcançadas bem como os limites e condições para fruição do benefício referido neste artigo serão definidos em regulamento.

§ 2° A fruição desse benefício fica condicionada à fruição do benefício de que trata o art. 1° da Medida Provisória 2.199-14, de 24 de agosto de 2001.

§ 3° A depreciação acelerada incentivada de que trata o *caput* deste artigo consiste na depreciação integral, no próprio ano da aquisição ou até o 4° (quarto) ano subsequente à aquisição.

→ Artigo com redação alterada pela Lei 12.712/2012.

§ 4° A quota de depreciação acelerada, correspondente ao benefício, constituirá exclusão do lucro líquido para fins de determinação do lucro real e será escriturada no livro fiscal de apuração do lucro real.

§ 5° O total da depreciação acumulada, incluindo a normal e a acelerada, não poderá ultrapassar o custo de aquisição do bem.

§ 6° A partir do período de apuração em que for atingido o limite de que trata o § 5° deste artigo, o valor da depreciação normal, registrado na escrituração comercial, será adicionado ao lucro líquido para efeito de determinação do lucro real.

§ 7° Os créditos de que trata o inciso II do *caput* deste artigo serão apurados mediante a aplicação, a cada mês, das alíquotas referidas no *caput* do art. 2° da Lei 10.637, de 30 de dezembro de 2002, e no *caput* do art. 2°da Lei 10.833, de 29 de dezembro de 2003, sobre o valor correspondente a 1/12 (um doze avos) do custo de aquisição do bem.

§ 8° Salvo autorização expressa em lei, os benefícios fiscais de que trata este artigo não poderão ser usufruídos cumulativamente com outros de mesma natureza.

Art. 32. O art. 1° da Medida Provisória 2.199-14, de 24 de agosto de 2001, passa a vigorar com a seguinte redação:

"Art. 1° Sem prejuízo das demais normas em vigor aplicáveis à matéria, a partir do ano-calendário de 2000, as pessoas jurídicas que tenham projeto protocolizado e aprovado até 31 de dezembro de 2013 para instalação, ampliação, modernização ou diversificação enquadrado em setores da economia considerados, em ato do Poder Executivo, prioritários para o desenvolvimento regional, nas áreas de atuação das extintas Superintendência de Desenvolvimento do Nordeste – Sudene e Superintendência de Desenvolvimento da Amazônia – Sudam, terão direito à redução de 75% (setenta e cinco por cento) do imposto sobre a renda e adicionais, calculados com base no lucro da exploração.

§ 1° A fruição do benefício fiscal referido no *caput* deste artigo dar-se-á a partir do ano-calendário subsequente àquele em que o projeto de instalação, ampliação, modernização ou diversificação entrar em operação, segundo laudo expedido pelo Ministério da Integração Nacional até o último dia útil do mês de março do ano-calendário subsequente ao do início da operação.

(...)

§ 3° O prazo de fruição do benefício fiscal será de 10 (dez) anos, contado a partir do ano-calendário de início de sua fruição.

(...)"

Capítulo VI
DO SISTEMA INTEGRADO DE PAGAMENTO DE IMPOSTOS E CONTRIBUIÇÕES DAS MICROEMPRESAS E DAS EMPRESAS DE PEQUENO PORTE - SIMPLES

Art. 33. Os arts. 2° e 15 da Lei 9.317, de 5 de dezembro de 1996, passam a vigorar com a seguinte redação:

"Art. 2° (...)

I – microempresa a pessoa jurídica que tenha auferido, no ano-calendário, receita bruta igual ou inferior a R$ 240.000,00 (duzentos e quarenta mil reais);

II – empresa de pequeno porte a pessoa jurídica que tenha auferido, no ano-calendário, receita bruta superior a R$ 240.000,00 (duzentos e quarenta mil reais) e igual ou inferior a R$ 2.400.000,00 (dois milhões e quatrocentos mil reais).

(...)"

"Art. 15. (...)

(...)

II – a partir do mês subsequente ao que for incorrida a situação excludente, nas hipóteses de que tratam os incisos III a XIV e XVII a XIX do *caput* do art. 9° desta Lei;

(...)

VI – a partir do ano-calendário subsequente ao da ciência do ato declaratório de exclusão, nos casos dos incisos XV e XVI do *caput* do art. 9° desta Lei.

(...)

§ 5° Na hipótese do inciso VI do *caput* deste artigo, será permitida a permanência da pessoa jurídica como optante pelo Simples mediante a comprovação, na unidade da Receita Federal do Brasil com jurisdição sobre o seu domicílio fiscal, da quitação do débito inscrito no prazo de até 30 (trinta) dias contado a partir da ciência do ato declaratório de exclusão."

Capítulo VII
DO IMPOSTO DE RENDA DA PESSOA JURÍDICA - IRPJ E DA CONTRIBUIÇÃO SOCIAL SOBRE O LUCRO LÍQUIDO - CSLL

Art. 34. Os arts. 15 e 20 da Lei 9.249, de 26 de dezembro de 1995, passam a vigorar com a seguinte redação:

→ Alterações efetuadas na referida Lei.

Art. 35. O *caput* do art. 1° da Lei 11.051, de 29 de dezembro de 2004, passa a vigorar com a seguinte redação:

→ Alteração efetuada na referida Lei.

Art. 36. Fica o Ministro da Fazenda autorizado a instituir, por prazo certo, mecanismo de ajuste para fins de determinação de preços de transferência, relativamente ao que dispõe o *caput* do art. 19 da Lei 9.430, de 27 de dezembro de 1996, bem como aos métodos de cálculo que especificar, aplicáveis à exportação, de forma a reduzir impactos relativos à apreciação da moeda nacional em relação a outras moedas.

Parágrafo único. O Secretário-Geral da Receita Federal do Brasil poderá determinar a aplicação do mecanismo de ajuste de que trata o *caput* deste artigo às hipóteses referidas no art. 45 da Lei 10.833, de 29 de dezembro de 2003.

Art. 37. A diferença entre o valor do encargo decorrente das taxas anuais de depreciação fixadas pela Receita Federal do Brasil e o valor do encargo contabilizado decorrente das taxas anuais de depreciação fixadas pela legislação específica aplicável aos bens do ativo imobilizado, exceto terrenos, adquiridos ou construídos por empresas concessionárias, permissionárias e autorizadas de geração de energia elétrica, poderá ser excluída do lucro líquido para a apuração do lucro real e da base de cálculo da CSLL.

§ 1° O disposto no *caput* deste artigo aplica-se somente aos bens novos adquiridos ou construídos destinados a empreendimentos cuja concessão, permissão ou autorização tenha sido outorgada a partir da data da publicação desta Lei até 31 de dezembro de 2018.

→ § 1° com redação alterada pela Lei 12.865/2013.

§ 2° A diferença entre os valores dos encargos de que trata o *caput* deste artigo será controlada no livro fiscal destinado à apuração do lucro real.

§ 3° O total da depreciação acumulada, incluindo a contábil e a fiscal, não poderá ultrapassar o custo do bem depreciado.

§ 4° A partir do período de apuração em que for atingido o limite de que trata o § 3° deste artigo, o valor da depreciação registrado na escrituração comercial será adicionado ao lucro líquido, para efeito da determinação do lucro real e da base de cálculo da CSLL, com a concomitante baixa na conta de controle do livro fiscal de apuração do lucro real.

§ 5° O disposto neste artigo produz apenas efeitos fiscais, não altera as atribuições e competências fixadas na legislação para a atuação da Agência Nacional de Energia Elétrica – ANEEL e não poderá repercutir, direta ou indiretamente, no aumento de preços e tarifas de energia elétrica.

Capítulo VIII
DO IMPOSTO DE RENDA DA PESSOA FÍSICA – IRPF

Art. 38. O art. 22 da Lei 9.250, de 26 de dezembro de 1995, passa a vigorar com a seguinte redação:

→ Alterações efetuadas na referida Lei.

Art. 39. Fica isento do imposto de renda o ganho auferido por pessoa física residente no País na venda de imóveis residenciais, desde que o alienante, no prazo de 180 (cento e oitenta) dias contado da celebração do contrato, aplique o produto da venda na aquisição de imóveis residenciais localizados no País.

§ 1º No caso de venda de mais de 1 (um) imóvel, o prazo referido neste artigo será contado a partir da data de celebração do contrato relativo à 1a (primeira) operação.

§ 2º A aplicação parcial do produto da venda implicará tributação do ganho proporcionalmente ao valor da parcela não aplicada.

§ 3º No caso de aquisição de mais de um imóvel, a isenção de que trata este artigo aplicar-se-á ao ganho de capital correspondente apenas à parcela empregada na aquisição de imóveis residenciais.

§ 4º A inobservância das condições estabelecidas neste artigo importará em exigência do imposto com base no ganho de capital, acrescido de:

I – juros de mora, calculados a partir do 2º (segundo) mês subsequente ao do recebimento do valor ou de parcela do valor do imóvel vendido; e

II – multa, de mora ou de ofício, calculada a partir do 2º (segundo) mês seguinte ao do recebimento do valor ou de parcela do valor do imóvel vendido, se o imposto não for pago até 30 (trinta) dias após o prazo de que trata o *caput* deste artigo.

§ 5º O contribuinte somente poderá usufruir do benefício de que trata este artigo 1 (uma) vez a cada 5 (cinco) anos.

Art. 40. Para a apuração da base de cálculo do imposto sobre a renda incidente sobre o ganho de capital por ocasião da alienação, a qualquer título, de bens imóveis realizada por pessoa física residente no País, serão aplicados fatores de redução (FR1 e FR2) do ganho de capital apurado.

§ 1º A base de cálculo do imposto corresponderá à multiplicação do ganho de capital pelos fatores de redução, que serão determinados pelas seguintes fórmulas:

I – FR1 = 1/1,0060m1, onde "m1" corresponde ao número de meses-calendário ou fração decorridos entre a data de aquisição do imóvel e o mês da publicação desta Lei, inclusive na hipótese de a alienação ocorrer no referido mês;

II – FR2 = 1/1,0035m2, onde "m2" corresponde ao número de meses-calendário ou fração decorridos entre o mês seguinte ao da publicação desta Lei ou o mês da aquisição do imóvel, se posterior, e o de sua alienação.

§ 2º Na hipótese de imóveis adquiridos até 31 de dezembro de 1995, o fator de redução de que trata o inciso I do § 1º deste artigo será aplicado a partir de 1º de janeiro de 1996, sem prejuízo do disposto no art. 18 da Lei 7.713, de 22 de dezembro de 1988.

CAPÍTULO IX
DA CONTRIBUIÇÃO PARA O PIS/PASEP E DA COFINS

Art. 41. O § 8º do art. 3º da Lei 9.718, de 27 de novembro de 1998, passa a vigorar acrescido do seguinte inciso III:

→ Alteração efetuada na referida Lei.

Art. 42. O art. 3º da Lei 10.485, de 3 de julho de 2002, passa a vigorar com a seguinte redação:

"Art. 3º (...)

(...)

§ 3º Estão sujeitos à retenção na fonte da Contribuição para o PIS/Pasep e da Cofins os pagamentos referentes à aquisição de autopeças constantes dos Anexos I e II desta Lei, exceto pneumáticos, quando efetuados por pessoa jurídica fabricante:

I – de peças, componentes ou conjuntos destinados aos produtos relacionados no art. 1º desta Lei;

II – de produtos relacionados no art. 1º desta Lei.

§ 4º O valor a ser retido na forma do § 3º deste artigo constitui antecipação das contribuições devidas pelas pessoas jurídicas fornecedoras e será determinado mediante a aplicação, sobre a importância a pagar, do percentual de 0,1% (um décimo por cento) para a Contribuição para o PIS/Pasep e 0,5% (cinco décimos por cento) para a Cofins.

§ 5º O valor retido na quinzena deverá ser recolhido até o último dia útil da quinzena subsequente àquela em que tiver ocorrido o pagamento.

(...)

§ 7º A retenção na fonte de que trata o § 3º deste artigo:

I – não se aplica no caso de pagamento efetuado a pessoa jurídica optante pelo Sistema Integrado de Pagamento de Impostos e Contribuições das Microempresas e das Empresas de Pequeno Porte – Simples e a comerciante atacadista ou varejista;

II – alcança também os pagamentos efetuados por serviço de industrialização no caso de industrialização por encomenda."

Art. 43. Os arts. 2º, 3º, 10 e 15 da Lei 10.833, de 29 de dezembro de 2003, passam a vigorar com a seguinte redação:

→ Alterações efetuadas na referida Lei.

Art. 44. Os arts. 7º, 8º, 15, 28 e 40 da Lei 10.865, de 30 de abril de 2004, passam a vigorar com a seguinte redação:

→ Alterações efetuadas na referida Lei.

Art. 45. O art. 3º da Lei 10.637, de 30 de dezembro de 2002, passa a vigorar com a seguinte redação:

→ Alterações efetuadas na referida Lei.

Art. 46. Os arts. 2º, 10 e 30 da Lei 11.051, de 29 de dezembro de 2004, passam a vigorar com a seguinte redação:

→ Alterações efetuadas na referida Lei.

Art. 47. Fica vedada a utilização do crédito de que tratam o inciso II do *caput* do art. 3º da Lei 10.637, de 30 de dezembro de 2002, e o inciso II do *caput* do art. 3º da Lei 10.833, de 29 de dezembro de 2003, nas aquisições de desperdícios, resíduos ou aparas de plástico, de papel ou cartão, de vidro, de ferro ou aço, de cobre, de níquel, de alumínio, de chumbo, de zinco e de estanho, classificados respectivamente nas posições 39.15, 47.07, 70.01, 72.04, 74.04, 75.03, 76.02, 78.02, 79.02 e 80.02 da Tabela de Incidência do Imposto sobre Produtos Industrializados – TIPI, e demais desperdícios e resíduos metálicos do Capítulo 81 da Tipi.

Art. 48. A incidência da Contribuição para o PIS/Pasep e da Cofins fica suspensa no caso de venda de desperdícios, resíduos ou aparas de que trata o art. 47 desta Lei, para pessoa jurídica que apure o imposto de renda com base no lucro real.

Parágrafo único. A suspensão de que trata o *caput* deste artigo não se aplica às vendas efetuadas por pessoa jurídica optante pelo Simples.

Art. 49. Fica suspensa a exigência da Contribuição para o PIS/Pasep e da Cofins incidentes sobre a receita auferida por fabricante na venda a empresa sediada no exterior para entrega em território nacional de material de embalagem a ser totalmente utilizado no acondicionamento de mercadoria destinada à exportação para o exterior.

§ 1º A suspensão de que trata o *caput* deste artigo converte-se em alíquota 0 (zero) após a exportação da mercadoria acondicionada.

§ 2º Nas notas fiscais relativas às vendas com suspensão de que trata o *caput* deste artigo deverá constar a expressão "Saída com suspensão da exigência da Contribuição para o PIS/Pasep e da Cofins", com a especificação do dispositivo legal correspondente.

§ 3º O benefício de que trata este artigo somente poderá ser usufruído após atendidos os termos e condições estabelecidos em regulamento do Poder Executivo.

§ 4º A pessoa jurídica que, no prazo de 180 (cento e oitenta) dias, contado da data em que se realizou a operação de venda, não houver efetuado a exportação para o exterior das mercadorias acondicionadas com o material de embalagem recebido com suspensão da exigência da Contribuição para o PIS/Pasep e da Cofins fica obrigada ao recolhimento dessas contribuições, acrescidas de juros e multa de mora, na forma da lei, contados a partir da referida data de venda, na condição de responsável.

§ 5º Na hipótese de não ser efetuado o recolhimento na forma do § 4º deste artigo, caberá lançamento de ofício, com aplicação de juros e da multa de que trata o *caput* do art. 44 da Lei 9.430, de 27 de dezembro de 1996.

§ 6º Nas hipóteses de que tratam os §§ 4º e 5º deste artigo, a pessoa jurídica fabricante do material de embalagem será responsável solidária com a pessoa jurídica destinatária desses produtos pelo pagamento das contribuições devidas e respectivos acréscimos legais.

Art. 50. A suspensão de que trata o § 1º do art. 14 da Lei 10.865, de 30 de abril de 2004, aplica-se também nas importações de máquinas, aparelhos, instrumentos e equipamentos, novos, para incorporação ao ativo imobilizado da pessoa jurídica importadora.

§ 1º A suspensão de que trata o *caput* deste artigo converte-se em alíquota 0 (zero) após decorridos 18 (dezoito) meses da incorporação do bem ao ativo imobilizado da pessoa jurídica importadora.

§ 2º A pessoa jurídica importadora que não incorporar o bem ao seu ativo imobilizado ou revender o bem antes do prazo de que trata o § 1º deste artigo recolherá a Contribuição para o PIS/Pasep-Importação e a Cofins-Importação, acrescidas de juros e multa de mora, na forma da lei, contados a partir do registro da Declaração de Importação.

§ 3º Na hipótese de não ser efetuado o recolhimento na forma do § 2º deste artigo, caberá lançamento de ofício das contribuições, acrescidas de juros e da multa de que trata o *caput* do art. 44 da Lei 9.430, de 27 de dezembro de 1996.

§ 4º As máquinas, aparelhos, instrumentos e equipamentos beneficiados pela suspensão da exigência das contribuições na forma deste artigo serão relacionados em regulamento.

Art. 51. O *caput* do art. 1º da Lei 10.925, de 23 de julho de 2004, passa a vigorar acrescido dos seguintes incisos:

→ Alterações efetuadas na referida Lei.

Arts. 52 a 54. *(Revogados pela Lei 13.161/2015).*

Art. 55. A venda ou a importação de máquinas e equipamentos utilizados na fabricação de papéis destinados à impressão de jornais ou de papéis classificados nos códigos 4801.00.10, 4801.00.90, 4802.61.91, 4802.61.99, 4810.19.89 e 4810.22.90, todos da Tipi, destinados à impressão de periódicos, serão efetuadas com suspensão da exigência:

I – da Contribuição para o PIS/Pasep e da Cofins incidentes sobre a receita bruta da venda no mercado interno, quando os referidos bens forem adquiridos por pessoa jurídica industrial para incorporação ao seu ativo imobilizado; ou

II – da Contribuição para o PIS/Pasep-Importação e da Cofins-Importação, quando os referidos bens forem importados diretamente por pessoa jurídica industrial para incorporação ao seu ativo imobilizado.

§ 1º O benefício da suspensão de que trata este artigo:

I – aplica-se somente no caso de aquisições ou importações efetuadas por pessoa jurídica que auferir, com a venda dos papéis referidos no *caput* deste artigo, valor igual ou superior a 80% (oitenta por cento) da sua receita bruta de venda total de papéis;

II – não se aplica no caso de aquisições ou importações efetuadas por pessoa jurídicas optantes pelo Simples ou que tenham suas receitas, no todo ou em parte, submetidas ao regime de incidência cumulativa da Contribuição para o PIS/Pasep e da Cofins; e

III – poderá ser usufruído nas aquisições ou importações realizadas até 30 de abril de 2008 ou até que a produção nacional atenda a 80% (oitenta por cento) do consumo interno.

§ 2º O percentual de que trata o inciso I do § 1º deste artigo será apurado:

I – após excluídos os impostos e contribuições incidentes sobre a venda; e

II – considerando-se a média obtida, a partir do início de utilização do bem adquirido com suspensão, durante o período de 18 (dezoito) meses.

§ 3º O prazo de início de utilização a que se refere o § 2º deste artigo não poderá ser superior a 3 (três) anos.

§ 4º A suspensão de que trata este artigo converte-se em alíquota 0 (zero) após cumprida a condição de que trata o inciso I do § 1º deste artigo, observados os prazos determinados nos §§ 2º e 3º deste artigo.

§ 5º No caso de não ser efetuada a incorporação do bem ao ativo imobilizado ou de sua revenda antes da redução a 0 (zero) das alíquotas, na forma do § 4º deste artigo, as contribuições não pagas em decorrência da suspensão de que trata este artigo serão devidas, acrescidas de juros e multa, de mora ou de ofício, na forma da lei, contados a partir da data da aquisição ou do registro da Declaração de Importação – DI, na condição de responsável, em relação à Contribuição para o PIS/Pasep e à Cofins, ou de contribuinte, em relação à Contribuição para o PIS/Pasep-Importação e à Cofins-Importação.

§ 6º Nas notas fiscais relativas à venda de que trata o inciso I do *caput* deste artigo deverá constar a expressão "Venda efetuada com suspensão da exigência da Contribuição para o PIS/Pasep e da Cofins", com a especificação do dispositivo legal correspondente.

§ 7º Na hipótese de não atendimento do percentual de venda de papéis estabelecido no inciso I do § 1º deste artigo, a multa, de mora ou de ofício, a que se refere o § 5º deste artigo, será aplicada sobre o valor das contribuições não recolhidas, proporcionalmente à diferença entre esse percentual de venda e o efetivamente alcançado.

§ 8º A utilização do benefício da suspensão de que trata este artigo:

I – fica condicionada à regularidade fiscal da pessoa jurídica adquirente ou importadora das máquinas e equipamentos, em relação aos tributos e contribuições administrados pela Receita Federal do Brasil; e

II – será disciplinada pelo Poder Executivo em regulamento.

§ 9º As máquinas e equipamentos beneficiados pela suspensão da exigência das contribuições, na forma deste artigo, serão relacionados em regulamento.

Art. 56. A Contribuição para o PIS/Pasep e a Cofins devidas pelo produtor ou importador de nafta petroquímica, incidentes sobre a receita bruta decorrente da venda desse produto às centrais petroquímicas, serão calculadas, respectivamente, com base nas alíquotas de:

→ *Caput* com redação alterada pela Lei 12.859/2013.

I – 0,18% (dezoito centésimos por cento) e 0,82% (oitenta e dois centésimos por cento), para os fatos geradores ocorridos nos anos de 2013, 2014 e 2015;

→ Inciso I acrescentado pela Lei 12.859/2013.

II – 0,54% (cinquenta e quatro centésimos por cento) e 2,46% (dois inteiros e quarenta e seis centésimos por cento), para os fatos geradores ocorridos no ano de 2016;

→ Inciso II acrescentado pela Lei 12.859/2013.

III – 0,90% (noventa centésimos por cento) e 4,10% (quatro inteiros e dez centésimos por cento), para os fatos geradores ocorridos no ano de 2017; e

→ Inciso III acrescentado pela Lei 12.859/2013.

Parágrafo único. O disposto no *caput* aplica-se também:

→ *Caput* do parágrafo único com redação alterada pela Lei 12.859/2013.

I – às vendas de etano, propano, butano, condensado e correntes gasosas de refinaria – HLR – hidrocarbonetos leves de refino para centrais petroquímicas para serem utilizados como insumo na produção de eteno, propeno, buteno, butadieno, orto-xileno, benzeno, tolueno, isopreno e paraxileno; e

→ Inciso I acrescentado pela Lei 12.859/2013.

II – às vendas de eteno, propeno, buteno, butadieno, orto-xileno, benzeno, tolueno, isopreno e paraxileno para indústrias químicas para serem utilizados como insumo produtivo.

→ Inciso II acrescentado pela Lei 12.859/2013.

Art. 57. Na apuração da Contribuição para o PIS/Pasep e da Cofins no regime de não cumulatividade, a central petroquímica poderá descontar créditos calculados às alíquotas de 1,65% (um inteiro e sessenta e cinco centésimos por cento) e 7,6% (sete inteiros e seis décimos por cento), respectivamente, decorrentes de aquisição ou importação de nafta petroquímica.

§ 1º Na hipótese de revenda dos produtos adquiridos na forma do art. 56 ou importados na forma do § 15 do art. 8º da Lei 10.865, de 30 de abril de 2004, os créditos de que trata o *caput* serão calculados mediante a aplicação das alíquotas estabelecidas nos incisos do *caput* do art. 56.

→ § 1º com redação alterada pela Lei 12.859/2013.

§ 2º *(Revogado pela Lei 12.859/2013).*

Art. 57-A. O disposto no art. 57 aplica-se também às aquisições dos produtos cujas vendas são referidas nos incisos do parágrafo único do art. 56.

→ Artigo acrescentado pela Lei 12.859/2013.

§ 1º O saldo de créditos apurados pelas indústrias petroquímicas na forma do art. 3º da Lei no 10.637, de 30 de dezembro de 2002, e do art. 3º da Lei 10.833, de 29 de dezembro de 2003, existente em 8 de maio de 2013, poderá, nos termos e prazos fixados em regulamento:

I – ser compensado com débitos próprios, vencidos ou vincendos, relativos a tributos administrados pela Secretaria da Receita Federal do Brasil, observada a legislação específica aplicável à matéria; ou

II – ser ressarcido em dinheiro, observada a legislação específica aplicável à matéria.

§ 2º O crédito previsto no art. 57 e neste artigo, decorrente da aquisição dos produtos mencionados no *caput* e no parágrafo único do art. 56 que a pessoa jurídica não conseguir utilizar até o final de cada trimestre-calendário poderá ser:

I – compensado com débitos próprios, vencidos ou vincendos, relativos a impostos e contribuições administrados pela Secretaria da Receita Federal do Brasil, observada a legislação específica aplicável à matéria; ou

II – ressarcido em espécie, observada a legislação específica aplicável à matéria.

Art. 58. O art. 8º da Lei 10.865, de 30 de abril de 2004, passa a vigorar com a seguinte redação:

→ Alterações efetuadas na referida Lei.

Art. 59. O art. 14 da Lei 10.336, de 19 de dezembro de 2001, passa a vigorar com a seguinte redação:

→ Alterações efetuadas na referida Lei.

Art. 60. (*Revogado pela Lei 12.995/2014*).

Art. 61. O disposto no art. 33, § 2º, inciso I, do Decreto-Lei 1.593, de 21 de dezembro de 1977, também se aplica aos demais produtos sujeitos ao selo de controle a que se refere o art. 46 da Lei 4.502, de 30 de novembro de 1964.

Art. 62. O percentual e o coeficiente multiplicadores a que se referem o art. 3º da Lei Complementar 70, de 30 de dezembro de 1991, e o art. 5º da Lei 9.715, de 25 de novembro de 1998, passam a ser de 291,69% (duzentos e noventa e um inteiros e sessenta e nove centésimos por cento) e 3,42 (três inteiros e quarenta e dois centésimos), respectivamente.

→ Artigo com redação alterada pela Lei 12.024/2009.

Art. 63. O art. 8º da Lei 10.925, de 23 de julho de 2004, passa a vigorar com a seguinte redação:

→ Alterações efetuadas na referida Lei.

Art. 64. Na venda de álcool, inclusive para fins carburantes, destinado ao consumo ou à industrialização na Zona Franca de Manaus – ZFM, efetuada por produtor, importador ou distribuidor estabelecido fora da ZFM, aplica-se o disposto no art. 2º da Lei 10.996, de 15 de dezembro de 2004.

→ *Caput* com redação alterada pela Lei 11.727/2008.

§ 1º A Contribuição para o PIS/Pasep e a Cofins incidirão nas vendas efetuadas pela pessoa jurídica adquirente na forma do *caput* deste artigo, às alíquotas referidas no § 4º do art. 5º da Lei 9.718, de 27 de novembro de 1998, observado o disposto nos §§ 8º e 9º do mesmo artigo.

→ § 1º com redação alterada pela Lei 11.727/2008.

§ 2º O produtor, importador ou distribuidor fica obrigado a cobrar e recolher, na condição de contribuinte-substituto, a Contribuição para o PIS/Pasep e a Cofins devidas pela pessoa jurídica de que trata o § 1º deste artigo.

→ § 2º com redação alterada pela Lei 11.727/2008.

§ 3º Para os efeitos do § 2º deste artigo, a Contribuição para o PIS/Pasep e a Cofins serão apuradas mediante a aplicação das alíquotas de que trata o § 1º deste artigo sobre o volume vendido pelo produtor, importador ou distribuidor.

→ § 3º com redação alterada pela Lei 11.727/2008.

§ 4º A pessoa jurídica domiciliada na ZFM que utilizar como insumo álcool adquirido com substituição tributária, na forma dos §§ 2º e 3º deste artigo, poderá abater da Contribuição para o PIS/Pasep e da Cofins incidentes sobre seu faturamento o valor dessas contribuições recolhidas pelo substituto tributário.

→ § 4º com redação alterada pela Lei 11.727/2008.

§ 5º Para fins deste artigo, não se aplica o disposto na alínea b do inciso VII do *caput* do art. 8º da Lei 10.637, de 30 de dezembro de 2002, e na alínea *b* do inciso VII do *caput* do art. 10 da Lei 10.833, de 29 de dezembro de 2003.

→ § 5º acrescentado pela Lei 11.727/2008.

§ 6º As disposições deste artigo também se aplicam às vendas destinadas ao consumo ou à industrialização nas Áreas de Livre Comércio de que tratam as Leis nos 7.965, de 22 de dezembro de 1989, 8.210, de 19 de julho de 1991, e 8.256, de 25 de novembro de 1991, o art. 11 da Lei 8.387, de 30 de dezembro de 1991, e a Lei 8.857, de 8 de março de 1994, por pessoa jurídica estabelecida fora dessas áreas.

→ § 6º acrescentado pela Lei 11.945/2009.

Art. 65. Nas vendas efetuadas por produtor, fabricante ou importador estabelecido fora da ZFM dos produtos relacionados nos incisos I a VII do § 1º do art. 2º da Lei 10.833, de 29 de dezembro de 2003, destinadas ao consumo ou industrialização na ZFM, aplica-se o disposto no art. 2º da Lei 10.996, de 15 de dezembro de 2004.

→ *Caput* com redação alterada pela Lei 13.137/2015.

§ 1º No caso deste artigo, nas revendas efetuadas pela pessoa jurídica adquirente na forma do *caput* deste artigo a Contribuição para o PIS/Pasep e a Cofins incidirão às alíquotas previstas:

I – no art. 23 da Lei 10.865, de 30 de abril de 2004;

II – na alínea b do inciso I do art. 1º e do art. 2º da Lei 10.147, de 21 de dezembro de 2000, com a redação dada pela Lei 10.865, de 30 de abril de 2004;

III – no art. 1º da Lei 10.485, de 3 de julho de 2002, com a redação dada pela Lei no 10.865, de 30 de abril de 2004;

IV – no *caput* do art. 5º da Lei 10.485, de 3 de julho de 2002, com a redação dada pela Lei 10.865, de 30 de abril de 2004;

V – nos incisos I e II do *caput* do art. 3º da Lei 10.485, de 3 de julho de 2002, com a redação dada pela Lei 10.865, de 30 de abril de 2004;

VI a VIII – (*Revogados pela Lei 13.137/2015*).

§ 2º O produtor, fabricante ou importador, no caso deste artigo, fica obrigado a cobrar e recolher, na condição de contribuinte substituto, a Contribuição para o PIS/Pasep e a Cofins devidas pela pessoa jurídica de que trata o § 1º deste artigo.

§ 3º O disposto no § 2º deste artigo não se aplica aos produtos farmacêuticos classificados nas posições 30.01, 30.03, 30.04, nos itens 3002.10.1, 3002.10.2, 3002.10.3, 3002.20.1, 3002.20.2, 3006.30.1 e 3006.30.2 e nos códigos 3002.90.20, 3002.90.92, 3002.90.99, 3005.10.10, 3006.60.00, todos da Tipi.

§ 4º Para os efeitos do § 2º deste artigo, a Contribuição para o PIS/Pasep e a Cofins serão apuradas mediante a aplicação das alíquotas de que trata o § 1º deste artigo sobre:

→ *Caput* com redação alterada pela Lei 11.727/2008.

I – o valor-base de que trata o art. 58-L da Lei 10.833, de 29 de dezembro de 2003, no caso do inciso VI do § 1º deste artigo;

→ Inciso I acrescentado pela Lei 11.727/2008.

II – a quantidade de unidades de produtos vendidos pelo produtor, fabricante ou importador, no caso dos incisos I e VII do § 1º deste artigo;

→ Inciso II acrescentado pela Lei 11.727/2008.

III – o preço de venda do produtor, fabricante ou importador, no caso dos demais incisos do § 1º deste artigo.

→ Inciso III acrescentado pela Lei 11.727/2008.

§ 5º A pessoa jurídica domiciliada na ZFM que utilizar como insumo ou incorporar ao seu ativo permanente produtos adquiridos com substituição tributária, na forma dos §§ 2º e 4º deste artigo, poderá abater da Contribuição para o PIS/Pasep e da Cofins incidentes sobre seu faturamento o valor dessas contribuições recolhidas pelo substituto tributário.

§ 6º Não se aplicam as disposições dos §§ 2º, 4º e 5º deste artigo no caso de venda dos produtos referidos nos incisos IV e V do § 1º do art. 2º da Lei 10.833, de 29 de dezembro de 2003, para montadoras de veículos.

§ 7º Para fins deste artigo, não se aplica o disposto na alínea *b* do inciso VII do art. 8º da Lei 10.637, de 30 de dezembro de 2002, e na alínea b do inciso VII do art. 10 da Lei 10.833, de 29 de dezembro de 2003.

→ § 7º acrescentado pela Lei 11.945/2009.

§ 8º As disposições deste artigo também se aplicam às vendas destinadas ao consumo ou à industrialização nas Áreas de Livre Comércio de que tratam as Leis 7.965, de 22 de dezembro de 1989, 8.210, de 19 de julho de 1991, e 8.256, de 25 de novembro de 1991, o art. 11 da Lei 8.387, de 30 de dezembro de 1991, e a Lei 8.857, de 8 de março de 1994, por pessoa jurídica estabelecida fora dessas áreas.

→ § 8º acrescentado pela Lei 11.945/2009.

Art. 66. (*Vetado*).

Capítulo X
DO IMPOSTO SOBRE PRODUTOS INDUSTRIALIZADOS – IPI

Art. 67. Fica o Poder Executivo autorizado a fixar, para o IPI relativo aos produtos classificados nos códigos NCM 71.13, 71.14, 71.16 e 71.17, alíquotas correspondentes às mínimas estabelecidas para o Imposto sobre Circulação de Mercadorias e Serviços – ICMS, nos termos do inciso VI do § 2º do art. 155 da Constituição Federal.

Parágrafo único. As alíquotas do IPI fixadas na forma do *caput* deste artigo serão uniformes em todo o território nacional.

Art. 68. O § 2º do art. 43 da Lei 4.502, de 30 de novembro de 1964, passa a vigorar com a seguinte redação:

"Art. 43. (...)

(...)

§ 2º As indicações do *caput* deste artigo e de seu § 1º serão feitas na forma do regulamento, podendo ser substituídas por outros elementos que possibilitem a classificação e controle fiscal dos produtos.

(...)"

Art. 69. Fica prorrogada até 31 de dezembro de 2009 a vigência da Lei 8.989, de 24 de fevereiro de 1995.

Parágrafo único. O art. 2º e o *caput* do art. 6º da Lei 8.989, de 24 de fevereiro de 1995, passam a vigorar com a seguinte redação:

"Art. 2º A isenção do Imposto sobre Produtos Industrializados – IPI de que trata o art. 1º desta Lei somente poderá ser utilizada uma vez, salvo se o veículo tiver sido adquirido há mais de 2 (dois) anos."

"Art. 6º A alienação do veículo adquirido nos termos desta Lei e da Lei 8.199, de 28 de junho de 1991, e da Lei 8.843, de 10 de janeiro de 1994, antes de 2 (dois) anos contados da data da sua aquisição, a pessoas que não satisfaçam às condições e aos requisitos estabelecidos nos referidos diplomas legais acarretará o pagamento pelo alienante do tributo dispensado, atualizado na forma da legislação tributária.

(....)"

Capítulo XI
DOS PRAZOS DE RECOLHIMENTO DE IMPOSTOS E CONTRIBUIÇÕES

Art. 70. Em relação aos fatos geradores ocorridos a partir de 1º de janeiro de 2006, os recolhimentos do Imposto de Renda Retido na Fonte – IRRF e do Imposto sobre Operações de Crédito, Câmbio e Seguro, ou Relativas a Títulos ou Valores Mobiliários – IOF serão efetuados nos seguintes prazos:

I – IRRF:

a) na data da ocorrência do fato gerador, no caso de:

1. rendimentos atribuídos a residentes ou domiciliados no exterior;

2. pagamentos a beneficiários não identificados;

b) até o 3º (terceiro) dia útil subsequente ao decêndio de ocorrência dos fatos geradores, no caso de:

1. juros sobre o capital próprio e aplicações financeiras, inclusive os atribuídos a residentes ou domiciliados no exterior, e títulos de capitalização;

2. prêmios, inclusive os distribuídos sob a forma de bens e serviços, obtidos em concursos e sorteios de qualquer espécie e lucros decorrentes desses prêmios; e

3. multa ou qualquer vantagem, de que trata o art. 70 da Lei 9.430, de 27 de dezembro de 1996;

c) até o último dia útil do mês subsequente ao encerramento do período de apuração, no caso de rendimentos e ganhos de capital distribuídos pelos fundos de investimento imobiliário; e

d) até o dia 7 do mês subsequente ao mês de ocorrência dos fatos geradores, no caso de pagamento de rendimentos provenientes do trabalho assalariado a empregado doméstico; e

→ Alínea *d* com redação alterada pela LC 150/2015.

e) até o último dia útil do segundo decêndio do mês subsequente ao mês de ocorrência dos fatos geradores, nos demais casos;

→ Alínea *e* acrescentada pela LC 150/2015.

II – IOF:

a) até o terceiro dia útil subsequente ao decêndio de ocorrência dos fatos geradores, no caso de aquisição de ouro e ativo financeiro;

→ Alínea *a* com redação alterada pela Lei 12.599/2012.

b) até o último dia útil do mês subsequente ao de ocorrência dos fatos geradores, no caso de operações relativas a contrato de derivativos financeiros; e

→ Alínea *b* com redação alterada pela Lei 12.599/2012.

c) até o terceiro dia útil subsequente ao decêndio da cobrança ou do registro contábil do imposto, nos demais casos.

→ Alínea *c* com redação alterada pela Lei 12.599/2012.

Parágrafo único. Excepcionalmente, na hipótese de que trata a alínea *d* do inciso I do *caput* deste artigo, em relação aos fatos geradores ocorridos:

I – no mês de dezembro de 2006, os recolhimentos serão efetuados:

a) até o 3º (terceiro) dia útil do decêndio subsequente, para os fatos geradores ocorridos no 1º (primeiro) e 2º (segundo) decêndios; e

b) até o último dia útil do 1º (primeiro) decêndio do mês de janeiro de 2007, para os fatos geradores ocorridos no 3º (terceiro) decêndio;

II – no mês de dezembro de 2007, os recolhimentos serão efetuados:

a) até o 3º (terceiro) dia útil do 2º (segundo) decêndio, para os fatos geradores ocorridos no 1º (primeiro) decêndio; e

b) até o último dia útil do 1º (primeiro) decêndio do mês de janeiro de 2008, para os fatos geradores ocorridos no 2º (segundo) e no 3º (terceiro) decêndio.

Art. 71. O § 1º do art. 63 da Lei 8.981, de 20 de janeiro de 1995, passa a vigorar com a seguinte redação:

→ Alteração efetuada na referida Lei.

Art. 72. O parágrafo único do art. 10 da Lei 9.311, de 24 de outubro de 1996, passa a vigorar com a seguinte redação:

→ Alteração efetuada na referida Lei.

Art. 73. O § 2º do art. 70 da Lei 9.430, de 27 de dezembro de 1996, passa a vigorar com a seguinte redação:

→ Alteração efetuada na referida Lei.

Art. 74. O art. 35 da Lei 10.833, de 29 de dezembro de 2003, passa a vigorar com a seguinte redação:

→ Alteração efetuada na referida Lei.

Art. 75. O *caput* do art. 6º da Lei 9.317, de 5 de dezembro de 1996, passa a vigorar com a seguinte redação:

"Art. 6º O pagamento unificado de impostos e contribuições devidos pela microempresa e pela empresa de pequeno porte inscritas no Simples será feito de forma centralizada até o 20º (vigésimo) dia do mês subsequente àquele em que houver sido auferida a receita bruta.

(...)"

Capítulo XII
DOS FUNDOS DE INVESTIMENTO CONSTITUÍDOS POR ENTIDADES ABERTAS DE PREVIDÊNCIA COMPLEMENTAR E POR SOCIEDADES SEGURADORAS E DOS FUNDOS DE INVESTIMENTO PARA GARANTIA DE LOCAÇÃO IMOBILIÁRIA

Art. 76. As entidades abertas de previdência complementar e as sociedades seguradoras poderão, a partir de 1º de janeiro de 2006, constituir fundos de investimento, com patrimônio segregado, vinculados exclusivamente a planos de previdência complementar ou a seguros de vida com cláusula de cobertura por sobrevivência, estruturados na modalidade de contribuição variável, por elas comercializados e administrados.

§ 1º Durante o período de acumulação, a remuneração da provisão matemática de benefícios a conceder, dos planos e dos seguros referidos no *caput* deste artigo, terá por base a rentabilidade da carteira de investimentos dos respectivos fundos.

§ 2º Os fundos de investimento de que trata o *caput* deste artigo somente poderão ser administrados por instituições autorizadas pela Comissão de Valores Mobiliários – CVM para o exercício da administração de carteira de valores mobiliários.

Art. 77. A aquisição de plano ou seguro enquadrado na estrutura prevista no art. 76 desta Lei far-se-á mediante subscrição pelo adquirente de quotas dos fundos de investimento vinculados.

§ 1º No caso de plano ou seguro coletivo:

I – a pessoa jurídica adquirente também será cotista do fundo; e

II – o contrato ou apólice conterá cláusula com a periodicidade em que as quotas adquiridas pela pessoa jurídica terão sua titularidade transferida para os participantes ou segurados.

§ 2º A transferência de titularidade de que trata o inciso II do § 1º deste artigo:

I – conferirá aos participantes ou segurados o direito à realização de resgates e à portabilidade dos recursos acumulados correspondentes às quotas;

II – não caracteriza resgate para fins de incidência do Imposto de Renda.

§ 3º Independentemente do disposto no inciso II do § 1º deste artigo, no caso de falência ou liquidação extrajudicial de pessoa jurídica proprietária de quotas:

I – a titularidade das quotas vinculadas a participantes ou segurados individualizados será transferida a estes;

II – a titularidade das quotas não vinculadas a qualquer participante ou segurado individualizado será transferida para todos os participantes ou segurados proporcionalmente ao número de quotas de propriedade destes, inclusive daquelas cuja titularidade lhes tenha sido transferida com base no inciso I deste parágrafo.

Art. 78. O patrimônio dos fundos de investimento de que trata o art. 76 desta Lei não se comunica com o das entidades abertas de previdência complementar ou das sociedades seguradoras que os constituírem, não respondendo, nem mesmo subsidiariamente, por dívidas destas.

§ 1º No caso de falência ou liquidação extrajudicial da entidade aberta de previdência complementar ou da sociedade seguradora, o patrimônio dos fundos não integrará a respectiva massa falida ou liquidanda.

§ 2º Os bens e direitos integrantes do patrimônio dos fundos não poderão ser penhorados, sequestrados, arrestados ou objeto de qualquer outra forma de constrição judicial em decorrência de dívidas da entidade aberta de previdência complementar ou da sociedade seguradora.

Art. 79. No caso de morte do participante ou segurado dos planos e seguros de que trata o art. 76 desta Lei, os seus beneficiários poderão optar pelo resgate das quotas ou pelo recebimento de benefício de caráter continuado previsto em contrato, independentemente da abertura de inventário ou procedimento semelhante.

Art. 80. Os planos de previdência complementar e os seguros de vida com cláusula de cobertura por sobrevivência comercializados até 31 de dezembro de 2005 poderão ser adaptados pelas entidades abertas de previdência complementar e sociedades seguradoras à estrutura prevista no art. 76 desta Lei.

Art. 81. O disposto no art. 80 desta Lei não afeta o direito dos participantes e segurados à portabilidade dos recursos acumulados para outros planos e seguros, estruturados ou não nos termos do art. 76 desta Lei.

Art. 82. A concessão de benefício de caráter continuado por plano ou seguro estruturado na forma do art. 76 desta Lei importará na transferência da propriedade das quotas dos fundos a que esteja vinculado o respectivo plano ou seguro para a entidade aberta de previdência complementar ou a sociedade seguradora responsável pela concessão.

Parágrafo único. A transferência de titularidade de quotas de que trata o *caput* deste artigo não caracteriza resgate para fins de incidência do Imposto de Renda.

Art. 83. Aplica-se aos planos e seguros de que trata o art. 76 desta Lei o disposto no art. 11 da Lei 9.532, de 10 de dezembro de 1997, e nos arts. 1º a 5º e 7º da Lei 11.053, de 29 de dezembro de 2004.

Parágrafo único. Fica responsável pela retenção e recolhimento dos impostos e contribuições incidentes sobre as aplicações efetuadas nos fundos de investimento de que trata o art. 76 desta Lei a entidade aberta de previdência complementar ou a sociedade seguradora que comercializar ou administrar o plano ou o seguro enquadrado na estrutura prevista no mencionado artigo, bem como pelo cumprimento das obrigações acessórias decorrentes dessa responsabilidade.

Art. 84. É facultado ao participante de plano de previdência complementar enquadrado na estrutura prevista no art. 76 desta Lei o oferecimento, como garantia de financiamento imobiliário, de quotas de sua titularidade dos fundos de que trata o referido artigo.

§ 1º O disposto neste artigo aplica-se também:

I – aos cotistas de Fundo de Aposentadoria Programada Individual – FAPI;

II – aos segurados titulares de seguro de vida com cláusula de cobertura por sobrevivência enquadrado na estrutura prevista no art. 76 desta Lei.

§ 2º A faculdade mencionada no *caput* deste artigo aplica-se apenas ao financiamento imobiliário tomado em instituição financeira, que poderá ser vinculada ou não à entidade operadora do plano ou do seguro.

Art. 85. É vedada às entidades abertas de previdência complementar e às sociedades seguradoras a imposição de restrições ao exercício da faculdade mencionada no art. 84 desta Lei, mesmo que o financiamento imobiliário seja tomado em instituição financeira não vinculada.

Art. 86. A garantia de que trata o art. 84 desta Lei será objeto de instrumento contratual específico, firmado pelo participante ou segurado, pela entidade aberta de previdência complementar ou sociedade seguradora e pela instituição financeira.

Parágrafo único. O instrumento contratual específico a que se refere o *caput* deste artigo será considerado, para todos os efeitos jurídicos, como parte integrante do plano de benefícios ou da apólice, conforme o caso.

Art. 87. As operações de financiamento imobiliário que contarem com a garantia mencionada no art. 84 desta Lei serão contratadas com seguro de vida com cobertura de morte e invalidez permanente.

Art. 88. As instituições autorizadas pela Comissão de Valores Mobiliários – CVM para o exercício da administração de carteira de títulos e valores mobiliários ficam autorizadas a constituir fundos de investimento que permitam a cessão de suas quotas em garantia de locação imobiliária.

§ 1º A cessão de que trata o *caput* deste artigo será formalizada, mediante registro perante o administrador do fundo, pelo titular das quotas, por meio de termo de cessão fiduciária acompanhado de 1 (uma) via do contrato de locação, constituindo, em favor do credor fiduciário, propriedade resolúvel das quotas.

§ 2º Na hipótese de o cedente não ser o locatário do imóvel locado, deverá também assinar o contrato de locação ou aditivo, na qualidade de garantidor.

§ 3º A cessão em garantia de que trata o *caput* deste artigo constitui regime fiduciário sobre as quotas cedidas, que ficam indisponíveis, inalienáveis e impenhoráveis, tornando-se a instituição financeira administradora do fundo seu agente fiduciário.

§ 4º O contrato de locação mencionará a existência e as condições da cessão de que trata o *caput* deste artigo, inclusive quanto a sua vigência, que poderá ser por prazo determinado ou indeterminado.

§ 5º Na hipótese de prorrogação automática do contrato de locação, o cedente permanecerá responsável por todos os seus efeitos, ainda que não tenha anuído no aditivo contratual, podendo, no entanto, exonerar-se da garantia, a qualquer tempo, mediante notificação ao locador, ao locatário e à administradora do fundo, com antecedência mínima de 30 (trinta) dias.

§ 6º Na hipótese de mora, o credor fiduciário notificará extrajudicialmente o locatário e o cedente, se pessoa distinta, comunicando o prazo de 10 (dez) dias para pagamento integral da dívida, sob pena de excussão extrajudicial da garantia, na forma do § 7º deste artigo.

§ 7º Não ocorrendo o pagamento integral da dívida no prazo fixado no § 6º deste artigo, o credor poderá requerer ao agente fiduciário que lhe transfira, em caráter pleno, exclusivo e irrevogável, a titularidade de quotas suficientes para a sua quitação, sem prejuízo da ação de despejo e da demanda, por meios próprios, da diferença eventualmente existente, na hipótese de insuficiência da garantia.

§ 8º A excussão indevida da garantia enseja responsabilidade do credor fiduciário pelo prejuízo causado, sem prejuízo da devolução das quotas ou do valor correspondente, devidamente atualizado.

§ 9º O agente fiduciário não responde pelos efeitos do disposto nos §§ 6º e 7º deste artigo, exceto na hipótese de comprovado dolo, má-fé, simulação, fraude ou negligência, no exercício da administração do fundo.

§ 10. Fica responsável pela retenção e recolhimento dos impostos e contribuições incidentes sobre as aplicações efetuadas nos fundos de investimento de que trata o *caput* deste artigo a instituição que administrar o fundo com a estrutura prevista neste artigo, bem como pelo cumprimento das obrigações acessórias decorrentes dessa responsabilidade.

Art. 89. Os arts. 37 e 40 da Lei 8.245, de 18 de outubro de 1991, passam a vigorar acrescidos dos seguintes incisos:

"Art. 37. (...)

(...)

IV – cessão fiduciária de quotas de fundo de investimento.

(...)"

"Art. 40. (...)

(...)

VIII – exoneração de garantia constituída por quotas de fundo de investimento;

IX – liquidação ou encerramento do fundo de investimento de que trata o inciso IV do art. 37 desta Lei."

Art. 90. Compete ao Banco Central do Brasil, à Comissão de Valores Mobiliários e à Superintendência de Seguros Privados, no âmbito de suas respectivas atribuições, dispor sobre os critérios complementares para a regulamentação deste Capítulo.

Capítulo XIII
DA TRIBUTAÇÃO DE PLANOS DE BENEFÍCIO, SEGUROS E FUNDOS DE INVESTIMENTO DE CARÁTER PREVIDENCIÁRIO

Art. 91. A Lei 11.053, de 29 de dezembro de 2004, passa a vigorar com as seguintes alterações:

→ Alterações efetuadas na referida Lei.

Art. 92. O *caput* do art. 8º da Lei 9.311, de 24 de outubro de 1996, passa a vigorar acrescido do seguinte inciso IX:

→ Alterações efetuadas na referida Lei.

Art. 93. O contribuinte que efetuou pagamento de tributos e contribuições com base no art. 5º da Medida Provisória 2.222, de 4 de setembro de 2001, em valor inferior ao devido, poderá quitar o débito remanescente até o último dia útil do mês de dezembro de 2005, com a incidência de multa, de mora ou de ofício, conforme o caso, bem como com a incidência de juros equivalentes à taxa referencial do Sistema Especial de Liquidação e Custódia – Selic, para títulos federais, acumulada mensalmente, calculados a partir do mês seguinte ao do vencimento do tributo e de 1% (um por cento) no mês do pagamento.

§ 1º O pagamento realizado na forma do *caput* deste artigo implicará a extinção dos créditos tributários relativos aos fatos geradores a ele relacionados, ainda que já constituídos, inscritos ou não em dívida ativa.

§ 2º O Poder Executivo disciplinará, em regulamento, o disposto neste artigo.

Art. 94. As entidades de previdência complementar, sociedades seguradoras e Fundos de Aposentadoria Programada Individual – FAPI que, para gozo do benefício previsto no art. 5º da Medida Provisória 2.222, de 4 de setembro de 2001, efetuaram o pagamento dos tributos e contribuições na forma ali estabelecida e desistiram das ações judiciais individuais deverão comprovar, perante a Delegacia da Receita Federal do Brasil de sua jurisdição, a desistência das ações judiciais coletivas, bem como a renúncia a qualquer alegação de direito a elas relativa, de modo irretratável e irrevogável, até o último dia útil do mês de dezembro de 2005.

Parágrafo único. O benefício mencionado no *caput* deste artigo surte efeitos enquanto não houver a homologação judicial do requerimento, tornando-se definitivo com a referida homologação.

Art. 95. Na hipótese de pagamento de benefício não programado oferecido em planos de benefícios de caráter previdenciário, estruturados nas modalidades de contribuição definida ou contribuição variável, após a opção do participante pelo regime de tributação de que trata o art. 1º da Lei 11.053, de 29 de dezembro de 2004, incidirá imposto de renda à alíquota:

I – de 25% (vinte e cinco por cento), quando o prazo de acumulação for inferior ou igual a 6 (seis) anos; e

II – prevista no inciso IV, V ou VI do art. 1º da Lei 11.053, de 29 de dezembro de 2004, quando o prazo de acumulação for superior a 6 (seis) anos.

§ 1º O disposto no *caput* deste artigo aplica-se, também, ao benefício não programado concedido pelos planos de benefícios cujos participantes tenham efetuado a opção pelo regime de tributação referido no *caput* deste artigo, nos termos do art. 2º da Lei 11.053, de 29 de dezembro de 2004.

§ 2º Para fins deste artigo e da definição da alíquota de imposto de renda incidente sobre as prestações seguintes, o prazo de acumulação continua a ser contado após o pagamento da 1a (primeira) prestação do benefício, importando na redução progressiva da alíquota aplicável em razão do decurso do prazo de pagamento de benefícios, na forma definida em ato da Receita Federal do Brasil, da Secretaria de Previdência Complementar e da Superintendência de Seguros Privados.

Capítulo XIV
DO PARCELAMENTO DE DÉBITOS PREVIDENCIÁRIOS DOS MUNICÍPIOS

Art. 96. Os Municípios poderão parcelar seus débitos e os de responsabilidade de autarquias e fundações municipais relativos às contribuições sociais de que tratam as alíneas a e c do parágrafo único do art. 11 da Lei 8.212, de 24 de julho de 1991, com vencimento até 31 de janeiro de 2009, após a aplicação do art. 103-A, em:

→ *Caput* com redação alterada pela Lei 11.960/2009.

I – 120 (cento e vinte) até 240 (duzentas e quarenta) prestações mensais e consecutivas, se relativos às contribuições sociais de que trata a alínea a do parágrafo único do art. 11 da Lei 8.212, de 24 de julho de 1991, com redução de 100% (cem por cento) das multas moratórias e as de ofício, e, também, com redução de 50% (cinquenta por cento) dos juros de mora; e/ou

→ Inciso I acrescentado pela Lei 11.960/2009.

II – 60 (sessenta) prestações mensais e consecutivas, se relativos às contribuições sociais de que trata a alínea c do parágrafo único do art. 11 da Lei 8.212, de 24 de julho de 1991, e às passíveis de retenção na fonte, de desconto de terceiros ou de sub-rogação, com redução de 100% (cem por cento) das multas moratórias e as de ofício, e, também, com redução de 50% (cinquenta por cento) dos juros de mora.

→ Inciso II acrescentado pela Lei 11.960/2009.

§ 1º Os débitos referidos no *caput* são aqueles originários de contribuições sociais e correspondentes obrigações acessórias, constituídos ou não, inscritos ou não em dívida ativa da União, ainda que em fase de execução fiscal já ajuizada, ou que tenham sido objeto de parcelamento anterior, não integralmente quitado, ainda que cancelado por falta de pagamento, inclusive aqueles parcelados na forma da Lei 9.639, de 25 de maio de 1998.

→ § 1º com redação alterada pela Lei 11.960/2009.

§ 2º Os débitos ainda não constituídos deverão ser confessados, de forma irretratável e irrevogável.

§ 3º (*Revogado pela Lei 11.960/2009*).

§ 4º Caso a prestação não seja paga na data do vencimento, serão retidos e repassados à Receita Federal do Brasil recursos do Fundo de Participação dos Municípios suficientes para sua quitação.

→ § 4º com redação alterada pela Lei 11.960/2009.

§ 5º Os valores pagos pelos Municípios relativos ao parcelamento objeto desta Lei não serão incluídos no limite a que se refere o § 4º do art. 5º da Lei 9.639, de 25 de maio de 1998, com a redação dada pela Medida Provisória 2.187-13, de 24 de agosto de 2001.

§ 6º A opção pelo parcelamento deverá ser formalizada até o último dia útil do segundo mês subsequente ao da publicação desta Lei, na unidade da Secretaria da Receita Federal do Brasil de circunscrição do Município requerente, sendo vedada, a partir da adesão, qualquer retenção referente a débitos de parcelamentos anteriores incluídos no parcelamento de que trata esta Lei.

→ § 6º com redação alterada pela Lei 11.960/2009.

§ 7º Não se aplica aos parcelamentos de que trata este artigo o disposto no inciso IX do art. 14 e no § 2º do art. 14-A da Lei 10.522, de 19 de julho de 2002.

→ § 7º acrescentado pela Lei 11.960/2009.

§ 8º Não constituem débitos dos Municípios aqueles considerados prescritos ou decadentes na forma da Lei 5.172, de 25 de outubro de 1966, mesmo que eventualmente confessados em parcelamentos anteriores.

→ § 8º acrescentado pela Lei 11.960/2009.

§ 9º A emissão de certidão negativa condicionada à regularização dos débitos de que trata este artigo ocorrerá em até 2 (dois) dias úteis após a formalização da opção pelo parcelamento e terá validade por 180 (cento e oitenta) dias ou até a conclusão do encontro de contas previsto no art. 103-A desta Lei, o que ocorrer primeiro.

→ § 9º acrescentado pela Lei 11.960/2009.

§ 10. Para o início do pagamento dos débitos referidos no *caput* deste artigo, os Municípios terão uma carência de:

→ § 10 acrescentado pela Lei 11.960/2009.

I – 6 (seis) meses para aqueles que possuem até 50.000 (cinquenta mil) habitantes, contados da data a que se refere o § 6º;

II – 3 (três) meses para aqueles que possuem mais de 50.000 (cinquenta mil) habitantes, contados da data a que se refere o § 6º.

§ 11. Os Municípios que não conseguirem optar pelo parcelamento no prazo estipulado pelo § 6º terão um novo prazo para adesão que se encerrará no dia 30 de novembro de 2009.

→ § 11 acrescentado pela Lei 12.058/2009.

Art. 97. Os débitos serão consolidados por Município na data do pedido do parcelamento, reduzindo-se os valores referentes a juros de mora em 50% (cinquenta por cento).

Art. 98. Os débitos a que se refere o art. 96 serão parcelados em prestações mensais equivalentes a:

I – 1,5% (um inteiro e cinco décimos por cento), no mínimo, da média mensal da receita corrente líquida municipal, respeitados os prazos fixados nos incisos I e II do art. 96 desta Lei;

→ Inciso I com redação alterada pela Lei 11.960/2009.

II – (*Vetado*),

Art. 99. O valor de cada prestação mensal, por ocasião do pagamento, será acrescido de juros equivalentes à taxa referencial do Sistema Especial de Liquidação e de Custódia – Selic para títulos federais, acumulada mensalmente a partir do 1º (primeiro) dia do mês subsequente ao da consolidação do débito até o último dia útil do mês anterior ao do pagamento, e de 1% (um por cento) no mês do pagamento da respectiva prestação.

Art. 100. Para o parcelamento objeto desta Lei, serão observadas as seguintes condições:

I – o percentual de 1,5% (um inteiro e cinco décimos por cento) será aplicado sobre a média mensal da Receita Corrente Líquida referente ao ano anterior ao do vencimento da prestação, publicada de acordo com o previsto nos arts. 52, 53 e 63 da Lei Complementar 101, de 4 de maio de 2000;

II – para fins de cálculo das prestações mensais, os Municípios se obrigam a encaminhar à Receita Federal do Brasil o demonstrativo de apuração da receita corrente líquida de que trata o inciso I do *caput* do art. 53 da Lei Complementar no 101, de 4 de maio de 2000, até o último dia útil do mês de fevereiro de cada ano;

III – a falta de apresentação das informações a que se refere o inciso II do *caput* deste artigo implicará, para fins de apuração e cobrança da prestação mensal, a aplicação da variação do Índice Geral de Preços, Disponibilidade Interna – IGP-DI, acrescida de juros de 0,5% (cinco décimos por cento) ao mês, sobre a última receita corrente líquida publicada nos termos da legislação.

§ 1º Para efeito do disposto neste artigo, às prestações vencíveis em janeiro, fevereiro e março de cada ano aplicar-se-ão os limites utilizados no ano anterior, nos termos do inciso I do *caput* deste artigo.

§ 2º Para os fins previstos nesta Lei, entende-se como receita corrente líquida aquela definida nos termos do art. 2º da Lei Complementar no 101, de 4 de maio de 2000.

Art. 101. As prestações serão exigíveis no último dia útil de cada mês, a partir do mês subsequente ao da formalização do pedido de parcelamento.

§ 1º No período compreendido entre a formalização do pedido de parcelamento e o mês da consolidação, o Município deverá recolher mensalmente as prestações mínimas correspondentes aos valores previstos no inciso I do art. 98 desta Lei, sob pena de indeferimento do pedido.

§ 2º O pedido se confirma com o pagamento da 1a (primeira) prestação na forma do § 1º deste artigo.

§ 3º A partir do mês seguinte à consolidação, o valor da prestação será obtido mediante a divisão do montante do débito parcelado, deduzidos os valores das prestações mínimas recolhidas nos termos do § 1º deste artigo, pelo número de prestações restantes, observados os valores mínimo e máximo constantes do art. 98 desta Lei.

Art. 102. A concessão do parcelamento objeto desta Lei está condicionada:

I - à apresentação pelo Município, na data da formalização do pedido, do demonstrativo referente à apuração da Receita Corrente Líquida Municipal, na forma do disposto na Lei Complementar 101, de 4 de maio de 2000, referente ao ano-calendário de 2008;

→ Inciso I com redação alterada pela Lei 11.960/2009.

II - ao adimplemento das obrigações vencidas após a data referida no *caput* do art. 96 desta Lei.

Art. 103. O parcelamento de que trata esta Lei será rescindido nas seguintes hipóteses:

I - inadimplemento por 3 (três) meses consecutivos ou 6 (seis) meses alternados, o que primeiro ocorrer;

II - inadimplemento das obrigações correntes referentes às contribuições de que trata o art. 96 desta Lei;

III - não complementação do valor da prestação na forma do § 4º do art. 96 desta Lei.

Art. 103-A. (*Vetado*).

→ Artigo acrescentado pela Lei 11.960/2009.

Art. 103-B. Fica autorizada a repactuação do parcelamento dos débitos previdenciários, por meio dos mecanismos previstos nesta Lei e mediante suspensão temporária, na forma do regulamento, para o Município em situação de emergência ou estado de calamidade pública em decorrência de seca, estiagem prolongada ou outros eventos climáticos extremos.

→ Artigo acrescentado pela Lei 12.716/2012.

§ 1º O previsto no *caput* será aplicado com exclusividade ao contrato com Município em situação de emergência ou estado de calamidade pública decorrentes de eventos ocorridos em 2012 e reconhecidos pelo Poder Executivo federal nos termos da Lei 12.608, de 10 de abril de 2012, que dispõe sobre o Sistema Nacional de Proteção e Defesa Civil.

§ 2º O valor das parcelas vincendas cujo pagamento foi adiado temporariamente será, obrigatoriamente, aplicado em atividades e ações em benefício direto da população afetada pela seca, estiagem prolongada ou outros eventos climáticos extremos.

Art. 104. O Poder Executivo disciplinará, em regulamento, os atos necessários à execução do disposto nos arts. 96 a 103 desta Lei.

Parágrafo único. Os débitos referidos no *caput* deste artigo serão consolidados no âmbito da Receita Federal do Brasil.

Art. 105. (*Vetado*).

Capítulo XV
DA DESONERAÇÃO TRIBUTÁRIA DA BOVINOCULTURA

Arts. 106 a 108. (*Vetados*)

Capítulo XVI
DISPOSIÇÕES GERAIS

Art. 109. Para fins do disposto nas alíneas *b* e c do inciso XI do *caput* do art. 10 da Lei no 10.833, de 29 de dezembro de 2003, o reajuste de preços em função do custo de produção ou da variação de índice que reflita a variação ponderada dos custos dos insumos utilizados, nos termos do inciso II do § 1º do art. 27 da Lei 9.069, de 29 de junho de 1995, não será considerado para fins da descaracterização do preço predeterminado.

Parágrafo único. O disposto neste artigo aplica-se desde 1º de novembro de 2003.

Art. 110. Para efeito de determinação da base de cálculo da Contribuição para o PIS/Pasep, da Cofins, do IRPJ e da CSLL, as instituições financeiras e as demais instituições autorizadas a funcionar pelo Banco Central do Brasil devem computar como receitas ou despesas incorridas nas operações realizadas em mercados de liquidação futura:

I - a diferença, apurada no último dia útil do mês, entre as variações das taxas, dos preços ou dos índices contratados (diferença de curvas), sendo o saldo apurado por ocasião da liquidação do contrato, da cessão ou do encerramento da posição, nos casos de:

a) swap e termo;

b) futuro e outros derivativos com ajustes financeiros diários ou periódicos de posições cujos ativos subjacentes aos contratos sejam taxas de juros spot ou instrumentos de renda fixa para os quais seja possível a apuração do critério previsto neste inciso;

II - o resultado da soma algébrica dos ajustes apurados mensalmente, no caso dos mercados referidos na alínea b do inciso I do *caput* deste artigo cujos ativos subjacentes aos contratos sejam mercadorias, moedas, ativos de renda variável, taxas de juros a termo ou qualquer outro ativo ou variável econômica para os quais não seja possível adotar o critério previsto no referido inciso;

III - o resultado apurado na liquidação do contrato, da cessão ou do encerramento da posição, no caso de opções e demais derivativos.

§ 1º O Poder Executivo disciplinará, em regulamento, o disposto neste artigo, podendo, inclusive, determinar que o valor a ser reconhecido mensalmente, na hipótese de que trata a alínea b do inciso I do *caput* deste artigo, seja calculado:

I - pela bolsa em que os contratos foram negociados ou registrados;

II - enquanto não estiver disponível a informação de que trata o inciso I do *caput* deste artigo, de acordo com os critérios estabelecidos pelo Banco Central do Brasil.

§ 2º Quando a operação for realizada no mercado de balcão, somente será admitido o reconhecimento de despesas ou de perdas se a operação tiver sido registrada em sistema que disponha de critérios para aferir se os preços, na abertura ou no encerramento da posição, são consistentes com os preços de mercado.

§ 3º No caso de operações de hedge realizadas em mercados de liquidação futura em bolsas no exterior, as receitas ou as despesas de que trata o *caput* deste artigo serão apropriadas pelo resultado:

I - da soma algébrica dos ajustes apurados mensalmente, no caso de contratos sujeitos a ajustes de posições;

II - auferido na liquidação do contrato, no caso dos demais derivativos.

§ 4º Para efeito de determinação da base de cálculo da Contribuição para o PIS/Pasep e da Cofins, fica vedado o reconhecimento de despesas ou de perdas apuradas em operações realizadas em mercados fora de bolsa no exterior.

§ 5º Os ajustes serão efetuados no livro fiscal destinado à apuração do lucro real.

Art. 111. O art. 4º da Lei 10.931, de 2 de agosto de 2004, passa a vigorar com a seguinte redação:

→ Alterações efetuadas na referida Lei.

Art. 112. O Ministro de Estado da Fazenda poderá criar, nos Conselhos de Contribuintes do Ministério da Fazenda, Turmas Especiais, de caráter temporário, com competência para julgamento de processos que envolvam valores reduzidos ou matéria recorrente ou de baixa complexidade.

§ 1º As Turmas de que trata o *caput* deste artigo serão paritárias, compostas por 4 (quatro) membros, sendo 1 (um) conselheiro Presidente de Câmara, representante da Fazenda, e 3 (três) conselheiros com mandato pro tempore, designados entre os conselheiros suplentes.

§ 2º As Turmas Especiais a que se refere este artigo poderão funcionar nas cidades onde estão localizadas as Superintendências da Receita Federal do Brasil.

§ 3º O Ministro de Estado da Fazenda disciplinará o disposto neste artigo, inclusive quanto à definição da matéria e do valor a que se refere o *caput* deste artigo e ao funcionamento das Turmas Especiais.

Art. 113. O Decreto 70.235, de 6 de março de 1972, passa a vigorar acrescido do art. 26-A e com a seguinte redação para os arts. 2º, 9º, 16 e 23:

→ Alterações efetuadas na referida Lei.

Art. 114. O art. 7º do Decreto-Lei 2.287, de 23 de julho de 1986, passa a vigorar com a seguinte redação:

"Art. 7º A Receita Federal do Brasil, antes de proceder à restituição ou ao ressarcimento de tributos, deverá verificar se o contribuinte é devedor à Fazenda Nacional.

§ 1º Existindo débito em nome do contribuinte, o valor da restituição ou ressarcimento será compensado, total ou parcialmente, com o valor do débito.

§ 2º Existindo, nos termos da Lei 5.172, de 25 de outubro de 1966, débito em nome do contribuinte, em relação às contribuições sociais previstas nas alíneas *a*, *b* e *c* do parágrafo único do art. 11 da Lei 8.212, de 24 de julho de 1991, ou às contribuições instituídas a título de substituição e em relação à Dívida Ativa do Instituto Nacional do Seguro Social - INSS, o valor da restituição ou ressarcimento será compensado, total ou parcialmente, com o valor do débito.

§ 3º Ato conjunto dos Ministérios da Fazenda e da Previdência Social estabelecerá as normas e procedimentos necessários à aplicação do disposto neste artigo."

Art. 115. O art. 89 da Lei 8.212, de 24 de julho de 1991 – Lei Orgânica da Seguridade Social, passa a vigorar acrescido do seguinte parágrafo 8º:

→ Alteração efetuada na referida Lei.

Art. 116. O art. 8º-A da Lei 10.336, de 19 de dezembro de 2001, passa a vigorar com a seguinte redação:

→ Alterações efetuadas na referida Lei.

Art. 117. O art. 18 da Lei 10.833, de 29 de dezembro de 2003, passa a vigorar com a seguinte redação:

→ Alteração efetuada na referida Lei.

Art. 118. O § 2º do art. 3º, o art. 17 e o art. 24 da Lei 8.666, de 21 de junho de 1993, passam a vigorar com a seguinte redação:

"Art. 3º (...)

(...)

§ 2º (...)

(...)

IV – produzidos ou prestados por empresas que invistam em pesquisa e no desenvolvimento de tecnologia no País.

(...)"

"Art. 17. (...)

I – (...)

(...)

g) procedimentos de legitimação de posse de que trata o art. 29 da Lei 6.383, de 7 de dezembro de 1976, mediante iniciativa e deliberação dos órgãos da Administração Pública em cuja competência legal inclua-se tal atribuiçao;

(...)

§ 2º A Administração também poderá conceder título de propriedade ou de direito real de uso de imóveis, dispensada licitação, quando o uso destinar-se:

I – a outro órgão ou entidade da Administração Pública, qualquer que seja a localização do imóvel;

II – a pessoa física que, nos termos de lei, regulamento ou ato normativo do órgão competente, haja implementado os requisitos mínimos de cultura e moradia sobre área rural situada na região da Amazônia Legal, definida no art. 2º da Lei 5.173, de 27 de outubro de 1966, superior à legalmente passível de legitimação de posse referida na alínea g do inciso I do *caput* deste artigo, atendidos os limites de área definidos por ato normativo do Poder Executivo.

§ 2º-A. As hipóteses da alínea *g* do inciso I do *caput* e do inciso II do § 2º deste artigo ficam dispensadas de autorização legislativa, porém submetem-se aos seguintes condicionamentos:

I – aplicação exclusivamente às áreas em que a detenção por particular seja comprovadamente anterior a 1º de dezembro de 2004;

II – submissão aos demais requisitos e impedimentos do regime legal e administrativo da destinação e da regularização fundiária de terras públicas;

III – vedação de concessões para hipóteses de exploração não contempladas na lei agrária, nas leis de destinação de terras públicas, ou nas normas legais ou administrativas de zoneamento ecológico-econômico; e

IV – previsão de rescisão automática da concessão, dispensada notificação, em caso de declaração de utilidade, ou necessidade pública ou interesse social.

§ 2º-B. A hipótese do inciso II do § 2º deste artigo:

I – só se aplica a imóvel situado em zona rural, não sujeito a vedação, impedimento ou inconveniente a sua exploração mediante atividades agropecuárias;

II – fica limitada a áreas de até 500 (quinhentos) hectares, vedada a dispensa de licitação para áreas superiores a esse limite; e

III – pode ser cumulada com o quantitativo de área decorrente da figura prevista na alínea g do inciso I do *caput* deste artigo, até o limite previsto no inciso II deste parágrafo.

(...)"

"Art. 24. (...)

(...)

XXVII – para o fornecimento de bens e serviços, produzidos ou prestados no País, que envolvam, cumulativamente, alta complexidade tecnológica e defesa nacional, mediante parecer de comissão especialmente designada pela autoridade máxima do órgão.

(...)"

Art. 119. O art. 27 da Lei 8.987, de 13 de fevereiro de 1995, passa a vigorar com a seguinte redação:

→ Alterações efetuadas na referida Lei.

Art. 120. A Lei 8.987, de 13 de fevereiro de 1995, passa a vigorar acrescida dos arts. 18-A, 23-A e 28-A:

→ Alterações efetuadas na referida Lei.

Art. 121. O art. 25 da Lei 10.438, de 26 de abril de 2002, passa a vigorar com a seguinte redação:

"Art. 25. Os descontos especiais nas tarifas de energia elétrica aplicáveis às unidades consumidoras classificadas na Classe Rural, inclusive Cooperativas de Eletrificação Rural, serão concedidos ao consumo que se verifique na atividade de irrigação e aquicultura desenvolvida em um período diário contínuo de 8h30m (oito horas e trinta minutos) de duração, facultado ao concessionário ou permissionário de serviço público de distribuição de energia elétrica o estabelecimento de escalas de horário para início, mediante acordo com os consumidores, garantido o horário compreendido entre 21h30m (vinte e uma horas e trinta minutos) e 6h (seis horas) do dia seguinte."

Art. 122. O art. 199 da Lei 11.101, de 9 de fevereiro de 2005, passa a vigorar com a seguinte redação:

→ Alterações efetuadas na referida Lei.

Art. 123. O disposto no art. 122 desta Lei não se aplica aos processos de falência, recuperação judicial ou extrajudicial que estejam em curso na data de publicação desta Lei.

Art. 124. A partir de 15 de agosto de 2005, a Receita Federal do Brasil deverá, por intermédio de convênio, arrecadar e fiscalizar, mediante remuneração de 1,5% (um e meio por cento) do montante arrecadado, o adicional de contribuição instituído pelo § 3º do art. 8º da Lei 8.029, de 12 de abril de 1990, observados, ainda, os §§ 4º e 5º do referido art. 8º e, no que couber, o disposto na Lei 8.212, de 24 de julho de 1991.

Art. 125. O art. 3º da Lei 11.033, de 21 de dezembro de 2004, passa a vigorar com a seguinte redação:

→ Alterações efetuadas na referida Lei.

Art. 126. O § 1º do art. 1º da Lei 10.755, de 3 de novembro de 2003, passa a vigorar com a seguinte redação:

→ Alteração efetuada na referida Lei.

Art. 127. O art. 3º do Decreto-Lei 288, de 28 de fevereiro de 1967, passa a vigorar acrescido dos seguintes parágrafos:

"Art. 3º (...)

(...)

§ 3º As mercadorias entradas na Zona Franca de Manaus nos termos do *caput* deste artigo poderão ser posteriormente destinadas à exportação para o exterior, ainda que usadas, com a manutenção da isenção dos tributos incidentes na importação.

§ 4º O disposto no § 3º deste artigo aplica-se a procedimento idêntico que, eventualmente, tenha sido anteriormente adotado."

Art. 128. O art. 2º da Lei 8.387, de 30 de dezembro de 1991, passa a vigorar acrescido do seguinte § 19:

"Art. 2º (...)

(...)

§ 19. Para as empresas beneficiárias do regime de que trata esta Lei fabricantes de unidades de saída por vídeo (monitores) policromáticas, de subposição NCM 8471.60.72, os percentuais para investimento estabelecidos neste artigo, exclusivamente sobre o faturamento bruto decorrente da comercialização desses produtos no mercado interno, ficam reduzidos em um ponto percentual, a partir de 1º de novembro de 2005."

Art. 129. Para fins fiscais e previdenciários, a prestação de serviços intelectuais, inclusive os de natureza científica, artística ou cultural, em caráter personalíssimo ou não, com ou sem a designação de quaisquer obrigações a sócios ou empregados da sociedade prestadora de serviços, quando por esta realizada, se sujeita tão somente à legislação aplicável às pessoas jurídicas, sem prejuízo da observância do disposto no art. 50 da Lei 10.406, de 10 de janeiro de 2002 – Código Civil.

Parágrafo único. (*Vetado*).

Art. 130. (*Vetado*).

Art. 131. (*Revogado pela Lei 11.482/2007*).

Capítulo XVII
DISPOSIÇÕES FINAIS

Art. 132. Esta Lei entra em vigor na data de sua publicação, produzindo efeitos:

I – a partir da data da publicação da Medida Provisória 255, de 1º de julho de 2005, em relação ao disposto:

a) no art. 91 desta Lei, relativamente ao § 6º do art. 1º, § 2º do art. 2º, parágrafo único do art. 5º, todos da Lei 11.053, de 29 de dezembro de 2004;

b) no art. 92 desta Lei;

II – desde 14 de outubro de 2005, em relação ao disposto:

a) no art. 33 desta Lei, relativamente ao art. 15 da Lei 9.317, de 5 de dezembro de 1996;

b) no art. 43 desta Lei, relativamente ao inciso XXVI do art. 10 e ao art. 15, ambos da Lei 10.833, de 29 de dezembro de 2003;

c) no art. 44 desta Lei, relativamente ao art. 40 da Lei 10.865, de 30 de abril de 2004;

d) nos arts. 38 a 40, 41, 111, 116 e 117 desta Lei;

III – a partir do 1º (primeiro) dia do mês subsequente ao da publicação desta Lei, em relação ao disposto:

a) no art. 42 desta Lei, observado o disposto na alínea a do inciso V deste artigo;

b) no art. 44 desta Lei, relativamente ao art. 15 da Lei 10.865, de 30 de abril de 2004;

c) no art. 43 desta Lei, relativamente ao art. 3º e ao inciso XXVII do art. 10 da Lei 10.833, de 29 de dezembro de 2003;

d) nos arts. 37, 45, 66 e 106 a 108;

IV – a partir de 1º de janeiro de 2006, em relação ao disposto:

a) no art. 33 desta Lei, relativamente ao art. 2º da Lei 9.317, de 5 de dezembro de 1996;

b) nos arts. 17 a 27, 31 e 32, 34, 70 a 75 e 76 a 90 desta Lei;

V – a partir do 1º (primeiro) dia do 4º (quarto) mês subsequente ao da publicação desta Lei, em relação ao disposto:

a) no art. 42 desta Lei, relativamente ao inciso I do § 3º e ao inciso II do § 7º, ambos do art. 3º da Lei 10.485, de 3 de julho de 2002;

b) no art. 46 desta Lei, relativamente ao art. 10 da Lei 11.051, de 29 de dezembro de 2004;

c) nos arts. 47 e 48, 51, 56 a 59, 60 a 62, 64 e 65;

VI – a partir da data da publicação do ato conjunto a que se refere o § 3º do art. 7º do Decreto-Lei 2.287, de 23 de julho de 1986, na forma do art. 114 desta Lei, em relação aos arts. 114 e 115 desta Lei;

VII – em relação ao art. 110 desta Lei, a partir da edição de ato disciplinando a matéria, observado, como prazo mínimo:

a) o 1º (primeiro) dia do 4º (quarto) mês subsequente ao da publicação desta Lei para a Contribuição para o PIS/Pasep e para a Cofins;

b) o 1º (primeiro) dia do mês de janeiro de 2006, para o IRPJ e para a CSLL;

VIII – a partir da data da publicação desta Lei, em relação aos demais dispositivos.

Art. 133. Ficam revogados:

I – a partir de 1º de janeiro de 2006:

a) a Lei 8.661, de 2 de junho de 1993;

b) o parágrafo único do art. 17 da Lei 8.668, de 25 de junho de 1993;

c) o § 4º do art. 82 e os incisos I e II do art. 83 da Lei 8.981, de 20 de janeiro de 1995;

d) os arts. 39, 40, 42 e 43 da Lei 10.637, de 30 de dezembro de 2002;

II – o art. 73 da Medida Provisória 2.158-35, de 24 de agosto de 2001;

III – o art. 36 da Lei 10.637, de 30 de dezembro de 2002;

IV – o art. 11 da Lei 10.931, de 2 de agosto de 2004;

V – o art. 4º da Lei no 10.755, de 3 de novembro de 2003;

VI – a partir do 1º (primeiro) dia do 4º (quarto) mês subsequente ao da publicação desta Lei, o inciso VIII do § 12 do art. 8º da Lei 10.865, de 30 de abril de 2004.

Brasília, 21 de novembro de 2005; 184º da Independência e 117º da República.

Luiz Inácio Lula da Silva

(Publicação no *D.O.U.* de 22.11.2005)

LEI 11.250,
DE 27 DE DEZEMBRO DE 2005

Regulamenta o inciso III do § 4º do art. 153 da Constituição Federal.

O Presidente da República:

Faço saber que o Congresso Nacional decreta e eu sanciono a seguinte Lei:

Art. 1º A União, por intermédio da Secretaria da Receita Federal, para fins do disposto no inciso III do § 4º do art. 153 da Constituição Federal, poderá celebrar convênios com o Distrito Federal e os Municípios que assim optarem, visando a delegar as atribuições de fiscalização, inclusive a de lançamento dos créditos tributários, e de cobrança do Imposto sobre a Propriedade Territorial Rural, de que trata o inciso VI do art. 153 da Constituição Federal, sem prejuízo da competência supletiva da Secretaria da Receita Federal.

§ 1º Para fins do disposto no *caput* deste artigo, deverá ser observada a legislação federal de regência do Imposto sobre a Propriedade Territorial Rural.

§ 2º A opção de que trata o *caput* deste artigo não poderá implicar redução do imposto ou qualquer outra forma de renúncia fiscal.

Art. 2º A Secretaria da Receita Federal baixará ato estabelecendo os requisitos e as condições necessárias à celebração dos convênios de que trata o art. 1º desta Lei.

Art. 3º Esta Lei entra em vigor na data de sua publicação.

Brasília, 27 de dezembro de 2005; 184º da Independência e 117º da República.

Luiz Inácio Lula da Silva

(Publicação no *D.O.U.* de 28.12.2005)

LEI 11.371,
DE 28 DE NOVEMBRO DE 2006

Dispõe sobre operações de câmbio, sobre registro de capitais estrangeiros, sobre o pagamento em lojas francas localizadas em zona primária de porto ou aeroporto, sobre a tributação do arrendamento mercantil de aeronaves, sobre a novação dos contratos celebrados nos termos do § 1º do art. 26 da Lei 9.491, de 9 de setembro de 1997, altera o Decreto 23.258, de 19 de outubro de 1933, a Lei 4.131, de 3 de setembro de 1962, o Decreto-Lei 1.455, de 7 de abril de 1976, e revoga dispositivo da Medida Provisória 303, de 29 de junho de 2006.

Faço saber que o Presidente da República adotou a Medida Provisória 315, de 2006, que o Congresso Nacional aprovou, e eu, Renan Calheiros, Presidente da Mesa do Congresso Nacional, para os efeitos do disposto no art. 62 da Constituição Federal, com a redação dada pela Emenda Constitucional 32, combinado com o art. 12 da Resolução 1, de 2002-CN, promulgo a seguinte Lei:

Art. 1º Os recursos em moeda estrangeira relativos aos recebimentos de exportações brasileiras de mercadorias e de serviços para o exterior, realizadas por pessoas físicas ou jurídicas, poderão ser mantidos em instituição financeira no exterior, observados os limites fixados pelo Conselho Monetário Nacional.

§ 1º O Conselho Monetário Nacional disporá sobre a forma e as condições para a aplicação do disposto no *caput*, deste artigo, vedado o tratamento diferenciado por setor ou atividade econômica.

§ 2º Os recursos mantidos no exterior na forma deste artigo somente poderão ser utilizados para a realização de investimento, aplicação financeira ou pagamento de obrigação próprios do exportador, vedada a realização de empréstimo ou mútuo de qualquer natureza.

Art. 2º O Conselho Monetário Nacional poderá estabelecer formas simplificadas de contratação de operações simultâneas de compra e de venda de moeda estrangeira, relacionadas a recursos provenientes de exportações, sem prejuízo do disposto no art. 23 da Lei 4.131, de 3 de setembro de 1962.

Parágrafo único. Na hipótese do *caput* deste artigo, os recursos da compra e da venda da moeda estrangeira deverão transitar, por seus valores integrais, a crédito e a débito de conta corrente bancária no País, de titularidade do contratante da operação.

Art. 3º Relativamente aos recursos em moeda estrangeira ingressados no País referentes aos recebimentos de exportações de mercadorias e de serviços, compete ao Banco Central do Brasil somente manter registro dos contratos de câmbio.

Parágrafo único. O Banco Central do Brasil fornecerá à Secretaria da Receita Federal os dados do registro de que trata o *caput* deste artigo, na forma por eles estabelecida em ato conjunto.

Art. 4º O art. 23 da Lei 4.131, de 1962, passa a vigorar acrescido do seguinte § 7º:

"Art. 23 (...)

(...)

§ 7º A utilização do formulário a que se refere o § 2º deste artigo não é obrigatória nas operações de compra e de venda de moeda estrangeira de até US$ 3,000.00 (três mil dólares dos Estados Unidos da América), ou do seu equivalente em outras moedas.

Art. 5º Fica sujeito a registro em moeda nacional, no Banco Central do Brasil, o capital estrangeiro investido em pessoas jurídicas no País, ainda não registrado e não sujeito a outra forma de registro no Banco Central do Brasil.

§ 1º Para fins do disposto no *caput* deste artigo, o valor do capital estrangeiro em moeda nacional a ser registrado deve constar dos registros contábeis da pessoa jurídica brasileira receptora do capital estrangeiro, na forma da legislação em vigor.

§ 2º O capital estrangeiro em moeda nacional existente em 31 de dezembro de 2005, a que se refere o *caput* deste artigo, deverá ser regularizado até 30 de junho de 2007, observado o disposto no § 1º deste artigo.

§ 3º A hipótese de que trata o *caput* deste artigo, contabilizada a partir do ano de 2006, inclusive, deve ter o registro efetuado até o último dia útil do ano-calendário subsequente ao do balanço anual no qual a pessoa jurídica estiver obrigada a registrar o capital.

§ 4º O Banco Central do Brasil divulgará dados constantes do registro de que trata este artigo.

§ 5º O Conselho Monetário Nacional disciplinará o disposto neste artigo.

Art. 6º A multa de que trata a Lei 10.755, de 3 de novembro de 2003, não se aplica às importações:

I – cujo vencimento ocorra a partir de 4 de agosto de 2006; ou

II – cujo termo final para a liquidação do contrato de câmbio de importação, na forma do inciso II do art. 1º da Lei 10.755, de 2003, não tenha transcorrido até 4 de agosto de 2006.

Art. 7º As infrações às normas que regulam os registros, no Banco Central do Brasil, de capital estrangeiro em moeda nacional sujeitam os responsáveis à multa de R$ 1.000,00 (mil reais) a R$ 250.000,00 (duzentos e cinquenta mil reais).

Parágrafo único. O Conselho Monetário Nacional estabelecerá a gradação da multa a que se refere o *caput* deste artigo e as hipóteses em que poderá ser dispensada.

Art. 8º A pessoa física ou jurídica residente ou domiciliada no País que mantiver no exterior recursos em moeda estrangeira relativos ao recebimento de exportação, de que trata o art. 1º desta Lei, deverá declarar à Secretaria da Receita Federal a utilização dos recursos.

§ 1º O exercício da faculdade prevista no *caput* do art. 1º desta Lei implica a autorização do fornecimento à Secretaria da Receita Federal, pela instituição financeira ou qualquer outro interveniente, residentes, domiciliados ou com sede no exterior, das informações sobre a utilização dos recursos.

§ 2º A pessoa jurídica que mantiver recursos no exterior na forma do art. 1º desta Lei fica obrigada a manter escrituração contábil nos termos da legislação comercial.

§ 3º A Secretaria da Receita Federal disciplinará o disposto neste artigo.

Art. 9º A inobservância do disposto nos arts. 1º e 8º desta Lei acarretará a aplicação das seguintes multas de natureza fiscal:

I – 10% (dez por cento) incidentes sobre o valor dos recursos mantidos ou utilizados no exterior em desacordo com o disposto no art. 1º desta Lei, sem prejuízo da cobrança dos tributos devidos;

II – 0,5% (cinco décimos por cento) ao mês-calendário ou fração incidente sobre o valor correspondente aos recursos mantidos ou utilizados no exterior e não informados à Secretaria da Receita Federal, no prazo por ela estabelecido, limitada a 15% (quinze por cento).

§ 1º As multas de que trata o *caput* deste artigo serão:

I – aplicadas autonomamente a cada uma das infrações, ainda que caracterizada a ocorrência de eventual concurso;

II – na hipótese de que trata o inciso II do *caput* deste artigo:

a) reduzidas à metade, quando a informação for prestada após o prazo, mas antes de qualquer procedimento de ofício;

b) duplicada, inclusive quanto ao seu limite, em caso de fraude.

§ 2º Compete à Secretaria da Receita Federal promover a exigência das multas de que trata este artigo, observado o rito previsto no Decreto 70.235, de 6 de março de 1972.

Art. 10. Na hipótese de a pessoa jurídica manter os recursos no exterior na forma prevista no art. 1º desta Lei, independe do efetivo ingresso de divisas a aplicação das normas de que tratam o § 1º e o inciso III do *caput* do art. 14 da Medida Provisória 2.158-35, de 24 de agosto de 2001, o inciso II do *caput* do art. 5º da Lei 10.637, de 30 de dezembro de 2002, e o inciso II do *caput* do art. 6º da Lei 10.833, de 29 de dezembro de 2003.

Art. 11. O art. 3º do Decreto 23.258, de 19 de outubro de 1933, passa a vigorar com a seguinte redação:

"Art. 3º É passível de penalidade o aumento de preço de mercadorias importadas para obtenção de coberturas indevidas."

Art. 12. As infrações aos arts. 1º, 2º e 3º do Decreto 23.258, de 1933, ocorridas a partir de 4 de agosto de 2006, serão punidas com multas entre 5% (cinco por cento) e 100% (cem por cento) do valor da operação.

§ 1º O Conselho Monetário Nacional disciplinará o disposto nos arts. 1º, 2º e 3º do Decreto 23.258, de 1933, podendo estabelecer gradação das multas a que se refere o *caput* deste artigo.

§ 2º Sujeitam-se às penalidades do art. 6º do Decreto 23.258, de 1933, as sonegações de cobertura nos valores de exportação ocorridas até 3 de agosto de 2006.

Art. 13. O *caput* do art. 15 do Decreto-Lei 1.455, de 7 de abril de 1976, passa a vigorar com a seguinte redação:

"Art. 15. Na zona primária de porto ou aeroporto poderá ser autorizado, nos termos e condições fixados pelo Ministro de Estado da Fazenda, o funcionamento de lojas francas para venda de mercadoria nacional ou estrangeira a passageiros de viagens internacionais, na chegada ou saída do País, ou em trânsito, contra pagamento em moeda nacional ou estrangeira.

(...)

Art. 14. Fica o Banco Central do Brasil dispensado de inscrever em dívida ativa e de promover a execução fiscal dos débitos provenientes de multas administrativas de sua competência, considerados de pequeno valor ou de comprovada inexequibilidade, nos termos de norma por ele estabelecida.

Parágrafo único. Para os efeitos do disposto no *caput* deste artigo, o Banco Central do Brasil poderá, mediante ato fundamentado, efetuar o cancelamento de débitos inscritos e requerer a desistência de execuções já propostas.

Art. 15. Fica a União autorizada a pactuar, com o Banco Nacional de Desenvolvimento Econômico e Social – BNDES, a novação dos contratos celebrados ao amparo do § 1º do art. 26 da Lei 9.491, de 9 de setembro de 1997, visando dar-lhes forma de instrumento híbrido de capital e dívida, conforme definido pelo Conselho Monetário Nacional, mantida, no mínimo, a equivalência econômica das condições alteradas.

Art. 16. Fica reduzida a 0 (zero), em relação aos fatos geradores que ocorrerem até 31 de dezembro de 2022, a alíquota do imposto sobre a renda na fonte incidente nas operações de que trata o inciso V do art. 1º da Lei 9.481, de 13 de agosto de 1997, na hipótese de pagamento, crédito, entrega, emprego ou remessa, por fonte situada no País, a pessoa jurídica domiciliada no exterior, a título de contraprestação de contrato de arrendamento mercantil de aeronave ou de motores destinados a aeronaves, celebrado por empresa de transporte aéreo público regular, de passageiros ou cargas, até 31 de dezembro de 2019.

→ Artigo com redação alterada pela Lei 13.043/2014.

Art. 17. Esta Lei entra em vigor na data da sua publicação.

Art. 18. Fica revogado o inciso IV do art. 7º da Medida Provisória 303, de 29 de junho de 2006.

Congresso Nacional, em 28 de novembro de 2006; 185º da Independência e 118º da República

Senador Renan Calheiros

Presidente da Mesa do Congresso Nacional

(Publicação no *D.O.U.* de 29.11.2006)

LEI COMPLEMENTAR 123, DE 14 DE DEZEMBRO DE 2006

Institui o Estatuto Nacional da Microempresa e da Empresa do Pequeno Porte; altera dispositivos das Leis 8.212 e 8.213, ambas de 24 de julho de 1991, da Consolidação das Leis do Trabalho – CLT, aprovada pelo Decreto-Lei 5.452, de 1º de maio de 1943, da Lei 10.189, de 14 de fevereiro de 2001, da Lei Complementar 63, de 11 de janeiro de 1990; e revoga as Leis 9.317, de 5 de dezembro de 1996, e 9.841, de 5 de outubro de 1999.

→ Republicação em atendimento ao disposto no art. 5º da LC 139, de 10 de novembro de 2011

→ *v.* Súmula Vinculante 48 do STF.

→ *v.* LC 147/2014 – Altera a LC 123/2006.

→ *v.* Lei 10.189/2001 – Programa de Recuperação Fiscal – Refis.

→ *v.* Decreto 8.538/2015 – Regulamenta o tratamento favorecido, diferenciado e simplificado para ME e EPP.

O Presidente da República:

Faço saber que o Congresso Nacional decreta e eu sanciono a seguinte Lei Complementar:

Capítulo I
DISPOSIÇÕES PRELIMINARES

Art. 1º Esta Lei Complementar estabelece normas gerais relativas ao tratamento diferenciado e favorecido a ser dispensado às microempresas e empresas de pequeno porte no âmbito dos Poderes da União, dos Estados, do Distrito Federal e dos Municípios, especialmente no que se refere:

I – à apuração e recolhimento dos impostos e contribuições da União, dos Estados, do Distrito Federal e dos Municípios, mediante regime único de arrecadação, inclusive obrigações acessórias;

II – ao cumprimento de obrigações trabalhistas e previdenciárias, inclusive obrigações acessórias;

III – ao acesso a crédito e ao mercado, inclusive quanto à preferência nas aquisições de bens e serviços pelos Poderes Públicos, à tecnologia, ao associativismo e às regras de inclusão.

IV – ao cadastro nacional único de contribuintes a que se refere o inciso IV do parágrafo único do art. 146, *in fine*, da Constituição Federal.

→ Inciso IV acrescentado pela LC 147/2014.

§ 1º Cabe ao Comitê Gestor do Simples Nacional (CGSN) apreciar a necessidade de revisão, a partir de 1º de janeiro de 2015, dos valores expressos em moeda nesta Lei Complementar.

§ 2º *(Vetado).*

§ 3º Ressalvado o disposto no Capítulo IV, toda nova obrigação que atinja as microempresas e empresas de pequeno porte deverá apresentar, no instrumento que a instituiu, especificação do tratamento diferenciado, simplificado e favorecido para cumprimento.

→ § 3º acrescentado pela LC 147/2014.

→ V. Lei 13.146/2015 – Estatuto da Pessoa com Deficiência.

§ 4º Na especificação do tratamento diferenciado, simplificado e favorecido de que trata o § 3º, deverá constar prazo máximo, quando forem necessários procedimentos adicionais, para que os órgãos fiscalizadores cumpram as medidas necessárias à emissão de documentos, realização de vistorias e atendimento das demandas realizadas pelas microempresas e empresas de pequeno porte com o objetivo de cumprir a nova obrigação.

→ § 4º acrescentado pela LC 147/2014.

§ 5º Caso o órgão fiscalizador descumpra os prazos estabelecidos na especificação do tratamento diferenciado e favorecido, conforme o disposto no § 4º, a nova obrigação será inexigível até que seja realizada visita para fiscalização orientadora e seja reiniciado o prazo para regularização.

→ § 5º acrescentado pela LC 147/2014.

§ 6º A ausência de especificação do tratamento diferenciado, simplificado e favorecido ou da determinação de prazos máximos, de acordo com os §§ 3º e 4º, tornará a nova obrigação inexigível para as microempresas e empresas de pequeno porte.

→ § 6º acrescentado pela LC 147/2014.

§ 7º A inobservância do disposto nos §§ 3º a 6º resultará em atentado aos direitos e garantias legais assegurados ao exercício profissional da atividade empresarial.

→ § 7º acrescentado pela LC 147/2014.

Art. 2º O tratamento diferenciado e favorecido a ser dispensado às microempresas e empresas de pequeno porte de que trata o art. 1º desta Lei Complementar será gerido pelas instâncias a seguir especificadas:

I – Comitê Gestor do Simples Nacional, vinculado ao Ministério da Fazenda, composto por 4 (quatro) representantes da Secretaria da Receita Federal do Brasil, como representantes da União, 2 (dois) dos Estados e do Distrito Federal e 2 (dois) dos Municípios, para tratar dos aspectos tributários; e

II – Fórum Permanente das Microempresas e Empresas de Pequeno Porte, com a participação dos órgãos federais competentes e das entidades vinculadas ao setor, para tratar dos demais aspectos, ressalvado o disposto no inciso III do *caput* deste artigo;

III – Comitê para Gestão da Rede Nacional para Simplificação do Registro e da Legalização de Empresas e Negócios – CGSIM, vinculado à Secretaria da Micro e Pequena Empresa da Presidência da República, composto por representantes da União, dos Estados e do Distrito Federal, dos Municípios e demais órgãos de apoio e de registro empresarial, na forma definida pelo Poder Executivo, para tratar do processo de registro e de legalização de empresários e de pessoas jurídicas.

→ Inciso III com redação alterada pela LC 147/2014.

§ 1º Os Comitês de que tratam os incisos I e III do *caput* deste artigo serão presididos e coordenados por representantes da União.

§ 2º Os representantes dos Estados e do Distrito Federal nos Comitês referidos nos incisos I e III do *caput* deste artigo serão indicados pelo Conselho Nacional de Política Fazendária – Confaz e os dos Municípios serão indicados, um pela entidade representativa das Secretarias de Finanças das Capitais e outro pelas entidades de representação nacional dos Municípios brasileiros.

§ 3º As entidades de representação referidas no inciso III do *caput* e no § 2º deste artigo serão aquelas regularmente constituídas há pelo menos 1 (um) ano antes da publicação desta Lei Complementar.

§ 4º Os Comitês de que tratam os incisos I e III do *caput* deste artigo elaborarão seus regimentos internos mediante resolução.

§ 5º O Fórum referido no inciso II do *caput* deste artigo tem por finalidade orientar e assessorar a formulação e coordenação da política nacional de desenvolvimento das microempresas e empresas de pequeno porte, bem como acompanhar e avaliar a sua implantação, sendo presidido e coordenado pela Secretaria da Micro e Pequena Empresa da Presidência da República.

→ § 5º com redação alterada pela Lei 12.792/2013.

§ 6º Ao Comitê de que trata o inciso I do *caput* deste artigo compete regulamentar a opção, exclusão, tributação, fiscalização, arrecadação, cobrança, dívida ativa, recolhimento e demais itens relativos ao regime de que trata o art. 12 desta Lei Complementar, observadas as demais disposições desta Lei Complementar.

§ 7º Ao Comitê de que trata o inciso III do *caput* deste artigo compete, na forma da lei, regulamentar a inscrição, cadastro, abertura, alvará, arquivamento, licenças, permissão, autorização, registros e demais itens relativos à abertura, legalização e funcionamento de empresários e de pessoas jurídicas de qualquer porte, atividade econômica ou composição societária.

§ 8º Os membros dos Comitês de que tratam os incisos I e III do *caput* deste artigo serão designados, respectivamente, pelos Ministros de Estado da Fazenda e da Secretaria da Micro e Pequena Empresa da Presidência da República, mediante indicação dos órgãos e entidades vinculados.

→ § 8º com redação alterada pela LC 147/2014.

§ 9º O CGSN poderá determinar, com relação à microempresa e à empresa de pequeno porte optante pelo Simples Nacional, a forma, a periodicidade e o prazo:

→ § 9º acrescentado pela LC 147/2014.

I – de entrega à Secretaria da Receita Federal do Brasil – RFB de uma única declaração com dados relacionados a fatos geradores, base de cálculo e valores da contribuição para a Seguridade Social devida sobre a remuneração do trabalho, inclusive a descontada dos trabalhadores a serviço da empresa, do Fundo de Garantia do Tempo de Serviço – FGTS e outras informações de interesse do Ministério do Trabalho e Emprego – MTE, do Instituto Nacional do Seguro Social – INSS e do Conselho Curador do FGTS, observado o disposto no § 7º deste artigo; e

II – do recolhimento das contribuições descritas no inciso I e do FGTS.

§ 10. O recolhimento de que trata o inciso II do § 9º deste artigo poderá se dar de forma unificada relativamente aos tributos apurados na forma do Simples Nacional.

→ § 10 acrescentado pela LC 147/2014.

§ 11. A entrega da declaração de que trata o inciso I do § 9º substituirá, na forma regulamentada pelo CGSN, a obrigatoriedade de entrega de todas as informações, formulários e declarações a que estão sujeitas as demais empresas ou equiparados que contratam trabalhadores, inclusive relativamente ao recolhimento do FGTS, à Relação Anual de Informações Sociais e ao Cadastro Geral de Empregados e Desempregados.

→ § 11 acrescentado pela LC 147/2014.

§ 12. Na hipótese de recolhimento do FGTS na forma do inciso II do § 9º deste artigo, deve-se assegurar a transferência dos recursos e dos elementos identificadores do recolhimento ao gestor desse fundo para crédito na conta vinculada do trabalhador.

→ § 12 acrescentado pela LC 147/2014.

§ 13. O documento de que trata o inciso I do § 9º tem caráter declaratório, constituindo instrumento hábil e suficiente para a exigência dos tributos, contribuições e dos débitos fundiários que não tenham sido recolhidos resultantes das informações nele prestadas.

→ § 13 acrescentado pela LC 147/2014.

Capítulo II
DA DEFINIÇÃO DE MICROEMPRESA E DE EMPRESA DE PEQUENO PORTE

Art. 3º Para os efeitos desta Lei Complementar, consideram-se microempresas ou empresas de pequeno porte a sociedade empresária, a sociedade simples, a empresa individual de responsabilidade limitada e o empresário a que se refere o art. 966 da Lei 10.406, de 10 de janeiro de 2002 (Código Civil), devidamente registrados no Registro de Empresas Mercantis ou no Registro Civil de Pessoas Jurídicas, conforme o caso, desde que:

I – no caso da microempresa, aufira, em cada ano-calendário, receita bruta igual ou inferior a R$ 360.000,00 (trezentos e sessenta mil reais); e

II – no caso da empresa de pequeno porte, aufira, em cada ano-calendário, receita bruta superior a R$ 360.000,00 (trezentos e sessenta mil reais) e igual ou inferior a R$ 3.600.000,00 (três milhões e seiscentos mil reais).

§ 1º Considera-se receita bruta, para fins do disposto no *caput* deste artigo, o produto da venda de bens e serviços nas operações de conta própria, o preço dos serviços prestados e o resultado nas operações em conta alheia, não incluídas as vendas canceladas e os descontos incondicionais concedidos.

§ 2º No caso de início de atividade no próprio ano-calendário, o limite a que se refere o *caput* deste artigo será proporcional ao número de meses em que a microempresa ou a empresa de pequeno porte houver exercido atividade, inclusive as frações de meses.

§ 3º O enquadramento do empresário ou da sociedade simples ou empresária como microempresa ou empresa de pequeno porte bem como o seu desenquadramento não implicarão alteração, denúncia ou qualquer restrição em relação a contratos por elas anteriormente firmados.

§ 4º Não poderá se beneficiar do tratamento jurídico diferenciado previsto nesta Lei Complementar, incluído o regime de que trata o art. 12 desta Lei Complementar, para nenhum efeito legal, a pessoa jurídica:

I – de cujo capital participe outra pessoa jurídica;

II – que seja filial, sucursal, agência ou representação, no País, de pessoa jurídica com sede no exterior;

III – de cujo capital participe pessoa física que seja inscrita como empresário ou seja sócia de outra empresa que receba tratamento jurídico diferenciado nos termos desta Lei Complementar, desde que a receita bruta global ultrapasse o limite de que trata o inciso II do *caput* deste artigo;

IV – cujo titular ou sócio participe com mais de 10% (dez por cento) do capital de outra empresa não beneficiada por esta Lei Complementar, desde que a receita bruta global ultrapasse o limite de que trata o inciso II do *caput* deste artigo;

V – cujo sócio ou titular seja administrador ou equiparado de outra pessoa jurídica com fins lucrativos, desde que a receita bruta global ultrapasse o limite de que trata o inciso II do *caput* deste artigo;

VI – constituída sob a forma de cooperativas, salvo as de consumo;

VII – que participe do capital de outra pessoa jurídica;

VIII – que exerça atividade de banco comercial, de investimentos e de desenvolvimento, de caixa econômica, de sociedade de crédito, financiamento e investimento ou de crédito imobiliário, de corretora ou de distribuidora de títulos, valores mobiliários e câmbio, de empresa de arrendamento mercantil, de seguros privados e de capitalização ou de previdência complementar;

IX – resultante ou remanescente de cisão ou qualquer outra forma de desmembramento de pessoa jurídica que tenha ocorrido em um dos 5 (cinco) anos-calendário anteriores;

X – constituída sob a forma de sociedade por ações.

XI – cujos titulares ou sócios guardem, cumulativamente, com o contratante do serviço, relação de pessoalidade, subordinação e habitualidade.

→ Inciso XI acrescentado pela LC 147/2014.

§ 5º O disposto nos incisos IV e VII do § 4º deste artigo não se aplica à participação no capital de cooperativas de crédito, bem como em centrais de compras, bolsas de subcontratação, no consórcio referido no art. 50 desta Lei Complementar e na sociedade de propósito específico prevista no art. 56 desta Lei Complementar, e em associações assemelhadas, sociedades de interesse econômico, sociedades de garantia solidária e outros tipos de sociedade, que tenham como objetivo social a defesa exclusiva dos interesses econômicos das microempresas e empresas de pequeno porte.

§ 6º Na hipótese de a microempresa ou empresa de pequeno porte incorrer em alguma das situações previstas nos incisos do § 4º, será excluída do tratamento jurídico diferenciado previsto nesta Lei Complementar, bem como do regime de que trata o art. 12, com efeitos a partir do mês seguinte ao que incorrida a situação impeditiva.

§ 7º Observado o disposto no § 2º deste artigo, no caso de início de atividades, a microempresa que, no ano-calendário, exceder o limite de receita bruta anual previsto no inciso I do *caput* deste artigo passa, no ano-calendário seguinte, à condição de empresa de pequeno porte.

§ 8º Observado o disposto no § 2º deste artigo, no caso de início de atividades, a empresa de pequeno porte que, no ano-calendário, não ultrapassar o limite de receita bruta anual previsto no inciso I do *caput* deste artigo passa, no ano-calendário seguinte, à condição de microempresa.

§ 9º A empresa de pequeno porte que, no ano-calendário, exceder o limite de receita bruta anual previsto no inciso II do *caput* fica excluída, no mês subsequente à ocorrência do excesso, do tratamento jurídico diferenciado previsto nesta Lei Complementar, incluído o regime de que trata o art. 12, para todos os efeitos legais, ressalvado o disposto nos §§ 9º-A, 10 e 12.

§ 9º-A. Os efeitos da exclusão prevista no § 9º dar-se-ão no ano-calendário subsequente se o excesso verificado em relação à receita bruta não for superior a 20% (vinte por cento) do limite referido no inciso II do *caput*.

§ 10. A empresa de pequeno porte que no decurso do ano-calendário de início de atividade ultrapassar o limite proporcional de receita bruta de que trata o § 2º estará excluída do tratamento jurídico diferenciado previsto nesta Lei Complementar, bem como do regime de que trata o art. 12 desta Lei Complementar, com efeitos retroativos ao início de suas atividades.

§ 11. Na hipótese de o Distrito Federal, os Estados e os respectivos Municípios adotarem um dos limites previstos nos incisos I e II do *caput* do art. 19 e no art. 20, caso a receita bruta auferida pela empresa durante o ano-calendário de início de atividade ultrapasse 1/12 (um doze avos) do limite estabelecido multiplicado pelo número de meses de funcionamento nesse período, a empresa não poderá recolher o ICMS e o ISS na forma do Simples Nacional, relativos ao estabelecimento localizado na unidade da federação que os houver adotado, com efeitos retroativos ao início de suas atividades.

§ 12. A exclusão de que trata o § 10 não retroagirá ao início das atividades se o excesso verificado em relação à receita bruta não for superior a 20% (vinte por cento) do respectivo limite referido naquele parágrafo, hipótese em que os efeitos da exclusão dar-se-ão no ano-calendário subsequente.

§ 13. O impedimento de que trata o § 11 não retroagirá ao início das atividades se o excesso verificado em relação à receita bruta não for superior a 20% (vinte por cento) dos respectivos limites referidos naquele parágrafo, hipótese em que os efeitos do impedimento ocorrerão no ano-calendário subsequente.

§ 14. Para fins de enquadramento como microempresa ou empresa de pequeno porte, poderão ser auferidas receitas no mercado interno até o limite previsto no inciso II do *caput* ou no § 2º, conforme o caso, e, adicionalmente, receitas decorrentes da exportação de mercadorias ou serviços, inclusive quando realizada por meio de comercial exportadora ou da sociedade de propósito específico prevista no art. 56 desta Lei Complementar, desde que as receitas de exportação também não excedam os referidos limites de receita bruta anual.

→ § 14 com redação alterada pela LC 147/2014, em vigor na data de sua publicação, produzindo efeitos a partir de 1º de janeiro do primeiro ano subsequente ao da data de publicação da referida Lei Complementar – *D.O.U.* 8.8.2014.

§ 15. Na hipótese do § 14, para fins de determinação da alíquota de que trata o § 1º do art. 18, da base de cálculo prevista em seu § 3º e das majorações de alíquotas previstas em seus §§ 16, 16-A, 17 e 17-A, serão consideradas separadamente as receitas brutas auferidas no mercado interno e aquelas decorrentes da exportação.

→ § 15 com redação alterada pela LC 147/2014, em vigor na data de sua publicação, produzindo efeitos a partir de 1º de janeiro do segundo ano subsequente ao da data de publicação da referida Lei Complementar – *D.O.U.* de 8.8.2014.

→ **Anterior redação:** § 15. Na hipótese do § 14, para fins de determinação da alíquota de que trata o § 1º do art. 18, da base de cálculo prevista em seu § 3º e das majorações de alíquotas previstas em seus §§ 16, 16-A, 17 e 17-A, será considerada a receita bruta total da empresa nos mercados interno e externo.

§ 16. O disposto neste artigo será regulamentado por resolução do CGSN.

→ § 16 acrescentado pela LC 147/2014.

Art. 3º-A. Aplica-se ao produtor rural pessoa física e ao agricultor familiar conceituado na Lei 11.326, de 24 de julho de 2006, com situação regular na Previdência Social e no Município que tenham auferido receita bruta anual até o limite de que trata o inciso II do *caput* do art. 3º o disposto nos arts. 6º e 7º, nos Capítulos V a X, na Seção IV do Capítulo XI e no Capítulo XII desta Lei Complementar, ressalvadas as disposições da Lei 11.718, de 20 de junho de 2008.

→ Artigo acrescentado pela LC 147/2014.

Parágrafo único. A equiparação de que trata o *caput* não se aplica às disposições do Capítulo IV desta Lei Complementar.

Art. 3º-B. Os dispositivos desta Lei Complementar, com exceção dos dispostos no Capítulo IV, são aplicáveis a todas as microempresas e empresas de pequeno porte, assim definidas pelos incisos I e II do *caput* e § 4º do art. 3º, ainda que não enquadradas no regime tributário do Simples Nacional, por vedação ou por opção.

→ Artigo acrescentado pela LC 147/2014.

Capítulo III
DA INSCRIÇÃO E DA BAIXA

Art. 4º Na elaboração de normas de sua competência, os órgãos e entidades envolvidos na abertura e fechamento de empresas, dos 3 (três) âmbitos de governo, deverão considerar a unicidade do processo de registro e de legalização de empresários e de pessoas jurídicas, para tanto devendo articular as competências próprias com aquelas dos demais membros, e buscar, em conjunto, compatibilizar e integrar procedimentos, de modo a evitar a duplicidade de exigências e garantir a linearidade do processo, da perspectiva do usuário.

§ 1º O processo de abertura, registro, alteração e baixa da microempresa e empresa de pequeno porte, bem como qualquer exigência para o início de seu funcionamento, deverão ter trâmite especial e simplificado, preferencialmente eletrônico, opcional para o empreendedor, observado o seguinte:

→ *Caput* do § 1º com redação alterada pela LC 147/2014.

I – poderão ser dispensados o uso da firma, com a respectiva assinatura autógrafa, o capital, requerimentos, demais assinaturas, informações relativas ao estado civil e regime de bens, bem como remessa de documentos, na forma estabelecida pelo CGSIM; e

→ *v.* Art. 968, II do CC.

II – *(Revogado pela LC 147/2014, em vigor na data de sua publicação, produzindo efeitos a partir de 1º de janeiro do segundo ano subsequente ao da data de publicação da referida Lei Complementar – D.O.U. 8.8.2014).*

→ **Anterior redação:** II – o cadastro fiscal estadual ou municipal poderá ser simplificado ou ter sua exigência postergada, sem prejuízo da possibilidade de emissão de documentos fiscais de compra, venda ou prestação de serviços, vedada, em qualquer hipótese, a imposição de custos pela autorização para emissão, inclusive na modalidade avulsa.

§ 2º *(Revogado).*

§ 3º Ressalvado o disposto nesta Lei Complementar, ficam reduzidos a 0 (zero) todos os custos, inclusive prévios, relativos à abertura, à inscrição, ao registro, ao funcionamento, ao alvará, à licença, ao cadastro, às alterações e procedimentos de baixa e encerramento e aos demais itens relativos ao Microempreendedor Individual, incluindo os valores referentes a taxas, a emolumentos e a demais contribuições relativas aos órgãos de registro, de licenciamento, sindicais, de regulamentação, de anotação de responsabilidade técnica, de vistoria e de fiscalização do exercício de profissões regulamentadas.

→ § 3º com redação alterada pela LC 147/2014.

§ 3º-A. O agricultor familiar, definido conforme a Lei 11.326, de 24 de julho de 2006, e identificado pela Declaração de Aptidão ao Pronaf – DAP física ou jurídica, bem como o MEI e o empreendedor de economia solidária ficam isentos de taxas e outros valores relativos à fiscalização da vigilância sanitária.

→ § 3º-A acrescentado pela LC 147/2014.

§ 4º No caso do MEI, de que trata o art. 18-A desta Lei Complementar, a cobrança associativa ou oferta de serviços privados relativos aos atos de que trata o § 3º deste artigo somente poderá ser efetuada a partir de demanda prévia do próprio MEI, firmado por meio de contrato com assinatura autógrafa, observando-se que:

→ § 4º acrescentado pela LC 147/2014.

I – para a emissão de boletos de cobrança, os bancos públicos e privados deverão exigir das instituições sindicais e associativas autorização prévia específica a ser emitida pelo CGSIM;

II – o desrespeito ao disposto neste parágrafo configurará vantagem ilícita pelo induzimento ao erro em prejuízo do MEI, aplicando-se as sanções previstas em lei.

§ 5º *(Vetado).*

→ § 5º acrescentado pela LC 147/2014.

Art. 5º Os órgãos e entidades envolvidos na abertura e fechamento de empresas, dos 3 (três) âmbitos de governo, no âmbito de suas atribuições, deverão manter à disposição dos usuários, de forma presencial e pela rede mundial de computadores, informações, orientações e instrumentos, de forma integrada e consolidada, que permitam pesquisas prévias às etapas de registro ou inscrição, alteração e baixa de empresários e pessoas jurídicas, de modo a prover ao usuário certeza quanto à documentação exigível e quanto à viabilidade do registro ou inscrição.

Parágrafo único. As pesquisas prévias à elaboração de ato constitutivo ou de sua alteração deverão bastar a que o usuário seja informado pelos órgãos e entidades competentes:

I – da descrição oficial do endereço de seu interesse e da possibilidade de exercício da atividade desejada no local escolhido;

II – de todos os requisitos a serem cumpridos para obtenção de licenças de autorização de funcionamento, segundo a atividade pretendida, o porte, o grau de risco e a localização; e

III – da possibilidade de uso do nome empresarial de seu interesse.

Art. 6º Os requisitos de segurança sanitária, metrologia, controle ambiental e prevenção contra incêndios, para os fins de registro e legalização de empresários e pessoas jurídicas, deverão ser simplificados, racionalizados e uniformizados pelos órgãos envolvidos na abertura e fechamento de empresas, no âmbito de suas competências.

§ 1º Os órgãos e entidades envolvidos na abertura e fechamento de empresas que sejam responsáveis pela emissão de licenças e autorizações de funcionamento somente realizarão vistorias após o início de operação do estabelecimento, quando a atividade, por sua natureza, comportar grau de risco compatível com esse procedimento.

§ 2º Os órgãos e entidades competentes definirão, em 6 (seis) meses, contados da publicação desta Lei Complementar, as atividades cujo grau de risco seja considerado alto e que exigirão vistoria prévia.

§ 3º Na falta de legislação estadual, distrital ou municipal específica relativa à definição do grau de risco da atividade aplicar-se-á resolução do CGSIM.

→ § 3º acrescentado pela LC 147/2014.

§ 4º A classificação de baixo grau de risco permite ao empresário ou à pessoa jurídica a obtenção do licenciamento de atividade mediante o simples fornecimento de dados e a substituição da comprovação prévia do cumprimento de exigências e restrições por declarações do titular ou responsável.

→ § 4º acrescentado pela LC 147/2014.

§ 5º O disposto neste artigo não é impeditivo da inscrição fiscal.

→ § 5º acrescentado pela LC 147/2014.

Art. 7º Exceto nos casos em que o grau de risco da atividade seja considerado alto, os Municípios emitirão Alvará de Funcionamento Provisório, que permitirá o início de operação do estabelecimento imediatamente após o ato de registro.

Parágrafo único. Nos casos referidos no *caput* deste artigo, poderá o Município conceder Alvará de Funcionamento Provisório para o microempreendedor individual, para microempresas e para empresas de pequeno porte:

I – instaladas em área ou edificação desprovidas de regulação fundiária e imobiliária, inclusive habite-se; ou

→ Inciso I com redação alterada pela LC 147/2014.

II – em residência do microempreendedor individual ou do titular ou sócio da microempresa ou empresa de pequeno porte, na hipótese em que a atividade não gere grande circulação de pessoas.

Art. 8º Será assegurado aos empresários e pessoas jurídicas:

→ Artigo com redação alterada pela LC 147/2014.

I – entrada única de dados e documentos;

II – processo de registro e legalização integrado entre os órgãos e entes envolvidos, por meio de sistema informatizado que garanta:

a) sequenciamento das seguintes etapas: consulta prévia de nome empresarial e de viabilidade de localização, registro empresarial, inscrições fiscais e licenciamento de atividade;

b) criação da base nacional cadastral única de empresas;

III – identificação nacional cadastral única que corresponderá ao número de inscrição no Cadastro Nacional de Pessoas Jurídicas – CNPJ.

§ 1º O sistema de que trata o inciso II do *caput* deve garantir aos órgãos e entidades integrados:

I – compartilhamento irrestrito dos dados da base nacional única de empresas;

II – autonomia na definição das regras para comprovação do cumprimento de exigências nas respectivas etapas do processo.

§ 2º A identificação nacional cadastral única substituirá para todos os efeitos as demais inscrições, sejam elas federais, estaduais ou municipais, após a implantação do sistema a que se refere o inciso II do *caput*, no prazo e na forma estabelecidos pelo CGSIM.

§ 3º É vedado aos órgãos e entidades integrados ao sistema informatizado de que trata o inciso II do *caput* o estabelecimento de exigências não previstas em lei.

§ 4º A coordenação do desenvolvimento e da implantação do sistema de que trata o inciso II do *caput* ficará a cargo do CGSIM.

Art. 9º O registro dos atos constitutivos, de suas alterações e extinções (baixas), referentes a empresários e pessoas jurídicas em qualquer órgão dos 3 (três) âmbitos de governo ocorrerá independentemente da regularidade de obrigações tributárias, previdenciárias ou trabalhistas, principais ou acessórias, do empresário, da sociedade, dos sócios, dos administradores ou de empresas de que participem, sem prejuízo das responsabilidades do empresário, dos titulares, dos sócios ou dos administradores por tais obrigações, apuradas antes ou após o ato de extinção.

→ *Caput* com redação alterada pela LC 147/2014.

§ 1º O arquivamento, nos órgãos de registro, dos atos constitutivos de empresários, de sociedades empresárias e de demais equiparados que se enquadrarem como microempresa ou empresa de pequeno porte bem como o arquivamento de suas alterações são dispensados das seguintes exigências:

I – certidão de inexistência de condenação criminal, que será substituída por declaração do titular ou administrador, firmada sob as penas da lei, de não estar impedido de exercer atividade mercantil ou a administração de sociedade, em virtude de condenação criminal;

II – prova de quitação, regularidade ou inexistência de débito referente a tributo ou contribuição de qualquer natureza.

§ 2º Não se aplica às microempresas e às empresas de pequeno porte o disposto no § 2º do art. 1º da Lei 8.906, de 4 de julho de 1994.

§ 3º (*Revogado pela LC 147/2014*).

§ 4º A baixa do empresário ou da pessoa jurídica não impede que, posteriormente, sejam lançados ou cobrados tributos, contribuições e respectivas penalidades, decorrentes da falta do cumprimento de obrigações ou da prática comprovada e apurada em processo administrativo ou judicial de outras irregularidades praticadas pelos empresários, pelas pessoas jurídicas ou por seus titulares, sócios ou administradores.

→ § 4º com redação alterada pela LC 147/2014.

§ 5º A solicitação de baixa do empresário ou da pessoa jurídica importa responsabilidade solidária dos empresários, dos titulares, dos sócios e dos administradores no período da ocorrência dos respectivos fatos geradores.

→ § 5º com redação alterada pela LC 147/2014.

§ 6º Os órgãos referidos no *caput* deste artigo terão o prazo de 60 (sessenta) dias para efetivar a baixa nos respectivos cadastros.

§ 7º Ultrapassado o prazo previsto no § 6º deste artigo sem manifestação do órgão competente, presumir-se-á a baixa dos registros das microempresas e a das empresas de pequeno porte.

§§ 8º a 12. (*Revogados pela LC 147/2014*)

Art. 10. Não poderão ser exigidos pelos órgãos e entidades envolvidos na abertura e fechamento de empresas, dos 3 (três) âmbitos de governo:

I – excetuados os casos de autorização prévia, quaisquer documentos adicionais aos requeridos pelos órgãos executores do Registro Público de Empresas Mercantis e Atividades Afins e do Registro Civil de Pessoas Jurídicas;

II – documento de propriedade ou contrato de locação do imóvel onde será instalada a sede, filial ou outro estabelecimento, salvo para comprovação do endereço indicado;

III – comprovação de regularidade de prepostos dos empresários ou pessoas jurídicas com seus órgãos de classe, sob qualquer forma, como requisito para deferimento de ato de inscrição, alteração ou baixa de empresa, bem como para autenticação de instrumento de escrituração.

Art. 11. Fica vedada a instituição de qualquer tipo de exigência de natureza documental ou formal, restritiva ou condicionante, pelos órgãos envolvidos na abertura e fechamento de empresas, dos 3 (três) âmbitos de governo, que exceda o estrito limite dos requisitos pertinentes à essência do ato de registro, alteração ou baixa da empresa.

Capítulo IV
DOS TRIBUTOS E CONTRIBUIÇÕES

Seção I
Da instituição e abrangência

Art. 12. Fica instituído o Regime Especial Unificado de Arrecadação de Tributos e Contribuições devidos pelas Microempresas e Empresas de Pequeno Porte – Simples Nacional.

Art. 13. O Simples Nacional implica o recolhimento mensal, mediante documento único de arrecadação, dos seguintes impostos e contribuições:

I – Imposto sobre a Renda da Pessoa Jurídica – IRPJ;

II – Imposto sobre Produtos Industrializados – IPI, observado o disposto no inciso XII do § 1º deste artigo;

III – Contribuição Social sobre o Lucro Líquido – CSLL;

IV – Contribuição para o Financiamento da Seguridade Social – Cofins, observado o disposto no inciso XII do § 1º deste artigo;

V – contribuição para o PIS/Pasep, observado o disposto no inciso XII do § 1º deste artigo;

VI – Contribuição Patronal Previdenciária – CPP para a Seguridade Social, a cargo da pessoa jurídica, de que trata o art. 22 da Lei 8.212, de 24 de julho de 1991, exceto no caso da microempresa e da empresa de pequeno porte que se dedique às atividades de prestação de serviços referidas no § 5º-C do art. 18 desta Lei Complementar;

VII – Imposto sobre Operações Relativas à Circulação de Mercadorias e Sobre Prestações de Serviços de Transporte Interestadual e Intermunicipal e de Comunicação – ICMS;

VIII – Imposto sobre Serviços de Qualquer Natureza – ISS.

§ 1º O recolhimento na forma deste artigo não exclui a incidência dos seguintes impostos ou contribuições, devidos na qualidade de contribuinte ou responsável, em relação aos quais será observada a legislação aplicável às demais pessoas jurídicas:

I – Imposto sobre Operações de Crédito, Câmbio e Seguro, ou Relativas a Títulos ou Valores Mobiliários – IOF;

II – Imposto sobre a Importação de Produtos Estrangeiros – II;

III – Imposto sobre a Exportação, para o Exterior, de Produtos Nacionais ou Nacionalizados – IE;

IV – Imposto sobre a Propriedade Territorial Rural – ITR;

V – Imposto de Renda, relativo aos rendimentos ou ganhos líquidos auferidos em aplicações de renda fixa ou variável;

VI – Imposto de Renda relativo aos ganhos de capital auferidos na alienação de bens do ativo permanente;

VII – Contribuição Provisória sobre Movimentação ou Transmissão de Valores e de Créditos e Direitos de Natureza Financeira – CPMF;

VIII – Contribuição para o Fundo de Garantia do Tempo de Serviço – FGTS;

IX – Contribuição para manutenção da Seguridade Social, relativa ao trabalhador;

X – Contribuição para a Seguridade Social, relativa à pessoa do empresário, na qualidade de contribuinte individual;

XI – Imposto de Renda relativo aos pagamentos ou créditos efetuados pela pessoa jurídica a pessoas físicas;

XII – Contribuição para o PIS/Pasep, Cofins e IPI incidentes na importação de bens e serviços;

XIII – ICMS devido:

a) nas operações sujeitas ao regime de substituição tributária, tributação concentrada em uma única etapa (monofásica) e sujeitas ao regime de antecipação do recolhimento do imposto com encerramento de tributação, envolvendo combustíveis e lubrificantes; energia elétrica; cigarros e outros produtos derivados do fumo; bebidas; óleos e azeites vegetais comestíveis; farinha de trigo e misturas de farinha de trigo; massas alimentícias; açúcares; produtos lácteos; carnes e suas preparações; preparações à base de cereais; chocolates; produtos de padaria e da indústria de bolachas e biscoitos; sorvetes e preparados para fabricação de sorvetes em máquinas; cafés e mates, seus extratos, essências e concentrados; preparações para molhos e molhos preparados; preparações de produtos vegetais; rações para animais domésticos; veículos automotivos e automotores, suas peças, componentes e acessórios; pneumáticos; câmaras de ar e protetores de borracha; medicamentos e outros produtos farmacêuticos para uso humano ou veterinário; cosméticos; produtos de perfumaria e de higiene pessoal; papéis; plásticos; canetas e malas; cimentos, cal e argamassas; produtos cerâmicos; vidros; obras de metal e plástico para construção; telhas e caixas d'água; tintas e vernizes; produtos eletrônicos, eletroeletrônicos e eletrodomésticos; fios; cabos e outros condutores; transformadores elétricos e reatores; disjuntores; interruptores e tomadas; isoladores; para-raios e lâmpadas; máquinas e aparelhos de ar-condicionado; centrifugadores de uso doméstico; aparelhos e instrumentos de pesagem de uso doméstico; extintores; aparelhos ou máquinas de barbear; máquinas de cortar o cabelo ou de tosquiar; aparelhos de depilar, com motor elétrico incorporado; aquecedores elétricos de água para uso doméstico e termômetros; ferramentas; álcool etílico; sabões em pó e líquidos para roupas; detergentes; alvejantes; esponjas; palhas de aço e amaciantes de roupas; venda de mercadorias pelo sistema porta a porta; nas operações sujeitas ao regime de substituição tributária pelas operações anteriores; e nas prestações de serviços sujeitas aos regimes de substituição tributária e de antecipação de recolhimento do imposto com encerramento de tributação;

→ Alínea *a* com redação alterada pela LC 147/2014, em vigor na data de sua publicação, produzindo efeitos a partir de 1º de janeiro do segundo ano subsequente ao da data de publicação da referida Lei Complementar – *D.O.U.* de 8.8.2014.

→ **Anterior redação:** *a*) nas operações ou prestações sujeitas ao regime de substituição tributária;

b) por terceiro, a que o contribuinte se ache obrigado, por força da legislação estadual ou distrital vigente;

c) na entrada, no território do Estado ou do Distrito Federal, de petróleo, inclusive lubrificantes e combustíveis líquidos e gasosos dele derivados, bem como energia elétrica, quando não destinados à comercialização ou industrialização;

d) por ocasião do desembaraço aduaneiro;

e) na aquisição ou manutenção em estoque de mercadoria desacobertada de documento fiscal;

f) na operação ou prestação desacobertada de documento fiscal;

g) nas operações com bens ou mercadorias sujeitas ao regime de antecipação do recolhimento do imposto, nas aquisições em outros Estados e Distrito Federal:

1. com encerramento da tributação, observado o disposto no inciso IV do § 4° do art. 18 desta Lei Complementar;

2. sem encerramento da tributação, hipótese em que será cobrada a diferença entre a alíquota interna e a interestadual, sendo vedada a agregação de qualquer valor;

h) nas aquisições em outros Estados e no Distrito Federal de bens ou mercadorias, não sujeitas ao regime de antecipação do recolhimento do imposto, relativo à diferença entre a alíquota interna e a interestadual;

XIV – ISS devido:

a) em relação aos serviços sujeitos à substituição tributária ou retenção na fonte;

b) na importação de serviços;

XV – demais tributos de competência da União, dos Estados, do Distrito Federal ou dos Municípios, não relacionados nos incisos anteriores.

§ 2° Observada a legislação aplicável, a incidência do imposto de renda na fonte, na hipótese do inciso V do § 1° deste artigo, será definitiva.

§ 3° As microempresas e empresas de pequeno porte optantes pelo Simples Nacional ficam dispensadas do pagamento das demais contribuições instituídas pela União, inclusive as contribuições para as entidades privadas de serviço social e de formação profissional vinculadas ao sistema sindical, de que trata o art. 240 da Constituição Federal, e demais entidades de serviço social autônomo.

§ 4° *(Vetado).*

§ 5° A diferença entre a alíquota interna e a interestadual de que tratam as alíneas *g* e *h* do inciso XIII do § 1° deste artigo será calculada tomando-se por base as alíquotas aplicáveis às pessoas jurídicas não optantes pelo Simples Nacional.

§ 6° O Comitê Gestor do Simples Nacional:

I – disciplinará a forma e as condições em que será atribuída à microempresa ou empresa de pequeno porte optante pelo Simples Nacional a qualidade de substituta tributária; e

II – poderá disciplinar a forma e as condições em que será estabelecido o regime de antecipação do ICMS previsto na alínea *g* do inciso XIII do § 1° deste artigo.

§ 7° O disposto na alínea *a* do inciso XIII do § 1° será disciplinado por convênio celebrado pelos Estados e pelo Distrito Federal, ouvidos o CGSN e os representantes dos segmentos econômicos envolvidos.

→ § 7° acrescentado pela LC 147/2014, em vigor na data de sua publicação, produzindo efeitos a partir de 1° de janeiro do segundo ano subsequente ao da data de publicação da referida Lei Complementar – *D.O.U.* de 8.8.2014.

§ 8° Em relação às bebidas não alcóolicas, massas alimentícias, produtos lácteos, carnes e suas preparações, preparações à base de cereais, chocolates, produtos de padaria e da indústria de bolachas e biscoitos, preparações para molhos e molhos preparados, preparações de produtos vegetais, telhas e outros produtos cerâmicos para construção e detergentes, aplica-se o disposto na alínea *a* do inciso XIII do § 1° aos fabricados em escala industrial relevante em cada segmento, observado o disposto no § 7°.

→ § 8° acrescentado pela LC 147/2014, em vigor na data de sua publicação, produzindo efeitos a partir de 1° de janeiro do segundo ano subsequente ao da data de publicação da referida Lei Complementar – *D.O.U.* de 8.8.2014.

Art. 14. Consideram-se isentos do imposto de renda, na fonte e na declaração de ajuste do beneficiário, os valores efetivamente pagos ou distribuídos ao titular ou sócio da microempresa ou empresa de pequeno porte optante pelo Simples Nacional, salvo os que corresponderem a pró-labore, aluguéis ou serviços prestados.

§ 1° A isenção de que trata o *caput* deste artigo fica limitada ao valor resultante da aplicação dos percentuais de que trata o art. 15 da Lei 9.249, de 26 de dezembro de 1995, sobre a receita bruta mensal, no caso de antecipação de fonte, ou da receita bruta total anual, tratando-se de declaração de ajuste, subtraído do valor devido na forma do Simples Nacional no período.

§ 2° O disposto no § 1° deste artigo não se aplica na hipótese de a pessoa jurídica manter escrituração contábil e evidenciar lucro superior àquele limite.

Art. 15. *(Vetado).*

Art. 16. A opção pelo Simples Nacional da pessoa jurídica enquadrada na condição de microempresa e empresa de pequeno porte dar-se-á na forma a ser estabelecida em ato do Comitê Gestor, sendo irretratável para todo o ano-calendário.

§ 1° Para efeito de enquadramento no Simples Nacional, considerar-se-á microempresa ou empresa de pequeno porte aquela cuja receita bruta no ano-calendário anterior ao da opção esteja compreendida dentro dos limites previstos no art. 3° desta Lei Complementar.

§ 1°-A. A opção pelo Simples Nacional implica aceitação de sistema de comunicação eletrônica, destinado, dentre outras finalidades, a:

I – cientificar o sujeito passivo de quaisquer tipos de atos administrativos, incluídos os relativos ao indeferimento de opção, à exclusão do regime e a ações fiscais;

II – encaminhar notificações e intimações; e

III – expedir avisos em geral.

§ 1°-B. O sistema de comunicação eletrônica de que trata o § 1°-A será regulamentado pelo CGSN, observando-se o seguinte:

I – as comunicações serão feitas, por meio eletrônico, em portal próprio, dispensando-se a sua publicação no Diário Oficial e o envio por via postal;

II – a comunicação feita na forma prevista no *caput* será considerada pessoal para todos os efeitos legais;

III – a ciência por meio do sistema de que trata o § 1°-A com utilização de certificação digital ou de código de acesso possuirá os requisitos de validade;

IV – considerar-se-á realizada a comunicação no dia em que o sujeito passivo efetivar a consulta eletrônica ao teor da comunicação; e

V – na hipótese do inciso IV, nos casos em que a consulta se dê em dia não útil, a comunicação será considerada como realizada no primeiro dia útil seguinte.

§ 1°-C. A consulta referida nos incisos IV e V do § 1°-B deverá ser feita em até 45 (quarenta e cinco) dias contados da data da disponibilização da comunicação no portal a que se refere o inciso I do § 1°-B, ou em prazo superior estipulado pelo CGSN, sob pena de ser considerada automaticamente realizada na data do término desse prazo.

§ 1°-D. Enquanto não editada a regulamentação de que trata o § 1°-B, os entes federativos poderão utilizar sistemas de comunicação eletrônica, com regras próprias, para as finalidades previstas no § 1°-A, podendo a referida regulamentação prever a adoção desses sistemas como meios complementares de comunicação.

§ 2° A opção de que trata o *caput* deste artigo deverá ser realizada no mês de janeiro, até o seu último dia útil, produzindo efeitos a partir do 1° (primeiro) dia do ano-calendário da opção, ressalvado o disposto no § 3° deste artigo.

§ 3° A opção produzirá efeitos a partir da data do início de atividade, desde que exercida nos termos, prazo e condições a serem estabelecidos no ato do Comitê Gestor a que se refere o *caput* deste artigo.

§ 4° Serão consideradas inscritas no Simples Nacional, em 1° de julho de 2007, as microempresas e empresas de pequeno porte regularmente optantes pelo regime tributário de que trata a Lei 9.317, de 5 de dezembro de 1996, salvo as que estiverem impedidas de optar por alguma vedação imposta por esta Lei Complementar.

§ 5° O Comitê Gestor regulamentará a opção automática prevista no § 4° deste artigo.

§ 6° O indeferimento da opção pelo Simples Nacional será formalizado mediante ato da Administração Tributária segundo regulamentação do Comitê Gestor.

Seção II
Das vedações ao ingresso no Simples Nacional

Art. 17. Não poderão recolher os impostos e contribuições na forma do Simples Nacional a microempresa ou a empresa de pequeno porte:

I – que explore atividade de prestação cumulativa e contínua de serviços de assessoria creditícia, gestão de crédito, seleção e riscos, administração de contas a pagar e a receber, gerenciamento de ativos (*asset management*), compras de direitos creditórios resultantes de vendas mercantis a prazo ou de prestação de serviços (*factoring*);

II – que tenha sócio domiciliado no exterior;

III – de cujo capital participe entidade da administração pública, direta ou indireta, federal, estadual ou municipal;

IV – *(Revogado).*

V – que possua débito com o Instituto Nacional do Seguro Social – INSS, ou com as Fazendas Públicas Federal, Estadual ou Municipal, cuja exigibilidade não esteja suspensa;

VI – que preste serviço de transporte intermunicipal e interestadual de passageiros, exceto quando na modalidade fluvial ou quando possuir características de transporte urbano ou metropolitano ou realizar-se sob fretamento contínuo em área metropolitana para o transporte de estudantes ou trabalhadores;

→ Inciso VI com redação alterada pela LC 147/2014, em vigor na data de sua publicação, produzindo efeitos a partir de 1º de janeiro do primeiro ano subsequente ao da data de publicação da referida Lei Complementar – *D.O.U.* 8.8.2014.

VII – que seja geradora, transmissora, distribuidora ou comercializadora de energia elétrica;

VIII – que exerça atividade de importação ou fabricação de automóveis e motocicletas;

IX – que exerça atividade de importação de combustíveis;

X – que exerça atividade de produção ou venda no atacado de:

a) cigarros, cigarrilhas, charutos, filtros para cigarros, armas de fogo, munições e pólvoras, explosivos e detonantes;

b) bebidas a seguir descritas:

1. alcoólicas;

2. *(Revogado pela LC 147/2014)*;

3. *(Revogado pela LC 147/2014)*;

4 – cervejas sem álcool;

XI – *(Revogado pela LC 147/2014, em vigor na data de sua publicação, produzindo efeitos a partir de 1º de janeiro do primeiro ano subsequente ao da data de publicação da referida Lei Complementar* – D.O.U. *8.8.2014)*

XII – que realize cessão ou locação de mão-de-obra;

XIII – *(Revogado pela LC 147/2014, em vigor na data de sua publicação, produzindo efeitos a partir de 1º de janeiro do primeiro ano subsequente ao da data de publicação da referida Lei Complementar* – D.O.U. *8.8.2014)*.

XIV – que se dedique ao loteamento e à incorporação de imóveis;

XV – que realize atividade de locação de imóveis próprios, exceto quando se referir a prestação de serviços tributados pelo ISS;

XVI – com ausência de inscrição ou com irregularidade em cadastro fiscal federal, municipal ou estadual, quando exigível.

§ 1º As vedações relativas a exercício de atividades previstas no *caput* deste artigo não se aplicam às pessoas jurídicas que se dediquem exclusivamente às atividades referidas nos §§ 5º-B a 5º-E do art. 18 desta Lei Complementar, ou as exerçam em conjunto com outras atividades que não tenham sido objeto de vedação no *caput* deste artigo.

I a XXI – *(Revogados).*

XXII – *(Vetado).*

XXIII a XXVII – *(Revogados).*

XXVIII – *(Vetado).*

§ 2º Também poderá optar pelo Simples Nacional a microempresa ou empresa de pequeno porte que se dedique à prestação de outros serviços que não tenham sido objeto de vedação expressa neste artigo, desde que não incorra em nenhuma das hipóteses de vedação previstas nesta Lei Complementar.

§ 3º *(Vetado).*

§ 4º Na hipótese do inciso XVI do *caput*, deverá ser observado, para o MEI, o disposto no art. 4º desta Lei Complementar.

Seção III
Das alíquotas e base de cálculo

Art. 18. O valor devido mensalmente pela microempresa ou empresa de pequeno porte, optante pelo Simples Nacional, será determinado mediante aplicação das alíquotas constantes das tabelas dos Anexos I a VI desta Lei Complementar sobre a base de cálculo de que trata o § 3º deste artigo, observado o disposto no § 15 do art. 3º.

→ *Caput* com redação alterada pela LC 147/2014, em vigor na data de sua publicação, produzindo efeitos a partir de 1º de janeiro do primeiro ano subsequente ao da data de publicação da referida Lei Complementar – *D.O.U.* 8.8.2014.

§ 1º Para efeito de determinação da alíquota, o sujeito passivo utilizará a receita bruta acumulada nos 12 (doze) meses anteriores ao do período de apuração.

§ 2º Em caso de início de atividade, os valores de receita bruta acumulada constantes das tabelas dos Anexos I a VI desta Lei Complementar devem ser proporcionalizados ao número de meses de atividade no período.

→ § 2º com redação alterada pela LC 147/2014, em vigor na data de sua publicação, produzindo efeitos a partir de 1º de janeiro do primeiro ano subsequente ao da data de publicação da referida Lei Complementar – *D.O.U.* 8.8.2014.

§ 3º Sobre a receita bruta auferida no mês incidirá a alíquota determinada na forma do *caput* e dos §§ 1º e 2º deste artigo, podendo tal incidência se dar, à opção do contribuinte, na forma regulamentada pelo Comitê Gestor, sobre a receita recebida no mês, sendo essa opção irretratável para todo o ano-calendário.

§ 4º O contribuinte deverá considerar, destacadamente, para fim de pagamento, as receitas decorrentes da:

→ § 4º com redação alterada pela LC 147/2014.

I – revenda de mercadorias, que serão tributadas na forma do Anexo I desta Lei Complementar;

II – venda de mercadorias industrializadas pelo contribuinte, que serão tributadas na forma do Anexo II desta Lei Complementar;

III – prestação de serviços de que trata o § 5º-B deste artigo e dos serviços vinculados à locação de bens imóveis e corretagem de imóveis desde que observado o disposto no inciso XV do art. 17, que serão tributados na forma do Anexo III desta Lei Complementar;

IV – prestação de serviços de que tratam os §§ 5º-C a 5º-F e 5º-I deste artigo, que serão tributadas na forma prevista naqueles parágrafos;

V – locação de bens móveis, que serão tributadas na forma do Anexo III desta Lei Complementar, deduzida a parcela correspondente ao ISS;

VI – atividade com incidência simultânea de IPI e de ISS, que serão tributadas na forma do Anexo II desta Lei Complementar, deduzida a parcela correspondente ao ICMS e acrescida a parcela correspondente ao ISS prevista no Anexo III desta Lei Complementar;

VII – comercialização de medicamentos e produtos magistrais produzidos por manipulação de fórmulas:

a) sob encomenda para entrega posterior ao adquirente, em caráter pessoal, mediante prescrições de profissionais habilitados ou indicação pelo farmacêutico, produzidos no próprio estabelecimento após o atendimento inicial, que serão tributadas na forma do Anexo III desta Lei Complementar;

b) nos demais casos, quando serão tributadas na forma do Anexo I desta Lei Complementar.

§ 4º-A. O contribuinte deverá segregar, também, as receitas:

→ § 4º-A acrescentado pela LC 147/2014.

I – decorrentes de operações ou prestações sujeitas à tributação concentrada em uma única etapa (monofásica), bem como, em relação ao ICMS, que o imposto já tenha sido recolhido por substituto tributário ou por antecipação tributária com encerramento de tributação;

II – sobre as quais houve retenção de ISS na forma do § 6º deste artigo e § 4º do art. 21 desta Lei Complementar, ou, na hipótese do § 22-A deste artigo, seja devido em valor fixo ao respectivo município;

III – sujeitas à tributação em valor fixo ou que tenham sido objeto de isenção ou redução de ISS ou de ICMS na forma prevista nesta Lei Complementar;

IV – decorrentes da exportação para o exterior, inclusive as vendas realizadas por meio de comercial exportadora ou da sociedade de propósito específico prevista no art. 56 desta Lei Complementar;

V – sobre as quais o ISS seja devido a Município diverso do estabelecimento prestador, quando será recolhido no Simples Nacional.

§ 5º As atividades industriais serão tributadas na forma do Anexo II desta Lei Complementar.

I a VII – *(Revogados).*

§ 5º-A. *(Revogado pela LC 147/2014, em vigor na data de sua publicação, produzindo efeitos a partir de 1º de janeiro do primeiro ano subsequente ao da data de publicação da referida Lei Complementar* – D.O.U. *8.8.2014)*

§ 5º-B. Sem prejuízo do disposto no § 1º do art. 17 desta Lei Complementar, serão tributadas na forma do Anexo III desta Lei Complementar as seguintes atividades de prestação de serviços:

I – creche, pré-escola e estabelecimento de ensino fundamental, escolas técnicas, profissionais e de ensino médio, de línguas estrangeiras, de artes, cursos técnicos de pilotagem, preparatórios para concursos, gerenciais e escolas livres, exceto as previstas nos incisos II e III do § 5º-D deste artigo;

II – agência terceirizada de correios;

III – agência de viagem e turismo;

IV – centro de formação de condutores de veículos automotores de transporte terrestre de passageiros e de carga;

V – agência lotérica;

VI a VIII – (*Revogados*).

IX – serviços de instalação, de reparos e de manutenção em geral, bem como de usinagem, solda, tratamento e revestimento em metais;

X a XII – (*Revogados*).

XIII – transporte municipal de passageiros;

XIV – escritórios de serviços contábeis, observado o disposto nos §§ 22-B e 22-C deste artigo;

XV – produções cinematográficas, audiovisuais, artísticas e culturais, sua exibição ou apresentação, inclusive no caso de música, literatura, artes cênicas, artes visuais, cinematográficas e audiovisuais.

XVI – fisioterapia;

→ Inciso XVI acrescentado pela LC 147/2014.

XVII – corretagem de seguros.

→ Inciso XVII acrescentado pela LC 147/2014.

§ 5º-C. Sem prejuízo do disposto no § 1º do art. 17 desta Lei Complementar, as atividades de prestação de serviços seguintes serão tributadas na forma do Anexo IV desta Lei Complementar, hipótese em que não estará incluída no Simples Nacional a contribuição prevista no inciso VI do *caput* do art. 13 desta Lei Complementar, devendo ela ser recolhida segundo a legislação prevista para os demais contribuintes ou responsáveis:

I – construção de imóveis e obras de engenharia em geral, inclusive sob a forma de subempreitada, execução de projetos e serviços de paisagismo, bem como decoração de interiores;

II a V – (*Revogados*).

VI – serviço de vigilância, limpeza ou conservação.

VII – serviços advocatícios.

→ Inciso VII acrescentado pela LC 147/2014.

§ 5º-D. Sem prejuízo do disposto no § 1º do art. 17 desta Lei Complementar, as atividades de prestação de serviços seguintes serão tributadas na forma do Anexo V desta Lei Complementar:

I – administração e locação de imóveis de terceiros;

→ Inciso I com redação alterada pela LC 147/2014, em vigor na data de sua publicação, produzindo efeitos a partir de 1º de janeiro do primeiro ano subsequente ao da data de publicação da referida Lei Complementar – *D.O.U.* 8.8.2014.

II – academias de dança, de capoeira, de ioga e de artes marciais;

III – academias de atividades físicas, desportivas, de natação e escolas de esportes;

IV – elaboração de programas de computadores, inclusive jogos eletrônicos, desde que desenvolvidos em estabelecimento do optante;

V – licenciamento ou cessão de direito de uso de programas de computação;

VI – planejamento, confecção, manutenção e atualização de páginas eletrônicas, desde que realizados em estabelecimento do optante;

VII – (*Revogado*).

VIII – (*Revogado*).

IX – empresas montadoras de estandes para feiras;

X – (*Revogado*).

XI – (*Revogado*).

XII – laboratórios de análises clínicas ou de patologia clínica;

XIII – serviços de tomografia, diagnósticos médicos por imagem, registros gráficos e métodos óticos, bem como ressonância magnética;

XIV – serviços de prótese em geral.

§ 5º-E. Sem prejuízo do disposto no § 1º do art. 17 desta Lei Complementar, as atividades de prestação de serviços de comunicação e de transportes interestadual e intermunicipal de cargas, e de transportes autorizados no inciso VI do *caput* do art. 17, inclusive na modalidade fluvial, serão tributadas na forma do Anexo III, deduzida a parcela correspondente ao ISS e acrescida a parcela correspondente ao ICMS prevista no Anexo I.

→ § 5º-E com redação alterada pela LC 147/2014.

§ 5º-F. As atividades de prestação de serviços referidas no § 2º do art. 17 desta Lei Complementar serão tributadas na forma do Anexo III desta Lei Complementar, salvo se, para alguma dessas atividades, houver previsão expressa de tributação na forma dos Anexos IV, V ou VI desta Lei Complementar.

→ § 5º-F com redação alterada pela LC 147/2014, em vigor na data de sua publicação, produzindo efeitos a partir de 1º de janeiro do primeiro ano subsequente ao da data de publicação da referida Lei Complementar – *D.O.U.* 8.8.2014.

§ 5º-G. (*Revogado pela LC 147/2014, em vigor na data de sua publicação, produzindo efeitos a partir de 1º de janeiro do primeiro ano subsequente ao da data de publicação da referida Lei Complementar* – D.O.U. *8.8.2014*).

§ 5º-H. A vedação de que trata o inciso XII do *caput* do art. 17 desta Lei Complementar não se aplica às atividades referidas no § 5º-C deste artigo.

§ 5º-I. Sem prejuízo do disposto no § 1º do art. 17 desta Lei Complementar, as seguintes atividades de prestação de serviços serão tributadas na forma do Anexo VI desta Lei Complementar:

→ § 5º-I acrescentado pela LC 147/2014, em vigor na data de sua publicação, produzindo efeitos a partir de 1º de janeiro do primeiro ano subsequente ao da data de publicação da referida Lei Complementar – *D.O.U.* 8.8.2014.

I – medicina, inclusive laboratorial e enfermagem;

II – medicina veterinária;

III – odontologia;

IV – psicologia, psicanálise, terapia ocupacional, acupuntura, podologia, fonoaudiologia, clínicas de nutrição e de vacinação e bancos de leite;

V – serviços de comissária, de despachantes, de tradução e de interpretação;

VI – arquitetura, engenharia, medição, cartografia, topografia, geologia, geodésia, testes, suporte e análises técnicas e tecnológicas, pesquisa, design, desenho e agronomia;

VII – representação comercial e demais atividades de intermediação de negócios e serviços de terceiros;

VIII – perícia, leilão e avaliação;

IX – auditoria, economia, consultoria, gestão, organização, controle e administração;

X – jornalismo e publicidade;

XI – agenciamento, exceto de mão de obra;

XII – outras atividades do setor de serviços que tenham por finalidade a prestação de serviços decorrentes do exercício de atividade intelectual, de natureza técnica, científica, desportiva, artística ou cultural, que constitua profissão regulamentada ou não, desde que não sujeitas à tributação na forma dos Anexos III, IV ou V desta Lei Complementar.

§ 6º No caso dos serviços previstos no § 2º do art. 6º da Lei Complementar 116, de 31 de julho de 2003, prestados pelas microempresas e pelas empresas de pequeno porte, o tomador do serviço deverá reter o montante correspondente na forma da legislação do município onde estiver localizado, observado o disposto no § 4º do art. 21 desta Lei Complementar.

§ 7º A sociedade de propósito específico de que trata o art. 56 desta Lei Complementar que houver adquirido mercadorias de microempresa ou empresa de pequeno porte que seja sua sócia, bem como a empresa comercial exportadora que houver adquirido mercadorias ou serviços de empresa optante pelo Simples Nacional, com o fim específico de exportação para o exterior, que, no prazo de 180 (cento e oitenta) dias, contado da data da emissão da nota fiscal pela vendedora, não comprovar o seu embarque para o exterior ficará sujeita ao pagamento de todos os impostos e contribuições que deixaram de ser pagos pela empresa vendedora, acrescidos de juros de mora e multa, de mora ou de ofício, calculados na forma da legislação relativa à cobrança do tributo não pago, aplicável à sociedade de propósito específico ou à própria comercial exportadora.

→ § 7º com redação alterada pela LC 147/2014, em vigor na data de sua publicação, produzindo efeitos a partir de 1º de janeiro do primeiro ano subsequente ao da data de publicação da referida Lei Complementar – *D.O.U.* 8.8.2014.

§ 8º Para efeito do disposto no § 7º deste artigo, considera-se vencido o prazo para o pagamento na data em que a empresa vendedora deveria fazê-lo, caso a venda houvesse sido efetuada para o mercado interno.

§ 9º Relativamente à contribuição patronal previdenciária, devida pela vendedora, a sociedade de propósito específico de que trata o art. 56 desta Lei Complementar ou a comercial exportadora deverão recolher, no prazo previsto no § 8º deste artigo, o valor correspondente a 11% (onze por cento) do valor das mercadorias não exportadas nos termos do § 7º deste artigo.

§ 10. Na hipótese do § 7º deste artigo, a sociedade de propósito específico de que trata o art. 56 desta Lei Complementar ou a empresa comercial exportadora não poderão deduzir do montante devido qualquer valor a título de crédito de Imposto sobre Produtos Industrializados – IPI da Contribuição para o PIS/Pasep ou da Cofins, decorrente da aquisição das mercadorias e serviços objeto da incidência.

§ 11. Na hipótese do § 7º deste artigo, a sociedade de propósito específico ou a empresa comercial exportadora deverão pagar, também, os impostos e contribuições devidos nas vendas para o mercado interno, caso, por qualquer forma, tenham alienado ou utilizado as mercadorias.

§ 12. Na apuração do montante devido no mês relativo a cada tributo, para o contribuinte que apure receitas mencionadas nos incisos I a III e V do § 4º-A deste artigo, serão consideradas as reduções relativas aos tributos já recolhidos, ou sobre os quais tenha havido tributação monofásica, isenção, redução ou, no caso do ISS, que o valor tenha sido objeto de retenção ou seja devido diretamente ao Município.

→ § 12 com redação alterada pela LC 147/2014.

§ 13. Para efeito de determinação da redução de que trata o § 12 deste artigo, as receitas serão discriminadas em comerciais, industriais ou de prestação de serviços na forma dos Anexos I, II, III, IV, V e VI desta Lei Complementar.

→ § 13 com redação alterada pela LC 147/2014, em vigor na data de sua publicação, produzindo efeitos a partir de 1º de janeiro do primeiro ano subsequente ao da data de publicação da referida Lei Complementar – *D.O.U.* 8.8.2014.

§ 14. A redução no montante a ser recolhido no Simples Nacional relativo aos valores das receitas decorrentes da exportação de que trata o inciso IV do § 4º-A deste artigo corresponderá tão somente aos percentuais relativos à Cofins, à Contribuição para o PIS/Pasep, ao IPI, ao ICMS e ao ISS, constantes dos Anexos I a VI desta Lei Complementar.

→ *Caput* do § 14 com redação alterada pela LC 147/2014, em vigor na data de sua publicação, produzindo efeitos a partir de 1º de janeiro do primeiro ano subsequente ao da data de publicação da referida Lei Complementar – *D.O.U.* 8.8.2014.

I – (*Revogado pela LC 147/2014, em vigor na data de sua publicação, produzindo efeitos a partir de 1º de janeiro do primeiro ano subsequente ao da data de publicação da referida Lei Complementar* – D.O.U. *8.8.2014*).

II – (*Revogado pela LC 147/2014, em vigor na data de sua publicação, produzindo efeitos a partir de 1º de janeiro do primeiro ano subsequente ao da data de publicação da referida Lei Complementar* – D.O.U. *8.8.2014*).

§ 15. Será disponibilizado sistema eletrônico para realização do cálculo simplificado do valor mensal devido referente ao Simples Nacional.

§ 15-A. As informações prestadas no sistema eletrônico de cálculo de que trata o § 15:

I – têm caráter declaratório, constituindo confissão de dívida e instrumento hábil e suficiente para a exigência dos tributos e contribuições que não tenham sido recolhidos resultantes das informações nele prestadas; e

II – deverão ser fornecidas à Secretaria da Receita Federal do Brasil até o vencimento do prazo para pagamento dos tributos devidos no Simples Nacional em cada mês, relativamente aos fatos geradores ocorridos no mês anterior.

§ 16. Na hipótese do § 12 do art. 3º, a parcela de receita bruta que exceder o montante determinado no § 10 daquele artigo estará sujeita às alíquotas máximas previstas nos Anexos I a VI desta Lei Complementar, proporcionalmente conforme o caso, acrescidas de 20% (vinte por cento).

→ § 16 com redação alterada pela LC 147/2014, em vigor na data de sua publicação, produzindo efeitos a partir de 1º de janeiro do primeiro ano subsequente ao da data de publicação da referida Lei Complementar – *D.O.U.* 8.8.2014.

§ 16-A. O disposto no § 16 aplica-se, ainda, às hipóteses de que trata o § 9º do art. 3º, a partir do mês em que ocorrer o excesso do limite da receita bruta anual e até o mês anterior aos efeitos da exclusão.

§ 17. Na hipótese do § 13 do art. 3º, a parcela de receita bruta que exceder os montantes determinados no § 11 daquele artigo estará sujeita, em relação aos percentuais aplicáveis ao ICMS e ao ISS, às alíquotas máximas correspondentes a essas faixas previstas nos Anexos I a VI desta Lei Complementar, proporcionalmente conforme o caso, acrescidas de 20% (vinte por cento).

→ § 17 com redação alterada pela LC 147/2014, em vigor na data de sua publicação, produzindo efeitos a partir de 1º de janeiro do primeiro ano subsequente ao da data de publicação da referida Lei Complementar – *D.O.U.* 8.8.2014.

§ 17-A. O disposto no § 17 aplica-se, ainda, à hipótese de que trata o § 1º do art. 20, a partir do mês em que ocorrer o excesso do limite da receita bruta anual e até o mês anterior aos efeitos do impedimento.

§ 18. Os Estados, o Distrito Federal e os Municípios, no âmbito das respectivas competências, poderão estabelecer, na forma definida pelo Comitê Gestor, independentemente da receita bruta recebida no mês pelo contribuinte, valores fixos mensais para o recolhimento do ICMS e do ISS devido por microempresa que aufira receita bruta, no ano-calendário anterior, de até o limite máximo previsto na segunda faixa de receitas brutas anuais constantes dos Anexos I a VI, ficando a microempresa sujeita a esses valores durante todo o ano-calendário, ressalvado o disposto no § 18-A.

→ § 18 com redação alterada pela LC 147/2014, em vigor na data de sua publicação, produzindo efeitos a partir de 1º de janeiro do primeiro ano subsequente ao da data de publicação da referida Lei Complementar – *D.O.U.* 8.8.2014.

§ 18-A. A microempresa que, no ano-calendário, exceder o limite de receita bruta previsto no § 18 fica impedida de recolher o ICMS ou o ISS pela sistemática de valor fixo, a partir do mês subsequente à ocorrência do excesso, sujeitando-se à apuração desses tributos na forma das demais empresas optantes pelo Simples Nacional.

→ § 18-A acrescentado pela LC 147/2014, em vigor na data de sua publicação, produzindo efeitos a partir de 1º de janeiro do primeiro ano subsequente ao da data de publicação da referida Lei Complementar – *D.O.U.* 8.8.2014.

§ 19. Os valores estabelecidos no § 18 deste artigo não poderão exceder a 50% (cinquenta por cento) do maior recolhimento possível do tributo para a faixa de enquadramento prevista na tabela do *caput* deste artigo, respeitados os acréscimos decorrentes do tipo de atividade da empresa estabelecidos no § 5º deste artigo.

§ 20. Na hipótese em que o Estado, o Município ou o Distrito Federal concedam isenção ou redução do ICMS ou do ISS devido por microempresa ou empresa de pequeno porte, ou ainda determine recolhimento de valor fixo para esses tributos, na forma do § 18 deste artigo, será realizada redução proporcional ou ajuste do valor a ser recolhido, na forma definida em resolução do Comitê Gestor.

§ 20-A. A concessão dos benefícios de que trata o § 20 deste artigo poderá ser realizada:

I – mediante deliberação exclusiva e unilateral do Estado, do Distrito Federal ou do Município concedente;

II – de modo diferenciado para cada ramo de atividade.

§ 20-B. A União, os Estados e o Distrito Federal poderão, em lei específica destinada à ME ou EPP optante pelo Simples Nacional, estabelecer isenção ou redução de COFINS, Contribuição para o PIS/Pasep e ICMS para produtos da cesta básica, discriminando a abrangência da sua concessão.

→ § 20-B acrescentado pela LC 147/2014.

§ 21. O valor a ser recolhido na forma do disposto no § 20 deste artigo, exclusivamente na hipótese de isenção, não integrará o montante a ser partilhado com o respectivo Município, Estado ou Distrito Federal.

§ 22. (*Revogado*).

§ 22-A. A atividade constante do inciso XIV do § 5º-B deste artigo recolherá o ISS em valor fixo, na forma da legislação municipal.

§ 22-B. Os escritórios de serviços contábeis, individualmente ou por meio de suas entidades representativas de classe, deverão:

I – promover atendimento gratuito relativo à inscrição, à opção de que trata o art. 18-A desta Lei Complementar e à primeira declaração anual simplificada da microempresa individual, podendo, para tanto, por meio de suas entidades representativas de classe, firmar convênios e acordos com a União, os Estados, o Distrito Federal e os Municípios, por intermédio dos seus órgãos vinculados;

II – fornecer, na forma estabelecida pelo Comitê Gestor, resultados de pesquisas quantitativas e qualitativas relativas às microempresas e empresas de pequeno porte optantes pelo Simples Nacional por eles atendidas;

III – promover eventos de orientação fiscal, contábil e tributária para as microempresas e empresas de pequeno porte optantes pelo Simples Nacional por eles atendidas.

§ 22-C. Na hipótese de descumprimento das obrigações de que trata o § 22-B deste artigo, o escritório será excluído do Simples Nacional, com efeitos a partir do mês subsequente ao do descumprimento, na forma regulamentada pelo Comitê Gestor.

§ 23. Da base de cálculo do ISS será abatido o material fornecido pelo prestador dos serviços previstos nos itens 7.02 e 7.05 da lista de serviços anexa à Lei Complementar 116, de 31 de julho de 2003.

§ 24. Para efeito de aplicação dos Anexos V e VI desta Lei Complementar, considera-se folha de salários, incluídos encargos, o montante pago, nos 12 (doze) meses anteriores ao do período de apuração, a título de remunerações a pessoas físicas decorrentes do trabalho, incluídas retiradas de pró-labore, acrescidos do montante efetivamente recolhido a título de contribuição patronal previdenciária e para o FGTS.

→ § 24 com redação alterada pela LC 147/2014, em vigor na data de sua publicação, produzindo efeitos a partir de 1º de janeiro do primeiro ano subsequente ao da data de publicação da referida Lei Complementar – *D.O.U.* 8.8.2014.

§ 25. Para efeito do disposto no § 24 deste artigo, deverão ser consideradas tão somente as remunerações informadas na forma prevista no inciso IV do *caput* do art. 32 da Lei 8.212, de 24 de julho de 1991.

§ 26. Não são considerados, para efeito do disposto no § 24, valores pagos a título de aluguéis e de distribuição de lucros, observado o disposto no § 1º do art. 14.

Art. 18-A. O Microempreendedor Individual – MEI poderá optar pelo recolhimento dos impostos e contribuições abrangidos pelo Simples Nacional em valores fixos mensais, independentemente da receita bruta por ele auferida no mês, na forma prevista neste artigo.

§ 1º Para os efeitos desta Lei Complementar, considera-se MEI o empresário individual a que se refere o art. 966 da Lei 10.406, de 10 de janeiro de 2002 (Código Civil), que tenha auferido receita bruta, no ano-calendário anterior, de até R$ 60.000,00 (sessenta mil reais), optante pelo Simples Nacional e que não esteja impedido de optar pela sistemática prevista neste artigo.

§ 2º No caso de início de atividades, o limite de que trata o § 1º será de R$ 5.000,00 (cinco mil reais) multiplicados pelo número de meses compreendido entre o início da atividade e o final do respectivo ano-calendário, consideradas as frações de meses como um mês inteiro.

§ 3º Na vigência da opção pela sistemática de recolhimento prevista no *caput* deste artigo:

I – não se aplica o disposto no § 18 do art. 18 desta Lei Complementar;

II – não se aplica a redução prevista no § 20 do art. 18 desta Lei Complementar ou qualquer dedução na base de cálculo;

III – não se aplicam as isenções específicas para as microempresas e empresas de pequeno porte concedidas pelo Estado, Município ou Distrito Federal a partir de 1º de julho de 2007 que abranjam integralmente a faixa de receita bruta anual até o limite previsto no § 1º;

IV – a opção pelo enquadramento como Microempreendedor Individual importa opção pelo recolhimento da contribuição referida no inciso X do § 1º do art. 13 desta Lei Complementar na forma prevista no § 2º do art. 21 da Lei 8.212, de 24 de julho de 1991;

V – o Microempreendedor Individual recolherá, na forma regulamentada pelo Comitê Gestor, valor fixo mensal correspondente à soma das seguintes parcelas:

a) R$ 45,65 (quarenta e cinco reais e sessenta e cinco centavos), a título da contribuição prevista no inciso IV deste parágrafo;

b) R$ 1,00 (um real), a título do imposto referido no inciso VII do *caput* do art. 13 desta Lei Complementar, caso seja contribuinte do ICMS; e

c) R$ 5,00 (cinco reais), a título do imposto referido no inciso VIII do *caput* do art. 13 desta Lei Complementar, caso seja contribuinte do ISS;

VI – sem prejuízo do disposto nos §§ 1º a 3º do art. 13, o MEI terá isenção dos tributos referidos nos incisos I a VI do *caput* daquele artigo, ressalvado o disposto no art. 18-C.

§ 4º Não poderá optar pela sistemática de recolhimento prevista no *caput* deste artigo o MEI:

I – cuja atividade seja tributada na forma dos Anexos V ou VI desta Lei Complementar, salvo autorização relativa a exercício de atividade isolada na forma regulamentada pelo CGSN;

→ Inciso I com redação alterada pela LC 147/2014, em vigor na data de sua publicação, produzindo efeitos a partir de 1º de janeiro do primeiro ano subsequente ao da data de publicação da referida Lei Complementar – *D.O.U.* 8.8.2014.

II – que possua mais de um estabelecimento;

III – que participe de outra empresa como titular, sócio ou administrador; ou

IV – que contrate empregado.

§ 4º-A. Observadas as demais condições deste artigo, poderá optar pela sistemática de recolhimento prevista no *caput* o empresário individual que exerça atividade de comercialização e processamento de produtos de natureza extrativista.

§ 4º-B. O CGSN determinará as atividades autorizadas a optar pela sistemática de recolhimento de que trata este artigo, de forma a evitar a fragilização das relações de trabalho, bem como sobre a incidência do ICMS e do ISS.

§ 5º A opção de que trata o *caput* deste artigo dar-se-á na forma a ser estabelecida em ato do Comitê Gestor, observando-se que:

I – será irretratável para todo o ano-calendário;

II – deverá ser realizada no início do ano-calendário, na forma disciplinada pelo Comitê Gestor, produzindo efeitos a partir do primeiro dia do ano-calendário da opção, ressalvado o disposto no inciso III;

III – produzirá efeitos a partir da data do início de atividade desde que exercida nos termos, prazo e condições a serem estabelecidos em ato do Comitê Gestor a que se refere o *caput* deste parágrafo.

§ 6º O desenquadramento da sistemática de que trata o *caput* deste artigo será realizado de ofício ou mediante comunicação do MEI.

§ 7º O desenquadramento mediante comunicação do MEI à Secretaria da Receita Federal do Brasil – RFB dar-se-á:

I – por opção, que deverá ser efetuada no início do ano-calendário, na forma disciplinada pelo Comitê Gestor, produzindo efeitos a partir de 1º de janeiro do ano-calendário da comunicação;

II – obrigatoriamente, quando o MEI incorrer em alguma das situações previstas no § 4º deste artigo, devendo a comunicação ser efetuada até o último dia útil do mês subsequente àquele em que ocorrida a situação de vedação, produzindo efeitos a partir do mês subsequente ao da ocorrência da situação impeditiva;

III – obrigatoriamente, quando o MEI exceder, no ano-calendário, o limite de receita bruta previsto no § 1º deste artigo, devendo a comunicação ser efetuada até o último dia útil do mês subsequente àquele em que ocorrido o excesso, produzindo efeitos:

a) a partir de 1º de janeiro do ano-calendário subsequente ao da ocorrência do excesso, na hipótese de não ter ultrapassado o referido limite em mais de 20% (vinte por cento);

b) retroativamente a 1º de janeiro do ano-calendário da ocorrência do excesso, na hipótese de ter ultrapassado o referido limite em mais de 20% (vinte por cento);

IV – obrigatoriamente, quando o MEI exceder o limite de receita bruta previsto no § 2º deste artigo, devendo a comunicação ser efetuada até o último dia útil do mês subsequente àquele em que ocorrido o excesso, produzindo efeitos:

a) a partir de 1º de janeiro do ano-calendário subsequente ao da ocorrência do excesso, na hipótese de não ter ultrapassado o referido limite em mais de 20% (vinte por cento);

b) retroativamente ao início de atividade, na hipótese de ter ultrapassado o referido limite em mais de 20% (vinte por cento).

§ 8º O desenquadramento de ofício dar-se-á quando verificada a falta de comunicação de que trata o § 7º deste artigo.

§ 9º O Empresário Individual desenquadrado da sistemática de recolhimento prevista no *caput* deste artigo passará a recolher os tributos devidos pela regra geral do Simples Nacional a partir da data de início dos efeitos do desenquadramento, ressalvado o disposto no § 10 deste artigo.

§ 10. Nas hipóteses previstas nas alíneas *a* dos incisos III e IV do § 7º deste artigo, o MEI deverá recolher a diferença, sem acréscimos, em parcela única, juntamente com a da apuração do mês de janeiro do ano-calendário subsequente ao do excesso, na forma a ser estabelecida em ato do Comitê Gestor.

§ 11. O valor referido na alínea *a* do inciso V do § 3º deste artigo será reajustado, na forma prevista em lei ordinária, na mesma data de reajustamento dos benefícios de que trata a Lei 8.213, de 24 de julho de 1991, de forma a manter equivalência com a contribuição de que trata o § 2º do art. 21 da Lei 8.212, de 24 de julho de 1991.

§ 12. Aplica-se ao MEI que tenha optado pela contribuição na forma do § 1º deste artigo o disposto no § 4º do art. 55 e no § 2º do art. 94, ambos da Lei 8.213, de 24 de julho de 1991, exceto se optar pela complementação da contribuição previdenciária a que se refere o § 3º do art. 21 da Lei 8.212, de 24 de julho de 1991.

§ 13. O MEI está dispensado, ressalvado o disposto no art. 18-C desta Lei Complementar, de:

I – atender o disposto no inciso IV do *caput* do art. 32 da Lei 8.212, de 24 de julho de 1991;

II – apresentar a Relação Anual de Informações Sociais (Rais); e

III – declarar ausência de fato gerador para a Caixa Econômica Federal para emissão da Certidão de Regularidade Fiscal perante o FGTS.

§ 14. O Comitê Gestor disciplinará o disposto neste artigo.

§ 15. A inadimplência do recolhimento do valor previsto na alínea *a* do inciso V do § 3º tem como consequência a não contagem da competência em atraso para fins de carência para obtenção dos benefícios previdenciários respectivos.

§ 15-A. Ficam autorizados os Estados, o Distrito Federal e os Municípios a promover a remissão dos débitos decorrentes dos valores previstos nas alíneas *b* e *c* do inciso V do § 3º, inadimplidos isolada ou simultaneamente.

→ § 15-A acrescentado pela LC 147/2014.

§ 15-B. O MEI poderá ter sua inscrição automaticamente cancelada após período de 12 (doze) meses consecutivos sem recolhimento ou declarações, independentemente de qualquer notificação, devendo a informação ser publicada no Portal do Empreendedor, na forma regulamentada pelo CGSIM.

→ § 15-B acrescentado pela LC 147/2014.

§ 16. O CGSN estabelecerá, para o MEI, critérios, procedimentos, prazos e efeitos diferenciados para desenquadramento da sistemática de que trata este artigo, cobrança, inscrição em dívida ativa e exclusão do Simples Nacional.

§ 17. A alteração de dados no CNPJ informada pelo empresário à Secretaria da Receita Federal do Brasil equivalerá à comunicação obrigatória de desenquadramento da sistemática de recolhimento de que trata este artigo, nas seguintes hipóteses:

I – alteração para natureza jurídica distinta de empresário individual a que se refere o art. 966 da Lei 10.406, de 10 de janeiro de 2002 (Código Civil);

II – inclusão de atividade econômica não autorizada pelo CGSN;

III – abertura de filial.

§ 18. Os Municípios somente poderão realizar o cancelamento da inscrição do MEI caso tenham regulamentação própria de classificação de risco e o respectivo processo simplificado de inscrição e legalização, em conformidade com esta Lei Complementar e com as resoluções do CGSIM.

→ § 18 acrescentado pela LC 147/2014.

§ 19. Fica vedada aos conselhos representativos de categorias econômicas a exigência de obrigações diversas das estipuladas nesta Lei Complementar para inscrição do MEI em seus quadros, sob pena de responsabilidade.

→ § 19 acrescentado pela LC 147/2014, em vigor na data de sua publicação, produzindo efeitos a partir de 1º de janeiro do primeiro ano subsequente ao da data de publicação da referida Lei Complementar – *D.O.U.* 8.8.2014.

§ 20. Os documentos fiscais das microempresas e empresas de pequeno porte poderão ser emitidos diretamente por sistema nacional informatizado e pela internet, sem custos para o empreendedor, na forma regulamentada pelo Comitê Gestor do Simples Nacional.

→ § 20 acrescentado pela LC 147/2014.

§ 21. Assegurar-se-á o registro nos cadastros oficiais ao guia de turismo inscrito como MEI.

→ § 21 acrescentado pela LC 147/2014.

§ 22. Fica vedado às concessionárias de serviço público o aumento das tarifas pagas pelo MEI por conta da modificação da sua condição de pessoa física para pessoa jurídica.

→ § 22 acrescentado pela LC 147/2014.

§ 23. (*Vetado*).

→ § 23 acrescentado pela LC 147/2014.

§ 24. Aplica-se ao MEI o disposto no inciso XI do § 4º do art. 3º

→ § 24 acrescentado pela LC 147/2014.

Art. 18-B. A empresa contratante de serviços executados por intermédio do MEI mantém, em relação a esta contratação, a obrigatoriedade de recolhimento da contribuição a que se refere o inciso III do *caput* e o § 1º do art. 22 da Lei 8.212, de 24 de julho de 1991, e o cumprimento das obrigações acessórias relativas à contratação de contribuinte individual.

§ 1º Aplica-se o disposto neste artigo exclusivamente em relação ao MEI que for contratado para prestar serviços de hidráulica, eletricidade, pintura, alvenaria, carpintaria e de manutenção ou reparo de veículos.

→ § 1º com redação alterada pela LC 147/2014.

§ 2º O disposto no *caput* e no § 1º não se aplica quando presentes os elementos da relação de emprego, ficando a contratante sujeita a todas as obrigações dela decorrentes, inclusive trabalhistas, tributárias e previdenciárias.

Art. 18-C. Observado o disposto no art. 18-A, e seus parágrafos, desta Lei Complementar, poderá se enquadrar como MEI o empresário individual que possua um único empregado que receba exclusivamente 1 (um) salário mínimo ou o piso salarial da categoria profissional.

§ 1º Na hipótese referida no *caput*, o MEI:

I – deverá reter e recolher a contribuição previdenciária relativa ao segurado a seu serviço na forma da lei, observados prazo e condições estabelecidos pelo CGSN;

II – é obrigado a prestar informações relativas ao segurado a seu serviço, na forma estabelecida pelo CGSN; e

III – está sujeito ao recolhimento da contribuição de que trata o inciso VI do *caput* do art. 13, calculada à alíquota de 3% (três por cento) sobre o salário de contribuição previsto no *caput*, na forma e prazos estabelecidos pelo CGSN.

§ 2º Para os casos de afastamento legal do único empregado do MEI, será permitida a contratação de outro empregado, inclusive por prazo determinado, até que cessem as condições do afastamento, na forma estabelecida pelo Ministério do Trabalho e Emprego.

§ 3º O CGSN poderá determinar, com relação ao MEI, a forma, a periodicidade e o prazo:

I – de entrega à Secretaria da Receita Federal do Brasil de uma única declaração com dados relacionados a fatos geradores, base de cálculo e valores dos tributos previstos nos arts. 18-A e 18-C, da contribuição para a Seguridade Social descontada do empregado e do Fundo de Garantia do Tempo de Serviço (FGTS), e outras informações de interesse do Ministério do Trabalho e Emprego, do Instituto Nacional do Seguro Social (INSS) e do Conselho Curador do FGTS, observado o disposto no § 7º do art. 26;

II – do recolhimento dos tributos previstos nos arts. 18-A e 18-C, bem como do FGTS e da contribuição para a Seguridade Social descontada do empregado.

§ 4º A entrega da declaração única de que trata o inciso I do § 3º substituirá, na forma regulamentada pelo CGSN, a obrigatoriedade de entrega de todas as informações, formulários e declarações a que estão sujeitas as demais empresas ou equiparados que contratam empregados, inclusive as relativas ao recolhimento do FGTS, à Relação Anual de Informações Sociais (Rais) e ao Cadastro Geral de Empregados e Desempregados (Caged).

§ 5º Na hipótese de recolhimento do FGTS na forma do inciso II do § 3º, deve-se assegurar a transferência dos recursos e dos elementos identificadores do recolhimento ao gestor desse fundo para crédito na conta vinculada do trabalhador.

§ 6º O documento de que trata o inciso I do § 3º deste artigo tem caráter declaratório, constituindo instrumento hábil e suficiente para a exigência dos tributos e dos débitos fundiários que não tenham sido recolhidos resultantes das informações nele prestadas.

→ § 6º acrescentado pela LC 147/2014.

Art. 18-D. A tributação municipal do imposto sobre imóveis prediais urbanos deverá assegurar tratamento mais favorecido ao MEI para realização de sua atividade no mesmo local em que residir, mediante aplicação da menor alíquota vigente para aquela localidade, seja residencial ou comercial, nos termos da lei, sem prejuízo de eventual isenção ou imunidade existente.

→ Artigo acrescentado pela LC 147/2014.

Art. 18-E. O instituto do MEI é uma política pública que tem por objetivo a formalização de pequenos empreendimentos e a inclusão social e previdenciária.

→ Artigo acrescentado pela LC 147/2014.

§ 1º A formalização de MEI não tem caráter eminentemente econômico ou fiscal.

§ 2º Todo benefício previsto nesta Lei Complementar aplicável à microempresa estende-se ao MEI sempre que lhe for mais favorável.

§ 3º O MEI é modalidade de microempresa.

§ 4º É vedado impor restrições ao MEI relativamente ao exercício de profissão ou participação em licitações, em função da sua respectiva natureza jurídica.

Art. 19. Sem prejuízo da possibilidade de adoção de todas as faixas de receita previstas nos Anexos I a VI desta Lei Complementar, os Estados poderão optar pela aplicação de sublimite para efeito de recolhimento do ICMS na forma do Simples Nacional em seus respectivos territórios, da seguinte forma:

→ *Caput* com redação alterada pela LC 147/2014, em vigor na data de sua publicação, produzindo efeitos a partir de 1º de janeiro do primeiro ano subsequente ao da data de publicação da referida Lei Complementar – *D.O.U.* 8.8.2014.

I – os Estados cuja participação no Produto Interno Bruto brasileiro seja de até 1% (um por cento) poderão optar pela aplicação, em seus respectivos territórios, das faixas de receita bruta anual até 35% (trinta e cinco por cento), ou até 50% (cinquenta por cento), ou até 70% (setenta por cento) do limite previsto no inciso II do *caput* do art. 3º;

II – os Estados cuja participação no Produto Interno Bruto brasileiro seja de mais de 1% (um por cento) e de menos de 5% (cinco por cento) poderão optar pela aplicação, em seus respectivos territórios, das faixas de receita bruta anual até 50% (cinquenta por cento) ou até 70% (setenta por cento) do limite previsto no inciso II do *caput* do art. 3º; e

III – os Estados cuja participação no Produto Interno Bruto brasileiro seja igual ou superior a 5% (cinco por cento) ficam obrigados a adotar todas as faixas de receita bruta anual.

§ 1º A participação no Produto Interno Bruto brasileiro será apurada levando em conta o último resultado divulgado pelo Instituto Brasileiro de Geografia e Estatística ou outro órgão que o substitua.

§ 2º A opção prevista nos incisos I e II do *caput*, bem como a obrigatoriedade prevista no inciso III do *caput*, surtirá efeitos somente para o ano-calendário subsequente, salvo deliberação do CGSN.

§ 3º O disposto neste artigo aplica-se ao Distrito Federal.

Art. 20. A opção feita na forma do art. 19 desta Lei Complementar pelos Estados importará adoção do mesmo limite de receita bruta anual para efeito de recolhimento na forma do ISS dos Municípios nele localizados, bem como para o do ISS devido no Distrito Federal.

§ 1º A empresa de pequeno porte que ultrapassar os limites a que se referem os incisos I ou II do *caput* do art. 19 estará automaticamente impedida de recolher o ICMS e o ISS na forma do Simples Nacional, a partir do mês subsequente ao que tiver ocorrido o excesso, relativamente aos seus estabelecimentos localizados na unidade da Federação que os houver adotado, ressalvado o disposto nos §§ 11 e 13 do art. 3º.

§ 1º-A. Os efeitos do impedimento previsto no § 1º ocorrerão no ano-calendário subsequente se o excesso verificado não for superior a 20% (vinte por cento) dos limites referidos.

§ 2º O disposto no § 1º deste artigo não se aplica na hipótese de o Estado ou de o Distrito Federal adotarem, compulsoriamente ou por opção, a aplicação de faixa de receita bruta superior à que vinha sendo utilizada no ano-calendário em que ocorreu o excesso da receita bruta.

§ 3º Na hipótese em que o recolhimento do ICMS ou do ISS não esteja sendo efetuado por meio do Simples Nacional por força do disposto neste artigo e no art. 19 desta Lei Complementar, as faixas de receita do Simples Nacional superiores àquela que tenha sido objeto de opção pelos Estados ou pelo Distrito Federal sofrerão, para efeito de recolhimento do Simples Nacional, redução na alíquota equivalente aos percentuais relativos a esses impostos constantes dos Anexos I a VI desta Lei Complementar, conforme o caso.

→ § 3º com redação alterada pela LC 147/2014, em vigor na data de sua publicação, produzindo efeitos a partir de 1º de janeiro do primeiro ano subsequente ao da data de publicação da referida Lei Complementar – *D.O.U.* 8.8.2014.

§ 4º O Comitê Gestor regulamentará o disposto neste artigo e no art. 19 desta Lei Complementar.

Seção IV
Do recolhimento dos tributos devidos

Art. 21. Os tributos devidos, apurados na forma dos arts. 18 a 20 desta Lei Complementar, deverão ser pagos:

I – por meio de documento único de arrecadação, instituído pelo Comitê Gestor;

II – *(Revogado).*

III – enquanto não regulamentado pelo Comitê Gestor, até o último dia útil da primeira quinzena do mês subsequente àquele a que se referir;

IV – em banco integrante da rede arrecadadora do Simples Nacional, na forma regulamentada pelo Comitê Gestor.

§ 1º Na hipótese de a microempresa ou a empresa de pequeno porte possuir filiais, o recolhimento dos tributos do Simples Nacional dar-se-á por intermédio da matriz.

§ 2º Poderá ser adotado sistema simplificado de arrecadação do Simples Nacional, inclusive sem utilização da rede bancária, mediante requerimento do Estado, Distrito Federal ou Município ao Comitê Gestor.

§ 3º O valor não pago até a data do vencimento sujeitar-se-á à incidência de encargos legais na forma prevista na legislação do imposto sobre a renda.

§ 4º A retenção na fonte de ISS das microempresas ou das empresas de pequeno porte optantes pelo Simples Nacional somente será permitida se observado o disposto no art. 3º da Lei Complementar 116, de 31 de julho de 2003, e deverá observar as seguintes normas:

I – a alíquota aplicável na retenção na fonte deverá ser informada no documento fiscal e corresponderá ao percentual de ISS previsto nos Anexos III, IV, V ou VI desta Lei Complementar para a faixa de receita bruta a que a microempresa ou a empresa de pequeno porte estiver sujeita no mês anterior ao da prestação;

→ Inciso I com redação alterada pela LC 147/2014, em vigor na data de sua publicação, produzindo efeitos a partir de 1º de janeiro do primeiro ano subsequente ao da data de publicação da referida Lei Complementar – *D.O.U.* 8.8.2014.

II – na hipótese de o serviço sujeito à retenção ser prestado no mês de início de atividades da microempresa ou empresa de pequeno porte, deverá ser aplicada pelo tomador a alíquota correspondente ao percentual de ISS referente à menor alíquota prevista nos Anexos III, IV, V ou VI desta Lei Complementar;

→ Inciso II com redação alterada pela LC 147/2014, em vigor na data de sua publicação, produzindo efeitos a partir de 1º de janeiro do primeiro ano subsequente ao da data de publicação da referida Lei Complementar – *D.O.U.* 8.8.2014.

III – na hipótese do inciso II deste parágrafo, constatando-se que houve diferença entre a alíquota utilizada e a efetivamente apurada, caberá à microempresa ou empresa de pequeno porte prestadora dos serviços efetuar o recolhimento dessa diferença no mês subsequente ao do início de atividade em guia própria do Município;

IV – na hipótese de a microempresa ou empresa de pequeno porte estar sujeita à tributação do ISS no Simples Nacional por valores fixos mensais, não caberá a retenção a que se refere o *caput* deste parágrafo;

V – na hipótese de a microempresa ou empresa de pequeno porte não informar a alíquota de que tratam os incisos I e II deste parágrafo no documento fiscal, aplicar-se-á a alíquota correspondente ao percentual de ISS referente à maior alíquota prevista nos Anexos III, IV, V ou VI desta Lei Complementar;

→ Inciso V com redação alterada pela LC 147/2014, em vigor na data de sua publicação, produzindo efeitos a partir de 1º de janeiro do primeiro ano subsequente ao da data de publicação da referida Lei Complementar – *D.O.U.* 8.8.2014.

VI – não será eximida a responsabilidade do prestador de serviços quando a alíquota do ISS informada no documento fiscal for inferior à devida, hipótese em que o recolhimento dessa diferença será realizado em guia própria do Município;

VII – o valor retido, devidamente recolhido, será definitivo, não sendo objeto de partilha com os municípios, e sobre a receita de prestação de serviços que sofreu a retenção não haverá incidência de ISS a ser recolhido no Simples Nacional.

§ 4º-A. Na hipótese de que tratam os incisos I e II do § 4º, a falsidade na prestação dessas informações sujeitará o responsável, o titular, os sócios ou os administradores da microempresa e da empresa de pequeno porte, juntamente com as demais pessoas que para ela concorrerem, às penalidades previstas na legislação criminal e tributária.

§ 5º O CGSN regulará a compensação e a restituição dos valores do Simples Nacional recolhidos indevidamente ou em montante superior ao devido.

§ 6º O valor a ser restituído ou compensado será acrescido de juros obtidos pela aplicação da taxa referencial do Sistema Especial de Liquidação e de Custódia (Selic) para títulos federais, acumulada mensalmente, a partir do mês subsequente ao do pagamento indevido ou a maior que o devido até o mês anterior ao da compensação ou restituição, e de 1% (um por cento) relativamente ao mês em que estiver sendo efetuada.

§ 7º Os valores compensados indevidamente serão exigidos com os acréscimos moratórios de que trata o art. 35.

§ 8º Na hipótese de compensação indevida, quando se comprove falsidade de declaração apresentada pelo sujeito passivo, o contribuinte estará sujeito à multa isolada aplicada no percentual previsto no inciso I do *caput* do art. 44 da Lei 9.430, de 27 de dezembro de 1996, aplicado em dobro, e terá como base de cálculo o valor total do débito indevidamente compensado.

§ 9º É vedado o aproveitamento de créditos não apurados no Simples Nacional, inclusive de natureza não tributária, para extinção de débitos do Simples Nacional.

§ 10. Os créditos apurados no Simples Nacional não poderão ser utilizados para extinção de outros débitos para com as Fazendas Públicas, salvo por ocasião da compensação de ofício oriunda de deferimento em processo de restituição ou após a exclusão da empresa do Simples Nacional.

§ 11. No Simples Nacional, é permitida a compensação tão somente de créditos para extinção de débitos para com o mesmo ente federado e relativos ao mesmo tributo.

§ 12. Na restituição e compensação no Simples Nacional serão observados os prazos de decadência e prescrição previstos na Lei 5.172, de 25 de outubro de 1966 (Código Tributário Nacional).

§ 13. É vedada a cessão de créditos para extinção de débitos no Simples Nacional.

§ 14. Aplica-se aos processos de restituição e de compensação o rito estabelecido pelo CGSN.

§ 15. Compete ao CGSN fixar critérios, condições para rescisão, prazos, valores mínimos de amortização e demais procedimentos para parcelamento dos recolhimentos em atraso dos débitos tributários apurados no Simples Nacional, observado o disposto no § 3º deste artigo e no art. 35 e ressalvado o disposto no § 19 deste artigo.

§ 16. Os débitos de que trata o § 15 poderão ser parcelados em até 60 (sessenta) parcelas mensais, na forma e condições previstas pelo CGSN.

§ 17. O valor de cada prestação mensal, por ocasião do pagamento, será acrescido de juros equivalentes à taxa referencial do Sistema Especial de Liquidação e de Custódia (Selic) para títulos federais, acumulada mensalmente, calculados a partir do mês subsequente ao da consolidação até o mês anterior ao do pagamento, e de 1% (um por cento) relativamente ao mês em que o pagamento estiver sendo efetuado, na forma regulamentada pelo CGSN.

§ 18. Será admitido reparcelamento de débitos constantes de parcelamento em curso ou que tenha sido rescindido, podendo ser incluídos novos débitos, na forma regulamentada pelo CGSN.

§ 19. Os débitos constituídos de forma isolada por parte de Estado, do Distrito Federal ou de Município, em face de ausência de aplicativo para lançamento unificado, relativo a tributo de sua competência, que não estiverem inscritos em Dívida Ativa da União, poderão ser parcelados pelo ente responsável pelo lançamento de acordo com a respectiva legislação, na forma regulamentada pelo CGSN.

§ 20. O pedido de parcelamento deferido importa confissão irretratável do débito e configura confissão extrajudicial.

§ 21. Serão aplicadas na consolidação as reduções das multas de lançamento de ofício previstas na legislação federal, conforme regulamentação do CGSN.

§ 22. O repasse para os entes federados dos valores pagos e da amortização dos débitos parcelados será efetuado proporcionalmente ao valor de cada tributo na composição da dívida consolidada.

§ 23. No caso de parcelamento de débito inscrito em dívida ativa, o devedor pagará custas, emolumentos e demais encargos legais.

§ 24. Implicará imediata rescisão do parcelamento e remessa do débito para inscrição em dívida ativa ou prosseguimento da execução, conforme o caso, até deliberação do CGSN, a falta de pagamento:

I – de 3 (três) parcelas, consecutivas ou não; ou

II – de 1 (uma) parcela, estando pagas todas as demais.

Art. 21-A. A inscrição de microempresa ou empresa de pequeno porte no Cadastro Informativo dos créditos não quitados do setor público federal – CADIN, somente ocorrerá mediante notificação prévia com prazo para contestação.

→ Artigo acrescentado pela LC 147/2014, em vigor na data de sua publicação, produzindo efeitos a partir de 1º de janeiro do segundo ano subsequente ao da data de publicação da referida Lei Complementar – *D.O.U.* de 8.8.2014.

Art. 21-B. Os Estados e o Distrito Federal deverão observar, em relação ao ICMS, o prazo mínimo de 60 (sessenta) dias, contado a partir do primeiro dia do mês do fato gerador da obrigação tributária, para estabelecer a data de vencimento do imposto devido por substituição tributária, tributação concentrada em uma única etapa (monofásica) e por antecipação tributária com ou sem encerramento de tributação, nas hipóteses em que a responsabilidade recair sobre operações ou prestações subsequentes, na forma regulamentada pelo Comitê Gestor.

→ Artigo acrescentado pela LC 147/2014.

Seção V
Do repasse do produto da arrecadação

Art. 22. O Comitê Gestor definirá o sistema de repasses do total arrecadado, inclusive encargos legais, para o:

I – Município ou Distrito Federal, do valor correspondente ao ISS;

II – Estado ou Distrito Federal, do valor correspondente ao ICMS;

III – Instituto Nacional do Seguro Social, do valor correspondente à Contribuição para manutenção da Seguridade Social.

Parágrafo único. Enquanto o Comitê Gestor não regulamentar o prazo para o repasse previsto no inciso II do *caput* deste artigo, esse será efetuado nos prazos estabelecidos nos convênios celebrados no âmbito do colegiado a que se refere a alínea *g* do inciso XII do § 2º do art. 155 da Constituição Federal.

Seção VI
Dos créditos

Art. 23. As microempresas e as empresas de pequeno porte optantes pelo Simples Nacional não farão jus à apropriação nem transferirão créditos relativos a impostos ou contribuições abrangidos pelo Simples Nacional.

§ 1º As pessoas jurídicas e aquelas a elas equiparadas pela legislação tributária não optantes pelo Simples Nacional terão direito a crédito correspondente ao ICMS incidente sobre as suas aquisições de mercadorias de microempresa ou empresa de pequeno porte optante pelo Simples Nacional, desde que destinadas à comercialização ou industrialização e observado, como limite, o ICMS efetivamente devido pelas optantes pelo Simples Nacional em relação a essas aquisições.

§ 2º A alíquota aplicável ao cálculo do crédito de que trata o § 1º deste artigo deverá ser informada no documento fiscal e corresponderá ao percentual de ICMS previsto nos Anexos I ou II desta Lei Complementar para a faixa de receita bruta a que a microempresa ou a empresa de pequeno porte estiver sujeita no mês anterior ao da operação.

§ 3º Na hipótese de a operação ocorrer no mês de início de atividades da microempresa ou empresa de pequeno porte optante pelo Simples Nacional, a alíquota aplicável ao cálculo do crédito de que trata o § 1º deste artigo corresponderá ao percentual de ICMS referente à menor alíquota prevista nos Anexos I ou II desta Lei Complementar.

§ 4º Não se aplica o disposto nos §§ 1º a 3º deste artigo quando:

I – a microempresa ou empresa de pequeno porte estiver sujeita à tributação do ICMS no Simples Nacional por valores fixos mensais;

II – a microempresa ou a empresa de pequeno porte não informar a alíquota de que trata o § 2º deste artigo no documento fiscal;

III – houver isenção estabelecida pelo Estado ou Distrito Federal que abranja a faixa de receita bruta a que a microempresa ou a empresa de pequeno porte estiver sujeita no mês da operação;

IV – o remetente da operação ou prestação considerar, por opção, que a alíquota determinada na forma do *caput* e dos §§ 1º e 2º do art. 18 desta Lei Complementar deverá incidir sobre a receita recebida no mês.

§ 5º Mediante deliberação exclusiva e unilateral dos Estados e do Distrito Federal, poderá ser concedido às pessoas jurídicas e àquelas a elas equiparadas pela legislação tributária não optantes pelo Simples Nacional crédito correspondente ao ICMS incidente sobre os insumos utilizados nas mercadorias adquiridas de indústria optante pelo Simples Nacional, sendo vedado o estabelecimento de diferenciação no valor do crédito em razão da procedência dessas mercadorias.

§ 6º O Comitê Gestor do Simples Nacional disciplinará o disposto neste artigo.

Art. 24. As microempresas e as empresas de pequeno porte optantes pelo Simples Nacional não poderão utilizar ou destinar qualquer valor a título de incentivo fiscal.

Parágrafo único. Não serão consideradas quaisquer alterações em bases de cálculo, alíquotas e percentuais ou outros fatores que alterem o valor de imposto ou contribuição apurado na forma do Simples Nacional, estabelecidas pela União, Estado, Distrito Federal ou Município, exceto as previstas ou autorizadas nesta Lei Complementar.

Seção VII
Das obrigações fiscais acessórias

Art. 25. A microempresa ou empresa de pequeno porte optante pelo Simples Nacional deverá apresentar anualmente à Secretaria da Receita Federal do Brasil declaração única e simplificada de informações socioeconômicas e fiscais, que deverá ser disponibilizada aos órgãos de fiscalização tributária e previdenciária, observados prazo e modelo aprovados pelo CGSN e observado o disposto no § 15-A do art. 18.

§ 1º A declaração de que trata o *caput* deste artigo constitui confissão de dívida e instrumento hábil e suficiente para a exigência dos tributos e contribuições que não tenham sido recolhidos resultantes das informações nela prestadas.

§ 2º A situação de inatividade deverá ser informada na declaração de que trata o *caput* deste artigo, na forma regulamentada pelo Comitê Gestor.

§ 3º Para efeito do disposto no § 2º deste artigo, considera-se em situação de inatividade a microempresa ou a empresa de pequeno porte que não apresente mutação patrimonial e atividade operacional durante todo o ano-calendário.

§ 4º A declaração de que trata o *caput* deste artigo, relativa ao MEI definido no art. 18-A desta Lei Complementar, conterá, para efeito do disposto no art. 3º da Lei Complementar 63, de 11 de janeiro de 1990, tão somente as informações relativas à receita bruta total sujeita ao ICMS, sendo vedada a instituição de declarações adicionais em decorrência da referida Lei Complementar.

§ 5º A declaração de que trata o *caput*, a partir das informações relativas ao ano-calendário de 2012, poderá ser prestada por meio da declaração de que trata o § 15-A do art. 18 desta Lei Complementar, na periodicidade e prazos definidos pelo CGSN.

→ § 5º acrescentado pela LC 147/2014.

Art. 26. As microempresas e empresas de pequeno porte optantes pelo Simples Nacional ficam obrigadas a:

I – emitir documento fiscal de venda ou prestação de serviço, de acordo com instruções expedidas pelo Comitê Gestor;

II – manter em boa ordem e guarda os documentos que fundamentaram a apuração dos impostos e contribuições devidos e o cumprimento das obrigações acessórias a que se refere o art. 25 desta Lei Complementar enquanto não decorrido o prazo decadencial e não prescritas eventuais ações que lhes sejam pertinentes.

LEGISLAÇÃO

§ 1º O MEI fará a comprovação da receita bruta mediante apresentação do registro de vendas ou de prestação de serviços na forma estabelecida pelo CGSN, ficando dispensado da emissão do documento fiscal previsto no inciso I do *caput*, ressalvadas as hipóteses de emissão obrigatória previstas pelo referido Comitê.

I - *(Revogado).*

II - *(Revogado).*

III - *(Revogado).*

§ 2º As demais microempresas e as empresas de pequeno porte, além do disposto nos incisos I e II do *caput* deste artigo, deverão, ainda, manter o livro-caixa em que será escriturada sua movimentação financeira e bancária.

§ 3º A exigência de declaração única a que se refere o *caput* do art. 25 desta Lei Complementar não desobriga a prestação de informações relativas a terceiros.

§ 4º É vedada a exigência de obrigações tributárias acessórias relativas aos tributos apurados na forma do Simples Nacional além daquelas estipuladas pelo CGSN e atendidas por meio do Portal do Simples Nacional, bem como, o estabelecimento de exigências adicionais e unilaterais pelos entes federativos, exceto os programas de cidadania fiscal.

→ § 4º com redação alterada pela LC 147/2014.

§ 4º-A. A escrituração fiscal digital ou obrigação equivalente não poderá ser exigida da microempresa ou empresa de pequeno porte optante pelo Simples Nacional, salvo se, cumulativamente, houver:

→ § 4º-A acrescentado pela LC 147/2014.

I - autorização específica do CGSN, que estabelecerá as condições para a obrigatoriedade;

II - disponibilização por parte da administração tributária estipulante de aplicativo gratuito para uso da empresa optante.

§ 4º-B. A exigência de apresentação de livros fiscais em meio eletrônico aplicar-se-á somente na hipótese de substituição da entrega em meio convencional, cuja obrigatoriedade tenha sido prévia e especificamente estabelecida pelo CGSN.

→ § 4º-B acrescentado pela LC 147/2014.

§ 4º-C. Até a implantação de sistema nacional uniforme estabelecido pelo CGSN com compartilhamento de informações com os entes federados, permanece válida norma publicada por ente federado até o primeiro trimestre de 2014 que tenha veiculado exigência vigente de a microempresa ou empresa de pequeno porte apresentar escrituração fiscal digital ou obrigação equivalente.

→ § 4º-C acrescentado pela LC 147/2014.

§ 5º As microempresas e empresas de pequeno porte ficam sujeitas à entrega de declaração eletrônica que deva conter os dados referentes aos serviços prestados ou tomados de terceiros, na conformidade do que dispuser o Comitê Gestor.

§ 6º Na hipótese do § 1º deste artigo:

I - deverão ser anexados ao registro de vendas ou de prestação de serviços, na forma regulamentada pelo Comitê Gestor, os documentos fiscais comprobatórios das entradas de mercadorias e serviços tomados referentes ao período, bem como os documentos fiscais relativos às operações ou prestações realizadas eventualmente emitidos;

II - será obrigatória a emissão de documento fiscal nas vendas e nas prestações de serviços realizadas pelo MEI para destinatário cadastrado no Cadastro Nacional da Pessoa Jurídica (CNPJ), ficando dispensado desta emissão para o consumidor final.

§ 7º Cabe ao CGSN dispor sobre a exigência da certificação digital para o cumprimento de obrigações principais e acessórias por parte da microempresa, inclusive o MEI, ou empresa de pequeno porte optante pelo Simples Nacional, inclusive para o recolhimento do FGTS.

§ 8º O CGSN poderá disciplinar sobre a disponibilização, no portal do SIMPLES Nacional, de documento fiscal eletrônico de venda ou de prestação de serviço para o MEI, microempresa ou empresa de pequeno porte optante pelo Simples Nacional.

→ § 8º acrescentado pela LC 147/2014.

§ 9º O desenvolvimento e a manutenção das soluções de tecnologia, capacitação e orientação aos usuários relativas ao disposto no § 8º, bem como as demais relativas ao Simples Nacional, poderão ser apoiadas pelo Serviço Brasileiro de Apoio às Micro e Pequenas Empresas - SEBRAE.

→ § 9º acrescentado pela LC 147/2014.

§ 10. O ato de emissão ou de recepção de documento fiscal por meio eletrônico estabelecido pelas administrações tributárias, em qualquer modalidade, de entrada, de saída ou de prestação, na forma estabelecida pelo CGSN, representa sua própria escrituração fiscal e elemento suficiente para a fundamentação e a constituição do crédito tributário.

→ § 10 acrescentado pela LC 147/2014.

§ 11. Os dados dos documentos fiscais de qualquer espécie podem ser compartilhados entre as administrações tributárias da União, Estados, Distrito Federal e Municípios e, quando emitidos por meio eletrônico, na forma estabelecida pelo CGSN, a microempresa ou empresa de pequeno porte optante pelo Simples Nacional fica desobrigada de transmitir seus dados às administrações tributárias.

→ § 11 acrescentado pela LC 147/2014.

§ 12. As informações a serem prestadas relativas ao ICMS devido na forma prevista nas alíneas *a*, *g* e *h* do inciso XIII do § 1º do art. 13 serão fornecidas por meio de aplicativo único.

→ § 12 acrescentado pela LC 147/2014, em vigor na data de sua publicação, produzindo efeitos a partir de 1º de janeiro do segundo ano subsequente ao da data de publicação da referida Lei Complementar – *D.O.U.* de 8.8.2014.

§ 13. Fica estabelecida a obrigatoriedade de utilização de documentos fiscais eletrônicos estabelecidos pelo Confaz nas operações e prestações relativas ao ICMS efetuadas por microempresas e empresas de pequeno porte nas hipóteses previstas nas alíneas *a*, *g* e *h* do inciso XIII do § 1º do art. 13.

→ § 13 acrescentado pela LC 147/2014, em vigor na data de sua publicação, produzindo efeitos a partir de 1º de janeiro do segundo ano subsequente ao da data de publicação da referida Lei Complementar – *D.O.U.* de 8.8.2014.

§ 14. Os aplicativos necessários ao cumprimento do disposto nos §§ 12 e 13 deste artigo serão disponibilizados, de forma gratuita, no portal do Simples Nacional.

→ § 14 acrescentado pela LC 147/2014, em vigor na data de sua publicação, produzindo efeitos a partir de 1º de janeiro do segundo ano subsequente ao da data de publicação da referida Lei Complementar – *D.O.U.* de 8.8.2014.

§ 15. O CGSN regulamentará o disposto neste artigo.

→ § 15 acrescentado pela LC 147/2014.

Art. 27. As microempresas e empresas de pequeno porte optantes pelo Simples Nacional poderão, opcionalmente, adotar contabilidade simplificada para os registros e controles das operações realizadas, conforme regulamentação do Comitê Gestor.

Seção VIII
Da exclusão do Simples Nacional

Art. 28. A exclusão do Simples Nacional será feita de ofício ou mediante comunicação das empresas optantes.

Parágrafo único. As regras previstas nesta seção e o modo de sua implementação serão regulamentados pelo Comitê Gestor.

Art. 29. A exclusão de ofício das empresas optantes pelo Simples Nacional dar-se-á quando:

I - verificada a falta de comunicação de exclusão obrigatória;

II - for oferecido embaraço à fiscalização, caracterizado pela negativa não justificada de exibição de livros e documentos a que estiverem obrigadas, bem como pelo não fornecimento de informações sobre bens, movimentação financeira, negócio ou atividade que estiverem intimadas a apresentar, e nas demais hipóteses que autorizam a requisição de auxílio da força pública;

III - for oferecida resistência à fiscalização, caracterizada pela negativa de acesso ao estabelecimento, ao domicílio fiscal ou a qualquer outro local onde desenvolvam suas atividades ou se encontrem bens de sua propriedade;

IV - a sua constituição ocorrer por interpostas pessoas;

V - tiver sido constatada prática reiterada de infração ao disposto nesta Lei Complementar;

VI - a empresa for declarada inapta, na forma dos arts. 81 e 82 da Lei 9.430, de 27 de dezembro de 1996, e alterações posteriores;

VII - comercializar mercadorias objeto de contrabando ou descaminho;

VIII - houver falta de escrituração do livro-caixa ou não permitir a identificação da movimentação financeira, inclusive bancária;

IX - for constatado que durante o ano-calendário o valor das despesas pagas supera em 20% (vinte por cento) o valor de ingressos de recursos no mesmo período, excluído o ano de início de atividade;

X - for constatado que durante o ano-calendário o valor das aquisições de mercadorias para comercialização ou industrialização, ressalvadas hipóteses justificadas de aumento de estoque, for superior a 80% (oitenta por cento) dos ingressos de recursos no mesmo período, excluído o ano de início de atividade;

XI - houver descumprimento reiterado da obrigação contida no inciso I do *caput* do art. 26;

XII - omitir de forma reiterada da folha de pagamento da empresa ou de documento de informações previsto pela legislação previdenciária, trabalhista ou tributária, segurado empregado, trabalhador avulso ou contribuinte individual que lhe preste serviço.

§ 1º Nas hipóteses previstas nos incisos II a XII do *caput* deste artigo, a exclusão produzirá efeitos a partir do próprio mês em que incorridas, impedindo a opção pelo regime diferenciado e favorecido desta Lei Complementar pelos próximos 3 (três) anos-calendário seguintes.

§ 2º O prazo de que trata o § 1º deste artigo será elevado para 10 (dez) anos caso seja constatada a utilização de artifício, ardil ou qualquer outro meio fraudulento que induza ou mantenha a fiscalização em erro, com o fim de suprimir ou reduzir o pagamento de tributo apurável segundo o regime especial previsto nesta Lei Complementar.

§ 3º A exclusão de ofício será realizada na forma regulamentada pelo Comitê Gestor, cabendo o lançamento dos tributos e contribuições apurados aos respectivos entes tributantes.

§ 4º *(Revogado).*

§ 5º A competência para exclusão de ofício do Simples Nacional obedece ao disposto no art. 33, e o julgamento administrativo, ao disposto no art. 39, ambos desta Lei Complementar.

§ 6º Nas hipóteses de exclusão previstas no *caput*, a notificação:

I – será efetuada pelo ente federativo que promoveu a exclusão; e

II – poderá ser feita por meio eletrônico, observada a regulamentação do CGSN.

§ 7º *(Revogado).*

§ 8º A notificação de que trata o § 6º aplica-se ao indeferimento da opção pelo Simples Nacional.

§ 9º Considera-se prática reiterada, para fins do disposto nos incisos V, XI e XII do *caput*:

I – a ocorrência, em 2 (dois) ou mais períodos de apuração, consecutivos ou alternados, de idênticas infrações, inclusive de natureza acessória, verificada em relação aos últimos 5 (cinco) anos-calendário, formalizadas por intermédio de auto de infração ou notificação de lançamento; ou

II – a segunda ocorrência de idênticas infrações, caso seja constatada a utilização de artifício, ardil ou qualquer outro meio fraudulento que induza ou mantenha a fiscalização em erro, com o fim de suprimir ou reduzir o pagamento de tributo.

Art. 30. A exclusão do Simples Nacional, mediante comunicação das microempresas ou das empresas de pequeno porte, dar-se-á:

I – por opção;

II – obrigatoriamente, quando elas incorrerem em qualquer das situações de vedação previstas nesta Lei Complementar; ou

III – obrigatoriamente, quando ultrapassado, no ano-calendário de início de atividade, o limite proporcional de receita bruta de que trata o § 2º do art. 3º;

IV – obrigatoriamente, quando ultrapassado, no ano-calendário, o limite de receita bruta previsto no inciso II do *caput* do art. 3º, quando não estiver no ano-calendário de início de atividade.

§ 1º A exclusão deverá ser comunicada à Secretaria da Receita Federal:

I – na hipótese do inciso I do *caput* deste artigo, até o último dia útil do mês de janeiro;

II – na hipótese do inciso II do *caput* deste artigo, até o último dia útil do mês subsequente àquele em que ocorrida a situação de vedação;

III – na hipótese do inciso III do *caput*:

a) até o último dia útil do mês seguinte àquele em que tiver ultrapassado em mais de 20% (vinte por cento) o limite proporcional de que trata o § 10 do art. 3º; ou

b) até o último dia útil do mês de janeiro do ano-calendário subsequente ao de início de atividades, caso o excesso seja inferior a 20% (vinte por cento) do respectivo limite;

IV – na hipótese do inciso IV do *caput*:

a) até o último dia útil do mês subsequente à ultrapassagem em mais de 20% (vinte por cento) do limite de receita bruta previsto no inciso II do *caput* do art. 3º; ou

b) até o último dia útil do mês de janeiro do ano-calendário subsequente, na hipótese de não ter ultrapassado em mais de 20% (vinte por cento) o limite de receita bruta previsto no inciso II do *caput* do art. 3º.

§ 2º A comunicação de que trata o *caput* deste artigo dar-se-á na forma a ser estabelecida pelo Comitê Gestor.

§ 3º A alteração de dados no CNPJ, informada pela ME ou EPP à Secretaria da Receita Federal do Brasil, equivalerá à comunicação obrigatória de exclusão do Simples Nacional nas seguintes hipóteses:

I – alteração de natureza jurídica para Sociedade Anônima, Sociedade Empresária em Comandita por Ações, Sociedade em Conta de Participação ou Estabelecimento, no Brasil, de Sociedade Estrangeira;

II – inclusão de atividade econômica vedada à opção pelo Simples Nacional;

III – inclusão de sócio pessoa jurídica;

IV – inclusão de sócio domiciliado no exterior;

V – cisão parcial; ou

VI – extinção da empresa.

Art. 31. A exclusão das microempresas ou das empresas de pequeno porte do Simples Nacional produzirá efeitos:

I – na hipótese do inciso I do *caput* do art. 30 desta Lei Complementar, a partir de 1º de janeiro do ano-calendário subsequente, ressalvado o disposto no § 4º deste artigo;

II – na hipótese do inciso II do *caput* do art. 30 desta Lei Complementar, a partir do mês seguinte da ocorrência da situação impeditiva;

III – na hipótese do inciso III do *caput* do art. 30 desta Lei Complementar:

a) desde o início das atividades;

b) a partir de 1º de janeiro do ano-calendário subsequente, na hipótese de não ter ultrapassado em mais de 20% (vinte por cento) o limite proporcional de que trata o § 10 do art. 3º;

IV – na hipótese do inciso V do *caput* do art. 17 desta Lei Complementar, a partir do ano-calendário subsequente ao da ciência da comunicação da exclusão.

V – na hipótese do inciso IV do *caput* do art. 30:

a) a partir do mês subsequente à ultrapassagem em mais de 20% (vinte por cento) do limite de receita bruta previsto no inciso II do art. 3º;

b) a partir de 1º de janeiro do ano-calendário subsequente, na hipótese de não ter ultrapassado em mais de 20% (vinte por cento) o limite de receita bruta previsto no inciso II do art. 3º.

§ 1º Na hipótese prevista no inciso III do *caput* do art. 30 desta Lei Complementar, a microempresa ou empresa de pequeno porte não poderá optar, no ano-calendário subsequente ao do início de atividades, pelo Simples Nacional.

§ 2º Na hipótese dos incisos V e XVI do *caput* do art. 17, será permitida a permanência da pessoa jurídica como optante pelo Simples Nacional mediante a comprovação da regularização do débito ou do cadastro fiscal no prazo de até 30 (trinta) dias contados a partir da ciência da comunicação da exclusão.

§ 3º O CGSN regulamentará os procedimentos relativos ao impedimento de recolher o ICMS e o ISS na forma do Simples Nacional, em face da ultrapassagem dos limites estabelecidos na forma dos incisos I ou II do art. 19 e do art. 20.

§ 4º No caso de a microempresa ou a empresa de pequeno porte ser excluída do Simples Nacional no mês de janeiro, na hipótese do inciso I do *caput* do art. 30 desta Lei Complementar, os efeitos da exclusão dar-se-ão nesse mesmo ano.

§ 5º Na hipótese do inciso II do *caput* deste artigo, uma vez que o motivo da exclusão deixe de existir, havendo a exclusão retroativa de ofício no caso do inciso I do *caput* do art. 29 desta Lei Complementar, o efeito desta dar-se-á a partir do mês seguinte ao da ocorrência da situação impeditiva, limitado, porém, ao último dia do ano-calendário em que a referida situação deixou de existir.

Art. 32. As microempresas ou as empresas de pequeno porte excluídas do Simples Nacional sujeitar-se-ão, a partir do período em que se processarem os efeitos da exclusão, às normas de tributação aplicáveis às demais pessoas jurídicas.

§ 1º Para efeitos do disposto no *caput* deste artigo, na hipótese da alínea *a* do inciso III do *caput* do art. 31 desta Lei Complementar, a microempresa ou a empresa de pequeno porte desenquadrada ficará sujeita ao pagamento da totalidade ou diferença dos respectivos impostos e contribuições, devidos de conformidade com as normas gerais de incidência, acrescidos, tão somente, de juros de mora, quando efetuado antes do início de procedimento de ofício.

§ 2º Para efeito do disposto no *caput* deste artigo, o sujeito passivo poderá optar pelo recolhimento do imposto de renda e da Contribuição Social sobre o Lucro Líquido na forma do lucro presumido, lucro real trimestral ou anual.

§ 3º Aplica-se o disposto no *caput* e no § 1º em relação ao ICMS e ao ISS à empresa impedida de recolher esses impostos na forma do Simples Nacional, em face da ultrapassagem dos limites a que se referem os incisos I e II do *caput* do art. 19, relativamente ao estabelecimento localizado na unidade da federação que os houver adotado.

Seção IX
Da fiscalização

Art. 33. A competência para fiscalizar o cumprimento das obrigações principais e acessórias relativas ao Simples Nacional e para verificar a ocorrência das hipóteses previstas no art. 29 desta Lei Complementar é da Secretaria da Receita Federal e das Secretarias de Fazenda ou de Finanças do Estado ou do Distrito Federal, segundo a localização do estabelecimento, e, tratando-se de prestação de serviços incluídos na competência tributária municipal, a competência será também do respectivo Município.

§ 1º As Secretarias de Fazenda ou Finanças dos Estados poderão celebrar convênio com os Municípios de sua jurisdição para atribuir a estes a fiscalização a que se refere o *caput* deste artigo.

§ 1º-A. Dispensa-se o convênio de que trata o § 1º na hipótese de ocorrência de prestação de serviços sujeita ao ISS por estabelecimento localizado no Município.

§ 1º-B. A fiscalização de que trata o *caput*, após iniciada, poderá abranger todos os demais estabelecimentos da microempresa ou da empresa de pequeno porte, independentemente da atividade por eles exercida ou de sua localização, na forma e condições estabelecidas pelo CGSN.

§ 1º-C. As autoridades fiscais de que trata o *caput* têm competência para efetuar o lançamento de todos os tributos previstos nos incisos I a VIII do art. 13, apurados na forma do Simples Nacional, relativamente a todos os estabelecimentos da empresa, independentemente do ente federado instituidor.

§ 1º-D. A competência para autuação por descumprimento de obrigação acessória é privativa da administração tributária perante a qual a obrigação deveria ter sido cumprida.

§ 2º Na hipótese de a microempresa ou empresa de pequeno porte exercer alguma das atividades de prestação de serviços previstas no § 5º-C do art. 18 desta Lei Complementar, caberá à Secretaria da Receita Federal do Brasil a fiscalização da Contribuição para a Seguridade Social, a cargo da empresa, de que trata o art. 22 da Lei 8.212, de 24 de julho de 1991.

§ 3º O valor não pago, apurado em procedimento de fiscalização, será exigido em lançamento de ofício pela autoridade competente que realizou a fiscalização.

§ 4º O Comitê Gestor disciplinará o disposto neste artigo.

Seção X
Da omissão de receita

Art. 34. Aplicam-se à microempresa e à empresa de pequeno porte optantes pelo Simples Nacional todas as presunções de omissão de receita existentes nas legislações de regência dos impostos e contribuições incluídos no Simples Nacional.

Seção XI
Dos acréscimos legais

Art. 35. Aplicam-se aos impostos e contribuições devidos pela microempresa e pela empresa de pequeno porte, inscritas no Simples Nacional, as normas relativas aos juros e multa de mora e de ofício previstas para o imposto de renda, inclusive, quando for o caso, em relação ao ICMS e ao ISS.

Art. 36. A falta de comunicação, quando obrigatória, da exclusão da pessoa jurídica do Simples Nacional, nos prazos determinados no § 1º do art. 30 desta Lei Complementar, sujeitará a pessoa jurídica a multa correspondente a 10% (dez por cento) do total dos impostos e contribuições devidos de conformidade com o Simples Nacional no mês que anteceder o início dos efeitos da exclusão, não inferior a R$ 200,00 (duzentos reais), insusceptível de redução.

Art. 36-A. A falta de comunicação, quando obrigatória, do desenquadramento do microempreendedor individual da sistemática de recolhimento prevista no art. 18-A desta Lei Complementar nos prazos determinados em seu § 7º sujeitará o microempreendedor individual a multa no valor de R$ 50,00 (cinquenta reais), insusceptível de redução.

Art. 37. A imposição das multas de que trata esta Lei Complementar não exclui a aplicação das sanções previstas na legislação penal, inclusive em relação a declaração falsa, adulteração de documentos e emissão de nota fiscal em desacordo com a operação efetivamente praticada, a que estão sujeitos o titular ou sócio da pessoa jurídica.

Art. 38. O sujeito passivo que deixar de apresentar a Declaração Simplificada da Pessoa Jurídica a que se refere o art. 25 desta Lei Complementar, no prazo fixado, ou que a apresentar com incorreções ou omissões, será intimado a apresentar declaração original, no caso de não apresentação, ou a prestar esclarecimentos, nos demais casos, no prazo estipulado pela autoridade fiscal, na forma definida pelo Comitê Gestor, e sujeitar-se-á às seguintes multas:

I – de 2% (dois por cento) ao mês-calendário ou fração, incidentes sobre o montante dos tributos e contribuições informados na Declaração Simplificada da Pessoa Jurídica, ainda que integralmente pago, no caso de falta de entrega da declaração ou entrega após o prazo, limitada a 20% (vinte por cento), observado o disposto no § 3º deste artigo;

II – de R$ 100,00 (cem reais) para cada grupo de 10 (dez) informações incorretas ou omitidas.

§ 1º Para efeito de aplicação da multa prevista no inciso I do *caput* deste artigo, será considerado como termo inicial o dia seguinte ao término do prazo originalmente fixado para a entrega da declaração e como termo final a data da efetiva entrega ou, no caso de não apresentação, da lavratura do auto de infração.

§ 2º Observado o disposto no § 3º deste artigo, as multas serão reduzidas:

I – à ½ (metade), quando a declaração for apresentada após o prazo, mas antes de qualquer procedimento de ofício;

II – a 75% (setenta e cinco por cento), se houver a apresentação da declaração no prazo fixado em intimação.

§ 3º A multa mínima a ser aplicada será de R$ 200,00 (duzentos reais).

§ 4º Considerar-se-á não entregue a declaração que não atender às especificações técnicas estabelecidas pelo Comitê Gestor.

§ 5º Na hipótese do § 4º deste artigo, o sujeito passivo será intimado a apresentar nova declaração, no prazo de 10 (dez) dias, contados da ciência da intimação, e sujeitar-se-á à multa prevista no inciso I do *caput* deste artigo, observado o disposto nos §§ 1º a 3º deste artigo.

§ 6º A multa mínima de que trata o § 3º deste artigo a ser aplicada ao Microempreendedor Individual na vigência da opção de que trata o art. 18-A desta Lei Complementar será de R$ 50,00 (cinquenta reais).

Art. 38-A. O sujeito passivo que deixar de prestar as informações no sistema eletrônico de cálculo de que trata o § 15 do art. 18, no prazo previsto no § 15-A do mesmo artigo, ou que as prestar com incorreções ou omissões, será intimado a fazê-lo, no caso de não apresentação, ou a prestar esclarecimentos, nos demais casos, no prazo estipulado pela autoridade fiscal, na forma definida pelo CGSN, e sujeitar-se-á às seguintes multas, para cada mês de referência:

I – de 2% (dois por cento) ao mês-calendário ou fração, a partir do primeiro dia do quarto mês do ano subsequente à ocorrência dos fatos geradores, incidentes sobre o montante dos impostos e contribuições decorrentes das informações prestadas no sistema eletrônico de cálculo de que trata o § 15 do art. 18, ainda que integralmente pago, no caso de ausência de prestação de informações ou sua efetuação após o prazo, limitada a 20% (vinte por cento), observado o disposto no § 2º deste artigo; e

II – de R$ 20,00 (vinte reais) para cada grupo de 10 (dez) informações incorretas ou omitidas.

§ 1º Para efeito de aplicação da multa prevista no inciso I do *caput*, será considerado como termo inicial o primeiro dia do quarto mês do ano subsequente à ocorrência dos fatos geradores e como termo final a data da efetiva prestação ou, no caso de não prestação, da lavratura do auto de infração.

§ 2º A multa mínima a ser aplicada será de R$ 50,00 (cinquenta reais) para cada mês de referência.

§ 3º Aplica-se ao disposto neste artigo o disposto nos §§ 2º, 4º e 5º do art. 38.

§ 4º O CGSN poderá estabelecer data posterior à prevista no inciso I do *caput* e no § 1º.

Art. 38-B. As multas relativas à falta de prestação ou à incorreção no cumprimento de obrigações acessórias para com os órgãos e entidades federais, estaduais, distritais e municipais, quando em valor fixo ou mínimo, e na ausência de previsão legal de valores específicos e mais favoráveis para MEI, microempresa ou empresa de pequeno porte, terão redução de:

→ Artigo acrescentado pela LC 147/2014, em vigor na data de sua publicação, produzindo efeitos a partir de 1º de janeiro do segundo ano subsequente ao da data de publicação da referida Lei Complementar – *D.O.U.* de 8.8.2014.

I – 90% (noventa por cento) para os MEI;

II – 50% (cinquenta por cento) para as microempresas ou empresas de pequeno porte optantes pelo Simples Nacional.

Parágrafo único. As reduções de que tratam os incisos I e II do *caput* não se aplicam na:

I – hipótese de fraude, resistência ou embaraço à fiscalização;

II – ausência de pagamento da multa no prazo de 30 (trinta) dias após a notificação.

Seção XII
Do processo administrativo fiscal

Art. 39. O contencioso administrativo relativo ao Simples Nacional será de competência do órgão julgador integrante da estrutura administrativa do ente federativo que efetuar o lançamento, o indeferimento da opção ou a exclusão de ofício, observados os dispositivos legais atinentes aos processos administrativos fiscais desse ente.

§ 1º O Município poderá, mediante convênio, transferir a atribuição de julgamento exclusivamente ao respectivo Estado em que se localiza.

§ 2º No caso em que o contribuinte do Simples Nacional exerça atividades incluídas no campo de incidência do ICMS e do ISS e seja apurada omissão de receita de que não se consiga identificar a origem, a autuação será feita utilizando a maior alíquota prevista nesta Lei Complementar, e a parcela autuada que não seja correspondente aos tributos e contribuições federais será rateada entre Estados e Municípios ou Distrito Federal.

§ 3º Na hipótese referida no § 2º deste artigo, o julgamento caberá ao Estado ou ao Distrito Federal.

§ 4º A intimação eletrônica dos atos do contencioso administrativo observará o disposto nos §§ 1º-A a 1º-D do art. 16.

§ 5º A impugnação relativa ao indeferimento da opção ou à exclusão poderá ser decidida em órgão diverso do previsto no *caput*, na forma estabelecida pela respectiva administração tributária.

§ 6º Na hipótese prevista no § 5º, o CGSN poderá disciplinar procedimentos e prazos, bem como, no processo de exclusão, prever efeito suspensivo na hipótese de apresentação de impugnação, defesa ou recurso.

Art. 40. As consultas relativas ao Simples Nacional serão solucionadas pela Secretaria da Receita Federal, salvo quando se referirem a tributos e contribuições de competência estadual ou municipal, que serão solucionadas conforme a respectiva competência tributária, na forma disciplinada pelo Comitê Gestor.

Seção XIII
Do processo judicial

Art. 41. Os processos relativos a impostos e contribuições abrangidos pelo Simples Nacional serão ajuizados em face da União, que será representada em juízo pela Procuradoria-Geral da Fazenda Nacional, observado o disposto no § 5º deste artigo.

§ 1º Os Estados, Distrito Federal e Municípios prestarão auxílio à Procuradoria-Geral da Fazenda Nacional, em relação aos tributos de sua competência, na forma a ser disciplinada por ato do Comitê Gestor.

§ 2º Os créditos tributários oriundos da aplicação desta Lei Complementar serão apurados, inscritos em Dívida Ativa da União e cobrados judicialmente pela Procuradoria-Geral da Fazenda Nacional, observado o disposto no inciso V do § 5º deste artigo.

§ 3º Mediante convênio, a Procuradoria-Geral da Fazenda Nacional poderá delegar aos Estados e Municípios a inscrição em dívida ativa estadual e municipal e a cobrança judicial dos tributos estaduais e municipais a que se refere esta Lei Complementar.

§ 4º Aplica-se o disposto neste artigo aos impostos e contribuições que não tenham sido recolhidos resultantes das informações prestadas:

I – no sistema eletrônico de cálculo dos valores devidos no Simples Nacional de que trata o § 15 do art. 18;

II – na declaração a que se refere o art. 25.

§ 5º Excetuam-se do disposto no *caput* deste artigo:

I – os mandados de segurança nos quais se impugnem atos de autoridade coatora pertencente a Estado, Distrito Federal ou Município;

II – as ações que tratem exclusivamente de tributos de competência dos Estados, do Distrito Federal ou dos Municípios, as quais serão propostas em face desses entes federativos, representados em juízo por suas respectivas procuradorias;

III – as ações promovidas na hipótese de celebração do convênio de que trata o § 3º deste artigo.

IV – o crédito tributário decorrente de auto de infração lavrado exclusivamente em face de descumprimento de obrigação acessória, observado o disposto no § 1º-D do art. 33.

V – o crédito tributário relativo ao ICMS e ao ISS de que tratam as alíneas b e c do inciso V do § 3º do art. 18-A desta Lei Complementar.

→ Inciso V com redação alterada pela LC 147/2014.

Capítulo V
DO ACESSO AOS MERCADOS

→ Rubrica com redação alterada pela LC 147/2014, em vigor na data de sua publicação, produzindo efeitos a partir de 1º de janeiro do primeiro ano subsequente ao da data de publicação da referida Lei Complementar – *D.O.U.* 8.8.2014.

Seção I
Das Aquisições Públicas

→ Anterior Seção Única renomeada para Seção I pela LC 147/2014, em vigor na data de sua publicação, produzindo efeitos a partir de 1º de janeiro do primeiro ano subsequente ao da data de publicação da referida Lei Complementar – *D.O.U.* 8.8.2014.

Art. 42. Nas licitações públicas, a comprovação de regularidade fiscal das microempresas e empresas de pequeno porte somente será exigida para efeito de assinatura do contrato.

Art. 43. As microempresas e empresas de pequeno porte, por ocasião da participação em certames licitatórios, deverão apresentar toda a documentação exigida para efeito de comprovação de regularidade fiscal, mesmo que esta apresente alguma restrição.

§ 1º Havendo alguma restrição na comprovação da regularidade fiscal, será assegurado o prazo de 5 (cinco) dias úteis, cujo termo inicial corresponderá ao momento em que o proponente for declarado o vencedor do certame, prorrogável por igual período, a critério da administração pública, para a regularização da documentação, pagamento ou parcelamento do débito e emissão de eventuais certidões negativas ou positivas com efeito de certidão negativa.

→ § 1º com redação alterada pela LC 147/2014.

§ 2º A não regularização da documentação, no prazo previsto no § 1º deste artigo, implicará decadência do direito à contratação, sem prejuízo das sanções previstas no art. 81 da Lei 8.666, de 21 de junho de 1993, sendo facultado à Administração convocar os licitantes remanescentes, na ordem de classificação, para a assinatura do contrato, ou revogar a licitação.

Art. 44. Nas licitações será assegurada, como critério de desempate, preferência de contratação para as microempresas e empresas de pequeno porte.

§ 1º Entende-se por empate aquelas situações em que as propostas apresentadas pelas microempresas e empresas de pequeno porte sejam iguais ou até 10% (dez por cento) superiores à proposta mais bem classificada.

§ 2º Na modalidade de pregão, o intervalo percentual estabelecido no § 1º deste artigo será de até 5% (cinco por cento) superior ao melhor preço.

Art. 45. Para efeito do disposto no art. 44 desta Lei Complementar, ocorrendo o empate, proceder-se-á da seguinte forma:

I – a microempresa ou empresa de pequeno porte mais bem classificada poderá apresentar proposta de preço inferior àquela considerada vencedora do certame, situação em que será adjudicado em seu favor o objeto licitado;

II – não ocorrendo a contratação da microempresa ou empresa de pequeno porte, na forma do inciso I do *caput* deste artigo, serão convocadas as remanescentes que porventura se enquadrem na hipótese dos §§ 1º e 2º do art. 44 desta Lei Complementar, na ordem classificatória, para o exercício do mesmo direito;

III – no caso de equivalência dos valores apresentados pelas microempresas e empresas de pequeno porte que se encontrem nos intervalos estabelecidos nos §§ 1º e 2º do art. 44 desta Lei Complementar, será realizado sorteio entre elas para que se identifique aquela que primeiro poderá apresentar melhor oferta.

§ 1º Na hipótese da não contratação nos termos previstos no *caput* deste artigo, o objeto licitado será adjudicado em favor da proposta originalmente vencedora do certame.

§ 2º O disposto neste artigo somente se aplicará quando a melhor oferta inicial não tiver sido apresentada por microempresa ou empresa de pequeno porte.

§ 3º No caso de pregão, a microempresa ou empresa de pequeno porte mais bem classificada será convocada para apresentar nova proposta no prazo máximo de 5 (cinco) minutos após o encerramento dos lances, sob pena de preclusão.

Art. 46. A microempresa e a empresa de pequeno porte titular de direitos creditórios decorrentes de empenhos liquidados por órgãos e entidades da União, Estados, Distrito Federal e Município não pagos em até 30 (trinta) dias contados da data de liquidação poderão emitir cédula de crédito microempresarial.

Parágrafo único. (*Revogado pela LC 147/2014*).

Art. 47. Nas contratações públicas da administração direta e indireta, autárquica e fundacional, federal, estadual e municipal, deverá ser concedido tratamento diferenciado e simplificado para as microempresas e empresas de pequeno porte objetivando a promoção do desenvolvimento econômico e social no âmbito municipal e regional, a ampliação da eficiência das políticas públicas e o incentivo à inovação tecnológica.

→ *Caput* com redação alterada pela LC 147/2014.

LEGISLAÇÃO

Parágrafo único. No que diz respeito às compras públicas, enquanto não sobrevier legislação estadual, municipal ou regulamento específico de cada órgão mais favorável à microempresa e empresa de pequeno porte, aplica-se a legislação federal.

→ Parágrafo único acrescentado pela LC 147/2014.

Art. 48. Para o cumprimento do disposto no art. 47 desta Lei Complementar, a administração pública:

→ *Caput* com redação alterada pela LC 147/2014.

I – deverá realizar processo licitatório destinado exclusivamente à participação de microempresas e empresas de pequeno porte nos itens de contratação cujo valor seja de até R$ 80.000,00 (oitenta mil reais);

→ Inciso I com redação alterada pela LC 147/2014.

II – poderá, em relação aos processos licitatórios destinados à aquisição de obras e serviços, exigir dos licitantes a subcontratação de microempresa ou empresa de pequeno porte;

→ Inciso II com redação alterada pela LC 147/2014.

III – deverá estabelecer, em certames para aquisição de bens de natureza divisível, cota de até 25% (vinte e cinco por cento) do objeto para a contratação de microempresas e empresas de pequeno porte.

→ Inciso III com redação alterada pela LC 147/2014.

§ 1º (*Revogado pela LC 147/2014*).

§ 2º Na hipótese do inciso II do *caput* deste artigo, os empenhos e pagamentos do órgão ou entidade da administração pública poderão ser destinados diretamente às microempresas e empresas de pequeno porte subcontratadas.

§ 3º Os benefícios referidos no *caput* deste artigo poderão, justificadamente, estabelecer a prioridade de contratação para as microempresas e empresas de pequeno porte sediadas local ou regionalmente, até o limite de 10% (dez por cento) do melhor preço válido.

→ § 3º acrescentado pela LC 147/2014.

Art. 49. Não se aplica o disposto nos arts. 47 e 48 desta Lei Complementar quando:

I – (*Revogado pela LC 147/2014, em vigor na data de sua publicação, produzindo efeitos a partir de 1º de janeiro do primeiro ano subsequente* ao da data de *publicação da referida Lei Complementar* – D.O.U. *8.8.2014*);

II – não houver um mínimo de 3 (três) fornecedores competitivos enquadrados como microempresas ou empresas de pequeno porte sediados local ou regionalmente e capazes de cumprir as exigências estabelecidas no instrumento convocatório;

III – o tratamento diferenciado e simplificado para as microempresas e empresas de pequeno porte não for vantajoso para a administração pública ou representar prejuízo ao conjunto ou complexo do objeto a ser contratado;

IV – a licitação for dispensável ou inexigível, nos termos dos arts. 24 e 25 da Lei 8.666, de 21 de junho de 1993, excetuando-se as dispensas tratadas pelos incisos I e II do art. 24 da mesma Lei, nas quais a compra deverá ser feita preferencialmente de microempresas e empresas de pequeno porte, aplicando-se o disposto no inciso I do art. 48.

→ Inciso IV com redação alterada pela LC 147/2014.

Seção II
Acesso ao Mercado Externo

→ Seção II acrescentada pela LC 147/2014, em vigor na data de sua publicação, produzindo efeitos a partir de 1º de janeiro do primeiro ano subsequente ao da data de publicação da referida Lei Complementar – *D.O.U.* 8.8.2014.

Art. 49-A. A microempresa e a empresa de pequeno porte beneficiárias do SIMPLES usufruirão de regime de exportação que contemplará procedimentos simplificados de habilitação, licenciamento, despacho aduaneiro e câmbio, na forma do regulamento.

→ Artigo acrescentado pela LC 147/2014.

Parágrafo único. As pessoas jurídicas prestadoras de serviço de logística internacional quando contratadas por beneficiários do SIMPLES estão autorizadas a realizar atividades relativas a licenciamento administrativo, despacho aduaneiro, consolidação e desconsolidação de carga, bem como a contratação de seguro, câmbio, transporte e armazenagem de mercadorias, objeto da prestação do serviço, na forma do regulamento.

Capítulo VI
DA SIMPLIFICAÇÃO DAS RELAÇÕES DE TRABALHO

Seção I
Da segurança e da medicina do trabalho

Art. 50. As microempresas e as empresas de pequeno porte serão estimuladas pelo poder público e pelos Serviços Sociais Autônomos a formar consórcios para acesso a serviços especializados em segurança e medicina do trabalho.

Seção II
Das obrigações trabalhistas

Art. 51. As microempresas e as empresas de pequeno porte são dispensadas:

I – da afixação de Quadro de Trabalho em suas dependências;

II – da anotação das férias dos empregados nos respectivos livros ou fichas de registro;

III – de empregar e matricular seus aprendizes nos cursos dos Serviços Nacionais de Aprendizagem;

IV – da posse do livro intitulado "Inspeção do Trabalho"; e

V – de comunicar ao Ministério do Trabalho e Emprego a concessão de férias coletivas.

Art. 52. O disposto no art. 51 desta Lei Complementar não dispensa as microempresas e as empresas de pequeno porte dos seguintes procedimentos:

I – anotações na Carteira de Trabalho e Previdência Social – CTPS;

II – arquivamento dos documentos comprobatórios de cumprimento das obrigações trabalhistas e previdenciárias, enquanto não prescreverem essas obrigações;

III – apresentação da Guia de Recolhimento do Fundo de Garantia do Tempo de Serviço e Informações à Previdência Social – GFIP;

IV – apresentação das Relações Anuais de Empregados e da Relação Anual de Informações Sociais – RAIS e do Cadastro Geral de Empregados e Desempregados – CAGED.

Parágrafo único. (*Vetado*).

Art. 53. (*Revogado*).

Seção III
Do acesso à Justiça do Trabalho

Art. 54. É facultado ao empregador de microempresa ou de empresa de pequeno porte fazer-se substituir ou representar perante a Justiça do Trabalho por terceiros que conheçam dos fatos, ainda que não possuam vínculo trabalhista ou societário.

Capítulo VII
DA FISCALIZAÇÃO ORIENTADORA

Art. 55. A fiscalização, no que se refere aos aspectos trabalhista, metrológico, sanitário, ambiental, de segurança e de uso e ocupação do solo das microempresas e empresas de pequeno porte deverá ter natureza prioritariamente orientadora, quando a atividade ou situação, por sua natureza, comportar grau de risco compatível com esse procedimento.

→ *Caput* com redação alterada pela LC 147/2014.

§ 1º Será observado o critério de dupla visita para lavratura de autos de infração, salvo quando for constatada infração por falta de registro de empregado ou anotação da Carteira de Trabalho e Previdência Social – CTPS, ou, ainda, na ocorrência de reincidência, fraude, resistência ou embaraço à fiscalização.

§ 2º (*Vetado*).

§ 3º Os órgãos e entidades competentes definirão, em 12 (doze) meses, as atividades e situações cujo grau de risco seja considerado alto, as quais não se sujeitarão ao disposto neste artigo.

§ 4º O disposto neste artigo não se aplica ao processo administrativo fiscal relativo a tributos, que se dará na forma dos arts. 39 e 40 desta Lei Complementar.

§ 5º O disposto no § 1º aplica-se à lavratura de multa pelo descumprimento de obrigações acessórias relativas às matérias do *caput*, inclusive quando previsto seu cumprimento de forma unificada com matéria de outra natureza, exceto a trabalhista.

→ § 5º acrescentada pela LC 147/2014.

§ 6º A inobservância do critério de dupla visita implica nulidade do auto de infração lavrado sem cumprimento ao disposto neste artigo, independentemente da natureza principal ou acessória da obrigação.

→ § 6º acrescentada pela LC 147/2014.

§ 7º Os órgãos e entidades da administração pública federal, estadual, distrital e municipal deverão observar o princípio do tratamento diferenciado, simplificado e favorecido por ocasião da fixação de valores decorrentes de multas e demais sanções administrativas.

→ § 7º acrescentada pela LC 147/2014.

§ 8º A inobservância do disposto no *caput* deste artigo implica atentado aos direitos e garantias legais assegurados ao exercício profissional da atividade empresarial.

→ § 8º acrescentada pela LC 147/2014.

§ 9º O disposto no *caput* deste artigo não se aplica a infrações relativas à ocupação irregular da reserva de faixa não edificável, de área destinada a equipamentos urbanos, de áreas de preservação permanente e nas faixas de domínio público das rodovias, ferrovias e dutovias ou de vias e logradouros públicos.

→ § 9º acrescentada pela LC 147/2014.

Capítulo VIII
DO ASSOCIATIVISMO

Seção Única
Da sociedade de propósito específico formada por microempresas e empresas de pequeno porte optantes pelo Simples Nacional

Art. 56. As microempresas ou as empresas de pequeno porte poderão realizar negócios de compra e venda de bens e serviços para os mercados nacional e internacional, por meio de sociedade de propósito específico, nos termos e condições estabelecidos pelo Poder Executivo federal.

→ *Caput* com redação alterada pela LC 147/2014.

§ 1º Não poderão integrar a sociedade de que trata o *caput* deste artigo pessoas jurídicas não optantes pelo Simples Nacional.

§ 2º A sociedade de propósito específico de que trata este artigo:

I – terá seus atos arquivados no Registro Público de Empresas Mercantis;

II – terá por finalidade realizar:

a) operações de compras para revenda às microempresas ou empresas de pequeno porte que sejam suas sócias;

b) operações de venda de bens adquiridos das microempresas e empresas de pequeno porte que sejam suas sócias para pessoas jurídicas que não sejam suas sócias;

III – poderá exercer atividades de promoção dos bens referidos na alínea *b* do inciso II deste parágrafo;

IV – apurará o imposto de renda das pessoas jurídicas com base no lucro real, devendo manter a escrituração dos livros Diário e Razão;

V – apurará a Cofins e a Contribuição para o PIS/Pasep de modo não cumulativo;

VI – exportará, exclusivamente, bens a ela destinados pelas microempresas e empresas de pequeno porte que dela façam parte;

VII – será constituída como sociedade limitada;

VIII – deverá, nas revendas às microempresas ou empresas de pequeno porte que sejam suas sócias, observar preço no mínimo igual ao das aquisições realizadas para revenda; e

IX – deverá, nas revendas de bens adquiridos de microempresas ou empresas de pequeno porte que sejam suas sócias, observar preço no mínimo igual ao das aquisições desses bens.

§ 3º A aquisição de bens destinados à exportação pela sociedade de propósito específico não gera direito a créditos relativos a impostos ou contribuições abrangidos pelo Simples Nacional.

§ 4º A microempresa ou a empresa de pequeno porte não poderá participar simultaneamente de mais de uma sociedade de propósito específico de que trata este artigo.

§ 5º A sociedade de propósito específico de que trata este artigo não poderá:

I – ser filial, sucursal, agência ou representação, no País, de pessoa jurídica com sede no exterior;

II – ser constituída sob a forma de cooperativas, inclusive de consumo;

III – participar do capital de outra pessoa jurídica;

IV – exercer atividade de banco comercial, de investimentos e de desenvolvimento, de caixa econômica, de sociedade de crédito, financiamento e investimento ou de crédito imobiliário, de corretora ou de distribuidora de títulos, valores mobiliários e câmbio, de empresa de arrendamento mercantil, de seguros privados e de capitalização ou de previdência complementar;

V – ser resultante ou remanescente de cisão ou qualquer outra forma de desmembramento de pessoa jurídica que tenha ocorrido em um dos 5 (cinco) anos-calendário anteriores;

VI – exercer a atividade vedada às microempresas e empresas de pequeno porte optantes pelo Simples Nacional.

§ 6º A inobservância do disposto no § 4º deste artigo acarretará a responsabilidade solidária das microempresas ou empresas de pequeno porte sócias da sociedade de propósito específico de que trata este artigo na hipótese em que seus titulares, sócios ou administradores conhecessem ou devessem conhecer tal inobservância.

§ 7º O Poder Executivo regulamentará o disposto neste artigo até 31 de dezembro de 2008.

Capítulo IX
DO ESTÍMULO AO CRÉDITO E À CAPITALIZAÇÃO

Seção I
Disposições gerais

Art. 57. O Poder Executivo federal proporá, sempre que necessário, medidas no sentido de melhorar o acesso das microempresas e empresas de pequeno porte aos mercados de crédito e de capitais, objetivando a redução do custo de transação, a elevação da eficiência alocativa, o incentivo ao ambiente concorrencial e a qualidade do conjunto informacional, em especial o acesso e portabilidade das informações cadastrais relativas ao crédito.

Art. 58. Os bancos comerciais públicos e os bancos múltiplos públicos com carteira comercial e a Caixa Econômica Federal manterão linhas de crédito específicas para as microempresas e para as empresas de pequeno porte, devendo o montante disponível e suas condições de acesso ser expressos nos respectivos orçamentos e amplamente divulgadas.

Parágrafo único. As instituições mencionadas no *caput* deste artigo deverão publicar, juntamente com os respectivos balanços, relatório circunstanciado dos recursos alocados às linhas de crédito referidas no *caput* deste artigo e aqueles efetivamente utilizados, consignando, obrigatoriamente, as justificativas do desempenho alcançado.

→ Conforme publicação oficial.

§ 2º O acesso às linhas de crédito específicas previstas no *caput* deste artigo deverá ter tratamento simplificado e ágil, com divulgação ampla das respectivas condições e exigências.

→ § 2º acrescentado pela LC 147/2014.

Art. 58-A. Os bancos públicos e privados não poderão contabilizar, para cumprimento de metas, empréstimos realizados a pessoas físicas, ainda que sócios de empresas, como disponibilização de crédito para microempresas e empresas de pequeno porte.

→ Artigo acrescentado pela LC 147/2014.

Art. 59. As instituições referidas no *caput* do art. 58 desta Lei Complementar devem se articular com as respectivas entidades de apoio e representação das microempresas e empresas de pequeno porte, no sentido de proporcionar e desenvolver programas de treinamento, desenvolvimento gerencial e capacitação tecnológica.

Art. 60. *(Vetado).*

Art. 60-A. Poderá ser instituído Sistema Nacional de Garantias de Crédito pelo Poder Executivo, com o objetivo de facilitar o acesso das microempresas e empresas de pequeno porte a crédito e demais serviços das instituições financeiras, o qual, na forma de regulamento, proporcionará a elas tratamento diferenciado, favorecido e simplificado, sem prejuízo de atendimento a outros públicos-alvo.

Parágrafo único. O Sistema Nacional de Garantias de Crédito integrará o Sistema Financeiro Nacional.

Art. 60-B. Os fundos garantidores de risco de crédito empresarial que possuam participação da União na composição do seu capital atenderão, sempre que possível, as operações de crédito que envolvam microempresas e empresas de pequeno porte, definidas na forma do art. 3º desta Lei.

→ Artigo acrescentado pela LC 147/2014.

Art. 60-C. *(Vetado).*

→ Artigo acrescentado pela LC 147/2014.

Art. 61. Para fins de apoio creditício às operações de comércio exterior das microempresas e das empresas de pequeno porte, serão utilizados os parâmetros de enquadramento ou outros instrumentos de alta significância para as microempresas, empresas de pequeno porte exportadoras segundo o porte de empresas, aprovados pelo Mercado Comum do Sul – Mercosul.

Seção II
Das responsabilidades do Banco Central do Brasil

Art. 62. O Banco Central do Brasil disponibilizará dados e informações das instituições financeiras integrantes do Sistema Financeiro Nacional, inclusive por meio do Sistema de Informações de Crédito – SCR, de modo a ampliar o acesso ao crédito para microempresas e empresas de pequeno porte e fomentar a competição bancária.

→ *Caput* com redação alterada pela LC 147/2014.

§ 1º O disposto no *caput* deste artigo alcança a disponibilização de dados e informações específicas relativas ao histórico de relacionamento bancário e creditício das microempresas e das empresas de pequeno porte, apenas aos próprios titulares.

§ 2º O Banco Central do Brasil poderá garantir o acesso simplificado, favorecido e diferenciado dos dados e informações constantes no § 1º deste artigo aos seus respectivos interessados, podendo a instituição optar por realizá-lo por meio das instituições financeiras, com as quais o próprio cliente tenha relacionamento.

Seção III
Das condições de acesso aos depósitos especiais do Fundo de Amparo ao Trabalhador – FAT

Art. 63. O Codefat poderá disponibilizar recursos financeiros por meio da criação de programa específico para as cooperativas de crédito de cujos quadros de cooperados participem microempreendedores, empreendedores de microempresa e empresa de pequeno porte bem como suas empresas.

Parágrafo único. Os recursos referidos no *caput* deste artigo deverão ser destinados exclusivamente às microempresas e empresas de pequeno porte.

Capítulo X
DO ESTÍMULO À INOVAÇÃO

Seção I
Disposições gerais

Art. 64. Para os efeitos desta Lei Complementar considera-se:

I – inovação: a concepção de um novo produto ou processo de fabricação, bem como a agregação de novas funcionalidades ou características ao produto ou processo que implique melhorias incrementais e efetivo ganho de qualidade ou produtividade, resultando em maior competitividade no mercado;

II – agência de fomento: órgão ou instituição de natureza pública ou privada que tenha entre os seus objetivos o financiamento de ações que visem a estimular e promover o desenvolvimento da ciência, da tecnologia e da inovação;

III – Instituição Científica e Tecnológica – ICT: órgão ou entidade da administração pública que tenha por missão institucional, dentre outras, executar atividades de pesquisa básica ou aplicada de caráter científico ou tecnológico;

IV – núcleo de inovação tecnológica: núcleo ou órgão constituído por uma ou mais ICT com a finalidade de gerir sua política de inovação;

V – instituição de apoio: instituições criadas sob o amparo da Lei 8.958, de 20 de dezembro de 1994, com a finalidade de dar apoio a projetos de pesquisa, ensino e extensão e de desenvolvimento institucional, científico e tecnológico.

VI – instrumentos de apoio tecnológico para a inovação: qualquer serviço disponibilizado presencialmente ou na internet que possibilite acesso a informações, orientações, bancos de dados de soluções de informações, respostas técnicas, pesquisas e atividades de apoio complementar desenvolvidas pelas instituições previstas nos incisos II a V deste artigo.

→ Artigo acrescentado pela LC 147/2014.

Seção II
Do apoio à inovação

Art. 65. A União, os Estados, o Distrito Federal e os Municípios, e as respectivas agências de fomento, as ICT, os núcleos de inovação tecnológica e as instituições de apoio manterão programas específicos para as microempresas e para as empresas de pequeno porte, inclusive quando estas revestirem a forma de incubadoras, observando-se o seguinte:

I – as condições de acesso serão diferenciadas, favorecidas e simplificadas;

II – o montante disponível e suas condições de acesso deverão ser expressos nos respectivos orçamentos e amplamente divulgados.

§ 1º As instituições deverão publicar, juntamente com as respectivas prestações de contas, relatório circunstanciado das estratégias para maximização da participação do segmento, assim como dos recursos alocados às ações referidas no *caput* deste artigo e aqueles efetivamente utilizados, consignando, obrigatoriamente, as justificativas do desempenho alcançado no período.

§ 2º As pessoas jurídicas referidas no *caput* deste artigo terão por meta a aplicação de, no mínimo, 20% (vinte por cento) dos recursos destinados à inovação para o desenvolvimento de tal atividade nas microempresas ou nas empresas de pequeno porte.

§ 3º Os órgãos e entidades integrantes da administração pública federal, estadual e municipal atuantes em pesquisa, desenvolvimento ou capacitação tecnológica terão por meta efetivar suas aplicações, no percentual mínimo fixado neste artigo, em programas e projetos de apoio às microempresas ou às empresas de pequeno porte, transmitindo ao Ministério da Ciência, Tecnologia e Inovação, no primeiro trimestre de cada ano, informação relativa aos valores alocados e a respectiva relação percentual em relação ao total dos recursos destinados para esse fim.

→ § 3º com redação alterada pela LC 147/2014.

§ 4º Ficam autorizados a reduzir a 0 (zero) as alíquotas dos impostos e contribuições a seguir indicados, incidentes na aquisição, ou importação, de equipamentos, máquinas, aparelhos, instrumentos, acessórios, sobressalentes e ferramentas que os acompanhem, na forma definida em regulamento, quando adquiridos, ou importados, diretamente por microempresas ou empresas de pequeno porte para incorporação ao seu ativo imobilizado:

I – a União, em relação ao IPI, à Cofins, à Contribuição para o PIS/Pasep, à Cofins--Importação e à Contribuição para o PIS/Pasep-Importação; e

II – os Estados e o Distrito Federal, em relação ao ICMS.

§ 5º A microempresa ou empresa de pequeno porte, adquirente de bens com o benefício previsto no § 4º deste artigo, fica obrigada, nas hipóteses previstas em regulamento, a recolher os impostos e contribuições que deixaram de ser pagos, acrescidos de juros e multa, de mora ou de ofício, contados a partir da data da aquisição, no mercado interno, ou do registro da declaração de importação – DI, calculados na forma da legislação que rege a cobrança do tributo não pago.

§ 6º Para efeito da execução do orçamento previsto neste artigo, os órgãos e instituições poderão alocar os recursos destinados à criação e ao custeio de ambientes de inovação, incluindo incubadoras, parques e centros vocacionais tecnológicos, laboratórios metrológicos, de ensaio, de pesquisa ou apoio ao treinamento, bem como custeio de bolsas de extensão e remuneração de professores, pesquisadores e agentes envolvidos nas atividades de apoio tecnológico complementar.

→ § 6º acrescentado pela LC 147/2014.

Art. 66. No primeiro trimestre do ano subsequente, os órgãos e entidades a que alude o art. 67 desta Lei Complementar transmitirão ao Ministério da Ciência e Tecnologia relatório circunstanciado dos projetos realizados, compreendendo a análise do desempenho alcançado.

Art. 67. Os órgãos congêneres ao Ministério da Ciência e Tecnologia estaduais e municipais deverão elaborar e divulgar relatório anual indicando o valor dos recursos recebidos, inclusive por transferência de terceiros, que foram aplicados diretamente ou por organizações vinculadas, por Fundos Setoriais e outros, no segmento das microempresas e empresas de pequeno porte, retratando e avaliando os resultados obtidos e indicando as previsões de ações e metas para ampliação de sua participação no exercício seguinte.

Capítulo XI
DAS REGRAS CIVIS E EMPRESARIAIS

Seção I
Das regras civis

Subseção I
Do pequeno empresário

Art. 68. Considera-se pequeno empresário, para efeito de aplicação do disposto nos arts. 970 e 1.179 da Lei 10.406, de 2002, o empresário individual caracterizado como microempresa na forma desta Lei Complementar que aufira receita bruta anual até o limite previsto no § 1º do art. 18-A.

Subseção II
(Vetado).

Art. 69. *(Vetado).*

Seção II
Das deliberações sociais e da estrutura organizacional

Art. 70. As microempresas e as empresas de pequeno porte são desobrigadas da realização de reuniões e assembleias em qualquer das situações previstas na legislação civil, as quais serão substituídas por deliberação representativa do primeiro número inteiro superior à ½ (metade) do capital social.

§ 1º O disposto no *caput* deste artigo não se aplica caso haja disposição contratual em contrário, caso ocorra hipótese de justa causa que enseje a exclusão de sócio ou caso um ou mais sócios ponham em risco a continuidade da empresa em virtude de atos de inegável gravidade.

§ 2º Nos casos referidos no § 1º deste artigo, realizar-se-á reunião ou assembleia de acordo com a legislação civil.

Art. 71. Os empresários e as sociedades de que trata esta Lei Complementar, nos termos da legislação civil, ficam dispensados da publicação de qualquer ato societário.

Seção III
Do nome empresarial

Art. 72. As microempresas e as empresas de pequeno porte, nos termos da legislação civil, acrescentarão à sua firma ou denominação as expressões "Microempresa" ou "Empresa de Pequeno Porte", ou suas respectivas abreviações, "ME" ou "EPP", conforme o caso, sendo facultativa a inclusão do objeto da sociedade.

Seção IV
Do protesto de títulos

Art. 73. O protesto de título, quando o devedor for microempresário ou empresa de pequeno porte, é sujeito às seguintes condições:

I – sobre os emolumentos do tabelião não incidirão quaisquer acréscimos a título de taxas, custas e contribuições para o Estado ou Distrito Federal, carteira de previdência, fundo de custeio de atos gratuitos, fundos especiais do

Tribunal de Justiça, bem como de associação de classe, criados ou que venham a ser criados sob qualquer título ou denominação, ressalvada a cobrança do devedor das despesas de correio, condução e publicação de edital para realização da intimação;

II – para o pagamento do título em cartório, não poderá ser exigido cheque de emissão de estabelecimento bancário, mas, feito o pagamento por meio de cheque, de emissão de estabelecimento bancário ou não, a quitação dada pelo tabelionato de protesto será condicionada à efetiva liquidação do cheque;

III – o cancelamento do registro de protesto, fundado no pagamento do título, será feito independentemente de declaração de anuência do credor, salvo no caso de impossibilidade de apresentação do original protestado;

IV – para os fins do disposto no *caput* e nos incisos I, II e III do *caput* deste artigo, o devedor deverá provar sua qualidade de microempresa ou de empresa de pequeno porte perante o tabelionato de protestos de títulos, mediante documento expedido pela Junta Comercial ou pelo Registro Civil das Pessoas Jurídicas, conforme o caso;

V – quando o pagamento do título ocorrer com cheque sem a devida provisão de fundos, serão automaticamente suspensos pelos cartórios de protesto, pelo prazo de 1 (um) ano, todos os benefícios previstos para o devedor neste artigo, independentemente da lavratura e registro do respectivo protesto.

Art. 73-A. São vedadas cláusulas contratuais relativas à limitação da emissão ou circulação de títulos de crédito ou direitos creditórios originados de operações de compra e venda de produtos e serviços por microempresas e empresas de pequeno porte.

→ Artigo acrescentado pela LC 147/2014.

Capítulo XII
DO ACESSO À JUSTIÇA

Seção I
Do acesso aos juizados especiais

Art. 74. Aplica-se às microempresas e às empresas de pequeno porte de que trata esta Lei Complementar o disposto no § 1º do art. 8º da Lei 9.099, de 26 de setembro de 1995, e no inciso I do *caput* do art. 6º da Lei 10.259, de 12 de julho de 2001, as quais, assim como as pessoas físicas capazes, passam a ser admitidas como proponentes de ação perante o Juizado Especial, excluídos os cessionários de direito de pessoas jurídicas.

Art. 74-A. O Poder Judiciário, especialmente por meio do Conselho Nacional de Justiça – CNJ, e o Ministério da Justiça implementarão medidas para disseminar o tratamento diferenciado e favorecido às microempresas e empresas de pequeno porte em suas respectivas áreas de competência.

→ Artigo acrescentado pela LC 147/2014.

Seção II
Da conciliação prévia, mediação e arbitragem

Art. 75. As microempresas e empresas de pequeno porte deverão ser estimuladas a utilizar os institutos de conciliação prévia, mediação e arbitragem para solução dos seus conflitos.

§ 1º Serão reconhecidos de pleno direito os acordos celebrados no âmbito das comissões de conciliação prévia.

§ 2º O estímulo a que se refere o *caput* deste artigo compreenderá campanhas de divulgação, serviços de esclarecimento e tratamento diferenciado, simplificado e favorecido no tocante aos custos administrativos e honorários cobrados.

Seção III
Das parcerias

Art. 75-A. Para fazer face às demandas originárias do estímulo previsto nos arts. 74 e 75 desta Lei Complementar, entidades privadas, públicas, inclusive o Poder Judiciário, poderão firmar parcerias entre si, objetivando a instalação ou utilização de ambientes propícios para a realização dos procedimentos inerentes a busca da solução de conflitos.

Capítulo XIII
DO APOIO E DA REPRESENTAÇÃO

Art. 76. Para o cumprimento do disposto nesta Lei Complementar, bem como para desenvolver e acompanhar políticas públicas voltadas às microempresas e empresas de pequeno porte, o poder público, em consonância com o Fórum Permanente das Microempresas e Empresas de Pequeno Porte, sob a coordenação da Secretaria da Micro e Pequena Empresa da Presidência da República, deverá incentivar e apoiar a criação de fóruns com participação dos órgãos públicos competentes e das entidades vinculadas ao setor.

→ Artigo com redação alterada pela Lei 12.792/2013.

Parágrafo único. A Secretaria da Micro e Pequena Empresa da Presidência da República coordenará com as entidades representativas das microempresas e empresas de pequeno porte a implementação dos fóruns regionais nas unidades da federação.

Art. 76-A. As instituições de representação e apoio empresarial deverão promover programas de sensibilização, de informação, de orientação e apoio, de educação fiscal, de regularidade dos contratos de trabalho e de adoção de sistemas informatizados e eletrônicos, como forma de estímulo à formalização de empreendimentos, de negócios e empregos, à ampliação da competitividade e à disseminação do associativismo entre as microempresas, os microempreendedores individuais, as empresas de pequeno porte e equiparados.

→ Artigo acrescentado pela LC 147/2014.

Capítulo XIV
DISPOSIÇÕES FINAIS E TRANSITÓRIAS

Art. 77. Promulgada esta Lei Complementar, o Comitê Gestor expedirá, em 30 (trinta) meses, as instruções que se fizerem necessárias à sua execução.

§ 1º O Ministério do Trabalho e Emprego, a Secretaria da Receita Federal, a Secretaria da Receita Previdenciária, os Estados, o Distrito Federal e os Municípios deverão editar, em 1 (um) ano, as leis e demais atos necessários para assegurar o pronto e imediato tratamento jurídico diferenciado, simplificado e favorecido às microempresas e às empresas de pequeno porte.

§ 2º A administração direta e indireta federal, estadual e municipal e as entidades paraestatais acordarão, no prazo previsto no § 1º deste artigo, as providências necessárias à adaptação dos respectivos atos normativos ao disposto nesta Lei Complementar.

§ 3º *(Vetado).*

§ 4º O Comitê Gestor regulamentará o disposto no inciso I do § 6º do art. 13 desta Lei Complementar até 31 de dezembro de 2008.

§ 5º A partir de 1º de janeiro de 2009, perderão eficácia as substituições tributárias que não atenderem à disciplina estabelecida na forma do § 4º deste artigo.

§ 6º O Comitê de que trata o inciso III do *caput* do art. 2º desta Lei Complementar expedirá, até 31 de dezembro de 2009, as instruções que se fizerem necessárias relativas a sua competência.

Art. 78. *(Revogado).*

Art. 79. Será concedido, para ingresso no Simples Nacional, parcelamento, em até 100 (cem) parcelas mensais e sucessivas, dos débitos com o Instituto Nacional do Seguro Social – INSS, ou com as Fazendas Públicas federal, estadual ou municipal, de responsabilidade da microempresa ou empresa de pequeno porte e de seu titular ou sócio, com vencimento até 30 de junho de 2008.

§ 1º O valor mínimo da parcela mensal será de R$ 100,00 (cem reais), considerados isoladamente os débitos para com a Fazenda Nacional, para com a Seguridade Social, para com a Fazenda dos Estados, dos Municípios ou do Distrito Federal.

§ 2º Esse parcelamento alcança inclusive débitos inscritos em dívida ativa.

§ 3º O parcelamento será requerido à respectiva Fazenda para com a qual o sujeito passivo esteja em débito.

§ 3º-A. O parcelamento deverá ser requerido no prazo estabelecido em regulamentação do Comitê Gestor.

§ 4º Aplicam-se ao disposto neste artigo as demais regras vigentes para parcelamento de tributos e contribuições federais, na forma regulamentada pelo Comitê Gestor.

§§ 5º a 8º *(Vetados).*

§ 9º O parcelamento de que trata o *caput* deste artigo não se aplica na hipótese de reingresso de microempresa ou empresa de pequeno porte no Simples Nacional.

Art. 79-A. *(Vetado).*

Art. 79-B. Excepcionalmente para os fatos geradores ocorridos em julho de 2007, os tributos apurados na forma dos arts. 18 a 20 desta Lei Complementar deverão ser pagos até o último dia útil de agosto de 2007.

Art. 79-C. A microempresa e a empresa de pequeno porte que, em 30 de junho de 2007, se enquadravam no regime previsto na Lei 9.317, de 5 de dezembro de 1996, e que não ingressaram no regime previsto no art. 12 desta Lei Complementar sujeitar-se-ão, a partir de 1º de julho de 2007, às normas de tributação aplicáveis às demais pessoas jurídicas.

§ 1º Para efeito do disposto no *caput* deste artigo, o sujeito passivo poderá optar pelo recolhimento do Imposto sobre a Renda da Pessoa Jurídica – IRPJ e da Contribuição Social sobre o Lucro Líquido – CSLL na forma do lucro real, trimestral ou anual, ou do lucro presumido.

§ 2º A opção pela tributação com base no lucro presumido dar-se-á pelo pagamento, no vencimento, do IRPJ e da CSLL devidos, correspondente ao 3º (terceiro) trimestre de 2007 e, no caso do lucro real anual, com o pagamento do IRPJ e da CSLL relativos ao mês de julho de 2007 com base na estimativa mensal.

Art. 79-D. Excepcionalmente, para os fatos geradores ocorridos entre 1º de julho de 2007 e 31 de dezembro de 2008, as pessoas jurídicas que exerçam atividade sujeita simultaneamente à incidência do IPI e do ISS deverão recolher o ISS diretamente ao Município em que este imposto é devido até o último dia útil de fevereiro de 2009, aplicando-se, até esta data, o disposto no parágrafo único do art. 100 da Lei 5.172, de 25 de outubro de 1966 – Código Tributário Nacional – CTN.

Art. 79-E. A empresa de pequeno porte optante pelo Simples Nacional em 31 de dezembro de 2011 que durante o ano-calendário de 2011 auferir receita bruta total anual entre R$ 2.400.000,01 (dois milhões, quatrocentos mil reais e um centavo) e R$ 3.600.000,00 (três milhões e seiscentos mil reais) continuará automaticamente incluída no Simples Nacional com efeitos a partir de 1º de janeiro de 2012, ressalvado o direito de exclusão por comunicação da optante.

Art. 80. O art. 21 da Lei 8.212, de 24 de julho de 1991, fica acrescido dos seguintes §§ 2º e 3º, passando o parágrafo único a vigorar como § 1º:

→ Alterações efetuadas na referida Lei.

Art. 81. O art. 45 da Lei 8.212, de 24 de julho de 1991, passa a vigorar com as seguintes alterações:

→ Alterações efetuadas na referida Lei.

Art. 82. A Lei 8.213, de 24 de julho de 1991, passa a vigorar com as seguintes alterações:

→ Alterações efetuadas na referida Lei.

Art. 83. O art. 94 da Lei 8.213, de 24 de julho de 1991, fica acrescido do seguinte § 2º, passando o parágrafo único a vigorar como § 1º:

→ Alterações efetuadas na referida Lei.

Art. 84. O art. 58 da Consolidação das Leis do Trabalho – CLT, aprovada pelo Decreto-Lei 5.452, de 1º de maio de 1943, passa a vigorar acrescido do seguinte § 3º:

"Art. 58. (...)

(...)

§ 3º Poderão ser fixados, para as microempresas e empresas de pequeno porte, por meio de acordo ou convenção coletiva, em caso de transporte fornecido pelo empregador, em local de difícil acesso ou não servido por transporte público, o tempo médio despendido pelo empregado, bem como a forma e a natureza da remuneração."

Art. 85. *(Vetado).*

Art. 85-A. Caberá ao Poder Público Municipal designar Agente de Desenvolvimento para a efetivação do disposto nesta Lei Complementar, observadas as especificidades locais.

§ 1º A função de Agente de Desenvolvimento caracteriza-se pelo exercício de articulação das ações públicas para a promoção do desenvolvimento local e territorial, mediante ações locais ou comunitárias, individuais ou coletivas, que visem ao cumprimento das disposições e diretrizes contidas nesta Lei Complementar, sob supervisão do órgão gestor local responsável pelas políticas de desenvolvimento.

§ 2º O Agente de Desenvolvimento deverá preencher os seguintes requisitos:

I – residir na área da comunidade em que atuar;

II – haver concluído, com aproveitamento, curso de qualificação básica para a formação de Agente de Desenvolvimento; e

III – possuir formação ou experiência compatível com a função a ser exercida;

→ Inciso III com redação alterada pela LC 147/2014.

IV – ser preferencialmente servidor efetivo do Município.

→ Inciso IV acrescentado pela LC 147/2014.

§ 3º A Secretaria da Micro e Pequena Empresa da Presidência da República juntamente com as entidades municipalistas e de apoio e representação empresarial prestarão suporte aos referidos agentes na forma de capacitação, estudos e pesquisas, publicações, promoção de intercâmbio de informações e experiências.

→ § 3º com redação alterada pela Lei 12.792/2013.

Art. 86. As matérias tratadas nesta Lei Complementar que não sejam reservadas constitucionalmente a lei complementar poderão ser objeto de alteração por lei ordinária.

Art. 87. O § 1º do art. 3º da Lei Complementar 63, de 11 de janeiro de 1990, passa a vigorar com a seguinte redação:

"Art. 3º (...)

§ 1º O valor adicionado corresponderá, para cada Município:

I – ao valor das mercadorias saídas, acrescido do valor das prestações de serviços, no seu território, deduzido o valor das mercadorias entradas, em cada ano civil;

II – nas hipóteses de tributação simplificada a que se refere o parágrafo único do art. 146 da Constituição Federal, e, em outras situações, em que se dispensem os controles de entrada, considerar-se-á como valor adicionado o percentual de 32% (trinta e dois por cento) da receita bruta.

(...)"

Art. 87-A. Os Poderes Executivos da União, Estados, Distrito Federal e Municípios expedirão, anualmente, até o dia 30 de novembro, cada um, em seus respectivos âmbitos de competência, decretos de consolidação da regulamentação aplicável relativamente às microempresas e empresas de pequeno porte.

→ Artigo acrescentado pela LC 147/2014.

Art. 88. Esta Lei Complementar entra em vigor na data de sua publicação, ressalvado o regime de tributação das microempresas e empresas de pequeno porte, que entra em vigor em 1º de julho de 2007.

Art. 89. Ficam revogadas, a partir de 1º de julho de 2007, a Lei 9.317, de 5 de dezembro de 1996, e a Lei 9.841, de 5 de outubro de 1999.

Brasília, 14 de dezembro de 2006; 185º da Independência e 118º da República.

Luiz Inácio Lula da Silva

(Publicação no *D.O.U.* de 15.12.2006; republicação 31.1.2009, em 31.1.2012 e 6.3.2012)

ANEXO I – (VIGÊNCIA: 01/01/2012)
ALÍQUOTAS E PARTILHA DO SIMPLES NACIONAL – COMÉRCIO

Receita Bruta em 12 meses (em R$)	Alíquota	IRPJ	CSLL	Cofins	PIS/Pasep	CPP	ICMS
Até 180.000,00	4,00%	0,00%	0,00%	0,00%	0,00%	2,75%	1,25%
De 180.000,01 a 360.000,00	5,47%	0,00%	0,00%	0,86%	0,00%	2,75%	1,86%
De 360.000,01 a 540.000,00	6,84%	0,27%	0,31%	0,95%	0,23%	2,75%	2,33%
De 540.000,01 a 720.000,00	7,54%	0,35%	0,35%	1,04%	0,25%	2,99%	2,56%
De 720.000,01 a 900.000,00	7,60%	0,35%	0,35%	1,05%	0,25%	3,02%	2,58%
De 900.000,01 a 1.080.000,00	8,28%	0,38%	0,38%	1,15%	0,27%	3,28%	2,82%
De 1.080.000,01 a 1.260.000,00	8,36%	0,39%	0,39%	1,16%	0,28%	3,30%	2,84%
De 1.260.000,01 a 1.440.000,00	8,45%	0,39%	0,39%	1,17%	0,28%	3,35%	2,87%
De 1.440.000,01 a 1.620.000,00	9,03%	0,42%	0,42%	1,25%	0,30%	3,57%	3,07%

De 1.620.000,01 a 1.800.000,00	9,12%	0,43%	0,43%	1,26%	0,30%	3,60%	3,10%
De 1.800.000,01 a 1.980.000,00	9,95%	0,46%	0,46%	1,38%	0,33%	3,94%	3,38%
De 1.980.000,01 a 2.160.000,00	10,04%	0,46%	0,46%	1,39%	0,33%	3,99%	3,41%
De 2.160.000,01 a 2.340.000,00	10,13%	0,47%	0,47%	1,40%	0,33%	4,01%	3,45%
De 2.340.000,01 a 2.520.000,00	10,23%	0,47%	0,47%	1,42%	0,34%	4,05%	3,48%
De 2.520.000,01 a 2.700.000,00	10,32%	0,48%	0,48%	1,43%	0,34%	4,08%	3,51%
De 2.700.000,01 a 2.880.000,00	11,23%	0,52%	0,52%	1,56%	0,37%	4,44%	3,82%
De 2.880.000,01 a 3.060.000,00	11,32%	0,52%	0,52%	1,57%	0,37%	4,49%	3,85%
De 3.060.000,01 a 3.240.000,00	11,42%	0,53%	0,53%	1,58%	0,38%	4,52%	3,88%
De 3.240.000,01 a 3.420.000,00	11,51%	0,53%	0,53%	1,60%	0,38%	4,56%	3,91%
De 3.420.000,01 a 3.600.000,00	11,61%	0,54%	0,54%	1,60%	0,38%	4,60%	3,95%

ANEXO II – (VIGÊNCIA: 01/01/2012)
ALÍQUOTAS E PARTILHA DO SIMPLES NACIONAL – INDÚSTRIA

Receita Bruta em 12 meses (em R$)	Alíquota	IRPJ	CSLL	Cofins	PIS/Pasep	CPP	ICMS	IPI
Até 180.000,00	4,50%	0,00%	0,00%	0,00%	0,00%	2,75%	1,25%	0,50%
De 180.000,01 a 360.000,00	5,97%	0,00%	0,00%	0,86%	0,00%	2,75%	1,86%	0,50%
De 360.000,01 a 540.000,00	7,34%	0,27%	0,31%	0,95%	0,23%	2,75%	2,33%	0,50%
De 540.000,01 a 720.000,00	8,04%	0,35%	0,35%	1,04%	0,25%	2,99%	2,56%	0,50%
De 720.000,01 a 900.000,00	8,10%	0,35%	0,35%	1,05%	0,25%	3,02%	2,58%	0,50%
De 900.000,01 a 1.080.000,00	8,78%	0,38%	0,38%	1,15%	0,27%	3,28%	2,82%	0,50%
De 1.080.000,01 a 1.260.000,00	8,86%	0,39%	0,39%	1,16%	0,28%	3,30%	2,84%	0,50%
De 1.260.000,01 a 1.440.000,00	8,95%	0,39%	0,39%	1,17%	0,28%	3,35%	2,87%	0,50%
De 1.440.000,01 a 1.620.000,00	9,53%	0,42%	0,42%	1,25%	0,30%	3,57%	3,07%	0,50%
De 1.620.000,01 a 1.800.000,00	9,62%	0,42%	0,42%	1,26%	0,30%	3,62%	3,10%	0,50%
De 1.800.000,01 a 1.980.000,00	10,45%	0,46%	0,46%	1,38%	0,33%	3,94%	3,38%	0,50%
De 1.980.000,01 a 2.160.000,00	10,54%	0,46%	0,46%	1,39%	0,33%	3,99%	3,41%	0,50%
De 2.160.000,01 a 2.340.000,00	10,63%	0,47%	0,47%	1,40%	0,33%	4,01%	3,45%	0,50%
De 2.340.000,01 a 2.520.000,00	10,73%	0,47%	0,47%	1,42%	0,34%	4,05%	3,48%	0,50%
De 2.520.000,01 a 2.700.000,00	10,82%	0,48%	0,48%	1,43%	0,34%	4,08%	3,51%	0,50%
De 2.700.000,01 a 2.880.000,00	11,73%	0,52%	0,52%	1,56%	0,37%	4,44%	3,82%	0,50%
De 2.880.000,01 a 3.060.000,00	11,82%	0,52%	0,52%	1,57%	0,37%	4,49%	3,85%	0,50%
De 3.060.000,01 a 3.240.000,00	11,92%	0,53%	0,53%	1,58%	0,38%	4,52%	3,88%	0,50%
De 3.240.000,01 a 3.420.000,00	12,01%	0,53%	0,53%	1,60%	0,38%	4,56%	3,91%	0,50%
De 3.420.000,01 a 3.600.000,00	12,11%	0,54%	0,54%	1,60%	0,38%	4,60%	3,95%	0,50%

ANEXO III – (VIGÊNCIA: 01/01/2012)
ALÍQUOTAS E PARTILHA DO SIMPLES NACIONAL – RECEITAS DE LOCAÇÃO DE BENS MÓVEIS E DE PRESTAÇÃO DE SERVIÇOS NÃO RELACIONADOS NOS §§ 5º-C E 5º-D DO ART. 18 DESTA LEI COMPLEMENTAR

Receita Bruta em 12 meses (em R$)	Alíquota	IRPJ	CSLL	Cofins	PIS/Pasep	CPP	ISS
Até 180.000,00	6,00%	0,00%	0,00%	0,00%	0,00%	4,00%	2,00%
De 180.000,01 a 360.000,00	8,21%	0,00%	0,00%	1,42%	0,00%	4,00%	2,79%
De 360.000,01 a 540.000,00	10,26%	0,48%	0,43%	1,43%	0,35%	4,07%	3,50%
De 540.000,01 a 720.000,00	11,31%	0,53%	0,53%	1,56%	0,38%	4,47%	3,84%
De 720.000,01 a 900.000,00	11,40%	0,53%	0,52%	1,58%	0,38%	4,52%	3,87%
De 900.000,01 a 1.080.000,00	12,42%	0,57%	0,57%	1,73%	0,40%	4,92%	4,23%
De 1.080.000,01 a 1.260.000,00	12,54%	0,59%	0,56%	1,74%	0,42%	4,97%	4,26%

De 1.260.000,01 a 1.440.000,00	12,68%	0,59%	0,57%	1,76%	0,42%	5,03%	4,31%
De 1.440.000,01 a 1.620.000,00	13,55%	0,63%	0,61%	1,88%	0,45%	5,37%	4,61%
De 1.620.000,01 a 1.800.000,00	13,68%	0,63%	0,64%	1,89%	0,45%	5,42%	4,65%
De 1.800.000,01 a 1.980.000,00	14,93%	0,69%	0,69%	2,07%	0,50%	5,98%	5,00%
De 1.980.000,01 a 2.160.000,00	15,06%	0,69%	0,69%	2,09%	0,50%	6,09%	5,00%
De 2.160.000,01 a 2.340.000,00	15,20%	0,71%	0,70%	2,10%	0,50%	6,19%	5,00%
De 2.340.000,01 a 2.520.000,00	15,35%	0,71%	0,70%	2,13%	0,51%	6,30%	5,00%
De 2.520.000,01 a 2.700.000,00	15,48%	0,72%	0,70%	2,15%	0,51%	6,40%	5,00%
De 2.700.000,01 a 2.880.000,00	16,85%	0,78%	0,76%	2,34%	0,56%	7,41%	5,00%
De 2.880.000,01 a 3.060.000,00	16,98%	0,78%	0,78%	2,36%	0,56%	7,50%	5,00%
De 3.060.000,01 a 3.240.000,00	17,13%	0,80%	0,79%	2,37%	0,57%	7,60%	5,00%
De 3.240.000,01 a 3.420.000,00	17,27%	0,80%	0,79%	2,40%	0,57%	7,71%	5,00%
De 3.420.000,01 a 3.600.000,00	17,42%	0,81%	0,79%	2,42%	0,57%	7,83%	5,00%

ANEXO IV – (VIGÊNCIA: 01/01/2012)

ALÍQUOTAS E PARTILHA DO SIMPLES NACIONAL – RECEITAS DECORRENTES DA PRESTAÇÃO DE SERVIÇOS RELACIONADOS NO § 5º-C DO ART. 18 DESTA LEI COMPLEMENTAR

Receita Bruta em 12 meses (em R$)	Alíquota	IRPJ	CSLL	Cofins	PIS/Pasep	ISS
Até 180.000,00	4,50%	0,00%	1,22%	1,28%	0,00%	2,00%
De 180.000,01 a 360.000,00	6,54%	0,00%	1,84%	1,91%	0,00%	2,79%
De 360.000,01 a 540.000,00	7,70%	0,16%	1,85%	1,95%	0,24%	3,50%
De 540.000,01 a 720.000,00	8,49%	0,52%	1,87%	1,99%	0,27%	3,84%
De 720.000,01 a 900.000,00	8,97%	0,89%	1,89%	2,03%	0,29%	3,87%
De 900.000,01 a 1.080.000,00	9,78%	1,25%	1,91%	2,07%	0,32%	4,23%
De 1.080.000,01 a 1.260.000,00	10,26%	1,62%	1,93%	2,11%	0,34%	4,26%
De 1.260.000,01 a 1.440.000,00	10,76%	2,00%	1,95%	2,15%	0,35%	4,31%
De 1.440.000,01 a 1.620.000,00	11,51%	2,37%	1,97%	2,19%	0,37%	4,61%
De 1.620.000,01 a 1.800.000,00	12,00%	2,74%	2,00%	2,23%	0,38%	4,65%
De 1.800.000,01 a 1.980.000,00	12,80%	3,12%	2,01%	2,27%	0,40%	5,00%
De 1.980.000,01 a 2.160.000,00	13,25%	3,49%	2,03%	2,31%	0,42%	5,00%
De 2.160.000,01 a 2.340.000,00	13,70%	3,86%	2,05%	2,35%	0,44%	5,00%
De 2.340.000,01 a 2.520.000,00	14,15%	4,23%	2,07%	2,39%	0,46%	5,00%
De 2.520.000,01 a 2.700.000,00	14,60%	4,60%	2,10%	2,43%	0,47%	5,00%
De 2.700.000,01 a 2.880.000,00	15,05%	4,90%	2,19%	2,47%	0,49%	5,00%
De 2.880.000,01 a 3.060.000,00	15,50%	5,21%	2,27%	2,51%	0,51%	5,00%
De 3.060.000,01 a 3.240.000,00	15,95%	5,51%	2,36%	2,55%	0,53%	5,00%
De 3.240.000,01 a 3.420.000,00	16,40%	5,81%	2,45%	2,59%	0,55%	5,00%
De 3.420.000,01 a 3.600.000,00	16,85%	6,12%	2,53%	2,63%	0,57%	5,00%

ANEXO V – (VIGÊNCIA: 01/01/2012)

ALÍQUOTAS E PARTILHA DO SIMPLES NACIONAL – RECEITAS DECORRENTES DA PRESTAÇÃO DE SERVIÇOS RELACIONADOS NO § 5º-D DO ART. 18 DESTA LEI COMPLEMENTAR

1) Será apurada a relação (r) conforme abaixo:

$$(r) = \frac{\text{Folha de Salários incluídos encargos (em 12 meses)}}{\text{Receita Bruta (em 12 meses)}}$$

2) Nas hipóteses em que (r) corresponda aos intervalos centesimais da Tabela V-A, onde "<" significa menor que, ">" significa maior que, "≤" significa igual ou menor que e "≥" significa maior ou igual que, as alíquotas do Simples Nacional relativas ao IRPJ, PIS/Pasep, CSLL, Cofins e CPP corresponderão ao seguinte:

TABELA V-A:

Receita Bruta em 12 meses (em R$)	(r)<0,10	0,10≤ (r) e (r) < 0,15	0,15≤ (r) e (r) < 0,20	0,20≤ (r) e (r) < 0,25	0,25≤ (r) e (r) < 0,30	0,30≤ (r) e (r) < 0,35	0,35≤ (r) e (r) < 0,40	(r) ≥ 0,40
Até 180.000,00	17,50%	15,70%	13,70%	11,82%	10,47%	9,97%	8,80%	8,00%
De 180.000,01 a 360.000,00	17,52%	15,75%	13,90%	12,60%	12,33%	10,72%	9,10%	8,48%
De 360.000,01 a 540.000,00	17,55%	15,95%	14,20%	12,90%	12,64%	11,11%	9,58%	9,03%
De 540.000,01 a 720.000,00	17,95%	16,70%	15,00%	13,70%	13,45%	12,00%	10,56%	9,34%
De 720.000,01 a 900.000,00	18,15%	16,95%	15,30%	14,03%	13,53%	12,40%	11,04%	10,06%
De 900.000,01 a 1.080.000,00	18,45%	17,20%	15,40%	14,10%	13,60%	12,60%	11,60%	10,60%
De 1.080.000,01 a 1.260.000,00	18,55%	17,30%	15,50%	14,11%	13,68%	12,68%	11,68%	10,68%
De 1.260.000,01 a 1.440.000,00	18,62%	17,32%	15,60%	14,12%	13,69%	12,69%	11,69%	10,69%
De 1.440.000,01 a 1.620.000,00	18,72%	17,42%	15,70%	14,13%	14,08%	13,08%	12,08%	11,08%
De 1.620.000,01 a 1.800.000,00	18,86%	17,56%	15,80%	14,14%	14,09%	13,09%	12,09%	11,09%
De 1.800.000,01 a 1.980.000,00	18,96%	17,66%	15,90%	14,49%	14,45%	13,61%	12,78%	11,87%
De 1.980.000,01 a 2.160.000,00	19,06%	17,76%	16,00%	14,67%	14,64%	13,89%	13,15%	12,28%
De 2.160.000,01 a 2.340.000,00	19,26%	17,96%	16,20%	14,86%	14,82%	14,17%	13,51%	12,68%
De 2.340.000,01 a 2.520.000,00	19,56%	18,30%	16,50%	15,46%	15,18%	14,61%	14,04%	13,26%
De 2.520.000,01 a 2.700.000,00	20,70%	19,30%	17,45%	16,24%	16,00%	15,52%	15,03%	14,29%
De 2.700.000,01 a 2.880.000,00	21,20%	20,00%	18,20%	16,91%	16,72%	16,32%	15,93%	15,23%
De 2.880.000,01 a 3.060.000,00	21,70%	20,50%	18,70%	17,40%	17,13%	16,82%	16,38%	16,17%
De 3.060.000,01 a 3.240.000,00	22,20%	20,90%	19,10%	17,80%	17,55%	17,22%	16,82%	16,51%
De 3.240.000,01 a 3.420.000,00	22,50%	21,30%	19,50%	18,20%	17,97%	17,44%	17,21%	16,94%
De 3.420.000,01 a 3.600.000,00	22,90%	21,80%	20,00%	18,60%	18,40%	17,85%	17,60%	17,18%

3) Somar-se-á a alíquota do Simples Nacional relativa ao IRPJ, PIS/Pasep, CSLL, Cofins e CPP apurada na forma acima a parcela correspondente ao ISS prevista no Anexo IV.

4) A partilha das receitas relativas ao IRPJ, PIS/Pasep, CSLL, Cofins e CPP arrecadadas na forma deste Anexo será realizada com base nos parâmetros definidos na Tabela V-B, onde:

(I) = pontos percentuais da partilha destinada à CPP;

(J) = pontos percentuais da partilha destinada ao IRPJ, calculados após o resultado do fator (I);

(K) = pontos percentuais da partilha destinada à CSLL, calculados após o resultado dos fatores (I) e (J);

(L) = pontos percentuais da partilha destinada à Cofins, calculados após o resultado dos fatores (I), (J) e (K);

(M) = pontos percentuais da partilha destinada à contribuição para o PIS/Pasep, calculados após os resultados dos fatores (I), (J), (K) e (L);

(I) + (J) + (K) + (L) + (M) = 100

N = relação (r) dividida por 0,004, limitando-se o resultado a 100;

P = 0,1 dividido pela relação (r), limitando-se o resultado a 1.

TABELA V-B

Receita Bruta em 12 meses (em R$)	CPP	IRPJ	CSLL	Cofins	PIS/Pasep
	I	J	K	L	M
Até 180.000,00	N x 0,9	0,75 X (100 – I) X P	0,25 X (100 – I) X P	0,75 X (100 – I – J – K)	100 – I – J – K – L
De 180.000,01 a 360.000,00	N x 0,875	0,75 X (100 – I) X P	0,25 X (100 – I) X P	0,75 X (100 – I – J – K)	100 – I – J – K – L
De 360.000,01 a 540.000,00	N x 0,85	0,75 X (100 – I) X P	0,25 X (100 – I) X P	0,75 X (100 – I – J – K)	100 – I – J – K – L

De 540.000,01 a 720.000,00	N x 0,825	0,75 X (100 – I) X P	0,25 X (100 – I) X P	0,75 X (100 – I – J – K)	100 – I – J – K – L
De 720.000,01 a 900.000,00	N x 0,8	0,75 X (100 – I) X P	0,25 X (100 – I) X P	0,75 X (100 – I – J – K)	100 – I – J – K – L
De 900.000,01 a 1.080.000,00	N x 0,775	0,75 X (100 – I) X P	0,25 X (100 – I) X P	0,75 X (100 – I – J – K)	100 – I – J – K – L
De 1.080.000,01 a 1.260.000,00	N x 0,75	0,75 X (100 – I) X P	0,25 X (100 – I) X P	0,75 X (100 – I – J – K)	100 – I – J – K – L
De 1.260.000,01 a 1.440.000,00	N x 0,725	0,75 X (100 – I) X P	0,25 X (100 – I) X P	0,75 X (100 – I – J – K)	100 – I – J – K – L
De 1.440.000,01 a 1.620.000,00	N x 0,7	0,75 X (100 – I) X P	0,25 X (100 – I) X P	0,75 X (100 – I – J – K)	100 – I – J – K – L
De 1.620.000,01 a 1.800.000,00	N x 0,675	0,75 X (100 – I) X P	0,25 X (100 – I) X P	0,75 X (100 – I – J – K)	100 – I – J – K – L
De 1.800.000,01 a 1.980.000,00	N x 0,65	0,75 X (100 – I) X P	0,25 X (100 – I) X P	0,75 X (100 – I – J – K)	100 – I – J – K – L
De 1.980.000,01 a 2.160.000,00	N x 0,625	0,75 X (100 – I) X P	0,25 X (100 – I) X P	0,75 X (100 – I – J – K)	100 – I – J – K – L
De 2.160.000,01 a 2.340.000,00	N x 0,6	0,75 X (100 – I) X P	0,25 X (100 – I) X P	0,75 X (100 – I – J – K)	100 – I – J – K – L
De 2.340.000,01 a 2.520.000,00	N x 0,575	0,75 X (100 – I) X P	0,25 X (100 – I) X P	0,75 X (100 – I – J – K)	100 – I – J – K – L
De 2.520.000,01 a 2.700.000,00	N x 0,55	0,75 X (100 – I) X P	0,25 X (100 – I) X P	0,75 X (100 – I – J – K)	100 – I – J – K – L
De 2.700.000,01 a 2.880.000,00	N x 0,525	0,75 X (100 – I) X P	0,25 X (100 – I) X P	0,75 X (100 – I – J – K)	100 – I – J – K – L
De 2.880.000,01 a 3.060.000,00	N x 0,5	0,75 X (100 – I) X P	0,25 X (100 – I) X P	0,75 X (100 – I – J – K)	100 – I – J – K – L
De 3.060.000,01 a 3.240.000,00	N x 0,475	0,75 X (100 – I) X P	0,25 X (100 – I) X P	0,75 X (100 – I – J – K)	100 – I – J – K – L
De 3.240.000,01 a 3.420.000,00	N x 0,45	0,75 X (100 – I) X P	0,25 X (100 – I) X P	0,75 X (100 – I – J – K)	100 – I – J – K – L
De 3.420.000,01 a 3.600.000,00	N x 0,425	0,75 X (100 – I) X P	0,25 X (100 – I) X P	0,75 X (100 – I – J – K)	100 – I – J – K – L

ANEXO VI

→ Anexo VI acrescentado pela LC 147/2014, em vigor na data de sua publicação, produzindo efeitos a partir de 1º de janeiro do primeiro ano subsequente ao da data de publicação da referida Lei Complementar – *D.O.U.* 8.8.2014.

Alíquotas e Partilha do Simples Nacional – Receitas decorrentes da prestação de serviços relacionados no § 5º-I do art. 18 desta Lei Complementar.

1. Será apurada a relação (r) conforme abaixo:

$$(r) = \frac{\text{Folha de Salários incluídos encargos (em 12 meses)}}{\text{Receita Bruta (em 12 meses)}}$$

2. A partilha das receitas relativas ao IRPJ, PIS/Pasep, CSLL, Cofins e CPP arrecadadas na forma deste Anexo será realizada com base nos parâmetros definidos na Tabela V-B do Anexo V desta Lei Complementar.

3. Independentemente do resultado da relação (r), as alíquotas do Simples Nacional corresponderão ao seguinte:

TABELA VI

Receita Bruta em 12 meses (em R$)	Alíquota	IRPJ, PIS/Pasep, CSLL, Cofins e CPP	ISS
Até 180.000,00	16,93%	14,93%	2,00%
De 180.000,01 a 360.000,00	17,72%	14,93%	2,79%
De 360.000,01 a 540.000,00	18,43%	14,93%	3,50%
De 540.000,01 a 720.000,00	18,77%	14,93%	3,84%
De 720.000,01 a 900.000,00	19,04%	15,17%	3,87%
De 900.000,01 a 1.080.000,00	19,94%	15,71%	4,23%
De 1.080.000,01 a 1.260.000,00	20,34%	16,08%	4,26%
De 1.260.000,01 a 1.440.000,00	20,66%	16,35%	4,31%
De 1.440.000,01 a 1.620.000,00	21,17%	16,56%	4,61%
De 1.620.000,01 a 1.800.000,00	21,38%	16,73%	4,65%
De 1.800.000,01 a 1.980.000,00	21,86%	16,86%	5,00%
De 1.980.000,01 a 2.160.000,00	21,97%	16,97%	5,00%
De 2.160.000,01 a 2.340.000,00	22,06%	17,06%	5,00%
De 2.340.000,01 a 2.520.000,00	22,14%	17,14%	5,00%
De 2.520.000,01 a 2.700.000,00	22,21%	17,21%	5,00%
De 2.700.000,01 a 2.880.000,00	22,21%	17,21%	5,00%
De 2.880.000,01 a 3.060.000,00	22,32%	17,32%	5,00%
De 3.060.000,01 a 3.240.000,00	22,37%	17,37%	5,00%
De 3.240.000,01 a 3.420.000,00	22,41%	17,41%	5,00%
De 3.420.000,01 a 3.600.000,00	22,45%	17,45%	5,00%

LEI 11.438, DE 29 DE DEZEMBRO DE 2006

Dispõe sobre incentivos e benefícios para fomentar as atividades de caráter desportivo e dá outras providências.

O Presidente da República:

Faço saber que o Congresso Nacional decreta e eu sanciono a seguinte Lei:

Capítulo I
DOS INCENTIVOS AO DESPORTO

Art. 1º A partir do ano-calendário de 2007 e até o ano-calendário de 2022, inclusive, poderão ser deduzidos do imposto de renda devido, apurado na Declaração de Ajuste Anual pelas pessoas físicas ou em cada período de apuração, trimestral ou anual, pela pessoa jurídica tributada com base no lucro real os valores despendidos a título de patrocínio ou doação, no apoio direto a projetos desportivos e paradesportivos previamente aprovados pelo Ministério do Esporte.

→ *Caput* com redação alterada pela Lei 13.155/2015.

§ 1º As deduções de que trata o caput deste artigo ficam limitadas:

I – relativamente à pessoa jurídica, a 1% (um por cento) do imposto devido, observado o disposto no § 4º do art. 3º da Lei 9.249, de 26 de dezembro de 1995, em cada período de apuração;

→ Inciso I com redação alterada pela Lei 11.472/2007.

II – relativamente à pessoa física, a 6% (seis por cento) do imposto devido na Declaração de Ajuste Anual, conjuntamente com as deduções de que trata o art. 22 da Lei 9.532, de 10 de dezembro de 1997.

§ 2º As pessoas jurídicas não poderão deduzir os valores de que trata o *caput* deste artigo para fins de determinação do lucro real e da base de cálculo da Contribuição Social sobre o Lucro Líquido – CSLL.

§ 3º Os benefícios de que trata este artigo não excluem ou reduzem outros benefícios fiscais e deduções em vigor.

§ 4º Não são dedutíveis os valores destinados a patrocínio ou doação em favor de projetos que beneficiem, direta ou indiretamente, pessoa física ou jurídica vinculada ao doador ou patrocinador.

§ 5º Consideram-se vinculados ao patrocinador ou ao doador:

I – a pessoa jurídica da qual o patrocinador ou o doador seja titular, administrador, gerente, acionista ou sócio, na data da operação ou nos 12 (doze) meses anteriores;

II – o cônjuge, os parentes até o terceiro grau, inclusive os afins, e os dependentes do patrocinador, do doador ou dos titulares, administradores, acionistas ou sócios de pessoa jurídica vinculada ao patrocinador ou ao doador, nos termos do inciso I deste parágrafo;

III – a pessoa jurídica coligada, controladora ou controlada, ou que tenha como titulares, administradores acionistas ou sócios alguma das pessoas a que se refere o inciso II deste parágrafo.

Art. 2º Os projetos desportivos e paradesportivos, em cujo favor serão captados e direcionados os recursos oriundos dos incentivos previstos nesta Lei, atenderão a pelo menos uma das seguintes manifestações, nos termos e condições definidas em regulamento:

→ *Caput* com redação alterada pela Lei 11.472/2007.

I – desporto educacional;

II – desporto de participação;

III – desporto de rendimento.

§ 1º Poderão receber os recursos oriundos dos incentivos previstos nesta Lei os projetos desportivos destinados a promover a inclusão social por meio do esporte, preferencialmente em comunidades de vulnerabilidade social.

§ 2º É vedada a utilização dos recursos oriundos dos incentivos previstos nesta Lei para o pagamento de remuneração de atletas profissionais, nos termos da Lei 9.615, de 24 de março de 1998, em qualquer modalidade desportiva.

§ 3º O proponente não poderá captar, para cada projeto, entre patrocínio e doação, valor superior ao aprovado pelo Ministério do Esporte, na forma do art. 4º desta Lei.

Art. 3º Para fins do disposto nesta Lei, considera-se:

I – patrocínio:

a) a transferência gratuita, em caráter definitivo, ao proponente de que trata o inciso V do caput deste artigo de numerário para a realização de projetos desportivos e paradesportivos, com finalidade promocional e institucional de publicidade;

→ Alínea *a* com redação alterada pela Lei 11.472/2007.

b) a cobertura de gastos ou a utilização de bens, móveis ou imóveis, do patrocinador, sem transferência de domínio, para a realização de projetos desportivos e paradesportivos pelo proponente de que trata o inciso V do *caput* deste artigo;

→ Alínea *b* com redação alterada pela Lei 11.472/2007.

II – doação:

a) a transferência gratuita, em caráter definitivo, ao proponente de que trata o inciso V do caput deste artigo de numerário, bens ou serviços para a realização de projetos desportivos e paradesportivos, desde que não empregados em publicidade, ainda que para divulgação das atividades objeto do respectivo projeto;

→ Alínea *a* com redação alterada pela Lei 11.472/2007.

b) a distribuição gratuita de ingressos para eventos de caráter desportivo e paradesportivo por pessoa jurídica a empregados e seus dependentes legais ou a integrantes de comunidades de vulnerabilidade social;

→ Alínea *b* com redação alterada pela Lei 11.472/2007.

III – patrocinador: a pessoa física ou jurídica, contribuinte do imposto de renda, que apoie projetos aprovados pelo Ministério do Esporte nos termos do inciso I do *caput* deste artigo;

IV – doador: a pessoa física ou jurídica, contribuinte do imposto de renda, que apoie projetos aprovados pelo Ministério do Esporte nos termos do inciso II do *caput* deste artigo;

V – proponente: a pessoa jurídica de direito público, ou de direito privado com fins não econômicos, de natureza esportiva, que tenha projetos aprovados nos termos desta Lei.

Art. 4º A avaliação e a aprovação do enquadramento dos projetos apresentados na forma prevista no art. 5º desta Lei cabem a uma Comissão Técnica vinculada ao Ministério do Esporte, garantindo-se a participação de representantes governamentais, designados pelo Ministro do Esporte, e representantes do setor desportivo, indicados pelo Conselho Nacional de Esporte.

Parágrafo único. A composição, a organização e o funcionamento da comissão serão estipulados e definidos em regulamento.

Art. 5º Os projetos desportivos e paradesportivos de que trata o art. 1º desta Lei serão submetidos ao Ministério do Esporte, acompanhados da documentação estabelecida em regulamento e de orçamento analítico.

§ 1º A aprovação dos projetos de que trata o caput deste artigo somente terá eficácia após a publicação de ato oficial contendo o título do projeto aprovado, a instituição responsável, o valor autorizado para captação e o prazo de validade da autorização.

§ 2º Os projetos aprovados e executados com recursos desta Lei serão acompanhados e avaliados pelo Ministério do Esporte.

Capítulo II
DISPOSIÇÕES GERAIS

Art. 6º A divulgação das atividades, bens ou serviços resultantes dos projetos desportivos e paradesportivos financiados nos termos desta Lei mencionará o apoio institucional, com inserção da Bandeira Nacional, nos termos da Lei 5.700, de 1º de setembro de 1971.

Art. 7º A prestação de contas dos projetos beneficiados pelos incentivos previstos nesta Lei fica a cargo do proponente e será apresentada ao Ministério do Esporte, na forma estabelecida pelo regulamento.

Art. 8º O Ministério do Esporte informará à Secretaria da Receita Federal do Brasil – RFB os valores correspondentes a doação ou patrocínio destinados ao apoio direto a projetos desportivos e paradesportivos, no ano-calendário anterior.

→ Artigo com redação alterada pela Lei 13.043/2014.

Parágrafo único. A RFB estabelecerá, em ato normativo próprio, a forma, o prazo e as condições para o cumprimento da obrigação acessória a que se refere o *caput* deste artigo.

Art. 9º Compete à Secretaria da Receita Federal, no âmbito de suas atribuições, a fiscalização dos incentivos previstos nesta Lei.

Art. 10. Constituem infração aos dispositivos desta Lei:

I – o recebimento pelo patrocinador ou doador de qualquer vantagem financeira ou material em decorrência do patrocínio ou da doação que com base nela efetuar;

II – agir o patrocinador, o doador ou o proponente com dolo, fraude ou simulação para utilizar incentivo nela previsto;

III – desviar para finalidade diversa da fixada nos respectivos projetos dos recursos, bens, valores ou benefícios com base nela obtidos;

IV – adiar, antecipar ou cancelar, sem justa causa, atividade desportiva beneficiada pelos incentivos nela previstos;

V – o descumprimento de qualquer das suas disposições ou das estabelecidas em sua regulamentação.

Art. 11. As infrações aos dispositivos desta Lei, sem prejuízo das demais sanções cabíveis, sujeitarão:

I – o patrocinador ou o doador ao pagamento do imposto não recolhido, além das penalidades e demais acréscimos previstos na legislação;

II – o infrator ao pagamento de multa correspondente a 2 (duas) vezes o valor da vantagem auferida indevidamente, sem prejuízo do disposto no inciso I do caput deste artigo.

Parágrafo único. O proponente é solidariamente responsável por inadimplência ou irregularidade verificada quanto ao disposto no inciso I do *caput* deste artigo.

Art. 12. Os recursos provenientes de doações ou patrocínios efetuados nos termos do art. 1º desta Lei serão depositados e movimentados em conta bancária específica, no Banco do Brasil S.A. ou na Caixa Econômica Federal, que tenha como titular o proponente do projeto aprovado pelo Ministério do Esporte.

Parágrafo único. Não são dedutíveis, nos termos desta Lei, os valores em relação aos quais não se observe o disposto neste artigo.

Art. 13. Todos os recursos utilizados no apoio direto a projetos desportivos e paradesportivos previstos nesta Lei deverão ser disponibilizados na rede mundial de computadores, de acordo com a Lei 9.755, de 16 de dezembro de 1998.

Parágrafo único. Os recursos a que se refere o caput deste artigo ainda deverão ser disponibilizados, mensalmente, no sítio do Ministério do Esporte, constando a sua origem e destinação.

Art. 13-A. O valor máximo das deduções de que trata o art. 1º desta Lei será fixado anualmente em ato do Poder Executivo, com base em um percentual da renda tributável das pessoas físicas e do imposto sobre a renda devido por pessoas jurídicas tributadas com base no lucro real.

→ Artigo com redação alterada pela Lei 11.472/2007.

Parágrafo único. Do valor máximo a que se refere o caput deste artigo o Poder Executivo fixará os limites a serem aplicados para cada uma das manifestações de que trata o art. 2º desta Lei.

Art. 13-B. A divulgação das atividades, bens ou serviços resultantes de projetos desportivos e paradesportivos, culturais e de produção audiovisual e artística financiados com recursos públicos mencionará o apoio institucional com a inserção da Bandeira Nacional, nos termos da Lei 5.700, de 1º de setembro de 1971.

→ Artigo acrescentado pela Lei 11.472/2007.

Art. 13-C. Sem prejuízo do disposto no art. 166 da Constituição Federal, os Ministérios da Cultura e do Esporte encaminharão ao Congresso Nacional relatórios detalhados acerca da destinação e regular aplicação dos recursos provenientes das deduções e benefícios fiscais previstos nas Leis 8.313, de 23 de dezembro de 1991, e 11.438, de 29 de dezembro de 2006, para fins de acompanhamento e fiscalização orçamentária das operações realizadas.

→ Artigo acrescentado pela Lei 11.472/2007.

Art. 14. Esta Lei entra em vigor na data de sua publicação.

Brasília, 29 de dezembro de 2006; 185º da Independência e 118º da República.

Luiz Inácio Lula da Silva

(Publicação no *D.O.U.* de 29.12.2006)

LEI 11.445, DE 5 DE JANEIRO DE 2007

Estabelece diretrizes nacionais para o saneamento básico; altera as Leis 6.766, de 19 de dezembro de 1979, 8.036, de 11 de maio de 1990, 8.666, de 21 de junho de 1993, 8.987, de 13 de fevereiro de 1995; revoga a Lei 6.528, de 11 de maio de 1978; e dá outras providências.

O Presidente da República:

Faço saber que o Congresso Nacional decreta e eu sanciono a seguinte Lei:

Capítulo I
DOS PRINCÍPIOS FUNDAMENTAIS

Art. 1º Esta Lei estabelece as diretrizes nacionais para o saneamento básico e para a política federal de saneamento básico.

Art. 2º Os serviços públicos de saneamento básico serão prestados com base nos seguintes princípios fundamentais:

I – universalização do acesso;

II – integralidade, compreendida como o conjunto de todas as atividades e componentes de cada um dos diversos serviços de saneamento básico, propiciando à população o acesso na conformidade de suas necessidades e maximizando a eficácia das ações e resultados;

III – abastecimento de água, esgotamento sanitário, limpeza urbana e manejo dos resíduos sólidos realizados de formas adequadas à saúde pública e à proteção do meio ambiente;

IV – disponibilidade, em todas as áreas urbanas, de serviços de drenagem e de manejo das águas pluviais adequados à saúde pública e à segurança da vida e do patrimônio público e privado;

V – adoção de métodos, técnicas e processos que considerem as peculiaridades locais e regionais;

VI – articulação com as políticas de desenvolvimento urbano e regional, de habitação, de combate à pobreza e de sua erradicação, de proteção ambiental, de promoção da saúde e outras de relevante interesse social voltadas para a melhoria da qualidade de vida, para as quais o saneamento básico seja fator determinante;

VII – eficiência e sustentabilidade econômica;

VIII – utilização de tecnologias apropriadas, considerando a capacidade de pagamento dos usuários e a adoção de soluções graduais e progressivas;

IX – transparência das ações, baseada em sistemas de informações e processos decisórios institucionalizados;

X – controle social;

XI – segurança, qualidade e regularidade;

XII – integração das infraestruturas e serviços com a gestão eficiente dos recursos hídricos.

XIII – adoção de medidas de fomento à moderação do consumo de água.

→ Inciso XIII acrescentado pela Lei 12.862/2013.

Art. 3º Para os efeitos desta Lei, considera-se:

I – saneamento básico: conjunto de serviços, infraestruturas e instalações operacionais de:

a) abastecimento de água potável: constituído pelas atividades, infraestruturas e instalações necessárias ao abastecimento público de água potável, desde a captação até as ligações prediais e respectivos instrumentos de medição;

b) esgotamento sanitário: constituído pelas atividades, infraestruturas e instalações operacionais de coleta, transporte, tratamento e disposição final adequados dos esgotos sanitários, desde as ligações prediais até o seu lançamento final no meio ambiente;

c) limpeza urbana e manejo de resíduos sólidos: conjunto de atividades, infraestruturas e instalações operacionais de coleta, transporte, transbordo, tratamento e destino final do lixo doméstico e do lixo originário da varrição e limpeza de logradouros e vias públicas;

d) drenagem e manejo das águas pluviais urbanas: conjunto de atividades, infraestruturas e instalações operacionais de drenagem urbana de águas pluviais, de transporte, detenção ou retenção para o amortecimento de vazões de cheias, tratamento e disposição final das águas pluviais drenadas nas áreas urbanas;

II – gestão associada: associação voluntária de entes federados, por convênio de cooperação ou consórcio público, conforme disposto no art. 241 da Constituição Federal;

III – universalização: ampliação progressiva do acesso de todos os domicílios ocupados ao saneamento básico;

IV – controle social: conjunto de mecanismos e procedimentos que garantem à sociedade informações, representações técnicas e participações nos processos de formulação de políticas, de planejamento e de avaliação relacionados aos serviços públicos de saneamento básico;

V – (*Vetado*);

VI – prestação regionalizada: aquela em que um único prestador atende a 2 (dois) ou mais titulares;

VII – subsídios: instrumento econômico de política social para garantir a universalização do acesso ao saneamento básico, especialmente para populações e localidades de baixa renda;

VIII – localidade de pequeno porte: vilas, aglomerados rurais, povoados, núcleos, lugarejos e aldeias, assim definidos pela Fundação Instituto Brasileiro de Geografia e Estatística – IBGE.

§§ 1º a 3º (*Vetados*).

Art. 4º Os recursos hídricos não integram os serviços públicos de saneamento básico.

Parágrafo único. A utilização de recursos hídricos na prestação de serviços públicos de saneamento básico, inclusive para disposição ou diluição de esgotos e outros resíduos líquidos, é sujeita a outorga de direito de uso, nos termos da Lei 9.433, de 8 de janeiro de 1997, de seus regulamentos e das legislações estaduais.

Art. 5º Não constitui serviço público a ação de saneamento executada por meio de soluções individuais, desde que o usuário não dependa de terceiros para operar os serviços, bem como as ações e serviços de saneamento básico de responsabilidade privada, incluindo o manejo de resíduos de responsabilidade do gerador.

Art. 6º O lixo originário de atividades comerciais, industriais e de serviços cuja responsabilidade pelo manejo não seja atribuída ao gerador pode, por decisão do poder público, ser considerado resíduo sólido urbano.

Art. 7º Para os efeitos desta Lei, o serviço público de limpeza urbana e de manejo de resíduos sólidos urbanos é composto pelas seguintes atividades:

I – de coleta, transbordo e transporte dos resíduos relacionados na alínea c do inciso I do caput do art. 3º desta Lei;

II – de triagem para fins de reuso ou reciclagem, de tratamento, inclusive por compostagem, e de disposição final dos resíduos relacionados na alínea c do inciso I do caput do art. 3º desta Lei;

III – de varrição, capina e poda de árvores em vias e logradouros públicos e outros eventuais serviços pertinentes à limpeza pública urbana.

Capítulo II
DO EXERCÍCIO DA TITULARIDADE

Art. 8º Os titulares dos serviços públicos de saneamento básico poderão delegar a organização, a regulação, a fiscalização e a prestação desses serviços, nos termos do art. 241 da Constituição Federal e da Lei 11.107, de 6 de abril de 2005.

Art. 9º O titular dos serviços formulará a respectiva política pública de saneamento básico, devendo, para tanto:

I – elaborar os planos de saneamento básico, nos termos desta Lei;

II – prestar diretamente ou autorizar a delegação dos serviços e definir o ente responsável pela sua regulação e fiscalização, bem como os procedimentos de sua atuação;

III – adotar parâmetros para a garantia do atendimento essencial à saúde pública, inclusive quanto ao volume mínimo per capita de água para abastecimento público, observadas as normas nacionais relativas à potabilidade da água;

IV – fixar os direitos e os deveres dos usuários;

V – estabelecer mecanismos de controle social, nos termos do inciso IV do caput do art. 3º desta Lei;

VI – estabelecer sistema de informações sobre os serviços, articulado com o Sistema Nacional de Informações em Saneamento;

VII – intervir e retomar a operação dos serviços delegados, por indicação da entidade reguladora, nos casos e condições previstos em lei e nos documentos contratuais.

Art. 10. A prestação de serviços públicos de saneamento básico por entidade que não integre a administração do titular depende da celebração de contrato, sendo vedada a sua disciplina mediante convênios, termos de parceria ou outros instrumentos de natureza precária.

§ 1º Excetuam-se do disposto no caput deste artigo:

I – os serviços públicos de saneamento básico cuja prestação o poder público, nos termos de lei, autorizar para usuários organizados em cooperativas ou associações, desde que se limitem a:

a) determinado condomínio;

b) localidade de pequeno porte, predominantemente ocupada por população de baixa renda, onde outras formas de prestação apresentem custos de operação e manutenção incompatíveis com a capacidade de pagamento dos usuários;

II – os convênios e outros atos de delegação celebrados até o dia 6 de abril de 2005.

§ 2º A autorização prevista no inciso I do § 1º deste artigo deverá prever a obrigação de transferir ao titular os bens vinculados aos serviços por meio de termo específico, com os respectivos cadastros técnicos.

Art. 11. São condições de validade dos contratos que tenham por objeto a prestação de serviços públicos de saneamento básico:

I – a existência de plano de saneamento básico;

II – a existência de estudo comprovando a viabilidade técnica e econômico-financeira da prestação universal e integral dos serviços, nos termos do respectivo plano de saneamento básico;

III – a existência de normas de regulação que prevejam os meios para o cumprimento das diretrizes desta Lei, incluindo a designação da entidade de regulação e de fiscalização;

IV – a realização prévia de audiência e de consulta públicas sobre o edital de licitação, no caso de concessão, e sobre a minuta do contrato.

§ 1º Os planos de investimentos e os projetos relativos ao contrato deverão ser compatíveis com o respectivo plano de saneamento básico.

§ 2º Nos casos de serviços prestados mediante contratos de concessão ou de programa, as normas previstas no inciso III do caput deste artigo deverão prever:

I – a autorização para a contratação dos serviços, indicando os respectivos prazos e a área a ser atendida;

II – a inclusão, no contrato, das metas progressivas e graduais de expansão dos serviços, de qualidade, de eficiência e de uso racional da água, da energia e de outros recursos naturais, em conformidade com os serviços a serem prestados;

III – as prioridades de ação, compatíveis com as metas estabelecidas;

IV – as condições de sustentabilidade e equilíbrio econômico-financeiro da prestação dos serviços, em regime de eficiência, incluindo:

a) o sistema de cobrança e a composição de taxas e tarifas;

b) a sistemática de reajustes e de revisões de taxas e tarifas;

c) a política de subsídios;

V – mecanismos de controle social nas atividades de planejamento, regulação e fiscalização dos serviços;

VI – as hipóteses de intervenção e de retomada dos serviços.

§ 3º Os contratos não poderão conter cláusulas que prejudiquem as atividades de regulação e de fiscalização ou o acesso às informações sobre os serviços contratados.

§ 4º Na prestação regionalizada, o disposto nos incisos I a IV do caput e nos §§ 1º e 2º deste artigo poderá se referir ao conjunto de municípios por ela abrangidos.

Art. 12. Nos serviços públicos de saneamento básico em que mais de um prestador execute atividade interdependente com outra, a relação entre elas deverá ser regulada por contrato e haverá entidade única encarregada das funções de regulação e de fiscalização.

§ 1º A entidade de regulação definirá, pelo menos:

I – as normas técnicas relativas à qualidade, quantidade e regularidade dos serviços prestados aos usuários e entre os diferentes prestadores envolvidos;

II – as normas econômicas e financeiras relativas às tarifas, aos subsídios e aos pagamentos por serviços prestados aos usuários e entre os diferentes prestadores envolvidos;

III – a garantia de pagamento de serviços prestados entre os diferentes prestadores dos serviços;

IV – os mecanismos de pagamento de diferenças relativas a inadimplemento dos usuários, perdas comerciais e físicas e outros créditos devidos, quando for o caso;

V – o sistema contábil específico para os prestadores que atuem em mais de um Município.

§ 2º O contrato a ser celebrado entre os prestadores de serviços a que se refere o caput deste artigo deverá conter cláusulas que estabeleçam pelo menos:

I – as atividades ou insumos contratados;

II – as condições e garantias recíprocas de fornecimento e de acesso às atividades ou insumos;

III – o prazo de vigência, compatível com as necessidades de amortização de investimentos, e as hipóteses de sua prorrogação;

IV – os procedimentos para a implantação, ampliação, melhoria e gestão operacional das atividades;

V – as regras para a fixação, o reajuste e a revisão das taxas, tarifas e outros preços públicos aplicáveis ao contrato;

VI – as condições e garantias de pagamento;

VII – os direitos e deveres sub-rogados ou os que autorizam a sub-rogação;

VIII – as hipóteses de extinção, inadmitida a alteração e a rescisão administrativas unilaterais;

IX – as penalidades a que estão sujeitas as partes em caso de inadimplemento;

X – a designação do órgão ou entidade responsável pela regulação e fiscalização das atividades ou insumos contratados.

§ 3º Inclui-se entre as garantias previstas no inciso VI do § 2º deste artigo a obrigação do contratante de destacar, nos documentos de cobrança aos usuários, o valor da remuneração dos serviços prestados pelo contratado e de realizar a respectiva arrecadação e entrega dos valores arrecadados.

§ 4º No caso de execução mediante concessão de atividades interdependentes a que se refere o caput deste artigo, deverão constar do correspondente edital de licitação as regras e os valores das tarifas e outros preços públicos a serem pagos aos demais prestadores, bem como a obrigação e a forma de pagamento.

Art. 13. Os entes da Federação, isoladamente ou reunidos em consórcios públicos, poderão instituir fundos, aos quais poderão ser destinadas, entre outros recursos, parcelas das receitas dos serviços, com a finalidade de custear, na conformidade do disposto nos respectivos planos de saneamento básico, a universalização dos serviços públicos de saneamento básico.

Parágrafo único. Os recursos dos fundos a que se refere o caput deste artigo poderão ser utilizados como fontes ou garantias em operações de crédito para financiamento dos investimentos necessários à universalização dos serviços públicos de saneamento básico.

Capítulo III
DA PRESTAÇÃO REGIONALIZADA DE SERVIÇOS PÚBLICOS DE SANEAMENTO BÁSICO

Art. 14. A prestação regionalizada de serviços públicos de saneamento básico é caracterizada por:

I – um único prestador do serviço para vários Municípios, contíguos ou não;

II – uniformidade de fiscalização e regulação dos serviços, inclusive de sua remuneração;

III – compatibilidade de planejamento.

Art. 15. Na prestação regionalizada de serviços públicos de saneamento básico, as atividades de regulação e fiscalização poderão ser exercidas:

I – por órgão ou entidade de ente da Federação a que o titular tenha delegado o exercício dessas competências por meio de convênio de cooperação entre entes da Federação, obedecido o disposto no art. 241 da Constituição Federal;

II – por consórcio público de direito público integrado pelos titulares dos serviços.

Parágrafo único. No exercício das atividades de planejamento dos serviços a que se refere o caput deste artigo, o titular poderá receber cooperação técnica do respectivo Estado e basear-se em estudos fornecidos pelos prestadores.

Art. 16. A prestação regionalizada de serviços públicos de saneamento básico poderá ser realizada por:

I – órgão, autarquia, fundação de direito público, consórcio público, empresa pública ou sociedade de economia mista estadual, do Distrito Federal, ou municipal, na forma da legislação;

II – empresa a que se tenham concedido os serviços.

Art. 17. O serviço regionalizado de saneamento básico poderá obedecer a plano de saneamento básico elaborado para o conjunto de Municípios atendidos.

Art. 18. Os prestadores que atuem em mais de um Município ou que prestem serviços públicos de saneamento básico diferentes em um mesmo Município manterão sistema contábil que permita registrar e demonstrar, separadamente, os custos e as receitas de cada serviço em cada um dos Municípios atendidos e, se for o caso, no Distrito Federal.

Parágrafo único. A entidade de regulação deverá instituir regras e critérios de estruturação de sistema contábil e do respectivo plano de contas, de modo a garantir que a apropriação e a distribuição de custos dos serviços estejam em conformidade com as diretrizes estabelecidas nesta Lei.

Capítulo IV
DO PLANEJAMENTO

Art. 19. A prestação de serviços públicos de saneamento básico observará plano, que poderá ser específico para cada serviço, o qual abrangerá, no mínimo:

I – diagnóstico da situação e de seus impactos nas condições de vida, utilizando sistema de indicadores sanitários, epidemiológicos, ambientais e socioeconômicos e apontando as causas das deficiências detectadas;

II – objetivos e metas de curto, médio e longo prazos para a universalização, admitidas soluções graduais e progressivas, observando a compatibilidade com os demais planos setoriais;

III – programas, projetos e ações necessárias para atingir os objetivos e as metas, de modo compatível com os respectivos planos plurianuais e com outros planos governamentais correlatos, identificando possíveis fontes de financiamento;

IV – ações para emergências e contingências;

V – mecanismos e procedimentos para a avaliação sistemática da eficiência e eficácia das ações programadas.

§ 1º Os planos de saneamento básico serão editados pelos titulares, podendo ser elaborados com base em estudos fornecidos pelos prestadores de cada serviço.

§ 2º A consolidação e compatibilização dos planos específicos de cada serviço serão efetuadas pelos respectivos titulares.

§ 3º Os planos de saneamento básico deverão ser compatíveis com os planos das bacias hidrográficas em que estiverem inseridos.

§ 4º Os planos de saneamento básico serão revistos periodicamente, em prazo não superior a 4 (quatro) anos, anteriormente à elaboração do Plano Plurianual.

§ 5º Será assegurada ampla divulgação das propostas dos planos de saneamento básico e dos estudos que as fundamentem, inclusive com a realização de audiências ou consultas públicas.

§ 6º A delegação de serviço de saneamento básico não dispensa o cumprimento pelo prestador do respectivo plano de saneamento básico em vigor à época da delegação.

§ 7º Quando envolverem serviços regionalizados, os planos de saneamento básico devem ser editados em conformidade com o estabelecido no art. 14 desta Lei.

§ 8º Exceto quando regional, o plano de saneamento básico deverá englobar integralmente o território do ente da Federação que o elaborou.

Art. 20. *(Vetado).*

Parágrafo único. Incumbe à entidade reguladora e fiscalizadora dos serviços a verificação do cumprimento dos planos de saneamento por parte dos prestadores de serviços, na forma das disposições legais, regulamentares e contratuais.

Capítulo V
DA REGULAÇÃO

Art. 21. O exercício da função de regulação atenderá aos seguintes princípios:

I – independência decisória, incluindo autonomia administrativa, orçamentária e financeira da entidade reguladora;

II – transparência, tecnicidade, celeridade e objetividade das decisões.

Art. 22. São objetivos da regulação:

I – estabelecer padrões e normas para a adequada prestação dos serviços e para a satisfação dos usuários;

II – garantir o cumprimento das condições e metas estabelecidas;

III – prevenir e reprimir o abuso do poder econômico, ressalvada a competência dos órgãos integrantes do sistema nacional de defesa da concorrência;

IV – definir tarifas que assegurem tanto o equilíbrio econômico e financeiro dos contratos como a modicidade tarifária, mediante mecanismos que induzam a eficiência e eficácia dos serviços e que permitam a apropriação social dos ganhos de produtividade.

Art. 23. A entidade reguladora editará normas relativas às dimensões técnica, econômica e social de prestação dos serviços, que abrangerão, pelo menos, os seguintes aspectos:

I – padrões e indicadores de qualidade da prestação dos serviços;

II – requisitos operacionais e de manutenção dos sistemas;

III – as metas progressivas de expansão e de qualidade dos serviços e os respectivos prazos;

IV – regime, estrutura e níveis tarifários, bem como os procedimentos e prazos de sua fixação, reajuste e revisão;

V – medição, faturamento e cobrança de serviços;

VI – monitoramento dos custos;

VII – avaliação da eficiência e eficácia dos serviços prestados;

VIII – plano de contas e mecanismos de informação, auditoria e certificação;

IX – subsídios tarifários e não tarifários;

X – padrões de atendimento ao público e mecanismos de participação e informação;

XI – medidas de contingências e de emergências, inclusive racionamento;

XII – *(Vetado).*

§ 1º A regulação de serviços públicos de saneamento básico poderá ser delegada pelos titulares a qualquer entidade reguladora constituída dentro dos limites do respectivo Estado, explicitando, no ato de delegação da regulação, a forma de atuação e a abrangência das atividades a serem desempenhadas pelas partes envolvidas.

§ 2º As normas a que se refere o caput deste artigo fixarão prazo para os prestadores de serviços comunicarem aos usuários as providências adotadas em face de queixas ou de reclamações relativas aos serviços.

§ 3º As entidades fiscalizadoras deverão receber e se manifestar conclusivamente sobre as reclamações que, a juízo do interessado, não tenham sido suficientemente atendidas pelos prestadores dos serviços.

Art. 24. Em caso de gestão associada ou prestação regionalizada dos serviços, os titulares poderão adotar os mesmos critérios econômicos, sociais e técnicos da regulação em toda a área de abrangência da associação ou da prestação.

Art. 25. Os prestadores de serviços públicos de saneamento básico deverão fornecer à entidade reguladora todos os dados e informações necessários para o desempenho de suas atividades, na forma das normas legais, regulamentares e contratuais.

§ 1º Incluem-se entre os dados e informações a que se refere o caput deste artigo aquelas produzidas por empresas ou profissionais contratados para executar serviços ou fornecer materiais e equipamentos específicos.

§ 2º Compreendem-se nas atividades de regulação dos serviços de saneamento básico a interpretação e a fixação de critérios para a fiel execução dos contratos, dos serviços e para a correta administração de subsídios.

Art. 26. Deverá ser assegurado publicidade aos relatórios, estudos, decisões e instrumentos equivalentes que se refiram à regulação ou à fiscalização dos serviços, bem como aos direitos e deveres dos usuários e prestadores, a eles podendo ter acesso qualquer do povo, independentemente da existência de interesse direto.

§ 1º Excluem-se do disposto no caput deste artigo os documentos considerados sigilosos em razão de interesse público relevante, mediante prévia e motivada decisão.

§ 2º A publicidade a que se refere o caput deste artigo deverá se efetivar, preferencialmente, por meio de sítio mantido na rede mundial de computadores – internet.

Art. 27. É assegurado aos usuários de serviços públicos de saneamento básico, na forma das normas legais, regulamentares e contratuais:

I – amplo acesso a informações sobre os serviços prestados;

II – prévio conhecimento dos seus direitos e deveres e das penalidades a que podem estar sujeitos;

III – acesso a manual de prestação do serviço e de atendimento ao usuário, elaborado pelo prestador e aprovado pela respectiva entidade de regulação;

IV – acesso a relatório periódico sobre a qualidade da prestação dos serviços.

Art. 28. *(Vetado).*

Capítulo VI
DOS ASPECTOS ECONÔMICOS E SOCIAIS

Art. 29. Os serviços públicos de saneamento básico terão a sustentabilidade econômico-financeira assegurada, sempre que possível, mediante remuneração pela cobrança dos serviços:

I – de abastecimento de água e esgotamento sanitário: preferencialmente na forma de tarifas e outros preços públicos, que poderão ser estabelecidos para cada um dos serviços ou para ambos conjuntamente;

II – de limpeza urbana e manejo de resíduos sólidos urbanos: taxas ou tarifas e outros preços públicos, em conformidade com o regime de prestação do serviço ou de suas atividades;

III – de manejo de águas pluviais urbanas: na forma de tributos, inclusive taxas, em conformidade com o regime de prestação do serviço ou de suas atividades.

§ 1º Observado o disposto nos incisos I a III do caput deste artigo, a instituição das tarifas, preços públicos e taxas para os serviços de saneamento básico observará as seguintes diretrizes:

I – prioridade para atendimento das funções essenciais relacionadas à saúde pública;

II – ampliação do acesso dos cidadãos e localidades de baixa renda aos serviços;

III – geração dos recursos necessários para realização dos investimentos, objetivando o cumprimento das metas e objetivos do serviço;

IV – inibição do consumo supérfluo e do desperdício de recursos;

V – recuperação dos custos incorridos na prestação do serviço, em regime de eficiência;

VI – remuneração adequada do capital investido pelos prestadores dos serviços;

VII – estímulo ao uso de tecnologias modernas e eficientes, compatíveis com os níveis exigidos de qualidade, continuidade e segurança na prestação dos serviços;

VIII – incentivo à eficiência dos prestadores dos serviços.

§ 2º Poderão ser adotados subsídios tarifários e não tarifários para os usuários e localidades que não tenham capacidade de pagamento ou escala econômica suficiente para cobrir o custo integral dos serviços.

Art. 30. Observado o disposto no art. 29 desta Lei, a estrutura de remuneração e cobrança dos serviços públicos de saneamento básico poderá levar em consideração os seguintes fatores:

I – categorias de usuários, distribuídas por faixas ou quantidades crescentes de utilização ou de consumo;

II – padrões de uso ou de qualidade requeridos;

III – quantidade mínima de consumo ou de utilização do serviço, visando à garantia de objetivos sociais, como a preservação da saúde pública, o adequado atendimento dos usuários de menor renda e a proteção do meio ambiente;

IV – custo mínimo necessário para disponibilidade do serviço em quantidade e qualidade adequadas;

V – ciclos significativos de aumento da demanda dos serviços, em períodos distintos; e

VI – capacidade de pagamento dos consumidores.

Art. 31. Os subsídios necessários ao atendimento de usuários e localidades de baixa renda serão, dependendo das características dos beneficiários e da origem dos recursos:

I – diretos, quando destinados a usuários determinados, ou indiretos, quando destinados ao prestador dos serviços;

II – tarifários, quando integrarem a estrutura tarifária, ou fiscais, quando decorrerem da alocação de recursos orçamentários, inclusive por meio de subvenções;

III – internos a cada titular ou entre localidades, nas hipóteses de gestão associada e de prestação regional.

Art. 32. *(Vetado).*

Art. 33. *(Vetado).*

Art. 34. *(Vetado).*

Art. 35. As taxas ou tarifas decorrentes da prestação de serviço público de limpeza urbana e de manejo de resíduos sólidos urbanos devem levar em conta a adequada destinação dos resíduos coletados e poderão considerar:

I – o nível de renda da população da área atendida;

II – as características dos lotes urbanos e as áreas que podem ser neles edificadas;

III – o peso ou o volume médio coletado por habitante ou por domicílio.

Art. 36. A cobrança pela prestação do serviço público de drenagem e manejo de águas pluviais urbanas deve levar em conta, em cada lote urbano, os percentuais de impermeabilização e a existência de dispositivos de amortecimento ou de retenção de água de chuva, bem como poderá considerar:

I – o nível de renda da população da área atendida;

II – as características dos lotes urbanos e as áreas que podem ser neles edificadas.

Art. 37. Os reajustes de tarifas de serviços públicos de saneamento básico serão realizados observando-se o intervalo mínimo de 12 (doze) meses, de acordo com as normas legais, regulamentares e contratuais.

Art. 38. As revisões tarifárias compreenderão a reavaliação das condições da prestação dos serviços e das tarifas praticadas e poderão ser:

I – periódicas, objetivando a distribuição dos ganhos de produtividade com os usuários e a reavaliação das condições de mercado;

II – extraordinárias, quando se verificar a ocorrência de fatos não previstos no contrato, fora do controle do prestador dos serviços, que alterem o seu equilíbrio econômico-financeiro.

§ 1º As revisões tarifárias terão suas pautas definidas pelas respectivas entidades reguladoras, ouvidos os titulares, os usuários e os prestadores dos serviços.

§ 2º Poderão ser estabelecidos mecanismos tarifários de indução à eficiência, inclusive fatores de produtividade, assim como de antecipação de metas de expansão e qualidade dos serviços.

§ 3º Os fatores de produtividade poderão ser definidos com base em indicadores de outras empresas do setor.

§ 4º A entidade de regulação poderá autorizar o prestador de serviços a repassar aos usuários custos e encargos tributários não previstos originalmente e por ele não administrados, nos termos da Lei 8.987, de 13 de fevereiro de 1995.

Art. 39. As tarifas serão fixadas de forma clara e objetiva, devendo os reajustes e as revisões serem tornados públicos com antecedência mínima de 30 (trinta) dias com relação à sua aplicação.

Parágrafo único. A fatura a ser entregue ao usuário final deverá obedecer a modelo estabelecido pela entidade reguladora, que definirá os itens e custos que deverão estar explicitados.

Art. 40. Os serviços poderão ser interrompidos pelo prestador nas seguintes hipóteses:

I – situações de emergência que atinjam a segurança de pessoas e bens;

II – necessidade de efetuar reparos, modificações ou melhorias de qualquer natureza nos sistemas;

III – negativa do usuário em permitir a instalação de dispositivo de leitura de água consumida, após ter sido previamente notificado a respeito;

IV – manipulação indevida de qualquer tubulação, medidor ou outra instalação do prestador, por parte do usuário; e

V – inadimplemento do usuário do serviço de abastecimento de água, do pagamento das tarifas, após ter sido formalmente notificado.

§ 1º As interrupções programadas serão previamente comunicadas ao regulador e aos usuários.

§ 2º A suspensão dos serviços prevista nos incisos III e V do caput deste artigo será precedida de prévio aviso ao usuário, não inferior a 30 (trinta) dias da data prevista para a suspensão.

§ 3º A interrupção ou a restrição do fornecimento de água por inadimplência a estabelecimentos de saúde, a instituições educacionais e de internação coletiva de pessoas e a usuário residencial de baixa renda beneficiário de tarifa social deverá obedecer a prazos e critérios que preservem condições mínimas de manutenção da saúde das pessoas atingidas.

Art. 41. Desde que previsto nas normas de regulação, grandes usuários poderão negociar suas tarifas com o prestador dos serviços, mediante contrato específico, ouvido previamente o regulador.

Art. 42. Os valores investidos em bens reversíveis pelos prestadores constituirão créditos perante o titular, a serem recuperados mediante a exploração dos serviços, nos termos das normas regulamentares e contratuais e, quando for o caso, observada a legislação pertinente às sociedades por ações.

§ 1º Não gerarão crédito perante o titular os investimentos feitos sem ônus para o prestador, tais como os decorrentes de exigência legal aplicável à implantação de empreendimentos imobiliários e os provenientes de subvenções ou transferências fiscais voluntárias.

§ 2º Os investimentos realizados, os valores amortizados, a depreciação e os respectivos saldos serão anualmente auditados e certificados pela entidade reguladora.

§ 3º Os créditos decorrentes de investimentos devidamente certificados poderão constituir garantia de empréstimos aos delegatários, destinados exclusivamente a investimentos nos sistemas de saneamento objeto do respectivo contrato.

§ 4º (Vetado).

Capítulo VII
DOS ASPECTOS TÉCNICOS

Art. 43. A prestação dos serviços atenderá a requisitos mínimos de qualidade, incluindo a regularidade, a continuidade e aqueles relativos aos produtos oferecidos, ao atendimento dos usuários e às condições operacionais e de manutenção dos sistemas, de acordo com as normas regulamentares e contratuais.

Parágrafo único. A União definirá parâmetros mínimos para a potabilidade da água.

Art. 44. O licenciamento ambiental de unidades de tratamento de esgotos sanitários e de efluentes gerados nos processos de tratamento de água considerará etapas de eficiência, a fim de alcançar progressivamente os padrões estabelecidos pela legislação ambiental, em função da capacidade de pagamento dos usuários.

§ 1º A autoridade ambiental competente estabelecerá procedimentos simplificados de licenciamento para as atividades a que se refere o caput deste artigo, em função do porte das unidades e dos impactos ambientais esperados.

§ 2º A autoridade ambiental competente estabelecerá metas progressivas para que a qualidade dos efluentes de unidades de tratamento de esgotos sanitários atenda aos padrões das classes dos corpos hídricos em que forem lançados, a partir dos níveis presentes de tratamento e considerando a capacidade de pagamento das populações e usuários envolvidos.

Art. 45. Ressalvadas as disposições em contrário das normas do titular, da entidade de regulação e de meio ambiente, toda edificação permanente urbana será conectada às redes públicas de abastecimento de água e de esgotamento sanitário disponíveis e sujeita ao pagamento das tarifas e de outros preços públicos decorrentes da conexão e do uso desses serviços.

§ 1º Na ausência de redes públicas de saneamento básico, serão admitidas soluções individuais de abastecimento de água e de afastamento e destinação final dos esgotos sanitários, observadas as normas editadas pela entidade reguladora e pelos órgãos responsáveis pelas políticas ambiental, sanitária e de recursos hídricos.

§ 2º A instalação hidráulica predial ligada à rede pública de abastecimento de água não poderá ser também alimentada por outras fontes.

Art. 46. Em situação crítica de escassez ou contaminação de recursos hídricos que obrigue à adoção de racionamento, declarada pela autoridade gestora de recursos hídricos, o ente regulador poderá adotar mecanismos tarifários de contingência, com objetivo de cobrir custos adicionais decorrentes, garantindo o equilíbrio financeiro da prestação do serviço e a gestão da demanda.

Capítulo VIII
DA PARTICIPAÇÃO DE ÓRGÃOS COLEGIADOS NO CONTROLE SOCIAL

Art. 47. O controle social dos serviços públicos de saneamento básico poderá incluir a participação de órgãos colegiados de caráter consultivo, estaduais, do Distrito Federal e municipais, assegurada a representação:

I – dos titulares dos serviços;

II – de órgãos governamentais relacionados ao setor de saneamento básico;

III – dos prestadores de serviços públicos de saneamento básico;

IV – dos usuários de serviços de saneamento básico;

V – de entidades técnicas, organizações da sociedade civil e de defesa do consumidor relacionadas ao setor de saneamento básico.

§ 1º As funções e competências dos órgãos colegiados a que se refere o caput deste artigo poderão ser exercidas por órgãos colegiados já existentes, com as devidas adaptações das leis que os criaram.

§ 2º No caso da União, a participação a que se refere o *caput* deste artigo será exercida nos termos da Medida Provisória 2.220, de 4 de setembro de 2001, alterada pela Lei 10.683, de 28 de maio de 2003.

Capítulo IX
DA POLÍTICA FEDERAL DE SANEAMENTO BÁSICO

Art. 48. A União, no estabelecimento de sua política de saneamento básico, observará as seguintes diretrizes:

I – prioridade para as ações que promovam a equidade social e territorial no acesso ao saneamento básico;

II – aplicação dos recursos financeiros por ela administrados de modo a promover o desenvolvimento sustentável, a eficiência e a eficácia;

III – estímulo ao estabelecimento de adequada regulação dos serviços;

IV – utilização de indicadores epidemiológicos e de desenvolvimento social no planejamento, implementação e avaliação das suas ações de saneamento básico;

V – melhoria da qualidade de vida e das condições ambientais e de saúde pública;

VI – colaboração para o desenvolvimento urbano e regional;

VII – garantia de meios adequados para o atendimento da população rural dispersa, inclusive mediante a utilização de soluções compatíveis com suas características econômicas e sociais peculiares;

VIII – fomento ao desenvolvimento científico e tecnológico, à adoção de tecnologias apropriadas e à difusão dos conhecimentos gerados;

IX – adoção de critérios objetivos de elegibilidade e prioridade, levando em consideração fatores como nível de renda e cobertura, grau de urbanização, concentração populacional, disponibilidade hídrica, riscos sanitários, epidemiológicos e ambientais;

X – adoção da bacia hidrográfica como unidade de referência para o planejamento de suas ações;

XI – estímulo à implementação de infraestruturas e serviços comuns a Municípios, mediante mecanismos de cooperação entre entes federados.

XII – estímulo ao desenvolvimento e aperfeiçoamento de equipamentos e métodos economizadores de água.

→ Inciso XII acrescentado pela Lei 12.862/2013.

Parágrafo único. As políticas e ações da União de desenvolvimento urbano e regional, de habitação, de combate e erradicação da pobreza, de proteção ambiental, de promoção da saúde e outras de relevante interesse social voltadas para a melhoria da qualidade de vida devem considerar a necessária articulação, inclusive no que se refere ao financiamento, com o saneamento básico.

Art. 49. São objetivos da Política Federal de Saneamento Básico:

I – contribuir para o desenvolvimento nacional, a redução das desigualdades regionais, a geração de emprego e de renda e a inclusão social;

II – priorizar planos, programas e projetos que visem à implantação e ampliação dos serviços e ações de saneamento básico nas áreas ocupadas por populações de baixa renda;

III – proporcionar condições adequadas de salubridade ambiental aos povos indígenas e outras populações tradicionais, com soluções compatíveis com suas características socioculturais;

IV – proporcionar condições adequadas de salubridade ambiental às populações rurais e de pequenos núcleos urbanos isolados;

V – assegurar que a aplicação dos recursos financeiros administrados pelo poder público dê-se segundo critérios de promoção da salubridade ambiental, de maximização da relação benefício-custo e de maior retorno social;

VI – incentivar a adoção de mecanismos de planejamento, regulação e fiscalização da prestação dos serviços de saneamento básico;

VII – promover alternativas de gestão que viabilizem a auto sustentação econômica e financeira dos serviços de saneamento básico, com ênfase na cooperação federativa;

VIII – promover o desenvolvimento institucional do saneamento básico, estabelecendo meios para a unidade e articulação das ações dos diferentes agentes, bem como do desenvolvimento de sua organização, capacidade técnica, gerencial, financeira e de recursos humanos, contempladas as especificidades locais;

IX – fomentar o desenvolvimento científico e tecnológico, a adoção de tecnologias apropriadas e a difusão dos conhecimentos gerados de interesse para o saneamento básico;

X – minimizar os impactos ambientais relacionados à implantação e desenvolvimento das ações, obras e serviços de saneamento básico e assegurar que sejam executadas de acordo com as normas relativas à proteção do meio ambiente, ao uso e ocupação do solo e à saúde.

XI – incentivar a adoção de equipamentos sanitários que contribuam para a redução do consumo de água;

→ Inciso XI acrescentado pela Lei 12.862/2013.

XII – promover educação ambiental voltada para a economia de água pelos usuários.

→ Inciso XII acrescentado pela Lei 12.862/2013.

Art. 50. A alocação de recursos públicos federais e os financiamentos com recursos da União ou com recursos geridos ou operados por órgãos ou entidades da União serão feitos em conformidade com as diretrizes e objetivos estabelecidos nos arts. 48 e 49 desta Lei e com os planos de saneamento básico e condicionados:

I – ao alcance de índices mínimos de:

a) desempenho do prestador na gestão técnica, econômica e financeira dos serviços;

b) eficiência e eficácia dos serviços, ao longo da vida útil do empreendimento;

II – à adequada operação e manutenção dos empreendimentos anteriormente financiados com recursos mencionados no caput deste artigo.

§ 1º Na aplicação de recursos não onerosos da União, será dado prioridade às ações e empreendimentos que visem ao atendimento de usuários ou Municípios que não tenham capacidade de pagamento compatível com a auto sustentação econômico-financeira dos serviços, vedada sua aplicação a empreendimentos contratados de forma onerosa.

§ 2º A União poderá instituir e orientar a execução de programas de incentivo à execução de projetos de interesse social na área de saneamento básico com participação de investidores privados, mediante operações estruturadas de financiamentos realizados com recursos de fun-

LEGISLAÇÃO

dos privados de investimento, de capitalização ou de previdência complementar, em condições compatíveis com a natureza essencial dos serviços públicos de saneamento básico.

§ 3º É vedada a aplicação de recursos orçamentários da União na administração, operação e manutenção de serviços públicos de saneamento básico não administrados por órgão ou entidade federal, salvo por prazo determinado em situações de eminente risco à saúde pública e ao meio ambiente.

§ 4º Os recursos não onerosos da União, para subvenção de ações de saneamento básico promovidas pelos demais entes da Federação, serão sempre transferidos para Municípios, o Distrito Federal ou Estados.

§ 5º No fomento à melhoria de operadores públicos de serviços de saneamento básico, a União poderá conceder benefícios ou incentivos orçamentários, fiscais ou creditícios como contrapartida ao alcance de metas de desempenho operacional previamente estabelecidas.

§ 6º A exigência prevista na alínea a do inciso I do caput deste artigo não se aplica à destinação de recursos para programas de desenvolvimento institucional do operador de serviços públicos de saneamento básico.

§ 7º (*Vetado*).

Art. 51. O processo de elaboração e revisão dos planos de saneamento básico deverá prever sua divulgação em conjunto com os estudos que os fundamentarem, o recebimento de sugestões e críticas por meio de consulta ou audiência pública e, quando previsto na legislação do titular, análise e opinião por órgão colegiado criado nos termos do art. 47 desta Lei.

Parágrafo único. A divulgação das propostas dos planos de saneamento básico e dos estudos que as fundamentarem dar-se-á por meio da disponibilização integral de seu teor a todos os interessados, inclusive por meio da internet e por audiência pública.

Art. 52. A União elaborará, sob a coordenação do Ministério das Cidades:

I – o Plano Nacional de Saneamento Básico – PNSB que conterá:

a) os objetivos e metas nacionais e regionalizadas, de curto, médio e longo prazos, para a universalização dos serviços de saneamento básico e o alcance de níveis crescentes de saneamento básico no território nacional, observando a compatibilidade com os demais planos e políticas públicas da União;

b) as diretrizes e orientações para o equacionamento dos condicionantes de natureza político-institucional, legal e jurídica, econômico-financeira, administrativa, cultural e tecnológica com impacto na consecução das metas e objetivos estabelecidos;

c) a proposição de programas, projetos e ações necessários para atingir os objetivos e as metas da Política Federal de Saneamento Básico, com identificação das respectivas fontes de financiamento;

d) as diretrizes para o planejamento das ações de saneamento básico em áreas de especial interesse turístico;

e) os procedimentos para a avaliação sistemática da eficiência e eficácia das ações executadas;

II – planos regionais de saneamento básico, elaborados e executados em articulação com os Estados, Distrito Federal e Municípios envolvidos para as regiões integradas de desenvolvimento econômico ou nas que haja a participação de órgão ou entidade federal na prestação de serviço público de saneamento básico.

§ 1º O PNSB deve:

I – abranger o abastecimento de água, o esgotamento sanitário, o manejo de resíduos sólidos e o manejo de águas pluviais e outras ações de saneamento básico de interesse para a melhoria da salubridade ambiental, incluindo o provimento de banheiros e unidades hidrossanitárias para populações de baixa renda;

II – tratar especificamente das ações da União relativas ao saneamento básico nas áreas indígenas, nas reservas extrativistas da União e nas comunidades quilombolas.

§ 2º Os planos de que tratam os incisos I e II do caput deste artigo devem ser elaborados com horizonte de 20 (vinte) anos, avaliados anualmente e revisados a cada 4 (quatro) anos, preferencialmente em períodos coincidentes com os de vigência dos planos plurianuais.

Art. 53. Fica instituído o Sistema Nacional de Informações em Saneamento Básico – SINISA, com os objetivos de:

I – coletar e sistematizar dados relativos às condições da prestação dos serviços públicos de saneamento básico;

II – disponibilizar estatísticas, indicadores e outras informações relevantes para a caracterização da demanda e da oferta de serviços públicos de saneamento básico;

III – permitir e facilitar o monitoramento e avaliação da eficiência e da eficácia da prestação dos serviços de saneamento básico.

§ 1º As informações do Sinisa são públicas e acessíveis a todos, devendo ser publicadas por meio da internet.

§ 2º A União apoiará os titulares dos serviços a organizar sistemas de informação em saneamento básico, em atendimento ao disposto no inciso VI do caput do art. 9º desta Lei.

Capítulo X
DISPOSIÇÕES FINAIS

Art. 54. (*Vetado*).

Art. 55. O § 5º do art. 2º da Lei 6.766, de 19 de dezembro de 1979, passa a vigorar com a seguinte redação:

"Art. 2º (...)

(...)

§ 5º A infraestrutura básica dos parcelamentos é constituída pelos equipamentos urbanos de escoamento das águas pluviais, iluminação pública, esgotamento sanitário, abastecimento de água potável, energia elétrica pública e domiciliar e vias de circulação.

(...)"

Art. 56. (*Vetado*).

Art. 57. O inciso XXVII do *caput* do art. 24 da Lei 8.666, de 21 de junho de 1993, passa a vigorar com a seguinte redação:

"Art. 24. (...)

(...)

XXVII – na contratação da coleta, processamento e comercialização de resíduos sólidos urbanos recicláveis ou reutilizáveis, em áreas com sistema de coleta seletiva de lixo, efetuados por associações ou cooperativas formadas exclusivamente por pessoas físicas de baixa renda reconhecidas pelo poder público como catadores de materiais recicláveis, com o uso de equipamentos compatíveis com as normas técnicas, ambientais e de saúde pública.

(...)"

Art. 58. O art. 42 da Lei 8.987, de 13 de fevereiro de 1995, passa a vigorar com a seguinte redação:

→ Alterações efetuadas na referida Lei.

Art. 59. (*Vetado*).

Art. 60. Revoga-se a Lei 6.528, de 11 de maio de 1978.

Brasília, 5 de janeiro de 2007; 186º da Independência e 119º da República.

Luiz Inácio Lula da Silva

(Publicação no D.O.U. de 8.1.2007 e retificação 11.1.2007.)

LEI 11.457,
DE 16 DE MARÇO DE 2007

Dispõe sobre a Administração Tributária Federal; altera as Leis 10.593, de 6 de dezembro de 2002, 10.683, de 28 de maio de 2003, 8.212, de 24 de julho de 1991, 10.910, de 15 de julho de 2004, o Decreto-Lei 5.452, de 1º de maio de 1943, e o Decreto 70.235, de 6 de março de 1972; revoga dispositivos das Leis 8.212, de 24 de julho de 1991, 10.593, de 6 de dezembro de 2002, 10.910, de 15 de julho de 2004, 11.098, de 13 de janeiro de 2005, e 9.317, de 5 de dezembro de 1996; e dá outras providências.

O Presidente da República:

Faço saber que o Congresso Nacional decreta e eu sanciono a seguinte Lei:

Capítulo I
DA SECRETARIA DA RECEITA FEDERAL DO BRASIL

Art. 1º A Secretaria da Receita Federal passa a denominar-se Secretaria da Receita Federal do Brasil, órgão da administração direta subordinado ao Ministro de Estado da Fazenda.

Art. 2º Além das competências atribuídas pela legislação vigente à Secretaria da Receita Federal, cabe à Secretaria da Receita Federal do Brasil planejar, executar, acompanhar e avaliar as atividades relativas a tributação, fiscalização, arrecadação, cobrança e recolhimento das contribuições sociais previstas nas alíneas *a*, *b* e *c* do parágrafo único do art. 11 da Lei 8.212, de 24 de julho de 1991, e das contribuições instituídas a título de substituição.

§ 1º O produto da arrecadação das contribuições especificadas no *caput* deste artigo e acréscimos legais incidentes serão destinados, em caráter exclusivo, ao pagamento de benefícios do Regime Geral de Previdência Social e creditados diretamente ao Fundo do Regime Geral de Previdência Social, de que trata o art. 68 da Lei Complementar 101, de 4 de maio de 2000.

§ 2º Nos termos do art. 58 da Lei Complementar 101, de 4 de maio de 2000, a Secretaria da Receita Federal do Brasil prestará contas anualmente ao Conselho Nacional de Previdência Social dos resultados da arrecadação das contribuições sociais destinadas ao financiamento do Regime Geral de Previdência Social e das compensações a elas referentes.

§ 3º As obrigações previstas na Lei 8.212, de 24 de julho de 1991, relativas às contribuições sociais de que trata o *caput* deste artigo serão cumpridas perante a Secretaria da Receita Federal do Brasil.

§ 4º Fica extinta a Secretaria da Receita Previdenciária do Ministério da Previdência Social.

Art. 3º As atribuições de que trata o art. 2º desta Lei se estendem às contribuições devidas a terceiros, assim entendidas outras entidades e fundos, na forma da legislação em vigor, aplicando-se em relação a essas contribuições, no que couber, as disposições desta Lei.

§ 1º A retribuição pelos serviços referidos no *caput* deste artigo será de 3,5% (três inteiros e cinco décimos por cento) do montante arrecadado, salvo percentual diverso estabelecido em lei específica.

§ 2º O disposto no *caput* deste artigo abrangerá exclusivamente contribuições cuja base de cálculo seja a mesma das que incidem sobre a remuneração paga, devida ou creditada a segurados do Regime Geral de Previdência Social ou instituídas sobre outras bases a título de substituição.

§ 3º As contribuições de que trata o *caput* deste artigo sujeitam-se aos mesmos prazos, condições, sanções e privilégios daquelas referidas no art. 2º desta Lei, inclusive no que diz respeito à cobrança judicial.

§ 4º A remuneração de que trata o § 1º deste artigo será creditada ao Fundo Especial de Desenvolvimento e Aperfeiçoamento das Atividades de Fiscalização – FUNDAF, instituído pelo Decreto-Lei 1.437, de 17 de dezembro de 1975.

§ 5º Durante a vigência da isenção pelo atendimento cumulativo aos requisitos constantes dos incisos I a V do *caput* do art. 55 da Lei 8.212, de 24 de julho de 1991,deferida pelo Instituto Nacional do Seguro Social - INSS, pela Secretaria da Receita Previdenciária ou pela Secretaria da Receita Federal do Brasil, não são devidas pela entidade beneficente de assistência social as contribuições sociais previstas em lei a outras entidades ou fundos.

§ 6º Equiparam-se a contribuições de terceiros, para fins desta Lei, as destinadas ao Fundo Aeroviário - FA, à Diretoria de Portos e Costas do Comando da Marinha - DPC e ao Instituto Nacional de Colonização e Reforma Agrária – INCRA e a do salário-educação.

Art. 4º São transferidos para a Secretaria da Receita Federal do Brasil os processos administrativo-fiscais, inclusive os relativos aos créditos já constituídos ou em fase de constituição, e as guias e declarações apresentadas ao Ministério da Previdência Social ou ao Instituto Nacional do Seguro Social - INSS, referentes às contribuições deque tratam os arts. 2º e 3º desta Lei.

Art. 5º Além das demais competências estabelecidas na legislação que lhe é aplicável, cabe ao INSS:

I – emitir certidão relativa a tempo de contribuição;

II – gerir o Fundo do Regime Geral de Previdência Social;

III – calcular o montante das contribuições referidas no art. 2º desta Lei e emitir o correspondente documento de arrecadação, com vistas no atendimento conclusivo para concessão ou revisão de benefício requerido.

Art. 6º Ato conjunto da Secretaria da Receita Federal do Brasil e do INSS definirá a forma de transferência recíproca de informações relacionadas com as contribuições sociais a que se referem os arts. 2º e 3º desta Lei.

Parágrafo único. Com relação às informações de que trata o *caput* deste artigo, a Secretaria da Receita Federal do Brasil e o INSS são responsáveis pela preservação do sigilo fiscal previsto no art. 198 da Lei 5.172, de 25 de outubro de 1966.

Art. 7º Fica criado o cargo de Natureza Especial de Secretário da Receita Federal do Brasil, com a remuneração prevista no parágrafo único do art. 39 da Lei 10.683, de 28 de maio de 2003.

Parágrafo único. O Secretário da Receita Federal do Brasil será escolhido entre brasileiros de reputação ilibada e ampla experiência na área tributária, sendo nomeado pelo Presidente da República.

Art. 7º-A. As atribuições e competências anteriormente conferidas ao Secretário da Receita Federal ou ao Secretário da Receita Previdenciária, relativas ao exercício dos respectivos cargos, transferem-se para o Secretário da Receita Federal do Brasil.

→ Artigo acrescentado pela Lei 11.490/2007.

Art. 8º Ficam redistribuídos, na forma do § 1º do art. 37 da Lei 8.112, de 11 de dezembro de 1990, dos Quadros de Pessoal do Ministério da Previdência Social e do INSS para a Secretaria da Receita Federal do Brasil os cargos ocupados e vagos da Carreira Auditoria-Fiscal da Previdência Social, de que trata o art. 7º da Lei 10.593, de 6 de dezembro de 2002.

Art. 9º A Lei 10.593, de 6 de dezembro de 2002, passa a vigorar com a seguinte redação:

"Art. 3º O ingresso nos cargos das Carreiras disciplinadas nesta Lei far-se-á no primeiro padrão da classe inicial da respectiva tabela de vencimentos, mediante concurso público de provas ou de provas e títulos, exigindo-se curso superior em nível de graduação concluído ou habilitação legal equivalente.

(...)

§ 3º Sem prejuízo dos requisitos estabelecidos neste artigo, o ingresso nos cargos de que trata o *caput* deste artigo depende da inexistência de:

I – registro de antecedentes criminais decorrentes de decisão condenatória transitada em julgado de crime cuja descrição envolva a prática de ato de improbidade administrativa ou incompatível com a idoneidade exigida para o exercício do cargo;

II – punição em processo disciplinar por ato de improbidade administrativa mediante decisão de que não caiba recurso hierárquico."

"Art. 4º (...)

(...)

§ 3º O servidor em estágio probatório será objeto de avaliação específica, sem prejuízo da progressão funcional durante o período, observados o interstício mínimo de 12 (doze) e máximo de 18 (dezoito) meses em cada padrão e o resultado de avaliação de desempenho efetuada para esta finalidade, na forma do regulamento."

"Carreira de Auditoria da Receita Federal do Brasil"

"Art. 5º Fica criada a Carreira de Auditoria da Receita Federal do Brasil, composta pelos cargos de nível superior de Auditor-Fiscal da Receita Federal do Brasil e de Analista-Tributário da Receita Federal do Brasil.

Parágrafo único. (Revogado)."

"Art. 6º São atribuições dos ocupantes do cargo de Auditor-Fiscal da Receita Federal do Brasil:

I – no exercício da competência da Secretaria da Receita Federal do Brasil e em caráter privativo:

a) constituir, mediante lançamento, o crédito tributário e de contribuições;

b) elaborar e proferir decisões ou delas participar em processo administrativo-fiscal, bem como em processos de consulta, restituição ou compensação de tributos e contribuições e de reconhecimento de benefícios fiscais;

c) executar procedimentos de fiscalização, praticando os atos definidos na legislação específica, inclusive os relacionados com o controle aduaneiro, apreensão de mercadorias, livros, documentos, materiais, equipamentos e assemelhados;

d) examinar a contabilidade de sociedades empresariais, empresários, órgãos, entidades, fundos e demais contribuintes, não se lhes aplicando as restrições previstas nos arts. 1.190 a 1.192 do Código Civil e observado o disposto no art. 1.193 do mesmo diploma legal;

e) proceder à orientação do sujeito passivo no tocante à interpretação da legislação tributária;

f) supervisionar as demais atividades de orientação ao contribuinte;

II – em caráter geral, exercer as demais atividades inerentes à competência da Secretaria da Receita Federal do Brasil.

§ 1º O Poder Executivo poderá cometer o exercício de atividades abrangidas pelo inciso II do *caput* deste artigo em caráter privativo ao Auditor-Fiscal da Receita Federal do Brasil.

§ 2º Incumbe ao Analista-Tributário da Receita Federal do Brasil, resguardadas as atribuições privativas referidas no inciso I do *caput* e no § 1º deste artigo:

I – exercer atividades de natureza técnica, acessórias ou preparatórias ao exercício das atribuições privativas dos Auditores-Fiscais da Receita Federal do Brasil;

II – atuar no exame de matérias e processos administrativos, ressalvado o disposto na alínea *b* do inciso I do *caput* deste artigo;

III – exercer, em caráter geral e concorrente, as demais atividades inerentes às competências da Secretaria da Receita Federal do Brasil.

§ 3º Observado o disposto neste artigo, o Poder Executivo regulamentará as atribuições dos cargos de Auditor-Fiscal da Receita Federal do Brasil e Analista-Tributário da Receita Federal do Brasil.

§ 4º (*Vetado*)."

"Art. 20-A. O Poder Executivo regulamentará a forma de transferência de informações entre a Secretaria da Receita Federal do Brasil e a Secretaria de Inspeção do Trabalho para o desenvolvimento coordenado das atribuições a que se referem os arts. 6º e 11 desta Lei."

Art. 10. Ficam transformados:

I – em cargos de Auditor-Fiscal da Receita Federal do Brasil, de que trata o art. 5º da Lei 10.593, de 6 de dezembro de 2002, com a redação conferida pelo art. 9º desta Lei, os cargos efetivos, ocupados e vagos de Auditor-Fiscal da Receita Federal da Carreira Auditoria da Receita Federal prevista na redação original do art. 5º da Lei 10.593, de 6 de dezembro de 2002, e de Auditor-Fiscal da Previdência Social da Carreira Auditoria-Fiscal da Previdência Social, de que trata o art. 7º da Lei nº 10.593, de 6 de dezembro de 2002;

II – em cargos de Analista-Tributário da Receita Federal do Brasil, de que trata o art. 5º da Lei 10.593, de 6 de dezembro de 2002, com a redação conferida pelo art. 9º desta Lei, os cargos efetivos, ocupados e vagos, de Técnico da Receita Federal da Carreira Auditoria da Receita Federal prevista na redação original do art. 5º da Lei 10.593, de 6 de dezembro de 2002.

§ 1º Aos servidores titulares dos cargos transformados nos termos deste artigo fica assegurado o posicionamento na classe e padrão de vencimento em que estiverem enquadrados, sem prejuízo da remuneração e das demais vantagens a que façam jus na data de início da vigência desta Lei, observando-se, para todos os fins, o tempo no cargo anterior, inclusive o prestado a partir da publicação desta Lei.

§ 2º O disposto neste artigo aplica-se aos servidores aposentados, bem como aos pensionistas.

§ 3º A nomeação dos aprovados em concursos públicos para os cargos transformados na forma do *caput* deste artigo cujo edital tenha sido publicado antes do início da vigência desta Lei far-se-á nos cargos vagos alcançados pela respectiva transformação.

§ 4º Ficam transportados para a folha de pessoal inativo do Ministério da Fazenda os proventos e as pensões decorrentes do exercício dos cargos de Auditor-Fiscal da Previdência Social transformados nos termos deste artigo.

§ 5º Os atuais ocupantes dos cargos a que se refere o § 4º deste artigo e os servidores inativos que se aposentaram em seu exercício, bem como os respectivos pensionistas, poderão optar por permanecer filiados ao plano de saúde a que se vinculavam na origem, hipótese em que a contribuição será custeada pelo servidor e pelo Ministério da Fazenda.

§ 6º Ficam extintas a Carreira Auditoria da Receita Federal, mencionada na redação original do art. 5º da Lei 10.593, de 6 de dezembro de 2002, e a Carreira Auditoria-Fiscal da Previdência Social, de que trata o art. 7º daquela Lei.

Art. 11. Os Auditores-Fiscais da Receita Federal do Brasil cedidos a outros órgãos que não satisfaçam as condições previstas nos incisos I e II do § 8º do art. 4º da Lei 10.910, de 15 de julho de 2004, deverão entrar em exercício na Secretaria da Receita Federal do Brasil no prazo de 180 (cento e oitenta) dias da vigência desta Lei.

§ 1º Excluem-se do disposto no *caput* deste artigo cessões para o exercício dos cargos de Secretário de Estado, do Distrito Federal, de prefeitura de capital ou de dirigente máximo de autarquia no mesmo âmbito.

§ 2º O Poder Executivo poderá fixar o exercício de até 385 (trezentos e oitenta e cinco) Auditores-Fiscais da Receita Federal do Brasil no Ministério da Previdência Social ou na Superintendência Nacional de Previdência Complementar – PREVIC, garantidos os direitos e vantagens inerentes ao cargo, lotação de origem, remuneração e gratificações, ainda que na condição de ocupante de cargo em comissão ou função de confiança.

→ § 2º com redação alterada pela Lei 12.154/2009.

§ 3º Os Auditores-Fiscais da Receita Federal do Brasil a que se refere o § 2º executarão, em caráter privativo, os procedimentos de fiscalização das atividades e operações das entidades fechadas de previdência complementar, de competência da Previc, assim como das entidades e fundos dos regimes próprios de previdência social.

→ § 3º com redação alterada pela Lei 12.154/2009.

§ 4º No exercício da competência prevista no § 3º deste artigo, os Auditores-Fiscais da Receita Federal do Brasil poderão, relativamente ao objeto da fiscalização:

I – praticar os atos definidos na legislação específica, inclusive os relacionados com a apreensão e guarda de livros, documentos, materiais, equipamentos e assemelhados;

II – examinar registros contábeis, não se lhes aplicando as restrições previstas nos arts. 1.190 a 1.192 do Código Civil e observado o disposto no art. 1.193 do mesmo diploma legal;

III – lavrar ou propor a lavratura de auto de infração;

→ Inciso III acrescentado pela Lei 12.154/2009.

IV – aplicar ou propor a aplicação de penalidade administrativa ao responsável por infração objeto de processo administrativo decorrente de ação fiscal, representação, denúncia ou outras situações previstas em lei.

→ Inciso IV acrescentado pela Lei 12.154/2009.

§ 5º Na execução dos procedimentos de fiscalização referidos no § 3º, ao Auditor-Fiscal da Receita Federal do Brasil é assegurado o livre acesso às dependências e às informações dos entes objeto da ação fiscal, de acordo com as respectivas áreas de competência, caracterizando-se embaraço à fiscalização, punível nos termos da lei, qualquer dificuldade oposta à consecução desse objetivo.

→ Inciso § 5º acrescentado pela Lei 12.154/2009.

§ 6º É facultado ao Auditor-Fiscal da Receita Federal do Brasil a que se refere o § 2º exercer, em caráter geral e concorrente, outras atividades inerentes às competências do Ministério da Previdência Social e da Previc.

→ § 6º acrescentado pela Lei 12.154/2009.

§ 7º Caberá aos Auditores-Fiscais da Receita Federal do Brasil em exercício na Previc constituir em nome desta, mediante lançamento, os créditos pelo não recolhimento da Taxa de Fiscalização e Controle da Previdência Complementar – TAFIC e promover a sua cobrança administrativa.

→ § 7º acrescentado pela Lei 12.154/2009.

Art. 12. Sem prejuízo do disposto no art. 49 desta Lei, são redistribuídos, na forma do disposto no art. 37 da Lei 8.112, de 11 de dezembro de 1990, para a Secretariada Receita Federal do Brasil, os cargos dos servidores que, na data da publicação desta Lei, se encontravam em efetivo exercício na Secretaria de Receita Previdenciária ou nas unidades técnicas e administrativas a ela vinculadas e sejam titulares de cargos integrantes:

I – do Plano de Classificação de Cargos, instituído pela Lei 5.645, de 10 de dezembro de 1970, ou do Plano Geral de Cargos do Poder Executivo de que trata a Lei 11.357, de 19 de outubro de 2006;

II – das Carreiras:

a) Previdenciária, instituída pela Lei 10.355, de 26 de dezembro de 2001;

b) da Seguridade Social e do Trabalho, instituída pela Lei 10.483, de 3 de julho de 2002;

c) do Seguro Social, instituída pela Lei 10.855, de 1º de abril de 2004;

d) da Previdência, da Saúde e do Trabalho, instituída pela Lei 11.355, de 19 de outubro de 2006.

§§ 1º a 3º (*Vetados*).

§ 4º Os servidores referidos neste artigo poderão, no prazo de 180 (cento e oitenta) dias contado da data referida no inciso II do *caput* do art. 51 desta Lei, optar por sua permanência no órgão de origem.

→ § 4º acrescentado pela Lei 11.501/2007.

→ *v.* Decreto 6.248/2007 – Regulamenta o art. 12, § 4º, da Lei 11.457/2007.

§ 5º Os servidores a que se refere este artigo perceberão seus respectivos vencimentos e vantagens como se em exercício estivessem no órgão de origem, até a vigência da Lei que disporá sobre suas carreiras, cargos, remuneração, lotação e exercício.

→ § 5º acrescentado pela Lei 11.501/2007.

→ *v.* Art. 3º do Decreto 6.248/2007.

Art. 13. Ficam transferidos os cargos em comissão e funções gratificadas da estrutura da extinta Secretaria da Receita Previdenciária do Ministério da Previdência Social para a Secretaria da Receita Federal do Brasil.

Art. 14. Fica o Poder Executivo autorizado a proceder à transformação, sem aumento de despesa, dos cargos em comissão e funções gratificadas existentes na Secretaria da Receita Federal do Brasil.

Parágrafo único. Sem prejuízo das situações existentes na data de publicação desta Lei, os cargos em comissão a que se refere o *caput* deste artigo são privativos dês ervidores:

I – ocupantes de cargos efetivos da Secretaria da Receita Federal do Brasil ou que tenham obtido aposentadoria nessa condição;

II – alcançados pelo disposto no art. 12 desta Lei.

Art. 15. Os incisos XII e XVIII do *caput* do art. 29 da Lei 10.683, de 28 de maio de 2003, passam a vigorar com a seguinte redação: Vigência

"Art. 29 (...)

(...)

XII – do Ministério da Fazenda o Conselho Monetário Nacional, o Conselho Nacional de Política Fazendária, o Conselho de Recursos do Sistema Financeiro Nacional, o Conselho Nacional de Seguros Privados, o Conselho de Recursos do Sistema Nacional de Seguros Privados, de Previdência Privada Aberta e de Capitalização, o Conselho de Controle de Atividades Financeiras, a Câmara Superior de Recursos Fiscais, os 1°, 2° e 3° Conselhos de Contribuintes, o Conselho Diretor do Fundo de Garantia à Exportação – CFGE, o Comitê Brasileiro de Nomenclatura, o Comitê de Avaliação de Créditos ao Exterior, a Secretaria da Receita Federal do Brasil, a Procuradoria-Geral da Fazenda Nacional, a Escola de Administração Fazendária e até 5 (cinco) Secretarias;

(...)

XVIII – do Ministério da Previdência Social o Conselho Nacional de Previdência Social, o Conselho de Recursos da Previdência Social, o Conselho de Gestão da Previdência Complementar e até 2 (duas) Secretarias;

(...)"

Capítulo II
DA PROCURADORIA-GERAL DA FAZENDA NACIONAL

Art. 16. A partir do 1° (primeiro) dia do 2° (segundo) mês subsequente ao da publicação desta Lei, o débito original e seus acréscimos legais, além de outras multas previstas em lei, relativos às contribuições de que tratam os arts. 2° e 3° desta Lei, constituem dívida ativa da União.

§ 1° A partir do 1° (primeiro) dia do 13° (décimo terceiro) mês subsequente ao da publicação desta Lei, o disposto no *caput* deste artigo se estende à dívida ativa do Instituto Nacional do Seguro Social – INSS e do Fundo Nacional de Desenvolvimento da Educação – FNDE decorrente das contribuições a que se referem os arts. 2° e 3° desta Lei.

§ 2° Aplica-se à arrecadação da dívida ativa decorrente das contribuições de que trata o art. 2° desta Lei o disposto no § 1° daquele artigo.

§ 3° Compete à Procuradoria-Geral Federal representar judicial e extrajudicialmente:

I – o INSS e o FNDE, em processos que tenham por objeto a cobrança de contribuições previdenciárias, inclusive nos que pretendam a contestação do crédito tributário,até a data prevista no § 1° deste artigo;

II – a União, nos processos da Justiça do Trabalho relacionados com a cobrança de contribuições previdenciárias, de imposto de renda retido na fonte e de multas impostas aos empregadores pelos órgãos de fiscalização das relações do trabalho, mediante delegação da Procuradoria-Geral da Fazenda Nacional.

§ 4° A delegação referida no inciso II do § 3° deste artigo será comunicada aos órgãos judiciários e não alcançará a competência prevista no inciso II do art. 12 da Lei Complementar 73, de 10 de fevereiro de 1993.

§ 5° Recebida a comunicação aludida no § 4° deste artigo, serão destinadas à Procuradoria-Geral Federal as citações, intimações e notificações efetuadas em processos abrangidos pelo objeto da delegação.

§ 6° Antes de efetivar a transferência de atribuições decorrente do disposto no § 1° deste artigo, a Procuradoria-Geral Federal concluirá os atos que se encontrarem pendentes.

§ 7° A inscrição na dívida ativa da União das contribuições de que trata o art. 3° desta Lei, na forma do *caput* e do § 1° deste artigo, não altera a destinação final do produto da respectiva arrecadação.

Art. 17. O art. 39 da Lei 8.212, de 24 de julho de 1991, passa a vigorar com a seguinte redação:

→ Alterações efetuadas na referida Lei.

Art. 18. Ficam criados na Carreira de Procurador da Fazenda Nacional 1.200 (mil e duzentos) cargos efetivos de Procurador da Fazenda Nacional.

Parágrafo único. Os cargos referidos no *caput* deste artigo serão providos na medida das necessidades do serviço e das disponibilidades de recursos orçamentários, nos termos do § 1° do art. 169 da Constituição Federal.

Art. 18-A. Compete ao Advogado-Geral da União e ao Ministro de Estado da Fazenda, mediante ato conjunto, distribuir os cargos de Procurador da Fazenda Nacional pelas 3 (três) categorias da Carreira.

→ Artigo com redação alterada pela Lei 11.518/2007.

Art. 19. Ficam criadas, na Procuradoria-Geral da Fazenda Nacional, 120 (cento e vinte) Procuradorias Seccionais da Fazenda Nacional, a serem instaladas por ato do Ministro de Estado da Fazenda em cidades-sede de Varas da Justiça Federal ou do Trabalho.

Parágrafo único. Para estruturação das Procuradorias Seccionais a que se refere o *caput* deste artigo, ficam criados 60 (sessenta) cargos em comissão do Grupo-Direção e Assessoramento Superiores DAS-2 e 60 (sessenta) DAS-1, a serem providos na medida das necessidades do serviço e das disponibilidades de recursos orçamentários, nos termos do § 1° do art. 169 da Constituição Federal.

Art. 20. (*Vetado*).

Art. 21. Sem prejuízo do disposto no art. 49 desta Lei e da percepção da remuneração do respectivo cargo, será fixado o exercício na Procuradoria-Geral da Fazenda Nacional, a partir da data fixada no § 1° do art. 16 desta Lei, dos servidores que se encontrarem em efetivo exercício nas unidades vinculadas ao contencioso fiscal e à cobrança da dívida ativa na Coordenação-Geral de Matéria Tributária da Procuradoria-Geral Federal, na Procuradoria Federal Especializada junto ao INSS, nos respectivos órgãos descentralizados ou nas unidades locais, e forem titulares de cargos integrantes:

I – do Plano de Classificação de Cargos instituído pela Lei 5.645, de 10 dezembro de 1970, ou do Plano Geral de Cargos do Poder Executivo de que trata a Lei 11.357, de 19 de outubro de 2006;

→ Artigo com redação alterada pela Lei 11.518/2007.

II – das Carreiras:

a) Previdenciária, instituída pela Lei 10.355, de 26 de dezembro de 2001;

b) da Seguridade Social e do Trabalho, instituída pela Lei 10.483, de 3 de julho de 2002;

c) do Seguro Social, instituída pela Lei 10.855, de 1° de abril de 2004;

d) da Previdência, da Saúde e do Trabalho, instituída pela Lei 11.355, de 19 de outubro de 2006.

Parágrafo único. Fica o Poder Executivo autorizado, de acordo com as necessidades do serviço, a fixar o exercício dos servidores a que se refere o *caput* deste artigo no órgão ou entidade ao qual estiverem vinculados.

Art. 22. As autarquias e fundações públicas federais darão apoio técnico, logístico e financeiro, pelo prazo de 24 (vinte e quatro) meses a partir da publicação desta Lei, para que a Procuradoria-Geral Federal assuma, de forma centralizada, nos termos dos §§ 11 e 12 do art. 10 da Lei 10.480, de 2 de julho de 2002, a execução de sua dívida ativa.

Art. 23. Compete à Procuradoria-Geral da Fazenda Nacional a representação judicial na cobrança de créditos de qualquer natureza inscritos em Dívida Ativa da União.

Art. 24. É obrigatório que seja proferida decisão administrativa no prazo máximo de 360 (trezentos e sessenta) dias a contar do protocolo de petições, defesas ou recursos administrativos do contribuinte.

§ 1° (*Vetado*).

§ 2° (*Vetado*).

Capítulo III
DO PROCESSO ADMINISTRATIVO FISCAL

Art. 25. Passam a ser regidos pelo Decreto 70.235, de 6 de março de 1972:

I – a partir da data fixada no § 1° do art. 16 desta Lei, os procedimentos fiscais e os processos administrativo-fiscais de determinação e exigência de créditos tributários referentes às contribuições de que tratam os arts. 2° e 3° desta Lei;

II – a partir da data fixada no *caput* do art. 16 desta Lei, os processos administrativos de consulta relativos às contribuições sociais mencionadas no art. 2° desta Lei.

§ 1° O Poder Executivo poderá antecipar ou postergar a data a que se refere o inciso I do *caput* deste artigo, relativamente a:

I – procedimentos fiscais, instrumentos de formalização do crédito tributário e prazos processuais;

II – competência para julgamento em 1ª (primeira) instância pelos órgãos de deliberação interna e natureza colegiada.

§ 2° O disposto no inciso I do *caput* deste artigo não se aplica aos processos de restituição, compensação, reembolso, imunidade e isenção das contribuições ali referidas.

§ 3° Aplicam-se, ainda, aos processos a que se refere o inciso II do *caput* deste artigo os arts. 48 e 49 da Lei 9.430, de 27 de dezembro de 1996.

Art. 26. O valor correspondente à compensação de débitos relativos às contribuições de que trata o art. 2° desta Lei será repassado ao Fundo do Regime Geral de Previdência Social no máximo 2 (dois) dias úteis após a data em que ela for promovida de ofício ou em que for deferido o respectivo requerimento.

Parágrafo único. O disposto no art. 74 da Lei 9.430, de 27 de dezembro de 1996, não se aplica às contribuições sociais a que se refere o art. 2° desta Lei.

Art. 27. Observado o disposto no art. 25 desta Lei, os procedimentos fiscais e os processos administrativo-fiscais referentes às contribuições sociais de que tratam os arts. 2º e 3º desta Lei permanecem regidos pela legislação precedente.

Art. 28. Ficam criadas, na Secretaria da Receita Federal do Brasil, 5 (cinco) Delegacias de Julgamento e 60 (sessenta) Turmas de Julgamento com competência para julgar, em 1ª (primeira) instância, os processos de exigência de tributos e contribuições arrecadados pela Secretaria da Receita Federal do Brasil, a serem instaladas mediante ato do Ministro de Estado da Fazenda.

Parágrafo único. Para estruturação dos órgãos de que trata o *caput* deste artigo, ficam criados 5 (cinco) cargos em comissão do Grupo-Direção e Assessoramento Superiores DAS-3 e 55 (cinquenta e cinco) DAS-2, a serem providos na medida das necessidades do serviço e das disponibilidades de recursos orçamentários, nos termos do§ 1º do art. 169 da Constituição Federal.

Art. 29. Fica transferida do Conselho de Recursos da Previdência Social para o 2º Conselho de Contribuintes do Ministério da Fazenda a competência para julgamento de recursos referentes às contribuições de que tratam os arts. 2º e 3º desta Lei.

§ 1º Para o exercício da competência a que se refere o *caput* deste artigo, serão instaladas no 2º Conselho de Contribuintes, na forma da regulamentação pertinente, Câmaras especializadas, observada a composição prevista na parte final do inciso VII do *caput* do art. 194 da Constituição Federal.

§ 2º Fica autorizado o funcionamento das Câmaras dos Conselhos de Contribuintes nas sedes das Regiões Fiscais da Secretaria da Receita Federal do Brasil.

Art. 30. No prazo de 30 (trinta) dias da publicação do ato de instalação das Câmaras previstas no § 1º do art. 29 desta Lei, os processos administrativo-fiscais referentes às contribuições de que tratam os arts. 2º e 3º desta Lei que se encontrarem no Conselho de Recursos da Previdência Social serão encaminhados para o 2º Conselho de Contribuintes.

Parágrafo único. Fica prorrogada a competência do Conselho de Recursos da Previdência Social durante o prazo a que se refere o *caput* deste artigo.

Art. 31. São transferidos, na data da publicação do ato a que se refere o *caput* do art. 30 desta Lei, 2 (dois) cargos em comissão do Grupo-Direção e Assessoramento Superiores DAS-101.2 e 2 (dois) DAS-101.1 do Conselho de Recursos da Previdência Social para o 2º Conselho de Contribuintes.

Capítulo IV
DO PARCELAMENTO DOS DÉBITOS PREVIDENCIÁRIOS DOS ESTADOS E DO DISTRITO FEDERAL

Art. 32. Os débitos de responsabilidade dos Estados e do Distrito Federal, de suas autarquias e fundações, relativos às contribuições sociais de que tratam as alíneas *a* e *c* do parágrafo único do art. 11 da Lei 8.212, de 24 de julho de 1991, com vencimento até o mês anterior ao da entrada em vigor desta Lei, poderão ser parcelados em até 240 (duzentas e quarenta) prestações mensais e consecutivas.

§ 1º Os débitos referidos no *caput* deste artigo são aqueles originários de contribuições sociais e obrigações acessórias, constituídos ou não, inscritos ou não em dívida ativa, incluídos os que estiverem em fase de execução fiscal ajuizada, e os que tenham sido objeto de parcelamento anterior não integralmente quitado ou cancelado por falta de pagamento.

§ 2º Os débitos ainda não constituídos deverão ser confessados de forma irretratável e irrevogável.

§ 3º Poderão ser parcelados em até 60 (sessenta) prestações mensais e consecutivas os débitos de que tratam o *caput* e os §§ 1º e 2º deste artigo com vencimento até o mês anterior ao da entrada em vigor desta Lei, relativos a contribuições não recolhidas:

I – descontadas dos segurados empregado, trabalhador avulso e contribuinte individual;

II – retidas na forma do art. 31 da Lei 8.212, de 24 de julho de 1991;

III – decorrentes de sub-rogação.

§ 4º Caso a prestação mensal não seja paga na data do vencimento, serão retidos e repassados à Secretaria da Receita Federal do Brasil recursos do Fundo de Participação dos Estados e do Distrito Federal suficientes para sua quitação, acrescidos de juros equivalentes à taxa referencial do Sistema Especial de Liquidação e de Custódia – Selic para títulos federais, acumulada mensalmente a partir do primeiro dia do mês subsequente ao da consolidação do débito até o mês anterior ao do pagamento,acrescido de 1% (um por cento) no mês do pagamento da prestação.

Art. 33. Até 90 (noventa) dias após a entrada em vigor desta Lei, a opção pelo parcelamento será formalizada na Secretaria da Receita Federal do Brasil, que se responsabilizará pela cobrança das prestações e controle dos créditos originários dos parcelamentos concedidos.

→ O art. 3º da Lei 11.531/2007 prorrogou referido prazo de até 90 (noventa) dias para 31 de dezembro de 2007.

Art. 34. A concessão do parcelamento objeto deste Capítulo está condicionada:

I – à apresentação pelo Estado ou Distrito Federal, na data da formalização do pedido, do demonstrativo referente à apuração da Receita Corrente Líquida Estadual, na forma do disposto na Lei Complementar 101, de 4 de maio de 2000, referente ao ano-calendário imediatamente anterior ao da entrada em vigor desta Lei;

II – ao adimplemento das obrigações vencidas a partir do primeiro dia do mês da entrada em vigor desta Lei.

Art. 35. Os débitos serão consolidados por Estado e Distrito Federal na data do pedido do parcelamento, reduzindo-se os valores referentes a juros de mora em 50%(cinquenta por cento).

Art. 36. Os débitos de que trata este Capítulo serão parcelados em prestações mensais equivalentes a, no mínimo, 1,5% (um inteiro e cinco décimos por cento) da média da Receita Corrente Líquida do Estado e do Distrito Federal prevista na Lei Complementar 101, de 4 de maio de 2000.

§ 1º A média de que trata o *caput* deste artigo corresponderá a 1/12 (um doze avos) da Receita Corrente Líquida do ano anterior ao do vencimento da prestação.

§ 2º Para fins deste artigo, os Estados e o Distrito Federal se obrigam a encaminhar à Secretaria da Receita Federal do Brasil o demonstrativo de apuração da Receita Corrente Líquida de que trata o inciso I do art. 53 da Lei Complementar 101, de 4 de maio de 2000, até o último dia útil do mês de fevereiro de cada ano.

§ 3º A falta de apresentação das informações a que se refere o § 2º deste artigo implicará, para fins de apuração e cobrança da prestação mensal, a aplicação da variação do Índice Geral de Preços, Disponibilidade Interna – IGP-DI, acrescida de juros de 0,5% (cinco décimos por cento) ao mês, sobre a última Receita Corrente Líquida publicada nos termos da legislação.

§ 4º Às prestações vencíveis em janeiro, fevereiro e março aplicar-se-á o valor mínimo do ano anterior.

Art. 37. As prestações serão exigíveis no último dia útil de cada mês, a contar do mês subsequente ao da formalização do pedido de parcelamento.

§ 1º No período compreendido entre a formalização do pedido e o mês da consolidação, o ente beneficiário do parcelamento deverá recolher mensalmente prestações correspondentes a 1,5% (um inteiro e cinco décimos por cento) da média da Receita Corrente Líquida do Estado e do Distrito Federal prevista na Lei Complementar 101, de4 de maio de 2000, sob pena de indeferimento do pleito, que só se confirma com o pagamento da prestação inicial.

§ 2º A partir do mês seguinte à consolidação, o valor da prestação será obtido mediante a divisão do montante do débito parcelado, deduzidos os valores das prestações recolhidas nos termos do § 1º deste artigo, pelo número de prestações restantes, observado o valor mínimo de 1,5% (um inteiro e cinco décimos por cento) da média da Receita Corrente Líquida do Estado e do Distrito Federal prevista na Lei Complementar 101, de 4 de maio de 2000.

Art. 38. O parcelamento será rescindido na hipótese do inadimplemento:

I – de 3 (três) meses consecutivos ou 6 (seis) meses alternados, prevalecendo o que primeiro ocorrer;

II – das obrigações correntes referentes às contribuições sociais de que trata este Capítulo;

III – da parcela da prestação que exceder à retenção dos recursos do Fundo de Participação dos Estados e do Distrito Federal promovida na forma deste Capítulo.

Art. 39. O Poder Executivo disciplinará, em regulamento, os atos necessários à execução do disposto neste Capítulo.

Parágrafo único. Os débitos referidos no *caput* deste artigo serão consolidados no âmbito da Secretaria da Receita Federal do Brasil.

Capítulo V
DISPOSIÇÕES GERAIS

Art. 40. Sem prejuízo do disposto nas Leis 4.516, de 1º de dezembro de 1964, e 5.615, de 13 de outubro de 1970, a Empresa de Tecnologia e Informações da Previdência Social – DATAPREV fica autorizada a prestar serviços de tecnologia da informação ao Ministério da Fazenda, necessários ao desempenho das atribuições abrangidas por esta Lei, observado o disposto no inciso VIII do art. 24 da Lei 8.666, de 21 de junho de 1993, nas condições estabelecidas em ato do Poder Executivo.

Art. 41. Fica autorizada a transferência para o patrimônio da União dos imóveis que compõem o Fundo do Regime Geral de Previdência Social identificados pelo Poder Executivo como necessários ao funcionamento da Secretaria da Receita Federal do Brasil e da Procuradoria-Geral da Fazenda Nacional.

Parágrafo único. No prazo de 3 (três) anos, de acordo com o resultado de avaliação realizada nos termos da legislação aplicável, a União compensará financeiramente o Fundo do Regime Geral de Previdência Social pelos imóveis transferidos na forma do *caput* deste artigo.

Art. 42. A Consolidação das Leis do Trabalho – CLT, aprovada pelo Decreto-Lei 5.452, de 1º de maio de 1943, passa a vigorar com a seguinte redação:

"Art. 832. (...)

(...)

§ 4º A União será intimada das decisões homologatórias de acordos que contenham parcela indenizatória, na forma do art. 20 da Lei 11.033, de 21 de dezembro de 2004, facultada a interposição de recurso relativo aos tributos que lhe forem devidos.

§ 5º Intimada da sentença, a União poderá interpor recurso relativo à discriminação de que trata o § 3º deste artigo.

§ 6º O acordo celebrado após o trânsito em julgado da sentença ou após a elaboração dos cálculos de liquidação de sentença não prejudicará os créditos da União.

§ 7º O Ministro de Estado da Fazenda poderá, mediante ato fundamentado, dispensar a manifestação da União nas decisões homologatórias de acordos em que o montante da parcela indenizatória envolvida ocasionar perda de escala decorrente da atuação do órgão jurídico."

"Art. 876. (...)

Parágrafo único. Serão executadas *ex officio* as contribuições sociais devidas em decorrência de decisão proferida pelos Juízes e Tribunais do Trabalho, resultantes de condenação ou homologação de acordo, inclusive sobre os salários pagos durante o período contratual reconhecido."

"Art. 879. ..(...)

(...)

§ 3º Elaborada a conta pela parte ou pelos órgãos auxiliares da Justiça do Trabalho, o juiz procederá à intimação da União para manifestação, no prazo de 10 (dez) dias, sob pena de preclusão.

(...)

§ 5º O Ministro de Estado da Fazenda poderá, mediante ato fundamentado, dispensar a manifestação da União quando o valor total das verbas que integram o salário de contribuição, na forma do art. 28 da Lei 8.212, de 24 de julho de 1991, ocasionar perda de escala decorrente da atuação do órgão jurídico."

"Art. 880. Requerida a execução, o juiz ou presidente do tribunal mandará expedir mandado de citação do executado, a fim de que cumpra a decisão ou o acordo no prazo, pelo modo e sob as cominações estabelecidas ou, quando se tratar de pagamento em dinheiro, inclusive de contribuições sociais devidas à União, para que o faça em 48 (quarenta e oito) horas ou garanta a execução, sob pena de penhora.

(...)"

"Art. 889-A. (...)

§ 1º Concedido parcelamento pela Secretaria da Receita Federal do Brasil, o devedor juntará aos autos a comprovação do ajuste, ficando a execução da contribuição social correspondente suspensa até a quitação de todas as parcelas.

§ 2º As Varas do Trabalho encaminharão mensalmente à Secretaria da Receita Federal do Brasil informações sobre os recolhimentos efetivados nos autos, salvo se outro prazo for estabelecido em regulamento."

Art. 43. A Lei 10.910, de 15 de julho de 2004, passa a vigorar com a redação seguinte, dando-se aos seus Anexos a forma dos Anexos I e II desta Lei:

"Art. 1º As Carreiras de Auditoria da Receita Federal do Brasil e Auditoria-Fiscal do Trabalho compõem-se de cargos efetivos agrupados nas classes A, B e Especial, compreendendo a 1ª (primeira) 5 (cinco) padrões, e as 2 (duas) últimas, 4 (quatro) padrões, na forma do Anexo I desta Lei."

"Art. 3º A Gratificação de Desempenho de Atividade Tributária – GDAT de que trata o art. 15 da Lei 10.593, de 6 de dezembro de 2002, devida aos integrantes das Carreiras de Auditoria da Receita Federal do Brasil e Auditoria-Fiscal do Trabalho, é transformada em Gratificação de Atividade Tributária – GAT, em valor equivalente a 75% (setenta e cinco por cento) do vencimento básico do servidor.

I – (*Revogado pela Lei 11.356/2006*);

II – (*Revogado pela Lei 11.356/ 2006*).

(...)"

"Art. 4º Fica criada a Gratificação de Incremento da Fiscalização e da Arrecadação – GIFA, devida aos ocupantes dos cargos efetivos das Carreiras de Auditoria da Receita Federal do Brasil e Auditoria-Fiscal do Trabalho, de que trata a Lei 10.593, de 6 de dezembro de 2002, no percentual de até 95% (noventa e cinco por cento), incidente sobre o maior vencimento básico de cada cargo das Carreiras.

§ 1º A Gifa será paga aos Auditores Fiscais da Receita Federal do Brasil e aos Analistas-Tributários da Receita Federal do Brasil de acordo com os seguintes parâmetros:

(...)

II – 2/3 (dois terços), no mínimo, em decorrência da avaliação do resultado institucional do conjunto de unidades da Secretaria da Receita Federal do Brasil no cumprimento de metas de arrecadação, computadas em âmbito nacional e de forma individualizada para cada órgão.

§ 8º (...)

(...)

II – ocupantes dos cargos efetivos da Carreira de Auditoria da Receita Federal do Brasil, em exercício nos seguintes órgãos do Ministério da Fazenda:

(...)

III – ocupantes dos cargos de Auditor-Fiscal da Receita Federal do Brasil da Carreira de Auditoria da Receita Federal do Brasil, em exercício no Ministério da Previdência Social e órgãos vinculados;

IV – ocupantes dos cargos efetivos da Carreira Auditoria-Fiscal do Trabalho, em exercício no Ministério do Trabalho e Emprego, exclusivamente nas unidades não integrantes do Sistema Federal de Inspeção do Trabalho definidas em regulamento."

"Art. 6º (*Vetado*)"

Art. 44. O art. 23 do Decreto 70.235, de 6 de março de 1972, passa a vigorar acrescido dos §§ 7º, 8º e 9º, com a seguinte redação:

"Art. 23. (...)

(...)

§ 7º Os Procuradores da Fazenda Nacional serão intimados pessoalmente das decisões do Conselho de Contribuintes e da Câmara Superior de Recursos Fiscais, do Ministério da Fazenda na sessão das respectivas câmaras subsequente à formalização do acórdão.

§ 8º Se os Procuradores da Fazenda Nacional não tiverem sido intimados pessoalmente em até 40 (quarenta) dias contados da formalização do acórdão do Conselho de Contribuintes ou da Câmara Superior de Recursos Fiscais, do Ministério da Fazenda, os respectivos autos serão remetidos e entregues, mediante protocolo, à Procuradoria da Fazenda Nacional, para fins de intimação.

§ 9º Os Procuradores da Fazenda Nacional serão considerados intimados pessoalmente das decisões do Conselho de Contribuintes e da Câmara Superior de Recursos Fiscais, do Ministério da Fazenda, com o término do prazo de 30 (trinta) dias contados da data em que os respectivos autos forem entregues à Procuradoria na forma do § 8º deste artigo."

Art. 45. As repartições da Secretaria da Receita Federal do Brasil deverão, durante seu horário regular de funcionamento, dar vista dos autos de processo administrativo, permitindo a obtenção de cópias reprográficas, assim como receber requerimentos e petições.

Parágrafo único. A Secretaria da Receita Federal do Brasil adotará medidas para disponibilizar o atendimento a que se refere o *caput* deste artigo por intermédio da rede mundial de computadores e o recebimento de petições e requerimentos digitalizados.

Capítulo VI
DISPOSIÇÕES TRANSITÓRIAS E FINAIS

Art. 46. A Fazenda Nacional poderá celebrar convênios com entidades públicas e privadas para a divulgação de informações previstas nos incisos II e III do § 3º do art.198 da Lei 5.172, de 25 de outubro de 1966 – Código Tributário Nacional – CTN.

Art. 47. Fica o Poder Executivo autorizado a:

I – transferir, depois de realizado inventário, do INSS, do Ministério da Previdência Social e da Procuradoria-Geral Federal para a Secretaria da Receita Federal do Brasil e para a Procuradoria-Geral da Fazenda Nacional acervos técnicos e patrimoniais, inclusive bens imóveis, obrigações, direitos, contratos, convênios, processos administrativos e demais instrumentos relacionados com as atividades transferidas em decorrência desta Lei;

II – remanejar e transferir para a Secretaria da Receita Federal do Brasil dotações em favor do Ministério da Previdência Social e do INSS aprovadas na Lei Orçamentária em vigor, mantida a classificação funcional-programática, subprojetos, subatividades e grupos de despesas.

§ 1º Até que sejam implementados os ajustes necessários, o Ministério da Previdência Social e o INSS continuarão a executar as despesas de pessoal e de manutenção relativas às atividades transferidas, inclusive as decorrentes do disposto no § 5º do art. 10 desta Lei.

§ 2º Enquanto não ocorrerem as transferências previstas no *caput* deste artigo, o Ministério da Previdência Social, o INSS e a Procuradoria-Geral Federal prestarão à Secretaria da Receita Federal do Brasil e à Procuradoria-Geral da Fazenda Nacional o necessário apoio técnico, financeiro e administrativo.

§ 3º Inclui-se no apoio de que trata o § 2º deste artigo a manutenção dos espaços físicos atualmente ocupados.

Art. 48. Fica mantida, enquanto não modificados pela Secretaria da Receita Federal do Brasil, a vigência dos convênios celebrados e dos atos normativos e administrativos editados:

I – pela Secretaria da Receita Previdenciária;

II – pelo Ministério da Previdência Social e pelo INSS relativos à administração das contribuições a que se referem os arts. 2º e 3º desta Lei;

III – pelo Ministério da Fazenda relativos à administração dos tributos e contribuições de competência da Secretaria da Receita Federal do Brasil;

IV – pela Secretaria da Receita Federal.

Art. 49. (*Vetado*).

Art. 50. No prazo de 1 (um) ano da data de publicação desta Lei, o Poder Executivo encaminhará ao Congresso Nacional projeto de lei orgânica das Auditorias Federais,dispondo sobre direitos, deveres, garantias e prerrogativas dos servidores integrantes das Carreiras de que trata a Lei 10.593, de 6 de dezembro de 2002.

Art. 51. Esta Lei entra em vigor:

I – na data de sua publicação, para o disposto nos arts. 40, 41, 47, 48, 49 e 50 desta Lei;

II – no primeiro dia útil do segundo mês subsequente à data de sua publicação, em relação aos demais dispositivos desta Lei.

Art. 52. Ficam revogados:

I – (*Vetado*).

II – a partir da data da publicação desta Lei, o parágrafo único do art. 5º da Lei 10.593, de 6 dezembro de 2002.

Brasília, 16 de março de 2007; 186º da Independência e 119º da República.

Luiz Inácio Lula da Silva

(Publicação no *D.O.U.* de 19.3.2007)

→ Não publicamos os anexos desta Lei.

LEI 11.508,
DE 20 DE JULHO DE 2007

Dispõe sobre o regime tributário, cambial e administrativo das Zonas de Processamento de Exportação, e dá outras providências.

O Presidente da República:

Faço saber que o Congresso Nacional decreta e eu sanciono a seguinte Lei:

Art. 1º É o Poder Executivo autorizado a criar, nas regiões menos desenvolvidas, Zonas de Processamento de Exportação (ZPE), sujeitas ao regime jurídico instituído por esta Lei, com a finalidade de reduzir desequilíbrios regionais, bem como fortalecer o balanço de pagamentos e promover a difusão tecnológica e o desenvolvimento econômico e social do País.

Parágrafo único. As ZPE caracterizam-se como áreas de livre comércio com o exterior, destinadas à instalação de empresas voltadas para a produção de bens a serem comercializados no exterior, sendo consideradas zonas primárias para efeito de controle aduaneiro.

Art. 2º A criação de ZPE far-se-á por decreto, que delimitará sua área, à vista de proposta dos Estados ou Municípios, em conjunto ou isoladamente.

§ 1º A proposta a que se refere este artigo deverá satisfazer os seguintes requisitos:

I – indicação de localização adequada no que diz respeito a acesso a portos e aeroportos internacionais;

II – comprovação da disponibilidade da área destinada a sediar a ZPE;

III – comprovação de disponibilidade financeira, considerando inclusive a possibilidade de aportes de recursos da iniciativa privada;

IV – comprovação de disponibilidade mínima de infraestrutura e de serviços capazes de absorver os efeitos de sua implantação;

V – indicação da forma de administração da ZPE; e

VI – atendimento de outras condições que forem estabelecidas em regulamento.

§ 2º A administradora da ZPE deverá atender às instruções dos órgãos competentes do Ministério da Fazenda quanto ao fechamento da área, ao sistema de vigilância e aos dispositivos de segurança.

§ 3º A administradora da ZPE proverá as instalações e os equipamentos necessários ao controle, à vigilância e à administração aduaneira local.

§ 4º O ato de criação de ZPE caducará:

→ *Caput* do § 4º acrescentado pela Lei 11.732/2008.

I – se, no prazo de 48 (quarenta e oito) meses, contado da sua publicação, a administradora da ZPE não tiver iniciado, efetivamente, as obras de implantação, de acordo com o cronograma previsto na proposta de criação;

→ Inciso I com redação alterada pela Lei 12.865/2013.

II – se as obras de implantação não forem concluídas, sem motivo justificado, no prazo de 12 (doze) meses, contado da data prevista para sua conclusão, constante do cronograma da proposta de criação.

→ Inciso II acrescentado pela Lei 11.732/2008.

§ 5º A solicitação de instalação de empresa em ZPE será feita mediante apresentação de projeto, na forma estabelecida em regulamento.

→ § 5º acrescentado pela Lei 11.732/2008.

Art. 3º Fica mantido o Conselho Nacional das Zonas de Processamento de Exportação – CZPE, criado pelo art. 3º do Decreto-Lei 2.452, de 29 de julho de 1988, com competência para:

→ Caput com redação alterada pela Lei 11.732/2008.

I – analisar as propostas de criação de ZPE;

→ Inciso I com redação alterada pela Lei 11.732/2008.

II – aprovar os projetos industriais correspondentes, observado o disposto no § 5º do art. 2º desta Lei; e

→ Inciso II com redação alterada pela Lei 11.732/2008.

III – traçar a orientação superior da política das ZPE.

→ Inciso III com redação alterada pela Lei 11.732/2008.

IV – (*Revogado pela Lei 11.732/2008*).

V – decidir sobre os pedidos de prorrogação dos prazos previstos nos incisos I e II do § 4º do art. 2º e no *caput* do art. 25 protocolados a partir de 1º de junho de 2012;

→ Inciso V acrescentado pela Lei 12.767/2012.

VI – declarar a caducidade da ZPE no caso de não cumprimento dos prazos previstos nos incisos I e II do § 4º do art. 2º e no *caput* do art. 25.

→ Inciso VI acrescentado pela Lei 12.767/2012.

§ 1º Para fins de análise das propostas e aprovação dos projetos, o CZPE levará em consideração, entre outras que poderão ser fixadas em regulamento, as seguintes diretrizes:

→ *Caput* do § 1º com redação alterada pela Lei 11.732/2008.

I – (*Revogado pela Lei 11.732/2008*);

II – (*Revogado pela Lei 11.732/2008*);

III – atendimento às prioridades governamentais para os diversos setores da indústria nacional e da política econômica global, especialmente para as políticas industrial, tecnológica e de comércio exterior;

→ Inciso III com redação alterada pela Lei 11.732/2008.

IV – prioridade para as propostas de criação de ZPE localizada em área geográfica privilegiada para a exportação; e

→ Inciso IV com redação alterada pela Lei 11.732/2008.

V – valor mínimo em investimentos totais na ZPE por empresa autorizada a operar no regime de que trata esta Lei, quando assim for fixado em regulamento.

→ Inciso V acrescentado pela Lei 11.732/2008.

§ 2º (*Vetado*).

§ 3º O CZPE estabelecerá mecanismos e formas de monitoramento do impacto da aplicação do regime de que trata esta Lei na indústria nacional.

→ § 3º acrescentado pela Lei 11.732/2008.

§ 4º Na hipótese de constatação de impacto negativo à indústria nacional relacionado à venda de produto industrializado em ZPE para o mercado interno, o CZPE poderá propor:

→ § 4º acrescentado pela Lei 11.732/2008.

I – elevação do percentual de receita bruta decorrente de exportação para o exterior, de que trata o *caput* do art. 18 desta Lei; ou

II – vedação de venda para o mercado interno de produto industrializado em ZPE, enquanto persistir o impacto negativo à indústria nacional.

§ 5º O Poder Executivo, ouvido o CZPE, poderá adotar as medidas de que trata o § 4º deste artigo.

→ § 5º acrescentado pela Lei 11.732/2008.

§ 6º A apreciação dos projetos de instalação de empresas em ZPE será realizada de acordo com a ordem de protocolo no CZPE.

→ § 6º acrescentado pela Lei 11.732/2008.

Art. 4º O início do funcionamento de ZPE dependerá do prévio alfandegamento da respectiva área.

Parágrafo único. O Poder Executivo disporá sobre as instalações aduaneiras, os equipamentos de segurança e de vigilância e os controles necessários ao seu funcionamento, bem como sobre as hipóteses de adoção de controle aduaneiro informatizado da ZPE e de dispensa de alfandegamento.

→ Parágrafo único com redação alterada pela Lei 11.732/2008.

Art. 5º É vedada a instalação em ZPE de empresas cujos projetos evidenciem a simples transferência de plantas industriais já instaladas no País.

Parágrafo único. Não serão autorizadas, em ZPE, a produção, a importação ou exportação de:

I – armas ou explosivos de qualquer natureza, salvo com prévia autorização do Comando do Exército;

II – material radioativo, salvo com prévia autorização da Comissão Nacional de Energia Nuclear – CNEN; e

III – outros indicados em regulamento.

Art. 6º (*Revogado pela Lei 11.732/2008*).

Art. 6º-A. As importações ou as aquisições no mercado interno de bens e serviços por empresa autorizada a operar em ZPE terão suspensão da exigência dos seguintes impostos e contribuições:

→ Artigo acrescentado pela Lei 11.732/2008.

I – Imposto de Importação;

II – Imposto sobre Produtos Industrializados – IPI;

III – Contribuição para o Financiamento da Seguridade Social – Cofins;

IV – Contribuição Social para o Financiamento da Seguridade Social devida pelo Importador de Bens Estrangeiros ou Serviços do Exterior – Cofins-Importação;

V – Contribuição para o PIS/Pasep;

VI – Contribuição para o PIS/Pasep Importação; e

VII – Adicional de Frete para Renovação da Marinha Mercante – AFRMM.

§ 1º A pessoa jurídica autorizada a operar em ZPE responde pelos impostos e contribuições com a exigibilidade suspensa na condição de:

I – contribuinte, nas operações de importação, em relação ao Imposto de Importação, ao IPI, à Contribuição para o PIS/Pasep-Importação, à Cofins-Importação e ao AFRMM; e II – responsável, nas aquisições no mercado interno, em relação ao IPI, à Contribuição para o PIS/Pasep e à Cofins.

§ 2º A suspensão de que trata o *caput* deste artigo, quando for relativa a máquinas, aparelhos, instrumentos e equipamentos, aplica-se a bens, novos ou usados, para incorporação ao ativo imobilizado da empresa autorizada a operar em ZPE.

§ 3º Na hipótese de importação de bens usados, a suspensão de que trata o *caput* deste artigo será aplicada quando se tratar de conjunto industrial e que seja elemento constitutivo da integralização do capital social da empresa.

§ 4º Na hipótese do § 2º deste artigo, a pessoa jurídica que não incorporar o bem ao ativo imobilizado ou revendê-lo antes da conversão em alíquota 0 (zero) ou em isenção, na forma dos §§ 7º e 8º deste artigo, fica obrigada a recolher os impostos e contribuições com a exigibilidade suspensa acrescidos de juros e multa de mora, na forma da lei, contados a partir da data da aquisição no mercado interno ou de registro da declaração de importação correspondente.

§ 5º As matérias-primas, produtos intermediários e materiais de embalagem, importados ou adquiridos no mercado interno por empresa autorizada a operar em ZPE com a suspensão de que trata o caput deste artigo deverão ser integralmente utilizados no processo produtivo do produto final.

§ 6º Nas notas fiscais relativas à venda para empresa autorizada a operar na forma do *caput* deste artigo deverá constar a expressão "Venda Efetuada com Regime de Suspensão", com a especificação do dispositivo legal correspondente.

§ 7º Na hipótese da Contribuição para o PIS/Pasep, da Cofins, da Contribuição para o PIS/Pasep-Importação, da Cofins-Importação e do IPI, relativos aos bens referidos no § 2º deste artigo, a suspensão de que trata este artigo converte-se em alíquota 0% (zero por cento) depois de cumprido o compromisso de que trata o *caput* do art. 18 desta Lei e decorrido o prazo de 2 (dois) anos da data de ocorrência do fato gerador.

§ 8º Na hipótese do Imposto de Importação e do AFRMM, a suspensão de que trata este artigo, se relativos:

I – aos bens referidos no § 2º deste artigo, converte-se em isenção depois de cumprido o compromisso de que trata o *caput* do art. 18 desta Lei e decorrido o prazo de 5 (cinco) anos da data de ocorrência do fato gerador; e

II – às matérias-primas, produtos intermediários e materiais de embalagem, resolve-se com a:

a) reexportação ou destruição das mercadorias, a expensas do interessado; ou

b) exportação das mercadorias no mesmo estado em que foram importadas ou do produto final no qual foram incorporadas.

§ 9º Na hipótese de não ser efetuado o recolhimento na forma do § 4º deste artigo ou do inciso II do § 3º do art. 18 desta Lei caberá lançamento de ofício, com aplicação de juros e da multa de que trata o art. 44 da Lei 9.430, de 27 de dezembro de 1996.

Art. 7º (*Vetado*).

Art. 8º O ato que autorizar a instalação de empresa em ZPE relacionará os produtos a serem fabricados de acordo com a sua classificação na Nomenclatura Comum do Mercosul – NCM e assegurará o tratamento instituído por esta Lei pelo prazo de até 20 (vinte) anos.

§ 1º A empresa poderá solicitar alteração dos produtos a serem fabricados, na forma estabelecida pelo Poder Executivo.

→ § 1º com redação alterada pela Lei 11.732/2008.

§ 2º O prazo de que trata o *caput* deste artigo poderá, a critério do Conselho Nacional das Zonas de Processamento de Exportação – CZPE, ser prorrogado por igual período, nos casos de investimento de grande vulto que exijam longos prazos de amortização.

→ § 2º com redação alterada pela Lei 11.732/2008.

Art. 9º A empresa instalada em ZPE não poderá constituir filial ou participar de outra pessoa jurídica localizada fora de ZPE, ainda que para usufruir incentivos previstos na legislação tributária.

→ Artigo com redação alterada pela Lei 11.732/2008.

Art. 10. (*Vetado*).

Art. 11. (*Vetado*).

Art. 12. As importações e exportações de empresa autorizada a operar em ZPE estarão sujeitas ao seguinte tratamento administrativo:

I – dispensa de licença ou de autorização de órgãos federais, com exceção dos controles de ordem sanitária, de interesse da segurança nacional e de proteção do meio ambiente, vedadas quaisquer outras restrições à produção, operação, comercialização e importação de bens e serviços que não as impostas por esta Lei; e

→ Inciso I com redação alterada pela Lei 11.732/2008.

II – somente serão admitidas importações, com a suspensão do pagamento de impostos e contribuições de que trata o art. 6º-A desta Lei, de equipamentos, máquinas, aparelhos e instrumentos, novos ou usados, e de matérias-primas, produtos intermediários e materiais de embalagem necessários à instalação industrial ou destinados a integrar o processo produtivo.

→ Inciso II com redação alterada pela Lei 11.732/2008.

§ 1º A dispensa de licenças ou autorizações a que se refere o inciso I não se aplicará a exportações de produtos:

I – destinados a países com os quais o Brasil mantenha convênios de pagamento, as quais se submeterão às disposições e controles estabelecidos na forma da legislação em vigor;

II – sujeitos a regime de cotas aplicáveis às exportações do País, vigentes na data de aprovação do projeto, ou que venha a ser instituído posteriormente; e

III – sujeitos ao Imposto de Exportação.

§ 2º As mercadorias importadas poderão ser, ainda, mantidas em depósito, reexportadas ou destruídas, na forma prescrita na legislação aduaneira.

§ 3º O disposto no art. 17 do Decreto-Lei 37, de 18 de novembro de 1966, assim como o disposto no art. 2º do Decreto-Lei 666, de 2 de julho de 1969, não se aplica aos produtos importados nos termos do art. 6º-A desta Lei, os quais, se usados, ficam dispensados das normas administrativas aplicáveis aos bens usados em geral.

→ § 3º acrescentado pela Lei 11.732/2008.

§ 4º Não se aplica o disposto no § 3º deste artigo aos bens usados importados fora das condições estabelecidas no § 3º do art. 6º-A desta Lei.

→ § 4º acrescentado pela Lei 11.732/2008.

Art. 13. Somente serão permitidas aquisições no mercado interno, com a suspensão do pagamento de impostos e contribuições de que trata esta Lei, de bens necessários às atividades da empresa, mencionados no inciso II do *caput* do art. 12 desta Lei.

→ Artigo com redação alterada pela Lei 11.732/2008.

Parágrafo único. As mercadorias adquiridas no mercado interno poderão ser, ainda, mantidas em depósito, exportadas ou destruídas, na forma prescrita na legislação aduaneira.

Art. 14. (*Vetado*).

Art. 15. Aplicam-se às empresas autorizadas a operar em ZPE as mesmas disposições legais e regulamentares relativas a câmbio e capitais internacionais aplicáveis às demais empresas nacionais.

→ *Caput* com redação alterada pela Lei 11.732/2008.

Parágrafo único. Os limites de que trata o *caput* do art. 1º da Lei 11.371, de 28 de novembro de 2006, não se aplicam às empresas que operarem em ZPE.

→ Parágrafo único acrescentado pela Lei 11.732/2008.

Art. 16. (*Vetado*).

Art. 17. A empresa instalada em ZPE não poderá usufruir de quaisquer incentivos ou benefícios não expressamente previstos nesta Lei.

Parágrafo único. (*Revogado pela Lei 11.732/2008*).

Art. 18. Somente poderá instalar-se em ZPE a pessoa jurídica que assuma o compromisso de auferir e manter, por ano-calendário, receita bruta decorrente de exportação para o exterior de, no mínimo, 80% (oitenta por cento) de sua receita bruta total de venda de bens e serviços.

→ *Caput* com redação alterada pela Lei 11.732/2008.

§ 1º A receita bruta de que trata o *caput* deste artigo será considerada depois de excluídos os impostos e contribuições incidentes sobre as vendas.

→ § 1º com redação alterada pela Lei 11.732/2008.

§ 2º O percentual de receita bruta de que trata o *caput* deste artigo será apurado a partir do ano-calendário subsequente ao do início da efetiva entrada em funcionamento do projeto, em cujo cálculo será incluída a receita bruta auferida no primeiro ano-calendário de funcionamento.

→ *Caput* do § 2º com redação alterada pela Lei 11.732/2008.

I a III – (*Revogados pela Lei 11.732/2008*)

§ 3º Os produtos industrializados em ZPE, quando vendidos para o mercado interno, estarão sujeitos ao pagamento:

→ *Caput* do § 3º com redação alterada pela Lei 11.732/2008.

I – de todos os impostos e contribuições normalmente incidentes na operação; e

→ Inciso I acrescentado pela Lei 11.732/2008.

II – do Imposto de Importação e do AFRMM relativos a matérias-primas, produtos intermediários e materiais de embalagem de procedência estrangeira neles empregados, com acréscimo de juros e multa de mora, na forma da lei.

→ Inciso II acrescentado pela Lei 11.732/2008.

§ 4º Será permitida, sob as condições previstas na legislação específica, a aplicação dos seguintes incentivos ou benefícios fiscais:

→ *Caput* do § 4º acrescentado pela Lei 11.732/2008.

I – regimes aduaneiros suspensivos previstos em regulamento;

→ Inciso I acrescentado pela Lei 11.732/2008.

II – previstos para as áreas da Superintendência do Desenvolvimento da Amazônia – Sudam, instituída pela Lei Complementar 124, de 3 de janeiro de 2007; da Superintendência do Desenvolvimento do Nordeste – Sudene, instituída pela Lei Complementar no 125, de 3 de janeiro de 2007; e dos programas e fundos de desenvolvimento da Região Cento-Oeste;

→ Inciso II acrescentado pela Lei 11.732/2008.

III – previstos no art. 9º da Medida Provisória 2.159-70, de 24 de agosto de 2001;

→ Inciso III acrescentado pela Lei 11.732/2008.

IV – previstos na Lei 8.248, de 23 de outubro de 1991; e

→ inciso IV acrescentado pela Lei 11.732/2008.

V – previstos nos arts. 17 a 26 da Lei 11.196, de 21 de novembro de 2005.

→ Inciso V acrescentado pela Lei 11.732/2008.

§ 5º Aplica-se o tratamento estabelecido no art. 6º-A desta Lei para as aquisições de mercadorias realizadas entre empresas autorizadas a operar em ZPE.

→ § 5º com redação alterada pela Lei 11.732/2008.

§ 6º A receita auferida com a operação de que trata o § 5º deste artigo será considerada receita bruta decorrente de venda de mercadoria no mercado externo.

→ § 6º acrescentado pela Lei 11.732/2008.

§ 7º Excepcionalmente, em casos devidamente autorizados pelo CZPE, as matérias-primas, produtos intermediários e materiais de embalagem adquiridos no mercado interno ou importados com a suspensão de que trata o art. 6º-A desta Lei poderão ser revendidos no mercado interno, observado o disposto nos §§ 3º e 6º deste artigo.

→ § 7º acrescentado pela Lei 11.732/2008.

Art. 18-A. (*Vetado*).

→ Artigo acrescentado pela Lei 11.732/2008.

Art. 19. (*Vetado*).

Art. 20. O Poder Executivo estabelecerá em regulamento as normas para a fiscalização, o despacho e o controle aduaneiro de mercadorias em ZPE e a forma como a autoridade aduaneira exercerá o controle e a verificação do embarque e, quando for o caso, da destinação de mercadoria exportada por empresa instalada em ZPE.

Art. 21. Para efeitos fiscais, cambiais e administrativos, aplicar-se-á aos serviços o seguinte tratamento:

I – (*Vetado*);

II – os prestados em ZPE, por residente ou domiciliado no exterior, para empresas ali instaladas, serão considerados como prestados no exterior;

III e IV – (*Vetados*).

§§ 1º e 2º (*Vetados*).

Art. 22. As sanções previstas nesta Lei não prejudicam a aplicação de outras penalidades, inclusive do disposto no art. 76 da Lei 10.833, de 29 de dezembro de 2003.

→ Artigo com redação alterada pela Lei 11.732/2008.

Art. 23. Considera-se dano ao erário, para efeito de aplicação da pena de perdimento, na forma da legislação específica, a introdução:

→ Artigo com redação alterada pela Lei 11.732/2008.

I – no mercado interno, de mercadoria procedente de ZPE que tenha sido importada, adquirida no mercado interno ou produzida em ZPE fora dos casos autorizados nesta Lei; e

II – em ZPE, de mercadoria estrangeira não permitida;

III – (*Revogado pela Lei 11.732, de 2008*);

Parágrafo único. Aplica-se o disposto no Decreto-Lei 1.455, de 7 de abril de 1976, para efeitos de aplicação e julgamento da pena de perdimento estabelecida neste artigo.

Art. 24. (*Revogado pela Lei 11.732, de 2008*).

Art. 25. O ato de criação de ZPE já autorizada até 13 de outubro de 1994 caducará se até 31 de dezembro de 2015 a administradora da ZPE não tiver iniciado, sem motivo justificado, as obras de implantação.

→ Artigo com redação alterada pela Lei 12.767/2012.

Art. 26. (*Vetado*).

Art. 27. Esta Lei entra em vigor na data de sua publicação.

Art. 28. Revogam-se o Decreto-Lei 2.452, de 29 de julho de 1988, as Leis 8.396, de 2 de janeiro de 1992, e 8.924, de 29 de julho de 1994, o inciso II do § 2º do art. 14 da Medida Provisória 2.158-35, de 24 de agosto de 2001, e o inciso XVI do *caput* do art. 88 da Lei 9.430, de 27 de dezembro de 1996.

Brasília, 20 de julho de 2007; 186º da Independência e 119º da República.

Luiz Inácio Lula da Silva

(Publicação no D.O.U. de 23.7.2007)

DECRETO 6.433,
DE 15 DE ABRIL DE 2008

Institui o Comitê Gestor do Imposto sobre a Propriedade Territorial Rural – CGITR e dispõe sobre a forma de opção de que trata o inciso III do § 4º do art. 153 da Constituição, pelos Municípios e pelo Distrito Federal, para fins de fiscalização e cobrança do Imposto sobre a Propriedade Territorial Rural – ITR, e dá outras providências.

O Presidente da República, no uso da atribuição que lhe confere o art. 84, inciso IV, e tendo em vista o disposto no inciso XXII do art. 37 e no inciso III do § 4º do art. 153, da Constituição, e nas Leis 5.172, de 25 de outubro de 1966 – Código Tributário Nacional – CTN, 9.393, de 19 de dezembro de 1996, e 11.250, de 27 de dezembro de 2005, decreta:

Art. 1º Fica instituído o Comitê Gestor do Imposto sobre a Propriedade Territorial Rural – CGITR com a atribuição de dispor sobre matérias relativas à opção pelos Municípios e pelo Distrito Federal para fins de fiscalização, inclusive a de lançamento de créditos tributários, e de cobrança do Imposto sobre a Propriedade Territorial Rural – ITR, de que trata o inciso III do § 4º do art. 153 da Constituição, bem assim com competência para administrar a operacionalização da opção.

Art. 2º O CGITR será composto por seis membros, sendo:

I – três representantes da administração tributária federal; e

II – três representantes de Municípios ou Distrito Federal.

→ Inciso II com redação alterada pelo Dec. 6.621/2008.

§ 1º Os representantes e respectivos suplentes, de que trata o inciso II, serão indicados pelas seguintes entidades:

I – Confederação Nacional dos Municípios;

II – Associação Brasileira dos Municípios; e

III – Frente Nacional dos Prefeitos.

§ 2º Cada uma das entidades referidas no § 1º indicará um representante e seu suplente.

§ 3º O Ministro de Estado da Fazenda designará, no prazo de dez dias da publicação deste Decreto, os componentes do CGITR, indicando, dentre os representantes de que trata o inciso I do *caput*, o Presidente e o seu substituto.

§ 4º A instalação do CGITR ocorrerá no prazo de até dez dias após a designação de seus componentes.

§ 5º Caso as entidades de representação referidas no inciso II do *caput* deixem de existir, competirá ao Ministro da Fazenda redistribuir a respectiva vaga entre as entidades remanescentes ou escolher outra entidade congênere que esteja regularmente constituída há pelo menos um ano da vacância ocorrida.

§ 6º A Procuradoria-Geral da Fazenda Nacional participará do CGITR, sem direito a voto, prestando-lhe o apoio e assessoramento jurídico necessários.

Art. 3º Incumbe ao Presidente do CGITR:

I – convocar e presidir as reuniões;

II – coordenar e supervisionar os trabalhos; e

III – emitir voto de qualidade em caso de empate.

Art. 4º O CGITR poderá instituir grupos técnicos para execução de suas atividades.

§ 1º O ato de instituição do grupo estabelecerá seus objetivos específicos, sua composição e prazo de duração.

§ 2º Poderão ser convidados a participar dos trabalhos dos grupos técnicos representantes de órgãos e entidades, públicas ou privadas, e dos Poderes Legislativo e Judiciário.

Art. 5º O CGITR deliberará, por maioria simples, mediante resolução.

Art. 6º As deliberações do CGITR que aprovem o seu regimento interno e suas alterações deverão ocorrer por maioria absoluta de seus componentes.

Art. 7º O CGITR contará com uma Secretaria-Executiva, provida pela Secretaria da Receita Federal do Brasil, para o fornecimento de apoio institucional e técnico-administrativo necessários ao desempenho de suas competências.

Parágrafo único. Compete à Secretaria-Executiva:

I – promover o apoio e os meios necessários à execução dos trabalhos;

II – prestar assistência direta ao Presidente;

III – preparar as reuniões;

IV – acompanhar a implementação das deliberações; e

V – exercer outras atividades que lhe sejam atribuídas pelo CGITR.

Art. 8º As despesas de deslocamento e estada dos componentes do CGITR, dos técnicos designados para a execução de atividades a ele relacionadas e dos componentes dos grupos técnicos serão custeadas pelos respectivos órgãos ou entidades referidas no art. 2º.

Art. 9º A função de membro do CGITR não será remunerada, sendo seu exercício considerado de relevante interesse público.

Art. 10. A celebração de convênio da União, por intermédio da Secretaria da Receita Federal do Brasil, com os Municípios e o Distrito Federal para efeito de delegação das atribuições de fiscalização, lançamento de ofício e cobrança do ITR, estará condicionada:

I – à protocolização, pelo Município ou pelo Distrito Federal, do termo de opção; e

→ Inciso I com redação alterada pelo Dec. 6.621/2008.

II – ao cumprimento dos requisitos e condições necessários à celebração do convênio, estabelecidos pela Secretaria da Receita Federal do Brasil, observadas as resoluções do CGITR.

§ 1º O termo de opção previsto neste artigo, na forma definida pelo CGITR, será exercido exclusivamente por meio eletrônico, com assinatura eletrônica do Distrito Federal ou do Município optante, mediante utilização de certificado digital válido, e estará disponível no portal do ITR, na página da Secretaria da Receita Federal do Brasil na Internet, no endereço eletrônico <http://www.receita.fazenda.gov.br>.

→ § 1º com redação alterada pelo Dec. 6.621/2008.

§ 2º Cumpridas as exigências previstas nos incisos I e II do *caput*, a opção produzirá efeitos, de forma irretratável, a partir do primeiro dia útil do segundo mês subsequente à data da sua realização.

→ § 2º com redação alterada pelo Dec. 6.770/2009.

§ 3º O Município ou o Distrito Federal optante fará jus à totalidade do produto da arrecadação do ITR referente aos imóveis rurais nele situados, a partir do momento disciplinado no convênio.

→ § 3º com redação alterada pelo Dec. 6.621/2008.

§ 4º O portal do ITR conterá a relação dos optantes, as informações e os aplicativos relacionados com o ITR, inclusive os modelos de documentos utilizados nas atividades de fiscalização e cobrança do imposto.

→ § 4º com redação alterada pelo Dec. 6.621/2008.

§ 5º O indeferimento da opção será formalizado pelo CGITR, observado o devido procedimento estabelecido na legislação federal.

§ 6º A opção de que trata o *caput* não poderá implicar redução do imposto ou qualquer outra forma de renúncia fiscal.

§ 7º Ressalvada a hipótese prevista no art. 11, a opção pelo convênio será automaticamente prorrogada para os anos-calendário seguintes.

→ § 7º acrescentado pelo Dec. 6.621/2008.

Art. 11. O convênio poderá ser denunciado a qualquer tempo, na forma disciplinada pelo CGITR:

I – pelo Município ou pelo Distrito Federal, por simples desistência de sua opção; ou

→ Inciso I com redação alterada pelo Dec. 6.621/2008.

II – pela União, por intermédio da Secretaria da Receita Federal do Brasil, no caso de inobservância das condições estabelecidas no inciso II do art. 10.

Parágrafo único. A denúncia do convênio, em qualquer caso, produzirá efeitos a partir de 1º de janeiro do ano subsequente àquele em que ocorrer a denúncia.

Art. 12. Compete à Secretaria da Receita Federal do Brasil dispor sobre as obrigações acessórias relativas ao ITR, inclusive, estabelecendo forma, prazo e condições para o seu cumprimento, observadas as resoluções do CGITR.

Art. 13. O CGITR definirá o sistema de repasses do total arrecadado, inclusive encargos legais, para o Distrito Federal ou para os Municípios optantes.

→ *Caput* com redação alterada pelo Dec. 6.621/2008.

Parágrafo único. Enquanto o CGITR não regulamentar o prazo para o repasse previsto no *caput*, esse repasse será efetuado nas mesmas condições e datas em que são transferidos decendialmente os recursos do Fundo de Participação dos Municípios, vedada qualquer forma de retenção ou condição suspensiva da transferência.

Art. 14. O CGITR regulará o modo pelo qual será solicitado o pedido de restituição dos valores do ITR recolhidos indevidamente ou em montante superior ao devido.

Art. 15. O contencioso administrativo relativo ao ITR observará a legislação tributária federal.

§ 1º No caso de impugnação e recursos, deverão eles ser protocolizados na administração tributária municipal, que procederá à devida instrução do processo administrativo fiscal e os encaminhará à unidade de julgamento da Secretaria da Receita Federal do Brasil.

§ 2º As consultas relativas ao ITR serão solucionadas somente pela Receita Federal do Brasil.

Art. 16. Os processos relativos ao ITR serão ajuizados em face da União, que será representada em juízo pela Procuradoria-Geral da Fazenda Nacional.

§ 1º Os Municípios e o Distrito Federal prestarão auxílio sobre matéria de fato à Procuradoria-Geral da Fazenda Nacional, em relação aos atos de fiscalização e cobrança derivados da opção a que se refere este Decreto, na forma a ser disciplinada em ato do CGITR.

→ § 1º com redação alterada pelo Dec. 6.621/2008.

§ 2º Os créditos tributários oriundos da aplicação deste Decreto serão apurados, inscritos em Dívida Ativa da União e cobrados judicialmente pela Procuradoria-Geral da Fazenda Nacional, sendo os valores correspondentes transferidos aos Municípios ou ao Distrito Federal na exata razão da fiscalização por eles efetivada.

→ § 2º com redação alterada pelo Dec. 6.621/2008.

Art. 17. As informações, os resultados dos exames fiscais e os documentos obtidos em função do disposto neste Decreto serão mantidos sob sigilo fiscal, na forma estabelecida pelo art. 198 do Código Tributário Nacional.

Art. 18. O servidor que divulgar, revelar ou facilitar a divulgação ou revelação de qualquer informação, bem como aquele que utilizar ou viabilizar a utilização de qualquer informação obtida nos termos deste Decreto, em finalidade ou hipótese diversa da prevista em lei, regulamento ou ato administrativo, será responsabilizado administrativamente por descumprimento do dever funcional de observar normas legais ou regulamentares, sem prejuízo de sua responsabilização em ação regressiva própria e da responsabilidade penal cabível.

Art. 19. Fica instituído o Grupo de Trabalho Permanente denominado Observatório Extrafiscal do ITR – OEITR, com atribuições estritas e específicas de avaliar o resultado da política extrafiscal do ITR, sobretudo no contexto da gestão compartilhada entre União, Municípios e Distrito Federal, e sugerir seu aperfeiçoamento.

→ Artigo com redação alterada pelo Dec. 6.621/2008.

§ 1º O OEITR será composto por um representante de cada um dos seguintes órgãos e entidades:

I – Ministério do Planejamento, Orçamento e Gestão, que o coordenará;

II – Ministério da Fazenda;

III – Ministério do Meio Ambiente;

IV – Ministério do Desenvolvimento Agrário;

V – Ministério da Agricultura, Pecuária e Abastecimento;

VI – Ministério das Cidades;

VII – Núcleo de Assuntos Estratégicos da Presidência da República;

VIII – Serviço Federal de Processamento de Dados – SERPRO;

IX – Fundação Instituto Brasileiro de Geografia e Estatística – IBGE;

X – Instituto Brasileiro do Meio Ambiente e dos Recursos Naturais Renováveis – IBAMA;

XI – Instituto Nacional de Colonização e Reforma Agrária – INCRA;

XII – Empresa Brasileira de Pesquisa Agropecuária – EMBRAPA; e

XIII – Instituto de Pesquisa Econômica Aplicada – IPEA.

§ 2º Os membros e respectivos suplentes do OEITR serão indicados pelos titulares dos órgãos e entidades representados e designados pelo Ministro de Estado do Planejamento, Orçamento e Gestão.

§ 3º O regulamento do OEITR será estabelecido em portaria do Ministro de Estado do Planejamento, Orçamento e Gestão.

Art. 20. Este Decreto entra em vigor na data de sua publicação.

Brasília, 15 de abril de 2008; 187º da Independência e 120º da República.

Luiz Inácio Lula da Silva

(Publicação no *D.O.U.* de 16.4.2008).

LEI 11.727, DE 23 DE JUNHO DE 2008

Dispõe sobre medidas tributárias destinadas a estimular os investimentos e a modernização do setor de turismo, a reforçar o sistema de proteção tarifária brasileiro, a estabelecer a incidência de forma concentrada da Contribuição para o PIS/Pasep e da Contribuição para o Financiamento da Seguridade Social – Cofins na produção e comercialização de álcool; altera as Leis 10.865, de 30 de abril de 2004, 11.488, de 15 de junho de 2007, 9.718, de 27 de novembro de 1998, 11.196, de 21 de novembro de 2005, 10.637, de 30 de dezembro de 2002, 10.833, de 29 de dezembro de 2003, 7.689, de 15 de dezembro de 1988, 7.070, de 20 de dezembro de 1982, 9.250, de 26 de dezembro de 1995, 9.430, de 27 de dezembro de 1996, 9.249, de 26 de dezembro de 1995, 11.051, de 29 de dezembro de 2004, 9.393, de 19 de dezembro de 1996, 8.213, de 24 de julho de 1991, 7.856, de 24 de outubro de 1989, e a Medida Provisória 2.158-35, de 24 de agosto de 2001; e dá outras providências.

O Presidente da República:

Faço saber que o Congresso Nacional decreta e eu sanciono a seguinte Lei:

Art. 1º Para efeito de apuração da base de cálculo do imposto de renda, a pessoa jurídica que explore a atividade de hotelaria poderá utilizar depreciação acelerada incentivada de bens móveis integrantes do ativo imobilizado, adquiridos a partir da data da publicação da Medida Provisória 413, de 3 de janeiro de 2008, até 31 de dezembro de 2010, calculada pela aplicação da taxa de depreciação admitida pela legislação tributária, sem prejuízo da depreciação contábil.

§ 1º A quota de depreciação acelerada incentivada de que trata o *caput* deste artigo constituirá exclusão do lucro líquido para fins de determinação do lucro real e será controlada no livro fiscal de apuração do lucro real.

§ 2º O total da depreciação acumulada, incluindo a contábil e a acelerada incentivada, não poderá ultrapassar o custo de aquisição do bem.

§ 3º A partir do período de apuração em que for atingido o limite de que trata o § 2º deste artigo, o valor da depreciação, registrado na contabilidade, deverá ser adicionado ao lucro líquido para efeito de determinação do lucro real.

Art. 2º O Poder Executivo poderá definir alíquotas específicas (*ad rem*) para o Imposto de Importação, por quilograma líquido ou unidade de medida estatística da mercadoria, estabelecer e alterar a relação de mercadorias sujeitas à incidência do Imposto de Importação sob essa forma, bem como diferenciar as alíquotas específicas por tipo de mercadoria.

Parágrafo único. A alíquota de que trata este artigo fica fixada em R$ 15,00 (quinze reais) por quilograma líquido ou unidade de medida estatística da mercadoria, podendo ser reduzida por ato do Poder Executivo nos termos do *caput* deste artigo.

Art. 3º O art. 8º da Lei 10.865, de 30 de abril de 2004, passa a vigorar acrescido dos seguintes §§ 17 e 18:

→ Alterações efetuadas na referida Lei.

Art. 4º O art. 4º da Lei 11.488, de 15 de junho de 2007, fica acrescido do seguinte § 2º, passando o parágrafo único a vigorar como § 1º:

"Art. 4º (...)

(...)

§ 2º O disposto no inciso I do *caput* deste artigo aplica-se também na hipótese de receita de aluguel de máquinas, aparelhos, instrumentos e equipamentos para utilização em obras de infraestrutura quando contratado por pessoa jurídica beneficiária do Reidi."

Art. 5º Os valores retidos na fonte a título da Contribuição para o PIS/Pasep e da Cofins, quando não for possível sua dedução dos valores a pagar das respectivas contribuições no mês de apuração, poderão ser restituídos ou compensados com débitos relativos a outros tributos e contribuições administrados pela Secretaria da Receita Federal do Brasil, observada a legislação específica aplicável à matéria.

§ 1º Fica configurada a impossibilidade da dedução de que trata o *caput* deste artigo quando o montante retido no mês exceder o valor da respectiva contribuição a pagar no mesmo mês.

§ 2º Para efeito da determinação do excesso de que trata o § 1º deste artigo, considera-se contribuição a pagar no mês da retenção o valor da contribuição devida descontada dos créditos apurados naquele mês.

§ 3º A partir da publicação da Medida Provisória 413, de 3 de janeiro de 2008, o saldo dos valores retidos na fonte a título da Contribuição para o PIS/Pasep e da Cofins apurados em períodos anteriores poderá também ser restituído ou compensado com débitos relativos a outros tributos e contribuições administrados pela Secretaria da Receita Federal do Brasil, na forma a ser regulamentada pelo Poder Executivo.

Art. 6º O art. 28 da Lei 10.865, de 30 de abril de 2004, passa a vigorar com as seguintes alterações:

→ Alterações efetuadas na referida Lei.

Art. 7º O art. 5º da Lei 9.718, de 27 de novembro de 1998, passa a vigorar com a seguinte redação:

→ Alterações efetuadas na referida Lei.

Art. 8º Excepcionalmente, para o ano-calendário de 2008, a opção de que trata o § 4º do art. 5º da Lei 9.718, de 27 de novembro de 1998, será exercida até o último dia útil do quarto mês subsequente ao da publicação desta Lei, produzindo efeitos, de forma irretratável, a partir do primeiro dia desse mês.

Art. 9º O art. 64 da Lei 11.196, de 21 de novembro de 2005, passa a vigorar com a seguinte redação:

→ Alterações efetuadas na referida Lei.

Art. 10. A pessoa jurídica sujeita ao regime de apuração não cumulativa da Contribuição para o PIS/Pasep e da Cofins, produtora ou importadora de álcool, inclusive para fins carburantes, poderá descontar créditos presumidos relativos ao estoque deste produto existente no último dia do terceiro mês subsequente ao da publicação desta Lei.

§ 1º Os créditos de que trata o *caput* deste artigo corresponderão a:

I – R$ 7,14 (sete reais e quatorze centavos) por metro cúbico de álcool, no caso da Contribuição para o PIS/Pasep; e

II – R$ 32,86 (trinta e dois reais e oitenta e seis centavos) por metro cúbico de álcool, no caso da Cofins.

§ 2º Os créditos de que trata o *caput* deste artigo:

I – serão apropriados em 12 (doze) parcelas mensais, iguais e sucessivas, a partir do quarto mês subsequente ao da publicação desta Lei, observado o disposto no § 1º deste artigo; e

II – somente poderão ser utilizados para compensação com débitos relativos à Contribuição para o PIS/Pasep e à Cofins apurados no regime não cumulativo.

§ 3º A pessoa jurídica distribuidora apurará a Contribuição para o PIS/Pasep e a Cofins incidentes sobre a venda do estoque de álcool, inclusive para fins carburantes, existente no último dia do terceiro mês subsequente ao da publicação desta Lei, com base no regime legal anterior à publicação da Medida Provisória 413, de 3 de janeiro de 2008, independentemente da data em que a operação de venda se realizar.

Art. 11. Fica suspenso o pagamento da Contribuição para o PIS/Pasep e da Cofins na venda de cana-de-açúcar, classificada na posição 12.12 da Nomenclatura Comum do Mercosul – NCM.

→ *Caput* com redação alterada pela Lei 12.844/2013.

§ 1º É vedado à pessoa jurídica vendedora de cana-de-açúcar o aproveitamento de créditos vinculados à receita de venda efetuada com suspensão na forma do *caput* deste artigo.

§ 2º Não se aplicam as disposições deste artigo no caso de venda de cana-de-açúcar para pessoa jurídica que apura as contribuições no regime de cumulatividade.

Art. 12. No caso de produção por encomenda de álcool, inclusive para fins carburantes:

I – a pessoa jurídica encomendante fica sujeita às alíquotas previstas no *caput* do art. 5º da Lei 9.718, de 27 de novembro de 1998, observado o disposto em seus §§ 4º, 8º e 9º;

II – a pessoa jurídica executora da encomenda deverá apurar a Contribuição para o PIS/Pasep e a Cofins mediante a aplicação das alíquotas de 1,65% (um inteiro e sessenta e cinco centésimos por cento) e de 7,6% (sete inteiros e seis décimos por cento), respectivamente; e

III – aplicam-se os conceitos de industrialização por encomenda da legislação do Imposto sobre Produtos Industrializados – IPI.

Art. 13. Os produtores de álcool, inclusive para fins carburantes, ficam obrigados à instalação de equipamentos de controle de produção nos termos, condições e prazos estabelecidos pela Secretaria da Receita Federal do Brasil.

§ 1º A Secretaria da Receita Federal do Brasil poderá dispensar a instalação dos equipamentos previstos no *caput* deste artigo, em função de limites de produção ou faturamento que fixar.

§ 2º No caso de inoperância de qualquer dos equipamentos previstos no caput deste artigo, o produtor deverá comunicar a ocorrência à unidade da Secretaria da Receita Federal do Brasil com jurisdição sobre seu domicílio fiscal, no prazo de 24 (vinte e quatro) horas, devendo manter controle do volume de produção enquanto perdurar a interrupção.

§ 3º O descumprimento das disposições deste artigo ensejará a aplicação de multa:

I – correspondente a 50% (cinquenta por cento) do valor comercial da mercadoria produzida no período de inoperância, não inferior a R$ 5.000,00 (cinco mil reais), se, a partir do décimo dia subsequente ao prazo fixado para a entrada em operação do sistema, os equipamentos referidos no *caput* deste artigo não tiverem sido instalados em virtude de impedimento criado pelo produtor; e

II – no valor de R$ 5.000,00 (cinco mil reais), sem prejuízo do disposto no inciso I deste parágrafo, no caso de falta da comunicação da inoperância do medidor na forma do § 2º deste artigo.

§ 4º Para fins do disposto no inciso I do § 3º deste artigo, considera-se impedimento qualquer ação ou omissão praticada pelo fabricante tendente a impedir ou retardar a instalação dos equipamentos ou, mesmo após a sua instalação, prejudicar o seu normal funcionamento.

Art. 14. Os arts. 2º e 3º da Lei 10.637, de 30 de dezembro de 2002, passam a vigorar com as seguintes alterações:

→ Alterações efetuadas na referida Lei.

Art. 15. Os arts. 2º e 3º da Lei 10.833, de 29 de dezembro de 2003, passam a vigorar com as seguintes alterações:

→ Alterações efetuadas na referida Lei.

Art. 16. Os arts. 8º, 15 e 17 da Lei 10.865, de 30 de abril de 2004, passam a vigorar com as seguintes alterações:

→ Alterações efetuadas na referida Lei.

Art. 17. O art. 3º da Lei 7.689, de 15 de dezembro de 1988, passa a vigorar com a seguinte redação:

→ Alterações efetuadas na referida Lei.

Art. 18. Ficam prorrogados até 30 de abril de 2012, os prazos previstos nos incisos III e IV do § 12 do art. 8º e nos incisos I e II do *caput* do art. 28, ambos da Lei 10.865, de 30 de abril de 2004.

Art. 19. O parágrafo único do art. 34 da Lei 10.833, de 29 de dezembro de 2003, passa a vigorar com a seguinte redação:

→ Alterações efetuadas na referida Lei.

Art. 20. A Lei 7.070, de 20 de dezembro de 1982, passa a vigorar acrescida do seguinte art. 4º-A:

"Art. 4º-A. Ficam isentos do imposto de renda a pensão especial e outros valores recebidos em decorrência da deficiência física de que trata o *caput* do art. 1º desta Lei, observado o disposto no art. 2º desta Lei, quando pagos ao seu portador.

Parágrafo único. A documentação comprobatória da natureza dos valores de que trata o *caput* deste artigo, quando recebidos de fonte situada no exterior, deve ser traduzida por tradutor juramentado."

Art. 21. O inciso II do *caput* do art. 4º e a alínea *f* do inciso II do *caput* e o § 3º do art. 8º da Lei 9.250, de 26 de dezembro de 1995, passam a vigorar com a seguinte redação:

→ Alterações efetuadas na referida Lei.

Art. 22. O art. 24 da Lei 9.430, de 27 de dezembro de 1996, passa a vigorar acrescido do seguinte § 4º:

→ Alterações efetuadas na referida Lei.

Art. 23. A Lei 9.430, de 27 de dezembro de 1996, passa a vigorar acrescida dos seguintes arts. 24-A e 24-B:

→ Alterações efetuadas na referida Lei.

Art. 24. A pessoa jurídica sujeita ao regime de apuração não cumulativa da Contribuição para o PIS/Pasep e da Cofins, produtora ou fabricante dos produtos relacionados no § 1º do art. 2º da Lei 10.833, de 29 de dezembro de 2003, pode descontar créditos relativos à aquisição desses produtos de outra pessoa jurídica importadora, produtora ou fabricante, para revenda no mercado interno ou para exportação.

§ 1º Os créditos de que trata o *caput* deste artigo correspondem aos valores da Contribuição para o PIS/Pasep e da Cofins devidos pelo vendedor em decorrência da operação.

§ 2º Não se aplica às aquisições de que trata o *caput* deste artigo o disposto na alínea b do inciso I do *caput* do art. 3º da Lei 10.637, de 30 de dezembro de 2002, e na alínea b do inciso I do *caput* do art. 3º da Lei 10.833, de 29 de dezembro de 2003.

Art. 25. No caso de venda ou importação de acetona classificada no código 2914.11.00 da Tabela de Incidência do Imposto sobre Produtos Industrializados – Tipi, aprovada pelo Decreto 6.006, de 28 de dezembro de 2006, fica suspensa a exigência da Contribuição para o PIS/Pasep, da Cofins, da Contribuição para o PIS/Pasep-Importação e da Cofins-Importação.

§ 1º O disposto no *caput* deste artigo alcança exclusivamente a acetona destinada a produção de monoisopropilamina (Mipa) utilizada na elaboração de defensivos agropecuários classificados na posição 38.08 da Tipi.

§ 2º No caso de importação, a suspensão de que trata o *caput* deste artigo aplica-se apenas quando a acetona for importada diretamente pela pessoa jurídica fabricante da Mipa.

§ 3º A pessoa jurídica que der à acetona destinação diversa daquela prevista no § 1º deste artigo fica obrigada ao recolhimento das contribuições não pagas, acrescidas de juros e multa de mora, na forma da lei, contados da data da aquisição no mercado interno ou do registro da Declaração de Importação, conforme o caso, na condição de:

I – responsável, em relação à acetona adquirida no mercado interno;

II – contribuinte, em relação à acetona importada.

§ 4º Na hipótese de não ser efetuado o recolhimento na forma do § 3º deste artigo, caberá lançamento de ofício, com aplicação de juros e da multa de que trata o *caput* do art. 44 da Lei 9.430, de 27 de dezembro de 1996.

§ 5º Nas hipóteses de que tratam os §§ 3º e 4º deste artigo, a pessoa jurídica produtora de defensivos agropecuários será responsável solidária com a pessoa jurídica fabricante da Mipa pelo pagamento das contribuições devidas e respectivos acréscimos legais.

Art. 26. Os arts. 8º e 28 da Lei 10.865, de 30 de abril de 2004, passam a vigorar com as seguintes alterações:

→ Alterações efetuadas na referida Lei.

Art. 27. A Lei 10.865, de 30 de abril de 2004, passa a vigorar acrescida do seguinte art. 40-A:

→ Alterações efetuadas na referida Lei.

Art. 28. Fica suspenso o pagamento do imposto de importação incidente sobre as partes, as peças e os componentes destinados a emprego na industrialização, revisão e manutenção dos bens de uso militar classificados nos códigos 8710.00.00, 8906.10.00, 88.02, 88.03 e 88.05 da Nomenclatura Comum do Mercosul.

§ 1º A suspensão de que trata o *caput* deste artigo converte-se em isenção com a utilização do bem na forma deste artigo.

§ 2º O Poder Executivo regulamentará o disposto neste artigo.

Art. 29. A alínea a do inciso III do § 1º do art. 15 da Lei 9.249, de 26 de dezembro de 1995, passa a vigorar com a seguinte redação:

→ Alterações efetuadas na referida Lei.

Art. 30. Até 31 de dezembro de 2008, a multa a que se refere o § 3º do art. 7º da Lei 10.426, de 24 de abril de 2002, quando aplicada a as-

LEGISLAÇÃO

sociação sem fins lucrativos que tenha observado o disposto em um dos incisos do § 2º do mesmo artigo, será reduzida a 10% (dez por cento).

Art. 31. A pessoa jurídica que tenha por objeto exclusivamente a gestão de participações societárias (holding) poderá diferir o reconhecimento das despesas com juros e encargos financeiros pagos ou incorridos relativos a empréstimos contraídos para financiamento de investimentos em sociedades controladas.

§ 1º A despesa de que trata o *caput* deste artigo constituirá adição ao lucro líquido para fins de determinação do lucro real e da base de cálculo da contribuição social sobre o lucro líquido e será controlada em livro fiscal de apuração do lucro real.

§ 2º As despesas financeiras de que trata este artigo devem ser contabilizadas individualizadamente por controlada, de modo a permitir a identificação e verificação em separado dos valores diferidos por investimento.

§ 3º O valor registrado na forma do § 2º deste artigo integrará o custo do investimento para efeito de apuração de ganho ou perda de capital na alienação ou liquidação do investimento.

Art. 32. A Lei 10.833, de 29 de dezembro de 2003, passa a vigorar acrescida dos seguintes arts. 58-A a 58-U:

→ Alterações efetuadas na referida Lei.

Art. 33. Os produtos referidos no art. 58-A da Lei 10.833, de 29 de dezembro de 2003, enquadrados no regime tributário do IPI previsto na Lei 7.798, de 10 de julho de 1989, e a pessoa jurídica optante pelo regime especial de tributação da Contribuição para o PIS/Pasep e da Cofins de que trata o art. 52 da Lei 10.833, de 29 de dezembro de 2003, serão excluídos dos respectivos regimes no último dia do mês de dezembro de 2008.(Redação dada pela Lei 11.827, de 2008)

§ 1º Os produtos e as pessoas jurídicas enquadrados na hipótese de que trata o *caput*, a partir da data nele referida, ficarão sujeitos ao regime geral previsto nos arts. 58-D a 58-I da Lei 10.833, de 29 de dezembro de 2003, com a redação dada por esta Lei.

§ 2º Às pessoas jurídicas excluídas, na forma deste artigo, do regime especial de tributação das contribuições de que trata o art. 52 da Lei 10.833, de 29 de dezembro de 2003, não se aplica o disposto:

I – nos arts. 49, 50, 52, 55, 57 e 58 da Lei 10.833, de 29 de dezembro de 2003; e

II – no § 7º do art. 8º e nos §§ 9º e 10 do art. 15 da Lei 10.865, de 30 de abril de 2004.

Art. 34. O art. 28 da Lei 10.865, de 30 de abril de 2004, passa a vigorar acrescido do seguinte inciso XIII:

→ Alterações efetuadas na referida Lei.

Art. 35. O art. 2º da Lei 10.637, de 30 de dezembro de 2002, passa a vigorar com as seguintes alterações:

→ Alterações efetuadas na referida Lei.

Art. 36. Os arts. 2º, 3º, 51 e 53 da Lei 10.833, de 29 de dezembro de 2003, passam a vigorar com as seguintes alterações:

→ Alterações efetuadas na referida Lei.

Art. 37. Os arts. 8º, 15, 17 e 28 da Lei 10.865, de 30 de abril de 2004, passam a vigorar com as seguintes alterações:

→ Alterações efetuadas na referida Lei.

Art. 38. O art. 10 da Lei 11.051, de 29 de dezembro de 2004, passa a vigorar com as seguintes alterações:

→ Alterações efetuadas na referida Lei.

Art. 39. O art. 65 da Lei 11.196, de 21 de novembro de 2005, passa a vigorar com as seguintes alterações:

→ Alterações efetuadas na referida Lei.

Art. 40. O inciso II do § 1º do art. 10 da Lei 9.393, de 19 de dezembro de 1996, passa a vigorar acrescido da seguinte alínea:

→ Alterações efetuadas na referida Lei.

Art. 41. Esta Lei entra em vigor na data de sua publicação, produzindo efeitos em relação:

I – ao art. 2º, a partir da regulamentação;

II – aos arts. 3º, 13 e 17, a partir do primeiro dia do quarto mês subsequente ao da publicação da Medida Provisória 413, de 3 de janeiro de 2008;

III – ao art. 18, a partir de 1º de maio de 2008;

IV – aos arts. 7º, 9º a 12 e 14 a 16, a partir do primeiro dia do quarto mês subsequente ao da publicação desta Lei;

→ Inciso IV com redação alterada pela Lei 11.827/2008.

V – ao art. 21, a partir da data da publicação da Lei 11.441, de 4 de janeiro de 2007;

VI – aos arts. 22, 23, 29 e 31, a partir do primeiro dia do ano seguinte ao da publicação desta Lei.

VII – aos arts. 32 a 39, a partir de 1º de janeiro de 2009.

→ Inciso VII acrescentado pela Lei 11.827/2008.

Parágrafo único. Enquanto não produzirem efeitos os arts. 7º, 9º a 12 e 14 a 16 desta Lei, nos termos do inciso IV deste artigo, fica mantido o regime anterior à publicação da Medida Provisória 413, de 3 de janeiro de 2008, de incidência da Contribuição para o PIS/Pasep e da Cofins sobre a importação de álcool, inclusive para fins carburantes, e sobre a receita bruta auferida por produtor, importador ou distribuidor com a venda desse produto.

Art. 42. Ficam revogados:

I – a partir da data da publicação da Medida Provisória 413, de 3 de janeiro de 2008, os §§ 1º e 2º do art. 126 da Lei 8.213, de 24 de julho de 1991;

II – a partir do primeiro dia do quarto mês subsequente ao da publicação da Medida Provisória 413, de 3 de janeiro de 2008:

a) o art. 37 da Lei 10.637, de 30 de dezembro de 2002;

b) o art. 2º da Lei 7.856, de 24 de outubro de 1989;

III – a partir do primeiro dia do quarto mês subsequente ao da publicação desta Lei:

a) o parágrafo único do art. 6º da Lei 9.718, de 27 de novembro de 1998;

b) os incisos II e III do *caput* do art. 42 da Medida Provisória 2.158-35, de 24 de agosto de 2001;

c) o inciso IV do § 3º do art. 1º e a alínea a do inciso VII do art. 8º da Lei 10.637, de 30 de dezembro de 2002;

d) o inciso IV do § 3º do art. 1º e a alínea a do inciso VII do *caput* do art. 10 da Lei 10.833, de 29 de dezembro de 2003;

e) (*Revogada pela Lei 11.827/2008*).

f) (*Revogada pela Lei 11.827/2008*).

IV – a partir de 1º de janeiro de 2009:

→ Inciso IV acrescentado pela Lei

a) os arts. 49, 50, 52, 55, 57 e 58 da Lei 10.833, de 29 de dezembro de 2003, não havendo, após essa data, outra forma de tributação além dos 2 (dois) regimes previstos nos arts. 58-A a 58-U da Lei 10.833, de 29 de dezembro de 2003, e demais dispositivos contidos nesta Lei a eles relacionados;

→ Alínea *a* acrescentada pela Lei 11.827/2008.

b) o § 7º do art. 8º e os §§ 9º e 10 do art. 15 da Lei 10.865, de 30 de abril de 2004.

→ Alínea *b* acrescentada pela Lei 11.827/2008.

Brasília, 23 de junho de 2008; 187º da Independência e 120º da República.

Luiz Inácio Lula da Silva

(Publicação no *D.O.U.* de 24.6.2008)

LEI 11.732,
DE 30 DE JUNHO DE 2008

Altera as Leis 11.508, de 20 de julho de 2007, que dispõe sobre o regime tributário, cambial e administrativo das Zonas de Processamento de Exportação, e 8.256, de 25 de novembro de 1991, que cria áreas de livre comércio nos municípios de Boa Vista e Bonfim, no Estado de Roraima; e dá outras providências.

O Presidente da República:

Faço saber que o Congresso Nacional decreta e eu sanciono a seguinte Lei:

Art. 1º A Lei 11.508, de 20 de julho de 2007, passa a vigorar acrescida do seguinte art. 6º-A:

"Art. 6º-A. As importações ou as aquisições no mercado interno de bens e serviços por empresa autorizada a operar em ZPE terão suspensão da exigência dos seguintes impostos e contribuições:

I – Imposto de Importação;

II – Imposto sobre Produtos Industrializados – IPI;

III – Contribuição para o Financiamento da Seguridade Social – Cofins;

IV – Contribuição Social para o Financiamento da Seguridade Social devida pelo Importador de Bens Estrangeiros ou Serviços do Exterior – Cofins-Importação;

V – Contribuição para o PIS/Pasep;

VI – Contribuição para o PIS/Pasep-Importação; e

VII – Adicional de Frete para Renovação da Marinha Mercante – AFRMM.

§ 1º A pessoa jurídica autorizada a operar em ZPE responde pelos impostos e contribuições com a exigibilidade suspensa na condição de:

I – contribuinte, nas operações de importação, em relação ao Imposto de Importação, ao IPI, à Contribuição para o PIS/Pasep-Importação, à Cofins-Importação e ao AFRMM; e

II – responsável, nas aquisições no mercado interno, em relação ao IPI, à Contribuição para o PIS/Pasep e à Cofins.

§ 2º A suspensão de que trata o *caput* deste artigo, quando for relativa a máquinas, aparelhos, instrumentos e equipamentos, aplica-se a bens, novos ou usados, para incorporação ao ativo imobilizado da empresa autorizada a operar em ZPE.

§ 3º Na hipótese de importação de bens usados, a suspensão de que trata o *caput* deste artigo será aplicada quando se tratar de conjunto industrial e que seja elemento constitutivo da integralização do capital social da empresa.

§ 4º Na hipótese do § 2º deste artigo, a pessoa jurídica que não incorporar o bem ao ativo imobilizado ou revendê-lo antes da conversão em alíquota 0 (zero) ou em isenção, na forma dos §§ 7º e 8ºdeste artigo, fica obrigada a recolher os impostos e contribuições com a exigibilidade suspensa acrescidos de juros e multa de mora, na forma da lei, contados a partir da data da aquisição no mercado interno ou de registro da declaração de importação correspondente.

§ 5º As matérias-primas, produtos intermediários e materiais de embalagem, importados ou adquiridos no mercado interno por empresa autorizada a operar em ZPE com a suspensão de que trata o *caput* deste artigo deverão ser integralmente utilizados no processo produtivo do produto final.

§ 6º Nas notas fiscais relativas à venda para empresa autorizada a operar na forma do *caput* deste artigo deverá constar a expressão "Venda Efetuada com Regime de Suspensão", com a especificação do dispositivo legal correspondente.

§ 7º Na hipótese da Contribuição para o PIS/Pasep, da Cofins, da Contribuição para o PIS/Pasep-Importação, da Cofins-Importação e do IPI, relativos aos bens referidos no § 2º deste artigo, a suspensão de que trata este artigo converte-se em alíquota 0% (zero por cento) depois de cumprido o compromisso de que trata o *caput* do art. 18 desta Lei e decorrido o prazo de 2 (dois) anos da data de ocorrência do fato gerador.

§ 8º Na hipótese do Imposto de Importação e do AFRMM, a suspensão de que trata este artigo, se relativos:

I – aos bens referidos no § 2º deste artigo, converte-se em isenção depois de cumprido o compromisso de que trata o *caput* do art. 18 desta Lei e decorrido o prazo de 5 (cinco) anos da data de ocorrência do fato gerador; e

II – às matérias-primas, produtos intermediários e materiais de embalagem, resolve-se com a:

a) reexportação ou destruição das mercadorias, a expensas do interessado; ou

b) exportação das mercadorias no mesmo estado em que foram importadas ou do produto final no qual foram incorporadas.

§ 9º Na hipótese de não ser efetuado o recolhimento na forma do § 4º deste artigo ou do inciso II do § 3º do art. 18 desta Lei caberá lançamento de ofício, com aplicação de juros e da multa de que trata o art. 44 da Lei 9.430, de 27 de dezembro de 1996."

Art. 2º Os arts. 2º, 3º, 4º, 8º, 9º, 12, 13, 15, 18, 22 e 23 da Lei 11.508, de 20 de julho de 2007, passam a vigorar com a seguinte redação e a mesma Lei fica acrescida do art. 18-A:

→ Alterações efetuadas na referida Lei.

Art. 3º Para efeito de interpretação do art. 5º da Lei 8.032, de 12 de abril de 1990, licitação internacional é aquela promovida tanto por pessoas jurídicas de direito público como por pessoas jurídicas de direito privado do setor público e do setor privado.

§ 1º Na licitação internacional de que trata o *caput* deste artigo, as pessoas jurídicas de direito público e as de direito privado do setor público deverão observar as normas e procedimentos previstos na legislação específica, e as pessoas jurídicas de direito privado do setor privado, as normas e procedimentos das entidades financiadoras.

§ 2º (*Vetado*).

§ 3º Na ausência de normas e procedimentos específicos das entidades financiadoras, as pessoas jurídicas de direito privado do setor privado observarão aqueles previstos na legislação brasileira, no que couber.

§ 4º (*Vetado*).

§ 5º O Poder Executivo regulamentará, por Decreto, no prazo de 60 (sessenta) dias contados da entrada em vigor da Medida Provisória 418, de 14 de fevereiro de 2008, as normas e procedimentos específicos a serem observados nas licitações internacionais promovidas por pessoas jurídicas de direito privado do setor privado a partir de 1º de maio de 2008, nos termos do *caput* e parágrafos deste artigo, sem prejuízo da validade das licitações internacionais promovidas por pessoas jurídicas de direito privado até esta data.

Art. 4º A Área de Livre Comércio de Paçaraima – ALCP, no Estado de Roraima, de que trata a Lei 8.256, de 25 de novembro de 1991, passa a denominar-se Área de Livre Comércio de Boa Vista – ALCBV.

Art. 5º Os arts. 1º, 2º, 3º, 4º, 5º, 6º, 7º, 8º, 9º, 10, 11, 12, 13 e 14 da Lei 8.256, de 25 de novembro de 1991, passam a vigorar com a seguinte redação:

"Art. 1º São criadas, nos municípios de Boa Vista e Bonfim, no Estado de Roraima, áreas de livre comércio de importação e exportação, sob regime fiscal especial, estabelecidas com a finalidade de promover o desenvolvimento das regiões fronteiriças do extremo norte daquele Estado e com o objetivo de incrementar as relações bilaterais com os países vizinhos, segundo a política de integração latino-americana."

"Art. 2º O Poder Executivo, no prazo de 180 (cento e oitenta) dias, fará demarcar suas áreas, coincidindo com suas superfícies territoriais, excluídas as reservas indígenas já demarcadas, onde funcionarão as Áreas de Livre Comércio de que trata esta Lei, incluindo locais próprios para entrepostamento de mercadorias a serem nacionalizadas ou reexportadas.

Parágrafo único. Consideram-se integrantes das Áreas de Livre Comércio de Boa Vista – ALCBV e Bonfim – ALCB todas as suas superfícies territoriais, observadas as disposições dos tratados e convenções internacionais."

"Art. 3º As mercadorias estrangeiras ou nacionais enviadas às Áreas de Livre Comércio de Boa Vista – ALCBV e Bonfim – ALCB serão, obrigatoriamente, destinadas às empresas autorizadas a operar nessas áreas."

"Art. 4º A entrada de mercadorias estrangeiras nas Áreas de Livre Comércio de Boa Vista – ALCBV e Bonfim – ALCB far-se-á com suspensão do Imposto de Importação e do Imposto sobre Produtos Industrializados, que será convertida em isenção quando forem destinadas a:

I – consumo e venda interna nas Áreas de Livre Comércio de Boa Vista – ALCBV e Bonfim – ALCB;

(...)

§ 1º As demais mercadorias estrangeiras, inclusive as utilizadas como partes, peças ou insumos de produtos industrializados nas Áreas de Livre Comércio de Boa Vista – ALCBV e Bonfim – ALCB, gozarão de suspensão dos tributos referidos neste artigo, mas estarão sujeitas à tributação no momento de sua internação

§ 2º (*Vetado*)"

"Art. 5º As importações de mercadorias destinadas às Áreas de Livre Comércio de Boa Vista – ALCBV e Bonfim – ALCB estarão sujeitas a guia de importação ou documento de efeito equivalente, previamente ao desembaraço aduaneiro.

(...)"

"Art. 6º A compra de mercadorias estrangeiras armazenadas nas Áreas de Livre Comércio de Boa Vista – ALCBV e Bonfim – ALCB por empresas estabelecidas em qualquer outro ponto do território nacional é considerada, para efeitos administrativos e fiscais, como importação normal."

"Art. 7º (...)

(...)

§ 2º (*Vetado*)"

"Art. 8º O Poder Executivo regulamentara a aplicação de regimes aduaneiros especiais para as mercadorias estrangeiras destinadas às Áreas de Livre Comércio de Boa Vista – ALCBV e Bonfim – ALCB, assim como para as mercadorias delas procedentes."

"Art. 9º O Banco Central do Brasil normatizará os procedimentos cambiais aplicáveis às operações das Áreas de Livre Comércio de Boa Vista – ALCBV e Bonfim – ALCB, criando mecanismos que favoreçam seu comércio exterior."

"Art. 10. O limite global para as importações através das Áreas de Livre Comércio de Boa Vista – ALCBV e Bonfim – ALCB será estabelecido, anualmente, pelo Poder Executivo, no ato que o fizer para as demais áreas de livre comércio.

Parágrafo único. A critério do Poder Executivo, poderão ser excluídas do limite global as importações de produtos pelas Áreas de Livre Comércio de Boa Vista – ALCBV e Bonfim – ALCB destinados exclusivamente à reexportação, vedada a remessa de divisas correspondentes e observados, quando reexportados, todos os procedimentos legais aplicáveis às exportações brasileiras."

"Art. 11. Estão as Áreas de Livre Comércio de Boa Vista – ALCBV e Bonfim – ALCB sob a administração da Superintendência da Zona Franca de Manaus – Suframa, que deverá promover e coordenar suas implantações, sendo, inclusive, aplicada, no que couber, às Áreas de Livre Comércio de Boa Vista - ALCBV e Bonfim - ALCB, a legislação pertinente à Zona Franca de Manaus, com suas alterações e respectivas disposições regulamentares.

Parágrafo único. A Suframa cobrará, na forma da Lei 9.960, de 28 de janeiro de 2000, Taxa de Serviços Administrativos - TSA pela utilização de suas instalações e pelos serviços de autorização, controle de importações e internamento de mercadorias nas Áreas de Livre Comércio de que trata esta Lei, ou destas para outras regiões do País."

"Art. 12. (*Vetado*)"

"Art. 13. A Secretaria da Receita Federal do Brasil exercerá a vigilância nas Áreas de Livre Comércio de Boa Vista - ALCBV e Bonfim - ALCB e a repressão ao contrabando e ao descaminho, sem prejuízo da competência do Departamento de Polícia Federal.

Parágrafo único. O Poder Executivo deverá assegurar os recursos materiais e humanos necessários aos serviços de fiscalização e controle aduaneiro das Áreas de Livre Comércio de Boa Vista - ALCBV e Bonfim - ALCB."

"Art. 14. As isenções e os benefícios das Áreas de Livre Comércio de Boa Vista - ALCBV e Bonfim - ALCB serão mantidos durante 25 (vinte e cinco) anos, a partir da publicação desta Lei."

Art. 6º Os produtos industrializados nas Áreas de Livre Comércio de Boa Vista - ALCBV e de Bonfim - ALCB, de que trata a Lei 8.256, de 25 de novembro de 1991, ficam isentos do Imposto sobre Produtos Industrializados - IPI, quer se destinem ao seu consumo interno, quer à comercialização em qualquer outro ponto do território nacional.

§ 1º A isenção prevista no *caput* deste artigo somente se aplica a produtos em cuja composição final haja predominância de matérias-primas de origem regional provenientes dos segmentos animal, vegetal, mineral, exceto os minérios do capítulo 26 da Nomenclatura Comum do Mercosul - NCM, ou agrosilvopastoril, observada a legislação ambiental pertinente e conforme definida em regulamento.

§ 2º Excetuam-se da isenção prevista no *caput* deste artigo as armas e munições e fumo.

§ 3º A isenção prevista no *caput* deste artigo aplica-se exclusivamente aos produtos elaborados por estabelecimentos industriais cujos projetos tenham sido aprovados pela Superintendência da Zona Franca de Manaus - Suframa.

Art. 7º A venda de mercadorias nacionais ou nacionalizadas, efetuada por empresas estabelecidas fora das Áreas de Livre Comércio de Boa Vista - ALCBV e de Bonfim - ALCB, de que trata a Lei 8.256, de 25 de novembro de 1991, para empresas ali estabelecidas fica equiparada à exportação.

Art. 8º O prazo a que se refere o art. 25 da Lei 11.508, de 20 de julho de 2007, fica prorrogado até o dia 1º de julho de 2010.

→ Artigo com redação alterada pela Lei 11.941/2009.

Art. 9º A ementa da Lei 8.256, de 25 de novembro de 1991, passa a vigorar com a seguinte redação:

"Cria áreas de livre comércio nos municípios de Boa Vista e Bonfim, no Estado de Roraima e dá outras providências."

Art. 10. Esta Lei entra em vigor na data de sua publicação, observado, quanto ao *caput* do art. 3º desta Lei, o disposto no inciso I do *caput* do art. 106 da Lei 5.172, de 25 de outubro de 1966 - Código Tributário Nacional.

Art. 11. Ficam revogados o art. 6º, o parágrafo único do art. 17 e o art. 24 da Lei 11.508, de 20 de julho de 2007.

Brasília, 30 de junho de 2008; 187º da Independência e 120º da República.

Luiz Inácio Lula da Silva

(Publicação no *D.O.U.* de 1.7.2008)

LEI 11.770,
DE 9 DE SETEMBRO DE 2008

Cria o Programa Empresa Cidadã, destinado à prorrogação da licença-maternidade mediante concessão de incentivo fiscal, e altera a Lei 8.212, de 24 de julho de 1991.

→ *V.* 13.257/2016 – Marco Legal de Atenção à Primeira Infância (de zero a 6 anos).

→ *V.* Decreto 7.052/2009 – Regulamenta a Lei 11.770/2008.

O Presidente da República:

Faço saber que o Congresso Nacional decreta e eu sanciono a seguinte Lei:

Art. 1º É instituído o Programa Empresa Cidadã, destinado a prorrogar:

→ Artigo com redação alterada pela Lei 13.257/2016, em vigor na data de sua publicação, com produção de efeitos a partir do primeiro dia do exercício subsequente àquele em que for implementado o disposto no art. 39 da Lei 13.257/2016.

→ Art. 39, da Lei 13.257/2016: "O Poder Executivo, com vistas ao cumprimento do disposto no inciso II do caput do art. 5º e nos arts. 12 e 14 da Lei Complementar no 101, de 4 de maio de 2000, estimará o montante da renúncia fiscal decorrente do disposto no art. 38 desta Lei e o incluirá no demonstrativo a que se refere o § 6º do art. 165 da Constituição Federal, que acompanhará o projeto de lei orçamentária cuja apresentação se der após decorridos 60 (sessenta) dias da publicação desta Lei."

I - por 60 (sessenta) dias a duração da licença-maternidade prevista no inciso XVIII do caput do art. 7º da Constituição Federal;

II - por 15 (quinze) dias a duração da licença-paternidade, nos termos desta Lei, além dos 5 (cinco) dias estabelecidos no § 1º do art. 10 do Ato das Disposições Constitucionais Transitórias.

§ 1º A prorrogação de que trata este artigo:

I - será garantida à empregada da pessoa jurídica que aderir ao Programa, desde que a empregada a requeira até o final do primeiro mês após o parto, e será concedida imediatamente após a fruição da licença-maternidade de que trata o inciso XVIII do caput do art. 7º da Constituição Federal;

II - será garantida ao empregado da pessoa jurídica que aderir ao Programa, desde que o empregado a requeira no prazo de 2 (dois) dias úteis após o parto e comprove participação em programa ou atividade de orientação sobre paternidade responsável.

§ 2º A prorrogação será garantida, na mesma proporção, à empregada e ao empregado que adotar ou obtiver guarda judicial para fins de adoção de criança.

Art. 2º É a administração pública, direta, indireta e fundacional, autorizada a instituir programa que garanta prorrogação da licença-maternidade para suas servidoras, nos termos do que prevê o art. 1º desta Lei.

Art. 3º Durante o período de prorrogação da licença-maternidade e da licença-paternidade:

→ Artigo com redação alterada pela Lei 13.257/2016, em vigor na data de sua publicação, com produção de efeitos a partir do primeiro dia do exercício subsequente àquele em que for implementado o disposto no art. 39 da Lei 13.257/2016.

→ Art. 39, da Lei 13.257/2016: "O Poder Executivo, com vistas ao cumprimento do disposto no inciso II do caput do art. 5º e nos arts. 12 e 14 da Lei Complementar no 101, de 4 de maio de 2000, estimará o montante da renúncia fiscal decorrente do disposto no art. 38 desta Lei e o incluirá no demonstrativo a que se refere o § 6º do art. 165 da Constituição Federal, que acompanhará o projeto de lei orçamentária cuja apresentação se der após decorridos 60 (sessenta) dias da publicação desta Lei."

I - a empregada terá direito à remuneração integral, nos mesmos moldes devidos no período de percepção do salário-maternidade pago pelo Regime Geral de Previdência Social (RGPS);

II - o empregado terá direito à remuneração integral.

Art. 4º No período de prorrogação da licença-maternidade e da licença-paternidade de que trata esta Lei, a empregada e o empregado não poderão exercer nenhuma atividade remunerada, e a criança deverá ser mantida sob seus cuidados.

→ Artigo com redação alterada pela Lei 13.257/2016, em vigor na data de sua publicação, com produção de efeitos a partir do primeiro dia do exercício subsequente àquele em que for implementado o disposto no art. 39 da Lei 13.257/2016.

→ Art. 39, da Lei 13.257/2016: "O Poder Executivo, com vistas ao cumprimento do disposto no inciso II do caput do art. 5º e nos arts. 12 e 14 da Lei Complementar no 101, de 4 de maio de 2000, estimará o montante da renúncia fiscal decorrente do disposto no art. 38 desta Lei e o incluirá no demonstrativo a que se refere o § 6º do art. 165 da Constituição Federal, que acompanhará o projeto de lei orçamentária cuja apresentação se der após decorridos 60 (sessenta) dias da publicação desta Lei."

Parágrafo único. Em caso de descumprimento do disposto no caput deste artigo, a empregada e o empregado perderão o direito à prorrogação.

Art. 5º A pessoa jurídica tributada com base no lucro real poderá deduzir do imposto devido, em cada período de apuração, o total da remuneração integral da empregada e do empregado pago nos dias de prorrogação de sua licença-maternidade e de sua licença-paternidade, vedada a dedução como despesa operacional.

→ *Caput* com redação alterada pela Lei 13.257/2016, em vigor na data de sua publicação, com produção de efeitos a partir do primeiro dia do exercício subsequente àquele em que for implementado o disposto no art. 39 da Lei 13.257/2016.

→ Art. 39, da Lei 13.257/2016: "O Poder Executivo, com vistas ao cumprimento do disposto no inciso II do caput do art. 5º e nos arts. 12 e 14 da Lei Complementar no 101, de 4 de maio de 2000, estimará o montante da renúncia fiscal decorrente do disposto no art. 38 desta Lei e o incluirá no demonstrativo a que se refere o § 6º do art. 165 da Constituição Federal, que acompanhará o projeto de lei orçamentária cuja apresentação se der após decorridos 60 (sessenta) dias da publicação desta Lei."

Parágrafo único. (Vetado).

Art. 6º (*Vetado*).

Art. 7º O Poder Executivo, com vistas no cumprimento do disposto no inciso II do *caput* do art. 5º e nos arts. 12 e 14 da Lei Complementar 101, de 4 de maio de 2000, estimará o montante da renúncia fiscal decorrente do disposto nesta Lei e o incluirá no demonstrativo a que se refere o § 6º do art. 165 da Constituição Federal, que acompanhará o projeto de lei orçamentária cuja apresentação se der após decorridos 60 (sessenta) dias da publicação desta Lei.

Art. 8º Esta Lei entra em vigor na data de sua publicação, produzindo efeitos a partir do primeiro dia do exercício subsequente àquele em que for implementado o disposto no seu art. 7º.

Brasília, 9 de setembro de 2008; 187º da Independência e 120º da República.

Luiz Inácio Lula da Silva

(Publicação no D.O.U. 10.9.2008)

LEI 11.774, DE 17 DE SETEMBRO DE 2008

Altera a legislação tributária federal, modificando as Leis 10.865, de 30 de abril de 2004, 11.196, de 21 de novembro de 2005, 11.033, de 21 de dezembro de 2004, 11.484, de 31 de maio de 2007, 8.850, de 28 de janeiro de 1994, 8.383, de 30 de dezembro de 1991, 9.481, de 13 de agosto de 1997, 11.051, de 29 de dezembro de 2004, 9.493, de 10 de setembro de 1997, 10.925, de 23 de julho de 2004; e dá outras providências.

O Presidente da República:

Faço saber que o Congresso Nacional decreta e eu sanciono a seguinte Lei:

Art. 1º As pessoas jurídicas, nas hipóteses de aquisição no mercado interno ou de importação de máquinas e equipamentos destinados à produção de bens e prestação de serviços, poderão optar pelo desconto dos créditos da Contribuição para o Programa de Integração Social/Programa de Formação do Patrimônio do Servidor Público (PIS/Pasep) e da Contribuição para Financiamento da Seguridade Social (Cofins) de que tratam o inciso III do § 1º do art. 3º da Lei 10.637, de 30 de dezembro de 2002, o inciso III do § 1º do art. 3º da Lei 10.833, de 29 de dezembro de 2003, e o § 4º do art. 15 da Lei 10.865, de 30 de abril de 2004, da seguinte forma:

→ *Caput* com redação alterada pela Lei 12.546/2011.

I – no prazo de 11 (onze) meses, no caso de aquisições ocorridas em agosto de 2011;

→ Inciso I acrescentado pela Lei 12.546/2011.

II – no prazo de 10 (dez) meses, no caso de aquisições ocorridas em setembro de 2011;

→ Inciso II acrescentado pela Lei 12.546/2011.

III – no prazo de 9 (nove) meses, no caso de aquisições ocorridas em outubro de 2011;

→ Inciso III acrescentado pela Lei 12.546/2011.

IV – no prazo de 8 (oito) meses, no caso de aquisições ocorridas em novembro de 2011;

→ Inciso IV acrescentado pela Lei 12.546/2011.

V – no prazo de 7 (sete) meses, no caso de aquisições ocorridas em dezembro de 2011;

→ Inciso V acrescentado pela Lei 12.546/2011.

VI – no prazo de 6 (seis) meses, no caso de aquisições ocorridas em janeiro de 2012;

→ Inciso VI acrescentado pela Lei 12.546/2011.

VII – no prazo de 5 (cinco) meses, no caso de aquisições ocorridas em fevereiro de 2012;

→ Inciso VII acrescentado pela Lei 12.546/2011.

VIII – no prazo de 4 (quatro) meses, no caso de aquisições ocorridas em março de 2012;

→ Inciso VIII acrescentado pela Lei 12.546/2011.

IX – no prazo de 3 (três) meses, no caso de aquisições ocorridas em abril de 2012;

→ Inciso IX acrescentado pela Lei 12.546/2011.

X – no prazo de 2 (dois) meses, no caso de aquisições ocorridas em maio de 2012;

→ Inciso X acrescentado pela Lei 12.546/2011.

XI – no prazo de 1 (um) mês, no caso de aquisições ocorridas em junho de 2012; e

→ Inciso XI acrescentado pela Lei 12.546/2011.

XII – imediatamente, no caso de aquisições ocorridas a partir de julho de 2012.

→ Inciso XII acrescentado pela Lei 12.546/2011.

§ 1º Os créditos de que trata este artigo serão determinados:

→ § 1º acrescentado pela Lei 12.546/2011.

I – mediante a aplicação dos percentuais previstos no caput do art. 2º da Lei 10.637, de 2002, e no caput do art. 2º da Lei 10.833, de 2003, sobre o valor correspondente ao custo de aquisição do bem, no caso de aquisição no mercado interno; ou

II – na forma prevista no § 3º do art. 15 da Lei 10.865, de 2004, no caso de importação.

§ 2º O disposto neste artigo aplica-se aos bens novos adquiridos ou recebidos a partir de 3 de agosto de 2011.

→ § 2º acrescentado pela Lei 12.546/2011.

§ 3º O regime de desconto de créditos no prazo de 12 (doze) meses continua aplicável aos bens novos adquiridos ou recebidos a partir do mês de maio de 2008 e anteriormente a 3 de agosto de 2011.

Art. 2º Fica suspensa a exigência da Contribuição para o PIS/Pasep, da Contribuição para o PIS/Pasep-Importação, da Cofins e da Cofins-Importação, no caso de venda ou de importação, quando destinados à navegação de cabotagem e de apoio portuário e marítimo, para a pessoa jurídica previamente habilitada, nos termos e condições a serem fixados pela Secretaria da Receita Federal do Brasil, de:

I – óleo combustível, tipo bunker, MF – Marine Fuel, classificado no código 2710.19.22;

II – óleo combustível, tipo bunker, MGO – Marine Gás Oil, classificado no código 2710.19.21; e

III – óleo combustível, tipo bunker, ODM – Óleo Diesel Marítimo, classificado no código 2710.19.21.

§ 1º A pessoa jurídica que não destinar os produtos referidos nos incisos do caput deste artigo à navegação de cabotagem ou de apoio portuário e marítimo fica obrigada a recolher as contribuições não pagas em função da suspensão de que trata este artigo, acrescidas de juros e multa de mora, na forma da lei, contados a partir da data da aquisição ou do registro da Declaração de Importação – DI, na condição de:

I – contribuinte, em relação à Contribuição para o PIS/Pasep-Importação e à Cofins-Importação;

II – responsável, em relação à Contribuição para o PIS/Pasep e à Cofins.

§ 2º Na hipótese de não ser efetuado o recolhimento na forma do § 1º deste artigo, caberá lançamento de ofício, com aplicação de juros e da multa de que trata o caput do art. 44 da Lei 9.430, de 27 de dezembro de 1996.

§ 3º Nas notas fiscais relativas à venda de que trata o caput deste artigo deverá constar a expressão "Venda de óleo combustível, tipo bunker, efetuada com Suspensão de PIS/Cofins", com a especificação do dispositivo legal correspondente e do código fiscal do produto.

Art. 3º Os arts. 8º, 28 e 40 da Lei 10.865, de 30 de abril de 2004, passam a vigorar com a seguinte redação:

→ Alterações efetuadas na referida Lei.

Art. 4º Os arts. 2º, 13, o inciso III do caput do art. 17 e o art. 26 da Lei 11.196, de 21 de novembro de 2005, passam a vigorar com a seguinte redação:

→ Alterações efetuadas na referida Lei.

Art. 5º Os arts. 14 e 15 da Lei 11.033, de 21 de dezembro de 2004, passam a vigorar com a seguinte redação:

→ Alterações efetuadas na referida Lei.

Art. 6º O *caput* do art. 3º da Lei 11.484, de 31 de maio de 2007, passa a vigorar com a seguinte redação:

"Art. 3º No caso de venda no mercado interno ou de importação de máquinas, aparelhos, instrumentos e equipamentos, para incorporação ao ativo imobilizado da pessoa jurídica adquirente no mercado interno ou importadora, destinados às atividades de que tratam os incisos I e II do *caput* do art. 2º desta Lei, ficam reduzidas a 0 (zero) as alíquotas:

(...)"

Art. 7º O art. 1º da Lei 8.850, de 28 de janeiro de 1994, passa a vigorar com a seguinte redação:

→ Alterações efetuadas na referida Lei.

Art. 8º O art. 52 da Lei 8.383, de 30 de dezembro de 1991, passa a vigorar com a seguinte redação:

→ Alterações efetuadas na referida Lei.

Art. 9º O art. 1º da Lei 9.481, de 13 de agosto de 1997, passa a vigorar com a seguinte redação:

"Art. 1º (...)

(...)

III – valores pagos, creditados, entregues, empregados ou remetidos para o exterior:

a) em decorrência de despesas com pesquisas de mercado, bem como aluguéis e arrendamentos de stands e locais para exposições, feiras e conclaves semelhantes, inclusive promoção e propaganda no âmbito desses eventos, para produtos e serviços brasileiros e para promoção de destinos turísticos brasileiros;

b) por órgãos do Poder Executivo Federal, relativos à contratação de serviços destinados à promoção do Brasil no exterior;

(...)

XII – valores pagos, creditados, entregues, empregados ou remetidos para o exterior pelo exportador brasileiro, relativos às despesas de armazenagem, movimentação e transporte de carga e emissão de documentos realizadas no exterior.

Parágrafo único. Nos casos dos incisos II, III, IV, VIII, X, XI e XII do caput deste artigo, deverão ser observadas as condições, as formas e os prazos estabelecidos pelo Poder Executivo."

Art. 10. O art. 1° da Lei 11.051, de 29 de dezembro de 2004, passa a vigorar com a seguinte redação:

→ Alteração efetuada na referida Lei.

Art. 11. Para efeito de apuração do imposto de renda, as empresas industriais fabricantes de veículos e de autopeças terão direito à depreciação acelerada, calculada pela aplicação da taxa de depreciação usualmente admitida, multiplicada por 4 (quatro), sem prejuízo da depreciação normal das máquinas, equipamentos, aparelhos e instrumentos, novos, relacionados em regulamento, adquiridos entre 1° de maio de 2008 e 31 de dezembro de 2010, destinados ao ativo imobilizado e empregados em processo industrial do adquirente.

§ 1° A depreciação acelerada de que trata o caput deste artigo constituirá exclusão do lucro líquido para fins de determinação do lucro real e será escriturada no livro fiscal de apuração do lucro real.

§ 2° O total da depreciação acumulada, incluindo a normal e a acelerada, não poderá ultrapassar o custo de aquisição do bem.

§ 3° A partir do período de apuração em que for atingido o limite de que trata o § 2° deste artigo, o valor da depreciação normal, registrado na escrituração comercial, será adicionado ao lucro líquido para efeito de determinação do lucro real.

§ 4° A depreciação acelerada de que trata o *caput* deste artigo deverá ser calculada antes da aplicação dos coeficientes de depreciação acelerada previstos no art. 69 da Lei 3.470, de 28 de novembro de 1958.

Art. 12. Para efeito de apuração do imposto de renda, as pessoas jurídicas fabricantes de bens de capital, sem prejuízo da depreciação normal, terão direito à depreciação acelerada, calculada pela aplicação da taxa de depreciação usualmente admitida, multiplicada por 4 (quatro), das máquinas, equipamentos, aparelhos e instrumentos, novos, adquiridos entre 1° de maio de 2008 e 31 de dezembro de 2010, destinados ao ativo imobilizado e empregados em processo industrial do adquirente.

§ 1° A depreciação acelerada de que trata o caput deste artigo constituirá exclusão do lucro líquido para fins de determinação do lucro real e será escriturada no livro fiscal de apuração do lucro real.

§ 2° O total da depreciação acumulada, incluindo a normal e a acelerada, não poderá ultrapassar o custo de aquisição do bem.

§ 3° A partir do período de apuração em que for atingido o limite de que trata o § 2° deste artigo, o valor da depreciação normal, registrado na escrituração comercial, será adicionado ao lucro líquido para efeito de determinação do lucro real.

§ 4° Os bens de capital e as máquinas, equipamentos, aparelhos e instrumentos de que trata este artigo serão relacionados em regulamento.

§ 5° A depreciação acelerada de que trata o *caput* deste artigo deverá ser calculada antes da aplicação dos coeficientes de depreciação acelerada previstos no art. 69 da Lei 3.470, de 28 de novembro de 1958.

Art. 13. (*Vetado*).

Art. 13-A. As empresas dos setores de tecnologia da informação – TI e de tecnologia da informação e da comunicação – TIC poderão excluir do lucro líquido os custos e despesas com capacitação de pessoal que atua no desenvolvimento de programas de computador (software), para efeito de apuração do lucro real, sem prejuízo da dedução normal.

→ Artigo acrescentado pela Lei 11.908/2009.

Parágrafo único. A exclusão de que trata o caput deste artigo fica limitada ao valor do lucro real antes da própria exclusão, vedado o aproveitamento de eventual excesso em período de apuração posterior.

Art. 14. As alíquotas de que tratam os incisos I e III do *caput* do art. 22 da Lei 8.212, de 24 de julho de 1991, em relação às empresas que prestam serviços de tecnologia da informação – TI e de tecnologia da informação e comunicação – TIC, ficam reduzidas pela subtração de 1/10 (um décimo) do percentual correspondente à razão entre a receita bruta de venda de serviços para o mercado externo e a receita bruta total de vendas de bens e serviços, após a exclusão dos impostos e contribuições incidentes sobre a venda, observado o disposto neste artigo.

§ 1° Para fins do disposto neste artigo, devem-se considerar as receitas auferidas nos 12 (doze) meses imediatamente anteriores a cada trimestre-calendário.

§ 2° A alíquota apurada na forma do caput e do § 1° deste artigo será aplicada uniformemente nos meses que compõem o trimestre-calendário.

§ 3° No caso de empresa em início de atividades ou sem receita de exportação até a data de publicação desta Lei, a apuração de que trata o § 1° deste artigo poderá ser realizada com base em período inferior a 12 (doze) meses, observado o mínimo de 3 (três) meses anteriores.

§ 4° Para efeito do caput deste artigo, consideram-se serviços de TI e TIC:

I – análise e desenvolvimento de sistemas;

II – programação;

III – processamento de dados e congêneres;

IV – elaboração de programas de computadores, inclusive de jogos eletrônicos;

V – licenciamento ou cessão de direito de uso de programas de computação;

VI – assessoria e consultoria em informática;

VII – suporte técnico em informática, inclusive instalação, configuração e manutenção de programas de computação e bancos de dados, bem como serviços de suporte técnico em equipamentos de informática em geral; e

→ Inciso VII com redação alterada pela Lei 12.844/2013.

VIII – planejamento, confecção, manutenção e atualização de páginas eletrônicas.

IX – execução continuada de procedimentos de preparação ou processamento de dados de gestão empresarial, pública ou privada, e gerenciamento de processos de clientes, com o uso combinado de mão de obra e sistemas computacionais.

→ Inciso IX acrescentado pela Lei 13.043/2014.

§ 5° O disposto neste artigo aplica-se também a empresas que prestam serviços de *call center* e àquelas que exercem atividades de concepção, desenvolvimento ou projeto de circuitos integrados.

→ § 5° com redação alterada pela Lei 12.715/2012.

§ 6° As operações relativas a serviços não relacionados nos §§ 4° e 5° deste artigo não deverão ser computadas na receita bruta de venda de serviços para o mercado externo.

§ 7° No caso das empresas que prestam serviços referidos nos §§ 4° e 5° deste artigo, os valores das contribuições devidas a terceiros, assim entendidos outras entidades ou fundos, ficam reduzidos no percentual referido no caput deste artigo, observado o disposto nos §§ 1° e 3° deste artigo.

§ 8° O disposto no § 7° deste artigo não se aplica à contribuição destinada ao Fundo Nacional de Desenvolvimento da Educação – FNDE.

§ 9° Para fazer jus às reduções de que tratam o caput e o § 7° deste artigo, a empresa deverá:

I – implantar programa de prevenção de riscos ambientais e de doenças ocupacionais decorrentes da atividade profissional, conforme critérios estabelecidos pelo Ministério da Previdência Social; e

II – realizar contrapartidas em termos de capacitação de pessoal, investimentos em pesquisa, desenvolvimento e inovação tecnológica e certificação da qualidade.

§ 10. A União compensará o Fundo do Regime Geral de Previdência Social, de que trata o art. 68 da Lei Complementar 101, de 4 de maio de 2000, no valor correspondente à estimativa de renúncia previdenciária decorrente da desoneração de que trata este artigo, de forma a não afetar a apuração do resultado financeiro do Regime Geral de Previdência Social.

§ 11. O não cumprimento das exigências de que trata o § 9° deste artigo implica a perda do direito das reduções de que tratam o caput e o § 7° deste artigo ensejando o recolhimento da diferença de contribuições com os acréscimos legais cabíveis.

§ 12. O disposto neste artigo aplica-se pelo prazo de 5 (cinco) anos, contado a partir do 1° (primeiro) dia do mês seguinte ao da publicação do regulamento referido no § 13 deste artigo, podendo esse prazo ser renovado pelo Poder Executivo.

§ 13. O disposto neste artigo será regulamentado pelo Poder Executivo.

Art. 15. O art. 10 da Lei 9.493, de 10 de setembro de 1997, passa a vigorar acrescido do seguinte § 2°, transformando-se o atual parágrafo único em § 1°:

"Art. 10. Fica suspensa a incidência de IPI na aquisição, realizada por estaleiros navais brasileiros, de materiais e equipamentos, incluindo partes, peças e componentes, destinados ao emprego na construção, conservação, modernização, conversão ou reparo de embarcações pré-registradas ou registradas no REB.

§ 1º São asseguradas a manutenção e a utilização dos créditos do referido imposto, relativos às matérias-primas, produtos intermediários e material de embalagem, efetivamente empregados na industrialização dos bens referidos neste artigo.

§ 2º A suspensão prevista neste artigo converte-se em alíquota 0 (zero) após a incorporação ou utilização dos bens adquiridos na construção, conservação, modernização, conversão ou reparo das embarcações para as quais se destinarem, conforme regulamento a ser expedido pelo Poder Executivo."

Art. 16. (*Vetado*).

Art. 17. Para efeitos de adimplemento do compromisso de exportação nos regimes aduaneiros suspensivos, destinados à industrialização para exportação, os produtos importados ou adquiridos no mercado interno com suspensão do pagamento dos tributos incidentes podem ser substituídos por outros produtos, nacionais ou importados, da mesma espécie, qualidade e quantidade, importados ou adquiridos no mercado interno sem suspensão do pagamento dos tributos incidentes, nos termos, limites e condições estabelecidos pelo Poder Executivo.

→ *Caput* com redação alterada pela Lei 12.350/2010.

§ 1º O disposto no caput aplica-se também ao regime aduaneiro de isenção e alíquota zero, nos termos, limites e condições estabelecidos pelo Poder Executivo.

→ Anterior parágrafo único renumerado para § 1º pela Lei 12.350/2010.

§ 2º A Secretaria da Receita Federal do Brasil e a Secretaria de Comércio Exterior disciplinarão em ato conjunto o disposto neste artigo.

→ § 2º acrescentado pela Lei 12.350/2010.

Art. 18. (*Vetado*).

Art. 19. O art. 54 da Lei 11.196, de 21 de novembro de 2005, passa a vigorar com a seguinte redação:

→ Alterações efetuadas na referida Lei.

Art. 20. (*Vetado*).

Art. 21. (*Vetado*).

Art. 22. Esta Lei entra em vigor na data de sua publicação, produzindo efeitos, em relação aos:

I – arts. 7º e 8º, a partir do 1º (primeiro) dia do mês de junho de 2008;

II – demais artigos, a partir da data de sua publicação.

Art. 23. Ficam revogados:

I – o art. 2º da Lei 9.493, de 10 de setembro de 1997; e

II – o § 3º do art. 2º e o art. 3º da Lei 11.196, de 21 de novembro de 2005.

Brasília, 17 de setembro de 2008; 187º da Independência e 120º da República.

Luiz Inácio Lula da Silva

(Publicação no *D.O.U.* de 18.9.2008)

LEI 11.941,

DE 27 DE MAIO DE 2009

Altera a legislação tributária federal relativa ao parcelamento ordinário de débitos tributários; concede remissão nos casos em que especifica; institui regime tributário de transição, alterando o Decreto 70.235, de 6 de março de 1972, as Leis 8.212, de 24 de julho de 1991, 8.213, de 24 de julho de 1991, 8.218, de 29 de agosto de 1991, 9.249, de 26 de dezembro de 1995, 9.430, de 27 de dezembro de 1996, 9.469, de 10 de julho de 1997, 9.532, de 10 de dezembro de 1997, 10.426, de 24 de abril de 2002, 10.480, de 2 de julho de 2002, 10.522, de 19 de julho de 2002, 10.887, de 18 de junho de 2004, e 6.404, de 15 de dezembro de 1976, o Decreto-Lei 1.598, de 26 de dezembro de 1977, e as Leis 8.981, de 20 de janeiro de 1995, 10.925, de 23 de julho de 2004, 10.637, de 30 de dezembro de 2002, 10.833, de 29 de dezembro de 2003, 11.116, de 18 de maio de 2005, 11.732, de 30 de junho de 2008, 10.260, de 12 de julho de 2001, 9.873, de 23 de novembro de 1999, 11.171, de 2 de setembro de 2005, 11.345, de 14 de setembro de 2006; prorroga a vigência da Lei 8.989, de 24 de fevereiro de 1995; revoga dispositivos das Leis nos 8.383, de 30 de dezembro de 1991, e 8.620, de 5 de janeiro de 1993, do Decreto-Lei 73, de 21 de novembro de 1966, das Leis nos 10.190, de 14 de fevereiro de 2001, 9.718, de 27 de novembro de 1998, e 6.938, de 31 de agosto de 1981, 9.964, de 10 de abril de 2000, e, a partir da instalação do Conselho Administrativo de Recursos Fiscais, os Decretos 83.304, de 28 de março de 1979, e 89.892, de 2 de julho de 1984, e o art. 112 da Lei 11.196, de 21 de novembro de 2005; e dá outras providências.

O Presidente da República:

Faço saber que o Congresso Nacional decreta e eu sanciono a seguinte Lei:

Capítulo I
DOS PARCELAMENTOS

Seção I
Do Parcelamento ou Pagamento de Dívidas

Art. 1º Poderão ser pagos ou parcelados, em até 180 (cento e oitenta) meses, nas condições desta Lei, os débitos administrados pela Secretaria da Receita Federal do Brasil e os débitos para com a Procuradoria-Geral da Fazenda Nacional, inclusive o saldo remanescente dos débitos consolidados no Programa de Recuperação Fiscal – REFIS, de que trata a Lei 9.964, de 10 de abril de 2000, no Parcelamento Especial – PAES, de que trata a Lei 10.684, de 30 de maio de 2003, no Parcelamento Excepcional – PAEX, de que trata a Medida Provisória 303, de 29 de junho de 2006, no parcelamento previsto no art. 38 da Lei 8.212, de 24 de julho de 1991, e no parcelamento previsto no art. 10 da Lei 10.522, de 19 de julho de 2002, mesmo que tenham sido excluídos dos respectivos programas e parcelamentos, bem como os débitos decorrentes do aproveitamento indevido de créditos do Imposto sobre Produtos Industrializados – IPI oriundos da aquisição de matérias-primas, material de embalagem e produtos intermediários relacionados na Tabela de Incidência do Imposto sobre Produtos Industrializados – TIPI, aprovada pelo Decreto 6.006, de 28 de dezembro de 2006, com incidência de alíquota 0 (zero) ou como não-tributados.

§ 1º O disposto neste artigo aplica-se aos créditos constituídos ou não, inscritos ou não em Dívida Ativa da União, mesmo em fase de execução fiscal já ajuizada, inclusive os que foram indevidamente aproveitados na apuração do IPI referidos no *caput* deste artigo.

§ 2º Para os fins do disposto no *caput* deste artigo, poderão ser pagas ou parceladas as dívidas vencidas até 30 de novembro de 2008, de pessoas físicas ou jurídicas, consolidadas pelo sujeito passivo, com exigibilidade suspensa ou não, inscritas ou não em dívida ativa, consideradas isoladamente, mesmo em fase de execução fiscal já ajuizada, ou que tenham sido objeto de parcelamento anterior, não integralmente quitado, ainda que cancelado por falta de pagamento, assim considerados:

I – os débitos inscritos em Dívida Ativa da União, no âmbito da Procuradoria-Geral da Fazenda Nacional;

II – os débitos relativos ao aproveitamento indevido de crédito de IPI referido no caput deste artigo;

III – os débitos decorrentes das contribuições sociais previstas nas alíneas a, b e c do parágrafo único do art. 11 da Lei 8.212, de 24 de julho de 1991, das contribuições instituídas a título de substituição e das contribuições devidas a terceiros, assim entendidas outras entidades e fundos, administrados pela Secretaria da Receita Federal do Brasil; e

IV – os demais débitos administrados pela Secretaria da Receita Federal do Brasil.

§ 3º Observado o disposto no art. 3º desta Lei e os requisitos e as condições estabelecidos em ato conjunto do Procurador-Geral da Fazenda Nacional e do Secretário da Receita Federal do Brasil, a ser editado no prazo de 60 (sessenta) dias a partir da data de publicação desta Lei, os débitos que não foram objeto de parcelamentos anteriores a que se refere este artigo poderão ser pagos ou parcelados da seguinte forma:

I – pagos a vista, com redução de 100% (cem por cento) das multas de mora e de ofício, de 40% (quarenta por cento) das isoladas, de 45% (quarenta e cinco por cento) dos juros de mora e de 100% (cem por cento) sobre o valor do encargo legal;

II – parcelados em até 30 (trinta) prestações mensais, com redução de 90% (noventa por cento) das multas de mora e de ofício, de 35% (trinta e cinco por cento) das isoladas, de 40% (quarenta por cento) dos juros de mora e de 100% (cem por cento) sobre o valor do encargo legal;

III – parcelados em até 60 (sessenta) prestações mensais, com redução de 80% (oitenta por cento) das multas de mora e de ofício, de 30% (trinta por cento) das isoladas, de 35% (trinta e cinco por cento) dos juros de mora e de 100% (cem por cento) sobre o valor do encargo legal;

IV – parcelados em até 120 (cento e vinte) prestações mensais, com redução de 70% (setenta por cento) das multas de mora e de ofício, de 25% (vinte e cinco por cento) das isoladas, de 30% (trinta por cento) dos juros de mora e de 100% (cem por cento) sobre o valor do encargo legal; ou

V – parcelados em até 180 (cento e oitenta) prestações mensais, com redução de 60% (sessenta por cento) das multas de mora e de ofício, de 20% (vinte por cento) das isoladas, de 25% (vinte e cinco por cento) dos juros de mora e de 100% (cem por cento) sobre o valor do encargo legal.

§ 4º O requerimento do parcelamento abrange os débitos de que trata este artigo, incluídos a critério do optante, no âmbito de cada um dos órgãos.

§ 5º (*Vetado*).

§ 6º Observado o disposto no art. 3º desta Lei, a dívida objeto do parcelamento será consolidada na data do seu requerimento e será dividida pelo número de prestações que forem indicadas pelo sujeito passivo, nos termos dos §§ 2º e 5º deste artigo, não podendo cada prestação mensal ser inferior a:

I – R$ 50,00 (cinquenta reais), no caso de pessoa física; e

II – R$ 100,00 (cem reais), no caso de pessoa jurídica.

§ 7º As empresas que optarem pelo pagamento ou parcelamento dos débitos nos termos deste artigo poderão liquidar os valores correspondentes a multa, de mora ou de ofício, e a juros moratórios, inclusive as relativas a débitos inscritos em dívida ativa, com a utilização de prejuízo fiscal e de base de cálculo negativa da contribuição social sobre o lucro líquido próprios.

§ 8º Na hipótese do § 7º deste artigo, o valor a ser utilizado será determinado mediante a aplicação sobre o montante do prejuízo fiscal e da base de cálculo negativa das alíquotas de 25% (vinte e cinco por cento) e 9% (nove por cento), respectivamente.

§ 9º A manutenção em aberto de 3 (três) parcelas, consecutivas ou não, ou de uma parcela, estando pagas todas as demais, implicará, após comunicação ao sujeito passivo, a imediata rescisão do parcelamento e, conforme o caso, o prosseguimento da cobrança.

§ 10. As parcelas pagas com até 30 (trinta) dias de atraso não configurarão inadimplência para os fins previstos no § 9º deste artigo.

§ 11. A pessoa jurídica optante pelo parcelamento previsto neste artigo deverá indicar pormenorizadamente, no respectivo requerimento de parcelamento, quais débitos deverão ser nele incluídos.

§ 12. Os contribuintes que tiverem optado pelos parcelamentos previstos nos arts. 1º a 3º da Medida Provisória 449, de 3 de dezembro de 2008, poderão optar, na forma de regulamento, pelo reparcelamento dos respectivos débitos segundo as regras previstas neste artigo até o último dia útil do 6º (sexto) mês subsequente ao da publicação desta Lei.

§ 13. Podem ser parcelados nos termos e condições desta Lei os débitos de Contribuição para o Financiamento da Seguridade Social – COFINS das sociedades civis de prestação de serviços profissionais relativos ao exercício de profissão legalmente regulamentada a que se referia o Decreto-Lei 2.397, de 21 de dezembro de 1987, revogado pela Lei 9.430, de 27 de dezembro de 1996.

§ 14. Na hipótese de rescisão do parcelamento com o cancelamento dos benefícios concedidos:

I – será efetuada a apuração do valor original do débito, com a incidência dos acréscimos legais, até a data da rescisão;

II – serão deduzidas do valor referido no inciso I deste parágrafo as parcelas pagas, com acréscimos legais até a data da rescisão.

§ 15. A pessoa física responsabilizada pelo não pagamento ou recolhimento de tributos devidos pela pessoa jurídica poderá efetuar, nos mesmos termos e condições previstos nesta Lei, em relação à totalidade ou à parte determinada dos débitos:

I – pagamento;

II – parcelamento, desde que com anuência da pessoa jurídica, nos termos a serem definidos em regulamento.

§ 16. Na hipótese do inciso II do § 15 deste artigo:

I – a pessoa física que solicitar o parcelamento passará a ser solidariamente responsável, juntamente com a pessoa jurídica, em relação à dívida parcelada;

II – fica suspensa a exigibilidade de crédito tributário, aplicando-se o disposto no art. 125 combinado com o inciso IV do parágrafo único do art. 174, ambos da Lei 5.172, de 25 de outubro de 1966 – Código Tributário Nacional;

III – é suspenso o julgamento na esfera administrativa.

§ 17. Na hipótese de rescisão do parcelamento previsto no inciso II do § 15 deste artigo, a pessoa jurídica será intimada a pagar o saldo remanescente calculado na forma do § 14 deste artigo.

Seção II
Do Pagamento ou do Parcelamento de Dívidas Decorrentes de Aproveitamento Indevido de Créditos de IPI, dos Parcelamentos Ordinários e dos Programas Refis, Paes e Paex

Art. 2º No caso dos débitos decorrentes do aproveitamento indevido de créditos do Imposto sobre Produtos Industrializados – IPI oriundos da aquisição de matérias-primas, material de embalagem e produtos intermediários relacionados na Tabela de Incidência do Imposto sobre Produtos Industrializados – TIPI, aprovada pelo Decreto 6.006, de 28 de dezembro de 2006, com incidência de alíquota zero ou como não-tributados:

I – o valor mínimo de cada prestação não poderá ser inferior a R$ 2.000,00 (dois mil reais);

II – a pessoa jurídica não está obrigada a consolidar todos os débitos existentes decorrentes do aproveitamento indevido de créditos do Imposto sobre Produtos Industrializados – IPI oriundos da aquisição de matérias-primas, material de embalagem e produtos intermediários relacionados na Tabela de Incidência do Imposto sobre Produtos Industrializados – TIPI neste parcelamento, devendo indicar, por ocasião do requerimento, quais débitos deverão ser incluídos nele.

Art. 3º No caso de débitos que tenham sido objeto do Programa de Recuperação Fiscal – REFIS, de que trata a Lei 9.964, de 10 de abril de 2000, do Parcelamento Especial – PAES, de que trata a Lei 10.684, de 30 de maio de 2003, do Parcelamento Excepcional – PAEX, de que trata a Medida Provisória no 303, de 29 de junho de 2006, do parcelamento previsto no art. 38 da Lei 8.212, de 24 de julho de 1991, e do parcelamento previsto no art. 10 da Lei 10.522, de 19 de julho de 2002, observar-se-á o seguinte:

I – serão restabelecidos à data da solicitação do novo parcelamento os valores correspondentes ao crédito originalmente confessado e seus respectivos acréscimos legais, de acordo com a legislação aplicável em cada caso, consolidado à época do parcelamento anterior;

II – computadas as parcelas pagas, atualizadas pelos critérios aplicados aos débitos, até a data da solicitação do novo parcelamento, o pagamento ou parcelamento do saldo que houver poderá ser liquidado pelo contribuinte na forma e condições previstas neste artigo; e

III – a opção pelo pagamento ou parcelamento de que trata este artigo importará desistência compulsória e definitiva do REFIS, do PAES, do PAEX e dos parcelamentos previstos no art. 38 da Lei 8.212, de 24 de julho de 1991, e no art. 10 da Lei 10.522, de 19 de julho de 2002

§ 1º Relativamente aos débitos previstos neste artigo:

I – será observado como parcela mínima do parcelamento o equivalente a 85% (oitenta e cinco por cento) do valor da última parcela devida no mês anterior ao da edição da Medida Provisória no 449, de 3 de dezembro de 2008;

II – no caso dos débitos do Programa de Recuperação Fiscal – REFIS, será observado como parcela mínima do parcelamento o equivalente a 85% (oitenta e cinco por cento) da média das 12 (doze) últimas parcelas devidas no Programa antes da edição da Medida Provisória no 449, de 3 de dezembro de 2008;

III – caso tenha havido a exclusão ou rescisão do Programa de Recuperação Fiscal – REFIS em um período menor que 12 (doze) meses, será observado como parcela mínima do parcelamento o equivalente a 85% (oitenta e cinco por cento) da média das parcelas devidas no Programa antes da edição da Medida Provisória no 449, de 3 de dezembro de 2008;

IV – (*Vetado*).

V – na hipótese em que os débitos do contribuinte tenham sido objeto de reparcelamento na forma do Refis, do Paes ou do Paex, para a aplicação das regras previstas nesta Lei será levado em conta o primeiro desses parcelamentos em que os débitos tenham sido incluídos.

§ 2º Serão observadas as seguintes reduções para os débitos previstos neste artigo:

I – os débitos anteriormente incluídos no Refis terão redução de 40% (quarenta por cento) das multas de mora e de ofício, de 40% (quarenta por cento) das isoladas, de 25% (vinte e cinco por cento) dos juros de mora e de 100% (cem por cento) sobre o valor do encargo legal;

II – os débitos anteriormente incluídos no Paes terão redução de 70% (setenta por cento) das multas de mora e de ofício, de 40% (quarenta por cento) das isoladas, de 30% (trinta por cento) dos juros de mora e de 100% (cem por cento) sobre o valor do encargo legal;

III – os débitos anteriormente incluídos no Paex terão redução de 80% (oitenta por cento) das multas de mora e de ofício, de 40% (quarenta por cento) das isoladas, de 35% (trinta e cinco por cento) dos juros de mora e de 100% (cem por cento) sobre o valor do encargo legal; e

IV – os débitos anteriormente incluídos no parcelamento previsto no art. 38 da Lei 8.212, de 24 de julho de 1991, e do parcelamento previsto no art. 10 da Lei 10.522, de 19 de julho de 2002, terão redução de 100% (cem por cento) das multas de mora e de ofício, de 40% (quarenta por cento) das isoladas, de 40% (quarenta por cento) dos juros de mora e de 100% (cem por cento) sobre o valor do encargo legal.

Seção III
Disposições Comuns aos Parcelamentos

Art. 4º Aos parcelamentos de que trata esta Lei não se aplica o disposto no § 1º do art. 3º da Lei 9.964, de 10 de abril de 2000, no § 2º do art. 14-A da Lei 10.522, de 19 de julho de 2002, e no § 10 do art. 1º da Lei 10.684, de 30 de maio de 2003.

Parágrafo único. Não será computada na apuração da base de cálculo do Imposto de Renda, da Contribuição Social sobre o Lucro Líquido, da Contribuição para o PIS/PASEP e da Contribuição para o Financiamento da Seguridade Social – COFINS a parcela equivalente à redução do valor das multas, juros e encargo legal em decorrência do disposto nos arts. 1º, 2º e 3º desta Lei.

Art. 5º A opção pelos parcelamentos de que trata esta Lei importa confissão irrevogável e irretratável dos débitos em nome do sujeito passivo na condição de contribuinte ou responsável e por ele indicados para compor os referidos parcelamentos, configura confissão extrajudicial nos termos dos arts. 348, 353 e 354 da Lei 5.869, de 11 de janeiro de 1973 – Código de Processo Civil, e condiciona o sujeito passivo à aceitação plena e irretratável de todas as condições estabelecidas nesta Lei.

Art. 6º O sujeito passivo que possuir ação judicial em curso, na qual requer o restabelecimento de sua opção ou a sua reinclusão em outros parcelamentos, deverá, como condição para valer-se das prerrogativas dos arts. 1º, 2º e 3º desta Lei, desistir da respectiva ação judicial e renunciar a qualquer alegação de direito sobre a qual se funda a referida ação, protocolando requerimento de extinção do processo com resolução do mérito, nos termos do inciso V do *caput* do art. 269 da Lei 5.869, de 11 de janeiro de 1973 – Código de Processo Civil, até 30 (trinta) dias após a data de ciência do deferimento do requerimento do parcelamento.

§ 1º Ficam dispensados os honorários advocatícios em razão da extinção da ação na forma deste artigo.

§ 2º Para os fins de que trata este artigo, o saldo remanescente será apurado de acordo com as regras estabelecidas no art. 3º desta Lei, adotando-se valores confessados e seus respectivos acréscimos devidos na data da opção do respectivo parcelamento.

Art. 7º A opção pelo pagamento a vista ou pelos parcelamentos de débitos de que trata esta Lei deverá ser efetivada até o último dia útil do 6º (sexto) mês subsequente ao da publicação desta Lei.

§ 1º As pessoas que se mantiverem ativas no parcelamento de que trata o art. 1º desta Lei poderão amortizar seu saldo devedor com as reduções de que trata o inciso I do § 3º do art. 1º desta Lei, mediante a antecipação no pagamento de parcelas.

§ 2º O montante de cada amortização de que trata o § 1º deste artigo deverá ser equivalente, no mínimo, ao valor de 12 (doze) parcelas.

§ 3º A amortização de que trata o § 1º deste artigo implicará redução proporcional da quantidade de parcelas vincendas.

Art. 8º A inclusão de débitos nos parcelamentos de que trata esta Lei não implica novação de dívida.

Art. 9º As reduções previstas nos arts. 1º, 2º e 3º desta Lei não são cumulativas com outras previstas em lei e serão aplicadas somente em relação aos saldos devedores dos débitos.

Parágrafo único. Na hipótese de anterior concessão de redução de multa, de mora e de ofício, de juros de mora ou de encargos legais em percentuais diversos dos estabelecidos nos arts. 1º, 2º e 3º desta Lei, prevalecerão os percentuais nela referidos, aplicados sobre os respectivos valores originais.

Art. 10. Os depósitos existentes vinculados aos débitos a serem pagos ou parcelados nos termos desta Lei serão automaticamente convertidos em renda da União, após aplicação das reduções para pagamento a vista ou parcelamento.

→ *Caput* com redação alterada pela Lei 12.024/2009.

§ 1º Na hipótese em que o valor depositado exceda o valor do débito após a consolidação de que trata esta Lei, o saldo remanescente será levantado pelo sujeito passivo.

→ Anterior parágrafo único renumerado para § 1º pela Lei 13.043/2014.

§ 2º Tratando-se de depósito judicial, o disposto no caput somente se aplica aos casos em que tenha ocorrido desistência da ação ou recurso e renúncia a qualquer alegação de direito sobre o qual se funda a ação, para usufruir dos benefícios desta Lei.

→ § 2º acrescentado pela Lei 13.043/2014.

§ 3º Os valores oriundos de constrição judicial depositados na conta única do Tesouro Nacional até a edição da Medida Provisória 651, de 9 de julho de 2014, poderão ser utilizados para pagamento da antecipação prevista no § 2º do art. 2º da Lei 12.996, de 18 de junho de 2014.

→ § 3º acrescentado pela Lei 13.137/2015.

§ 4º A Procuradoria-Geral da Fazenda Nacional e a Secretaria da Receita Federal do Brasil, no âmbito das respectivas competências, editarão os atos regulamentares necessários a aplicação do disposto neste artigo.

→ § 4º acrescentado pela Lei 13.137/2015.

Art. 11. Os parcelamentos requeridos na forma e condições de que tratam os arts. 1º, 2º e 3º desta Lei:

I – não dependem de apresentação de garantia ou de arrolamento de bens, exceto quando já houver penhora em execução fiscal ajuizada; e

II – no caso de débito inscrito em Dívida Ativa da União, abrangerão inclusive os encargos legais que forem devidos, sem prejuízo da dispensa prevista no § 1º do art. 6º desta Lei.

Art. 12. A Secretaria da Receita Federal do Brasil e a Procuradoria-Geral da Fazenda Nacional, no âmbito de suas respectivas competências, editarão, no prazo máximo de 60 (sessenta) dias a contar da data de publicação desta Lei, os atos necessários à execução dos parcelamentos de que trata esta Lei, inclusive quanto à forma e ao prazo para confissão dos débitos a serem parcelados.

Art. 13. Aplicam-se, subsidiariamente, aos parcelamentos previstos nos arts. 1º, 2º e 3º desta Lei as disposições do § 1º do art. 14-A da Lei 10.522, de 19 de julho de 2002, não se lhes aplicando o disposto no art. 14 da mesma Lei.

Capítulo II
DA REMISSÃO

Art. 14. Ficam remitidos os débitos com a Fazenda Nacional, inclusive aqueles com exigibilidade suspensa que, em 31 de dezembro de 2007, estejam vencidos há 5 (cinco) anos ou mais e cujo valor total consolidado, nessa mesma data, seja igual ou inferior a R$ 10.000,00 (dez mil reais).

§ 1º O limite previsto no *caput* deste artigo deve ser considerado por sujeito passivo e, separadamente, em relação:

I – aos débitos inscritos em Dívida Ativa da União, no âmbito da Procuradoria-Geral da Fazenda Nacional, decorrentes das contribuições sociais previstas nas alíneas *a*, *b* e *c* do parágrafo único do art. 11 da Lei 8.212, de 24 de julho de 1991, das contribuições instituídas a título de substituição e das contribuições devidas a terceiros, assim entendidas outras entidades e fundos;

II – aos demais débitos inscritos em Dívida Ativa da União, no âmbito da Procuradoria-Geral da Fazenda Nacional;

III – aos débitos decorrentes das contribuições sociais previstas nas alíneas *a*, *b* e *c* do parágrafo único do art. 11 da Lei 8.212, de 24 de julho de 1991, das contribuições instituídas a título de substituição e das contribuições devidas a terceiros, assim entendidas outras entidades e fundos, administrados pela Secretaria da Receita Federal do Brasil; e

IV – aos demais débitos administrados pela Secretaria da Receita Federal do Brasil.

§ 2º Na hipótese do IPI, o valor de que trata este artigo será apurado considerando a totalidade dos estabelecimentos da pessoa jurídica.

§ 3º O disposto neste artigo não implica restituição de quantias pagas.

§ 4º Aplica-se o disposto neste artigo aos débitos originários de operações de crédito rural e do Programa Especial de Crédito para a Reforma Agrária – PROCERA transferidas ao Tesouro Nacional, renegociadas ou não com amparo em legislação específica, inscritas na dívida ativa da União, inclusive aquelas adquiridas ou desoneradas de risco pela União por força da Medida Provisória no 2.196-3, de 24 de agosto de 2001.

Capítulo III
DO REGIME TRIBUTÁRIO DE TRANSIÇÃO

Arts. 15 a 24. (*Revogados pela Lei 12.973/2014*).

Capítulo IV
DISPOSIÇÕES GERAIS

Art. 25. O Decreto 70.235, de 6 de março de 1972, passa a vigorar com as seguintes alterações:

→ Alterações efetuadas na referida Lei.

Art. 26. A Lei 8.212, de 24 de julho de 1991, passa a vigorar com as seguintes alterações:

→ Alterações efetuadas na referida Lei.

Art. 27. A Lei 8.213, de 24 de julho de 1991, passa a vigorar acrescida do seguinte art. 125-A:

→ Alterações efetuadas na referida Lei.

Art. 28. O art. 6º da Lei 8.218, de 29 de agosto de 1991, passa a vigorar com a seguinte redação:

"Art. 6º Ao sujeito passivo que, notificado, efetuar o pagamento, a compensação ou o parcelamento dos tributos administrados pela Secretaria da Receita Federal do Brasil, inclusive das contribuições sociais previstas nas alíneas a, b e c do parágrafo único do art. 11 da Lei 8.212, de 24 de julho de 1991, das contribuições instituídas a título de substituição e das contribuições devidas a terceiros, assim entendidas outras entidades e fundos, será concedido redução da multa de lançamento de ofício nos seguintes percentuais:

I – 50% (cinquenta por cento), se for efetuado o pagamento ou a compensação no prazo de 30 (trinta) dias, contado da data em que o sujeito passivo foi notificado do lançamento;

II – 40% (quarenta por cento), se o sujeito passivo requerer o parcelamento no prazo de 30 (trinta) dias, contado da data em que foi notificado do lançamento;

III – 30% (trinta por cento), se for efetuado o pagamento ou a compensação no prazo de 30 (trinta) dias, contado da data em que o sujeito passivo foi notificado da decisão administrativa de primeira instância; e

IV – 20% (vinte por cento), se o sujeito passivo requerer o parcelamento no prazo de 30 (trinta) dias, contado da data em que foi notificado da decisão administrativa de primeira instância.

§ 1º No caso de provimento a recurso de ofício interposto por autoridade julgadora de primeira instância, aplica-se a redução prevista no inciso III do *caput* deste artigo, para o caso de pagamento ou compensação, e no inciso IV do *caput* deste artigo, para o caso de parcelamento.

§ 2º A rescisão do parcelamento, motivada pelo descumprimento das normas que o regulam, implicará restabelecimento do montante da multa proporcionalmente ao valor da receita não satisfeita e que exceder o valor obtido com a garantia apresentada."

Art. 29. O art. 24 da Lei 9.249, de 26 de dezembro de 1995, passa a vigorar com as seguintes alterações:

→ Alterações efetuadas na referida Lei.

Art. 30. A Lei 9.430, de 27 de dezembro de 1996, passa a vigorar com as seguintes alterações:

→ Alterações efetuadas na referida Lei.

Art. 31. A Lei 9.469, de 10 de julho de 1997, passa a vigorar com as seguintes alterações:

"Art. 1º O Advogado-Geral da União, diretamente ou mediante delegação, e os dirigentes máximos das empresas públicas federais poderão autorizar a realização de acordos ou transações, em juízo, para terminar o litígio, nas causas de valor até R$ 500.000,00 (quinhentos mil reais).

§ 1º Quando a causa envolver valores superiores ao limite fixado neste artigo, o acordo ou a transação, sob pena de nulidade, dependerá de prévia e expressa autorização do Advogado-Geral da União e do Ministro de Estado ou do titular da Secretaria da Presidência da República a cuja área de competência estiver afeto o assunto, ou ainda do Presidente da Câmara dos Deputados, do Senado Federal, do Tribunal de Contas da União, de Tribunal ou Conselho, ou do Procurador-Geral da República, no caso de interesse dos órgãos dos Poderes Legislativo e Judiciário, ou do Ministério Público da União, excluídas as empresas públicas federais não dependentes, que necessitarão apenas de prévia e expressa autorização de seu dirigente máximo.

(...)

§ 3º As competências previstas neste artigo podem ser delegadas."

"Art. 1º-A. O Advogado-Geral da União poderá dispensar a inscrição de crédito, autorizar o não ajuizamento de ações e a não-interposição de recursos, assim como o requerimento de extinção das ações em curso ou de desistência dos respectivos recursos judiciais, para cobrança de créditos da União e das autarquias e fundações públicas federais, observados os critérios de custos de administração e cobrança.

Parágrafo único. O disposto neste artigo não se aplica à Dívida Ativa da União e aos processos em que a União seja autora, ré, assistente ou opoente cuja representação judicial seja atribuída à Procuradoria-Geral da Fazenda Nacional."

"Art. 1º-B. Os dirigentes máximos das empresas públicas federais poderão autorizar a não-propositura de ações e a não interposição de recursos, assim como o requerimento de extinção das ações em curso ou de desistência dos respectivos recursos judiciais, para cobrança de créditos, atualizados, de valor igual ou inferior a R$ 10.000,00 (dez mil reais), em que interessadas essas entidades na qualidade de autoras, rés, assistentes ou opoentes, nas condições aqui estabelecidas.

Parágrafo único. Quando a causa envolver valores superiores ao limite fixado neste artigo, o disposto no *caput*, sob pena de nulidade, dependerá de prévia e expressa autorização do Ministro de Estado ou do titular da Secretaria da Presidência da República a cuja área de competência estiver afeto o assunto, excluído o caso das empresas públicas não dependentes que necessitarão apenas de prévia e expressa autorização de seu dirigente máximo."

"Art. 1º-C. Verificada a prescrição do crédito, o representante judicial da União, das autarquias e fundações públicas federais não efetivará a inscrição em dívida ativa dos créditos, não procederá ao ajuizamento, não recorrerá e desistirá dos recursos já interpostos."

"Art. 2º O Procurador-Geral da União, o Procurador-Geral Federal e os dirigentes máximos das empresas públicas federais e do Banco Central do Brasil poderão autorizar a realização de acordos, homologáveis pelo Juízo, nos autos do processo judicial, para o pagamento de débitos de valores não superiores a R$ 100.000,00 (cem mil reais), em parcelas mensais e sucessivas até o máximo de 30 (trinta).

§ 1º O valor de cada prestação mensal, por ocasião do pagamento, será acrescido de juros equivalentes à taxa referencial do Sistema Especial de Liquidação e de Custódia – SELIC para títulos federais, acumulada mensalmente, calculados a partir do mês subsequente ao da consolidação até o mês anterior ao do pagamento, e de 1% (um por cento) relativamente ao mês em que o pagamento estiver sendo efetuado.

(...)"

"Art. 3º (...)

Parágrafo único. Quando a desistência de que trata este artigo decorrer de prévio requerimento do autor dirigido à administração pública federal para apreciação de pedido administrativo com o mesmo objeto da ação, esta não poderá negar o seu deferimento exclusivamente em razão da renúncia prevista no *caput* deste artigo."

"Art. 7º-A. As competências previstas nesta Lei aplicam-se concorrentemente àquelas específicas existentes na legislação em vigor em relação às autarquias, às fundações e às empresas públicas federais não dependentes."

"Art. 10-A. Ficam convalidados os acordos ou transações, em juízo, para terminar o litígio, realizados pela União ou pelas autarquias, fundações ou empresas públicas federais não dependentes durante o período de vigência da Medida Provisória 449, de 3 de dezembro de 2008, que estejam de acordo com o disposto nesta Lei."

Art. 32. Os arts. 62 e 64 da Lei 9.532, de 10 de dezembro de 1997, passam a vigorar com a seguinte redação:

→ Alterações efetuadas na referida Lei.

Art. 33. O art. 7º da Lei 10.426, de 24 de abril de 2002, passa a vigorar acrescido do seguinte § 6º:

→ Alterações efetuadas na referida Lei.

Art. 34. O art. 11 da Lei 10.480, de 2 de julho de 2002, passa a vigorar com a seguinte redação:

"Art. 11. (...)

§ 1º O Procurador-Geral Federal é nomeado pelo Presidente da República, mediante indicação do Advogado-Geral da União.

§ 2º Compete ao Procurador-Geral Federal:

I – dirigir a Procuradoria-Geral Federal, coordenar suas atividades e orientar-lhe a atuação;

II – exercer a representação das autarquias e fundações federais perante o Supremo Tribunal Federal e os Tribunais Superiores;

III – sugerir ao Advogado-Geral da União medidas de caráter jurídico de interesse das autarquias e fundações federais, reclamadas pelo interesse público;

IV – distribuir os cargos e lotar os membros da Carreira nas Procuradorias-Gerais ou Departamentos Jurídicos de autarquias e fundações federais;

V – disciplinar e efetivar as promoções e remoções dos membros da Carreira de Procurador Federal;

VI – instaurar sindicâncias e processos administrativos disciplinares contra membros da Carreira de Procurador Federal, julgar os respectivos processos e aplicar as correspondentes penalidades;

VII – ceder, ou apresentar quando requisitados, na forma da lei, Procuradores Federais; e

VIII – editar e praticar os atos normativos ou não, inerentes a suas atribuições.

§ 3º No desempenho de suas atribuições, o Procurador-Geral Federal pode atuar junto a qualquer juízo ou Tribunal.

§ 4º É permitida a delegação da atribuição prevista no inciso II do § 2º deste artigo aos Procuradores-Gerais ou Chefes de Procuradorias, Departamentos, Consultorias ou Assessorias Jurídicas de autarquias e fundações federais e aos procuradores federais na Adjuntoria de Contencioso, bem como as dos incisos IV a VII do § 2º deste artigo ao Subprocurador-Geral Federal."

Art. 35. A Lei 10.522, de 19 de julho de 2002, passa a vigorar com as seguintes alterações:

→ Alterações efetuadas na referida Lei.

Art. 36. A Lei 10.887, de 18 de junho de 2004, passa a vigorar acrescida do seguinte art. 16-A:

"Art. 16-A. A contribuição do Plano de Seguridade do Servidor Público – PSS, decorrente de valores pagos em cumprimento de decisão judicial, ainda que decorrente de homologação de acordo, será retida na fonte, no momento do pagamento ao beneficiário ou seu representante legal, pela instituição financeira responsável pelo pagamento, por intermédio da quitação da guia de recolhimento, remetida pelo setor de precatórios do Tribunal respectivo.

Parágrafo único. O Tribunal respectivo, por ocasião da remessa dos valores do precatório ou requisição de pequeno valor, emitirá guia de recolhimento devidamente preenchida, que será remetida à instituição financeira juntamente com o comprovante da transferência do numerário objeto da condenação."

Art. 37. A Lei 6.404, de 15 de dezembro de 1976, passa a vigorar com as seguintes alterações:

→ Alterações efetuadas na referida Lei.

Art. 38. A Lei 6.404, de 15 de dezembro de 1976, passa a vigorar acrescida dos arts. 184-A, 299-A e 299-B:

→ Alterações efetuadas na referida Lei.

Art. 39. Os arts. 8º e 19 do Decreto-Lei 1.598, de 26 de dezembro de 1977, passam a vigorar com a seguinte redação:

"Art. 8º (...)

(...)

§ 2º Para fins da escrituração contábil, inclusive da aplicação do disposto no § 2º do art. 177 da Lei 6.404, de 15 de dezembro de 1976, os registros contábeis que forem necessários para a observância das disposições tributárias relativos à determinação da base de cálculo do imposto de renda e, também, dos demais tributos, quando não devam, por sua natureza fiscal, constar da escrituração contábil, ou forem diferentes dos lançamentos dessa escrituração, serão efetuados exclusivamente em:

I – livros ou registros contábeis auxiliares; ou

II – livros fiscais, inclusive no livro de que trata o inciso I do *caput* deste artigo.

§ 3º O disposto no § 2º deste artigo será disciplinado pela Secretaria da Receita Federal do Brasil."

"Art. 19. (...)

(...)

III – outras receitas ou outras despesas de que trata o inciso IV do *caput* do art. 187 da Lei 6.404, de 15 de dezembro de 1976;

(...)"

Art. 40. O art. 47 da Lei 8.981, de 20 de janeiro de 1995, passa a vigorar acrescido do seguinte inciso VIII:

→ Alteração efetuada na referida Lei.

Arts. 41 a 44. (*Vetados*).

Art. 45. O art. 8º da Lei 11.732, de 30 de junho de 2008, passa a vigorar com a seguinte redação:

→ Alterações efetuadas na referida Lei.

Art. 46. O conceito de sociedade coligada previsto no art. 243 da Lei 6.404, de 15 de dezembro de 1976, com a redação dada por esta Lei, somente será utilizado para os propósitos previstos naquela Lei.

Parágrafo único. Para os propósitos previstos em leis especiais, considera-se coligada a sociedade referida no art. 1.099 da Lei 10.406, de 10 de janeiro de 2002 – Código Civil.

Art. 47. A Lei 10.260, de 12 de julho de 2001, passa a vigorar com as seguintes alterações:

"Art. 5º (...)

(...)

IV – carência: de 18 (dezoito) meses contados a partir do mês imediatamente subsequente ao da conclusão do curso, mantido o pagamento dos juros nos termos do § 1º deste artigo;

V – amortização: terá início no 19º (décimo nono) mês ao da conclusão do curso, ou antecipadamente, por iniciativa do estudante financiado, calculando-se as prestações, em qualquer caso:

(...)"

Capítulo V
DISPOSIÇÕES FINAIS

Art. 48. O Primeiro, o Segundo e o Terceiro Conselhos de Contribuintes do Ministério da Fazenda, bem como a Câmara Superior de Recursos Fiscais, ficam unificados em um órgão, denominado Conselho Administrativo de Recursos Fiscais, colegiado, paritário, integrante da estrutura do Ministério da Fazenda, com competência para julgar recursos de ofício e voluntários de decisão de primeira instância, bem como recursos especiais, sobre a aplicação da legislação referente a tributos administrados pela Secretaria da Receita Federal do Brasil.

Parágrafo único. São prerrogativas do Conselheiro integrante do Conselho Administrativo de Recursos Fiscais – CARF:

→ Parágrafo único acrescentado pela Lei 12.833/2013.

I – somente ser responsabilizado civilmente, em processo judicial ou administrativo, em razão de decisões proferidas em julgamento de processo no âmbito do CARF, quando proceder comprovadamente com dolo ou fraude no exercício de suas funções; e

II – (*Vetado*).

Art. 49. Ficam transferidas para o Conselho Administrativo de Recursos Fiscais as atribuições e competências do Primeiro, Segundo e Terceiro Conselhos de Contribuintes do Ministério da Fazenda e da Câmara Superior de Recursos Fiscais, e suas respectivas câmaras e turmas.

§ 1º Compete ao Ministro de Estado da Fazenda instalar o Conselho Administrativo de Recursos Fiscais, nomear seu presidente, entre os representantes da Fazenda Nacional e dispor quanto às competências para julgamento em razão da matéria.

§ 2º (*Vetado*).

§ 3º Fica prorrogada a competência dos Conselhos de Contribuintes e da Câmara Superior de Recursos Fiscais enquanto não instalado o Conselho Administrativo de Recursos Fiscais.

§ 4º Enquanto não aprovado o regimento interno do Conselho Administrativo de Recursos Fiscais serão aplicados, no que couber, os Regimentos Internos dos Conselhos de Contribuintes e da Câmara Superior de Recursos Fiscais do Ministério da Fazenda.

Art. 50. Ficam removidos, na forma do disposto no inciso I do parágrafo único do art. 36 da Lei 8.112, de 11 de dezembro de 1990, para o Conselho Administrativo de Recursos Fiscais, os servidores que, na data da publicação desta Lei, se encontravam lotados e em efetivo exercício no Primeiro, Segundo e Terceiro Conselhos de Contribuintes do Ministério da Fazenda e na Câmara Superior de Recursos Fiscais.

Art. 51. Ficam transferidos os cargos em comissão e funções gratificadas da estrutura do Primeiro, Segundo e Terceiro Conselhos de Contribuintes do Ministério da Fazenda e da Câmara Superior de Recursos Fiscais para o Conselho Administrativo de Recursos Fiscais.

Art. 52. As disposições da legislação tributária em vigor, que se refiram aos Conselhos de Contribuintes e à Câmara Superior de Recursos Fiscais devem ser entendidas como pertinentes ao Conselho Administrativo de Recursos Fiscais.

Art. 53. A prescrição dos créditos tributários pode ser reconhecida de ofício pela autoridade administrativa.

Parágrafo único. O reconhecimento de ofício a que se refere o *caput* deste artigo aplica-se inclusive às contribuições sociais previstas nas alíneas a, b e c do parágrafo único do art. 11 da Lei 8.212, de 24 de julho de 1991, às contribuições instituídas a título de substituição e às contribuições devidas a terceiros, assim entendidas outras entidades e fundos.

Art. 54. Terão sua inscrição no Cadastro Nacional da Pessoa Jurídica – CNPJ baixada, nos termos e condições definidos pela Secretaria da Receita Federal do Brasil, as pessoas jurídicas que tenham sido declaradas inaptas até a data de publicação desta Lei.

Art. 55. As pessoas jurídicas que tiverem sua inscrição no CNPJ baixada até 31 de dezembro de 2008, nos termos do art. 54 desta Lei e dos arts. 80 e 80-A da Lei 9.430, de 27 de dezembro de 1996, ficam dispensadas:

I – da apresentação de declarações e demonstrativos relativos a tributos administrados pela Secretaria da Receita Federal do Brasil;

II – da comunicação à Secretaria da Receita Federal do Brasil da baixa, extinção ou cancelamento nos órgãos de registro; e

LEGISLAÇÃO

III – das penalidades decorrentes do descumprimento das obrigações acessórias de que tratam os incisos I e II do *caput* deste artigo.

Art. 56. A partir de 1º de janeiro de 2008, o imposto de renda sobre prêmios obtidos em loterias incidirá apenas sobre o valor do prêmio em dinheiro que exceder ao valor da primeira faixa da tabela de incidência mensal do Imposto de Renda da Pessoa Física – IRPF.

Parágrafo único. (*Vetado*).

Art. 57. A aplicação do disposto nos arts. 35 e 35-A da Lei 8.212, de 24 de julho de 1991, às prestações ainda não pagas de parcelamento e aos demais débitos, inscritos ou não em Dívida Ativa, cobrado por meio de processo ainda não definitivamente julgado, ocorrerá:

I – mediante requerimento do sujeito passivo, dirigido à autoridade administrativa competente, informando e comprovando que se subsume à mencionada hipótese; ou

II – de ofício, quando verificada pela autoridade administrativa a possibilidade de aplicação.

Parágrafo único. O procedimento de revisão de multas previsto neste artigo será regulamentado em portaria conjunta da Procuradoria-Geral da Fazenda Nacional e da Secretaria da Receita Federal do Brasil.

Art. 58. Os órgãos responsáveis pela cobrança da Dívida Ativa da União poderão utilizar serviços de instituições financeiras públicas para a realização de atos que viabilizem a satisfação amigável de créditos inscritos.

§ 1º Nos termos convencionados com as instituições financeiras, os órgãos responsáveis pela cobrança da Dívida Ativa:

I – orientarão a instituição financeira sobre a legislação tributária aplicável ao tributo objeto de satisfação amigável;

II – delimitarão os atos de cobrança amigável a serem realizados pela instituição financeira;

III – indicarão as remissões e anistias, expressamente previstas em lei, aplicáveis ao tributo objeto de satisfação amigável;

IV – fixarão o prazo que a instituição financeira terá para obter êxito na satisfação amigável do crédito inscrito, antes do ajuizamento da ação de execução fiscal, quando for o caso; e

V – fixarão os mecanismos e parâmetros de remuneração por resultado.

§ 2º Para os fins deste artigo, é dispensável a licitação, desde que a instituição financeira pública possua notória competência na atividade de recuperação de créditos não pagos.

§ 3º Ato conjunto do Advogado-Geral da União e do Ministro de Estado da Fazenda:

I – fixará a remuneração por resultado devida à instituição financeira; e

II – determinará os créditos que podem ser objeto do disposto no *caput* deste artigo, inclusive estabelecendo alçadas de valor.

Art. 59. (*Revogado pela Lei 12.973/2014*).

Art. 60. (*Revogado pela Lei 12.973/2014*).

Art. 61. A escrituração de que trata o art. 177 da Lei 6.404, de 15 de dezembro de 1976, quando realizada por instituições financeiras e demais entidades autorizadas a funcionar pelo Banco Central do Brasil, inclusive as constituídas na forma de companhia aberta, deve observar as disposições da Lei 4.595, de 31 de dezembro de 1964, e os atos normativos dela decorrentes.

Art. 62. O texto consolidado da Lei 6.404, de 15 de dezembro de 1976, com todas as alterações nela introduzidas pela legislação posterior, inclusive por esta Lei, será publicado no Diário Oficial da União pelo Poder Executivo.

Art. 63. Ficam extintos, no âmbito do Poder Executivo Federal, 28 (vinte e oito) cargos em comissão do Grupo-Direção e Assessoramento Superiores – DAS e 16 (dezesseis) Funções Gratificadas – FG, sendo 16 (dezesseis) DAS-101.2, 12 (doze) DAS-101.1, 4 (quatro) FG-1, 2 (dois) FG-2 e 10 (dez) FG-3, e criados 15 (quinze) cargos em comissão do Grupo-Direção e Assessoramento Superiores – DAS, sendo 2 (dois) DAS-101.5, 1 (um) DAS-101.4 e 12 (doze) DAS-101.3.

Art. 64. O disposto nos arts. 1º a 7º da Medida Provisória 447, de 14 de novembro de 2008, aplica-se também aos fatos geradores ocorridos entre 1º e 31 de outubro de 2008.

Art. 65. Fica a União autorizada a conceder subvenção extraordinária para os produtores independentes de cana-de-açúcar da região Nordeste e do Estado do Rio de Janeiro na safra 2008/2009.

§ 1º Os Ministérios da Agricultura, Pecuária e Abastecimento e da Fazenda estabelecerão em ato conjunto as condições operacionais para a implementação, execução, pagamento, controle e fiscalização da subvenção prevista no *caput* deste artigo, devendo observar que a subvenção será:

I – concedida diretamente aos produtores ou por meio de suas cooperativas, em função da quantidade de cana-de-açúcar efetivamente vendida às usinas de açúcar e de álcool da região;

II – definida pela diferença entre o custo variável de produção do Nordeste para a safra 2008/2009, calculado pela Companhia Nacional de Abastecimento – CONAB em R$ 40,92 (quarenta reais e noventa e dois centavos) por tonelada de cana-de-açúcar e o preço médio líquido mensal da tonelada de cana padrão calculado a partir do preço apurado pelo Conselho dos Produtores de Cana-de-Açúcar, Açúcar e Álcool – CONSECANA, de Alagoas e de Pernambuco, ponderado pela produção desses Estados estimada no levantamento de safra da Conab de dezembro de 2008;

III – limitada a R$ 5,00 (cinco reais) por tonelada de cana-de-açúcar e a 10.000 (dez mil) toneladas por produtor em toda a safra;

IV – paga em 2008 e 2009, referente à produção da safra 2008/2009 efetivamente entregue a partir de 1º de maio de 2008 na hipótese do Estado do Rio de Janeiro e nos períodos de 1º de agosto de 2008 a 31 dezembro de 2008 nos demais casos e 1º de janeiro de 2009 ao final da safra, considerando a média dos valores mensais da subvenção de cada período.

§ 2º Os custos decorrentes dessa subvenção serão suportados pela ação correspondente à Garantia e Sustentação de Preços na Comercialização de Produtos Agropecuários, do Orçamento das Operações Oficiais de Crédito, sob a coordenação do Ministério da Fazenda.

Art. 66. Fica a União autorizada, em caráter excepcional, a proceder à aquisição de açúcar produzido pelas usinas circunscritas à região Nordeste, da safra 2008/2009, por preço não superior ao preço médio praticado na região, com base em parâmetros de preços definidos conjuntamente pelos Ministérios da Fazenda e da Agricultura, Pecuária e Abastecimento, observada a legislação vigente.

Parágrafo único. Os custos decorrentes das aquisições de que trata este artigo serão suportados pela dotação consignada no Programa Abastecimento Agroalimentar, na ação correspondente à Formação de Estoques, sob a coordenação da Conab.

Art. 67. Na hipótese de parcelamento do crédito tributário antes do oferecimento da denúncia, essa somente poderá ser aceita na superveniência de inadimplemento da obrigação objeto da denúncia.

Art. 68. É suspensa a pretensão punitiva do Estado, referente aos crimes previstos nos arts. 1º e 2º da Lei 8.137, de 27 de dezembro de 1990, e nos arts. 168-A e 337-A do Decreto-Lei 2.848, de 7 de dezembro de 1940 – Código Penal, limitada a suspensão aos débitos que tiverem sido objeto de concessão de parcelamento, enquanto não forem rescindidos os parcelamentos de que tratam os arts. 1º a 3º desta Lei, observado o disposto no art. 69 desta Lei.

Parágrafo único. A prescrição criminal não corre durante o período de suspensão da pretensão punitiva.

Art. 69. Extingue-se a punibilidade dos crimes referidos no art. 68 quando a pessoa jurídica relacionada com o agente efetuar o pagamento integral dos débitos oriundos de tributos e contribuições sociais, inclusive acessórios, que tiverem sido objeto de concessão de parcelamento.

Parágrafo único. Na hipótese de pagamento efetuado pela pessoa física prevista no § 15 do art. 1º desta Lei, a extinção da punibilidade ocorrerá com o pagamento integral dos valores correspondentes à ação penal.

Art. 70. (*Vetado*).

Art. 71. A adjudicação de ações pela União, para pagamento de débitos inscritos na Dívida Ativa, que acarrete a participação em sociedades empresariais, deverá ter a anuência prévia, por meio de resolução, da Comissão Interministerial de Governança Corporativa e de Administração de Participações Societárias da União – CGPAR, vedada a assunção pela União do controle societário.

§ 1º A adjudicação de que trata o *caput* deste artigo limitar-se-á às ações de sociedades empresariais com atividade econômica no setor de defesa nacional.

§ 2º O disposto no *caput* deste artigo aplica-se também à dação em pagamento, para quitação de débitos de natureza não tributária inscritos em Dívida Ativa.

§ 3º Ato do Poder Executivo regulamentará o disposto neste artigo.

Art. 72. A Lei 9.873, de 23 de novembro de 1999, passa a vigorar com as seguintes alterações:

"Art. 1º-A. Constituído definitivamente o crédito não tributário, após o término regular do processo administrativo, prescreve em 5 (cinco)

anos a ação de execução da administração pública federal relativa a crédito decorrente da aplicação de multa por infração à legislação em vigor."

"Art. 2º Interrompe-se a prescrição da ação punitiva:

I - pela notificação ou citação do indiciado ou acusado, inclusive por meio de edital;

(...)

IV - por qualquer ato inequívoco que importe em manifestação expressa de tentativa de solução conciliatória no âmbito interno da administração pública federal."

"Art. 2º-A. Interrompe-se o prazo prescricional da ação executória:

I - pelo despacho do juiz que ordenar a citação em execução fiscal;

II - pelo protesto judicial;

III - por qualquer ato judicial que constitua em mora o devedor;

IV - por qualquer ato inequívoco, ainda que extrajudicial, que importe em reconhecimento do débito pelo devedor;

V - por qualquer ato inequívoco que importe em manifestação expressa de tentativa de solução conciliatória no âmbito interno da administração pública federal."

Art. 73. O art. 32 da Lei 9.430, de 27 de dezembro de 1996, passa a vigorar acrescido dos seguintes parágrafos:

→ Alterações efetuadas na referida Lei.

Art. 74. O art. 28 da Lei 11.171, de 2 de setembro de 2005, passa a vigorar com a seguinte redação:

"Art. 28. Fica vedada a cessão para outros órgãos ou entidades da administração pública federal, dos Estados, do Distrito Federal e dos Municípios de servidores do DNIT, nos seguintes casos:

I - durante os primeiros 10 (dez) anos de efetivo exercício no DNIT, a partir do ingresso em cargo das Carreiras de que trata o art. 1º desta Lei; ou

II - pelo prazo de 10 (dez) anos contado da publicação desta Lei, para os servidores do Plano Especial de Cargos do DNIT, instituído pelo art. 3º desta Lei.

Parágrafo único. Excetua-se do disposto no *caput* deste artigo a cessão ou requisição para o atendimento de situações previstas em leis específicas, ou para a ocupação de cargos de Natureza Especial, de provimento em comissão do Grupo-Direção e Assessoramento Superiores, DAS-6, DAS-5, DAS-4 ou equivalentes no âmbito do Ministério dos Transportes."

Art. 75. O art. 4º da Lei 11.345, de 14 de setembro de 2006, passa a vigorar com a seguinte redação:

"Art. 4º (...)

(...)

§ 14. Aplica-se o disposto no § 12 aos clubes sociais sem fins econômicos que comprovem a participação em competições oficiais em ao menos 3 (três) modalidades esportivas distintas, de acordo com certidão a ser expedida anualmente pela Confederação Brasileira de Clubes."

Art. 76. O prazo previsto no art. 10 da Lei 11.345, de 14 de setembro de 2006, fica reaberto por 180 (cento e oitenta) dias contados da publicação desta Lei para as Santas Casas de Misericórdia, para as entidades de saúde de reabilitação física de deficientes sem fins econômicos e para os clubes sociais sem fins econômicos que comprovem a participação em competições oficiais em ao menos 3 (três) modalidades esportivas distintas, de acordo com certidão a ser expedida anualmente pela Confederação Brasileira de Clubes.

Art. 77. Fica prorrogada até 31 de dezembro de 2014 a vigência da Lei 8.989, de 24 de fevereiro de 1995.

Art. 78. (*Vetado*).

Art. 79. Ficam revogados:

I - os §§ 1º e 3º a 8º do art. 32, o art. 34, os §§ 1º a 4º do art. 35, os §§ 1º e 2º do art. 37, os arts. 38 e 41, o § 8º do art. 47, o § 2º do art. 49, o parágrafo único do art. 52, o inciso II do *caput* do art. 80, o art. 81, os §§ 1º, 2º, 3º, 5º, 6º e 7º do art. 89 e o parágrafo único do art. 93 da Lei 8.212, de 24 de julho de 1991;

II - o art. 60 da Lei 8.383, de 30 de dezembro de 1991;

III - o parágrafo único do art. 133 da Lei 8.213, de 24 de julho de 1991;

IV - o art. 7º da Lei 9.469, de 10 de julho de 1997;

V - o parágrafo único do art. 10, os §§ 4º ao 9º do art. 11 e o parágrafo único do art. 14 da Lei 10.522, de 19 de julho de 2002;

VI - o parágrafo único do art. 15 do Decreto no 70.235, de 6 de março de 1972;

VII - o art. 13 da Lei 8.620, de 5 de janeiro de 1993;

VIII - os §§ 1º, 2º e 3º do art. 84 do Decreto-Lei 73, de 21 de novembro de 1966;

IX - o art. 1º da Lei 10.190, de 14 de fevereiro de 2001, na parte em que altera o art. 84 do Decreto-Lei 73, de 21 de novembro de 1966;

X - o § 7º do art. 177, o inciso V do *caput* do art. 179, o art. 181, o inciso VI do *caput* do art. 183 e os incisos III e IV do *caput* do art. 188 da Lei 6.404, de 15 de dezembro de 1976;

XI - a partir da instalação do Conselho Administrativo de Recursos Fiscais:

a) o Decreto no 83.304, de 28 de março de 1979;

b) o Decreto no 89.892, de 2 de julho de 1984; e

c) o art. 112 da Lei 11.196, de 21 de novembro de 2005;

XII - o § 1º do art. 3º da Lei 9.718, de 27 de novembro de 1998;

XIII - o inciso III do *caput* do art. 8º da Lei 6.938, de 31 de agosto de 1981; e

XIV - o inciso II do § 2º do art. 1º da Lei 9.964, de 10 de abril de 2000.

Art. 80. Esta Lei entra em vigor na data de sua publicação.

Brasília, 27 de maio de 2009; 188º da Independência e 121º da República.

Luiz Inácio Lula da Silva

(Publicação no *D.O.U.* de 28.5.2009)

LEI 11.945,
DE 4 DE JUNHO DE 2009

Altera a legislação tributária federal e dá outras providências.

O Presidente da República:

Faço saber que o Congresso Nacional decreta e eu sanciono a seguinte Lei:

Art. 1º Deve manter o Registro Especial na Secretaria da Receita Federal do Brasil a pessoa jurídica que:

I - exercer as atividades de comercialização e importação de papel destinado à impressão de livros, jornais e periódicos, a que se refere a alínea d do inciso VI do art. 150 da Constituição Federal; e

II - adquirir o papel a que se refere a alínea d do inciso VI do art. 150 da Constituição Federal para a utilização na impressão de livros, jornais e periódicos.

§ 1º A comercialização do papel a detentores do Registro Especial de que trata o *caput* deste artigo faz prova da regularidade da sua destinação, sem prejuízo da responsabilidade, pelos tributos devidos, da pessoa jurídica que, tendo adquirido o papel beneficiado com imunidade, desviar sua finalidade constitucional.

§ 2º O disposto no § 1º deste artigo aplica-se também para efeito do disposto no § 2º do art. 2º da Lei 10.637, de 30 de dezembro de 2002, no § 2º do art. 2º e no § 15 do art. 3º da Lei 10.833, de 29 de dezembro de 2003, e no § 10 do art. 8º da Lei 10.865, de 30 de abril de 2004.

§ 3º Fica atribuída à Secretaria da Receita Federal do Brasil competência para:

I - expedir normas complementares relativas ao Registro Especial e ao cumprimento das exigências a que estão sujeitas as pessoas jurídicas para sua concessão;

II - estabelecer a periodicidade e a forma de comprovação da correta destinação do papel beneficiado com imunidade, inclusive mediante a instituição de obrigação acessória destinada ao controle da sua comercialização e importação.

§ 4º O não cumprimento da obrigação prevista no inciso II do § 3º deste artigo sujeitará a pessoa jurídica às seguintes penalidades:

I - 5% (cinco por cento), não inferior a R$ 100,00 (cem reais) e não superior a R$ 5.000,00 (cinco mil reais), do valor das operações com papel imune omitidas ou apresentadas de forma inexata ou incompleta; e

II - de R$ 2.500,00 (dois mil e quinhentos reais) para micro e pequenas empresas e de R$ 5.000,00 (cinco mil reais) para as demais, independentemente da sanção prevista no inciso I deste artigo, se as informações não forem apresentadas no prazo estabelecido.

§ 5º Apresentada a informação fora do prazo, mas antes de qualquer procedimento de ofício, a multa de que trata o inciso II do § 4º deste artigo será reduzida à metade.

Art. 2º O Registro Especial de que trata o art. 1º desta Lei poderá ser cancelado, a qualquer tempo, pela Secretaria da Receita Federal do Brasil se, após a sua concessão, ocorrer uma das seguintes hipóteses:

I – desatendimento dos requisitos que condicionaram a sua concessão;

II – situação irregular da pessoa jurídica perante o Cadastro Nacional da Pessoa Jurídica – CNPJ;

III – atividade econômica declarada para efeito da concessão do Registro Especial divergente da informada perante o CNPJ ou daquela regularmente exercida pela pessoa jurídica;

IV – não comprovação da correta destinação do papel na forma a ser estabelecida no inciso II do § 3º do art. 1º desta Lei; ou

V – decisão final proferida na esfera administrativa sobre a exigência fiscal de crédito tributário decorrente do consumo ou da utilização do papel destinado à impressão de livros, jornais e periódicos em finalidade diferente daquela prevista no art. 1º desta Lei.

§ 1º Fica vedada a concessão de novo Registro Especial, pelo prazo de 5 (cinco) anos-calendário, à pessoa jurídica enquadrada nas hipóteses descritas nos incisos IV ou V do *caput* deste artigo.

§ 2º A vedação de que trata o § 1º deste artigo também se aplica à concessão de Registro Especial a pessoas jurídicas que possuam em seu quadro societário:

I – pessoa física que tenha participado, na qualidade de sócio, diretor, gerente ou administrador, de pessoa jurídica que teve Registro Especial cancelado em virtude do disposto nos incisos IV ou V do *caput* deste artigo; ou

II – pessoa jurídica que teve Registro Especial cancelado em virtude do disposto nos incisos IV ou V do *caput* deste artigo.

Art. 3º (*Vetado*).

Art. 4º Ficam isentas do Imposto sobre a Renda da Pessoa Jurídica – IRPJ e da Contribuição Social sobre o Lucro Líquido – CSLL as receitas decorrentes de valores em espécie pagos ou creditados pelos Estados, Distrito Federal e Municípios, relativos ao Imposto sobre Operações relativas à Circulação de Mercadorias e sobre Prestações de Serviços de Transporte Interestadual e Intermunicipal e de Comunicação – ICMS e ao Imposto sobre Serviços de Qualquer Natureza – ISS, no âmbito de programas de concessão de crédito voltados ao estímulo à solicitação de documento fiscal na aquisição de mercadorias e serviços.

Art. 5º Ficam reduzidas a 0 (zero) as alíquotas da Contribuição para o PIS/Pasep e da Contribuição para o Financiamento da Seguridade Social – Cofins incidentes sobre as receitas decorrentes de valores pagos ou creditados pelos Estados, Distrito Federal e Municípios relativos ao ICMS e ao ISS, no âmbito de programas de concessão de crédito voltados ao estímulo à solicitação de documento fiscal na aquisição de mercadorias e serviços.

Art. 6º O art. 6º da Lei 7.713, de 22 de dezembro de 1988, passa a vigorar com a seguinte redação:

"Art. 6º (...)

(...)

XXII – os valores pagos em espécie pelos Estados, Distrito Federal e Municípios, relativos ao Imposto sobre Operações relativas à Circulação de Mercadorias e sobre Prestações de Serviços de Transporte Interestadual e Intermunicipal e de Comunicação – ICMS e ao Imposto sobre Serviços de Qualquer Natureza – ISS, no âmbito de programas de concessão de crédito voltados ao estímulo à solicitação de documento fiscal na aquisição de mercadorias e serviços.

Parágrafo único. O disposto no inciso XXII do *caput* deste artigo não se aplica aos prêmios recebidos por meio de sorteios, em espécie, bens ou serviços, no âmbito dos referidos programas."

Art. 7º Sem prejuízo do disposto no § 3º do art. 195 da Constituição Federal, pelo prazo de 6 (seis) meses, nas operações de crédito realizadas com instituições financeiras públicas, incluídas as contratações e renegociações de dívidas, ficam afastadas as exigências de regularidade fiscal previstas no art. 62 do Decreto-Lei 147, de 3 de fevereiro de 1967, no § 1º do art. 1º do Decreto-Lei 1.715, de 22 de novembro de 1979, na alínea b do art. 27 da Lei 8.036, de 11 de maio de 1990, e na Lei 10.522, de 19 de julho de 2002.

Parágrafo único. O disposto no *caput* deste artigo aplica-se, pelo prazo de 18 (dezoito) meses, às liberações de recursos das operações de crédito realizadas com instituições financeiras públicas.

Art. 8º Os órgãos e entidades da administração pública federal responsáveis pela inscrição de pendências relativas a obrigações fiscais, legais ou de natureza financeira ou contratual devidas por Estados, Distrito Federal ou Municípios e que compõem a base de informações para fins de verificação das condições para transferência voluntária da União deverão:

I – adotar procedimento prévio de notificação como condicionante à inscrição definitiva de pendência nos sistemas próprios, cadastros ou bancos de dados de controle utilizados para essa finalidade;

II – manter, em seus sistemas, cadastros ou bancos de dados de controle, as informações sobre a data da notificação e o prazo para inscrição definitiva da pendência.

§ 1º Não estão sujeitas à obrigatoriedade de notificação prévia de que trata este artigo:

I – as obrigações certas de pagamento previstas em contratos de financiamento, parcelamentos ou outros de natureza assemelhada;

II – as obrigações de transparência previstas nos arts. 51, 52 e 54 da Lei Complementar 101, de 4 de maio de 2000.

§ 2º Na hipótese de inexistência de prazo diverso previsto em regulamentação própria para o procedimento de que trata este artigo, o prazo para inscrição definitiva da pendência será de 45 (quarenta e cinco) dias, contado da data da notificação.

Art. 9º Para efeitos de aplicação do disposto no **art. 8º**, os órgãos e entidades referidos no *caput* desse artigo deverão providenciar a adaptação de seus sistemas próprios, cadastros ou bancos de dados de controle na forma do inciso II do referido dispositivo no prazo máximo de 1 (um) ano, contado da data de publicação desta Lei, devendo tais informações ser incorporadas ao Cadastro Único de Convênios – Cauc e outros sistemas ou portais de consulta unificada de informações sobre Estados e Municípios.

Art. 10. O ato de entrega de recursos correntes e de capital a outro ente da Federação, a título de transferência voluntária, nos termos do art. 25 da Lei Complementar 101, de 4 de maio de 2000, é caracterizado no momento da assinatura do respectivo convênio ou contrato de repasse, bem como na assinatura dos correspondentes aditamentos, e não se confunde com as liberações financeiras de recurso, que devem obedecer ao cronograma de desembolso previsto no convênio ou contrato de repasse.

Art. 11. As liberações financeiras das transferências voluntárias decorrentes do disposto no art. 10 desta Lei não se submetem a quaisquer outras exigências previstas na legislação, exceto aquelas intrínsecas ao cumprimento do objeto do contrato ou convênio e respectiva prestação de contas e aquelas previstas na alínea a do inciso VI do art. 73 da Lei 9.504, de 30 de setembro de 1997.

Art. 12. A aquisição no mercado interno ou a importação, de forma combinada ou não, de mercadoria para emprego ou consumo na industrialização de produto a ser exportado poderá ser realizada com suspensão do Imposto de Importação, do Imposto sobre Produtos Industrializados – IPI, da Contribuição para o PIS/Pasep e da Cofins, da Contribuição para o PIS/Pasep-Importação e da Cofins-Importação.

§ 1º As suspensões de que trata o *caput* deste artigo:

I – aplicam-se também à aquisição no mercado interno ou à importação de mercadorias para emprego em reparo, criação, cultivo ou atividade extrativista de produto a ser exportado;

II – não alcançam as hipóteses previstas nos incisos IV a IX do art. 3º da Lei 10.637, de 30 de dezembro de 2002, e nos incisos III a IX do art. 3º da Lei 10.833, de 29 de dezembro de 2003, e nos incisos III a V do art. 15 da Lei 10.865, de 30 de abril de 2004.

III – aplicam-se também às aquisições no mercado interno ou importações de empresas denominadas fabricantes-intermediários, para industrialização de produto intermediário a ser diretamente fornecido a empresas industriais-exportadoras, para emprego ou consumo na industrialização de produto final destinado à exportação.

→ Inciso III acrescentado pela Lei 12.058/2009.

§ 2º Apenas a pessoa jurídica habilitada pela Secretaria de Comércio Exterior poderá efetuar aquisições ou importações com suspensão na forma deste artigo.

→ § 2º com redação alterada pela Lei 12.058/2009.

§ 3º A Secretaria da Receita Federal do Brasil e a Secretaria de Comércio Exterior disciplinarão em ato conjunto o disposto neste artigo.

Art. 13. Os atos concessórios de drawback cujos prazos máximos, nos termos do art. 4º do Decreto-Lei 1.722, de 3 de dezembro de 1979, tenham vencimento entre 1º de outubro de 2008 e 31 de dezembro de 2009 poderão ser prorrogados, em caráter excepcional, por 1 (um) ano, contado do respectivo vencimento.

Art. 14. Os atos concessórios de drawback, incluído o regime de que trata o art. 12 desta Lei, poderão ser deferidos, a critério da Secretaria de Comércio Exterior, levando-se em conta a agregação de valor e o resultado da operação.

§ 1º A comprovação do regime poderá ser realizada com base no fluxo físico, por meio de comparação entre os volumes de importação e de aquisição no mercado interno em relação ao volume exportado, considerada, ainda, a variação cambial das moedas de negociação.

§ 2º A Secretaria da Receita Federal do Brasil e a Secretaria de Comércio Exterior disciplinarão em ato conjunto o disposto neste artigo.

Art. 15. Os arts. 3º e 5º da Lei 9.718, de 27 de novembro de 1998, passam a vigorar com a seguinte redação:

→ Alterações efetuadas na referida Lei.

Art. 16. Os arts. 1º, 2º e 3º da Lei 10.637, de 30 de dezembro de 2002, passam a vigorar com a seguinte redação:

→ Alterações efetuadas na referida Lei.

Art. 17. Os arts. 1º, 2º, 3º, 10, 58-J e 58-O da Lei 10.833, de 29 de dezembro de 2003, passam a vigorar com a seguinte redação:

→ Alterações efetuadas na referida Lei.

Art. 18. A Lei 10.833, de 29 de dezembro de 2003, passa a vigorar acrescida do seguinte art. 58-V:

→ Alteração efetuada na referida Lei.

Art. 19. Os arts. 15 e 16 da Lei 10.865, de 30 de abril de 2004, passam a vigorar com a seguinte redação:

→ Alterações efetuadas na referida Lei.

Art. 20. Os arts. 64 e 65 da Lei 11.196, de 21 de novembro de 2005, passam a vigorar com a seguinte redação:

→ Alterações efetuadas na referida Lei.

Art. 21. O art. 16 da Lei 11.371, de 28 de novembro de 2006, passa a vigorar com a seguinte redação:

→ Alterações efetuadas na referida Lei.

Art. 22. Salvo disposição expressa em contrário, caso a não incidência, a isenção, a suspensão ou a redução das alíquotas da Contribuição para o PIS/Pasep, da Cofins, da Contribuição para o PIS/Pasep-Importação e da Cofins-Importação for condicionada à destinação do bem ou do serviço, e a este for dado destino diverso, ficará o responsável pelo fato sujeito ao pagamento das contribuições e das penalidades cabíveis, como se a não-incidência, a isenção, a suspensão ou a redução das alíquotas não existisse.

Art. 23. Os incisos III e IV do art. 1º da Lei 11.482, de 31 de maio de 2007, passam a vigorar com a seguinte redação:

"Art. 1º (...)

(...)

III – para o ano-calendário de 2009:

Tabela Progressiva Mensal

Base de Cálculo (R$)	Alíquota (%)	Parcela a Deduzir do IR (R$)
Até 1.434,59	-	-
De 1.434,60 até 2.150,00	7,5	107,59
De 2.150,01 até 2.866,70	15	268,84
De 2.866,71 até 3.582,00	22,5	483,84
Acima de 3.582,00	27,5	662,94

IV – a partir do ano-calendário de 2010:

Tabela Progressiva Mensal

Base de Cálculo (R$)	Alíquota (%)	Parcela a Deduzir do IR (R$)
Até 1.499,15	-	-
De 1.499,16 até 2.246,75	7,5	112,43
De 2.246,76 até 2.995,70	15	280,94
De 2.995,71 até 3.743,19	22,5	505,62
Acima de 3.743,19	27,5	692,78

(...)"

Art. 24. O art. 2º da Lei 10.996, de 15 de dezembro de 2004, passa a vigorar com a seguinte redação:

→ Alteração efetuada na referida Lei.

Art. 25. O art. 6º da Lei 11.345, de 14 de setembro de 2006, passa a vigorar com a seguinte redação:

"Art. 6º (...)

(...)

§ 8º-A. A partir de 2009, o quantitativo máximo da complementação prevista no § 8º será o resultado da diferença entre 10% (dez por cento) do valor da prestação mensal prevista no *caput* do art. 4º desta Lei e a remuneração mensal constante do *caput* deste artigo, ou R$ 50.000,00 (cinquenta mil reais), prevalecendo o maior montante, sem prejuízo da manutenção da quantidade de parcelas dispostas no § 1º do art. 4º desta Lei.

§ 8º-B. O percentual do valor da prestação mensal, previsto no § 8º-A deste artigo referente ao cálculo do quantitativo máximo da complementação de que trata o § 8º, deverá ser, em 2010, reajustado para 20% (vinte por cento), sendo acrescido em mais 10% (dez por cento) da prestação mensal a cada ano subsequente, prevalecendo para pagamento o resultado desse cálculo, ou R$ 50.000,00 (cinquenta mil reais), o que representar maior montante.

(...)"

Art. 26. Para as entidades desportivas referidas no § 2º do art. 1º da Lei 11.345, de 14 de setembro de 2006, o prazo previsto no art. 10 da referida Lei fica reaberto por 60 (sessenta) dias contados da data de publicação desta Lei.

Art. 27. (*Vetado*).

Art. 28. A Lei 7.827, de 27 de setembro de 1989, passa a vigorar com as seguintes alterações:

"Art. 15. (...)

(...)

VI - exercer outras atividades inerentes à aplicação dos recursos e à recuperação dos créditos, inclusive a de renegociar dívidas, nos termos definidos nos arts. 15-B, 15-C e 15-D desta Lei.

(...)"

"Art. 15-B. Ficam convalidadas as liquidações de dívida efetuadas pelas instituições financeiras federais administradoras dos Fundos Constitucionais, que tenham sido realizadas em conformidade com as práticas e regulamentações bancárias das respectivas instituições e que tenham sido objeto de demanda judicial, recebidas pelo equivalente financeiro do valor dos bens passíveis de penhora dos devedores diretos e respectivos garantes, relativamente a operações concedidas com recursos dos Fundos Constitucionais de Financiamento, de que trata esta Lei.

§ 1º Para os efeitos desta Lei, considera-se liquidada a dívida pelo equivalente financeiro do valor dos bens passíveis de penhora quando obtida mediante o desconto a uma taxa real que corresponda ao custo de oportunidade do Fundo que tenha provido os recursos financiadores da dívida liquidada, pelo tempo estimado para o desfecho da ação judicial, aplicada sobre o valor de avaliação dos referidos bens.

§ 2º A convalidação referida no *caput* deste dispositivo resultará na anotação de restrição que impossibilitará a contratação de novas operações nas instituições financeiras federais, ressalvada a hipótese de o devedor inadimplente recolher ao respectivo Fundo financiador da operação o valor atualizado equivalente à diferença havida entre o que pagou na renegociação e o que deveria ter sido pago caso incidissem no cálculo os encargos de normalidade em sua totalidade, quando então poderá ser baixada a aludida anotação.

§ 3º As instituições financeiras federais administradoras dos Fundos Constitucionais deverão apresentar relatório ao Ministério da Integração Nacional, com a indicação dos quantitativos renegociados sob a metodologia referida no *caput*.

§ 4º O disposto neste artigo somente se aplica aos devedores que tenham investido corretamente os valores financiados, conforme previsto nos respectivos instrumentos de crédito."

"Art. 15-C. As instituições financeiras federais poderão, nos termos do art. 15-B e parágrafos, proceder à liquidação de dívidas em relação às propostas cujas tramitações tenham sido iniciadas em conformidade com as práticas e regulamentações bancárias de cada instituição financeira federal."

"Art. 15-D. Os administradores dos Fundos Constitucionais ficam autorizados a liquidar dívidas pelo equivalente financeiro do valor atual dos bens passíveis de penhora, observando regulamentação específica dos respectivos Conselhos Deliberativos, a qual deverá respeitar, no que couber, os critérios estabelecidos no art. 15-B."

Art. 29. O *caput* do art. 2º da Lei 11.529, de 22 de outubro de 2007, passa a vigorar com a seguinte redação:

"Art. 2º Fica a União autorizada a conceder subvenção econômica, sob as modalidades de equalização de taxas de juros e de concessão de bônus de adimplência sobre os juros, nas operações de financiamento destinadas especificamente:

I – às empresas dos setores de pedras ornamentais, beneficiamento de madeira, beneficiamento de couro, calçados e artefatos de couro, têxtil, de confecção, inclusive linha lar, móveis de madeira, frutas - in natura e processadas, cerâmicas, software e prestação de serviços de tecnologia da informação e bens de capital, exceto veículos automotores para transporte de cargas e passageiros, embarcações, aeronaves, vagões e locomotivas ferroviários e metroviários, tratores, colheitadeiras e máquinas rodoviárias; e

II – às micro, pequenas e médias empresas e às empresas de aquicultura e pesca dos Municípios do Estado de Santa Catarina que decretaram estado de calamidade ou estado de emergência, conforme os Decretos Estaduais nos 1.910, de 26 de novembro de 2008, e 1.897, de 22 de novembro de 2008, e posteriores alterações.

(...)"

Art. 30. O art. 12 da Lei 6.194, de 19 de dezembro de 1974, passa a vigorar acrescido dos seguintes §§ 3º e 4º:

"Art. 12. (...)

(...)

§ 3º O CNSP estabelecerá anualmente o valor correspondente ao custo da emissão e da cobrança da apólice ou do bilhete do Seguro Obrigatório de Danos Pessoais causados por veículos automotores de vias terrestres.

§ 4º O disposto no parágrafo único do art. 27 da Lei 8.212, de 24 de julho de 1991, não se aplica ao produto da arrecadação do ressarcimento do custo descrito no § 3º deste artigo."

Art. 31. Os arts. 3º e 5º da Lei 6.194, de 19 de dezembro de 1974, passam a vigorar com as seguintes alterações:

"Art. 3º Os danos pessoais cobertos pelo seguro estabelecido no art. 2º desta Lei compreendem as indenizações por morte, por invalidez permanente, total ou parcial, e por despesas de assistência médica e suplementares, nos valores e conforme as regras que se seguem, por pessoa vitimada:

(...)

§ 1º No caso da cobertura de que trata o inciso II do *caput* deste artigo, deverão ser enquadradas na tabela anexa a esta Lei as lesões diretamente decorrentes de acidente e que não sejam suscetíveis de amenização proporcionada por qualquer medida terapêutica, classificando-se a invalidez permanente como total ou parcial, subdividindo-se a invalidez permanente parcial em completa e incompleta, conforme a extensão das perdas anatômicas ou funcionais, observado o disposto abaixo:

I – quando se tratar de invalidez permanente parcial completa, a perda anatômica ou funcional será diretamente enquadrada em um dos segmentos orgânicos ou corporais previstos na tabela anexa, correspondendo a indenização ao valor resultante da aplicação do percentual ali estabelecido ao valor máximo da cobertura; e

II – quando se tratar de invalidez permanente parcial incompleta, será efetuado o enquadramento da perda anatômica ou funcional na forma prevista no inciso I deste parágrafo, procedendo-se, em seguida, à redução proporcional da indenização que corresponderá a 75% (setenta e cinco por cento) para as perdas de repercussão intensa, 50% (cinquenta por cento) para as de média repercussão, 25% (vinte e cinco por cento) para as de leve repercussão, adotando-se ainda o percentual de 10% (dez por cento), nos casos de sequelas residuais.

§ 2º Assegura-se à vítima o reembolso, no valor de até R$ 2.700,00 (dois mil e setecentos reais), previsto no inciso III do *caput* deste artigo, de despesas médico-hospitalares, desde que devidamente comprovadas, efetuadas pela rede credenciada junto ao Sistema Único de Saúde, quando em caráter privado, vedada a cessão de direitos.

§ 3º As despesas de que trata o § 2º deste artigo em nenhuma hipótese poderão ser reembolsadas quando o atendimento for realizado pelo SUS, sob pena de descredenciamento do estabelecimento de saúde do SUS, sem prejuízo das demais penalidades previstas em lei."

"Art. 5º (...)

(...)

§ 5º O Instituto Médico Legal da jurisdição do acidente ou da residência da vítima deverá fornecer, no prazo de até 90 (noventa) dias, laudo à vítima com a verificação da existência e quantificação das lesões permanentes, totais ou parciais.

(...)"

Art. 32. A Lei 6.194, de 19 de dezembro de 1974, passa a vigorar acrescida da tabela anexa a esta Lei.

Art. 33. Esta Lei entra em vigor na data de sua publicação, produzindo efeitos:

I – a partir de 1º de janeiro de 2009, em relação ao disposto:

a) nos arts. 4º a 6º, 18, 23 e 24;

b) no art. 15, relativamente ao inciso V do § 2º do art. 3º da Lei 9.718, de 27 de novembro de 1998;

c) no art. 16, relativamente ao inciso VII do § 3º do art. 1º da Lei 10.637, de 30 de dezembro de 2002;

d) no art. 17, relativamente ao inciso VI do § 3º do art. 1º e ao art. 58-J da Lei 10.833, de 29 de dezembro de 2003;

e) no art. 19, relativamente aos §§ 11 e 12 do art. 15 da Lei 10.865, de 30 de abril de 2004;

f) no art. 20, relativamente ao § 6º do art. 64 e ao § 8º do art. 65 da Lei 11.196, de 21 de novembro de 2005;

II – a partir de 1º de abril de 2009, em relação ao disposto no art. 19, relativamente ao § 2º do art. 16 da Lei 10.865, de 30 de abril de 2004;

III – a partir da data de início de produção de efeitos do art. 65 da Lei 11.196, de 21 de novembro de 2005, em relação ao disposto no art. 20, relativamente ao § 7º do art. 65 da Lei 11.196, de 21 de novembro de 2005;

IV – a partir de 16 de dezembro de 2008, em relação:

a) aos arts. 1º, 2º, 21, 22, 29, 30, 31 e 32;

b) ao art. 16, relativamente ao § 15 do art. 3º da Lei 10.637, de 30 de dezembro de 2002;

c) ao art. 17, relativamente ao § 23 do art. 3º, inciso XX do art. 10 e § 5º do art. 58-O da Lei 10.833, de 29 de dezembro de 2003;

d) ao art. 19, relativamente ao § *1º* do art. 16 da Lei 10.865, de 30 de abril de 2004;

V – a partir da data da publicação desta Lei, em relação aos demais dispositivos.

Brasília, 4 de junho de 2009; 188º da Independência e 121º da República.

Luiz Inácio Lula da Silva

(Publicação no *D.O.U.* de 5.6.2009)

→ Não publicamos o anexo desta Lei.

LEI 12.016,
DE 7 DE AGOSTO DE 2009

Disciplina o mandado de segurança individual e coletivo e dá outras providências.

O Presidente da República:

Faço saber que o Congresso Nacional decreta e eu sanciono a seguinte Lei:

Art. 1º Conceder-se-á mandado de segurança para proteger direito líquido e certo, não amparado por *habeas corpus* ou *habeas data*, sempre que, ilegalmente ou com abuso de poder, qualquer pessoa física ou jurídica sofrer violação ou houver justo receio de sofrê-la por parte de autoridade, seja de que categoria for e sejam quais forem as funções que exerça.

→ *V.* Súmulas 101, 269, 270 e 625 do STF.

→ *V.* Art. 5º, LXIX, LXX, da CF/1988.

→ *V.* Art. 212, § 2º, do ECA.

→ *V.* Art. 2º, § 1º, I, da Lei 12.153/2009.

→ *V.* Art. 3º, § 1º, I, da Lei 10.259/2001.

§ 1º Equiparam-se às autoridades, para os efeitos desta Lei, os representantes ou órgãos de partidos políticos e os administradores de entidades autárquicas, bem como os dirigentes de pessoas jurídicas ou as pessoas naturais no exercício de atribuições do poder público, somente no que disser respeito a essas atribuições.

→ *v.* Art. 44, V, do CC.

→ *v.* Art. 4º, I e II, do Dec.-lei 200/1967.

§ 2º Não cabe mandado de segurança contra os atos de gestão comercial praticados pelos administradores de empresas públicas, de sociedade de economia mista e de concessionárias de serviço público.

§ 3º Quando o direito ameaçado ou violado couber a várias pessoas, qualquer delas poderá requerer o mandado de segurança.

Art. 2º Considerar-se-á federal a autoridade coatora se as consequências de ordem patrimonial do ato contra o qual se requer o mandado houverem de ser suportadas pela União ou entidade por ela controlada.

→ *v.* Súmulas 510, 624, e 627 do STF.

→ *v.* Súmula 41 do STJ.

→ *v.* Art. 109, I, da CF/1988.

Art. 3º O titular de direito líquido e certo decorrente de direito, em condições idênticas, de terceiro poderá impetrar mandado de segurança a favor do direito originário, se o seu titular não o fizer, no prazo de 30 (trinta) dias, quando notificado judicialmente.

→ *v.* Súmula 630 do STF.

Parágrafo único. O exercício do direito previsto no *caput* deste artigo submete-se ao prazo fixado no art. 23 desta Lei, contado da notificação.

Art. 4º Em caso de urgência, é permitido, observados os requisitos legais, impetrar mandado de segurança por telegrama, radiograma, fax ou outro meio eletrônico de autenticidade comprovada.

→ *v.* Lei 9.800/1999 – Permite às partes a utilização de sistema de transmissão de dados para a prática de atos processuais.

§ 1º Poderá o juiz, em caso de urgência, notificar a autoridade por telegrama, radiograma ou outro meio que assegure a autenticidade do documento e a imediata ciência pela autoridade.

§ 2º O texto original da petição deverá ser apresentado nos 5 (cinco) dias úteis seguintes.

→ *v.* Arts. 1º a 3º da Lei 11.419/2006.

§ 3º Para os fins deste artigo, em se tratando de documento eletrônico, serão observadas as regras da Infraestrutura de Chaves Públicas Brasileira – ICP-Brasil.

→ *v.* Art. 154, parágrafo único, do CPC/1973.

→ *v.* Art. 195 do NCPC.

Art. 5º Não se concederá mandado de segurança quando se tratar:

→ *v.* Súmulas 266 e 267 do STF.

→ *v.* Súmula 202 do STJ.

I – de ato do qual caiba recurso administrativo com efeito suspensivo, independentemente de caução;

II – de decisão judicial da qual caiba recurso com efeito suspensivo;

III – de decisão judicial transitada em julgado.

→ *v.* Súmula 268 do STF.

Parágrafo único. *(Vetado).*

Art. 6º A petição inicial, que deverá preencher os requisitos estabelecidos pela lei processual, será apresentada em 2 (duas) vias com os documentos que instruírem a primeira reproduzidos na segunda e indicará, além da autoridade coatora, a pessoa jurídica que esta integra, à qual se acha vinculada ou da qual exerce atribuições.

→ *v.* Arts. 282 e 283 do CPC/1973.

→ *v.* Arts. 319 e 320, do NCPC.

§ 1º No caso em que o documento necessário à prova do alegado se ache em repartição ou estabelecimento público ou em poder de autoridade que se recuse a fornecê-lo por certidão ou de terceiro, o juiz ordenará, preliminarmente, por ofício, a exibição desse documento em original ou em cópia autêntica e marcará, para o cumprimento da ordem, o prazo de 10 (dez) dias. O escrivão extrairá cópias do documento para juntá-las à segunda via da petição.

§ 2º Se a autoridade que tiver procedido dessa maneira for a própria coatora, a ordem far-se-á no próprio instrumento da notificação.

§ 3º Considera-se autoridade coatora aquela que tenha praticado o ato impugnado ou da qual emane a ordem para a sua prática.

§ 4º *(Vetado).*

§ 5º Denega-se o mandado de segurança nos casos previstos pelo art. 267 da Lei 5.869, de 11 de janeiro de 1973 – Código de Processo Civil.

→ *v.* Art. 485 do NCPC.

§ 6º O pedido de mandado de segurança poderá ser renovado dentro do prazo decadencial, se a decisão denegatória não lhe houver apreciado o mérito.

→ *v.* Súmula 632 do STF.

Art. 7º Ao despachar a inicial, o juiz ordenará:

I – que se notifique o coator do conteúdo da petição inicial, enviando-lhe a segunda via apresentada com as cópias dos documentos, a fim de que, no prazo de 10 (dez) dias, preste as informações;

II – que se dê ciência do feito ao órgão de representação judicial da pessoa jurídica interessada, enviando-lhe cópia da inicial sem documentos, para que, querendo, ingresse no feito;

III – que se suspenda o ato que deu motivo ao pedido, quando houver fundamento relevante e do ato impugnado puder resultar a ineficácia da medida, caso seja finalmente deferida, sendo facultado exigir do impetrante caução, fiança ou depósito, com o objetivo de assegurar o ressarcimento à pessoa jurídica.

§ 1º Da decisão do juiz de primeiro grau que conceder ou denegar a liminar caberá agravo de instrumento, observado o disposto na Lei 5.869, de 11 de janeiro de 1973 – Código de Processo Civil.

→ *v.* Arts. 1.015 e ss., do NCPC.

§ 2º Não será concedida medida liminar que tenha por objeto a compensação de créditos tributários, a entrega de mercadorias e bens provenientes do exterior, a reclassificação ou equiparação de servidores públicos e a concessão de aumento ou a extensão de vantagens ou pagamento de qualquer natureza.

§ 3º Os efeitos da medida liminar, salvo se revogada ou cassada, persistirão até a prolação da sentença.

→ *v.* Súmulas 405 e 626 do STF.

§ 4º Deferida a medida liminar, o processo terá prioridade para julgamento.

§ 5º As vedações relacionadas com a concessão de liminares previstas neste artigo se estendem à tutela antecipada a que se referem os arts. 273 e 461 da Lei 5.869, de 11 janeiro de 1973 – Código de Processo Civil.

→ *v.* Arts. 294, 296 a 298, 300, 305, parágrafo único, 497, 499, 500, 536, § 1º, e 537, § 1º, do NCPC.

Art. 8º Será decretada a perempção ou caducidade da medida liminar *ex officio* ou a requerimento do Ministério Público quando, concedida a medida, o impetrante criar obstáculo ao normal andamento do processo ou deixar de promover, por mais de 3 (três) dias úteis, os atos e as diligências que lhe cumprirem.

Art. 9º As autoridades administrativas, no prazo de 48 (quarenta e oito) horas da notificação da medida liminar, remeterão ao Ministério ou órgão a que se acham subordinadas e ao Advogado-Geral da União ou a quem tiver a representação judicial da União, do Estado, do Município ou da entidade apontada como coatora cópia autenticada do mandado notificatório, assim como indicações e elementos outros necessários às providências a serem tomadas para a eventual suspensão da medida e defesa do ato apontado como ilegal ou abusivo de poder.

Art. 10. A inicial será desde logo indeferida, por decisão motivada, quando não for o caso de mandado de segurança ou lhe faltar algum dos requisitos legais ou quando decorrido o prazo legal para a impetração.

→ *v.* Art. 93, IX, da CF/1988.

→ *v.* Art. 284 do CPC/1973.

→ *v.* Art. 321 do NCPC.

§ 1º Do indeferimento da inicial pelo juiz de primeiro grau caberá apelação e, quando a competência para o julgamento do mandado de segurança couber originariamente a um dos tribunais, do ato do relator caberá agravo para o órgão competente do tribunal que integre.

→ *v.* Arts. 296 e 513 e ss. do CPC/1973.

→ *v.* Arts. 331, 932, III e IV, 938, § 1º, 1.007, § 6º, 1.009, 1.010, e 1.012 a 1.020, do NCPC.

§ 2º O ingresso de litisconsorte ativo não será admitido após o despacho da petição inicial.

Art. 11. Feitas as notificações, o serventuário em cujo cartório corra o feito juntará aos autos cópia autêntica dos ofícios endereçados ao coator e ao órgão de representação judicial da pessoa jurídica interessada, bem como a prova da entrega a estes ou da sua recusa em aceitá-los ou dar recibo e, no caso do art. 4º desta Lei, a comprovação da remessa.

Art. 12. Findo o prazo a que se refere o inciso I do *caput* do art. 7º desta Lei, o juiz ouvirá o representante do Ministério Público, que opinará, dentro do prazo improrrogável de 10 (dez) dias.

→ *v.* Art. 127 da CF/1988.

→ *v.* Arts. 84 e 246 do CPC/1973.

→ *v.* Arts. 279 e 279, *caput* e § 1º, do NCPC.

Parágrafo único. Com ou sem o parecer do Ministério Público, os autos serão conclusos ao juiz, para a decisão, a qual deverá ser necessariamente proferida em 30 (trinta) dias.

Art. 13. Concedido o mandado, o juiz transmitirá em ofício, por intermédio do oficial do juízo, ou pelo correio, mediante correspondência com aviso de recebimento, o inteiro teor da sentença à autoridade coatora e à pessoa jurídica interessada.

Parágrafo único. Em caso de urgência, poderá o juiz observar o disposto no art. 4º desta Lei.

Art. 14. Da sentença, denegando ou concedendo o mandado, cabe apelação.

→ *v.* Art. 513 e ss. do CPC/1973.

→ *v.* Arts. 938, § 1º, 1.007, § 6º, 1.009, 1.010, e 1.012 a 1.014, do NCPC.

§ 1º Concedida a segurança, a sentença estará sujeita obrigatoriamente ao duplo grau de jurisdição.

→ *v.* Art. 475 do CPC/1973.

→ *v.* Art. 496 do NCPC.

§ 2º Estende-se à autoridade coatora o direito de recorrer.

→ *v.* Art. 499 do CPC/1973.

→ *v.* Art. 996 do NCPC.

§ 3º A sentença que conceder o mandado de segurança pode ser executada provisoriamente, salvo nos casos em que for vedada a concessão da medida liminar.

→ *v.* Art. 475-O do CPC/1973.

→ *v.* Arts. 520 e 521, do NCPC.

§ 4º O pagamento de vencimentos e vantagens pecuniárias assegurados em sentença concessiva de mandado de segurança a servidor público da administração direta ou autárquica federal, estadual e municipal somente será efetuado relativamente às prestações que se vencerem a contar da data do ajuizamento da inicial.

→ *v.* Súmula 271 do STF.

Art. 15. Quando, a requerimento de pessoa jurídica de direito público interessada ou do Ministério Público e para evitar grave lesão à ordem, à saúde, à segurança e à economia públicas, o presidente do tribunal ao qual couber o conhecimento do respectivo recurso suspender, em decisão fundamentada, a execução da liminar e da sentença, dessa decisão caberá agravo, sem efeito suspensivo, no prazo de 5 (cinco) dias, que será levado a julgamento na sessão seguinte à sua interposição.

→ *v.* Art. 97 da CF/1988.

→ *v.* Art. 12, § 1º, da Lei 7.347/1985.

§ 1º Indeferido o pedido de suspensão ou provido o agravo a que se refere o *caput* deste artigo, caberá novo pedido de suspensão ao presidente do tribunal competente para conhecer de eventual recurso especial ou extraordinário.

§ 2º É cabível também o pedido de suspensão a que se refere o § 1º deste artigo, quando negado provimento a agravo de instrumento interposto contra a liminar a que se refere este artigo.

§ 3º A interposição de agravo de instrumento contra liminar concedida nas ações movidas contra o poder público e seus agentes não prejudica nem condiciona o julgamento do pedido de suspensão a que se refere este artigo.

§ 4º O presidente do tribunal poderá conferir ao pedido efeito suspensivo liminar se constatar, em juízo prévio, a plausibilidade do direito invocado e a urgência na concessão da medida.

§ 5º As liminares cujo objeto seja idêntico poderão ser suspensas em uma única decisão, podendo o presidente do tribunal estender os efeitos da suspensão a liminares supervenientes, mediante simples aditamento do pedido original.

→ *v.* Súmula 626 do STF.

Art. 16. Nos casos de competência originária dos tribunais, caberá ao relator a instrução do processo, sendo assegurada a defesa oral na sessão do julgamento.

Parágrafo único. Da decisão do relator que conceder ou denegar a medida liminar caberá agravo ao órgão competente do tribunal que integre.

Art. 17. Nas decisões proferidas em mandado de segurança e nos respectivos recursos, quando não publicado, no prazo de 30 (trinta) dias, contado da data do julgamento, o acórdão será substituído pelas respectivas notas taquigráficas, independentemente de revisão.

Art. 18. Das decisões em mandado de segurança proferidas em única instância pelos tribunais cabe recurso especial e extraordinário, nos casos legalmente previstos, e recurso ordinário, quando a ordem for denegada.

→ *v.* Arts. 102, II, *a*, III, e 105, II, *b*, III, da CF/1988.

Art. 19. A sentença ou o acórdão que denegar mandado de segurança, sem decidir o mérito, não impedirá que o requerente, por ação própria, pleiteie os seus direitos e os respectivos efeitos patrimoniais.

→ *v.* Art. 267 do CPC/1973.

→ *v.* Art. 485 do NCPC.

Art. 20. Os processos de mandado de segurança e os respectivos recursos terão prioridade sobre todos os atos judiciais, salvo *habeas corpus*.

→ *v.* Art. 5º, LXVIII, da CF/1988.

§ 1º Na instância superior, deverão ser levados a julgamento na primeira sessão que se seguir à data em que forem conclusos ao relator.

§ 2º O prazo para a conclusão dos autos não poderá exceder de 5 (cinco) dias.

Art. 21. O mandado de segurança coletivo pode ser impetrado por partido político com representação no Congresso Nacional, na defesa de seus interesses legítimos relativos a seus integrantes ou à finalidade partidária, ou por organização sindical, entidade de classe ou associação legalmente constituída e em funcionamento há, pelo menos, 1 (um) ano, em defesa de direitos líquidos e certos da totalidade, ou de parte, dos seus membros ou associados, na forma dos seus estatutos e desde que pertinentes às suas finalidades, dispensada, para tanto, autorização especial.

→ *v.* Art. 5º, LXX, da CF/1988.

Parágrafo único. Os direitos protegidos pelo mandado de segurança coletivo podem ser:

→ *v.* Art. 81, parágrafo único, I a III, do CDC.

I – coletivos, assim entendidos, para efeito desta Lei, os transindividuais, de natureza indivisível, de que seja titular grupo ou categoria de pessoas ligadas entre si ou com a parte contrária por uma relação jurídica básica;

II – individuais homogêneos, assim entendidos, para efeito desta Lei, os decorrentes de origem comum e da atividade ou situação específica da totalidade ou de parte dos associados ou membros do impetrante.

Art. 22. No mandado de segurança coletivo, a sentença fará coisa julgada limitadamente aos membros do grupo ou categoria substituídos pelo impetrante.

→ *v.* Arts. 127, *caput*, e 129, IX, da CF/1988.

→ *v.* Art. 6º do CPC/1973.

→ *v.* Art. 18 do NCPC.

→ *v.* Arts. 81, *caput*, parágrafo único, IIII, 82, e 103, III, do CDC.

→ *v.* Art. 5º da Lei 7.347/1985.

§ 1º O mandado de segurança coletivo não induz litispendência para as ações individuais, mas os efeitos da coisa julgada não beneficiarão o impetrante a título individual se não requerer a desistência de seu mandado de segurança no prazo de 30 (trinta) dias a contar da ciência comprovada da impetração da segurança coletiva.

→ *v.* Art. 104 do CDC.

§ 2º No mandado de segurança coletivo, a liminar só poderá ser concedida após a audiência do representante judicial da pessoa jurídica de direito público, que deverá se pronunciar no prazo de 72 (setenta e duas) horas.

Art. 23. O direito de requerer mandado de segurança extinguir-se-á decorridos 120 (cento e vinte) dias, contados da ciência, pelo interessado, do ato impugnado.

→ *v.* Súmula 632 do STF.

Art. 24. Aplicam-se ao mandado de segurança os arts. 46 a 49 da Lei 5.869, de 11 de janeiro de 1973 – Código de Processo Civil.

→ *v.* Arts. 113 a 115, e 117 e 118, do NCPC.

Art. 25. Não cabem, no processo de mandado de segurança, a interposição de embargos infringentes e a condenação ao pagamento dos honorários advocatícios, sem prejuízo da aplicação de sanções no caso de litigância de má-fé.

→ *v.* Súmulas 512 e 597 do STF.

→ *v.* Súmulas 105 e 169 do STJ.

→ *v.* Arts. 17 e 18 do CPC/1973.

→ *v.* Arts. 80 e 81, do NCPC.

Art. 26. Constitui crime de desobediência, nos termos do art. 330 do Decreto-lei 2.848, de 7 de dezembro de 1940, o não cumprimento das decisões proferidas em mandado de segurança, sem prejuízo das sanções administrativas e da aplicação da Lei 1.079, de 10 de abril de 1950, quando cabíveis.

Art. 27. Os regimentos dos tribunais e, no que couber, as leis de organização judiciária deverão ser adaptados às disposições desta Lei no prazo de 180 (cento e oitenta) dias, contado da sua publicação.

Art. 28. Esta Lei entra em vigor na data de sua publicação.

Art. 29. Revogam-se as Leis 1.533, de 31 de dezembro de 1951, 4.166, de 4 de dezembro de 1962, 4.348, de 26 de junho de 1964, 5.021, de 9 de junho de 1966; o art. 3º da Lei 6.014, de 27 de dezembro de 1973, o art. 1º da Lei 6.071, de 3 de julho de 1974, o art. 12 da Lei 6.978, de 19 de janeiro de 1982, e o art. 2º da Lei 9.259, de 9 de janeiro de 1996.

Brasília, 7 de agosto de 2009; 188º da Independência e 121º da República.

Luiz Inácio Lula da Silva

(Publicação no *D.O.U.* de 10.8.2009)

LEI 12.099, DE 27 DE NOVEMBRO DE 2009

Dispõe sobre a transferência de depósitos judiciais e extrajudiciais de tributos e contribuições federais para a Caixa Econômica Federal; e altera a Lei 9.703, de 17 de novembro de 1998.

O Presidente da República:

Faço saber que o Congresso Nacional decreta e eu sanciono a seguinte Lei:

Art. 1º O art. 2º-A da Lei 9.703, de 17 de novembro de 1998, passa a vigorar com a seguinte redação:

→ Alterações efetuadas na referida Lei.

Art. 2º Os depósitos judiciais e extrajudiciais de tributos e contribuições federais realizados em outra instituição financeira após 1º de dezembro de 1998 serão transferidos para a Caixa Econômica Federal, de acordo com as disposições previstas na Lei 9.703, de 17 de novembro de 1998.

Art. 3º Aos depósitos judiciais e extrajudiciais não tributários relativos à União e os tributários e não tributários relativos a fundos públicos, autarquias, fundações públicas e demais entidades federais integrantes dos orçamentos fiscal e da seguridade social, de que trata o Decreto-Lei 1.737, de 20 de dezembro de 1979, aplica-se o disposto na Lei 9.703, de 17 de novembro de 1998.

§ 1º Aos depósitos que forem anteriores à vigência desta Lei também se aplica o disposto na Lei 9.703, de 17 de novembro de 1998, observados os §§ 2º, 3º e 4º.

§ 2º Os juros dos depósitos referidos no § 1º serão calculados à taxa originalmente devida até a data da transferência à conta única do Tesouro Nacional.

§ 3º Após a transferência à conta única do Tesouro Nacional, os juros dos depósitos referidos no § 1º serão calculados na forma estabelecida pelo § 4º do art. 39 da Lei 9.250, de 26 de dezembro de 1995.

§ 4º A transferência dos depósitos referidos no § 1º dar-se-á de acordo com cronograma fixado por ato do Ministério da Fazenda, observado o prazo máximo de 180 (cento e oitenta) dias.

Art. 4º A transferência dos depósitos a que se refere o art. 2º-A da Lei 9.703, de 17 de novembro de 1998, deverá ocorrer em até 180 (cento e oitenta) dias a partir da publicação desta Lei.

Art. 5º Esta Lei entra em vigor na data de sua publicação.

Brasília, 27 de novembro de 2009; 188º da Independência e 121º da República.

Luiz Inácio Lula da Silva

(Publicação no *D.O.U.* de 30.11.2009)

LEI 12.153, DE 22 DE DEZEMBRO DE 2009

Dispõe sobre os Juizados Especiais da Fazenda Pública no âmbito dos Estados, do Distrito Federal, dos Territórios e dos Municípios.

O Presidente da República:

Faço saber que o Congresso Nacional decreta e eu sanciono a seguinte Lei:

Art. 1º Os Juizados Especiais da Fazenda Pública, órgãos da justiça comum e integrantes do Sistema dos Juizados Especiais, serão criados pela União, no Distrito Federal e nos Territórios, e pelos Estados, para conciliação, processo, julgamento e execução, nas causas de sua competência.

Parágrafo único. O sistema dos Juizados Especiais dos Estados e do Distrito Federal é formado pelos Juizados Especiais Cíveis, Juizados Especiais Criminais e Juizados Especiais da Fazenda Pública.

→ *v.* Lei 9.099/1995 – Juizados Especiais Cíveis e Criminais dos Estados, Territórios e Distrito Federal.

Art. 2º É de competência dos Juizados Especiais da Fazenda Pública processar, conciliar e julgar causas cíveis de interesse dos Estados, do Distrito Federal, dos Territórios e dos Municípios, até o valor de 60 (sessenta) salários mínimos.

§ 1º Não se incluem na competência do Juizado Especial da Fazenda Pública:

I – as ações de mandado de segurança, de desapropriação, de divisão e demarcação, populares, por improbidade administrativa, execuções fiscais e as demandas sobre direitos ou interesses difusos e coletivos;

→ *v.* Lei 12.016/2009 – Mandado de Segurança;

→ *v.* Dec.-Lei 3.365/1941 – Desapropriação;

→ *v.* Arts. 946 a 981 do CPC/1973;

→ *v.* Arts. 569 e ss., do NCPC;

→ *v.* Lei 8.429/1992 – Improbidade Administrativa;

→ *v.* Lei 6.830/1980 – Execução Fiscal.

II – as causas sobre bens imóveis dos Estados, Distrito Federal, Territórios e Municípios, autarquias e fundações públicas a eles vinculadas;

III – as causas que tenham como objeto a impugnação da pena de demissão imposta a servidores públicos civis ou sanções disciplinares aplicadas a militares.

→ *v.* Lei 8.112/1990 – Regime Jurídico dos Servidores Públicos.

§ 2º Quando a pretensão versar sobre obrigações vincendas, para fins de competência do Juizado Especial, a soma de 12 (doze) parcelas vincendas e de eventuais parcelas vencidas não poderá exceder o valor referido no *caput* deste artigo.

§ 3º *(Vetado).*

§ 4º No foro onde estiver instalado Juizado Especial da Fazenda Pública, a sua competência é absoluta.

Art. 3º O juiz poderá, de ofício ou a requerimento das partes, deferir quaisquer providências cautelares e antecipatórias no curso do processo, para evitar dano de difícil ou de incerta reparação.

→ *v.* Arts. 796 a 889 do CPC/1973.

→ *v.* Arts. 294 e ss., do NCPC.

Art. 4º Exceto nos casos do art. 3º, somente será admitido recurso contra a sentença.

Art. 5º Podem ser partes no Juizado Especial da Fazenda Pública:

I – como autores, as pessoas físicas e as microempresas e empresas de pequeno porte, assim definidas na Lei Complementar 123, de 14 de dezembro de 2006;

II – como réus, os Estados, o Distrito Federal, os Territórios e os Municípios, bem como autarquias, fundações e empresas públicas a eles vinculadas.

Art. 6º Quanto às citações e intimações, aplicam-se as disposições contidas na Lei 5.869, de 11 de janeiro de 1973 – Código de Processo Civil.

→ *v.* Arts. 213 a 242 do CPC/1973.

→ *v.* Arts. 238 e ss., do NCPC.

Art. 7º Não haverá prazo diferenciado para a prática de qualquer ato processual pelas pessoas jurídicas de direito público, inclusive a interposição de recursos, devendo a citação para a audiência de conciliação ser efetuada com antecedência mínima de 30 (trinta) dias.

Art. 8º Os representantes judiciais dos réus presentes à audiência poderão conciliar, transigir ou desistir nos processos da competência dos Juizados Especiais, nos termos e nas hipóteses previstas na lei do respectivo ente da Federação.

Art. 9º A entidade ré deverá fornecer ao Juizado a documentação de que disponha para o esclarecimento da causa, apresentando-a até a instalação da audiência de conciliação.

Art. 10. Para efetuar o exame técnico necessário à conciliação ou ao julgamento da causa, o juiz nomeará pessoa habilitada, que apresentará o laudo até 5 (cinco) dias antes da audiência.

Art. 11. Nas causas de que trata esta Lei, não haverá reexame necessário.

Art. 12. O cumprimento do acordo ou da sentença, com trânsito em julgado, que imponham obrigação de fazer, não fazer ou entrega de coisa certa, será efetuado mediante ofício do juiz à autoridade citada para a causa, com cópia da sentença ou do acordo.

→ *v.* Arts. 233 a 285 do CC – Das Modalidades de Obrigações.

Art. 13. Tratando-se de obrigação de pagar quantia certa, após o trânsito em julgado da decisão, o pagamento será efetuado:

I – no prazo máximo de 60 (sessenta) dias, contado da entrega da requisição do juiz à autoridade citada para a causa, independentemente de precatório, na hipótese do § 3º do art. 100 da Constituição Federal; ou

II – mediante precatório, caso o montante da condenação exceda o valor definido como obrigação de pequeno valor.

§ 1º Desatendida a requisição judicial, o juiz, imediatamente, determinará o sequestro do numerário suficiente ao cumprimento da decisão, dispensada a audiência da Fazenda Pública.

§ 2º As obrigações definidas como de pequeno valor a serem pagas independentemente de precatório terão como limite o que for estabelecido na lei do respectivo ente da Federação.

§ 3º Até que se dê a publicação das leis de que trata o § 2º, os valores serão:

I – 40 (quarenta) salários mínimos, quanto aos Estados e ao Distrito Federal;

II – 30 (trinta) salários mínimos, quanto aos Municípios.

§ 4º São vedados o fracionamento, a repartição ou a quebra do valor da execução, de modo que o pagamento se faça, em parte, na forma estabelecida no inciso I do *caput* e, em parte, mediante expedição de precatório, bem como a expedição de precatório complementar ou suplementar do valor pago.

§ 5º Se o valor da execução ultrapassar o estabelecido para pagamento independentemente do precatório, o pagamento far-se-á, sempre, por meio do precatório, sendo facultada à parte exequente a renúncia ao crédito do valor excedente, para que possa optar pelo pagamento do saldo sem o precatório.

§ 6º O saque do valor depositado poderá ser feito pela parte autora, pessoalmente, em qualquer agência do banco depositário, independentemente de alvará.

§ 7º O saque por meio de procurador somente poderá ser feito na agência destinatária do depósito, mediante procuração específica, com firma reconhecida, da qual constem o valor originalmente depositado e sua procedência.

Art. 14. Os Juizados Especiais da Fazenda Pública serão instalados pelos Tribunais de Justiça dos Estados e do Distrito Federal.

Parágrafo único. Poderão ser instalados Juizados Especiais Adjuntos, cabendo ao Tribunal designar a Vara onde funcionará.

Art. 15. Serão designados, na forma da legislação dos Estados e do Distrito Federal, conciliadores e juízes leigos dos Juizados Especiais da Fazenda Pública, observadas as atribuições previstas nos arts. 22, 37 e 40 da Lei 9.099, de 26 de setembro de 1995.

§ 1º Os conciliadores e juízes leigos são auxiliares da Justiça, recrutados, os primeiros, preferentemente, entre os bacharéis em Direito, e os segundos, entre advogados com mais de 2 (dois) anos de experiência.

§ 2º Os juízes leigos ficarão impedidos de exercer a advocacia perante todos os Juizados Especiais da Fazenda Pública instalados em território nacional, enquanto no desempenho de suas funções.

Art. 16. Cabe ao conciliador, sob a supervisão do juiz, conduzir a audiência de conciliação.

§ 1º Poderá o conciliador, para fins de encaminhamento da composição amigável, ouvir as partes e testemunhas sobre os contornos fáticos da controvérsia.

§ 2º Não obtida a conciliação, caberá ao juiz presidir a instrução do processo, podendo dispensar novos depoimentos, se entender suficientes para o julgamento da causa os esclarecimentos já constantes dos autos, e não houver impugnação das partes.

Art. 17. As Turmas Recursais do Sistema dos Juizados Especiais são compostas por juízes em exercício no primeiro grau de jurisdição, na forma da legislação dos Estados e do Distrito Federal, com mandato de 2 (dois) anos, e integradas, preferencialmente, por juízes do Sistema dos Juizados Especiais.

§ 1º A designação dos juízes das Turmas Recursais obedecerá aos critérios de antiguidade e merecimento.

§ 2º Não será permitida a recondução, salvo quando não houver outro juiz na sede da Turma Recursal.

Art. 18. Caberá pedido de uniformização de interpretação de lei quando houver divergência entre decisões proferidas por Turmas Recursais sobre questões de direito material.

§ 1º O pedido fundado em divergência entre Turmas do mesmo Estado será julgado em reunião conjunta das Turmas em conflito, sob a presidência de desembargador indicado pelo Tribunal de Justiça.

§ 2º No caso do § 1º, a reunião de juízes domiciliados em cidades diversas poderá ser feita por meio eletrônico.

§ 3º Quando as Turmas de diferentes Estados derem a lei federal interpretações divergentes, ou quando a decisão proferida estiver em contrariedade com súmula do Superior Tribunal de Justiça, o pedido será por este julgado.

Art. 19. Quando a orientação acolhida pelas Turmas de Uniformização de que trata o § 1º do art. 18 contrariar súmula do Superior Tribunal de Justiça, a parte interessada poderá provocar a manifestação deste, que dirimirá a divergência.

§ 1º Eventuais pedidos de uniformização fundados em questões idênticas e recebidos subsequentemente em quaisquer das Turmas Recursais ficarão retidos nos autos, aguardando pronunciamento do Superior Tribunal de Justiça.

§ 2º Nos casos do *caput* deste artigo e do § 3º do art. 18, presente a plausibilidade do direito invocado e havendo fundado receio de dano de difícil reparação, poderá o relator conceder, de ofício ou a requerimento do interessado, medida liminar determinando a suspensão dos processos nos quais a controvérsia esteja estabelecida.

§ 3º Se necessário, o relator pedirá informações ao Presidente da Turma Recursal ou Presidente da Turma de Uniformização e, nos casos previstos em lei, ouvirá o Ministério Público, no prazo de 5 (cinco) dias.

§ 4º *(Vetado).*

§ 5º Decorridos os prazos referidos nos §§ 3º e 4º, o relator incluirá o pedido em pauta na sessão, com preferência sobre todos os demais feitos, ressalvados os processos com réus presos, os *habeas corpus* e os mandados de segurança.

§ 6º Publicado o acórdão respectivo, os pedidos retidos referidos no § 1º serão apreciados pelas Turmas Recursais, que poderão exercer juízo de retratação ou os declararão prejudicados, se veicularem tese não acolhida pelo Superior Tribunal de Justiça.

Art. 20. Os Tribunais de Justiça, o Superior Tribunal de Justiça e o Supremo Tribunal Federal, no âmbito de suas competências, expedirão normas regulamentando os procedimentos a serem adotados para o processamento e o julgamento do pedido de uniformização e do recurso extraordinário.

Art. 21. O recurso extraordinário, para os efeitos desta Lei, será processado e julgado segundo o estabelecido no art. 19, além da observância das normas do Regimento.

→ *v.* Arts. 541 a 546 do CPC/1973.

→ *v.* Arts. 1.029 e ss., do NCPC.

Art. 22. Os Juizados Especiais da Fazenda Pública serão instalados no prazo de até 2 (dois) anos da vigência desta Lei, podendo haver o aproveitamento total ou parcial das estruturas das atuais Varas da Fazenda Pública.

Art. 23. Os Tribunais de Justiça poderão limitar, por até 5 (cinco) anos, a partir da entrada em vigor desta Lei, a competência dos Juizados Especiais da Fazenda Pública, atendendo à necessidade da organização dos serviços judiciários e administrativos.

Art. 24. Não serão remetidas aos Juizados Especiais da Fazenda Pública as demandas ajuizadas até a data de sua instalação, assim como as ajuizadas fora do Juizado Especial por força do disposto no art. 23.

Art. 25. Competirá aos Tribunais de Justiça prestar o suporte administrativo necessário ao funcionamento dos Juizados Especiais.

Art. 26. O disposto no art. 16 aplica-se aos Juizados Especiais Federais instituídos pela Lei 10.259, de 12 de julho de 2001.

Art. 27. Aplica-se subsidiariamente o disposto nas Leis 5.869, de 11 de janeiro de 1973 – Código de Processo Civil, 9.099, de 26 de setembro de 1995, e 10.259, de 12 de julho de 2001.

→ *v.* Lei 13.105/2015 Novo CPC.

Art. 28. Esta Lei entra em vigor após decorridos 6 (seis) meses de sua publicação oficial.

Brasília, 22 de dezembro de 2009; 188º da Independência e 121º da República.

Luiz Inácio Lula da Silva

(Publicação no *D.O.U.* 23.12.2009)

LEI 12.351, DE 22 DE DEZEMBRO DE 2010

Dispõe sobre a exploração e a produção de petróleo, de gás natural e de outros hidrocarbonetos fluidos, sob o regime de partilha de produção, em áreas do pré-sal e em áreas estratégicas; cria o Fundo Social – FS e dispõe sobre sua estrutura e fontes de recursos; altera dispositivos da Lei 9.478, de 6 de agosto de 1997; e dá outras providências.

O Presidente da República:

Faço saber que o Congresso Nacional decreta e eu sanciono a seguinte Lei:

Capítulo I
DISPOSIÇÕES PRELIMINARES

Art. 1º Esta Lei dispõe sobre a exploração e a produção de petróleo, de gás natural e de outros hidrocarbonetos fluidos em áreas do pré-sal e em áreas estratégicas, cria o Fundo Social – FS e dispõe sobre sua estrutura e fontes de recursos, e altera a Lei 9.478, de 6 de agosto de 1997.

Capítulo II
DAS DEFINIÇÕES TÉCNICAS

Art. 2º Para os fins desta Lei, são estabelecidas as seguintes definições:

I – partilha de produção: regime de exploração e produção de petróleo, de gás natural e de outros hidrocarbonetos fluidos no qual o contratado exerce, por sua conta e risco, as atividades de exploração, avaliação, desenvolvimento e produção e, em caso de descoberta comercial, adquire o direito à apropriação do custo em óleo, do volume da produção correspondente aos royalties devidos, bem como de parcela do excedente em óleo, na proporção, condições e prazos estabelecidos em contrato;

II – custo em óleo: parcela da produção de petróleo, de gás natural e de outros hidrocarbonetos fluidos, exigível unicamente em caso de descoberta comercial, correspondente aos custos e aos investimentos realizados pelo contratado na execução das atividades de exploração, avaliação, desenvolvimento, produção e desativação das instalações, sujeita a limites, prazos e condições estabelecidos em contrato;

III – excedente em óleo: parcela da produção de petróleo, de gás natural e de outros hidrocarbonetos fluidos a ser repartida entre a União e o contratado, segundo critérios definidos em contrato, resultante da diferença entre o volume total da produção e as parcelas relativas ao custo em óleo, aos royalties devidos e, quando exigível, à participação de que trata o art. 43;

IV – área do pré-sal: região do subsolo formada por um prisma vertical de profundidade indeterminada, com superfície poligonal definida pelas coordenadas geográficas de seus vértices estabelecidas no Anexo desta Lei, bem como outras regiões que venham a ser delimitadas em ato do Poder Executivo, de acordo com a evolução do conhecimento geológico;

V – área estratégica: região de interesse para o desenvolvimento nacional, delimitada em ato do Poder Executivo, caracterizada pelo baixo risco exploratório e elevado potencial de produção de petróleo, de gás natural e de outros hidrocarbonetos fluidos;

VI – operador: a Petróleo Brasileiro S.A. (Petrobras), responsável pela condução e execução, direta ou indireta, de todas as atividades de exploração, avaliação, desenvolvimento, produção e desativação das instalações de exploração e produção;

VII – contratado: a Petrobras ou, quando for o caso, o consórcio por ela constituído com o vencedor da licitação para a exploração e produção de petróleo, de gás natural e de outros hidrocarbonetos fluidos em regime de partilha de produção;

VIII – conteúdo local: proporção entre o valor dos bens produzidos e dos serviços prestados no País para execução do contrato e o valor total dos bens utilizados e dos serviços prestados para essa finalidade;

IX – individualização da produção: procedimento que visa à divisão do resultado da produção e ao aproveitamento racional dos recursos naturais da União, por meio da unificação do desenvolvimento e da produção relativos à jazida que se estenda além do bloco concedido ou contratado sob o regime de partilha de produção;

X – ponto de medição: local definido no plano de desenvolvimento de cada campo onde é realizada a medição volumétrica do petróleo ou do gás natural produzido, conforme regulação da Agência Nacional do Petróleo, Gás Natural e Biocombustíveis – ANP;

XI – ponto de partilha: local em que há divisão entre a União e o contratado de petróleo, de gás natural e de outros hidrocarbonetos fluidos produzidos, nos termos do respectivo contrato de partilha de produção;

XII – bônus de assinatura: valor fixo devido à União pelo contratado, a ser pago no ato da celebração e nos termos do respectivo contrato de partilha de produção; e

XIII – royalties: compensação financeira devida aos Estados, ao Distrito Federal e aos Municípios, bem como a órgãos da administração direta da União, em função da produção de petróleo, de gás natural e de outros hidrocarbonetos fluidos sob o regime de partilha de produção, nos termos do § 1º do art. 20 da Constituição Federal.

Capítulo III
DO REGIME DE PARTILHA DE PRODUÇÃO

Seção I
Disposições gerais

Art. 3º A exploração e a produção de petróleo, de gás natural e de outros hidrocarbonetos fluidos na área do pré-sal e em áreas estratégicas serão contratadas pela União sob o regime de partilha de produção, na forma desta Lei.

Art. 4º A Petrobras será a operadora de todos os blocos contratados sob o regime de partilha de produção, sendo-lhe assegurado, a este título, participação mínima no consórcio previsto no art. 20.

Art. 5º A União não assumirá os riscos das atividades de exploração, avaliação, desenvolvimento e produção decorrentes dos contratos de partilha de produção.

Art. 6º Os custos e os investimentos necessários à execução do contrato de partilha de produção serão integralmente suportados pelo contratado, cabendo-lhe, no caso de descoberta comercial, a sua restituição nos termos do inciso II do art. 2º.

Parágrafo único. A União, por intermédio de fundo específico criado por lei, poderá participar dos investimentos nas atividades de exploração, avaliação, desenvolvimento e produção na área do pré-sal e em áreas estratégicas, caso em que assumirá os riscos correspondentes à sua participação, nos termos do respectivo contrato.

Art. 7º Previamente à contratação sob o regime de partilha de produção, o Ministério de Minas e Energia, diretamente ou por meio da ANP, poderá promover a avaliação do potencial das áreas do pré-sal e das áreas estratégicas.

Parágrafo único. A Petrobras poderá ser contratada diretamente para realizar estudos exploratórios necessários à avaliação prevista no caput.

Art. 8º A União, por intermédio do Ministério de Minas e Energia, celebrará os contratos de partilha de produção:

I – diretamente com a Petrobras, dispensada a licitação; ou

II – mediante licitação na modalidade leilão.

§ 1º A gestão dos contratos previstos no caput caberá à empresa pública a ser criada com este propósito.

§ 2º A empresa pública de que trata o § 1º deste artigo não assumirá os riscos e não responderá pelos custos e investimentos referentes às atividades de exploração, avaliação, desenvolvimento, produção e desativação das instalações de exploração e produção decorrentes dos contratos de partilha de produção.

Seção II
Das competências do conselho nacional de política energética – CNPE

Art. 9º O Conselho Nacional de Política Energética – CNPE tem como competências, entre outras definidas na legislação, propor ao Presidente da República:

I – o ritmo de contratação dos blocos sob o regime de partilha de produção, observando-se a política energética e o desenvolvimento e a capacidade da indústria nacional para o fornecimento de bens e serviços;

II – os blocos que serão destinados à contratação direta com a Petrobras sob o regime de partilha de produção;

III – os blocos que serão objeto de leilão para contratação sob o regime de partilha de produção;

IV – os parâmetros técnicos e econômicos dos contratos de partilha de produção;

V – a delimitação de outras regiões a serem classificadas como área do pré-sal e áreas a serem classificadas como estratégicas, conforme a evolução do conhecimento geológico;

VI – a política de comercialização do petróleo destinado à União nos contratos de partilha de produção; e

VII – a política de comercialização do gás natural proveniente dos contratos de partilha de produção, observada a prioridade de abastecimento do mercado nacional.

Seção III
Das competências do Ministério de Minas e Energia

Art. 10. Caberá ao Ministério de Minas e Energia, entre outras competências:

I – planejar o aproveitamento do petróleo e do gás natural;

II – propor ao CNPE, ouvida a ANP, a definição dos blocos que serão objeto de concessão ou de partilha de produção;

III – propor ao CNPE os seguintes parâmetros técnicos e econômicos dos contratos de partilha de produção:

a) os critérios para definição do excedente em óleo da União;

b) o percentual mínimo do excedente em óleo da União;

c) a participação mínima da Petrobras no consórcio previsto no art. 20, que não poderá ser inferior a 30% (trinta por cento);

d) os limites, prazos, critérios e condições para o cálculo e apropriação pelo contratado do custo em óleo e do volume da produção correspondente aos royalties devidos;

e) o conteúdo local mínimo e outros critérios relacionados ao desenvolvimento da indústria nacional; e

f) o valor do bônus de assinatura, bem como a parcela a ser destinada à empresa pública de que trata o § 1º do art. 8º;

IV – estabelecer as diretrizes a serem observadas pela ANP para promoção da licitação prevista no inciso II do art. 8º, bem como para a elaboração das minutas dos editais e dos contratos de partilha de produção; e

V – aprovar as minutas dos editais de licitação e dos contratos de partilha de produção elaboradas pela ANP.

§ 1º Ao final de cada semestre, o Ministério de Minas e Energia emitirá relatório sobre as atividades relacionadas aos contratos de partilha de produção.

§ 2º O relatório será publicado até 30 (trinta) dias após o encerramento do semestre, assegurado amplo acesso ao público.

Seção IV
Das competências da Agência Nacional do Petróleo, Gás Natural e Biocombustíveis – ANP

Art. 11. Caberá à ANP, entre outras competências definidas em lei:

I – promover estudos técnicos para subsidiar o Ministério de Minas e Energia na delimitação dos blocos que serão objeto de contrato de partilha de produção;

II – elaborar e submeter à aprovação do Ministério de Minas e Energia as minutas dos contratos de partilha de produção e dos editais, no caso de licitação;

III – promover as licitações previstas no inciso II do art. 8º desta Lei;

IV – fazer cumprir as melhores práticas da indústria do petróleo;

V – analisar e aprovar, de acordo com o disposto no inciso IV deste artigo, os planos de exploração, de avaliação e de desenvolvimento da produção, bem como os programas anuais de trabalho e de produção relativos aos contratos de partilha de produção; e

VI – regular e fiscalizar as atividades realizadas sob o regime de partilha de produção, nos termos do inciso VII do art. 8º da Lei 9.478, de 6 de agosto de 1997.

Seção V
Da contratação direta

Art. 12. O CNPE proporá ao Presidente da República os casos em que, visando à preservação do interesse nacional e ao atendimento dos demais objetivos da política energética, a Petrobras será contratada diretamente pela União para a exploração e produção de petróleo, de gás natural e de outros hidrocarbonetos fluidos sob o regime de partilha de produção.

Parágrafo único. Os parâmetros da contratação prevista no caput serão propostos pelo CNPE, nos termos do inciso IV do art. 9º e do inciso III do art. 10, no que couber.

Seção VI
Da licitação

Art. 13. A licitação para a contratação sob o regime de partilha de produção obedecerá ao disposto nesta Lei, nas normas a serem expedidas pela ANP e no respectivo edital.

Art. 14. A Petrobras poderá participar da licitação prevista no inciso II do art. 8º para ampliar a sua participação mínima definida nos termos da alínea c do inciso III do art. 10.

Subseção I
Do edital de licitação

Art. 15. O edital de licitação será acompanhado da minuta básica do respectivo contrato e indicará, obrigatoriamente:

I – o bloco objeto do contrato de partilha de produção;

II – o critério de julgamento da licitação, nos termos do art. 18;

III – o percentual mínimo do excedente em óleo da União;

IV – a formação do consórcio previsto no art. 20 e a respectiva participação mínima da Petrobras;

V – os limites, prazos, critérios e condições para o cálculo e apropriação pelo contratado do custo em óleo e do volume da produção correspondente aos royalties devidos;

VI – os critérios para definição do excedente em óleo do contratado;

VII – o programa exploratório mínimo e os investimentos estimados correspondentes;

VIII – o conteúdo local mínimo e outros critérios relacionados ao desenvolvimento da indústria nacional;

IX – o valor do bônus de assinatura, bem como a parcela a ser destinada à empresa pública de que trata o § 1º do art. 8º;

X – as regras e as fases da licitação;

XI – as regras aplicáveis à participação conjunta de empresas na licitação;

XII – a relação de documentos exigidos e os critérios de habilitação técnica, jurídica, econômico-financeira e fiscal dos licitantes;

XIII – a garantia a ser apresentada pelo licitante para sua habilitação;

XIV – o prazo, o local e o horário em que serão fornecidos aos licitantes os dados, estudos e demais elementos e informações necessários à elaboração das propostas, bem como o custo de sua aquisição; e

XV – o local, o horário e a forma para apresentação das propostas.

Art. 16. Quando permitida a participação conjunta de empresas na licitação, o edital conterá, entre outras, as seguintes exigências:

I – comprovação de compromisso, público ou particular, de constituição do consórcio previsto no art. 20, subscrito pelas proponentes;

II – indicação da empresa responsável no processo licitatório, sem prejuízo da responsabilidade solidária das demais proponentes;

III – apresentação, por parte de cada uma das empresas proponentes, dos documentos exigidos para efeito de avaliação da qualificação técnica e econômico-financeira do consórcio a ser constituído; e

IV – proibição de participação de uma mesma empresa, conjunta ou isoladamente, em mais de uma proposta na licitação de um mesmo bloco.

Art. 17. O edital conterá a exigência de que a empresa estrangeira que concorrer, em conjunto com outras empresas ou isoladamente, deverá apresentar com sua proposta, em envelope separado:

I – prova de capacidade técnica, idoneidade financeira e regularidade jurídica e fiscal;

II – inteiro teor dos atos constitutivos e prova de se encontrar organizada e em funcionamento regular, conforme a lei de seu país;

III – designação de um representante legal perante a ANP, com poderes especiais para a prática de atos e assunção de responsabilidades relativamente à licitação e à proposta apresentada; e

IV – compromisso de constituir empresa segundo as leis brasileiras, com sede e administração no Brasil, caso seja vencedora da licitação.

Subseção II
Do Julgamento da Licitação

Art. 18. O julgamento da licitação identificará a proposta mais vantajosa segundo o critério da oferta de maior excedente em óleo para a União, respeitado o percentual mínimo definido nos termos da alínea b do inciso III do art. 10.

Seção VII
Do Consórcio

Art. 19. A Petrobras, quando contratada diretamente ou no caso de ser vencedora isolada da licitação, deverá constituir consórcio com a empresa pública de que trata o § 1º do art. 8º desta Lei, na forma do disposto no art. 279 da Lei 6.404, de 15 de dezembro de 1976.

Art. 20. O licitante vencedor deverá constituir consórcio com a Petrobras e com a empresa pública de que trata o § 1º do art. 8º desta Lei, na forma do disposto no art. 279 da Lei 6.404, de 15 de dezembro de 1976.

§ 1º A participação da Petrobras no consórcio implicará sua adesão às regras do edital e à proposta vencedora.

§ 2º Os direitos e as obrigações patrimoniais da Petrobras e dos demais contratados serão proporcionais à sua participação no consórcio.

§ 3º O contrato de constituição de consórcio deverá indicar a Petrobras como responsável pela execução do contrato, sem prejuízo da responsabilidade solidária das consorciadas perante o contratante ou terceiros, observado o disposto no § 2º do art. 8º desta Lei.

Art. 21. A empresa pública de que trata o § 1º do art. 8º integrará o consórcio como representante dos interesses da União no contrato de partilha de produção.

Art. 22. A administração do consórcio caberá ao seu comitê operacional.

Art. 23. O comitê operacional será composto por representantes da empresa pública de que trata o § 1º do art. 8º e dos demais consorciados.

Parágrafo único. A empresa pública de que trata o § 1º do art. 8º indicará a metade dos integrantes do comitê operacional, inclusive o seu presidente, cabendo aos demais consorciados a indicação dos outros integrantes.

Art. 24. Caberá ao comitê operacional:

I – definir os planos de exploração, a serem submetidos à análise e à aprovação da ANP;

II – definir o plano de avaliação de descoberta de jazida de petróleo e de gás natural a ser submetido à análise e à aprovação da ANP;

III – declarar a comercialidade de cada jazida descoberta e definir o plano de desenvolvimento da produção do campo, a ser submetido à análise e à aprovação da ANP;

IV – definir os programas anuais de trabalho e de produção, a serem submetidos à análise e à aprovação da ANP;

V – analisar e aprovar os orçamentos relacionados às atividades de exploração, avaliação, desenvolvimento e produção previstas no contrato;

VI – supervisionar as operações e aprovar a contabilização dos custos realizados;

VII – definir os termos do acordo de individualização da produção a ser firmado com o titular da área adjacente, observado o disposto no Capítulo IV desta Lei; e

VIII – outras atribuições definidas no contrato de partilha de produção.

Art. 25. O presidente do comitê operacional terá poder de veto e voto de qualidade, conforme previsto no contrato de partilha de produção.

Art. 26. A assinatura do contrato de partilha de produção ficará condicionada à comprovação do arquivamento do instrumento constitutivo do consórcio no Registro do Comércio do lugar de sua sede.

Seção VIII
Do contrato de partilha de produção

Art. 27. O contrato de partilha de produção preverá 2 (duas) fases:

I – a de exploração, que incluirá as atividades de avaliação de eventual descoberta de petróleo ou gás natural, para determinação de sua comercialidade; e

II – a de produção, que incluirá as atividades de desenvolvimento.

Art. 28. O contrato de partilha de produção de petróleo, de gás natural e de outros hidrocarbonetos fluidos não se estende a qualquer outro recurso natural, ficando o operador obrigado a informar a sua descoberta, nos termos do inciso I do art. 30.

Art. 29. São cláusulas essenciais do contrato de partilha de produção:

I – a definição do bloco objeto do contrato;

II – a obrigação de o contratado assumir os riscos das atividades de exploração, avaliação, desenvolvimento e produção;

III – a indicação das garantias a serem prestadas pelo contratado;

IV – o direito do contratado à apropriação do custo em óleo, exigível unicamente em caso de descoberta comercial;

V – os limites, prazos, critérios e condições para o cálculo e apropriação pelo contratado do custo em óleo e do volume da produção correspondente aos royalties devidos;

VI – os critérios para cálculo do valor do petróleo ou do gás natural, em função dos preços de mercado, da especificação do produto e da localização do campo;

VII – as regras e os prazos para a repartição do excedente em óleo, podendo incluir critérios relacionados à eficiência econômica, à rentabilidade, ao volume de produção e à variação do preço do petróleo e do gás natural, observado o percentual estabelecido segundo o disposto no art. 18;

VIII – as atribuições, a composição, o funcionamento e a forma de tomada de decisões e de solução de controvérsias no âmbito do comitê operacional;

IX – as regras de contabilização, bem como os procedimentos para acompanhamento e controle das atividades de exploração, avaliação, desenvolvimento e produção;

X – as regras para a realização de atividades, por conta e risco do contratado, que não implicarão qualquer obrigação para a União ou contabilização no valor do custo em óleo;

XI – o prazo de duração da fase de exploração e as condições para sua prorrogação;

XII – o programa exploratório mínimo e as condições para sua revisão;

XIII – os critérios para formulação e revisão dos planos de exploração e de desenvolvimento da produção, bem como dos respectivos planos de trabalho, incluindo os pontos de medição e de partilha de petróleo, de gás natural e de outros hidrocarbonetos fluidos produzidos;

XIV – a obrigatoriedade de o contratado fornecer à ANP e à empresa pública de que trata o § 1° do art. 8° relatórios, dados e informações relativos à execução do contrato;

XV – os critérios para devolução e desocupação de áreas pelo contratado, inclusive para a retirada de equipamentos e instalações e para a reversão de bens;

XVI – as penalidades aplicáveis em caso de inadimplemento das obrigações contratuais;

XVII – os procedimentos relacionados à cessão dos direitos e obrigações relativos ao contrato, conforme o disposto no art. 31;

XVIII – as regras sobre solução de controvérsias, que poderão prever conciliação e arbitragem;

XIX – o prazo de vigência do contrato, limitado a 35 (trinta e cinco) anos, e as condições para a sua extinção;

XX – o valor e a forma de pagamento do bônus de assinatura;

XXI – a obrigatoriedade de apresentação de inventário periódico sobre as emissões de gases que provocam efeito estufa – GEF, ao qual se dará publicidade, inclusive com cópia ao Congresso Nacional;

XXII – a apresentação de plano de contingência relativo a acidentes por vazamento de petróleo, de gás natural, de outros hidrocarbonetos fluidos e seus derivados; e

XXIII – a obrigatoriedade da realização de auditoria ambiental de todo o processo operacional de retirada e distribuição de petróleo e gás oriundos do pré-sal.

Art. 30. A Petrobras, na condição de operadora do contrato de partilha de produção, deverá:

I – informar ao comitê operacional e à ANP, no prazo contratual, a descoberta de qualquer jazida de petróleo, de gás natural, de outros hidrocarbonetos fluidos ou de quaisquer minerais;

II – submeter à aprovação do comitê operacional o plano de avaliação de descoberta de jazida de petróleo, de gás natural e de outros hidrocarbonetos fluidos, para determinação de sua comercialidade;

III – realizar a avaliação da descoberta de jazida de petróleo e de gás natural nos termos do plano de avaliação aprovado pela ANP, apresentando relatório de comercialidade ao comitê operacional;

IV – submeter ao comitê operacional o plano de desenvolvimento da produção do campo, bem como os planos de trabalho e de produção, contendo cronogramas e orçamentos;

V – adotar as melhores práticas da indústria do petróleo, obedecendo às normas e aos procedimentos técnicos e científicos pertinentes e utilizando técnicas apropriadas de recuperação, objetivando a racionalização da produção e o controle do declínio das reservas; e

VI – encaminhar ao comitê operacional todos os dados e documentos relativos às atividades realizadas.

Art. 31. A cessão dos direitos e obrigações relativos ao contrato de partilha de produção somente poderá ocorrer mediante prévia e expressa autorização do Ministério de Minas e Energia, ouvida a ANP, observadas as seguintes condições:

I – preservação do objeto contratual e de suas condições;

II – atendimento, por parte do cessionário, dos requisitos técnicos, econômicos e jurídicos estabelecidos pelo Ministério de Minas e Energia; e

III – exercício do direito de preferência dos demais consorciados, na proporção de suas participações no consórcio.

Parágrafo único. A Petrobras somente poderá ceder a participação nos contratos de partilha de produção que obtiver como vencedora da licitação, nos termos do art. 14.

Art. 32. O contrato de partilha de produção extinguir-se-á:

I – pelo vencimento de seu prazo;

II – por acordo entre as partes;

III – pelos motivos de resolução nele previstos;

IV – ao término da fase de exploração, sem que tenha sido feita qualquer descoberta comercial, conforme definido no contrato;

V – pelo exercício do direito de desistência pelo contratado na fase de exploração, desde que cumprido o programa exploratório mínimo ou pago o valor correspondente à parcela não cumprida, conforme previsto no contrato; e

VI – pela recusa em firmar o acordo de individualização da produção, após decisão da ANP.

§ 1° A devolução de áreas não implicará obrigação de qualquer natureza para a União nem conferirá ao contratado qualquer direito de indenização pelos serviços e bens.

§ 2° Extinto o contrato de partilha de produção, o contratado fará a remoção dos equipamentos e bens que não sejam objeto de reversão, ficando obrigado a reparar ou a indenizar os danos decorrentes de suas atividades e a praticar os atos de recuperação ambiental determinados pelas autoridades competentes.

Capítulo IV
DA INDIVIDUALIZAÇÃO DA PRODUÇÃO

Art. 33. O procedimento de individualização da produção de petróleo, de gás natural e de outros hidrocarbonetos fluidos deverá ser instaurado quando se identificar que a jazida se estende além do bloco concedido ou contratado sob o regime de partilha de produção.

§ 1º O concessionário ou o contratado sob o regime de partilha de produção deverá informar à ANP que a jazida será objeto de acordo de individualização da produção.

§ 2º A ANP determinará o prazo para que os interessados celebrem o acordo de individualização da produção, observadas as diretrizes do CNPE.

Art. 34. A ANP regulará os procedimentos e as diretrizes para elaboração do acordo de individualização da produção, o qual estipulará:

I – a participação de cada uma das partes na jazida individualizada, bem como as hipóteses e os critérios de sua revisão;

II – o plano de desenvolvimento da área objeto de individualização da produção; e

III – os mecanismos de solução de controvérsias.

Parágrafo único. A ANP acompanhará a negociação entre os interessados sobre os termos do acordo de individualização da produção.

Art. 35. O acordo de individualização da produção indicará o operador da respectiva jazida.

Art. 36. A União, representada pela empresa pública referida no § 1º do art. 8º e com base nas avaliações realizadas pela ANP, celebrará com os interessados, nos casos em que as jazidas da área do pré-sal e das áreas estratégicas se estendam por áreas não concedidas ou não partilhadas, acordo de individualização da produção, cujos termos e condições obrigarão o futuro concessionário ou contratado sob regime de partilha de produção.

§ 1º A ANP deverá fornecer à empresa pública referida no § 1º do art. 8º todas as informações necessárias para o acordo de individualização da produção.

§ 2º O regime de exploração e produção a ser adotado nas áreas de que trata o caput independe do regime vigente nas áreas adjacentes.

Art. 37. A União, representada pela ANP, celebrará com os interessados, após as devidas avaliações, nos casos em que a jazida não se localize na área do pré-sal ou em áreas estratégicas e se estenda por áreas não concedidas, acordo de individualização da produção, cujos termos e condições obrigarão o futuro concessionário.

Art. 38. A ANP poderá contratar diretamente a Petrobras para realizar as atividades de avaliação das jazidas previstas nos arts. 36 e 37.

Art. 39. Os acordos de individualização da produção serão submetidos à prévia aprovação da ANP.

Parágrafo único. A ANP deverá se manifestar em até 60 (sessenta) dias, contados do recebimento da proposta de acordo.

Art. 40. Transcorrido o prazo de que trata o § 2º do art. 33 e não havendo acordo entre as partes, caberá à ANP determinar, em até 120 (cento e vinte) dias e com base em laudo técnico, a forma como serão apropriados os direitos e as obrigações sobre a jazida e notificar as partes para que firmem o respectivo acordo de individualização da produção.

Parágrafo único. A recusa de uma das partes em firmar o acordo de individualização da produção implicará resolução dos contratos de concessão ou de partilha de produção.

Art. 41. O desenvolvimento e a produção da jazida ficarão suspensos enquanto não aprovado o acordo de individualização da produção, exceto nos casos autorizados e sob as condições definidas pela ANP.

Capítulo V
DAS RECEITAS GOVERNAMENTAIS NO REGIME DE PARTILHA DE PRODUÇÃO

Art. 42. O regime de partilha de produção terá as seguintes receitas governamentais:

I – royalties; e

II – bônus de assinatura.

§ 1º Os royalties, com alíquota de 15% (quinze por cento) do valor da produção, correspondem à compensação financeira pela exploração do petróleo, de gás natural e de outros hidrocarbonetos líquidos de que trata o § 1º do art. 20 da Constituição Federal, sendo vedado, em qualquer hipótese, seu ressarcimento ao contratado e sua inclusão no cálculo do custo em óleo.

→ § 1º com redação alterada pela Lei 12.734/2012.

§ 2º O bônus de assinatura não integra o custo em óleo e corresponde a valor fixo devido à União pelo contratado, devendo ser estabelecido pelo contrato de partilha de produção e pago no ato da sua assinatura, sendo vedado, em qualquer hipótese, seu ressarcimento ao contratado.

→ § 2º com redação alterada pela Lei 12.734/2012.

Art. 42-A. Os royalties serão pagos mensalmente pelo contratado em moeda nacional, e incidirão sobre a produção de petróleo, de gás natural e de outros hidrocarbonetos fluidos, calculados a partir da data de início da produção comercial.

→ Artigo acrescentado pela Lei 12.734/2012.

§ 1º Os critérios para o cálculo do valor dos royalties serão estabelecidos em ato do Poder Executivo, em função dos preços de mercado do petróleo, do gás natural e de outros hidrocarbonetos fluidos, das especificações do produto e da localização do campo.

§ 2º A queima de gás em flares, em prejuízo de sua comercialização, e a perda de produto ocorrida sob a responsabilidade do contratado serão incluídas no volume total da produção a ser computada para cálculo dos royalties, sob os regimes de concessão e partilha, e para cálculo da participação especial, devida sob regime de concessão.

Art. 42-B. Os royalties devidos em função da produção de petróleo, de gás natural e de outros hidrocarbonetos fluidos sob o regime de partilha de produção serão distribuídos da seguinte forma:

→ Artigo acrescentado pela Lei 12.734/2012.

I – quando a produção ocorrer em terra, rios, lagos, ilhas lacustres ou fluviais:

a) 20% (vinte por cento) para os Estados ou o Distrito Federal, se for o caso, produtores;

b) 10% (dez por cento) para os Municípios produtores;

c) 5% (cinco por cento) para os Municípios afetados por operações de embarque e desembarque de petróleo, gás natural e outro hidrocarboneto fluido, na forma e critérios estabelecidos pela Agência Nacional do Petróleo, Gás Natural e Biocombustíveis (ANP);

d) 25% (vinte e cinco por cento) para constituição de fundo especial, a ser distribuído entre Estados e o Distrito Federal, se for o caso, de acordo com os seguintes critérios:

1. (*Vetado*);

2. o rateio dos recursos do fundo especial obedecerá às mesmas regras do rateio do Fundo de Participação dos Estados e do Distrito Federal (FPE), de que trata o art. 159 da Constituição;

3 a 5. (*Vetados*);

e) 25% (vinte e cinco por cento) para constituição de fundo especial, a ser distribuído entre os Municípios de acordo com os seguintes critérios:

1. (*Vetado*);

2. o rateio dos recursos do fundo especial obedecerá às mesmas regras do rateio do Fundo de Participação dos Municípios (FPM), de que trata o art. 159 da Constituição.

3 a 5. (*Vetados*);

f) 15% (quinze por cento) para a União, a ser destinado ao Fundo Social, instituído por esta Lei, deduzidas as parcelas destinadas aos órgãos específicos da Administração Direta da União, nos termos do regulamento do Poder Executivo;

II – quando a produção ocorrer na plataforma continental, no mar territorial ou na zona econômica exclusiva:

a) 22% (vinte e dois por cento) para os Estados confrontantes;

b) 5% (cinco por cento) para os Municípios confrontantes;

c) 2% (dois por cento) para os Municípios afetados por operações de embarque e desembarque de petróleo, gás natural e outro hidrocarboneto fluido, na forma e critérios estabelecidos pela ANP;

d) 24,5% (vinte e quatro inteiros e cinco décimos por cento) para constituição de fundo especial, a ser distribuído entre Estados e o Distrito Federal, se for o caso, de acordo com os seguintes critérios:

1. (*Vetado*);

2. o rateio dos recursos do fundo especial obedecerá às mesmas regras do rateio do Fundo de Participação dos Estados e do Distrito Federal (FPE), de que trata o art. 159 da Constituição;

3 a 5. (*Vetados*);

e) 24,5% (vinte e quatro inteiros e cinco décimos por cento) para constituição de fundo especial, a ser distribuído entre os Municípios de acordo com os seguintes critérios:

1. (*Vetado*);

2. o rateio dos recursos do fundo especial obedecerá às mesmas regras do rateio do Fundo de Participação dos Municípios (FPM), de que trata o art. 159 da Constituição;

3 a 5. (*Vetados*);

f) 22% (vinte e dois por cento) para a União, a ser destinado ao Fundo Social, instituído por esta Lei, deduzidas as parcelas destinadas aos órgãos específicos da Administração Direta da União, nos termos do regulamento do Poder Executivo.

§§ 1º a 4º (*Vetados*).

Art. 42-C. (*Vetado*).

Art. 43. O contrato de partilha de produção, quando o bloco se localizar em terra, conterá cláusula determinando o pagamento, em moeda nacional, de participação equivalente a até 1% (um por cento) do valor da produção de petróleo ou gás natural aos proprietários da terra onde se localiza o bloco.

§ 1º A participação a que se refere o caput será distribuída na proporção da produção realizada nas propriedades regularmente demarcadas na superfície do bloco, vedada a sua inclusão no cálculo do custo em óleo.

§ 2º O cálculo da participação de terceiro de que trata o *caput* será efetivado pela ANP.

Art. 44. Não se aplicará o disposto no art. 50 da Lei 9.478, de 6 de agosto de 1997, aos contratos de partilha de produção.

Capítulo VI
DA COMERCIALIZAÇÃO DO PETRÓLEO, DO GÁS NATURAL E DE OUTROS HIDROCARBONETOS FLUIDOS DA UNIÃO

Art. 45. O petróleo, o gás natural e outros hidrocarbonetos fluidos destinados à União serão comercializados de acordo com as normas do direito privado, dispensada a licitação, segundo a política de comercialização referida nos incisos VI e VII do art. 9º.

Parágrafo único. A empresa pública de que trata o § 1º do art. 8º, representando a União, poderá contratar diretamente a Petrobras, dispensada a licitação, como agente comercializador do petróleo, do gás natural e de outros hidrocarbonetos fluidos referidos no caput.

Art. 46. A receita advinda da comercialização referida no art. 45 será destinada ao Fundo Social, conforme dispõem os arts. 47 a 60.

Capítulo VII
DO FUNDO SOCIAL – FS

Seção I
Da definição e objetivos do Fundo Social – FS

Art. 47. É criado o Fundo Social – FS, de natureza contábil e financeira, vinculado à Presidência da República, com a finalidade de constituir fonte de recursos para o desenvolvimento social e regional, na forma de programas e projetos nas áreas de combate à pobreza e de desenvolvimento:

I – da educação;

II – da cultura;

III – do esporte;

IV – da saúde pública;

V – da ciência e tecnologia;

VI – do meio ambiente; e

VII – de mitigação e adaptação às mudanças climáticas.

§ 1º Os programas e projetos de que trata o caput observarão o plano plurianual – PPA, a lei de diretrizes orçamentárias – LDO e as respectivas dotações consignadas na lei orçamentária anual – LOA.

§ 2º (*Vetado*).

§ 3º Do total do resultado a que se refere o caput do art. 51 auferido pelo FS, cinquenta por cento deve ser aplicado obrigatoriamente em programas e projetos direcionados ao desenvolvimento da educação, na forma do regulamento.

→ A MP 592/2012 que acrescentou o § 3º teve sua vigência encerrada.

Art. 48. O FS tem por objetivos:

I – constituir poupança pública de longo prazo com base nas receitas auferidas pela União;

II – oferecer fonte de recursos para o desenvolvimento social e regional, na forma prevista no art. 47; e

III – mitigar as flutuações de renda e de preços na economia nacional, decorrentes das variações na renda gerada pelas atividades de produção e exploração de petróleo e de outros recursos não renováveis.

Parágrafo único. É vedado ao FS, direta ou indiretamente, conceder garantias.

Seção II
Dos recursos do Fundo Social – FS

Art. 49. Constituem recursos do FS:

I – parcela do valor do bônus de assinatura destinada ao FS pelos contratos de partilha de produção;

II – parcela dos royalties que cabe à União, deduzidas aquelas destinadas aos seus órgãos específicos, conforme estabelecido nos contratos de partilha de produção, na forma do regulamento;

III – receita advinda da comercialização de petróleo, de gás natural e de outros hidrocarbonetos fluidos da União, conforme definido em lei;

IV – os royalties e a participação especial das áreas localizadas no pré-sal contratadas sob o regime de concessão destinados à administração direta da União, observado o disposto nos §§ 1º e 2º deste artigo;

V – os resultados de aplicações financeiras sobre suas disponibilidades; e

VI – outros recursos destinados ao FS por lei.

§ 1º A Lei 9.478, de 6 de agosto de 1997, passa a vigorar com as seguintes alterações:

"Art. 49. (...)

(...)

§ 3º Nas áreas localizadas no pré-sal contratadas sob o regime de concessão, a parcela dos royalties que cabe à administração direta da União será destinada integralmente ao fundo de natureza contábil e financeira, criado por lei específica, com a finalidade de constituir fonte de recursos para o desenvolvimento social e regional, na forma de programas e projetos nas áreas de combate à pobreza e de desenvolvimento da educação, da cultura, do esporte, da saúde pública, da ciência e tecnologia, do meio ambiente e de mitigação e adaptação às mudanças climáticas, vedada sua destinação aos órgãos específicos de que trata este artigo."

"Art. 50. (...)

(...)

§ 4º Nas áreas localizadas no pré-sal contratadas sob o regime de concessão, a parcela da participação especial que cabe à administração direta da União será destinada integralmente ao fundo de natureza contábil e financeira, criado por lei específica, com a finalidade de constituir fonte de recursos para o desenvolvimento social e regional, na forma de programas e projetos nas áreas de combate à pobreza e de desenvolvimento da educação, da cultura, do esporte, da saúde pública, da ciência e tecnologia, do meio ambiente e de mitigação e adaptação às mudanças climáticas, vedada sua destinação aos órgãos específicos de que trata este artigo."

§ 2º O cumprimento do disposto no § 1º deste artigo obedecerá a regra de transição, a critério do Poder Executivo, estabelecida na forma do regulamento.

Seção III
Da política de investimentos do Fundo Social

Art. 50. A política de investimentos do FS tem por objetivo buscar a rentabilidade, a segurança e a liquidez de suas aplicações e assegurar sua sustentabilidade econômica e financeira para o cumprimento das finalidades definidas nos arts. 47 e 48.

Parágrafo único. Os investimentos e aplicações do FS serão destinados preferencialmente a ativos no exterior, com a finalidade de mitigar a volatilidade de renda e de preços na economia nacional.

Art. 51. Os recursos do FS para aplicação nos programas e projetos a que se refere o art. 47 deverão ser os resultantes do retorno sobre o capital.

Parágrafo único. Constituído o FS e garantida a sua sustentabilidade econômica e financeira, o Poder Executivo, na forma da lei, poderá propor o uso de percentual de recursos do principal para a aplicação nas finalidades previstas no art. 47, na etapa inicial de formação de poupança do fundo.

Art. 52. A política de investimentos do FS será definida pelo Comitê de Gestão Financeira do Fundo Social – CGFFS.

§ 1º O CGFFS terá sua composição e funcionamento estabelecidos em ato do Poder Executivo, assegurada a participação do Ministro de Estado da Fazenda, do Ministro de Estado do Planejamento, Orçamento e Gestão e do Presidente do Banco Central do Brasil.

§ 2º Aos membros do CGFFS não cabe qualquer tipo de remuneração pelo desempenho de suas funções.

§ 3º As despesas relativas à operacionalização do CGFFS serão custeadas pelo FS.

Art. 53. Cabe ao CGFFS definir:

I – o montante a ser resgatado anualmente do FS, assegurada sua sustentabilidade financeira;

II – a rentabilidade mínima esperada;

III – o tipo e o nível de risco que poderão ser assumidos na realização dos investimentos, bem como as condições para que o nível de risco seja minimizado;

IV – os percentuais, mínimo e máximo, de recursos a serem investidos no exterior e no País;

V – a capitalização mínima a ser atingida antes de qualquer transferência para as finalidades e os objetivos definidos nesta Lei.

Art. 54. A União, a critério do CGFFS, poderá contratar instituições financeiras federais para atuarem como agentes operadores do FS, as quais farão jus a remuneração pelos serviços prestados.

Art. 55. A União poderá participar, com recursos do FS, como cotista única, de fundo de investimento específico.

Parágrafo único. O fundo de investimento específico de que trata este artigo deve ser constituído por instituição financeira federal, observadas as normas a que se refere o inciso XXII do art. 4º da Lei 4.595, de 31 de dezembro de 1964.

Art. 56. O fundo de investimento de que trata o art. 55 deverá ter natureza privada e patrimônio próprio separado do patrimônio do cotista e do administrador, sujeitando-se a direitos e obrigações próprias.

§ 1º A integralização das cotas do fundo de investimento será autorizada em ato do Poder Executivo, ouvido o CGFFS.

§ 2º O fundo de investimento terá por finalidade promover a aplicação em ativos no Brasil e no exterior.

§ 3º O fundo de investimento responderá por suas obrigações com os bens e direitos integrantes de seu patrimônio, ficando o cotista obrigado somente pela integralização das cotas que subscrever.

§ 4º A dissolução do fundo de investimento dar-se-á na forma de seu estatuto, e seus recursos retornarão ao FS.

§ 5º Sobre as operações de crédito, câmbio e seguro e sobre rendimentos e lucros do fundo de investimento não incidirá qualquer imposto ou contribuição social de competência da União.

§ 6º O fundo de investimento deverá elaborar os demonstrativos contábeis de acordo com a legislação em vigor e conforme o estabelecido no seu estatuto.

Art. 57. O estatuto do fundo de investimento definirá, inclusive, as políticas de aplicação, critérios e níveis de rentabilidade e de risco, questões operacionais da gestão administrativa e financeira e regras de supervisão prudencial de investimentos.

Seção IV
Da gestão do Fundo Social

Art. 58. É criado o Conselho Deliberativo do Fundo Social - CDFS, com a atribuição de propor ao Poder Executivo, ouvidos os Ministérios afins, a prioridade e a destinação dos recursos resgatados do FS para as finalidades estabelecidas no art. 47, observados o PPA, a LDO e a LOA.

§ 1º A composição, as competências e o funcionamento do CDFS serão estabelecidos em ato do Poder Executivo.

§ 2º Aos membros do CDFS não cabe qualquer tipo de remuneração pelo desempenho de suas funções.

§ 3º A destinação de recursos para os programas e projetos definidos como prioritários pelo CDFS é condicionada à prévia fixação de metas, prazo de execução e planos de avaliação, em coerência com as disposições estabelecidas no PPA.

§ 4º O CDFS deverá submeter os programas e projetos a criteriosa avaliação quantitativa e qualitativa durante todas as fases de execução, monitorando os impactos efetivos sobre a população e nas regiões de intervenção, com o apoio de instituições públicas e universitárias de pesquisa.

§ 5º Os recursos do FS destinados aos programas e projetos de que trata o art. 47 devem observar critérios de redução das desigualdades regionais.

Art. 59. As demonstrações contábeis e os resultados das aplicações do FS serão elaborados e apurados semestralmente, nos termos previstos pelo órgão central de contabilidade de que trata o inciso I do art. 17 da Lei 10.180, de 6 de fevereiro de 2001.

Parágrafo único. Ato do Poder Executivo definirá as regras de supervisão do FS, sem prejuízo da fiscalização dos entes competentes.

Art. 60. O Poder Executivo encaminhará trimestralmente ao Congresso Nacional relatório de desempenho do FS, conforme disposto em regulamento do Fundo.

Capítulo VIII
DISPOSIÇÕES FINAIS E TRANSITÓRIAS

Art. 61. Aplicam-se às atividades de exploração, avaliação, desenvolvimento e produção de que trata esta Lei os regimes aduaneiros especiais e os incentivos fiscais aplicáveis à indústria de petróleo no Brasil.

Art. 62. A Lei 9.478, de 6 de agosto de 1997, passa a vigorar com as seguintes alterações:

"Art. 2º (...)

(...)

VIII – definir os blocos a serem objeto de concessão ou partilha de produção;

IX – definir a estratégia e a política de desenvolvimento econômico e tecnológico da indústria de petróleo, de gás natural e de outros hidrocarbonetos fluidos, bem como da sua cadeia de suprimento;

X – induzir o incremento dos índices mínimos de conteúdo local de bens e serviços, a serem observados em licitações e contratos de concessão e de partilha de produção, observado o disposto no inciso IX.

(...)"

"Art. 5º As atividades econômicas de que trata o art. 4º desta Lei serão reguladas e fiscalizadas pela União e poderão ser exercidas, mediante concessão, autorização ou contratação sob o regime de partilha de produção, por empresas constituídas sob as leis brasileiras, com sede e administração no País."

"Art. 8º (...)

(...)

II – promover estudos visando à delimitação de blocos, para efeito de concessão ou contratação sob o regime de partilha de produção das atividades de exploração, desenvolvimento e produção;

(...)"

"Art. 21. Todos os direitos de exploração e produção de petróleo, de gás natural e de outros hidrocarbonetos fluidos em território nacional, nele compreendidos a parte terrestre, o mar territorial, a plataforma continental e a zona econômica exclusiva, pertencem à União, cabendo sua administração à ANP, ressalvadas as competências de outros órgãos e entidades expressamente estabelecidas em lei."

"Art. 22. (...)

(...)

§ 3º O Ministério de Minas e Energia terá acesso irrestrito e gratuito ao acervo a que se refere o caput deste artigo, com o objetivo de realizar estudos e planejamento setorial, mantido o sigilo a que esteja submetido, quando for o caso."

"Art. 23. As atividades de exploração, desenvolvimento e produção de petróleo e de gás natural serão exercidas mediante contratos de concessão, precedidos de licitação, na forma estabelecida nesta Lei, ou sob o regime de partilha de produção nas áreas do pré-sal e nas áreas estratégicas, conforme legislação específica.

(...)"

Art. 63. Enquanto não for criada a empresa pública de que trata o § 1º do art. 8º, suas competências serão exercidas pela União, por intermédio da ANP, podendo ainda ser delegadas por meio de ato do Poder Executivo.

Art. 64. (*Vetado*).

Art. 65. O Poder Executivo estabelecerá política e medidas específicas visando ao aumento da participação de empresas de pequeno e médio porte nas atividades de exploração, desenvolvimento e produção de petróleo e gás natural.

Parágrafo único. O Poder Executivo regulamentará o disposto no caput no prazo de 120 (cento e vinte) dias, contado da data de publicação desta Lei.

Art. 66. O Poder Executivo regulamentará o disposto nesta Lei.

Art. 67. Revogam-se o § 1º do art. 23 e o art. 27 da Lei 9.478, de 6 de agosto de 1997.

Art. 68. Esta Lei entra em vigor na data de sua publicação.

Brasília, 22 de dezembro de 2010; 189º da Independência e 122º da República.

Luiz Inácio Lula da Silva

(Publicação no *D.O.U.* de 23.12.2010)

ANEXO

POLÍGONO PRÉ-SAL		
COORDENADAS POLICÔNICA/SAD69/MC54		
Longitude (W)	Latitude (S)	Vértices
5828309.85	7131717.65	1
5929556.50	7221864.57	2
6051237.54	7283090.25	3
6267090.28	7318567.19	4
6435210.56	7528148.23	5
6424907.47	7588826.11	6
6474447.16	7641777.76	7
6549160.52	7502144.27	8
6502632.19	7429577.67	9
6152150.71	7019438.85	10
5836128.16	6995039.24	11
5828309.85	7131717.65	1

LEI 12.402,
DE 2 DE MAIO DE 2011

Regula o cumprimento de obrigações tributárias por consórcios que realizarem contratações de pessoas jurídicas e físicas; acresce dispositivos à Lei 10.168, de 29 de dezembro de 2000, que institui contribuição de intervenção de domínio econômico destinada a financiar o Programa de Estímulo à Interação Universidade-Empresa para o Apoio à Inovação; altera as Leis 12.249, de 11 de junho de 2010, e 9.532, de 10 de dezembro de 1997, e o Decreto-Lei 1.593, de 21 de dezembro de 1977; e dá outras providências.

A Presidenta da República:

Faço saber que o Congresso Nacional decreta e eu sanciono a seguinte Lei:

Art. 1º As empresas integrantes de consórcio constituído nos termos do disposto nos arts. 278 e 279 da Lei 6.404, de 15 de dezembro de 1976, respondem pelos tributos devidos, em relação às operações praticadas pelo consórcio, na proporção de sua participação no empreendimento, observado o disposto nos §§ 1º a 4º.

§ 1º O consórcio que realizar a contratação, em nome próprio, de pessoas jurídicas e físicas, com ou sem vínculo empregatício, poderá efetuar a retenção de tributos e o cumprimento das respectivas obrigações acessórias, ficando as empresas consorciadas solidariamente responsáveis.

§ 2º Se a retenção de tributos ou o cumprimento das obrigações acessórias relativos ao consórcio forem realizados por sua empresa líder, aplica-se, também, a solidariedade de que trata o § 1º.

§ 3º O disposto nos §§ 1º e 2º abrange o recolhimento das contribuições previdenciárias patronais, da contribuição prevista no art. 7º da Lei 12.546, de 14 de dezembro de 2011, inclusive a incidente sobre a remuneração dos trabalhadores avulsos, e das contribuições destinadas a outras entidades e fundos, além da multa por atraso no cumprimento das obrigações acessórias.

→ § 3º com redação alterada pela Lei 12.995/2014.

§ 4º O disposto neste artigo aplica-se somente aos tributos administrados pela Secretaria da Receita Federal do Brasil.

Art. 2º O art. 2º da Lei 10.168, de 29 de dezembro de 2000, passa a vigorar acrescido do seguinte § 6º:

"Art. 2º (...)

§ 6º Não se aplica a Contribuição de que trata o caput quando o contratante for órgão ou entidade da administração direta, autárquica e fundacional da União, dos Estados, do Distrito Federal e dos Municípios, e o contratado for instituição de ensino ou pesquisa situada no exterior, para o oferecimento de curso ou atividade de treinamento ou qualificação profissional a servidores civis ou militares do respectivo ente estatal, órgão ou entidade."

Art. 3º A Lei 10.168, de 29 de dezembro de 2000, passa a vigorar acrescida do seguinte art. 2º-B:

"Art. 2º-B. O imposto sobre a renda na fonte não incidirá sobre as importâncias pagas, creditadas, entregues, empregadas ou remetidas ao exterior por órgãos ou entidades da administração direta, autárquica e fundacional da União, dos Estados, do Distrito Federal e dos Municípios, em razão de despesas contratuais com instituições de ensino e pesquisa relacionadas à participação em cursos ou atividades de treinamento ou qualificação profissional de servidores civis ou militares do respectivo ente estatal, órgão ou entidade."

Art. 4º O art. 65 da Lei 12.249, de 11 de junho de 2010, passa a vigorar acrescido dos seguintes §§ 33 a 35:

"Art. 65. (...)

§ 33. As pessoas jurídicas que se encontrem inativas desde o ano-calendário de 2009 ou que estiverem em regime de liquidação ordinária, judicial ou extrajudicial, ou em regime de falência, que optaram pelo pagamento ou parcelamento dos débitos, nos termos deste artigo, poderão compensar os débitos do Imposto de Renda da Pessoa Jurídica (IRPJ) e da Contribuição Social sobre o Lucro Líquido (CSLL) apurados em razão da concessão do benefício de redução dos valores de multas, juros de mora e encargo legal, em decorrência do disposto no § 3º deste artigo, respectivamente, com a utilização de prejuízo fiscal e da base de cálculo negativa da CSLL, próprios, acumulados de exercícios anteriores, sendo que o valor a ser utilizado será determinado mediante a aplicação da alíquota de 25% (vinte e cinco por cento) sobre o montante do prejuízo fiscal e de 9% (nove por cento) sobre a base de cálculo negativa da CSLL.

§ 34. Para fins do disposto no § 33, a pessoa jurídica inativa que retornar à atividade antes de 31 de dezembro de 2013 deverá recolher os valores referentes ao IRPJ e à CSLL objeto da compensação com todos os encargos legais e recompor o prejuízo fiscal do IRPJ e a base de cálculo negativa da CSLL correspondentes.

§ 35. A Secretaria da Receita Federal do Brasil disciplinará o disposto nos §§ 33 o 34."

Art. 5º Os fabricantes e importadores de cigarrilhas classificadas no código 2402.10.00 da Tabela de Incidência do Imposto sobre Produtos Industrializados (Tipi) ficam sujeitos à inscrição no registro especial de que trata oart. 1º do Decreto-Lei 1.593, de 21 de dezembro do 1977.

Parágrafo único. O disposto nos arts. 27 a 30 da Lei 11.488, de 15 de junho de 2007, também se aplica aos estabelecimentos industriais fabricantes de cigarrilhas.

Art. 6º Os fabricantes e importadores de cigarrilhas ficam sujeitos à apuração e ao pagamento do Imposto sobre Produtos Industrializados (IPI), da Contribuição para o PIS/Pasep e da Cofins, segundo as mesmas normas aplicáveis aos cigarros nacionais e importados, inclusive em relação às regras:

I – de equiparação a estabelecimento industrial, no caso do IPI; e

II – de substituição tributária, no caso da Contribuição para o PIS/Pasep e da Cofins.

Art. 7º Os arts. 12 e 18 do Decreto-Lei 1.593, de 21 de dezembro de 1977, passam a vigorar com a seguinte redação:

"Art. 12. Os cigarros destinados à exportação não poderão ser vendidos nem expostos à venda no País e deverão ser marcados, nas embalagens de cada maço ou carteira de 20 (vinte) unidades, pelos equipamentos de que trata o art. 27 da Lei 11.488, de 15 de junho de 2007, com códigos que possibilitem identificar sua legítima origem e reprimir a introdução clandestina destes produtos no território nacional.

(...)

§ 5º A Secretaria da Receita Federal do Brasil poderá, na forma, condições e prazos por ela estabelecidos, dispensar a aplicação do disposto nos §§ 1º e 4º, desde que:

I – a dispensa seja necessária para atender as exigências do mercado estrangeiro importador;

II – o importador no exterior seja pessoa jurídica vinculada ao estabelecimento industrial, de acordo com o disposto no art. 23 da Lei 9.430, de 27 de dezembro de 1996; e

III – seja comprovada pelo estabelecimento industrial, mediante documentação hábil e idônea, a importação dos cigarros no país de destino.

§ 6º As exportações de cigarros autorizadas pela Secretaria da Receita Federal do Brasil na forma do § 5º ficam isentas do Imposto de Exportação."

"Art. 18. (...)

(...)

§ 3º Na hipótese de cigarros de que trata o caput, cuja exportação tenha sido autorizada pela Secretaria da Receita Federal do Brasil de acordo com o disposto no § 5º do art. 12, os impostos devidos, bem como a multa de que trata o § 1º do presente artigo, serão exigidos do estabelecimento industrial exportador.

§ 4º O disposto no § 3º aplica-se inclusive à hipótese de ausência de comprovação pelo estabelecimento industrial da importação dos cigarros no país de destino, de que trata o inciso III do § 5º do art. 12."

Art. 8º Os arts. 48 e 50 da Lei 9.532, de 10 de dezembro de 1997, passam a vigorar com a seguinte redação:

→ Alterações efetuadas na referida Lei.

Art. 9º Esta Lei entra em vigor na data de sua publicação, produzindo efeitos:

I – em relação ao art. 1º, a partir de 29 de outubro de 2010;

II – em relação aos arts. 2º e 3º, a partir de 1º de janeiro de 2011;

III – em relação aos arts. 5º e 6º, a partir do primeiro dia do quarto mês subsequente ao da sua publicação;

IV – em relação aos demais artigos, a partir da data de sua publicação.

Art. 10. Ficam revogados a partir da entrada em vigor desta Lei os seguintes dispositivos:

I – os §§ 1º e 2º do art. 48 da Lei 9.532, de 10 de dezembro de 1997;

II – o § 3º do art. 49 da Lei 9.532, de 10 de dezembro de 1997;

III – o inciso II do art. 6º-A do Decreto-Lei 1.593, de 21 de dezembro de 1977;

IV – o art. 11 do Decreto-Lei 1.593, de 21 de dezembro de 1977.

Brasília, 2 de maio de 2011; 190º da Independência e 123º da República.

Dilma Rousseff

(Publicação no *D.O.U.* de 3.5.2011)

LEI 12.431,
DE 24 DE JUNHO DE 2011

Dispõe sobre a incidência do imposto sobre a renda nas operações que especifica; altera as Leis 11.478, de 29 de maio de 2007, 6.404, de 15 de dezembro de 1976, 9.430, de 27 de dezembro de 1996, 12.350, de 20 de dezembro de 2010, 11.196, de 21 de novembro de 2005, 8.248, de 23 de outubro de 1991, 9.648, de 27 de maio de 1998, 11.943, de 28 de maio de 2009, 9.808, de 20 de julho de 1999, 10.260, de 12 de julho de 2001, 11.096, de 13 de janeiro de 2005, 11.180, de 23 de setembro de 2005, 11.128, de 28 de junho de 2005, 11.909, de 4 de março de 2009, 11.371, de 28 de novembro de 2006, 12.249, de 11 de junho de 2010, 10.150, de 21 de dezembro de 2000, 10.312, de 27 de novembro de 2001, e 12.058, de 13 de outubro de 2009, e o Decreto-Lei 288, de 28 de fevereiro de 1967; institui o Regime Especial de Incentivos para o Desenvolvimento de Usinas Nucleares (Renuclear); dispõe sobre medidas tributárias relacionadas ao Plano Nacional de Banda Larga; altera a legislação relativa à isenção do Adicional ao Frete para Renovação da Marinha Mercante (AFRMM); dispõe sobre a extinção do Fundo Nacional de Desenvolvimento; e dá outras providências.

A Presidenta da República:

Faço saber que o Congresso Nacional decreta e eu sanciono a seguinte Lei:

Art. 1º Fica reduzida a 0 (zero) a alíquota do imposto sobre a renda incidente sobre os rendimentos definidos nos termos da alínea a do § 2º do art. 81 da Lei 8.981, de 20 de janeiro de 1995, quando pagos, creditados, entregues ou remetidos a beneficiário residente ou domiciliado no exterior, exceto em país que não tribute a renda ou que a tribute à alíquota máxima inferior a 20% (vinte por cento), produzidos por:

→ *caput* com redação alterada pela Lei 12.844/2013.

I – títulos ou valores mobiliários adquiridos a partir de 1º de janeiro de 2011, objeto de distribuição pública, de emissão de pessoas jurídicas de direito privado não classificadas como instituições financeiras; ou

→ Inciso I acrescentado pela Lei 12.844/2013.

II – fundos de investimento em direitos creditórios constituídos sob a forma de condomínio fechado, regulamentados pela Comissão de Valores Mobiliários – CVM, cujo originador ou cedente da carteira de direitos creditórios não seja instituição financeira.

→ Inciso II acrescentado pela Lei 12.844/2013.

§ 1º Para fins do disposto no inciso I do *caput*, os títulos ou valores mobiliários deverão ser remunerados por taxa de juros pré-fixada, vinculada a índice de preço ou à Taxa Referencial – TR, vedada a pactuação total ou parcial de taxa de juros pós-fixada, e ainda, cumulativamente, apresentar:

→ § 1º com redação alterada pela Lei 12.844/2013.

I – prazo médio ponderado superior a 4 (quatro) anos;

II – vedação à recompra do título ou valor mobiliário pelo emissor ou parte a ele relacionada nos 2 (dois) primeiros anos após a sua emissão e à liquidação antecipada por meio de resgate ou pré-pagamento, salvo na forma a ser regulamentada pelo Conselho Monetário Nacional;

III – inexistência de compromisso de revenda assumido pelo comprador;

IV – prazo de pagamento periódico de rendimentos, se existente, com intervalos de, no mínimo, 180 (cento e oitenta) dias;

V – comprovação de que o título ou valor mobiliário esteja registrado em sistema de registro devidamente autorizado pelo Banco Central do Brasil ou pela CVM, nas suas respectivas áreas de competência; e

VI – procedimento simplificado que demonstre o compromisso de alocar os recursos captados no pagamento futuro ou no reembolso de gastos, despesas ou dívidas relacionados aos projetos de investimento, inclusive os voltados à pesquisa, desenvolvimento e inovação.

§ 1º-A. Para fins do disposto no inciso II do *caput*, a rentabilidade esperada das cotas de emissão dos fundos de investimento em direitos creditórios deverá ser referenciada em taxa de juros pré-fixada, vinculada a índice de preço ou à TR, observados, cumulativamente, os seguintes requisitos:

→ *Caput* do § 1º-A com redação alterada pela Lei 12.844/2013

I – o fundo deve possuir prazo de duração mínimo de 6 (seis) anos;

→ Inciso I com redação alterada pela Lei 12.844/2013.

II – vedação ao pagamento total ou parcial do principal das cotas nos 2 (dois) primeiros anos a partir da data de encerramento da oferta pública de distribuição de cotas constitutivas do patrimônio inicial do fundo, exceto nas hipóteses de liquidação antecipada do fundo, previstas em seu regulamento;

→ Inciso II com redação alterada pela Lei 12.844/2013.

III – vedação à aquisição de cotas pelo originador ou cedente ou por partes a eles relacionadas, exceto quando se tratar de cotas cuja classe subordine-se às demais para efeito de amortização e resgate;

→ Inciso III com redação alterada pela Lei 12.844/2013.

IV – prazo de amortização parcial de cotas, inclusive as provenientes de rendimentos incorporados, caso existente, com intervalos de, no mínimo, 180 (cento e oitenta) dias;

→ Inciso IV com redação alterada pela Lei 12.844/2013.

V – comprovação de que as cotas estejam admitidas a negociação em mercado organizado de valores mobiliários ou registrados em sistema de registro devidamente autorizado pelo Banco Central do Brasil ou pela CVM, nas suas respectivas áreas de competência;

→ Inciso V com redação alterada pela Lei 12.844/2013.

VI – procedimento simplificado que demonstre o objetivo de alocar os recursos obtidos com a operação em projetos de investimento, inclusive os voltados à pesquisa, ao desenvolvimento e à inovação; e

→ Inciso VI com redação alterada pela Lei 12.844/2013.

VII – presença obrigatória no contrato de cessão, no regulamento e no prospecto, se houver, na forma a ser regulamentada pela CVM:

→ Inciso VII acrescentado pela Lei 12.844/2013.

a) do objetivo do projeto ou projetos beneficiados;

b) do prazo estimado para início e encerramento ou, para os projetos em andamento, a descrição da fase em que se encontram e a estimativa do seu encerramento;

c) do volume estimado dos recursos financeiros necessários para a realização do projeto ou projetos não iniciados ou para a conclusão dos já iniciados; e

d) do percentual que se estima captar com a venda dos direitos creditórios, frente às necessidades de recursos financeiros dos projetos beneficiados;

VIII – percentual mínimo de 85% (oitenta e cinco por cento) de patrimônio líquido representado por direitos creditórios, e a parcela restante por títulos públicos federais, operações compromissadas lastreadas em títulos públicos federais ou cotas de fundos de investimento que invistam em títulos públicos federais.

→ Inciso VIII acrescentado pela Lei 12.844/2013.

§ 1º-B. Para fins do disposto no inciso I do *caput*, os certificados de recebíveis imobiliários deverão ser remunerados por taxa de juros pré-fixada, vinculada a índice de preço ou à TR, vedada a pactuação total ou parcial de taxa de juros pós-fixada, e ainda, cumulativamente, apresentar os seguintes requisitos:

→ § 1º-B com redação alterada pela Lei 12.844/2013.

I – prazo médio ponderado superior a 4 (quatro) anos, na data de sua emissão;

II – vedação à recompra dos certificados de recebíveis imobiliários pelo emissor ou parte a ele relacionada e o cedente ou originador nos 2 (dois) primeiros anos após a sua emissão e à liquidação antecipada por meio de resgate ou pré-pagamento, salvo na forma a ser regulamentada pelo Conselho Monetário Nacional;

III – inexistência de compromisso de revenda assumido pelo comprador;

IV – prazo de pagamento periódico de rendimentos, se existente, com intervalos de, no mínimo, 180 (cento e oitenta) dias;

V – comprovação de que os certificados de recebíveis imobiliários estejam registrados em sistema de registro, devidamente autorizado pelo Banco Central do Brasil ou pela CVM, nas respectivas áreas de competência; e

VI – procedimento simplificado que demonstre o compromisso de alocar os recursos captados no pagamento futuro ou no reembolso de gastos, despesas ou dívidas relacionados a projetos de investimento, inclusive os voltados à pesquisa, ao desenvolvimento e à inovação.

§ 1º-C. O procedimento simplificado previsto nos incisos VI dos §§ 1º, 1º-A e 1º-B deve demonstrar que os gastos, despesas ou dívidas passíveis de reembolso ocorreram em prazo igual ou inferior a 24 (vinte e quatro) meses da data de encerramento da oferta pública.

→ § 1º-C acrescentado pela Lei 12.844/2013.

§ 1º-D. Para fins do disposto neste artigo, os fundos de investimento em direitos creditórios e os certificados de recebíveis imobiliários podem ser constituídos para adquirir recebíveis de um único cedente ou devedor ou de empresas pertencentes ao mesmo grupo econômico.

→ § 1º-D acrescentado pela Lei 12.844/2013.

§ 2º O Conselho Monetário Nacional definirá a fórmula de cômputo do prazo médio a que se refere o inciso I dos §§ 1º e 1º-B, e o procedimento simplificado a que se referem os incisos VI dos §§ 1º, 1º-A e 1º-B.

→ § 2º acrescentado pela Lei 12.844/2013.

§ 3º Para fins do disposto neste artigo são consideradas instituições financeiras bancos de qualquer espécie, cooperativas de crédito, caixa econômica, sociedades distribuidoras de títulos e valores mobiliários, sociedades corretoras de câmbio, de títulos de valores mobiliários, sociedades de crédito, financiamento e investimentos, sociedades de crédito imobiliário, sociedades de arrendamento mercantil.

§ 4º O disposto neste artigo aplica-se:

I – exclusivamente a beneficiário residente ou domiciliado no exterior que realizar operações financeiras no País de acordo com as normas e condições estabelecidas pelo Conselho Monetário Nacional;

II – às cotas de fundos de investimento exclusivos para investidores não residentes que possuam no mínimo 85% (oitenta e cinco por cento) do valor do patrimônio líquido do fundo aplicado em títulos de que trata o inciso I do *caput*.

→ Incido II com redação alterada pela Lei 12.844/2013.

§ 4º-A. O percentual mínimo a que se refere o inciso II do § 4º poderá ser de, no mínimo, 67% (sessenta e sete por cento) do valor do patrimônio líquido do fundo aplicado em títulos de que trata o inciso I do *caput* no prazo de 2 (dois) anos, contado da data da primeira integralização de cotas.

→ § 4º-A com redação alterada pela Lei 12.844/2013.

§ 5º Os fundos a que se refere o inciso II do § 4º observarão as regras disciplinadas nos §§ 4º, 5º e 6º do art. 3º.

§ 6º Até 30 de junho de 2011, relativamente aos investimentos em títulos ou valores mobiliários possuídos em 1º de janeiro de 2011 e que obedeçam ao disposto no § 1º, fica facultado ao investidor estrangeiro antecipar o pagamento do imposto sobre a renda que seria devido por ocasião do pagamento, crédito, entrega ou remessa a beneficiário residente ou domiciliado no exterior, ficando os rendimentos auferidos a partir da data do pagamento do imposto sujeitos ao benefício da alíquota 0 (zero) previsto neste artigo.

§ 7º O Ministério da Fazenda poderá disciplinar o cômputo do imposto sobre a renda devido pelo investidor estrangeiro, nos casos em que este opte pela antecipação de pagamento disposta no § 6º, tendo como base para apuração do tributo:

I – o preço de mercado do título, definido pela média aritmética dos valores negociados apurados nos 10 (dez) dias úteis que antecedem o pagamento antecipado do imposto sobre a renda; ou

II – o preço apurado com base na curva de juros do papel, nos casos em que, cumulativamente ou não:

a) inexista, no prazo de antecedência disposto no inciso I, a negociação do título em plataforma eletrônica;

b) o volume negociado se mostre insuficiente para concluir que o preço observado espelha o valor do título.

§ 8º Fica sujeito à multa equivalente a 20% (vinte por cento) do valor captado na forma deste artigo não alocado no projeto de investimento, a ser aplicada pela Secretaria da Receita Federal do Brasil – RFB:

→ *Caput* do § 8º acrescentado pela Lei 12.715/2012.

I – o emissor dos títulos e valores mobiliários; ou

→ Inciso I acrescentado pela Lei 12.715/2012.

II – o cedente, no caso de certificados de recebíveis imobiliários e de cotas de fundo de investimento em direitos creditórios.

→ Inciso II com redação alterada pela Lei 12.844/2013.

§ 9º Os rendimentos produzidos pelos títulos ou valores mobiliários a que se refere este artigo sujeitam-se à alíquota reduzida de imposto de renda ainda que ocorra a hipótese prevista no § 8º, sem prejuízo da multa nele estabelecida.

→ § 9º acrescentado pela Lei 12.715/2012.

§ 10. Aplica-se o disposto neste artigo aos fundos soberanos que realizarem operações financeiras no País de acordo com as normas e condições estabelecidas pelo Conselho Monetário Nacional, ainda que domiciliados ou residentes em países com tributação favorecida nos termos do art. 24 da Lei 9.430, de 27 de dezembro de 1996.

→ § 10 com redação alterada pela Lei 13.043/2014.

§ 11. Para fins do disposto no § 10, classificam-se como fundos soberanos os veículos de investimento no exterior cujo patrimônio seja composto por recursos provenientes exclusivamente da poupança soberana do país respectivo e que, adicionalmente, cumpram os seguintes requisitos:

→ § 11 acrescentado pela Lei 12.844/2013.

I – apresentem, em ambiente de acesso público, uma política de propósitos e de investimento definida;

II – apresentem, em ambiente de acesso público e em periodicidade, no mínimo, anual, suas fontes de recursos; e

III – disponibilizem, em ambiente de acesso público, as regras de resgate dos recursos por parte do governo.

Art. 2º No caso de debêntures emitidas por sociedade de propósito específico, constituída sob a forma de sociedade por ações, dos certificados de recebíveis imobiliários e de cotas de emissão de fundo de investimento em direitos creditórios, constituídos sob a forma de condomínio fechado, relacionados à captação de recursos com vistas em implementar projetos de investimento na área de infraestrutura, ou de produção econômica intensiva em pesquisa, desenvolvimento e inovação, considerados como prioritários na forma regulamentada pelo Poder Executivo federal, os rendimentos auferidos por pessoas físicas ou jurídicas residentes ou domiciliadas no País sujeitam-se à incidência do imposto sobre a renda, exclusivamente na fonte, às seguintes alíquotas:

→ *Caput* com redação alterada pela Lei 12.844/2013.

I – 0% (zero por cento), quando auferidos por pessoa física; e

II – 15% (quinze por cento), quando auferidos por pessoa jurídica tributada com base no lucro real, presumido ou arbitrado, pessoa jurídica isenta ou optante pelo Regime Especial Unificado de Arrecadação de Tributos e Contribuições devidos pelas Microempresas e Empresas de Pequeno Porte (Simples Nacional).

§ 1º O disposto neste artigo aplica-se somente aos ativos que atendam ao disposto nos §§ 1º, 1º-A, 1º-B, 1º-C e 2º do art. 1º, emitidos entre a data da publicação da regulamentação mencionada no § 2º do art. 1º e 31 de dezembro de 2030.

→ § 1º com redação alterada pela Lei 13.043/2014.

§ 1º-A. As debêntures objeto de distribuição pública, emitidas por concessionária, permissionária, autorizatária ou arrendatária, constituídas sob a forma de sociedade por ações, para captar recursos com vistas em implementar projetos de investimento na área de infraestrutura ou de produção econômica intensiva em pesquisa, desenvolvimento e inovação, considerados como prioritários na forma regulamentada pelo Poder Executivo federal também fazem jus aos benefícios dispostos no *caput*, respeitado o disposto no § 1º.

→ § 1º-A com redação alterada pela Lei 12.844/2013.

§ 1º-B. As debêntures mencionadas no *caput* e no § 1º-A poderão ser emitidas por sociedades controladoras das pessoas jurídicas mencionadas neste artigo, desde que constituídas sob a forma de sociedade por ações.

→ § 1º-B acrescentado pela Lei 12.715/2012.

§ 2º O regime de tributação previsto neste artigo aplica-se inclusive às pessoas jurídicas relacionadas no inciso I do art. 77 da Lei 8.981, de 20 de janeiro de 1995.

§ 3º Os rendimentos tributados exclusivamente na fonte poderão ser excluídos na apuração do lucro real.

§ 4º As perdas apuradas nas operações com os ativos a que se refere este artigo, quando realizadas por pessoa jurídica tributada com base no lucro real, não serão dedutíveis na apuração do lucro real.

→ § 4º com redação alterada pela Lei 12.715/2012.

§ 5º Ficam sujeitos à multa equivalente a 20% (vinte por cento) do valor captado na forma deste artigo não alocado no projeto de investimento, a ser aplicada pela Secretaria da Receita Federal do Brasil do Ministério da Fazenda:

→ *Caput* do § 5º com redação alterada pela Lei 12.844/2013.

I – o emissor dos títulos e valores mobiliários; ou

→ Inciso I acrescentado pela Lei 12.844/2013.

II – o cedente, no caso de certificados de recebíveis imobiliários e fundos de investimento em direitos creditórios.

→ Inciso II acrescentado pela Lei 12.844/2013.

§ 6º O controlador da sociedade de propósito específico criada para implementar o projeto de investimento na forma deste artigo responderá de forma subsidiária com relação ao pagamento da multa estabelecida no § 5º.

→ § 6º acrescentado pela Lei 12.715/2012.

§ 7º Os rendimentos produzidos pelos valores mobiliários a que se refere este artigo sujeitam-se à alíquota reduzida de imposto de renda ainda que ocorra a hipótese prevista no § 5º, sem prejuízo da multa nele estabelecida.

→ § 7º acrescentado pela Lei 12.715/2012.

§ 8º Para fins do disposto neste artigo, consideram-se rendimentos quaisquer valores que constituam remuneração do capital aplicado, inclusive ganho de capital auferido na alienação.

→ § 8º acrescentado pela Lei 12.715/2012.

Art. 3º As instituições autorizadas pela Comissão de Valores Mobiliários ao exercício da administração de carteira de títulos e valores mobiliários poderão constituir fundo de investimento, que disponha em seu regulamento que a aplicação de seus recursos nos ativos de que trata o art. 2º não poderá ser inferior a 85% (oitenta e cinco por cento) do valor do patrimônio líquido do fundo.

→ *Caput* com redação alterada pela Lei 12.715/2012.

§ 1º Os cotistas dos fundos de investimento de que trata o *caput* ou dos fundos de investimentos em cotas de fundo de investimento que detenham, no mínimo, 95% (noventa e cinco por cento) dos seus recursos alocados em cotas dos fundos de investimento de que trata o *caput*, terão sua alíquota do imposto sobre a renda, incidente sobre os rendimentos produzidos pelos fundos de que trata o *caput*, reduzida a:

I – 0% (zero por cento), quando:

a) pagos, creditados, entregues ou remetidos a beneficiário residente ou domiciliado no exterior, que realizar operações financeiras no País de acordo com as normas e condições estabelecidas pelo Conselho Monetário Nacional, exceto em país que não tribute a renda ou que a tribute à alíquota máxima inferior a 20% (vinte por cento);

b) auferidos por pessoa física;

II – 15% (quinze por cento), quando auferidos por pessoa jurídica tributada com base no lucro real, presumido ou arbitrado e por pessoa jurídica isenta ou optante pelo Simples Nacional.

§ 1º-A. O percentual mínimo a que se refere o *caput* poderá ser de, no mínimo, 67% (sessenta e sete por cento) do valor do patrimônio líquido do fundo aplicado nos ativos no prazo de 2 (dois) anos contado da data da primeira integralização de cotas. captado na forma deste artigo não alocado no projeto de investimento, a ser aplicada pela Secretaria da Receita Federal do Brasil do Ministério da Fazenda:

→ § 1º-A com redação alterada pela Lei 12.844/2013.

§ 2º Os cotistas dispostos na alínea *b* do inciso I e no inciso II do § 1º sujeitam-se à incidência do imposto sobre a renda exclusivamente na fonte.

§ 2º-A. Para fins do disposto neste artigo, consideram-se rendimentos quaisquer valores que constituam remuneração do capital aplicado, inclusive ganho de capital auferido na alienação de cotas.

→ § 2ºA acrescentado pela Lei 12.844/2013.

§ 2º-B. Não se aplica ao fundo de investimento de que trata o *caput* e ao fundo de investimento em cota de fundo de investimento de que trata o § 1º a incidência do imposto de renda na fonte prevista no art. 3º da Lei 10.892, de 13 de julho de 2004.

→ § 2º-B acrescentado pela Lei 12.844/2013.

§ 3º O não atendimento pelo fundo de investimento de que trata o *caput* ou pelo fundo de investimento em cota de fundo de investimento de que trata o § 1º de qualquer das condições dispostas neste artigo implica a sua liquidação ou transformação em outra modalidade de fundo de investimento ou de fundo de investimento em cota de fundo de investimento, no que couber.

§ 4º O fundo de investimento de que trata o *caput* e o fundo de investimento em cota de fundo de investimento de que trata o § 1º terão prazo de até 180 (cento e oitenta) dias contados da data da primeira integralização de cotas para enquadrar-se ao disposto no § 1º-A.

→ § 4º com redação alterada pela Lei 12.844/2013.

§ 5º Sem prejuízo do prazo previsto no § 4º, não se aplica o disposto no § 1º se, em um mesmo ano-calendário, a carteira do fundo de investimento não cumprir as condições estabelecidas neste artigo por mais de 3 (três) vezes ou por mais de 90 (noventa) dias, hipótese em que os rendimentos produzidos a partir do dia imediatamente após a alteração da condição serão tributados na forma do § 6º.

→ § 5º com redação alterada pela Lei 12.844/2013.

§ 5º-A. Ocorrida a hipótese prevista no § 5º e após cumpridas as condições estabelecidas neste artigo, admitir-se-á o retorno ao enquadramento anterior a partir do 1º (primeiro) dia do ano-calendário subsequente.

→ § 5º-A acrescentado pela Lei 12.844/2013.

§ 6º Na hipótese de liquidação ou transformação do fundo conforme previsto no § 3º, aplicar-se-ão aos rendimentos de que trata o § 1º a alíquota de 15% (quinze por cento) para os cotistas dispostos na alínea *a* do inciso I e as alíquotas previstas nos incisos I a IV do *caput* do art. 1º da Lei 11.033, de 21 de dezembro de 2004, para os cotistas dispostos na alínea *b* do inciso I e no inciso II, não se aplicando a incidência exclusivamente na fonte para os cotistas do inciso II.

§ 7º A Comissão de Valores Mobiliários e a Secretaria da Receita Federal do Brasil regulamentarão, dentro de suas respectivas competências, no que for necessário, o disposto neste artigo.

§ 8º O regime de tributação previsto neste artigo aplica-se inclusive às pessoas jurídicas relacionadas no inciso I do art. 77 da Lei 8.981, de 20 de janeiro de 1995.

§ 9º Os rendimentos tributados exclusivamente na fonte poderão ser excluídos na apuração do lucro real.

§ 10. As perdas apuradas nas operações com cotas dos fundos a que se refere o § 1º, quando realizadas por pessoa jurídica tributada com base no lucro real, não serão dedutíveis na apuração do lucro real.

Art. 4º A ementa e os arts. 1º e 2º da Lei 11.478, de 29 de maio de 2007, passam a vigorar com a seguinte redação:

"Institui o Fundo de Investimento em Participações em Infraestrutura (FIP-IE) e o Fundo de Investimento em Participação na Produção Econômica Intensiva em Pesquisa, Desenvolvimento e Inovação (FIP-PD&I) e dá outras providências."

"Art. 1º As instituições autorizadas pela Comissão de Valores Mobiliários (CVM) para o exercício da administração de carteira de títulos de valores mobiliários poderão constituir Fundo de Investimento em Participações em Infraestrutura (FIP-IE) e Fundo de Investimento em Participação na Produção Econômica Intensiva em Pesquisa, Desenvolvimento e Inovação (FIP-PD&I), sob a forma de condomínio fechado, que terão, respectivamente, por objetivo o investimento no território nacional em novos projetos de infraestrutura e de produção econômica intensiva em pesquisa, desenvolvimento e inovação.

§ 1º (...)

(...)

V – outras áreas tidas como prioritárias pelo Poder Executivo Federal.

§ 1º-A. Além dos dispositivos previstos no § 1º, consideram-se novos os projetos de produção econômica intensiva em pesquisa, desenvolvimento e inovação implementados a partir da vigência desta Lei por sociedades específicas criadas para tal fim e que atendam à regulamentação do Ministério da Ciência e Tecnologia (MCT).

§ 2º Os novos projetos de que tratam os §§ 1º e 1º-A deste artigo poderão constituir-se na expansão de projetos já existentes, implantados ou em processo de implantação, desde que os investimentos e os resultados da expansão sejam segregados mediante a constituição de sociedade de propósito específico.

§ 3º As sociedades de propósito específico a que se referem os §§ 1º a 2º serão necessariamente organizadas como sociedade por ações, de capital aberto ou fechado.

§ 4º No mínimo 90% (noventa por cento) do patrimônio do FIP-IE e do FIP-PD&I deverão ser aplicados em ações, bônus de subscrição, debêntures, conversíveis ou não em ações, ou outros títulos de emissão das sociedades de que trata o § 3º, desde que permitidos pela regulamentação da CVM para fundos de investimento em participações.

§ 5º (*Revogado*).

§ 6º O FIP-IE e o FIP-PD&I deverão ter um mínimo de 5 (cinco) cotistas, sendo que cada cotista não poderá deter mais de 40% (quarenta por cento) das cotas emitidas pelo FIP-IE ou pelo FIP-PD&I ou auferir rendimento superior a 40% (quarenta por cento) do total de rendimentos dos fundos.

§ 7º As sociedades de que trata o § 3º deverão seguir, pelo menos, as práticas de governança corporativa estabelecidas pela CVM para as companhias investidas por fundos de investimento em participações.

§ 8º O FIP-IE e o FIP-PD&I deverão participar do processo decisório das sociedades investidas com efetiva influência na definição de suas políticas estratégicas e na sua gestão, notadamente por meio da indicação de membros do Conselho de Administração ou, ainda, pela detenção de ações que integrem o respectivo bloco de controle, pela celebração de acordo de acionistas ou pela celebração de ajuste de natureza diversa ou adoção de procedimento que assegure ao fundo efetiva influência na definição de sua política estratégica e na sua gestão.

§ 9º O não atendimento pelo FIP-IE ou pelo FIP-PD&I de qualquer das condições de que trata este artigo implica sua liquidação ou sua transformação em outra modalidade de fundo de investimento, no que couber.

§ 10. O FIP-IE e o FIP-PD&I terão o prazo máximo de 180 (cento e oitenta) dias após obtido o registro de funcionamento na CVM para iniciar suas atividades e para se enquadrarem no nível mínimo de investimento estabelecido no § 4º.

§ 11. Aplica-se também o disposto no § 10 deste artigo na hipótese de desenquadramento do fundo por encerramento de projeto a que se referem os §§ 1º, 1º-A e 2º."

"Art. 2º Os rendimentos auferidos no resgate de cotas do FIP-IE e do FIP-PD&I, inclusive quando decorrentes da liquidação do fundo, ficam sujeitos à incidência do imposto sobre a renda na fonte à alíquota de 15% (quinze por cento) sobre a diferença positiva entre o valor de resgate e o custo de aquisição das cotas.

§ 1º Os ganhos auferidos na alienação de cotas de fundos de investimento de que trata o *caput* serão tributados:

I – à alíquota 0 (zero), quando auferidos por pessoa física em operações realizadas em bolsa ou fora de bolsa;

II – como ganho líquido, à alíquota de 15% (quinze por cento), quando auferidos por pessoa jurídica em operações realizadas dentro ou fora de bolsa;

III – (*revogado*).

(...)

§ 3º No caso de rendimentos distribuídos à pessoa física, nas formas previstas no *caput* e no § 2º, tais rendimentos ficam isentos do imposto sobre a renda na fonte e na declaração de ajuste anual das pessoas físicas.

(...)"

Art. 5º O imposto sobre a renda incidente sobre os rendimentos periódicos a que se refere o § 3º do art. 65 da Lei 8.981, de 20 de janeiro de 1995, incidirá, *pro-rata tempore*, sobre a parcela do rendimento produzido entre a data de aquisição ou a data do pagamento periódico anterior e a data de sua percepção, podendo ser deduzida da base de cálculo a parcela dos rendimentos correspondente ao período entre a data do pagamento do rendimento periódico anterior e a data de aquisição do título.

§ 1º Ocorrido o primeiro pagamento periódico de rendimentos após a aquisição do título sem alienação pelo adquirente, a parcela do rendimento não submetida à incidência do imposto sobre a renda na fonte deverá ser deduzida do custo de aquisição para fins de apuração da base de cálculo do imposto, quando de sua alienação.

§ 2º As instituições intervenientes deverão manter registros que permitam verificar a correta apuração da base de cálculo do imposto de que trata este artigo, na forma regulamentada pela Secretaria da Receita Federal do Brasil.

Art. 6º Os arts. 55, 59, 66, 100, 121, 122, 127, 146 e 289 da Lei 6.404, de 15 de dezembro de 1976, passam a vigorar com a seguinte redação:

→ Alterações efetuadas na referida Lei.

Art. 7º (*Vetado*).

Art. 8º As debêntures e as letras financeiras podem sofrer correção monetária em periodicidade igual àquela estipulada para o pagamento periódico de juros, ainda que em periodicidade inferior a 1 (um) ano.

Art. 9º O art. 12 da Lei 9.430, de 27 de dezembro de 1996, passa a vigorar com a seguinte redação:

→ Alterações efetuadas na referida Lei.

Art. 10. A Lei 12.350, de 20 de dezembro de 2010, passa a vigorar acrescida dos seguintes arts. 56-A e 56-B:

"Art. 56-A. O saldo de créditos presumidos apurados a partir do ano-calendário de 2006 na forma do § 3º do art. 8º da Lei 10.925, de 23 de julho de 2004, existentes na data de publicação desta Lei, poderá:

I – ser compensado com débitos próprios, vencidos ou vincendos, relativos a tributos administrados pela Secretaria da Receita Federal do Brasil, observada a legislação específica aplicável à matéria;

II – ser ressarcido em dinheiro, observada a legislação específica aplicável à matéria.

§ 1º O pedido de ressarcimento ou de compensação dos créditos presumidos de que trata o *caput* somente poderá ser efetuado:

I – relativamente aos créditos apurados nos anos-calendário de 2006 a 2008, a partir do primeiro dia do mês subsequente ao da publicação desta Lei;

II – relativamente aos créditos apurados no ano-calendário de 2009 e no período compreendido entre janeiro de 2010 e o mês de publicação desta Lei, a partir de 1º de janeiro de 2012.

§ 2º O disposto neste artigo aplica-se aos créditos presumidos que tenham sido apurados em relação a custos, despesas e encargos vinculados à receita de exportação, observado o disposto nos §§ 8º e 9º do art. 3º da Lei 10.637, de 30 de dezembro de 2002, e nos §§ 8º e 9º do art. 3º da Lei 10.833, de 29 de dezembro de 2003."

"Art. 56-B. A pessoa jurídica, inclusive cooperativa, que até o final de cada trimestre-calendário, não conseguir utilizar os créditos presumidos apurados na forma do inciso II do § 3º do art. 8º da Lei 10.925, de 23 de julho de 2004, poderá:

I – efetuar sua compensação com débitos próprios, vencidos ou vincendos, relativos a tributos administrados pela Secretaria da Receita Federal do Brasil, observada a legislação específica aplicável à matéria;

II – solicitar seu ressarcimento em dinheiro, observada a legislação específica aplicável à matéria.

Parágrafo único. O disposto no *caput* aplica-se aos créditos presumidos que tenham sido apurados em relação a custos, despesas e encargos vinculados à receita auferida com a venda no mercado interno ou com a exportação de farelo de soja classificado na posição 23.04 da NCM, observado o disposto nos §§ 8º e 9º do art. 3º da Lei 10.637, de 30 de dezembro de 2002, e nos §§ 8º e 9º do art. 3º da Lei 10.833, de 29 de dezembro de 2003."

Art. 11. O inciso IV do art. 54 da Lei 12.350, de 20 de dezembro de 2010, passa a vigorar com a seguinte redação:

"Art. 54. (...)

(...)

IV – produtos classificados nos códigos 02.03, 0206.30.00, 0206.4, 02.07, 0210.1 e carne de frango classificada no código 0210.99.00 da NCM, quando efetuada por pessoa jurídica que revenda tais produtos, ou que industrialize bens e produtos classificados nas posições 01.03 e 01.05 da NCM.

(...)"

Art. 12. O inciso II do § 5º do art. 55 da Lei 12.350, de 20 de dezembro de 2010, passa a vigorar com a seguinte redação:

"Art. 55. (...)

(...)

§ 5º (...)

(...)

II – de crédito em relação às receitas de vendas efetuadas com suspensão às pessoas jurídicas de que trata o *caput* deste artigo, exceto em relação às receitas auferidas com vendas dos produtos classificados nas posições 23.04 e 23.06 da NCM.

(...)"

Art. 13. O art. 57 da Lei 12.350, de 20 de dezembro de 2010, passa a vigorar com a seguinte redação:

"Art. 57. A partir do primeiro dia do mês subsequente ao de publicação desta Lei, não mais se aplica o disposto nos arts. 8º e 9º da Lei 10.925, de 23 de julho de 2004, às mercadorias ou aos produtos classificados nos códigos 02.03, 0206.30.00, 0206.4, 02.07, 0210.1 e 23.09.90 da NCM.

I – (*revogado*);

II – (*revogado*)."

Art. 14. Fica instituído o Regime Especial de Incentivos para o Desenvolvimento de Usinas Nucleares (Renuclear), nos termos e condições estabelecidos nesta Lei.

Parágrafo único. O Poder Executivo regulamentará o regime de que trata o *caput*, inclusive quanto à habilitação e coabilitação de pessoa jurídica ao Renuclear.

Art. 15. É beneficiária do Renuclear a pessoa jurídica habilitada perante a Secretaria da Receita Federal do Brasil que tenha projeto aprovado para implantação de obras de infraestrutura no setor de geração de energia elétrica de origem nuclear, observado o disposto no inciso XXIII do art. 21 e no inciso XIV do art. 49 da Constituição Federal.

§ 1º Compete ao Ministério de Minas e Energia a aprovação do projeto e a definição, em portaria, dos projetos que se enquadram nas disposições do *caput*.

§ 2º As pessoas jurídicas optantes pelo Regime Especial Unificado de Arrecadação de Tributos e Contribuições devidos pelas Microempresas e Empresas de Pequeno Porte (Simples Nacional), de que trata a Lei Complementar no 123, de 14 de dezembro de 2006, e as pessoas jurídicas de que tratam o inciso II do art. 8º da Lei 10.637, de 30 de dezembro de 2002, e o inciso II do art. 10 da Lei 10.833, de 29 de dezembro de 2003, não poderão aderir ao Renuclear.

§ 3º A fruição do Renuclear fica condicionada à regularidade fiscal da pessoa jurídica em relação aos tributos administrados pela Secretaria da Receita Federal do Brasil.

§ 4º Aplica-se o disposto neste artigo aos projetos aprovados até 31 de dezembro de 2017.

→ § 4º com redação alterada pela Lei 13.043/2014.

Art. 16. No caso de venda no mercado interno ou de importação de máquinas, aparelhos, instrumentos e equipamentos, novos, e de materiais de construção para utilização ou incorporação em obras de infraestrutura destinadas ao ativo imobilizado, fica suspensa a exigência do:

I – Imposto sobre Produtos Industrializados (IPI) incidente na saída do estabelecimento industrial ou equiparado, quando a aquisição no mercado interno for efetuada por pessoa jurídica beneficiária do Renuclear;

II – IPI incidente no desembaraço aduaneiro, quando a importação for efetuada por pessoa jurídica beneficiária do Renuclear;

III – Imposto de Importação, quando os referidos bens ou materiais de construção forem importados por pessoa jurídica beneficiária do Renuclear.

§ 1º Nas notas fiscais relativas às saídas de que trata o inciso I do *caput* deverá constar a expressão "Saída com suspensão da exigibilidade do IPI", com a especificação do dispositivo legal correspondente, vedado o registro do imposto nas referidas notas.

§ 2º As suspensões de que trata este artigo convertem-se em isenção após a utilização ou incorporação do bem ou material de construção na obra de infraestrutura.

§ 3º (*Revogado pela Lei 13.043/2014*).

§ 4º (*Revogado pela Lei 13.043/2014*).

§ 5º No caso da suspensão aplicável ao Imposto de Importação, fica dispensado, exceto para materiais de construção, o exame de similaridade de que trata o art. 17 do Decreto-Lei 37, de 18 de novembro de 1966.

→ § 5º com redação alterada pela Lei 13.043/2014.

Art. 16-A. No caso de venda no mercado interno ou de importação de máquinas, aparelhos, instrumentos e equipamentos, novos, e de materiais de construção para utilização ou incorporação em obras de infraestrutura destinadas ao ativo imobilizado, fica suspensa a exigência da:

→ Artigo acrescentado pela Lei 13.043/2014.

I – Contribuição para os Programas de Integração Social e de Formação do Patrimônio do Servidor Público – Contribuição para o PIS/Pasep e da Contribuição para o Financiamento da Seguridade Social – COFINS incidentes sobre a venda no mercado interno quando os referidos bens ou materiais de construção forem adquiridos por pessoa jurídica beneficiária do Renuclear;

II – Contribuição para o PIS/Pasep-Importação e da Cofins-Importação quando os referidos bens ou materiais de construção forem importados diretamente por pessoa jurídica beneficiária do Renuclear.

§ 1º Nas notas fiscais relativas às vendas de que trata o inciso I do *caput* deverá constar a expressão "Venda efetuada com suspensão do pagamento da Contribuição para o PIS/Pasep e da Cofins", com a especificação do dispositivo legal correspondente.

§ 2º As suspensões de que trata este artigo convertem-se em alíquota 0 (zero) após a utilização ou incorporação do bem ou material de construção na obra de infraestrutura.

Art. 16-B. No caso de venda no mercado interno ou de importação de serviços destinados a obras de infraestrutura para incorporação ao ativo imobilizado, fica suspensa a exigência da:

→ Artigo acrescentado pela Lei 13.043/2014.

I – Contribuição para o PIS/Pasep e da Cofins incidentes sobre a prestação de serviços efetuada por pessoa jurídica estabelecida no País quando os referidos serviços forem prestados à pessoa jurídica beneficiária do Renuclear; ou

II – Contribuição para o PIS/Pasep-Importação e da Cofins-Importação incidentes sobre a prestação de serviços quando os referidos serviços forem importados diretamente por pessoa jurídica beneficiária do Renuclear.

§ 1º Nas notas fiscais relativas às prestações de serviço de que trata o inciso I do *caput*, deverá constar a expressão "Prestação de serviço efetuada com suspensão do pagamento da Contribuição para o PIS/Pasep e da Cofins", com a especificação do dispositivo legal correspondente.

§ 2º As suspensões de que trata este artigo convertem-se em alíquota 0 (zero) após o serviço ser aplicado na obra de infraestrutura.

Art. 16-C. No caso de locação de máquinas, aparelhos, instrumentos e equipamentos à pessoa jurídica beneficiária do Renuclear para utilização em obras de infraestrutura a serem incorporadas ao ativo imobilizado, fica suspensa a exigência da Contribuição para o PIS/Pasep e da Cofins incidentes sobre a receita auferida pelo locador.

→ Artigo acrescentado pela Lei 13.043/2014.

Parágrafo único. As suspensões de que trata este artigo convertem-se em alíquota 0 (zero) após a aplicação do bem locado na obra de infraestrutura.

Art. 16-D. Para efeitos dos arts.16 e 16-A, equipara-se ao importador a pessoa jurídica adquirente de bens estrangeiros, no caso de importação realizada por sua conta e ordem por intermédio de pessoa jurídica importadora.

→ Artigo acrescentado pela Lei 13.043/2014.

Art. 16-E. A pessoa jurídica habilitada ao Renuclear que não utilizar ou incorporar o bem ou material de construção na obra de infraestrutura ou que não aplicar o serviço ou o bem locado na citada obra, fica obrigada a recolher os tributos não pagos em decorrência das suspensões usufruídas, acrescidas de juros e multa de mora, na forma da legislação específica, contados a partir do vencimento do tributo relativo à aquisição, locação ou prestação, ou do registro da Declaração de Importação – DI, na condição:

→ Artigo acrescentado pela Lei 13.043/2014.

I – de contribuinte, em relação à Contribuição para o PIS/Pasep-Importação, à Cofins-Importação, ao IPI vinculado à importação e ao Imposto de Importação;

II – de responsável, em relação à Contribuição para o PIS/Pasep, à Cofins e ao IPI.

Parágrafo único. A incorporação ou utilização do bem ou material de construção na obra de infraestrutura deve ocorrer no prazo de 5 (cinco) anos, contado da data da respectiva aquisição.

Art. 17. Os benefícios de que tratam os arts. 16 a 16-C poderão ser usufruídos nas aquisições, importações e locações realizadas até 31 de dezembro de 2020 pela pessoa jurídica habilitada ou coabilitada ao Renuclear.

→ Artigo com redação alterada pela Lei 13.043/2014.

Art. 18. O art. 28 da Lei 11.196, de 21 de novembro de 2005, passa a vigorar acrescido do seguinte inciso:

→ Alterações efetuadas na referida Lei.

Art. 19. O § 7º do art. 4º da Lei 8.248, de 23 de outubro de 1991, passa a vigorar com a seguinte redação:

"Art. 4º (...)

(...)

§ 7º Aplicam-se aos bens desenvolvidos no País que sejam incluídos na categoria de bens de informática e automação por esta Lei, conforme regulamento, os seguintes percentuais:

I – redução de 100% (cem por cento) do imposto devido, de 15 de dezembro de 2010 até 31 de dezembro de 2014;

II – redução de 90% (noventa por cento) do imposto devido, de 1º de janeiro até 31 de dezembro de 2015; e

III – redução de 70% (setenta por cento) do imposto devido, de 1º de janeiro de 2016 até 31 de dezembro de 2019, quando será extinto."

Art. 20. O art. 8º da Lei 9.648, de 27 de maio de 1998, passa a vigorar com a seguinte redação:

"Art. 8º A quota anual da Reserva Global de Reversão (RGR) ficará extinta ao final do exercício de 2035, devendo a Aneel proceder à revisão tarifária de modo que os consumidores sejam beneficiados pela extinção do encargo."

Art. 21. O art. 21 da Lei 11.943, de 28 de maio de 2009, passa a vigorar com a seguinte redação:

"Art. 21. A data de início de funcionamento das instalações de geração de energia elétrica, prevista na alínea "a" do inciso I do art. 3º da Lei 10.438, de 26 de abril de 2002, poderá ser prorrogada até 30 de dezembro de 2011, conforme critérios definidos em regulamento."

Art. 22. O art. 4º da Lei 9.808, de 20 de julho de 1999, passa a vigorar com a seguinte redação:

"Art. 4º Serão concedidos aos empreendimentos que se implantarem, modernizarem, ampliarem ou diversificarem no Nordeste e na Amazônia e que sejam considerados de interesse para o desenvolvimento destas regiões, segundo avaliações técnicas específicas das respectivas Superintendências de Desenvolvimento, até 31 de dezembro de 2015, o benefício de isenção do Adicional ao Frete para a Renovação da Marinha Mercante (AFRMM).

I – (*revogado*);

II – (*revogado*)."

Art. 23. Fica extinto o Fundo Nacional de Desenvolvimento (FND), de natureza autárquica, instituído pelo Decreto-Lei 2.288, de 23 de julho de 1986.

§ 1º A União sucederá o FND nos seus direitos e obrigações e ações judiciais em que este seja autor, réu, assistente, opoente ou terceiro interessado.

§ 2º Os bens, direitos e obrigações do extinto FND serão inventariados em processo sob a coordenação e supervisão do Ministério do Desenvolvimento, Indústria e Comércio Exterior.

§ 3º Ato do Poder Executivo disporá sobre a estrutura e o prazo de duração do processo de inventariança.

§ 4º Ficam encerrados os mandatos dos componentes do Conselho de Orientação do FND.

§ 5º Aos cotistas minoritários fica assegurado o ressarcimento de sua participação no extinto FND, calculado com base no valor patrimonial de cada cota, segundo o montante do patrimônio líquido registrado no balanço patrimonial apurado em 31 de dezembro de 2010, atualizado monetariamente pelo Índice Nacional de Preços ao Consumidor Amplo (IPCA), divulgado pela Fundação Instituto Brasileiro de Geografia e Estatística (IBGE), do mês anterior à data do pagamento.

§ 6º Fica a União autorizada a utilizar os títulos e valores mobiliários oriundos do extinto FND para promover, perante entidades da administração indireta, o pagamento dos dividendos e o ressarcimento das cotas, mediante dação em pagamento.

Art. 24. O art. 5º da Lei 10.260, de 12 de julho de 2001, passa a vigorar com a seguinte redação:

"Art. 5º (...)

(...)

II – juros, capitalizados mensalmente, a serem estipulados pelo CMN;

(...)

VII – comprovação de idoneidade cadastral do estudante e do(s) seu(s) fiador(es) na assinatura dos contratos e termos aditivos, observado o disposto no § 9º deste artigo.

(...)

§ 9º (...)

(...)

III – (revogado).

(...)

§ 11. O estudante que, na contratação do Fies, optar por garantia de Fundo autorizado nos termos do inciso III do art. 7º da Lei 12.087, de 11 de novembro de 2009, fica dispensado de oferecer as garantias previstas no § 9º deste artigo."

Art. 25. O § 1º do art. 3º e o art. 20-A da Lei 10.260, de 12 de julho de 2001, passam a vigorar com a seguinte redação:

"Art. 3º (...)

(...)

§ 1º (...)

(...)

V – o abatimento de que trata o art. 6º-B.

(...)"

"Art. 20-A. O Fundo Nacional de Desenvolvimento da Educação (FNDE) terá prazo até o dia 31 de dezembro de 2011 para assumir o papel de agente operador dos contratos de financiamento formalizados no âmbito do Fies até o dia 14 de janeiro de 2010, cabendo à Caixa Econômica Federal, durante este prazo, dar continuidade ao desempenho das atribuições decorrentes do encargo."

Art. 26. O art. 8º da Lei 11.096, de 13 de janeiro de 2005, passa a vigorar com a seguinte redação:

"Art. 8º (...)

(...)

§ 3º A isenção de que trata este artigo será calculada na proporção da ocupação efetiva das bolsas devidas."

Art. 27. O art. 11 da Lei 11.180, de 23 de setembro de 2005, passa a vigorar com a seguinte redação:

"Art. 11. Fica autorizada a concessão de bolsa-permanência, até o valor equivalente ao praticado na política federal de concessão de bolsas de iniciação científica, exclusivamente para custeio das despesas educacionais, a estudantes beneficiários de bolsa integral do Programa Universidade para Todos (Prouni), instituído pela Lei 11.096, de 13 de janeiro de 2005, matriculado em curso de turno integral, conforme critérios de concessão, distribuição, manutenção e cancelamento de bolsas a serem estabelecidos em regulamento, inclusive quanto ao aproveitamento e à frequência mínima a ser exigida do estudante."

Art. 28. O parágrafo único do art. 1º da Lei 11.128, de 28 de junho de 2005, passa a vigorar com a seguinte redação:

"Art. 1º (...)

Parágrafo único. O atendimento ao disposto no art. 60 da Lei 9.069, de 29 de junho de 1995, para as instituições que aderirem ao Programa até 31 de dezembro de 2006, poderá ser efetuado, excepcionalmente, até 31 de dezembro de 2011."

Art. 29. (*Vetado*).

Art. 30. A compensação de débitos perante a Fazenda Pública Federal com créditos provenientes de precatórios, na forma prevista nos §§ 9º e 10 do art. 100 da Constituição Federal, observará o disposto nesta Lei.

§ 1º Para efeitos da compensação de que trata o *caput*, serão considerados os débitos líquidos e certos, inscritos ou não em dívida ativa da União, incluídos os débitos parcelados.

§ 2º O disposto no § 1º não se aplica a débitos cuja exigibilidade esteja suspensa, ressalvado o parcelamento, ou cuja execução esteja suspensa em virtude do recebimento de embargos do devedor com efeito suspensivo, ou em virtude de outra espécie de contestação judicial que confira efeito suspensivo à execução.

§ 3º A Fazenda Pública Federal, antes da requisição do precatório ao Tribunal, será intimada para responder, no prazo de 30 (trinta) dias, sobre eventual existência de débitos do autor da ação, cujos valores poderão ser abatidos a título de compensação.

§ 4º A intimação de que trata o § 3º será dirigida ao órgão responsável pela representação judicial da pessoa jurídica devedora do precatório na ação de execução e será feita por mandado, que conterá os dados do beneficiário do precatório, em especial o nome e a respectiva inscrição no Cadastro de Pessoas Físicas (CPF) ou no Cadastro Nacional da Pessoa Jurídica (CNPJ).

§ 5º A informação prestada pela Fazenda Pública Federal deverá conter os dados necessários para identificação dos débitos a serem compensados e para atualização dos valores pela contadoria judicial.

§ 6º Somente poderão ser objeto da compensação de que trata este artigo os créditos e os débitos oriundos da mesma pessoa jurídica devedora do precatório.

Art. 31. Recebida a informação de que trata o § 3º do art. 30 desta Lei, o juiz intimará o beneficiário do precatório para se manifestar em 15 (quinze) dias.

§ 1º A impugnação do beneficiário deverá vir acompanhada de documentos que comprovem de plano suas alegações e poderá versar exclusivamente sobre:

I – erro aritmético do valor do débito a ser compensado;

II – suspensão da exigibilidade do débito, ressalvado o parcelamento;

III – suspensão da execução, em virtude do recebimento de embargos do devedor com efeito suspensivo ou em virtude de outra espécie de contestação judicial que confira efeito suspensivo à execução; ou

IV – extinção do débito.

§ 2º Outras exceções somente poderão ser arguidas pelo beneficiário em ação autônoma.

Art. 32. Apresentada a impugnação pelo beneficiário do precatório, o juiz intimará, pessoalmente, mediante entrega dos autos com vista, o órgão responsável pela representação judicial da pessoa jurídica devedora do precatório na ação de execução, para manifestação em 30 (trinta) dias.

Art. 33. O juiz proferirá decisão em 10 (dez) dias, restringindo-se a identificar eventuais débitos que não poderão ser compensados, o montante que deverá ser submetido ao abatimento e o valor líquido do precatório.

Parágrafo único. O cálculo do juízo deverá considerar as deduções tributárias que serão retidas pela instituição financeira.

Art. 34. Da decisão mencionada no art. 33 desta Lei, caberá agravo de instrumento.

§ 1º O agravo de instrumento terá efeito suspensivo e impedirá a requisição do precatório ao Tribunal até o seu trânsito em julgado.

§ 2º O agravante, no prazo de 3 (três) dias, requererá juntada, aos autos do processo, de cópia da petição do agravo de instrumento e do comprovante de sua interposição, assim como a relação dos documentos que instruíram o recurso.

§ 3º O agravante, no prazo de 3 (três) dias, informará o cumprimento do disposto no § 2º ao Tribunal, sob pena de inadmissibilidade do agravo de instrumento.

Art. 35. Antes do trânsito em julgado da decisão mencionada no art. 34 desta Lei, somente será admissível a requisição ao Tribunal de precatório relativo à parte incontroversa da compensação.

Art. 36. A compensação operar-se-á no momento em que a decisão judicial que a determinou transitar em julgado, ficando sob condição resolutória de ulterior disponibilização financeira do precatório.

§ 1º A Fazenda Pública Federal será intimada do trânsito em julgado da decisão que determinar a compensação, com remessa dos autos, para fins de registro.

§ 2º No prazo de 30 (trinta) dias, a Fazenda Pública Federal devolverá os autos instruídos com os dados para preenchimento dos documentos de arrecadação referentes aos débitos compensados.

§ 3º Recebidos os dados para preenchimento dos documentos de arrecadação pelo juízo, este intimará o beneficiário, informando os registros de compensação efetuados pela Fazenda Pública Federal.

§ 4º Em caso de débitos parcelados, a compensação parcial implicará a quitação das parcelas, sucessivamente:

I – na ordem crescente da data de vencimento das prestações vencidas; e

II – na ordem decrescente da data de vencimento das prestações vincendas.

§ 5º Transitada em julgado a decisão que determinou a compensação, os atos de cobrança dos débitos ficam suspensos até que haja disponibilização financeira do precatório, sendo cabível a expedição de certidão positiva com efeitos de negativa.

§ 6º Os efeitos financeiros da compensação, para fins de repasses e transferências constitucionais, somente ocorrerão no momento da disponibilização financeira do precatório.

§ 7º Entende-se por disponibilização financeira do precatório o ingresso de recursos nos cofres da União decorrente dos recolhimentos de que trata o § 4º do art. 39.

§ 8º Os valores informados, submetidos ao abatimento, serão atualizados até a data do trânsito em julgado da decisão judicial que determinou a compensação, nos termos da legislação que rege a cobrança dos créditos da Fazenda Pública Federal.

Art. 37. A requisição do precatório pelo juiz ao Tribunal conterá informações acerca do valor integral do débito da Fazenda Pública Federal, do valor deferido para compensação, dos dados para preenchimento dos documentos de arrecadação e do valor líquido a ser pago ao credor do precatório, observado o disposto no parágrafo único do art. 33.

Art. 38. O precatório será expedido pelo Tribunal em seu valor integral, contendo, para enquadramento no fluxo orçamentário da Fazenda Pública Federal, informações sobre os valores destinados à compensação, os valores a serem pagos ao beneficiário e os dados para preenchimento dos documentos de arrecadação.

Art. 39. O precatório será corrigido na forma prevista no § 12 do art. 100 da Constituição Federal.

§ 1º A partir do trânsito em julgado da decisão judicial que determinar a compensação, os débitos compensados serão atualizados na forma do *caput*.

§ 2º O valor bruto do precatório será depositado integralmente na instituição financeira responsável pelo pagamento.

§ 3º O Tribunal respectivo, por ocasião da remessa dos valores do precatório à instituição financeira, atualizará os valores correspondentes aos débitos compensados, conforme critérios previstos no § 1º, e remeterá os dados para preenchimento dos documentos de arrecadação à instituição financeira juntamente com o comprovante da transferência do numerário integral do precatório.

§ 4º Ao receber os dados para preenchimento dos documentos de arrecadação de que trata o § 3º, a instituição financeira efetuará sua quitação em até 24 (vinte e quatro) horas.

§ 5º Após a disponibilização financeira do precatório, caberá restituição administrativa ao beneficiário de valores compensados a maior.

Art. 40. Recebidas pelo juízo as informações de quitação dos débitos compensados, o órgão responsável pela representação judicial da pessoa jurídica devedora do precatório na ação de execução será intimado pessoalmente, mediante entrega dos autos com vista, para registro da extinção definitiva dos débitos.

Art. 41. Em caso de cancelamento do precatório, será intimada a Fazenda Pública Federal para dar prosseguimento aos atos de cobrança.

§ 1º Em se tratando de débitos parcelados, uma vez cancelado o precatório, o parcelamento será reconsolidado para pagamento no prazo restante do parcelamento original, respeitado o valor da parcela mínima, se houver.

§ 2º Se o cancelamento do precatório ocorrer após a quitação dos débitos compensados, o Tribunal solicitará à entidade arrecadadora a devolução dos valores à conta do Tribunal.

Art. 42. Somente será objeto do parcelamento de que trata o art. 78 do Ato das Disposições Constitucionais Transitórias (ADCT) o valor líquido do precatório a ser pago ao beneficiário, após abatimento dos valores compensados com os créditos da Fazenda Pública Federal e das correspondentes retenções tributárias.

Parágrafo único. Os débitos compensados serão quitados integralmente, de imediato, na forma do § 4º do art. 39.

Art. 43. O precatório federal de titularidade do devedor, inclusive aquele expedido anteriormente à Emenda Constitucional 62, de 9 de dezembro de 2009, poderá ser utilizado, nos termos do art. 7º da Lei 11.941, de 27 de maio de 2009, para amortizar a dívida consolidada.

§ 1º O disposto no *caput* deste artigo aplica-se ao precatório federal de titularidade de pessoa jurídica que, em 31 de dezembro de 2012, seja considerada controladora, controlada, direta ou indireta, ou coligada do devedor, nos termos dos arts. 1.097 a 1.099 da Lei 10.406, de 10 de janeiro de 2002 – Código Civil.

→ § 1º acrescentado pela Lei 13.043/2014.

§ 2º Para os fins do disposto no § 1º, inclui-se também como controlada a sociedade na qual a participação da controladora seja igual ou inferior a 50% (cinquenta por cento), desde que existente acordo de acionistas que assegure de modo permanente a preponderância individual ou comum nas deliberações sociais, assim como o poder individual ou comum de eleger a maioria dos administradores.

→ § 2º acrescentado pela Lei 13.043/2014.

Art. 44. O disposto nesta Lei não se aplica aos pagamentos de obrigações definidas em lei como de pequeno valor que a Fazenda Pública Federal deva fazer em virtude de sentença judicial transitada em julgado.

Art. 45. O art. 16 da Lei 11.371, de 28 de novembro de 2006, passa a vigorar com a seguinte redação:

→ Alteração efetuada na referida Lei.

Art. 46. (*Vetado*).

Art. 47. (*Vetado*).

Art. 48. (*Vetado*).

Art. 49. Fica desafetada parcialmente a Reserva Particular do Patrimônio Natural denominada Seringal Triunfo, no Estado do Amapá, criada pela Portaria 89-N, de 1º de julho de 1998, do Ibama.

§ 1º Ficam redefinidos os limites sul e leste da Reserva Particular do Patrimônio Natural denominada Seringal Triunfo, no Estado do Amapá, criada pela Portaria 89-N, de 1º de julho de 1998, do Ibama, os quais referem-se àqueles coincidentes com a margem esquerda do Rio Araguari, que passam agora a ser coincidentes com o limite da Área de Preservação Permanente (APP) da margem esquerda do futuro reservatório da AHE Cachoeira Caldeirão, cuja cota de referência é a elevação 58,5m, correspondente à cota de inundação do reservatório no eixo da barragem.

§ 2º A área parcialmente desafetada da Reserva Particular do Patrimônio Natural denominada Seringal Triunfo deverá ser objeto de compensação ambiental no âmbito do processo de licenciamento da AHE Cachoeira Caldeirão.

Art. 50. O art. 1º da Lei 10.312, de 27 de novembro de 2001, passa a vigorar com a seguinte redação:

"Art. 1º Ficam reduzidas a 0 (zero) as alíquotas da Contribuição para o PIS/Pasep e da Contribuição para o Financiamento da Seguridade Social (Cofins) incidentes sobre a receita bruta decorrente da venda de gás natural canalizado, destinado à produção de energia elétrica pelas usinas integrantes do Programa Prioritário de Termoeletricidade (PPT).

§ 1º O disposto no *caput* alcança as receitas decorrentes da venda de gás natural canalizado, destinado à produção de energia elétrica pelas usinas termoelétricas integrantes do PPT.

§ 2º As receitas de que tratam o *caput* e o § 1º referem-se à cadeia de suprimentos do gás, abrangendo o contrato de compra e venda entre a supridora do gás e a companhia distribuidora de gás estadual, bem como o contrato de compra e venda entre a companhia distribuidora de gás estadual e usina.

§ 3º Nos contratos que incluem compromisso firme de recebimento e entrega de gás, nos termos das cláusulas take or pay e ship or pay, a alíquota 0 (zero) incidirá sobre a parcela referente ao gás efetivamente entregue à usina termelétrica integrante do PPT, bem como sobre as parcelas do preço que não estiverem associadas à entrega do produto, nos termos das cláusulas take or pay e ship or pay.

§ 4º Entende-se por cláusula take or pay a disposição contratual segundo a qual a pessoa jurídica vendedora compromete-se a fornecer, e o comprador compromete-se a adquirir, uma quantidade determinada de gás natural canalizado, sendo este obrigado a pagar pela quantidade de gás que se compromete a adquirir, mesmo que não a utilize.

§ 5º Entende-se por cláusula ship or pay a remuneração pela capacidade de transporte do gás, expressa em um percentual do volume contratado."

Art. 51. Sem prejuízo do disposto no art. 55, para os efeitos da redução de alíquotas de que trata o art. 1º da Lei 10.312, de 27 de novembro de 2001, na redação dada pelo art. 50, a pessoa jurídica que efetuar vendas de gás natural canalizado destinadas a usinas termelétricas deverá:

I – manter registro dos atos de inclusão, exclusão e suspensão dessas usinas no PPT; e

II – estar em situação regular em relação a impostos e contribuições administrados pela Secretaria da Receita Federal do Brasil.

Art. 52. Fica concedida remissão dos débitos de responsabilidade da pessoa jurídica supridora de gás e das companhias distribuidoras de gás estaduais, constituídos ou não, inscritos ou não em Dívida Ativa da União, correspondentes à Contribuição para o PIS/Pasep e à Contribuição para o Financiamento da Seguridade Social (Cofins) incidentes sobre a receita bruta decorrente da venda de gás natural canalizado, destinado à produção de energia elétrica pelas usinas integrantes do PPT, relativamente aos fatos geradores ocorridos a partir de 1° de março de 2002 e até a data anterior à publicação desta Lei.

Parágrafo único. O disposto neste artigo não implica restituição de valores pagos.

Art. 53. O inciso II do art. 32 da Lei 12.058, de 13 de outubro de 2009, e o inciso I do parágrafo único do mesmo artigo passam a vigorar com a seguinte redação:

"Art. 32. (...)

(...)

II – produtos classificados nas posições 02.01, 02.02, 0206.10.00, 0206.20, 0206.21, 0206.29, 0210.20.00, 0506.90.00, 0510.00.10 e 1502.00.1 da NCM, quando efetuada por pessoa jurídica que revenda tais produtos ou que industrialize bens e produtos classificados nas posições 01.02, 02.01 e 02.02 da NCM.

Parágrafo único. (...)

I – não alcança a receita bruta auferida nas vendas a varejo;

(...)"

Art. 54. O art. 7° do Decreto-Lei 288, de 28 de fevereiro de 1967, passa a vigorar com a seguinte redação:

"Art. 7° (...)

(...)

§ 11. A alíquota que serviu de base para a aplicação dos coeficientes de redução de que trata este artigo permanecerá aplicável, ainda que haja alteração na classificação dos produtos beneficiados na Nomenclatura Comum do Mercosul.

§ 12. O disposto no § 11 não se aplica no caso de alteração da classificação fiscal do produto decorrente de incorreção na classificação adotada à época da aprovação do projeto respectivo."

Art. 55. Esta Lei entra em vigor na data de sua publicação.

Art. 56. Revogam-se:

I – o art. 60 da Lei 6.404, de 15 de dezembro de 1976;

II – o § 5° do art. 1° e o inciso III do § 1° do art. 2° da Lei 11.478, de 29 de maio de 2007;

III – o inciso III do § 9° do art. 5° da Lei 10.260, de 12 de julho de 2001; e

IV – (*Vetado*).

Brasília, 24 de junho de 2011; 190° da Independência e 123° da República.

Dilma Rousseff

(Publicação no *D.O.U.* de 27.6.2011)

DECRETO 7.574,
DE 29 DE SETEMBRO DE 2011

Regulamenta o processo de determinação e exigência de créditos tributários da União, o processo de consulta sobre a aplicação da legislação tributária federal e outros processos que especifica, sobre matérias administradas pela Secretaria da Receita Federal do Brasil.

A Presidenta da República, no uso da atribuição que lhe confere o art. 84, inciso IV, da Constituição, decreta:

Art. 1° O processo de determinação e exigência de créditos tributários da União, o processo de consulta sobre a aplicação da legislação tributária federal e outros processos administrativos relativos às matérias de competência da Secretaria da Receita Federal do Brasil serão regidos conforme o disposto neste Decreto.

Título I
Das Normas Gerais

Capítulo I
DOS ATOS E DOS TERMOS PROCESSUAIS

Seção I
Da Forma

Art. 2° Os atos e termos processuais, quando a lei não prescrever forma própria, conterão somente o indispensável à sua finalidade e serão lavrados sem espaço em branco, não devendo conter entrelinhas, rasuras ou emendas não ressalvadas (Decreto 70.235, de 6 de março de 1972, art. 2°).

Parágrafo único. Os atos e termos processuais a que se refere o *caput* poderão ser encaminhados de forma eletrônica ou apresentados em meio magnético ou equivalente, conforme disciplinado em ato da administração tributária (Decreto 70.235, de 1972, art. 2°, parágrafo único, incluído pela Lei 11.196, de 21 de novembro de 2005, art. 113).

Art. 3° Os termos decorrentes de atividade fiscalizadora serão lavrados, sempre que possível, em livro fiscal, extraindo-se cópia para anexação ao processo.

Parágrafo único. Na hipótese de o termo não ser lavrado em livro fiscal, deverá ser entregue cópia autenticada à pessoa sob fiscalização (Decreto 70.235, de 1972, art. 8°).

Art. 4° É dispensado o reconhecimento de firma em petições dirigidas à administração pública, salvo em casos excepcionais ou naqueles em que a lei imponha explicitamente essa condição, podendo, no caso de dúvida sobre a autenticidade da assinatura ou quando a providência servir ao resguardo do sigilo, antes da decisão final, ser exigida a apresentação de prova de identidade do requerente (Lei 4.862, de 29 de novembro de 1965, art. 31).

Art. 5° O processo será organizado em ordem cronológica e terá suas folhas numeradas e rubricadas ou autenticadas eletronicamente (Decreto 70.235, de 1972, parágrafo único do art. 2° e art. 22).

Seção II
Da Prática dos Atos

Subseção I
Do Local

Art. 6° Os atos serão lavrados por servidor competente no local de verificação da falta (Decreto 70.235, de 1972, art. 10).

Parágrafo único. Considera-se local de verificação da falta aquele em que for apurada a existência da infração, podendo ser, inclusive, a repartição fazendária, em face dos elementos de prova disponíveis.

Subseção II
Dos Prazos

Art. 7° O prazo para a autoridade local fazer realizar os atos processuais que devam ser praticados em sua jurisdição, por solicitação de outra autoridade preparadora ou julgadora, é de trinta dias, contados da data do recebimento da solicitação (Decreto 70.235, de 1972, art. 3°).

Art. 8° Salvo disposição em contrário, o prazo para o servidor executar os atos processuais é de oito dias, contados da data da ciência da designação (Decreto 70.235, de 1972, art. 4°).

Art. 9° Os prazos serão contínuos, com início e vencimento em dia de expediente normal da unidade da Secretaria da Receita Federal do Brasil em que corra o processo ou deva ser praticado o ato (Decreto 70.235, de 1972, art. 5°).

Parágrafo único. Na contagem dos prazos, é excluído o dia de início e incluído o de vencimento.

Seção III
Das Intimações

Subseção I
Da Forma

Art. 10. As formas de intimação são as seguintes:

I – pessoal, pelo autor do procedimento ou por agente do órgão preparador, na repartição ou fora dela, provada com a assinatura do sujeito passivo, seu mandatário ou preposto, ou, no caso de recusa, com declaração escrita de quem o intimar (Decreto 70.235, de 1972, art. 23, inciso I, com a redação dada pela Lei 9.532, de 10 de dezembro de 1997, art. 67);

II – por via postal ou por qualquer outro meio ou via, com prova de recebimento no domicílio tributário eleito pelo sujeito passivo (Decreto 70.235, de 1972, art. 23, inciso II, com a redação dada pela Lei 9.532, de 1997, art. 67);

III – por meio eletrônico, com prova de recebimento, mediante:

a) envio ao domicílio tributário do sujeito passivo; ou

b) registro em meio magnético ou equivalente utilizado pelo sujeito passivo (Decreto 70.235, de 1972, art. 23, inciso III, com a redação dada pela Lei 11.196, de 2005, art. 113); ou

IV – por edital, quando resultar improfícuo um dos meios previstos nos incisos I a III do *caput* ou quando o sujeito passivo tiver sua inscrição declarada inapta perante o cadastro fiscal, publicado (Decreto 70.235, de 1972, art. 23, § 1°, com a redação dada pela Lei 11.941, de 27 de maio de 2009, art. 25):

LEGISLAÇÃO

a) no endereço da administração tributária na Internet;

b) em dependência, franqueada ao público, do órgão encarregado da intimação; ou

c) uma única vez, em órgão da imprensa oficial local.

§ 1° A utilização das formas de intimação previstas nos incisos I a III não está sujeita a ordem de preferência (Decreto 70.235, de 1972, art. 23, § 3°, com a redação dada pela Lei 11.196, de 2005, art. 113).

§ 2° Para fins de intimação por meio das formas previstas nos incisos II e III, considera-se domicílio tributário do sujeito passivo (Decreto 70.235, de 1972, art. 23, § 4°, com a redação dada pela Lei 9.532, de 1997, art. 67):

I – o endereço postal fornecido à administração tributária, para fins cadastrais; e

II – o endereço eletrônico atribuído pela administração tributária, desde que autorizado pelo sujeito passivo (Decreto 70.235, de 1972, art. 23, § 4°, inciso II, com a redação dada pela Lei 11.196, de 2005, art. 113).

§ 3° O endereço eletrônico de que trata o inciso II do § 2° somente será implementado com expresso consentimento do sujeito passivo, e a administração tributária informar-lhe-á as normas e condições de sua utilização e manutenção (Decreto 70.235, de 1972, art. 23, § 5°, com a redação dada pela Lei 11.196, de 2005, art. 113).

§ 4° A Secretaria da Receita Federal do Brasil expedirá atos complementares às normas previstas neste artigo (Decreto 70.235, de 1972, art. 23, § 6°, com a redação dada pela Lei 11.196, de 2005, art. 113).

Subseção II
Do Momento

Art. 11. Considera-se feita a intimação (Decreto 70.235, de 1972, art. 23, § 2°, com a redação dada pela Lei 11.196, de 2005, art. 113):

I – se pessoal, na data da ciência do intimado ou da declaração de recusa lavrada pelo servidor responsável pela intimação;

II – se por via postal, na data do recebimento ou, se omitida, quinze dias após a data da expedição da intimação (Decreto 70.235, de 1972, art. 23, § 2°, inciso II, com a redação dada pela Lei 9.532, de 1997, art. 67);

III – se por meio eletrônico, quinze dias contados da data registrada (Decreto 70.235, de 1972, art. 23, § 2°, inciso III, com a redação dada pela Lei 11.196, de 2005, art. 113):

a) no comprovante de entrega no domicílio tributário do sujeito passivo; ou

b) no meio magnético ou equivalente utilizado pelo sujeito passivo; ou

IV – se por edital, quinze dias após a sua publicação (Decreto 70.235, de 1972, art. 23, § 2°, inciso IV, com a redação dada pela Lei 9.532, de 1997, art. 67, e pela Lei 11.196, de 2005, art. 113).

Seção IV
Das Nulidades

Art. 12. São nulos (Decreto 70.235, de 1972, art. 59):

I – os atos e os termos lavrados por pessoa incompetente; e

II – os despachos e decisões proferidos por autoridade incompetente ou com preterição do direito de defesa.

§ 1° A nulidade de qualquer ato só prejudica os atos posteriores que dele diretamente dependam ou sejam consequência.

§ 2° Na declaração de nulidade, a autoridade dirá os atos alcançados e determinará as providências necessárias ao prosseguimento ou solução do processo.

§ 3° Quando puder decidir o mérito em favor do sujeito passivo a quem aproveitaria a declaração de nulidade, a autoridade julgadora não a pronunciará, nem mandará repetir o ato, ou suprir-lhe a falta.

Art. 13. As irregularidades, incorreções e omissões diferentes das referidas no art. 12 não importarão em nulidade e serão sanadas quando resultarem em prejuízo para o sujeito passivo, salvo se este lhes houver dado causa, ou quando não influírem na solução do litígio (Decreto 70.235, de 1972, art. 60).

Art. 14. A nulidade será declarada pela autoridade competente para praticar o ato ou julgar a sua legitimidade (Decreto 70.235, de 1972, art. 61).

Capítulo II
DA COMPETÊNCIA PARA O PREPARO DO PROCESSO

Art. 15. O preparo do processo compete à autoridade local da unidade da Secretaria da Receita Federal do Brasil encarregada da administração do tributo (Decreto 70.235, de 1972, art. 24).

Parágrafo único. Quando o ato for praticado por meio eletrônico, a administração tributária poderá atribuir o preparo do processo a unidade da administração tributária diversa da prevista no *caput* (incluído pela Lei 11.941, de 2009, art. 25).

Art. 16. A autoridade preparadora determinará que seja informado, no processo, se o infrator é reincidente, conforme definição em lei específica, se essa circunstância não tiver sido declarada na formalização da exigência, reabrindo-se o prazo de impugnação (Decreto 70.235, de 1972, art. 13).

Capítulo III
DO EXAME DE LIVROS E DE DOCUMENTOS

Art. 17. Para o efeito da legislação tributária, não têm aplicação quaisquer disposições legais excludentes ou limitativas do direito de examinar mercadorias, livros, arquivos, documentos, papéis e efeitos comerciais ou fiscais, dos empresários e das sociedades, ou da obrigação destes de exibi-los (Lei 5.172, de 25 de outubro de 1966 – Código Tributário Nacional, art. 195; Lei 10.406, de 10 de janeiro de 2002 – Código Civil, art. 1.179).

§ 1° Os livros obrigatórios de escrituração comercial e fiscal e os comprovantes dos lançamentos neles efetuados serão conservados até que ocorra a prescrição dos créditos tributários decorrentes das operações a que se refiram (Lei 5.172, de 1966 – Código Tributário Nacional, art. 195, parágrafo único; Lei 8.212, de 24 de julho de 1991, art. 32, § 11, com a redação dada pela Lei 11.941, de 2009, art. 26).

§ 2° Os comprovantes da escrituração comercial e fiscal relativos a fatos que repercutem em lançamentos contábeis de exercícios futuros serão conservados até que se opere a decadência do direito de a Fazenda Pública constituir os créditos tributários relativos a esses exercícios (Lei 9.430, de 27 de dezembro de 1996, art. 37).

Art. 18. São também passíveis de exame os documentos mantidos em arquivos magnéticos ou assemelhados, encontrados no local da verificação, que tenham relação direta ou indireta com a atividade exercida pelo sujeito passivo (Lei 9.430, de 1996, art. 34).

Art. 19. Os livros e documentos poderão ser examinados fora do estabelecimento do sujeito passivo, desde que lavrado termo escrito de retenção pela autoridade fiscal, em que se especifiquem a quantidade, espécie, natureza e condições dos livros e documentos retidos (Lei 9.430, de 1996, art. 35).

Parágrafo único. Os originais dos livros e dos documentos retidos devem ser devolvidos, mediante recibo, salvo se constituírem prova da prática de ilícito penal ou tributário, hipótese em que permanecerão retidos, extraindo-se cópia para entrega ao interessado (Lei 9.430, de 1996, art. 35, §§ 1° e 2°).

Art. 20. A autoridade fiscal encarregada de diligência ou fiscalização poderá promover a lacração de móveis, caixas, cofres ou depósitos onde se encontrarem arquivos e documentos, toda vez que ficar caracterizada a resistência ou embaraço à fiscalização, ou ainda quando as circunstâncias ou a quantidade de documentos não permitirem a sua identificação e conferência no local ou no momento em que foram encontrados (Lei 9.430, de 1996, art. 36).

Parágrafo único. O sujeito passivo e demais responsáveis serão previamente notificados para acompanharem o procedimento de rompimento do lacre e de identificação dos elementos de interesse da fiscalização (Lei 9.430, de 1996, art. 36, parágrafo único).

Art. 21. O sujeito passivo usuário de sistemas de processamento de dados deverá manter documentação técnica completa e atualizada do sistema, suficiente para possibilitar sua auditoria, facultada a manutenção em meio magnético, sem prejuízo da sua emissão gráfica, quando solicitada (Lei 9.430, de 1996, art. 38).

Art. 22. As pessoas jurídicas que utilizarem sistemas de processamento eletrônico de dados para registrar negócios e atividades econômicas ou financeiras, escriturar livros ou elaborar documentos de natureza contábil ou fiscal ficam obrigadas a manter, à disposição da Secretaria da Receita Federal do Brasil, os respectivos arquivos digitais e sistemas, pelo prazo decadencial previsto na legislação tributária (Lei 8.218, de 29 de agosto de 1991, art. 11, com a redação dada pela Medida Provisória 2.158-35, de 24 de agosto de 2001, art. 72).

§ 1° A Secretaria da Receita Federal do Brasil poderá estabelecer prazo inferior ao previsto no *caput*, que poderá ser diferenciado segundo o porte da pessoa jurídica (Lei 8.218, de 1991, art. 11, § 1°, com a redação dada pela Medida Provisória 2.158-35, de 2001, art. 72).

§ 2° A Secretaria da Receita Federal do Brasil expedirá os atos necessários para estabelecer a forma e o prazo em que os arquivos digitais e sistemas deverão ser apresentados (Lei 8.218, de 1991, art. 11, § 3º, com a redação dada pela Medida Provisória 2.158-35, de 2001, art. 72).

§ 3º Os atos a que se refere o § 2º poderão ser expedidos por autoridade designada pelo Secretário da Receita Federal do Brasil (Lei 8.218, de 1991, art. 11, § 4º, com a redação dada pela Medida Provisória 2.158-35, de 2001, art. 72).

Capítulo IV
DO DEVER DE PRESTAR INFORMAÇÕES

Art. 23. Os órgãos da Secretaria da Receita Federal do Brasil, e os Auditores-Fiscais da Receita Federal do Brasil, no uso de suas atribuições legais, poderão solicitar informações e esclarecimentos ao sujeito passivo ou a terceiros, sendo as declarações, ou a recusa em prestá-las, lavradas pela autoridade administrativa e assinadas pelo declarante (Lei 2.354, de 29 de novembro de 1954, art. 7º; Decreto-Lei 1.718, de 27 de novembro de 1979, art. 2º; Lei 5.172, de 1966 – Código Tributário Nacional, arts. 196 e 197; Lei 11.457, de 16 de março de 2007, art. 10).

Parágrafo único. A obrigação a que se refere o *caput* não abrange a prestação de informações quanto a fatos sobre os quais o informante esteja legalmente obrigado a observar segredo em razão de cargo, ofício, função, ministério, atividade ou profissão (Lei 5.172, de 1966 – Código Tributário Nacional, de 1966, art. 197, parágrafo único).

Capítulo V
DAS PROVAS

Art. 24. São hábeis para comprovar a verdade dos fatos todos os meios de prova admitidos em direito (Lei 5.869, de 11 de janeiro de 1973, art. 332).

Parágrafo único. São inadmissíveis no processo administrativo as provas obtidas por meios ilícitos (Lei 9.784, de 29 de janeiro de 1999, art. 30).

Art. 25. Os autos de infração ou as notificações de lançamento deverão estar instruídos com todos os termos, depoimentos, laudos e demais elementos de prova indispensáveis à comprovação do ilícito (Decreto 70.235, de 1972, art. 9º, com a redação dada pela Lei 11.941, de 2009, art. 25).

Art. 26. A escrituração mantida com observância das disposições legais faz prova a favor do sujeito passivo dos fatos nela registrados e comprovados por documentos hábeis, segundo sua natureza, ou assim definidos em preceitos legais (Decreto-Lei 1.598, de 26 de dezembro de 1977, art. 9º, § 1º).

Parágrafo único. Cabe à autoridade fiscal a prova da inveracidade dos fatos registrados com observância do disposto no *caput* (Decreto-Lei 1.598, de 1977, art. 9º, § 2º).

Art. 27. O disposto no parágrafo único do art. 26 não se aplica aos casos em que a lei, por disposição especial, atribua ao sujeito passivo o ônus da prova de fatos registrados na sua escrituração (Decreto-Lei 1.598, de 1977, art. 9º, § 3º).

Art. 28. Cabe ao interessado a prova dos fatos que tenha alegado, sem prejuízo do dever atribuído ao órgão competente para a instrução e sem prejuízo do disposto no art. 29 (Lei 9.784, de 1999, art. 36).

Art. 29. Quando o interessado declarar que fatos e dados estão registrados em documentos existentes na própria administração responsável pelo processo ou em outro órgão administrativo, o órgão competente para a instrução proverá, de ofício, à obtenção dos documentos ou das respectivas cópias (Lei 9.784, de 1999, art. 37).

Título II
Do Processo de Determinação e Exigência de Créditos Tributários

Capítulo I
DO PROCEDIMENTO FISCAL

Seção I
Da Aplicação no Tempo das Normas Procedimentais Relativas ao Lançamento

Art. 30. Aplica-se ao lançamento a legislação que, posteriormente à ocorrência do fato gerador da obrigação tributária, tenha instituído novos critérios de apuração ou processos de fiscalização, ampliado os poderes de investigação das autoridades fiscais ou outorgado ao crédito tributário maiores garantias ou privilégios, exceto, neste último caso, para o efeito de atribuir responsabilidade tributária a terceiros (Lei 5.172, de 1966 – Código Tributário Nacional, art. 144, § 1º).

Seção II
Da Competência para Efetuar Lançamento

Art. 31. O lançamento de ofício do crédito tributário compete:

I – a Auditor-Fiscal da Receita Federal do Brasil, quando a exigência do crédito tributário for formalizada em auto de infração (Decreto 70.235, de 1972, arts. 7º e 10; Lei 10.593, de 6 de dezembro de 2002, arts. 5º e 6º, com a redação dada pela Lei 11.457, de 2007, art. 9º); ou

II – ao chefe da unidade da Secretaria da Receita Federal do Brasil encarregado da formalização da exigência ou ao Auditor-Fiscal da Receita Federal do Brasil por ele designado, mediante delegação de competência, quando a exigência do crédito tributário for formalizada em notificação de lançamento (Decreto 70.235, de 1972, art. 11; Lei 10.593, de 2002, art. 6º).

Parágrafo único. O servidor que verificar a ocorrência de infração à legislação tributária federal e não for competente para formalizar a exigência decorrente comunicará o fato, em representação circunstanciada, a seu chefe imediato para adoção das providências necessárias (Decreto 70.235, de 1972, art. 12).

Art. 32. A competência para fiscalizar o cumprimento das obrigações principais e acessórias relativas ao Regime Especial Unificado de Arrecadação de Tributos e Contribuições devidos pelas Microempresas e Empresas de Pequeno Porte – Simples Nacional e para verificar a ocorrência das hipóteses de exclusão de ofício é da Secretaria da Receita Federal do Brasil e das Secretarias de Fazenda ou de Finanças do Estado ou do Distrito Federal, segundo a localização do estabelecimento, e, tratando-se de prestação de serviços incluídos na competência tributária municipal, a competência será também do respectivo Município (Lei Complementar 123, de 14 de dezembro de 2006, art. 33).

Seção III
Do Início do Procedimento Fiscal

Art. 33. O procedimento fiscal tem início com (Decreto 70.235, de 1972, art. 7º):

I – o primeiro ato de ofício, por escrito, praticado por servidor competente, cientificado o sujeito passivo da obrigação tributária ou seu preposto;

II – a apreensão de mercadorias;

III – a apreensão de documentos ou de livros; ou

IV – o começo do despacho aduaneiro de mercadoria importada.

§ 1º O início do procedimento exclui a espontaneidade do sujeito passivo em relação aos atos anteriores e, independentemente de intimação, a dos demais envolvidos nas infrações verificadas.

§ 2º O ato que determinar o início do procedimento fiscal exclui a espontaneidade do sujeito passivo em relação ao tributo, ao período e à matéria nele expressamente inseridos.

§ 3º Para os efeitos do disposto nos §§ 1º e 2º, os atos referidos nos incisos I, II e III do *caput* valerão pelo prazo de sessenta dias, prorrogável, sucessivamente, por igual período contado a partir do término, com qualquer outro ato escrito que indique o prosseguimento dos trabalhos, desde que lavrado e cientificado ao sujeito passivo dentro do prazo anterior.

§ 4º Para efeitos do disposto no inciso IV do *caput*, tem-se:

I – por iniciado o despacho aduaneiro de importação na data do registro da declaração de importação (Decreto 6.759, de 5 de fevereiro de 2009, art. 545); e

II – por registro da Declaração de Importação a sua numeração pela Secretaria da Receita Federal do Brasil no Sistema Integrado de Comércio Exterior – SISCOMEX ou, quando dispensado o registro com a utilização desse meio, na forma estabelecida por esse órgão (Decreto 6.759, de 2009, art. 545, §§ 1º e 2º).

Art. 34. O procedimento de fiscalização será iniciado pela intimação ao sujeito passivo para, no prazo de vinte dias, contados da data da ciência, apresentar as informações e documentos necessários ao procedimento fiscal, ou efetuar o recolhimento do crédito tributário constituído (Lei 3.470, de 28 de novembro de 1958, art. 19, com a redação dada pela Medida Provisória 2.158-35, de 2001, art. 71).

§ 1º O prazo a que se refere o *caput* será de cinco dias úteis, nas situações em que as informações e os documentos solicitados digam respeito a fatos que devam estar registrados na escrituração contábil ou fiscal do sujeito passivo, ou em declarações apresentadas à administração tributária.

§ 2º Não enseja a aplicação da penalidade prevista no § 2º do art. 44 da Lei 9.430, de 1996, o desatendimento à intimação para apresentar documentos cuja guarda não esteja sob a responsabilidade do sujeito passivo, ou no caso de impossibilidade material de seu cumprimento.

Seção IV
Das Diligências e das Perícias

Art. 35. A realização de diligências e de perícias será determinada pela autoridade julgadora de primeira instância, de ofício ou a pedido do impugnante, quando entendê-las necessárias para a apreciação da matéria litigada (Decreto 70.235, de 1972, art. 18, com a redação dada pela Lei 8.748, de 9 de dezembro de 1993, art. 1º).

Parágrafo único. O sujeito passivo deverá ser cientificado do resultado da realização de diligências e perícias, sempre que novos fatos ou documentos sejam trazidos ao processo, hipótese na qual deverá ser concedido prazo de trinta dias para manifestação (Lei 9.784, de 1999, art. 28).

Art. 36. A impugnação mencionará as diligências ou perícias que o sujeito passivo pretenda sejam efetuadas, expostos os motivos que as justifiquem, com a formulação de quesitos referentes aos exames desejados, e, no caso de perícia, o nome, o endereço e a qualificação profissional de seu perito deverão constar da impugnação (Decreto 70.235, de 1972, art. 16, inciso IV, com a redação dada pela Lei 8.748, de 1993, art. 1º).

§ 1º Deferido o pedido de perícia, ou determinada de ofício sua realização, a autoridade designará servidor para, como perito da União, a ela proceder, e intimará o perito do sujeito passivo a realizar o exame requerido, cabendo a ambos apresentar os respectivos laudos em prazo que será fixado segundo o grau de complexidade dos trabalhos a serem executados (Decreto 70.235, de 1972, art. 18, com a redação dada pela Lei 8.748, de 1993, art. 1º).

§ 2º Indeferido o pedido de diligência ou de perícia, por terem sido consideradas prescindíveis ou impraticáveis, deverá o indeferimento, devidamente fundamentado, constar da decisão (Decreto 70.235, de 1972, arts. 18e 28, com as redações dadas pela Lei 8.748, de 1993, art. 1º).

§ 3º Determinada, de ofício ou a pedido do impugnante, diligência ou perícia, é vedado à autoridade incumbida de sua realização escusar-se de cumpri-las.

Art. 37. No âmbito da Secretaria da Receita Federal do Brasil, compete ao Auditor-Fiscal da Receita Federal do Brasil a realização de diligências e de perícias (Decreto 70.235, de 1972, art. 20, com a redação dada pela Lei 8.748, de 1993, art. 1º; Lei 10.593, de 2002, art. 6º, com a redação dada pela Lei 11.457, de 2007, art. 9º).

Seção V
Da Exigência Fiscal

Subseção I
Da Formalização

Art. 38. A exigência do crédito tributário e a aplicação de penalidade isolada serão formalizados em autos de infração ou notificações de lançamento, distintos para cada tributo ou penalidade (Decreto 70.235, de 1972, art. 9º, com a redação dada pela Lei 11.941, de 2009, art. 25).

§ 1º Os autos de infração ou as notificações de lançamento, em observância ao disposto no art. 25, deverão ser instruídos com todos os termos, depoimentos, laudos e demais elementos de prova indispensáveis à comprovação do fato motivador da exigência.

§ 2º Os autos de infração e as notificações de lançamento de que trata o *caput*, formalizados em relação ao mesmo sujeito passivo, podem ser objeto de um único processo, quando a comprovação dos ilícitos depender dos mesmos elementos de prova.

§ 3º A formalização de que trata este artigo será válida, mesmo que efetuada por Auditor-Fiscal da Receita Federal do Brasil com exercício em unidade da Secretaria da Receita Federal do Brasil com jurisdição diversa do domicílio tributário do sujeito passivo.

§ 4º A formalização da exigência, na hipótese prevista no § 3º, previne a jurisdição e prorroga a competência da autoridade que dela primeiro conhecer.

§ 5º O disposto no *caput* aplica-se também nas hipóteses em que, constatada infração à legislação tributária, dela não resulte exigência de crédito tributário.

§ 6º Os autos de infração e as notificações de lançamento de que trata o *caput*, formalizados em decorrência de fiscalização relacionada a regime especial unificado de arrecadação de tributos, poderão conter lançamento único para todos os tributos por eles abrangidos.

§ 7º O disposto no *caput* não se aplica às contribuições de que trata o art. 3º da Lei 11.457, de 2007.

Subseção II
Do Auto de Infração

Art. 39. O auto de infração será lavrado no local da verificação da falta, devendo conter (Decreto 70.235, de 1972, art. 10; Lei 10.593, de 2002, art. 6º):

I – a qualificação do autuado;

II – o local, a data e a hora da lavratura;

III – a descrição dos fatos;

IV – a disposição legal infringida e a penalidade aplicável;

V – a determinação da exigência e a intimação para cumpri-la ou impugná-la no prazo de trinta dias, contados da data da ciência; e

VI – a assinatura do Auditor-Fiscal da Receita Federal do Brasil responsável pela autuação e o número de sua matrícula.

Subseção III
Da Notificação de Lançamento

Art. 40. A notificação de lançamento será expedida pela unidade da Secretaria da Receita Federal do Brasil encarregada da formalização da exigência, devendo conter (Decreto 70.235, de 1972, art. 11; Lei 10.593, de 2002, art. 6º):

I – a qualificação do notificado;

II – o valor do crédito tributário e o prazo para pagamento ou impugnação;

III – a disposição legal infringida, se for o caso; e

IV – a assinatura do chefe da unidade da Secretaria da Receita Federal do Brasil que emitir a notificação ou do Auditor-Fiscal da Receita Federal do Brasil por ele designado, mediante delegação de competência, e a indicação de seu cargo ou de sua função e o número de matrícula.

Parágrafo único. A notificação de lançamento emitida por processamento eletrônico prescinde da assinatura referida no inciso IV, sendo obrigatória a identificação do chefe da unidade da Secretaria da Receita Federal do Brasil que a emitir ou do Auditor-Fiscal da Receita Federal do Brasil por ele designado.

Subseção IV
Do Lançamento Complementar

Art. 41. Quando, em exames posteriores, diligências ou perícias realizados no curso do processo, forem verificadas incorreções, omissões ou inexatidões, de que resultem agravamento da exigência inicial, inovação ou alteração da fundamentação legal da exigência, será efetuado lançamento complementar por meio da lavratura de auto de infração complementar ou de emissão de notificação de lançamento complementar, específicos em relação à matéria modificada (Decreto 70.235, de 1972, art. 18, § 3º, com a redação dada pela Lei 8.748, de 1993, art. 1º).

§ 1º O lançamento complementar será formalizado nos casos:

I – em que seja aferível, a partir da descrição dos fatos e dos demais documentos produzidos na ação fiscal, que o autuante, no momento da formalização da exigência:

a) apurou incorretamente a base de cálculo do crédito tributário; ou

b) não incluiu na determinação do crédito tributário matéria devidamente identificada; ou

II – em que forem constatados fatos novos, subtraídos ao conhecimento da autoridade lançadora quando da ação fiscal e relacionados aos fatos geradores objeto da autuação, que impliquem agravamento da exigência inicial.

§ 2º O auto de infração ou a notificação de lançamento de que trata o *caput* terá o objetivo de:

I – complementar o lançamento original; ou

II – substituir, total ou parcialmente, o lançamento original nos casos em que a apuração do *quantum* devido, em face da legislação tributária aplicável, não puder ser efetuada sem a inclusão da matéria anteriormente lançada.

§ 3º Será concedido prazo de trinta dias, contados da data da ciência da intimação da exigência complementar, para a apresentação de impugnação apenas no concernente à matéria modificada.

§ 4º O auto de infração ou a notificação de lançamento de que trata o *caput* devem ser objeto do mesmo processo em que for tratado o auto de infração ou a notificação de lançamento complementados.

§ 5º O julgamento dos litígios instaurados no âmbito do processo referido no § 4º será objeto de um único acórdão.

Subseção V
Do Segundo Exame da Escrita

Art. 42. Em relação ao mesmo exercício, só é possível um segundo exame, mediante ordem escrita do Superintendente, do Delegado ou do Inspetor da Receita Federal do Brasil (Lei 2.354, de 1954, art. 7º, § 2º; Lei 3.470, de 1958, art. 34).

Seção VI
Das Medidas de Defesa do Crédito Tributário

Subseção I
Do Arrolamento de Bens e Direitos para Acompanhamento do Patrimônio do Sujeito Passivo

Art. 43. O arrolamento de bens e direitos do sujeito passivo será procedido pelo chefe da unidade da Secretaria da Receita Federal do Brasil responsável pela exigência do crédito tributário, sempre que o valor dos créditos tributários de sua responsabilidade for superior a trinta por cento do seu patrimônio conhecido (Lei 9.532, de 1997, art. 64).

§ 1º Se o crédito tributário for formalizado contra pessoa física, no arrolamento devem ser identificados, inclusive, os bens e direitos em nome do cônjuge, não gravados com a cláusula de incomunicabilidade (Lei 9.532, de 1997, art. 64, § 1º).

§ 2º Na falta de outros elementos indicativos, considera-se patrimônio conhecido o valor constante da última declaração de rendimentos apresentada (Lei 9.532, de 1997, art. 64, § 2º).

§ 3º A partir da data da notificação do ato de arrolamento, mediante entrega de cópia do respectivo termo, o proprietário dos bens e direitos arrolados, ao transferi-los, aliená-los ou onerá-los, deve comunicar o fato à unidade da Secretaria da Receita Federal do Brasil em cuja jurisdição o domicílio tributário do sujeito passivo estiver (Lei 9.532, de 1997, art. 64, § 3º).

§ 4º A alienação, oneração ou transferência, a qualquer título, dos bens e direitos arrolados, sem o cumprimento da formalidade prevista no § 3º, autoriza o requerimento de medida cautelar fiscal contra o sujeito passivo (Lei 9.532, de 1997, art. 64, § 4º).

§ 5º O termo de arrolamento de que trata o § 3º será registrado independentemente de pagamento de custas ou emolumentos (Lei 9.532, de 1997, art. 64, § 5º):

I – no competente registro imobiliário, relativamente aos bens imóveis;

II – nos órgãos ou entidades, onde, por força de lei, os bens móveis ou direitos sejam registrados ou controlados; ou

III – no Cartório de Títulos e Documentos e Registros Especiais do domicílio tributário do sujeito passivo, relativamente aos demais bens e direitos.

§ 6º As certidões de regularidade fiscal expedidas deverão conter informações quanto à existência de arrolamento (Lei 9.532, de 1997, art. 64, § 6º).

§ 7º Liquidado o crédito tributário que tenha motivado o arrolamento antes do seu encaminhamento para inscrição em dívida ativa da União, o chefe da unidade da Secretaria da Receita Federal do Brasil responsável pelo registro do respectivo termo comunicará o fato ao órgão em que o termo foi registrado, para que sejam anulados os efeitos do arrolamento (Lei 9.532, de 1997, art. 64, § 8º).

§ 8º Liquidado ou garantido, nos termos da Lei 6.830, de 22 de setembro de 1980, o crédito tributário que tenha motivado o arrolamento, após seu encaminhamento para inscrição em dívida ativa da União, a comunicação de que trata o § 8º será feita pela autoridade competente da Procuradoria da Fazenda Nacional (Lei 9.532, de 1997, art. 64, § 9º).

Art. 44. O arrolamento de que trata o art. 43 recairá sobre bens e direitos suscetíveis de registro público, com prioridade aos imóveis, e em valor suficiente para cobrir o montante do crédito tributário de responsabilidade do sujeito passivo (Lei 9.532, de 1997, art. 64-A, incluído pela Medida Provisória 2.158-35, de 2001, art. 75).

§ 1º O arrolamento somente poderá alcançar outros bens e direitos para fins de complementar o valor referido no *caput*.

§ 2º Os bens constantes do arrolamento poderão ser substituídos, mediante prévia autorização do chefe da unidade da Secretaria da Receita Federal do Brasil com jurisdição sobre o domicílio tributário do sujeito passivo.

Subseção II
Da Medida Cautelar Fiscal

Art. 45. A Procuradoria da Fazenda Nacional poderá instaurar procedimento cautelar fiscal após a constituição do crédito, inclusive no curso da execução judicial da dívida ativa da União (Lei 8.397, de 6 de janeiro de 1992, art. 1º, com a redação dada pela Lei 9.532, de 1997, art. 65).

Parágrafo único. O requerimento da medida cautelar independe da prévia constituição do crédito tributário quando o sujeito passivo (Lei 8.397, de 1992, art. 1º, parágrafo único, com a redação dada pela Lei 9.532, de 1997, art. 65):

I – notificado pela Fazenda Pública para que proceda ao recolhimento do crédito tributário, põe ou tenta por seus bens em nome de terceiros (Lei 8.397, de 1992, art. 2º, inciso V, alínea *b*, com a redação dada pela Lei 9.532, de 1997, art. 65); ou

II – aliena bens ou direitos sem proceder à devida comunicação ao órgão da Fazenda Pública competente, quando exigível em virtude de lei (Lei 8.397, de 1992, art. 2º, inciso VII, com a redação dada pela Lei 9.532, de 1997, art. 65).

Subseção III
Da Medida Cautelar Fiscal Preparatória

Art. 46. Quando a medida cautelar fiscal for concedida em procedimento preparatório, deverá a Fazenda Nacional propor a execução judicial da dívida ativa no prazo de sessenta dias, contados da data em que a exigência se tornar irrecorrível na esfera administrativa (Lei 8.397, de 1992, art. 11).

Seção VII
Da Representação Fiscal para Fins Penais

Art. 47. O Auditor-Fiscal da Receita Federal do Brasil formalizará representação fiscal para fins penais em autos separados, protocolizada na mesma data da lavratura do auto de infração, sempre que, no curso de procedimento de fiscalização de que resulte lavratura de auto de infração relativo a tributos administrados pela Secretaria da Receita Federal do Brasil ou decorrente de apreensão de bens sujeitos à pena de perdimento, constatar fato que configure, em tese (Decreto 2.730, de 10 de agosto de 1998, art. 1º):

I – crime contra a ordem tributária tipificado nos arts. 1º ou 2º da Lei 8.137, de 27 de dezembro de 1990;

II – crime de contrabando ou de descaminho tipificado no art. 334 do Decreto-Lei 2.848, de 7 de dezembro de 1940 – Código Penal; ou

III – crime contra a Previdência Social tipificado nos arts. 168-A ou 337-A do Decreto-Lei 2.848, de 1940.

Art. 48. As representações fiscais para fins penais relativas aos crimes contra a ordem tributária definidos nos arts. 1º e 2º da Lei 8.137, de 1990, e aos crimes contra a Previdência Social, definidos nos arts. 168-A e337-A do Decreto-Lei 2.848, de 1940 – Código Penal acrescentados pela Lei 9.983, de 14 de julho de 2000, serão formalizadas e protocolizadas em até dez dias contados da data da constituição do crédito tributário, devendo permanecer no âmbito da unidade de controle até que o referido crédito se torne definitivo na esfera administrativa, respeitado o prazo para cobrança amigável (Lei 9.430, de 1996, art. 83).

Parágrafo único. Caso o crédito tributário correspondente ao ilícito penal seja integralmente extinto pelo julgamento administrativo ou pelo pagamento, os autos da representação, juntamente com cópia da respectiva decisão administrativa, quando for o caso, deverão ser arquivados.

Art. 49. A representação fiscal para fins penais relativa aos crimes de contrabando ou descaminho, definidos no art. 334 do Decreto-Lei 2.848, de 1940 – Código Penal , será formalizada em autos separados e protocolizada na mesma data da lavratura do auto de infração, devendo permanecer na unidade da Secretaria da Receita Federal do Brasil de lavratura até o final do prazo para impugnação.

§ 1º Se for aplicada a pena de perdimento do bens, inclusive na hipótese de conversão em multa equivalente ao valor aduaneiro da mercadoria que não seja localizada ou que tenha sido consumida, a representação de que trata o *caput* deverá ser encaminhada pela autoridade julgadora de instância única ao órgão do Ministério Público Federal que for competente para promover a ação penal, no prazo máximo de dez dias, anexando-se cópia da decisão.

§ 2º Não aplicada a pena de perdimento, a representação fiscal para fins penais deverá ser arquivada, depois de incluir nos autos cópia da respectiva decisão administrativa.

Art. 50. A Secretaria da Receita Federal do Brasil disciplinará os procedimentos necessários à execução do disposto nesta Seção.

Seção VIII
Da Representação para Fins Penais

Art. 51. Além dos casos de representação previstos no art. 47, os servidores em exercício na Secretaria da Receita Federal do Brasil, observadas as atribuições dos respectivos cargos, deverão formalizar representação para fins penais, perante os titulares das unidades centrais, superintendentes, delegados ou inspetores da Secretaria da Receita Federal do Brasil aos quais estiverem vinculados, sempre que identificarem situações que, em tese, configurem crime contra a administração pública federal ou em detrimento da Fazenda Nacional.

§ 1º A representação de que trata o *caput* deverá ser:

I – levada a registro em protocolo pelo servidor que a elaborar, no prazo de dez dias, contados da data em que identificar a situação caracterizadora de crime;

II – remetida no prazo de dez dias, contados da data de sua protocolização, ao órgão do Ministério Público Federal que for competente para promover a ação penal.

§ 2º Deverá ser dado conhecimento da representação ao titular da unidade do domicílio fiscal do sujeito passivo, na hipótese de o servidor formalizar representação perante outra autoridade a quem estiver vinculado.

Capítulo II
DA COBRANÇA ADMINISTRATIVA DO CRÉDITO TRIBUTÁRIO

Seção I
Do Pagamento – Da Redução da Multa de Lançamento de Ofício

Art. 52. Será concedida redução de cinquenta por cento do valor da multa de lançamento de ofício ao sujeito passivo que, notificado, efetuar o pagamento ou a compensação do crédito tributário no prazo previsto para apresentar impugnação (Lei 8.218, de 1991, art. 6º, com a redação dada pela Lei 11.941, de 2009, art. 28; Lei 9.430, de 1996, art. 44, § 3º).

§ 1º Apresentada impugnação tempestivamente, a redução será de trinta por cento se o pagamento ou a compensação forem efetuados no prazo de trinta dias, contados da data da ciência da decisão de primeira instância (Lei 8.218, de 1991, art. 6º, inciso III, com a redação dada pela Lei 11.941, de 2009, art. 28; Lei 9.430, de 1996, art. 44, § 3º).

§ 2º No caso de provimento a recurso de ofício interposto pela autoridade julgadora de primeira instância, será aplicada a redução de trinta por cento se o pagamento ou a compensação for efetuado no prazo de trinta dias contados da ciência da decisão (Lei 8.218, de 1991, art. 6º, § 1º, com a redação dada pela Lei 11.941, de 2009, art. 28).

Seção II
Do Parcelamento – Da Redução da Multa de Lançamento de Ofício

Art. 53. Será concedida redução de quarenta por cento do valor da multa de lançamento de ofício, ao sujeito passivo que, notificado, requerer o parcelamento do crédito tributário no prazo previsto para apresentar impugnação (Lei 8.218, de 1991, art. 6º, inciso II, com a redação dada pela Lei 11.941, de 2009, art. 28; Lei 9.430, de 1996, art. 44, § 3º).

§ 1º Apresentada impugnação tempestivamente, a redução será de vinte por cento se o parcelamento for requerido no prazo de trinta dias, contados da data da ciência da decisão de primeira instância (Lei 8.218, de 1991, art. 6º, inciso IV, com a redação dada pela Lei 11.941, de 2009, art. 28; Lei 9.430, de 1996, art. 44, § 3º).

§ 2º No caso de provimento a recurso de ofício interposto pela autoridade julgadora de primeira instância, será aplicada a redução de vinte por cento se o parcelamento for requerido no prazo de trinta dias contados da ciência da decisão (Lei 8.218, de 1991, art. 6º, § 1º, com a redação dada pela Lei 11.941, de 2009, art. 28).

§ 3º A rescisão do parcelamento, motivada pelo descumprimento das normas que o regulam, implicará restabelecimento do montante da multa proporcionalmente ao valor da receita não satisfeita e que exceder o valor obtido com a garantia apresentada (Lei 8.218, de 1991, art. 6º, § 2º, com a redação dada pela Lei 11.941, de 2009, art. 28).

Seção III
Da Revelia

Art. 54. Não sendo cumprida nem impugnada a exigência, a autoridade preparadora declarará a revelia, permanecendo o processo no órgão preparador, pelo prazo de trinta dias, para cobrança amigável (Decreto 70.235, de 1972, art. 21, com a redação dada pela Lei 8.748, de 1993, art. 1º).

§ 1º No caso de identificação de impugnação parcial, não cumprida a exigência relativa à parte não litigiosa do crédito, o órgão preparador, antes da remessa dos autos a julgamento, providenciará a formação de autos apartados para a imediata cobrança da parte não contestada, consignando essa circunstância no processo original.

§ 2º Esgotado o prazo de cobrança amigável sem que tenha sido pago ou parcelado o crédito tributário, o órgão preparador encaminhará o processo à autoridade competente para promover a cobrança executiva.

Art. 55. Tratando-se de apreensão de mercadoria para fins de aplicação da pena de perdimento ou de declaração de abandono, em que não tenha sido apresentada impugnação, a autoridade preparadora, após declarar a revelia, deverá, em observância às normas que regem a matéria e, mediante o competente ato administrativo, aplicar a pena de perdimento ou declarar o abandono, para fins de destinação da mercadoria (Decreto 70.235, de 1972, arts. 21, § 2º, e 63).

Capítulo III
DA FASE LITIGIOSA

Seção I
Da Impugnação

Art. 56. A impugnação, formalizada por escrito, instruída com os documentos em que se fundamentar e apresentada em unidade da Secretaria da Receita Federal do Brasil com jurisdição sobre o domicílio tributário do sujeito passivo, bem como, remetida por via postal, no prazo de trinta dias, contados da data da ciência da intimação da exigência, instaura a fase litigiosa do procedimento (Decreto 70.235, de 1972, arts. 14 e 15).

§ 1º Apresentada a impugnação em unidade diversa, esta a remeterá à unidade indicada no *caput*.

§ 2º Eventual petição, apresentada fora do prazo, não caracteriza impugnação, não instaura a fase litigiosa do procedimento, não suspende a exigibilidade do crédito tributário nem comporta julgamento de primeira instância, salvo se caracterizada ou suscitada a tempestividade, como preliminar.

§ 3º No caso de pluralidade de sujeitos passivos, caracterizados na formalização da exigência, todos deverão ser cientificados do auto de infração ou da notificação de lançamento, com abertura de prazo para que cada um deles apresente impugnação.

§ 4º Na hipótese do § 3º, o prazo para impugnação é contado, para cada sujeito passivo, a partir da data em que cada um deles tiver sido cientificado do lançamento.

§ 5º Na hipótese de remessa da impugnação por via postal, será considerada como data de sua apresentação a da respectiva postagem constante do aviso de recebimento, o qual deverá trazer a indicação do destinatário da remessa e o número do protocolo do processo correspondente.

§ 6º Na impossibilidade de se obter cópia do aviso de recebimento, será considerada como data da apresentação da impugnação a constante do carimbo aposto pelos Correios no envelope que contiver a remessa, quando da postagem da correspondência.

§ 7º No caso previsto no § 5º, a unidade de preparo deverá juntar, por anexação ao processo correspondente, o referido envelope.

Art. 57. A impugnação mencionará (Decreto 70.235, de 1972, art. 16, com a redação dada pela Lei 8.748, de 1993, art. 1º, e pela Lei 11.196, de 2005, art. 113):

I – a autoridade julgadora a quem é dirigida;

II – a qualificação do impugnante;

III – os motivos de fato e de direito em que se fundamenta, os pontos de discordância e as razões e provas que possuir;

IV – as diligências ou perícias que o impugnante pretenda sejam efetuadas, expostos os motivos que as justifiquem, com a formulação de quesitos referentes aos exames desejados, bem como, no caso de perícia, o nome, o endereço e a qualificação profissional de seu perito; e

V – se a matéria impugnada foi submetida à apreciação judicial, devendo ser juntada cópia da petição.

§ 1º Considera-se não formulado o pedido de diligência ou perícia que deixar de atender aos requisitos previstos no inciso IV.

§ 2º É defeso ao impugnante, ou a seu representante legal, empregar expressões injuriosas nos escritos apresentados no processo, cabendo ao julgador, de ofício ou a requerimento do ofendido, mandar riscá-las.

§ 3º Quando o impugnante alegar direito municipal, estadual ou estrangeiro, incumbe-lhe o ônus de provar o teor e a vigência, se assim o determinar o julgador.

§ 4º A prova documental será apresentada na impugnação, precluindo o direito de o impugnante fazê-lo em outro momento processual, a menos que:

I – fique demonstrada a impossibilidade de sua apresentação oportuna, por motivo de força maior;

II – refira-se a fato ou a direito superveniente; ou

III – destine-se a contrapor fatos ou razões posteriormente trazidas aos autos.

§ 5º Considera-se motivo de força maior o fato necessário, cujos efeitos não era possível evitar ou impedir (Lei 10.406, de 2002, art. 393).

§ 6º A juntada de documentos depois de apresentada a impugnação deverá ser requerida à autoridade julgadora, mediante petição em que se demonstre, com fundamentos, a ocorrência de uma das condições previstas no § 4º.

§ 7º Os documentos apresentados após proferida a decisão deverão ser juntados, por anexação, aos autos para, se for interposto recurso, serem apreciados pela autoridade julgadora de segunda instância.

Art. 58. Considera-se não impugnada a matéria que não tenha sido expressamente contestada pelo impugnante (Decreto 70.235, de 1972, art. 17, com a redação dada pela Lei 9.532, de 1997, art. 67).

Seção II
Do Julgamento – Disposições Gerais

Art. 59. No âmbito do processo administrativo fiscal, fica vedado aos órgãos de julgamento afastar a aplicação ou deixar de observar tratado, acordo internacional, lei ou decreto, sob fundamento de inconstitucionalidade (Decreto 70.235, de 1972, art. 26-A, com a redação dada pela Lei 11.941, de 2009, art. 25).

Parágrafo único. O disposto no *caput* não se aplica aos casos de tratado, acordo internacional, lei ou ato normativo (Decreto 70.235, de 1972, art. 26-A, § 6º, incluído pela Lei 11.941, de 2009, art. 25):

I – que já tenha sido declarado inconstitucional por decisão plenária definitiva do Supremo Tribunal Federal; ou

II – que fundamente crédito tributário objeto de:

a) dispensa legal de constituição ou de ato declaratório do Procurador-Geral da Fazenda Nacional, na forma dos arts. 18 e 19 da Lei 10.522, de 19 de junho de 2002;

b) súmula da Advocacia-Geral da União, na forma do art. 43 da Lei Complementar 73, de 10 de fevereiro de 1993; ou

c) pareceres do Advogado-Geral da União aprovados pelo Presidente da República, na forma do art. 40 da Lei Complementar 73, de 1993.

Art. 60. O contencioso administrativo relativo ao Simples Nacional será de competência do órgão julgador integrante da estrutura administrativa do ente federativo que efetuar o lançamento ou a exclusão de ofício, observados os dispositivos legais atinentes aos processos administrativos fiscais desse ente (Lei Complementar 123, de 2006, art. 39).

Seção III
Do Julgamento em Primeira Instância

Subseção I
Da Competência

Art. 61. O julgamento de processos sobre a aplicação da legislação referente a tributos administrados pela Secretaria da Receita Federal do Brasil, e os relativos à exigência de direitos *antidumping* e direitos compensatórios, compete em primeira instância, às Delegacias da Receita Federal do Brasil de Julgamento, órgãos de deliberação interna e natureza colegiada da Secretaria da Receita Federal do Brasil (Decreto 70.235, de 1972, art. 25, inciso I; Lei 9.019, de 30 de março de 1995, art. 7º, § 5º).

Parágrafo único. A competência de que trata o *caput* inclui, dentre outros, o julgamento de:

I – impugnação a auto de infração e notificação de lançamento (Decreto 70.235, de 1972, art. 14);

II – manifestação de inconformidade do sujeito passivo em processos administrativos relativos a compensação, restituição e ressarcimento de tributos, inclusive créditos de Imposto sobre Produtos Industrializados – IPI (Lei 8.748, de 1993, art. 3º, inciso II; Lei 9.019, de 1995, art. 7º, § 1º e § 5º); e

III – impugnação ao ato declaratório de suspensão de imunidade e isenção (Lei 9.430, de 1996, art. 32, § 10).

Subseção II
Do Julgamento

Art. 62. Terão prioridade no julgamento os processos em que estiverem presentes as circunstâncias de crime contra a ordem tributária ou de elevado valor, este definido em ato do Ministro de Estado da Fazenda, bem como, mediante requisição do interessado, aqueles em que figure como parte interveniente (Decreto 70.235, de 1972, art. 27, com a redação dada pela Lei 9.532, de 1997, art. 67; Lei 10.741, de 1º de outubro de 2003, art. 71; Lei 9.784, de 1999, art. 69-A, com a redação dada pela Lei 12.008, de 29 de julho de 2009, art. 4º):

I – pessoa com idade igual ou superior a sessenta anos;

II – pessoa portadora de deficiência, física ou mental; e

III – pessoa portadora de tuberculose ativa, esclerose múltipla, neoplasia maligna, hanseníase, paralisia irreversível e incapacitante, cardiopatia grave, doença de Parkinson, espondiloartrose anquilosante, nefropatia grave, hepatopatia grave, estados avançados da doença de Paget (osteíte deformante), contaminação por radiação, síndrome de imunodeficiência adquirida, ou outra doença grave, com base em conclusão da medicina especializada, mesmo que a doença tenha sido contraída após o início do processo.

Parágrafo único. Os processos serão julgados na ordem estabelecida em ato do Secretário da Receita Federal do Brasil, observada a prioridade de que trata o *caput*.

Art. 63. Na apreciação das provas, a autoridade julgadora formará livremente sua convicção, podendo determinar, de ofício ou a requerimento do impugnante, a realização de diligências ou de perícias, observado o disposto nos arts. 35 e 36 (Decreto 70.235, de 1972, arts. 29 e 18, com a redação dada pela Lei 8.748, de 1993, art. 1º).

Art. 64. Os laudos e os pareceres do Laboratório Nacional de Análises, do Instituto Nacional de Tecnologia e de outros órgãos federais congêneres serão adotados nos aspectos técnicos de sua competência, salvo se comprovada a improcedência desses laudos ou pareceres (Decreto 70.235, de 1972, art. 30, com a redação dada pela Lei 9.532, de 1997, art. 67).

§ 1º Não se considera como aspecto técnico a classificação fiscal de produtos.

§ 2º A existência no processo de laudos ou de pareceres técnicos não impede a autoridade julgadora de solicitar outros a qualquer dos órgãos referidos neste artigo.

§ 3º Atribui-se eficácia aos laudos e aos pareceres técnicos sobre produtos, exarados em outros processos administrativos fiscais e transladados mediante certidão de inteiro teor ou cópia fiel, quando tratarem:

I – de produtos originários do mesmo fabricante, com igual denominação, marca e especificação; e

II – de máquinas, aparelhos, equipamentos, veículos e outros produtos complexos de fabricação em série, do mesmo fabricante, com iguais especificações, marca e modelo.

Subseção III
Do Acórdão

Art. 65. O acórdão conterá relatório resumido do processo, fundamentos legais, conclusão e ordem de intimação, devendo referir-se, expressamente, a todos os autos de infração e notificações de lançamento objeto do processo, bem como às razões de defesa suscitadas pelo impugnante contra todas as exigências (Decreto 70.235, de 1972, art. 31, com a redação dada pela Lei 8.748, de 1993, art. 1º).

Art. 66. No acórdão em que for julgada questão preliminar, será também julgado o mérito, salvo quando incompatíveis (Decreto 70.235, de 1972, art. 28, com a redação dada pela Lei 8.748, de 1993, art. 1º).

Parágrafo único. O indeferimento de pedido de diligência ou de perícia deverá ser fundamentado e constar da decisão (Decreto 70.235, de 1972, art. 28, com a redação dada pela Lei 8.748, de 1993, art. 1º).

Art. 67. As inexatidões materiais devidas a lapso manifesto e os erros de escrita ou de cálculo existentes na decisão deverão ser corrigidos de ofício ou a requerimento do sujeito passivo, mediante a prolação de um novo acórdão (Decreto 70.235, de 1972, art. 32).

Art. 68. O órgão preparador dará ciência da decisão ao sujeito passivo, intimando-o, quando for o caso, a cumpri-la no prazo de trinta dias, contados da data da ciência, facultada a apresentação de recurso voluntário no mesmo prazo (Decreto 70.235, de 1972, arts. 31 e 33).

Art. 69. Da decisão de primeira instância não cabe pedido de reconsideração (Decreto 70.235, de 1972, art. 36).

Subseção IV
Do Recurso de Ofício

Art. 70. O recurso de ofício deve ser interposto, pela autoridade competente de primeira instância, sempre que a decisão exonerar o sujeito passivo do pagamento de tributo e encargos de multa de valor total (lançamento principal e decorrentes) a ser fixado em ato do Ministro de Estado da Fazenda, bem como quando deixar de aplicar a pena de perdimento de mercadoria com base na legislação do IPI (Decreto 70.235, de 1972, art. 34, com a redação dada pela Lei 9.532, de 1997, art. 67).

§ 1º O recurso será interposto mediante formalização na própria decisão.

§ 2º Sendo o caso de interposição de recurso de ofício e não tendo este sido formalizado, o servidor que verificar o fato representará à autoridade julgadora, por intermédio de seu chefe imediato, no sentido de que seja observada aquela formalidade.

Art. 71. Não cabe recurso de ofício das decisões prolatadas, pela autoridade fiscal da jurisdição do sujeito passivo, em processos relativos a restituição, ressarcimento, reembolso e compensação de tributos administrados pela Secretaria da Receita Federal do Brasil (Lei 10.522, de 2002, art. 27).

Art. 72. Enquanto não decidido o recurso de ofício, a decisão a ele correspondente não se torna definitiva (Decreto 70.235, de 1972, art. 42, parágrafo único).

Subseção V
Do Recurso Voluntário

Art. 73. O recurso voluntário total ou parcial, que tem efeito suspensivo, poderá ser interposto contra decisão de primeira instância contrária ao sujeito passivo, no prazo de trinta dias, contados da data da ciência da decisão (Decreto 70.235, de 1972, art. 33).

Art. 74. O recurso voluntário total ou parcial, mesmo perempto, deverá ser encaminhado ao órgão de segunda instância, que julgará a perempção (Decreto 70.235, de 1972, art. 35).

Seção IV
Do Julgamento em Segunda Instância

Subseção I
Da Competência

Art. 75. O julgamento de recursos de ofício e voluntários de decisão de primeira instância, e de recursos de natureza especial, compete ao Conselho Administrativo de Recursos Fiscais (Decreto 70.235, de 1972, art. 25, inciso II, com a redação dada pela Lei 11.941, de 2009, art. 25).

§ 1º O Conselho Administrativo de Recursos Fiscais será constituído por seções e pela Câmara Superior de Recursos Fiscais (Decreto 70.235, de 1972, art. 25, inciso II, § 1º, com a redação dada pela Lei 11.941, de 2009, art. 25).

§ 2º As seções serão especializadas por matéria e constituídas por câmaras (Decreto 70.235, de 1972, art. 25, § 2º, com a redação dada pela Lei 11.941, de 2009, art. 25).

§ 3º A Câmara Superior de Recursos Fiscais será constituída por turmas, compostas pelos Presidentes e Vice-Presidentes das câmaras (Decreto 70.235, de 1972, art. 25, § 3º, com a redação dada pela Lei 11.941, de 2009, art. 25).

§ 4º As câmaras poderão ser divididas em turmas (Decreto 70.235, de 1972, art. 25, § 4º, com a redação dada pela Lei 11.941, de 2009, art. 25).

§ 5º O Ministro de Estado da Fazenda poderá criar, nas seções, turmas especiais, de caráter temporário, com competência para julgamento de processos que envolvam valores reduzidos ou matéria recorrente ou de baixa complexidade, que poderão funcionar nas cidades onde estão localizadas as Superintendências Regionais da Receita Federal do Brasil (Decreto 70.235, de 1972, art. 25, § 5º, com a redação dada pela Lei 11.941, de 2009, art. 25).

§ 6º As turmas da Câmara Superior de Recursos Fiscais serão constituídas pelo Presidente do Conselho Administrativo de Recursos Fiscais, pelo Vice-Presidente, pelos Presidentes e pelos Vice-Presidentes das câmaras (Decreto 70.235, de 1972, art. 25, § 7º, com a redação dada pela Lei 11.941, de 2009, art. 25).

§ 7º A presidência das turmas da Câmara Superior de Recursos Fiscais será exercida pelo Presidente do Conselho Administrativo de Recursos Fiscais e a vice-presidência, por conselheiro representante dos contribuintes (Decreto 70.235, de 1972, art. 25, § 8º, com a redação dada pela Lei 11.941, de 2009, art. 25).

§ 8º Os cargos de Presidente das Turmas da Câmara Superior de Recursos Fiscais, das câmaras, das suas turmas e das turmas especiais serão ocupados por conselheiros representantes da Fazenda Nacional, que, em caso de empate, terão o voto de qualidade, e os cargos de Vice-Presidente, por representantes dos contribuintes (Decreto 70.235, de 1972, art. 25, § 9º, com a redação dada pela Lei 11.941, de 2009, art. 25).

§ 9º Os conselheiros serão designados pelo Ministro de Estado da Fazenda para mandato, limitando-se as reconduções, na forma e no prazo estabelecidos no regimento interno (Decreto 70.235, de 1972, art. 25, § 10, com a redação dada pela Lei 11.941, de 2009, art. 25).

§ 10. O Ministro de Estado da Fazenda, observado o devido processo legal, decidirá sobre a perda do mandato, para os conselheiros que incorrerem em falta grave, definida no regimento interno (Decreto 70.235, de 1972, art. 25, § 11, com a redação dada pela Lei 11.941, de 2009, art. 25).

Art. 76. O acórdão de segunda instância deverá observar o disposto nos arts. 65, 66, 67 e 69.

Art. 77. O julgamento no Conselho Administrativo de Recursos Fiscais será feito conforme dispuser o regimento interno (Decreto 70.235, de 1972, art. 37, com a redação dada pela Lei 11.941, de 2009, art. 25).

Subseção II
Da Intimação do Procurador da Fazenda Nacional

Art. 78. Os Procuradores da Fazenda Nacional serão intimados pessoalmente das decisões do Conselho Administrativo de Recursos Fiscais na sessão das respectivas câmaras subsequente à formalização do acórdão (Decreto 70.235, de 1972, art. 23, § 7º, incluído pela Lei 11.457, de 2007, art. 44).

§ 1º Se os Procuradores da Fazenda Nacional não tiverem sido intimados pessoalmente em até quarenta dias contados da formalização do acórdão do Conselho Administrativo de Recursos Fiscais, os respectivos autos serão remetidos e entregues, mediante protocolo, à Procuradoria da Fazenda Nacional, para fins de intimação (Decreto 70.235, de 1972, art. 23, § 8º, incluído pela Lei 11.457, de 2007, art. 44).

§ 2º Os Procuradores da Fazenda Nacional serão considerados intimados pessoalmente das decisões do Conselho Administrativo de Recursos Fiscais, com o término do prazo de trinta dias contados da data em que os respectivos autos forem entregues à Procuradoria na forma do § 1º (Decreto 70.235, de 1972, art. 23, § 9º, incluído pela Lei 11.457, de 2007, art. 44).

Subseção III
Do Recurso Especial Contra Decisão de Segunda Instância

Art. 79. Caberá recurso especial à Câmara Superior de Recursos Fiscais, no prazo de quinze dias da ciência do acórdão ao interessado, de decisão que der à lei tributária interpretação divergente da que lhe tenha dado outra câmara, turma de câmara, turma especial ou a própria Câmara Superior de Recursos Fiscais (Decreto 70.235, de 1972, art. 37, § 2º, inciso II, com a redação dada pela Lei 11.941, de 2009, art. 25).

Parágrafo único. É cabível recurso especial de divergência, previsto no *caput*, contra decisão que der ou negar provimento a recurso de ofício (Decreto 70.235, de 1972, art. 37, § 2º, inciso II, com a redação dada pela Lei 11.941, de 2009, art. 25).

Capítulo IV
DA EFICÁCIA E DA EXECUÇÃO DAS DECISÕES

Art. 80. São definitivas as decisões (Decreto 70.235, de 1972, art. 42):

I – de primeira instância, esgotado o prazo para recurso voluntário sem que este tenha sido interposto;

II – de segunda instância, de que não caiba recurso ou, se cabível, quando decorrido o prazo sem a sua interposição; ou

III – de instância especial.

Parágrafo único. Serão também definitivas as decisões de primeira instância na parte que não for objeto de recurso voluntário ou não estiver sujeita a recurso de ofício.

Art. 81. A decisão definitiva contrária ao sujeito passivo será cumprida no prazo para cobrança amigável fixado no art. 54, aplicando-se, no caso de descumprimento, o disposto no § 2º (Decreto 70.235, de 1972, art. 43).

§ 1º Na hipótese do cumprimento de decisão administrativa definitiva contrária ao sujeito passivo, a quantia depositada para evitar acréscimos moratórios do crédito tributário ou para liberar mercadoria será convertida em renda se o sujeito passivo não comprovar, no prazo legal, a propositura de ação judicial (Decreto 70.235, de 1972, art. 43, § 1º).

§ 2º Se o valor depositado não for suficiente para cobrir o crédito tributário, será aplicado o disposto no *caput* à cobrança do restante; se exceder o exigido, a autoridade competente determinará o levantamento da quantia excedente, na forma da legislação específica (Decreto 70.235, de 1972, art. 43, § 2º).

Art. 82. Mediante ordem da autoridade judicial ou, no caso de depósito extrajudicial, da autoridade administrativa competente, o valor do depósito, após o encerramento da lide ou do processo litigioso, será (Lei 9.703, de 17 de novembro de 1998, art. 1º, § 3º):

I – devolvido ao depositante pelo estabelecimento bancário em que foi feito o depósito, no prazo de vinte e quatro horas, contadas da hora da ciência da ordem da autoridade judicial ou administrativa competente, quando a sentença ou a decisão administrativa lhe for favorável ou na proporção em que o for, acrescido de juros, na forma estabelecida pelo § 4º do art. 39 da Lei 9.250, de 26 de dezembro de 1995; ou

II – transformado em pagamento definitivo, proporcionalmente à exigência do correspondente tributo, inclusive seus acessórios, quando se tratar de sentença ou decisão favorável à Fazenda Nacional, cessando, no caso de decisão em processo administrativo regulado pelo Decreto 70.235, de 1972, a suspensão da exigibilidade do crédito tributário a que se refere o § 1º do art. 86.

Art. 83. A decisão que aplicar a pena de perdimento ou declarar o abandono de mercadoria ou de outros bens será executada, pela unidade preparadora, após o prazo de trinta dias, segundo o que dispuser a legislação aplicável (Decreto 70.235, de 1972, arts. 21 e 44).

Art. 84. A destinação de mercadorias ou de outros bens apreendidos, declarados abandonados ou dados em garantia de pagamento de crédito tributário obedecerá às normas estabelecidas na legislação aplicável (Decreto 70.235, de 1972, art. 63).

Parágrafo único. As mercadorias ou outros bens referidos no *caput*, ainda que relativos a processos pendentes de apreciação judicial, inclusive os que estiverem à disposição da Justiça como corpo de delito, produto ou objeto de crime, salvo determinação em contrário, em cada caso, de autoridade judiciária, serão destinadas conforme as normas aplicáveis (Decreto-Lei 1.455, de 7 de abril de 1976, art. 30, com a redação dada pela Lei 12.350, de 20 de dezembro de 2010).

Art. 85. No caso de decisão definitiva favorável ao sujeito passivo, cumpre à autoridade preparadora exonerá-lo, de ofício, dos gravames decorrentes do litígio (Decreto 70.235, de 1972, art. 45).

Capítulo V
DOS EFEITOS DAS AÇÕES JUDICIAIS

Seção I
Do Lançamento para Prevenir a Decadência

Art. 86. O lançamento para prevenir a decadência deverá ser efetuado nos casos em que existir a concessão de medida liminar em mandado de segurança ou de concessão de medida liminar ou de tutela antecipada, em outras espécies de ação judicial (Lei 5.172, de 1966 – Código Tributário Nacional, arts. 142, parágrafo único, e 151, incisos IV e V; Lei 9.430, de 1996, art. 63, com a redação dada pela Medida Provisória 2.158-35, de 2001, art. 70).

§ 1° O lançamento de que trata o *caput* deve ser regularmente notificado ao sujeito passivo com o esclarecimento de que a exigibilidade do crédito tributário permanece suspensa, em face da medida liminar concedida (Lei 5.172, do 1966 – Código Tributário Nacional, arts. 145 e 151; Decreto 70.235, de 1972, art. 7°).

§ 2° O lançamento para prevenir a decadência deve seguir seu curso normal, com a prática dos atos administrativos que lhe são próprios, exceto quanto aos atos executórios, que aguardarão a sentença judicial, ou, se for o caso, a perda da eficácia da medida liminar concedida.

Seção II
Da Renúncia ou da Desistência ao Litígio nas Instâncias Administrativas

Art. 87. A existência ou propositura, pelo sujeito passivo, de ação judicial com o mesmo objeto do lançamento importa em renúncia ou em desistência ao litígio nas instâncias administrativas (Lei 6.830, de 1980, art. 38, parágrafo único).

Parágrafo único. O curso do processo administrativo, quando houver matéria distinta da constante do processo judicial, terá prosseguimento em relação à matéria diferenciada.

Título III
Dos Outros Processos Administrativos

Capítulo I
DO PROCESSO DE CONSULTA

Seção I
Da Legitimidade para Formular Consulta

Art. 88. O sujeito passivo poderá formular consulta sobre a aplicação da legislação tributária e aduaneira em relação a fato determinado, bem como sobre classificação fiscal de mercadorias (Decreto 70.235, de 1972, art. 46; Lei 9.430, de 1996, art. 50).

Parágrafo único. A consulta de que trata o *caput* é facultada aos órgãos da administração pública e às entidades representativas de categorias econômicas ou profissionais (Decreto 70.235, de 1972, art. 46, parágrafo único).

Seção II
Dos Efeitos da Consulta

Art. 89. Nenhum procedimento fiscal será instaurado, relativamente à espécie consultada, contra o sujeito passivo alcançado pela consulta, a partir da apresentação da consulta até o trigésimo dia subsequente à data da ciência da decisão que lhe der solução definitiva. (Decreto 70.235, de 1972, arts. 48 e 49; Lei 9.430, de 1996, art. 48, *caput* e § 3°).

§ 1° A apresentação da consulta:

I – não suspende o prazo:

a) para recolhimento de tributo, retido na fonte ou declarado (autolançado), antes ou depois da data de apresentação; e

b) para a apresentação de declaração de rendimentos; e

II – não impede a instauração de procedimento fiscal para fins de apuração da regularidade do recolhimento de tributos e da apresentação de declarações.

§ 2° No caso de consulta formulada por entidade representativa de categoria econômica ou profissional, os efeitos referidos neste artigo só alcançam seus associados ou filiados depois de cientificada a entidade consulente da decisão (Decreto 70.235, de 1972, art. 51).

Art. 90. Em se tratando de consulta eficaz e formulada antes do vencimento do débito, não incidirão encargos moratórios desde seu protocolo até o trigésimo dia subsequente à data da ciência de sua solução (Lei 5.172, de 1966 – Código Tributário Nacional, art. 161, § 2°).

Seção III
Dos Requisitos da Consulta

Art. 91. A consulta deverá ser apresentada por escrito, no domicílio tributário do consulente, à unidade da Secretaria da Receita Federal do Brasil incumbida de administrar a matéria tributária ou aduaneira sobre a qual versa (Decreto 70.235, de 1972, art. 47).

Seção IV
Da Competência para a Solução da Consulta

Art. 92. A competência para solucionar a consulta ou para declarar sua ineficácia, é (Lei 9.430, de 1996, art. 48, § 1°):

I – da unidade central da Secretaria da Receita Federal do Brasil, quando o consulente for órgão central da administração pública federal ou entidade representativa de categoria econômica ou profissional de âmbito nacional; ou

II – da unidade regional da Secretaria da Receita Federal do Brasil com jurisdição sobre o domicílio tributário do consulente, nos demais casos.

Art. 93. A competência para solucionar consultas relativas ao Simples Nacional é da Secretaria da Receita Federal do Brasil quando se referir a tributos administrados por esse órgão (Lei Complementar 123, de 2006, art. 40).

Seção V
Da Ineficácia da Consulta

Art. 94. Não produzirá qualquer efeito a consulta formulada (Decreto 70.235, de 1972, art. 52):

I – em desacordo com o disposto nos arts. 88 e 91;

II – por quem tiver sido intimado a cumprir obrigação relativa ao fato objeto da consulta;

III – por quem estiver sob procedimento fiscal iniciado para apurar fatos que se relacionem com a matéria consultada;

IV – quando o fato já houver sido objeto de decisão anterior, ainda não modificada, proferida em consulta ou litígio em que tenha sido parte o consulente;

V – quando o fato estiver disciplinado em ato normativo, publicado antes de sua apresentação;

VI – quando o fato estiver definido ou declarado em disposição literal de lei;

VII – quando o fato for definido como crime ou contravenção penal; e

VIII – quando não descrever, completa ou exatamente, a hipótese a que se referir, ou não contiver os elementos necessários à sua solução, salvo se a inexatidão ou omissão for escusável, a critério da autoridade julgadora.

Seção VI
Da Solução da Consulta

Art. 95. Os processos administrativos de consulta serão solucionados em instância única (Lei 9.430, de 1996, art. 48, *caput*).

Parágrafo único. Não cabe recurso nem pedido de reconsideração da solução da consulta ou do despacho que declarar sua ineficácia (Lei 9.430, de 1996, art. 48, § 3°).

Art. 96. Na solução da consulta serão observados os atos administrativos, expedidos pelas autoridades competentes, relativos à matéria consultada (Lei 9.430, de 1996, art. 48, § 2°).

Art. 97. As soluções das consultas serão publicadas Diário Oficial da União, na forma disposta em ato normativo da Secretaria da Receita Federal do Brasil (Lei 9.430, de 1996, art. 48, § 4°).

Art. 98. O envio de conclusões decorrentes de decisões proferidas em processos de consulta sobre classificação fiscal de mercadorias para órgãos do Mercado Comum do Sul – MERCOSUL será efetuado exclusivamente pela unidade indicada no inciso I do art. 92 (Lei 9.430, de 1996, art. 50, § 4°).

Seção VII
Da Mudança de Entendimento

Art. 99. O entendimento manifestado em decisão relativa a processo de consulta sobre classificação fiscal de mercadorias poderá ser alterado ou reformado, de ofício, pela unidade indicada no inciso I do art. 92 (Lei 9.430, de 1996, art. 50, §§ 1º a 3º).

§ 1º O consulente deverá ser cientificado da alteração ou da reforma de entendimento.

§ 2º Aplica-se o entendimento manifestado em decisão proferida por Superintendência Regional da Receita Federal do Brasil aos atos praticados pelo sujeito passivo até a data da ciência, ao consulente, da alteração ou da reforma de que trata o *caput*.

Art. 100. Se, após a resposta à consulta, a administração alterar o entendimento expresso na respectiva solução, a nova orientação atingirá apenas os fatos geradores que ocorrerem após ser dada ciência ao consulente ou após a sua publicação na imprensa oficial (Lei 9.430, de 1996, art. 48, § 12).

Parágrafo único. Na hipótese de alteração de entendimento expresso em solução de consulta, a nova orientação alcança apenas os fatos geradores que ocorrerem após a sua publicação na Imprensa Oficial ou após a ciência do consulente, exceto se a nova orientação lhe for mais favorável, caso em que esta atingirá, também, o período abrangido pela solução anteriormente dada.

Seção VIII
Do Recurso Especial

Art. 101. Cabe recurso especial, sem efeito suspensivo, junto à unidade indicada no inciso I do art. 92, nos casos em que se verificar a ocorrência de conclusões divergentes entre soluções de consulta relativas a idêntica matéria, fundada em idêntica norma jurídica (Lei 9.430, de 1996, art. 48, §§ 5º a 8º, 10 e 11).

§ 1º O recurso especial pode ser interposto pelo destinatário da solução divergente, no prazo de trinta dias, contados da data da ciência da solução.

§ 2º O sujeito passivo que tiver conhecimento de solução divergente daquela que esteja observando em decorrência de resposta a consulta anteriormente formulada, sobre idêntica matéria, poderá adotar o procedimento previsto no *caput*, no prazo de trinta dias, contados da data da respectiva publicação.

§ 3º Cabe a quem interpuser o recurso comprovar a existência das soluções divergentes sobre idênticas matérias.

§ 4º O juízo de admissibilidade do recurso será feito pela unidade regional da Secretaria da Receita Federal do Brasil que jurisdiciona o domicílio tributário do recorrente.

§ 5º A solução da divergência acarretará, em qualquer hipótese, a edição de ato administrativo específico, uniformizando o entendimento, com imediata ciência ao destinatário da solução reformada, aplicando-se seus efeitos a partir da data da ciência, respeitado o disposto no parágrafo único do art. 100.

Seção IX
Da Representação

Art. 102. Qualquer servidor da administração tributária deverá, a qualquer tempo, formular representação ao órgão que houver proferido a decisão, encaminhando as soluções divergentes sobre idêntica matéria, de que tenha conhecimento (Lei 9.430, de 1996, art. 48, §§ 8º e 9º).

Parágrafo único. O juízo de admissibilidade da representação será efetuado pela Superintendência Regional da Receita Federal do Brasil a que estiver subordinado o servidor.

Capítulo II
DOS PROCESSOS DE RECONHECIMENTO DE DIREITO CREDITÓRIO

Seção I
Das Disposições Gerais

Art. 103. Quando dados, atuações ou documentos solicitados ao interessado forem necessários à apreciação de pedido formulado, o não atendimento no prazo fixado pela administração para a respectiva apresentação implicará arquivamento do processo (Lei 9.784, de 1999, art. 40).

Seção II
Do Processo de Compensação

Subseção I
Da Declaração de Compensação

Art. 104. O sujeito passivo que apurar crédito, inclusive os judiciais com trânsito em julgado, relativo a tributo administrado pela Secretaria da Receita Federal do Brasil, passível de restituição ou de ressarcimento, poderá utilizá-lo na compensação de débitos próprios relativos a quaisquer tributos administrados por esse órgão (Lei 9.430, de 1996, art. 74, com a redação dada pela Lei 10.637, de 30 de dezembro de 2002, art. 49).

Parágrafo único. A compensação de que trata o *caput* será efetuada mediante a entrega, pelo sujeito passivo, de Declaração de Compensação na qual constarão informações relativas aos créditos utilizados e aos respectivos débitos compensados.

Subseção II
Dos Créditos Vedados à Compensação

Art. 105. É vedada a compensação de débitos, mediante entrega da Declaração de Compensação, além das hipóteses previstas nas normas específicas de cada tributo:

I – com o crédito relativo ao saldo a restituir apurado na Declaração de Ajuste Anual do Imposto sobre a Renda da Pessoa Física (Lei 9.430, de 1996, art. 74, § 3º, inciso I, com a redação dada pela Lei 10.637, de 2002, art. 49); e

II – com créditos relativos às contribuições sociais previstas nas alíneas *a*, *b* e *c* do parágrafo único do art. 11 da Lei 8.212, de 1991, e às contribuições instituídas a título de substituição (Lei 11.457, de 2007, art. 26, parágrafo único).

Art. 106. O valor objeto de pedido de restituição ou de ressarcimento que tenha sido indeferido pela autoridade competente da Secretaria da Receita Federal do Brasil, ainda que pendente de decisão definitiva na esfera administrativa, não pode ser utilizado para fins de compensação (Lei 9.430, de 1996, art. 74, § 3º, inciso VI, incluído pela Lei 11.051, de 2004, art. 4º).

Subseção III
Dos Débitos Vedados à Compensação

Art. 107. Não poderão ser objeto de compensação, mediante entrega da Declaração de Compensação (Lei 9.430, de 1996, art. 74, § 3º):

I – os débitos relativos a tributos devidos no registro da Declaração de Importação;

II – os débitos relativos a tributos administrados pela Secretaria da Receita Federal do Brasil que já tenham sido encaminhados à Procuradoria-Geral da Fazenda Nacional para inscrição em dívida ativa da União;

III – o débito consolidado em qualquer modalidade de parcelamento concedido pela Secretaria da Receita Federal do Brasil;

IV – o débito que já tenha sido objeto de compensação não homologada, ainda que a compensação se encontre pendente de decisão definitiva na esfera administrativa; e

V – os débitos relativos às contribuições sociais previstas nas alíneas *a*, *b* e *c* do parágrafo único do art. 11 da Lei 8.212, de 1991, e às contribuições instituídas a título de substituição (Lei 11.457, de 2007, art. 26, parágrafo único).

Subseção IV
Dos Efeitos da Declaração de Compensação

Art. 108. A Declaração de Compensação entregue à Secretaria da Receita Federal do Brasil extingue o crédito tributário, sob condição resolutória de sua ulterior homologação (Lei 9.430, de 1996, art. 74, § 2º, com a redação dada pela Lei 10.637, de 2002, art. 49).

Art. 109. A Declaração de Compensação constitui confissão de dívida e instrumento hábil e suficiente para a exigência dos débitos indevidamente compensados (Lei 9.430, de 1996, art. 74, § 6º, incluído pela Lei 10.833, de 2003, art. 17).

Art. 110. Não homologada a compensação, a autoridade administrativa deverá cientificar o sujeito passivo e intimá-lo a efetuar, no prazo de trinta dias, contados da data da ciência do ato que não a homologou, o pagamento dos débitos indevidamente compensados (Lei 9.430, de 1996, art. 74, § 7º, incluído pela Lei 10.833, de 2003, art. 17).

Art. 111. Não efetuado o pagamento no prazo previsto no art. 110, o débito será encaminhado à Procuradoria-Geral da Fazenda Nacional para inscrição em dívida ativa da União, ressalvado o disposto no art. 120 (Lei 9.430, de 1996, art. 74, § 8º, incluído pela Lei 10.833, de 2003, art. 17).

Subseção V
Da Competência e do Prazo para Homologação

Art. 112. A autoridade administrativa competente para promover a homologação da compensação declarada será definida em ato da Secretaria da Receita Federal do Brasil (Lei 9.430, de 1996, art. 74, §§ 2º e 7º).

Art. 113. O prazo para homologação da compensação será de cinco anos, contados da data da entrega da Declaração de Compensação (Lei 9.430, de 1996, art. 74, § 5º, incluído pela Lei 10.833, de 2003, art. 17).

Subseção VI
Da Compensação Não Declarada

Art. 114. Será considerada não declarada a compensação nas hipóteses (Lei 9.430, de 1996, art. 74, § 12, com a redação dada pela Lei 11.051, de 2004, art. 4º):

I – previstas nos arts. 105 a 107; ou

II – em que o crédito:

a) seja de terceiros;

b) refira-se a "crédito-prêmio" instituído pelo art. 1º do Decreto-Lei 491, de 5 de março de 1969;

c) refira-se a título público;

d) seja decorrente de decisão judicial não transitada em julgado;

e) não se refira a tributos administrados pela Secretaria da Receita Federal do Brasil; ou

f) tiver como fundamento a alegação de inconstitucionalidade de lei, exceto nos casos em que a lei (Lei 9.430, de 1996, art. 74, § 12, inciso II, alínea *f*, com a redação dada pela Lei 11.941, de 2009, art. 30):

1. tenha sido declarada inconstitucional pelo Supremo Tribunal Federal em ação direta de inconstitucionalidade ou em ação declaratória de constitucionalidade;

2. tenha tido sua execução suspensa pelo Senado Federal;

3. tenha sido julgada inconstitucional em sentença judicial transitada em julgado a favor do contribuinte; ou

4. seja objeto de súmula vinculante aprovada pelo Supremo Tribunal Federal nos termos do art. 103-A da Constituição.

Parágrafo único. O disposto nos arts. 108 a 111, 113 e 119 não se aplica às hipóteses previstas neste artigo (Lei 9.430, de 1996, art. 74, § 13, com a redação dada pela Lei 11.051, de 2004, art. 4º).

Subseção VII
Disposições Complementares

Art. 115. A Secretaria da Receita Federal do Brasil disciplinará o disposto nesta Seção, inclusive quanto à fixação de critérios de prioridade para apreciação de processos de compensação (Lei 9.430, de 1996, art. 74, § 14, com a redação dada pela Lei 11.051, de 2004, art. 4º).

Art. 116. Ocorrendo manifestação de inconformidade contra a não homologação da compensação e impugnação quanto ao lançamento das multas a que se refere o art. 18 da Lei 10.833, de 2003, as peças serão reunidas em um único processo, devendo as decisões respectivas às matérias litigadas serem objeto de um único acórdão (Lei 10.833, de 2003, art. 18, § 3º).

Seção III
Dos Processos de Restituição, Ressarcimento e Reembolso

Subseção I
Da Competência

Art. 117. A competência para apreciar pedidos de restituição, de ressarcimento e de reembolso de tributos administrados pela Secretaria da Receita Federal do Brasil, e de pedidos de restituição relativos a direitos *antidumping* e direitos compensatórios é do chefe da unidade da Secretaria da Receita Federal do Brasil com jurisdição sobre o domicílio tributário do sujeito passivo.

Subseção II
Da Compensação de Ofício

Art. 118. A Secretaria da Receita Federal do Brasil, antes de proceder à restituição ou ao ressarcimento de tributos, deverá verificar se o sujeito passivo é devedor à Fazenda Nacional (Decreto-Lei 2.287, de 23 de julho de 1986, art. 7º, com a redação dada pela Lei 11.196, de 2005, art. 114).

Parágrafo único. Existindo débito em nome do sujeito passivo, o valor da restituição ou do ressarcimento será compensado, total ou parcialmente, com o valor do débito.

Seção IV
Dos Recursos

Subseção I
Dos Recursos Contra a Não Homologação

Art. 119. É facultado ao sujeito passivo, no prazo referido no art. 110, apresentar manifestação de inconformidade contra a não homologação da compensação (Lei 9.430, de 1996, art. 74, § 9º, incluído pela Lei 10.833, de 2003, art. 17).

§ 1º Da decisão que julgar improcedente a manifestação de inconformidade caberá recurso ao Conselho Administrativo de Recursos Fiscais (Lei 9.430, de 1996, art. 74, § 10, incluído pela Lei 10.833, de 2003, art. 17; Decreto 70.235, de 1972, art. 25, inciso II, com a redação dada pela Lei 11.941, de 2009, art. 25).

§ 2º A manifestação de inconformidade e o recurso de que tratam o *caput* e o § 1º obedecerão ao rito processual do Decreto 70.235, de 1972 (Título II deste Regulamento), e enquadram-se no disposto no inciso III do art. 151 da Lei 5.172, de 1966 – Código Tributário Nacional, relativamente ao débito objeto da compensação (Lei 9.430, de 1996, art. 74, § 11, incluído pela Lei 10.833, de 2003, art. 17).

Subseção II
Dos Recursos Contra o Indeferimento dos Pedidos de Restituição, Ressarcimento e Reembolso

Art. 120. É facultado ao sujeito passivo, no prazo de trinta dias, contados da data da ciência da decisão que indeferiu seu pedido de restituição, ressarcimento ou reembolso, apresentar manifestação de inconformidade, junto à Delegacia da Receita Federal do Brasil de Julgamento competente, contra o não reconhecimento do direito creditório (Lei 8.748, de 1993, art. 3º, inciso II; Lei 9.019, de 1995, art. 7º, §§ 1º e 5º).

Parágrafo único. Da decisão que julgar improcedente a manifestação de inconformidade, caberá recurso ao Conselho Administrativo de Recursos Fiscais.

Art. 121. Compete ao Conselho Administrativo de Recursos Fiscais, observada sua competência por matéria, julgar recurso voluntário de decisão de primeira instância nos processos relativos a restituição, ressarcimento e reembolso de tributos administrados pela Secretaria da Receita Federal do Brasil (Decreto 70.235, de 1972, art. 25, inciso II, com a redação dada pela Lei 11.941, de 2009).

Subseção III
Disposições Complementares

Art. 122. A Secretaria da Receita Federal do Brasil disciplinará o disposto nesta Seção, inclusive quanto à fixação de critérios de prioridade para apreciação de processos de restituição, de ressarcimento e de reembolso (Lei 9.430, de 1996, art. 74, § 14, com a redação dada pela Lei 11.051, de 2004, art. 4º).

Capítulo III
DOS PROCESSOS DE SUSPENSÃO DA IMUNIDADE E DA ISENÇÃO

Seção I
Do Processo de Suspensão da Imunidade

Art. 123. A suspensão da imunidade tributária, em virtude de falta de observância de requisitos legais, deve ser procedida em conformidade com o disposto nesta Seção (Lei 9.430, de 1996, art. 32).

§ 1º Constatado que entidade beneficiária de imunidade de tributos federais, de que trata a alínea c do inciso VI do *caput* do art. 150 da Constituição, não está observando requisitos ou condições previstos no § 1º do art. 9º e no art. 14 da Lei 5.172, de 1966 – Código Tributário Nacional, a fiscalização tributária expedirá notificação fiscal, na qual relatará os fatos que determinaram a suspensão do benefício, indicando inclusive a data em que os requisitos legais deixaram de ser atendidos. 151, incisos IV e V.

§ 2º O disposto no § 1º não se aplica no caso de descumprimento de requisito estabelecido no art. 12 da Lei 9.532, de 1997.

§ 3º A entidade poderá, no prazo de trinta dias, contados da data da ciência da notificação, apresentar as alegações e provas que entender necessárias.

§ 4º O delegado ou inspetor da Receita Federal do Brasil decidirá sobre a procedência das alegações, expedindo o ato declaratório suspensivo do benefício no caso de improcedência, dando ciência de sua decisão à entidade.

§ 5º Será igualmente expedido o ato suspensivo se decorrido o prazo previsto no § 3º sem qualquer manifestação da parte interessada.

§ 6º A suspensão da imunidade terá como termo inicial a data em que os requisitos legais deixaram de ser atendidos.

§ 7º Efetivada a suspensão da imunidade:

I – a entidade interessada poderá, no prazo de trinta dias, contados da data da ciência, apresentar impugnação ao ato declaratório, a qual será objeto de decisão pela Delegacia da Receita Federal do Brasil de Julgamento competente; e

II – a fiscalização de tributos federais lavrará auto de infração, se for o caso.

§ 8º A impugnação relativa à suspensão da imunidade obedecerá às demais normas reguladoras do processo administrativo fiscal.

§ 9º A impugnação e o recurso apresentados pela entidade não terão efeito suspensivo em relação ao ato declaratório contestado.

§ 10. Caso seja lavrado auto de infração, as impugnações e os recursos contra o ato declaratório e contra a exigência do crédito tributário serão reunidos em um único processo, devendo as decisões respectivas às matérias litigadas serem objeto de um único acórdão.

§ 11. Somente se inicia o procedimento que visa à suspensão da imunidade tributária dos partidos políticos após trânsito em julgado de decisão do Tribunal Superior Eleitoral que julgar irregulares ou não prestadas, nos termos da Lei, as devidas contas à Justiça Eleitoral (Lei 9.430, de 1996, art. 32, § 11, incluído pela Lei 11.941, de 2009, art. 73).

§ 12. A entidade interessada disporá de todos os meios legais para impugnar os fatos que determinam a suspensão do benefício (Lei 9.430, de 1996, art. 32, § 12, incluído pela Lei 11.941, de 2009, art. 73).

Seção II
Do Processo de Suspensão da Isenção

Art. 124. Os procedimentos estabelecidos no art. 123 aplicam-se também às hipóteses de suspensão de isenções condicionadas quando a entidade beneficiária estiver descumprindo as condições ou requisitos impostos pela legislação de regência (Lei 9.430, de 1996, art. 32, § 10).

Art. 125. No caso da isenção das contribuições sociais previstas nos arts. 22 e 23 da Lei no 8.212, de 1991, constatado o descumprimento, pela entidade beneficiária, dos requisitos impostos pela legislação de regência, a fiscalização da Secretaria da Receita Federal do Brasil lavrará o auto de infração relativo ao período correspondente e relatará os fatos que demonstram o não atendimento de tais requisitos para o gozo da isenção (Lei 12.101, de 27 de novembro de 2009, arts. 29 e 32).

§ 1° Considera-se automaticamente suspenso o direito à isenção das contribuições referidas no *caput* durante o período em que se constatar o descumprimento de requisito na forma deste artigo, devendo o lançamento correspondente ter como termo inicial a data da ocorrência da infração que lhe deu causa.

§ 2° O disposto neste artigo obedecerá ao rito processual do Decreto 70.235, de 1972 (Título II deste Regulamento).

Capítulo IV
DO PEDIDO DE REVISÃO DE ORDEM DE EMISSÃO DE INCENTIVOS FISCAIS

Art. 126. O contribuinte optante pela aplicação de parcelas do imposto sobre a renda devido em incentivos fiscais poderá pedir revisão da ordem de emissão de incentivos fiscais emitida pela Secretaria da Receita Federal do Brasil, quando não atendida a opção formalizada na Declaração do Imposto sobre a Renda da Pessoa Jurídica – Lucro Real.

§ 1° A Secretaria da Receita Federal do Brasil, com base nas opções exercidas pelos contribuintes e no controle dos recolhimentos, expedirá, em cada exercício, à pessoa jurídica optante, extrato de conta corrente contendo os valores efetivamente considerados como imposto e como aplicação nos fundos de investimento (Decreto-Lei 1.752, de 31 de dezembro de 1979, art. 3°).

§ 2° O pedido de revisão da ordem de emissão de incentivos fiscais deve ser apresentado, salvo prazo maior concedido pela Secretaria da Receita Federal do Brasil:

I – no prazo de trinta dias, contados da ciência do extrato no qual as opções não aparecem formalizadas ou se apresentam com divergências (Decreto-Lei 1.752, de 1979, art. 3°; Decreto 70.235, de 1972, art. 15); ou

II – até o dia 30 de setembro do segundo ano subsequente ao exercício financeiro a que corresponder a opção, no caso de não recebimento do extrato (Decreto-Lei 1.376, de 12 de dezembro de 1974, art. 15, § 5°, com redação dada pelo Decreto-Lei 1.752, de 1979, art. 1°).

§ 3° O disposto neste artigo obedecerá ao rito processual do Decreto 70.235, de 1972 (Título II deste Regulamento).

Capítulo V
DO PROCESSO DE APLICAÇÃO DA PENA DE PERDIMENTO

Seção I
Do Processo de Aplicação da Pena de Perdimento de Mercadoria e de Veículo

Art. 127. As infrações a que se aplique a pena de perdimento serão apuradas mediante processo administrativo fiscal, cuja peça inicial será o auto de infração acompanhado de termo de apreensão e, se for o caso, de termo de guarda fiscal (Decreto-Lei 1.455, de 1976, art. 27, *caput*).

§ 1° Feita a intimação, pessoal ou por edital, a não apresentação de impugnação no prazo de vinte dias, contados da data da ciência, implica revelia (Decreto-Lei 1.455, de 1976, art. 27, § 1°).

§ 2° A revelia do autuado, declarada pela autoridade preparadora, implica o envio do processo à autoridade competente, para imediata aplicação da pena de perdimento, ficando a mercadoria correspondente disponível para destinação, nos termos da legislação específica.

§ 3° Apresentada a impugnação, a autoridade preparadora terá o prazo de quinze dias, contados da data do protocolo, para remessa do processo a julgamento (Decreto-Lei 1.455, de 1976, art. 27, § 2°). Decreto-Lei no37, de 1966

§ 4° O prazo mencionado no § 3° poderá ser prorrogado quando houver necessidade de diligência ou perícia (Decreto-Lei 1.455, de 1976, art. 27, § 3°).

§ 5° Após o preparo, o processo será submetido à decisão do Ministro de Estado da Fazenda, em instância única (Decreto-Lei 1.455, de 1976, art. 27, § 4°).

§ 6° As infrações mencionadas nos incisos II e III do *caput* do art. 23 do Decreto-Lei 1.455, de 1976, quando referentes a mercadorias de valor inferior a US$ 500.00 (quinhentos dólares dos Estados Unidos da América), e no inciso IX do *caput* do art. 105 do Decreto-Lei 37, de 18 de novembro de 1966, serão apuradas em procedimento simplificado, no qual (1.455, de 1976, art. 27, § 5°, incluído pela Lei 12.058, de 13 de outubro de 2009, art. 31):

I – as mercadorias serão relacionadas pela unidade da Secretaria da Receita Federal do Brasil com jurisdição sobre o local de depósito, devendo a relação ser afixada em edital na referida unidade por vinte dias; e

II – decorrido o prazo a que se refere o inciso I:

a) sem manifestação por parte de qualquer interessado, serão declaradas abandonadas e estarão disponíveis para destinação, dispensada a formalidade a que se refere o *caput*, observado o disposto nos arts. 28 a 30 do Decreto-Lei 1.455, de 1976; ou

b) com manifestação contrária de interessado, será adotado o procedimento previsto no *caput* e nos §§ 1° a 4°.

§ 7° O Ministro de Estado da Fazenda poderá complementar a disciplina do disposto no § 6°, e aumentar em até duas vezes o limite nele estabelecido (Decreto-Lei 1.455, de 1976, art. 27, § 6°, incluído pela Lei 12.058, de 2009, art. 31).

§ 8° O disposto nos §§ 6° e 7° não se aplica na hipótese de mercadorias de importação proibida (Decreto-Lei 1.455, de 1976, art. 27, § 7°, incluído pela Lei 12.058, de 2009, art. 31).

§ 9° O Ministro de Estado da Fazenda poderá:

I – delegar a competência para a decisão de que trata o § 5° (Decreto-Lei 200, de 25 de fevereiro de 1967, art. 12); e

II – estabelecer normas complementares para disciplinar os procedimentos previstos nesta Seção.

Seção II
Do Processo de Retenção e de Perdimento de Veículo Transportador de Mercadoria Sujeita a Pena de Perdimento

Art. 128. Caberá recurso contra os atos que formalizarem a exigência da multa pelo transporte de mercadoria sujeita a pena de perdimento e a retenção do veículo transportador, com efeito exclusivamente devolutivo, a ser apresentado no prazo de vinte dias, contados da data da ciência da retenção, ao chefe da unidade da Secretaria da Receita Federal do Brasil responsável pela retenção, que o apreciará em instância única (Lei 10.833, de 2003, art. 75, § 3°).

§ 1° Decorrido o prazo de quarenta e cinco dias, contados da data da aplicação da multa ou da ciência do indeferimento do recurso, e não recolhida a multa prevista, o veículo será considerado abandonado, caracterizando dano ao Erário e ensejando a aplicação da pena de perdimento, observado o rito estabelecido na Seção I deste Capítulo.

§ 2° A Secretaria da Receita Federal do Brasil deverá representar contra o transportador que incorrer na infração prevista no *caput* ou que seja submetido à aplicação da pena de perdimento de veículo à autoridade competente para fiscalizar o transporte terrestre.

Seção III
Do Processo de Perdimento de Moeda

Art. 129. O processo administrativo de apuração e de aplicação da pena de perdimento de moeda obedecerá ao disposto no art. 127 e seus §§ 1°, 3° e 4° (Medida Provisória 2.158-35, de 2001, art. 89, §§ 1° a 4°; Decreto 6.759, de 2009, art. 700).

Parágrafo único. Da decisão proferida pela autoridade competente, no processo a que se refere o *caput*, não caberá recurso (Medida Provisória 2.158-35, de 2001, art. 89, § 5°).

Art. 130. As moedas retidas antes de 27 de agosto de 2001 terão seu valor convertido em renda da União (Medida Provisória 2.158-35, de 2001, art. 89, § 6°, inciso II).

Parágrafo único. O disposto no *caput* não se aplica nos casos em que o interessado tenha apresentado manifestação de inconformidade, hipótese em que serão adotados os procedimentos a que se refere o art. 128 (Medida Provisória 2.158-35, de 2001, art. 89, § 6º, inciso I).

Seção IV
Da Relevação da Pena de Perdimento

Art. 131. O Ministro de Estado da Fazenda, em despacho fundamentado, poderá relevar penalidades relativas a infrações de que não tenha resultado falta ou insuficiência de recolhimento de tributos federais, atendendo (Decreto-Lei 1.042, de 21 de outubro de 1969, art. 4º):

I – a erro ou à ignorância escusável do infrator, quanto à matéria de fato; ou

II – à equidade, em relação às características pessoais ou materiais do caso, inclusive ausência de intuito doloso.

§ 1º A relevação da penalidade poderá ser condicionada à correção prévia das irregularidades que tenham dado origem ao processo administrativo fiscal (Decreto-Lei 1.042, de 1969, art. 4º, § 1º).

§ 2º O Ministro de Estado da Fazenda poderá delegar a competência atribuída por este artigo (Decreto-Lei 1.042, de 1969, art. 4º, § 2º).

Capítulo VI
DO PROCESSO DE DETERMINAÇÃO E EXIGÊNCIA DAS MEDIDAS DE SALVAGUARDA

Art. 132. A determinação e a exigência dos créditos tributários decorrentes de infração às medidas de salvaguarda obedecerão ao rito processual do Decreto 70.235, de 1972 (Título II deste Regulamento) (Decreto 6.759, de 2009, arts. 768 a 773).

Capítulo VII
DOS PROCESSOS DE APLICAÇÃO E DE EXIGÊNCIA DOS DIREITOS ANTIDUMPING E COMPENSATÓRIOS

Art. 133. O cumprimento das obrigações resultantes da aplicação dos direitos *antidumping* e dos direitos compensatórios, provisórios ou definitivos, será condição para a introdução no comércio do País de produtos objeto de dumping ou subsídio (Lei 9.019, de 1995, art. 7º).

§ 1º Será competente para a cobrança dos direitos *antidumping* e compensatórios, provisórios ou definitivos, quando se tratar de valor em dinheiro, e, se for o caso, para sua restituição, a Secretaria da Receita Federal do Brasil.

§ 2º Os direitos *antidumping* e os direitos compensatórios são devidos na data do registro da Declaração de Importação (Lei 9.019, de 1995, art. 7º, § 2º, com a redação dada pela Lei 10.833, de 2003, art. 79).

§ 3º A exigência de ofício de direitos *antidumping* ou de direitos compensatórios e decorrentes acréscimos moratórios e penalidades será formalizada em auto de infração lavrado por Auditor-Fiscal da Receita Federal do Brasil, observado o disposto no Título II deste Regulamento, e o prazo de cinco anos, contados da data de registro da Declaração de Importação (Lei 9.019, de 1995, art. 7º, § 5º, incluído pela Lei 10.833, de 2003, art. 79).

§ 4º O julgamento dos processos relativos à exigência de que trata o § 3º, observado o disposto no Decreto 70.235, de 1972, compete:

I – em primeira instância, às Delegacias da Receita Federal do Brasil de Julgamento; e

II – em segunda instância, ao Conselho Administrativo de Recursos Fiscais.

§ 5º A restituição de valores pagos a título de direitos *antidumping* e de direitos compensatórios, provisórios ou definitivos, enseja a restituição dos acréscimos legais correspondentes e das penalidades pecuniárias, de caráter material, prejudicados pela causa da restituição (Lei 9.019, de 1995, art. 7º, § 7º, incluído pela Lei 10.833, de 2003, art. 79).

Art. 134. Os direitos *antidumping* ou compensatórios, provisórios ou definitivos, somente serão aplicados sobre bens despachados para consumo a partir da data da publicação do ato que os estabelecer, excetuando-se os casos de retroatividade previstos nos Acordos *Antidumping* e nos Acordos de Subsídios e Direitos Compensatórios (Lei 9.019, de 1995, art. 8º).

§ 1º Nos casos de retroatividade, a Secretaria da Receita Federal do Brasil intimará o contribuinte ou responsável para pagar os direitos *antidumping* ou compensatórios, provisórios ou definitivos, no prazo de trinta dias, contados da data da ciência, sem a incidência de quaisquer acréscimos moratórios (Lei 9.019, de 1995, art. 8º, § 1º, incluído pela Lei 10.833, de 2003, art. 79).

§ 2º Vencido o prazo previsto no § 1º sem que tenha havido o pagamento dos direitos, a Secretaria da Receita Federal do Brasil deverá exigi-los de ofício, mediante a lavratura de auto de infração, aplicando-se a multa e os juros de mora previstos no inciso II do § 3º do art. 7º da Lei 9.019, de 1995, a partir do término do prazo previsto no § 1º (Lei 9.019, de 1995, art. 8º, § 2º, incluído pela Lei 10.833, de 2003, art. 79).

Capítulo VIII
DO PROCESSO DE DETERMINAÇÃO E EXIGÊNCIA DE DIREITOS DE NATUREZA COMERCIAL

Art. 135. A exigência de ofício de direitos de natureza comercial de que trata a Lei 12.270, de 24 de junho de 2010, dos acréscimos moratórios e das penalidades será formalizada em auto de infração lavrado por Auditor-Fiscal da Receita Federal do Brasil, observados os procedimentos previstos no Título II deste Regulamento, e o prazo de cinco anos contados da data de remessa, pagamento ou crédito da remuneração a que fizer jus o titular de direitos de propriedade intelectual (Lei n 12.270, de 2010, art. 7º, § 8º).

§ 1º Verificado o inadimplemento da obrigação, a Secretaria da Receita Federal do Brasil encaminhará o débito à Procuradoria-Geral da Fazenda Nacional, para inscrição em dívida ativa da União e respectiva cobrança, observado o prazo de prescrição de cinco anos (Lei 12.270, de 2010, art. 7º, § 9º).

§ 2º Somente serão passíveis de ressarcimento os valores recolhidos a título de cobrança de direitos de que trata o *caput* nos casos de pagamento indevido ou em valor maior que o devido, observados os procedimentos estabelecidos pela Secretaria da Receita Federal do Brasil (Lei 12.270, de 2010, art. 7º, § 10).

Capítulo IX
DO PROCESSO DE LIQUIDAÇÃO DE TERMO DE RESPONSABILIDADE

Art. 136. Ressalvado o regime de entreposto industrial previsto no Decreto-Lei 37, de 1966, as obrigações fiscais relativas à mercadoria sujeita a regime aduaneiro especial serão constituídas em termo de responsabilidade (Decreto-Lei 37, de 1966, art. 72).

§ 1º O termo de responsabilidade é título representativo de direito líquido e certo da Fazenda Nacional com relação às obrigações fiscais nele constituídas (Decreto-Lei 37, de 1966, art. 72, § 2º, incluído pelo Decreto-Lei 2.472, de 1º de setembro de 1988, art. 1º).

§ 2º Não cumprido o compromisso assumido no termo de responsabilidade, o crédito nele constituído será objeto de exigência, com os acréscimos legais cabíveis (Decreto 6.759, de 2009, art. 760, parágrafo único).

Art. 137. A exigência do crédito tributário constituído em termo de responsabilidade deve ser precedida de (Decreto 6.759, de 2009, art. 761):

I – intimação do responsável para, no prazo de dez dias, contados da data da ciência, justificar o descumprimento, total ou parcial, do compromisso assumido; e

II – revisão do processo vinculado ao termo de responsabilidade, à vista da justificativa do interessado, para fins de ratificação ou liquidação do crédito.

§ 1º A exigência do crédito, depois de notificada a sua ratificação ou liquidação ao responsável, deverá ser efetuada mediante:

I – conversão do depósito em renda da União, na hipótese de prestação de garantia sob a forma de depósito em dinheiro; ou

II – intimação do responsável para efetuar o pagamento, no prazo de trinta dias, contados da data da ciência, na hipótese de dispensa de garantia, ou da prestação de garantia sob a forma de fiança idônea ou de seguro aduaneiro.

§ 2º Quando a exigência for efetuada na forma prevista no inciso II do § 1º, será intimado também o fiador ou a seguradora.

Art. 138. Decorrido o prazo fixado no inciso I do *caput* do art. 137, sem que o interessado apresente a justificativa solicitada, será efetivada a exigência do crédito na forma prevista nos §§ 1º e 2º do referido artigo (Decreto 6.759, de 2009, art. 762).

Art. 139. Não efetuado o pagamento do crédito tributário exigido, o termo será encaminhado à Procuradoria da Fazenda Nacional para inscrição em dívida ativa da União (Decreto 6.759, de 2009, art. 763).

Art. 140. A Secretaria da Receita Federal do Brasil poderá editar normas complementares para disciplinar a exigência do crédito tributário constituído em termo de responsabilidade (Decreto 6.759, de 2009, art. 764). Decreto-Lei 37, de 1966

Art. 141. O termo não formalizado por quantia certa será liquidado à vista dos elementos constantes do despacho aduaneiro a que estiver vinculado (Decreto-Lei 37, de 1966, art. 72, § 3º, com a redação dada pelo Decreto-Lei 2.472, de 1988, art. 1º).

§ 1º Na hipótese do *caput*, o interessado deverá ser intimado a apresentar, no prazo de dez dias, contados da data da ciência, as informações complementares necessárias à liquidação do crédito (Decreto 6.759, de 2009, art. 765, § 1º).

§ 2º O crédito liquidado será exigido na forma prevista nos §§ 1º e 2º do art. 137 (Decreto 6.759, de 2009, art. 765, § 2º).

Art. 142. A exigência do crédito tributário apurado em procedimento posterior à apresentação do termo de responsabilidade, em decorrência de aplicação de penalidade ou de ajuste no cálculo de tributo devido, será formalizada em auto de infração, lavrado por Auditor-Fiscal da Receita Federal do Brasil, observado o disposto no Decreto 70.235, de 1972 (Decreto 6.759, de 2009, art. 766).

Art. 143. Aplicam-se as disposições deste Capítulo, no que couber, ao termo de responsabilidade para cumprimento de formalidade ou de apresentação de documento (Decreto-Lei 37, de 1966, art. 72, § 4º, incluído pelo Decreto-Lei 2.472, de 1988, art. 1º).

Capítulo X
DO PROCESSO DE RECONHECIMENTO DO DIREITO À REDUÇÃO DE TRIBUTO INCIDENTE SOBRE O LUCRO DA EXPLORAÇÃO NA ÁREA DA SUDENE

Art. 144. O direito à redução do Imposto sobre a Renda das Pessoas Jurídicas e adicionais não restituíveis incidentes sobre o lucro da exploração, na área de atuação da extinta Superintendência do Desenvolvimento do Nordeste – SUDENE será reconhecido pela unidade da Secretaria da Receita Federal do Brasil com jurisdição sobre o domicílio tributário da pessoa jurídica, instruído com o laudo expedido pelo Ministério da Integração Nacional (Decreto 4.213, de 26 de abril de 2002, art. 3º).

§ 1º O chefe da unidade da Secretaria da Receita Federal do Brasil competente decidirá sobre o pedido de redução no prazo de cento e vinte dias, contados da data da apresentação do requerimento.

§ 2º Expirado o prazo indicado no § 1º sem que a requerente tenha sido notificada da decisão contrária ao pedido e enquanto não sobrevier decisão irrecorrível, a interessada será considerada automaticamente no pleno gozo da redução pretendida.

§ 3º Caberá impugnação de Julgamento para a Delegacia da Receita Federal do Brasil, no prazo de trinta dias, contados da data da ciência do despacho que denegar, parcial ou totalmente, o pedido da requerente.

§ 4º Não cabe recurso na esfera administrativa da decisão da Delegacia da Receita Federal do Brasil de Julgamento que denegar o pedido.

§ 5º Na hipótese do § 4º, a unidade competente procederá ao lançamento das importâncias que, até então, tenham sido reduzidas do imposto devido, efetuando-se a cobrança do débito.

§ 6º A cobrança prevista no § 5º não alcançará as parcelas correspondentes às reduções feitas durante o período em que a pessoa jurídica interessada esteja em pleno gozo da redução de que trata o § 2º.

Capítulo XI
DO PROCESSO DE RECONHECIMENTO DO DIREITO À REDUÇÃO DE TRIBUTO INCIDENTE SOBRE O LUCRO DA EXPLORAÇÃO NA ÁREA DA SUDAM

Art. 145. O direito à redução do Imposto sobre a Renda das Pessoas Jurídicas e adicionais não restituíveis incidentes sobre o lucro da exploração, na área de atuação da extinta Superintendência do Desenvolvimento da Amazônia – SUDAM, será reconhecido pela unidade da Secretaria da Receita Federal do Brasil com jurisdição sobre o domicílio tributário da pessoa jurídica, instruído com o laudo expedido pelo Ministério da Integração Nacional (Decreto 4.213, de 2002, art. 3º).

§ 1º O chefe da unidade da Secretaria da Receita Federal do Brasil decidirá sobre o pedido em cento e vinte dias contados da respectiva apresentação do requerimento à repartição fiscal competente.

§ 2º Expirado o prazo indicado no § 1º sem que a requerente tenha sido notificada da decisão contrária ao pedido e enquanto não sobrevier decisão irrecorrível, a interessada será considerada automaticamente no pleno gozo da redução pretendida.

§ 3º Caberá impugnação de Julgamento para a Delegacia da Receita Federal do Brasil, dentro do prazo de trinta dias, a contar da ciência do despacho que denegar, parcial ou totalmente, o pedido da requerente.

§ 4º É irrecorrível, na esfera administrativa, a decisão da Delegacia da Receita Federal do Brasil de Julgamento que denegar o pedido.

§ 5º Na hipótese do § 4º, a repartição competente procederá ao lançamento das importâncias que, até então, tenham sido reduzidas do imposto devido, efetuando-se a cobrança do débito.

§ 6º A cobrança prevista no § 5º não alcançará as parcelas correspondentes às reduções feitas durante o período em que a pessoa jurídica interessada esteja em pleno gozo da redução de que trata o § 2º.

Título IV
Disposições Finais

Art. 146. Os processos administrativos fiscais relativos a tributos e a penalidades isoladas e as declarações não poderão sair das unidades da Secretaria da Receita Federal do Brasil, salvo quando se tratar de (Lei 9.250, de 1995, art. 38):

I – encaminhamento de recursos à instância superior;

II – restituições de autos aos órgãos de origem; ou

III – encaminhamento de documentos para fins de processamento de dados.

§ 1º Nos casos a que se referem os incisos I e II do *caput*, deverá ficar cópia autenticada dos documentos essenciais na respectiva unidade (Lei 9.250, de 1995, art. 38, § 1º).

§ 2º É facultado o fornecimento de cópia do processo ao sujeito passivo ou a seu mandatário (Lei 9.250, de 1995, art. 38, § 2º).

§ 3º É facultada vista do processo ao sujeito passivo ou a seu mandatário.

§ 4º O processo administrativo correspondente à inscrição de dívida ativa, à execução fiscal ou à ação proposta contra a Fazenda Nacional será mantido na unidade competente, dele se extraindo as cópias autenticadas ou certidões, que forem requeridas pelas partes ou requisitadas pelo Juiz ou pelo Ministério Público (Lei 6.830, de 1980, art. 41).

§ 5º Mediante requisição do Juiz à repartição competente, com dia e hora previamente marcados, poderá o processo administrativo ser exibido em sede do Juízo, pelo funcionário para esse fim designado, lavrando o serventuário termo da ocorrência, com indicação, se for o caso, das peças a serem transladadas (Lei 6.830, de 1980, art. 41, parágrafo único).

Art. 147. Os documentos apresentados pelo sujeito passivo e que instruem o processo poderão ser substituídos por cópia e restituídos, em qualquer fase, a requerimento do sujeito passivo, desde que a medida não prejudique a instrução do processo e que deles fique cópia autenticada no processo (Decreto 70.235, de 1972, art. 64).

Parágrafo único. Caso a medida prejudique a instrução do processo, os documentos não poderão ser restituídos, sendo facultado o fornecimento de cópias na forma prevista na legislação.

Art. 148. Este regulamento incorpora a legislação editada sobre a matéria até 25 de junho de 2010.

Art. 149. Este Decreto entra em vigor na data de sua publicação.

Brasília, 29 de setembro de 2011; 190º da Independência 123º da República.

Dilma Rousseff

(Publicação no *D.O.U.* de 30.9.2011).

LEI 12.529,
DE 30 DE NOVEMBRO DE 2011

Estrutura o Sistema Brasileiro de Defesa da Concorrência; dispõe sobre a prevenção e repressão às infrações contra a ordem econômica; altera a Lei 8.137, de 27 de dezembro de 1990, o Decreto-Lei 3.689, de 3 de outubro de 1941 – Código de Processo Penal, e a Lei 7.347, de 24 de julho de 1985; revoga dispositivos da Lei 8.884, de 11 de junho de 1994, e a Lei 9.781, de 19 de janeiro de 1999; e dá outras providências.

A Presidenta da República:

Faço saber que o Congresso Nacional decreta e eu sanciono a seguinte Lei:

Título I
DISPOSIÇÕES GERAIS

Capítulo I
DA FINALIDADE

Art. 1º Esta Lei estrutura o Sistema Brasileiro de Defesa da Concorrência – SBDC e dispõe sobre a prevenção e a repressão às infrações contra a ordem econômica, orientada pelos ditames constitucionais de liberdade de iniciativa, livre concorrência, função social da propriedade, defesa dos consumidores e repressão ao abuso do poder econômico.

Parágrafo único. A coletividade é a titular dos bens jurídicos protegidos por esta Lei.

Capítulo II
DA TERRITORIALIDADE

Art. 2º Aplica-se esta Lei, sem prejuízo de convenções e tratados de que seja signatário o Brasil, às práticas cometidas no todo ou em parte no território nacional ou que nele produzam ou possam produzir efeitos.

§ 1º Reputa-se domiciliada no território nacional a empresa estrangeira que opere ou tenha no Brasil filial, agência, sucursal, escritório, estabelecimento, agente ou representante.

§ 2º A empresa estrangeira será notificada e intimada de todos os atos processuais previstos nesta Lei, independentemente de procuração ou de disposição contratual ou estatutária, na pessoa do agente ou representante ou pessoa responsável por sua filial, agência, sucursal, estabelecimento ou escritório instalado no Brasil.

Título II
DO SISTEMA BRASILEIRO DE DEFESA DA CONCORRÊNCIA

Capítulo I
DA COMPOSIÇÃO

Art. 3º O SBDC é formado pelo Conselho Administrativo de Defesa Econômica – Cade e pela Secretaria de Acompanhamento Econômico do Ministério da Fazenda, com as atribuições previstas nesta Lei.

Capítulo II
DO CONSELHO ADMINISTRATIVO DE DEFESA ECONÔMICA – CADE

Art. 4º O Cade é entidade judicante com jurisdição em todo o território nacional, que se constitui em autarquia federal, vinculada ao Ministério da Justiça, com sede e foro no Distrito Federal, e competências previstas nesta Lei.

Seção I
Da estrutura organizacional do Cade

Art. 5º O Cade é constituído pelos seguintes órgãos:

I – Tribunal Administrativo de Defesa Econômica;

II – Superintendência-Geral; e

III – Departamento de Estudos Econômicos.

Seção II
Do tribunal administrativo de defesa econômica

Art. 6º O Tribunal Administrativo, órgão judicante, tem como membros um Presidente e seis Conselheiros escolhidos dentre cidadãos com mais de 30 (trinta) anos de idade, de notório saber jurídico ou econômico e reputação ilibada, nomeados pelo Presidente da República, depois de aprovados pelo Senado Federal.

§ 1º O mandato do Presidente e dos Conselheiros é de 4 (quatro) anos, não coincidentes, vedada a recondução.

§ 2º Os cargos de Presidente e de Conselheiro são de dedicação exclusiva, não se admitindo qualquer acumulação, salvo as constitucionalmente permitidas.

§ 3º No caso de renúncia, morte, impedimento, falta ou perda de mandato do Presidente do Tribunal, assumirá o Conselheiro mais antigo no cargo ou o mais idoso, nessa ordem, até nova nomeação, sem prejuízo de suas atribuições.

§ 4º No caso de renúncia, morte ou perda de mandato de Conselheiro, proceder-se-á a nova nomeação, para completar o mandato do substituído.

§ 5º Se, nas hipóteses previstas no § 4º deste artigo, ou no caso de encerramento de mandato dos Conselheiros, a composição do Tribunal ficar reduzida a número inferior ao estabelecido no § 1º do art. 9º desta Lei, considerar-se-ão automaticamente suspensos os prazos previstos nesta Lei, e suspensa a tramitação de processos, continuando-se a contagem imediatamente após a recomposição do *quorum*.

Art. 7º A perda de mandato do Presidente ou dos Conselheiros do Cade só poderá ocorrer em virtude de decisão do Senado Federal, por provocação do Presidente da República, ou em razão de condenação penal irrecorrível por crime doloso, ou de processo disciplinar de conformidade com o que prevê a Lei 8.112, de 11 de dezembro de 1990 e a Lei 8.429, de 2 de junho de 1992, e por infringência de quaisquer das vedações previstas no art. 8º desta Lei.

Parágrafo único. Também perderá o mandato, automaticamente, o membro do Tribunal que faltar a 3 (três) reuniões ordinárias consecutivas, ou 20 (vinte) intercaladas, ressalvados os afastamentos temporários autorizados pelo Plenário.

Art. 8º Ao Presidente e aos Conselheiros é vedado:

I – receber, a qualquer título, e sob qualquer pretexto, honorários, percentagens ou custas;

II – exercer profissão liberal;

III – participar, na forma de controlador, diretor, administrador, gerente, preposto ou mandatário, de sociedade civil, comercial ou empresas de qualquer espécie;

IV – emitir parecer sobre matéria de sua especialização, ainda que em tese, ou funcionar como consultor de qualquer tipo de empresa;

V – manifestar, por qualquer meio de comunicação, opinião sobre processo pendente de julgamento, ou juízo depreciativo sobre despachos, votos ou sentenças de órgãos judiciais, ressalvada a crítica nos autos, em obras técnicas ou no exercício do magistério; e

VI – exercer atividade político-partidária.

§ 1º É vedado ao Presidente e aos Conselheiros, por um período de 120 (cento e vinte) dias, contado da data em que deixar o cargo, representar qualquer pessoa, física ou jurídica, ou interesse perante o SBDC, ressalvada a defesa de direito próprio.

§ 2º Durante o período mencionado no § 1º deste artigo, o Presidente e os Conselheiros receberão a mesma remuneração do cargo que ocupavam.

§ 3º Incorre na prática de advocacia administrativa, sujeitando-se à pena prevista no art. 321 do Decreto-Lei 2.848, de 7 de dezembro de 1940 – Código Penal, o ex-presidente ou ex-conselheiro que violar o impedimento previsto no § 1º deste artigo.

§ 4º É vedado, a qualquer tempo, ao Presidente e aos Conselheiros utilizar informações privilegiadas obtidas em decorrência do cargo exercido.

Subseção I
Da competência do plenário do tribunal

Art. 9º Compete ao Plenário do Tribunal, dentre outras atribuições previstas nesta Lei:

I – zelar pela observância desta Lei e seu regulamento e do regimento interno;

II – decidir sobre a existência de infração à ordem econômica e aplicar as penalidades previstas em lei;

III – decidir os processos administrativos para imposição de sanções administrativas por infrações à ordem econômica instaurados pela Superintendência-Geral;

IV – ordenar providências que conduzam à cessação de infração à ordem econômica, dentro do prazo que determinar;

V – aprovar os termos do compromisso de cessação de prática e do acordo em controle de concentrações, bem como determinar à Superintendência-Geral que fiscalize seu cumprimento;

VI – apreciar, em grau de recurso, as medidas preventivas adotadas pelo Conselheiro-Relator ou pela Superintendência-Geral;

VII – intimar os interessados de suas decisões;

VIII – requisitar dos órgãos e entidades da administração pública federal e requerer às autoridades dos Estados, Municípios, do Distrito Federal e dos Territórios as medidas necessárias ao cumprimento desta Lei;

IX – contratar a realização de exames, vistorias e estudos, aprovando, em cada caso, os respectivos honorários profissionais e demais despesas de processo, que deverão ser pagas pela empresa, se vier a ser punida nos termos desta Lei;

X – apreciar processos administrativos de atos de concentração econômica, na forma desta Lei, fixando, quando entender conveniente e oportuno, acordos em controle de atos de concentração;

XI – determinar à Superintendência-Geral que adote as medidas administrativas necessárias à execução e fiel cumprimento de suas decisões;

XII – requisitar serviços e pessoal de quaisquer órgãos e entidades do Poder Público Federal;

XIII – requerer à Procuradoria Federal junto ao Cade a adoção de providências administrativas e judiciais;

XIV – instruir o público sobre as formas de infração da ordem econômica;

XV – elaborar e aprovar regimento interno do Cade, dispondo sobre seu funcionamento, forma das deliberações, normas de procedimento e organização de seus serviços internos;

XVI – propor a estrutura do quadro de pessoal do Cade, observado o disposto no inciso II do *caput* do art. 37 da Constituição Federal;

XVII – elaborar proposta orçamentária nos termos desta Lei;

XVIII – requisitar informações de quaisquer pessoas, órgãos, autoridades e entidades públicas ou privadas, respeitando e mantendo o sigilo legal quando for o caso, bem como determinar as diligências que se fizerem necessárias ao exercício das suas funções; e

XIX – decidir pelo cumprimento das decisões, compromissos e acordos.

§ 1º As decisões do Tribunal serão tomadas por maioria, com a presença mínima de 4 (quatro) membros, sendo o *quorum* de deliberação mínimo de 3 (três) membros.

§ 2º As decisões do Tribunal não comportam revisão no âmbito do Poder Executivo, promovendo-se, de imediato, sua execução e comunicando-se, em seguida, ao Ministério Público, para as demais medidas legais cabíveis no âmbito de suas atribuições.

§ 3º As autoridades federais, os diretores de autarquia, fundação, empresa pública e sociedade de economia mista federais e agências reguladoras são obrigados a prestar, sob pena de responsabilidade, toda a assistência e colaboração que lhes for solicitada pelo Cade, inclusive elaborando pareceres técnicos sobre as matérias de sua competência.

§ 4º O Tribunal poderá responder consultas sobre condutas em andamento, mediante pagamento de taxa e acompanhadas dos respectivos documentos.

§ 5º O Cade definirá, em resolução, normas complementares sobre o procedimento de consultas previsto no § 4º deste artigo.

Subseção II *Da competência do presidente do tribunal*

Art. 10. Compete ao Presidente do Tribunal:

I – representar legalmente o Cade no Brasil ou no exterior, em juízo ou fora dele;

II – presidir, com direito a voto, inclusive o de qualidade, as reuniões do Plenário;

III – distribuir, por sorteio, os processos aos Conselheiros;

IV – convocar as sessões e determinar a organização da respectiva pauta;

V – solicitar, a seu critério, que a Superintendência-Geral auxilie o Tribunal na tomada de providências extrajudiciais para o cumprimento das decisões do Tribunal;

VI – fiscalizar a Superintendência-Geral na tomada de providências para execução das decisões e julgados do Tribunal;

VII – assinar os compromissos e acordos aprovados pelo Plenário;

VIII – submeter à aprovação do Plenário a proposta orçamentária e a lotação ideal do pessoal que prestará serviço ao Cade;

IX – orientar, coordenar e supervisionar as atividades administrativas do Cade;

X – ordenar as despesas atinentes ao Cade, ressalvadas as despesas da unidade gestora da Superintendência-Geral;

XI – firmar contratos e convênios com órgãos ou entidades nacionais e submeter, previamente, ao Ministro de Estado da Justiça os que devam ser celebrados com organismos estrangeiros ou internacionais; e

XII – determinar à Procuradoria Federal junto ao Cade as providências judiciais determinadas pelo Tribunal.

Subseção III *Da competência dos conselheiros do tribunal*

Art. 11. Compete aos Conselheiros do Tribunal:

I – emitir voto nos processos e questões submetidas ao Tribunal;

II – proferir despachos e lavrar as decisões nos processos em que forem relatores;

III – requisitar informações e documentos de quaisquer pessoas, órgãos, autoridades e entidades públicas ou privadas, a serem mantidos sob sigilo legal, quando for o caso, bem como determinar as diligências que se fizerem necessárias;

IV – adotar medidas preventivas, fixando o valor da multa diária pelo seu descumprimento;

V – solicitar, a seu critério, que a Superintendência-Geral realize as diligências e a produção das provas que entenderem pertinentes nos autos do processo administrativo, na forma desta Lei;

VI – requerer à Procuradoria Federal junto ao Cade emissão de parecer jurídico nos processos em que forem relatores, quando entenderem necessário e em despacho fundamentado, na forma prevista no inciso VII do art. 15 desta Lei;

VII – determinar ao Economista-Chefe, quando necessário, a elaboração de pareceres nos processos em que forem relatores, sem prejuízo da tramitação normal do processo e sem que tal determinação implique a suspensão do prazo de análise ou prejuízo à tramitação normal do processo;

VIII – desincumbir-se das demais tarefas que lhes forem cometidas pelo regimento;

IX – propor termo de compromisso de cessação e acordos para aprovação do Tribunal;

X – prestar ao Poder Judiciário, sempre que solicitado, todas as informações sobre andamento dos processos, podendo, inclusive, fornecer cópias dos autos para instruir ações judiciais.

Seção III Da superintendência-geral

Art. 12. O Cade terá em sua estrutura uma Superintendência-Geral, com 1 (um) Superintendente-Geral e 2 (dois) Superintendentes-Adjuntos, cujas atribuições específicas serão definidas em Resolução.

§ 1º O Superintendente-Geral será escolhido dentre cidadãos com mais de 30 (trinta) anos de idade, notório saber jurídico ou econômico e reputação ilibada, nomeado pelo Presidente da República, depois de aprovado pelo Senado Federal.

§ 2º O Superintendente-Geral terá mandato de 2 (dois) anos, permitida a recondução para um único período subsequente.

§ 3º Aplicam-se ao Superintendente-Geral as mesmas normas de impedimentos, perda de mandato, substituição e as vedações do art. 8º desta Lei, incluindo o disposto no § 2º do art. 8º desta Lei, aplicáveis ao Presidente e aos Conselheiros do Tribunal.

§ 4º Os cargos de Superintendente-Geral e de Superintendentes-Adjuntos são de dedicação exclusiva, não se admitindo qualquer acumulação, salvo as constitucionalmente permitidas.

§ 5º Durante o período de vacância que anteceder à nomeação de novo Superintendente-Geral, assumirá interinamente o cargo um dos superintendentes adjuntos, indicado pelo Presidente do Tribunal, o qual permanecerá no cargo até a posse do novo Superintendente-Geral, escolhido na forma do § 1º deste artigo.

§ 6º Se, no caso da vacância prevista no § 5º deste artigo, não houver nenhum Superintendente Adjunto nomeado na Superintendência do Cade, o Presidente do Tribunal indicará servidor em exercício no Cade, com conhecimento jurídico ou econômico na área de defesa da concorrência e reputação ilibada, para assumir interinamente o cargo, permanecendo neste até a posse do novo Superintendente-Geral, escolhido na forma do § 1º deste artigo.

§ 7º Os Superintendentes-Adjuntos serão indicados pelo Superintendente-Geral.

Art. 13. Compete à Superintendência-Geral:

I – zelar pelo cumprimento desta Lei, monitorando e acompanhando as práticas de mercado;

II – acompanhar, permanentemente, as atividades e práticas comerciais de pessoas físicas ou jurídicas que detiverem posição dominante em mercado relevante de bens ou serviços, para prevenir infrações da ordem econômica, podendo, para tanto, requisitar as informações e documentos necessários, mantendo o sigilo legal, quando for o caso;

III – promover, em face de indícios de infração da ordem econômica, procedimento preparatório de inquérito administrativo e inquérito administrativo para apuração de infrações à ordem econômica;

IV – decidir pela insubsistência dos indícios, arquivando os autos do inquérito administrativo ou de seu procedimento preparatório;

V – instaurar e instruir processo administrativo para imposição de sanções administrativas por infrações à ordem econômica, procedimento para apuração de ato de concentração, processo administrativo para análise de ato de concentração econômica e processo administrativo para imposição de sanções processuais incidentais instaurados para prevenção, apuração ou repressão de infrações à ordem econômica;

VI – no interesse da instrução dos tipos processuais referidos nesta Lei:

a) requisitar informações e documentos de quaisquer pessoas, físicas ou jurídicas, órgãos, autoridades e entidades, públicas ou privadas, mantendo o sigilo legal, quando for o caso, bem como determinar as diligências que se fizerem necessárias ao exercício de suas funções;

b) requisitar esclarecimentos orais de quaisquer pessoas, físicas ou jurídicas, órgãos, autoridades e entidades, públicas ou privadas, na forma desta Lei;

c) realizar inspeção na sede social, estabelecimento, escritório, filial ou sucursal de empresa investigada, de estoques, objetos, papéis de qualquer natureza, assim como livros comerciais, computadores e arquivos eletrônicos, podendo-se extrair ou requisitar cópias de quaisquer documentos ou dados eletrônicos;

d) requerer ao Poder Judiciário, por meio da Procuradoria Federal junto ao Cade, mandado de busca e apreensão de objetos, papéis de qualquer natureza, assim como de livros comerciais, computadores e arquivos magnéticos de empresa ou pessoa física, no interesse de inquérito administrativo ou de processo administrativo para imposição de sanções administrativas por infrações à ordem econômica, aplicando-se, no que couber, o disposto no art. 839 e seguintes da Lei 5.869, de 11 de janeiro de 1973 - Código de Processo Civil, sendo inexigível a propositura de ação principal;

→ *V.* Lei 13.105/2015 – Novo CPC.

e) requisitar vista e cópia de documentos e objetos constantes de inquéritos e processos administrativos instaurados por órgãos ou entidades da administração pública federal;

f) requerer vista e cópia de inquéritos policiais, ações judiciais de quaisquer natureza, bem como de inquéritos e processos administrativos instaurados por outros entes da federação, devendo o Conselho observar as mesmas restrições de sigilo eventualmente estabelecidas nos procedimentos de origem;

VII – recorrer de ofício ao Tribunal quando decidir pelo arquivamento de processo administrativo para imposição de sanções administrativas por infrações à ordem econômica;

VIII – remeter ao Tribunal, para julgamento, os processos administrativos que instaurar, quando entender configurada infração da ordem econômica;

IX – propor termo de compromisso de cessação de prática por infração à ordem econômica, submetendo-o à aprovação do Tribunal, e fiscalizar o seu cumprimento;

X – sugerir ao Tribunal condições para a celebração de acordo em controle de concentrações e fiscalizar o seu cumprimento;

XI – adotar medidas preventivas que conduzam à cessação de prática que constitua infração da ordem econômica, fixando prazo para seu cumprimento e o valor da multa diária a ser aplicada, no caso de descumprimento;

XII – receber, instruir e aprovar ou impugnar perante o Tribunal os processos administrativos para análise de ato de concentração econômica;

XIII – orientar os órgãos e entidades da administração pública quanto à adoção de medidas necessárias ao cumprimento desta Lei;

XIV – desenvolver estudos e pesquisas objetivando orientar a política de prevenção de infrações da ordem econômica;

XV – instruir o público sobre as diversas formas de infração da ordem econômica e os modos de sua prevenção e repressão;

XVI – exercer outras atribuições previstas em lei;

XVII – prestar ao Poder Judiciário, sempre que solicitado, todas as informações sobre andamento das investigações, podendo, inclusive, fornecer cópias dos autos para instruir ações judiciais; e

XVIII – adotar as medidas administrativas necessárias à execução e ao cumprimento das decisões do Plenário.

Art. 14. São atribuições do Superintendente-Geral:

I – participar, quando entender necessário, sem direito a voto, das reuniões do Tribunal e proferir sustentação oral, na forma do regimento interno;

II – cumprir e fazer cumprir as decisões do Tribunal na forma determinada pelo seu Presidente;

III – requerer à Procuradoria Federal junto ao Cade as providências judiciais relativas ao exercício das competências da Superintendência-Geral;

IV – determinar ao Economista-Chefe a elaboração de estudos e pareceres;

V – ordenar despesas referentes à unidade gestora da Superintendência-Geral; e

VI – exercer outras atribuições previstas em lei.

Seção IV
Da procuradoria federal junto ao Cade

Art. 15. Funcionará junto ao Cade Procuradoria Federal Especializada, competindo-lhe:

I – prestar consultoria e assessoramento jurídico ao Cade;

II – representar o Cade judicial e extrajudicialmente;

III – promover a execução judicial das decisões e julgados do Cade;

IV – proceder à apuração da liquidez dos créditos do Cade, inscrevendo-os em dívida ativa para fins de cobrança administrativa ou judicial;

V – tomar as medidas judiciais solicitadas pelo Tribunal ou pela Superintendência-Geral, necessárias à cessação de infrações da ordem econômica ou à obtenção de documentos para a instrução de processos administrativos de qualquer natureza;

VI – promover acordos judiciais nos processos relativos a infrações contra a ordem econômica, mediante autorização do Tribunal;

VII – emitir, sempre que solicitado expressamente por Conselheiro ou pelo Superintendente-Geral, parecer nos processos de competência do Cade, sem que tal determinação implique a suspensão do prazo de análise ou prejuízo à tramitação normal do processo;

VIII – zelar pelo cumprimento desta Lei; e

IX – desincumbir-se das demais tarefas que lhe sejam atribuídas pelo regimento interno.

Parágrafo único. Compete à Procuradoria Federal junto ao Cade, ao dar execução judicial às decisões da Superintendência-Geral e do Tribunal, manter o Presidente do Tribunal, os Conselheiros e o Superintendente-Geral informados sobre o andamento das ações e medidas judiciais.

Art. 16. O Procurador-Chefe será nomeado pelo Presidente da República, depois de aprovado pelo Senado Federal, dentre cidadãos brasileiros com mais de 30 (trinta) anos de idade, de notório conhecimento jurídico e reputação ilibada.

§ 1º O Procurador-Chefe terá mandato de 2 (dois) anos, permitida sua recondução para um único período.

§ 2º O Procurador-Chefe poderá participar, sem direito a voto, das reuniões do Tribunal, prestando assistência e esclarecimentos, quando requisitado pelos Conselheiros, na forma do Regimento Interno do Tribunal.

§ 3º Aplicam-se ao Procurador-Chefe as mesmas normas de impedimento aplicáveis aos Conselheiros do Tribunal, exceto quanto ao comparecimento às sessões.

§ 4º Nos casos de faltas, afastamento temporário ou impedimento do Procurador-Chefe, o Plenário indicará e o Presidente do Tribunal designará o substituto eventual dentre os integrantes da Procuradoria Federal Especializada.

Seção V
Do departamento de estudos econômicos

Art. 17. O Cade terá um Departamento de Estudos Econômicos, dirigido por um Economista-Chefe, a quem incumbirá elaborar estudos e pareceres econômicos, de ofício ou por solicitação do Plenário, do Presidente, do Conselheiro-Relator ou do Superintendente-Geral, zelando pelo rigor e atualização técnica e científica das decisões do órgão.

Art. 18. O Economista-Chefe será nomeado, conjuntamente, pelo Superintendente-Geral e pelo Presidente do Tribunal, dentre brasileiros de ilibada reputação e notório conhecimento econômico.

§ 1º O Economista-Chefe poderá participar das reuniões do Tribunal, sem direito a voto.

§ 2º Aplicam-se ao Economista-Chefe as mesmas normas de impedimento aplicáveis aos Conselheiros do Tribunal, exceto quanto ao comparecimento às sessões.

Capítulo III
DA SECRETARIA DE ACOMPANHAMENTO ECONÔMICO

Art. 19. Compete à Secretaria de Acompanhamento Econômico promover a concorrência em órgãos de governo e perante a sociedade cabendo-lhe, especialmente, o seguinte:

I – opinar, nos aspectos referentes à promoção da concorrência, sobre propostas de alterações de atos normativos de interesse geral dos agentes econômicos, de consumidores ou usuários dos serviços prestados submetidos a consulta pública pelas agências reguladoras e, quando entender pertinente, sobre os pedidos de revisão de tarifas e as minutas;

II – opinar, quando considerar pertinente, sobre minutas de atos normativos elaborados por qualquer entidade pública ou privada submetidos à consulta pública, nos aspectos referentes à promoção da concorrência;

III – opinar, quando considerar pertinente, sobre proposições legislativas em tramitação no Congresso Nacional, nos aspectos referentes à promoção da concorrência;

IV – elaborar estudos avaliando a situação concorrencial de setores específicos da atividade econômica nacional, de ofício ou quando solicitada pelo Cade, pela Câmara de Comércio Exterior ou pelo Departamento de Proteção e Defesa do Consumidor do Ministério da Justiça ou órgão que vier a sucedê-lo;

V – elaborar estudos setoriais que sirvam de insumo para a participação do Ministério da Fazenda na formulação de políticas públicas setoriais nos fóruns em que este Ministério tem assento;

VI – propor a revisão de leis, regulamentos e outros atos normativos da administração pública federal, estadual, municipal e do Distrito Federal que afetem ou possam afetar a concorrência nos diversos setores econômicos do País;

VII – manifestar-se, de ofício ou quando solicitada, a respeito do impacto concorrencial de medidas em discussão no âmbito de fóruns negociadores relativos às atividades de alteração tarifária, ao acesso a mercados e à defesa comercial, ressalvadas as competências dos órgãos envolvidos;

VIII – encaminhar ao órgão competente representação para que este, a seu critério, adote as medidas legais cabíveis, sempre que for identificado ato normativo que tenha caráter anticompetitivo.

§ 1º Para o cumprimento de suas atribuições, a Secretaria de Acompanhamento Econômico poderá:

I – requisitar informações e documentos de quaisquer pessoas, órgãos, autoridades e entidades, públicas ou privadas, mantendo o sigilo legal quando for o caso;

II – celebrar acordos e convênios com órgãos ou entidades públicas ou privadas, federais, estaduais, municipais, do Distrito Federal e dos Territórios para avaliar e/ou sugerir medidas relacionadas à promoção da concorrência.

§ 2º A Secretaria de Acompanhamento Econômico divulgará anualmente relatório de suas ações voltadas para a promoção da concorrência.

Título III
DO MINISTÉRIO PÚBLICO FEDERAL PERANTE O CADE

Art. 20. O Procurador-Geral da República, ouvido o Conselho Superior, designará membro do Ministério Público Federal para, nesta qualidade, emitir parecer, nos processos administrativos para imposição de sanções administrativas por infrações à ordem econômica, de ofício ou a requerimento do Conselheiro-Relator.

Título IV
DO PATRIMÔNIO, DAS RECEITAS E DA GESTÃO ADMINISTRATIVA, ORÇAMENTÁRIA E FINANCEIRA

Art. 21. Compete ao Presidente do Tribunal orientar, coordenar e supervisionar as atividades administrativas do Cade, respeitadas as atribuições dos dirigentes dos demais órgãos previstos no art. 5º desta Lei.

§ 1º A Superintendência-Geral constituirá unidade gestora, para fins administrativos e financeiros, competindo ao seu Superintendente-Geral ordenar as despesas pertinentes às respectivas ações orçamentárias.

§ 2º Para fins administrativos e financeiros, o Departamento de Estudos Econômicos estará ligado ao Tribunal.

Art. 22. Anualmente, o Presidente do Tribunal, ouvido o Superintendente-Geral, encaminhará ao Poder Executivo a proposta de orçamento do Cade e a lotação ideal do pessoal que prestará serviço àquela autarquia.

Art. 23. Instituem-se taxas processuais sobre os processos de competência do Cade, no valor de R$ 85.000,00 (oitenta e cinco mil reais), para os processos que têm como fato gerador a apresentação dos atos previstos no art. 88 desta Lei, e no valor de R$ 15.000,00 (quinze mil reais), para os processos que têm como fato gerador a apresentação das consultas referidas no § 4º do art. 9º desta Lei.

→ *Caput* com redação alterada pela Lei 13.196/2015, em vigor em 1º de janeiro de 2016 – *D.O.U.* de 2.12.2015.

Parágrafo único. A taxa processual de que trata o caput deste artigo poderá ser atualizada por ato do Poder Executivo, após autorização do Congresso Nacional.

→ A Lei 13.196/2015 no seu art. 2º não fez menção sobre o parágrafo único deste artigo.

→ **Anterior redação: Art. 23.** Ficam instituídas as taxas processuais sobre os processos de competência do Cade, no valor de R$ 45.000,00 (quarenta e cinco mil reais), que têm como fato gerador a apresentação dos atos previstos no art. 88 desta Lei e no valor de R$ 15.000,00 (quinze mil reais) para processos que têm como fato gerador a apresentação de consultas de que trata o § 4º do art. 9º desta Lei. (...)

Art. 24. São contribuintes da taxa processual que tem como fato gerador a apresentação dos atos previstos no art. 88 desta Lei qualquer das requerentes.

Art. 25. O recolhimento da taxa processual que tem como fato gerador a apresentação dos atos previstos no art. 88 desta Lei deverá ser comprovado no momento da protocolização do ato.

§ 1º A taxa processual não recolhida no momento fixado no *caput* deste artigo será cobrada com os seguintes acréscimos:

I – juros de mora, contados do mês seguinte ao do vencimento, à razão de 1% (um por cento), calculados na forma da legislação aplicável aos tributos federais;

II – multa de mora de 20% (vinte por cento).

§ 2º Os juros de mora não incidem sobre o valor da multa de mora.

Art. 26. (*Vetado*).

Art. 27. As taxas de que tratam os arts. 23 e 26 desta Lei serão recolhidas ao Tesouro Nacional na forma regulamentada pelo Poder Executivo.

Art. 28. Constituem receitas próprias do Cade:

I – o produto resultante da arrecadação das taxas previstas nos arts. 23 e 26 desta Lei;

II – a retribuição por serviços de qualquer natureza prestados a terceiros;

III – as dotações consignadas no Orçamento Geral da União, créditos especiais, créditos adicionais, transferências e repasses que lhe forem conferidos;

IV – os recursos provenientes de convênios, acordos ou contratos celebrados com entidades ou organismos nacionais e internacionais;

V – as doações, legados, subvenções e outros recursos que lhe forem destinados;

VI – os valores apurados na venda ou aluguel de bens móveis e imóveis de sua propriedade;

VII – o produto da venda de publicações, material técnico, dados e informações;

VIII – os valores apurados em aplicações no mercado financeiro das receitas previstas neste artigo, na forma definida pelo Poder Executivo; e

IX – quaisquer outras receitas, afetas às suas atividades, não especificadas nos incisos I a VIII do *caput* deste artigo.

§ 1º (*Vetado*).

§ 2º (*Vetado*).

§ 3º O produto da arrecadação das multas aplicadas pelo Cade, inscritas ou não em dívida ativa, será destinado ao Fundo de Defesa de Direitos Difusos de que trata o art. 13 da Lei 7.347, de 24 de julho de 1985, e a Lei 9.008, de 21 de março de 1995.

§ 4º As multas arrecadadas na forma desta Lei serão recolhidas ao Tesouro Nacional na forma regulamentada pelo Poder Executivo.

Art. 29. O Cade submeterá anualmente ao Ministério da Justiça a sua proposta de orçamento, que será encaminhada ao Ministério do Planejamento, Orçamento e Gestão para inclusão na lei orçamentária anual, a que se refere o § 5º do art. 165 da Constituição Federal.

§ 1º O Cade fará acompanhar as propostas orçamentárias de quadro demonstrativo do planejamento plurianual das receitas e despesas, visando ao seu equilíbrio orçamentário e financeiro nos 5 (cinco) exercícios subsequentes.

§ 2º A lei orçamentária anual consignará as dotações para as despesas de custeio e capital do Cade, relativas ao exercício a que ela se referir.

Art. 30. Somam-se ao atual patrimônio do Cade os bens e direitos pertencentes ao Ministério da Justiça atualmente afetados às atividades do Departamento de Proteção e Defesa Econômica da Secretaria de Direito Econômico.

Título V
DAS INFRAÇÕES DA ORDEM ECONÔMICA

Capítulo I
DISPOSIÇÕES GERAIS

Art. 31. Esta Lei aplica-se às pessoas físicas ou jurídicas de direito público ou privado, bem como a quaisquer associações de entidades ou pessoas, constituídas de fato ou de direito, ainda que temporariamente, com ou sem personalidade jurídica, mesmo que exerçam atividade sob regime de monopólio legal.

Art. 32. As diversas formas de infração da ordem econômica implicam a responsabilidade da empresa e a responsabilidade individual de seus dirigentes ou administradores, solidariamente.

Art. 33. Serão solidariamente responsáveis as empresas ou entidades integrantes de grupo econômico, de fato ou de direito, quando pelo menos uma delas praticar infração à ordem econômica.

Art. 34. A personalidade jurídica do responsável por infração da ordem econômica poderá ser desconsiderada quando houver da parte deste abuso de direito, excesso de poder, infração da lei, fato ou ato ilícito ou violação dos estatutos ou contrato social.

Parágrafo único. A desconsideração também será efetivada quando houver falência, estado de insolvência, encerramento ou inatividade da pessoa jurídica provocados por má administração.

Art. 35. A repressão das infrações da ordem econômica não exclui a punição de outros ilícitos previstos em lei.

Capítulo II
DAS INFRAÇÕES

Art. 36. Constituem infração da ordem econômica, independentemente de culpa, os atos sob qualquer forma manifestados, que tenham por objeto ou possam produzir os seguintes efeitos, ainda que não sejam alcançados:

I – limitar, falsear ou de qualquer forma prejudicar a livre concorrência ou a livre iniciativa;

II – dominar mercado relevante de bens ou serviços;

III – aumentar arbitrariamente os lucros; e

IV – exercer de forma abusiva posição dominante.

§ 1º A conquista de mercado resultante de processo natural fundado na maior eficiência de agente econômico em relação a seus competidores não caracteriza o ilícito previsto no inciso II do *caput* deste artigo.

§ 2º Presume-se posição dominante sempre que uma empresa ou grupo de empresas for capaz de alterar unilateral ou coordenadamente as condições de mercado ou quando controlar 20% (vinte por cento) ou mais do mercado relevante, podendo este percentual ser alterado pelo Cade para setores específicos da economia.

§ 3º As seguintes condutas, além de outras, na medida em que configurem hipótese prevista no *caput* deste artigo e seus incisos, caracterizam infração da ordem econômica:

I – acordar, combinar, manipular ou ajustar com concorrente, sob qualquer forma:

a) os preços de bens ou serviços ofertados individualmente;

b) a produção ou a comercialização de uma quantidade restrita ou limitada de bens ou a prestação de um número, volume ou frequência restrita ou limitada de serviços;

c) a divisão de partes ou segmentos de um mercado atual ou potencial de bens ou serviços, mediante, dentre outros, a distribuição de clientes, fornecedores, regiões ou períodos;

d) preços, condições, vantagens ou abstenção em licitação pública;

II – promover, obter ou influenciar a adoção de conduta comercial uniforme ou concertada entre concorrentes;

III – limitar ou impedir o acesso de novas empresas ao mercado;

IV – criar dificuldades à constituição, ao funcionamento ou ao desenvolvimento de empresa concorrente ou de fornecedor, adquirente ou financiador de bens ou serviços;

V – impedir o acesso de concorrente às fontes de insumo, matérias-primas, equipamentos ou tecnologia, bem como aos canais de distribuição;

VI – exigir ou conceder exclusividade para divulgação de publicidade nos meios de comunicação de massa;

VII – utilizar meios enganosos para provocar a oscilação de preços de terceiros;

VIII – regular mercados de bens ou serviços, estabelecendo acordos para limitar ou controlar a pesquisa e o desenvolvimento tecnológico, a produção de bens ou prestação de serviços, ou para dificultar investimentos destinados à produção de bens ou serviços ou à sua distribuição;

IX – impor, no comércio de bens ou serviços, a distribuidores, varejistas e representantes preços de revenda, descontos, condições de pagamento, quantidades mínimas ou máximas, margem de lucro ou quaisquer outras condições de comercialização relativos a negócios destes com terceiros;

X – discriminar adquirentes ou fornecedores de bens ou serviços por meio da fixação diferenciada de preços, ou de condições operacionais de venda ou prestação de serviços;

XI – recusar a venda de bens ou a prestação de serviços, dentro das condições de pagamento normais aos usos e costumes comerciais;

XII – dificultar ou romper a continuidade ou desenvolvimento de relações comerciais de prazo indeterminado em razão de recusa da outra parte em submeter-se a cláusulas e condições comerciais injustificáveis ou anticoncorrenciais;

XIII – destruir, inutilizar ou açambarcar matérias-primas, produtos intermediários ou acabados, assim como destruir, inutilizar ou dificultar a operação de equipamentos destinados a produzi-los, distribuí-los ou transportá-los;

XIV – açambarcar ou impedir a exploração de direitos de propriedade industrial ou intelectual ou de tecnologia;

XV – vender mercadoria ou prestar serviços injustificadamente abaixo do preço de custo;

XVI – reter bens de produção ou de consumo, exceto para garantir a cobertura dos custos de produção;

XVII – cessar parcial ou totalmente as atividades da empresa sem justa causa comprovada;

XVIII – subordinar a venda de um bem à aquisição de outro ou à utilização de um serviço, ou subordinar a prestação de um serviço à utilização de outro ou à aquisição de um bem; e

XIX – exercer ou explorar abusivamente direitos de propriedade industrial, intelectual, tecnologia ou marca.

Capítulo III
DAS PENAS

Art. 37. A prática de infração da ordem econômica sujeita os responsáveis às seguintes penas:

I – no caso de empresa, multa de 0,1% (um décimo por cento) a 20% (vinte por cento) do valor do faturamento bruto da empresa, grupo ou conglomerado obtido, no último exercício anterior à instauração do processo administrativo, no ramo de atividade empresarial em que ocorreu a infração, a qual nunca será inferior à vantagem auferida, quando for possível sua estimação;

II – no caso das demais pessoas físicas ou jurídicas de direito público ou privado, bem como quaisquer associações de entidades ou pessoas constituídas de fato ou de direito, ainda que temporariamente, com ou sem personalidade jurídica, que não exerçam atividade empresarial, não sendo possível utilizar-se o critério do valor do faturamento bruto, a multa será entre R$ 50.000,00 (cinquenta mil reais) e R$ 2.000.000.000,00 (dois bilhões de reais);

III – no caso de administrador, direta ou indiretamente responsável pela infração cometida, quando comprovada a sua culpa ou dolo, multa de 1% (um por cento) a 20% (vinte por cento) daquela aplicada à empresa, no caso previsto no inciso I do *caput* deste artigo, ou às pessoas jurídicas ou entidades, nos casos previstos no inciso II do *caput* deste artigo.

§ 1º Em caso de reincidência, as multas cominadas serão aplicadas em dobro.

§ 2º No cálculo do valor da multa de que trata o inciso I do *caput* deste artigo, o Cade poderá considerar o faturamento total da empresa ou grupo de empresas, quando não dispuser do valor do faturamento no ramo de atividade empresarial em que ocorreu a infração, definido pelo Cade, ou quando este for apresentado de forma incompleta e/ou não demonstrado de forma inequívoca e idônea.

Art. 38. Sem prejuízo das penas cominadas no art. 37 desta Lei, quando assim exigir a gravidade dos fatos ou o interesse público geral, poderão ser impostas as seguintes penas, isolada ou cumulativamente:

I – a publicação, em meia página e a expensas do infrator, em jornal indicado na decisão, de extrato da decisão condenatória, por 2 (dois) dias seguidos, de 1 (uma) a 3 (três) semanas consecutivas;

II – a proibição de contratar com instituições financeiras oficiais e participar de licitação tendo por objeto aquisições, alienações, realização de obras e serviços, concessão de serviços públicos, na administração pública federal, estadual, municipal e do Distrito Federal, bem como em entidades da administração indireta, por prazo não inferior a 5 (cinco) anos;

III – a inscrição do infrator no Cadastro Nacional de Defesa do Consumidor;

IV – a recomendação aos órgãos públicos competentes para que:

a) seja concedida licença compulsória de direito de propriedade intelectual de titularidade do infrator, quando a infração estiver relacionada ao uso desse direito;

b) não seja concedido ao infrator parcelamento de tributos federais por ele devidos ou para que sejam cancelados, no todo ou em parte, incentivos fiscais ou subsídios públicos;

V – a cisão de sociedade, transferência de controle societário, venda de ativos ou cessação parcial de atividade;

VI – a proibição de exercer o comércio em nome próprio ou como representante de pessoa jurídica, pelo prazo de até 5 (cinco) anos; e

VII – qualquer outro ato ou providência necessários para a eliminação dos efeitos nocivos à ordem econômica.

Art. 39. Pela continuidade de atos ou situações que configurem infração da ordem econômica, após decisão do Tribunal determinando sua cessação, bem como pelo não cumprimento de obrigações de fazer ou não fazer impostas, ou pelo descumprimento de medida preventiva ou termo de compromisso de cessação previstos nesta Lei, o responsável fica sujeito a multa diária fixada em valor de R$ 5.000,00 (cinco mil reais), podendo ser aumentada em até 50 (cinquenta) vezes, se assim recomendar a situação econômica do infrator e a gravidade da infração.

Art. 40. A recusa, omissão ou retardamento injustificado de informação ou documentos solicitados pelo Cade ou pela Secretaria de Acompanhamento Econômico constitui infração punível com multa diária de R$ 5.000,00 (cinco mil reais), podendo ser aumentada em até 20 (vinte) vezes, se necessário para garantir sua eficácia, em razão da situação econômica do infrator.

§ 1º O montante fixado para a multa diária de que trata o *caput* deste artigo constará do documento que contiver a requisição da autoridade competente.

§ 2º Compete à autoridade requisitante a aplicação da multa prevista no *caput* deste artigo.

§ 3º Tratando-se de empresa estrangeira, responde solidariamente pelo pagamento da multa de que trata o *caput* sua filial, sucursal, escritório ou estabelecimento situado no País.

Art. 41. A falta injustificada do representado ou de terceiros, quando intimados para prestar esclarecimentos, no curso de inquérito ou processo administrativo, sujeitará o faltante à multa de R$ 500,00 (quinhentos reais) a R$ 15.000,00 (quinze mil reais) para cada falta, aplicada conforme sua situação econômica.

Parágrafo único. A multa a que se refere o *caput* deste artigo será aplicada mediante auto de infração pela autoridade competente.

Art. 42. Impedir, obstruir ou de qualquer outra forma dificultar a realização de inspeção autorizada pelo Plenário do Tribunal, pelo Conselheiro-Relator ou pela Superintendência-Geral no curso de procedimento preparatório, inquérito administrativo, processo administrativo ou qualquer outro procedimento sujeitará o inspecionado ao pagamento de multa de R$ 20.000,00 (vinte mil reais) a R$ 400.000,00 (quatrocentos mil reais), conforme a situação econômica do infrator, mediante a lavratura de auto de infração pelo órgão competente.

Art. 43. A enganosidade ou a falsidade de informações, de documentos ou de declarações prestadas por qualquer pessoa ao Cade ou à Secretaria de Acompanhamento Econômico será punível com multa pecuniária no valor de R$ 5.000,00 (cinco mil reais) a R$ 5.000.000,00 (cinco milhões de reais), de acordo com a gravidade dos fatos e a situação econômica do infrator, sem prejuízo das demais cominações legais cabíveis.

Art. 44. Aquele que prestar serviços ao Cade ou a Seae, a qualquer título, e que der causa, mesmo que por mera culpa, à disseminação indevida de informação acerca de empresa, coberta por sigilo, será punível com multa pecuniária de R$ 1.000,00 (mil reais) a R$ 20.000,00 (vinte mil reais), sem prejuízo de abertura de outros procedimentos cabíveis.

§ 1º Se o autor da disseminação indevida estiver servindo o Cade em virtude de mandato, ou na qualidade de Procurador Federal ou Economista-Chefe, a multa será em dobro.

§ 2º O Regulamento definirá o procedimento para que uma informação seja tida como sigilosa, no âmbito do Cade e da Seae.

Art. 45. Na aplicação das penas estabelecidas nesta Lei, levar-se-á em consideração:

I – a gravidade da infração;

II – a boa-fé do infrator;

III – a vantagem auferida ou pretendida pelo infrator;

IV – a consumação ou não da infração;

V – o grau de lesão, ou perigo de lesão, à livre concorrência, à economia nacional, aos consumidores, ou a terceiros;

VI – os efeitos econômicos negativos produzidos no mercado;

VII – a situação econômica do infrator; e

VIII – a reincidência.

Capítulo IV
DA PRESCRIÇÃO

Art. 46. Prescrevem em 5 (cinco) anos as ações punitivas da administração pública federal, direta e indireta, objetivando apurar infrações da ordem econômica, contados da data da prática do ilícito ou, no caso de infração permanente ou continuada, do dia em que tiver cessada a prática do ilícito.

§ 1º Interrompe a prescrição qualquer ato administrativo ou judicial que tenha por objeto a apuração da infração contra a ordem econômica mencionada no *caput* deste artigo, bem como a notificação ou a intimação da investigada.

§ 2º Suspende-se a prescrição durante a vigência do compromisso de cessação ou do acordo em controle de concentrações.

§ 3º Incide a prescrição no procedimento administrativo paralisado por mais de 3 (três) anos, pendente de julgamento ou despacho, cujos autos serão arquivados de ofício ou mediante requerimento da parte interessada, sem prejuízo da apuração da responsabilidade funcional decorrente da paralisação, se for o caso.

§ 4º Quando o fato objeto da ação punitiva da administração também constituir crime, a prescrição reger-se-á pelo prazo previsto na lei penal.

Capítulo V
DO DIREITO DE AÇÃO

Art. 47. Os prejudicados, por si ou pelos legitimados referidos no art. 82 da Lei 8.078, de 11 de setembro de 1990, poderão ingressar em juízo para, em defesa de seus interesses individuais ou individuais homogêneos, obter a cessação de práticas que constituam infração da ordem econômica, bem como o recebimento de indenização por perdas e danos sofridos, independentemente do inquérito ou processo administrativo, que não será suspenso em virtude do ajuizamento de ação.

Título VI
DAS DIVERSAS ESPÉCIES DE PROCESSO ADMINISTRATIVO

Capítulo I
DISPOSIÇÕES GERAIS

Art. 48. Esta Lei regula os seguintes procedimentos administrativos instaurados para prevenção, apuração e repressão de infrações à ordem econômica:

I – procedimento preparatório de inquérito administrativo para apuração de infrações à ordem econômica;

II – inquérito administrativo para apuração de infrações à ordem econômica;

III – processo administrativo para imposição de sanções administrativas por infrações à ordem econômica;

IV – processo administrativo para análise de ato de concentração econômica;

V – procedimento administrativo para apuração de ato de concentração econômica; e

VI – processo administrativo para imposição de sanções processuais incidentais.

Art. 49. O Tribunal e a Superintendência-Geral assegurarão nos procedimentos previstos nos incisos II, III, IV e VI do *caput* do art. 48 desta Lei o tratamento sigiloso de documentos, informações e atos processuais necessários à elucidação dos fatos ou exigidos pelo interesse da sociedade.

Parágrafo único. As partes poderão requerer tratamento sigiloso de documentos ou informações, no tempo e modo definidos no regimento interno.

Art. 50. A Superintendência-Geral ou o Conselheiro-Relator poderá admitir a intervenção no processo administrativo de:

I – terceiros titulares de direitos ou interesses que possam ser afetados pela decisão a ser adotada; ou

II – legitimados à propositura de ação civil pública pelos incisos III e IV do art. 82 da Lei 8.078, de 11 de setembro de 1990.

Art. 51. Na tramitação dos processos no Cade, serão observadas as seguintes disposições, além daquelas previstas no regimento interno:

I – os atos de concentração terão prioridade sobre o julgamento de outras matérias;

II – a sessão de julgamento do Tribunal é pública, salvo nos casos em que for determinado tratamento sigiloso ao processo, ocasião em que as sessões serão reservadas;

III – nas sessões de julgamento do Tribunal, poderão o Superintendente-Geral, o Economista-Chefe, o Procurador-Chefe e as partes do processo requerer a palavra, que lhes será concedida, nessa ordem, nas condições e no prazo definido pelo regimento interno, a fim de sustentarem oralmente suas razões perante o Tribunal;

IV – a pauta das sessões de julgamento será definida pelo Presidente, que determinará sua publicação, com pelo menos 120 (cento e vinte) horas de antecedência; e

V – os atos e termos a serem praticados nos autos dos procedimentos enumerados no art. 48 desta Lei poderão ser encaminhados de forma eletrônica ou apresentados em meio magnético ou equivalente, nos termos das normas do Cade.

Art. 52. O cumprimento das decisões do Tribunal e de compromissos e acordos firmados nos termos desta Lei poderá, a critério do Tribunal, ser fiscalizado pela Superintendência-Geral, com o respectivo encaminhamento dos autos, após a decisão final do Tribunal.

§ 1º Na fase de fiscalização da execução das decisões do Tribunal, bem como do cumprimento de compromissos e acordos firmados nos termos desta Lei, poderá a Superintendência-Geral valer-se de todos os poderes instrutórios que lhe são assegurados nesta Lei.

§ 2º Cumprida integralmente a decisão do Tribunal ou os acordos em controle de concentrações e compromissos de cessação, a Superintendência-Geral, de ofício ou por provocação do interessado, manifestar-se-á sobre seu cumprimento.

Capítulo II
DO PROCESSO ADMINISTRATIVO NO CONTROLE DE ATOS DE CONCENTRAÇÃO ECONÔMICA

Seção I
Do processo administrativo na superintendência-geral

Art. 53. O pedido de aprovação dos atos de concentração econômica a que se refere o art. 88 desta Lei deverá ser endereçado ao Cade e instruído com as informações e documentos indispensáveis à instauração do processo administrativo, definidos em resolução do Cade, além do comprovante de recolhimento da taxa respectiva.

§ 1º Ao verificar que a petição não preenche os requisitos exigidos no *caput* deste artigo ou apresenta defeitos e irregularidades capazes de dificultar o julgamento de mérito, a Superintendência-Geral determinará, uma única vez, que os requerentes a emendem, sob pena de arquivamento.

§ 2º Após o protocolo da apresentação do ato de concentração, ou de sua emenda, a Superintendência-Geral fará publicar edital, indicando o nome dos requerentes, a natureza da operação e os setores econômicos envolvidos.

Art. 54. Após cumpridas as providências indicadas no art. 53, a Superintendência-Geral:

I – conhecerá diretamente do pedido, proferindo decisão terminativa, quando o processo dispensar novas diligências ou nos casos de menor potencial ofensivo à concorrência, assim definidos em resolução do Cade; ou

II – determinará a realização da instrução complementar, especificando as diligências a serem produzidas.

Art. 55. Concluída a instrução complementar determinada na forma do inciso II do *caput* do art. 54 desta Lei, a Superintendência-Geral deverá manifestar-se sobre seu satisfatório cumprimento, recebendo-a como adequada ao exame de mérito ou determinando que seja refeita, por estar incompleta.

Art. 56. A Superintendência-Geral poderá, por meio de decisão fundamentada, declarar a operação como complexa e determinar a realização de nova instrução complementar, especificando as diligências a serem produzidas.

Parágrafo único. Declarada a operação como complexa, poderá a Superintendência-Geral requerer ao Tribunal a prorrogação do prazo de que trata o § 2º do art. 88 desta Lei.

Art. 57. Concluídas as instruções complementares de que tratam o inciso II do art. 54 e o art. 56 desta Lei, a Superintendência-Geral:

I – proferirá decisão aprovando o ato sem restrições;

II – oferecerá impugnação perante o Tribunal, caso entenda que o ato deva ser rejeitado, aprovado com restrições ou que não existam elementos conclusivos quanto aos seus efeitos no mercado.

Parágrafo único. Na impugnação do ato perante o Tribunal, deverão ser demonstrados, de forma circunstanciada, o potencial lesivo do ato à concorrência e as razões pelas quais não deve ser aprovado integralmente ou rejeitado.

Seção II
Do processo administrativo no tribunal

Art. 58. O requerente poderá oferecer, no prazo de 30 (trinta) dias da data de impugnação da Superintendência-Geral, em petição escrita, dirigida ao Presidente do Tribunal, manifestação expondo as razões de fato e de direito com que se opõe à impugnação do ato de concentração da Superintendência-Geral e juntando todas as provas, estudos e pareceres que corroboram seu pedido.

Parágrafo único. Em até 48 (quarenta e oito) horas da decisão de que trata a impugnação pela Superintendência-Geral, disposta no inciso II do *caput* do art. 57 desta Lei e na hipótese do inciso I do art. 65 desta Lei, o processo será distribuído, por sorteio, a um Conselheiro-Relator.

Art. 59. Após a manifestação do requerente, o Conselheiro-Relator:

I – proferirá decisão determinando a inclusão do processo em pauta para julgamento, caso entenda que se encontre suficientemente instruído;

II – determinará a realização de instrução complementar, se necessário, podendo, a seu critério, solicitar que a Superintendência-Geral a realize, declarando os pontos controversos e especificando as diligências a serem produzidas.

§ 1º O Conselheiro-Relator poderá autorizar, conforme o caso, precária e liminarmente, a realização do ato de concentração econômica, impondo as condições que visem à preservação da reversibilidade da operação, quando assim recomendarem as condições do caso concreto.

§ 2º O Conselheiro-Relator poderá acompanhar a realização das diligências referidas no inciso II do *caput* deste artigo.

Art. 60. Após a conclusão da instrução, o Conselheiro-Relator determinará a inclusão do processo em pauta para julgamento.

Art. 61. No julgamento do pedido de aprovação do ato de concentração econômica, o Tribunal poderá aprová-lo integralmente, rejeitá-lo ou aprová-lo parcialmente, caso em que determinará as restrições que deverão ser observadas como condição para a validade e eficácia do ato.

§ 1º O Tribunal determinará as restrições cabíveis no sentido de mitigar os eventuais efeitos nocivos do ato de concentração sobre os mercados relevantes afetados.

§ 2º As restrições mencionadas no § 1º deste artigo incluem:

I – a venda de ativos ou de um conjunto de ativos que constitua uma atividade empresarial;

II – a cisão de sociedade;

III – a alienação de controle societário;

IV – a separação contábil ou jurídica de atividades;

V – o licenciamento compulsório de direitos de propriedade intelectual; e

VI – qualquer outro ato ou providência necessários para a eliminação dos efeitos nocivos à ordem econômica.

§ 3º Julgado o processo no mérito, o ato não poderá ser novamente apresentado nem revisto no âmbito do Poder Executivo.

Art. 62. Em caso de recusa, omissão, enganosidade, falsidade ou retardamento injustificado, por parte dos requerentes, de informações ou documentos cuja apresentação for determinada pelo Cade, sem prejuízo das demais sanções cabíveis, poderá o pedido de aprovação do ato de concentração ser rejeitado por falta de provas, caso em que o requerente somente poderá realizar o ato mediante apresentação de novo pedido, nos termos do art. 53 desta Lei.

Art. 63. Os prazos previstos neste Capítulo não se suspendem ou interrompem por qualquer motivo, ressalvado o disposto no § 5º do art. 6º desta Lei, quando for o caso.

Art. 64. (*Vetado*).

Seção III
Do recurso contra decisão de aprovação do ato pela superintendência-geral

Art. 65. No prazo de 15 (quinze) dias contado a partir da publicação da decisão da Superintendência-Geral que aprovar o ato de concentração, na forma do inciso I do *caput* do art. 54 e do inciso I do *caput* do art. 57 desta Lei:

I – caberá recurso da decisão ao Tribunal, que poderá ser interposto por terceiros interessados ou, em se tratando de mercado regulado, pela respectiva agência reguladora;

II – o Tribunal poderá, mediante provocação de um de seus Conselheiros e em decisão fundamentada, avocar o processo para julgamento ficando prevento o Conselheiro que encaminhou a provocação.

§ 1º Em até 5 (cinco) dias úteis a partir do recebimento do recurso, o Conselheiro-Relator:

I – conhecerá do recurso e determinará a sua inclusão em pauta para julgamento;

II – conhecerá do recurso e determinará a realização de instrução complementar, podendo, a seu critério, solicitar que a Superintendência-Geral a realize, declarando os pontos controversos e especificando as diligências a serem produzidas; ou

III – não conhecerá do recurso, determinando o seu arquivamento.

§ 2º As requerentes poderão manifestar-se acerca do recurso interposto, em até 5 (cinco) dias úteis do conhecimento do recurso no Tribunal ou da data do recebimento do relatório com a conclusão da instrução complementar elaborada pela Superintendência-Geral, o que ocorrer por último.

§ 3º O litigante de má-fé arcará com multa, em favor do Fundo de Defesa de Direitos Difusos, a ser arbitrada pelo Tribunal entre R$ 5.000,00 (cinco mil reais) e R$ 5.000.000,00 (cinco milhões de reais), levando-se em consideração sua condição econômica, sua atuação no processo e o retardamento injustificado causado à aprovação do ato.

§ 4º A interposição do recurso a que se refere o *caput* deste artigo ou a decisão de avocar suspende a execução do ato de concentração econômica até decisão final do Tribunal.

§ 5º O Conselheiro-Relator poderá acompanhar a realização das diligências referidas no inciso II do § 1º deste artigo.

Capítulo III
DO INQUÉRITO ADMINISTRATIVO PARA APURAÇÃO DE INFRAÇÕES À ORDEM ECONÔMICA E DO PROCEDIMENTO PREPARATÓRIO

Art. 66. O inquérito administrativo, procedimento investigatório de natureza inquisitorial, será instaurado pela Superintendência-Geral para apuração de infrações à ordem econômica.

§ 1º O inquérito administrativo será instaurado de ofício ou em face de representação fundamentada de qualquer interessado, ou em decorrência de peças de informação, quando os indícios de infração à ordem econômica não forem suficientes para a instauração de processo administrativo.

§ 2º A Superintendência-Geral poderá instaurar procedimento preparatório de inquérito administrativo para apuração de infrações à ordem econômica para apurar se a conduta sob análise trata de matéria de competência do Sistema Brasileiro de Defesa da Concorrência, nos termos desta Lei.

§ 3º As diligências tomadas no âmbito do procedimento preparatório de inquérito administrativo para apuração de infrações à ordem econômica deverão ser realizadas no prazo máximo de 30 (trinta) dias.

§ 4º Do despacho que ordenar o arquivamento de procedimento preparatório, indeferir o requerimento de abertura de inquérito administrativo, ou seu arquivamento, caberá recurso de qualquer interessado ao Superintendente-Geral, na forma determinada em regulamento, que decidirá em última instância.

§ 5º (*Vetado*).

§ 6º A representação de Comissão do Congresso Nacional, ou de qualquer de suas Casas, bem como da Secretaria de Acompanhamento Econômico, das agências reguladoras e da Procuradoria Federal junto ao Cade, independe de procedimento preparatório, instaurando-se desde logo o inquérito administrativo ou processo administrativo.

§ 7º O representante e o indiciado poderão requerer qualquer diligência, que será realizada ou não, a juízo da Superintendência-Geral.

§ 8º A Superintendência-Geral poderá solicitar o concurso da autoridade policial ou do Ministério Público nas investigações.

§ 9º O inquérito administrativo deverá ser encerrado no prazo de 180 (cento e oitenta) dias, contado da data de sua instauração, prorrogáveis por até 60 (sessenta) dias, por meio de despacho fundamentado e quando o fato for de difícil elucidação e o justificarem as circunstâncias do caso concreto.

§ 10. Ao procedimento preparatório, assim como ao inquérito administrativo, poderá ser dado tratamento sigiloso, no interesse das investigações, a critério da Superintendência-Geral.

Art. 67. Até 10 (dez) dias úteis a partir da data de encerramento do inquérito administrativo, a Superintendência-Geral decidirá pela instauração do processo administrativo ou pelo seu arquivamento.

§ 1º O Tribunal poderá, mediante provocação de um Conselheiro e em decisão fundamentada, avocar o inquérito administrativo ou procedimento preparatório de inquérito administrativo arquivado pela Superintendência-Geral, ficando prevento o Conselheiro que encaminhou a provocação.

§ 2º Avocado o inquérito administrativo, o Conselheiro-Relator terá o prazo de 30 (trinta) dias úteis para:

I – confirmar a decisão de arquivamento da Superintendência-Geral, podendo, se entender necessário, fundamentar sua decisão;

II – transformar o inquérito administrativo em processo administrativo, determinando a realização de instrução complementar, podendo, a seu critério, solicitar que a Superintendência-Geral a realize, declarando os pontos controversos e especificando as diligências a serem produzidas.

§ 3º Ao inquérito administrativo poderá ser dado tratamento sigiloso, no interesse das investigações, a critério do Plenário do Tribunal.

Art. 68. O descumprimento dos prazos fixados neste Capítulo pela Superintendência-Geral, assim como por seus servidores, sem justificativa devidamente comprovada nos autos, poderá resultar na apuração da respectiva responsabilidade administrativa, civil e criminal.

Capítulo IV
DO PROCESSO ADMINISTRATIVO PARA IMPOSIÇÃO DE SANÇÕES ADMINISTRATIVAS POR INFRAÇÕES À ORDEM ECONÔMICA

Art. 69. O processo administrativo, procedimento em contraditório, visa a garantir ao acusado a ampla defesa a respeito das conclusões do inquérito administrativo, cuja nota técnica final, aprovada nos termos das normas do Cade, constituirá peça inaugural.

Art. 70. Na decisão que instaurar o processo administrativo, será determinada a notificação do representado para, no prazo de 30 (trinta) dias, apresentar defesa e especificar as provas que pretende sejam produzidas, declinando a qualificação completa de até 3 (três) testemunhas.

§ 1º A notificação inicial conterá o inteiro teor da decisão de instauração do processo administrativo e da representação, se for o caso.

§ 2º A notificação inicial do representado será feita pelo correio, com aviso de recebimento em nome próprio, ou outro meio que assegure a certeza da ciência do interessado ou, não tendo êxito a notificação postal, por edital publicado no Diário Oficial da União e em jornal de grande circulação no Estado em que resida ou tenha sede, contando-se os prazos da juntada do aviso de recebimento, ou da publicação, conforme o caso.

§ 3º A intimação dos demais atos processuais será feita mediante publicação no Diário Oficial da União, da qual deverá constar o nome do representado e de seu procurador, se houver.

§ 4º O representado poderá acompanhar o processo administrativo por seu titular e seus diretores ou gerentes, ou por seu procurador, assegurando-se-lhes amplo acesso aos autos no Tribunal.

§ 5º O prazo de 30 (trinta) dias mencionado no *caput* deste artigo poderá ser dilatado por até 10 (dez) dias, improrrogáveis, mediante requisição do representado.

Art. 71. Considerar-se-á revel o representado que, notificado, não apresentar defesa no prazo legal, incorrendo em confissão quanto à matéria de fato, contra ele correndo os demais prazos, independentemente de notificação.

Parágrafo único. Qualquer que seja a fase do processo, nele poderá intervir o revel, sem direito à repetição de qualquer ato já praticado.

Art. 72. Em até 30 (trinta) dias úteis após o decurso do prazo previsto no art. 70 desta Lei, a Superintendência-Geral, em despacho fundamentado, determinará a produção de provas que julgar pertinentes, sendo-lhe facultado exercer os poderes de instrução previstos nesta Lei, mantendo-se o sigilo legal, quando for o caso.

Art. 73. Em até 5 (cinco) dias úteis da data de conclusão da instrução processual determinada na forma do art. 72 desta Lei, a Superintendência-Geral notificará o representado para apresentar novas alegações, no prazo de 5 (cinco) dias úteis.

Art. 74. Em até 15 (quinze) dias úteis contados do decurso do prazo previsto no art. 73 desta Lei, a Superintendência-Geral remeterá os autos do processo ao Presidente do Tribunal, opinando, em relatório circunstanciado, pelo seu arquivamento ou pela configuração da infração.

Art. 75. Recebido o processo, o Presidente do Tribunal o distribuirá, por sorteio, ao Conselheiro-Relator, que poderá, caso entenda necessário, solicitar à Procuradoria Federal junto ao Cade que se manifeste no prazo de 20 (vinte) dias.

Art. 76. O Conselheiro-Relator poderá determinar diligências, em despacho fundamentado, podendo, a seu critério, solicitar que a Superintendência-Geral as realize, no prazo assinado.

Parágrafo único. Após a conclusão das diligências determinadas na forma deste artigo, o Conselheiro-Relator notificará o representado para, no prazo de 15 (quinze) dias úteis, apresentar alegações finais.

Art. 77. No prazo de 15 (quinze) dias úteis contado da data de recebimento das alegações finais, o Conselheiro-Relator solicitará a inclusão do processo em pauta para julgamento.

Art. 78. A convite do Presidente, por indicação do Conselheiro-Relator, qualquer pessoa poderá apresentar esclarecimentos ao Tribunal, a propósito de assuntos que estejam em pauta.

Art. 79. A decisão do Tribunal, que em qualquer hipótese será fundamentada, quando for pela existência de infração da ordem econômica, conterá:

I – especificação dos fatos que constituam a infração apurada e a indicação das providências a serem tomadas pelos responsáveis para fazê-la cessar;

II – prazo dentro do qual devam ser iniciadas e concluídas as providências referidas no inciso I do *caput* deste artigo;

III – multa estipulada;

IV – multa diária em caso de continuidade da infração; e

V – multa em caso de descumprimento das providências estipuladas.

Parágrafo único. A decisão do Tribunal será publicada dentro de 5 (cinco) dias úteis no Diário Oficial da União.

Art. 80. Aplicam-se às decisões do Tribunal o disposto na Lei 8.437, de 30 de junho de 1992.

Art. 81. Descumprida a decisão, no todo ou em parte, será o fato comunicado ao Presidente do Tribunal, que determinará à Procuradoria Federal junto ao Cade que providencie sua execução judicial.

Art. 82. O descumprimento dos prazos fixados neste Capítulo pelos membros do Cade, assim como por seus servidores, sem justificativa devidamente comprovada nos autos, poderá resultar na apuração da respectiva responsabilidade administrativa, civil e criminal.

Art. 83. O Cade disporá de forma complementar sobre o inquérito e o processo administrativo.

Capítulo V
DA MEDIDA PREVENTIVA

Art. 84. Em qualquer fase do inquérito administrativo para apuração de infrações ou do processo administrativo para imposição de sanções por infrações à ordem econômica, poderá o Conselheiro-Relator ou o Superintendente-Geral, por iniciativa própria ou mediante provocação do Procurador-Chefe do Cade, adotar medida preventiva, quando houver indício ou fundado receio de que o representado, direta ou indiretamente, cause ou possa causar ao mercado lesão irreparável ou de difícil reparação, ou torne ineficaz o resultado final do processo.

§ 1º Na medida preventiva, determinar-se-á a imediata cessação da prática e será ordenada, quando materialmente possível, a reversão à situação anterior, fixando multa diária nos termos do art. 39 desta Lei.

§ 2º Da decisão que adotar medida preventiva caberá recurso voluntário ao Plenário do Tribunal, em 5 (cinco) dias, sem efeito suspensivo.

Capítulo VI
DO COMPROMISSO DE CESSAÇÃO

Art. 85. Nos procedimentos administrativos mencionados nos incisos I, II e III do art. 48 desta Lei, o Cade poderá tomar do representado compromisso de cessação da prática sob investigação ou dos seus efeitos lesivos, sempre que, em juízo de conveniência e oportunidade, devidamente fundamentado, entender que atende aos interesses protegidos por lei.

§ 1º Do termo de compromisso deverão constar os seguintes elementos:

I – a especificação das obrigações do representado no sentido de não praticar a conduta investigada ou seus efeitos lesivos, bem como obrigações que julgar cabíveis;

II – a fixação do valor da multa para o caso de descumprimento, total ou parcial, das obrigações compromissadas;

III – a fixação do valor da contribuição pecuniária ao Fundo de Defesa de Direitos Difusos quando cabível.

§ 2º Tratando-se da investigação da prática de infração relacionada ou decorrente das condutas previstas nos incisos I e II do § 3º do art. 36 desta Lei, entre as obrigações a que se refere o inciso I do § 1º deste artigo figurará, necessariamente, a obrigação de recolher ao Fundo de Defesa de Direitos Difusos um valor pecuniário que não poderá ser inferior ao mínimo previsto no art. 37 desta Lei.

§ 3º (*Vetado*).

§ 4º A proposta de termo de compromisso de cessação de prática somente poderá ser apresentada uma única vez.

§ 5º A proposta de termo de compromisso de cessação de prática poderá ter caráter confidencial.

§ 6º A apresentação de proposta de termo de compromisso de cessação de prática não suspende o andamento do processo administrativo.

§ 7º O termo de compromisso de cessação de prática terá caráter público, devendo o acordo ser publicado no sítio do Cade em 5 (cinco) dias após a sua celebração.

§ 8º O termo de compromisso de cessação de prática constitui título executivo extrajudicial.

§ 9º O processo administrativo ficará suspenso enquanto estiver sendo cumprido o compromisso e será arquivado ao término do prazo fixado, se atendidas todas as condições estabelecidas no termo.

§ 10. A suspensão do processo administrativo a que se refere o § 9º deste artigo dar-se-á somente em relação ao representado que firmou o compromisso, seguindo o processo seu curso regular para os demais representados.

§ 11. Declarado o descumprimento do compromisso, o Cade aplicará as sanções nele previstas e determinará o prosseguimento do processo administrativo e as demais medidas administrativas e judiciais cabíveis para sua execução.

§ 12. As condições do termo de compromisso poderão ser alteradas pelo Cade se se comprovar sua excessiva onerosidade para o representado, desde que a alteração não acarrete prejuízo para terceiros ou para a coletividade.

§ 13. A proposta de celebração do compromisso de cessação de prática será indeferida quando a autoridade não chegar a um acordo com os representados quanto aos seus termos.

§ 14. O Cade definirá, em resolução, normas complementares sobre o termo de compromisso de cessação.

§ 15. Aplica-se o disposto no art. 50 desta Lei ao Compromisso de Cessação da Prática.

Capítulo VII
DO PROGRAMA DE LENIÊNCIA

Art. 86. O Cade, por intermédio da Superintendência-Geral, poderá celebrar acordo de leniência, com a extinção da ação punitiva da administração pública ou a redução de 1 (um) a 2/3 (dois terços) da penalidade aplicável, nos termos deste artigo, com pessoas físicas e jurídicas que forem autoras de infração à ordem econômica, desde que colaborem efetivamente com as investigações e o processo administrativo e que dessa colaboração resulte:

I – a identificação dos demais envolvidos na infração; e

II – a obtenção de informações e documentos que comprovem a infração noticiada ou sob investigação.

§ 1º O acordo de que trata o *caput* deste artigo somente poderá ser celebrado se preenchidos, cumulativamente, os seguintes requisitos:

I – a empresa seja a primeira a se qualificar com respeito à infração noticiada ou sob investigação;

II – a empresa cesse completamente seu envolvimento na infração noticiada ou sob investigação a partir da data de propositura do acordo;

III – a Superintendência-Geral não disponha de provas suficientes para assegurar a condenação da empresa ou pessoa física por ocasião da propositura do acordo; e

IV – a empresa confesse sua participação no ilícito e coopere plena e permanentemente com as investigações e o processo administrativo, comparecendo, sob suas expensas, sempre que solicitada, a todos os atos processuais, até seu encerramento.

§ 2º Com relação às pessoas físicas, elas poderão celebrar acordos de leniência desde que cumpridos os requisitos II, III e IV do § 1º deste artigo.

§ 3º O acordo de leniência firmado com o Cade, por intermédio da Superintendência-Geral, estipulará as condições necessárias para assegurar a efetividade da colaboração e o resultado útil do processo.

§ 4º Compete ao Tribunal, por ocasião do julgamento do processo administrativo, verificado o cumprimento do acordo:

I – decretar a extinção da ação punitiva da administração pública em favor do infrator, nas hipóteses em que a proposta de acordo tiver sido apresentada à Superintendência-Geral sem que essa tivesse conhecimento prévio da infração noticiada; ou

II – nas demais hipóteses, reduzir de 1 (um) a 2/3 (dois terços) as penas aplicáveis, observado o disposto no art. 45 desta Lei, devendo ainda considerar na gradação da pena a efetividade da colaboração prestada e a boa-fé do infrator no cumprimento do acordo de leniência.

§ 5º Na hipótese do inciso II do § 4º deste artigo, a pena sobre a qual incidirá o fator redutor não será superior à menor das penas aplicadas aos demais coautores da infração, relativamente aos percentuais fixados para a aplicação das multas de que trata o inciso I do art. 37 desta Lei.

§ 6º Serão estendidos às empresas do mesmo grupo, de fato ou de direito, e aos seus dirigentes, administradores e empregados envolvidos na infração os efeitos do acordo de leniência, desde que o firmem em conjunto, respeitadas as condições impostas.

§ 7º A empresa ou pessoa física que não obtiver, no curso de inquérito ou processo administrativo, habilitação para a celebração do acordo de que trata este artigo, poderá celebrar com a Superintendência-Geral, até a remessa do processo para julgamento, acordo de leniência relacionado a uma outra infração, da qual o Cade não tenha qualquer conhecimento prévio.

§ 8º Na hipótese do § 7º deste artigo, o infrator se beneficiará da redução de 1/3 (um terço) da pena que lhe for aplicável naquele processo, sem prejuízo da obtenção dos benefícios de que trata o inciso I do § 4º deste artigo em relação à nova infração denunciada.

§ 9º Considera-se sigilosa a proposta de acordo de que trata este artigo, salvo no interesse das investigações e do processo administrativo.

§ 10. Não importará em confissão quanto à matéria de fato, nem reconhecimento de ilicitude da conduta analisada, a proposta de acordo de leniência rejeitada, da qual não se fará qualquer divulgação.

§ 11. A aplicação do disposto neste artigo observará as normas a serem editadas pelo Tribunal.

§ 12. Em caso de descumprimento do acordo de leniência, o beneficiário ficará impedido de celebrar novo acordo de leniência pelo prazo de 3 (três) anos, contado da data de seu julgamento.

Art. 87. Nos crimes contra a ordem econômica, tipificados na Lei 8.137, de 27 de dezembro de 1990, e nos demais crimes diretamente relacionados à prática de cartel, tais como os tipificados na Lei 8.666, de 21 de junho de 1993, e os tipificados no art. 288 do Decreto-Lei 2.848, de 7 de dezembro de 1940 - Código Penal, a celebração de acordo de leniência, nos termos desta Lei, determina a suspensão do curso do prazo prescricional e impede o oferecimento da denúncia com relação ao agente beneficiário da leniência.

Parágrafo único. Cumprido o acordo de leniência pelo agente, extingue-se automaticamente a punibilidade dos crimes a que se refere o *caput* deste artigo.

Título VII
DO CONTROLE DE CONCENTRAÇÕES

Capítulo I
DOS ATOS DE CONCENTRAÇÃO

Art. 88. Serão submetidos ao Cade pelas partes envolvidas na operação os atos de concentração econômica em que, cumulativamente:

I – pelo menos um dos grupos envolvidos na operação tenha registrado, no último balanço, faturamento bruto anual ou volume de negócios total no País, no ano anterior à operação, equivalente ou superior a R$ 400.000.000,00 (quatrocentos milhões de reais); e

II – pelo menos um outro grupo envolvido na operação tenha registrado, no último balanço, faturamento bruto anual ou volume de negócios total no País, no ano anterior à operação, equivalente ou superior a R$ 30.000.000,00 (trinta milhões de reais).

§ 1º Os valores mencionados nos incisos I e II do *caput* deste artigo poderão ser adequados, simultânea ou independentemente, por indicação do Plenário do Cade, por portaria interministerial dos Ministros de Estado da Fazenda e da Justiça.

§ 2º O controle dos atos de concentração de que trata o *caput* deste artigo será prévio e realizado em, no máximo, 240 (duzentos e quarenta) dias, a contar do protocolo de petição ou de sua emenda.

§ 3º Os atos que se subsumirem ao disposto no *caput* deste artigo não podem ser consumados antes de apreciados, nos termos deste artigo e do procedimento previsto no Capítulo II do Título VI desta Lei, sob pena de nulidade, sendo ainda imposta multa pecuniária, de valor não inferior a R$ 60.000,00 (sessenta mil reais) nem superior a R$ 60.000.000,00 (sessenta milhões de reais), a ser aplicada nos termos da regulamentação, sem prejuízo da abertura de processo administrativo, nos termos do art. 69 desta Lei.

§ 4º Até a decisão final sobre a operação, deverão ser preservadas as condições de concorrência entre as empresas envolvidas, sob pena de aplicação das sanções previstas no § 3º deste artigo.

§ 5º Serão proibidos os atos de concentração que impliquem eliminação da concorrência em parte substancial de mercado relevante, que possam criar ou reforçar uma posição dominante ou que possam resultar na dominação de mercado relevante de bens ou serviços, ressalvado o disposto no § 6º deste artigo.

§ 6º Os atos a que se refere o § 5º deste artigo poderão ser autorizados, desde que sejam observados os limites estritamente necessários para atingir os seguintes objetivos:

I – cumulada ou alternativamente:

a) aumentar a produtividade ou a competitividade;

b) melhorar a qualidade de bens ou serviços; ou

c) propiciar a eficiência e o desenvolvimento tecnológico ou econômico; e

II – sejam repassados aos consumidores parte relevante dos benefícios decorrentes.

§ 7º É facultado ao Cade, no prazo de 1 (um) ano a contar da respectiva data de consumação, requerer a submissão dos atos de concentração que não se enquadrem no disposto neste artigo.

§ 8º As mudanças de controle acionário de companhias abertas e os registros de fusão, sem prejuízo da obrigação das partes envolvidas, devem ser comunicados ao Cade pela Comissão de Valores Mobiliários - CVM e pelo Departamento Nacional do Registro do Comércio do Ministério do Desenvolvimento, Indústria e Comércio Exterior, respectivamente, no prazo de 5 (cinco) dias úteis para, se for o caso, ser examinados.

§ 9º O prazo mencionado no § 2º deste artigo somente poderá ser dilatado:

I – por até 60 (sessenta) dias, improrrogáveis, mediante requisição das partes envolvidas na operação; ou

II – por até 90 (noventa) dias, mediante decisão fundamentada do Tribunal, em que sejam especificados as razões para a extensão, o prazo da prorrogação, que será não renovável, e as providências cuja realização seja necessária para o julgamento do processo.

Art. 89. Para fins de análise do ato de concentração apresentado, serão obedecidos os procedimentos estabelecidos no Capítulo II do Título VI desta Lei.

Parágrafo único. O Cade regulamentará, por meio de Resolução, a análise prévia de atos de concentração realizados com o propósito específico de participação em leilões, licitações e operações de aquisição de ações por meio de oferta pública.

Art. 90. Para os efeitos do art. 88 desta Lei, realiza-se um ato de concentração quando:

I – 2 (duas) ou mais empresas anteriormente independentes se fundem;

II – 1 (uma) ou mais empresas adquirem, direta ou indiretamente, por compra ou permuta de ações, quotas, títulos ou valores mobiliários conversíveis em ações, ou ativos, tangíveis ou intangíveis, por via contratual ou por qualquer outro meio ou forma, o controle ou partes de uma ou outras empresas;

III – 1 (uma) ou mais empresas incorporam outra ou outras empresas; ou

IV – 2 (duas) ou mais empresas celebram contrato associativo, consórcio ou *joint venture*.

Parágrafo único. Não serão considerados atos de concentração, para os efeitos do disposto no art. 88 desta Lei, os descritos no inciso IV do *caput*, quando destinados às licitações promovidas pela administração pública direta e indireta e aos contratos delas decorrentes.

Art. 91. A aprovação de que trata o art. 88 desta Lei poderá ser revista pelo Tribunal, de ofício ou mediante provocação da Superintendência-Geral, se a decisão for baseada em informações falsas ou enganosas prestadas pelo interessado, se ocorrer o descumprimento de quaisquer das obrigações assumidas ou não forem alcançados os benefícios visados.

Parágrafo único. Na hipótese referida no *caput* deste artigo, a falsidade ou enganosidade será punida com multa pecuniária, de valor não inferior a R$ 60.000,00 (sessenta mil reais) nem superior a R$ 6.000.000,00 (seis milhões de reais), a ser aplicada na forma das normas do Cade, sem prejuízo da abertura de processo administrativo, nos termos do art. 67 desta Lei, e da adoção das demais medidas cabíveis.

Capítulo II
DO ACORDO EM CONTROLE DE CONCENTRAÇÕES

Art. 92. (*Vetado*).

Título VIII
DA EXECUÇÃO JUDICIAL DAS DECISÕES DO CADE

Capítulo I
DO PROCESSO

Art. 93. A decisão do Plenário do Tribunal, cominando multa ou impondo obrigação de fazer ou não fazer, constitui título executivo extrajudicial.

Art. 94. A execução que tenha por objeto exclusivamente a cobrança de multa pecuniária será feita de acordo com o disposto na Lei 6.830, de 22 de setembro de 1980.

Art. 95. Na execução que tenha por objeto, além da cobrança de multa, o cumprimento de obrigação de fazer ou não fazer, o Juiz concederá a tutela específica da obrigação, ou determinará providências que assegurem o resultado prático equivalente ao do adimplemento.

§ 1º A conversão da obrigação de fazer ou não fazer em perdas e danos somente será admissível se impossível a tutela específica ou a obtenção do resultado prático correspondente.

§ 2º A indenização por perdas e danos far-se-á sem prejuízo das multas.

Art. 96. A execução será feita por todos os meios, inclusive mediante intervenção na empresa, quando necessária.

Art. 97. A execução das decisões do Cade será promovida na Justiça Federal do Distrito Federal ou da sede ou domicílio do executado, à escolha do Cade.

Art. 98. O oferecimento de embargos ou o ajuizamento de qualquer outra ação que vise à desconstituição do título executivo não suspenderá a execução, se não for garantido o juízo no valor das multas aplicadas, para que se garanta o cumprimento da decisão final proferida nos autos, inclusive no que tange a multas diárias.

§ 1º Para garantir o cumprimento das obrigações de fazer, deverá o juiz fixar caução idônea.

§ 2º Revogada a liminar, o depósito do valor da multa converter-se-á em renda do Fundo de Defesa de Direitos Difusos.

§ 3º O depósito em dinheiro não suspenderá a incidência de juros de mora e atualização monetária, podendo o Cade, na hipótese do § 2º deste artigo, promover a execução para cobrança da diferença entre o valor revertido ao Fundo de Defesa de Direitos Difusos e o valor da multa atualizado, com os acréscimos legais, como se sua exigibilidade do crédito jamais tivesse sido suspensa.

§ 4º (Revogado pela Lei 13.105/2015, em vigor após decorrido 1 (um) ano da data de sua publicação – D.O.U. de 17.3.2015 (v. Art. 1.045 do NCPC).

Anterior redação: § 4º Na ação que tenha por objeto decisão do Cade, o autor deverá deduzir todas as questões de fato e de direito, sob pena de preclusão consumativa, reputando-se deduzidas todas as alegações que poderia deduzir em favor do acolhimento do pedido, não podendo o mesmo pedido ser deduzido sob diferentes causas de pedir em ações distintas, salvo em relação a fatos supervenientes.

Art. 99. Em razão da gravidade da infração da ordem econômica, e havendo fundado receio de dano irreparável ou de difícil reparação, ainda que tenha havido o depósito das multas e prestação de caução, poderá o Juiz determinar a adoção imediata, no todo ou em parte, das providências contidas no título executivo.

Art. 100. No cálculo do valor da multa diária pela continuidade da infração, tomar-se-á como termo inicial a data final fixada pelo Cade para a adoção voluntária das providências contidas em sua decisão, e como termo final o dia do seu efetivo cumprimento.

Art. 101. O processo de execução em juízo das decisões do Cade terá preferência sobre as demais espécies de ação, exceto *habeas corpus* e mandado de segurança.

Capítulo II
DA INTERVENÇÃO JUDICIAL

Art. 102. O Juiz decretará a intervenção na empresa quando necessária para permitir a execução específica, nomeando o interventor.

Parágrafo único. A decisão que determinar a intervenção deverá ser fundamentada e indicará, clara e precisamente, as providências a serem tomadas pelo interventor nomeado.

Art. 103. Se, dentro de 48 (quarenta e oito) horas, o executado impugnar o interventor por motivo de inaptidão ou inidoneidade, feita a prova da alegação em 3 (três) dias, o juiz decidirá em igual prazo.

Art. 104. Sendo a impugnação julgada procedente, o juiz nomeará novo interventor no prazo de 5 (cinco) dias.

Art. 105. A intervenção poderá ser revogada antes do prazo estabelecido, desde que comprovado o cumprimento integral da obrigação que a determinou.

Art. 106. A intervenção judicial deverá restringir-se aos atos necessários ao cumprimento da decisão judicial que a determinar e terá duração máxima de 180 (cento e oitenta) dias, ficando o interventor responsável por suas ações e omissões, especialmente em caso de abuso de poder e desvio de finalidade.

§ 1º Aplica-se ao interventor, no que couber, o disposto nos arts. 153 a 159 da Lei 6.404, de 15 de dezembro de 1976.

§ 2º A remuneração do interventor será arbitrada pelo Juiz, que poderá substituí-lo a qualquer tempo, sendo obrigatória a substituição quando incorrer em insolvência civil, quando for sujeito passivo ou ativo de qualquer forma de corrupção ou prevaricação, ou infringir quaisquer de seus deveres.

Art. 107. O juiz poderá afastar de suas funções os responsáveis pela administração da empresa que, comprovadamente, obstarem o cumprimento de atos de competência do interventor, devendo eventual substituição dar-se na forma estabelecida no contrato social da empresa.

§ 1º Se, apesar das providências previstas no *caput* deste artigo, um ou mais responsáveis pela administração da empresa persistirem em obstar a ação do interventor, o juiz procederá na forma do disposto no § 2º deste artigo.

§ 2º Se a maioria dos responsáveis pela administração da empresa recusar colaboração ao interventor, o juiz determinará que este assuma a administração total da empresa.

Art. 108. Compete ao interventor:

I – praticar ou ordenar que sejam praticados os atos necessários à execução;

II – denunciar ao Juiz quaisquer irregularidades praticadas pelos responsáveis pela empresa e das quais venha a ter conhecimento; e

III – apresentar ao Juiz relatório mensal de suas atividades.

Art. 109. As despesas resultantes da intervenção correrão por conta do executado contra quem ela tiver sido decretada.

Art. 110. Decorrido o prazo da intervenção, o interventor apresentará ao juiz relatório circunstanciado de sua gestão, propondo a extinção e o arquivamento do processo ou pedindo a prorrogação do prazo na hipótese de não ter sido possível cumprir integralmente a decisão exequenda.

Art. 111. Todo aquele que se opuser ou obstaculizar a intervenção ou, cessada esta, praticar quaisquer atos que direta ou indiretamente anulem seus efeitos, no todo ou em parte, ou desobedecer a ordens legais do interventor será, conforme o caso, responsabilizado criminalmente por resistência, desobediência ou coação no curso do processo, na forma dos arts. 329, 330 e 344 do Decreto-Lei 2.848, de 7 de dezembro de 1940 - Código Penal.

Título IX
DISPOSIÇÕES FINAIS E TRANSITÓRIAS

Art. 112. (*Vetado*).

Art. 113. Visando a implementar a transição para o sistema de mandatos não coincidentes, as nomeações dos Conselheiros observarão os seguintes critérios de duração dos mandatos, nessa ordem:

I – 2 (dois) anos para os primeiros 2 (dois) mandatos vagos; e

II – 3 (três) anos para o terceiro e o quarto mandatos vagos.

§ 1º Os mandatos dos membros do Cade e do Procurador-Chefe em vigor na data de promulgação desta Lei serão mantidos e exercidos até o seu término original, devendo as nomeações subsequentes à extinção desses mandatos observar o disposto neste artigo.

§ 2º Na hipótese do § 1º deste artigo, o Conselheiro que estiver exercendo o seu primeiro mandato no Cade, após o término de seu mandato original, poderá ser novamente nomeado no mesmo cargo, observado o disposto nos incisos I e II do *caput* deste artigo.

§ 3º O Conselheiro que estiver exercendo o seu segundo mandato no Cade, após o término de seu mandato original, não poderá ser novamente nomeado para o período subsequente.

§ 4º Não haverá recondução para o Procurador-Chefe que estiver exercendo mandato no Cade, após o término de seu mandato original, podendo ele ser indicado para permanecer no cargo na forma do art. 16 desta Lei.

Art. 114. (*Vetado*).

Art. 115. Aplicam-se subsidiariamente aos processos administrativo e judicial previstos nesta Lei as disposições das Leis 5.869, de 11 de janeiro de 1973 - Código de Processo Civil, 7.347, de 24 de julho de 1985, 8.078, de 11 de setembro de 1990, e 9.784, de 29 de janeiro de 1999.

→ v. Lei 13.105/2015 – Novo CPC.

Art. 116. O art. 4º da Lei 8.137, de 27 de dezembro de 1990, passa a vigorar com a seguinte redação:

*Alterações efetuadas na referida Lei 8.137/1990.

Art. 117. O *caput* e o inciso V do art. 1º da Lei 7.347, de 24 de julho de 1985, passam a vigorar com a seguinte redação:

"Art. 1º Regem-se pelas disposições desta Lei, sem prejuízo da ação popular, as ações de responsabilidade por danos morais e patrimoniais causados:

(...)

V – por infração da ordem econômica;

(...)"

Art. 118. Nos processos judiciais em que se discuta a aplicação desta Lei, o Cade deverá ser intimado para, querendo, intervir no feito na qualidade de assistente.

Art. 119. O disposto nesta Lei não se aplica aos casos de *dumping* e subsídios de que tratam os Acordos Relativos à Implementação do Artigo VI do Acordo Geral sobre Tarifas Aduaneiras e Comércio, promulgados pelos Decretos 93.941 e 93.962, de 16 e 22 de janeiro de 1987, respectivamente.

Art. 120. (*Vetado*).

Art. 121. Ficam criados, para exercício na Secretaria de Acompanhamento Econômico e, prioritariamente, no Cade, observadas as diretrizes e quantitativos estabelecidos pelo Órgão Supervisor da Carreira, 200 (duzentos) cargos de Especialistas em Políticas Públicas e Gestão Governamental, integrantes da Carreira de Especialista em Políticas Públicas e Gestão Governamental, para o exercício das atribuições referidas no art. 1° da Lei 7.834, de 6 de outubro de 1989, a serem providos gradualmente, observados os limites e a autorização específica da lei de diretrizes orçamentárias, nos termos do inciso II do § 1° do art. 169 da Constituição Federal.

Parágrafo único. Ficam transferidos para o Cade os cargos pertencentes ao Ministério da Justiça atualmente alocados no Departamento de Proteção e Defesa Econômica da Secretaria de Direito Econômico, bem como o DAS-6 do Secretário de Direito Econômico.

→ *v.* Art. 3° do Decreto 7.738/2012.

Art. 122. Os órgãos do SBDC poderão requisitar servidores da administração pública federal direta, autárquica ou fundacional para neles ter exercício, independentemente do exercício de cargo em comissão ou função de confiança.

Parágrafo único. Ao servidor requisitado na forma deste artigo são assegurados todos os direitos e vantagens a que façam jus no órgão ou entidade de origem, considerando-se o período de requisição para todos os efeitos da vida funcional, como efetivo exercício no cargo que ocupe no órgão ou entidade de origem.

Art. 123. Ato do Ministro de Estado do Planejamento, Orçamento e Gestão fixará o quantitativo ideal de cargos efetivos, ocupados, a serem mantidos, mediante lotação, requisição ou exercício, no âmbito do Cade e da Secretaria de Acompanhamento Econômico, bem como fixará cronograma para que sejam atingidos os seus quantitativos, observadas as dotações consignadas nos Orçamentos da União.

Art. 124. Ficam criados, no âmbito do Poder Executivo Federal, para alocação ao Cade, os seguintes cargos em comissão do Grupo-Direção e Assessoramento Superiores - DAS: 2 (dois) cargos de natureza especial NES de Presidente do Cade e Superintendente-Geral do Cade, 7 (sete) DAS-6, 16 (dezesseis) DAS-4, 8 (oito) DAS-3, 11 (onze) DAS-2 e 21 (vinte e um) DAS-1.

Art. 125. O Poder Executivo disporá sobre a estrutura regimental do Cade, sobre as competências e atribuições, denominação das unidades e especificações dos cargos, promovendo a alocação, nas unidades internas da autarquia, dos cargos em comissão e das funções gratificadas.

Art. 126. Ficam extintos, no âmbito do Poder Executivo Federal, os seguintes cargos em comissão do Grupo-Direção e Assessoramento Superiores - DAS e Funções Gratificadas - FG: 3 (três) DAS-5, 2 (duas) FG-1 e 16 (dezesseis) FG-3.

→ *v.* Art. 4° do Decreto 7.738/2012.

Art. 127. Ficam revogados a Lei 9.781, de 19 de janeiro de 1999, os arts. 5° e 6° da Lei 8.137, de 27 de dezembro de 1990, e os arts. 1° a 85 e 88 a 93 da Lei 8.884, de 11 de junho de 1994.

Art. 128. Esta Lei entra em vigor após decorridos 180 (cento e oitenta) dias de sua publicação oficial.

Brasília, 30 de novembro de 2011; 190° da Independência e 123° da República.

Dilma Rousseff

(Publicação no *D.O.U.* de 1.11.2011 e retificação: 2.12.2011)

LEI 12.546,
DE 14 DE DEZEMBRO DE 2011

Institui o Regime Especial de Reintegração de Valores Tributários para as Empresas Exportadoras (Reintegra); dispõe sobre a redução do Imposto sobre Produtos Industrializados (IPI) à indústria automotiva; altera a incidência das contribuições previdenciárias devidas pelas empresas que menciona; altera as Leis 11.774, de 17 de setembro de 2008, 11.033, de 21 de dezembro de 2004, 11.196, de 21 de novembro de 2005, 10.865, de 30 de abril de 2004, 11.508, de 20 de julho de 2007, 7.291, de 19 de dezembro de 1984, 11.491, de 20 de junho de 2007, 9.782, de 26 de janeiro de 1999, e 9.294, de 15 de julho de 1996, e a Medida Provisória 2.199-14, de 24 de agosto de 2001; revoga o art. 1° da Lei 11.529, de 22 de outubro de 2007, e o art. 6° do Decreto-Lei 1.593, de 21 de dezembro de 1977, nos termos que especifica; e dá outras providências.

A Presidenta da República:

Faço saber que o Congresso Nacional decreta e eu sanciono a seguinte Lei:

Art. 1° É instituído o Regime Especial de Reintegração de Valores Tributários para as Empresas Exportadoras (Reintegra), com o objetivo de reintegrar valores referentes a custos tributários federais residuais existentes nas suas cadeias de produção.

Art. 2° No âmbito do Reintegra, a pessoa jurídica produtora que efetue exportação de bens manufaturados no País poderá apurar valor para fins de ressarcir parcial ou integralmente o resíduo tributário federal existente na sua cadeia de produção.

§ 1° O valor será calculado mediante a aplicação de percentual estabelecido pelo Poder Executivo sobre a receita decorrente da exportação de bens produzidos pela pessoa jurídica referida no *caput*.

§ 2° O Poder Executivo poderá fixar o percentual de que trata o § 1° entre zero e 3% (três por cento), bem como poderá diferenciar o percentual aplicável por setor econômico e tipo de atividade exercida.

§ 3° Para os efeitos deste artigo, considera-se bem manufaturado no País aquele:

I – classificado em código da Tabela de Incidência do Imposto sobre Produtos Industrializados (Tipi), aprovada pelo Decreto 6.006, de 28 de dezembro de 2006, relacionado em ato do Poder Executivo; e

II – cujo custo dos insumos importados não ultrapasse o limite percentual do preço de exportação, conforme definido em relação discriminada por tipo de bem, constante do ato referido no inciso I deste parágrafo.

§ 4° A pessoa jurídica utilizará o valor apurado para:

I – efetuar compensação com débitos próprios, vencidos ou vincendos, relativos a tributos administrados pela Secretaria da Receita Federal do Brasil, observada a legislação específica aplicável à matéria; ou

II – solicitar seu ressarcimento em espécie, nos termos e condições estabelecidos pela Secretaria da Receita Federal do Brasil.

§ 5° Para os fins deste artigo, considera-se exportação a venda direta ao exterior ou à empresa comercial exportadora com o fim específico de exportação para o exterior.

§ 6° O disposto neste artigo não se aplica a:

I – empresa comercial exportadora; e

II – bens que tenham sido importados.

§ 7° A empresa comercial exportadora é obrigada ao recolhimento do valor atribuído à empresa produtora vendedora se:

I – revender, no mercado interno, os produtos adquiridos para exportação; ou

II – no prazo de 180 (cento e oitenta) dias, contado da data da emissão da nota fiscal de venda pela empresa produtora, não houver efetuado a exportação dos produtos para o exterior.

§ 8° O recolhimento do valor referido no § 7° deverá ser efetuado até o décimo dia subsequente:

→ *Caput* do § 8° com redação alterada pela Lei 12.688/2012.

I – ao da revenda no mercado interno; ou

→ Inciso I acrescentado pela Lei 12.688/2012.

II – ao do vencimento do prazo estabelecido para a efetivação da exportação.

→ Inciso II acrescentado pela Lei 12.688/2012.

§ 9° O recolhimento do valor referido no § 7° deverá ser efetuado acrescido de multa de mora ou de ofício e de juros equivalentes à taxa referencial do Sistema Especial de Liquidação e de Custódia (Selic), para títulos federais, acumulada mensalmente, calculados a partir do primeiro dia do mês subsequente ao da emissão da nota fiscal de venda dos produtos para a empresa comercial exportadora até o último dia do mês anterior ao do pagamento, e de 1% (um por cento) no mês do pagamento.

→ § 9° acrescentado pela Lei 12.688/2012.

§ 10. As pessoas jurídicas de que tratam os arts. 11-A e 11-B da Lei 9.440, de 14 de março de 1997, e o art. 1° da Lei 9.826, de 23 de agosto de 1999, poderão requerer o Reintegra.

→ § 10 acrescentado pela Lei 12.688/2012.

§ 11. Do valor apurado referido no *caput*:

→ § 11 acresce3ntado pela Lei 12.688/2012.

I – 17,84% (dezessete inteiros e oitenta e quatro centésimos por cento) corresponderão a crédito da Contribuição para o PIS/Pasep; e

II – 82,16% (oitenta e dois inteiros e dezesseis centésimos por cento) corresponderão a crédito da Cofins.

§ 12. Não serão computados na apuração da base de cálculo da Contribuição para o PIS/Pasep e da Cofins os valores ressarcidos no âmbito do Reintegra.

→ § 12 acrescentado pela Lei 12.844/2013.

Art. 3º O Reintegra aplicar-se-á às exportações realizadas:

→ *Caput* com redação alterada pela Lei 12.844/2013.

I – de 4 de junho de 2013 até 31 de dezembro de 2013; e

→ Inciso I acrescentado pela Lei 12.844/2013.

II – (*Vetado*).

→ Inciso II acrescentado pela Lei 12.844/013.

Art. 4º O art. 1º da Lei 11.774, de 17 de setembro de 2008, passa a vigorar com a seguinte redação:

→ Alterações efetuadas na referida Lei.

Art. 5º As empresas fabricantes, no País, de produtos classificados nas posições 87.01 a 87.06 da Tipi, aprovada pelo Decreto 6.006, de 2006, observados os limites previstos nos incisos I e II do art. 4º do Decreto-Lei 1.199, de 27 de dezembro de 1971, poderão usufruir da redução das alíquotas do Imposto sobre Produtos Industrializados (IPI), mediante ato do Poder Executivo, com o objetivo de estimular a competitividade, a agregação de conteúdo nacional, o investimento, a inovação tecnológica e a produção local.

§ 1º A redução de que trata o *caput*:

I – deverá observar, atendidos os requisitos estabelecidos em ato do Poder Executivo, níveis de investimento, de inovação tecnológica e de agregação de conteúdo nacional;

II – poderá ser usufruída até 31 de dezembro de 2017; e

→ Inciso II com redação alterada pela Lei 12.844/2013.

III – abrangerá os produtos indicados em ato do Poder Executivo.

§ 2º Para fins deste artigo, o Poder Executivo definirá:

I – os percentuais da redução de que trata o *caput*, podendo diferenciá-los por tipo de produto, tendo em vista os critérios estabelecidos no § 1º; e

II – a forma de habilitação da pessoa jurídica.

§ 3º A redução de que trata o *caput* não exclui os benefícios previstos nos arts. 11-A e 11-B da Lei 9.440, de 14 de março de 1997, e no art. 1º da Lei 9.826, de 23 de agosto de 1999, e o regime especial de tributação de que trata o art. 56 da Medida Provisória 2.158-35, de 24 de agosto de 2001, nos termos, limites e condições estabelecidos em ato do Poder Executivo.

Art. 6º A redução de que trata o art. 5º aplica-se aos produtos de procedência estrangeira classificados nas posições 87.01 a 87.06 da Tipi, observado o disposto no inciso III do § 1º do art. 5º, atendidos os limites e condições estabelecidos em ato do Poder Executivo.

§ 1º Respeitados os acordos internacionais dos quais a República Federativa do Brasil seja signatária, o disposto no *caput* aplica-se somente no caso de saída dos produtos importados de estabelecimento importador pertencente a pessoa jurídica fabricante que atenda aos requisitos mencionados nos §§ 1º e 2º do art. 5º.

§ 2º A exigência de que trata o § 1º não se aplica às importações de veículos realizadas ao amparo de acordos internacionais que contemplem programas de integração específicos, nos termos estabelecidos em ato do Poder Executivo.

Art. 7º Poderão contribuir sobre o valor da receita bruta, excluídos as vendas canceladas e os descontos incondicionais concedidos, em substituição às contribuições previstas nos incisos I e III do *caput* do art. 22 da Lei 8.212, de 24 de julho de 1991:

→ *Caput* com redação alterada pela Lei 13.161/2015.

I – as empresas que prestam os serviços referidos nos §§ 4º e 5º do art. 14 da Lei 11.774, de 17 de setembro de 2008;

→ Inciso I acrescentado pela Lei 12.715/2012.

II – as empresas do setor hoteleiro enquadradas na subclasse 5510-8/01 da Classificação Nacional de Atividades Econômicas – CNAE 2.0;

→ Inciso II acrescentado pela Lei 12.715/2012.

III – as empresas de transporte rodoviário coletivo de passageiros, com itinerário fixo, municipal, intermunicipal em região metropolitana, intermunicipal, interestadual e internacional enquadradas nas classes 4921-3 e 4922-1 da CNAE 2.0.

→ Inciso III acrescentado pela Lei 12.715/2012.

IV – as empresas do setor de construção civil, enquadradas nos grupos 412, 432, 433 e 439 da CNAE 2.0;

→ Inciso IV acrescentado pela Lei 12.844/2013.

V – as empresas de transporte ferroviário de passageiros, enquadradas nas subclasses 4912-4/01 e 4912-4/02 da CNAE 2.0;

→ Inciso V com redação alterada pela Lei 12.844/2013.

VI – as empresas de transporte metroferroviário de passageiros, enquadradas na subclasse 4912-4/03 da CNAE 2.0;

→ Inciso VI com redação alterada pela Lei 12.844/2013.

VII – as empresas de construção de obras de infraestrutura, enquadradas nos grupos 421, 422, 429 e 431 da CNAE 2.0.

→ Inciso VII com redação alterada pela Lei 12.844/2013.

VIII – (*Revogado pela Lei 12.844/2013*).

IX – (*Vetado*);

→ Inciso IX acrescentado pela Lei 12.794/2013.

X – (*Vetado*); e

→ Inciso X acrescentado pela Lei 12.794/2013.

X – (*Revogado pela Lei 12.844/2013*).

XI – (*Revogado pela Lei 12.794/2013*)

XII – (*Vetado*);

→ Inciso XII acrescentado pela Lei 13.043/2014.

XIII – (*Vetado*);

→ Inciso XIII acrescentado pela Lei 13.043/2014.

§ 1º Durante a vigência deste artigo, as empresas abrangidas pelo *caput* e pelos §§ 3º e 4º deste artigo não farão jus às reduções previstas no *caput* do art. 14 da Lei 11.774, de 2008.

§ 2º O disposto neste artigo não se aplica a empresas que exerçam as atividades de representante, distribuidor ou revendedor de programas de computador, cuja receita bruta decorrente dessas atividades seja igual ou superior a 95% (noventa e cinco por cento) da receita bruta total.

→ § 2º com redação alterada pela Lei 12.715/2012.

§§ 3º e 4º (*Revogados pela Lei 12.715/2012*).

§ 5º (*Vetado*).

§ 6º No caso de contratação de empresas para a execução dos serviços referidos no *caput*, mediante cessão de mão de obra, na forma definida pelo art. 31 da Lei 8.212, de 24 de julho de 1991, e para fins de elisão da responsabilidade solidária prevista no inciso VI do art. 30 da Lei 8.212, de 24 de julho de 1991, a empresa contratante deverá reter 3,5% (três inteiros e cinco décimos por cento) do valor bruto da nota fiscal ou da fatura de prestação de serviços.

→ § 6º com redação alterada pela Lei 12.995/2014.

§ 7º As empresas relacionadas no inciso IV do *caput* poderão antecipar para 4 de junho de 2013 sua inclusão na tributação substitutiva prevista neste artigo.

→ § 7º com redação alterada pela Lei 12.844/2013.

§ 8º A antecipação de que trata o § 7º será exercida de forma irretratável mediante o recolhimento, até o prazo de vencimento, da contribuição substitutiva prevista no *caput*, relativa a junho de 2013.

→ § 8º acrescentado pela Lei 12.844/2013.

§ 9º Serão aplicadas às empresas referidas no inciso IV do *caput* as seguintes regras:

→ § 9º acrescentado pela Lei 12.844/2013.

I – para as obras matriculadas no Cadastro Específico do INSS – CEI até o dia 31 de março de 2013, o recolhimento da contribuição previdenciária deverá ocorrer na forma dos incisos I e III do *caput* do art. 22 da Lei 8.212, de 24 de julho de 1991, até o seu término;

II – para as obras matriculadas no Cadastro Específico do INSS – CEI no período compreendido entre 1º de abril de 2013 e 31 de maio de 2013, o recolhimento da contribuição previdenciária deverá ocorrer na forma do *caput*, até o seu término;

III – para as obras matriculadas no Cadastro Específico do INSS – CEI no período compreendido entre 1º de junho de 2013 até o último dia do terceiro mês subsequente ao da publicação desta Lei, o recolhimento da contribuição previdenciária poderá ocorrer, tanto na forma do *caput*, como na forma dos incisos I e III do *caput* do art. 22 da Lei 8.212, de 24 de julho de 1991;

IV – para as obras matriculadas no Cadastro Específico do INSS – CEI após o primeiro dia do quarto mês subsequente ao da publicação desta Lei, o recolhimento da contribuição previdenciária deverá ocorrer na forma do *caput*, até o seu término;

V – no cálculo da contribuição incidente sobre a receita bruta, serão excluídas da base de cálculo, observado o disposto no art. 9º, as receitas provenientes das obras cujo recolhimento da contribuição tenha ocorrido na forma dos incisos I e III do *caput* do art. 22 da Lei 8.212, de 24 de julho de 1991.

§ 10. A opção a que se refere o inciso III do § 9º será exercida de forma irretratável mediante o recolhimento, até o prazo de vencimento, da contribuição previdenciária na sistemática escolhida, relativa a junho de 2013 e será aplicada até o término da obra.

→ § 10 acrescentado pela Lei 12.844/2013.

§ 11. (*Vetado*).

→ § 11 acrescentado pela Lei 12.844/2013.

§ 12. (*Vetado*).

→ § 12 acrescentado pela Lei 12.844/2013.

LEGISLAÇÃO

Art. 7º-A. A alíquota da contribuição sobre a receita bruta prevista no art. 7º será de 4,5% (quatro inteiros e cinco décimos por cento), exceto para as empresas de call center referidas no inciso I, que contribuirão à alíquota de 3% (três por cento), e para as empresas identificadas nos incisos III, V e VI, todos do *caput* do art. 7º, que contribuirão à alíquota de 2% (dois por cento).

→ Artigo com redação alterada pela Lei 13.202/2015.

Art. 8º Poderão contribuir sobre o valor da receita bruta, excluídas as vendas canceladas e os descontos incondicionais concedidos, em substituição às contribuições previstas nos incisos I e III do *caput* do art. 22 da Lei 8.212, de 24 de julho de 1991, as empresas que fabricam os produtos classificados na Tipi, aprovada pelo Decreto 7.660, de 23 de dezembro de 2011, nos códigos referidos no Anexo I.

→ *Caput* com redação alterada pela Lei 13.161/2015.

§ 1º O disposto no *caput*:

→ *Caput* do § 1º acrescentado pela Lei 12.715/2012.

I – aplica-se apenas em relação aos produtos industrializados pela empresa;

→ Inciso I acrescentado pela Lei 12.715/2012.

II – não se aplica:

→ *Caput* do inciso II acrescentado pela Lei 12.715/2012.

a) a empresas que se dediquem a outras atividades, além das previstas no *caput*, cuja receita bruta decorrente dessas outras atividades seja igual ou superior a 95% (noventa e cinco por cento) da receita bruta total; e

→ Alínea *a* acrescentada pela Lei 12.715/2012.

b) aos fabricantes de automóveis, comerciais leves (camionetas, picapes, utilitários, vans e furgões), caminhões e chassis com motor para caminhões, chassis com motor para ônibus, caminhões-tratores, tratores agrícolas e colheitadeiras agrícolas autopropelidas.

→ Alínea *b* acrescentada pela Lei 12.715/2012.

c) às empresas aéreas internacionais de bandeira estrangeira de países que estabeleçam, em regime de reciprocidade de tratamento, isenção tributária às receitas geradas por empresas aéreas brasileiras.

→ Alínea *c* com redação alterada pela Lei 12.844/2013.

§ 2º Para efeito do inciso I do § 1º, devem ser considerados os conceitos de industrialização e de industrialização por encomenda previstos na legislação do Imposto sobre Produtos Industrializados – IPI.

→ § 2º acrescentado pela Lei 12.715/2012.

§ 3º O disposto no *caput* também se aplica às empresas:

→ *Caput* do § 3º acrescentado pela Lei 12.715/2012.

I – de manutenção e reparação de aeronaves, motores, componentes e equipamentos correlatos;

→ Inciso I acrescentado pela Lei 12.715/2012.

II – de transporte aéreo de carga e de serviços auxiliares ao transporte aéreo de carga;

→ Inciso II com redação alterada pela Lei 13.161/2015.

III – de transporte aéreo de passageiros regular e de serviços auxiliares ao transporte aéreo de passageiros regular;

→ Inciso III com redação alterada pela Lei 13.161/2015.

IV – de transporte marítimo de carga na navegação de cabotagem;

→ Inciso IV acrescentado pela Lei 12.715/2012.

V – de transporte marítimo de passageiros na navegação de cabotagem;

→ Inciso V acrescentado pela Lei 12.715/2012.

VI – de transporte marítimo de carga na navegação de longo curso;

→ Inciso VI acrescentado pela Lei 12.715/2012.

VII – de transporte marítimo de passageiros na navegação de longo curso;

→ Inciso VII acrescentado pela Lei 12.715/2012.

VIII – de transporte por navegação interior de carga;

→ Inciso VIII acrescentado pela Lei 12.715/2012.

IX – de transporte por navegação interior de passageiros em linhas regulares; e

→ Inciso IX acrescentado pela Lei 12.715/2012.

X – de navegação de apoio marítimo e de apoio portuário.

→ Inciso X acrescentado pela Lei 12.715/2012.

XI – de manutenção e reparação de embarcações;

→ Inciso XI acrescentado pela Lei 12.844/2013.

XII – de varejo que exercem as atividades listadas no Anexo II desta Lei;

→ Inciso XII acrescentado pela Lei 12.844/2013.

XIII – que realizam operações de carga, descarga e armazenagem de contêineres em portos organizados, enquadradas nas classes 5212-5 e 5231-1 da CNAE 2.0;

→ Inciso XIII acrescentado pela Lei 12.844/2013.

XIV – de transporte rodoviário de cargas, enquadradas na classe 4930-2 da CNAE 2.0;

→ Inciso XIV acrescentado pela Lei 12.844/2013.

XV – de transporte ferroviário de cargas, enquadradas na classe 4911-6 da CNAE 2.0; e

→ Inciso XV acrescentado pela Lei 12.844/2013.

XVI – jornalísticas e de radiodifusão sonora e de sons e imagens de que trata a Lei 10.610, de 20 de dezembro de 2002, enquadradas nas classes 1811-3, 5811-5, 5812-3, 5813-1, 5822-1, 5823-9, 6010-1, 6021-7 e 6319-4 da CNAE 2.0.

→ Inciso XVI acrescentado pela Lei 12.844/2013.

XVII a XX – (*Revogados pela Lei 12.844/2013*).

§ 4º A partir de 1º de janeiro de 2013, ficam incluídos no Anexo I referido no *caput* os produtos classificados nos seguintes códigos da Tipi:

→ *Caput* do § 4º com redação alterada pela Lei 12.844/2013.

I – 9503.00.10, 9503.00.21, 9503.00.22, 9503.00.29, 9503.00.31, 9503.00.39, 9503.00.40, 9503.00.50, 9503.00.60, 9503.00.70, 9503.00.80, 9503.00.91, 9503.00.97, 9503.00.98, 9503.00.99;

→ Inciso I acrescentado pela Lei 12.715/2012.

II – (*Vetado*).

→ Inciso II acrescentado pela Lei 12.715/2012.

§ 5º No caso de contratação de empresas para a execução dos serviços referidos no § 3º, mediante cessão de mão de obra, na forma definida pelo art. 31 da Lei 8.212, de 24 de julho de 1991, a empresa contratante deverá reter 3,5% (três inteiros e cinco décimos por cento) do valor bruto da nota fiscal ou fatura de prestação de serviços.

→ § 5º acrescentado pela Lei 12.844/2013.

§ 6º As empresas relacionadas na alínea c do inciso II do § 1º poderão antecipar para 1º de junho de 2013 sua exclusão da tributação substitutiva prevista no *caput*.

→ § 6º com redação alterada pela Lei 12.844/2013.

§ 7º A antecipação de que trata o § 6º será exercida de forma irretratável mediante o recolhimento, até o prazo de vencimento, da contribuição previdenciária prevista nos incisos I e III do *caput* do art. 22 da Lei 8.212, de 24 de julho de 1991, relativa a junho de 2013.

→ § 7º com redação alterada pela Lei 12.844/2013.

§ 8º As empresas relacionadas nos incisos XI e XII do § 3º poderão antecipar para 4 de junho de 2013 sua inclusão na tributação substitutiva prevista neste artigo.

→ § 8º com redação alterada pela Lei 12.844/2013.

§ 9º A antecipação de que trata o § 8º será exercida de forma irretratável mediante o recolhimento, até o prazo de vencimento, da contribuição substitutiva prevista no *caput*, relativa a junho de 2013.

→ § 9º acrescentado pela Lei 12.844/2013.

§ 10. (*Vetado*).

→ § 10 acrescentado pela Lei 12.844/2013.

§ 11. O disposto no inciso XII do § 3º do *caput* deste artigo e no Anexo II desta Lei não se aplica:

→ § 11 acrescentado pela Lei 12.873/2013.

I – às empresas de varejo dedicadas exclusivamente ao comércio fora de lojas físicas, realizado via internet, telefone, catálogo ou outro meio similar; e

II – às lojas ou rede de lojas com características similares a supermercados, que comercializam brinquedos, vestuário e outros produtos, além de produtos alimentícios cuja participação, no ano calendário anterior, seja superior a 10% (dez por cento) da receita total.

Art. 8º-A. A alíquota da contribuição sobre a receita bruta prevista no art. 8º será de 2,5% (dois inteiros e cinco décimos por cento), exceto para as empresas constantes dos incisos II a IX e XIII a XVI do § 3º do art. 8º e para as empresas que fabricam os produtos classificados na Tipi nos códigos 6309.00, 64.01 a 64.06 e 87.02, exceto 8702.90.10, que contribuirão à alíquota de 1,5% (um inteiro e cinco décimos por cento), e para as empresas que fabricam os produtos classificados na Tipi nos códigos 02.03, 0206.30.00, 0206.4, 02.07, 02.09, 02.10.1, 0210.99.00, 03.03, 03.04, 0504.00, 05.05, 1601.00.00, 16.02, 1901.20.00 Ex 01, 1905.90.90 Ex 01 e 03.02, exceto 0302.90.00, que contribuirão à alíquota de 1% (um por cento).

→ Artigo acrescentado pela Lei 13.161/2015

Art. 8º-B. (*Vetado*).

→ Artigo acrescentado pela Lei 13.161/2015.

Art. 9º Para fins do disposto nos arts. 7º e 8º desta Lei:

I – a receita bruta deve ser considerada sem o ajuste de que trata o inciso VIII do art. 183 da Lei 6.404, de 15 de dezembro de 1976;

II – exclui-se da base de cálculo das contribuições a receita bruta:

→ *Caput* do inciso II com redação alterada pela Lei 12.844/2013.

a) de exportações; e

→ Alínea *a* acrescentada pela Lei 12.844/2013.

b) decorrente de transporte internacional de carga;

→ Alínea *b* acrescentada pela Lei 12.844/2013.

c) reconhecida pela construção, recuperação, reforma, ampliação ou melhoramento da infraestrutura, cuja contrapartida seja ativo intangível representativo de direito de exploração, no caso de contratos de concessão de serviços públicos;

→ Alínea *c* acrescentada pela Lei 13.043/2014.

III – a data de recolhimento das contribuições obedecerá ao disposto na alínea b do inciso I do art. 30 da Lei 8.212, de 1991;

IV – a União compensará o Fundo do Regime Geral de Previdência Social, de que trata o art. 68 da Lei Complementar 101, de 4 de maio de 2000, no valor correspondente à estimativa de renúncia previdenciária decorrente da desoneração, de forma a não afetar a apuração do resultado financeiro do Regime Geral de Previdência Social (RGPS); e

V – com relação às contribuições de que tratam os arts. 7º e 8º, as empresas continuam sujeitas ao cumprimento das demais obrigações previstas na legislação previdenciária.

VI – (*Vetado*).

→ Inciso VI acrescentado pela Lei 12.715/2012.

VII – para os fins da contribuição prevista no *caput* dos arts. 7º e 8º, considera-se empresa a sociedade empresária, a sociedade simples, a cooperativa, a empresa individual de responsabilidade limitada e o empresário a que se refere o art. 966 da Lei 10.406, de 10 de janeiro de 2002 - Código Civil, devidamente registrados no Registro de Empresas Mercantis ou no Registro Civil de Pessoas Jurídicas, conforme o caso;

→ Inciso VII com redação alterada pela Lei 12.844/2013.

VIII – para as sociedades cooperativas, a metodologia adotada para a contribuição sobre a receita bruta, em substituição às contribuições previstas nos incisos I e III do *caput* do art. 22 da Lei 8.212, de 24 de julho de 1991, limita-se ao art. 8º e somente às atividades abrangidas pelos códigos referidos no Anexo I; e

→ Inciso VIII com redação alterada pela Lei 12.995/2014.

IX – equipara-se a empresa o consórcio constituído nos termos dos arts. 278 e 279 da Lei 6.404, de 15 de dezembro de 1976, que realizar a contratação e o pagamento, mediante a utilização de CNPJ próprio do consórcio, de pessoas físicas ou jurídicas, com ou sem vínculo empregatício, ficando as empresas consorciadas solidariamente responsáveis pelos tributos relacionados às operações praticadas pelo consórcio.

→ Inciso IX com redação alterada pela Lei 12.995/2014.

X – no caso de contrato de concessão de serviços públicos, a receita decorrente da construção, recuperação, reforma, ampliação ou melhoramento da infraestrutura, cuja contrapartida seja ativo financeiro representativo de direito contratual incondicional de receber caixa ou outro ativo financeiro, integrará a base de cálculo da contribuição à medida do efetivo recebimento.

→ Inciso X acrescentado pela Lei 13.043/2014.

§ 1º No caso de empresas que se dedicam a outras atividades além das previstas nos arts. 7º e 8º, o cálculo da contribuição obedecerá:

→ *Caput* do § 1º com redação alterada pela Lei 13.043/2014.

I – ao disposto no *caput* desses artigos quanto à parcela da receita bruta correspondente às atividades neles referidas; e

→ Inciso I acrescentado pela Lei 12.715/2012.

II – ao disposto no art. 22 da Lei 8.212, de 24 de julho de 1991, reduzindo-se o valor da contribuição dos incisos I e III do *caput* do referido artigo ao percentual resultante da razão entre a receita bruta de atividades não relacionadas aos serviços de que tratam o *caput* do art. 7º e o § 3º do art. 8º ou à fabricação dos produtos de que trata o *caput* do art. 8º e a receita bruta total.

→ Inciso II com redação alterada pela Lei 12.794/2013.

§ 2º A compensação de que trata o inciso IV do *caput* será feita na forma regulamentada em ato conjunto da Secretaria da Receita Federal do Brasil, Secretaria do Tesouro Nacional do Ministério da Fazenda, Instituto Nacional do Seguro Social – INSS e Ministério da Previdência Social, mediante transferências do Orçamento Fiscal.

→ § 2º acrescentado pela Lei 12.715/2012.

§ 3º Relativamente aos períodos anteriores à tributação da empresa nas formas instituídas pelos arts. 7º e 8º desta Lei, mantém-se a incidência das contribuições previstas no art. 22 da Lei 8.212, de 24 de julho de 1991, aplicada de forma proporcional sobre o 13º (décimo terceiro) salário.

→ § 3º acrescentado pela Lei 12.715/2012.

§ 4º Para fins de cálculo da razão a que se refere o inciso II do § 1º, aplicada ao 13º (décimo terceiro) salário, será considerada a receita bruta acumulada nos 12 (doze) meses anteriores ao mês de dezembro de cada ano-calendário.

→ § 4º acrescentado pela Lei 12.715/2012.

§ 5º O disposto no § 1º aplica-se às empresas que se dediquem a outras atividades, além das previstas nos arts. 7º e 8º, somente se a receita bruta decorrente de outras atividades for superior a 5% (cinco por cento) da receita bruta total.

→ § 5º acrescentado pela Lei 12.715/2012.

§ 6º Não ultrapassado o limite previsto no § 5º, a contribuição a que se refere o *caput* dos arts. 7º e 8º será calculada sobre a receita bruta total auferida no mês.

→ § 6º acrescentado pela Lei 12.715/2012.

§ 7º Para efeito da determinação da base de cálculo, podem ser excluídos da receita bruta:

→ § 7º acrescentado pela Lei 12.715/2012.

I – as vendas canceladas e os descontos incondicionais concedidos;

II – (*Vetado*);

III – o Imposto sobre Produtos Industrializados – IPI, se incluído na receita bruta; e

IV – o Imposto sobre Operações relativas à Circulação de Mercadorias e sobre Prestações de Serviços de Transporte Interestadual e Intermunicipal e de Comunicação – ICMS, quando cobrado pelo vendedor dos bens ou prestador dos serviços na condição de substituto tributário.

§ 8º (*Vetado*).

→ § 8º acrescentado pela Lei 12.715/2012.

§ 9º As empresas para as quais a substituição da contribuição previdenciária sobre a folha de pagamento pela contribuição sobre a receita bruta estiver vinculada ao seu enquadramento no CNAE deverão considerar apenas o CNAE relativo a sua atividade principal, assim considerada aquela de maior receita auferida ou esperada, não lhes sendo aplicado o disposto no § 1º.

→ § 9º com redação alterada pela Lei 12.844/2013.

§ 10. Para fins do disposto no § 9º, a base de cálculo da contribuição a que se referem o *caput* do art. 7º e o *caput* do art. 8º será a receita bruta da empresa relativa a todas as suas atividades.

→ § 10 acrescentado pela Lei 12.844/2013.

§ 11. Na hipótese do inciso IX do *caput*, no cálculo da contribuição incidente sobre a receita, a consorciada deve deduzir de sua base de cálculo, observado o disposto neste artigo, a parcela da receita auferida pelo consórcio proporcional a sua participação no empreendimento.

→ § 11 acrescentado pela Lei 12.995/2014.

§ 12. As contribuições referidas no *caput* do art. 7º e no *caput* do art. 8º podem ser apuradas utilizando-se os mesmos critérios adotados na legislação da Contribuição para o PIS/Pasep e da Cofins para o reconhecimento no tempo de receitas e para o diferimento do pagamento dessas contribuições.

→ § 12 acrescentado pela Lei 12.995/2014.

§ 13. A opção pela tributação substitutiva prevista nos arts. 7º e 8º será manifestada mediante o pagamento da contribuição incidente sobre a receita bruta relativa a janeiro de cada ano, ou à primeira competência subsequente para a qual haja receita bruta apurada, e será irretratável para todo o ano calendário.

→ § 13 acrescentado pela Lei 13.161/2015.

§ 14. Excepcionalmente, para o ano de 2015, a opção pela tributação substitutiva prevista nos arts. 7º e 8º será manifestada mediante o pagamento da contribuição incidente sobre a receita bruta relativa a novembro de 2015, ou à primeira competência subsequente para a qual haja receita bruta apurada, e será irretratável para o restante do ano.

→ § 14 acrescentado pela Lei 13.161/2015.

§ 15. A opção de que tratam os §§ 13 e 14, no caso de empresas que contribuem simultaneamente com as contribuições previstas nos arts. 7º e 8º, valerá para ambas as contribuições, e não será permitido à empresa fazer a opção apenas com relação a uma delas.

→ § 15 acrescentado pela Lei 13.161/2015.

§ 16. Para as empresas relacionadas no inciso IV do *caput* do art. 7º, a opção dar-se-á por obra de construção civil e será manifestada mediante o pagamento da contribuição incidente sobre a receita bruta relativa à competência de cadastro no CEI ou à primeira competência subsequente para a qual haja receita bruta apurada para a obra, e será irretratável até o seu encerramento.

→ § 16 acrescentado pela Lei 13.161/2015.

§ 17. No caso de empresas que se dediquem a atividades ou fabriquem produtos sujeitos a alíquotas sobre a receita bruta diferentes, o valor da contribuição será calculado mediante aplicação da respectiva alíquota sobre a receita bruta correspondente a cada atividade ou produto.

→ § 17 acrescentado pela Lei 13.161/2015.

Art. 10. Ato do Poder Executivo instituirá comissão tripartite com a finalidade de acompanhar e avaliar a implementação das medidas de que tratam os arts. 7º a 9º, formada por representantes dos trabalhadores e empresários dos setores econômicos neles indicados, bem como do Poder Executivo federal.

Parágrafo único. Os setores econômicos referidos nos arts. 7º e 8º serão representados na comissão tripartite de que trata o *caput*.

→ **Parágrafo único** acrescentado pela Lei 12.715/2012.

Art. 11. O art. 1º da Medida Provisória 2.199-14, de 24 de agosto de 2001, passa a vigorar com a seguinte redação:

"Art. 1º Sem prejuízo das demais normas em vigor aplicáveis à matéria, a partir do ano-calendário de 2000, as pessoas jurídicas que tenham projeto protocolizado e aprovado até 31 de dezembro de 2013 para instalação, ampliação, modernização ou diversificação enquadrado em setores da economia considerados, em ato do Poder Executivo, prioritários para o desenvolvimento regional, nas áreas de atuação da Superintendência de Desenvolvimento do Nordeste (Sudene) e da Superintendência de Desenvolvimento da Amazônia (Sudam), terão direito à redução de 75% (setenta e cinco por cento) do imposto sobre a renda e adicionais calculados com base no lucro da exploração.

(...)

§ 1º-A. As pessoas jurídicas fabricantes de máquinas, equipamentos, instrumentos e dispositivos, baseados em tecnologia digital, voltados para o programa de inclusão digital com projeto aprovado nos termos do *caput* terão direito à isenção do imposto sobre a renda e do adicional, calculados com base no lucro da exploração.

(...).

§ 3º-A. No caso de projeto de que trata o § 1º-A que já esteja sendo utilizado para o benefício fiscal nos termos do *caput*, o prazo de fruição passa a ser de 10 (dez) anos contado a partir da data de publicação da Medida Provisória 540, de 2 de agosto de 2011.

(...)"

Art. 12. O art. 7º da Lei 11.033, de 21 de dezembro de 2004, passa a vigorar com a seguinte redação:

→ Alterações efetuadas na referida Lei.

Art. 13. O art. 19-A da Lei 11.196, de 21 de novembro de 2005, passa a vigorar com a seguinte redação:

→ Alterações efetuadas na referida Lei.

Art. 14. Os cigarros classificados no código 2402.20.00 da Tipi, aprovada pelo Decreto 6.006, de 2006, de fabricação nacional ou importados, excetuados os classificados no Ex 01, são sujeitos ao IPI à alíquota de 300% (trezentos por cento).

§ 1º É facultado ao Poder Executivo alterar a alíquota de que trata o *caput*, observado o disposto nos incisos I e II do art. 4º do Decreto-Lei 1.199, de 1971.

§ 2º O IPI será calculado mediante aplicação da alíquota sobre o valor tributável disposto no inciso I do art. 4º do Decreto-Lei 1.593, de 21 de dezembro de 1977.

Art. 15. A percentagem fixada pelo Poder Executivo, em observância ao disposto no inciso I do art. 4º do Decreto-Lei 1.593, de 1977, não poderá ser inferior a 15% (quinze por cento).

Art. 16. O IPI de que trata o art. 14 será apurado e recolhido uma única vez:

I – pelo estabelecimento industrial, em relação às saídas dos cigarros destinados ao mercado interno; ou

II – pelo importador, no desembaraço aduaneiro dos cigarros de procedência estrangeira.

§ 1º Na hipótese de adoção de preços diferenciados em relação a uma mesma marca comercial de cigarro, prevalecerá, para fins de apuração e recolhimento do IPI, o maior preço de venda no varejo praticado em cada Estado ou no Distrito Federal.

§ 2º A Secretaria da Receita Federal do Brasil divulgará, por meio de seu sítio na internet, o nome das marcas comerciais de cigarros e os preços de venda no varejo de que trata o § 1º, bem como a data de início de sua vigência.

Art. 17. A pessoa jurídica industrial ou importadora dos cigarros referidos no art. 14 poderá optar por regime especial de apuração e recolhimento do IPI, no qual o valor do imposto será obtido pelo somatório de 2 (duas) parcelas, calculadas mediante a utilização de alíquotas:

I – ad valorem, observado o disposto no § 2º do art. 14; e

II – específica, fixada em reais por vintena, tendo por base as características físicas do produto.

§ 1º O Poder Executivo fixará as alíquotas do regime especial de que trata o *caput*:

I – em percentagem não superior a um terço da alíquota de que trata o *caput* do art. 14, em relação à alíquota ad valorem; ou

II – em valor não inferior a R$ 0,80 (oitenta centavos de real), em relação à alíquota específica.

§ 2º As disposições contidas no art. 16 também se aplicam ao IPI devido pelas pessoas jurídicas optantes pelo regime especial de que trata o *caput*.

§ 3º A propositura pela pessoa jurídica de ação judicial questionando os termos do regime especial de que trata o *caput* implica desistência da opção e incidência do IPI na forma do art. 14.

Art. 18. A opção pelo regime especial previsto no art. 17 será exercida pela pessoa jurídica em relação a todos os estabelecimentos, até o último dia útil do mês de dezembro de cada ano-calendário, produzindo efeitos a partir do primeiro dia do ano-calendário subsequente ao da opção.

§ 1º A opção a que se refere este artigo será automaticamente prorrogada para o ano-calendário seguinte, salvo se a pessoa jurídica dela desistir, nos termos e condições estabelecidos pela Secretaria da Receita Federal do Brasil.

§ 2º No ano-calendário em que a pessoa jurídica iniciar atividades de produção ou importação de cigarros de que trata o art. 14, a opção pelo regime especial poderá ser exercida em qualquer data, produzindo efeitos a partir do primeiro dia do mês subsequente ao da opção.

§ 3º Excepcionalmente no ano-calendário de 2011, a opção a que se refere o *caput* poderá ser exercida até o último dia útil do mês de novembro de 2011, produzindo efeitos a partir do primeiro dia do mês subsequente ao da opção.

§ 4º A Secretaria da Receita Federal do Brasil divulgará, por meio de seu sítio na internet, o nome das pessoas jurídicas optantes na forma deste artigo, bem como a data de início da respectiva opção.

Art. 19. Nas hipóteses de infração à legislação do IPI, a exigência de multas e juros de mora dar-se-á em conformidade com as normas gerais desse imposto.

Art. 20. O Poder Executivo poderá fixar preço mínimo de venda no varejo de cigarros classificados no código 2402.20.00 da Tipi, válido em todo o território nacional, abaixo do qual fica proibida a sua comercialização.

§ 1º A Secretaria da Receita Federal do Brasil aplicará pena de perdimento aos cigarros comercializados em desacordo com o disposto no *caput*, sem prejuízo das sanções penais cabíveis na hipótese de produtos introduzidos clandestinamente em território nacional.

§ 2º É vedada, pelo prazo de 5 (cinco) anos-calendário, a comercialização de cigarros pela pessoa jurídica enquadrada por descumprimento ao disposto no *caput*.

§ 3º É sujeito ao cancelamento do registro especial de fabricante de cigarros de que trata o art. 1º do Decreto-Lei 1.593, de 1977, o estabelecimento industrial que:

I – divulgar tabela de preços de venda no varejo em desacordo com o disposto no *caput*; ou

II – comercializar cigarros com pessoa jurídica enquadrada na hipótese do § 2º.

Art. 21. O art. 8º da Lei 10.865, de 30 de abril de 2004, passa a vigorar com a seguinte redação:

→ Alterações efetuadas na referida Lei.

Art. 22. O art. 25 da Lei 11.508, de 20 de julho de 2007, passa a vigorar com a seguinte redação:

→ Alteração efetuada na referida Lei.

Art. 23. O art. 11 da Lei no 7.291, de 19 de dezembro de 1984, passa vigorar com a seguinte redação:

"Art. 11. (...)

(...)

§ 4º Para fins de cálculo da contribuição de que trata o *caput* deste artigo, do valor total do movimento geral de apostas do mês anterior serão deduzidos:

I – os valores pagos aos apostadores; e

II – os valores pagos, a título de prêmio, aos proprietários, criadores de cavalos e profissionais do turfe."

Art. 24. Sem prejuízo do disposto na Lei Complementar 116, de 31 de julho de 2003, é o Poder Executivo autorizado a instituir a Nomenclatura Brasileira de Serviços, Intangíveis e outras Operações que Produzam Variações no Patrimônio (NBS) e as Notas Explicativas da Nomenclatura Brasileira de Serviços, Intangíveis e Outras Operações que Produzam Variações no Patrimônio (Nebs).

Art. 25. É instituída a obrigação de prestar informações para fins econômico-comerciais ao Ministério do Desenvolvimento, Indústria e Comércio Exterior relativas às transações entre residentes ou domiciliados no País e residentes ou domiciliados no exterior que compreendam serviços, intangíveis e outras operações que produzam variações no patrimônio das pessoas físicas, das pessoas jurídicas ou dos entes despersonalizados.

§ 1º A prestação das informações de que trata o *caput* deste artigo:

I – será estabelecida na forma, no prazo e nas condições definidos pelo Ministério do Desenvolvimento, Indústria e Comércio Exterior;

II – não compreende as operações de compra e venda efetuadas exclusivamente com mercadorias; e

III – será efetuada por meio de sistema eletrônico a ser disponibilizado na rede mundial de computadores.

§ 2º Os serviços, os intangíveis e as outras operações de que trata o *caput* deste artigo serão definidos na Nomenclatura de que trata o art. 24.

§ 3º São obrigados a prestar as informações de que trata o *caput* deste artigo:

I – o prestador ou tomador do serviço residente ou domiciliado no Brasil;

II – a pessoa física ou jurídica, residente ou domiciliada no Brasil, que transfere ou adquire o intangível, inclusive os direitos de propriedade intelectual, por meio de cessão, concessão, licenciamento ou por quaisquer outros meios admitidos em direito; e

III – a pessoa física ou jurídica ou o responsável legal do ente despersonalizado, residente ou domiciliado no Brasil, que realize outras operações que produzam variações no patrimônio.

§ 4º A obrigação prevista no *caput* deste artigo estende-se ainda:

I – às operações de exportação e importação de serviços, intangíveis e demais operações; e

II – às operações realizadas por meio de presença comercial no exterior relacionada a pessoa jurídica domiciliada no Brasil, conforme alínea "d" do Artigo XXVIII do Acordo Geral sobre o Comércio de Serviços (Gats), aprovado pelo Decreto Legislativo 30, de 15 de dezembro de 1994, e promulgado pelo Decreto 1.355, de 30 de dezembro de 1994.

§ 5º As situações de dispensa da obrigação previstas no *caput* deste artigo serão definidas pelo Ministério do Desenvolvimento, Indústria e Comércio Exterior.

§ 6º As informações de que trata o *caput* deste artigo poderão subsidiar outros sistemas eletrônicos da administração pública.

Art. 26. As informações de que trata o art. 25 serão utilizadas pelo Ministério do Desenvolvimento, Indústria e Comércio Exterior na sistemática de coleta, tratamento e divulgação de estatísticas, no auxílio à gestão e ao acompanhamento dos mecanismos de apoio ao comércio exterior de serviços, intangíveis e às demais operações, instituídos no âmbito da administração pública, bem como no exercício das demais atribuições legais de sua competência.

§ 1º As pessoas de que trata o § 3º do art. 25 deverão indicar a utilização dos mecanismos de apoio ao comércio exterior de serviços, intangíveis e às demais operações, mediante a vinculação desses às informações de que trata o art. 25, sem prejuízo do disposto na legislação específica.

§ 2º Os órgãos e as entidades da administração pública que tenham atribuição legal de regulação, normatização, controle ou fiscalização dos mecanismos previstos no *caput* deste artigo utilizarão a vinculação de que trata o § 1º deste artigo para verificação do adimplemento das condições necessárias à sua fruição.

§ 3º A concessão ou o reconhecimento dos mecanismos de que trata o *caput* deste artigo é condicionada ao cumprimento da obrigação prevista no art. 25.

§ 4º O Ministério do Desenvolvimento, Indústria e Comércio Exterior assegurará os meios para cumprimento do previsto neste artigo.

Art. 27. O Ministério da Fazenda e o Ministério do Desenvolvimento, Indústria e Comércio Exterior emitirão as normas complementares para o cumprimento do disposto nos arts. 24 a 26 desta Lei.

Art. 28. As regras de origem de que trata o Acordo sobre Regras de Origem do Acordo Geral sobre Tarifas Aduaneiras e Comércio 1994 (Gatt), aprovado pelo Decreto Legislativo 30, de 15 de dezembro de 1994, e promulgado pelo Decreto 1.355, de 30 de dezembro de 1994, serão aplicadas tão somente em instrumentos não preferenciais de política comercial, de forma consistente, uniforme e imparcial.

Art. 29. As investigações de defesa comercial sob a competência do Departamento de Defesa Comercial (Decom) da Secretaria de Comércio Exterior (Secex) do Ministério do Desenvolvimento, Indústria e Comércio Exterior serão baseadas na origem declarada do produto.

§ 1º A aplicação de medidas de defesa comercial será imposta por intermédio de ato específico da Câmara de Comércio Exterior (Camex) e prescindirá de investigação adicional àquela realizada ao amparo do *caput*.

§ 2º Ainda que os requisitos estabelecidos nesta Lei tenham sido cumpridos, poderão ser estendidas medidas de defesa comercial amparadas pelo art. 10-A da Lei 9.019, de 30 de março de 1995, a produtos cuja origem seja distinta daquela na qual se baseou a aplicação da medida de defesa comercial a que faz referência o § 1º deste artigo.

Art. 30. Nos casos em que a aplicação de medida de defesa comercial tiver sido estabelecida por ato específico da Camex com base na origem dos produtos, a cobrança dos valores devidos será realizada pela Secretaria da Receita Federal do Brasil, considerando as regras de origem não preferenciais estabelecidas nos arts. 31 e 32 desta Lei.

Art. 31. Respeitados os critérios decorrentes de ato internacional de que o Brasil seja parte, tem-se por país de origem da mercadoria aquele onde houver sido produzida ou, no caso de mercadoria resultante de material ou de mão de obra de mais de um país, aquele onde houver recebido transformação substancial.

§ 1º Considera-se mercadoria produzida, para fins do disposto nos arts. 28 a 45 desta Lei:

I – os produtos totalmente obtidos, assim entendidos:

a) produtos do reino vegetal colhidos no território do país;

b) animais vivos, nascidos e criados no território do país;

c) produtos obtidos de animais vivos no território do país;

d) mercadorias obtidas de caça, captura com armadilhas ou pesca realizada no território do país;

e) minerais e outros recursos naturais não incluídos nas alíneas a a d, extraídos ou obtidos no território do país;

f) peixes, crustáceos e outras espécies marinhas obtidos do mar fora de suas zonas econômicas exclusivas por barcos registrados ou matriculados no país e autorizados para arvorar a bandeira desse país, ou por barcos arrendados ou fretados a empresas estabelecidas no território do país;

g) mercadorias produzidas a bordo de barcos-fábrica a partir dos produtos identificados nas alíneas d e f deste inciso, sempre que esses barcos-fábrica estejam registrados, matriculados em um país e estejam autorizados a arvorar a bandeira desse país, ou por barcos-fábrica arrendados ou fretados por empresas estabelecidas no território do país;

h) mercadorias obtidas por uma pessoa jurídica de um país do leito do mar ou do subsolo marinho, sempre que o país tenha direitos para explorar esse fundo do mar ou subsolo marinho; e

i) mercadorias obtidas do espaço extraterrestre, sempre que sejam obtidas por pessoa jurídica ou por pessoa natural do país;

II – os produtos elaborados integralmente no território do país, quando em sua elaboração forem utilizados, única e exclusivamente, materiais dele originários.

§ 2º Entende-se por transformação substancial, para efeito do disposto nos arts. 28 a 45 desta Lei, os produtos em cuja elaboração forem utilizados materiais não originários do país, quando resultantes de um processo de transformação que lhes confira uma nova individualidade, caracterizada pelo fato de estarem classificados em uma posição tarifária (primeiros 4 (quatro) dígitos do Sistema Harmonizado de Designação e Codificação de Mercadorias – SH) diferente da posição dos mencionados materiais, ressalvado o disposto no § 3º deste artigo.

§ 3º Não será considerado originário do país exportador o produto resultante de operação ou processo efetuado no seu território, pelo qual adquire a forma final em que será comercializado, quando, na operação ou no processo, for utilizado material ou insumo não originário do país e consista apenas em montagem, embalagem, fracionamento em lotes ou volumes, seleção, classificação, marcação, composição de sortimentos de mercadorias ou simples diluições em água ou outra substância que não altere as características do produto como originário ou outras operações ou processos equivalentes, ainda que essas operações alterem a classificação do produto, considerada a 4 (quatro) dígitos.

Art. 32. O Poder Executivo poderá definir critérios de origem não preferenciais específicos.

Parágrafo único. Os requisitos específicos definidos com base no *caput* prevalecerão sobre os estabelecidos no art. 31 desta Lei.

Art. 33. A Secretaria da Receita Federal do Brasil e a Secex, no âmbito de suas competências, promoverão a verificação de origem não preferencial sob os aspectos da autenticidade, veracidade e observância das normas previstas nos arts. 28 a 45 desta Lei ou em seus regulamentos.

Art. 34. A comprovação de origem será verificada mediante a apresentação pelo exportador/produtor ou pelo importador de informações relativas, dentre outras:

I – à localização do estabelecimento produtor;

II – à capacidade operacional;

III – ao processo de fabricação;

IV – às matérias-primas constitutivas; e

V – ao índice de insumos não originários utilizados na obtenção do produto.

§ 1° A apresentação das informações a que se refere o *caput* não exclui a possibilidade de realização de diligência ou fiscalização no estabelecimento produtor ou exportador.

§ 2° O Poder Executivo poderá estabelecer os procedimentos e os requisitos adicionais necessários à comprovação de origem, bem como a forma, o prazo para apresentação e o conteúdo dos documentos exigidos para sua verificação.

Art. 35. O importador é solidariamente responsável pelas informações apresentadas pelo exportador/produtor relativas aos produtos que tenha importado.

Art. 36. Compete à Secex realizar a verificação de origem não preferencial, mediante denúncia ou de ofício, na fase de licenciamento de importação.

Art. 37. A não comprovação da origem declarada implicará o indeferimento da licença de importação pela Secex.

§ 1° Após o indeferimento da licença de importação para determinada mercadoria, a Secex estenderá a medida às importações de mercadorias idênticas do mesmo exportador ou produtor até que ele demonstre o cumprimento das regras de origem.

§ 2° A Secex estenderá a medida às importações de mercadorias idênticas de outros exportadores ou produtores do mesmo país ou de outros países que não cumpram com as regras de origem.

Art. 38. A licença de importação do produto objeto da verificação somente será deferida após a conclusão do processo de investigação que comprove a origem declarada.

Art. 39. Compete à Secretaria da Receita Federal do Brasil realizar a verificação de origem não preferencial no curso do despacho aduaneiro ou durante a realização de ações fiscais aduaneiras iniciadas após o desembaraço de mercadorias e aplicar, quando cabível, as penalidades pecuniárias estabelecidas nesta Lei.

Art. 40. No caso de importação de produto submetido à restrição quantitativa, quando não for comprovada a origem declarada, o importador é obrigado a devolver os produtos ao exterior.

Parágrafo único. O importador arcará com os ônus decorrentes da devolução ao exterior dos produtos a que se refere o *caput*.

Art. 41. Sem prejuízo da caracterização de abandono, nos termos do inciso II do art. 23 do Decreto-Lei 1.455, de 7 de abril de 1976, durante o curso do despacho aduaneiro, a importação de produto submetido a restrição quantitativa, quando a origem declarada não for comprovada, estará sujeita à multa de R$ 5.000,00 (cinco mil reais) por dia, contada da data do registro da Declaração de Importação até a data da efetiva devolução do produto ao exterior.

Art. 42. Excetuado o caso previsto no art. 41 desta Lei, a falta de comprovação da origem não preferencial sujeitará o importador à multa de 30% (trinta por cento) sobre o valor aduaneiro da mercadoria.

Art. 43. A aplicação de penalidades relacionadas com a comprovação de origem não prejudica a cobrança, provisória ou definitiva, de direito antidumping ou compensatório ou, ainda, de medidas de salvaguarda, pela Secretaria da Receita Federal do Brasil.

Art. 44. A Secex e a Secretaria da Receita Federal do Brasil notificarão uma à outra por escrito a abertura e a conclusão dos respectivos processos de investigação de origem não preferencial e os conduzirão de forma coordenada.

Parágrafo único. Em caso de abertura de investigação por um órgão sobre determinado produto e empresa que já tenham sido objeto de investigação anterior por outro órgão, as informações obtidas por este e suas conclusões deverão ser levadas em consideração no processo de investigação aberto.

Art. 45. A Secex e a Secretaria da Receita Federal do Brasil expedirão, no âmbito de suas competências, as normas complementares necessárias à execução dos arts. 28 a 44 desta Lei.

Art. 46. (*Vetado*).

Art. 47. (*Revogado pela Lei 12.865/2013*).

Art. 47-A. Fica suspensa a incidência da Contribuição para o PIS/Pasep e da Cofins sobre as receitas decorrentes da venda de matéria-prima in natura de origem vegetal, destinada à produção de biodiesel, quando efetuada por pessoa jurídica ou cooperativa referida no § 1° do art. 47 desta Lei.

→ Artigo acrescentado pela Lei 12.715/2012.

Art. 47-B. É autorizada a apuração do crédito presumido instituído pelo art. 47 em relação a operações ocorridas durante o período de sua vigência.

→ Artigo acrescentado pela Lei 12.995/2014.

§ 1° É vedada a apuração do crédito presumido de que trata o *caput* e do crédito presumido instituído pelo art. 8° da Lei 10.925, de 23 de julho de 2004, em relação à mesma operação.

§ 2° São convalidados os créditos presumidos de que trata o art. 8° da Lei 10.925, de 23 de julho de 2004, regularmente apurados em relação à aquisição ou ao recebimento de soja *in natura* por pessoa jurídica produtora de biodiesel.

§ 3° A Secretaria da Receita Federal do Brasil disciplinará o disposto neste artigo.

Art. 48. É alterado o texto da coluna "Fatos Geradores" do item 9.1 do Anexo II da Lei 9.782, de 26 de janeiro de 1999, que passa a vigorar com a seguinte redação: "Registro, revalidação ou renovação de registro de fumígenos, com exceção dos produtos destinados exclusivamente à exportação".

Art. 49. Os arts. 2° e 3° da Lei 9.294, de 15 de julho de 1996, passam a vigorar com a seguinte redação:

"Art. 2° É proibido o uso de cigarros, cigarrilhas, charutos, cachimbos ou qualquer outro produto fumígeno, derivado ou não do tabaco, em recinto coletivo fechado, privado ou público.

(...)

§ 3° Considera-se recinto coletivo o local fechado, de acesso público, destinado a permanente utilização simultânea por várias pessoas."

"Art. 3° É vedada, em todo o território nacional, a propaganda comercial de cigarros, cigarrilhas, charutos, cachimbos ou qualquer outro produto fumígeno, derivado ou não do tabaco, com exceção apenas da exposição dos referidos produtos nos locais de vendas, desde que acompanhada das cláusulas de advertência a que se referem os §§ 2°, 3° e 4° deste artigo e da respectiva tabela de preços, que deve incluir o preço mínimo de venda no varejo de cigarros classificados no código 2402.20.00 da Tipi, vigente à época, conforme estabelecido pelo Poder Executivo.

(...)

§ 5° Nas embalagens de produtos fumígenos vendidas diretamente ao consumidor, as cláusulas de advertência a que se refere o § 2° deste artigo serão sequencialmente usadas, de forma simultânea ou rotativa, nesta última hipótese devendo variar no máximo a cada 5 (cinco) meses, inseridas, de forma legível e ostensivamente destacada, em 100% (cem por cento) de sua face posterior e de uma de suas laterais.

§ 6° A partir de 1° de janeiro de 2016, além das cláusulas de advertência mencionadas no § 5° deste artigo, nas embalagens de produtos fumígenos vendidas diretamente ao consumidor também deverá ser impresso um texto de advertência adicional ocupando 30% (trinta por cento) da parte inferior de sua face frontal.

§ 7° (*Vetado*)."

Art. 50. O Poder Executivo regulamentará o disposto nos arts. 1° a 3°, 7° a 10, 14 a 20, 46 e 49 desta Lei.

Art. 51. Revogam-se:

I – a partir de 1° de julho de 2012, o art. 1° da Lei 11.529, de 22 de outubro de 2007; e

II – a partir da data de entrada em vigor dos arts. 14 a 20 desta Lei, o art. 6° do Decreto-Lei 1.593, de 21 de dezembro de 1977.

Art. 52. Esta Lei entra em vigor na data de sua publicação.

§ 1° Os arts. 1° a 3° produzirão efeitos somente após a sua regulamentação.

§ 2° Os arts. 7° a 9° e 14 a 21 entram em vigor no primeiro dia do quarto mês subsequente à data de publicação da Medida Provisória 540, de 2 de agosto de 2011, observado o disposto nos §§ 3° e 4° deste artigo.

§ 3° Os §§ 3° a 5° do art. 7° e os incisos III a V do *caput* do art. 8° *desta* Lei produzirão efeitos a partir do primeiro dia do quarto mês subsequente à data de publicação desta Lei.

§ 4° Os incisos IV a VI do § 21 do art. 8° da Lei 10.865, de 30 de abril de 2004, com a redação dada pelo art. 21 desta Lei, produzirão efeitos a partir do primeiro dia do quarto mês subsequente à data de publicação desta Lei.

§ 5° Os arts. 28 a 45 entram em vigor 70 (setenta) dias após a data de publicação desta Lei.

Brasília, 14 de dezembro de 2011; 190° da Independência e 123° da República.

Dilma Rousseff

(Publicação no *D.O.U.* de 15.12.2011)

→ Não publicamos os anexos desta Lei

LEI 12.741,
DE 8 DE DEZEMBRO DE 2012

Dispõe sobre as medidas de esclarecimento ao consumidor, de que trata o § 5° do artigo 150 da Constituição Federal; altera o inciso III do art. 6° e o inciso IV do art. 106 da Lei 8.078, de 11 de setembro de 1990 – Código de Defesa do Consumidor.

A Presidenta da República:

Faço saber que o Congresso Nacional decreta e eu sanciono a seguinte Lei:

Art. 1º Emitidos por ocasião da venda ao consumidor de mercadorias e serviços, em todo território nacional, deverá constar, dos documentos fiscais ou equivalentes, a informação do valor aproximado correspondente à totalidade dos tributos federais, estaduais e municipais, cuja incidência influi na formação dos respectivos preços de venda.

§ 1º A apuração do valor dos tributos incidentes deverá ser feita em relação a cada mercadoria ou serviço, separadamente, inclusive nas hipóteses de regimes jurídicos tributários diferenciados dos respectivos fabricantes, varejistas e prestadores de serviços, quando couber.

§ 2º A informação de que trata este artigo poderá constar de painel afixado em local visível do estabelecimento, ou por qualquer outro meio eletrônico ou impresso, de forma a demonstrar o valor ou percentual, ambos aproximados, dos tributos incidentes sobre todas as mercadorias ou serviços postos à venda.

§ 3º Na hipótese do § 2º, as informações a serem prestadas serão elaboradas em termos de percentuais sobre o preço a ser pago, quando se tratar de tributo com alíquota *ad valorem*, ou em valores monetários (no caso de alíquota específica); no caso de se utilizar meio eletrônico, este deverá estar disponível ao consumidor no âmbito do estabelecimento comercial.

§ 4º (*Vetado*).

§ 5º Os tributos que deverão ser computados são os seguintes:

I – Imposto sobre Operações relativas à Circulação de Mercadorias e sobre Prestações de Serviços de Transporte Interestadual e Intermunicipal e de Comunicação (ICMS);

II – Imposto sobre Serviços de Qualquer Natureza (ISS);

III – Imposto sobre Produtos Industrializados (IPI);

IV – Imposto sobre Operações de Crédito, Câmbio e Seguro, ou Relativas a Títulos ou Valores Mobiliários (IOF);

V – (*Vetado*);

VI – (*Vetado*);

VII – Contribuição Social para o Programa de Integração Social (PIS) e para o Programa de Formação do Patrimônio do Servidor Público (Pasep) – (PIS/Pasep);

VIII – Contribuição para o Financiamento da Seguridade Social (Cofins);

IX – Contribuição de Intervenção no Domínio Econômico, incidente sobre a importação e a comercialização de petróleo e seus derivados, gás natural e seus derivados, e álcool etílico combustível (Cide).

§ 6º Serão informados ainda os valores referentes ao imposto de importação, PIS/Pasep/Importação e Cofins/Importação, na hipótese de produtos cujos insumos ou componentes sejam oriundos de operações de comércio exterior e representem percentual superior a 20% (vinte por cento) do preço de venda.

§ 7º Na hipótese de incidência do imposto sobre a importação, nos termos do § 6º, bem como da incidência do Imposto sobre Produtos Industrializados – IPI, todos os fornecedores constantes das diversas cadeias produtivas deverão fornecer aos adquirentes, em meio magnético, os valores dos 2 (dois) tributos individualizados por item comercializado.

§ 8º Em relação aos serviços de natureza financeira, quando não seja legalmente prevista a emissão de documento fiscal, as informações de que trata este artigo deverão ser feitas em tabelas afixadas nos respectivos estabelecimentos.

§ 9º (*Vetado*).

§ 10. A indicação relativa ao IOF (prevista no inciso IV do § 5º) restringe-se aos produtos financeiros sobre os quais incida diretamente aquele tributo.

§ 11. A indicação relativa ao PIS e à Cofins (incisos VII e VIII do § 5º), limitar-se-á à tributação incidente sobre a operação de venda ao consumidor.

§ 12. Sempre que o pagamento de pessoal constituir item de custo direto do serviço ou produto fornecido ao consumidor, deve ser divulgada, ainda, a contribuição previdenciária dos empregados e dos empregadores incidente, alocada ao serviço ou produto.

Art. 2º Os valores aproximados de que trata o art. 1º serão apurados sobre cada operação, e poderão, a critério das empresas vendedoras, ser calculados e fornecidos, semestralmente, por instituição de âmbito nacional reconhecidamente idônea, voltada primordialmente à apuração e análise de dados econômicos.

Art. 3º O inciso III do art. 6º da Lei 8.078, de 11 de setembro de 1990, passa a vigorar com a seguinte redação:

"Art. 6º (...)

(...)

III – a informação adequada e clara sobre os diferentes produtos e serviços, com especificação correta de quantidade, características, composição, qualidade, tributos incidentes e preço, bem como sobre os riscos que apresentem;

(...)"

Art. 4º (*Vetado*).

Art. 5º Decorrido o prazo de 12 (doze) meses, contado do início de vigência desta Lei, o descumprimento de suas disposições sujeitará o infrator às sanções previstas no Capítulo VII do Título I da Lei 8.078, de 11 de setembro de 1990.

→ Artigo com redação alterada pela Lei 12.868/2013.

Art. 6º Esta Lei entra em vigor 6 (seis) meses após a data de sua publicação.

Brasília, 8 de dezembro de 2012; 191º da Independência e 124º da República.

Dilma Rousseff

(Publicação no *D.O.U.* 10.12.2012)

LEI 12.810,
DE 15 DE MAIO DE 2013

Dispõe sobre o parcelamento de débitos com a Fazenda Nacional relativos às contribuições previdenciárias de responsabilidade dos Estados, do Distrito Federal e dos Municípios; altera as Leis 8.212, de 24 de julho de 1991, 9.715, de 25 de novembro de 1998, 11.828, de 20 de novembro de 2008, 10.522, de 19 de julho de 2002, 10.222, de 9 de maio de 2001, 12.249, de 11 de junho de 2010, 11.110, de 25 de abril de 2005, 5.869, de 11 de janeiro de 1973 – Código de Processo Civil, 6.404, de 15 de dezembro de 1976, 6.385, de 7 de dezembro de 1976, 6.015, de 31 de dezembro de 1973, e 9.514, de 20 de novembro de 1997; e revoga dispositivo da Lei 12.703, de 7 de agosto de 2012.

A Presidenta da República:

Faço saber que o Congresso Nacional decreta e eu sanciono a seguinte Lei:

Art. 1º Os débitos com a Fazenda Nacional de responsabilidade dos Estados, do Distrito Federal, dos Municípios e das respectivas autarquias e fundações públicas, relativos às contribuições sociais de que tratam as alíneas a e c do parágrafo único do art. 11 da Lei 8.212, de 24 de julho de 1991, e às respectivas obrigações acessórias, provenientes de competências vencidas até 28 de fevereiro de 2013, inclusive décimo terceiro salário, constituídos ou não, inscritos ou não em dívida ativa da União, ainda que em fase de execução fiscal já ajuizada, ou que tenham sido objeto de parcelamento anterior não integralmente quitado, serão consolidados e pagos em 240 (duzentas e quarenta) parcelas a serem retidas no respectivo Fundo de Participação dos Estados – FPE e Fundo de Participação dos Municípios – FPM e repassadas à União, ou em prestações equivalentes a 1% (um por cento) da média mensal da receita corrente líquida do Estado, do Distrito Federal ou do Município, o que for de menor prestação.

§ 1º Os débitos cujos fatos geradores ocorrerem até 28 de fevereiro de 2013, que forem apurados posteriormente, serão incorporados ao parcelamento de que trata o *caput*, mediante aumento do número de parcelas, não implicando no aumento do valor das prestações.

§ 2º Os débitos parcelados terão redução de 100% (cem por cento) das multas de mora ou de ofício, de 50% (cinquenta por cento) dos juros de mora e de 100% (cem por cento) dos encargos legais, inclusive honorários advocatícios.

§ 3º Os contribuintes que tiverem optado pelos parcelamentos previstos no art. 1º da Medida Provisória 589, de 13 de novembro de 2012, poderão optar, na forma de regulamento, pelo reparcelamento dos respectivos débitos segundo as regras previstas neste artigo até o último dia útil do 3º (terceiro) mês subsequente ao da publicação desta Lei.

§ 4º A multa isolada de que trata o § 10 do art. 89 da Lei 8.212, de 24 de julho de 1991, cujo fato gerador ocorra até a data estabelecida no *caput*, poderá ser incluída no parcelamento, sem a aplicação das reduções de que trata o § 2º.

→ § 4º acrescentado pela Lei 13.127/2015.

Art. 2º Para fins do disposto nesta Lei, entende-se como receita corrente líquida aquela definida nos termos do inciso IV do art. 2.º da Lei Complementar 101, de 4 de maio de 2000.

§ 1º O percentual de 1% (um por cento) será aplicado sobre a média mensal da receita corrente líquida referente ao ano anterior ao do vencimento da parcela, publicada de acordo com o previsto nos arts. 52, 53 e 63 da Lei Complementar 101, de 4 de maio de 2000.

§ 2º Para fins de cálculo das parcelas mensais, os Estados, o Distrito Federal e os Municípios obrigam-se a encaminhar à Secretaria da Receita Federal do Brasil do Ministério da Fazenda, até o último dia útil do mês de fevereiro de cada ano, o demonstrativo de apuração da receita corrente líquida de que trata o inciso I do *caput* do art. 53 da Lei Complementar 101, de 4 de maio de 2000.

§ 3º Às parcelas com vencimento em janeiro, fevereiro e março de cada ano serão aplicados os limites utilizados no ano anterior, nos termos do § 1º.

§ 4º As informações de que trata o § 2º, prestadas pelo ente político, poderão ser revistas de ofício.

Art. 3º A adesão ao parcelamento de que trata o art. 1º desta Lei implica autorização pelo Estado, pelo Distrito Federal ou pelo Município para a retenção, no FPE ou no FPM, e repasse à União do valor correspondente às obrigações previdenciárias correntes dos meses anteriores ao do recebimento do respectivo Fundo de Participação, no caso de não pagamento no vencimento.

§ 1º A retenção e o repasse serão efetuados a partir do mês seguinte ao vencimento da obrigação previdenciária não paga, com a incidência dos encargos legais devidos até a data da retenção.

§ 2º Na hipótese de não apresentação da Guia de Recolhimento do Fundo de Garantia do Tempo de Serviço e de Informações à Previdência Social - GFIP no prazo legal, o valor a ser retido nos termos do § 1º corresponderá à média das últimas 12 (doze) competências recolhidas ou devidas, sem prejuízo da cobrança, da restituição ou da compensação de eventuais diferenças.

§ 3º A retenção e o repasse do FPE ou do FPM serão efetuados obedecendo-se à seguinte ordem de preferência:

I – as obrigações correntes não pagas no vencimento;

II – as prestações do parcelamento de que trata o art. 1º desta Lei; e

III – as prestações dos demais parcelamentos que tenham essa previsão.

§ 4º Na hipótese de o FPE ou o FPM não ser suficiente para retenção do somatório dos valores correspondentes às obrigações devidas na forma do § 3º, o valor da diferença não retida deverá ser recolhido por meio de Guia da Previdência Social – GPS.

Art. 4º O deferimento do pedido de parcelamento de que trata o art. 1º desta Lei fica condicionado à apresentação pelo Estado, pelo Distrito Federal ou pelo Município, na data da formalização do pedido, do demonstrativo referente à apuração da receita corrente líquida do ano calendário anterior ao da publicação desta Lei.

Art. 5º As prestações do parcelamento de que trata o art. 1º desta Lei serão exigíveis mensalmente, a partir do último dia útil do 2º (segundo) mês subsequente ao mês do seu pedido.

Art. 6º O parcelamento de que trata o art. 1º desta Lei será rescindido nas seguintes hipóteses:

I – falta de recolhimento de diferença não retida no FPE ou no FPM por 3 (três) meses, consecutivos ou alternados;

II – inadimplência de débitos referente aos tributos abrangidos pelo parcelamento com competência igual ou posterior a março de 2013, por 3 (três) meses consecutivos ou alternados;

III – constatação, caracterizada por lançamento de ofício, de diferença de débito correspondente à obrigação previdenciária abrangida pelo parcelamento de que trata o art. 1º desta Lei, salvo se integralmente pago no prazo de 60 (sessenta dias), contado da ciência do lançamento ou da decisão definitiva na esfera administrativa ou judicial; ou

IV – falta de apresentação das informações relativas ao demonstrativo de apuração da receita corrente líquida referido no § 2º do art. 2º.

Parágrafo único. A critério do ente político, a diferença de que trata o inciso III do *caput* poderá ser incluída no parcelamento de que trata o art. 1º desta Lei.

Art. 7º Os pedidos de parcelamento de que trata o art. 1º desta Lei deverão ser formalizados até o último dia útil do terceiro mês subsequente ao da publicação desta Lei, na unidade da Receita Federal do Brasil de circunscrição do requerente, sendo vedada, a partir da adesão, qualquer retenção referente a débitos de parcelamentos anteriores incluídos no parcelamento de que trata esta Lei.

§ 1º A existência de outras modalidades de parcelamento em curso não impede a concessão do parcelamento de que trata o art. 1º desta Lei.

§ 2º Ao ser protocolado pelo ente federativo o pedido de parcelamento, fica suspensa a exigibilidade dos débitos incluídos no parcelamento perante a Fazenda Nacional, que emitirá certidão positiva do ente, com efeito negativo, em relação aos referidos débitos.

§ 3º Em seguida à formalização do pedido de parcelamento e até que seja consolidado o débito e calculado o valor das parcelas a serem pagas na forma do art. 1º desta Lei, será retido o correspondente a 0,5% (cinco décimos por cento) da média mensal da receita corrente líquida do ano anterior do respectivo Fundo de Participação dos Estados – FPE e Fundo de Participação dos Municípios – FPM e repassadas à União, como antecipação dos pagamentos a serem efetuados no momento do início efetivo do parcelamento.

§ 4º A adesão ao parcelamento de que trata o art. 1º desta Lei não afeta os termos e condições de abatimentos e reduções de parcelamentos concedidos anteriormente.

Art. 8º Ao parcelamento de que trata o art. 1º desta Lei aplica-se, no que couber, o disposto nos arts. 12, 13 e14-B da Lei 10.522, de 19 de julho de 2002.

Art. 9º A Secretaria da Receita Federal do Brasil do Ministério da Fazenda e a Procuradoria-Geral da Fazenda Nacional, no âmbito das respectivas competências, editarão os atos necessários à execução do parcelamento de que trata o art. 1º desta Lei.

Art. 10. A Lei 8.212, de 24 de julho de 1991, passa a vigorar acrescida do seguinte art. 32-B:

→ Alterações efetuadas na referida Lei.

Art. 11. (*Vetado*).

Art. 12. Os débitos com a Fazenda Nacional de responsabilidade dos Estados, do Distrito Federal, dos Municípios e das respectivas autarquias e fundações públicas, relativos ao Programa de Formação do Patrimônio do Servidor Público – PASEP, instituído pela Lei Complementar 8, de 3 de dezembro de 1970, vencidos até 28 de fevereiro de 2013, constituídos ou não, inscritos ou não em dívida ativa da União, ainda que em fase de execução fiscal já ajuizada, ou que tenham sido objeto de parcelamento anterior não integralmente quitado, serão consolidados e pagos em 240 (duzentas e quarenta) parcelas a serem retidas no Fundo de Participação dos Estados – FPE e Fundo de Participação dos Municípios – FPM e repassadas à União.

§ 1º Os débitos cujos fatos geradores ocorrerem até 28 de fevereiro de 2013, que forem apurados posteriormente, poderão ser incorporados ao parcelamento de que trata o *caput*, mediante aumento do número de parcelas, não implicando no aumento do valor das prestações.

§ 2º Os débitos parcelados terão redução de 100% (cem por cento) das multas de mora ou de ofício, de 50% (cinquenta por cento) dos juros de mora e de 100% (cem por cento) dos encargos legais.

§ 3º Os pedidos de parcelamento de que trata o *caput* deste artigo deverão ser formalizados até o último dia útil do terceiro mês subsequente ao da publicação desta Lei, na unidade da Receita Federal do Brasil de circunscrição do requerente, sendo vedada, a partir da adesão, qualquer retenção referente a débitos de parcelamentos anteriores incluídos no parcelamento de que trata esta Lei.

§ 4º A Secretaria da Receita Federal do Brasil e a Procuradoria-Geral da Fazenda Nacional, do Ministério da Fazenda, editarão os atos necessários à execução do parcelamento de que trata o *caput*.

Art. 13. O art. 2º da Lei 9.715, de 25 de novembro de 1998, passa a vigorar acrescido do seguinte § 7º:

"Art. 2º (...)

§ 7º Excluem-se do disposto no inciso III do *caput* deste artigo os valores de transferências decorrentes de convênio, contrato de repasse ou instrumento congênere com objeto definido."

Art. 14. O art. 1º da Lei 11.828, de 20 de novembro de 2008, passa a vigorar com a seguinte redação:

"Art. 1º No caso de doações em espécie recebidas por instituições financeiras públicas controladas pela União e destinadas a ações de prevenção, monitoramento e combate ao desmatamento, inclusive programas de remuneração por serviços ambientais, e de promoção da conservação e do uso sustentável dos biomas brasileiros, na forma estabelecida em regulamento, há isenção da incidência da Contribuição para o PIS/Pasep e da Contribuição para o Financiamento da Seguridade Social – COFINS.

(...)."

Art. 15. O art. 26 da Lei 10.522, de 19 de julho de 2002, passa a vigorar com a seguinte redação:

→ Alteração efetuada na referida Lei.

Art. 16. A Lei 10.522, de 19 de julho de 2002, passa a vigorar acrescida do seguinte art. 26-A:

→ Alterações efetuadas na referida Lei.

Art. 17. O art. 56 da Lei 8.212, de 24 de julho de 1991, passa a vigorar acrescido do seguinte § 2º, renumerando o parágrafo único para § 1º:

→ Alterações efetuadas na referida Lei.

Art. 18. Os arts. 1º e 3º da Lei 10.222, de 9 de maio de 2001, passam a vigorar com a seguinte redação:

"Art. 1º Os serviços de radiodifusão sonora e de som e imagens transmitidos com tecnologia digital controlarão seus sinais de áudio de modo que não haja elevação injustificável de volume nos intervalos comerciais."

"Art. 3º O descumprimento do disposto nesta Lei sujeitará o infrator às penalidades prescritas no Código Brasileiro de Comunicações."

Art. 19. O art. 60 da Lei 12.249, de 11 de junho de 2010, passa a vigorar com as seguintes alterações:

"Art. 60. (...)

§ 2º A partir de 1º de abril de 2013, em relação às operadoras e agências de viagem não se aplica o limite previsto no § 1º, desde que cadastradas no Ministério do Turismo e que as operações previstas no *caput* sejam realizadas por intermédio de instituição financeira domiciliada no País.

§ 3º O Poder Executivo disporá sobre os limites e as condições para utilização do benefício.

§ 4º O disposto neste artigo não se aplica ao caso de beneficiário residente ou domiciliado em país ou dependência com tributação favorecida ou beneficiada por regime fiscal privilegiado, de que tratam os arts. 24 e 24-A da Lei 9.430, de 27 de dezembro de 1996."

Art. 20. Os arts. 2º, 3º e 4º-A da Lei 11.110, de 25 de abril de 2005, passam a vigorar com a seguinte redação:

"Art. 2º (...)

§ 2º As instituições financeiras públicas federais que se enquadrem nas disposições do § 5º do art. 1º desta Lei poderão atuar no PNMPO por intermédio de sociedade na qual participe direta ou indiretamente, desde que tal sociedade tenha por objeto prestar serviços necessários à contratação e acompanhamento de operações de microcrédito produtivo orientado e que esses serviços não representem atividades privativas de instituições financeiras, devendo essa sociedade habilitar-se no Ministério do Trabalho e Emprego.

§ 3º Para o atendimento do disposto no § 2º deste artigo, as instituições financeiras públicas federais, diretamente ou por intermédio de suas subsidiárias, poderão constituir sociedade ou adquirir participação em sociedade sediada no Brasil, sendo vedada a aquisição das instituições de microcrédito produtivo orientado relacionadas no § 6º do art. 1º desta Lei.

I a IV – (*Revogados*).

§ 4º As operações de microcrédito produtivo rural efetuadas no âmbito do Pronaf com agricultores familiares enquadrados na Lei 11.326, de 24 de julho de 2006, desde que obedeçam à metodologia definida no § 3º do art. 1º desta Lei, podem ser consideradas como microcrédito produtivo orientado, integrante do PNMPO.

§ 5º Na operacionalização do microcrédito produtivo rural de que trata o § 4º deste artigo, as instituições de microcrédito produtivo orientado, de que trata o § 6º do art. 1º desta Lei, poderão, sob responsabilidade da instituição financeira mandante, prestar os seguintes serviços:

I – recepção e encaminhamento à instituição financeira de propostas de abertura de contas de depósitos à vista e de conta de poupança;

II – recepção e encaminhamento à instituição financeira de pedidos de empréstimos, de financiamentos e de renegociação;

III – elaboração e análise da proposta de crédito e preenchimento de ficha cadastral e dos instrumentos de crédito, com a conferência da exatidão das informações prestadas pelo proponente, à vista de documentação competente;

IV – execução de serviços de cobrança não judicial;

V – realização de visitas de acompanhamento e de orientação, e elaboração dos respectivos laudos e/ou relatórios;

VI – guarda de documentos, na qualidade de fiel depositário."

"Art. 3º (...)

III – os requisitos para a habilitação das instituições de microcrédito produtivo orientado e das sociedades de que trata o § 2º do art. 2º desta Lei, no PNMPO, dentre os quais deverão constar:

(...)

§ 1º (...)

III – o acompanhamento, por amostragem, pelas instituições financeiras operadoras nas instituições de microcrédito produtivo orientado, nas sociedades de que trata o § 2º do art. 2º desta Lei e nos tomadores finais dos recursos;

(...)".

"Art. 4º-A. (...)

§ 1º A subvenção de que trata o *caput* fica limitada à respectiva dotação orçamentária fixada para o exercício.

(...)."

Art. 21. A Lei 5.869, de 11 de janeiro de 1973 – Código de Processo Civil, passa a vigorar acrescida do seguinte art. 285-B:

→ Alteração efetuada na referida Lei.

Art. 22. Compete ao Banco Central do Brasil e à Comissão de Valores Mobiliários, no âmbito das respectivas competências:

I – autorizar e supervisionar o exercício da atividade de depósito centralizado de ativos financeiros e de valores mobiliários; e

II – estabelecer as condições para o exercício da atividade prevista no inciso I.

Art. 23. O depósito centralizado, realizado por entidades qualificadas como depositários centrais, compreende a guarda centralizada de ativos financeiros e de valores mobiliários, fungíveis e infungíveis, o controle de sua titularidade efetiva e o tratamento de seus eventos.

Parágrafo único. As entidades referidas no *caput* são responsáveis pela integridade dos sistemas por elas mantidos e dos registros correspondentes aos ativos financeiros e valores mobiliários sob sua guarda centralizada.

Art. 24. Para fins do depósito centralizado, os ativos financeiros e valores mobiliários, em forma física ou eletrônica, serão transferidos no regime de titularidade fiduciária para o depositário central.

§ 1º A constituição e a extinção da titularidade fiduciária em favor do depositário central serão realizadas, inclusive para fins de publicidade e eficácia perante terceiros, exclusivamente com a inclusão e a baixa dos ativos financeiros e valores mobiliários nos controles de titularidade da entidade.

§ 2º Os registros do emissor ou do escriturador dos ativos financeiros e dos valores mobiliários devem refletir fielmente os controles de titularidade do depositário central.

§ 3º Os ativos financeiros e valores mobiliários transferidos na forma do *caput*:

I – não se comunicarão com o patrimônio geral ou com outros patrimônios especiais das entidades qualificadas como depositário central;

II – devem permanecer nas contas de depósito centralizado em nome do respectivo titular efetivo ou, quando admitido pela regulamentação pertinente, de seu representante, até que sejam resgatados, retirados de circulação ou restituídos aos seus titulares efetivos; e

III – não são passíveis de constituição de garantia pelas entidades qualificadas como depositários centrais e não respondem pelas suas obrigações.

§ 4º O depositário central não pode dispor dos ativos financeiros e dos valores mobiliários recebidos em titularidade fiduciária e fica obrigado a restituí-los ao seu titular efetivo ou, quando admitido pela regulamentação pertinente, ao seu representante, com todos os direitos e ônus que lhes tiverem sido atribuídos enquanto mantidos em depósito centralizado.

Art. 25. A titularidade efetiva dos ativos financeiros e dos valores mobiliários objeto de depósito centralizado se presume pelos controles de titularidade mantidos pelo depositário central.

Parágrafo único. A transferência dos ativos financeiros e dos valores mobiliários de que trata o *caput* dá-se exclusivamente em conformidade com instruções recebidas.

Art. 26. Aplica-se o disposto no art. 63-A da Lei 10.931, de 2 de agosto de 2004, à constituição de quaisquer gravames e ônus sobre ativos financeiros e valores mobiliários objeto de depósito centralizado, independentemente da natureza do negócio jurídico a que digam respeito.

Art. 27. Permanece aplicável às ações e aos valores mobiliários emitidos com amparo no regime da Lei 6.404, de 15 de dezembro de 1976, o disposto no seu art. 41, observando-se, no que couber, os procedimentos fixados nesta Lei.

Art. 28. Compete ainda ao Banco Central do Brasil e à Comissão de Valores Mobiliários, no âmbito das respectivas competências:

I – autorizar e supervisionar o exercício da atividade de registro de ativos financeiros e de valores mobiliários; e

II – estabelecer as condições para o exercício da atividade prevista no inciso I.

Parágrafo único. O registro de ativos financeiros e de valores mobiliários compreende a escrituração, o armazenamento e a publicidade de informações referentes a transações financeiras, ressalvados os sigilos legais.

Art. 29. Aplicam-se às entidades autorizadas a exercer a atividade de depósito centralizado e às entidades autorizadas a exercer a atividade de registro de ativos financeiros e de valores mobiliários, e a seus administradores e membros de conselhos fiscais, consultivos e assemelhados, as mesmas penalidades, medidas coercitivas e meios alternativos de solução de controvérsias previstos na legislação especial aplicável às câmaras e prestadores de serviços de compensação e liquidação.

Art. 30. O § 2º do art. 34 da Lei 6.404, de 15 de dezembro de 1976, passa a vigorar com a seguinte redação:

→ Alteração efetuada na referida Lei.

Art. 31. O *caput* do art. 24 da Lei 6.385, de 7 de dezembro de 1976, passa a vigorar com a seguinte redação:

"Art. 24. Compete à Comissão autorizar a atividade de custódia de valores mobiliários, cujo exercício será privativo das instituições financeiras, entidades de compensação e das entidades autorizadas, na forma da lei, a prestar serviços de depósito centralizado.

(...)".

Art. 32. O art. 167 da Lei 6.015, de 31 de dezembro de 1973, passa a vigorar com a seguinte alteração:

"Art. 167. (...)

II – (...)

30. da sub-rogação de dívida, da respectiva garantia fiduciária ou hipotecária e da alteração das condições contratuais, em nome do credor que venha a assumir tal condição na forma do disposto pelo art. 31 da Lei 9.514, de 20 de novembro de 1997, ou do art. 347 da Lei 10.406, de 10 de janeiro de 2002 - Código Civil, realizada em ato único, a requerimento do interessado instruído com documento comprobatório firmado pelo credor original e pelo mutuário."

Art. 33. O art. 31 da Lei 9.514, de 20 de novembro de 1997, passa a vigorar acrescido do seguinte parágrafo único:

"Art. 31. (...)

Parágrafo único. Nos casos de transferência de financiamento para outra instituição financeira, o pagamento da dívida à instituição credora original poderá ser feito, a favor do mutuário, pela nova instituição credora."

Art. 34. A Lei 9.514, de 20 de dezembro de 1997, passa a vigorar acrescida do seguinte Capítulo II-A:

"CAPÍTULO II-A

Do refinanciamento com transferência de credor"

"Art. 33-A. A transferência de dívida de financiamento imobiliário com garantia real, de um credor para outro, inclusive sob a forma de sub-rogação, obriga o credor original a emitir documento que ateste, para todos os fins de direito, inclusive para efeito de averbação, a validade da transferência.

Parágrafo único. A emissão do documento será feita no prazo máximo de 2 (dois) dias úteis após a quitação da dívida original."

"Art. 33-B. Para fins de efetivação do disposto no art. 33-A, a nova instituição credora deverá informar à instituição credora original, por documento escrito ou, quando solicitado, eletrônico, as condições de financiamento oferecidas ao mutuário, inclusive as seguintes:

I – a taxa de juros do financiamento;

II – o custo efetivo total;

III – o prazo da operação;

IV – o sistema de pagamento utilizado; e

V – o valor das prestações.

§ 1º A instituição credora original terá prazo máximo de 5 (cinco) dias úteis, contados do recebimento das informações de que trata o caput, para solicitar à instituição proponente da transferência o envio dos recursos necessários para efetivar a transferência.

§ 2º O mutuário da instituição credora original poderá, a qualquer tempo, enquanto não encaminhada a solicitação de envio dos recursos necessários para efetivar a transferência de que trata o § 1º, decidir pela não efetivação da transferência, sendo vedada a cobrança de qualquer tipo de ônus ou custa por parte das instituições envolvidas.

§ 3º A eventual desistência do mutuário deverá ser informada à instituição credora original, que terá até 2 (dois) dias úteis para transmiti-la à instituição proponente da transferência."

"Art. 33-C. O credor original deverá fornecer a terceiros, sempre que formalmente solicitado pelo mutuário, as informações sobre o crédito que se fizerem necessárias para viabilizar a transferência referida no art. 33-A.

Parágrafo único. O credor original não poderá realizar ações que impeçam, limitem ou dificultem o fornecimento das informações requeridas na forma do *caput*."

"Art. 33-D. A instituição credora original poderá exigir ressarcimento financeiro pelo custo de originação da operação de crédito, o qual não poderá ser repassado ao mutuário.

§ 1º O ressarcimento disposto no caput deverá ser proporcional ao valor do saldo devedor apurado à época da transferência e decrescente com o decurso de prazo desde a assinatura do contrato, cabendo sua liquidação à instituição proponente da transferência.

§ 2º O Conselho Monetário Nacional disciplinará o disposto neste artigo, podendo inclusive limitar o ressarcimento considerando o tipo de operação de crédito ou o prazo decorrido desde a assinatura do contrato de crédito com a instituição credora original até o momento da transferência."

"Art. 33-E. O Conselho Monetário Nacional e o Conselho Curador do Fundo de Garantia do Tempo de Serviço, no âmbito de suas respectivas competências, expedirão as instruções que se fizerem necessárias à execução do disposto no parágrafo único do art. 31 e nos arts. 33-A a 33-D desta Lei."

"Art. 33-F. O disposto nos arts. 33-A a 33-E desta Lei não se aplica às operações de transferência de dívida decorrentes de cessão de crédito entre entidades que compõem o Sistema Financeiro da Habitação, desde que a citada transferência independa de manifestação do mutuário."

Art. 35. Esta Lei entra em vigor na data de sua publicação.

Art. 36. Revogam-se os §§ 1º e 3º do art. 1º e o art. 3º da Lei 11.828, de 20 de novembro de 2008.

Art. 37. Revoga-se o parágrafo único do art. 293 da Lei 6.404, de 15 de dezembro de 1976.

Art. 38. Revogam-se o § 3º do art. 25 da Lei 9.514, de 20 de novembro de 1997, e o art. 6º da Lei 12.703, de 7 de agosto de 2012.

Brasília, 15 de maio de 2013; 192º da Independência e 125º da República.

Dilma Rousseff

(Publicação no *D.O.U.* 16.5.2013)

LEI COMPLEMENTAR 143, DE 17 DE JULHO DE 2013

Altera a Lei Complementar 62, de 28 de dezembro de 1989, a Lei 5.172, de 25 de outubro de 1966 (Código Tributário Nacional), e a Lei 8.443, de 16 de julho de 1992 (Lei Orgânica do Tribunal de Contas da União), para dispor sobre os critérios de rateio do Fundo de Participação dos Estados e do Distrito Federal (FPE); e revoga dispositivos da Lei 5.172, de 25 de outubro de 1966.

A Presidenta da República

Faço saber que o Congresso Nacional decreta e eu sanciono a seguinte Lei Complementar:

Art. 1º O art. 2º da Lei Complementar 62, de 28 de dezembro de 1989, passa a vigorar com a seguinte redação:

"Art. 2º Os recursos do Fundo de Participação dos Estados e do Distrito Federal (FPE), observado o disposto no art. 4º, serão entregues da seguinte forma:

I – os coeficientes individuais de participação dos Estados e do Distrito Federal no FPE a serem aplicados até 31 de dezembro de 2015 são os constantes do Anexo Único desta Lei Complementar;

II – a partir de 1º de janeiro de 2016, cada entidade beneficiária receberá valor igual ao que foi distribuído no correspondente decêndio do exercício de 2015, corrigido pela variação acumulada do Índice Nacional de Preços ao Consumidor Amplo (IPCA) ou outro que vier a substituí-lo e pelo percentual equivalente a 75% (setenta e cinco por cento) da variação real do Produto Interno Bruto nacional do ano anterior ao ano considerado para base de cálculo;

III – também a partir de 1º de janeiro de 2016, a parcela que superar o montante especificado no inciso II será distribuída proporcionalmente a coeficientes individuais de participação obtidos a partir da combinação de fatores representativos da população e do inverso da renda domiciliar per capita da entidade beneficiária, assim definidos:

a) o fator representativo da população corresponderá à participação relativa da população da entidade beneficiária na população do País, observados os limites superior e inferior de, respectivamente, 0,07 (sete centésimos) e 0,012 (doze milésimos), que incidirão uma única vez nos cálculos requeridos;

b) o fator representativo do inverso da renda domiciliar per capita corresponderá à participação relativa do inverso da renda domiciliar per capita da entidade beneficiária na soma dos inversos da renda domiciliar per capita de todas as entidades.

§ 1º Em relação à parcela de que trata o inciso III do *caput*, serão observados os seguintes procedimentos:

I – a soma dos fatores representativos da população e a dos fatores representativos do inverso da renda domiciliar per capita deverão ser ambas iguais a 0,5 (cinco décimos), ajustando-se proporcionalmente, para esse efeito, os fatores das entidades beneficiárias;

II – o coeficiente individual de participação será a soma dos fatores representativos da população e do inverso da renda domiciliar per capita da entidade beneficiária, observados os ajustes previstos nos incisos III e IV deste parágrafo;

III – os coeficientes individuais de participação das entidades beneficiárias cujas rendas domiciliares per capita excederem valor de referência correspondente a 72% (setenta e dois por cento) da renda domiciliar per capita nacional serão reduzidos proporcionalmente à razão entre o excesso da renda domiciliar per capita da entidade beneficiária e o valor de referência, observado que nenhuma entidade beneficiária poderá ter coeficiente individual de participação inferior a 0,005 (cinco milésimos);

IV – em virtude da aplicação do disposto no inciso III deste parágrafo, os coeficientes individuais de participação de todas as entidades beneficiárias deverão ser ajustados proporcionalmente, de modo que resultem em soma igual a 1 (um).

§ 2º Caso a soma dos valores a serem distribuídos, nos termos do inciso II do *caput*, seja igual ou superior ao montante a ser distribuído, a partilha dos recursos será feita exclusivamente de acordo com o referido inciso, ajustando-se proporcionalmente os valores.

§ 3º Para efeito do disposto neste artigo, serão considerados os valores censitários ou as estimativas mais recentes da população e da renda domiciliar per capita publicados pela entidade federal competente."

Art. 2º O art. 92 da Lei nº 5.172, de 25 de outubro de 1966 (Código Tributário Nacional), passa a vigorar com a seguinte redação:

→ Alteração efetuada no referido CTN.

Art. 3º Para os coeficientes dos Estados e do Distrito Federal que vigorarão no exercício de 2013, a comunicação referida no *caput* do art. 92 da Lei 5.172, de 1966, será feita até 30 (trinta) dias após a publicação desta Lei Complementar.

Art. 4º O art. 102 da Lei 8.443, de 16 de julho de 1992 (Lei Orgânica do Tribunal de Contas da União), passa a vigorar com a seguinte redação:

"Art. 102. Entidade competente do Poder Executivo federal fará publicar no Diário Oficial da União, para os fins previstos no inciso VI do art. 1º desta Lei, a relação das populações:

I – até 31 de dezembro de cada ano, no caso dos Estados e do Distrito Federal;

II – até 31 de agosto de cada ano, no caso dos Municípios.

§ 1º *(Revogado)*

§ 2º *(Revogado)*.

§ 3º Far-se-á nova comunicação sempre que houver, transcorrido o prazo fixado nos incisos I e II do *caput*, a criação de novo Estado ou Município a ser implantado no exercício subsequente."

Art. 5º *(Vetado)*.

Art. 6º Revogam-se os arts. 86 a 89 e 93 a 95 da Lei 5.172, de 25 de outubro de 1966 (Código Tributário Nacional), e os §§ 1º e 2º do art. 102 da Lei 8.443, de 16 de julho de 1992 (Lei Orgânica do Tribunal de Contas da União).

Art. 7º Esta Lei Complementar entra em vigor na data de sua publicação, produzindo efeitos financeiros no primeiro mês que se iniciar após 60 (sessenta) dias dessa data.

Brasília, 17 de julho de 2013; 192º da Independência e 125º da República.

Dilma Rousseff

(Publicado no *D.O.U.* de 18.7.2013)

LEI 12.858,
DE 9 DE SETEMBRO DE 2013

Dispõe sobre a destinação para as áreas de educação e saúde de parcela da participação no resultado ou da compensação financeira pela exploração de petróleo e gás natural, com a finalidade de cumprimento da meta prevista no inciso VI do caput do art. 214 e no art. 196 da Constituição Federal; altera a Lei 7.990, de 28 de dezembro de 1989; e dá outras providências.

A Presidenta da República:

Faço saber que o Congresso Nacional decreta e eu sanciono a seguinte Lei:

Art. 1º Esta Lei dispõe sobre a destinação para as áreas de educação e saúde de parcela da participação no resultado ou da compensação financeira pela exploração de petróleo e gás natural, de que trata o § 1º do art. 20 da Constituição Federal.

Art. 2º Para fins de cumprimento da meta prevista no inciso VI do *caput* do art. 214 e no art. 196 da Constituição Federal, serão destinados exclusivamente para a educação pública, com prioridade para a educação básica, e para a saúde, na forma do regulamento, os seguintes recursos:

I – as receitas dos órgãos da administração direta da União provenientes dos royalties e da participação especial decorrentes de áreas cuja declaração de comercialidade tenha ocorrido a partir de 3 de dezembro de 2012, relativas a contratos celebrados sob os regimes de concessão, de cessão onerosa e de partilha de produção, de que tratam respectivamente as Leis 9.478, de 6 de agosto de 1997, 12.276, de 30 de junho de 2010, e 12.351, de 22 de dezembro de 2010, quando a lavra ocorrer na plataforma continental, no mar territorial ou na zona econômica exclusiva;

II – as receitas dos Estados, do Distrito Federal e dos Municípios provenientes dos royalties e da participação especial, relativas a contratos celebrados a partir de 3 de dezembro de 2012, sob os regimes de concessão, de cessão onerosa e de partilha de produção, de que tratam respectivamente as Leis 9.478, de 6 de agosto de 1997, 12.276, de 30 de junho de 2010, e 12.351, de 22 de dezembro de 2010, quando a lavra ocorrer na plataforma continental, no mar territorial ou na zona econômica exclusiva;

III – 50% (cinquenta por cento) dos recursos recebidos pelo Fundo Social de que trata o art. 47 da Lei 12.351, de 22 de dezembro de 2010, até que sejam cumpridas as metas estabelecidas no Plano Nacional de Educação; e

IV – as receitas da União decorrentes de acordos de individualização da produção de que trata o art. 36 da Lei 12.351, de 22 de dezembro de 2010.

§ 1º As receitas de que trata o inciso I serão distribuídas de forma prioritária aos Estados, ao Distrito Federal e aos Municípios que determinarem a aplicação da respectiva parcela de receitas de royalties e de participação especial com a mesma destinação exclusiva.

§ 2º A Agência Nacional do Petróleo, Gás Natural e Biocombustíveis – ANP tornará público, mensalmente, o mapa das áreas sujeitas à individualização da produção de que trata o inciso IV do caput, bem como a estimativa de cada percentual do petróleo e do gás natural localizados em área da União.

§ 3º União, Estados, Distrito Federal e Municípios aplicarão os recursos previstos nos incisos I e II deste artigo no montante de 75% (setenta e cinco por cento) na área de educação e de 25% (vinte e cinco por cento) na área de saúde.

Art. 3º Os recursos dos royalties e da participação especial destinados à União, provenientes de campos sob o regime de concessão, de que trata a Lei 9.478, de 6 de agosto de 1997, cuja declaração de comercialidade tenha ocorrido antes de 3 de dezembro de 2012, quando oriundos da produção realizada no horizonte geológico denominado pré-sal, localizados na área definida no inciso IV do caput do art. 2º da Lei 12.351, de 22 de dezembro de 2010, serão integralmente destinados ao Fundo Social previsto no art. 47 da Lei 12.351, de 22 de dezembro de 2010.

Art. 4º Os recursos destinados para as áreas de educação e saúde na forma do art. 2º serão aplicados em acréscimo ao mínimo obrigatório previsto na Constituição Federal.

Art. 5º O § 1º do art. 8º da Lei 7.990, de 28 de dezembro de 1989, passa a vigorar com a seguinte redação:

"Art. 8º (...)

§ 1º As vedações constantes do caput não se aplicam:

I – ao pagamento de dívidas para com a União e suas entidades;

II – ao custeio de despesas com manutenção e desenvolvimento do ensino, especialmente na educação básica pública em tempo integral, inclusive as relativas a pagamento de salários e outras verbas de natureza remuneratória a profissionais do magistério em efetivo exercício na rede pública.

(...)"

Art. 6º Esta Lei entra em vigor na data de sua publicação.

Brasília, 9 de setembro de 2013; 192º da Independência e 125º da República.

Dilma Rousseff

(Publicação no *D.O.U.* de 10.9.2013)

LEI 12.973,
DE 13 DE MAIO DE 2014

Altera a legislação tributária federal relativa ao Imposto sobre a Renda das Pessoas Jurídicas – IRPJ, à Contribuição Social sobre o Lucro Líquido – CSLL, à Contribuição para o PIS/Pasep e à Contribuição para o Financiamento da Seguridade Social – Cofins; revoga o Regime Tributário de Transição – RTT, instituído pela Lei 11.941, de 27 de maio de 2009; dispõe sobre a tributação da pessoa jurídica domiciliada no Brasil, com relação ao acréscimo patrimonial decorrente de participação em lucros auferidos no exterior por controladas e coligadas; altera o Decreto-Lei 1.598, de 26 de dezembro de 1977 e as Leis 9.430, de 27 de dezembro de 1996, 9.249, de 26 de dezembro de 1995, 8.981, de 20 de janeiro de 1995, 4.506, de 30 de novembro de 1964, 7.689, de 15 de dezembro de 1988, 9.718, de 27 de novembro de

1998, 10.865, de 30 de abril de 2004, 10.637, de 30 de dezembro de 2002, 10.833, de 29 de dezembro de 2003, 12.865, de 9 de outubro de 2013, 9.532, de 10 de dezembro de 1997, 9.656, de 3 de junho de 1998, 9.826, de 23 de agosto de 1999, 10.485, de 3 de julho de 2002, 10.893, de 13 de julho de 2004, 11.312, de 27 de junho de 2006, 11.941, de 27 de maio de 2009, 12.249, de 11 de junho de 2010, 12.431, de 24 de junho de 2011, 12.716, de 21 de setembro de 2012, e 12.844, de 19 de julho de 2013; e dá outras providências.

A Presidenta da República:

Faço saber que o Congresso Nacional decreta e eu sanciono a seguinte Lei:

Art. 1º O Imposto sobre a Renda das Pessoas Jurídicas – IRPJ, a Contribuição Social sobre o Lucro Líquido – CSLL, a Contribuição para o PIS/Pasep e a Contribuição para o Financiamento da Seguridade Social – Cofins serão determinados segundo as normas da legislação vigente, com as alterações desta Lei.

→ *v.* Art. 119, § 1º.

→ *v.* Art. 2º da IN SRF 1.469/2014.

Capítulo I
DO IMPOSTO SOBRE A RENDA DAS PESSOAS JURÍDICAS E DA CONTRIBUIÇÃO SOCIAL SOBRE O LUCRO LÍQUIDO

(...)

Art. 3º Ficam isentos do Imposto sobre a Renda das Pessoas Físicas os rendimentos recebidos pelos condomínios residenciais constituídos nos termos da Lei 4.591, de 16 de dezembro de 1964, limitado a R$ 24.000,00 (vinte e quatro mil reais) por ano-calendário, e desde que sejam revertidos em benefício do condomínio para cobertura de despesas de custeio e de despesas extraordinárias, estejam previstos e autorizados na convenção condominial, não sejam distribuídos aos condôminos e decorram:

I – de uso, aluguel ou locação de partes comuns do condomínio;

II – de multas e penalidades aplicadas em decorrência de inobservância das regras previstas na convenção condominial; ou

III – de alienação de ativos detidos pelo condomínio.

Seção I
Ajuste a Valor Presente

Art. 4º Os valores decorrentes do ajuste a valor presente, de que trata o inciso VIII do *caput* do art. 183 da Lei 6.404, de 15 de dezembro de 1976, relativos a cada operação, somente serão considerados na determinação do lucro real no mesmo período de apuração em que a receita ou resultado da operação deva ser oferecido à tributação.

→ *v.* Art. 119, § 1º.

→ *v.* Art. 2º da IN SRF 1.469/2014.

Art. 5º Os valores decorrentes do ajuste a valor presente, de que trata o inciso III do *caput* do art. 184 da Lei 6.404, de 15 de dezembro de 1976, relativos a cada operação, somente serão considerados na determinação do lucro real no período de apuração em que:

→ *v.* Art. 119, § 1º.

→ *v.* Art. 2º da IN SRF 1.469/2014.

I – o bem for revendido, no caso de aquisição a prazo de bem para revenda;

II – o bem for utilizado como insumo na produção de bens ou serviços, no caso de aquisição a prazo de bem a ser utilizado como insumo na produção de bens ou serviços;

III – o ativo for realizado, inclusive mediante depreciação, amortização, exaustão, alienação ou baixa, no caso de aquisição a prazo de ativo não classificável nos incisos I e II do *caput*;

IV – a despesa for incorrida, no caso de aquisição a prazo de bem ou serviço contabilizado diretamente como despesa; e

V – o custo for incorrido, no caso de aquisição a prazo de bem ou serviço contabilizado diretamente como custo de produção de bens ou serviços.

§ 1º Nas hipóteses previstas nos incisos I, II e III do *caput*, os valores decorrentes do ajuste a valor presente deverão ser evidenciados contabilmente em subconta vinculada ao ativo.

§ 2º Os valores decorrentes de ajuste a valor presente de que trata o *caput* não poderão ser considerados na determinação do lucro real:

I – na hipótese prevista no inciso III do *caput*, caso o valor realizado, inclusive mediante depreciação, amortização, exaustão, alienação ou baixa não seja dedutível;

II – na hipótese prevista no inciso IV do *caput*, caso a despesa não seja dedutível; e

III – nas hipóteses previstas nos incisos I, II e III do *caput*, caso os valores decorrentes do ajuste a valor presente não tenham sido evidenciados conforme disposto no § 1º.

Art. 6º A Lei 9.430, de 27 de dezembro de 1996, passa a vigorar com as seguintes alterações:

→ Alterações efetuadas na referida Lei.

Seção II
Custo de Empréstimos – Lucro Presumido e Arbitrado

Art. 7º Para fins de determinação do ganho de capital previsto no inciso II do *caput* do art. 25 da Lei 9.430, de 27 de dezembro de 1996, é vedado o cômputo de qualquer parcela a título de encargos associados a empréstimos, registrados como custo na forma da alínea *b* do § 1º do art. 17 do Decreto-Lei 1.598, de 26 de dezembro de 1977.

→ *v.* Art. 119, § 1º.

→ *v.* Art. 2º da IN SRF 1.469/2014.

Parágrafo único. O disposto no *caput* aplica-se também ao ganho de capital previsto no inciso II do *caput* do art. 27 e no inciso II do *caput* do art. 29 da Lei 9.430, de 27 de dezembro de 1996.

Art. 8º No caso de pessoa jurídica tributada com base no lucro presumido ou arbitrado, as receitas financeiras relativas às variações monetárias dos direitos de crédito e das obrigações do contribuinte, em função da taxa de câmbio, originadas dos saldos de valores a apropriar decorrentes de ajuste a valor presente não integrarão a base de cálculo do imposto sobre a renda.

→ *v.* Art. 119, § 1º.

→ *v.* Art. 2º da IN SRF 1.469/2014.

Art. 9º A Lei 9.249, de 26 de dezembro de 1995, passa a vigorar com as seguintes alterações:

→ Alterações efetuadas na referida Lei.

Art. 10. A Lei 8.981, de 20 de janeiro de 1995, passa a vigorar com as seguintes alterações:

→ Alterações efetuadas na referida Lei.

Seção III
Despesas Pré-Operacionais ou Pré-Industriais

Art. 11. Para fins de determinação do lucro real, não serão computadas, no período de apuração em que incorridas, as despesas:

→ *v.* Art. 119, § 1º.

→ *v.* Art. 2º da IN SRF 1.469/2014.

I – de organização pré-operacionais ou pré-industriais, inclusive da fase inicial de operação, quando a empresa utilizou apenas parcialmente o seu equipamento ou as suas instalações; e

II – de expansão das atividades industriais.

Parágrafo único. As despesas referidas no *caput* poderão ser excluídas para fins de determinação do lucro real, em quotas fixas mensais e no prazo mínimo de 5 (cinco) anos, a partir:

I – do início das operações ou da plena utilização das instalações, no caso do inciso I do *caput*; e

II – do início das atividades das novas instalações, no caso do inciso II do *caput*.

Seção IV
Variação Cambial – Ajuste a Valor Presente

Art. 12. As variações monetárias em razão da taxa de câmbio referentes aos saldos de valores a apropriar decorrentes de ajuste a valor presente não serão computadas na determinação do lucro real.

→ *v.* Art. 119, § 1º.

→ *v.* Art. 2º da IN SRF 1.469/2014.

Seção V
Avaliação a Valor Justo

Subseção I
Ganho

Art. 13. O ganho decorrente de avaliação de ativo ou passivo com base no valor justo não será computado na determinação do lucro real desde que o respectivo aumento no valor do ativo ou a redução no valor do passivo seja evidenciado contabilmente em subconta vinculada ao ativo ou passivo.

→ *v.* Art. 119, § 1º.

→ *v.* Art. 2º da IN SRF 1.469/2014.

§ 1º O ganho evidenciado por meio da subconta de que trata o *caput* será computado na determinação do lucro real à medida que o ativo for realizado, inclusive mediante depreciação, amortização, exaustão, alienação ou baixa, ou quando o passivo for liquidado ou baixado.

§ 2º O ganho a que se refere o § 1º não será computado na determinação do lucro real caso o valor realizado, inclusive mediante depreciação, amortização, exaustão, alienação ou baixa, seja indedutível.

§ 3º Na hipótese de não ser evidenciado por meio de subconta na forma prevista no *caput*, o ganho será tributado.

§ 4º Na hipótese de que trata o § 3º, o ganho não poderá acarretar redução de prejuízo fiscal do período, devendo, neste caso, ser considerado em período de apuração seguinte em que exista lucro real antes do cômputo do referido ganho.

§ 5º O disposto neste artigo não se aplica aos ganhos no reconhecimento inicial de ativos avaliados com base no valor justo decorrentes de doações recebidas de terceiros.

§ 6º No caso de operações de permuta que envolvam troca de ativo ou passivo de que trata o *caput*, o ganho decorrente da avaliação com base no valor justo poderá ser computado na determinação do lucro real na medida da realização do ativo ou passivo recebido na permuta, de acordo com as hipóteses previstas nos §§ 1º a 4º.

Subseção II
Perda

Art. 14. A perda decorrente de avaliação de ativo ou passivo com base no valor justo somente poderá ser computada na determinação do lucro real à medida que o ativo for realizado, inclusive mediante depreciação, amortização, exaustão, alienação ou baixa, ou quando o passivo for liquidado ou baixado, e desde que a respectiva redução no valor do ativo ou aumento no valor do passivo seja evidenciada contabilmente em subconta vinculada ao ativo ou passivo.

→ *v.* Art. 119, § 1º.

→ *v.* Art. 2º da IN SRF 1.469/2014.

§ 1º A perda a que se refere este artigo não será computada na determinação do lucro real caso o valor realizado, inclusive mediante depreciação, amortização, exaustão, alienação ou baixa, seja indedutível.

§ 2º Na hipótese de não ser evidenciada por meio de subconta na forma prevista no *caput*, a perda será considerada indedutível na apuração do lucro real.

Art. 15. A Secretaria da Receita Federal do Brasil irá disciplinar o controle em subcontas previsto nos arts. 5º, 13 e 14.

→ *v.* Art. 119, § 1º.

→ *v.* Art. 2º da IN SRF 1.469/2014.

Seção VI
Ajuste a Valor Justo

Subseção I
Lucro Presumido para Lucro Real

Art. 16. A pessoa jurídica tributada pelo lucro presumido que, em período de apuração imediatamente posterior, passar a ser tributada pelo lucro real deverá incluir na base de cálculo do imposto apurado pelo lucro presumido os ganhos decorrentes de avaliação com base no valor justo, que façam parte do valor contábil, e na proporção deste, relativos aos ativos constantes em seu patrimônio.

→ *v.* Art. 119, § 1º.

→ *v.* Art. 2º da IN SRF 1.469/2014.

§ 1º A tributação dos ganhos poderá ser diferida para os períodos de apuração em que a pessoa jurídica for tributada pelo lucro real, desde que observados os procedimentos e requisitos previstos no art. 13.

§ 2º As perdas verificadas nas condições do *caput* somente poderão ser computadas na determinação do lucro real dos períodos de apuração posteriores se observados os procedimentos e requisitos previstos no art. 14.

§ 3º O disposto neste artigo aplica-se, também, na hipótese de avaliação com base no valor justo de passivos relacionados a ativos ainda não totalmente realizados na data de transição para o lucro real.

Subseção II
Ganho de Capital Subscrição de Ações

Art. 17. O ganho decorrente de avaliação com base no valor justo de bem do ativo incorporado ao patrimônio de outra pessoa jurídica, na subscrição em bens de capital social, ou de valores mobiliários emitidos por companhia, não será computado na determinação do lucro real, desde que o aumento no valor do bem do ativo seja evidenciado contabilmente em subconta vinculada à participação societária ou aos valores mobiliários, com discriminação do bem objeto de avaliação com base no valor justo, em condições de permitir a determinação da parcela realizada em cada período.

→ *v.* Art. 119, § 1º.

→ *v.* Art. 2º da IN SRF 1.469/2014.

§ 1º O ganho evidenciado por meio da subconta de que trata o *caput* será computado na determinação do lucro real:

I – na alienação ou na liquidação da participação societária ou dos valores mobiliários, pelo montante realizado;

II – proporcionalmente ao valor realizado, no período-base em que a pessoa jurídica que houver recebido o bem realizar seu valor, inclusive mediante depreciação, amortização, exaustão, alienação ou baixa, ou com ele integralizar capital de outra pessoa jurídica; ou

III – na hipótese de bem não sujeito a realização por depreciação, amortização ou exaustão que não tenha sido alienado, baixado ou utilizado na integralização do capital de outra pessoa jurídica, nos 5 (cinco) anos-calendário subsequentes à subscrição em bens de capital social, ou de valores mobiliários emitidos por companhia, à razão de 1/60 (um sessenta avos), no mínimo, para cada mês do período de apuração.

§ 2º Na hipótese de não ser evidenciado por meio de subconta na forma prevista no *caput*, o ganho será tributado.

§ 3º Na hipótese de que trata o § 2º, o ganho não poderá acarretar redução de prejuízo fiscal do período e deverá, nesse caso, ser considerado em período de apuração seguinte em que exista lucro real antes do cômputo do referido ganho.

§ 4º Na hipótese de a subscrição de capital social de que trata o *caput* ser feita por meio da entrega de participação societária, será considerada realização, nos termos do inciso III do § 1º, a absorção do patrimônio da investida, em virtude de incorporação, fusão ou cisão, pela pessoa jurídica que teve o capital social subscrito por meio do recebimento da participação societária.

§ 5º O disposto no § 4º aplica-se inclusive quando a investida absorver, em virtude de incorporação, fusão ou cisão, o patrimônio da pessoa jurídica que teve o capital social subscrito por meio do recebimento da participação societária.

Art. 18. A perda decorrente de avaliação com base no valor justo de bem do ativo incorporado ao patrimônio de outra pessoa jurídica, na subscrição em bens de capital social, ou de valores mobiliários emitidos por companhia, somente poderá ser computada na determinação do lucro real caso a respectiva redução no valor do bem do ativo seja evidenciada contabilmente em subconta vinculada à participação societária ou aos valores mobiliários, com discriminação do bem objeto de avaliação com base no valor justo, em condições de permitir a determinação da parcela realizada em cada período, e:

→ *v.* Art. 119, § 1º.

→ *v.* Art. 2º da IN SRF 1.469/2014.

I – na alienação ou na liquidação da participação societária ou dos valores mobiliários, pelo montante realizado;

II – proporcionalmente ao valor realizado, no período-base em que a pessoa jurídica que houver recebido o bem realizar seu valor, inclusive mediante depreciação, amortização, exaustão, alienação ou baixa, ou com ele integralizar capital de outra pessoa jurídica; ou

III – na hipótese de bem não sujeito a realização por depreciação, amortização ou exaustão que não tenha sido alienado, baixado ou utilizado na integralização do capital de outra pessoa jurídica, a perda poderá ser amortizada nos balanços correspondentes à apuração de lucro real, levantados durante os 5 (cinco) anos-calendário subsequentes à subscrição em bens de capital social, ou de valores mobiliários emitidos por companhia, à razão de 1/60 (um sessenta avos), no máximo, para cada mês do período de apuração.

§ 1º Na hipótese de não ser evidenciada por meio de subconta na forma prevista no *caput*, a perda será considerada indedutível na apuração do lucro real.

§ 2º Na hipótese da subscrição de capital social de que trata o *caput* ser feita por meio da entrega de participação societária, será considerada realização, nos termos do inciso II do *caput*, a absorção do patrimônio da investida, em virtude de incorporação, fusão ou cisão pela pessoa jurídica que teve o capital social subscrito por meio do recebimento da participação societária.

§ 3º O disposto no § 2º aplica-se inclusive quando a investida absorver, em virtude de incorporação, fusão ou cisão, o patrimônio da pessoa jurídica que teve o capital social subscrito por meio do recebimento da participação societária.

Art. 19. A Secretaria da Receita Federal do Brasil irá disciplinar o controle em subcontas de que tratam os arts. 17 e 18.

→ *v.* Art. 119, § 1º.

→ *v.* Art. 2º da IN SRF 1.469/2014.

Seção VII
Incorporação, Fusão ou Cisão

Subseção I
Mais – Valia

Art. 20. Nos casos de incorporação, fusão ou cisão, o saldo existente na contabilidade, na data da aquisição da participação societária, referente à mais-valia de que trata o inciso II do *caput* do art. 20 do Decreto-Lei 1.598, de 26 de dezembro de 1977, decorrente da aquisição de participação societária entre partes não dependentes, poderá ser considerado como integrante do custo do bem ou direito que lhe deu causa, para efeito de determinação de ganho ou perda de capital e do cômputo da depreciação, amortização ou exaustão.

→ *v.* Art. 119, § 1º.

→ *v.* Art. 2º da IN SRF 1.469/2014.

LEGISLAÇÃO

§ 1º Se o bem ou direito que deu causa ao valor de que trata o *caput* não houver sido transferido, na hipótese de cisão, para o patrimônio da sucessora, esta poderá, para efeitos de apuração do lucro real, deduzir a referida importância em quotas fixas mensais e no prazo mínimo de 5 (cinco) anos contados da data do evento.

§ 2º A dedutibilidade da despesa de depreciação, amortização ou exaustão está condicionada ao cumprimento da condição estabelecida no inciso III do *caput* do art. 13 da Lei 9.249, de 26 de dezembro de 1995.

§ 3º O contribuinte não poderá utilizar o disposto neste artigo, quando:

I – o laudo a que se refere o § 3º do art. 20 do Decreto-Lei 1.598, de 26 de dezembro de 1977, não for elaborado e tempestivamente protocolado ou registrado; ou

II – os valores que compõem o saldo da mais-valia não puderem ser identificados em decorrência da não observância do disposto no § 3º do art. 37 ou no § 1º do art. 39 desta Lei.

§ 4º O laudo de que trata o inciso I do § 3º será desconsiderado na hipótese em que os dados nele constantes apresentem comprovadamente vícios ou incorreções de caráter relevante.

§ 5º A vedação prevista no inciso I do § 3º não se aplica para participações societárias adquiridas até 31 de dezembro de 2013, para os optantes conforme o art. 75, ou até 31 de dezembro de 2014, para os não optantes.

Subseção II
Menos – Valia

Art. 21. Nos casos de incorporação, fusão ou cisão, o saldo existente na contabilidade, na data da aquisição da participação societária, referente à menos-valia de que trata o inciso II do *caput* do art. 20 do Decreto-Lei 1.598, de 26 de dezembro de 1977, deverá ser considerado como integrante do custo do bem ou direito que lhe deu causa para efeito de determinação de ganho ou perda de capital e do cômputo da depreciação, amortização ou exaustão.

→ *v.* Art. 119, § 1º.

→ *v.* Art. 2º da IN SRF 1.469/2014.

§ 1º Se o bem ou direito que deu causa ao valor de que trata o caput não houver sido transferido, na hipótese de cisão, para o patrimônio da sucessora, esta poderá, para efeitos de apuração do lucro real, diferir o reconhecimento da referida importância, oferecendo à tributação quotas fixas mensais no prazo máximo de 5 (cinco) anos contados da data do evento.

§ 2º A dedutibilidade da despesa de depreciação, amortização ou exaustão está condicionada ao cumprimento da condição estabelecida no inciso III do *caput* do art. 13 da Lei 9.249, de 26 de dezembro de 1995.

§ 3º O valor de que trata o *caput* será considerado como integrante do custo dos bens ou direitos que forem realizados em menor prazo depois da data do evento, quando:

I – o laudo a que se refere o § 3º do art. 20 do Decreto-Lei 1.598, de 26 de dezembro de 1977, não for elaborado e tempestivamente protocolado ou registrado; ou

II – os valores que compõem o saldo da menos-valia não puderem ser identificados em decorrência da não observância do disposto no § 3º do art. 37 ou no § 1º do art. 39 desta Lei.

§ 4º O laudo de que trata o inciso I do § 3º será desconsiderado na hipótese em que os dados nele constantes apresentem comprovadamente vícios ou incorreções de caráter relevante.

§ 5º A vedação prevista no inciso I do § 3º não se aplica para participações societárias adquiridas até 31 de dezembro de 2013, para os optantes conforme o art. 75, ou até 31 de dezembro de 2014, para os não optantes.

Subseção III
Goodwill

Art. 22. A pessoa jurídica que absorver patrimônio de outra, em virtude de incorporação, fusão ou cisão, na qual detinha participação societária adquirida com ágio por rentabilidade futura (*goodwill*) decorrente da aquisição de participação societária entre partes não dependentes, apurado segundo o disposto no inciso III do *caput* do art. 20 do Decreto-Lei 1.598, de 26 de dezembro de 1977, poderá excluir para fins de apuração do lucro real dos períodos de apuração subsequentes o saldo do referido ágio existente na contabilidade na data da aquisição da participação societária, à razão de 1/60 (um sessenta avos), no máximo, para cada mês do período de apuração.

→ *v.* Art. 119, § 1º.

→ *v.* Art. 2º da IN SRF 1.469/2014.

§ 1º O contribuinte não poderá utilizar o disposto neste artigo, quando:

I – o laudo a que se refere o § 3º do art. 20 do Decreto-Lei 1.598, de 26 de dezembro de 1977, não for elaborado e tempestivamente protocolado ou registrado;

II – os valores que compõem o saldo do ágio por rentabilidade futura (*goodwill*) não puderem ser identificados em decorrência da não observância do disposto no § 3º do art. 37 ou no § 1º do art. 39 desta Lei.

§ 2º O laudo de que trata o inciso I do § 1º será desconsiderado na hipótese em que os dados nele constantes apresentem comprovadamente vícios ou incorreções de caráter relevante.

§ 3º A vedação prevista no inciso I do § 1º não se aplica para participações societárias adquiridas até 31 de dezembro de 2013, para os optantes conforme o art. 75, ou até 31 de dezembro de 2014, para os não optantes.

Subseção IV
Ganho por Compra Vantajosa

Art. 23. A pessoa jurídica que absorver patrimônio de outra, em virtude de incorporação, fusão ou cisão, na qual detinha participação societária adquirida com ganho proveniente de compra vantajosa, conforme definido no § 6º do art. 20 do Decreto-Lei 1.598, de 26 de dezembro de 1977, deverá computar o referido ganho na determinação do lucro real dos períodos de apuração subsequentes à data do evento, à razão de 1/60 (um sessenta avos), no mínimo, para cada mês do período de apuração.

→ *v.* Art. 119, § 1º.

→ *v.* Art. 2º da IN SRF 1.469/2014.

Art. 24. O disposto nos arts. 20, 21, 22 e 23 aplica-se inclusive quando a empresa incorporada, fusionada ou cindida for aquela que detinha a propriedade da participação societária.

→ *v.* Art. 119, § 1º.

→ *v.* Art. 2º da IN SRF 1.469/2014.

Art. 25. Para fins do disposto nos arts. 20 e 22, consideram-se partes dependentes quando:

→ *v.* Art. 119, § 1º.

→ *v.* Art. 2º da IN SRF 1.469/2014.

I – o adquirente e o alienante são controlados, direta ou indiretamente, pela mesma parte ou partes;

II – existir relação de controle entre o adquirente e o alienante;

III – o alienante for sócio, titular, conselheiro ou administrador da pessoa jurídica adquirente;

IV – o alienante for parente ou afim até o terceiro grau, cônjuge ou companheiro das pessoas relacionadas no inciso III; ou

V – em decorrência de outras relações não descritas nos incisos I a IV, em que fique comprovada a dependência societária.

Parágrafo único. No caso de participação societária adquirida em estágios, a relação de dependência entre o(s) alienante(s) e o(s) adquirente(s) de que trata este artigo deve ser verificada no ato da primeira aquisição, desde que as condições do negócio estejam previstas no instrumento negocial.

Subseção V
Avaliação com Base no Valor Justo na Sucedida Transferido para a Sucessora

Art. 26. Nos casos de incorporação, fusão ou cisão, os ganhos decorrentes de avaliação com base no valor justo na sucedida não poderão ser considerados na sucessora como integrante do custo do bem ou direito que lhe deu causa para efeito de determinação de ganho ou perda de capital e do cômputo da depreciação, amortização ou exaustão.

→ *v.* Art. 119, § 1º.

→ *v.* Art. 2º da IN SRF 1.469/2014.

Parágrafo único. Os ganhos e perdas evidenciados nas subcontas de que tratam os arts. 13 e 14 transferidos em decorrência de incorporação, fusão ou cisão terão, na sucessora, o mesmo tratamento tributário que teriam na sucedida.

Seção VIII
Ganho por Compra Vantajosa

Art. 27. O ganho decorrente do excesso do valor líquido dos ativos identificáveis adquiridos e dos passivos assumidos, mensurados pelos respectivos valores justos, em relação à contraprestação transferida, será computado na determinação do lucro real no período de apuração relativo à data do evento e posteriores, à razão de 1/60 (um sessenta avos), no mínimo, para cada mês do período de apuração.

→ *v.* Art. 119, § 1º.

→ *v.* Art. 2º da IN SRF 1.469/2014.

Parágrafo único. Quando o ganho proveniente de compra vantajosa se referir ao valor de que trata o inciso II do § 5º do art. 20 do Decreto-Lei 1.598, de 26 de dezembro de 1977, deverá ser observado, conforme o caso, o disposto no § 6º do art. 20 do mesmo Decreto-Lei ou o disposto no art. 22 desta Lei.

Seção IX
Tratamento Tributário do Goodwill

Art. 28. A contrapartida da redução do ágio por rentabilidade futura (*goodwill*), inclusive mediante redução ao valor recuperável, não será computada na determinação do lucro real.

→ v. Art. 119, § 1º.

→ v. Art. 2º da IN SRF 1.469/2014.

Parágrafo único. Quando a redução se referir ao valor de que trata o inciso III do art. 20 do Decreto-Lei 1.598, de 26 de dezembro de 1977, deve ser observado o disposto no art. 25 do mesmo Decreto-Lei.

Seção X
Contratos de Longo Prazo

Art. 29. Na hipótese de a pessoa jurídica utilizar critério, para determinação da porcentagem do contrato ou da produção executada, distinto dos previstos no § 1º do art. 10 do Decreto-Lei 1.598, de 26 de dezembro de 1977, que implique resultado do período diferente daquele que seria apurado com base nesses critérios, a diferença verificada deverá ser adicionada ou excluída, conforme o caso, por ocasião da apuração do lucro real.

→ v. Art. 119, § 1º.

→ v. Art. 2º da IN SRF 1.469/2014.

Seção XI
Subvenções Para Investimento

Art. 30. As subvenções para investimento, inclusive mediante isenção ou redução de impostos, concedidas como estímulo à implantação ou expansão de empreendimentos econômicos e as doações feitas pelo poder público não serão computadas na determinação do lucro real, desde que seja registrada em reserva de lucros a que se refere o art. 195-A da Lei 6.404, de 15 de dezembro de 1976, que somente poderá ser utilizada para:

→ v. Art. 119, § 1º.

→ v. Art. 2º da IN SRF 1.469/2014.

I – absorção de prejuízos, desde que anteriormente já tenham sido totalmente absorvidas as demais Reservas de Lucros, com exceção da Reserva Legal; ou

II – aumento do capital social.

§ 1º Na hipótese do inciso I do *caput*, a pessoa jurídica deverá recompor a reserva à medida que forem apurados lucros nos períodos subsequentes.

§ 2º As doações e subvenções de que trata o *caput* serão tributadas caso não seja observado o disposto no § 1º ou seja dada destinação diversa da que está prevista no *caput*, inclusive nas hipóteses de:

I – capitalização do valor e posterior restituição de capital aos sócios ou ao titular, mediante redução do capital social, hipótese em que a base para a incidência será o valor restituído, limitado ao valor total das exclusões decorrentes de doações ou subvenções governamentais para investimentos;

II – restituição de capital aos sócios ou ao titular, mediante redução do capital social, nos 5 (cinco) anos anteriores à data da doação ou da subvenção, com posterior capitalização do valor da doação ou da subvenção, hipótese em que a base para a incidência será o valor restituído, limitada ao valor total das exclusões decorrentes de doações ou de subvenções governamentais para investimentos; ou

III – integração à base de cálculo dos dividendos obrigatórios.

§ 3º Se, no período de apuração, a pessoa jurídica apurar prejuízo contábil ou lucro líquido contábil inferior à parcela decorrente de doações e de subvenções governamentais e, nesse caso, não puder ser constituída como parcela de lucros nos termos do *caput*, esta deverá ocorrer à medida que forem apurados lucros nos períodos subsequentes.

Seção XII
Prêmio na Emissão de Debêntures

Art. 31. O prêmio na emissão de debêntures não será computado na determinação do lucro real, desde que:

→ v. Art. 119, § 1º.

→ v. Art. 2º da IN SRF 1.469/2014.

I – a titularidade da debênture não seja de sócio ou titular da pessoa jurídica emitente; e

II – seja registrado em reserva de lucros específica, que somente poderá ser utilizada para:

a) absorção de prejuízos, desde que anteriormente já tenham sido totalmente absorvidas as demais Reservas de Lucros, com exceção da Reserva Legal; ou

b) aumento do capital social.

§ 1º Na hipótese da alínea *a* do inciso II do *caput*, a pessoa jurídica deverá recompor a reserva à medida que forem apurados lucros nos períodos subsequentes.

§ 2º O prêmio na emissão de debêntures de que trata o *caput* será tributado caso não seja observado o disposto no § 1º ou seja dada destinação diversa da que está prevista no *caput*, inclusive nas hipóteses de:

I – capitalização do valor e posterior restituição de capital aos sócios ou ao titular, mediante redução do capital social, hipótese em que a base para a incidência será o valor restituído, limitado ao valor total das exclusões decorrentes do prêmio na emissão de debêntures;

II – restituição de capital aos sócios ou ao titular, mediante redução do capital social, nos 5 (cinco) anos anteriores à data da emissão das debêntures, com posterior capitalização do valor do prêmio na emissão de debêntures, hipótese em que a base para a incidência será o valor restituído, limitada ao valor total das exclusões decorrentes de prêmio na emissão de debêntures; ou

III – integração à base de cálculo dos dividendos obrigatórios.

§ 3º Se, no período de apuração, a pessoa jurídica apurar prejuízo contábil ou lucro líquido contábil inferior à parcela decorrente de prêmio na emissão de debêntures e, nesse caso, não puder ser constituída como parcela de lucros nos termos do *caput*, esta deverá ocorrer à medida que forem apurados lucros nos períodos subsequentes.

§ 4º A reserva de lucros específica a que se refere o inciso II do *caput*, para fins do limite de que trata o art. 199 da Lei 6.404, de 15 de dezembro de 1976, terá o mesmo tratamento dado à reserva de lucros prevista no art. 195-A da referida Lei.

§ 5º Para fins do disposto no inciso I do *caput*, serão considerados os sócios com participação igual ou superior a 10% (dez por cento) do capital social da pessoa jurídica emitente.

Seção XIII
Teste de Recuperabilidade

Art. 32. O contribuinte poderá reconhecer na apuração do lucro real somente os valores contabilizados como redução ao valor recuperável de ativos que não tenham sido objeto de reversão, quando ocorrer a alienação ou baixa do bem correspondente.

→ v. Art. 119, § 1º.

→ v. Art. 2º da IN SRF 1.469/2014.

Parágrafo único. No caso de alienação ou baixa de um ativo que compõe uma unidade geradora de caixa, o valor a ser reconhecido na apuração do lucro real deve ser proporcional à relação entre o valor contábil desse ativo e o total da unidade geradora de caixa à data em que foi realizado o teste de recuperabilidade.

Seção XIV
Pagamento Baseado em Ações

Art. 33. O valor da remuneração dos serviços prestados por empregados ou similares, efetuada por meio de acordo com pagamento baseado em ações, deve ser adicionado ao lucro líquido para fins de apuração do lucro real no período de apuração em que o custo ou a despesa forem apropriados.

→ v. Art. 119, § 1º.

→ v. Art. 2º da IN SRF 1.469/2014.

§ 1º A remuneração de que trata o *caput* será dedutível somente depois do pagamento, quando liquidados em caixa ou outro ativo, ou depois da transferência da propriedade definitiva das ações ou opções, quando liquidados com instrumentos patrimoniais.

§ 2º Para efeito do disposto no § 1º, o valor a ser excluído será:

I – o efetivamente pago, quando a liquidação baseada em ação for efetuada em caixa ou outro ativo financeiro; ou

II – o reconhecido no patrimônio líquido nos termos da legislação comercial, quando a liquidação for efetuada em instrumentos patrimoniais.

Art. 34. As aquisições de serviços, na forma do art. 33 e liquidadas com instrumentos patrimoniais, terão efeitos no cálculo dos juros sobre o capital próprio de que trata o art. 9º da Lei 9.249, de 26 de dezembro de 1995, somente depois da transferência definitiva da propriedade dos referidos instrumentos patrimoniais.

→ v. Art. 119, § 1º.

→ v. Art. 2º da IN SRF 1.469/2014.

Seção XV
Contratos de Concessão

Art. 35. No caso de contrato de concessão de serviços públicos em que a concessionária reconhece como receita o direito de exploração recebido do poder concedente, o resultado decorrente desse reconhecimento deverá ser computado no lucro real à medida que ocorrer a realização do respectivo ativo intangível, inclusive mediante amortização, alienação ou baixa.

→ v. Art. 119, § 1º.

→ v. Art. 2º da IN SRF 1.469/2014.

LEGISLAÇÃO

Parágrafo único. Para fins dos pagamentos mensais referidos no art. 2º da Lei 9.430, de 27 de dezembro de 1996, a receita mencionada no *caput* não integrará a base de cálculo, exceto na hipótese prevista no art. 35 da Lei 8.981, de 20 de janeiro de 1995.

Art. 36. No caso de contrato de concessão de serviços públicos, o lucro decorrente da receita reconhecida pela construção, recuperação, reforma, ampliação ou melhoramento da infraestrutura, cuja contrapartida seja ativo financeiro representativo de direito contratual incondicional de receber caixa ou outro ativo financeiro, poderá ser tributado à medida do efetivo recebimento.

→ *v.* Art. 119, § 1º.

→ *v.* Art. 2º da IN SRF 1.469/2014.

Parágrafo único. Para fins dos pagamentos mensais determinados sobre a base de cálculo estimada de que trata o art. 2º da Lei 9.430, de 27 de dezembro de 1996, a concessionária poderá considerar como receita o montante efetivamente recebido.

Seção XVI
Aquisição de Participação Societária em Estágios

Art. 37. No caso de aquisição de controle de outra empresa na qual se detinha participação societária anterior, o contribuinte deve observar as seguintes disposições:

→ *v.* Art. 119, § 1º.

→ *v.* Art. 2º da IN SRF 1.469/2014.

I – o ganho decorrente de avaliação da participação societária anterior com base no valor justo, apurado na data da aquisição, poderá ser diferido, sendo reconhecido para fins de apuração do lucro real por ocasião da alienação ou baixa do investimento;

II – a perda relacionada à avaliação da participação societária anterior com base no valor justo, apurada na data da aquisição, poderá ser considerada na apuração do lucro real somente por ocasião da alienação ou baixa do investimento; e

III – o ganho decorrente do excesso do valor justo dos ativos líquidos da investida, na proporção da participação anterior, em relação ao valor dessa participação avaliada a valor justo, também poderá ser diferido, sendo reconhecido para fins de apuração do lucro real por ocasião da alienação ou baixa do investimento.

§ 1º Para fins do disposto neste artigo, a pessoa jurídica deverá manter controle dos valores de que tratam o *caput* no livro de que trata o inciso I do *caput* do art. 8º do Decreto-Lei 1.598, de 26 de dezembro de 1977, que serão baixados quando do cômputo do ganho ou perda na apuração do lucro real.

§ 2º Os valores apurados em decorrência da operação, relativos à participação societária anterior, que tenham a mesma natureza das parcelas discriminadas nos incisos II e III do *caput* do art. 20 do Decreto-Lei 1.598, de 26 de dezembro de 1977, sujeitam-se ao mesmo disciplinamento tributário dado a essas parcelas.

§ 3º Deverão ser contabilizadas em subcontas distintas:

I – a mais ou menos-valia e o ágio por rentabilidade futura (*goodwill*) relativos à participação societária anterior, existente antes da aquisição do controle; e

II – as variações nos valores a que se refere o inciso I, em decorrência da aquisição do controle.

§ 4º O disposto neste artigo aplica-se aos demais casos em que o contribuinte avalia a valor justo a participação societária anterior no momento da aquisição da nova participação societária.

Subseção I
Incorporação, Fusão e Cisão

Art. 38. Na hipótese tratada no art. 37, caso ocorra incorporação, fusão ou cisão:

→ *v.* Art. 119, § 1º.

→ *v.* Art. 2º da IN SRF 1.469/2014.

I – deve ocorrer a baixa dos valores controlados no livro de que trata o inciso I do *caput* do art. 8º do Decreto-Lei 1.598, de 26 de dezembro de 1977, a que se refere o § 1º do art. 37, sem qualquer efeito na apuração do lucro real;

II – não deve ser computada na apuração do lucro real a variação da mais-valia ou menos-valia de que trata o inciso II do § 3º do art. 37, que venha a ser:

a) considerada contabilmente no custo do ativo ou no valor do passivo que lhe deu causa; ou

b) baixada, na hipótese de o ativo ou o passivo que lhe deu causa não integrar o patrimônio da sucessora; e

III – não poderá ser excluída na apuração do lucro real a variação do ágio por rentabilidade futura (*goodwill*) de que trata o inciso II do § 3º do art. 37.

Parágrafo único. Excetuadas as hipóteses previstas nos incisos II e III do *caput*, aplica-se ao saldo existente na contabilidade, na data da aquisição da participação societária, referente a mais ou menos-valia e ao ágio por rentabilidade futura (*goodwill*) de que tratam os incisos II e III do *caput* do art. 20 do Decreto-Lei 1.598, de 26 de dezembro de 1977, o disposto nos arts. 20 a 22 da presente Lei.

Art. 39. Nas incorporações, fusões ou cisões de empresa não controlada na qual se detinha participação societária anterior que não se enquadrem nas situações previstas nos arts. 37 e 38, não terá efeito na apuração do lucro real:

→ *v.* Art. 119, § 1º.

→ *v.* Art. 2º da IN SRF 1.469/2014.

I – o ganho ou perda decorrente de avaliação da participação societária anterior com base no valor justo, apurado na data do evento; e

II – o ganho decorrente do excesso do valor justo dos ativos líquidos da investida, na proporção da participação anterior, em relação ao valor dessa participação avaliada a valor justo.

§ 1º Deverão ser contabilizadas em subcontas distintas:

I – a mais ou menos-valia e o ágio por rentabilidade futura (*goodwill*) relativos à participação societária anterior, existentes antes da incorporação, fusão ou cisão; e

II – as variações nos valores a que se refere o inciso I, em decorrência da incorporação, fusão ou cisão.

§ 2º Não deve ser computada na apuração do lucro real a variação da mais-valia ou menos-valia de que trata o inciso II do § 1º, que venha a ser:

I – considerada contabilmente no custo do ativo ou no valor do passivo que lhe deu causa; ou

II – baixada, na hipótese de o ativo ou o passivo que lhe deu causa não integrar o patrimônio da sucessora.

§ 3º Não poderá ser excluída na apuração do lucro real a variação do ágio por rentabilidade futura (*goodwill*) de que trata o inciso II do § 1º.

§ 4º Excetuadas as hipóteses previstas nos §§ 2º e 3º, aplica-se ao saldo existente na contabilidade, na data da aquisição da participação societária, referente a mais ou menos-valia e ao ágio por rentabilidade futura (*goodwill*) de que tratam os incisos II e III do *caput* do art. 20 do Decreto-Lei 1.598, de 26 de dezembro de 1977, o disposto nos arts. 20 a 22 da presente Lei.

Seção XVII
Depreciação – Exclusão no e-Lalur

Art. 40. O art. 57 da Lei 4.506, de 30 de novembro de 1964, passa a vigorar com as seguintes alterações:

→ *v.* Art. 119, § 1º.

→ *v.* Art. 2º da IN SRF 1.469/2014.

"Art. 57. (...)

§ 1º A quota de depreciação dedutível na apuração do imposto será determinada mediante a aplicação da taxa anual de depreciação sobre o custo de aquisição do ativo.

(...)

§ 15. Caso a quota de depreciação registrada na contabilidade do contribuinte seja menor do que aquela calculada com base no § 3º, a diferença poderá ser excluída do lucro líquido na apuração do lucro real, observando-se o disposto no § 6º.

§ 16. Para fins do disposto no § 15, a partir do período de apuração em que o montante acumulado das quotas de depreciação computado na determinação do lucro real atingir o limite previsto no § 6º, o valor da depreciação, registrado na escrituração comercial, deverá ser adicionado ao lucro líquido para efeito de determinação do lucro real."

Seção XVIII
Amortização do Intangível

Art. 41. A amortização de direitos classificados no ativo não circulante intangível é considerada dedutível na determinação do lucro real, observado o disposto no inciso III do *caput* do art. 13 da Lei 9.249, de 26 de dezembro de 1995.

→ *v.* Art. 119, § 1º.

→ *v.* Art. 2º da IN SRF 1.469/2014.

Art. 42. Poderão ser excluídos, para fins de apuração do lucro real, os gastos com desenvolvimento de inovação tecnológica referidos no inciso I do *caput* e no § 2º do art. 17 da Lei 11.196, de 21 de novembro de 2005, quando registrados no ativo não circulante intangível, no período de apuração em que forem incorridos e observado o disposto nos arts. 22 a 24 da referida Lei.

→ *v.* Art. 119, § 1º.

→ *v.* Art. 2º da IN SRF 1.469/2014.

Parágrafo único. O contribuinte que utilizar o benefício referido no *caput* deverá adicionar ao lucro líquido, para fins de apuração do lucro real, o valor da realização do ativo intangível, inclusive por amortização, alienação ou baixa.

Seção XIX
Prejuízos Não Operacionais

Art. 43. Os prejuízos decorrentes da alienação de bens e direitos do ativo imobilizado, investimento e intangível, ainda que reclassificados para o ativo circulante com intenção de venda, poderão ser compensados, nos períodos de apuração subsequentes ao de sua apuração, somente com lucros de mesma natureza, observado o limite previsto no art. 15 da Lei 9.065, de 20 de junho de 1995.

→ *v.* Art. 119, § 1º.

→ *v.* Art. 2º da IN SRF 1.469/2014.

Parágrafo único. O disposto no *caput* não se aplica em relação às perdas decorrentes de baixa de bens ou direitos em virtude de terem se tornado imprestáveis ou obsoletos ou terem caído em desuso, ainda que posteriormente venham a ser alienados como sucata.

Seção XX
Contrato de Concessão – Lucro Presumido

Art. 44. No caso de contratos de concessão de serviços públicos, a receita reconhecida pela construção, recuperação, reforma, ampliação ou melhoramento da infraestrutura, cuja contrapartida seja ativo intangível representativo de direito de exploração, não integrará a base de cálculo do imposto sobre a renda, quando se tratar de imposto sobre a renda apurado com base no lucro presumido ou arbitrado.

→ *v.* Art. 119, § 1º.

→ *v.* Art. 2º da IN SRF 1.469/2014.

Parágrafo único. O ganho de capital na alienação do ativo intangível a que se refere o *caput* corresponderá à diferença positiva entre o valor da alienação e o valor dos custos incorridos na sua obtenção, deduzido da correspondente amortização.

Seção XXI
Custos Estimados de Desmontagens

Art. 45. Os gastos de desmontagem e retirada de item de ativo imobilizado ou restauração do local em que está situado somente serão dedutíveis quando efetivamente incorridos.

→ *v.* Art. 119, § 1º.

→ *v.* Art. 2º da IN SRF 1.469/2014.

§ 1º Caso constitua provisão para gastos de desmontagem e retirada de item de ativo imobilizado ou restauração do local em que está situado, a pessoa jurídica deverá proceder ao ajuste no lucro líquido para fins de apuração do lucro real, no período de apuração em que o imobilizado for realizado, inclusive por depreciação, amortização, exaustão, alienação ou baixa.

§ 2º Eventuais efeitos contabilizados no resultado, provenientes de ajustes na provisão de que trata o § 1º ou de atualização de seu valor, não serão computados na determinação do lucro real.

Seção XXII
Arrendamento Mercantil

Art. 46. Na hipótese de operações de arrendamento mercantil que não estejam sujeitas ao tratamento tributário previsto pela Lei 6.099, de 12 de setembro de 1974, as pessoas jurídicas arrendadoras deverão reconhecer, para fins de apuração do lucro real, o resultado relativo à operação de arrendamento mercantil proporcionalmente ao valor de cada contraprestação durante o período de vigência do contrato.

→ *v.* Art. 119, § 1º.

→ *v.* Art. 2º da IN SRF 1.469/2014.

§ 1º A pessoa jurídica deverá proceder, caso seja necessário, aos ajustes ao lucro líquido para fins de apuração do lucro real, no livro de que trata o inciso I do *caput* do art. 8º do Decreto-Lei 1.598, de 26 de dezembro de 1977.

§ 2º O disposto neste artigo aplica-se somente às operações de arrendamento mercantil em que há transferência substancial dos riscos e benefícios inerentes à propriedade do ativo.

§ 3º Para efeitos do disposto neste artigo, entende-se por resultado a diferença entre o valor do contrato de arrendamento e somatório dos custos diretos iniciais e o custo de aquisição ou construção dos bens arrendados.

§ 4º Na hipótese de a pessoa jurídica de que trata o *caput* ser tributada pelo lucro presumido ou arbitrado, o valor da contraprestação deverá ser computado na determinação da base de cálculo do imposto sobre a renda.

Art. 47. Poderão ser computadas na determinação do lucro real da pessoa jurídica arrendatária as contraprestações pagas ou creditadas por força de contrato de arrendamento mercantil, referentes a bens móveis ou imóveis intrinsecamente relacionados com a produção ou comercialização dos bens e serviços, inclusive as despesas financeiras nelas consideradas.

→ *v.* Art. 119, § 1º.

→ *v.* Art. 2º da IN SRF 1.469/2014.

Art. 48. São indedutíveis na determinação do lucro real as despesas financeiras incorridas pela arrendatária em contratos de arrendamento mercantil.

→ *v.* Art. 119, § 1º.

→ *v.* Art. 2º da IN SRF 1.469/2014.

Parágrafo único. O disposto no *caput* também se aplica aos valores decorrentes do ajuste a valor presente, de que trata o inciso III do *caput* do art. 184 da Lei 6.404, de 15 de dezembro de 1976.

Art. 49. Aos contratos não tipificados como arrendamento mercantil que contenham elementos contabilizados como arrendamento mercantil por força de normas contábeis e da legislação comercial serão aplicados os dispositivos a seguir indicados:

→ *v.* Art. 119, § 1º.

→ *v.* Art. 2º da IN SRF 1.469/2014.

I – inciso VIII do *caput* do art. 13 da Lei 9.249, de 26 de dezembro de 1995, com a redação dada pelo art. 9º;

II – §§ 3º e 4º do art. 13 do Decreto-Lei 1.598, de 26 de dezembro de 1977, com a redação dada pelo art. 2º;

III – arts. 46, 47 e 48;

IV – § 18 do art. 3º da Lei 10.637, de 30 de dezembro de 2002, com a redação dada pelo art. 54;

V – § 26 do art. 3º da Lei 10.833, de 29 de dezembro de 2003, com a redação dada pelo art. 55; e

VI – § 14 do art. 15 da Lei 10.865, de 30 de abril de 2004, com a redação dada pelo art. 53.

Parágrafo único. O disposto neste artigo restringe-se aos elementos do contrato contabilizados em observância às normas contábeis que tratam de arrendamento mercantil.

Seção XXIII
Contribuição Social sobre o Lucro Líquido

Art. 50. Aplicam-se à apuração da base de cálculo da CSLL as disposições contidas nos arts. 2º a 8º, 10 a 42 e 44 a 49.

→ *v.* Art. 119, § 1º.

→ *v.* Art. 2º da IN SRF 1.469/2014.

§ 1º Aplicam-se à CSLL as disposições contidas no art. 8º do Decreto-Lei 1.598, de 26 de dezembro de 1977, devendo ser informados no livro de apuração do lucro real:

I – os lançamentos de ajustes do lucro líquido do período, relativos a adições, exclusões ou compensações prescritas ou autorizadas pela legislação tributária;

II – a demonstração da base de cálculo e o valor da CSLL devida com a discriminação das deduções, quando aplicáveis; e

III – os registros de controle de base de cálculo negativa da CSLL a compensar em períodos subsequentes, e demais valores que devam influenciar a determinação da base de cálculo da CSLL de período futuro e não constem de escrituração comercial.

§ 2º Aplicam-se à CSLL as disposições contidas no inciso II do *caput* do art. 8º-A do Decreto-Lei 1.598, de 26 de dezembro de 1977, exceto nos casos de registros idênticos para fins de ajuste nas bases de cálculo do IRPJ e da CSLL que deverão ser considerados uma única vez.

Art. 51. O art. 2º da Lei 7.689, de 15 de dezembro de 1988, passa a vigorar com a seguinte redação:

→ Alterações efetuadas na referida Lei.

Capítulo II
DA CONTRIBUIÇÃO PARA O PIS/PASEP E DA COFINS

Art. 52. A Lei 9.718, de 27 de novembro de 1998, passa a vigorar com as seguintes alterações:

→ Alterações efetuadas na referida Lei.

Art. 53. A Lei 10.865, de 30 de abril de 2004, passa a vigorar com as seguintes alterações:

→ Alterações efetuadas na referida Lei.

Art. 54. A Lei 10.637, de 30 de dezembro de 2002, passa a vigorar com as seguintes alterações:

→ Alterações efetuadas na referida Lei.

Art. 55. A Lei 10.833, de 29 de dezembro de 2003, passa a vigorar com as seguintes alterações:

→ Alterações efetuadas na referida Lei.

Art. 56. No caso de contrato de concessão de serviços públicos, a receita decorrente da construção, recuperação, reforma, ampliação ou melhoramento da infraestrutura, cuja contrapartida seja ativo financeiro representativo de direito contratual incondicional de receber caixa ou outro ativo financeiro, integrará a base de cálculo da contribuição para o PIS/Pasep e da Cofins, à medida do efetivo recebimento.

→ *v.* Art. 119, § 1º.

→ *v.* Art. 2º da IN SRF 1.469/2014.

Seção I
Arrendamento mercantil

Art. 57. No caso de operação de arrendamento mercantil não sujeita ao tratamento tributário previsto na Lei 6.099, de 12 de setembro de 1974, em que haja transferência substancial dos riscos e benefícios inerentes à propriedade do ativo, o valor da contraprestação deverá ser computado na base de cálculo da Contribuição para o PIS/Pasep e da Cofins pela pessoa jurídica arrendadora.

→ *v.* Art. 119, § 1º.

→ *v.* Art. 2º da IN SRF 1.469/2014.

Parágrafo único. As pessoas jurídicas sujeitas ao regime de tributação de que tratam as Leis nos 10.637, de 30 de dezembro de 2002, e 10.833, de 29 de dezembro de 2003, poderão descontar créditos calculados sobre o valor do custo de aquisição ou construção dos bens arrendados proporcionalmente ao valor de cada contraprestação durante o período de vigência do contrato.

Capítulo III
DAS DEMAIS DISPOSIÇÕES RELATIVAS À LEGISLAÇÃO TRIBUTÁRIA

Art. 58. A modificação ou a adoção de métodos e critérios contábeis, por meio de atos administrativos emitidos com base em competência atribuída em lei comercial, que sejam posteriores à publicação desta Lei, não terá implicação na apuração dos tributos federais até que lei tributária regule a matéria.

→ *v.* Art. 119, § 1º.

→ *v.* Art. 2º da IN SRF 1.469/2014.

Parágrafo único. Para fins do disposto no *caput*, compete à Secretaria da Receita Federal do Brasil, no âmbito de suas atribuições, identificar os atos administrativos e dispor sobre os procedimentos para anular os efeitos desses atos sobre a apuração dos tributos federais.

Art. 59. Para fins da legislação tributária federal, as referências a provisões alcançam as perdas estimadas no valor de ativos, inclusive as decorrentes de redução ao valor recuperável.

→ *v.* Art. 119, § 1º.

→ *v.* Art. 2º da IN SRF 1.469/2014.

Parágrafo único. A Secretaria da Receita Federal do Brasil, no âmbito de suas atribuições, disciplinará o disposto neste artigo.

Art. 60. As disposições contidas na legislação tributária sobre reservas de reavaliação aplicam-se somente aos saldos remanescentes na escrituração comercial em 31 de dezembro de 2013, para os optantes conforme o art. 75, ou em 31 de dezembro de 2014, para os não optantes, e até a sua completa realização.

→ *v.* Art. 119, § 1º.

→ *v.* Art. 2º da IN SRF 1.469/2014.

Art. 61. A falta de registro na escrituração comercial das receitas e despesas relativas aos resultados não realizados a que se referem o inciso I do *caput* do art. 248 e o inciso III do *caput* do art. 250 da Lei 6.404, de 15 de dezembro de 1976, não elide a tributação de acordo com a legislação de regência.

→ *v.* Art. 119, § 1º.

→ *v.* Art. 2º da IN SRF 1.469/2014.

Art. 62. O contribuinte do imposto sobre a renda deverá, para fins tributários, reconhecer e mensurar os seus ativos, passivos, receitas, custos, despesas, ganhos, perdas e rendimentos com base na moeda nacional.

→ *v.* Art. 119, § 1º.

→ *v.* Art. 2º da IN SRF 1.469/2014.

§ 1º Na hipótese de o contribuinte adotar, para fins societários, moeda diferente da moeda nacional no reconhecimento e na mensuração de que trata o *caput*, a diferença entre os resultados apurados com base naquela moeda e na moeda nacional deverá ser adicionada ou excluída na determinação do lucro real.

§ 2º Os demais ajustes de adição, exclusão ou compensação prescritos ou autorizados pela legislação tributária para apuração da base de cálculo do imposto deverão ser realizados com base nos valores reconhecidos e mensurados nos termos do *caput*.

§ 3º O disposto neste artigo aplica-se também à apuração do imposto sobre a renda com base no lucro presumido ou arbitrado, da Contribuição Social sobre o Lucro Líquido – CSLL, da Contribuição para o PIS/Pasep e da Cofins.

§ 4º A Secretaria da Receita Federal do Brasil definirá controles específicos no caso da ocorrência da hipótese prevista no § 1º.

Seção I
Avaliação a valor justo

Art. 63. Para fins de avaliação a valor justo de instrumentos financeiros, no caso de operações realizadas em mercados de liquidação futura sujeitos a ajustes de posições, não se considera como hipótese de liquidação ou baixa o pagamento ou recebimento de tais ajustes durante a vigência do contrato, permanecendo aplicáveis para tais operações:

→ *v.* Art. 119, § 1º.

→ *v.* Art. 2º da IN SRF 1.469/2014.

I – o art. 110 da Lei 11.196, de 21 de novembro de 2005, no caso de instituições financeiras e das demais instituições autorizadas a funcionar pelo Banco Central do Brasil; e

II – os arts. 32 e 33 da Lei 11.051, de 29 de dezembro de 2004, no caso das demais pessoas jurídicas.

Capítulo IV
DA ADOÇÃO INICIAL

Art. 64. Para as operações ocorridas até 31 de dezembro de 2013, para os optantes conforme o art. 75, ou até 31 de dezembro de 2014, para os não optantes, permanece a neutralidade tributária estabelecida nos arts. 15 e 16 da Lei 11.941, de 27 de maio de 2009, e a pessoa jurídica deverá proceder, nos períodos de apuração a partir de janeiro de 2014, para os optantes conforme o art. 75, ou a partir de janeiro de 2015, para os não optantes, aos respectivos ajustes nas bases de cálculo do IRPJ, da CSLL, da Contribuição para o PIS/Pasep e da Cofins, observado o disposto nos arts. 66 e 67.

→ *v.* Art. 119, § 1º.

→ *v.* Art. 2º da IN SRF 1.469/2014.

Parágrafo único. As participações societárias de caráter permanente serão avaliadas de acordo com a Lei 6.404, de 15 de dezembro de 1976.

Art. 65. As disposições contidas nos arts. 7º e 8º da Lei 9.532, de 10 de dezembro de 1997, e nos arts. 35 e 37 do Decreto-Lei 1.598, de 26 de dezembro de 1977, continuam a ser aplicadas somente às operações de incorporação, fusão e cisão, ocorridas até 31 de dezembro de 2017, cuja participação societária tenha sido adquirida até 31 de dezembro de 2014.

→ *v.* Art. 119, § 1º.

→ *v.* Art. 2º da IN SRF 1.469/2014.

Parágrafo único. No caso de aquisições de participações societárias que dependam da aprovação de órgãos reguladores e fiscalizadores para a sua efetivação, o prazo para incorporação de que trata o *caput* poderá ser até 12 (doze) meses da data da aprovação da operação.

Art. 66. Para fins do disposto no art. 64, a diferença positiva, verificada em 31 de dezembro de 2013, para os optantes conforme o art. 75, ou em 31 de dezembro de 2014, para os não optantes, entre o valor de ativo mensurado de acordo com as disposições da Lei 6.404, de 15 de dezembro de 1976, e o valor mensurado pelos métodos e critérios vigentes em 31 de dezembro de 2007, deve ser adicionada na determinação do lucro real e da base de cálculo da CSLL em janeiro de 2014, para os optantes conforme o art. 75, ou em janeiro de 2015, para os não optantes, salvo se o contribuinte evidenciar contabilmente essa diferença em subconta vinculada ao ativo, para ser adicionada à medida de sua realização, inclusive mediante depreciação, amortização, exaustão, alienação ou baixa.

→ *v.* Art. 119, § 1º.

→ *v.* Art. 2º da IN SRF 1.469/2014.

Parágrafo único. O disposto no *caput* aplica-se à diferença negativa do valor de passivo e deve ser adicionada na determinação do lucro real e da base de cálculo da CSLL em janeiro de 2014, para os optantes conforme o art. 75, ou em janeiro de 2015, para os não optantes, salvo se o contribuinte evidenciar contabilmente essa diferença em subconta vinculada ao passivo para ser adicionada à medida da baixa ou liquidação.

Art. 67. Para fins do disposto no art. 64, a diferença negativa, verificada em 31 de dezembro de 2013, para os optantes conforme o art. 75, ou em 31 de dezembro de 2014, para os não optantes, entre o valor de ativo mensurado de acordo com as disposições da Lei 6.404, de 15 de dezembro de 1976, e o valor mensurado pelos métodos e critérios vigentes em 31 de dezembro de 2007 não poderá ser excluída na determinação do lucro real e da base de cálculo da CSLL, salvo se o contribuinte evidenciar contabilmente essa diferença em subconta vinculada ao ativo para ser excluída à medida de sua realização, inclusive mediante depreciação, amortização, exaustão, alienação ou baixa.

→ *v.* Art. 119, § 1º.

→ *v.* Art. 2º da IN SRF 1.469/2014.

Parágrafo único. O disposto no *caput* aplica-se à diferença positiva no valor do passivo e não pode ser excluída na determinação do lucro real e da base de cálculo da CSLL, salvo se o contribuinte evidenciar contabilmente essa diferença em subconta vinculada ao passivo para ser excluída à medida da baixa ou liquidação.

Art. 68. O disposto nos arts. 64 a 67 será disciplinado pela Secretaria da Receita Federal do Brasil, que poderá instituir controles fiscais alternativos à evidenciação contábil de que tratam os arts. 66 e 67 e instituir controles fiscais adicionais.

→ *v.* Art. 119, § 1º.

→ *v.* Art. 2º da IN SRF 1.469/2014.

Art. 69. No caso de contrato de concessão de serviços públicos, o contribuinte deverá:

→ *v.* Art. 119, § 1º.

→ *v.* Art. 2º da IN SRF 1.469/2014.

I – calcular o resultado tributável acumulado até 31 de dezembro de 2013, para os optantes conforme o art. 75, ou até 31 de dezembro de 2014, para os não optantes, considerados os métodos e critérios vigentes em 31 de dezembro de 2007;

II – calcular o resultado tributável acumulado até 31 de dezembro de 2013, para os optantes conforme o art. 75, ou até 31 de dezembro de 2014, para os não optantes, consideradas as disposições desta Lei e da Lei 6.404, de 15 de dezembro de 1976;

III – calcular a diferença entre os valores referidos nos incisos I e II do *caput*; e

IV – adicionar, se negativa, ou excluir, se positiva, a diferença referida no inciso III do *caput*, na apuração do lucro real e da base de cálculo da CSLL, em quotas fixas mensais e durante o prazo restante de vigência do contrato.

§ 1º A partir de 1º de janeiro de 2014, para os optantes conforme o art. 75, ou a partir de 1º de janeiro de 2015, para os não optantes, o resultado tributável de todos os contratos de concessão de serviços públicos será determinado consideradas as disposições desta Lei e da Lei 6.404, de 15 de dezembro de 1976.

§ 2º O disposto neste artigo aplica-se ao valor a pagar da Contribuição para o PIS/Pasep e da Cofins.

Art. 70. O saldo de prejuízos não operacionais de que trata o art. 31 da Lei 9.249, de 26 de dezembro de 1995, existente em 31 de dezembro de 2013, para os optantes conforme o art. 75, ou em 31 de dezembro de 2014, para os não optantes, somente poderá ser compensado com os lucros a que se refere o art. 43 da presente Lei, observado o limite previsto no art. 15 da Lei 9.065, de 20 de junho de 1995.

→ *v.* Art. 119, § 1º.

→ *v.* Art. 2º da IN SRF 1.469/2014.

Capítulo V
DISPOSIÇÕES ESPECÍFICAS RELATIVAS ÀS INSTITUIÇÕES FINANCEIRAS E DEMAIS AUTORIZADAS A FUNCIONAR PELO BANCO CENTRAL DO BRASIL

Art. 71. A escrituração de que trata o art. 177 da Lei 6.404, de 15 de dezembro de 1976, quando realizada por instituições financeiras e demais autorizadas a funcionar pelo Banco Central do Brasil, deve observar as disposições do art. 61 da Lei 11.941, de 27 de maio de 2009.

Parágrafo único. Para fins tributários, a escrituração de que trata o *caput* não afeta os demais dispositivos desta Lei, devendo inclusive ser observado o disposto no art. 58.

Capítulo VI
DAS DISPOSIÇÕES RELATIVAS AO REGIME DE TRIBUTAÇÃO TRANSITÓRIO

Art. 72. Os lucros ou dividendos calculados com base nos resultados apurados entre 1º de janeiro de 2008 e 31 de dezembro de 2013 pelas pessoas jurídicas tributadas com base no lucro real, presumido ou arbitrado, em valores superiores aos apurados com observância dos métodos e critérios contábeis vigentes em 31 de dezembro de 2007, não ficarão sujeitos à incidência do imposto de renda na fonte, nem integrarão a base de cálculo do imposto de renda e da Contribuição Social sobre o Lucro Líquido do beneficiário, pessoa física ou jurídica, residente ou domiciliado no País ou no exterior.

Art. 73. Para os anos-calendário de 2008 a 2014, para fins do cálculo do limite previsto no art. 9º da Lei 9.249, de 26 de dezembro de 1995, a pessoa jurídica poderá utilizar as contas do patrimônio líquido mensurado de acordo com as disposições da Lei 6.404, de 15 de dezembro de 1976.

§ 1º No cálculo da parcela a deduzir prevista no *caput*, não serão considerados os valores relativos a ajustes de avaliação patrimonial a que se refere o § 3º do art. 182 da Lei 6.404, de 15 de dezembro de 1976.

§ 2º No ano-calendário de 2014, a opção ficará restrita aos não optantes das disposições contidas nos arts. 1º e 2º e 4º a 70 desta Lei.

Art. 74. Para os anos-calendário de 2008 a 2014, o contribuinte poderá avaliar o investimento pelo valor de patrimônio líquido da coligada ou controlada, determinado de acordo com as disposições da Lei 6.404, de 15 de dezembro de 1976.

Parágrafo único. No ano-calendário de 2014, a opção ficará restrita aos não optantes das disposições contidas nos arts. 1º e 2º e 4º a 70 desta Lei.

Capítulo VII
DA OPÇÃO PELOS EFEITOS EM 2014

Art. 75. A pessoa jurídica poderá optar pela aplicação das disposições contidas nos arts. 1º e 2º e 4º a 70 desta Lei para o ano-calendário de 2014.

→ *v.* Art. 119, § 1º.

§ 1º A opção será irretratável e acarretará a observância de todas as alterações trazidas pelos arts. 1º e 2º e 4º a 70 e os efeitos dos incisos I a VI, VIII e X do *caput* do art. 117 a partir de 1º de janeiro de 2014.

§ 2º A Secretaria da Receita Federal do Brasil definirá a forma, o prazo e as condições da opção de que trata o *caput*.

Capítulo VIII
DISPOSIÇÕES GERAIS SOBRE A TRIBUTAÇÃO EM BASES UNIVERSAIS

Art. 76. A pessoa jurídica controladora domiciliada no Brasil ou a ela equiparada, nos termos do art. 83, deverá registrar em subcontas da conta de investimentos em controlada direta no exterior, de forma individualizada, o resultado contábil na variação do valor do investimento equivalente aos lucros ou prejuízos auferidos pela própria controlada direta e suas controladas, direta ou indiretamente, no Brasil ou no exterior, relativo ao ano-calendário em que foram apurados em balanço, observada a proporção de sua participação em cada controlada, direta ou indireta.

→ *v.* Art. 119.

→ *v.* Art. 2º da IN SRF 1.469/2014.

§ 1º Dos resultados das controladas diretas ou indiretas não deverão constar os resultados auferidos por outra pessoa jurídica sobre a qual a pessoa jurídica controladora domiciliada no Brasil mantenha o controle direto ou indireto.

§ 2º A variação do valor do investimento equivalente ao lucro ou prejuízo auferido no exterior será convertida em reais, para efeito da apuração da base de cálculo do imposto de renda e da CSLL, com base na taxa de câmbio da moeda do país de origem fixada para venda, pelo Banco Central do Brasil, correspondente à data do levantamento de balanço da controlada direta ou indireta.

§ 3º Caso a moeda do país de origem do tributo não tenha cotação no Brasil, o seu valor será convertido em dólares dos Estados Unidos da América e, em seguida, em reais.

Capítulo IX
DA TRIBUTAÇÃO EM BASES UNIVERSAIS DAS PESSOAS JURÍDICAS

Seção I
Das controladoras

Art. 77. A parcela do ajuste do valor do investimento em controlada, direta ou indireta, domiciliada no exterior equivalente aos lucros por ela auferidos antes do imposto sobre a renda, excetuando a variação cambial, deverá ser computada na determinação do lucro real e na base de cálculo da Contribuição Social sobre o Lucro Líquido – CSLL da pessoa jurídica controladora domiciliada no Brasil, observado o disposto no art. 76.

→ *v.* Art. 119.

→ *v.* Art. 2º da IN SRF 1.469/2014.

§ 1º A parcela do ajuste de que trata o *caput* compreende apenas os lucros auferidos no período, não alcançando as demais parcelas que influenciaram o patrimônio líquido da controlada, direta ou indireta, domiciliada no exterior.

§ 2º O prejuízo acumulado da controlada, direta ou indireta, domiciliada no exterior referente aos anos-calendário anteriores à produção de efeitos desta Lei poderá ser compensado com os lucros futuros da mesma pessoa jurídica no exterior que lhes deu origem, desde que os estoques de prejuízos sejam informados na forma e prazo estabelecidos pela RFB.

§ 3º Observado o disposto no § 1º do art. 91 da Lei 12.708, de 17 de agosto de 2012, a parcela do lucro auferido no exterior, por controlada, direta ou indireta, ou coligada, correspondente às atividades de afretamento por tempo ou casco nu, arrendamento mercantil operacional, aluguel, empréstimo de bens ou prestação de serviços diretamente relacionados à prospecção e exploração de petróleo e gás, em território brasileiro, não será computada na determinação do lucro real e na base de cálculo da CSLL da pessoa jurídica controladora domiciliada no Brasil.

§ 4º O disposto no § 3º aplica-se somente nos casos de controlada, direta ou indireta, ou coligada no exterior de pessoa jurídica brasileira:

I – detentora de concessão ou autorização nos termos da Lei 9.478, de 6 de agosto de 1997, ou sob o regime de partilha de produção de que trata a Lei 12.351, de 22 de dezembro de 2010, ou sob o regime de cessão onerosa previsto na Lei 12.276, de 30 de junho de 2010;

II – contratada pela pessoa jurídica de que trata o inciso I.

§ 5º O disposto no § 3º aplica-se inclusive nos casos de coligada de controlada direta ou indireta de pessoa jurídica brasileira.

Art. 78. Até o ano-calendário de 2022, as parcelas de que trata o art. 77 poderão ser consideradas de forma consolidada na determinação do lucro real e da base de cálculo da CSLL da controladora no Brasil, excepcionadas as parcelas referentes às pessoas jurídicas investidas que se encontrem em pelo menos uma das seguintes situações:

→ *v.* Art. 119.

→ *v.* Art. 2º da IN SRF 1.469/2014.

I – estejam situadas em país com o qual o Brasil não mantenha tratado ou ato com cláusula específica para troca de informações para fins tributários;

II – estejam localizadas em país ou dependência com tributação favorecida, ou sejam beneficiárias de regime fiscal privilegiado, de que tratam os arts. 24 e 24-A da Lei 9.430, de 27 de dezembro de 1996, ou estejam submetidas a regime de tributação definido no inciso III do *caput* do art. 84 da presente Lei;

III – sejam controladas, direta ou indiretamente, por pessoa jurídica submetida a tratamento tributário previsto no inciso II do *caput*; ou

IV – tenham renda ativa própria inferior a 80% (oitenta por cento) da renda total, nos termos definidos no art. 84.

§ 1º A consolidação prevista neste artigo deverá conter a demonstração individualizada em subcontas prevista no art. 76 e a demonstração das rendas ativas e passivas na forma e prazo estabelecidos pela Secretaria da Receita Federal do Brasil – RFB.

§ 2º O resultado positivo da consolidação prevista no *caput* deverá ser adicionado ao lucro líquido relativo ao balanço de 31 de dezembro do ano-calendário em que os lucros tenham sido apurados pelas empresas domiciliadas no exterior para fins de determinação do lucro real e da base de cálculo da CSLL da pessoa jurídica controladora domiciliada no Brasil.

§ 3º No caso de resultado negativo da consolidação prevista no *caput*, a controladora domiciliada no Brasil deverá informar à RFB as parcelas negativas utilizadas na consolidação, no momento da apuração, na forma e prazo por ela estabelecidos.

§ 4º Após os ajustes decorrentes das parcelas negativas de que trata o § 3º, nos prejuízos acumulados, o saldo remanescente de prejuízo de cada pessoa jurídica poderá ser utilizado na compensação com lucros futuros das mesmas pessoas jurídicas no exterior que lhes deram origem, desde que os estoques de prejuízos sejam informados na forma e prazo estabelecidos pela RFB.

§ 5º O prejuízo auferido no exterior por controlada de que tratam os §§ 3º, 4º e 5º do art. 77 não poderá ser utilizado na consolidação a que se refere este artigo.

§ 6º A opção pela consolidação de que trata este artigo é irretratável para o ano-calendário correspondente.

§ 7º Na ausência da condição do inciso I do *caput*, a consolidação será admitida se a controladora no Brasil disponibilizar a contabilidade societária em meio digital e a documentação de suporte da escrituração, na forma e prazo a ser estabelecido pela RFB, mantidas as demais condições.

Art. 79. Quando não houver consolidação, nos termos do art. 78, a parcela do ajuste do valor do investimento em controlada, direta ou indireta, domiciliada no exterior equivalente aos lucros ou prejuízos por ela auferidos deverá ser considerada de forma individualizada na determinação do lucro real e da base de cálculo da CSLL da pessoa jurídica controladora domiciliada no Brasil, nas seguintes formas:

→ *v.* Art. 119.

→ *v.* Art. 2º da IN SRF 1.469/2014.

I – se positiva, deverá ser adicionada ao lucro líquido relativo ao balanço de 31 de dezembro do ano-calendário em que os lucros tenham sido apurados pela empresa domiciliada no exterior; e

II – se negativa, poderá ser compensada com lucros futuros da mesma pessoa jurídica no exterior que lhes deu origem, desde que os estoques de prejuízos sejam informados na forma e prazo estabelecidos pela Secretaria da Receita Federal do Brasil – RFB.

Art. 80. O disposto nesta Seção aplica-se à coligada equiparada à controladora nos termos do art. 83.

→ *v.* Art. 119.

→ *v.* Art. 2º da IN SRF 1.469/2014.

Seção II
Das coligadas

Art. 81. Os lucros auferidos por intermédio de coligada domiciliada no exterior serão computados na determinação do lucro real e da base de cálculo da CSLL no balanço levantado no dia 31 de dezembro do ano-calendário em que tiverem sido disponibilizados para a pessoa jurídica domiciliada no Brasil, desde que se verifiquem as seguintes condições, cumulativamente, relativas à investida:

→ *v.* Art. 119.

→ *v.* Art. 2º da IN SRF 1.469/2014.

I – não esteja sujeita a regime de subtributação, previsto no inciso III do *caput* do art. 84;

II – não esteja localizada em país ou dependência com tributação favorecida, ou não seja beneficiária de regime fiscal privilegiado, de que tratam os arts. 24 e 24-A da Lei 9.430, de 27 de dezembro de 1996;

III – não seja controlada, direta ou indiretamente, por pessoa jurídica submetida a tratamento tributário previsto no inciso I.

§ 1º Para efeitos do disposto neste artigo, os lucros serão considerados disponibilizados para a empresa coligada no Brasil:

I – na data do pagamento ou do crédito em conta representativa de obrigação da empresa no exterior;

II – na hipótese de contratação de operações de mútuo, se a mutuante, coligada, possuir lucros ou reservas de lucros; ou

III – na hipótese de adiantamento de recursos efetuado pela coligada, por conta de venda futura, cuja liquidação, pela remessa do bem ou serviço vendido, ocorra em prazo superior ao ciclo de produção do bem ou serviço.

§ 2º Para efeitos do disposto no inciso I do § 1º, considera-se:

I – creditado o lucro, quando ocorrer a transferência do registro de seu valor para qualquer conta representativa de passivo exigível da coligada domiciliada no exterior; e

II – pago o lucro, quando ocorrer:

a) o crédito do valor em conta bancária, em favor da coligada no Brasil;

b) a entrega, a qualquer título, a representante da beneficiária;

c) a remessa, em favor da beneficiária, para o Brasil ou para qualquer outra praça; ou

d) o emprego do valor, em favor da beneficiária, em qualquer praça, inclusive no aumento de capital da coligada, domiciliada no exterior.

§ 3º Os lucros auferidos por intermédio de coligada domiciliada no exterior que não atenda aos requisitos estabelecidos no *caput* serão tributados na forma do art. 82.

§ 4º O disposto neste artigo não se aplica às hipóteses em que a pessoa jurídica coligada domiciliada no Brasil for equiparada à controladora nos termos do art. 83.

§ 5º Para fins do disposto neste artigo, equiparam-se à condição de coligada os empreendimentos controlados em conjunto com partes não vinculadas.

Art. 82. Na hipótese em que se verifique o descumprimento de pelo menos uma das condições previstas no *caput* do art. 81, o resultado na coligada domiciliada no exterior equivalente aos lucros ou prejuízos por ela apurados deverá ser computado na determinação do lucro real e na base de cálculo da CSLL da pessoa jurídica investidora domiciliada no Brasil, nas seguintes formas:

→ *v.* Art. 119.

→ *v.* Art. 2º da IN SRF 1.469/2014.

I – se positivo, deverá ser adicionado ao lucro líquido relativo ao balanço de 31 de dezembro do ano-calendário em que os lucros tenham sido apurados pela empresa domiciliada no exterior; e

II – se negativo, poderá ser compensado com lucros futuros da mesma pessoa jurídica no exterior que lhes deu origem, desde que os estoques de prejuízos sejam informados na forma e prazo estabelecidos pela Secretaria da Receita Federal do Brasil – RFB.

§ 1º Os resultados auferidos por intermédio de outra pessoa jurídica, na qual a coligada no exterior mantiver qualquer tipo de participação societária, ainda que indiretamente, serão consolidados no seu balanço para efeito de determinação do lucro real e da base de cálculo da CSLL da coligada no Brasil.

§ 2º O disposto neste artigo não se aplica às hipóteses em que a pessoa jurídica coligada domiciliada no Brasil é equiparada à controladora nos termos do art. 83.

Seção III
Da equiparação à controladora

Art. 83. Para fins do disposto nesta Lei, equipara-se à condição de controladora a pessoa jurídica domiciliada no Brasil que detenha participação em coligada no exterior e que, em conjunto com pessoas físicas ou jurídicas residentes ou domiciliadas no Brasil ou no exterior, consideradas a ela vinculadas, possua mais de 50% (cinquenta por cento) do capital votante da coligada no exterior.

→ *v.* Art. 119.

→ *v.* Art. 2º da IN SRF 1.469/2014.

Parágrafo único. Para efeitos do disposto no *caput*, será considerada vinculada à pessoa jurídica domiciliada no Brasil:

I – a pessoa física ou jurídica cuja participação societária no seu capital social a caracterize como sua controladora, direta ou indireta, na forma definida nos §§ 1º e 2º do art. 243 da Lei 6.404, de 15 de dezembro de 1976;

II – a pessoa jurídica que seja caracterizada como sua controlada, direta ou indireta, ou coligada, na forma definida nos §§ 1º e 2º do art. 243 da Lei 6.404, de 15 de dezembro de 1976;

III – a pessoa jurídica quando esta e a empresa domiciliada no Brasil estiverem sob controle societário ou administrativo comum ou quando pelo menos 10% (dez por cento) do capital social de cada uma pertencer a uma mesma pessoa física ou jurídica;

IV – a pessoa física ou jurídica que seja sua associada, na forma de consórcio ou condomínio, conforme definido na legislação brasileira, em qualquer empreendimento;

V – a pessoa física que for parente ou afim até o terceiro grau, cônjuge ou companheiro de qualquer de seus conselheiros, administradores, sócios ou acionista controlador em participação direta ou indireta; e

VI – a pessoa jurídica residente ou domiciliada em país com tributação favorecida ou beneficiária de regime fiscal privilegiado, conforme dispõem os arts. 24 e 24-A da Lei 9.430, de 27 de dezembro de 1996, desde que não comprove que seus controladores não estejam enquadrados nos incisos I a V.

Seção IV
Das definições

Art. 84. Para fins do disposto nesta Lei, considera-se:

→ *v.* Art. 119.

→ *v.* Art. 2º da IN SRF 1.469/2014.

I – renda ativa própria – aquela obtida diretamente pela pessoa jurídica mediante a exploração de atividade econômica própria, excluídas as receitas decorrentes de:

a) *royalties*;

b) juros;

c) dividendos;

d) participações societárias;

e) aluguéis;

f) ganhos de capital, salvo na alienação de participações societárias ou ativos de caráter permanente adquiridos há mais de 2 (dois) anos;

g) aplicações financeiras; e

h) intermediação financeira.

II – renda total – somatório das receitas operacionais e não operacionais, conforme definido na legislação comercial do país de domicílio da investida; e

III – regime de subtributação – aquele que tributa os lucros da pessoa jurídica domiciliada no exterior a alíquota nominal inferior a 20% (vinte por cento).

§ 1º As alíneas *b*, *g* e *h* do inciso I não se aplicam às instituições financeiras reconhecidas e autorizadas a funcionar pela autoridade monetária do país em que estejam situadas.

§ 2º Poderão ser considerados como renda ativa própria os valores recebidos a título de dividendos ou a receita decorrente de participações societárias relativos a investimentos efetuados até 31 de dezembro de 2013 em pessoa jurídica cuja receita ativa própria seja igual ou superior a 80% (oitenta por cento).

§ 3º O Poder Executivo poderá reduzir a alíquota nominal de que trata o inciso III do *caput* para até 15% (quinze por cento), ou a restabelecer, total ou parcialmente.

Seção V
Das deduções

Art. 85. Para fins de apuração do imposto sobre a renda e da CSLL devida pela controladora no Brasil, poderá ser deduzida da parcela do lucro da pessoa jurídica controlada, direta ou indireta, domiciliada no exterior, a parcela do lucro oriunda de participações destas em pessoas jurídicas controladas ou coligadas domiciliadas no Brasil.

→ *v.* Art. 119.

→ *v.* Art. 2º da IN SRF 1.469/2014.

Art. 86. Poderão ser deduzidos do lucro real e da base de cálculo da CSLL os valores referentes às adições, espontaneamente efetuadas, decorrentes da aplicação das regras de preços de transferência, previstas nos arts. 18 a 22 da Lei 9.430, de 27 de dezembro de 1996, e das regras previstas nos arts. 24 a 26 da Lei 12.249, de 11 de junho de 2010, desde que os lucros auferidos no exterior tenham sido considerados na respectiva base de cálculo do Imposto sobre a Renda da Pessoa Jurídica – IRPJ e da CSLL da pessoa jurídica controladora domiciliada no Brasil ou a ela equiparada, nos termos do art. 83 e cujo imposto sobre a renda e contribuição social correspondentes, em qualquer das hipóteses, tenham sido recolhidos.

→ *v.* Art. 119.

→ *v.* Art. 2º da IN SRF 1.469/2014.

§ 1º A dedução de que trata o *caput*:

I – deve referir-se a operações efetuadas com a respectiva controlada, direta ou indireta, da qual o lucro seja proveniente;

II – deve ser proporcional à participação na controlada no exterior;

III – deve estar limitada ao valor do lucro auferido pela controlada no exterior; e

IV – deve ser limitada ao imposto devido no Brasil em razão dos ajustes previstos no *caput*.

§ 2º O disposto neste artigo aplica-se à hipótese prevista no art. 82.

Art. 87. A pessoa jurídica poderá deduzir, na proporção de sua participação, o imposto sobre a renda pago no exterior pela controlada direta ou indireta, incidente sobre as parcelas positivas computadas na determinação do lucro real da controladora no Brasil, até o limite dos tributos sobre a renda incidentes no Brasil sobre as referidas parcelas.

→ *v.* Art. 119.

→ *v.* Art. 2º da IN SRF 1.469/2014.

§ 1º Para efeitos do disposto no *caput*, considera-se imposto sobre a renda o tributo que incida sobre lucros, independentemente da denominação oficial adotada, do fato de ser este de competência de unidade da federação do país de origem e de o pagamento ser exigido em dinheiro ou outros bens, desde que comprovado por documento oficial emitido pela administração tributária estrangeira, inclusive quanto ao imposto retido na fonte sobre o lucro distribuído para a controladora brasileira.

§ 2º No caso de consolidação, deverá ser considerado para efeito da dedução prevista no *caput* o imposto sobre a renda pago pelas pessoas jurídicas cujos resultados positivos tiverem sido consolidados.

§ 3º No caso de não haver consolidação, a dedução de que trata o *caput* será efetuada de forma individualizada por controlada, direta ou indireta.

§ 4º O valor do tributo pago no exterior a ser deduzido não poderá exceder o montante do imposto sobre a renda e adicional, devidos no Brasil, sobre o valor das parcelas positivas dos resultados, incluído na apuração do lucro real.

§ 5º O tributo pago no exterior a ser deduzido será convertido em reais, tomando-se por base a taxa de câmbio da moeda do país de origem fixada para venda pelo Banco Central do Brasil, correspondente à data do balanço apurado ou na data da disponibilização.

§ 6º Caso a moeda do país de origem do tributo não tenha cotação no Brasil, o seu valor será convertido em dólares dos Estados Unidos da América e, em seguida, em reais.

§ 7º Na hipótese de os lucros da controlada, direta ou indireta, virem a ser tributados no exterior em momento posterior àquele em que tiverem sido tributados pela controladora domiciliada no Brasil, a dedução de que trata este artigo deverá ser efetuada no balanço correspondente ao ano-calendário em que ocorrer a tributação, ou em ano-calendário posterior, e deverá respeitar os limites previstos nos §§ 4º e 8º deste artigo.

§ 8º O saldo do tributo pago no exterior que exceder o valor passível de dedução do valor do imposto sobre a renda e adicional devidos no Brasil poderá ser deduzido do valor da CSLL, devida em virtude da adição à sua base de cálculo das parcelas positivas dos resultados oriundos do exterior, até o valor devido em decorrência dessa adição.

§ 9º Para fins de dedução, o documento relativo ao imposto sobre a renda pago no exterior deverá ser reconhecido pelo respectivo órgão arrecadador e pelo Consulado da Embaixada Brasileira no país em que for devido o imposto.

§ 10. Até o ano-calendário de 2022, a controladora no Brasil poderá deduzir até 9% (nove por cento), a título de crédito presumido sobre a renda incidente sobre a parcela positiva computada no lucro real, observados o disposto no § 2º deste artigo e as condições previstas nos incisos I e IV do art. 91 desta Lei, relativo a investimento em pessoas jurídicas no exterior que realizem as atividades de fabricação de bebidas, de fabricação de produtos alimentícios e de construção de edifícios e de obras de infraestrutura, além das demais indústrias em geral.

→ § 10 com redação alterada pela Lei 13.043/2014.

§ 11. O Poder Executivo poderá, desde que não resulte em prejuízo aos investimentos no País, ampliar o rol de atividades com investimento em pessoas jurídicas no exterior de que trata o § 10.

§ 12. (*Vetado*).

Art. 88. A pessoa jurídica coligada domiciliada no Brasil poderá deduzir do imposto sobre a renda ou da CSLL devidos o imposto sobre a renda retido na fonte no exterior incidente sobre os dividendos que tenham sido computados na determinação do lucro real e da base de cálculo da CSLL, desde que sua coligada no exterior se enquadre nas condições previstas no art. 81, observados os limites previstos nos §§ 4° e 8° do art. 87.

→ v. Art. 119.

→ v. Art. 2° da IN SRF 1.469/2014.

Parágrafo único. Na hipótese de a retenção do imposto sobre a renda no exterior vir a ocorrer em momento posterior àquele em que tiverem sido considerados no resultado da coligada domiciliada no Brasil, a dedução de que trata este artigo somente poderá ser efetuada no balanço correspondente ao ano-calendário em que ocorrer a retenção, e deverá respeitar os limites previstos no *caput*.

Art. 89. A matriz e a pessoa jurídica controladora ou a ela equiparada, nos termos do art. 83, domiciliadas no Brasil poderão considerar como imposto pago, para fins da dedução de que trata o art. 87, o imposto sobre a renda retido na fonte no Brasil e no exterior, na proporção de sua participação, decorrente de rendimentos recebidos pela filial, sucursal ou controlada, domiciliadas no exterior.

→ *Caput* com redação alterada pela Lei 13.043/2014.

→ v. Art. 119.

→ v. Art. 2° da IN SRF 1.469/2014.

§ 1° O disposto no *caput* somente será permitido se for reconhecida a receita total auferida pela filial, sucursal ou controlada, com a inclusão do imposto retido.

→ § 1° acrescentado pela Lei 13.043/2014.

§ 2° Para o imposto sobre a renda retido na fonte no exterior, o valor do imposto a ser considerado está limitado ao valor que o país de domicílio do beneficiário do rendimento permite que seja aproveitado na apuração do imposto devido pela filial, sucursal ou controlada no exterior.

→ § 2° acrescentado pela Lei 13.043/2014.

Seção VI
Do pagamento

Art. 90. À opção da pessoa jurídica, o imposto sobre a renda e a CSLL devidos decorrentes do resultado considerado na apuração da pessoa jurídica domiciliada no Brasil, nos termos dos arts. 77 a 80 e 82, poderão ser pagos na proporção dos lucros distribuídos nos anos subsequentes ao encerramento do período de apuração a que corresponder, observado o 8° (oitavo) ano subsequente ao período de apuração para a distribuição do saldo remanescente dos lucros ainda não oferecidos a tributação, assim como a distribuição mínima de 12,50% (doze inteiros e cinquenta centésimos por cento) no 1° (primeiro) ano subsequente.

→ v. Art. 119.

→ v. Art. 2° da IN SRF 1.469/2014.

§ 1° No caso de infração ao art. 91, será aplicada multa isolada de 75% (setenta e cinco por cento) sobre o valor do tributo declarado.

§ 2° A opção, na forma prevista neste artigo, aplica-se, exclusivamente, ao valor informado pela pessoa jurídica domiciliada no Brasil em declaração que represente confissão de dívida e constituição do crédito tributário, relativa ao período de apuração dos resultados no exterior, na forma estabelecida pela Receita Federal do Brasil – RFB.

§ 3° No caso de fusão, cisão, incorporação, encerramento de atividade ou liquidação da pessoa jurídica domiciliada no Brasil, o pagamento do tributo deverá ser feito até a data do evento ou da extinção da pessoa jurídica, conforme o caso.

§ 4° O valor do pagamento, a partir do 2° (segundo) ano subsequente, será acrescido de juros calculados com base na taxa London Interbank Offered Rate – Libor, para depósitos em dólares dos Estados Unidos da América pelo prazo de 12 (doze) meses, referente ao último dia útil do mês civil imediatamente anterior ao vencimento, acrescida da variação cambial dessa moeda, definida pelo Banco Central do Brasil, pro rata tempore, acumulados anualmente, calculados na forma definida em ato do Poder Executivo, sendo os juros dedutíveis na apuração do lucro real e da base de cálculo da CSLL.

Art. 91. A opção pelo pagamento do imposto sobre a renda e da CSLL, na forma do art. 90, poderá ser realizada somente em relação à parcela dos lucros decorrentes dos resultados considerados na apuração da pessoa jurídica domiciliada no Brasil de controlada, direta ou indireta, no exterior:

→ v. Art. 119.

→ v. Art. 2° da IN SRF 1.469/2014.

I – não sujeita a regime de subtributação;

II – não localizada em país ou dependência com tributação favorecida, ou não beneficiária de regime fiscal privilegiado, de que tratam os arts. 24 e 24-A da Lei 9.430, de 27 de dezembro de 1996;

III – não controlada, direta ou indiretamente, por pessoa jurídica submetida ao tratamento tributário previsto no inciso II do *caput*; e

IV – que tenha renda ativa própria igual ou superior a 80% (oitenta por cento) da sua renda total, conforme definido no art. 84.

Art. 92. Aplica-se o disposto nos arts. 77 a 80 e nos arts. 85 a 91 ao resultado obtido por filial ou sucursal, no exterior.

→ v. Art. 119.

→ v. Art. 2° da IN SRF 1.469/2014.

Capítulo X
DO PARCELAMENTO ESPECIAL

Art. 93. A Lei 12.865, de 9 de outubro de 2013, passa a vigorar com as seguintes alterações:

"Art. 17. O prazo previsto no § 12 do art. 1° e no art. 7° da Lei 11.941, de 27 de maio de 2009, bem como o prazo previsto no § 18 do art. 65 da Lei 12.249, de 11 de junho de 2010, passa a ser o do último dia útil do segundo mês subsequente ao da publicação da Lei decorrente da conversão da Medida Provisória 627, de 11 de novembro de 2013, atendidas as condições estabelecidas neste artigo.

(...)

§ 5° Aplica-se aos débitos pagos ou parcelados, na forma do art. 65 da Lei 12.249, de 11 de junho de 2010, o disposto no parágrafo único do art. 4° da Lei 11.941, de 27 de maio de 2009, bem como o disposto no § 16 do art. 39 desta Lei, para os pagamentos ou parcelas ocorridos após 1° de janeiro de 2014.

§ 6° Os percentuais de redução previstos nos arts. 1° e 3° da Lei 11.941, de 27 de maio de 2009, serão aplicados sobre o valor do débito atualizado à época do depósito e somente incidirão sobre o valor das multas de mora e de ofício, das multas isoladas, dos juros de mora e do encargo legal efetivamente depositados.

§ 7° A transformação em pagamento definitivo dos valores depositados somente ocorrerá após a aplicação dos percentuais de redução, observado o disposto no § 6°.

§ 8° A pessoa jurídica que, após a transformação dos depósitos em pagamento definitivo, possuir débitos não liquidados pelo depósito poderá obter as reduções para pagamento à vista e liquidar os juros relativos a esses débitos com a utilização de montantes de prejuízo fiscal ou de base de cálculo negativa da CSLL, desde que pague à vista os débitos remanescentes.

§ 9° Na hipótese do § 8°, as reduções serão aplicadas sobre os valores atualizados na data do pagamento.

§ 10. Para fins de aplicação do disposto nos §§ 6° e 9°, a RFB deverá consolidar o débito, considerando a utilização de montantes de prejuízo fiscal ou de base de cálculo negativa da CSLL de acordo com a alíquota aplicável a cada pessoa jurídica, e informar ao Poder Judiciário o resultado para fins de transformação do depósito em pagamento definitivo ou levantamento de eventual saldo.

§ 11. O montante transformado em pagamento definitivo será o necessário para apropriação aos débitos envolvidos no litígio objeto da desistência, inclusive a débitos referentes ao mesmo litígio que eventualmente estejam sem o correspondente depósito ou com depósito em montante insuficiente a sua quitação.

§ 12. Após a transformação em pagamento definitivo de que trata o § 7°, o sujeito passivo poderá requerer o levantamento do saldo remanescente, se houver, observado o disposto no § 13.

§ 13. Na hipótese de que trata o § 12, o saldo remanescente somente poderá ser levantado pelo sujeito passivo após a confirmação pela RFB dos montantes de prejuízo fiscal e de base de cálculo negativa da CSLL utilizados na forma do § 7° do art. 1° da Lei 11.941, de 27 de maio de 2009.

§ 14. O saldo remanescente de que trata o § 12 será corrigido pela taxa Selic.

§ 15. Para os sujeitos passivos que aderirem ao parcelamento na forma do *caput*, nenhum percentual de multa, antes das reduções, será superior a 100% (cem por cento)."

"Art. 39. Os débitos para com a Fazenda Nacional relativos à contribuição para o Programa de Integração Social - PIS e à Contribuição para o Financiamento da Seguridade Social - Cofins, de que trata o Capítulo I da Lei 9.718, de 27 de novembro de 1998, devidos por instituições financeiras e equiparadas, vencidos até 31 de dezembro de 2013, poderão ser:

I - pagos à vista com redução de 100% (cem por cento) das multas de mora e de ofício, de 100% (cem por cento) das multas isoladas, de 100% (cem por cento) dos juros de mora e de 100% (cem por cento) sobre o valor do encargo legal; ou

(...)

§ 4º A desistência de que trata o § 3º poderá ser parcial, desde que o débito, objeto de desistência, seja passível de distinção dos demais débitos discutidos na ação judicial ou no processo administrativo.

(...)

§ 9º O pedido de pagamento ou parcelamento deverá ser efetuado até o último dia do segundo mês subsequente ao da publicação da Lei decorrente da conversão da Medida Provisória 627, de 11 de novembro de 2013, e independerá de apresentação de garantia, mantidas aquelas decorrentes de débitos transferidos de outras modalidades de parcelamento ou de execução fiscal.

(...)

§ 16. Não será computada na apuração da base de cálculo do Imposto de Renda, da Contribuição Social sobre o Lucro Líquido - CSLL, da Contribuição para o PIS/Pasep e da Contribuição para o Financiamento da Seguridade Social - Cofins a parcela equivalente à redução do valor das multas, dos juros e do encargo legal em decorrência do disposto neste artigo."

"Art. 40. Os débitos para com a Fazenda Nacional relativos ao Imposto sobre a Renda das Pessoas Jurídicas - IRPJ e à Contribuição Social sobre o Lucro Líquido - CSLL, decorrentes da aplicação do art. 74 da Medida Provisória 2.158-35, de 24 de agosto de 2001, relativos a fatos geradores ocorridos até 31 de dezembro de 2013, poderão ser:

(...)

II - parcelados em até 180 (cento e oitenta) prestações, sendo 20% (vinte por cento) de entrada e o restante em parcelas mensais, com redução de 80% (oitenta por cento) das multas de mora e de ofício, de 80% (oitenta por cento) das multas isoladas, de 50% (cinquenta por cento) dos juros de mora e de 100% (cem por cento) sobre o valor do encargo legal.

(...)

§ 7º Os valores correspondentes a multas, de mora ou de ofício ou isoladas, a juros moratórios e até 30% (trinta por cento) do valor do principal do tributo, inclusive relativos a débitos inscritos em dívida ativa e do restante a ser pago em parcelas mensais a que se refere o inciso II do *caput*, poderão ser liquidados com a utilização de créditos de prejuízo fiscal e de base de cálculo negativa da Contribuição Social sobre o Lucro Líquido próprios e de sociedades controladoras e controladas em 31 de dezembro de 2011, domiciliadas no Brasil, desde que se mantenham nesta condição até a data da opção pelo parcelamento.

§ 8º (...)

(...)

II - somente será admitida a utilização de prejuízo fiscal e base de cálculo negativa da Contribuição Social sobre o Lucro Líquido - CSLL próprios ou incorridos pelas sociedades controladoras e controladas e pelas sociedades que estejam sob controle comum, direto e indireto, até 31 de dezembro de 2012; e

III - aplica-se à controladora e à controlada, para fins de aproveitamento de créditos de prejuízo fiscal e de base de cálculo negativa da Contribuição Social sobre o Lucro Líquido, o conceito previsto no § 2º do art. 243 da Lei 6.404, de 15 de dezembro de 1976.

(...)

§ 11. O pedido de pagamento ou de parcelamento deverá ser efetuado até o último dia do segundo mês subsequente ao da publicação da Lei decorrente da conversão da Medida Provisória 627, de 11 de novembro de 2013, e independerá da apresentação de garantia, mantidas aquelas decorrentes de débitos transferidos de outras modalidades de parcelamento ou de execução fiscal.

(...)

§ 15. Aplica-se ao parcelamento de que trata este artigo o disposto no *caput* e nos §§ 2º e 3º do art. 11, no art. 12, no *caput* do art. 13 e nos incisos V e IX do *caput* do art. 14 da Lei 10.522, de 19 de julho de 2002, e no parágrafo único do art. 4º da Lei 11.941, de 27 de maio de 2009.

(...)"

Capítulo XI
DISPOSIÇÕES FINAIS

Art. 94. Para fins do disposto nesta Lei, as pessoas jurídicas domiciliadas no Brasil deverão manter disponível à autoridade fiscal documentação hábil e idônea que comprove os requisitos nela previstos, enquanto não ocorridos os prazos decadencial e prescricional.

Art. 95. O art. 25 da Lei 9.249, de 26 de dezembro de 1995, passa a vigorar acrescido do seguinte § 7º:

→ Alterações efetuadas na referida Lei.

Art. 96. A pessoa jurídica poderá optar pela aplicação das disposições contidas nos arts. 76 a 92 desta Lei para o ano-calendário de 2014.

→ v. Art. 119, § 2º.

§ 1º A opção de que trata o *caput* será irretratável e acarretará a observância de todas as alterações trazidas pelos arts. 76 a 92 a partir de 1º de janeiro de 2014.

§ 2º A Secretaria da Receita Federal do Brasil definirá a forma, o prazo e as condições para a opção de que trata o *caput*.

§ 3º Fica afastado, a partir de 1º de janeiro de 2014, o disposto na alínea *b* do § 1º e nos §§ 2º e 4º do art. 1º da Lei 9.532, de 10 de dezembro de 1997, e no art. 74 da Medida Provisória 2.158-35, de 24 de agosto de 2001, para as pessoas jurídicas que exerceram a opção de que trata o *caput*.

Art. 97. Ficam isentos de Imposto sobre a Renda - IR os rendimentos, inclusive ganhos de capital, pagos, creditados, entregues ou remetidos a beneficiário residente ou domiciliado no exterior, exceto em país com tributação favorecida, nos termos do art. 24 da Lei 9.430, de 27 de dezembro de 1996, produzidos por fundos de investimentos, cujos cotistas sejam exclusivamente investidores estrangeiros.

§ 1º Para fazer jus à isenção de que trata o *caput*, o regulamento do fundo deverá prever que a aplicação de seus recursos seja realizada exclusivamente em depósito à vista, ou em ativos sujeitos a isenção de Imposto sobre a Renda - IR, ou tributados à alíquota 0 (zero), nas hipóteses em que o beneficiário dos rendimentos produzidos por esses ativos seja residente ou domiciliado no exterior, exceto em país com tributação favorecida, nos termos do art. 24 da Lei 9.430, de 27 de dezembro de 1996.

§ 2º Incluem-se entre os ativos de que trata o § 1º aqueles negociados em bolsas de valores, de mercadorias, de futuros e assemelhadas e que sejam isentos de tributação, na forma da alínea *b* do § 2º do art. 81 da Lei 8.981, de 20 de janeiro de 1995, desde que sejam negociados pelos fundos, nas mesmas condições previstas na referida Lei, para gozo do incentivo fiscal.

§ 3º Caso o regulamento do fundo restrinja expressamente seus cotistas a investidores estrangeiros pessoas físicas, também se incluirão entre os ativos de que trata o § 1º os ativos beneficiados pelo disposto no art. 3º da Lei 11.033, de 21 de dezembro de 2004, desde que observadas as condições previstas para gozo do benefício fiscal.

Art. 98. (*Vetado*).

Art. 99. O prazo de que trata o § 4º do art. 1º da Lei 9.532, de 10 de dezembro de 1997, não se aplica a partir da entrada em vigor do art. 74 da Medida Provisória 2.158-35, de 24 de agosto de 2001.

§ 1º Na hipótese de existência de lançamento de ofício sem a observância do disposto no *caput*, fica assegurado o direito ao aproveitamento do imposto pago no exterior, limitado ao imposto correspondente ao lucro objeto do lançamento.

§ 2º Aplica-se o disposto no *caput* aos débitos ainda não constituídos que vierem a ser incluídos no parcelamento de que trata o art. 40 da Lei 12.865, de 9 de outubro de 2013.

Art. 100. A Lei 9.532, de 10 de dezembro de 1997, passa a vigorar com as seguintes alterações:

→ Alterações efetuadas na referida Lei.

Art. 101. (*Vetado*).

Art. 102. O art. 1º da Lei 9.826, de 23 de agosto de 1999, passa a vigorar com a seguinte alteração:

"Art. 1º (...)

(...)

§ 3º O crédito presumido poderá ser aproveitado em relação às saídas ocorridas até 31 de dezembro de 2020.

(...)"

Art. 103. O art. 1º da Lei 10.485, de 3 de julho de 2002, passa a vigorar com a seguinte redação:

"Art. 1º As pessoas jurídicas fabricantes e as importadoras de máquinas, implementos e veículos classificados nos códigos 73.09, 7310.29, 7612.90.12, 8424.81, 84.29, 8430.69.90, 84.32, 84.33, 84.34, 84.35, 84.36, 84.37, 87.01, 87.02, 87.03, 87.04, 87.05, 87.06 e

8716.20.00 da Tabela de Incidência do Imposto sobre Produtos Industrializados – Tipi, aprovada pelo Decreto no 7.660, de 23 de dezembro de 2011, relativamente à receita bruta decorrente de venda desses produtos, ficam sujeitas ao pagamento da contribuição para o Programa de Integração Social e de Formação do Patrimônio do Servidor Público – PIS/Pasep e da Contribuição para o Financiamento da Seguridade Social – Cofins, às alíquotas de 2% (dois por cento) e 9,6% (nove inteiros e seis décimos por cento), respectivamente.

§ 1º O disposto no *caput*, relativamente aos produtos classificados no Capítulo 84 da Tipi, aplica-se aos produtos autopropulsados ou não.

§ 2º (...)

(...)

II – em 48,1% (quarenta e oito inteiros e um décimo por cento), no caso de venda de produtos classificados nos seguintes códigos da Tipi: 73.09, 7310.29.20, 7612.90.12, 8424.81, 84.29, 8430.69.90, 84.32, 84.33, 84.34, 84.35, 84.36, 84.37, 87.01, 8702.10.00 Ex 02, 8702.90.90 Ex 02, 8704.10.00, 87.05, 8716.20.00 e 8706.00.10 Ex 01 (somente os destinados aos produtos classificados nos Ex 02 dos códigos 8702.10.00 e 8702.90.90).

(...)"

Art. 104. Aplica-se ao § 7º do art. 37-B da Lei 10.522, de 19 de julho de 2002, constante do art. 35 da Lei 11.941, de 27 de maio de 2009, e ao § 33 do art. 65 da Lei 12.249, de 11 de junho de 2010, no caso de instituições financeiras e assemelhadas, a alíquota de 15% (quinze por cento) sobre a base de cálculo negativa da CSLL, para manter a isonomia de alíquotas.

Art. 105. *(Vetado).*

Art. 106. O art. 3º da Lei 11.312, de 27 de junho de 2006, passa a vigorar acrescido do seguinte § 3º:

"Art. 3º (...)

(...)

§ 3º A alíquota 0 (zero) referida no *caput* também se aplica aos ganhos de capital auferidos na alienação ou amortização de quotas de fundos de investimentos de que trata este artigo."

Arts. 107 e 108. *(Vetados).*

Art. 109. As pessoas jurídicas que se encontrem inativas desde o ano-calendário de 2009 ou que estejam em regime de liquidação ordinária, judicial ou extrajudicial, ou em regime de falência, poderão apurar o Imposto de Renda e a CSLL relativos ao ganho de capital resultante da alienação de bens ou direitos, ou qualquer ato que enseje a realização de ganho de capital, sem a aplicação dos limites previstos nos arts. 15 e 16 da Lei 9.065, de 20 de junho de 1995, desde que o produto da venda seja utilizado para pagar débitos de qualquer natureza com a União.

Art. 110. O art. 43 da Lei 12.431, de 24 de junho de 2011, passa a vigorar acrescido do seguinte parágrafo único:

→ Alterações efetuadas na referida Lei.

Arts. 111 e 112. *(Vetados).*

Art. 113. Os arts. 30-A e 30-B da Lei 11.051, de 29 de dezembro de 2004, passam a vigorar com as seguintes alterações:

→ Alterações efetuadas na referida Lei.

Art. 114. *(Vetado).*

Art. 115. Aplica-se o disposto no *caput* do art. 40 da Lei 12.865, de 9 de outubro de 2013, constante do art. 93 desta Lei, aos débitos relativos à contribuição à Comissão Coordenadora da Criação do Cavalo Nacional – CCCCN, estabelecida na Lei 7.291, de 19 de dezembro de 1984.

Parágrafo único. Fica autorizado o cálculo do valor da contribuição à Comissão Coordenadora da Criação do Cavalo Nacional – CCCCN, vencida até 14 de dezembro de 2011, conforme o disposto no § 4º do art. 11 da Lei 7.291, de 19 de dezembro de 1984, vedada qualquer restituição.

Art. 116. A Secretaria da Receita Federal do Brasil editará os atos necessários à aplicação do disposto nesta Lei.

Art. 117. Revogam-se, a partir de 1º de janeiro de 2015:

→ V. Art. 119, § 1º, II.

I – a alínea *b* do *caput* e o § 3º do art. 58 da Lei 4.506, de 30 de novembro de 1964;

II – o art. 15 da Lei 6.099, de 12 de setembro de 1974;

III – os seguintes dispositivos do Decreto-Lei 1.598, de 26 de dezembro de 1977:

a) o inciso II do *caput* do art. 8º;

b) o § 1º do art. 15;

c) o § 2º do art. 20;

d) o inciso III do *caput* do art. 27;

e) o inciso I do *caput* do art. 29;

f) o § 3º do art. 31;

g) o art. 32;

h) o inciso IV do *caput* e o § 1º do art. 33;

i) o art. 34; e

j) o inciso III do *caput* do art. 38;

IV – o art. 18 da Lei 8.218, de 29 de agosto de 1991;

V – o art. 31 da Lei 8.981, de 20 de janeiro de 1995;

VI – os §§ 2º e 3º do art. 21 e o art. 31 da Lei 9.249, de 26 de dezembro de 1995;

VII – a alínea *b* do § 1º e os §§ 2º e 4º do art. 1º da Lei 9.532, de 10 de dezembro de 1997;

VIII – o inciso V do § 2º do art. 3º da Lei 9.718, de 27 de novembro de 1998;

IX – o art. 74 da Medida Provisória 2.158-35, de 24 de agosto de 2001; e

X – os arts. 15 a 24, 59 e 60 da Lei 11.941, de 27 de maio de 2009.

Art. 118. Revoga-se o art. 55 da Lei 10.637, de 30 de dezembro de 2002, a partir da data de publicação desta Lei.

Art. 119. Esta Lei entra em vigor em 1º de janeiro de 2015, exceto os arts. 3º, 72 a 75 e 93 a 119, que entram em vigor na data de sua publicação.

§ 1º Aos contribuintes que fizerem a opção prevista no art. 75, aplicam-se, a partir de 1º de janeiro de 2014:

→ V. Art. 2º, § 4º da IN RFB 1.469/2014.

I – os arts. 1º e 2º e 4º a 70; e

II – as revogações previstas nos incisos I a VI, VIII e X do *caput* do art. 117.

§ 2º Aos contribuintes que fizerem a opção prevista no art. 96, aplicam-se, a partir de 1º de janeiro de 2014:

→ V. Art. 2º, § 4º da IN RFB 1.469/2014.

I – os arts. 76 a 92; e

II – as revogações previstas nos incisos VII e IX do *caput* do art. 117.

Brasília, 13 de maio de 2014; 193º da Independência e 126º da República.

Dilma Rousseff

(Publicação no *D.O.U.* de 14.5.2014)

LEI COMPLEMENTAR 147,
DE 7 DE AGOSTO DE 2014

Altera a Lei Complementar 123, de 14 de dezembro de 2006, e as Leis 5.889, de 8 de junho de 1973, 11.101, de 9 de fevereiro de 2005, 9.099, de 26 de setembro de 1995, 11.598, de 3 de dezembro de 2007, 8.934, de 18 de novembro de 1994, 10.406, de 10 de janeiro de 2002, e 8.666, de 21 de junho de 1993; e dá outras providências.

A Presidenta da República:

Faço saber que o Congresso Nacional decreta e eu sanciono a seguinte Lei Complementar:

(...)

Art. 7º A Lei 11.598, de 3 de dezembro de 2007, passa a vigorar acrescida do seguinte art. 7º-A:

"Art. 7º-A. O registro dos atos constitutivos, de suas alterações e extinções (baixas), referentes a empresários e pessoas jurídicas em qualquer órgão dos 3 (três) âmbitos de governo, ocorrerá independentemente da regularidade de obrigações tributárias, previdenciárias ou trabalhistas, principais ou acessórias, do empresário, da sociedade, dos sócios, dos administradores ou de empresas de que participem, sem prejuízo das responsabilidades do empresário, dos titulares, dos sócios ou dos administradores por tais obrigações, apuradas antes ou após o ato de extinção.

§ 1º A baixa referida no *caput* deste artigo não impede que, posteriormente, sejam lançados ou cobrados impostos, contribuições e respectivas penalidades, decorrentes da simples falta de recolhimento ou da prática comprovada e apurada em processo administrativo ou judicial de outras irregularidades praticadas pelos empresários ou por seus titulares, sócios ou administradores.

§ 2º A solicitação de baixa na hipótese prevista no *caput* deste artigo importa responsabilidade solidária dos titulares, dos sócios e dos administradores do período de ocorrência dos respectivos fatos geradores."

Art. 8º A Lei 8.934, de 18 de novembro de 1994, passa a vigorar acrescida dos seguintes arts. 39-A e 39-B:

"Art. 39-A. A autenticação dos documentos de empresas de qualquer porte realizada por meio de sistemas públicos eletrônicos dispensa qualquer outra."

"Art. 39-B. A comprovação da autenticação de documentos e da autoria de que trata esta Lei poderá ser realizada por meio eletrônico, na forma do regulamento."

Art. 9º O inciso II do art. 968 da Lei 10.406, de 10 de janeiro de 2002 – Código Civil, passa a vigorar com a seguinte redação:

"Art. 968. (...)

(...)

II – a firma, com a respectiva assinatura autógrafa que poderá ser substituída pela assinatura autenticada com certificação digital ou meio equivalente que comprove a sua autenticidade, ressalvado o disposto no inciso I do § 1º do art. 4º da Lei Complementar 123, de 14 de dezembro de 2006;

(...)"

Art. 10. A Lei 8.666, de 21 de junho de 1993, passa a vigorar com as seguintes alterações:

"Art. 3º (...)

(...)

§ 14. As preferências definidas neste artigo e nas demais normas de licitação e contratos devem privilegiar o tratamento diferenciado e favorecido às microempresas e empresas de pequeno porte na forma da lei.

§ 15. As preferências dispostas neste artigo prevalecem sobre as demais preferências previstas na legislação quando estas forem aplicadas sobre produtos ou serviços estrangeiros."

"Art. 5º-A. As normas de licitações e contratos devem privilegiar o tratamento diferenciado e favorecido às microempresas e empresas de pequeno porte na forma da lei."

Art. 11. Um representante da Confederação Nacional das Microempresas e Empresas de Pequeno Porte – COMICRO e um da Confederação Nacional das Micro e Pequenas Empresas e dos Empreendedores Individuais – CONAMPE passam a integrar o Conselho Deliberativo do Serviço Brasileiro de Apoio às Micro e Pequenas Empresas – SEBRAE.

Art. 12. A redação dada pela Lei Complementar 139, de 10 de novembro de 2011, ao § 1º do art. 18-B da Lei Complementar 123, de 14 de dezembro de 2006, para as atividades de prestação de serviços diferentes de hidráulica, eletricidade, pintura, alvenaria, carpintaria e de manutenção ou reparo de veículos, deixa de produzir efeitos financeiros a partir de 9 de fevereiro de 2012, observado o disposto no § 2º do mesmo artigo.

Art. 13. Ficam convalidados os atos referentes à apuração e ao recolhimento dos impostos e contribuições da União, dos Estados, do Distrito Federal e dos Municípios mediante regime previsto na Lei Complementar 123, de 14 de dezembro de 2006, e alterações posteriores, inclusive em relação às obrigações acessórias, pelas empresas que desenvolveram as atividades de comercialização de medicamentos produzidos por manipulação de fórmulas magistrais, até a data de publicação desta Lei Complementar.

Art. 14. O Poder Executivo fará publicar no *Diário Oficial da União*, em 4 (quatro) meses a contar da data de publicação desta Lei Complementar, a íntegra da Lei Complementar 123, de 14 de dezembro de 2006, com as alterações resultantes desta Lei Complementar.

Art. 15. Esta Lei Complementar entra em vigor na data de sua publicação, exceto no que se refere:

I – ao § 14 do art. 3º, ao inciso VI do art. 17, ao *caput* e aos §§ 2º, 5º-D, 5º-F, 5º-I, 7º, 13, 14, 16, 17, 18, 18-A e 24 do art. 18, ao inciso I do § 4º do art. 18-A, ao *caput* do art. 19, ao § 3º do art. 20, aos incisos I, II e V do § 4º do art. 21 e ao Anexo VI, todos da Lei Complementar 123, de 14 de dezembro de 2006, na redação dada pelo art. 1º e Anexo Único desta Lei Complementar, ao art. 3º e aos incisos III a V do art. 16 desta Lei Complementar, que produzirão efeitos a partir de 1º de janeiro do primeiro ano subsequente ao da publicação desta Lei Complementar;

II – ao § 15 do art. 3º, aos §§ 12 a 14 do art. 26, ao art. 38-B, à alínea *a* do inciso XIII do § 1º e aos §§ 7º e 8º do art. 13 e ao art. 21-A, todos da Lei Complementar 123, de 14 de dezembro de 2006, na redação dada pelos arts. 1º e 2º desta Lei Complementar, e ao inciso I do art. 16 desta Lei Complementar, que produzirão efeitos a partir de 1º de janeiro do segundo ano subsequente ao da data de publicação desta Lei Complementar.

Art. 16. Ficam revogados os seguintes dispositivos da Lei Complementar 123, de 14 de dezembro de 2006:

I – o inciso II do § 1º do art. 4º;

II – os §§ 3º e 8º a 12 do art. 9º;

III – os incisos XI e XIII do art. 17;

IV – os §§ 5º-A e 5º-G e os incisos I e II do § 14 do art. 18;

V – o inciso I do art. 49;

VI – o parágrafo único do art. 46;

VII – o § 1º do art. 48;

VIII – os itens 2 e 3 da alínea *b* do inciso X do art. 17.

Brasília, 7 de agosto de 2014; 193º da Independência e 126º da República.

Dilma Rousseff

(Publicação no *D.O.U.* de 8.8.2014)

ANEXO ÚNICO

(ANEXO VI DA LEI COMPLEMENTAR 123, DE 14 DE DEZEMBRO DE 2006)

(VIGÊNCIA: 1º DE JANEIRO DE 2015)

→ Alteração efetuada na referida Lei Complementar.

LEI COMPLEMENTAR 148, DE 25 DE NOVEMBRO DE 2014

Altera a Lei Complementar 101, de 4 de maio de 2000, que estabelece normas de finanças públicas voltadas para a responsabilidade na gestão fiscal; dispõe sobre critérios de indexação dos contratos de refinanciamento da dívida celebrados entre a União, Estados, o Distrito Federal e Municípios; e dá outras providências.

→ *V.* LC 151/2015 – Altera a LC 148/2014; revoga as Leis 10.819/2003, e 11.429/2006.

A Presidenta da República:

Faço saber que o Congresso Nacional decreta e eu sanciono a seguinte Lei Complementar:

Art. 1º (*Vetado*).

Art. 2º A União adotará, nos contratos de refinanciamento de dívidas celebradas entre a União, os Estados, o Distrito Federal e os Municípios, com base, respectivamente, na Lei 9.496, de 11 de setembro de 1997, e na Medida Provisória 2.185-35, de 24 de agosto de 2001, e nos contratos de empréstimos firmados com os Estados e o Distrito Federal ao amparo da Medida Provisória 2.192-70, de 24 de agosto de 2001, as seguintes condições, aplicadas a partir de 1º de janeiro de 2013:

→ *Caput* com redação alterada pela LC 151/2015.

I – juros calculados e debitados mensalmente, à taxa nominal de 4% a.a. (quatro por cento ao ano) sobre o saldo devedor previamente atualizado; e

II – atualização monetária calculada mensalmente com base na variação do Índice Nacional de Preços ao Consumidor Amplo (IPCA), apurado pela Fundação Instituto Brasileiro de Geografia e Estatística (IBGE), ou outro índice que venha a substituí-lo.

§ 1º Os encargos de que trata o *caput* ficarão limitados à taxa referencial do Sistema Especial de Liquidação e de Custódia (Selic) para os títulos federais.

§ 2º Para fins de aplicação da limitação referida no § 1º, será comparada mensalmente a variação acumulada do IPCA + 4% a.a. (quatro por cento ao ano) com a variação acumulada da taxa Selic.

§ 3º O IPCA e a taxa Selic estarão referenciados ao segundo mês anterior ao de sua aplicação.

§ 4º (*Vetado*).

Art. 3º A União concederá descontos sobre os saldos devedores dos contratos referidos no art. 2º, em valor correspondente à diferença entre o montante do saldo devedor existente em 1º de janeiro de 2013 e aquele apurado utilizando-se a variação acumulada da taxa Selic desde a assinatura dos respectivos contratos, observadas todas as ocorrências que impactaram o saldo devedor no período.

→ Artigo com redação alterada pela LC 151/2015.

Art. 4º Os efeitos financeiros decorrentes das condições previstas nos arts. 2º e 3º serão aplicados ao saldo devedor, mediante aditamento contratual.

Parágrafo único: A União terá até 31 de janeiro de 2016 para promover os aditivos contratuais, independentemente de regulamentação, após o que o devedor poderá recolher, a título de pagamento à União, o montante devido, com a aplicação da Lei, ficando a União obrigada a ressarcir ao devedor os valores eventualmente pagos a maior.

→ Parágrafo único acrescentado pela LC 151/2015.

Art. 5º É a União autorizada a firmar Programas de Acompanhamento Fiscal, sob a gestão do Ministério da Fazenda, com os Municípios das capitais e com os Estados que não estão obrigados a manter Programa de Reestruturação e de Ajuste Fiscal nos termos do § 3º do art. 1º da Lei 9.496, de 11 de setembro de 1997.

§ 1º Os Programas de Acompanhamento Fiscal conterão, obrigatoriamente, além de objetivos específicos para cada unidade da Federação, metas ou compromissos quanto:

I – à dívida financeira em relação à Receita Líquida Real (RLR);

II – ao resultado primário, entendido como a diferença entre as receitas e as despesas não financeiras;

III – às despesas com funcionalismo público;

IV – às receitas de arrecadação próprias;

V – à gestão pública; e

VI – ao investimento.

§ 2º A unidade da Federação deverá obter autorização legislativa específica para o estabelecimento do Programa de Acompanhamento Fiscal.

I – no caso dos Municípios, enquanto houver obrigação financeira decorrente de contrato de refinanciamento firmado com a União no âmbito da Medida Provisória 2.185-35, de 24 de agosto de 2001, ou durante, no mínimo, 5 (cinco) exercícios financeiros a partir daquele em que houver contratação de operação de crédito ao seu amparo;

II – no caso dos Estados, durante, no mínimo, 5 (cinco) exercícios financeiros a partir daquele em que houver contratação de operação de crédito ao seu amparo.

Art. 6º O § 1º do art. 8º da Medida Provisória 2.185-35, de 24 de agosto de 2001, passa a vigorar acrescido do seguinte inciso VI:

"Art. 8º (...)

(...)

§ 1º (...)

(...)

VI – as operações de crédito de Municípios das capitais, desde que incluídas em Programa de Acompanhamento Fiscal firmado com a União.

(...)"

Art. 7º É a União autorizada a formalizar aditivo aos contratos de refinanciamento de dívidas dos Municípios das capitais efetuados no âmbito da Medida Provisória 2.185-35, de 24 de agosto de 2001, para incluir a regra de que trata o inciso VI do § 1º do art. 8º da Medida Provisória 2.185-35, de 24 de agosto de 2001.

Art. 8º O § 5º do art. 3º da Lei 9.496, de 11 de setembro de 1997, passa a vigorar com a seguinte redação:

"Art. 3º (...)

(...)

§ 5º Enquanto for exigível o Programa de Reestruturação e de Ajuste Fiscal, o contrato de refinanciamento deverá prever que a unidade da Federação:

(...)

b) somente poderá contrair novas dívidas desde que incluídas no Programa de Reestruturação e de Ajuste Fiscal;

(...)"

Art. 9º É a União autorizada a formalizar aditivo aos contratos de refinanciamento de dívidas dos Estados e do Distrito Federal efetuados no âmbito da Lei 9.496, de 11 de setembro de 1997, para alterar a regra de que trata o § 5º do art. 3º da Lei 9.496, de 11 de setembro de 1997.

Art. 10. O Ministério da Fazenda, mediante ato normativo, estabelecerá critérios para a verificação prevista no art. 32 da Lei Complementar 101, de 4 de maio de 2000, diretamente pelas instituições financeiras de que trata o art. 33 da citada Lei Complementar, levando em consideração o valor da operação de crédito e a situação econômico-financeira do ente da Federação, de maneira a atender aos princípios da eficiência e da economicidade.

Parágrafo único. Na hipótese da verificação prevista no *caput*, deverá o Poder Executivo do ente da Federação formalizar o pleito à instituição financeira, acompanhado de demonstração da existência de margens da operação de crédito nos limites de endividamento e de certidão do Tribunal de Contas de sua jurisdição sobre o cumprimento das condições nos termos definidos pelo Senado Federal.

Art. 11. É vedada aos Estados, ao Distrito Federal e aos Municípios a emissão de títulos da dívida pública mobiliária.

Art. 12. Esta Lei Complementar entra em vigor na data de sua publicação.

Brasília, 25 de novembro de 2014; 193º da Independência e 126º da República.

Dilma Rousseff

(Publicação no D.O.U. de 26.11.2014)

LEI 13.140, DE 26 DE JUNHO DE 2015

Dispõe sobre a mediação entre particulares como meio de solução de controvérsias e sobre a autocomposição de conflitos no âmbito da administração pública; altera a Lei 9.469, de 10 de julho de 1997, e o Decreto 70.235, de 6 de março de 1972; e revoga o § 2º do art. 6º da Lei 9.469, de 10 de julho de 1997.

→ V. Arts, 3º, § 3º, e 165 e ss., do NCPC.

A Presidenta da República:

Faço saber que o Congresso Nacional decreta e eu sanciono a seguinte Lei:

Art. 1º Esta Lei dispõe sobre a mediação como meio de solução de controvérsias entre particulares e sobre a autocomposição de conflitos no âmbito da administração pública.

Parágrafo único. Considera-se mediação a atividade técnica exercida por terceiro imparcial sem poder decisório, que, escolhido ou aceito pelas partes, as auxilia e estimula a identificar ou desenvolver soluções consensuais para a controvérsia.

Capítulo I
DA MEDIAÇÃO

Seção I
Disposições Gerais

Art. 2º A mediação será orientada pelos seguintes princípios:

I – imparcialidade do mediador;

II – isonomia entre as partes;

III – oralidade;

IV – informalidade;

V – autonomia da vontade das partes;

VI – busca do consenso;

VII – confidencialidade;

VIII – boa-fé.

§ 1º Na hipótese de existir previsão contratual de cláusula de mediação, as partes deverão comparecer à primeira reunião de mediação.

§ 2º Ninguém será obrigado a permanecer em procedimento de mediação.

Art. 3º Pode ser objeto de mediação o conflito que verse sobre direitos disponíveis ou sobre direitos indisponíveis que admitam transação.

§ 1º A mediação pode versar sobre todo o conflito ou parte dele.

§ 2º O consenso das partes envolvendo direitos indisponíveis, mas transigíveis, deve ser homologado em juízo, exigida a oitiva do Ministério Público.

Seção II
Dos mediadores

Subseção I
Disposições Comuns

Art. 4º O mediador será designado pelo tribunal ou escolhido pelas partes.

§ 1º O mediador conduzirá o procedimento de comunicação entre as partes, buscando o entendimento e o consenso e facilitando a resolução do conflito.

§ 2º Aos necessitados será assegurada a gratuidade da mediação.

Art. 5º Aplicam-se ao mediador as mesmas hipóteses legais de impedimento e suspeição do juiz.

Parágrafo único. A pessoa designada para atuar como mediador tem o dever de revelar às partes, antes da aceitação da função, qualquer fato ou circunstância que possa suscitar dúvida justificada em relação à sua imparcialidade para mediar o conflito, oportunidade em que poderá ser recusado por qualquer delas.

Art. 6º O mediador fica impedido, pelo prazo de um ano, contado do término da última audiência em que atuou, de assessorar, representar ou patrocinar qualquer das partes.

Art. 7º O mediador não poderá atuar como árbitro nem funcionar como testemunha em processos judiciais ou arbitrais pertinentes a conflito em que tenha atuado como mediador.

Art. 8º O mediador e todos aqueles que o assessoram no procedimento de mediação, quando no exercício de suas funções ou em razão delas, são equiparados a servidor público, para os efeitos da legislação penal.

Subseção II
Dos Mediadores Extrajudiciais

Art. 9º Poderá funcionar como mediador extrajudicial qualquer pessoa capaz que tenha a confiança das partes e seja capacitada para fazer mediação, independentemente de integrar qualquer tipo de conselho, entidade de classe ou associação, ou nele inscrever-se.

Art. 10. As partes poderão ser assistidas por advogados ou defensores públicos.

Parágrafo único. Comparecendo uma das partes acompanhada de advogado ou defensor público, o mediador suspenderá o procedimento, até que todas estejam devidamente assistidas.

Subseção III
Dos Mediadores Judiciais

Art. 11. Poderá atuar como mediador judicial a pessoa capaz, graduada há pelo menos dois anos em curso de ensino superior de instituição reconhecida pelo Ministério da Educação e que tenha obtido capacitação em escola ou instituição de formação de mediadores, reconhecida pela Escola Nacional de Formação e Aperfeiçoamento de Magistrados – ENFAM ou pelos tribunais, observados os requisitos mínimos estabelecidos pelo Conselho Nacional de Justiça em conjunto com o Ministério da Justiça.

Art. 12. Os tribunais criarão e manterão cadastros atualizados dos mediadores habilitados e autorizados a atuar em mediação judicial.

§ 1º A inscrição no cadastro de mediadores judiciais será requerida pelo interessado ao tribunal com jurisdição na área em que pretenda exercer a mediação.

§ 2º Os tribunais regulamentarão o processo de inscrição e desligamento de seus mediadores.

Art. 13. A remuneração devida aos mediadores judiciais será fixada pelos tribunais e custeada pelas partes, observado o disposto no § 2º do art. 4º desta Lei.

Seção III
Do procedimento de mediação

Subseção I
Disposições Comuns

Art. 14. No início da primeira reunião de mediação, e sempre que julgar necessário, o mediador deverá alertar as partes acerca das regras de confidencialidade aplicáveis ao procedimento.

Art. 15. A requerimento das partes ou do mediador, e com anuência daquelas, poderão ser admitidos outros mediadores para funcionarem no mesmo procedimento, quando isso for recomendável em razão da natureza e da complexidade do conflito.

Art. 16. Ainda que haja processo arbitral ou judicial em curso, as partes poderão submeter-se à mediação, hipótese em quer e quererão ao juiz ou árbitro a suspensão do processo por prazo suficiente para a solução consensual do litígio.

§ 1º É irrecorrível a decisão que suspende o processo nos termos requeridos de comum acordo pelas partes.

§ 2º A suspensão do processo não obsta a concessão de medidas de urgência pelo juiz ou pelo árbitro.

Art. 17. Considera-se instituída a mediação na data para a qual for marcada a primeira reunião de mediação.

Parágrafo único. Enquanto transcorrer o procedimento de mediação, ficará suspenso o prazo prescricional.

Art. 18. Iniciada a mediação, as reuniões posteriores com a presença das partes somente poderão ser marcadas com a sua anuência.

Art. 19. No desempenho de sua função, o mediador poderá reunir-se com as partes, em conjunto ou separadamente, bem como solicitar das partes as informações que entender necessárias para facilitar o entendimento entre aquelas.

Art. 20. O procedimento de mediação será encerrado com a lavratura do seu termo final, quando for celebrado acordo ou quando não se justificarem novos esforços para a obtenção de consenso, seja por declaração do mediador nesse sentido ou por manifestação de qualquer das partes.

Parágrafo único. O termo final de mediação, na hipótese de celebração de acordo, constitui título executivo extrajudicial e, quando homologado judicialmente, título executivo judicial.

Subseção II
Da Mediação Extrajudicial

Art. 21. O convite para iniciar o procedimento de mediação extrajudicial poderá ser feito por qualquer meio de comunicação e deverá estipular o escopo proposto para a negociação, a data e o local da primeira reunião.

Parágrafo único. O convite formulado por uma parte à outra considerar-se-á rejeitado se não for respondido em até trinta dias da data de seu recebimento.

Art. 22. A previsão contratual de mediação deverá conter, no mínimo:

I – prazo mínimo e máximo para a realização da primeira reunião de mediação, contado a partir da data de recebimento do convite;

II – local da primeira reunião de mediação;

III – critérios de escolha do mediador ou equipe de mediação;

IV – penalidade em caso de não comparecimento da parte convidada à primeira reunião de mediação.

§ 1º A previsão contratual pode substituir a especificação dos itens acima enumerados pela indicação de regulamento, publicado por instituição idônea prestadora de serviços de mediação, no qual constem critérios claros para a escolha do mediador e realização da primeira reunião de mediação.

§ 2º Não havendo previsão contratual completa, deverão ser observados os seguintes critérios para a realização da primeira reunião de mediação:

I – prazo mínimo de dez dias úteis e prazo máximo de três meses, contados a partir do recebimento do convite;

II – local adequado a uma reunião que possa envolver informações confidenciais;

III – lista de cinco nomes, informações de contato e referências profissionais de mediadores capacitados; a parte convidada poderá escolher, expressamente, qualquer um dos cinco mediadores e, caso a parte convidada não se manifeste, considerar-se-á aceito o primeiro nome da lista;

IV – o não comparecimento da parte convidada à primeira reunião de mediação acarretará a assunção por parte desta de cinquenta por cento das custas e honorários sucumbenciais caso venha a ser vencedora em procedimento arbitral ou judicial posterior, que envolva o escopo da mediação para a qual foi convidada.

§ 3º Nos litígios decorrentes de contratos comerciais ou societários que não contenham cláusula de mediação, o mediador extrajudicial somente cobrará por seus serviços caso as partes decidam assinar o termo inicial de mediação e permanecer, voluntariamente, no procedimento de mediação.

Art. 23. Se, em previsão contratual de cláusula de mediação, as partes se comprometerem a não iniciar procedimento arbitral ou processo judicial durante certo prazo ou até o implemento de determinada condição, o árbitro ou o juiz suspenderá o curso da arbitragem ou da ação pelo prazo previamente acordado ou até o implemento dessa condição.

Parágrafo único. O disposto no *caput* não se aplica às medidas de urgência em que o acesso ao Poder Judiciário seja necessário para evitar o perecimento de direito.

Subseção III
Da Mediação Judicial

Art. 24. Os tribunais criarão centros judiciários de solução consensual de conflitos, responsáveis pela realização de sessões e audiências de conciliação e mediação, pré-processuais e processuais, e pelo desenvolvimento de programas destinados a auxiliar, orientar e estimular a autocomposição.

Parágrafo único. A composição e a organização do centro serão definidas pelo respectivo tribunal, observadas as normas do Conselho Nacional de Justiça.

Art. 25. Na mediação judicial, os mediadores não estarão sujeitos à prévia aceitação das partes, observado o disposto no art. 5º desta Lei.

Art. 26. As partes deverão ser assistidas por advogados ou defensores públicos, ressalvadas as hipóteses previstas nas Leis 9.099, de 26 de setembro de 1995, e 10.259, de 12 de julho de 2001.

Parágrafo único. Aos que comprovarem insuficiência de recursos será assegurada assistência pela Defensoria Pública.

Art. 27. Se a petição inicial preencher os requisitos essenciais e não for o caso de improcedência liminar do pedido, o juiz designará audiência de mediação.

Art. 28. O procedimento de mediação judicial deverá ser concluído em até sessenta dias, contados da primeira sessão, salvo quando as partes, de comum acordo, requererem sua prorrogação.

Parágrafo único. Se houver acordo, os autos serão encaminhados ao juiz, que determinará o arquivamento do processo e, desde que requerido pelas partes, homologará o acordo, por sentença, e o termo final da mediação e determinará o arquivamento do processo.

Art. 29. Solucionado o conflito pela mediação antes da citação do réu, não serão devidas custas judiciais finais.

Seção IV
Da confidencialidade e suas exceções

Art. 30. Toda e qualquer informação relativa ao procedimento de mediação será confidencial em relação a terceiros, não podendo ser revelada sequer em processo arbitral ou judicial salvo se as partes expressamente decidirem de forma diversa ou quando sua divulgação for exigida por lei ou necessária para cumprimento de acordo obtido pela mediação.

§ 1º O dever de confidencialidade aplica-se ao mediador, às partes, a seus prepostos, advogados, assessores técnicos e a outras pessoas de sua confiança que tenham, direta ou indiretamente, participado do procedimento de mediação, alcançando:

I – declaração, opinião, sugestão, promessa ou proposta formulada por uma parte à outra na busca de entendimento para o conflito;

II – reconhecimento de fato por qualquer das partes no curso do procedimento de mediação;

III – manifestação de aceitação de proposta de acordo apresentada pelo mediador;

IV – documento preparado unicamente para os fins do procedimento de mediação.

§ 2º A prova apresentada em desacordo com o disposto neste artigo não será admitida em processo arbitral ou judicial.

§ 3º Não está abrigada pela regra de confidencialidade a informação relativa à ocorrência de crime de ação pública.

§ 4º A regra da confidencialidade não afasta o dever de as pessoas discriminadas no *caput* prestarem informações à administração tributária após o termo final da mediação, aplicando-se aos seus servidores a obrigação de manterem sigilo das informações compartilhadas nos termos do art. 198 da Lei 5.172, de 25 de outubro de 1966 – Código Tributário Nacional.

Art. 31. Será confidencial a informação prestada por uma parte em sessão privada, não podendo o mediador revelá-la às demais, exceto se expressamente autorizado.

Capítulo II
DA AUTOCOMPOSIÇÃO DE CONFLITOS EM QUE FORPARTE PESSOA JURÍDICA DE DIREITO PÚBLICO

Seção I
Disposições Comuns

Art. 32. A União, os Estados, o Distrito Federal e os Municípios poderão criar câmaras de prevenção e resolução administrativa de conflitos, no âmbito dos respectivos órgãos da Advocacia Pública, onde houver, com competência para:

I – dirimir conflitos entre órgãos e entidades da administração pública;

II – avaliar a admissibilidade dos pedidos de resolução de conflitos, por meio de composição, no caso de controvérsia entre particular e pessoa jurídica de direito público;

III – promover, quando couber, a celebração de termo de ajustamento de conduta.

§ 1º O modo de composição e funcionamento das câmaras de que trata o *caput* será estabelecido em regulamento de cada ente federado.

§ 2º A submissão do conflito às câmaras de que trata o *caput* é facultativa e será cabível apenas nos casos previstos no regulamento do respectivo ente federado.

§ 3º Se houver consenso entre as partes, o acordo será reduzido a termo e constituirá título executivo extrajudicial.

§ 4º Não se incluem na competência dos órgãos mencionados no *caput* deste artigo as controvérsias que somente possam ser resolvidas por atos ou concessão de direitos sujeitos a autorização do Poder Legislativo.

§ 5º Compreendem-se na competência das câmaras de que trata o *caput* a prevenção e a resolução de conflitos que envolvam equilíbrio econômico-financeiro de contratos celebrados pela administração com particulares.

Art. 33. Enquanto não forem criadas as câmaras de mediação, os conflitos poderão ser dirimidos nos termos do procedimento de mediação previsto na Subseção I da Seção III do Capítulo I desta Lei.

Parágrafo único. A Advocacia Pública da União, dos Estados, do Distrito Federal e dos Municípios, onde houver, poderá instaurar, de ofício ou mediante provocação, procedimento de mediação coletiva de conflitos relacionados à prestação de serviços públicos.

Art. 34. A instauração de procedimento administrativo para a resolução consensual de conflito no âmbito da administração pública suspende a prescrição.

§ 1º Considera-se instaurado o procedimento quando o órgão ou entidade pública emitir juízo de admissibilidade, retroagindo a suspensão da prescrição à data de formalização do pedido de resolução consensual do conflito.

§ 2º Em se tratando de matéria tributária, a suspensão da prescrição deverá observar o disposto na Lei 5.172, de 25 de outubro de 1966 – Código Tributário Nacional.

Seção II
Dos Conflitos Envolvendo a Administração Pública Federal Direta, suas Autarquias e Fundações

Art. 35. As controvérsias jurídicas que envolvam a administração pública federal direta, suas autarquias e fundações poderão ser objeto de transação por adesão, com fundamento em:

I – autorização do Advogado-Geral da União, com base na jurisprudência pacífica do Supremo Tribunal Federal ou de tribunais superiores; ou

II – parecer do Advogado-Geral da União, aprovado pelo Presidente da República.

§ 1º Os requisitos e as condições da transação por adesão serão definidos em resolução administrativa própria.

§ 2º Ao fazer o pedido de adesão, o interessado deverá juntar prova de atendimento aos requisitos e às condições estabelecidos na resolução administrativa.

§ 3º A resolução administrativa terá efeitos gerais e será aplicada aos casos idênticos, tempestivamente habilitados mediante pedido de adesão, ainda que solucione apenas parte da controvérsia.

§ 4º A adesão implicará renúncia do interessado ao direito sobre o qual se fundamenta a ação ou o recurso, eventualmente pendentes, de natureza administrativa ou judicial, no que tange aos pontos compreendidos pelo objeto da resolução administrativa.

§ 5º Se o interessado for parte em processo judicial inaugurado por ação coletiva, a renúncia ao direito sobre o qual se fundamenta a ação deverá ser expressa, mediante petição dirigida ao juiz da causa.

§ 6º A formalização de resolução administrativa destinada à transação por adesão não implica a renúncia tácita à prescrição nem sua interrupção ou suspensão.

Art. 36. No caso de conflitos que envolvam controvérsia jurídica entre órgãos ou entidades de direito público que integram a administração pública federal, a Advocacia-Geral da União deverá realizar composição extrajudicial do conflito, observados os procedimentos previstos em ato do Advogado-Geral da União.

§ 1º Na hipótese do *caput*, se não houver acordo quanto à controvérsia jurídica, caberá ao Advogado-Geral da União dirimi-la, com fundamento na legislação afeta.

§ 2º Nos casos em que a resolução da controvérsia implicar o reconhecimento da existência de créditos da União, de suas autarquias e fundações em face de pessoas jurídicas de direito público federais, a Advocacia-Geral da União poderá solicitar ao Ministério do Planejamento, Orçamento e Gestão a adequação orçamentária para quitação das dívidas reconhecidas como legítimas.

§ 3º A composição extrajudicial do conflito não afasta a apuração de responsabilidade do agente público que deu causa à dívida, sempre que se verificar que sua ação ou omissão constitui, em tese, infração disciplinar.

§ 4º Nas hipóteses em que a matéria objeto do litígio esteja sendo discutida em ação de improbidade administrativa ou sobre ela haja decisão do Tribunal de Contas da União, a conciliação de que trata o *caput* dependerá da anuência expressa do juiz da causa ou do Ministro Relator.

Art. 37. É facultado aos Estados, ao Distrito Federal e aos Municípios, suas autarquias e fundações públicas, bem como às empresas públicas e sociedades de economia mista federais, submeter seus litígios com órgãos ou entidades da administração pública federal à Advocacia-Geral da União, para fins de composição extrajudicial do conflito.

Art. 38. Nos casos em que a controvérsia jurídica seja relativa a tributos administrados pela Secretaria da Receita Federal do Brasil ou a créditos inscritos em dívida ativa da União:

I – não se aplicam as disposições dos incisos II e III do *caput* do art. 32;

II – as empresas públicas, sociedades de economia mista e suas subsidiárias que explorem atividade econômica de produção ou comercialização de bens ou de prestação de serviços em regime de concorrência não poderão exercer a faculdade prevista no art. 37;

III – quando forem partes as pessoas a que alude o *caput* do art. 36:

a) a submissão do conflito à composição extrajudicial pela Advocacia-Geral da União implica renúncia do direito de recorrer ao Conselho Administrativo de Recursos Fiscais;

b) a redução ou o cancelamento do crédito dependerá de manifestação conjunta do Advogado-Geral da União e do Ministro de Estado da Fazenda.

Parágrafo único. O disposto no inciso II e na alínea a do inciso III não afasta a competência do Advogado-Geral da União prevista nos incisos X e XI do art. 4º da Lei Complementar 73, de10 de fevereiro de 1993.

Art. 39. A propositura de ação judicial em que figurem concomitantemente nos polos ativo e passivo órgãos ou entidades de direito público que integrem a administração pública federal deverá ser previamente autorizada pelo Advogado-Geral da União.

Art. 40. Os servidores e empregados públicos que participarem do processo de composição extrajudicial do conflito, somente poderão ser responsabilizados civil, administrativa ou criminalmente quando, mediante dolo ou fraude, receberem qualquer vantagem patrimonial indevida, permitirem ou facilitarem sua recepção por terceiro, ou para tal concorrerem.

Capítulo III
DISPOSIÇÕES FINAIS

Art. 41. A Escola Nacional de Mediação e Conciliação, no âmbito do Ministério da Justiça, poderá criar banco de dados sobre boas práticas em mediação, bem como manter relação de mediadores e de instituições de mediação.

Art. 42. Aplica-se esta Lei, no que couber, às outras formas consensuais de resolução de conflitos, tais como mediações comunitárias e escolares, e àquelas levadas a efeito nas serventias extrajudiciais, desde que no âmbito de suas competências.

Parágrafo único. A mediação nas relações de trabalho será regulada por lei própria.

Art. 43. Os órgãos e entidades da administração pública poderão criar câmaras para a resolução de conflitos entre particulares, que versem sobre atividades por eles reguladas ou supervisionadas.

Art. 44. Os arts. 1º e 2º da Lei 9.469, de 10 de julho de1997, passam a vigorar com a seguinte redação:

→ Alterações efetuadas na referida Lei 9.469/1997.

Art. 45. O Decreto 70.235, de 6 de março de 1972, passa a vigorar acrescido do seguinte art. 14-A:

→ Alteração efetuada no referido Decreto 70.235/1972.

Art. 46. A mediação poderá ser feita pela internet ou por outro meio de comunicação que permita a transação à distância, desde que as partes estejam de acordo.

Parágrafo único. É facultado à parte domiciliada no exterior submeter-se à mediação segundo as regras estabelecidas nesta Lei.

Art. 47. Esta Lei entra em vigor após decorridos cento e oitenta dias de sua publicação oficial.

Art. 48. Revoga-se o § 2º do art. 6º da Lei 9.469, de 10de julho de 1997.

Brasília, 26 de junho de 2015; 194º da Independência e 127º da República.

Dilma Rousseff

(Publicação no D.O.U. de 29.6.2015)

LEI COMPLEMENTAR 151,
DE 5 DE AGOSTO DE 2015

Altera a Lei Complementar 148, de 25 de novembro de 2014; revoga as Leis 10.819, de 16 de dezembro de 2003, e 11.429, de 26 de dezembro de 2006; e dá outras providências.

A Presidenta da República:

Faço saber que o Congresso Nacional decreta e eu promulgo, nos termos do § 5º do art. 66 da Constituição, as seguintes partes da Lei Complementar 151, de 5 de agosto de2015:

→ A LC 151/2015 foi alterada e republicada no *D.O.U.* de 26.11.2015.

Art. 1º A Lei Complementar 148, de 25 de novembro de 2014, passa a vigorar com as seguintes alterações:

→ Alterações efetuadas na referida LC.

Art. 2º Os depósitos judiciais e administrativos em dinheiro referentes a processos judiciais ou administrativos, tributários ou não tributários, nos quais o Estado, o Distrito Federal ou os Municípios sejam parte, deverão ser efetuados em instituição financeira oficial federal, estadual ou distrital.

Art. 3º A instituição financeira oficial transferirá para a conta única do Tesouro do Estado, do Distrito Federal ou do Município 70% (setenta por cento) do valor atualizado dos depósitos referentes aos processos judiciais e administrativos de que trata o art. 2º, bem como os respectivos acessórios.

§ 1º Para implantação do disposto no *caput* deste artigo, deverá ser instituído fundo de reserva destinado a garantir a restituição da parcela transferida ao Tesouro, observados os demais termos desta Lei Complementar.

§ 2º A instituição financeira oficial tratará de forma segregada os depósitos judiciais e os depósitos administrativos.

§ 3º O montante dos depósitos judiciais e administrativos não repassado ao Tesouro constituirá o fundo de reserva referido no § 1º deste artigo, cujo saldo não poderá ser inferior a 30% (trinta por cento) do total dos depósitos de que trata o art. 2º desta Lei Complementar, acrescidos da remuneração que lhes foi atribuída.

§ 4º (*Vetado*).

§ 5º Os valores recolhidos ao fundo de reserva terão remuneração equivalente à taxa referencial do Sistema Especial de Liquidação e de Custódia – Selic para títulos federais.

§ 6º Compete à instituição financeira gestora do fundo de reserva de que trata este artigo manter escrituração individualizada para cada depósito efetuado na forma do art. 2º, discriminando:

I – o valor total do depósito, acrescido da remuneração que lhe foi originalmente atribuída; e

II – o valor da parcela do depósito mantido na instituição financeira, nos termos do § 3º deste artigo, a remuneração que lhe foi originalmente atribuída e os rendimentos decorrentes do disposto no § 5º deste artigo.

Art. 4º A habilitação do ente federado ao recebimento das transferências referidas no art. 3º é condicionada à apresentação ao órgão jurisdicional responsável pelo julgamento dos litígios aos quais se refiram os depósitos de termo de compromisso firmado pelo chefe do Poder Executivo que preveja:

I – a manutenção do fundo de reserva na instituição financeira responsável pelo repasse das parcelas ao Tesouro, observado o disposto no § 3º do art. 3º desta Lei Complementar;

II – a destinação automática ao fundo de reserva do valor correspondente à parcela dos depósitos judiciais mantida na instituição financeira nos termos do § 3º do art. 3º, condição esta a ser observada a cada transferência recebida na forma do art. 3º desta Lei Complementar;

III – a autorização para a movimentação do fundo de reserva para os fins do disposto nos arts. 5º e 7º desta Lei Complementar; e

IV – a recomposição do fundo de reserva pelo ente federado, em até quarenta e oito horas, após comunicação da instituição financeira, sempre que o seu saldo estiver abaixo dos limites estabelecidos no § 3º do art. 3º desta Lei Complementar.

Art. 5º A constituição do fundo de reserva e a transferência da parcela dos depósitos judiciais e administrativos acumulados até a data de publicação desta Lei Complementar, conforme dispõe o art. 3º, serão realizadas pela instituição financeira em até quinze dias após a apresentação de cópia do termo de compromisso de que trata o art. 4º.

→ A LC 151/2015 foi alterada e republicada no *D.O.U.* de 26.11.2015.

§ 1º Para identificação dos depósitos, cabe ao ente federado manter atualizada na instituição financeira a relação de inscrições no Cadastro Nacional da Pessoa Jurídica – CNPJ dos órgãos que integram a sua administração pública direta e indireta.

§ 2º Realizada a transferência de que trata o *caput*, os repasses subsequentes serão efetuados em até dez dias após a data de cada depósito.

→ A LC 151/2015 foi alterada e republicada no *D.O.U.* de 26.11.2015.

§ 3º Em caso de descumprimento dos prazos estabelecidos no *caput* e no § 2º deste artigo, a instituição financeira deverá transferir a parcela do depósito acrescida da taxa referencial do Selic para títulos federais mais multa de 0,33% (trinta e três centésimos por cento) por dia de atraso.

→ A LC 151/2015 foi alterada e republicada no *D.O.U.* de 26.11.2015.

Art. 6º São vedadas quaisquer exigências por parte do órgão jurisdicional ou da instituição financeira além daquelas estabelecidas nesta Lei Complementar.

→ A LC 151/2015 foi alterada e republicada no *D.O.U.* de 26.11.2015.

Art. 7º Os recursos repassados na forma desta Lei Complementar ao Estado, ao Distrito Federal ou ao Município, ressalvados os destinados ao fundo de reserva de que trata o § 3º do art. 3º, serão aplicados, exclusivamente, no pagamento de:

I – precatórios judiciais de qualquer natureza;

II – dívida pública fundada, caso a lei orçamentária do ente federativo preveja dotações suficientes para o pagamento da totalidade dos precatórios judiciais exigíveis no exercício e não remanesçam precatórios não pagos referentes aos exercícios anteriores;

III – despesas de capital, caso a lei orçamentária do ente federativo preveja dotações suficientes para o pagamento da totalidade dos precatórios judiciais exigíveis no exercício, não remanesçam precatórios não pagos referentes aos exercícios anteriores e o ente federado não conte com compromissos classificados como dívida pública fundada;

IV – recomposição dos fluxos de pagamento e do equilíbrio atuarial dos fundos de previdência referentes aos regimes próprios de cada ente federado, nas mesmas hipóteses do inciso III.

Parágrafo único. Independentemente das prioridades de pagamento estabelecidas no *caput* deste artigo, poderá o Estado, o Distrito Federal ou o Município utilizar até 10% (dez por cento) da parcela que lhe for transferida nos termos do *caput* do art. 3º para constituição de Fundo Garantidor de PPPs ou de outros mecanismos de garantia previstos em lei, dedicados exclusivamente a investimentos de infraestrutura.

Art. 8º Encerrado o processo litigioso com ganho de causa para o depositante, mediante ordem judicial ou administrativa, o valor do depósito efetuado nos termos desta Lei Complementar acrescido da remuneração que lhe foi originalmente atribuída será colocado à disposição do depositante pela instituição financeira responsável, no prazo de 3 (três) dias úteis, observada a seguinte composição:

I – a parcela que foi mantida na instituição financeira nos termos do § 3º do art. 3º acrescida da remuneração que lhe foi originalmente atribuída será de responsabilidade direta e imediata da instituição depositária; e

II – a diferença entre o valor referido no inciso I e o total devido ao depositante nos termos do *caput* será debitada do saldo existente no fundo de reserva de que trata o § 3º do art. 3º.

§ 1º Na hipótese de o saldo do fundo de reserva após o débito referido no inciso II ser inferior ao valor mínimo estabelecido no § 3º do art. 3º, o ente federado será notificado para recompô-lo na forma do inciso IV do art. 4º.

§ 2º Na hipótese de insuficiência de saldo no fundo de reserva para o débito do montante devido nos termos do inciso II, a instituição financeira restituirá ao depositante o valor disponível no fundo acrescido do valor referido no inciso I.

§ 3º Na hipótese referida no § 2º deste artigo, a instituição financeira notificará a autoridade expedidora da ordem de liberação do depósito, informando a composição detalhada dos valores liberados, sua atualização monetária, a parcela efetivamente disponibilizada em favor do depositante e o saldo a ser pago depois de efetuada a recomposição prevista no § 1º deste artigo.

Art. 9º Nos casos em que o ente federado não recompuser o fundo de reserva até o saldo mínimo referido no § 3º do art. 3º, será suspenso o repasse das parcelas referentes a novos depósitos até a regularização do saldo.

Parágrafo único. Sem prejuízo do disposto no *caput*, na hipótese de descumprimento por três vezes da obrigação referida no inciso IV do art. 4º, será o ente federado excluído da sistemática de que trata esta Lei Complementar.

Art. 10. Encerrado o processo litigioso com ganho de causa para o ente federado, ser-lhe-á transferida a parcela do depósito mantida na instituição financeira nos termos do § 3º do art. 3º acrescida da remuneração que lhe foi originalmente atribuída.

§ 1º O saque da parcela de que trata o *caput* deste artigo somente poderá ser realizado até o limite máximo do qual não resulte saldo inferior ao mínimo exigido no § 3º do art. 3º.

§ 2º Na situação prevista no *caput*, serão transformados em pagamento definitivo, total ou parcial, proporcionalmente à exigência tributária ou não tributária, conforme o caso, inclusive seus acessórios, os valores depositados na forma do *caput* do art. 2º acrescidos da remuneração que lhes foi originalmente atribuída.

Art. 11. O Poder Executivo de cada ente federado estabelecerá regras de procedimentos, inclusive orçamentários, para a execução do disposto nesta Lei Complementar.

Art. 12. Esta Lei Complementar entra em vigor na data de sua publicação.

Art. 13. Ficam revogadas as Leis 10.819, de 16 de dezembro de 2003, e 11.429, de 26 de dezembro de 2006.

Brasília, 5 de agosto de 2015; 194º da Independência e 127º da República.

Dilma Rousseff

(Publicação no D.O.U. de 6.8.2015; e republicação no D.O.U. de 26.11.2015)

DECRETO 8.538,
DE 6 DE OUTUBRO DE 2015

Regulamenta o tratamento favorecido, diferenciado e simplificado para as microempresas, empresas de pequeno porte, agricultores familiares, produtores rurais pessoa física, microempreendedores individuais e sociedades cooperativas de consumo nas contratações públicas de bens, serviços e obras no âmbito da administração pública federal.

A Presidenta da República, no uso da atribuição que lhe confere o art. 84, *caput*, inciso IV, da Constituição, e tendo em vista o disposto nos arts. 42 a 45 e arts. 47 a 49 da Lei Complementar 123, de 14 de dezembro de 2006, decreta:

Art. 1º Nas contratações públicas de bens, serviços e obras, deverá ser concedido tratamento favorecido, diferenciado e simplificado para as microempresas e empresas de pequeno porte, agricultor familiar, produtor rural pessoa física, microempreendedor individual – MEI e sociedades cooperativas de consumo, nos termos deste Decreto, com o objetivo de:

I – promover o desenvolvimento econômico e social no âmbito local e regional;

II – ampliar a eficiência das políticas públicas; e

III – incentivar a inovação tecnológica.

§ 1º Subordinam-se ao disposto neste Decreto, além dos órgãos da administração pública federal direta, os fundos especiais, as autarquias, as fundações públicas, as empresas públicas, as sociedades de economia mista e as demais entidades controladas direta ou indiretamente pela União.

§ 2º Para efeitos deste Decreto, considera-se:

I – âmbito local – limites geográficos do Município onde será executado o objeto da contratação;

II – âmbito regional – limites geográficos do Estado ou da região metropolitana, que podem envolver mesorregiões ou microrregiões, conforme definido pelo Instituto Brasileiro de Geografia e Estatística – IBGE; e

III – microempresas e empresas de pequeno porte – os beneficiados pela Lei Complementar 123, de 14 de dezembro de 2006, nos termos do inciso I do *caput* do art. 13.

§ 3º Admite-se a adoção de outro critério de definição de âmbito local e regional, justificadamente, em edital, desde que previsto em regulamento específico do órgão ou entidade contratante e que atenda aos objetivos previstos no art. 1º.

§ 4º Para fins do disposto neste Decreto, serão beneficiados pelo tratamento favorecido apenas o produtor rural pessoa física e o agricultor familiar conceituado na Lei 11.326, de 24 de julho de 2006, que estejam em situação regular junto à Previdência Social e ao Município e tenham auferido receita bruta anual até o limite de que trata o inciso II do *caput* do art. 3º da Lei Complementar 123, de 2006.

Art. 2º Para a ampliação da participação das microempresas e empresas de pequeno porte nas licitações, os órgãos ou as entidades contratantes deverão, sempre que possível:

I – instituir cadastro próprio, de acesso livre, ou adequar os eventuais cadastros existentes, para identificar as microempresas e empresas de pequeno porte sediadas regionalmente, juntamente com suas linhas de fornecimento, de modo a possibilitar a notificação das licitações e facilitar a formação de parcerias e as subcontratações;

II – padronizar e divulgar as especificações dos bens, serviços e obras contratados, de modo a orientar as microempresas e empresas de pequeno porte para que adequem os seus processos produtivos;

III – na definição do objeto da contratação, não utilizar especificações que restrinjam, injustificadamente, a participação das microempresas e empresas de pequeno porte sediadas regionalmente;

IV – considerar, na construção de itens, grupos ou lotes da licitação, a oferta local ou regional dos bens e serviços a serem contratados; e

V – disponibilizar informações no sítio eletrônico oficial do órgão ou da entidade contratante sobre regras para participação nas licitações e cadastramento e prazos, regras e condições usuais de pagamento.

Parágrafo único. O disposto nos incisos I e II do *caput* poderá ser realizado de forma centralizada para os órgãos e as entidades integrantes do Sistema de Serviços Gerais – SISG e conveniados, conforme o disposto no Decreto 1.094, de 23 de março de 1994.

Art. 3º Na habilitação em licitações para o fornecimento de bens para pronta entrega ou para a locação de materiais, não será exigida da microempresa ou da empresa de pequeno porte a apresentação de balanço patrimonial do último exercício social.

Art. 4º A comprovação de regularidade fiscal das microempresas e empresas de pequeno porte somente será exigida para efeito de contratação, e não como condição para participação na licitação.

§ 1º Na hipótese de haver alguma restrição relativa à regularidade fiscal quando da comprovação de que trata o *caput*, será assegurado prazo de cinco dias úteis, prorrogável por igual período, para a regularização da documentação, a realização do pagamento ou parcelamento do débito e a emissão de eventuais certidões negativas ou positivas com efeito de certidão negativa.

§ 2º Para aplicação do disposto no § 1º, o prazo para regularização fiscal será contado a partir:

I – da divulgação do resultado da fase de habilitação, na licitação na modalidade pregão e nas regidas pelo Regime Diferenciado de Contratações Públicas sem inversão de fases; ou

II – da divulgação do resultado do julgamento das propostas, nas modalidades de licitação previstas na Lei 8.666, de 21 de junho de 1993, e nas regidas pelo Regime Diferenciado de Contratações Públicas com a inversão de fases.

§ 3º A prorrogação do prazo previsto no § 1º poderá ser concedida, a critério da administração pública, quando requerida pelo licitante, mediante apresentação de justificativa.

§ 4º A abertura da fase recursal em relação ao resultado do certame ocorrerá após os prazos de regularização fiscal de que tratam os §§ 1º e 3º.

§ 5º A não regularização da documentação no prazo previsto nos §§ 1º e 3º implicará decadência do direito à contratação, sem prejuízo das sanções previstas no art. 87 da Lei 8.666, de 1993, sendo facultado à administração pública convocar os licitantes remanescentes, na ordem de classificação, ou revogar a licitação.

Art. 5º Nas licitações, será assegurada, como critério de desempate, preferência de contratação para as microempresas e empresas de pequeno porte.

§ 1º Entende-se haver empate quando as ofertas apresentadas pelas microempresas e empresas de pequeno porte sejam iguais ou até dez por cento superiores ao menor preço, ressalvado o disposto no § 2º.

§ 2º Na modalidade de pregão, entende-se haver empate quando as ofertas apresentadas pelas microempresas e empresas de pequeno porte sejam iguais ou até cinco por cento superiores ao menor preço.

§ 3º O disposto neste artigo somente se aplicará quando a melhor oferta válida não houver sido apresentada por microempresa ou empresa de pequeno porte.

§ 4º A preferência de que trata o caput será concedida da seguinte forma:

I – ocorrendo o empate, a microempresa ou a empresa de pequeno porte melhor classificada poderá apresentar proposta de preço inferior àquela considerada vencedora do certame, situação em que será adjudicado o objeto em seu favor;

II – não ocorrendo a contratação da microempresa ou empresa de pequeno porte, na forma do inciso I, serão convocadas as remanescentes que porventura se enquadrem na situação de empate, na ordem classificatória, para o exercício do mesmo direito; e

III – no caso de equivalência dos valores apresentados pelas microempresas e empresas de pequeno porte que se encontrem em situação de empate, será realizado sorteio entre elas para que se identifique aquela que primeiro poderá apresentar melhor oferta.

§ 5º Não se aplica o sorteio a que se refere o inciso III do § 4º quando, por sua natureza, o procedimento não admitir o empate real, como acontece na fase de lances do pregão, em que os lances equivalentes não são considerados iguais, sendo classificados de acordo com a ordem de apresentação pelos licitantes.

§ 6º No caso do pregão, após o encerramento dos lances, a microempresa ou a empresa de pequeno porte melhor classificada será convocada para apresentar nova proposta no prazo máximo de cinco minutos por item em situação de empate, sob pena de preclusão.

§ 7º Nas demais modalidades de licitação, o prazo para os licitantes apresentarem nova proposta será estabelecido pelo órgão ou pela entidade contratante e estará previsto no instrumento convocatório.

§ 8º Nas licitações do tipo técnica e preço, o empate será aferido levando em consideração o resultado da ponderação entre a técnica e o preço na proposta apresentada pelos licitantes, sendo facultada à microempresa ou empresa de pequeno porte melhor classificada a possibilidade de apresentar proposta de preço inferior, nos termos do regulamento.

§ 9º Conforme disposto nos §§ 14 e 15 do art. 3º da Lei 8.666, de 1993, o critério de desempate previsto neste artigo observará as seguintes regras:

I – quando houver propostas beneficiadas com as margens de preferência em relação ao produto estrangeiro, o critério de desempate será aplicado exclusivamente entre as propostas que fizerem jus às margens de preferência, conforme regulamento;

II – nas contratações de bens e serviços de informática e automação, nos termos da Lei 8.248, de 23 de outubro de 1991, as microempresas e as empresas de pequeno porte que fizerem jus ao direito de preferência previsto no Decreto 7.174, de 12 de maio de 2010, terão prioridade no exercício desse benefício em relação às médias e às grandes empresas na mesma situação; e

III – quando aplicada a margem de preferência a que se refere o Decreto 7.546, de 2 de agosto de 2011, não se aplicará o desempate previsto no Decreto 7.174, de 2010.

Art. 6º Os órgãos e as entidades contratantes deverão realizar processo licitatório destinado exclusivamente à participação de microempresas e empresas de pequeno porte nos itens ou lotes de licitação cujo valor seja de até R$ 80.000,00 (oitenta mil reais).

Art. 7º Nas licitações para contratação de serviços e obras, os órgãos e as entidades contratantes poderão estabelecer, nos instrumentos convocatórios, a exigência de subcontratação de microempresas ou empresas de pequeno porte, sob pena de rescisão contratual, sem prejuízo das sanções legais, determinando:

I – o percentual mínimo a ser subcontratado e o percentual máximo admitido, a serem estabelecidos no edital, sendo vedada a sub-rogação completa ou da parcela principal da contratação;

II – que as microempresas e as empresas de pequeno porte a serem subcontratadas sejam indicadas e qualificadas pelos licitantes com a descrição dos bens e serviços a serem fornecidos e seus respectivos valores;

III – que, no momento da habilitação e ao longo da vigência contratual, seja apresentada a documentação de regularidade fiscal das microempresas e empresas de pequeno porte subcontratadas, sob pena de rescisão, aplicando-se o prazo para regularização previsto no § 1º do art. 4º;

IV – que a empresa contratada comprometa-se a substituir a subcontratada, no prazo máximo de trinta dias, na hipótese de extinção da subcontratação, mantendo o percentual originalmente subcontratado até a sua execução total, notificando o órgão ou entidade contratante, sob pena de rescisão, sem prejuízo das sanções cabíveis, ou a demonstrar a inviabilidade da substituição, hipótese em que ficará responsável pela execução da parcela originalmente subcontratada; e

V – que a empresa contratada responsabilize-se pela padronização, pela compatibilidade, pelo gerenciamento centralizado e pela qualidade da subcontratação.

§ 1º Deverá constar do instrumento convocatório que a exigência de subcontratação não será aplicável quando o licitante for:

I – microempresa ou empresa de pequeno porte;

II – consórcio composto em sua totalidade por microempresas e empresas de pequeno porte, respeitado o disposto no art. 33 da Lei 8.666, de 1993; e

III – consórcio composto parcialmente por microempresas ou empresas de pequeno porte com participação igual ou superior ao percentual exigido de subcontratação.

§ 2º Não se admite a exigência de subcontratação para o fornecimento de bens, exceto quando estiver vinculado à prestação de serviços acessórios.

§ 3º O disposto no inciso II do caput deverá ser comprovado no momento da aceitação, na hipótese de a modalidade de licitação ser pregão, ou no momento da habilitação, nas demais modalidades, sob pena de desclassificação.

§ 4º É vedada a exigência no instrumento convocatório de subcontratação de itens ou parcelas determinadas ou de empresas específicas.

§ 5º Os empenhos e pagamentos referentes às parcelas subcontratadas serão destinados diretamente às microempresas e empresas de pequeno porte subcontratadas.

§ 6º São vedadas:

I – a subcontratação das parcelas de maior relevância técnica, assim definidas no instrumento convocatório;

II – a subcontratação de microempresas e empresas de pequeno porte que estejam participando da licitação; e

III – a subcontratação de microempresas ou empresas de pequeno porte que tenham um ou mais sócios em comum com a empresa contratante.

Art. 8º Nas licitações para a aquisição de bens de natureza divisível, e desde que não haja prejuízo para o conjunto ou o complexo do objeto, os órgãos e as entidades contratantes deverão reservar cota de até vinte e cinco por cento do objeto para a contratação de microempresas e empresas de pequeno porte.

§ 1º O disposto neste artigo não impede a contratação das microempresas ou das empresas de pequeno porte na totalidade do objeto.

§ 2º O instrumento convocatório deverá prever que, na hipótese de não haver vencedor para a cota reservada, esta poderá ser adjudicada ao vencedor da cota principal ou, diante de sua recusa, aos licitantes remanescentes, desde que pratiquem o preço do primeiro colocado da cota principal.

§ 3º Se a mesma empresa vencer a cota reservada e a cota principal, a contratação das cotas deverá ocorrer pelo menor preço.

§ 4º Nas licitações por Sistema de Registro de Preço ou por entregas parceladas, o instrumento convocatório deverá prever a prioridade de aquisição dos produtos das cotas reservadas, ressalvados os casos em que a cota reservada for inadequada para atender as quantidades ou as condições do pedido, justificadamente.

§ 5º Não se aplica o benefício disposto neste artigo quando os itens ou os lotes de licitação possuírem valor estimado de até R$ 80.000,00 (oitenta mil reais), tendo em vista a aplicação da licitação exclusiva prevista no art. 6º.

Art. 9º Para aplicação dos benefícios previstos nos arts. 6º a 8º:

I – será considerado, para efeitos dos limites de valor estabelecidos, cada item separadamente ou, nas licitações por preço global, o valor estimado para o grupo ou o lote da licitação que deve ser considerado como um único item; e

II – poderá ser concedida, justificadamente, prioridade de contratação de microempresas e empresas de pequeno porte sediadas local ou regionalmente, até o limite de dez por cento do melhor preço válido, nos seguintes termos:

a) aplica-se o disposto neste inciso nas situações em que as ofertas apresentadas pelas microempresas e empresas de pequeno porte sediadas local ou regionalmente sejam iguais ou até dez por cento superiores ao menor preço;

b) a microempresa ou a empresa de pequeno porte sediada local ou regionalmente melhor classificada poderá apresentar proposta de preço inferior àquela considerada vencedora da licitação, situação em que será adjudicado o objeto em seu favor;

c) na hipótese da não contratação da microempresa ou da empresa de pequeno porte sediada local ou regionalmente com base na alínea "b", serão convocadas as remanescentes que porventura se enquadrem na situação da alínea "a", na ordem classificatória, para o exercício do mesmo direito;

d) no caso de equivalência dos valores apresentados pelas microempresas e empresas de pequeno porte sediadas local ou regionalmente, será realizado sorteio entre elas para que se identifique aquela que primeiro poderá apresentar melhor oferta;

e) nas licitações a que se refere o art. 8º, a prioridade será aplicada apenas na cota reservada para contratação exclusiva de microempresas e empresas de pequeno porte;

f) nas licitações com exigência de subcontratação, a prioridade de contratação prevista neste inciso somente será aplicada se o licitante for microempresa ou empresa de pequeno porte sediada local ou regionalmente ou for um consórcio ou uma sociedade de propósito específico formada exclusivamente por microempresas e empresas de pequeno porte sediadas local ou regionalmente;

g) quando houver propostas beneficiadas com as margens de preferência para produto nacional em relação ao produto estrangeiro previstas no art. 3º da Lei 8.666, de 1993, a prioridade de contratação prevista neste artigo será aplicada exclusivamente entre as propostas que fizerem jus às margens de preferência, de acordo com os Decretos de aplicação das margens de preferência, observado o limite de vinte e cinco por cento estabelecido pela Lei 8.666, de 1993; e

h) a aplicação do benefício previsto neste inciso e do percentual da prioridade adotado, limitado a dez por cento, deverá ser motivada, nos termos dos arts. 47 e 48, § 3º, da Lei Complementar 123, de 2006.

Art. 10. Não se aplica o disposto nos art. 6º ao art. 8º quando:

I – não houver o mínimo de três fornecedores competitivos enquadrados como microempresas ou empresas de pequeno porte sediadas local ou regionalmente e capazes de cumprir as exigências estabelecidas no instrumento convocatório;

II – o tratamento diferenciado e simplificado para as microempresas e as empresas de pequeno porte não for vantajoso para a administração pública ou representar prejuízo ao conjunto ou ao complexo do objeto a ser contratado, justificadamente;

III – a licitação for dispensável ou inexigível, nos termos dos arts. 24 e 25 da Lei 8.666, de 1993, excetuadas as dispensas tratadas pelos incisos I e II do *caput* do referido art. 24, nas quais a compra deverá ser feita preferencialmente por microempresas e empresas de pequeno porte, observados, no que couber, os incisos I, II e IV do *caput* deste artigo; ou

IV – o tratamento diferenciado e simplificado não for capaz de alcançar, justificadamente, pelo menos um dos objetivos previstos no art. 1º.

Parágrafo único. Para o disposto no inciso II do *caput*, considera-se não vantajosa a contratação quando:

I – resultar em preço superior ao valor estabelecido como referência; ou

II – a natureza do bem, serviço ou obra for incompatível com a aplicação dos benefícios.

Art. 11. Os critérios de tratamento diferenciado e simplificado para as microempresas e empresas de pequeno porte deverão estar expressamente previstos no instrumento convocatório.

Art. 12. Aplica-se o disposto neste Decreto às contratações de bens, serviços e obras realizadas por órgãos e entidades públicas com recursos federais por meio de transferências voluntárias, nos casos previstos no Decreto 5.504, de 5 de agosto de 2005, ou quando for utilizado o Regime Diferenciado de Contratações Públicas, conforme disposto na Lei 12.462, de 2011.

Art. 13. Para fins do disposto neste Decreto, o enquadramento como:

I – microempresa ou empresa de pequeno porte se dará nos termos do art. 3º, *caput*, incisos I e II, e § 4º da Lei Complementar 123, de 2006;

II – agricultor familiar se dará nos termos da Lei 11.326, de 24 de julho de 2006;

III – produtor rural pessoa física se dará nos termos da Lei 8.212, de 24 de julho de 1991;

IV – microempreendedor individual se dará nos termos do § 1º do art. 18-A da Lei Complementar 123, de 2006; e

V – sociedade cooperativa se dará nos termos do art. 34 da Lei 11.488, de 15 de junho de 2007, e do art. 4º da Lei 5.764, de 16 de dezembro de 1971.

§ 1º O licitante é responsável por solicitar seu desenquadramento da condição de microempresa ou empresa de pequeno porte quando houver ultrapassado o limite de faturamento estabelecido no art. 3º da Lei Complementar 123, de 2006, no ano fiscal anterior, sob pena de ser declarado inidôneo para licitar e contratar com a administração pública, sem prejuízo das demais sanções, caso usufrua ou tente usufruir indevidamente dos benefícios previstos neste Decreto.

§ 2º Deverá ser exigida do licitante a ser beneficiado a declaração, sob as penas da lei, de que cumpre os requisitos legais para a qualificação como microempresa ou empresa de pequeno porte, microempreendedor individual, produtor rural pessoa física, agricultor familiar ou sociedade cooperativa de consumo, estando apto a usufruir do tratamento favorecido estabelecido nos art. 42 ao art. 49 da Lei Complementar 123, de 2006.

Art. 14. O Ministério do Planejamento, Orçamento e Gestão e a Secretaria de Governo da Presidência da República, em conjunto, poderão expedir normas complementares à execução deste Decreto.

Art. 15. Este Decreto entra em vigor noventa dias após a data de sua publicação.

Parágrafo único. Não se aplica o disposto neste Decreto aos processos com instrumentos convocatórios publicados antes da data de sua entrada em vigor.

Art. 16. Fica revogado o Decreto 6.204, de 5 de setembro de 2007.

Brasília, 6 de outubro de 2015; 194º da Independência e 127º da República.

Dilma Rousseff

(Publicação no *D.O.U.* de 5.10.2015)

LEI 13.254, DE 13 DE JANEIRO DE 2016

Dispõe sobre o Regime Especial de Regularização Cambial e Tributária (RERCT) de recursos, bens ou direitos de origem lícita, não declarados ou declarados incorretamente, remetidos, mantidos no exterior ou repatriados por residentes ou domiciliados no País.

A Presidenta da República:

Faço saber que o Congresso Nacional decreta e eu sanciono a seguinte Lei:

Art. 1º É instituído o Regime Especial de Regularização Cambial e Tributária (RERCT), para declaração voluntária de recursos, bens ou direitos de origem lícita, não declarados ou declarados com omissão ou incorreção em relação a dados essenciais, remetidos ou mantidos no exterior, ou repatriados por residentes ou domiciliados no País, conforme a legislação cambial ou tributária, nos termos e condições desta Lei.

§ 1º O RERCT aplica-se aos residentes ou domiciliados no País em 31 de dezembro de 2014 que tenham sido ou ainda sejam proprietários ou titulares de ativos, bens ou direitos em períodos anteriores a 31 de dezembro de 2014, ainda que, nessa data, não possuam saldo de recursos ou título de propriedade de bens e direitos.

§ 2º Os efeitos desta Lei serão aplicados aos titulares de direito ou de fato que, voluntariamente, declararem ou retificarem a declaração incorreta referente a recursos, bens ou direitos, acompanhados de documentos e informações sobre sua identificação, titularidade ou destinação.

§ 3º O RERCT aplica-se também aos não residentes no momento da publicação desta Lei, desde que residentes ou domiciliados no País conforme a legislação tributária em 31 de dezembro de 2014.

§ 4º Os efeitos desta Lei serão aplicados também ao espólio cuja sucessão esteja aberta em 31 de dezembro de 2014.

§ 5º Esta Lei não se aplica aos sujeitos que tiverem sido condenados em ação penal:

I – (*Vetado*); e

II – cujo objeto seja um dos crimes listados no § 1º do art. 5º, ainda que se refira aos recursos, bens ou direitos a serem regularizados pelo RERCT.

Art. 2º Consideram-se, para os fins desta Lei:

I – recursos ou patrimônio não declarados ou declarados com omissão ou incorreção em relação a dados essenciais: os valores, os bens materiais ou imateriais, os capitais e os direitos, independentemente da natureza, origem ou moeda que sejam ou tenham sido, anteriormente a 31 de dezembro de 2014, de propriedade de pessoas físicas ou jurídicas residentes, domiciliadas ou com sede no País;

II – recursos ou patrimônio de origem lícita: os bens e os direitos adquiridos com recursos oriundos de atividades permitidas ou não proibidas pela lei, bem como o objeto, o produto ou o proveito dos crimes previstos no § 1º do art. 5º;

III – recursos ou patrimônio repatriados objeto do RERCT: todos os recursos ou patrimônio, em qualquer moeda ou forma, de propriedade de residentes ou de domiciliados no País, ainda que sob a titularidade de não residentes, da qual participe, seja sócio, proprietário ou beneficiário, que foram adquiridos, transferidos ou empregados no Brasil, com ou sem registro no Banco Central do Brasil, e não se encontrem devidamente declarados;

IV – recursos ou patrimônio remetidos ou mantidos no exterior: os valores, os bens materiais ou imateriais, os capitais e os direitos não declarados ou declarados com omissão ou incorreção em relação a dados essenciais e remetidos ou mantidos fora do território nacional;

V – titular: proprietário dos recursos ou patrimônio não declarados, remetidos ou mantidos no exterior ou repatriados indevidamente.

Art. 3º O RERCT aplica-se a todos os recursos, bens ou direitos de origem lícita de residentes ou domiciliados no País até 31 de dezembro de 2014, incluindo movimentações anteriormente existentes, remetidos ou mantidos no exterior, bem como aos que tenham sido transferidos para o País, em qualquer caso, e que não tenham sido declarados ou tenham sido declarados com omissão ou incorreção em relação a dados essenciais, como:

I – depósitos bancários, certificados de depósitos, cotas de fundos de investimento, instrumentos financeiros, apólices de seguro, certificados de investimento ou operações de capitalização, depósitos em cartões de crédito, fundos de aposentadoria ou pensão;

II – operação de empréstimo com pessoa física ou jurídica;

III – recursos, bens ou direitos de qualquer natureza, decorrentes de operações de câmbio ilegítimas ou não autorizadas;

IV – recursos, bens ou direitos de qualquer natureza, integralizados em empresas estrangeiras sob a forma de ações, integralização de capital, contribuição de capital ou qualquer outra forma de participação societária ou direito de participação no capital de pessoas jurídicas com ou sem personalidade jurídica;

V – ativos intangíveis disponíveis no exterior de qualquer natureza, como marcas, copyright, software, know-how, patentes e todo e qualquer direito submetido ao regime de royalties;

VI – bens imóveis em geral ou ativos que representem direitos sobre bens imóveis;

VII – veículos, aeronaves, embarcações e demais bens móveis sujeitos a registro em geral, ainda que em alienação fiduciária;

VIII – (*Vetado*); e

IX – (*Vetado*).

Art. 4º Para adesão ao RERCT, a pessoa física ou jurídica deverá apresentar à Secretaria da Receita Federal do Brasil (RFB) e, em cópia para fins de registro, ao Banco Central do Brasil declaração única de regularização específica contendo a descrição pormenorizada dos recursos, bens e direitos de qualquer natureza de que seja titular em 31 de dezembro de 2014 a serem regularizados, com o respectivo valor em real, ou, no caso de inexistência de saldo ou título de propriedade em 31 de dezembro de 2014, a descrição das condutas praticadas pelo declarante que se enquadrem nos crimes previstos no § 1º do art. 5º desta Lei e dos respectivos bens e recursos que possuiu.

§ 1º A declaração única de regularização a que se refere o *caput* deverá conter:

I – a identificação do declarante;

II – as informações fornecidas pelo contribuinte necessárias à identificação dos recursos, bens ou direitos a serem regularizados, bem como de sua titularidade e origem;

III – o valor, em real, dos recursos, bens ou direitos de qualquer natureza declarados;

IV – declaração do contribuinte de que os bens ou direitos de qualquer natureza declarados têm origem em atividade econômica lícita;

V – na hipótese de inexistência do saldo dos recursos, ou de titularidade de propriedade de bens ou direitos referidos no *caput*, em 31 de dezembro de 2014, a descrição das condutas praticadas pelo declarante que se enquadrem nos crimes previstos no § 1º do art. 5º desta Lei e dos respectivos recursos, bens ou direitos de qualquer natureza não declarados, remetidos ou mantidos no exterior ou repatriados, ainda que posteriormente repassados à titularidade ou responsabilidade, direta ou indireta, de trust de quaisquer espécies, fundações, sociedades despersonalizadas, fideicomissos, ou dispostos mediante a entrega a pessoa física ou jurídica, personalizada ou não, para guarda, depósito, investimento, posse ou propriedade de que sejam beneficiários efetivos o interessado, seu representante ou pessoa por ele designada; e

VI – (*Vetado*).

§ 2º Os recursos, bens e direitos de qualquer natureza constantes da declaração única para adesão ao RERCT deverão também ser informados na:

I – declaração retificadora de ajuste anual do imposto de renda relativa ao ano-calendário de 2014 e posteriores, no caso de pessoa física;

II – declaração retificadora da declaração de bens e capitais no exterior relativa ao ano-calendário de 2014 e posteriores, no caso de pessoa física e jurídica, se a ela estiver obrigada; e

III – escrituração contábil societária relativa ao ano-calendário da adesão e posteriores, no caso de pessoa jurídica.

§ 3º A declaração das condutas e bens referidos no inciso V do § 1º não implicará a apresentação das declarações previstas nos incisos I, II e III do § 2º.

§ 4º Após a adesão ao RERCT e consequente regularização nos termos do *caput*, a opção de repatriação pelo declarante de ativos financeiros no exterior deverá ocorrer por intermédio de instituição financeira autorizada a funcionar no País e a operar no mercado de câmbio, mediante apresentação do protocolo de entrega da declaração de que trata o *caput* deste artigo.

§ 5º A regularização de ativos mantidos em nome de interposta pessoa estenderá a ela a extinção de punibilidade prevista no § 1º do art. 5º, nas condições previstas no referido artigo.

§ 6º É a pessoa física ou jurídica que aderir ao RERCT obrigada a manter em boa guarda e ordem e em sua posse, pelo prazo de 5 (cinco) anos, cópia dos documentos referidos no § 8º que ampararam a declaração de adesão ao RERCT e a apresentá-los se e quando exigidos pela RFB.

§ 7º Os rendimentos, frutos e acessórios decorrentes do aproveitamento, no exterior ou no País, dos recursos, bens ou direitos de qualquer natureza regularizados por meio da declaração única a que se refere o *caput* deste artigo, obtidos no ano-calendário de 2015, deverão ser incluídos nas declarações previstas no § 2º referentes ao ano-calendário da adesão e posteriores, aplicando-se o disposto no art. 138 da Lei 5.172, de 25 de outubro de 1966 (Código Tributário Nacional), se as retificações necessárias forem feitas até o último dia do prazo para adesão ao RERCT.

§ 8º Para fins da declaração prevista no *caput*, o valor dos ativos a serem declarados deve corresponder aos valores de mercado, presumindo-se como tal:

I – para os ativos referidos nos incisos I e III do art. 3º, o saldo existente em 31 de dezembro de 2014, conforme documento disponibilizado pela instituição financeira custodiante;

II – para os ativos referidos no inciso II do art. 3º, o saldo credor remanescente em 31 de dezembro de 2014, conforme contrato entre as partes;

III – para os ativos referidos no inciso IV do art. 3º, o valor de patrimônio líquido apurado em 31 de dezembro de 2014, conforme balanço patrimonial levantado nessa data;

IV – para os ativos referidos nos incisos V, VI, VII e IX do art. 3º, o valor de mercado apurado conforme avaliação feita por entidade especializada;

V – (*Vetado*); e

VI – para os ativos não mais existentes ou que não sejam de propriedade do declarante em 31 de dezembro de 2014, o valor apontado por documento idôneo que retrate o bem ou a operação a ele referente.

§ 9º Para fins de apuração do valor do ativo em real, o valor expresso em moeda estrangeira deve ser convertido:

I – em dólar norte-americano pela cotação do dólar fixada, para venda, pelo Banco Central do Brasil, para o último dia útil do mês de dezembro de 2014; e

II – em moeda nacional pela cotação do dólar fixada, para venda, pelo Banco Central do Brasil, para o último dia útil do mês de dezembro de 2014.

LEGISLAÇÃO

§ 10. Para os recursos já repatriados, a declaração deverá ser feita tendo como base o valor do ativo em real em 31 de dezembro de 2014.

§ 11. Estão isentos da multa de que trata o art. 8º os valores disponíveis em contas no exterior no limite de até R$ 10.000,00 (dez mil reais) por pessoa, convertidos em dólar norte-americano em 31 de dezembro de 2014.

§ 12. A declaração de regularização de que trata o *caput* não poderá ser, por qualquer modo, utilizada:

I – como único indício ou elemento para efeitos de expediente investigatório ou procedimento criminal;

II – para fundamentar, direta ou indiretamente, qualquer procedimento administrativo de natureza tributária ou cambial em relação aos recursos dela constantes.

§ 13. Sempre que o montante de ativos financeiros for superior a USD 100.000,00 (cem mil dólares norte-americanos), sem prejuízo do previsto no § 4º, o declarante deverá solicitar e autorizar a instituição financeira no exterior a enviar informação sobre o saldo desses ativos em 31 de dezembro de 2014 para instituição financeira autorizada a funcionar no País, que prestará tal informação à RFB, não cabendo à instituição financeira autorizada a funcionar no País responsabilidade alguma quanto à averiguação das informações prestadas pela instituição financeira estrangeira.

Art. 5º A adesão ao programa dar-se-á mediante entrega da declaração dos recursos, bens e direitos sujeitos à regularização prevista no caput do art. 4º e pagamento integral do imposto previsto no art. 6º e da multa prevista no art. 8º desta Lei.

§ 1º O cumprimento das condições previstas no *caput* antes de decisão criminal, em relação aos bens a serem regularizados, extinguirá a punibilidade dos crimes previstos:

I – no art. 1º e nos incisos I, II e V do art. 2º da Lei 8.137, de 27 de dezembro de 1990;

II – na Lei 4.729, de 14 de julho de 1965;

III – no art. 337-A do Decreto-Lei 2.848, de 7 de dezembro de 1940 (Código Penal);

IV – nos seguintes arts. do Decreto-Lei 2.848, de 7 de dezembro de 1940 (Código Penal), quando exaurida sua potencialidade lesiva com a prática dos crimes previstos nos incisos I a III:

a) 297;

b) 298;

c) 299;

d) 304;

V – (*Vetado*);

VI – no *caput* e no parágrafo único do art. 22 da Lei 7.492, de 16 de junho de 1986;

VII – no art. 1º da Lei 9.613, de 3 de março de 1998, quando o objeto do crime for bem, direito ou valor proveniente, direta ou indiretamente, dos crimes previstos nos incisos I a VI;

VIII – (*Vetado*).

§ 2º A extinção da punibilidade a que se refere o § 1º:

I – (*Vetado*);

II – somente ocorrerá se o cumprimento das condições se der antes do trânsito em julgado da decisão criminal condenatória;

III – produzirá, em relação à administração pública, a extinção de todas as obrigações de natureza cambial ou financeira, principais ou acessórias, inclusive as meramente formais, que pudessem ser exigíveis em relação aos bens e direitos declarados, ressalvadas as previstas nesta Lei.

§ 3º (*Vetado*).

§ 4º (*Vetado*).

§ 5º Na hipótese dos incisos V e VI do § 1º, a extinção da punibilidade será restrita aos casos em que os recursos utilizados na operação de câmbio não autorizada, as divisas ou moedas saídas do País sem autorização legal ou os depósitos mantidos no exterior e não declarados à repartição federal competente possuírem origem lícita ou forem provenientes, direta ou indiretamente, de quaisquer dos crimes previstos nos incisos I, II, III, VII ou VIII do § 1º.

Art. 6º Para fins do disposto nesta Lei, o montante dos ativos objeto de regularização será considerado acréscimo patrimonial adquirido em 31 de dezembro de 2014, ainda que nessa data não exista saldo ou título de propriedade, na forma do inciso II do *caput* e do § 1º do art. 43 da Lei 5.172, de 25 de outubro de 1966 (Código Tributário Nacional), sujeitando-se a pessoa, física ou jurídica, ao pagamento do imposto de renda sobre ele, a título de ganho de capital, à alíquota de 15% (quinze por cento), vigente em 31 de dezembro de 2014.

§ 1º A arrecadação referida no *caput* será compartilhada com Estados e Municípios na forma estabelecida pela Constituição Federal, especialmente nos termos do que dispõe o inciso I de seu art. 159.

§ 2º Na apuração da base de cálculo dos tributos de que trata este artigo, correspondente ao valor do ativo em real, não serão admitidas deduções de espécie alguma ou descontos de custo de aquisição.

§ 3º Para fins de apuração do valor do ativo em real, o valor expresso em moeda estrangeira deve ser convertido:

I – em dólar norte-americano pela cotação do dólar fixada, para venda, pelo Banco Central do Brasil, para o último dia útil do mês de dezembro de 2014; e

II – em moeda nacional pela cotação do dólar fixada, para venda, pelo Banco Central do Brasil, para o último dia útil do mês de dezembro de 2014.

§ 4º A regularização dos bens e direitos e o pagamento dos tributos na forma deste artigo e da multa de que trata o art. 8º implicarão a remissão dos créditos tributários decorrentes do descumprimento de obrigações tributárias e a redução de 100% (cem por cento) das multas de mora, de ofício ou isoladas e dos encargos legais diretamente relacionados a esses bens e direitos em relação a fatos geradores ocorridos até 31 de dezembro de 2014 e excluirão a multa pela não entrega completa e tempestiva da declaração de capitais brasileiros no exterior, na forma definida pelo Banco Central do Brasil, as penalidades aplicadas pela Comissão de Valores Mobiliários ou outras entidades regulatórias e as penalidades previstas na Lei 4.131, de 3 de setembro de 1962, na Lei 9.069, de 29 de junho de 1995, e na Medida Provisória 2.224, de 4 de setembro de 2001.

§ 5º A remissão e a redução das multas previstas no § 4º não alcançam os tributos retidos por sujeito passivo, na condição de responsável, e não recolhidos aos cofres públicos no prazo legal.

§ 6º A opção pelo RERCT dispensa o pagamento de acréscimos moratórios incidentes sobre o imposto de que trata o *caput*.

§ 7º O imposto pago na forma deste artigo será considerado como tributação definitiva e não permitirá a restituição de valores anteriormente pagos.

§ 8º A opção pelo RERCT e o pagamento do imposto na forma do *caput* importam confissão irrevogável e irretratável dos débitos em nome do sujeito passivo na condição de contribuinte ou responsável, configuram confissão extrajudicial nos termos dos arts. 348, 353 e 354 da Lei 5.869, de 11 de janeiro de 1973 (Código de Processo Civil), e condicionam o sujeito passivo à aceitação plena e irretratável de todas as condições estabelecidas nesta Lei.

Art. 7º A adesão ao RERCT poderá ser feita no prazo de 210 (duzentos e dez) dias, contado a partir da data de entrada em vigor do ato da RFB de que trata o art. 10, com declaração da situação patrimonial em 31 de dezembro de 2014 e o consequente pagamento do tributo e da multa.

§ 1º A divulgação ou a publicidade das informações presentes no RERCT implicarão efeito equivalente à quebra do sigilo fiscal, sujeitando o responsável às penas previstas na Lei Complementar 105, de 10 de janeiro de 2001, e no art. 325 do Decreto-Lei 2.848, de 7 de dezembro de 1940 (Código Penal), e, no caso de funcionário público, à pena de demissão.

§ 2º Sem prejuízo do disposto no § 6º do art. 4º, é vedada à RFB, ao Conselho Monetário Nacional (CMN), ao Banco Central do Brasil e aos demais órgãos públicos intervenientes do RERCT a divulgação ou o compartilhamento das informações prestadas pelos declarantes que tiverem aderido ao RERCT com os Estados, o Distrito Federal e os Municípios, inclusive para fins de constituição de crédito tributário.

Art. 8º Sobre o valor do imposto apurado na forma do art. 6º incidirá multa de 100% (cem por cento).

§ 1º (*Vetado*).

§ 2º Compete à RFB a administração das atividades relativas à operacionalização, à cobrança, à arrecadação, à restituição e à fiscalização da multa de que trata o *caput*.

Art. 9º Será excluído do RERCT o contribuinte que apresentar declarações ou documentos falsos relativos à titularidade e à condição jurídica dos recursos, bens ou direitos declarados nos termos do art. 1º desta Lei ou aos documentos previstos no § 8º do art. 4º.

§ 1º Em caso de exclusão do RERCT, serão cobrados os valores equivalentes aos tributos, multas e juros incidentes, deduzindo-se o que houver sido anteriormente pago, sem prejuízo da aplicação das penalidades cíveis, penais e administrativas cabíveis.

§ 2º Na hipótese de exclusão do contribuinte do RERCT, a instauração ou a continuidade de procedimentos investigatórios quanto à origem dos ativos objeto de regularização somente poderá ocorrer se houver evidências documentais não relacionadas à declaração do contribuinte.

Art. 10. O disposto nesta Lei será regulamentado:

I – pela RFB, no âmbito de suas competências; e

II – (*Vetado*).

Art. 11. Os efeitos desta Lei não serão aplicados aos detentores de cargos, empregos e funções públicas de direção ou eletivas, nem ao respectivo cônjuge e aos parentes consanguíneos ou afins, até o segundo grau ou por adoção, na data de publicação desta Lei.

Art. 12. Esta Lei entra em vigor na data de sua publicação.

Brasília, 13 de janeiro de 2016; 195º da Independência e 128º da República.

Dilma Rousseff

(Publicação no *D.O.U.* de 14.1.2016)

LEI 13.256, DE 4 DE FEVEREIRO DE 2016

Altera a Lei 13.105, de 16 de março de 2015 (Código de Processo Civil), para disciplinar o processo e o julgamento do recurso extraordinário e do recurso especial, e dá outras providências.

A Presidenta da República:

Faço saber que o Congresso Nacional decreta e eu sanciono a seguinte Lei:

Art. 1º Esta Lei altera a Lei 13.105, de 16 de março de 2015 (Código de Processo Civil), para disciplinar o processo e o julgamento do recurso extraordinário e do recurso especial, e dá outras providências.

Art. 2º A Lei 13.105, de 16 de março de 2015 (Código de Processo Civil), passa a vigorar com as seguintes alterações:

→ Alterações efetuadas na referida Lei.

Art. 3º Revogam-se os seguintes dispositivos da Lei 13.105, de 16 de março de 2015 (Código de Processo Civil):

I – art. 945;

II – § 2º do art. 1.029; inciso II do § 3º e § 10 do art. 1.035; §§ 2º e 5º do art. 1.037; incisos I, II e III do *caput* e § 1º, incisos I e II, alíneas *a* e *b*, do art. 1.042; incisos II e IV do *caput* e § 5º do art. 1.043.

Art. 4º Esta Lei entra em vigor no início da vigência da Lei 13.105, de 16 de março de 2015 (Código de Processo Civil).

Brasília, 4 de fevereiro de 2016; 195º da Independência e 128º da República.

Dilma Rousseff

(Publicação no *D.O.U.* de 5.2.2016)

LEI 13.257, DE 8 DE MARÇO DE 2016

Dispõe sobre as políticas públicas para a primeira infância e altera a Lei 8.069, de 13 de julho de 1990 (Estatuto da Criança e do Adolescente), o Decreto-Lei 3.689, de 3 de outubro de 1941 (Código de Processo Penal), a Consolidação das Leis do Trabalho (CLT), aprovada pelo Decreto-Lei 5.452, de 1º de maio de 1943, a Lei 11.770, de 9 de setembro de 2008, e a Lei 12.662, de 5 de junho de 2012.

A Presidenta da República:

Faço saber que o Congresso Nacional decreta e eu sanciono a seguinte Lei:

Art. 1º Esta Lei estabelece princípios e diretrizes para a formulação e a implementação de políticas públicas para a primeira infância em atenção à especificidade e à relevância dos primeiros anos de vida no desenvolvimento infantil e no desenvolvimento do ser humano, em consonância com os princípios e diretrizes da Lei 8.069, de 13 de julho de 1990 (Estatuto da Criança e do Adolescente); altera a Lei 8.069, de 13 de julho de 1990 (Estatuto da Criança e do Adolescente); altera os arts. 6º, 185, 304 e 318 do Decreto-Lei 3.689, de 3 de outubro de 1941 (Código de Processo Penal); acrescenta incisos ao art. 473 da Consolidação das Leis do Trabalho (CLT), aprovada pelo Decreto-Lei 5.452, de 1º de maio de 1943; altera os arts. 1º, 3º, 4º e 5º da Lei 11.770, de 9 de setembro de 2008; e acrescenta parágrafos ao art. 5º da Lei 12.662, de 5 de junho de 2012.

Art. 2º Para os efeitos desta Lei, considera-se primeira infância o período que abrange os primeiros 6 (seis) anos completos ou 72 (setenta e dois) meses de vida da criança.

Art. 3º A prioridade absoluta em assegurar os direitos da criança, do adolescente e do jovem, nos termos do art. 227 da Constituição Federal e do art. 4º da Lei 8.069, de 13 de julho de 1990, implica o dever do Estado de estabelecer políticas, planos, programas e serviços para a primeira infância que atendam às especificidades dessa faixa etária, visando a garantir seu desenvolvimento integral.

Art. 4º As políticas públicas voltadas ao atendimento dos direitos da criança na primeira infância serão elaboradas e executadas de forma a:

I – atender ao interesse superior da criança e à sua condição de sujeito de direitos e de cidadã;

II – incluir a participação da criança na definição das ações que lhe digam respeito, em conformidade com suas características etárias e de desenvolvimento;

III – respeitar a individualidade e os ritmos de desenvolvimento das crianças e valorizar a diversidade da infância brasileira, assim como as diferenças entre as crianças em seus contextos sociais e culturais;

IV – reduzir as desigualdades no acesso aos bens e serviços que atendam aos direitos da criança na primeira infância, priorizando o investimento público na promoção da justiça social, da equidade e da inclusão sem discriminação da criança;

V – articular as dimensões ética, humanista e política da criança cidadã com as evidências científicas e a prática profissional no atendimento da primeira infância;

VI – adotar abordagem participativa, envolvendo a sociedade, por meio de suas organizações representativas, os profissionais, os pais e as crianças, no aprimoramento da qualidade das ações e na garantia da oferta dos serviços;

VII – articular as ações setoriais com vistas ao atendimento integral e integrado;

VIII – descentralizar as ações entre os entes da Federação;

IX – promover a formação da cultura de proteção e promoção da criança, com apoio dos meios de comunicação social.

Parágrafo único. A participação da criança na formulação das políticas e das ações que lhe dizem respeito tem o objetivo de promover sua inclusão social como cidadã e dar-se-á de acordo com a especificidade de sua idade, devendo ser realizada por profissionais qualificados em processos de escuta adequados às diferentes formas de expressão infantil.

Art. 5º Constituem áreas prioritárias para as políticas públicas para a primeira infância a saúde, a alimentação e a nutrição, a educação infantil, a convivência familiar e comunitária, a assistência social à família da criança, a cultura, o brincar e o lazer, o espaço e o meio ambiente, bem como a proteção contra toda forma de violência e de pressão consumista, a prevenção de acidentes e a adoção de medidas que evitem a exposição precoce à comunicação mercadológica.

Art. 6º A Política Nacional Integrada para a primeira infância será formulada e implementada mediante abordagem e coordenação intersetorial que articule as diversas políticas setoriais a partir de uma visão abrangente de todos os direitos da criança na primeira infância.

Art. 7º A União, os Estados, o Distrito Federal e os Municípios poderão instituir, nos respectivos âmbitos, comitê intersetorial de políticas públicas para a primeira infância com a finalidade de assegurar a articulação das ações voltadas à proteção e à promoção dos direitos da criança, garantida a participação social por meio dos conselhos de direitos.

§ 1º Caberá ao Poder Executivo no âmbito da União, dos Estados, do Distrito Federal e dos Municípios indicar o órgão responsável pela coordenação do comitê intersetorial previsto no *caput* deste artigo.

§ 2º O órgão indicado pela União nos termos do § 1º deste artigo manterá permanente articulação com as instâncias de coordenação das ações estaduais, distrital e municipais de atenção à criança na primeira infância, visando à complementaridade das ações e ao cumprimento do dever do Estado na garantia dos direitos da criança.

Art. 8º O pleno atendimento dos direitos da criança na primeira infância constitui objetivo comum de todos os entes da Federação, segundo as respectivas competências constitucionais e legais, a ser alcançado em regime de colaboração entre a União, os Estados, o Distrito Federal e os Municípios.

Parágrafo único. A União buscará a adesão dos Estados, do Distrito Federal e dos Municípios à abordagem multi e intersetorial no atendimento dos direitos da criança na primeira infância e oferecerá assistência técnica na elaboração de planos estaduais, distrital e municipais para a primeira infância que articulem os diferentes setores.

Art. 9º As políticas para a primeira infância serão articuladas com as instituições de formação profissional, visando à adequação dos cursos às características e necessidades das crianças e à formação de profissionais qualificados, para possibilitar a expansão com qualidade dos diversos serviços.

Art. 10. Os profissionais que atuam nos diferentes ambientes de execução das políticas e programas destinados à criança na primeira infância terão acesso garantido e prioritário à qualificação, sob a forma de especialização e atualização, em programas que contemplem, entre outros temas, a especificidade da primeira infância, a estratégia da intersetorialidade na promoção do desenvolvimento integral e a prevenção e a proteção contra toda forma de violência contra a criança.

Art. 11. As políticas públicas terão, necessariamente, componentes de monitoramento e coleta sistemática de dados, avaliação periódica dos elementos que constituem a oferta dos serviços à criança e divulgação dos seus resultados.

§ 1º A União manterá instrumento individual de registro unificado de dados do crescimento e desenvolvimento da criança, assim como sistema informatizado, que inclua as redes pública e privada de saúde, para atendimento ao disposto neste artigo.

§ 2º A União informará à sociedade a soma dos recursos aplicados anualmente no conjunto dos programas e serviços para a primeira infância e o percentual que os valores representam em relação ao respectivo orçamento realizado, bem como colherá informações sobre os valores aplicados pelos demais entes da Federação.

Art. 12. A sociedade participa solidariamente com a família e o Estado da proteção e da promoção da criança na primeira infância, nos termos do *caput* e do § 7º do art. 227, combinado com o inciso II do art. 204 da Constituição Federal, entre outras formas:

I – formulando políticas e controlando ações, por meio de organizações representativas;

II – integrando conselhos, de forma paritária com representantes governamentais, com funções de planejamento, acompanhamento, controle social e avaliação;

III – executando ações diretamente ou em parceria com o poder público;

IV – desenvolvendo programas, projetos e ações compreendidos no conceito de responsabilidade social e de investimento social privado;

V – criando, apoiando e participando de redes de proteção e cuidado à criança nas comunidades;

VI – promovendo ou participando de campanhas e ações que visem a aprofundar a consciência social sobre o significado da primeira infância no desenvolvimento do ser humano.

Art. 13. A União, os Estados, o Distrito Federal e os Municípios apoiarão a participação das famílias em redes de proteção e cuidado da criança em seus contextos sociofamiliar e comunitário visando, entre outros objetivos, à formação e ao fortalecimento dos vínculos familiares e comunitários, com prioridade aos contextos que apresentem riscos ao desenvolvimento da criança.

Art. 14. As políticas e programas governamentais de apoio às famílias, incluindo as visitas domiciliares e os programas de promoção da paternidade e maternidade responsáveis, buscarão a articulação das áreas de saúde, nutrição, educação, assistência social, cultura, trabalho, habitação, meio ambiente e direitos humanos, entre outras, com vistas ao desenvolvimento integral da criança.

§ 1º Os programas que se destinam ao fortalecimento da família no exercício de sua função de cuidado e educação de seus filhos na primeira infância promoverão atividades centradas na criança, focadas na família e baseadas na comunidade.

§ 2º As famílias identificadas nas redes de saúde, educação e assistência social e nos órgãos do Sistema de Garantia dos Direitos da Criança e do Adolescente que se encontrem em situação de vulnerabilidade e de risco ou com direitos violados para exercer seu papel protetivo de cuidado e educação da criança na primeira infância, bem como as que têm crianças com indicadores de risco ou deficiência, terão prioridade nas políticas sociais públicas.

§ 3º As gestantes e as famílias com crianças na primeira infância deverão receber orientação e formação sobre maternidade e paternidade responsáveis, aleitamento materno, alimentação complementar saudável, crescimento e desenvolvimento infantil integral, prevenção de acidentes e educação sem uso de castigos físicos, nos termos da Lei 13.010, de 26 de junho de 2014, com o intuito de favorecer a formação e a consolidação de vínculos afetivos e estimular o desenvolvimento integral na primeira infância.

§ 4º A oferta de programas e de ações de visita domiciliar e de outras modalidades que estimulem o desenvolvimento integral na primeira infância será considerada estratégia de atuação sempre que respaldada pelas políticas públicas sociais e avaliada pela equipe profissional responsável.

§ 5º Os programas de visita domiciliar voltados ao cuidado e educação na primeira infância deverão contar com profissionais qualificados, apoiados por medidas que assegurem sua permanência e formação continuada.

Art. 15. As políticas públicas criarão condições e meios para que, desde a primeira infância, a criança tenha acesso à produção cultural e seja reconhecida como produtora de cultura.

Art. 16. A expansão da educação infantil deverá ser feita de maneira a assegurar a qualidade da oferta, com instalações e equipamentos que obedeçam a padrões de infraestrutura estabelecidos pelo Ministério da Educação, com profissionais qualificados conforme dispõe a Lei 9.394, de 20 de dezembro de 1996 (Lei de Diretrizes e Bases da Educação Nacional), e com currículo e materiais pedagógicos adequados à proposta pedagógica.

Parágrafo único. A expansão da educação infantil das crianças de 0 (zero) a 3 (três) anos de idade, no cumprimento da meta do Plano Nacional de Educação, atenderá aos critérios definidos no território nacional pelo competente sistema de ensino, em articulação com as demais políticas sociais.

Art. 17. A União, os Estados, o Distrito Federal e os Municípios deverão organizar e estimular a criação de espaços lúdicos que propiciem o bem-estar, o brincar e o exercício da criatividade em locais públicos e privados onde haja circulação de crianças, bem como a fruição de ambientes livres e seguros em suas comunidades.

Art. 18. O art. 3º da Lei 8.069, de 13 de julho de 1990 (Estatuto da Criança e do Adolescente), passa a vigorar acrescido do seguinte parágrafo único:

"Art. 3º (...)

Parágrafo único. Os direitos enunciados nesta Lei aplicam-se a todas as crianças e adolescentes, sem discriminação de nascimento, situação familiar, idade, sexo, raça, etnia ou cor, religião ou crença, deficiência, condição pessoal de desenvolvimento e aprendizagem, condição econômica, ambiente social, região e local de moradia ou outra condição que diferencie as pessoas, as famílias ou a comunidade em que vivem."

Art. 19. O art. 8º da Lei 8.069, de 13 de julho de 1990, passa a vigorar com a seguinte redação:

"Art. 8º É assegurado a todas as mulheres o acesso aos programas e às políticas de saúde da mulher e de planejamento reprodutivo e, às gestantes, nutrição adequada, atenção humanizada à gravidez, ao parto e ao puerpério e atendimento pré-natal, perinatal e pós-natal integral no âmbito do Sistema Único de Saúde.

§ 1º O atendimento pré-natal será realizado por profissionais da atenção primária.

§ 2º Os profissionais de saúde de referência da gestante garantirão sua vinculação, no último trimestre da gestação, ao estabelecimento em que será realizado o parto, garantido o direito de opção da mulher.

§ 3º Os serviços de saúde onde o parto for realizado assegurarão às mulheres e aos seus filhos recém-nascidos alta hospitalar responsável e contrarreferência na atenção primária, bem como o acesso a outros serviços e a grupos de apoio à amamentação.

(...)

§ 5º A assistência referida no § 4º deste artigo deverá ser prestada também a gestantes e mães que manifestem interesse em entregar seus filhos para adoção, bem como a gestantes e mães que se encontrem em situação de privação de liberdade.

§ 6º A gestante e a parturiente têm direito a 1 (um) acompanhante de sua preferência durante o período do pré-natal, do trabalho de parto e do pós-parto imediato.

§ 7º A gestante deverá receber orientação sobre aleitamento materno, alimentação complementar saudável e crescimento e desenvolvimento infantil, bem como sobre formas de favorecer a criação de vínculos afetivos e de estimular o desenvolvimento integral da criança.

§ 8º A gestante tem direito a acompanhamento saudável durante toda a gestação e a parto natural cuidadoso, estabelecendo-se a aplicação de cesariana e outras intervenções cirúrgicas por motivos médicos.

§ 9º A atenção primária à saúde fará a busca ativa da gestante que não iniciar ou que abandonar as consultas de pré-natal, bem como da puérpera que não comparecer às consultas pós-parto.

§ 10. Incumbe ao poder público garantir, à gestante e à mulher com filho na primeira infância que se encontrem sob custódia em unidade de privação de liberdade, ambiência que atenda às normas sanitárias e assistenciais do Sistema Único de Saúde para o acolhimento do filho, em articulação com o sistema de ensino competente, visando ao desenvolvimento integral da criança."

Art. 20. O art. 9º da Lei 8.069, de 13 de julho de 1990, passa a vigorar acrescido dos seguintes §§ 1º e 2º:

"Art. 9º (...)

§ 1º Os profissionais das unidades primárias de saúde desenvolverão ações sistemáticas, individuais ou coletivas, visando ao planejamento, à implementação e à avaliação de ações de promoção, proteção e apoio ao aleitamento materno e à alimentação complementar saudável, de forma contínua.

§ 2º Os serviços de unidades de terapia intensiva neonatal deverão dispor de banco de leite humano ou unidade de coleta de leite humano."

Art. 21. O art. 11 da Lei 8.069, de 13 de julho de 1990, passa a vigorar com a seguinte redação:

"Art. 11. É assegurado acesso integral às linhas de cuidado voltadas à saúde da criança e do adolescente, por intermédio do Sistema Único de Saúde, observado o princípio da equidade no acesso a ações e serviços para promoção, proteção e recuperação da saúde.

§ 1º A criança e o adolescente com deficiência serão atendidos, sem discriminação ou segregação, em suas necessidades gerais de saúde e específicas de habilitação e reabilitação.

§ 2º Incumbe ao poder público fornecer gratuitamente, àqueles que necessitarem, medicamentos, órteses, próteses e outras tecnologias assistivas relativas ao tratamento, habilitação ou reabilitação para crianças e adolescentes, de acordo com as linhas de cuidado voltadas às suas necessidades específicas.

§ 3º Os profissionais que atuam no cuidado diário ou frequente de crianças na primeira infância receberão formação específica e permanente para a detecção de sinais de risco para o desenvolvimento psíquico, bem como para o acompanhamento que se fizer necessário."

Art. 22. O art. 12 da Lei 8.069, de 13 de julho de 1990, passa a vigorar com a seguinte redação:

"Art. 12. Os estabelecimentos de atendimento à saúde, inclusive as unidades neonatais, de terapia intensiva e de cuidados intermediários, deverão proporcionar condições para a permanência em tempo integral de um dos pais ou responsável, nos casos de internação de criança ou adolescente."

Art. 23. O art. 13 da Lei 8.069, de 13 de julho de 1990, passa a vigorar acrescido do seguinte § 2º, numerando-se o atual parágrafo único como § 1º:

"Art. 13. (...)

§ 1º As gestantes ou mães que manifestem interesse em entregar seus filhos para adoção serão obrigatoriamente encaminhadas, sem constrangimento, à Justiça da Infância e da Juventude.

§ 2º Os serviços de saúde em suas diferentes portas de entrada, os serviços de assistência social em seu componente especializado, o Centro de Referência Especializado de Assistência Social (Creas) e os demais órgãos do Sistema de Garantia de Direitos da Criança e do Adolescente deverão conferir má- xima prioridade ao atendimento das crianças na faixa etária da primeira infância com suspeita ou confirmação de violência de qualquer natureza, formulando projeto terapêutico singular que inclua intervenção em rede e, se necessário, acompanhamento domiciliar."

Art. 24. O art. 14 da Lei 8.069, de 13 de julho de 1990, passa a vigorar acrescido dos seguintes §§ 2º, 3º e 4º, numerando-se o atual parágrafo único como § 1º:

"Art. 14. (...)

§ 1º (...)

§ 2º O Sistema Único de Saúde promoverá a atenção à saúde bucal das crianças e das gestantes, de forma transversal, integral e intersetorial com as demais linhas de cuidado direcionadas à mulher e à criança.

§ 3º A atenção odontológica à criança terá função educativa protetiva e será prestada, inicialmente, antes de o bebê nascer, por meio de aconselhamento pré-natal, e, posteriormente, no sexto e no décimo segundo anos de vida, com orientações sobre saúde bucal.

§ 4º A criança com necessidade de cuidados odontológicos especiais será atendida pelo Sistema Único de Saúde."

Art. 25. O art. 19 da Lei 8.069, de 13 de julho de 1990, passa a vigorar com a seguinte redação:

"Art. 19. É direito da criança e do adolescente ser criado e educado no seio de sua família e, excepcionalmente, em família substituta, assegurada a convivência familiar e comunitária, em ambiente que garanta seu desenvolvimento integral.

(...)

§ 3º A manutenção ou a reintegração de criança ou adolescente à sua família terá preferência em relação a qualquer outra providência, caso em que será esta incluída em serviços e programas de proteção, apoio e promoção, nos termos do § 1º do art. 23, dos incisos I e IV do *caput* do art. 101 e dos incisos I a IV do *caput* do art. 129 desta Lei.

(...)"

Art. 26. O art. 22 da Lei 8.069, de 13 de julho de 1990, passa a vigorar acrescido do seguinte parágrafo único:

"Art. 22. (...)

Parágrafo único. A mãe e o pai, ou os responsáveis, têm direitos iguais e deveres e responsabilidades compartilhados no cuidado e na educação da criança, devendo ser resguardado o direito de transmissão familiar de suas crenças e culturas, assegurados os direitos da criança estabelecidos nesta Lei."

Art. 27. O § 1º do art. 23 da Lei 8.069, de 13 de julho de 1990, passa a vigorar com a seguinte redação:

"Art. 23. (...)

§ 1º Não existindo outro motivo que por si só autorize a decretação da medida, a criança ou o adolescente será mantido em sua família de origem, a qual deverá obrigatoriamente ser incluída em serviços e programas oficiais de proteção, apoio e promoção.

(...)"

Art. 28. O art. 34 da Lei 8.069, de 13 de julho de 1990, passa a vigorar acrescido dos seguintes §§ 3º e 4º:

"Art. 34. (...)

(...)

§ 3º A União apoiará a implementação de serviços de acolhimento em família acolhedora como política pública, os quais deverão dispor de equipe que organize o acolhimento temporário de crianças e de adolescentes em residências de famílias selecionadas, capacitadas e acompanhadas que não estejam no cadastro de adoção.

§ 4º Poderão ser utilizados recursos federais, estaduais, distritais e municipais para a manutenção dos serviços de acolhimento em família acolhedora, facultando-se o repasse de recursos para a própria família acolhedora."

Art. 29. O inciso II do art. 87 da Lei 8.069, de 13 de julho de 1990, passa a vigorar com a seguinte redação:

"Art. 87. (...)

(...)

II – serviços, programas, projetos e benefícios de assistência social de garantia de proteção social e de prevenção e redução de violações de direitos, seus agravamentos ou reincidências;

(...)"

Art. 30. O art. 88 da Lei 8.069, de 13 de julho de 1990, passa a vigorar acrescido dos seguintes incisos VIII, IX e X:

"Art. 88. (...)

(...)

VIII – especialização e formação continuada dos profissionais que trabalham nas diferentes áreas da atenção à primeira infância, incluindo os conhecimentos sobre direitos da criança e sobre desenvolvimento infantil;

IX – formação profissional com abrangência dos diversos direitos da criança e do adolescente que favoreça a intersetorialidade no atendimento da criança e do adolescente e seu desenvolvimento integral;

X – realização e divulgação de pesquisas sobre desenvolvimento infantil e sobre prevenção da violência."

Art. 31. O art. 92 da Lei 8.069, de 13 de julho de 1990, passa a vigorar acrescido do seguinte § 7º:

"Art. 92. (...)

(...)

§ 7º Quando se tratar de criança de 0 (zero) a 3 (três) anos em acolhimento institucional, dar-se-á especial atenção à atuação de educadores de referência estáveis e qualitativamente significativos, às rotinas específicas e ao atendimento das necessidades básicas, incluindo as de afeto como prioritárias."

Art. 32. O inciso IV do *caput* do art. 101 da Lei 8.069, de 13 de julho de 1990, passa a vigorar com a seguinte redação:

"Art. 101. (...)

(...)

IV – inclusão em serviços e programas oficiais ou comunitários de proteção, apoio e promoção da família, da criança e do adolescente;

(...)"

Art. 33. O art. 102 da Lei 8.069, de 13 de julho de 1990, passa a vigorar acrescido dos seguintes §§ 5º e 6º:

"Art. 102. (...)

(...)

§ 5º Os registros e certidões necessários à inclusão, a qualquer tempo, do nome do pai no assento de nascimento são isentos de multas, custas e emolumentos, gozando de absoluta prioridade.

§ 6º São gratuitas, a qualquer tempo, a averbação requerida do reconhecimento de paternidade no assento de nascimento e a certidão correspondente."

Art. 34. O inciso I do art. 129 da Lei 8.069, de 13 de julho de 1990, passa a vigorar com a seguinte redação:

"Art. 129. (...)

I – encaminhamento a serviços e programas oficiais ou comunitários de proteção, apoio e promoção da família;

(...)"

Art. 35. Os §§ 1º-A e 2º do art. 260 da Lei 8.069, de 13 de julho de 1990, passam a vigorar com a seguinte redação:

"Art. 260. (...)

(...)

§ 1º-A. Na definição das prioridades a serem atendidas com os recursos captados pelos fundos nacional, estaduais e municipais dos direitos da criança e do adolescente, serão consideradas as disposições do Plano Nacional de Promoção, Proteção e Defesa do Direito de Crianças e Adolescentes à Convivência Familiar e Comunitária e as do Plano Nacional pela Primeira Infância.

§ 2º Os conselhos nacional, estaduais e municipais dos direitos da criança e do adolescente fixarão critérios de utilização, por meio de planos de aplicação, das dotações subsidiadas e demais receitas, aplicando necessariamente percentual para incentivo ao acolhimento, sob a forma de guarda, de crianças e adolescentes e para programas de atenção integral à primeira infância em áreas de maior carência socioeconômica e em situações de calamidade.

(...)"

Art. 36. A Lei 8.069, de 13 de julho de 1990, passa a vigorar acrescida do seguinte art. 265-A:

"Art. 265-A. O poder público fará periodicamente ampla divulgação dos direitos da criança e do adolescente nos meios de comunicação social.

Parágrafo único. A divulgação a que se refere o *caput* será veiculada em linguagem clara, compreensível e adequada a crianças e adolescentes, especialmente às crianças com idade inferior a 6 (seis) anos."

Art. 37. O art. 473 da Consolidação das Leis do Trabalho (CLT), aprovada pelo Decreto-Lei 5.452, de 1º de maio de 1943, passa a vigorar acrescido dos seguintes incisos X e XI:

"Art. 473. (...)

(...)

X – até 2 (dois) dias para acompanhar consultas médicas e exames complementares durante o período de gravidez de sua esposa ou companheira;

XI – por 1 (um) dia por ano para acompanhar filho de até 6 (seis) anos em consulta médica."

Art. 38. Os arts. 1º, 3º, 4º e 5º da Lei 11.770, de 9 de setembro de 2008, passam a vigorar com as seguintes alterações:

"Art. 1º É instituído o Programa Empresa Cidadã, destinado a prorrogar:

I – por 60 (sessenta) dias a duração da licença-maternidade prevista no inciso XVIII do *caput* do art. 7º da Constituição Federal;

II – por 15 (quinze) dias a duração da licença-paternidade, nos termos desta Lei, além dos 5 (cinco) dias estabelecidos no § 1º do art. 10 do Ato das Disposições Constitucionais Transitórias.

§ 1º A prorrogação de que trata este artigo:

I – será garantida à empregada da pessoa jurídica que aderir ao Programa, desde que a empregada a requeira até o final do primeiro mês após o parto, e será concedida imediatamente após a fruição da licença-maternidade de que trata o inciso XVIII do *caput* do art. 7º da Constituição Federal;

II – será garantida ao empregado da pessoa jurídica que aderir ao Programa, desde que o empregado a requeira no prazo de 2 (dois) dias úteis após o parto e comprove participação em programa ou atividade de orientação sobre paternidade responsável.

§ 2º A prorrogação será garantida, na mesma proporção, à empregada e ao empregado que adotar ou obtiver guarda judicial para fins de adoção de criança."

"Art. 3º Durante o período de prorrogação da licença-maternidade e da licença-paternidade:

I – a empregada terá direito à remuneração integral, nos mesmos moldes devidos no período de percepção do salário-maternidade pago pelo Regime Geral de Previdência Social (RGPS);

II – o empregado terá direito à remuneração integral."

"Art. 4º No período de prorrogação da licença-maternidade e da licença-paternidade de que trata esta Lei, a empregada e o empregado não poderão exercer nenhuma atividade remunerada, e a criança deverá ser mantida sob seus cuidados.

Parágrafo único. Em caso de descumprimento do disposto no *caput* deste artigo, a empregada e o empregado perderão o direito à prorrogação."

"Art. 5º A pessoa jurídica tributada com base no lucro real poderá deduzir do imposto devido, em cada período de apuração, o total da remuneração integral da empregada e do empregado pago nos dias de prorrogação de sua licença-maternidade e de sua licença-paternidade, vedada a dedução como despesa operacional.

(...)"

Art. 39. O Poder Executivo, com vistas ao cumprimento do disposto no inciso II do *caput* do art. 5º e nos arts. 12 e 14 da Lei Complementar 101, de 4 de maio de 2000, estimará o montante da renúncia fiscal decorrente do disposto no art. 38 desta Lei e o incluirá no demonstrativo a que se refere o § 6º do art. 165 da Constituição Federal, que acompanhará o projeto de lei orçamentária cuja apresentação se der após decorridos 60 (sessenta) dias da publicação desta Lei.

Art. 40. Os arts. 38 e 39 desta Lei produzem efeitos a partir do primeiro dia do exercício subsequente àquele em que for implementado o disposto no art. 39.

Art. 41. Os arts. 6º, 185, 304 e 318 do Decreto-Lei 3.689, de 3 de outubro de 1941 (Código de Processo Penal), passam a vigorar com as seguintes alterações:

"Art. 6º (...)

(...)

X – colher informações sobre a existência de filhos, respectivas idades e se possuem alguma deficiência e o nome e o contato de eventual responsável pelos cuidados dos filhos, indicado pela pessoa presa."

"Art. 185. (...)

(...)

§ 10. Do interrogatório deverá constar a informação sobre a existência de filhos, respectivas idades e se possuem alguma deficiência e o nome e o contato de eventual responsável pelos cuidados dos filhos, indicado pela pessoa presa."

"Art. 304. (...)

(...)

§ 4º Da lavratura do auto de prisão em flagrante deverá constar a informação sobre a existência de filhos, respectivas idades e se possuem alguma deficiência e o nome e o contato de eventual responsável pelos cuidados dos filhos, indicado pela pessoa presa."

"Art. 318. (...)

(...)

IV – gestante;

V – mulher com filho de até 12 (doze) anos de idade incompletos;

VI – homem, caso seja o único responsável pelos cuidados do filho de até 12 (doze) anos de idade incompletos.

(...)"

Art. 42. O art. 5º da Lei 12.662, de 5 de junho de 2012, passa a vigorar acrescido dos seguintes §§ 3º e 4º:

"Art. 5º (...)

(...)

§ 3º O sistema previsto no *caput* deverá assegurar a interoperabilidade com o Sistema Nacional de Informações de Registro Civil (Sirc).

§ 4º Os estabelecimentos de saúde públicos e privados que realizam partos terão prazo de 1 (um) ano para se interligarem, mediante sistema informatizado, às serventias de registro civil existentes nas unidades federativas que aderirem ao sistema interligado previsto em regramento do Conselho Nacional de Justiça (CNJ)."

Art. 43. Esta Lei entra em vigor na data de sua publicação.

Brasília, 8 de março de 2016; 195º da Independência e 128º da República.

Dilma Rousseff

(Publicação no *D.O.U.* de 9.3.2016)

LEI 13.259, DE 16 DE MARÇO DE 2016

Altera as Leis 8.981, de 20 de janeiro de 1995, para dispor acerca da incidência de imposto sobre a renda na hipótese de ganho de capital em decorrência da alienação de bens e direitos de qualquer natureza, e 12.973, de 13 de maio de 2014, para possibilitar opção de tributação de empresas coligadas no exterior na forma de empresas controladas; e regulamenta o inciso XI do art. 156 da Lei 5.172, de 25 de outubro de 1966 – Código Tributário Nacional.

A Presidenta da República:

Faço saber que o Congresso Nacional decreta e eu sanciono a seguinte Lei:

Art. 1º O art. 21 da Lei 8.981, de 20 de janeiro de 1995, passa a vigorar com as seguintes alterações:

→ Alterações efetuadas na referida Lei.

Art. 2º O ganho de capital percebido por pessoa jurídica em decorrência da alienação de bens e direitos do ativo não circulante sujeita-se à incidência do imposto sobre a renda, com a aplicação das alíquotas previstas no *caput* do art. 21 da Lei 8.981, de 20 de janeiro de 1995, e do disposto nos §§ 1º, 3º e 4º do referido artigo, exceto para as pessoas jurídicas tributadas com base no lucro real, presumido ou arbitrado.

Art. 3º A Lei 12.973, de 13 de maio de 2014, passa a vigorar acrescida do seguinte art. 82-A:

"Art. 82-A. Opcionalmente, a pessoa jurídica domiciliada no Brasil poderá oferecer à tributação os lucros auferidos por intermédio de suas coligadas no exterior na forma prevista no art. 82, independentemente do descumprimento das condições previstas no *caput* do art. 81.

§ 1º O disposto neste artigo não se aplica às hipóteses em que a pessoa jurídica coligada domiciliada no Brasil é equiparada à controladora, nos termos do art. 83.

§ 2º A Secretaria da Receita Federal do Brasil estabelecerá a forma e as condições para a opção de que trata o *caput*."

Art. 4º Art. 4º O crédito tributário inscrito em dívida ativa da União poderá ser extinto, nos termos do inciso XI do caput do art. 156 da Lei 5.172, de 25 de outubro de 1966 – Código Tributário Nacional, mediante dação em pagamento de bens imóveis, a critério do credor, na forma desta Lei, desde que atendidas as seguintes condições:

→ *Caput* com redação alterada pela MP 719/2016.

I – a dação seja precedida de avaliação do bem ou dos bens ofertados, que devem estar livres e desembaraçados de quaisquer ônus, nos termos de ato do Ministério da Fazenda; e

→ Inciso I com redação alterada pela MP 719/2016.

II – a dação abranja a totalidade do crédito ou créditos que se pretende liquidar com atualização, juros, multa e encargos legais, sem desconto de qualquer natureza, assegurando-se ao devedor a possibilidade de complementação em dinheiro de eventual diferença entre os valores da totalidade da dívida e o valor do bem ou dos bens ofertados em dação.

→ Inciso II com redação alterada pela MP 719/2016.

§ 1º O disposto no caput não se aplica aos créditos tributários referentes ao Regime Especial Unificado de Arrecadação de Tributos e Contribuições devidos pelas Microempresas e Empresas de Pequeno Porte - Simples Nacional.

→ § 1º acrescentado pela MP 719/2016.

§ 2º Caso o crédito que se pretenda extinguir seja objeto de discussão judicial, a dação em pagamento somente produzirá efeitos após a desistência da referida ação pelo devedor ou corresponsável e a renúncia do direito sobre o qual se funda a ação, devendo o devedor ou o corresponsável arcar com o pagamento das custas judiciais e honorários advocatícios.

→ § 2º acrescentado pela MP 719/2016.

§ 3º A União observará a destinação específica dos créditos extintos por dação em pagamento, nos termos de ato do Ministério da Fazenda.

→ § 3º acrescentado pela MP 719/2016.

Art. 5º Esta Lei entra em vigor na data de sua publicação, produzindo efeitos a partir de 1º de janeiro de 2016.

§ 1º (*Vetado*).

§ 2º (*Vetado*).

Brasília, 16 de março de 2016; 195º da Independência e 128º da República.

Dilma Rousseff

(Publicação no *D.O.U.* de 17.3.2016)

- **SÚMULAS TEMÁTICAS DE TRIBUTÁRIO DO STF E STJ**
- **SÚMULAS VINCULANTES, STF, STJ E JEF**

VADE MECUM DE LEGISLAÇÃO FOCO

• Súmulas Temáticas de Tributário do STF e STJ
• Súmulas Vinculantes, STF, STJ e JEF

SÚMULAS TEMÁTICAS DO STF

CONTRIBUIÇÕES

Súmula 732 – É constitucional a cobrança da contribuição do salário-educação, seja sob a carta de 1969, seja sob a constituição federal de 1988, e no regime da lei 9424/1996.

Súmula 659 – É legítima a cobrança da COFINS, do PIS e do FINSOCIAL sobre as operações relativas a energia elétrica, serviços de telecomunicações, derivados de petróleo, combustíveis e minerais do país.

SÚMULA 658 – São constitucionais os arts. 7º da Lei 7.787/1989 e 1º da Lei 7.894/1989 e da Lei 8.147/1990, que majoraram a alíquota do Finsocial, quando devida a contribuição por empresas dedicadas exclusivamente à prestação de serviços.

EMPRÉSTIMO COMPULSÓRIO

SÚMULA 418 – O empréstimo compulsório não é tributo, e sua arrecadação não está sujeita à exigência constitucional da prévia autorização orçamentária.

EXECUÇÃO FISCAL

SÚMULA 278 – São cabíveis embargos em ação executiva fiscal contra decisão reformatória da de primeira instância, ainda que unânime.

SÚMULA 277 – São cabíveis embargos, em favor da Fazenda Pública, em ação executiva fiscal, não sendo unânime a decisão.

SÚMULA 276 – Não cabe recurso de revista em ação executiva fiscal.

ICMS

Súmula 662 – É legítima a incidência do ICMS na comercialização de exemplares de obras cinematográficas, gravados em fitas de videocassete.

Súmula 661 – Na entrada de mercadoria importada do exterior, é legítima a cobrança do ICMS por ocasião do desembaraço aduaneiro.

SÚMULA 660 – Não incide ICMS na importação de bens por pessoa física ou jurídica que não seja contribuinte do imposto.

SÚMULA 579 – A cal virgem e a hidratada estão sujeitas ao imposto de circulação de mercadorias.

SÚMULA 578 – Não podem os Estados, a título de ressarcimento de despesas, reduzir a parcela de 20% do produto da arrecadação do imposto de circulação de mercadorias, atribuída aos Municípios pelo art. 23, § 8º, da Constituição Federal.

SÚMULA 577 – Na importação de mercadorias do exterior, o fato gerador do imposto de circulação de mercadorias ocorre no momento de sua entrada no estabelecimento do importador.

SÚMULA 576 – É lícita a cobrança do imposto de circulação de mercadorias sobre produtos importados sob o regime da alíquota «zero».

SÚMULA 574 – Sem lei estadual que a estabeleça, é ilegítima a cobrança do imposto de circulação de mercadorias sobre o fornecimento de alimentação e bebidas em restaurante ou estabelecimento similar.

SÚMULA 573 – Não constitui fato gerador do imposto de circulação de mercadorias a saída física de máquinas, utensílios e implementos a título de comodato.

SÚMULA 572 – No cálculo do imposto de circulação de mercadorias devido na saída de mercadorias para o exterior, não se incluem fretes pagos a terceiros, seguros e despesas de embarque.

SÚMULA 571 – O comprador de café ao IBC, ainda que sem expedição de nota fiscal, habilita-se, quando da comercialização do produto, ao crédito do ICM que incidiu sobre a operação anterior.

SÚMULA 570 – O imposto de circulação de mercadorias não incide sobre a importação de bens de capital.

SÚMULA 569 – É inconstitucional a discriminação de alíquotas do imposto de circulação de mercadorias nas operações interestaduais, em razão de o destinatário ser, ou não, contribuinte.

IMPOSTO DE VENDAS E CONSIGNAÇÕES

SÚMULA 540 – No preço da mercadoria sujeita ao imposto de vendas e consignações, não se incluem as despesas de frete e carreto.

SÚMULA 533 – Nas operações denominadas "crediários", com emissão de vales ou certificados para compras e nas quais, pelo financiamento, se cobram, em separado, juros, selos e outras despesas, incluir-se-á tudo no custo da mercadoria e sobre esse preço global calcular-se- á o imposto de vendas e consignações.

SÚMULA 334 – É legítima a cobrança, ao empreiteiro, do imposto de vendas e consignações, sobre o valor dos materiais empregados, quando a empreitada não for apenas de lavor.

SÚMULA 333 – Está sujeita ao imposto de vendas e consignações a venda realizada por invernista não qualificado como pequeno produtor.

SÚMULA 332 – É legítima a incidência do imposto de vendas e consignações sobre a parcela do preço correspondente aos ágios cambiais.

SÚMULA 143 – Na forma da lei estadual, é devido o imposto de vendas e consignações na exportação de café pelo Estado da Guanabara, embora proveniente de outro Estado.

SÚMULA 119 – É devido o imposto de vendas e consignações sobre a venda de cafés ao Instituto Brasileiro do Café, embora o lote, originariamente, se destinasse à exportação.

SÚMULA 118 – Estão sujeitas ao imposto de vendas e consignações as transações sobre minerais, que ainda não estão compreendidos na legislação federal sobre o Imposto Único.

SÚMULA 117 – A lei estadual pode fazer variar a alíquota do imposto de vendas e consignações em razão da espécie do produto.

IMPORTAÇÃO

SÚMULA 582 – É constitucional a Resolução 640/1969, do Conselho de Política Aduaneira, que reduziu a alíquota do imposto de importação para a soda cáustica, destinada a zonas de difícil distribuição e abastecimento.

SÚMULA 559 – O Decreto-lei 730, de 5.8.1969, revogou a exigência de homologação, pelo Ministro da Fazenda, das Resoluções do Conselho de Política Aduaneira.

SÚMULA 535 – Na importação, a granel, de combustíveis líquidos é admissível a diferença de peso, para mais, até 4%, motivada pelas variações previstas no Decreto-lei 1.028, de 4.1.1039, art. 1º.

SÚMULA 534 – O imposto de importação sobre o extrato alcoólico de malte, como matéria-prima para fabricação de whisky, incide à base de 60%, desde que desembarcado antes do Decreto-lei 398, de 30.12.1968.

SÚMULA 83 – Os ágios de importação incluem-se no valor dos artigos importados para incidência do imposto de consumo.

IMPOSTO NÃO DEVIDO

SÚMULA 541 – O Imposto sobre Vendas e Consignações não incide sobre a venda ocasional de veículos e equipamentos usados, que não se insere na atividade profissional do vendedor, e não é realizada com o fim de lucro, sem caráter, pois, de comercialidade.

SÚMULA 350 – O imposto de indústrias e profissões não é exigível de empregado, por falta de autonomia na sua atividade profissional.

SÚMULA 239 – Decisão que declara indevida a cobrança do imposto em determinado exercício não faz coisa julgada em relação aos posteriores.

SÚMULA 139 – É indevida a cobrança do imposto de transação a que se refere a Lei 899, de 1957, art. 58, IV, letra *e*, do antigo Distrito Federal.

SÚMULA 125 – Não é devido o imposto de vendas e consignações sobre a parcela do imposto de consumo que onera a primeira venda realizada pelo produtor.

SÚMULA 86 – Não está sujeito ao imposto de consumo automóvel usado, trazido do exterior pelo proprietário.

SÚMULA 85 – Não estão sujeitos ao imposto de consumo os bens de uso pessoal e doméstico trazidos, como bagagem, do exterior.

INCONSTITUCIONALIDADE

SÚMULA 126 – É inconstitucional a chamada taxa de aguardente, do Instituto do Açúcar e do Álcool.

SÚMULA 124 – É inconstitucional o adicional do imposto de vendas e consignações cobrado pelo Estado do Espírito Santo sobre cafés da cota de expurgo entregues ao Instituto Brasileiro do Café.

SÚMULA 82 – São inconstitucionais o Imposto de Cessão e a taxa sobre inscrição de promessa de venda de imóvel, substitutivos do Imposto de Transmissão, por incidirem sobre ato que não transfere o domínio.

IOF

Súmula 664 – É inconstitucional o inciso V do art. 1º da Lei 8.033/1990, que instituiu a incidência do Imposto nas Operações de Crédito, Câmbio e Seguros – IOF sobre saques efetuados em caderneta de poupança.

IPTU

Súmula 668 – É inconstitucional a lei municipal que tenha estabelecido, antes da Emenda Constitucional 29/2000, alíquotas progressivas para o IPTU, salvo se destinada a assegurar o cumprimento da função social da propriedade urbana.

Súmula 589 – É inconstitucional a fixação de adicional progressivo do Imposto Predial e Territorial Urbano em função do número de imóveis do contribuinte.

Súmula 583 – Promitente comprador de imóvel residencial transcrito em nome de autarquia é contribuinte do Imposto Predial Territorial Urbano.

Súmula 539 – É constitucional a lei do Município que reduz o Imposto Predial Urbano sobre Imóvel ocupado pela residência do proprietário, que não possua outro.

IR

SÚMULA 587 – Incide Imposto de Renda sobre o pagamento de serviços técnicos contratados no exterior e prestados no Brasil.

SÚMULA 586 – Incide Imposto de Renda sobre os juros remetidos para o exterior, com base em contrato de mútuo.

SÚMULA 585 Não incide o Imposto de Renda sobre a remessa de divisas para pagamento de serviços prestados no exterior, por empresa que não opera no Brasil.

Súmula 584 – Ao Imposto de Renda calculado sobre os rendimentos do ano-base, aplica-se a lei vigente no exercício financeiro em que deve ser apresentada a declaração.

SÚMULA 94 – É competente a autoridade alfandegária para o desconto, na fonte, do Imposto de Renda correspondente às comissões dos despachantes aduaneiros.

ISENÇÃO

SÚMULA 581 – A exigência de transporte em navio de bandeira brasileira, para efeito de isenção tributária, legitimou-se com o advento do Decreto-lei 666, de 2.7.1969.

SÚMULA 580 – A isenção prevista no art. 13, parágrafo único, do Decreto-lei 43/1966, restringe-se aos filmes cinematográficos.

SÚMULA 575 – À mercadoria importada de país signatário do GATT, ou membro da ALALC, estende-se a isenção do Imposto de Circulação de Mercadorias concedida a similar nacional.

SÚMULA 550 – A isenção concedida pelo art. 2º da Lei 1.815/1953, às empresas de navegação aérea não compreende a taxa de melhoramento de portos, instituída pela Lei 3.421/1958.

Súmula 544 – Isenções tributárias concedidas, sob condição onerosa, não podem ser livremente suprimidas.

SÚMULA 543 – A Lei 2.975, de 27.11.1965, revogou, apenas, as isenções de caráter geral, relativas ao imposto único sobre combustíveis, não as especiais, por outras leis concedidas.

SÚMULA 471 – As empresas aeroviárias não estão isentas do imposto de indústrias e profissões.

SÚMULA 437 – Está isenta da taxa de despacho aduaneiro a importação de equipamento para a indústria automobilística, segundo plano aprovado, no prazo legal, pelo órgão competente.

SÚMULA 436 – É válida a Lei 4.093, de 24.10.959, do Paraná, que revogou a isenção concedida às cooperativas por lei anterior.

SÚMULA 244 – A importação de máquinas de costura está isenta do imposto de consumo.

SÚMULA 93 – Não está isenta do Imposto de Renda a atividade profissional do arquiteto.

SÚMULA 91 – A incidência do Imposto Único não isenta o comerciante de combustíveis do imposto de indústrias e profissões.

SÚMULA 89 – Estão isentas do Imposto de Importação frutas importadas da Argentina, do Chile, da Espanha e de Portugal, enquanto vigentes os respectivos acordos comerciais.

SÚMULA 84 – Não estão isentos do imposto de consumo os produtos importados pelas cooperativas.

SÚMULA 81 – As cooperativas não gozam de isenção de impostos locais, com fundamento na Constituição e nas leis federais.

SÚMULA 79 – O Banco do Brasil não tem isenção de tributos locais.

SÚMULA 78 – Estão isentas de impostos locais as empresas de energia elétrica, no que respeita às suas atividades específicas.

SÚMULA 77 – Está isenta de impostos federais a aquisição de bens pela Rede Ferroviária Federal.

ISS

SÚMULA 663 – Os §§ 1º e 3º do art. 9º do Decreto-lei 406/1968 foram recebidos pela Constituição.

Súmula 588 – O imposto sobre serviços não incide sobre os depósitos, as comissões e taxas de desconto, cobrados pelos estabelecimentos bancários.

ITBI

Súmula 656 – É inconstitucional a lei que estabelece alíquotas progressivas para o imposto de transmissão *inter vivos* de bens imóveis – ITBI com base no valor venal do imóvel.

SÚMULA 470 – O imposto de transmissão *inter vivos* não incide sobre a construção, ou parte dela, realizada, inequivocamente, pelo promitente comprador, mas sobre o valor do que tiver sido construído antes da promessa de venda.

SÚMULA 329 – O imposto de transmissão *inter vivos* não incide sobre a transferência de ações de sociedade imobiliária.

SÚMULA 328 – É legítima a incidência do imposto de transmissão *inter vivos* sobre a doação de imóvel.

SÚMULA 326 – É legítima a incidência do imposto de transmissão *inter vivos* sobre a transferência do domínio útil.

SÚMULA 111 – É legítima a incidência do imposto de transmissão *inter vivos* sobre a restituição, ao antigo proprietário, de imóvel que deixou de servir à finalidade da sua desapropriação.

SÚMULA 110 – O imposto de transmissão *inter vivos* não incide sobre a construção, ou parte dela, realizada pelo adquirente, mas sobre o que tiver sido construído ao tempo da alienação do terreno.

SÚMULA 108 – É legítima a incidência do imposto de transmissão *inter vivos* sobre o valor do imóvel ao tempo da alienação e não da promessa, na conformidade da legislação local.

ITCMD

Súmula 590 – Calcula-se o imposto de transmissão *causa mortis* sobre o saldo credor da promessa de compra e venda de imóvel, no momento da abertura da sucessão do promitente vendedor.

SÚMULA 435 – O imposto de transmissão causa mortis pela transferência de ações é devido ao Estado em que tem sede a companhia.

SÚMULA 331 – É legítima a incidência do imposto de transmissão causa mortis no inventário por morte presumida.

SÚMULA 116 – Em desquite ou inventário, é legítima a cobrança do chamado imposto de reposição, quando houver desigualdade nos valores partilhados.

Súmula 115 - Sobre os honorários do advogado contratado pelo inventariante, com a homologação do juiz, não incide o imposto de transmissão *causa mortis*.

Súmula 114 - O imposto de transmissão *causa mortis* não é exigível antes da homologação do cálculo.

SÚMULA 113 - O imposto de transmissão causa mortis é calculado sobre o valor dos bens na data da avaliação.

Súmula 112 - o imposto de transmissão *causa mortis* é devido pela alíquota vigente ao tempo da abertura da sucessão.

LUCRO

SÚMULA 538 - A avaliação judicial para o efeito do cálculo das benfeitorias dedutíveis do imposto sobre lucro imobiliário independe do limite a que se refere a Lei 3.470, de 28.11.1958, art. 8º, parágrafo único.

SÚMULA 100 - Não é devido o Imposto de Lucro Imobiliário, quando a alienação de imóvel, adquirido por usucapião, tiver sido anterior à vigência da Lei 3.470, de 28.11.1958.

SÚMULA 99 - Não é devido o Imposto de Lucro Imobiliário, quando a alienação de imóvel adquirido por herança, ou a título gratuito, tiver sido anterior à vigência da Lei 3.470, de 28.11.1958.

SÚMULA 98 - Sendo o imóvel alienado na vigência da Lei 3.470, de 28.11.1958, ainda que adquirido por herança, usucapião ou a título gratuito, é devido o imposto de lucro imobiliário.

SÚMULA 97 - É devida a alíquota anterior do imposto de lucro imobiliário, quando a promessa de venda houver sido celebrada antes da vigência da lei que a tiver elevado.

SÚMULA 96 - O imposto de lucro imobiliário incide sobre a venda de imóvel da meação do cônjuge sobrevivente, ainda que aberta a sucessão antes da vigência da Lei 3.470, de 28.11.1958.

SÚMULA 95 - Para cálculo do imposto de lucro extraordinário, incluem-se no capital as reservas do ano-base, apuradas em balanço.

MULTA

SÚMULA 565 - A multa fiscal moratória constitui pena administrativa, não se incluindo no crédito habilitado em falência.

SÚMULA 560 - A extinção de punibilidade, pelo pagamento do tributo devido, estende-se ao crime de contrabando ou descaminho, por força do art. 18, § 2º, do Decreto-lei 157/1967.

SÚMULA 542 - Não é inconstitucional a multa instituída pelo Estado-membro, como sanção pelo retardamento do início ou da ultimação do inventário.

SÚMULA 469 - A multa de cem por cento, para o caso de mercadoria importada irregularmente, é calculada à base do custo de câmbio da categoria correspondente.

PRESCRIÇÃO

SÚMULA 383 - A prescrição em favor da Fazenda Pública recomeça a correr, por dois anos e meio, a partir do ato interruptivo, mas não fica reduzida aquém de cinco anos, embora o titular do direito a interrompa durante a primeira metade do prazo.

PRINCÍPIOS E IMUNIDADES

Súmula 730 - A imunidade tributária conferida a instituições de assistência social sem fins lucrativos pelo art. 150, VI, *c*, da constituição, somente alcança as entidades fechadas de previdência social privada se não houver contribuição dos beneficiários.

Súmula 724 - Ainda quando alugado a terceiros, permanece imune ao IPTU o imóvel pertencente a qualquer das entidades referidas pelo art. 150, VI, *c*, da constituição, desde que o valor dos aluguéis seja aplicado nas atividades essenciais de tais entidades.

Súmula 669 - Norma legal que altera o prazo de recolhimento da obrigação tributária não se sujeita ao princípio da anterioridade.

Súmula 657 - A imunidade prevista no art. 150, VI, *d*, da constituição federal abrange os filmes e papéis fotográficos necessários à publicação de jornais e periódicos.

SÚMULA 615 - O princípio constitucional da anualidade (§ 29 do art. 153 da CF) não se aplica à revogação de isenção do ICM.

SÚMULA 591 - A imunidade ou a isenção tributária do comprador não se estende ao produtor, contribuinte do imposto sobre produtos industrializados.

SÚMULA 563 - O concurso de preferência a que se refere o parágrafo único do art. 187 do Código Tributário Nacional é compatível com o disposto no art. 9º, inciso I, da Constituição Federal.

Súmula 553 - O adicional ao frete para renovação da marinha mercante (AFRMM) é contribuição parafiscal, não sendo abrangido pela imunidade prevista na letra *d*, III, do art. 19 da constituição federal.

SÚMULA 536 - São objetivamente imunes ao imposto sobre circulação de mercadorias os produtos industrializados, em geral, destinados à exportação, além de outros, com a mesma destinação, cuja isenção a lei determinar.

SÚMULA 439 - Estão sujeitos à fiscalização tributária ou previdenciária quaisquer livros comerciais, limitado o exame aos pontos objeto da investigação.

SÚMULA 336 - A imunidade da autarquia financiadora, quanto ao contrato de financiamento, não se estende à compra e venda entre particulares, embora constantes os dois atos de um só instrumento.

SÚMULA 318 - É legítima a cobrança, em 1962, pela municipalidade de São Paulo, do imposto de indústrias e profissões, consoante as Leis 5.917 e 5.919, de 1961 (aumento anterior à vigência do orçamento e incidência do tributo sobre o movimento econômico do contribuinte).

SÚMULA 92 - É constitucional o art. 100, II, da Lei 4.563, de 20.2.1957, do Município de Recife, que faz variar o imposto de licença em função do aumento do capital do contribuinte.

SÚMULA 90 - É legítima a lei local que faça incidir o imposto de indústrias e profissões com base no movimento econômico do contribuinte.

SÚMULA 76 - As sociedades de economia mista não estão protegidas pela imunidade fiscal do art. 31, V, *a*, Constituição Federal.

SÚMULA 75 - Sendo vendedora uma autarquia, a sua imunidade fiscal não compreende o imposto de transmissão *inter vivos*, que é encargo do comprador.

SÚMULA 74 - O imóvel transcrito em nome de autarquia, embora objeto de promessa de venda a particulares, continua imune de impostos locais.

SÚMULA 73 - A imunidade das autarquias, implicitamente contida no art. 31, V, *a*, da Constituição Federal, abrange tributos estaduais e municipais.

SÚMULA 69 - A Constituição estadual não pode estabelecer limite para o aumento de tributos municipais.

SÚMULA 68 - É legítima a cobrança, pelos Municípios, no exercício de 1961, de tributo estadual, regularmente criado ou aumentado, e que lhes foi transferido pela Emenda Constitucional 5, de 21.11.1961.

SÚMULA 67 - É inconstitucional a cobrança do tributo que houver sido criado ou aumentado no mesmo exercício financeiro.

SÚMULA 66 - É legítima a cobrança do tributo que houver sido aumentado após o orçamento, mas antes do início do respectivo exercício financeiro.

REPETIÇÃO DO INDÉBITO

Súmula 546 - Cabe a restituição do tributo pago indevidamente, quando reconhecido por decisão, que o contribuinte *de jure* não recuperou do contribuinte *de facto* o *quantum* respectivo.

SÚMULA 71 - Embora pago indevidamente, não cabe restituição de tributo indireto.

SELO

SÚMULA 548 - É inconstitucional o Decreto-lei 643, de 19.6.1947, artigo 4º, do Paraná, na parte que exige selo proporcional sobre atos e instrumentos regulados por lei federal.

SÚMULA 537 - É inconstitucional a exigência de Imposto Estadual do Selo, quando feita nos atos e instrumentos tributados ou regulados por lei federal, ressalvado o disposto no art. 15, § 5º, da Constituição Federal de 1946.

SÚMULA 532 - É constitucional a Lei 5.043, de 21.6.1966, que concedeu remissão das dívidas fiscais oriundas da falta de oportuno pagamento de selo nos contratos particulares com a Caixa Econômica e outras entidades autárquicas.

SÚMULA 468 - Após a Emenda Constitucional 5 de 21.11.1961, em contrato firmado com a União, Estado, Município ou autarquia, é devido o Imposto Federal de Selo pelo contratante não protegido pela imunidade, ainda que haja repercussão do ônus tributário sobre o patrimônio daquelas entidades.

SÚMULA 303 - Não é devido o Imposto Federal de Selo em contrato firmado com autarquia anteriormente à vigência da Emenda Constitucional 5, de 21.11.1961.

SÚMULA 107 - É inconstitucional o Imposto de Selo de 3%, *ad valorem*, do Paraná, quanto aos produtos remetidos para fora do Estado.

SÚMULA 106 - É legítima a cobrança de selo sobre registro de automóveis, na conformidade da legislação estadual.

SÚMULA 104 - Não é devido o imposto federal do selo na simples reavaliação de ativo anterior à vigência da Lei 3.519, de 30.12.1958.

SÚMULA 103 - É devido o imposto federal do selo na simples reavaliação de ativo, realizada posteriormente à vigência da Lei 3.519, de 30.12.1958.

SÚMULA 102 - É devido o imposto federal do selo pela incorporação de reservas, em reavaliação de ativo, ainda que realizada antes da vigência da Lei 3.519, de 30.12.1958.

TARIFA

SÚMULA 404 - Não contrariam a Constituição os arts 3º, 22 e 27 da Lei 3.244, de 14.8.1957, que definem as atribuições do Conselho de Política Aduaneira quanto à tarifa flexível.

SÚMULA 148 - É legítimo o aumento de tarifas portuárias por ato do Ministro da Viação e Obras Públicas.

SÚMULA 88 - É válida a majoração da tarifa alfandegária, resultante da Lei 3.244, de 14.8.1957, que modificou o Acordo Geral sobre Tarifas Aduaneiras e Comércio (GATT), aprovado pela Lei 313, de 30.7.1948.

TAXAS

Súmula 670 - O serviço de iluminação pública não pode ser remunerado mediante taxa.

SÚMULA 667 - Viola a garantia constitucional de acesso à jurisdição a taxa judiciária calculada sem limite sobre o valor da causa.

SÚMULA 665 - É constitucional a Taxa de Fiscalização dos Mercados de Títulos e Valores Mobiliários instituída pela Lei 7.940/1989.

Súmula 595 - É inconstitucional a taxa municipal de conservação de estradas de rodagem cuja base de cálculo seja idêntica à do imposto territorial rural.

SÚMULA 551 - É inconstitucional a taxa de urbanização da Lei 2.320, de 20.12.1961, instituída pelo Município de Porto Alegre, porque seu fato gerador é o mesmo da transmissão imobiliária.

SÚMULA 549 - A Taxa de Bombeiros do Estado de Pernambuco é constitucional, revogada a Súmula 274.

Súmula 545 - Preços de serviços públicos e taxas não se confundem, porque estas, diferentemente daqueles, são compulsórias e têm sua cobrança condicionada à prévia autorização orçamentária, em relação à lei que as instituiu.

SÚMULA 438 - É ilegítima a cobrança, em 1962, da Taxa de Educação e Saúde, de Santa Catarina, adicional do imposto de vendas e consignações.

SÚMULA 348 - É constitucional a criação de taxa de construção, conservação e melhoramento de estradas.

SÚMULA 324 - A imunidade do art. 31, V, da Constituição Federal não compreende as taxas.

SÚMULA 309 - A taxa de despacho aduaneiro, sendo adicional do imposto de importação, não está compreendida na isenção do imposto de consumo para automóvel usado trazido do exterior pelo proprietário.

SÚMULA 308 - A taxa de despacho aduaneiro, sendo adicional do imposto de importação, não incide sobre borracha importada com isenção daquele imposto.

SÚMULA 306 - As taxas de recuperação econômica e de assistência hospitalar de Minas Gerais são legítimas, quando incidem sobre matéria tributável pelo Estado.

SÚMULA 302 - Está isenta da taxa de previdência social a importação de petróleo bruto.

SÚMULA 274 - É inconstitucional a taxa de serviço contra fogo cobrada pelo Estado de Pernambuco.

SÚMULA 144 - É inconstitucional a incidência da taxa de recuperação econômica de Minas Gerais sobre contrato sujeito ao imposto federal do Selo.

SÚMULA 142 - Não é devida a taxa de previdência social sobre mercadorias isentas do imposto de importação.

SÚMULA 141 - Não incide a taxa de previdência social sobre combustíveis.

SÚMULA 140 - Na importação de lubrificantes é devida a taxa de previdência social.

SÚMULA 138 - É inconstitucional a taxa contra fogo, do estado de Minas Gerais, incidente sobre prêmio de seguro contra fogo.

SÚMULA 137 - A taxa de fiscalização da exportação incide sobre a bonificação cambial concedida ao exportador.

SÚMULA 136 - É constitucional a taxa de estatística da Bahia.

SÚMULA 135 - É inconstitucional a taxa de eletrificação de Pernambuco.

SÚMULA 134 - A isenção fiscal para a importação de frutas da Argentina compreende a taxa de despacho aduaneiro e a taxa de previdência social.

SÚMULA 133 - Não é devida a taxa de despacho aduaneiro na importação de fertilizantes e inseticidas.

SÚMULA 132 - Não é devida a taxa de previdência social na importação de amianto bruto ou em fibra.

SÚMULA 131 - A taxa de despacho aduaneiro (art. 66 da Lei 3.244, de 14.8.1957) continua a ser exigível após o Decreto Legislativo 14, de 25.8.1960, mesmo para as mercadorias incluídas na vigente lista III do Acordo Geral sobre Tarifas Aduaneiras e Comércio (GATT).

SÚMULA 130 - A taxa de despacho aduaneiro (art. 66 da Lei 3.244, de 14.8.1957) continua a ser exigível após o Decreto Legislativo 14, de 25.8.1960, que aprovou alterações introduzidas no Acordo Geral sobre Tarifas Aduaneiras e Comércio (GATT).

SÚMULA 129 - Na conformidade da legislação local, é legítima a cobrança de taxa de calçamento.

SÚMULA 128 - É indevida a taxa de assistência médica e hospitalar das instituições de previdência social.

SÚMULA 127 - É indevida a taxa de armazenagem, posteriormente aos primeiros trinta dias, quando não exigível o imposto de consumo, cuja cobrança tenha motivado a retenção da mercadoria.

TRIBUTO COMO LIMITADOR DA ATIVIDADE ECONÔMICA

Súmula 547 - Não é lícito à autoridade proibir que o contribuinte em débito adquira estampilhas, despache mercadorias nas alfândegas e exerça suas atividades profissionais.

Súmula 323 - É inadmissível a apreensão de mercadorias como meio coercitivo para pagamento de tributos.

Súmula 70 - É inadmissível a interdição de estabelecimento como meio coercitivo para cobrança de tributo.

SÚMULAS TEMÁTICAS DO STJ

CDA

Súmula 446 - Declarado e não pago o débito tributário pelo contribuinte, é legítima a recusa de expedição de certidão negativa ou positiva com efeito de negativa.

Súmula 392 - A Fazenda Pública pode substituir a certidão de dívida ativa (CDA) até a prolação da sentença de embargos, quando se tratar de correção de erro material ou formal, vedada a modificação do sujeito passivo da execução.

CIDE

Súmula 516 - A contribuição de intervenção no domínio econômico para o Incra (Decreto-Lei 1.110/1970), devida por empregadores rurais e urbanos, não foi extinta pelas Leis 7.787/1989, 8.212/1991 e 8.213/1991, não podendo ser compensada com a contribuição ao INSS.

Compensação

Súmula 464 - A regra de imputação de pagamentos estabelecida no art. 354 do Código Civil não se aplica às hipóteses de compensação tributária.

Súmula 461 - O contribuinte pode optar por receber, por meio de precatório ou por compensação, o indébito tributário certificado por sentença declaratória transitada em julgado.

Súmula 460 - É incabível o mandado de segurança para convalidar a compensação tributária realizada pelo contribuinte.

Súmula 213 - O mandado de segurança constitui ação adequada para a declaração do direito à compensação tributária.

Súmula 212 - A compensação de créditos tributários não pode ser deferida em ação cautelar ou por medida liminar cautelar ou antecipatória.(*)

(*) A Primeira Seção, na sessão ordinária de 11 de maio de 2005, deliberou pela ALTERAÇÃO do enunciado da Súmula 212. REDAÇÃO ANTERIOR (decisão de 23/09/1998, DJ 02/10/1998, PG. 250): A COMPENSAÇÃO DE CRÉDITOS TRIBUTÁRIOS NÃO PODE SER DEFERIDA POR MEDIDA LIMINAR.

Contribuições

Súmula 353 – As disposições do Código Tributário Nacional não se aplicam às contribuições para o FGTS.

Contribuição previdenciária

Súmula 458 – A contribuição previdenciária incide sobre a comissão paga ao corretor de seguros.

Contribuição Sesc/Senac

Súmula 499 – As empresas prestadoras de serviços estão sujeitas às contribuições ao Sesc e Senac, salvo se integradas noutro serviço social.

Declaração do contribuinte

Súmula 555 – Quando não houver declaração do débito, o prazo decadencial quinquenal para o Fisco constituir o crédito tributário conta-se exclusivamente na forma do art. 173, I, do CTN, nos casos em que a legislação atribui ao sujeito passivo o dever de antecipar o pagamento sem prévio exame da autoridade administrativa.

Súmula 436 – A entrega de declaração pelo contribuinte reconhecendo débito fiscal constitui o crédito tributário, dispensada qualquer outra providência por parte do fisco.

Denúncia espontânea

Súmula 360 – O benefício da denúncia espontânea não se aplica aos tributos sujeitos a lançamento por homologação regularmente declarados, mas pagos a destempo.

Depósito

Súmula 373 – É ilegítima a exigência de depósito prévio para admissibilidade de recurso administrativo.

Súmula 112 – O depósito somente suspende a exigibilidade do crédito tributário se for integral e em dinheiro.

EF/ Embargos / Exceção

Súmula 559 – Em ações de execução fiscal, é desnecessária a instrução da petição inicial com o demonstrativo de cálculo do débito, por tratar-se de requisito não previsto no art. 6º da Lei 6.830/1980.

Súmula 558 – Em ações de execução fiscal, a petição inicial não pode ser indeferida sob o argumento da falta de indicação do CPF e/ou RG ou CNPJ da parte executada.

Súmula 515 – A reunião de execuções fiscais contra o mesmo devedor constitui faculdade do Juiz.

Súmula 414 – A citação por edital na execução fiscal é cabível quando frustradas as demais modalidades.

Súmula 409 – Em execução fiscal, a prescrição ocorrida antes da propositura da ação pode ser decretada de ofício (art. 219, § 5º, do CPC).

Súmula 406 – A Fazenda Pública pode recusar a substituição do bem penhorado por precatório.

Súmula 400 – O encargo de 20% previsto no Decreto Lei 1.025/1969 é exigível na execução fiscal proposta contra a massa falida.

Súmula 394 – É admissível, em embargos à execução, compensar os valores de imposto de renda retidos indevidamente na fonte com os valores restituídos apurados na declaração anual.

Súmula 393 – A exceção de pré-executividade é admissível na execução fiscal relativamente às matérias conhecíveis de ofício que não demandem dilação probatória.

Súmula 375 – O reconhecimento da fraude à execução depende do registro da penhora do bem alienado ou da prova de má-fé do terceiro adquirente.

Súmula 349 – Compete à Justiça Federal ou aos juízes com competência delegada o julgamento das execuções fiscais de contribuições devidas pelo empregador ao FGTS.

Súmula 314 – Em execução fiscal, não localizados bens penhoráveis, suspende-se o processo por um ano, findo o qual se inicia o prazo da prescrição quinquenal intercorrente.

Súmula 251 – A meação só responde pelo ato ilícito quando o credor, na execução fiscal, provar que o enriquecimento dele resultante aproveitou ao casal.

Empréstimo Compulsório

Súmula 553 – Nos casos de empréstimo compulsório sobre o consumo de energia elétrica, é competente a Justiça estadual para o julgamento de demanda proposta exclusivamente contra a Eletrobrás. Requerida a intervenção da União no feito após a prolação de sentença pelo juízo estadual, os autos devem ser remetidos ao Tribunal Regional Federal competente para o julgamento da apelação se deferida a intervenção.

Garantias/Privilégios/Preferências do crédito

Súmula 560 – A decretação da indisponibilidade de bens e direitos, na forma do art. 185-A do CTN, pressupõe o exaurimento das diligências na busca por bens penhoráveis, o qual fica caracterizado quando infrutíferos o pedido de constrição sobre ativos financeiros e a expedição de ofícios aos registros públicos do domicílio do executado, ao Denatran ou Detran.

Súmula 497 – Os créditos das autarquias federais preferem aos créditos da Fazenda estadual desde que coexistam penhoras sobre o mesmo bem.

ICMS

Súmula 509 – É lícito ao comerciante de boa-fé aproveitar os créditos de ICMS decorrentes de nota fiscal posteriormente declarada inidônea, quando demonstrada a veracidade da compra e venda.

Súmula 457 – Os descontos incondicionais nas operações mercantis não se incluem na base de cálculo do ICMS.

Súmula 433 – O produto semielaborado, para fins de incidência de ICMS, é aquele que preenche cumulativamente os três requisitos do art. 1º da Lei Complementar 65/1991.

Súmula 432 – As empresas de construção civil não estão obrigadas a pagar ICMS sobre mercadorias adquiridas como insumos em operações interestaduais.

Súmula 431 – É ilegal a cobrança de ICMS com base no valor da mercadoria submetido ao regime de pauta fiscal.

Súmula 395 – O ICMS incide sobre o valor da venda a prazo constante da nota fiscal.

Súmula 391 – O ICMS incide sobre o valor da tarifa de energia elétrica correspondente à demanda de potência efetivamente utilizada.

Súmula 350 – O ICMS não incide sobre o serviço de habilitação de telefone celular.

Súmula 334 – O ICMS não incide no serviço dos provedores de acesso à Internet.

Súmula 237 – Nas operações com cartão de crédito, os encargos relativos ao financiamento não são considerados no cálculo do ICMS.

Súmula 198 – Na importação de veículo por pessoa física, destinado a uso próprio, incide o ICMS.

Súmula 166 – Não constitui fato gerador do ICMS o simples deslocamento de mercadoria de um para outro estabelecimento do mesmo contribuinte.

Súmula 163 – O fornecimento de mercadorias com a simultânea prestação de serviços em bares, restaurantes e estabelecimentos similares constitui fato gerador do ICMS a incidir sobre o valor total da operação.

Súmula 152 – Na venda pelo segurador, de bens salvados de sinistros, incide o ICMS. (*).

Súmula 135 – O ICMS não incide na gravação e distribuição de filmes e videoteipes.

Súmula 129 – O exportador adquire o direito de transferência de crédito do ICMS quando realiza a exportação do produto e não ao estocar a matéria-prima.

Súmula 95 – A redução da alíquota do imposto sobre produtos industrializados ou do imposto de importação não implica redução do ICMS.

Súmula 87 – A isenção do ICMS relativa a rações balanceadas para animais abrange o concentrado e o suplemento.

Súmula 71 – O bacalhau importado de pais signatário do GATT e isento do ICM.

Súmula 68 – A parcela relativa ao ICM inclui-se na base de calculo do PIS.

Súmula 20 – A mercadoria importada de pais signatário do GATT e isenta do ICM, quando contemplado com esse favor o similar nacional.

Importação

Súmula 100 – É devido o adicional ao frete para renovação da marinha mercante na importação sob o regime de benefícios fiscais a exportação (BEFIEX).

(*) Julgando o REsp 73.552-RJ, na sessão de 13.6.2007, a Primeira Seção deliberou pelo CANCELAMENTO da Súmula n. 152.

IOF

Súmula 185 - Nos depósitos judiciais, não incide o imposto sobre operações financeiras.

IPI

Súmula 495 - A aquisição de bens integrantes do ativo permanente da empresa não gera direito a creditamento de IPI.

Súmula 494 - O benefício fiscal do ressarcimento do crédito presumido do IPI relativo às exportações incide mesmo quando as matérias-primas ou os insumos sejam adquiridos de pessoa física ou jurídica não contribuinte do PIS/PASEP.

Súmula 411 - É devida a correção monetária ao creditamento do IPI quando há posição ao seu aproveitamento decorrente de resistência ilegítima do Fisco.

IPTU

Súmula 399 - Cabe à legislação municipal estabelecer o sujeito passivo do IPTU.

Súmula 397 - O contribuinte do IPTU é notificado do lançamento pelo envio do carnê ao seu endereço.

Súmula 160 - É defeso, ao município, atualizar o IPTU, mediante decreto, em percentual superior ao índice oficial de correção monetária.

IR

Súmula 556 - É indevida a incidência de imposto de renda sobre o valor da complementação de aposentadoria pago por entidade de previdência privada e em relação ao resgate de contribuições recolhidas para referidas entidades patrocinadoras no período de 1.1.1989 a 31.12.1995, em razão da isenção concedida pelo art. 6º, VII, *b*, da Lei 7.713/1988, na redação anterior à que lhe foi dada pela Lei 9.250/1995.

Súmula 498 - Não incide imposto de renda sobre a indenização por danos morais.

Súmula 463 - Incide imposto de renda sobre os valores percebidos a título de indenização por horas extraordinárias trabalhadas, ainda que decorrentes de acordo coletivo.

Súmula 386 - São isentas de imposto de renda as indenizações de férias proporcionais e o respectivo adicional.

Súmula 262 - Incide o imposto de renda sobre o resultado das aplicações financeiras realizadas pelas cooperativas.

Súmula 215 - A indenização recebida pela adesão a programa de incentivo à demissão voluntária não está sujeita à incidência do imposto de renda.

Súmula 184 - A microempresa de representação comercial e isenta do imposto de renda.

Súmula 136 - O pagamento de licença prêmio não gozada por necessidade do serviço não está sujeito ao imposto de renda.

Súmula 125 - O pagamento de férias não gozadas por necessidade do serviço não está sujeito a incidência do imposto de renda.

ISS

Súmula 524 - No tocante à base de cálculo, o ISSQN incide apenas sobre a taxa de agenciamento quando o serviço prestado por sociedade empresária de trabalho temporário for de intermediação, devendo, entretanto, englobar também os valores dos salários e encargos sociais dos trabalhadores por ela contratados nas hipóteses de fornecimento de mão de obra.

Súmula 424 - É legítima a incidência de ISS sobre os serviços bancários congêneres da lista anexa ao Decreto Lei 406/1968 e à Lei Complementar 56/1987.

Súmula 274 - O ISS incide sobre o valor dos serviços de assistência médica, incluindo-se neles as refeições, os medicamentos e as diárias hospitalares.

Súmula 167 - O fornecimento de concreto, por empreitada, para construção civil, preparado no trajeto ate a obra em betoneiras acopladas a caminhões, e prestação de serviço, sujeitando-se apenas a incidência do ISS.

Súmula 156 - A prestação de serviço de composição gráfica, personalizada e sob encomenda, ainda que envolva fornecimento de mercadorias, está sujeita, apenas, ao ISS.

Súmula 138 - O ISS incide na operação de arrendamento mercantil de coisas móveis.

Legitimidade

Súmula 521 - A legitimidade para a execução fiscal de multa pendente de pagamento imposta em sentença condenatória é exclusiva da Procuradoria da Fazenda Pública.

Multa

Súmula 250 - É legítima a cobrança de multa fiscal de empresa em regime de concordata.

PIS/COFINS

Súmula 508 - A isenção da Cofins concedida pelo art. 6º, II, da Lei Complementar 70/1991 às sociedades civis de prestação de serviços profissionais foi revogada pelo art. 56 da Lei 9.430/1996.

Súmula 423 - A Contribuição para Financiamento da Seguridade Social –Cofins incide sobre as receitas provenientes das operações de locação de bens móveis.

Súmula 468 - A base de cálculo do PIS, até a edição da Medida Provisória 1.212/1995, era o faturamento ocorrido no sexto mês anterior ao do fato gerador.

Súmula 276 - As sociedades civis de prestação de serviços profissionais são isentas da Cofins, irrelevante o regime tributário adotado. (*)

Súmula 94 - A parcela relativa ao ICMS inclui-se na base de cálculo do FINSOCIAL.

Súmula 49 - Na exportação de café em grão, não se inclui na base de cálculo do ICM a quota de contribuição, a que se refere o art. 2º do Decreto-Lei 2.295, de 21.11.1986.

Repetição de indébito

Súmula 523 - A taxa de juros de mora incidente na repetição de indébito de tributos estaduais deve corresponder à utilizada para cobrança do tributo pago em atraso, sendo legítima a incidência da taxa Selic, em ambas as hipóteses, quando prevista na legislação local, vedada sua cumulação com quaisquer outros índices.

Súmula 447 - Os Estados e o Distrito Federal são partes legítimas na ação de restituição de imposto de renda retido na fonte proposta por seus servidores.

Súmula 412 - A ação de repetição de indébito de tarifas de água e esgoto sujeita-se ao prazo prescricional estabelecido no Código Civil.

Súmula 162 - Na repetição de indébito tributário, a correção monetária incide a partir do pagamento indevido.

Responsabilidade

Súmula 554 - Na hipótese de sucessão empresarial, a responsabilidade da sucessora abrange não apenas os tributos devidos pela sucedida, mas também as multas moratórias ou punitivas referentes a fatos geradores ocorridos até a data da sucessão.

Súmula 435 - Presume-se dissolvida irregularmente a empresa que deixar de funcionar no seu domicílio fiscal, sem comunicação aos órgãos competentes, legitimando o redirecionamento da execução fiscal para o sócio-gerente.

Súmula 430 - O inadimplemento da obrigação tributária pela sociedade não gera, por si só, a responsabilidade solidária do sócio-gerente.

SIMPLES

Súmula 448 - A opção pelo Simples de estabelecimentos dedicados às atividades de creche, pré-escola e ensino fundamental é admitida somente a partir de 24.10.2000, data de vigência da Lei 10.034/2000.

Súmula 425 - A retenção da contribuição para a seguridade social pelo tomador do serviço não se aplica às empresas optantes pelo Simples.

Suspensão da exigibilidade

Súmula 437 - A suspensão da exigibilidade do crédito tributário superior a quinhentos mil reais para opção pelo Refis pressupõe a homologação expressa do comitê gestor e a constituição de garantia por meio do arrolamento de bens.

Tarifa

Súmula 50 - O adicional de Tarifa Portuária incide apenas nas operações realizadas com mercadorias importadas ou exportadas, objeto do comercio de navegação de longo curso.

Taxa

Súmula 157 - É ilegítima a cobrança de taxa, pelo município, na renovação de licença para localização de estabelecimento comercial ou industrial. (**)

Súmula 124 - A taxa de melhoramento dos portos tem base de cálculo diversa do imposto de importação, sendo legítima a sua cobrança sobre a importação de mercadorias de países signatários do GATT, da ALALC ou ALADI.

(*) Julgando a AR 3.761-PR, na sessão de 12.11.2008, a Primeira Seção deliberou pelo CANCELAMENTO da Súmula 276.

(**) Julgando o RESP 261.571-SP, na sessão de 24.4.2002, a Primeira Seção deliberou pelo CANCELAMENTO da súmula 157.

SÚMULAS VINCULANTES DO SUPREMO TRIBUNAL FEDERAL – STF

1. Ofende a garantia constitucional do ato jurídico perfeito a decisão que, sem ponderar as circunstâncias do caso concreto, desconsidera a validez e a eficácia de acordo constante de termo de adesão instituído pela Lei Complementar 110/2001. (*D.O.U.* 6.6.2007)

2. É inconstitucional a lei ou ato normativo estadual ou distrital que disponha sobre sistemas de consórcios e sorteios, inclusive bingos e loterias. (*D.O.U.* 6.6.2007)

3. Nos processos perante o Tribunal de Contas da União asseguram-se o contraditório e a ampla defesa quando da decisão puder resultar anulação ou revogação de ato administrativo que beneficie o interessado, excetuada a apreciação da legalidade do ato de concessão inicial de aposentadoria, reforma e pensão. (*D.O.U.* 6.6.2007)

4. Salvo nos casos previstos na Constituição, o salário mínimo não pode ser usado como indexador de base de cálculo de vantagem de servidor público ou de empregado, nem ser substituído por decisão judicial. (*D.O.U.* 9.5.2008)

5. A falta de defesa técnica por advogado no processo administrativo disciplinar não ofende a Constituição. (*D.O.U.* 16.5.2008)

6. Não viola a Constituição o estabelecimento de remuneração inferior ao salário mínimo para as praças prestadoras de serviço militar inicial. (*D.O.U.* 16.5.2008)

7. A norma do § 3º do artigo 192 da Constituição, revogada pela Emenda Constitucional 40/2003, que limitava a taxa de juros reais a 12% ao ano, tinha sua aplicação condicionada à edição de lei complementar. (*D.O.U.* 20.6.2008)

8. São inconstitucionais o parágrafo único do artigo 5º do Decreto-lei 1.569/1977 e os artigos 45 e 46 da Lei 8.212/1991, que tratam de prescrição e decadência de crédito tributário. (*D.O.U.* 20.6.2008)

9. O disposto no artigo 127 da Lei 7.210/1984 (Lei de Execução Penal) foi recebido pela ordem constitucional vigente, e não se lhe aplica o limite temporal previsto no *caput* do artigo 58. (*D.O.U.* 20.6.2008 e republicação *D.O.U.* 27.6.2008)

10. Viola a cláusula de reserva de plenário (CF, artigo 97) a decisão de órgão fracionário de Tribunal que, embora não declare expressamente a inconstitucionalidade de lei ou ato normativo do poder público, afasta sua incidência, no todo ou em parte. (*D.O.U.* 27.6.2008)

11. Só é lícito o uso de algemas em casos de resistência e de fundado receio de fuga ou de perigo à integridade física própria ou alheia, por parte do preso ou de terceiros, justificada a excepcionalidade por escrito, sob pena de responsabilidade disciplinar, civil e penal do agente ou da autoridade e de nulidade da prisão ou do ato processual a que se refere, sem prejuízo da responsabilidade civil do Estado. (*D.O.U.* 22.8.2008)

12. A cobrança de taxa de matrícula nas universidades públicas viola o disposto no art. 206, IV, da Constituição Federal. (*D.O.U.* 22.8.2008)

13. A nomeação de cônjuge, companheiro ou parente em linha reta, colateral ou por afinidade, até o terceiro grau, inclusive, da autoridade nomeante ou de servidor da mesma pessoa jurídica investido em cargo de direção, chefia ou assessoramento, para o exercício de cargo em comissão ou de confiança ou, ainda, de função gratificada na administração pública direta e indireta em qualquer dos Poderes da União, dos Estados, do Distrito Federal e dos Municípios, compreendido o ajuste mediante designações recíprocas, viola a Constituição Federal. (*D.O.U.* 29.8.2008)

14. É direito do defensor, no interesse do representado, ter acesso amplo aos elementos de prova que, já documentados em procedimento investigatório realizado por órgão com competência de polícia judiciária, digam respeito ao exercício do direito de defesa. (*D.O.U.* 9.2.2009)

15. O cálculo de gratificações e outras vantagens do servidor público não incide sobre o abono utilizado para se atingir o salário mínimo. (*D.O.U.* 1.7.2009)

16. Os artigos 7º, IV, e 39, § 3º (redação da EC 19/1998), da Constituição, referem-se ao total da remuneração percebida pelo servidor público. (*D.O.U.* 1.7.2009)

17. Durante o período previsto no § 1º do artigo 100 da Constituição, não incidem juros de mora sobre os precatórios que nele sejam pagos. (*D.O.U.* 10.11.2009)

18. A dissolução da sociedade ou do vínculo conjugal, no curso do mandato, não afasta a inelegibilidade prevista no § 7º do artigo 14 da Constituição Federal. (*D.O.U.* 10.11.2009)

19. A taxa cobrada exclusivamente em razão dos serviços públicos de coleta, remoção e tratamento ou destinação de lixo ou resíduos provenientes de imóveis, não viola o artigo 145, II, da Constituição Federal. (*D.O.U.* 10.11.2009)

20. A Gratificação de Desempenho de Atividade Técnico-Administrativa – GDATA, instituída pela Lei 10.404/2002, deve ser deferida aos inativos nos valores correspondentes a 37,5 (trinta e sete vírgula cinco) pontos no período de fevereiro a maio de 2002 e, nos termos do artigo 5º, parágrafo único, da Lei 10.404/2002, no período de junho de 2002 até a conclusão dos efeitos do último ciclo de avaliação a que se refere o artigo 1º da Medida Provisória 198/2004, a partir da qual passa a ser de 60 (sessenta) pontos. (*D.O.U.* 10.11.2009)

21. É inconstitucional a exigência de depósito ou arrolamento prévios de dinheiro ou bens para admissibilidade de recurso administrativo. (*D.O.U.* 10.11.2009)

22. A Justiça do Trabalho é competente para processar e julgar as ações de indenização por danos morais e patrimoniais decorrentes de acidente de trabalho propostas por empregado contra empregador, inclusive aquelas que ainda não possuíam sentença de mérito em primeiro grau quando da promulgação da Emenda Constitucional 45/2004. (*D.O.U.* 11.12.2009)

23. A Justiça do Trabalho é competente para processar e julgar ação possessória ajuizada em decorrência do exercício do direito de greve pelos trabalhadores da iniciativa privada. (*D.O.U.* 11.12.2009)

24. Não se tipifica crime material contra a ordem tributária, previsto no art. 1º, incisos I a IV, da Lei 8.137/1990, antes do lançamento definitivo do tributo. (*D.O.U.* 11.12.2009)

25. É ilícita a prisão civil de depositário infiel, qualquer que seja a modalidade do depósito. (*D.O.U* 23.12.2009)

26. Para efeito de progressão de regime no cumprimento de pena por crime hediondo, ou equiparado, o juízo da execução observará a inconstitucionalidade do art. 2º da Lei 8.072, de 25 de julho de 1990, sem prejuízo de avaliar se o condenado preenche, ou não, os requisitos objetivos e subjetivos do benefício, podendo determinar, para tal fim, de modo fundamentado, a realização de exame criminológico. (*D.O.U.* 23.12.2009)

27. Compete à Justiça estadual julgar causas entre consumidor e concessionária de serviço público de telefonia, quando a Anatel não seja litisconsorte passiva necessária, assistente, nem opoente. (*D.O.U.* 23.12.2009)

28. É inconstitucional a exigência de depósito prévio como requisito de admissibilidade de ação judicial na qual se pretenda discutir a exigibilidade de crédito tributário. (*D.O.U.* 17.2.2010)

29. É constitucional a adoção, no cálculo do valor de taxa, de um ou mais elementos da base de cálculo própria de determinado imposto, desde que não haja integral identidade entre uma base e outra. (*D.O.U.* 17.2.2010)

→ O Plenário do STF, em 04 de fevereiro de 2010, suspende a publicação de nova súmula vinculante (que receberia o número 30) sobre partilha do ICMS para melhor exame.

31. É inconstitucional a incidência do Imposto sobre Serviços de Qualquer Natureza – ISS sobre operações de locação de bens móveis. (*D.O.U.* 17.2.2010)

32. O ICMS não incide sobre alienação de salvados de sinistro pelas seguradoras. (*D.O.U.* 24.2.2011)

33. Aplicam-se ao servidor público, no que couber, as regras do regime geral da previdência social sobre aposentadoria especial de que trata o artigo 40, § 4º, inciso III da Constituição Federal, até a edição de lei complementar específica. (*D.O.U.* 24.4.2014)

34. A Gratificação de Desempenho de Atividade de Seguridade Social e do Trabalho – GDASST, instituída pela Lei 10.483/2002, deve ser estendida aos inativos no valor correspondente a 60 (sessenta) pontos, desde o advento da Medida Provisória 198/2004, convertida na Lei 10.971/2004, quando tais inativos façam jus à paridade constitucional (EC 20, 41 e 47). (*D.O.U.* 24.10.2014)

35. A homologação da transação penal prevista no artigo 76 da Lei 9.099/1995 não faz coisa julgada material e, descumpridas suas cláusulas, retoma-se a situação anterior, possibilitando-se ao Ministério Público a continuidade da persecução penal mediante oferecimento de denúncia ou requisição de inquérito policial. (*D.O.U.* 24.10.2014)

36. Compete à Justiça Federal comum processar e julgar civil denunciado pelos crimes de falsificação e de uso de documento falso quando se tratar de falsificação da Caderneta de Inscrição e Registro (CIR) ou de Carteira de Habilitação de Arrais-Amador (CHA), ainda que expedidas pela Marinha do Brasil. (*D.O.U.* 24.10.2014)

37. Não cabe ao poder judiciário, que não tem função legislativa, aumentar vencimentos de servidores públicos sob o fundamento de isonomia. (*D.O.U.* 24.10.2014)

→ *v.* Súmula 339 do STF.

38. É competente o Município para fixar o horário de funcionamento de estabelecimento comercial. (*D.O.U.* de 20.3.2015)

39. Compete privativamente à União legislar sobre vencimentos dos membros das polícias civil e militar e do corpo de bombeiros militar do Distrito Federal. (*D.O.U.* de 20.3.2015)

40. A contribuição confederativa de que trata o art. 8º, IV, da Constituição Federal, só é exigível dos filiados ao sindicato respectivo. (*D.O.U.* de 20.3.2015)

41. O serviço de iluminação pública não pode ser remunerado mediante taxa. (*D.O.U.* de 20.3.2015)

42. É inconstitucional a vinculação do reajuste de vencimentos de servidores estaduais ou municipais a índices federais de correção monetária. (*D.O.U.* de 20.3.2015)

43. É inconstitucional toda modalidade de provimento que propicie ao servidor investir-se, sem prévia aprovação em concurso público destinado ao seu provimento, em cargo que não integra a carreira na qual anteriormente investido. (*D.O.U.* de 17.4.2015)

→ A Súmula Vinculante 43 do STF foi convertida a partir da redação da Súmula 685 do STF.

→ *v.* Art. 37, II da CF.

44. Só por lei se pode sujeitar a exame psicotécnico a habilitação de candidato a cargo público. (*D.O.U.* de 17.4.2015)

→ A Súmula Vinculante 44 do STF foi convertida a partir da redação da Súmula 686 do STF.

→ *v.* Art. 37, I da CF.

45. A competência constitucional do Tribunal do Júri prevalece sobre o foro por prerrogativa de função estabelecido exclusivamente pela Constituição Estadual. (*D.O.U.* de 17.4.2015)

→ Súmula Vinculante 45 do STF originada da Súmula 721 do STF.

→ *v.* Art. 5º, XXXVIII da CF.

46. A definição dos crimes de responsabilidade e o estabelecimento das respectivas normas de processo e julgamento são da competência legislativa privativa da União. (*D.O.U.* de 17.4.2015)

→ Conversão da Súmula 722 do STF.

47. Os honorários advocatícios incluídos na condenação ou destacados do montante principal devido ao credor consubstanciam verba de natureza alimentar cuja satisfação ocorrerá com a expedição de precatório ou requisição de pequeno valor, observada ordem especial restrita aos créditos dessa natureza. (*D.O.U.* 2.6.2015)

48. Na entrada de mercadoria importada do exterior, é legítima a cobrança do ICMS por ocasião do desembaraço aduaneiro. (*D.O.U.* 2.6.2015)

49. Ofende o princípio da livre concorrência lei municipal que impede a instalação de estabelecimentos comerciais do mesmo ramo em determinada área. (*D.O.U.* 23.6.2015)

50. Norma legal que altera o prazo de recolhimento de obrigação tributária não se sujeita ao princípio da anterioridade. (*D.O.U.* 23.6.2015)

51. O reajuste de 28,86%, concedido aos servidores militares pelas Leis 8.622/1993 e 8.627/1993, estende-se aos servidores civis do poder executivo, observadas as eventuais compensações decorrentes dos reajustes diferenciados concedidos pelos mesmos diplomas legais. (*D.O.U.* 23.6.2015)

52. Ainda quando alugado a terceiros, permanece imune ao IPTU o imóvel pertencente a qualquer das entidades referidas pelo art. 150, VI, c, da Constituição Federal, desde que o valor dos aluguéis seja aplicado nas atividades para as quais tais entidades foram constituídas. (*D.O.U.* 23.6.2015)

53. A competência da Justiça do Trabalho prevista no art. 114, VIII, da Constituição Federal alcança a execução de ofício das contribuições previdenciárias relativas ao objeto da condenação constante das sentenças que proferir e acordos por ela homologados. (*D.O.U.* 23.6.2015)

SÚMULAS DO SUPREMO TRIBUNAL FEDERAL – STF

1. É vedada a expulsão de estrangeiro casado com brasileira, ou que tenha filho brasileiro, dependente da economia paterna.

2. SÚMULA SEM EFICÁCIA – Concede-se liberdade vigiada ao extraditando que estiver preso por prazo superior a 60 (sessenta) dias.

3. SÚMULA SUPERADA NO JULGAMENTO DO RE 456.679/DF, *D.J.* 7.4.2006 – A imunidade concedida a deputados estaduais é restrita à Justiça do Estado.

4. SÚMULA CANCELADA NO JULGAMENTO DO INQ 104/RS, *D.J.* 2.10.1981 – Não perde a imunidade parlamentar o congressista nomeado Ministro de Estado.

5. A sanção do projeto supre a falta de iniciativa do Poder Executivo.

6. A revogação ou anulação, pelo Poder Executivo, de aposentadoria, ou qualquer outro ato aprovado pelo Tribunal de Contas, não produz efeitos antes de aprovada por aquele Tribunal, ressalvada a competência revisora do Judiciário.

7. Sem prejuízo de recurso para o Congresso, não é exequível contrato administrativo a que o Tribunal de Contas houver negado registro.

8. Diretor de sociedade de economia mista pode ser destituído no curso do mandato.

9. Para o acesso de auditores ao Superior Tribunal Militar, só concorrem os de segunda entrância.

10. O tempo de serviço militar conta-se para efeito de disponibilidade e aposentadoria do servidor público estadual.

11. A vitaliciedade não impede a extinção do cargo, ficando o funcionário em disponibilidade, com todos os vencimentos.

12. A vitaliciedade do professor catedrático não impede o desdobramento da cátedra.

13. A equiparação de extranumerário a funcionário efetivo, determinada pela Lei 2.284, de 9.8.1954, não envolve reestruturação, não compreendendo, portanto, os vencimentos.

14. SÚMULA CANCELADA NO JULGAMENTO DO RE 74.486, *D.J.* 8.3.1974 – Não é admissível, por ato administrativo, restringir, em razão da idade, inscrição em concurso para cargo público.

15. Dentro do prazo de validade do concurso, o candidato aprovado tem o direito à nomeação, quando o cargo for preenchido sem observância da classificação.

16. Funcionário nomeado por concurso tem direito à posse.

17. A nomeação de funcionário sem concurso pode ser desfeita antes da posse.

18. Pela falta residual, não compreendida na absolvição pelo juízo criminal, é admissível a punição administrativa do servidor público.

19. É inadmissível segunda punição de servidor público, baseada no mesmo processo em que se fundou a primeira.

20. É necessário processo administrativo com ampla defesa, para demissão de funcionário admitido por concurso.

21. Funcionário em estágio probatório não pode ser exonerado nem demitido sem inquérito ou sem as formalidades legais de apuração de sua capacidade.

22. O estágio probatório não protege o funcionário contra a extinção do cargo.

23. Verificados os pressupostos legais para o licenciamento da obra, não o impede a declaração de utilidade pública para desapropriação do imóvel, mas o valor da obra não se incluirá na indenização, quando a desapropriação for efetivada.

24. Funcionário interino substituto é demissível, mesmo antes de cessar a causa da substituição.

25. A nomeação a termo não impede a livre demissão pelo Presidente da República, de ocupante de cargo dirigente de autarquia.

26. Os servidores do instituto de aposentadoria e pensões dos industriários não podem acumular a sua gratificação bienal com o adicional de tempo de serviço previsto no Estatuto dos Funcionários Civis da União.

27. Os servidores públicos não têm vencimentos irredutíveis, prerrogativa dos membros do Poder Judiciário e dos que lhes são equiparados.

28. O estabelecimento bancário é responsável pelo pagamento de cheque falso, ressalvadas as hipóteses de culpa exclusiva ou concorrente do correntista.

29. Gratificação devida a servidores do "sistema fazendário" não se estende aos dos Tribunais de Contas.

30. Servidores de coletorias não têm direito à percentagem pela cobrança de contribuições destinadas à PETROBRAS.

31. Para aplicação da Lei 1.741, de 22.11.1952, soma-se o tempo de serviço ininterrupto em mais de um cargo em comissão.

32. Para aplicação da Lei 1.741, de 22.11.1952, soma-se o tempo de serviço ininterrupto em cargo em comissão e em função gratificada.

33. A Lei 1.741, de 22.11.1952, é aplicável às autarquias federais.

34. No Estado de São Paulo, funcionário eleito vereador fica licenciado por toda a duração do mandato.

35. Em caso de acidente do trabalho ou de transporte, a concubina tem direito de ser indenizada pela morte do amásio, se entre eles não havia impedimento para o matrimônio.

36. Servidor vitalício está sujeito à aposentadoria compulsória, em razão da idade.

37. Não tem direito de se aposentar pelo Tesouro Nacional o servidor que não satisfizer as condições estabelecidas na legislação do serviço público federal, ainda que aposentado pela respectiva instituição previdenciária, com direito, em tese, a duas aposentadorias.

38. Reclassificação posterior à aposentadoria não aproveita ao servidor aposentado.

39. À falta de lei, funcionário em disponibilidade não pode exigir, judicialmente, o seu aproveitamento, que fica subordinado ao critério de conveniência da administração.

40. A elevação da entrância da comarca não promove automaticamente o juiz, mas não interrompe o exercício de suas funções na mesma comarca.

41. Juízes preparadores ou substitutos não têm direito aos vencimentos da atividade fora dos períodos de exercício.

42. É legítima a equiparação de Juízes do Tribunal de Contas, em direitos e garantias, aos membros do Poder Judiciário.

43. Não contraria a Constituição Federal o art. 61 da Constituição de São Paulo, que equiparou os vencimentos do Ministério Público aos da Magistratura.

44. O exercício do cargo pelo prazo determinado na Lei 1.341, de 30.1.1951, art. 91, dá preferência para a nomeação interina de Procurador da República.

45. A estabilidade dos substitutos do Ministério Público Militar não confere direito aos vencimentos da atividade fora dos períodos de exercício.

46. Desmembramento de serventia de Justiça não viola o princípio de vitaliciedade do serventuário.

47. Reitor de universidade não é livremente demissível pelo Presidente da República durante o prazo de sua investidura.

48. É legítimo o rodízio de docentes livres na substituição do professor catedrático.

49. A cláusula de inalienabilidade inclui a incomunicabilidade dos bens.

50. A lei pode estabelecer condições para a demissão de extranumerário.

51. Militar não tem direito a mais de duas promoções na passagem para a inatividade, ainda que por motivos diversos.

52. A promoção de militar, vinculada à inatividade, pode ser feita, quando couber, a posto inexistente no quadro.

53. A promoção de professor militar, vinculada à sua reforma, pode ser feita, quando couber, a posto inexistente no quadro.

54. A reserva ativa do magistério militar não confere vantagens vinculadas à efetiva passagem para a inatividade.

55. Militar da reserva está sujeito à pena disciplinar.

56. Militar reformado não está sujeito à pena disciplinar.

57. Militar inativo não tem direito ao uso do uniforme fora dos casos previstos em lei ou regulamento.

58. É válida a exigência de média superior a quatro para aprovação em estabelecimento de ensino superior, consoante o respectivo regimento.

59. Imigrante pode trazer, sem licença prévia, automóvel que lhe pertença desde mais de seis meses antes do seu embarque para o Brasil.

60. Não pode o estrangeiro trazer automóvel quando não comprovada a transferência definitiva de sua residência para o Brasil.

61. Brasileiro domiciliado no estrangeiro, que se transfere definitivamente para o Brasil, pode trazer automóvel licenciado em seu nome há mais de seis meses.

62. Não basta a simples estada no estrangeiro por mais de seis meses, para dar direito à trazida de automóvel com fundamento em transferência de residência.

63. É indispensável, para trazida de automóvel, a prova do licenciamento há mais de seis meses no país de origem.

64. É permitido trazer do estrangeiro, como bagagem, objetos de uso pessoal e doméstico, desde que, por sua quantidade e natureza, não induzam finalidade comercial.

65. A cláusula de aluguel progressivo anterior à Lei 3.494, de 19.12.1958, continua em vigor em caso de prorrogação legal ou convencional da locação.

66. É legítima a cobrança do tributo que houver sido aumentado após o orçamento, mas antes do início do respectivo exercício financeiro.

67. É inconstitucional a cobrança do tributo que houver sido criado ou aumentado no mesmo exercício financeiro.

68. É legítima a cobrança, pelos municípios, no exercício de 1961, de tributo estadual, regularmente criado ou aumentado, e que lhes foi transferido pela Emenda Constitucional 5, de 21.11.1961.

69. A Constituição Estadual não pode estabelecer limite para o aumento de tributos municipais.

70. É inadmissível a interdição de estabelecimento como meio coercitivo para cobrança de tributo.

71. Embora pago indevidamente, não cabe restituição de tributo indireto.

72. No julgamento de questão constitucional, vinculada a decisão do Tribunal Superior Eleitoral, não estão impedidos os ministros do Supremo Tribunal Federal que ali tenham funcionado no mesmo processo, ou no processo originário.

73. A imunidade das autarquias, implicitamente contida no art. 31, V, *a*, da Constituição Federal, abrange tributos estaduais e municipais.

→ Referida Constituição é a de 1946.

74. O imóvel transcrito em nome de autarquia, embora objeto de promessa de venda a particulares, continua imune de impostos locais.

→ Súmula não mais vigora - RE 69.781, em 26.11.1970.

75. Sendo vendedora uma autarquia, a sua imunidade fiscal não compreende o Imposto de Transmissão *Inter Vivos*, que é encargo do comprador.

76. As sociedades de economia mista não estão protegidas pela imunidade fiscal do art. 31, V, *a*, da Constituição Federal.

→ Referida Constituição é a de 1946.

77. Está isenta de impostos federais a aquisição de bens pela Rede Ferroviária Federal.

78. Estão isentas de impostos locais as empresas de energia elétrica, no que respeita às suas atividades específicas.

79. O Banco do Brasil não tem isenção de tributos locais.

80. Para a retomada de prédio situado fora do domicílio do locador exige-se a prova da necessidade.

81. As cooperativas não gozam de isenção de impostos locais, com fundamento na Constituição e nas leis federais.

82. São inconstitucionais o Imposto de Cessão e a taxa sobre inscrição de promessa de venda de imóvel, substitutivos do Imposto de Transmissão, por incidirem sobre ato que não transfere o domínio.

83. Os ágios de importação incluem-se no valor dos artigos importados para incidência do Imposto de Consumo.

84. Não estão isentos do Imposto de Consumo os produtos importados pelas cooperativas.

85. Não estão sujeitos ao Imposto de Consumo os bens de uso pessoal e doméstico trazidos, como bagagem, do exterior.

86. Não está sujeito ao Imposto de Consumo automóvel usado, trazido do exterior pelo proprietário.

87. Somente no que não colidirem com a Lei 3.244, de 14.8.1957, são aplicáveis acordos tarifários anteriores.

88. É válida a majoração da tarifa alfandegária, resultante da Lei 3.244, de 14.8.1957, que modificou o Acordo Geral sobre Tarifas Aduaneiras e Comércio (GATT), aprovado pela Lei 313, de 30.7.1948.

89. Estão isentas do Imposto de Importação frutas importadas da Argentina, do Chile, da Espanha e de Portugal, enquanto vigentes os respectivos acordos comerciais.

90. É legítima a lei local que faça incidir o imposto de indústrias e profissões com base no movimento econômico do contribuinte.

91. SÚMULA SEM EFICÁCIA – A incidência do Imposto Único não isenta o comerciante de combustíveis do Imposto de Indústrias e Profissões.

92. É constitucional o art. 100, II, da Lei 4.563, de 20.2.1957, do município de Recife, que faz variar o Imposto de licença em função do aumento do capital do contribuinte.

93. Não está isenta do Imposto de Renda a atividade profissional do arquiteto.

94. É competente a autoridade alfandegária para o desconto, na fonte, do Imposto de Renda correspondente às comissões dos despachantes aduaneiros.

95. Para cálculo do Imposto de Lucro Extraordinário, incluem-se no capital as reservas do ano-base, apuradas em balanço.

96. O Imposto de Lucro Imobiliário incide sobre a venda de imóvel da meação do cônjuge sobrevivente, ainda que aberta a sucessão antes da vigência da Lei 3.470, de 28.11.1958.

97. É devida a alíquota anterior do Imposto de Lucro Imobiliário, quando a promessa de venda houver sido celebrada antes da vigência da lei que a tiver elevado.

98. Sendo o imóvel alienado na vigência da Lei 3.470, de 28.11.1958, ainda que adquirido por herança, usucapião ou a título gratuito, é devido o Imposto de Lucro Imobiliário.

99. Não é devido o Imposto de Lucro Imobiliário, quando a alienação de imóvel, adquirido por herança, ou a título gratuito, tiver sido anterior à vigência da Lei 3.470, de 28.11.1958.

100. Não é devido o Imposto de Lucro Imobiliário, quando a alienação de imóvel, adquirido por usucapião, tiver sido anterior à vigência da Lei 3.470, de 28.11.1958.

101. O mandado de segurança não substitui a ação popular.

102. É devido o Imposto Federal do Selo pela incorporação de reservas, em reavaliação de ativo, ainda que realizada antes da vigência da Lei 3.519, de 30.12.1958.

103. É devido o Imposto Federal do Selo na simples reavaliação de ativo, realizada posteriormente à vigência da Lei 3.519, de 30.12.1958.

104. Não é devido o Imposto Federal do Selo na simples reavaliação de ativo anterior à vigência da Lei 3.519, de 30.12.1958.

105. Salvo se tiver havido premeditação, o suicídio do segurado no período contratual de carência não exime o segurador do pagamento do seguro.

106. É legítima a cobrança de selo sobre registro de automóveis, na conformidade da legislação estadual.

107. É inconstitucional o imposto de selo de 3%, *ad valorem*, do Paraná, quanto aos produtos remetidos para fora do Estado.

108. É legítima a incidência do Imposto de Transmissão *Inter Vivos* sobre o valor do imóvel ao tempo da alienação e não da promessa, na conformidade da legislação local.

109. É devida a multa prevista no art. 15, § 6º, da Lei 1.300, de 28.12.1950, ainda que a desocupação do imóvel tenha resultado da notificação e não haja sido proposta ação de despejo.

110. O Imposto de Transmissão *Inter Vivos* não incide sobre a construção, ou parte dela, realizada pelo adquirente, mas sobre o que tiver sido construído ao tempo da alienação do terreno.

111. É legítima a incidência do Imposto de Transmissão *Inter Vivos* sobre a restituição, ao antigo proprietário, de imóvel que deixou de servir à finalidade da sua desapropriação.

112. O Imposto de Transmissão *Causa Mortis* é devido pela alíquota vigente ao tempo da abertura da sucessão.

113. O Imposto de Transmissão *Causa Mortis* é calculado sobre o valor dos bens na data da avaliação.

114. O Imposto de Transmissão *Causa Mortis* não é exigível antes da homologação do cálculo.

115. Sobre os honorários do advogado contratado pelo inventariante, com a homologação do juiz, não incide o Imposto de Transmissão *Causa Mortis*.

116. SÚMULA SEM EFICÁCIA – Em desquite ou inventário, é legítima a cobrança do chamado Imposto de Reposição, quando houver desigualdade nos valores partilhados.

117. A lei estadual pode fazer variar a alíquota do Imposto de Vendas e Consignações em razão da espécie do produto.

118. SÚMULA SEM EFICÁCIA, RE 70138 – Estão sujeitas ao Imposto de Vendas e Consignações as transações sobre minerais, que ainda não estão compreendidos na legislação federal sobre o Imposto Único.

→ v. arts. 74 e 75 do CTN.

119. É devido o Imposto de Vendas e Consignações sobre a venda de cafés ao Instituto Brasileiro do Café, embora o lote, originariamente, se destinasse à exportação.

120. Parede de tijolos de vidro translúcido pode ser levantada a menos de metro e meio do prédio vizinho, não importando servidão sobre ele.

121. É vedada a capitalização de juros, ainda que expressamente convencionada.

122. O enfiteuta pode purgar a mora enquanto não decretado o comisso por sentença.

123. Sendo a locação regida pelo Decreto 24.150, de 20.4.1934, o locatário não tem direito à purgação da mora prevista na Lei 1.300, de 28.12.1950.

124. É inconstitucional o adicional do Imposto de Vendas e Consignações cobrado pelo Estado do Espírito Santo sobre cafés da cota de expurgo entregues ao Instituto Brasileiro do Café.

125. Não é devido o Imposto de Vendas e Consignações sobre a parcela do Imposto de Consumo que onera a primeira venda realizada pelo produtor.

126. É inconstitucional a chamada taxa de aguardente, do Instituto do Açúcar e do Álcool.

127. É indevida a taxa de armazenagem, posteriormente aos primeiros trinta dias, quando não exigível o Imposto de Consumo, cuja cobrança tenha motivado a retenção da mercadoria.

128. É indevida a taxa de assistência médica e hospitalar das instituições de previdência social.

129. Na conformidade da legislação local, é legítima a cobrança de taxa de calçamento.

130. A taxa de despacho aduaneiro (art. 66 da Lei 3.244, de 14.8.1957) continua a ser exigível após o Decreto Legislativo 14, de 25.8.1960, que aprovou alterações introduzidas no Acordo Geral sobre Tarifas Aduaneiras e Comércio (GATT).

131. A taxa de despacho aduaneiro (art. 66 da Lei 3.244, de 14.8.1957) continua a ser exigível após o Decreto Legislativo 14, de 25.8.1960, mesmo para as mercadorias incluídas na vigente Lista III do Acordo Geral sobre Tarifas Aduaneiras e Comércio (GATT).

132. Não é devida a taxa de previdência social na importação de amianto bruto ou em fibra.

133. Não é devida a taxa de despacho aduaneiro na importação de fertilizantes e inseticidas.

134. A isenção fiscal para a importação de frutas da Argentina compreende a taxa de despacho aduaneiro e a taxa de previdência social.

135. É inconstitucional a taxa de eletrificação de Pernambuco.

136. É constitucional a taxa de estatística da Bahia.

137. A taxa de fiscalização da exportação incide sobre a bonificação cambial concedida ao exportador.

138. É inconstitucional a taxa contra fogo, do Estado de Minas Gerais, incidente sobre prêmio de seguro contra fogo.

139. É indevida a cobrança do imposto de transação a que se refere a Lei 899/1957, art. 58, IV, e, do antigo Distrito Federal.

140. Na importação de lubrificantes é devida a taxa de previdência social.

141. Não incide a taxa de previdência social sobre combustíveis.

142. Não é devida a taxa de previdência social sobre mercadorias isentas do Imposto de Importação.

143. SÚMULA SEM EFICÁCIA – Na forma da lei estadual, é devido o Imposto de Vendas e Consignações na exportação de café pelo Estado da Guanabara, embora proveniente de outro Estado.

144. É inconstitucional a incidência da taxa de recuperação econômica de Minas Gerais sobre contrato sujeito ao Imposto Federal do Selo.

145. Não há crime, quando a preparação do flagrante pela polícia torna impossível a sua consumação.

146. A prescrição da ação penal regula-se pela pena concretizada na sentença, quando não há recurso da acusação.

147. A prescrição de crime falimentar começa a correr da data em que deveria estar encerrada a falência, ou do trânsito em julgado da sentença que a encerrar ou que julgar cumprida a concordata.

148. É legítimo o aumento de tarifas portuárias por ato do Ministro da Viação e Obras Públicas.

149. É imprescritível a ação de investigação de paternidade, mas não o é a de petição de herança.

150. Prescreve a execução no mesmo prazo de prescrição da ação.

151. Prescreve em um ano a ação do segurador sub-rogado para haver indenização por extravio ou perda de carga transportada por navio.

152. REVOGADA PELA SÚMULA 494 DO STF – A ação para anular venda de ascendente a descendente, sem consentimento dos demais, prescreve em quatro anos a contar da abertura da sucessão.

153. Simples protesto cambiário não interrompe a prescrição.

154. Simples vistoria não interrompe a prescrição.

155. É relativa a nulidade do processo criminal por falta de intimação da expedição de precatória para inquirição de testemunha.

156. É absoluta a nulidade do julgamento, pelo júri, por falta de quesito obrigatório.

157. É necessária prévia autorização do Presidente da República para desapropriação, pelos Estados, de empresa de energia elétrica.

158. Salvo estipulação contratual averbada no Registro Imobiliário, não responde o adquirente pelas benfeitorias do locatário.

159. Cobrança excessiva, mas de boa-fé, não dá lugar às sanções do art. 1.531 do Código Civil.

→ Referido Código Civil é o de 1916.

160. É nula a decisão do Tribunal que acolhe, contra o réu, nulidade não arguida no recurso da acusação, ressalvados os casos de recurso de ofício.

161. Em contrato de transporte, é inoperante a cláusula de não indenizar.

162. É absoluta a nulidade do julgamento pelo júri, quando os quesitos da defesa não precedem aos das circunstâncias agravantes.

163. Salvo contra a Fazenda Pública, sendo a obrigação ilíquida, contam-se os juros moratórios desde a citação inicial para a ação.

→ A primeira parte da Súmula 163 não mais subsiste em face do art. 1º da Lei 4.414/1964 – RE 109156, *D.J.* 7.8.1987.

164. No processo de desapropriação, são devidos juros compensatórios desde a antecipada imissão de posse, ordenada pelo juiz, por motivo de urgência.

165. A venda realizada diretamente pelo mandante ao mandatário não é atingida pela nulidade do art. 1.133, II, do Código Civil.

→ Referido Código Civil é o de 1916.

166. É inadmissível o arrependimento no compromisso de compra e venda sujeito ao regime do Decreto-lei 58, de 10.12.1937.

167. Não se aplica o regime do Decreto-lei 58, de 10.12.1937, ao compromisso de compra e venda não inscrito no Registro Imobiliário, salvo se o promitente vendedor se obrigou a efetuar o registro.

168. Para os efeitos do Decreto-lei 58, de 10.12.1937, admite-se a inscrição imobiliária do compromisso de compra e venda no curso da ação.

169. Depende de sentença a aplicação da pena de comisso.

170. É resgatável a enfiteuse instituída anteriormente à vigência do Código Civil.

171. Não se admite, na locação em curso, de prazo determinado, a majoração de encargos a que se refere a Lei 3.844, de 15.12.1960.

172. Não se admite, na locação em curso, de prazo determinado, o reajustamento de aluguel a que se refere a Lei 3.085, de 29.12.1956.

173. Em caso de obstáculo judicial admite-se a purga da mora, pelo locatário, além do prazo legal.

174. Para a retomada do imóvel alugado, não é necessária a comprovação dos requisitos legais na notificação prévia.

175. Admite-se a retomada de imóvel alugado para uso de filho que vai contrair matrimônio.

176. O promitente comprador, nas condições previstas na Lei 1.300, de 28.12.1950, pode retomar o imóvel locado.

177. SÚMULA SEM EFICÁCIA – O cessionário do promitente comprador, nas mesmas condições deste, pode retomar o imóvel locado.

178. Não excederá de cinco anos a renovação judicial de contrato de locação, fundada no Decreto 24.150, de 20.4.1934.

179. O aluguel arbitrado judicialmente nos termos da Lei 3.085, de 29.12.1956, art. 6º, vigora a partir da data do laudo pericial.

180. Na ação revisional do art. 31 do Decreto 24.150, de 20.4.1934, o aluguel arbitrado vigora a partir do laudo pericial.

181. Na retomada, para construção mais útil de imóvel sujeito ao Decreto 24.150, de 20.4.1934, é sempre devida indenização para despesas de mudança do locatário.

182. Não impede o reajustamento do débito pecuário, nos termos da Lei 1.002, de 24.12.1949, a falta de cancelamento da renúncia à moratória da Lei 209, de 2.1.1948.

183. Não se incluem no reajustamento pecuário dívidas estranhas à atividade agropecuária.

184. Não se incluem no reajustamento pecuário dívidas contraídas posteriormente a 19.12.1946.

185. Em processo de reajustamento pecuário, não responde a União pelos honorários do advogado do credor ou do devedor.

186. Não infringe a lei a tolerância da quebra de 1% no transporte por estrada de ferro, prevista no regulamento de transportes.

187. A responsabilidade contratual do transportador, pelo acidente com o passageiro, não é elidida por culpa de terceiro, contra o qual tem ação regressiva.

188. O segurador tem ação regressiva contra o causador do dano, pelo que efetivamente pagou, até ao limite previsto no contrato de seguro.

189. Avais em branco e superpostos consideram-se simultâneos e não sucessivos.

190. O não pagamento de título vencido há mais de trinta dias, sem protesto, não impede a concordata preventiva.

191. SÚMULA CANCELADA NO JULGAMENTO DO RE 79625/SP, *D.J.* 8.7.1975 – Inclui-se no crédito habilitado em falência a multa fiscal simplesmente moratória.

192. Não se inclui no crédito habilitado em falência a multa fiscal com efeito de pena administrativa.

193. Para a restituição prevista no art. 76, § 2º, da Lei de Falências, conta-se o prazo de 15 (quinze) dias da entrega da coisa e não da sua remessa.

194. É competente o Ministro do Trabalho para a especificação das atividades insalubres.

195. Contrato de trabalho para obra certa, ou de prazo determinado, transforma-se em contrato de prazo indeterminado, quando prorrogado por mais de quatro anos.

196. Ainda que exerça atividade rural, o empregado de empresa industrial ou comercial é classificado de acordo com a categoria do empregador.

197. O empregado com representação sindical só pode ser despedido mediante inquérito em que se apure falta grave.

198. As ausências motivadas por acidente do trabalho não são descontáveis do período aquisitivo das férias.

199. O salário das férias do empregado horista corresponde à média do período aquisitivo, não podendo ser inferior ao mínimo.

200. Não é inconstitucional a Lei 1.530, de 26.12.1951, que manda incluir na indenização por despedida injusta parcela correspondente a férias proporcionais.

201. O vendedor pracista, remunerado mediante comissão, não tem direito ao repouso semanal remunerado.

202. Na equiparação de salário, em caso de trabalho igual, toma-se em conta o tempo de serviço na função, e não no emprego.

203. Não está sujeita à vacância de 60 dias a vigência de novos níveis de salário mínimo.

204. Tem direito o trabalhador substituto, ou de reserva, ao salário mínimo no dia em que fica à disposição do empregador sem ser aproveitado na função específica; se aproveitado, recebe o salário contratual.

205. Tem direito a salário integral o menor não sujeito à aprendizagem metódica.

206. É nulo o julgamento ulterior pelo júri com a participação de jurado que funcionou em julgamento anterior do mesmo processo.

207. As gratificações habituais, inclusive a de Natal, consideram-se tacitamente convencionadas, integrando o salário.

208. O assistente do Ministério Público não pode recorrer, extraordinariamente, de decisão concessiva de *habeas corpus*.

209. O salário-produção, como outras modalidades de salário-prêmio, é devido, desde que verificada a condição a que estiver subordinado, e não pode ser suprimido unilateralmente, pelo empregador, quando pago com habitualidade.

210. O assistente do Ministério Público pode recorrer, inclusive extraordinariamente, na ação penal, nos casos dos arts. 584, § 1º, e 598 do Código de Processo Penal.

211. Contra a decisão proferida sobre o agravo no auto do processo, por ocasião do julgamento da apelação, não se admitem embargos infringentes ou de nulidade.

212. Tem direito ao adicional de serviço perigoso o empregado de posto de revenda de combustível líquido.

213. É devido o adicional de serviço noturno, ainda que sujeito o empregado ao regime de revezamento.

214. A duração legal da hora de serviço noturno (52 minutos e 30 segundos) constitui vantagem suplementar que não dispensa o salário adicional.

215. Conta-se a favor de empregado readmitido o tempo de serviço anterior, salvo se houver sido despedido por falta grave ou tiver recebido a indenização legal.

216. Para decretação da absolvição de instância pela paralisação do processo por mais de trinta dias, é necessário que o autor, previamente intimado, não promova o andamento da causa.

217. Tem direito de retornar ao emprego, ou ser indenizado em caso de recusa do empregador, o aposentado que recupera a capacidade de trabalho dentro de cinco anos, a contar da aposentadoria, que se torna definitiva após esse prazo.

218. É competente o Juízo da Fazenda Nacional da Capital do Estado, e não o da situação da coisa, para a desapropriação promovida por empresa de energia elétrica, se a União Federal intervém como assistente.

219. Para a indenização devida a empregado que tinha direito a ser readmitido, e não foi, levam-se em conta as vantagens advindas à sua categoria no período do afastamento.

220. A indenização devida a empregado estável, que não é readmitido, ao cessar sua aposentadoria, deve ser paga em dobro.

221. A transferência de estabelecimento, ou a sua extinção parcial, por motivo que não seja de força maior, não justifica a transferência de empregado estável.

222. O princípio da identidade física do juiz não é aplicável às Juntas de Conciliação e Julgamento da Justiça do Trabalho.

223. Concedida isenção de custas ao empregado, por elas não responde o sindicato que o representa em juízo.

224. Os juros da mora, nas reclamações trabalhistas, são contados desde a notificação inicial.

225. Não é absoluto o valor probatório das anotações da Carteira Profissional.

226. Na ação de desquite, os alimentos são devidos desde a inicial e não da data da decisão que os concede.

227. A concordata do empregador não impede a execução de crédito nem a reclamação de empregado na Justiça do Trabalho.

228. SÚMULA SEM EFICÁCIA, RE 84.334, *D.J.U.* 8.7.1976 – Não é provisória a execução na pendência de recurso extraordinário, ou de agravo destinado a fazê-lo admitir.

229. A indenização acidentária não exclui a do direito comum, em caso de dolo ou culpa grave do empregador.

230. A prescrição da ação de acidente do trabalho conta-se do exame pericial que comprovar a enfermidade ou verificar a natureza da incapacidade.

231. O revel, em processo cível, pode produzir provas, desde que compareça em tempo oportuno.

232. Em caso de acidente do trabalho, são devidas diárias até doze meses, as quais não se confundem com a indenização acidentária nem com o auxílio-enfermidade.

233. Salvo em caso de divergência qualificada (Lei 623/1949), não cabe recurso de embargos contra decisão que nega provimento a agravo ou não conhece de recurso extraordinário, ainda que por maioria de votos.

234. São devidos honorários de advogado em ação de acidente do trabalho julgada procedente.

235. É competente para a ação de acidente do trabalho a Justiça Cível Comum, inclusive em segunda instância, ainda que seja parte autarquia seguradora.

236. Em ação de acidente do trabalho, a autarquia seguradora não tem isenção de custas.

237. O usucapião pode ser arguido em defesa.

238. Em caso de acidente do trabalho, a multa pelo retardamento da liquidação é exigível do segurador sub-rogado, ainda que autarquia.

239. Decisão que declara indevida a cobrança do imposto em determinado exercício não faz coisa julgada em relação aos posteriores.

240. O depósito para recorrer, em ação de acidente do trabalho, é exigível do segurador sub-rogado, ainda que autarquia.

241. A contribuição previdenciária incide sobre o abono incorporado ao salário.

242. O agravo no auto do processo deve ser apreciado, no julgamento da apelação, ainda que o agravante não tenha apelado.

243. Em caso de dupla aposentadoria, os proventos a cargo do IAPFESP não são equiparáveis aos pagos pelo Tesouro Nacional, mas calculados à base da média salarial nos últimos doze meses de serviço.

244. A importação de máquinas de costura está isenta do Imposto de Consumo.

245. A imunidade parlamentar não se estende ao corréu sem essa prerrogativa.

246. Comprovado não ter havido fraude, não se configura o crime de emissão de cheque sem fundos.

247. O relator não admitirá os embargos da Lei 623, de 19.2.1949, nem deles conhecerá o Supremo Tribunal Federal, quando houver jurisprudência firme do Plenário no mesmo sentido da decisão embargada.

248. É competente, originariamente, o Supremo Tribunal Federal, para mandado de segurança contra ato do Tribunal de Contas da União.

249. É competente o Supremo Tribunal Federal para a ação rescisória, quando, embora não tendo conhecido do recurso extraordinário, ou havendo negado provimento ao agravo, tiver apreciado a questão federal controvertida.

250. A intervenção da União desloca o processo do juízo cível comum para o fazendário.

251. Responde a Rede Ferroviária Federal S.A. perante o foro comum e não perante o juízo especial da Fazenda Nacional, a menos que a União intervenha na causa.

252. Na ação rescisória, não estão impedidos juízes que participaram do julgamento rescindendo.

253. Nos embargos da Lei 623, de 19.2.1949, no Supremo Tribunal Federal, a divergência somente será acolhida, se tiver sido indicada na petição de recurso extraordinário.

254. Incluem-se os juros moratórios na liquidação, embora omisso o pedido inicial ou a condenação.

255. SÚMULA CANCELADA NO JULGAMENTO DOS ERE 74244/PR, *D.J.U.* 19.12.1973 – Sendo ilíquida a obrigação, os juros moratórios, contra a Fazenda Pública, incluídas as autarquias, são contados do trânsito em julgado da sentença de liquidação.

256. É dispensável pedido expresso para condenação do réu em honorários, com fundamento nos arts. 63 ou 64 do Código de Processo Civil.

→ Referido Código de Processo Civil é o de 1939.

257. São cabíveis honorários de advogado na ação regressiva do segurador contra o causador do dano.

258. É admissível reconvenção em ação declaratória.

259. Para produzir efeito em juízo não é necessária a inscrição, no Registro Público, de documentos de procedência estrangeira, autenticados por via consular.

260. O exame de livros comerciais, em ação judicial, fica limitado às transações entre os litigantes.

261. Para a ação de indenização, em caso de avaria, é dispensável que a vistoria se faça judicialmente.

262. Não cabe medida possessória liminar para liberação alfandegária de automóvel.

263. O possuidor deve ser citado pessoalmente para a ação de usucapião.

264. Verifica-se a prescrição intercorrente pela paralisação da ação rescisória por mais de cinco anos.

265. Na apuração de haveres não prevalece o balanço não aprovado pelo sócio falecido, excluído ou que se retirou.

266. Não cabe mandado de segurança contra lei em tese.

267. Não cabe mandado de segurança contra ato judicial passível de recurso ou correição.

268. Não cabe mandado de segurança contra decisão judicial com trânsito em julgado.

269. O mandado de segurança não é substitutivo de ação de cobrança.

270. Não cabe mandado de segurança para impugnar enquadramento da Lei 3.780, de 12.7.1960, que envolva exame de prova ou de situação funcional complexa.

271. Concessão de mandado de segurança não produz efeitos patrimoniais em relação a período pretérito, os quais devem ser reclamados administrativamente ou pela via judicial própria.

272. Não se admite como ordinário recurso extraordinário de decisão denegatória de mandado de segurança.

273. Nos embargos da Lei 623, de 19.2.1949, a divergência sobre questão prejudicial ou preliminar, suscitada após a interposição do recurso extraordinário, ou do agravo, somente será acolhida se o acórdão-padrão for anterior à decisão embargada.

274. REVOGADA PELA SÚMULA 549 DO STF – É inconstitucional a taxa de serviço contra fogo cobrada pelo Estado de Pernambuco.

275. Está sujeita a recurso *ex officio* sentença concessiva de reajustamento pecuário anterior à vigência da Lei 2.804, de 25.6.1956.

276. Não cabe recurso de revista em ação executiva fiscal.

277. São cabíveis embargos, em favor da Fazenda Pública, em ação executiva fiscal, não sendo unânime a decisão.

278. São cabíveis embargos em ação executiva fiscal contra decisão reformatória da de primeira instância, ainda que unânime.

279. Para simples reexame de prova não cabe recurso extraordinário.

280. Por ofensa a direito local não cabe recurso extraordinário.

281. É inadmissível o recurso extraordinário, quando couber na Justiça de origem, recurso ordinário da decisão impugnada.

282. É inadmissível o recurso extraordinário, quando não ventilada, na decisão recorrida, a questão federal suscitada.

283. É inadmissível o recurso extraordinário, quando a decisão recorrida assenta em mais de um fundamento suficiente e o recurso não abrange todos eles.

284. É inadmissível o recurso extraordinário, quando a deficiência na sua fundamentação não permitir a exata compreensão da controvérsia.

285. Não sendo razoável a arguição de inconstitucionalidade, não se conhece do recurso extraordinário fundado na letra *c* do art. 101, III, da Constituição Federal.

→ Referida Constituição é a de 1946.

286. Não se conhece do recurso extraordinário fundado em divergência jurisprudencial, quando a orientação do plenário do Supremo Tribunal Federal já se firmou no mesmo sentido da decisão recorrida.

287. Nega-se provimento ao agravo, quando a deficiência na sua fundamentação, ou na do recurso extraordinário, não permitir a exata compreensão da controvérsia.

288. Nega-se provimento a agravo para subida de recurso extraordinário, quando faltar no traslado o despacho agravado, a decisão recorrida, a petição de recurso extraordinário ou qualquer peça essencial à compreensão da controvérsia.

→ *v.* Súmula 639 do STF.

289. O provimento do agravo por uma das Turmas do Supremo Tribunal Federal ainda que sem ressalva, não prejudica a questão do cabimento do recurso extraordinário.

290. Nos embargos da Lei 623, de 19.2.1949, a prova de divergência far-se-á por certidão, ou mediante indicação do *Diário da Justiça* ou de repertório de jurisprudência autorizado, que a tenha publicado, com a transcrição do trecho que configure a divergência, mencionadas as circunstâncias que identifiquem ou assemelhem os casos confrontados.

291. No recurso extraordinário pela letra *d* do art. 101, III, da Constituição, a prova do dissídio jurisprudencial far-se-á por certidão, ou mediante indicação do *Diário da Justiça* ou de repertório de jurisprudência autorizado, com a transcrição do trecho que configure a divergência, mencionadas as circunstâncias que identifiquem ou assemelhem os casos confrontados.

→ Referida Constituição é a de 1946.

292. Interposto o recurso extraordinário por mais de um dos fundamentos indicados no art. 101, III, da Constituição, a admissão apenas por um deles não prejudica o seu conhecimento por qualquer dos outros.

→ Referida Constituição é a de 1946.

293. São inadmissíveis embargos infringentes contra decisão em matéria constitucional submetida ao plenário dos Tribunais.

294. São inadmissíveis embargos infringentes contra decisão do Supremo Tribunal Federal em mandado de segurança.

295. São inadmissíveis embargos infringentes contra decisão unânime do Supremo Tribunal Federal em ação rescisória.

296. São inadmissíveis embargos infringentes sobre matéria não ventilada, pela Turma, no julgamento do recurso extraordinário.

297. Oficiais e praças das milícias dos Estados, no exercício de função policial civil, não são considerados militares para efeitos penais, sendo competente a Justiça Comum para julgar os crimes cometidos por ou contra eles.

→ Súmula superada, conforme indicado na ementa do HC 82.142/MS, *D.J.* 12.9.2003.

→ *v.* Arts. 82 e 84 do CPPM.

298. O legislador ordinário só pode sujeitar civis à Justiça Militar, em tempo de paz, nos crimes contra a segurança externa do País ou as instituições militares.

299. O recurso ordinário e o extraordinário interpostos no mesmo processo de mandado de segurança, ou de *habeas corpus*, serão julgados conjuntamente pelo Tribunal Pleno.

300. São incabíveis os embargos da Lei 623, de 19.2.1949, contra provimento de agravo para subida de recurso extraordinário.

301. SÚMULA CANCELADA NO JULGAMENTO DO RHC 49038/AM, *D.J.* 19.11.1971 – Por crime de responsabilidade, o procedimento penal contra prefeito municipal fica condicionado ao seu afastamento do cargo por *impeachment*, ou à cessação do exercício por outro motivo.

302. Está isenta da taxa de previdência social a importação de petróleo bruto.

303. Não é devido o Imposto Federal de Selo em contrato firmado com autarquia anteriormente à vigência da Emenda Constitucional 5, de 21.11.1961.

304. Decisão denegatória de mandado de segurança, não fazendo coisa julgada contra o impetrante, não impede o uso da ação própria.

305. Acordo de desquite ratificado por ambos os cônjuges não é retratável unilateralmente.

306. As taxas de recuperação econômica e de assistência hospitalar de Minas Gerais são legítimas, quando incidem sobre matéria tributável pelo Estado.

307. É devido o adicional de serviço insalubre, calculado à base do salário mínimo da região, ainda que a remuneração contratual seja superior ao salário mínimo acrescido da taxa de insalubridade.

308. A taxa de despacho aduaneiro, sendo adicional do Imposto de Importação, não incide sobre borracha importada com isenção daquele imposto.

309. A taxa de despacho aduaneiro, sendo adicional do Imposto de Importação, não está compreendida na isenção do Imposto de Consumo para automóvel usado trazido do exterior pelo proprietário.

310. Quando a intimação tiver lugar na sexta-feira, ou a publicação com efeito de intimação for feita nesse dia, o prazo judicial terá início na segunda-feira imediata, salvo se não houver expediente, caso em que começará no primeiro dia útil que se seguir.

311. No típico acidente do trabalho, a existência de ação judicial não exclui a multa pelo retardamento da liquidação.

312. Músico integrante de orquestra da empresa, com atuação permanente e vínculo de subordinação, está sujeito à legislação geral do trabalho, e não à especial dos artistas.

313. Provada a identidade entre o trabalho diurno e o noturno, é devido o adicional, quanto a este, sem a limitação do art. 73, § 3º, da Consolidação das Leis do Trabalho independentemente da natureza da atividade do empregador.

314. Na composição do dano por acidente do trabalho, ou de transporte, não é contrário à lei tomar para base da indenização o salário do tempo da perícia ou da sentença.

315. Indispensável o traslado das razões da revista, para julgamento, pelo Tribunal Superior do Trabalho, do agravo para sua admissão.

316. A simples adesão a greve não constitui falta grave.

317. São improcedentes os embargos declaratórios, quando não pedida a declaração do julgado anterior, em que se verificou a omissão.

318. É legítima a cobrança, em 1962, pela municipalidade de São Paulo, do Imposto de Indústrias e Profissões, consoante as Leis 5.917 e 5.919, de 1961 (aumento anterior à vigência do orçamento e incidência do tributo sobre o movimento econômico do contribuinte).

319. O prazo do recurso ordinário para o Supremo Tribunal Federal, em *habeas corpus* ou mandado de segurança, é de cinco dias.

320. A apelação despachada pelo juiz no prazo legal não fica prejudicada pela demora da juntada, por culpa do cartório.

321. SÚMULA REVOGADA, REPRESENTAÇÃO 1428/RO, *D.J.* 19.2.1989 – A Constituição estadual pode estabelecer a irredutibilidade dos vencimentos do Ministério Público.

322. Não terá seguimento pedido ou recurso dirigido ao Supremo Tribunal Federal, quando manifestamente incabível, ou apresentado fora do prazo, ou quando for evidente a incompetência do Tribunal.

323. É inadmissível a apreensão de mercadorias como meio coercitivo para pagamento de tributos.

324. A imunidade do art. 31, V, da Constituição Federal não compreende as taxas.

→ Referida Constituição é a de 1946.

325. As emendas ao Regimento do Supremo Tribunal Federal, sobre julgamento de questão constitucional, aplicam-se aos pedidos ajuizados e aos recursos interpostos anteriormente a sua aprovação.

326. É legítima a incidência do Imposto de Transmissão *inter vivos* sobre a transferência do domínio útil.

327. O direito trabalhista admite a prescrição intercorrente.

328. É legítima a incidência do Imposto de Transmissão *inter vivos* sobre a doação de imóvel.

329. O Imposto de Transmissão *inter vivos* não incide sobre a transferência de ações de sociedade imobiliária.

330. O Supremo Tribunal Federal não é competente para conhecer de mandado de segurança contra atos dos Tribunais de Justiça dos Estados.

331. É legítima a incidência do Imposto de Transmissão *causa mortis* no inventário por morte presumida.

332. É legítima a incidência do Imposto de Vendas e Consignações sobre a parcela do preço correspondente aos ágios cambiais.

333. Está sujeita ao Imposto de Vendas e Consignações a venda realizada por invernista não qualificado como pequeno produtor.

334. É legítima a cobrança, ao empreiteiro, do Imposto de Vendas e Consignações, sobre o valor dos materiais empregados, quando a empreitada não for apenas de lavor.

335. É válida a cláusula de eleição do foro para os processos oriundos do contrato.

336. A imunidade da autarquia financiadora, quanto ao contrato de financiamento, não se estende à compra e venda entre particulares, embora constantes os dois atos de um só instrumento.

337. A controvérsia entre o empregador e o segurador não suspende o pagamento devido ao empregado por acidente do trabalho.

338. Não cabe ação rescisória no âmbito da Justiça do Trabalho.

339. Não cabe ao Poder Judiciário, que não tem função legislativa, aumentar vencimentos de servidores públicos sob fundamento de isonomia.

→ *v.* Súmula Vinculante 37 do STF.

340. Desde a vigência do Código Civil, os bens dominicais, como os demais bens públicos, não podem ser adquiridos por usucapião.

→ Referido Código Civil é o de 1916.

341. É presumida a culpa do patrão ou comitente pelo ato culposo do empregado ou preposto.

342. Cabe agravo no auto do processo, e não agravo de petição, do despacho que não admite a reconvenção.

343. Não cabe ação rescisória por ofensa a literal disposição de lei, quando a decisão rescindenda se tiver baseado em texto legal de interpretação controvertida nos tribunais.

344. Sentença de primeira instância concessiva de *habeas corpus*, em caso de crime praticado em detrimento de bens, serviços ou interesses da União, está sujeita a recurso *ex officio*.

345. Na chamada desapropriação indireta, os juros compensatórios são devidos a partir da perícia, desde que tenha atribuído valor atual ao imóvel.

→ No julgamento do RE 74.803, *D.J.* 4.3.1977, o STF decidiu que não mais prevalece a Súmula 345.

346. A administração pública pode declarar a nulidade dos seus próprios atos.

347. O Tribunal de Contas, no exercício de suas atribuições, pode apreciar a constitucionalidade das leis e dos atos do Poder Público.

348. É constitucional a criação de taxa de construção, conservação e melhoramento de estradas.

349. A prescrição atinge somente as prestações de mais de dois anos, reclamadas com fundamento em decisão normativa da Justiça do Trabalho, ou em convenção coletiva de trabalho, quando não estiver em causa a própria validade de tais atos.

350. O imposto de indústrias e profissões não é exigível de empregado, por falta de autonomia na sua atividade profissional.

351. É nula a citação por edital de réu preso na mesma unidade da Federação em que o juiz exerce a sua jurisdição.

352. Não é nulo o processo penal por falta de nomeação de curador ao réu menor que teve a assistência de defensor dativo.

353. São incabíveis os embargos da Lei 623, de 19.2.1949, com fundamento em divergência entre decisões da mesma Turma do Supremo Tribunal Federal.

354. Em caso de embargos infringentes parciais, é definitiva a parte da decisão embargada em que não houve divergência na votação.

355. Em caso de embargos infringentes parciais, é tardio o recurso extraordinário interposto após o julgamento dos embargos, quanto à parte da decisão embargada que não fora por eles abrangida.

356. O ponto omisso da decisão, sobre o qual não foram opostos embargos declaratórios, não pode ser objeto de recurso extraordinário, por faltar o requisito do prequestionamento.

357. É lícita a convenção pela qual o locador renuncia, durante a vigência do contrato, à ação revisional do art. 31 do Decreto 24.150, de 20.4.1934.

358. O servidor público em disponibilidade tem direito aos vencimentos integrais do cargo.

359. Ressalvada a revisão prevista em lei, os proventos da inatividade regulam-se pela lei vigente ao tempo em que o militar, ou o servidor civil, reuniu os requisitos necessários.

→ Redação alterada no julgamento do RE 72.509/PR, *D.J.* 30.3.1973.

360. Não há prazo de decadência para a representação de inconstitucionalidade prevista no art. 8º, parágrafo único, da Constituição Federal.

→ Referida Constituição é a de 1946.

361. No processo penal, é nulo o exame realizado por um só perito, considerando-se impedido o que tiver funcionado, anteriormente, na diligência de apreensão.

362. A condição de ter o clube sede própria para a prática de jogo lícito não o obriga a ser proprietário do imóvel em que tem sede.

363. A pessoa jurídica de direito privado pode ser demandada no domicílio da agência, ou estabelecimento, em que se praticou o ato.

364. SÚMULA SEM EFICÁCIA – Enquanto o Estado da Guanabara não tiver Tribunal Militar de segunda instância, o Tribunal de Justiça é competente para julgar os recursos das decisões da auditoria da Polícia Militar.

365. Pessoa jurídica não tem legitimidade para propor ação popular.

366. Não é nula a citação por edital que indica o dispositivo da lei penal, embora não transcreva a denúncia ou queixa, ou não resuma os fatos em que se baseia.

367. Concede-se liberdade ao extraditando que não for retirado do País no prazo do art. 16 do Decreto-lei 394, de 28.4.1938.

368. Não há embargos infringentes no processo de reclamação.

369. Julgados do mesmo tribunal não servem para fundamentar o recurso extraordinário por divergência jurisprudencial.

370. SÚMULA SEM EFICÁCIA, CONFORME INDICADO NO RE 65.137/RJ, *D.J.* 24.10.1969 – Julgada improcedente a ação renovatória da locação, terá o locatário, para desocupar o imóvel, o prazo de seis meses, acrescido de tantos meses quantos forem os anos da ocupação, até o limite total de dezoito meses.

371. Ferroviário, que foi admitido como servidor autárquico, não tem direito a dupla aposentadoria.

372. A Lei 2.752, de 10.4.1956, sobre dupla aposentadoria, aproveita, quando couber, a servidores aposentados antes de sua publicação.

373. Servidor nomeado após aprovação no curso de capacitação policial, instituído na Polícia do Distrito Federal, em 1941, preenche o requisito da nomeação por concurso a que se referem as Leis 705, de 16.5.1949, e 1.639, de 14.7.1952.

374. Na retomada para construção mais útil, não é necessário que a obra tenha sido ordenada pela autoridade pública.

375. Não renovada a locação regida pelo Decreto 24.150, de 20.4.1934, aplica-se o direito comum e não a legislação especial do inquilinato.

376. Na renovação de locação, regida pelo Decreto 24.150, de 20.4.1934, o prazo do novo contrato conta-se da transcrição da decisão exequenda no Registro de Títulos e Documentos; começa, porém, da terminação do contrato anterior, se esta tiver ocorrido antes do registro.

377. No regime de separação legal de bens, comunicam-se os adquiridos na constância do casamento.

378. Na indenização por desapropriação incluem-se honorários do advogado do expropriado.

379. No acordo de desquite não se admite renúncia aos alimentos, que poderão ser pleiteados ulteriormente, verificados os pressupostos legais.

380. Comprovada a existência de sociedade de fato entre os concubinos, é cabível a sua dissolução judicial, com a partilha do patrimônio adquirido pelo esforço comum.

381. Não se homologa sentença de divórcio obtida por procuração, em país de que os cônjuges não eram nacionais.

382. A vida em comum sob o mesmo teto, *more uxorio*, não é indispensável à caracterização do concubinato.

383. A prescrição em favor da Fazenda Pública recomeça a correr, por dois anos e meio, a partir do ato interruptivo, mas não fica reduzida aquém de cinco anos, embora o titular do direito a interrompa durante a primeira metade do prazo.

384. A demissão de extranumerário do serviço público federal, equiparado a funcionário de provimento efetivo para efeito de estabilidade, é da competência do Presidente da República.

385. Oficial das Forças Armadas só pode ser reformado, em tempo de paz, por decisão de Tribunal Militar permanente, ressalvada a situação especial dos atingidos pelo art. 177 da Constituição de 1937.

386. Pela execução de obra musical por artistas remunerados é devido direito autoral, não exigível quando a orquestra for de amadores.

387. A cambial emitida ou aceita com omissões, ou em branco, pode ser completada pelo credor de boa-fé antes da cobrança ou do protesto.

388. SÚMULA REVOGADA NO JULGAMENTO DO HC 53.777/MG, *D.J.* 10.9.1976. O casamento da ofendida com quem não seja o ofensor faz cessar a qualidade do seu representante legal, e a ação penal só pode prosseguir por iniciativa da própria ofendida, observados os prazos legais de decadência e perempção.

389. Salvo limite legal, a fixação de honorários de advogado, em complemento da condenação, depende das circunstâncias da causa, não dando lugar a recurso extraordinário.

390. A exibição judicial de livros comerciais pode ser requerida como medida preventiva.

391. O confinante certo deve ser citado, pessoalmente, para a ação de usucapião.

392. O prazo para recorrer de acórdão concessivo de segurança conta-se da publicação oficial de suas conclusões, e não da anterior ciência à autoridade para cumprimento da decisão.

393. Para requerer revisão criminal, o condenado não é obrigado a recolher-se à prisão.

394. SÚMULA CANCELADA NOS SEGUINTES JULGAMENTOS: INQ 687/SP, *D.J.* 9.11.2001, AP 315/DF, *D.J.* 31.10.2001, AP 319/DF, *D.J.* 31.10.2001, INQ 656/AC *D.J.* 31.10.2001, INQ 881/MT, *D.J.* 31.10.2001 E AP 313/DF, *D.J.* 12.11.1999 – Cometido o crime durante o exercício funcional, prevalece a competência especial por prerrogativa de função, ainda que o inquérito ou a ação penal sejam iniciados após a cessação daquele exercício.

395. Não se conhece de recurso de *habeas corpus* cujo objeto seja resolver sobre o ônus das custas, por não estar mais em causa a liberdade de locomoção.

396. Para a ação penal por ofensa à honra, sendo admissível a exceção da verdade quanto ao desempenho de função pública, prevalece a competência especial por prerrogativa de função, ainda que já tenha cessado o exercício funcional do ofendido.

397. O poder de polícia da Câmara dos Deputados e do Senado Federal, em caso de crime cometido nas suas dependências, compreende, consoante o regimento, a prisão em flagrante do acusado e a realização do inquérito.

398. O Supremo Tribunal Federal não é competente para processar e julgar, originariamente, deputado ou senador acusado de crime.

399. Não cabe recurso extraordinário, por violação de lei federal, quando a ofensa alegada for a regimento de tribunal.

400. Decisão que deu razoável interpretação à lei, ainda que não seja a melhor, não autoriza recurso extraordinário pela letra *a* do art. 101, III, da Constituição Federal.

→ Referida Constituição é a de 1946.

401. Não se conhece do recurso de revista, nem dos embargos de divergência, do processo trabalhista, quando houver jurisprudência firme do Tribunal Superior do Trabalho no mesmo sentido da decisão impugnada, salvo se houver colisão com a jurisprudência do Supremo Tribunal Federal.

402. Vigia noturno tem direito a salário adicional.

403. É de decadência o prazo de trinta dias para instauração do inquérito judicial, a contar da suspensão, por falta grave, de empregado estável.

404. Não contrariam a Constituição os arts. 3º, 22 e 27 da Lei 3.244, de 14.8.1957, que definem as atribuições do Conselho de Política Aduaneira quanto à tarifa flexível.

405. Denegado o mandado de segurança pela sentença, ou no julgamento do agravo, dela interposto, fica sem efeito a liminar concedida, retroagindo os efeitos da decisão contrária.

406. O estudante ou professor bolsista e o servidor público em missão de estudo satisfazem a condição da mudança de residência para o efeito de trazer automóvel do exterior, atendidos os demais requisitos legais.

407. Não tem direito ao terço de campanha o militar que não participou de operações de guerra, embora servisse na "zona de guerra".

408. Os servidores fazendários não têm direito a percentagem pela arrecadação de receita federal destinada ao Banco Nacional de Desenvolvimento Econômico.

409. Ao retomante, que tenha mais de um prédio alugado, cabe optar entre eles, salvo abuso de direito.

410. Se o locador, utilizando prédio próprio para residência ou atividade comercial, pede o imóvel locado para uso próprio, diverso do que tem o por ele ocupado, não está obrigado a provar a necessidade, que se presume.

411. O locatário autorizado a ceder a locação pode sublocar o imóvel.

412. No compromisso de compra e venda com cláusula de arrependimento, a devolução do sinal, por quem o deu, ou a sua restituição em dobro, por quem o recebeu, exclui indenização maior a título de perdas e danos, salvo os juros moratórios e os encargos do processo.

413. O compromisso de compra e venda de imóveis, ainda que não loteados, dá direito à execução compulsória, quando reunidos os requisitos legais.

414. Não se distingue a visão direta da oblíqua na proibição de abrir janela, ou fazer terraço, eirado, ou varanda, a menos de metro e meio do prédio de outrem.

415. Servidão de trânsito não titulada, mas tornada permanente, sobretudo pela natureza das obras realizadas, considera-se aparente, conferindo direito à proteção possessória.

416. Pela demora no pagamento do preço da desapropriação não cabe indenização complementar além dos juros.

417. Pode ser objeto de restituição, na falência, dinheiro em poder do falido, recebido em nome de outrem, ou do qual, por lei ou contrato, não tivesse ele a disponibilidade.

418. SÚMULA SEM EFICÁCIA RE 111954/PR, *D.J.* 24.6.1988 – O empréstimo compulsório não é tributo, e sua arrecadação não está sujeita à exigência constitucional da prévia autorização orçamentária.

419. Os Municípios têm competência para regular o horário do comércio local, desde que não infrinjam leis estaduais ou federais válidas.

420. Não se homologa sentença proferida no estrangeiro sem prova do trânsito em julgado.

421. Não impede a extradição a circunstância de ser o extraditando casado com brasileira ou ter filho brasileiro.

422. A absolvição criminal não prejudica a medida de segurança, quando couber, ainda que importe privação da liberdade.

423. Não transita em julgado a sentença por haver omitido o recurso *ex officio*, que se considera interposto *ex lege*.

424. Transita em julgado o despacho saneador de que não houve recurso, excluídas as questões deixadas, explícita ou implicitamente, para a sentença.

425. O agravo despachado no prazo legal não fica prejudicado pela demora da juntada, por culpa do cartório; nem o agravo entregue em cartório no prazo legal, embora despachado tardiamente.

426. A falta do termo específico não prejudica o agravo no auto do processo, quando oportuna a interposição por petição ou no termo da audiência.

427. SÚMULA CANCELADA NO JULGAMENTO DO RE 66447/MG, *D.J.* 20.2.1970 – A falta de petição de interposição não prejudica o agravo no auto do processo tomado por termo.

428. Não fica prejudicada a apelação entregue em cartório no prazo legal, embora despachada tardiamente.

429. A existência de recurso administrativo com efeito suspensivo não impede o uso do mandado de segurança contra omissão da autoridade.

430. Pedido de reconsideração na via administrativa não interrompe o prazo para o mandado de segurança.

431. É nulo o julgamento de recurso criminal, na segunda instância, sem prévia intimação, ou publicação da pauta, salvo em *habeas corpus*.

432. Não cabe recurso extraordinário com fundamento no art. 101, III, *d*, da Constituição Federal, quando a divergência alegada for entre decisões da Justiça do Trabalho.

→ Referida Constituição é a de 1946.

433. É competente o Tribunal Regional do Trabalho para julgar mandado de segurança contra ato do seu presidente em execução de sentença trabalhista.

434. A controvérsia entre seguradores indicados pelo empregador na ação de acidente do trabalho não suspende o pagamento devido ao acidentado.

435. O Imposto de Transmissão *causa mortis* pela transferência de ações é devido ao Estado em que tem sede a companhia.

436. É válida a Lei 4.093, de 24.10.1959, do Paraná, que revogou a isenção concedida às cooperativas por lei anterior.

437. Está isenta da taxa de despacho aduaneiro a importação de equipamento para a indústria automobilística, segundo plano aprovado, no prazo legal, pelo órgão competente.

438. É ilegítima a cobrança, em 1962, da taxa de educação e saúde, de Santa Catarina, adicional do Imposto de Vendas e Consignações.

439. Estão sujeitos à fiscalização tributária ou previdenciária quaisquer livros comerciais, limitado o exame aos pontos objeto da investigação.

440. Os benefícios da legislação federal de serviços de guerra não são exigíveis dos Estados, sem que a lei estadual assim disponha.

441. O militar, que passa à inatividade com proventos integrais, não tem direito às cotas trigésimas a que se refere o Código de Vencimentos e Vantagens dos Militares.

442. A inscrição do contrato de locação no Registro de Imóveis, para a validade da cláusula de vigência contra o adquirente do imóvel, ou perante terceiros, dispensa a transcrição no Registro de Títulos e Documentos.

443. A prescrição das prestações anteriores ao período previsto em lei não ocorre, quando não tiver sido negado, antes daquele prazo, o próprio direito reclamado, ou a situação jurídica de que ele resulta.

444. Na retomada para construção mais útil, de imóvel sujeito ao Decreto 24.150, de 20.4.1934, a indenização se limita às despesas de mudança.

445. A Lei 2.437, de 7.3.1955, que reduz prazo prescricional, é aplicável às prescrições em curso na data de sua vigência (1°.1.1956), salvo quanto aos processos então pendentes.

446. Contrato de exploração de jazida ou pedreira não está sujeito ao Decreto 24.150, de 20.4.1934.

447. É válida a disposição testamentária em favor de filho adulterino do testador com sua concubina.

448. O prazo para o assistente recorrer, supletivamente, começa a correr imediatamente após o transcurso do prazo do Ministério Público.

449. O valor da causa, na consignatória de aluguel, corresponde a uma anuidade.

450. São devidos honorários de advogado sempre que vencedor o beneficiário de Justiça gratuita.

451. A competência especial por prerrogativa de função não se estende ao crime cometido após a cessação definitiva do exercício funcional.

452. SÚMULA SEM EFICÁCIA – Oficiais e praças do Corpo de Bombeiros do Estado da Guanabara respondem perante a Justiça Comum por crime anterior à Lei 427, de 11.10.1948.

453. Não se aplicam à segunda instância o art. 384 e parágrafo único do Código de Processo Penal, que possibilitam dar nova definição jurídica ao fato delituoso, em virtude de circunstância elementar não contida, explícita ou implicitamente, na denúncia ou queixa.

→ A Lei 11.719/2008 alterou o art. 384 do CPP.

454. Simples interpretação de cláusulas contratuais não dá lugar a recurso extraordinário.

455. Da decisão que se seguir ao julgamento de constitucionalidade pelo Tribunal Pleno, são inadmissíveis embargos infringentes quanto à matéria constitucional.

456. O Supremo Tribunal Federal, conhecendo do recurso extraordinário, julgará a causa, aplicando o direito à espécie.

457. O Tribunal Superior do Trabalho, conhecendo da revista, julgará a causa, aplicando o direito à espécie.

458. O processo da execução trabalhista não exclui a remição pelo executado.

459. No cálculo da indenização por despedida injusta, incluem-se os adicionais, ou gratificações, que, pela habitualidade, se tenham incorporado ao salário.

460. Para efeito do adicional de insalubridade, a perícia judicial, em reclamação trabalhista, não dispensa o enquadramento da atividade entre as insalubres, que é ato da competência do Ministro do Trabalho e Previdência Social.

461. É duplo, e não triplo, o pagamento de salário nos dias destinados a descanso.

462. No cálculo da indenização por despedida injusta inclui-se, quando devido, o repouso semanal remunerado.

463. Para efeito de indenização e estabilidade, conta-se o tempo em que o empregado esteve afastado, em serviço militar obrigatório, mesmo anteriormente à Lei 4.072, de 1°.6.1962.

464. No cálculo da indenização por acidente do trabalho inclui-se, quando devido, o repouso semanal remunerado.

465. O regime de manutenção de salário, aplicável ao (IAPM) e ao (IAPETC), exclui a indenização tarifada na lei de acidentes do trabalho, mas não o benefício previdenciário.

466. Não é inconstitucional a inclusão de sócios e administradores de sociedades e titulares de firmas individuais como contribuintes obrigatórios da Previdência Social.

467. A base do cálculo das contribuições previdenciárias, anteriormente à vigência da Lei Orgânica da Previdência Social, é o salário mínimo mensal, observados os limites da Lei 2.755/1956.

468. Após a Emenda Constitucional 5, de 21.11.1961, em contrato firmado com a União, Estado, Município ou Autarquia, é devido o Imposto Federal de Selo pelo contratante não protegido pela imunidade, ainda que haja repercussão do ônus tributário sobre o patrimônio daquelas entidades.

469. A multa de cem por cento, para o caso de mercadoria importada irregularmente, é calculada à base do custo de câmbio da categoria correspondente.

470. O Imposto de Transmissão *inter vivos* não incide sobre a construção, ou parte dela, realizada, inequivocamente, pelo promitente comprador, mas sobre o valor do que tiver sido construído antes da promessa de venda.

471. As empresas aeroviárias não estão isentas do Imposto de Indústrias e Profissões.

472. A condenação do autor em honorários de advogado, com fundamento no art. 64 do Código de Processo Civil, depende de reconvenção.

→ Refere-se ao Código de Processo Civil de 1939.

473. A administração pode anular seus próprios atos, quando eivados de vícios que os tornam ilegais, porque deles não se originam direitos; ou revogá-los, por motivo de conveniência ou oportunidade, respeitados os direitos adquiridos, e ressalvada, em todos os casos, a apreciação judicial.

474. Não há direito líquido e certo, amparado pelo mandado de segurança, quando se escuda em lei cujos efeitos foram anulados por outra, declarada constitucional pelo Supremo Tribunal Federal.

475. A Lei 4.686, de 21.6.1965, tem aplicação imediata aos processos em curso, inclusive em grau de recurso extraordinário.

476. Desapropriadas as ações de uma sociedade, o poder desapropriante, imitido na posse, pode exercer, desde logo, todos os direitos inerentes aos respectivos títulos.

477. As concessões de terras devolutas situadas na faixa de fronteira, feitas pelos Estados, autorizam, apenas, o uso, permanecendo o domínio com a União, ainda que se mantenha inerte ou tolerante, em relação aos possuidores.

478. O provimento em cargos de Juízes substitutos do Trabalho, deve ser feito independentemente de lista tríplice, na ordem de classificação dos candidatos.

479. As margens dos rios navegáveis são de domínio público, insuscetíveis de expropriação e, por isso mesmo, excluídas de indenização.

480. Pertencem ao domínio e administração da União, nos termos dos arts. 4°, IV, e 186, da Constituição Federal de 1967, as terras ocupadas por silvícolas.

481. Se a locação compreende, além do imóvel, fundo de comércio, com instalações e pertences, como no caso de teatros, cinemas e hotéis, não se aplicam ao retomante as restrições do art. 8°, e, parágrafo único, do Decreto 24.150, de 20.4.1934.

482. O locatário, que não for sucessor ou cessionário do que o precedeu na locação, não pode somar os prazos concedidos a este, para pedir a renovação do contrato, nos termos do Decreto 24.150.

483. É dispensável a prova da necessidade, na retomada de prédio situado em localidade para onde o proprietário pretende transferir residência, salvo se mantiver, também, a anterior, quando dita prova será exigida.

484. Pode, legitimamente, o proprietário pedir o prédio para a residência de filho, ainda que solteiro, de acordo com o art. 11, III, da Lei 4.494, de 25.11.1964.

485. Nas locações regidas pelo Decreto 24.150, de 20.4.1934, a presunção de sinceridade do retomante é relativa, podendo ser ilidida pelo locatário.

486. Admite-se a retomada para sociedade da qual o locador, ou seu cônjuge, seja sócio, com participação predominante no capital social.

487. Será deferida a posse a quem, evidentemente, tiver o domínio, se com base neste for ela disputada.

488. SÚMULA SEM EFICÁCIA – A preferência a que se refere o art. 9° da Lei 3.912, de 3.7.1961, constitui direito pessoal. Sua violação resolve-se em perdas e danos.

489. A compra e venda de automóvel não prevalece contra terceiros, de boa-fé, se o contrato não foi transcrito no Registro de Títulos e Documentos.

490. A pensão correspondente à indenização oriunda de responsabilidade civil deve ser calculada com base no salário mínimo vigente ao tempo da sentença e ajustar-se-á às variações ulteriores.

491. É indenizável o acidente que cause a morte de filho menor, ainda que não exerça trabalho remunerado.

492. A empresa locadora de veículos responde, civil e solidariamente com o locatário, pelos danos por este causados a terceiro, no uso do carro locado.

493. O valor da indenização, se consistente em prestações periódicas e sucessivas, compreenderá, para que se mantenha inalterável na sua fixação, parcelas compensatórias do Imposto de Renda, incidente sobre os juros do capital gravado ou caucionado, nos termos dos arts. 911 e 912 do Código de Processo Civil.

→ Referido Código de Processo Civil é o de 1939.

494. A ação para anular venda de ascendente a descendente, sem consentimento dos demais, prescreve em vinte anos, contados da data do ato, revogada a Súmula 152.

495. A restituição em dinheiro da coisa vendida a crédito, entregue nos quinze dias anteriores ao pedido de falência ou de concordata, cabe, quando, ainda que consumida ou transformada, não faça o devedor prova de haver sido alienada a terceiro.

496. São válidos, porque salvaguardados pelas Disposições Constitucionais Transitórias da Constituição Federal de 1967, os decretos-leis expedidos entre 24 de janeiro e 15 de março de 1967.

497. Quando se tratar de crime continuado, a prescrição regula-se pela pena imposta na sentença, não se computando o acréscimo decorrente da continuação.

498. Compete à Justiça dos Estados, em ambas as instâncias, o processo e o julgamento dos crimes contra a economia popular.

499. Não obsta à concessão do *sursis* condenação anterior à pena de multa.

500. Não cabe a ação cominatória para compelir-se o réu a cumprir obrigação de dar.

501. Compete à Justiça ordinária estadual o processo e o julgamento, em ambas as instâncias, das causas de acidente do trabalho, ainda que promovidas contra a União, suas autarquias, empresas públicas ou sociedades de economia mista.

502. Na aplicação do art. 839 do Código de Processo Civil, com a redação da Lei 4.290, de 5.12.1963, a relação valor da causa e salário mínimo vigente na Capital do Estado, ou do Território, para o efeito de alçada, deve ser considerada na data do ajuizamento do pedido.

→ Referido Código de Processo Civil é o de 1939.

503. A dúvida, suscitada por particular, sobre o direito de tributar, manifestado por dois Estados, não configura litígio da competência originária do Supremo Tribunal Federal.

504. Compete à Justiça Federal, em ambas as instâncias, o processo e o julgamento das causas fundadas em contrato de seguro marítimo.

505. Salvo quando contrariarem a Constituição, não cabe recurso para o Supremo Tribunal Federal, de quaisquer decisões da Justiça do Trabalho, inclusive dos presidentes de seus Tribunais.

506. SÚMULA REVOGADA NO JULGAMENTO DA SUSPENSÃO DE SEGURANÇA 1.945/AL, *D.J.* 1.8.2003 – O agravo a que se refere o art. 4º da Lei 4.348, de 26.6.1964, cabe, somente, do despacho do presidente do Supremo Tribunal Federal que defere a suspensão da liminar, em mandado de segurança; não do que a "denega".

507. A ampliação dos prazos a que se refere o art. 32 do Código de Processo Civil aplica-se aos executivos fiscais.

→ Referido Código de Processo Civil é o de 1939.

508. Compete à Justiça Estadual, em ambas as instâncias, processar e julgar as causas em que for parte o Banco do Brasil S.A.

509. A Lei 4.632, de 18.5.1965, que alterou o art. 64 do Código de Processo Civil, aplica-se aos processos em andamento, nas instâncias ordinárias.

→ Referido Código de Processo Civil é o de 1939.

510. Praticado o ato por autoridade, no exercício de competência delegada, contra ela cabe o mandado de segurança ou a medida judicial.

511. Compete à Justiça Federal, em ambas as instâncias, processar e julgar as causas entre autarquias federais e entidades públicas locais, inclusive mandados de segurança, ressalvada a ação fiscal, nos termos da Constituição Federal de 1967, art. 119, § 3º.

512. Não cabe condenação em honorários de advogado na ação de mandado de segurança.

513. A decisão que enseja a interposição de recurso ordinário ou extraordinário não é a do Plenário, que resolve o incidente de inconstitucionalidade, mas a do órgão (Câmaras, Grupos ou Turmas) que completa o julgamento do feito.

514. Admite-se ação rescisória contra sentença transitada em julgado, ainda que contra ela não se tenha esgotado todos os recursos.

515. A competência para a ação rescisória não é do Supremo Tribunal Federal, quando a questão federal, apreciada no recurso extraordinário ou no agravo do instrumento, seja diversa da que foi suscitada no pedido rescisório.

516. O Serviço Social da Indústria (SESI) está sujeito à jurisdição da Justiça Estadual.

517. As sociedades de economia mista só têm foro na Justiça Federal, quando a União intervém como assistente ou opoente.

518. A intervenção da União, em feito já julgado pela segunda instância e pendente de embargos, não desloca o processo para o Tribunal Federal de Recursos.

519. Aplica-se aos executivos fiscais o princípio da sucumbência a que se refere o art. 64 do Código de Processo Civil.

→ Referido Código de Processo Civil é o de 1939.

520. Não exige a lei que, para requerer o exame a que se refere o art. 777 do Código de Processo Penal, tenha o sentenciado cumprido mais de metade do prazo da medida de segurança imposta.

521. O foro competente para o processo e julgamento dos crimes de estelionato, sob a modalidade da emissão dolosa de cheque sem provisão de fundos, é o do local onde se deu a recusa do pagamento pelo sacado.

522. Salvo ocorrência de tráfico para o exterior, quando, então, a competência será da Justiça Federal, compete à Justiça dos Estados o processo e julgamento dos crimes relativos a entorpecentes.

523. No processo penal, a falta de defesa constitui nulidade absoluta, mas a sua deficiência só o anulará se houver prova de prejuízo para o réu.

524. Arquivado o inquérito policial, por despacho do juiz, a requerimento do Promotor de Justiça, não pode a ação penal ser iniciada, sem novas provas.

525. A medida de segurança não será aplicada em segunda instância, quando só o réu tenha recorrido.

526. SÚMULA SEM EFICÁCIA – Subsiste a competência do Supremo Tribunal Federal para conhecer e julgar a apelação, nos crimes da Lei de Segurança Nacional, se houve sentença antes da vigência do Ato Institucional 2.

527. Após a vigência do Ato Institucional 6, que deu nova redação ao art. 114, III, da Constituição Federal de 1967, não cabe recurso extraordinário das decisões do juiz singular.

528. Se a decisão contiver partes autônomas, a admissão parcial, pelo Presidente do Tribunal *a quo*, de recurso extraordinário que, sobre qualquer delas se manifestar, não limitará a apreciação de todas pelo Supremo Tribunal Federal, independentemente de interposição de agravo de instrumento.

529. Subsiste a responsabilidade do empregador pela indenização decorrente de acidente do trabalho, quando o segurador, por haver entrado em liquidação, ou por outro motivo, não se encontrar em condições financeiras, de efetuar, na forma da lei, o pagamento que o seguro obrigatório visava garantir.

530. Na legislação anterior ao art. 4º da Lei 4.749, de 12.8.1965, a contribuição para a previdência social não estava sujeita ao limite estabelecido no art. 69 da Lei 3.807, de 26.8.1960, sobre o 13º salário a que se refere o art. 3º da Lei 4.281, de 8.11.1963.

531. É inconstitucional o Decreto 51.668, do 17.1.1963, que estabeleceu salário profissional para trabalhadores de transportes marítimos, fluviais e lacustres.

532. É constitucional a Lei 5.043, de 21.6.1966, que concedeu remissão das dívidas fiscais oriundas da falta de oportuno pagamento de selo nos contratos particulares com a Caixa Econômica e outras entidades autárquicas.

533. Nas operações denominadas "crediários", com emissão de vales ou certificados para compras e nas quais, pelo financiamento, se cobram, em separado, juros, selos e outras despesas, incluir-se-á tudo no custo da mercadoria e sobre esse preço global calcular-se-á o Imposto de Vendas e Consignações.

534. O Imposto de Importação sobre o extrato alcoólico de malte, como matéria-prima para fabricação de "whisky", incide à base de 60%, desde que desembarcado antes do Decreto-lei 398, de 30.12.1968.

535. Na importação, a granel, de combustíveis líquidos é admissível a diferença de peso, para mais, até 4%, motivada pelas variações previstas no Decreto-lei 1.028, de 4.1.1939, art. 1º.

536. São objetivamente imunes ao Imposto sobre Circulação de Mercadorias os "produtos industrializados", em geral, destinados à exportação, além de outros, com a mesma destinação, cuja isenção a lei determinar.

537. É inconstitucional a exigência de Imposto Estadual do Selo, quando feita nos atos e instrumentos tributados ou regulados por lei federal, ressalvado o disposto no art. 15, § 5º, da Constituição Federal de 1946.

538. SÚMULA SEM EFICÁCIA – A avaliação judicial para o efeito do cálculo das benfeitorias dedutíveis do Imposto sobre o Lucro Imobiliário independe do limite a que se refere a Lei 3.470, de 28.11.1958, art. 8º, parágrafo único.

539. É constitucional a lei do Município que reduz o Imposto Predial Urbano sobre imóvel ocupado pela residência do proprietário, que não possua outro.

540. No preço da mercadoria sujeita ao Imposto de Vendas e Consignações, não se incluem as despesas de frete e carreto.

541. O Imposto sobre Vendas e Consignações não incide sobre a venda ocasional de veículos e equipamentos usados, que não se insere na atividade profissional do vendedor, e não é realizada com o fim de lucro, sem caráter, pois, de comercialidade.

542. Não é inconstitucional a multa instituída pelo Estado-membro, como sanção pelo retardamento do início ou da ultimação do inventário.

543. A Lei 2.975, de 27.11.1965, revogou, apenas, as isenções de caráter geral, relativas ao Imposto Único sobre Combustíveis, não as especiais, por outras leis concedidas.

544. Isenções tributárias concedidas, sob condição onerosa, não podem ser livremente suprimidas.

545. Preços de serviços públicos e taxas não se confundem, porque estas, diferentemente daqueles, são compulsórias e têm sua cobrança condicionada à prévia autorização orçamentária, em relação à lei que as instituiu.

546. Cabe a restituição do tributo pago indevidamente, quando reconhecido por decisão, que o contribuinte *de jure* não recuperou do contribuinte *de facto* o *quantum* respectivo.

547. Não é lícito à autoridade proibir que o contribuinte em débito adquira estampilhas, despache mercadorias nas alfândegas e exerça suas atividades profissionais.

548. É inconstitucional o Decreto-lei 643, de 19.6.1947, art. 4º, do Paraná, na parte que exige selo proporcional sobre atos e instrumentos regulados por lei federal.

549. A taxa de bombeiros do Estado de Pernambuco é constitucional, revogada a Súmula 274.

550. A isenção concedida pelo art. 2º da Lei 1.815/1953, às empresas de navegação aérea não compreende a taxa de melhoramento de portos, instituída pela Lei 3.421/1958.

551. É inconstitucional a taxa de urbanização da Lei 2.320, de 20.12.1961, instituída pelo município de Porto Alegre, porque seu fato gerador é o mesmo da transmissão imobiliária.

552. Com a regulamentação do art. 15 da Lei 5.316/1967, pelo Decreto 71.037/1972, tornou-se exequível a exigência da exaustão da via administrativa antes do início da ação de acidente do trabalho.

→ No julgamento do RE/SP 91.742/0, *DJ* 21.12.1979, o Tribunal entendeu que a Súmula 552 foi superada com o advento da Lei 6.367/1976.

553. O Adicional ao Frete para Renovação da Marinha Mercante (AFRMM) é contribuição parafiscal, não sendo abrangido pela imunidade prevista na letra *d*, III, do art. 19 da Constituição Federal.

→ Referida Constituição é a de 1967, com a EC 1/1969.

554. O pagamento de cheque emitido sem provisão de fundos, após o recebimento da denúncia, não obsta ao prosseguimento da ação penal.

555. É competente o Tribunal de Justiça para julgar conflito de jurisdição entre juiz de direito do Estado e a Justiça Militar local.

556. É competente a Justiça Comum para julgar as causas em que é parte sociedade de economia mista.

557. É competente a Justiça Federal para julgar as causas em que são partes a COBAL e a CIBRAZEM.

558. É constitucional o art. 27 do Decreto-lei 898, de 29.9.1969.

559. O Decreto-lei 730, de 5.8.1969, revogou a exigência de homologação, pelo Ministro da Fazenda, das Resoluções do Conselho de Política Aduaneira.

560. SÚMULA SEM EFICÁCIA – A extinção de punibilidade, pelo pagamento do tributo devido, estende-se ao crime de contrabando ou descaminho, por força do art. 18, § 2º, do Decreto-lei 157/1967.

561. Em desapropriação, é devida a correção monetária até a data do efetivo pagamento da indenização, devendo proceder-se à atualização do cálculo, ainda que por mais de uma vez.

562. Na indenização de danos materiais decorrentes de ato ilícito cabe a atualização de seu valor, utilizando-se, para esse fim, dentre outros critérios, dos índices de correção monetária.

563. O concurso de preferência a que se refere o parágrafo único do art. 187 do Código Tributário Nacional é compatível com o disposto no art. 9º, I, da Constituição Federal.

→ Referida Constituição é a de 1967, com a EC 1/1969.

564. A ausência de fundamentação do despacho de recebimento de denúncia por crime falimentar enseja nulidade processual, salvo se já houver sentença condenatória.

565. A multa fiscal moratória constitui pena administrativa, não se incluindo no crédito habilitado em falência.

566. Enquanto pendente, o pedido de readaptação fundado em desvio funcional não gera direitos para o servidor, relativamente ao cargo pleiteado.

567. A Constituição, ao assegurar, no § 3º do art. 102, a contagem integral do tempo de serviço público federal, estadual ou municipal para os efeitos de aposentadoria e disponibilidade não proíbe à União, aos Estados e aos Municípios mandarem contar, mediante lei, para efeito diverso, tempo de serviço prestado a outra pessoa de direito público interno.

→ Referida Constituição é a de 1967, com a EC 1/1969.

568. SÚMULA SUPERADA NO JULGAMENTO DO RHC 66.881/DF, *D.J.* 11.11.1988 – A identificação criminal não constitui constrangimento ilegal, ainda que o indiciado já tenha sido identificado civilmente.

569. É inconstitucional a discriminação de alíquotas do Imposto de Circulação de Mercadorias nas operações interestaduais, em razão de o destinatário ser, ou não, contribuinte.

570. O Imposto de Circulação de Mercadorias não incide sobre a importação de bens de capital.

571. O comprador de café ao IBC, ainda que sem expedição de nota fiscal, habilita-se, quando da comercialização do produto, ao crédito do ICM que incidiu sobre a operação anterior.

572. No cálculo do Imposto de Circulação de Mercadorias devido na saída de mercadorias para o exterior, não se incluem fretes pagos a terceiros, seguros e despesas de embarque.

573. Não constitui fato gerador do Imposto de Circulação de Mercadorias a saída física de máquinas, utensílios e implementos a título de comodato.

574. Sem lei estadual que a estabeleça, é ilegítima a cobrança do Imposto de Circulação de Mercadorias sobre o fornecimento de alimentação e bebidas em restaurante ou estabelecimento similar.

575. À mercadoria importada de país signatário do (GATT), ou membro da (ALALC), estende-se a isenção do Imposto de Circulação de Mercadorias concedida a similar nacional.

576. É lícita a cobrança do Imposto de Circulação de Mercadorias sobre produtos importados sob o regime da alíquota "zero".

577. Na importação de mercadorias do exterior, o fato gerador do Imposto de Circulação de Mercadorias ocorre no momento de sua entrada no estabelecimento do importador.

578. Não podem os Estados, a título de ressarcimento de despesas, reduzir a parcela de 20% do produto da arrecadação do Imposto de Circulação de Mercadorias, atribuída aos Municípios pelo art. 23, § 8º, da Constituição Federal.

→ Referida Constituição é a de 1967, com a EC 1/1969.

579. A cal virgem e a hidratada estão sujeitas ao Imposto de Circulação de Mercadorias.

580. A isenção prevista no art. 13, parágrafo único, do Decreto-lei 43/1966, restringe-se aos filmes cinematográficos.

581. A exigência de transporte em navio de bandeira brasileira, para efeito de isenção tributária, legitimou-se com o advento do Decreto-lei 666, de 2.7.1969.

582. É constitucional a Resolução 640/1969, do Conselho de Política Aduaneira, que reduziu a alíquota do Imposto de Importação para a soda cáustica, destinada a zonas de difícil distribuição e abastecimento.

583. Promitente comprador de imóvel residencial transcrito em nome de autarquia é contribuinte do Imposto Predial Territorial Urbano.

584. Ao Imposto de Renda calculado sobre os rendimentos do ano-base, aplica-se a lei vigente no exercício financeiro em que deve ser apresentada a declaração.

585. Não incide o imposto de renda sobre a remessa de divisas para pagamento de serviços prestados no exterior, por empresa que não opera no Brasil.

586. Incide Imposto de Renda sobre os juros remetidos para o exterior, com base em contrato de mútuo.

587. Incide Imposto de Renda sobre o pagamento de serviços técnicos contratados no exterior e prestados no Brasil.

588. O Imposto Sobre Serviços não incide sobre os depósitos, as comissões e taxas de desconto, cobrados pelos estabelecimentos bancários.

589. É inconstitucional a fixação de adicional progressivo do Imposto Predial e Territorial Urbano em função do número de imóveis do contribuinte.

590. Calcula-se o Imposto de Transmissão *causa mortis* sobre o saldo credor da promessa de compra e venda de imóvel, no momento da abertura da sucessão do promitente vendedor.

591. A imunidade ou a isenção tributária do comprador não se estende ao produtor, contribuinte do Imposto sobre Produtos Industrializados.

592. Nos crimes falimentares, aplicam-se as causas interruptivas da prescrição, previstas no Código Penal.

593. Incide o percentual do Fundo de Garantia do Tempo de Serviço (FGTS) sobre a parcela da remuneração correspondente a horas extraordinárias de trabalho.

594. Os direitos de queixa e de representação podem ser exercidos, independentemente, pelo ofendido ou por seu representante legal.

595. É inconstitucional a taxa municipal de conservação de estradas de rodagem cuja base de cálculo seja idêntica à do Imposto Territorial Rural.

596. As disposições do Decreto 22.626/1933 não se aplicam às taxas de juros e aos outros encargos cobrados nas operações realizadas por instituições públicas ou privadas, que integram o Sistema Financeiro Nacional.

597. Não cabem embargos infringentes de acórdão que, em mandado de segurança decidiu, por maioria de votos, a apelação.

598. Nos embargos de divergência não servem como padrão de discordância os mesmos paradigmas invocados para demonstrá-la mas repelidos como não dissidentes no julgamento do recurso extraordinário.

599. SÚMULA CANCELADA NOS SEGUINTES JULGAMENTOS: AG.REG NOS EMB. DIV. NO AG.REG NO RE 356.069-7/RS, *D.J.E.* 27.3.2008, AG.REG NOS EMB.DIV. NOS EMB. DECL. NO AG.REG. NO RE 285.093-4/MG, *D.J.E.* 27.3.2008, AG.REG. NOS EMB. DIV. NOS EMB. DECL. NO AG.REG. NO RE 283.240-5/RS, *D.J.E.* 13.3.2008 – São incabíveis embargos de divergência de decisão de Turma, em agravo regimental.

600. Cabe ação executiva contra o emitente e seus avalistas, ainda que não apresentado o cheque ao sacado no prazo legal, desde que não prescrita a ação cambiária.

601. Os arts. 3º, II, e 55 da Lei Complementar 40/1981 (Lei Orgânica do Ministério Público) não revogaram a legislação anterior que atribui a iniciativa para a ação penal pública, no processo sumário, ao juiz ou à autoridade policial, mediante portaria ou auto de prisão em flagrante.

602. Nas causas criminais, o prazo de interposição de recurso extraordinário é de 10 (dez) dias.

603. A competência para o processo e julgamento de latrocínio é do juiz singular e não do Tribunal do Júri.

604. A prescrição pela pena em concreto é somente da pretensão executória da pena privativa de liberdade.

605. Não se admite continuidade delitiva nos crimes contra a vida.

606. Não cabe *habeas corpus* originário para o Tribunal Pleno de decisão de Turma, ou do Plenário, proferida em *habeas corpus* ou no respectivo recurso.

607. Na ação penal regida pela Lei 4.611/1965, a denúncia, como substitutivo da portaria, não interrompe a prescrição.

→ *V.* Lei 9.099/1995, que revogou a referida Lei 4.611/1965.

608. No crime de estupro, praticado mediante violência real, a ação penal é pública incondicionada.

609. É pública incondicionada a ação penal por crime de sonegação fiscal.

610. Há crime de latrocínio, quando o homicídio se consuma, ainda que não realize o agente a subtração de bens da vítima.

611. Transitada em julgado a sentença condenatória, compete ao juízo das execuções a aplicação de lei mais benigna.

612. Ao trabalhador rural não se aplicam, por analogia, os benefícios previstos na Lei 6.367, de 19.10.1976.

613. Os dependentes de trabalhador rural não têm direito à pensão previdenciária, se o óbito ocorreu anteriormente à vigência da Lei Complementar 11/1971.

614. Somente o procurador-geral da Justiça tem legitimidade para propor ação direta interventiva por inconstitucionalidade de lei municipal.

615. O princípio constitucional da anualidade (§ 29 do art. 153 da Constituição Federal) não se aplica à revogação de isenção do ICM.

→ Referida Constituição é a de 1967, com a EC 1/1969.

616. É permitida a cumulação da multa contratual com os honorários do advogado, após o advento do Código de Processo Civil vigente.

→ *V.* Lei 13.105/2015 – Novo CPC.

617. A base de cálculo dos honorários de advogado em desapropriação é a diferença entre a oferta e a indenização, corrigidas ambas monetariamente.

618. Na desapropriação, direta ou indireta, a taxa dos juros compensatórios é de 12% (doze por cento) ao ano.

619. SÚMULA REVOGADA NO JULGAMENTO DO HC 92.566-9/SP, *D.J.E.* 4.6.2009 – A prisão do depositário judicial pode ser decretada no próprio processo em que se constituiu o encargo, independentemente da propositura de ação de depósito.

620. A sentença proferida contra autarquias não está sujeita a reexame necessário, salvo quando sucumbente em execução de dívida ativa.

621. SÚMULA SEM EFICÁCIA – Não enseja embargos de terceiro à penhora a promessa de compra e venda não inscrita no registro de imóveis.

622. Não cabe agravo regimental contra decisão do relator que concede ou indefere liminar em mandado de segurança.

623. Não gera por si só a competência originária do Supremo Tribunal Federal para conhecer do mandado de segurança com base no art. 102, I, *n*, da Constituição, dirigir-se o pedido contra deliberação administrativa do tribunal de origem, da qual haja participado a maioria ou a totalidade de seus membros.

624. Não compete ao Supremo Tribunal Federal conhecer originariamente de mandado de segurança contra atos de outros tribunais.

625. Controvérsia sobre matéria de direito não impede concessão de mandado de segurança.

626. A suspensão da liminar em mandado de segurança, salvo determinação em contrário da decisão que a deferir, vigorará até o trânsito em julgado da decisão definitiva de concessão da segurança ou, havendo recurso, até a sua manutenção pelo Supremo Tribunal Federal, desde que o objeto da liminar deferida coincida, total ou parcialmente, com o da impetração.

627. No mandado de segurança contra a nomeação de magistrado da competência do Presidente da República, este é considerado autoridade coatora, ainda que o fundamento da impetração seja nulidade ocorrida em fase anterior do procedimento.

628. Integrante de lista de candidatos a determinada vaga da composição de tribunal é parte legítima para impugnar a validade da nomeação de concorrente.

629. A impetração de mandado de segurança coletivo por entidade de classe em favor dos associados independe da autorização destes.

630. A entidade de classe tem legitimação para o mandado de segurança ainda quando a pretensão veiculada interesse apenas a uma parte da respectiva categoria.

631. Extingue-se o processo de mandado de segurança se o impetrante não promove, no prazo assinado, a citação do litisconsorte passivo necessário.

632. É constitucional lei que fixa o prazo de decadência para a impetração de mandado de segurança.

633. É incabível a condenação em verba honorária nos recursos extraordinários interpostos em processo trabalhista, exceto nas hipóteses previstas na Lei 5.584/1970.

634. Não compete ao Supremo Tribunal Federal conceder medida cautelar para dar efeito suspensivo a recurso extraordinário que ainda não foi objeto de juízo de admissibilidade na origem.

635. Cabe ao Presidente do Tribunal de origem decidir o pedido de medida cautelar em recurso extraordinário ainda pendente do seu juízo de admissibilidade.

636. Não cabe recurso extraordinário por contrariedade ao princípio constitucional da legalidade, quando a sua verificação pressuponha rever a interpretação dada a normas infraconstitucionais pela decisão recorrida.

637. Não cabe recurso extraordinário contra acórdão de Tribunal de Justiça que defere pedido de intervenção estadual em Município.

638. A controvérsia sobre a incidência, ou não, de correção monetária em operações de crédito rural é de natureza infraconstitucional, não viabilizando recurso extraordinário.

639. Aplica-se a Súmula 288 quando não constarem do traslado do agravo de instrumento as cópias das peças necessárias à verificação da tempestividade do recurso extraordinário não admitido pela decisão agravada.

640. É cabível recurso extraordinário contra decisão proferida por juiz de primeiro grau nas causas de alçada, ou por turma recursal de juizado especial cível e criminal.

641. Não se conta em dobro o prazo para recorrer, quando só um dos litisconsortes haja sucumbido.

642. Não cabe ação direta de inconstitucionalidade de lei do Distrito Federal derivada da sua competência legislativa municipal.

643. O Ministério Público tem legitimidade para promover ação civil pública cujo fundamento seja a ilegalidade de reajuste de mensalidades escolares.

644. Ao titular do cargo de procurador de autarquia não se exige a apresentação de instrumento de mandato para representá-la em juízo.

→ Redação alterada em 26.11.2003.

645. É competente o Município para fixar o horário de funcionamento de estabelecimento comercial.

646. Ofende o princípio da livre concorrência lei municipal que impede a instalação de estabelecimentos comerciais do mesmo ramo em determinada área.

647. Compete privativamente à União legislar sobre vencimentos dos membros das polícias civil e militar do Distrito Federal.

648. A norma do § 3º do art. 192 da Constituição, revogada pela Emenda Constitucional n. 40/2003, que limitava a taxa de juros reais a 12% ao ano, tinha sua aplicabilidade condicionada à edição de lei complementar.

649. É inconstitucional a criação, por Constituição estadual, de órgão de controle administrativo do Poder Judiciário do qual participem representantes de outros poderes ou entidades.

650. Os incisos I e XI do art. 20 da Constituição Federal não alcançam terras de aldeamentos extintos, ainda que ocupadas por indígenas em passado remoto.

→ Redação retificada no *D.J.* de 29.10.2003.

651. A medida provisória não apreciada pelo Congresso Nacional podia, até a Emenda Constitucional 32/2001, ser reeditada dentro do seu prazo de eficácia de trinta dias, mantidos os efeitos de lei desde a primeira edição.

652. Não contraria a Constituição o art. 15, § 1º, do Decreto-lei 3.365/1941 (Lei da desapropriação por utilidade pública).

653. No Tribunal de Contas estadual, composto por sete conselheiros, quatro devem ser escolhidos pela Assembleia Legislativa e três pelo Chefe do Poder Executivo estadual, cabendo a este indicar um dentre auditores e outro dentre membros do Ministério Público, e um terceiro a sua livre escolha.

654. A garantia da irretroatividade da lei, prevista no art. 5º, XXXVI, da Constituição da República, não é invocável pela entidade estatal que a tenha editado.

655. A exceção prevista no art. 100, *caput*, da Constituição, em favor dos créditos de natureza alimentícia, não dispensa a expedição de precatório, limitando-se a isentá-los da observância da ordem cronológica dos precatórios decorrentes de condenações de outra natureza.

656. É inconstitucional a lei que estabelece alíquotas progressivas para o Imposto de Transmissão *inter vivos* de Bens Imóveis – ITBI com base no valor venal do imóvel.

657. A imunidade prevista no art. 150, VI, *d*, da Constituição Federal abrange os filmes e papéis fotográficos necessários à publicação de jornais e periódicos.

658. São constitucionais os arts. 7º da Lei 7.787/1989 e 1º da Lei 7.894/1989 e da Lei 8.147/1990, que majoraram a alíquota do FINSOCIAL, quando devida a contribuição por empresas dedicadas exclusivamente à prestação de serviços.

659. É legítima a cobrança da COFINS, do PIS e do FINSOCIAL sobre as operações relativas a energia elétrica, serviços de telecomunicações, derivados de petróleo, combustíveis e minerais do País.

660. Não incide ICMS na importação de bens por pessoa física ou jurídica que não seja contribuinte do imposto.

→ Redação republicada no *D.J.U.* de 30.3.2006.

661. Na entrada de mercadoria importada do exterior, é legítima a cobrança do ICMS por ocasião do desembaraço aduaneiro.

→ *v.* Súmula Vinculante 48 do STF.

662. É legítima a incidência do ICMS na comercialização de exemplares de obras cinematográficas, gravados em fitas de videocassete.

663. Os §§ 1º e 3º do art. 9º do Decreto-lei 406/1968 foram recebidos pela Constituição.

664. É inconstitucional o inciso V do art. 1º da Lei 8.033/1990, que instituiu a incidência do Imposto nas Operações de Crédito, Câmbio e Seguros – IOF sobre saques efetuados em caderneta de poupança.

665. É constitucional a Taxa de Fiscalização dos Mercados de Títulos e Valores Mobiliários instituída pela Lei 7.940/1989.

666. A contribuição confederativa de que trata o art. 8º, IV, da Constituição, só é exigível dos filiados ao sindicato respectivo.

667. Viola a garantia constitucional de acesso à jurisdição a taxa judiciária calculada sem limite sobre o valor da causa.

668. É inconstitucional a lei municipal que tenha estabelecido, antes da Emenda Constitucional 29/2000, alíquotas progressivas para o IPTU, salvo se destinada a assegurar o cumprimento da função social da propriedade urbana.

669. Norma legal que altera o prazo de recolhimento da obrigação tributária não se sujeita ao princípio da anterioridade.

670. O serviço de iluminação pública não pode ser remunerado mediante taxa.

671. Os servidores públicos e os trabalhadores em geral têm direito, no que concerne à URP de abril/maio de 1988, apenas ao valor correspondente a 7/30 de 16,19% sobre os vencimentos e salários pertinentes aos meses de abril e maio de 1988, não cumulativamente, devidamente corrigido até o efetivo pagamento.

672. O reajuste de 28,86%, concedido aos servidores militares pelas Leis 8.622/1993 e 8.627/1993, estende-se aos servidores civis do Poder Executivo, observadas as eventuais compensações decorrentes dos reajustes diferenciados concedidos pelos mesmos diplomas legais.

673. O art. 125, § 4º, da Constituição não impede a perda da graduação de militar mediante procedimento administrativo.

674. A anistia prevista no art. 8º do Ato das Disposições Constitucionais Transitórias não alcança os militares expulsos com base em legislação disciplinar ordinária, ainda que em razão de atos praticados por motivação política.

675. Os intervalos fixados para descanso e alimentação durante a jornada de seis horas não descaracterizam o sistema de turnos ininterruptos de revezamento para o efeito do art. 7º, XIV, da Constituição.

676. A garantia da estabilidade provisória prevista no art. 10, II, *a*, do Ato das Disposições Constitucionais Transitórias, também se aplica ao suplente do cargo de direção de Comissões Internas de Prevenção de Acidentes (CIPA).

677. Até que lei venha a dispor a respeito, incumbe ao Ministério do Trabalho proceder ao registro das entidades sindicais e zelar pela observância do princípio da unicidade.

678. São inconstitucionais os incisos I e III do art. 7º da Lei 8.162/1991, que afastam, para efeito de anuênio e de licença-prêmio, a contagem do tempo de serviço regido pela Consolidação das Leis do Trabalho dos servidores que passaram a submeter-se ao Regime Jurídico Único.

679. A fixação de vencimentos dos servidores públicos não pode ser objeto de convenção coletiva.

680. O direito ao auxílio-alimentação não se estende aos servidores inativos.

681. É inconstitucional a vinculação do reajuste de vencimentos de servidores estaduais ou municipais a índices federais de correção monetária.

682. Não ofende a Constituição a correção monetária no pagamento com atraso dos vencimentos de servidores públicos.

683. O limite de idade para a inscrição em concurso público só se legitima em face do art. 7º, XXX, da Constituição, quando possa ser justificado pela natureza das atribuições do cargo a ser preenchido.

684. É inconstitucional o veto não motivado à participação de candidato a concurso público.

685. É inconstitucional toda modalidade de provimento que propicie ao servidor investir-se, sem prévia aprovação em concurso público destinado ao seu provimento, em cargo que não integra a carreira na qual anteriormente investido.

→ *v.* Súmula Vinculante 43 do STF.

686. Só por lei se pode sujeitar a exame psicotécnico a habilitação de candidato a cargo público.

→ *v.* Súmula Vinculante 44 do STF.

687. A revisão de que trata o art. 58 do Ato das Disposições Constitucionais Transitórias não se aplica aos benefícios previdenciários concedidos após a promulgação da Constituição de 1988.

688. É legítima a incidência da contribuição previdenciária sobre o 13º salário.

689. O segurado pode ajuizar ação contra a instituição previdenciária perante o juízo federal do seu domicílio ou nas varas federais da capital do Estado-membro.

690. SÚMULA SEM EFICÁCIA, HC 86834/SP, *D.J.U.* 9.3.2007; Ag.Reg. no HC 90905/SP, *D.J.U.* 11.5.2007; Ag.Reg. no HC 89378/RJ, *D.J.U.* 15.12.2006 - Compete originariamente ao Supremo Tribunal Federal o julgamento de *habeas corpus* contra decisão de turma recursal de juizados especiais criminais.

691. Não compete ao Supremo Tribunal Federal conhecer de *habeas corpus* impetrado contra decisão do Relator que, em *habeas corpus* requerido a tribunal superior, indefere a liminar.

692. Não se conhece de *habeas corpus* contra omissão de relator de extradição, se fundado em fato ou direito estrangeiro cuja prova não constava dos autos, nem foi ele provocado a respeito.

693. Não cabe *habeas corpus* contra decisão condenatória a pena de multa, ou relativo a processo em curso por infração penal a que a pena pecuniária seja a única cominada.

694. Não cabe *habeas corpus* contra a imposição da pena de exclusão de militar ou de perda de patente ou de função pública.

695. Não cabe *habeas corpus* quando já extinta a pena privativa de liberdade.

696. Reunidos os pressupostos legais permissivos da suspensão condicional do processo, mas se recusando o Promotor de Justiça a propô-la, o Juiz, dissentindo, remeterá a questão ao Procurador-Geral, aplicando-se por analogia o art. 28 do Código de Processo Penal.

697. A proibição de liberdade provisória nos processos por crimes hediondos não veda o relaxamento da prisão processual por excesso de prazo.

698. Não se estende aos demais crimes hediondos a admissibilidade de progressão no regime de execução da pena aplicada ao crime de tortura.

699. O prazo para interposição de agravo, em processo penal, é de cinco dias, de acordo com a Lei 8.038/1990, não se aplicando o disposto a respeito nas alterações da Lei 8.950/1994 ao Código de Processo Civil.

→ *v.* Lei 13.105/2015 – Novo CPC.

700. É de cinco dias o prazo para interposição de agravo contra decisão do juiz da execução penal.

701. No mandado de segurança impetrado pelo Ministério Público contra decisão proferida em processo penal, é obrigatória a citação do réu como litisconsorte passivo.

702. A competência do Tribunal de Justiça para julgar prefeitos restringe-se aos crimes de competência da Justiça Comum estadual; nos demais casos, a competência originária caberá ao respectivo tribunal de segundo grau.

703. A extinção do mandato do prefeito não impede a instauração de processo pela prática dos crimes previstos no art. 1º do Decreto-lei 201/1967.

704. Não viola as garantias do juiz natural, da ampla defesa e do devido processo legal a atração por continência ou conexão do processo do corréu ao foro por prerrogativa de função de um dos denunciados.

705. A renúncia do réu ao direito de apelação, manifestada sem a assistência do defensor, não impede o conhecimento da apelação por este interposta.

706. É relativa a nulidade decorrente da inobservância da competência penal por prevenção.

707. Constitui nulidade a falta de intimação do denunciado para oferecer contrarrazões ao recurso interposto da rejeição da denúncia, não a suprindo a nomeação de defensor dativo.

708. É nulo o julgamento da apelação se, após a manifestação nos autos da renúncia do único defensor, o réu não foi previamente intimado para constituir outro.

709. Salvo quando nula a decisão de primeiro grau, o acórdão que provê o recurso contra a rejeição da denúncia vale, desde logo, pelo recebimento dela.

710. No processo penal, contam-se os prazos da data da intimação, e não da juntada aos autos do mandado ou da carta precatória ou de ordem.

711. A lei penal mais grave aplica-se ao crime continuado ou ao crime permanente, se a sua vigência é anterior à cessação da continuidade ou da permanência.

712. É nula a decisão que determina o desaforamento de processo da competência do júri sem audiência da defesa.

713. O efeito devolutivo da apelação contra decisões do júri é adstrito aos fundamentos da sua interposição.

714. É concorrente a legitimidade do ofendido, mediante queixa, e do Ministério Público, condicionada à representação do ofendido, para a ação penal por crime contra a honra de servidor público em razão do exercício de suas funções.

715. A pena unificada para atender ao limite de trinta anos de cumprimento, determinado pelo art. 75 do Código Penal, não é considerada para a concessão de outros benefícios, como o livramento condicional ou regime mais favorável de execução.

716. Admite-se a progressão de regime de cumprimento da pena ou a aplicação imediata de regime menos severo nela determinada, antes do trânsito em julgado da sentença condenatória.

717. Não impede a progressão de regime de execução da pena, fixada em sentença não transitada em julgado, o fato de o réu se encontrar em prisão especial.

718. A opinião do julgador sobre a gravidade em abstrato do crime não constitui motivação idônea para a imposição de regime mais severo do que o permitido segundo a pena aplicada.

719. A imposição do regime de cumprimento mais severo do que a pena aplicada permitir exige motivação idônea.

720. O art. 309 do Código de Trânsito Brasileiro, que reclama decorra do fato perigo de dano, derrogou o art. 32 da Lei das Contravenções Penais no tocante à direção sem habilitação em vias terrestres.

721. A competência constitucional do Tribunal do Júri prevalece sobre o foro por prerrogativa de função estabelecido exclusivamente pela Constituição estadual.

→ *v.* Súmula Vinculante 45 do STF.

722. São da competência legislativa da União a definição dos crimes de responsabilidade e o estabelecimento das respectivas normas de processo e julgamento.

→ *v.* Súmula Vinculante 46 do STF.

723. Não se admite a suspensão condicional do processo por crime continuado, se a soma da pena mínima da infração mais grave com o aumento mínimo de um sexto for superior a um ano.

724. Ainda quando alugado a terceiros, permanece imune ao IPTU o imóvel pertencente a qualquer das entidades referidas pelo art. 150, VI, *c*, da Constituição, desde que o valor dos aluguéis seja aplicado nas atividades essenciais de tais entidades.

725. É constitucional o § 2º do art. 6º da Lei 8.024/1990, resultante da conversão da Medida Provisória 168/1990, que fixou o BTN fiscal como índice de correção monetária aplicável aos depósitos bloqueados pelo Plano Collor I.

726. Para efeito de aposentadoria especial de professores, não se computa o tempo de serviço prestado fora da sala de aula.

727. Não pode o magistrado deixar de encaminhar ao Supremo Tribunal Federal o agravo de instrumento interposto da decisão que não admite recurso extraordinário, ainda que referente a causa instaurada no âmbito dos juizados especiais.

728. É de três dias o prazo para a interposição de recurso extraordinário contra decisão do Tribunal Superior Eleitoral, contado, quando for o caso, a partir da publicação do acórdão, na própria sessão de julgamento, nos termos do art. 12 da Lei 6.055/1974, que não foi revogado pela Lei 8.950/1994.

729. A decisão na Ação Direta de Constitucionalidade 4 não se aplica à antecipação de tutela em causa de natureza previdenciária.

730. A imunidade tributária conferida a instituições de assistência social sem fins lucrativos pelo art. 150, VI, *c*, da Constituição, somente alcança as entidades fechadas de previdência social privada se não houver contribuição dos beneficiários.

731. Para fim da competência originária do Supremo Tribunal Federal, é de interesse geral da magistratura a questão de saber se, em face da Lei Orgânica da Magistratura Nacional, os juízes têm direito à licença-prêmio.

732. É constitucional a cobrança da contribuição do salário-educação, seja sob a Carta de 1969, seja sob a Constituição Federal de 1988, e no regime da Lei 9.424/1996.

733. Não cabe recurso extraordinário contra decisão proferida no processamento de precatórios.

734. Não cabe reclamação quando já houver transitado em julgado o ato judicial que se alega tenha desrespeitado decisão do Supremo Tribunal Federal.

735. Não cabe recurso extraordinário contra acórdão que defere medida liminar.

736. Compete à Justiça do Trabalho julgar as ações que tenham como causa de pedir o descumprimento de normas trabalhistas relativas à segurança, higiene e saúde dos trabalhadores.

SÚMULAS DO SUPERIOR TRIBUNAL DE JUSTIÇA – STJ

1. O foro do domicílio ou da residência do alimentando é o competente para a ação de investigação de paternidade, quando cumulada com a de alimentos.

2. Não cabe o *habeas data* (CF, art. 5º, LXXII, letra *a*) se não houve recusa de informações por parte da autoridade administrativa.

3. Compete ao Tribunal Regional Federal dirimir conflito de competência verificado, na respectiva Região, entre Juiz Federal e Juiz Estadual investido de jurisdição federal.

4. Compete à Justiça Estadual julgar causa decorrente do processo eleitoral sindical.

5. A simples interpretação de cláusula contratual não enseja recurso especial.

6. Compete à Justiça Comum Estadual processar e julgar delito decorrente de acidente de trânsito envolvendo viatura de Polícia Militar, salvo se autor e vítima forem policiais militares em situação de atividade.

7. A pretensão de simples reexame de prova não enseja recurso especial.

8. Aplica-se a correção monetária aos créditos habilitados em concordata preventiva, salvo durante o período compreendido entre as datas de vigência da Lei 7.274, de 10.12.1984, e do Decreto-lei 2.283, de 27.2.1986.

→ *V.* Decreto-lei 2.284/1986, que revogou o Decreto-Lei 2.283/1986.

9. A exigência da prisão provisória, para apelar, não ofende a garantia constitucional da presunção de inocência.

10. Instalada a Junta de Conciliação e Julgamento, cessa a competência do Juiz de Direito em matéria trabalhista, inclusive para a execução das sentenças por ele proferidas.

11. A presença da União ou de qualquer de seus entes, na ação de usucapião especial, não afasta a competência do foro da situação do imóvel.

12. Em desapropriação, são cumuláveis juros compensatórios e moratórios.

13. A divergência entre julgados do mesmo Tribunal não enseja recurso especial.

14. Arbitrados os honorários advocatícios em percentual sobre o valor da causa, a correção monetária incide a partir do respectivo ajuizamento.

15. Compete à Justiça Estadual processar e julgar os litígios decorrentes de acidente do trabalho.

16. A legislação ordinária sobre crédito rural não veda a incidência da correção monetária.

17. Quando o falso se exaure no estelionato, sem mais potencialidade lesiva, é por este absorvido.

18. A sentença concessiva do perdão judicial é declaratória da extinção da punibilidade, não subsistindo qualquer efeito condenatório.

19. A fixação do horário bancário, para atendimento ao público, é da competência da União.

20. A mercadoria importada de país signatário do GATT é isenta do ICM, quando contemplado com esse favor o similar nacional.

21. Pronunciado o réu, fica superada a alegação do constrangimento ilegal da prisão por excesso de prazo na instrução.

22. Não há conflito de competência entre o Tribunal de Justiça e Tribunal de Alçada do mesmo Estado-membro.

23. O Banco Central do Brasil é parte legítima nas ações fundadas na Resolução 1.154/1986.

24. Aplica-se ao crime de estelionato, em que figure como vítima entidade autárquica da Previdência Social, a qualificadora do § 3º do art. 171 do Código Penal.

25. Nas ações da Lei de Falências o prazo para a interposição de recurso conta-se da intimação da parte.

26. O avalista do título de crédito vinculado a contrato de mútuo também responde pelas obrigações pactuadas, quando no contrato figurar como devedor solidário.

27. Pode a execução fundar-se em mais de um título extrajudicial relativos ao mesmo negócio.

28. O contrato de alienação fiduciária em garantia pode ter por objeto bem que já integrava o patrimônio do devedor.

29. No pagamento em juízo para elidir falência, são devidos correção monetária, juros e honorários de advogado.

30. A comissão de permanência e a correção monetária são inacumuláveis.

31. A aquisição, pelo segurado, de mais de um imóvel financiado pelo Sistema Financeiro da Habitação, situados na mesma localidade, não exime a seguradora da obrigação de pagamento dos seguros.

32. Compete à Justiça Federal processar justificações judiciais destinadas a instruir pedidos perante entidades que nela têm exclusividade de foro, ressalvada a aplicação do art. 15, II da Lei 5.010/1966.

33. A incompetência relativa não pode ser declarada de ofício.

34. Compete à Justiça Estadual processar e julgar causa relativa a mensalidade escolar, cobrada por estabelecimento particular de ensino.

35. Incide correção monetária sobre as prestações pagas, quando de sua restituição, em virtude da retirada ou exclusão do participante de plano de consórcio.

36. A correção monetária integra o valor da restituição, em caso de adiantamento de câmbio, requerida em concordata ou falência.

37. São cumuláveis as indenizações por dano material e dano moral oriundos do mesmo fato.

38. Compete à Justiça Estadual Comum, na vigência da Constituição de 1988, o processo por contravenção penal, ainda que praticada em detrimento de bens, serviços ou interesse da União ou de suas entidades.

39. Prescreve em vinte anos a ação para haver indenização, por responsabilidade civil, de sociedade de economia mista.

40. Para obtenção dos benefícios de saída temporária e trabalho externo, considera-se o tempo de cumprimento da pena no regime fechado.

41. O Superior Tribunal de Justiça não tem competência para processar e julgar, originariamente, mandado de segurança contra ato de outros tribunais ou dos respectivos órgãos.

42. Compete à Justiça Comum Estadual processar e julgar as causas cíveis em que é parte sociedade de economia mista e os crimes praticados em seu detrimento.

43. Incide correção monetária sobre dívida por ato ilícito a partir da data do efetivo prejuízo.

44. A definição, em ato regulamentar, de grau mínimo de disacusia, não exclui, por si só, a concessão do benefício previdenciário.

45. No reexame necessário, é defeso, ao tribunal, agravar a condenação imposta à Fazenda Pública.

46. Na execução por carta, os embargos do devedor serão decididos no juízo deprecante, salvo se versarem unicamente vícios ou defeitos da penhora, avaliação ou alienação dos bens.

47. Compete à Justiça Militar processar e julgar crime cometido por militar contra civil, com emprego de arma pertencente à Corporação, mesmo não estando em serviço.

48. Compete ao Juízo do local da obtenção da vantagem ilícita processar e julgar crime de estelionato cometido mediante falsificação de cheque.

49. Na exportação de café em grão, não se inclui na base de cálculo do ICM a quota de contribuição, a que se refere o art. 2º do Decreto-lei 2.295, de 21.11.1986.

→ *V.* Resolução do Senado Federal 28/2005, que suspendeu a execução de referido art. 2º do Decreto-lei 2.295/1986, em virtude de declaração de inconstitucionalidade em decisão definitiva do Supremo Tribunal Federal, nos autos do RE 408.830-4/ES.

50. O Adicional de Tarifa Portuária incide apenas nas operações realizadas com mercadorias importadas ou exportadas, objeto do comércio de navegação de longo curso.

51. A punição do intermediador, no jogo do bicho, independe da identificação do "apostador" ou do "banqueiro".

52. Encerrada a instrução criminal, fica superada a alegação de constrangimento por excesso de prazo.

53. Compete à Justiça Comum Estadual processar e julgar civil acusado de prática de crime contra instituições militares estaduais.

54. Os juros moratórios fluem a partir do evento danoso, em caso de responsabilidade extracontratual.

55. Tribunal Regional Federal não é competente para julgar recurso de decisão proferida por juiz estadual não investido de jurisdição federal.

56. Na desapropriação para instituir servidão administrativa são devidos os juros compensatórios pela limitação de uso da propriedade.

57. SÚMULA SEM EFICÁCIA – Compete à Justiça Comum Estadual processar e julgar ação de cumprimento fundada em acordo ou convenção coletiva não homologados pela Justiça do Trabalho.

58. Proposta a execução fiscal, a posterior mudança de domicílio do executado não desloca a competência já fixada.

59. Não há conflito de competência se já existe sentença com trânsito em julgado, proferida por um dos juízos conflitantes.

60. É nula a obrigação cambial assumida por procurador do mutuário vinculado ao mutuante, no exclusivo interesse deste.

61. O seguro de vida cobre o suicídio não premeditado.

62. Compete à Justiça Estadual processar e julgar o crime de falsa anotação na Carteira de Trabalho e Previdência Social, atribuído à empresa privada.

63. São devidos direitos autorais pela retransmissão radiofônica de músicas em estabelecimentos comerciais.

64. Não constitui constrangimento ilegal o excesso de prazo na instrução, provocado pela defesa.

65. O cancelamento, previsto no art. 29 do Decreto-lei 2.303, de 21.11.1986, não alcança os débitos previdenciários.

66. Compete à Justiça Federal processar e julgar execução fiscal promovida por Conselho de Fiscalização Profissional.

67. Na desapropriação, cabe a atualização monetária, ainda que por mais de uma vez, independente do decurso de prazo superior a 1 (um) ano entre o cálculo e o efetivo pagamento da indenização.

68. A parcela relativa ao ICM inclui-se na base de cálculo do PIS.

69. Na desapropriação direta, os juros compensatórios são devidos desde a antecipada imissão na posse e, na desapropriação indireta, a partir da efetiva ocupação do imóvel.

70. Os juros moratórios, na desapropriação direta ou indireta, contam-se desde o trânsito em julgado da sentença.

71. O bacalhau importado de país signatário do GATT é isento do ICM.

72. A comprovação da mora é imprescindível à busca e apreensão do bem alienado fiduciariamente.

73. A utilização de papel-moeda grosseiramente falsificado configura, em tese, o crime de estelionato, da competência da Justiça Estadual.

74. Para efeitos penais, o reconhecimento da menoridade do réu requer prova por documento hábil.

75. Compete à Justiça Comum Estadual processar e julgar o policial militar por crime de promover ou facilitar a fuga de preso de estabelecimento penal.

76. A falta de registro do compromisso de compra e venda de imóvel não dispensa a prévia interpelação para constituir em mora o devedor.

77. A Caixa Econômica Federal é parte ilegítima para figurar no polo passivo das ações relativas às contribuições para o Fundo PIS/PASEP.

78. Compete à Justiça Militar processar e julgar policial de corporação estadual, ainda que o delito tenha sido praticado em outra unidade federativa.

79. Os bancos comerciais não estão sujeitos a registro nos Conselhos Regionais de Economia.

80. A Taxa de Melhoramento dos Portos não se inclui na base de cálculo do ICMS.

81. Não se concede fiança quando, em concurso material, a soma das penas mínimas cominadas for superior a 2 (dois) anos de reclusão.

82. Compete à Justiça Federal, excluídas as reclamações trabalhistas, processar e julgar os feitos relativos à movimentação do FGTS.

83. Não se conhece do recurso especial pela divergência, quando a orientação do Tribunal se firmou no mesmo sentido da decisão recorrida.

84. É admissível a oposição de embargos de terceiro fundados em alegação de posse advinda do compromisso de compra e venda de imóvel, ainda que desprovido do registro.

85. Nas relações jurídicas de trato sucessivo em que a Fazenda Pública figure como devedora, quando não tiver sido negado o próprio direito reclamado, a prescrição atinge apenas as prestações vencidas antes do quinquênio anterior à propositura da ação.

86. Cabe recurso especial contra acórdão proferido no julgamento de agravo de instrumento.

87. A isenção do ICMS relativa às rações balanceadas para animais abrange o concentrado e o suplemento.

88. São admissíveis embargos infringentes em processo falimentar.

89. A ação acidentária prescinde do exaurimento da via administrativa.

90. Compete à Justiça Estadual Militar processar e julgar o policial militar pela prática do crime militar, e à Comum pela prática do crime comum simultâneo àquele.

91. SÚMULA CANCELADA, *D.J.U.* 23.11.2000 – Compete à Justiça Federal processar e julgar os crimes praticados contra a fauna.

92. A terceiro de boa-fé não é oponível a alienação fiduciária não anotada no Certificado de Registro do veículo automotor.

93. A legislação sobre cédulas de crédito rural, comercial e industrial admite o pacto de capitalização de juros.

94. A parcela relativa ao ICMS inclui-se na base de cálculo do FINSOCIAL.

95. A redução da alíquota do Imposto sobre Produtos Industrializados ou do Imposto de Importação não implica redução do ICMS.

96. O crime de extorsão consuma-se independentemente da obtenção da vantagem indevida.

97. Compete à Justiça do Trabalho processar e julgar reclamação de servidor público relativamente a vantagens trabalhistas anteriores à instituição do Regime Jurídico Único.

98. Embargos de declaração manifestados com notório propósito de prequestionamento não têm caráter protelatório.

99. O Ministério Público tem legitimidade para recorrer no processo em que oficiou como fiscal da lei, ainda que não haja recurso da parte.

100. É devido o Adicional ao Frete para Renovação da Marinha Mercante na importação sob o regime de benefícios fiscais à exportação (BEFIEX).

101. A ação de indenização do segurado em grupo contra a seguradora prescreve em um ano.

102. A incidência dos juros moratórios sobre os compensatórios, nas ações expropriatórias, não constitui anatocismo vedado em lei.

103. Incluem-se entre os imóveis funcionais que podem ser vendidos os administrados pelas Forças Armadas e ocupados pelos servidores civis.

104. Compete à Justiça Estadual o processo e julgamento dos crimes de falsificação e uso de documento falso relativo a estabelecimento particular de ensino.

105. Na ação de mandado de segurança não se admite condenação em honorários advocatícios.

106. Proposta a ação no prazo fixado para o seu exercício, a demora na citação, por motivos inerentes ao mecanismo da Justiça, não justifica o acolhimento da arguição de prescrição ou decadência.

107. Compete à Justiça Comum Estadual processar e julgar crime de estelionato praticado mediante falsificação das guias de recolhimento das contribuições previdenciárias, quando não ocorrente lesão à autarquia federal.

108. A aplicação de medidas socioeducativas ao adolescente, pela prática de ato infracional, é de competência exclusiva do juiz.

109. O reconhecimento do direito a indenização, por falta de mercadoria transportada via marítima, independe de vistoria.

110. A isenção do pagamento de honorários advocatícios, nas ações acidentárias, é restrita ao segurado.

111. Os honorários advocatícios, nas ações previdenciárias, não incidem sobre as prestações vencidas após a sentença.

→ Redação alterada em 27.9.2006.

112. O depósito somente suspende a exigibilidade do crédito tributário se for integral e em dinheiro.

113. Os juros compensatórios, na desapropriação direta, incidem a partir da imissão na posse, calculados sobre o valor da indenização, corrigido monetariamente.

114. Os juros compensatórios, na desapropriação indireta, incidem a partir da ocupação, calculados sobre o valor da indenização, corrigido monetariamente.

115. Na instância especial é inexistente recurso interposto por advogado sem procuração nos autos.

116. A Fazenda Pública e o Ministério Público têm prazo em dobro para interpor agravo regimental no Superior Tribunal de Justiça.

117. A inobservância do prazo de 48 (quarenta e oito) horas, entre a publicação de pauta e o julgamento sem a presença das partes, acarreta nulidade.

118. O agravo de instrumento é o recurso cabível da decisão que homologa a atualização do cálculo da liquidação.

119. A ação de desapropriação indireta prescreve em vinte anos.

120. O oficial de farmácia, inscrito no Conselho Regional de Farmácia, pode ser responsável técnico por drogaria.

121. Na execução fiscal o devedor deverá ser intimado, pessoalmente, do dia e hora da realização do leilão.

122. Compete à Justiça Federal o processo e julgamento unificado dos crimes conexos de competência federal e estadual, não se aplicando a regra do art. 78, II, *a*, do Código de Processo Penal.

123. A decisão que admite, ou não, o recurso especial deve ser fundamentada, com o exame dos seus pressupostos gerais e constitucionais.

124. A Taxa de Melhoramento dos Portos tem base de cálculo diversa do Imposto de Importação, sendo legítima a sua cobrança sobre a importação de mercadorias de países signatários do GATT, da ALALC ou ALADI.

125. O pagamento de férias não gozadas por necessidade do serviço não está sujeito à incidência do Imposto de Renda.

126. É inadmissível recurso especial, quando o acórdão recorrido assenta em fundamentos constitucional e infraconstitucional, qualquer deles suficiente, por si só, para mantê-lo, e a parte vencida não manifesta recurso extraordinário.

127. É ilegal condicionar a renovação da licença de veículo ao pagamento de multa, da qual o infrator não foi notificado.

128. Na execução fiscal haverá segundo leilão, se no primeiro não houver lanço superior à avaliação.

129. O exportador adquire o direito de transferência de crédito do ICMS quando realiza a exportação do produto e não ao estocar a matéria-prima.

130. A empresa responde, perante o cliente, pela reparação de dano ou furto de veículo ocorridos em seu estacionamento.

131. Nas ações de desapropriação incluem-se no cálculo da verba advocatícia as parcelas relativas aos juros compensatórios e moratórios, devidamente corrigidas.

132. A ausência de registro da transferência não implica a responsabilidade do antigo proprietário por dano resultante de acidente que envolva o veículo alienado.

133. A restituição da importância adiantada, à conta de contrato de câmbio, independe de ter sido a antecipação efetuada nos quinze dias anteriores ao requerimento da concordata.

134. Embora intimado da penhora em imóvel do casal, o cônjuge do executado pode opor embargos de terceiro para defesa de sua meação.

135. O ICMS não incide na gravação e distribuição de filmes e videoteipes.

136. O pagamento de licença-prêmio não gozada por necessidade do serviço não está sujeito ao Imposto de Renda.

137. Compete à Justiça Comum Estadual processar e julgar ação de servidor público municipal, pleiteando direitos relativos ao vínculo estatutário.

138. O ISS incide na operação de arrendamento mercantil de coisas móveis.

139. Cabe à Procuradoria da Fazenda Nacional propor execução fiscal para cobrança de crédito relativo ao ITR.

140. Compete à Justiça Comum Estadual processar e julgar crime em que o indígena figure como autor ou vítima.

141. Os honorários de advogado em desapropriação direta são calculados sobre a diferença entre a indenização e a oferta, corrigidas monetariamente.

142. SÚMULA CANCELADA, *D.J.U.* 10.6.1999 – Prescreve em vinte anos a ação para exigir a abstenção do uso de marca comercial.

143. Prescreve em cinco anos a ação de perdas e danos pelo uso de marca comercial.

144. Os créditos de natureza alimentícia gozam de preferência, desvinculados os precatórios da ordem cronológica dos créditos de natureza diversa.

145. No transporte desinteressado, de simples cortesia, o transportador só será civilmente responsável por danos causados ao transportado quando incorrer em dolo ou culpa grave.

146. O segurado, vítima de novo infortúnio, faz jus a um único benefício somado ao salário de contribuição vigente no dia do acidente.

147. Compete à Justiça Federal processar e julgar os crimes praticados contra funcionário público federal, quando relacionados com o exercício da função.

148. Os débitos relativos a benefício previdenciário, vencidos e cobrados em juízo após a vigência da Lei 6.899/1981, devem ser corrigidos monetariamente na forma prevista nesse diploma legal.

149. A prova exclusivamente testemunhal não basta à comprovação da atividade rurícola, para efeito da obtenção de benefício previdenciário.

150. Compete à Justiça Federal decidir sobre a existência de interesse jurídico que justifique a presença, no processo, da União, suas autarquias ou empresas públicas.

151. A competência para o processo e julgamento por crime de contrabando ou descaminho define-se pela prevenção do Juízo Federal do lugar da apreensão dos bens.

152. SÚMULA CANCELADA, *D.J.U.* 25.6.2007 – Na venda pelo segurador, de bens salvados de sinistros, incide o ICMS.

153. A desistência da execução fiscal, após o oferecimento dos embargos, não exime o exequente dos encargos da sucumbência.

154. Os optantes pelo FGTS, nos termos da Lei 5.958, de 1973, têm direito a taxa progressiva dos juros, na forma do art. 4º da Lei 5.107, de 1966.

→ *V.* Lei 8.036/1990 – Fundo de Garantia do Tempo de Serviço.

155. O ICMS incide na importação de aeronave, por pessoa física, para uso próprio.

156. A prestação de serviço de composição gráfica, personalizada e sob encomenda, ainda que envolva fornecimento de mercadorias, está sujeita, apenas, ao ISS.

157. SÚMULA CANCELADA, *D.J.U.* 7.5.2002 – É ilegítima a cobrança de taxa, pelo Município, na renovação de licença para localização de estabelecimento comercial ou industrial.

158. Não se presta a justificar embargos de divergência o dissídio com acórdão de Turma ou Seção que não mais tenha competência para a matéria neles versada.

159. O benefício acidentário, no caso de contribuinte que perceba remuneração variável, deve ser calculado com base na média aritmética dos últimos doze meses de contribuição.

160. É defeso, ao Município, atualizar o IPTU, mediante decreto, em percentual superior ao índice oficial de correção monetária.

161. É da competência da Justiça Estadual autorizar o levantamento dos valores relativos ao PIS/PASEP e FGTS, em decorrência do falecimento do titular da conta.

162. Na repetição de indébito tributário, a correção monetária incide a partir do pagamento indevido.

163. O fornecimento de mercadorias com a simultânea prestação de serviços em bares, restaurantes e estabelecimentos similares constitui fato gerador do ICMS a incidir sobre o valor total da operação.

164. O prefeito municipal, após a extinção do mandato, continua sujeito a processo por crime previsto no art. 1º do Decreto-lei 201, de 27.2.1967.

165. Compete à Justiça Federal processar e julgar crime de falso testemunho cometido no processo trabalhista.

166. Não constitui fato gerador do ICMS o simples deslocamento de mercadoria de um para outro estabelecimento do mesmo contribuinte.

167. O fornecimento de concreto, por empreitada, para construção civil, preparado no trajeto até a obra em betoneiras acopladas a caminhões, é prestação de serviço, sujeitando-se apenas à incidência do ISS.

168. Não cabem embargos de divergência, quando a jurisprudência do Tribunal se firmou no mesmo sentido do acórdão embargado.

169. São inadmissíveis embargos infringentes no processo de mandado de segurança.

170. Compete ao juízo onde primeiro for intentada a ação envolvendo acumulação de pedidos, trabalhista e estatutário, decidi-la nos limites da sua jurisdição, sem prejuízo do ajuizamento de nova causa, com o pedido remanescente, no juízo próprio.

171. Cominadas cumulativamente, em lei especial, penas privativa de liberdade e pecuniária, é defeso a substituição da prisão por multa.

172. Compete à Justiça Comum processar e julgar militar por crime de abuso de autoridade, ainda que praticado em serviço.

173. Compete à Justiça Federal processar e julgar o pedido de reintegração em cargo público federal, ainda que o servidor tenha sido dispensado antes da instituição do Regime Jurídico Único.

174. SÚMULA CANCELADA, *D.J.U.* 6.11.2001 – No crime de roubo, a intimidação feita com arma de brinquedo autoriza o aumento da pena.

175. Descabe o depósito prévio nas ações rescisórias propostas pelo INSS.

176. É nula a cláusula contratual que sujeita o devedor à taxa de juros divulgada pela ANBID/CETIP.

177. O Superior Tribunal de Justiça é incompetente para processar e julgar, originariamente, mandado de segurança contra ato de órgão colegiado presidido por Ministro de Estado.

178. O INSS não goza de isenção do pagamento de custas e emolumentos, nas ações acidentárias e de benefícios propostas na Justiça Estadual.

179. O estabelecimento de crédito que recebe dinheiro, em depósito judicial, responde pelo pagamento da correção monetária relativa aos valores recolhidos.

180. Na lide trabalhista, compete ao Tribunal Regional do Trabalho dirimir conflito de competência verificado, na respectiva Região, entre Juiz Estadual e Junta de Conciliação e Julgamento.

181. É admissível ação declaratória, visando a obter certeza quanto à exata interpretação de cláusula contratual.

182. É inviável o agravo do art. 545 do CPC que deixa de atacar especificamente os fundamentos da decisão agravada.

183. SÚMULA CANCELADA, *D.J.U.* 24.11.2000 – Compete ao Juiz Estadual, nas comarcas que não sejam sede de Vara da Justiça Federal, processar e julgar ação civil pública, ainda que a União figure no processo.

184. A microempresa de representação comercial é isenta do Imposto do Renda.

185. Nos depósitos judiciais, não incide o Imposto sobre Operações Financeiras.

186. Nas indenizações por ato ilícito, os juros compostos somente são devidos por aquele que praticou o crime.

187. É deserto o recurso interposto para o Superior Tribunal de Justiça, quando o recorrente não recolhe, na origem, a importância das despesas de remessa e retorno dos autos.

188. Os juros moratórios, na repetição do indébito tributário, são devidos a partir do trânsito em julgado da sentença.

189. É desnecessária a intervenção do Ministério Público nas execuções fiscais.

190. Na execução fiscal, processada perante a Justiça Estadual, cumpre à Fazenda Pública antecipar o numerário destinado ao custeio das despesas com o transporte dos oficiais de justiça.

191. A pronúncia é causa interruptiva da prescrição, ainda que o Tribunal do Júri venha a desclassificar o crime.

192. Compete ao Juízo das Execuções Penais do Estado a execução das penas impostas a senteciados pela Justiça Federal, Militar ou Eleitoral, quando recolhidos a estabelecimentos sujeitos à administração estadual.

193. O direito de uso de linha telefônica pode ser adquirido por usucapião.

194. Prescreve em vinte anos a ação para obter, do construtor, indenização por defeitos da obra.

195. Em embargos de terceiro não se anula ato jurídico, por fraude contra credores.

196. Ao executado que, citado por edital ou por hora certa, permanecer revel, será nomeado curador especial, com legitimidade para apresentação de embargos.

197. O divórcio direto pode ser concedido sem que haja prévia partilha dos bens.

198. Na importação de veículo por pessoa física, destinado a uso próprio, incide o ICMS.

199. Na execução hipotecária de crédito vinculado ao Sistema Financeiro da Habitação, nos termos da Lei 5.741/1971, a petição inicial deve ser instruída com, pelo menos, dois avisos de cobrança.

200. O Juízo Federal competente para processar e julgar acusado de crime de uso de passaporte falso é o do lugar onde o delito se consumou.

201. Os honorários advocatícios não podem ser fixados em salários mínimos.

202. A impetração de segurança por terceiro, contra ato judicial, não se condiciona à interposição de recurso.

203. Não cabe recurso especial contra decisão proferida por órgão de segundo grau dos Juizados Especiais.

→ Redação alterada em 23.5.2002.

204. Os juros de mora nas ações relativas a benefícios previdenciários incidem a partir da citação válida.

205. A Lei 8.009/1990 aplica-se à penhora realizada antes de sua vigência.

206. A existência de vara privativa, instituída por lei estadual, não altera a competência territorial resultante das leis de processo.

207. É inadmissível recurso especial quando cabíveis embargos infringentes contra o acórdão proferido no tribunal de origem.

208. Compete à Justiça Federal processar e julgar prefeito municipal por desvio de verba sujeita à prestação de contas perante órgão federal.

209. Compete à Justiça Estadual processar e julgar prefeito por desvio de verba transferida e incorporada ao patrimônio municipal.

210. A ação de cobrança das contribuições para o FGTS prescreve em 30 (trinta) anos.

211. Inadmissível recurso especial quanto à questão que, a despeito da oposição de embargos declaratórios, não foi apreciada pelo tribunal *a quo*.

212. A compensação de créditos tributários não pode ser deferida em ação cautelar ou por medida liminar cautelar ou antecipatória.

→ Redação alterada em 11.5.2005.

213. O mandado de segurança constitui ação adequada para a declaração do direito à compensação tributária.

214. O fiador na locação não responde por obrigações resultantes de aditamento ao qual não anuiu.

215. A indenização recebida pela adesão a programa de incentivo à demissão voluntária não está sujeita à incidência do Imposto de Renda.

216. A tempestividade de recurso interposto no Superior Tribunal de Justiça é aferida pelo registro no protocolo da Secretaria e não pela data da entrega na agência do correio.

217. SÚMULA CANCELADA, *D.J.U.* 10.11.2003 – Não cabe agravo de decisão que indefere o pedido de suspensão da execução da liminar, ou da sentença em mandado de segurança.

218. Compete à Justiça dos Estados processar e julgar ação de servidor estadual decorrente de direitos e vantagens estatutárias no exercício de cargo em comissão.

219. Os créditos decorrentes de serviços prestados à massa falida, inclusive a remuneração do síndico, gozam dos privilégios próprios dos trabalhistas.

220. A reincidência não influi no prazo da prescrição da pretensão punitiva.

221. São civilmente responsáveis pelo ressarcimento de dano, decorrente de publicação pela imprensa, tanto o autor do escrito quanto o proprietário do veículo de divulgação.

222. Compete à Justiça Comum processar e julgar as ações relativas à contribuição sindical prevista no art. 578 da CLT.

223. A certidão de intimação do acórdão recorrido constitui peça obrigatória do instrumento de agravo.

224. Excluído do feito o ente federal, cuja presença levara o Juiz Estadual a declinar da competência, deve o Juiz Federal restituir os autos e não suscitar conflito.

225. Compete ao Tribunal Regional do Trabalho apreciar recurso contra sentença proferida por órgão de primeiro grau da Justiça Trabalhista, ainda que para declarar-lhe a nulidade em virtude de incompetência.

226. O Ministério Público tem legitimidade para recorrer na ação de acidente do trabalho, ainda que o segurado esteja assistido por advogado.

227. A pessoa jurídica pode sofrer dano moral.

228. É inadmissível o interdito proibitório para a proteção do direito autoral.

229. O pedido do pagamento de indenização à seguradora suspende o prazo de prescrição até que o segurado tenha ciência da decisão.

230. SÚMULA CANCELADA, *D.J.U.* 9.11.2000 – Compete à Justiça Estadual processar e julgar ação movida por trabalhador avulso portuário, em que se impugna ato do órgão gestor de mão de obra de que resulte óbice ao exercício de sua profissão.

231. A incidência da circunstância atenuante não pode conduzir a redução da pena abaixo do mínimo legal.

232. A Fazenda Pública, quando parte no processo, fica sujeita à exigência do depósito prévio dos honorários do perito.

233. O contrato de abertura de crédito, ainda que acompanhado de extrato da conta-corrente, não é título executivo.

234. A participação de membro do Ministério Público na fase investigatória criminal não acarreta o seu impedimento ou suspeição para o oferecimento da denúncia.

235. A conexão não determina a reunião dos processos, se um deles já foi julgado.

236. Não compete ao Superior Tribunal de Justiça dirimir conflitos de competência entre juízos trabalhistas vinculados a Tribunais do Trabalho diversos.

237. Nas operações com cartão de crédito, os encargos relativos ao financiamento não são considerados no cálculo do ICMS.

238. A avaliação da indenização devida ao proprietário do solo, em razão de alvará de pesquisa mineral, é processada no Juízo Estadual da situação do imóvel.

239. O direito à adjudicação compulsória não se condiciona ao registro do compromisso de compra e venda no cartório de imóveis.

240. A extinção do processo, por abandono da causa pelo autor, depende de requerimento do réu.

241. A reincidência penal não pode ser considerada como circunstância agravante e, simultaneamente, como circunstância judicial.

242. Cabe ação declaratória para reconhecimento de tempo de serviço para fins previdenciários.

243. O benefício da suspensão do processo não é aplicável em relação às infrações penais cometidas em concurso material, concurso formal ou continuidade delitiva, quando a pena mínima cominada, seja pelo somatório, seja pela incidência da majorante, ultrapassar o limite de 1 (um) ano.

244. Compete ao foro do local da recusa processar e julgar o crime de estelionato mediante cheque sem provisão de fundos.

245. A notificação destinada a comprovar a mora nas dívidas garantidas por alienação fiduciária dispensa a indicação do valor do débito.

246. O valor do seguro obrigatório deve ser deduzido da indenização judicialmente fixada.

247. O contrato de abertura de crédito em conta-corrente, acompanhado do demonstrativo de débito, constitui documento hábil para o ajuizamento da ação monitória.

248. Comprovada a prestação dos serviços, a duplicata não aceita, mas protestada, é título hábil para instruir pedido de falência.

249. A Caixa Econômica Federal tem legitimidade passiva para integrar processo em que se discute correção monetária do FGTS.

250. É legítima a cobrança de multa fiscal de empresa em regime de concordata.

251. A meação só responde pelo ato ilícito quando o credor, na execução fiscal, provar que o enriquecimento dele resultante aproveitou ao casal.

252. Os saldos das contas do FGTS, pela legislação infraconstitucional, são corrigidos em 42,72% (quarenta e dois inteiros e setenta e dois décimos por cento) (IPC) quanto às perdas de janeiro de 1989 e 44,80% (quarenta e quatro inteiros e oitenta décimos por cento) (IPC) quanto às de abril de 1990, acolhidos pelo STJ os índices de 18,02% (dezoito inteiros e dois centésimos por cento) (LBC) quanto às perdas de junho de 1987, de 5,38% (cinco inteiros e trinta e oito décimos por cento) (BTN) para maio de 1990 e 7,00% (sete por cento) (TR) para fevereiro de 1991, de acordo com o entendimento do STF (RE 226.855-7-RS).

253. O art. 557 do CPC, que autoriza o relator a decidir o recurso, alcança o reexame necessário.

254. A decisão do Juízo Federal que exclui da relação processual ente federal não pode ser reexaminada no Juízo Estadual.

255. Cabem embargos infringentes contra acórdão, proferido por maioria, em agravo retido, quando se tratar de matéria de mérito.

256. SÚMULA CANCELADA, *D.J.E. 9.6.2008* – O sistema de "protocolo integrado" não se aplica aos recursos dirigidos ao Superior Tribunal de Justiça.

257. A falta de pagamento do prêmio do seguro obrigatório de Danos Pessoais Causados por Veículos Automotores de Vias Terrestres (DPVAT) não é motivo para a recusa do pagamento da indenização.

258. A nota promissória vinculada a contrato de abertura de crédito não goza de autonomia em razão da iliquidez do título que a originou.

259. A ação de prestação de contas pode ser proposta pelo titular de conta-corrente bancária.

260. A convenção de condomínio aprovada, ainda que sem registro, é eficaz para regular as relações entre os condôminos.

261. A cobrança de direitos autorais pela retransmissão radiofônica de músicas, em estabelecimentos hoteleiros, deve ser feita conforme a taxa média de utilização do equipamento, apurada em liquidação.

262. Incide o imposto de renda sobre o resultado das aplicações financeiras realizadas pelas cooperativas.

263. SÚMULA CANCELADA, *D.J.U.* 25.9.2003 – A cobrança antecipada do valor residual (VRG) descaracteriza o contrato de arrendamento mercantil, transformando-o em compra e venda à prestação.

264. É irrecorrível o ato judicial que apenas manda processar a concordata preventiva.

265. É necessária a oitiva do menor infrator antes de decretar-se a regressão da medida socioeducativa.

266. O diploma ou habilitação legal para o exercício do cargo deve ser exigido na posse e não na inscrição para o concurso público.

267. A interposição de recurso, sem efeito suspensivo, contra decisão condenatória não obsta a expedição de mandado de prisão.

268. O fiador que não integrou a relação processual na ação de despejo não responde pela execução do julgado.

269. É admissível a adoção do regime prisional semi-aberto aos reincidentes condenados a pena igual ou inferior a 4 (quatro) anos se favoráveis as circunstâncias judiciais.

270. O protesto pela preferência de crédito, apresentado por ente federal em execução que tramita na Justiça Estadual, não desloca a competência para a Justiça Federal.

271. A correção monetária dos depósitos judiciais independe de ação específica contra o banco depositário.

272. O trabalhador rural, na condição de segurado especial, sujeito à contribuição obrigatória sobre a produção rural comercializada, somente faz jus à aposentadoria por tempo de serviço, se recolher contribuições facultativas.

273. Intimada a defesa da expedição da carta precatória, torna-se desnecessária intimação da data da audiência no juízo deprecado.

274. O ISS incide sobre o valor dos serviços de assistência médica, incluindo-se neles as refeições, os medicamentos e as diárias hospitalares.

275. O auxiliar de farmácia não pode ser responsável técnico por farmácia ou drogaria.

276. SÚMULA CANCELADA, *D.J.E.* 20.11.2008 – As sociedades civis de prestação de serviços profissionais são isentas da COFINS, irrelevante o regime tributário adotado.

277. Julgada procedente a investigação de paternidade, os alimentos são devidos a partir da citação.

278. O termo inicial do prazo prescricional, na ação de indenização, é a data em que o segurado teve ciência inequívoca da incapacidade laboral.

279. É cabível execução por título extrajudicial contra a Fazenda Pública.

280. O art. 35, do Decreto-lei 7.661, de 1945, que estabelece a prisão administrativa, foi revogado pelos incisos LXI e LXVII do art. 5º da Constituição Federal de 1988.

→ *V.* Lei 11.101/2005, que revogou o Decreto-lei 7.661/1945.

281. A indenização por dano moral não está sujeita à tarifação prevista na Lei de Imprensa.

→ *V.* ADPF 130 (*D.O.U.* 12.5.2009) o STF declarou "como não recepcionado pela Constituição de 1988 todo o conjunto de dispositivos da Lei federal 5.250, de 9 de fevereiro de 1967" – Lei de Imprensa.

282. Cabe a citação por edital em ação monitória.

283. As empresas administradoras de cartão de crédito são instituições financeiras e, por isso, os juros remuneratórios por elas cobrados não sofrem as limitações da Lei de Usura.

284. A purga da mora, nos contratos de alienação fiduciária, só é permitida quando já pagos pelo menos 40% (quarenta por cento) do valor financiado.

285. Nos contratos bancários posteriores ao Código de Defesa do Consumidor incide a multa moratória nele prevista.

286. A renegociação de contrato bancário ou a confissão da dívida não impede a possibilidade de discussão sobre eventuais ilegalidades dos contratos anteriores.

287. A Taxa Básica Financeira (TBF) não pode ser utilizada como indexador de correção monetária nos contratos bancários.

288. A Taxa de Juros de Longo Prazo (TJLP) pode ser utilizada como indexador de correção monetária nos contratos bancários.

289. A restituição das parcelas pagas a plano de previdência privada deve ser objeto de correção plena, por índice que recomponha a efetiva desvalorização da moeda.

290. Nos planos de previdência privada, não cabe ao beneficiário a devolução da contribuição efetuada pelo patrocinador.

291. A ação de cobrança de parcelas de complementação de aposentadoria pela previdência privada prescreve em 5 (cinco) anos.

292. A reconvenção é cabível na ação monitória, após a conversão do procedimento em ordinário.

293. A cobrança antecipada do valor residual garantido (VRG) não descaracteriza o contrato de arrendamento mercantil.

294. Não é potestativa a cláusula contratual que prevê a comissão de permanência, calculada pela taxa média de mercado apurada pelo Banco Central do Brasil, limitada à taxa do contrato.

295. A Taxa Referencial (TR) é indexador válido para contratos posteriores à Lei 8.177/1991, desde que pactuada.

296. Os juros remuneratórios, não cumuláveis com a comissão de permanência, são devidos no período de inadimplência, à taxa média de mercado estipulada pelo Banco Central do Brasil, limitada ao percentual contratado.

297. O Código de Defesa do Consumidor é aplicável às instituições financeiras.

298. O alongamento de dívida originada de crédito rural não constitui faculdade da instituição financeira, mas, direito do devedor nos termos da lei.

299. É admissível a ação monitória fundada em cheque prescrito.

300. O instrumento de confissão de dívida, ainda que originário de contrato de abertura de crédito, constitui título executivo extrajudicial.

301. Em ação investigatória, a recusa do suposto pai a submeter-se ao exame de DNA induz presunção *juris tantum* de paternidade.

302. É abusiva a cláusula contratual de plano de saúde que limita no tempo a internação hospitalar do segurado.

303. Em embargos de terceiro, quem deu causa à constrição indevida deve arcar com os honorários advocatícios.

304. É ilegal a decretação da prisão civil daquele que não assume expressamente o encargo de depositário judicial.

305. É descabida a prisão civil do depositário quando, decretada a falência da empresa, sobrevém a arrecadação do bem pelo síndico.

306. Os honorários advocatícios devem ser compensados quando houver sucumbência recíproca, assegurado o direito autônomo do advogado à execução do saldo sem excluir a legitimidade da própria parte.

307. A restituição de adiantamento de contrato de câmbio, na falência, deve ser atendida antes de qualquer crédito.

308. A hipoteca firmada entre a construtora e o agente financeiro, anterior ou posterior à celebração da promessa de compra e venda, não tem eficácia perante os adquirentes do imóvel.

309. O débito alimentar que autoriza a prisão civil do alimentante é o que compreende as três prestações anteriores ao ajuizamento da execução e as que se vencerem no curso do processo.

→ Redação alterada em 22.3.2006.

310. O auxílio-creche não integra o salário de contribuição.

311. Os atos do presidente do tribunal que disponham sobre processamento e pagamento de precatório não têm caráter jurisdicional.

312. No processo administrativo para imposição de multa de trânsito, são necessárias as notificações da autuação e da aplicação da pena decorrente da infração.

313. Em ação de indenização, procedente o pedido, é necessária a constituição de capital ou caução fidejussória para a garantia de pagamento da pensão, independentemente da situação financeira do demandado.

314. Em execução fiscal, não localizados bens penhoráveis, suspende-se o processo por um ano, findo o qual se inicia o prazo da prescrição quinquenal intercorrente.

315. Não cabem embargos de divergência no âmbito do agravo de instrumento que não admite recurso especial.

316. Cabem embargos de divergência contra acórdão que, em agravo regimental, decide recurso especial.

317. É definitiva a execução de título extrajudicial, ainda que pendente apelação contra sentença que julgue improcedentes os embargos.

318. Formulado pedido certo e determinado, somente o autor tem interesse recursal em arguir o vício da sentença ilíquida.

319. O encargo de depositário de bens penhorados pode ser expressamente recusado.

320. A questão federal somente ventilada no voto vencido não atende ao requisito do prequestionamento.

321. SÚMULA CANCELADA, *D.J.E* 29.2.2016 – O Código de Defesa do Consumidor é aplicável às entidades abertas de previdência complementar, não incidindo nos contratos previdenciários celebrados com entidades fechadas.

→ *v.* Súmula 563 do STJ.

322. Para a repetição de indébito, nos contratos de abertura de crédito em conta-corrente, não se exige a prova do erro.

323. A inscrição do nome do devedor pode ser mantida nos serviços de proteção ao crédito até o prazo máximo de 5 (cinco) anos, independentemente da prescrição da execução.

→ Redação alterada em 25.11.2009.

324. Compete à Justiça Federal processar e julgar ações de que participa a Fundação Habitacional do Exército, equiparada à entidade autárquica federal, supervisionada pelo Ministério do Exército.

325. A remessa oficial devolve ao Tribunal o reexame de todas as parcelas da condenação suportadas pela Fazenda Pública, inclusive dos honorários de advogado.

326. Na ação de indenização por dano moral, a condenação em montante inferior ao postulado na inicial não implica sucumbência recíproca.

327. Nas ações referentes ao Sistema Financeiro da Habitação, a Caixa Econômica Federal tem legitimidade como sucessora do Banco Nacional da Habitação.

328. Na execução contra instituição financeira, é penhorável o numerário disponível, excluídas as reservas bancárias mantidas no Banco Central.

329. O Ministério Público tem legitimidade para propor ação civil pública em defesa do patrimônio público.

330. É desnecessária a resposta preliminar de que trata o artigo 514 do Código de Processo Penal, na ação penal instruída por inquérito policial.

331. A apelação interposta contra sentença que julga embargos à arrematação tem efeito meramente devolutivo.

332. A fiança prestada sem autorização de um dos cônjuges implica a ineficácia total da garantia.

333. Cabe mandado de segurança contra ato praticado em licitação promovida por sociedade de economia mista ou empresa pública.

334. O ICMS não incide no serviço dos provedores de acesso à Internet.

335. Nos contratos de locação, é válida a cláusula de renúncia à indenização das benfeitorias e ao direito de retenção.

336. A mulher que renunciou aos alimentos na separação judicial tem direito à pensão previdenciária por morte do ex-marido, comprovada a necessidade econômica superveniente.

337. É cabível a suspensão condicional do processo na desclassificação do crime e na procedência parcial da pretensão punitiva.

338. A prescrição penal é aplicável nas medidas socioeducativas.

339. É cabível ação monitória contra a Fazenda Pública.

340. A lei aplicável à concessão de pensão previdenciária por morte é aquela vigente na data do óbito do segurado.

341. A frequência a curso de ensino formal é causa de remição de parte do tempo de execução de pena sob regime fechado ou semiaberto.

342. No procedimento para aplicação de medida socioeducativa, é nula a desistência de outras provas em face da confissão do adolescente.

343. É obrigatória a presença de advogado em todas as fases do processo administrativo disciplinar.

344. A liquidação por forma diversa da estabelecida na sentença não ofende a coisa julgada.

345. São devidos honorários advocatícios pela Fazenda Pública nas execuções individuais de sentença proferida em ações coletivas, ainda que não embargadas.

346. É vedada aos militares temporários, para aquisição de estabilidade, a contagem em dobro de férias e licenças não gozadas.

347. O conhecimento de recurso de apelação do réu independe de sua prisão.

348. SÚMULA CANCELADA, *D.J.E.* 23.3.2010 – Compete ao Superior Tribunal de Justiça decidir os conflitos de competência entre juizado especial federal e juízo federal, ainda que da mesma seção judiciária.

349. Compete à Justiça Federal ou aos juízes com competência delegada o julgamento das execuções fiscais de contribuições devidas pelo empregador ao FGTS.

350. O ICMS não incide sobre o serviço de habilitação de telefone celular.

351. A alíquota de contribuição para o Seguro de Acidente do Trabalho (SAT) é aferida pelo grau de risco desenvolvido em cada empresa, individualizada pelo seu CNPJ, ou pelo grau de risco da atividade preponderante quando houver apenas um registro.

352. A obtenção ou a renovação do Certificado de Entidade Beneficente de Assistência Social (CEBAS) não exime a entidade do cumprimento dos requisitos legais supervenientes.

353. As disposições do Código Tributário Nacional não se aplicam às contribuições para o FGTS.

354. A invasão do imóvel é causa de suspensão do processo expropriatório para fins de reforma agrária.

355. É válida a notificação do ato de exclusão do programa de recuperação fiscal do REFIS pelo *Diário Oficial* ou pela internet.

356. É legítima a cobrança da tarifa básica pelo uso dos serviços de telefonia fixa.

357. SÚMULA REVOGADA, *D.J.E.* 22.6.2009 – A pedido do assinante, que responderá pelos custos, é obrigatória, a partir de 1º de janeiro de 2006, a discriminação de pulsos excedentes e ligações de telefone fixo para celular.

358. O cancelamento de pensão alimentícia de filho que atingiu a maioridade está sujeito à decisão judicial, mediante contraditório, ainda que nos próprios autos.

359. Cabe ao órgão mantenedor do Cadastro de Proteção ao Crédito a notificação do devedor antes de proceder à inscrição.

360. O benefício da denúncia espontânea não se aplica aos tributos sujeitos a lançamento por homologação regularmente declarados, mas pagos a destempo.

361. A notificação do protesto, para requerimento de falência da empresa devedora, exige a identificação da pessoa que a recebeu.

362. A correção monetária do valor da indenização do dano moral incide desde a data do arbitramento.

363. Compete à Justiça estadual processar e julgar a ação de cobrança ajuizada por profissional liberal contra cliente.

364. O conceito de impenhorabilidade de bem de família abrange também o imóvel pertencente a pessoas solteiras, separadas e viúvas.

365. A intervenção da União como sucessora da Rede Ferroviária Federal S.A. (RFFSA) desloca a competência para a Justiça Federal ainda que a sentença tenha sido proferida por Juízo estadual.

→ *V.* Súmula 505 do STJ.

366. SÚMULA CANCELADA, *D.J.E.* 22.9.2009 – Compete à Justiça estadual processar e julgar ação indenizatória proposta por viúva e filhos de empregado falecido em acidente de trabalho.

367. A competência estabelecida pela EC n. 45/2004 não alcança os processos já sentenciados.

368. Compete à Justiça comum estadual processar e julgar os pedidos de retificação de dados cadastrais da Justiça Eleitoral.

369. No contrato de arrendamento mercantil (*leasing*), ainda que haja cláusula resolutiva expressa, é necessária a notificação prévia do arrendatário para constituí-lo em mora.

370. Caracteriza dano moral a apresentação antecipada de cheque pré-datado.

371. Nos contratos de participação financeira para a aquisição de linha telefônica, o Valor Patrimonial da Ação (VPA) é apurado com base no balancete do mês da integralização.

372. Na ação de exibição de documentos, não cabe a aplicação de multa cominatória.

373. É ilegítima a exigência de depósito prévio para admissibilidade de recurso administrativo.

374. Compete à Justiça Eleitoral processar e julgar a ação para anular débito decorrente de multa eleitoral.

375. O reconhecimento da fraude à execução depende do registro da penhora do bem alienado ou da prova de má-fé do terceiro adquirente.

376. Compete a turma recursal processar e julgar o mandado de segurança contra ato de juizado especial.

377. O portador de visão monocular tem direito de concorrer, em concurso público, às vagas reservadas aos deficientes.

378. Reconhecido o desvio de função, o servidor faz jus às diferenças salariais decorrentes.

379. Nos contratos bancários não regidos por legislação específica, os juros moratórios poderão ser convencionados até o limite de 1% (um por cento) ao mês.

380. A simples propositura da ação de revisão de contrato não inibe a caracterização da mora do autor.

381. Nos contratos bancários, é vedado ao julgador conhecer, de ofício, da abusividade das cláusulas.

382. A estipulação de juros remuneratórios superiores a 12% (doze por cento) ao ano, por si só, não indica abusividade.

383. A competência para processar e julgar as ações conexas de interesse de menor é, em princípio, do foro do domicílio do detentor de sua guarda.

384. Cabe ação monitória para haver saldo remanescente oriundo de venda extrajudicial de bem alienado fiduciariamente em garantia.

385. Da anotação irregular em cadastro de proteção ao crédito, não cabe indenização por dano moral, quando preexistente legítima inscrição, ressalvado o direito ao cancelamento.

386. São isentas de imposto de renda as indenizações de férias proporcionais e o respectivo adicional.

387. É lícita a cumulação das indenizações de dano estético e dano moral.

388. A simples devolução indevida de cheque caracteriza dano moral.

389. A comprovação do pagamento do "custo do serviço" referente ao fornecimento de certidão de assentamentos constantes dos livros da companhia é requisito de procedibilidade da ação de exibição de documentos ajuizada em face da sociedade anônima.

390. Nas decisões por maioria, em reexame necessário, não se admitem embargos infringentes.

391. O ICMS incide sobre o valor da tarifa de energia elétrica correspondente à demanda de potência efetivamente utilizada.

392. A Fazenda Pública pode substituir a certidão de dívida ativa (CDA) até a prolação da sentença de embargos, quando se tratar de correção de erro material ou formal, vedada a modificação do sujeito passivo da execução.

393. A exceção de pré-executividade é admissível na execução fiscal relativamente às matérias conhecíveis de ofício que não demandem dilação probatória.

394. É admissível, em embargos à execução, compensar os valores de imposto de renda retidos indevidamente na fonte com os valores restituídos apurados na declaração anual.

→ Redação republicada no *D.J.E.* de 21.10.2009.

395. O ICMS incide sobre o valor da venda a prazo constante da nota fiscal.

396. A Confederação Nacional da Agricultura tem legitimidade ativa para a cobrança da contribuição sindical rural.

397. O contribuinte do IPTU é notificado do lançamento pelo envio do carnê ao seu endereço.

398. A prescrição da ação para pleitear os juros progressivos sobre os saldos de conta vinculada do FGTS não atinge o fundo de direito, limitando-se às parcelas vencidas.

399. Cabe à legislação municipal estabelecer o sujeito passivo do IPTU.

400. O encargo de 20% (vinte por cento) previsto no Decreto-lei 1.025/1969 é exigível na execução fiscal proposta contra a massa falida.

401. O prazo decadencial da ação rescisória só se inicia quando não for cabível qualquer recurso do último pronunciamento judicial.

402. O contrato de seguro por danos pessoais compreende os danos morais, salvo cláusula expressa de exclusão.

403. Independe de prova do prejuízo a indenização pela publicação não autorizada de imagem de pessoa com fins econômicos ou comerciais.

404. É dispensável o aviso de recebimento (AR) na carta de comunicação ao consumidor sobre a negativação de seu nome em bancos de dados e cadastros.

405. A ação de cobrança do seguro obrigatório (DPVAT) prescreve em 3 (três) anos.

406. A Fazenda Pública pode recusar a substituição do bem penhorado por precatório.

407. É legítima a cobrança da tarifa de água fixada de acordo com as categorias de usuários e as faixas de consumo.

408. Nas ações de desapropriação, os juros compensatórios incidentes após a Medida Provisória 1.577, de 11.6.1997, devem ser fixados em 6% (seis por cento) ao ano até 13.9.2001 e, a partir de então, em 12% (doze por cento) ao ano, na forma da Súmula 618 do Supremo Tribunal Federal.

→ *V.* MP 2.183-56/2001.

409. Em execução fiscal, a prescrição ocorrida antes da propositura da ação pode ser decretada de ofício (art. 219, § 5º, do CPC).

410. A prévia intimação pessoal do devedor constitui condição necessária para a cobrança de multa pelo descumprimento de obrigação de fazer ou não fazer.

411. É devida a correção monetária ao creditamento do IPI quando há oposição ao seu aproveitamento decorrente de resistência ilegítima do Fisco.

412. A ação de repetição de indébito de tarifas de água e esgoto sujeita-se ao prazo prescricional estabelecido no Código Civil.

413. O farmacêutico pode acumular a responsabilidade técnica por uma farmácia e uma drogaria ou por duas drogarias.

414. A citação por edital na execução fiscal é cabível quando frustradas as demais modalidades.

415. O período de suspensão do prazo prescricional é regulado pelo máximo da pena cominada.

416. É devida a pensão por morte aos dependentes do segurado que, apesar de ter perdido essa qualidade, preencheu os requisitos legais para a obtenção de aposentadoria até a data do seu óbito.

417. Na execução civil, a penhora de dinheiro na ordem de nomeação de bens não tem caráter absoluto.

418. É inadmissível o recurso especial interposto antes da publicação do acórdão dos embargos de declaração, sem posterior ratificação.

419. Descabe a prisão civil do depositário judicial infiel.

420. Incabível, em embargos de divergência, discutir o valor de indenização por danos morais.

421. Os honorários advocatícios não são devidos à Defensoria Pública quando ela atua contra a pessoa jurídica de direito público à qual pertença.

422. O art. 6º, *e*, da Lei 4.380/1964 não estabelece limitação aos juros remuneratórios nos contratos vinculados ao SFH.

423. A Contribuição para Financiamento da Seguridade Social – Cofins incide sobre as receitas provenientes das operações de locação de bens móveis.

424. É legítima a incidência de ISS sobre os serviços bancários congêneres da lista anexa ao Decreto-lei 406/1968 e à Lei Complementar 56/1987.

→ *V.* LC 116/2003, que revogou a LC 56/1987.

425. A retenção da contribuição para a seguridade social pelo tomador do serviço não se aplica às empresas optantes pelo Simples.

426. Os juros de mora na indenização do seguro DPVAT fluem a partir da citação.

427. A ação de cobrança de diferenças de valores de complementação de aposentadoria prescreve em 5 (cinco) anos contados da data do pagamento.

428. Compete ao Tribunal Regional Federal decidir os conflitos de competência entre juizado especial federal e juízo federal da mesma seção judiciária.

429. A citação postal, quando autorizada por lei, exige o aviso de recebimento.

430. O inadimplemento da obrigação tributária pela sociedade não gera, por si só, a responsabilidade solidária do sócio-gerente.

431. É ilegal a cobrança de ICMS com base no valor da mercadoria submetido ao regime de pauta fiscal.

432. As empresas de construção civil não estão obrigadas a pagar ICMS sobre mercadorias adquiridas como insumos em operações interestaduais.

433. O produto semielaborado, para fins de incidência de ICMS, é aquele que preenche cumulativamente os três requisitos do art. 1º da Lei Complementar 65/1991.

434. O pagamento da multa por infração de trânsito não inibe a discussão judicial do débito.

435. Presume-se dissolvida irregularmente a empresa que deixar de funcionar no seu domicílio fiscal, sem comunicação aos órgãos competentes, legitimando o redirecionamento da execução fiscal para o sócio-gerente.

436. A entrega de declaração pelo contribuinte reconhecendo débito fiscal constitui o crédito tributário, dispensada qualquer outra providência por parte do fisco.

437. A suspensão da exigibilidade do crédito tributário superior a quinhentos mil reais para opção pelo Refis pressupõe a homologação expressa do comitê gestor e a constituição de garantia por meio do arrolamento de bens.

438. É inadmissível a extinção da punibilidade pela prescrição da pretensão punitiva com fundamento em pena hipotética, independentemente da existência ou sorte do processo penal.

439. Admite-se o exame criminológico pelas peculiaridades do caso, desde que em decisão motivada.

440. Fixada a pena-base no mínimo legal, é vedado o estabelecimento de regime prisional mais gravoso do que o cabível em razão da sanção imposta, com base apenas na gravidade abstrata do delito.

441. A falta grave não interrompe o prazo para obtenção de livramento condicional.

442. É inadmissível aplicar, no furto qualificado, pelo concurso de agentes, a majorante do roubo.

443. O aumento na terceira fase de aplicação da pena no crime de roubo circunstanciado exige fundamentação concreta, não sendo suficiente para a sua exasperação a mera indicação do número de majorantes.

444. É vedada a utilização de inquéritos policiais e ações penais em curso para agravar a pena-base.

445. As diferenças de correção monetária resultantes de expurgos inflacionários sobre os saldos de FGTS têm como termo inicial a data em que deveriam ter sido creditadas.

446. Declarado e não pago o débito tributário pelo contribuinte, é legítima a recusa de expedição de certidão negativa ou positiva com efeito de negativa.

447. Os Estados e o Distrito Federal são partes legítimas na ação de restituição de imposto de renda retido na fonte proposta por seus servidores.

448. A opção pelo Simples de estabelecimentos dedicados às atividades de creche, pré-escola e ensino fundamental é admitida somente a partir de 24.10.2000, data de vigência da Lei 10.034/2000.

449. A vaga de garagem que possui matrícula própria no registro de imóveis não constitui bem de família para efeito de penhora.

450. Nos contratos vinculados ao SFH, a atualização do saldo devedor antecede sua amortização pelo pagamento da prestação.

451. É legítima a penhora da sede do estabelecimento comercial.

452. A extinção das ações de pequeno valor é faculdade da Administração Federal, vedada a atuação judicial de ofício.

453. Os honorários sucumbenciais, quando omitidos em decisão transitada em julgado, não podem ser cobrados em execução ou em ação própria.

454. Pactuada a correção monetária nos contratos do SFH pelo mesmo índice aplicável à caderneta de poupança, incide a taxa referencial (TR) a partir da vigência da Lei 8.177/1991.

455. A decisão que determina a produção antecipada de provas com base no art. 366 do CPP deve ser concretamente fundamentada, não a justificando unicamente o mero decurso do tempo.

456. É incabível a correção monetária dos salários de contribuição considerados no cálculo do salário de benefício de auxílio-doença, aposentadoria por invalidez, pensão ou auxílio-reclusão concedidos antes da vigência da CF/1988.

457. Os descontos incondicionais nas operações mercantis não se incluem na base de cálculo do ICMS.

458. A contribuição previdenciária incide sobre a comissão paga ao corretor de seguros.

459. A Taxa Referencial (TR) é o índice aplicável, a título de correção monetária, aos débitos com o FGTS recolhidos pelo empregador mas não repassados ao fundo.

460. É incabível o mandado de segurança para convalidar a compensação tributária realizada pelo contribuinte.

461. O contribuinte pode optar por receber, por meio de precatório ou por compensação, o indébito tributário certificado por sentença declaratória transitada em julgado.

462. Nas ações em que representa o FGTS, a CEF, quando sucumbente, não está isenta de reembolsar as custas antecipadas pela parte vencedora.

463. Incide imposto de renda sobre os valores percebidos a título de indenização por horas extraordinárias trabalhadas, ainda que decorrentes de acordo coletivo.

464. A regra de imputação de pagamentos estabelecida no art. 354 do Código Civil não se aplica às hipóteses de compensação tributária.

465. Ressalvada a hipótese de efetivo agravamento do risco, a seguradora não se exime do dever de indenizar em razão da transferência do veículo sem a sua prévia comunicação.

466. O titular da conta vinculada ao FGTS tem o direito de sacar o saldo respectivo quando declarado nulo seu contrato de trabalho por ausência de prévia aprovação em concurso público.

467. Prescreve em 5 (cinco) anos, contados do término do processo administrativo, a pretensão da Administração Pública de promover a execução da multa por infração ambiental.

468. A base de cálculo do PIS, até a edição da Medida Provisória 1.212/1995, era o faturamento ocorrido no sexto mês anterior ao do fato gerador.

→ *v.* Lei 9.715/1998.

469. Aplica-se o Código de Defesa do Consumidor aos contratos de plano de saúde.

470. SÚMULA CANCELADA *D.J.E.* DE 15.6.2015 – O Ministério Público não tem legitimidade para pleitear, em ação civil pública, a indenização decorrente do DPVAT em benefício do segurado.

471. Os condenados por crimes hediondos ou assemelhados cometidos antes da vigência da Lei 11.464/2007 sujeitam-se ao disposto no art. 112 da Lei 7.210/1984 (Lei de Execução Penal) para a progressão de regime prisional.

472. A cobrança de comissão de permanência – cujo valor não pode ultrapassar a soma dos encargos remuneratórios e moratórios previstos no contrato – exclui a exigibilidade dos juros remuneratórios, moratórios e da multa contratual.

473. O mutuário do SFH não pode ser compelido a contratar o seguro habitacional obrigatório com a instituição financeira mutuante ou com a seguradora por ela indicada.

474. A indenização do seguro DPVAT, em caso de invalidez parcial do beneficiário, será paga de forma proporcional ao grau da invalidez.

475. Responde pelos danos decorrentes de protesto indevido o endossatário que recebe por endosso translativo título de crédito contendo vício formal extrínseco ou intrínseco, ficando ressalvado seu direito de regresso contra os endossantes e avalistas.

476. O endossatário de título de crédito por endosso-mandato só responde por danos decorrentes de protesto indevido se extrapolar os poderes de mandatário.

477. A decadência do art. 26 do CDC não é aplicável à prestação de contas para obter esclarecimentos sobre cobrança de taxas, tarifas e encargos bancários.

478. Na execução de crédito relativo a cotas condominiais, este tem preferência sobre o hipotecário.

479. As instituições financeiras respondem objetivamente pelos danos gerados por fortuito interno relativo a fraudes e delitos praticados por terceiros no âmbito de operações bancárias.

480. O juízo da recuperação judicial não é competente para decidir sobre a constrição de bens não abrangidos pelo plano de recuperação da empresa.

481. Faz jus ao benefício da justiça gratuita a pessoa jurídica com ou sem fins lucrativos que demonstrar sua impossibilidade de arcar com os encargos processuais.

482. A falta de ajuizamento da ação principal no prazo do art. 806 do CPC acarreta a perda da eficácia da liminar deferida e a extinção do processo cautelar.

483. O INSS não está obrigado a efetuar depósito prévio do preparo por gozar das prerrogativas e privilégios da Fazenda Pública.

484. Admite-se que o preparo seja efetuado no primeiro dia útil subsequente, quando a interposição do recurso ocorrer após o encerramento do expediente bancário.

485. A Lei de Arbitragem aplica-se aos contratos que contenham cláusula arbitral, ainda que celebrados antes da sua edição

486. É impenhorável o único imóvel residencial do devedor que esteja locado a terceiros, desde que a renda obtida com a locação seja revertida para a subsistência ou a moradia da sua família.

487. O parágrafo único do art. 741 do CPC não se aplica às sentenças transitadas em julgado em data anterior à da sua vigência.

488. O § 2º do art. 6º da Lei 9.469/1997, que obriga à repartição dos honorários advocatícios, é inaplicável a acordos ou transações celebrados em data anterior à sua vigência.

489. Reconhecida a continência, devem ser reunidas na Justiça Federal as ações civis públicas propostas nesta e na Justiça estadual.

490. A dispensa de reexame necessário, quando o valor da condenação ou do direito controvertido for inferior a sessenta salários mínimos, não se aplica a sentenças ilíquidas.

491. É inadmissível a chamada progressão *per saltum* de regime prisional.

492. O ato infracional análogo ao tráfico de drogas, por si só, não conduz obrigatoriamente à imposição de medida socioeducativa de internação do adolescente.

493. É inadmissível a fixação de pena substitutiva (art. 44 do CP) como condição especial ao regime aberto.

494. O benefício fiscal do ressarcimento do crédito presumido do IPI relativo às exportações incide mesmo quando as matérias-primas ou os insumos sejam adquiridos de pessoa física ou jurídica não contribuinte do PIS/PASEP.

495. A aquisição de bens integrantes do ativo permanente da empresa não gera direito a creditamento de IPI.

496. Os registros de propriedade particular de imóveis situados em terrenos de marinha não são oponíveis à União.

497. Os créditos das autarquias federais preferem aos créditos da Fazenda estadual desde que coexistam penhoras sobre o mesmo bem.

498. Não incide imposto de renda sobre a indenização por danos morais.

499. As empresas prestadoras de serviços estão sujeitas às contribuições ao SESC e SENAC, salvo se integradas noutro serviço social.

500. A configuração do crime do art. 244-B do ECA independe da prova da efetiva corrupção do menor, por se tratar de delito formal.

501. É cabível a aplicação retroativa da Lei 11.343/2006, desde que o resultado da incidência das suas disposições, na íntegra, seja mais favorável ao réu do que o advindo da aplicação da Lei 6.368/1976, sendo vedada a combinação de leis.

502. Presentes a materialidade e a autoria, afigura-se típica, em relação ao crime previsto no art. 184, § 2º, do CP, a conduta de expor à venda CDs e DVDs piratas.

503. O prazo para ajuizamento de ação monitória em face do emitente de cheque sem força executiva é quinquenal, a contar do dia seguinte à data de emissão estampada na cártula.

504. O prazo para ajuizamento de ação monitória em face do emitente de nota promissória sem força executiva é quinquenal, a contar do dia seguinte ao vencimento do título.

505. A competência para processar e julgar as demandas que têm por objeto obrigações decorrentes dos contratos de planos de previdência privada firmados com a Fundação Rede Ferroviária de Seguridade Social – REFER é da Justiça estadual.

506. A Anatel não é parte legítima nas demandas entre a concessionária e o usuário de telefonia decorrentes de relação contratual.

507. A acumulação de auxílio-acidente com aposentadoria pressupõe que a lesão incapacitante e a aposentadoria sejam anteriores a 11.11.1997, observado o critério do artigo 23 da Lei 8.213/1991 para definição do momento da lesão nos casos de doença profissional ou do trabalho.

508. A isenção da Cofins concedida pelo artigo 6º, II, da LC 70/1991 às sociedades civis de prestação de serviços profissionais foi revogada pelo artigo 56 da Lei 9.430/1996.

509. É lícito ao comerciante de boa-fé aproveitar os créditos de ICMS decorrentes de nota fiscal posteriormente declarada inidônea, quando demonstrada a veracidade da compra e venda.

510. A liberação de veículo retido apenas por transporte irregular de passageiros não está condicionada ao pagamento de multas e despesas.

511. É possível o reconhecimento do privilégio previsto no § 2º do art. 155 do CP nos casos de crime de furto qualificado, se estiverem presentes a primariedade do agente, o pequeno valor da coisa e a qualificadora for de ordem objetiva.

512. A aplicação da causa de diminuição de pena prevista no art. 33, § 4º, da Lei 11.343/2006 não afasta a hediondez do crime de tráfico de drogas.

513. A *abolitio criminis* temporária prevista na Lei 10.826/2003 aplica-se ao crime de posse de arma de fogo de uso permitido com numeração, marca ou qualquer outro sinal de identificação raspado, suprimido ou adulterado, praticado somente até 23.10.2005.

514. A CEF é responsável pelo fornecimento dos extratos das contas individualizadas vinculadas ao FGTS dos trabalhadores participantes do Fundo de Garantia do Tempo de Serviço, inclusive para fins de exibição em juízo, independentemente do período em discussão.

515. A reunião de execuções fiscais contra o mesmo devedor constitui faculdade do juiz.

516. A contribuição de intervenção no domínio econômico para o Incra (Decreto-lei 1.110/1970), devida por empregadores rurais e urbanos, não foi extinta pelas Leis 7.787/1989, 8.212/1991 e 8.213/1991, não podendo ser compensada com a contribuição ao INSS.

517. São devidos honorários advocatícios no cumprimento de sentença, haja ou não impugnação, depois de escoado o prazo para pagamento voluntário, que se inicia após a intimação do advogado da parte executada.

518. Para fins do art. 105, III, *a*, da Constituição Federal, não é cabível recurso especial fundado em alegada violação de enunciado de súmula.

519. Na hipótese de rejeição da impugnação ao cumprimento de sentença, não são cabíveis honorários advocatícios.

520. O benefício de saída temporária no âmbito da execução penal é ato jurisdicional insuscetível de delegação à autoridade administrativa do estabelecimento prisional.

521. A legitimidade para execução fiscal de multa pendente de pagamento imposta em sentença condenatória é exclusiva da Procuradoria da Fazenda Pública.

522. A conduta de atribuir-se falsa identidade perante autoridade policial é típica, ainda que em situação de alegada autodefesa.

523. A taxa de juros de mora incidente na repetição de indébito de tributos estaduais deve corresponder à utilizada para cobrança do tributo pago em atraso, sendo legítima a incidência da taxa Selic, em ambas as hipóteses, quando prevista na legislação local, vedada sua cumulação com quaisquer outros índices.

524. No tocante à base de cálculo, o ISSQN incide apenas sobre a taxa de agenciamento quando o serviço prestado por sociedade empresária de trabalho temporário for de intermediação, devendo, entretanto, englobar também os valores dos salários e encargos sociais dos trabalhadores por ela contratados nas hipóteses de fornecimento de mão de obra.

525. A Câmara de vereadores não possui personalidade jurídica, apenas personalidade judiciária, somente podendo demandar em juízo para defender os seus direitos institucionais.

526. O reconhecimento de falta grave decorrente do cometimento de fato definido como crime doloso no cumprimento da pena prescinde do trânsito em julgado de sentença penal condenatória no processo penal instaurado para apuração do fato.

527. O tempo de duração da medida de segurança não deve ultrapassar o limite máximo da pena abstratamente cominada ao delito praticado.

528. Compete ao juiz federal do local da apreensão da droga remetida do exterior pela via postal processar e julgar o crime de tráfico internacional.

529. No seguro de responsabilidade civil facultativo, não cabe o ajuizamento de ação pelo terceiro prejudicado direta e exclusivamente em face da seguradora do apontado causador do dano.

530. Nos contratos bancários, na impossibilidade de comprovar a taxa de juros efetivamente contratada - por ausência de pactuação ou pela falta de juntada do instrumento aos autos -, aplica-se a taxa média de mercado, divulgada pelo Bacen, praticada nas operações da mesma espécie, salvo se a taxa cobrada for mais vantajosa para o devedor.

531. Em ação monitória fundada em cheque prescrito ajuizada contra o emitente, é dispensável a menção ao negócio jurídico subjacente à emissão da cártula.

532. Constitui prática comercial abusiva o envio de cartão de crédito sem prévia e expressa solicitação do consumidor, configurando-se ato ilícito indenizável e sujeito à aplicação de multa administrativa.

533. Para o reconhecimento da prática de falta disciplinar no âmbito da execução penal, é imprescindível a instauração de procedimento administrativo pelo diretor do estabelecimento prisional, assegurado o direito de defesa, a ser realizado por advogado constituído ou defensor público nomeado.

534. A prática de falta grave interrompe a contagem do prazo para a progressão de regime de cumprimento de pena, o qual se reinicia a partir do cometimento dessa infração.

535. A prática de falta grave não interrompe o prazo para fim de comutação de pena ou indulto.

536. A suspensão condicional do processo e a transação penal não se aplicam na hipótese de delitos sujeitos ao rito da Lei Maria da Penha.

537. Em ação de reparação de danos, a seguradora denunciada, se aceitar a denunciação ou contestar o pedido do autor, pode ser condenada, direta e solidariamente junto com o segurado, ao pagamento da indenização devida à vítima, nos limites contratados na apólice.

538. As administradoras de consórcio têm liberdade para estabelecer a respectiva taxa de administração, ainda que fixada em percentual superior a dez por cento.

539. É permitida a capitalização de juros com periodicidade inferior à anual em contratos celebrados com instituições integrantes do Sistema Financeiro Nacional a partir de 31/3/2000 (MP 1.963-17/2000, reeditada como MP 2.170-36/2001), desde que expressamente pactuada.

540. Na ação de cobrança do seguro DPVAT, constitui faculdade do autor escolher entre os foros do seu domicílio, do local do acidente ou ainda do domicílio do réu.

541. A previsão no contrato bancário de taxa de juros anual superior ao duodécuplo da mensal é suficiente para permitir a cobrança da taxa efetiva anual contratada.

542. A ação penal relativa ao crime de lesão corporal resultante de violência doméstica contra a mulher é pública incondicionada.

543. Na hipótese de resolução de contrato de promessa de compra e venda de imóvel submetido ao Código de Defesa do Consumidor, deve ocorrer a imediata restituição das parcelas pagas pelo promitente comprador - integralmente, em caso de culpa exclusiva do promitente vendedor/construtor, ou parcialmente, caso tenha sido o comprador quem deu causa ao desfazimento.

544. É válida a utilização de tabela do Conselho Nacional de Seguros Privados para estabelecer a proporcionalidade da indenização do seguro DPVAT ao grau de invalidez também na hipótese de sinistro anterior a 16/12/2008, data da entrada em vigor da Medida Provisória 451/2008.

545. Quando a confissão for utilizada para a formação do convencimento do julgador, o réu fará jus à atenuante prevista no art. 65, III, *d*, do Código Penal.

546. A competência para processar e julgar o crime de uso de documento falso é firmada em razão da entidade ou órgão ao qual foi apresentado o documento público, não importando a qualificação do órgão expedidor.

547. Nas ações em que se pleiteia o ressarcimento dos valores pagos a título de participação financeira do consumidor no custeio de construção de rede elétrica, o prazo prescricional é de vinte anos na vigência do Código Civil de 1916. Na vigência do Código Civil de 2002, o prazo é de cinco anos se houver previsão contratual de ressarcimento e de três anos na ausência de cláusula nesse sentido, observada a regra de transição disciplinada em seu art. 2.028.

548. Incumbe ao credor a exclusão do registro da dívida em nome do devedor no cadastro de inadimplentes no prazo de cinco dias úteis, a partir do integral e efetivo pagamento do débito.

549. É válida a penhora de bem de família pertencente a fiador de contrato de locação.

550. A utilização de escore de crédito, método estatístico de avaliação de risco que não constitui banco de dados, dispensa o consentimento do consumidor, que terá o direito de solicitar esclarecimentos sobre as informações pessoais valoradas e as fontes dos dados considerados no respectivo cálculo.

551. Nas demandas por complementação de ações de empresas de telefonia, admite-se a condenação ao pagamento de dividendos e juros sobre capital próprio independentemente de pedido expresso. No entanto, somente quando previstos no título executivo, poderão ser objeto de cumprimento de sentença.

552. O portador de surdez unilateral não se qualifica como pessoa com deficiência para o fim de disputar as vagas reservadas em concursos públicos.

553. Nos casos de empréstimo compulsório sobre o consumo de energia elétrica, é competente a Justiça estadual para o julgamento de demanda proposta exclusivamente contra a Eletrobrás. Requerida a intervenção da União no feito após a prolação de sentença pelo juízo estadual, os autos devem ser remetidos ao Tribunal Regional Federal competente para o julgamento da apelação se deferida a intervenção.

554. Na hipótese de sucessão empresarial, a responsabilidade da sucessora abrange não apenas os tributos devidos pela sucedida, mas também as multas moratórias ou punitivas referentes a fatos geradores ocorridos até a data da sucessão.

555. Quando não houver declaração do débito, o prazo decadencial quinquenal para o Fisco constituir o crédito tributário conta-se exclusivamente na forma do art. 173, I, do CTN, nos casos em que a legislação atribui ao sujeito passivo o dever de antecipar o pagamento sem prévio exame da autoridade administrativa.

556. É indevida a incidência de imposto de renda sobre o valor da complementação de aposentadoria pago por entidade de previdência privada e em relação ao resgate de contribuições recolhidas para referidas entidades patrocinadoras no período de 1.1.1989 a 31.12.1995, em razão da isenção concedida pelo art. 6º, VII, *b*, da Lei 7.713/1988, na redação anterior à que lhe foi dada pela Lei 9.250/1995.

557. A renda mensal inicial (RMI) alusiva ao benefício de aposentadoria por invalidez precedido de auxílio-doença será apurada na forma do art. 36, § 7º, do Decreto 3.048/1999, observando-se, porém, os critérios previstos no art. 29, § 5º, da Lei 8.213/1991, quando intercalados períodos de afastamento e de atividade laboral.

558. Em ações de execução fiscal, a petição inicial não pode ser indeferida sob o argumento da falta de indicação do CPF e/ou RG ou CNPJ da parte executada.

559. Em ações de execução fiscal, é desnecessária a instrução da petição inicial com o demonstrativo de cálculo do débito, por tratar-se de requisito não previsto no art. 6º da Lei 6.830/1980.

560. A decretação da indisponibilidade de bens e direitos, na forma do art. 185-A do CTN, pressupõe o exaurimento das diligências na busca por bens penhoráveis, o qual fica caracterizado quando infrutíferos o pedido de constrição sobre ativos financeiros e a expedição de ofícios aos registros públicos do domicílio do executado, ao Denatran ou Detran.

561. Os Conselhos Regionais de Farmácia possuem atribuição para fiscalizar e autuar as farmácias e drogarias quanto ao cumprimento da exigência de manter profissional legalmente habilitado (farmacêutico) durante todo o período de funcionamento dos respectivos estabelecimentos.

562. É possível a remição de parte do tempo de execução da pena quando o condenado, em regime fechado ou semiaberto, desempenha atividade laborativa, ainda que extramuros.

563. O Código de Defesa do Consumidor é aplicável às entidades abertas de previdência complementar, não incidindo nos contratos previdenciários celebrados com entidades fechadas.

564. No caso de reintegração de posse em arrendamento mercantil financeiro, quando a soma da importância antecipada a título de valor residual garantido (VRG) com o valor da venda do bem ultrapassar o total do VRG previsto contratualmente, o arrendatário terá direito de receber a respectiva diferença, cabendo, porém, se estipulado no contrato, o prévio desconto de outras despesas ou encargos pactuados.

565. A pactuação das tarifas de abertura de crédito (TAC) e de emissão de carnê (TEC), ou outra denominação para o mesmo fato gerador, é válida apenas nos contratos bancários anteriores ao início da vigência da Resolução-CMN 3.518/2007, em 30.4.2008.

566. Nos contratos bancários posteriores ao início da vigência da Resolução-CMN 3.518/2007, em 30.4.2008, pode ser cobrada a tarifa de cadastro no início do relacionamento entre o consumidor e a instituição financeira.

567. Sistema de vigilância realizado por monitoramento eletrônico ou por existência de segurança no interior de estabelecimento comercial, por si só, não torna impossível a configuração do crime de furto.

568. O relator, monocraticamente e no Superior Tribunal de Justiça, poderá dar ou negar provimento ao recurso quando houver entendimento dominante acerca do tema.

SÚMULAS DOS JUIZADOS ESPECIAIS FEDERAIS – JEF

1. A conversão dos benefícios previdenciários em URV, em março/1994, obedece às disposições do art. 20, incisos I e II da Lei 8.880/1994 (Medida Provisória 434/1994).

2. Os benefícios previdenciários, em maio de 1996, deverão ser reajustados na forma da Medida Provisória 1.415, de 29 de abril de 1996, convertida na Lei 9.711, de 20 de novembro de 1998.

3. SÚMULA CANCELADA EM 30.9.2003 – Os benefícios de prestação continuada, no Regime Geral da Previdência Social, devem ser reajustados com base no IGP-DI nos anos de 1997, 1999, 2000 e 2001.

4. Não há direito adquirido, na condição de dependente, pessoa designada, quando o falecimento do segurado deu-se após o advento da Lei 9.032/1995.

5. A prestação de serviço rural por menor de 12 a 14 anos, até o advento da Lei 8.213, de 24 de julho de 1991, devidamente comprovada, pode ser reconhecida para fins previdenciários.

6. A certidão de casamento ou outro documento idôneo que evidencie a condição de trabalhador rural do cônjuge constitui início razoável de prova material da atividade rurícula.

7. Descabe incidente de uniformização versando sobre honorários advocatícios por se tratar de questão de direito processual.

8. Os benefícios de prestação continuada, no Regime Geral da Previdência Social, não serão reajustados com base no IGP-DI nos anos de 1997, 1999, 2000 e 2001.

9. O uso de Equipamento de Proteção Individual (EPI), ainda que elimine a insalubridade, no caso de exposição a ruído, não descaracteriza o tempo de serviço especial prestado.

10. O tempo de serviço rural anterior à vigência da Lei 8.213/1991 pode ser utilizado para fins de contagem recíproca, assim entendida aquela que soma tempo de atividade privada, rural ou urbana, ao de serviço público estatutário, desde que sejam recolhidas as respectivas contribuições previdenciárias.

11. SÚMULA CANCELADA EM 24.4.2006 – A renda mensal, *per capita*, familiar, superior a 1/4 (um quarto) do salário mínimo não impede a concessão do benefício assistencial previsto no art. 20, § 3º da Lei 8.742 de 1993, desde que comprovada, por outros meios, a miserabilidade do postulante.

12. Os juros moratórios são devidos pelo gestor do FGTS e incidem a partir da citação nas ações em que se reclamam diferenças de correção monetária, tenha havido ou não levantamento do saldo, parcial ou integralmente.

13. O reajuste concedido pelas Leis 8.622/1993 e 8.627/1993 (28,86%) constituiu revisão geral dos vencimentos e, por isso, é devido também aos militares que não o receberam em sua integralidade, compensado o índice então concedido, sendo limite temporal desse reajuste o advento da Medida Provisória 2.131 de 28.12.2000.

14. Para a concessão de aposentadoria rural por idade, não se exige que o início de prova material, corresponda a todo o período equivalente à carência do benefício.

15. SÚMULA CANCELADA EM 26.3.2007 – O valor mensal da pensão por morte concedida antes da Lei 9.032, de 28 de abril de 1995, deve ser revisado de acordo com a nova redação dada ao art. 75 da Lei 8.213, de 24 de julho de 1991.

16. SÚMULA CANCELADA EM 27.3.2009 – A conversão em tempo de serviço comum, do período trabalhado em condições especiais, somente é possível relativamente à atividade exercida até 28 de maio de 1998 (art. 28 da Lei 9.711/1998).

17. Não há renúncia tácita no Juizado Especial Federal, para fins de competência.

18. Provado que o aluno aprendiz de Escola Técnica Federal recebia remuneração, mesmo que indireta, à conta do orçamento da União, o respectivo tempo de serviço pode ser computado para fins de aposentadoria previdenciária.

19. Para o cálculo da renda mensal inicial do benefício previdenciário, deve ser considerada, na atualização dos salários de contribuição anteriores a março de 1994, a variação integral do IRSM de fevereiro de 1994, na ordem de 39,67% (art. 21, § 1º, da Lei 8.880/1994).

20. A Lei 8.112, de 11 de dezembro de 1990, não modificou a situação do servidor celetista anteriormente aposentado pela Previdência Social Urbana.

21. Não há direito adquirido a reajuste de benefícios previdenciários com base na variação do IPC (Índice de Preço ao Consumidor), de janeiro de 1989 (42,72%) e abril de 1990 (44,80%).

22. Se a prova pericial realizada em juízo dá conta de que a incapacidade já existia na data do requerimento administrativo, esta é o termo inicial do benefício assistencial.

23. As substituições de cargos ou funções de direção ou chefia ou de cargo de natureza especial ocorridas a partir da vigência da Medida Provisória 1.522, de 11.10.1996, e até o advento da Lei 9.527, de 10.12.1997, quando iguais ou inferiores a 30 dias, não geram direito à remuneração correspondente ao cargo ou função substituída.

24. O tempo de serviço do segurado trabalhador rural anterior ao advento da Lei 8.213/1991, sem o recolhimento de contribuições previdenciárias, pode ser considerado para a concessão de benefício previdenciário do Regime Geral de Previdência Social (RGPS), exceto para efeito de carência, conforme a regra do art. 55, § 2º, da Lei 8.213/1991.

25. A revisão dos valores dos benefícios previdenciários, prevista no art. 58 do ADCT, deve ser feita com base no número de salários mínimos apurado na data da concessão, e não no mês de recolhimento da última contribuição.

26. A atividade de vigilante enquadra-se como especial, equiparando-se à de guarda, elencada no item 2.5.7 do Anexo III do Decreto 53.831/1964.

27. A ausência de registro em órgão do Ministério do Trabalho não impede a comprovação do desemprego por outros meios admitidos em Direito.

28. Encontra-se prescrita a pretensão de ressarcimento de perdas sofridas na atualização monetária da conta do Plano de Integração Social – PIS, em virtude de expurgos ocorridos por ocasião dos Planos Econômicos Verão e Collor I.

29. Para os efeitos do art. 20, § 2º, da Lei 8.742, de 1993, incapacidade para a vida independente não é só aquela que impede as atividades mais elementares da pessoa, mas também a impossibilita de prover ao próprio sustento.

30. Tratando-se de demanda previdenciária, o fato de o imóvel ser superior ao módulo rural não afasta, por si só, a qualificação de seu proprietário como segurado especial, desde que comprovada, nos autos, a sua exploração em regime de economia familiar.

31. A anotação na CTPS decorrente de sentença trabalhista homologatória constitui início de prova material para fins previdenciários.

32. SÚMULA CANCELADA EM 9.10.2013 – O tempo de trabalho laborado com exposição a ruído é considerado especial, para fins de conversão em comum, nos seguintes níveis: superior a 80 decibéis, na vigência do Decreto 53.831/1964 e, a contar de 5 de março de 1997, superior a 85 decibéis, por força da edição do Decreto 4.882, de 18 de novembro de 2003, quando a Administração Pública reconheceu e declarou a nocividade à saúde de tal índice de ruído.

33. Quando o segurado houver preenchido os requisitos legais para concessão da aposentadoria por tempo de serviço na data do requerimento administrativo, esta data será o termo inicial da concessão do benefício.

34. Para fins de comprovação do tempo de labor rural, o início de prova material deve ser contemporâneo à época dos fatos a provar.

35. A Taxa SELIC, composta por juros de mora e correção monetária, incide nas repetições de indébito tributário.

36. Não há vedação legal à cumulação da pensão por morte de trabalhador rural com o benefício da aposentadoria por invalidez, por apresentarem pressupostos fáticos e fatos geradores distintos.

37. A pensão por morte, devida ao filho até os 21 anos de idade, não se prorroga pela pendência do curso universitário.

38. Aplica-se subsidiariamente a Tabela de Cálculos de Santa Catarina aos pedidos de revisão de RMI – OTN/ORTN, na atualização dos salários de contribuição.

39. Nas ações contra a Fazenda Pública, que versem sobre pagamento de diferenças decorrentes de reajuste nos vencimentos de servidores públicos, ajuizadas após 24.8.2001, os juros de mora devem ser fixados em 6% (seis por cento) ao ano (art. 1º-F da Lei 9.494/1997).

40. Nenhuma diferença é devida a título de correção monetária dos depósitos do FGTS, relativos ao mês de fevereiro de 1989.

41. A circunstância de um dos integrantes do núcleo familiar desempenhar atividade urbana não implica, por si só, a descaracterização do trabalhador rural como segurado especial, condição que deve ser analisada no caso concreto.

42. Não se conhece de incidente de uniformização que implique reexame de matéria de fato.

43. Não cabe incidente de uniformização que verse sobre matéria processual.

44. Para efeito de aposentadoria urbana por idade, a tabela progressiva de carência prevista no art. 142 da Lei 8.213/1991 deve ser aplicada em função do ano em que o segurado completa a idade mínima para concessão do benefício, ainda que o período de carência só seja preenchido posteriormente.

45. Incide correção monetária sobre o salário-maternidade desde a época do parto, independentemente da data do requerimento administrativo.

46. O exercício de atividade urbana intercalada não impede a concessão de benefício previdenciário de trabalhador rural, condição que deve ser analisada no caso concreto.

47. Uma vez reconhecida a incapacidade parcial para o trabalho, o juiz deve analisar as condições pessoais e sociais do segurado para a concessão de aposentadoria por invalidez.

48. A incapacidade não precisa ser permanente para fins de concessão do benefício assistencial de prestação continuada.

49. Para reconhecimento de condição especial do trabalho antes de 29.4.1995, a exposição a agentes nocivos à saúde ou à integridade física não precisa ocorrer de forma permanente.

50. É possível a conversão do tempo de serviço especial em comum do trabalho prestado em qualquer período.

51. Os valores recebidos por força de antecipação dos efeitos de tutela, posteriormente revogada em demanda previdenciária, são irrepetíveis em razão da natureza alimentar e da boa-fé no seu recebimento.

52. Para fins de concessão de pensão por morte, é incabível a regularização do recolhimento de contribuições de segurado contribuinte individual posteriormente a seu óbito, exceto quando as contribuições devam ser arrecadadas por empresa tomadora de serviços.

53. Não há direito a auxílio-doença ou a aposentadoria por invalidez quando a incapacidade para o trabalho é preexistente ao reingresso do segurado no Regime Geral de Previdência Social.

54. Para a concessão de aposentadoria por idade de trabalhador rural, o tempo de exercício de atividade equivalente à carência deve ser aferido no período imediatamente anterior ao requerimento administrativo ou à data do implemento da idade mínima.

55. A conversão do tempo de atividade especial em comum deve ocorrer com aplicação do fator multiplicativo em vigor na data da concessão da aposentadoria.

56. O prazo de 30 anos para prescrição da pretensão à cobrança de juros progressivos sobre saldo de conta vinculada ao FGTS tem início na data em que deixou de ser feito o crédito e incide sobre cada prestação mensal.

57. O auxílio-doença e a aposentadoria por invalidez não precedida de auxílio-doença, quando concedidos na vigência da Lei 9.876/1999, devem ter o salário de benefício apurado com base na média aritmética simples dos maiores salários de contribuição correspondentes a 80% do período contributivo, independentemente da data de filiação do segurado ou do número de contribuições mensais no período contributivo.

58. Não é devido o reajuste na indenização de campo por força da alteração trazida pelo Decreto 5.554/2005.

59. A ausência de declaração do objeto postado não impede a condenação da ECT a indenizar danos decorrentes do extravio, desde que o conteúdo da postagem seja demonstrado por outros meios de prova admitidos em direito.

60. SÚMULA CANCELADA EM 21.03.2016 – O décimo terceiro salário não integra o salário de contribuição para fins de cálculo do salário de benefício, independentemente da data da concessão do benefício previdenciário.

61. SÚMULA CANCELADA EM 9.10.2013 – As alterações promovidas pela Lei 11.960/2009 têm aplicação imediata na regulação dos juros de mora em condenações contra a Fazenda Pública, inclusive em matéria previdenciária, independentemente da data do ajuizamento da ação ou do trânsito em julgado.

62. O segurado contribuinte individual pode obter reconhecimento de atividade especial para fins previdenciários, desde que consiga comprovar exposição a agentes nocivos à saúde ou à integridade física.

63. A comprovação de união estável para efeito de concessão de pensão por morte prescinde de início de prova material.

64. O direito à revisão do ato de indeferimento de benefício previdenciário ou assistencial sujeita-se ao prazo decadencial de dez anos.

65. Os benefícios de auxílio-doença, auxílio-acidente e aposentadoria por invalidez concedidos no período de 28.3.2005 a 20.7.2005 devem ser calculados nos termos da Lei 8.213/1991, em sua redação anterior à vigência da Medida Provisória 242/2005.

66. O servidor público ex-celetista que trabalhava sob condições especiais antes de migrar para o regime estatutário tem direito adquirido à conversão do tempo de atividade especial em tempo comum com o devido acréscimo legal, para efeito de contagem recíproca no regime previdenciário próprio dos servidores públicos.

67. O auxílio-alimentação recebido em pecúnia por segurado filiado ao Regime Geral da Previdência Social integra o salário de contribuição e sujeita-se à incidência de contribuição previdenciária.

68. O laudo pericial não contemporâneo ao período trabalhado é apto à comprovação da atividade especial do segurado.

69. O tempo de serviço prestado em empresa pública ou em sociedade de economia mista por servidor público federal somente pode ser contado para efeitos de aposentadoria e disponibilidade.

70. A atividade de tratorista pode ser equiparada à de motorista de caminhão para fins de reconhecimento de atividade especial mediante enquadramento por categoria profissional.

71. O mero contato do pedreiro com o cimento não caracteriza condição especial de trabalho para fins previdenciários.

72. É possível o recebimento de benefício por incapacidade durante período em que houve exercício de atividade remunerada quando comprovado que o segurado estava incapaz para as atividades habituais na época em que trabalhou.

73. O tempo de gozo de auxílio-doença ou de aposentadoria por invalidez não decorrentes de acidente de trabalho só pode ser computado como tempo de contribuição ou para fins de carência quando intercalado entre períodos nos quais houve recolhimento de contribuições para a previdência social.

74. O prazo de prescrição fica suspenso pela formação de requerimento administrativo e volta a correr pelo saldo remanescente após a ciência da decisão administrativa final.

75. A CTPS em relação à qual não se aponta defeito formal que lhe comprometa a fidedignidade goza de presunção relativa de veracidade, formando prova suficiente de tempo de serviço para fins previdenciários, ainda que a anotação de vínculo de emprego não conste no CNIS.

76. A averbação de tempo de serviço rural não contributivo não permite majorar o coeficiente de cálculo da renda mensal inicial de aposentadoria por idade previsto no art. 50 da Lei 8.213/1991.

77. O julgador não é obrigado a analisar as condições pessoais e sociais quando não reconhecer a incapacidade do requerente para a sua atividade habitual.

78. Comprovado que o requerente de benefício é portador do vírus HIV, cabe ao julgador verificar as condições pessoais, sociais, econômicas e culturais, de forma a analisar a incapacidade em sentido amplo, em face da elevada estigmatização social da doença.

79. Nas ações em que se postula benefício assistencial, é necessária a comprovação das condições socioeconômicas do autor por laudo de assistente social, por auto de constatação lavrado por oficial de justiça ou, sendo inviabilizados os referidos meios, por prova testemunhal.

80. Nos pedidos de benefício de prestação continuada (LOAS), tendo em vista o advento da Lei 12.470/11, para adequada valoração dos fatores ambientais, sociais, econômicos e pessoais que impactam na participação da pessoa com deficiência na sociedade, é necessária a realização de avaliação social por assistente social ou outras providências aptas a revelar a efetiva condição vivida no meio social pelo requerente.

81. Não incide o prazo decadencial previsto no art. 103, *caput*, da Lei 8.213/1991, nos casos de indeferimento e cessação de benefícios, bem como em relação às questões não apreciadas pela Administração no ato da concessão.

82. O código 1.3.2 do quadro anexo ao Decreto 53.831/1964, além dos profissionais da área da saúde, contempla os trabalhadores que exercem atividades de serviços gerais em limpeza e higienização de ambientes hospitalares.

83. A partir da entrada em vigor da Lei 8.870/94, o décimo terceiro salário não integra o salário de contribuição para fins de cálculo do salário de benefício.

ÍNDICE CRONOLÓGICO GERAL

VADE MECUM DE LEGISLAÇÃO FOCO

ÍNDICE CRONOLÓGICO GERAL

CONSTITUIÇÃO FEDERAL – ADCT – EMENDAS À CONSTITUIÇÃO

LEIS COMPLEMENTARES

(*) Informamos que as normas com asteriscos estão parciais no produto.

(**) As Emendas Constitucionais alteradoras não constam na obra impressa, mas o conteúdo alterado foi processado no texto.

LEIS

DECRETOS-LEIS

DECRETOS

EXPOSIÇÕES DE MOTIVOS

SÚMULAS

ANOTAÇÕES GERAIS

Wander Garcia
Coordenador

2016

MINI

VADE MECUM

DE JURISPRUDÊNCIA STF • STJ

TRIBUTÁRIO

EDITORA FOCO

2016 © Wander Garcia
Coordenador: Wander Garcia
Organizadores: Wander Garcia e Henrique Subi
Editor: Márcio Dompieri
Gerente Editorial: Paula Tseng
Equipe Editora Foco: Georgia Dias e Ivo Tomita
Capa: R2 Editorial
Projeto gráfico: Ladislau Lima
Diagramação: R2 Editorial
Impressão e acabamento: Gráfica Impressul

Dados Internacionais de Catalogação na Publicação (CIP)
(Câmara Brasileira do Livro, SP, Brasil)

Mini Vade Mecum de jurisprudência tributário STF e STJ / Wander Garcia, coordenador ; Henrique Subi e Wander Garcia, organizadores. – 1. ed. – Indaiatuba, SP : Editora Foco Jurídico, 2016. – (Mini Vade Mecum de Jurisprudência)

1. Direito - Brasil 2. Direito tributário 3. Direito tributário - Leis e legislação - Brasil I. Garcia, Wander. II. Subi, Henrique. III. Série.

ISBN 978-85-8242-146-8

16-00421 CDU-34:336.2(81)
-34(81)(02)

Índices para catálogo Sistemático:
1. Brasil : Direito tributário 34:336.2(81)
2. Vademécuns : Direito : Brasil 34(81)(02)

Impresso no Brasil (01.2016)
Data de Fechamento (01.2016)

Atualizações e erratas: a presente obra é vendida como está, sem garantia de atualização futura. Porém, atualizações voluntárias e erratas são disponibilizadas no site www.editorafoco.com.br, na seção *Atualizações*. Esforçamo-nos ao máximo para entregar ao leitor uma obra com a melhor qualidade possível e sem erros técnicos ou de conteúdo. No entanto, nem sempre isso ocorre, seja por motivo de alteração de *software*, interpretação ou falhas de diagramação e revisão. Sendo assim, disponibilizamos em nosso site a seção mencionada (*Atualizações*), na qual relataremos, com a devida correção, os erros encontrados na obra. Solicitamos, outrossim, que o leitor faça a gentileza de colaborar com a perfeição da obra, comunicando eventual erro encontrado por meio de mensagem para contato@editorafoco.com.br.

FSC www.fsc.org MISTO Papel produzido a partir de fontes responsáveis

2016

Alameda Júpiter, 578 – Galpão 01 – American Park Distrito Industrial
CEP 13347-653 – Indaiatuba/SP
E-mail: contato@editorafoco.com.br
www.editorafoco.com.br

SOBRE O COORDENADOR

WANDER GARCIA

Doutor e Mestre em Direito pela PUC/SP. Um dos maiores especialistas em Concursos Públicos e Exame de Ordem do País, é autor *best seller* com mais de 1 milhão de livros vendidos na área. Também é diretor da Editora FOCO e atuou como professor e coordenador nos maiores cursos preparatórios do País, como LFG, Damásio e IEDI.

(Twitter: @wander_garcia)

SOBRE OS ORGANIZADORES

WANDER GARCIA

Doutor e Mestre em Direito pela PUC/SP. Professor e coordenador do IEDI. Procurador do Município de São Paulo.

(Twitter: @wander_garcia)

HENRIQUE SUBI

Agente da Fiscalização Financeira do Tribunal de Contas do Estado de São Paulo. Mestrando em Direito Político e Econômico pela Universidade Presbiteriana Mackenzie. Especialista em Direito Empresarial pela Fundação Getúlio Vargas e em Direito Tributário pela UNISUL. Professor de cursos preparatórios para concursos desde 2006. Coautor de mais de 20 obras voltadas para concursos, todas pela Editora Foco.

(Twitter: @henriquesubi)

SUMÁRIO

CAPÍTULO *ON-LINE*

Como ter acesso aos Capítulo *on-line*?

Entre no site

www.editorafoco.com.br

clique em

Atualizações

e baixe o arquivo

Capítulos *on-line*

1. DIREITO TRIBUTÁRIO

1. PRINCÍPIOS E DIREITOS DOS CONTRIBUINTES

IR: aumento de alíquota e irretroatividade

É inconstitucional a aplicação retroativa de lei que majora a alíquota incidente sobre o lucro proveniente de operações incentivadas ocorridas no passado, ainda que no mesmo ano-base, tendo em vista que o fato gerador se consolida no momento em que ocorre cada operação de exportação, à luz da extrafiscalidade da tributação na espécie. Com base nesse entendimento, o Plenário deu provimento a recurso extraordinário em que se discutia a possibilidade de aplicação de lei que majora alíquota do Imposto de Renda sobre fatos geradores ocorridos no mesmo ano de sua publicação, para pagamento do tributo com relação ao exercício seguinte. Declarou, assim, a inconstitucionalidade do art. 1º, I, da Lei 7.988/1989. A majoração de alíquota de 6% para 18%, a qual se refletiria na base de cálculo do Imposto de Renda pessoa jurídica, incidente sobre o lucro das operações incentivadas no ano-base de 1989, ofenderia os princípios da irretroatividade e da segurança jurídica.

RE 592396/SP, rel. Min. Edson Fachin, 3.12.2015. (RE-592396) (Inform. STF 810)

REPERCUSSÃO GERAL EM RE N. 736.090-SC

RELATOR: MIN. LUIZ FUX

Ementa: RECURSO EXTRAORDINÁRIO. TRIBUTÁRIO. MULTA FISCAL QUALIFICADA. SONEGAÇÃO, FRAUDE E CONLUIO. 150% SOBRE A TOTALIDADE OU DIFERENÇA DO IMPOSTO OU CONTRIBUIÇÃO NÃO PAGA, NÃO RECOLHIDA, NÃO DECLARADA OU DECLARADA DE FORMA INEXATA (ATUAL § 1º C/C O INCISO I DO CAPUT DO ARTIGO 44 DA LEI FEDERAL Nº 9.430/1996). VEDAÇÃO AO EFEITO CONFISCATÓRIO. MATÉRIA CONSTITUCIONAL. QUESTÃO RELEVANTE DOS PONTOS DE VISTA ECONÔMICO E JURÍDICO. TRANSCENDÊNCIA DE INTERESSES. REPERCUSSÃO GERAL RECONHECIDA. (Inform. STF 809)

REPERCUSSÃO GERAL EM ARE N. 914.045-MG

RELATOR: MIN. EDSON FACHIN

RECURSO EXTRAORDINÁRIO COM AGRAVO. REPERCUSSÃO GERAL. REAFIRMAÇÃO DE JURISPRUDÊNCIA. DIREITO TRIBUTÁRIO E DIREITO PROCESSUAL CIVIL. CLÁUSULA DA RESERVA DE PLENÁRIO. ART. 97 DA CONSTITUIÇÃO FEDERAL. JURISPRUDÊNCIA DO TRIBUNAL PLENO DO STF. RESTRIÇÕES IMPOSTAS PELO ESTADO. LIVRE EXERCÍCIO DA ATIVIDADE ECONÔMICA OU PROFISSIONAL. MEIO DE COBRANÇA INDIRETA DE TRIBUTOS.

1. A jurisprudência pacífica desta Corte, agora reafirmada em sede de repercussão geral, entende que é desnecessária a submissão de demanda judicial à regra da reserva de plenário na hipótese em que a decisão judicial estiver fundada em jurisprudência do Plenário do Supremo Tribunal Federal ou em Súmula deste Tribunal, nos termos dos arts. 97 da Constituição Federal, e 481, parágrafo único, do CPC.

2. O Supremo Tribunal Federal tem reiteradamente entendido que é inconstitucional restrição imposta pelo Estado ao livre exercício de atividade econômica ou profissional, quanto aquelas forem utilizadas como meio de cobrança indireta de tributos.

3. Agravo nos próprios autos conhecido para negar seguimento ao recurso extraordinário, reconhecida a inconstitucionalidade, incidental e com os efeitos da repercussão geral, do inciso III do §1º do artigo 219 da Lei 6.763/75 do Estado de Minas Gerais. **(Inform. STF 808)**

AG. REG. NO ARE N. 669.072-MG

RELATORA: MIN. ROSA WEBER

EMENTA: DIREITO CONSTITUCIONAL E TRIBUTÁRIO. COFINS E CSLL. COMPENSAÇÃO. REVOGAÇÃO MEDIANTE MEDIDA PROVISÓRIA. AUSÊNCIA DE HIERARQUIA ENTRE LEI COMPLEMENTAR E LEI ORDINÁRIA. CONSONÂNCIA DA DECISÃO RECORRIDA COM A JURISPRUDÊNCIA CRISTALIZADA NO SUPREMO TRIBUNAL FEDERAL. ALEGAÇÃO DE OFENSA AO ART. 5º, II, LIV E LV, DA CONSTITUIÇÃO DA REPÚBLICA. LEGALIDADE. CONTRADITÓRIO E AMPLA DEFESA. DEVIDO PROCESSO LEGAL. NATUREZA INFRACONSTITUCIONAL DA CONTROVÉRSIA. NEGATIVA DE PRESTAÇÃO JURISDICIONAL. ARTIGO 93, IX, DA CARTA MAGNA. NULIDADE. INOCORRÊNCIA. RAZÕES DE DECIDIR EXPLICITADAS PELO ÓRGÃO JURISDICIONAL. RECURSO EXTRAORDINÁRIO QUE NÃO MERECE TRÂNSITO. ACÓRDÃO RECORRIDO PUBLICADO EM 16.3.2011.

1. O entendimento adotado pela Corte de origem, nos moldes do assinalado na decisão agravada, não diverge da jurisprudência firmada no âmbito deste Supremo Tribunal Federal, no sentido da inexistência de reserva de lei complementar para dispor sobre isenção pertinente à Cofins, bem como ausente relação hierárquica entre lei complementar e lei ordinária (art. 59 da Constituição) porquanto, em matéria tributária, a reserva de lei complementar é definida em razão da matéria.

2. Obstada a análise da suposta afronta aos incisos II e LV do artigo 5º da Carta Magna, porquanto dependeria de prévia análise da legislação infraconstitucional aplicada à espécie, procedimento que refoge à competência jurisdicional extraordinária desta Corte Suprema, a teor do art. 102 da Magna Carta.

3. Inexiste violação do artigo 93, IX, da Constituição Federal. A jurisprudência do Supremo Tribunal Federal é no sentido de que o referido dispositivo constitucional exige a explicitação, pelo órgão jurisdicional, das razões do seu convencimento, dispensando o exame detalhado de cada argumento suscitado pelas partes.

4. As razões do agravo regimental não se mostram aptas a infirmar os fundamentos que lastrearam a decisão agravada.

5. Agravo regimental conhecido e não provido. **(Inform. STF 797)**

REPERCUSSÃO GERAL EM RE N. 851.108-SP

RELATOR: MIN. DIAS TOFFOLI

EMENTA: RECURSO EXTRAORDINÁRIO. REPERCUSSÃO GERAL. ITCMD. BENS LOCALIZADOS NO EXTERIOR. ARTIGO 155, § 1º, III, LETRAS A E B, DA CONSTITUIÇÃO FEDERAL. LEI COMPLEMENTAR. NORMAS GERAIS. COMPETÊNCIA PARA INSTITUIÇÃO.

É de se definir, nas hipóteses previstas no art. 155, § 1º, III, letras a e b, da Constituição, se, ante a omissão do legislador nacional em estabelecer as normas gerais pertinentes à competência para instituir imposto sobre transmissão causa mortis ou doação de quaisquer bens ou direitos (ITCMD), os Estados-membros podem fazer uso de sua competência legislativa plena com fulcro no art. 24, § 3º, da Constituição e no art. 34, § 3º, do ADCT. **(Inform. STF 795)**

ICMS: decreto regulamentar e ofensa ao princípio da legalidade tributária

Somente lei em sentido formal pode instituir o regime de recolhimento do ICMS por estimativa. Esse o entendimento do Plenário, que reconheceu a existência de repercussão geral do tema e deu provimento a recurso extraordinário para declarar a inconstitucionalidade dos Decretos 31.632/2002 e 35.219/2004, ambos do Estado do Rio de Janeiro, que dispõem sobre o pagamento do ICMS no âmbito do referido Estado-Membro. No caso, discutia-se a possibilidade de se disciplinar, mediante decreto, forma de recolhimento de tributo diferentemente do que prevista na LC 87/1996. A Corte afirmou que, apesar de o fato gerador do ICMS acontecer no momento da saída do estabelecimento, a circunstância de ser um imposto não-cumulativo (CF, art. 155, § 2º, I) impediria a cobrança após cada operação, salvo excepcionalmente, conforme estatuído na LC 87/1996. Por isso, o recolhimento deveria ocorrer ao término de certo lapso de tempo, cabendo à legislação estadual fixar o período de apuração do imposto (LC 87/1996: "Art. 24 – A legislação tributária estadual disporá sobre o período de apuração do imposto. As obrigações consideram-se vencidas na data em que termina o período de apuração e são liquidadas por compensação ou mediante pagamento em dinheiro como disposto neste artigo"). Findo o prazo designado pela lei estadual, ao contribuinte incumbiria recolher o tributo, já efetuado o encontro entre créditos e débitos. A citada lei complementar, entretanto, admitiria exceção à regra ("Art. 26. Em substituição ao regime de apuração mencionado nos arts. 24 e 25, a lei estadual poderá estabelecer: ... III – que, em função do porte ou da atividade do estabelecimento, o

imposto seja pago em parcelas periódicas e calculado por estimativa, para um determinado período, assegurado ao sujeito passivo o direito de impugná-la e instaurar processo contraditório. ... § 1º Na hipótese do inciso III, ao fim do período, será feito o ajuste com base na escrituração regular do contribuinte, que pagará a diferença apurada, se positiva; caso contrário, a diferença será compensada com o pagamento referente ao período ou períodos imediatamente seguintes"). Portanto, a adoção do regime previsto no transcrito inciso III pressuporia a edição de lei estadual específica, por configurar excepcionalidade. Assim, não seria cabível, no caso, a alegação segundo a qual o art. 39 da Lei fluminense 2.657/1996 seria o fundamento dos decretos em questão ("Art. 39 – O imposto é pago na forma e no prazo fixados pelo Poder Executivo"). A criação de nova maneira de recolhimento do tributo – na espécie, com respaldo em estimativas do mês anterior – revelar-se-ia em descompasso com o poder regulamentar do qual investido o governador do Estado por força do mencionado dispositivo. A determinação de que fosse antecipado o imposto devido valendo-se de base de cálculo ficta, com posterior ajuste, como na hipótese em comento, olvidaria o poder atribuído pela lei para disciplinar "forma" e "prazo" de pagamento. A prova do excesso de poder regulamentar estaria no fato de que a LC 87/1996 exigiria a edição de lei estadual visando nova sistemática de apuração, diploma esse inexistente. O art. 150 da CF veda a exigência de tributo sem lei que o estabeleça. Se não houvesse informação quanto à ocorrência do fato gerador, mostrar-se-ia impossível reconhecer a existência da obrigação tributária, como almejado pelo Estado do Rio de Janeiro. Os decretos impugnados modificariam o modo de apuração do ICMS e, assim, implicaram afronta ao princípio constitucional da legalidade estrita. Vencidos os Ministros Marco Aurélio (relator), Cármen Lúcia e Luiz Fux, apenas quanto ao reconhecimento da repercussão geral.
RE 632265/RJ, rel. Min. Marco Aurélio, 18.6.2015. (RE-632265) (Inform. STF 790)

AG. REG. NO AI N. 810.740-MG

RELATOR: MIN. DIAS TOFFOLI

EMENTA: Agravo regimental no agravo de instrumento. Ausência de fundamentação. Inexistência. Prequestionamento. Ausência. Contribuição social. Majoração de alíquota. Medida Provisória nº 1.523/96. Lei nº 9.528/97. Cláusula de convalidação. Possibilidade. Anterioridade nonagesimal. Termo inicial. Primeira edição. Precedentes.
1. Não procede a alegada violação do art. 93, inciso IX, da Constituição Federal, haja vista que a jurisdição foi prestada, no caso, mediante decisões suficientemente motivadas, não obstante contrárias à pretensão da parte recorrente. 2. Não se admite o recurso extraordinário quando o dispositivo constitucional que nele se alega violado não está devidamente prequestionado. Incidência das Súmulas nºs 282 e 356/STF. 3. A Lei nº 9.528/97 convalidou os atos praticados com base na Medida Provisória nº 1.523/96, fazendo tal cláusula as vezes de decreto legislativo (AI nº 857.374/MG-AgR, Primeira Turma, Relator o Ministro **Marco Aurélio,** DJe de 18/12/13). 4. O termo inicial para o cômputo da anterioridade nonagesimal é a edição da primeira medida provisória que majora a contribuição social, no caso de reedições. Precedentes. 5. Agravo regimental não provido. **(Inform. STF 789)**

Reserva legal e fixação de recolhimento antecipado de tributo por decreto estadual – 1

O Plenário iniciou julgamento de recurso extraordinário em que se discute a possibilidade de Estado-Membro exigir o pagamento antecipado da diferença resultante entre as alíquotas interestadual e interna, relativo ao ICMS, por meio de decreto. No caso, pleiteia-se a reforma de acórdão que decidira pela impossibilidade de decreto estadual realizar alteração do aspecto temporal da hipótese de incidência tributária – desconsiderado o que disposto em lei estadual —, assim como estabelecido pelo Decreto 40.900/1991 do Estado do Rio Grande do Sul, que exige dos estabelecimentos comerciais gaúchos, adquirentes de mercadorias de outras unidades da federação, o recolhimento antecipado do ICMS. O Ministro Dias Toffoli (relator), negou provimento ao recurso, no que foi acompanhado pelo Ministro Roberto Barroso. Observou, inicialmente, que a exigência da reserva legal não se aplicaria à fixação de prazo para o recolhimento do tributo. Isso porque o tempo para o pagamento da exação não integraria a regra matriz de incidência tributária (CTN, artigos 97 e 160). Não haveria maiores questionamentos sobre se o prazo para o pagamento do tributo seria fixado pela legislação tributária após a verificação da ocorrência do fato gerador, caminho tradicional para o adimplemento da obrigação surgida. O caminho comum para a satisfação da obrigação tributária seria este: com a ocorrência do fato gerador, surgiria a obrigação tributária principal, de forma automática e infalível, a qual teria por objeto o pagamento da exação – ou a penalidade pecuniária —, nos termos do art. 113 do CTN. Nasceria, então, para o contribuinte, o dever de pagar o tributo, e, para o Fisco, o crédito se tornaria exigível após o regular lançamento. Nessa ordem de ideias, antes da ocorrência do fato gerador, não haveria obrigação tributária nem crédito constituído, ao menos nos moldes gerais fixados pelo CTN e estabelecidos na doutrina. Assim, não haveria que se falar em regulamentação de prazo de pagamento, uma vez que inexistiria dever de pagar. Ao se antecipar o surgimento da obrigação tributária, o que existiria, necessariamente, seria, também, a antecipação, por ficção, da ocorrência do fato gerador da exação, já que a relação entre esse e aquela seria, como dito, automática e infalível. Apenas por lei isso seria possível, já que o momento da ocorrência do fato gerador seria um dos aspectos da regra matriz de incidência. Portanto, a conclusão inafastável seria pela impossibilidade de, por meio de simples decreto – como no caso —, a pretexto de fixar prazo de pagamento, se exigir o recolhimento antecipado do ICMS na entrada da mercadoria no território do Estado-Membro.
RE 598677/RS, rel. Min. Dias Toffoli, 13.5.2015. (RE-598677)

Reserva legal e fixação de recolhimento antecipado de tributo por decreto estadual – 2

O Relator asseverou, outrossim, que não se poderia argumentar, na hipótese em comento, que a delegação prevista na Lei gaúcha 8.820/1989 seria suficiente para autorizar a antecipação tributária. Com efeito, o art. 24, § 7º, do citado diploma estadual conferiria ao regulamento, de maneira genérica e ilimitada, a possibilidade de se exigir o pagamento antecipado do imposto sempre que houvesse necessidade ou conveniência. Porém, como se notaria, o diálogo com o ato infralegal se dera em branco, o que não seria admitido pelo STF, reiterado o que decidido no RE 111.152/SP (DJU de 12.2.1988). Assim, superada a questão da reserva legal para dispor sobre o momento da ocorrência do fato jurídico tributário, caberia analisar se a matéria estaria submetida à reserva de lei complementar (CF, art. 146, III, b, c/c o art. 155, § 2º, XII, b). A jurisprudência do STF admitiria a figura da antecipação tributária, desde que o sujeito passivo – contribuinte ou substituto – e o momento eleito pelo legislador estivessem vinculados ao fato gerador da respectiva obrigação e que houvesse uma relação de conexão entre as fases, de modo que se pudesse afirmar que a fase preliminar seria efetivamente preliminar da outra. A par disso, como, no regime de antecipação tributária sem substituição, seria antecipado o momento – critério temporal – da hipótese de incidência, as únicas exigências do art. 150, § 7º, da CF, seriam as de que a antecipação se fizesse por lei, e o momento eleito pelo legislador estivesse de algum modo vinculado ao núcleo da exigência tributária. A cobrança antecipada do ICMS constituiria simples recolhimento cautelar enquanto não houvesse o negócio jurídico da circulação, no qual a regra jurídica, quanto ao imposto, incidiria. Apenas a antecipação tributária com substituição estaria submetida à reserva de lei complementar, por determinação expressa do art. 155, § 2º, XII, b, da CF. Em seguida, pediu vista dos autos o Ministro Teori Zavascki.
RE 598677/RS, rel. Min. Dias Toffoli, 13.5.2015. (RE-598677) (Inform. STF 785)

Súmula Vinculante STF 50

Norma legal que altera o prazo de recolhimento de obrigação tributária não se sujeita ao princípio da anterioridade.

Súmula Vinculante STF 28

É inconstitucional a exigência de depósito prévio como requisito de admissibilidade de ação judicial na qual se pretenda discutir a exigibilidade de crédito tributário.

Súmula Vinculante STF 21

É inconstitucional a exigência de depósito ou arrolamento prévios de dinheiro ou bens para admissibilidade de recurso administrativo.

Súmula STF nº 669

Norma legal que altera o prazo de recolhimento da obrigação tributária não se sujeita ao princípio da anterioridade.

Súmula STF nº 667

Viola a garantia constitucional de acesso à jurisdição a taxa judiciária calculada sem limite sobre o valor da causa.

Súmula STF nº 547

Não é lícito à autoridade proibir que o contribuinte em débito adquira estampilhas, despache mercadorias nas alfândegas e exerça suas atividades profissionais.

Súmula STF nº 323

É inadmissível a apreensão de mercadorias como meio coercitivo para pagamento de tributos.

Súmula STF nº 70

É inadmissível a interdição de estabelecimentos como meio coercitivo para cobrança de tributo.

Súmula STF nº 69

A Constituição Estadual não pode estabelecer limite para o aumento de tributos municipais.

Súmula STF nº 67

É inconstitucional a cobrança do tributo que houver sido criada ou aumentado no mesmo exercício financeiro.

Súmula STJ nº 373

É ilegítima a exigência de depósito prévio para admissibilidade de recurso administrativo.

Súmula TFR nº 206

O reajuste da base de cálculo de contribuições previdenciárias, instituído pelo art. 5º e parágrafos da Lei 6.332, de 1976, não está sujeito ao princípio da anterioridade.

2. IMUNIDADES

Imunidade recíproca e sociedade de economia mista – 3

O Plenário retomou julgamento de recurso extraordinário em que se discute a aplicação da imunidade tributária (CF, art. 150, VI, a) a empresa de saneamento básico, constituída sob a forma de empresa pública, cuja composição acionária seja negociada em bolsa de valores. No caso, o acórdão recorrido entendera que a empresa recorrente não poderia gozar de benefícios fiscais não extensivos ao setor privado – v. Informativo 749. Nessa assentada, a Ministra Rosa Weber e os Ministros Gilmar Mendes e Dias Toffoli negaram provimento ao recurso. A Ministra Rosa Weber entendeu que a obtenção de lucro, por si só, não afastaria a regra da imunidade. Seria até desejável que a entidade imune estivesse economicamente abastecida para otimizar o desempenho de suas atividades. Não haveria risco de abalo ao sistema federativo tributar uma sociedade de economia mista que explora atividade econômica. Conferir imunidade, no caso, seria afrontar a Constituição. O Ministro Gilmar Mendes salientou que a hipótese seria tratada pelo art. 150, § 3º, da CF ("§ 3º As vedações do inciso VI, a, e do parágrafo anterior não se aplicam ao patrimônio, à renda e aos serviços, relacionados com exploração de atividades econômicas regidas pelas normas aplicáveis a empreendimentos privados, ou em que haja contraprestação ou pagamento de preços ou tarifas pelo usuário, nem exonera o promitente comprador da obrigação de pagar imposto relativamente ao bem imóvel"), por se cuidar de atividade econômica "latu sensu". O Ministro Dias Toffoli, ao subscrever a posição do Ministro Gilmar Mendes, destacou que a atividade em debate estaria aberta ao mercado, e não seria monopolizada pelo Estado. Em seguida, pediu vista a Ministra Cármen Lúcia.

RE 600867/SP, rel. Min. Joaquim Barbosa, 6.8.2015. (RE-600867) (Inform. STF 793)

PSV: imunidade tributária e instituições de assistência social

O Plenário rejeitou proposta de edição de enunciado de súmula vinculante, resultante da conversão do Enunciado 730 da Súmula do STF, e com o seguinte teor: "A imunidade tributária conferida a instituições de assistência social sem fins lucrativos pelo art. 150, VI, c, da Constituição, somente alcança as entidades fechadas de previdência social privada se não houver contribuição dos beneficiários". Os Ministros Dias Toffoli, Marco Aurélio, Cármen Lúcia e Teori Zavascki, ao votar pela rejeição da proposta, consignaram que o art. 150, VI, c, da CF, não distinguiria as entidades de assistência social, ou seja, se apenas seriam beneficiárias da imunidade aquelas que não contassem com a contribuição dos beneficiários ou se todas as entidades. Ademais, o entendimento relativo à matéria não estaria pacificado a ponto de se tornar vinculante, preservado, no entanto, o Enunciado 730 da Súmula do STF.

PSV 109/DF, 9.4.2015. (PSV-109) (Inform. STF 780)

REPERCUSSÃO GERAL EM RE N. 759.244-SP

RELATOR: MIN. ROBERTO BARROSO

Ementa: Possui repercussão geral a controvérsia a respeito da aplicação, ou não, da imunidade prevista no art. 149, § 2º, I, da Constituição às exportações indiretas, isto é, aquelas intermediadas por "trading companies". **(Inform. STF 773)**

ECT: imunidade tributária recíproca e IPVA

São imunes à incidência do IPVA os veículos automotores pertencentes à Empresa Brasileira de Correios e Telégrafos - ECT (CF, art. 150, VI, a). Esse o entendimento do Plenário, que, por maioria, julgou procedente pleito formulado em ação cível originária na qual a referida empresa pública buscava o afastamento da exigibilidade do IPVA cobrado por Estado-membro, bem como das sanções decorrentes do não pagamento do tributo, tendo em conta o alegado desempenho de atividades típicas de serviço público obrigatório e exclusivo. A Corte reafirmou sua jurisprudência no sentido de ser aplicável a imunidade tributária recíproca em favor da ECT, inclusive em relação ao IPVA, reiterado o quanto decidido no RE 601.392/PR (DJe de 5.6.2013), na ACO 819 AgR/SE (DJe de 5.12.2011) e na ACO 803 AgR/SP (acórdão pendente de publicação). Vencido o Ministro Marco Aurélio (relator), que julgava improcedente o pedido. Destacava que só se poderia cogitar de imunidade recíproca quando houvesse possibilidade jurídica de ser, a um só tempo, sujeito passivo e sujeito ativo tributário, o que não ocorreria com as pessoas jurídicas de direito privado, como a ECT.

ACO 879/PB, rel. Min. Marco Aurélio, red. p/ o acórdão Min. Roberto Barroso, 26.11.2014. (ACO-879) **(Inform. STF 769)**

ICMS: Correios e imunidade tributária recíproca - 1

Não incide o ICMS sobre o serviço de transporte de bens e mercadorias realizado pela Empresa Brasileira de Correios e Telégrafos - ECT. Esse o entendimento do Plenário, que, por maioria, deu provimento a recurso extraordinário em que se discutia o alcance da imunidade tributária recíproca (CF, art. 150, VI, a) relativamente ao referido imposto, incidente sobre específica modalidade de serviço postal realizado pela ECT. A Corte afastou, inicialmente, questão posta no acórdão recorrido no sentido de que a ECT, quando da realização do transporte de mercadoria, e tendo em conta a natureza jurídica de direito privado daquela entidade, não estaria albergada pela proteção da imunidade tributária recíproca. Segundo esse entendimento, tratar-se-ia, na espécie, de contrato oneroso de transporte, ausente norma legal a amparar o tratamento diferenciado. O Colegiado asseverou que o fluxo de atividade dos Correios, no que diz com o serviço postal, estaria previsto no art. 7º, "caput", e § 3º, da Lei 6.538/1978 ("Constitui serviço postal o recebimento, expedição, transporte e entrega de objetos de correspondência, valores e encomendas, conforme definido em regulamento. ... § 3º - Constitui serviço postal relativo a encomendas a remessa e entrega de objetos, com ou sem valor mercantil, por via postal"). O transporte de encomendas, portanto, também estaria inserido no rol das atividades desempenhadas pela entidade em comento, e esta, como assentado no RE 601.392/PR (DJe de 5.6.2013), deveria cumprir o encargo de alcançar todos os lugares do Brasil, sem a possibilidade de recusa, diferentemente das empresas privadas. Além disso, haveria, para os Correios, a possibilidade de terceirizar o serviço, mediante licitação, e

as empresas eventualmente contratadas seriam contribuintes do ICMS sobre a prestação dos serviços de transporte. Esse transporte, que se daria entre unidades próprias da ECT, em nenhum momento ensejaria à empresa terceirizada a atividade de receber ou entregar as correspondências ou encomendas diretamente ao usuário do serviço postal. Por outro lado, sendo obrigatórias a regularidade do serviço postal e a garantia de sua continuidade, não seria despropositado que a ECT aproveitasse espaços ociosos nos veículos que utilizasse para exercer atividades afins. Não se estaria, assim, a criar determinada estrutura exclusivamente para competir com particulares, mas, meramente a aproveitar meios já disponíveis e utilizados, necessários ao serviço postal. Ademais, as atividades exercidas sob regime concorrencial existiriam para custear aquela exercida sob o regime constitucional de monopólio. Se assim não fosse, frustrar-se-ia o objetivo do legislador de viabilizar a integração nacional e dar exequibilidade à fruição do direito básico do indivíduo de se comunicar com outras pessoas ou instituições e de exercer outros direitos, com esse relacionados, fundados na própria Constituição. Outrossim, seria impossível separar topicamente as atividades concorrenciais para que se verificasse a tributação. Além disso, o desempenho daquelas atividades não descaracterizaria o viés essencialmente público das finalidades institucionais da empresa pública em comento. Por fim, a ECT não poderia nem deveria ser equiparada a empresa de transporte privado — cuja atividade fim fosse o transporte de mercadorias —, na medida em que, não apenas o recebimento e a entrega de correspondências e encomendas, mas, notadamente, o próprio transporte, seriam todas fases indissociáveis de um serviço postal que se qualificaria pela incindibilidade, tendo em vista a sua última destinação e sua própria função.
RE 627051/PE, rel. Min. Dias Toffoli, 12.11.2014. (RE-627051)

ICMS: Correios e imunidade tributária recíproca - 2

Vencidos os Ministros Roberto Barroso e Marco Aurélio, que desproviam o recurso. O Ministro Roberto Barroso inicialmente destacava o caráter predominantemente econômico do serviço postal. Se considerado serviço público, este, de modo geral, deveria ser prestado em regime concorrencial. Portanto, todas as atividades da ECT deveriam ser prestadas por ela, mas sem exclusão de outras empresas. Quanto à tese do subsídio cruzado, afirmou que a invocação deste, sem demonstração contábil a revelar sua indispensabilidade, seria argumento retórico. Além disso, a atividade a ser tributada na espécie não teria sido incluída no regime de privilégio conferido à ECT, conforme decido pelo STF na ADPF 46/DF (DJe de 26.2.2010). Em decorrência, estar-se-ia a conferir vantagem competitiva à ECT em atividades que esta disputaria com a iniciativa privada. Outrossim, a imunidade recíproca, aplicada a tributo que seria, em última análise, repassado ao consumidor final, e no intuito de dar vantagem competitiva à referida entidade em atividade não monopolizada, não teria nenhum grau de substrato constitucional. O Ministro Marco Aurélio, ao reiterar entendimento sustentado quando do julgamento da ADPF 46/DF, aduzia não haver, na cláusula constitucional de manutenção do serviço postal pela União, o encerramento de monopólio. A despeito disso, este último, conforme fora decidido naquela assentada, teria ficado restrito à atividade essencial, sem chegar, portanto, às atividades enquadradas como atividades secundárias. Ressaltou que a Corte estaria, de forma pretoriana, passo a passo, a alargar o conceito constitucional da imunidade recíproca. Ademais, não se poderia deixar de levar em conta a livre iniciativa e a livre concorrência, considerada a opção pelo privado, advinda da CF/1988. Ao se desprezar estes predicados — princípios básicos da economia —, estar-se-ia a gerar um contexto de verdadeiro privilégio, e todo privilégio seria odioso. Dever-se-ia buscar, tanto quanto possível, no caso, o tratamento igualitário, tendo presente, inclusive, o disposto no art. 173, § 1º, II, da CF.
RE 627051/PE, rel. Min. Dias Toffoli, 12.11.2014. (RE-627051) **(Inform. STF 767)**

ECT: imunidade recíproca e IPTU - 1

A imunidade tributária recíproca reconhecida à Empresa Brasileira de Correios e Telégrafos - ECT alcança o IPTU incidente sobre imóveis de sua propriedade, bem assim os por ela utilizados. No entanto, se houver dúvida acerca de quais imóveis estariam afetados ao serviço público, cabe à administração fazendária produzir prova em contrário, haja vista militar em favor do contribuinte a presunção de imunidade anteriormente conferida em benefício dele. Com base nesse entendimento, o Plenário, por maioria, desproveu recurso extraordinário no qual se discutia o alcance da imunidade tributária recíproca relativa ao IPTU, incidente sobre imóveis de propriedade da ECT. O Tribunal salientou que, embora a interpretação literal da Constituição reconhecesse a imunidade recíproca apenas às pessoas políticas, autarquias e fundações, a jurisprudência do STF estendera o beneplácito às empresas públicas e às sociedades de economia mista, desde que prestadoras de serviço público. Assentou que essas entidades poderiam figurar como instrumentalidades das pessoas políticas, de modo a ocupar-se dos serviços públicos atribuídos aos entes federativos aos quais estariam vinculadas, franqueado o regime tributário próprio das autarquias e das fundações públicas. Frisou, no tocante aos tributos incidentes sobre o patrimônio das empresas públicas e das sociedades de economia mista, a necessidade de se analisar a capacidade contributiva, para fins de imunidade, a partir da materialidade do tributo. Distinguiu os institutos da isenção — que seria uma benesse decorrente da lei — e da imunidade — que decorreria diretamente do texto constitucional. Deduziu que, no primeiro caso, incumbiria ao contribuinte que pretendesse a fruição da benesse o ônus de demonstrar seu enquadramento na situação contemplada, enquanto, no segundo, as presunções sobre o enquadramento originalmente conferido deveriam militar a favor do contribuinte. Constatou, a partir desse cenário, que se a imunidade já houvesse sido deferida o seu afastamento só poderia ocorrer mediante a constituição de prova em contrário produzida pelo Fisco. Sublinhou que o oposto ocorreria com a isenção, que constituiria mero benefício fiscal concedido pelo legislador ordinário, presunção que militaria em favor da Fazenda Pública.
RE 773992/BA, rel. Min. Dias Toffoli, 15.10.2014. (RE-773992)

ECT: imunidade recíproca e IPTU - 2

A Corte observou que, no caso dos autos, a autuação fiscal se dera sob a alegação de que a ECT seria empresa pública sujeita ao regime jurídico de direito privado, a atrair a regra do art. 173, § 1º, da CF. Ressaltou, todavia, que esse argumento já teria sido refutado em manifestações anteriores do Colegiado. Destacou que, ao reconhecer a abrangência da imunidade recíproca às empresas prestadoras de serviço público de prestação obrigatória e exclusiva do Estado — a exemplo da ECT —, o STF não se pautaria pelo regime jurídico da entidade integrante da Administração Indireta. Vencidos os Ministros Marco Aurélio e Roberto Barroso, que proviam o recurso. O primeiro pontuava que a imunidade recíproca seria inerente ao pacto federativo, a contemplar apenas os entes políticos e não as pessoas jurídicas de direito privado. Além disso, asseverava que a imunidade seria incompatível com a distribuição de dividendo. O segundo considerava que a Constituição não teria tratado o serviço postal como serviço público e, ainda que o tivesse, ele não seria serviço público de natureza autárquica, um serviço público típico. Ponderava que conceder imunidade à ECT implicaria reconhecer vantagem competitiva contra as empresas privadas, o que seria vedado pelo art. 173 da CF.
RE 773992/BA, rel. Min. Dias Toffoli, 15.10.2014. (RE-773992) **(Inform. STF 763)**

Veículo de radiodifusão e imunidade tributária

O Plenário confirmou medida cautelar e julgou procedente pedido formulado em ação direta para declarar a inconstitucionalidade da expressão "e veículos de radiodifusão", constante do art. 193, VI, d, da Constituição do Estado do Rio de Janeiro, bem como da expressão "e veículo de radiodifusão", constante do art. 40, XIV, da Lei estadual 1.423/1989. Os dispositivos se referem à concessão de imunidade tributária no tocante a livros, jornais, periódicos, o papel destinado a sua impressão e a veículos de radiodifusão. O Colegiado reputou que teria havido expansão indevida do modelo de imunidade relativo a livros, jornais, periódicos e o papel destinado a sua impressão.
ADI 773/RJ, rel. Min. Gilmar Mendes, 20.8.2014. (ADI-773) **(Inform. STF 755)**

Componentes eletrônicos que acompanham livro e imunidade tributária - 1

O Plenário iniciou julgamento de recurso extraordinário em que se discute o alcance da imunidade prevista no art. 150, VI, d, da CF, de modo a abarcar componentes eletrônicos que acompanham e complementam material didático impresso, utilizados em curso prático de montagem de computadores. No caso, após o indeferimento de mandado de segurança, pelo juízo, sob o fundamento de que os componentes eletrônicos não se enquadrariam na figura do livro eletrônico e, por isso, não gozariam da imunidade, o tribunal de origem reformara a sentença para reconhecer o benefício. No acórdão recorrido, a Corte local assentara tratar-se de conjunto integrado, de cunho educativo, em que os fascículos impressos ensinam como montar um sistema de testes, enquanto os elementos eletrônicos permitem o demonstrativo prático da montagem pretendida. O Ministro Marco Aurélio (relator) negou provimento ao recurso extraordinário para reconhecer a imunidade tributária, no que foi acompanhado pelos Ministros Roberto Barroso, Teori Zavascki, Rosa Weber e Luiz Fux. Inicialmente, descreveu o impacto das inovações tecnológicas sobre a realidade fática e sobre o direito. Sublinhou que a informática revolucionara os meios de ensino e de difusão da cultura e do pensamento. Observou que o acesso aos conteúdos didáticos e às informações mais variadas, em razão da rede mundial de computadores, ou por meio de CD-ROMs ou similares, teria sido ampliada de forma extraordinária. Constatou que, no chamado "ambiente virtual", a troca de informações e a aquisição de conteúdos didáticos, especialmente por meio de cópias de arquivos realizadas em "sites" especializados, ou até mesmo em periódicos das mais prestigiadas universidades do mundo, imporiam o redimensionamento da compreensão tradicional acerca desses meios. Salientou que o ensino e a exposição de ideias por meio digital teriam se tornado parte essencial e construtiva da cultura moderna, o que diferenciaria em estrutura, procedimento, velocidade, facilidade e amplitude de acesso relativo ao que existia antes. Registrou que isso não significaria o abandono por completo dos livros ou das mídias impressas. Destacou que, em vez de exclusão de formas, presenciar-se-ia, ao menos até a época atual, fenômeno de integração ou de complementação de meios. Consignou que a difusão de ideias e a profusão da cultura ainda ocorreriam por meios tradicionais, mas não mais apenas por eles. Lembrou que o invento de Gutemberg manteria utilidade e relevância, agora acompanhado e integrado aos meios digitais e aos elementos eletrônicos.

RE 595676/RJ, rel. Min. Marco Aurélio, 6.8.2014. (RE-595676)

Componentes eletrônicos que acompanham livro e imunidade tributária - 2

O relator analisou que a situação em debate não se faria presente em 1988, quando da promulgação da Constituição. À época, o legislador constituinte não poderia antever tamanha evolução tecnológica. Reconheceu a necessidade de aperfeiçoamento interpretativo da nova e irreversível realidade digital quanto aos campos da informação, da comunicação e da educação. Avaliou que a interpretação constitucional haveria de ser modernizante, sem afastar-se do texto da Constituição. Nesse desafio hermenêutico ao qual seria lançado, o STF deveria adentrar o tema discutido, para desempenhar o papel de intérprete contemporâneo na medida do possível. Afirmou que, de um lado, a interpretação literal, mais direta e imediata do enunciado constitucional, favoreceria o alcance restrito à regra de imunidade, excluídos da abrangência os ditos elementos eletrônicos. De outro, a interpretação sistêmico-teleológica do dispositivo, consideradas ainda as premissas fáticas fixadas pelo tribunal de origem, apontaria em sentido diverso, na direção do desprovimento do extraordinário e da conclusão de imunidade quanto aos componentes eletrônicos que veiculariam informações e conteúdos didáticos junto com os livros e periódicos impressos. Constatou que essas seriam os balizas do caso, cuja definição deveria ser precedida da compreensão adequada da razão das imunidades tributárias no sistema constitucional pátrio — especificamente, a dos livros, jornais e periódicos (CF, art. 150, VI, d) —, bem como da evolução tecnológica apontada. Explicitou que as normas de imunidade tributária constantes da Constituição visariam proteger valores políticos, morais, culturais e sociais essenciais, e não permitiriam que os entes tributassem certas pessoas, bens, serviços ou situações ligadas a esses valores. Recordou que onde houvesse regra constitucional de imunidade, não poderia haver exercício da competência tributária. Asseverou que as regras de imunidade deveriam ser vistas como elementos de um sistema harmônico e integrado de normas e propósitos constitucionais e interpretadas em função do papel que cumprissem em favor dos valores prestigiados por esse sistema. Isso valeria, especialmente, para as imunidades previstas no mencionado art. 150, VI, considerados os impostos. Destacou a necessidade permanente de compatibilizar a abordagem finalística das imunidades com o conjunto normativo e axiológico que seria a Constituição. Frisou que, nela, existiria uma variedade de objetivos opostos, estabelecidos em normas de igual hierarquia. Reputou que nesse âmbito de antinomias potenciais, o elemento sistemático adquiriria relevância prática junto ao teleológico. Sob tal perspectiva, cada norma jurídica deveria ser interpretada com consideração de todas as demais, e não de forma isolada, presente a busca pela harmonia e integridade sistêmica da Constituição. Concluiu que combinados os elementos sistemático e teleológico, a interpretação deveria cumprir função de harmonização, influenciada, prioritariamente, por princípios como o da dignidade da pessoa humana, da igualdade, do Estado Democrático de Direito, da República e da Federação.

RE 595676/RJ, rel. Min. Marco Aurélio, 6.8.2014. (RE-595676)

Componentes eletrônicos que acompanham livro e imunidade tributária - 3

O Ministro Marco Aurélio assinalou que a postura hermenêutica do STF alusiva às normas de imunidade das alíneas a, b e c do inciso VI do art. 150 da CF seria a mesma adotada para a norma da alínea d do preceito constitucional, ou seja, em relação à imunidade dos livros, jornais e periódicos. O dispositivo visaria promover a educação, garantir o princípio da liberdade de manifestação do pensamento e da expressão da atividade intelectual, artística, científica e de comunicação, de modo a facilitar e estimular a circulação de ideias, o direito de informar e de ser informado e a própria liberdade de imprensa. Acresceu que considerados esses propósitos, a imunidade se apresentaria como essencial ao próprio desenvolvimento da cultura, da democracia e da cidadania participativa e reivindicatória. Aduziu que a definição interpretativa do alcance da norma constitucional deveria guardar relação mais do que íntima com a compreensão da função política e social que a imunidade cumprisse em favor da difusão das ideias, da educação, da cultura, da democracia e da cidadania. A norma objetivaria proteger não simplesmente o livro, jornal ou periódico como suportes físicos de ideias e comunicação, mas o valor intrínseco do conteúdo veiculado, de natureza educacional, informativa, expressiva do pensamento individual ou coletivo. Sublinhou que o meio seria secundário, e importaria, precipuamente, promover e assegurar o direito fundamental à educação, à cultura, à informação, à participação política dos cidadãos. Mencionou que o STF teria compreendido bem a distinção e aplicado a norma de imunidade com base nessa diretriz. Frisou que as normas constitucionais deveriam ser aplicadas aos fatos da vida. No entanto, o intérprete deveria observar o contexto cuja regulação configurasse o fim da norma e, sensibilizado ou mesmo influenciado por esse fim, definir a extensão e o conteúdo de sua incidência. Ressaltou que as normas também precisariam se conformar aos fatos, sociais e políticos. Assim, em busca de equilíbrio entre a realidade dos fatos e o texto normativo, a interpretação constitucional não poderia olhar apenas para o passado, mas também para o presente e o futuro, de modo que a concretização da Constituição não resultasse em retrocessos sociais indesejados quanto aos valores por ela própria prestigiados.

RE 595676/RJ, rel. Min. Marco Aurélio, 6.8.2014. (RE-595676)

Componentes eletrônicos que acompanham livro e imunidade tributária - 4

O relator ponderou que a abordagem teleológica e sistemática da imunidade discutida deveria, portanto, conformar a Constituição de 1988 à evolução tecnológica vivida já na segunda década do Século XXI. Enfatizou que, para não se ter uma Constituição ultrapassada, a evolução interpretativa do preceito constitucional deveria avançar ainda mais e observar as novas dimensões dos meios de ensino e comunicação. Afiançou que o impacto tecnológico implicara a ampliação dos conceitos de livro, imprensa e revistas periódicas, fenômeno ao qual o

Supremo não poderia ficar alheio. Ignorar essa realidade colocaria em risco a própria efetividade da Constituição. Realçou que, tendo em vista o uso cada vez maior de meios digitais e magnéticos em substituição aos tradicionais livros e jornais, não evoluir na interpretação significaria reduzir, dia após dia, o alcance da imunidade em referência. Declarou que considerada a realidade fático-tecnológica, poder-se-ia dizer que negar a imunidade aos novos formatos de transmissão de educação, cultura e informação resultaria, hoje, em amesquinhar a norma constitucional e, amanhã, esvaziá-la por completo. Assegurou que o acórdão recorrido não mereceria reparos, uma vez que a extensão da imunidade tributária em favor desses elementos justificar-se-ia em razão de constituírem material complementar ao conteúdo educativo. Asseverou que não se trataria de bens que pudessem ser caracterizados como brindes comerciais, disponíveis apenas como forma de atrair a aquisição do produto pelo público, tampouco seriam ornamentos. Representariam, inequivocamente, elementos indispensáveis ao conjunto didático, a integrar o produto final, acabado, voltado a veicular informações de cunho educativo atinentes a cursos de montagem de computadores, comercializados pela recorrida. Destacou que fascículo impresso e componentes eletrônicos seriam partes fisicamente distinguíveis, finalística e funcionalmente unitárias. Assim, reconheceu atendido o pressuposto básico da imunidade de que cuidaria a alínea d do inciso VI do art. 150 da CF. Depreendeu que a circunstância de esse elemento revestir a forma de peças eletrônicas não conduziria a negar a validade constitucional dessa conclusão, considerado o alcance interpretativo que o STF conferiria ao aludido preceito. A interpretação literal deveria ser afastada como método isolado para a solução de casos tão complexos como o dos autos, mas poderia servir como ponto de partida para a utilização dos demais métodos segundo os valores envolvidos e imanentes à norma. Em acréscimo, o Ministro Roberto Barroso pontuou ser necessário haver relação de unidade entre o fascículo e o bem que o acompanhasse. Por sua vez, o Ministro Teori Zavascki pontuou que, para reconhecer a imunidade, os equipamentos teriam de ser parte acessória e não principal, sem autonomia própria. Em seguida, o julgamento foi suspenso em razão do pedido de vista do Ministro Dias Toffoli.

RE 595676/RJ, rel. Min. Marco Aurélio, 6.8.2014. (RE-595676) **(Inform. STF 753)**

Entidades beneficentes de assistência social e imunidade - 1

O Plenário iniciou julgamento conjunto de recurso extraordinário, com repercussão geral reconhecida, e de quatro ações diretas de inconstitucionalidade em que debatida a constitucionalidade do art. 55 da Lei 8.212/1991, o qual dispõe sobre as exigências que devem ser cumulativamente cumpridas por entidades beneficentes de assistência social para fins de concessão de imunidade tributária em relação às contribuições para a seguridade social. No RE 566.622/RS, a controvérsia envolve a discussão quanto à constitucionalidade da redação original do preceito mencionado. Na ADI 2.028/DF e na ADI 2.036/DF, são impugnados o art. 1º — na parte em que alterou a redação do art. 55, III, da Lei 8.212/1991, e acrescentou-lhe os §§ 3º, 4º e 5º —, bem como os artigos 4º, 5º e 7º, da Lei 9.732/1998. Na ADI 2.228/DF, são contestados o art. 55, II e III, da Lei 8.212/1991, com a redação conferida pelo art. 5º da Lei 9.429/1996, e, subsidiariamente, o art. 18, III e IV, da Lei 8.742/1993; os artigos 2º, IV, e 3º, VI e parágrafos 1º e 4º, o art. 4º, "caput" e parágrafo único, todos do Decreto 2.536/1998; e, subsidiariamente os artigos 1º, IV, 2º, IV e parágrafos 1º e 3º, o art. 7º, § 4º, do Decreto 752/1993. Por fim, na ADI 2.621/DF, são questionados os artigos 3º — na parte em que alterou a redação do art. 55, II, da Lei 8.212/1991 — e 5º — na parte em que alterou a redação dos artigos 9º e 18, III e IV, da Lei 8.742/1993 —, ambos da MP 2.187-13/2001, bem assim os artigos 2º, IV, 3º, VI, parágrafos 1º e 4º, "caput" e parágrafo único, do art. 4º, todos do Decreto 2.536/1998; e, subsidiariamente os artigos 1º, IV, 2º, IV, §§ 1º e 3º, 7º, § 4º, do Decreto 752/1993.

Entidades beneficentes de assistência social e imunidade - 2

No recurso extraordinário, sociedade beneficente de assistência social, ora recorrente, defende que as modificações e exigências trazidas pelas alterações legislativas caracterizariam requisitos para concessão de imunidade e, por isso, deveriam ser veiculadas por lei complementar (CF, art. 146, II). Aduz preencher as exigências do art. 14 do CTN ("O disposto na alínea 'c' do inciso IV do artigo 9º é subordinado à observância dos seguintes requisitos pelas entidades nele referidas: I - não distribuírem qualquer parcela de seu patrimônio ou de suas rendas, a qualquer título; II - aplicarem integralmente, no País, os seus recursos na manutenção dos seus objetivos institucionais; III - manterem escrituração de suas receitas e despesas em livros revestidos de formalidades capazes de assegurar sua exatidão. § 1º Na falta de cumprimento do disposto neste artigo, ou no § 1º do artigo 9º, a autoridade competente pode suspender a aplicação do benefício. § 2º Os serviços a que se refere a alínea 'c' do inciso IV do artigo 9º são exclusivamente, os diretamente relacionados com os objetivos institucionais das entidades de que trata este artigo, previstos nos respectivos estatutos ou atos constitutivos"). A recorrente infere, ainda, ser titular da imunidade tributária prevista na Constituição ("Art. 195. A seguridade social será financiada por toda a sociedade, de forma direta e indireta, nos termos da lei, mediante recursos provenientes dos orçamentos da União, dos Estados, do Distrito Federal e dos Municípios, e das seguintes contribuições sociais: ... § 7º - São isentas de contribuição para a seguridade social as entidades beneficentes de assistência social que atendam às exigências estabelecidas em lei"). O Ministro Marco Aurélio (relator) deu provimento ao recurso extraordinário. Explicou que as normas de imunidade tributária constantes da Constituição objetivariam proteger valores políticos, morais, culturais e sociais essenciais, a não permitir que os entes tributassem certas pessoas, bens, serviços ou situações ligadas a esses valores. Lembrou que o § 7º do art. 195 da CF traria dois requisitos para o gozo da imunidade: ser pessoa jurídica a desempenhar atividades beneficentes de assistência social e atender a parâmetros legais. No que se refere à primeira condição, asseverou que o STF conferiria sentido mais amplo ao termo "assistência social" constante do artigo 203 da CF, a concluir que, entre as formas de promover os objetivos revelados nos incisos desse preceito, estariam incluídos os serviços de saúde e educação. Reputou que toda pessoa jurídica a prestar esses serviços, sem fins lucrativos, com caráter assistencial, em favor da coletividade e, em especial, dos hipossuficientes, atuaria em conjunto com o Poder Público na satisfação de direitos fundamentais sociais. Destacou que essa seria a razão de o constituinte ter assegurado a imunidade a essas pessoas em relação tanto aos impostos como às contribuições sociais, a partir da impossibilidade de tributar atividades típicas do Estado em favor da realização de direitos fundamentais no campo da assistência social.

Entidades beneficentes de assistência social e imunidade - 3

O Ministro Marco Aurélio frisou que a definição do alcance formal e material do segundo requisito (observância de "exigências estabelecidas em lei") deveria considerar o motivo da imunidade em discussão — a garantia de realização de direitos fundamentais sociais. Sinalizou que, por se tratar de limitação ao poder de tributar, as "exigências legais" ao exercício das imunidades seriam sempre "normas de regulação" às quais o constituinte originário teria feito referência no inciso II do art. 146 da CF, a serem dispostas em lei complementar. Assinalou que para disciplinar as condições referidas no § 7º do art. 195 da CF, dever-se-ia observar a reserva absoluta de lei complementar, sob pena de negar-se que a imunidade discutida fosse uma limitação ao poder de tributar. Ponderou caber à lei ordinária apenas prever requisitos que não extrapolassem os estabelecidos no CTN ou em lei complementar superveniente. Seria, portanto, vedado criar obstáculos novos, adicionais aos já previstos em ato complementar. Pontuou que, sob o pretexto de disciplinar aspectos das entidades pretendentes à imunidade, o legislador ordinário teria restringido o alcance subjetivo da regra constitucional, a impor condições formais reveladoras de autênticos limites à imunidade. Entendeu que teria ocorrido regulação do direito sem que estivesse autorizado pelo art. 146, II, da CF. Aduziu que o art. 55 da Lei 8.212/1991 preveria requisitos para o exercício da imunidade tributária contida no § 7º do art. 195 da CF, a revelar condições prévias ao aludido direito. Assim, deveria ser reconhecida a inconstitucionalidade formal desse dispositivo no que ultrapassasse o definido no art. 14 do CTN, por afronta ao art. 146, II, da CF. Considerou que os requisitos legais exigidos na parte final do mencionado § 7º, enquanto não editada nova lei complementar sobre a matéria, seriam somente aqueles do aludido art. 14 do CTN. Concluiu por assegurar o direito à imunidade de que trata o art. 195, § 7º, da CF — haja vista que reconhecido pelo tribunal "a quo" que a entidade preencheria os requisitos exigidos no CTN — e, por consequência, desconstituir o crédito tributário inscrito em dívida ativa, com a extinção da respectiva execução fiscal. Após o voto dos Ministros Joaquim Barbosa (Presidente), Cármen Lúcia e Roberto Barroso, no mesmo sentido do relator, pediu vista dos autos o Ministro Teori Zavascki.

Entidades beneficentes de assistência social e imunidade - 4

Na sequência, o Ministro Joaquim Barbosa (Presidente), relator das ações diretas de inconstitucionalidade, rejeitou preliminar de não conhecimento, suscitada da tribuna pela Advocacia-Geral da União - AGU. Para o referido órgão, as ações diretas teriam por objeto dispositivos substancialmente alterados por legislação posterior, inclusive com a revogação expressa de alguns artigos impugnados, o que inviabilizaria a análise em controle concentrado de constitucionalidade. A AGU aduzia, também, haver aditado a inicial para incluir a Lei 12.101/1999, publicada após a inserção dos feitos em pauta para julgamento. Arguia que, embora o STF admitisse aditamento de petição inicial, seria necessária a abertura de prazo para a manifestação dos requeridos, o que não ocorrera. O Presidente asseverou que legislação tributária seria prolixa, de inovação quase cotidiana e, no que diz respeito à imunidade tributária, as alterações quantitativas não teriam modificado o cerne da controvérsia constitucional. Destacou que o apelo ao vício do processo legislativo sempre fora argumento fraco para a construção de critérios decisórios relativos à imunidade tributária. Reconheceu que o art. 195, § 7º, da CF aludiria à lei, sem qualificá-la, para dispor que o reconhecimento da situação de imunidade dependeria do que dispusesse o ordenamento infraconstitucional. Realçou que vinculações mais restritas à livre disposição do indivíduo para agir no campo da benemerência ou filantropia exigiriam o rigor da lei complementar, nos termos do inciso II do art. 146 da CF. Salientou que o art. 195, § 7º, da CF não poderia ser interpretado de forma isolada e sem observância do disposto no art. 146, II, da CF. Sublinhou que a competência para dispor sobre imunidade deveria ser construída de forma a prever a utilização da lei complementar. Explicou que o art. 195, § 7º, da CF adotaria três critérios para o reconhecimento da imunidade ao pagamento de contribuições destinadas ao custeio da seguridade social: a) o caráter beneficente da entidade, ou seja, a ausência de fins lucrativos destinados ao benefício ou aumento patrimonial para os participantes da entidade; b) a dedicação às atividades de assistência social; e c) a observância às exigências definidas em lei.

Entidades beneficentes de assistência social e imunidade - 5

O Ministro Joaquim Barbosa acrescentou que o art. 203 da CF definiria os contornos da assistência social, a indicar quais seriam as finalidades que deveriam ser atingidas com as respectivas ações. Ademais, para caracterizar-se como ação de assistência social, a prestação dos benefícios e serviços deveria ser universal — prestada a quem dela necessitasse — e gratuita, independente de contribuição. Observou que os artigos 150, VI, c; 195, § 7º; e 206, todos da CF não condicionariam o reconhecimento da imunidade à exclusividade da prestação de serviços ou benefícios gratuitos, uma vez que os conceitos de beneficência e ação de assistência social não se confundiriam no plano constitucional. Advertiu que a circunstância de a entidade cobrar pela prestação de alguns de seus serviços ou benefícios, ou possuir outras fontes de receita que buscassem o lucro, não lhe retiraria a condição de beneficente. Por fim, o Presidente julgou parcialmente procedentes os pedidos formulados nas ações diretas para reconhecer a inconstitucionalidade do art. 1º — na parte em que alterou a redação do art. 55, III, da Lei 8.212/1991, e acrescentou-lhe os parágrafos 3º, 4º e 5º —, bem como dos artigos 4º, 5º e 7º, da Lei 9.732/1998. Declarou, ainda, a inconstitucionalidade do art. 55, II, da Lei 8.212/1991, tanto em sua redação original, como na redação dada pela Lei 9.429/1996; do art. 18, III e IV, da Lei 8.742/1993; do art. 2º, IV, 3º, VI, parágrafos 1º e 4º e parágrafo único, do Decreto 2.536/1998 e dos artigos 1º, IV, 2º, IV, parágrafos 3º, 4º e 7º, do Decreto 752/1993. Após o voto dos Ministros Cármen Lúcia e Roberto Barroso, no mesmo sentido do relator, pediu vista dos autos o Ministro Teori Zavascki. ADI 2028/DF, rel. Min. Joaquim Barbosa, 4.6.2014. (ADI-2028) ADI 2036/DF, rel. Min. Joaquim Barbosa, 4.6.2014. (ADI 2036) ADI 2621/DF, rel. Min. Joaquim Barbosa, 4.6.2014. (ADI-2621) ADI 2228/DF, rel. Min. Joaquim Barbosa, 4.6.2014. (ADI-2228) RE 566622/RS, rel. Min. Marco Aurélio, 4.6.2014. (RE-566622) **(Inform. STF 749)**

Crédito tributário: sucessão e imunidade recíproca - 1

A imunidade tributária recíproca (CF, art. 150, VI, a) não afasta a responsabilidade tributária por sucessão, na hipótese em que o sujeito passivo era contribuinte regular do tributo devido. Com base nessa orientação, o Plenário deu provimento a recurso extraordinário para reformar acórdão que considerara aplicável a imunidade recíproca a débitos tributários da extinta Rede Ferroviária Federal S.A. – RFFSA, sucedida pela União. No recurso extraordinário, discutia-se a aplicação da imunidade tributária recíproca de créditos tributários já constituídos e transferidos à União por sucessão. Na espécie, o Município ajuizara execução fiscal referente a IPTU e contribuição de melhoria, incidente sobre imóvel de propriedade da RFFSA. A União, após suceder a RFFSA em direitos e obrigações, opusera embargos à execução, julgados procedentes sob o fundamento da imunidade recíproca. O Colegiado afirmou que a imunidade tributária recíproca seria norma constitucional de competência que proibiria a instituição de impostos sobre o patrimônio, a renda ou os serviços dos entes federados. Consignou que essa imunidade seria instrumento de preservação e calibração do pacto federativo, destinado a proteger os entes federados de eventuais pressões econômicas, projetadas para induzir escolhas políticas ou administrativas da preferência do ente tributante. Nesse contexto, realçou que a imunidade tributária recíproca seria inaplicável se a atividade ou a entidade tributada demonstrasse capacidade contributiva; se houvesse risco à livre iniciativa e às condições de justa concorrência econômica; ou se não houvesse risco ao pleno exercício da autonomia política que a Constituição conferira aos entes federados. Mencionou que a Constituição seria expressa ao excluir da imunidade: a) o patrimônio; b) a renda; e c) os serviços relacionados com a exploração de atividades econômicas regidas pelas normas aplicáveis a empreendimentos privados ou em que houvesse contraprestação ou pagamento de preço ou tarifas pelo usuário. Assinalou que a RFFSA, por ser sociedade de economia mista, constituída sob a forma de sociedade por ações, apta, portanto, a cobrar pela prestação de seus serviços e a remunerar o capital investido, não teria jus à imunidade. Registrou que, com a liquidação da pessoa jurídica e com a já mencionada sucessão, a União se tornara responsável tributária pelos créditos inadimplidos, nos termos dos artigos 130 e seguintes do CTN.

Crédito tributário: sucessão e imunidade recíproca - 2

A Corte frisou que a regra constitucional da imunidade, por se destinar à proteção específica do ente federado, seria inaplicável aos créditos tributários constituídos legitimamente contra pessoas jurídicas dotadas de capacidade contributiva e cuja tributação em nada afetaria o equilíbrio do pacto federativo. Anotou que qualquer imunidade tributária prejudicaria, em certa medida, a expectativa de arrecadação dos entes federados. Aduziu que essa perda deveria ser tolerada pelos entes para satisfazer a outros valores, tão ou mais relevantes, previstos na Constituição. Reputou, porém, que haveria desequilíbrio no pacto federativo, ao invés de sua preservação, caso se deixasse de tributar pessoa jurídica dotada de capacidade contributiva. Ressaltou que a União não poderia se livrar da responsabilidade tributária ao alegar simplesmente que o tributo seria devido por sociedade de economia mista, tampouco por sugerir a aplicação de regra constitucional que protegeria a autonomia política de entes federados. Sublinhou que a responsabilidade tributária dos sucessores protegeria o erário de um tipo de inadimplência bastante específica, que seria o desaparecimento jurídico do contribuinte, conjugado com a transferência integral ou parcial do patrimônio a outra pessoa jurídica. Assim, a desconstituição da pessoa jurídica faria com que o crédito tributário não pudesse mais ser exigido contra o contribuinte original, que deixaria de existir juridicamente. Explicou que o patrimônio — material ou imaterial — transferido deveria garantir o crédito. Salientou, por fim, que o sucessor, ainda que se tratasse de um ente federado, deveria arcar com a dívida. RE 599176/PR, rel. Min. Joaquim Barbosa, 5.6.2014. (RE-599176) **(Inform. STF 749)**

Imunidade recíproca e sociedade de economia mista - 1

O Plenário iniciou julgamento de recurso extraordinário em que se discute a aplicação da imunidade tributária (CF, art. 150, VI, a) a empresa de saneamento básico, constituída sob a forma de empresa pública, cuja composição acionária seja negociada em bolsa de valores. No caso, o acórdão recorrido entendera que a empresa recorrente, não poderia gozar de benefícios fiscais não extensivos ao setor privado. O Ministro Joaquim Barbosa (relator e Presidente) negou provimento ao recurso, no que foi acompanhado pelos Ministros Teori Zavascki e Luiz Fux. Afirmou que o Estado-membro optara por prestar serviços de esgoto e de fornecimento de água por meio da administração indireta, sob a forma de sociedade de economia mista. Frisou que essa empresa teria o capital aberto e suas ações seriam negociadas em bolsa de valores. Registrou, ademais, que a recorrente obtivera significativo lucro nos últimos anos e que fora classificada como investimento viável de rentabilidade por agência de classificação de risco. Ressaltou que os investidores da recorrente seriam beneficiados com a distribuição de lucros, sob as formas legais admissíveis, como dividendos, juros sobre capital próprio, debêntures, partes negociáveis, entre outros. Não obstante, ponderou não existir reprovação no desiderato e na realização de lucros. Pelo contrário: a Constituição expressamente teria reservado à iniciativa privada o exercício de atividades econômicas. Mencionou que a intervenção direta do Estado na economia e no mercado seria expressamente subsidiária. Contudo, realçou que consistiria em desvio sistêmico assegurar garantias indissociáveis do Estado e do interesse público a empreendimentos dotados de capacidade contributiva e cuja função seria distribuir os resultados dessa atividade ao patrimônio dos empreendedores. O Presidente salientou que a circunstância de o sócio majoritário ser um ente federado não impressionaria, pois não seria função primária do Estado participar nos lucros de qualquer pessoa jurídica, nem de auferir quaisquer outros tipos de receita. Explicou que as receitas primárias e secundárias não seriam uma finalidade em si. Asseverou que, se o Estado-membro optara por prestar serviços essenciais por meio de uma pessoa jurídica capaz de distribuir lucros, haveria capacidade contributiva. Consequentemente, não existiria qualquer risco ao pacto federativo. Afiançou que a imunidade tributária recíproca se daria em detrimento da competência tributária de outros entes federados. Destacou que não faria sentido desprover municípios e a própria União de recursos legítimos, a pretexto de assegurar à pessoa jurídica distribuidora de lucros vantagem econômica incipiente em termos de harmonia federativa. Avaliou que, se a carga tributária realmente fosse proibitiva, bastaria ao Estado escolher outra forma de regência de personalidade jurídica, que não envolvesse a possibilidade de acumulação e de distribuição de lucros. Assim, sempre que um ente federado criasse uma instrumentalidade estatal dotada de capacidade contributiva, capaz de acumular e de distribuir lucros, de contratar pelo regime geral das leis trabalhistas, não haveria ameaça ao pacto federativo a justificar a incidência da imunidade recíproca.

Imunidade recíproca e sociedade de economia mista - 2

Em divergência, o Ministro Roberto Barroso deu provimento ao recurso. Lembrou que o tema da extensão da imunidade recíproca às sociedades de economia mista suscitara inúmeras discussões no âmbito do STF com a identificação de diversos cenários específicos que poderiam exigir tratamento próprio. Recordou que a hipótese mais singela teria sido objeto de acórdão específico do Plenário a envolver a prestação de serviço público em regime de exclusividade e sem intuito de lucro. Naquele caso prevalecera o entendimento de que a imunidade deveria ser reconhecida. Da mesma forma, a 2ª Turma teria reconhecido a salvaguarda nas situações em houvesse intuito de lucro, desde que se tratasse de serviço público em ambiente não concorrencial. Destacou que o art. 150, VI, a, da CF estabelece a imunidade recíproca sobre os serviços de cada um dos entes políticos, assim como os respectivos patrimônios e rendas. Nesses termos, a prestação do serviço público pela administração direta de determinado ente geraria a incidência da imunidade. Consignou que esse seria o elemento central que deveria induzir a interpretação teleológica das demais hipóteses. Assinalou que o fato de o Poder Público optar pela delegação de determinado serviço público não deveria onerar a sua prestação por ser em regime não concorrencial. Aduziu que a Constituição pretendera desonerar o próprio serviço, notadamente para fins de promoção da modicidade tarifária. Enfatizou que a prestação por agentes privados, teoricamente justificada pela busca da eficiência, não deveria ter o efeito adverso de fazer incidir uma obrigação tributária sobre o serviço ou sobre bens que estivessem a ele diretamente afetos. Considerou que a negociação de participação acionária em bolsa não afastaria esse interesse legítimo. Registrou que seria pouco provável que a tributação produzisse impacto sobre as margens de lucro da equação econômico-financeira da concessão. Em vez disso, o impacto tributário tenderia a ser repassado no preço da tarifa. Sublinhou que não haveria razão para estender a imunidade ao patrimônio que não estivesse afetado ao serviço ou mesmo à renda auferida pela sociedade de economia mista. Essa seria uma renda própria da entidade personalizada, sujeita normalmente aos efeitos da tributação. Aludiu que a distribuição de dividendos ao Poder Público, se tributáveis, poderia ser objeto de eventual imunização. Por fim, reiterou que a imunidade recairia sobre o serviço e que a maior preocupação do constituinte seria com a questão da modicidade tarifária. Em seguida, o julgamento foi suspenso. RE 600867/SP, rel. Min. Joaquim Barbosa, 5.6.2014. (RE-600867) **(Inform. STF 749)**

Súmula Vinculante STF 52

Ainda quando alugado a terceiros, permanece imune ao IPTU o imóvel pertencente a qualquer das entidades referidas pelo art. 150, VI, "c", da Constituição Federal, desde que o valor dos aluguéis seja aplicado nas atividades para as quais tais entidades foram constituídas.

Súmula STF nº 730

A imunidade tributária conferida a instituições de assistência social sem fins lucrativos pelo art. 150, VI, *c*, da Constituição, somente alcança as entidades fechadas de previdência social privada se não houver contribuição dos beneficiários.

Súmula STF nº 724

Ainda quando alugado a terceiros, permanece imune ao IPTU o imóvel pertencente a qualquer das entidades referidas pelo art. 150, VI, *c*, da Constituição, desde que o valor dos aluguéis seja aplicado nas atividades essenciais de tais entidades.

Súmula STF nº 657

A imunidade prevista no art. 150, VI, d, da CF abrange os filmes e papéis fotográficos necessários à publicação de jornais e periódicos.

Súmula STF nº 591

A imunidade ou a isenção tributária do comprador não se estende ao produtor contribuinte do Imposto sobre Produtos Industrializados.

Súmula STF nº 336

A imunidade da autarquia financiadora, quanto ao contrato de financiamento, não se estende à compra e venda entre particulares, embora constantes os dois atos de um só instrumento.

Súmula STJ nº 352

A obtenção ou a renovação do Certificado de Entidade Beneficente de Assistência Social (Cebas) não exime a entidade do cumprimento dos requisitos legais supervenientes. *(Comentário: o certificado é exigido para o reconhecimento da imunidade)*

Súmula TFR nº 166

Os Municípios não estão sujeitos ao recolhimento do salário-educação.

3. SUSPENSÃO, EXTINÇÃO E EXCLUSÃO DO CRÉDITO

REPERCUSSÃO GERAL EM RE N. 878.313-SC

RELATOR: MIN. MARCO AURÉLIO

CONTRIBUIÇÃO SOCIAL – ARTIGO 1º DA LEI COMPLEMENTAR Nº 110/2001 – FINALIDADE EXAURIDA – ARTIGOS 149 E 154, INCISO I, DA CARTA DE 1988 – ARGUIÇÃO DE INCONSTITUCIONALIDADE SUPERVENIENTE – RECURSO EXTRAORDINÁRIO – REPERCUSSÃO GERAL CONFIGURADA. Possui repercussão geral a controvérsia relativa a saber se, constatado o exaurimento do objetivo – custeio dos expurgos inflacionários das contas vinculadas do Fundo de Garantia do Tempo de Serviço – em razão do qual foi instituída a contribuição social versada no artigo 1º da Lei Complementar nº 110, de 29 de junho de 2001, deve ser assentada a extinção do tributo ou admitida a perpetuação da cobrança ainda que o produto da arrecadação seja destinado a fim diverso do original. **(Inform. STF 800)**

REPERCUSSÃO GERAL EM RE N. 855.026-SP
RELATOR: MIN. TEORI ZAVASCKI

Ementa: TRIBUTÁRIO. RECURSO EXTRAORDINÁRIO. EMBARGOS À EXECUÇÃO. CAIXA ECONÔMICA FEDERAL. IMÓVEIS DO PROGRAMA DE ARRENDAMENTO RESIDENCIAL (PAR). ISENÇÃO DO PAGAMENTO DA TAXA DE COLETA DE LIXO. MATÉRIA INFRACONSTITUCIONAL. AUSÊNCIA DE REPERCUSSÃO GERAL.

1. A controvérsia relativa à isenção do pagamento da Taxa de Coleta de Lixo de imóveis do Programa de Arrendamento Residencial, fundada na interpretação da Lei Municipal 11.988/04, é de natureza infraconstitucional.

2. É cabível a atribuição dos efeitos da declaração de ausência de repercussão geral quando não há matéria constitucional a ser apreciada ou quando eventual ofensa à Carta Magna se dê de forma indireta ou reflexa (RE 584.608 RG, Min. ELLEN GRACIE, DJe de 13/3/2009).

3. Ausência de repercussão geral da questão suscitada, nos termos do art. 543-A do CPC. **(Inform. STF 776)**

FGTS: prazo prescricional para cobrança em juízo - 1

Limita-se a cinco anos o prazo prescricional relativo à cobrança judicial de valores devidos, pelos empregados e pelos tomadores de serviço, ao FGTS. Com base nesse entendimento, o Plenário, por maioria, negou provimento a recurso extraordinário com agravo e alterou orientação jurisprudencial — que fixava prazo prescricional de 30 anos — para estabelecer novo lapso temporal (quinquenário), a contar do presente julgado. Na espécie, o TST confirmara julgado do TRT que garantira a empregado que prestara serviços no exterior o prazo prescricional trintenário para a cobrança de contribuições devidas ao FGTS, a ser calculado sobre todas as parcelas de natureza salarial. O TST aplicara, assim, o Enunciado 362 de sua Súmula ["É trintenária a prescrição do direito de reclamar contra o não-recolhimento da contribuição para o FGTS, observado o prazo de 2 (dois) anos após o término do contrato de trabalho"]. O agravante (empregador) defendia a não aplicação da prescrição trintenária para a cobrança de diferenças do FGTS, ao fundamento de que o referido fundo integraria o rol dos direitos dos trabalhadores. Alegava, assim, que o FGTS derivaria do vínculo de emprego, razão pela qual a ele seria aplicado o prazo quinquenal previsto no art. 7º, XXIX, da CF. A Corte sublinhou que a questão constitucional ora versada seria diversa daquela que ensejara a interposição do RE 584.608/SP (DJe de 13.8.2009), cuja repercussão geral fora negada pelo STF. Apontou que, no mencionado recurso, discutia-se o prazo prescricional aplicável sobre a cobrança da correção monetária incidente sobre a multa de 40% sobre os depósitos do FGTS. No presente apelo, seria discutido o prazo prescricional aplicável para a cobrança das contribuições ao FGTS não depositadas tempestivamente pelos empregadores e tomadores de serviço e, portanto, não meras diferenças nos recolhimentos.

FGTS: prazo prescricional para cobrança em juízo - 2

O Colegiado apontou que normas diversas a disciplinar o FGTS teriam ensejado diferentes teses quanto à sua natureza jurídica: híbrida, tributária, previdenciária, de salário diferido, de indenização, dentre outras. Em verdade, antes do advento da CF/1988, o Supremo já afastara a tese do suposto caráter tributário ou previdenciário das contribuições devidas a esse fundo e salientara ser o FGTS direito de índole social e trabalhista. Ressaltou que, não obstante julgados que assentaram a finalidade estritamente social de proteção ao trabalhador, o STF continuara a perfilhar a tese da prescrição trintenária do FGTS, em virtude do disposto no art. 20 da Lei 5.107/1966 c/c art. 144 da Lei 3.807/1960. Ao se posicionar pela prescrição trintenária aos casos de recolhimento e de não recolhimento do FGTS, a jurisprudência da Corte estaria em divergência com a ordem constitucional vigente. Isso porque o art. 7º, XXIX, da CF prevê, de forma expressa, o prazo quinquenário a ser aplicado à propositura das ações atinentes a "créditos resultantes das relações de trabalho". Desse modo, a existência de disposição constitucional expressa acerca do prazo aplicável à cobrança do FGTS, após a promulgação da CF/1988, significaria não mais subsistirem razões para se adotar o prazo de prescrição trintenário. Via de consequência, o Plenário reconheceu a inconstitucionalidade dos artigos 23, § 5º, da Lei 8.036/1990; e 55, do Regulamento do FGTS aprovado pelo Decreto 99.684/1990, na parte em que ressalvam o "privilégio do FGTS à prescrição trintenária", por afronta ao art. 7º, XXIX, da CF. No caso, o recorrido ajuizara sua reclamação trabalhista em 19.4.2007, com pedido de pagamento de FGTS relativo ao período de maio de 2001 a dezembro de 2003. Não obstante a reclamação tivesse sido ajuizada no biênio imediatamente posterior ao término da relação de emprego, ela somente seria apta a alcançar os valores devidos e não adimplidos nos cinco anos anteriores ao seu ajuizamento. A dizer de outro modo, deveria ser dado parcial provimento ao presente recurso extraordinário para reconhecer como não devidas as contribuições ao FGTS quanto ao período anterior a 19.4.2002, em razão da prescrição. Entretanto, por mais de vinte anos e mesmo com o advento da CF/1988, o STF e o TST entendiam que o prazo prescricional aplicável ao FGTS seria o trintenário. O Colegiado destacou, ainda, a necessidade de garantia da segurança jurídica, tendo em conta a mudança jurisprudencial operada.

FGTS: prazo prescricional para cobrança em juízo - 3

Vencidos o Ministro Marco Aurélio, que provia o recurso em parte, e os Ministros Teori Zavascki e Rosa Weber, que desproviam o recurso, mas mantinham a jurisprudência anterior da Corte. O Ministro Marco Aurélio assentava que, observado o biênio, seria possível pleitear, na inicial da reclamação trabalhista, as parcelas dos últimos cinco anos. Esclarecia que o provimento seria parcial porque haveria parcelas não prescritas. Os Ministros Teori Zavascki e Rosa Weber entendiam que o prazo prescricional ora debatido seria de trinta anos. O Ministro Teori Zavascki reputava que, no caso do FGTS, haveria duas relações jurídicas completamente distintas: a) a relação estabelecida entre o FGTS e o empregador, cuja natureza não seria de salário, nem de verba trabalhista diretamente, porque o Fundo não poderia ser credor trabalhista e, portanto, não poderia ser empregado; b) a relação entre o empregado e o Fundo, em que se poderia até mesmo cogitar da aplicação do inciso XXIX, do art. 7º, da CF, mas não na relação jurídica posta quanto à execução de uma contribuição ao Fundo, não feita oportunamente, sob pena de haver prazos prescricionais diferentes para a mesma pretensão. ARE 709212/DF, rel. Min. Gilmar Mendes, 13.11.2014. (ARE-709212) **(Inform. STF 767)**

RPV: débitos tributários e compensação - 1

O Plenário iniciou julgamento de recurso extraordinário em que se discute a possibilidade de compensação de requisições de pequeno valor - RPV com débitos tributários, nos termos dos parágrafos 9º e 10 do art. 100 da CF ["§ 9º No momento da expedição dos precatórios, independentemente de regulamentação, deles deverá ser abatido, a título de compensação, valor correspondente aos débitos líquidos e certos, inscritos ou não em dívida ativa e constituídos contra o credor original pela Fazenda Pública devedora, incluídas parcelas vincendas de parcelamentos, ressalvados aqueles cuja execução esteja suspensa em virtude de contestação administrativa ou judicial. § 10. Antes da expedição dos precatórios, o Tribunal solicitará à Fazenda Pública devedora, para resposta em até 30 (trinta) dias, sob pena de perda do direito de abatimento, informação sobre os débitos que preencham as condições estabelecidas no § 9º, para os fins nele previstos"]. Na espécie, o acórdão recorrido afirmara que a compensação somente seria possível em relação a pagamentos a serem efetuados por meio de precatórios, excetuadas, portanto, as obrigações definidas em lei como de pequeno valor, nos termos do § 3º do art. 100 da CF ("O disposto no 'caput' deste artigo relativamente à expedição de precatórios não se aplica aos pagamentos de obrigações definidas em leis como de pequeno valor que as Fazendas referidas devam fazer em virtude de sentença judicial transitada em julgado"). O Ministro Luiz Fux (relator) se manifestou pela prejudicialidade do recurso em virtude da declaração de inconstitucionalidade dos parágrafos 9º e 10 do art. 100 da CF proferida na ADI 4.357/DF (DJe de 26.9.2014) e na ADI 4.425/DF (DJe de 19.12.2013). Após os votos dos Ministros Roberto Barroso e Rosa Weber, que acompanharam o relator, pediu vista dos autos o Ministro Marco Aurélio.

RPV: débitos tributários e compensação - 2

A declaração de inconstitucionalidade dos parágrafos 9º e 10 do art. 100 da CF ["§ 9º No momento da expedição dos precatórios, independentemente de regulamentação, deles deverá ser abatido, a título de compensação, valor correspondente aos débitos líquidos e certos, inscritos ou não em dívida ativa e constituídos contra o credor original pela Fazenda Pública devedora, incluídas parcelas vincendas de parcelamentos, ressalvados aqueles cuja execução esteja suspensa em virtude de contestação administrativa ou judicial. § 10. Antes da expedição dos precatórios, o Tribunal solicitará à Fazenda Pública devedora, para resposta em até 30 (trinta) dias, sob pena de perda do direito de abatimento, informação sobre os débitos que preencham as condições estabelecidas no § 9º, para os fins nele previstos"], proferida na ADI 4.357/DF (DJe de 26.9.2014) e na ADI 4.425/DF (DJe de 19.12.2013), também se aplica às requisições de pequeno valor - RPV. Essa a conclusão do Plenário ao finalizar a análise de recurso extraordinário e a ele negar provimento. Discutia-se a possibilidade de compensação de RPV com débitos tributários, nos termos dos referidos dispositivos constitucionais — v. Informativo 762. Reajustaram seus votos os Ministros Luiz Fux (relator), Roberto Barroso e Rosa Weber. RE 657686/DF, rel. Min. Luiz Fux, 23.10.2014. (RE-657686) **(Inform. STF 764)**

REPERCUSSÃO GERAL EM RE N. 796.939-RS

RELATOR: MIN. RICARDO LEWANDOWSKI

Ementa: CONSTITUCIONAL. PROCESSO ADMINISTRATIVO TRIBUTÁRIO. INDEFERIMENTO DE PEDIDOS DE RESSARCIMENTO, RESTITUIÇÃO OU COMPENSAÇÃO DE TRIBUTOS. MULTAS. INCIDÊNCIA *EX LEGE*. SUPOSTO CONFLITO COM O ART. 5º, XXXIV. REPERCUSSÃO GERAL RECONHECIDA.

I – A matéria constitucional versada neste recurso consiste na análise da constitucionalidade dos §§ 15 e 17 do art. 74 da Lei 9.430/1996, com redação dada pelo art. 62 da Lei 12.249/2010.

II – Questão constitucional que ultrapassa os limites subjetivos da causa, por possuir relevância econômica e jurídica.

III – Repercussão geral reconhecida. **(Inform. STF 751)**

DIREITO TRIBUTÁRIO. DESINFLUÊNCIA DA EMISSÃO DE DCG NO MARCO INICIAL DA PRESCRIÇÃO TRIBUTÁRIA.

A emissão de "Débito Confessado em GFIP – DCG" não altera o termo inicial da prescrição tributária. O "Débito Confessado em GFIP – DCG" é o documento no qual se registra o débito decorrente de divergência entre os valores recolhidos em documento de arrecadação previdenciária e os declarados em "Guia de Recolhimento do Fundo de Garantia do Tempo de Serviço e Informações à Previdência Social – GFIP", nos termos do art. 460, V, da Instrução Normativa 971/2009 da Secretaria da Receita Federal. Salientado isso, verifica-se que a jurisprudência deste Tribunal Superior firmou compreensão no sentido de que a "entrega de Declaração de Débitos e Créditos Tributários Federais – DCTF, de Guia de Informação e Apuração do ICMS – GIA, ou de outra declaração dessa natureza prevista em lei (dever instrumental adstrito aos tributos sujeitos a lançamento por homologação), é modo de constituição do crédito tributário, dispensando a Fazenda Pública de qualquer outra providência conducente à formalização do valor declarado" (AgRg no AgRg no REsp 1.143.085-SP, Primeira Turma, DJe 3/6/2015). Desse modo, conforme a jurisprudência do STJ, quando o crédito tributário for constituído por meio de GFIP, o prazo prescricional previsto no art. 174 do CTN para a propositura da execução judicial começará a correr da data do vencimento da obrigação tributária e, quando não houver pagamento, da data da entrega da declaração, se esta for posterior àquele (AgRg no AREsp 349.146-SP, Primeira Turma, DJe 14/11/2013). Assim, uma vez constituído o crédito por meio de declaração realizada pelo contribuinte, compete à autoridade tributária tão somente a realização de cobrança, não caracterizando a emissão do DCG Batch novo lançamento, e, consequentemente, marco de início de prazo prescricional. REsp 1.497.248-RS, Rel. Min. Og Fernandes, julgado em 6/8/2015, DJe 20/8/2015 (Inform. STJ 567).

DIREITO TRIBUTÁRIO. RECLAMAÇÃO ADMINISTRATIVA INCAPAZ DE SUSPENDER A EXIGIBILIDADE DO CRÉDITO TRIBUTÁRIO.

Não suspende a exigibilidade do crédito tributário a reclamação administrativa interposta perante o Conselho Administrativo de Recursos Fiscais (CARF) na qual se questione a legalidade do ato de exclusão do contribuinte de programa de parcelamento. Nessa situação, é inaplicável o art. 151, II, do CTN. De fato, o parcelamento fiscal, concedido na forma e condição estabelecidas em lei específica, é causa suspensiva da exigibilidade do crédito tributário, assim como as reclamações e recursos administrativos (art. 151, III e VI, do CTN). As reclamações e recursos previstos nesse dispositivo legal, entretanto, são aqueles que discutem o próprio lançamento tributário, ou seja, a exigibilidade do crédito tributário. No caso em análise, a reclamação administrativa apresentada apenas questiona a legalidade do ato de exclusão do parcelamento. Logo, não suspendem a exigibilidade do crédito. Ressalta-se que tal entendimento encontra respaldo na doutrina e no art. 5º, § 3º, da Resolução CG/REFIS 9/2001. **REsp 1.372.368-PR, Rel. Min. Humberto Martins, julgado em 5/5/2015, DJe 11/5/2015 (Inform. STJ 561).**

DIREITO TRIBUTÁRIO. APLICABILIDADE DE LIMITES À COMPENSAÇÃO TRIBUTÁRIA RELACIONADOS A TRIBUTO DECLARADO INCONSTITUCIONAL. Os limites estabelecidos pelas Leis 9.032/1995 e 9.129/1995 são aplicáveis à compensação de indébito tributário, ainda que este decorra da declaração de inconstitucionalidade da contribuição social pelo STF. Isso porque a Primeira Seção do STJ consolidou o entendimento de que, "enquanto não declaradas inconstitucionais as Leis 9.032/1995 e 9.129/1995, em sede de controle difuso ou concentrado, sua observância é inafastável pelo Poder Judiciário, uma vez que a norma jurídica, enquanto não regularmente expurgada do ordenamento, nele permanece válida, razão pela qual a compensação do indébito tributário, ainda que decorrente da declaração de inconstitucionalidade da exação, submete-se às limitações erigidas pelos diplomas legais que regem a compensação tributária" (REsp 796.064-RJ, Primeira Seção, DJe 10/11/2008). Precedentes citados: EREsp 905.288-SP, Primeira Seção, DJe 6/11/2009; e EREsp 860.370-SP, Primeira Seção, DJe 6/11/2009. **EREsp 872.559-SP, Rel. Min. Ari Pargendler, julgado em 9/4/2014. (Inform. STJ 543)**

Súmula Vinculante STF 8

São inconstitucionais o parágrafo único do artigo 5º do decreto-lei nº 1.569/1977 e os artigos 45 e 46 da lei n. 8.212/1991, que tratam de prescrição e decadência de crédito tributário. *(Comentário: contribuições previdenciárias são tributos e a matéria – prescrição e decadência tributárias – é regulada por lei complementar, de modo que se aplicam os prazos quinquenais do CTN).*

Súmula STF nº 544

Isenções tributárias concedidas sob condição onerosa não podem ser livremente suprimidas.

Súmula STJ nº 409

Em execução fiscal, a prescrição ocorrida antes da propositura da ação pode ser decretada de ofício (art. 219, § 5º, do CPC).

Súmula STJ nº 250

É legítima a cobrança de multa fiscal de empresa em regime de concordata.

Súmula STJ nº 112

O depósito somente suspende a exigibilidade do crédito tributário se for integral e em dinheiro.

Súmula STJ nº 85

Nas relações jurídicas de trato sucessivo em que a Fazenda Pública figure como devedora, quando não tiver sido negado o próprio direito reclamado, a prescrição atinge apenas as prestações vencidas antes do quinquênio anterior à propositura da ação.

Súmula TFR nº 248

O prazo da prescrição interrompido pela confissão e parcelamento da dívida fiscal recomeça a fluir no dia em que o devedor deixar de cumprir o acordo celebrado.

Súmula TFR nº 219

Não havendo antecipação de pagamento, o direito de constituir o crédito previdenciário extingue-se decorridos 5 (cinco) anos do primeiro dia do exercício seguinte àquele em que ocorreu o fato gerador.

Súmula TFR nº 163

Nas relações jurídicas de trato sucessivo, em que a Fazenda Pública figure como devedora, somente prescrevem as prestações vencidas antes do quinquênio anterior à propositura da ação.

Súmula TFR nº 153

Constituído, no quinquênio, através de auto de infração ou notificação de lançamento, o crédito tributário, não há que se falar em decadência, fluindo, a partir daí, em princípio, o prazo prescricional, que, todavia, fica em suspenso, até que sejam decididos os recursos administrativos.

4. IMPOSTOS EM ESPÉCIE

4.1. Imposto de importação e imposto de exportação

DIREITO TRIBUTÁRIO. ISENÇÕES DE IPI E DE II A INSTITUIÇÕES CULTURAIS.
As entidades com finalidade eminentemente cultural fazem jus às isenções de Imposto de Importação (II) e de Imposto sobre Produtos Industrializados (IPI) previstas nos arts. 2º, I, "b", e 3º, I, da Lei 8.032/1990. Conquanto a Lei 8.032/1990 estabeleça isenções de II e de IPI para as "instituições de educação" (art. 2º, I, "b", da Lei 8.032/1990), as entidades com finalidade eminentemente cultural estão inseridas nessa expressão legal, visto que não se pode dissociar cultura de educação. Precedente citado: REsp 262.590-CE, Segunda Turma, DJ 6/5/2002. REsp 1.100.912-RJ, Rel. Min. Sérgio Kukina, julgado em 28/4/2015, DJe 14/5/2015 (Inform. STJ 561).

DIREITO TRIBUTÁRIO. DEMORA INJUSTIFICADA DA ADMINISTRAÇÃO NA CONCESSÃO DO BENEFÍCIO DE EX-TARIFÁRIO. A concessão do benefício de *ex-tarifário* alcança a importação realizada entre o pedido do referido benefício fiscal e a sua efetiva concessão, se a administração fazendária demorar injustificadamente a analisar e conceder o benefício. A concessão do benefício fiscal denominado *ex-tarifário* consiste na isenção ou redução de alíquota do imposto de importação, a critério da administração fazendária, para o produto desprovido de similar nacional, sob a condição de comprovação dos requisitos pertinentes. Sobre o referido benefício cabe uma interpretação sistemática e a incidência do princípio da razoabilidade. É certo que a autorização de desembaraço aduaneiro com suspensão de tributos constitui ato discricionário do Ministro de Estado da Fazenda (art. 12 do Decreto-Lei 2.472/1988), sujeito, portanto, a juízo de oportunidade e conveniência. Porém, a injustificada demora da Administração na análise do pedido de concessão de regime *ex-tarifário*, por se tratar de importação de mercadoria sem similar nacional, somente concluída após a internação do bem, não pode prejudicar o contribuinte que atuou com prudente antecedência, sob pena de flagrante e direta ofensa ao princípio da razoabilidade. Assim, deve-se assegurar ao requerente a redução de alíquota do imposto de importação, nos termos da legislação de regência. Não haveria lógica em entender de modo diferente, pois acarretaria a situação de o requerente, apesar de iniciar o procedimento para concessão do benefício fiscal, apresentar os documentos exigidos e preencher todos os requisitos necessários, não se beneficiar do *ex-tarifário*, mas somente abrir portas para que seus concorrentes paguem o imposto de importação com a alíquota reduzida. **REsp 1.174.811-SP, Rel. Min. Arnaldo Esteves Lima, julgado em 18/2/2014. (Inform. STJ 544)**

4.2. Imposto de Renda

AG. REG. NO RE N. 809.476-SP
RELATOR: MIN. MARCO AURÉLIO
IMPOSTO DE RENDA – PESSOA NATURAL – TABELA PROGRESSIVA – CORREÇÃO – ATUAÇÃO JUDICIAL –IMPOSSIBILIDADE – PRECEDENTE. Não cabe ao Poder Judiciário autorizar a correção monetária, ante a ausência de previsão legal nesse sentido, da tabela progressiva do Imposto de Renda devido por pessoas naturais. Precedente: Recurso Extraordinário nº 388.312/MG, Pleno de minha relatoria, acórdão redigido pela ministra Cármem Lúcia, Diário da Justiça de 11 de outubro de 2011. Ressalva da óptica pessoal. (Inform. STF 811)

REPERCUSSÃO GERAL EM RE N. 855.649-RS
RELATOR: MIN. MARCO AURÉLIO
IMPOSTO DE RENDA – DEPÓSITOS BANCÁRIOS – ORIGEM DOS RECURSOS NÃO COMPROVADA – OMISSÃO DE RENDIMENTOS CARACTERIZADA – INCIDÊNCIA – ARTIGO 42 DA LEI Nº 9.430, DE 1996 – ARTIGOS 145, § 1º, 146, INCISO III, ALÍNEA "A", E 153, INCISO III, DA CONSTITUIÇÃO FEDERAL – RECURSO EXTRAORDINÁRIO – REPERCUSSÃO GERAL CONFIGURADA. Possui repercussão geral a controvérsia acerca da constitucionalidade do artigo 42 da Lei nº 9.430, de 1996, a autorizar a constituição de créditos tributários do Imposto de Renda tendo por base, exclusivamente, valores de depósitos bancários cuja origem não seja comprovada pelo contribuinte no âmbito de procedimento fiscalizatório. **(Inform. STF 800)**

Plano Verão: IRPJ e correção monetária de balanço – 5
Em conclusão de julgamento, o Plenário proveu recurso extraordinário em que discutida a constitucionalidade dos artigos 29 e 30 da Lei 7.799/1989 ("Art. 29. A correção monetária de que trata esta Lei será efetuada a partir do balanço levantado em 31 de dezembro de 1988. Art. 30. Para efeito da conversão em número de BTN, os saldos das contas sujeitas à correção monetária, existentes em 31 de janeiro de 1989, serão atualizados monetariamente tomando-se por base o valor da OTN de NCz$ 6,92. § 1° Os saldos das contas sujeitas à correção monetária, atualizados na forma deste artigo, serão convertidos em número de BTN mediante a sua divisão pelo valor do BTN de NCz$ 1,00. § 2° Os valores acrescidos às contas sujeitas à correção monetária, a partir de 1° de fevereiro até 30 de junho de 1989, serão convertidos em número de BTN mediante a sua divisão pelo valor do BTN vigente no mês do acréscimo.") – v. Informativos 427 e 782. O Colegiado declarou a inconstitucionalidade do § 2º do art. 30 da Lei 7.799/1989, por entender caracterizada a ofensa aos princípios da anterioridade e da irretroatividade (CF, art. 150, III, a e b). Asseverou que se deixara de observar o direito introduzido pela Lei 7.730/1989 – que afastara a inflação e revogara o art. 185 da Lei 6.404/1976 e as normas de correção monetária de balanço previstas no Decreto-Lei 2.341/1987 —, porquanto a retroatividade implementada incluíra sobre fatos surgidos em período em que inexistente a correção, implicando situação gravosa, ante o surgimento de renda a ser tributada. **RE 188083/PR, rel. Min. Marco Aurélio, 5.8.2015. (RE-188083) (Inform. STF 793)**

REPERCUSSÃO GERAL EM RE N. 855.091-RS
RELATOR: MIN. DIAS TOFFOLI
EMENTA: TRIBUTÁRIO. REPERCUSSÃO GERAL. RECURSO EXTRAORDINÁRIO. INCIDÊNCIA DO IMPOSTO DE RENDA PESSOA FÍSICA. JUROS DE MORA. ART. 3º, § 1º, DA LEI Nº 7.713/1988 E ART. 43, INCISO II, § 1º, DO CTN. ANTERIOR NEGATIVA DE REPERCUSSÃO. MODIFICAÇÃO DA POSIÇÃO EM FACE DA SUPERVENIENTE DECLARAÇÃO DE INCONSTITUCIONALIDADE DE LEI FEDERAL POR TRIBUNAL REGIONAL FEDERAL. **(Inform. STF 792)**

Teto constitucional e base de cálculo para incidência de imposto e contribuição – 1
Subtraído o montante que exceder o teto ou subteto previstos no art. 37, XI, da CF, tem-se o valor que serve como base de cálculo para a incidência do imposto de renda e da contribuição previdenciária ("XI – a remuneração e o subsídio dos ocupantes de cargos, funções e empregos

públicos da administração direta, autárquica e fundacional, dos membros de qualquer dos Poderes da União, dos Estados, do Distrito Federal e dos Municípios, dos detentores de mandato eletivo e dos demais agentes políticos e os proventos, pensões ou outra espécie remuneratória, percebidos cumulativamente ou não, incluídas as vantagens pessoais ou de qualquer outra natureza, não poderão exceder o subsídio mensal, em espécie, dos Ministros do Supremo Tribunal Federal, aplicando-se como limite, nos Municípios, o subsídio do Prefeito, e nos Estados e no Distrito Federal, o subsídio mensal do Governador no âmbito do Poder Executivo, o subsídio dos Deputados Estaduais e Distritais no âmbito do Poder Legislativo e o subsídio dos Desembargadores do Tribunal de Justiça, limitado a noventa inteiros e vinte e cinco centésimos por cento do subsídio mensal, em espécie, dos Ministros do Supremo Tribunal Federal, no âmbito do Poder Judiciário, aplicável este limite aos membros do Ministério Público, aos Procuradores e aos Defensores Públicos"). Essa a conclusão do Plenário, que negou provimento a recurso extraordinário em que discutida a definição do montante remuneratório recebido por servidores públicos, para fins de incidência do teto constitucional. No caso, servidores públicos estaduais aposentados, vinculados aos quadros do Executivo local, pretendiam que seus proventos líquidos fossem limitados ao subsídio bruto do governador. O Colegiado registrou, preliminarmente, que a aplicação do redutor da remuneração ao teto remuneratório, conhecido como "abate-teto", previsto no art. 37, XI, da CF e alterado pela EC 41/2003, seria objeto de outros recursos extraordinários com repercussão geral reconhecida. No entanto, o caso em exame seria distinto dos demais, porque a matéria não seria relacionada à submissão de determinadas parcelas remuneratórias ao teto, mas à definição da base remuneratória para a aplicação do teto: se o total da remuneração ou se apenas o valor líquido, apurado depois das deduções previdenciárias e do imposto de renda. A respeito, reputou que a EC 19/1998 modificara o sistema remuneratório dos agentes públicos, com a criação do subsídio como forma de remunerar agentes políticos e certas categorias de agentes administrativos civis e militares. A expressão "espécies remuneratórias" compreenderia o subsídio, os vencimentos e a remuneração. A fixação de limites e tetos para a remuneração de agentes públicos seria um dos mecanismos usados para tolher abusos, na medida em que poucos servidores perceberiam vencimentos muito acima da média do funcionalismo, enquanto os demais seriam mal remunerados. Assim, qualquer tipo de remuneração dos servidores deveria sujeitar-se ao teto remuneratório, além de proventos e pensões, percebidos cumulativamente ou não, incluídas as vantagens pessoais ou de qualquer outra natureza.
RE 675978/SP, rel. Min. Cármen Lúcia, 15.4.2015. (RE-675978)

Teto constitucional e base de cálculo para incidência de imposto e contribuição – 2

O Tribunal enfatizou, no que se refere ao termo "remuneração", que a legislação lhe daria sentidos diversos, de caráter mais amplo ou mais restrito. Numa acepção mais extensiva, remuneração seria a designação genérica dada à totalidade de valores pecuniários recebidos pelo servidor, ativo ou inativo, como retribuição pelo exercício do respectivo cargo público. Em caráter mais restrito, remuneração seria o vencimento do cargo efetivo, acrescido das vantagens pecuniárias permanentes estabelecidas em lei. Dessa forma, definido que a remuneração constituiria os valores recebidos como contraprestação pelos serviços prestados à Administração e que o subsídio seria a remuneração paga aos agentes políticos e aos membros de Poder em parcela única – ambos compreendendo o valor total previsto para o cargo —, de acordo com o art. 37, XI, da CF, o teto remuneratório deveria incidir sobre o montante integral pago ao servidor, ou seja, sobre sua remuneração bruta. Nos termos da redação constitucional, o redutor teria aplicação sobre a remuneração e o subsídio dos ocupantes de cargos, funções e empregos públicos da Administração direta, autárquica e fundacional. Essa conclusão seria reforçada, inclusive, pelo fato de que o parâmetro para a incidência do limite remuneratório – o subsídio dos Ministros do STF – seria verificado em sua totalidade, sem quaisquer descontos, e não seria razoável realizar a comparação para fins de redução com o valor líquido a ser recebido pelo servidor. Seria necessário, portanto, comparar valores da mesma ordem: valor bruto com valor bruto, para, em seguida, aplicar os descontos devidos. Se assim não fosse, dar-se-ia à norma do limite remuneratório exegese mais elástica do que se permite, uma vez que a imposição do teto remuneratório teria também entre seus propósitos hierarquizar o serviço público, de forma a evitar distorções como a do subordinado que percebesse mais do que seu superior máximo. Portanto, as deduções de imposto de renda e de contribuições previdenciárias deveriam incidir após a aplicação do "abate-teto". Além disso, aplicar o redutor remuneratório após as deduções devidas afrontaria o princípio da capacidade contributiva (CF, art. 145, § 1º). Por outro lado, o art. 43 do CTN dispõe que o imposto sobre a renda e proventos de qualquer natureza teria como fato gerador a aquisição da disponibilidade econômica ou jurídica de renda e de proventos de qualquer natureza. Nessa linha, imposto de renda somente poderia incidir quando ocorresse acréscimo patrimonial. Não se poderia considerar, para fins de incidência tributária, os montantes não percebidos em virtude da aplicação do teto constitucional. Essas verbas não adentrariam o patrimônio dos servidores e nem seriam por eles usufruídas, de modo que não se poderia cogitar da incidência de tributo sobre elas. Se fosse possível a ultimação dessas retenções em momento anterior à aplicação do "abate-teto", o Estado faria incidir tributos sobre base econômica não disponibilizada pelo sujeito passivo, em ofensa aos princípios da capacidade contributiva e da vedação da utilização do tributo com efeito de confisco. Nessa hipótese, ao final, o valor pago pelo servidor se daria sobre uma base econômica maior do que aquela efetivamente posta à sua disposição. Assim, o Estado enriqueceria ilicitamente e o contribuinte sofreria decréscimo patrimonial sem causa legítima. Ademais, a retenção do imposto de renda, bem como da contribuição previdenciária, somente poderia ocorrer após a aplicação do teto, de forma a incidir o redutor, portanto, sobre a remuneração bruta do servidor.
RE 675978/SP, rel. Min. Cármen Lúcia, 15.4.2015. (RE-675978)

Teto constitucional e base de cálculo para incidência de imposto e contribuição – 3

O Plenário acrescentou que a discussão sobre a exegese do art. 37, XI, da CF seria antiga no âmbito do STF, que reiteradamente afirmara a autoaplicação dos limites traçados pela EC 41/2003. A expressão "remuneração percebida" não deveria ser lida como o valor líquido da remuneração. Isso porque, em primeiro lugar, o art. 37, XI, da CF seria taxativo ao fixar que a remuneração e o subsídio de servidores públicos não poderiam exceder o subsídio mensal, em espécie, dos Ministros do STF. Em segundo lugar, porque o subsídio mensal pago aos Ministros do STF e adotado como teto máximo para todos os servidores públicos e agentes políticos corresponderia a um valor bruto fixado em lei, sobre o qual incidiria o imposto de renda e a contribuição previdenciária. Entendimento contrário implicaria afronta aos princípios da igualdade e da razoabilidade. Sucede que os próprios Ministros do STF pagariam imposto de renda e contribuição previdenciária sobre o valor integral de seus subsídios, no limite estipulado em lei como teto geral constitucional. Além disso, o princípio da razoabilidade seria afrontado pela desobediência aos fundamentos do sistema tributário, previdenciário e administrativo na definição e oneração da renda dos que seriam remunerados pelos cofres públicos. Essa limitação constitucional do valor pago a título de remuneração, proventos ou subsídio importaria também limitação ao poder de tributar do Estado, que não poderia exigir tributo sobre valor que não poderia pagar ao particular. Ademais, se o valor líquido das remunerações e subsídios de qualquer servidor pudesse atingir o valor bruto dos subsídios das autoridades, elas deixariam de ocupar os respectivos cargos. A observância das normas constitucionais atinentes aos tetos fixados no sistema remuneratório nacional decorreria da necessidade de o cidadão saber a quem paga e quanto paga a cada qual dos agentes estatais. Por sua vez, a remuneração que eventualmente superasse o teto ou o subteto constitucional não seria necessariamente ilegal, porque as parcelas que a compõem, em geral, estariam pautadas em atos normativos cuja presunção de constitucionalidade não se poria em questão. Por isso, o STF já admitira a possibilidade de recebimento automático de parcelas em decorrência de futura elevação do subsídio de Ministro do STF e dos demais agentes políticos do art. 37, XI, da CF.
RE 675978/SP, rel. Min. Cármen Lúcia, 15.4.2015. (RE-675978) (Inform. STF 781)

IRPF e valores recebidos acumuladamente - 4

É inconstitucional o art. 12 da Lei 7.713/1988 ("No caso de rendimentos recebidos acumuladamente, o imposto incidirá, no mês do recebimento ou crédito, sobre o total dos rendimentos, diminuídos do valor das despesas com ação judicial necessárias ao seu recebimento, inclusive de advogados, se tiverem sido pagas pelo contribuinte, sem indenização"). Com base nessa orientação, em conclusão de julgamento e por maioria, o Plenário negou provimento a recurso extraordinário em que se discutia a constitucionalidade da referida norma — v. Informativo 628. O Tribunal afirmou que o sistema não poderia apenar o contribuinte duas vezes. Esse fenômeno ocorreria, já que o contribuinte, ao não receber as parcelas na época própria, deveria ingressar em juízo e, ao fazê-lo, seria posteriormente tributado com uma alíquota superior de imposto de renda em virtude da junção do que percebido. Isso porque a exação em foco teria como fato gerador a disponibilidade econômica e jurídica da renda. A novel Lei 12.350/2010, embora não fizesse alusão expressa ao regime de competência, teria implicado a adoção desse regime mediante inserção de cálculos que direcionariam à consideração do que apontara como "épocas próprias", tendo em conta o surgimento, em si, da disponibilidade econômica. Desse modo, transgredira os princípios da isonomia e da capacidade contributiva, de forma a configurar confisco e majoração de alíquota do imposto de renda. Vencida a Ministra Ellen Gracie, que dava provimento ao recurso por reputar constitucional o dispositivo questionado. Considerava que o preceito em foco não violaria o princípio da capacidade contributiva. Enfatizava que o regime de caixa seria o que melhor aferiria a possibilidade de contribuir, uma vez que exigiria o pagamento do imposto à luz dos rendimentos efetivamente percebidos, independentemente do momento em que surgido o direito a eles. RE 614406/RS, rel. orig. Min. Ellen Gracie, red. p/ o acórdão Min. Marco Aurélio, 23.10.2014. (RE-614406) **(Inform. STF 764)**

REPERCUSSÃO GERAL EM ARE N. 784.854-CE

RELATOR: MINISTRO PRESIDENTE

EMENTA: TRIBUTÁRIO. GRATIFICAÇÃO DE ATIVIDADE DE COMBATE E CONTROLE DE ENDEMIAS – GACEN. NATUREZA JURÍDICA. IMPOSTO DE RENDA. INCIDÊNCIA. MATÉRIA DE ÍNDOLE INFRACONSTITUCIONAL. ATRIBUIÇÃO DOS EFEITOS DA AUSÊNCIA DE REPERCUSSÃO GERAL. **(Inform. STF 764)**

IR de pessoa jurídica: fato gerador - 5

Ante a peculiaridade do caso, consistente no uso do imposto de renda com função extrafiscal, o Plenário, em conclusão de julgamento e por maioria, negou provimento a recurso extraordinário e, em consequência, afastou a incidência retroativa do art. 1º, I, da Lei 7.988/1989. A mencionada norma, editada em 28.12.1989, elevou de 6% para 18% a alíquota do imposto de renda aplicável ao lucro decorrente de exportações incentivadas, apurado no ano-base de 1989 — v. Informativos 111, 419 e 485. Prevaleceu o voto do Ministro Nelson Jobim. Observou, de início, que o Enunciado 584 da Súmula do STF ("Ao imposto de renda calculado sobre os rendimentos do ano-base, aplica-se a lei vigente no exercício financeiro em que deve ser apresentada a declaração") continuaria sendo adotado para fins de interpretação do fato gerador do imposto de renda, de modo a corroborar orientação no sentido de que, em razão de o fato gerador do imposto de renda ocorrer somente em 31 de dezembro, se a lei fosse editada antes dessa data, sua aplicação a fatos ocorridos no mesmo ano da edição não violaria o princípio da irretroatividade. Ressaltou, entretanto, que na situação dos autos ter-se-ia utilizado o imposto de renda em seu caráter extrafiscal. No ponto, esclareceu que a União, por meio do Decreto-lei 2.413/1988, reduzira a alíquota do imposto cobrada sobre a renda auferida sobre certos negócios e atividades, a fim de estimular as exportações, a determinar o comportamento do agente econômico. Essas operações teriam, portanto, tributação diferenciada das demais, e seriam tratadas como unidades contábeis distintas das demais operações. Por isso, o Ministro Nelson Jobim reputou falacioso o argumento da União de que seria materialmente impossível tomar os rendimentos como unidades isoladas, pois, do contrário, não poderia haver o incentivo de operações específicas. Asseverou que, uma vez alcançado o objetivo extrafiscal, não seria possível modificar as regras de incentivo, sob pena de quebra do vínculo de confiança entre o Poder Público e a pessoa privada, e da própria eficácia de políticas de incentivo fiscal. Concluiu, destarte, que, no caso do imposto de renda ser utilizado em caráter extrafiscal, a configuração do fato gerador dar-se-ia no momento da realização da operação para, então, ser tributado com alíquota reduzida. Dessa forma, depois da realização do comportamento estimulado, a lei nova apenas poderia ter eficácia para novas possibilidades de comportamentos, sob pena de ofensa ao princípio da irretroatividade da lei em matéria de extrafiscalidade. Os Ministros Carlos Velloso (relator), Joaquim Barbosa e Marco Aurélio também negaram provimento ao recurso, sob entendimento de que o fato gerador do imposto de renda de pessoa jurídica seria complexivo – e ocorreria nos diversos momentos em que acontecessem os fatos econômicos que afetassem o patrimônio da pessoa jurídica. Assim, afastaram o Enunciado 584 da Súmula do STF. Vencidos os Ministros Eros Grau e Menezes Direito, que davam provimento ao recurso extraordinário. Entendiam aplicável o Enunciado 584 da Súmula do STF, mesmo nos casos de imposto de renda com função extrafiscal. RE 183130/PR, rel. orig. Min. Carlos Velloso, red. p/ o acórdão Min. Teori Zavascki, 25.9.2014. (RE-183130) **(Inform. STF 760)**

IR: nova hipótese de incidência e irretroatividade tributária

A 1ª Turma desproveu recurso extraordinário em que se pleiteava a incidência do art. 63, § 1º, da MP 812/1994, convertida na Lei 8.981/1995, sobre conduta que teria sido praticada em momento anterior à edição daquele ato normativo ("Art. 63. Os prêmios distribuídos sob a forma de bens e serviços, através de concursos e sorteios de qualquer espécie, estão sujeitos à incidência do imposto, à alíquota de trinta e cinco por cento, exclusivamente na fonte. § 1º O imposto de que trata este artigo incidirá sobre o valor de mercado do prêmio, na data da distribuição, e será pago até o terceiro dia útil da semana subsequente ao da distribuição"). No caso, em 30.11.1994, a associação recorrida fora autorizada a distribuir gratuitamente prêmios a seus associados. No entanto, posteriormente a essa autorização, em 31.12.1994, fora editada a referida medida provisória, que criara nova hipótese de incidência do imposto de renda, ao incluir a distribuição de prêmios na abrangência daquela exação. O Ministro Marco Aurélio (relator) destacou que a autorização em comento precedera à medida provisória e por isso, à época em que distribuídos os prêmios, não haveria a hipótese de incidência. Dessa forma, consignou que não caberia a imposição do ônus, pois a lei nova não poderia retroagir, visto que não existiria, ainda, a base de incidência ao fato imponível. O Ministro Roberto Barroso acompanhou o relator, porém por fundamento diverso. Considerou que a criação de um tributo, por medida provisória, no último dia do exercício, seria uma burla ao direito fundamental à anterioridade e à segurança jurídica. RE 230536/SP, rel. Min. Marco Aurélio, 10.6.2014. (RE-230536) **(Inform. STF 750)**

DIREITO TRIBUTÁRIO. INCIDÊNCIA DE IMPOSTO DE RENDA SOBRE O ADICIONAL DE 1/3 DE FÉRIAS GOZADAS. RECURSO REPETITIVO (ART. 543-C DO CPC E RES. 8/2008-STJ). TEMA 881.

Incide imposto de renda sobre o adicional de 1/3 (um terço) de férias gozadas. De fato, a jurisprudência do STJ, há algum tempo, é pacífica quanto à incidência do imposto de renda sobre o adicional de 1/3 das férias gozadas. Este é inclusive o entendimento que vem sendo replicado por ambas as Turmas que compõe a Seção de Direito Público. Ocorre que a controvérsia acerca da incidência ou não do imposto de renda sobre o terço constitucional das férias gozadas passou a ganhar mais relevo quando o STJ, para alinhar sua jurisprudência à do STF, passou a considerar que a referida parcela não pode ser tributada pela contribuição previdenciária sobre a folha de salários (Pet 7.296-PE, Primeira Seção, DJe 10/11/2009). Entretanto, as razões pelas quais o STF concluiu pela não sujeição do terço constitucional de férias às contribuições previdenciárias não são suficientes para que o STJ conclua pelo caráter indenizatório da parcela em debate e altere seu entendimento também acerca da sua sujeição ao imposto de renda. Com efeito, do voto condutor da Pet 7.296-PE, verifica-se que a sua motivação foi a de alinhar o STJ ao posicionamento do Pretório Excelso. Ocorre que o STF, essencialmente, afastou a incidência das contribuições previdenciárias sobre o terço constitucional das férias gozadas, não em razão do seu caráter indenizatório, mas sim em razão da não incorporação para fins de aposentadoria. Ou seja, o fundamento adotado pela Suprema Corte diz respeito ao caráter retributivo da contribuição previdenciária no cálculo do benefício, pressuposto esse que não condiciona a legitimidade de tributação pelo imposto de renda, a qual deve ser analisada à luz da ocorrência ou não do seu fato gerador, que é o acréscimo patrimonial. A par disso, frise--se que a referida conclusão da Corte Suprema referente à contribuição previdenciária não está sedimentada, pois pende de julgamento o RE 593.068-SC, submetido ao rito da repercussão geral. Dessa forma, o STF ainda não pacificou a controvérsia acerca da natureza indenizatória ou remuneratória do terço constitucional referente às férias gozadas, de sorte que é necessário o amplo debate a esse respeito, bem como acerca da ocorrência ou não de acréscimo patrimonial em decorrência de seu recebimento, a fim de que se delibere a respeito de sua submissão ou não à incidência do imposto de renda. Com efeito, o referido acréscimo à remuneração recebida pelo trabalhador no período referente às férias é um direito social previsto no inciso XVII do art. 7º da CF e tem por finalidade conferir ao trabalhador um aumento da sua remuneração durante período das férias, a fim de que possa desenvolver atividades diferentes das que exerce em seu cotidiano, no intuito de lhe garantir a oportunidade de ter momentos de lazer e prazer, tão necessários ao restabelecimento do equilíbrio físico e mental do trabalhador quanto o descanso. Assim, o recebimento de tal valor, assim como o das férias gozadas, decorre da normal fruição da relação jurídica existente entre o trabalhador e o empregador. Esse direito social tem a mesma natureza do salário, sendo oponível em face do empregador, que deve adimplir essa obrigação mediante retribuição pecuniária, *lato sensu*. Essa é a inteligência do art. 148 da CLT: "A remuneração das férias, ainda quando devida após a cessação do contrato de trabalho, terá natureza salarial, para os efeitos do art. 449". Dessa forma, o fato de a verba não constituir ganho habitual e de ser destinada, em tese, ao desenvolvimento de atividades que minimizem os efeitos "do desgaste natural sofrido pelo trabalhador" não a transforma em indenização, justamente porque constitui um reforço, um acréscimo na remuneração em um período específico e fundamental para o trabalhador, que são as férias, ao passo que a indenização visa à reposição do patrimônio (material ou imaterial) daquele que sofre lesão a algum direito. A par disso, o art. 16 da Lei 4.506/1964 dispõe que, para fins de imposto de renda, serão classificados como rendimentos do trabalho assalariado todas as espécies de remuneração por trabalho ou serviços prestados no exercício dos empregos, cargos ou funções, tais como: "I – Salários, ordenados, vencimentos, soldos, soldadas, vantagens [...]; II – Adicionais, extraordinários, suplementações, abonos, bonificações, gorjetas; III – Gratificações [...]", entre outros. Não há dúvida de que o adicional de férias está incluído nesse rol. Frise-se que a exclusão do adicional de férias do conceito de remuneração, para os efeitos da Lei 8.852/1994 (art. 1º, III, "j"), concernentes ao teto remuneratório, não infirma o caráter retributivo da verba, assim definido pelo *caput* do art. 1º dessa mesma lei. Destaca-se ainda que, por essa lei, "o décimo-terceiro salário" (também conhecido como adicional ou gratificação natalina) também está excluído do conceito de remuneração (art. 1º, III, "f"); todavia, inexistem dúvidas sobre o caráter retributivo e a tributação do imposto de renda sobre os valores recebidos a esse título. Nesse contexto, resta claro que o recebimento de adicional de férias configura aquisição de disponibilidade econômica que configura acréscimo patrimonial ao trabalhador, atraindo, assim, a incidência do imposto de renda, nos termos do art. 43 do CTN. Diferentemente seria se o trabalhador, não obstante já tivesse adquirido o direito às férias, não viesse a delas usufruir, o que transmudaria a natureza da verba para o viés indenizatório (reparação pelo não exercício regular do direito), intangível à tributação pelo imposto de renda, conforme assentado no julgamento do REsp 1.111.223-SP, Primeira Seção, DJe 4/5/2009, submetido ao rito do art. 543-C do CPC. Por fim, cumpre destacar que, ainda que se admita o caráter indenizatório da quantia recebida, tal caráter, por si só, não afasta a incidência do imposto de renda, sobretudo quando a indenização tem por escopo a recomposição do patrimônio lesado. Diante dessas ponderações, a conclusão acerca da natureza da verba em questão nos julgamentos da Pet 7.296-PE e do REsp 1.230.957-RS, por si só, não infirma a hipótese de incidência do imposto de renda, cujo fato gerador não está relacionado com a composição do salário de contribuição para fins previdenciários ou com a habitualidade de percepção dessa verba, mas sim com à existência, ou não, de acréscimo patrimonial, que, como visto, é patente quando do recebimento do adicional de férias gozadas. **REsp 1.459.779-MA, Rel. Min. Mauro Campbell Marques, Rel. para acórdão Min. Benedito Gonçalves, Primeira Seção, julgado em 22/04/2015, DJe 18/11/2015. (Inform. STJ 573)**

DIREITO TRIBUTÁRIO. CESSÃO DE CRÉDITO DE PRECATÓRIO E CÁLCULO DO IMPOSTO DE RENDA DEVIDO POR OCASIÃO DE SEU PAGAMENTO.

Se pessoa jurídica adquire por meio de cessão de direito precatório cujo beneficiário seja pessoa física, o cálculo do imposto de renda (IR) retido na fonte (art. 46 da Lei 8.541/1992) na ocasião do pagamento da carta precatória deverá ser realizado com base na alíquota que seria aplicável à pessoa física cedente, ainda que a alíquota aplicável a pessoa física seja maior do que a imposta a pessoa jurídica. Segundo o art. 43 do CTN, o fato gerador do imposto de renda, em seu critério material da hipótese de incidência, é a aquisição da disponibilidade econômica ou jurídica de renda ou de proventos de qualquer natureza. Importa esclarecer que "não se deve confundir disponibilidade econômica com disponibilidade financeira. Enquanto esta última (disponibilidade financeira) se refere à imediata 'utilidade' da renda, a segunda (disponibilidade econômica) está atrelada ao simples acréscimo patrimonial, independentemente da existência de recursos financeiros" (REsp 983.134-RS, Segunda Turma, DJe 17/4/2008). Por sua vez, o precatório é uma carta (precatória) expedida pelo juiz da execução ao Presidente do Tribunal respectivo a fim de que, por seu intermédio, seja enviado à pessoa jurídica de direito público obrigada o ofício de requisição de pagamento. Trata-se de um documento que veicula um direito de crédito líquido, certo e exigível proveniente de uma decisão judicial transitada em julgado. Sendo assim, o precatório veicula um direito cuja aquisição da disponibilidade econômica e jurídica já se operou com o trânsito em julgado da sentença a favor de um determinado beneficiário, motivo pelo qual esse credor original do precatório pode realizar a cessão total ou parcial do crédito, conforme o disposto no § 13 do art. 100 da CF. Desse modo, o momento em que nasce a obrigação tributária referente ao Imposto de Renda com a ocorrência do seu critério material da hipótese de incidência (disponibilidade econômica ou jurídica) é anterior ao pagamento do precatório (disponibilidade financeira) e essa obrigação já nasce com a sujeição passiva determinada pelo titular do direito que foi reconhecido em juízo (beneficiário), não podendo ser modificada pela cessão do crédito, por força do art. 123 do CTN ("Salvo disposições de lei em contrário, as convenções particulares, relativas à responsabilidade pelo pagamento de tributos, não podem ser opostas à Fazenda Pública, para modificar a definição legal do sujeito passivo das obrigações tributárias correspondentes"). Assim, o pagamento efetivo do precatório é apenas a disponibilidade financeira do valor correspondente, o que seria indiferente para efeito do Imposto de Renda não fosse o disposto no art. 46 da Lei 8.541/1992 (art. 718 do RIR/1999), que elenca esse segundo momento como sendo o momento do pagamento (retenção na fonte) do referido tributo ou o critério temporal da hipótese de incidência. Nesse contexto, o *caput* do aludido art. 46 determina que "O imposto sobre a renda incidente sobre os rendimentos pagos em cumprimento de decisão judicial será retido na fonte pela pessoa física ou jurídica obrigada ao pagamento, no momento em que, por qualquer forma, o rendimento se torne disponível para o beneficiário". Com efeito, o "beneficiário" a que alude o art. 46 da Lei 8.541/1992 (art. 718 do RIR/1999) é o credor originário do precatório, de modo que, para efeito da alíquota aplicável na retenção na fonte, não importa se houve cessão de direito anterior, e, igualmente, não interessa a condição pessoal do cessionário, até porque o credor originário (cedente) não pode ceder parte do crédito do qual não dispõe referente ao Imposto de Renda a ser retido na fonte. Dessa maneira, no momento em que o credor originário cede o crédito consubstanciado no precatório, está cedendo o direito ao recebimento do rendimento que lhe será pago nos termos e limites do art. 46 da Lei 8.541/1992, ou seja, o valor líquido em relação ao desconto referente ao Imposto de Renda. Em outras palavras, a natureza da obrigação tributária, pelos motivos já

alinhavados, permite concluir que a totalidade do crédito compreende tão somente o valor do qual o beneficiário pode dispor, qual seja, aquele que lhe será entregue por ocasião do pagamento deduzida a importância retida na fonte a título de Imposto de Renda. Interpretação contrária implicaria a cessão de parte do crédito do qual o beneficiário não dispõe, ou seja, cessão da própria parcela do Imposto de Renda. Por fim, não é possível desconsiderar a relação jurídica original em que figura no polo ativo da execução o beneficiário primeiro do crédito objeto de sentença transitada em julgado (o cedente), sob pena de permitir situações absurdas como, por exemplo, a cessão do crédito a terceiro isento ou imune, para fins de não pagamento do tributo em questão, subvertendo-se a sistemática de arrecadação do Estado e, até mesmo, possibilitando eventuais fraudes, abuso das formas e elusões fiscais, que devem ser evitadas. RMS 42.409-RJ, Rel. Min. Mauro Campbell Marques, julgado em 6/10/2015, DJe 16/10/2015. (Inform. STJ 571)

DIREITO TRIBUTÁRIO. INCIDÊNCIA DE IR SOBRE LUCROS CESSANTES.

Os valores percebidos, em cumprimento de decisão judicial, a título de pensionamento por redução da capacidade laborativa decorrente de dano físico causado por terceiro são tributáveis pelo Imposto de Renda (IR). Para a materialização da hipótese de incidência do IR, requer-se, simplesmente, a existência de acréscimo patrimonial, consistente na aquisição de riqueza nova, independentemente da fonte ou procedência do ganho, exceto em situações de imunidade ou isenção. Tal afirmação encontra-se em sintonia com o princípio tributário intitulado *pecunia non olet*, que, de acordo com a doutrina, "significa que o 'dinheiro não tem cheiro'", razão pela qual "o tributo será cobrado de todos aqueles que apresentam capacidade contributiva (capacidade econômica)". Feitas essas considerações, sob a ótica do Código Civil, notadamente dos arts. 402 e 403, tem-se que indenização corresponde a perdas e danos, devendo englobar não apenas o que o indivíduo perdeu, como também o que deixou de lucrar, este último denominado "lucros cessantes". Nesse contexto, a natureza indenizatória dos lucros cessantes não os retira do âmbito de incidência do IR, pois o que interessa para a tributação por intermédio do referido tributo, como visto acima, é a obtenção de riqueza nova, ou seja, a ocorrência de acréscimo patrimonial. Assim, para fins de incidência do IR, o *nomen iuris* atribuído à verba é irrelevante. No caso dos valores percebidos a título de pensionamento por redução da capacidade laborativa decorrente de dano físico causado por terceiro, não obstante a verba ostente a natureza de lucros cessantes – o que a qualifica como verba indenizatória –, há acréscimo patrimonial apto a autorizar a incidência do IR com base no art. 43, II, do CTN. **REsp 1.464.786-RS, Rel. Min. Og Fernandes, julgado em 25/8/2015, DJe 9/9/2015 (Inform. STJ 568).**

DIREITO TRIBUTÁRIO. INCIDÊNCIA DE IRPJ E CSLL SOBRE OS VALORES DE REPETIÇÃO DO INDÉBITO TRIBUTÁRIO.

Incide IRPJ – apurado pelo regime de lucro real ou presumido – e CSLL sobre os valores referentes à restituição ou à compensação de indébito tributário se, em períodos anteriores, tiverem sido computados como despesas dedutíveis do lucro real e da base de cálculo da CSLL. De fato, o art. 53 da Lei 9.430/1996 dispõe que "Os valores recuperados, correspondentes a custos e despesas, inclusive com perdas no recebimento de créditos, deverão ser adicionados ao lucro presumido ou arbitrado para determinação do imposto de renda, salvo se o contribuinte comprovar não os ter deduzido em período anterior no qual tenha se submetido ao regime de tributação com base no lucro real ou que se refiram a período no qual tenha se submetido ao regime de tributação com base no lucro presumido ou arbitrado". Tendo em vista o referido dispositivo, o art. 1º do Ato Declaratório Interpretativo da Secretaria da Receita Federal 25/2003 assim disciplinou: "Os valores restituídos a título de tributo pago indevidamente serão tributados pelo Imposto sobre a Renda das Pessoas Jurídicas (IRPJ) e pela Contribuição Social sobre o Lucro Líquido (CSLL), se, em períodos anteriores, tiverem sido computados como despesas dedutíveis do lucro real e da base de cálculo da CSLL". A interpretação literal do art. 1º do ADI SRF 25/2003 poderia levar à conclusão de que os valores recuperados, correspondentes a despesas deduzidas anteriormente da receita do contribuinte, somente poderiam ser adicionados ao lucro presumido ou arbitrado, mas não ao lucro real. Todavia, como a regra de adições e exclusões, para a definição da base de cálculo do IRPJ, é típica do regime de apuração pelo lucro real, infere-se que o espírito do legislador foi tão somente positivar a possibilidade de adicionar, mesmo na sistemática do lucro presumido ou do lucro arbitrado, os valores ressarcidos ao contribuinte. Acrescente-se que a quantia eventualmente recuperada de despesas, tributárias ou não, que em dado exercício foram excluídas da base de cálculo do IRPJ e da CSLL, configura acréscimo patrimonial, de modo que o valor restituído deve ser adicionado à referida base no período de apuração em que ele se tornar disponível. Logo, independentemente da previsão contida no art. 53 da Lei 9.430/1996, que apenas explicita que o raciocínio é válido para os casos de tributação pelo lucro presumido ou arbitrado, é da própria hipótese de incidência do imposto de renda (arts. 43, II, e 44, do CTN) que decorre a exigência do tributo. O mesmo raciocínio se aplica ao fato de o art. 53 da Lei 9.430/1996 não constar do rol do art. 28 da mesma lei como passível de aplicação à apuração da base de cálculo e ao pagamento da CSLL, haja vista a existência de outras "normas da legislação vigente" que possibilitam a incidência da exação. Agregue-se, dentro da ótica de que para fins de incidência tributária a regra é que o acessório segue a sorte do principal, que a Primeira Seção do STJ pacificou entendimento, em acórdão submetido ao regime do art. 543-C do CPC, no sentido de que os "juros incidentes na repetição do indébito tributário, inobstante a constatação de se tratarem de juros moratórios, se encontram dentro da base de cálculo do IRPJ e da CSLL, dada a sua natureza de lucros cessantes, compondo o lucro operacional da empresa a teor art. 17, do Decreto-lei n. 1.598/77, em cuja redação se espelhou o art. 373, do Decreto n. 3.000/99 – RIR/99, assim como o art. 9º, §2º, do Decreto-Lei nº 1.381/74 e art. 161, IV do RIR/99, estes últimos explícitos quanto à tributação dos juros de mora em relação às empresas individuais" (REsp 1.138.695-SC, Primeira Seção, DJe 31/5/2013). Nesse contexto, firmada a orientação de que os juros incidentes na repetição do indébito tributário se incluem na base de cálculo do IRPJ e da CSLL, dessume-se que a verba principal não foge à tributação. REsp 1.385.860-CE, Rel. Min. Humberto Martins, julgado em 12/5/2015, DJe 19/5/2015 (Inform. STJ 562).

DIREITO TRIBUTÁRIO. ISENÇÃO DE IMPOSTO DE RENDA SOBRE PROVENTOS ORIUNDOS DE PREVIDÊNCIA PRIVADA COMPLEMENTAR.

São isentos do imposto de renda os proventos percebidos de fundo de previdência privada a título de complementação da aposentadoria por pessoa física acometida de uma das doenças arroladas no art. 6º, XIV, da Lei 7.713/1988. Isso porque a isenção do imposto de renda prevista no art. 6º, XIV, da Lei 7.713/1988 – da qual faz jus pessoa física portadora de doença grave arrolada nesse inciso que receba proventos de aposentadoria ou reforma – engloba benefício complementar pago por entidade de previdência privada. É preciso ressaltar que o regime da previdência privada é facultativo e baseia-se na constituição de reservas que garantam o benefício contratado, nos termos do art. 202 da CF e da exegese do art. 1º da LC 109/2001. Assim, o capital acumulado em plano de previdência privada representa patrimônio destinado à geração de aposentadoria – ainda que intitulada de complementar –, possuindo natureza previdenciária, mormente ante o fato de estar inserida na seção sobre Previdência Social da CF (EREsp 1.121.719-SP, Segunda Seção, DJe 4/4/2014), o que legitima a isenção sobre a parcela complementar. Além disso, o caráter previdenciário da aposentadoria privada encontra respaldo no próprio Regulamento do Imposto de Renda (Decreto 3.000/1999), que estabelece a isenção sobre os valores decorrentes da complementação de aposentadoria no § 6º do seu art. 39: "As isenções de que tratam os incisos XXXI e XXXIII também se aplicam à complementação de aposentadoria, reforma ou pensão". Ademais, conforme a doutrina, "os planos previdenciários privados têm por ponto principal permitir uma continuidade no padrão de vida da pessoa, numa fase madura da vida". Nesse sentido, a isenção concedida aos portadores de doença grave consubstancia

benefício fiscal que visa abrandar o impacto da carga tributária sobre a renda necessária à sua subsistência e sobre os custos inerentes ao tratamento da doença, legitimando um "padrão de vida" o mais digno possível diante do estado de enfermidade. Precedente citado: REsp 1.204.516-PR, Segunda Turma, DJe 23/11/2010. REsp 1.507.320-RS, Rel. Min. Humberto Martins, julgado em 10/2/2015, DJe 20/2/2015 (Inform. STJ 556).

DIREITO TRIBUTÁRIO. CORREÇÃO MONETÁRIA DO VALOR DO IR INCIDENTE SOBRE VERBAS RECEBIDAS ACUMULADAMENTE EM AÇÃO TRABALHISTA. RECURSO REPETITIVO (ART. 543-C DO CPC E RES. 8/2008-STJ).
Até a data da retenção na fonte, a correção do IR apurado e em valores originais deve ser feita sobre a totalidade da verba acumulada e pelo mesmo fator de atualização monetária dos valores recebidos acumuladamente, sendo que, em ação trabalhista, o critério utilizado para tanto é o Fator de Atualização e Conversão dos Débitos Trabalhistas (FACDT). Essa sistemática não implica violação do art. 13 da Lei 9.065/1995, do art. 61, § 3º, da Lei 9.430/1996, dos arts. 8º, I, e 39, § 4º, da Lei 9.250/1995, uma vez que se refere à equalização das bases de cálculo do imposto de renda apuradas pelo regime de competência e pelo regime de caixa e não à mora, seja do contribuinte, seja do Fisco. Ressalte-se que a taxa SELIC, como índice único de correção monetária do indébito, incidirá somente após a data da retenção indevida. REsp 1.470.720-RS, Rel. Min. Mauro Campbell Marques, Primeira Seção, julgado em 10/12/2014, DJe 18/12/2014 (Inform. STJ 553).

DIREITO TRIBUTÁRIO. RESPONSABILIDADE PELO RECOLHIMENTO DO IMPOSTO DE RENDA CUJA DECLARAÇÃO FOI TRANSMITIDA COM DADO EQUIVOCADO PELA FONTE PAGADORA. Mesmo que a fonte pagadora (substituta tributária) equivocadamente tenha deixado de efetuar a retenção de determinada quantia, a título de imposto de renda, sobre importância paga a empregado, tendo, ainda, expedido comprovante de rendimentos informando que a respectiva renda classifica-se como rendimento isento e não tributável, o sujeito passivo da relação jurídico-tributária (substituído tributário) deverá arcar com o imposto de renda devido e não recolhido. Isso porque o STJ tem entendimento pacífico de que o contribuinte substituído, que realiza o fato gerador, é quem efetivamente tem o dever de arcar com o ônus da tributação, que não é afastado pela responsabilidade pessoal do substituto tributário. Precedentes citados: REsp 962.610-RS, Segunda Turma, DJ 7/2/2008; e AgRg no REsp 716.970-CE, Primeira Turma, DJ 29/8/2005. **REsp 1.218.222-RS, Rel. Min. Mauro Campbell Marques, julgado em 4/9/2014. (Inform. STJ 548)**

DIREITO TRIBUTÁRIO. HIPÓTESE DE INCIDÊNCIA DE IMPOSTO DE RENDA SOBRE IMPORTÂNCIA RECEBIDA EM RAZÃO DE OBRIGAÇÃO ALTERNATIVA ASSUMIDA EM ACORDO COLETIVO DE TRABALHO. Incide imposto de renda sobre a quantia recebida pelo empregado em razão de acordo coletivo de trabalho firmado com o empregador, no qual fora ajustado a constituição de fundo de aposentadoria e pensão e, alternativamente, o pagamento de determinado valor em dinheiro correspondente ao que seria vertido para o aludido fundo. Isso porque os valores recebidos pelo empregado, em razão da não perfectibilização do fundo de aposentadoria e pensão, possuem natureza jurídica de acréscimo patrimonial, a ensejar incidência do imposto de renda. Precedentes citados: REsp 996.341-RS, Primeira Turma, DJe 26/6/2008; e REsp 1.058.771-RS, Segunda Turma, DJe 31/8/2009. **REsp 1.218.222-RS, Rel. Min. Mauro Campbell Marques, julgado em 4/9/2014. (Inform. STJ 548)**

DIREITO TRIBUTÁRIO. RESPONSABILIDADE PELO PAGAMENTO DA MULTA APLICADA EM DECORRÊNCIA DO NÃO RECOLHIMENTO DE IMPOSTO DE RENDA. Na hipótese em que a fonte pagadora deixa de efetuar a retenção do imposto de renda, expedindo comprovante de rendimentos o qual os classifica como isentos e não tributáveis, de modo a induzir o empregado/contribuinte a preencher equivocadamente sua declaração de imposto de renda, não é este – mas sim o empregador – o responsável pelo pagamento da multa prevista no art. 44, I, da Lei 9.430/1996. De fato, eximir o contribuinte da multa prevista no art. 44, I, da Lei 9.430/1996 (art. 957, I, do Decreto 3.000/1999 – multa de 75% sobre o valor não recolhido) sempre que não houver a intenção de omitir os valores devidos é excessivamente permissivo e faz tábula rasa ao disposto no art. 136 do CTN, uma vez que, segundo a dicção legal, a omissão dos valores na declaração de imposto de renda enseja a responsabilização objetiva do contribuinte. No entanto, na hipótese em foco, há situação específica em que não houve a omissão dos valores tributáveis na declaração; mas, sim, o registro desses valores como rendimentos isentos e não tributáveis, em razão da informação equivocada fornecida pela fonte pagadora/empregador. Nesse passo, o art. 722 do Decreto 3.000/1999 fixa a responsabilidade exclusiva da fonte pagadora pelo recolhimento da multa aplicada de ofício e dos juros de mora, quando não há recolhimento do tributo devido, mas o rendimento se encontrar incluído na declaração de imposto de renda do contribuinte. Desse modo, a fonte pagadora/empregador deve ser responsabilizada diretamente pela multa prevista no art. 44, I, da Lei 9.430/1996, liberando-se o contribuinte, por ter sido induzido a erro, da referida responsabilidade. Precedentes citados: REsp 374.603-SC, Primeira Turma, DJ 25/5/2006; e REsp 383.309-SC, Segunda Turma, DJ 7/4/2006. **REsp 1.218.222-RS, Rel. Min. Mauro Campbell Marques, julgado em 4/9/2014. (Inform. STJ 548)**

DIREITO TRIBUTÁRIO E PROCESSUAL CIVIL. ILEGITIMIDADE ATIVA DA FONTE PAGADORA PARA PLEITEAR RESTITUIÇÃO DE IRPJ PAGO A MAIOR. Não tem legitimidade para pleitear a restituição do indébito a pessoa jurídica que retém na fonte IRPJ a maior relativo às importâncias pagas a outra pessoa jurídica pela prestação de serviços caracterizadamente de natureza profissional. Segundo os arts. 121 e 165 do CTN, a repetição de indébito tributário pode ser postulada pelo sujeito passivo que pagou, ou seja, que arcou efetivamente com ônus financeiro da exação. Em face disso, pode-se concluir que a empresa que é a fonte pagadora da renda não tem legitimidade ativa para postular a repetição de indébito de IR que foi retido quando do pagamento para a empresa contribuinte. Isso porque a obrigação legal imposta pelo art. 45, parágrafo único, do CTN é a de proceder à retenção e ao repasse ao Fisco do IR devido pelo contribuinte. Não há propriamente pagamento por parte da responsável tributária, uma vez que o ônus econômico da exação é assumido direta e exclusivamente pelo contribuinte que realizou o fato gerador correspondente, cabendo a este, tão-somente, o direito à restituição. Precedentes citados: REsp 596.275-RJ, Primeira Turma, DJ 9/10/2006; e AgREsp 895.824-RS, Segunda Turma, DJe 30/9/2008. **REsp 1.318.163-PR, Rel. Min. Benedito Gonçalves, julgado em 20/5/2014. (Inform. STJ 543)**

Súmula STF nº 587

Incide Imposto de Renda sobre o pagamento de serviços técnicos contratados no exterior e prestados no Brasil.

Súmula STF nº 586

Incide o Imposto de Renda sobre os juros remetidos para o exterior, com base em contrato de mútuo.

Súmula STF nº 584

Ao Imposto de Renda calculado sobre os rendimentos do ano-base, aplica-se a lei vigente no exercício financeiro em que deve ser apresentada a declaração.

Súmula STJ nº 498

Não incide imposto de renda sobre a indenização por danos morais.

Súmula STJ nº 463

Incide imposto de renda sobre os valores percebidos a título de indenização por horas extraordinárias trabalhadas, ainda que decorrentes de acordo coletivo.

Súmula STJ nº 386

São isentas de imposto de renda as indenizações de férias proporcionais e o respectivo adicional.

Súmula STJ nº 215

A indenização recebida pela adesão ao programa de incentivo à demissão voluntária não está sujeita à incidência do imposto de renda.

Súmula STJ nº 136

O pagamento de licença-prêmio não gozada por necessidade do serviço não está sujeito ao Imposto de Renda.

Súmula STJ nº 125

O pagamento de férias não gozadas por necessidade de serviço não está sujeito à incidência do Imposto de Renda.

Súmula TFR nº 264

As cooperativas não estão sujeitas à tributação do Imposto de Renda por excesso de retirada de seus dirigentes.

Súmula TFR nº 182

É ilegítimo o lançamento do Imposto de Renda arbitrado com base apenas em extratos ou depósitos bancários.

Súmula TFR nº 130

No cálculo do Imposto de Renda, não se inclui o ágio cambial pago na aquisição da moeda estrangeira a ser remetida ao Exterior a título de juros devidos.

Súmula TFR nº 101

As multas fiscais não são dedutíveis como despesas operacionais, para fins do Imposto de Renda.

Súmula TFR nº 76

Em tema de Imposto de Renda, a desclassificação da escrita somente se legitima na ausência de elementos concretos que permitam a apuração do lucro real da empresa, não a justificando o simples atraso na escrita.

Súmula TFR nº 39

Não está sujeita ao Imposto de Renda a indenização recebida por pessoa jurídica em decorrência de desapropriação amigável ou judicial.

4.3. IPI

AG. REG. NO RE N. 881.908-CE

RELATOR: MIN. MARCO AURÉLIO

IMPOSTO SOBRE PRODUTOS INDUSTRIALIZADOS – FRETE – BASE DE CÁLCULO – INCLUSÃO – LEI ORDINÁRIA – INCONSTITUCIONALIDADE FORMAL. Viola o artigo 146, inciso III, alínea "a", da Carta Federal norma ordinária segundo a qual hão de ser incluídos, na base de cálculo do Imposto sobre Produtos Industrializados – IPI, valores em descompasso com o disposto na alínea "a" do inciso II do artigo 47 do Código Tributário Nacional. Precedente – Recurso Extraordinário nº 567.935/SC, de minha relatoria, Pleno, apreciado sob o ângulo da repercussão geral. **(Inform. STF 802)**

REPERCUSSÃO GERAL EM RE N. 398.365-RS

RELATOR: MIN. GILMAR MENDES

Recurso extraordinário. Repercussão geral. 2. Tributário. Aquisição de insumos isentos, não tributados ou sujeitos à alíquota zero. 3. Creditamento de IPI. Impossibilidade. 4. Os princípios da não cumulatividade e da seletividade, previstos no art. 153, § 3º, I e II, da Constituição Federal, não asseguram direito de crédito presumido de IPI para o contribuinte adquirente de insumos não tributados ou sujeitos à alíquota zero. Precedentes. 5. Recurso não provido. Reafirmação de jurisprudência. **(Inform. STF 800)**

IPI e importação de automóveis para uso próprio - 1

O Plenário iniciou julgamento de recurso extraordinário em que se discute a incidência do IPI na importação de automóveis para uso próprio, por pessoa física, como consumidor final, que não atua na compra e venda de veículos, ante o princípio da não-cumulatividade do referido tributo. O Ministro Marco Aurélio (relator) desproveu o recurso para assentar a exigibilidade do IPI relativo à importação, praticada por pessoa natural não contribuinte, de veículo automotor para uso próprio. Ressaltou que o IPI incidiria sobre produtos enquadrados como industrializados, ou seja, decorrentes da produção. Afirmou que, conforme preceitua o art. 153, § 3º, da CF, o IPI seria seletivo, em função da essencialidade do produto. A cláusula ensejaria a consideração, consoante o produto e a utilidade que apresentasse, de alíquotas distintas. O IPI seria um tributo não cumulativo. A definição desse instituto estaria no inciso II do referido parágrafo. Resultaria na compensação do que devido em cada operação subsequente, quando cobrado, com o montante exigido nas operações anteriores. Frisou que, no entanto, não incidiria sobre produtos destinados ao exterior. Nesse ponto, notar-se-ia que a recíproca, em termos de normatização constitucional, não seria verdadeira. A imunidade, porque o benefício estaria preconizado na Constituição e não em outra legislação, apenas alcançaria os produtos industrializados que fossem exportados.

IPI e importação de automóveis para uso próprio - 2

O relator consignou que a Constituição não distinguiria o contribuinte do imposto que, ante a natureza, poderia ser um nacional, pessoa natural ou pessoa jurídica brasileira, de modo que seria neutro o fato de não estar no âmbito do comércio e a circunstância de adquirir o produto para uso próprio. Assinalou a impossibilidade de o tributo ser confundido com o de importação. Recordou que o CTN preveria, em atendimento ao disposto no art. 146 da CF, os parâmetros necessários a ter-se como legítima a incidência do IPI em bens importados, presente a definição do fato gerador, da base de cálculo e do contribuinte. O art. 46 do CTN esclareceria que o imposto recairia em produtos industrializados e, no caso, teria como fato gerador o desembaraço aduaneiro, quando de procedência estrangeira (inciso I). O parágrafo único do citado artigo definiria produto industrializado, considerado como aquele submetido a qualquer operação que lhe modificasse a natureza ou a finalidade, ou o aperfeiçoasse para consumo. Sob o ângulo da base de cálculo, disporia o art. 47 do CTN que, se o produto adviesse do estrangeiro, o preço normal seria o versado no inciso II do artigo 20 do CTN, acrescido do montante do Imposto sobre a Importação, das taxas exigidas para entrada do produto no País, dos encargos cambiais efetivamente pagos pelo importador ou dele exigíveis.

IPI e importação de automóveis para uso próprio - 3

O Ministro Marco Aurélio considerou que incidiria o referido imposto quando ocorresse a produção em território nacional. Ponderou que políticas de mercado referentes à isonomia deveriam ser conducentes a homenagear, tanto quanto possível, a circulação dos produtos nacionais, sem prejuízo, evidentemente, do fenômeno no tocante aos estrangeiros. A situação estaria invertida se, simplesmente, desprezada a regência constitucional e legal, fosse assentado não incidir o imposto em produtos industrializados de origem estrangeira, fabricados fora do País e neste introduzidos via importação. Concluiu que o valor dispendido com o produto importado surgiria como próprio à tributação, sem distinção dos elementos que, porventura, o tivessem norteado. Então, a toda evidência, a cobrança do tributo, pela vez primeira, não implicaria o que vedado pelo princípio da não-cumulatividade, ou seja, a cobrança em cascata. Em seguida, pediu vista o Ministro Roberto Barroso. RE 723651/PR, rel. Min. Marco Aurélio, 20.11.2014. (RE-723651) **(Inform. STF 768)**

IPI e alteração da base de cálculo por lei ordinária - 1

É inconstitucional, por ofensa ao art. 146, III, a, da CF, o § 2º do art. 14 da Lei 4.502/1964, com a redação dada pelo art. 15 da Lei 7.798/1989, no ponto em que determina a inclusão de descontos incondicionais na base de cálculo do IPI ("Art. 14. Salvo disposição em contrário, constitui valor tributável: ... § 2º. Não podem ser deduzidos do valor da operação os descontos, diferenças ou abatimentos, concedidos a qualquer título, ainda que incondicionalmente"). Essa a conclusão do Plenário, que negou provimento a recurso extraordinário no qual se discutia a constitucionalidade do aludido preceito. O Tribunal assentou prevalecer o disposto na alínea a do inciso II do art. 47 do CTN, que define o valor da operação como a base de cálculo do IPI. Recordou que a Constituição previra que a lei complementar exerceria diferentes funções em matéria tributária como, por exemplo, criação de tributos na hipótese dos empréstimos compulsórios (art. 148), criação de impostos não previstos na Constituição (art. 154) e criação de novas fontes de custeio da seguridade social (art. 195, § 4º, c/c o art. 154, I). Avaliou que nesses casos, as normas complementares eventualmente editadas teriam âmbito federal. Asseverou, no entanto, que, na hipótese do art. 146, III, a, da CF, a lei complementar possuiria a qualidade de norma nacional ["Art. 146. Cabe à lei complementar: I - dispor sobre conflitos de competência, em matéria tributária, entre a União, os Estados, o Distrito Federal e os Municípios; II - regular as limitações constitucionais ao poder de tributar; III - estabelecer normas gerais em matéria de legislação tributária, especialmente sobre: a) definição de tributos e de suas espécies, bem como, em relação aos impostos discriminados nesta Constituição, a dos respectivos fatos geradores, bases de cálculo e contribuintes"]. Pontuou que, no âmbito deste último inciso, a lei complementar atuaria entre a rigidez da Constituição e a mutabilidade constante da legislação ordinária.

IPI e alteração da base de cálculo por lei ordinária - 2

A Corte assinalou que a lei complementar, com caráter de lei nacional, explicitaria princípios e conceitos indeterminados da Constituição. Ressaltou que a ação posterior do legislador ordinário deveria, portanto, observar as normas gerais contidas na lei complementar. Consignou que, considerada a aludida alínea a, preceito constitucional aplicável a espécie, cumpriria ao legislador complementar definir os fatos geradores, as bases de cálculo e os contribuintes dos impostos previstos na Constituição. Mencionou que a lei complementar teria papel limitador da instituição de impostos em face do legislador ordinário, além de objetivar a harmonização do sistema impositivo nacional. Reputou que a incidência dos impostos apenas poderia ocorrer se formuladas, previamente, tanto as normas gerais, por meio de lei complementar, quanto as normas instituidoras dessa espécie tributária, de competência do legislador ordinário de cada ente tributante e em conformidade com as aludidas diretrizes gerais. Frisou que as leis ordinárias federais, como a da situação examinada, não poderiam implicar inovação no trato dos fatos geradores, bases de cálculo e contribuintes dos impostos federais, a revelar disciplina dissociada das normas gerais precedentes. Caso isso ocorresse, ter-se-ia invasão de competência a ensejar a declaração de inconstitucionalidade formal do ato ordinário. Observou que a sujeição de todo e qualquer diploma ordinário à lei complementar de normas gerais, incluído o federal, decorreria do caráter nacional do ato complementar. Afirmou que sob a óptica jurídico-contábil, os descontos incondicionais seriam parcelas redutoras dos preços de compra e venda outorgados independentemente de evento posterior. Salientou que esse tipo de abatimento repercutiria necessariamente no preço final praticado, ou seja, no valor da operação. Depreendeu que a legislação ordinária, ao impossibilitar a dedução do desconto incondicional, como se este compusesse o preço final cobrado, acabara por disciplinar de forma inovadora a base de cálculo do IPI, de modo a ampliar o alcance material desse elemento da obrigação tributária para além do previsto na norma complementar competente (CTN). Concluiu que o legislador ordinário incorrera em inconstitucionalidade formal, por invadir área reservada à lei complementar pelo art. 146, III, a, da CF. O Ministro Roberto Barroso ressalvou seu ponto de vista no sentido de que, no caso, haveria inconstitucionalidade material e não formal em razão de a lei ordinária ter vulnerado aspecto material da Constituição. RE 567935/SC, rel. Min. Marco Aurélio, 4.9.2014. (RE-567935) **(Inform. STF 757)**

DIREITO TRIBUTÁRIO. CREDITAMENTO DE IPI DOS PRODUTOS FINAIS IMPORTADOS E DESTINADOS À ZONA FRANCA DE MANAUS.

O art. 2º da Lei 9.716/1998 (com vigência a partir de 30/10/1998) garantiu a manutenção na escrita do contribuinte dos créditos de IPI provenientes da aquisição de produtos finais do exterior e posteriormente remetidos à Zona Franca de Manaus (ZFM). De fato, na importação de bem acabado, com posterior revenda ao mercado interno, o IPI incide tanto no desembaraço aduaneiro quanto na saída do produto do estabelecimento do importador, ou seja, quando da sua revenda. Nesses casos, o importador compensa o valor pago na saída do produto com o que pagou quando do despacho aduaneiro, diante do princípio da não-cumulatividade. De outro lado, quando o importador de bem acabado revende para a ZFM ou para outras regiões incentivadas, a saída não é tributada. Nesse caso – quando a saída não é tributada – a manutenção desse crédito na escrita fiscal necessita de autorização legal expressa por se tratar de benefício fiscal. Ocorre que existe uma autorização genérica de creditamento presente no art. 2º da Lei 9.716/1998 (com vigência a partir de 30/10/1998). A mesma autorização se encontra também de forma genérica disposta no art. 11 da Lei 9.779/1999 (com vigência a partir de 30/12/1998). Assim, independentemente de o art. 4º da Lei 8.387/1991 dispor que será mantido na escrita do contribuinte o crédito do IPI incidente sobre matérias-primas, produtos intermediários, material de embalagem e equipamentos adquiridos para emprego na industrialização de produtos que venham a ser remetidos para a ZFM, deve-se concluir que todos os dispositivos legais citados convivem harmoniosamente. Se o art. 4º da Lei 8.387/1991 garantiu desde 31/12/1991 a manutenção na escrita do contribuinte dos créditos provenientes da aquisição de insumos empregados na industrialização de produtos remetidos à ZFM, é bem verdade que essa possibilidade foi estendida para as outras saídas isentas ou tributadas à alíquota zero pelo art. 11 da Lei 9.779/1999 (com vigência a partir de 30/12/1998). Não houve aqui qualquer incompatibilidade. Aliás, é de se observar que o art. 226, V e VI, do RIPI/2010 (Decreto 7.212/2010) permite o creditamento dos estabelecimentos equiparados do imposto pago no desembaraço aduaneiro e que o art. 2º, da Lei 9.716/1998 não discrimina a origem do creditamento ou o destino do produto para efeito de sua aplicação. Sendo assim, o art. 2º da Lei 9.716/1998 se aplica tanto ao creditamento proveniente da aquisição de insumos (matérias-primas, produtos intermediários, material de embalagem) quanto ao creditamento proveniente da aquisição de produtos finais (acabados) via importação, indiferente que sejam destinados ou não para a Zona Franca de Manaus. REsp 1.464.935-PR, Rel. Min. Mauro Campbell Marques, julgado em 1º/10/2015, DJe 15/10/2015. (Inform. STJ 571)

DIREITO TRIBUTÁRIO. ISENÇÕES DE IPI E DE II A INSTITUIÇÕES CULTURAIS.

As entidades com finalidade eminentemente cultural fazem jus às isenções de Imposto de Importação (II) e de Imposto sobre Produtos Industrializados (IPI) previstas nos arts. 2º, I, "b", e 3º, I, da Lei 8.032/1990. Conquanto a Lei 8.032/1990 estabeleça isenções de II e de IPI para as "instituições de educação" (art. 2º, I, "b", da Lei 8.032/1990), as entidades com finalidade eminentemente cultural estão inseridas nessa expressão legal, visto que não se pode dissociar cultura de educação. Precedente citado: REsp 262.590-CE, Segunda Turma, DJ 6/5/2002. **REsp 1.100.912-RJ, Rel. Min. Sérgio Kukina, julgado em 28/4/2015, DJe 14/5/2015 (Inform. STJ 561).**

DIREITO TRIBUTÁRIO. AQUISIÇÃO DE VEÍCULO COM ISENÇÃO DE IPI POR PESSOA COM NECESSIDADES ESPECIAIS QUE TEVE O SEU VEÍCULO ROUBADO.

A isenção de IPI para aquisição de automóvel por pessoa com necessidades especiais (art. 1º, IV, da Lei 8.989/1995) poderá ser novamente concedida antes do término do prazo de 2 anos contado da aquisição (art. 2º) se o veículo vier a ser roubado durante esse período. De acordo com o art. 2º da Lei 8.989/1995, "a isenção do Imposto sobre Produtos Industrializados – IPI de que trata o art. 1º desta Lei somente poderá ser utilizada uma vez, salvo se o veículo tiver sido adquirido há mais de 2 (dois) anos". Esse dispositivo, entretanto, deve ser interpretado de maneira a satisfazer o caráter humanitário da política fiscal, primando pela inclusão das pessoas com necessidades especiais e não restringindo seu acesso. Com efeito, a orientação do STJ é que a Lei 8.989/1995 não pode ser interpretada em óbice à implementação de ação afirmativa para inclusão de pessoas com necessidades especiais (REsp 567.873-MG, Primeira Turma, DJ 25/2/2004). Assim, cabe, na situação em análise, afastar a limitação temporal do art. 2º. da Lei 8.989/1995, com base no princípio da dignidade da pessoa humana e em razão de motivo de força maior. REsp 1.390.345-RS, Rel. Min. Napoleão Nunes Maia Filho, julgado em 24/3/2015, DJe 7/4/2015 (Inform. STJ 559).

DIREITO TRIBUTÁRIO. IMPOSSIBILIDADE DE INCIDIR IPI NA IMPORTAÇÃO DE VEÍCULO PARA USO PRÓPRIO. RECURSO REPETITIVO (ART. 543-C DO CPC E RES. 8/2008-STJ).
Não incide IPI no desembaraço aduaneiro de veículo importado por consumidor para uso próprio. Isso porque o fato gerador da incidência do tributo é o exercício de atividade mercantil ou assemelhada, quadro no qual não se encaixa o consumidor final que importa o veículo para uso próprio e não para fins comerciais. Ademais, ainda que assim não fosse, a aplicação do princípio da não cumulatividade afasta a incidência do IPI. Com efeito, segundo o art. 49 do CTN, o valor pago na operação imediatamente anterior deve ser abatido do mesmo imposto em operação posterior. Ocorre que, no caso, por se tratar de importação feita por consumidor final, esse abatimento não poderia ser realizado. Precedentes citados do STJ: AgRg no AREsp 357.532-RS, Segunda Turma, DJe 18/9/2013; AgRg no AREsp 333.428-RS, Segunda Turma, DJe 22/8/2013; AgRg no REsp 1.369.578-SC, Primeira Turma, DJe 12/6/2013; e AgRg no AREsp 215.391-SC, Primeira Turma, DJe 21/6/2013. Precedentes citados do STF: RE 550.170-SP AgR, Primeira Turma, DJe 3/8/2011; e RE 255.090-RS AgR, Segunda Turma, DJe 7/10/2010. REsp 1.396.488-SC, Rel. Min. Humberto Martins, Primeira Seção, julgado em 25/2/2015, DJe 17/3/2015 (Inform. STJ 557).

DIREITO TRIBUTÁRIO. FATO GERADOR DO IPI NAS OPERAÇÕES DE COMERCIALIZAÇÃO, NO MERCADO INTERNO, DE PRODUTOS DE PROCEDÊNCIA ESTRANGEIRA.
Havendo incidência do IPI no desembaraço aduaneiro de produto de procedência estrangeira (art. 46, I, do CTN), não é possível nova cobrança do tributo na saída do produto do estabelecimento do importador (arts. 46, II, e 51, parágrafo único, do CTN), salvo se, entre o desembaraço aduaneiro e a saída do estabelecimento do importador, o produto tiver sido objeto de uma das formas de industrialização (art. 46, parágrafo único, do CTN). A norma do parágrafo único do art. 46 do CTN constitui a essência do fato gerador do IPI. A teor dela, o tributo não incide sobre o acréscimo embutido em cada um dos estágios da circulação de produtos industrializados. O IPI incide apenas sobre o montante que, na operação tributada, tenha resultado da industrialização, assim considerada qualquer operação que importe na alteração da natureza, funcionamento, utilização, acabamento ou apresentação do produto, ressalvadas as exceções legais. De outro modo, coincidiriam os fatos geradores do IPI e do ICMS. Consequentemente, os incisos I e II do caput do art. 46 do CTN são excludentes, salvo se, entre o desembaraço aduaneiro e a saída do estabelecimento do importador, o produto tiver sido objeto de uma das formas de industrialização. EREsp 1.411.749-PR, Rel. originário Min. Sérgio Kukina, Rel. para acórdão Min. Ari Pargendler, julgado em 11/6/2014, DJe 18/12/2014 (Inform. STJ 553).

DIREITO TRIBUTÁRIO. INCIDÊNCIA DE IPI NA REVENDA DE PRODUTOS IMPORTADOS. Não é ilegal a nova incidência do IPI no momento da saída de produto de procedência estrangeira do estabelecimento do importador, após a incidência anterior do tributo no desembaraço aduaneiro. Seja pela combinação dos arts. 46, II e 51, parágrafo único, do CTN - que compõem o fato gerador do referido imposto -, seja pela combinação dos arts. 51, II, do CTN, 4º, I, da Lei 4.502/1964, 79 da MP 2.158-35/2001 e 13 da Lei 11.281/2006 - que definem a sujeição passiva -, os produtos importados estão sujeitos a uma nova incidência do IPI quando de sua saída do estabelecimento importador na operação de revenda. Essa interpretação não ocasiona a ocorrência de *bis in idem*, dupla tributação ou bitributação, pois a lei elenca dois fatos geradores distintos: o desembaraço aduaneiro proveniente da operação de compra do produto industrializado do exterior e a saída do produto industrializado do estabelecimento importador equiparado a estabelecimento produtor, isto é, a primeira tributação recai sobre o preço da compra, na qual já está embutida a margem de lucro da empresa estrangeira, e a segunda tributação recai sobre o preço da venda, na qual já está embutida a margem de lucro da empresa brasileira importadora. Além disso, a nova incidência do IPI não onera a cadeia além do razoável, pois o importador, na primeira operação, apenas acumula a condição de contribuinte de fato e de direito em razão da territorialidade, já que o estabelecimento industrial produtor estrangeiro não pode ser eleito pela lei nacional brasileira como contribuinte de direito do IPI - os limites da soberania tributária o impedem -, e a empresa importadora nacional brasileira acumula o crédito do imposto a ser pago na saída do produto como contribuinte de direito - não-cumulatividade -, mantendo-se a tributação apenas sobre o valor agregado. Precedentes citados: REsp 1.386.686-SC, Segunda Turma, DJe 24/10/2013 e REsp 1.385.952-SC, Segunda Turma, DJe 11/9/2013. **REsp 1.429.656-PR, Rel. Ministro Mauro Campbell Marques, julgado em 11/2/2014. (Inform. STJ 535)**

DIREITO TRIBUTÁRIO. MODIFICAÇÃO DA OPÇÃO DO REGIME DE CÁLCULO DE CRÉDITO PRESUMIDO DE IPI. Após optar, em determinado exercício, pela manutenção do sistema original de cálculo do crédito presumido de IPI previsto na Lei 9.363/1996 ou pela migração para o regime alternativo preconizado pela Lei 10.276/2001, o contribuinte não poderá retificar sua opção em relação ao exercício em que ela foi realizada ou em relação aos exercícios anteriores, mesmo que a escolha tenha ocorrido por desídia decorrente da ausência de modificação da sistemática quando legalmente possível (dentro do prazo legal), ou ainda que ela se relacione ao regime mais oneroso. Precedentes citados: AgRg no REsp 1.119.893/RS, Segunda Turma, DJe 1/8/2013; e REsp 1.002.855/SC, Segunda Turma, DJe 15/4/2008. **AgRg no REsp 1.239.867-RS, Rel. Min. Benedito Gonçalves, julgado em 4/2/2014. (Inform. STJ 534)**

Súmula STJ nº 495

A aquisição de bens integrantes do ativo permanente da empresa não gera direito a creditamento de IPI.

Súmula STJ nº 494

O benefício fiscal do ressarcimento do crédito presumido do IPI relativo às exportações incide mesmo quando as matérias-primas ou os insumos sejam adquiridos de pessoa física ou jurídica não contribuinte do PIS/PASEP.

Súmula STJ nº 411

É devida a correção monetária ao creditamento do IPI quando há oposição ao seu aproveitamento decorrente de resistência ilegítima do Fisco. *(Comentário: se não houve oposição do fisco, é inviável a correção monetária dos créditos do IPI e do ICMS, por conta de sua natureza escritural)*

Súmula TFR nº 161

Não se inclui na base de cálculo do PIS a parcela relativa ao IPI. *(Comentário: entendimento ultrapassado pelo STJ, que entende inviável a exclusão do IPI da base de cálculo do PIS/COFINS, exceto no caso de crédito presumido de IPI. Ademais, o STF entende que a matéria é mesmo da competência do STJ)*

Súmula TFR nº 106

A seguradora não tem direito à restituição do Imposto sobre Produtos Industrializados, no caso de sinistro ocorrido com mercadoria, após a sua saída do estabelecimento produtor.

Súmula TFR nº 81

Mármores e granitos afeiçoados ao emprego final, mediante processo de industrialização, estão sujeitos ao Imposto sobre Produtos Industrializados.

4.4. ICMS

4.4.1. ICMS: Incidência, conflitos de competência

ICMS: venda financiada e hipótese de incidência

A Segunda Turma iniciou julgamento de recurso extraordinário no qual se discute a incidência ou não de ICMS sobre os acréscimos financeiros decorrentes de operações de compra de bens com cartões de crédito emitidos pela própria fornecedora das mercadorias, sem a intermediação de instituição financeira. O Ministro Dias Toffoli, relator, preliminarmente conheceu do recurso extraordinário, por entender que a questão constitucional, concernente à materialidade do ICMS, cuja roupagem consta tanto do art. 155, II, da CF/1988, como do art. 23,

II, da CF/1967, teria sido previamente debatida na origem. No mérito, considerou, em essência, que as operações com cartões de crédito emitidos pela própria fornecedora da mercadoria, sem a intermediação de instituição financeira, não configurariam outro tipo de operação que não uma venda a prazo, devendo o ICMS incidir sobre o valor total da operação. O tratamento seria diverso das vendas à vista efetuadas com a utilização de crédito bancário. Para que não houvesse inclusão, seria imprescindível que, ao fim, existissem duas operações distintas: a de compra e venda e a de financiamento. Inexistente intermediação financeira, os encargos devidos a título de ICMS comporiam a base de cálculo sobre a qual o imposto deveria incidir. Em seguida, pediu vista dos autos a Ministra Cármen Lúcia.
RE 514639/RS, rel. Min. Dias Toffoli, 26.5.2015. (RE-514639)

ICMS: venda financiada e hipótese de incidência – 2

A Segunda Turma retomou julgamento de recurso extraordinário no qual se discute a incidência ou não de Imposto sobre Circulação de Mercadorias e Serviços – ICMS sobre os acréscimos financeiros decorrentes de operações de compra de bens com cartões de crédito emitidos pela própria fornecedora das mercadorias, sem a intermediação de instituição financeira, em período anterior a Constituição de 1988 – v. Informativo 787. A Ministra Cármen Lúcia, em voto vista, divergiu do relator para não conhecer do recurso e, se ultrapassado a preliminar, negar provimento ao extraordinário. Frisou não haver prequestionamento dos dispositivos constitucionais tidos por violados. Além disso, o STJ teria decidido a questão com base em normas infraconstitucionais (CTN e Decreto-Lei 406/1968), fundamento suficiente para manutenção do acórdão recorrido. Isso impediria a análise do recurso de acordo com o Enunciado 283 da Súmula do STF. No mérito, quanto ao alcance da incidência do ICMS sobre operações de compra e venda realizadas com cartão de crédito emitido pela própria empresa vendedora, o STJ assentara que na venda efetuada por meio de cartão de crédito, ocorreriam duas operações: a primeira de compra e venda e a segunda de financiamento. No que se refere à diferenciação entre compra e venda a prazo e aquela efetuada com utilização de cartão de crédito, se teria definido que, em relação à primeira, dever-se-ia incidir ICMS, uma vez que se traduziria em elevação do valor da saída da mercadoria do estabelecimento comercial. Por outro lado, no caso de venda mediante cartão de crédito, não deveria incidir o imposto sobre os encargos relativos ao financiamento. Sublinhou que esse entendimento estaria em consonância com precedente da Turma que teria afirmado que o ICMS incidiria sobre o preço ajustado para a venda, não sendo cabível sua incidência sobre valores decorrentes da utilização do crédito concedido pela empresa para financiamento da compra. Portanto, o ICMS deveria ser aplicado somente sobre o valor de venda da mercadoria, estampado em nota fiscal, o qual, na espécie, traduzir-se-ia como preço da venda à vista. Estaria dissociado, desse modo, dos custos que porventura pudessem ser cobrados por inadimplência da obrigação firmada quando da abertura do crédito rotativo na empresa vendedora. Em seguida, pediu vista o Ministro Gilmar Mendes.
RE 514639/RS, rel. Min. Dias Toffoli, 3.11.2015. (RE-514639) (Inform. STF 806)

AG. REG. NOS EMB. DECL. NO AG. REG. NO RE N. 705.264-SC
RELATOR: MIN. MARCO AURÉLIO

EMBARGOS DECLARATÓRIOS – INEXISTÊNCIA DE VÍCIO. Uma vez voltados os embargos declaratórios ao simples rejulgamento de certa matéria, inexistindo, na decisão formalizada, qualquer dos vícios que os respaldam – omissão, contradição e obscuridade –, cumpre desprovê-los.
ICMS – BENS – IMPORTAÇÃO – EMENDA CONSTITUCIONAL Nº 33, DE 2001 – PRINCÍPIO DA LEGALIDADE – PRECEDENTES. É constitucional a incidência do Imposto sobre a Circulação de Mercadorias e Serviços – ICMS em bens importados, prevista na Emenda Constitucional nº 33, de 2001, pressupondo a cobrança a edição de lei complementar e de lei estadual a versar a matéria. Precedentes: Recursos Extraordinários n. 474.267/RS e 439.796/PR, julgados no Pleno, relatados pelo ministro Joaquim Barbosa, acórdãos veiculados, respectivamente, no Diário de 20 e 17 de março de 2014. **(Inform. STF 802)**

REPERCUSSÃO GERAL EM ARE N. 782.749-RS
RELATOR: MIN. TEORI ZAVASCKI

Ementa: PROCESSUAL CIVIL. RECURSO EXTRAORDINÁRIO. IMPOSTO SOBRE OPERAÇÕES RELATIVAS À CIRCULAÇÃO DE MERCADORIAS E SOBRE PRESTAÇÕES DE SERVIÇOS DE TRANSPORTE INTERESTADUAL E INTERMUNICIPAL E DE COMUNICAÇÃO – ICMS. INCIDÊNCIA SOBRE A TARIFA DE "ASSINATURA BÁSICA MENSAL". REPERCUSSÃO GERAL CONFIGURADA.
1. Possui repercussão geral a questão relativa à incidência ou não do ICMS-comunicação (Constituição, art. 155, II) sobre a tarifa denominada "assinatura básica mensal", paga pelo consumidor às concessionárias de telefonia, de forma permanente e contínua, durante toda a vigência do contrato de prestação de serviços.
2. Repercussão geral reconhecida. **(Inform. STF 793)**

Súmula Vinculante STF 48

Na entrada de mercadoria importada do exterior, é legítima a cobrança do ICMS por ocasião do desembaraço aduaneiro.

Súmula STF nº 662

É legítima a incidência do ICMS na comercialização de exemplares de obras cinematográficas, gravados em fitas de videocassete.

Súmula STF nº 579

A cal virgem e a hidratada estão sujeitas ao Imposto de Circulação de Mercadorias.

Súmula STJ nº 163

O fornecimento de mercadorias com a simultânea prestação de serviços em bares, restaurantes e estabelecimentos similares constitui fato gerador do ICMS a incidir sobre o valor total da operação.

4.4.2. ICMS: Imunidades

AG. REG. NO AI N. 856.945-MS
RELATORA: MIN. ROSA WEBER

EMENTA: DIREITO TRIBUTÁRIO. ICMS. IMUNIDADE. PRETENSÃO DE ENQUADRAMENTO DE PRODUTO DESTI-NA-DO À EXPORTAÇÃO COMO SEMIELABORADO. LEI COMPLEMENTAR 65/1991. DEBATE DE ÂMBITO INFRACONS-TITUCIONAL. EVENTUAL VIOLAÇÃO REFLEXA DA CONS--TI-TUI-ÇÃO DA REPÚBLICA NÃO VIABILIZA O MANEJO DE RECURSO EXTRAORDINÁRIO. ACÓRDÃO RECORRIDO PUBLICADO EM 16.3.2010.
As razões do agravo regimental não são aptas a infirmar os fundamentos que lastrearam a decisão agravada, mormente no que se refere ao âmbito infraconstitucional do debate, a inviabilizar o trânsito do recurso extraordinário.

4.4.3. Alíquotas e base de cálculo

ICMS e redução da base de cálculo - 1

A redução da base de cálculo de ICMS equivale à hipótese de isenção parcial, a acarretar a anulação proporcional de crédito desse mesmo imposto, relativo às operações anteriores, salvo disposição em lei estadual em sentido contrário. Assim, reduzida a base de cálculo, tem-se impossibilitado o creditamento integral, sem que se possa falar em ofensa ao princípio da não-cumulatividade (CF, art. 155, § 2º, II, b). Essa a conclusão do Plenário ao julgar conjuntamente dois recursos extraordinários em que se discutia a possibilidade de estorno proporcional de crédito de ICMS nos casos em que as operações subsequentes estivessem sujeitas à redução de base de cálculo. No RE 635.688/RS, com repercussão geral reconhecida, o Tribunal, por maioria, negou provimento ao recurso interposto por empresa contribuinte. Na espécie, questionava-se a possibilidade de o Estado do Rio Grande do Sul proceder à anulação proporcional do crédito fiscal relativo às operações de saída interna de mercadorias componentes da cesta básica, que teriam sido beneficiadas por redução de base de cálculo, nos termos da Lei gaúcha 8.820/1989 e do Convênio ICMS 128/1994. A controvérsia constitucional seria concernente à interpretação do art. 155, § 2º, II, da CF, o qual determina que, em matéria de ICMS, os casos de isenção ou de não incidência, não deverão implicar crédito para compensação com o montante devido nas operações ou prestações seguintes e acarretarão a anulação do crédito relativo às operações anteriores.

ICMS e redução da base de cálculo - 2

O Tribunal recordou que, no julgamento do RE 174.478/SP (DJe de 29.5.2008), a Corte mudara seu entendimento e assentara a tese de que a redução de base de cálculo deveria ser tomada para efeito do que dispõe o art. 155, § 2º, da CF, como forma de "isenção parcial". Asseverou que, embora tivessem estrutura jurídica diversa, tanto a isenção total — que elimina o dever de pagamento do tributo, porque lhe ceifa a incidência — quanto a redução de base de cálculo ou de alíquota — que apenas restringe o critério quantitativo do consequente da regra matriz de incidência tributária — teriam semelhante efeito prático: exonerariam, no todo ou em parte, o contribuinte do pagamento do tributo. Ponderou, no entanto, que o modo como se processaria essa exoneração, em termos jurídicos, seria diferente: a) na isenção total, seria afastada a própria incidência, ou seria dispensado integralmente o pagamento do tributo, em relação aos sujeitos e às situações atingidos pelo benefício; e b) na isenção parcial, haveria a incidência do tributo, mas o valor a ser pago seria menor do que aquele que seria devido não fosse a mudança (redução) no critério quantitativo da norma tributária padrão, seja na alíquota, seja na base de cálculo. Consignou que a obrigação de anular os créditos não estaria contida na Constituição, que apenas relegaria essa opção ao âmbito da discricionariedade política do legislador estadual, a caracterizar típica escolha de política fiscal. Assinalou que a existência de previsão legislativa expressa significaria reconhecer o direito à manutenção do crédito. Por outro lado, ante a falta de norma, seria mandamental a anulação do crédito relativo às operações anteriores. Esclareceu que, na situação dos autos, o Convênio ICMS 128/1994 disporia sobre tratamento tributário para as operações com as mercadorias que compõem a cesta básica e autorizaria expressamente os Estados-membros e o Distrito Federal a "não exigir a anulação proporcional do crédito" nas saídas internas desses produtos.

ICMS e redução da base de cálculo - 3

O Plenário destacou que, a despeito da autorização prevista no § 1º da Cláusula Primeira do Convênio ICMS 128/1994, não constaria que a legislação estadual do Rio Grande do Sul tivesse efetivamente previsto a possibilidade de manutenção integral dos créditos nas hipóteses de redução de base de cálculo. Aduziu que, ao contrário, teria determinado que fosse exigida a anulação proporcional do crédito. Frisou que o legislador estadual poderia ter adotado solução diversa, mas não o fizera. Destacou que, à falta de lei que autorizasse o aproveitamento integral do crédito, teria plena aplicação a regra do art. 155, § 2º, II, b, da CF. Sublinhou que o convênio, por si só, não asseguraria a concessão do benefício em questão. Pontuou que o convênio seria condição necessária, mas não suficiente, porque teria sentido jurídico meramente autorizativo, e não impositivo: permitiria a concessão do benefício fiscal por parte de cada um dos Estados-membros e do Distrito Federal, mas não o criaria "per se". Observou que a essa conclusão se chegaria com a leitura do art. 150, § 6º, com redação dada pela EC 3/1993, combinado com o art. 155, § 2º, XII, g, ambos da CF. Registrou que: a) o primeiro exigiria lei específica para a veiculação de isenção ou redução de base de cálculo; e b) o segundo determinaria que a concessão de isenções, incentivos e benefícios fiscais, em matéria de ICMS, deveria observar o procedimento de deliberação previsto em lei complementar, atualmente a LC 24/1975. Salientou que, nas hipóteses de isenção parcial de base de cálculo, a Fazenda estadual estaria autorizada a proceder à anulação proporcional dos créditos, ressalvada a previsão em sentido contrário na legislação estadual, o que não se verificara no caso em tela. Vencido o Ministro Marco Aurélio, que dava provimento ao recurso para garantir ao contribuinte o creditamento do ICMS na integralidade. Enfatizava não se poder confundir isenção com redução da base de cálculo. Apontava que, na espécie, o contribuinte não poderia optar pelo sistema tradicional ou pelo sistema com redução da base de cálculo mais creditamento proporcional.

ICMS e redução da base de cálculo - 4

No RE 477.323/RS, a Corte deu provimento ao recurso. Na espécie, o tribunal de origem declarara a inconstitucionalidade de o Fisco estadual negar o direito de contribuinte utilizar-se, integralmente, de créditos do ICMS relativos à aquisição de insumos, envolvida a prestação de serviço de transportes, mesmo na hipótese de operações de saídas tributadas sob o regime de base de cálculo reduzida. O ora recorrente, Estado do Rio Grande do Sul, arguia a constitucionalidade da restrição ao uso de créditos do mencionado imposto ante a possibilidade de o contribuinte escolher pelo regime de benefício fiscal. O Ministro Marco Aurélio (relator) observou que o contribuinte teria tido oportunidade de optar pelos diferentes sistemas — tradicional ou com redução da base de cálculo. O Colegiado, tendo isso em conta, enfatizou que os convênios teriam natureza autorizativa e não impositiva, e, consequentemente, não dispensariam lei em sentido formal para a concretização dos benefícios neles previstos, como exigido pelo art. 150, § 6º, da CF. RE 635688/RS, rel. Min. Gilmar Mendes, 16.10.2014. (RE-635688) RE 477323/RS, rel. Min. Marco Aurélio, 16.10.2014. (RE-477323) **(Inform. STF 763)**

DIREITO TRIBUTÁRIO. GARANTIA ESTENDIDA E BASE DE CÁLCULO DO ICMS. O valor pago pelo consumidor final ao comerciante a título de "seguro de garantia estendida" não integra a base de cálculo do ICMS incidente sobre a operação de compra e venda da mercadoria. Inicialmente, convém esclarecer que o "seguro de garantia estendida" é um contrato de adesão voluntária estabelecido entre o consumidor (segurado) e uma sociedade seguradora, sendo rotineiramente oferecido e comercializado pela empresa que vendeu a mercadoria, que intermedeia o negócio. Ressalte-se que essa modalidade de seguro foi inicialmente regulamentada pelo Conselho Nacional de Seguros Privados (CNSP) por meio das Resoluções 122/2005 e 296/2013. De acordo com tais regulamentos, essa espécie de seguro tem por escopo fornecer ao segurado/consumidor a extensão e/ou complementação de garantia original da mercadoria adquirida. Importa mencionar, ainda, que a Resolução CNSP 296/2013, em seu art. 13, esclarece expressamente que é "vedado condicionar a compra do bem à contratação do seguro de garantia estendida, assim como condicionar a concessão de desconto no seu preço à aquisição do seguro". De outro lado, a base de cálculo do ICMS, segundo a Lei Kandir (LC 87/1996), é o valor da operação pelo qual se deu a circulação da mercadoria. O imposto, portanto, não está limitado ao preço da mercadoria, abrangendo também o valor relativo às condições estabelecidas e assim exigidas do comprador como pressuposto para a própria realização do negócio. Essa é a inteligência do inciso II do § 1º do art. 13 da LC 87/1996, o qual dispõe que devem integrar a base de cálculo: (a) os seguros, juros e demais importâncias pagas, recebidas ou debitadas, bem como descontos concedidos sob condição; e (b) o frete, caso o transporte seja efetuado pelo próprio remetente ou por sua conta e ordem e seja cobrado em separado. Nessa linha intelectiva, destaque-se que a doutrina ensina que o ICMS deve ser cobrado sobre o prêmio de seguro relativo ao risco do transporte que é contratado e pago pelo vendedor (remetente) e exigido do comprador para a concretização do negócio, pois, nesse caso, tal quantia está compreendida no valor da operação. A par disso, e ponderando os elementos supramencionados, verifica-se que o "seguro de garantia estendida" não se subsume ao art. 13, § 1º, II, "a", da LC 87/1996, pelas razões seguintes. A uma, o pagamento do prêmio dessa modalidade de seguro não deve ser exigido do comprador como condição indispensável para a aquisição da mercadoria. Isso porque o seguro em questão é de adesão voluntária, podendo, ou não, ser contratado diretamente pelo consumidor final. Além disso, o seguro não é pago pelo vendedor para depois ser exigido do comprador, na composição do preço da operação, para o fechamento do negócio; essa, sim, hipótese de incidência do art. 13, § 1º, II, "a", da LC 87/1996. A duas, o seguro de garantia estendida, conforme dispõe o art. 1º da Resolução CNSP 122, de 3/5/2005 e o art. 1º da Resolução CNSP 296, de 25/10/2013, pode ser contratado pelo consumidor quando da aquisição do bem ou posteriormente, durante o prazo de garantia do fabricante, o que denota que esse negócio jurídico, embora relacionado, é autônomo e subsequente à operação de compra, sendo possível a sua contratação depois de já circulada a mercadoria (fato gerador

do ICMS), configurando, portanto, nova relação jurídica e, por isso, não pode compor o valor da operação anterior já concretizada. A três, porque os valores pagos pelo consumidor ao comerciante devem ser repassados à companhia seguradora por força contratual da parceria, não configurando, portanto, receita do varejista na espécie. Assim, a garantia estendida é estabelecida entre o consumidor e a empresa seguradora, inexistindo relação jurídico-tributária entre o fisco e o comerciante que possa imputar ao último o dever de recolher tributo sobre receita pertencente a terceiro, sob pena de afronta ao princípio da capacidade contributiva. Entretanto, apenas, se o "seguro de garantia estendida" vier a ser indevidamente exigido pelo comerciante, como condição do negócio, a fim de reduzir, por meio de simulação, a base de cálculo do ICMS, poderá o fisco autuar essa conduta irregular do contribuinte com espeque no princípio da realidade (art. 116, I, do CTN). REsp 1.346.749-MG, Rel. Min. Benedito Gonçalves, julgado em 10/2/2015, DJe 4/3/2015 (Inform. STJ 556).

Súmula STF nº 572

No cálculo do Imposto sobre Circulação de Mercadorias devido na saída de mercadorias para o exterior, não se incluem fretes pagos a terceiros, seguros e despesas de embarque.

Súmula STJ nº 457

Os descontos incondicionais nas operações mercantis não se incluem na base de cálculo do ICMS.

Súmula STJ nº 431

É ilegal a cobrança de ICMS com base no valor da mercadoria submetido ao regime de pauta fiscal.

Súmula STJ nº 395

O ICMS incide sobre o valor da venda a prazo constante da nota fiscal.

Súmula STJ nº 391

O ICMS incide sobre o valor da tarifa de energia elétrica correspondente à demanda de potência efetivamente utilizada.

Súmula STJ nº 237

Nas operações com cartão de crédito, os encargos relativos ao financiamento não são considerados no cálculo do ICMS.

4.4.4. ICMS: Telecomunicações

DIREITO TRIBUTÁRIO. ICMS SOBRE SERVIÇOS DE TV POR ASSINATURA VIA SATÉLITE.

Caso o prestador de serviços de televisão por assinatura via satélite forneça pacote de canais por valor fixo mensal para assinantes localizados em outros estados federados, deve-se recolher o ICMS em parcelas iguais para as unidades da Federação em que estiverem localizados o prestador e o tomador. De fato, nos termos do art. 11, III, "c-1", da LC 87/1996 (com redação da LC 102/2000), regra geral, o local da operação ou da prestação, para os efeitos da cobrança do ICMS, é, tratando-se de prestação onerosa de serviço de comunicação, o do estabelecimento ou domicílio do tomador do serviço, quando prestado por meio de satélite. Todavia, o parágrafo 6º do referido artigo traz uma exceção para os casos de serviços não medidos e cujo preço seja cobrado por períodos definidos. Por serviço medido, entende-se que o usuário paga pelo serviço efetivamente utilizado, como por exemplo, os serviços de água, telefonia, luz etc. Nos serviços de televisão por assinatura, o pagamento não é variável pelo tempo de utilização. O assinante opta por um pacote de canais e por ele pagará um valor fixo mensalmente. Logo, entende-se que o serviço prestado pela empresa de televisão por assinatura não é medido e o preço será cobrado por períodos definidos, qual seja, mensal. Desse modo, aplica-se ao caso o disposto no art. 11, § 6º, da LC 87/1996, segundo o qual se deve recolher o ICMS em partes iguais para as unidades da Federação em que estiverem localizados o prestador e o tomador. **REsp 1.497.364-GO, Rel. Min. Humberto Martins, julgado em 3/9/2015, DJe 14/9/2015 (Inform. STJ 569).**

Súmula STJ nº 350

O ICMS não incide sobre o serviço de habilitação de telefone celular.

4.4.5. ICMS: Energia elétrica e combustíveis

ICMS: combustíveis e bitributação – 3

O Plenário retomou o julgamento de ação direta ajuizada em face dos §§ 10 e 11 da Cláusula Vigésima Primeira do Convênio ICMS 110/2007, com a redação conferida pelo Convênio ICMS 136/2008 ("§ 10. Os contribuintes que efetuarem operações interestaduais com os produtos resultantes da mistura de gasolina com AEAC ou da mistura de óleo diesel com B100, deverão efetuar o estorno do crédito do imposto correspondente ao volume de AEAC ou B100 contido na mistura. § 11. O estorno a que se refere o § 10 far-se-á pelo recolhimento do valor correspondente ao ICMS diferido ou suspenso que será apurado com base no valor unitário médio e na alíquota média ponderada das entradas de AEAC ou de B100 ocorridas no mês, observado o § 6º da cláusula vigésima quinta") – v. Informativo 634. A Corte, inicialmente, rejeitou questão preliminar suscitada, e assentou a legitimidade ativa da Confederação Nacional do Comércio – CNC para a propositura de ação direta de inconstitucionalidade. No mérito, o Colegiado, por maioria, julgou o pedido procedente para declarar a inconstitucionalidade dos preceitos referidos. Destacou que os dispositivos impugnados, ao terem estabelecido nova obrigação aos contribuintes que efetuassem operações interestaduais com os produtos resultantes da mistura de gasolina com álcool AEAC ou da mistura de óleo diesel com Biodiesel B100, a pretexto de criarem um estorno do crédito do ICMS, teriam violado o disposto nos artigos 145, § 1º, 150, I, e 155, § 2º, I, e § 5º, da CF. Isso porque, se quando da aquisição do álcool AEAC ou do Biodiesel B100, nem a refinaria e nem a distribuidora pagariam qualquer valor a título de ICMS – uma vez que o seu pagamento seria diferido —, não poderia haver o estorno de quantia não paga e não recebida pelo Estado. Levando-se em consideração a natureza jurídica do crédito de ICMS, a norma impugnada não poderia excluir, a título de estorno – decorrente da anulação de crédito tributário da operação anterior —, a obrigação de recolhimento de valor de ICMS diferido ou suspenso, como consta da redação do referido §11.

ADI 4171/DF, rel. Min. Ellen Gracie, 5.3.2015. (ADI-4171)

ICMS: combustíveis e bitributação – 4

A Corte asseverou que não se teria como aceitável a atribuição da responsabilidade às distribuidoras de combustíveis, no caso de operações interestaduais com gasolina "C" ou óleo diesel, pelo recolhimento do valor correspondente ao ICMS diferido ou suspenso, de modo a estornar o crédito do imposto correspondente ao volume de AEAC ou B100 contidos na mistura. Não se poderia exigir o recolhimento de quem não teria a obrigação legal relativamente a ele. Outrossim, não caberia exigir o estorno, na forma de pagamento, para compensar a anulação de crédito meramente contábil. Se o crédito de ICMS, porventura existente na operação anterior, seria meramente escritural, não haveria motivos de ordem prática e jurídica a justificar a obrigação de estorno na forma de pagamento do imposto. O estorno poderia dar-se na forma de compensação contábil, mas não na modalidade de pagamento de imposto. Por outro lado, na espécie, os Estados-membros e o Distrito Federal, sob a supervisão da União, teriam vulnerado o princípio da legalidade tributária, pois, por meio de convênio, teriam estipulado que o mesmo fato gerador se prestaria a servir de instrumento arrecadador para entes federados distintos, a gerar hipótese de bitributação não contemplada na Constituição. Esse fato causaria, portanto, evidente surpresa e prejuízo ao contribuinte, uma vez que agravaria sua situação tributária, em patente violação às limitações constitucionais do poder de tributar. Vencidos os Ministros Luiz Fux e Cármen Lúcia, que julgavam improcedente o pedido. Destacavam que o Convênio ICMS 110/2007 teria definido a refinaria de petróleo como a câmara de compensação do ICMS, a ser recolhido nas operações de circulação de combustíveis derivados do petróleo por um sistema de repasse de deduções. Caberia, então, à refinaria o recolhimento do tributo aos Estados-membros em que situado o destinatário da mercadoria em operações interestaduais. O ICMS seria, então, regido pela regra da tributação integral de destino. No que concerne aos biocombustíveis, porém, a lógica seria diferente. Embora o recolhimento do tributo, pela distribuidora, fosse feito em um único momento, não poderiam ser ignorados seus distintos papéis, de modo que o estorno

não incorreria em violação à legalidade tributária, por não criar novo fato gerador, mas apenas impedir a utilização do crédito anterior na operação seguinte, em virtude da imunidade. Na sequência, o Plenário retomou a análise sobre proposta formulada, na sessão de 3.8.2011, pela Ministra Ellen Gracie (relatora). Esta propusera que os efeitos da decisão tivessem a eficácia diferida por seis meses após a publicação do acórdão, no que foi acompanhada, na presente assentada, pelos Ministros Ricardo Lewandowski (Presidente), Roberto Barroso, Teori Zavascki, Luiz Fux, Gilmar Mendes e Celso de Mello. Em divergência, o Ministro Marco Aurélio destacou que, com a modulação de efeitos da decisão de inconstitucionalidade, as distribuidoras estariam compelidas ao pagamento de tributo que não encontraria respaldo na Constituição, visto que, no caso, não se teria um verdadeiro estorno, mas a cobrança do próprio tributo. Em seguida, o julgamento foi suspenso para colher o voto da Ministra Cármen Lúcia quanto à modulação dos efeitos da declaração de inconstitucionalidade. O Ministro Marco Aurélio assentou o não cabimento da suspensão do julgamento, no tocante à conclusão sobre a modulação, para que fosse colhido voto de Ministro ausente.
ADI 4171/DF, rel. Min. Ellen Gracie, 5.3.2015. (ADI-4171)

ICMS: combustíveis e bitributação – 5

O Plenário, em conclusão de julgamento e por maioria, acolheu pedido formulado em ação direta para declarar a inconstitucionalidade dos §§ 10 e 11 da Cláusula Vigésima Primeira do Convênio ICMS 110/2007, com a redação conferida pelo Convênio ICMS 136/2008 ("§ 10. Os contribuintes que efetuarem operações interestaduais com os produtos resultantes da mistura de gasolina com AEAC ou da mistura de óleo diesel com B100, deverão efetuar o estorno do crédito do imposto correspondente ao volume de AEAC ou B100 contido na mistura. § 11. O estorno a que se refere o § 10 far-se-á pelo recolhimento do valor correspondente ao ICMS diferido ou suspenso que será apurado com base no valor unitário médio e na alíquota média ponderada das entradas de AEAC ou de B100 ocorridas no mês, observado o § 6º da cláusula vigésima quinta") – v. Informativos 634 e 776. O Colegiado destacou que os dispositivos impugnados, ao terem estabelecido nova obrigação aos contribuintes que efetuassem operações interestaduais com os produtos resultantes da mistura de gasolina com álcool AEAC ou da mistura de óleo diesel com Biodiesel B100, a pretexto de criarem um estorno do crédito do ICMS, teriam violado o disposto nos artigos 145, § 1º, 150, I, e 155, § 2º, I, e § 5º, da CF. Isso porque, se quando da aquisição do álcool AEAC ou do Biodiesel B100, nem a refinaria e nem a distribuidora pagariam qualquer valor a título de ICMS – uma vez que o seu pagamento seria diferido —, não poderia haver o estorno de quantia não paga e não recebida pelo Estado. Levando-se em consideração a natureza jurídica do crédito de ICMS, a norma impugnada não poderia excluir, a título de estorno – decorrente da anulação de crédito tributário da operação anterior —, a obrigação de recolhimento de valor de ICMS diferido ou suspenso, como consta da redação do referido §11.
ADI 4171/DF, rel. orig. Min. Ellen Gracie, red. p/ o acórdão Min. Ricardo Lewandowski, 20.5.2015. (ADI-4171)

ICMS: combustíveis e bitributação – 6

A Corte asseverou que não se teria como aceitável a atribuição da responsabilidade às distribuidoras de combustíveis, no caso de operações interestaduais com gasolina "C" ou óleo diesel, pelo recolhimento do valor correspondente ao ICMS diferido ou suspenso, de modo a estornar o crédito do imposto correspondente ao volume de AEAC ou B100 contidos na mistura. Não se poderia exigir o recolhimento de quem não teria a obrigação legal relativamente a ele. Outrossim, não caberia exigir o estorno, na forma de pagamento, para compensar a anulação de crédito meramente contábil. Se o crédito de ICMS, porventura existente na operação anterior, seria meramente escritural, não haveria motivos de ordem prática e jurídica a justificar a obrigação de estorno na forma de pagamento do imposto. O estorno poderia dar-se na forma de compensação contábil, mas não na modalidade de pagamento de imposto. Por outro lado, na espécie, os Estados-Membros e o Distrito Federal, sob a supervisão da União, teriam vulnerado o princípio da legalidade tributária, pois, por meio de convênio, teriam estipulado que o mesmo fato gerador se prestaria a servir de instrumento arrecadador para entes federados distintos, a gerar hipótese de bitributação não contemplada na Constituição. Esse fato causaria, portanto, evidente surpresa e prejuízo ao contribuinte, uma vez que agravaria sua situação tributária, em patente violação às limitações constitucionais do poder de tributar. Vencidos os Ministros Luiz Fux e Cármen Lúcia, que julgavam improcedente o pedido. Na sequência, o Plenário, por maioria, modulou os efeitos da declaração de inconstitucionalidade, para que tivesse a eficácia diferida por seis meses após a publicação do acórdão. Vencido, quanto à modulação, o Ministro Marco Aurélio.
ADI 4171/DF, rel. orig. Min. Ellen Gracie, red. p/ o acórdão Min. Ricardo Lewandowski, 20.5.2015. (ADI-4171) (Inform. STF 786)

AG. REG. NO ARE 825.283-MA

RELATOR: MIN. LUIZ FUX

Ementa: **AGRAVO REGIMENTAL NO RECURSO EXTRAORDINÁRIO COM AGRAVO. ICMS. REVENDA DE COMBUSTÍVEIS. SUBSTITUIÇÃO TRIBUTÁRIA. RAZÕES RECURSAIS QUE NÃO ATACAM TODOS OS FUNDAMENTOS DO ACÓRDÃO RECORRIDO. INCIDÊNCIA DA SÚMULA Nº 283 DO STF. REPERCUSSÃO GERAL NÃO EXAMINADA EM FACE DE OUTROS FUNDAMENTOS QUE OBSTAM A ADMISSÃO DO APELO EXTREMO.1.** *É inadmissível o recurso extraordinário, quando a decisão recorrida assenta em mais de um fundamento suficiente e o recurso não abrange todos eles.* (Súmula nº 283/STF). Precedente: RE 505.028-AgR, Rel. Min. Ricardo Lewandowski, Primeira Turma, DJe de 12/9/2008.**2.** Não afasta a incidência da Súmula nº 283 do STF a argumentação suscitada apenas em agravo regimental contra os fundamentos contidos no acórdão recorrido, que não foram atacados no recurso extraordinário.**3.** Inconstitucionalidade da base de cálculo, ilegitimidade passiva e ativa e bitributação indevida constituem fundamentos para, ainda que individualmente admitidos, afastar exigência de obrigação tributária. Inexistência de argumentação contra qualquer desses fundamentos impede a análise do recurso extraordinário com fundamento na Súmula nº 283 do STF.**4.** *In casu*, o acórdão recorrido extraordinariamente assentou: *"DIREITO TRIBUTÁRIO E PROCESSUAL CIVIL. RECURSOS DE APELAÇÃO. AÇÃO ANULATÓRIA DE DÉBITO FISCAL. AUTO DE INFRAÇÃO. ICMS. EMPRESA DISTRIBUIDORA DE COMBUSTÍVEIS. SUBSTITUIÇÃO TRIBUTÁRIA. RECOLHIMENTO ANTECIPADO DO IMPOSTO PELA REFINARIA. SENTENÇA QUE JULGOU IMPROCEDENTE O PEDIDO E CONDENOU A AUTORA AO PAGAMENTO DE CUSTAS E HONORÁRIOS. AFRONTA AO PRINCIPIO DA LEGALIDADE. FIXAÇÃO DE PREÇOS DIFERENCIADOS POR MEIO DE PORTARIA MINISTERIAL. REGIME DE PAUTA FISCAL. SÚMULA 431 DO STJ. MAJORAÇÃO DA BASE DE CÁLCULO PELOS AUTOS DE INFRAÇÃO. IMPOSSIBILIDADE. RECURSO CONHECIDO E PROVIDO. 1 – Alguns produtos, dentre eles os combustíveis, são comercializados sob a estrutura, que consiste em cobrar na ponta da cadeia os impostos incidentes em todas as etapas. Todos os impostos são cobrados na venda do combustível do produtor para o distribuidor, portanto, as vendas do posto para o consumidor final são isentas de impostos, uma vez que estes já foram cobrados antecipadamente por substituição tributaria. 2 – A Carta Magna, em seu art. 155, § 2º, inciso I, consagra como um dos princípios basilares do ICMS a não cumulatividade, que é operacionalizado pelo instituto da compensação, efetivada pelo abatimento dos créditos decorrentes de operações anteriores, com os débitos referentes à revenda, não necessitando que sejam provenientes da mesma mercadoria ou do mesmo serviço. 3 – A redução da base de cálculo do ICMS na revenda de combustíveis, de acordo com a interpretação dada ao tema pelo Supremo Tribunal Federal, equivale à isenção parcial do tributo. 4 – Sendo caso de isenção, esse princípio, assim como os demais insculpidos na Constituição determina que a desoneração no preço de revenda da mercadoria ou serviço deverá acarretar a proporcional anulação do crédito relativo às operações anteriores (artigo 155, II, 'b'), pois condiciona o aproveitamento do crédito anterior, desde que não seja a operação posterior isenta ou não-incidente do imposto. 5 – A base de cálculo do ICMS há de ser, em face de força do princípio da legalidade, o valor da operação de que decorrer na saída da mercadoria. 6 – Primeiro apelo conhecido e provido a fim de reformar a sentença de base e anular os Autos de Infração e Segundo Apelo negado provimento".* **5.** Agravo regimental **DESPROVIDO. (Inform. STF 785)**

REPERCUSSÃO GERAL EM RE N. 748.543-RS

RELATOR: MIN. MARCO AURÉLIO

IMUNIDADE TRIBUTÁRIA – ARTIGO 155, § 2º, INCISO X, ALÍNEA "B", DA CONSTITUIÇÃO FEDERAL – ALCANCE – INTERMEDIÁRIA NA AQUISIÇÃO E ALIENAÇÃO DE ENERGIA ELÉTRICA – RECURSO EXTRAORDINÁRIO – REPERCUSSÃO GERAL VERIFICADA. Possui repercussão geral a controvérsia acerca do alcance da imunidade tributária, prevista no artigo 155, § 2º, inciso X, alínea "b", da Constituição Federal, à intermediária que adquire energia elétrica e a aliena a consumidores no mesmo estado. **(Inform. STF 773)**

REPERCUSSÃO GERAL EM RE N. 714.139-SC

RELATOR: MIN. MARCO AURÉLIO

IMPOSTO SOBRE A CIRCULAÇÃO DE MERCADORIAS E SERVIÇOS – ENERGIA ELÉTRICA – SERVIÇOS DE TELECOMUNICAÇÃO – SELETIVIDADE – ALÍQUOTA VARIÁVEL – ARTIGOS 150, INCISO II, E 155, § 2º, INCISO III, DA CARTA FEDERAL – ALCANCE – RECURSO EXTRAORDINÁRIO – REPERCUSSÃO GERAL CONFIGURADA. Possui repercussão geral a controvérsia relativa à constitucionalidade de norma estadual mediante a qual foi prevista a alíquota de 25% alusiva ao Imposto sobre a Circulação de Mercadorias e Serviços incidente no fornecimento de energia elétrica e nos serviços de telecomunicação, em patamar superior ao estabelecido para as operações em geral – 17%. **(Inform. STF 760)**

REPERCUSSÃO GERAL EM RE N. 753.681-SC

RELATOR: MIN. TEORI ZAVASCKI

Ementa: PROCESSUAL CIVIL. RECURSO EXTRAORDINÁRIO. ICMS SOBRE A ENERGIA ELÉTRICA. REPETIÇÃO DE INDÉBITO. LEGITIMIDADE ATIVA DO CONSUMIDOR FINAL. MATÉRIA INFRACONSTITUCIONAL. AUSÊNCIA DE REPERCUSSÃO GERAL.

1. A controvérsia relativa à legitimidade ativa do consumidor final para ajuizar ação de repetição de indébito de ICMS sobre a energia elétrica, fundada na interpretação do art. 166 do CTN, é de natureza infraconstitucional.

2. É cabível a atribuição dos efeitos da declaração de ausência de repercussão geral quando não há matéria constitucional a ser apreciada ou quando eventual ofensa à Carta Magna se dê de forma indireta ou reflexa (RE 584.608 RG, Min. ELLEN GRACIE, DJe de 13/03/2009).

3. Ausência de repercussão geral da questão suscitada, nos termos do art. 543-A do CPC. **(Inform. STF 756)**

DIREITO TRIBUTÁRIO. NÃO CUMULATIVIDADE DO ICMS INCIDENTE NA AQUISIÇÃO DE COMBUSTÍVEL POR EMPRESA DE TRANSPORTE FLUVIAL. O ICMS incidente na aquisição de combustível a ser utilizado por empresa de prestação de serviço de transporte fluvial no desempenho de sua atividade-fim constitui crédito dedutível na operação seguinte (art. 20 da LC 87/1996). Isso porque combustível constitui insumo indispensável à atividade em questão. Com efeito, se o constituinte originário inseriu os prestadores de serviços de transporte e comunicação no âmbito do ICMS, é imperativo que se compatibilize o princípio da não cumulatividade com as suas atividades, o que só será possível mediante a definição de um critério que preserve um mínimo de créditos, imune às constantes tentativas de mitigação por parte dos Estados-membros. Esse novo critério deve garantir o direito de crédito sobre todos os materiais empregados de forma absolutamente necessária nos veículos utilizados na prestação do serviço de transporte, assim como nas centrais telefônicas de propriedade dos prestadores de serviço de comunicação, por exemplo, até porque esses materiais impactam decisivamente a composição do preço do serviço que será oferecido ao público. Ademais, tratando-se o combustível de insumo, não se lhe aplica a limitação prevista no art. 33, I, da LC 87/1996 – de acordo com a qual "somente darão direito de crédito as mercadorias destinadas ao uso ou consumo do estabelecimento nele entradas a partir de 1º de janeiro de 2020" –, pois só alcança as mercadorias destinadas ao uso ou consumo do estabelecimento. **REsp 1.435.626-PA, Rel. Min. Ari Pargendler, julgado em 3/6/2014. (Inform. STJ 543)**

4.4.6. ICMS: importação, *leasing* internacional

"Leasing" e Incidência de ICMS

O Tribunal iniciou julgamento de recurso extraordinário, afetado ao Pleno pela 1ª Turma, em que se discute a constitucionalidade, ou não, da incidência do ICMS na importação de bem móvel realizada mediante operação de arrendamento mercantil (*leasing*). O recurso impugna acórdão do Tribunal de Justiça do Estado de São Paulo, que reputara indevido o recolhimento do referido imposto, quando do desembaraço aduaneiro, ao fundamento de que o contrato de *leasing* é complexo e, no caso, não fora exercida a opção de compra, não se cuidando, dessa forma, de operação que envolvesse circulação de mercadoria, mas prevalecendo a prestação de serviços consoante previsão da Lei Complementar 56/87. A Min. Ellen Gracie, relatora, deu provimento ao recurso, e reportou-se à orientação fixada no julgamento do RE 206069/SP (DJU de 1º.9.2006), de sua relatoria, no sentido de reconhecer a constitucionalidade da incidência do ICMS sobre a entrada de mercadoria importada, qualquer que seja a natureza do ajuste internacional motivador da importação. Asseverou, inicialmente, que o Constituinte de 1988 conferiu tratamento especialíssimo à incidência de ICMS sobre itens importados (CF, art. 155, § 2º, IX, a), e que a análise desse dispositivo revela que, nessa circunstância, a imposição de ICMS prescinde da verificação da natureza do negócio jurídico motivador da importação. Esclareceu que se elegeu o elemento fático "entrada de mercadoria importada" como caracterizador da circulação jurídica da mercadoria ou do bem, e se dispensaram indagações sobre os contornos do negócio jurídico realizado no exterior. Ressaltou que o legislador constituinte assim o fez porque, de outra forma, não seria possível a tributação do negócio jurídico que ensejou a importação por não estar ele ao alcance do fisco brasileiro, nem ter sido pautado pelas leis brasileiras, já que realizado no exterior. Por isso, ante a impossibilidade de tributar o próprio ajuste — a teor da regra das transações internas, em que o vendedor é o contribuinte do ICMS — ele optou por sujeitar ao ICMS o resultado do ajuste, consubstanciado na entrada da mercadoria importada. Daí, em contraponto ao sistema da incidência genérica sobre a circulação econômica, o imposto será recolhido pelo utilizador do bem que seja contribuinte do ICMS. Além disso, frisou que a Lei 6.099/74, que rege a matéria, ao tratar do *leasing* internacional (art. 17), teria objetivado proteger o mercado interno e evitar a elisão fiscal. Considerou, ainda, que o disposto no inciso VIII do art. 3º da Lei Complementar 87/96, que prevê a incidência do ICMS apenas na hipótese do exercício da opção de compra pelo arrendatário, só se aplicaria nas operações internas, eis que a opção de compra constante do contrato internacional não está no âmbito da incidência do ICMS e o arrendador sediado no exterior não é dele contribuinte. Por fim, observou que a isenção pretendida pela recorrida ocasionaria uma inevitável situação de privilégio em prejuízo aos bens e mercadorias nacionais objetos de *leasing*. Após, antecipou pedido de vista dos autos o Min. Eros Grau. **RE 226899/SP, rel. Min. Ellen Gracie, 4.2.2009.** (RE-226899)

(Comentário: ver Informativo STF 629 – RE 540.839/SP – ICMS em leasing *internacional)*

"Leasing" e incidência de ICMS - 3

O Tribunal retomou julgamento de recurso extraordinário em que se discute a constitucionalidade da incidência do ICMS na importação de bem móvel realizada mediante operação de arrendamento mercantil (*leasing*) — v. Informativos 534 e 570. O Ministro Joaquim Barbosa, Presidente, em voto-vista, negou provimento ao recurso. Considerou possível, em tese, a incidência do ICMS nas operações de importação amparadas por contratos de arrendamento mercantil. Entretanto, salientou que um dos obstáculos a ser enfrentado seria a lesão da capacidade contributiva pela ausência de normas gerais adequadas a mensurar o aspecto econômico da operação. Consignou que a tributação não poderia absorver integralmente a utilidade econômica do fato tributado a ponto de torná-lo inviável, a não ser nas hipóteses permitidas pela Constituição e pela lei. Aludiu que a capacidade contributiva conciliaria dois interesses relevantes: do ponto de vista do Estado, asseguraria a solidariedade no custeio dos serviços públicos, de modo que nenhuma atividade que gerasse riqueza pudesse se furtar à manutenção da máquina administrativa (desiderato fiscal);

do ponto de vista do contribuinte, garantiria a ele o estímulo necessário ao trabalho e à iniciativa econômica, ao preservar a utilidade e a fruição de sua atividade e ao prevenir o efeito de desestímulo característico das porções mais elevadas da curva de Laffer. Constatou que a jurisprudência do STF tenderia a utilizar o princípio da capacidade contributiva para justificar a tributação, e não para desonerar contribuintes.

"Leasing" e incidência de ICMS - 4

O Presidente citou precedente (RE 547245/SC, DJe de 5.3.2010) em que o Tribunal fixara entendimento segundo o qual o arrendamento mercantil não se confundiria com locação ou com simples compra e venda. Ressaltou que a evolução social e de conceitos teria sido adotada, naquele caso, para ampliar a tributação pelo ISS. Porém, aqui, as virtudes econômicas contemporâneas indicariam caminho contrário em relação ao ICMS-importação, sob pena da instituição de verdadeiro "imposto de importação de competência estadual". Rememorou que, consideradas as características econômicas únicas do contrato, o valor integral da operação não refletiria a expressão econômica do *leasing*, como se compra e venda fosse. Além disso, destacou que outro problema a ser enfrentado diria respeito à competência da União para criar tributos de fins extrafiscais regulatórios, com o escopo de intervir no comércio exterior e na balança comercial. Mencionou que não haveria notícia de que a lei complementar de normas gerais ou os Estados e o Distrito Federal teriam criado mecanismo de controle baseado na existência ou não de similares nacionais, como operaria a Câmara de Comércio Exterior - Camex no âmbito federal. Recordou que alguns convênios Confaz permitiriam a outorga de isenção em casos de aquisição de bens para o ativo fixo, mas essas normas seriam apenas autorizativas e não se aplicariam às importações que não fossem destinadas aos bens de capital. Sublinhou que, tendo em vista a proibição da outorga de isenções heterônomas, seria possível conceber cenário no qual eventual política de estímulo federal estaria prejudicada pela tributação local.

"Leasing" e incidência de ICMS - 5

O Presidente enfatizou, ainda, que a preocupação acerca da manutenção das condições de concorrência equilibrada não se aplicaria às hipóteses em que ausente produto similar nacional. Além disso, destacou que, no caso em exame, teria sido reconhecida a existência de isenção para as operações internas. Deste modo, ponderou que tributar as operações externas e desonerar as operações internas teria como risco iminente a violação da isonomia e o desequilíbrio da concorrência e, como risco próximo, contrariedade a tratados internacionais que exigiriam reciprocidade de tratamento em matéria fiscal. Ademais, considerou essencial abordar a problemática referente à alegada dificuldade de o aparato fiscal constatar a real natureza do negócio jurídico e de fazer o tributo alcançar a parte localizada em território estrangeiro. Não vislumbrou óbice constitucional para a incidência do ICMS nas operações de entrada de mercadorias, independentemente do negócio jurídico subjacente, desde que justificada pelo risco concreto de lesão do mercado interno. Realçou não ser possível assentar a tributação baseada em simples presunções, sob o risco de subscrever a cobrança de impostos sobre aquilo que efetivamente não fosse riqueza, requisito indisponível da autorização democrática que embasaria o poder fiscal. Por fim, anotou que a grande quantidade de obrigações acessórias e os elevados graus de técnica e profissionalismo dos aparatos fiscais seriam mais do que suficientes para que o Estado verificasse a ocorrência de fatos geradores, apurasse o montante devido, encontrasse os sujeitos passivos e cobrasse a exação. Não haveria, assim, margem para temer a hipossuficiência fiscal ou o risco hipotético de os contribuintes se furtarem impunemente ao pagamento dos débitos. Após a manifestação do Presidente, pediu vista o Ministro Teori Zavascki.

"Leasing" e incidência de ICMS - 6

O ICMS — tributo próprio à circulação de mercadorias qualificada pela compra e venda — não incide na importação de bem móvel realizada mediante operação de arrendamento mercantil quando não exercida a opção de compra e, por consequência, suscetível de devolução ao arrendador. Com base nessa orientação, o Plenário, por maioria e em conclusão de julgamento, reafirmou jurisprudência e desproveu recurso extraordinário interposto contra acórdão de tribunal local que reputara indevido o recolhimento do referido imposto, quando do desembaraço aduaneiro, ao fundamento de que o contrato de "leasing" seria complexo — v. Informativos 534, 570 e 729. Na espécie, a Corte estadual considerara indevido o recolhimento de ICMS, quando do desembaraço aduaneiro, na importação de aeronave realizada mediante contrato de arrendamento mercantil no qual não fora exercida a opção de compra. Por conseguinte, reconhecera devida apenas a incidência do ISS. O Colegiado, ao reafirmar jurisprudência do tema, aplicou o que fora decidido no julgamento do RE 540.829/SP (j. em 26.9.2014, acórdão pendente de publicação, v. Informativo 758), com repercussão geral reconhecida. Destacou que, na espécie, conforme apontado pela decisão recorrida, não se cuidaria de operação a envolver circulação de mercadoria, a prevalecer prestação de serviços consoante previsão da Lei Complementar 56/1987. Os Ministros Teori Zavascki, Gilmar Mendes e Celso de Mello, com ressalvas de pontos de vista pessoal no sentido contrário, aderiram às conclusões do Colegiado para negar provimento ao extraordinário. Vencida a Ministra Ellen Gracie (relatora) que dava provimento. Reconhecia a constitucionalidade da incidência do ICMS sobre a entrada de mercadoria importada, qualquer que fosse a natureza do ajuste internacional motivador da importação. RE 226899/SP, rel. orig. Min. Ellen Gracie, red. p/ o acórdão Min. Cármen Lúcia, 1º.10.2014. (RE-226899) **(Inform. STF 761)**

ICMS e "leasing" internacional - 1

O Plenário iniciou julgamento de recurso extraordinário em que se discute, à luz do art. 155, II e § 2º, IX e XII, a e d, da CF, a constitucionalidade, ou não, da incidência de ICMS sobre operações de importação de mercadorias, sob o regime de arrendamento mercantil internacional. O Min. Gilmar Mendes, relator, proveu o recurso para declarar a incidência do ICMS na importação de bens mediante operações de leasing financeiro com o exterior. Inicialmente, salientou que esta Corte teria posicionamentos divergentes sobre o tema. Em seguida, aduziu que, na vigência da redação original do art. 155, § 2º, IX, a, da CF ("§ 2º - O imposto previsto no inciso I, b, atenderá ao seguinte: ... IX - incidirá também: a) sobre a entrada de mercadoria importada do exterior, ainda quando se tratar de bem destinado a consumo ou ativo fixo do estabelecimento, assim como sobre serviço prestado no exterior, cabendo o imposto ao Estado onde estiver situado o estabelecimento destinatário da mercadoria ou do serviço"), o STF afirmara a não-incidência do tributo em comento nas importações de bens realizadas por pessoa física para uso próprio, o que culminara na edição do Enunciado 660 de sua súmula ("Não incide ICMS na importação de bens por pessoa física ou jurídica que não seja contribuinte do imposto"). Ocorre que o constituinte derivado editara a EC 33/2001, que alterara a redação do aludido dispositivo constitucional ("§ 2.º O imposto previsto no inciso *II atenderá ao seguinte: ... IX - incidirá também: a) sobre a entrada de bem ou mercadoria importados do exterior por pessoa física ou jurídica, ainda que não seja contribuinte habitual do imposto, qualquer que seja a sua finalidade, assim como sobre o serviço prestado no exterior, cabendo o imposto ao Estado onde estiver situado o domicílio ou o estabelecimento do destinatário da mercadoria, bem ou serviço*"), em típico caso de tentativa de corrigenda da interpretação conferida. Assim, apontou que o constituinte, ao ampliar a base econômica do ICMS, objetivara deixar claro que qualquer pessoa física ou jurídica poderia ser contribuinte da exação, ainda que não fosse contribuinte habitual do imposto. Nesse contexto, destacou que não haveria como subsistir a orientação fixada no RE 461968/SP (DJU de 24.8.2007), no sentido de que o ICMS incide nas hipóteses em que o bem ou a mercadoria importados por meio de arrendamento mercantil internacional tivessem a propriedade transferida para o arrendatário. Isso porque esse entendimento convolar-se-ia em obstáculo à teleologia da norma constitucional. RE 540829/SP, rel. Min. Gilmar Mendes, 1º.6.2011. (RE-540829)

ICMS e "leasing" internacional - 2

Explicou que, no leasing financeiro, o arrendatário possuiria, ao término do contrato, as opções de devolução ou compra do bem e de renovação do ajuste. Por esse motivo, a Constituição previra a incidência de ICMS na importação — na entrada do bem ou da mercadoria —, pois, de outra maneira, a exação ficaria à disposição do particular, a depender apenas do tipo de avença que desejasse celebrar. Ressaltou que isso permitiria elisão fiscal, com graves repercussões a partir do negócio jurídico entabulado. Concluiu que a situação em apreço apresentaria as seguintes possibilidades: 1) se determinado bem for adquirido por contrato de compra e venda internacional, incide ICMS, pois haverá a circulação de mercadoria, a qual será transferida ao patrimônio do adquirente; 2) se bem da mesma espécie for adquirido por contrato de compra e venda interno, incide ICMS; 3) se o mesmo bem for objeto de operação de arrendamento mercantil, *leasing* financeiro interno, incide ISS, consoante jurisprudência pacificada neste Tribunal (RE 592905/SC, DJe de 5.3.2010) e 4) se bem similar for objeto de importação mediante arrendamento mercantil internacional em que não seja feita a escolha de compra, a posição que vem se formando no STF impedirá a incidência do ICMS na importação — e tampouco do ISS. Diante desse quadro, notadamente da última hipótese, asseverou a ofensa ao princípio da isonomia, haja vista a concessão de vantagens não estendidas àquelas operações realizadas em âmbito interno. Ademais, reputou-se que, se adotada a mencionada tese, o poder de tributar do Estado ficaria à disposição do contribuinte. Tendo em conta todos esses motivos, asseverou que os fundamentos firmados no RE 206069/SP (DJU de 1º.9.2006), deveriam ser acolhidos, de modo a garantir a incidência do ICMS na importação de bem ou de mercadoria provenientes do exterior, independentemente da natureza do contrato internacional celebrado. RE 540829/SP, rel. Min. Gilmar Mendes, 1º.6.2011. (RE-540829)

ICMS e "leasing" internacional – 3

Em divergência, o Min. Luiz Fux desproveu o recurso para manter a jurisprudência decenária desta Corte, segundo a qual a exegese desse novel preceito constitucional pressupõe a entrada e a posterior circulação desse bem para a incidência do ICMS, a fim de não transmudá-lo em imposto de importação. Afirmou que a Constituição delegara à lei complementar o estabelecimento de normas gerais em matéria tributária e o CTN dispusera, como regra de exegese, que na aplicação do direito tributário seriam obedecidos os conceitos de direito privado. Assinalou que o art. 155, II, da CF determinaria que o ICMS seria imposto derivado de uma operação de circulação de mercadoria e que presumiria uma compra e venda. Assim, incabível desnaturarem-se os vínculos de direito privado, de forma a equiparar o *leasing* à compra e venda. Observou que se tentara empreender interpretação teleológica à espécie para que a entrada da mercadoria fosse fato gerador do ICMS. No ponto, reiterou que, conforme realçado no RE 461968/SP (DJU de 24.8.2007), para não haver a transfiguração do ICMS em imposto de importação, aquele apenas incidiria se o ingresso se desse a título de circulação da mercadoria, sob pena de violação não só ao art. 146, III, da CF, como também, à luz dessa interpretação teleológica, do art. 155, § 2º, IX, a, da CF. Enfatizou, ainda, que em nível infraconstitucional, o STJ, em julgamento de recurso especial representativo da controvérsia, assentara que o referido imposto incidiria sobre a entrada de bem ou de mercadoria importados do exterior, desde que atinentes à operação relativa à circulação desses por pessoa física ou jurídica, ainda que não contribuinte habitual do tributo, qualquer que seja a finalidade. Por fim, esclareceu que os conceitos de direito privado não poderiam ser desnaturados pelo direito tributário, assim como, por analogia, seria indevida a criação de tributo inexistente. Após, pediu vista a Min. Cármen Lúcia. RE 540829/SP, rel. Min. Gilmar Mendes, 1º.6.2011. (RE-540829)

(Comentário – ver Informativo STF 614 – julgamento do RE 429.306/PR, relativo a II e IPI incidentes sobre operação de leasing internacional)

ICMS e "leasing" internacional - 4

O Plenário retomou julgamento de recurso extraordinário em que se discute a constitucionalidade da incidência de ICMS sobre operações de importação de mercadorias, sob o regime de arrendamento mercantil internacional, em face do art. 155, II e § 2º, IX e XII, a e d, da CF — v. Informativo 629. A Ministra Cármen Lúcia, em voto-vista, acompanhou a divergência e negou provimento ao recurso. De início, aduziu que os fatos narrados neste processo teriam ocorrido antes das alterações perpetradas pela EC 33/2001. Portanto, a norma originária do texto constitucional deveria ser utilizada como parâmetro para a solução da controvérsia. Salientou que a circunstância de se tratar de recurso extraordinário com repercussão geral reconhecida não autorizaria desconsiderar as características do caso concreto em exame. Aduziu que se poderia, no máximo, fazer observações sobre o novo regime instituído pela referida emenda constitucional, mas se deveria aplicar o direito à espécie com base no quadro normativo vigente na data em que o fato gerador do tributo surgira. Destacou a necessidade de se observar a interpretação conjunta do inciso II e do § 2º, IX, a, do art. 155 da CF. Advertiu que examinar a alínea a do inciso IX do § 2º do art. 155 da Constituição, isoladamente, implicaria concluir que qualquer entrada de mercadoria importada estaria sujeita ao ICMS.

RE 540829/SP, rel. Min. Gilmar Mendes, 20.11.2013. (RE-540829)

ICMS e "leasing" internacional - 5

A Ministra Cármen Lúcia consignou que o STF sempre afirmara que o ICMS incide sobre a circulação econômica de mercadorias. Assim, se não houvesse aquisição da mercadoria, mas mera posse decorrente do arrendamento, não se poderia cogitar de circulação econômica. Desta forma, sublinhou que caberia à Fazenda Pública examinar o contrato de arrendamento para verificar a incidência de ICMS. Assinalou que não haveria incidência de ICMS sobre a operação de arrendamento mercantil sempre que a mercadoria fosse passível de restituição ao proprietário e enquanto não fosse efetivada a opção de compra. Por outro lado, afirmou que sobre a operação de arrendamento a envolver bem insuscetível de devolução, seja por circunstâncias naturais ou físicas ou por se tratar de insumo, incidiria ICMS, porque nessa hipótese o contrato teria apenas a forma de arrendamento, mas conteúdo de compra e venda. Apontou que, nos termos do acórdão recorrido, o caso dos autos seria de contrato de arrendamento mercantil internacional de bem suscetível de devolução, sem opção de compra. Ademais, enfatizou que o entendimento de que o ICMS incidiria sobre toda e qualquer entrada de mercadoria importada poderia resultar em situações configuradoras de afronta ao princípio constitucional da vedação de confisco (CF, art. 150, IV). Isso porque, no caso de mercadoria que não constitua o patrimônio do arrendatário, o tributo, ao invés de integrar o valor da mercadoria, como seria da natureza do ICMS, expropriaria parcela do efetivo patrimônio da empresa. Após, pediu vista o Ministro Teori Zavascki.

RE 540829/SP, rel. Min. Gilmar Mendes, 20.11.2013. (RE-540829)

ICMS e "leasing" internacional - 6

Não incide o ICMS importação na operação de arrendamento mercantil internacional, salvo na hipótese de antecipação da opção de compra na medida em que o arrendamento mercantil não implica, necessariamente, transferência de titularidade sobre o bem. Com base nessa orientação, o Plenário, por maioria e em conclusão de julgamento, desproveu recurso extraordinário se discutia a constitucionalidade da incidência de ICMS sobre operações de importação de mercadorias, sob o regime de arrendamento mercantil internacional — v. Informativos 629 e 729. O Tribunal assinalou que a incidência do ICMS pressuporia operação de circulação de mercadoria. Assim, se não houver aquisição de mercadoria, mas mera posse decorrente do arrendamento, não se poderia cogitar de circulação econômica. Dessa forma, sublinhou que caberia à Fazenda Pública examinar o contrato de arrendamento para verificar a incidência de ICMS. Frisou que não haveria a aludida incidência sobre a operação de arrendamento mercantil sempre que a mercadoria fosse passível de restituição ao proprietário e enquanto não fosse efetivada a opção de compra. Por outro lado, afirmou que sobre a operação de arrendamento a envolver bem insuscetível de devolução, fosse por circunstâncias naturais ou físicas ou por se tratar de insumo, incidiria ICMS, porque nessa hipótese o contrato teria apenas a forma de arrendamento, mas conteúdo de compra e venda. Apontou que, nos termos do acórdão recorrido, o caso dos autos seria de contrato de arrendamento mercantil internacional de bem suscetível de devolução, sem opção de compra. Ademais, enfatizou que o entendimento de que o ICMS incidiria sobre toda e qualquer entrada de mercadoria importada poderia resultar em situações configuradoras de afronta ao princípio constitucional da vedação de confisco (CF, art. 150, IV). Isso porque, no caso de mercadoria que não constitua o patrimônio do arrendatário, o tributo, ao invés de integrar o valor da mercadoria, como seria da natureza do ICMS, expropriaria parcela do efetivo patrimônio da empresa. Salientou que os conceitos de direito privado não poderiam ser desnaturados pelo direito tributário. Vencidos os Ministros Gilmar Mendes (relator) e Teori Zavascki, que davam provimento ao recurso. O relator aplicava o precedente firmado no RE 206.069/SP (DJU de 1º.9.2006), de modo a garantir a incidência do ICMS na importação de bem ou mercadoria provenientes do exterior, independentemente da natureza do contrato internacional celebrado. O Ministro Teori Zavascki, em acréscimo, pontuava que a natureza e o conteúdo do contrato celebrado no exterior não poderia comprometer a ocorrência do fato gerador do ICMS. RE 540829/SP, rel. orig. Min. Gilmar Mendes, red. p/ o acórdão Min. Luiz Fux, 11.9.2014. (RE-540829) **(Inform. STF 758)**

Súmula STF nº 661

Na entrada de mercadoria importada do exterior, é legítima a cobrança do ICMS por ocasião do desembaraço aduaneiro.

Súmula STF nº 660

Não incide ICMS na importação de bens por pessoa física ou jurídica que não seja contribuinte do imposto. *(Comentário: entendimento ultrapassado pela atual redação do art. 155, § 2º, IX, "a" da CF/88)*

Súmula STF nº 577

Na importação de mercadoria do exterior, o fato gerador do Imposto de Circulação de Mercadorias ocorre no momento de sua entrada no estabelecimento do importador.

Súmula STF nº 575

É lícita a cobrança do Imposto de Circulação de Mercadorias sobre produtos importados sobre regime de alíquota zero.

Súmula STJ nº 198

Na importação de veículo por pessoa física, destinado a uso próprio, incide o ICMS.

Súmula STJ nº 155

O ICMS incide na importação de aeronave, por pessoa física, para uso próprio.

Súmula STJ nº 71

O bacalhau importado de país signatário do GATT é isento do ICM. *(Comentário: ver Informativo STJ 386 – Resp 871.760/BA repetitivo – atualmente, o STJ analisa os convênios interestaduais e, inexistindo isenção para o pescado nacional, afasta o benefício em relação ao similar importado)*

Súmula STJ nº 20

A mercadoria importada de país signatário do GATT é isenta do ICM, quando contemplado com esse favor o similar nacional. *(Comentário: ver Informativo STJ 386 – Resp 871.760/BA repetitivo – atualmente, o STJ analisa os convênios interestaduais e, inexistindo isenção para o pescado nacional, afasta o benefício em relação ao similar importado)*

4.4.7. ICMS: Outras matérias

REPERCUSSÃO GERAL EM RE N. 851.421-DF

RELATOR: MIN. MARCO AURÉLIO

IMPOSTO SOBRE A CIRCULAÇÃO DE MERCADORIAS E SERVIÇOS – GUERRA FISCAL – BENEFÍCIOS FISCAIS DECLARADOS INCONSTITUCIONAIS – CONVALIDAÇÃO SUPERVENIENTE MEDIANTE NOVA DESONERAÇÃO – RECURSO EXTRAORDINÁRIO – REPERCUSSÃO GERAL CONFIGURADA. Possui repercussão geral a controvérsia relativa à constitucionalidade da prática mediante a qual os estados e o Distrito Federal, respaldados em consenso alcançado no âmbito do Conselho Nacional de Política Fazendária – CONFAZ, perdoam dívidas tributárias surgidas em decorrência do gozo de benefícios fiscais assentados inconstitucionais pelo Supremo, porque implementados em meio à chamada guerra fiscal do ICMS. **(Inform. STF 797)**

ICMS: benefício tributário e guerra fiscal

O Plenário julgou parcialmente procedente pedido formulado em ação direta para declarar a inconstitucionalidade do art. 1º, II, e dos artigos 2º a 4º; 6º a 8º; e 11, todos da Lei 14.985/1996 do Estado do Paraná. O diploma impugnado trata da concessão de benefícios fiscais vinculados ao ICMS. O Colegiado asseverou que o entendimento do STF seria no sentido de que a concessão unilateral de benefícios fiscais relativos ao ICMS sem a prévia celebração de convênio intergovernamental, nos termos da LC 24/1975, afrontaria o art. 155, § 2º, XII, g, da CF. Primeiramente, no que se refere ao art. 1º, "caput", I e parágrafo único; bem assim ao art. 5º da lei impugnada, afirmou serem constitucionais. Esses dispositivos estabeleceriam apenas a suspensão do pagamento do ICMS incidente sobre a importação de matéria-prima ou de material intermediário, e transferiria o recolhimento do tributo do momento do desembaraço aduaneiro para o momento de saída dos produtos industrializados do estabelecimento. No ponto, a jurisprudência do STF permitiria diferir o recolhimento do valor devido a título de ICMS – se não implicasse redução ou dispensa do valor devido —, pois isso não significaria benefício fiscal e prescindiria da existência de convênio. Por outro lado, a lei deveria ser declarada inconstitucional quanto aos dispositivos que preveriam parcelamento do pagamento de ICMS em quatro anos sem juros e correção monetária; bem assim que confeririam créditos fictícios de ICMS de forma a reduzir artificialmente o valor do tributo. Haveria deferimento indevido de benefício fiscal. Ademais, seria também inconstitucional dispositivo que autorizaria o governador a conceder benefício fiscal por ato infralegal, inclusive por afronta à regra da reserva legal. Por fim, o Plenário, por maioria, deliberou modular os efeitos da declaração de inconstitucionalidade, para que tivesse eficácia a partir da data da sessão de julgamento. Ponderou que se trataria de benefícios tributários inconstitucionais, mas que se deveria convalidar os atos jurídicos já praticados, tendo em vista a segurança jurídica e a pouca previsibilidade, no plano fático, quanto às consequências de eventual decretação de nulidade desses atos, existentes no mundo jurídico há anos. Entretanto, o STF não poderia permitir que novos atos inconstitucionais fossem praticados. Vencido, no ponto, o Ministro Marco Aurélio, que não modulava os efeitos da decisão.
ADI 4481/PR, rel. Min. Roberto Barroso, 11.3.2015. (ADI-4481) (Inform. STF 777)

Protocolo Confaz 21/2011: ICMS e operação interestadual não presencial

É inconstitucional a cobrança de ICMS pelo Estado de destino, com fundamento no Protocolo ICMS 21/2011 do Conselho Nacional de Política Fazendária - Confaz, nas operações interestaduais de venda de mercadoria a consumidor final realizadas de forma não presencial. Com base nesse entendimento, o Plenário negou provimento a recurso extraordinário em que se discutia a constitucionalidade do mencionado protocolo, que dispõe sobre a exigência de parcela do ICMS pelo estado-membro destinatário da mercadoria ou bem devida na operação interestadual em que o consumidor final adquire mercadoria ou bem de forma não presencial por meio de internet, "telemarketing" ou "showroom". Julgou, ainda, procedentes os pedidos formulados em ações diretas para declarar a inconstitucionalidade desse mesmo protocolo. O Tribunal frisou que, no julgamento da ADI 4.565 MC/PI (DJe de 27.6.2011), fora assentado que, nas operações interestaduais cuja mercadoria fosse destinada a consumidor final não contribuinte, apenas o estado-membro de origem cobraria o tributo, com a aplicação da alíquota interna. Realçou que regime tributário diverso configuraria bitributação. Mencionou que os signatários do Protocolo teriam invadido a competência das unidades federadas de origem, que constitucionalmente seriam os sujeitos ativos da relação tributária quando da venda de bens ou serviços a consumidor final não contribuinte localizado em outra unidade da Federação. Asseverou que essa hipótese ofenderia o princípio do não confisco, bem como o do tráfego de pessoas e bens (CF, art. 150, V). Consignou que o Protocolo impugnado, ao determinar que o estabelecimento remetente fosse o responsável pela retenção e recolhimento do ICMS em favor da unidade federada destinatária, vulnerara a exigência de lei em sentido formal e complementar (CF, art. 155, § 2º, XII, b) para instituir uma nova modalidade de substituição tributária. Em

seguida, a Corte, por maioria, deliberou modular os efeitos da declaração de inconstitucionalidade do aludido Protocolo a partir do deferimento da concessão da medida liminar, ressalvadas as ações já ajuizadas. Vencido o Ministro Marco Aurélio, que não modulava.
ADI 4628/DF, rel. Min. Luiz Fux, 17.9.2014. (ADI-4628)
ADI 4713/DF, rel. Min. Luiz Fux, 17.9.2014. (ADI-4713)
RE 680089/SE, rel. Min. Gilmar Mendes, 17.9.2014. (RE-680089) **(Inform. STF 759)**

ICMS: revogação de benefício fiscal e princípio da anterioridade tributária

Configura aumento indireto de tributo e, portanto, está sujeita ao princípio da anterioridade tributária, a norma que implica revogação de benefício fiscal anteriormente concedido. Com base nessa orientação, a 1ª Turma, por maioria, manteve decisão do Ministro Marco Aurélio (relator), que negara seguimento a recurso extraordinário, por entender que o acórdão impugnado estaria em consonância com o precedente firmado na ADI 2.325 MC/DF (DJU de 6.10.2006). Na espécie, o tribunal "a quo" afastara a aplicação — para o ano em que publicados — de decretos estaduais que teriam reduzido benefício de diminuição de base de cálculo do ICMS, sob o fundamento de ofensa ao princípio da anterioridade tributária. A Turma afirmou que os mencionados atos normativos teriam reduzido benefício fiscal vigente e, em consequência, aumentado indiretamente o aludido imposto, o que atrairia a aplicação do princípio da anterioridade. Frisou que a concepção mais adequada de anterioridade seria aquela que afetasse o conteúdo teleológico da garantia. Ponderou que o mencionado princípio visaria garantir que o contribuinte não fosse surpreendido com aumentos súbitos do encargo fiscal, o que propiciaria um direito implícito e inafastável ao planejamento. Asseverou que o prévio conhecimento da carga tributária teria como base a segurança jurídica e, como conteúdo, a garantia da certeza do direito. Ressaltou, por fim, que toda alteração do critério quantitativo do consequente da regra matriz de incidência deveria ser entendida como majoração do tributo. Assim, tanto o aumento de alíquota, quanto a redução de benefício, apontariam para o mesmo resultado, qual seja, o agravamento do encargo. Vencidos os Ministros Dias Toffoli e Rosa Weber, que proviam o agravo regimental. Após aduzirem que benefícios fiscais de redução de base de cálculo se caracterizariam como isenção parcial, pontuavam que, de acordo com a jurisprudência do STF, não haveria que se confundir instituição ou aumento de tributos com revogação de isenções fiscais, uma vez que, neste caso, a exação já existiria e persistiria, embora com a dispensa legal de pagamento.
RE 564225 AgR/RS, rel. Min. Marco Aurélio, 2.9.2014. (RE-564225) **(Inform. STF 757)**

Isenção de ICMS e guerra fiscal

O Plenário, por maioria, confirmou medida cautelar e julgou procedente pedido formulado em ação direta para declarar a inconstitucionalidade da LC 358/2009, do Estado do Mato Grosso, que concede isenção de ICMS para as operações de aquisição de automóveis por oficiais de justiça estaduais. O Colegiado reputou que o pacto federativo reclamaria, para a preservação do equilíbrio horizontal na tributação, a prévia deliberação dos Estados-membros e do Distrito Federal para a concessão de benefícios fiscais relativamente ao ICMS, nos termos do art. 155, § 2º, g, da CF e da LC 24/1975. Pontuou que a lei complementar estadual padeceria de inconstitucionalidade formal, porque careceria do necessário amparo em convênio interestadual, o que caracterizaria hipótese típica de guerra fiscal. Acresceu que a isonomia tributária (CF, art. 150, II) tornaria inválidas as distinções entre contribuintes em razão de ocupação profissional ou função por eles exercida, máxime nas hipóteses em que, sem base no postulado da razoabilidade, fosse conferido tratamento discriminatório em benefício da categoria dos oficiais de justiça estaduais. Vencido o Ministro Marco Aurélio, que julgava o pedido improcedente. Não vislumbrava a existência, no caso, de guerra fiscal, tendo em vista tratar-se de tributo de competência estadual, cuja isenção prejudicaria o próprio ente federado.
ADI 4276/MT, rel. Min. Luiz Fux, 20.8.2014. (ADI-4276) **(Inform. STF 755)**

ADI: ICMS e isenção tributária - 1

O Plenário, por maioria, julgou parcialmente procedente pedido formulado em ação direta para declarar, sem pronúncia de nulidade, a inconstitucionalidade do § 2º do art. 192 da Constituição do Estado do Ceará. Na mesma assentada, a Corte declarou a inconstitucionalidade do parágrafo único do art. 193; do "caput" e parágrafo único do art. 201; do parágrafo único do art. 273; e do inciso III do art. 283; e a constitucionalidade do § 1º do art. 192, todos da mencionada Constituição estadual. Além disso, deu interpretação conforme ao "caput" do art. 193 da Constituição do Estado do Ceará para excluir de seu âmbito de incidência o imposto sobre operações relativas ao ICMS ("Art. 192. A lei poderá isentar, reduzir ou agravar tributos, com finalidades extrafiscais por incentivo a atividades socialmente úteis ou desestimular práticas inconvenientes ao interesse público, observados os disciplinamentos federais. §1º O ato cooperativo, praticado entre o associado e sua cooperativa, não implica em operação de mercado. §2º Concede-se isenção tributária de ICMS aos implementos e equipamentos destinados aos deficientes físicos auditivos, visuais, mentais e múltiplos, bem como aos veículos automotores de fabricação nacional com até 90 HP de potência adaptados para o uso de pessoas portadoras de deficiência. Art. 193. As microempresas são isentas de tributos estaduais nos limites definidos pela União, como elemento indicativo dessa categoria. Parágrafo único. A isenção tributária se estende a operações relativas à circulação de mercadorias para destinatário localizado neste ou em outro Estado e sobre prestação de transportes interestaduais, intermunicipais e comunicações. ... Art. 201. Não incidirá imposto, conforme a lei dispuser, sobre todo e qualquer produto agrícola pertencente à cesta básica, produzido por pequenos e microprodutores rurais que utilizam apenas a mão-de-obra familiar, vendido diretamente aos consumidores finais. Parágrafo único. A não-incidência abrange produtos oriundos de associações e cooperativas de produção e de produtores, cujos quadros sociais sejam compostos exclusivamente por pequenos e microprodutores e trabalhadores rurais sem terra. ... Art. 273. Toda entidade pública ou privada que inclua o atendimento à criança e ao adolescente, inclusive os órgãos de segurança, tem por finalidade prioritária assegurar-lhes os direitos fundamentais. Parágrafo único. As empresas privadas que absorvam contingentes de até cinco por cento de deficientes no seu quadro funcional gozarão de incentivos fiscais de redução de um por cento no ICMS. ... Art. 283. Para estimular a confecção e comercialização de aparelhos de fabricação alternativa para as pessoas portadoras de deficiência, o Estado concederá: ... III - isenção de cem por cento do ICMS").

ADI: ICMS e isenção tributária - 2

O Tribunal afirmou que a concessão de benefícios fiscais não seria matéria relativa à iniciativa legislativa privativa do Chefe do Poder Executivo, nos termos do art. 61, § 1º, II, b, da CF. Observou que, à luz das regras de competência tributária, seria correto afirmar que o poder de exonerar corresponderia a uma derivação do poder de tributar. Assim, não haveria impedimentos para que as entidades investidas de competência tributária, como os Estados-membros, definissem hipóteses de isenção ou de não-incidência das espécies tributárias em geral, ainda que por disposição de Constituição estadual. Sublinhou que o art. 146, III, c, da CF determina que lei complementar estabeleça normas gerais sobre matéria tributária e, em especial, quanto ao adequado tratamento tributário a ser conferido ao ato cooperativo praticado pelas sociedades cooperativas. Salientou que o § 1º do art. 192 da Constituição cearense dispõe que o ato cooperativo, praticado entre o associado e sua cooperativa, não implica operação de mercado. Ressaltou não haver a alegada inconstitucionalidade desse preceito, porquanto, nos termos do art. 24, I, da CF, a União — responsável por estabelecer normas gerais —, os Estados-membros e o Distrito Federal — com a prerrogativa de suplementar as lacunas da lei federal de normas gerais, a fim de afeiçoá-las às particularidades locais — detêm competência para legislar sobre direito tributário, concorrentemente e, se não existir lei federal sobre normas gerais, os Estados-membros podem exercer a competência legislativa plena (CF, art. 24, § 3º). Frisou que o STF, ao apreciar situação análoga, assentara que enquanto não fosse promulgada a lei complementar a que se refere o art. 146, III, c, da CF, os Estados-membros — que possuem competência concorrente em se tratando de direito tributário (CF, art. 24, I e § 3º) — poderiam dar às cooperativas o tratamento que julgassem adequado.

ADI: ICMS e isenção tributária - 3

A Corte destacou que a concessão unilateral de benefícios fiscais relativos ao ICMS, sem a prévia celebração de convênio intergovernamental, nos termos do que dispõe a LC 24/1975, afrontaria o art. 155, § 2º, XII, g, da CF. Enfatizou que o comando constitucional contido no art. 155, § 2º, XII, g, da CF, que reserva à lei complementar federal regular a forma como, mediante deliberação dos Estados-membros e do Distrito Federal, isenções, incentivos e benefícios fiscais serão concedidos e revogados, revelaria a manifesta inconstitucionalidade material dos dispositivos da Constituição estadual ao outorgar incentivo fiscal incompatível com a Constituição. Registrou que a jurisprudência do STF seria pacífica no sentido da inconstitucionalidade de texto normativo estadual que outorgasse benefícios fiscais relativos ao ICMS, sem a prévia e necessária celebração de convênio entre os Estados-membros e o Distrito Federal. Ponderou que o "caput" do art. 193 da Constituição do Estado do Ceará daria isenção às microempresas de tributos estaduais, ao passo que seu parágrafo único estenderia o benefício, de forma expressa, ao ICMS. Asseverou que o ICMS deveria ser excluído, mediante interpretação conforme a Constituição, do âmbito de incidência do "caput" do art. 193 da Constituição estadual para não frustrar a declaração de inconstitucionalidade de seu parágrafo único. O Colegiado não vislumbrou inconstitucionalidade em relação aos demais tributos estaduais, porquanto o Estado-membro deteria competência para a medida e a própria Constituição, em seu art. 170, IX, dispõe como princípio da ordem econômica o "tratamento favorecido para as empresas de pequeno porte constituídas sob as leis brasileiras e que tenham sua sede e administração no País". Reconheceu a inconstitucionalidade dos artigos 201, "caput" e parágrafo único; 273, parágrafo único; e 283, II, todos da Constituição cearense, porquanto pela simples leitura dos dispositivos verificar-se-ia que o imposto neles tratado seria o ICMS. Vencido, em parte, o Ministro Marco Aurélio, que julgava inconstitucional o § 1º do art. 192 da Constituição estadual, por vício formal. Pontuava que o mencionado preceito vedaria o poder de iniciativa do Chefe do Executivo. Por fim, o Plenário, por maioria, deliberou modular os efeitos da declaração de inconstitucionalidade do § 2º do art. 192 da Constituição cearense, para conceder o prazo de 12 meses, a partir da publicação da ata da sessão de julgamento, para que essa matéria pudesse ser submetida ao Confaz. Vencido, quanto à modulação, o Ministro Marco Aurélio. ADI 429/CE, rel. Min. Luiz Fux, 20.8.2014. (ADI-429) **(Inform. STF 755)**

Súmula STF nº 615

O princípio constitucional da anualidade (§ 29 do art. 153 da CF) não se aplica à revogação de isenção do ICM.

Súmula STF nº 574

Sem lei estadual que a estabeleça é ilegítima a cobrança do Imposto sobre Circulação de Mercadorias sobre o fornecimento de alimentação e bebidas em restaurante ou estabelecimento similar.

Súmula STF nº 569

É inconstitucional a discriminação de alíquotas do Imposto de Circulação de Mercadorias nas operações interestaduais, em razão de o destinatário ser, ou não, contribuinte. *(Comentário: entendimento ultrapassado pela atual redação constitucional)*

Súmula STJ nº 433

O produto semielaborado, para fins de incidência de ICMS, é aquele que preenche cumulativamente os três requisitos do art. 1º da Lei Complementar n. 65/1991.

Súmula STJ nº 129

O exportador adquire o direito de transferência de crédito do ICMS quando realiza a exportação do produto e não ao estocar a matéria-prima.

Súmula STJ nº 95

A redução da alíquota do Imposto sobre Produtos Industrializados não implica redução do ICMS.

Súmula STJ nº 94

A parcela relativa ao ICMS inclui-se na base de cálculo do FINSOCIAL.

Súmula STJ nº 68

A parcela relativa ao ICM inclui-se na base de cálculo do PIS. *(Comentário: a matéria vem sendo reexaminada pelo STF)*

Súmula TFR nº 258

Inclui-se na base de cálculo do PIS a parcela relativa ao ICM. *(Comentário: a matéria vem sendo reexaminada pelo STF)*

4.5. IPTU

IPTU e progressividade

Declarada inconstitucional a progressividade de alíquota tributária, é devido o tributo calculado pela alíquota mínima correspondente, de acordo com a destinação do imóvel. Essa a conclusão do Plenário que, por maioria, proveu recurso extraordinário em que discutida a possibilidade de cobrança do IPTU pela menor alíquota, entre 1995 e 1999, nos casos de declaração de inconstitucionalidade de sua progressividade, antes do advento da Emenda Constitucional 29/2000. O Colegiado destacou o Enunciado 668 da Súmula do STF ("É inconstitucional a lei municipal que tenha estabelecido, antes da Emenda Constitucional 29/2000, alíquotas progressivas para o IPTU, salvo se destinada a assegurar o cumprimento da função social da propriedade urbana"). Afirmou que a criação do imposto progressivo sobre a renda seria grande inovação em termos de tributo, tendo em vista seu papel central na redução da desigualdade. Segundo a jurisprudência da Corte, a progressividade deveria incidir sobre todas as espécies tributárias, à luz da capacidade contributiva do contribuinte. Nesse sentido, já se admitiria a progressividade de alíquota relativa ao ITCMD, imposto de caráter real e de competência tributária estadual, pois estaria em jogo a concretização constitucional da igualdade material tributária. No caso, cumpriria decidir somente se a inconstitucionalidade da progressividade de alíquotas inviabilizaria a cobrança do IPTU, durante o lapso temporal anterior à reforma constitucional em discussão. De acordo com a teoria da divisibilidade da lei, somente se deveria proferir a inconstitucionalidade das normas viciadas, não devendo estender o juízo de censura às outras partes da lei. Nesse sentido, a lei municipal só seria inconstitucional no tocante à progressividade das alíquotas, de modo que a solução mais adequada seria manter a exigibilidade do tributo com redução da gravosidade ao patrimônio do contribuinte ao nível mínimo, ou seja, adotando-se a alíquota mínima como mandamento da norma tributária. Ressaltou que o reconhecimento da inconstitucionalidade da progressividade do IPTU não afastaria a cobrança total do tributo. Esta deveria ser realizada pela forma menos gravosa prevista em lei. Portanto, mesmo que a progressividade das alíquotas tenha sido declarada inconstitucional por tribunal de justiça, a única solução possível a compatibilizar a competência tributária dos Municípios e a exação menos gravosa possível ao contribuinte seria assentar a exigibilidade de IPTU na alíquota mínima prevista legalmente, alusiva a período anterior à EC 29/2000. Tal desfecho não incorreria em inconstitucionalidade, pois o IPTU seria cobrado de forma proporcional. Vencido o Ministro Marco Aurélio, que não conhecia do recurso por reputar ausente o prequestionamento. No mérito, desprovia o extraordinário.

RE 602347/MG, rel. Min. Edson Fachin, 4.11.2015. (RE-602347) (Inform. STF 806)

DIREITO TRIBUTÁRIO. INCIDÊNCIA DE IPTU SOBRE IMÓVEL PARCIALMENTE SITUADO EM APP COM NOTA NON AEDIFICANDI.

O fato de parte de um imóvel urbano ter sido declarada como Área de Preservação Permanente (APP) e, além disso, sofrer restrição administrativa consistente na proibição de construir (nota non aedificandi) não impede a incidência de IPTU sobre toda a área do imóvel. Nos termos da jurisprudência do STJ, "A restrição à utilização da propriedade referente a área de preservação permanente em parte de imóvel urbano (loteamento) não afasta a incidência do Imposto Predial e Territorial Urbano, uma vez que o fato gerador da exação permanece íntegro, qual seja, a propriedade localizada na zona urbana do município. Cuida-se de um ônus a ser suportado, o que não gera o cerceamento total da disposição, utilização ou alienação da propriedade, como ocorre, por exemplo, nas desapropriações." (REsp 1.128.981-SP, Primeira Turma, DJe 25/3/2010). O fato de

parte do imóvel ser considerada como área non aedificandi (área com restrições legais ou contratuais onde não é permitido construir) não afasta o referido entendimento, pois não há perda da propriedade, mas apenas restrições de uso, a fim de viabilizar que a propriedade atenda à sua verdadeira função social. Logo, se o fato gerador do IPTU, conforme o disposto no art. 32 do CTN, é a propriedade de imóvel urbano, a simples limitação administrativa de proibição para construir não impede a sua configuração. Ademais, não há lei que preveja isenção tributária para a situação analisada, conforme a exigência dos arts. 150, § 6º, da CF e 176 do CTN. (AgRg no REsp 1.469.057-AC, Segunda Turma, DJe 20/10/2014). REsp 1.482.184-RS, Rel. Min. Humberto Martins, julgado em 17/3/2015, DJe 24/3/2015 (Inform. STJ 558).

Súmula Vinculante STF 52

Ainda quando alugado a terceiros, permanece imune ao IPTU o imóvel pertencente a qualquer das entidades referidas pelo art. 150, VI, "c", da Constituição Federal, desde que o valor dos aluguéis seja aplicado nas atividades para as quais tais entidades foram constituídas.

Súmula STF nº 668

É inconstitucional a lei municipal que tenha estabelecido, antes da Emenda Constitucional 29/2000, alíquotas progressivas para o IPTU, salvo se destinada a assegurar o cumprimento da função social da propriedade urbana.

Súmula STF nº 589

É inconstitucional a fixação de adicional progressivo do Imposto Predial e Territorial Urbano em função do número de imóveis do contribuinte.

Súmula STF nº 583

Promitente-comprador de imóvel residencial transcrito em nome de autarquia é contribuinte do Imposto Predial e Territorial Urbano.

Súmula STF nº 539

É constitucional a lei do Município que reduz o Imposto Predial Urbano sobre imóvel ocupado pela residência do proprietário, que não possua outro.

Súmula STJ nº 399

Cabe à legislação municipal estabelecer o sujeito passivo do IPTU.

Súmula STJ nº 397

O contribuinte do IPTU é notificado do lançamento pelo envio do carnê ao seu endereço.

Súmula STJ nº 160

É defeso, ao Município, atualizar o IPTU, mediante decreto, em percentual superior ao índice oficial de correção monetária.

4.6. ISS

AG. REG. NO ARE N. 901.780-RJ

RELATORA: MIN. ROSA WEBER

EMENTA: DIREITO TRIBUTÁRIO. AFRETAMENTO DE EMBARCAÇÃO A CASCO NU. IMPOSTO SOBRE SERVIÇOS. NATUREZA DA ATIVIDADE. EVENTUAL OFENSA REFLEXA NÃO VIABILIZA O MANEJO DO RECURSO EXTRAORDINÁRIO. ART. 102 DA LEI MAIOR. ACÓRDÃO RECORRIDO PUBLICADO EM 19.5.2015.

1. A controvérsia acerca da natureza das atividades prestadas pela empresa, a teor do já asseverado na decisão guerreada, não alcança estatura constitucional. Não há falar em afronta aos preceitos constitucionais indicados nas razões recursais. Compreender de modo diverso exigiria a análise da legislação infraconstitucional encampada na decisão da Corte de origem, a tornar oblíqua e reflexa eventual ofensa, insuscetível, como tal, de viabilizar o conhecimento do recurso extraordinário. Desatendida a exigência do art. 102, III, "a", da Lei Maior, nos termos da remansosa jurisprudência desta Suprema Corte.

2. As razões do agravo regimental não se mostram aptas a infirmar os fundamentos que lastrearam a decisão agravada.

3. Agravo regimental conhecido e não provido. **(Inform. STF 809)**

REPERCUSSÃO GERAL EM RE N. 882.461-MG

RELATOR: MIN. LUIZ FUX

EMENTA: RECURSO EXTRAORDINÁRIO. TRIBUTÁRIO. ISSQN. INCIDÊNCIA. INDUSTRIALIZAÇÃO POR ENCOMENDA. SUBITEM 14.5 DA LISTA ANEXA À LEI COMPLEMENTAR Nº 116/2003. MULTA FISCAL MORATÓRIA. LIMITES. VEDAÇÃO AO EFEITO CONFISCATÓRIO. MATÉRIA CONSTITUCIONAL. QUESTÕES RELEVANTES DOS PONTOS DE VISTA ECONÔMICO E JURÍDICO. TRANSCENDÊNCIA DE INTERESSES. REPERCUSSÃO GERAL RECONHECIDA. **(Inform. STF 789)**

REPERCUSSÃO GERAL EM RE N. 634.764-RJ

RELATOR: MIN. GILMAR MENDES

Recurso extraordinário. Repercussão geral reconhecida. 2. Imposto sobre Serviços de Qualquer Natureza. Incidência sobre exploração da atividade de apostas, tais como a venda de bilhetes, pules ou cupons de apostas. Controvérsia quanto à constitucionalidade. 3. Exploração de jogo. Conceito de serviço. Base de cálculo. 4. Repercussão geral reconhecida. **(Inform. STF 737)**

DIREITO TRIBUTÁRIO. INCIDÊNCIA DE ISS SOBRE MONTAGEM DE PNEUS.

Incide ISS – e não ICMS – sobre o serviço de montagem de pneus, ainda que a sociedade empresária também forneça os pneus utilizados na montagem. O art. 1º da LC 116/2003 estabelece, no seu *caput*, que o "Imposto Sobre Serviços de Qualquer Natureza, de competência dos Municípios e do Distrito Federal, tem como fato gerador a prestação de serviços constantes da lista anexa, ainda que esses não se constituam como atividade preponderante do prestador". Ademais, esse mesmo artigo, no seu § 2º, prevê que, "Ressalvadas as exceções expressas na lista anexa, os serviços nela mencionados não ficam sujeitos ao Imposto Sobre Operações Relativas à Circulação de Mercadorias e Prestações de Serviços de Transporte Interestadual e Intermunicipal e de Comunicação – ICMS, ainda que sua prestação envolva fornecimento de mercadorias". Diante disso, a Segunda Turma do STJ decidiu que, quando houver o desenvolvimento de operações mistas, deve ser verificada a atividade desenvolvida pela empresa, a fim de definir o imposto a ser recolhido, sendo que, "Se a atividade desenvolvida estiver sujeita à lista do ISSQN, o imposto a ser pago é o ISSNQ, inclusive sobre as mercadorias envolvidas, com a exclusão do ICMS sobre elas, a não ser que conste expressamente da lista a exceção" (EDcl no AgRg no AgRg no REsp 1.168.488-SP, DJe 21/6/2010). No mesmo sentido, a Primeira Turma do STJ (REsp 1.102.838-RS, DJe 17/12/2010), mencionando precedente da Primeira Seção (REsp 1.092.206-SP, DJe 23/3/2009), firmou o entendimento no sentido de que "(a) sobre operações 'puras' de circulação de mercadoria e sobre os serviços previstos no inciso II, do art. 155 da CF (transporte interestadual e internacional e de comunicações) incide ICMS; (b) sobre as operações 'puras' de prestação de serviços previstos na lista de que trata a LC 116/03 incide ISS; (c) e sobre operações mistas, incidirá o ISS sempre que o serviço agregado estiver compreendido na lista de que trata a LC 116/03 e incidirá ICMS sempre que o serviço agregado não estiver previsto na referida lista". Além disso, as Turmas que compõem a Primeira Seção do STJ (AgRg no AREsp 118.207-SP, Segunda Turma, DJe 23/9/2014; e REsp 1.183.210-RJ, Primeira Turma, DJe 20/2/2013) firmaram o entendimento segundo o qual a lista de serviços anexa à LC 116/2003, que estabelece quais serviços sofrem a incidência do ISS, comporta interpretação extensiva, para abarcar os serviços correlatos àqueles previstos expressamente, uma vez que, se assim não fosse, ter-se-ia, pela simples mudança de nomenclatura de um serviço, a incidência ou não do ISS. Dessa forma, realizando-se uma interpretação extensiva da legislação de regência, verifica-se que o serviço de montagem de pneus encontra-se inserido dentro do item 14.01 da lista anexa à LC 116/2003, por se enquadrar dentro do item "manutenção e conservação de [...] veículos". Nesse sentido, aliás, vale destacar que a Segunda Turma do STJ, no julgamento do REsp 33.880-SP (DJ 25/3/1996), sob a égide do Decreto-Lei 406/1968 – que,

quanto ao ponto, possuía item com idêntica redação à atual ("manutenção e conservação de [...] veículos") – assentou que o serviço de montagem de pneus não estaria sujeito ao ICMS, mas sim ao ISS. REsp 1.307.824-SP, Rel. Min. Mauro Campbell Marques, julgado em 27/10/2015, DJe 9/11/2015. (Inform. STJ 573)

DIREITO TRIBUTÁRIO. COMPETÊNCIA PARA EXIGIR ISS INCIDENTE SOBRE A PRESTAÇÃO DE SERVIÇO DE ANÁLISE CLÍNICA.

É competente para cobrar o ISS incidente sobre a prestação de serviço de análise clínica (item 4.02 da lista anexa à LC 116/2003) o município no qual foi feita a contratação do serviço, a coleta do material biológico e a entrega do respectivo laudo, ainda que a análise do material coletado tenha sido realizada em unidade localizada em outro município, devendo-se incidir o imposto sobre a totalidade do preço pago pelo serviço. Dispõe o art. 4º da LC 116/2003 que: "Considera-se estabelecimento prestador o local onde o contribuinte desenvolva a atividade de prestar serviços, de modo permanente ou temporário, e que configure unidade econômica ou profissional, sendo irrelevantes para caracterizá-lo as denominações de sede, filial, agência, posto de atendimento, sucursal, escritório de representação ou contato ou quaisquer outras que venham a ser utilizadas". Diante disso, verifica-se, no caso em análise, que a empresa contribuinte, a despeito de manter seu laboratório em determinado município, estabeleceu unidade econômica e profissional em outra municipalidade com escopo de disponibilizar os seus serviços de análises clínicas para as pessoas dessa localidade. Esse tipo de estabelecimento constituiu unidade econômica porque é lá onde usualmente contrata-se o serviço, providencia-se o pagamento e encerra-se a avença, com a entrega do laudo técnico solicitado pelo consumidor. Também se caracteriza como unidade profissional, uma vez que nesse lugar dá-se a coleta do material biológico, o qual exige conhecimento técnico para a extração, o acondicionamento e o transporte até o laboratório. Por oportuno, deve-se anotar que o caso em análise é absolutamente diferente daquele decidido no Recurso Especial Repetitivo 1.060.210-SC (Primeira Seção, DJe 5/3/2013), em que se decidiu que "[a]pós a vigência da LC 116/2003 é que se pode afirmar que, existindo unidade econômica ou profissional do estabelecimento prestador no Município onde o serviço é perfectibilizado, ou seja, onde ocorrido o fato gerador tributário, ali deverá ser recolhido o tributo". Naqueles autos, que cuidavam do ISS incidente sobre o arrendamento mercantil (leasing), concluiu a Primeira Seção que o núcleo da operação, concernente à concessão do financiamento, era integralmente realizado, com a análise e aprovação do crédito, elaboração do contrato e liberação dos valores, pela empresa arrendadora em seu estabelecimento, normalmente localizado nos grandes centros do País. Depreende-se, assim, que, na hipótese do leasing, a empresa que comercializa o bem desejado não constitui unidade econômica ou profissional da empresa arrendadora, na medida em que, em tais casos, o consumidor somente se dirige à empresa vendedora (concessionária de veículos) para indicar à instituição financeira a res que deverá ser adquirida e disponibilizada. Em outras palavras, o consumidor e a empresa concessionária buscam, ainda que de forma não presencial, o auxílio de instituição financeira sediada noutra localidade para concretizar o negócio. Frise-se, ainda, que a faculdade assegurada à empresa contribuinte de eleger o município onde vai manter os seus laboratórios constitui uma conveniência empresarial e, como tal, não pode vincular a competência do ente tributante. Por fim, mostra-se igualmente importante para a solução da controvérsia o local onde é gerada a riqueza tributável. Na presente hipótese, verifica-se que a receita advinda do contrato de prestação de serviço de análises clínicas é obtida em face do estabelecimento da unidade econômica e profissional sediada no município em que realizada a coleta de material biológico. Nesse contexto, compete a essa municipalidade o direito à tributação sobre a riqueza que foi gerada em seu território, pois ali fora estabelecida a relação jurídico-tributária. De mais a mais, registre-se que não é possível decompor o serviço e o valor a ser tributado. Isso porque o ISS é devido ao primeiro município, em que se estabeleceu a relação jurídico-tributária, e incide sobre a totalidade do preço do serviço pago, não havendo falar em fracionamento, ante a impossibilidade técnica de se dividir ou decompor o fato imponível. A par disso, a remessa do material biológico entre unidades do mesmo contribuinte não constitui fato gerador do tributo, à míngua de relação jurídico-tributária com terceiros ou onerosidade. Em verdade, a hipótese em foco se assemelha, no que lhe for cabível, ao enunciado da Súmula 166 do STJ, verbis: "Não constitui fato gerador do ICMS o simples deslocamento de mercadoria de uma para outro estabelecimento do mesmo contribuinte". **REsp 1.439.753-PE, Rel. Min. Arnaldo Esteves Lima, Rel. para acórdão Min. Benedito Gonçalves, julgado em 6/11/2014, DJe 12/12/2014 (Inform. STJ 555).**

Súmula Vinculante STF 31

É inconstitucional a incidência do imposto sobre serviços de qualquer natureza – ISS sobre operações de locação de bens móveis.

Súmula STF nº 663

Os §§ 1º e 3º do art. 9º do DL 406/68 foram recebidos pela Constituição. *(Comentário: o STJ entende que a tributação fixa do ISS não foi afastada pela LC 116/2003)*

Súmula STF nº 588

O Imposto sobre Serviços não incide sobre os depósitos, as comissões e taxas de desconto, cobrados pelos estabelecimentos bancários.

Súmula STJ nº 524

No tocante à base de cálculo, o ISSQN incide apenas sobre a taxa de agenciamento quando o serviço prestado por sociedade empresária de trabalho temporário for de intermediação, devendo, entretanto, englobar também os valores dos salários e encargos sociais dos trabalhadores por ela contratados nas hipóteses de fornecimento de mão de obra.

Súmula STJ nº 424

É legítima a incidência de ISS sobre os serviços bancários congêneres da lista anexa ao DL n. 406/1968 e à LC n. 56/1987.

Súmula STJ nº 274

O ISS incide sobre o valor dos serviços de assistência médica, incluindo-se neles as refeições, os medicamentos e as diárias hospitalares.

Súmula STJ nº 167

O fornecimento de concreto, por empreiteira, para construção civil, preparado no trajeto até a obra em betoneiras acopladas a caminhões, é prestação de serviço, sujeitando-se apenas à incidência do ISS.

Súmula STJ nº 156

A prestação do serviço de composição gráfica, personalizada e sob encomenda, ainda que envolva fornecimento de mercadorias, está sujeita, apenas, ao ISS.

Súmula STJ nº 138

O ISS incide na operação de arrendamento mercantil de coisas móveis.

4.7. ITBI

AG. REG. NO ARE N. 807.255-RJ

RELATOR: MIN. EDSON FACHIN

AGRAVO REGIMENTAL EM RECURSO EXTRAORDINÁRIO COM AGRAVO. DIREITO TRIBUTÁRIO. DIREITO PROCESSUAL CIVIL. DEVIDO PROCESSO LEGAL. ITBI. FATO GERADOR. PROMESSA DE COMPRA E VENDA.

1. A jurisprudência do STF se consolidou no sentido de que suposta ofensa aos princípios do devido processo legal, da ampla defesa, do contraditório e dos limites da coisa julgada, quando a violação é debatida sob a ótica infraconstitucional, não apresenta repercussão geral. Precedente: RE-RG 748.371, de relatoria do Ministro Gilmar Mendes, DJe 1º.8.2013.
2. A transferência do domínio sobre o bem torna-se eficaz a partir do registro público, momento em que incide o Imposto Sobre Transferência de Bens Imóveis (ITBI), de acordo com a jurisprudência do Supremo Tribunal Federal. Logo, a promessa de compra e venda não representa fato gerador idôneo para propiciar o surgimento de obrigação tributária.
3. Agravo regimental a que se nega provimento. **(Inform. STF 806)**

AG. REG. NO ARE N. 813.943-RJ

RELATOR: MIN. DIAS TOFFOLI

EMENTA: Agravo regimental no recurso extraordinário com agravo. ITBI. Momento da ocorrência do fato gerador. Transferência da propriedade. Antecipação para o momento da promessa de compra e venda. Artigo 150, § 7º, da CF. Alcance. Ausência de debate ou decisão sobre seu alcance. Incidência das Súmulas 282 e 284/STF.

1. A Corte tem reiteradamente decidido que o fato gerador do ITBI somente ocorre com a transferência efetiva da propriedade imobiliária, mediante o registro no cartório competente.

2. O alcance das normas contidas no art. 150, § 7º, da Constituição não foi objeto de debate ou decisão prévios, tampouco o recorrente demonstrou em que medida a legislação do Município do Rio de Janeiro encontraria respaldo no referido dispositivo constitucional. Incidência das Súmulas nºs 282 e 284 da Corte.3. Agravo regimental não provido. **(Inform. STF 791)**

REPERCUSSÃO GERAL EM RE N. 796.376-SC

RELATOR: MIN. MARCO AURÉLIO

IMPOSTO DE TRANSMISSÃO – ITBI – IMÓVEIS INTEGRALIZADOS AO CAPITAL DA EMPRESA – ARTIGO 156, § 2º, INCISO I, DA CONSTITUIÇÃO FEDERAL – ALCANCE – LIMITAÇÃO OBSERVADA NA ORIGEM – RECURSO EXTRAORDINÁRIO – REPERCUSSÃO GERAL CONFIGURADA. Possui repercussão geral a controvérsia alusiva ao alcance da imunidade quanto ao Imposto de Transmissão nos casos de imóveis integralizados ao capital social da empresa, cujo valor de avaliação ultrapasse o da cota realizada, considerado o preceito do artigo 156, § 2º, inciso I, da Carta Federal. **(Inform. STF 778)**

Súmula STF nº 656

É inconstitucional a lei que estabelece alíquotas progressivas para o imposto de transmissão inter vivos de bens imóveis – ITBI com base no valor venal do imóvel.

Súmula STF nº 470

O Imposto de Transmissão *Inter Vivos* não incide sobre a construção, ou parte dela, realizada, inequivocamente, pelo promitente-comprador, mas sobre o valor do que tiver sido construído antes da promessa de venda.

Súmula STF nº 329

O Imposto de Transmissão *Inter Vivos* não incide sobre a transferência de ações de sociedade imobiliária.

Súmula STF nº 326

É legítima a incidência do Imposto de Transmissão *Inter Vivos* sobre a transferência do domínio útil.

Súmula STF nº 111

É legítima a incidência do Imposto de Transmissão *Inter Vivos* sobre a restituição, ao antigo proprietário, de imóvel que deixou de servir à finalidade da sua desapropriação.

Súmula STF nº 110

O Imposto de Transmissão *Inter Vivos* não incide sobre a construção, ou parte dela, realizada pelo adquirente, mas sobre o que tiver sido construído ao tempo da alienação do terreno.

Súmula STF nº 108

É legítima a incidência do Imposto de Transmissão *Inter Vivos* sobre o valor do imóvel ao tempo da alienação, e não da promessa, na conformidade da legislação local.

Súmula STF nº 82

São inconstitucionais o Imposto de Cessão e a taxa sobre inscrição de promessa de venda de imóvel, substitutos do Imposto de Transmissão, por incidirem sobre ato que não transfere o domínio.

Súmula STF nº 75

Sendo vendedora uma autarquia, a sua imunidade fiscal não compreende o Imposto de Transmissão *Inter Vivos,* que é encargo do comprador.

5. CONTRIBUIÇÕES EM ESPÉCIE

5.1. PIS, PASEP, COFINS E FINSOCIAL

REPERCUSSÃO GERAL EM RE N. 835.818-PA

RELATOR: MIN. MARCO AURÉLIO

COFINS – PIS – BASE DE CÁLCULO – CRÉDITO PRESUMIDO DE IMPOSTO SOBRE CIRCULAÇÃO DE MERCADORIAS E SERVIÇOS – ARTIGOS 150, § 6º, E 195, INCISO I, ALÍNEA "B", DA CARTA DA REPÚBLICA – RECURSO EXTRAORDINÁRIO – REPERCUSSÃO GERAL CONFIGURADA. Possui repercussão geral a controvérsia acerca da constitucionalidade da inclusão de créditos presumidos do Imposto sobre Circulação de Mercadorias e Serviços – ICMS nas bases de cálculo da Cofins e da contribuição ao PIS. **(Inform. STF 800)**

Cofins e revogação de isenção por lei ordinária - 1

O Tribunal iniciou exame de embargos de divergência opostos em face de acórdão da 1ª Turma, que negara provimento a agravo de instrumento sob o fundamento de que a controvérsia diria respeito ao cabimento de recurso de competência de outro tribunal. Na espécie, a embargante suscitava divergência entre o acórdão recorrido — que mantivera decisão do STJ na qual se entendera que a revogação da isenção da Cofins pela Lei 9.430/1996, por não ter sido veiculada em lei complementar, ofenderia o princípio da hierarquia das leis — e a orientação fixada pelo STF no julgamento do RE 377.457 QO/PR (DJe de 19.12.2008) e do RE 381.964 QO/PR (DJe de 19.12.2008), nos quais se assentara a constitucionalidade da revogação da referida isenção estabelecida pela LC 70/1991, por lei ordinária. O Ministro Gilmar Mendes (relator) acolheu os embargos de divergência para reformar o acórdão recorrido e reafirmar a tese de que a isenção concedida às sociedades civis de profissão regulamentada, anteriormente prevista no art. 6º, II, da LC 70/1991, teria sido revogada pelo art. 56 da Lei 9.430/1996. Os Ministros Rosa Weber, Celso de Mello e Ricardo Lewandowski (Presidente) acompanharam o voto do relator. Preliminarmente, o Ministro Gilmar Mendes destacou que o STJ teria efetivamente discutido a questão constitucional relativa à possibilidade de revogação, por lei ordinária, de isenção concedida por lei complementar. Portanto, aquele tribunal não teria se limitado a abordar somente a questão relativa ao cabimento de recurso especial, o que fora assinalado pelo acórdão recorrido. Outrossim, a matéria em discussão seria, de fato, idêntica àquela examinada pelo STF nos precedentes apontados pelo embargante. A jurisprudência tradicional do STF seria no sentido da inexistência de hierarquia constitucional entre lei complementar e lei ordinária, espécies normativas formalmente distintas exclusivamente em relação à matéria eventualmente reservada à lei complementar pela própria Constituição. Ademais, no caso das contribuições sociais, desde logo previstas no texto da Constituição, a jurisprudência também seria pacífica ao afirmar que sua disciplina específica seria perfeitamente factível mediante legislação ordinária, salvo o que se caracterizasse como normas gerais em matéria tributária, relativamente aos aspectos referidos na alínea b do inciso III do art. 146 da CF. Além do mais, especificamente com relação à LC 70/1991, o STF, no julgamento da ADC 1/DF (DJU de 16.6.1995), reconhecera, precisamente pelas razões referidas, que o diploma legal seria, materialmente, lei ordinária. Portanto, ao contrário do que afirmado no acórdão proferido pelo STJ, a questão do conflito aparente entre as normas em comento — art. 56 da Lei 9.430/1996 e art. 6º, II, da LC 70/1991 — não se resolveria por critérios hierárquicos, mas por critérios constitucionais quanto à materialidade própria a cada uma dessas espécies legais. Logo, a solução do conflito seria sim matéria constitucional.

Cofins e revogação de isenção por lei ordinária - 2

O Ministro Marco Aurélio não conheceu do recurso. Ressaltou que o STJ, certo ou errado, teria concluído não poder adentrar o tema de fundo, alusivo ao conflito de interesses, porque envolveria matéria constitucional. Não teria, portanto, definido a questão de direito, se poderia uma lei ordinária afastar ou não isenção prevista em lei complementar. Não se teria, então, o que cotejar em termos de matéria de fundo com os precedentes do STF para dizer que a 1ª Turma não os teria observado. A Turma teria, simplesmente, se defrontado com questão processual, dirimida à luz do CPC. Em seguida, o julgamento foi suspenso. AI 597906 EDv/PR, rel. Min. Gilmar Mendes, 26.11.2014. (AI-597906) **(Inform. STF 769)**

Cooperativa prestadora de serviço e incidência de contribuição social - 1

Incide o PIS/PASEP sobre atos ou negócios jurídicos praticados por cooperativa prestadora de serviço com terceiros tomadores de serviço, resguardadas as exclusões e deduções legalmente previstas. Ademais, são legítimas as alterações introduzidas pela Medida Provisória 1.858/1999, no que revogara a isenção da COFINS e PIS concedidas às sociedades cooperativas. Com base nesse entendimento, o Plenário proveu o RE 599.362/RJ, em que se discutia a exigibilidade da contribuição para o PIS sobre os atos próprios das sociedades cooperativas, tendo em vista o disposto na Medida Provisória 2.158-33/2001, originariamente editada sob o nº 1.858/1999. Na mesma assentada, e em julgamento conjunto, o Colegiado deu provimento ao RE 598.085/RJ, em que se debatia a constitucionalidade das alterações introduzidas pela Medida Provisória 1.858/1999, que revogara a isenção da contribuição para o PIS e a COFINS, concedida pela LC 70/1991 às sociedades cooperativas. No primeiro recurso extraordinário, o Tribunal registrou que o cerne da controvérsia seria saber se as receitas auferidas pelas cooperativas de trabalho decorrentes dos negócios jurídicos praticados com terceiros — não cooperados — se inseririam na materialidade da contribuição ao PIS/PASEP. Por outro lado, analisou se, caso não configurasse receita da cooperativa, e sim do cooperado, poderia caracterizá-la como hipótese de não incidência tributária. Afirmou que a Constituição imporia ao Estado o apoio e o estímulo à formação de cooperativa (CF, art. 174, § 2º). Além disso, estabeleceria que a lei complementar dispensasse tratamento adequado dirigido ao ato cooperativo praticado por sociedade cooperativa (CF, art. 146, III, c). Sublinhou que o texto constitucional possibilitaria a tributação de ato cooperativo ao dispor que a lei complementar estabelecesse a forma adequada para tanto. Desta maneira, não garantira a imunidade ou a não incidência de tributos.

Cooperativa prestadora de serviço e incidência de contribuição social - 2

O Colegiado verificou que, do tema em exame, se extrairiam dois importantes valores constitucionais: de um lado, a clara vontade do constituinte de fomentar a criação de organizações cooperativistas; e, de outro, a fixação de regime universalista de financiamento da seguridade social. Ao tratar do financiamento da seguridade social, a Constituição determinara que ele fosse suportado por toda a sociedade (CF, art. 195). Frisou que ficariam imunes das contribuições para a seguridade social apenas as entidades beneficentes de assistência social que atendessem às exigências estabelecidas em lei (CF, art. 195, § 7º). Ressaltou que o art. 146, III, c, da CF não garantira imunidade ou tratamento necessariamente privilegiado às cooperativas, mas tratamento diferenciado. Assim, esse dispositivo vedaria a interferência estatal no funcionamento das cooperativas, além de dispensá-las de autorização para a sua formação (CF, art. 5º, XVIII), e de possibilitar a criação de regime tributário adequado para os seus atos cooperativos. Portanto, no âmbito tributário, o comando constitucional seria dirigido ao ato cooperativo e teria eficácia imediata naquilo que garantisse a quem o praticasse o direito negativo de impedir que os poderes do Estado viessem a inserir nos respectivos ordenamentos regras que deixassem de respeitar a eficácia mínima da norma constitucional. Dessa forma, seria evitado tratamento gravoso ou prejudicial ao ato cooperativo, além de se respeitarem, igualmente, as peculiaridades das cooperativas com relação às demais sociedades de pessoas e de capitais. Nessa perspectiva, até que sobreviesse a lei complementar que definisse o adequado tratamento tributário ao ato cooperativo, a legislação ordinária relativa a cada espécie tributária deveria, com relação a ele, garantir a neutralidade e a transparência, para que o tratamento tributário conferido ao ato cooperativo não resultasse em tributação mais gravosa aos cooperados — pessoas físicas ou pessoas jurídicas — do que aquela que incidisse se as mesmas atividades fossem realizadas sem a associação em cooperativa.

Cooperativa prestadora de serviço e incidência de contribuição social - 3

O Plenário consignou que a Lei 5.764/1971 fora recepcionada pela Constituição com natureza de lei ordinária e que o seu artigo 79 apenas definiria o que seria ato cooperativo, sem nada referir quanto ao regime de tributação. Aduziu que a alegação de que as sociedades cooperativas não possuiriam faturamento, nem receita — e que, portanto, não haveria a incidência de qualquer tributo sobre a pessoa jurídica —, levaria ao mesmo resultado prático de se conferir a elas, sem expressa autorização constitucional, imunidade tributária. Asseverou que o tratamento tributário adequado ao ato cooperativo seria questão política que deveria ser resolvida na esfera competente. Destarte, eventual insuficiência de normas não poderia ser tida por violadora do princípio da isonomia. No segundo recurso extraordinário, o Tribunal assentou não haver hierarquia entre lei complementar e lei ordinária. Afirmou que, por subsumir ao texto constitucional, certas matérias requereriam lei complementar, enquanto outras, lei ordinária. Assim, seria possível que uma lei formalmente complementar, mas materialmente ordinária, fosse revogada por lei ordinária. Ressaltou que isso teria ocorrido no caso concreto. Dessa forma, reputou legítima a revogação da isenção veiculada na LC 70/1991 pela Medida Provisória 1.859/1999, que validamente operara derrogação da norma concessiva de isenção em matéria da COFINS. RE 599362/RJ, rel. Min. Dias Toffoli, 5 e 6.11.2014 (RE-599362) RE 598085/RJ, rel. Min. Luiz Fux, 5 e 6.11.2014. (RE-598085) **(Inform. STF 766)**

Incidência da COFINS sobre o ICMS - 3

O valor retido em razão do ICMS não pode ser incluído na base de cálculo da COFINS sob pena de violar o art. 195, I, b, da CF ["Art. 195. A seguridade social será financiada por toda a sociedade, de forma direta e indireta, nos termos da lei, mediante recursos provenientes dos orçamentos da União, dos Estados, do Distrito Federal e dos Municípios, e das seguintes contribuições sociais: I - do empregador, da empresa e da entidade a ela equiparada na forma da lei, incidentes sobre: ... b) a receita ou o faturamento"] — v. Informativos 161 e 437. Com base nesse entendimento, o Plenário, em conclusão de julgamento e por maioria, proveu recurso extraordinário. De início, deliberou pelo prosseguimento na apreciação do feito, independentemente do exame conjunto com a ADC 18/DF (cujo mérito encontra-se pendente de julgamento) e com o RE 544.706/PR (com repercussão geral reconhecida em tema idêntico ao da presente controvérsia). O Colegiado destacou a demora para a solução do caso, tendo em conta que a análise do processo fora iniciada em 1999. Ademais, nesse interregno, teria havido alteração substancial na composição da Corte, a recomendar que o julgamento se limitasse ao recurso em questão, sem que lhe fosse atribuído o caráter de repercussão geral. Em seguida, o Tribunal entendeu que a base de cálculo da COFINS somente poderia incidir sobre a soma dos valores obtidos nas operações de venda ou de prestação de serviços. Dessa forma, assentou que o valor retido a título de ICMS não refletiria a riqueza obtida com a realização da operação, pois constituiria ônus fiscal e não faturamento. Vencidos os Ministros Eros Grau e Gilmar Mendes, que desproviam o recurso. O primeiro considerava que o montante do ICMS integraria a base de cálculo da COFINS por estar incluído no faturamento e se tratar de imposto indireto que se agregaria ao preço da mercadoria. O segundo pontuava que a COFINS não incidiria sobre a renda, e nem sobre o incremento patrimonial líquido, que considerasse custos e demais gastos que viabilizassem a operação, mas sobre o produto das operações, da mesma maneira que outros tributos como o ICMS e o ISS. Ressaltava, assim, que, apenas por lei ou por norma constitucional se poderia excluir qualquer fator que compusesse o objeto da COFINS. RE 240785/MG, rel. Min. Marco Aurélio, 8.10.2014. (RE-240785) **(Inform. STF 762)**

REPERCUSSÃO GERAL EM RE N. 633.345-ES

RELATOR: MIN. MARCO AURÉLIO

COFINS E PIS – IMPORTAÇÕES – ALÍQUOTAS DIFERENCIADAS – RECURSO EXTRAORDINÁRIO – REPERCUSSÃO GERAL CONFIGURADA. Possui repercussão geral a controvérsia alusiva à constitucionalidade da previsão, no artigo 8º, incisos I e II, § 9º, da Lei nº 10.865, de 2004, de alíquotas mais onerosas quanto ao regime monofásico de importação de autopeças – 2,3% para a Contribuição ao PIS-Importação e 10,8% para a Cofins-Importação –, apesar de a norma ter estabelecido a observância das alíquotas gerais – 1,65% e 7,6% – relativamente à importação dos mesmos bens por pessoas jurídicas fabricantes de máquinas e veículos. **(Inform. STF 760)**

REPERCUSSÃO GERAL EM ARE N. 790.928-PE

RELATOR: MIN. LUIZ FUX

RECURSO EXTRAORDINÁRIO COM AGRAVO. TRIBUTÁRIO. PRINCÍPIO DA NÃO CUMULATIVIDADE. ART. 195, § 12, CF/88. PIS. COFINS. ARTIGO 3º , NOTADAMENTE INCISO II E §§ 1º E 2º, DAS LEIS Nºs 10.833/2003, 10.637/2002. ARTIGO 31, § 3º, DA LEI Nº 10.865/2004. RELEVÂNCIA DA MATÉRIA E TRANSCENDÊNCIA DE INTERESSES. REPERCUSSÃO GERAL RECONHECIDA. **(Inform. STF 757)**

DIREITO TRIBUTÁRIO. AUMENTO DA ALÍQUOTA DA COFINS E SOCIEDADES CORRETORAS DE SEGUROS. RECURSO REPETITIVO (ART. 543-C DO CPC E RES. 8/2008-STJ). TEMA 728.

As "sociedades corretoras de seguros" estão fora do rol de entidades constantes do art. 22, § 1º, da Lei 8.212/1991. Assim, o aumento de 3% para 4% da alíquota da Cofins promovido pelo art. 18 da Lei 10.684/2003 não alcança as sociedades corretoras de seguros. Isso porque as "sociedades corretoras de seguros" não pertencem ao gênero "sociedades corretoras" contido no art. 22, § 1º, da Lei 8.212/1991, a que o art. 18 da Lei 10.684/2003 faz remissão. De início, topograficamente, de ver que o art. 22, § 1º, da Lei 8.212/1991 trata da sujeição passiva tributária em dois blocos distintos. Um bloco referente às entidades relacionadas ao Sistema Financeiro Nacional (bancos comerciais, bancos de investimentos, bancos de desenvolvimento, caixas econômicas, sociedades de crédito, financiamento e investimento, sociedades de crédito imobiliário, sociedades corretoras, distribuidoras de títulos e valores mobiliários, empresas de arrendamento mercantil, cooperativas de crédito) e outro bloco referente às entidades relacionadas ao Sistema Nacional de Seguros Privados (empresas de seguros privados e de capitalização, agentes autônomos de seguros privados e de crédito e entidades de previdência privada abertas e fechadas). Muito embora o art. 8º, "e", do Decreto-Lei 73/1966 preveja que "os corretores habilitados" fazem parte do Sistema Nacional de Seguros Privados, se essas "sociedades corretoras de seguros" não estão expressamente elencadas no segundo bloco, não há como a elas estender a sujeição passiva tributária por analogia às demais entidades que ali estão. A vedação está no art. 108, § 1º, do CTN. De ver que no primeiro bloco, sob o signo "sociedades corretoras", estão as "sociedades corretoras de valores mobiliários" (regidas pela Resolução Bacen 1.655/1989), que evidentemente não são as "sociedades corretoras de seguros" e coexistem ao lado das "sociedades distribuidoras de títulos e valores mobiliários" (regidas pela Resolução CMN 1.120/1986), também dentro do primeiro bloco. A relação do segundo bloco, então, restou incompleta, não abrangendo todas as entidades do Sistema Nacional de Seguros Privados. O equívoco cometido não pode ser corrigido pelo Poder Judiciário, já que ensejaria o uso de analogia vedada, pois não há que se falar em interpretação extensiva do termo "sociedades corretoras" contido no primeiro bloco. Com efeito, a expressão "sociedades corretoras" já tem significado próprio no âmbito do Sistema Financeiro Nacional. Outro ponto de relevo é que, para fins de cálculo da Cofins, as várias exclusões na apuração da receita tributável a que faz referência o art. 3º, § 6º, da Lei 9.718/1998 também estão separadas por blocos, sendo que a relação do primeiro bloco (Sistema Financeiro Nacional), donde constam as "sociedades corretoras", corresponde ao inciso I do § 6º do art. 3º da Lei 9.718/1998. De observar que, muito embora o inciso se refira genericamente a "sociedades corretoras", todas as alíneas se reportam a despesas e perdas específicas do setor financeiro, não guardando qualquer relação com a atividade das "sociedades corretoras de seguros", o que reafirma a conclusão de que o termo "sociedades corretoras" somente pode se referir às "sociedades corretoras de valores mobiliários" (regidas pela Resolução Bacen 1.655/1989), já que somente estas é que poderão se beneficiar das deduções elencadas. Já as exclusões na apuração da receita tributável para fins de cálculo da Cofins estabelecidas para o segundo bloco (Sistema Nacional de Seguros Privados) foram feitas em três incisos diferentes do mesmo § 6º do art. 3º da Lei 9.718/1998. Os incisos beneficiam as empresas de seguros privados e de capitalização e as entidades de previdência privada abertas e fechadas. Em nenhum dos incisos há menção a qualquer benesse concedida às "sociedades corretoras de seguros". Nem mesmo os valores que se permite deduzir guardam relação direta com suas atividades. Daí se conclui que não há essa menção justamente porque "sociedades corretoras de seguros" não constam do rol do art. 22, § 1º, da Lei 8.212/1991. Com efeito, se o aumento de um ponto percentual na alíquota da Cofins está relacionado à existência de dedutibilidades específicas para as entidades oneradas, fica evidente que as "sociedades corretoras de seguros", por não terem sido oneradas com o aumento da alíquota, também não foram agraciadas com qualquer dedutibilidade. Ou seja, estão totalmente fora do rol do art. 22, § 1º, da Lei 8.212/1991. Outrossim, observa-se que a própria Secretaria da Receita Federal do Brasil (SRFB) já reconheceu, no Parecer Normativo Cosit 1/1993, que as "sociedades corretoras de seguros" não estão contidas no primeiro bloco, ao registrar que as "sociedades corretoras de seguros" não estão alcançadas pela exigência de apuração do IRPJ pelo lucro real, quando deu interpretação ao art. 5º, III, da Lei 8.541/1992 (artigo que reproduz fielmente a primeira parte do § 1º do art. 22 da Lei 8.212/1991). Por fim, não sensibiliza o argumento de que as regras legais que disciplinam as contribuições destinadas à Seguridade Social devem ser interpretadas em harmonia com o princípio da solidariedade social (art. 195 da CF). Isso porque a presente interpretação não acarretará isenção da contribuição, mas, tão somente, a aplicação de alíquota diversa, que poderá ser menor (3% – Cofins cumulativa) ou maior (7,6% – Cofins não-cumulativa), conforme o caso (art. 10 da Lei 10.833/2003). **REsp 1.400.287-RS, Rel. Min. Mauro Campbell Marques, Primeira Seção, julgado em 22/4/2015, DJe 3/11/2015. (Inform. STJ 572)**

DIREITO TRIBUTÁRIO. INCIDÊNCIA DE PIS/PASEP-IMPORTAÇÃO E COFINS-IMPORTAÇÃO SOBRE A IMPORTAÇÃO DE ANIMAL SILVESTRE.

Há incidência de contribuição para o PIS/PASEP-Importação e de COFINS-Importação sobre a importação de animal silvestre, ainda que sua internalização no território nacional tenha ocorrido via contrato de permuta de animais. O art. 1º, *caput,* da Lei 10.865/2004 instituiu a Contribuição para os Programas de Integração Social e de Formação do Patrimônio do Servidor Público incidente na Importação de Produtos Estrangeiros ou Serviços (PIS/PASEP-Importação) e a Contribuição Social para o Financiamento da Seguridade Social devida pelo Importador de Bens Estrangeiros ou Serviços do Exterior (COFINS-Importação), com base nos arts. 149, § 2º, II, e 195, IV, da CF, observado o disposto no seu art. 195, § 6º. Da análise da referida Lei, verifica-se que o fato gerador de ambas as contribuições, nos termos do art. 3º, I, faz referência a "bens" e não a "produtos" ou "mercadorias". Logo, discutir se os animais objeto do contrato se enquadram nos conceitos de produto e mercadoria é irrelevante no plano infraconstitucional. Ademais, os artigos seguintes da mencionada Lei deixam clara a intenção do legislador em tributar os bens importados, não havendo restrição aos que estariam enquadrados nos conceitos de "produto" ou "mercadoria". Registre-se, *ad argumentandum tantum,* que até mesmo no plano constitucional é despicienda, na hipótese, a análise dos conceitos de "produto" e "mercadoria", tendo em vista que o art. 195, IV, quando trata do financiamento da seguridade social, determina que ela também ocorrerá mediante recursos provenientes de contribuições do importador de bens, não havendo referência, nesse dispositivo constitucional, aos referidos termos. Dessa forma, os animais silvestres objeto de contrato de permuta enquadram-se no conceito de bem definido no art. 82 do CC para fins de incidência do PIS/PASEP-Importação e da COFINS-Importação, pelo que a sua internalização no território nacional está sujeita às referidas contribuições. Ressalte-se que, ainda que no contrato de permuta o pagamento não se realize com moeda, mas sim com a entrega do bem que se pretende trocar, tal fato não retira a possibilidade de se atribuir valor financeiro, ou preço, à operação realizada, sobretudo porque o art. 533 do CC determina a aplicação à permuta das disposições referentes à compra e venda. **REsp 1.254.117-SC, Rel. Min. Mauro Campbell Marques, julgado em 18/8/2015, DJe 27/8/2015 (Inform. STJ 568).**

DIREITO TRIBUTÁRIO. ABRANGÊNCIA DO TERMO INSUMO PARA EFEITOS DA SISTEMÁTICA DE NÃO CUMULATIVIDADE DA CONTRIBUIÇÃO AO PIS/PASEP E DA COFINS.

Os materiais de limpeza/desinfecção e os serviços de dedetização usados no âmbito produtivo de contribuinte fabricante de gêneros alimentícios devem ser considerados como "insumos" para efeitos de creditamento na sistemática de não cumulatividade na cobrança da contribuição ao PIS/PASEP (Lei 10.637/2002) e da COFINS (Lei 10.833/2003). Isso porque há perfeito enquadramento dos referidos materiais e serviços na definição de "insumos" extraída do art. 3°, II, da Lei 10.637/2002 e do art. 3°, II, da Lei 10.833/2003. Na hipótese, a empresa é fabricante de gêneros alimentícios, sujeita, portanto, a rígidas normas de higiene e limpeza. No ramo a que pertence, as exigências de condições sanitárias das instalações, se não atendidas, implicam a própria impossibilidade da produção e substancial perda de qualidade do produto resultante. Ademais, o que se extrai de nuclear da definição de "insumos" para efeito dos referidos artigos é que: (i) o bem ou serviço tenha sido adquirido para ser utilizado na prestação do serviço ou na produção, ou para viabilizá-los (pertinência ao processo produtivo); (ii) a produção ou prestação do serviço dependa daquela aquisição (essencialidade ao processo produtivo); (iii) não se faz necessário o consumo do bem ou a prestação do serviço em contato direto com o produto (possibilidade de emprego indireto no processo produtivo). Assim, são "insumos", para efeitos das citadas normas, todos aqueles bens e serviços que viabilizam ou são pertinentes ao processo produtivo e à prestação de serviços, que neles possam ser direta ou indiretamente empregados e cuja subtração importa na impossibilidade mesma da prestação do serviço ou da produção, isto é, cuja subtração obsta a atividade da empresa, ou implica em substancial perda de qualidade do produto ou serviço daí resultantes. Por seu turno, conforme interpretação teleológica e sistemática do ordenamento jurídico em vigor, a conceituação de "insumos", para efeitos das Leis 10.637/2002 e Lei 10.833/2003, não se identifica com a conceituação adotada na legislação do Imposto sobre Produtos Industrializados (IPI), posto que excessivamente restritiva. Dessa forma, é de se reconhecer a ilegalidade das Instruções Normativas 247/2002 e 404/2004 da Secretaria da Receita Federal, por adotarem definição de insumos semelhante à da legislação do IPI. Do mesmo modo, "insumo" não corresponde exatamente aos conceitos de "Custos e Despesas Operacionais" utilizados na legislação do Imposto de Renda (IR), porque demasiadamente elastecidos. REsp 1.246.317-MG, Rel. Min. Mauro Campbell Marques, julgado em 16/6/2011, DJe 29/6/2015 (Inform. STJ 564).

DIREITO TRIBUTÁRIO. VALORES DO REINTEGRA E BASE DE CÁLCULO DA CONTRIBUIÇÃO AO PIS E DA COFINS.

Até o advento da Lei 12.844/2013, os valores ressarcidos no âmbito do Regime Especial de Reintegração de Valores Tributários para as Empresas Exportadoras (REINTEGRA) incorporavam a base de cálculo da contribuição ao PIS e da COFINS, sobretudo no caso de empresas tributadas pelo lucro real na sistemática da não cumulatividade do PIS e da COFINS instituída pelas Leis 10.637/2002 e 10.833/2003. A Lei 12.546/2011, que institui o REINTEGRA, tem como objetivo reintegrar valores referentes a custos tributários federais residuais existentes nas cadeias de produção de tais empresas. A propósito, extrai-se dos arts. 1° e 2° dessa lei, que esse benefício fiscal tem natureza de "reintegração de valores referentes a custos tributários". Dessa forma, seja por se tratar de recuperação ou devolução de custos, seja por se tratar de subvenção corrente para custeio ou operação, os valores do benefício fiscal criado pelo REINTEGRA integram a receita bruta operacional da empresa por expressa determinação do art. 44 da Lei 4.506/1964, de forma que, salvo autorizativo legal, tais valores integram a base de cálculo do PIS e da COFINS no regime da não cumulatividade previsto nas Leis 10.637/2002 e 10.833/2003. A propósito, conforme entendimento adotado pela Segunda Turma desta Corte nos autos dos EDcl no REsp 1.462.313-RS, DJe 19/12/2014 e do AgRg no REsp 1.518.688-RS, DJe 7/5/2015, os valores do REINTEGRA são passíveis de incidência do imposto de renda, até o advento da MP 651/2014, posteriormente convertida na Lei 13.043/2014, de forma que a conclusão lógica que se tem é a de que tais valores igualmente integram a base de cálculo do PIS e da COFINS, que é mais ampla e inclui, a priori, ressalvadas as deduções legais, os valores relativos ao IRPJ e à CSLL, sobretudo no caso de empresas tributadas pelo lucro real na sistemática da não cumulatividade do PIS e da COFINS instituída pelas Leis 10.637/2002 e 10.833/2003, cuja tributação se dá com base na receita bruta mensal da pessoa jurídica, a qual, por expressa disposição do art. 44 da Lei 4.506/1964, abrange as recuperações ou devoluções de custos, deduções ou provisões e as subvenções correntes, para custeio ou operação, recebidas de pessoas jurídicas de direito público ou privado, ou de pessoas naturais. Nos termos do art. 150, § 6°, da CF, qualquer subsídio ou isenção, redução de base de cálculo, concessão de crédito presumido, anistia ou remissão, relativos a impostos, taxas ou contribuições, só poderá ser concedido mediante lei específica que regule exclusivamente as matérias acima enumeradas ou o correspondente tributo ou contribuição. Nesse sentido, somente com o advento da Lei 12.844/2013, que incluiu o § 12 no art. 2° da Lei 12.546/2011, é que os valores ressarcidos no âmbito do REINTEGRA foram excluídos expressamente da base de cálculo do PIS e da COFINS. Por não se tratar de dispositivo de conteúdo meramente procedimental, mas sim de conteúdo material (exclusão da base de cálculo de tributo), sua aplicação somente alcança os fatos geradores futuros e aqueles cuja ocorrência não tenha sido completada (consoante o art. 105 do CTN), não havendo que se falar em aplicação retroativa. REsp 1.514.731-RS, Rel. Min. Mauro Campbell Marques, julgado em 26/5/2015, DJe 1°/6/2015 (Inform. STJ 563).

DIREITO TRIBUTÁRIO. INCIDÊNCIA DA COFINS SOBRE RECEITA PROVENIENTE DE LOCAÇÃO DE VAGAS EM ESTACIONAMENTO DE SHOPPING CENTER.

Compõe a base de cálculo da COFINS a receita proveniente da locação de vagas em estacionamento de shopping center ou de centros comerciais de prestação de serviços ou de venda de produtos, mesmo que esses estejam constituídos na forma de condomínio e que não haja a intervenção de terceira pessoa jurídica empresária. Mesmo na forma de condomínio – destituído de personalidade jurídica – e sem a intervenção de terceira pessoa jurídica empresária, o shopping center ou o centro comercial de prestação de serviços ou venda de produtos é considerado unidade econômica autônoma para fins de tributação, nos termos do art. 126, III, do CTN. Assim, se o empreendimento gera renda por meio de locação de bens e/ou prestação de serviços – mesmo que em benefício de sua infraestrutura ou a favor dos condôminos – sem a intervenção de terceira pessoa jurídica empresária, os valores que recebe compõem a base de cálculo de contribuições sociais (no caso, a COFINS), porquanto referidos valores fazem parte de seu faturamento. A propósito, nos termos do art. 2° da LC 70/1991, a COFINS incide "sobre o faturamento mensal, assim considerado a receita bruta das vendas de mercadorias, de mercadorias e serviços e de serviço de qualquer natureza". Ademais, o STJ, em diversos casos, tem entendido pela legalidade da incidência da COFINS sobre receitas provenientes da administração e locação procedidas por shopping centers. Ora, se há incidência da contribuição sobre a administração e locação das lojas e salas comerciais (AgRg no Ag 1.213.712-PR, Segunda Turma, DJe 8/10/2010; e AgRg no REsp 1.164.449-PR, Segunda Turma, DJe 4/2/2011), não há falar em não incidência na locação de vagas de estacionamento, as quais, igualmente àquelas, são bens imóveis aptos à locação e obtenção de renda. Além disso, cumpre mencionar que a Primeira Seção do STJ, por ocasião do julgamento do REsp 1.141.065-SC (DJe 1°/2/2010), realizado sob a sistemática do art. 543-C do CPC, no qual decidiu pela incidência da COFINS nas receitas provenientes de locação de mão de obra, fez-se peculiar menção à semelhança do caso com os dos shopping centers. Portanto, nessa linha, e ressalvadas as devidas diferenças entre os casos, se o empreendimento aufere renda da locação de vagas de estacionamento e/ou outra espécie de prestação de serviços, essa renda deve compor a base de cálculo da COFINS. REsp 1.301.956-RJ, Rel. Min. Benedito Gonçalves, julgado em 10/2/2015, DJe 20/2/2015 (Inform. STJ 556).

DIREITO TRIBUTÁRIO. DESCONTO DE CRÉDITOS DO VALOR APURADO A TÍTULO DE CONTRIBUIÇÃO AO PIS E DA COFINS.

É cabível o aproveitamento, na verificação do crédito dedutível da base de cálculo da contribuição ao PIS e da COFINS, das despesas e custos inerentes à aquisição de combustíveis, lubrificantes e peças de reposição utilizados em veículos próprios dos quais faz uso a empresa para entregar as mercadorias que comercializa. Isso porque o creditamento pelos insumos previsto nos arts. 3º, II, da Lei 10.833/2003 e da Lei 10.637/2002 abrange os custos com peças, combustíveis e lubrificantes utilizados por empresa que, conjugada com a venda de mercadorias, exerce também a atividade de prestação de serviços de transporte da própria mercadoria que revende. De fato, o art. 3º, II, da Lei 10.833/2003 registra expressamente que a pessoa jurídica poderá descontar créditos calculados em relação aos bens e serviços utilizados como insumo na prestação de serviços e na produção ou fabricação de bens ou produtos destinados à venda, inclusive combustíveis e lubrificantes. Dessa forma, importante ressaltar que é o próprio dispositivo legal que dá, expressamente, à pessoa jurídica o direito ao creditamento pelos bens utilizados como insumo na prestação de serviços, incluindo no conceito desses bens os combustíveis e lubrificantes. Ademais, fato incontroverso é o de que o valor do transporte da mercadoria vendida está embutido no preço de venda (faturamento), como custo que é da empresa, ingressando assim na base de cálculo das contribuições ao PIS/COFINS (receita bruta). Com o custo do transporte e o correspondente aumento do preço de venda, há evidente agregação de valor, pressuposto da tributação e também da aplicação da não cumulatividade. Por certo, a vedação do creditamento em casos como o presente teria por únicos efeitos (a) forçar a empresa vendedora/transportadora a registrar em cláusula contratual que as despesas da tradição (frete) estariam a cargo do comprador, fornecendo a ele o serviço, ou (b) terceirizar a atividade de transporte de suas mercadorias para uma outra empresa que possivelmente seria criada dentro de um mesmo grupo econômico apenas para se fazer planejamento tributário, com renovados custos burocráticos (custos de conformidade à legislação tributária, empresarial e trabalhista para a criação de uma nova empresa). Em suma, caracterizada a prestação de serviços de transporte, ainda que associada à venda de mercadorias que comercializa, há de ser reconhecido o direito ao creditamento pelo valor pago na aquisição das peças, combustíveis e lubrificantes necessários a esse serviço, tendo em vista que são insumos para a prestação do serviço. REsp 1.235.979-RS, Rel. originário Min. Herman Benjamin, Rel. para acórdão Min. Mauro Campbell Marques, julgado em 16/12/2014, DJe 19/12/2014 (Inform. STJ 554).

Súmula STF nº 659

É legítima a cobrança da COFINS, do PIS e do FINSOCIAL sobre as operações relativas a energia elétrica, serviços de telecomunicações, derivados de petróleo, combustíveis e minerais do País.

SÚMULA STJ nº 508

A isenção da Cofins concedida pelo art. 6º, II, da LC n. 70/1991 às sociedades civis de prestação de serviços profissionais foi revogada pelo art. 56 da Lei n. 9.430/1996.

Súmula STJ nº 468

A base de cálculo do PIS, até a edição da MP n. 1.212/1995, era o faturamento ocorrido no sexto mês anterior ao do fato gerador.

Súmula STJ nº 423

A Contribuição para Financiamento da Seguridade Social – Cofins incide sobre as receitas provenientes das operações de locação de bens móveis.

Súmula STJ nº 276

As sociedades civis de prestação de serviços profissionais são isentas da Cofins, irrelevante o regime tributário adotado. *(a partir do entendimento do STF, o STJ cancelou esta súmula para reconhecer a inexistência de isenção)*

5.2. CSLL

ED: cancelamento de voto vogal e supostas contradições - 1

O Plenário, ao julgar embargos de declaração, acolheu-os, sem efeito modificativo, apenas para prestar esclarecimento, mantendo, assim, a orientação firmada no julgamento do recurso extraordinário, em que reconhecida a repercussão geral. Dessa forma, o Tribunal reafirmou o entendimento no sentido de que a Contribuição Social sobre o Lucro Líquido – CSLL incide sobre o lucro das empresas exportadoras, uma vez que a imunidade prevista no art. 149, § 2º, I, da CF (com a redação dada pela EC 33/2001) não o alcança. Inicialmente, a Corte afastou, por maioria, preliminar de nulidade arguida em razão do cancelamento da transcrição do voto vogal do Ministro Celso de Mello na composição do acórdão. Destacou que o cancelamento do voto vogal traduziria faculdade processual reconhecida ao juiz que o tivesse proferido. Vencido o Ministro Marco Aurélio (relator), que provia os embargos de declaração para determinar a juntada do voto do Ministro Celso de Mello. Afirmava que apregoado o processo, tudo que fosse veiculado por integrante do Tribunal mostrar-se-ia público e não ficaria no campo da disponibilidade do autor. Sublinhava que o acórdão revelaria um grande todo e deveria satisfazer a regra do art. 93, IX, da CF ("todos os julgamentos dos órgãos do Poder Judiciário serão públicos e fundamentadas todas as decisões, sob pena de nulidade"). Em seguida, o Tribunal refutou as demais alegações da embargante. No que se refere à primeira delas, a de que não seria possível a qualificação, em tese, de imunidades tributárias como subsídios proibidos ou passíveis de proibição em razão do conceito de subsídio estabelecido no Acordo sobre Subsídios e Medidas Compensatórias – ASMC. O Colegiado ressaltou que filigranas conceituais não estariam em jogo e a norma internacional não as envolveria. Frisou que, consoante o art. 1º do mencionado Acordo, subsídio consistiria em contribuição financeira concedida pelo governo, que poderia ocorrer sob diferentes modalidades: desde transferência direta de fundos, fornecimento de bens e serviços, financiamentos, delegação de atribuições governamentais a corpos privados, até renúncia de receitas públicas por meio de incentivos fiscais. Realçou que a equiparação pelo acordo internacional, sob o rótulo comum de subsídio, de modos tão diversos de contribuições financeiras governamentais, incluída expressamente a concessão de benefícios fiscais, revelaria o quanto seria impróprio pautar-se em esquemas de linguagem, como pretendera a embargante, para reduzir o alcance normativo da expressão subsídio e sustentar a contradição veiculada.

ED: cancelamento de voto vogal e supostas contradições - 2

O Plenário observou que a segunda contradição arguida seria também de ordem conceitual. A embargante teria apontado o descompasso em qualificar a imunidade como possível violação do ASMC, porquanto o Acordo Geral sobre Tarifas e Comércio excluiria expressamente do conceito de subsídio as desonerações relacionadas à exportação. Recordou que o art. 16 do Acordo Geral sobre Tarifas e Comércio traria regras gerais sobre os subsídios à exportação. Rememorou que o dispositivo recebera notas e provisões suplementares, entre as quais a que excepcionaria da denominação de subsídio a desoneração de tributos sobre "produto exportado", desde que prevista idêntica incidência quanto a bens similares destinados ao consumo interno. Ponderou que haveria um ponto fundamental: considerada a referência a "produto exportado" pela norma internacional, a desoneração excepcionada possuiria nítida natureza objetiva. Salientou, portanto, que a discutida nota ou provisão suplementar não teria aplicação no caso debatido, porque a CSLL não constituiria tributo incidente em "produto exportado", objeto de proteção da nota adicional ao mencionado art.16, mas ônus que recairia na figura do exportador. Assim, se imunidade houvesse ou fosse reconhecida pelo Pleno, essa seria subjetiva, fora do alcance da exceção estabelecida pela nota mencionada. Por último, ante a ausência de antinomia, a Corte rejeitou a assertiva de contradição a envolver a norma constitucional de imunidade e as regras dos acordos internacionais, hipoteticamente solucionada pelo Colegiado em favor das últimas. Depreendeu que os votos da Ministra Ellen Gracie e do Ministro Joaquim Barbosa apenas demonstrariam o uso dos compromissos internacionais firmados pelo Brasil como vetor interpretativo para revelar o alcance mais razoável da EC 33/2001. Consignou que, do conteúdo do voto desse Ministro, seria possível concluir que se de antinomia ele tivesse tratado, resolvera em favor da competência do Poder Legislativo e não dos acordos internacionais, como erroneamente sustentava a embargante. RE 564413 ED/SC, rel. Min. Marco Aurélio, 13.8.2014. (RE-564413) **(Inform. STF 754)**

Correção monetária de demonstrações financeiras

A 1ª Turma, por maioria, negou provimento a agravo regimental em que se discutia a possibilidade de correção monetária de demonstrações financeiras. Inicialmente, a Turma afirmou que a controvérsia a envolver o art. 4º da Lei 9.249/1995, cingir-se-ia a âmbito infraconstitucional. Ademais, verificou que a natureza dos créditos escriturais acumulados concernentes aos prejuízos fiscais do IRPJ e às bases negativas da CSLL seria distinta. Consignou posicionamento da Corte segundo o qual a dedução de prejuízos de exercícios anteriores da base de cálculo do IRPJ e a compensação das bases negativas da CSLL constituiriam favores fiscais. Nesse sentido, os prejuízos ocorridos em exercícios não se caracterizariam como fato gerador, mas meras deduções, cuja proteção para exercícios futuros teria sido autorizada nos termos da lei. Em seguida, a Turma ressaltou que o art. 39, § 4º, da Lei 9.250/1995 não seria aplicável ao caso, uma vez que o dispositivo apenas se referiria à utilização da taxa SELIC aos valores provenientes de tributos pagos indevidamente ou a maior, para fins de compensação, o que não seria a situação dos autos. Vencido o Ministro Marco Aurélio, que provia o agravo. Pontuava que a ausência de correção monetária implicaria transformação do imposto de renda em imposto sobre o patrimônio da própria empresa, em razão da alta inflação existente à época. RE 807062 AgR/PR, rel. Min. Dias Toffoli, 2.9.2014. (RE-807062) **(Inform. STF 757)**

5.3. Contribuições ao Regime Geral de Previdência Social

AG. REG. NO RE N. 869.633-SC

RELATORA: MIN. ROSA WEBER

EMENTA: DIREITO ADMINISTRATIVO E TRIBUTÁRIO. CONTRIBUIÇÃO PREVIDENCIÁRIA. ADICIONAL DE RISCO DE VIDA. DISCUSSÃO ACERCA DA NATUREZA JURÍDICA DA VERBA. DEBATE DE ÂMBITO INFRACONSTITUCIONAL. ALEGAÇÃO DE OFENSA AO ART. 5º, II, XXXVI, LIV E LV, DA CONSTITUIÇÃO DA REPÚBLICA. LEGALIDADE. CONTRADITÓRIO E AMPLA DEFESA. DEVIDO PROCESSO LEGAL. EVENTUAL OFENSA REFLEXA NÃO VIABILIZA O MANEJO DO RECURSO EXTRAORDINÁRIO. ART. 102 DA LEI MAIOR. NEGATIVA DE PRESTAÇÃO JURISDICIONAL. ARTIGO 93, IX, DA CONSTITUIÇÃO FEDERAL. NULIDADE. INOCORRÊNCIA. RAZÕES DE DECIDIR EXPLICITADAS PELO ÓRGÃO JURISDICIONAL. ACÓRDÃO RECORRIDO PUBLICADO EM 02.6.2014.

1. A controvérsia, a teor do já asseverado na decisão guerreada, não alcança estatura constitucional. Não há falar em afronta aos arts. 150, I, 154, I, e 195, I, "a", da Constituição Federal. Compreender de modo diverso exigiria a análise da legislação infraconstitucional encampada na decisão da Corte de origem, a tornar oblíqua e reflexa eventual ofensa, insuscetível, como tal, de viabilizar o conhecimento do recurso extraordinário.

2. Inexiste violação do artigo 93, IX, da Lei Maior. A jurisprudência do Supremo Tribunal Federal é no sentido de que o referido dispositivo constitucional exige a explicitação, pelo órgão jurisdicional, das razões do seu convencimento, dispensando o exame detalhado de cada argumento suscitado pelas partes.

3. O exame da alegada ofensa ao art. 5º, II, XXXVI, LIV e LV, da Constituição Federal, observada a estreita moldura com que devolvida a matéria à apreciação desta Suprema Corte, dependeria de prévia análise da legislação infraconstitucional aplicada à espécie, o que refoge à competência jurisdicional extraordinária, prevista no art. 102 da Magna Carta.

4. As razões do agravo regimental não se mostram aptas a infirmar os fundamentos que lastrearam a decisão agravada.

5. Agravo regimental conhecido e não provido. **(Inform. STF 797)**

AG. REG. NO AI N. 744.010-MG

RELATOR: MIN. MARCO AURÉLIO

EMENTA: RECURSO EXTRAORDINÁRIO – REPERCUSSÃO GERAL ADMITIDA – PROCESSO VERSANDO A MATÉRIA – SOBRESTAMENTO – MANUTENÇÃO. O tema atinente à constitucionalidade da cobrança de contribuições sociais em face das atividades das cooperativas em geral, tendo em conta a distinção entre "ato cooperativo típico" e "ato cooperativo atípico", teve repercussão geral admitida pelo denominado Plenário Virtual no Recurso Extraordinário nº 672.215/CE, da relatoria do ministro Luís Roberto Barroso. A matéria de fundo, tanto no mencionado recurso como neste extraordinário, diz respeito à definição da incidência ou não desses tributos sobre as receitas decorrentes de tais atos. Impõe-se aguardar o julgamento do mérito do paradigma, considerados o regime da repercussão geral, presentes os processos múltiplos, e a possibilidade de revisão do entendimento. **(Inform. STF 787)**

Contribuição previdenciária e participação nos lucros - 4

Incide contribuição previdenciária sobre as parcelas pagas a título de participação nos lucros referentes ao período entre a promulgação da CF/1988 e a entrada em vigor da Medida Provisória 794/1994, que regulamentou o art. 7º, XI, da CF ("Art. 7º. São direitos dos trabalhadores urbanos e rurais, além de outros que visem à melhoria de sua condição social: ... XI - participação nos lucros, ou resultados, desvinculada da remuneração, e, excepcionalmente, participação na gestão da empresa conforme definido em lei"), convertida, posteriormente, na Lei 10.101/2000. Essa a orientação do Plenário que, em conclusão de julgamento e por maioria, proveu recurso extraordinário em que discutida a questão — v. Informativo 760. O Colegiado asseverou haver precedentes de ambas as Turmas do STF no sentido da incidência da contribuição previdenciária sobre as mencionadas parcelas. Acresceu que a seguridade social seria financiada por toda a sociedade, conforme se depreenderia dos artigos 195, I, a; e 201, § 11, ambos da CF ["Art. 195. A seguridade social será financiada por toda a sociedade, de forma direta e indireta, nos termos da lei, mediante recursos provenientes dos orçamentos da União, dos Estados, do Distrito Federal e dos Municípios, e das seguintes contribuições sociais: I - do empregador, da empresa e da entidade a ela equiparada na forma da lei, incidentes sobre: a) a folha de salários e demais rendimentos do trabalho pagos ou creditados, a qualquer título, à pessoa física que lhe preste serviço, mesmo sem vínculo empregatício ... Art. 201. A previdência social será organizada sob a forma de regime geral, de caráter contributivo e de filiação obrigatória, observados critérios que preservem o equilíbrio financeiro e atuarial, e atenderá, nos termos da lei, a: ... § 11. Os ganhos habituais do empregado, a qualquer título, serão incorporados ao salário para efeito de contribuição previdenciária e consequente repercussão em benefícios, nos casos e na forma da lei"]. Ao se interpretar teleologicamente a cláusula prevista no inciso XI do art. 7º da CF, concluir-se-ia que o objetivo da desvinculação seria impedir que essa parcela servisse de base de cálculo para outras. A aludida medida provisória teria estabelecido hipótese de isenção e não de não incidência, razão pela qual não poderia abranger período pretérito. Vencido o Ministro Dias Toffoli (relator), que negava provimento ao recurso. Registrava que entendimento diverso implicaria a tributação, inclusive, nas hipóteses de convenção coletiva, a versar sobre participação nos lucros e resultados, firmada anteriormente à lei. RE 569441/RS, rel. orig. Min. Dias Toffoli, red. p/ o acórdão Min. Teori Zavascki, 30.10.2014. (RE-569441) **(Inform. STF 765)**

DIREITO TRIBUTÁRIO E PREVIDENCIÁRIO. INCIDÊNCIA DE CONTRIBUIÇÃO PREVIDENCIÁRIA NO AUXÍLIO QUEBRA DE CAIXA.

Incide contribuição previdenciária sobre o auxílio quebra de caixa, consubstanciado em pagamento efetuado mês a mês ao empregado em razão da função que desempenha, que tenha sido pago por liberalidade do empregador, mesmo que não se verifiquem diferenças no caixa. O empregado, quando exerce função de operador de caixa, auxiliar de caixa, conferente, tesoureiro, cobrador ou qualquer outra função que possibilite o desconto na sua remuneração quando há diferença entre a quantia existente em caixa e a que efetivamente deveria existir, faz jus ao recebimento do auxílio quebra de caixa, desde que previsto em norma coletiva, já que não há previsão legal

para o seu pagamento. Nesse contexto, esse auxílio consubstancia-se no pagamento efetuado mês a mês ao empregado como uma forma de compensar os riscos assumidos pela função exercida. Considerando que a Primeira Seção do STJ (EREsp 775.701-SP, DJ 1º/8/2006) assentou a natureza não-indenizatória das gratificações feitas por liberalidade do empregador, o auxílio quebra de caixa, consubstanciado no pagamento efetuado mês a mês ao empregado em razão da função que desempenha, que tenha sido pago por liberalidade do empregador tem nítida natureza salarial e, portanto, integra a remuneração, razão pela qual se tem como pertinente a incidência da contribuição previdenciária. Isso porque, nos termos do art. 28, I, da Lei 8.212/1991, o salário de contribuição tem como base de cálculo a remuneração considerada como os rendimentos pagos, devidos ou creditados a qualquer título, durante o mês, destinado a retribuir o trabalho. Precedente citado: EDcl no REsp 733.362-RJ, Segunda Turma, DJe 14/4/2008. REsp 1.434.082-RS, Rel. Min. Humberto Martins, julgado em 1º/10/2015, DJe 9/10/2015 (Inform. STJ 570).

DIREITO TRIBUTÁRIO E PREVIDENCIÁRIO. GRATIFICAÇÕES E PRÊMIOS E CONTRIBUIÇÃO PREVIDENCIÁRIA.

Não incide contribuição previdenciária sobre prêmios e gratificações de caráter eventual. A fim de verificar a sua inclusão ou não no salário-de-contribuição, uma das principais características a ser aferida sobre as gratificações e os prêmios é a habitualidade ou não de seu pagamento. Havendo pagamento com habitualidade, manifesto o caráter salarial, implicando ajuste tácito entre as partes, razão pela qual incide contribuição previdenciária. A propósito, o STF possui entendimento firmado pela Súmula 207 ("As gratificações habituais, inclusive a de natal, consideram-se tacitamente convencionadas, integrando o salário"). Tratando-se de prêmio ou gratificação eventual, fica afastada a incidência da contribuição, conforme o art. 28, § 9º, "e", 7, da Lei 8.212/1991. **REsp 1.275.695-ES, Rel. Min. Mauro Campbell Marques, julgado em 20/8/2015, DJe 31/8/2015 (Inform. STJ 568).**

DIREITO TRIBUTÁRIO E PREVIDENCIÁRIO. SALÁRIO-FAMÍLIA E CONTRIBUIÇÃO PREVIDENCIÁRIA.

Não incide contribuição previdenciária sobre salário-família. A doutrina aponta que a natureza jurídica do salário-família não é de salário, em que pese o nome, na medida em que não é pago como contraprestação de serviços prestados pelo empregado. Realizando-se uma interpretação sistemática da legislação de regência (art. 70 da Lei 8.213/1991 e art. 28, § 9º, "a", da Lei 8.212/1991), verifica-se que se trata de benefício de natureza previdenciária não incorporável ao cômputo dos rendimentos que integrarão a aposentadoria do trabalhador. REsp 1.275.695-ES, Rel. Min. Mauro Campbell Marques, julgado em 20/8/2015, DJe 31/8/2015 (Inform. STJ 568).

DIREITO TRIBUTÁRIO. CONTRIBUIÇÃO SOCIAL AO FUNRURAL. A despeito dos arts. 1º da Lei 8.540/1992, 1º da Lei 9.528/1997 e 1º da Lei 10.256/2001, desde a vigência da Lei 8.212/1991, não é possível exigir a contribuição social ao FUNRURAL, a cargo do empregador rural pessoa física, incidente sobre o valor comercial dos produtos rurais. A contribuição social incidente sobre a produção rural foi extinta pela Lei 8.213/1991 para os produtores rurais empregadores pessoas físicas, que passaram a recolher contribuições sobre a folha de salários de seus empregados. Todavia, a referida contribuição foi mantida para os segurados especiais (produtores rurais em regime de economia familiar). Dessa forma, com a criação do Plano de Custeio da Previdência Social pela Lei 8.212/1991, os produtores rurais passaram a contribuir para a Previdência Social, ou sobre o resultado da comercialização (segurados especiais), ou sobre a folha de salários (caso dos empregadores rurais pessoas físicas). Com o advento da Lei 8.540/1992, que deu nova redação ao art. 25 da Lei 8.212/1991, voltou-se a exigir dos produtores rurais empregadores pessoas físicas o recolhimento de contribuição social sobre a comercialização de produtos. Entretanto, o STF, sob o rito do art. 543-B do CPC (RE 596.177-RS, Tribunal Pleno, DJe 29/8/2011), declarou a inconstitucionalidade do art. 1º da Lei 8.540/1992, com base nos seguintes fundamentos: (I) referido dispositivo teria criado nova hipótese de incidência de contribuição social não prevista no art. 195, I, da CF; (II) os empregadores rurais pessoa física estariam sujeitos a dupla tributação ao recolher a Contribuição para Financiamento da Seguridade Social – COFINS, além daquela instituída pela Lei 8.540/1992, ferindo, portanto, o princípio da isonomia; e (III) a lei é formalmente inconstitucional, em razão de que nova fonte de custeio da Seguridade Social só poderia ser criada por meio de Lei Complementar. Saliente-se que as posteriores alterações legislativas impostas ao art. 25 da Lei 8.212/1991 por meio dos arts. 1º da Lei 9.528/1997 e 1º da Lei 10.256/2001 não alteram a conclusão em torno da mesma inconstitucionalidade, haja vista padecerem, por igual, de vício semelhante ao do art. 1º da Lei 8.540/1992, marcadamente no ponto em que havia determinado o restabelecimento da contribuição ao FUNRURAL. **REsp 1.070.441-SC, Rel. Min. Sérgio Kukina, julgado em 2/9/2014. (Inform. STJ 548)**

DIREITO PREVIDENCIÁRIO E TRIBUTÁRIO. CONTRIBUIÇÃO PREVIDENCIÁRIA SOBRE LICENÇA CASAMENTO E LICENÇA PARA PRESTAÇÃO DE SERVIÇO ELEITORAL. Incide contribuição previdenciária a cargo da empresa sobre os valores pagos a título de licença casamento (art. 473, II, da CLT) e de licença para prestação de serviço eleitoral (art. 98 da Lei 9.504/1997). Consoante a jurisprudência do STJ, o parâmetro para incidência da contribuição previdenciária é o caráter salarial da verba, já a não incidência ocorre nas verbas de natureza indenizatória. Posto isso, cumpre esclarecer que a licença para prestação do serviço eleitoral e a licença casamento não ostentam caráter indenizatório. Sua natureza estrutural remete ao inafastável caráter remuneratório, integrando parcela salarial cujo ônus é do empregador, sendo irrelevante a inexistência da efetiva prestação laboral no período, porquanto mantido o vínculo de trabalho, o que atrai a incidência tributária sobre as indigitadas verbas. Ademais, não se sustenta, e não encontra albergue na jurisprudência do STJ o parâmetro de que qualquer afastamento ao serviço justificaria o não pagamento de contribuição previdenciária. Assim, há hipóteses em que ocorre o efetivo afastamento do empregado, ou seja, não há a efetiva prestação do serviço ou o efetivo tempo à disposição do empregador, mas ainda assim é devida a incidência tributária, tal como ocorre quanto ao salário-maternidade, situação na qual a mãe se ausenta para cuidar do filho e nem por isso a contribuição é indevida. No mesmo caminho estão as férias gozadas, situação em que o empregado se ausenta por, em regra, 30 dias – período muito maior do que as vinculadas à licença TRE eleição e à licença casamento –, e ainda assim a incidência da contribuição previdenciária se faz presente. **REsp 1.455.089-RS, Rel. Min. Humberto Martins, julgado em 16/9/2014. (Inform. STJ 548)**

DIREITO TRIBUTÁRIO. APLICABILIDADE DA PENA DE PERDIMENTO A MERCADORIAS IMPORTADAS. A mercadoria importada qualificada como bagagem acompanhada que fora apreendida em zona secundária e desacompanhada de Declaração de Bagagem Acompanhada (DBA) será restituída ao viajante até o limite da cota de isenção determinada pela Receita Federal (art. 33 da IN 1.059/2010 da RFB), aplicável a pena de perdimento em relação à mercadoria que exceda esse limite. Isso porque, conforme dispõe o art. 33 da IN 1.059/2010 da RFB, o viajante procedente do exterior poderá trazer, com a isenção a que se refere o *caput* do art. 32, em sua bagagem acompanhada (art. 2º, III), livros, folhetos, periódicos, bens de uso ou consumo pessoal e outros bens cujos limites de valor global não ultrapassem os limites da cota de isenção determinada por esse dispositivo normativo. De fato, de acordo com o art. 3º, os "viajantes que ingressarem no território brasileiro deverão efetuar a declaração do conteúdo de sua bagagem, mediante o preenchimento, a assinatura e a entrega à autoridade aduaneira da Declaração de Bagagem Acompanhada (DBA)". Todavia, o art. 3º-A, *caput*, dessa mesma Instrução Normativa, determina que estão dispensados de apresentar a DBA de que trata do art. 3º "os viajantes que não estiverem obrigados a dirigir-se ao canal 'bens a declarar'". Ocorre que, entre os viajantes que estão obrigados a dirigir-se ao canal "bens a declarar" – e que, portanto, devem apresentar a DBA – enquadra-se o viajante que trouxer "bens cujo valor global ultrapasse o limite de isenção para a via de transporte, de acordo com o disposto no art. 33" (art. 6º, VIII, da IN 1.059/2010 da RFB). Deste modo, se o que está dentro da cota de isenção dispensa declaração de bens, conclui-se que a pena de perdimento só é pertinente aos produtos que, por estarem acima dos limites da cota, venham a configurar dano ao erário, nos termos do art. 689 do Decreto 6.759/2009, já que, quanto a eles, há sim a obrigação de apresentação de declaração e demais formalidades de internação. **REsp 1.443.110-PR, Rel. Min. Humberto Martins, julgado em 12/8/2014. (Inform. STJ 546)**

Súmula STF nº 732

É constitucional a cobrança da contribuição do salário-educação, seja sob a Carta de 1969, seja sob a Constituição Federal de 1988, e no regime da Lei 9.424/1996.

Súmula STJ nº 425

A retenção da contribuição para a seguridade social pelo tomador do serviço não se aplica às empresas optantes pelo Simples.

Súmula STJ nº 351

A alíquota de contribuição para o Seguro de Acidente do Trabalho (SAT) é aferida pelo grau de risco desenvolvido em cada empresa, individualizada pelo seu CNPJ, ou pelo grau de risco da atividade preponderante quando houver apenas um registro.

5.4. Outras contribuições

AG. REG. NO ARE N. 907.065-DF

RELATOR: MIN. EDSON FACHIN

AGRAVO REGIMENTAL EM RECURSO EXTRAORDINÁRIO COM AGRAVO. DIREITO TRIBUTÁRIO. CONTRIBUIÇÃO SINDICAL RURAL. MARCO INICIAL DA PRESCRIÇÃO. CONSOLIDAÇÃO DAS LEIS TRABALHISTAS. RESERVA DE LEI COMPLEMENTAR. CLÁUSULA DA RESERVA DE PLENÁRIO.

1. A jurisprudência do STF é firma no sentido de que a contribuição sindical rural foi recepcionada pela Constituição Federal de 1988, submetendo-se ao regime tributário, de modo que as disposições do CTN lhe são aplicáveis.

2. Por se tratar de espécie tributária prevista na Constituição Federal, é possível a instituição do tributo por meio de lei ordinária, a qual deve fixar o aspecto temporal da hipótese de incidência, à luz do princípio da legalidade. Assim, em nenhum momento se infere dos autos tratamento de matéria reservada à lei complementar.

3. O Plenário desta Corte já atestou que não há repercussão geral na matéria referente ao lançamento de contribuição sindical rural, com base no art. 605 da CLT. Precedente: AI-RG 743.833, de relatoria do Ministro Cezar Peluso, DJe 16.10.2009.

4. O afastamento, pelos órgãos judiciários *a quo*, de lei ou ato normativo do Poder Público sem expressa declaração de inconstitucionalidade constitui ofensa à cláusula de reserva de plenário, consistindo em *error in procedendo* no âmbito do acórdão recorrido, tal como previsto no art. 97 da Constituição Federal e na Súmula Vinculante 10 desta Suprema Corte. Precedente: RE-QO-RG 580.108, de relatoria da Ministra Ellen Gracie, DJe 19.12.2008.

5. Agravo regimental a que se nega provimento. **(Inform. STF 809)**

REPERCUSSÃO GERAL EM RE N. 816.830-SC

RELATOR: MIN. DIAS TOFFOLI

EMENTA: RECURSO EXTRAORDINÁRIO. TRIBUTÁRIO. CONTRIBUIÇÃO AO SENAR. SUBSTITUIÇÃO DA BASE DE CÁLCULO. FOLHA DE SALÁRIO. RECEITA BRUTA PROVENIENTE DA COMERCIALIZAÇÃO DA PRODUÇÃO. PRODUTOR RURAL PESSOA FÍSICA. SEGURADO ESPECIAL. EXISTÊNCIA DE REPERCUSSÃO GERAL. **(Inform. STF 789)**

DIREITO TRIBUTÁRIO. INCLUSÃO DO ICMS NA BASE DE CÁLCULO DA CONTRIBUIÇÃO SUBSTITUTIVA PREVISTA NA LEI 12.546/2011.

A parcela relativa ao ICMS, ressalvada a retenção decorrente do regime de substituição tributária (ICMS-ST) e demais deduções legais, inclui-se no conceito de receita bruta para fins de determinação da base de cálculo da contribuição substitutiva instituída pelos arts. 7º e 8º da Lei 12.546/2011. De fato, a EC 42/2003 possibilitou a substituição gradual, total ou parcial, da contribuição incidente sobre a folha de salários (art. 195, I, "a", da CF) pela incidente sobre a receita ou o faturamento. Nesse sentido, a Lei 12.546/2011 instituiu a contribuição substitutiva incidente sobre a receita bruta das empresas abrangidas pela desoneração da folha. Quanto a isso, convém esclarecer que, pela sistemática da não-cumulatividade, o conceito de receita bruta é mais amplo, não se aplicando, ao caso, o precedente da Suprema Corte (RE 240.785-MG, Tribunal Pleno, DJe 15/12/2014) que tratou das contribuições ao PIS/Pasep e da COFINS regidas pela Lei 9.718/1998, sob a ótica da sistemática cumulativa. Nessa linha intelectiva, o STJ, por ocasião do julgamento do REsp 1.330.737-SP, Primeira Seção, julgado em 10/6/2015, submetido ao rito do art. 543-C do CPC, pacificou o entendimento de que é possível a inclusão na receita bruta de parcela relativa a tributos recolhidos a título próprio, refletindo a orientação sufragada nas Súmulas 191 e 258 do TFR e 68 e 94 do STJ. ***Mutatis mutandis***, deve ser aplicada a mesma lógica para as contribuições previdenciárias substitutivas em razão da identidade do fato gerador (receita bruta). Destaque-se, finalmente, que a retenção do ICMS que se faz a título de substituição tributária (ICMS-ST) não se insere no conceito de receita bruta, pois a própria legislação tributária reconhece que tais valores são meros ingressos na contabilidade da empresa (responsável tributário por substituição ou agente arrecadador) que será entregue ao Fisco. **REsp 1.528.604-SC, Rel. Min. Mauro Campbell Marques, julgado em 8/9/2015, DJe 17/9/2015 (Inform. STJ 569).**

DIREITO TRIBUTÁRIO. NÃO REVOGAÇÃO DE CONTRIBUIÇÃO SOCIAL SOBRE O FGTS.

A contribuição social prevista no art. 1º da LC 110/2001 – baseada no percentual sobre o saldo de FGTS em decorrência da despedida sem justa causa –, a ser suportada pelo empregador, não se encontra revogada, mesmo diante do cumprimento da finalidade para qual a contribuição foi instituída. Inicialmente, esclareça-se que a jurisprudência do STJ tem reconhecido a atualização do saldo de FGTS (REsp 1.111.201-PE, Primeira Seção, DJe 04/03/2010, julgado sob o rito do art. 543-C do CPC). De fato, a finalidade da norma era trazer novas receitas ao FGTS, visto a necessidade de promover complementação de atualização monetária a que fariam jus os trabalhadores, em decorrência dos expurgos inflacionários das contas vinculadas ao referido fundo que não foram devidamente implementadas pela Caixa Econômica Federal. Entretanto, não se pode inferir do normativo complementar que sua regência é temporária e que sua vigência extingue-se com o cumprimento da finalidade para a qual a contribuição foi instituída. Se assim o fosse, haveria expressa previsão, tal como ocorreu com outra contribuição social instituída pelo própria LC 110/2001, que estabeleceu prazo de vigência de sessenta meses, a contar de sua exigibilidade (art. 2º, § 2º). Portanto, a contribuição instituída pelo art. 1º da LC 110/2001 ainda é exigível, mormente ante o fato de que sua extinção foi objeto do Projeto de Lei Complementar 200/2012, o qual foi vetado pela Presidência da República e mantido pelo Congresso Nacional em agosto de 2013. **REsp 1.487.505-RS, Rel. Min. Humberto Martins, julgado em 17/3/2015, DJe 24/3/2015 (Inform. STJ 558).**

DIREITO TRIBUTÁRIO. RESPONSABILIDADE POR DÉBITOS PREVIDENCIÁRIOS NÃO PAGOS POR INCORPORADORA IMOBILIÁRIA FALIDA.

Na hipótese de paralisação de edificação de condomínio residencial, em razão da falência da incorporadora imobiliária, e tendo a obra sido retomada posteriormente pelos adquirentes das unidades imobiliárias comercializadas – condôminos –, estes não podem ser responsabilizados pelo pagamento de contribuições previdenciárias referentes à etapa da edificação que se encontrava sob a responsabilidade exclusiva da incorporadora falida. Nos termos do art. 30, II, da Lei 8.212/1991, "exclui-se da responsabilidade solidária perante a Seguridade Social o adquirente de prédio ou unidade imobiliária que realizar a operação com empresa de comercialização ou incorporador de imóveis, ficando estes solidariamente responsáveis com o construtor". Vale dizer, o construtor é responsável pelas dívidas previdenciárias, mas não o é o adquirente de unidade imobiliária que realizar a operação com empresa de comercialização ou incorporador de imóveis. Nota-se que a lei protege a boa-fé dos adquirentes que comercializam com empresas construtoras, não só como mecanismo de justiça, mas também como instrumento de garantia, de forma que as relações contratuais na área da construção civil se desenvolvam

em um sistema de segurança. No caso, até o momento em que a obra estava sob a responsabilidade da pessoa jurídica, é inegável que os condôminos encontravam-se na condição de adquirentes das unidades comercializadas pela construtora, e não como construtores, não sendo possível, portanto, imputar aos condôminos a responsabilidade tributária, já que estariam acobertados pela exceção prevista no inciso VII do art. 30 da Lei 8.212/1991. Precedente citado: REsp 961.246-SC, Primeira Turma, DJe 10/12/2009. REsp 1.485.379-SC, Rel. Min. Og Fernandes, julgado em 16/12/2014, DJe 4/2/2015 (Inform. STJ 554).

Súmula STJ nº 516

A contribuição de intervenção no domínio econômico para o Incra (Decreto-Lei n. 1.110/1970), devida por empregadores rurais e urbanos, não foi extinta pelas Leis ns. 7.787/1989, 8.212/1991 e 8.213/1991, não podendo ser compensada com a contribuição ao INSS.

Súmula STJ nº 499

As empresas prestadoras de serviços estão sujeitas às contribuições ao SESC e SENAC, salvo se integradas noutro serviço social.

6. TAXAS

REPERCUSSÃO GERAL EM RE N. 838.284-SC

RELATOR: MIN. DIAS TOFFOLI

EMENTA: RECURSO EXTRAORDINÁRIO. REPERCUSSÃO GERAL. TRIBUTÁRIO. TAXA PARA EMISSÃO DE ANOTAÇÃO DE RESPONSABILIDADE TÉCNICA. LEI Nº 6.994/82. PRINCÍPIO DA RESERVA LEGAL. FIXAÇÃO DE VALOR MÁXIMO.

Possui repercussão geral a matéria alusiva à validade da exigência da taxa para expedição da Anotação de Responsabilidade Técnica (ART), baseada na Lei nº 6.994/82 a qual estabeleceu limites máximos para a ART, até o valor de 5 MVR, considerada a exigência do art. 150, I, da Constituição. **(Inform. STF 802)**

SEGUNDO AG. REG. NO RE N. 828.965-RS

RELATORA: MIN. CÁRMEN LÚCIA

EMENTA: AGRAVO REGIMENTAL NO RECURSO EXTRAORDINÁRIO. TRIBUTÁRIO. ANOTAÇÃO DE RESPONSABILIDADE TÉCNICA – ART. NATUREZA JURÍDICA DE TAXA. OBSERVÂNCIA DO PRINCÍPIO DA LEGALIDADE TRIBUTÁRIA (ART. 150, INC. I, DA CONSTITUIÇÃO DA REPÚBLICA). LEIS NS. 6.496/1977 E 6.994/1982: COBRANÇA INDEVIDA. AGRAVO REGIMENTAL AO QUAL SE NEGA PROVIMENTO. **(Inform. STF 790)**

AG. REG. NO ARE N. 873.798-RS

RELATORA: MIN. ROSA WEBER

EMENTA: DIREITO TRIBUTÁRIO. TAXA DE SAÚDE SUPLEMENTAR. LEI Nº 9.961/2000. EVENTUAL OFENSA REFLEXA NÃO VIABILIZA O MANEJO DO RECURSO EXTRAORDINÁRIO. ART. 102 DA LEI MAIOR. ACÓRDÃO RECORRIDO PUBLICADO EM 10.7.2014.

A controvérsia, a teor do que já asseverado na decisão guerreada, não alcança estatura constitucional. Não há falar, nesse compasso, em afronta aos preceitos constitucionais indicados nas razões recursais, porquanto compreender de modo diverso exigiria análise da legislação infraconstitucional encampada na decisão prolatada pela Corte de origem, o que torna oblíqua e reflexa eventual ofensa, insuscetível, portanto, de viabilizar o conhecimento do recurso extraordinário. Desatendida a exigência do art. 102, III, "a", da Lei Maior, nos termos da remansosa jurisprudência desta Corte.

As razões do agravo regimental não se mostram aptas a infirmar os fundamentos que lastrearam a decisão agravada.

Agravo regimental conhecido e não provido. **(Inform. STF 785)**

REPERCUSSÃO GERAL EM RE N. 789.218-MG

RELATOR: MIN. DIAS TOFFOLI

EMENTA: TRIBUTÁRIO. REPERCUSSÃO GERAL. RATIFICAÇÃO DA JURISPRUDÊNCIA. TAXA DE EXPEDIENTE. FATO GERADOR. EMISSÃO DE GUIA PARA PAGAMENTO DE TRIBUTO. AUSÊNCIA DOS CRITÉRIOS EXIGIDOS PELO ART. 145, II, CF/88. INCONSTITUCIONALIDADE.

1. A emissão de guia de recolhimento de tributos é de interesse exclusivo da Administração, sendo mero instrumento de arrecadação, não envolvendo a prestação de um serviço público ao contribuinte.
2. Possui repercussão geral a questão constitucional suscitada no apelo extremo. Ratifica-se, no caso, a jurisprudência da Corte consolidada no sentido de ser inconstitucional a instituição e a cobrança de taxas por emissão ou remessa de carnês/guias de recolhimento de tributos. Precedente do Plenário da Corte: Rp nº 903, Rel. Min. Thompson Flores, DJ de 28/6/74.
3. Recurso extraordinário do qual se conhece, mas ao qual, no mérito, se nega provimento. **(Inform. STF 753)**

ADI: pedágio e preço público - 1

O pedágio cobrado pela efetiva utilização de rodovias não tem natureza tributária, mas de preço público, consequentemente, não está sujeito ao princípio da legalidade estrita. Com base nesse entendimento, o Plenário julgou improcedente pedido formulado em ação direta ajuizada contra o Decreto 34.417/1992, do Estado do Rio Grande do Sul, que autoriza a cobrança de pedágio em rodovia estadual. O Tribunal recordou que a Constituição autoriza a cobrança de pedágio ("Art. 150. Sem prejuízo de outras garantias asseguradas ao contribuinte, é vedado à União, aos Estados, ao Distrito Federal e aos Municípios: ...V - estabelecer limitações ao tráfego de pessoas ou bens, por meio de tributos interestaduais ou intermunicipais, ressalvada a cobrança de pedágio pela utilização de vias conservadas pelo Poder Público"). Rememorou que essa norma reproduziria, em linhas gerais, regra semelhante contida nas Constituições de 1946 e 1967. Ressalvou, contudo, que a EC 1/1969 não repetira a parte final dessa disposição ("Art. 19. É vedado à União, aos Estados, ao Distrito Federal e aos Municípios: ... II - estabelecer limitações ao tráfego de pessoas ou mercadorias, por meio de tributos interestaduais ou intermunicipais"). Ressaltou que a falta de referência à cobrança de pedágio, no regime constitucional precedente despertara a controvérsia a respeito da natureza dessa exação — se tributária ou não tributária —, divergência que persistiria, especialmente no âmbito doutrinário. Afirmou que os defensores da natureza tributária, da subespécie taxa, o fariam sob os seguintes fundamentos: a) a referência ao pedágio, nas limitações constitucionais ao poder de tributar; b) o pagamento de um serviço específico ou divisível, prestado ao contribuinte ou posto à sua disposição; e c) a impossibilidade de remunerar serviços públicos por meio outro que não o de taxa. Aludiu, entretanto, que os defensores da natureza contratual da exação como preço público o fariam com base nas seguintes considerações: a) a inclusão no texto constitucional apenas esclareceria que, apesar de não incidir tributo sobre o tráfego de pessoas ou bens, poderia, excepcionalmente, ser cobrado o pedágio, espécie jurídica diferenciada; b) a ausência de compulsoriedade na utilização de rodovias; e c) a cobrança se daria em virtude da utilização efetiva do serviço, e não seria devida com base no seu oferecimento potencial.

ADI: pedágio e preço público - 2

A Corte realçou que essa discussão teria sido contaminada pela figura do denominado "selo-pedágio", prevista na Lei 7.712/1988, reconhecido como taxa pelo STF. Lembrou, porém, que essa exação seria compulsória a todos os usuários de rodovias federais, por meio de pagamento renovável mensalmente, independentemente da frequência de uso, cobrada antecipadamente, como contrapartida a serviço específico ou divisível, prestado ao contribuinte ou posto à sua disposição. Consignou haver profundas diferenças entre o citado "selo-pedágio" e o pedágio, na forma em que atualmente disciplinado. Asseverou que esse último somente seria cobrado se, quando e cada vez que houvesse efetivo uso da rodovia, o que não ocorreria com o "selo-pedágio", que seria exigido em valor fixo, independentemente do número de vezes que o contribuinte fizesse uso das estradas durante o mês. Destacou que o enquadramento do pedágio como taxa ou preço público independeria de sua localização topológica no texto constitucional, mas seria relacionado ao preenchimento, ou não, dos requisitos previstos no art. 3º do CTN ("Tributo é toda prestação pecuniária compulsória, em moeda ou cujo valor nela se possa exprimir, que não constitua sanção de ato ilícito, instituída em lei e cobrada mediante atividade administrativa plenamente vinculada").

ADI: pedágio e preço público - 3

O Plenário sublinhou que seria irrelevante também, para a definição da natureza jurídica do pedágio, a existência, ou não, de via alternativa gratuita para o usuário trafegar. Reconheceu que a cobrança de pedágio poderia, indiretamente, limitar o tráfego de pessoas. Observou, todavia, que essa restrição seria agravada quando, por insuficiência de recursos, o Estado não construísse rodovias ou não conservasse adequadamente as existentes. Ponderou que, diante dessa realidade, a Constituição autorizara a cobrança de pedágio em rodovias conservadas pelo Poder Público, inobstante a limitação de tráfego que essa cobrança pudesse eventualmente acarretar. Registrou, assim, que a contrapartida de oferecimento de via alternativa gratuita como condição para a cobrança de pedágio não seria uma exigência constitucional, tampouco estaria prevista em lei ordinária. Consignou que o elemento nuclear para identificar e distinguir taxa e preço público seria o da compulsoriedade, presente na primeira e ausente na segunda espécie. Nesse sentido, mencionou o Enunciado 545 da Súmula do STF ("Preços de serviços públicos e taxas não se confundem, porque estas, diferentemente daqueles, são compulsórias e têm sua cobrança condicionada à prévia autorização orçamentária, em relação à lei que as instituiu"). ADI 800/RS, rel. Min. Teori Zavascki, 11.6.2014. (ADI-800) **(Inform. STF 750)**

DIREITO TRIBUTÁRIO. ILEGALIDADE DA DEFINIÇÃO DO VALOR DE TAXA RELACIONADA AO SICOBE.

É ilegal impor às pessoas jurídicas que importam ou industrializam refrigerante, cerveja, água e refresco, com base no Ato Declaratório do Executivo RFB 61/2008, o ressarcimento à Casa da Moeda do Brasil pela realização por esta dos procedimentos de integração, instalação e manutenção preventiva e corretiva de todos os equipamentos que compõem o Sistema de Controle de Produção de Bebidas (Sicobe). O art. 58-T da Lei 10.833/2003 (com redação dada pela Lei 11.827/2008) instituiu obrigação tributária acessória, haja vista que (a) "instalar equipamentos contadores de produção, que possibilitem, ainda, a identificação do tipo de produto, de embalagem e sua marca comercial" é dever de fazer estabelecido pela legislação tributária; (b) este dever não tem caráter patrimonial, pois seu objetivo não é o recolhimento de quantia em dinheiro; e (c) impõe-se como medida de fiscalização e no interesse da arrecadação do IPI e PIS/COFINS. A respeito da forma como seria custeado esse Sistema de Controle de Produção de Bebidas (Sicobe), o art. 58-T da Lei 10.833/2003 (com redação dada pela Lei 11.827/2008) indicou a aplicação dos arts. 27 a 30 da Lei 11.488/2007. Nos termos dos §§ 2º e 3º do art. 28 da Lei 11.488/2007, definiu-se que o estabelecimento industrial deve ressarcir (entregar dinheiro) a Casa da Moeda do Brasil por possibilitar o funcionamento do Sicobe. A partir do momento em que nasce o dever de pagar quantia ao Estado, de forma compulsória, tem vida a obrigação tributária principal. Assim, existem duas obrigações tributárias distintas circunscritas ao Sicobe: (a) o dever de implementá-lo, de natureza acessória; e (b) o dever de ressarcir a Casa da Moeda do Brasil, de natureza principal. No presente caso, a Lei impôs obrigação pecuniária compulsória, em moeda, fruto de ato lícito. Esta obrigação subsume-se perfeitamente ao que o art. 3º do CTN definiu como tributo. Assim, a despeito de ter sido intitulada de ressarcimento, a cobrança instituída pelo art. 58-T da Lei 10.833/2003, c/c o art. 28 da Lei 11.488/2007 é, em verdade, tributo, qualificando-se como taxa (art. 77 do CTN). Na espécie, os valores exigidos à guisa de ressarcimento originam-se do exercício de poderes fiscalizatórios por parte da Fazenda Nacional, para evitar que as empresas produtoras de bebidas incidam em evasão fiscal. Tais atos fiscalizatórios são ínsitos ao poder de polícia de que está investida a União Federal, cuja remuneração pode ser perpetrada por meio da taxa de polícia. Até aqui, mal algum há na conduta do Estado, pois lhe é amplamente permitido criar novas taxas por meio de lei. No entanto, o vício surge na forma como se estabeleceu a alíquota e a base de cálculo da referida taxa. É que o art. 97, IV, do CTN estatui que somente lei pode fixar alíquota e base de cálculo dos tributos. Todavia, a Lei 11.488/2007, em seu art. 28, § 4º, não previu o *quantum* que deveria ser repassado à Empresa Pública, apenas atribuiu à Secretaria da Receita Federal do Brasil a competência para fazê-lo. Em cumprimento, foi editado o Ato Declaratório do Executivo RFB 61/2008, que estabeleceu como devido o valor de R$ 0,03 (três centavos de real) por unidade de produto controlado pelo Sicobe. Desta forma, a cobrança do ressarcimento, com base no referido ato infralegal, viola o art. 97, IV, do CTN. Ademais, o Ato Declaratório do Executivo RFB 61/2008, quando definiu o valor cobrado a título de ressarcimento em número fixo por unidade de produto, não respeitou o contido no próprio dispositivo que lhe outorgou esta competência. O art. 28, § 4º, da Lei 11.488/2007 estabeleceu a premissa segundo a qual os valores do ressarcimento deveriam ser proporcionais à capacidade produtiva do estabelecimento industrial, mas a Secretaria da Receita Federal do Brasil, ao regulamentar o tema, sequer mencionou quanto seriam os gastos despendidos pela Casa da Moeda do Brasil para manejar o Sicobe, de modo que não se pode afirmar que a cobrança estabelecida sem qualquer parâmetro é proporcional às despesas de implementação e manutenção. Além disso, ainda que apresentada planilha de cálculo demonstrando a correspondência do valor cobrado com os reais custos, o requisito da proporcionalidade a que se refere a Lei 11.488/2007 não estaria preenchido: esta não exigiu que o valor fosse proporcional às expensas, mas à capacidade produtiva do estabelecimento. **REsp 1.448.096-PR, Rel. Min. Napoleão Nunes Maia Filho, julgado em 1º/10/2015, DJe 14/10/2015. (Inform. STJ 571)**

Súmula Vinculante STF 41

O serviço de iluminação pública não pode ser remunerado mediante taxa.

Súmula Vinculante STF 29

É constitucional a adoção, no cálculo do valor de taxa, de um ou mais elementos da base de cálculo própria de determinado imposto, desde que não haja integral identidade entre uma base e outra.

Súmula Vinculante STF 19

A taxa cobrada exclusivamente em razão dos serviços públicos de coleta, remoção e tratamento ou destinação de lixo ou resíduos provenientes de imóveis, não viola o artigo 145, II, da constituição federal.

Súmula STF nº 670

O serviço de iluminação pública não pode ser remunerado mediante taxa. *(Comentário: os Municípios e o DF podem cobrar a contribuição do art. 149-A da CF)*

Súmula STF nº 666

É constitucional a Taxa de Fiscalização dos Mercados de Títulos e Valores Mobiliários instituída pela Lei 7.940/1989.

Súmula STF nº 545

Preços de serviços públicos e taxas não se confundem, porque estas, diferentemente daqueles, são compulsórias e têm sua cobrança condicionada à prévia autorização orçamentária, em relação à lei que as instituiu.

Súmula STJ nº 412

A ação de repetição de indébito de tarifas de água e esgoto sujeita-se ao prazo prescricional estabelecido no Código Civil. *(Comentário: STJ adotou o entendimento de que tarifa de água e esgoto não tem natureza tributária, independentemente de ser cobrada por concessionária ou autarquia)*

7. EMPRÉSTIMOS COMPULSÓRIOS

AG. REG. NO ARE N. 861.275-RJ

RELATOR: MIN. LUIZ FUX

Ementa: AGRAVO REGIMENTAL NO RECURSO EXTRAORDINÁRIO COM AGRAVO. TRIBUTÁRIO. EMPRÉSTIMO COMPULSÓRIO. ELETROBRÁS. LEI Nº 4.156/1962. PRESCRIÇÃO. DEFINIÇÃO DO PRAZO. OFENSA REFLEXA. AUSÊNCIA DE PREQUESTIONAMENTO. SÚMULAS Nº 282 E 356 DO STF. INOVAÇÃO RECURSAL. IMPOSSIBILIDADE. PRINCÍPIOS DA AMPLA DEFESA E DO CONTRADITÓRIO. MATÉRIA COM REPERCUSSÃO GERAL REJEITADA PELO PLENÁRIO DO STF NO ARE Nº 748.371. CONTROVÉRSIA DE ÍNDOLE INFRACONSTITUCIONAL.

1. A definição do prazo prescricional para demandar em juízo a restituição dos valores tomados a título de empréstimo compulsório em favor da ELETROBRÁS, nos termos da Lei nº 4.156/1962, quando *sub judice* a controvérsia, não dá ensejo ao cabimento do recurso extraordinário, por situar-se no âmbito infraconstitucional.

2. O prequestionamento da questão constitucional é requisito indispensável à admissão do recurso extraordinário. As súmulas 282 e 356 do STF dispõem, respectivamente, *verbis*: "*É inadmissível o recurso extraordinário, quando não ventilada, na decisão recorrida, a questão federal suscitada*" e "*O ponto omisso da decisão, sobre o qual não foram opostos embargos declaratórios, não podem ser objeto de recurso extraordinário, por faltar o requisito do prequestionamento*".
3. A alegação tardia de matéria constitucional, só suscitada em sede de embargos de declaração, não supre o requisito do prequestionamento. Precedentes: ARE 693.333-AgR, Rel. Min. Cármen Lúcia, Primeira Turma, DJe de 19/9/2012; e AI 738.152-AgR, Rel. Min. Ricardo Lewandowski, Segunda Turma, DJe de 8/11/2012.
4. A inovação de argumentos em agravo regimental é incabível. Precedente: AI 518.051-AgR, Rel. Min. Ellen Gracie, Segunda Turma, DJ de 17/2/2006.
5. Os princípios da ampla defesa, do contraditório, do devido processo legal e os limites da coisa julgada, quando debatidos sob a ótica infraconstitucional, não revelam repercussão geral apta a tornar o apelo extremo admissível, consoante decidido pelo Plenário virtual do STF, na análise do ARE 748.371-RG.
6. *In casu*, o acórdão recorrido extraordinariamente assentou: *"TRIBUTÁRIO - EXECUÇÃO POR TÍTULO EXTRAJUDICIAL - DEBÊNTURES EMITIDAS PELA ELETROBRÁS EM RAZÃO DO EMPRÉSTIMO COMPULSÓRIO SOBRE O CONSUMO DE ENERGIA ELÉTRICA (LEI 4.156/62) - PRESCRIÇÃO - AUSÊNCIA DE CERTEZA, LIQUIDEZ E EXIGIBILIDADE DO TÍTULO - ALEGAÇÃO DE MATÉRIA DE ORDEM PÚBLICA"*.
7. Agravo regimental **DESPROVIDO. (Inform. STF 785)**

8. ADMINISTRAÇÃO TRIBUTÁRIA, FISCALIZAÇÃO, CERTIDÕES, DÍVIDA ATIVA, CADIN

REPERCUSSÃO GERAL EM RE N. 770.149-PE

RELATOR: MIN. MARCO AURÉLIO

MUNICÍPIO - PODERES EXECUTIVO E LEGISLATIVO - DÉBITO - CERTIDÃO POSITIVA DE DÉBITO COM EFEITO DE NEGATIVA - INADIMPLÊNCIA DO PODER LEGISLATIVO - ALCANCE - RECURSO EXTRAORDINÁRIO - REPERCUSSÃO GERAL CONFIGURADA. Possui repercussão geral a controvérsia atinente ao direito do Município, como entidade da Federação, à Certidão Positiva de Débito com Efeito de Negativa - CPDEN, apesar da inadimplência do Poder Legislativo local quanto ao cumprimento de obrigações tributárias acessórias. **(Inform. STF 754)**

Exigência de garantia para impressão de nota fiscal - 1

A exigência, pela Fazenda Pública, de prestação de fiança, garantia real ou fidujossória para a impressão de notas fiscais de contribuintes em débito com o Fisco viola as garantias do livre exercício do trabalho, ofício ou profissão (CF, art. 5º, XIII), da atividade econômica (CF, art. 170, parágrafo único) e do devido processo legal (CF, art. 5º, LIV). Com base nessa orientação, o Plenário deu provimento a recurso extraordinário para restabelecer sentença, que deferira a segurança e assegurara o direito do contribuinte à impressão de talonários de notas fiscais independentemente da prestação de garantias. O Tribunal declarou, ainda, a inconstitucionalidade do parágrafo único do art. 42 da Lei 8.820/1989, do Estado do Rio Grande do Sul ("A Fiscalização de Tributos Estaduais, quando da autorização para impressão de documentos fiscais, poderá limitar a quantidade a ser impressa e exigir garantia, nos termos do art. 39, quando a utilização dos referidos documentos puder prejudicar o pagamento do imposto vincendo, ou quando ocorrer uma das hipóteses mencionadas no art. 39"). Discutia-se eventual configuração de sanção política em decorrência do condicionamento de expedição de notas fiscais mediante a oferta de garantias pelo contribuinte inadimplente com o fisco. No caso, a Corte de origem dera provimento parcial à apelação interposta pelo Fisco para reconhecer a constitucionalidade da Lei gaúcha 8.820/1989. Dessa forma, autorizara a impressão de talonários de notas fiscais de contribuinte em mora somente após a prestação, pelo devedor, de fiança idônea, garantia real ou outra fidejussória capaz de cobrir obrigações tributárias futuras decorrentes de operações mercantis presumidas.

Exigência de garantia para impressão de nota fiscal - 2

O Colegiado consignou que o aludido dispositivo legal vincularia a continuidade da atividade econômica do contribuinte em mora ao oferecimento de garantias ou ao pagamento prévio do valor devido a título de tributo. Mencionou que, ante a impossibilidade de impressão de talonário de notas fiscais, salvo garantia prevista com base em débitos ainda não existentes, o contribuinte encontrar-se-ia coagido a quitar a pendência sem poder questionar o passivo, o que poderia levar ao encerramento de suas atividades. Aludiu que se trataria de providência restritiva de direito, complicadora ou mesmo impeditiva da atividade empresarial do contribuinte para forçá-lo ao adimplemento dos débitos. Sublinhou que esse tipo de medida, denominada pelo Direito Tributário, sanção política, desafiaria as liberdades fundamentais consagradas na Constituição, ao afastar a ação de execução fiscal, meio legítimo estabelecido pela ordem jurídica de cobrança de tributos pelo Estado. Realçou que, ao assim proceder, o Estado incorreria em desvio de poder legislativo. Rememorou precedente em que assentada a inconstitucionalidade de sanções políticas por afrontar o direito ao exercício de atividades econômicas e profissionais lícitas, bem como por ofensa ao devido processo legal substantivo em virtude da falta de proporcionalidade e razoabilidade dessas medidas gravosas que objetivariam substituir os mecanismos de cobrança de créditos tributários. O Tribunal, ademais, ressaltou o teor dos Enunciados 70 ("É inadmissível a interdição de estabelecimento como meio coercitivo para cobrança de tributo"), 323 ("É inadmissível a apreensão de mercadorias como meio coercitivo para pagamento de tributos") e 547 ("Não é lícito à autoridade proibir que o contribuinte em débito adquira estampilhas, despache mercadorias nas alfândegas e exerça suas atividades profissionais") de sua Súmula. Precedentes citados: ADI 173/DF (DJe de 20.9.2009) e RE 413.782/SC (DJU de 1º.4.2005). RE 565048/RS, rel. Min. Marco Aurélio, 29.5.2014. (RE-565048) **(Inform. STF 748)**

DIREITO TRIBUTÁRIO. HIPÓTESE DE NÃO EXPEDIÇÃO DE CERTIDÃO POSITIVA COM EFEITOS DE NEGATIVA. A penhora de bem de valor inferior ao débito não autoriza a expedição de certidão positiva com efeitos de negativa. Isso porque a expedição da referida certidão está condicionada à existência de penhora suficiente ou à suspensão da exigibilidade do crédito tributário, nos termos dos arts. 151 e 206 do CTN. Precedentes citados: EDcl no Ag 1.389.047-SC, Segunda Turma, DJe 31/8/2011; e AgRg no REsp 1.022.831-SP, Primeira Turma, DJe 8/5/2008. **REsp 1.479.276-MG, Rel. Min. Mauro Campbell Marques, julgado em 16/10/2014. (Inform. STJ 550)**

DIREITO TRIBUTÁRIO. HIPÓTESE DE IMPOSSIBILIDADE DE EXPEDIÇÃO DE CERTIDÃO POSITIVA COM EFEITO DE NEGATIVA. Não é possível a expedição de certidão positiva com efeito de negativa em favor de sócio que tenha figurado como fiador em Termo de Confissão de Dívida Tributária na hipótese em que o parcelamento dele decorrente não tenha sido adimplido. De fato, o art. 4º, II, da Lei 6.830/1980 dispõe que a execução fiscal poderá ser promovida contra o fiador. Assim sendo, a responsabilidade do sócio fiador, na hipótese, decorre da sua presença como fiador do parcelamento não adimplido. **REsp 1.444.692-CE, Rel. Min. Herman Benjamin, julgado em 13/5/2014. (Inform. STJ 543)**

Súmula STF nº 473

A administração pode anular seus próprios atos, quando eivados de vícios que os tronam ilegais, porque deles não se originam direitos; ou revogá-los, por motivo de conveniência e oportunidade, respeitados os direitos adquiridos, e ressalvada, em todos os casos, a apreciação judicial.

Súmula STF nº 346

A administração pública pode declarar a nulidade dos seus próprios atos.

Súmula STJ nº 446

Declarado e não pago o débito tributário pelo contribuinte, é legítima a recusa de expedição de certidão negativa ou positiva com efeito de negativa.

Súmula STJ nº 439

Estão sujeitos à fiscalização tributária, ou previdenciária, quaisquer livros comerciais, limitado o exame aos pontos objeto da investigação.

Súmula TFR nº 38

Os certificados de quitação e de regularidade de situação não podem ser negados, se o débito estiver garantido por penhora regular (Código Tributário Nacional, art. 206).

Súmula TFR nº 29

Os certificados de quitação e de regularidade não podem ser negados, enquanto pendente de decisão, na via administrativa, o débito levantado.

9. AÇÕES TRIBUTÁRIAS, PROCESSUAL TRIBUTÁRIO

9.1. Execução Fiscal: citação, competência, penhora, fiança, depósito, substituição, reforço, levantamento

DIREITO PROCESSUAL CIVIL E TRIBUTÁRIO. NÃO INCIDÊNCIA DO PRAZO DO ART. 892 DO CPC EM EXECUÇÃO FISCAL.

O prazo de cinco dias previsto no art. 892 do CPC não é aplicável aos depósitos judiciais referentes a créditos tributários, de tal sorte que são exigíveis multa e juros caso o depósito não seja realizado dentro do prazo para o pagamento do tributo. Isso porque, ao se interpretar a norma processual conforme o princípio da legalidade tributária estrita, reconhece-se que o prazo para o depósito judicial previsto no art. 892 do CPC ("Tratando-se de prestações periódicas, uma vez consignada a primeira, pode o devedor continuar a consignar, no mesmo processo e sem mais formalidades, as que se forem vencendo, desde que os depósitos sejam efetuados até 5 (cinco) dias, contados da data do vencimento") não se aplica às consignatórias de crédito tributário, por incompatibilidade normativa. Nos termos do art. 113, § 1º, do CTN, "A obrigação principal surge com a ocorrência do fato gerador, tem por objeto o pagamento de tributo ou penalidade pecuniária e extingue-se juntamente com o crédito dela decorrente", sendo que, conforme estabelece o art. 140 do CTN, "As circunstâncias que modificam o crédito tributário, sua extensão ou seus efeitos, ou as garantias ou os privilégios a ele atribuídos, ou que excluem a exigibilidade do crédito tributário não afetam a obrigação tributária que lhe deu origem". Ademais, o crédito tributário só se extingue ou tem sua exigibilidade suspensa ou excluída nos casos previstos no CTN (art. 141); a suspensão da exigibilidade do crédito tributário se dá com o depósito do seu montante integral, o que não dispensa o cumprimento das obrigações assessórias (art. 151, II e parágrafo único); e a extinção do crédito tributário em razão do depósito judicial só se dá por ocasião de sua conversão em renda (art. 156, VI). Nessa linha, deve-se afirmar que a consignação em pagamento do montante do tributo discutido, que tem por fim a suspensão da exigibilidade do crédito tributário, a qual, ao final, pode implicar sua extinção, é aquela em que o crédito é depositado dentro do prazo de vencimento da obrigação, ou em que há o depósito do montante integral do débito (AgRg no Ag 1.239.917-SP, Segunda Turma, DJe 17/5/2010). Isso porque não se pode ignorar que o crédito tributário é exigível a partir do termo de vencimento. Inadimplido, por força de lei, é acrescido de juros, multa e correção monetária. Por isso que, por ocasião do depósito judicial da parcela respectiva, a parte deve depositar todo o montante devido: crédito principal, juros e multa. O depósito judicial, então, elide a mora do contribuinte ou responsável que ingressa em juízo para discutir a obrigação tributária tão somente quando realizado nos termos e condições próprias para o pagamento integral do crédito tributário; só assim a conversão do depósito em renda poderá implicar a extinção do crédito tributário. Não se pode permitir que o contribuinte ou responsável tributário, por estar em juízo, seja agraciado com mais cinco dias para adimplir o tributo, só porque ajuíza ação consignatória em pagamento. Caso admitida essa tese, diretamente, estar-se-ia criando distinção entre contribuintes/responsáveis, o que é vedado pelo art. 150, I, da CF, além de estar-se estabelecendo espécie de moratória tributária, de caráter geral, sem previsão legal. AgRg no REsp 1.365.761-RS, Rel. Min. Benedito Gonçalves, julgado em 9/6/2015, DJe 17/6/2015 (Inform. STJ 564).

DIREITO PROCESSUAL CIVIL E TRIBUTÁRIO. OFERECIMENTO DE SEGURO GARANTIA EM EXECUÇÃO FISCAL.

O inciso II do art. 9° da Lei 6.830/1980 (LEF), alterado pela Lei 13.043/2014, que faculta expressamente ao executado a possibilidade de oferecer fiança bancária ou seguro garantia nas execuções fiscais, possui aplicabilidade imediata aos processos em curso. Isso porque o referido dispositivo é de cunho processual. Ressalte-se que a jurisprudência do STJ, em atenção ao princípio da especialidade, era no sentido do não cabimento do seguro garantia judicial, uma vez que o art. 9° da LEF não contemplava essa modalidade como meio adequado à garantia da Execução Fiscal. No entanto, a Lei 13.043/2014 deu nova redação ao art. 9°, II, da LEF para facultar expressamente ao executado a possibilidade de "oferecer fiança bancária ou seguro garantia". **REsp 1.508.171-SP, Rel. Min. Herman Benjamin, julgado em 17/3/2015, DJe 6/4/2015 (Inform. STJ 559).**

DIREITO TRIBUTÁRIO. REQUISITOS PARA A MEDIDA DE INDISPONIBILIDADE DE BENS E DIREITOS (ART. 185-A DO CTN). RECURSO REPETITIVO (ART. 543-C DO CPC E RES. 8/2008-STJ).

A indisponibilidade de bens e direitos autorizada pelo art. 185-A do CTN depende da observância dos seguintes requisitos: (i) citação do devedor; (ii) inexistência de pagamento ou apresentação de bens à penhora no prazo legal; e (iii) a não localização de bens penhoráveis após o esgotamento das diligências realizadas pela Fazenda, ficando este caracterizado quando houver nos autos (a) pedido de acionamento do Bacen Jud e consequente determinação pelo magistrado e (b) a expedição de ofícios aos registros públicos do domicílio do executado e ao Departamento Nacional ou Estadual de Trânsito - DENATRAN ou DETRAN. Quanto aos requisitos para indisponibilidade de bens e direitos, infere-se do art. 185-A do CTN que a ordem judicial para a decretação da indisponibilidade de bens e direitos do devedor ficou condicionada aos seguintes: (i) citação do executado; (ii) inexistência de pagamento ou de oferecimento de bens à penhora no prazo legal; e, por fim, (iii) não forem encontrados bens penhoráveis. (Nesse sentido: AgRg no REsp 1.409.433-PE, Primeira Turma, DJe 18/12/2013). Especificamente em relação ao último requisito, a Primeira Seção do STJ firmou entendimento no sentido de que o credor deve comprovar o esgotamento das diligências aptas à localização dos bens do devedor, quando pretender a indisponibilidade de bens e direitos com base no art. 185-A do CTN (AgRg no AREsp 343.969-RS, Segunda Turma, DJe 3/12/2013; e AgRg no AREsp 428.902-BA, Primeira Turma, DJe 28/11/2013). Nessa medida, importa ponderar a respeito das diligências levadas a efeito pela Fazenda Pública, para saber se as providências tomadas correspondem, razoavelmente, a todas aquelas que poderiam ser realizadas antes do requerimento de indisponibilidade de bens requerida no âmbito do Poder Judiciário (art. 185-A do CTN). Sob essa perspectiva, tem-se que o acionamento do Bacen Jud e a expedição de ofícios aos registros públicos de bens no cartório do domicílio do executado são medidas razoáveis a se exigir do Fisco quando este pretender a indisponibilidade de bens do devedor. Além dessas medidas, tem-se ainda por razoável a exigência de prévia expedição de ofício ao Departamento de Trânsito Nacional ou Estadual (DENATRAN ou DETRAN), pois, se houver um veículo na titularidade do executado, facilmente se identificará. **REsp 1.377.507-SP, Rel. Min. Og Fernandes, julgado em 26/11/2014. (Inform. STJ 552)**

DIREITO PROCESSUAL CIVIL E TRIBUTÁRIO. MANDADO DE INTIMAÇÃO E NECESSIDADE DE EXPRESSA MENÇÃO DO PRAZO PARA INTERPOSIÇÃO DE EMBARGOS À EXECUÇÃO FISCAL. Em sede de execução fiscal, é necessário que o mandado de intimação da penhora contenha expressa menção do prazo legal para o oferecimento de embargos à execução. Isso porque a intimação é feita na pessoa do devedor, razão pela qual o mandado deve registrar, expressamente, o prazo de defesa, de modo que o executado possa dimensionar o espaço temporal de que dispõe para constituir advogado com vista à defesa técnica que os princípios constitucionais do contraditório e da ampla defesa lhe asseguram. Precedentes citados: AgRg no REsp 1.085.967-RJ, Segunda Turma, DJe 23/4/2009; e AgRg no REsp 1.063.263-RS, Primeira Turma, DJe 6/8/2009. **EREsp 1.269.069-CE, Rel. Min. Herman Benjamin, julgado em 6/4/2014. (Inform. STJ 546)**

DIREITO PROCESSUAL CIVIL E TRIBUTÁRIO. ARREMATAÇÃO DE IMÓVEL EM EXECUÇÃO FISCAL DE DÉBITOS PREVIDENCIÁRIOS POR VALOR ABAIXO AO DA AVALIAÇÃO. Em segundo leilão realizado no âmbito de execução fiscal de Dívida Ativa originalmente do INSS e agora da União, é válida a arrematação de bem imóvel por valor abaixo ao da avaliação, exceto por preço vil. Isso porque, nessa situação, incide o regramento especial estabelecido na Lei 8.212/1991, sendo subsidiária a aplicação do CPC. A alienação do bem no segundo leilão por qualquer valor, excetuado o vil, é permitida pelo art. 98, II, da Lei 8.212/1991. Assim, o art. 690, § 1°, do CPC não é aplicável a essa hipótese, pois, ao exigir a alienação do imóvel por valor nunca inferior ao da avaliação, revela-se incompatível com o art. 98 da Lei 8.212/1991. **REsp 1.431.155-PB, Rel. Min. Mauro Campbell Marques, julgado em 27/5/2014. (Inform. STJ 542)**

DIREITO PROCESSUAL CIVIL E TRIBUTÁRIO. ARREMATAÇÃO DE IMÓVEL MEDIANTE PAGAMENTO PARCELADO EM EXECUÇÃO FISCAL DE DÉBITOS PREVIDENCIÁRIOS. Em segundo leilão realizado no âmbito de execução fiscal de Dívida Ativa originalmente do INSS e agora da União, é válida a arrematação de bem imóvel mediante pagamento parcelado, podendo a primeira parcela ser inferior a 30% do valor da avaliação. Isso porque, nessa situação, incide o regramento especial estabelecido na Lei 8.212/1991, sendo subsidiária a aplicação do CPC. O art. 98, § 1°, da Lei 8.212/1991 permite a alienação do bem no segundo leilão mediante pagamento parcelado do valor da arrematação, na forma prevista para os parcelamentos administrativos de débitos previdenciários (hodiernamente, arts. 10 e seguintes da Lei 10.522/2002). Assim, o art. 690, § 1°, do CPC não é aplicável a essa hipótese, pois, ao exigir oferta de pelo menos 30% do valor à vista e priorizar a "proposta mais conveniente", revela-se incompatível com o art. 98 da Lei 8.212/1991. **REsp 1.431.155-PB, Rel. Min. Mauro Campbell Marques, julgado em 27/5/2014. (Inform. STJ 542)**

DIREITO PROCESSUAL CIVIL E TRIBUTÁRIO. ARREMATAÇÃO DE IMÓVEL EM EXECUÇÃO FISCAL EM CONDIÇÕES NÃO PUBLICADAS EM EDITAL DE LEILÃO. Em segundo leilão realizado no âmbito de execução fiscal de Dívida Ativa originalmente do INSS e agora da União, caso não publicadas as condições do parcelamento no edital do leilão, é nula a arrematação de bem imóvel por valor abaixo ao da avaliação e mediante o pagamento da primeira parcela em montante inferior a 30% ao da avaliação. Isso porque, nessa situação, incide o regramento especial estabelecido na Lei 8.212/1991, sendo subsidiária a aplicação do CPC. O art. 98, § 2°, da Lei 8.212/1991 determina que todas as condições do parcelamento constem do edital de leilão. A falta dos requisitos do parcelamento do valor da arrematação no edital de leilão gera nulidade na forma do art. 244 do CPC, casos em que a nulidade poderia ser sanada se o ato, realizado de outra forma, alcançasse sua finalidade. Na hipótese, acaso houvesse sido publicada a possibilidade de parcelamento, poderiam acorrer à hasta pública outros licitantes, que foram afastados pelas condições mais duras de arrematação. Embora a arrematação tenha ocorrido, e o preço não tenha sido vil, a falta de publicação das condições do parcelamento no edital de leilão prejudicou a concorrência e, por consequência, o executado, que viu seu bem ser alienado por valor inferior ao que poderia atingir se houvesse outros concorrentes. **REsp 1.431.155-PB, Rel. Min. Mauro Campbell Marques, julgado em 27/5/2014. (Inform. STJ 542)**

SÚMULA STJ nº 515

A reunião de execuções fiscais contra o mesmo devedor constitui faculdade do Juiz.

Súmula STJ nº 452

A extinção das ações de pequeno valor é faculdade da Administração Federal, vedada a atuação judicial de ofício.

Súmula STJ nº 451

É legítima a penhora da sede do estabelecimento comercial.

Súmula STJ nº 429

A citação postal, quando autorizada por lei, exige o aviso de recebimento.

Súmula STJ nº 414

A citação por edital na execução fiscal é cabível quando frustradas as demais modalidades.

Súmula STJ nº 406

A Fazenda Pública pode recusar a substituição do bem penhorado por precatório.

Súmula STJ nº 400

O encargo de 20% previsto no DL n. 1.025/1969 é exigível na execução fiscal proposta contra a massa falida.

Súmula STJ nº 375

O reconhecimento da fraude à execução depende do registro da penhora do bem alienado ou da prova de má-fé do terceiro adquirente.

Súmula STJ nº 190

Na execução fiscal, processada perante a Justiça Estadual, cumpre à Fazenda Pública antecipar o numerário destinado ao custeio das despesas com o transporte dos oficiais de justiça.

Súmula STJ nº 189.

É desnecessária a intervenção do Ministério Público nas execuções fiscais.

Súmula STJ nº 128

Na execução fiscal haverá segundo leilão, se no primeiro não houver lanço superior à avaliação.

Súmula STJ nº 121

Na execução fiscal o devedor deverá ser intimado, pessoalmente, do dia e hora da realização do leilão.

Súmula STJ nº 58

Proposta a execução fiscal, a posterior mudança de domicílio do executado não desloca a competência já fixada.

Súmula TFR nº 224

O fato de não serem adjudicados bens que, levados a leilão, deixaram de ser arrematados, não acarreta a extinção do processo de execução.

Súmula TFR nº 210

Na execução fiscal, não sendo encontrado o devedor, nem bens arrestáveis, é cabível a citação editalícia.

Súmula TFR nº 209

Nas execuções fiscais da Fazenda Nacional é legítima a cobrança cumulativa de juros de mora e multa moratória.

Súmula TFR nº 190

A intimação pessoal da penhora ao executado torna dispensável a publicação de que trata o art. 12 da Lei das Execuções Fiscais.

Súmula TFR nº 189

Proposta a execução fiscal, a posterior mudança de domicílio do executado não desloca a competência já fixada.

Súmula TFR nº 99

A Fazenda Pública, nas execuções fiscais, não está sujeita a prévio depósito para custear despesas do avaliador.

Súmula TFR nº 44

Ajuizada a execução fiscal anteriormente à falência, com penhora realizada antes desta, não ficam os bens penhorados sujeitos à arrecadação no juízo falimentar; proposta a execução fiscal contra a massa falida, a penhora far-se-á no rosto dos autos do processo de quebra, citando-se o síndico.

9.2. Execução Fiscal: redirecionamento, responsabilidade

DIREITO TRIBUTÁRIO E PROCESSUAL CIVIL. REDIRECIONAMENTO DA EXECUÇÃO CONTRA SÓCIO-GERENTE.

É possível redirecionar a execução fiscal contra o sócio-gerente que exercia a gerência por ocasião da dissolução irregular da sociedade contribuinte, independentemente do momento da ocorrência do fato gerador ou da data do vencimento do tributo. De fato, existem precedentes do STJ no sentido de que, embora seja necessário demonstrar quem ocupava o posto de gerente no momento da dissolução, é preciso, antes, que aquele responsável pela dissolução tenha sido também, simultaneamente, o detentor da gerência na oportunidade do surgimento da obrigação tributária – com a materialização do fato gerador – ou do vencimento do respectivo tributo. Em outras palavras, seria necessário que o sócio-gerente estivesse no comando da sociedade quando da dissolução irregular ou do ato caracterizador de sua presunção e também fizesse parte do quadro societário à época dos fatos geradores ou do vencimento da obrigação tributária. No entanto, a solução dessa questão jurídica deve partir das premissas também já reconhecidas pelo STJ em diversos precedentes de que (i) o mero inadimplemento do débito fiscal não se enquadra na hipótese do art. 135, III, do CTN para fins de redirecionamento da execução ao sócio-gerente; (ii) a dissolução irregular da sociedade inclui-se no conceito de "infração à lei" previsto no art. 135, caput, do CTN; e (iii) a certificação, no sentido de que a sociedade deixou de funcionar no seu domicílio fiscal sem comunicação aos órgãos competentes, gera presunção de dissolução irregular apta a atrair a incidência do art. 135, III, do CTN para redirecionar a execução ao sócio-gerente. Com base nessas premissas, deve-se concluir que o pedido de redirecionamento da execução fiscal, quando fundado na dissolução irregular ou em ato que presuma sua ocorrência – encerramento das atividades empresariais no domicílio fiscal, sem comunicação aos órgãos competentes (Súmula 435/STJ) –, pressupõe a permanência do sócio na administração da sociedade no momento dessa dissolução ou do ato presumidor de sua ocorrência, uma vez que, nos termos do art. 135, caput, III, CTN, combinado com a orientação constante da Súmula 435/STJ, o que desencadeia a responsabilidade tributária é a infração de lei evidenciada na existência ou presunção de ocorrência de referido fato. Por essas razões, é irrelevante para a definição da responsabilidade por dissolução irregular (ou sua presunção) a data da ocorrência do fato gerador da obrigação tributária, bem como o momento em que vencido o prazo para pagamento do respectivo débito. Por fim, registre-se que a alteração social realizada em obediência à legislação civil e empresarial não merece reparo. Pondera-se, contudo, que se as instâncias ordinárias, na hipótese acima descrita, constatarem, à luz do contexto fático-probatório, que referida alteração ocorreu com o fim específico de lesar a Administração Tributária – o Fisco –, não resta dúvida de que essa conduta corresponderá à infração de lei, já que eivada de vícios por pretender afastar a aplicação da legislação tributária que disciplina a responsabilidade pelo débito nos termos do art. 135 do CTN. Tal circunstância admitirá, portanto, o redirecionamento da execução fiscal ao sócio-gerente, mesmo que não constante do quadro societário ou da respectiva gerência no momento da dissolução irregular ou da prática de ato apto a presumir a sua ocorrência, nos termos da Súmula 435/STJ. REsp 1.520.257-SP, Rel. Min. Og Fernandes, julgado em 16/6/2015, DJe 23/6/2015 (Inform. STJ 564).

DIREITO PROCESSUAL CIVIL E TRIBUTÁRIO. PERMANÊNCIA DA RESPONSABILIDADE DA PESSOA JURÍDICA APESAR DO REDIRECIONAMENTO DE EXECUÇÃO FISCAL PARA SÓCIO-GERENTE. Nos casos de dissolução irregular da sociedade empresária, o redirecionamento da Execução Fiscal para o sócio-gerente não constitui causa de exclusão da responsabilidade tributária da pessoa jurídica. O STJ possui entendimento consolidado de que "Os diretores não respondem pessoalmente pelas obrigações contraídas em nome da sociedade, mas respondem para com esta e para com terceiros solidária e ilimitadamente pelo excesso de mandato e pelos atos praticados com violação do estatuto ou lei" (EREsp 174.532-PR, Primeira Seção, DJe 20/8/2001). Isso, por si só, já seria suficiente para conduzir ao entendimento de que persiste a responsabilidade da pessoa jurídica. Além disso, atente-se para o fato de que nada impede que a Execução Fiscal seja promovida contra sujeitos distintos, por cumulação subjetiva em regime de litisconsórcio. Com efeito, são distintas as causas que deram ensejo à responsabilidade tributária e, por consequência, à definição do polo passivo da demanda: a) no caso da pessoa jurídica, a responsabilidade decorre da concretização, no mundo material, dos elementos integralmente previstos em abstrato na norma que define a hipótese de incidência do tributo; b) em relação ao sócio-gerente, o "fato gerador" de sua responsabilidade, conforme acima demonstrado, não é o simples inadimplemento da obrigação tributária, mas a dissolução irregular (ato ilícito). Além do mais, não há sentido em concluir que a prática, pelo sócio-gerente, de ato ilícito (dissolução irregular) constitui causa de exclusão da responsabilidade tributária da pessoa jurídica, fundada em circunstância independente. Em primeiro lugar, porque a legislação de Direito Material (CTN e legislação esparsa) não contém previsão legal nesse sentido. Ademais, a prática de ato ilícito imputável a um terceiro, posterior à ocorrência do fato gerador, não afasta a inadimplência (que é imputável à pessoa jurídica, e não ao respectivo sócio-gerente) nem anula ou invalida o surgimento da obrigação tributária e a constituição do respectivo crédito, o qual, portanto, subsiste normalmente. Entender de modo diverso, seria concluir que o ordenamento jurídico conteria a paradoxal previsão de que um ato ilícito – dissolução irregular –, ao fim, implicaria permissão para a pessoa jurídica (beneficiária direta da aludida dissolução) proceder ao arquivamento e ao registro de sua baixa societária, uma vez que não mais subsistiria débito tributário a ela imputável, em detrimento de terceiros de boa-fé (Fazenda Pública e demais credores). **REsp 1.455.490-PR, Rel. Min. Herman Benjamin, julgado em 26/8/2014. (Inform. STJ 550)**

DIREITO PROCESSUAL CIVIL. HIPÓTESE DE REDIRECIONAMENTO DE EXECUÇÃO FISCAL DE DÍVIDA ATIVA NÃO-TRIBUTÁRIA CONTRA REPRESENTANTE LEGAL DA SOCIEDADE EMPRESÁRIA EXECUTADA. RECURSO REPETITIVO (ART. 543-C DO CPC E RES. 8/2008-STJ). Quando a sociedade empresária for dissolvida irregularmente, é possível o redirecionamento de execução fiscal de dívida ativa não-tributária contra o sócio-gerente da pessoa jurídica executada, independentemente da existência de dolo. Na esteira do entendimento firmado na Súmula 435 do STJ, a qual foi concebida no âmbito de execução fiscal de dívida tributária, a dissolução irregular da sociedade empresária é causa suficiente para o redirecionamento da execução fiscal contra o sócio-gerente. Isso porque o sócio-gerente tem o dever de manter atualizados os registros empresariais e comerciais, em especial quanto à localização da sociedade empresária e a sua dissolução. Caso não proceda assim, ocorrerá presunção de ilícito, uma vez que a ilicitude se dá justamente pela inobservância do rito próprio para a dissolução da sociedade empresarial, nos termos das Leis 8.934/1994 e 11.101/2005 e dos arts. 1.033 a 1.038 e 1.102 a 1.112 do CC. Desse modo, é obrigação dos gestores das sociedades empresárias manter atualizados os respectivos cadastros, incluindo os atos relativos à mudança de endereço dos estabelecimentos e, especialmente, os referentes à dissolução da sociedade. Nessa linha intelectiva, não se pode conceber que a dissolução irregular da sociedade seja considerada "infração à lei" para efeito do art. 135 do CTN e assim não seja para efeito do art. 10 do Decreto 3.078/1919. Aliás, cabe registrar que o art. 135, III, do CTN traz similar comando ao do art. 10 do referido Decreto, sendo que a única diferença entre eles é que, enquanto o CTN enfatiza a exceção – a responsabilização dos sócios em situações excepcionais –, o Decreto enfatiza a regra – a ausência de responsabilização dos sócios em situações regulares. Ademais, ambos trazem a previsão de que os atos praticados em nome da sociedade com excesso de poder (mandato), em violação a lei, contrato ou estatutos sociais ensejam a responsabilização dos sócios perante terceiros (redirecionamento) e a própria sociedade da qual fazem parte, não havendo em nenhum dos casos a exigência de dolo. Precedentes citados: REsp 697.108-MG, Primeira Turma, DJe 13/5/2009; e AgRg no AREsp 8.509-SC, Segunda Turma, DJe 4/10/2011. **REsp 1.371.128-RS, Rel. Min. Mauro Campbell Marques, julgado em 10/9/2014. (Inform. STJ 547)**

Súmula STJ nº 435

Presume-se dissolvida irregularmente a empresa que deixar de funcionar no seu domicílio fiscal, sem comunicação aos órgãos competentes, legitimando o redirecionamento da execução fiscal para o sócio-gerente.

Súmula STJ nº 430

O inadimplemento da obrigação tributária pela sociedade não gera, por si só, a responsabilidade solidária do sócio-gerente.

Súmula STJ nº 251

A meação só responde pelo ato ilícito quando o credor, na execução fiscal, provar que o enriquecimento dele resultante aproveitou ao casal.

Súmula TFR nº 112

Em execução fiscal, a responsabilidade pessoal do sócio-gerente de sociedade por quotas, decorrente de violação da lei ou excesso de mandato, não atinge a meação de sua mulher.

9.3. Execução Fiscal: prescrição, prazos

DIREITO PROCESSUAL CIVIL E TRIBUTÁRIO. PRESCINDIBILIDADE DE REQUERIMENTO DO RÉU PARA A EXTINÇÃO DE EXECUÇÃO FISCAL POR ABANDONO DA CAUSA. Se a Fazenda Pública — tendo sido intimada pessoalmente para se manifestar sobre seu interesse no prosseguimento de execução fiscal não embargada – permanecer inerte por mais de trinta dias, não será necessário requerimento do executado para que o juiz determine, *ex officio*, a extinção do processo sem julgamento de mérito (art. 267, III, do CPC), afastando-se, nesse caso, a incidência da Súmula 240 do STJ. Precedente citado: REsp 1.120.097-SP, Primeira Seção, DJe 26/10/2010 (julgado sob o procedimento dos Recursos Repetitivos). **AgRg no REsp 1.450.799-RN, Rel. Min. Assusete Magalhães, julgado em 21/8/2014. (Inform. STJ 549)**

DIREITO PROCESSUAL CIVIL E TRIBUTÁRIO. INOCORRÊNCIA DE PRECLUSÃO PARA A FAZENDA PÚBLICA EM EXECUÇÃO FISCAL. Não implica preclusão a falta de imediata impugnação pela Fazenda Pública da alegação deduzida em embargos à execução fiscal de que o crédito tributário foi extinto pelo pagamento integral. A preclusão consiste na simples perda de uma faculdade processual. Nos casos relacionados a direitos materiais indisponíveis da Fazenda Pública, a falta de manifestação não autoriza concluir automaticamente que são verdadeiros os fatos alegados pela parte contrária. Em razão da indisponibilidade do direito controvertido e do princípio do livre convencimento, nada impede, inclusive, que o juízo examine esse tema. **REsp 1.364.444-RS, Rel. Min. Herman Benjamin, julgado em 8/4/2014. (Inform. STJ 542)**

Súmula STJ nº 314

Em execução fiscal, não localizados bens penhoráveis, suspende-se o processo por um ano, findo o qual se inicia o prazo da prescrição quinquenal intercorrente.

9.4. Execução Fiscal: embargos e exceção de pré-executividade

DIREITO PROCESSUAL CIVIL E TRIBUTÁRIO. TERMO INICIAL DO PRAZO PARA O OFERECIMENTO DE EMBARGOS À EXECUÇÃO FISCAL QUANDO AFASTADA A NECESSIDADE DE GARANTIA PRÉVIA. No caso em que a garantia à execução fiscal tenha sido totalmente dispensada de forma expressa pelo juízo competente – inexistindo, ainda que parcialmente, a prestação de qualquer garantia (penhora, fiança, depósito, seguro-garantia) –, o prazo para oferecer embargos à execução deverá ter início na data da intimação da decisão que dispensou a apresentação de garantia, não havendo a necessidade, na intimação dessa dispensa, de se informar expressamente o prazo para embargar. De fato, o STJ já reconheceu, em sede de recurso representativo da controvérsia (REsp 1.127.815-SP, Primeira Seção, DJe 14/12/2010), que a insuficiência patrimonial do devedor inequívoca e devidamente comprovada é justificativa plausível à apreciação dos embargos à execução sem que o executado proceda ao reforço da penhora. A toda evidência, pelas mesmas razões, essa compreensão abrange os casos em que a dispensa de apresentação de garantia é total. Acerca de situações nas quais houve garantia apresentada (penhora, fiança, depósito, seguro-garantia), ainda que parcial, a jurisprudência do STJ tem determinado qual seria o respectivo termo inicial do prazo para o oferecimento de embargos do devedor: intimação do depósito, da penhora, da aceitação do seguro-garantia etc. Nesse contexto, nota-se que a regra subjacente a todos estes casos é a de que o prazo para o oferecimento de embargos do devedor tem início na data da intimação do ato que caracteriza a informação aos atores processuais da existência da garantia – nascimento da aptidão para embargar, pois não se embarga o ato constritivo, mas a execução –, tendo em vista o disposto no caput do art. 16 da Lei 6.830/1980. Do mesmo modo, nos casos em que a dispensa de apresentação de garantia é total, o prazo para oferecer embargos à execução fiscal deverá ter início na data da intimação da decisão que dispensou a apresentação de garantia, já que é este o ato que caracteriza a informação aos atores processuais da desnecessidade da garantia e a aptidão para embargar. Trata-se, portanto, de aplicação por analogia do disposto no mesmo art. 16 da Lei 6.830/1980. Ademais, não faz qualquer sentido a aplicação analógica do art. 738, do CPC – segundo o qual "Os embargos serão oferecidos no prazo de 15 (quinze) dias, contados da data da juntada aos autos do mandado de citação" –, posto que, na data da juntada aos autos do mandado de citação do feito executivo, o executado não tem conhecimento de que foi dispensada a garantia e de que já está apto a embargar. Além disso, não há necessidade, na intimação da dispensa de garantia, de se informar expressamente o prazo para embargar. Até porque não se pode olvidar que a garantia do juízo é dispensada justamente com o propósito de permitir ao executado oferecer embargos à execução. Desse modo, seria de todo incompreensível se, intimado da desnecessidade dessa garantia, não houvesse prazo a ser cumprido para embargar, criando uma condição perene à efetividade do feito executivo e contrariando a segurança jurídica. REsp 1.440.639-PE, Rel. Min. Mauro Campbell Marques, julgado em 2/6/2015, DJe 10/6/2015 (Inform. STJ 563).

DIREITO PROCESSUAL CIVIL E TRIBUTÁRIO. HIPÓTESE DE NÃO SUJEIÇÃO DE SENTENÇA A REEXAME NECESSÁRIO. Não se sujeita ao reexame necessário, ainda que a Fazenda Pública tenha sido condenada a pagar honorários advocatícios, a sentença que extinguiu execução fiscal em razão do acolhimento de exceção de pré-executividade pela qual se demonstrara o cancelamento, pelo Fisco, da inscrição em dívida ativa que lastreava a execução. Em relação à dívida ativa da Fazenda Pública, a lei somente prevê a remessa oficial em caso de sentença de procedência nos respectivos embargos do devedor (art. 475, II, do CPC). O CPC nada dispôs sobre o instituto do reexame necessário na hipótese do *decisum* que acolhe exceção de pré-executividade, tendo em vista tratar-se esse meio impugnativo de criação jurisprudencial. Se a matéria suscitada em exceção de pré-executividade fosse ventilada em embargos do devedor, o acolhimento do pedido, contra a argumentação fazendária, acarretaria a incidência do art. 475 do CPC. Por coerência, se a extinção da execução fiscal decorrer de acolhimento de exceção de pré-executividade, o reexame necessário somente deverá ser afastado na hipótese em que a Fazenda Pública, intimada para se manifestar sobre a referida objeção processual, a ela expressamente anuiu. Já a condenação ao pagamento dos encargos de sucumbência, por si só, não enseja a aplicação do art. 475 do CPC. A imposição do dever de pagamento dos honorários advocatícios possui natureza condenatória, mas reflete mera decorrência da derrota da parte, de modo que, se se entender que representa, por si, hipótese sujeita ao disposto no art. 475 do CPC, o procedimento da submissão ao duplo grau de jurisdição constituirá regra aplicável em qualquer hipótese, isto é, nos casos de julgamento com ou sem resolução do mérito, conclusão inadmissível. Dessa forma, somente a condenação ao pagamento dos honorários que tenha por fonte causadora a derrota da Fazenda Pública em relação ao conteúdo da exceção de pré-Executividade é que estará sujeita ao reexame necessário (aplicação, por analogia, da Súmula 325 do STJ). Caso a execução fiscal seja encerrada por força do cancelamento da CDA (art. 26 da Lei 6.830/1980), seja este motivado por reconhecimento expresso da Fazenda Pública quanto à procedência das alegações lançadas na objeção pré-executiva, seja por iniciativa de ofício do Fisco, o cabimento em si da condenação ao pagamento de verba honorária, ou a discussão quanto ao seu montante, somente poderá ser debatido por meio de recurso voluntário, não incidindo o art. 475, I, do CPC. **REsp 1.415.603-CE, Rel. Min. Herman Benjamin, julgado em 22/5/2014. (Inform. STJ 544)**

Súmula STJ nº 394

É admissível, em embargos à execução, compensar os valores de imposto de renda retidos indevidamente na fonte com os valores restituídos apurados na declaração anual.

Súmula STJ nº 393

A exceção de pré-executividade é admissível na execução fiscal relativamente às matérias conhecíveis de ofício que não demandem dilação probatória.

Súmula STJ nº 153

A desistência da execução fiscal, após o oferecimento dos embargos, não exime o exequente dos encargos da sucumbência.

Súmula TFR nº 184

Em execução movida contra sociedade por quotas, o sócio-gerente, citado em nome próprio, não tem legitimidade para opor embargos de terceiro, visando livrar da constrição judicial seus bens particulares.

9.5. Execução Fiscal: outros temas

REPERCUSSÃO GERAL EM AI N. 837.409-SE

RED P/ O ACÓRDÃO: MIN. GILMAR MENDES

Agravo de instrumento. 2. Direito Tributário. IPTU. Execução fiscal. Competência tributária ativa. Controvérsia. Declaração de inconstitucionalidade de dispositivo que definia limites territoriais de município. 3. Requisitos contidos no art. 18, § 4º, da Constituição Federal. Mitigação. 4. Discussão quanto à correta aplicação do artigo 96 da CF/88. 5. Repercussão geral reconhecida. **(Inform. STF 778)**

REPERCUSSÃO GERAL EM RE N. 774.458-PR

RELATOR: MIN. TEORI ZAVASCKI

Ementa: PROCESSUAL CIVIL. RECURSO EXTRAORDINÁRIO. CONSELHOS DE FISCALIZAÇÃO PROFISSIONAL. EXECUÇÃO FISCAL. EXTINÇÃO. VALOR IRRISÓRIO DO DÉBITO EXECUTADO. ART. 8º DA LEI 12.514/11. MATÉRIA INFRACONSTITUCIONAL. AUSÊNCIA DE REPERCUSSÃO GERAL.

1. Tem natureza infraconstitucional a controvérsia relativa à extinção da execução fiscal de créditos de conselho de fiscalização profissional em função do valor irrisório do débito executado, decidida que foi pelo Tribunal de origem à luz do art. 8º da Lei 12.514/11.

2. Inviável, em recurso extraordinário, apreciar violação ao art. 5º, XXXV e XXXVI, da Constituição Federal, que pressupõe intermediário exame e aplicação de normas infraconstitucionais (AI 796.905-AgR, Rel. Min. LUIZ FUX, Primeira Turma, DJe de 21.5.2012; AI 622.814 AgR, Rel. Min. DIAS TOFFOLI, Primeira Turma, DJe de 08.3.2012; ARE 642.062-AgR, Rel. Min. ELLEN GRACIE, Segunda Turma, DJe de 19.8.2011).

3. É cabível a atribuição dos efeitos da declaração de ausência de repercussão geral quando não há matéria constitucional a ser apreciada ou quando eventual ofensa à Carta Magna se dê de forma indireta ou reflexa (RE 584.608 RG, Min. ELLEN GRACIE, DJe de 13/03/2009).

4. Ausência de repercussão geral da questão suscitada, nos termos do art. 543-A do CPC. **(Inform. STF 757)**

DIREITO PROCESSUAL CIVIL E TRIBUTÁRIO. DISPENSABILIDADE DA INDICAÇÃO DO CPF E/OU RG DO DEVEDOR (PESSOA FÍSICA) NAS AÇÕES DE EXECUÇÃO FISCAL. RECURSO REPETITIVO (ART. 543-C DO CPC E RES. 8/2008 DO STJ).

Em ações de execução fiscal, descabe indeferir a petição inicial sob o argumento da falta de indicação do CPF e/ou RG da parte executada, visto tratar-se de requisito não previsto no art. 6º da Lei 6.830/1980 (LEF), cujo diploma, por sua especialidade, ostenta primazia sobre a legislação de cunho geral, como ocorre em relação à exigência contida no art. 15 da Lei 11.419/2006. A Lei 6.830/1980, ao elencar no art. 6º os requisitos da petição inicial, não previu o fornecimento do CPF da parte executada, providência, diga-se, também não contemplada no art. 282, II, do CPC. A previsão de que a petição inicial de qualquer ação judicial contenha o CPF ou o CNPJ do réu encontra suporte, unicamente, no art. 15 da Lei 11.419/2006, que disciplina a informatização dos processos judiciais, cuidando-se, nessa perspectiva, de norma de caráter geral. Portanto, não se pode cogitar do indeferimento da petição inicial com base em exigência não consignada na legislação específica (Lei 6.830/1980-LEF), tanto mais quando o nome e endereço da parte executada, trazidos com a inicial, possibilitem, em tese, a efetivação do ato citatório. A Primeira Seção do STJ concluiu, em sede de repetitivo, por afastar a exigência de que a exordial da execução se fizesse acompanhar, também, da planilha discriminativa de cálculos; isso porque "A petição inicial da execução fiscal apresenta seus requisitos essenciais próprios e especiais que não podem ser exacerbados a pretexto da aplicação do Código de Processo Civil, o qual, por conviver com a lex specialis, somente se aplica subsidiariamente" (REsp 1.138.202-ES, Primeira Seção, DJe 1º/2/2010). Em tal perspectiva, deve-se reconhecer que, por seu caráter geral, o art. 15 da Lei 11.419/2006, no que impõe à parte o dever de informar, ao distribuir a petição inicial de qualquer ação judicial, o CPF ou CNPJ de pessoas físicas e jurídicas, encerra comando que cede frente aos enxutos requisitos contidos na legislação de regência da execução fiscal (Lei 6.830/1980), notadamente em seu artigo 6º. Embora o questionado fornecimento do CPF ou CNPJ não chegue a revelar incompatibilidade maior com o procedimento fiscal em juízo, a falta de apresentação desses dados pelo fisco, por não se erigir em requisito expressamente reclamado na lei especial de regência, não poderá obstruir o curso da execução, sem prejuízo de que esses dados possam aportar ao feito em momento ulterior. REsp 1.450.819-AM, Rel. Min. Sérgio Kukina, Primeira Seção, julgado em 12/11/2014, DJe 12/12/2014 (Inform. STJ 553).

DIREITO PROCESSUAL CIVIL E TRIBUTÁRIO. DISPENSABILIDADE DA INDICAÇÃO DO CNPJ DO DEVEDOR (PESSOA JURÍDICA) NAS AÇÕES DE EXECUÇÃO FISCAL. RECURSO REPETITIVO (ART. 543-C DO CPC E RES. 8/2008 DO STJ).

Em ações de execução fiscal, descabe indeferir a petição inicial sob o argumento da falta de indicação do CNPJ da parte executada, visto tratar-se de requisito não previsto no art. 6º da Lei 6.830/1980 (LEF), cujo diploma, por sua especialidade, ostenta primazia sobre a legislação de cunho geral, como ocorre em relação à exigência contida no art. 15 da Lei 11.419/2006. A Lei 6.830/1980, ao elencar no art. 6º os requisitos da petição inicial, não previu o fornecimento do CNPJ da parte executada, providência, diga-se, também não contemplada no art. 282, II, do CPC. A previsão de que a petição inicial de qualquer ação judicial contenha o CPF ou o CNPJ do réu encontra suporte, unicamente, no art. 15 da Lei 11.419/2006, que disciplina a informatização dos processos judiciais, cuidando-se, nessa perspectiva, de norma de caráter geral. Portanto, não se pode cogitar do indeferimento da petição inicial com base em exigência não consignada na legislação específica (Lei 6.830/1980), tanto mais quando o nome e endereço da parte executada, trazidos com a inicial, possibilitem, em tese, a efetivação do ato citatório. A Primeira Seção do STJ concluiu, em sede de repetitivo, por afastar a exigência de que a exordial da execução se fizesse acompanhar, também, da planilha discriminativa de cálculos, isso porque "A petição inicial da execução fiscal apresenta seus requisitos essenciais próprios e especiais que não podem ser exacerbados a pretexto da aplicação do Código de Processo Civil, o qual, por conviver com a lex specialis, somente se aplica subsidiariamente" (REsp 1.138.202-ES, Primeira Seção, DJe 1º/2/2010). Em tal perspectiva, deve-se reconhecer que, por seu caráter geral, o art. 15 da Lei 11.419/2006, no que impõe à parte o dever de informar, ao distribuir a petição inicial de qualquer ação judicial, o CPF ou CNPJ de pessoas físicas e jurídicas, encerra comando que cede frente aos enxutos requisitos contidos na legislação de regência da execução fiscal (Lei 6.830/1980), notadamente em seu artigo 6º. Embora o questionado fornecimento do CPF ou CNPJ não chegue a revelar incompatibilidade maior com o procedimento fiscal em juízo, a falta de apresentação desses dados pelo fisco, por não se erigir em

requisito expressamente reclamado na lei especial de regência, não poderá obstruir o curso da execução, sem prejuízo de que esses dados possam aportar ao feito em momento ulterior. REsp 1.455.091-AM, Rel. Min. Sérgio Kukina, Primeira Seção, julgado em 12/11/2014, DJe 2/2/2015 (Inform. STJ 553).

9.6. Mandado de segurança

DIREITO TRIBUTÁRIO E PROCESSUAL CIVIL. LEGITIMIDADE PASSIVA EM MS PARA INGRESSO NO SIMPLES NACIONAL. A legitimidade passiva em mandado de segurança impetrado contra o indeferimento, por autoridade fiscal integrante de estrutura administrativa estadual, de ingresso no Simples Nacional, em razão da existência de débitos do impetrante com a Fazenda Estadual sem exigibilidade suspensa, é da autoridade estadual – e não do Delegado da Receita Federal. O art. 16, § 6º, da LC 123/2006 dispõe que "O indeferimento da opção pelo Simples Nacional será formalizado mediante ato da Administração Tributária segundo regulamentação do Comitê Gestor". O Comitê Gestor do Simples Nacional (CGSN), composto por representantes de todos os entes federados (art. 2º da LC 116/2003), por meio da Resolução 4, de 30 de maio de 2007, estabeleceu que o termo de indeferimento será expedido pela Administração Tributária do ente federado que indeferiu o ingresso no Simples Nacional, inclusive na hipótese da existência de débitos tributários (art. 8º, *caput*, da Resolução CGSN 4), regulamentação mantida no art. 14 da Resolução CGSN 94, de 29 de novembro de 2011. Constata-se, portanto, que o ato de indeferimento de ingresso no Simples Nacional pela existência de débitos com os fiscos federal, estaduais, municipais ou distrital é de responsabilidade da Administração Tributária do respectivo ente federado. Por conseguinte, incide o art. 41, § 5º, I, da LC 123/2006, que exclui "os mandados de segurança nos quais se impugnem atos de autoridade coatora pertencente a Estado, Distrito Federal ou Município" da regra contida no *caput*, segundo a qual os processos relativos a impostos e contribuições abrangidos pelo Simples Nacional serão ajuizados em face da União. **REsp 1.319.118-RS, Rel. Min. Benedito Gonçalves, julgado em 13/6/2014. (Inform. STJ 545)**

Súmula STF nº 625

Controvérsia sobre matéria de direito não impede concessão de mandado de segurança.

Súmula STF nº 512

Não cabe condenação em honorários de advogado na ação de mandado de segurança.

Súmula STF nº 510

Praticado o ato por autoridade, no exercício de competência delegada, contra ela cabe o mandado de segurança ou a medida judicial.

Súmula STF nº 460

É incabível o mandado de segurança para convalidar a compensação tributária realizada pelo contribuinte.

Súmula STF nº 405

Denegado o mandado de segurança pela sentença, ou no julgamento do agravo, dela interposto, fica sem efeito a liminar concedida, retroagindo os efeitos da decisão contrária.

Súmula STF nº 304

Decisão denegatória de mandado de segurança, não fazendo coisa julgada contra o impetrante, não impede o uso da ação própria.

Súmula STF nº 271

Concessão de mandado de segurança não produz efeitos patrimoniais em relação a período pretérito, os quais devem ser reclamados administrativamente ou pela via judicial própria.

Súmula STF nº 269

O mandado de segurança não é substitutivo da ação de cobrança.

Súmula STF nº 267

Não cabe mandado de segurança contra decisão judicial com trânsito em julgado.

Súmula STF nº 266

Não cabe mandado de segurança contra lei em tese.

Súmula STJ nº 213

O mandado de segurança constitui ação adequada para a declaração do direito à compensação tributária.

Súmula STJ nº 169

São inadmissíveis embargos infringentes no processo de mandado de segurança.

Súmula STJ nº 105

Na ação de mandado de segurança não se admite condenação em honorários advocatícios.

Súmula TFR nº 145

Extingue-se o processo de mandado de segurança, se o autor não promover, no prazo assinado, a citação do litisconsorte necessário.

Súmula TFR nº 59

A autoridade fiscal de primeiro grau que expede a notificação para pagamento do tributo está legitimada passivamente para a ação de segurança, ainda que sobre a controvérsia haja decisão, em grau de recurso, de conselho de contribuintes.

Súmula STJ nº 521

A legitimidade para a execução fiscal de multa pendente de pagamento imposta em sentença condenatória é exclusiva da Procuradoria da Fazenda Pública.

9.7. Repetição, compensação, anulatória, declaratória

AG. REG. NO ARE N. 903.790-RJ

RELATORA: MIN. ROSA WEBER

EMENTA: DIREITO PROCESSUAL CIVIL E TRIBUTÁRIO. PRESCRIÇÃO DA PRETENSÃO DE REPETIÇÃO DE INDÉBITO TRIBUTÁRIO. MATÉRIA COM REPERCUSSÃO GERAL RECONHECIDA E JULGADA. RE 566.621 (REL. MIN. ELLEN GRACIE). ACÓRDÃO RECORRIDO CONFORME O PRECEDENTE. PREVIDÊNCIA PRIVADA. IMPOSTO DE RENDA. RESGATE. REPETIÇÃO DE INDÉBITO. PRESCRIÇÃO. VERIFICAÇÃO. MATÉRIA INFRACONSTITUCIONAL. INCIDÊNCIA DE IMPOSTO DE RENDA SOBRE BENEFÍCIO DE PREVIDÊNCIA COMPLEMENTAR APÓS A LEI 9.250/95. EVENTUAL OFENSA REFLEXA NÃO VIABILIZA O MANEJO DO RECURSO EXTRAORDINÁRIO. ART. 102 DA LEI MAIOR. ACÓRDÃO RECORRIDO PUBLICADO EM 06.05.2015.

1. Ao exame do RE 566.621, Rel. Min. Ellen Gracie, esta Suprema Corte declarou a inconstitucionalidade do art. 4º, segunda parte, da LC 118/2005, considerando válida a aplicação do novo prazo prescricional de 5 anos tão somente às ações ajuizadas após o decurso da *vacatio legis* de 120 dias, ou seja, a partir de 9 de junho de 2005. O entendimento adotado pela Corte de origem não divergiu dessa orientação.

2. A controvérsia não alcança estatura constitucional. Não há falar em afronta aos preceitos constitucionais indicados nas razões recursais. Compreender de modo diverso exigiria a análise da legislação infraconstitucional encampada na decisão da Corte de origem, a tornar oblíqua e reflexa eventual ofensa, insuscetível, como tal, de viabilizar o conhecimento do recurso extraordinário. Desatendida a exigência do art. 102, III, "a", da Lei Maior, nos termos da remansosa jurisprudência desta Suprema Corte.

3. As razões do agravo regimental não se mostram aptas a infirmar os fundamentos que lastrearam a decisão agravada.

4. Agravo regimental conhecido e não provido. **(Inform. STF 799)**

Desvinculação de contribuição e legitimidade de contribuinte

O disposto no art. 76 do ADCT — que desvincula 20% do produto da arrecadação da União em impostos, contribuições sociais e contribuições de domínio econômico de órgão, fundo ou despesa —, independente de sua validade constitucional, não gera direito a repetição de indébito. Com base nesse entendimento, o Plenário desproveu recurso extraordinário em que se discutia a constitucionalidade da desvinculação tributária levada a efeito pelas EC 27/2000 e EC 42/2003. No caso, a recorrente alegava ter direito à restituição da denominada Desvinculação de Receitas da União - DRU em razão de sua suposta inconstitucionalidade. O Tribunal afirmou que os impostos seriam tributos classificados como não-vinculados. Assim, seria possível a exação sem contraprestação específica de determinado serviço público, pois o montante arrecadado não teria destinação predeterminada (CF, art. 167, IV). Todavia, a Constituição vincularia a arrecadação de impostos a determinados fins, conforme observado de seus artigos 158, 159, 198, § 2º, 212 e 37, XXII. As contribuições sociais e as contribuições de intervenção no domínio econômico, por outro lado, seriam tributos com destinação de arrecadação vinculada. Todas seriam alcançadas pela desvinculação estabelecida pelo art. 76 do ADCT. De qualquer forma, não seria possível concluir que, da eventual inconstitucionalidade da desvinculação parcial da receita das contribuições sociais, decorreria a devolução ao contribuinte do montante correspondente ao percentual desvinculado. Sublinhou que a tributação não seria inconstitucional ou ilegal, hipótese em que se autorizaria a repetição do indébito tributário ou o reconhecimento de inexistência de relação jurídico-tributária. Portanto, faltaria legitimidade processual à recorrente, pois ela não seria beneficiada pela declaração de inconstitucionalidade. RE 566007/RS, rel. Min. Cármen Lúcia, 13.11.2014. (RE-566007) **(Inform. STF 767)**

Súmula STF nº 546

Cabe restituição do tributo pago indevidamente, quando reconhecido, por decisão, que o contribuinte *de jure* não recuperou do contribuinte *de facto* o *quantum* respectivo.

Súmula STF nº 383

A prescrição em favor da Fazenda Pública recomeça a correr, por 2 (dois) anos e meio, a partir do ato interruptivo, mas não fica reduzida aquém de 5 (cinco) anos, embora o titular do direito a interrompa durante a primeira metade do prazo.

Súmula STF nº 262

Não cabe medida possessória liminar para liberação alfandegária de automóveis.

Súmula STF nº 239

Decisão que declara indevida a cobrança do imposto em determinado exercício não faz coisa julgada em relação aos posteriores.

Súmula STF nº 150

Prescreve a execução no mesmo prazo de prescrição da ação.

Súmula STJ nº 523

A taxa de juros de mora incidente na repetição de indébito de tributos estaduais deve corresponder à utilizada para cobrança do tributo pago em atraso, sendo legítima a incidência da taxa Selic, em ambas as hipóteses, quando prevista na legislação local, vedada sua cumulação com quaisquer outros índices.

Súmula STJ nº 461

O contribuinte pode optar por receber, por meio de precatório ou por compensação, o indébito tributário certificado por sentença declaratória transitada em julgado.

Súmula STJ nº 447

Os Estados e o Distrito Federal são partes legítimas na ação de restituição de imposto de renda retido na fonte proposta por seus servidores.

Súmula STJ nº 232

A Fazenda Pública, quando parte no processo, fica sujeita à exigência do depósito prévio dos honorários do perito.

Súmula STJ nº 188

Os juros moratórios, na repetição de indébito tributário, são devidos a partir do trânsito em julgado da sentença.

Súmula STJ nº 162

Na repetição de indébito tributário, a correção monetária incide a partir do pagamento indevido.

Súmula STJ nº 106

Proposta a ação no prazo fixado para o seu exercício, a demora na citação, por motivos inerentes ao mecanismo da Justiça, não justifica o acolhimento da arguição de prescrição ou decadência.

Súmula TFR nº 247

Não constitui pressuposto da ação anulatória do débito fiscal o depósito de que cuida o art. 38 da Lei 6.830, de 1980.

Súmula TFR nº 213.

O exaurimento da via administrativa não é condição para a propositura de ação de natureza previdenciária.

Súmula TFR nº 47

Cancelado o débito fiscal, a correção monetária, relativa à restituição da importância depositada em garantia de instância, incide a partir da data da efetivação do depósito.

Súmula TFR nº 46

Nos casos de devolução do depósito efetuado em garantia de instância e de repetição do indébito tributário, a correção monetária é calculada desde a data do depósito ou do pagamento indevido e incide até o efetivo recebimento da importância reclamada.

10. PROGRAMAS DE PARCELAMENTO, REFIS, PAES

DIREITO TRIBUTÁRIO. PRESCRIÇÃO DA PRETENSÃO DE COBRANÇA DE CRÉDITOS TRIBUTÁRIOS DEVIDOS POR CONTRIBUINTE EXCLUÍDO DO REFIS. Não interrompe o prazo prescricional o fato de o contribuinte, após ser formalmente excluído do Programa de Recuperação Fiscal (Refis), continuar efetuando, por mera liberalidade, o pagamento mensal das parcelas do débito tributário. De fato, a Primeira e a Segunda Turmas do STJ têm entendimento no sentido de que o pedido de parcelamento no Refis – que não se confunde com a sua concessão –, por constituir reconhecimento inequívoco do débito, nos termos do art. 174, parágrafo único, IV, do CTN, interrompe o prazo prescricional, que recomeça a fluir a partir da data em que o devedor deixa de cumprir o acordo (AgRg no REsp 1.340.871-SC, Primeira Turma, julgado em 5/6/2014, DJe 13/6/2014; e AgRg no REsp 1.528.020-PR, Segunda Turma, julgado em 26/5/2015, DJe 2/6/2015). Além disso, de acordo com precedentes da Segunda Turma do STJ (EDcl no AgRg no REsp 1.338.513-RS, DJe 21/3/2013; e AgRg no REsp 1.534.509-RS, DJe 24/8/2013), o marco inicial para a cobrança é a data da exclusão do parcelamento, pois, conforme se extrai do disposto no art. 5º, § 1º, da Lei 9.964/2000, a exclusão da pessoa jurídica do Refis implicará exigibilidade imediata da totalidade do crédito confessado e ainda não pago. Sendo assim, se o devedor optou por ingressar no Refis, mas, por não cumprir as exigências legais para fazer jus ao parcelamento, ocorreu a sua exclusão formal do programa, surge, neste momento, a pretensão de cobrança dos valores devidos. Além do mais, o fato de o devedor ter continuado a realizar de forma voluntária e extemporânea o pagamento mensal das parcelas não tem o condão de configurar ato de reconhecimento do débito (confissão de dívida) – já que o crédito, na data da exclusão formal, já era exigível –, de modo que não há como falar na extensão da interrupção do prazo prescricional. REsp 1.493.115-SP, Rel. Min. Mauro Campbell Marques, julgado em 15/9/2015, DJe 25/9/2015 (Inform. STJ 570).

DIREITO TRIBUTÁRIO. TRANSFERÊNCIA DE DÉBITOS TRIBUTÁRIOS DE UM REGIME DE PARCELAMENTO PARA OUTRO.
É ilegal o art. 1º da Portaria Conjunta SRF/PGFN 900/2002, o qual veda a transferência dos débitos inscritos no REFIS (Lei 9.964/2000) para o programa de parcelamento previsto na Medida Provisória 38/2002. Embora a Lei 9.964/2000, que instituiu o REFIS, expressamente disponha que a opção pelo programa de parcelamento exclui qualquer outra forma de parcelamento de débitos relativos aos tributos federais com vencimento até 29/2/2000, não se impede a transferência dos débitos para novo programa de parcelamento mais vantajoso. Em verdade, o que o art. 3º, § 1º, da Lei 9.964/2000 proíbe é que o beneficiário obtenha,

nas mesmas condições estabelecidas no REFIS, novo parcelamento da dívida consolidada. Tanto é que a jurisprudência pacífica do STJ permite a transferência dos débitos inscritos no REFIS para o PAES. Assinale-se que o parcelamento instituído pela MP 38/2002 concedeu aos seus optantes vantagens não concedidas àqueles do REFIS, tais como, exclusão de multas e juros moratórios até 31/1/1999. Desse modo, não se tratando de adesão a um novo parcelamento nas mesmas condições estabelecidas pelo REFIS, a vedação contida no art. 1º da Portaria Conjunta SRF/PGFN 900/2002 é ilegal, porquanto extrapola os limites de regulamentação, pois cria vedação não prevista na MP 38/2002 e na Lei 9.964/2000. **REsp 1.368.821-SP, Rel. Min. Humberto Martins, julgado em 19/5/2015, DJe 26/5/2015 (Inform. STJ 562).**

DIREITO TRIBUTÁRIO. EXCLUSÃO DE HONORÁRIOS DE SUCUMBÊNCIA DA CONSOLIDAÇÃO DE DÍVIDA PREVIDENCIÁRIA PARCELADA COM BASE NA LEI 11.941/2009. O parcelamento autorizado pela Lei 11.941/2009 implica que os débitos de origem previdenciária cobrados pela PGFN sejam consolidados com a redução da totalidade do valor relativo a honorários de sucumbência. Os benefícios fiscais previstos nos incisos do art. 1º, § 3º, da Lei 11.941/2009, quando mencionam a redução do "encargo legal", estão se referindo ao encargo legal previsto no art. 1º do Decreto-Lei 1.025/1969. O referido encargo legal tem por objetivo atender a despesas referentes à arrecadação de verbas tributárias não pagas pelo contribuinte, abrangendo, inclusive, a verba sucumbencial. Com o regime da Lei 11.457/2007, houve a unificação de tratamento no que se refere aos débitos de contribuições previdenciárias e aos demais débitos tributários, tornando-se atribuição da Secretaria da Receita Federal do Brasil (além das competências atribuídas pela legislação vigente à Secretaria da Receita Federal) "planejar, executar, acompanhar e avaliar as atividades relativas a tributação, fiscalização, arrecadação, cobrança e recolhimento das contribuições sociais previstas nas alíneas 'a', 'b' e 'c' do parágrafo único do art. 11 da Lei nº 8.212, de 24 de julho de 1991, e das contribuições instituídas a título de substituição" (art. 2º). Dessa forma, os chamados "honorários previdenciários" foram substituídos pelo encargo legal. Além disso, a Lei 11.941/2009 incluiu o art. 37-A na Lei 10.522/2002, o qual dispõe que "os créditos das autarquias e fundações públicas federais, de qualquer natureza, não pagos nos prazos previstos na legislação, serão acrescidos de juros e multa de mora, calculados nos termos e na forma da legislação aplicável aos tributos federais", sendo que "os créditos inscritos em Dívida Ativa serão acrescidos de encargo legal, substitutivo da condenação do devedor em honorários advocatícios, calculado nos termos e na forma da legislação aplicável à Dívida Ativa da União" (§ 1º). A interpretação teleológica e sistemática da legislação, sobretudo da Lei 11.941/2009, impõe a conclusão de que a não inclusão dos chamados honorários previdenciários no valor consolidado nas hipóteses em que a lei exclui o encargo legal atende à finalidade buscada pelo legislador – incentivar a adesão ao programa de parcelamento fiscal. Não se trata de interpretação extensiva da legislação tributária, tampouco ampliação da lei que concede o parcelamento, mas do enquadramento adequado das verbas em confronto – encargo legal e honorários advocatícios. **REsp 1.430.320-AL, Rel. Min. Mauro Campbell Marques, julgado em 21/8/2014. (Inform. STJ 545)**

DIREITO TRIBUTÁRIO. EXCLUSÃO DO PROGRAMA DE RECUPERAÇÃO FISCAL (REFIS) DECORRENTE DA INEFICÁCIA DO PARCELAMENTO. A pessoa jurídica pode ser excluída do REFIS quando se demonstre a ineficácia do parcelamento, em razão de o valor das parcelas ser irrisório para a quitação do débito. Com efeito, o REFIS é um programa que impõe ao contribuinte o pagamento das dívidas fiscais por meio de parcelamento, isto é, o débito tributário é amortizado pelo adimplemento mensal. A par disso, a impossibilidade de quitar o débito é equiparada à inadimplência para efeitos de exclusão de parcelamento com fundamento no art. 5º, II, da Lei 9.964/2000. Nessa hipótese, em razão da "tese da parcela ínfima", é justificável a exclusão de contribuinte do REFIS, uma vez que o programa de parcelamento foi criado para regularizar as pendências fiscais, prevendo penalidades pelo descumprimento das obrigações assumidas, bem como a suspensão do crédito tributário enquanto o contribuinte fizer parte do programa. Assim, não se pode admitir a existência de débito tributário perene, ou até, absurdamente, que o valor da dívida fiscal aumente tendo em vista o transcurso de tempo e a irrisoriedade das parcelas pagas. Nesse passo, o STJ já decidiu ser possível a exclusão do contribuinte do REFIS quando a parcela se mostrar ínfima, nos mesmos moldes do Programa de Parcelamento Especial – PAES, criado pela Lei 10.684/2003. De fato, a finalidade de todo parcelamento, salvo disposição legal expressa em sentido contrário, é a quitação do débito, e não o seu crescente aumento. Nesse passo, ao se admitir a existência de uma parcela que não é capaz de quitar sequer os encargos do débito, não se está diante de parcelamento ou de moratória, mas de uma remissão, pois o valor do débito jamais será quitado. Entretanto, a remissão deve vir expressa em lei, e não travestida de parcelamento, consoante exigência do art. 150, § 6º, da CF. Ademais, a fragmentação do débito fiscal em parcelas ínfimas estimularia a evasão fiscal, pois a pessoa jurídica devedora estaria suscetível a ter a sua receita e as suas atividades esvaziadas por seus controladores, os quais *pari passu* estariam encorajados a constituir nova pessoa jurídica, que assumiria a receita e as atividades desenvolvidas por aqueloutra incluída no REFIS. Esse procedimento de manter a pessoa jurídica antiga endividada para com o Fisco, pagando eternamente parcelas irrisórias, e nova pessoa jurídica desenvolvendo as mesmas atividades outrora desenvolvidas pela antiga, constitui simulação vedada expressamente pelo CTN. Por fim, em relação aos crimes previstos nos arts. 1º e 2º da Lei 8.137/1990 e 95 da Lei 8.212/1991, durante o período em que a pessoa jurídica relacionada com o agente dos aludidos crimes estiver incluída no REFIS, a pretensão punitiva se encontrará suspensa, demostrando a toda evidência a opção legislativa pelo recebimento do crédito tributário em vez de efetuar a punição criminal. Por tudo isso, não há como sustentar um programa de parcelamento que permita o aumento da dívida ao invés de sua amortização, em verdadeiro descompasso com o ordenamento jurídico, que não tolera a conduta criminosa, a evasão fiscal e a perenidade da dívida tributária para com o Fisco. Precedente citado: REsp 1.238.519-PR, Segunda Turma, DJe 28/8/2013. **REsp 1.447.131-RS, Rel. Min. Mauro Campbell Marques, julgado em 20/5/2014. (Inform. STJ 542)**

Súmula STJ nº 437

A suspensão da exigibilidade do crédito tributário superior a quinhentos mil reais para opção pelo Refis pressupõe a homologação expressa do comitê gestor e a constituição de garantia por meio do arrolamento de bens.

Súmula STJ nº 355

É válida a notificação do ato de exclusão do programa de recuperação fiscal do Refis pelo Diário Oficial ou pela Internet.

11. SISTEMAS SIMPLIFICADOS DE TRIBUTAÇÃO, SIMPLES

DIREITO TRIBUTÁRIO. EMPRESAS OPTANTES PELO SIMPLES E SUSPENSÃO DO IPI.

O benefício da suspensão do IPI na saída do produto do estabelecimento industrial (art. 29 da Lei 10.637/2002) não se estende às empresas optantes pelo SIMPLES. O tratamento diferenciado instituído às microempresas e às empresas de pequeno porte, simplificando o cumprimento de suas obrigações administrativas, tributárias e previdenciárias, estabelece o recolhimento de tributos de forma unificada e, em relação ao IPI, prescreve que ele incide cumulado com outros impostos, por alíquota fixa sobre a receita bruta. Essa sistemática de arrecadação já institui forma de benefício fiscal que determina pagamento único e que, consequentemente, exclui qualquer outra vantagem estabelecida às demais empresas, até porque, contrario sensu, a extensão do benefício quanto à suspensão do IPI da saída do estabelecimento industrial (art. 29 da Lei 10.637/2002) conduziria à concessão de dupla vantagem – uma, decorrente do recolhimento mitigado do IPI pela opção ao SIMPLES, e outra, pela sua total exclusão – sem expressa previsão legal. Precedentes citados: AgRg no Ag 1.171.321-SC, Primeira Turma, DJe 9/4/2010; e AgRg no REsp 986.560-PR, DJe 11/5/2009. **REsp 1.497.591-PE, Rel. Min. Humberto Martins, julgado em 9/12/2014, DJe 15/12/2014 (Inform. STJ 554).**

Súmula STJ nº 448

A opção pelo Simples de estabelecimentos dedicados às atividades de creche, pré-escola e ensino fundamental é admitida somente a partir de 24/10/2000, data de vigência da Lei n. 10.034/2000.

12. OUTRAS MATÉRIAS

Correção monetária, demonstrações financeiras, imposto de renda e Lei 8.200/1991 – 3

É constitucional o inc. I do art. 3º da Lei 8.200/1991, que dispõe sobre a correção monetária das demonstrações financeiras para efeitos fiscais e societários. Com base nessa orientação, o Tribunal, em preliminar e, por maioria, conheceu do recurso e, no mérito, deu-lhe provimento. Na espécie, tribunal regional federal entendera que a devolução parcelada da diferença verificada no ano de 1990 entre a variação do IPC e do BTNF, estabelecida pela mencionada norma, teria configurado empréstimo compulsório sem observância dos requisitos constitucionais – v. Informativos 369 e 434. O Tribunal adotou a jurisprudência por ele firmada no julgamento do RE 201.465/MG (DJU de 17.10.2003) no sentido de que referido dispositivo, posteriormente modificado pelo art. 11 da Lei 8.682/1993, não representaria ilegítima e disfarçada espécie de empréstimo, mas sim favor fiscal criado pelo legislador. Vencidos os Ministros Marco Aurélio (relator), Ricardo Lewandowski (Presidente), Ayres Britto e Rosa Weber, que a ele negavam provimento. Apontavam que a devolução parcelada da diferença verificada no ano de 1990 entre a variação do IPC e do BTNF configuraria empréstimo compulsório porque ausentes requisitos constitucionais.

RE 201512/MG, rel. orig. Min. Marco Aurélio, red. p/ o acórdão Min. Cármen Lúcia.5.11.2015. (RE-201512) (Inform. STF 806)

AG. REG. NO AI N 682.983-RS

RELATOR: MIN. ROBERTO BARROSO

EMENTA: AGRAVO REGIMENTAL NO AGRAVO DE INSTRUMENTO. PARCELAMENTO. EXTENSÃO ÀS EMPRESAS PRIVADAS. IMPOSSIBILIDADE. TAXA SELIC. DÉBITO TRIBUTÁRIO. POSSIBILIDADE. MULTA MORATÓRIA. CARÁTER CONFISCATÓRIO RECONHECIDO. REDUÇÃO PARA 20%.

1. O Supremo Tribunal Federal já assentou a ausência de repercussão geral da controvérsia relativa à violação aos princípios do contraditório, da ampla defesa, do devido processo legal e dos limites da coisa julgada, quando o julgamento da causa depender de prévia análise da adequada aplicação de normas infraconstitucionais (ARE 748.371-RG, Rel. Min. Gilmar Mendes).

2. Esta Corte já decidiu pela impossibilidade de extensão do parcelamento de débito previdenciário em 240 meses, previsto na Lei nº 8.620/1993, às empresas do setor privado, porquanto o Poder Judiciário não pode atuar como legislador positivo.

3. Nos termos do entendimento fixado nos autos do RE 582.461-RG, julgado sob relatoria do Ministro Gilmar Mendes, a utilização da Taxa Selic como índice de atualização de débitos tributários não contraria qualquer preceito constitucional.

4. A aplicação de multa moratória acima do patamar de 20% detém caráter confiscatório. Trata-se de montante que se coaduna com a ideia de que a impontualidade é uma falta menos grave, aproximando-se, inclusive, do valor que um dia já foi positivado na Constituição.

5. Agravo regimental a que se dá parcial provimento para determinar a redução da multa moratória para 20% (vinte por cento) sobre o valor do tributo. **(Inform. STF 796)**

DIREITO TRIBUTÁRIO. RETENÇÃO DE TRIBUTOS FEDERAIS NA FONTE QUANDO DO PAGAMENTO DE CONTRATO DE FRETAMENTO DE AERONAVE PELA ADMINISTRAÇÃO PÚBLICA FEDERAL.

É possível reter na fonte, na forma dos arts. 64 da Lei 9.430/1996 e 34 da Lei 10.833/2003, o IRPJ, a CSLL, a contribuição para o PIS/PASEP e a COFINS, quando do pagamento de contrato de fretamento de aeronave pela administração pública federal. Da análise do art. 133 da Lei 7.565/1986 (Código Brasileiro de Aeronáutica), verifica-se que o contrato de fretamento ocorre quando uma das partes, chamada fretador, obriga-se para com a outra, chamada afretador, mediante o pagamento do frete por este, a realizar uma ou mais viagens preestabelecidas ou durante certo período de tempo, reservando-se ao fretador o controle sobre a tripulação e a condução técnica da aeronave. O referido dispositivo legal ressalta a existência de reserva de controle técnico sobre o bem móvel objeto do contrato em questão, fato que remete o contrato a uma natureza mais próxima do conceito de prestação de serviços do que do conceito de mera locação de bem móvel. Sendo assim, não se deve aplicar os precedentes do STF no sentido de que os contratos de locação de bem móvel não se submetem à tributação a título de ISS por não serem prestação de serviços ou locação de serviços (Súmula Vinculante 31 do STF). É que o contrato em questão (fretamento de aeronave) possui em seu bojo indubitável prestação de serviços. Outrossim, também está embutida no contrato de fretamento a locação do bem móvel (aeronave), que constitui em si o fornecimento do bem, além da prestação de serviços efetivada pela tripulação, pelo que não há como a atividade escapar à hipótese de incidência descrita no art. 64 da Lei 9.430/1996 e no art. 34 da Lei 10.833/2003, que estabelecem a técnica de arrecadação de retenção na fonte quando da realização dos pagamentos efetuados por órgãos, autarquias e fundações, bem como empresas públicas, sociedades de economia mista e demais entidades de que a União detenha a maioria do capital social com direito a voto. Com efeito, devido à essa natureza híbrida do contrato de fretamento de aeronave, se as situações individualmente consideradas, relativamente ao fornecimento de bem, locação de bem móvel ou prestação de serviço já ensejariam a retenção dos tributos na fonte, tanto mais deve ensejar a retenção na fonte a hipótese em questão, que possui mais de uma situação ensejadora de sua incidência. Por fim, de registrar que, ainda que não houvesse a arrecadação pela técnica de antecipação mediante retenção na fonte, a empresa continuaria a se submeter à tributação pelo IRPJ, CSLL, PIS/PASEP e COFINS, posto que praticante dos respectivos fatos geradores, atrelados à aferição de lucro real, lucro líquido ajustado, e receita ou faturamento, respectivamente. **REsp 1.218.639-RJ, Rel. Min. Mauro Campbell Marques, julgado em 28/4/2015, DJe 7/5/2015 (Inform. STJ 561).**

DIREITO TRIBUTÁRIO. IMPOSSIBILIDADE DE EXIGÊNCIA CONCOMITANTE DA MULTA ISOLADA E DA MULTA DE OFÍCIO PREVISTAS NO ART. 44 DA LEI 9.430/1996.

Quando a situação jurídico-tributária se alinhar com ambas as hipóteses de incidência da multa do art. 44 da Lei 9.430/1996 – previstas no inciso I e no inciso II –, incidirá apenas a "multa de ofício" pela falta de recolhimento de tributo (inciso I). A multa do inciso I do art. 44 da Lei 9.430/1996 é aplicável nos casos de "totalidade ou diferença de imposto ou contribuição nos casos de falta de pagamento ou recolhimento, de falta de declaração e nos de declaração inexata". Por sua vez, a multa do inciso II do mesmo diploma, entretanto, é cobrada isoladamente sobre o valor do pagamento mensal: "a) na forma do art. 8º da Lei nº 7.713, de 22 de dezembro de 1988, que deixar de ser efetuado, ainda que não tenha sido apurado imposto a pagar na declaração de ajuste, no caso de pessoa física; e b) na forma do art. 2º desta Lei, que deixar de ser efetuado, ainda que tenha sido apurado prejuízo fiscal ou base de cálculo negativa para a contribuição social sobre o lucro líquido, no ano-calendário correspondente, no caso de pessoa jurídica". Sistematicamente, nota-se que a multa do inciso II do referido artigo somente poderá ser aplicada quando não possível a multa do inciso I. Destaca-se que o inadimplemento das antecipações mensais do imposto de renda, por exemplo, não implica, por si só, a ilação de que haverá tributo devido. Os recolhimentos mensais, ainda que configurem obrigações de pagar, não representam, no sentido técnico, o tributo em si. Este apenas será apurado ao final do ano-calendário, quando ocorrer o fato gerador. Assim, as hipóteses do inciso II, "a" e "b", em regra, não trazem novas hipóteses de cabimento de multa. A melhor exegese revela que não são multas distintas, mas apenas formas distintas de aplicação da multa do art. 44, em consequência de, nos casos ali descritos, não haver nada a ser cobrado a título de obrigação tributária principal. As chamadas "multas isoladas", portanto, apenas servem aos casos em que não possam ser as multas exigidas juntamente com o tributo devido (inciso I), na medida em que são elas apenas formas de exigência das multas descritas no caput. Esse entendimento é corolário da lógica do sistema normativo-tributário que pretende prevenir e sancionar o descumprimento de obrigações tributárias. De fato, a infração que se pretende repreender com a exigência isolada da multa é completamente abrangida por eventual infração que acarrete, ao final do ano-calendário, o recolhimento a menor dos tributos e que dê azo, assim, à cobrança da multa de forma conjunta. Ademais, em se tratando as multas tributárias de medidas sancionatórias, aplica-se a lógica do princípio penal da consunção, em que a infração mais grave abrange aquela menor que lhe é preparatória ou subjacente. O princípio da consunção (ou da absorção) é aplicável nos casos em que há uma sucessão de condutas típicas com existência de um nexo de dependência entre elas. Segundo esse preceito, a infração mais grave absorve aquelas de menor gravidade. Sob esse enfoque, não pode ser exigida concomitantemente a multa isolada e a multa de ofício por falta de recolhimento de tributo apurado ao final do exercício e também por falta de antecipação sob a forma estimada. Cobra-se apenas a multa de ofício pela falta de recolhimento de tributo. **REsp 1.496.354-PR, Rel. Min. Humberto Martins, julgado em 17/3/2015, DJe 24/3/2015 (Inform. STJ 558).**

DIREITO ADMINISTRATIVO E TRIBUTÁRIO. PENA DE PERDA DE VEÍCULO CONDUTOR DE MERCADORIA SUJEITA À PENA DE PERDIMENTO.

Dá ensejo à pena de perda do veículo a conduta dolosa do transportador que utiliza veículo próprio para conduzir ao território nacional mercadoria estrangeira sujeita à pena de perdimento, independentemente de o valor do veículo ser desproporcional ao valor das mercadorias apreendidas. De fato, o inciso V do art. 104 do Decreto-Lei 37/1966 dispõe que a pena de perda do veículo é aplicada "quando o veículo conduzir mercadoria sujeita à pena de perda, se pertencente ao responsável por infração punível com aquela sanção". Nessa mesma linha, o inciso V do art. 688 do Decreto 6.759/2009, por sua vez, dispõe que se aplica a pena de perdimento do veículo, por configurar dano ao Erário, "quando o veículo conduzir mercadoria sujeita a perdimento, se pertencente ao responsável por infração punível com essa penalidade". Nesse contexto, até mesmo em atenção ao que dispõe a Súmula Vinculante 10 do STF, não se mostra adequado que se afaste a norma legal em razão da simples comparação entre os valores das mercadorias e do veículo que as transporta, ao pretexto de observância do princípio da proporcionalidade, salvo se declarada sua inconstitucionalidade. Além disso, "na aplicação da lei, o juiz atenderá aos fins sociais a que ela se dirige e às exigências do bem comum" (art. 5º da LINDB). Nesse passo, não há dúvidas de que a legislação aduaneira, ao tratar da pena de perdimento de veículo, é severa em razão de uma finalidade nítida, como coibir a sonegação tributária, por meio do descaminho ou de contrabando. Nessa linha, deve-se entender, como acima assinalado, que a pena de perdimento do veículo (inciso V do art. 688 do Decreto 6.759/2009 e inciso V do art. 104 do Decreto-Lei 37/1966), refere-se à conduta dolosa do transportador na internalização de sua própria mercadoria em veículo de sua propriedade. REsp 1.498.870-PR, Rel. Min. Benedito Gonçalves, julgado em 12/2/2015, DJe 24/2/2015 (Inform. STJ 556).

Súmula STF nº 473

A administração pode anular seus próprios atos, quando eivados de vícios que os tronam ilegais, porque deles não se originam direitos; ou revogá-los, por motivo de conveniência e oportunidade, respeitados os direitos adquiridos, e ressalvada, em todos os casos, a apreciação judicial.

Súmula STF nº 400

Decisão que deu razoável interpretação à lei, ainda que não seja a melhor, não autoriza recurso extraordinário, pela letra *a* do art. 101, III, da Constituição Federal.

Súmula STJ nº 353

As disposições do Código Tributário Nacional não se aplicam às contribuições para o FGTS. *(Comentário: contribuições ao FGTS não têm natureza tributária)*

Súmula STF nº 346

A administração pública pode declarar a nulidade dos seus próprios atos.

Súmula STJ nº 345

São devidos honorários advocatícios pela Fazenda Pública nas execuções individuais de sentença proferida em ações coletivas, ainda que não embargadas.

Súmula STJ nº 317

É definitiva a execução de título extrajudicial, ainda que pendente apelação contra sentença que julgue improcedentes os embargos.

Súmula TFR nº 47

Cancelado o débito fiscal, a correção monetária, relativa à restituição da importância depositada em garantia de instância, incide a partir da data da efetivação do depósito.

Súmula TFR nº 46

Nos casos de devolução do depósito efetuado em garantia de instância e de repetição do indébito tributário, a correção monetária é calculada desde a data do depósito ou do pagamento indevido e incide até o efetivo recebimento da importância reclamada.

2. DIREITO PROCESSUAL CIVIL

1. PARTES, PROCURADORES, MINISTÉRIO PÚBLICO E JUIZ

DIREITO PROCESSUAL CIVIL. HIPÓTESE EM QUE NÃO SE EXIGE INTERVENÇÃO DO MP.

O fato de a ré residir com seus filhos menores no imóvel não torna, por si só, obrigatória a intervenção do Ministério Público (MP) em ação de reintegração de posse. Nos termos do inciso I do artigo 82 do CPC, o MP deve intervir nas causas em que houver interesse de incapazes, hipótese em que deve diligenciar pelos direitos daqueles que não podem agir sozinhos em juízo. Logo, o que legitima a intervenção do MP nessas situações é a possibilidade de desequilíbrio da relação jurídica e eventual comprometimento do contraditório em função da existência de parte absoluta ou relativamente incapaz. Nesses casos, cabe ao MP aferir se os interesses do incapaz estão sendo assegurados e respeitados a contento, seja do ponto de vista processual ou material. Na hipótese, a ação de reintegração de posse foi ajuizada tão somente contra a genitora dos menores, não veiculando, portanto, pretensão em desfavor dos incapazes, já que a relação jurídica subjacente em nada tangencia a estes. A simples possibilidade de os filhos – de idade inferior a dezoito anos – virem a ser atingidos pelas consequências fáticas oriundas da ação de reintegração de posse não justifica a intervenção do MP no processo como custos legis. Na hipótese, o interesse dos menores é meramente reflexo. Não são partes ou intervenientes no processo, tampouco compuseram qualquer relação negocial. Concretamente, não evidenciado o interesse público pela qualidade das partes, a atuação do MP importaria na defesa de direito disponível, de pessoa maior, capaz e com advogado constituído, situação não albergada pela lei. De fato, se assim fosse, a intervenção ministerial deveria ocorrer em toda e qualquer ação judicial relacionada a imóveis em que residem crianças ou adolescentes. Nesse passo, destacando-se a relevante função ministerial na defesa da ordem jurídica e na correta aplicação da lei, o exercício amplo e indiscriminado do MP em demandas judiciais de índole meramente patrimonial acabaria por inviabilizar a atuação dos membros do MP e se afiguraria como um perigoso desvirtuamento da sua missão constitucional. Dessa maneira, não havendo interesse público, seja pela natureza da lide ou pela qualidade das partes, não há falar em intervenção ministerial em feitos de interesse puramente patrimonial e de reduzida repercussão social. **REsp 1.243.425-RS, Rel. Min. Ricardo Villas Bôas Cueva, julgado em 18/8/2015, DJe 3/9/2015 (Inform. STJ 567).**

DIREITO PROCESSUAL CIVIL E PROCESSUAL PENAL. LEGITIMIDADE DO MINISTÉRIO PÚBLICO ESTADUAL PARA ATUAR NO ÂMBITO DO STJ. O Ministério Público Estadual tem legitimidade para atuar diretamente como parte em recurso submetido a julgamento perante o STJ. O texto do § 1° do art. 47 da LC 75/1993 é expresso no sentido de que as funções do Ministério Público Federal perante os Tribunais Superiores da União somente podem ser exercidas por titular do cargo de Subprocurador--Geral da República. A par disso, deve-se perquirir quais as funções que um Subprocurador-Geral da República exerce perante o STJ. É evidente que o Ministério Público, tanto aquele organizado pela União quanto aquele estruturado pelos Estados, pode ser parte e custos legis, seja no âmbito cível ou criminal. Nesse passo, tendo a ação (cível ou penal) sido proposta pelo Ministério Público Estadual perante o primeiro grau de jurisdição, e tendo o processo sido alçado ao STJ por meio de recurso, é possível que esse se valha dos instrumentos recursais necessários na defesa de seus interesses constitucionais. Nessas circunstâncias, o Ministério Público Federal exerce apenas uma de suas funções, qual seja: a de custos legis. Isto é, sendo o recurso do Ministério Público Estadual, o Ministério Público Federal, à vista do ordenamento jurídico, pode opinar pelo provimento ou pelo desprovimento da irresignação. Assim, cindido em um processo o exercício das funções do Ministério Público (o Ministério Público Estadual sendo o autor da ação, e o Ministério Público Federal opinando acerca do recurso interposto nos respectivos autos), não há razão legal, nem qualquer outra ditada pelo interesse público, que autorize restringir a atuação do Ministério Público Estadual enquanto parte recursal, realizando sustentações orais, interpondo agravos regimentais contra decisões etc. Caso contrário, seria permitido a qualquer outro autor ter o referido direito e retirar-se-ia do Ministério Público Estadual, por exemplo, o direito de perseguir a procedência de ações penais e de ações de improbidade administrativa imprescindíveis à ordem social. **EREsp 1.327.573-RJ, Rel. originário e voto vencedor Min. Ari Pargendler, Rel. para acórdão Min. Nancy Andrighi, julgado em 17/12/2014, DJe 27/2/2015 (Inform. STJ 556).**

DIREITO PROCESSUAL CIVIL. ATUAÇÃO DA PROCURADORIA-GERAL DA FAZENDA NACIONAL (PGFN) EM CAUSA DE COMPETÊNCIA DA PROCURADORIA-GERAL DA UNIÃO (PGU).
O fato de a PGFN ter atuado em defesa da União em causa não fiscal de atribuição da PGU não justifica, por si só, a invalidação de todos os atos de processo no qual não se evidenciou – e sequer se alegou – qualquer prejuízo ao ente federado, que exercitou plenamente o seu direito ao contraditório e à ampla defesa, mediante oportuna apresentação de diversas teses jurídicas eloquentes e bem articuladas, desde a primeira instância e em todos os momentos processuais apropriados. Ainda que se reconheça, na hipótese em análise, o erro consistente na atuação da PGFN em causa de natureza não fiscal de competência da PGU, deve prevalecer a consideração de que a parte representada pelos dois órgãos é a mesma, a União, e teve ela a oportunidade de realizar o seu direito de defesa, o que efetivamente fez de modo pleno, mediante arguições competentes e oportunas, deduzindo diversas teses defensivas, todas eloquentes e bem articuladas, desde a primeira instância e em todos os momentos processuais. Assim, não resta espaço algum para enxergar nódoa no direito constitucional que assegura o contraditório e a ampla defesa. A propósito, se não houve prejuízo – e, a rigor, não houve sequer alegação de prejuízo –, não é viável que sejam simples e sumariamente descartados todos os atos processuais, como se não vigorassem os princípios da economicidade, da instrumentalidade das formas, da razoável duração do processo, e como se não tivesse relevância o brocardo segundo o qual ne pas de nullité sans grief. **REsp 1.037.563-SC, Rel. Min. Napoleão Nunes Maia Filho, julgado em 25/11/2014, DJe 3/2/2015 (Inform. STJ 554).**

DIREITO PROCESSUAL CIVIL. ATUAÇÃO DO MINISTÉRIO PÚBLICO COMO DEFENSOR DO INTERDITANDO.
Nas ações de interdição não ajuizadas pelo MP, a função de defensor do interditando deverá ser exercida pelo próprio órgão ministerial, não sendo necessária, portanto, nomeação de curador à lide. Estão legitimados para requerer a interdição somente os pais ou tutor, o cônjuge ou parentes próximos do interditando ou, ainda, em caráter subsidiário, o MP (art. 1.177 e 1.178 do CPC), sendo esta a única hipótese em que se exige a nomeação de curador à lide, a fim de ensejar o contraditório. Nessa perspectiva, verifica-se que a designação de curador especial tem por pressuposto a presença do conflito de interesses entre o incapaz e o responsável pela defesa de seus interesses no processo judicial. Assim, na hipótese de encontrar-se o MP e o suposto incapaz em polos opostos da ação, há intrínseco conflito de interesses a exigir a nomeação ao interditando de curador à lide, nos termos do art. 1.179 do CPC, que se reporta ao art. 9º do mesmo Código. Todavia, proposta a ação pelos demais legitimados, caberá ao MP a defesa dos interesses do interditando, fiscalizando a regularidade do processo, requerendo provas e outras diligências que entender pertinentes ao esclarecimento da incapacidade e, ao final, impugnar ou não o pedido de interdição, motivo pelo qual não se faz cabível a nomeação de curador especial para defender, exatamente, os mesmos interesses pelos quais zela o MP. A atuação do MP como defensor do interditando, nos casos em que não é o autor da ação, decorre da lei (art. 1.182, § 1º, do CPC e art. 1.770 do CC) e se dá em defesa de direitos individuais indisponíveis, função compatível com as suas funções institucionais (art. 127 da CF). **REsp 1.099.458-PR, Rel. Min. Maria Isabel Gallotti, julgado em 2/12/2014, DJe 10/12/2014 (Inform. STJ 553).**

DIREITO PROCESSUAL CIVIL. ILEGITIMIDADE DO CONDÔMINO PARA PROPOR AÇÃO DE PRESTAÇÃO DE CONTAS. O condômino, isoladamente, não possui legitimidade para ajuizar ação de prestação de contas contra o condomínio. Isso porque, nos termos do art. 22, §1º, *f*, da Lei 4.591/1964, o condomínio, representado pelo síndico, não tem obrigação de prestar contas a cada um dos condôminos, mas sim a todos, perante a assembleia dos condôminos. No mesmo sentido, o art. 1.348, VIII, do CC dispõe que compete ao síndico, dentre outras atribuições, prestar contas à assembleia, anualmente e quando exigidas. REsp 1.046.652-RJ, Rel. Min. Ricardo Villas Bôas Cueva, julgado em 16/9/2014. (Inform. STJ 549)

DIREITO PROCESSUAL CIVIL. INTERVENÇÃO DO MP EM AÇÕES DE RESSARCIMENTO AO ERÁRIO. O Ministério Público não deve obrigatoriamente intervir em todas as ações de ressarcimento ao erário propostas por entes públicos. A interpretação do art. 82, III, do CPC à luz do art. 129, III e IX, da CF revela que o interesse público que justifica a intervenção do MP não está relacionado à simples presença de ente público na demanda nem ao interesse patrimonial deste (interesse público secundário ou interesse da Administração). Exige-se que o bem jurídico tutelado corresponda a um interesse mais amplo, com espectro coletivo (interesse público primário). Além disso, a causa de pedir relativa ao ressarcimento ao ente público, considerando os limites subjetivos e objetivos da lide, prescinde da análise da ocorrência de ato de improbidade administrativa, razão pela qual não há falar em intervenção obrigatória do MP, sob pena de transformar a ação de indenização em sede imprópria para discussão acerca da configuração de improbidade administrativa. **EREsp 1.151.639-GO, Rel. Min. Benedito Gonçalves, julgado em 10/9/2014. (Inform. STJ 548)**

DIREITO PROCESSUAL CIVIL. INTERVENÇÃO DA DPU COMO AMICUS CURIAE EM PROCESSO REPETITIVO. A eventual atuação da Defensoria Pública da União (DPU) em muitas ações em que se discuta o mesmo tema versado no recurso representativo de controvérsia não é suficiente para justificar a sua admissão como *amicus curiae*. Precedente citado: REsp 1.333.977-MT, Segunda Seção, DJe 12/3/2014. **REsp 1.371.128-RS, Rel. Min. Mauro Campbell Marques, julgado em 10/9/2014. (Inform. STJ 547)**

Súmula STF nº 644

Ao titular do cargo de procurador de autarquia não se exige a apresentação de instrumento de mandato para representá-la em juízo.

Súmula STJ nº 525

A Câmara de Vereadores não possui personalidade jurídica, apenas personalidade judiciária, somente podendo demandar em juízo para defender os seus direitos institucionais.

Súmula STJ nº 327

Nas ações referentes ao Sistema Financeiro da Habitação, a Caixa Econômica Federal tem legitimidade como sucessora do Banco Nacional da Habitação.

Súmula STJ nº 232

A Fazenda Pública, quando parte no processo, fica sujeita à exigência do depósito prévio dos honorários do perito.

Súmula STJ nº 226

O Ministério Público tem legitimidade para recorrer na ação de acidente do trabalho, ainda que o segurado esteja assistido por advogado.

Súmula STJ nº 99

O Ministério Público tem legitimidade para recorrer no processo em que oficiou como fiscal da lei, ainda que não haja recurso da Parte.

2. ATOS PROCESSUAIS

DIREITO PROCESSUAL CIVIL. AÇÃO DE INVESTIGAÇÃO DE PATERNIDADE PROPOSTA PELO MP E REALIZAÇÃO DE CITAÇÃO EDITÁLICIA DO RÉU EM JORNAL LOCAL.

Na hipótese em que o Ministério Público Estadual tenha proposto ação de investigação de paternidade como substituto processual de criança, a citação editalícia do réu não poderá ser realizada apenas em órgão oficial. Isso porque não se aplica o art. 232, § 2º, do CPC, o qual prevê que a publicação do edital de citação, no caso de a parte ser beneficiária da justiça gratuita, deve se restringir ao órgão oficial. Assim, por versar disposição restritiva e, portanto, aplicável exclusivamente apenas à previsão específica, é vedada a sua aplicação analógica do referido dispositivo ao Ministério Público, cuja atuação não se confunde com as funções próprias da Defensoria Pública, e com essa instituição não pode ser equiparado. Ademais, restringir a publicação de editais de citação ao órgão oficial resultaria, evidentemente, na limitação das chances da citação por edital lograr êxito. **REsp 1.377.675-SC, Rel. Min. Ricardo Villas Bôas Cueva, julgado em 10/3/2015, DJe 16/3/2015 (Inform. STJ 557).**

DIREITO PROCESSUAL CIVIL. IMPOSSIBILIDADE DE PRORROGAÇÃO DO TERMO INICIAL DE PRAZO RECURSAL DIANTE DE ENCERRAMENTO PREMATURO DO EXPEDIENTE FORENSE.

O disposto no art. 184, § 1º, II, do CPC – que trata da possibilidade de prorrogação do prazo recursal em caso de encerramento prematuro do expediente forense – aplica-se quando o referido encerramento tiver ocorrido no termo final para interposição do recurso, e não no termo inicial. O § 1º do art. 184 do CPC trata das hipóteses em que haverá prorrogação do prazo quando seu vencimento cair em feriado ou em dia que for determinado o fechamento do fórum ou quando houver o encerramento do expediente forense antes da hora normal. Não há dúvida, portanto, de que a hipótese ora regulada trata exclusivamente do dies ad quem (dia do vencimento). Essa conclusão é reforçada pelo disposto no § 2º, o qual regula a única possibilidade em que haverá a prorrogação do dies a quo ("os prazos somente começam a correr do primeiro dia útil após a intimação"). Verifica-se, desse modo, que o legislador tratou de forma distinta as hipóteses de prorrogação do prazo referente ao dies a quo e ao dies ad quem nos parágrafos do art. 184 do CPC. Além da falta de previsão legal, a referida prorrogação não se aplica ao dies a quo em razão, também, da ratio da norma, que é justamente possibilitar àqueles que vierem a interpor o recurso no último dia do prazo não serem surpreendidos, indevidamente, com o encerramento prematuro do expediente forense, em obediência ao princípio da confiança, que deve proteger a atuação do jurisdicionado perante a Justiça, e assim conferir máxima eficácia à prestação jurisdicional. Ademais, não se vislumbra qualquer razão para se prorrogar o início da contagem do prazo processual em situação idêntica ocorrida no primeiro dia do prazo. É que, nessa hipótese, remanescerá para o recorrente a possibilidade de interpor o recurso nos dias subsequentes. Não há motivo lógico que justifique aplicar-se o regramento referente ao dies ad quem a esta hipótese. Desse modo, a prorrogação em razão do encerramento prematuro do expediente forense aplica-se tão somente em relação ao dies ad quem do prazo recursal. Precedentes citados: AgRg no Ag 1.142.783-PE, Quinta Turma, DJe de 17/5/2010; e AgRg no REsp 614.496-RJ, Primeira Turma, DJ 1º/2/2006. **EAREsp 185.695-PB, Rel. Min. Felix Fischer, julgado em 4/2/2015, DJe 5/3/2015 (Inform. STJ 557).**

DIREITO PROCESSUAL CIVIL. PUBLICAÇÃO DE INTIMAÇÃO COM ERRO NA GRAFIA DO SOBRENOME DO ADVOGADO.

Não há nulidade na publicação de ato processual em razão do acréscimo de uma letra ao sobrenome do advogado no caso em que o seu prenome, o nome das partes e o número do processo foram cadastrados corretamente, sobretudo se, mesmo com a existência de erro idêntico nas intimações anteriores, houve observância aos prazos processuais passados, de modo a demonstrar que o erro gráfico não impediu a exata identificação do processo. À luz do § 1º do art. 236 do CPC, devem constar nas publicações de ato processual em órgão oficial "os nomes das partes e dos seus advogados, suficientes para sua identificação". Nesse contexto, a Corte Especial do STJ firmou entendimento no sentido de que o erro insignificante na grafia do nome do advogado, aliado à possibilidade de se identificar o processo por outros elementos, como o seu número e o nome da parte, não enseja a nulidade da publicação do ato processual (AgRg nos EDcl nos EAREsp 140.898-SP, DJe 10/10/2013). Além disso, diversas Turmas do STJ comungam do mesmo entendimento (AgRg no AREsp 109.463-SP, Primeira Turma, DJe 8/3/2013; RCD no REsp 1.294.546-RS, Segunda Turma, DJe 12/6/2013; AgRg no AREsp 375.744-PE, Terceira Turma, DJe 12/11/2013; AgRg no AREsp 27.988-PA, Quarta Turma, DJe 7/12/2012; e HC 206.686-SC, Quinta Turma, DJe 11/2/2014). **EREsp 1.356.168-RS, Rel. originário Min. Sidnei Beneti, Rel. para acórdão Min. Jorge Mussi, julgado em 13/3/2014, DJe 12/12/2014 (Inform. STJ 553).**

DIREITO PROCESSUAL CIVIL. NECESSIDADE DE NOVA INTIMAÇÃO NA HIPÓTESE DE ADIAMENTO DE JULGAMENTO DE PROCESSO INCLUÍDO EM PAUTA.

No âmbito do STJ, na hipótese em que o julgamento do processo tenha sido adiado por mais de três sessões, faz-se necessária nova intimação das partes por meio de publicação de pauta de julgamento. De fato, a sistemática anteriormente seguida no âmbito da Corte Especial do STJ era no sentido de que, uma vez incluído em pauta o processo, não se fazia necessária nova publicação e intimação das partes, independentemente do número de sessões pendentes do respectivo julgamento. No entanto, esse quadro deve ser revisto, uma vez que se trata de uma daquelas situações em que o STJ não se deve guiar pelo procedimento de outros tribunais. Ao contrário, deve dar o bom exemplo. Há que se fazer o certo. E o certo é assegurar a ampla defesa, o contraditório e a segurança jurídica. E mais, não se pode desconsiderar que este é um Tribunal nacional, um Tribunal de superposição, onde atuam advogados que vêm dos extremos mais remotos do nosso País. Nesse sentido, causa intensa preocupação a situação dos advogados que se deslocam a Brasília, com despesas custeadas por seus clientes, que, frequentemente, são pessoas humildes e somente podem arcar com a passagem de seus procuradores uma única vez, sem conseguir suportar com os custos da segunda, terceira e, muito menos, quarta e quinta viagens. Ademais, no processo civil brasileiro, a surpresa e o ônus financeiro excessivo são incompatíveis com o due process e com os pressupostos do Estado de Direito que é, antes de tudo, Social. Dessa forma, o estabelecimento de um limite de 3 (três) sessões para dispensa de nova publicação é um início, um limiar para a retificação da omissão até hoje verificada, sem prejuízo de a questão ser deliberada oportunamente mediante reforma do Regimento Interno. **EDcl no REsp 1.340.444-RS, Rel. originário Min. Humberto Martins, Rel. para acórdão Min. Herman Benjamin, julgado em 29/5/2014, DJe 2/12/2014 (Inform. STJ 553).**

DIREITO PROCESSUAL CIVIL. HIPÓTESE DE NÃO CONFIGURAÇÃO DE COMPARECIMENTO ESPONTÂNEO DO RÉU. A apresentação de procuração e a retirada dos autos efetuada por advogado destituído de poderes para receber a citação não configura comparecimento espontâneo do réu (art. 214, § 1º, do CPC). Precedentes citados: REsp 648.202-RJ, Segunda Turma, DJe 11/4/2005; e REsp 1.246.098-PE, Segunda Turma, DJe 5/5/2011. **AgRg no REsp 1.468.906-RJ, Rel. Min. Mauro Campbell Marques, julgado em 26/8/2014. (Inform. STJ 546)**

DIREITO PROCESSUAL CIVIL. DIGITALIZAÇÃO DOS AUTOS E GUARDA PESSOAL DE DOCUMENTOS. Não pode ato infralegal (resolução de Tribunal) impor à parte autora o dever de providenciar a digitalização das peças dos autos, tampouco o dever de guarda pessoal de alguns dos documentos físicos do processo, ainda que os autos sejam provenientes de outro juízo ou instância. Dispõe o § 5º do art. 12 da Lei 11.419/2006 que "A digitalização de autos em mídia não digital, em tramitação ou já arquivados, será precedida de publicação de editais de intimações ou da intimação pessoal das partes e de seus procuradores, para que, no prazo preclusivo de 30 (trinta) dias, se manifestem sobre o desejo de manterem pessoalmente a guarda de algum dos documentos originais." Ademais, o mesmo diploma legal estabelece em seu art. 18 que "Os órgãos do Poder Judiciário regulamentarão esta Lei, no que couber, no âmbito de suas respectivas competências." Por sua vez, o TRF-4ª Região regulamentou a matéria por meio da Resolução 17/2010, art. 17, § 2º: "No juízo competente, a parte autora será intimada para retirar os autos físicos em 30 (trinta) dias, e providenciar a digitalização, ficando responsável pela guarda dos documentos." Conforme se verifica, a lei concede às partes e/ou aos seus procuradores a faculdade de exercerem a opção pela guarda pessoal de algum dos documentos originais dos autos físicos. O que a lei previu como faculdade, o ato infralegal do TRF transformou em dever processual. A circunstância de o art. 18 da lei em tela delegar em favor do Judiciário o poder de regulamentá-la naturalmente não consubstancia autorização para criar obrigações não previstas na lei (que em momento algum impõe à parte autora o dever de providenciar a digitalização dos autos remetidos por outro juízo e de conservar em sua guarda as peças originais). **REsp 1.448.424-RS, Rel. Min. Herman Benjamin, julgado em 22/5/2014 (Vide Informativo n. 524). (Inform. STJ 544)**

Súmula STF nº 641

Não se conta em dobro o prazo para recorrer, quando só um dos litisconsortes haja sucumbido.

Súmula STF nº 310

Quando a intimação tiver lugar na sexta-feira, ou a publicação com efeito de intimação for feita nesse dia, o prazo judicial terá início na segunda-feira imediata, salvo se não houver expediente, caso em que começará no primeiro dia útil que se seguir.

Súmula STJ nº 429

A citação postal, quando autorizada por lei, exige o aviso de recebimento.

Súmula STJ nº 273

Intimada a defesa da expedição da carta precatória, torna-se desnecessária intimação da data da audiência no juízo deprecado.

Súmula STJ nº 116

A Fazenda Pública e o Ministério Publico têm prazo em dobro para interpor agravo regimental no Superior Tribunal de Justiça.

3. LITISCONSÓRCIO, ASSISTÊNCIA E INTERVENÇÃO DE TERCEIROS

Assistente simples e ingresso após início de julgamento de RE - 4

Em conclusão de julgamento, o Plenário, por maioria, negou provimento a agravo regimental interposto de decisão que indeferira pedido de ingresso do postulante nos autos do RE 550.769/RJ (DJe de 3.4.2014), na qualidade de assistente simples (CPC, art. 50). O requerente alegava ser sócio-administrador da empresa recorrente no aludido extraordinário e que, nesta condição, poderia eventualmente ser chamado a responder pelos débitos tributários da sociedade, razão pela qual possuiria interesse direto na resolução da causa em discussão no recurso. Apontava, ainda, a existência de suposto fato novo, consistente no direito subjetivo de parcelamento do débito tributário e em outras mudanças voltadas à facilitação do adimplemento do devedor junto à Receita Federal — v. Informativo 693. O Colegiado aduziu que a admissão de assistente simples pressuporia a utilidade e a necessidade da medida, ponderada pela circunstância de o interessado receber o processo no estado em que se encontrasse. Explicitou que o requerimento teria sido formulado cerca de três meses após a sessão em que iniciado o julgamento do RE. Afirmou que, por não poder o postulante apresentar novas razões recursais, sequer realizar sustentação oral, não estaria presente a utilidade da medida. Ademais, a suposta alteração relevante do quadro fático-jurídico não existiria, pois a inclusão e a exclusão da empresa no programa de parcelamento de débito seriam anteriores ao julgamento do RE e o postulante poderia ter apresentado seu pedido antes disso. Consignou que a pretensão de conferir efeito suspensivo ao RE já teria sido apreciada por duas vezes pelo STF (AC 1.657/RJ, DJe de 30.11.2007; AC 2.101/RJ, DJe de 5.8.2008). Assim, a ausência de modificação substancial do quadro existente por ocasião do exame da primeira medida acauteladora impediria a concessão de providência análoga à anteriormente rejeitada. Reputou que, inexistente interesse jurídico legítimo, para além do simples viés econômico, descaberia proliferar os atores processuais de modo a comprometer a prestação jurisdicional. Assinalou não haver relação direta entre as medidas tendentes a cobrar o crédito tributário da empresa com a responsabilização de seus gestores e o RE, no qual se discutiria a aplicação de restrição que se teria por sanção política, mas nada se diria sobre a validade desse crédito. Vencidos os Ministros Luiz Fux, Gilmar Mendes, Celso de Mello e Ricardo Lewandowski (Presidente), que proviam o agravo. Afirmavam que o interessado figuraria no polo passivo de diversas execuções fiscais, relativas à empresa, com bloqueio de seus bens em decorrência de medida acauteladora de 1ª instância. Dessa forma, teria interesse jurídico em intervir nos autos do RE, no estado em que este se encontrasse.

Pet 4391 AgR/RJ, rel. orig. Min. Joaquim Barbosa, red. p/ o acórdão Min. Teori Zavascki, 9.10.2014. (PET-4391) **(Inform. STF 762)**

DIREITO PROCESSUAL CIVIL. LITISCONSÓRCIO PASSIVO NECESSÁRIO EM AÇÃO DEMOLITÓRIA.
Os cônjuges casados em regime de comunhão de bens devem ser necessariamente citados em ação demolitória. Nesse caso, há litisconsórcio passivo necessário. **REsp 1.374.593-SC, Rel. Min. Herman Benjamin, julgado em 5/3/2015, DJe 1º/7/2015 (Inform. STJ 565).**

DIREITO PROCESSUAL CIVIL. APLICABILIDADE DO ART. 191 DO CPC/1973 AOS PROCESSOS JUDICIAIS ELETRÔNICOS.
Aplica-se o art. 191 do CPC/1973 à contagem de prazo nos processos judiciais eletrônicos. De fato, a aplicação do prazo em dobro para contestar, recorrer e, de modo geral, falar nos autos quando os litisconsortes tiverem procuradores diferentes (art. 191 do CPC/1973), visa possibilitar acesso e manuseio dos autos aos advogados, haja vista ser o prazo comum. Todavia, como a utilização do processo judicial eletrônico afastou a impossibilidade de diferentes advogados obterem vista simultânea dos autos, não mais subsiste a situação que justificava a previsão do prazo em dobro. Nesse contexto, o Novo CPC (de 2015), atento à necessidade de alteração legislativa, exclui a aplicação do prazo em dobro no processo eletrônico (art. 229, § 2º). A lei disciplinadora do processo eletrônico (Lei 11.419/2006), no entanto, não alterou nem criou nenhuma exceção ao determinado no art. 191 do CPC/1973, de forma que, ausente alteração legislativa acerca do tema, não há como deixar de se aplicar o dispositivo legal vigente, sob pena de se instaurar grave insegurança jurídica e se ofender o princípio da legalidade. Desse modo, apesar de se reconhecer que o disposto no art. 191 está em descompasso com o sistema do processo eletrônico, em respeito ao princípio da legalidade e à legítima expectativa gerada pelo texto normativo vigente, enquanto não houver alteração legal, aplica-se aos processos eletrônicos o disposto no art. 191, preservando-se a segurança jurídica do sistema como um todo, bem como a proteção da confiança. **REsp 1.488.590-PR, Rel. Min. Ricardo Villas Bôas Cueva, julgado em 14/4/2015, DJe 23/4/2015 (Inform. STJ 560).**

Súmula STJ nº 537

Em ação de reparação de danos, a seguradora denunciada, se aceitar a denunciação ou contestar o pedido do autor, pode ser condenada, direta e solidariamente junto com o segurado, ao pagamento da indenização devida à vítima, nos limites contratados na apólice.

4. COMPETÊNCIA E CONFLITO DE COMPETÊNCIA. CONEXÃO. CONTINÊNCIA.

EMB. DECL. NOS EMB. DECL. NOS EMB. DECL. NO AG. REG. NA Rcl N 5.698-SP

RELATOR: MIN. LUIZ FUX

Ementa: **EMBARGOS DE DECLARAÇÃO NOS EMBARGOS DE DECLARAÇÃO NOS EMBARGOS DE DECLARAÇÃO NO AGRAVO REGIMENTAL NA RECLAMAÇÃO. AUSÊNCIA DE QUALQUER DOS VÍCIOS PREVISTOS NO ART. 535 DO CPC. TENTATIVA DE MERA REDISCUSSÃO DO QUE JÁ UNANIMEMENTE DECIDIDO NO ACÓRDÃO EMBARGADO. VÍNCULO DE NATUREZA CELETISTA. CAUSA DE PEDIR FUNDAMENTADA EM CONTRATO DE TRABALHO E NA LEGISLAÇÃO TRABALHISTA. COMPETÊNCIA DA JUSTIÇA DO TRABALHO. INAPLICABILIDADE, *IN CASU*, DO QUE DECIDIDO NA ADI 3.395/MC. INEXISTÊNCIA DE VÍNCULO JURÍDICO-ADMINISTRATIVO. NÃO CONHECIMENTO. APLICAÇÃO DE MULTA. ARTIGO 538, PARÁGRAFO ÚNICO, DO CPC. EMBARGOS DE DECLARAÇÃO NÃO CONHECIDOS.**

1. O inconformismo que tem como real escopo a pretensão de reformar o *decisum* não pode prosperar, porquanto inocorrentes as hipóteses de omissão, contradição, obscuridade ou erro material, sendo inviável a revisão da decisão em sede de embargos de declaração, em face dos estreitos limites do art. 535 do CPC.

2. *In casu*, os embargos de declaração demonstram mera tentativa de rediscussão do que foi decidido pelo acórdão embargado, inobservando o embargante que os restritos limites desse recurso não permitem o rejulgamento da causa.

3. É competente a Justiça do Trabalho para julgar ação que envolva o Poder Público e o trabalhador regido pela Consolidação das Leis do Trabalho. Precedentes: ARE 859.365-AgR, rel. Min. Teori Zavascki, Segunda Turma, DJe de 13/4/2015; ARE 846.036-AgR, rel. Min. Luiz Fux, Primeira Turma, DJe de 14/4/2015; Rcl 16.458-AgR, Rel. Min. Rosa Weber, Primeira Turma, DJe de 9/9/2014; Rcl 16.893-AgR, Rel. Min. Dias Toffoli, Primeira Turma, DJe de 10/10/2014; Rcl 8.406-AgR, Rel. Min. Marco Aurélio, Primeira Turma, DJe de 29/5/2014.

4. A competência da Justiça Comum, em confronto com a da Justiça do Trabalho, em casos em que envolvido o Poder Público, reclama a análise da natureza do vínculo jurídico existente entre o trabalhador – termo aqui tomado em sua acepção ampla – e o órgão patronal: se de natureza jurídico-administrativa o vínculo, a competência fixa-se como da Justiça Comum; se de natureza celetista, a competência é da Justiça Trabalhista.

5. *In casu*, diante da natureza celetista do vínculo estabelecido entre as partes, é de se assentar a competência da Justiça do Trabalho.

6. Embargos de declaração não conhecidos. **(Inform. STF 794)**

Terras indígenas e conflito de competência – 2

Em conclusão de julgamento, a Segunda Turma desproveu agravo regimental interposto de decisão que negara seguimento a recursos extraordinários nos quais discutida a ocupação de terras indígenas. Os agravantes alegavam que, havendo disputa de direitos indígenas, inclusive sobre terras ocupadas, bem como a presença da Funai no feito, deslocar-se-ia a competência para a Justiça Federal (CF, art. 109, I). Sustentavam, ainda, não incidir o Enunciado 279 da Súmula desta Corte para o estabelecimento de competência em razão da pessoa – v. Informativo 634. A Turma asseverou que a decisão agravada não mereceria reparos, pois a competência para julgamento da ação fora estabelecida com base no contexto fático-probatório. Destacou que o pretendido interesse do MPF para atuar em defesa da população indígena não poderia ser considerado, uma vez não se admitir reexame dos fundamentos fáticos – apreciados exaustivamente na origem —, a partir dos quais afastada a característica indígena das terras objeto da controvérsia inicial. Por fim, salientou que o ingresso da Funai nos autos ocorrera em adiantada fase recursal, muito tempo após a estabilização da relação jurídico-processual, o que impediria a incidência do art. 109, I, da CF, pois a competência fora determinada no momento da propositura da ação (CPC, art. 87).

RE 431602 Quarto-AgR/PB, rel. orig. Min. Ellen Gracie, red. p/ o acórdão Min. Cármen Lúcia, 30.6.2015. (RE-431602) (Inform. STF 792)

AG. REG. NO RE N. 591.420-PE

RELATORA: MIN. ROSA WEBER

EMENTA: DIREITO CIVIL E PROCESSUAL CIVIL. AÇÃO POSSESSÓRIA. CONFLITO DE COMPETÊNCIA. PRECLUSÃO E COISA JULGADA. RECURSO QUE NÃO ATACA OS FUNDAMENTOS DA DECISÃO AGRAVADA. IRREGULARIDADE FORMAL. ART. 317, §1º, RISTF. ACÓRDÃO RECORRIDO PUBLICADO EM 17.01.2008.

Não preenchimento do requisito de regularidade formal expresso no artigo 317, § 1º, do RISTF (a petição conterá, sob pena de rejeição liminar, as razões do pedido de reforma da decisão agravada). Ausência de ataque, nas razões do agravo regimental, aos fundamentos da decisão agravada, mormente no que se refere à aplicação da Súmula 283/STF. Agravo regimental conhecido e não provido. **(Inform. STF 787)**

Conflito de competência e art. 115 do CPC

O Plenário acolheu embargos de declaração, com efeitos modificativos, para conhecer de conflito de competência e assentar a competência da justiça comum para o processamento e julgamento de processos que tratam de complementação de aposentadoria. O Tribunal afirmou que, em regra, a admissão do conflito de competência, com base no art. 115, III do CPC, exigiria divergência entre juízos diversos quanto à reunião ou separação dos feitos. Todavia, seria cabível, por meio de interpretação extensiva do art. 115 do CPC, o acolhimento do incidente, mesmo quando não houvesse a apontada divergência. Esse entendimento ficaria evidenciado, sobretudo, em ações conexas, com possibilidade de prolação de decisões conflitantes em trâmite perante justiças distintas, no bojo das quais o apontamento de conexão não se demonstrasse suficiente à definição da competência para seu processamento e julgamento. Ademais, o caso concreto trataria de demandas em trâmite perante a justiça comum e a justiça trabalhista, em que se discutiria complementação de aposentadoria com decisões conflitantes já proferidas, a justificar o conhecimento do conflito. Além disso, seria inaplicável a regra de solução de conexão entre os feitos prevista no art. 105 do CPC, uma vez que as ações tramitariam perante juízos com competência material distinta.

CC 7706 AgR-segundo-ED-terceiros/SP, rel. Min. Dias Toffoli, 12.3.2015. (CC-7706) (Inform. STF 777)

Competência da justiça federal: mero interesse da União e efetiva participação no processo

A 2ª Turma negou provimento a agravo regimental em recurso extraordinário com agravo para reconhecer a legitimidade passiva da União, bem como a competência da justiça federal para julgar ação de indenização proposta por estudante de ensino superior. No caso, o aluno, embora tivesse concluído todo o programa curricular e colado grau, não obtivera o diploma em razão de ausência de credenciamento da faculdade pelo Ministério da Educação. A União sustentava que o simples fato de as entidades privadas integrarem o sistema federal de educação não implicaria o interesse dela em todo processo que envolvesse instituição de ensino superior. A Turma consignou que, de acordo com a jurisprudência firmada na Corte, a matéria em discussão deixaria patente a competência da justiça federal e o interesse da União. O Ministro Teori Zavascki acompanhou a conclusão da Turma, mas por fundamento diverso. Explicitou que, de acordo com o estabelecido no art. 109, I a III, da CF, a competência cível da justiça federal seria fundamentalmente "ratione personae", de forma que a sua definição decorreria da identidade das pessoas que efetivamente figurassem na lide. Nesse sentido, destacou que não bastaria haver o mero interesse das entidades citadas no art. 109, I, da CF, mas, ao contrário, seria necessário que a União, suas autarquias ou empresas públicas federais efetivamente tomassem parte no processo como autoras, rés, assistentes ou opoentes. Registrou que, na espécie, a União participaria do feito e essa circunstância, independentemente de qualquer outra consideração quanto ao mérito da demanda, seria suficiente para afirmar, nos termos do art. 109, I, da CF, a competência da justiça federal para julgar a causa.

ARE 754174 AgR/RS, rel. Min. Gilmar Mendes, 2.9.2014. (ARE-754174) **(Inform. STF 757)**

Art. 109, § 2º, da CF e autarquias federais - 1

A regra prevista no § 2º do art. 109 da CF ("§ 2º - As causas intentadas contra a União poderão ser aforadas na seção judiciária em que for domiciliado o autor, naquela onde houver ocorrido o ato ou fato que deu origem à demanda ou onde esteja situada a coisa, ou, ainda, no Distrito Federal") também se aplica às ações movidas em face de autarquias federais. Essa a conclusão do Plenário que, por maioria, negou provimento a recurso extraordinário em que se discutia o critério de definição do foro competente para processar e julgar ação ajuizada em face do Conselho Administrativo de Defesa Econômica - CADE. A Corte registrou que o aludido dispositivo constitucional teria por escopo facilitar a propositura de ação pelo jurisdicionado em contraposição ao ente público. Lembrou que o STF já teria enfrentado a questão da aplicabilidade do art. 109, § 2º, da CF, à autarquia em debate, e que ficara consignada, na ocasião, a finalidade do preceito constitucional, que seria a defesa do réu. Ademais, assentara que o critério de competência constitucionalmente fixado para as ações nas quais a União fosse autora deveria estender-se às autarquias federais, entes menores, que não poderiam ter privilégio maior que a União. O Colegiado asseverou que o preceito constitucional em exame não teria sido concebido para favorecer a União, mas para beneficiar o outro polo da demanda, que teria, dessa forma, mais facilidade para obter a pretendida prestação jurisdicional. Frisou que, com o advento da CF/1988, não teria sido estruturada a defesa judicial e extrajudicial das autarquias federais, que possuiriam, à época, representação própria, nos termos do art. 29 do ADCT. Entretanto, com a edição da Lei 10.480/2002, a Procuradoria-Geral Federal passara a ser responsável pela representação judicial e extrajudicial das autarquias e fundações públicas federais. Ponderou que fixar entendimento no sentido de o art. 109, § 2º não ser aplicável a essas hipóteses significaria minar a intenção do constituinte de simplificar o acesso à Justiça. Ressaltou que não se trataria de eventual conflito da legislação processual civil com a Constituição, uma vez que aquela não incidiria no caso. Acresceu que as autarquias federais possuiriam, de maneira geral, os mesmos privilégios e vantagens processuais concedidos à União, dentre os quais o pagamento das custas judiciais somente ao final da demanda, quando vencidas (CPC, art. 27); prazos em quádruplo para contestar e em dobro para recorrer (CPC, art. 188); duplo grau de jurisdição, salvo as exceções legais (CPC, art. 475); execução fiscal de seus créditos (CPC, art. 578); satisfação de julgados pelo regime de precatórios (CF, art. 100 e CPC, art. 730); e foro privilegiado perante a Justiça Federal (CF, art. 109, I). Assinalou que a fixação do foro competente com base no art. 100, IV, a, do CPC, nas ações propostas contra autarquias federais resultaria na concessão de vantagem processual não estabelecida para a União, a qual possuiria foro privilegiado limitado pelo art. 109, § 2º, da CF.
RE 627709/DF, rel. Min. Ricardo Lewandowski, 20.8.2014. (RE-627709)

Art. 109, § 2º, da CF e autarquias federais - 2

O Ministro Dias Toffoli destacou a existência de quatro carreiras da advocacia pública federal: a Procuradoria da Fazenda Nacional, a Procuradoria Federal, a Advocacia da União e a Procuradoria do Banco Central. Esta última seria a única autarquia que mantivera carreira separada, tendo em vista a característica particularíssima da instituição e a necessidade de especialização de seu corpo jurídico. Assim, em face da atual estruturação da advocacia pública federal, perante o litigante particular, bem como do advento do processo eletrônico, não se poderia fixar entendimento diverso, no sentido da inaplicabilidade do art. 109, § 2º, da CF às autarquias federais. Vencidos os Ministros Teori Zavascki, Rosa Weber e Luiz Fux, que proviam o recurso. O Ministro Teori Zavascki salientava que o dispositivo constitucional em análise levaria em conta a existência, à época, de foro da justiça federal apenas nas capitais, o que não mais subsistiria. Além disso, haveria grande variedade de autarquias no País, distintas não apenas pela finalidade, mas também pelo âmbito geográfico de atuação. Assim, a norma constitucional deveria ser interpretada de maneira mais literal. Concluía pela aplicação às autarquias do regime geral de competência previsto no CPC, por considerar que ele atenderia a essa diversidade de situações.
RE 627709/DF, rel. Min. Ricardo Lewandowski, 20.8.2014. (RE-627709)
(Inform. STF 755)

DIREITO PROCESSUAL CIVIL. COMPETÊNCIA PARA O JULGAMENTO DE AÇÃO DE CONSIGNAÇÃO EM PAGAMENTO PROPOSTA PELA UNIÃO PARA AFASTAR EVENTUAL RESPONSABILIZAÇÃO TRABALHISTA SUBSIDIÁRIA.

A Justiça do Trabalho é competente para processar e julgar ação de consignação em pagamento movida pela União contra sociedade empresária por ela contratada para a prestação de serviços terceirizados, caso a demanda tenha sido proposta com o intuito de evitar futura responsabilização trabalhista subsidiária da Administração nos termos da Súmula 331 do TST. De acordo com o item IV da referida Súmula, "O inadimplemento das obrigações trabalhistas, por parte do empregador, implica a responsabilidade subsidiária do tomador dos serviços quanto àquelas obrigações, desde que haja participado da relação processual e conste também do título executivo judicial". Além disso, dispõe o item V que "Os entes integrantes da Administração Pública direta e indireta respondem subsidiariamente, nas mesmas condições do item IV, caso evidenciada a sua conduta culposa no cumprimento das obrigações da Lei n.º 8.666, de 21.06.1993, especialmente na fiscalização do cumprimento das obrigações contratuais e legais da prestadora de serviço como empregadora. A aludida responsabilidade não decorre de mero inadimplemento das obrigações trabalhistas assumidas pela empresa regularmente contratada". Posto isso, deve-se ressaltar que a competência para o julgamento de demanda levada a juízo é fixada em razão da natureza da causa, que, a seu turno, é definida pelo pedido e pela causa de pedir deduzidos. Nesse sentido, a partir da análise do pedido e pela causa de pedir deduzidos do caso aqui mencionado, verifica-se que a lide tem natureza predominantemente trabalhista. Ademais, deve-se destacar que a EC 45/2004 ampliou a competência da Justiça do Trabalho, tornando incontroversa a competência desta para, nos termos do art. 114, IX, da CF, conhecer e julgar "outras controvérsias decorrentes da relação de trabalho", como a aqui analisada. Além disso, nessa hipótese, a Justiça do Trabalho é quem terá melhores condições de apreciar as alegações da autora, bem como de extrair e controlar suas consequências jurídicas. **CC 136.739-RS, Rel. Min. Raul Araújo, julgado em 23/9/2015, DJe 15/10/2015. (Inform. STJ 571)**

DIREITO PROCESSUAL CIVIL. FORO PARA O AJUIZAMENTO DE AÇÃO EM FACE DE ENTIDADE FECHADA DE PREVIDÊNCIA COMPLEMENTAR.

É possível a participante ou assistido de plano de benefícios patrocinado ajuizar ação em face da respectiva entidade fechada de previdência privada no foro do domicílio da ré, no eventual foro de eleição do contrato ou, até mesmo, no foro onde labora ou laborou para a patrocinadora do plano. De fato, as regras do CDC, conquanto sejam aplicáveis à relação jurídica existente entre a entidade aberta de previdência privada e seus participantes, não se aplicam à relação jurídica, de direito civil, formada entre entidade fechada de previdência complementar e seus participantes ou assistidos de plano de benefícios, mesmo em situações que não sejam regulamentadas pela legislação especial. Dessa maneira, tratando-se de ação proposta por participante em face de entidade fechada de previdência privada, o foro competente não será disciplinado pelo diploma consumerista. Afastada a aplicação do CDC, deve-se atentar à circunstância de que, embora a relação autônoma de previdência complementar não se confunda com a trabalhista, a própria legislação de regência (art. 16 da LC 109/2001) impõe que a entidade confira tratamento isonômico com relação a todos os empregados da patrocinadora. Dessarte, a possibilidade de o participante ou assistido poder ajuizar ação no foro do local onde labora(ou) para a patrocinadora não pode ser menosprezada, inclusive para garantir um equilíbrio e isonomia entre os participantes que laboram no mesmo foro da sede da entidade e os demais, pois o participante não tem nem mesmo a possibilidade, até que ocorra o rompimento do vinculo trabalhista com o instituidor, de proceder ao resgate ou à portabilidade. **REsp 1.536.786-MG, Rel. Min. Luis Felipe Salomão, julgado em 26/8/2015, DJe 20/10/2015. (Inform. STJ 571)**

DIREITO PROCESSUAL CIVIL. FORO COMPETENTE PARA APRECIAR AÇÃO DE DISSOLUÇÃO DE UNIÃO ESTÁVEL CUMULADA COM ALIMENTOS.

A autora pode optar entre o foro de seu domicílio e o foro de domicílio do réu para propor ação de reconhecimento e dissolução de união estável cumulada com pedido de alimentos, quando o litígio não envolver interesse de incapaz. Deve-se ponderar, para a solução da controvérsia em análise, acerca de qual regra de competência deve sobressair: se a geral do art. 94, ou a especial do art. 100, II, ambos do CPC. A resposta se orienta à luz do princípio da especificidade, prevalecendo, dessa forma, a segunda regra de competência. Deve-se ressaltar, contudo, que a competência prevista no art. 100, II, do CPC é relativa quando se tratar de pedido de alimentos feito por qualquer um dos cônjuges, ao qual se presume a condição de hipossuficiente. O que significa dizer que é lícito à autora optar tanto pelo foro do domicílio do réu quanto pelo de seu próprio domicílio. A propósito do tema, cabe invocar a seguinte lição doutrinária: "A regra especial de competência dos incisos I e II do CPC 100 não fere o princípio constitucional da isonomia (art. 5º, I), nem é incompatível com a igualdade dos cônjuges na condução da sociedade conjugal (CF 226) (RJTJSP 134/283, 132/279). A hipótese é de tratar desigualmente partes desiguais, vale dizer, de discriminação justa, permitida pela CF 5º, I. Como, em tese, o alimentando necessita dos alimentos para sobreviver e o alimentante pode pagá-los, a ação de alimentos deve ser proposta no foro do domicílio do alimentando". Conclui-se, portanto, que a aplicação da regra especial de competência resguarda o alimentando em sua presumida condição de hipossuficiente e ameniza o custo financeiro de se demandar em foro distinto de seu domicílio, promovendo seu acesso à justiça. **REsp 1.290.950-SP, Rel. Min. Ricardo Villas Bôas Cueva, julgado em 25/8/2015, DJe 31/8/2015 (Inform. STJ 568).**

DIREITO PROCESSUAL CIVIL. HIPÓTESE DE CONEXÃO ENTRE PROCESSO DE CONHECIMENTO E DE EXECUÇÃO.

Pode ser reconhecida a conexão e determinada a reunião para julgamento conjunto de um processo executivo com um processo de conhecimento no qual se pretenda a declaração da inexistência da relação jurídica que fundamenta a execução, desde que não implique modificação de competência absoluta. Uma causa, mercê de não poder ser idêntica à outra, pode guardar com esta um vínculo de identidade quanto a um de seus elementos caracterizadores. Esse vínculo entre as ações por força da identidade de um de seus elementos denomina-se, tecnicamente, de conexão, cujo efeito jurídico maior é a modificação de competência, com reunião das causas em um mesmo juízo. A modificação, no entanto, apenas não acontecerá nos casos de competência absoluta, quando se providenciará a suspensão do andamento processual de uma das ações, até que a conexa seja, enfim, resolvida. De mais a mais, a moderna teoria materialista da conexão ultrapassa os limites estreitos da teoria tradicional e procura caracterizar o fenômeno pela identificação de fatos comuns, causais ou finalísticos entre diferentes ações, superando a simples identidade parcial dos elementos constitutivos das ações. Nesse ponto, renomados estudiosos do tema concluíram pela insuficiência da teoria tradicional da conexão e do conceito apresentado pelo art. 103 do CPC. É a partir da constatação desta insuficiência do conceito legal que surge a inevitável identificação da conexão com o fenômeno da prejudicialidade, uma vez que o fundamento maior da conexão, assim como da prejudicialidade, é o fato de haver entre determinadas relações jurídicas uma força que as atrai, fazendo com que essas questões mereçam caminhar unidas. Assim, quando a demanda declaratória ajuizada tiver por objeto a declaração de inexistência de relação jurídica que fundamenta a execução, será necessária a reunião das ações por identificar-se uma conexão por prejudicialidade. Convém ressaltar que a ação declaratória negativa serve ao executado como defesa heterotópica e muito se assemelha aos embargos do devedor, que também possuem a mesma natureza declaratória. No atinente ao tema, já se manifestou o STJ no sentido da possibilidade da reunião de ações em fases processuais distintas (REsp 603.311-SE, Segunda Turma, DJ 15/8/2005; e REsp 557.080-DF, Primeira Turma, DJ 7/3/2005). A doutrina alerta, ainda, no que respeita às consequências de não serem reunidas essas ações para julgamento conjunto, que, tendo havido sentença já transitada em julgado, declarando a inexistência de relação jurídica entre as partes, eventual título executivo consubstanciado na dita relação inexistente poderá ensejar uma execução, mas que se apresentará natimorta, em face da ausência de condição da ação. Se prolatada sentença no curso da execução, assim como ocorre nos embargos, terá ela o condão de extinguir o feito executivo. Dessa forma, é possível determinar a reunião de processo de conhecimento e de execução para julgamento conjunto, quando ocorrer a relação de prejudicialidade entre eles, sendo inaplicável a Súmula 235 do STJ. **REsp 1.221.941-RJ, Rel. Min. Luis Felipe Salomão, julgado em 24/2/2015, DJe 14/4/2015 (Inform. STJ 559).**

DIREITO PROCESSUAL CIVIL. INAPLICABILIDADE DA CLÁUSULA DE ELEIÇÃO DE FORO PREVISTA EM CONTRATO SEM ASSINATURA DAS PARTES.

Na hipótese em que a própria validade do contrato esteja sendo objeto de apreciação judicial pelo fato de que não houve instrumento de formalização assinado pelas partes, a cláusula de eleição de foro não deve prevalecer, ainda que prevista em contratos semelhantes anteriormente celebrados entre as partes. O STJ tem entendido que, em hipóteses em que se discute a própria validade do contrato, o foro de eleição não prevalece (REsp 773.753-PR, Terceira Turma, DJ 24/10/2005; e CC 15.134-RJ, Segunda Seção, DJ 11/12/1995). Esse entendimento aplica-se ao caso em análise, uma vez que a validade do contrato está sendo objeto de apreciação nos autos principais exatamente pelo fato de não haver instrumento de formalização assinado pelas partes, o que demandará produção de prova a respeito e a futura definição quanto à sua validade ao ensejo da prolação da sentença. **REsp 1.491.040-RJ, Rel. Min. Paulo de Tarso Sanseverino, julgado em 3/3/2015, DJe 10/3/2015 (Inform. STJ 557).**

DIREITO PROCESSUAL CIVIL. LIMITAÇÃO DA SUSPENSÃO DO PROCESSO CÍVEL PARA QUE HAJA A APRECIAÇÃO DE QUESTÃO PREJUDICIAL NA ESFERA CRIMINAL.

A suspensão do processo determinada com base no art. 110 do CPC não pode superar um ano, de modo que, ultrapassado esse prazo, pode o juiz apreciar a questão prejudicial. A despeito de o art. 935, in fine, do CC positivar uma relação de prejudicialidade entre as esferas penal e cível, a ponto de autorizar o magistrado a suspender o processo, é inviável o sobrestamento indeterminado da ação cível, sobretudo quando ultrapassado o lapso de um ano, nos termos do art. 110 do CPC, o qual deve ser interpretado em consonância com o art. 265, § 5º, do CPC. Com efeito, o art. 110 do CPC confere ao juiz a faculdade de sobrestar o andamento do processo civil para a verificação de fato delituoso, atribuindo-se ao magistrado a prerrogativa de examinar a conveniência e a oportunidade dessa suspensão. Segundo a doutrina, a razão hermenêutica de tal comando reside na possibilidade de decisões conflitantes justificando a suspensão da causa prejudicada, para aguardar-se a solução da prejudicial, nos termos do art. 265, IV, alínea "a", do CPC. Por fim, ressalte-se que a eventual análise da questão prejudicial não se revestirá da força da coisa julgada material, nos termos do art. 469, III, do CPC. Precedentes citados: REsp 282.235-SP, Terceira Turma, DJ 9/04/2001; REsp 35.877-SP, Quarta Turma, DJ 4/11/1996. **REsp 1.198.068-MS, Rel. Min. Marco Buzzi, julgado em 2/12/2014, DJe 20/2/2015 (Inform. STJ 555).**

DIREITO PROCESSUAL CIVIL. COMPETÊNCIA PARA PROCESSAR E JULGAR AÇÃO DE DIVÓRCIO QUANDO O MARIDO FOR INCAPAZ.

Compete ao foro do domicílio do representante do marido interditado por deficiência mental – e não ao foro da residência de sua esposa capaz e produtiva – processar e julgar ação de divórcio direto litigioso, independentemente da posição que o incapaz ocupe na relação processual (autor ou réu). Por um lado, art. 100, I, do CPC determina que o foro "da residência da mulher" é competente para "a ação de separação dos cônjuges e a conversão desta em divórcio". Por outro lado, o art. 98 do CPC prescreve que a "ação em que o incapaz for réu se processará no foro do domicílio de seu representante". No confronto entre essas normas protetivas, deve preponderar a regra que privilegia o incapaz, pela evidente maior fragilidade de quem atua representado, necessitando de facilitação de meios, especialmente uma relação processual formada em ação de divórcio, em que o delicado direito material a ser discutido pode envolver íntimos sentimentos e relevantes aspectos patrimoniais. Na espécie, é inconteste que para o incapaz e seu representante será mais fácil litigar no foro do domicílio deste do que se deslocarem para comarcas outras, o que dificultaria a defesa dos interesses do representado. A prevalência da norma do art. 98 do CPC, por seu turno, não trará grandes transtornos para a demandada, por ser pessoa apta e produtiva. Além disso, na melhor compreensão do referido artigo, não há razão para diferenciar-se a posição processual do incapaz – seja ele autor ou réu em qualquer ação –, pois, normalmente, sempre necessitará de proteção, de amparo, de facilitação da defesa dos seus interesses, possibilitando-se, por isso, ao seu representante litigar no foro de seu domicílio. **REsp 875.612-MG, Rel. Min. Raul Araújo, julgado em 4/9/2014. (Inform. STJ 552)**

DIREITO PROCESSUAL CIVIL. COMPETÊNCIA DE JUIZADO DE VIOLÊNCIA DOMÉSTICA E FAMILIAR CONTRA A MULHER PARA JULGAR EXECUÇÃO DE ALIMENTOS POR ELE FIXADOS. O Juizado de Violência Doméstica e Familiar contra a Mulher tem competência para julgar a execução de alimentos que tenham sido fixados a título de medida protetiva de urgência fundada na Lei Maria da Penha em favor de filho do casal em conflito. De fato, em se tratando de alimentos, a regra geral é de que serão fixados perante as varas de família. Ocorre que a Lei 11.340/2006, em seu artigo 14, estabelece que os "Juizados de Violência Doméstica e Familiar contra a Mulher, órgãos [...] com competência cível e criminal, poderão ser criados [...] para o processo, o julgamento e a execução das causas decorrentes da prática de violência doméstica e familiar contra a mulher", sem especificar as causas que não se enquadrariam na competência cível desses juizados, nas hipóteses de medidas protetivas decorrentes de violência doméstica. Portanto, da literalidade da lei, é possível extrair que a competência desses juizados compreende toda e qualquer causa relacionada a fato que configure violência doméstica ou familiar e não apenas as descritas expressamente na referida lei. E assim é, não só em razão da lei, mas também em razão da própria natureza protetiva que ela carrega, ou seja, é a sua *naturalia negotii*. O legislador, ao editar a Lei Maria da Penha, o fez para que a mulher pudesse contar não apenas com legislação repressiva contra o agressor, mas também visando criar mecanismos céleres protetivos, preventivos e assistenciais a ela. Negar o direito à celeridade, postergando o recebimento de alimentos com alteração da competência para outro juízo, quando o especializado já os tenha fixado com urgência, seria o mesmo que abrir ensejo a uma nova agressão pelo sofrimento imposto pela demora desnecessária, geradora de imensa perplexidade, retrocessos inaceitáveis perante Direitos de Terceira Geração. Saliente-se que situação diversa seria a das Comarcas que não contem com Juizado de Violência Doméstica e Familiar contra a Mulher, mas apenas com juízos criminais. Aí sim, estes teriam competência apenas para o julgamento de causas criminais, cabendo às Varas Cíveis ou de Família a fixação e julgamento dos alimentos. **REsp 1.475.006-MT, Rel. Min. Moura Ribeiro, julgado em 14/10/2014. (Inform. STJ 550)**

DIREITO PROCESSUAL CIVIL. COMPETÊNCIA PARA JULGAR AÇÃO CUJA CONTROVÉRSIA SE REFIRA À VALIDADE E À EXECUÇÃO DE DECISÕES DA JUSTIÇA DESPORTIVA ACERCA DE CAMPEONATO DE FUTEBOL DE CARÁTER NACIONAL (APLICAÇÃO ANALÓGICA DO ART. 543-C DO CPC). O Juízo do local em que está situada a sede da Confederação Brasileira de Futebol (CBF) é o competente para processar e julgar todas e quaisquer ações cujas controvérsias se refiram apenas à validade e à execução de decisões da Justiça Desportiva acerca de campeonato de futebol de caráter nacional, de cuja organização a CBF participe, independentemente de as ações serem ajuizadas em vários Juízos ou Juizados Especiais (situados em diversos lugares do país) por clubes, entidades, instituições, torcedores ou, até mesmo, pelo Ministério Público ou pela Defensoria Pública. De fato, diante de ajuizamentos plúrimos, é necessária a determinação da competência de Juízo único para cada uma dessas ações, ante a necessidade de evitar a dispersão jurisdicional, que atrasaria a prestação jurisdicional e criaria insegurança jurídica, devido à possibilidade de decisões contraditórias e, ademais, porquanto os campeonatos de caráter nacional se submetem à necessidade de regramento geral e resolução jurisdicional consistentes e claros, haja vista se tratar de matéria de interesse público. Afastada a admissibilidade de ajuizamentos plúrimos por torcedores e outros autores – pulverizando o enfrentamento do núcleo da lide –, a fixação do Juízo territorialmente competente se dá pelo critério tradicional previsto no art. 94 do CPC, que estabelece como competente o foro do domicílio do réu. Realmente, a CBF – entidade esportiva de caráter nacional, responsável, individual ou conjuntamente com quaisquer outras entidades, pela organização de campeonato de futebol de caráter nacional e pela a execução das decisões da Justiça Desportiva, por ela organizada – deve, necessariamente, inclusive por decisão de ofício, integrar o polo passivo das referidas ações (litisconsórcio passivo necessário), sob pena de não vir a ser atingida pelos efeitos subjetivos da coisa julgada (art. 472 do CPC) e de tornar-se o julgado desprovido de efetividade para que o julgamento que se profira possa vinculá-la juridicamente (art. 47, parágrafo único, do CPC). Dessa forma, as ações em apreço devem ser propostas no foro "onde está a sede" daquela pessoa jurídica (art. 100, IV, *a*, do CPC). Além disso, deve-se ressaltar que tanto o art. 3º da Lei 10.671/2003 (Estatuto do Torcedor) – que equipara as entidades que organizam as competições desportivas a fornecedores, de modo a sugerir, implicitamente, que os torcedores seriam, por sua vez, equiparados a consumidores para efeito de aplicação do Estatuto do Torcedor – quanto o art. 101, I, da Lei 8.078/1990 (CDC) – que permite aos consumidores ajuizar ação de responsabilidade contra fornecedores de produtos ou serviços nos foros dos seus próprios domicílios – não autorizam torcedor a propor, em seu próprio domicílio, ação judicial questionando a validade de decisões proferidas pela Justiça Desportiva. Isso porque, nas ações em análise, os torcedores não visam a direitos próprios de consumidor, mas, sim, a questionar a decisão do Superior Tribunal de Justiça Desportiva, o qual não organiza a competição, nem detém o mando de jogo, de modo que não pode ser considerado fornecedor de serviços para efeito de aplicação do CDC. Ademais, realmente o art. 101, I, do CDC confere aos consumidores a possibilidade de acionar, em seus próprios domicílios, os fornecedores de serviços ou de produtos quando se tratar de ação de responsabilidade; na hipótese em apreço, todavia, as ações não veiculam pretensão de responsabilidade civil ou criminal, mas sim pretensão desconstitutiva de ato jurídico praticado pela Justiça Desportiva, totalmente diversa da responsabilidade civil. De mais a mais, essa competência também não cede nem mesmo em prol de Juizado Especial do Torcedor, visto que, embora os juizados especiais do torcedor sejam criados por obediência ao art. 41-A da Lei 10.671/2003 (incluído pela Lei 12.299/2010), trata-se de órgãos jurisdicionais adjuntos, instituídos por Resolução do Tribunal de Justiça, e não por Lei de Organização Judiciária Estadual. Além do mais, quando, no deslinde de competência, concorrem Vara Cível – que é o mais, de competência mais ampla, com procedimento regido pelo CPC – e Juizado Especial – de competência menor, com procedimento regido pela Lei 9.099/1995 – prevalece a competência da primeira, pois a competência deste (do Juizado Especial), menos ampla, cabe na da Vara Cível, sob pena de o contrário significar submissão de órgão jurisdicional de maior amplitude ao de menor envergadura jurisdicional, com previsíveis questões subsequentes de ajustamento de atos processuais, abrindo-se ensejo, inclusive, ao inevitável incidente de questionamento de competência recursal, no Juizado perante Colégio Recursal, e não perante o próprio Tribunal de Justiça. CC 133.244-RJ, Sidnei Beneti, julgado em 11/6/2014. (Inform. STJ 549)

DIREITO PROCESSUAL CIVIL. COMPETÊNCIA PARA PROCESSAR E JULGAR INTERVENÇÃO FEDERAL. Compete ao STJ julgar pedido de Intervenção Federal baseado no descumprimento de ordem de reintegração de posse de imóvel rural ocupado pelo MST expedida por Juiz Estadual e fundada exclusivamente na aplicação da legislação infraconstitucional civil possessória. De acordo com o inciso I do art. 312 do RISTJ – dispositivo calcado no art. 19, I, da Lei 8.038/1990 –, cabe ao STJ processar e decidir sobre Intervenção Federal, "quando se tratar de prover a execução de ordem ou decisão judicial, com ressalva, conforme a matéria, da competência do Supremo Tribunal federal ou do Tribunal Superior Eleitoral (Constituição art. 34, VI e 36, II)". Dessa forma, cumpre inicialmente verificar se é ao STJ que cabe, "conforme a matéria", processar o pedido de Intervenção Federal – já que ao STF caberá apreciar a Intervenção Federal quando em destaque sentença ou acórdão da Justiça do Trabalho (STF, IF 230-3-DF, Tribunal Pleno, DJ 1º/7/1996) ou de sua própria decisão ou em matéria estritamente constitucional (art. 19, I, Lei 8.038/1990). Conforme o STF, caberá ao STJ o exame da Intervenção Federal quando "envolvida matéria legal" ou quando "a decisão exequenda, concessiva de medida liminar em ação de reintegração de posse do imóvel, somente enfrenta questões federais infraconstitucionais, [...]. O julgamento de eventual recurso para o Tribunal de Justiça ensejaria, em tese, recurso para o Superior Tribunal de Justiça (art. 105, III da Constituição Federal). E não recurso extraordinário para o Supremo Tribunal Federal (art. 105, III)" (STF, IF-QO 107-DF, Tribunal Pleno, DJ 4/9/1992). Desse modo, combinados os arts. 34, VI, e 36, II, da CF, o STF assentou que caberá ao STJ o exame da Intervenção Federal nos casos em que a matéria é infraconstitucional e o possível recurso deva ser encaminhado ao STJ. Na situação em análise, a lide envolve tema de direito civil privado, mas também de direito público, quiçá constitucional. Nada obstante, a solução dada pela decisão resume-se de maneira exclusiva à aplicação da legislação infraconstitucional. Assim, como a ordem, em tese, transgredida não afronta diretiva administrativa de origem ou natureza constitucional, a competência para apreciação da requisição de Intervenção Federal é do STJ. **IF 111-PR, Rel. Min. Gilson Dipp, julgado em 1º/7/2014. (Inform. STJ 545)**

DIREITO PROCESSUAL CIVIL. COMPETÊNCIA PARA PROCESSAR E JULGAR AÇÃO DECLARATÓRIA DE NULIDADE DE ESCRITURA PÚBLICA DE CESSÃO E TRANSFERÊNCIA DE DIREITOS POSSESSÓRIOS. O foro do domicílio do réu é competente para processar e julgar ação declaratória de nulidade, por razões formais, de escritura pública de cessão e transferência de direitos possessórios de imóvel, ainda que esse seja diferente do da situação do imóvel. Inicialmente, ressalte-se que o art. 95 do CPC – que versa sobre ações fundadas em direito real sobre imóveis – traz um critério territorial de fixação de competência que apresenta características híbridas, uma vez que, em regra, tem viés relativo e, nas hipóteses expressamente delineadas no referido dispositivo, possui viés absoluto. Explica-se: se o critério adotado fosse unicamente o territorial, a competência, nas hipóteses do art. 95 do CPC, seria relativa e, por conseguinte, admitiria derrogação, por vontade das partes ou prorrogação, nos termos dos arts. 111 e 114 do CPC, além de poder ser modificada em razão da conexão ou da continência. Entretanto, quando o legislador, na segunda parte do dispositivo legal, consigna que "pode o autor, entretanto, optar pelo foro do domicílio ou de eleição, não recaindo o litígio sobre direito de propriedade, vizinhança, servidão, posse, divisão ou demarcação de terras e nunciação de obra nova", ele acabou por estabelecer outro critério de fixação de competência para as ações que versem sobre determinados direitos reais, os quais foram especificamente mencionados. Conquanto exista divergência doutrinária a respeito da natureza do critério adotado pelo legislador nessa última hipótese – material ou funcional –, independentemente da posição que se adote, não se admite a modificação, a derrogação ou a prorrogação da competência, pois ela é absoluta em qualquer caso. Portanto, na hipótese do litígio versar sobre direito de propriedade, vizinhança, servidão, posse, divisão e demarcação de terras e nunciação de obra nova, a ação correspondente deverá necessariamente ser proposta na comarca em que esteja situado o bem imóvel, porque a competência é absoluta. De modo diverso, se a ação se referir a um direito real sobre imóvel, ela poderá ser ajuizada pelo autor no foro do domicílio do réu ou no foro eleito pelas partes, se não disser respeito a nenhuma daquelas hipóteses trazidas na segunda parte do art. 95 do CPC, haja vista se tratar de competência relativa. Na hipótese em foco, o litígio analisado não versa sobre nenhum direito real imobiliário, mas sobre eventual nulidade da escritura de cessão de posse de imóvel, por razões formais. Não há discussão, portanto, que envolva a posse ou a propriedade do imóvel em questão. Consequentemente, não há competência absoluta do foro da situação do bem para o julgamento da demanda em análise, de modo que é inaplicável o art. 95 do CPC, sendo competente o foro do domicílio do réu para o processamento do presente feito. **CC 111.572-SC, Rel. Min. Nancy Andrighi, julgado em 9/4/2014. (Inform. STJ 543)**

DIREITO PROCESSUAL CIVIL. COMPETÊNCIA PARA PROCESSAR E JULGAR AÇÃO INDENIZATÓRIA PROMOVIDA POR ALUNO UNIVERSITÁRIO CONTRA ESTABELECIMENTO DE ENSINO E INSTITUIÇÃO MINISTRADORA DE ESTÁGIO OBRIGATÓRIO. Pelos danos ocorridos durante o estágio obrigatório curricular, a Justiça Comum Estadual – e não a Justiça do Trabalho – é competente para processar e julgar ação de reparação de danos materiais e morais promovida por aluno universitário contra estabelecimento de ensino superior e instituição hospitalar autorizada a ministrar o estágio. A ação proposta não tem causa de pedir e pedidos fundados em possível relação de trabalho entre as partes, porquanto o vínculo que os uniu era aquele regido pela Lei 11.788/2008, que dispõe sobre o estágio de estudantes. Nesse passo, ressalte-se que o indigitado diploma legal, ao alterar a redação do art. 428 da CLT e revogar a Lei 9.394/1996, dispôs que o estágio de estudantes, atendidos os requisitos que especifica, não cria vínculo empregatício de nenhuma natureza. Assinale-se, ainda, que a relação de estágio pode disfarçar verdadeira relação de trabalho quando, então, é possível aventar-se vínculo trabalhista e não apenas de estágio. No caso em análise, não se vislumbra o desvirtuamento do contrato de estágio supervisionado, de forma a caracterizar vínculo de ordem laboral. Desse modo, evidencia-se a existência de relação civil de prestação de serviços de disponibilização de vaga de estágio acadêmico exigido por instituição de ensino como requisito para colação de grau, razão pela qual não há se falar em relação de trabalho entre as partes. **CC 131.195-MG, Rel. Min. Raul Araújo, julgado em 26/2/2014. (Inform. STJ 543)**

DIREITO PROCESSUAL CIVIL E PREVIDENCIÁRIO. COMPETÊNCIA PARA JULGAR PEDIDO DE PENSÃO POR MORTE DECORRENTE DE ÓBITO DE EMPREGADO ASSALTADO NO EXERCÍCIO DO TRABALHO. Compete à Justiça Estadual – e não à Justiça Federal – processar e julgar ação que tenha por objeto a concessão de pensão por morte decorrente de óbito de empregado ocorrido em razão de assalto sofrido durante o exercício do trabalho. Doutrina e jurisprudência firmaram compreensão de que, em regra, o deslinde dos conflitos de competência de juízos em razão da matéria deve ser dirimido com a observância da relação jurídica controvertida, notadamente no que se refere à causa de pedir e ao pedido indicados pelo autor da demanda. Na hipótese, a circunstância afirmada não denota acidente do trabalho típico ou próprio, disciplinado no *caput* do art. 19 da Lei 8.213/1991 (Lei de Benefícios da Previdência Social), mas acidente do trabalho atípico ou impróprio, que, por presunção legal, recebe proteção na alínea "a" do inciso II do art. 21 da Lei de Benefícios. Nessa hipótese, o nexo causal é presumido pela lei diante do evento, o que é compatível com o ideal de proteção ao risco social que deve permear a relação entre o segurado e a Previdência Social. Desse modo, o assalto sofrido no local e horário de trabalho equipara-se ao acidente do trabalho, e o direito à pensão por morte decorrente do evento inesperado e violento deve ser apreciado pelo juízo da Justiça Estadual, nos termos do art. 109, I, parte final, da CF combinado com o art. 21, II, "a", da Lei 8.213/1991. **CC 132.034-SP, Rel. Min. Benedito Gonçalves, julgado em 28/5/2014. (Inform. STJ 542)**

Súmula Vinculante 27

Compete à Justiça estadual julgar causas entre consumidor e concessionária de serviço público de telefonia, quando a ANATEL não seja litisconsorte passiva necessária, assistente, nem opoente.

Súmula Vinculante 23

A Justiça do Trabalho é competente para processar e julgar ação possessória ajuizada em decorrência do exercício do direito de greve pelos trabalhadores da iniciativa privada.

Súmula Vinculante 22

A Justiça do Trabalho é competente para processar e julgar as ações de indenização por danos morais e patrimoniais decorrentes de acidente de trabalho propostas por empregado contra o empregador, inclusive aquelas que ainda não possuíam sentença de mérito em primeiro grau quando da promulgação da Emenda Constitucional nº 45/04.

Súmula STF nº 689

O segurado pode ajuizar ação contra a instituição previdenciária perante o Juízo Federal do seu domicílio ou nas varas federais da capital do estado-membro.

Súmula STF nº 557

É competente a Justiça Federal para julgar as causas em que são partes a COBAL e CIBRAZEM.

Súmula STF nº 556

É competente a Justiça Comum para julgar as causas em que é parte sociedade de economia mista.

Súmula STF nº 518

A intervenção da União, em feito já julgado pela segunda instância e pendente de embargos, não desloca o processo para o Tribunal Federal de Recursos.

Súmula STF nº 517

As sociedades de economia mista só têm foro na Justiça Federal, quando a União intervém como assistente ou opoente.

Súmula STF nº 516

O Serviço Social da Indústria (SESI) está sujeito à jurisdição da Justiça Estadual.

Súmula STF nº 508

Compete à Justiça Estadual, em ambas as instâncias, processar e julgar as causas em que for parte o Banco do Brasil S.A.

Súmula STF nº 363

A pessoa jurídica de direito privado pode ser demandada no domicílio da agência, ou estabelecimento, em que se praticou o ato.

Súmula STF nº 251

Responde a Rede Ferroviária federal S.A. Perante o foro comum e não perante o juízo especial da Fazenda Nacional, a menos que a União intervenha na causa.

Súmula STF nº 250

A intervenção da União desloca o processo do juízo cível comum para o fazendário.

Súmula STF nº 218

É competente o Juízo da Fazenda Nacional da capital do estado, e não o da situação da coisa, para a desapropriação promovida por empresa de energia elétrica, se a união federal intervém como assistente.

Súmula STJ nº 505

A competência para processar e julgar as demandas que têm por objeto obrigações decorrentes dos contratos de planos de previdência privada firmados com a Fundação Rede Ferroviária de Seguridade Social – REFER é da Justiça estadual.

Súmula STJ nº 428

Compete ao Tribunal Regional Federal decidir os conflitos de competência entre juizado especial federal e juízo federal da mesma seção judiciária.

Súmula STJ nº 383

A competência para processar e julgar as ações conexas de interesse de menor é, em princípio, do foro do domicílio do detentor de sua guarda.

Súmula STJ nº 368

Compete à Justiça comum estadual processar e julgar os pedidos de retificação de dados cadastrais da Justiça Eleitoral.

Súmula STJ nº 367

A competência estabelecida pela EC n. 45/2004 não alcança os processos já sentenciados.

Súmula STJ nº 365

A intervenção da União como sucessora da Rede Ferroviária Federal S/A (RFFSA) desloca a competência para a Justiça Federal ainda que a sentença tenha sido proferida por Juízo estadual.

Súmula STJ nº 363

Compete à Justiça estadual processar e julgar a ação de cobrança ajuizada por profissional liberal contra cliente.

Súmula STJ nº 324

Compete à Justiça Federal processar e julgar ações de que participa a Fundação Habitacional do Exército, equiparada à entidade autárquica federal, supervisionada pelo Ministério do Exército.

Súmula STJ nº 270

O protesto pela preferência de crédito, apresentado por ente federal em execução que tramita na Justiça Estadual, não desloca a competência para a Justiça Federal.

Súmula STJ nº 254

A decisão do Juízo Federal que exclui da relação processual ente federal não pode ser reexaminada no Juízo Estadual.

Súmula STJ nº 238

A avaliação da indenização devida ao proprietário do solo, em razão de alvará de pesquisa mineral, é processada no Juízo Estadual da situação do imóvel.

Súmula STJ nº 224

Excluído do feito o ente federal, cuja presença levara o Juiz Estadual a declinar da competência, deve o Juiz Federal restituir os autos e não suscitar conflito.

Súmula STJ nº 222

Compete à Justiça Comum processar e julgar as ações relativas à contribuição sindical prevista no art. 578 da CLT.

Súmula STJ nº 218

Compete à Justiça dos Estados processar e julgar ação de servidor estadual decorrente de direitos e vantagens estatutárias no exercício de cargo em comissão.

Súmula STJ nº 209

Compete à Justiça Estadual processar e julgar prefeito por desvio de verba transferida e incorporada ao patrimônio municipal.

Súmula STJ nº 208

Compete à Justiça Federal processar e julgar prefeito municipal por desvio de verba sujeita a prestação de contas perante órgão federal.

Súmula STJ nº 206

A existência de vara privativa, instituída por lei estadual, não altera a competência territorial resultante das leis de processo.

Súmula STJ nº 173

Compete à justiça federal processar e julgar o pedido de reintegração em cargo público federal, ainda que o servidor tenha sido dispensado antes da instituição do regime jurídico único.

Súmula STJ nº 170

Compete ao juízo onde primeiro for intentada a ação envolvendo acumulação de pedidos, trabalhista e estatutário, decidi-la nos limites da sua jurisdição, sem prejuízo do ajuizamento de nova causa, com o pedido remanescente, no juízo próprio.

Súmula STJ nº 150

Compete à Justiça Federal decidir sobre a existência de interesse jurídico que justifique a presença, no processo, da União, suas autarquias ou empresas públicas.

Súmula STJ nº 137

Compete à Justiça Comum estadual processar e julgar ação de servidor público municipal, pleiteando direitos relativos ao vinculo estatutário.

Súmula STJ nº 59

Não há conflito de competência se já existe sentença com transito em julgado, proferida por um dos juízos conflitantes.

Súmula STJ nº 34

Compete à Justiça Estadual processar e julgar causa relativa a mensalidade escolar, cobrada por estabelecimento particular de ensino.

Súmula STJ nº 33

A incompetência relativa não pode ser declarada de ofício.

Súmula STJ nº 32

Compete à Justiça Federal processar justificações judiciais destinadas a instruir pedidos perante entidades que nela tem exclusividade de foro, ressalvada a aplicação do art. 15, II, da lei 5010/66.

Súmula STJ nº 22

Não há conflito de competência entre o Tribunal de Justiça e Tribunal de Alçada do mesmo estado-membro.

Súmula STJ nº 6

Compete à Justiça Comum estadual processar e julgar delito decorrente de acidente de trânsito envolvendo viatura de policia Militar, salvo se autor e vitima forem policiais militares em situação de atividade.

Súmula STJ nº 4

Compete à Justiça Estadual julgar causa decorrente do processo eleitoral sindical.

Súmula STJ nº 3

Compete ao Tribunal Regional Federal dirimir Conflito de Competência verificado, na respectiva região, entre juiz federal e juiz estadual investido de jurisdição federal.

5. COMPETÊNCIA GERAL E INTERNA DO STJ E DO STF

RISTF: emenda regimental e modificação de competência

A 1ª Turma recebeu, em parte, denúncia oferecida contra deputado federal pela suposta prática de crimes contra o sistema financeiro nacional (Lei 7.492/1986: "Art. 4º. Gerir fraudulentamente instituição financeira...; Art. 6º. Induzir ou manter em erro, sócio, investidor ou repartição pública competente, relativamente a operação ou situação financeira, sonegando-lhe informação ou prestando-a falsamente...; Art. 17. Tomar ou receber, qualquer das pessoas mencionadas no art. 25 desta lei, direta ou indiretamente, empréstimo ou adiantamento, ou deferi-lo a controlador, a administrador, a membro de conselho estatutário, aos respectivos cônjuges, aos ascendentes ou descendentes, a parentes na linha colateral até o 2º grau, consanguíneos ou afins, ou a sociedade cujo controle seja por ela exercido, direta ou indiretamente, ou por qualquer dessas pessoas"). De início, a Turma rejeitou questão preliminar suscitada pela defesa no sentido de que o feito fosse julgado pelo Plenário. O investigado alegava que a imediata aplicação da Emenda Regimental 49/2014 — que alterou dispositivos do Regimento Interno do STF atribuindo às Turmas a competência para processar e julgar deputados e senadores —, a processo já pautado para julgamento pelo Pleno, implicaria ofensa ao princípio do juiz natural. O Colegiado afirmou que a mencionada norma seria de natureza procedimental e, portanto, teria incidência imediata. Ressaltou que a modificação realizada no Regimento Interno teria homenageado o interesse público, na medida em que visaria à duração razoável dos processos, o que escaparia ao interesse da parte. Observou que os processos penais semelhantes, que ainda continuariam a ser apreciados pelo Plenário, lá permaneceriam, porquanto já iniciado o respectivo julgamento. No mérito, a Turma rejeitou a denúncia quanto ao delito previsto no art. 6º da Lei 7.492/1986, em face da extinção da punibilidade pela prescrição da pretensão punitiva estatal, e a recebeu em relação aos demais delitos. Asseverou que a denúncia teria apontado — em observância à jurisprudência do STF — como o acusado teria participado das práticas delituosas que lhe teriam sido imputadas, consideradas as suas atribuições perante a instituição financeira e sua participação ativa na gestão. Afirmou que os delitos contra o sistema financeiro nacional seriam formais, e, portanto, a consumação seria antecipada à produção do resultado naturalístico. Em razão disso, não subsistiria a alegação de ausência de prejuízo ao sistema financeiro nacional. No tocante ao argumento de que ainda não se teria concluído processo administrativo no âmbito do Bacen, relativo aos mesmos fatos, assentou a independência entre as instâncias administrativa e penal, de modo que a conclusão do mencionado processo em nada afetaria a configuração típica da conduta para fins criminais.

Inq 2589/RS, rel. Min. Luiz Fux, 16.9.2014. (Inq-2589) **(Inform. STF 759)**

6. PRESSUPOSTOS PROCESSUAIS E CONDIÇÕES DA AÇÃO

DIREITO PROCESSUAL CIVIL. AUSÊNCIA DE INTERESSE DE AGIR EM AÇÃO DE PRESTAÇÃO DE CONTAS DE CONTRATOS DE MÚTUO E FINANCIAMENTO. RECURSO REPETITIVO (ART. 543-C DO CPC E RES. 8/2008-STJ).

Nos contratos de mútuo e financiamento, o devedor não possui interesse de agir para a ação de prestação de contas. A ação de prestação de contas constitui procedimento especial de jurisdição contenciosa normatizado nos arts. 914 a 919 do CPC e presta-se, essencialmente, a dirimir incertezas surgidas a partir da administração de bens, negócios e interesses alheios, cabendo ao gestor a apresentação minuciosa de todas as receitas e despesas envolvidas na relação jurídica e, ao final, a exibição do saldo, que tanto pode ser credor quanto devedor. O art. 914 do CPC dispõe que a "ação de prestação de contas competirá a quem tiver: I – o direito de exigi-las; II – a obrigação de prestá-las". A hipótese a que se refere o inciso I – única que interessa ao presente caso – visa a permitir que o autor exija do réu o oferecimento de contas. Fundamenta-se exclusivamente na existência ou não do direito de exigir essas contas, sem que seja necessário que se invoque alguma desconfiança sobre o trabalho exercido pelo administrador ou algum saldo supostamente existente em razão da atuação deste. Assim, na ação de prestação de contas, é fundamental a existência, entre autor e réu, de relação jurídica de direito material em que um deles administre bens, direitos ou interesses alheios. Sem essa relação, inexiste o dever de prestar contas. Nessa ordem de ideias, são duas conclusões acerca do interesse de agir nesse tipo de ação: a) o interesse sobre o qual versa a prestação de contas independe da existência ou não de débito e b) requer apenas a existência de vínculo jurídico capaz de obrigar uma das partes a prestá-las em favor da outra. No contrato de mútuo bancário, a obrigação do mutuante cessa com a entrega da coisa. Nesse contexto, não há obrigação da instituição financeira em prestar contas, porquanto a relação estabelecida com o mutuário não é de administração ou gestão de bens alheios, sendo apenas um empréstimo. Conclui-se, então, pela inexistência de interesse de agir do cliente/mutuário para propor ação de prestação de contas, haja vista que o mutuante/instituição financeira exime-se de compromissos com a entrega da coisa. Ou seja, "a atividade da instituição financeira limita-se a entrega de recursos ao tomador do empréstimo, no valor estipulado contratualmente, cabendo a este a restituição da quantia emprestada, na forma pactuada". (REsp 1.225.252-PR, Terceira Turma, DJe 6/5/2013). No que concerne à matéria, a Segunda Seção do STJ, no julgamento do REsp 1.201.662-PR, firmou o entendimento de que, na hipótese de contrato de financiamento, não há, para o tomador do financiamento, interesse de agir na propositura de ação de prestação de contas, uma vez que o banco não administra recursos do financiado. Ademais, importante salientar que a questão analisada é diversa da regulada na Súmula 259 do STJ, que dispõe sobre o cabimento da ação de prestação de contas em contratos de conta-corrente bancária. Aliás, toda argumentação utilizada até aqui deve ser estendida aos contratos de financiamento em geral. Nessa espécie contratual, assim como no empréstimo bancário, o cliente adquire certa quantia em dinheiro com a instituição financeira, comprometendo-se a saldá-la em determinado prazo, na forma avençada no contrato. A diferença entre eles é que, no contrato de financiamento, há destinação específica dos recursos tomados, como, por exemplo, para a aquisição de um bem imóvel ou de um veículo. Ademais, geralmente o contrato de financiamento possui algum tipo de garantia, como a hipoteca ou a alienação fiduciária. Conclui-se, então, que, na hipótese de contrato de financiamento, assim como no de mútuo, não há, para o tomador do financiamento, interesse de agir na propositura de ação de prestação de contas, uma vez que o banco não administra recursos do financiado: trata-se aqui de contrato fixo, em que há valor e taxa de juros definidos, cabendo ao próprio financiado fazer o cálculo, pois todas as informações constam no contrato. **REsp 1.293.558-PR, Rel. Min. Luis Felipe Salomão, Segunda Seção, julgado em 11/3/2015, DJe 25/3/2015 (Inform. STJ 558).**

DIREITO PROCESSUAL CIVIL. FALTA DE INTERESSE DE AGIR EM AÇÃO DE PRESTAÇÃO DE CONTAS. Falta interesse de agir em ação de prestação de contas ajuizada contra condomínio, quando as contas já tiverem sido prestadas extrajudicialmente. O interesse apto a justificar o procedimento judicial não decorre pura e simplesmente de uma relação jurídica material de gestão de bens ou interesses alheios, mas, sim, da real necessidade da intervenção judicial para compor um litígio entre as partes. Na linha da clássica doutrina, o exame do interesse processual é realizado à luz da necessidade e da utilidade do provimento jurisdicional, o que importa dizer que, na ausência de um dos seus elementos, como consequência faltará o próprio interesse processual. Na hipótese, a ação judicial não terá utilidade. **REsp 1.046.652-RJ, Rel. Min. Ricardo Villas Bôas Cueva, julgado em 16/9/2014. (Inform. STJ 549)**

DIREITO PROCESSUAL CIVIL. HIPÓTESE DE LEGITIMIDADE PASSIVA AD CAUSAM DO INPI. O Instituto Nacional da Propriedade Industrial (INPI) tem legitimidade passiva em ação que objetive invalidar sua decisão administrativa declaratória de nulidade de registro marcário em face da precedência de outro registro. Ainda que se tratasse de ação de nulidade de registro propriamente dita (art. 175 da Lei 9.279/1996), não haveria como negar a legitimidade do INPI para figurar no polo passivo na hipótese, porquanto haveria interesse da autarquia na convalidação de sua decisão, proferida em processo administrativo de nulidade, tendo em vista que eventual invalidação pelo Poder Judiciário implicará comando ao INPI para que desconstitua o registro anteriormente proferido. **REsp 1.184.867-SC, Rel. Min. Luis Felipe Salomão, julgado em 15/5/2014. (Inform. STJ 548)**

DIREITO PROCESSUAL CIVIL. LEGITIMIDADE DE PESSOA JURÍDICA PARA IMPUGNAR DECISÃO QUE DESCONSIDERE A SUA PERSONALIDADE. A pessoa jurídica tem legitimidade para impugnar decisão interlocutória que desconsidera sua personalidade para alcançar o patrimônio de seus sócios ou administradores, desde que o faça com o intuito de defender a sua regular administração e autonomia – isto é, a proteção da sua personalidade –, sem se imiscuir indevidamente na esfera de direitos dos sócios ou administradores incluídos no polo passivo por força da desconsideração. Segundo o art. 50 do CC, verificado "abuso da personalidade jurídica", poderá o juiz decidir que os efeitos de certas e determinadas relações obrigacionais sejam estendidos aos bens particulares dos administradores ou sócios da pessoa jurídica. O referido abuso, segundo a lei, caracteriza-se pelo desvio de finalidade da pessoa jurídica ou pela confusão patrimonial entre os bens dos sócios/administradores com os da pessoa moral. A desconsideração da personalidade jurídica, em essência, está adstrita à concepção de moralidade, probidade, boa-fé a que submetem os sócios e administradores na gestão e administração da pessoa jurídica. Vale também destacar que, ainda que a concepção de abuso nem sempre esteja relacionada a fraude, a sua figura está, segundo a doutrina, eminentemente ligada a prejuízo, desconforto, intranquilidade ou dissabor que tenha sido acarretado a terceiro, em decorrência de um uso desmesurado de um determinado direito. A rigor, portanto, a desconsideração da personalidade da pessoa jurídica resguarda interesses de credores e também da própria sociedade indevidamente manipulada. Por isso, inclusive, segundo o enunciado 285 da IV Jornada de Direito Civil, "a teoria da desconsideração, prevista no art. 50 do Código Civil, pode ser invocada pela pessoa jurídica em seu favor". Nesse compasso, tanto o interesse na desconsideração ou na manutenção do véu protetor, podem partir da própria pessoa jurídica, desde que, à luz dos requisitos autorizadores da medida excepcional, esta seja capaz de demonstrar a pertinência de seu intuito, o qual deve sempre estar relacionado à afirmação de sua autonomia, vale dizer, à proteção de sua personalidade. REsp, **Rel. Min. Nancy Andrighi, julgado em 24/4/2014. (Inform. STJ 544)**

DIREITO PROCESSUAL CIVIL. LEGITIMIDADE ATIVA DO ESPÓLIO EM DEMANDA NA QUAL SE BUSQUE INDENIZAÇÃO SECURITÁRIA POR INVALIDEZ PERMANENTE. O espólio possui legitimidade para ajuizar ação de cobrança de indenização securitária decorrente de invalidez permanente ocorrida antes da morte do segurado. Isso porque o direito à indenização de seguro por invalidez é meramente patrimonial, ou seja, submete-se à sucessão aberta com a morte do segurado, mesmo sem ação ajuizada pelo *de cujus*. Assim, o espólio é parte legítima para a causa, pois possui legitimidade para as ações relativas a direitos e interesses do *de cujus*. Ademais, não só os bens mas também os direitos de natureza patrimonial titularizados pelo *de cujus* integram a herança e, assim, serão pelo espólio representados em juízo. Vista por uma perspectiva subjetiva, a sucessão (forma de aquisição do patrimônio) é composta por aqueles que, em face da morte do titular dos direitos e obrigações, sub-rogam-se nessa universalidade de bens e direitos que passaram a integrar o patrimônio jurídico do falecido, em que pese não os tenha postulado junto a quem de direito quando em vida. O fato de a indenização securitária, devida por força da ocorrência do sinistro previsto contratualmente, não poder vir a ser aproveitada pelo segurado não a torna apenas por ele exigível. **REsp 1.335.407-RS, Rel. Min. Paulo de Tarso Sanseverino, julgado em 8/5/2014. (Inform. STJ 542)**

Súmula STF nº 365

Pessoa jurídica não tem legitimidade para propor ação popular.

Súmula STJ nº 249

A Caixa Econômica Federal tem legitimidade passiva para integrar processo em que se discute correção monetária do FGTS.

Súmula STJ nº 235

A conexão não determina a reunião dos processos, se um deles já foi julgado.

Súmula STJ nº 23

O Banco Central do Brasil é parte legítima nas ações fundadas na Resolução 1154, de 1986.

7. PROCESSO DE CONHECIMENTO

AG. REG. NA ACO N. 1.609-PI

RELATOR: MIN. LUIZ FUX

Ementa: AGRAVO REGIMENTAL NA AÇÃO CÍVEL ORIGINÁRIA. CONSTITUCIONAL. ADMINISTRATIVO. FINANCEIRO. APLICAÇÃO DE PERCENTUAIS MÍNIMOS EM AÇÕES E SERVIÇOS DE SAÚDE. NECESSIDADE DE ANÁLISE CASUÍSTICA. PEDIDO FORMULADO GENERICAMENTE. PRETENSÃO AUTORAL QUE SE MOSTRA CONCRETAMENTE IRREALIZÁVEL. PEDIDO QUE, NO SISTEMA PROCESSUAL VIGENTE, DEVE SER FORMULADO DE FORMA CERTA OU DETERMINADA. ART. 286 DO CPC. AGRAVO REGIMENTAL A QUE SE NEGA PROVIMENTO.

1. No sistema processual vigente, nos termos do art. 286 do CPC, o pedido deve ser formulado de forma certa ou determinada, não se admitindo sua formulação em termos genéricos, salvo as exceções expressamente previstas (nenhuma delas aplicável ao presente caso).
2. *In casu*, o pedido de mérito foi assim formulado pelo autor: *"O Estado do Piauí, à vista dessas conclusões, requer deste C. Tribunal: [...] b) O julgamento final de procedência da ação, que, confirmando a decisão liminar proferida nos autos da ação cautelar 2.648, determino em definitivo a exclusão do autor do CAUC ou de quaisquer outros cadastros restritivos administrados pela União Federal com fundamento em divergências de metodologia na apuração de percentual mínimo de investimento em ações e serviços públicos de saúde (art. 77, II, ADCT) ou, em qualquer hipótese, sem a notificação prévia do requerente para o oferecimento de defesa em prazo hábil".*
3. Tal pedido, formulado em caráter genérico, torna irrealizável a pretensão autoral no plano concreto.
4. Agravo regimental a que se nega provimento. **(Inform. STF 788)**

DIREITO PROCESSUAL CIVIL. TRANSAÇÃO JUDICIAL APÓS PUBLICAÇÃO DO ACÓRDÃO.

A publicação do acórdão que decide a lide não impede que as partes transacionem o objeto do litígio. A tentativa de conciliação dos interesses em conflito é obrigação de todos os operadores do direito desde a fase pré-processual até a fase de cumprimento de sentença. Nesse passo, o Código de Ética e Disciplina da OAB, no art. 2º, parágrafo único, VI, prevê, dentre os deveres do advogado, "estimular a conciliação entre os litigantes, prevenindo, sempre que possível, a instauração de litígios". No mesmo sentido, são inúmeros os dispositivos legais que preconizam a prática da conciliação, no curso do processo, com o objetivo de pôr termo ao litígio (arts. 277, 448 e 794, II, do CPC, dentre outros). De mais a mais, ao magistrado foi atribuída expressamente, pela reforma processual de 1994 (Lei 8.952), a incumbência de tentar, a qualquer tempo, conciliar as partes, com a inclusão do inciso IV ao artigo 125 do CPC. Com efeito, essa medida atende ao interesse do Estado na rápida solução dos litígios e converge para o ideal de concretização da pacificação social. Logo, não há marco final para implementá-la. **REsp 1.267.525-DF, Rel. Min. Ricardo Villas Bôas Cueva, julgado em 20/10/2015, DJe 29/10/2015. (Inform. STJ 572)**

DIREITO PROCESSUAL CIVIL. ARGUIÇÃO DE COMPENSAÇÃO EM CONTESTAÇÃO.

A compensação de dívida pode ser alegada em contestação. A compensação é meio extintivo da obrigação (art. 368 do CC), caracterizando-se como defesa substancial de mérito ou espécie de contradireito do réu. Nesse contexto, a compensação pode ser alegada em contestação como matéria de defesa, independentemente da propositura de reconvenção, em obediência aos princípios da celeridade e da economia processual. Com efeito, não é razoável exigir o ajuizamento de ação reconvencional para a análise de eventual compensação de créditos, devendo-se prestigiar a utilidade, a celeridade e a economia processuais, bem como obstar enriquecimento sem causa. No mais, o Novo Código de Processo Civil, nos arts. 336, 337 e 343, atento aos princípios da economia e da celeridade processual, adotou a concentração das respostas do réu, facultando a propositura da reconvenção na própria contestação. Precedente citado: REsp 781.427-SC, Quarta Turma, DJe 9/9/2010. **REsp 1.524.730-MG, Rel. Min. Ricardo Villas Bôas Cueva, julgado em 18/8/2015, DJe 25/8/2015 (Inform. STJ 567).**

DIREITO PROCESSUAL CIVIL. INCIDÊNCIA DA LEI 10.931/2004 NAS AÇÕES JUDICIAIS QUE ENVOLVAM O SFH.

Aplicam-se aos contratos de financiamento imobiliário do Sistema de Financiamento de Habitação (SFH) as disposições da Lei 10.931/2004, mormente as referentes aos requisitos da petição inicial de ação de revisão de cláusulas contratuais (art. 50). A análise econômica da função social do contrato, realizada a partir da doutrina da análise econômica do direito, permite reconhecer o papel institucional e social que o direito contratual pode oferecer ao mercado, qual seja, a segurança e previsibilidade nas operações econômicas e sociais capazes de proteger as expectativas dos agentes econômicos, por meio de instituições mais sólidas, que reforcem, ao contrário de minar, a estrutura do mercado. Nesse contexto, observa-se que a Lei 10.931/2004, especialmente seu art. 50, inspirou-se na efetividade, celeridade e boa-fé perseguidos pelo processo civil moderno, cujo entendimento é de que todo litígio a ser composto, dentre eles os de cunho econômico, deve apresentar pedido objetivo e apontar precisa e claramente a espécie e o alcance do abuso contratual que fundamenta a ação de revisão do contrato. As regras expressas no art. 50 e seus parágrafos têm a clara intenção de garantir o cumprimento dos contratos de financiamento de imóveis tal como pactuados, gerando segurança para os contratantes. O objetivo maior da norma é garantir que, quando a execução do contrato se tornar controvertida e necessária for a intervenção judicial, a discussão seja eficiente, porque somente o ponto conflitante será discutido e a discussão da controvérsia não impedirá a execução de tudo aquilo com o qual concordam as partes. Posto isso, diante do raciocínio desenvolvido acima, tem-se por viável a incidência, nos contratos de financiamento do Sistema Financeiro de Habitação, das regras encartadas na Lei 10.931/2004, mormente as referentes à ação revisional e aos requisitos de procedibilidade, conclusão alcançada, como visto, a partir de uma interpretação teleológica da norma objeto de controvérsia. Ademais, na própria Lei 10.931/2004, há prova de que suas disposições devem incidir sobre todos os contratos de financiamento de imóveis do Sistema Financeiro da Habitação. Com efeito, o art. 63 prevê: "nas operações envolvendo recursos do Sistema Financeiro da Habitação e do Sistema Financeiro Imobiliário, relacionadas com a moradia, é vedado cobrar do mutuário a elaboração de instrumento contratual particular, ainda que com força de escritura pública". Cabe ressaltar, ainda, que no CPC foi introduzido, por meio da Lei 12.810/2013, artigo com redação idêntica ao art. 50 da Lei 10.931/2004. Essa inovação legislativa corrobora os objetivos buscados pelo processo civil moderno, preocupado em ser, acima de tudo, eficaz. A discriminação do valor incontroverso na petição inicial proporciona melhor compreensão da dimensão do litígio, da lesão ao direito envolvido, além de permitir a demonstração da verossimilhança do direito invocado. Ainda, auxilia na atenuação de naturais mazelas da demora na prestação jurisdicional, contribuindo para a segurança jurídica. **REsp 1.163.283-RS, Rel. Min. Luis Felipe Salomão, julgado em 7/4/2015, DJe 4/5/2015 (Inform. STJ 561).**

DIREITO PROCESSUAL CIVIL. VIA ADEQUADA PARA COBRANÇA DE INDENIZAÇÃO FUNDADA EM CONTRATO DE SEGURO DE AUTOMÓVEL.

É a ação de conhecimento sob o rito sumário – e não a ação executiva – a via adequada para cobrar, em decorrência de dano causado por acidente de trânsito, indenização securitária fundada em contrato de seguro de automóvel. Isso porque o contrato de seguro de automóvel não se enquadra como título executivo extrajudicial (art. 585 do CPC). Como cediço, o título executivo extrajudicial prescinde de prévia ação condenatória, ou seja, a função de conhecimento do processo é postergada até eventual oposição de embargos do devedor. Ademais, somente a lei pode prescrever quais são os títulos executivos, fixando-lhes as características formais peculiares. Desse modo, apenas os documentos descritos pelo legislador, seja em códigos ou em leis especiais, é que são dotados de força executiva, não podendo as partes convencionarem a respeito. Além disso, pela interpretação conjunta dos arts. 275, II, "e", 585, III, e 586 do CPC, depreende-se que somente os contratos de seguro de vida, dotados de liquidez, certeza e exigibilidade, são títulos executivos extrajudiciais, podendo ser utilizada, nesses casos, a via da ação executiva. Logo, para o seguro de automóveis, na ocorrência de danos causados em acidente de veículo, a ação a ser proposta é, necessariamente, a cognitiva, sob o rito sumário, uma vez que este contrato de seguro é destituído de executividade e as situações nele envolvidas comumente não se enquadram no conceito de obrigação líquida, certa e exigível, sendo imprescindível, portanto, nessa hipótese, a prévia condenação do devedor e a constituição de título judicial. A par disso, percebe-se que o legislador optou por elencar somente o contrato de seguro de vida como título executivo extrajudicial, justificando a sua escolha na ausência de caráter indenizatório do referido seguro, ou seja, o seu valor carece de limitação, sendo de responsabilidade do segurador o valor do seguro por ele coberto, uma vez que existe dívida líquida e certa. Verifica-se, ainda, que o tratamento dispensado ao seguro de dano, como ao de automóveis, é diverso, uma vez que esses ostentam índole indenizatória, de modo que a indenização securitária não poderá redundar em enriquecimento do segurado, devendo, pois, o pagamento ser feito em função do que se perdeu, quando ocorrer o sinistro, nos limites do montante segurado. **REsp 1.416.786-PR, Rel. Min. Ricardo Villas Bôas Cueva, julgado em 2/12/2014, DJe 9/12/2014 (Inform. STJ 553).**

DIREITO PROCESSUAL CIVIL. APRESENTAÇÃO APENAS DE RECONVENÇÃO SEM CONTESTAÇÃO EM PEÇA AUTÔNOMA E POSSIBILIDADE DE SE AFASTAR OS EFEITOS DA REVELIA. Ainda que não ofertada contestação em peça autônoma, a apresentação de reconvenção na qual o réu efetivamente impugne o pedido do autor pode afastar a presunção de veracidade decorrente da revelia (art. 302 do CPC). Com efeito, a jurisprudência do STJ encontra-se consolidada no sentido de que a revelia, decorrente da não apresentação de contestação, enseja apenas presunção relativa de veracidade dos fatos narrados na inicial pelo autor da ação, podendo ser infirmada pelos demais elementos dos autos, motivo pelo qual não acarreta a procedência automática dos pedidos iniciais. Ademais, o STJ já se posicionou no sentido de que constitui mera irregularidade a apresentação de contestação e de reconvenção em peça única. **REsp 1.335.994-SP, Rel. Min. Ricardo Villas Bôas Cueva, julgado em 12/8/2014. (Inform. STJ 546)**

DIREITO PROCESSUAL CIVIL. HIPÓTESE EM QUE AO MAGISTRADO NÃO É POSSÍVEL INDEFERIR PEDIDO DE REALIZAÇÃO DE EXAME DE DNA. Uma vez deferida a produção de prova pericial pelo magistrado – exame de DNA sobre os restos mortais daquele apontado como o suposto pai do autor da ação –, caso o laudo tenha sido inconclusivo,

ante a inaptidão dos elementos materiais periciados, não pode o juiz indeferir o refazimento da perícia requerida por ambas as partes, quando posteriormente houver sido disponibilizado os requisitos necessários à realização da prova técnica – materiais biológicos dos descendentes ou colaterais do suposto pai –, em conformidade ao consignado pelo perito por ocasião da lavratura do primeiro laudo pericial. De fato, o resultado inconclusivo do laudo, ante a extensa degradação do material biológico em exame, com a ressalva de que o exame poderia ser *realizável a partir de materiais coletados junto a descendentes ou colaterais do falecido*, cria expectativa e confiança no jurisdicionado de que outro exame de DNA será realizado, em razão da segurança jurídica e da devida prestação jurisdicional. Isso porque o processo civil moderno vem reconhecendo, dentro da cláusula geral do devido processo legal, diversos outros princípios que o regem, como a boa-fé processual, efetividade, o contraditório, cooperação e a confiança, normativos que devem alcançar não só as partes, mas também a atuação do magistrado que deverá fazer parte do diálogo processual. Desse modo, deve o magistrado se manter coerente com sua conduta processual até o momento do requerimento, por ambas as partes, de nova perícia, pois, ao deferir a produção do primeiro exame de DNA, o magistrado acaba por reconhecer a pertinência da prova técnica, principalmente pela sua aptidão na formação do seu convencimento e na obtenção da solução mais justa. Ademais, pode-se falar na ocorrência de preclusão para o julgador que deferiu a realização do exame de DNA, porque conferiu aos demandantes, em razão de sua conduta, um direito à produção daquela prova em específico, garantido constitucionalmente (art. 5°, LV, da CF) e que não pode simplesmente ser desconsiderado. Portanto, uma vez deferida a produção da prova genética e sendo viável a obtenção de seu resultado por diversas formas, mais razoável seria que o magistrado deferisse a sua feitura sobre alguma outra vertente de reconstrução do DNA, e não simplesmente suprimi-la das partes pelo resultado inconclusivo da primeira tentativa, até porque "na fase atual da evolução do Direito de Família, não se justifica desprezar a produção da prova genética pelo DNA, que a ciência tem proclamado idônea e eficaz" (REsp 192.681-PR, Quarta Turma, DJ 24/03/2003). **REsp 1.229.905-MS, Rel. Min. Luis Felipe Salomão, julgado em 5/8/2014. (Inform. STJ 545)**

DIREITO PROCESSUAL CIVIL. PROVA EMPRESTADA ENTRE PROCESSOS COM PARTES DIFERENTES. É admissível, assegurado o contraditório, prova emprestada de processo do qual não participaram as partes do processo para o qual a prova será trasladada. A grande valia da prova emprestada reside na economia processual que proporciona, tendo em vista que se evita a repetição desnecessária da produção de prova de idêntico conteúdo. Igualmente, a economia processual decorrente da utilização da prova emprestada importa em incremento de eficiência, na medida em que garante a obtenção do mesmo resultado útil, em menor período de tempo, em consonância com a garantia constitucional da duração razoável do processo, inserida na CF pela EC 45/2004. Assim, é recomendável que a prova emprestada seja utilizada sempre que possível, desde que se mantenha hígida a garantia do contraditório. Porém, a prova emprestada não pode se restringir a processos em que figurem partes idênticas, sob pena de se reduzir excessivamente sua aplicabilidade sem justificativa razoável para isso. Assegurado às partes o contraditório sobre a prova, isto é, o direito de se insurgir contra a prova e de refutá-la adequadamente, o empréstimo será válido. **EREsp 617.428-SP, Rel. Min. Nancy Andrighi, julgado em 4/6/2014. (Inform. STJ 543)**

Súmula STF nº 424

Transita em julgado o despacho saneador de que não houve recurso, excluídas as questões deixadas, explícita ou implicitamente, para a sentença.

Súmula STF nº 231

O revel, em processo cível, pode produzir provas, desde que compareça em tempo oportuno.

Súmula STF nº 216

Para decretação da absolvição de instância pela paralisação do processo por mais de trinta dias, é necessário que o autor, previamente intimado, não promova o andamento da causa.

Súmula STJ nº 305

É descabida a prisão civil do depositário quando, decretada a falência da empresa, sobrevém a arrecadação do bem pelo síndico.

Súmula STJ nº 304

É ilegal a decretação da prisão civil daquele que não assume expressamente o encargo de depositário judicial.

Súmula STJ nº 271

A correção monetária dos depósitos judiciais independe de ação específica contra o banco depositário.

Súmula STJ nº 245

A notificação destinada a comprovar a mora nas dívidas garantidas por alienação fiduciária dispensa a indicação do valor do débito.

Súmula STJ nº 240

A extinção do processo, por abandono da causa pelo autor, depende de requerimento do réu.

Súmula STJ nº 181

É admissível ação declaratória, visando a obter certeza quanto à exata interpretação de clausula contratual.

Súmula STJ nº 149

A prova exclusivamente testemunhal não basta à comprovação da atividade rurícola, para efeito da obtenção de benefício previdenciário.

Súmula STJ nº 106

Proposta a ação no prazo fixado para o seu exercício, a demora na citação, por motivos inerentes ao mecanismo da justiça, não justifica o acolhimento da arguição de prescrição ou decadência.

8. SENTENÇA, CUMPRIMENTO DE SENTENÇA, COISA JULGADA E AÇÕES ANULATÓRIA E RESCISÓRIA

8.1. Sentença

DIREITO PROCESSUAL CIVIL. IMPOSSIBILIDADE DE FIXAÇÃO, EX OFFICIO, DE INDENIZAÇÃO POR DANOS SOCIAIS EM AÇÃO INDIVIDUAL. RECURSO REPETITIVO (ART. 543-C DO CPC E RES. 8/2008 DO STJ). É nula, por configurar julgamento extra petita, a decisão que condena a parte ré, de ofício, em ação individual, ao pagamento de indenização a título de danos sociais em favor de terceiro estranho à lide. Inicialmente, cumpre registrar que o dano social vem sendo reconhecido pela doutrina como uma nova espécie de dano reparável, decorrente de comportamentos socialmente reprováveis, pois diminuem o nível social de tranquilidade, tendo como fundamento legal o art. 944 do CC. Desse modo, diante da ocorrência de ato ilícito, a doutrina moderna tem admitido a possibilidade de condenação ao pagamento de indenização por dano social, como categoria inerente ao instituto da responsabilidade civil, além dos danos materiais, morais e estéticos. Registre-se, ainda, que na V Jornada de Direito Civil do CJF foi aprovado o Enunciado 455, reconhecendo a existência do denominado dano social: "A expressão *dano* no art. 944 abrange não só os danos individuais, materiais ou imateriais, mas também os danos sociais, difusos, coletivos e individuais homogêneos a serem reclamados pelos legitimados para propor ações coletivas". A par disso, importa esclarecer que a condenação à indenização por dano social reclama interpretação envolvendo os princípios da demanda, da inércia e, fundamentalmente, da adstrição/congruência, o qual exige a correlação entre o pedido e o provimento judicial a ser exarado pelo Poder Judiciário, sob pena da ocorrência de julgamento *extra petita*. Na hipótese em foco, em sede de ação individual, houve condenação da parte ré ao pagamento de indenização por danos sociais em favor de terceiro estranho à lide, sem que houvesse pedido nesse sentido ou sem que essa questão fosse levada a juízo por qualquer das partes. Nessa medida, a decisão condenatória extrapolou os limites objetivos e subjetivos da demanda, uma vez que conferiu provimento jurisdicional diverso daquele delineado na petição inicial, beneficiando terceiro alheio à relação jurídica processual posta em juízo. Impende ressaltar que, mesmo que houvesse pedido de condenação em danos sociais na demanda em exame, o pleito não poderia ter sido julgado procedente, pois esbarraria na ausência de legitimidade para postulá-lo. Isso porque, os danos sociais são admitidos somente em demandas coletivas e, portanto, somente os legitimados para propositura de ações coletivas têm legitimidade para reclamar acerca de supostos danos sociais decorrentes de ato ilícito, motivo por que não poderiam ser objeto de ação individual. **Rcl 12.062-GO, Rel. Ministro Raul Araújo, julgado em 12/11/2014. (Inform. STJ 552)**

DIREITO PROCESSUAL CIVIL. HIPÓTESE DE IMPOSSIBILIDADE DE ALTERAÇÃO DE OFÍCIO PELO TRIBUNAL DE PRAZO PRESCRICIONAL DEFINIDO NA SENTENÇA. O Tribunal não pode, sem provocação, fundado na aplicabilidade de prazo prescricional maior do que o definido em primeira instância, aumentar o alcance dos efeitos da sentença que reconheceu o direito a ressarcimento de valores cobrados indevidamente ao longo do tempo. Nos termos do art. 219, § 5º, do CPC, o julgador poderá, a qualquer tempo e grau de jurisdição, declarar de ofício a prescrição, ou seja, reconhecer que determinado direito submetido ao crivo do Poder Judiciário encontra-se prescrito, dando azo à extinção do processo com resolução do mérito, nos termos do art. 269, IV, do CPC. Entretanto, essa norma não autoriza o Tribunal a modificar, de ofício, a abrangência temporal dos efeitos da sentença. Para tanto, indispensável que a questão tenha sido levada ou devolvida ao Tribunal pela via recursal apropriada. Isso porque o interesse público que faculta o reconhecimento da prescrição de ofício e a qualquer tempo deriva da inconveniência de se prosseguir com processo em que haja perda do direito de ação, sob pena de se violar o princípio da economia processual. Mas esse interesse público não está presente nas discussões em que se busque, apenas, a extensão do período em que a sentença condenatória produzirá seus efeitos, cuja definição não terá o condão de acarretar a extinção da ação. Nessa hipótese, não se admitirá a intervenção de ofício do juiz, de modo que, inexistente recurso abordando o tema, será defeso ao Tribunal manifestar-se. **REsp 1.304.953-RS, Rel. Min. Nancy Andrighi, julgado em 26/8/2014. (Inform. STJ 546)**

DIREITO CIVIL E PROCESSUAL CIVIL. INCLUSÃO DO NOME DO CREDOR EM FOLHA DE PAGAMENTO PARA GARANTIR O ADIMPLEMENTO DE PENSÃO MENSAL VITALÍCIA DECORRENTE DE ACIDENTE DE TRABALHO. Para garantir o pagamento de pensão mensal vitalícia decorrente de acidente de trabalho, admite-se a inclusão do nome do trabalhador acidentado na folha de pagamento de devedora idônea e detentora de considerável fortuna, dispensando-se a constituição de capital. Conforme a Súmula 313 do STJ, "Em ação de indenização, procedente o pedido, é necessária a constituição de capital ou caução fidejussória para a garantia de pagamento da pensão, independentemente da situação financeira do demandado". De fato, a referida súmula, editada antes da entrada em vigor da Lei 11.232/2005 – que incluiu o art. 475-Q ao CPC –, continua sendo aplicada pelo STJ, evidenciando que a constituição de capital não deixou de ser obrigatória. Entretanto, é oportuno registrar que a jurisprudência passou a interpretar essa necessidade de constituição de capital de forma mais consentânea ao novo texto legal. Afinal, nos termos do art. 475-Q, § 2º, do CPC, "O juiz poderá substituir a constituição do capital pela inclusão do beneficiário da prestação em folha de pagamento de entidade de direito público ou de empresa de direito privado de notória capacidade econômica, ou, a requerimento do devedor, por fiança bancária ou garantia real, em valor a ser arbitrado de imediato pelo juiz". Desse modo, a inclusão do beneficiário na folha de pagamentos mostra-se uma alternativa de garantia viável à constituição de capital, desde que, a critério do juiz, fique demonstrada a solvabilidade da empresa devedora. Assim, demonstrado que a empresa devedora é idônea e detentora de considerável fortuna, mostra-se razoável a substituição da constituição de capital pela inclusão do nome do trabalhador na folha de pagamentos da empresa. **REsp 1.292.240-SP, Rel. Min. Nancy Andrighi, julgado em 10/6/2014. (Inform. STJ 545)**

DIREITO PROCESSUAL CIVIL. PAGAMENTO DE DIVIDENDOS E JUROS SOBRE CAPITAL PRÓPRIO COMO PEDIDOS IMPLÍCITOS. RECURSO REPETITIVO (ART. 543-C DO CPC E RES. 8/2008-STJ). Nas demandas por complementação de ações de empresas de telefonia, admite-se a condenação ao pagamento de dividendos e juros sobre capital próprio independentemente de pedido expresso. Relativamente à indenização a título de dividendos ao adquirente de linha telefônica, esta Corte Superior definiu, pelo rito do art. 543-C do CPC, que é possível a inclusão dos dividendos na condenação, independentemente de pedido expresso (REsp 1.034.255-RS, Segunda Seção, DJe 11/5/2010). É certo que o Direito Processual Civil tem aversão aos pedidos implícitos, pois eles geram surpresa para a contraparte, sacrificando dois pilares do processo civil, que são os princípios do contraditório e da ampla defesa. No CPC vigente, encontram-se poucas hipóteses de pedidos implícitos, como a correção monetária (Lei 6.899/1981), os juros (art. 293), os honorários advocatícios (art. 20, *caput*) e as prestações que se vencerem no curso da demanda (art. 290), não havendo nenhuma previsão que possa abarcar a inclusão dos dividendos ou dos juros sobre capital próprio (JCP) como pedido implícito. Porém, uma vez aberta exceção à regra processual para se admitir os dividendos como pedido implícito, não há justificativa para se adotar entendimento diverso quanto aos JCP, pois essas verbas têm a mesma natureza para o direito societário. A propósito, a despeito da existência de entendimento doutrinário em sentido contrário, ontologicamente, deve-se considerar que os JCP são, do ponto de vista societário, parcela do lucro a ser distribuído aos acionistas, sendo que, apenas por ficção jurídica, a lei tributária passou a considerá-los com natureza de juros. No entanto, é certo que, embora tenham a mesma natureza, os JCP não são idênticos aos dividendos. As diferenças, porém, entre os dois institutos não justificam um tratamento diverso no que tange aos pedidos no processo. A preocupação com o contraditório, embora extremamente relevante, fica atenuada no caso das demandas de massa, pois tanto os dividendos quanto os JCP são devidos de maneira uniforme para todos os acionistas, de modo que as possibilidades de defesa são as mesmas para os milhares de processos em que se discute a complementação de ações de empresas de telefonia. **REsp 1.373.438-RS, Rel. Min. Paulo de Tarso Sanseverino, julgado em 11/6/2014. (Inform. STJ 542)**

Súmula STF nº 616

É permitida a cumulação da multa contratual com os honorários de advogado, após o advento do Código de Processo Civil vigente.

Súmula STF nº 423

Não transita em julgado a sentença por haver omitido o recurso "ex officio", que se considera interposto "ex lege".

Súmula STJ nº 485

A Lei de Arbitragem aplica-se aos contratos que contenham cláusula arbitral, ainda que celebrados antes da sua edição.

Súmula STJ nº 426

Os juros de mora na indenização do seguro DPVAT fluem a partir da citação.

Súmula STJ nº 381

Nos contratos bancários, é vedado ao julgador conhecer, de ofício, da abusividade das cláusulas.

Súmula STJ nº 380

A simples propositura da ação de revisão de contrato não inibe a caracterização da mora do autor.

Súmula STJ nº 313

Em ação de indenização, procedente o pedido, é necessária a constituição de capital ou caução fidejussória para a garantia de pagamento da pensão, independentemente da situação financeira do demandado.

Súmula STJ nº 246

O valor do seguro obrigatório deve ser deduzido da indenização judicialmente fixada.

Súmula STJ nº 102

A incidência dos juros moratórios sobre os compensatórios, nas ações expropriatórias, não constitui anatocismo vedado em lei.

8.2. Sucumbência. Honorários, custas e despesas processuais.

Assistência judiciária gratuita: art. 12 da Lei 1.060/1950 e recepção

O art. 12 da Lei 1.060/1950 ("A parte beneficiada pela isenção do pagamento das custas ficará obrigada a pagá-las, desde que possa fazê-lo, sem prejuízo do sustento próprio ou da família, se dentro de cinco anos, a contar da sentença final, o assistido não puder satisfazer tal pagamento, a obrigação ficará prescrita") foi recepcionado pela presente ordem constitucional. Com base nessa orientação, o Plenário, em julgamento conjunto, recebeu os embargos de declaração como agravo regimental e a eles deu provimento para determinar aos juízos de liquidação e de execução que observem o benefício da assistência judiciária gratuita deferido no curso da fase cognitiva. Vencido o Ministro Marco Aurélio quanto à conversão. O Tribunal concluiu que o art.12 da mencionada lei seria materialmente compatível com o art. 5º, LXXIV, da CF ("O Estado prestará assistência jurídica integral e gratuita aos que comprovarem insuficiência de recursos"). Frisou que a taxa judiciária seria tributo da espécie taxa. Portanto, deveria guardar pertinência com a prestação do serviço público referente à Administração da Justiça, além de ser divisível. Ademais, não obstante estivesse topograficamente fora do Sistema Tributário Nacional, a doutrina e a jurisprudência em matéria tributária reconheceriam o art. 5º, LXXIV, da CF, como imunidade, por conseguinte assim deveria ser lido o termo "isenção" do art. 12 do diploma normativo impugnado. Contudo, impenderia observar que a norma imunizante seria condicionada por uma situação de fato, a ser comprovada em juízo, qual seja, a insuficiência de recursos econômicos para promover uma ação, sem colocar em risco o próprio sustento e do núcleo familiar. A fim de concretizar a imunidade nos estreitos limites em que justificada, a legislação exigiria do Estado-Juiz a emissão de um juízo de equidade tributária e forneceria para isso os meios processuais adequados, como, por exemplo, a modulação da gratuidade, a irretroatividade do benefício e a possibilidade de revogação do ato concessivo da benesse fiscal. Não seria justo privilegiar tributariamente jurisdicionado que recuperasse sua capacidade contributiva para adimplir obrigação relacionada à taxa, em detrimento de todo corpo social que pagaria impostos sobre as bases econômicas renda, patrimônio e consumo.
RE 249003 ED/RS, rel. Min. Edson Fachin, 9.12.2015. (RE-249003)
RE 249277 ED/RS, rel. Min. Edson Fachin, 9.12.2015. (RE-249277)
RE 284729 AgR/MG, rel. Min. Edson Fachin, 9.12.2015. (RE-284729) **(Inform. STF 811)**

Multa: justiça gratuita e suspensão do recolhimento

As partes beneficiárias da justiça gratuita não estão isentas do pagamento da multa do art. 557, § 2º do CPC (contra recurso manifestamente inadmissível ou infundado), porém, o recolhimento do numerário deve ficar suspenso, nos termos do art. 12 da Lei 1.060/1950 ("Art. 12. A parte beneficiada pela isenção do pagamento das custas ficará obrigada a pagá-las, desde que possa fazê-lo, sem prejuízo do sustento próprio ou da família, se dentro de cinco anos, a contar da sentença final, o assistido não puder satisfazer tal pagamento, a obrigação ficará prescrita"). Com base nessa orientação, a Primeira Turma, por maioria, acolheu, em parte, os embargos de declaração apenas para determinar a suspensão da execução da multa. A Turma enfatizou que, na espécie, enquanto perdurasse a situação de pobreza a multa não seria exigível. Vencido o Ministro Roberto Barroso que rejeitava os embargos para manter a cobrança da multa.

RE 775685 AgR-ED/BA, rel. Min. Dias Toffoli, 17.11.2015. (RE-775685) (Inform. STF 808)

SEGUNDO AG. REG. NO RE N. 498.546-RS

RELATOR: MIN. ROBERTO BARROSO

EMENTA: DIREITO PROCESSUAL CIVIL. SEGUNDO AGRAVO REGIMENTAL EM RECURSO EXTRAORDINÁRIO. DIREITO PROCESSUAL CIVIL. HONORÁRIOS ADVOCATÍCIOS. EXECUÇÃO EMBARGADA. PRECEDENTES.

1. A jurisprudência do Supremo Tribunal Federal é firme no sentido de que a premissa fática exigida para que se aplique o que foi decidido no RE nº 420.816 é a de que a execução não tenha sido embargada pela União. Precedentes.2. Agravo regimental a que se nega provimento. **(Inform. STF 791)**

DIREITO PROCESSUAL CIVIL. FIXAÇÃO PROVISÓRIA DE HONORÁRIOS ADVOCATÍCIOS EM EXECUÇÃO E POSTERIOR HOMOLOGAÇÃO DE ACORDO.

O advogado não tem direito à percepção dos honorários fixados no despacho de recebimento da inicial de execução por quantia certa (art. 652-A do CPC), na hipótese em que a cobrança for extinta em virtude de homologação de acordo entre as partes em que se estabeleceu que cada parte arcaria com os honorários de seus respectivos patronos. Salienta-se, inicialmente, que este Tribunal Superior possui jurisprudência consolidada no sentido de que: "[...] a fixação de honorários no início da Execução é meramente provisória, pois a sucumbência final será determinada, definitivamente, apenas no momento do julgamento dos Embargos à Execução" (AgRg no REsp 1.265.456-PR, Segunda Turma, DJe de 19/4/2012). Desse modo, ao receber a petição inicial de execução por quantia certa, o juiz arbitra provisoriamente os honorários advocatícios para a hipótese de pagamento da dívida pelo executado no prazo de três dias (art. 652 do CPC). Contudo, se a execução, por qualquer motivo, prosseguir, vislumbra-se a possibilidade de revisão da referida verba advocatícia, a qual poderá ser majorada, reduzida, invertida ou até mesmo suprimida. Nesse sentido, existindo composição amigável, não subsistem os honorários fixados no despacho que recebe a execução, tampouco se pode falar em sucumbência, visto que não há vencedor nem vencido, cabendo às partes dispor a respeito do ônus do pagamento da verba. Ressalte-se que, conforme art. 840 do CC, é lícito aos interessados prevenirem ou terminarem o litígio mediante concessões mútuas. Nesse contexto, o fato de o acordo estabelecer que cada parte se responsabilizará pelo pagamento dos honorários de seus respectivos patronos não confere aos advogados o direito de perceber os honorários provisórios arbitrados no despacho inicial da execução, os quais, repise-se, valem tão somente para o pronto pagamento da dívida. Por fim, os advogados que se reputarem prejudicados por essa espécie de transação poderão ajuizar ação autônoma, por meio da qual terão condições de discutir o efetivo direito à percepção da verba honorária, bem como o respectivo valor, tudo conforme a extensão de atuação no processo e a complexidade do trabalho desenvolvido. **REsp 1.414.394-DF, Rel. Min. Ricardo Villas Bôas Cueva, julgado em 22/9/2015, DJe 30/9/2015 (Inform. STJ 570).**

DIREITO PROCESSUAL CIVIL. IMPOSSIBILIDADE DE CONDENAÇÃO IMPLÍCITA EM HONORÁRIOS ADVOCATÍCIOS.

Não cabe a execução de honorários advocatícios com base na expressão "invertidos os ônus da sucumbência" empregada por acórdão que, anulando sentença de mérito que fixara a verba honorária em percentual sobre o valor da condenação, extinguiu o processo sem resolução de mérito. Consoante jurisprudência do STJ, se o Tribunal de origem, ao reformar a sentença, omite-se quanto à condenação da parte vencida em honorários advocatícios, deve a parte vencedora opor os necessários embargos declaratórios. Não o fazendo, não é possível depois voltar ao tema na fase de execução, buscando a condenação da parte vencida ao pagamento da referida verba, sob pena de ofensa à coisa julgada. A propósito, dispõe a Súmula 453 do STJ que "Os honorários sucumbenciais, quando omitidos em decisão transitada em julgado, não podem ser cobrados em execução ou em ação própria". Ademais, tendo o Tribunal de origem determinado a inversão dos ônus de sucumbência no processo de conhecimento, não se pode entender que os honorários advocatícios estão implicitamente incluídos, pois se estará constituindo direito até então inexistente e também se afastando o direito da parte adversa de se insurgir contra referida condenação no momento apropriado. **REsp 1.285.074-SP, Rel. Min. João Otávio de Noronha, julgado em 23/6/2015, DJe 30/6/2015 (Inform. STJ 565).**

DIREITO PROCESSUAL CIVIL. LITIGÂNCIA DE MÁ-FÉ E DESNECESSIDADE DE PROVA DE PREJUÍZO.

É desnecessária a comprovação de prejuízo para que haja condenação ao pagamento de indenização por litigância de má-fé (art. 18, caput e § 2º, do CPC). Ressalta-se, inicialmente, que o art. 18, caput e § 2º, do CPC é voltado à valoração dos princípios da boa-fé e lealdade processual. Nesse contexto, o litigante que proceder de má-fé deverá indenizar a parte contrária pelos prejuízos advindos de sua conduta processual, bem como ser punido por multa de até 1% (um por cento) sobre o valor da causa, mais os honorários advocatícios e outras despesas processuais. O § 2º do art. 18 do CPC, por sua vez, estipula que o juiz poderá, de ofício, fixar o valor da indenização em até 20% (vinte por cento) sobre o valor da causa ou determinar sua liquidação por arbitramento. Em momento algum, o dispositivo legal em questão exige que haja prova do prejuízo para que a indenização em discussão possa ser fixada. Com efeito, o art. 18, caput e § 2º, do CPC apenas dispõe que: "o juiz ou tribunal, de ofício ou a requerimento, condenará o litigante de má-fé a [...] indenizar a parte contrária dos prejuízos que esta sofreu [...]". Assim, para a fixação da indenização, a lei só exige que haja um prejuízo, potencial ou presumido. A par disso, observa-se que a exigência de comprovação do prejuízo praticamente impossibilitaria a aplicação do comando normativo em análise, comprometendo a sua eficácia, por se tratar de prova extremamente difícil de ser produzida pela parte que se sentir atingida pelo dano processual. Portanto, tem-se que o preenchimento das condutas descritas no art. 17 do CPC, que define os contornos fáticos da litigância de má-fé, é causa suficiente para a configuração do prejuízo à parte contrária e ao andamento processual do feito, até porque, caso prevalecesse a tese quanto à exigibilidade de comprovação do prejuízo causado pelo dano processual, isso impossibilitaria, muitas vezes, que o próprio juiz pudesse – como de fato pode – decretar a litigância de má-fé ex officio, na medida em que o prejuízo não estaria efetivamente comprovado nos autos. Precedentes citados: EDcl no REsp 816.512-PI, Primeira Seção, DJe 16/11/2011; REsp 861.471-SP, Quarta Turma, DJe 22/3/2010; REsp 872.978-PR, Segunda Turma, DJe 25/10/2010. **EREsp 1.133.262-ES, Rel. Min. Luis Felipe Salomão, julgado em 3/6/2015, DJe 4/8/2015 (Inform. STJ 565).**

DIREITO PROCESSUAL CIVIL. DESCABIMENTO DE FIXAÇÃO DE HONORÁRIOS ADVOCATÍCIOS EM EXECUÇÃO INVERTIDA.

Não cabe a condenação da Fazenda Pública em honorários advocatícios no caso em que o credor simplesmente anui com os cálculos apresentados em "execução invertida", ainda que se trate de hipótese de pagamento mediante Requisição de Pequeno Valor (RPV). É certo que o STJ possui entendimento de ser cabível a fixação de verba honorária nas execuções contra a Fazenda Pública, ainda que não embargadas, quando o pagamento da obrigação for feito mediante RPV. Entretanto, a jurisprudência ressalvou que, nos casos de "execução invertida", a apresentação espontânea dos cálculos após o trânsito em julgado do processo de conhecimento, na fase de liquidação, com o reconhecimento da dívida, afasta a condenação em honorários advocatícios. Precedentes citados: AgRg no AREsp 641.596-RS, Segunda Turma, DJe 23/3/2015; e AgRg nos EDcl no AREsp 527.295-RS, Primeira Turma, DJe 13/4/2015. **AgRg no AREsp 630.235-RS, Rel. Min. Sérgio Kukina, julgado em 19/5/2015, DJe 5/6/2015 (Inform. STJ 563).**

DIREITO PROCESSUAL CIVIL. RECURSO ADESIVO PARA MAJORAR QUANTIA INDENIZATÓRIA DECORRENTE DE DANO MORAL. RECURSO REPETITIVO (ART. 543-C DO CPC E RES. 8/2008-STJ). TEMA 459. O recurso adesivo pode ser interposto pelo autor da demanda indenizatória, julgada procedente, quando arbitrado, a título de danos morais, valor inferior ao que era almejado, uma vez configurado o interesse recursal do demandante em ver majorada a condenação, hipótese caracterizadora de sucumbência material. O CPC trata do recurso adesivo em seu art. 500, do qual se depreende, pela interpretação teleológica, que o cabimento do recurso adesivo pressupõe a constatação da "sucumbência recíproca", expressão a ser compreendida sob o enfoque da existência de interesse recursal da parte. O interesse recursal exsurge em face da constatação da utilidade da prestação jurisdicional concretamente apta a propiciar um resultado prático mais vantajoso ao recorrente. Nessa ordem de ideias, considerar-se-á vencida a parte que tenha obtido prestação jurisdicional aquém do que pretendia, tanto quanto aquelas efetivamente prejudicadas ou colocadas em situação desfavorável pela decisão judicial. A propósito, importante destacar lição doutrinária acerca da existência de distinção entre "sucumbência formal" e "sucumbência material" para fins de aferição do interesse recursal das partes: (a) "Por sucumbência formal se entende a frustração da parte em termos processuais, ou seja, a não obtenção por meio da decisão judicial de tudo aquilo que poderia ter processualmente obtido em virtude do pedido formulado ao órgão jurisdicional. Nesse sentido, será sucumbente formal o autor se este não obtiver a procedência integral de seu pedido e o réu se não obtiver a improcedência integral do pedido do autor. Na parcial procedência do pedido haverá sucumbência formal recíproca"; e (b) "A sucumbência material, por sua vez, se refere ao aspecto material do processo, verificando-se sempre que a parte deixar de obter no mundo dos fatos tudo aquilo que poderia ter conseguido com o processo. A análise nesse caso nada tem de processual, fundando-se no bem ou bens da vida que a parte poderia obter em virtude do processo judicial e que não obteve em razão da decisão judicial. Essa discrepância entre o desejado no mundo prático e o praticamente obtido no processo gera a sucumbência material da parte". A doutrina ainda conclui que: "Verificando-se a sucumbência formal, em regra, também haverá sucumbência material, sendo presumível que, não obtendo processualmente tudo o que o processo poderia lhe entregar, a parte também não obterá tudo o que poderia obter no plano prático. É até possível estabelecer uma regra de que, sempre que exista sucumbência formal, haverá também a material, mas essa vinculação entre as duas espécies de sucumbência nem sempre ocorrerá, havendo casos excepcionais nos quais não haverá sucumbência formal, mas ocorrerá a material". Assim, a procedência integral da pretensão deduzida na inicial, conquanto configure a sucumbência formal apenas da parte ré, pode vir a consubstanciar a chamada sucumbência material inclusive do autor da demanda, quando obtido provimento jurisdicional em extensão inferior a tudo aquilo que se almejava obter do ponto de vista prático. É o que ocorre nos casos de pretensão indenizatória calcada em dano moral. Isto porque a procedência da demanda configura, sem sombra de dúvidas, sucumbência formal e material do réu. Contudo, o arbitramento judicial de quantum indenizatório tido por irrisório, porque inferior aos parâmetros jurisprudenciais ou ao pedido constante da inicial, caracteriza frustração da expectativa do autor, sobressaindo seu interesse em ver majorada a condenação, hipótese caracterizadora, portanto, da sucumbência material viabilizadora da irresignação recursal. Dada a premissa anteriormente lançada, cumpre afastar a aparente dissonância com a orientação jurisprudencial cristalizada na Súmula 326 do STJ, segundo a qual: "Na ação de indenização por dano moral, a condenação em montante inferior ao postulado na inicial não implica sucumbência recíproca". Deveras, o aludido verbete sumular funda-se em jurisprudência voltada à definição da responsabilidade pelo pagamento de despesas processuais e honorários advocatícios devidos em razão da procedência de ação de indenização por danos morais, quando fixada quantia inferior à desejada pelo autor, tendo em vista os critérios delineados notadamente nos arts. 20 e 21 do CPC. Desse modo, a exegese consolidada na Súmula 326 do STJ não pode servir de amparo para a verificação da existência de interesse recursal do autor da demanda ressarcitória, porque adstrita ao exame da sucumbência recíproca sob as perspectivas formal e econômica, vale dizer, tão somente tornando defesa a imputação do ônus sucumbencial à parte que obteve provimento jurisdicional de procedência da pretensão deduzida. Assim, constatado o interesse recursal do autor da ação de indenização por danos morais, quando arbitrada quantia inferior ao valor desejado, a decisão será apelável, embargável ou extraordinariamente recorrível. Consequentemente, uma vez cabida a interposição de recurso independente pelo autor materialmente sucumbente (a despeito da ausência de sucumbência formal), não se pode tolher seu direito ao manejo de recurso adesivo em caso de impugnação principal exclusiva da parte adversa. Outrossim, como reforço de argumento, cumpre assinalar a afirmação doutrinária de que "o interesse em recorrer adesivamente afere-se à luz da função processual do recurso adesivo, que é a de levar à cognição do órgão ad quem matéria ainda não abrangida pelo efeito devolutivo do recurso principal, e que, portanto, ficaria preclusa em não ocorrendo a adesão". Precedentes citados: AgRg no AREsp 189.692-MG, Terceira Turma, DJe 7/11/2012; AgRg no Ag 1.393.699-MS, Quarta Turma, DJe 28/3/2012; e REsp 944.218-PB, Quarta Turma, DJe 23/11/2009. **REsp 1.102.479-RJ, Rel. Min. Marco Buzzi, Corte Especial, julgado em 4/3/2015, DJe 25/5/2015 (Inform. STJ 562).**

DIREITO PROCESSUAL CIVIL. IMPOSSIBILIDADE DE COBRAR DO EXEQUENTE HONORÁRIOS SUCUMBENCIAIS FIXADOS NO DESPACHO INICIAL DE EXECUÇÃO DE TÍTULO EXTRAJUDICIAL (ART. 652-A DO CPC).

Os honorários sucumbenciais fixados no despacho inicial de execução de título extrajudicial (art. 652-A do CPC) não podem ser cobrados do exequente, mesmo que, no decorrer do processo executivo, este tenha utilizado parte de seu crédito na arrematação de bem antes pertencente ao executado, sem reservar parcela para o pagamento de verba honorária. A legislação estabelece que os honorários sucumbenciais, assim como os incluídos na condenação por arbitramento, constituem direito do advogado, podendo ser executados autonomamente (art. 23 da Lei 8.906/1994). Cabe ressaltar, entretanto, que o pagamento dos honorários sucumbenciais cabe ao sucumbente (art. 20 do CPC). Essa orientação fica ainda mais clara no livro processual que trata especificamente da execução de título extrajudicial, no ponto em que define a quem cabe o pagamento da verba honorária a ser fixada no início do procedimento executivo, nos moldes do art. 652-A: "Ao despachar a inicial, o juiz fixará, de plano, os honorários de advogado a serem pagos pelo executado (art. 20, § 4º)". A propósito do tema em análise, cabe ressaltar que a jurisprudência do STJ está consolidada no sentido de reconhecer que os honorários constituem direito do advogado, podendo ser executados autonomamente, e que o comando judicial que fixa os honorários advocatícios estabelece uma relação de crédito entre o vencido e o advogado da parte vencedora (REsp 1.347.736-RS, Primeira Seção, DJe 15/4/2014). Essa obrigação impõe ao vencido o dever de arcar com os honorários sucumbenciais em favor do advogado do vencedor. Ademais, não se pode olvidar a natureza provisória dos honorários sucumbenciais fixados na inicial da execução de título extrajudicial. Essa provisoriedade pode, inclusive, afetar a liquidez da execução dessa verba. Conforme visto, o art. 652-A do CPC determina que o juiz, ao despachar a inicial, fixará, de plano, os honorários sucumbenciais a serem pagos pelo executado. Não obstante, é possível que essa verba seja arbitrada em valor único quando do julgamento dos embargos à execução, hipótese em que abarcará a verba de sucumbência relativa às condenações na ação executiva e nos embargos à execução, ainda que no despacho inaugural da execução tenham sido fixados honorários provisórios. Isso porque os efeitos dos embargos à execução transbordam os limites da ação de rito ordinário para atingir o próprio feito executivo, o que implica reconhecer que a autonomia dessas ações não é absoluta. O sucesso dos embargos importa a desconstituição do título exequendo e, consequentemente, interfere na respectiva verba honorária. Assim, tendo em vista que o resultado dos embargos influencia no resultado da execução, a fixação inicial dos honorários sucumbenciais na execução tem apenas caráter provisório. Daí porque deve ser afastada a tese de que os honorários sucumbenciais, no presente caso, deveriam ser cobrados do exequente. **REsp 1.120.753-RJ, Rel. Min. Ricardo Villas Bôas Cueva, julgado em 28/4/2015, DJe 7/5/2015 (Inform. STJ 561).**

DIREITO PROCESSUAL CIVIL. LEGITIMIDADE PARA COBRANÇA DE HONORÁRIOS ADVOCATÍCIOS SUCUMBENCIAIS.

O advogado substabelecido com reserva de poderes que atuara na fase de conhecimento não possui legitimidade para postular, sem a intervenção do substabelecente, os honorários de sucumbência fixados nessa fase, ainda que tenha firmado contrato de prestação de serviços, na fase de cumprimento da sentença, com a parte vencedora da ação. O art. 22, caput, da Lei 8.906/1994 prevê três espécies de honorários advocatícios: contratuais, sucumbenciais e arbitrados. Quanto aos sucumbenciais, constitui direito autônomo do advogado executar a sentença na parte que condena o vencido ao pagamento da verba honorária, segundo o contido no art. 23. No entanto, em se tratando de cobrança de honorários pelo advogado substabelecido, é imperiosa a intervenção do substabelecente, consoante se depreende do teor do art. 26, que dispõe: "O advogado substabelecido, com reserva de poderes, não pode cobrar honorários sem a intervenção daquele que lhe conferiu o substabelecimento". Assim, o advogado substabelecido, com reserva de poderes, pode, em regra, cobrar o valor devido a título de honorários advocatícios tão somente se houver a participação do substabelecente. Cabe ressaltar que a relação existente entre substabelecente e substabelecido é pessoal e não determina a divisão igualitária da verba honorária, devendo qualquer controvérsia a respeito ser solucionada entre os próprios advogados contratantes, conforme já decidiu o STJ (REsp 525.671-RS, Quarta Turma, DJe 26/5/2008). Desse modo, a cláusula que estipula reserva de poderes inserida em substabelecimento aponta para a circunstância de que os honorários advocatícios são devidos, em regra, ao substabelecente, nos termos do art. 26 da Lei 8.906/1994. Ressalte-se que, ainda que o advogado substabelecido tenha firmado, em momento posterior, na fase de cumprimento de sentença, contrato de prestação de serviços diretamente com a parte exequente, esse contrato assegura peticionar, naturalmente e com autonomia, na fase de cumprimento de sentença, mas não permite exigir os valores devidos em virtude da condenação imposta pela sentença proferida no processo de conhecimento, quando atuava como substabelecido. Consequentemente, sua atuação deve ser restrita à defesa dos interesses do constituinte e ao recebimento da verba honorária contratual ou a fixada na própria fase de cumprimento de sentença, diversa daquela de natureza sucumbencial. **REsp 1.214.790-SP, Rel. Min. Ricardo Villas Bôas Cueva, julgado em 14/4/2015, DJe 23/4/2015 (Inform. STJ 560).**

DIREITO PROCESSUAL CIVIL. EFICÁCIA DA CONCESSÃO DE ASSISTÊNCIA JUDICIÁRIA GRATUITA.

Quando a assistência judiciária gratuita for deferida, a eficácia da concessão do benefício prevalecerá, independentemente de renovação de seu pedido, em todas as instâncias e para todos os atos do processo – alcançando, inclusive, as ações incidentais ao processo de conhecimento, os recursos, as rescisórias, assim como o subsequente processo de execução e eventuais embargos à execução –, somente perdendo sua eficácia por expressa revogação pelo Juiz ou Tribunal. Isso porque não há previsão legal que autorize a exigência de renovação do pedido de assistência judiciária gratuita em cada instância e a cada interposição de recurso, mesmo na instância extraordinária. Ao contrário, o art. 9º da Lei 1.060/1950 estabelece expressamente a eficácia da decisão deferitória do benefício em todas as instâncias e graus de jurisdição. Com efeito, a concessão do benefício, por compor a integralidade da tutela jurídica pleiteada, comporta eficácia para todos os atos processuais, em todas as instâncias, alcançando, inclusive, as ações incidentais ao processo de conhecimento, os recursos, as rescisórias, assim como o subsequente processo de execução e eventuais embargos à execução, sendo despicienda a constante renovação do pedido a cada instância e para a prática de cada ato processual. Essa é a interpretação mais adequada da legislação, especialmente da Lei 1.060/1950 (arts. 4º, 6º e 9º), e consentânea com os princípios constitucionais da inafastabilidade da tutela jurisdicional e do processo justo, com garantia constitucional de concessão do benefício da assistência judiciária gratuita ao necessitado (art. 5º, XXXV, LIV e LXXIV, da CF). Assim, desde que adequadamente formulado o pedido e uma vez concedida, a assistência judiciária gratuita prevalecerá em todas as instâncias e para todos os atos do processo, nos expressos termos assegurados no art. 9º da Lei 1.060/1950 (reiterado no parágrafo único do art. 13 da Lei 11.636/2007). Contudo, perderá eficácia a concessão do benefício em caso de expressa revogação pelo Juiz ou Tribunal, quando comprovada a mudança da condição econômico-financeira do beneficiário. Isso porque a decisão que concede a gratuidade está condicionada à cláusula rebus sic standibus, primando pela precariedade e não gerando preclusão pro judicato. Dessa maneira, a renovação do pedido de gratuidade da justiça somente se torna necessária quando houver anterior indeferimento do pleito ou revogação no curso do processo. Por fim, cabe ressaltar que não se faz necessário, para o processamento de eventual recurso, que o beneficiário faça expressa remissão na petição recursal acerca do anterior deferimento da assistência judiciária gratuita, embora seja evidente a utilidade dessa providência facilitadora. Basta, portanto, que constem dos autos os comprovantes de que já litiga na condição de beneficiário da justiça gratuita. **AgRg nos EAREsp 86.915-SP, Rel. Min. Raul Araújo, julgado em 26/2/2015, DJe 4/3/2015 (Inform. STJ 557).**

DIREITO PROCESSUAL CIVIL. INCIDENTE PROCESSUAL DE IMPUGNAÇÃO AO VALOR DA CAUSA E RECOLHIMENTO DE CUSTAS JUDICIAIS NO ÂMBITO DO STJ.

Não se pode exigir, no âmbito do STJ, o recolhimento de custas judiciais quando se tratar de incidente processual de impugnação ao valor da causa, conforme a Lei 11.636/2007. As custas judiciais são tributos da espécie taxa, prevista no art. 145, II, da CF, razão pela qual só podem ser fixadas em lei específica, dado o princípio constitucional da reserva legal para a instituição ou aumento de tributo (STF, RE 116.208-MG, Tribunal Pleno, DJ 8/6/1990; e STJ, AI no RMS 31.170-SP, Corte Especial, DJe 23/5/2012). No âmbito do STJ, a Lei 11.636/2007 dispõe sobre as custas judiciais devidas nos processos de competência originária e recursal. Como a impugnação ao valor da causa não consta na Lei 11.636/2007, não se pode exigir o recolhimento das custas judiciais nesse tipo de incidente processual. **PET 9.892-SP, Rel. Min. Luis Felipe Salomão, julgado em 11/2/2015, DJe 3/3/2015 (Inform. STJ 556).**

DIREITO PROCESSUAL CIVIL. ILEGITIMIDADE PASSIVA DE SOCIEDADES EMPRESÁRIAS INTEGRANTES DE GRUPO ECONÔMICO EM EXECUÇÃO DE HONORÁRIOS ADVOCATÍCIOS.

Não estão legitimadas a integrar o polo passivo de ação de execução de honorários advocatícios as sociedades empresárias que não figurarem no título executivo extrajudicial, ainda que sejam integrantes do mesmo grupo econômico da sociedade empresária que firmou o contrato de prestação de serviços advocatícios. O fato de sociedades empresárias pertencerem a um mesmo grupo econômico, por si só, não as torna automaticamente solidárias nas respectivas obrigações. Cada pessoa jurídica tem personalidade e patrimônio próprios, distintos, justamente para assegurar a autonomia das relações e atividades de cada sociedade empresária, ainda que integrantes de um mesmo grupo econômico. Somente em casos excepcionais essas distinções podem ser superadas, motivadamente (art. 50 do CC). Esse raciocínio é ainda mais forte em se tratando de processo de execução, que reclama título hábil a tanto, ou seja, dotado de liquidez, certeza e exigibilidade em relação ao executado. A questão, portanto, resolve-se pela observância dos limites subjetivos do título extrajudicial, nos termos do art. 568, I, do CPC: "São sujeitos passivos na execução: I – o devedor, reconhecido como tal no título executivo". Desse modo, não se justifica, na espécie, a aplicação da teoria da aparência – ao menos para o fim de constituir automaticamente título executivo extrajudicial. Com efeito, não se está a tratar de relação de consumo ou hipótese outra que autorize presumir a hipossuficiência dos contratantes advogados. Estes, na verdade, estão apenas a cobrar honorários advocatícios decorrentes de contrato de prestação de serviços firmado com sociedade empresária específica, não havendo indícios objetivos que permitam, no processo de execução, reconhecer-se a existência de confusão ou dúvida quanto ao real devedor, de modo a estender a responsabilidade para além da contratante. Não podem os credores, no intuito de agilizar o resgate de seu crédito perante sociedade empresária em aparente dificuldade financeira, direcionar a execução para outras sociedades – ainda que integrantes do mesmo grupo econômico – contra as quais não possuem título executivo, atropelando as normas legais. A teoria da aparência, definitivamente, não admite esse viés. **REsp 1.404.366-RS, Rel. Min. Raul Araújo, julgado em 23/10/2014, DJe 9/2/2015 (Inform. STJ 555).**

DIREITO PROCESSUAL CIVIL. RENÚNCIA DO CREDOR AO SEU CRÉDITO E JUNTADA DO CONTRATO DE HONORÁRIOS ADVOCATÍCIOS AOS AUTOS. A juntada do contrato de honorários advocatícios aos autos antes de determinada a expedição de precatório ou de mandado de levantamento (art. 22, § 4º, da Lei 8.906/1994) não impede que o credor renuncie ao pagamento do montante que lhe era devido, inviabilizando, assim, o pagamento direto -ao advogado – por dedução da quantia que seria recebida pelo constituinte – dos honorários contratuais. De início, cita-se o previsto no art. 22, § 4º, da Lei 8.906/1994: "Se o advogado fizer juntar aos autos o seu contrato de honorários antes de expedir-se o mandado de levantamento ou precatório, o juiz deve determinar que lhe sejam pagos diretamente, por dedução da quantia a ser recebida pelo constituinte, salvo se este provar que já os pagou". O § 4º do artigo supracitado, ao condicionar a juntada do contrato de honorários ao momento anterior à expedição do mandado de levantamento ou precatório, pressupõe que o depósito do valor devido à parte triunfante já tenha sido realizado em juízo. Nesse contexto, se o vencedor da lide renuncia ao seu direito de receber o pagamento do crédito antes de ele ser judicialmente depositado não haverá expedição de mandado de levantamento ou precatório e, consequentemente, não há como o juiz determinar que a parcela dos honorários advocatícios seja paga diretamente, "por dedução da quantia a ser recebida pelo constituinte", ao patrono. Ademais, admitir o contrário faria com que a relação jurídica firmada entre o cliente e o respectivo advogado – mediante contrato de honorários, com cláusulas negociadas estritamente entre eles – se estendesse ao terceiro, o qual sequer pode vir a ter conhecimento do avençado. Com efeito, se o pagamento dos honorários advocatícios contratuais for reconhecido como ato autônomo em relação ao depósito do montante principal – ao ponto de ser viável executá-los sem a existência deste –, o perdedor da lide se tornará diretamente obrigado a arcar com dívida, a qual não lhe foi legalmente imposta nem foi pactuada, porquanto a obrigação da parte mal sucedida na demanda é pagar o que foi reconhecido pelo Judiciário como devido à outra parte, o que inclui os honorários sucumbenciais (mas não os contratuais), cuja "dedução da quantia a ser recebida pelo constituinte", repita-se, é incumbência do juiz. Desse modo, a juntada aos autos do contrato de honorários advocatícios não faz com que o montante nele previsto se torne parcela autônoma em relação à quantia a ser recebida pela parte patrocinada. **REsp 1.330.611-DF, Rel. Min. Benedito Gonçalves, julgado em 7/10/2014. (Inform. STJ 550)**

DIREITO PROCESSUAL CIVIL. PRECLUSÃO DA FACULDADE DE REQUERER HONORÁRIOS SUCUMBENCIAIS EM PROCESSO EXECUTIVO. RECURSO REPETITIVO (ART. 543-C DO CPC E RES. 8/2008-STJ).

Há preclusão lógica (art. 503 do CPC) em relação à faculdade de requerer o arbitramento dos honorários sucumbenciais relativos à execução na hipótese em que a parte exequente, mesmo diante de despacho citatório que desconsidera o pedido de fixação da verba feito na petição inicial, limita-se a peticionar a retenção do valor correspondente aos honorários contratuais, voltando a reiterar o pleito de fixação de honorários sucumbenciais apenas após o pagamento da execução e o consequente arquivamento do feito. Inicialmente, cumpre destacar que o STJ tem entendimento firme no sentido de que inexiste preclusão para o arbitramento de verba honorária, no curso da execução, ainda que sobre ela tenha sido silente a inicial do processo executivo e já tenha ocorrido o pagamento do ofício requisitório. Todavia, a hipótese em foco é diversa. Após ter sido cumprido o requisitório de pagamento expedido nos autos e ocorrido o arquivamento do feito, com baixa na distribuição, a parte exequente reitera pedido formulado na inicial da execução, para que sejam arbitrados honorários advocatícios sucumbenciais. Ocorre que o despacho inicial determinou a citação do órgão executado, não arbitrando a verba honorária. Em seguida, foram interpostos embargos à execução, os quais foram definitivamente julgados. Posteriormente, a parte exequente peticionou nos autos, postulando a retenção dos honorários contratuais no requisitório de pagamento a ser expedido, nada mencionando acerca do arbitramento de honorários sucumbenciais. De acordo com essa moldura fática, a parte exequente deveria ter se insurgido, por meio da via processual adequada, contra a ausência de fixação dos honorários sucumbenciais. Ao não agir dessa forma, consolidou-se o fato de não incidência dos honorários sucumbenciais, configurando-se, dessa forma, o instituto da preclusão, pelo qual não mais cabe discutir dentro do processo situação jurídica já consolidada. Ademais, ainda que não se trate propriamente de ação autônoma, por compreensão extensiva, incide a Súmula 453 do STJ: "Os honorários sucumbenciais, quando omitidos em decisão transitada em julgado, não podem ser cobrados em execução ou em ação própria." **REsp1.252.412-RN, Rel. Min. Arnaldo Esteves Lima, julgado em 6/11/2013. (Inform. STJ 543)**

Súmula Vinculante STF 47

Os honorários advocatícios incluídos na condenação ou destacados do montante principal devido ao credor consubstanciam verba de natureza alimentar cuja satisfação ocorrerá com a expedição de precatório ou requisição de pequeno valor, observada ordem especial restrita aos créditos dessa natureza.

Súmula STF nº 450

São devidos honorários de advogado sempre que vencedor o beneficiário de justiça gratuita.

Súmula STF nº 257

São cabíveis honorários de advogado na ação regressiva do segurador contra o causador do dano.

Súmula STF nº 256

É dispensável pedido expresso para condenação do réu em honorários, com fundamento nos arts. 63 ou 64 do Código de Processo Civil.

Súmula STF nº 234

São devidos honorários de advogado em ação de acidente do trabalho julgada procedente.

Súmula STJ nº 488

O § 2º do art. 6º da Lei n. 9.469/1997, que obriga à repartição dos honorários advocatícios, é inaplicável a acordos ou transações celebrados em data anterior à sua vigência.

Súmula STJ nº 481

Faz jus ao benefício da justiça gratuita a pessoa jurídica com ou sem fins lucrativos que demonstrar sua impossibilidade de arcar com os encargos processuais.

Súmula STJ nº 462

Nas ações em que representa o FGTS, a CEF, quando sucumbente, não está isenta de reembolsar as custas antecipadas pela parte vencedora.

Súmula STJ nº 453

Os honorários sucumbenciais, quando omitidos em decisão transitada em julgado, não podem ser cobrados em execução ou em ação própria.

Súmula STJ nº 421

Os honorários advocatícios não são devidos à Defensoria Pública quando ela atua contra a pessoa jurídica de direito público à qual pertença.

Súmula STJ nº 345

São devidos honorários advocatícios pela Fazenda Pública nas execuções individuais de sentença proferida em ações coletivas, ainda que não embargadas.

Súmula STJ nº 326

Na ação de indenização por dano moral, a condenação em montante inferior ao postulado na inicial não implica sucumbência recíproca.

Súmula STJ nº 201

Os honorários advocatícios não podem ser fixados em salários mínimos.

Súmula STJ nº 178

O INSS não goza de isenção do pagamento de custas e emolumentos, nas ações acidentárias e de benefícios, propostas na justiça estadual.

Súmula STJ nº 111

Os honorários advocatícios, nas ações previdenciárias, não Incidem sobre as prestações vencidas após a sentença. (*) apreciando o projeto de súmula n. 560, na sessão de 27/09/06, a terceira seção deliberou pela modificação da Súmula n. 111. A redação anterior era a seguinte (decisão de 06/10/1994, DJ 13/10/1994): Os honorários advocatícios, nas ações previdenciárias, não Incidem sobre prestações vincendas.

Súmula STJ nº 110

A isenção do pagamento de honorários advocatícios, nas ações acidentarias, é restrita ao segurado.

8.3. Cumprimento de Sentença

DIREITO PROCESSUAL CIVIL. IMPUGNAÇÃO AO CUMPRIMENTO DE SENTENÇA E NECESSIDADE DE GARANTIA DO JUÍZO.

Na fase de cumprimento de sentença, não é cabível a apresentação de impugnação fundada em excesso de execução (art. 475-L, V, do CPC) antes do depósito da quantia devida (art. 475-J, caput, do CPC); contudo, se mesmo assim ela for apresentada, não haverá preclusão da faculdade de apresentar nova impugnação a partir da intimação da penhora realizada nos autos (art. 475-J, §1º, do CPC). De fato, com o trânsito em julgado da sentença de mérito, inicia-se a fase executória com o desencadear de atos e procedimentos que buscam a liquidação do referido título judicial. Nesse contexto, tendo o credor requerido o cumprimento de sentença e apresentado seus cálculos, o devedor é intimado, na pessoa de seu advogado, para, querendo, efetuar o pagamento na forma do art. 475-J do CPC. Não obstante, se a parte devedora apresenta impugnação ao cumprimento de sentença sem efetuar, espontaneamente, o respectivo depósito, é cabível, naquele momento, o não conhecimento do alegado excesso de execução, tendo em vista que o STJ entende que a garantia do juízo é requisito necessário à admissão da impugnação ao cumprimento de sentença. Dessa forma, não providenciado o depósito, além da incidência de multa no percentual de 10% (dez por cento) sobre o total do débito, haverá determinação judicial de expedição do mandado de penhora e avaliação. Assim, somente a partir da intimação do executado a respeito da penhora realizada nos autos é que se inicia o prazo para impugnação, a teor do que dispõe o § 1º do art. 475-J do CPC. Portanto, havendo a garantia do juízo ante a penhora realizada nos autos, surge o direito de a parte impugnar os cálculos ofertados pelo credor. **REsp 1.455.937-SP, Rel. Min. João Otávio de Noronha, julgado em 3/11/2015, DJe 9/11/2015. (Inform. STJ 573)**

DIREITO PROCESSUAL CIVIL. MULTA DO ART. 475-J DO CPC EM CUMPRIMENTO DE SENTENÇA ARBITRAL. TEMA 893.

No âmbito do cumprimento de sentença arbitral condenatória de prestação pecuniária, a multa de 10% (dez por cento) do artigo 475-J do CPC deverá incidir se o executado não proceder ao pagamento espontâneo no prazo de 15 (quinze) dias contados da juntada do mandado de citação devidamente cumprido aos autos (em caso de título executivo contendo quantia líquida) ou da intimação do devedor, na pessoa de seu advogado, mediante publicação na imprensa oficial (em havendo prévia liquidação da obrigação certificada pelo juízo arbitral). O CPC (arts. 475-N, IV e parágrafo único), assim como a Lei da Arbitragem (arts. 18 e 31), confere a natureza de título executivo judicial à sentença arbitral, distinguindo apenas o instrumento de comunicação processual do executado. Com efeito, em se tratando de cumprimento de sentença arbitral, a angularização da relação jurídica processual dar-se-á mediante citação do devedor no processo de liquidação ou de execução em vez da intimação promovida nos processos sincréticos. Eis, portanto, a única diferença procedimental entre o cumprimento da sentença proferida no processo civil e o da sentença arbitral. Nessa ordem de ideias, à exceção da ordem de citação (e não de intimação atinente aos processos sincréticos), a execução da sentença arbitral condenatória de obrigação de pagar quantia certa observa o mesmo procedimento previsto para as sentenças civis de idêntico conteúdo, qual seja, o regime previsto nos artigos 475-J a 475-R do CPC. À luz da supracitada premissa, o decurso *in albis* do prazo de 15 (quinze) dias (contados da comunicação pessoal do devedor, mediante citação ou intimação) para pagamento espontâneo da prestação pecuniária certificada na sentença arbitral enseja a aplicação da multa de 10% (dez por cento) prevista no art. 475-J do CPC. A referida sanção pecuniária (aplicável no âmbito do cumprimento de título representativo de obrigação pecuniária líquida) ostenta caráter punitivo e coercitivo, tendo por objetivo garantir a maior efetividade e celeridade na prestação jurisdicional, tornando onerosa a recalcitrância do devedor em desobedecer ao comando sentencial ao qual submetido. Consequentemente, o afastamento a incidência da referida sanção no âmbito do cumprimento de sentença arbitral de prestação pecuniária representaria um desprestígio ao procedimento da arbitragem (tornando-a um *minus* em relação à prestação jurisdicional estatal), olvidando-se de um de seus principais atrativos, qual seja, a expectativa de célere desfecho na solução dos conflitos. Além disso, a sentença arbitral não se sujeita a reexame de mérito nem pelo árbitro nem pelo juiz estatal, adquirindo, desde sua prolação, a imutabilidade decorrente da coisa julgada (arts. 18 e 31 da Lei 9.037/1996), razão pela qual cabida sua execução definitiva (e não provisória). Assim, firmada a aplicabilidade da multa do art. 475-J do CPC no âmbito do cumprimento de sentença arbitral condenatória de prestação pecuniária, impende consignar que o termo inicial do prazo de quinze dias contar-se-á: (i) da data da juntada do mandado de citação (com a determinação de pagamento) devidamente cumprido aos autos (em caso de título executivo contendo quantia líquida); ou (ii) da intimação do devedor, na pessoa de seu advogado, mediante publicação na imprensa oficial, no caso em que necessária prévia liquidação da obrigação certificada pelo juízo arbitral. Tal consideração decorre da especificidade da comunicação processual do executado na ação de cumprimento de sentença arbitral, adaptando-se à orientação jurisprudencial do STJ firmada no bojo de recurso especial representativo de controvérsia, no sentido de que "na fase de cumprimento de sentença, o devedor deverá ser intimado, na pessoa de seu advogado, mediante publicação na imprensa oficial, para efetuar o pagamento no prazo de 15 (quinze) dias, a partir de quando, caso não o efetue, passará a incidir a multa de 10% (dez por cento) sobre montante da condenação (art. 475-J do CPC)" (REsp 1.262.933-RJ, Corte Especial, DJe 20/8/2013). **REsp 1.102.460-RJ, Rel. Min. Marco Buzzi, Corte Especial, julgado em 17/6/2015, DJe 23/9/2015 (Inform. STJ 569).**

DIREITO PROCESSUAL CIVIL. CANCELAMENTO DE DISTRIBUIÇÃO DE IMPUGNAÇÃO AO CUMPRIMENTO DE SENTENÇA OU DE EMBARGOS À EXECUÇÃO. RECURSO REPETITIVO (ART. 543-C DO CPC E RES. 8/2008-STJ). TEMAS 674, 675 E 676.

Cancela-se a distribuição da impugnação ao cumprimento de sentença ou dos embargos à execução na hipótese de não recolhimento das custas no prazo de 30 dias, independentemente de prévia intimação da parte; não se determina o cancelamento se o recolhimento das custas, embora intempestivo, estiver comprovado nos autos. Precedentes citados: AgRg no AREsp 278.854-RS, Terceira Turma, DJe 15/3/2013; e REsp 168.605-SC, Quarta Turma, julgado em 9/6/1998, DJ 24/5/1999. **REsp 1.361.811-RS, Rel. Min. Paulo de Tarso Sanseverino, Primeira Seção, julgado em 4/3/2015, DJe 6/5/2015 (Inform. STJ 561).**

DIREITO PROCESSUAL CIVIL. CUMPRIMENTO DE SENTENÇA DE IMPROCEDÊNCIA DE PEDIDO DECLARATÓRIO.

No caso em que, em ação declaratória de nulidade de notas promissórias, a sentença, ao reconhecer subsistente a obrigação cambial entre as partes, atestando a existência de obrigação líquida, certa e exigível, defina a improcedência da ação, o réu poderá pleitear o cumprimento dessa sentença, independentemente de ter sido formalizado pedido de satisfação do crédito na contestação. Nos termos do art. 475-N, I, do CPC, considera-se título executivo judicial "a sentença proferida no processo civil que reconheça a existência de obrigação de fazer, não fazer, entregar coisa ou pagar quantia". Assim, as sentenças que, mesmo não qualificadas como condenatórias, ao declararem um direito, atestem de forma exauriente a existência de obrigação certa, líquida e exigível, serão dotadas de força executiva. Esclareça-se que o referido dispositivo processual aplica-se também às sentenças declaratórias que, julgando improcedente o pedido do autor da demanda, reconhecem a existência de obrigação desse em relação ao réu da ação declaratória, independentemente de constar pedido de satisfação de crédito na contestação. Nessa vertente, há legitimação do réu para o cumprimento de sentença. Na hipótese em foco, a sentença de improcedência proferida nos autos da ação de anulação de notas promissórias, declarou subsistente a obrigação cambial entre as partes. Desse modo, reconhecida a certeza, a exigibilidade e a liquidez da obrigação cambial, deve-se dar prosseguimento ao pedido de cumprimento de sentença formulado pelo réu da ação declaratória, ante a aplicação do disposto no art. 475-N, I, do CPC. Precedentes citados: REsp 1.300.213-RS, Primeira Turma, DJe 18/4/2012; e AgRg no AREsp 385.551-RJ, Primeira Turma, DJe 11/2/2014. **REsp 1.481.117-PR, Rel. Min. João Otávio de Noronha, julgado em 3/3/2015, DJe 10/3/2015 (Inform. STJ 557).**

DIREITO PROCESSUAL CIVIL. RENÚNCIA DO CREDOR AO SEU CRÉDITO E JUNTADA DO CONTRATO DE HONORÁRIOS ADVOCATÍCIOS AOS AUTOS. A juntada do contrato de honorários advocatícios aos autos antes de determinada a expedição de precatório ou de mandado de levantamento (art. 22, § 4º, da Lei 8.906/1994) não impede que o credor renuncie ao pagamento do montante que lhe era devido, inviabilizando, assim, o pagamento direto -ao advogado – por dedução da quantia que seria recebida pelo constituinte – dos honorários contratuais. De início, cita-se o previsto no art. 22, § 4º, da Lei 8.906/1994: "Se o advogado fizer juntar aos autos o seu contrato de honorários antes de expedir-se o mandado de levantamento ou precatório, o juiz deve determinar que lhe sejam pagos diretamente, por dedução da quantia a ser recebida pelo constituinte, salvo se este provar que já os pagou". O § 4º do artigo supracitado, ao condicionar a juntada do contrato de honorários ao momento anterior à expedição do mandado de levantamento ou precatório, pressupõe que o depósito do valor devido à parte triunfante já tenha sido realizado em juízo. Nesse contexto, se o vencedor da lide renuncia ao seu direito de receber o pagamento do crédito antes de ele ser judicialmente depositado não haverá expedição de mandado de levantamento ou precatório e, consequentemente, não há como o juiz determinar que a parcela dos honorários advocatícios seja paga diretamente, "por dedução da quantia a ser recebida pelo constituinte", ao patrono. Ademais, admitir o contrário faria com que a relação jurídica firmada entre o cliente e o respectivo advogado – mediante contrato de honorários, com cláusulas negociadas estritamente entre eles – se estendesse ao terceiro, o qual sequer pode vir a ter conhecimento do avençado. Com efeito, se o pagamento dos honorários advocatícios contratuais for reconhecido como ato autônomo em relação ao depósito do montante principal – ao ponto de ser viável executá-los sem a existência deste –, o perdedor da lide se tornará diretamente obrigado a arcar com dívida, a qual não lhe foi legalmente imposta nem foi pactuada, porquanto a obrigação da parte mal sucedida na demanda é pagar o que foi reconhecido pelo Judiciário como devido à outra parte, o que inclui os honorários sucumbenciais (mas não os contratuais), cuja "dedução da quantia a ser recebida pelo constituinte", repita-se, é incumbência do juiz. Desse modo, a juntada aos autos do contrato de honorários advocatícios não faz com que o montante nele previsto se torne parcela autônoma em relação à quantia a ser recebida pela parte patrocinada. **REsp 1.330.611-DF, Rel. Min. Benedito Gonçalves, julgado em 7/10/2014. (Inform. STJ 550)**

DIREITO PROCESSUAL CIVIL. PRECLUSÃO DA FACULDADE DE REQUERER HONORÁRIOS SUCUMBENCIAIS EM PROCESSO EXECUTIVO. RECURSO REPETITIVO (ART. 543-C DO CPC E RES. 8/2008-STJ). Há preclusão lógica (art. 503 do CPC) em relação à faculdade de requerer o arbitramento dos honorários sucumbenciais relativos à execução na hipótese em que a parte exequente, mesmo diante de despacho citatório que desconsidera o pedido de fixação da verba feito na petição inicial, limita-se a peticionar a retenção do valor correspondente aos honorários contratuais, voltando a reiterar o pleito de fixação de honorários sucumbenciais apenas após o pagamento da execução e o consequente arquivamento do feito. Inicialmente, cumpre destacar que o STJ tem entendimento firme no sentido de que inexiste preclusão para o arbitramento de verba honorária, no curso da execução, ainda que sobre ela tenha sido silente a inicial do processo executivo e já tenha ocorrido o pagamento do ofício requisitório. Todavia, a hipótese em foco é diversa. Após ter sido cumprido o requisitório de pagamento expedido nos autos e ocorrido o arquivamento do feito, com baixa na distribuição, a parte exequente reitera pedido formulado na inicial da execução, para que sejam arbitrados honorários advocatícios sucumbenciais. Ocorre que o despacho inicial determinou a citação do órgão executado, não arbitrando a verba honorária. Em seguida, foram interpostos embargos à execução, os quais foram definitivamente julgados. Posteriormente, a parte exequente peticionou nos autos, postulando a retenção dos honorários contratuais no requisitório de pagamento a ser expedido, nada mencionando acerca do arbitramento de honorários sucumbenciais. De acordo com essa moldura fática, a parte exequente deveria ter se insurgido, por meio da via processual adequada, contra a ausência de fixação dos honorários sucumbenciais. Ao não agir dessa forma, consolidou-se o fato de não incidência dos honorários sucumbenciais, configurando-se, dessa forma, o instituto da preclusão, pelo qual não mais cabe discutir dentro do processo situação jurídica já consolidada. Ademais, ainda que não se trate propriamente de ação autônoma, por compreensão extensiva, incide a Súmula 453 do STJ: "Os honorários sucumbenciais, quando omitidos em decisão transitada em julgado, não podem ser cobrados em execução ou em ação própria." **REsp1.252.412-RN, Rel. Min. Arnaldo Esteves Lima, julgado em 6/11/2013. (Inform. STJ 543)**

Súmula STF nº 254

Incluem-se os juros moratórios na liquidação, embora omisso o pedido inicial ou a condenação.

Súmula STJ nº 551

Nas demandas por complementação de ações de empresas de telefonia, admite-se a condenação ao pagamento de dividendos e juros sobre capital próprio independentemente de pedido expresso. No entanto, somente quando previstos no título executivo, poderão ser objeto de cumprimento de sentença.

Súmula STJ nº 519

Na hipótese de rejeição da impugnação ao cumprimento de sentença, não são cabíveis honorários advocatícios.

Súmula STJ nº 517

São devidos honorários advocatícios no cumprimento de sentença, haja ou não impugnação, depois de escoado o prazo para pagamento voluntário, que se inicia após a intimação do advogado da parte executada.

Súmula STJ nº 362

A correção monetária do valor da indenização do dano moral incide desde a data do arbitramento.

Súmula STJ nº 344

A liquidação por forma diversa da estabelecida na sentença não ofende a coisa julgada.

Súmula STJ nº 306

Os honorários advocatícios devem ser compensados quando houver sucumbência recíproca, assegurado o direito autônomo do advogado à execução do saldo sem excluir a legitimidade da própria parte.

Súmula STJ nº 204

Os juros de mora nas ações relativas a benefícios previdenciários incidem a partir da citação válida.

Súmula STJ nº 14

Arbitrados os honorários advocatícios em percentual sobre o valor da causa, a correção monetária incide a partir do respectivo ajuizamento.

8.4. Coisa Julgada

AG. REG. NO ARE N. 881.585-DF

RELATOR: MIN. DIAS TOFFOLI

EMENTA: Agravo regimental no recurso extraordinário com agravo. Tributário. Coisa julgada. Efeitos. Alteração das circunstâncias fáticas e jurídicas. Superveniência de alteração legislativa. Necessidade de reexame da causa à luz da legislação infraconstitucional e dos fatos e das provas dos autos. Súmula 279/STF. Afronta reflexa.

1. O Tribunal de origem entendeu que houve alteração nas circunstâncias fáticas e jurídicas que permitiriam uma alteração dos efeitos da coisa julgada não só por força da atual exegese do Supremo Tribunal Federal, como também por força de alteração legislativa (LC nº 87/96).

2. Para decidir de modo contrário ao assentado pelo Tribunal de origem, seria necessário analisar a eficácia vinculante da coisa julgada e se tais circunstâncias fáticas teriam modificado, de modo substancial, a situação jurídica do objeto do pedido ou a causa de pedir, o que importaria no revolvimento dos fatos e das provas dos autos. Incidência da Súmula 279/STF.

3. A Corte tem entendimento pacífico no sentido de que a violação do art. 5º, XXXVI, da Constituição, quando dependente do reexame da contenda à luz da legislação infraconstitucional (LC nº 87/96), ocorre de maneira meramente reflexa, sendo, dessa forma, incabível a interposição de apelo extremo.

4. Agravo regimental não provido. **(Inform. STF 804)**

Ofensa à coisa julgada e perícia em execução

A 1ª Turma proveu recurso extraordinário para restabelecer acórdão de tribunal regional que afastara perícia designada em juízo de execução. No caso, após decisão transitada em julgado que fixara o valor de indenização referente à desapropriação de imóvel rural e a concordância do expropriado pelos índices e cálculos apresentados pelo Incra, o juízo da execução, de ofício, desconsiderara a coisa julgada e o acordo firmado entre as partes e determinara a realização de nova perícia. Em seguida, a corte regional provera agravo de instrumento do expropriado para restaurar o que decidido em processo de conhecimento. Ato contínuo, o STJ dera provimento a recurso especial do Incra para que fosse concretizada nova perícia. A Turma reputou configurado desrespeito flagrante à coisa julgada. Em nome dos princípios da moralidade e da razoabilidade nas obrigações do Estado, o STJ colocara em plano secundário os parâmetros fixados em sentença transitada em julgado e objeto de execução. Observou que o recurso especial ganhara contornos de ação de impugnação autônoma. Afirmou que apenas a ação rescisória, e não o recurso especial, seria o instrumental possível para afastar do cenário jurídico pronunciamento judicial já precluso na via da recorribilidade. RE 602439/MA, rel. Min. Marco Aurélio, 11.11.2014. (RE-602439) **(Inform. STF 767)**

Execução e limitação temporal de sentença transitada em julgado - 1

O Plenário iniciou julgamento de recurso extraordinário em que se discute os limites objetivos da coisa julgada em sede de execução, quando nesta fase se restringe, temporalmente, título judicial transitado em julgado no qual reconhecido o direito a diferença de percentual remuneratório, inclusive para o futuro. No caso, os recorrentes tiveram reconhecido o direito às diferenças decorrentes da aplicação da Unidade de Referência de Preços - URP, de fevereiro de 1989, no percentual de 26,05%, a ser incorporado aos seus proventos, com efeitos presentes e futuros. Na fase executória, o juízo competente consignara que o benefício pleiteado deveria limitar-se à data-base da categoria profissional, razão pela qual considerara quitada a parcela e declarara extinta a execução. Contra essa decisão, os recorrentes propuseram ação rescisória, cujo pedido fora julgado improcedente. O Ministro Marco Aurélio (relator) deu provimento ao recurso extraordinário para julgar procedente o pleito formulado na rescisória. Reconheceu haver, no caso, violação à coisa julgada — ato jurídico perfeito e acabado por excelência, que teria origem na atuação do Estado-juiz. Observou que, no pronunciamento judicial condenatório, precluso na via da recorribilidade, a incidência do mencionado índice sobre os proventos dos recorrentes com efeitos presentes e futuros teria sido assegurada. Aduziu não constar do título judicial qualquer limitação. Indagou como seria possível aditar o aludido título em sede de execução para limitá-lo. Sublinhou que, ao contrário do que percebido pelo TST, a restrição temporal deveria ser expressa na decisão proferida e não poderia ser presumida. Dessa forma, o pronunciamento judicial se mostrara abrangente. Frisou que a organicidade e a dinâmica do Direito obstaculizariam o retorno a fase já ultrapassada, ou seja, o processo de conhecimento. Asseverou que o recorrido não questionara, na oportunidade própria, a extensão do título judicial e deixara escoar o prazo para a propositura da ação rescisória. Além disso, fora condenado a satisfazer as diferenças pretéritas e futuras com integração definitiva no cálculo dos proventos da aposentadoria. Reputou necessário reconhecer o instituto da coisa julgada como direito fundamental (CF, art. 5º, XXXVI). Ressaltou que ela seria expressão do sobreprincípio da segurança jurídica. Concluiu que, em fase de execução do título judicial, limitar, no tempo, o direito assentado mediante pronunciamento transitado em julgado equivaleria a ignorar a fundamentalidade dessa garantia constitucional. Em seguida, pediu vista dos autos o Ministro Teori Zavascki.
RE 596663/RJ, rel. Min. Marco Aurélio, 18.9.2014. (RE-596663)

Execução e limitação temporal de sentença transitada em julgado - 2

A sentença que reconhece ao trabalhador ou servidor o direito a determinado percentual de acréscimo remuneratório deixa de ter eficácia a partir da superveniente incorporação definitiva do referido percentual nos seus ganhos. Essa a orientação do Plenário, que, em conclusão de julgamento e por maioria, negou provimento a recurso extraordinário em que se discutia o alcance da coisa julgada na hipótese em que o direito de incidência do percentual de 26,05% relativo à URP de fevereiro de 1989, sobre os vencimentos de trabalhador — reconhecido mediante sentença transitada em julgado — tivesse sido limitado no tempo na fase de execução do respectivo título judicial — v. Informativo 759. O Colegiado, de início, consignou que, consideradas as circunstâncias do caso, a questão jurídica em debate não diria respeito à coisa julgada, mas, sim, à eficácia temporal da sentença então proferida. Afirmou que esta teria reconhecido o direito dos recorrentes a incorporar, em seus vencimentos, o acréscimo remuneratório em comento. Tratar-se-ia, portanto, de típica sentença sobre relação jurídica de trato continuado, e que projetaria efeitos prospectivos. Asseverou, porém, que a força vinculativa desse título judicial atuaria "rebus sic stantibus", porquanto, ao pronunciar juízos de certeza sobre a existência, a inexistência ou o modo de ser das relações jurídicas, levaria em consideração as circunstâncias de fato e de direito que se apresentassem no momento da sua prolação. Observou que, no caso, seria evidente a alteração no "status quo", esgotada, portanto, a eficácia temporal da sentença exequenda. Sublinhou que o percentual de 26,05%, objeto da condenação, teria sido inteiramente satisfeito pela instituição executada e, posteriormente, teria sido objeto de incorporação aos vencimentos dos recorrentes por força de superveniente cláusula de dissídio coletivo. Esta última ensejara o reajuste dos vencimentos dos ora recorrentes de acordo com os índices apurados pelo DIEESE entre 1º.9.1988 a 31.8.1989, o que teria resultado na absorção do valor da URP correspondente ao mês de fevereiro de 1989. Vencidos os Ministros Marco Aurélio (relator) e Celso de Mello, que proviam o recurso e reconheciam a existência, no caso, de violação à coisa julgada.
RE 596663/RJ, rel. orig. Min. Marco Aurélio, red. p/ o acórdão Min. Teori Zavascki, 24.9.2014. (RE-596663) **(Inform. STF 760)**

DIREITO PROCESSUAL CIVIL. CONFLITO ENTRE COISAS JULGADAS. Havendo conflito entre duas coisas julgadas, prevalecerá a que se formou por último, enquanto não desconstituída mediante ação rescisória. Precedentes citados: AgRg no REsp 643.998-PE, Sexta Turma, DJe 1/2/2010; REsp 598.148-SP, Segunda Turma, DJe 31/8/2009. **REsp 1.524.123-SC, Rel. Min. Herman Benjamin, julgado em 26/5/2015, DJe 30/6/2015 (Inform. STJ 565).**

DIREITO PROCESSUAL CIVIL. EFICÁCIA SUBJETIVA DA COISA JULGADA.

Não está sujeito aos efeitos de decisão reintegratória de posse proferida em processo do qual não participou o terceiro de boa-fé que, antes da citação, adquirira do réu o imóvel objeto do litígio. É certo que, segundo o disposto no art. 42, § 3º, do CPC, em se tratando de aquisição de coisa ou direito litigioso, "A sentença, proferida entre as partes originárias, estende os seus efeitos ao adquirente ou ao cessionário". Trata-se de exceção legal à regra segundo a qual a coisa julgada só opera efeito inter partes – eficácia subjetiva da coisa julgada –, prevista na primeira parte do art. 472 do CPC: "A sentença faz coisa julgada às partes entre as quais é dada, não beneficiando, nem prejudicando terceiros [...]". Entretanto, a coisa só se torna litigiosa para a parte ré após a citação válida, nos termos do disposto no art. 219 do CPC. Observe-se que o bem ou direito somente se torna litigioso com a litispendência, ou seja, com a lide pendente. A lide é considerada pendente, para o autor, com a propositura da ação, enquanto que, para o réu, com a citação válida. Desse modo, para o adquirente, o momento em que o bem ou direito é considerado litigioso vai variar de acordo com a posição ocupada pela parte na relação jurídica processual que sucederia. Nesse contexto, se o bem é adquirido por terceiro de boa-fé antes de configurada a litigiosidade, não há falar em extensão dos efeitos da coisa julgada ao adquirente. **REsp 1.458.741-GO, Rel. Min. Ricardo Villas Bôas Cueva, julgado em 14/4/2015, DJe 17/4/2015 (Inform. STJ 560).**

DIREITO PROCESSUAL CIVIL. CONFLITO ENTRE DUAS SENTENÇAS TRANSITADAS EM JULGADO.

É possível acolher alegação de coisa julgada formulada em sede de exceção de pré-executividade caso se verifique, na fase de execução, que o comando da sentença exequenda transitada em julgado conflita com o comando de outra sentença, anteriormente transitada em julgado, proferida em idêntica demanda. Efetivamente, existe grande polêmica na doutrina a respeito do conflito entre sentenças transitadas em julgado, especificamente no que se refere à definição de qual decisão deve prevalecer, a primeira ou a segunda. Diante da ausência de disposição específica no CPC, cabe ao intérprete colmatar essa lacuna legislativa, sempre tomando como norte a CF. Nessa tarefa integrativa, a primeira questão que se coloca é saber se a ausência de uma condição da ação causaria a invalidade ou a inexistência da sentença proferida. Consoante parte da doutrina, não há atividade jurisdicional autêntica nesse caso, mas apenas aparência de jurisdição – ou a forma externa de jurisdição –, de modo que a carência de ação conduziria à própria inexistência da sentença. Firmada essa premissa, tem-se por inexistente a segunda sentença proferida em demanda idêntica a outra já transitada em julgado, tendo em vista que o autor na segunda demanda careceria de interesse jurídico em provocar a jurisdição. A propósito, reforça essa conclusão o fato de a coisa julgada ser um pressuposto processual negativo (ou extrínseco). Ressalte-se, ademais, que persiste o entendimento de que deve prevalecer a primeira sentença também quando se tem em foco o plano da validade, ou seja, ainda que se admita o ingresso da segunda sentença no mundo jurídico como ato judicial existente. Isso porque a segunda sentença traz em si as máculas da inconstitucionalidade e da ausência de boa-fé. Superada a polêmica acerca de qual das sentenças deve prevalecer, há controvérsia também em torno do instrumento processual adequado para se alegar o vício coisa julgada. Em que pese a existência de dissenso a respeito do tema, firmada a premissa de que a segunda sentença é inexistente, cabe concluir que não há necessidade de ação rescisória, podendo-se obter a declaração de inexistência perante o próprio juízo de origem, por meio de ação ou objeção, esteja ou não transcorrido o prazo decadencial do art. 495 do CPC. **REsp 1.354.225-RS, Rel. Min. Paulo de Tarso Sanseverino, julgado em 24/2/2015, DJe 5/3/2015 (Inform. STJ 557).**

DIREITO PROCESSUAL CIVIL. EXAME MERITÓRIO PELO STJ EM SEDE RECURSAL E LIMITES SUBJETIVOS DA CAUSA. O simples fato de a causa ter sido submetida à apreciação do STJ, por meio de recurso especial, não tem a aptidão para conferir alcance nacional à sentença proferida em ação civil pública. Isso porque o efeito substitutivo do art. 512 do CPC, decorrente do exame meritório do recurso especial, não tem o condão de modificar os limites subjetivos da causa. Caso se entendesse de modo contrário, estar-se-ia criando um novo interesse recursal, o que levaria a parte vencedora na sentença civil a recorrer até o STJ apenas para alcançar abrangência nacional. **REsp 1.114.035-PR, Rel. originário Min. Sidnei Beneti, Rel. para acórdão Min. João Otávio de Noronha, julgado em 7/10/2014. (Inform. STJ 552)**

DIREITO PROCESSUAL CIVIL. CORREÇÃO DE ERRO MATERIAL APÓS O TRÂNSITO EM JULGADO. O magistrado pode corrigir de ofício, mesmo após o trânsito em julgado, erro material consistente no desacordo entre o dispositivo da sentença que julga procedente o pedido e a fundamentação no sentido da improcedência da ação. Isso porque o art. 463, I, do CPC permite ao magistrado a correção de erros materiais existentes na sentença, ainda que a decisão já tenha transitado em julgado, sem que se caracterize ofensa à coisa julgada. Precedentes citados: AgRg no Aresp 89.520-DF, Primeira Turma, Dje 15/8/2014; e Resp 1.294.294-RS, Terceira Turma, Dje 16/5/2014. **RMS 43.956-MG, Rel. Min. Og Fernandes, julgado em 9/9/2014. (Inform. STJ 547)**

DIREITO PROCESSUAL CIVIL. IMPOSSIBILIDADE DE PAGAMENTO DE DIVIDENDOS E JUROS SOBRE CAPITAL PRÓPRIO NÃO PREVISTOS NO TÍTULO EXECUTIVO. RECURSO REPETITIVO (ART. 543-C DO CPC E RES. 8/2008-STJ). Não é cabível a inclusão dos dividendos ou dos juros sobre capital próprio no cumprimento da sentença condenatória à complementação de ações sem expressa previsão no título executivo. Essa questão envolve o princípio da imutabilidade da coisa julgada, que tem sede constitucional. Por essa razão, a jurisprudência desta Corte Superior tem sido unânime em vedar a possibilidade de execução, quer dos dividendos, quer dos JCP, sem previsão expressa no título executivo. Precedentes citados: AgRg nos EDcl no AREsp 106.937-RS, Quarta Turma, DJe 10/9/2012; AgRg no REsp 1.261.874-RS, Terceira Turma, DJe 5/3/2014. **REsp 1.373.438-RS, Rel. Min. Paulo de Tarso Sanseverino, julgado em 11/6/2014. (Inform. STJ 542)**

Súmula STJ nº 490

A dispensa de reexame necessário, quando o valor da condenação ou do direito controvertido for inferior a sessenta salários mínimos, não se aplica a sentenças ilíquidas.

8.5. Liquidação de sentença

DIREITO PROCESSUAL CIVIL. DEFINIÇÃO DO TERMO INICIAL DOS JUROS MORATÓRIOS EM SEDE DE LIQUIDAÇÃO. Quando não houver, na sentença condenatória, definição do termo inicial para a contabilização dos juros moratórios decorrentes do inadimplemento de obrigação contratual, dever-se-á adotar na liquidação, como marco inicial, a citação válida do réu no processo de conhecimento. Preliminarmente, cumpre destacar que, apesar da omissão, os juros moratórios devem ser incluídos na liquidação, nos termos da Súmula 254 do STF. Nesse contexto, aplica-se o entendimento do STJ segundo o qual, na responsabilidade contratual, os juros moratórios devem ser aplicados a partir da citação inicial do réu, nos termos do art. 405 do CC (AgRg no REsp 142.807-DF, Quarta Turma, DJe 2/6/2014; e EDcl nos EDcl no AgRg no REsp 1.023.728-RS, Segunda Turma, DJe 17/5/2011). **REsp 1.374.735-RS, Rel. Min. Luis Felipe Salomão, julgado em 5/8/2014. (Inform. STJ 545)**

8.6. Ações Anulatória e Rescisória

AG. REG. NA AR N. 1.798-PE

RELATOR: MIN. MARCO AURÉLIO

AÇÃO RESCISÓRIA – OBJETO – DECISÃO DE MERITO – AUSÊNCIA. A ausência de apreciação do mérito direciona à negativa de seguimento ao pedido formulado na rescisória. **(Inform. STF 800)**

AG. REG. NA Pet N. 5.592-DF

RELATOR: MIN. LUIZ FUX

Ementa: AGRAVO REGIMENTAL NA PETIÇÃO. TENTATIVA DE NOVA REDISCUSSÃO DO QUE JÁ ASSENTADO POR ESTA CORTE EM RECURSO EXTRAORDINÁRIO E EM POSTERIOR AÇÃO RESCISÓRIA. INADEQUAÇÃO DA VIA PROCESSUAL ELEITA. AÇÃO MANIFESTAMENTE INCABÍVEL. A CLASSE PROCESSUAL DE PETIÇÃO NÃO PODE SE CARACTERIZAR COMO SUCEDÂNEO RECURSAL, NOTADAMENTE QUANDO PRETENDE REDISCUTIR A MESMA QUESTÃO JURÍDICA JÁ ASSENTADA TANTO EM AÇÃO ORIGINAL QUANTO EM RESCISÓRIA. AGRAVO REGIMENTAL A QUE SE NEGA PROVIMENTO.

1. A ação rescisória – e quanto mais o seus sucedâneos recursais – é via processual inadequada à mera rediscussão de matérias já assentadas pelo Tribunal à época do julgamento do qual decorreu a decisão que se quer ver desconstituída. Precedentes: AR 2.017, rel. Min. Luiz Fux, DJe de 17/4/2015; AR 2.304-AgR, rel. Min. Luiz Fux, Primeira Turma, DJe de 5/3/2015; AR 1.063, rel. Min. Néri da Silveira, Pleno, DJ de 25/8/1995; AR 973, rel. Min. Néri da Silveira, Pleno, DJ de 30/4/1992.
2. *In casu*, a discussão que se propõe tem sido objeto de apreciação pelo Judiciário desde a ação original, bem como pela posterior ação rescisória. Assim, nota-se que o autor apenas pretende rediscutir alegações já expendidas durante o curso do processo original, as quais já foram objeto de análise detida desta Corte, tanto no processo original, quando em sede rescisória; providência descabida neste momento processual.
3. Agravo regimental a que se nega provimento. **(Inform. STF 790)**

Ação rescisória e revisão geral anual de vencimentos

O Plenário, por maioria, não conheceu de ação rescisória ajuizada, com fundamento no art. 485, V, do CPC ("Art. 485. A sentença de mérito, transitada em julgado, pode ser rescindida quando: ... V – violar literal disposição de lei"), em face de decisão monocrática que dera provimento ao RE 560.077/SC. Na espécie, pleiteava-se o restabelecimento de acórdão, objeto do referido recurso extraordinário, no qual fora deferido pedido de indenização por danos materiais, formulado por servidor público, em razão de alegada omissão do titular do Poder Executivo em encaminhar projeto de lei de revisão geral anual da remuneração dos servidores federais, a teor do disposto no art. 37, X, da CF. O autor da rescisória sustentava que a matéria não estaria uniformizada pela jurisprudência do STF, destacando a repercussão geral reconhecida no RE 424.584/MG e no RE 565.089/SP, ainda pendente de apreciação. O Tribunal reiterou o quanto decidido no RE 590.809/RS (DJe de 24.11.2014) no sentido do não cabimento de ação rescisória de decisões proferidas em harmonia com a jurisprudência do STF, ainda que viesse a ocorrer alteração posterior do seu entendimento sobre a matéria. Tratar-se-ia, no caso, de ação rescisória manifestamente incabível, porquanto fundada exclusivamente em possível e eventual alteração na jurisprudência do STF sobre o tema. Vencido o Ministro Marco Aurélio (relator), que julgava procedente o pedido para rescindir a decisão proferida no RE 560.077/SC, restabelecendo o acórdão do TRF, considerada a responsabilidade civil do Estado pela omissão inconstitucional, a conflitar com a Constituição Federal. **AR 2199/SC, rel. Min. Marco Aurélio, red. p/ o acórdão Min. Gilmar Mendes, 23.4.2015. (AR-2199) (Inform. STF 782)**

Cabimento de ação rescisória e alteração de jurisprudência - 1

O Plenário iniciou julgamento de recurso extraordinário em que se discute o cabimento de ação rescisória para desconstituir decisão — firmada com base na jurisprudência então prevalecente no STF — em decorrência de posterior mudança de entendimento desta Corte sobre a matéria. No caso, o acórdão rescindendo, em 2.3.2004, assentara o direito do contribuinte aos créditos presumidos de IPI alusivos a insumos e matérias-primas adquiridos sob o regime de isenção, de alíquota zero e não tributado, em atenção aos precedentes do STF relativos à controvérsia (RE 212.484/RS, DJU de 27.11.1998; RE 350.446/PR, DJU de 6.6.2003; RE 353.668/PR, DJU de 13.6.2003; e RE 357.277/RS, DJU de 13.6.2003). Em 25.6.2007, o STF alterara a posição adotada para proclamar a ausência de direito ao aludido crédito (RE 353.657/PR, DJe de 7.3.2008; e RE 370.682/SC, DJe de 19.12.2007). O tribunal "a quo", com esteio na nova orientação jurisprudencial, julgara procedente o pleito formulado em ação rescisória para prevalecer o último entendimento do STF. O Ministro Marco Aurélio (relator) deu provimento ao recurso extraordinário para assentar a improcedência do pedido rescisório e manter incólume o acórdão rescindendo no tocante ao direito da recorrente ao referido crédito do IPI. Inicialmente, asseverou que a alegada decadência da ação rescisória intentada pelo Fisco não poderia ser apreciada por não ter sido tratada no recurso extraordinário. Em seguida, afirmou não haver dúvida de que o acórdão rescindendo estaria em conflito com o entendimento atual do STF a respeito da questão de fundo, o que não implicaria, necessariamente, a procedência do pedido rescisório. Refutou a assertiva de que o Enunciado 343 da Súmula do STF ("Não cabe ação rescisória por ofensa a literal disposição de lei, quando a decisão rescindenda se tiver baseado em texto legal de interpretação controvertida nos tribunais") deveria ser afastado, aprioristicamente, em caso de matéria constitucional. Rememorou voto em que reconhecera a aplicação do aludido Enunciado na hipótese em que os pronunciamentos das Turmas do STF tivessem sido na mesma linha das decisões rescindendas, ainda que houvesse definição da controvérsia pelo Plenário em outro sentido, após a formação da coisa julgada. Salientou não ocorrer, nessa situação, violência à literalidade de lei, ainda que fosse discutida matéria constitucional.

RE 590809/RS, rel. Min. Marco Aurélio, 11.9.2014. (RE-590809)

Cabimento de ação rescisória e alteração de jurisprudência - 2

O relator sublinhou que a rescisória deveria ser reservada a situações excepcionalíssimas, ante a natureza de cláusula pétrea conferida pelo constituinte ao instituto da coisa julgada. Disso decorreria a necessária interpretação e aplicação estrita dos casos previstos no art. 485 do CPC, incluído o constante do inciso V ("Art. 485. A sentença de mérito, transitada em julgado, pode ser rescindida quando: ... V - violar literal disposição de lei"). Ressaltou que, diante da razão de ser do Verbete

343 da Súmula do STF, não se trataria de defender o afastamento da rescisória — presente qualquer grau de divergência jurisprudencial, mas de prestigiar a coisa julgada se, quando formada, o teor da solução do litígio dividisse a interpretação dos tribunais pátrios ou, com maior razão, se contasse com entendimento do Plenário do próprio STF favorável à tese adotada. Frisou que, com muitas reservas, poderia se cogitar do afastamento do mencionado enunciado sumular em favor do manejo da rescisória para evitar decisão judicial transitada em julgado fundada em norma proclamada inconstitucional pelo STF, se a declaração tivesse efeito "erga omnes". Consignou, entretanto, que esse não seria o caso ora examinado. Observou que se pretenderia utilizar a ação rescisória como mecanismo de uniformização da interpretação da Constituição, particularmente, do princípio constitucional da não cumulatividade no tocante ao IPI, sem que fosse observada a garantia da coisa julgada material. Por sua vez, o Ministro Dias Toffoli deu provimento ao recurso extraordinário, mas para declarar a decadência da propositura da ação rescisória. Pontuou que a contagem de prazo para o manejo da ação rescisória seria matéria de ordem pública, razão pela qual poderia ser apreciada pelo julgador mesmo que não suscitada nas razões do recurso extraordinário. Acresceu não haver dúvida de que a rescisória fora proposta, passado mais de dois anos da publicação do acórdão rescindendo. Enfatizou que os recursos especial e extraordinário interpostos pela Fazenda Pública teriam sido inadmitidos por intempestividade. Ponderou que a intempestividade fora confirmada no julgamento do agravo de instrumento pelo STJ. Rememorou que, no STF, o agravo de instrumento não fora conhecido por deficiência na sua formação. Assim, o trânsito em julgado dos acórdãos do STF e do STJ não poderia ser considerado como marco inicial para o ajuizamento da ação rescisória. Em seguida, pediu vista a Ministra Cármen Lúcia.
RE 590809/RS, rel. Min. Marco Aurélio, 11.9.2014. (RE-590809)

Cabimento de ação rescisória e alteração de jurisprudência - 3
Não cabe ação rescisória em face de acórdão que, à época de sua prolação, estiver em conformidade com a jurisprudência predominante do STF. Com base nesse entendimento, o Plenário, por maioria, proveu recurso extraordinário para assentar a improcedência do pedido rescisório e manter incólume o acórdão rescindendo no tocante ao direito da recorrente a crédito do IPI. No recurso, discutia-se o cabimento de ação rescisória para desconstituir decisão — firmada com base na jurisprudência então prevalecente no Supremo — em decorrência de posterior mudança de entendimento dessa Corte sobre a matéria — v. Informativo 758. Inicialmente, o Tribunal asseverou que a alegada decadência da ação rescisória intentada pelo Fisco não poderia ser apreciada por não ter sido tratada no recurso extraordinário. Em seguida, afirmou não haver dúvida de que o acórdão rescindendo estaria em conflito com a orientação atual do STF a respeito da questão de fundo, o que não implicaria, necessariamente, a procedência do pedido rescisório. Refutou a assertiva de que o Enunciado 343 da Súmula do STF ("Não cabe ação rescisória por ofensa a literal disposição de lei, quando a decisão rescindenda se tiver baseado em texto legal de interpretação controvertida nos tribunais") deveria ser afastado, aprioristicamente, em caso de matéria constitucional.
RE 590809/RS, rel. Min. Marco Aurélio, 22.10.2014. (RE-590809)

Cabimento de ação rescisória e alteração de jurisprudência - 4
O Tribunal sublinhou que a rescisória deveria ser reservada a situações excepcionalíssimas, ante a natureza de cláusula pétrea conferida pelo constituinte ao instituto da coisa julgada. Dessa forma, a interpretação e a aplicação dos casos previstos no art. 485 do CPC, incluído o constante do inciso V ("Art. 485. A sentença de mérito, transitada em julgado, pode ser rescindida quando: ... V - violar literal disposição de lei") deveriam ser restritivas. Além disso, a coisa julgada deveria ser prestigiada, diante da razão de ser do Verbete 343 da Súmula do STF, mesmo que a solução do litígio dividisse a interpretação dos tribunais pátrios, com maior razão ela deveria ser venerada se contasse com entendimento do Plenário do STF favorável à tese adotada. A ação rescisória não serviria como mecanismo de uniformização da interpretação da Constituição sem que fosse observada a garantia da coisa julgada material. Por sua vez, o Ministro Dias Toffoli proveu o recurso extraordinário, mas por fundamento diverso, qual seja, para declarar a decadência da propositura da ação rescisória. Pontuou que a contagem de prazo para o manejo da ação rescisória seria matéria de ordem pública, razão pela qual poderia ser apreciada pelo julgador mesmo que não suscitada nas razões do recurso extraordinário. Acresceu não haver dúvida de que a rescisória fora proposta após mais de dois anos da publicação do acórdão rescindendo. Vencidos os Ministros Teori Zavascki e Gilmar Mendes, que negavam provimento ao recurso. Frisavam que o acolhimento da pretensão recursal agora deduzida importaria em rescindir o acórdão do recurso extraordinário que teria alterado a jurisprudência sobre a matéria. Salientavam que, na oportunidade, a Corte decidira não modular os efeitos da decisão.
RE 590809/RS, rel. Min. Marco Aurélio, 22.10.2014. (RE-590809) **(Inform. STF 764)**

DIREITO PROCESSUAL CIVIL. PRAZO DECADENCIAL PARA AJUIZAMENTO DE AÇÃO ANULATÓRIA NO PROCEDIMENTO ARBITRAL.
No procedimento arbitral, o prazo decadencial de noventa dias para o ajuizamento de ação anulatória (art. 33, § 1º, da Lei 9.307/1996) em face de sentença arbitral parcial conta-se a partir do trânsito em julgado desta, e não do trânsito em julgado da sentença arbitral final.
De plano, afigura-se de suma relevância consignar que, no âmbito do procedimento arbitral, nos termos da Lei 9.307/1996 (antes mesmo das alterações promovidas pela Lei 13.129/2015), inexiste qualquer óbice à prolação de sentença arbitral parcial. Efetivamente, a possibilidade de prolação de sentença arbitral parcial, há muito admitida no Direito Comparado e expressamente prevista nos principais regulamentos de arbitragem internacionais (dentre eles, citam-se: da UNCITRAL – United Nations Commission on International Trade Law, art. 32.1; da ICC – International Court of Arbitration, art. 2 (iii); da AAA – International Centre for Dispute Resolution, art. 27.7; e da LCIA – London Court of International Arbitration, art. 26.7), encontrava, no país, antes da Lei 11.232/2005, alguma resistência de alguns autores, em virtude, não raro, da inevitável comparação com o processo judicial então em vigor. Todavia, após a Reforma instituída pela Lei 11.232/2005, pela qual se afastou da definição de sentença o critério "exclusivamente" topográfico (extinção do processo), reportando-se ao conteúdo das matérias vertidas nos arts. 267 e 269 do CPC, tornou-se insubsistente o argumento de parte da doutrina nacional, que não admitia a prolação de sentença parcial no âmbito do procedimento arbitral em virtude da literalidade do art. 29 da Lei 9.307/1996 ("Proferida a sentença arbitral, dá-se por finda a arbitragem..."). Não se olvidam, tampouco se afastam, as vantagens de se traçar um paralelo entre o processo judicial e a arbitragem, notadamente por se tratar efetivamente de ramos do Direito Processual. E, desse modo, natural que do processo judicial se extraiam as principais noções e, muitas vezes, elementos seguros para solver relevantes indagações surgidas no âmbito da arbitragem, de modo a conceder às partes tratamento isonômico e a propiciar-lhes o pleno contraditório e a ampla defesa. Por consectário, vislumbra-se, em certa medida, a salutar harmonia dos institutos processuais incidentes no processo judicial com aqueles aplicáveis à arbitragem. Isso, todavia, não autoriza o intérprete a compreender que a arbitragem – regida por princípios próprios (notadamente o da autonomia da vontade e o da celeridade da prestação jurisdicional) – deva observar necessária e detidamente os regramentos disciplinadores do processo judicial, sob pena de desnaturar-se esse importante modo de heterocomposição. Há que se preservar, portanto, as particularidades de cada qual. É justamente com este enfoque que se deve examinar a admissão da prolação de sentença parcial no âmbito do procedimento arbitral, assim como sua adequação com o sistema processual vigente. E, o fazendo, pode-se afirmar com segurança que o julgamento fatiado da causa afigura-se adequado, viável e condizente com o sistema processual posto (inclusive pela Lei 11.232/2005). Portanto, em consonância com o sistema processual vigente, absolutamente admissível que, no âmbito do procedimento arbitral, os árbitros profiram decisão (sentença) que resolva a causa parcialmente, compreendida esta como o decisum que reconhece ou não o direito alegado pela parte (sentença de mérito), ou que repute ausente pressupostos ou condições de admissibilidade da tutela jurisdicional pretendida (sentença terminativa). Naturalmente, levando-se em conta as peculiaridades do processo arbitral, a decisão (sentença) que decide

a causa, total ou parcialmente, não pode ser impugnada por meio de recursos (com exceção, é certo, dos embargos aclaratórios), mas apenas pela estreita via da ação anulatória, justamente em função da celeridade e da segurança jurídica da prestação jurisdicional perseguida pelas partes signatárias. Não obstante, a simples disparidade de forma pela qual a decisão (sentença) parcial é impugnada nos processos judicial e arbitral não consubstancia justificativa idônea para inadmiti-la neste último. Com base em tais premissas, e em se transportando a definição de sentença ofertada pela Lei 11.232/2005 à Lei 9.307/1996, é de se reconhecer a absoluta admissão, no âmbito do procedimento arbitral, de se prolatar sentença parcial, compreendida esta como o ato dos árbitros que, em definitivo (ou seja, finalizando a arbitragem na extensão do que restou decidido), resolve parte da causa, com fundamento na existência ou não do direito material alegado pelas partes ou na ausência dos pressupostos de admissibilidade da tutela jurisdicional pleiteada. Nesse passo, a sentença parcial arbitral resolve parte da causa em definitivo, ou seja, finaliza a arbitragem na extensão do que restou decidido, sendo, portanto, apta, no ponto, à formação da coisa julgada. Nessa medida, a ação anulatória destinada a infirmá-la – único meio admitido de impugnação do decisum – deve ser intentada de imediato, sob pena de a questão decidida tornar-se imutável, porquanto não mais passível de anulação pelo Poder Judiciário, a obstar, por conseguinte, que o Juízo arbitral profira nova decisão sobre a matéria. Não há, dessa maneira, qualquer argumento idôneo a autorizar a compreensão de que a impugnação ao comando da sentença parcial arbitral, por meio da competente ação anulatória, poderia ser engendrada somente por ocasião da prolação da sentença arbitral final. Sob o enfoque da celeridade, da efetividade e da segurança jurídica especialmente perseguidas pelas partes signatárias de um compromisso arbitral, absolutamente contraproducente a adoção de tal postura. De fato, encontrando-se determinado capítulo da causa maduro para ser julgado, não haveria razão para que a correlata matéria não fosse desde logo decidida. E, uma vez resolvida a questão em sentença parcial, caso esta venha a ser anulada, salutar que o referido provimento judicial seja exarado o quanto antes a fim de não comprometer ainda mais o procedimento arbitral. A justificar, ainda, a imediata impugnação, é de suma relevância reconhecer que a questão decidida pela sentença arbitral parcial encontrar-se-á definitivamente julgada, não podendo ser objeto de ratificação e muito menos de modificação pela sentença arbitral final, exigindo-se de ambas, por questão de lógica, naturalmente, coerência, tão somente. Não bastassem tais considerações, suficientes em si, para lastrear a compreensão de que a impugnação da sentença parcial, por meio de ação anulatória, deve ser exercida pela parte sucumbente imediatamente à sua prolação, é de se reconhecer, também e principalmente, que tal incumbência decorre da própria lei de regência (Lei 9.307/1996, inclusive antes das alterações promovidas pela Lei 13.129/2015), que, no § 1º do art. 33, estabelece o prazo decadencial de 90 (noventa dias) para anular a sentença arbitral. Nesse contexto, compreendendo-se sentença arbitral como gênero, do qual a parcial e a definitiva são espécies, o prazo previsto no aludido dispositivo legal aplica-se a estas, indistintamente. **REsp 1.519.041–RJ, Rel. Min. Marco Aurélio Bellizze, julgado em 1º/9/2015, DJe 11/9/2015 (Inform. STJ 568).**

DIREITO PROCESSUAL CIVIL. IMPUGNAÇÃO AO VALOR DA CAUSA EM AÇÃO RESCISÓRIA.

Em sede de ação rescisória, o valor da causa, em regra, deve corresponder ao da ação principal, devidamente atualizado monetariamente, exceto se houver comprovação de que o benefício econômico pretendido está em descompasso com o valor atribuído à causa, hipótese em que o impugnante deverá demonstrar, com precisão, o valor correto que entende devido para a ação rescisória, instruindo a inicial da impugnação ao valor da causa com os documentos necessários à comprovação do alegado. Precedentes citados: Pet 8.707-GO, Segunda Seção, DJe 29/8/2014; EDcl na Pet 5.541-SP, Terceira Seção, DJe 11/2/2010; e AgRg na AR 4.277-DF, Primeira Seção, DJe 10/11/2009. **PET 9.892-SP, Rel. Min. Luis Felipe Salomão, julgado em 11/2/2015, DJe 3/3/2015 (Inform. STJ 556).**

DIREITO PROCESSUAL CIVIL. PRORROGAÇÃO DO TERMO FINAL DO PRAZO PARA AJUIZAMENTO DA AÇÃO RESCISÓRIA. RECURSO REPETITIVO (ART. 543-C DO CPC E RES. 8/2008-STJ).

O termo final do prazo decadencial para propositura de ação rescisória deve ser prorrogado para o primeiro dia útil subsequente quando recair em data em que não haja funcionamento da secretaria do juízo competente. Preliminarmente, tendo em vista que o art. 495 do CPC dispõe que "o direito de propor ação rescisória se extingue em dois anos, contados do trânsito em julgado da decisão", cabe examinar a data do trânsito em julgado da decisão, a partir da qual se dá o termo inicial do prazo para a proposição da ação rescisória. Essa análise se faz necessária, pois se observa a existência de divergência acerca da definição do termo inicial do biênio decadencial (se do dia do trânsito em julgado ou do dia seguinte ao trânsito em julgado), que ocorre, principalmente, em razão da imprecisão ao se definir o exato dia do trânsito em julgado. A teor do disposto no § 3.º do art. 6.º da Lei de Introdução às normas do Direito Brasileiro, "chama-se coisa julgada ou caso julgado a decisão judicial de que já não caiba mais recurso", bem assim no art. 467 do CPC: "denomina-se coisa julgada material a eficácia, que torna imutável e indiscutível a sentença, não mais sujeita a recurso ordinário ou extraordinário". Em uma linha: só há trânsito em julgado quando não mais couber recurso, ou seja, há trânsito em julgado no dia imediatamente subsequente ao último dia do prazo para o recurso em tese cabível contra a última decisão proferida na causa. Assim, em que pese a existência de precedentes em sentido contrário, o termo inicial para o ajuizamento da ação rescisória coincide com a data do trânsito em julgado da decisão rescindenda (STF, AR 1.412-SC, Tribunal Pleno, DJe 26/6/2009; AR 1.472-DF, Tribunal Pleno, DJe 7/12/2007; e STJ, AR 4.374-MA, Segunda Seção, DJe 5/6/2012). A regra para contagem do prazo bienal é a estabelecida no art. 1.º da Lei 810/1949, qual seja, "considera-se ano o período de doze meses contados do dia do início ao dia e mês correspondentes do ano seguinte", fórmula que está em consonância com aquela estabelecida também no art. 132, § 2.º, do CC, onde se lê: "os prazos de meses e anos expiram no dia de igual número do de início, ou no imediato, se faltar exata correspondência". Consoante adverte amplo magistério doutrinário, o prazo para a propositura da ação rescisória é decadencial, e, dessa forma, não estaria sujeito à suspensão ou interrupção. Não obstante, a jurisprudência do STJ firmou-se no sentido de que, se o termo final do prazo para ajuizamento da ação rescisória recair em dia não útil prorroga-se para o primeiro dia útil subsequente. Ressalte-se que não se está a afirmar que não se trata de prazo decadencial, pois esta é a natureza do prazo para o ajuizamento da ação rescisória. A solução apresentada pela jurisprudência do STJ, que aplica ao prazo de ajuizamento da ação rescisória a regra geral do art. 184, § 1.º, do CPC, visa a atender ao princípio da razoabilidade, evitando que se subtraia da parte a plenitude do prazo a ela legalmente concedido. E, conforme já assentado pelo STJ, "Em se tratando de prazos, o intérprete, sempre que possível, deve orientar-se pela exegese mais liberal, atento às tendências do processo civil contemporâneo – calcado nos princípios da efetividade e da instrumentalidade – e à advertência da doutrina de que as sutilezas da lei nunca devem servir para impedir o exercício de um direito" (REsp 11.834-PB, Quarta Turma, DJ 30/3/1992). Precedentes citados: AgRg no REsp 1.231.666-BA, Primeira Turma, DJe 24/4/2012; REsp 1.210.186-RS, Segunda Turma, DJe 31/3/2011; AgRg no REsp 966.017-RO, Quinta Turma, DJe 9/3/2009; e EREsp 667.672-SP, Corte Especial, DJe 26/6/2008. **REsp 1.112.864-MG, Rel. Min. Laurita Vaz, Corte Especial, julgado em 19/11/2014, DJe 17/12/2014 (Inform. STJ 553).**

DIREITO PROCESSUAL CIVIL. APLICABILIDADE DA SÚMULA 343 DO STF. Após a prolação da decisão rescindenda, a pacificação da jurisprudência em sentido contrário ao entendimento nela adotado não afasta a aplicação da Súmula 343 do STF, segundo a qual "Não cabe ação rescisória por ofensa a literal disposição de lei, quando a decisão rescindenda se tiver baseado em texto legal de interpretação controvertida nos tribunais". Precedentes citados: AR 4.456-SC, Primeira Seção, DJe de 7/3/2014; AR 805-RS, Segunda Seção, DJe 10/6/2003; e AgRg no REsp 1.301.531-RJ, Segunda Turma, DJe de 27/8/2012. **REsp 736.650-MT, Rel. Min. Antonio Carlos Ferreira, julgado em 20/8/2014. (Inform. STJ 547)**

DIREITO PROCESSUAL CIVIL. TERMO INICIAL DO PRAZO DECADENCIAL PARA O AJUIZAMENTO DE AÇÃO RESCISÓRIA. A contagem do prazo decadencial para a propositura de ação rescisória se inicia com o trânsito em julgado da última decisão proferida no processo, ainda que algum dos capítulos da sentença ou do acórdão tenha se tornado irrecorrível em momento anterior. De fato, a Súmula 401 do STJ dispõe que "O prazo decadencial da ação rescisória só se inicia quando não for cabível qualquer recurso do último pronunciamento judicial". Esse posicionamento leva em consideração que o trânsito em julgado – requisito para o cabimento de ação rescisória – somente se opera no momento em que a decisão proferida no processo não seja suscetível de recurso (art. 467 do CPC). Dessa forma, não se deve admitir, para fins de ajuizamento de ação rescisória, o trânsito em julgado de capítulos da sentença ou do acórdão em momentos distintos. Entender de modo diverso causaria tumulto processual e indesejável insegurança jurídica para as partes. Fica ressalvado que, caso mantida a proposta do novo Código de Processo Civil ou alterada a jurisprudência pelas Turmas do egrégio Supremo Tribunal Federal a respeito da matéria, a Corte deverá promover, no tempo oportuno, novo exame do enunciado n. 401 da Súmula deste Tribunal. Precedentes citados: REsp 1.353.473-PR, Segunda Turma, DJe 28/5/2013; AgRg no REsp 1.056.694-RS, Sexta Turma, DJe 27/2/2012; e AR 1.328-DF, Primeira Seção, DJe 1º/10/2010. **REsp 736.650-MT, Rel. Min. Antonio Carlos Ferreira, julgado em 20/8/2014. (Inform. STJ 547)**

Súmula STF nº 514

Admite-se ação rescisória contra sentença transitada em julgado, ainda que contra ela não se tenha esgotado todos os recursos.

Súmula STF nº 343

Não cabe ação rescisória por ofensa a literal disposição de Lei, quando a decisão rescindenda se tiver baseado em texto legal de interpretação controvertida nos tribunais.

Súmula STF nº 264

Verifica-se a prescrição intercorrente pela paralisação da ação rescisória por mais de cinco anos.

Súmula STF nº 252

Na ação rescisória, não estão impedidos juízes que participaram do julgamento rescindendo.

Súmula STF nº 249

É competente o Supremo Tribunal Federal para a ação rescisória, quando, embora não tendo conhecido do recurso extraordinário, ou havendo negado provimento ao agravo, tiver apreciado a questão federal controvertida.

Súmula STJ nº 401

O prazo decadencial da ação rescisória só se inicia quando não for cabível qualquer recurso do último pronunciamento judicial.

Súmula STJ nº 175

Descabe o depósito prévio nas ações rescisórias propostas pelo INSS.

8.7. *Astreintes*

DIREITO PROCESSUAL CIVIL. EXEQUIBILIDADE DE MULTA COMINATÓRIA DE VALOR SUPERIOR AO DA OBRIGAÇÃO PRINCIPAL.
O valor de multa cominatória pode ser exigido em montante superior ao da obrigação principal. O objetivo da astreinte não é constranger o réu a pagar o valor da multa, mas forçá-lo a cumprir a obrigação específica. Dessa forma, o valor da multa diária deve ser o bastante para inibir o devedor que descumpre decisão judicial, educando-o. Nesse passo, é lícito ao juiz, adotando os critérios da razoabilidade e da proporcionalidade, limitar o valor da astreinte, a fim de evitar o enriquecimento sem causa, nos termos do § 6º do art. 461 do CPC. Nessa medida, a apuração da razoabilidade e da proporcionalidade do valor da multa diária deve ser verificada no momento de sua fixação em cotejo com o valor da obrigação principal. Com efeito, a redução do montante total a título de astreinte, quando superior ao valor da obrigação principal, acaba por prestigiar a conduta de recalcitrância do devedor em cumprir as decisões judiciais, bem como estimula a interposição de recursos com esse fim, em total desprestígio da atividade jurisdicional das instâncias ordinárias. Em suma, deve-se ter em conta o valor da multa diária inicialmente fixada e não o montante total alcançado em razão da demora no cumprimento da decisão. Portanto, a fim de desestimular a conduta recalcitrante do devedor em cumprir decisão judicial, é possível se exigir valor de multa cominatória superior ao montante da obrigação principal. **REsp 1.352.426-GO, Rel. Min. Moura Ribeiro, julgado em 5/5/2015, DJe 18/5/2015 (Inform. STJ 562).**

DIREITO CIVIL E PROCESSUAL CIVIL. RECONHECIMENTO DA LEGALIDADE DE COMINAÇÃO DE MULTA DIÁRIA EM AÇÃO DE EXIBIÇÃO DE DOCUMENTOS EM FACE DAS PECULIARIDADES DO CASO CONCRETO. É cabível a cominação de multa diária – astreintes – em ação de exibição de documentos movida por usuário de serviço de telefonia celular para obtenção de informações acerca do endereço de IP (Internet Protocol) de onde teriam sido enviadas, para o seu celular, diversas mensagens anônimas agressivas, por meio do serviço de SMS disponibilizado no sítio eletrônico da empresa de telefonia. De fato, a Súmula 372 do STJ estabelece não ser cabível a aplicação de multa cominatória na ação de exibição de documentos, entendimento esse posteriormente ratificado em sede de recurso repetitivo (REsp 1.333.988-SP, Segunda Seção, DJe 11/4/2014). Essa orientação jurisprudencial, todavia, não se aplica ao caso em questão. Não se trata de uma ação de exibição de documentos propriamente dita, uma vez que não se busca a prova de fatos contra a demandada, mas a identificação do terceiro responsável pela autoria de atos ilícitos. Desse modo, não é igualmente aplicável a determinação contida no art. 359 do CPC (presunção de veracidade dos fatos afirmados pela parte requerente da exibição dos documentos), pois não se busca a prova de fatos contra a demandada, mas a identificação do terceiro responsável pela autoria de atos ilícitos. Em situações como a dos autos, em que a busca e apreensão de documentos e a confissão não surtiriam os efeitos esperados, a fixação de astreintes mostra-se a medida mais adequada para garantir a eficácia da decisão que determina o fornecimento de informações de dados de usuário em sítio eletrônico. Por fim, destaque-se que não se está aqui desconsiderando o entendimento sumular, mas apenas se estabelecendo uma distinção em face das peculiaridades do caso – técnica das distinções (distinguishing). **REsp 1.359.976-PB, Rel. Min. Paulo de Tarso Sanseverino, julgado em 25/11/2014, DJe 2/12/2014 (Inform. STJ 554).**

DIREITO CIVIL E PROCESSUAL CIVIL. RECONHECIMENTO DA LEGALIDADE DE COMINAÇÃO DE MULTA DIÁRIA EM AÇÃO DE EXIBIÇÃO DE DOCUMENTOS EM FACE DAS PECULIARIDADES DO CASO CONCRETO.
É cabível a cominação de multa diária – astreintes – em ação de exibição de documentos movida por usuário de serviço de telefonia celular para obtenção de informações acerca do endereço de IP (Internet Protocol) de onde teriam sido enviadas, para o seu celular, diversas mensagens anônimas agressivas, por meio do serviço de SMS disponibilizado no sítio eletrônico da empresa de telefonia. De fato, a Súmula 372 do STJ estabelece não ser cabível a aplicação de multa cominatória na ação de exibição de documentos, entendimento esse posteriormente ratificado em sede de recurso repetitivo (REsp 1.333.988-SP, Segunda Seção, DJe 11/4/2014). Essa orientação jurisprudencial, todavia, não se aplica ao caso em questão. Não se trata de uma ação de exibição de documentos propriamente dita, uma vez que não se busca a prova de fatos contra a demandada, mas a identificação do terceiro responsável pela autoria de atos ilícitos. Desse modo, não é igualmente aplicável a determinação contida no art. 359 do CPC (presunção de veracidade dos fatos afirmados pela parte requerente da exibição dos documentos), pois não se busca a prova de fatos contra a demandada, mas a identificação do terceiro responsável pela autoria de atos ilícitos. Em situações como a dos autos, em que a busca e apreensão de documentos e a confissão não surtiriam os efeitos esperados, a fixação de astreintes mostra-se a medida mais adequada para garantir a eficácia da decisão que determina

o fornecimento de informações de dados de usuário em sítio eletrônico. Por fim, destaque-se que não se está aqui desconsiderando o entendimento sumular, mas apenas se estabelecendo uma distinção em face das peculiaridades do caso – técnica das distinções (distinguishing). REsp 1.359.976-PB, Rel. Min. Paulo de Tarso Sanseverino, julgado em 25/11/2014, DJe 2/12/2014 **(Inform. STJ 554).**

DIREITO PROCESSUAL CIVIL. EXECUÇÃO PROVISÓRIA DE MULTA COMINATÓRIA FIXADA EM ANTECIPAÇÃO DE TUTELA. RECURSO REPETITIVO (ART. 543-C DO CPC E RES. 8/2008-STJ).

A multa diária prevista no § 4º do art. 461 do CPC, devida desde o dia em que configurado o descumprimento, quando fixada em antecipação de tutela, somente poderá ser objeto de execução provisória após a sua confirmação pela sentença de mérito e desde que o recurso eventualmente interposto não seja recebido com efeito suspensivo. Isso porque se deve prestigiar a segurança jurídica e evitar que a parte se beneficie de quantia que, posteriormente, venha se saber indevida, reduzindo, dessa forma, o inconveniente de um eventual pedido de repetição de indébito que, por vezes, não se mostra exitoso. Ademais, o termo "sentença", assim como utilizado nos arts. 475-O e 475-N, I, do CPC, deve ser interpretado de forma restrita, razão pela qual é inadmissível a execução provisória de multa fixada por decisão interlocutória em antecipação dos efeitos da tutela, ainda que ocorra a sua confirmação por acórdão. Esclareça-se que a ratificação de decisão interlocutória que arbitra multa cominatória por posterior acórdão, em razão da interposição de recurso contra ela interposto, continuará tendo em sua gênese apenas a análise dos requisitos de prova inequívoca e verossimilhança, próprios da cognição sumária que ensejaram o deferimento da antecipação dos efeitos da tutela. De modo diverso, a confirmação por sentença da decisão interlocutória que impõe multa cominatória decorre do próprio reconhecimento da existência do direito material reclamado que lhe dá suporte, o qual é apurado após ampla dilação probatória e exercício do contraditório. Desta feita, o risco de cassação da multa e, por conseguinte, a sobrevinda de prejuízo à parte contrária em decorrência de sua cobrança prematura, tornar-se-á reduzido após a prolação da sentença, ao invés de quando a execução ainda estiver amparada em decisão interlocutória proferida no início do processo, inclusive no que toca à possibilidade de modificação do seu valor ou da sua periodicidade. **REsp 1.200.856-RS, Rel. Min. Sidnei Beneti, julgado em 1º/7/2014. (Inform. STJ 546)**

Súmula STJ nº 410

A prévia intimação pessoal do devedor constitui condição necessária para a cobrança de multa pelo descumprimento de obrigação de fazer ou não fazer.

8.8. Sentença Estrangeira

DIREITO PROCESSUAL CIVIL. HIPÓTESE EM QUE NÃO É POSSÍVEL A HOMOLOGAÇÃO DE SENTENÇA ESTRANGEIRA.

A sentença estrangeira – ainda que preencha adequadamente os requisitos indispensáveis à sua homologação, previstos no art. 5º da Resolução 9/2005 do RISTJ – não pode ser homologada na parte em que verse sobre guarda ou alimentos quando já exista decisão do Judiciário Brasileiro acerca do mesmo assunto, mesmo que esta decisão tenha sido proferida em caráter provisório e após o trânsito em julgado daquela. De início, cumpre destacar que a existência de sentença estrangeira transitada em julgado não impede a instauração de ação de guarda e de alimentos perante o Poder Judiciário Brasileiro, pois a sentença de guarda ou de alimentos não é imutável, haja vista o disposto no art. 35 do ECA: "a guarda poderá ser revogada a qualquer tempo, mediante ato judicial fundamentado, ouvido o Ministério Público". Além disso, o deferimento de *exequatur* à referida sentença estrangeira importaria ofensa à soberania da jurisdição nacional. Precedentes citados: SEC 4.830-EX, Corte Especial, DJe 3/10/2013; e SEC 8.451-EX, Corte Especial, DJe 29/5/2013. **SEC 6.485-EX, Rel. Min. Gilson Dipp, julgado em 3/9/2014. (Inform. STJ 548)**

---

9. RECURSOS

9.1. Pressupostos Gerais e Princípios

Porte de remessa e retorno e recolhimento pelo INSS

Aplica-se o § 1º do art. 511 do CPC ("§ 1º. São dispensados de preparo os recursos interpostos pelo Ministério Público, pela União, pelos Estados e Municípios e respectivas autarquias, e pelos que gozam de isenção legal") para dispensa de porte de remessa e retorno ao exonerar o seu respectivo recolhimento por parte do INSS. Esse o entendimento do Plenário, que, por maioria, deu provimento a recurso extraordinário em que discutida a possibilidade de cobrança do porte de remessa e retorno dos autos de autarquia federal no âmbito da Justiça Estadual, tendo em conta a existência de norma local nesse sentido. O Colegiado assentou que a despesa com porte de remessa e retorno não se enquadra no conceito de taxa judiciária, uma vez que as custas dos serviços forenses se dividem em taxa judiciária e custas em sentido estrito. O porte de remessa e retorno é típica despesa de um serviço postal prestado por empresa pública monopolística e, assim, remunerado mediante tarifas ou preço público. Além disso, lembrou que o art. 511 do CPC dispensa o recolhimento dessa despesa processual por parte do INSS. Trata-se de diploma a editado pela União, a quem compete dispor sobre as receitas públicas oriundas da prestação do serviço público postal. Verificou, ainda, que a lei estadual em questão padeceria de inconstitucionalidade, da medida em define ser da competência do Conselho Superior da Magistratura, órgão de nível estadual, a competência para tratar das despesas com o porte de remessa e retorno. Assim, declarou, incidentalmente, a inconstitucionalidade da expressão "cujo valor será estabelecido por ato do Conselho Superior da Magistratura", contida no art. 2º, parágrafo único, II, da Lei 11.608/2003 do Estado de São Paulo. Vencido o Ministro Marco Aurélio, que desprovia o recurso. Pontuava que a norma estadual que instituíra a referida cobrança teria amparo constitucional ("Art. 24. Compete à União, aos Estados e ao Distrito Federal legislar concorrentemente sobre: ... IV – custas dos serviços forenses").
RE 594116/SP, rel. Min. Edson Fachin, 3.12.2015. (RE-594116) **(Inform. STF 810)**

SEGUNDO AG. REG. NO RE N. 590.415-SC

RELATOR: MIN. ROBERTO BARROSO

DIREITO PROCESSUAL CIVIL. AGRAVO REGIMENTAL. DESCABIMENTO CONTRA DECISÃO QUE ADMITE "AMICUS CURIAE".

1. Há dois entendimentos possíveis sobre o cabimento de recurso contra decisão que aprecia pedido de ingresso como *amicus curiae*: i) o primeiro, no sentido da irrecorribilidade de tal decisão, em razão do teor literal do art. 7º, §2º, da Lei 9.868/1999 e do art. 21, XVIII, do RI/STF; ii) o segundo, na linha capitaneada pelo Ministro Celso de Mello, admitindo a interposição de recurso contra a decisão que *indefere* o ingresso como o *amicus curiae*, pelo próprio requerente que teve o pedido rejeitado (cf. RE 597.165 AgR, rel. Min. Celso de Mello).
2. O caso em exame não se enquadra em qualquer de tais hipóteses.
3. Agravo a que se nega seguimento. **(Inform. STF 787)**

AG. REG. NO ARE N. 764.763-DF

RELATOR : MIN. GILMAR MENDES

EMENTA: Agravo regimental no recurso extraordinário. 2. Razões recursais dissociadas dos fundamentos utilizados pelo Superior Tribunal de Justiça para negar seguimento ao recurso especial. Incidência da Súmula 284. 3. Matéria constitucional surgida nas instâncias originárias. Não interposição do recurso extraordinário concomitante ao especial. Preclusão. Precedentes. 4. Agravo regimental a que se nega provimento. **(Inform. STF 785)**

AG. REG. NO ARE N. 871.149-BA

RELATOR: MINISTRO PRESIDENTE

Ementa: AGRAVO REGIMENTAL. RECURSO EXTRAORDINÁRIO COM AGRAVO. AUSÊNCIA DE IMPUGNAÇÃO DOS FUNDAMENTOS DA DECISÃO AGRAVADA. AGRAVO REGIMENTAL A QUE SE NEGA PROVIMENTO.

I – Nos termos da orientação firmada pelo Supremo Tribunal Federal, cabe à parte agravante impugnar todos os fundamentos da decisão agravada, o que não ocorreu no caso.

II – Agravo regimental a que se nega provimento. **(Inform. STF 785)**

DIREITO PROCESSUAL CIVIL. LIMITES DO JULGAMENTO SUBMETIDO AO RITO DO ART. 543-C DO CPC.

Em julgamentos submetidos ao rito do art. 534-C do CPC, cabe ao STJ traçar as linhas gerais acerca da tese aprovada, descabendo a inserção de soluções episódicas ou exceções que porventura possam surgir em outros indetermináveis casos, sob pena de se ter de redigir verdadeiros tratados sobre todos os temas conexos ao objeto do recurso. **EDcl no REsp 1.124.552-RS, Rel. Min. Luis Felipe Salomão, julgado em 6/5/2015, DJe 25/5/2015 (Inform. STJ 562).**

DIREITO PROCESSUAL CIVIL. COMPROVAÇÃO DE PAGAMENTO DE PREPARO RECURSAL VIA RECIBO EXTRAÍDO DA INTERNET.

O pagamento do preparo recursal pode ser comprovado por intermédio de recibo extraído da internet, desde que esse meio de constatação de quitação possibilite a aferição da regularidade do recolhimento. A despeito do entendimento de que o comprovante de pagamento emitido pela internet não possui fé pública, não podendo ser utilizado para comprovação de recolhimento de preparo recursal, em virtude da possibilidade de adulteração pelo próprio interessado, entende-se que o ordenamento jurídico não veda expressamente essa modalidade de demonstração de quitação. Ao contrário, é recomendado o seu uso, por ser mais consentâneo com a velocidade e a praticidade da vida moderna, proporcionadas pela utilização da rede mundial de computadores, desde que possível, por esse meio, aferir a regularidade do pagamento, inclusive permitindo-se ao interessado a impugnação fundamentada. Ademais, as relações sociais são constituídas com base na presunção de que há boa-fé entre seus copartícipes, tendo o direito processual, de forma geral, adotado idêntico viés. Tanto é assim que a exceção é prevista expressamente nos artigos 14 e seguintes do CPC, outorgando-se poderes ao julgador para penalizar aquele que foge à regra geral, ou seja, aquele que age de má-fé. Além disso, parece ser um contrassenso permitir o uso do meio eletrônico na tramitação do processo judicial, avalizar a emissão das guias por meio da rede mundial de computadores e, ao mesmo tempo, coibir o seu pagamento pela mesma via, obrigando o jurisdicionado a se dirigir a uma agência bancária. Por fim, o próprio Tesouro Nacional autoriza o pagamento pela internet. Portanto, o fato dos comprovantes de pagamento das custas e do porte de remessa e retorno terem sido extraídos da internet, por si só, não é circunstância suficiente para conduzir à deserção do recurso (AgRg no REsp 1.232.385-MG, Quarta Turma, DJe 22/8/2013). Precedente citado: AgRg no AREsp 249.395-SC, Terceira Turma, DJe 25/2/2014. **EAREsp 423.679-SC, Rel. Min. Raul Araújo, julgado em 24/6/2015, DJe 3/8/2015 (Inform. STJ 565).**

DIREITO PROCESSUAL CIVIL. DESERÇÃO E ASSISTÊNCIA JUDICIÁRIA.

Não se aplica a pena de deserção a recurso interposto contra julgado que indeferiu o pedido de justiça gratuita. Se a controvérsia posta sob análise judicial diz respeito justamente à alegação do recorrente de que ele não dispõe de condições econômico-financeiras para arcar com os custos da demanda, não faz sentido considerar deserto o recurso, uma vez que ainda está sob análise o pedido de assistência judiciária e, caso seja deferido, neste momento, o efeito da decisão retroagirá até o período da interposição do recurso e suprirá a ausência do recolhimento e, caso seja indeferido, deve ser dada oportunidade de regularização do preparo. É um contrassenso exigir o prévio pagamento das custas recursais nestes casos em que a parte se insurge contra a decisão judicial que indeferiu o pedido de justiça gratuita, sob pena de incorrer em cerceamento de defesa e inviabilizar o direito de recorrer da parte, motivo pelo qual o recurso deve ser conhecido a fim de que seja examinada essa preliminar recursal. Precedentes citados: AgRg no REsp 1.245.981-DF, Segunda Turma, DJe 15/10/2012; AgRg no Ag 1.279.954-SP, Quarta Turma, DJe 1º/2/2011; REsp. 1.087.290-SP, Terceira Turma, DJe 18/2/2009; e REsp 885.071-SP, Primeira Turma, DJU 22/3/2007. **AgRg no AREsp 600.215-RS, Rel. Min. Napoleão Nunes Maia Filho, julgado em 2/6/2015, DJe 18/6/2015 (Inform. STJ 564).**

DIREITO PROCESSUAL CIVIL. ALCANCE DA EXPRESSÃO INSUFICIÊNCIA DO VALOR DO PREPARO CONTIDA NO § 2º DO ART. 511 DO CPC.

O recolhimento, no ato da interposição do recurso, de apenas uma das verbas indispensáveis ao seu processamento (custas, porte de remessa e retorno, taxas ou outras) acarreta a intimação do recorrente para suprir o preparo no prazo de cinco dias, e não deserção. Isso porque a norma do § 2º do art. 511 do CPC, acrescentado pela Lei 9.756/1998, diz respeito à "insuficiência no valor do preparo", não das custas ou do porte de remessa e retorno ou de taxas separadamente. Nesse sentido, reafirmando o conceito adotado na pacífica e antiga jurisprudência – ainda aplicada até mesmo no STF –, invoca-se entendimento doutrinário segundo o qual "o valor do preparo é o da soma, quando for o caso, da taxa judiciária e das despesas postais (portes de remessa e de retorno dos autos)". Com isso, recolhido tempestivamente algum dos componentes do preparo, incide a norma do § 2º do art. 511 do CPC, que permite sua complementação mediante a quitação de outros valores, mesmo com natureza distinta. Ademais, possuindo a lei o claro propósito de mitigar o rigor no pagamento do preparo, admitindo sua complementação diante da boa-fé e da manifestação inequívoca de recorrer, descabe ao Poder Judiciário impor requisitos ou criar obstáculos não previstos e que, principalmente, possam toldar a razão da lei. Em suma, se a norma do § 2º do art. 511 do CPC foi editada com o propósito de viabilizar a prestação jurisdicional, permitindo a complementação do "preparo" em sua concepção ampla, tem-se que o recolhimento apenas das custas ou do porte de remessa e retorno, ou de alguma outra taxa recursal, representa preparo insuficiente, sendo tal entendimento o que melhor se coaduna com a tradicional jurisprudência do STJ, com o objetivo da própria Lei 9.756/1998 e com o ideal de acesso à justiça. **REsp 844.440-MS, Rel. Min. Antonio Carlos Ferreira, julgado em 6/5/2015, DJe 11/6/2015 (Inform. STJ 563).**

DIREITO PROCESSUAL CIVIL. SUBMISSÃO DA FAZENDA PÚBLICA À NECESSIDADE DE DEPÓSITO PRÉVIO PRESCRITA PELO § 2º DO ART. 557 DO CPC.

Havendo condenação da Fazenda Pública ao pagamento da multa prevista no art. 557, § 2º, do CPC, a interposição de qualquer outro recurso fica condicionada ao depósito prévio do respectivo valor. O art. 557, § 2º, do CPC é taxativo ao dispor que "Quando manifestamente inadmissível ou infundado o agravo, o tribunal condenará o agravante a pagar ao agravado multa entre 1% (um por cento) e 10% (dez por cento) do valor corrigido da causa, ficando a interposição de qualquer outro recurso condicionada ao depósito do respectivo valor". De fato, a multa pelo uso abusivo do direito de recorrer caracteriza-se como requisito de admissibilidade do recurso, sendo o seu depósito prévio medida adequada para conferir maior efetividade ao postulado da lealdade processual, impedindo a prática de atos atentatórios à dignidade da justiça, bem como a litigância de má-fé. Nesse contexto, tanto o STJ quanto o STF têm consignado que o prévio depósito da multa referente a agravo regimental manifestamente inadmissível ou infundado (§ 2º do art. 557), aplicada pelo abuso do direito de recorrer, também é devido pela Fazenda Pública. Além disso, a alegação de que o art. 1º-A da Lei 9.494/1997 dispensa os entes públicos da realização de prévio depósito para a interposição de recurso não deve prevalecer, em face da cominação diversa, explicitada no art. 557, § 2º, do CPC. Este dispositivo legal foi inserido pela Lei 9.756/1998, que trouxe uma série de mecanismos para acelerar a tramitação processual, como, por exemplo, a possibilidade de o relator, nas hipóteses cabíveis, dar provimento ou negar seguimento, monocraticamente, ao agravo. Assim, esse dispositivo deve ser interpretado em consonância com os fins buscados com a alteração legislativa. Nesse sentido, "não se pode confundir o privilégio concedido à Fazenda Pública, consistente na dispensa de depósito prévio para fins de interposição de recurso, com a multa instituída pelo artigo 557, § 2º, do CPC, por se tratar de institutos de natureza diversa" (AgRg no AREsp 513.377-RN, Segunda Turma, DJe de 15/8/2014). Precedentes citados do STJ: AgRg nos EAREsp 22.230-PA, Corte Especial, DJe de 1º/7/2014;

EAg 493.058-SP, Primeira Seção, DJU de 1º/8/2006; AgRg no Ag 1.425.712-MG, Primeira Turma, DJe 15/5/2012; AgRg no AREsp 383.036-MS, Segunda Turma, DJe 16/9/2014; e AgRg no AREsp 131.134-RS, Quarta Turma, DJe 19/3/2014. Precedentes citados do STF: RE 521.424-RN AgR-EDv-AgR, Tribunal Pleno, DJe 27/08/2010; e AI 775.934-AL AgR-ED-ED, Tribunal Pleno, DJe 13/12/2011. **AgRg no AREsp 553.788-DF, Rel. Min. Assusete Magalhães, julgado em 16/10/2014. (Inform. STJ 551)**

Súmula STF nº 325

As emendas ao regimento do Supremo Tribunal Federal, sobre julgamento de questão constitucional, aplicam-se aos pedidos ajuizados e aos recursos interpostos anteriormente a sua aprovação.

Súmula STF nº 322

Não terá seguimento pedido ou recurso dirigido ao Supremo Tribunal Federal, quando manifestamente incabível, ou apresentado fora do prazo, ou quando for evidente a incompetência do tribunal.

Súmula STJ nº 484

Admite-se que o preparo seja efetuado no primeiro dia útil subsequente, quando a interposição do recurso ocorrer após o encerramento do expediente bancário.

Súmula STJ nº 483

O INSS não está obrigado a efetuar depósito prévio do preparo por gozar das prerrogativas e privilégios da Fazenda Pública.

Súmula STJ nº 325

A remessa oficial devolve ao Tribunal o reexame de todas as parcelas da condenação suportadas pela Fazenda Pública, inclusive dos honorários de advogado.

Súmula STJ nº 318

Formulado pedido certo e determinado, somente o autor tem interesse recursal em arguir o vício da sentença ilíquida.

Súmula STJ nº 264

É irrecorrível o ato judicial que apenas manda processar a concordata preventiva.

Súmula STJ nº 253

O art. 557 do CPC, que autoriza o relator a decidir o recurso, alcança o reexame necessário.

Súmula STJ nº 216

A tempestividade de recurso interposto no Superior Tribunal de Justiça é aferida pelo registro no protocolo da secretaria e não pela data da entrega na agência do correio.

Súmula STJ nº 187

É deserto o recurso interposto para o Superior Tribunal de Justiça, quando o recorrente não recolhe, na origem, a importância das despesas de remessa e retorno dos autos.

Súmula STJ nº 117

A inobservância do prazo de 48 horas, entre a publicação de pauta e o julgamento sem a presença das partes, acarreta nulidade.

Súmula STJ nº 115

Na instancia especial é inexistente recurso interposto por advogado sem procuração nos autos.

Súmula STJ nº 55

Tribunal Regional Federal não é competente para julgar recurso de decisão proferida por juiz estadual não investido de jurisdição federal.

Súmula STJ nº 45

No reexame necessário, é defeso, ao tribunal, agravar a condenação imposta à Fazenda Pública.

9.2. Agravo

AG. REG. NO ARE N. 656.543-MS

RELATOR: MINISTRO PRESIDENTE

Ementa: AGRAVO REGIMENTAL NO RECURSO EXTRAORDINÁRIO COM AGRAVO. APLICAÇÃO DA SISTEMÁTICA DA REPERCUSSÃO GERAL PELO TRIBUNAL DE ORIGEM. INTERPOSIÇÃO DO AGRAVO PREVISTO NO ART. 544 DO CPC. NÃO CABIMENTO. PRINCÍPIO DA FUNGIBILIDADE RECURSAL. DEVOLUÇÃO DOS AUTOS AO TRIBUNAL DE ORIGEM. CABIMENTO SOMENTE PARA OS RECURSOS INTERPOSTOS ANTES DE 19/11/2009. AGRAVO A QUE SE NEGA PROVIMENTO.

I – Não é cabível agravo para a correção de suposto equívoco na aplicação da repercussão geral, consoante firmado no julgamento do AI 760.358-QO/SE, Rel. Min. Gilmar Mendes.

II – A aplicação do princípio da fungibilidade recursal, com a devolução dos autos para julgamento pelo Tribunal de origem como agravo regimental, só é cabível nos processos interpostos antes de 19/11/2009.

III – Agravo regimental a que se nega provimento. **(Inform. STF 790)**

AG. REG. NO ARE N. 854.180-SC

RELATOR: MINISTRO PRESIDENTE

Ementa: AGRAVO REGIMENTAL NO RECURSO EXTRAORDINÁRIO COM AGRAVO. APLICAÇÃO DA SISTEMÁTICA DA REPERCUSSÃO GERAL PELO TRIBUNAL DE ORIGEM. INTERPOSIÇÃO DO AGRAVO PREVISTO NO ART. 544 DO CPC. NÃO CABIMENTO. PRINCÍPIO DA FUNGIBILIDADE RECURSAL. DEVOLUÇÃO DOS AUTOS AO TRIBUNAL DE ORIGEM. CABIMENTO SOMENTE PARA OS RECURSOS INTERPOSTOS ANTES DE 19/11/2009. AGRAVO A QUE SE NEGA PROVIMENTO.

I – Não é cabível agravo para a correção de suposto equívoco na aplicação da repercussão geral, consoante firmado no julgamento do AI 760.358-QO/SE, Rel. Min. Gilmar Mendes.

II – A aplicação do princípio da fungibilidade recursal, com a devolução dos autos para julgamento pelo Tribunal de origem como agravo regimental, só é cabível nos processos interpostos antes de 19/11/2009.

III – Agravo regimental a que se nega provimento. **(Inform. STF 787)**

AG. REG. NO ARE N. 865.466-SP

RELATOR: MINISTRO PRESIDENTE

Ementa: AGRAVO REGIMENTAL NO RECURSO EXTRAORDINÁRIO COM AGRAVO. APLICAÇÃO DA SISTEMÁTICA DA REPERCUSSÃO GERAL PELO TRIBUNAL DE ORIGEM. INTERPOSIÇÃO DO AGRAVO PREVISTO NO ART. 544 DO CPC. NÃO CABIMENTO. PRINCÍPIO DA FUNGIBILIDADE RECURSAL. DEVOLUÇÃO DOS AUTOS AO TRIBUNAL DE ORIGEM. CABIMENTO SOMENTE PARA OS RECURSOS INTERPOSTOS ANTES DE 19/11/2009. AGRAVO A QUE SE NEGA PROVIMENTO.

I – Não é cabível agravo para a correção de suposto equívoco na aplicação da repercussão geral, consoante firmado no julgamento do AI 760.358-QO/SE, Rel. Min. Gilmar Mendes. II – A aplicação do princípio da fungibilidade recursal, com a devolução dos autos para julgamento pelo Tribunal de origem como agravo regimental, só é cabível nos processos interpostos antes de 19/11/2009. III – Agravo regimental a que se nega provimento. **(Inform. STF 785)**

DIREITO PROCESSUAL CIVIL. PERDA DO OBJETO DE AGRAVO DE INSTRUMENTO INTERPOSTO CONTRA DECISÃO PROFERIDA EM ANTECIPAÇÃO DE TUTELA.

A superveniência de sentença de mérito implica a perda do objeto de agravo de instrumento interposto contra decisão anteriormente proferida em tutela antecipada. A definição acerca de a superveniência de sentença de mérito ocasionar a perda do objeto do agravo de instrumento deve ser feita casuisticamente, mediante o cotejo da pretensão contida no agravo com o conteúdo da sentença, de modo a viabilizar a perquirição sobre eventual e remanescente interesse e utilidade no julgamento do recurso. Entretanto, na específica hipótese de interposição de agravo contra decisão de deferimento ou indeferimento de antecipação de tutela, vislumbra-se que a prolatação de sentença meritória implicará a perda do objeto do agravo de instrumento, em virtude da superveniente perda do interesse recursal. Isso porque a sentença de procedência do pedido – que substitui a decisão concessiva da tutela de urgência – torna-se plenamente eficaz ante o recebimento da apelação tão somente no efeito devolutivo, permitindo-se desde logo a execução provisória do julgado, nos termos do art. 520, VII, do CPC, o qual dispõe que: "Art. 520. A apelação será recebida em seu efeito devolutivo e suspensivo. Será, no entanto, recebida só no efeito devolutivo, quando interposta de sentença que: [...] VII – confirmar a antecipação dos efeitos da tutela". O mesmo se diz em relação à sentença de improcedência do pedido, a qual tem o condão de revogar a decisão concessiva de antecipação, ante a existência de evidente antinomia entre elas. Portanto, a superveniência da sentença de mérito ocasiona a perda de objeto de anterior agravo de instrumento interposto contra decisão proferida em sede de medida antecipatória. **EAREsp 488.188-SP, Rel. Min. Luis Felipe Salomão, julgado em 7/10/2015, DJe 19/11/2015. (Inform. STJ 573)**

DIREITO PROCESSUAL CIVIL. FALTA DE CITAÇÃO E MANIFESTAÇÃO DO RÉU EM AGRAVO DE INSTRUMENTO.

Não supre a falta de citação em ação revisional de alimentos o comparecimento do réu para contraminutar agravo de instrumentos contra decisão denegatória de tutela antecipada, sem que haja qualquer pronunciamento na ação principal por parte do demandado. De fato, a ação só produz efeitos para o réu a partir de quando é regularmente citado ou, na falta de citação, desde quando comparece espontaneamente em juízo. Nesse sentido, o art. 214 do CPC determina, no seu *caput*, que "Para a validade do processo é indispensável a citação inicial do réu" e, no seu § 1º, que o "comparecimento espontâneo do réu supre, entretanto, a falta de citação". Ocorre que, se o réu de ação revisional de alimentos – a despeito de ter apresentado resposta em agravo de instrumento, tendo, portanto, tomado ciência da ação principal – não se pronuncia nos autos da ação revisional, resta ausente um dos elementos essenciais da citação: a oportunidade da parte de se manifestar. Desse modo, na hipótese em análise, não há como suprir a falta de citação, sob pena de violação dos princípios do contraditório e da ampla defesa. **REsp 1.310.704-MS, Rel. Min. Ricardo Villas Bôas Cueva, julgado em 10/11/2015, DJe 16/11/2015. (Inform. STJ 573)**

DIREITO PROCESSUAL CIVIL. TRÂMITE DO AGRAVO EM RECURSO ESPECIAL INTERPOSTO CONTRA DECISÃO FUNDAMENTADA NO ART. 543-C, § 7°, I, DO CPC.

Na hipótese em que for interposto agravo em recurso especial (art. 544 do CPC) contra decisão que nega seguimento a recurso especial com base no art. 543-C, § 7°, I, do CPC, o STJ remeterá o agravo do art. 544 do CPC ao Tribunal de origem para sua apreciação como agravo interno. No julgamento da QO no Ag 1.154.599-SP (Corte Especial, DJe 12/5/2011), o STJ assentou o entendimento de que não cabe agravo em recurso especial (art. 544 do CPC) contra decisão que nega seguimento a recurso especial com base no art. 543-C, § 7º, I, do CPC, podendo a parte interessada manejar agravo interno ou regimental na origem, demonstrando a especificidade do caso concreto. Entretanto, o art. 544 do CPC prevê o cabimento de agravo contra a decisão que não admite o recurso especial sem fazer distinção acerca do fundamento utilizado para a negativa de seguimento do apelo extraordinário. O não cabimento do agravo em recurso especial (art. 544 do CPC), na hipótese em que o recurso especial sobrestado na origem tiver o seu seguimento denegado quando o acórdão recorrido coincidir com a orientação do STJ, deriva de interpretação adotada por este Tribunal Superior, a fim de obter a máxima efetividade da sistemática dos recursos representativos da controvérsia, implementada pela Lei 11.672/2008. A par disso, se equivocadamente a parte interpuser o agravo do art. 544 do CPC contra a referida decisão, por não configurar erro grosseiro, cabe ao STJ remeter o recurso ao Tribunal de origem para sua apreciação como agravo interno. **AgRg no AREsp 260.033-PR, Rel. Min. Raul Araújo, julgado em 5/8/2015, DJe 25/9/2015 ((Inform. STJ 569).**

DIREITO PROCESSUAL CIVIL. POSSIBILIDADE DE SE CONHECER DE AGRAVO DE INSTRUMENTO NÃO INSTRUÍDO COM A CERTIDÃO DE INTIMAÇÃO DA DECISÃO AGRAVADA.

O termo de abertura de vista e remessa dos autos à Fazenda Nacional substitui, para efeito de demonstração da tempestividade do agravo de instrumento (art. 522 do CPC) por ela interposto, a apresentação de certidão de intimação da decisão agravada (art. 525, I, do CPC). De fato, o art. 525, I, do CPC determina que o agravo de instrumento deve ser instruído, "obrigatoriamente, com cópias da decisão agravada, da certidão da respectiva intimação e das procurações outorgadas aos advogados do agravante e do agravado". A simples interpretação literal do referido dispositivo poderia levar à rápida conclusão de que a referida certidão seria requisito extrínseco, sem o qual o recurso não ultrapassaria, sequer, a barreira da admissibilidade. Entretanto, a interpretação literal não é, em algumas ocasiões, a mais adequada, especialmente em se tratando de leis processuais, as quais têm a finalidade precípua de resguardar o regular exercício do direito das partes litigantes. Assim, na linha do pensamento da moderna doutrina processual a respeito da necessidade de primazia da finalidade das normas de procedimento, na busca por uma prestação jurisdicional mais breve e efetiva, a interpretação das regras processuais deve levar em conta não apenas o cumprimento da norma em si mesma, mas seu escopo, seu objetivo, sob pena de se privilegiar o formalismo em detrimento do próprio direito material buscado pelo jurisdicionado. Nessa linha intelectiva, se for possível verificar a tempestividade do agravo de instrumento por outro meio, atingindo-se, assim, a finalidade da exigência formal, deve-se, em atenção ao princípio da instrumentalidade das formas, considerar atendido o pressuposto e conhecer-se do recurso. Com efeito, a Fazenda Nacional tem a prerrogativa de ser intimada das decisões, por meio da concessão de vista pessoal dos autos (arts. 38 da LC 73/1993, 6º, § 1º e § 2º, da Lei 9.028/1995, 20 da Lei 11.033/2004 e 25 da Lei 6.830/1980), razão pela qual o prazo para a apresentação de recurso por essa tem início a partir da data em que há concessão da referida vista pessoal a ela. Dessa forma, a certidão de concessão de vistas dos autos pode ser considerada como elemento suficiente da demonstração da tempestividade do agravo de instrumento, substituindo a certidão de intimação legalmente prevista. Importa ressaltar que esse tratamento não pode, via de regra, ser automaticamente conferido aos litigantes que não possuem a prerrogativa de intimação pessoal, sob pena de se admitir que o início do prazo seja determinado pelo próprio recorrente, a partir da data de vista dos autos, a qual pode ser posterior ao efetivo termo inicial do prazo recursal, que, via de regra, é a data da publicação da mesma decisão (EREsp 683.504-SC, Corte Especial, DJe 1/7/2013). Precedentes citados: REsp 1.259.896-PE, Segunda Turma, DJe 17/9/2013; e REsp 1.278.731-DF, Segunda Turma, DJe 22/9/2011. **REsp 1.376.656-SP, Rel. Min. Benedito Gonçalves, Corte Especial, julgado em 17/12/2014, DJe 2/2/2015 (Inform. STJ 554).**

Súmula STF nº 727

Não pode o magistrado deixar de encaminhar ao Supremo Tribunal Federal o agravo de instrumento interposto da decisão que não admite recurso extraordinário, ainda que referente a causa instaurada no âmbito dos juizados especiais.

Súmula STF nº 639

Aplica-se a Súmula 288 quando não constarem do traslado do agravo de instrumento as cópias das peças necessárias à verificação da tempestividade do recurso extraordinário não admitido pela decisão agravada.

Súmula STF nº 426

A falta do termo específico não prejudica o agravo no auto do processo, quando oportuna a interposição por petição ou no termo da audiência.

Súmula STF nº 425

O agravo despachado no prazo legal não fica prejudicado pela demora da juntada, por culpa do cartório; nem o agravo entregue em cartório no prazo legal, embora despachado tardiamente.

Súmula STF nº 289

O provimento do agravo por uma das turmas do Supremo Tribunal Federal ainda que sem ressalva, não prejudica a questão do cabimento do recurso extraordinário.

Súmula STF nº 288

Nega-se provimento a agravo para subida de recurso extraordinário, quando faltar no traslado o despacho agravado, a decisão recorrida, a petição de recurso extraordinário ou qualquer peça essencial à compreensão da controvérsia.

Súmula STF nº 287

Nega-se provimento ao agravo, quando a deficiência na sua fundamentação, ou na do recurso extraordinário, não permitir a exata compreensão da controvérsia.

Súmula STJ nº 223

A certidão de intimação do acórdão recorrido constitui peça obrigatória do instrumento de agravo.

9.3. Apelação

Protocolização em setor indevido e tempestividade

O recebimento de recurso em setor indevido não poderá dar ensejo à declaração de intempestividade, caso este tenha sido protocolizado dentro do prazo assinado em lei. Esse o entendimento da Primeira Turma, que em conclusão de julgamento e por maioria, acolheu embargos de declaração com efeitos infringentes, para dar provimento ao agravo regimental e, em consequência, prover o recurso extraordinário interposto, tão somente para que o Tribunal de origem, afastada a premissa de intempestividade, prossiga no exame do recurso de apelação. No caso, a parte interpusera o aludido recurso, o qual não fora conhecido, haja vista que a Corte de origem concluíra pela sua intempestividade. Ocorre que o recurso fora protocolado na contadoria daquele tribunal tempestivamente. A contadoria recebera a apelação e a encaminhara ao setor de protocolo um dia após o vencimento do prazo. A Turma assentou que o referido erro não poderia ser atribuído exclusivamente ao advogado do apelante, mas também ao setor que recebera a petição do recurso indevidamente. Vencidos os Ministros Marco Aurélio e Rosa Weber, que desproviam o recurso.
RE 755613 AgR-ED/ES, rel. Min. Dias Toffoli, 22.9.2015. (RE-755613) **(Inform. STF 800)**

DIREITO PROCESSUAL CIVIL. IMPOSSIBILIDADE DE DESISTÊNCIA DO RECURSO PRINCIPAL APÓS A CONCESSÃO DE ANTECIPAÇÃO DOS EFEITOS DA TUTELA EM SEDE DE RECURSO ADESIVO.

Concedida antecipação dos efeitos da tutela em recurso adesivo, não se admite a desistência do recurso principal de apelação, ainda que a petição de desistência tenha sido apresentada antes do julgamento dos recursos. De fato, a apresentação da petição de desistência na hipótese em análise demonstra pretensão incompatível com o princípio da boa-fé processual e com a própria regra que faculta ao recorrente não prosseguir com o recurso, a qual não deve ser utilizada como forma de obstaculizar a efetiva proteção ao direito lesionado. Isso porque, embora tecnicamente não se possa afirmar que a concessão da antecipação dos efeitos da tutela represente o início do julgamento da apelação, é evidente que a decisão proferida pelo relator, ao satisfazer o direito material reclamado, passa a produzir efeitos de imediato na esfera jurídica das partes, evidenciada a presença dos seus requisitos (prova inequívoca e verossimilhança da alegação). Além disso, deve-se considerar que os arts. 500, III, e 501 do CPC – que permitem a desistência do recurso sem a anuência da parte contrária – foram inseridos no Código de 1973, razão pela qual, em caso como o aqui analisado, a sua interpretação não pode prescindir de uma análise conjunta com o art. 273 do CPC – que introduziu a antecipação dos efeitos da tutela no ordenamento jurídico pátrio por meio da Lei 8.952, apenas no ano de 1994, como forma de propiciar uma prestação jurisdicional mais célere e justa –, bem como com o princípio da boa-fé processual, que deve nortear o comportamento das partes em juízo (de que são exemplos, entre outros, os arts. 14, II, e 600 do CPC, introduzidos, respectivamente, pelas Leis 10.358/2001 e 11.382/2006). Ante o exposto, a solução adequada para o caso em apreço desborda da aplicação literal dos arts. 500, III, e 501 do CPC, os quais têm função apenas instrumental, devendo ser adotada uma interpretação teleológica que, associada aos demais artigos mencionados, privilegie o escopo maior de efetividade do direito material buscado pelo sistema, que tem no processo um instrumento de realização da justiça. **REsp 1.285.405-SP, Rel. Min. Marco Aurélio Bellizze, julgado em 16/12/2014, DJe 19/12/2014 (Inform. STJ 554).**

Súmula STF nº 428

Não fica prejudicada a apelação entregue em cartório no prazo legal, embora despachada tardiamente.

9.4. Embargos de Declaração

EMB. DECL. NO AG. REG. NO RE N. 755.613-ES

RELATOR: MIN. DIAS TOFFOLI

EMENTA: Embargos de declaração no agravo regimental no recurso extraordinário. Efeitos infringentes. Possibilidade, em casos excepcionais. Corte de origem. Recebimento de petição. Erro do próprio órgão judiciário no processamento do recurso. Recurso de apelação tempestivo.

1. No caso concreto, o recebimento da petição de apelação no Tribunal **a quo** não poderia dar ensejo à declaração de intempestividade do recurso, haja vista ter sido protocolado dentro do prazo previsto em lei.
2. O erro não pode ser atribuído exclusivamente ao advogado do apelante, sendo da responsabilidade, também, do setor que recebeu a petição do recurso indevidamente.
3. A Turma acolheu os embargos de declaração para, atribuindo a eles excepcionais efeitos infringentes, dar provimento ao agravo regimental e, em consequência, prover o recurso extraordinário, **tão somente** para que a Corte de origem, afastada a premissa de intempestividade, prossiga no exame do recurso de apelação. **(Inform. STF 809)**

EMB. DECL. EM MS N. 26.264-DF

RELATOR: MIN. MARCO AURÉLIO

EMBARGOS DECLARATÓRIOS – VÍCIO – INEXISTÊNCIA. O acolhimento do pedido formulado pelo embargante, a envolver o mérito do recurso, pressupõe um dos vícios relativos aos declaratórios – omissão, contradição e obscuridade. **(Inform. STF 802)**

EMB.DECL. NO AG. REG. NO ARE N. 873.282-MG

RELATOR: MIN. DIAS TOFFOLI

EMENTA: Embargos de declaração no agravo regimental no recurso extraordinário com agravo. Questões afastadas nos julgamentos anteriores. Não há omissão, contradição ou obscuridade a ser sanada. Precedentes.

1. No julgamento do recurso, as questões postas pela parte recorrente foram enfrentadas adequadamente. Inexistência dos vícios do art. 535 do Código de Processo Civil.
2. Embargos de declaração rejeitados. **(Inform. STF 799)**

Plenário virtual e cabimento de embargos de declaração

O Plenário iniciou julgamento de embargos de declaração opostos de decisão tomada pelo Plenário por meio eletrônico (Plenário Virtual), que reafirmara a jurisprudência dessa Corte no sentido da responsabilidade solidária dos entes federados quanto à obrigação de fornecer tratamento médico ao cidadão em respeito ao direito à saúde. O embargante sustenta que, a despeito de se ter reafirmado a jurisprudência supostamente dominante sobre a matéria, os Ministros Roberto Barroso, Marco Aurélio e Teori Zavascki teriam ficado vencidos e a Ministra Cármen Lúcia não teria se manifestado. Alega a existência de norma a distinguir o fornecimento de alguns instrumentos médico-hospitalares mais onerosos, por parte da União, ao passo que Estados-Membros e Municípios em partilha consensual se responsabilizariam por medicamentos. O Ministro Luiz Fux (relator) rejeitou os embargos. Inicialmente, asseverou que o Plenário "físico" seria competente para apreciar embargos de declaração de decisão do Plenário Virtual que julgasse o mérito de recurso extraordinário nas hipóteses de omissão, contradição e obscuridade. Entretanto, a ocorrência de votos divergentes nas hipóteses de reafirmação da jurisprudência por meio eletrônico não seria pressuposto para o cabimento de declaratórios. Esclareceu que o aresto embargado enumeraria mais de 50 precedentes recentes em que refirmada a jurisprudência a respeito da solidariedade dos entes federados. Apontou que a União teria pleiteado nos embargos que a responsabilidade solidária se desse nos termos da lei, em razão de ato normativo superveniente tê-la regulado. Consignou que o aditamento do acórdão recorrido com a expressão "na forma da lei" representaria reapreciação do mérito do recurso extraordinário, o que não seria possível, em sede de embargos de declaração, em razão de não haver nenhum defeito e nenhum vício. Em seguida, pediu vista o Ministro Edson Fachin.

RE 855178 ED/SE, rel. Min. Luiz Fux, 5.8.2015. (RE-855178) **(Inform. STF 793)**

ED: sucumbência recursal e aplicação de multa

O Plenário, ao julgar em conjunto três embargos declaratórios opostos de decisão que denegara a ordem em mandado de segurança – a versar sobre ingresso de substituto em serventia extrajudicial após a promulgação da CF/1988 —, negou provimento aos primeiros embargos e não conheceu dos dois subsequentes, com aplicação de multa de 1% sobre o valor da causa em relação ao último. Afirmou que, de acordo com o CPC, seria possível majorar a multa aplicada apenas se tivesse sido imposta, anteriormente, a sanção no valor de 1%. Após a primeira multa, se fossem protocolados novos embargos, poder-se-ia chegar a até 10% no total. Assim, como no caso os primeiros embargos teriam sido oferecidos por uma parte; mas os segundos e os terceiros, por outra, se aplicada essa sistemática chegar-se ia ao resultado em questão.

MS 26860 ED/DF; rel. Min. Luiz Fux, 1º.7.2015. (MS-26860)
MS 26860 ED-segundos/DF; rel. Min. Luiz Fux, 1º.7.2015. (MS-26860)
MS 26860-terceiros/DF, rel. Min. Luiz Fux, 1º.7.2015. (MS-26860) **(Inform. STF 792)**

SEGUNDOS EMB. DECL. NO AG. REG. NO ARE N. 835.893-DF

RELATOR: MIN. MARCO AURÉLIO

EMBARGOS DECLARATÓRIOS – ACÓRDÃO – INEXISTÊNCIA DE VÍCIO – DESPROVIMENTO. Uma vez voltados os embargos declaratórios ao simples rejulgamento de certa matéria, inexistindo, no acórdão proferido, qualquer dos vícios que os respaldam – omissão, contradição e obscuridade –, impõe-se o desprovimento. **(Inform. STF 791)**

AG. REG. NOS EMB. DIV. NOS EMB. DECL. NO AG. REG. NO ARE N. 832.532-PE

RELATOR: MIN. GILMAR MENDES

Agravo regimental em embargos de divergência em embargos declaratórios em agravo regimental em recurso extraordinário com agravo. 2. Direito Processual Civil. Aplicação de multa por embargos protelatórios. Art. 538, parágrafo único, CPC. Necessidade de prévio depósito do valor da multa como requisito de admissibilidade de novos recursos. 3. Agravo regimental a que se nega provimento, com determinação de baixa imediata dos autos, independentemente da publicação do acórdão. **(Inform. STF 790)**

EMB. DECL. NO AG. REG. NA Rcl N. 16.193-PR

RELATOR: MIN. LUIZ FUX

Ementa: EMBARGOS DE DECLARAÇÃO NO AGRAVO REGIMENTAL NA RECLAMAÇÃO. ALEGAÇÃO DE OMISSÃO. INEXISTÊNCIA. REDISCUSSÃO DA MATÉRIA APRECIADA PELO TRIBUNAL. IMPOSSIBILIDADE. RESPONSABILIDADE SUBSIDIÁRIA DA UNIÃO. ADC Nº 16. CARÁTER INFRINGENTE. EMBARGOS DE DECLARAÇÃO DESPROVIDOS.

1. A omissão, contradição ou obscuridade, quando inocorrentes, tornam inviável a revisão em sede de embargos de declaração, em face dos estreitos limites do art. 535 do CPC.

2. O magistrado não está obrigado a rebater, um a um, os argumentos trazidos pela parte, desde que os fundamentos utilizados tenham sido suficientes para embasar a decisão.

3. A revisão do julgado, com manifesto caráter infringente, revela-se inadmissível, em sede de embargos. (Precedentes: AI n. 799.509-AgR-ED, Relator o Ministro Marco Aurélio, 1ª Turma, DJe de 8/9/2011; e RE n. 591.260-AgR-ED, Relator o Ministro Celso de Mello, 2ª Turma, DJe de 9/9/2011).

4. *In casu*, o acórdão embargado restou assim ementado: *"AGRAVO REGIMENTAL NA RECLAMAÇÃO. RESPONSABILIDADE SUBSIDIÁRIA. ARTIGO 71, § 1º, DA LEI 8.666/93. CONSTITUCIONALIDADE. ADC 16. ADMINISTRAÇÃO PÚBLICA. DEVER DE FISCALIZAÇÃO. RESPONSABILIDADE DA UNIÃO. AGRAVO REGIMENTAL A QUE SE NEGA PROVIMENTO".*

5. Embargos de declaração desprovidos. (Inform. STF 790)

EMB. DECL. NO ARE N. 748.309-RN

RELATOR: MIN. TEORI ZAVASCKI

Ementa: PROCESSUAL CIVIL. EMBARGOS DE DECLARAÇÃO RECEBIDOS COMO AGRAVO REGIMENTAL. RECURSO EXTRAORDINÁRIO COM AGRAVO. CONSELHOS PROFISSIONAIS. CUSTAS PROCESSUAIS. ISENÇÃO. INEXISTÊNCIA. ART. 4º, PARÁGRAFO ÚNICO, DA LEI 9.289/1996.

1. Apesar de ostentarem a natureza de autarquia, os Conselhos Profissionais estão excluídos da isenção do pagamento de custas. É o que estabelece o parágrafo único do art. 4º da Lei 9.289/1996.

2. Agravo regimental a que se nega provimento. **(Inform. STF 789)**

Decisão monocrática em embargos de declaração – 1

A Segunda Turma iniciou julgamento de agravo regimental em recurso extraordinário com agravo. Na espécie, Turma Recursal negara provimento ao recurso inominado do réu e confirmara a sentença por seus próprios fundamentos. Opostos embargos de declaração, não foram conhecidos por decisão monocrática do relator e, na sequência, fora protocolado recurso extraordinário. O Ministro Dias Toffoli (relator) negou provimento ao agravo. Aduziu que não fora esgotada a prestação jurisdicional pelo Tribunal de origem e tampouco foram prequestionados os dispositivos constitucionais indicados como violados, a incidirem os Enunciados 281, 282 e 356 da Súmula do STF. Em seguida, pediu vista dos autos o Ministro Teori Zavascki.

ARE 868922 AgR/SP, rel. Min. Dias Toffoli, 12.5.2015. (ARE-868922)

Decisão monocrática em embargos de declaração – 2

O recurso extraordinário é inadmissível quando interposto após decisão monocrática proferida pelo relator, haja vista não esgotada a prestação jurisdicional pelo tribunal de origem. Com base nessa orientação, a Segunda Turma, em conclusão de julgamento, negou provimento a agravo regimental em recurso extraordinário com agravo. Na espécie, turma recursal negara provimento ao recurso inominado do réu e confirmara a sentença por seus próprios fundamentos. Opostos embargos de declaração, estes não foram conhecidos por decisão monocrática do relator e, na sequência, fora protocolado recurso extraordinário – v. Informativo 785. A Turma destacou que a matéria seria objeto do Enunciado 281 da Súmula do STF ("É inadmissível o recurso extraordinário, quando couber na justiça de origem, recurso ordinário da decisão impugnada"). Asseverou, ainda, não se admitir recurso extraordinário quando os dispositivos constitucionais indicados como violados carecessem do necessário prequestionamento (Enunciados 282 e 356 das Súmulas do STF).

ARE 868922/SP, rel. Min. Dias Toffoli, 2.6.2015. (ARE-868922) **(Inform. STF 788)**

EMB. DECL. NO ARE N. 864.913-SC

RELATOR: MINISTRO PRESIDENTE

Ementa: EMBARGOS DE DECLARAÇÃO OPOSTOS DE DECISÃO MONOCRÁTICA. CONVERSÃO EM AGRAVO REGIMENTAL. INEXISTÊNCIA DE REPERCUSSÃO GERAL. ÓBICE INTRANSPONÍVEL AO PROCESSAMENTO DO RECURSO EXTRAORDINÁRIO. AGRAVO A QUE SE NEGA PROVIMENTO.

I – A questão em exame nestes autos teve sua repercussão geral negada por esta Corte no julgamento do ARE 685.029-RG. Essa decisão vale para todos os recursos sobre matéria idêntica, consoante determinam os arts. 326 e 327 do RISTF e o art. 543-A, § 5º, do CPC, introduzido pela Lei 11.418/2006.

II – Agravo regimental a que se nega provimento. **(Inform. STF 785)**

EMB. DECL. NO ARE N. 858.250-SP

RELATOR: MIN. DIAS TOFFOLI

EMENTA: Embargos de declaração no recurso extraordinário com agravo. Conversão dos embargos declaratórios em agravo regimental. Direito civil. Dano material. Indenização. Prequestionamento. Ausência. Fatos e provas. Reexame. Impossibilidade. Legislação infraconstitucional. Ofensa reflexa. Precedentes.1. Embargos de declaração recebidos como agravo regimental.2. Não se admite o recurso extraordinário quando o dispositivo constitucional que nele se alega violado não está devidamente prequestionado. Incidência das Súmulas nºs 282 e 356/ STF. 3. Inadmissível, em recurso extraordinário, O reexame dos fatos e das provas dos autos ou a análise da legislação infraconstitucional. Incidência das Súmulas nºs 279 e 636/STF. 4. Agravo regimental não provido. **(Inform. STF 783)**

EMENTA: Agravo regimental e embargos de declaração em ação originária. Interposição de mais de um recurso contra a mesma decisão. Princípio da unirrecorribilidade ou da singularidade recursal. Transgressão. Não conhecimento do segundo recurso. Exame do primeiro. Agravo regimental interposto antes da publicação da decisão agravada. Recente modificação da jurisprudência do Supremo Tribunal Federal. Unificação do entendimento pelo Plenário no sentido de admitir recurso interposto antes da publicação da decisão impugnada. Falta de impugnação dos fundamentos da decisão agravada. Incompetência do Supremo Tribunal Federal para apreciar a demanda. Não conhecimento dos embargos declaratórios. Não provimento do agravo regimental.

1. A interposição pela parte recorrente de mais de um recurso contra a mesma decisão transgride o princípio da unirrecorribilidade ou da singularidade recursal. Essa transgressão torna insuscetível de conhecimento o segundo recurso (embargos de declaração). Conhecimento e exame do agravo regimental apenas.

2. O Plenário do STF, nos autos do AI nº 703.269-AgR-ED-ED-EDv-ED/MG, unificou, na sessão de 5/3/15, a compreensão da questão relativa à admissibilidade da interposição de peça recursal antes da publicação da decisão impugnada, concluindo pela ausência de intempestividade processual e, assim, pela possibilidade de conhecimento do recurso.

3. Os fundamentos da decisão agravada não foram infirmados pelo agravante. Não subsiste o agravo regimental que deixa de atacar especificamente os fundamentos da decisão monocrática (art. 317, § 1º, RISTF). Precedentes.

4. A competência originária do Supremo Tribunal Federal submete-se a regime de direito estrito. Hipóteses taxativamente previstas no art. 102, inciso I, da Constituição. Incompetência do STF para apreciar processo por crime de responsabilidade de prefeito. Precedentes.

5. Não conhecimento dos embargos de declaração. Agravo Regimental não provido. **(Inform. STF 781)**

EMB.DECL. NO ARE N.853.228-RS

RELATOR: MINISTRO PRESIDENTE

Ementa: EMBARGOS DE DECLARAÇÃO OPOSTOS DE DECISÃO MONOCRÁTICA. CONVERSÃO EM AGRAVO REGIMENTAL. APLICAÇÃO DA SISTEMÁTICA DA REPERCUSSÃO GERAL PELO TRIBUNAL DE ORIGEM (ART. 543-B DO CPC). INTERPOSIÇÃO DO AGRAVO PREVISTO NO ART. 544 DO CPC. NÃO CABIMENTO. PRINCÍPIO DA FUNGIBILIDADE RECURSAL. DEVOLUÇÃO DOS AUTOS AO TRIBUNAL DE ORIGEM PARA JULGAMENTO DO RECURSO COMO AGRAVO INTERNO. CABIMENTO SOMENTE PARA OS RECURSOS INTERPOSTOS ANTES DE 19/11/2009. CONFIGURAÇÃO DE ERRO GROSSEIRO. AGRAVO REGIMENTAL A QUE SE NEGA PROVIMENTO.

I – A jurisprudência do Supremo Tribunal Federal firmou-se no sentido do não cabimento do agravo previsto no art. 544 do Código de Processo Civil para atacar decisão *a quo* que aplica a sistemática da repercussão geral (AI 760.358-QO/SE, Rel. Min. Gilmar Mendes).

II – Inaplicável o princípio da fungibilidade recursal para se determinar a conversão do presente recurso em agravo regimental a ser apreciado pela origem, porquanto esta Corte fixou o entendimento de que após 19/11/2009, data em que julgado o AI 760.358-QO/SE, a interposição do agravo previsto no art. 544 do CPC configura erro grosseiro.

III – Agravo regimental a que se nega provimento. **(Inform. STF 777)**

ED: interposição antes da publicação do acórdão e admissibilidade

Admite-se a interposição de embargos declaratórios oferecidos antes da publicação do acórdão embargado e dentro do prazo recursal. Essa a conclusão do Plenário que, por maioria, converteu embargos declaratórios em agravo regimental e a ele deu provimento para que o Ministro Luiz Fux (relator) analise o cabimento de embargos de divergência anteriormente interpostos. O Colegiado assentou que se a parte tomasse conhecimento do teor do acórdão antes de sua publicação e entendesse haver omissão, contradição ou obscuridade, poderia embargar imediatamente. A jurisprudência não poderia punir a parte que estivesse disposta a superar certo formalismo para ser mais diligente, sem intuito meramente protelatório. Não se trataria de recurso prematuro, porque o prazo começaria a correr da data de intimação da parte, e a presença do advogado, a manifestar conhecimento do acórdão, supriria a intimação. Assim, se a parte se sentisse preparada para recorrer antecipadamente, poderia fazê-lo. Ademais, esse recurso não poderia ser considerado intempestivo, termo relacionado à prática do ato processual após o decurso do prazo. Vencido, em parte, o Ministro Marco Aurélio, apenas quanto à conversão.

AI 703269 AgR-ED-ED-EDv-ED/MG, rel. Min. Luiz Fux, 5.3.2015. (AI-703269) **(Inform. STF 776)**

DIREITO PROCESSUAL CIVIL. DESNECESSIDADE DE RATIFICAÇÃO DO RECURSO INTERPOSTO NA PENDÊNCIA DE JULGAMENTO DE EMBARGOS DECLARATÓRIOS.

Não é necessária a ratificação do recurso interposto na pendência de julgamento de embargos de declaração quando, pelo julgamento dos aclaratórios, não houver modificação do jugado embargado. A Súmula 418 do STJ prevê ser "inadmissível o recurso especial interposto antes da publicação do acórdão dos embargos de declaração, sem posterior ratificação". A despeito da referida orientação sumular, o reconhecimento da (in)tempestividade do recurso prematuro por ter sido interposto antes da publicação do acórdão recorrido ou antes da decisão definitiva dos embargos de declaração – e que não venha a ser ratificado – foi objeto de entendimentos diversos tanto no âmbito do STJ como do STF, ora se admitindo, ora não se conhecendo do recurso. Ao que parece, diante da notória divergência, considerando-se a interpretação teleológica e a hermenêutica processual, sempre em busca de conferir concretude aos princípios da justiça e do bem comum, mostra-se mais razoável e consentâneo com os ditames atuais o entendimento que busca privilegiar o mérito do recurso, o acesso à justiça (art. 5°, XXXV, da CF), dando prevalência à solução do direito material em litígio, atendendo a melhor dogmática na apreciação dos requisitos de admissibilidade recursais, afastando o formalismo interpretativo para conferir efetividade aos princípios constitucionais responsáveis pelos valores mais caros à sociedade. Nesse contexto, a celeuma surge exatamente quando se impõe ao litigante que interpôs recurso principal, na pendência de julgamento de embargos declaratórios, o ônus da ratificação daquele recurso, mesmo que seja mantida integralmente a decisão que o originou. É que a parte recorrente (recurso principal) não poderá interpor novo recurso, não obstante a reabertura de prazo pelo julgamento dos embargos, uma vez constatada a preclusão consumativa. Em verdade, só parece possível pensar na obrigatoriedade de ratificação – *rectius* complementação – do recurso prematuramente interposto para que possa também alcançar, por meio de razões adicionais, a parte do acórdão atingida pelos efeitos modificativos e/ou infringentes dos embargos declaratórios. Aliás, trata-se de garantia processual da parte que já recorreu. Deveras, é autorizado ao recorrente que já tenha interposto o recurso principal complementar as razões de seu recurso, caso haja integração ou alteração do julgado objeto de aclaratórios acolhidos, aduzindo novos fundamentos no tocante à parcela da decisão que foi modificada. Porém, ele não poderá apresentar novo recurso nem se valer da faculdade do aditamento se não houver alteração da sentença ou acórdão, porquanto já operada, de outra parte, a preclusão consumativa – o direito de recorrer já foi exercido. Esse entendimento é consentâneo com a jurisprudência do STJ (REsp 950.522-PR, Quarta Turma, DJe 8/2/2010). Assim sendo, não havendo alteração da decisão pelos embargos de declaração, deve haver o processamento normal do recurso (principal), que não poderá mais ser alterado. Esse entendimento é coerente com o fluxo lógico-processual, com a celeridade e com a razoabilidade, além de estar a favor do acesso à justiça e em consonância com o previsto no art. 1.024, § 5º, do novo CPC. Dessarte, seguindo toda essa linha de raciocínio, o STF proclamou, recentemente, posicionamento no sentido de superar a obrigatoriedade de ratificação (RE 680.371 AgR-SP, Primeira Turma, DJe 16/9/2013). Ademais, no tocante aos recursos extraordinários, que exigem o esgotamento de instância (Súmula 281 do STF), não há falar que a interposição de recurso antes do advento do julgamento dos embargos de declaração não seria apta a tal contendo. Isso porque os aclaratórios não constituem requisito para a interposição dos recursos excepcionais, não havendo falar em esgotamento das vias recursais, uma vez que se trata de remédio processual facultativo para corrigir ou esclarecer o provimento jurisdicional. Com efeito, a referida exigência advém do fato de que os recursos extraordinários não podem ser exercidos *per saltum*, só sendo desafiados por decisão de última ou única instância. Entender de forma diversa seria o mesmo que afirmar que sempre e em qualquer circunstância os litigantes teriam que opor embargos declaratórios contra acórdão suscetível de recurso de natureza extraordinária. Aliás, o efeito interruptivo dos embargos, previsto no art. 538 do CPC, só suporta interpretação benéfica, não podendo importar em prejuízo para os contendores. Portanto, a única interpretação cabível para o enunciado da Súmula 418 do STJ é no sentido de que o ônus da ratificação do recurso interposto na pendência de julgamento de embargos declaratórios apenas existe quando houver modificação do julgado embargado. **REsp 1.129.215-DF, Rel. Min. Luis Felipe Salomão, julgado em 16/9/2015, DJe 3/11/2015. (Inform. STJ 572)**

DIREITO PROCESSUAL CIVIL. PREJUÍZOS DECORRENTES DA FIXAÇÃO DE PREÇOS PARA O SETOR SUCROALCOOLEIRO. RECURSO REPETITIVO (ART. 543-C DO CPC E RES. 8/2008-STJ). Em julgamento de embargos de declaração opostos contra acórdão que julgou recurso representativo da controvérsia (543-C do CPC) relativo ao prejuízo experimentado pelas empresas do setor sucroalcooleiro em razão do tabelamento de preços estabelecido pelo Governo Federal por intermédio da Lei 4.870/1965, reconheceu-se a existência de omissão e obscuridade no acórdão embargado para se esclarecer, em seguida, que: (a) nos casos em que já há sentença transitada em julgado, no processo de conhecimento, a forma de apuração do valor devido deve observar o respectivo título executivo; e (b) a eficácia da Lei 4.870/1965 findou em 31/1/1991, em virtude da publicação, em 1/2/1991, da Medida Provisória 295, de 31/1/1991, posteriormente convertida na Lei 8.178, de 1/3/1991. **EDcl no REsp 1.347.136-DF, Rel. Min. Assusete Magalhães, Primeira Seção, julgado em 11/6/2014, DJe 2/2/2015 (Inform. STJ 555).**

Súmula STF nº 317

São improcedentes os embargos declaratórios, quando não pedida a declaração do julgado anterior, em que se verificou a omissão.

Súmula STJ nº 98

Embargos de declaração manifestados com notório proposito de prequestionamento não tem caráter protelatório.

9.5. Embargos Infringentes e Embargos de Divergência

AG. REG. NOS EMB. DECL. NOS EMB. DIV. NO AG. REG. NO AI N. 808.405-SP

RELATOR: MIN. MARCO AURÉLIO

EMBARGOS DE DIVERGÊNCIA – ACÓRDÃO RELATIVO A AGRAVO. Acórdão decorrente de julgamento de agravo regimental, interposto contra ato de relator no exame de agravo, sem apreciação da matéria de fundo do extraordinário, não desafia embargos de divergência – inteligência do artigo 546 do Código de Processo Civil. **(Inform. STF 805)**

AG. REG. NOS EMB. DIV. NOS EMB. DECL. NO AG. REG. NO ARE N. 845.201-RS

RELATOR: MIN. CELSO DE MELLO

EMENTA: **EMBARGOS DE DIVERGÊNCIA – DESCUMPRIMENTO**, PELA PARTE EMBARGANTE, **DO DEVER PROCESSUAL** DE PROCEDER *AO CONFRONTO ANALÍTICO* **DETERMINADO** NO ART. 331 DO RISTF – **SUPREMO TRIBUNAL FEDERAL** – *COMPETÊNCIA NORMATIVA PRIMÁRIA* (**CF/69**, ART. 119, § 3º, "**c**") – **POSSIBILIDADE CONSTITUCIONAL**, *SOB A ÉGIDE* DA CARTA FEDERAL DE 1969, **DE O SUPREMO TRIBUNAL FEDERAL DISPOR**, *EM SEDE REGIMENTAL*, **SOBRE NORMAS DE DIREITO PROCESSUAL – RECEPÇÃO**, *PELA CONSTITUIÇÃO DE 1988*, DE TAIS PRECEITOS REGIMENTAIS *COM FORÇA E EFICÁCIA DE LEI* (**RTJ** 147/1010 – **RTJ** 151/278) – **PLENA LEGITIMIDADE CONSTITUCIONAL** *DO ART. 331 DO RISTF* – **RECURSO DE AGRAVO IMPROVIDO.**

– A parte embargante, **sob pena** *de recusa liminar de processamento dos embargos de divergência* – **ou** *de não conhecimento* destes, *quando já admitidos* – **deve demonstrar**, *de maneira objetiva*, **mediante análise comparativa** entre o acórdão paradigma **e** a decisão embargada, **a existência** do alegado dissídio jurisprudencial, **impondo-se-lhe** reproduzir, *na petição recursal*, **para efeito** de caracterização do conflito interpretativo, **os trechos** *que configurariam* a divergência indicada, **mencionando**, *ainda*, **as circunstâncias** *que identificariam* **ou** *que tornariam assemelhados* os casos em confronto. **Precedentes.**

– **O Supremo Tribunal Federal**, *sob a égide* da Carta Política de 1969 (art. 119, § 3º, "**c**"), **dispunha** *de competência normativa primária* **para**, em sede **meramente** regimental, **formular** normas de direito processual **concernentes** ao processo **e** ao julgamento dos feitos de sua competência originária ou recursal. **Com a superveniência** da Constituição de 1988, **operou-se a recepção** de tais preceitos regimentais, **que passaram a ostentar** *força* **e** *eficácia* de norma legal (**RTJ** 147/1010 – **RTJ** 151/278), **revestindo-se**, *por isso mesmo*, **de plena** legitimidade constitucional **a exigência** *de pertinente confronto analítico* **entre** os acórdãos postos em cotejo (**RISTF**, art. 331). **(Inform. STF 794)**

AG. REG. NOS EMB. DIV. NOS EMB. DECL. NO AG. REG. NO ARE N. 762.767-DF

RELATOR: MIN. LUIZ FUX

Ementa: agravo regimental nos embargos de divergência nos embargos de declaração no agravo regimental no recurso extraordinário com agravo. Administrativo. Processo seletivo interno. Formação de sargentos da polícia militar. Ausência de impugnação específica. Súmula STF 287. Ausência de demonstração do dissenso jurisprudencial. Mero traslado dos acórdãos paradigmas. Confronto estabelecido em face de decisão monocrática. Impossibilidade. Agravo regimental a que se nega provimento.

1. A impugnação específica da decisão agravada, quando ausente, conduz ao desprovimento do agravo regimental. Súmula 287 do STF. Precedentes: RCL 5.684/PE-AgR, Tribunal Pleno, Rel. Min. Ricardo Lewandowski, DJe-152 de 15/8/08; ARE 665.255-AgR/PR, Rel. Min. Ricardo Lewandowski, Segunda Turma, Dje 22/5/2013; e AI 763.915-AgR/RJ, Rel. Min. Dias Toffoli, Primeira Turma, DJe 7/5/2013.

2. A demonstração objetiva do alegado dissídio jurisprudencial mediante análise comparativa entre o acórdão paradigma e o ato embargado é imperiosa para o juízo de admissão dos embargos de divergência.

3. Inadmissíveis os embargos de divergência opostos com fundamento em decisões monocráticas. 4. Agravo regimental a que se nega provimento. **(Inform. STF 790)**

AG. REG. NOS EMB. DIV. NOS EMB. DECL. NOS EMB. DECL. NO AG. REG. NO RE N. 551.955-RS

RELATOR: MIN. LUIZ FUX

EMENTA: AGRAVO REGIMENTAL NOS EMBARGOS DE DIVERGÊNCIA NOS EMBARGOS DE DECLARAÇÃO NOS EMBARGOS DE DECLARAÇÃO NO AGRAVO REGIMENTAL NO RECURSO EXTRAORDINÁRIO. HONORÁRIOS ADVOCATÍCIOS. DISPENSA. EXECUÇÃO NÃO EMBARGADA PELA FAZENDA PÚBLICA EM AÇÃO COLETIVA. IMPOSSIBILIDADE DE FRACIONAMENTO DA EXECUÇÃO. ENTENDIMENTO ALINHADO AO POSICIONAMENTO SEDIMENTADO PELO PLENÁRIO DESTA SUPREMA CORTE. PARADIGMA EMPREGADO COMO CAUSA DE DECIDIR DO ACÓRDÃO EMBARGADO. AGRAVO REGIMENTAL A QUE SE NEGA PROVIMENTO.

1. A controvérsia suscitada nos presentes embargos de divergência encontra respaldo na decisão do Plenário do STF.
2. Inadmissíveis os embargos de divergência quando a decisão embargada estiver alinhada ao posicionamento do Plenário desta Suprema Corte.
3. *In casu*, apontado como acórdão paradigma o mesmo precedente empregado para fundamentar o julgado embargado.
4. Agravo regimental a que se nega provimento. **(Inform. STF 785)**

AG. REG. NOS EMB. DIV. NO AG. REG. NO RE N. 649.112-DF

RELATOR: MIN. LUIZ FUX

EMENTA: AGRAVO REGIMENTAL NOS EMBARGOS DE DIVERGÊNCIA NO AGRAVO REGIMENTAL NO RECURSO EXTRAORDINÁRIO. ENTENDIMENTO ALINHADO AO POSICIONAMENTO SEDIMENTADO PELO PLENÁRIO DESTA SUPREMA CORTE. PARADIGMA EMPREGADO COMO CAUSA DE DECIDIR DO ACÓRDÃO EMBARGADO. AGRAVO REGIMENTAL A QUE SE NEGA PROVIMENTO.

1. Inadmissíveis os embargos de divergência opostos em face de acórdão alinhado ao posicionamento do Plenário desta Suprema Corte.
2. *In casu*, apontado como acórdão paradigma o mesmo precedente empregado para fundamentar o julgado embargado.
3. **Agravo regimental a que se nega provimento. (Inform. STF 782)**

DIREITO PROCESSUAL CIVIL. HIPÓTESE DE NÃO CABIMENTO DE EMBARGOS INFRINGENTES. Não cabem embargos infringentes quando o Tribunal reduz, por maioria, o valor da indenização fixado na sentença, enquanto o voto vencido pretendia diminuir o referido montante em maior extensão. A partir da Lei 10.352/2001 – que conferiu nova redação ao art. 530 do CPC – o cabimento dos embargos infringentes passou a pressupor, além da existência de julgamento não unânime (requisito já previsto na sistemática da redação anterior), a reforma de sentença de mérito. Na hipótese em apreço, o voto vencido, ao reduzir em maior extensão, de certa forma também concordou, pelo menos, com a diminuição estabelecida pela maioria vencedora. Ou seja, todos os julgadores concordaram que a indenização deveria ser reduzida para montante inferior ao arbitrado pela sentença, sendo que o voto vencido pretendia apenas baixar ainda mais o montante indenizatório. Sendo assim, de acordo com a inteligência da redação atual do art. 530 do CPC, embora não seja necessário que o voto vencido corresponda à sentença, deve estar ele mais próximo dela do que os votos vencedores para que seja reconhecido o cabimento dos embargos infringentes. Precedente citado: REsp 1.284.035-MS, Terceira Turma, DJe 20/5/2013. **<u>REsp 1.308.957-RS</u>, Rel. Min. Paulo de Tarso Sanseverino, julgado em 2/10/2014. (Inform. STJ 551)**

Súmula STF nº 598

Nos embargos de divergência não servem como padrão de discordância os mesmos paradigmas invocados para demonstrá-la mas repelidos como não dissidentes no julgamento do recurso extraordinário.

Súmula STF nº 597

Não cabem embargos infringentes de acórdão que, em mandado de segurança decidiu, por maioria de votos, a apelação.

Súmula STF nº 455

Da decisão que se seguir ao julgamento de constitucionalidade pelo tribunal pleno, são inadmissíveis embargos infringentes quanto à matéria constitucional.

Súmula STF nº 368

Não há embargos infringentes no processo de reclamação.

Súmula STF nº 355

Em caso de embargos infringentes parciais, é tardio o recurso extraordinário interposto após o julgamento dos embargos, quanto à parte da decisão embargada que não fora por eles abrangida.

Súmula STF nº 354

Em caso de embargos infringentes parciais, é definitiva a parte da decisão embargada em que não houve divergência na votação.

Súmula STF nº 296

São inadmissíveis embargos infringentes sobre matéria não ventilada, pela turma, no julgamento do recurso extraordinário.

Súmula STF nº 295

São inadmissíveis embargos infringentes contra decisão unânime do Supremo Tribunal Federal em ação rescisória.

Súmula STF nº 294

São inadmissíveis embargos infringentes contra decisão do Supremo Tribunal Federal em mandado de segurança.

Súmula STF nº 293

São inadmissíveis embargos infringentes contra decisão em matéria constitucional submetida ao plenário dos tribunais.

Súmula STJ nº 420

Incabível, em embargos de divergência, discutir o valor de indenização por danos morais.

Súmula STJ nº 390

Nas decisões por maioria, em reexame necessário, não se admitem embargos infringentes.

Súmula STJ nº 316

Cabem embargos de divergência contra acórdão que, em agravo regimental, decide recurso especial.

Súmula STJ nº 315

Não cabem embargos de divergência no âmbito do agravo de instrumento que não admite recurso especial.

Súmula STJ nº 255

Cabem embargos infringentes contra acórdão, proferido por maioria, em agravo retido, quando se tratar de matéria de mérito.

Súmula STJ nº 169

São inadmissíveis embargos infringentes no processo de mandado de segurança.

Súmula STJ nº 168

Não cabem embargos de divergência, quando a jurisprudência do tribunal se firmou no mesmo sentido do acordão embargado.

Súmula STJ nº 158

Não se presta a justificar embargos de divergência o dissidio com acordão de turma ou seção que não mais tenha competência para a matéria neles versada.

Súmula STJ nº 88

São admissíveis embargos infringentes em processo falimentar.

9.6. Recurso Especial

RE e análise dos requisitos de admissibilidade de REsp – 2

A 1ª Turma retomou julgamento de agravo regimental em recurso extraordinário no qual se discute a admissibilidade de recurso extraordinário interposto para questionar o cabimento de recurso especial manejado em face de decisão proferida em sede de suspensão de liminar deferida ao Poder Público com base no art. 4º da Lei 8.437/1992 ("Compete ao presidente do tribunal, ao qual couber o conhecimento do respectivo recurso, suspender, em despacho fundamentado, a execução da liminar nas ações movidas contra o Poder Público ou seus agentes, a requerimento do Ministério Público ou da pessoa jurídica de direito público interessada, em caso de manifesto interesse público ou de flagrante ilegitimidade, e para evitar grave lesão à ordem, à saúde, à segurança e à economia públicas"). Na espécie, o STJ não conhecera de recurso especial sob o fundamento de que não poderia ser utilizado para impugnar decisões proferidas no âmbito do pedido de suspensão de segurança. Segundo o STJ, o recurso especial se destinaria a combater argumentos que dissessem respeito a exame de legalidade, ao passo que o pedido de suspensão ostentaria juízo político – v. Informativo 750. Em voto-vista, o Ministro Roberto Barroso, ao acompanhar a Ministra Rosa Weber (relatora), desproveu o agravo regimental. Assentou a incompetência do STF para apreciar requisito de cabimento de recursos da competência de outros tribunais, além do descabimento do recurso extraordinário para discutir matéria infraconstitucional federal, para revisão do contexto fático-probatório ou para exame de inconstitucionalidade reflexa. Ademais, a jurisprudência do STF seria consolidada no sentido do não cabimento do recurso especial para discutir suspensão de segurança de cunho essencialmente político. O recurso só seria cabível quando, excepcionalmente, a decisão apresentasse feição jurídica e não política, o que não teria ocorrido no caso dos autos. Em seguida, o julgamento foi suspenso.

RE 798740 AgR/DF, rel. Min. Rosa Weber, 17.3.2015. (RE-798740)

RE e análise dos requisitos de admissibilidade de REsp – 3

O recurso extraordinário é instrumento processual idôneo para questionar o cabimento de recurso especial manejado em face de decisão proferida em sede de suspensão de liminar deferida ao Poder Público com base no art. 4º da Lei 8.437/1992 ("Compete ao presidente do tribunal, ao qual couber o conhecimento do respectivo recurso, suspender, em despacho fundamentado, a execução da liminar nas ações movidas contra o Poder Público ou seus agentes, a requerimento do Ministério Público ou da pessoa jurídica de direito público interessada, em caso de manifesto interesse público ou de flagrante ilegitimidade, e para evitar grave lesão à ordem, à saúde, à segurança e à economia públicas"). Essa a orientação da Primeira Turma, que, em conclusão de julgamento e por maioria, proveu agravo regimental para assegurar o trânsito do recurso extraordinário. Na espécie, o STJ não conhecera de recurso especial sob o fundamento de que não poderia ser utilizado para impugnar decisões proferidas no âmbito do pedido de suspensão de segurança. Segundo o STJ, o recurso especial se destinaria a combater argumentos que dissessem respeito a exame de legalidade, ao passo que o pedido de suspensão ostentaria juízo político – v. Informativos 750 e 778. A Turma entendeu que a decisão em sede de suspensão de segurança não seria estritamente política, mas teria conteúdo jurisdicional, o que, de início, desafiaria recurso especial. O Ministro Edson Fachin, ao desempatar a questão, ressaltou que o cabimento de recurso especial na hipótese de concessão de suspensão de liminar nas instâncias judiciárias respectivas seria matéria de índole constitucional e, portanto, deveria ser analisada pelo STF. Registrou, por fim, que a jurisprudência da Turma seria no sentido da admissibilidade do recurso extraordinário interposto contra decisão do STJ que contrariasse, em tese, o art. 105, III, da CF. Vencidos a Ministra Rosa Weber (relatora) e o Ministro Roberto Barroso, que negavam provimento ao agravo regimental.

RE 798740 AgR/DF, rel. orig. Min. Rosa Weber, red. p/ o acórdão Min. Marco Aurélio, 1º.9.2015. (RE-798740) **(Inform. STF 797)**

AG. REG. NA AC N. 3.738-MG

RELATOR: MIN. LUIZ FUX

Ementa: AÇÃO CAUTELAR. PEDIDO DE ATRIBUIÇÃO DE EFEITO SUSPENSIVO A RECURSO EXTRAORDINÁRIO ADMITIDO NA ORIGEM. INTERPOSIÇÃO SIMULTÂNEA DE RECURSO ESPECIAL, TAMBÉM ADMITIDO NA ORIGEM. AUTOS QUE SE ENCONTRAM SOB APRECIAÇÃO DO SUPERIOR TRIBUNAL DE JUSTIÇA. JULGAMENTO DO RECURSO ESPECIAL AINDA NÃO REALIZADO. NÃO CARACTERIZAÇÃO DO NECESSÁRIO EXAURIMENTO DA JURISDIÇÃO DO STJ. A CONCESSÃO DE EFEITO SUSPENSIVO A RECURSO EXTRAORDINÁRIO ATRAVÉS DE MEDIDA CAUTELAR SE RESTRINGE AOS CASOS EM QUE O RECURSO, DEVIDAMENTE ADMITIDO, ENCONTRA-SE SUBMETIDO À ANÁLISE DESTA CORTE, HIPÓTESE NÃO VERIFICADA *IN CASU*. INCOMPETÊNCIA DO SUPREMO TRIBUNAL FEDERAL. PRECEDENTES. AGRAVO REGIMENTAL A QUE SE NEGA PROVIMENTO.

1. A competência do Supremo Tribunal Federal para a concessão de efeito suspensivo a recurso extraordinário através de medida cautelar se restringe aos casos em que o recurso, devidamente admitido, encontra-se submetido à análise desta Corte. Precedentes: AC 3.683-AgR, Rel. Min. Rosa Weber, Primeira Turma, DJe de 28/10/2014; AC 2.206-AgR, Rel. Min. Eros Grau, Segunda Turma, DJe de 25/9/2009.
2. Interposto o recurso especial simultaneamente ao extraordinário, as medidas cautelares referentes ao último só devem ser examinadas por esta Corte após o exaurimento da jurisdição do Superior Tribunal de Justiça, requisito não configurado *in casu*.
3. Agravo a que se nega provimento. **(Inform. STF 782)**

Tempestividade de REsp em litisconsórcio não unitário

Ante a ilegalidade da decisão recorrida, o que autoriza o uso excepcional do mandado de segurança contra ato judicial, nos termos da jurisprudência da Corte, a 2ª Turma deu provimento a recurso ordinário em mandado de segurança para afastar a intempestividade de recurso especial. No caso, cuidava-se de ação de improbidade administrativa em que se formara litisconsórcio passivo não unitário. Os réus — Bacen e o ora impetrante — após condenados, interpuseram, respectivamente, embargos infringentes e recurso especial, o qual fora reputado intempestivo, pois teria sido manejado antes do julgamento dos embargos infringentes ajuizados pelo Bacen. A Turma ressaltou que a sentença condenatória possuiria dois dispositivos, e que os embargos infringentes, opostos pelo Bacen, não seriam capazes de integrar a decisão do tribunal de origem quanto à condenação do impetrante, uma vez que os réus teriam sido condenados sob diferentes fundamentos de fato e de direito. Assim, acrescentou que a ratificação do recurso especial — que objetivaria resguardar a unicidade do acórdão do tribunal de origem — não haveria de ser exigida no caso e que sequer seria cabível ao impetrante a interposição dos embargos infringentes, pois fora condenado por votação unânime. Dessa forma, aduziu que teriam sido aplicados paradigmas que não se identificariam com a situação dos autos.

RMS 30550/DF, rel. Min. Gilmar Mendes, 24.6.2014. (RMS-30550) **(Inform. STF 752)**

RE e análise dos requisitos de admissibilidade de REsp

A 1ª Turma iniciou julgamento de agravo regimental em recurso extraordinário no qual se discute a admissibilidade de recurso extraordinário interposto para questionar o cabimento de recurso especial manejado de decisão proferida em sede de suspensão de liminar deferida ao Poder Público (Lei 8.437/1992, art. 4º). Na espécie, o STJ não conhecera de recurso especial sob o fundamento de que não poderia ser utilizado para impugnar decisões proferidas no âmbito do pedido de suspensão de segurança. Segundo o STJ, o recurso especial se destinaria a combater argumentos que dissessem respeito a exame de legalidade, ao passo que o pedido de suspensão ostentaria juízo político. A Ministra Rosa Weber (relatora) desproveu o agravo. Reputou que o STJ teria examinado os pressupostos de admissibilidade de recurso de sua competência. Assinalou que a interpretação conferida pelo tribunal "a quo" aos dispositivos legais debatidos teria sido determinante para o não conhecimento do recurso especial. Em divergência, o Ministro Marco

Aurélio deu provimento ao regimental. Entendeu que a decisão em sede de suspensão de segurança não seria estritamente política, mas teria conteúdo jurisdicional, o que, de início, desafiaria recurso especial. Após o voto do Ministro Luiz Fux, que acompanhou a divergência, pediu vista o Ministro Roberto Barroso.

RE 798740 AgR/DF, rel. Min. Rosa Weber, 10.6.2014. (RE-798740) **(Inform. STF 750)**

DIREITO PROCESSUAL CIVIL. CONHECIMENTO PELO STJ DE RESP EM PARTE INADMITIDO NA ORIGEM.

O recurso especial que foi em parte admitido pelo Tribunal de origem pode ser conhecido pelo STJ na totalidade, ainda que à parte inadmitida tenha sido aplicado o art. 543-C, § 7º, I, do CPC e o recorrente não tenha interposto agravo regimental na origem para combater essa aplicação. Realmente, consoante iterativa jurisprudência do STJ, o agravo regimental é o recurso a ser interposto contra a decisão que nega trânsito ao recurso especial com base em aplicação de tese firmada em recurso especial representativo de controvérsia repetitiva (QO no Ag 1.154.599-SP, Corte Especial, DJe 12/5/2011). De igual modo, observa-se que é dever da parte agravante atacar especificamente todos os fundamentos da decisão do Tribunal de origem que nega trânsito ao recurso especial, sob pena de não conhecimento da irresignação (art. 544, § 4º, I, do CPC). Nada obstante, o caso em análise é absolutamente diverso, pois, na origem, foi conferido trânsito ao recurso especial, ficando, desse modo, superado o exame da decisão de admissibilidade do Tribunal de origem, pois esta não vincula o relator no STJ, que promoverá novo exame do recurso especial. Cabe ressaltar que a Súmula 292 do STF, aplicável por analogia ao recurso especial, orienta que, interposto o recurso extraordinário por mais de um dos fundamentos, a admissão apenas por um deles não prejudica o seu conhecimento por qualquer dos outros. A Súmula 528 do STF, por sua vez, também aplicável por analogia ao recurso especial, esclarece que, se a decisão de admissibilidade do recurso excepcional contiver partes autônomas, a admissão parcial não limitará a apreciação de todas as demais questões pelo Tribunal de superposição. De mais a mais, no novo exame de admissibilidade do recurso especial efetuado no âmbito do STJ, todos os pressupostos recursais são reexaminados. Assim, em vista da patente ausência do binômio necessidade-utilidade da interposição do agravo regimental na origem, não há cogitar em não ser conhecido o recurso especial por esse motivo. **AgRg no REsp 1.472.853-SC, Rel. Min. Luis Felipe Salomão, julgado em 4/8/2015, DJe 27/8/2015 (Inform. STJ 567).**

DIREITO PROCESSUAL CIVIL. UTILIZAÇÃO DE GRU SIMPLES PARA O PREPARO DE RECURSO ESPECIAL.

O recolhimento do valor correspondente ao porte de remessa e de retorno por meio de GRU Simples, enquanto resolução do STJ exigia que fosse realizado por meio de GRU Cobrança, não implica a deserção do recurso se corretamente indicados na guia o STJ como unidade de destino, o nome e o CNPJ do recorrente e o número do processo. Como se sabe, a tendência do STJ é de não conhecer dos recursos especiais cujos preparos não tenham sido efetivados com estrita observância das suas formalidades extrínsecas. Contudo, deve-se flexibilizar essa postura na hipótese em análise, sobretudo à luz da conhecida prevalência do princípio da instrumentalidade das formas dos atos do processo. No tocante às nulidades, as atenções no âmbito processual devem ser voltadas à finalidade dos atos, conforme preceitua o art. 244 do CPC. De igual modo, nas hipóteses de preparo recursal, esse mesmo norte também deve ser enfatizado. Com efeito, se a Guia de Recolhimento indica, corretamente, o STJ como unidade de destino, além do nome e do CNPJ da recorrente e do número do processo, ocorre o efetivo ingresso do valor pago nos cofres do STJ, de modo que a finalidade do ato é alcançada. Desse modo, recolhido o valor correto aos cofres públicos e sendo possível relacioná-lo ao processo e ao recorrente, então a parte merece ter seu recurso processado e decidido como se entender de direito. **REsp 1.498.623-RJ, Rel. Min. Napoleão Nunes Maia Filho, julgado em 26/2/2015, DJe 13/3/2015 (Inform. STJ 557).**

DIREITO PROCESSUAL CIVIL. CABIMENTO DE RECURSO ESPECIAL SOB ALEGAÇÃO DE OFENSA A DIREITO ADQUIRIDO E ATO JURÍDICO PERFEITO.

Cabe recurso especial – e não recurso extraordinário – para examinar se ofende o art. 6º da Lei de Introdução às normas do Direito Brasileiro (LINDB) a interpretação feita pelo acórdão recorrido dos conceitos legais de direito adquirido e de ato jurídico perfeito a qual ensejou a aplicação de lei nova a situação jurídica já constituída quando de sua edição. Embora o tema não seja pacífico, não se desconhece que há acórdãos do STJ segundo os quais, havendo dispositivo constitucional com o mesmo conteúdo da regra legal cuja violação se alega – como é o caso do direito adquirido e do ato jurídico perfeito –, a questão é constitucional, não suscetível de apreciação na via do recurso especial. Todavia, a jurisprudência do STF orienta-se no sentido de que não cabe recurso extraordinário por ofensa aos princípios constitucionais da legalidade, do devido processo legal, da coisa julgada, do direito adquirido, entre outros, se, para apreciá-la, for necessária a interpretação de legislação ordinária (AgRg no AG 135.632-RS, Primeira Turma, DJ 3/9/1999). Os conceitos de direito adquirido, ato jurídico perfeito e coisa julgada são dados por lei ordinária (art. 6º da LINDB), sem aptidão, portanto, para inibir o legislador infraconstitucional. Assim, se a lei ordinária contiver regra de cujo texto se extraia ordem de retroatividade, em prejuízo de situação jurídica anteriormente constituída, a ofensa será direta ao art. 5º, XXXVI, da CF, passível de exame em recurso extraordinário. Diversamente, caso se cuide de decidir acerca da aplicação da lei nova a determinada relação jurídica existente quando de sua edição, a questão será infraconstitucional, impugnável mediante recurso especial. **REsp 1.124.859-MG, Rel. originário Min. Luis Felipe Salomão, Rel. para acórdão Min. Maria Isabel Gallotti, julgado em 26/11/2014, DJe 27/2/2015 (Inform. STJ 556).**

Súmula STJ nº 518

Para fins do art. 105, III, a, da Constituição Federal, não é cabível recurso especial fundado em alegada violação de enunciado de súmula.

Súmula STJ nº 418

É inadmissível o recurso especial interposto antes da publicação do acórdão dos embargos de declaração, sem posterior ratificação.

Súmula STJ nº 320

A questão federal somente ventilada no voto vencido não atende ao requisito do prequestionamento.

Súmula STJ nº 211

Inadmissível recurso especial quanto à questão que, a despeito da oposição de embargos declaratórios, não foi apreciada pelo tribunal a quo.

Súmula STJ nº 207

É inadmissível recurso especial quando cabíveis embargos infringentes contra o acordão proferido no tribunal de origem.

Súmula STJ nº 126

É inadmissível recurso especial, quando o acórdão recorrido assenta em fundamentos constitucional e infraconstitucional, qualquer deles suficiente, por si só, para mantê-lo, e a parte vencida não manifesta recurso extraordinário.

Súmula STJ nº 123

A decisão que admite, ou não, o recurso especial deve ser fundamentada, com o exame dos seus pressupostos gerais e constitucionais.

Súmula STJ nº 86

Cabe recurso especial contra acordão proferido no julgamento de agravo de instrumento.

Súmula STJ nº 83

Não se conhece do recurso especial pela divergência, quando a orientação do tribunal se firmou no mesmo sentido da decisão Recorrida.

Súmula STJ nº 13

A divergência entre julgados do mesmo tribunal não enseja recurso especial.

Súmula STJ nº 7

A pretensão de simples reexame de prova não enseja recurso especial.

Súmula STJ nº 5

A simples interpretação de cláusula contratual não enseja recurso especial.

9.7. Recurso Extraordinário

EMB. DECL. NO RE N. 900.701-SC
RELATORA: MIN. ROSA WEBER
EMENTA: EMBARGOS DE DECLARAÇÃO RECEBIDOS COMO AGRAVO REGIMENTAL. DIREITO ADMINISTRATIVO E PROCESSUAL CIVIL. AÇÃO DEMOLITÓRIA. EDIFICAÇÃO EM FAIXA DE DOMÍNIO DE RODOVIA FEDERAL E ÁREA *NON EDIFICANDI*. LIMITAÇÃO ADMINISTRATIVA. LEI Nº 6.766/1979. DEBATE DE ÂMBITO INFRACONSTITUCIONAL. EVENTUAL OFENSA REFLEXA NÃO VIABILIZA O MANEJO DO RECURSO EXTRAORDINÁRIO. ART. 102 DA LEI MAIOR. ACÓRDÃO RECORRIDO PUBLICADO EM 17.10.2014.1. A jurisprudência desta Suprema Corte firmou-se no sentido de que incabíveis embargos de declaração opostos em face de decisão monocrática. Recebimento como agravo regimental com fundamento no princípio da fungibilidade. 2. A controvérsia, a teor do já asseverado na decisão guerreada, não alcança estatura constitucional. Não há falar em afronta aos preceitos constitucionais indicados nas razões recursais. Compreender de modo diverso exigiria a análise da legislação infraconstitucional encampada na decisão da Corte de origem, a tornar oblíqua e reflexa eventual ofensa, insuscetível, como tal, de viabilizar o conhecimento do recurso extraordinário. Desatendida a exigência do art. 102, III, "a", da Lei Maior, nos termos da remansosa jurisprudência desta Suprema Corte. 3. As razões do agravo regimental não se mostram aptas a infirmar os fundamentos que lastrearam a decisão agravada. 4. Embargos de declaração recebidos como agravo regimental, ao qual se nega provimento. **(Inform. STF 811)**

AG. REG. NO ARE N. 853.123-PE
RELATOR: MIN. MARCO AURÉLIO
RECURSO EXTRAORDINÁRIO – MATÉRIA FÁTICA E LEGAL. O recurso extraordinário não é meio próprio ao revolvimento da prova, também não servindo à interpretação de normas estritamente legais. **(Inform. STF 809)**

AG. REG. NO ARE N. 743.430-BA
RELATORA: MIN. ROSA WEBER
EMENTA: DIREITO PROCESSUAL CIVIL. DESERÇÃO DO RECURSO. DEFICIENTE REALIZAÇÃO DO PREPARO PREVISTO NA LEI ESTADUAL Nº 12.373/2011. RECOLHIMENTO INCOMPLETO. ANÁLISE DE LEGISLAÇÃO INFRACONSTITUCIONAL. EVENTUAL OFENSA REFLEXA NÃO VIABILIZA O MANEJO DO RECURSO EXTRAORDINÁRIO. ART. 102 DA LEI MAIOR. DECISÃO RECORRIDA PUBLICADA EM 10.10.2012.

1. A controvérsia, a teor do já asseverado na decisão guerreada, não alcança estatura constitucional. Não há falar em afronta aos preceitos constitucionais indicados nas razões recursais. Compreender de modo diverso exigiria a análise da legislação infraconstitucional encampada na decisão da Corte de origem, a tornar oblíqua e reflexa eventual ofensa, insuscetível, como tal, de viabilizar o conhecimento do recurso extraordinário. Desatendida a exigência do art. 102, III, "a", da Lei Maior, nos termos da remansosa jurisprudência desta Suprema Corte.
2. As razões do agravo regimental não se mostram aptas a infirmar os fundamentos que lastrearam a decisão agravada.
3. Agravo regimental conhecido e não provido. **(Inform. STF 809)**

AG. REG. NO ARE N. 914.837-SP
RELATOR: MIN. MARCO AURÉLIO
RECURSO EXTRAORDINÁRIO – MATÉRIA FÁTICA E LEGAL. O recurso extraordinário não é meio próprio ao revolvimento da prova, também não servindo à interpretação de normas estritamente legais. PREQUESTIONAMENTO – CONFIGURAÇÃO – RAZÃO DE SER. O prequestionamento não resulta da circunstância de a matéria haver sido arguida pela parte recorrente. A configuração pressupõe debate e decisão prévios pelo Colegiado, ou seja, emissão de entendimento. O instituto visa o cotejo indispensável a que se diga enquadrado o recurso extraordinário no permissivo constitucional. **(Inform. STF 809)**

AG. REG. NO AI N. 762.803-RS
RELATOR: MIN. DIAS TOFFOLI
EMENTA: Agravo regimental no agravo de instrumento. Prequestionamento. Ausência. Precatório. Juros moratórios. Critérios de cálculo. Coisa julgada reconhecida pelo Tribunal de origem. Limites objetivos. Fundamento suficiente à manutenção do acórdão recorrido. Matéria infraconstitucional. Ofensa reflexa. Precedentes.

1. Inadmissível o recurso extraordinário quando os dispositivos constitucionais que nele se alega violados não estão devidamente prequestionados. Incidência das Súmulas nºs 282 e 356/STF.
2. Não se admite recurso extraordinário contra acórdão que contenha fundamento infraconstitucional suficiente para a manutenção do julgado recorrido. Orientação da Súmula nº 283/STF.
3. É pacífica a jurisprudência da Corte de que não se presta o recurso extraordinário para a verificação dos limites objetivos da coisa julgada, haja vista tratar-se de discussão de índole infraconstitucional.
4. Agravo regimental não provido. **(Inform. STF 804)**

AG. REG. NO ARE N. 910.117-MG
RELATOR: MIN. EDSON FACHIN
AGRAVO REGIMENTAL EM RECURSO EXTRAORDINÁRIO COM AGRAVO. DIREITO PREVIDENCIÁRIO. PENSÃO POR MORTE. COMPROVAÇÃO DA QUALIDADE DE SEGURADO DO *DE CUJUS*.

1. A jurisprudência do STF é firme no sentido da inadmissibilidade de recurso extraordinário interposto sem preliminar formal e fundamentada de repercussão geral. Precedente: AI-QO 664.567, de relatoria do Ministro Sepúlveda Pertence, Tribunal Pleno, DJ 06.09.2007.
2. É inadmissível o recurso extraordinário, quando a matéria constitucional suscitada não tiver sido apreciada pelo acórdão recorrido, em decorrência da ausência do requisito processual do prequestionamento. Súmula 282 do STF.
3. É inviável o processamento do apelo extremo, quando o seu exame demanda o reexame da legislação aplicável à espécie e dos fatos e provas. Súmulas 279.
4. Agravo regimental a que se nega provimento. **(Inform. STF 804)**

AG. REG. NO ARE N. 898.539-SP
RELATOR: MIN. MARCO AURÉLIO
RECURSO EXTRAORDINÁRIO – MATÉRIA FÁTICA E LEGAL. O recurso extraordinário não é meio próprio ao revolvimento da prova, também não servindo à interpretação de normas estritamente legais.
PREQUESTIONAMENTO – CONFIGURAÇÃO – RAZÃO DE SER. O prequestionamento não resulta da circunstância de a matéria haver sido arguida pela parte recorrente. A configuração pressupõe debate e decisão prévios pelo Colegiado, ou seja, emissão de entendimento. O instituto visa o cotejo indispensável a que se diga enquadrado o recurso extraordinário no permissivo constitucional. **(Inform. STF 802)**

AG. REG. NO ARE N. 879.909-SP
RELATOR: MIN. MARCO AURÉLIO
DEVIDO PROCESSO LEGAL – PRESTAÇÃO JURISDICIONAL – NULIDADE – RECURSO EXTRAORDINÁRIO. Se, de um lado, é possível haver situação concreta em que transgredido o devido processo legal a ponto de enquadrar o recurso extraordinário no permissivo que lhe é próprio, de outro, descabe confundir a ausência de aperfeiçoamento da prestação jurisdicional com a entrega de forma contrária a interesses.
RECURSO EXTRAORDINÁRIO – MATÉRIA FÁTICA E LEGAL. O recurso extraordinário não é meio próprio ao revolvimento da prova, também não servindo à interpretação de normas estritamente legais. **(Inform. STF 799)**

AG. REG. NO ARE N. 866.435-RJ
RELATOR: MIN. MARCO AURÉLIO
LEI – INICIATIVA – CONCURSO PÚBLICO – PRECEDENTE DO PLENÁRIO. Norma que dispõe sobre condição para se chegar à investidura no cargo, por tratar de momento anterior ao da caracterização do candidato como servidor público, não é de iniciativa privativa do Chefe do Poder Executivo – Ação Direta de Inconstitucionalidade nº 2.672/ES. RECURSO EXTRAORDINÁRIO – PREQUESTIONAMENTO – CONFIGURAÇÃO – RAZÃO DE SER. O prequestionamento não resulta da circunstância de a matéria haver sido arguida pela parte recorrente. A configuração do instituto pressupõe debate e decisão prévios pelo Colegiado, ou seja, emissão de juízo sobre o tema. O procedimento tem como escopo o cotejo indispensável a que se diga do enquadramento do recurso extraordinário no permissivo constitucional. Se o Tribunal de origem não adotou tese explícita a respeito do fato jurígeno veiculado nas razões recursais, inviabilizado fica o entendimento sobre a violência ao preceito evocado pelo recorrente. **(Inform. STF 789)**

AG. REG. NO ARE N. 812.678-RS
RELATORA: MIN. ROSA WEBER
EMENTA: DIREITO DO CONSUMIDOR. RESPONSABILIDADE CIVIL. FORNECIMENTO DE ENERGIA ELÉTRICA. RESPONSABILIDADE OBJETIVA DA CONCESSIONÁRIA DE SERVIÇO PÚBLICO. INDENIZAÇÃO POR DANOS MORAIS E MATERIAIS. ANÁLISE DA OCORRÊNCIA DE EVENTUAL AFRONTA AO ART. 37, § 6º, DA LEI MAIOR DEPENDENTE DA REELABORAÇÃO DA MOLDURA FÁTICA CONSTANTE NO ACÓRDÃO REGIONAL. SÚMULA 279/STF. ÂMBITO INFRACONSTITUCIONAL DO DEBATE. EVENTUAL VIOLAÇÃO REFLEXA NÃO VIABILIZA RECURSO EXTRAORDINÁRIO. PRECEDENTES. ACÓRDÃO RECORRIDO DISPONIBILIZADO EM 15.7.2013.
A pretensão da recorrente de obter decisão em sentido diverso demanda reelaboração da moldura fática delineada no acórdão de origem. Aplicação da Súmula 279/STF.
A suposta afronta ao art. 37, § 6º, da Lei Maior dependeria da análise de legislação infraconstitucional, o que torna oblíqua e reflexa eventual ofensa, insuscetível, portanto, de viabilizar o conhecimento do recurso extraordinário, considerada a disposição do art. 102, III, "a", da Lei Maior.
As razões do agravo não são aptas a infirmar os fundamentos que lastrearam a decisão agravada, mormente no que se refere ao âmbito infraconstitucional do debate.
Agravo conhecido e não provido. **(Inform. STF 761)**

AG. REG. NO ARE N. 792.002-GO
RELATORA: MIN. ROSA WEBER
EMENTA: DIREITO CIVIL. ESPERA EM FILA DE INSTITUIÇÃO FINANCEIRA. INDENIZAÇÃO. DANOS MORAIS. DEBATE DE ÂMBITO INFRACONSTITUCIONAL. EVENTUAL VIOLAÇÃO REFLEXA DA CONSTITUIÇÃO DA REPÚBLICA NÃO VIABILIZA O MANEJO DE RECURSO EXTRAORDINÁRIO. ACÓRDÃO RECORRIDO PUBLICADO EM 23.10.2013.
A suposta afronta aos preceitos constitucionais indicados nas razões recursais dependeria da análise de legislação infraconstitucional, o que torna oblíqua e reflexa eventual ofensa, insuscetível, portanto, de ensejar o conhecimento do recurso extraordinário, considerada a disposição do art. 102, III, "a", da Lei Maior.
O Plenário Virtual desta Corte, no ARE 687.876, Rel. Min Ayres Brito, DJe 06.12.2012, manifestou-se pela inexistência de repercussão geral da matéria atinente aos danos morais e materiais decorrentes de espera excessiva em fila de instituição financeira, tendo em vista o seu caráter infraconstitucional.
Agravo regimental conhecido e não provido. **(Inform. STF 761)**

Embargos de declaração e provimento para subir o RE
O Plenário proveu embargos de declaração para que o julgamento de recurso extraordinário tenha sequência, com a possibilidade de sustentação oral e deliberação presencial pelo Colegiado. No caso, o Tribunal reafirmara, por meio eletrônico (Plenário Virtual), jurisprudência dominante quanto à possibilidade da conversão de férias não gozadas em indenização pecuniária, por servidores que não podem mais delas usufruir. Sustentava o embargante a necessidade de esclarecimento da prestação jurisdicional e pedia a aplicação dos excepcionais efeitos infringentes ao acórdão questionado, sob argumento de que o servidor, ora embargado, encontra-se em atividade. De início, a Corte afastou a preliminar de incidência dos prazos e ritos dos juizados especiais perante o STF, porquanto o trâmite de recurso extraordinário subordina-se à Lei 8.038/1990. Por conseguinte, rejeitou a alegada intempestividade dos embargos declaratórios. Refutou, de igual modo, a aplicação do precedente firmado no julgamento do AI 855.810 RG-ED/RS (DJe de 1º.7.2013) e do art. 543-A do CPC, que afirmam a irrecorribilidade da decisão do Supremo quando não conhecer de recurso extraordinário por ausência de repercussão geral. O Tribunal consignou que, na situação dos autos, o acórdão embargado fora proferido no âmbito do Plenário Virtual, com o reconhecimento da repercussão geral e a reafirmação de jurisprudência. Assim, reputou cabíveis os embargos. Em seguida, o Colegiado asseverou que a controvérsia relativa a eventual direito de servidor em atividade à conversão em pecúnia de férias vencidas e não gozadas deveria ser submetida à apreciação do Pleno, razão pela qual se deveria dar continuidade ao recurso extraordinário.
ARE 721001 RG-ED/RJ, rel. Min. Gilmar Mendes, 28.8.2014. (ARE-721001) **(Inform. STF 756)**

Súmula STF nº 735
Não cabe recurso extraordinário contra acórdão que defere medida liminar.

Súmula STF nº 733
Não cabe recurso extraordinário contra decisão proferida no processamento de precatórios.

Súmula STF nº 640
É cabível recurso extraordinário contra decisão proferida por juiz de primeiro grau nas causas de alçada, ou por turma recursal de juizado especial cível e criminal.

Súmula STF nº 638
A controvérsia sobre a incidência, ou não, de correção monetária em operações de crédito rural é de natureza infraconstitucional, não viabilizando recurso extraordinário.

Súmula STF nº 637
Não cabe recurso extraordinário contra acórdão de tribunal de justiça que defere pedido de intervenção estadual em município.

Súmula STF nº 636
Não cabe recurso extraordinário por contrariedade ao princípio constitucional da legalidade, quando a sua verificação pressuponha rever a interpretação dada a normas infraconstitucionais pela decisão recorrida.

Súmula STF nº 635
Cabe ao presidente do tribunal de origem decidir o pedido de medida cautelar em recurso extraordinário ainda pendente do seu juízo de admissibilidade.

Súmula STF nº 634
Não compete ao Supremo Tribunal Federal conceder medida cautelar para dar efeito suspensivo a recurso extraordinário que ainda não foi objeto de juízo de admissibilidade na origem.

Súmula STF nº 528
Se a decisão contiver partes autônomas, a admissão parcial, pelo presidente do tribunal "a quo", de recurso extraordinário que, sobre qualquer delas se manifestar, não limitará a apreciação de todas pelo Supremo Tribunal Federal, independentemente de interposição de agravo de instrumento.

Súmula STF nº 513
A decisão que enseja a interposição de recurso ordinário ou extraordinário não é a do plenário, que resolve o incidente de inconstitucionalidade, mas a do órgão (câmaras, grupos ou turmas) que completa o julgamento do feito.

Súmula STF nº 456

O Supremo Tribunal Federal, conhecendo do recurso extraordinário, julgará a causa, aplicando o direito à espécie.

Súmula STF nº 454

Simples interpretação de cláusulas contratuais não dá lugar a recurso extraordinário.

Súmula STF nº 432

Não cabe recurso extraordinário com fundamento no art. 101, III, "d", da Constituição Federal, quando a divergência alegada for entre decisões da Justiça do Trabalho.

Súmula STF nº 400

Decisão que deu razoável interpretação à Lei, ainda que não seja a melhor, não autoriza recurso extraordinário pela letra "a" do art. 101, III, da Constituição Federal.

Súmula STF nº 399

Não cabe recurso extraordinário, por violação de Lei federal, quando a ofensa alegada for a regimento de tribunal.

Súmula STF nº 369

Julgados do mesmo tribunal não servem para fundamentar o recurso extraordinário por divergência jurisprudencial.

Súmula STF nº 356

O ponto omisso da decisão, sobre o qual não foram opostos embargos declaratórios, não pode ser objeto de recurso extraordinário, por faltar o requisito do prequestionamento.

Súmula STF nº 299

O recurso ordinário e o extraordinário interpostos no mesmo processo de mandado de segurança, ou de "habeas corpus", serão julgados conjuntamente pelo tribunal pleno.

Súmula STF nº 292

Interposto o recurso extraordinário por mais de um dos fundamentos indicados no art. 101, III, da Constituição, a admissão apenas por um deles não prejudica o seu conhecimento por qualquer dos outros.

Súmula STF nº 291

No recurso extraordinário pela letra "d" do art. 101, III, da Constituição, a prova do dissídio jurisprudencial far-se-á por certidão, ou mediante indicação do "diário da justiça" ou de repertório de jurisprudência autorizado, com a transcrição do trecho que configure a divergência, mencionadas as circunstâncias que identifiquem ou assemelhem os casos confrontados.

Súmula STF nº 286

Não se conhece do recurso extraordinário fundado em divergência jurisprudencial, quando a orientação do plenário do Supremo Tribunal Federal já se firmou no mesmo sentido da decisão recorrida.

Súmula STF nº 285

Não sendo razoável a arguição de inconstitucionalidade, não se conhece do recurso extraordinário fundado na letra "c" do art. 101, III, da Constituição Federal.

Súmula STF nº 284

É inadmissível o recurso extraordinário, quando a deficiência na sua fundamentação não permitir a exata compreensão da controvérsia.

Súmula STF nº 283

É inadmissível o recurso extraordinário, quando a decisão recorrida assenta em mais de um fundamento suficiente e o recurso não abrange todos eles.

Súmula STF nº 282

É inadmissível o recurso extraordinário, quando não ventilada, na decisão recorrida, a questão federal suscitada.

Súmula STF nº 281

É inadmissível o recurso extraordinário, quando couber na justiça de origem, recurso ordinário da decisão impugnada.

Súmula STF nº 280

Por ofensa a direito local não cabe recurso extraordinário.

Súmula STF nº 279

Para simples reexame de prova não cabe recurso extraordinário.

10. REPERCUSSÃO GERAL

REPERCUSSÃO GERAL EM ARE N. 907.777-RN

RELATOR: MIN. TEORI ZAVASCKI

Ementa: PROCESSUAL CIVIL. RECURSO EXTRAORDINÁRIO COM AGRAVO. SERVIDORA PÚBLICA INATIVA. AÇÃO VISANDO AO PAGAMENTO DE COMPLEMENTAÇÃO DE APOSENTADORIA. LEGITIMIDADE PASSIVA *AD CAUSAM* DO MUNICÍPIO DE MOSSORÓ. MATÉRIA INFRACONSTITUCIONAL. AUSÊNCIA DE REPERCUSSÃO GERAL.

1. A controvérsia relativa à legitimidade do Município de Mossoró para figurar no polo passivo de demanda visando ao pagamento de complementação de aposentadoria a servidora pública inativa é infraconstitucional, pois fundada na interpretação da Lei Municipal 311/91.

2. É cabível a atribuição dos efeitos da declaração de ausência de repercussão geral quando não há matéria constitucional a ser apreciada ou quando eventual ofensa à Carta Magna ocorra de forma indireta ou reflexa (RE 584.608-RG, Rel. Min. ELLEN GRACIE, DJe de 13/3/2009).

3. Ausência de repercussão geral da questão suscitada, nos termos do art. 543-A do CPC. **(Inform. STF 811)**

REPERCUSSÃO GERAL EM ARE N. 921.694-RS

RELATOR: MIN. TEORI ZAVASCKI

Ementa: PROCESSUAL CIVIL. RECURSO EXTRAORDINÁRIO COM AGRAVO. SERVIDORA PÚBLICA DA SECRETARIA DE ESTADO DE EDUCAÇÃO DO RIO GRANDE DO SUL. GRATIFICAÇÃO DE DIFÍCIL ACESSO. BASE DE CÁLCULO. MATÉRIA INFRACONSTITUCIONAL. AUSÊNCIA DE REPERCUSSÃO GERAL.

1. É de natureza infraconstitucional a controvérsia acerca da base de cálculo da gratificação de difícil acesso, pois requer a análise das Leis 6.672/74 e 9.121/90, do Estado do Rio Grande do Sul.

2. É cabível a atribuição dos efeitos da declaração de ausência de repercussão geral quando não há matéria constitucional a ser apreciada ou quando eventual ofensa à Carta Magna ocorra de forma indireta ou reflexa (RE 584.608-RG, Rel. Min. ELLEN GRACIE, DJe de 13/3/2009).

3. Ausência de repercussão geral da questão suscitada, nos termos do art. 543-A do CPC. **(Inform. STF 811)**

AG. REG. NO AG. REG. NO RE N. 562.763-SP

RELATOR: MIN. MARCO AURÉLIO

REPERCUSSÃO GERAL – BAIXA À ORIGEM – DECISÃO PRECLUSA – ARTIGO 543-B DO CÓDIGO DE PROCESSO CIVIL. A preclusão do pronunciamento, mediante o qual se determinou a remessa do Agravo de Instrumento nº 682.112/SP à origem, obstaculiza o sucesso de impugnação. **(Inform. STF 811)**

REPERCUSSÃO GERAL EM RE N. 678.162-AL

RELATOR: MIN. MARCO AURÉLIO

COMPETÊNCIA – JUSTIÇAS FEDERAL E ESTADUAL – INSOLVÊNCIA CIVIL – ARTIGO 109, INCISO I, DA CONSTITUIÇÃO FEDERAL – ALCANCE – RECURSO EXTRAORDINÁRIO – REPERCUSSÃO GERAL CONFIGURADA. Possui repercussão geral a controvérsia alusiva à competência para processar e julgar as ações de insolvência civil nas quais haja interesse da União, entidade autárquica ou empresa pública federal, considerado o preceito do artigo 109, inciso I, da Constituição Federal. **(Inform. STF 808)**

REPERCUSSÃO GERAL EM RE N. 887.671-CE

RELATOR: MIN. MARCO AURÉLIO

ASSISTÊNCIA JURÍDICA INTEGRAL E GRATUITA – DEFENSORIA PÚBLICA – PREENCHIMENTO DE CARGO – CONTROLE JUDICIAL – SEPARAÇÃO DE PODERES – ALCANCE DOS ARTIGOS 5º, INCISO LXXIV, E 134 DA CONSTITUIÇÃO FEDERAL – RECURSO EXTRAORDINÁRIO – REPERCUSSÃO GERAL CONFIGURADA. Possui repercussão geral a controvérsia alusiva à possibilidade de o Poder Judiciário impor o preenchimento de cargo de Defensor Público em localidade desamparada, considerados os preceitos dos artigos 5º, inciso LXXIV, e 134 da Carta de 1988. **(Inform. STF 808)**

REPERCUSSÃO GERAL EM ARE N. 911.161-SC

RELATOR: MIN. TEORI ZAVASCKI

Ementa: PROCESSUAL CIVIL. RECURSO EXTRAORDINÁRIO COM AGRAVO. JUIZADOS ESPECIAIS CÍVEIS DA LEI 9.099/95. PRAZO PARA APRESENTAÇÃO DE DEFESA. TERMO INICIAL. MATÉRIA INFRACONSTITUCIONAL. AUSÊNCIA DE REPERCUSSÃO GERAL.

1. A controvérsia relativa ao termo inicial da contagem do prazo para apresentação de defesa no âmbito dos Juizados Especiais Cíveis, fundada na interpretação da Lei 9.099/95 e do Código de Processo Civil, é de natureza infraconstitucional.

2. É cabível a atribuição dos efeitos da declaração de ausência de repercussão geral quando não há matéria constitucional a ser apreciada ou quando eventual ofensa à Carta Magna ocorra de forma indireta ou reflexa (RE 584.608-RG, Rel. Min. ELLEN GRACIE, DJe de 13/3/2009).

3. Ademais, esta Corte, ao apreciar o Tema 800 da sistemática da repercussão geral (ARE 835.833-RG, de minha relatoria, DJe de 26/3/2015), atribuiu os efeitos da ausência de repercussão geral aos recursos extraordinários interpostos nos Juizados Especiais Cíveis da Lei 9.099/99 que, como o presente, não demonstrem claramente (a) o prequestionamento de matéria constitucional e (b) a repercussão geral da controvérsia.

4. Ausência de repercussão geral da questão suscitada, nos termos do art. 543-A do CPC. **(Inform. STF 806)**

REPERCUSSÃO GERAL EM ARE N. 903.171-MG

RELATOR: MIN. TEORI ZAVASCKI

Ementa: PROCESSUAL CIVIL. RECURSO EXTRAORDINÁRIO COM AGRAVO. ART. 37, § 6º, DA CONSTITUIÇÃO FEDERAL. AUSÊNCIA DE PREQUESTIONAMENTO. SERVIDOR PÚBLICO. ESTADO DE MINAS GERAIS. LEI ESTADUAL 18.975/2010. ESTABELECIMENTO DO REGIME DE SUBSÍDIO, COM ACRÉSCIMO DE 5% (CINCO POR CENTO) AOS SERVIDORES A ELE VINCULADOS. OPÇÃO PELO REGIME REMUNERATÓRIO ANTERIOR. DIREITO AO AUMENTO DE 5% (CINCO POR CENTO). MATÉRIA INFRACONSTITUCIONAL. AUSÊNCIA DE REPERCUSSÃO GERAL.

1. A controvérsia relativa ao direito dos servidores do Estado de Minas Gerais optantes do regime de pagamento anterior à Lei Estadual 18.975/10 ao aumento de 5% (cinco por cento) por ela instituído, fundada na interpretação desse diploma normativo, possui natureza infraconstitucional.

2. É incabível, em sede de recurso extraordinário, a verificação, caso a caso, de decesso remuneratório decorrente de alteração no regime jurídico de servidores públicos, já que necessária seria a reapreciação do conjunto fático-probatório dos autos (Súmula 279). A propósito, citem-se: ARE 790.203-AgR, Rel. Min. ROSA WEBER, Primeira Turma, DJe de 19/8/2014; ARE 743.072-AgR, Rel. Min. DIAS TOFFOLI, Primeira Turma, DJe de 24/6/2014; ARE 795.870-AgR, Rel. Min. CÁRMEN LÚCIA, Segunda Turma, DJe de 23/5/2014; ARE 772.833-AgR, Rel. Min. RICARDO LEWANDOWSKI, Segunda Turma, DJe de 26/2/2014; RE 638.033-AgR, Rel. Min. ROBERTO BARROSO, Primeira Turma, DJe de 3/2/2014; ARE 672.401-AgR, de minha relatoria, Segunda Turma, DJe de 18/9/2013; ARE 733.788-ED, Rel. Min. CELSO DE MELLO, Segunda Turma, DJe de 24/5/2013; AI 767.617-AgR, Rel. Min. GILMAR MENDES, Segunda Turma, DJe de 17/9/2012; AI 820.444-AgR, Rel. Min. ELLEN GRACIE, Segunda Turma, DJe de 18/5/2011.

3. O Plenário do Supremo Tribunal Federal firmou o entendimento de que é possível a atribuição dos efeitos da declaração de ausência de repercussão geral quando não há matéria constitucional a ser apreciada ou quando eventual ofensa à Constituição Federal ocorra de forma indireta ou reflexa (RE 584.608 RG, Min. ELLEN GRACIE, DJe de 13/3/2009).

4. Ausência de repercussão geral da questão suscitada, nos termos do art. 543-A do CPC. **(Inform. STF 800)**

REPERCUSSÃO GERAL EM RE N. 860.508-SP

RELATOR: MIN. MARCO AURÉLIO

CONFLITO DE COMPETÊNCIA – JUSTIÇAS FEDERAL E ESTADUAL – ALCANCE DOS ARTIGOS 105, INCISO I, ALÍNEA "D", E 108, INCISO I, ALÍNEA "E", DA CARTA DA REPÚBLICA – RECURSO EXTRAORDINÁRIO – REPERCUSSÃO GERAL CONFIGURADA. Possui repercussão geral a controvérsia acerca da competência, sob o ângulo dos artigos 105, inciso I, alínea "d", e 108, inciso I, alínea "e", da Constituição Federal, para processar e julgar conflitos entre juizado especial federal e juízo estadual no exercício de competência federal delegada.

CONFLITO DE COMPETÊNCIA – JUSTIÇAS FEDERAL E ESTADUAL – ALCANCE DO ARTIGO 109, § 3º, DO DIPLOMA MAIOR – RECURSO EXTRAORDINÁRIO – REPERCUSSÃO GERAL CONFIGURADA. Possui repercussão geral a questão acerca da definição do pressuposto fático para a incidência do artigo 109, § 3º, da Constituição Federal, se a inexistência de juízo federal no município ou na comarca onde reside o segurado ou beneficiário do Instituto Nacional do Seguro Social. **(Inform. STF 795)**

REPERCUSSÃO GERAL EM ARE N. 891.653-MG

RELATOR: MIN. TEORI ZAVASCKI

Ementa: PROCESSUAL CIVIL. RECURSO EXTRAORDINÁRIO COM AGRAVO. AÇÃO DE INDENIZAÇÃO AJUIZADA EM FACE DE CONSTRUTORA. VÍCIOS NA EDIFICAÇÃO DE IMÓVEL ADQUIRIDO ATRAVÉS DO PROGRAMA GOVERNAMENTAL "MINHA CASA, MINHA VIDA". CAIXA ECONÔMICA FEDERAL. LITISCONSÓRCIO PASSIVO NECESSÁRIO. CONSEQUENTE COMPETÊNCIA DA JUSTIÇA FEDERAL. MATÉRIA INFRACONSTITUCIONAL. AUSÊNCIA DE REPERCUSSÃO GERAL.

1. A controvérsia relativa à existência ou não de litisconsórcio passivo necessário entre a Caixa Econômica Federal e a parte demandada, com o consequente reconhecimento da competência da Justiça Federal para julgar a ação, configura questão que envolve única e exclusivamente juízo a respeito dos termos da demanda (causa de pedir e pedido) e das normas processuais, infraconstitucionais, que disciplinam a existência ou não de litisconsórcio passivo necessário. Não há, portanto, matéria constitucional a ser apreciada.

2. É cabível a atribuição dos efeitos da declaração de ausência de repercussão geral quando não há matéria constitucional a ser apreciada ou quando eventual ofensa à Carta Magna ocorra de forma indireta ou reflexa (RE 584.608-RG, Rel. Min. ELLEN GRACIE, DJe de 13/3/2009).

3. Ausência de repercussão geral da questão suscitada, nos termos do art. 543-A do CPC. **(Inform. STF 793)**

REPERCUSSÃO GERAL EM RE N. 751.526-SP

RELATOR: MINISTRO PRESIDENTE

Ementa: RECURSO EXTRAORDINÁRIO. PROCESSUAL CIVIL. QUANTIFICAÇÃO DA CONDENAÇÃO EM HONORÁRIOS ADVOCATÍCIOS NAS AÇÕES PREVIDENCIÁRIAS. SÚMULA 111 DO SUPERIOR TRIBUNAL DE JUSTIÇA E ART. 20, § 3º, DO CÓDIGO DE PROCESSO CIVIL. MATÉRIA DE ÍNDOLE INFRACONSTITUCIONAL. OFENSA INDIRETA À CONSTITUIÇÃO. REPERCUSSÃO GERAL. INEXISTÊNCIA.

I – A controvérsia acerca da apuração do valor da condenação em honorários advocatícios nas ações previdenciárias – notadamente quanto à incidência, ou não, de verba honorária sobre as prestações vencidas após a sentença – está restrita ao âmbito infraconstitucional.

II – O exame da questão constitucional não prescinde da prévia análise de normas infraconstitucionais, o que afasta a possibilidade de reconhecimento do requisito constitucional da repercussão geral.

III – Repercussão geral inexistente. **(Inform. STF 787)**

REPERCUSSÃO GERAL EM ARE N. 876.982-PR

RELATOR: MIN. TEORI ZAVASCKI

Ementa: PROCESSUAL CIVIL. RECURSO EXTRAORDINÁRIO COM AGRAVO. ESTADO DO PARANÁ. SERVIDORA PÚBLICA. GRATIFICAÇÃO DE INSALUBRIDADE. BASE DE CÁLCULO. MATÉRIA INFRACONSTITUCIONAL. AUSÊNCIA DE REPERCUSSÃO GERAL.

1. A controvérsia relativa à base de cálculo da vantagem denominada "gratificação de insalubridade", paga aos servidores públicos das univer-

sidades estaduais do Paraná, é de natureza infraconstitucional, uma vez que fundada na interpretação das Leis Estaduais 10.692/93 e 15.050/06.
2. É cabível a atribuição dos efeitos da declaração de ausência de repercussão geral quando não há matéria constitucional a ser apreciada ou quando eventual ofensa à Carta Magna ocorra de forma indireta ou reflexa (RE 584.608 RG, Min. ELLEN GRACIE, DJe de 13/3/2009).
3. Ausência de repercussão geral da questão suscitada, nos termos do art. 543-A do CPC. **(Inform. STF 786)**

REPERCUSSÃO GERAL EM ARE N. 836.819-SP, ARE N. 837.318-SP e ARE N.835.833-RS

RELATOR: MIN. TEORI ZAVASCKI

Ementa: PROCESSUAL CIVIL. DEMANDA PROPOSTA PERANTE OS JUIZADOS ESPECIAIS CÍVEIS DA LEI 9.099/95. CONTROVÉRSIA NATURALMENTE DECORRENTE DE RELAÇÃO DE DIREITO PRIVADO, REVESTIDA DE SIMPLICIDADE FÁTICA E JURÍDICA, COM PRONTA SOLUÇÃO NA INSTÂNCIA ORDINÁRIA. EXCEPCIONALIDADE DE REPERCUSSÃO GERAL ENSEJADORA DE ACESSO À INSTÂNCIA EXTRAORDINÁRIA.

1. Como é da própria essência e natureza dos Juizados Especiais Cíveis Estaduais previstos na Lei 9.099/95, as causas de sua competência decorrem de controvérsias fundadas em relações de direito privado, revestidas de simplicidade fática e jurídica, ensejando pronta solução na instância ordinária. Apenas excepcionalmente essas causas são resolvidas mediante aplicação direta de preceitos normativos constitucionais. E mesmo quando isso ocorre, são incomuns e improváveis as situações em que a questão constitucional debatida contenha o requisito da repercussão geral de que tratam o art. 102, § 3º, da Constituição, os arts. 543-A e 543-B do Código de Processo Civil e o art. 322 e seguinte do Regimento Interno do STF.

2. Por isso mesmo, os recursos extraordinários interpostos em causas processadas perante os Juizados Especiais Cíveis da Lei 9.099/95 somente podem ser admitidos quando (a) for demonstrado o prequestionamento de matéria constitucional envolvida diretamente na demanda e (b) o requisito da repercussão geral estiver justificado com indicação detalhada das circunstâncias concretas e dos dados objetivos que evidenciem, no caso examinado, a relevância econômica, política, social ou jurídica.

3. À falta dessa adequada justificação, aplicam-se ao recurso extraordinário interposto nas causas de Juizados Especiais Estaduais Cíveis da Lei 9.099/95 os efeitos da ausência de repercussão geral, nos termos do art. 543-A do CPC. **(Inform. STF 779)**

REPERCUSSÃO GERAL EM ARE N. 722.421-MG

RELATOR: MINISTRO PRESIDENTE

Ementa: RECURSO EXTRAORDINÁRIO COM AGRAVO. PREVIDENCIÁRIO E PROCESSUAL CIVIL. VALORES RECEBIDOS EM VIRTUDE DE CONCESSÃO DE ANTECIPAÇÃO DE TUTELA POSTERIORMENTE REVOGADA. DEVOLUÇÃO. MATÉRIA DE ÍNDOLE INFRACONSTITUCIONAL. OFENSA INDIRETA À CONSTITUIÇÃO. REPERCUSSÃO GERAL. INEXISTÊNCIA.

I – O exame da questão constitucional não prescinde da prévia análise de normas infraconstitucionais, o que afasta a possibilidade de reconhecimento do requisito constitucional da repercussão geral.

II – Repercussão geral inexistente. **(Inform. STF 779)**

REPERCUSSÃO GERAL EM RE N. 598.650-MS

RELATOR: MIN. MARCO AURÉLIO

AÇÃO RESCISÓRIA FORMALIZADA PELA UNIÃO – TERCEIRA INTERESSADA – TRIBUNAL REGIONAL FEDERAL – DECLÍNIO DE COMPETÊNCIA – DECISÃO RESCINDENDA – JUSTIÇA ESTADUAL – ARTIGOS 108, INCISO I, ALÍNEA "B", E 109, INCISO I, DA CARTA DA REPÚBLICA – CONFLITO – RECURSO EXTRAORDINÁRIO – REPERCUSSÃO GERAL CONFIGURADA. Possui repercussão geral a controvérsia acerca da competência para processar e julgar pedido formalizado pela União, na qualidade de terceira interessada em relação ao processo originário, voltado a ver rescindida decisão prolatada por juiz estadual. **(Inform. STF 773)**

REPERCUSSÃO GERAL EM ARE N. 840.432-RJ

RELATOR: MIN. TEORI ZAVASCKI

Ementa: PROCESSUAL CIVIL. COMPETÊNCIA DELEGADA DA JUSTIÇA ESTADUAL (LEI 5.010/66, ART. 15, I, ANTES DA REVOGAÇÃO OPERADA PELA LEI 13.043/2014). EXECUÇÃO FISCAL AJUIZADA EM LOCAL DIVERSO DO FORO DO DOMICÍLIO DO RÉU. LEGITIMIDADE DO CONHECIMENTO DE OFÍCIO DA INCOMPETÊNCIA PARA SEU PROCESSAMENTO. MATÉRIA INFRACONSTITUCIONAL. AUSÊNCIA DE REPERCUSSÃO GERAL.

1. A controvérsia relativa à possibilidade, ou não, do conhecimento de ofício da incompetência para o processamento de execução fiscal ajuizada em local diverso do foro do domicílio do réu, fundada na interpretação do Código de Processo Civil, é de natureza infraconstitucional.

2. É cabível a atribuição dos efeitos da declaração de ausência de repercussão geral quando não há matéria constitucional a ser apreciada ou quando eventual ofensa à Carta Magna se dê de forma indireta ou reflexa (RE 584.608 RG, Min. ELLEN GRACIE, DJe de 13/03/2009).

3. Ausência de repercussão geral da questão suscitada, nos termos do art. 543-A do CPC. **(Inform. STF 771)**

RE com repercussão geral reconhecida e ausência de preliminar formal

O Plenário iniciou julgamento de recurso extraordinário em que discutida a constitucionalidade do art. 10 da Lei 10.666/2003 e do art. 202-A do Decreto 3.048/1999, com a redação dada pelo Decreto 6.957/2009. Os dispositivos questionados preveem a possibilidade de redução da alíquota referente ao Seguro de Acidente do Trabalho - SAT e dos Riscos Ambientais do Trabalho - RAT para empresas com menores índices de acidente de trabalho e permitem, por outro lado, a majoração para aquelas que não investirem na segurança do trabalhador. As mencionadas alíquotas seriam aferidas pelo desempenho da empresa em relação à respectiva atividade econômica, com a aplicação do Fator Acidentário de Prevenção - FAP, que leva em consideração os índices de frequência, gravidade e custos dos acidentes de trabalho. Entende o recorrente que os dispositivos impugnados permitiriam a instituição de alíquota baseada em metodologia aprovada somente pelo Conselho Nacional de Previdência Social por meio de resolução, o que feriria o princípio da legalidade, além de afrontar os princípios da anterioridade e da reserva de lei complementar. O Ministro Marco Aurélio suscitou questão de ordem no sentido de não conhecer do recurso, por ausência de preliminar sobre a existência de repercussão geral do tema, no que foi acompanhado pelos Ministros Teori Zavascki, Rosa Weber e Cármen Lúcia. Constatara que as razões recursais teriam sido silentes quanto a esse requisito, que sequer fora abordado. Ponderou que, embora o Plenário tivesse assentado a repercussão geral, esse defeito formal implicaria o não conhecimento do recurso extraordinário. Os Ministros Luiz Fux (relator), Ricardo Lewandowski (Presidente), Roberto Barroso e Gilmar Mendes, em divergência, conheceram do recurso. Para o relator, as modernas legislações seriam no sentido de que, se o mérito do recurso contribuísse para a evolução do Direito, qualquer defeito formal deveria ser afastado para que esse processo tivesse um cunho objetivo e que se pudesse julgar a tese. Assim, a despeito da ausência do capítulo específico da repercussão geral, teria sido possível extrair o tema em debate. Ademais, a matéria fora chancelada pelo Plenário virtual. Em seguida, o relator indicou adiamento.

RE 684261/PR, rel. Min. Luiz Fux, 3.12.2014. (RE-684261) **(Inform. STF 770)**

AG. REG. NO ARE N. 721.271-MG

RELATOR: MINISTRO PRESIDENTE

Ementa: AGRAVO REGIMENTAL NO RECURSO EXTRAORDINÁRIO COM AGRAVO. REPERCUSSÃO GERAL DAS QUESTÕES CONSTITUCIONAIS. AUSÊNCIA DE PRELIMINAR. AGRAVO A QUE SE NEGA PROVIMENTO.

I - Nos termos do art. 327, caput, do Regimento Interno do STF, com a redação dada pela Emenda Regimental 21/2007, os recursos que não apresentem preliminar de repercussão geral serão recusados. Exigência que também se aplica às hipóteses de repercussão geral presumida ou já reconhecida pelo Supremo Tribunal Federal. Precedentes.

II - Agravo regimental a que se nega provimento. **(Inform. STF 761)**

11. EXECUÇÃO

11.1. Execução em Geral

DIREITO PROCESSUAL CIVIL. NATUREZA JURÍDICA DO TERMO DE ACORDO DE PARCELAMENTO PARA FINS DE EXECUÇÃO.

O Termo de Acordo de Parcelamento que tenha sido subscrito pelo devedor e pela Fazenda Pública deve ser considerado documento público para fins de caracterização de título executivo extrajudicial, apto à promoção de ação executiva, na forma do art. 585, II, do CPC. De fato, o art. 585, II, do CPC elenca o "documento público assinado pelo devedor" dentre os títulos executivos extrajudiciais, mas não traz o seu conceito, sendo que o art. 364 do CPC revela tão somente a força probante do referido documento, ao referir que "faz prova não só da sua formação, mas também dos fatos que o escrivão, o tabelião, ou o funcionário declarar que ocorreram na sua presença". Nesse contexto, o STJ, ao analisar situação similar, assentou que "a melhor interpretação para a expressão documento público é no sentido de que tal documento é aquele produzido por autoridade, ou em sua presença, com a respectiva chancela, desde que tenha competência para tanto" (REsp 487.913-MG, Primeira Turma, DJ 9/6/2003). Ademais, essa mesma linha de raciocínio é seguida pela doutrina, que define documento público como "todo aquele cuja elaboração se deu perante qualquer órgão público, como, por exemplo um termo de confissão de dívida em repartição administrativa". Dessa forma, na hipótese em análise, não há como extirpar da declaração de vontades exarada pelas partes no âmbito administrativo a natureza de documento público, na medida em que lavrada sob a chancela de órgão público e firmado pelo devedor, externando a vontade da Administração Pública e do particular. **REsp 1.521.531-SE, Rel. Min. Mauro Campbell Marques, julgado em 25/8/2015, DJe 3/9/2015 (Inform. STJ 568).**

DIREITO PROCESSUAL CIVIL. IMPOSSIBILIDADE DE PROLAÇÃO DE SENTENÇA PARCIAL DE MÉRITO.

Mesmo após as alterações promovidas pela Lei 11.232/2005 no conceito de sentença (arts. 162, § 1º, 269 e 463 do CPC), não se admite a resolução definitiva fracionada da causa mediante prolação de sentenças parciais de mérito. A reforma processual oriunda da Lei 11.232/2005 teve por objetivo dar maior efetividade à entrega da prestação jurisdicional, sobretudo quanto à função executiva, pois o processo passou a ser sincrético, tendo em vista que os processos de liquidação e de execução de título judicial deixaram de ser autônomos para constituírem etapas finais do processo de conhecimento; isto é, o processo passou a ser um só, com fases cognitiva e de execução (cumprimento de sentença). Daí porque houve a necessidade de alteração, entre outros dispositivos, dos arts. 162, 269 e 463 do CPC, visto que a sentença não mais "põe fim" ao processo, mas apenas a uma de suas fases. Alguns processualistas, a partir do novo conceito, em uma interpretação literal do art. 162, § 1º, do CPC, passaram a enxergar a sentença exclusivamente quanto ao seu conteúdo, de modo a admitirem que o juiz julgue apenas parcela da demanda, remetendo para outro momento processual o julgamento do restante da controvérsia. Entretanto, a exegese que melhor se coaduna com o sistema lógico-processual brasileiro é a sistemática e teleológica, devendo, portanto, ser levados em consideração, para a definição de sentença, não só o art. 162, § 1º, do CPC, mas também os arts. 162, §§ 2º e 3º, 267, 269, 459, 475-H, 475-M, § 3º, 504, 513 e 522 do CPC. Logo, pelo atual conceito, sentença é o pronunciamento do juiz de primeiro grau de jurisdição (i) que contém uma das matérias previstas nos arts. 267 e 269 do CPC e (ii) que extingue uma fase processual ou o próprio processo. A nova Lei apenas acrescentou mais um parâmetro (conteúdo do ato) para a identificação da decisão como sentença, já que não foi abandonado o critério da finalidade do ato (extinção do processo ou da fase processual). Permaneceu, assim, no CPC/1973, a teoria da unidade estrutural da sentença, a obstar a ocorrência de pluralidade de sentenças em uma mesma fase processual. Isso não impede, todavia, a prolação de certas decisões interlocutórias que contenham matérias de mérito (art. 269 do CPC), tais quais as que apreciam a liquidação, mas, por não encerrarem o processo ou a fase processual, não podem ser consideradas sentença. Ademais, apesar de o novo CPC (Lei 13.105/2015), que entrará em vigor no dia 17 de março de 2016, ter disciplinado o tema com maior amplitude no art. 356, este diploma não pode incidir antes da referida data nem de forma retroativa, haja vista os princípios do devido processo legal, da legalidade e do tempus regit actum. **REsp 1.281.978-RS, Rel. Min. Ricardo Villas Bôas Cueva, julgado em 5/5/2015, DJe 20/5/2015 (Inform. STJ 562).**

DIREITO PROCESSUAL CIVIL. REQUISITOS PARA A IMPOSIÇÃO DA MULTA PREVISTA NO ART. 475-J DO CPC NO CASO DE SENTENÇA ILÍQUIDA. RECURSO REPETITIVO (ART. 543-C DO CPC E RES. 8/2008-STJ). TEMA 380.

No caso de sentença ilíquida, para a imposição da multa prevista no art. 475-J do CPC, revela-se indispensável (i) a prévia liquidação da obrigação; e, após o acertamento, (ii) a intimação do devedor, na figura do seu advogado, para pagar o quantum ao final definido no prazo de 15 dias. Para as sentenças condenatórias ao cumprimento de obrigação de fazer ou não fazer e para aquelas que tenham por objeto a entrega de coisa, a execução do julgado far-se-á na forma dos arts. 461 e 461-A do CPC; para aquelas em que determinado o pagamento de quantia em dinheiro ou na qual a obrigação possa assim ser convertida, o procedimento é o previsto no art. 475-J do CPC. Neste último caso, a finalidade da multa imposta para o caso de não pagamento foi a de mitigar a apresentação de defesas e impugnações meramente protelatórias, incentivando a pronta satisfação do direito previamente reconhecido. Todavia, a própria legislação define que, no caso de condenação a prestação em dinheiro, a multa em caso de inadimplemento somente poderá incidir sobre título judicial representativo de quantia certa ou já fixada em liquidação, e depois de passado o prazo ali estipulado. Isso porque a liquidez da obrigação é pressuposto para o pedido de cumprimento de sentença. A doutrina firma textualmente que a incidência da multa subordina-se à liquidez da condenação. O art. 475-J alude à quantia certa ou já fixada em liquidação. Então, se a condenação é desde logo líquida (incluindo-se nessa hipótese aquela que depende de determinação do valor por mero cálculo aritmético), é o que basta para que já possa incidir a multa. Caso contrário, apenas depois da fase de liquidação, terá vez a multa. Assim, apenas quando a obrigação for líquida pode ser cogitado, de imediato, o arbitramento da multa para pronto pagamento. Se ainda não liquidada ou se para a apuração do quantum ao final devido for indispensável cálculos mais elaborados, o prévio acertamento do valor faz-se necessário, para, após, mediante intimação, cogitar-se da aplicação da referida multa, o que parece de muito obviedade, considerando que não se pode penalizar aquele que ainda não sabe o quê ou quanto pagar. No contexto das obrigações ilíquidas, pouco importa que tenha havido depósito da quantia que o devedor entendeu incontroversa ou a apresentação de garantias, porque, independentemente delas, a aplicação da multa sujeita-se à condicionante da liquidez da obrigação definida no título judicial. A sentença líquida deve ser entendida como aquela que define uma obrigação determinada (fazer ou não fazer alguma coisa, entregar coisa certa, ou pagar quantia determinada). Na hipótese de condenação ao pagamento em dinheiro, que espelha a mais comum e clássica espécie de sentença condenatória, considera-se líquida a obrigação quando o valor a ser adimplido está fixado no título ou é facilmente determinável por meio de cálculos aritméticos simples, que não demandem grandes questionamentos e nem apresentem insegurança para as partes que litigam. Afirma a doutrina, ademais, ser ilíquida a sentença que não fixa o valor da condenação ou não lhe individua o objeto, condição incompatível com a índole do processo executivo que pressupõe, sempre, a lastreá-lo um título representativo de obrigação, certa, líquida e exigível (art. 586). Destarte, se já há valor fixado na sentença, cuidando-se apenas de adicionar-lhe os acréscimos legais (correção monetária a partir de índices oficiais conhecidos e juros de mora), não se pode imputar-lhe a condição de ilíquida, posto que do contrário não haveria uma única sentença com o atributo da liquidez; igualmente, não é a existência de impugnação, com alegação de excesso, que tornará ilíquida a obrigação, devendo-se perquirir a certeza a partir do comando sentencial de que resulta o pedido de cumprimento. Precedente citado: REsp. 1.262.933-RJ, Corte Especial, DJe 20/8/2013. **REsp 1.147.191-RS, Rel. Min. Napoleão Nunes Maia Filho, Segunda Seção, julgado em 4/3/2015, DJe 24/4/2015 (Inform. STJ 560).**

DIREITO PROCESSUAL CIVIL. EXECUÇÃO DE TÍTULO EXTRAJUDICIAL QUE CONTENHA CLÁUSULA COMPROMISSÓRIA.
Ainda que possua cláusula compromissória, o contrato assinado pelo devedor e por duas testemunhas pode ser levado a execução judicial relativamente a cláusula de confissão de dívida líquida, certa e exigível. O documento particular assinado pelo devedor e por duas testemunhas tem força executiva, de modo que, havendo cláusula estipulando obrigação líquida, certa e exigível, possível a propositura de execução judicial (art. 585, II, CPC). O STJ já decidiu pela possibilidade de o credor executar judicialmente contrato que, embora contenha convenção de arbitragem, possua cláusula que contemple confissão de dívida, a constituir título executivo extrajudicial, haja vista que o juízo arbitral é desprovido de poderes coercitivos; a existência de cláusula compromissória não constitui óbice à execução de título extrajudicial, desde que preenchidos os requisitos de certeza, liquidez e exigibilidade (REsp 944.917-SP, Terceira Turma, DJe de 3/10/2008). Assim, a existência de título executivo extrajudicial prescinde de sentença arbitral condenatória para formação de um outro título sobre a mesma dívida, de modo que é viável, desde logo, a propositura de execução perante o Poder Judiciário. **REsp 1.373.710-MG, Rel. Min. Ricardo Villas Bôas Cueva, julgado em 7/4/2015, DJe 27/4/2015 (Inform. STJ 560).**

DIREITO PROCESSUAL CIVIL. APLICABILIDADE DOS ÍNDICES DE DEFLAÇÃO NA CORREÇÃO MONETÁRIA DE CRÉDITO ORIUNDO DE TÍTULO EXECUTIVO JUDICIAL. RECURSO REPETITIVO (ART. 543-C DO CPC E RES. 8/2008-STJ). Aplicam-se os índices de deflação na correção monetária de crédito oriundo de título executivo judicial, preservado o seu valor nominal. Precedente citado: REsp 1.265.580-RS, Corte Especial, DJe 18/4/2012. **REsp 1.361.191-RS, Rel. Min. Paulo de Tarso Sanseverino, julgado em 19/3/2014. (Inform. STJ 542)**

Súmula STF nº 600

Cabe ação executiva contra o emitente e seus avalistas, ainda que não apresentado o cheque ao sacado no prazo legal, desde que não prescrita a ação cambiária.

Súmula STJ nº 375

O reconhecimento da fraude à execução depende do registro da penhora do bem alienado ou da prova de má-fé do terceiro adquirente.

Súmula STJ nº 317

É definitiva a execução de título extrajudicial, ainda que pendente apelação contra sentença que julgue improcedentes os embargos.

Súmula STJ nº 300

O instrumento de confissão de dívida, ainda que originário de contrato de abertura de crédito, constitui título executivo extrajudicial.

Súmula STJ nº 233

O contrato de abertura de crédito, ainda que acompanhado de extrato da conta-corrente, não é título executivo.

Súmula STJ nº 199

Na execução hipotecária de crédito vinculado ao sistema financeiro da habitação, nos termos da Lei n. 5.741/71, a petição inicial deve ser instruída com, pelo menos, dois avisos de cobrança.

Súmula STJ nº 196

Ao executado que, citado por edital ou por hora certa, permanecer revel, será nomeado curador especial, com legitimidade para apresentação de embargos.

Súmula STJ nº 27

Pode a execução fundar-se em mais de um título extrajudicial relativos ao mesmo negócio.

11.2. Espécies de Execução

AG. REG. NO ARE N. 854.962-PR
RELATOR: MIN. MARCO AURÉLIO
PRECATÓRIO – FRACIONAMENTO – LITISCONSÓRCIO ATIVO FACULTATIVO – EXECUÇÃO AUTÔNOMA – CRÉDITOS INDIVIDUALIZADOS – REQUISIÇÃO DE PEQUENO VALOR – POSSIBILIDADE. No julgamento do Recurso Extraordinário nº 586.645/SP, da relatoria da ministra Cármen Lúcia, submetido à sistemática da repercussão geral, o Plenário concluiu que a regra do § 4º do artigo 100 da Constituição Federal, hoje correspondente ao § 8º do mesmo dispositivo, permite a execução autônoma e o pagamento dos créditos individualizados nos casos de litisconsórcio ativo facultativo. **(Inform. STF 791)**

Honorários advocatícios e execução autônoma - 3
É possível o fracionamento de precatório para pagamento de honorários advocatícios. Com base nessa orientação, ao concluir julgamento, o Plenário negou provimento a recurso extraordinário em que se discutia a admissibilidade de fracionamento do valor da execução proposta contra a Fazenda Pública de estado-membro para pagamento de honorários advocatícios — v. Informativo 531. O Tribunal, inicialmente, ressaltou que os honorários advocatícios consubstanciariam verba alimentícia. Frisou que seria evidente o direito de o advogado executar de forma autônoma seus honorários (Lei 8.906/1994 - Estatuto da OAB, artigos 23 e 24). Ademais, essas verbas não se confundiriam com o principal. Além disso, a finalidade do art. 100, § 8º, da CF — introduzido pela EC 37/2002 como art. 100, § 4º e deslocado pela EC 62/2009 — seria o de impedir que o exequente utilizasse, simultaneamente, mediante o fracionamento, repartição ou quebra do valor da dívida, dois sistemas de satisfação de crédito: o do precatório para uma parte dela e o do pagamento imediato para a outra. Assim, a regra constitucional apenas incidiria em situações em que o crédito fosse atribuído a um mesmo titular. Salientou que o advogado teria o direito de executar seu crédito nos termos dos artigos 86 e 87 do ADCT, desde que o fracionamento da execução ocorresse antes da expedição do ofício requisitório, sob pena de quebra da ordem cronológica dos precatórios. Vencidos os Ministros Cezar Peluso e Gilmar Mendes, que proviam o recurso. Destacavam o caráter acessório dos honorários advocatícios que decorreriam da sucumbência e não de um direito autônomo, o que impediria o seu fracionamento.
RE 564132/RS, rel. orig. Min. Eros Grau, red. p/ o acórdão Min. Cármen Lúcia, 30.10.2014. (RE-564132) **(Inform. STF 765)**

DIREITO PROCESSUAL CIVIL. EXECUÇÃO DE ALIMENTOS E IMPOSSIBILIDADE DE EFETUAR O PAGAMENTO DAS PRESTAÇÕES.
Em execução de alimentos pelo rito do art. 733 do CPC, o acolhimento da justificativa da impossibilidade de efetuar o pagamento das prestações alimentícias executadas desautoriza a decretação da prisão do devedor, mas não acarreta a extinção da execução. De fato, por força do art. 733 do CPC, institui-se meio executório com a possibilidade de restrição da liberdade individual do devedor de alimentos, de caráter excepcional, nos seguintes termos: “Art. 733. Na execução de sentença ou de decisão, que fixa os alimentos provisionais, o juiz mandará citar o devedor para, em 3 (três) dias, efetuar o pagamento, provar que o fez ou justificar a impossibilidade de efetuá-lo. § 1º Se o devedor não pagar, nem se escusar, o juiz decretar-lhe-á a prisão pelo prazo de 1 (um) a 3 (três) meses”. Recorrendo à justificativa, o devedor terá o direito de comprovar a sua situação de penúria, devendo o magistrado conferir oportunidade para seu desiderato, sob pena de cerceamento de defesa. Não se pode olvidar que a justificativa deverá ser baseada em fato novo, isto é, que não tenha sido levado em consideração pelo juízo do processo de conhecimento no momento da definição do débito alimentar. Outrossim, a impossibilidade do devedor deve ser apenas temporária. Uma vez reconhecida, irá subtrair o risco momentâneo da prisão civil, não havendo falar, contudo, em exoneração da obrigação alimentícia ou redução do encargo, que só poderão ser analisados em ação própria. Assim, a justificativa afasta temporariamente a prisão, não impedindo, porém, que a execução prossiga em sua forma tradicional (patrimonial), com penhora e expropriação de bens, ou ainda, que fique suspensa até que o executado se restabeleça em situação condizente

com a viabilização do processo executivo, conciliando as circunstâncias de imprescindibilidade de subsistência do alimentando com a escassez superveniente de seu prestador, preservando a dignidade humana de ambos. De fato, a justificativa não pode afrontar o título executivo nem a coisa julgada, sendo apenas um meio de afastar ocasionalmente a coerção pessoal do devedor por circunstâncias pessoais e atuais que demonstrem a escusabilidade no seu dever relacionado à obrigação de alimentos, representando verdadeira inexigibilidade de conduta diversa do alimentante. Não haverá, contudo, de se reconhecer, nesse âmbito, a exoneração ou a revisão dos alimentos devidos, que deverão ser objeto de ação própria, pois, como visto, a execução não se extingue, persistindo o crédito, podendo o credor, por outros meios, buscar a satisfação da quantia devida. Precedente citado do STJ: HC 285.502-SC, Quarta Turma, DJe 25/3/2014. Precedente citado do STF: HC 106.709-RS, Segunda Turma, DJe 15/9/2011. **REsp 1.185.040-SP, Rel. Min. Luis Felipe Salomão, julgado em 13/10/2015, DJe 9/11/2015. (Inform. STJ 573)**

DIREITO PROCESSUAL CIVIL. LEGITIMIDADE PARA A EXECUÇÃO DE TÍTULO EXECUTIVO EXTRAJUDICIAL PROVENIENTE DE DECISÃO DO TRIBUNAL DE CONTAS. A execução de título executivo extrajudicial decorrente de condenação patrimonial proferida por tribunal de contas somente pode ser proposta pelo ente público beneficiário da condenação, não possuindo o Ministério Público legitimidade ativa para tanto. De fato, a Primeira Seção do STJ pacificou o entendimento no sentido de que o Ministério Público teria legitimidade, ainda que em caráter excepcional, para promover execução de título executivo extrajudicial decorrente de decisão de tribunal de contas, nas hipóteses de falha do sistema de legitimação ordinária de defesa do erário (REsp 1.119.377-SP, DJe 4/9/2009). Entretanto, o Pleno do STF, em julgamento de recurso submetido ao rito de repercussão geral, estabeleceu que a execução de título executivo extrajudicial decorrente de decisão de condenação patrimonial proferida por tribunal de contas pode ser proposta apenas pelo ente público beneficiário da condenação, bem como expressamente afastou a legitimidade ativa do Ministério Público para a referida execução (ARE 823.347-MA, DJe 28/10/2014). Além disso, a Primeira Turma do STJ também já se manifestou neste último sentido (REsp 1.194.670-MA, DJe 2/8/2013). Precedentes citados do STF: RE 791.575-MA AgR, Primeira Turma, DJe 27/6/2014; e ARE 791.577-MA AgR, Segunda Turma, DJe 21/8/2014. **REsp 1.464.226-MA, Rel. Min. Mauro Campbell Marques, julgado em 20/11/2014. (Inform. STJ 552)**

Súmula Vinculante 17

Durante o período previsto no parágrafo 1º do artigo 100 da Constituição, não incidem juros de mora sobre os precatórios que nele sejam pagos.

Súmula STF nº 655

A exceção prevista no art. 100, "caput", da Constituição, em favor dos créditos de natureza alimentícia, não dispensa a expedição de precatório, limitando-se a isentá-los da observância da ordem cronológica dos precatórios decorrentes de condenações de outra natureza.

Súmula STJ nº 419

Descabe a prisão civil do depositário judicial infiel.

Súmula STJ nº 406

A Fazenda Pública pode recusar a substituição do bem penhorado por precatório.

Súmula STJ nº 311

Os atos do presidente do tribunal que disponham sobre processamento e pagamento de precatório não têm caráter jurisdicional.

Súmula STJ nº 279

É cabível execução por título extrajudicial contra a Fazenda Pública.

Súmula STJ nº 144

Os créditos de natureza alimentícia gozam de preferência, desvinculados os precatórios da ordem cronológica dos créditos de natureza diversa.

Súmula STJ nº 85

Nas relações jurídicas de trato sucessivo em que a fazenda pública figure como devedora, quando não tiver sido negado o próprio direito reclamado, a prescrição atinge apenas as prestações vencidas antes do quinquênio anterior a propositura da ação.

11.3. Penhora e expropriação de bens

DIREITO PROCESSUAL CIVIL. ARREMATAÇÃO DE BEM IMÓVEL MEDIANTE PAGAMENTO EM PRESTAÇÕES.

A arrematação de bem imóvel mediante pagamento em prestações (art. 690, § 1º, do CPC) não pode ser realizada por preço inferior ao da avaliação, mesmo que realizada em segunda praça. De fato, a jurisprudência do STJ possui entendimento firmado de que, "malsucedida a primeira praça, a arrematação do bem imóvel pode ser concretizada em segunda praça, por valor inferior ao da avaliação" (REsp 229.304-SP, Terceira Turma, DJ de 9/10/2006), observando-se apenas os casos de caracterização de preço vil (arts. 692, *caput*, e 701 do CPC). Naqueles casos, contudo, a forma de pagamento então admitida era, em conformidade com o art. 690, caput, do CPC, "com dinheiro à vista, ou a prazo de 3 (três) dias, mediante caução idônea" – na redação anterior à Lei 11.832/2006 –, não se referindo à hipótese excepcional do art. 700 do CPC, revogado pela mesma lei. Neste caso, a hipótese é de arrematação de bem imóvel, em segunda praça, mediante pagamento em prestações, nos termos do previsto no art. 690, § 1º, do CPC, com a redação introduzida pela Lei 11.382/2006, segundo o qual, "Tratando-se de bem imóvel, quem estiver interessado em adquiri-lo em prestações poderá apresentar por escrito sua proposta, nunca inferior à avaliação, com oferta de pelo menos 30% (trinta por cento) à vista, sendo o restante garantido por hipoteca sobre o próprio imóvel". A questão que se coloca é saber se, frustrada a primeira hasta pública, a arrematação de bem imóvel em segunda praça, mediante pagamento em prestações, poderá ser feita por preço inferior ao da avaliação, nos termos do previsto no art. 686, VI, do CPC, que possui a seguinte redação: "Não requerida a adjudicação e não realizada a alienação particular do bem penhorado, será expedido o edital de hasta pública, que conterá: [...] a comunicação de que, se o bem não alcançar lanço superior à importância da avaliação, seguir-se-á, em dia e hora que forem desde logo designados entre os dez e os vinte dias seguintes, a sua alienação pelo maior lanço (art. 692)". O aparente conflito entre as normas processuais confrontadas – art. 686, VI, e art. 690, § 1º, ambos do CPC – resolve-se pelo princípio da especialidade, segundo o qual a lei especial afasta a aplicação da lei geral (*lex especialis derrogat generali*). Pelo critério da especialidade, o art. 686, VI, do CPC, que estabelece as regras para a alienação de bens, móveis ou imóveis, em hasta pública, apresenta-se, portanto, como norma geral em relação ao art. 690, § 1º, do mesmo diploma legal, que trata especificamente da arrematação de bens imóveis em prestações – norma especial. Em vista disso, deve ser afastada a incidência do art. 686, VI, do CPC, reconhecendo-se como prevalente, na espécie, o disposto no art. 690, § 1º, do CPC. Nesses termos, não parece possível admitir-se, mesmo em segunda praça, que, em se tratando de imóvel adquirido em prestações, a arrematação se realize por preço inferior ao valor de avaliação do bem. Isso porque, estabelecendo-se, de modo enfático, que, "Tratando-se de bem imóvel, quem estiver interessado em adquiri-lo em prestações poderá apresentar por escrito sua proposta, nunca inferior à avaliação [...]" (art. 690, §1º, do CPC), o dispositivo legal em questão não deixa dúvidas quanto à intenção do legislador de não admitir que a aquisição do imóvel, em tais condições, se faça por preço inferior ao da avaliação. De fato, o vocábulo "nunca", em sua acepção única de advérbio, significa "em tempo algum; em nenhum tempo; jamais" (Dicionário Aurélio), e a lei, como se sabe, não contém, ou não deve conter, palavras inúteis. Portanto, parece inequívoca a intenção do legislador de impedir, na hipótese específica de que cuida – a arrematação de bem imóvel em prestações – que a aquisição se realize por preço inferior ao da avaliação, mesmo que em segunda praça. **REsp 1.340.965-MG, Rel. Min. Raul Araújo, julgado em 3/9/2015, DJe 11/9/2015 (Inform. STJ 569).**

DIREITO PROCESSUAL CIVIL. DESNECESSIDADE DE EXAURIMENTO DAS VIAS EXTRAJUDICIAIS PARA A UTILIZAÇÃO DO SISTEMA RENAJUD.

A utilização do sistema RENAJUD com o propósito de identificar a existência de veículos penhoráveis em nome do executado não pressupõe a comprovação do insucesso do exequente na obtenção dessas informações mediante consulta ao DETRAN. O RENAJUD é um sistema on line de restrição judicial de veículos criado pelo Conselho Nacional de Justiça (CNJ), que interliga o Judiciário ao Departamento Nacional de Trânsito (Denatran) e permite consultas e o envio, em tempo real, à base de dados do Registro Nacional de Veículos Automotores (Renavam), de ordens judiciais de restrições de veículos, inclusive registro de penhora. Para a utilização desse sistema, assim como ocorre com a penhora on line pelo sistema BACENJUD, é dispensável o exaurimento das vias administrativas tendentes à localização de bens do devedor. Essa conclusão pode ser extraída das seguintes considerações: a) a execução é movida no interesse do credor, a teor do disposto no artigo 612 do CPC; b) o sistema RENAJUD é ferramenta idônea para simplificar e agilizar a busca de bens aptos a satisfazer os créditos executados; e c) a utilização do sistema informatizado permite a maior celeridade do processo (prática de atos com menor dispêndio de tempo e de recursos) e contribui para a efetividade da tutela jurisdicional. Observe-se que, nos termos do art. 655, I e II, do CPC, a penhora observará, preferencialmente, dinheiro e, em seguida, veículos de vias terrestres. Logo, em cumprimento à referida ordem de preferência, no insucesso da utilização da ferramenta BACENJUD para a localização de ativos financeiros, é lícito ao exequente requerer ao juízo que promova a consulta via RENAJUD a respeito da possível existência de veículos automotores em nome do executado, revelando-se injustificável a recusa com esteio no singelo fundamento da ausência de comprovação do esgotamento de diligências na busca de bens penhoráveis. Sob outra perspectiva, é notório que os órgãos públicos, em sua grande maioria, como garantia de privacidade, não fornecem os dados cadastrais de particulares, o que torna difícil a obtenção da informação pretendida. Além disso, a busca realizada no DETRAN local não é capaz de verificar a existência de veículos em outros Estados da Federação, ao contrário da pesquisa pelo sistema RENAJUD, que atinge todo o país. Dessa forma, atualmente, com o aparato tecnológico posto a favor do Estado, a exigência de exaurimento das vias administrativas de busca bens do devedor se afigura verdadeiro mecanismo de procrastinação do andamento do feito, o que vai de encontro à efetiva prestação jurisdicional. Ademais, o CNJ, atento às repercussões dos sistemas BACENJUD, RENAJUD e INFOJUD como importantes ferramentas que asseguram a razoável duração do processo judicial, editou a Recomendação 51/2015, cujo teor corrobora o entendimento exposto acima. **REsp 1.347.222-RS, Rel. Min. Ricardo Villas Bôas Cueva, julgado em 25/8/2015, DJe 2/9/2015 (Inform. STJ 568).**

DIREITO PROCESSUAL CIVIL E TRIBUTÁRIO. IMPOSSIBILIDADE DE INDEFERIMENTO DE PEDIDO DE PENHORA COM FUNDAMENTO NA POTENCIAL ILIQUIDEZ DO BEM. Na ação de execução fiscal, frustradas as diligências para localização de outros bens em nome do devedor e obedecida a ordem legal de nomeação de bens à penhora, não cabe ao magistrado recusar a constrição de bens nomeados pelo credor fundamentando a decisão apenas na assertiva de que a potencial iliquidez deles poderia conduzir à inutilidade da penhora. Isso porque, nos termos do art. 612 do CPC, a execução é realizada no interesse do credor que adquire, pela penhora, o direito de preferência sobre os bens indicados. Ademais, conforme preceitua o art. 591 do CPC, todo o patrimônio presente e futuro do devedor pode ser utilizado para pagamento de débitos. **REsp 1.523.794-RS, Rel. Min. Sérgio Kukina, julgado em 19/5/2015, DJe 1/6/2015 (Inform. STJ 563).**

DIREITO PROCESSUAL CIVIL. IMPENHORABILIDADE ABSOLUTA DE VALORES DO FUNDO PARTIDÁRIO.

Os recursos do fundo partidário são absolutamente impenhoráveis, inclusive na hipótese em que a origem do débito esteja relacionada às atividades previstas no art. 44 da Lei 9.096/1995. O inciso XI do art. 649 do CPC enuncia que: "São absolutamente impenhoráveis: [...] XI – os recursos públicos do fundo partidário recebidos, nos termos da lei, por partido político". A expressão "nos termos da lei" remete à Lei 9.096/1995, a qual, no art. 38, discrimina as fontes que compõem o fundo partidário. Nesse contexto, os recursos do fundo são oriundos de fontes públicas – como as multas e penalidades, recursos financeiros destinados por lei e dotações orçamentárias da União (art. 38, I, II e IV) – ou de fonte privada – como as doações de pessoa física ou jurídica, efetuadas por intermédio de depósitos bancários diretamente na conta do fundo partidário (art. 38, III). A despeito dessas duas espécies de fontes, após a incorporação das somas ao fundo, elas passam a ter destinação específica prevista em lei (art. 44 da Lei 9.096/1995) e a sujeitar-se a determinada dinâmica de distribuição, utilização e controle do Poder Público (arts. 40 e 44, §1°, da Lei 9.096/1995 c/c o art. 18 da Resolução TSE 21.841/2004) e, portanto, a natureza jurídica dessas verbas passa a ser pública ou, nos termos do art. 649, XI, do CPC, elas tornam-se recursos públicos. Tais circunstâncias deixam claro que o legislador, no art. 649, XI, do CPC, ao fazer referência a "recursos públicos do fundo partidário", tão somente reforçou a natureza pública da verba, de modo que os valores depositados nas contas bancárias utilizadas exclusivamente para o recebimento dessa legenda são absolutamente impenhoráveis. Nesse sentido, o TSE, que possui vasta jurisprudência acerca da impossibilidade do bloqueio de cotas do fundo partidário, não faz distinção acerca da origem dos recursos que o constitui, se pública ou privada, tratando-o como um todo indivisível e, como dito, de natureza pública (AgR-AI 13.885-PA, DJe 19/5/2014 e AgR-REspe 7.582.125-95-SC, DJe 30/4/2012). O fundamento para a impenhorabilidade é o mesmo aplicável à hipótese de recursos públicos recebidos por instituições privadas para aplicação compulsória em educação, saúde, ou assistência social (art. 649, IX, do CPC): a preservação da ordem pública, até porque o fundo partidário está relacionado ao funcionamento dos partidos políticos, organismos essenciais ao Estado Democrático de Direito. Destaca-se, por fim, que a conclusão de que a origem do débito, se relacionada com as atividades previstas no art. 44 da Lei 9.096/1995, seria capaz de afastar a previsão contida no art. 649, XI, do CPC, é desacertada, pois, na realidade, ela descaracteriza a absoluta impenhorabilidade ora em questão. **REsp 1.474.605-MS, Rel. Min. Ricardo Villas Bôas Cueva, julgado em 7/4/2015, DJe 26/5/2015 (Inform. STJ 562).**

DIREITO PROCESSUAL CIVIL. ARREMATAÇÃO DE BEM POR OFICIAL DE JUSTIÇA APOSENTADO.

A vedação contida no art. 497, III, do CC não impede o oficial de justiça aposentado de arrematar bem em hasta pública. De acordo com o referido artigo, "(...) não podem ser comprados, ainda que em hasta pública: (...) pelos juízes, secretários de tribunais, arbitradores, peritos e outros serventuários ou auxiliares da justiça, os bens ou direitos sobre que se litigar em tribunal, juízo ou conselho, no lugar onde servirem, ou a que se estender a sua autoridade". O real significado e extensão dessa vedação é impedir influências diretas, ou até potenciais, desses servidores no processo de expropriação do bem. O que a lei visou foi impedir a ocorrência de situações nas quais a atividade funcional da pessoa possa, de qualquer modo, influir no negócio jurídico em que o agente é beneficiado. Não é a qualificação funcional ou o cargo que ocupa que impede um serventuário ou auxiliar da justiça de adquirir bens em hasta pública, mas sim a possibilidade de influência que a sua função lhe propicia no processo de expropriação do bem. Na situação em análise, não há influência direta, nem mesmo eventual, visto que a situação de aposentado desvincula o servidor do serviço público e da qualidade de serventuário ou auxiliar da justiça. **REsp 1.399.916-RS, Rel. Min. Humberto Martins, julgado em 28/4/2015, DJe 6/5/2015 (Inform. STJ 561).**

DIREITO PROCESSUAL CIVIL. RESPONSABILIDADE DO ADJUDICANTE POR DÍVIDAS CONDOMINIAIS PRETÉRITAS.

O exequente que adjudicou o imóvel penhorado após finda praça sem lançador deve arcar com as despesas condominiais anteriores à praça, ainda que omitidas no edital da hasta pública. De fato, a jurisprudência consolidada no STJ estabelece que, diante da ausência de previsão no edital da hasta pública acerca de débitos condominiais anteriores à praça, não haverá a responsabilização do arrematante pelo pagamento da dívida, a qual deverá ser quitada com o valor obtido na alienação judicial. Cumpre esclarecer, entretanto, que a adjudicação e a arrematação, apesar de ambos os institutos visarem à satisfação do direito do credor, ostentam características diversas e, portanto, merecem tratamento distinto no que diz respeito à vinculação ao edital. Efetivamente, a adjudicação consiste na aquisição espontânea pelo exequente do bem penhorado por preço não inferior ao da avaliação, não havendo sua subordinação ao edital de praça, haja vista que essa forma de aquisição da propriedade não se insere no conceito de hasta pública. A propósito, cabe ressaltar que a Lei 11.382/2006 – que revogou o art. 714 do CPC – alterou a sistemática tradicional da alienação forçada na tutela executiva prevista no CPC, evidenciando ainda mais a independência do ato de adjudicar em relação ao edital, ao colocar a adjudicação como a primeira técnica expropriativa, seguida pela alienação por iniciativa particular e, apenas subsidiariamente, a arrematação ou alienação em hasta pública. É o que se infere do caput do art. 686, que prevê que somente será expedido o edital da arrematação se não requerida a adjudicação e não realizada a alienação particular do bem penhorado. Assim, é certa a responsabilização do adjudicante pelo pagamento das contribuições condominiais inadimplidas no período anterior à adjudicação, aplicando-se o art. 1.345 do CC em sua íntegra: "O adquirente de unidade responde pelos débitos do alienante, em relação ao condomínio, inclusive multa e juros moratórios". **REsp 1.186.373-MS, Rel. Min. Luis Felipe Salomão, julgado em 24/3/2015, DJe 14/4/2015 (Inform. STJ 559).**

DIREITO CIVIL E PROCESSUAL CIVIL. POSSIBILIDADE DE PENHORA DE BEM DE FAMÍLIA POR MÁ-FÉ DO DEVEDOR.

Não se deve desconstituir a penhora de imóvel sob o argumento de se tratar de bem de família na hipótese em que, mediante acordo homologado judicialmente, o executado tenha pactuado com o exequente a prorrogação do prazo para pagamento e a redução do valor de dívida que contraíra em benefício da família, oferecendo o imóvel em garantia e renunciando expressamente ao oferecimento de qualquer defesa, de modo que, descumprido o acordo, a execução prosseguiria com a avaliação e praça do imóvel. De fato, a jurisprudência do STJ inclinou-se no sentido de que o bem de família é impenhorável, mesmo quando indicado à constrição pelo devedor. No entanto, o caso em exame apresenta certas peculiaridades que torna válida a renúncia. Com efeito, no caso em análise, o executado agiu em descompasso com o princípio nemo venire contra factum proprium, adotando comportamento contraditório, num momento ofertando o bem à penhora e, no instante seguinte, arguindo a impenhorabilidade do mesmo bem, o que evidencia a ausência de boa-fé. Essa conduta antiética deve ser coibida, sob pena de desprestígio do próprio Poder Judiciário, que validou o acordo celebrado. Se, por um lado, é verdade que a Lei 8.009/1990 veio para proteger o núcleo familiar, resguardando-lhe a moradia, não é menos correto afirmar que aquele diploma legal não pretendeu estimular o comportamento dissimulado. Como se trata de acordo judicial celebrado nos próprios autos da execução, a garantia somente podia ser constituída mediante formalização de penhora incidente sobre o bem. Nada impedia, no entanto, que houvesse a celebração do pacto por escritura pública, com a constituição de hipoteca sobre o imóvel e posterior juntada aos autos com vistas à homologação judicial. Se tivesse ocorrido dessa forma, seria plenamente válida a penhora sobre o bem em razão da exceção à impenhorabilidade prevista no inciso V do art. 3º da Lei 8.009/1990, não existindo, portanto, nenhuma diferença substancial entre um ato e outro no que interessa às partes. Acrescente-se, finalmente, que a decisão homologatória do acordo tornou preclusa a discussão da matéria, de forma que o mero inconformismo do devedor contra uma das cláusulas pactuadas, manifestado tempos depois, quando já novamente inadimplentes, não tem força suficiente para tornar ineficaz a avença. Dessa forma, não se pode permitir, em razão da boa-fé que deve reger as relações jurídicas, a desconstituição da penhora, sob pena de desprestígio do próprio Poder Judiciário. **REsp 1.461.301-MT, Rel. Min. João Otávio de Noronha, julgado em 5/3/2015, DJe 23/3/2015 (Inform. STJ 558).**

DIREITO PROCESSUAL CIVIL. LIMITES DA IMPENHORABILIDADE DE QUANTIA TRANSFERIDA PARA APLICAÇÃO FINANCEIRA.

É impenhorável a quantia oriunda do recebimento, pelo devedor, de verba rescisória trabalhista posteriormente poupada em mais de um fundo de investimento, desde que a soma dos valores não seja superior a quarenta salários mínimos. De fato, a jurisprudência do STJ vem interpretando a expressão salário, prevista no inciso IV do art. 649 do CPC, de forma ampla, de modo que todos os créditos decorrentes da atividade profissional estão abrangidos pela impenhorabilidade. Cabe registrar, entretanto, que a Segunda Seção do STJ definiu que a remuneração protegida é apenas a última percebida – a do último mês vencido – e, mesmo assim, sem poder ultrapassar o teto constitucional referente à remuneração de ministro do STF (REsp 1.230.060-PR, DJe 29/8/2014). Após esse período, eventuais sobras perdem a proteção. Todavia, conforme esse mesmo precedente do STJ, a norma do inciso X do art. 649 do CPC merece interpretação extensiva, de modo a permitir a impenhorabilidade, até o limite de quarenta salários mínimos, de quantia depositada não só em caderneta de poupança, mas também em conta corrente ou em fundos de investimento, ou guardada em papel-moeda. Dessa maneira, a Segunda Seção admitiu que é possível ao devedor poupar, nesses referidos meios, valores que correspondam a até quarenta salários mínimos sob a regra da impenhorabilidade. Por fim, cumpre esclarecer que, de acordo com a Terceira Turma do STJ (REsp 1.231.123-SP, DJe 30/8/2012), deve-se admitir, para alcançar esse patamar de valor, que esse limite incida em mais de uma aplicação financeira, na medida em que, de qualquer modo, o que se deve proteger é a quantia equivalente a, no máximo, quarenta salários mínimos. **EREsp 1.330.567-RS, Rel. Min. Luis Felipe Salomão, julgado em 10/12/2014, DJe 19/12/2014 (Inform. STJ 554).**

DIREITO PROCESSUAL CIVIL. POSSIBILIDADE DE PENHORA SOBRE HONORÁRIOS ADVOCATÍCIOS.

Excepcionalmente é possível penhorar parte dos honorários advocatícios – contratuais ou sucumbenciais – quando a verba devida ao advogado ultrapassar o razoável para o seu sustento e de sua família. Com efeito, toda verba que ostente natureza alimentar e que seja destinada ao sustento do devedor e de sua família – como os honorários advocatícios – é impenhorável. Entretanto, a regra disposta no art. 649, IV, do CPC não pode ser interpretada de forma literal. Em determinadas circunstâncias, é possível a sua relativização, como ocorre nos casos em que os honorários advocatícios recebidos em montantes exorbitantes ultrapassam os valores que seriam considerados razoáveis para sustento próprio e de sua família. Ademais, o princípio da menor onerosidade do devedor, insculpido no art. 620 do CPC, tem de estar em equilíbrio com a satisfação do credor, sendo indevida sua aplicação de forma abstrata e presumida. Precedente citado: REsp 1.356.404-DF, Quarta Turma, DJe 23/8/2013. **REsp 1.264.358-SC, Rel. Min. Humberto Martins, julgado em 25/11/2014, DJe 5/12/2014 (Inform. STJ 553).**

DIREITO PROCESSUAL CIVIL. REQUISITOS PARA RECONHECIMENTO DA FRAUDE À EXECUÇÃO. RECURSO REPETITIVO (ART. 543-C DO CPC E RES. 8/2008-STJ). No que diz respeito à fraude de execução, definiu-se que: (i) é indispensável citação válida para configuração da fraude de execução, ressalvada a hipótese prevista no § 3º do art. 615-A do CPC; (ii) o reconhecimento da fraude de execução depende do registro da penhora do bem alienado ou da prova de má-fé do terceiro adquirente (Súmula 375/STJ); (iii) a presunção de boa-fé é princípio geral de direito universalmente aceito, sendo milenar a parêmia: a boa-fé se presume, a má-fé se prova; (iv) inexistindo registro da penhora na matrícula do imóvel, é do credor o ônus da prova de que o terceiro adquirente tinha conhecimento de demanda capaz de levar o alienante à insolvência, sob pena de tornar-se letra morta o disposto no art. 659, § 4º, do CPC; e (v) conforme previsto no § 3º do art. 615-A do CPC, presume-se em fraude de execução a alienação ou oneração de bens realizada após a averbação referida no dispositivo. De início, deve prevalecer a posição majoritariamente adotada por este Tribunal ao longo do tempo, a qual exige a citação válida como pressuposto para caracterização da fraude de execução (AgRg no REsp 316.905-SP, Quarta Turma, DJe 18/12/2008; e REsp 418.109-SP, Terceira Turma, DJ 2/9/2002). Quanto ao ônus da prova da intenção do terceiro adquirente, não é razoável adotar entendimento que privilegie a inversão de um princípio geral de direito universalmente aceito, o da presunção da boa-fé, sendo mesmo milenar a parêmia: a boa-fé se presume; a má-fé se prova. A propósito, ensina a doutrina que, para o terceiro, é perfeitamente possível admitir que tenha adquirido o bem alienado pelo litigante ignorando a existência do processo e do prejuízo que este veio a sofrer. Vale dizer: é possível que tenha agido de boa-fé, e à ordem jurídica, em princípio, não interessa desprezar a boa-fé. Ademais, o STJ também já se posicionou no sentido de que "não tendo o registro imobiliário recebido a notícia da existência da ação, a presunção de licitude da alienação milita em favor do comprador. Entendimento contrário geraria intranquilidade nos atos negociais, conspiraria contra o comércio jurídico, e atingiria a mais não poder a confiabilidade nos registros públicos" (REsp 113.871-DF, Quarta Turma, DJ 15/9/1997). De mais a mais, significaria tornar letra morta o disposto no art. 659, § 4º, do CPC entender que há uma presunção relativa de má-fé do adquirente nos casos em que a penhora não for registrada, atribuindo-lhe o ônus de provar sua boa-fé. De que valeria essa norma? O registro não é elemento indispensável à constituição da penhora, conforme já se assentou na doutrina e na jurisprudência. Se é também dispensável para comprovação da ciência de terceiro quanto ao ônus processual, que, na sua ausência, terá de fazer prova de que não sabia da existência do gravame, qual a razão da norma? Qual credor vai arcar com o ônus financeiro do registro se caberá ao terceiro fazer a prova negativa de sua ciência em relação à existência do gravame? Na verdade, a lei tratou de dar plenas garantias ao credor diligente, assegurando-lhe presunção absoluta de conhecimento, por terceiros, da existência de ação em curso mediante a inscrição da penhora no registro público (art. 659, § 4º, do CPC). No entanto, se não agiu com cautela, registrando o gravame, não pode ser beneficiado com a inversão do ônus da prova. Nesse caso, terá ele de provar que o adquirente tinha conhecimento da constrição. O mesmo raciocínio se aplica quando se tem presente a regra estabelecida no art. 615-A do CPC, segundo o qual: "o exequente poderá, no ato da distribuição, obter certidão comprobatória do ajuizamento da execução, com identificação das partes e valor da causa, para fins de averbação no registro de imóveis, registro de veículos ou registro de outros bens sujeitos à penhora ou arresto". O § 3º do art. 615-A ainda complementa ao asseverar que se presume a fraude de execução na alienação ou oneração de bens efetuada após a referida averbação. Ora, se a lei proporciona ao credor todos os meios para que ele prossiga com segurança na execução e ele se mostra desidioso, não se utilizando daqueles meios, não pode, então, ser beneficiado com a inversão do ônus da prova. **REsp 956.943-PR, Rel. originária Min. Nancy Andrighi, Rel. para acórdão Min. João Otávio de Noronha, julgado em 20/8/2014. (Inform. STJ 552)**

DIREITO PROCESSUAL CIVIL. PENHORA DIRETAMENTE SOBRE BENS DO ESPÓLIO. Em ação de execução de dívida contraída pessoalmente pelo autor da herança, a penhora pode ocorrer diretamente sobre os bens do espólio, em vez de no rosto dos autos do inventário. Com efeito, decorre do art. 597 do CPC e do art. 1.997 do CC que o espólio responde pelas dívidas do falecido, sendo induvidoso, portanto, que o patrimônio deixado pelo *de cujus* suportará esse encargo até o momento em que for realizada a partilha, quando então cada herdeiro será chamado a responder dentro das forças do seu quinhão. Nessa linha de entendimento, em se tratando de dívida que foi contraída pessoalmente pelo autor da herança, pode a penhora ocorrer diretamente sobre os bens do espólio. A penhora no rosto dos autos, na forma do que dispõe o art. 674 do CPC, só terá aplicação na hipótese em que o devedor for um dos herdeiros, pois, nesse caso, o objetivo será garantir o direito do credor na futura partilha. Precedentes citados: REsp 1.446.893-SP, Segunda Turma, DJe 19/5/2014; e REsp 293.609-RS, Quarta Turma, DJe 26/11/2007. **REsp 1.318.506-RS, Rel. Min. Marco Aurélio Bellizze, julgado em 18/11/2014. (Inform. STJ 552)**

DIREITO PROCESSUAL CIVIL. HIPÓTESE DE PENHORABILIDADE DE VALORES RECEBIDOS A TÍTULO DE INDENIZAÇÃO TRABALHISTA. A regra de impenhorabilidade prevista no inciso IV do art. 649 do CPC não alcança a quantia aplicada por longo período em fundo de investimento, a qual não foi utilizada para suprimento de necessidades básicas do devedor e sua família, ainda que originária de indenização trabalhista. Conferindo-se interpretação restritiva ao inciso IV do art. 649 do CPC, é cabível afirmar que a remuneração a que se refere esse inciso é a última percebida pelo devedor, perdendo a sobra respectiva, após o recebimento do salário ou vencimento seguinte, a natureza impenhorável. Dessa forma, as sobras, após o recebimento do salário do período seguinte, não mais desfrutam da natureza de impenhorabilidade decorrente do inciso IV, quer permaneçam na conta corrente destinada ao recebimento da remuneração, quer sejam investidas em caderneta de poupança ou outro tipo de aplicação financeira. Na hipótese, não se trata propriamente de sobras de salários não utilizadas no mês em que recebidas pelo empregado. De fato, as verbas rescisórias alcançadas após a solução de litígio perante a Justiça do Trabalho constituem poupança forçada de parcelas salariais das quais o empregado se viu privado em seu dia a dia por ato ilícito do empregador. Despesas necessárias, como as relacionadas à saúde, podem ter sido adiadas; arcadas por familiares ou pagas à custa de endividamento. Todavia, posta a quantia à disposição do empregado/reclamante, satisfeitas suas necessidades imediatas, e as dívidas contraídas para sua sobrevivência durante o período de litígio e privação, a quantia porventura restante, depositada em conta corrente, caderneta de poupança ou outro tipo de aplicação financeira, não está compreendida na hipótese de impenhorabilidade descrita no inciso IV do art. 649 do CPC. **REsp 1.230.060-PR, Rel. Min. Maria Isabel Gallotti, julgado em 13/8/2014. (Inform. STJ 547)**

DIREITO PROCESSUAL CIVIL. IMPENHORABILIDADE DE QUANTIA DEPOSITADA EM FUNDO DE INVESTIMENTO ATÉ O LIMITE DE 40 SALÁRIOS MÍNIMOS. Sendo a única aplicação financeira do devedor e não havendo indícios de má-fé, abuso, fraude, ocultação de valores ou sinais exteriores de riqueza, é absolutamente impenhorável, até o limite de 40 salários mínimos, a quantia depositada em fundo de investimento. A regra de impenhorabilidade estatuída no inciso X do art. 649 do CPC merece interpretação extensiva para alcançar pequenas reservas de capital poupadas, e não apenas os depósitos em caderneta de poupança. Diante do texto legal em vigor, e considerado o seu escopo, não há sentido em restringir o alcance da regra apenas às cadernetas de poupança assim rotuladas, sobretudo no contexto atual em que diversas outras opções de aplicação financeira se abrem ao pequeno investidor, eventualmente mais lucrativas, e contando com facilidades como o resgate automático. O escopo do inciso X do art. 649 não é estimular a aquisição de reservas em caderneta de poupança em detrimento do pagamento de dívidas, mas proteger devedores de execuções que comprometam o mínimo necessário para a sua subsistência e de sua família, finalidade para qual não tem influência alguma que a reserva esteja acumulada em papel moeda, conta-corrente, caderneta de poupança propriamente dita ou outro tipo de aplicação financeira, com ou sem garantia do Fundo Garantidor de Créditos (FGC). **REsp 1.230.060-PR, Rel. Min. Maria Isabel Gallotti, julgado em 13/8/2014. (Inform. STJ 547)**

DIREITO CIVIL E PROCESSUAL CIVIL. RESPONSABILIDADE DE DEVEDOR SOLIDÁRIO E IMPOSSIBILIDADE DE SE EXCUTIR BENS DE TERCEIRO ESTRANHO À AÇÃO DE CONHECIMENTO. Os bens de terceiro que, além de não estar incluído no rol do art. 592 do CPC, não tenha figurado no polo passivo de ação de cobrança não podem ser atingidos por medida cautelar incidental de arresto, tampouco por futura execução, sob a alegação de existência de solidariedade passiva na relação de direito material. De fato, conforme o art. 275, *caput* e parágrafo único, do CC, é faculdade do credor escolher a qual ou a quais devedores direcionará a cobrança do débito comum, sendo certo que a propositura da ação de conhecimento contra um deles não implica a renúncia à solidariedade dos remanescentes, que permanecem obrigados ao pagamento da dívida. Ressalte-se que essa norma é de direito material, restringindo-se sua aplicação ao momento de formação do processo cognitivo, quando, então, o credor pode incluir no polo passivo da demanda todos, alguns ou um específico devedor. Sob essa perspectiva, a sentença somente terá eficácia em relação aos demandados, não alcançando aqueles que não participaram da relação jurídica processual, nos termos do art. 472 do CPC e conforme a jurisprudência do STJ (REsp 1.169.968-RS, Terceira Turma, DJe 17/3/2014; e AgRg no AREsp 275.477-CE, Primeira Turma, DJe 8/4/2014). Ademais, extrai-se o mesmo entendimento da norma prevista no art. 568 do CPC que, enumerando os possíveis sujeitos passivos na execução, refere-se expressamente ao "devedor reconhecido como tal no título executivo"; não havendo, nesse dispositivo, previsão alguma quanto ao devedor solidário que não figure no título judicial. Além disso, a responsabilidade solidária precisa ser declarada em processo de conhecimento, sob pena de tornar-se impossível a execução do devedor solidário, ressalvados os casos previstos no art. 592 do mesmo diploma processual, que prevê a possibilidade de excussão de bem de terceiro estranho à relação processual. Ante o exposto, não é possível, em virtude de alegação quanto à eventual existência de solidariedade passiva na relação de direito material, atingir bens de terceiro estranho ao processo de cognição e que não esteja incluído no rol do art. 592 do CPC. Aliás, em alguma medida, esse entendimento está contido na Súmula 268 do STJ (segundo a qual o "fiador que não integrou a relação processual na ação de despejo não responde pela execução do julgado"), a qual, *mutatis mutandis*, deve ser também aplicada ao devedor que não tenha sido incluído no polo passivo de ação de cobrança. **REsp 1.423.083-SP, Rel. Min. Luis Felipe Salomão, julgado em 6/5/2014. (Inform. STJ 544)**

Súmula STJ nº 549

É válida a penhora de bem de família pertencente a fiador de contrato de locação.

Súmula STJ nº 497

Os créditos das autarquias federais preferem aos créditos da Fazenda estadual desde que coexistam penhoras sobre o mesmo bem.

Súmula STJ nº 451

É legítima a penhora da sede do estabelecimento comercial.

Súmula STJ nº 417

Na execução civil, a penhora de dinheiro na ordem de nomeação de bens não tem caráter absoluto.

Súmula STJ nº 328

Na execução contra instituição financeira, é penhorável o numerário disponível, excluídas as reservas bancárias mantidas no Banco Central.

Súmula STJ nº 319

O encargo de depositário de bens penhorados pode ser expressamente recusado.

Súmula STJ nº 205

A lei 8.009/90 aplica-se a penhora realizada antes de sua vigência.

11.4. Embargos do devedor e exceção de pré-executividade

DIREITO PROCESSUAL CIVIL. IMPOSSIBILIDADE DE OFERECIMENTO DE RECONVENÇÃO EM EMBARGOS À EXECUÇÃO.

É incabível o oferecimento de reconvenção em embargos à execução. O processo de execução tem como finalidade a satisfação do crédito constituído, razão pela qual se revela inviável a reconvenção, na medida em que, se admitida, ocasionaria o surgimento de uma relação instrumental cognitiva simultânea, o que inviabilizaria o prosseguimento da ação executiva. Com efeito, na execução, a doutrina ensina que: "a cognição é rarefeita e instrumental aos atos de satisfação. Daí a falta de espaço para a introdução de uma demanda do executado no processo puramente executivo". Dessa forma, como a reconvenção demanda dilação probatória e exige sentença de mérito, ela vai de encontro com a fase de execução, na qual o título executivo já se encontra definido, de sorte que só pode ser utilizada em processos de conhecimento. Por fim, entendimento em sentido contrário violaria o princípio da celeridade e criaria obstáculo para a satisfação do crédito, porquanto a ideia que norteia a reconvenção é o seu desenvolvimento de forma conjunta com a demanda inicial, o que não ocorreria caso ela fosse admitida em sede de embargos à execução, na medida em que as demandas não teriam pontos de contato a justificar a reunião. Precedente citado: **REsp 1.085.689-RJ, Primeira Turma, DJe 4/11/2009. REsp 1.528.049-RS, Rel. Min. Mauro Campbell Marques, julgado em 18/8/2015, DJe 28/8/2015 (Inform. STJ 567).**

Súmula STJ nº 487

O parágrafo único do art. 741 do CPC não se aplica às sentenças transitadas em julgado em data anterior à da sua vigência.

Súmula STJ nº 331

A apelação interposta contra sentença que julga embargos à arrematação tem efeito meramente devolutivo.

Súmula STJ nº 46

Na execução por carta, os embargos do devedor serão decididos no juízo deprecante, salvo se versarem unicamente vícios ou defeitos da penhora, avaliação ou alienação dos bens.

12. CAUTELAR

Liminar em ação cautelar: recurso extraordinário não admitido e desapropriação - 4

Em conclusão de julgamento, o Plenário, ao resolver questão de ordem suscitada pela Ministra Cármen Lúcia, declarou a extinção de ação cautelar por perda de objeto e julgou prejudicado agravo regimental interposto de decisão que deferira pedido de medida liminar na referida ação cautelar para suspender os efeitos de acórdãos de tribunal de justiça local, bem assim a imissão do ora agravante na posse de imóvel rural. O Estado-membro agravante alegava que o tema central seria a ocorrência de preclusão, matéria processual infraconstitucional, não passível de análise no âmbito de recurso extraordinário. Na espécie, encontrava-se pendente de exame, no STF, agravo de instrumento interposto de decisão que negara seguimento a recurso extraordinário dos proprietários do imóvel, ora agravados — v. Informativos 645 e 656. O Colegiado registrou que o recurso extraordinário tivera, por fim, seguimento negado, com base nos Enunciados 279, 282, 284 e 356 da Súmula do STF, além de suscitar ofensa indireta à Constituição. Assim, tendo em vista o prejuízo do recurso extraordinário, a ação cautelar perdera seu objeto.

AC 2910 AgR-MC/RS, rel. orig. Min. Ellen Gracie, red. p/ o acórdão Min. Rosa Weber, 11.12.2014. (AC-2910) **(Inform. STF 771)**

RE: ação cautelar e eficácia suspensiva

A 1ª Turma, por maioria, negou provimento a agravo regimental interposto contra decisão que negara seguimento a ação cautelar ajuizada com a finalidade de se atribuir efeito suspensivo a agravo em recurso extraordinário. Na espécie, discutia-se a possibilidade de se ajuizar a ação cautelar em comento, no âmbito do STF, quando ainda pendente de apreciação recurso especial em trâmite no STJ. A Turma consignou que, a teor do que disposto no art. 543 e § 1º, do CPC ("Art. 543. Admitidos ambos os recursos, os autos serão remetidos ao Superior Tribunal de Justiça. § 1º Concluído o julgamento do recurso especial, serão os autos remetidos ao Supremo Tribunal Federal, para apreciação do recurso extraordinário, se este não estiver prejudicado"), a interposição simultânea dos recursos especial e extraordinário levaria a que este só viesse a ser analisado após o julgamento do especial. Afirmou que, na situação dos autos, somente depois de esgotada a jurisdição do STJ os autos seriam remetidos ao STF para que fosse julgado o agravo e, se o caso, o recurso extraordinário; ressalvada a hipótese de eventual prejudicialidade deste último em razão do que tivesse sido deliberado no recurso especial. Vencido o Ministro Marco Aurélio, que provia o agravo regimental. Afirmava que, protocolado agravo de instrumento que visasse à subida de recurso extraordinário eventualmente inadmitido — com a devolutividade, portanto, da matéria —, não se exigiria o esgotamento da jurisdição do STJ; e que, nesta hipótese, seria inaugurada a jurisdição para a ação cautelar no STF.

AC 3683/MG, rel. Min. Rosa Weber, 2.9.2014. (AC-3683) **(Inform. STF 757)**

Mandado de segurança e cautelar: supressão de eficácia da decisão - 2
Em conclusão de julgamento, o Plenário assentou o prejuízo de recurso extraordinário em face da perda superveniente de objeto, decorrente do desbloqueio dos depósitos dos valores retidos no Banco Central - Bacen por ocasião do denominado Plano Collor. Na espécie, o recurso extraordinário fora interposto contra acórdão de tribunal regional federal que, em mandado de segurança impetrado contra o Bacen, entendera incabível o duplo grau de jurisdição obrigatório, contido no parágrafo único do art. 1º da Lei 8.076/1990, em razão de se tratar de autarquia federal e de haver precedente do Pleno daquela Corte no qual se declarara a inconstitucionalidade do referido dispositivo legal — v. Informativo 360. Na presente assentada, o Ministro Marco Aurélio (relator) noticiou que o Bacen formulara pedido de desistência em razão da superveniente perda do interesse de agir, não obstante iniciado o exame do feito com voto já proferido. O Plenário apontou que o pedido de desistência do recurso extraordinário ora protocolado não seria analisado ante a prejudicialidade do próprio recurso.
RE 190034/SP, rel. Min. Marco Aurélio, 9.4.2014. (RE-190034) **(Inform. STF 742)**

DIREITO PROCESSUAL CIVIL. POSSIBILIDADE DE DISPENSA DA CAUÇÃO PREVISTA NO ART. 835 DO CPC. A caução prevista no art. 835 do CPC não tem natureza cautelar, sendo exigível no caso em que se verificar a presença dos requisitos objetivos e cumulativos elencados no referido dispositivo, podendo ser dispensada nas hipóteses previstas no art. 836 do CPC ou quando, com base na prova dos autos, as peculiaridades do caso concreto indicarem que a sua exigência irá obstaculizar o acesso à jurisdição. Com efeito, para que a caução prevista no art. 835 do CPC seja exigível são necessários dois pressupostos objetivos e cumulativos, a saber: (i) o autor da ação não residir no Brasil ou dele se ausentar na pendência da demanda; e (ii) não ter o autor da ação bens imóveis no Brasil que assegurem o pagamento das custas e honorários de advogado da parte contrária em caso de sucumbência. Esclareça-se que o referido dispositivo legal, a despeito de estar inserido no livro do CPC referente aos procedimentos cautelares, não ostenta natureza cautelar. O tema relaciona-se, de fato, com as despesas processuais. Logo, para a sua incidência, não se exige a presença do fumus boni iuris ou do periculum in mora, mas, sim, a configuração de requisitos objetivos que elenca. Nota-se que o legislador não conferiu qualquer margem de discricionariedade ao magistrado para que dispense a prestação da caução com base em critérios subjetivos – como, por exemplo, a plausibilidade do direito em que se funda a ação – porque não se trata de faculdade, mas de imposição legal. Nesse passo, registre-se que não se encontra eleito pelo legislador (art. 835 do CPC) critério de índole eminentemente subjetiva para averiguação da necessidade de prestação de caução nem se verifica o referido critério entre as exceções do art. 836 do CPC ("Não se exigirá, porém, a caução, de que trata o artigo antecedente: I – na execução fundada em título extrajudicial; II – na reconvenção."). Entretanto, como o não atendimento da prestação de caução constitui um obstáculo processual ao prosseguimento da demanda – visto que, se não removido, impõe a extinção do processo sem resolução do mérito –, não se pode afastar por completo a possibilidade de, excepcionalmente, diante das peculiaridades de determinado caso concreto, dispensar-se a caução quando, com base na prova dos autos, conclua-se pela existência de efetivo obstáculo concreto ao acesso à jurisdição. **REsp 1.479.051-RJ, Rel. Min. Ricardo Villas Bôas Cueva, julgado em 26/5/2015, DJe 5/6/2015 (Inform. STJ 563).**

DIREITO PROCESSUAL CIVIL. SUSTAÇÃO DE PROTESTO E PRESTAÇÃO DE CONTRACAUTELA. RECURSO REPETITIVO (ART. 543-C DO CPC E RES. 8/2008-STJ). TEMA 902.
A legislação de regência estabelece que o documento hábil a protesto extrajudicial é aquele que caracteriza prova escrita de obrigação pecuniária líquida, certa e exigível. Portanto, a sustação de protesto de título, por representar restrição a direito do credor, exige prévio oferecimento de contracautela, a ser fixada conforme o prudente arbítrio do magistrado. A teor do art. 17, § 1º, da Lei de Protesto, o título ou documento de dívida cujo protesto tiver sido sustado judicialmente só poderá ser pago, protestado ou retirado com autorização judicial. É dizer, a sustação do protesto implica retenção do título de crédito, inviabilizando, pois, a sua execução e, por conseguinte, restringindo, ainda que provisoriamente, o próprio direito fundamental do credor de acesso à justiça e de haver imediatamente seu crédito, mediante atos de agressão ao patrimônio do devedor efetuados por meio do Judiciário. Ademais, em interpretação sistemática do diploma processual, apenas para um exercício de comparação, é bem de ver que, como o documento cambiário apresentado a protesto tem que ser título hábil à execução (título de crédito), a sustação do protesto implica obstar a execução por título extrajudicial, efeito que, com a vigência do art. 739-A, § 1º, do CPC/1973, nem os embargos do executado produzem, a menos que, "sendo relevantes seus fundamentos, o prosseguimento da execução manifestamente possa causar ao executado grave dano de difícil ou incerta reparação, e desde que a execução já esteja garantida por penhora, depósito ou caução suficientes". Nessa ordem de ideias, a sustação do protesto, por meio transverso, inviabiliza a própria execução aparelhada pelo título levado a protesto, não havendo nenhum sentido/razoabilidade em que seja feita sem a exigência de caução ou depósito, igualmente exigidos para a suspensão da execução. Nesse sentido, leciona a doutrina que, para a execução de medida antecipatória/acautelatória, mesmo quando se tratar de provimento de natureza reversível, há o dever de salvaguardar o núcleo essencial do direito fundamental à segurança jurídica do réu; "não fosse assim o perigo de dano não teria sido eliminado, mas apenas deslocado da esfera do autor para a do demandado". Com efeito, à luz do disposto no art. 804 do CPC/1973 (art. 300 do novo CPC) há muito está consolidado na jurisprudência dos tribunais que, para a sustação do protesto cambial de título hábil à execução, é necessário, para que se resguarde também os interesses do credor, o oferecimento de contracautela. Por isso é que a jurisprudência do STJ só admite a sustação do protesto quando as circunstâncias de fato, efetivamente, autorizam a proteção do devedor, com a presença da aparência do bom direito e, de regra, com o depósito do valor devido ou, a critério ponderado do juiz, quando preste caução idônea. Por fim, enfatiza-se que a hipótese em questão – em que é apontado a protesto documento apto a aparelhar a execução judicial, isto é, título que caracteriza prova escrita de obrigação pecuniária líquida, certa e exigível – não se confunde com a situação em que o magistrado, *v.g.*, constata que o título está prescrito para a execução cambial, hipótese que atrai a tutela de evidência prevista no novo CPC e refoge ao controle efetuado pelo tabelião, caracterizando o hipotético ato do apontamento a protesto, à luz da iterativa jurisprudência do STJ, por si só, abusivo; mas é certo que, em todo caso, o excepcional deferimento da medida sem contracautela (resguardo dos interesses do credor) deverá ser devidamente fundamentado pelo juiz. Precedentes citados: REsp 627.759-MG, Terceira Turma, DJ 8/5/2006; e AgRg no Ag 1.238.302-MG, Quarta Turma, DJe 1º/2/2011. **REsp 1.340.236-SP, Rel. Min. Luis Felipe Salomão, Segunda Seção, julgado em 14/10/2015, DJe 26/10/2015. (Inform. STJ 571)**

Súmula STF nº 390

A exibição judicial de livros comerciais pode ser requerida como medida preventiva.

Súmula STJ nº 482

A falta de ajuizamento da ação principal no prazo do art. 806 do CPC acarreta a perda da eficácia da liminar deferida e a extinção do processo cautelar.

13. PROCEDIMENTOS ESPECIAIS

13.1. Possessórias e Petitórias

DIREITO PROCESSUAL CIVIL. PREJUDICIALIDADE EXTERNA ENTRE AÇÃO REIVINDICATÓRIA E AÇÃO DE NULIDADE DE NEGÓCIO JURÍDICO.
Deve ser suspensa a ação reivindicatória de bem imóvel, pelo prazo máximo de um ano (art. 265, IV, "a", do CPC), enquanto se discute, em outra ação, a nulidade do próprio negócio jurídico que ensejou a transferência do domínio aos autores da reivindicatória. Isso porque, nessa situação, está configurada a prejudicialidade externa entre as ações, de modo que, nos termos do art. 265, IV, "a", do CPC, deve o juiz decretar a suspensão do processo quando houver questão prejudicial (externa) cuja solução é pressuposto lógico necessário da decisão que

estará contida na sentença. Na espécie, constata-se que tanto a ação anulatória como a reivindicatória estão dirigidas ao mesmo bem imóvel. Dessa forma, tem-se, sem dúvida, prejudicialidade do resultado do julgamento da ação anulatória em relação à reivindicatória, pois, acaso procedente aquela, faltará legitimidade ativa ad causam aos autores desta, justificando-se a suspensão da ação reivindicatória pelo prazo máximo de um ano, nos termos do § 5º do art. 265 do CPC. Precedente citado: AgRg no REsp 1.151.040-RJ, Quarta Turma, DJe de 22/2/2012. **EREsp 1.409.256-PR, Rel. Min. Og Fernandes, julgado em 6/5/2015, DJe 28/5/2015 (Inform. STJ 563).**

DIREITO PROCESSUAL CIVIL. LEGITIMIDADE E INTERESSE PROCESSUAL DO USUFRUTUÁRIO PARA A PROPOSITURA DE AÇÃO DE CARÁTER PETITÓRIO. O usufrutuário possui legitimidade e interesse para propor ação reivindicatória – de caráter petitório – com o objetivo de fazer prevalecer o seu direito de usufruto sobre o bem, seja contra o nu-proprietário, seja contra terceiros. A legitimidade do usufrutuário para reivindicar a coisa, mediante ação petitória, está amparada no direito de sequela, característica de todos os direitos reais, entre os quais se enquadra o usufruto, por expressa disposição legal (art. 1.225, IV, do CC). A ideia de usufruto emerge da consideração que se faz de um bem, no qual se destacam os poderes de usar e gozar ou usufruir, sendo entregues a uma pessoa distinta do proprietário, enquanto a este remanesce apenas a substância da coisa. Ocorre, portanto, um desdobramento dos poderes emanados da propriedade: enquanto o direito de dispor da coisa permanece com o nu-proprietário (*ius abutendi*), a usabilidade e a fruibilidade (*ius utendi e ius fruendi*) passam para o usufrutuário. Assim é que o art. 1.394 do CC dispõe que o "usufrutuário tem direito à posse, uso, administração e percepção dos frutos". Desse modo, se é certo que o usufrutuário – na condição de possuidor direto do bem – pode valer-se das ações possessórias contra o possuidor indireto (nu-proprietário), também se deve admitir a sua legitimidade para a propositura de ações de caráter petitório – na condição de titular de um direito real limitado, dotado de direito de sequela – contra o nu-proprietário ou qualquer pessoa que obstaculize ou negue o seu direito. A propósito, a possibilidade de o usufrutuário valer-se da ação petitória para garantir o direito de usufruto contra o nu-proprietário, e inclusive *erga omnes*, encontra amparo na doutrina, que admite a utilização pelo usufrutuário das ações reivindicatória, confessória, negatória, declaratória, imissão de posse, entre outras. Precedente citado: REsp 28.863-RJ, Terceira Turma, DJ 22/11/1993. **REsp 1.202.843-PR, Rel. Min. Ricardo Villas Bôas Cueva, julgado em 21/10/2014. (Inform. STJ 550)**

DIREITO PROCESSUAL CIVIL. PEDIDO CONTRAPOSTO E REMOÇÃO DO ATO ILÍCITO. Na apreciação de pedido contraposto formulado em ação possessória, admite-se o deferimento de tutela de remoção do ato ilícito, ainda que essa providência não esteja prevista no art. 922 do CPC. Efetivamente, o dispositivo citado autoriza que o réu, na contestação, demande proteção possessória e indenização dos prejuízos. Porém, com a reforma processual operada com a Lei 10.444/2002, consagrou-se a ideia de atipicidade dos meios de tutela das obrigações de fazer, não fazer e de entrega de coisa, de modo a privilegiar a obtenção da tutela específica da obrigação, em vez da conversão da obrigação em perdas e danos. É o que se depreende da atual redação dos arts. 461 e 461-A do CPC. Desse modo, à luz do princípio da atipicidade dos meios de execução, a circunstância de o art. 922 do CPC mencionar apenas a tutela de natureza possessória e a tutela ressarcitória (indenização pelos prejuízos) não impede o juiz de conceder a tutela de remoção do ato ilícito. Não há falar, portanto, em ofensa ao art. 922, mas de interpretação desse dispositivo à luz dos novos princípios que passaram a orientar a execução das obrigações de fazer, não fazer e entrega de coisa. **REsp 1.423.898-MS, Rel. Min. Paulo de Tarso Sanseverino, julgado em 2/9/2014. (Inform. STJ 548)**

Súmula STF nº 262

Não cabe medida possessória liminar para liberação alfandegária de automóvel.

Súmula STJ nº 228

É inadmissível o interdito proibitório para a proteção do direito autoral.

13.2. Monitória

DIREITO PROCESSUAL CIVIL. INSTRUÇÃO DA PETIÇÃO INICIAL DA AÇÃO MONITÓRIA. RECURSO REPETITIVO (ART. 543-C DO CPC E RES. 8/2008-STJ). TEMA 474.
A petição inicial da ação monitória para cobrança de soma em dinheiro deve ser instruída com demonstrativo de débito atualizado até a data do ajuizamento, assegurando-se, na sua ausência ou insuficiência, o direito da parte de supri-la, nos termos do art. 284 do CPC. Não obstante o baixo formalismo que caracteriza o procedimento monitório, é indispensável, sempre que se tratar de cobrança de soma em dinheiro, a apresentação pelo credor de demonstrativo que possibilite ao devedor o perfeito conhecimento da quantia que lhe está sendo reclamada. De fato, embora seja possível a discussão sobre o quantum debeatur nos embargos à ação monitória, é necessário que haja o detalhamento da dívida, com a indicação de critérios, índices e taxas utilizados, a fim de que o devedor possa validamente impugná-los em sua peça de resistência. É importante registrar, contudo, que, detectada a falta ou insuficiência do demonstrativo, tem a parte o direito de saná-la, nos termos do art. 284 do CPC, entendimento que se estende à própria inicial de execução, na forma da jurisprudência dominante. **REsp 1.154.730-PE, Rel. Min. João Otávio de Noronha, Segunda Seção, julgado em 8/4/2015, DJe 15/4/2015 (Inform. STJ 559).**

Súmula STJ nº 531

Em ação monitória fundada em cheque prescrito ajuizada contra o emitente, é dispensável a menção ao negócio jurídico subjacente à emissão da cártula.

Súmula STJ nº 504

O prazo para ajuizamento de ação monitória em face do emitente de nota promissória sem força executiva é quinquenal, a contar do dia seguinte ao vencimento do título.

Súmula STJ nº 384

Cabe ação monitória para haver saldo remanescente oriundo de venda extrajudicial de bem alienado fiduciariamente em garantia.

Súmula STJ nº 339

É cabível ação monitória contra a Fazenda Pública.

Súmula STJ nº 299

É admissível a ação monitória fundada em cheque prescrito.

Súmula STJ nº 292

A reconvenção é cabível na ação monitória, após a conversão do procedimento em ordinário.

Súmula STJ nº 282

Cabe a citação por edital em ação monitória.

Súmula STJ nº 247

O contrato de abertura de crédito em conta-corrente, acompanhado do demonstrativo de débito, constitui documento hábil para o ajuizamento da ação monitória.

13.3. Embargos de terceiro

DIREITO PROCESSUAL CIVIL. CABIMENTO DE EMBARGOS DE TERCEIRO EM MEDIDA CAUTELAR.
São admissíveis embargos de terceiro em ação cautelar. O art. 1.048 deve ser lido em conjunto com o art. 1.046 do CPC. De fato, o art. 1.048 refere-se à possibilidade de oposição dos embargos apenas em processo de conhecimento e em processo de execução. Já o art. 1.046 do CPC afirma que "quem, não sendo parte no processo, sofrer turbação ou esbulho na posse de seus bens por ato de apreensão judicial, em casos como o de penhora, depósito, arresto, sequestro, alienação judicial, arrecadação, arrolamento, inventário, partilha, poderá requerer lhe sejam manutenidos ou restituídos por meio de embargos". Assim, o pressuposto para o cabimento dos embargos de terceiro é a existência de uma constrição judicial que ofenda a posse ou a propriedade de um bem de pessoa que não seja parte no processo. Sendo um meio defensivo que o terceiro possui contra atos judiciais que gerem medida constritiva

de seus bens, revestem-se de tal importância que não comportam interpretação literal e restritiva, com base no exame isolado do art. 1.048. **REsp 837.546-MT, Rel. Min. Raul Araújo, julgado em 1º/10/2015, DJe 21/10/2015. (Inform. STJ 571)**

DIREITO PROCESSUAL CIVIL. CARÊNCIA DE AÇÃO NO ÂMBITO DE EMBARGOS DE TERCEIRO.

O proprietário sem posse a qualquer título não tem legitimidade para ajuizar, com fundamento no direito de propriedade, embargos de terceiro contra decisão transitada em julgado proferida em ação de reintegração de posse, da qual não participou, e na qual sequer foi aventada discussão em torno da titularidade do domínio. A partir de uma exegese literal do art. 1.046, § 1º, do CPC, extrai-se que apenas o senhor (proprietário) e possuidor, ou apenas o possuidor, podem lançar mão dos embargos de terceiro, pois o ato judicial de constrição ou apreensão há de configurar, de algum modo, turbação ou esbulho da posse do autor. Na hipótese, os embargos de terceiro foram utilizados contra decisão judicial proferida no curso de demanda, transitada em julgado, em que terceiros disputaram a posse de área de terra que, segundo o autor, seria de sua propriedade. Percebe-se que o embargante, na via estreita da presente demanda incidental, não buscou apartar bem que não deveria ser objeto de constrição/apreensão pelo juízo no curso de outro processo, mas tornar mais complexa a discussão material inicialmente travada, alegando que o domínio e, consequentemente, a posse do imóvel, não seria nem do autor nem do réu, mas seus, por força do direito de propriedade. Ora, na demanda originária, em que agora se está em sede executiva, sequer foi aventada discussão em torno da titularidade do domínio. Ademais, o propósito dos embargos é a liberação do bem que foi objeto de equivocada constrição judicial, e não fazer frente, no curso de execução, ao ato judicial que determinou, com base em decisão transitada em julgado, a reintegração do bem objeto da discussão à parte vitoriosa na demanda, sem sequer poder ser afirmada a existência de melhor posse em relação ao exequente. Recorde-se que os embargos de terceiro têm cognição limitada a uma eventual melhor posse exercida pelo embargante, ou, na hipótese prevista no art. 1.047 do CPC, ao exercício do direito real de garantia pelo seu beneficiário, na defesa do bem e do crédito por ele garantido. Contra aquele que restou reconhecido o direito à reintegração na demanda pregressa, poderá o ora recorrente, com supedâneo no seu domínio, lançar mão da ação petitória adequada. **REsp 1.417.620-DF, Rel. Min. Paulo de Tarso Sanseverino, julgado em 2/12/2014, DJe 11/12/2014 (Inform. STJ 553).**

Súmula STJ nº 303

Em embargos de terceiro, quem deu causa à constrição indevida deve arcar com os honorários advocatícios.

Súmula STJ nº 195

Em embargos de terceiro não se anula ato jurídico, por fraude contra credores.

Súmula STJ nº 84

É admissível a oposição de embargos de terceiro fundados em alegação de posse advinda do compromisso de compra e venda de imóvel, ainda que desprovido do registro.

13.4. Inventário

DIREITO PROCESSUAL CIVIL. COMPETÊNCIA PARA JULGAR DISSOLUÇÃO PARCIAL DE SOCIEDADE LIMITADA COM APURAÇÃO DE HAVERES.

Compete ao juízo cível – e não ao juízo de sucessões no qual tramita o inventário – julgar, com consequente apuração de haveres do *de cujus*, dissolução parcial de sociedade limitada que demande extensa dilação probatória. De fato, conforme entendimento do STJ, "Cabe ao juízo do inventário decidir, nos termos do art. 984 do CPC, 'todas as questões de direito e também as questões de fato, quando este se achar provado por documento, só remetendo para os meios ordinários as que demandarem alta indagação ou dependerem de outras provas', entendidas como de 'alta indagação' aquelas questões que não puderem ser provadas nos autos do inventário" (REsp 450.951-DF, Quarta Turma, DJe 12/4/2010). Nesse diapasão, questões de alta indagação, que, por exigirem extensa dilação probatória, extrapolam a cognição do juízo do inventário, devem ser remetidas aos meios ordinários. Logo, é no juízo cível que haverá lugar para a dissolução parcial das sociedades limitadas e consequente apuração de haveres do *de cujus*, visto que, nessa via ordinária, deve ser esmiuçado, caso a caso, o alcance dos direitos e obrigações das partes interessadas – os quotistas e as próprias sociedades limitadas –, indiferentes ao desate do processo de inventário. Deixa-se, pois, ao juízo do inventário a atribuição jurisdicional de descrever o saldo advindo com a liquidação das sociedades comerciais, para que possa dar à herança a devida partilha, não comportando seu limitado procedimento questões mais complexas que não aquelas voltadas para o levantamento, descrição e liquidação do espólio. **REsp 1.459.192-CE, Rel. originário Ricardo Villas Bôas Cueva, Rel. para acórdão João Otávio de Noronha, julgado em 23/6/2015, DJe 12/8/2015 (Inform. STJ 566).**

13.5. Separação, Divórcio e Dissolução de Sociedade de Fato

DIREITO PROCESSUAL CIVIL. COMPETÊNCIA PARA PROCESSAR E JULGAR AÇÃO DE DIVÓRCIO ADVINDA DE VIOLÊNCIA SUPORTADA POR MULHER NO ÂMBITO FAMILIAR E DOMÉSTICO.

A extinção de medida protetiva de urgência diante da homologação de acordo entre as partes não afasta a competência da Vara Especializada de Violência Doméstica ou Familiar contra a Mulher para julgar ação de divórcio fundada na mesma situação de agressividade vivenciada pela vítima e que fora distribuída por dependência à medida extinta. De fato, o art. 14 da Lei 11.340/2006 (Lei Maria Da Penha) preconiza a competência híbrida e cumulativa (criminal e civil) das Varas Especializadas da Violência Doméstica e Familiar contra a Mulher para o julgamento e execução das causas advindas do constrangimento físico ou moral suportado pela mulher no âmbito doméstico e familiar. Nesse sentido, afirma o art. 14 que os "Juizados de Violência Doméstica e Familiar contra a Mulher, órgãos da Justiça Ordinária com competência cível e criminal, poderão ser criados pela União, no Distrito Federal e nos Territórios, e pelos Estados, para o processo, o julgamento e a execução das causas decorrentes da prática de violência doméstica e familiar contra a mulher". Constata-se, a partir da literalidade do artigo acima transcrito, que o legislador, ao estabelecer a competência cível da Vara Especializada de Violência Doméstica contra a Mulher, não especificou quais seriam as ações que deveriam ali tramitar. De modo bem abrangente, preconizou a competência desse "Juizado" para as ações de natureza civil que tenham por causa de pedir, necessariamente, a prática de violência doméstica e familiar contra a mulher. No âmbito da doutrina, controverte-se sobre a abrangência da competência civil da Vara Especializada, se ficaria restrita às medidas protetivas (e, naturalmente, à execução de seus julgados), devidamente explicitadas na Lei 11.340/2006 (especificamente as previstas nos arts. 22, II, IV e V; 23, III e IV; e 24, que assumem natureza civil), ou se, além das mencionadas providências judiciais de urgência, o Juizado de Violência Doméstica e Familiar contra a Mulher também conheceria das ações principais inseridas no espectro do Direito de Família (separação judicial, divórcio, reconhecimento e dissolução de união estável, alimentos, guarda dos filhos, etc.). Para a vertente restritiva, em que se propugna a competência cível da Vara Especializada apenas para o julgamento das medidas protetivas de urgência previstas na Lei Maria da Penha, não teria sido o propósito do legislador "superdimensionar" a competência desses Juizados em relação às ações de índole familiar, devendo-se, pois, observar, necessariamente, as regras de organização judiciária local. De modo diverso, cita-se corrente doutrinária que, em atenção à estrita disposição legal, reconhece a competência cível da Vara Especializada da Violência Doméstica e Familiar contra a Mulher para todas as ações de cunho civil que ostente como causa de pedir a prática de violência doméstica e familiar contra a mulher, conferindo-se ao magistrado melhores subsídios para julgar a questão e, por conseguinte, à mulher, vítima de violência doméstica, maior proteção. Contrapostos os argumentos que subsidiam os posicionamentos acima destacados, tem-se que a melhor exegese, para a correta definição da competência cível dos Juizados da Violência Doméstica e Familiar contra a Mulher, está no equilíbrio de tais entendimentos, para melhor atendimento aos propósitos da Lei 11.340/2006. De plano, há que se reconhecer, na esteira do que já decidiu o STF (ADC 19, Tribunal Pleno, DJe 29/4/2014), que a Lei Maria da Penha, ao facultar a criação de Juizados de Violência Doméstica e Familiar, com competência cumulativa para as ações cíveis e criminais advindas da prática de violência doméstica e familiar contra a mulher, "ante a necessidade de conferir tratamento uniforme, especializado e célere, em todo território nacional, às causas sobre a matéria", de modo algum imiscuiu-se na competência do Estados para disciplinar as respectivas normas de organização judiciária, mas, ao contrário, cuidou de tema de caráter eminentemente nacional. Portanto, a competência dos Juizados da Violência Doméstica e Familiar contra a Mulher – cuja criação restou facultada aos Estados – foi devidamente definida pela Lei 11.340/2006, devendo, por conseguinte, a Lei de Organização Judiciária dos Estados, caso venha a instituí-los, a ela se amoldar. Além do mais, a amplitude da competência conferida pela Lei 11.340/2006 à Vara Especializada tem por propósito justamente permitir ao mesmo magistrado o conhecimento da situação de violência doméstica e familiar contra a mulher, permitindo-lhe bem sopesar as repercussões jurídicas nas diversas ações civis e criminais advindas direta e indiretamente desse fato. Trata-se de providência que a um só tempo facilita o acesso da mulher, vítima de violência familiar e doméstica, ao Poder Judiciário e lhe confere real proteção. Assim, para o estabelecimento da competência da Vara Especializada da Violência Doméstica ou Familiar contra a Mulher nas ações de natureza civil (notadamente, as relacionadas ao Direito de Família), imprescindível que a correlata ação decorra (tenha por fundamento) da prática de violência doméstica ou familiar contra a mulher, não se limitando, por conseguinte, apenas às medidas protetivas de urgência previstas nos arts. 22, II, IV e V; 23, III e IV; e 24 (que assumem natureza civil). Além disso, para a fixação dessa competência da Vara Especializada da Violência Doméstica ou Familiar contra a Mulher, tem-se que, no momento do ajuizamento da ação de natureza cível, deve ser atual a situação de violência doméstica e familiar a que a demandante se encontre submetida, a ensejar, potencialmente, a adoção das medidas protetivas expressamente previstas na Lei 11.340/2006, sob pena de banalizar a competência das Varas Especializadas. Nesse contexto, a competência para conhecer e julgar determinada ação resta instaurada por ocasião de seu ajuizamento, afigurando-se irrelevante, para a fixação da competência, o fato de haver a extinção do processo referente à medida protetiva por meio da homologação de acordo entre as partes. **REsp 1.496.030-MT, Rel. Min. Marco Aurélio Bellizze, julgado em 6/10/2015, DJe 19/10/2015. (Inform. STJ 572)**

DIREITO PROCESSUAL CIVIL. DESNECESSIDADE DE AUDIÊNCIA DE CONCILIAÇÃO OU RATIFICAÇÃO NA AÇÃO DE DIVÓRCIO DIRETO CONSENSUAL.

Na ação de divórcio direto consensual, é possível a imediata homologação do divórcio, sendo dispensável a realização de audiência de conciliação ou ratificação (art. 1.122 do CPC), quando o magistrado tiver condições de aferir a firme disposição dos cônjuges em se divorciarem, bem como de atestar que as demais formalidades foram atendidas. Com a edição da EC 66/2010, a nova redação do art. 226, § 6º, da CF – que dispõe que o casamento civil pode ser dissolvido pelo divórcio – eliminou os prazos à concessão do divórcio e afastou a necessidade de arguição de culpa, presente na separação, não mais adentrando nas causas do fim da união, deixando de expor desnecessária e vexatoriamente a intimidade do casal, persistindo essa questão apenas na esfera patrimonial quando da quantificação dos alimentos. Criou-se, dessa forma, nova figura totalmente dissociada do divórcio anterior. Assim, os arts. 40, § 2º, da Lei 6.515/1977 (Lei do divórcio) e 1.122, §§ 1º e 2º, do CPC, ao exigirem uma audiência a fim de se conceder o divórcio direto consensual, passaram a ter redação conflitante com o novo entendimento, segundo o qual não mais existem as condições pré-existentes ao divórcio: de averiguação dos motivos e do transcurso de tempo. Isso porque, consoante a nova redação, o divórcio passou a ser efetivamente direto. A novel figura passa ser voltada para o futuro. Passa a ter vez no Direito de Família a figura da intervenção mínima do Estado, como deve ser. Vale relembrar que, na ação de divórcio consensual direto, não há causa de pedir, inexiste necessidade de os autores declinarem o fundamento do pedido, cuidando-se de simples exercício de um direito potestativo. Portanto, em que pese a determinação constante no art. 1.122 do CPC, não mais subsiste o referido artigo no caso em que o magistrado tiver condições de aferir a firme disposição dos cônjuges em se divorciarem, bem como de atestar que as demais formalidades foram atendidas. Com efeito, o art. 1.122 do CPC cuida obrigatoriamente da audiência em caso de separação e posterior divórcio. Assim, não havendo mais a separação, mas o divórcio consensual direto e, principalmente, em razão de não mais haver que se apurarem as causas da separação para fins de divórcio, não cabe a audiência de conciliação ou ratificação, por se tornar letra morta. Nessa perspectiva, a audiência de conciliação ou ratificação teria apenas cunho eminentemente formal, sem nada a produzir. De fato, não se desconhece que a Lei do Divórcio ainda permanece em vigor, discorrendo acerca de procedimentos da separação judicial e do divórcio (arts. 34 a 37, 40, §2º, e 47 e 48), a qual remete ao CPC (arts. 1.120 a 1.124). Entretanto, a interpretação de todos esses dispositivos infraconstitucionais deverá observar a nova ordem constitucional e a ela se adequar, seja por meio de declaração de inconstitucionalidade parcial sem redução de texto, seja como da interpretação conforme a constituição ou, como no caso em comento, pela interpretação sistemática dos artigos. **REsp 1.483.841-RS, Rel. Min. Moura Ribeiro, julgado em 17/3/2015, DJe 27/3/2015 (Inform. STJ 558).**

Súmula STF nº 381

Não se homologa sentença de divórcio obtida, por procuração, em país de que os cônjuges não eram nacionais.

Súmula STF nº 380

Comprovada a existência de sociedade de fato entre os concubinos, é cabível a sua dissolução judicial, com a partilha do patrimônio adquirido pelo esforço comum.

Súmula STF nº 379

No acordo de desquite não se admite renúncia aos alimentos, que poderão ser pleiteados ulteriormente, verificados os pressupostos legais.

Súmula STF nº 305

Acordo de desquite ratificado por ambos os cônjuges não é retratável unilateralmente.

Súmula STF nº 226

Na ação de desquite, os alimentos são devidos desde a inicial e não da data da decisão que os concede.

Súmula STJ nº 197

O divórcio direto pode ser concedido sem que haja prévia partilha dos bens.

13.6. Investigação de Paternidade e Alimentos

AG. REG. NO RHC N 127.725-DF

RELATOR: MIN. DIAS TOFFOLI

EMENTA: Agravo regimental no recurso ordinário em *habeas corpus*. Execução de alimentos. Inexistência de ordem atual de prisão. Perda do objeto da impetração. Pretendido reconhecimento da nulidade do processo de conhecimento, por ausência de advogado. Descabimento. Possibilidade de julgamento à revelia na ação de alimentos. Inteligência do art. 7º da Lei nº 5.478/68. Agravo regimental não provido.

1. Não subsistindo ameaça de prisão civil em execução de alimentos, há que se reconhecer a perda de objeto do **habeas corpus**.
2. A simples possibilidade de, futuramente, vir a ser observado o rito do art. 733 do Código de Processo Civil não obsta o reconhecimento da perda de objeto do **writ**, mesmo porque também poderá ser adotado o rito da execução por quantia certa contra devedor solvente, sem nova cominação de prisão.
3. O art. 7º da Lei nº 5.478/68 admite, na ação de alimentos, o julgamento à revelia de réu ausente, ao qual se equipara aquele que comparece pessoalmente desacompanhado de advogado.
4. Logo, não há que se falar em nulidade do título executivo judicial por falta de nomeação de defensor ao recorrente.
5. Agravo regimental ao qual se nega provimento. **(Inform. STF 796)**

DIREITO PROCESSUAL CIVIL. POSSIBILIDADE DE ALTERAÇÃO DA FORMA DE PAGAMENTO DOS ALIMENTOS EM AÇÃO REVISIONAL.
Em sede de ação revisional de alimentos, é possível a modificação da forma da prestação alimentar (em espécie ou in natura), desde que demonstrada a razão pela qual a modalidade anterior não mais atende à finalidade da obrigação, ainda que não haja alteração na condição financeira das partes nem pretensão de modificação do valor da pensão. A ação revisional de alimentos tem como objeto a exoneração, redução ou majoração do encargo, diante da modificação da situação financeira de quem presta os alimentos ou os recebe, nos termos do que dispõe o art. 1.699 do CC. A variabilidade ou possibilidade de alteração que caracteriza os alimentos, que está prevista e reconhecida no referido artigo, não diz respeito somente à possibilidade de sua redução, majoração e exoneração na mesma forma em que inicialmente fixados, mas também à alteração da própria forma do pagamento sem modificação de valor, pois é possível seu adimplemento mediante prestação em dinheiro ou o atendimento direto das necessidades do alimentado (in natura), conforme dispõe o art. 1.701 do CC. Nesse contexto, a ação de revisão de alimentos, que tem rito ordinário e se baseia justamente na característica de variabilidade da obrigação alimentar, também pode contemplar a pretensão de modificação da forma da prestação alimentar, devendo ser demonstrada a razão pela qual a modalidade anterior não mais atende à finalidade da obrigação, ainda que não haja alteração na condição financeira das partes nem pretensão de modificação do valor da pensão, cabendo ao juiz fixar ou autorizar, se for o caso, um novo modo de prestação. Precedente citado: REsp 1.284.177-DF, Terceira Turma, DJe de 24/10/2011. **REsp 1.505.030-MG, Rel. Min. Raul Araújo, julgado em 06/8/2015, DJe 17/8/2015 (Inform. STJ 567).**

DIREITO PROCESSUAL CIVIL. PRISÃO CIVIL DE ADVOGADO. O advogado que tenha contra si decretada prisão civil por inadimplemento de obrigação alimentícia não tem direito a ser recolhido em sala de Estado Maior ou, na sua ausência, em prisão domiciliar. A norma do inciso V do art. 7º da Lei 8.906/1994 – relativa à prisão do advogado, antes de sua condenação definitiva, em sala de Estado Maior, ou, na sua falta, no seu domicílio – restringe-se à prisão penal, de índole punitiva. O referido artigo é inaplicável à prisão civil, pois, enquanto meio executivo por coerção pessoal, sua natureza já é de prisão especial, porquanto o devedor de alimentos detido não será segregado com presos comuns. Ademais, essa coerção máxima e excepcional decorre da absoluta necessidade de o coagido cumprir, o mais brevemente possível, com a obrigação de alimentar que a lei lhe impõe, visto que seu célere adimplemento está diretamente ligado à subsistência do credor de alimentos. A relevância dos direitos relacionados à obrigação – vida e dignidade – exige que à disposição do credor se coloque meio executivo que exerça pressão séria e relevante em face do obrigado. Impõe-se evitar um evidente esvaziamento da razão de ser de meio executivo que extrai da coerção pessoal a sua força e utilidade, não se mostrando sequer razoável substituir o cumprimento da prisão civil em estabelecimento prisional pelo cumprimento em sala de Estado Maior, ou, na sua falta, em prisão domiciliar. Precedente citado: HC 181.231-RO, Terceira Turma, DJe 14/4/2011. **HC 305.805-GO, Rel. Min. Paulo de Tarso Sanseverino, julgado em 13/10/2014 (Vide Informativo nº 537). (Inform. STJ 551)**

Súmula STJ nº 358

O cancelamento de pensão alimentícia de filho que atingiu a maioridade está sujeito à decisão judicial, mediante contraditório, ainda que nos próprios autos.

Súmula STJ nº 309

O débito alimentar que autoriza a prisão civil do alimentante é o que compreende as três prestações anteriores ao ajuizamento da execução e as que se vencerem no curso do processo.(*) (*) julgando o HC 53.068-MS, na sessão de 22/03/2006, a Segunda Seção deliberou pela ALTERAÇÃO da súmula n. 309. REDAÇÃO ANTERIOR (decisão de 27/04/2005, DJ 04/05/2005): O débito alimentar que autoriza a prisão civil do alimentante é o que compreende as três prestações anteriores à citação e as que vencerem no curso do processo.

Súmula STJ nº 301

Em ação investigatória, a recusa do suposto pai a submeter-se ao exame de DNA induz presunção juris tantum de paternidade.

Súmula STJ nº 277

Julgada procedente a investigação de paternidade, os alimentos são devidos a partir da citação.

Súmula STJ nº 1

O foro do domicilio ou da residência do alimentando é o Competente para a ação de investigação de paternidade, quando cumulada com a de alimentos.

13.7. Outras ações de procedimento especial

DIREITO PROCESSUAL CIVIL. ENUMERAÇÃO DOS LEGITIMADOS ATIVOS PARA AÇÃO DE INTERDIÇÃO.
Não é preferencial a ordem de legitimados para o ajuizamento de ação de interdição. De fato, a enumeração dos legitimados pelos arts. 1.177 do CPC e 1.768 do CC é taxativa, mas não é preferencial. Trata-se de legitimação concorrente, não sendo a propositura da ação prerrogativa de uma única pessoa. Mais de um legitimado pode requerer a curatela, formando-se um litisconsórcio ativo facultativo. Assim, ambos os pais, ou mesmo mais de um parente, pode propor a ação, cabendo ao juiz escolher, em momento oportuno, quem vai exercer o encargo. Note-se, ainda, que a redação do art. 1.177 do CPC utiliza o verbo "poder", em vez de "dever", evidenciando, portanto, a ideia de mera faculdade, e não obrigação. Esclareça-se também que, conforme destacado no art. 1.775 do CC, as pessoas habilitadas para promoverem a ação diferem das habilitadas para exercerem a curatela sobre o interditando. Essas duas legitimidades obedecem apenas a uma ordem taxativa, mas não preferencial e absoluta, pois caberá ao juiz analisar cada caso concreto e aplicar o melhor para o interditando, independentemente de o autor da ação ser indicado em primeiro lugar nos artigos citados. O que se deve considerar, antes de tudo, é o interesse do incapaz, dado o caráter protetivo e assistencial que tem o instituto, já que mais grave do que haver dúvidas a respeito da legitimidade é deixar um incapaz abandonado e à mercê de pessoas inescrupulosas e interesseiras. Não se pode insistir em uma prioridade legal, apenas recomendada para o exercício da curatela, e não para a propositura da ação. Registre-se que, mesmo para o exercício da curatela, o juiz sempre haverá de analisar o melhor interesse do interditando, o que também não torna prioritária e absoluta a ordem legal na escolha do curador. Ressalte-se, ainda, que a interdição visa a curatela, que é imprescindível para a proteção e o amparo do interditando, resguardando a segurança social ameaçada ou perturbada por seus atos. Trata-se de intervenção que atende a imperativos de ordem social. **REsp 1.346.013-MG, Rel. Min. Ricardo Villas Bôas Cueva, julgado em 13/10/2015, DJe 20/10/2015. (Inform. STJ 571)**

DIREITO PROCESSUAL CIVIL. LEGITIMIDADE DE PARENTE PARA PROPOR AÇÃO DE INTERDIÇÃO.
Qualquer pessoa que se enquadre no conceito de parente do Código Civil é parte legítima para propor ação de interdição. Segundo o art. 1.177, II, do CPC, a interdição pode ser promovida por algum parente próximo; e segundo o art. 1.768, II, do CC, a interdição deve ser promovida por qualquer parente. O certo é que a interdição é facultada a quem a lei reconhece como tal: ascendentes e descendentes de qualquer grau (art. 1.591 do CC) e aqueles em linha colateral até o quarto grau (art. 1.592 do CC). Como afinidade gera relação de parentesco, nada impede que os afins requeiram a interdição e exerçam a curatela. **REsp 1.346.013-MG, Rel. Min. Ricardo Villas Bôas Cueva, julgado em 13/10/2015, DJe 20/10/2015. (Inform. STJ 571)**

Súmula STJ nº 389

A comprovação do pagamento do "custo do serviço" referente ao fornecimento de certidão de assentamentos constantes dos livros da companhia é requisito de procedibilidade da ação de exibição de documentos ajuizada em face da sociedade anônima.

Súmula STJ nº 372

Na ação de exibição de documentos, não cabe a aplicação de multa cominatória.

Súmula STJ nº 322

Para a repetição de indébito, nos contratos de abertura de crédito em conta-corrente, não se exige a prova do erro.

Súmula STJ nº 268

O fiador que não integrou a relação processual na ação de despejo não responde pela execução do julgado.

Súmula STJ nº 259

A ação de prestação de contas pode ser proposta pelo titular de conta--corrente bancária.

Súmula STJ nº 242

Cabe ação declaratória para reconhecimento de tempo de serviço para fins previdenciários.

14. JUIZADO ESPECIAL

DIREITO PROCESSUAL CIVIL. JUIZADO ESPECIAL DA FAZENDA PÚBLICA E REQUISITOS PARA ADMISSIBILIDADE DE RECLAMAÇÃO E DE PEDIDO DE UNIFORMIZAÇÃO DE JURISPRUDÊNCIA.

Não é cabível reclamação, tampouco pedido de uniformização de jurisprudência, ao STJ contra acórdão de Turma Recursal do Juizado Especial da Fazenda Pública sob a alegação de que a decisão impugnada diverge de orientação fixada em precedentes do STJ. O sistema para o processamento e julgamento de causas em juizados especiais é composto por três microssistemas. Cada um deles é submetido a regras específicas de procedimento, inclusive com relação ao mecanismo de uniformização de jurisprudência e de submissão das decisões das Turmas Recursais ao crivo do STJ. No âmbito do microssistema dos Juizados Especiais Estaduais Comuns, instituídos pela Lei 9.099/1995, o mecanismo é a reclamação, nas hipóteses do art. 1º da Resolução 12/2009 do STJ, ou seja, quando decisão de Turma Recursal contrariar: a) jurisprudência do STJ; b) súmula do STJ; ou c) orientações decorrentes do julgamento de recursos especiais processados na forma do art. 543-C. Já no que se refere aos Juizados Especiais Federais instituídos pela Lei 10.259/2001, é o pedido de uniformização de jurisprudência que é cabível quando a orientação da Turma Nacional de Uniformização contrariar (art. 14, § 4º): a) jurisprudência dominante do STJ; ou b) súmula do STJ. Finalmente, quanto ao mais recente microssistema, instituído pela Lei 12.153/2009 (Juizados Especiais da Fazenda Pública), é cabível o pedido de uniformização de jurisprudência quando (arts. 18 e 19): a) as Turmas de diferentes Estados derem a lei federal interpretações divergentes; ou b) a decisão proferida estiver em contrariedade com súmula do STJ. Percebe-se, portanto, que foi opção expressa do legislador restringir apenas às duas hipóteses acima o cabimento do pedido de uniformização de jurisprudência nos Juizados Especiais da Fazenda Pública, havendo silêncio eloquente quanto a todas as demais hipóteses. Desse modo, o caso em que a parte alega que o acórdão da Turma Recursal no subsistema do Juizado Especial da Fazenda Pública viola precedentes do STJ não se amolda às hipóteses de cabimento de pedido de uniformização de jurisprudência. Quanto à utilização da reclamação, observa-se que, nos termos do art. 105, I, "f", da CF, c/c o art. 187 do RISTJ, seu cabimento é previsto para: a) a usurpação de competência do STJ; ou b) a necessidade de garantir a autoridade das decisões do STJ. Além dessas hipóteses constitucionais, conforme visto acima, cabe reclamação para a adequação do entendimento adotado em acórdãos de Turmas Recursais no subsistema dos Juizados Especiais Comuns Estaduais à jurisprudência, súmula ou orientação adotada na sistemática dos recursos repetitivos do STJ (em razão do decidido pelo STF nos EDcl no RE 571.572-BA, Tribunal Pleno, DJe 27/11/2009 e das regras contidas na Resolução 12/2009 do STJ). De acordo com a larga jurisprudência do STF, seguida pelo STJ, a reclamação não pode – e não deve – ser considerada sucedâneo recursal, ou seja, é cabível tão só nas hipóteses em que adequadamente atende aos requisitos de admissibilidade (Rcl 5684 AgR, Tribunal Pleno, DJe 15/8/2008; e Rcl 5465 ED, Tribunal Pleno, DJe 15/8/2008). Cumpre esclarecer que não é possível a aplicação do princípio da fungibilidade, quando a reclamação fundar-se em suposta divergência entre a decisão recorrida e arestos paradigmas do STJ, sendo que essa hipótese não é abrangida no pedido de uniformização previsto no art. 18, § 3º, da Lei 12.153/2009. Assim, não se amolda ao caso nem o pedido de uniformização de jurisprudência nem a reclamação, por não incidirem em nenhuma das hipóteses de cabimento. **Rcl 22.033-SC, Rel. Min. Mauro Campbell Marques, julgado em 8/4/2015, DJe 16/4/2015 (Inform. STJ 559).**

Súmula STJ nº 376

Compete a turma recursal processar e julgar o mandado de segurança contra ato de juizado especial.

Súmula STJ nº 203

Não cabe recurso especial contra decisão proferida por órgão de segundo grau dos juizados especiais. (*) julgando o AgRg no Ag 400.076-BA, na sessão de 23/05/02, a corte especial deliberou pela alteração da súmula n. 203. A redação anterior era a seguinte (decisão de 04/02/1998, DJ 12/02/1998): Não cabe recurso especial contra decisão proferida, nos limites de sua competência, por órgão de segundo grau dos juizados especiais.

15. MANDADO DE SEGURANÇA

Mandado de segurança e oitiva do Ministério Público

A Segunda Turma iniciou julgamento de recurso em mandado de segurança em que se discute: a) a nulidade de acórdão proferido pelo STJ, em sede de mandado de segurança, sem que tenha sido providenciada a oitiva do Ministério Público, na forma do art. 12 da Lei 12.016/2009 ["Findo o prazo a que se refere o inciso I do "caput" do art. 7º desta Lei, o juiz ouvirá o representante do Ministério Público, que opinará, dentro do prazo improrrogável de 10 (dez) dias"]; e b) a legitimidade do referido acórdão, no ponto em que assentada a validade do art. 6º da Resolução 12/2009 do STJ, que enseja a irrecorribilidade da decisão de relator havida em reclamação ajuizada contra decisão de turma recursal dos juizados especiais. O Ministro Teori Zavascki (relator) deu provimento ao recurso para anular o acórdão recorrido e determinar o retorno dos autos à origem para a retomada do processamento do mandado de segurança, ouvindo-se o "parquet". Afirmou que, em certas situações, a inobservância do referido preceito normativo seria considerada superável. Por exemplo, nos casos de: a) saneamento da irregularidade por eficiente intervenção posterior; b) ausência de prejuízo; e c) insignificância da matéria ou sua reiteração no âmbito do órgão julgador. Contudo, a prévia oitiva do Ministério Público seria inafastável em casos como o dos autos, em que a questão jurídica envolvida seria de alta relevância constitucional e teria dimensão que extrapolaria o interesse particular do impetrante. Essa afirmação ganharia reforço quando se considerasse a enorme força expansiva e vinculativa que decorreria das decisões da corte especial do STJ, principalmente em se tratando de questão jurídica inédita. Em seguida, pediu vista dos autos o Ministro Dias Toffoli.
RMS 32482/DF, rel. Min. Teori Zavascki, 24.11.2015. (RMS-32482) **(Inform. STF 809)**

Súmula STF nº 632

É constitucional Lei que fixa o prazo de decadência para a impetração de mandado de segurança.

Súmula STF nº 631

Extingue-se o processo de mandado de segurança se o impetrante não promove, no prazo assinado, a citação do litisconsorte passivo necessário.

Súmula STF nº 630

A entidade de classe tem legitimação para o mandado de segurança ainda quando a pretensão veiculada interesse apenas a uma parte da respectiva categoria.

Súmula STF nº 629

A impetração de mandado de segurança coletivo por entidade de classe em favor dos associados independe da autorização destes.

Súmula STF nº 627

No mandado de segurança contra a nomeação de magistrado da competência do presidente da república, este é considerado autoridade coatora, ainda que o fundamento da impetração seja nulidade ocorrida em fase anterior do procedimento.

Súmula STF nº 626

A suspensão da liminar em mandado de segurança, salvo determinação em contrário da decisão que a deferir, vigorará até o trânsito em julgado da decisão definitiva de concessão da segurança ou, havendo recurso, até a sua manutenção pelo Supremo Tribunal Federal, desde que o objeto da liminar deferida coincida, total ou parcialmente, com o da impetração.

Súmula STF nº 625

Controvérsia sobre matéria de direito não impede concessão de mandado de segurança.

Súmula STF nº 624

Não compete ao Supremo Tribunal Federal conhecer originariamente de mandado de segurança contra atos de outros tribunais.

Súmula STF nº 623

Não gera por si só a competência originária do Supremo Tribunal Federal para conhecer do mandado de segurança com base no art. 102, i, "n", da Constituição, dirigir-se o pedido contra deliberação administrativa do tribunal de origem, da qual haja participado a maioria ou a totalidade de seus membros.

Súmula STF nº 622

Não cabe agravo regimental contra decisão do relator que concede ou indefere liminar em mandado de segurança.

Súmula STF nº 512

Não cabe condenação em honorários de advogado na ação de mandado de segurança.

Súmula STF nº 510

Praticado o ato por autoridade, no exercício de competência delegada, contra ela cabe o mandado de segurança ou a medida judicial.

Súmula STF nº 474

Não há direito líquido e certo, amparado pelo mandado de segurança, quando se escuda em Lei cujos efeitos foram anulados por outra, declarada constitucional pelo Supremo Tribunal Federal.

Súmula STF nº 430

Pedido de reconsideração na via administrativa não interrompe o prazo para o mandado de segurança.

Súmula STF nº 429

A existência de recurso administrativo com efeito suspensivo não impede o uso do mandado de segurança contra omissão da autoridade.

Súmula STF nº 405

Denegado o mandado de segurança pela sentença, ou no julgamento do agravo, dela interposto, fica sem efeito a liminar concedida, retroagindo os efeitos da decisão contrária.

Súmula STF nº 392

O prazo para recorrer de acórdão concessivo de segurança conta-se da publicação oficial de suas conclusões, e não da anterior ciência à autoridade para cumprimento da decisão.

Súmula STF nº 330

O Supremo Tribunal Federal não é competente para conhecer de mandado de segurança contra atos dos tribunais de justiça dos estados.

Súmula STF nº 319

O prazo do recurso ordinário para o Supremo Tribunal Federal, em "habeas corpus" ou mandado de segurança, é de cinco dias.

Súmula STF nº 304

Decisão denegatória de mandado de segurança, não fazendo coisa julgada contra o impetrante, não impede o uso da ação própria.

Súmula STF nº 272

Não se admite como ordinário recurso extraordinário de decisão denegatória de mandado de segurança.

Súmula STF nº 271

Concessão de mandado de segurança não produz efeitos patrimoniais em relação a período pretérito, os quais devem ser reclamados administrativamente ou pela via judicial própria.

Súmula STF nº 270

Não cabe mandado de segurança para impugnar enquadramento da Lei 3780, de 12/7/1960, que envolva exame de prova ou de situação funcional complexa.

Súmula STF nº 269

O mandado de segurança não é substitutivo de ação de cobrança.

Súmula STF nº 268

Não cabe mandado de segurança contra decisão judicial com trânsito em julgado.

Súmula STF nº 267

Não cabe mandado de segurança contra ato judicial passível de recurso ou correição.

Súmula STF nº 266

Não cabe mandado de segurança contra Lei em tese.

Súmula STF nº 248

É competente, originariamente, o Supremo Tribunal Federal, para mandado de segurança contra ato do Tribunal de Contas da União.

Súmula STF nº 101

O mandado de segurança não substitui a ação popular.

Súmula STJ nº 202

A impetração de segurança por terceiro, contra ato judicial, não se condiciona à interposição de recurso.

Súmula STJ nº 177

O Superior Tribunal de Justiça é incompetente para processar e julgar, originariamente, mandado de segurança contra ato de órgão colegiado presidido por ministro de estado.

Súmula STJ nº 105

Na ação de mandado de segurança não se admite condenação em honorários advocatícios.

Súmula STJ nº 41

O Superior Tribunal de Justiça não tem competência para processar e julgar, originariamente, mandado de segurança contra ato de outros tribunais ou dos respectivos órgãos.

16. RECLAMAÇÃO

Reclamação: aposentadoria espontânea e extinção do contrato de trabalho – 4

Para o cabimento de reclamação é indispensável a relação de pertinência estrita entre o ato reclamado e o parâmetro de controle. Com base nessa orientação, o Plenário, em conclusão de julgamento e por maioria, reputou improcedente pedido formulado em reclamação. No caso, empresa pública estadual impugnava decisão que, nos autos de reclamação trabalhista, deferira pleito de tutela antecipada e mantivera trabalhadores aposentados pelo Regime Geral de Previdência – RGPS como empregados da ora reclamante. Segundo a decisão questionada, a aposentadoria concedida aos empregados não seria causa de extinção do contrato de emprego, nem implicaria acumulação de proventos vedada por lei. A reclamante aduzia a impossibilidade de acumulação de proventos de aposentadoria com salários. Apontava afronta ao que decidido pelo STF nos autos da ADI 1.770/DF (DJU de 1º.12.2006), ocasião em que declarada a inconstitucionalidade do § 1º do art. 453 da CLT ("§ 1º Na aposentadoria espontânea de empregados das empresas públicas e sociedades de economia mista é permitida sua readmissão desde que atendidos aos requisitos constantes do art. 37, inciso XVI, da Constituição, e condicionada à prestação de concurso público") – v.

Informativo 575. O Colegiado entendeu que o ato reclamado não aplicara o referido preceito legal. Não fora determinado aos empregados públicos que se submetessem a novo concurso, para readmissão após a aposentadoria, condicionada a readmissão ao atendimento dos requisitos do art. 37, XVI, da CF. Ao contrário, fora respeitada a autoridade do acórdão paradigma, ao considerar que a aposentadoria não extingue o contrato de trabalho. A parte reclamante pretenderia dar efeito vinculante a um dos fundamentos do voto condutor daquele acórdão, qual seja, o da impossibilidade de cumulação de vencimentos e proventos. Entretanto, a jurisprudência do STF é firme quanto ao não cabimento de reclamação fundada na transcendência dos motivos determinantes do acórdão com efeito vinculante. Ainda que assim não fosse, o ato reclamado respeitara um dos fundamentos do voto condutor relativamente à ideia de que a aposentadoria espontânea não extingue o contrato de trabalho. Ademais, nesse mesmo voto se cuidara de precedentes alusivos a servidores públicos, e não a empregados públicos sujeitos ao RGPS. Por sua vez, a Constituição veda apenas o recebimento cumulativo de aposentadoria do regime próprio de previdência e de remuneração de cargo, emprego ou função pública, ressalvados os cargos acumuláveis da forma da própria Constituição, os cargos eletivos e os cargos em comissão. Em nenhum momento, na vedação, é feita referência à aposentadoria paga pelo RGPS. Ao ser necessário optar por um dos fundamentos, deveria prevalecer aquele em sintonia com a jurisprudência do STF sobre a matéria, ou seja, o acolhido pelo ato reclamado. Em nenhum momento, o acórdão paradigma decidira sobre a possibilidade de empresa pública despedir empregado público após sua aposentadoria, nem, caso despedisse, se a consequência seria reintegrar o empregado ou garantir-lhe verbas rescisórias. Não se poderia, em sede de reclamação, avançar para cassar uma decisão judicial, por ela haver desrespeitado entendimento não exposto no paradigma apontado, para assentar-se ser essa a conclusão correta sobre a matéria. Desse modo, não é possível o uso da reclamação como sucedâneo de recurso. Ressaltou que os precedentes do Tribunal seriam nesse mesmo sentido, tendo em conta a necessidade de pertinência estrita. Vencidos os Ministros Ellen Gracie (relatora) e Ayres Britto, que julgavam procedente o pedido.

Rcl 8168/SC, rel. orig. Min. Ellen Gracie, red. p/ o acórdão Min. Edson Fachin, 19.11.2015. (Rcl-8168) **(Inform. STF 808)**

AG. REG. NA Rcl N. 5.476-PE

RELATORA: MIN. ROSA WEBER

EMENTA: AGRAVO REGIMENTAL EM RECLAMAÇÃO. ALEGAÇÃO DE AFRONTA AO QUE DECIDIDO NA ADC Nº 4. INDEFERIMENTO DE PEDIDO DE ANTECIPAÇÃO DE TUTELA. AUSÊNCIA DE ESTRITA ADERÊNCIA.

Ao julgamento da medida cautelar na ADC 4, este Supremo Tribunal Federal assentou a legitimidade das restrições impostas pela Lei nº 9.494/97 relativas ao não cabimento de antecipação de tutela contra o Poder Público nas hipóteses que importem em a) reclassificação ou equiparação de servidores públicos; (b) concessão de aumento ou extensão de vantagens pecuniárias; (c) outorga ou acréscimo de vencimentos; (d) pagamento de vencimentos e vantagens pecuniárias a servidor público ou (e) esgotamento, total ou parcial, do objeto da ação, desde que tal ação diga respeito, exclusivamente, a qualquer das matérias acima referidas.

Não se tratando de insurgência contra a concessão de medida liminar contra a Fazenda Pública nas hipóteses descritas, impõe-se reconhecer a ausência de estrita aderência entre o ato reclamado e o paradigma invocado.

Agravo regimental conhecido e não provido. **(Inform. STF 806)**

Reclamação e sociedade de economia mista

A Primeira Turma, em conclusão de julgamento e por maioria, negou provimento a agravo regimental interposto de decisão que determinara a remessa dos autos de ação civil pública – que fora apreciada pela Justiça do Trabalho – à justiça comum. Na espécie, a decisão agravada acolhera o argumento de que teria havido afronta à decisão proferida na ADI 3395 MC/DF (DJU de 10.11.2006). Prevaleceu o voto do Ministro Luiz Fux (relator), que manteve o que decidido na decisão monocrática para assegurar o processamento dos litígios entre servidores temporários e a Administração Pública perante a justiça comum. A Ministra Rosa Weber, por sua vez, acompanhou o relator na conclusão, ao negar provimento ao agravo, porém, divergiu quanto à fundamentação. Assentou que no julgamento da ADI 3395 MC/DF, o Tribunal decidira competir à Justiça do Trabalho a apreciação de litígios que envolvessem servidores estatutários ou vinculados de qualquer forma por relação jurídico-administrativa com pessoas jurídicas de direito público, da Administração direta e indireta. Apontou que a Prodesp seria sociedade de economia mista e fora questionada sobre a validade de seus contratos de trabalho sem o prévio concurso público. Dessa forma, seus trabalhadores, por força do ordenamento constitucional, não poderiam ser vinculados a relações estatutárias. Frisou que os ora agravantes seriam os reclamantes beneficiados pelo julgamento da reclamação que lhes dera razão e determinara a remessa dos autos à justiça comum. Aduziu que o único ponto discutido no presente recurso seria se, ante a declaração de incompetência absoluta da Justiça do Trabalho, haveria ou não necessidade de decretar nulidade de atos decisórios da Justiça do Trabalho. Por ser vedada a "reformatio in pejus", negava provimento ao agravo regimental. Vencido o Ministro Marco Aurélio, que provia o recurso. Assentava que, ao se ajuizar processo trabalhista, até mesmo para se declarar o autor carecedor dessa ação, competente seria a justiça do trabalho.

Rcl 6527 AgR/SP, rel. Min. Luiz Fux, 25.8.2015. (Rcl-6527) **(Inform. STF 796)**

AG. REG. NA Rcl N. 19.205-BA

RELATOR: MIN. MARCO AURÉLIO

RECLAMAÇÃO – USURPAÇÃO DA COMPETÊNCIA DO SUPREMO – INEXISTÊNCIA. Não havendo equívoco quanto à aplicação da sistemática da repercussão geral, impõe-se a negativa de seguimento à reclamação. **(Inform. STF 792)**

AG. REG. NA Rcl N. 20.034-RS

RELATOR: MIN. LUIZ FUX

Ementa: **AGRAVO REGIMENTAL NA RECLAMAÇÃO. ALEGAÇÃO DE AFRONTA AO QUE DECIDIDO NA ADI 4.357. INEXISTÊNCIA. AUSÊNCIA DE IDENTIDADE DE TEMAS ENTRE O ATO RECLAMADO E O PARADIGMA DESTA SUPREMA CORTE. AGRAVO REGIMENTAL DESPROVIDO.**

1. A ausência de identidade de temas entre o ato reclamado e o paradigma desta Corte conduz à inadmissão da reclamação.

2. *In casu:* a) O Plenário do Supremo Tribunal Federal, ao julgar as ADIs 4.357 e 4.425, assentou que o art. 1º-F da Lei nº 9.494/97, com redação dada pela Lei nº 11.960/09, ao reproduzir as regras da EC nº 62/09 quanto à atualização monetária e à fixação de juros moratórios de créditos inscritos em precatórios, viola o direito fundamental de propriedade (CF, art. 5º, XXII), bem como o princípio constitucional da isonomia (CF, art. 5º, *caput*, da CF), razão pela qual se revela inconstitucional por arrastamento; **b)** Neste feito, o reclamante se insurge contra decisão que deixou de aplicar o disposto no art. 1º-F da Lei nº 9.494/97, com fundamento na Orientação Jurisprudencial 382 da SBDI-1 do TST. Não há identidade ou similitude entre o ato impugnado e a decisão tida por desrespeitada.

3. A reclamação é inadmissível quando utilizada como sucedâneo de ação rescisória ou de recurso.

4. Agravo regimental desprovido. **(Inform. STF 788)**

Reclamação e erronia em aplicação de precedente em RG – 1

O Plenário retomou julgamento de agravos regimentais interpostos de decisões do Min. Ricardo Lewandowski que, em reclamações das quais relator, delas não conhecera ao aplicar a orientação da Corte no sentido de ser incabível a reclamação para correção de eventual equívoco na sistemática do regime da repercussão geral. A parte agravante alega usurpação de competência do Supremo. Na sessão de 29.6.2011, o Min. Ricardo Lewandowski desproveu o agravo regimental. Consignou que a competência para adoção do entendimento firmado pelo STF, em regime de repercussão geral, seria dos tribunais de origem. Asseverou não haver previsão constitucional a permitir reclamação para corrigir suposta erronia nessas hipóteses. Afirmou que, caso haja algum equívoco nessa aplicação, as partes não ficariam desabrigadas, dispondo do recurso de agravo interno para sua correção. Nesta assentada, a Min. Ellen Gracie, em voto-vista, acompanhou o relator para negar provimento ao agravo regimental. Aduziu que a competência do STF somente se iniciaria com a manutenção, pela instância ordinária, de decisão contrária ao entendimento firmado no Supremo. Rememorou não caber agravo de instrumento nem reclamação da decisão contra o ato da presidência do tribunal de origem que, na aplicação do precedente firmado em sede de repercussão geral, classificasse erroneamente o caso concreto. Nessa circunstância, reafirmou ser cabível agravo interno. Acrescentou que, da decisão equivocada do órgão especial ou do plenário, ainda poderiam ser opostos os embargos de declaração para corrigir a ocorrência de erro material. Tudo no âmbito do tribunal *a quo*. Rcl 11427AgR/MG, rel. Min. Ricardo Lewandowski, 4.8.2011. (Rcl-11427) Rcl 11408 AgR/RS, rel. Min. Ricardo Lewandowski, 4.8.2011. (Rcl-11408)

Reclamação e erronia em aplicação de precedente em RG – 2

A Ministra reputou, ademais, que seria inviável o pronunciamento do STF em cada caso e que não se poderia simplesmente substituir a via do recurso extraordinário pela da reclamação, novamente sobrecarregando esta Corte. Entretanto, asseverou que a reclamação poderia, excepcionalmente, ser admitida quando o tribunal de origem classificar erroneamente a repercussão geral, se esse equívoco não for corrigido pelos mecanismos já assentados pela jurisprudência do Supremo. Destacou que, em se tratando de matéria constitucional nova, poderia o STF – a critério do relator –, vislumbrando icto oculi a presença de transcendência e relevância, transformar em recurso extraordinário a própria reclamação. Situação esta em que seria reconhecida a repercussão geral e solucionada a questão de mérito. Tudo com efeitos vinculantes para os casos semelhantes então em tramitação em qualquer instância. Porém, reconheceu que isso não ocorrera na Rcl 11427 AgR/MG, em que a parte suscitara a inconstitucionalidade da resolução que impusera regra sobre admissibilidade de recurso especial (pagamento de custas). Destacou que o próprio Supremo já teria dado resposta à essa matéria ao estabelecer a inexistência de repercussão geral quando a alegação disser respeito a pressupostos de admissibilidade do recurso especial ou recurso equivalente. Por fim, registrou que essa conclusão aplicar-se-ia também à Rcl 11408 AgR/RS. Após, pediu vista o Min. Gilmar Mendes. Rcl 11427AgR/MG, rel. Min. Ricardo Lewandowski, 4.8.2011. (Rcl-11427) Rcl 11408 AgR/RS, rel. Min. Ricardo Lewandowski, 4.8.2011. (Rcl-11408)

Reclamação e erronia em aplicação de precedente em RG – 3

O Plenário retomou julgamento conjunto de agravos regimentais interpostos de decisões do Ministro Ricardo Lewandowski, que não conhecera de reclamações das quais relator, ao aplicar a orientação da Corte no sentido de ser incabível a ação para corrigir eventual equívoco na sistemática do regime da repercussão geral – v. Informativo 634. Nesta assentada, retificaram-se as decisões da sessão de 29.6.2011 para constar que o Ministro Marco Aurélio dava provimento aos agravos regimentais de ambas as reclamações. O Ministro Gilmar Mendes, em voto-vista, acompanhou o relator, para negar provimento a ambos os recursos. Aduziu que não se poderia substituir a via do recurso extraordinário pela da reclamação, de forma a sobrecarregar, novamente, esta Corte. Ponderou que, para o bom funcionamento do regime da repercussão geral, ainda em construção, o STF deveria cuidar para que ficasse clara a extensão dos acórdãos relativos à repercussão geral. Competiria aos demais tribunais proceder à adequada aplicação desses mesmos acórdãos. Ponderou que a atividade seria conjunta e considerou que os tribunais exerceriam papéis de extrema relevância e responsabilidade na aplicação da repercussão geral. Destacou que, em regra, não se poderia rever a aplicação da repercussão geral, caso a caso, pelo STF. Considerou, no entanto, que, verificada a existência de erro grave na aplicação do precedente pelo tribunal *a quo* – a implicar usurpação da competência desta Corte ou afronta ao acórdão-paradigma do STF, cujos efeitos não se restringiriam aos do recurso extraordinário julgado pelo Supremo —, a reclamação poderia ser admitida, em caráter excepcional. Concluiu que, no presente caso, não haveria equívoco na aplicação do precedente do STF, uma vez que os tribunais de origem ter-se-iam limitado a deliberar sobre pressuposto de admissibilidade de recurso na origem, cuja repercussão geral fora afastada por esta Corte. Finda a manifestação do Ministro Gilmar Mendes, pediu vista dos autos o Ministro Roberto Barroso.

Rcl 11427 AgR/MG, rel. Min. Ricardo Lewandowski, 30.10.2013. (Rcl-11427)

Rcl 11408 AgR/RS, rel. Min. Ricardo Lewandowski, 30.10.2013. (Rcl-11408)

Reclamação e erronia em aplicação de precedente em RG – 4

O Plenário retomou julgamento conjunto de agravos regimentais interpostos de decisões do Ministro Ricardo Lewandowski (Presidente e relator), que não conhecera de reclamações, ao aplicar a orientação da Corte no sentido de ser incabível a ação para corrigir eventual equívoco na sistemática do regime da repercussão geral – v. Informativos 634 e 726. Em voto-vista, o Ministro Roberto Barroso acompanhou relator para negar provimento aos agravos. Aduziu que o art. 102, III, da CF deveria ser lido à luz da nova diretriz contida no seu § 3º ("§ 3º No recurso extraordinário o recorrente deverá demonstrar a repercussão geral das questões constitucionais discutidas no caso, nos termos da lei, a fim de que o Tribunal examine a admissão do recurso, somente podendo recusá-lo pela manifestação de dois terços de seus membros"). Significaria dizer que a admissibilidade do recurso extraordinário estaria condicionada ao reconhecimento, pela Corte, de que seu exame seria relevante para a sociedade. Assim, como essa decisão possuiria inegável dimensão discricionária, seria impossível sustentar direito subjetivo ao conhecimento do recurso extraordinário. Dessa forma, quando o legislador criara mecanismo de represamento como o disposto no art. 543-B, do CPC, a contar com atuação decisiva dos tribunais de origem, não haveria usurpação de competência do STF. O que poderia haver seria a má interpretação do acórdão da Corte, quando afirmasse existência ou inexistência de repercussão geral ou quando julgasse o mérito de uma questão já submetida a esse sistema. Nessa situação, seria possível afirmar que a aplicação indevida do "leading case" poderia, em certos casos, afrontar a autoridade da decisão, de forma a viabilizar a propositura de uma reclamação. Não obstante, não se poderia perder de vista que a própria "ratio" da repercussão geral seria permitir que o STF se dedicasse às questões relevantes, sem se ocupar, ordinariamente, com a aplicação de sua jurisprudência, aos milhões de processos em que ela fosse pertinente. Desse modo, para fins de cabimento de reclamação, somente caracterizaria afronta à autoridade de pronunciamento da Corte, em sede de repercussão geral, a não aplicação do precedente em casos nos quais ele seria claramente aplicável, bem como a invocação do julgado em hipótese na qual ele manifestamente não incidisse. Propôs fixação das seguintes teses, que norteariam o Tribunal nas hipóteses de mau enquadramento na instância de origem: 1) não haveria usurpação da competência do STF quando a instância de origem aplicasse precedente julgado pela Corte, sob regime de repercussão geral (regra geral); 2) para fins de cabimento de reclamação por afronta à autoridade de decisão do STF, tomada em sede de repercussão geral, seria necessária a observância dos seguintes requisitos: a) o esgotamento da instância de origem com a interposição de agravo interno da decisão monocrática que sobrestivesse o feito ou julgasse a causa; b) a caracterização de verdadeira teratologia; e c) o ajuizamento de reclamação em situação diversa deveria ser tido como manifestamente infundado, para fins de aplicação da multa prevista nos artigos 17, VI e 18, do CPC, cuja sanção incidiria nas reclamações propostas depois do presente julgamento. Em seguida, o julgamento foi suspenso em virtude do pedido de vista formulado pelo Ministro Luiz Fux na Rcl 11408 AgR/RS.

Rcl 11427AgR/MG, rel. Min. Ricardo Lewandowski, 29.4.2015. (Rcl-11427)

Rcl 11408 AgR/RS, rel. Min. Ricardo Lewandowski, 29.4.2015. (Rcl-11408) **(Inform. STF 783)**

Reclamação: execução provisória e ADC 4 - 2

O Plenário, em conclusão de julgamento e por maioria, julgou improcedente pedido formulado em reclamação ajuizada em face de decisão que, em mandado de segurança impetrado pelo Sindicato Nacional dos Procuradores da Fazenda Nacional - SINPROFAZ, determinara a imediata marcação de férias pretéritas e futuras a Procuradores da Fazenda Nacional, bem como a conversão de férias em pecúnia aos procuradores que assim preferissem — v. Informativo 546. Alegava-se, na espécie, ofensa à autoridade da decisão proferida no julgamento da ADC 4 MC/DF (DJU de 21.5.1999), que suspendera a possibilidade de concessão de tutela antecipada contra a Fazenda Pública, e em cujo mérito discutira-se a constitucionalidade do art. 1º da Lei 9.494/1997 ("Art. 1º. Aplica-se à tutela antecipada prevista nos arts. 273 e 461 do Código de Processo Civil o disposto nos arts. 5º e seu parágrafo único e 7º da Lei nº 4.348, de 26 de junho de 1964, no art. 1º e seu § 4º da Lei nº 5.021, de 9 de junho de 1966, e nos arts. 1º, 3º e 4º da Lei nº 8.437, de 30 de junho de 1992"). O Colegiado inicialmente destacou o caráter estrito da competência do STF em sede originária, e, portanto, no conhecimento de reclamações. A utilização dessa figura jurídica deveria observar, assim, a estrita aderência entre o objeto do ato reclamado e o julgado do STF apontado como paradigma de confronto. A jurisprudência do STF teria se firmado no sentido da limitação objetiva do alcance da ADC 4 às hipóteses taxativas do art. 1º da Lei 9.494/1997, especificamente no ponto em que este faz referência ao art. 5º, parágrafo único, da Lei 4.348/1964 ("Art. 5º Não será concedida a medida liminar de mandados de segurança impetrados visando à reclassificação ou equiparação de servidores públicos, ou à concessão de aumento ou extensão de vantagens. Parágrafo único. Os mandados de segurança a que se refere este artigo serão executados depois de transitada em julgado a respectiva sentença"). Portanto, a decisão proferida na referida ADC não impediria toda e qualquer antecipação de tutela contra a fazenda pública, mas somente a vedaria nos casos de decisão cujo conteúdo fosse a reclassificação ou equiparação de servidores públicos, ou a concessão de aumento ou extensão de vantagens, o que não se verificaria no caso, a tratar de férias. Vencido o Ministro Joaquim Barbosa (relator), que, por considerar não haver dúvida de que a decisão reclamada estabelecera típica vantagem pecuniária aos Procuradores da Fazenda Nacional, julgava procedente o pedido formulado na reclamação. Rcl 4311/DF, rel. orig. Min. Joaquim Barbosa, red. p/ o acórdão Min. Dias Toffoli, 6.11.2014. (Rcl-4311) **(Inform. STF 766)**

3. DIREITO INTERNACIONAL

1. EXTRADIÇÃO

Extradição e cumprimento de pena

Os requisitos do pedido de extradição devem ser verificados na data do julgamento, sendo impossível a análise de fatos supervenientes. Com base nesse entendimento, a Primeira Turma, por maioria, acolheu embargos de declaração, sem efeitos infringentes, para esclarecer que a entrega do extraditando somente poderá ocorrer até 6.12.2015. No caso, o extraditando alegava omissão superveniente ao julgamento da extradição pela Turma. Aduzia que o somatório do cumprimento de parte da pena no seu país de origem com o tempo de prisão preventiva para fins de extradição resultaria em saldo remanescente de 1 ano e 1 mês de pena. Assim, considerado o prazo para a sua retirada do Brasil, a extradição estaria vedada, porquanto a pena a cumprir seria inferior a 1 ano. Pleiteava, em consequência, a denegação do pedido de extradição ou, subsidiariamente, o reconhecimento da possibilidade de extradição até 6.12.2015. A Turma consignou que as razões recursais admitiriam a inexistência de omissão no julgado. No entanto, por uma questão de justiça, dever-se-ia acolher o pleito subsidiário. A extradição somente seria legítima se realizada até 6.12.2015, momento em que o saldo da pena atingirá exatamente um ano. Isso porque o tratado de extradição admitiria a extradição, apenas, quando a pena fosse igual ou inferior a um ano. Vencidos os Ministros Edson Fachin e Rosa Weber, que não acolhiam os embargos. Pontuavam que, quando a Turma deferira a extradição, ainda restaria um ano e nove meses de pena a ser cumprida.

Ext 1375 ED/DF, rel. Min. Luiz Fux, 24.11.2015. (EXT-1375) (Inform. STF 809)

Ext N. 1.339-DF

RELATOR: MIN. MARCO AURÉLIO

EXTRADIÇÃO – REQUISITOS. Uma vez atendidos os requisitos legais – ordem de prisão ou de título condenatório criminal, da promessa de reciprocidade do Estado requerente, da dupla tipologia e da ausência de prescrição –, mostrando-se os documentos anexados ao processo em harmonia com a forma prevista em lei, há de ser reconhecida a possibilidade de entrega do extraditando, cabendo o ato ao Chefe do Poder Executivo Nacional. **(Inform. STF 809)**

Ext N. 1.394-DF

RELATOR: MIN. TEORI ZAVASCKI

Ementa: EXTRADIÇÃO. CLÁUSULA DO ACORDO EXTRADICIONAL FIRMADO ENTRE OS ESTADOS PARTES DO MERCOSUL, A REPÚBLICA DA BOLÍVIA E A REPÚBLICA DO CHILE QUE IMPEDE A ENTREGA DO SÚDITO ESTRANGEIRO PARA EXECUÇÃO DE SENTENÇA QUANDO A PENA AINDA POR CUMPRIR FOR INFERIOR A SEIS MESES. INDEFERIMENTO.

1. O acordo de extradição firmado entre os Estados Partes do Mercosul (República Argentina, República Federativa do Brasil, República do Paraguai e República do Uruguai), a República da Bolívia e a República do Chile promulgado pelo Decreto 5.867/2006, contempla cláusula (artigo 2, item 2) que impede a entrega do súdito estrangeiro para execução de sentença quando a pena ainda por cumprir no Estado requerente seja inferior a seis meses.

2. Na verificação de pena remanescente a ser executada pelo Estado requerente é imprescindível que seja computado o lapso temporal em que o estrangeiro permaneceu preso no aguardo do julgamento do pedido extradicional (art. 91, II, Lei 6.815/1990). Precedentes.

3. A hipótese dos autos revela que a pena remanescente resulta inferior a seis meses.

4. Extradição indeferida. **(Inform. STF 806)**

Acordo de Extradição entre os Estados Partes do Mercosul e pena remanescente

A Segunda Turma indeferiu pedido de extradição formulado em desfavor de nacional argentino, condenado em seu país à pena de seis anos de reclusão pela prática do crime de abuso sexual agravado pela conjunção carnal, nos termos dos artigos 45 e 119, § 3º, do Código Penal Argentino. O Colegiado afirmou que o Acordo de Extradição entre os Estados Partes do Mercosul e as Repúblicas da Bolívia e do Chile, promulgado pelo Decreto 5.867/2006, contemplaria cláusula a impedir a entrega do súdito estrangeiro para execução de sentença quando a pena ainda por cumprir no Estado requerente fosse inferior a seis meses (Artigo 2, item 2: "Se a extradição for requerida para a execução de uma sentença exige-se, ademais, que a parte da pena ainda por cumprir não seja inferior a seis meses"). No caso, seria possível constatar que o extraditando efetivamente permanecera preso, de 16.8.2006 até 30.5.2011, tendo cumprido quatro anos, nove meses e 14 dias da pena imposta. Já no Brasil, fora preso em 23.1.2015, por força de decreto de prisão preventiva para fins de extradição, permanecendo preso desde então. Considerando que o período em que o extraditando ficara detido no território brasileiro deveria ser detraído da pena a ser cumprida (Lei 6.815/1980, artigos 91, II, e Acordo firmado entre os Estados Partes do Mercosul, art. 17), ter-se-ia que a pena remanescente – considerado o trânsito em julgado para a acusação – resultaria, a partir de 9.10.2015, inferior a seis meses, pelo que incidiria a cláusula restritiva disposta no artigo 2, item 2, do já aludido acordo de extradição Ext 1394/DF, rel. Min. Teori Zavascki, 20.10.2015. (Ext-1394) **(Inform. STF 804)**

Ext. N. 1.367-DF

RELATOR: MIN. MARCO AURÉLIO

COMPETÊNCIA – EXTRADIÇÃO – ESTADO REQUERENTE. Havendo notícia de prática delituosa voltada a introduzir substância entorpecente no território do Governo requerente, incumbe ter como de boa origem o pedido de extradição.

DUPLA TIPICIDADE – EXTRADIÇÃO – CONSPIRAÇÃO – ASSOCIAÇÃO PARA LAVAGEM DE RECURSOS. A Convenção das Nações Unidas contra o Crime Organizado Internacional, por ter sido assinada por Brasil

e Estados Unidos, inseriu, no Tratado de Extradição firmado pelos dois países, o crime de lavagem de capitais, se presente a transnacionalidade.
EXTRADIÇÃO – REQUISITOS. Uma vez atendidos os requisitos legais sob o ângulo da existência de ordem de prisão ou de título condenatório criminal, da dupla tipologia e da ausência de prescrição, estando os documentos anexados ao processo em harmonia com a forma prevista em lei, há de ser reconhecida a possibilidade de entrega do extraditando, cabendo o ato definidor ao Chefe do Poder Executivo Nacional.
PRISÃO PERPÉTUA – EXCLUSÃO – EXTRADIÇÃO. No deferimento da extradição, deve-se impor cláusula, considerada a norma do artigo 75 do Código Penal e, portanto, a impossibilidade de o extraditando cumprir pena perpétua cerceadora da liberdade de ir e vir, observando-se a detração.
DETRAÇÃO – CUSTÓDIA NO BRASIL – PRISÃO – DURAÇÃO. Impõe-se, na entrega do extraditando, a formalização de compromisso, visando subtrair de possível pena aplicada ao extraditando o período em que esteve preso no Brasil, procedendo-se, de igual forma, quanto ao prazo máximo de prisão – 30 anos. **(Inform. STF 799)**

Extradição executória e soberania estatal

A omissão de declarações ao fisco espanhol, objetivando a supressão de tributos, corresponde ao crime de sonegação fiscal tipificado no art. 1º, I, da Lei 8.137/1990, a satisfazer a exigência da dupla incriminação, que prescinde da absoluta identidade entre os tipos penais. A impossibilidade da conversão da pena de multa em prisão em decorrência de seu descumprimento é questão não afeta à jurisdição brasileira, sob pena de afronta à soberania do Estado na regulação de seus institutos penais. Com base nessa orientação, a Primeira Turma, por maioria, deferiu pedido de extradição formulado pelo Governo da Espanha. Na espécie, tratava-se de pleito de extradição executória para que o extraditando cumprisse o restante da pena, que fora acrescida de cinco meses em razão do inadimplemento da pena de multa. A Turma esclareceu não se tratar de dívida, porém, de pena acessória a uma pena criminal, com característica de sanção penal. Destacou que o Estado requerente deverá firmar o compromisso de descontar da pena o tempo de prisão do extraditando no território brasileiro para fins de extradição. Assinalou que a ausência de legislação a respeito da competência do Estado requerente para o processo e o julgamento não teria relevância em face do princípio da territorialidade, aplicável em se tratando de prática delituosa contra o seu fisco. A alegada prescrição da pretensão punitiva seria impertinente, porquanto se trataria de sentença penal transitada em julgado, vale dizer, de questão afeta à prescrição da pretensão executória. A inexistência de comprovação dos marcos interruptivos do curso prescricional não impossibilitaria verificar a inocorrência da causa extintiva da pena, mercê de o art. 133 do Código Penal espanhol dispor que o prazo prescricional da pretensão executória começaria a fluir do trânsito em julgado da sentença (2.2.2011), ou seja, entre o marco inicial e a presente data não teria transcorrido o lapso prescricional de cinco anos previsto na legislação espanhola. De igual forma, não estaria configurada a prescrição segundo a lei brasileira, que prevê o prazo prescricional de oito anos para a pena superior a dois anos e não excedente a quatro anos. Vencido o Ministro Marco Aurélio, que concluía não ser possível a entrega do extraditando. Lembrava que o Brasil subscrevera o Pacto de São José da Costa Rica e, com isso, fora revogada a prisão por dívida civil. Aduzia que não se coadunaria com nosso ordenamento jurídico a transformação de uma dívida em pena privativa de liberdade. Frisava que, em face do princípio da simetria, se o crime tivesse ocorrido no Brasil, os cinco meses que teriam sido acrescidos em razão do inadimplemento da pena de multa resultantes da transformação não seriam cumpridos.
Ext 1375/DF, rel. Min. Luiz Fux, 25.8.2015. (Ext-1375) (Inform. STF 796)

Extradição e falsidade de registro civil de nascimento

A Segunda Turma deferiu pedido de extradição instrutória, formulado pelo Governo do Paraguai em desfavor de seu nacional, para o processamento de ação penal instaurada naquele país em razão de sua suposta participação em dois crimes de homicídio doloso. A defesa sustentava a condição de brasileiro nato do extraditando, sendo falso seu registro civil no Paraguai, o que impediria o deferimento da extradição. A Turma afirmou que o pedido de extradição fora devidamente instruído pelo Estado requerente, observando-se todos os requisitos legais. Assim, foram apresentadas cópias da ordem de prisão expedida pela autoridade judiciária competente e dos demais documentos exigidos, havendo indicações seguras e precisas sobre o local, a data, a natureza, as circunstâncias e a qualificação legal dos fatos delituosos. Ademais, estariam configuradas, na espécie, a dupla tipicidade e a dupla punibilidade, na medida em que os fatos delituosos imputados ao extraditando corresponderiam, no Brasil, ao crime de homicídio qualificado, previsto no art. 121, § 2º, IV, do CP, e não teria ocorrido a prescrição da pretensão punitiva, consoante os textos legais apresentados pelo Estado requerente e a legislação penal brasileira (CP, art. 109, I). Relativamente à suposta condição de brasileiro nato do extraditando, o Colegiado asseverou ser incontroverso o fato de o extraditando ter dois assentos de nascimento, o primeiro lavrado no Paraguai, e o segundo, no Brasil, dez anos depois. Como os dois registros apontariam que o extraditando nascera, na mesma data, em ambos os países, a impossibilidade lógica e material de sua coexistência seria manifesta. Outrossim, nos termos do art. 1.604 do CC, "ninguém pode vindicar estado contrário ao que resulta do registro de nascimento, salvo provando-se erro ou falsidade do registro". Na espécie, juízo de primeira instância, em ação anulatória de registro civil ajuizada pelo Ministério Público estadual, deferira pleito de antecipação dos efeitos da tutela jurisdicional e cancelara o assento de nascimento do extraditando no Brasil. Assim, estando judicialmente afastada a presunção "juris tantum" de veracidade do registro brasileiro, por decisão que, não obstante provisória, continuaria a projetar seus efeitos, não haveria óbice à análise do mérito do pedido de extradição. Nesse particular, embora o pleito extradicional não fosse a sede própria para a determinação da real nacionalidade do extraditando, inúmeros elementos de prova constantes dos autos reforçariam a convicção de que ele seria natural do Paraguai, lá gozando da condição de paraguaio nato. Nesse sentido, esses elementos corroborariam a decisão de 1º grau que cancelara o seu registro civil brasileiro. Ante o consignado, não seria aplicável ao caso em comento o art. 5º, LI, da CF, que veda a extradição do brasileiro nato.
Ext 1393/DF, rel. Min. Dias Toffoli, 25.8.2015. (Ext-1393) (Inform. STF 796)

Extradição e dupla tipicidade – 1

A Segunda Turma iniciou julgamento de pedido de extradição instrutória, formulado pelo Governo da Suécia em desfavor de seu nacional, para o processamento de ação penal instaurada em razão da suposta prática do crime de "conduta arbitrária com menor" (Código Penal sueco, art. 7º, § 4º). Dentre outras alegações, a defesa sustenta que: a) o fato imputado ao extraditando seria atípico e não encontraria correspondência na legislação penal brasileira, carecendo da dupla tipicidade, a atrair a incidência do art. 77, II, da Lei 6.815/1990; e b) seria necessário aguardar o deslinde de ação de busca, apreensão e restituição do menor, em trâmite perante a Justiça Federal, para perquirir eventual tipicidade penal da conduta do extraditando. O Ministro Teori Zavascki (relator), ao deferir a extradição, asseverou que o pedido extradicional atenderia os requisitos formais exigidos na legislação de regência, pois instruído com cópia da ordem de prisão proferida por autoridade competente e com os demais documentos exigidos pelo art. 80 da Lei 6.815/1980, com a redação conferida pela Lei 12.878/2013. A falta de tratado de extradição entre Brasil e Suécia não impediria o atendimento da demanda, desde que o requisito da reciprocidade fosse satisfeito mediante pedido formalmente transmitido por via diplomática, o que teria ocorrido na espécie. Ademais, o requisito da dupla tipicidade, previsto no art. 77, II, da Lei 6.815/1980, também teria sido plenamente atendido, já que o crime denominado "conduta arbitrária com menor" (Código Penal sueco, art. 7º, § 4º: "quem separa uma criança com idade inferior a 15 anos de outra pessoa que tem a guarda da criança é condenado por conduta arbitrária com menor a multa ou prisão não superior a um ano, a não ser que o crime seja uma violação da liberdade. O mesmo se aplica a uma pessoa com guarda conjunta de uma criança com idade inferior a 15 anos, que sem qualquer razão substancial, arbitrariamente rapta a criança ou se a pessoa que deve ter a custódia ilegalmente usurpar o menor, fazendo-a assim como sua"), encontraria correlação na lei brasileira com o tipo previsto no art. 249 do CP ["Subtrair, menor de

18 (dezoito) anos ou interdito ao poder de quem o tem sob sua guarda em virtude de lei ou de ordem judicial"]. Conquanto o extraditando alegasse que detinha a guarda exclusiva do menor à época que veio ao Brasil – junho de 2012 —, documentação trazida pela própria defesa apontaria que determinado tribunal sueco, em decisão de fevereiro de 2012, limitara-se a determinar que o menor residisse permanentemente com o extraditando, porém mantivera expressamente o compartilhamento da guarda até decisão final do processo acerca de sua tutela. Posteriormente, em outubro de 2012, o mesmo tribunal transferira a tutela unicamente para a mãe do menor. Portanto, o extraditando, em tese, ainda que na condição de genitor, teria violado de forma intencional a guarda estabelecida judicialmente, e, além disso, teria perseverado na conduta, incurso na descrição tipificada no art. 249 do CP. De qualquer modo, o exame das alegações defensivas de atipicidade da conduta seria da competência do juízo de origem, até por força do sistema de contenciosidade limitada consagrado no Estatuto do Estrangeiro (art. 85, § 1º), que restringiria a competência do STF à análise dos pressupostos formais do pedido extradicional.
Ext 1354/DF, rel. Min. Teori Zavascki, 5.5.2015. (Ext-1354)

Extradição e dupla tipicidade – 2
O Relator consignou, ademais, que, em relação ao preceito do art. 77, VI, da Lei 6.815/1980, não se verificaria a prescrição nem sob a perspectiva da legislação penal alienígena (Código Penal sueco, art. 35, §1º), nem sob a égide da legislação penal brasileira (CP, art. 109, V). Outrossim, nenhum dos delitos possuiria conotação política, afastando-se do óbice legal disposto no art. 77 do Estatuto do Estrangeiro, que encontraria fundamento de validade no art. 5º, LII, da CF. Por fim, não impediria a extradição – manifestação de cooperação entre soberanias – o fato de o extraditando figurar como réu em ação de busca, apreensão e restituição de menor movida pela União, com fundamento na Convenção sobre os Aspectos Civis do Sequestro Internacional de Crianças – Convenção de Haia (Decreto 3.413/200), em curso na Justiça brasileira. É que essa questão refugiria ao âmbito de controle limitado ora exercido, constituindo fato juridicamente subordinado aos fins extradicionais. Aliás, se no próprio âmbito penal, do qual poderia decorrer a sanção mais gravosa, não haveria impedimento à extradição, ordem de natureza civil tampouco a poderia obstar. O Ministro Gilmar Mendes, em divergência, indeferiu a extradição. Afirmou que o crime em análise teria se consumado, de acordo com a lei sueca, no momento em que o extraditando deixara a Suécia, com a sua filha, aparentemente sem o consentimento da mãe, com quem dividia a guarda da menor. Porém, a legislação brasileira trataria o fato de forma diferente. O pai até poderia ser autor do crime de subtração de incapazes, mas apenas se destituído ou temporariamente privado do pátrio poder, tutela, curatela ou guarda, nos termos art. 249, § 1º, do CP. Portanto, não se constataria, no caso, a dupla tipicidade, na medida em que o pai, no momento da viagem, teria a guarda da menor. Somente quando a criança já estava no Brasil, movera-se ação judicial perante a Corte sueca, o que levara à cassação da guarda pelo extraditando. Se crime houvesse, de acordo com o direito brasileiro, residiria na negativa de restituição da menor pelo extraditando após a perda da guarda. Em seguida, pediu vista dos autos a Ministra Cármen Lúcia.
Ext 1354/DF, rel. Min. Teori Zavascki, 5.5.2015. (Ext-1354)

Extradição e dupla tipicidade – 3
Em conclusão de julgamento, a Segunda Turma, por maioria, indeferiu pedido de extradição instrutória, formulado pelo Governo da Suécia em desfavor de seu nacional, para o processamento de ação penal instaurada em razão da suposta prática do crime de "conduta arbitrária com menor" (Código Penal sueco, art. 7º, § 4º). No caso, o extraditando, que deteria guarda compartilhada de sua filha – a qual residiria permanentemente com ele – viajara com ela para o Brasil. Posteriormente, a justiça sueca proferira decisão no sentido de transferir a guarda da menor unicamente para a mãe. Entre outras alegações, a defesa sustentava que: a) o fato imputado ao extraditando seria atípico e não encontraria correspondência na legislação penal brasileira, carecendo da dupla tipicidade, a atrair a incidência do art. 77, II, da Lei 6.815/1980; e b) seria necessário aguardar o deslinde de ação de busca, apreensão e restituição da menor, em trâmite perante a Justiça Federal, para perquirir eventual tipicidade penal da conduta do extraditando – v. Informativo 784. O Colegiado afirmou que o crime em análise teria se consumado, de acordo com a lei sueca, no momento em que o extraditando deixara a Suécia, com a sua filha, aparentemente sem o consentimento da mãe. Porém, a legislação brasileira trataria o fato de forma diferente. O pai até poderia ser autor do crime de subtração de incapazes, mas apenas se destituído ou temporariamente privado do pátrio poder, tutela, curatela ou guarda, nos termos art. 249, § 1º, do CP. Portanto, não se constataria, no caso, a dupla tipicidade, na medida em que o pai, no momento da viagem, teria a guarda da menor. Somente quando a criança já estava no Brasil, movera-se ação judicial perante a Corte sueca, o que levara à cassação da guarda pelo extraditando. Se crime houvesse, de acordo com o direito brasileiro, residiria na negativa de restituição da menor pelo extraditando após a perda da guarda. O Ministro Celso de Mello salientou que a questão da subtração de menores incapazes teria, no plano penal, dois tratamentos legais distintos, fundados no art. 249 do CP e no art. 237 do ECA. Afirmou que, em razão de o extraditando ter ingressado em território brasileiro, sob a égide de autorização judicial, na qual estabelecida a guarda compartilhada da menor, tornar-se-ia inaplicável ao caso o disposto no art. 249 do CP, considerada a restrição expressamente fixada em seu § 1º. Sob a perspectiva do art. 237 do ECA, que exigiria requisito específico para sua caracterização – a subtração para a colocação em lar substituto —, entendeu que a conduta material praticada pelo extraditando, possuidor, à luz do Código Civil, de legitimidade para exercer todos os poderes jurídicos inerentes à guarda sobre a criança, seria diversa daquela descrita no referido tipo penal. Não estaria devidamente caracterizada, portanto, a subtração a que alude a legislação penal brasileira, quer na descrição típica constante do art. 249 do CP, quer na descrição formulada pelo art. 237 do ECA. Ademais, eventual delito cometido pelo extraditando, após a transferência da guarda da menor para sua mãe, estaria sujeito à competência penal do Estado brasileiro, aplicando-se o princípio da territorialidade, que se acha consagrado expressamente no art. 5º do CP. Concluiu ser aplicável à espécie a restrição fundada no art. 77, II, do Estatuto do Estrangeiro, devendo, dessa forma, ser indeferido o pedido de extradição. Vencido, no ponto, o Ministro Teori Zavascki (relator), que deferia o pedido extradicional. O Colegiado ressaltou, por fim, que a ação de busca, apreensão e restituição da menor movida pela União, com base na Convenção sobre Aspectos Civis do Sequestro Internacional de Crianças – Convenção de Haia, visando ao retorno à Suécia e entrega da menor à genitora, não estaria prejudicada.
Ext 1354/DF, rel. orig. Min. Teori Zavascki, red. p/ o acórdão Min. Gilmar Mendes, 30.6.2015. (Ext-1354) (Inform. STF 792)

Ext N. 1.372-DF
RELATOR: MIN. LUIZ FUX
Ementa: Direito Internacional Público. Extradição Executória. Governo da Espanha. Tratado específico. Agressão sexual, maus tratos no âmbito familiar, coação, lesão corporal e maus tratos habituais. Crimes tipificados nos artigos 179, 153, 172.2 e 173.2, do Código Espanhol, e nos artigos 213, 136, 146 e 129, § 9º, do Código Penal brasileiro. requisito da dupla tipicidade atendido. Sentença condenatória transitada em julgado. Cálculo da prescrição pelo cúmulo das penas. Impossibilidade: Prescrição a ser reconhecida segundo qualquer um dos ordenamentos jurídicos. Dispositivo do Código Penal que considera a pena de cada crime para efeito de prescrição. Prescrição da pretensão executória em relação aos crimes com penas inferiores a um ano. Possibilidade de Extraditar no que tange a crimes com penas inferiores a um ano. Tratado bilateral. Princípio da especialidade. Prevalência, no ponto, sobre o Estatuto do Estrangeiro. Detração do tempo de cumprimento de prisão preventiva no Brasil. Extradição Deferida.

1. A extradição requer o preenchimento dos requisitos legais extraídos a *contrario sensu* do art. 77 da Lei nº 6.815/80, bem assim que sejam observadas as disposições contidas em tratado específico.

2. *In casu,* o extraditando foi condenado, **definitivamente**, à pena de 10 (dez) anos e 26 (vinte e seis) meses de prisão pelos crimes de agressão sexual, maus tratos no âmbito familiar, coação, lesão corporal e maus tratos habituais, tipificados nos artigos 179, 153 172.2 e 173.2, do Código Espanhol, correspondentes aos delitos de estupro, maus tratos, constrangimento ilegal e lesão corporal praticada no âmbito familiar, tipificados nos artigos 213, 136, 146 e 129, § 9º, do Código Penal brasileiro, o que atende à exigência legal da dupla incriminação prevista no art. 77, inc. II, da Lei n. 6.815/1980.

3. O artigo 133 do Código Penal Espanhol considera, para o cálculo da prescrição, o total das penas de todos os crimes, e não a pena de cada qual isoladamente, sendo que a pena superior a 10 (dez) anos, pelo concurso de crimes, remete ao prazo prescricional de 15 (anos), que não transcorreu entre o trânsito em julgado da sentença, em 15.06.2012.

3.1. O artigo 119 do Código Penal prevê, diversamente do dispositivo da lei espanhola, que *"no caso de concurso de crimes, a extinção da punibilidade incidirá sobre a pena de cada um, isoladamente"* a impedir a extradição, devendo a regra brasileira incidir no caso concreto por força do disposto no artigo IV do Tratado bilateral, *in verbis: "Não será concedida a extradição: c) quando a ação penal ou a pena já estiver prescrita,* ***segundo as leis do Estado requerente*** *ou do Estado requerido"*, tudo a evidenciar que se impõe o reconhecimento da prescrição no que tange às penas, consideradas isoladamente, inferiores a 1 (um) ano, cujo prazo prescricional é de 2 (dois) anos (cf. artigo 109, inc. VI, do Código Penal, aplicado com a redação anterior a da vigência da Lei n. 12.234/2010, uma vez que os fatos datam de 2009), biênio já transcorrido entre o trânsito em julgado da sentença condenatória, em 15/06/2012, e a prisão preventiva para extradição, efetivada em 31/10/2014.

3.2. As penas relativas aos crimes de maus tratos habituais (2 anos) e de agressão sexual (8 anos) anos não prescreveram.

4. A proibição de extraditar, por crime cuja pena seja igual ou inferior a um (1) ano (art. 77, IV, da Lei n. 6.815/1980), deve ser afastada, *ex vi* da norma específica contida no Tratado de Extradição.

4.1. Destarte, o artigo II, parágrafo 1, do Tratado de Extradição entre o Brasil e a Espanha (Decreto n. 99.340/1990) estabelece que "***Autorizam a extradição*** *os fatos a que as Leis do Estado requerido imponham* ***pena*** *privativa de liberdade* ***superior a um ano"****; contrario sensu*, não se concederá extradição no tocante ao crime cuja pena seja igual ou inferior a um ano. [grifei]

4.2. O artigo II, parágrafo 2, do Tratado específico ainda proíbe a extradição para executar sentença cuja pena ainda não cumprida seja inferior a um ano.

4.3. O mesmo artigo II, em seu parágrafo 3, **relativiza as exigências contidas nos seus parágrafos 1 e 2** ao dispor que ***"Quando o pedido de extradição referir-se a mais de um delito, e alguns deles não cumprirem com os requisitos dos parágrafos 1 e 2 deste Artigo,*** a extradição poderá ser concedida se um dos delitos preencher as referidas **exigências"**, a evidenciar que os crimes que não satisfaçam a exigência da pena mínima seguem a reboque dos crimes cujas penas excedam a um ano. [grifei]

4.4. A cláusula de relativização do Tratado prevalece, à luz do princípio da especialidade, sobre o Estatuto do Estrangeiro, que veda, pura e simplesmente, a extradição quando a pena for igual ou inferior a 1 (um) ano, por isso que também é possível conceder extradição no que tange a tais delitos, em razão do perfazimento das condições avençadas relativamente aos crimes apenados com 2 e 8 oito anos de prisão (maus tratos habituais e agressão sexual).

4.5. Contudo, a ocorrência, *in casu*, da prescrição das penas inferiores a um ano torna prejudicada a tese jurídica conducente à possibilidade de extraditar no que tange a tais crimes quando haja outros que perfazem as condições para a extradição.

5. Extradição deferida apenas no que tange aos crimes de agressão sexual (8 anos) e de maus tratos (2 anos), uma vez que os crimes de lesão corporal (10 meses), um dos crimes de maus tratos (6 meses) e de constrangimento ilegal (10 meses) encontram-se prescritos segundo o lei brasileira.

6. O Estado requerente deverá assumir o compromisso de descontar o tempo de prisão preventiva para extradição cumprido no Brasil. **(Inform. STF 791)**

Ext N. 1.390-DF

RELATOR: MIN. TEORI ZAVASCKI

Ementa: EXTRADIÇÃO FUNDADA EM TRATADO FIRMADO ENTRE O BRASIL E OS ESTADOS UNIDOS DA AMÉRICA. CRIMES DE CONSPIRAÇÃO, ROTULAGEM FRAUDULENTA, FRAUDE ELETRÔNICA, FRAUDE DE CORRESPONDÊNCIA E ROTULAGEM FRAUDULENTA DE MEDICAMENTO ENQUANTO DISPONÍVEL PARA VENDA. DELITOS NÃO CONTEMPLADOS NO ART. II DO ACORDO BILATERAL. IMPOSSIBILIDADE DE INCIDÊNCIA DA CONVENÇÃO DE PALERMO. CRIMES NÃO ABRANGIDOS PELO ACORDO MULTILATERAL. DELITO DE CONSPIRAÇÃO RESTRITO AOS LIMITES TERRITORIAIS DO ESTADO REQUERENTE. AUSÊNCIA DE DEMONSTRAÇÃO DO CARÁTER TRANSNACIONAL E DE PROMESSA DE RECIPROCIDADE. INDEFERIMENTO.

1. O tratado de extradição firmado entre o Brasil e os Estados Unidos da América possui cláusula que restringe a entrega do súdito estrangeiro às hipóteses expressamente previstas no art. II do mencionado acordo bilateral. Precedentes.

2. A denominada Convenção de Palermo (Decreto 5015/2004) abrange infrações cometidas no âmbito transnacional. No caso dos autos, os documentos apresentados pelo Estado requerente não indicam eventual transnacionalidade da organização criminosa.

3. Os crimes de fraude eletrônica, fraude de correspondência, rotulagem fraudulenta e rotulagem fraudulenta de medicamento enquanto disponível para venda não estão previstos na mencionada Convenção.

4. Crimes não contemplados no acordo bilateral podem fundamentar pedido extradicional desde que efetuada promessa de reciprocidade pelo Estado requerente. Precedentes.

5. Extradição indeferida. **(Inform. STF 790)**

Ementa: **DIREITO INTERNACIONAL. EXTRADIÇÃO. EMBARGOS DE DECLARAÇÃO. AGRAVO REGIMENTAL. AUSÊNCIA DE OMISSÃO.**

1. Os autos estão suficientemente instruídos com as datas em que o Estado requerente foi informado da decisão que deferiu o pedido de extradição e de que o nacional nigeriano estava à sua disposição para ser extraditado.

2. A jurisprudência da Primeira Turma desta Corte permite a interposição de recurso antes da intimação (cf. HC 101.132-ED, Rel. Min. Luiz Fux).

3. Embargos de declaração rejeitados. **(Inform. STF 782)**

Extradição e prescrição da pretensão punitiva

Por não atendido o requisito da dupla punibilidade, a Segunda Turma indeferiu pedido de extradição formulado pelo Governo da Itália. Na espécie, o estrangeiro fora condenado pela justiça italiana por crimes de falência fraudulenta. Embora presente o requisito da dupla tipicidade, os delitos teriam sido praticados sob a vigência do Decreto-Lei 7.661/1945 (Lei de Falências). A referida norma previa o prazo prescricional de dois anos para os crimes em comento, tempo esse já transcorrido. A Turma reputou extinta a pretensão executória da pena nos termos da legislação vigente no Brasil, à época dos fatos.

Ext 1324/DF, rel. Min. Dias Toffoli, 7.4.2015. (Ext-1324) (Inform. STF 780)

Ext N. 1.340-DF

RELATOR: MIN. LUIZ FUX

Ementa: Direito Internacional Público. Extradição Instrutória. Governo do Uruguai. Requisitos legais preenchidos. Deferimento.

1. A extradição requer o preenchimento dos requisitos legais extraídos a *contrario sensu* do art. 77 da Lei nº 6.815/80, bem assim que sejam observadas as disposições contidas em tratado específico.

2. O extraditando não logrou comprovar, perante a Justiça Federal, ser filho de brasileira, por essa razão teve indeferido o pedido de opção de nacionalidade; via de consequência, resta afastado o óbice atinente à proibição de extraditar brasileiro nato, previsto no art. 5º, inc. LI, c/c art. 12, inc. I, alínea *c*, da Constituição Federal.

3. O pedido está instruído com os documentos necessários à sua análise, como mandado de prisão expedido por juiz competente, contendo a narração dos fatos, indicação de local e datas, e com os textos legais sobre o crime, a pena e sua prescrição.

4. A circunstância de o extraditando possuir família brasileira não constitui óbice ao deferimento do pedido, consoante a Súmula nº 421/STF, *verbis*: "NÃO IMPEDE A EXTRADIÇÃO A CIRCUNSTÂNCIA DE SER O EXTRADITANDO CASADO COM BRASILEIRA OU TER FILHO BRASILEIRO."

5. O crime de tráfico de entorpecentes tipificado no artigo 31 do Decreto-Lei n. 14.294, do Uruguai, possui correspondente no art. 33 da Lei n. 11.343/2006, por isso que se encontra satisfeito o requisito da dupla tipicidade.

6. O Uruguai é competente para julgar o extraditando, visto que os fatos ocorreram em seu território, precisamente na cidade de Rivera, entre 01/06/2010 e 17/05/2013.

7. A legislação uruguaia prevê pena de até 10 (dez) anos de prisão e prazo prescricional de 10 (anos) após a data do fato (art. 117, § 1º, "c" do Código Penal), além de que a ordem de prisão expedida em 21/09/2012 constitui causa interruptiva da prescrição, *ex vi* do art. 120 do mesmo Código, a evidenciar a ausência da referida causa extintiva da punibilidade.

8. A prescrição também não ocorreu segundo a legislação brasileira, que comina pena em abstrato máxima de 15 anos para o crime de tráfico de drogas (art. 33 da Lei n. 11.343/2006) e correspondente prazo prescricional de 20 anos (art. 109, inc. I, do Código Penal).

9. Extradição deferida, devendo o Estado requerente formalizar o compromisso de detrair de eventual pena o tempo de prisão preventiva cumprido no Brasil para fins de extradição. Consigna-se ainda a ressalva prevista no art. 89, c/c art. 67 da Lei n. 6.815/80, visto que o extraditando responde a processo no Brasil. **(Inform. STF 779)**

Ext N. 1.363-DF

RELATOR: MIN. TEORI ZAVASCKI

Ementa: EXTRADIÇÃO FUNDADA EM PROMESSA DE RECIPROCIDADE. CRIME CONTRA A ORDEM TRIBUTÁRIA. SONEGAÇÃO FISCAL. ATENDIMENTO DOS REQUISITOS FORMAIS. DUPLA TIPICIDADE E PUNIBILIDADADE. INEXISTÊNCIA DE PRESCRIÇÃO EM AMBOS OS ORDENAMENTOS JURÍDICOS. DEFERIMENTO.

1. A falta de tratado de extradição entre o Brasil e a República Federal da Alemanha não impede o atendimento da demanda, desde que o requisito da reciprocidade seja atendido mediante pedido formalmente transmitido por via diplomática. Precedentes.

2. Por força do sistema de contenciosidade limitada consagrado no Estatuto do Estrangeiro (art. 85, § 1º) e placitado pela jurisprudência desta Corte, compete ao Supremo Tribunal Federal exclusivamente o exame dos pressupostos formais do pedido de extradição. Precedentes.

3. O crime de sonegação fiscal previsto na legislação penal alemã (art. 370 do Código Penal alemão) encontra correspondência no tipo penal do art. 1º, I, da Lei 8.137/1990 (art. 77, II, da Lei 6.815/1980). Precedentes.

4. Extradição deferida. (Inform. STF 779)

PPE: legitimidade da Interpol e dupla tipicidade

A 2ª Turma resolveu questão de ordem, suscitada pelo Ministro Celso de Mello (relator), em sede de pedido de prisão preventiva para fins de extradição, no sentido de indeferir o pleito de prisão cautelar. No caso, o requerimento fora formulado em razão de suposta prática do crime, nos EUA, de invasão de dispositivo informático. Preliminarmente, a Turma conheceu do pedido que, embora não realizado por Estado estrangeiro, fora deduzido pela Interpol, a que a Lei 12.878/2013, ao alterar o § 2º do art. 82 do Estatuto do Estrangeiro, outorgara legitimidade para apresentar o requerimento. No mérito, assinalou que as supostas práticas delituosas imputadas ao extraditando teriam ocorrido em 2011, anteriormente, portanto, à vigência da Lei 12.737/2012, que acrescentara o art. 154-A ao CP ["Invadir dispositivo informático alheio, conectado ou não à rede de computadores, mediante violação indevida de mecanismo de segurança e com o fim de obter, adulterar ou destruir dados ou informações sem autorização expressa ou tácita do titular do dispositivo ou instalar vulnerabilidades para obter vantagem ilícita: Pena - detenção, de 3 (três) meses a 1 (um) ano, e multa"]. Assim, estaria descaracterizado o requisito da dupla tipicidade, a exigir que a conduta atribuída ao extraditando, considerado o tempo de sua prática, estivesse simultânea e juridicamente qualificada como crime tanto no Brasil quanto no Estado estrangeiro interessado (CF, art. 5º, XXXIX; e CP, art. 1º). Além disso, ainda que a conduta do extraditando tivesse sido perpetrada sob a égide da nova lei, o tratado extradicional firmado entre Brasil e EUA conteria cláusula (Artigo II) que somente permitiria a entrega do extraditando se e quando se tratasse de delitos expressamente previstos em rol exaustivo, o que não se verificaria em relação ao delito de invasão de dispositivo informático, a cujo respeito seria silente a aludida norma. Ademais, o tratado bilateral de extradição seria qualificado como lei especial em face da legislação doméstica nacional, o que lhe atribuiria precedência jurídica sobre o Estatuto do Estrangeiro em hipóteses de omissão ou antinomia. Assim, se inadmissível a extradição na hipótese, também seria inviável a prisão cautelar para esse fim.

PPE 732 QO/DF, rel. Min. Celso de Mello, 11.11.2014. (PPE-732) **(Inform. STF 767)**

Ext N. 1.305-DF

RELATORA: MIN. ROSA WEBER

EMENTA: EXTRADIÇÃO INSTRUTÓRIA. CRIMES DE RAPTO AGRAVADO, DE OFENSA À INTEGRIDADE FÍSICA QUALIFICADA, DE AMEAÇA E DE TRÁFICO DE ESTUPEFACIENTES. CORRESPONDÊNCIA COM OS CRIMES DOS ARTS. 148, § 2º, 129 E 147, DO CÓDIGO PENAL E DOART. 36 DA LEI 11.343/2006. DUPLA INCRIMINAÇÃO CONFIGURADA. DELITOS DE OFENSA À INTEGRIDADE FÍSICA E DE AMEAÇA NÃO EXTRADITÁVEIS. ART. 77, IV, DA LEI 6.815/80. CRIMES REMANESCENTES NÃO PRESCRITOS. INEXISTÊNCIA DE ÓBICES LEGAIS. DEFERIMENTO PARCIAL DA EXTRADIÇÃO. ENTREGA CONDICIONADA À ASSUNÇÃO DE COMPROMISSO QUANTO À DETRAÇÃO DA PENA. 1. Pedido de extradição formulado pelo Governo de Portugal que atende aos requisitos da Lei 6.815/1980 e da Convenção de Extradição entre os Estados Membros da Comunidade dos Países de Língua Portuguesa firmado em 23.11.2005, promulgado pelo Decreto 7.935, de 19.02.2013. 2. Crimes de rapto agravado, de ofensa à integridade física qualificada, de ameaça e de tráfico de estupefacientes que correspondem aos delitos previstos nos arts. 148, § 2º, 129 e 147, do Código Penal e no art. 36 da Lei 11.343/2006, respectivamente. Dupla incriminação atendida.4. Os crimes de ofensa à integridade física qualificada e de ameaça, por terem penas não superiores a um ano, não são extraditáveis, conforme art. 77, IV, da Lei 6.815/1980. 5. Irrelevância da ausência do texto legal estrangeiro referente à prescrição, quando, excepcionalmente, demonstrada sua inocorrência. Precedente. 6. Inocorrência de prescrição ou óbice legais quanto aos delitos remanescentes.7. O compromisso de detração da pena, considerando o período de prisão decorrente da extradição, deve ser assumido antes da entrega do preso, não obstando a concessão da extradição. O mesmo é válido para os demais compromissos previstos no art. 91 da Lei 6.815/1980.8. Extradição parcialmente deferida. **(Inform. STF 764)**

Extradição e requisitos para concessão de pedido de extensão

A 1ª Turma deferiu segundo pedido de extensão de extradição formulado pelo Governo da Itália em desfavor de nacional italiano investigado naquele País pela prática do crime de duplo homicídio grave, o qual não integrara o pedido originário anteriormente formulado pelo Estado requerente. Inicialmente, a Turma, com base na jurisprudência do STF, afastou alegação de incompetência de órgão fracionário para julgamento de extradição. Em seguida, rejeitou também a assertiva de nulidade de interrogatório conduzido por membro do Ministério Público italiano. Ressaltou que, na Itália, os Procuradores da República integrariam o Poder Judiciário, porquanto seriam, segundo a legislação italiana, magistrados com atribuições inerentes às funções próprias de "parquet". Ademais, a Turma consignou que o pedido de extensão da extradição atenderia aos pressupostos necessários a seu deferimento, quais sejam: a) existência de dupla tipicidade, porquanto os fatos delituosos imputados ao extraditando corresponderiam, tanto na legislação brasileira, quanto na italiana, ao crime de homicídio qualificado; b) não ocorrência da prescrição da pretensão punitiva, de acordo com as regras de ambas as legislações; c) presença de detalhes pormenorizados quanto à indicação concreta sobre o local, a data, a natureza e as circunstâncias dos fatos delituosos.

Ext 1234-Extn-segunda/República Italiana, rel. Min. Dias Toffoli, 30.9.2014. (Ext-1234) **(Inform. STF 761)**

Ext N. 1.284-DF

RELATOR: MIN. MARCO AURÉLIO

EXTRADIÇÃO – REQUISITOS. Uma vez atendidos requisitos legais sob o ângulo da existência de ordem de prisão ou de título condenatório criminal, da dupla tipologia e da ausência de prescrição, respeitando os documentos anexados ao processo a forma prevista em lei, cumpre reconhecer a possibilidade de implementar a extradição, cabendo o ato definidor ao Chefe do Poder Executivo Nacional. **(Inform. STF 761)**

Ext N. 1.333-DF

RELATORA: MIN. ROSA WEBER

EMENTA: EXTRADIÇÃO INSTRUTÓRIA. TRÁFICO DE DROGAS SINTÉTICAS E ORGANIZAÇÃO CRIMINOSA. CONCORDÂNCIA DO EXTRADITANDO. CONTROLE DA LEGALIDADE. DUPLA INCRIMINAÇÃO CONFIGURADA. PRESCRIÇÃO. INOCORRÊNCIA. INEXISTÊNCIA DE ÓBICES LEGAIS À EXTRADIÇÃO. ENTREGA CONDICIONADA À ASSUNÇÃO DE COMPROMISSOS.

1. Pedido de extradição formulado pelo Governo do Reino dos Países Baixos que atende os requisitos da Lei 6.815/1980 e do Tratado de Extradição específico.
2. A concordância defensiva com o pleito extradicional não afasta o controle da legalidade por este Supremo Tribunal Federal. Precedentes.
3. Crimes de produção, fabricação, processamento, beneficiamento, posse e transporte de drogas, além de participação em organização criminosa, nos termos da Lei Holandesa de Entorpecentes, que correspondem aos crimes previstos nos arts. 33 e 35 da Lei 11.343/2006. Dupla incriminação atendida.
4. Inocorrência de prescrição e inexistência de óbices legais.
5. Irrelevância da ausência do texto legal estrangeiro referente à prescrição, quando, excepcionalmente, demonstrada sua inocorrência. Precedente.
6. O compromisso de detração da pena, considerando o período de prisão decorrente da extradição, deve ser assumido antes da entrega do preso, não obstando a concessão da extradição. O mesmo é válido para os demais compromissos previstos no art. 91 da Lei nº 6.815/1980.
7. Extradição deferida. **(Inform. STF 748)**

Prisão preventiva para fins de extradição e progressão de regime - 1

Em face da peculiaridade do caso, o Plenário, por maioria, em questão de ordem suscitada pelo Ministro Ricardo Lewandowski (relator), indeferiu pedido de revogação de prisão preventiva para fins de extradição e, de ofício, concedeu "habeas corpus" para afastar a vedação de progressão de regime ao extraditando. Determinou, em consequência, que o juízo da execução da pena verifique se o apenado preenche os requisitos do art. 112 da LEP para que possa, eventualmente, autorizar a progressão para o regime semiaberto. Ponderou, ainda, comunicar o resultado do julgado ao Ministro da Justiça e à Presidente da República, titular das relações diplomáticas do País, porque a extradição nada mais seria do que um elemento dessas relações internacionais entre os Estados. Na espécie, em 14.4.2005, a Corte deferira extradição com a ressalva do art. 89 da Lei 6.815/1990 ("Quando o extraditando estiver sendo processado, ou tiver sido condenado, no Brasil, por crime punível com pena privativa de liberdade, a extradição será executada somente depois da conclusão do processo ou do cumprimento da pena, ressalvado, entretanto, o disposto no artigo 67"). Ocorre que o extraditando fora condenado, no Brasil, a 28 anos de reclusão e, desde 31.12.2005, cumpre pena em regime fechado. Requerida, na origem, a progressão de regime, o pleito fora indeferido ao fundamento de que o deferimento de extradição do apenado obstaria a progressão de regime. O tribunal "a quo" registrou, ainda, que decisão diferente frustraria a execução penal e o próprio processo de execução, aliado ao risco de fuga do extraditando.

Ext 947 QO/República do Paraguai, rel. Min. Ricardo Lewandowski, 28.5.2014. (Ext-947)

Prisão preventiva para fins de extradição e progressão de regime - 2

O STF aduziu que, a prevalecer a decisão do tribunal "a quo", que indeferira a progressão de regime, o extraditando cumpriria a integralidade da pena em regime fechado. Apontou a peculiar situação dos autos, a salientar que a missão diplomática do país do extraditando teria sido notificada, porém, não poderia, seja no prazo da lei, seja no prazo do tratado bilateral de extradição, adotar providências para a remoção do súdito estrangeiro. Anotou que essa impossibilidade decorreria da existência de outro título jurídico legitimador da prisão, fundado na condenação penal imposta por autoridade judiciária brasileira. O Colegiado destacou que, se brasileiro fosse, com igual condenação, bastaria ao extraditando cumprir um sexto da pena — aproximadamente cinco anos de prisão — para fins de progressão de regime. No entanto, ele já teria cumprido nove anos em regime fechado. Asseverou que a exclusão do estrangeiro do sistema progressivo de cumprimento de pena conflitaria com princípios constitucionais, especialmente o da prevalência dos direitos humanos e o da isonomia (CF, artigos 4º, II, e 5º, *caput*, respectivamente). Sublinhou que decidir de forma diversa levaria à absurda situação de a prisão provisória na extradição tornar-se prisão com prazo indeterminado, a violar princípios constitucionais. Frisou que, na hipótese, estaria configurada situação de excesso de execução, nos termos do disposto no artigo 185 da LEP ("Haverá excesso ou desvio de execução sempre que algum ato for praticado além dos limites fixados na sentença, em normas legais ou regulamentares"), a onerar, de maneira injusta, o próprio "status libertatis" do extraditando. Vencidos, em parte, os Ministros Teori Zavascki e Marco Aurélio. O Ministro Teori Zavascki consignava que a extradição fora autorizada pelo STF e, seguida a fase executória, o Poder Executivo optara, ainda que silenciosamente, por executar a entrega do estrangeiro após cumprida a pena no Brasil. Vislumbrava que, feita essa escolha, o estrangeiro teria o direito de cumprir a pena segundo a legislação brasileira, inclusive em regime aberto, o que seria incompatível com a prisão preventiva. Defendia que a solução mais adequada seria revogar expressamente a prisão preventiva, porque desprovida de eficácia e incompatível com a execução ou a progressão. Salientava, também, a necessidade de comunicação, ao Ministro da Justiça, desse fato superveniente. O Ministro Marco Aurélio acrescentava que o extraditando pretenderia obter decisão declaratória no sentido de que a prisão preventiva não mais subsistiria.

Ext 947 QO/República do Paraguai, rel. Min. Ricardo Lewandowski, 28.5.2014. (Ext-947) **(Inform. STF 748)**

Prazo prescricional e suspensão condicional da pena - 1

Durante a suspensão condicional da pena, não corre prazo prescricional (CP, art. 77 c/c o art. 112). Com base nesse entendimento, a 2ª Turma afastou a alegada extinção de punibilidade do extraditando pela prescrição da pretensão punitiva estatal e deferiu a extradição. No caso, fora requerida a extradição executória de réu condenado, pela prática de crime de "fraude" mediante emissão de cheques sem provisão de fundos, a pena de três anos de prisão. A defesa sustentava a atipicidade da conduta imputada ao extraditando, a necessidade de sobrestamento do pedido de extradição em face da repercussão geral reconhecida nos autos do RE 608.898 RG/DF — em que se discute o tema da expulsão de estrangeiro que possui filho brasileiro nascido após o fato motivador da expulsão —, além da já mencionada extinção de punibilidade pela prescrição da pretensão punitiva. A Turma concluiu que o pedido de extradição atenderia aos requisitos formais exigidos na legislação de regência. O Estado requerente teria demonstrado a competência jurisdicional para a instrução e julgamento dos crimes impostos ao extraditando, além de ter instruído seu pedido com cópia de sentença final de privação de liberdade e dos demais documentos exigidos pelo art. 80 da Lei 6.815/1980. Esclareceu que, tendo em vista o sistema de contenciosidade limitada adotado pelo Brasil, não seria possível analisar a aplicabilidade e as implicações do novo Código Penal do país requerente, que teria entrado em vigor em 2014. Mencionou que essa matéria deveria ser debatida no juízo de origem. Registrou o disposto no Verbete 421 da Súmula do STF ("Não impede a extradição a circunstância de ser o extraditando casado com brasileiro ou ter filho brasileiro"). Explanou que a questão debatida no RE 608.898 RG/DF trataria de expulsão e não de extradição, institutos que não se confundiriam.

Ext 1254/Romênia, rel. Min. Teori Zavascki, 29.4.2014. (Ext-1254)

Prazo prescricional e suspensão condicional da pena - 2

A Turma consignou que teria sido reconhecido o dolo específico de lesar vítimas ao se perpetrar o crime de "fraude" mediante emissão de cheques sem provisão de fundos. Dessa forma, teria sido atendido o requisito da dupla tipicidade, pois, no caso concreto, o aludido crime de "fraude" corresponderia ao crime de estelionato previsto no art. 171, "caput", do CP. Observou que, em relação à legislação penal brasileira, o prazo prescricional seria calculado nos termos do art. 109, IV, c/c o art. 112, I, ambos do CP, de modo que a prescrição se aperfeiçoaria em oito anos a partir de setembro de 2005. No cômputo do prazo prescricional seria necessário, porém, observar a suspensão da pena — de sua concessão até sua revogação —, período em que a prescrição também estaria suspensa. Assim, iniciada a contagem em setembro de 2005, suspensa em fevereiro de 2006, e retomada em fevereiro de 2007, a prescrição da pretensão executória somente ocorreria, em princípio, em outubro de 2014. Assinalou que, pela legislação penal de origem, o prazo de prescrição da pretensão executória, também de oito anos, só se teria iniciado na data em que se tornara definitiva a revogação da suspensão da execução da pena, e deveria ser contado somente a partir de fevereiro de 2007, ocasião em que fora determinada a revogação do benefício. Por fim, determinou o imediato recolhimento do extraditando com direito a detração do tempo em que estivera preso no Brasil por força do pedido de extradição.

Ext 1254/Romênia, rel. Min. Teori Zavascki, 29.4.2014. (Ext-1254) **(Inform. STF 744)**

Ext N. 1.321-DF

RELATORA: MIN. ROSA WEBER

EMENTA: EXTRADIÇÃO EXECUTÓRIA. HOMICÍDIO. DUPLA INCRIMINAÇÃO CONFIGURADA. PRESCRIÇÃO. INOCORRÊNCIA. INEXISTÊNCIA DE ÓBICES LEGAIS À EXTRADIÇÃO. ENTREGA CONDICIONADA À ASSUNÇÃO DE COMPROMISSOS. AFASTAMENTO DA PENA ACESSÓRIA DE "INTERDIÇÃO PERPÉTUA DO EXERCÍCIO DE FUNÇÕES PÚBLICAS".

1. Pedido de extradição formulado pelo Governo da Itália que atende os requisitos da Lei 6.815/1980 e do Tratado de Extradição específico.
2. Crime de homicídio que corresponde ao crime previsto no art. 121 do Código Penal Brasileiro. Dupla incriminação atendida.
3. Inocorrência de prescrição e inexistência de óbices legais.
4. O compromisso de detração da pena, considerando o período de prisão decorrente da extradição, deve ser assumido antes da entrega do preso, não obstando a concessão da extradição. O mesmo é válido para os demais compromissos previstos no art. 91 da Lei nº 6.815/1980.
5. Afastamento da pena acessória incompatível com a vedação prevista no art. 5º, XLVII, "*b*", da Constituição da República, que proíbe sanções penais de caráter perpétuo. Precedentes.
6. Extradição deferida. **(Inform. STF 743)**

Pedido de reextradição e prejudicialidade

O anterior deferimento de extradição a outro Estado não prejudica pedido de extradição por fatos diversos, mas garante preferência ao primeiro Estado requerente na entrega do extraditando. Com base nesse entendimento, a 2ª Turma deferiu, em parte, pedido de extradição instrutória formulada pela República Italiana. No caso, a República Argentina requerera a extradição do acusado, deferida pela Corte nos autos da Ext 1.250/República Argentina (DJe de 24.9.2012), por suposto crime de tráfico e associação para o tráfico internacional de entorpecentes, em decorrência de fato que teria ocorrido em abril de 2008. Na presente extradição, a imputação referir-se-ia à hipotética prática de tráfico de entorpecente ocorrida entre novembro e dezembro de 2007. A Turma concluiu que o Estatuto do Estrangeiro permitiria a reextradição a outro país, desde que houvesse consentimento do Estado brasileiro ("Art. 91. Não será efetivada a entrega sem que o Estado requerente assuma o compromisso: ... IV - de não ser o extraditando entregue, sem consentimento do Brasil, a outro Estado que o reclame"). Destacou que o Decreto 5.867/2006, que promulgou o Acordo de Extradição entre os Estados Partes do Mercosul e a República da Bolívia e a República do Chile, também reafirma a possibilidade de reextradição a terceiro Estado ("Artigo 15. Da Reextradição a um Terceiro Estado. A pessoa entregue somente poderá ser reextraditada a um terceiro Estado com o consentimento do Estado Parte que tenha concedido a extradição, salvo o caso previsto na alínea 'a' do artigo 14 deste Acordo. O consentimento deverá ser solicitado por meio dos procedimentos estabelecidos na parte final do mencionado artigo"). Consignou a possibilidade de não efetivação da extradição pelo primeiro Estado requerente quando a extradição fosse instrutória e o estrangeiro viesse a ser absolvido, o que viabilizaria sua entrega ao segundo Estado requerente. Ademais, destacou que, caso a República da Argentina viesse a desistir da extradição, o estrangeiro poderia ser entregue ao Estado italiano. Ressalvou, em todas essas hipóteses, o cumprimento de pena por condenação no Brasil (Estatuto do Estrangeiro, art. 89). Quanto ao mérito, entendeu atendidos os requisitos da dupla tipicidade e da não ocorrência de prescrição. Por fim, afirmou que o fato de o extraditando possuir filho brasileiro não constituiria óbice ao deferimento da extradição.

Ext 1276/DF, rel. Min. Gilmar Mendes, 25.3.2014. (EXT-1276) **(Inform. STF 740)**

Ext N. 1.271-DF

RELATOR: MIN. RICARDO LEWANDOWSKI

Ementa: EXTRADIÇÃO INSTRUTÓRIA. GOVERNO DA ESPANHA. TRATADO DE EXTRADIÇÃO. DUPLA TIPICIDADE. CRIMES DE LESÕES CORPORAIS COM MEIO PERIGOSO E DE AGRESSÃO SEXUAL. AUSÊNCIA DE PRESCRIÇÃO. PRESENTES OS REQUISITOS FORMAIS E MATERIAIS PARA O DEFERIMENTO DO PEDIDO. CRIMES DE INVASÃO DE DOMICÍLIO E DE VIOLAÇÃO DE MEDIDA CAUTELAR. PRESCRIÇÃO DA PRETENSÃO PUNITIVA ESTIPULADA NA LEGISLAÇÃO NACIONAL. ESTRANGEIRO QUE RESPONDE A PROCESSO NO BRASIL POR TRÁFICO TRANSNACIONAL DE ENTORPECENTES. EXTRADIÇÃO PARCIALMENTE DEFERIDA.

I - O delito previsto no art. 148, 1º e 4º, do Código Penal espanhol corresponde ao crime inscrito no art. 129, § 9º, do Código Penal brasileiro, bem como o crime tipificado no art. 178 do Código Penal estrangeiro, equivale ao delito de atentado violento ao pudor, na forma tentada (art. 214, c/c art. 14, inciso II, do CPB).

II - A extradição não deve prosperar em relação aos delitos de *invasão do domicílio* e de *violação de medida cautelar*, em virtude da prescrição da pretensão punitiva estatal, segundo a legislação brasileira. Os delitos nacionais são correspondentes aos arts. 150, §1º, e 330 do Código Penal brasileiro. Consideradas as penas em abstrato cominadas - 2 (dois) anos e 6 (seis) meses de detenção - e a ausência de notícia da ocorrência de marcos interruptivos desde a época dos fatos (2009), forçoso é concluir pela extinção da acusação, quanto aos referidos delitos.

III - Extradição parcialmente deferida - apenas em relação aos delitos de lesões corporais com meio perigoso e de agressão sexual -a qual permanecerá sobrestada até a resolução do processo a que o estrangeiro reponde no Brasil, podendo ser efetivada imediatamente, por decisão da Presidenta da República. **(Inform. STF 737)**

Súmula STF nº 692

Não se conhece de "habeas corpus" contra omissão de relator de extradição, se fundado em fato ou direito estrangeiro cuja prova não constava dos autos, nem foi ele provocado a respeito.

Súmula STF nº 421

Não impede a extradição a circunstância de ser o extraditando casado com brasileira ou ter filho brasileiro.

2. EXPULSÃO

DIREITO CONSTITUCIONAL E INTERNACIONAL PÚBLICO. CONDIÇÃO PARA EXPULSÃO DE REFUGIADO.

A expulsão de estrangeiro que ostente a condição de refugiado não pode ocorrer sem a regular perda dessa condição. Inicialmente, cumpre ressaltar que a expulsão é ato discricionário de prerrogativa do Poder Executivo, constitucionalmente responsável pela política externa do país e pela adoção de atos que gerem reflexos às relações internacionais do Brasil com outros países. Não obstante, o reconhecimento da discricionariedade do ato de expulsão não corresponde à afirmação de que tal ato seria insuscetível de apreciação e revisão pelo Poder

Judiciário, mas apenas quer significar que, ao analisar o ato, não poderá o Estado-Juiz substituir-se à atuação da chefia do Executivo na avaliação da conveniência, necessidade, oportunidade e utilidade da expulsão, devendo limitar-se à análise do cumprimento formal dos requisitos e à inexistência de óbices à expulsão. Nesse contexto, salienta-se que tanto a Convenção das Nações Unidas relativa ao Estatuto dos Refugiados (art. 32) quanto a Lei 9.474/1997 (art. 36) preveem que o refugiado que esteja regularmente registrado não será expulso do território nacional, salvo por motivos de segurança nacional ou de ordem pública. De fato, não cabe ao Judiciário a avaliação acerca da pertinência da caracterização da condenação do refugiado como motivo de segurança nacional ou ordem pública suficiente para justificar a expulsão. Entretanto, o conjunto de normas que tratam da matéria impõem alguns cuidados adicionais ao Executivo. O primeiro é o relativo à impossibilidade de que o refugiado seja devolvido ao local onde sua vida, liberdade ou dignidade correm riscos. Essa limitação não é só uma decorrência da referida Convenção (art. 33) e da Lei 9.474/1997 (art. 37), mas também dos mais importantes valores tutelados pela nossa Constituição, que elege a dignidade da pessoa humana como fundamento da República Federativa do Brasil (art. 1°, III) e dispõe que, em suas relações internacionais, o Brasil deverá se reger pela "prevalência dos direitos humanos" (art. 4°, II). Outro fator a ser considerado como limitação imanente à atuação do Executivo em matéria de expulsão de refugiados é a garantia do devido processo legal, que constitui direito fundamental assegurado pelo art. 5°, LV, da CF e também encontra previsão expressa na Convenção das Nações Unidas sobre o Estatuto dos Refugiados (art. 32). A Lei 9.474/1997, em seu art. 39, III, prevê que "implicará perda da condição de refugiado: [...] o exercício de atividades contrárias à segurança nacional ou à ordem pública". Tem-se, assim, que deve ser reconhecido como limitação imanente ao poder discricionário conferido ao Executivo para expulsar refugiado por motivos de segurança nacional ou ordem pública a conclusão de processo administrativo em que seja declarada a perda da condição de refugiado. **HC 333.902-DF**, Rel. Min. Humberto Martins, **julgado em 14/10/2015, DJe 22/10/2015. (Inform. STJ 571)**

HC: reingresso ao Brasil e decreto expulsório de estrangeiro

A 2ª Turma denegou ordem em "habeas corpus" no qual cidadão americano pretendia salvo-conduto para reingressar no Brasil e nele transitar, não obstante decreto presidencial, de 30.10.1978, que o expulsara do País. A defesa sustentava que, cessado o regime militar — com a abertura política e o advento de novo regime constitucional —, buscara informações e autoridades diplomáticas noticiaram não haver qualquer impedimento para a entrada do súdito estrangeiro no Brasil. Em 2011, o paciente fora impedido de entrar no País, embora portador de visto consular, sob alegação de haver, no sítio da polícia federal, notícia sobre o decreto de sua expulsão. Aduzia, em consequência, estar caracterizado constrangimento ilegal na sua liberdade de ir e vir. A Ministra Cármen Lúcia (relatora) consignou que, apesar de haver solicitado, não recebera, por parte do Ministério da Justiça, cópia do inquérito sumário do paciente. A relatora destacou que a Advocacia-Geral da União informara que o processo de expulsão obedecera às normas previstas no Decreto 66.689/1970 e que o estrangeiro não apresentara defesa capaz de desfazer o conceito de pessoa nociva e perigosa a ele imputado. Tendo em conta esses fatos, a Turma asseverou que, diante da fé pública das informações prestadas, não estaria comprovada qualquer ilegalidade no ato expulsório. HC 119773/DF, rel. Min. Cármen Lúcia, 30.9.2014. (HC-119773) **(Inform. STF 761)**

HC 92.769/RJ
RELATOR: Ministro Celso de Mello
"***HABEAS CORPUS***". **EXPULSÃO DE ESTRANGEIRO. ATO DISCRICIONÁRIO** DO ESTADO BRASILEIRO. **EXAME JUDICIAL LIMITADO À LEGITIMIDADE JURÍDICA** DESSE ATO, **CONSIDERADOS** OS PRESSUPOSTOS LEGAIS **DE INEXPULSABILIDADE (LEI Nº 6.815/80**, ART. 75). **DOUTRINA. PRECEDENTES (HC** 87.053/DF, Rel. Min. CELSO DE MELLO, **PLENO**, *v.g.*). **INOCORRÊNCIA**, *NA ESPÉCIE*, **DE CAUSA LEGAL OBSTATIVA** DO ATO EXPULSÓRIO. **PEDIDO INDEFERIDO**. DJe de 22.5.2014. **(Inform. STF 756)**

HC N. 117.944-SP
RELATOR: MIN. DIAS TOFFOLI
EMENTA: *Habeas corpus*. Expulsão de estrangeiro. Direito de permanecer no Brasil. Artigo 75 do Estatuto do Estrangeiro (Lei nº 6.815/80. Ordem concedida em menor extensão.

1. Em princípio, se o caso não é de flagrante constrangimento ilegal, segundo o enunciado da Súmula n° 691, não compete ao Supremo Tribunal Federal conhecer de **habeas corpus** contra decisão em que o relator da causa, em **habeas corpus** requerido a Tribunal Superior, indefere a liminar.
2. Entretanto, o caso evidencia situação de flagrante ilegalidade apta a ensejar o afastamento excepcional do referido óbice processual.
3. Segundo a jurisprudência consolidada do Supremo Tribunal Federal, não é possível aferir-se, na via estreita do writ, a existência da união estável por lapso superior a 5 anos, nem a prova de dependência econômica da companheira e da prole do paciente. Precedentes.
4. Pelo que se depreende dos documentos que instruem a impetração, em especial as informações prestadas pelo Ministério da Justiça (fls. 58/64 do anexo de instrução 12), embora decretada a expulsão, estão em andamento diligências administrativas tendentes à comprovação do alegado vínculo familiar e da dependência econômica, visando a eventual reversão da medida caso verificada superveniente ausência dos requisitos autorizadores.
5. Está configurada a situação excepcional de constrangimento ilegal flagrante, a ensejar a superação do óbice processual evidenciado e a suspensão dos efeitos do decreto de expulsão do paciente, consubstanciado na Portaria n° 2.037, de 30 de julho de 2010, até que sejam concluídas as diligências administrativas ordenadas.
6. Ordem concedida em menor extensão. **(Inform. STF 745)**

3. CONVENÇÕES

DIREITO DA CRIANÇA E DO ADOLESCENTE E PROCESSUAL CIVIL. RELAÇÃO DE PREJUDICIALIDADE EXTERNA ENTRE AÇÃO FUNDADA NA CONVENÇÃO DE HAIA SOBRE SEQUESTRO INTERNACIONAL DE CRIANÇAS E AÇÃO DE GUARDA E DE REGULAMENTAÇÃO DE VISITAS. No caso em que criança tenha sido supostamente retida ilicitamente no Brasil por sua genitora, não haverá conflito de competência entre (a) o juízo federal no qual tramite ação tão somente de busca e apreensão da criança ajuizada pelo genitor com fundamento na Convenção de Haia sobre os Aspectos Civis do Sequestro Internacional de Crianças e (b) o juízo estadual de vara de família que aprecie ação, ajuizada pela genitora, na qual se discuta o fundo do direito de guarda e a regulamentação de visitas à criança; verificando-se apenas prejudicialidade externa à ação ajuizada na Justiça Estadual, a recomendar a suspensão deste processo até a solução final da demanda ajuizada na Justiça Federal. Com efeito, o objetivo da Convenção de Haia sobre os Aspectos Civis do Sequestro Internacional de Crianças é repor à criança seu status quo, preservando o foro do país de sua residência habitual como o competente para julgar pedido de guarda, por configurar o juízo natural onde se pressupõe sejam melhor discutidas as questões a ela referentes e mais fácil a colheita de provas (art. 1°). Essa presunção, aliás, reforça a ideia de que a decisão sobre a guarda e regulamentação do direito de visitas não é objeto da ação de busca e apreensão de criança retida ilicitamente no território nacional. Aliás, os arts. 16, 17 e 19 da referida convenção corroboram esse entendimento e evidenciam que a competência para a decisão sobre a guarda da criança não é do juízo que vai decidir a medida de busca e apreensão da criança. Nesse passo, se for determinada a restituição da criança ao país de origem, lá é que se decidirá a respeito do fundo do direito de guarda e regulamentação de visitas. Por sua vez, caso seja indeferido o pleito de restituição, a decisão sobre essas questões caberá ao Juízo de Família competente. Desse modo, na ação de busca e apreensão que tramita na Justiça Federal não será definido o fundo de direito de guarda e regulamentação de visitas, por se tratar de questão para a qual existe foro próprio e adequado, seja no país de origem da criança, seja no Brasil. Portanto, a aludida ação de busca e apreensão de criança apresenta-se como uma prejudicialidade externa à ação de guarda e regulamentação de visitas proposta na Justiça Estadual, a recomendar sua suspensão desta, nos termos do art. 265, IV, "a", do CPC, e não a modificação da competência. Por fim, convém esclarecer que há três recentes precedentes do STJ que analisaram hipóteses semelhantes à que aqui se discute. Neles, reconheceu-se haver conflito e concluiu pela competência da Justiça Federal para o julgamento das causas que tramitavam na Justiça Estadual (CC 100.345-RJ, Segunda Seção, DJe 18/3/2009; CC 118.351-PR, Segunda Seção, DJe 5/10/2011; e CC 123.094-MG, Segunda Seção, DJe 14/2/2014). Entretanto, ante a inexistência de conexão entre a ação de busca e apreensão e a ação de guarda e regulamentação de visitas, não há se falar em conflito de competência entre as demandas em análise. CC 132.100-BA, Rel. Min. João Otávio de Noronha, julgado em 25/2/2015, DJe 14/4/2015 **(Inform. STJ 559).**

4. DIREITO INTERNACIONAL PRIVADO

DIREITO INTERNACIONAL PRIVADO. CONVENÇÃO DA HAIA SOBRE ASPECTOS CIVIS DO SEQUESTRO INTERNACIONAL DE CRIANÇAS.

O pedido de retorno imediato de criança retida ilicitamente por sua genitora no Brasil pode ser indeferido, mesmo que transcorrido menos de um ano entre a retenção indevida e o início do processo perante a autoridade judicial ou administrativa (art. 12 da Convenção de Haia), na hipótese em que o menor – com idade e maturidade suficientes para compreender a controvérsia – estiver adaptado ao novo meio e manifestar seu desejo de não regressar ao domicílio paterno no estrangeiro. De fato, a autoridade central deve ordenar o retorno imediato da criança quando é acionada no período de menos de um ano entre a data da transferência ou da retenção indevidas e a data do início do processo perante a autoridade judicial ou administrativa do Estado contratante onde a criança se encontrar, nos termos do art. 12 da Convenção da Haia. Contudo, em situações excepcionalíssimas, nos termos da Convenção da Haia e no propósito de se preservar o superior interesse do menor, a autoridade central poderá negar o pedido de retorno imediato ao país de origem, como na hipótese de a criança já se encontrar integrada ao novo meio em que vive e manifestar o desejo de não regressar para o domicílio estrangeiro do genitor. Em tal cenário, deve-se priorizar o conteúdo da valiosa regra posta no art. 13 da referida Convenção, segundo a qual "A autoridade judicial ou administrativa pode também recusar-se a ordenar o retorno da criança se verificar que esta se opõe a ele e que a criança atingiu já idade e grau de maturidade tais que seja apropriado levar em consideração as suas opiniões sobre o assunto". Cuida-se, certamente, de diretriz de extrema importância e utilidade para a tomada de decisões na área de interesses de pessoas menores de 18 anos, que, aliás, encontrou plena receptividade no âmbito da posterior Convenção Internacional sobre os Direitos da Criança (ONU/1989), cujo art. 12 assim fez preceituar: "1. Os Estados-parte assegurarão à criança, que for capaz de formar seus próprios pontos de vista, o direito de exprimir suas opiniões livremente sobre todas as matérias atinentes à criança, levando-se devidamente em conta essas opiniões em função da idade e maturidade da criança. 2. Para esse fim, à criança será dada a oportunidade de ser ouvida em qualquer procedimento judicial ou administrativo que lhe diga respeito, diretamente ou através de um representante ou órgão apropriado, em conformidade com as regras processuais do direito nacional". REsp 1.214.408-RJ, Rel. Min. Sérgio Kukina, julgado em 23/6/2015, DJe 5/8/2015 **(Inform. STJ 565).**

DIREITO INTERNACIONAL PRIVADO. RELATIVIDADE DO ART. 10 DA LINDB.

Ainda que o domicílio do autor da herança seja o Brasil, aplica-se a lei estrangeira da situação da coisa – e não a lei brasileira – na sucessão de bem imóvel situado no exterior. A LINDB, inegavelmente, elegeu o domicílio como relevante regra de conexão para solver conflitos decorrentes de situações jurídicas relacionadas a mais de um sistema legal (conflitos de leis interespaciais), porquanto consistente na própria sede jurídica do indivíduo. Assim, a lei do país em que for domiciliada a pessoa determina as regras sobre o começo e o fim da personalidade, o direito ao nome, a capacidade jurídica e dos direitos de família (art. 7º). Por sua vez, a lei do domicílio do autor da herança regulará a correlata sucessão, nos termos do art. 10 da lei sob comento. Em que pese a prevalência da lei do domicílio do indivíduo para regular as suas relações jurídicas pessoais, conforme preceitua a LINDB, esta regra de conexão não é absoluta. Como bem pondera a doutrina, outros elementos de conectividade podem, a depender da situação sob análise, revelarem-se preponderantes e, por conseguinte, excepcionar a aludida regra, tais como a situação da coisa, a faculdade concedida à vontade individual na escolha da lei aplicável, quando isto for possível, ou por imposições de ordem pública. Esclarece, ainda, que "a adoção de uma norma de direito estrangeiro não é mera concessão do Estado, ou um favor emanado de sua soberania, mas a consequência natural da comunidade de direito, de tal forma que a aplicação da lei estrangeira resulta como imposição de um dever internacional. Especificamente à lei regente da sucessão, pode-se assentar, de igual modo, que o art. 10 da LINDB, ao estabelecer a lei do domicílio do autor da herança para regê-la, não assume caráter absoluto. A conformação do direito internacional privado exige, como visto, a ponderação de outros elementos de conectividade que deverão, a depender da situação, prevalecer sobre a lei de domicílio do de cujus. Além disso, outras duas razões – a primeira de ordem legal; a segunda de ordem prática – corroboram com a conclusão de relatividade do disposto no art. 10, caput, da LINDB. No tocante ao primeiro enfoque, o dispositivo legal sob comento deve ser analisado e interpretado sistematicamente, em conjunto, portanto, com as demais normas internas que regulam o tema, em especial o art. 8º, caput, e § 1º do art. 12, ambos da LINDB e o art. 89 do CPC. E, o fazendo, verifica-se que, na hipótese de haver bens imóveis a inventariar situados, simultaneamente, aqui e no exterior, o Brasil adota o princípio da pluralidade dos juízos sucessórios. Como se constata, a própria LINDB, em seu art. 8º, dispõe que as relações concernentes aos bens imóveis devem ser reguladas pela lei do país em que se encontrem. Inserem-se, inarredavelmente, no espectro de relações afetas aos bens imóveis aquelas destinadas a sua transmissão/alienação, seja por ato entre vivos, seja causa mortis, cabendo, portanto, à lei do país em que situados regê-las. Por sua vez, o CPC, em seu art. 89 (abrangendo disposição idêntica à contida no § 2º do art. 12 da LINDB), é expresso em reconhecer que a jurisdição brasileira, com exclusão de qualquer outra, deve conhecer e julgar as ações relativas aos imóveis situados no país, assim como proceder ao inventário e partilha de bens situados no Brasil, independente do domicílio ou da nacionalidade do autor da herança. Sobressai, no ponto, a insubsistência da tese de que o Juízo sucessório brasileiro poderia dispor sobre a partilha de bem imóvel situado no exterior. Como assinalado, não resta sequer instaurada a jurisdição brasileira para deliberar sobre bens imóveis situados no estrangeiro, tampouco para proceder a inventario ou à partilha de bens imóveis sitos no exterior. O solo, em que se fixam os bens imóveis, afigura-se como expressão da própria soberania de um Estado e, como tal, não pode ser, sem seu consentimento ou em contrariedade ao seu ordenamento jurídico, objeto de ingerência de outro Estado. No ponto, já se pode antever a segunda razão – esta de ordem prática – a justificar a assertiva de que o art. 10 da LINDB encerra, de fato, regramento que comporta exceções. É que um provimento judicial emanado do juízo sucessório brasileiro destinado a deliberar sobre imóvel situado no exterior, além de se afigurar inexistente, pois, como visto, não instaurada sequer sua jurisdição, não deteria qualquer eficácia em outro país, destinatário da "ordem" judicial. Aliás, dentre os princípios que regem o Direito Internacional Privado, ganha cada vez mais relevo o da eficácia das decisões ou do Estado com melhor competência, informador da competência da lex rei sitae (lei da situação da coisa) para regular as relações concernentes aos bens imóveis, pois esta é a lei, inarredavelmente, que guarda melhores condições de impor a observância e o acatamento de seus preceitos. Assim, em havendo bens imóveis a serem inventariados ou partilhados simultaneamente no Brasil e no estrangeiro, a premissa de que a lei do domicílio do de cujus, sempre e em qualquer situação, regulará a sucessão, somente poderia ser admitida na remota – senão inexistente – hipótese de o Estado estrangeiro, cujas leis potencialmente poderiam reger o caso (em virtude de algum fator de conexão, v.g., situação da coisa, existência de testamento, nacionalidade etc), possuir disposição legal idêntica à brasileira. Mais do que isso. Seria necessário que, tanto o Brasil, em que domiciliado a autora da herança, assim como o país estrangeiro, país em que situado o imóvel a ser inventariado, adotassem o princípio da unidade ou universalidade do juízo da sucessão e que, em ambos os países, o juízo sucessório fosse (com prejuízo de qualquer outra regra de conexão) o do domicílio do autor da herança. Todavia, em se tratando de bem imóvel situado no estrangeiro, circunstância que se relaciona diretamente com a própria soberania do Estado, difícil, senão impossível, cogitar a hipótese de este mesmo Estado estrangeiro dispor que a sucessão deste bem, nele situado, fosse regulada pela lei de outro país. No ordenamento jurídico nacional (art. 8º, caput, da LINDB, em conjunto com o art. 89 do CPC – abrangendo disposição idêntica à contida no § 2º do art. 12 da LINDB), tal hipótese seria inadmissível. A exegese ora propugnada, encontra ressonância na especializada doutrina, que bem esclarece a inidoneidade (e mesmo ineficácia) do critério unitário para reger a sucessão de bens imóveis situados em mais de um Estado, em claro descompasso com as demais normas internas que tratam do tema. Ademais, a jurisprudência do STJ, na linha da doutrina destacada, já decidiu que, "Adotado no ordenamento jurídico pátrio o princípio da pluralidade de juízos sucessórios, inviável se cuidar, em inventário aqui realizado, de eventuais depósitos bancários existentes no estrangeiro." (REsp 397.769-SP, Terceira Turma, DJ 19/12/2002). **REsp 1.362.400-SP, Rel. Min. Marco Aurélio Bellizze, julgado em 28/4/2015, DJe 5/6/2015 (Inform. STJ 563).**

DIREITO PROCESSUAL CIVIL E DIREITO INTERNACIONAL PRIVADO. COMPETÊNCIA PARA RECONHECIMENTO DE DIREITO A MEAÇÃO DE BENS LOCALIZADOS FORA DO BRASIL. Em ação de divórcio e partilha de bens de brasileiros, casados e residentes no Brasil, a autoridade judiciária brasileira tem competência para, reconhecendo o direito à meação e a existência de bens situados no exterior, fazer incluir seus valores na partilha. O Decreto-lei 4.657/1942 (Lei de Introdução às normas do Direito Brasileiro) prevê, no art. 7º, § 4º, que o regime de bens, legal ou convencional, deve obedecer "à lei do país em que tiverem os nubentes domicílio, e, se este for diverso, a do primeiro domicílio conjugal". E, no art. 9º, que, para qualificar e reger as obrigações, aplicar-se-á a lei do país em que se constituírem. As duas regras conduzem à aplicação da legislação brasileira, estando diretamente voltadas ao direito material vigente para a definição da boa partilha dos bens entre os divorciantes. Para o cumprimento desse mister, impõe-se ao magistrado, antes de tudo, a atenção ao direito material, que não excepciona bens existentes fora do Brasil, sejam eles móveis ou imóveis. Se fosse diferente, para dificultar o reconhecimento de direito ao consorte ou vilipendiar o que disposto na lei brasileira atinente ao regime de bens, bastaria que os bens de raiz e outros de relevante valor fossem adquiridos fora das fronteiras nacionais, inviabilizando-se a aplicação da norma a determinar a distribuição equânime do patrimônio adquirido na constância da união. A exegese não afronta o art. 89 do CPC, pois esse dispositivo legal disciplina a competência internacional exclusiva do Poder Judiciário brasileiro para dispor acerca de bens imóveis situados no Brasil e para proceder a inventário e partilha de bens (móveis e imóveis) situados no Brasil. Dele se extrai que a decisão estrangeira que viesse a dispor sobre bens imóveis ou móveis (estes em sede de inventário e partilha) mostrar-se-ia ineficaz no Brasil. O reconhecimento de direitos e obrigações relativos ao casamento, com apoio em normas de direito material a ordenar a divisão igualitária entre os cônjuges do patrimônio adquirido na constância da união, não exige que os bens móveis e imóveis existentes fora do Brasil sejam alcançados, pela Justiça Brasileira, a um dos contendores, demanda apenas a consideração dos seus valores para fins da propalada equalização. **REsp 1.410.958-RS, Rel. Min. Paulo de Tarso Sanseverino, julgado em 22/4/2014. (Inform. STJ 544)**

DIREITO PROCESSUAL CIVIL E INTERNACIONAL PRIVADO. IRREGULARIDADE NA CITAÇÃO COMO ÓBICE À HOMOLOGAÇÃO DE SENTENÇA ESTRANGEIRA. Não pode ser homologada sentença estrangeira que decrete divórcio de brasileira que, apesar de residir no Brasil em local conhecido, tenha sido citada na ação que tramitou no exterior apenas mediante publicação de edital em jornal estrangeiro, sem que tenha havido a expedição de carta rogatória para chamá-la a integrar o processo. Isso porque, nessa situação, fica desatendido requisito elementar para homologação da sentença estrangeira, qual seja, a prova da regular citação ou verificação da revelia. Com efeito, a jurisprudência do STJ dispõe ser "Inviável a homologação de sentença estrangeira quando não comprovada a citação válida da parte requerida, seja no território do país prolator da decisão homologanda, seja no Brasil, mediante carta rogatória" (SEC 980-FR, Corte Especial, DJ 16/10/2006). Precedentes citados: SEC 1.483-LU, Corte Especial, DJe 29/4/2010; e SEC 2.493-DE, Corte Especial, DJe 25/6/2009. **SEC 10.154-EX, Rel. Min. Laurita Vaz, julgado em 1º/7/2014. (Inform. STJ 543)**

---

4. DIREITO FINANCEIRO

1. COMPETÊNCIA LEGISLATIVA

ADI: matéria orçamentária e competência legislativa

O Plenário julgou parcialmente procedente pedido formulado em ação direta para declarar a inconstitucionalidade do inciso I do art. 189 da Constituição do Estado de Rondônia, inserido pela EC estadual 17/1999, e confirmou, quanto a esse dispositivo, medida cautelar anteriormente deferida (noticiada no Informativo 195). A Corte afirmou que a norma impugnada, ao considerar como integrantes da receita aplicada na manutenção e desenvolvimento do ensino as despesas empenhadas, liquidadas e pagas no exercício financeiro, afrontaria o quanto disposto no art. 24, I, II, e § 1º, da CF ("Art. 24. Compete à União, aos Estados e ao Distrito Federal legislar concorrentemente sobre: I - direito tributário, financeiro, penitenciário, econômico e urbanístico; II - orçamento; ... § 1º - No âmbito da legislação concorrente, a competência da União limitar-se-á a estabelecer normas gerais"). O Ministro Roberto Barroso, ao acompanhar esse entendimento, acrescentou que o art. 212 da CF ("A União aplicará, anualmente, nunca menos de dezoito, e os Estados, o Distrito Federal e os Municípios vinte e cinco por cento, no mínimo, da receita resultante de impostos, compreendida a proveniente de transferências, na manutenção e desenvolvimento do ensino") estabeleceria a necessidade de efetiva liquidação das despesas nele versadas. Não bastaria, portanto, o simples empenho da despesa para que se considerasse cumprido o mandamento constitucional, prática adotada pelo Estado de Rondônia.

ADI 2124/RO, rel. Min. Gilmar Mendes, 19.11.2014. (ADI-2124) **(Inform. STF 768)**

---

2. VINCULAÇÃO DE RECEITA

ADI e vinculação de receita

O Plenário, por maioria, julgou parcialmente procedente pedido formulado em ação direta para declarar a inconstitucionalidade dos artigos 309, § 1º, e 314, "caput", § 5º e da expressão "e garantirá um percentual mínimo de 10% (dez por cento) para a educação especial", contida na parte final do § 2º do art. 314, todos da Constituição do Estado do Rio de Janeiro. Além disso, o Colegiado declarou a inconstitucionalidade por arrastamento das expressões "à UERJ e", "306, § 1º (atual 309), e" e "e, na hipótese da UERJ, sobre a sua receita tributária líquida" do art. 1º da Lei fluminense 1.729/1990 e do art. 6º da Lei fluminense 2.081/1993, que regulamentam os referidos dispositivos da Constituição estadual. As citadas normas estabelecem vinculação de receita para a educação em geral e, especificamente, para a UERJ e a FAPERJ. O Tribunal ressaltou que a jurisprudência do STF seria pacífica no sentido da inconstitucionalidade das normas que estabelecessem vinculação de parcelas das receitas tributárias a órgãos, fundos ou despesas. Frisou que essas leis desrespeitariam a vedação contida no art. 167, IV, da CF, bem como restringiriam a competência constitucional do Poder Executivo para a elaboração das propostas de leis orçamentárias. Essa regra constitucional somente seria excepcionada nos casos expressamente previstos na parte final do inciso IV do art. 167 da CF, que ressalva "a destinação de recursos para as ações e serviços públicos de saúde, para manutenção e desenvolvimento do ensino e para realização de atividades da administração tributária, como determinado, respectivamente, pelos artigos 198, § 2º, 212 e 37, XXII, e a prestação de garantias às operações de crédito por antecipação de receita, previstas no art. 165, § 8º, bem como o disposto no § 4º deste artigo". Em relação ao art. 332 da Constituição fluminense, também impugnado, o Colegiado recordou que o STF já teria declarado a constitucionalidade de norma de conteúdo semelhante prevista no art. 329 da Constituição estadual. Rememorou que a EC 32/2003 à Constituição

estadual apenas alterara a sua redação sem modificar sua essência, além de deslocar essa norma para o art. 332 da Constituição estadual ["Art. 332. O Estado do Rio de Janeiro destinará, anualmente, à Fundação de Amparo à Pesquisa – FAPERJ, 2% (dois por cento) da receita tributária do exercício, deduzidas as transferências e vinculações constitucionais e legais"]. Concluiu que o art. 332 da Constituição fluminense estaria em harmonia com o art. 218, § 5º, da CF. Vencido, em parte, o Ministro Marco Aurélio, que julgava procedente o pedido para declarar também a inconstitucionalidade do art. 332, por afrontar a iniciativa do Chefe do Poder Executivo para propor lei orçamentária.
ADI 4102/RJ, rel. Min. Cármen Lúcia, 30.10.2014. (ADI-4102)

3. TRANSFERÊNCIA DE RECURSOS

Balanço de contas públicas e sequestro de depósitos judiciais

O Plenário, por maioria, referendou, com eficácia, "ex tunc", a concessão de medida cautelar em ação direta de inconstitucionalidade, para suspender os processos que versem sobre a aplicação e/ou a constitucionalidade da LC 42/2015 e do Decreto 9.197/2004, ambos do Estado da Bahia, bem como os efeitos das decisões judiciais já proferidas, até o julgamento definitivo da demanda. Os diplomas impugnados tratam da possibilidade de transferência de montantes oriundos de depósitos judiciais da justiça estadual para o Executivo local. O Colegiado reputou haver duas razões para a concessão da medida acauteladora. A primeira delas, em face de jurisprudência do STF tanto no sentido de competir à União dispor sobre a destinação financeira dos depósitos judiciais e extrajudiciais quanto da incorreta destinação desses recursos violar a separação de Poderes. A segunda, em virtude da ocorrência de discrepâncias entre os tratamentos da legislação estadual e federal conferidos ao tema. A LC 151/2015, por exemplo, apenas autoriza o levantamento de valores que sejam objeto de depósitos vinculados a processos em que os entes federados sejam parte; ao passo que, de acordo com a norma local, cabe o levantamento de quaisquer depósitos e respectivos acessórios. Além disso, o Tribunal apontou a existência de "periculum in mora", considerado o risco de o jurisdicionado do Estado-Membro não ter acesso ao montante a que tem direito, haja vista sua destinação ao pagamento de despesas vinculadas ao Executivo. Ressaltou a corrente realidade do País, em que o crescente aumento dos gastos públicos sem a correspondente ampliação da receita tem obrigado os entes federados a se socorrerem dos recursos dos depósitos judiciais, inclusive de particulares. Essa solução, entretanto, não pareceria viável. Por fim, a Corte entendeu que retirar os efeitos prospectivos da concessão da medida cautelar tornaria praticamente inócua a jurisdição constitucional na espécie. Não caberia invocar a perfectibilidade dos atos jurídicos já praticados no sentido da aplicação das leis impugnadas, ou seja, viabilizando o sequestro das verbas judiciais, pois os contratos firmados com base nessas normas seriam igualmente suspensos na presente decisão. Ademais, no caso, ocorrera o estorno das quantias já transferidas quando da concessão da medida de urgência, o que tornaria possível sua concessão com efeitos "ex tunc". Vencido o Ministro Marco Aurélio, que não referendava a concessão da liminar nos termos em que formalizada, implementando a medida para suspender, a partir da apreciação do pedido, a eficácia da LC 42/2015, da Lei 9.276/2004 e do Decreto 9.197/2004, todos do Estado da Bahia.
ADI 5409 MC-Referendo/BA, rel. Min. Edson Fachin, 25.11.2015. (ADI-5409) (Inform. STF 809)

Fundo de Participação dos Estados: descontos relativos ao Proterra e ao PIN – 3

O Plenário retomou julgamento de ação cível originária em que se pretende o recálculo dos valores e a liquidação integral de parcelas, vencidas e vincendas, a contar de abril de 1999 até o efetivo pagamento, concernentes aos repasses do Fundo de Participação dos Estados – FPE. Alega o autor haver redução na base de cálculo ante as deduções, pela Secretaria do Tesouro Nacional, nos valores recolhidos com o Imposto de Renda Pessoa Jurídica – IRPJ, das contribuições do Programa de Integração Nacional – PIN e do Programa de Redistribuição de Terras e de Estímulo à Agroindústria do Norte e do Nordeste – Proterra, criados pelos Decretos-leis 1.106/1970 e 1.179/1971 – v. Informativo 544. A Ministra Rosa Weber, em voto-vista, e o Ministro Teori Zavascki, acompanharam o Ministro Marco Aurélio (relator) e julgaram procedente o pedido. A Ministra Rosa Weber lembrou que a controvérsia diria respeito à repartição das receitas tributárias objeto dos artigos 157 a 162 da CF. Os citados artigos, apesar de não dizerem respeito ao direito tributário, mas sim ao direito financeiro, por regularem a partilha de recursos angariados com a cobrança de tributos e não a tributação propriamente dita, estariam inseridos, em nossa Constituição, no capítulo do sistema tributário nacional. Os incentivos fiscais dedutíveis do IRPJ integrariam a receita bruta angariada com a arrecadação do imposto, mas dela seriam abatidos, conjuntamente com as restituições, para se chegar à receita líquida. Esta seria a base de cálculo sobre a qual seriam apurados os valores a serem destinados ao FPE. Na sistemática vigente, exsurgiria questão essencial à solução da lide: se o produto da arrecadação mencionado pelo texto constitucional se referiria à receita bruta ou à líquida. Em princípio, deveria ser considerada a receita líquida, sob pena de se incluírem valores irreais na base de cálculo da participação dos Estados-membros, dos quais a União não teria disponibilidade financeira, como as restituições. Ressalvou, no entanto, que o princípio federativo imporia que se adicionassem, à receita líquida, para fins de determinação do produto da arrecadação que viesse a ser partilhado com os Estados-membros, os incentivos fiscais.
ACO 758/SE, rel. Min. Marco Aurélio, 12.3.2015. (ACO-758)

Fundo de Participação dos Estados: descontos relativos ao Proterra e ao PIN – 4

A Ministra Rosa Weber aduziu que os referidos incentivos seriam aqueles consistentes na dedução do próprio imposto a pagar, de valores destinados a órgãos, fundos ou despesas federais, notadamente daqueles órgãos que contrastassem com a proibição constitucional da vinculação da receita de impostos, nos termos do disposto no art. 167, IV, da CF ("Art. 167. São vedados: ... IV – a vinculação de receita de impostos a órgão, fundo ou despesa, ressalvadas a repartição do produto da arrecadação dos impostos a que se referem os arts. 158 e 159, a destinação de recursos para as ações e serviços públicos de saúde, para manutenção e desenvolvimento do ensino e para realização de atividades da administração tributária, como determinado, respectivamente, pelos arts. 198, § 2º, 212 e 37, XXII, e a prestação de garantias às operações de crédito por antecipação de receita, previstas no art. 165, § 8º, bem como o disposto no § 4º deste artigo"). É o que ocorreria, na espécie, com as contribuições ao PIN e ao Proterra. Destacou que o STF teria reconhecido e garantido o direito dos entes federativos à participação nas receitas tributárias. Com os programas de integração nacional – PIN e Proterra – a União também criara vinculações impróprias da receita de impostos, colocando-as sob a sua administração. No PIN, parcela do imposto de renda das pessoas jurídicas utilizado em incentivos fiscais teria sido direcionada a conta especial do Banco do Brasil, na qual os recursos deveriam ser creditados como receita da União. Por sua vez, no Proterra, teria sido determinado o depósito dos recursos como receita da União em diversas instituições financeiras à ordem do Bacen. Fricou ser cristalina a afetação indireta de parcela da receita do IRPJ nesses casos, o que seria vedado pelo art. 167, IV, da CF. O referido preceito constitucional consagraria o princípio da não afetação dos impostos, destinado a impedir o nocivo engessamento que decorreria das vinculações estabelecidas para as receitas angariadas, mediante cobrança de impostos, a limitar o espaço discricionário dos representantes populares, para escolher e implantar políticas públicas à luz dos princípios constitucionais e das aspirações sociais, culturais e econômicas da sociedade brasileira. Concluiu que, se o legislador não pudesse vincular a receita de impostos diretamente ao órgão, ao fundo ou à despesa, seria evidente que não estaria autorizado a fazê-lo de modo indireto, sobretudo quando a forma eleita para afetação indireta implicasse prejuízo a outros entes políticos. Ao final, determinou que fosse observada a prescrição quinquenal. O Ministro Teori Zavascki observou que, com a adesão desses programas pelos contribuintes, a receita que viesse a entrar cofres da União a título de imposto de renda e, portanto, desvinculada de qualquer finalidade, ingressaria em outro formato: PIN ou Proterra, com receita atrelada a uma finalidade específica. Assim, embora essa operação pudesse resultar na atenuação de parte da carga tributária, revelaria procedimento que não se ajustaria, a rigor, à noção de renúncia fiscal. Afinal, parte dela seria reinvestida pelo ente federal. Portanto, esse tipo de incentivo poderia prejudicar a arrecadação de receitas para o FPE, a deturpar o sentido das regras de distribuição das receitas contidas na Constituição. Em seguida, pediu vista dos autos o Ministro Gilmar Mendes.

ACO 758/SE, rel. Min. Marco Aurélio, 12.3.2015. (ACO-758) (Inform. STF 777)

DIREITO FINANCEIRO. RESTRIÇÃO À TRANSFERÊNCIA DE RECURSOS FEDERAIS A MUNICÍPIO.

A restrição à transferência de recursos federais a Município que possui pendências no Cadastro Único de Exigências para Transferências Voluntárias (CAUC) e no Sistema Integrado de Administração Financeira do Governo Federal (SIAFI) não pode ser suspensa sob a justificativa de que os recursos destinam-se à pavimentação e drenagem de vias públicas. Isso porque essas atividades não podem ser enquadradas no conceito de ação social previsto no art. 26 da Lei 10.522/2002, dispositivo legal cujo teor preconiza a suspensão de inscrição desabonadora no SIAFI e no CADIN, na hipótese de transferência de recursos federais à municipalidade destinados a ações sociais e a ações em faixa de fronteira. De fato, a interpretação da expressão "ações sociais" não pode ser abrangente a ponto de abarcar situações que o legislador não previu, sob pena de esvaziamento, por completo, da Lei 10.522/2002. Em verdade, a definição do conceito do referido termo deve ser resultado de uma interpretação restritiva, teleológica e sistemática, mormente diante do fato de que qualquer ação governamental em prol da sociedade pode ser passível de enquadramento no conceito de ação social. Desta feita, a expressão "ações sociais" deve ser interpretada de modo a abranger aquelas que objetivam o atendimento dos direitos sociais assegurados aos cidadãos, cuja realização é obrigatória por parte do Poder Público, como aquelas mencionadas na Constituição Federal, nos artigos 6º, 193, 194, 196, 201, 203, 205, 215 e 217 (alimentação, moradia, segurança, proteção à maternidade e à infância, assistência aos desamparados, ordem social, seguridade social, saúde, previdência social, assistência social, educação, cultura e desporto). Portanto, a pavimentação e a drenagem de vias públicas não podem ser enquadradas no conceito de ação social previsto no art. 26 da Lei 10.522/2002, embora o direito à infraestrutura urbana e aos serviços públicos, os quais abarcam o direito à pavimentação e drenagem de vias públicas, efetivamente componham o rol de direitos que dão significado à garantia a cidades sustentáveis, conforme previsão do art. 2º da Lei 10.257/2001 (Estatuto das Cidades). Precedente citado: REsp 1.372.942-AL, Primeira Turma, DJe 11/4/2014. **REsp 1.527.308-CE, Rel. Min. Herman Benjamin, julgado em 16/6/2015, DJe 5/8/2015 (Inform. STJ 566).**

DIREITO FINANCEIRO. RESTRIÇÃO À TRANSFERÊNCIA DE RECURSOS FEDERAIS A MUNICÍPIO.

A restrição para transferência de recursos federais a Município que possui pendências no Cadastro Único de Exigências para Transferências Voluntárias (CAUC) não pode ser suspensa – art. 26 da Lei 10.522/2002 – sob a justificativa de que os recursos destinam-se a reforma de prédio público. De fato, o STJ firmou o entendimento que, na hipótese de transferência de recursos federais à municipalidade destinados a ações sociais e a ações em faixa de fronteira, a anotação desabonadora junto ao SIAFI e CADIN deve ter seus efeitos suspensos. No entanto, em que pese a infraestrutura urbana estar inclusa no rol dos direitos a cidades sustentáveis, a reforma de prédio público não pode ser enquadrada no conceito de ação social previsto no art. 26 da Lei 10.522/2002. A interpretação da expressão "ações sociais" não pode ser ampla a ponto de incluir hipóteses não apontadas pelo legislador, haja vista que, se assim se procedesse, qualquer atuação governamental em favor da coletividade seria passível de enquadramento nesse conceito. Assim, interpretando o art. 26 da Lei 10.522/2002, verifica-se que a ação social é referente às ações que objetivam atender a direitos sociais assegurados aos cidadãos, cuja realização é obrigatória por parte do Poder Público. Precedentes citados: AgRg no AgRg no REsp 1.416.470-CE, Segunda Turma, DJe 27/11/2014; e REsp 1.372.942-AL, Primeira Turma, DJe 11/4/2014. **AgRg no REsp 1.439.326-PE, Rel. Min. Mauro Campbell Marques, julgado em 24/2/2015, DJe 2/3/2015 (Inform. STJ 556).**

---

4. EXECUÇÃO ORÇAMENTÁRIA

MANDADO DE SEGURANÇA. PRESIDENTE DA REPÚBLICA. RELATÓRIO BIMESTRAL SOBRE EXECUÇÃO ORÇAMENTÁRIA E FINANCEIRA. EXAME DE SUA COMPATIBILIDADE COM A CONSTITUIÇÃO DA REPÚBLICA E DE LEGALIDADE. ILEGITIMIDADE ATIVA *AD CAUSAM* DE PARLAMENTAR. SEPARAÇÃO ENTRE OS PODERES E PREVISÃO CONSTITUCIONAL PARA SUAS ATUAÇÕES. DEFERÊNCIA DO PODER JUDICIÁRIO À DELIBERAÇÃO DA MAIORIA PARLAMENTAR. MANDADO DE SEGURANÇA A QUE SE NEGA SEGUIMENTO. MS 33.351/DF. RELATOR: Ministro Luiz Fux **(Inform. STF 780)**

---

5. PRECATÓRIO E REQUISIÇÃO DE PEQUENO VALOR (RPV)

Precatórios: embargos de declaração convertidos em diligência

O Tribunal, por maioria, converteu em diligência o julgamento conjunto de embargos de declaração opostos em ações diretas de inconstitucionalidade para permitir a intervenção de todos os interessados na causa, nos termos do art. 140 do RISTF ("O Plenário ou a Turma poderá converter o julgamento em diligência, quando necessária à decisão da causa"). Manteve, ainda, a modulação dos efeitos, no tempo, do quanto decidido anteriormente em questão de ordem, sem prejuízo do pagamento dos precatórios (questão de ordem noticiada nos Informativos 725, 739, 778 e 779). A Corte apontou que representantes de estados-membros teriam demonstrado preocupação com a falta de capacidade de pagamento dos entes públicos e que iriam buscar uma solução legislativa para esse problema. Referiam-se à PEC 74-A, aprovada em primeiro turno e encaminhada pela Câmara dos Deputados – em segundo turno de votação – para o Senado Federal. Tal proposta levaria em conta a modulação ditada pelo STF, de modo a assegurar mecanismos de diferenciamento para que a decisão judicial que prevê a quitação total dos precatórios até o final de 2020 seja cumprida. Assim, não obstante tenha conferido um prazo largo para o pagamento dos precatórios, estudos estatísticos atuariais do Congresso revelariam que os estados-membros não teriam como pagar no tempo aprazado. Vencidos os Ministros Luiz Fux (relator), Roberto Barroso, Rosa Weber, Cármen Lúcia e Marco Aurélio, que acolhiam em parte os embargos.

ADI 4357 ED/DF, rel. Min. Luiz Fux, 9.12.2015. (ADI-4357)

ADI 4425 ED/DF, rel. Min. Luiz Fux, 9.12.2015. (ADI-4425) (Inform. STF 811)

RPV e juros moratórios

O Plenário iniciou o julgamento de recurso extraordinário em que se discute o cabimento de juros de mora no período compreendido entre a data da conta de liquidação e a da expedição de requisição de pequeno valor-RPV. O Ministro Marco Aurélio (relator) negou provimento ao recurso, para assentar a incidência de juros da mora no período compreendido entre a data da realização dos cálculos e a da requisição relativa ao pagamento de débito de pequeno valor. Ressaltou que o regime previsto no art. 100 da CF consubstancia sistema de liquidação de débito que não se confundiria com moratória. A requisição não operaria como se fosse pagamento, fazendo desaparecer a responsabilidade do devedor. Enquanto persistisse o quadro de inadimplemento do Estado, deveriam incidir os juros da mora. Assim, desde a citação – termo inicial firmado no título executivo – até a efetiva liquidação da RPV, os juros moratórios deveriam ser computados, a compreender o período entre a data da elaboração dos cálculos e a da requisição. Consignou que o Enunciado 17 da Súmula Vinculante não se aplicaria ao caso, porquanto não se cuidaria do período de 18 meses referido no art. 100, § 5º, da CF. Tratar-se-ia do lapso temporal compreendido entre a elaboração dos cálculos e a RPV. Além disso, o entendimento pela não incidência dos juros da mora durante o aludido prazo teria sido superado pela EC 62/2009, que incluíra o § 12 ao art. 100 da CF. Enfatizou que o sistema de precatório, a abranger as RPVs, não poderia ser confundido com moratória, razão pela qual os juros da mora deveriam incidir até o pagamento do débito. Assentada a mora da Fazenda até o efetivo pagamento do requisitório, não haveria fundamento para afastar a incidência dos juros moratórios durante o lapso temporal anterior à expedição da RPV. No plano infraconstitucional, antes da edição da aludida emenda constitucional, entrara em vigor a Lei 11.960/2009, que modificara o art. 1º-F da Lei 9.494/1997. A norma passara a prever a incidência dos juros para compensar a mora nas condenações impostas à Fazenda até o efetivo pagamento. Não haveria, portanto, fundamento constitucional ou legal a justificar o afastamento dos juros da mora enquanto persistisse a inadimplência do Estado. Ademais, não procederia alegação no sentido de que o ato voltado a complementar os juros da mora seria vedado pela regra do art. 100, § 4º, da CF, na redação da EC 37/2002. Haveria precedentes do STF a consignar a dispensa da expedição de requisitório complementar – mesmo nos casos de precatório – quando se cuidasse de erro material, inexatidão dos cálculos do precatório ou substituição, por força de lei, do índice empregado. Também seria insubsistente o argumento de que o requisitório deveria ser corrigido apenas monetariamente, ante a parte final da regra do art. 100, § 1º, da CF, na redação conferida pela EC 30/2000. O fato de o constituinte haver previsto somente a atualização monetária no momento do pagamento não teria o condão de afastar a incidência dos juros da mora. Sucede que a EC 62/2009 versaria a previsão dos juros moratórios, mantendo a redação anterior do aludido § 1º no tocante à atualização. Após os votos dos Ministros Edson Fachin, Roberto Barroso, Teori Zavascki, Rosa Weber e Luiz Fux, que acompanharam o relator, pediu vista o Ministro Dias Toffoli.

RE 579431/RS, rel. Min. Marco Aurélio, 29.10.2015. (RE-579431)

REPERCUSSÃO GERAL EM RE N. 889.173-MS

RELATOR: MIN. LUIZ FUX

EMENTA: RECURSO EXTRAORDINÁRIO. CONSTITUCIONAL E PROCESSUAL. MANDADO DE SEGURANÇA. VALORES DEVIDOS ENTRE A DATA DA IMPETRAÇÃO E A IMPLEMENTAÇÃO DA ORDEM CONCESSIVA. SUBMISSÃO AO REGIME DE PRECATÓRIOS. REPERCUSSÃO GERAL RECONHECIDA. REAFIRMAÇÃO DE JURISPRUDÊNCIA. **(Inform. STF 795)**

AG. REG. NO ARE N. 854.962-PR

RELATOR: MIN. MARCO AURÉLIO

PRECATÓRIO – FRACIONAMENTO – LITISCONSÓRCIO ATIVO FACULTATIVO – EXECUÇÃO AUTÔNOMA – CRÉDITOS INDIVIDUALIZADOS – REQUISIÇÃO DE PEQUENO VALOR – POSSIBILIDADE. No julgamento do Recurso Extraordinário nº 586.645/SP, da relatoria da ministra Cármen Lúcia, submetido à sistemática da repercussão geral, o Plenário concluiu que a regra do § 4º do artigo 100 da Constituição Federal, hoje correspondente ao § 8º do mesmo dispositivo, permite a execução autônoma e o pagamento dos créditos individualizados nos casos de litisconsórcio ativo facultativo. **(Inform. STF 791)**

Modulação: precatório e EC 62/2009 – 9

O Plenário retomou exame de questão de ordem na qual proposta a modulação dos efeitos, no tempo, do quanto decidido no julgamento conjunto de ações diretas de inconstitucionalidade em que declarados parcialmente inconstitucionais dispositivos da EC 62/2009, que instituíra regime especial de pagamento de precatórios pelos Estados, Distrito Federal e Municípios. Na ocasião, o Tribunal, por maioria, rejeitara a arguição de inconstitucionalidade formal consistente na inobservância do interstício dos turnos de votação. No mérito, por maioria, declarara inconstitucional: a) a expressão "na data de expedição do precatório", contida no § 2º do art. 100 da CF, na redação da EC 62/2009. A Corte explicara que a regra configuraria critério de aplicação de preferência no pagamento de idosos, contudo, esse balizamento temporal discriminaria, sem fundamento, aqueles que viessem a alcançar 60 anos em data posterior à expedição do precatório, enquanto pendente e ainda não ocorrido o pagamento; b) os §§ 9º e 10 do art. 100 da CF, incluídos pela EC 62/2009, e o art. 97, II, do ADCT, que fixam regime unilateral de compensação dos débitos da Fazenda Pública inscritos em precatório. O Colegiado considerara que esse critério beneficiaria exclusivamente o devedor público, em ofensa ao princípio da isonomia. Além disso, os dispositivos instituiriam nítido privilégio em favor do Estado e em detrimento do cidadão, cujos débitos em face do Poder Público sequer poderiam ser compensados com as dívidas fazendárias; c) a expressão "índice oficial de remuneração básica da caderneta de poupança", constante do § 12 do art. 100 da CF, incluído pela EC 62/2009, para que aos precatórios de natureza tributária se aplicassem os mesmos juros de mora incidentes sobre o crédito tributário; d) por arrastamento, a mesma expressão contida no art. 1º-F da Lei 9.494/1997, na redação dada pela Lei 11.960/2009, porquanto reproduziria a literalidade do comando contido no § 12 do art. 100 da CF; e) a expressão "independentemente de sua natureza", sem redução de texto, contida no § 12 do art. 100 da CF, incluído pela EC 62/2009, para afastar a incidência dos juros moratórios calculados segundo índice da caderneta de poupança quanto aos créditos devidos pela Fazenda Pública em razão de relações jurídico-tributárias; f) por arrastamento, a expressão "índice oficial de remuneração da caderneta de poupança", contida no art. 1º-F da Lei 9.494/1997, com a redação dada pelo art. 5º da Lei 11.960/2009; e g) o § 15 do art. 100 da CF e todo o art. 97 do ADCT. A Corte entendera que, ao criarem regime especial para pagamento de precatórios para Estados, Distrito Federal e Municípios, veiculariam nova moratória na quitação dos débitos judiciais da Fazenda Pública e imporiam contingenciamento de recurso para esse fim, a violar a cláusula constitucional do Estado de Direito, o princípio da separação de Poderes, o postulado da isonomia, a garantia do acesso à justiça, a efetividade da tutela judicial, o direito adquirido e a coisa julgada – v. Informativos 631, 643, 697 e 698.

ADI 4357 QO/DF, rel. Min. Luiz Fux, 19.3.2015. (ADI-4357)

ADI 4425 QO/DF, rel. Min. Luiz Fux, 19.3.2015. (ADI-4425)

Modulação: precatório e EC 62/2009 – 10

Em voto-vista, o Ministro Dias Toffoli acompanhou, em linhas gerais, as propostas de modulação anteriormente apresentadas pelos Ministros Luiz Fux (relator) e Roberto Barroso – v. Informativos 725 e 739. Atribuiu eficácia imediata – "ex nunc" —, a partir da data de conclusão do julgamento da questão de ordem, à declaração de inconstitucionalidade: a) da expressão "na data de expedição do precatório" (CF, art. 100, § 2º, com a redação dada pela EC 62/2009), para que todo credor que tivesse mais de 60 anos na data de conclusão do julgamento da questão de ordem tivesse o direito de ingressar na fila de preferência. Isso se daria porque, com a eliminação do marco temporal para aferição da idade, a mera circunstância de ser maior de 60 anos habilitaria o credor à preferência, independentemente do momento em que implementado o requisito etário, a conferir certa organicidade em relação à questão; b) da expressão "índice oficial de remuneração básica da caderneta de poupança" constante do § 12 do art. 100 da CF e dos §§ 1º, II, e 16 do art. 97 do ADCT, bem como da mesma expressão contida no art. 1º-F da Lei 9.494/1997, com a redação dada pela Lei 11.960/2009, ressalvando-se os requisitórios expedidos pela União, com base nos artigos 27 das Leis de Diretrizes Orçamentárias da União de 2014 e 2015 (Lei 12.919/2013 e Lei 13.080/2015), que fixam o IPCA-E como índice de correção monetária. No ponto, observou que eventual decisão com efeito retroativo teria como consequência o direito à percepção, pelos antigos credores, das diferenças resultantes da incidência do novo índice de correção a ser definido pelo respectivo ente federado, com a necessidade de reabertura de precatórios já extintos, o que causaria evidente tumulto. Nesse tópico, o relator reajustou seu voto; e c) da expressão "independentemente de sua natureza", contida no § 12 do art. 100 da CF e no art. 1º-F da Lei 9.494/1997, com a redação dada pela Lei 11.960/2009. Destacou, quanto a esse tema, que a consequência prática de uma decisão com eficácia retroativa seria muito semelhante à aventada no caso da correção monetária. Igualmente surgiria, para os antigos credores, o direito à percepção das diferenças resultantes da incidência de novos juros de mora, com a necessidade de reabertura dos precatórios já extintos, e, em consequência, uma avalanche de questionamentos de processos judiciais quanto aos precatórios já pagos durante o período de aplicação do referido dispositivo constitucional.

ADI 4357 QO/DF, rel. Min. Luiz Fux, 19.3.2015. (ADI-4357)

ADI 4425 QO/DF, rel. Min. Luiz Fux, 19.3.2015. (ADI-4425)

Modulação: precatório e EC 62/2009 – 11

O Ministro Dias Toffoli decidiu manter pelo período de cinco anos, também a contar da conclusão do julgamento da questão de ordem, a vigência das normas que possibilitassem a compensação (CF, art. 100,

§§ 9º e 10; e ADCT, art. 97, § 9º, II, introduzidos pela EC 62/2009), bem como das demais regras do regime especial de pagamento de precatórios – inclusive as modalidades alternativas de pagamento previstas no art. 97, §§ 6º, 7º e 8º do ADCT —, com destaque ainda para o art. 97, §§ 1º e 2º, do ADCT, o qual estabelece percentuais mínimos da receita corrente líquida – vinculados ao pagamento do precatório —, e o art. 97, § 10, do ADCT, que estabelece sanções para o caso de não liberação tempestiva dos recursos destinados ao pagamento de precatórios. Na hipótese, ao justificar a divergência em relação aos votos já proferidos – quanto ao termo inicial do prazo da modulação e quanto às normas que permaneceriam em vigor no período —, assentou que, apesar das impropriedades reconhecidas pelo STF em relação ao regime instituído pela EC 62/2009, esse sistema teria sido capaz de movimentar a fila de precatórios como jamais teria ocorrido nos regimes constitucionais anteriores. As mudanças trazidas pela referida emenda teriam propiciado incremento real no pagamento de precatórios pelos Estados-membros e pelos Municípios, conforme dados colhidos pelo CNJ. O aumento no volume de adimplência dos entes seria devido, em grande parte, ao estabelecimento de percentuais mínimos da receita corrente líquida, aos citados mecanismos alternativos de pagamento, bem como à possibilidade de compensação dos débitos. Tendo isso em vista, dever-se-ia reconhecer que, considerado o enorme volume da dívida de precatórios de alguns Estados-membros e Municípios, seria quase certo que esses entes não conseguiriam honrar seus compromissos no prazo de cinco anos sem os mencionados mecanismos. Ademais, ressaltou que, se fosse necessário, após a declaração de inconstitucionalidade do regime especial criado pela EC 62/2009, adotar algum sistema normativo de transição para o regime geral de pagamento de precatórios, com alguma perspectiva de quitação do passivo dos entes federados pelos próximos anos, seria melhor que essa transição ocorresse tendo por base as próprias regras instituídas pelo Poder Constituinte Derivado. Em seguida, o julgamento foi suspenso.
ADI 4357 QO/DF, rel. Min. Luiz Fux, 19.3.2015. (ADI-4357)
ADI 4425 QO/DF, rel. Min. Luiz Fux, 19.3.2015. (ADI-4425)

Modulação: precatório e EC 62/2009 – 12

O Plenário, em conclusão de julgamento e por maioria, resolveu questão de ordem na qual proposta a modulação dos efeitos, no tempo, do quanto decidido no julgamento conjunto de ações diretas de inconstitucionalidade em que declarados parcialmente inconstitucionais dispositivos da EC 62/2009, que instituíra regime especial de pagamento de precatórios pelos Estados-membros, Distrito Federal e Municípios – v. Informativos 725, 739 e 778. Na ocasião, o Tribunal, por maioria, rejeitara a arguição de inconstitucionalidade formal consistente na inobservância do interstício entre os turnos de votação. No mérito, também por maioria, declarara inconstitucional: a) a expressão "na data de expedição do precatório", contida no § 2º do art. 100 da CF, na redação da EC 62/2009. A Corte explicara que a regra configuraria critério de aplicação de preferência no pagamento de idosos, contudo, esse balizamento temporal discriminaria, sem fundamento, aqueles que viessem a alcançar 60 anos em data posterior à expedição do precatório, enquanto pendente e ainda não ocorrido o pagamento; b) os §§ 9º e 10 do art. 100 da CF, incluídos pela EC 62/2009, e o art. 97, II, do ADCT, que fixam regime unilateral de compensação dos débitos da Fazenda Pública inscritos em precatório. O Colegiado considerara que esse critério beneficiaria exclusivamente o devedor público, em ofensa ao princípio da isonomia. Além disso, os dispositivos instituiriam nítido privilégio em favor do Estado e em detrimento do cidadão, cujos débitos em face do Poder Público sequer poderiam ser compensados com as dívidas fazendárias; c) a expressão "índice oficial de remuneração básica da caderneta de poupança", constante do § 12 do art. 100 da CF, incluído pela EC 62/2009, para que aos precatórios de natureza tributária se aplicassem os mesmos juros de mora incidentes sobre o crédito tributário; d) por arrastamento, a mesma expressão contida no art. 1º-F da Lei 9.494/1997, na redação dada pela Lei 11.960/2009, porquanto reproduziria a literalidade do comando contido no § 12 do art. 100 da CF; e) a expressão "independentemente de sua natureza", sem redução de texto, contida no § 12 do art. 100 da CF, incluído pela EC 62/2009, para afastar a incidência dos juros moratórios calculados segundo índice da caderneta de poupança quanto aos créditos devidos pela Fazenda Pública em razão de relações jurídico-tributárias; f) por arrastamento, a expressão "índice oficial de remuneração da caderneta de poupança", contida no art. 1º-F da Lei 9.494/1997, com a redação dada pelo art. 5º da Lei 11.960/2009; e g) o § 15 do art. 100 da CF e todo o art. 97 do ADCT. A Corte entendera que, ao criarem regime especial para pagamento de precatórios para Estados, Distrito Federal e Municípios, veiculariam nova moratória na quitação dos débitos judiciais da Fazenda Pública e imporiam contingenciamento de recurso para esse fim, a violar a cláusula constitucional do Estado de Direito, o princípio da separação de Poderes, o postulado da isonomia, a garantia do acesso à justiça, a efetividade da tutela judicial, o direito adquirido e a coisa julgada – v. Informativos 631, 643, 697 e 698.
ADI 4357 QO/DF, rel. Min. Luiz Fux, 25.3.2015. (ADI-4357)
ADI 4425 QO/DF, rel. Min. Luiz Fux, 25.3.2015. (ADI-4425)

Modulação: precatório e EC 62/2009 – 13

A Corte resolveu a questão de ordem nos seguintes termos: 1) modulou os efeitos para que se desse sobrevida ao regime especial de pagamento de precatórios, instituído pela EC 62/2009, por cinco exercícios financeiros a contar de 1º.1.2016; 2) conferiu eficácia prospectiva à declaração de inconstitucionalidade dos seguintes aspectos da ADI, fixado como marco inicial a data de conclusão do julgamento da questão de ordem (25.3.2015) e mantendo-se válidos os precatórios expedidos ou pagos até esta data, a saber: 2.1.) seria mantida a aplicação do índice oficial de remuneração básica da caderneta de poupança (TR), nos termos da EC 62/2009, até 25.3.2015, data após a qual (i) os créditos em precatórios deveriam ser corrigidos pelo Índice de Preços ao Consumidor Amplo Especial (IPCA-E) e (ii) os precatórios tributários deveriam observar os mesmos critérios pelos quais a Fazenda Pública corrige seus créditos tributários; e 2.2.) seriam resguardados os precatórios expedidos, no âmbito da Administração Pública Federal, com base nos artigos 27 das Leis 12.919/2013 e Lei 13.080/2015, que fixam o IPCA-E como índice de correção monetária; 3) quanto às formas alternativas de pagamento previstas no regime especial: 3.1) seriam consideradas válidas as compensações, os leilões e os pagamentos à vista por ordem crescente de crédito previstos na EC 62/2009, desde que realizados até 25.3.2015, data a partir da qual não seria possível a quitação de precatórios por essas modalidades; 3.2) seria mantida a possibilidade de realização de acordos diretos, observada a ordem de preferência dos credores e de acordo com lei própria da entidade devedora, com redução máxima de 40% do valor do crédito atualizado; 4) durante o período fixado no item 1, seria mantida a vinculação de percentuais mínimos da receita corrente líquida ao pagamento dos precatórios (ADCT, art. 97, § 10), bem como as sanções para o caso de não liberação tempestiva dos recursos destinados ao pagamento de precatórios (ADCT, art. 97, § 10); 5) delegação de competência ao CNJ para que considerasse a apresentação de proposta normativa que disciplinasse (i) a utilização compulsória de 50% dos recursos da conta de depósitos judiciais tributários para o pagamento de precatórios e (ii) a possibilidade de compensação de precatórios vencidos, próprios ou de terceiros, com o estoque de créditos inscritos em dívida ativa até 25.3.2015, por opção do credor do precatório; e 6) atribuição de competência ao CNJ para que monitorasse e supervisionasse o pagamento dos precatórios pelos entes públicos na forma da decisão proferida na questão de ordem em comento. Vencidos o Ministro Marco Aurélio, que não modulava os efeitos da decisão, e, em menor extensão, a Ministra Rosa Weber, que fixava como marco inicial a data do julgamento da ação direta de inconstitucionalidade. Reajustaram seus votos os Ministros Roberto Barroso, Dias Toffoli e Gilmar Mendes.
ADI 4357 QO/DF, rel. Min. Luiz Fux, 25.3.2015. (ADI-4357)
ADI 4425 QO/DF, rel. Min. Luiz Fux, 25.3.2015. (ADI-4425) (Inform. STF 779)

REPERCUSSÃO GERAL EM RE N. 729.107-DF

RELATOR: MIN. MARCO AURÉLIO

APLICAÇÃO DA LEI NO TEMPO – EXECUÇÃO INICIADA – PARÂMETRO DE DEFINIÇÃO DE REQUISIÇÃO DE PEQUENO VALOR – ADMISSIBILIDADE DA INCIDÊNCIA DA LEI NOVA NA ORIGEM – RECURSO EXTRAORDINÁRIO – REPERCUSSÃO GERAL – PRECEDENTES EM

AGRAVOS REGIMENTAIS DA SEGUNDA TURMA – CONFIGURAÇÃO. Possui repercussão geral a controvérsia alusiva à incidência de lei nova sobre parâmetro de definição de requisição de pequeno valor na execução iniciada, consideradas a medula da segurança jurídica, que é a irretroatividade da lei, e a existência de julgados da Segunda Turma em sentido contrário ao do acórdão atacado. **(Inform. STF 778)**

RPV: débitos tributários e compensação - 1

O Plenário iniciou julgamento de recurso extraordinário em que se discute a possibilidade de compensação de requisições de pequeno valor - RPV com débitos tributários, nos termos dos parágrafos 9º e 10 do art. 100 da CF ["§ 9º No momento da expedição dos precatórios, independentemente de regulamentação, deles deverá ser abatido, a título de compensação, valor correspondente aos débitos líquidos e certos, inscritos ou não em dívida ativa e constituídos contra o credor original pela Fazenda Pública devedora, incluídas parcelas vincendas de parcelamentos, ressalvados aqueles cuja execução esteja suspensa em virtude de contestação administrativa ou judicial. § 10. Antes da expedição dos precatórios, o Tribunal solicitará à Fazenda Pública devedora, para resposta em até 30 (trinta) dias, sob pena de perda do direito de abatimento, informação sobre os débitos que preencham as condições estabelecidas no § 9º, para os fins nele previstos"]. Na espécie, o acórdão recorrido afirmara que a compensação somente seria possível em relação a pagamentos a serem efetuados por meio de precatórios, excetuadas, portanto, as obrigações definidas em lei como de pequeno valor, nos termos do § 3º do art. 100 da CF ("O disposto no 'caput' deste artigo relativamente à expedição de precatórios não se aplica aos pagamentos de obrigações definidas em leis como de pequeno valor que as Fazendas referidas devam fazer em virtude de sentença judicial transitada em julgado"). O Ministro Luiz Fux (relator) se manifestou pela prejudicialidade do recurso em virtude da declaração de inconstitucionalidade dos parágrafos 9º e 10 do art. 100 da CF proferida na ADI 4.357/DF (DJe de 26.9.2014) e na ADI 4.425/DF (DJe de 19.12.2013). Após os votos dos Ministros Roberto Barroso e Rosa Weber, que acompanharam o relator, pediu vista dos autos o Ministro Marco Aurélio.

RE 657686/DF, rel. Min. Luiz Fux, 9.10.2014. (RE-657686)

RPV: débitos tributários e compensação - 2

A declaração de inconstitucionalidade dos parágrafos 9º e 10 do art. 100 da CF ["§ 9º No momento da expedição dos precatórios, independentemente de regulamentação, deles deverá ser abatido, a título de compensação, valor correspondente aos débitos líquidos e certos, inscritos ou não em dívida ativa e constituídos contra o credor original pela Fazenda Pública devedora, incluídas parcelas vincendas de parcelamentos, ressalvados aqueles cuja execução esteja suspensa em virtude de contestação administrativa ou judicial. § 10. Antes da expedição dos precatórios, o Tribunal solicitará à Fazenda Pública devedora, para resposta em até 30 (trinta) dias, sob pena de perda do direito de abatimento, informação sobre os débitos que preencham as condições estabelecidas no § 9º, para os fins nele previstos"], proferida na ADI 4.357/DF (DJe de 26.9.2014) e na ADI 4.425/DF (DJe de 19.12.2013), também se aplica às requisições de pequeno valor - RPV. Essa a conclusão do Plenário ao finalizar a análise de recurso extraordinário e a ele negar provimento. Discutia-se a possibilidade de compensação de RPV com débitos tributários, nos termos dos referidos dispositivos constitucionais — v. Informativo 762. Reajustaram seus votos os Ministros Luiz Fux (relator), Roberto Barroso e Rosa Weber.

RE 657686/DF, rel. Min. Luiz Fux, 23.10.2014. (RE-657686) **(Inform. STF 764)**

Litisconsórcio facultativo e fracionamento de precatório - 1

O fracionamento do valor da execução, em caso de litisconsórcio facultativo, para expedição de requisição de pequeno valor em favor de cada credor, não implica violação ao art. 100, § 8º, da CF, com a redação dada pela EC 62/2009 ("É vedada a expedição de precatórios complementares ou suplementares de valor pago, bem como o fracionamento, repartição ou quebra do valor da execução para fins de enquadramento de parcela do total ao que dispõe o § 3º deste artigo"). Com base nessa orientação, o Plenário negou provimento a recurso extraordinário em que se discutia a possibilidade de fracionamento de valores devidos pela Fazenda Pública em caso de litisconsórcio facultativo para fins de expedição de requisição de pequeno valor em benefício dos credores individualmente considerados. O Tribunal afirmou que, após precedentes da 1ª Turma terem reconhecido a possiblidade de fracionamento para a expedição imediata de precatório relativamente à parte incontroversa de título judicial, a jurisprudência do STF se consolidara no sentido contrário à tese defendida pelo recorrente, que se apegara à literalidade do texto constitucional.

RE 568645/SP, rel. Min. Cármen Lúcia, 24.9.2014. (RE-568645)

Litisconsórcio facultativo e fracionamento de precatório - 2

A Corte ressaltou não ser possível prender-se à expressão "valor da execução" para impedir o fracionamento. Sublinhou que as execuções promovidas por litisconsortes facultativos nasceriam fracionadas. Registrou que o próprio executado poderia opor a um ou alguns dos litisconsortes obstáculos à execução da sentença, como prescrição, realização de pagamento, dentre outros, nos termos do art. 741, VI, do CPC ("Art. 741. Na execução contra a Fazenda Pública, os embargos só poderão versar sobre: ... VI - qualquer causa impeditiva, modificativa ou extintiva da obrigação, como pagamento, novação, compensação, transação ou prescrição, desde que superveniente à sentença"). Salientou que o raciocínio desenvolvido pelo recorrente levaria a inviabilizar o tratamento singularizado de cada litisconsorte facultativo, o que poderia trazer prejuízos à própria Fazenda Pública. Frisou que o caso analisado seria de litisconsórcio facultativo simples e, portanto, a execução promovida deveria considerar cada litigante autonomamente, de modo que seria dado a cada um o que lhe fosse devido segundo a sentença proferida. Enfatizou que não faria sentido interpretar um dispositivo constitucional para desestimular a salutar formação de litisconsórcios facultativos simples e fomentar a discussão judicial de pedidos idênticos, especialmente após a inserção da garantia da razoável duração do processo na Constituição.

RE 568645/SP, rel. Min. Cármen Lúcia, 24.9.2014. (RE-568645) **(Inform. STF 760)**

DIREITO ADMINISTRATIVO, CONSTITUCIONAL E PROCESSUAL CIVIL. PAGAMENTO DE PRECATÓRIO PREFERENCIAL.

A limitação de valor para o direito de preferência previsto no art. 100, § 2º, da CF aplica-se para cada precatório de natureza alimentar, e não para a totalidade dos precatórios alimentares de titularidade de um mesmo credor preferencial, ainda que apresentados no mesmo exercício financeiro e perante o mesmo devedor. De fato, o art. 100, § 2º, da CF (com a redação dada pela EC 62/2009) delimita dois requisitos para o pagamento preferencial nele previsto, quais sejam: a) ser o débito de natureza alimentícia; e b) ser o titular do crédito maior de 60 anos de idade ou portador de doença grave. Da leitura do dispositivo, denota-se, também, que o limitador quantitativo do pagamento com preferência seria o valor equivalente ao triplo do fixado para a Requisição de Pequeno Valor (RPV). Salientado isso, verifica-se que a redação da norma não estabelece expressamente que tal limitação deva ocorrer em relação ao total de precatórios de um mesmo credor preferencial, mas sim em relação a cada débito de natureza alimentícia de titularidade daqueles que atendam o requisito de natureza subjetiva. Desse modo, a norma constitucional não elencou a impossibilidade de o beneficiário participar na listagem de credor preferencial por mais de uma vez no mesmo exercício financeiro, perante um mesmo Ente Político, não podendo, portanto, o exegeta restringir essa possibilidade. Ressalte-se que, no exercício de interpretação de normas constitucionais, buscando a exegese daquilo que foi a intenção do constituinte quando da elaboração da redação do dispositivo, deve-se recorrer aos princípios insertos na Carta Magna, de modo a compatibilizar da melhor forma a prevalência dos valores e objetivos inerentes ao normativo. Nesse contexto, ainda que, de um lado, se alegue que o pagamento da preferência deve ser limitado, dentro do mesmo exercício orçamentário, por credor, para que se possa proporcionar o pagamento de débitos a um maior número de credores — atendendo o interesse patrimonial de mais particulares – deve-se, de outro lado, atentar para a natureza e a qualidade dos beneficiários do pagamento prioritário. De fato, o crédito de natureza alimentícia é indispensável para a subsistência do titular, tendo fundamento no princípio da dignidade da pessoa humana e visando à proteção de bens jurídicos da mais alta relevância, tais como a vida e a saúde. Ademais, a norma prevê requisitos em relação ao credor para que faça jus ao recebimento prioritário do valor do precatório, definindo que ele ocorra apenas aos idosos ou portadores de doenças consideradas graves em lei. Nesses casos, o princípio em voga tem ainda mais relevância. Com efeito, trata-se de particulares que demandam maiores cuidados e com expectativa de vida menor em relação ao restante da população. Dessa forma, mitigar essa prioridade feriria princípios e direitos fundamentais de grande relevância para o ordenamento jurídico pátrio, não se justificando a interpretação que visa restringir direito de particular além do que expressamente prevê a norma constitucional. RMS 46.155-RO, Rel. Min. Napoleão Nunes Maia Filho, julgado em 22/9/2015, DJe 29/9/2015 **(Inform. STJ 570).**

Súmula Vinculante STF nº 47

Os honorários advocatícios incluídos na condenação ou destacados do montante principal devido ao credor consubstanciam verba de natureza alimentar cuja satisfação ocorrerá com a expedição de precatório ou requisição de pequeno valor, observada ordem especial restrita aos créditos dessa natureza.

Súmula vinculante STF nº 17

Durante o período previsto no parágrafo 1º do artigo 100 da Constituição, não incidem juros de mora sobre os precatórios que nele sejam pagos.

Súmula STJ nº 311

Os atos do presidente do tribunal que disponham sobre processamento e pagamento de precatório não têm caráter jurisdicional.

5. DIREITO ECONÔMICO

1. PLANOS ECONÔMICOS

ADPF e Plano Real - 3

O Plenário, em conclusão de julgamento e por maioria, conheceu de arguição de descumprimento de preceito fundamental, e em seguida, por unanimidade, referendou medida cautelar deferida para determinar a suspensão dos processos em curso, nos quais fosse questionada a constitucionalidade do art. 38 da Lei 8.880/1994 ("Art. 38. O cálculo dos índices de correção monetária, no mês em que se verificar a emissão do Real de que trata o art. 3º desta lei, bem como no mês subsequente, tomará por base preços em Real, o equivalente em URV dos preços em cruzeiros reais, e os preços nominados ou convertidos em URV dos meses imediatamente anteriores, segundo critérios estabelecidos em lei. Parágrafo Único. Observado o disposto no parágrafo único do art. 7º, é nula de pleno direito e não surtirá nenhum efeito a aplicação de índice, para fins de correção monetária, calculado de forma diferente da estabelecida no caput deste artigo") — v. Informativo 485. A Corte afirmou que a norma em comento, ao estabelecer mecanismo de transição entre o regime anterior e o superveniente Plano Real, se constituiria, por isso mesmo, em pilar fundamental do referido plano, seja do ponto de vista econômico, seja do ponto de vista jurídico. Seria temeridade, a essa altura, já passados tantos anos da implantação do Plano Real — cujas virtudes foram reconhecidas inclusive pelas correntes doutrinárias e políticas que à época a ele se opuseram —, deixar de confirmar a liminar deferida, o que resultaria num ambiente de profunda insegurança jurídica sobre atos e negócios de quase duas décadas. Ademais, a tradição inflacionária do Brasil teria motivado múltiplas discussões judiciais a respeito da correção monetária. O STF, inclusive, já teria apreciado a constitucionalidade de diversos planos econômicos, ao examinar a perspectiva do direito adquirido e do ato jurídico perfeito. Vencidos os Ministros Marco Aurélio e Ayres Britto, que não conheciam da arguição. ADPF 77 MC/DF, rel. Min. Dias Toffoli, 19.11.2014. (ADPF-77) **(Inform. STF 768)**

DIREITO CIVIL. ÍNDICE DE CORREÇÃO DOS DEPÓSITOS DE CADERNETA DE POUPANÇA NO PLANO COLLOR II. RECURSO REPETITIVO (ART. 543-C DO CPC E RES. 8/2008-STJ). Foram acolhidos embargos de declaração para sanar erro material, fixando-se o percentual de 20,21%, relativo ao BTN, como índice de correção dos depósitos de caderneta de poupança para o Plano Collor II, em vez do IPC. De fato, o voto-condutor do acórdão embargado se encaminha pelo direito adquirido do poupador à adoção do critério remuneratório previsto na Lei 8.088/1990, qual seja, o Bônus do Tesouro Nacional (BTN), cujo índice estaria fixado no patamar de 20,21%. Todavia, na parte dispositiva foi estabelecido o percentual de 21,87% correspondente ao Índice de Preços ao Consumidor (IPC), em contradição à fundamentação anteriormente adotada, incorreção essa que também ficou estampada na ementa do julgado. Assim, constatada a contradição entre a fundamentação e a parte dispositiva do acórdão embargado, devem os embargos de declaração ser acolhidos para sanar o erro material verificado. **EDcl no REsp 1.147.595-RS, Rel. Min. Marco Aurélio Bellizze, julgado em 12/11/2014. (Inform. STJ 552)**

6. DIREITO PREVIDENCIÁRIO

1. CONTRIBUIÇÕES SOCIAIS

REPERCUSSÃO GERAL EM RE N. 852.796-RS

RELATOR: MIN. DIAS TOFFOLI

EMENTA: RECURSO EXTRAORDINÁRIO. REPERCUSSÃO GERAL. CONTRIBUIÇÃO PREVIDENCIÁRIA. ART. 20, LEI 8.212/91. SISTEMÁTICA DE CÁLCULO. EXPRESSÃO DE FORMA NÃO CUMULATIVA. DECLARAÇÃO DE INCONSTITUCIONALIDADE. JUIZADO ESPECIAL.

A matéria envolvendo a constitucionalidade da expressão de forma não cumulativa constante no caput do art. 20 da Lei nº 8.212/91, o qual prevê a sistemática de cálculo da contribuição previdenciária devida pelo segurado empregado e pelo trabalhador avulso, possui viés constitucional e repercussão geral, pois concerne a afronta aos princípios da capacidade contributiva, da proporcionalidade e da isonomia. **(Inform. STF 802)**

AG. REG. NO ARE N. 789.012-SC

RELATOR: MIN. ROBERTO BARROSO

EMENTA: DIREITO PREVIDENCIÁRIO. AGRAVO REGIMENTAL EM AGRAVO DE INSTRUMENTO. RESGATE DE CONTRIBUIÇÕES VERTIDAS EM FAVOR DE FUNDO DE PREVIDÊNCIA PRIVADA. CORREÇÃO MONETÁRIA. AUSÊNCIA DE REPERCUSSÃO GERAL.

1. Decisão agravada que está alinhado com a jurisprudência do Supremo Tribunal Federal que assentara a ausência de repercussão geral da controvérsia envolvendo a incidência de correção monetária sobre o resgate de contribuições vertidas em favor de entidade de previdência privada (RE 582.504-RG, Rel. Min. Cezar Peluso – Tema 174), por restringir-se a tema infraconstitucional.
2. O art. 543-A, § 5º, do CPC, bem como os arts. 326 e 327 do RI/STF, dispõe que a decisão desta Corte quanto à inexistência de repercussão geral valerá para todos os casos que versem sobre questão idêntica.
3. Agravo regimental a que se nega provimento, com aplicação da multa prevista no art. 557, § 2º, do CPC. **(Inform. STF 790)**

Contribuição previdenciária e participação nos lucros - 1

O Plenário iniciou julgamento de recurso extraordinário em que se discute a incidência da contribuição previdenciária sobre as parcelas pagas a título de participação nos lucros referentes ao período entre a promulgação da CF/1988 e a entrada em vigor da Medida Provisória

794/1994, que regulamentou o art. 7º, XI, da CF ("Art. 7º. São direitos dos trabalhadores urbanos e rurais, além de outros que visem à melhoria de sua condição social: ... XI - participação nos lucros, ou resultados, desvinculada da remuneração, e, excepcionalmente, participação na gestão da empresa conforme definido em lei"), convertida, posteriormente, na Lei 10.101/2000. O Ministro Dias Toffoli (relator) negou provimento ao recurso. Destacou que, antes da CF/1988, a participação dos empregados nos lucros da empresa teria caráter salarial. Afirmou que com o advento do art. 7º, XI, da CF houvera substancial alteração da natureza jurídica dessa participação em face de ter sido desvinculada da remuneração. Após mencionar as correntes doutrinárias acerca da eficácia da norma constitucional em comento, acolheu aquela que defende a autoaplicabilidade da primeira parte do mencionado preceito constitucional referente à participação nos lucros ou resultados apenas no que diz respeito à desvinculação da remuneração, e que ficaria a cargo do legislador ordinário disciplinar a forma como se daria essa participação. Frisou que, no período que antecedera a referida medida provisória, não poderia o Poder Público, a pretexto de ausência de regulamentação, vincular à remuneração do empregado, para fins de incidência da contribuição previdenciária, os valores recebidos na rubrica participação nos lucros ou resultados.
RE 569441/RS, rel. Min. Dias Toffoli, 25.9.2014. (RE-569441)

Contribuição previdenciária e participação nos lucros - 2

O relator ressaltou que, na vigência da atual Constituição, não seria possível dar tratamento diferenciado aos valores pagos a título de participação nos lucros pelas empresas que teriam implementado esse programa antes da lei regulamentadora específica. Consignou que apenar a empresa que se antecipara à regulamentação e efetivara o direito social à participação nos lucros ou resultados, desvinculada da remuneração, mediante regular acordo coletivo e convenção, seria reduzir o direito à norma, e não elevá-lo, de modo a garantir a máxima eficácia do texto constitucional. Realçou que a regulamentação estabelecida pela Medida Provisória 794/1994 pouco inovara, ao prestigiar a livre negociação entre as partes e ao procurar não interferir substancialmente nas relações entre as empresas e seus empregados. Registrou que, atento ao verdadeiro conteúdo do inciso XI do art. 7º da CF, o legislador se limitara a prever que dos instrumentos decorrentes da negociação deveriam constar regras claras e objetivas quanto à fixação dos direitos substantivos concernentes à participação nos lucros ou resultados, assim como das regras adjetivas, aí incluídos os mecanismos de aferição do cumprimento do acordo celebrado, a periodicidade da distribuição dos benefícios, o período de vigência e os prazos para a revisão dos acordos. Concluiu que a importância recebida a título de participação nos lucros ou resultados da empresa não integraria a base de cálculo da contribuição previdenciária a que se refere o art. 195, I, da CF, por se tratar de hipótese de não incidência.
RE 569441/RS, rel. Min. Dias Toffoli, 25.9.2014. (RE-569441)

Contribuição previdenciária e participação nos lucros - 3

Em divergência, os Ministros Teori Zavascki, Rosa Weber, Marco Aurélio e Luiz Fux deram provimento ao recurso. O Ministro Marco Aurélio pontuou que a seguridade social seria financiada por toda a sociedade, conforme se depreenderia dos artigos 195, I, a, e 201, § 11, ambos da CF ["Art. 195. A seguridade social será financiada por toda a sociedade, de forma direta e indireta, nos termos da lei, mediante recursos provenientes dos orçamentos da União, dos Estados, do Distrito Federal e dos Municípios, e das seguintes contribuições sociais: I - do empregador, da empresa e da entidade a ela equiparada na forma da lei, incidentes sobre: a) a folha de salários e demais rendimentos do trabalho pagos ou creditados, a qualquer título, à pessoa física que lhe preste serviço, mesmo sem vínculo empregatício ... Art. 201. A previdência social será organizada sob a forma de regime geral, de caráter contributivo e de filiação obrigatória, observados critérios que preservem o equilíbrio financeiro e atuarial, e atenderá, nos termos da lei, a: ... § 11. Os ganhos habituais do empregado, a qualquer título, serão incorporados ao salário para efeito de contribuição previdenciária e consequente repercussão em benefícios, nos casos e na forma da lei"]. Enfatizou que, ao se interpretar teleologicamente a cláusula prevista no inciso XI do art. 7º da CF, se concluiria que o objetivo da desvinculação seria impedir que essa parcela servisse de base de cálculo para outras. Asseverou que a aludida medida provisória estabelecera hipótese de isenção e não de não incidência, por isso mesmo, não poderia abranger período pretérito. Os Ministros Rosa Weber, Teori Zavascki e Luiz Fux, ao salientarem o caráter residual da situação, aduziram haver precedentes de ambas as Turmas do STF no sentido da incidência da contribuição previdenciária sobre as mencionadas parcelas. Em seguida, o relator indicou adiamento.
RE 569441/RS, rel. Min. Dias Toffoli, 25.9.2014. (RE-569441) **(Inform. STF 760)**

DIREITO TRIBUTÁRIO E PREVIDENCIÁRIO. INCIDÊNCIA DE CONTRIBUIÇÃO PREVIDENCIÁRIA NO AUXÍLIO QUEBRA DE CAIXA.

Incide contribuição previdenciária sobre o auxílio quebra de caixa, consubstanciado em pagamento efetuado mês a mês ao empregado em razão da função que desempenha, que tenha sido pago por liberalidade do empregador, mesmo que não se verifiquem diferenças no caixa. O empregado, quando exerce função de operador de caixa, auxiliar de caixa, conferente, tesoureiro, cobrador ou qualquer outra função que possibilite o desconto na sua remuneração quando há diferença entre a quantia existente em caixa e a que efetivamente deveria existir, faz jus ao recebimento do auxílio quebra de caixa, desde que previsto em norma coletiva, já que não há previsão legal para o seu pagamento. Nesse contexto, esse auxílio consubstancia-se no pagamento efetuado mês a mês ao empregado como uma forma de compensar os riscos assumidos pela função exercida. Considerando que a Primeira Seção do STJ (EREsp 775.701-SP, DJ 1º/8/2006) assentou a natureza não-indenizatória das gratificações feitas por liberalidade do empregador, o auxílio quebra de caixa, consubstanciado no pagamento efetuado mês a mês ao empregado em razão da função que desempenha, que tenha sido pago por liberalidade do empregador tem nítida natureza salarial e, portanto, integra a remuneração, razão pela qual se tem como pertinente a incidência da contribuição previdenciária. Isso porque, nos termos do art. 28, I, da Lei 8.212/1991, o salário de contribuição tem como base de cálculo a remuneração considerada como os rendimentos pagos, devidos ou creditados a qualquer título, durante o mês, destinado a retribuir o trabalho. Precedente citado: EDcl no REsp 733.362-RJ, Segunda Turma, DJe 14/4/2008. **REsp 1.434.082-RS, Rel. Min. Humberto Martins, julgado em 1º/10/2015, DJe 9/10/2015 (Inform. STJ 570).**

DIREITO TRIBUTÁRIO E PREVIDENCIÁRIO. GRATIFICAÇÕES E PRÊMIOS E CONTRIBUIÇÃO PREVIDÊNCIÁRIA.

Não incide contribuição previdenciária sobre prêmios e gratificações de caráter eventual. A fim de verificar a sua inclusão ou não no salário-de-contribuição, uma das principais características a ser aferida sobre as gratificações e os prêmios é a habitualidade ou não de seu pagamento. Havendo pagamento com habitualidade, manifesto o caráter salarial, implicando ajuste tácito entre as partes, razão pela qual incide contribuição previdenciária. A propósito, o STF possui entendimento firmado pela Súmula 207 ("As gratificações habituais, inclusive a de natal, consideram-se tacitamente convencionadas, integrando o salário"). Tratando-se de prêmio ou gratificação eventual, fica afastada a incidência da contribuição, conforme o art. 28, § 9º, "e", 7, da Lei 8.212/1991. **REsp 1.275.695-ES, Rel. Min. Mauro Campbell Marques, julgado em 20/8/2015, DJe 31/8/2015 (Inform. STJ 568).**

DIREITO TRIBUTÁRIO E PREVIDENCIÁRIO. SALÁRIO-FAMÍLIA E CONTRIBUIÇÃO PREVIDENCIÁRIA.

Não incide contribuição previdenciária sobre salário-família. A doutrina aponta que a natureza jurídica do salário-família não é de salário, em que pese o nome, na medida em que não é pago como contraprestação de serviços prestados pelo empregado. Realizando-se uma interpretação sistemática da legislação de regência (art. 70 da Lei 8.213/1991 e art. 28, § 9º, "a", da Lei 8.212/1991), verifica-se que se trata de benefício de natureza previdenciária não incorporável ao cômputo dos rendimentos que integrarão a aposentadoria do trabalhador. **REsp 1.275.695-ES, Rel. Min. Mauro Campbell Marques, julgado em 20/8/2015, DJe 31/8/2015 (Inform. STJ 568).**

Súmula Vinculante STF 8

São inconstitucionais o parágrafo único do artigo 5º do Decreto-Lei n. 1.569/1977 e os artigos 45 e 46 da Lei nº 8.212/1991, que tratam de prescrição e decadência de crédito tributário.

Súmula STF nº 688

É legítima a incidência da contribuição previdenciária sobre o 13º salário.

Súmula STJ nº 458

A contribuição previdenciária incide sobre a comissão paga ao corretor de seguros.

Súmula STJ nº 425

A retenção da contribuição para a seguridade social pelo tomador do serviço não se aplica às empresas optantes pelo Simples.

Súmula STJ nº 351

A alíquota de contribuição para o Seguro de Acidente do Trabalho (SAT) é aferida pelo grau de risco desenvolvido em cada empresa, individualizada pelo seu CNPJ, ou pelo grau de risco da atividade preponderante quando houver apenas um registro.

2. PRESTAÇÕES EM GERAL

REPERCUSSÃO GERAL EM ARE N. 888.938-PE

RELATOR: MINISTRO PRESIDENTE

Ementa: RECURSO EXTRAORDINÁRIO COM AGRAVO. PREVIDENCIÁRIO. BENEFÍCIO. ÍNDICE DE REAJUSTE. MATÉRIA DE ÍNDOLE INFRACONSTITUCIONAL. OFENSA INDIRETA À CONSTITUIÇÃO. INEXISTÊNCIA DE REPERCUSSÃO GERAL.

I – A controvérsia relativa ao índice de reajuste aplicável aos benefícios previdenciários, de modo a preservar o seu valor real, está restrita ao âmbito infraconstitucional.

II – O exame da questão constitucional não prescinde da prévia análise de normas infraconstitucionais, o que afasta a possibilidade de reconhecimento do requisito constitucional da repercussão geral.

III – Repercussão geral inexistente. **(Inform. STF 792)**

EMB. DECL. NO ARE N. 863.068-PE

RELATOR: MIN. ROBERTO BARROSO

EMENTA: DIREITO PREVIDENCIÁRIO. EMBARGOS DE DECLARAÇÃO RECEBIDOS COMO AGRAVO REGIMENTAL EM RECURSO EXTRAORDINÁRIO COM AGRAVO. CONCESSÃO DE BENEFÍCIOS. CUMPRIMENTO DE REQUISITOS. MATÉRIA INFRACONSTITUCIONAL. REEXAME DE FATOS E PROVAS DOS AUTOS. SÚMULA 279/STF. CÔMPUTO DO TEMPO DE SERVIÇO EXERCIDO EM CONDIÇÕES ESPECIAIS, PARA EFEITO DE APOSENTADORIA. AUSÊNCIA DE REPERCUSSÃO GERAL.
1. A jurisprudência do Supremo Tribunal Federal é firme no sentido de que matéria relativa ao cumprimento dos requisitos para concessão de benefícios previdenciários não tem natureza constitucional, justamente por tratar-se de matéria infraconstitucional e demandar o reexame do acervo probatório dos autos (Súmula 279/STF). Precedentes. 2. O Plenário do Supremo Tribunal Federal, no julgamento do AI 841.047, sob a relatoria do Min. Cezar Peluso, concluiu pela ausência da repercussão geral da matéria versada nos autos, atinentes ao cômputo do tempo de serviço exercido em condições especiais, para efeito de aposentadoria.
3. Embargos de declaração recebidos como agravo regimental a que se nega provimento. **(Inform. STF 791)**

REPERCUSSÃO GERAL EM ARE N. 868.457-SC

RELATOR: MIN. TEORI ZAVASCKI

Ementa: PROCESSUAL CIVIL E PREVIDENCIÁRIO. RECURSO EXTRAORDINÁRIO COM AGRAVO. JUIZADOS ESPECIAIS. OFENSA AO PRINCÍPIO DA RESERVA DE PLENÁRIO (ART. 97 DA CF/88). ALEGAÇÃO MANIFESTAMENTE IMPROCEDENTE. REVISÃO DE BENEFÍCIO PREVIDENCIÁRIO. EFEITOS FINANCEIROS RETROATIVOS. MATÉRIA INFRACONSTITUCIONAL. AUSÊNCIA DE REPERCUSSÃO GERAL.1. O princípio da reserva de plenário não se aplica no âmbito dos juizados de pequenas causas (art. 24, X, da Constituição Federal) e dos juizados especiais em geral (art. 98, I, da CF/88), que, pela configuração atribuída pelo legislador, não funcionam, na esfera recursal, sob o regime de plenário ou de órgão especial. 2. A manifesta improcedência da alegação de ofensa ao art. 97 da Carta Magna pela Turma Recursal de Juizados Especiais demonstra a ausência da repercussão geral da matéria, ensejando a incidência do art. 543-A do CPC.3. É de natureza infraconstitucional a controvérsia relativa à legitimidade da retroação dos efeitos financeiros da revisão de benefício previdenciário, nas hipóteses em que o segurado preencheu, na data de entrada do requerimento administrativo, os requisitos para a concessão de prestação mais vantajosa.4. É cabível a atribuição dos efeitos da declaração de ausência de repercussão geral quando não há matéria constitucional a ser apreciada ou quando eventual ofensa à Carta Magna ocorra de forma indireta ou reflexa (RE 584.608 RG, Min. ELLEN GRACIE, DJe de 13/03/2009). 5. Ausência de repercussão geral das questões suscitadas, nos termos do art. 543-A do CPC. **(Inform. STF 783)**

DIREITO PREVIDENCIÁRIO. HIPÓTESE DE MITIGAÇÃO DO REQUISITO ETÁRIO PARA A CONCESSÃO DE SALÁRIO-MATERNIDADE.

O não preenchimento do requisito etário exigido para a filiação ao RGPS como segurado especial não constitui óbice à concessão de salário-maternidade a jovem menor de dezesseis anos impelida a exercer trabalho rural em regime de economia familiar (art. 11, VII, "c" e § 6º da Lei 8.213/1991). Realmente, a Lei 8.213/1991 fixou a idade mínima de dezesseis anos para que se ostente a condição de segurado especial a que se refere o art. 11, VII, "c" e § 6º, desse mesmo diploma legal. Além disso, a idade mínima de dezesseis anos constitui o limite constitucional para o trabalho (art. 7º, XXXIII, da CF) e o marco etário para filiação ao RGPS. Apesar disso, não se pode admitir, na hipótese, que o não preenchimento do requisito etário para filiação ao RGPS prejudique o acesso ao benefício previdenciário do salário-maternidade. Inicialmente, o sistema de Seguridade Social, em seu conjunto, tem por objetivo constitucional proteger o indivíduo, assegurando direitos à saúde, à assistência social e à previdência social, revelando-se, dessa forma, elemento indispensável para garantia da dignidade humana. Nesse contexto, prejudicar o acesso ao benefício previdenciário em razão do não preenchimento do requisito etário implicaria desamparar não só a jovem trabalhadora, mas também o nascituro, que seria privado não apenas da proteção social, como também do convívio familiar, já que sua mãe teria de voltar às lavouras após o nascimento. Além do mais, a intenção do legislador infraconstitucional ao impor o limite mínimo de dezesseis anos de idade para a inscrição no RGPS era a de evitar a exploração do trabalho da criança e do adolescente, ancorado no art. 7º, XXXIII, da CF. Negar o salário-maternidade à jovem grávida a que se refere a hipótese contraria essa proteção, na medida em que coloca a adolescente em situação ainda mais vulnerável, afastando a proteção social de quem mais necessita. Corroborando esse entendimento, o STJ já assentou a orientação de que a legislação, ao vedar o trabalho infantil, teve por escopo a proteção da criança ou adolescente, tendo sido estabelecida a proibição em seu benefício, e não em seu prejuízo, aplicando-se o princípio da universalidade da cobertura da Seguridade Social (REsp 541.103-RS, Quinta Turma, DJ 1º/7/2004; e AgRg no Ag 922.625-SP, Sexta Turma, DJ 29/10/2007). **REsp 1.440.024-RS, Rel. Min. Napoleão Nunes Maia Filho, julgado em 18/8/2015, DJe 28/8/2015 (Inform. STJ 567).**

DIREITO PREVIDENCIÁRIO. CÁLCULO DO SALÁRIO DE BENEFÍCIO DECORRENTE DE ATIVIDADES CONCOMITANTES PRESTADAS EM REGIMES DIVERSOS.

O segurado que tenha preenchido os requisitos para aposentadoria pelo RGPS e que tiver desenvolvido concomitante atividade secundária por regime Próprio da Previdência Social (RPPS), sem, no entanto, preencher os requisitos para concessão do benefício neste regime, tem direito que seu salário de benefício seja calculado com base na soma dos salários de contribuição da atividade principal, acrescido de percentual da média do salário de contribuição da atividade concomitante, nos termos do art. 32, II, "a" e "b", e III, da Lei 8.213/1991. Nos termos do art. 32 da Lei 8.213/1991, o desempenho de atividades concomitantes por parte do segurado pode lhe garantir que o salário de benefício seja (a) o resultado da soma dos salários de contribuição efetivados em cada atividade cujas condições foram totalmente satisfeitas (inciso I), ou (b) será a soma do salário de contribuição da atividade cuja condição foi totalmente satisfeita (atividade principal) acrescido de um percentual decorrente dos valores recolhidos das demais atividades (incisos II, "a" e "b", e III). Nesse contexto, o fato de o segurado ao RGPS ter prestado atividade concomitante secundária vinculada a regime próprio não afasta o direito à soma do percentual estipulado para efetivação do cálculo do salário de benefício de aposentadoria vinculada àquele regime, visto que a norma contida no art. 32 da Lei de Benefícios Previdenciários não se restringe às atividades concomitantes exercidas exclusivamente no RGPS. Ressalte-se, ainda, que o art. 94 da referida lei garante a compensação financeira entre os sistemas existentes. **REsp 1.428.981-PR, Rel. Min. Humberto Martins, julgado em 2/6/2015, DJe 6/8/2015 (Inform. STJ 565).**

DIREITO PREVIDENCIÁRIO E PROCESSUAL CIVIL. DEMONSTRAÇÃO DE DESEMPREGO PARA PRORROGAÇÃO DE PERÍODO DE GRAÇA. Ainda que o registro no órgão próprio do MTE não seja o único meio de prova admissível para que o segurado desempregado comprove a situação de desemprego para a prorrogação do período de graça – conforme o exigido pelo § 2º do art. 15 da Lei 8.213/1990 –, a falta de anotação na CTPS, por si só, não é suficiente para tanto. A Terceira Seção do STJ já firmou o entendimento de que o registro no Ministério do Trabalho não é o único meio de prova da condição de desempregado do segurado, admitindo-se outras provas, inclusive testemunhal. Entretanto, a mera ausência de anotação na CTPS não se revela capaz de demonstrar, inequivocamente, a situação de desemprego (Pet 7.115-PR, Terceira Seção, DJe 6/4/2010). Precedente citado: AgRg no Ag 1.182.277-SP, Quinta Turma, DJe 6/12/2010). **REsp 1.338.295-RS, Rel. Min. Sérgio Kukina, julgado em 25/11/2014, DJe 1º/12/2014 (Inform. STJ 553).**

DIREITO PREVIDENCIÁRIO. BENEFÍCIO ESPECIAL DE RENDA CERTA. RECURSO REPETITIVO (ART. 543-C DO CPC E RES. 8/2008-STJ). O Benefício Especial de Renda Certa, instituído pela Caixa de Previdência dos Funcionários do Banco do Brasil (PREVI), é devido exclusivamente aos assistidos que, no período de atividade, contribuíram por mais de 360 meses (30 anos) para o plano de benefícios. Se o tempo de contribuição exigido para aquisição dos proventos "integrais" de complementação de aposentadoria é 360 meses (30 anos), e aqueles participantes que permanecem na ativa após cumprir esse período continuaram vertendo contribuições para o seu plano de benefícios, as parcelas pagas a partir da 361º, embora constituam parte de suas reservas individuais de poupança, não foram consideradas na apuração dos benefícios de complementação correspondentes, tornando-se excedentes e sem finalidade alguma no fundo constituído no plano de benefícios. Com efeito, o Benefício Especial de Renda Certa destina-se a compensar o excedente contributivo em prol daqueles que, em atividade, aportaram um número superior às 360 contribuições levadas em conta para o cálculo do benefício. Verifica-se situação diversa em relação aos participantes que contribuíram por exatos 360 meses ou por prazo ainda menor (aposentadoria proporcional ao tempo de contribuição), que tiveram todas as contribuições computadas no cálculo de seus proventos de aposentadoria complementar e, portanto, as respectivas reservas individuais de poupança não receberam recurso algum que possa ser considerado excedente. Acrescente-se que a circunstância de o participante ultrapassar o número de 360 contribuições para a PREVI, já na condição de aposentado e auferindo os rendimentos de seu benefício complementar, não tem relevância alguma para efeito de concessão do Benefício Especial de Renda Certa, porque não se constituem em fonte de custeio da referida renda, tratando-se, portanto, de obrigação decorrente das próprias regras do plano, que impõem a continuidade das contribuições indistintamente a todos os assistidos, tenham ou não contribuído, no período de atividade, por mais de 360 meses. Observa-se, pois, que a extensão do referido benefício especial a todos os participantes da PREVI que recebem complementação de aposentadoria, independentemente de terem contribuído por mais de 360 meses, no período de atividade, sem previsão de custeio para o plano de benefícios correspondente, não se compatibiliza com o princípio do mutualismo, inerente ao regime fechado de previdência privada, e nem com os dispositivos da Constituição Federal e da legislação complementar que regulamentam o sistema, porque enseja transferência de reservas financeiras a parcela dos filiados, frustrando o objetivo legal de proporcionar benefícios previdenciários ao conjunto dos participantes e assistidos, a quem, de fato, pertence o patrimônio constituído. Ademais, a destinação dos valores do Benefício Especial de Renda Certa não tem semelhança alguma com a hipótese de rateio entre todos os participantes do resultado superavitário dos planos de benefícios, apurado no final do exercício (art. 20 da LC 109/2001). Precedentes citados: REsp 1.313.665-RJ, Terceira Turma, DJe 8/6/2012; e REsp 1.224.594-RJ, Quarta Turma, DJe 17/10/2011. **REsp 1.331.168-RJ, Rel. Min. Maria Isabel Gallotti, julgado em 12/11/2014. (Inform. STJ 552)**

DIREITO PREVIDENCIÁRIO. FLEXIBILIZAÇÃO DO CRITÉRIO BAIXA RENDA PARA A CONCESSÃO DE AUXÍLIO-RECLUSÃO. É possível a concessão de auxílio-reclusão aos dependentes do segurado que recebia salário de contribuição pouco superior ao limite estabelecido como critério de baixa renda pela legislação da época de seu encarceramento. À semelhança do entendimento do STJ que reconheceu a possibilidade de flexibilização do critério econômico definido legalmente para a concessão do Benefício Assistencial de Prestação Continuada, previsto na LOAS (REsp 1.112.557-MG, Terceira Seção, DJe 20/11/2009, julgado sob o rito do art. 543-C do CPC), é possível a concessão do auxílio-reclusão quando o caso concreto revelar a necessidade de proteção social, permitindo ao julgador a flexibilização do critério econômico para deferimento do benefício pleiteado, ainda que o salário de contribuição do segurado supere o valor legalmente fixado como critério de baixa renda no momento de sua reclusão. **REsp 1.479.564-SP, Rel. Min. Napoleão Nunes Maia Filho, julgado em 6/11/2014. (Inform. STJ 552)**

DIREITO PREVIDENCIÁRIO E PROCESSUAL CIVIL. DISPENSA DE PRÉVIO REQUERIMENTO ADMINISTRATIVO PARA OBTENÇÃO DE BENEFÍCIO PREVIDENCIÁRIO. Para o ajuizamento de ação judicial em que se objetive a concessão de benefício previdenciário, dispensa-se, excepcionalmente, o prévio requerimento administrativo quando houver: (i) recusa em seu recebimento por parte do INSS; ou (ii) resistência na concessão do benefício previdenciário, a qual se caracteriza (a) pela notória oposição da autarquia previdenciária à tese jurídica adotada pelo segurado ou (b) pela extrapolação da razoável duração do processo administrativo. Como regra geral, a falta de postulação administrativa de benefício previdenciário resulta em ausência de interesse processual dos que litigam diretamente no Poder Judiciário. Isso porque a pretensão, nesses casos, carece de elemento configurador de resistência pela autarquia previdenciária à pretensão. Não há conflito. Não há lide. Por conseguinte, não existe interesse de agir nessas situações. Ademais, o Poder Judiciário é a via destinada à resolução dos conflitos, o que também indica que, enquanto não houver resistência do devedor, carece de ação aquele que "judicializa" sua pretensão. Nessa linha intelectiva, a dispensa do prévio requerimento administrativo impõe grave ônus ao Poder Judiciário, uma vez que este, nessas circunstâncias, passa a figurar como órgão administrativo previdenciário, pois acaba assumindo atividades administrativas. Em contrapartida, o INSS passa a ter que pagar benefícios previdenciários que poderiam ter sido deferidos na via administrativa, acrescidos pelos custos de um processo judicial, como juros de mora e honorários advocatícios. Nesse passo, os próprios segurados, ao receberem, por meio de decisão judicial, benefícios previdenciários que poderiam ter sido deferidos na via administrativa, terão parte de seus ganhos reduzidos pela remuneração contratual de advogado. Entretanto, haverá interesse processual do segurado nas hipóteses de negativa do recebimento do requerimento ou de resistência na concessão do benefício previdenciário, caracterizado pela notória oposição da autarquia à tese jurídica adotada pelo segurado, ou, ainda, por extrapolação da razoável duração do processo administrativo. No caso da notória oposição da autarquia à tese jurídica adotada pelo segurado, vale dizer que a resistência à pretensão se concretiza quando o próprio INSS adota, institucionalmente ou pela prática, posicionamento contrário ao embasamento jurídico do pleito, de forma que seria mera formalidade impor ao segurado a prévia protocolização de requerimento administrativo. Esse entendimento, aliás, está em consonância com a decisão proferida pelo STF em Repercussão Geral, no RE 631.240-MG (julgado em 3/9/2014, DJe 10/11/2014). Precedente citado: AgRg no AREsp 152.247-PE, Segunda Turma, DJe 8/2/2013. **REsp 1.488.940-GO, Rel. Min. Herman Benjamin, julgado em 18/11/2014. (Inform. STJ 552)**

DIREITO PREVIDENCIÁRIO. CRITÉRIO ECONÔMICO PARA CONCESSÃO DO AUXÍLIO-RECLUSÃO. Na análise de concessão do auxílio-reclusão a que se refere o art. 80 da Lei 8.213/1991, o fato de o recluso que mantenha a condição de segurado pelo RGPS (art. 15 da Lei 8.213/1991) estar desempregado ou sem renda no momento do recolhimento à prisão indica o atendimento ao requisito econômico da baixa renda, independentemente do valor do último salário de contribuição. Inicialmente, cumpre ressaltar que o Estado entendeu por bem amparar os que dependem do segurado preso e definiu como critério econômico para a concessão do benefício a baixa renda do segurado (art. 201, IV, da CF). Diante disso, a EC 20/1998 estipulou um valor fixo como critério de baixa renda que todos os anos é corrigido pelo Ministério da Previdência Social. De fato, o art. 80 da Lei 8.213/1991 determina que o auxílio-reclusão será devido quando o segurado recolhido à prisão "não receber remuneração da empresa". Da mesma forma, ao regulamentar a concessão do benefício, o § 1º do art. 116 do Decreto 3.048/1999 estipula que "é devido auxílio-reclusão aos dependentes do segurado quando não houver salário de contribuição na data do seu efetivo recolhimento à prisão, desde que mantida a qualidade de segurado". É certo que o critério econômico da renda deve ser constatado no momento da reclusão, pois é nele que os dependentes sofrem o baque da perda do provedor. Ressalte-se que a jurisprudência do STJ assentou posição de que os requisitos para a concessão do benefício devem ser verificados no momento do recolhimento à prisão, em observância ao princípio *tempus regit actum* (AgRg no REsp 831.251-RS, Sexta Turma, DJe 23/5/2011; REsp 760.767-SC, Quinta Turma, DJ 24/10/2005; e REsp 395.816-SP, Sexta Turma, DJ 2/9/2002). **REsp 1.480.461-SP, Rel. Min. Herman Benjamin, julgado em 23/9/2014. (Inform. STJ 550)**

DIREITO PREVIDENCIÁRIO. ATIVIDADES CONCOMITANTES PRESTADAS SOB O RGPS E PRINCÍPIO DA UNICIDADE DE FILIAÇÃO. O segurado que manteve dois vínculos concomitantes com o RGPS – um na condição de contribuinte individual e outro como empregado público – pode utilizar as contribuições efetivadas como contribuinte individual na concessão de aposentadoria junto ao RGPS, sem prejuízo do cômputo do tempo como empregado público para a concessão de aposentadoria sujeita ao Regime Próprio, diante da transformação do emprego público em cargo público. De fato, o contribuinte possuía dois vínculos com o Regime Geral, um na condição de contribuinte individual e outro como empregado público, regido pela CLT. Entretanto, o tempo de serviço e as contribuições recolhidas na condição de contribuinte individual não se confundem com o vínculo empregatício mantido como servidor público. Assim, não há óbice para utilizar o tempo prestado ao estado no regime celetista para fins de aposentadoria estatutária e as contribuições como contribuinte individual na concessão da aposentadoria previdenciária por tempo de contribuição, não havendo falar em violação ao princípio da unicidade de filiação. Ademais, o art. 96 da Lei 8.213/1991 veda apenas que o mesmo lapso temporal, durante o qual o segurado exerceu simultaneamente uma atividade privada e outra sujeita a regime próprio de previdência, seja computado em duplicidade, o que não é o caso, pois não há contagem em duplicidade, uma é decorrente da contratação celetista, e outra da condição de contribuinte individual. **AgRg no REsp 1.444.003-RS, Rel. Min. Humberto Martins, julgado em 8/5/2014. (Inform. STJ 544)**

Súmula STJ nº 456

É incabível a correção monetária dos salários de contribuição considerados no cálculo do salário de benefício de auxílio-doença, aposentadoria por invalidez, pensão ou auxílio-reclusão concedidos antes da vigência da CF/1988.

Súmula STJ nº 427

A ação de cobrança de diferenças de valores de complementação de aposentadoria prescreve em cinco anos contados da data do pagamento.

Súmula STJ nº 159

O benefício acidentário, no caso de contribuinte que perceba remuneração variável, deve ser calculado com base na média aritmética dos últimos doze meses de contribuição.

Súmula STJ nº 146

O segurado, vítima de novo infortúnio, faz jus a um único benefício somado ao salário de contribuição vigente no dia do acidente.

3. APOSENTADORIA POR INVALIDEZ

DIREITO PREVIDENCIÁRIO. ADICIONAL DE 25% PREVISTO NO ART. 45 DA LEI 8.213/1991 (GRANDE INVALIDEZ).
O segurado já aposentado por tempo de serviço e/ou por contribuição que foi posteriormente acometido de invalidez que exija assistência permanente de outra pessoa não tem direito ao acréscimo de 25% sobre o valor do benefício que o aposentado por invalidez faz jus em razão de necessitar dessa assistência (art. 45, *caput*, da Lei 8.213/1991). Isso porque o mencionado dispositivo legal restringiu sua incidência ao benefício de aposentadoria por invalidez, não podendo, assim, ser estendido a outras espécies de benefícios previdenciários. **REsp 1.533.402-SC, Rel. Min. Sérgio Kukina, julgado em 1º/9/2015, DJe 14/9/2015 (Inform. STJ 569).**

4. APOSENTADORIA POR IDADE E POR TEMPO DE SERVIÇO

DIREITO PREVIDENCIÁRIO. NATUREZA DO TRABALHO EXERCIDO IMEDIATAMENTE ANTES DE REQUERIMENTO DE APOSENTADORIA HÍBRIDA POR IDADE.
O reconhecimento do direito à aposentadoria híbrida por idade não está condicionado ao exercício de atividade rurícola no período imediatamente anterior ao requerimento administrativo. A aposentadoria híbrida tem por objetivo alcançar os trabalhadores que, ao longo de sua vida, mesclaram períodos de labor urbano e rural sem, contudo, perfazer tempo suficiente para se aposentar em nenhuma dessas atividades, quando isoladamente consideradas, permitindo-se, por conseguinte, a soma de ambos os tempos. Assim, como a Lei 11.718/2008, ao alterar o art. 48 da Lei 8.213/1991, não trouxe nenhuma distinção acerca de qual seria a atividade a ser exercida pelo segurado no momento imediatamente anterior ao requerimento, tem-se como infundada a tese de que o cômputo de labor urbano e rural de forma conjunta apenas é possível quando a atividade rurícola tenha sido exercida por último. Precedente citado: AgRg no REsp 1.477.835-PR, Segunda Turma, DJe 20/5/2015. **REsp 1.476.383-PR, Rel. Min. Sérgio Kukina, julgado em 1º/10/2015, DJe 8/10/2015 (Inform. STJ 570).**

DIREITO PREVIDENCIÁRIO. CARÊNCIA DA APOSENTADORIA HÍBRIDA POR IDADE E ADVENTO DA LEI 8.213/1991.
É possível considerar o tempo de serviço rural anterior ao advento da Lei 8.213/1991 para fins de carência de aposentadoria híbrida por idade, sem que seja necessário o recolhimento de contribuições previdenciárias para esse fim. A Lei 11.718/2008, ao alterar o art. 48 da Lei dos Planos de Benefícios da Previdência Social, não vedou a possibilidade de se computar o tempo de serviço rural anterior à vigência da Lei 8.213/1991 na carência da aposentadoria híbrida por idade nem exigiu qualquer recolhimento de contribuições para esse fim. Precedente citado: AgRg no REsp 1.497.086-PR, Segunda Turma, DJe 6/4/2015. **REsp 1.476.383-PR, Rel. Min. Sérgio Kukina, julgado em 1º/10/2015, DJe 8/10/2015 (Inform. STJ 570).**

DIREITO PREVIDENCIÁRIO E PROCESSUAL CIVIL. TERMO INICIAL DA APOSENTADORIA RURAL POR IDADE.
Na ausência de prévio requerimento administrativo, o termo inicial para a implantação da aposentadoria por idade rural deve ser a data da citação válida do INSS – e não a data do ajuizamento da ação. No julgamento do REsp 1.369.165-SP, submetido ao rito do artigo 543-C

do CPC, a Primeira Seção do STJ firmou compreensão segundo a qual, na ausência de prévio requerimento administrativo, o termo inicial para a implantação da aposentadoria por invalidez deve ser a data da citação da autarquia previdenciária federal, ao invés da data da juntada do laudo médico-pericial que atestou a invalidez do segurado. O caso em análise guarda certa identidade com o que já foi decidido naquela oportunidade, sendo desinfluente a natureza dos benefícios (aposentadoria por invalidez naquele e aposentadoria rural por idade neste). Isso porque, na linha do que já decido no REsp 1.369.165-SP, na ausência de interpelação do INSS, habitualmente tratada como prévio requerimento administrativo, a cobertura por parte da Previdência Social só deve ocorrer quando em mora, e a mora, no caso, só se verifica com a citação válida, não retroagindo à data do ajuizamento do feito. Ademais, a jurisprudência desta Corte também tem afirmado ser devido o benefício na data da citação válida da Administração Pública, quando ausente a sua prévia interpelação, nas seguintes hipóteses: concessão de auxílio-acidente regido pelo art. 86 da Lei 8.213/1991 e não precedido de auxílio-doença; concessão de benefício assistencial previsto na Lei 8.742/1993; concessão de pensão especial de ex-combatentes; e pensão por morte de servidor público federal ou pelo RGPS. **REsp 1.450.119-SP, Rel. originário Min. Mauro Campbell Marques, Rel. para acórdão Min. Benedito Gonçalves, julgado em 08/10/2014, DJe 1º/7/2015 (Inform. STJ 565).**

DIREITO PREVIDENCIÁRIO. APOSENTADORIA POR IDADE HÍBRIDA. Caso o trabalhador rural, ao atingir a idade prevista para a concessão da aposentadoria por idade rural (60 anos, se homem, e 55 anos, se mulher), ainda não tenha alcançado o tempo mínimo de atividade rural exigido na tabela de transição prevista no art. 142 da Lei 8.213/1991, poderá, quando completar 65 anos, se homem, e 60 anos, se mulher, somar, para efeito de carência, o tempo de atividade rural aos períodos de contribuição sob outras categorias de segurado, para fins de concessão de aposentadoria por idade "híbrida", ainda que inexistam contribuições previdenciárias no período em que exerceu suas atividades como trabalhador rural. A modalidade "híbrida" foi introduzida pela Lei 11.718/2008 para permitir uma adequação da norma para as categorias de trabalhadores urbanos e rurais, possibilitando ao segurado especial a soma do tempo de atividade rural sem contribuições previdenciárias ao tempo de contribuição em outra classificação de segurado, com a finalidade de implementar o tempo necessário de carência. Com isso, o legislador permitiu ao rurícola o cômputo de tempo rural como período contributivo, para efeito de cálculo e pagamento do benefício etário. Assim, sob o enfoque da atuária, não se mostra razoável exigir do segurado especial contribuição para obtenção da aposentadoria por idade híbrida, relativamente ao tempo rural. Por isso, não se deve inviabilizar a contagem do trabalho rural como período de carência. **REsp 1.367.479-RS, Rel. Min. Mauro Campbell Marques, julgado em 4/9/2014. (Inform. STJ 548)**

---

5. APOSENTADORIA ESPECIAL

REPERCUSSÃO GERAL EM ARE N. 906.569-PE

RELATOR: MIN. EDSON FACHIN

RECURSO EXTRAORDINÁRIO COM REPERCUSSÃO GERAL. DIREITO PREVIDENCIÁRIO. APOSENTADORIA ESPECIAL. CONVERSÃO DO TEMPO DE SERVIÇO. CARACTERIZAÇÃO DA ESPECIALIDADE DO LABOR. ARTIGOS 57 E 58 DA LEI 8.213/91.

1. A avaliação judicial de critérios para a caracterização da especialidade do labor, para fins de reconhecimento de aposentadoria especial ou de conversão de tempo de serviço, conforme previsão dos artigos 57 e 58 da Lei 8.213/91, é controvérsia que não apresenta repercussão geral, o que inviabiliza o processamento do recurso extraordinário, nos termos do art. 543-A, §5º, do Código de Processo Civil.

2. O juízo acerca da especialidade do labor depende necessariamente da análise fático-probatória, em concreto, de diversos fatores, tais como o reconhecimento de atividades e agentes nocivos à saúde ou à integridade física do segurado; a comprovação de efetiva exposição aos referidos agentes e atividades; apreciação jurisdicional de laudos periciais e demais elementos probatórios; e a permanência, não ocasional nem intermitente, do exercício de trabalho em condições especiais. Logo, eventual divergência ao entendimento adotado pelo Tribunal de origem, em relação à caracterização da especialidade do trabalho, demandaria o reexame de fatos e provas e o da legislação infraconstitucional aplicável à espécie. INEXISTÊNCIA DE REPERCUSSÃO GERAL. **(Inform. STF 800)**

Aposentadoria especial e uso de equipamento de proteção - 1

O Plenário iniciou julgamento de recurso extraordinário com agravo em que se discute eventual descaracterização do tempo de serviço especial, para fins de aposentadoria, em decorrência do uso de equipamento de proteção individual (EPI) — informado no perfil profissiográfico previdenciário (PPP) ou documento equivalente — capaz de eliminar a insalubridade. Questiona-se, ainda, a fonte de custeio para essa aposentadoria especial. Preliminarmente, o Tribunal converteu o agravo em recurso extraordinário. Mencionou que o agravo preenchería todos os requisitos, de modo a permitir o imediato julgamento do extraordinário, porquanto presentes no debate o direito fundamental à previdência social, com reflexos mediatos nos cânones constitucionais do direito à vida e à saúde. No mérito, o Ministro Luiz Fux (relator) deu provimento ao recurso do INSS. Esclareceu que o denominado PPP poderia ser conceituado como documento histórico-laboral do trabalhador, que reuniria, dentre outras informações, dados administrativos, registros ambientais e resultados de monitoração biológica durante todo o período em que este exercera suas atividades, referências sobre as condições e medidas de controle da saúde ocupacional de todos os trabalhadores, além da comprovação da efetiva exposição dos empregados a agentes nocivos, e eventual neutralização pela utilização de EPI. Citou a necessidade de se indicar a atividade exercida pelo trabalhador, o agente nocivo ao qual estaria ele exposto, a intensidade e a concentração do agente, além de exames médicos clínicos. Frisou que aos trabalhadores seria assegurado o exercício de suas funções em ambiente saudável e seguro (CF, artigos 193 e 225). Destacou que o anexo IV do Decreto 3.048/1999 (Regulamento da Previdência Social) traria a classificação dos agentes nocivos e, por sua vez, a Lei 9.528/1997, ao modificar a Lei de Benefícios da Previdência Social, teria fixado a obrigatoriedade de as empresas manterem laudo técnico atualizado, sob pena de multa, bem como de elaborarem e manterem PPP, a abranger as atividades desenvolvidas pelo trabalhador. Sublinhou que a Lei 9.528/1997 seria norma de aplicabilidade contida, ante a exigência de regulamentação administrativa, que ocorrera por meio da Instrução Normativa 95/2003, cujo marco temporal de eficácia fora fixado para 1º.1.2004. Aduziu, também, que a Instrução Normativa 971/2009, da Receita Federal, ao dispor sobre normas gerais de tributação previdenciária e de arrecadação das contribuições sociais destinadas à previdência social e às outras entidades ou fundos, teria assentado que referida contribuição não seria devida se houvesse a efetiva utilização, comprovada pela empresa, de equipamentos de proteção individual que neutralizassem ou reduzissem o grau de exposição a níveis legais de tolerância.
ARE 664335/SC, rel. Min. Luiz Fux, 3.9.2014. (ARE-664335)

Aposentadoria especial e uso de equipamento de proteção - 2

O Ministro Luiz Fux reconheceu que os tribunais estariam a adotar a teoria da proteção extrema, no sentido de que, ainda que o EPI fosse efetivamente utilizado e hábil a eliminar a insalubridade, não estaria descaracterizado o tempo de serviço especial prestado (Enunciado 9 da Súmula da Turma Nacional de Uniformização dos Juizados Especiais Federais). Salientou que a controvérsia interpretativa a respeito da concessão de aposentadoria especial encerraria situações diversas: a) para o INSS, se o EPI fosse comprovadamente utilizado e eficaz na neutralização da insalubridade, a aposentadoria especial não deveria ser concedida; b) para a justiça de 1ª instância, o benefício seria devido; c) para a receita federal, a contribuição não seria devida e a concessão do benefício, sem fonte de custeio, afrontaria a Constituição (art. 195, § 5º). Realçou que a melhor interpretação constitucional a ser dada ao instituto seria aquela que privilegiasse, de um lado, o trabalhador e, de outro, o preceito do art. 201 da CF. Ponderou que, apesar de constar expressamente na Constituição (art. 201, § 1º) a necessidade de lei complementar para regulamentar a aposentadoria especial, a EC 20/1998 teria fixado, expressamente, em seu art. 15, como norma de transição, que "até que a lei complementar a que se refere o art. 201, § 1º, da Constituição

Federal, seja publicada, permanece em vigor o disposto nos artigos 57 e 58 da Lei nº 8.213, de 24 de julho de 1991, na redação vigente à data da publicação desta Emenda". Registrou que a concessão de aposentadoria especial dependeria, em todos os casos, de comprovação, pelo segurado, perante o INSS, do tempo de trabalho permanente, não ocasional nem intermitente, exercido em condições especiais que prejudicassem a saúde ou a integridade física, durante o período mínimo de 15, 20 ou 25 anos, a depender do agente nocivo. Asseverou que não se poderia exigir dos trabalhadores expostos a agentes prejudiciais à saúde e com maior desgaste, o cumprimento do mesmo tempo de contribuição daqueles empregados que não estivessem expostos a qualquer agente nocivo. Ressaltou, outrossim, não ser possível considerar que todos os agentes químicos, físicos e biológicos seriam capazes de prejudicar os trabalhadores de igual forma e grau, do que resultaria a necessidade de se determinar diferentes tempos de serviço mínimo para aposentadoria, de acordo com cada espécie de agente nocivo. Assentou que a verificação da nocividade laboral para caracterizar o direito à aposentadoria especial conferiria maior eficácia ao instituto à luz da Constituição. Discordou do entendimento segundo o qual o benefício previdenciário seria devido em qualquer hipótese, desde que o ambiente fosse insalubre (risco potencial do dano). No caso concreto, assinalou que, a tratar especificamente do agente nocivo ruído, o aresto recorrido se baseara na tese jurídica de que a utilização de equipamento de proteção individual que neutralizasse, eliminasse ou reduzisse a nocividade dos agentes não excluiria a aposentadoria especial. Não indicara, contudo, se o equipamento seria eficiente para gerar aposentadoria especial. Nesse aspecto, consignou que a tese escorreita a ser firmada seria no sentido de que a utilização de equipamento de proteção individual, comprovada mediante formulário (PPP ou documento equivalente) na forma estabelecida pela legislação previdenciária, não caracterizaria tempo de serviço especial e, via de consequência, não permitiria que o trabalhador tivesse direito à aposentadoria especial. Enfatizou que a autoridade competente poderia, no exercício da fiscalização, aferir as informações prestadas pela empresa e constantes no laudo técnico de condições ambientais do trabalho, sem prejuízo do controle judicial. Consignou que as atividades laborais nocivas e sua respectiva eliminação deveriam ser meta da sociedade, do Estado, do empresariado e dos trabalhadores como princípios basilares da Constituição. Em seguida, pediu vista dos autos o Ministro Roberto Barroso.
ARE 664335/SC, rel. Min. Luiz Fux, 3.9.2014. (ARE-664335)

Aposentadoria especial e uso de equipamento de proteção - 3
O direito à aposentadoria especial pressupõe a efetiva exposição do trabalhador a agente nocivo à sua saúde, de modo que, se o Equipamento de Proteção Individual (EPI) for realmente capaz de neutralizar a nocividade, não haverá respaldo constitucional à concessão de aposentadoria especial. Ademais — no que se refere a EPI destinado a proteção contra ruído —, na hipótese de exposição do trabalhador a ruído acima dos limites legais de tolerância, a declaração do empregador, no âmbito do Perfil Profissiográfico Previdenciário (PPP), no sentido da eficácia do EPI, não descaracteriza o tempo de serviço especial para a aposentadoria. Esse o entendimento do Plenário que, em conclusão de julgamento, desproveu recurso extraordinário com agravo em que discutida eventual descaracterização do tempo de serviço especial, para fins de aposentadoria, em decorrência do uso de EPI — informado no PPP ou documento equivalente — capaz de eliminar a insalubridade. Questionava-se, ainda, a fonte de custeio para essa aposentadoria especial — v. Informativo 757. O Colegiado afirmou que o denominado PPP poderia ser conceituado como documento histórico-laboral do trabalhador, que reuniria, dentre outras informações, dados administrativos, registros ambientais e resultados de monitoração biológica durante todo o período em que ele exercera suas atividades, referências sobre as condições e medidas de controle da saúde ocupacional de todos os trabalhadores, além da comprovação da efetiva exposição dos empregados a agentes nocivos, e eventual neutralização pela utilização de EPI. Seria necessário indicar a atividade exercida pelo trabalhador, o agente nocivo ao qual estaria ele exposto, a intensidade e a concentração do agente, além de exames médicos clínicos. Não obstante, aos trabalhadores seria assegurado o exercício de suas funções em ambiente saudável e seguro (CF, artigos 193 e 225). A respeito, o anexo IV do Decreto 3.048/1999 (Regulamento da Previdência Social) traz a classificação dos agentes nocivos e, por sua vez, a Lei 9.528/1997, ao modificar a Lei de Benefícios da Previdência Social, fixa a obrigatoriedade de as empresas manterem laudo técnico atualizado, sob pena de multa, bem como de elaborarem e manterem PPP, a abranger as atividades desenvolvidas pelo trabalhador. A referida Lei 9.528/1997 seria norma de aplicabilidade contida, ante a exigência de regulamentação administrativa, que ocorrera por meio da Instrução Normativa 95/2003, cujo marco temporal de eficácia fora fixado para 1º.1.2004. Ademais, a Instrução Normativa 971/2009, da Receita Federal, ao dispor sobre normas gerais de tributação previdenciária e de arrecadação das contribuições sociais destinadas à previdência social e às outras entidades ou fundos, assenta que referida contribuição não é devida se houver a efetiva utilização, comprovada pela empresa, de equipamentos de proteção individual que neutralizem ou reduzam o grau de exposição a níveis legais de tolerância.
ARE 664335/SC, rel. Min. Luiz Fux, 4.12.2014. (ARE-664335)

Aposentadoria especial e uso de equipamento de proteção - 4
O Colegiado reconheceu que os tribunais estariam a adotar a teoria da proteção extrema, no sentido de que, ainda que o EPI fosse efetivamente utilizado e hábil a eliminar a insalubridade, não estaria descaracterizado o tempo de serviço especial prestado (Enunciado 9 da Súmula da Turma Nacional de Uniformização dos Juizados Especiais Federais). Destacou, entretanto, que o uso de EPI com o intuito de evitar danos sonoros — como no caso — não seria capaz de inibir os efeitos do ruído. Salientou que a controvérsia interpretativa a respeito da concessão de aposentadoria especial encerraria situações diversas: a) para o INSS, se o EPI fosse comprovadamente utilizado e eficaz na neutralização da insalubridade, a aposentadoria especial não deveria ser concedida; b) para a justiça de 1ª instância, o benefício seria devido; e c) para a Receita Federal, a contribuição não seria devida e a concessão do benefício, sem fonte de custeio, afrontaria a Constituição (art. 195, § 5º). Realçou que a melhor interpretação constitucional a ser dada ao instituto seria aquela que privilegiasse, de um lado, o trabalhador e, de outro, o preceito do art. 201 da CF. Ponderou que, apesar de constar expressamente na Constituição (art. 201, § 1º) a necessidade de lei complementar para regulamentar a aposentadoria especial, a EC 20/1998 fixa, expressamente, em seu art. 15, como norma de transição, que "até que a lei complementar a que se refere o art. 201, § 1º, da Constituição Federal, seja publicada, permanece em vigor o disposto nos artigos 57 e 58 da Lei nº 8.213, de 24 de julho de 1991, na redação vigente à data da publicação desta Emenda". A concessão de aposentadoria especial dependeria, em todos os casos, de comprovação, pelo segurado, perante o INSS, do tempo de trabalho permanente, não ocasional nem intermitente, exercido em condições especiais que prejudicassem a saúde ou a integridade física, durante o período mínimo de 15, 20 ou 25 anos, a depender do agente nocivo. Não se poderia exigir dos trabalhadores expostos a agentes prejudiciais à saúde e com maior desgaste, o cumprimento do mesmo tempo de contribuição daqueles empregados que não estivessem expostos a qualquer agente nocivo. Outrossim, não seria possível considerar que todos os agentes químicos, físicos e biológicos seriam capazes de prejudicar os trabalhadores de igual forma e grau, do que resultaria a necessidade de se determinar diferentes tempos de serviço mínimo para aposentadoria, de acordo com cada espécie de agente nocivo. A verificação da nocividade laboral para caracterizar o direito à aposentadoria especial conferiria maior eficácia ao instituto à luz da Constituição. O Plenário discordou do entendimento segundo o qual o benefício previdenciário seria devido em qualquer hipótese, desde que o ambiente fosse insalubre (risco potencial do dano). A autoridade competente poderia, no exercício da fiscalização, aferir as informações prestadas pela empresa e constantes no laudo técnico de condições ambientais do trabalho, sem prejuízo do controle judicial. As atividades laborais nocivas e sua respectiva eliminação deveriam ser meta da sociedade, do Estado, do empresariado e dos trabalhadores como princípios basilares da Constituição. O Ministro Marco Aurélio, ao acompanhar o dispositivo da decisão colegiada, limitou-se a desprover o recurso, sem acompanhar as teses fixadas. O Ministro Teori Zavascki, por sua vez, endossou apenas a primeira tese, tendo em vista reputar que a

segunda — alusiva a ruído acima dos limites de tolerância — não teria conteúdo constitucional. O Ministro Luiz Fux (relator) reajustou seu voto relativamente ao EPI destinado à proteção contra ruído.
ARE 664335/SC, rel. Min. Luiz Fux, 4.12.2014. (ARE-664335) **(Inform. STF 770)**

REPERCUSSÃO GERAL EM RE N. 788.092-SC

RELATOR: MIN. DIAS TOFFOLI

EMENTA: DIREITO PREVIDENCIÁRIO E CONSTITUCIONAL. CONSTITUCIONALIDADE DO ART. 57, § 8º, DA LEI Nº 8.213/91. DISCUSSÃO ACERCA DA POSSIBILIDADE DE PERCEPÇÃO DO BENEFÍCIO DA APOSENTADORIA ESPECIAL INDEPENDENTEMENTE DO AFASTAMENTO DO BENEFICIÁRIO DAS ATIVIDADES LABORAIS NOCIVAS À SAÚDE. MATÉRIA PASSÍVEL DE REPETIÇÃO EM INÚMEROS PROCESSOS, COM REPERCUSSÃO NA ESFERA DE INTERESSE DE BENEFICIÁRIOS DA PREVIDÊNCIA SOCIAL. PRESENÇA DE REPERCUSSÃO GERAL. **(Inform. STF 768)**

DIREITO PREVIDENCIÁRIO. APOSENTADORIA ESPECIAL A CONTRIBUINTE INDIVIDUAL NÃO COOPERADO.

É possível a concessão de aposentadoria especial prevista no art. 57, *caput*, da Lei 8.213/1991 a contribuinte individual do RGPS que não seja cooperado, desde que preenchidos os requisitos legais para tanto. De fato, o art. 57, *caput*, da Lei 8.213/1991 ("A aposentadoria especial será devida, uma vez cumprida a carência exigida nesta Lei, ao segurado que tiver trabalhado sujeito a condições especiais que prejudiquem a saúde ou a integridade física, durante 15 (quinze), 20 (vinte) ou 25 (vinte e cinco) anos, conforme dispuser a lei") não traça qualquer diferenciação entre as diversas categorias de segurados. Além disso, não se pode sustentar, tendo em vista o fato de o contribuinte individual não cooperado não participar diretamente do custeio do benefício, a inviabilidade de concessão da aposentadoria especial a ele. Realmente, os §§ 6º e 7º do art. 57 da Lei 8.213/1991 atribuem a sociedades empresárias que possuam em seus quadros trabalhadores que exerçam atividade especial uma contribuição complementar com o escopo de auxiliar no custeio da aposentadoria especial. Ocorre que, embora os benefícios previdenciários devam estar relacionados a fontes de custeio previamente definidas (princípio da contrapartida), essa exigência não implica afirmar que a fonte de custeio está intimamente ligada ao destinatário do benefício. Pelo contrário, o sistema previdenciário do regime geral se notabiliza por ser um sistema de repartição simples, no qual não há uma direta correlação entre o montante contribuído e o montante usufruído, em nítida obediência ao princípio da solidariedade, segundo o qual a previdência é responsabilidade do Estado e da sociedade, sendo possível que determinado integrante do sistema contribua mais do que outros, em busca de um ideal social coletivo. Desse modo, a contribuição complementar imposta pelos §§ 6º e 7º do aludido art. 57 a sociedades empresárias – integrantes com maior capacidade contributiva – busca, em nítida obediência ao princípio da solidariedade, equilibrar o sistema previdenciário em prol de *todos* os segurados, pois, conforme afirmado acima, o art. 57, *caput*, da Lei 8.213/1991 não traça qualquer diferenciação entre as categorias de segurados. Ademais, imprescindível anotar que a norma prevista no art. 22, II, da Lei 8.212/1991, a que o art. 57, §§ 6º e 7º, da Lei 8.213/1991 faz remissão, impõe às empresas uma contribuição com o escopo de custear o benefício previdenciário previsto nos artigos 57 e 58 da Lei 8.213/1991, isto é, aposentadoria especial, bem como os benefícios concedidos em razão do grau de incidência de incapacidade laborativa decorrente dos riscos ambientais do trabalho, ou seja, visa custear também os benefícios por incapacidade relacionados a acidente de trabalho, para os quais não há restrição à sua concessão aos segurados contribuintes individuais, a despeito de não participarem da contribuição especificamente instituída para a referida contraprestação previdenciária. Além do mais, o art. 64 do Decreto 3.048/1999, ao limitar a concessão da aposentadoria especial de modo taxativo ao segurado empregado, ao trabalhador avulso e ao contribuinte individual *cooperado* – afastando, portanto, o direito do contribuinte individual *que não seja cooperado* –, extrapola os limites da Lei de Benefícios que se propôs regulamentar, razão pela qual deve ser reconhecida sua ilegalidade. REsp 1.436.794-SC, Rel. Min. Mauro Campbell Marques, julgado em 17/9/2015, DJe 28/9/2015 (Inform. STJ 570).

DIREITO PREVIDENCIÁRIO. TERMO INICIAL DE APOSENTADORIA ESPECIAL.

Se, no momento do pedido administrativo de aposentadoria especial, o segurado já tiver preenchido os requisitos necessários à obtenção do referido benefício, ainda que não os tenha demonstrado perante o INSS, o termo inicial da aposentadoria especial concedida por meio de sentença será a data do aludido requerimento administrativo, e não a data da sentença. O art. 57, § 2º, da Lei 8.213/1991 confere à aposentadoria especial o mesmo tratamento dado à aposentadoria por idade quanto à fixação do termo inicial, qual seja, a data de entrada do requerimento administrativo para todos os segurados, exceto o segurado empregado. Desse modo, a comprovação extemporânea de situação jurídica já consolidada em momento anterior não tem o condão de afastar o direito adquirido do segurado, impondo-se o reconhecimento do direito ao benefício previdenciário no momento do requerimento administrativo, quando preenchidos os requisitos para a concessão da aposentadoria. Nessa ordem de ideias, quando o segurado já tenha preenchido os requisitos para a concessão da aposentadoria especial ao tempo do requerimento administrativo, afigura-se injusto que somente venha a receber o benefício a partir da data da sentença ao fundamento da ausência de comprovação do tempo laborado em condições especiais naquele primeiro momento. **Pet 9.582-RS, Rel. Min. Napoleão Nunes Maia Filho, julgado em 26/8/2015, DJe 16/9/2015 (Inform. STJ 569).**

Súmula STF nº 726

Para efeito de aposentadoria especial de professores, não se computa o tempo de serviço prestado fora da sala de aula.

6. AUXÍLIO-DOENÇA

REPERCUSSÃO GERAL EM ARE N. 821.296-PE

RELATOR: MIN. ROBERTO BARROSO

Ementa: PREVIDENCIÁRIO. AUXÍLIO-DOENÇA. VERIFICAÇÃO DOS REQUISITOS PARA CONCESSÃO DO BENEFÍCIO. 1. Hipótese em que o acórdão recorrido consigna a ausência dos requisitos necessários à concessão do auxílio-doença. 2. Discussão que envolve matéria infraconstitucional, além de exigir o revolvimento da matéria fática (Súmula 279/STF). 3. Inexistência de repercussão geral. **(Inform. STF 763)**

Súmula STJ nº 44

A definição, em ato regulamentar, de grau mínimo de disacusia, não exclui, por si só, a concessão do benefício previdenciário.

7. PENSÃO POR MORTE

AG. REG. NO ARE N. 679.210-MG

RELATOR: MIN. DIAS TOFFOLI

EMENTA: Agravo regimental no recurso extraordinário com agravo. Constitucional e previdenciário. Pensão por morte. Cônjuge varão. Demonstração de invalidez. Ofensa ao princípio da isonomia. Precedentes. Dependência econômica. Preenchimento do requisito reconhecido pelo tribunal de origem. Legislação local. Reexame de fatos e provas. Análise. Impossibilidade. Precedentes.

1. A exigência de invalidez do marido para ser beneficiário de pensão por morte da esposa fere o princípio da isonomia inserto no art. 5º, inciso I, da Constituição Federal, uma vez que tal requisito não é exigido em relação à esposa. Esse entendimento é aplicável, inclusive, quando o óbito da instituidora se tenha dado anteriormente à promulgação da Emenda Constitucional nº 20/98. Precedentes.

2. Inadmissível, em recurso extraordinário, o reexame dos fatos e das provas da causa e a análise de legislação local. Incidência das Súmulas nºs 279 e 280/STF.

3. Agravo regimental não provido. **(Inform. STF 804)**

AG. REG. NO ARE N. 699.199-CE
RELATOR: MIN. ROBERTO BARROSO
EMENTA: PREVIDENCIÁRIO. AGRAVO REGIMENTAL EM RECURSO EXTRAORDINÁRIO COM AGRAVO. SERVIDOR PÚBLICO QUE FALECEU ANTES DA EC 20/98. PENSÃO POR MORTE. CÔNJUGE VARÃO. EXIGÊNCIA DE INVALIDEZ. OFENSA AO PRINCÍPIO DA ISONOMIA. PRECEDENTES.
1. A jurisprudência do Supremo Tribunal Federal é firme no sentido de que ofende o princípio constitucional da isonomia lei que exige do marido, para fins de recebimento de pensão por morte da mulher, a comprovação do estado de invalidez. Precedentes.
2. Agravo regimental a que se nega provimento. **(Inform. STF 790)**

Adoção de descendente maior de idade e legitimidade
Não é legítima a adoção de descendente maior de idade, sem a constatação de suporte moral ou econômico, com o fim de induzir o deferimento de benefício previdenciário. Com base nessa orientação, a Primeira Turma denegou mandado de segurança impetrado em face de decisão do TCU, que negara registro a pensão militar recebida pela impetrante. No caso, ela fora adotada, aos 41 anos de idade, pelo avô, servidor militar aposentado. No momento da adoção, a impetrante exercia o magistério no serviço público estadual. De início, o Colegiado afastou alegação de ofensa ao contraditório e à ampla defesa. No ponto, invocou o Enunciado 3 da Súmula Vinculante do STF. Repeliu, também, arguição de decadência. A incidência do disposto no art. 54 da Lei 9.784/1999, a tratar da decadência do direito de a Administração anular os próprios atos após decorrido o prazo fixado, pressuporia situação jurídica aperfeiçoada. Isso não sucederia quanto ao ato de natureza complexa, conforme jurisprudência da Corte. No mérito, a Turma assinalou que não haveria demonstração da dependência econômica capaz de justificar o deferimento da pensão. Em contexto de escassez de recursos públicos, deveriam ser combatidas posturas estrategicamente destinadas a induzir o deferimento de pensões em casos que, diante das características subjetivas dos envolvidos, não ensejariam o reconhecimento do direito. Não seria viável, na ausência de elementos comprobatórios mínimos, presumir as necessárias dependências econômica e afetiva. O inciso I do art. 7º da Lei 3.765/1960, com redação vigente quando do óbito do avô, em 1994, apenas admitia o deferimento do benefício, em ordem de prioridade, aos filhos menores de 21 anos ou, quando estudantes, menores de 24 anos. O parágrafo único do preceito, ademais, afastava as limitações etárias apenas quando demonstrada invalidez ou enfermidade grave a impedir a subsistência do postulante da pensão militar. Além disso, o § 1º do art. 42 do ECA, em momento posterior à formalização da escritura pública de adoção, ocorrida em 1989, trouxera regra a vedar a adoção por ascendentes, a reforçar o caráter reprovável da conduta. Dentre as finalidades da norma, mereceria destaque o combate à prática de atos de simulação e fraude à lei, como nos casos em que a filiação fosse estabelecida unicamente para a percepção de benefícios junto ao Poder Público.
MS 31383/DF, rel. Min. Marco Aurélio, 12.5.2015. (MS-31383) (Inform. STF 785)

DIREITO PREVIDENCIÁRIO. HABILITAÇÃO TARDIA DE "PENSIONISTA MENOR".
Ainda que o beneficiário seja "pensionista menor", a pensão por morte terá como termo inicial a data do requerimento administrativo – e não a do óbito – na hipótese em que, postulado após trinta dias do óbito do segurado, o benefício já vinha sendo pago integralmente a outro dependente previamente habilitado. A jurisprudência prevalente do STJ é no sentido de que, comprovada a absoluta incapacidade do requerente, faz ele jus ao pagamento das parcelas de pensão por morte desde a data do óbito do segurado, ainda que não haja postulação administrativa no prazo de trinta dias (REsp 1.405.909-AL, Primeira Turma, DJe 9/9/2014; REsp 1.354.689-PB, Segunda Turma, DJe 11/3/2014). Isso porque, nos termos do art. 79 da Lei 8.213/1991, está claro que tanto o prazo de decadência quanto o prazo de prescrição previstos no art. 103 da referida Lei são inaplicáveis ao pensionista menor, situação esta que só desaparece com a maioridade, nos termos do art. 5º do Código Civil. Contudo, o dependente menor que não pleiteia a pensão por morte no prazo de trinta dias a contar da data do óbito do segurado (art. 74 da Lei 8.213/1991) não tem direito ao recebimento do referido benefício a partir da data do falecimento do instituidor, na hipótese em que a pensão houver sido integralmente paga a outros dependentes que já estavam previamente habilitados perante o INSS. Com efeito, a habilitação posterior do dependente menor somente deverá produzir efeitos a contar desse episódio, de modo que não há que falar em efeitos financeiros para momento anterior à sua inclusão (art. 76 da Lei 8.213/1991). Ressalta-se, inclusive, que admitir o contrário implicaria em inevitável prejuízo à autarquia previdenciária, que seria condenada a pagar duplamente o valor da pensão. Precedente citado: REsp 1.377.720-SC, Segunda Turma, DJe 5/8/2013. **REsp 1.513.977-CE, Rel. Min. Herman Benjamin, julgado em 23/6/2015, DJe 5/8/2015 (Inform. STJ 566).**

DIREITO PREVIDENCIÁRIO. CONCESSÃO DE BENEFÍCIO PREVIDENCIÁRIO A CRIANÇA OU ADOLESCENTE SOB GUARDA JUDICIAL. No caso em que segurado de regime previdenciário seja detentor da guarda judicial de criança ou adolescente que dependa economicamente dele, ocorrendo o óbito do guardião, será assegurado o benefício da pensão por morte ao menor sob guarda, ainda que este não tenha sido incluído no rol de dependentes previsto na lei previdenciária aplicável. O fim social da lei previdenciária é abarcar as pessoas que foram acometidas por alguma contingência da vida. Nesse aspecto, o Estado deve cumprir seu papel de assegurar a dignidade da pessoa humana a todos, em especial às crianças e aos adolescentes, cuja proteção tem absoluta prioridade. O ECA não é uma simples lei, uma vez que representa política pública de proteção à criança e ao adolescente, verdadeiro cumprimento do mandamento previsto no art. 227 da CF. Ademais, não é dado ao intérprete atribuir à norma jurídica conteúdo que atente contra a dignidade da pessoa humana e, consequentemente, contra o princípio de proteção integral e preferencial a crianças e adolescentes, já que esses postulados são a base do Estado Democrático de Direito e devem orientar a interpretação de todo o ordenamento jurídico. Desse modo, embora a lei previdenciária aplicável ao segurado seja lei específica da previdência social, não menos certo é que a criança e adolescente tem norma específica que confere ao menor sob guarda a condição de dependente para todos os efeitos, inclusive previdenciários (art. 33, § 3º, do ECA). **RMS 36.034-MT, Rel. Min. Benedito Gonçalves, julgado em 26/2/2014. (Inform. STJ 546)**

DIREITO PREVIDENCIÁRIO. TERMO INICIAL DE PENSÃO POR MORTE REQUERIDA POR PENSIONISTA MENOR DE DEZOITO ANOS. A pensão por morte será devida ao dependente menor de dezoito anos desde a data do óbito, ainda que tenha requerido o benefício passados mais de trinta dias após completar dezesseis anos. De acordo com o inciso II do art. 74 da Lei 8.213/1991, a pensão por morte será devida ao conjunto dos dependentes do segurado que falecer, aposentado ou não, a contar da data do requerimento, caso requerida após trinta dias do óbito. Entretanto, o art. 79 da referida lei dispõe que tanto o prazo de decadência quanto o prazo de prescrição são inaplicáveis ao "pensionista menor". A menoridade de que trata esse dispositivo só desaparece com a maioridade, nos termos do art. 5º do CC – segundo o qual "A menoridade cessa aos dezoito anos completos, quando a pessoa fica habilitada à prática de todos os atos da vida civil" –, e não aos dezesseis anos de idade. **REsp 1.405.909-AL, Rel. Min. Sérgio Kukina, Rel. para acórdão Min. Ari Pargendler, julgado em 22/5/2014. (Inform. STJ 546)**

Súmula STJ nº 416
É devida a pensão por morte aos dependentes do segurado que, apesar de ter perdido essa qualidade, preencheu os requisitos legais para a obtenção de aposentadoria até a data do seu óbito.

8. BENEFÍCIO ASSISTENCIAL

DIREITO PREVIDENCIÁRIO. RENDA FAMILIAR PER CAPITA PARA FINS DE CONCESSÃO DE BENEFÍCIO DE PRESTAÇÃO CONTINUADA A PESSOA COM DEFICIÊNCIA. RECURSO REPETITIVO (ART. 543-C DO CPC E RES. 8/2008-STJ). TEMA 640.

Aplica-se o parágrafo único do art. 34 do Estatuto do Idoso (Lei 10.741/2003), por analogia, a pedido de benefício assistencial feito por pessoa com deficiência a fim de que benefício previdenciário recebido por idoso, no valor de um salário mínimo, não seja computado no cálculo da renda per capita prevista no art. 20, § 3º, da Lei 8.742/1993. A proteção ao idoso e ao deficiente, por meio de concessão de benefício assistencial, vem insculpida no inciso V do art. 203 da CF, que assim dispõe: "Art. 203. A assistência social será prestada a quem dela necessitar, independentemente de contribuição à seguridade social, e tem por objetivos: (...) V – a garantia de um salário mínimo de benefício mensal à pessoa portadora de deficiência e ao idoso que comprovem não possuir meios de prover à própria manutenção ou de tê-la provida por sua família, conforme dispuser a lei". A regra matriz constitucional não traz distinção entre essas duas classes de vulneráveis sociais. O art. 34 do Estatuto do Idoso, por sua vez, dispõe: "Art. 34. Aos idosos, a partir de 65 (sessenta e cinco) anos, que não possuam meios para prover sua subsistência, nem de tê-la provida por sua família, é assegurado o benefício mensal de 1 (um) salário-mínimo, nos termos da Lei Orgânica da Assistência Social – LOAS. Parágrafo único. O benefício já concedido a qualquer membro da família nos termos do caput não será computado para os fins do cálculo da renda familiar per capita a que se refere a LOAS". O normativo informa que o valor recebido por idoso, a partir dos 65 anos de idade e a título de benefício de prestação continuada, não deve fazer parte da renda da família de que trata o art. 20, § 3º, da Lei 8.742/1993. Isto é: o idoso que, ao completar 65 anos de idade, não provê a sua subsistência ou não a tem provida com o auxílio da família não deve compor a dimensão econômica do núcleo familiar quando em análise a concessão de outro benefício assistencial a idoso. E isso se deve porque a renda mínima que ele recebe é personalíssima e se presta, exclusivamente, à sua manutenção, protegendo-o da situação de vulnerabilidade social. Assim, a proteção aos idosos aqui tem nítido caráter assistencial. Ora, não há distinção constitucional entre vulneráveis (idosos e deficientes) e, mesmo assim, não há norma na Lei Orgânica da Assistência Social a garantir às pessoas com deficiência o mesmo amparo que o parágrafo único do art. 34 da Lei 10.741/2003 garante aos idosos. Assim, conclui-se que há, sim, um déficit ou lacuna normativa a desproteger os deficientes vulneráveis que deve ser suprido com fundamento nos arts. 4º e 5º da LINDB e no parágrafo único do art. 34 do Estatuto do Idoso. Desse modo, à luz dos princípios da isonomia e da dignidade humana, faz-se necessário aplicar a analogia a fim de que o parágrafo único do art. 34 do Estatuto do Idoso integre também o sistema de proteção à pessoa com deficiência, para assegurar que o benefício previdenciário, no valor de um salário mínimo, recebido por idoso que faça parte do núcleo familiar não componha a renda *per capita* prevista no § 3º do art. 20 da Lei 8.742/1993 – que, aliás, foi declarada inconstitucional, *incidenter tantum*, por omissão, sem declaração de nulidade, no julgamento do RE 567.985-MT, sob o rito do artigo 543-B do CPC (DJe 3/10/2013). Entendimento diverso, no sentido de que os proventos ou a pensão recebida por idoso, no valor de um salário mínimo, devem compor a renda da família da pessoa com deficiência, além de conduzir à manutenção de sua desproteção social, implicará sacrifício socioeconômico do próprio idoso que compõe o núcleo familiar, o que resultaria em colocá-lo ou em reinseri-lo também no rol dos juridicamente vulneráveis. Por fim, registra-se que, no RE 580.963-PR (DJe 14/11/2013), julgado sob o rito da repercussão geral, o STF, após amplo debate, declarou, *incidenter tantum*, a inconstitucionalidade parcial, e por omissão, sem a pronúncia de nulidade, do art. 34, parágrafo único, da Lei 10.741/2003, notadamente porque o normativo deixou de excluir, para fins de cálculo da renda *per capita*, benefícios assistenciais recebidos por pessoas com deficiência e previdenciários, no valor de até um salário mínimo, pagos a idosos, pois não evidenciada pela Corte Constitucional justificativa plausível para o discrímen. **REsp 1.355.052-SP, Rel. Min. Benedito Gonçalves, Primeira Seção, julgado em 25/2/2015, DJe 5/11/2015. (Inform. STJ 572)**

9. PREVIDÊNCIA PRIVADA COMPLEMENTAR

DIREITO CIVIL E PREVIDENCIÁRIO. REVISÃO DE APOSENTADORIA COMPLEMENTAR PARA INCLUSÃO DE HORAS EXTRAS.

No caso em que o direito a horas extraordinárias, cujos valores estejam previstos no regulamento da entidade de previdência complementar como integrantes da base de cálculo das contribuições do participante, tiver sido reconhecido somente após a aposentadoria do empregado, o valor do benefício da aposentadoria complementar deve ser recalculado para considerar os valores das horas extraordinárias, devendo ser aferido no recálculo o que deixou de ser recolhido pelo empregado e pelo patrocinador se as horas extras tivessem sido oportunamente pagas. As horas extras não possuem caráter geral, sendo destinadas episodicamente aos ativos. Por constituírem salário apenas no momento em que são pagas, não se incorporando definitivamente ao contrato de trabalho, somente se houver previsão regulamentar é que poderão integrar o cálculo da complementação de aposentadoria, já que não há previsão legal nesse sentido. Em outras palavras, as horas extraordinárias não integram o cálculo da complementação de aposentadoria, à exceção daquelas pagas durante o contrato de trabalho e que compuseram a base de cálculo das contribuições do empregado à entidade de previdência privada, segundo norma do próprio plano de custeio. Desse modo, como o valor das horas extras compõe a base mensal de cálculo da contribuição do participante à entidade de previdência privada, deve ser utilizado também, na devida proporção, para fins de recebimento do benefício previdenciário complementar, consoante a equação matemática prevista no regulamento. Caso contrário, "admitir-se que o empregado contribua sobre horas extras que não serão integradas em sua complementação geraria inaceitável desequilíbrio atuarial em favor do fundo de pensão privado, o que não se justifica" (TST-IUJ E-ED-RR-301900-52.2005.5.09.0661, Tribunal Pleno, DEJT 10/6/2011). Por outro lado, deverá ser aferido, em liquidação de sentença, o montante de custeio que o trabalhador deveria ter contribuído se o empregador tivesse pagado corretamente as horas extras à época, devendo eventual diferença ser compensada com os valores a que faz jus o participante em virtude da integração da referida verba remuneratória no cálculo do benefício suplementar. Isso em observância aos princípios da fonte de custeio e do equilíbrio econômico-atuarial do fundo previdenciário. Havendo, portanto, apenas a contribuição do trabalhador, deve ser reduzido pela metade o resultado da integração do adicional de horas extras na suplementação de aposentadoria. Deve ser facultado, contudo, ao autor verter as parcelas de custeio de responsabilidade do patrocinador, se pagas a menor, para poder receber o benefício integral, visto que não poderia demandá-lo na presente causa em virtude de sua ilegitimidade passiva *ad causam*. Além disso, como o obreiro não pode ser prejudicado por ato ilícito da empresa, deve ser assegurado o direito de ressarcimento pelo que despender a título de custeio da cota patronal, a ser buscado em demanda contra o empregador. **REsp 1.525.732-RS, Rel. Min. Ricardo Villas Bôas Cueva, julgado em 6/10/2015, DJe 16/10/2015. (Inform. STJ 571)**

DIREITO CIVIL E PREVIDENCIÁRIO. CONDIÇÃO PARA O RESGATE DE RESERVA DE POUPANÇA DE PLANO PRIVADO DE PREVIDÊNCIA COMPLEMENTAR DE ENTIDADE FECHADA.

É lícita a cláusula estatutária que prevê a rescisão do vínculo laboral com o patrocinador como condição para o resgate de reserva de poupança de plano privado de previdência complementar de entidade fechada. De antemão, é importante esclarecer que resgate é o instituto da previdência complementar que faculta ao ex-participante receber o valor decorrente do desligamento do plano de benefícios. Já o montante a ser restituído corresponde à totalidade das contribuições por ele vertidas ao fundo (reserva de poupança), devidamente atualizadas, descontadas as parcelas de custeio administrativo que sejam de sua responsabilidade, na forma prevista no regulamento. De fato, o instituto do resgate, além de ser disciplinado no regulamento do ente de previdência privada, deve observar também, segundo comando legal, as normas estabelecidas pelo órgão regulador e fiscalizador (arts. 3º, II, 35, I, "c" e "d", e 42, V, da Lei 6.435/1977; art. 14, caput e III, da LC 109/2001). Nesse contexto, o Conselho de Gestão da Previdência Complementar (CGPC), no uso de suas atribuições legais (arts. 5º e 74 da LC 109/2001), editou a Resolução MPS/CGPC 6/2003, dispondo que no caso de plano de benefícios instituído por patrocinador, o regulamento deverá condicionar o resgate à cessação do vínculo empregatício (art. 22). Ressalta-se que essa exigência já fazia parte do regime da Lei 6.435/1977, regulamentada pelo Decreto 81.240/1978 (art. 31, VII e VIII). Observa-se, desse modo, que a exigência de extinção do vínculo empregatício com o patrocinador para o ex-participante de fundo previdenciário solicitar o resgate de suas contribuições, apesar de rigorosa, é essencial, pois se evita a desnaturação do sistema, dado que o objetivo da previdência complementar fechada é a proteção social de um grupo específico de participantes e não a utilização como forma de investimento, tanto é assim que a atividade da entidade fechada de previdência complementar não tem finalidade lucrativa, estando voltada unicamente para a gestão de recursos para fazer frente à suplementação de benefícios futuros contratados. Logo, não fere a razoabilidade nem há como ser reputada ilícita ou abusiva a cláusula estatutária. **REsp 1.518.525-SE, Rel. Min. Ricardo Villas Bôas Cueva, julgado em 19/5/2015, DJe 29/5/2015 (Inform. STJ 563).**

DIREITO CIVIL E PREVIDENCIÁRIO. CONDIÇÃO PARA O RESGATE DA TOTALIDADE DAS CONTRIBUIÇÕES VERTIDAS AO PLANO PRIVADO DE PREVIDÊNCIA COMPLEMENTAR DE ENTIDADE FECHADA.

É lícita a cláusula que prevê a rescisão do vínculo laboral com o patrocinador como condição para o resgate da totalidade das contribuições vertidas ao plano privado de previdência complementar de entidade fechada. A LC 109/2001, embora preveja que os regulamentos dos planos de benefícios deverão estabelecer o resgate da totalidade das contribuições vertidas pelo ex-participante, dispõe que caberá aos órgãos públicos regulador e fiscalizador estabelecer regulamentação específica acerca do referido instituto. Nessa conjuntura, a norma infralegal editada pelo órgão regulador, dentro do exercício do poder regulamentar, que disciplina atualmente a forma pela qual será efetuado o "resgate da totalidade das contribuições vertidas ao plano pelo participante", prevista na lei complementar de regência – vinculando as entidades de previdência privada e participantes –, é a Resolução do Conselho de Gestão da Previdência Complementar 6, de 30 de outubro de 2003. Pois bem, o art. 22 da referida Resolução enuncia que: "No caso de plano de benefícios instituído por patrocinador, o regulamento deverá condicionar o pagamento do resgate à cessação do vínculo empregatício". Portanto, nos planos de benefícios patrocinados, é lícita a disposição regulamentar que estabelece como requisito ao resgate a cessação do vínculo empregatício com o patrocinador. **REsp 1.189.456-RS, Rel. Min. Luis Felipe Salomão, julgado em 12/5/2015, DJe, 11/6/2015 (Inform. STJ 563).**

DIREITO CIVIL E PREVIDENCIÁRIO. POSSIBILIDADE DE MAJORAÇÃO DAS CONTRIBUIÇÕES PARA PLANO DE PREVIDÊNCIA PRIVADA.

A contribuição dos integrantes de plano de previdência complementar pode ser majorada sem ofender direito adquirido. De acordo com os arts. 202 da CF e 1º da LC 109/2001, a previdência privada é de caráter complementar, facultativa, regida pelo Direito Civil, baseada na constituição de reservas que garantam o benefício contratado, sendo o regime financeiro de capitalização (contribuições do participante e do patrocinador, se houver, e rendimentos com a aplicação financeira destas) obrigatório para os benefícios de pagamento em prestações continuadas e programadas, e organizada de forma autônoma em relação ao regime geral de previdência social. Para cumprir sua missão e gerir adequadamente o fundo, as entidades de previdência complementar utilizam-se de alguns instrumentos, como o plano de benefícios e o plano de custeio. O plano de benefícios é um programa de capitalização através do qual alguém se propõe a contribuir, para a constituição de um fundo que, decorrido o prazo de carência, poderá ser resgatado mediante o pagamento de uma parcela única, ou de diversas parcelas sucessivas (renda continuada). Já o plano de custeio, elaborado segundo cálculos atuariais, reavaliados periodicamente, deve fixar o nível de contribuição necessário à constituição das reservas e à cobertura das demais despesas, podendo as contribuições ser normais, quando destinadas ao custeio dos benefícios oferecidos, ou extraordinárias, quando destinadas ao custeio de déficits, serviço passado e outras finalidades não incluídas na contribuição normal. Logo, pelo regime de capitalização, o benefício de previdência complementar será decorrente do montante de contribuições efetuadas e do resultado de investimentos, podendo haver, no caso de desequilíbrio financeiro e atuarial do fundo, superávit ou déficit, a influenciar os participantes do plano como um todo, já que pelo mutualismo serão beneficiados ou prejudicados, de modo que, nessa última hipótese, terão que arcar com os ônus daí advindos. Cabe asseverar, ademais, que a possibilidade de alteração dos regulamentos dos planos de benefícios pelas entidades de previdência privada, com a supervisão de órgãos governamentais, e a adoção de sistema de revisão dos valores das contribuições e dos benefícios já encontravam previsão legal desde a Lei 6.435/1977 (arts. 3º, 21 e 42), tendo sido mantidas na LC 109/2001 (arts. 18 e 21). De fato, é da própria lógica do regime de capitalização do plano de previdência complementar o caráter estatutário, até porque, periodicamente, em cada balanço, todos os planos de benefícios devem ser reavaliados atuarialmente, a fim de manter o equilíbrio do sistema, haja vista as flutuações do mercado e da economia, razão pela qual adaptações e ajustes ao longo do tempo revelam-se necessários, sendo inapropriado o engessamento normativo e regulamentar. Cumpre assinalar que as modificações processadas nos regulamentos dos planos aplicam-se a todos os participantes das entidades fechadas de previdência privada, a partir da aprovação pelo órgão regulador e fiscalizador, observado, em qualquer caso, o direito acumulado de cada participante. É certo que é assegurada ao participante que tenha cumprido os requisitos para obtenção dos benefícios previstos no plano a aplicação das disposições regulamentares vigentes na data em que se tornou elegível a um benefício de aposentadoria. Todavia, disso não decorre nenhum direito adquirido a regime de custeio, o qual poderá ser alterado a qualquer momento para manter o equilíbrio atuarial do plano, sempre que ocorrerem situações que o recomendem ou exijam, obedecidos os requisitos legais. É por isso que o resultado deficitário nos planos ou nas entidades fechadas será suportado por patrocinadores, participantes e assistidos, devendo o equacionamento "ser feito, dentre outras formas, por meio do aumento do valor das contribuições, instituição de contribuição adicional ou redução do valor dos benefícios a conceder, observadas as normas estabelecidas pelo órgão regulador e fiscalizador" (art. 21, § 1º, da LC 109/2001). Precedentes citados: REsp 1.384.432-SE, Quarta Turma, DJe 26/3/2015; AgRg no REsp 704.718-DF, Quarta Turma, DJe 9/10/2014; e REsp 1.111.077-DF, Quarta Turma, DJe 19/12/2011. **REsp 1.364.013-SE, Rel. Min. Ricardo Villas Bôas Cueva, julgado em 28/4/2015, DJe 7/5/2015 (Inform. STJ 561).**

DIREITO CIVIL E PREVIDENCIÁRIO. INADMISSIBILIDADE DE EXTENSÃO À APOSENTADORIA COMPLEMENTAR DE AUMENTOS REAIS CONCEDIDOS PARA BENEFÍCIOS MANTIDOS PELO INSS.

A previsão normativa estatutária de reajuste da aposentadoria complementar segundo os mesmos índices de reajustamento incidentes nos benefícios mantidos pelo INSS não garante o aumento real do valor do benefício, mas apenas a reposição das perdas causadas pela inflação. De início, cumpre esclarecer que o índice de correção total periodicamente aplicado pela Previdência Social nos seus benefícios nem sempre corresponde apenas à inflação apurada no período, podendo haver outros componentes, como o ganho real. A previsão estatutária da entidade de previdência privada é de reajustamento do benefício de prestação continuada justamente para manter o poder aquisitivo que possuía antes de ser desgastado pela inflação, e não para conceder ganhos reais aos assistidos. De fato, a elevação do aporte financeiro demanda uma elevação proporcional na oneração de seus contribuintes, tendo em vista a dinâmica do regime de capitalização, ínsito à previdência privada. Assim, eventual determinação de pagamento de valores sem respaldo em plano de custeio implica desequilíbrio econômico atuarial da entidade de previdência privada, a prejudicar a universalidade dos participantes e assistidos, o que fere o princípio da primazia do interesse coletivo do plano. Vale assinalar, por pertinente, que se deve garantir a irredutibilidade do benefício suplementar contratado, e não a concessão de ganhos reais ao participante, sobretudo se isso comprometer o equilíbrio atuarial do fundo de previdência privada. Logo, não se revela possível a extensão dos aumentos reais concedidos pela previdência oficial ao benefício suplementar quando não houver fonte de custeio correspondente. Ademais, o objetivo do fundo de previdência complementar não é propiciar ganho real ao trabalhador aposentado, mas manter o padrão de vida para o assistido semelhante ao que desfrutava em atividade, devendo, para tanto, gerir os numerários e as reservas consoante o plano de benefícios e os cálculos atuariais. Precedente citado: REsp 1.414.672-MG, Quarta Turma, DJe 3/2/2014. **REsp 1.510.689-MG, Rel. Min. Ricardo Villas Bôas Cueva, julgado em 10/3/2015, DJe 16/3/2015 (Inform. STJ 557).**

DIREITO CIVIL E PREVIDENCIÁRIO. INCOMPATIBILIDADE DE BENEFÍCIOS DA PREVIDÊNCIA SOCIAL COM A PREVIDÊNCIA PRIVADA. Não é possível aproveitar tempo de serviço especial, tampouco tempo de serviço prestado sob a condição de aluno-aprendiz, mesmo que reconhecidos pelo INSS, para fins de cálculo da renda mensal inicial de benefício da previdência privada. Por um lado, de acordo com os arts. 202 da CF e 1º da LC 109/2001, a previdência privada é de caráter complementar, facultativa, regida pelo Direito Civil, baseada na constituição de reservas que garantam o benefício contratado – sendo o regime financeiro de capitalização (contribuições do participante e do patrocinador, se houver, e rendimentos com a aplicação financeira destas) obrigatório para os benefícios de pagamento em prestações continuadas e programadas – e organizada de forma autônoma em relação ao regime geral de previdência social. Por outro lado, a previdência social é um seguro coletivo, público, de cunho estatutário, compulsório – ou seja, a filiação é obrigatória para diversos empregados e trabalhadores rurais ou urbanos (art. 11 da Lei 8.213/1991) –, destinado à proteção social, mediante contribuição, proporcionando meios indispensáveis de subsistência ao segurado e à sua família na ocorrência de certa contingência prevista em lei (incapacidade, desemprego involuntário, idade avançada, tempo de serviço, encargos familiares e prisão ou morte do segurado), sendo o sistema de financiamento o de caixa ou de repartição simples. Conclui-se, desse modo, que, ante as especificidades de cada regime e a autonomia existente entre eles, a concessão de benefícios oferecidos pelas entidades abertas ou fechadas de previdência privada não depende da concessão de benefício oriundo do regime geral de previdência social. Além disso, ressalte-se que, pelo regime de capitalização, o benefício de previdência complementar será decorrente do montante de contribuições efetuadas e do resultado de investimentos, não podendo haver, portanto, o pagamento de valores não previstos no plano de benefícios, sob pena de comprometimento das reservas financeiras acumuladas (desequilíbrio econômico-atuarial do fundo), a prejudicar os demais participantes, que terão que custear os prejuízos daí advindos. Verifica-se, portanto, que o tempo de serviço especial (tempo ficto) e o tempo de serviço prestado sob a condição de aluno-aprendiz, próprios da previdência social, são incompatíveis com o regime financeiro de capitalização, ínsito à previdência privada. **REsp 1.330.085-RS, Rel. Min. Ricardo Villas Bôas Cueva, julgado em 10/2/2015, DJe 13/2/2015 (Inform. STJ 555).**

DIREITO PREVIDENCIÁRIO. IMPOSSIBILIDADE DE RESTITUIÇÃO DE PARCELAS EM CASO DE MIGRAÇÃO ENTRE PLANOS DE BENEFÍCIOS DE PREVIDÊNCIA COMPLEMENTAR. Não cabe o resgate, por participante ou assistido de plano de benefícios, das parcelas pagas à entidade fechada de previdência privada complementar quando, mediante transação extrajudicial, tenha ocorrido a migração dos participantes ou assistidos a outro plano de benefícios da mesma entidade. A Súmula 289 do STJ ("A restituição das parcelas pagas pelo participante a plano de previdência privada deve ser objeto de correção plena, por índice que recomponha a efetiva desvalorização da moeda") trata de hipótese em que há o rompimento do vínculo contratual com a entidade de previdência privada, e, portanto, não de situação em que, por acordo de vontades, envolvendo concessões recíprocas, haja migração de participante em gozo do benefício de previdência privada para outro plano, auferindo em contrapartida vantagem. Ademais, os arts. 14, III, e 15, I, da LC 109/2001 esclarecem que a portabilidade não caracteriza resgate, sendo manifestamente inadequada a aplicação deste instituto e da Súmula 289 para caso em que o assistido não se desligou do regime jurídico de previdência privada. Dessarte, nos termos de abalizada doutrina, a migração – pactuada em transação – de planos de benefícios administrados pela mesma entidade fechada de previdência privada ocorre em um contexto de amplo redesenho da relação contratual previdenciária, com o concurso de vontades do patrocinador, da entidade fechada de previdência complementar, por meio de seu conselho deliberativo, e autorização prévia do órgão público fiscalizador, operando-se não o resgate de contribuições, mas a transferência de reservas de um plano de benefícios para outro, geralmente no interior da mesma entidade fechada de previdência complementar. Ora, se para a migração fosse aplicada a mesma solução conferida ao resgate, essa solução resultaria em tratamento igualitário para situações desiguais, em flagrante violação à isonomia. Outrossim, estabelece o art. 18 da LC 109/2001 que cabe ao plano de benefícios arcar com as demais despesas – inclusive com o resgate vindicado –, por isso não cabe ser deferido o resgate das contribuições vertidas ao plano, sob pena de lesão aos interesses dos demais assistidos e participantes do plano de benefícios primevo a que eram vinculados, e consequente violação ao art. 3º, VI, da LC 109/2001. O CDC traça regras que presidem a situação específica do consumo e, além disso, define princípios gerais orientadores do direito das obrigações; todavia, "[é] certo que, no que lhe for específico, o contrato" continua regido pela lei que lhe é própria (REsp 80.036-SP, Quarta Turma, DJ 25/3/1996). Desse modo, em conformidade com entendimento doutrinário, não cabe a aplicação do CDC dissociada das normas específicas inerentes à relação contratual de previdência privada complementar e à modalidade contratual da transação – negócio jurídico disciplinado pelo Código Civil, inclusive no tocante à disciplina peculiar para o seu desfazimento. **AgRg no AREsp 504.022-SC, Rel. Min. Luis Felipe Salomão, julgado em 10/9/2014. (Inform. STJ 550)**

---

10. DESAPOSENTAÇÃO

Art. 18, § 2º, da Lei 8.213/1991 e "desaposentação" - 1

O Plenário iniciou julgamento de recursos extraordinários em que se discute a possibilidade de reconhecimento da "desaposentação", consistente na renúncia a benefício de aposentadoria, com a utilização do tempo de serviço ou contribuição que fundamentara a prestação previdenciária originária, para a obtenção de benefício mais vantajoso em nova aposentadoria. Na espécie, beneficiários do Regime Geral de Previdência Social - RGPS obtiveram êxito em ações judiciais ajuizadas em face do INSS para que lhes fosse concedido novo benefício previdenciário, em detrimento de outro anteriormente auferido, em razão da permanência dos segurados em atividade e do consequente preenchimento dos requisitos legais para uma nova modalidade de aposentação. O Tribunal, de início, rejeitou questão preliminar relativa à alegada nulidade do acórdão recorrido por suposta ofensa à cláusula de reserva de plenário (CF, art. 97), no ponto em que teria sido declarada, implicitamente, a inconstitucionalidade do § 2º do art. 18 da Lei 8.213/1991 ("O aposentado pelo Regime Geral de Previdência Social-RGPS que permanecer em atividade sujeita a este Regime, ou a ele retornar, não fará jus a prestação alguma da Previdência Social em decorrência do exercício dessa atividade, exceto ao salário-família e à reabilitação profissional, quando empregado"). Asseverou não ter havido, no caso, declaração de inconstitucionalidade, visto que, ao afirmar a validade da "desaposentação", o acórdão recorrido teria entendido, simplesmente, não haver na legislação brasileira norma específica que cuidasse do instituto e, portanto, não lhe seria aplicável a referida norma. Assinalou ter ocorrido interpretação do próprio sistema que disciplinaria o regime de previdência social. Reiterou, por fim, o quanto disposto no parágrafo único do art. 481 do CPC ("Os órgãos fracionários dos tribunais não submeterão ao plenário, ou ao órgão especial, a arguição de inconstitucionalidade, quando já houver pronunciamento destes ou do plenário do Supremo Tribunal Federal sobre a questão"), porquanto já haveria pronunciamento da Corte Especial do STJ sobre a matéria. RE 661256/SC, rel. Min. Roberto Barroso, 9.10.2014. (RE-661256) RE 827833/SC, rel. Min. Roberto Barroso, 9.10.2014. (RE-827833)

Art. 18, § 2º, da Lei 8.213/1991 e "desaposentação" - 2

No mérito, o Ministro Roberto Barroso (relator), deu parcial provimento aos recursos para assentar o direito dos recorridos à "desaposentação", observados, para o cálculo do novo benefício, os fatores relativos à idade e à expectativa de vida — elementos do fator previdenciário — aferidos no momento da aquisição da primeira aposentadoria. Consignou que a Constituição instituiria para o RGPS duplo fundamento: contributividade e solidariedade. O caráter contributivo adviria do fato de os próprios trabalhadores arcarem com parte da contribuição social destinada à previdência social, nos termos dos artigos 195, II, e 201 da CF. Já o caráter solidário teria como base o princípio da dignidade humana e o fato de toda a sociedade participar, em alguma medida, do custeio da previdência. Afirmou que, por conta disso, e por se tratar de sistema de repartição simples, não haveria, no sistema brasileiro, comutatividade estrita entre contribuição e benefício. Aduziu que, dentro dessas balizas — solidariedade e caráter contributivo —, o legislador ordinário teria amplo poder de conformação normativa do sistema previdenciário. Entretanto, haveria dois limites ao mencionado poder: a) a correspondência mínima entre contribuição e benefício — embora não houvesse comutatividade rígida entre ambos —, sob pena de se anular o caráter contributivo do sistema; e b) o dever de observância ao princípio da isonomia, que seria objetivo da República, direito fundamental e princípio específico do RGPS (CF, art. 201, § 1º). Consignou serem estes dois limites os parâmetros da solução proposta no caso dos autos. Registrou que os aposentados do regime geral, diferentemente dos aposentados do regime próprio dos servidores públicos, seriam imunes à cobrança de contribuição previdenciária, nos termos do art. 195, II, da CF, porém, se voltassem a trabalhar, estariam sujeitos aos deveres impostos a todos os trabalhadores ativos, inclusive a contribuição social incidente sobre os salários percebidos na nova atividade. Frisou que a simetria de deveres, no entanto, não se repetiria no tocante aos seus direitos — na interpretação que se pretenderia conferir ao § 2º do art. 18 da Lei 8.213/1991 —, tendo em conta que a norma disporia que o trabalhador que voltasse à ativa, após ter sido aposentado, receberia apenas salário-família e reabilitação profissional. Asseverou que violaria o sistema constitucional contributivo e solidário impor-se ao trabalhador, que voltasse à atividade, apenas o dever de contribuir, sem poder aspirar a nenhum tipo de benefício em troca, exceto os mencionados salário-família e reabilitação. Concluiu que a vedação pura e simples da "desaposentação" — que, ademais, não constaria expressamente de nenhuma norma legal —, produziria resultado incompatível com a Constituição, ou seja, obrigar o trabalhador a contribuir sem ter perspectiva de benefício posterior. RE 661256/SC, rel. Min. Roberto Barroso, 9.10.2014. (RE-661256) RE 827833/SC, rel. Min. Roberto Barroso, 9.10.2014. (RE-827833)

Art. 18, § 2º, da Lei 8.213/1991 e "desaposentação" - 3

O relator destacou que a "desaposentação" seria possível, visto que o § 2º do art. 18 da Lei 8.213/1991, diferentemente do que alegado pelos recorrentes, não impossibilitaria a renúncia ao vínculo previdenciário original, com a aquisição de novo vínculo. Ressaltou, porém, que, para a concessão do novo benefício, deveriam ser levados em conta os proventos já recebidos pelo segurado — a despeito de serem válidos e de terem sido recebidos de boa-fé —, e as contribuições pagas após a aposentadoria original. Advertiu que essas condições levariam em conta a necessidade de que a fórmula atuarial que se aplicasse aos segurados fosse uma fórmula universalizável e que produzisse o mesmo resultado para todos os que se encontrassem em igual situação dentro do sistema. Observou que, nos termos do art. 29, I, da Lei 8.213/1991, o cálculo do benefício previdenciário se daria ao multiplicar-se a média aritmética das contribuições pelo fator previdenciário, este último composto por quatro variáveis: tempo de contribuição, alíquota de contribuição, idade e expectativa de vida. Indicou que, quanto às duas primeiras — tempo e alíquota de contribuição — dever-se-ia computar todo o período que antecedesse a "desaposentação", isto é, tanto o período anterior, como o posterior ao estabelecimento do primeiro vínculo previdenciário. Já quanto às duas outras variáveis relativas ao fator previdenciário — idade e expectativa de vida —, que teriam como finalidade graduar o benefício em função do tempo que o segurado ainda viria a permanecer no sistema, asseverou que, para a efetivação da "desaposentação", deveria ser considerado, como marco temporal, o momento em que o primeiro vínculo fora estabelecido. Ressaltou que a aplicação da fórmula descrita faria com que o segundo benefício, resultante da "desaposentação", fosse intermediário em relação a duas situações extremas também aventadas: proibir a "desaposentação" ou permiti-la sem a restituição de qualquer parcela dos proventos anteriormente recebidos. Registrou que a mencionada forma de cálculo produziria, ao redundar num aumento médio de 24,7% no valor da aposentadoria, custo fiscal totalmente assimilável. Aduziu, portanto, que, quem se aposentasse pela segunda vez, já tendo desfrutado dos benefícios do sistema por certo período, não iria se aposentar novamente, em condições iguais às daqueles que se aposentassem pela primeira vez e nunca tivessem sido beneficiários do sistema. A razão da diferença seria objetiva e não haveria legitimidade constitucional em se equiparar as duas situações, sob pena de se tratar igualmente desiguais. Afirmou que a solução proposta se afiguraria justa, porquanto o segurado não contribuiria para o sistema previdenciário em vão, mas também não se locupletaria deste último, além de preservar seu equilíbrio atuarial. Propôs que a decisão da Corte começasse a produzir efeitos somente a partir de 180 dias da publicação, o que permitiria ao INSS e à União que se organizassem para atender a demanda dos potenciais beneficiários, tanto sob o ponto de vista operacional, quanto do custeio. Além disso, prestigiaria, na maior medida legítima, a liberdade de conformação do legislador, que poderia instituir regime alternativo ao apresentado e que atendesse às diretrizes constitucionais delineadas. RE 661256/SC, rel. Min. Roberto Barroso, 9.10.2014. (RE-661256) RE 827833/SC, rel. Min. Roberto Barroso, 9.10.2014. (RE-827833)

Art. 18, § 2º, da Lei 8.213/1991 e "desaposentação" - 4

Em síntese, o Ministro Roberto Barroso assentou as seguintes diretrizes: a) inexistência de fundamentos legais válidos que impediriam a renúncia a uma aposentadoria concedida pelo RGPS para o fim de requerimento de um novo benefício mais vantajoso, tendo em conta as contribuições obrigatórias efetuadas em razão de atividade laboral realizada após o primeiro vínculo; b) exigência de que fossem levados em consideração os proventos já recebidos pelo interessado, com o objetivo de preservar a uniformidade atuarial, relacionada à isonomia e à justiça entre gerações; c) utilização, no cálculo dos novos proventos, dos fatores idade e expectativa de vida com referência ao momento de aquisição da primeira aposentadoria, de modo a impedir a deturpação da finalidade desses fatores como instrumentos de graduação dos benefícios segundo o tempo estimado de sua fruição pelo segurado; e d) produção dos efeitos da decisão a partir de 180 dias contados da publicação do acórdão, salvo edição de ato normativo para disciplinar a matéria de modo diferente. Em seguida, o julgamento foi suspenso. RE 661256/SC, rel. Min. Roberto Barroso, 9.10.2014. (RE-661256) RE 827833/SC, rel. Min. Roberto Barroso, 9.10.2014. (RE-827833)

Art. 18, § 2º, da Lei 8.213/1991 e "desaposentação" - 5

O Plenário retomou julgamento de recursos extraordinários em que se discute a possibilidade de reconhecimento da "desaposentação", consistente na renúncia a benefício de aposentadoria, com a utilização do tempo de serviço ou contribuição que fundamentara a prestação previdenciária originária, para a obtenção de benefício mais vantajoso em nova aposentadoria — v. Informativo 762. Na presente assentada, a Corte apreciou também o RE 381.367/RS, que aborda a referida controvérsia — v. Informativo 600. O Ministro Dias Toffoli, de início, afirmou não vislumbrar inconstitucionalidade no § 2º do art. 18 da Lei 8.213/1991 ("O aposentado pelo Regime Geral de Previdência Social - RGPS que permanecer em atividade sujeita a este Regime, ou a ele retornar, não fará jus a prestação alguma da Previdência Social em decorrência do exercício dessa atividade, exceto ao salário-família e à reabilitação profissional, quando empregado"). Além disso, não seria o caso de lhe conferir interpretação conforme o texto constitucional, a permitir, como pretendido, o recálculo dos proventos de quem, já aposentado, voltasse a trabalhar. Seria clara a interpretação que a União e o INSS dariam ao citado dispositivo, no sentido de que este, combinado com o art. 181-B do Decreto 3.048/1999 ("As aposentadorias por idade, tempo de contribuição e especial concedidas pela previdência social, na forma deste Regulamento, são irreversíveis e irrenunciáveis"), impediriam a "desaposentação". Por outro lado, apesar de a Constituição não o vedar expressamente, o texto constitucional não preveria especificamente o direito que se pretende ver reconhecido, qual seja, a "desaposentação". A Constituição disporia, de forma clara e específica, que ficariam remetidas à legislação ordinária as hipóteses em que as contribuições vertidas ao sistema previdenciário repercutissem, de forma direta, na concessão dos benefícios, nos termos dos artigos 194 e 195. A "desaposentação", entretanto, não possuiria previsão legal. Assim, esse instituto não poderia ter natureza jurídica de ato administrativo, que pressuporia o atendimento ao princípio da legalidade administrativa. Nada obstante, se a aposentadoria tivesse sido declarada e se fizesse por meio de ato administrativo lícito, não haveria que se falar em desconstituição deste por meio da "desaposentação", mesmo porque, sendo lícita a concessão do direito previdenciário, sua retirada do mundo jurídico não poderia ser admitida com efeitos "ex tunc". RE 661256/SC, rel. Min. Roberto Barroso, 29.10.2014. RE 827833/SC, rel. Min. Roberto Barroso, 29.10.2014. RE 381367/RS, rel. Min. Marco Aurélio, 29.10.2014.

Art. 18, § 2º, da Lei 8.213/1991 e "desaposentação" - 6

O Ministro Dias Toffoli asseverou, ademais, que o fator previdenciário, instituído pela Lei 9.876/1999, também deveria ser levado em consideração. Esse instituto, num primeiro momento, poderia até ser visto como um ônus para o trabalhador. Entretanto, o fator previdenciário permitiria que o contribuinte gozasse do benefício antes da idade mínima, com a possibilidade, inclusive, de escolher uma data para a aposentadoria, em especial quando entendesse que dali para a frente não conseguiria manter sua média contributiva. Portanto, a ideia de que o fator previdenciário imporia um ônus escorchante seria falsa. Sua instituição no sistema previdenciário brasileiro, na medida em que representaria, no formato em que instituído, instrumento típico do sistema de repartição, afastaria a tese de que a correlação entre as remunerações auferidas durante o período laboral e o benefício concedido implicaria a adoção do regime de capitalização. Por outro lado, a "desaposentação" tornaria imprevisíveis e flexíveis os parâmetros utilizados a título de "expectativa de sobrevida" — elemento do fator previdenciário —, mesmo porque passaria esse elemento a ser manipulado pelo beneficiário da maneira que melhor o atendesse. O objetivo de estimular a aposentadoria tardia, estabelecido na lei que instituíra o citado fator, cairia por terra, pois a "desaposentação" ampliaria o problema das aposentadorias precoces. Igualmente, não haveria violação ao sistema atuarial ao se vedar a "desaposentação". Isso porque, ao contrário do que sustentado nos autos, as estimativas de receita deveriam ser calculadas considerados os dados estatísticos, os elementos atuariais e a população economicamente ativa como um todo. O equilíbrio exigido pela lei não seria, portanto, entre a contribuição do segurado e o financiamento do benefício a ser por ele percebido. Além do mais, o regime previdenciário nacional possuiria, já há algum tempo, feição nitidamente solidária e contributiva, a preponderar o caráter solidário. Por fim, ainda que existisse dúvida quanto à vinculação e ao real sentido do enunciado normativo previsto no art. 18, § 2º, da Lei 8.213/1991, o qual impediria que se reconhecesse a possibilidade da "desaposentação", na espécie caberia a aplicação da máxima jurídica "in dubio pro legislatore". Se houvesse, no futuro, efetivas e reais razões fáticas e políticas para a revogação da referida norma, ou mesmo para a instituição e a regulamentação do instituto em comento, o espaço democrático para esses debates haveria de ser o Congresso Nacional. RE 661256/SC, rel. Min. Roberto Barroso, 29.10.2014. RE 827833/SC, rel. Min. Roberto Barroso, 29.10.2014. RE 381367/RS, rel. Min. Marco Aurélio, 29.10.2014.

Art. 18, § 2º, da Lei 8.213/1991 e "desaposentação" - 7

Por sua vez, o Ministro Teori Zavascki, ao acompanhar o Ministro Dias Toffoli, destacou, inicialmente, que o RGPS, como definido no art. 201 da CF e nas Leis 8.212/1991 e 8.213/1991, teria natureza estatutária ou institucional, e não contratual, ou seja, seria inteiramente regrado por lei, sem qualquer espaço para intervenção da vontade individual. A natureza estatutária desse regime acarretaria, então, consequências importantes em relação à formação, à aquisição, à modificação e ao exercício dos correspondentes direitos subjetivos. No caso, os direitos subjetivos somente nasceriam, ou seja, somente se tornariam adquiridos, quando inteiramente aperfeiçoados os requisitos próprios previstos na lei — o ato-condição —, diferentemente do que ocorreria com os direitos subjetivos oriundos de situações individuais, que nasceriam e se aperfeiçoariam imediatamente, segundo cláusulas legitimamente estabelecidas pela manifestação de vontade. Em razão disso, a jurisprudência do STF enfatizaria, sistematicamente, que não haveria direito adquirido a determinado regime jurídico. Portanto, no âmbito do RGPS, que seria estatutário, os direitos subjetivos estariam integralmente disciplinados pelo ordenamento jurídico. Esses direitos seriam apenas aqueles legalmente previstos — segundo a configuração jurídica que lhes tivesse sido atribuída — no momento em que implementados os requisitos necessários à sua aquisição. Isso significaria que a ausência de proibição à obtenção ou ao usufruto de certa vantagem não poderia ser tida como afirmação do direito subjetivo de exercê-la. Na verdade, dada a natureza institucional do regime, a simples ausência de previsão estatutária do direito equivaleria à inexistência do dever de prestação por parte da previdência social. Consideradas as premissas expostas, verificou que as Leis 8.870/1994 e 9.032/1995 teriam extinguido a disciplina legal que previa a existência de pecúlios (Lei 8.212/1991, art. 18, § 2º, e Lei 8.213/1991, artigos 81, II, e 82, todos na redação originária). Aqueles seriam devidos, por exemplo, ao segurado aposentado por idade ou por tempo de serviço pelo RGPS que voltasse à atividade, quando dela se afastasse. O pecúlio, nesse caso, consistiria em pagamento único de valor correspondente à soma das importâncias relativas às contribuições do segurado, remuneradas de acordo com o índice de remuneração básica dos depósitos de poupança. No período em que vigente essa disciplina legal, a contribuição dos segurados do regime geral seria destinada à formação dos citados benefícios — os pecúlios —, ainda que não existissem formalmente fundos individuais. Ou seja, a contribuição do aposentado teria, na época, característica típica de regime previdenciário de capitalização e não de repartição. RE 661256/SC, rel. Min. Roberto Barroso, 29.10.2014. RE 827833/SC, rel. Min. Roberto Barroso, 29.10.2014. RE 381367/RS, rel. Min. Marco Aurélio, 29.10.2014.

Art. 18, § 2º, da Lei 8.213/1991 e "desaposentação" - 8

O Ministro Teori Zavascki ressaltou que a Lei 9.032/1995, ao ultimar o processo de extinção dos pecúlios, incluíra o parágrafo 4º ao art. 12 da Lei 8.212/1991 ("O aposentado pelo Regime Geral de Previdência Social-RGPS que estiver exercendo ou que voltar a exercer atividade abrangida por este Regime é segurado obrigatório em relação a essa atividade, ficando sujeito às contribuições de que trata esta Lei, para fins de custeio da Seguridade Social"), e o parágrafo 3º ao art. 11 da Lei 8.213/1991 ("O aposentado pelo Regime Geral de Previdência Social - RGPS que estiver exercendo ou que voltar a exercer atividade abrangida por este Regime é segurado obrigatório em relação a essa atividade, ficando sujeito às contribuições de que trata a Lei nº 8.212, de 24 de julho de 1991, para fins de custeio da Seguridade Social"). Com isso, teria sido dada às contribuições vertidas pelo aposentado trabalhador finalidade diferente da que até então teria, típica de capitalização, e teriam passado a ser devidas para fins de custeio da seguridade social, e, portanto, um regime de repartição. Ficaria claro, então, que, a partir da extinção dos pecúlios, as contribuições pagas destinar-se-iam ao custeio atual do sistema geral de seguridade, e não ao pagamento, ou eventual incremento ou melhoria de futuro benefício específico para o próprio segurado ou para seus dependentes. Assim, presente o estatuto jurídico delineado, não haveria como supor a existência do direito subjetivo à "desaposentação". Esse benefício não teria previsão no sistema previdenciário estabelecido atualmente, o que, considerada a natureza estatutária da situação jurídica em que se inseriria, seria indispensável para que gerasse um correspondente dever de prestação. Ademais, para se reconhecer o direito à "desaposentação" seria necessário declarar previamente a inconstitucionalidade — inexistente, visto que compatíveis com o caráter solidário do sistema — do parágrafo 2º do art. 18, e do parágrafo 3º do art. 11, ambos da Lei 8.213/1991, bem como do parágrafo 4º do art. 12 da Lei 8.212/1991. Declarada a inconstitucionalidade, porém, isso não geraria outra coisa senão o retorno ao "status quo" anterior, ou seja, o retorno aos pecúlios ou a restituição das contribuições vertidas. Não haveria como se criar, sob o pretexto dessa inconstitucionalidade, um terceiro benefício jamais previsto na legislação, o que iria contra a natureza estatutária antes aludida. Outrossim, a solidariedade, a respaldar, como dito, a constitucionalidade do sistema atual, justificaria a cobrança de contribuições pelo aposentado que voltasse a trabalhar. Este deveria adimplir seu recolhimento mensal como qualquer trabalhador, mesmo que não obtivesse nova aposentadoria. A razão de solidariedade seria essa, a contribuição de um não seria exclusiva desse, mas sua para a manutenção de toda a rede protetiva. O Ministro Roberto Barroso, relator do RE 661.256/SC e do RE 827.833/SC, confirmou o voto proferido na assentada anterior. Asseverou que as duas soluções extremas — proibir a "desaposentação", o que levaria à funcionalização plena do contribuinte; ou permiti-la sem levar em conta os proventos já recebidos, o que, além de anti-isonômico, estimularia as aposentadorias precoces —, seriam incompatíveis com a Constituição. Em razão disso, seria cabível a "desaposentação", desde que considerados os saques já feitos no sistema. Em seguida, pediu vista dos autos a Ministra Rosa Weber. RE 661256/SC, rel. Min. Roberto Barroso, 29.10.2014. RE 827833/SC, rel. Min. Roberto Barroso, 29.10.2014. RE 381367/RS, rel. Min. Marco Aurélio, 29.10.2014. **(Inform. STF 765)**

DIREITO PREVIDENCIÁRIO E PROCESSUAL CIVIL. CARÁTER PERSONALÍSSIMO DO DIREITO À DESAPOSENTAÇÃO.

Os sucessores do segurado falecido não têm legitimidade para pleitear a revisão do valor da pensão a que fazem jus se a alteração pretendida depender de um pedido de desaposentação não efetivado quando em vida pelo instituidor da pensão. De fato, é pacífica a jurisprudência do STJ no sentido de que, por se tratar de direito patrimonial disponível, o segurado pode renunciar à sua aposentadoria, com o propósito de obter benefício mais vantajoso, no Regime Geral de Previdência Social ou em regime próprio de Previdência, mediante a utilização de seu tempo de contribuição, sendo certo, ainda, que essa renúncia não implica a devolução de valores percebidos (REsp 1.334.488-SC, Primeira Seção, DJe 14/5/2013, julgado sob o rito do art. 543-C do CPC). Contudo, faz-se necessário destacar que o aludido direito é personalíssimo do segurado aposentado, pois não se trata de mera revisão do benefício de aposentadoria, mas sim, de renúncia, para que novo e posterior benefício, mais vantajoso, seja-lhe concedido. Dessa forma, os sucessores não têm legitimidade para pleitear direito personalíssimo não exercido pelo instituidor da pensão (renúncia e concessão de outro benefício), o que difere da possibilidade de os herdeiros pleitearem diferenças pecuniárias de benefício já concedido em vida ao instituidor da pensão (art. 112 da Lei 8.213/1991). Precedentes citados: REsp 1.222.232-PR, Sexta Turma, DJe 20/11/2013; AgRg no REsp 1.270.481-RS, Quinta Turma, DJe 26/8/2013; AgRg no REsp 1.241.724-PR, Quinta Turma, DJe 22/8/2013; e AgRg no REsp 1.107.690-SC, Sexta Turma, DJe 13/6/2013. **AgRg no AREsp 436.056-RS, Rel. Min. Assusete Magalhães, julgado em 3/3/2015, DJe 10/3/2015 (Inform. STJ 557).**

11. AÇÕES PREVIDENCIÁRIAS

EMB. DECL. NO ARE N. 875.604-PA

RELATORA: MIN. ROSA WEBER

EMENTA: EMBARGOS DE DECLARAÇÃO RECEBIDOS COMO AGRAVO REGIMENTAL. DIREITO PREVIDENCIÁRIO. BENEFÍCIO ASSISTENCIAL. DEFICIENTE. LIMITAÇÃO LEVE. AUSÊNCIA DE INCAPACIDADE. ALEGAÇÃO DE OFENSA AO ART. 5º, II, XXXV, XXXVI, LIV E LV, DA CONSTITUIÇÃO DA REPÚBLICA. LEGALIDADE. CONTRADITÓRIO E AMPLA DEFESA. DEVIDO PROCESSO LEGAL. INAFASTABILIDADE DA JURISDIÇÃO. DEBATE DE ÂMBITO INFRACONSTITUCIONAL. EVENTUAL VIOLAÇÃO REFLEXA DA CONSTITUIÇÃO DA REPÚBLICA NÃO VIABILIZA O MANEJO DE RECURSO EXTRAORDINÁRIO. NEGATIVA DE PRESTAÇÃO JURISDICIONAL. ART. 93, IX, DA CONSTITUIÇÃO DA REPÚBLICA. NULIDADE. INOCORRÊNCIA. RAZÕES DE DECIDIR EXPLICITADAS PELO ÓRGÃO JURISDICIONAL. ACÓRDÃO RECORRIDO PUBLICADO EM 20.10.14.

1. Inexiste violação do art. 93, IX, da Lei Maior. A jurisprudência do Supremo Tribunal Federal é no sentido de que o referido dispositivo constitucional exige a explicitação, pelo órgão jurisdicional, das razões do seu convencimento, dispensando o exame detalhado de cada argumento suscitado pelas partes.

2. O exame da alegada ofensa ao art. 5º, II, XXXV, XXXVI, LIV e LV, da Constituição Federal, observada a estreita moldura com que devolvida a matéria à apreciação desta Suprema Corte, dependeria de prévia análise da legislação infraconstitucional aplicada à espécie, o que refoge à competência jurisdicional extraordinária prevista no art. 102 da Magna Carta.

4. Embargos de declaração recebidos como agravo regimental, ao qual se nega provimento. **(Inform. STF 809)**

AG. REG. NO ARE N. 862.175-RJ

RELATORA: MIN. ROSA WEBER

EMENTA: DIREITO CONSTITUCIONAL E PREVIDENCIÁRIO. PENSÃO POR MORTE. APLICAÇÃO DA LEGISLAÇÃO VIGENTE AO TEMPO DO ÓBITO DO INSTITUIDOR DO BENEFÍCIO. PRECEDENTES. CONSONÂNCIA DA DECISÃO RECORRIDA COM A JURISPRUDÊNCIA CRISTALIZADA NO SUPREMO TRIBUNAL FEDERAL. RECURSO EXTRAORDINÁRIO QUE NÃO MERECE TRÂNSITO. REELABORAÇÃO DA MOLDURA FÁTICA. PROCEDIMENTO VEDADO NA INSTÂNCIA EXTRAORDINÁRIA. NEGATIVA DE PRESTAÇÃO JURISDICIONAL. ARTIGO 93, IX, DA CONSTITUIÇÃO DA REPÚBLICA. NULIDADE. INOCORRÊNCIA. RAZÕES DE DECIDIR EXPLICITADAS PELO ÓRGÃO JURISDICIONAL. ACÓRDÃO RECORRIDO PUBLICADO EM 12.3.2013.

1. Inexiste violação do artigo 93, IX, da Lei Maior. A jurisprudência do Supremo Tribunal Federal é no sentido de que o referido dispositivo constitucional exige a explicitação, pelo órgão jurisdicional, das razões do seu convencimento, dispensando o exame detalhado de cada argumento suscitado pelas partes.

2. O entendimento adotado pela Corte de origem, nos moldes do assinalado na decisão agravada, não diverge da jurisprudência firmada no âmbito deste Supremo Tribunal Federal. Entender de modo diverso demandaria a reelaboração da moldura fática delineada no acórdão de origem, o que torna oblíqua e reflexa eventual ofensa, insuscetível, como tal, de viabilizar o conhecimento do recurso extraordinário.

3. As razões do agravo regimental não se mostram aptas a infirmar os fundamentos que lastrearam a decisão agravada.

4. Agravo regimental conhecido e não provido. **(Inform. STF 791)**

Ação perante o INSS e prévio requerimento administrativo - 1

O Plenário iniciou julgamento de recurso extraordinário em que se discute a possibilidade de propositura de ação judicial em matéria previdenciária sem que haja prévia postulação administrativa do benefício. No caso, trata-se de ação em que se pleiteia a concessão de aposentadoria rural por idade, proposta por segurada que não formulara requerimento administrativo. Preliminarmente, por maioria, o Colegiado conheceu do recurso. Vencida, no ponto, a Ministra Rosa Weber, que entendia cuidar-se de ofensa meramente reflexa à Constituição. No mérito, o Ministro Roberto Barroso (relator), acompanhado pelos Ministros Teori Zavascki, Rosa Weber, Luiz Fux, Gilmar Mendes, Celso de Mello e Ricardo Lewandowski (Presidente eleito), proveu parcialmente o recurso. Asseverou que a instituição de condições para o regular exercício do direito de ação seria compatível com o art. 5º, XXXV, da CF ("XXXV - a lei não excluirá da apreciação do Poder Judiciário lesão ou ameaça a direito"). Assinalou que, na situação dos autos, para se caracterizar a presença de interesse em agir, seria preciso haver necessidade de ir a juízo. Reputou que a concessão de benefício previdenciário dependeria de requerimento do interessado, e não se caracterizaria ameaça ou lesão a direito antes de sua apreciação e eventual indeferimento pelo INSS, ou se o órgão não oferecesse resposta após 45 dias. Ressalvou que a exigência de prévio requerimento não se confundiria, entretanto, com o exaurimento das vias administrativas. Consignou, ainda, que a exigência de prévio requerimento administrativo não deveria prevalecer quando o entendimento da Administração fosse notória e reiteradamente contrário à postulação do segurado. Acresceu que, nas hipóteses de pretensão de revisão, restabelecimento ou manutenção de benefício anteriormente concedido — uma vez que o INSS teria o dever legal de conceder a prestação mais vantajosa possível — o pedido poderia ser formulado diretamente em juízo, porque nesses casos a conduta do INSS já configuraria o não acolhimento da pretensão.
RE 631240/MG, rel. Min. Roberto Barroso, 27.8.2014. (RE-631240)

Ação perante o INSS e prévio requerimento administrativo - 2

O Ministro Teori Zavascki ressaltou que, nos casos de prestação previdenciária cuja concessão só pudesse haver, se e quando requerido pelo segurado, o interesse de agir em juízo pressuporia prévio requerimento administrativo ou a demonstração de resistência por parte do INSS. O Ministro Luiz Fux frisou que a inexistência do prévio requerimento administrativo tornaria não demonstrada a lesão a que se refere a Constituição (art. 5º, XXXV), exigível para propiciar o acesso à Justiça.

O Ministro Gilmar Mendes observou que a Constituição proibiria as disposições legais de obstaculizarem o exercício de direito, mas não as impediria de disciplinar a matéria. Lembrou o alto índice de judicialização do País, particularmente nos juizados especiais, em que tramitaria boa parte das causas sobre direito previdenciário. O Ministro Celso de Mello sintetizou que não ofenderia o direito fundamental ao processo ou a cláusula constitucional da inafastabilidade da proteção judicial efetiva, em situações de dano atual ou iminente a determinada prerrogativa jurídica, a estipulação e observância das condições da ação, requisitos mínimos de admissibilidade do exercício legítimo desse direito. O Ministro Ricardo Lewandowski apontou que a existência de questões fáticas a serem dirimidas, como, por exemplo, a submissão do interessado a junta médica, exigiria prévio pronunciamento administrativo. Em divergência, os Ministros Marco Aurélio e Cármen Lúcia desproveram o recurso. O Ministro Marco Aurélio pontuou que a Constituição não condicionaria a postulação judicial ao exaurimento prévio das vias administrativas. Por outro lado, em seu texto, haveria duas situações jurídicas em que indispensável o requerimento administrativo: dissídio coletivo de natureza econômica (CF, art. 114, § 2º); e ações submetidas à justiça desportiva. Ressaltou não haver exceção, mormente para situação em que o embate seria desequilibrado, a envolver cidadão e Estado, sob pena de beneficiar o polo mais forte da relação jurídica. Destacou não caber retrocesso em termos de cidadania, a obstaculizar o livre acesso ao Judiciário. A Ministra Cármen Lúcia assinalou que o art. 5º, XXXV, da CF, não poderia se submeter a condicionantes e que, no caso, o cidadão que optasse por provocar o Judiciário diretamente o faria por necessidade, tendo em vista algum embaraço como, por exemplo, a ausência de órgão do INSS na localidade. Sublinhou que esse entrave deveria ser provado perante a jurisdição competente.
RE 631240/MG, rel. Min. Roberto Barroso, 27.8.2014. (RE-631240)

Ação perante o INSS e prévio requerimento administrativo - 3

Na sequência, o relator ponderou que, tendo em vista a prolongada oscilação jurisprudencial na matéria, inclusive no STF, dever-se-ia estabelecer uma fórmula de transição, para lidar com as ações em curso, nos seguintes termos: a) as ações já ajuizadas até a data da presente decisão, sem que tivesse havido prévio requerimento administrativo, ficariam sobrestadas; b) o autor seria intimado a dar entrada no pedido administrativo em 30 dias, sob pena de extinção do processo; c) comprovado o protocolo, o INSS seria intimado a se manifestar em até 90 dias acerca do pedido, prazo dentro do qual a autarquia deveria colher todas as provas eventualmente necessárias e proferir decisão; d) se o pedido fosse acolhido administrativamente, ou não pudesse ter o seu mérito analisado por motivos imputáveis ao próprio requerente, extinguir-se-ia a ação; e) caso contrário, estaria caracterizado o interesse em agir e o processo deveria prosseguir. Em seguida, o julgamento foi suspenso para posterior deliberação quanto à aludida proposta.
RE 631240/MG, rel. Min. Roberto Barroso, 27.8.2014. (RE-631240)

Ação perante o INSS e prévio requerimento administrativo - 4

A exigibilidade de prévio requerimento administrativo como condição para o regular exercício do direito de ação, para que se postule judicialmente a concessão de benefício previdenciário, não ofende o art. 5º, XXXV, da CF ("XXXV - a lei não excluirá da apreciação do Poder Judiciário lesão ou ameaça a direito"). Esse o entendimento do Plenário, que, em conclusão de julgamento e por maioria, proveu parcialmente recurso extraordinário em que discutida a possibilidade de propositura de ação judicial para pleitear aposentadoria rural por idade, por parte de segurada que não formulara prévio requerimento administrativo — v. Informativo 756. Preliminarmente, por maioria, o Colegiado conheceu do recurso. Vencida, no ponto, a Ministra Rosa Weber, que entendia cuidar-se de ofensa meramente reflexa à Constituição. No mérito, o Colegiado asseverou que, na situação dos autos, para se caracterizar a presença de interesse em agir, seria preciso haver necessidade de ir a juízo. Reputou que a concessão de benefício previdenciário dependeria de requerimento do interessado, e não se caracterizaria ameaça ou lesão a direito antes de sua apreciação e eventual indeferimento pelo INSS, ou se o órgão não oferecesse resposta após 45 dias. Ressalvou que a exigência de prévio requerimento não se confundiria, entretanto, com o exaurimento das vias administrativas. Consignou, ainda, que a exigência de prévio requerimento administrativo não deveria prevalecer quando o entendimento da Administração fosse notório e reiteradamente contrário à postulação do segurado. Acresceu que, nas hipóteses de pretensão de revisão, restabelecimento ou manutenção de benefício anteriormente concedido — uma vez que o INSS teria o dever legal de conceder a prestação mais vantajosa possível — o pedido poderia ser formulado diretamente em juízo, porque nesses casos a conduta do INSS já configuraria o não acolhimento da pretensão.
RE 631240/MG, rel. Min. Roberto Barroso, 3.9.2014. (RE-631240)

Ação perante o INSS e prévio requerimento administrativo - 5

Em seguida, o Plenário ponderou que, tendo em vista a prolongada oscilação jurisprudencial na matéria, inclusive no STF, dever-se-ia estabelecer uma fórmula de transição, para lidar com as ações em curso. Quanto aos processos iniciados até a data da sessão de julgamento, sem que tivesse havido prévio requerimento administrativo nas hipóteses em que exigível, seria observado o seguinte: a) caso o processo corresse no âmbito de Juizado Itinerante, a ausência de anterior pedido administrativo não deveria implicar a extinção do feito; b) caso o INSS já tivesse apresentado contestação de mérito, estaria caracterizado o interesse em agir pela resistência à pretensão; c) caso não se enquadrassem nos itens "a" e "b" as demais ações ficariam sobrestadas. Nas ações sobrestadas, o autor seria intimado a dar entrada no pedido administrativo em 30 dias, sob pena de extinção do processo. Comprovada a postulação administrativa, o INSS seria intimado a se manifestar acerca do pedido em até 90 dias, prazo dentro do qual a Autarquia deveria colher todas as provas eventualmente necessárias e proferir decisão. Acolhido administrativamente o pedido, ou se não pudesse ter o seu mérito analisado por motivos imputáveis ao próprio requerente, extinguir-se-ia a ação. Do contrário, estaria caracterizado o interesse em agir e o feito deveria prosseguir. Em todas as situações descritas nos itens "a", "b" e "c", tanto a análise administrativa quanto a judicial deveriam levar em conta a data do início do processo como data de entrada do requerimento, para todos os efeitos legais. Vencidos os Ministros Marco Aurélio e Cármen Lúcia, que desproviam o recurso. Assinalavam que o art. 5º, XXXV, da CF, não poderia se submeter a condicionantes. Vencida, em menor extensão, a Ministra Rosa Weber, que não subscrevia a fórmula de transição proposta.
RE 631240/MG, rel. Min. Roberto Barroso, 3.9.2014. (RE-631240)
(Inform. STF 757)

DIREITO PREVIDENCIÁRIO E PROCESSUAL CIVIL. REVOGAÇÃO DE TUTELA ANTECIPADA E DEVOLUÇÃO DE BENEFÍCIO PREVIDENCIÁRIO COMPLEMENTAR.

Os valores de benefícios previdenciários complementares recebidos por força de tutela antecipada posteriormente revogada devem ser devolvidos, observando-se, no caso de desconto em folha de pagamento, o limite de 10% (dez por cento) da renda mensal do benefício previdenciário até a satisfação integral do valor a ser restituído. De fato, a Primeira Seção do STJ (REsp 1.401.560-MT, DJe 13/10/2015) firmou, recentemente, tese em recurso especial representativo da controvérsia de acordo com a qual a reforma da decisão que antecipa a tutela obriga o autor da ação a devolver os benefícios previdenciários do RGPS indevidamente recebidos. Com efeito, prevaleceu o entendimento de que a tutela antecipada é um provimento judicial provisório e, em regra, reversível (art. 273, § 2º, do CPC), devendo a irrepetibilidade da verba previdenciária recebida indevidamente ser examinada não somente sob o aspecto de sua natureza alimentar, mas também sob o prisma da boa-fé objetiva, que consiste na presunção de definitividade do pagamento. Assim, é certo que os valores recebidos precariamente são legítimos enquanto vigorar o título judicial antecipatório, o que caracteriza a boa-fé subjetiva do autor. Entretanto, como isso não enseja a presunção de que essas verbas, ainda que alimentares, integrem o seu patrimônio em definitivo, não há a configuração da boa-fé objetiva, o que acarreta, portanto, o dever de devolução em caso de revogação da medida provisória, até mesmo como forma de se evitar o enriquecimento sem causa do então beneficiado (arts. 884 e 885 do CC e 475-O, I, do CPC). Aplicou-se também a regra do art. 115, II, da Lei 8.213/1991, que prevê a possibilidade de serem descontados dos benefícios previdenciários do RGPS os pagamentos realizados pelo INSS além do devido. No que diz respeito ao caso aqui analisado – que trata de previdência complementar (e não do RGPS) -, o mesmo raciocínio quanto à reversibilidade do provimento antecipado, de caráter instrumental, deve ser aplicado, de modo comum, a ambos os sistemas. Nesse sentido, a Quarta Turma do STJ (REsp 1.117.247-SC, DJe 18/9/2014) já assentou que deve incidir na previdência complementar a mesma exegese feita na previdência oficial sobre a reversibilidade das tutelas de urgência concessivas de valores atinentes a benefício previdenciário em virtude da sua repetibilidade. Ademais, embora as verbas de natureza alimentar do Direito de Família sejam irrepetíveis – porquanto regidas pelo binômio necessidade/possibilidade -, as verbas oriundas da suplementação de aposentadoria, por possuírem índole contratual, estão sujeitas à repetição. Além do mais, como as verbas previdenciárias complementares são de natureza alimentar e periódica e para não haver o comprometimento da subsistência do devedor, tornando efetivo o princípio da dignidade da pessoa humana (art. 1º, III, da CF), deve haver parâmetros quanto à imposição obrigacional de reparação. Nesse contexto, a Primeira Seção do STJ (REsp 1.384.418-SC, DJe 30/8/2013) – embora reconhecendo a existência de patamares de 30% e de 35% como valores máximos de comprometimento da renda mensal do devedor para o desconto em folha de pagamento para diversas situações, como empréstimos, financiamentos, cartões de crédito, operações de arrendamento mercantil e outras consignações – adotou como referencial, por simetria, o percentual mínimo de desconto aplicável aos servidores públicos, qual seja, 10% (art. 46, § 1º, da Lei 8.112/1990). **REsp 1.555.853-RS, Rel. Min. Ricardo Villas Bôas Cueva, julgado em 10/11/2015, DJe 16/11/2015. (Inform. STJ 573)**

DIREITO PREVIDENCIÁRIO E PROCESSUAL CIVIL. REPETIÇÃO DE BENEFÍCIOS PREVIDENCIÁRIOS INDEVIDAMENTE RECEBIDOS POR FORÇA DE TUTELA ANTECIPADA. RECURSO REPETITIVO (ART. 543-C DO CPC E RES. 8/2008-STJ). TEMA 692.

A reforma da decisão que antecipa a tutela obriga o autor da ação a devolver os benefícios previdenciários indevidamente recebidos. O grande número de ações, e a demora que disso resultou para a prestação jurisdicional, levarou o legislador a prever a antecipação da tutela judicial naqueles casos em que, desde logo, houvesse, a partir dos fatos conhecidos, uma grande verossimilhança no direito alegado pelo autor. Nesse contexto, o pressuposto básico do instituto é a reversibilidade da decisão judicial. Havendo perigo de irreversibilidade, não há tutela antecipada (art. 273, § 2º, do CPC). Por isso, quando o juiz antecipa a tutela, está anunciando que seu *decisum* não é irreversível. Sendo assim, se acabou por ser mal sucedida a demanda na qual houvera antecipação da tutela judicial, o autor da ação responde pelo que recebeu indevidamente. Além do mais, não prospera o argumento de que o autor não seria obrigado a devolver benefícios advindos da antecipação por ter confiado no juiz, porquanto esta fundamentação ignora o fato de que a parte, no processo, está representada por advogado, o qual sabe que a antecipação de tutela tem natureza precária. Há, ainda, o reforço do direito material. Um dos princípios gerais do direito é o de que não pode haver enriquecimento sem causa. Sendo um princípio geral, ele se aplica ao direito público, e com maior razão neste caso porque o lesado é o patrimônio público. Ademais, o art. 115, II, da Lei 8.213/1991 é expresso no sentido de que os benefícios previdenciários pagos indevidamente estão sujeitos à repetição. Uma decisão do STJ que viesse a desconsiderá-lo estaria, por via transversa, deixando de aplicar norma legal que, *a contrario sensu*, o STF declarou constitucional, uma vez que o art. 115, II, da Lei 8.213/1991 exige o que dispensava o art. 130, parágrafo único na redação originária, declarado inconstitucional na ADI 675 (Tribunal Pleno, DJ 20/6/1997). **REsp 1.401.560-MT, Rel. Min. Sérgio Kukina, Rel. para acórdão Min. Ari Pargendler, Primeira Seção, julgado em 12/2/2014, DJe 13/10/2015 (Inform. STJ 570).**

DIREITO PREVIDENCIÁRIO. PRAZO DECADENCIAL DO DIREITO DE PLEITEAR REVISÃO DE PENSÃO PREVIDENCIÁRIA DECORRENTE DE MORTE.

O prazo decadencial do direito de revisar o valor do salário de benefício da pensão previdenciária por morte mediante o recálculo da renda mensal inicial do benefício originário de aposentadoria conta-se após o deferimento do ato de pensionamento. Isso porque, em decorrência do princípio da actio nata, a legitimidade do pensionista para propositura de ação de revisão advém apenas com o óbito do segurado, já que, por óbvio, aquele não era titular do benefício originário, direito personalíssimo. **REsp 1.529.562-CE, Rel. Min. Herman Benjamin, julgado em 20/8/2015, DJe 11/9/2015 (Inform. STJ 568).**

DIREITO PREVIDENCIÁRIO E PROCESSUAL CIVIL. LEGITIMIDADE PASSIVA DO INSS EM DEMANDA PARA O FORNECIMENTO DE ÓRTESES E PRÓTESES.

O INSS é parte legítima para figurar no polo passivo de demanda cujo escopo seja o fornecimento de órteses e próteses a segurado incapacitado parcial ou totalmente para o trabalho, não apenas quando esses aparelhos médicos sejam necessários à sua habilitação ou reabilitação profissional, mas, também, quando sejam essenciais à habilitação social. Isso porque, em conformidade com o Princípio Fundamental da Dignidade da Pessoa Humana e com os valores sociais buscados pela República Federativa do Brasil, a norma jurídica que exsurge do texto legal (art. 89, parágrafo único, "a", da Lei 8.213/1991) exige que a habilitação e a reabilitação não se resumam ao mercado de trabalho, mas que também abarquem a vida em sociedade com dignidade. **REsp 1.528.410-PR, Rel. Min. Herman Benjamin, julgado em 2/6/2015, DJe 12/8/2015 (Inform. STJ 566).**

DIREITO PREVIDENCIÁRIO E PROCESSUAL CIVIL. PRÉVIO REQUERIMENTO ADMINISTRATIVO PARA OBTENÇÃO DE BENEFÍCIO PREVIDENCIÁRIO. RECURSO REPETITIVO (ART. 543-C DO CPC E RES. 8/2008-STJ).

A Primeira Seção do STJ adere ao entendimento do STF firmado no RE 631.240-MG, julgado em 3/9/2014, sob o regime da repercussão geral, o qual decidiu: "[...] 2. A concessão de benefícios previdenciários depende de requerimento do interessado, não se caracterizando ameaça ou lesão a direito antes de sua apreciação e indeferimento pelo INSS, ou se excedido o prazo legal para sua análise. É bem de ver, no entanto, que a exigência de prévio requerimento não se confunde com o exaurimento das vias administrativas. 3. A exigência de prévio requerimento administrativo não deve prevalecer quando o entendimento da Administração for notória e reiteradamente contrário à postulação do segurado. 4. Na hipótese de pretensão de revisão, restabelecimento ou manutenção de benefício anteriormente concedido, considerando que o INSS tem o dever legal de conceder a prestação mais vantajosa possível, o pedido poderá ser formulado diretamente em juízo – salvo se depender da análise de matéria de fato ainda não levada ao conhecimento da Administração –, uma vez que, nesses casos, a conduta do INSS já configura o não acolhimento ao menos tácito da pretensão. 5. Tendo em vista a prolongada oscilação jurisprudencial na matéria, inclusive no Supremo Tribunal Federal, deve-se estabelecer uma fórmula de transição para lidar com as ações em curso, nos termos a seguir expostos. 6. Quanto às ações ajuizadas até a conclusão do presente julgamento (03.09.2014), sem que tenha havido prévio requerimento administrativo nas hipóteses em que exigível, será observado o seguinte: (i) caso a ação tenha sido ajuizada no âmbito de Juizado Itinerante, a ausência de anterior pedido administrativo não deverá implicar a extinção do feito; (ii) caso o INSS já tenha apresentado contestação de mérito, está caracterizado o interesse em agir pela resistência à pretensão; (iii) as demais ações que não se enquadrem nos itens (i) e (ii) ficarão sobrestadas, observando-se a sistemática a seguir. 7. Nas ações sobrestadas, o autor será intimado a dar entrada no pedido administrativo em 30 dias, sob pena de extinção do processo. Comprovada a postulação administrativa, o INSS será intimado a se manifestar acerca do pedido em até 90 dias, prazo dentro do qual a Autarquia deverá colher todas as provas eventualmente necessárias e proferir decisão. Se o pedido for acolhido administrativamente ou não puder ter o seu mérito analisado devido a razões imputáveis ao próprio requerente, extingue-se a ação. Do contrário, estará caracterizado o interesse em agir e o feito deverá prosseguir. 8. Em todos os casos acima – itens (i), (ii) e (iii) –, tanto a análise administrativa quanto a judicial deverão levar em conta a data do início da ação como data de entrada do requerimento, para todos os efeitos legais". **REsp 1.369.834-SP, Rel. Min. Benedito Gonçalves, Primeira Seção, julgado em 24/9/2014, DJe 2/12/2014 (Inform. STJ 553).**

DIREITO PROCESSUAL CIVIL E PREVIDENCIÁRIO. COMPETÊNCIA PARA JULGAR PEDIDO DE PENSÃO POR MORTE DECORRENTE DE ÓBITO DE EMPREGADO ASSALTADO NO EXERCÍCIO DO TRABALHO. Compete à Justiça Estadual – e não à Justiça Federal – processar e julgar ação que tenha por objeto a concessão de pensão por morte decorrente de óbito de empregado ocorrido em razão de assalto sofrido durante o exercício do trabalho. Doutrina e jurisprudência firmaram compreensão de que, em regra, o deslinde dos conflitos de competência de juízos em razão da matéria deve ser dirimido com a observância da relação jurídica controvertida, notadamente no que se refere à causa de pedir e ao pedido indicados pelo autor da demanda. Na hipótese, a circunstância afirmada não denota acidente do trabalho típico ou próprio, disciplinado no *caput* do art. 19 da Lei 8.213/1991 (Lei de Benefícios da Previdência Social), mas acidente do trabalho atípico ou impróprio, que, por presunção legal, recebe proteção na alínea "a" do inciso II do art. 21 da Lei de Benefícios. Nessa hipótese, o nexo causal é presumido pela lei diante do evento, o que é compatível com o ideal de proteção ao risco social que deve permear a relação entre o segurado e a Previdência Social. Desse modo, o assalto sofrido no local e horário de trabalho equipara-se ao acidente do trabalho, e o direito à pensão por morte decorrente do evento inesperado e violento deve ser apreciado pelo juízo da Justiça Estadual, nos termos do art. 109, I, parte final, da CF combinado com o art. 21, II, "a", da Lei 8.213/1991. **CC 132.034-SP, Rel. Min. Benedito Gonçalves, julgado em 28/5/2014. (Inform. STJ 542)**

Súmula STF nº 729

A decisão na Ação Direta de Constitucionalidade não se aplica à antecipação de tutela em causa de natureza previdenciária.

Súmula STF nº 689

O segurado pode ajuizar ação contra a instituição previdenciária perante o juízo federal do seu domicílio ou nas varas federais da capital do estado-membro.

Súmula STJ nº 242

Cabe ação declaratória para reconhecimento de tempo de serviço para fins previdenciários.

Súmula STJ nº 226

O Ministério Público tem legitimidade para recorrer na ação de acidente do trabalho, ainda que o segurado esteja assistido por advogado.

Súmula STJ nº 204

Os juros de mora nas ações relativas a benefícios previdenciários incidem a partir da citação válida.

Súmula STJ nº 178

O INSS não goza de isenção do pagamento de custas e emolumentos, nas ações acidentárias e de benefícios, propostas na justiça estadual.

Súmula STJ nº 149

A prova exclusivamente testemunhal não basta à comprovação da atividade rurícola, para efeito da obtenção de benefício previdenciário.

Súmula STJ nº 111

Os honorários advocatícios, nas ações previdenciárias, não incidem sobre as prestações vencidas após a sentença.

Súmula STJ nº 110

A isenção do pagamento de honorários advocatícios, nas ações acidentarias, é restrita ao segurado.

Súmula STJ nº 89

A ação acidentária prescinde do exaurimento da via administrativa.

ANOTAÇÕES GERAIS